المورد
الحديث
AL-MAWRID AL-HADEETH
2008

شارع مار الياس، بناية متكو، الطابق الثاني
هاتف : 306666 (1 961+)
فاكس : 701657 (1 961+)
ص.ب. : 1085 - 11
بيروت 2045 8402
لبنان
www.malayin.com
e-mail: info@malayin.com

الطبعة الاولى

كانون الثاني / يناير 2008

طبع في لبنان

First published in Lebanon 2008

AL-MAWRID AL-HADEETH

2008

قاموس إنكليزي ـ عربي حديث

A MODERN ENGLISH - ARABIC DICTIONARY

By

Munir Baalbaki

Dr. Ramzi Munir Baalbaki

تأليف

منير البعلبكي

د. رمزي منير البعلبكي

تصدير

هو ذا «المورد الحديث» بين أيدي القرّاء بعد مرور حوالي أربعين سنةً على صدور «المورد» في نسخته الأولى. ولا يخفى أنّ «المورد» منذ صدوره قد حَظِيَ بما لم يَحْظَ به غيرُه من المؤلَّفات المعجميّة، بل وغير المعجميّة أيضًا، من حُسن التقبُّل، وتقريظ العلماء والنُّقّاد، حتّى إنّه قد أضحى رفيقًا ملازمًا للطالب والأستاذ والمترجم والباحث والعالِم ولكلّ مثقّف عربيّ، فلا يكاد يخلو منه منزلٌ في العالم العربيّ بأسره؛ وصار الجمهور يتلقّف كلَّ طَبْعة من طَبَعاته السنويّة بمزيد من الرضا متطلّعًا إلى ما فيها من زيادات في الموادّ اللغويّة أو الملاحق المفيدة. ولقد كان والدي - رحمه الله - إيمانًا منه بأن العمل المعجميّ الناجح خاضعٌ لنواميس التطوّر والترقّي، يزيد في كل طَبْعة من طَبَعات «المورد» كلماتٍ ومعانيَ استجدّ استعمالها في الإنكليزيّة، ويخصّص في مطلع كلّ طبعة جديدة من المعجم صفحة يضمّنها نموذجًا لبعض هذه الكلمات والمعاني. ولعلّ هذه المواكبة للاستعمال اللغويّ المستجدّ أن تكون إحدى الدعائم الكبرى التي جعلت «المورد» يحظى بمزيد من ثقة الناس وإقبالهم عليه. إلّا أنّه كان يصبو إلى أكثرَ من هذا بكثير؛ فقد كان عَقَدَ العزمَ على أن يكون، إلى جانب «المورد»، لا بديلًا منه، معجمٌ آخرُ قِوامُه الخُطّة التي وُضعت لـ«المورد» أصلًا، مع توسيع مادّته وشروحه وأمثلته، وتضمينه خصائصَ لم يُسْبَق إليها في المعجمات العربيّة ثنائيّةِ اللغة. وكما استعظم المؤلِّفُ أمرَ النهوض بعبئه الثقيل في «المورد» فتردّد بين إقدام وإحجام، أدرك منذ خطرت له فكرة «المورد الأكبر» أنه بإزاء مهمّة ضخمة فخَشِيَ أن يكاثرَها فيؤوبَ مكثورًا، ولذلك أعدّ لها خُطّةَ عملٍ مُحْكَمة أَلْزَمَ بها نَفْسَه، وجمع لها مصادرها من المعجمات الأميركيّة والإنكليزيّة والعربيّة وثنائيّة اللغة، ومن الموسوعات العامّة والمتخصّصة، ومن كتب المصطلحات في شتّى الفنون والعلوم، إلى المصادر التي تُعنى بأصول اشتقاق الألفاظ الإنكليزيّة وتاريخ استعمالها. إلّا أنّه وإن سابقَ القَدَر، قصّر عنه أو كاد بعد أن كان قد أنجز القسم الأعظم من «المورد الأكبر»، فأخذتُ على نفسي إتمامَه بالتزام الخطّة التي وضَعَها له، فوفّقني المولى سبحانه إلى ذلك، وظَهَرَ المعجمُ بطبعته الأولى عام ٢٠٠٥.

و«المورد الأكبر» أقرب ما يكون إلى المعجم الموسوعيّ، لا لمجرّد تضمُّنِه موادَّ موسوعيّةً مكمِّلةً للموادّ اللغويّة، أو إيرادِه تأثيلَ الكلمة (أي ذكر الأصول التي اشتُقّت أو اقتُرضت منها) والسنةَ التي دخلت فيها حيّزَ الاستعمال ومرادفاتِ المادّة وأضدادَها، بل أيضًا لأنّ موادّه وعباراته الاصطلاحيّة يربو عددُها على المائتين والخمسين ألفًا، ولأنّ شروحه مستوفاة استيفاءً تامًّا، حتّى إنّ بعض موادّه قد بَلَغَ تفصيلُها ضِعْفَيْ نظيره الأصليّ أو ثلاثة أضعافه. ومع شدّة الحاجة إلى مثل هذا العمل الموسوعيّ

والموسَّع في آن، تبقى الحاجةُ إلى معجمٍ يتضمّن الموادّ اللغويّة والعبارات الاصطلاحيّة دون الموادّ الموسوعيّة، معجمٍ يقوم مقامَ «المورد» الذي أَلِفَه مستخدِموه طيلةَ أربعة عقود، على أن يكون التجديد سِمَتَه الأبرز. ولذا جاء «المورد الحديث» تلبيةً لحاجة المكتبة العربيّة إلى معجم موثوق يزيد على خصائص «المورد» خصائصَ جديدةً سوف يلمس القارئ أهمّيّتها وفوائدها إن شاء الله.

فمن تلك الخصائص العنايةُ بما استجدّ في السنوات الأخيرة من مصطلحات في شتّى العلوم - ولا سيّما منها ما يتعلّق بالاتّصالات والألكترونيّات وعلوم الكومبيوتر - وإيرادُ المفردات الجديدة التي ما تنفكّ الإنكليزيّة تشهد ولادتها على نحوٍ موصول، علاوةً على المعاني الجديدة لموادّ لغويّة مستخدَمة أصلًا. ومنها الحرص الشديد على أن يكون لكلّ معنًى من معاني الكلمة مصطلح محدَّد، استدراكًا لخللٍ منهجيّ شائع في المعجمات الإنكليزيّة - العربيّة، فهي كثيرًا ما تورد شرحًا للمادّة وتُهمل وضع مصطلح - أو اقتراحَ مصطلح - يسبق ذلك الشرح. إذ أيَّ فائدةٍ يجني المترجِم، مثلًا، لو شرحتَ له معنى فعلٍ من الأفعال، أو مدلولَ كلمةٍ في علم الاقتصاد، أو لو وصفتَ له حيوانًا أو نباتًا، وجئتَ في كل ذلك بقوائمَ متتالية من الشواهد، ولم تقرن الشرح بالمصطلح العربيّ الصحيح المقابل للّفظ الإنكليزيّ؟ لذا نهجنا منهج «المورد» و«المورد الأكبر» في توسُّل التعريب والترجمة والاشتقاق والنحت لاقتراح مصطلحات جديدة راجين أن تلقى استحسانًا وتحظى بسيرورةٍ بين الناس، يشجّعنا على ذلك أنّ الكثرة الكاثرة من المصطلحات التي اقترحها مؤلِّف «المورد» - بما فيها الكلمات المنحوتة التي ابتدعها - قد صارت مألوفةَ الاستعمال، تراها على نحوٍ موصول في الصّحافة والإعلام المرئيّ والمسموع وسائر مجالات استخدام العربيّة.

وقد حرصنا في «المورد الحديث» على أن نتّبع منهج «المورد» في ترتيب المعاني على أساس التسلسل التاريخيّ ما أمكن الأمر، يندرج ضمن ذلك زُمَرٌ من المعاني مرتّبةٌ ترتيبًا يميّز بين ظلالها المختلفة، مع الحفاظ على جلاء عنصر الوحدة الذي ينتظم هذه الزُّمَرَ والظِّلالَ جميعًا. وإلى ذلك فقد حرصنا في موادَّ معيّنةٍ على تفريع الكلمة الواحدة إلى عدّة مداخل إظهارًا للفرق بين تلك الزُّمَر من المعاني، وهي غالبًا ما تعود إلى أصول اشتقاقيّة مختلفة. من ذلك مادة **cab** التي وردت على النحو التالي:

cab[1] [kăb] *(n.)*	القاب: وحدة حجم عبرانية قديمة.
cab[2] *(n.)*	القَبّ: «أ» مَرْكبة ذات عجلتين وجواد واحد. «ب» مَرْكبة أجرة.
cab[3] *(n.)*	القَبّ: سيارة أجرة.
cab[4] *(n.)*	المَقْصورة: «أ» الجزء المُغطّى من القاطرة [حيث يقف السائق والوقّاد]. «ب» جزء مماثلٌ في شاحنة أو جرّار.

تمييزًا بين معانيها الاسميّة المختلفة - وكلٌّ منها مُشارٌ إليه بـ *(n.)* أي **(noun)**؛ ومادّة **scuttle** التي

تمّ تفريعها إلى ثلاثة مداخل تبعًا لمعانيها المختلفة ولاستخدامها اسمًا (.n) ليس غير، أو اسمًا وفعلًا متعدّيًا (.n.; vt)، أو اسمًا وفعلًا لازمًا (.n.; vi):

scut·tle[1] [skŭt'əl] *(n.)* (١) قُفّة (٢) دَلْو [للفحم].

scut·tle[2] *(n.; vt.)* (١) الرَّوْزَنة: فتحة أو كوّةٌ ذات غطاء في سطح السفينة أو جانبها أو قعرها (٢) غطاء الرَّوزنة § (٣) يَخْرِق السفينة. وبخاصة: يُغرق السفينة أو يحاول إغراقَها بخَرْقها (٤) يُدمِّر.

scut·tle[3] *(n.; vi.)* (١) عَدْو سريع § (٢) يَعْدو.

وقد التزمنا في «المورد الحديث» أيضًا إيراد مَثَلٍ إيضاحيّ أو أكثرَ في كلّ مدلولٍ من مدلولات الشرح (سواءٌ في ذلك زُمَرُ المعاني المندرجة تحت الأرقام المتسلسلة ١، ٢، ٣، إلخ، أو تحت الأحرف الأبجديّة «أ»، «ب»، «ج» إلخ الواقعة ضمن تلك الأرقام)، إلّا حيث يكون إيراد المَثَل أمرًا نافلًا لا لزوم له. وإلى ذلك أضفنا إلى كثير من الموادّ صُوَرًا جديدة تُسعف القارئ - إلى جانب الشروح والأمثلة - على تبيّن المراد بالمصطلحات الوارد شرحُها. أمّا المداخل نفسُها فقد اعتمدنا في إيراد كلماتها مبدأ التقطيع **syllabication**، فَفَصَلْنا في الكلمة الواحدة - إن كانت مكوَّنةً من أكثرَ من مقطع واحد - بين كلّ مقطعٍ وآخرَ بنقطة؛ وإذ إنّ هذه المقاطع هي التي يتعيّن أن ينتهيَ بآخر أحرفها تقسيمُ الكلمة إذا ما وقعت بين آخر السطر وأوّل السطر الذي يليه، لَمِنَ المؤمَّل أن يكون في إبرازها عونٌ للكاتب الذي كثيرًا ما يربكه تقطيعُ الكلمة بين سطرين.

وبعدُ، فإنّنا إذ نضع «المورد الحديث» بين أيدي الباحثين والدارسين وعامّة المثقّفين لَنرجو أن يلمسوا فيه تطوُّرًا نوعيًّا في الصناعة المعجميّة، ونسألهم ألّا يضنّوا علينا بأيّة ملاحظة قد يقترحونها أو تصويبٍ قد يرونه.

وختامًا، فإنّني أتقدّم ببالغ الشكر إلى كل من ساهم في إنجاز هذا العمل، وأخصّ بالذكر أفراد أسرة «دار العلم للملايين» جميعًا، ولا سيّما منهم الدكتورة هدى سنّو والسيّدة ناهد الفاكهاني ذو الغنى، لما بذلتاه من جهد مدقّق في تصحيح التجارب الطباعيّة في مراحلها المختلفة؛ كما أودّ أن أشكر للسيّد طوني الديك، الخبير في برمجة الكومبيوتر، عنايته البالغة بالجوانب التقنيّة المعقّدة التي لازمت هذا العمل واقتضت منه ومن فريقِ عمله جهدًا مُضنيًا.

والله أدعو أن يوفّقنا إلى خدمة لغتنا الحبيبة، وأن ينفع بعملنا هذا أُمّتنا وأبناء لغتنا، إنّه سميعٌ مُجيب.

د. رمزي البعلبكي
الجامعة الأميركيّة في بيروت
كانون الثاني (يناير) ٢٠٠٨

إرشادات عامة

١ - بعد أن تقرأ الكلمة الإنكليزية، وطريقة لفظها، وأنواعها الصرفيّة، اقرأ الشرح من اليمين إلى اليسار مُتَّبِعًا تسلسل الأرقام. فإذا وقعتَ على شاهد إنكليزيّ لم يَنْتَهِ في السطر نفسه فتابع القراءة من أيمن السطر التالي لا من أيسره.

خذ مادة **lend** مثلًا. إنك تجدها في «المورد الحديث» جاريةً على هذا النحو:

lend [lĕnd] *(vt.; i.)* (١) «أ» يُعير. «ب» يُقرض [مالًا] (٢) يزوِّد بِـ؛ يضفي على؛ يُضيف إلى <A becoming dress ~*s* charm to a girl.> (٣) يساعد؛ يقدِّم يد العون [لقضية إلخ] (٤) يسترسل في؛ يستسلم لِـ <He ~*s* himself to illusory hopes.> (٥) يعير نفسه لِـ؛ يكون ملائمًا لِـ <The book ~*s* itself to reading.> (٦) يوجّه إلى؛ يسدّد ضربةً إلى (ع) **x** (٧) يعقد قرضًا.

أما قراءتها فتكون وفقًا للترتيب التالي:

lend [lĕnd] *(vt.; i.)*

☆

(١) «أ» يُعير. «ب» يُقرض [مالًا] ....

☆

(٢) يزوِّد بِـ؛ يضفي على؛ يُضيف إلى ....

<A becoming dress ~*s* charm to a girl.>

☆

(٣) يساعد؛ يقدِّم يد العون [لقضية إلخ] ....

☆

(٤) يسترسل في؛ يستسلم لِـ ....

<He ~*s* himself to illusory hopes.>

☆

(٥) يعير نفسه لِـ؛ يكون ملائمًا لِـ ....

<The book ~*s* itself to reading.>

☆

(٦) يوجّه إلى؛ يسدّد ضربةً إلى (ع) **x**

☆

(٧) يعقد قرضًا.

٢ - إذا كان للمادة الواحدة أكثر من رسم واحد، أي أكثر من طريقة «إملاء» واحدة، ووَرَدَ الرَّسْمان في السطر نفسه على غير ما يقتضيه الترتيب الأبجدي مفصولًا ما بينهما بلفظة *or* فمعنى ذلك أن طريقة الرسم الأولى قد تكون أكثر شيوعًا من طريقة الرسم الثانية وإن لم تكن بالضرورة مفضَّلة عليها. أما حين يُفصَل بين طريقتين في الرسم أو أكثر بلفظة *also* فمعنى ذلك أن طريقة الرسم التي تلي هذه اللفظة أضعف من التي قبلها.

٣ - القاطعة الممالة (~) التي تجدها في ثنايا الأمثلة الإنكليزية في كلّ مادة تقريبًا وفي مسارد التعابير الاصطلاحيّة **idioms** تنوب مناب المادة المقصودة بالشرح، أي مناب الكلمة المنضَّدة بالحرف الأسود في أول الكلام.

ففي هذه المادة مثلًا:

an·swer [ăn′sər; än′-] *(n.; vi.; t.)* (١) جواب؛ إجابة (٢) ردّ؛ استجابة
§ (٣) يُجيب؛ يَردّ على (٤) يكون مسؤولًا عن؛ يُعْلن نفسَهُ مسؤولًا عن <I will
~ for his safety.> (٥) يُعَوِّض عن (٦) ينطبق على <~*ed* to the
description> **x** (٧) يفي بالغَرَض <This ~*s* the purpose.>
(٨) يستجيب لِـ (٩) يَحُلّ؛ يقدِّم حلًّا لِـ (١٠) يُطابق <to ~ the
specifications>.

اقرأ الأمثلة وكأنها منضَّدة على هذا الشكل.

<I will ~ for his safety.>
<~*ed* to the description>
<This ~*s* the purpose.>
<to ~ the specifications>

٤ - هذه العلامة (§) تفيد معنى الانتقال من أحد الأنواع الصرفيّة (اسمًا كان هذا النوع أو فعلًا أو نعتًا أو ظرفًا أو ضميرًا إلخ) إلى نوع آخر. أما هذه العلامة (**x**) فتفيد معنى الانتقال من صيغة الفعل اللازم إلى صيغة الفعل المتعدّي أو من صيغة الفعل المتعدّي إلى صيغة الفعل اللازم. وأما العلامة (=) فتفيد الإحالة على مُرادف المادّة أي على الموضع الذي جاء فيه الشرح. وكذلك قد نستخدم المعقوفين [ ] بعد المصطلح مباشرة، علاوةً على استخدامهما في الشرح، ليكون ما بينهما توضيحًا للمصطلح نفسه وذلك حرصًا على بقاء المصطلح في أخصر صيغة ممكنة.

٥ - الموادّ المركَّبة قد أُنزلت في هذا المعجم في منازلها الطبيعية. فإذا كنت تبحث عن مادّة **dog-ear** مثلًا فاطلُبْها في موضعها الطبيعي بعد مادّة **doge** وليس ضمن مادّة **dog**. وإذا كنت تبحث عن مادّة **man of letters** فاطلُبْها في موضعها الطبيعي بعد مادّة **manoeuvre** وليس ضمن مادّة **man**. فإذا افتقدت أيّما مادّة مركَّبة في موضعها الطبيعي فاطلبها ضمن المادّة الرئيسية فلعلّك واجدُها هناك.

مفتاح اللفظ

إن علامة النبر العليا الغليظة (ʹ) كما في كلمة generate [jĕn′ərāt′] تفيد أن المقطع الذي يسبقها يُلْفَظ بنبرة مشدَّدة. أما علامة النبر العليا الرقيقة (′) فتفيد أن المقطع الذي يسبقها يُلْفَظ بنبرة مخفَّفة.

ă .... at; map
ā .... date; mate
â .... aware; care
ä .... car; part
ȧ .... à bas; aperitif
b .... bad; rib
ch .... cheek; beach
d .... dim; dice
ĕ .... egg; end
ē .... ease; me
f .... fill; cliff
g .... god; big
h .... hill; holy
ĭ .... in; give
ī .... bite; like
j .... jar; edge
k .... kill; mark
kh .... تُلفظان كما في كلمة *buch* (بوخ) الألمانية
l .... land; ball
m .... mile; loom
n .... no; in
ng .... king; sing
ŏ .... bond; lot
ō .... bone; old
ô .... orphan; ball
œ .... تُلفظان كما في كلمة *feu* الفرنسية
oi .... boil; boy
o͝o .... look; good
o͞o .... boot; cool
ou .... out; found
p .... paper; crop
r .... red; try
s .... sea; ass
sh .... shall; dash
t .... tell; net
th .... thing; bath
t̸h .... this; brother
ŭ .... under; love
û .... urgent; turn
v .... victory; give
w .... were; away
y .... yellow; yet
Y .... تُلفظ كما في كلمة *tu* الفرنسيّة
z .... zinc; lazy
zh .... vision; pleasure
ə .... تُلفَظ كما تُلفَظ:

الـ ***a*** في كلمة alone
والـ ***e*** في كلمة system
والـ ***i*** في كلمة easily
والـ ***o*** في كلمة gallop
والـ ***u*** في كلمة circus

المختصرات المعتمدة

١. المختصرات العربية:

آ	آلات
آثا	علم الآثار
أج	علم الأجنّة
أح	علم الأحياء
احص	علم الإحصاء
اد	علم الاقتصاد
أر	علم الأرصاد
اس	الإسلام
إسك	إسكتلندية؛ بلغة إسكتلندا
اع	علم الاجتماع
ا.ق	استعمال قديم
ا.ك	أحيانًا كثيرة
ألك	ألكترونيّات
ا.م	استعمال ممات
ا.ن	استعمال نادر
بح	بَحْريّة
بر	بريطانيّة؛ بلغة الإنكليز خاصةً
بص	علم البصَريّات
بك	علم البكتيريا
بل	علم البلاغة
بلو	بلّورات
ت	علم التشريح
تا	تاريخ
تأ	تأمين
تج	تجارة
تر	علم التربية
تلفز	تلفزيون
جب	علم الجبر
جر	جراحة
جغ	جغرافيا
جن	جندية
جي	علم الجيولوجيا
ح	علم الحيوان
حر	حرارة
حش	حشرات
دب	ديبلوماسيّة
ر	رياضيّات
را	راجِعْ
رار	رادار
رب	رياضة بدنيّة
رد	راديو
رم	رسم
ز	زراعة
سن	سينما
سي	سيّارات
ص	صناعة
صح	صحافة
صخ	علم الصخور
صو	صوتيّات
صي	صيدلة
ض	علم الضوء
ط	علم الطب
طا	طائر
طخ	مطبخ
طع	طباعة
طي	طيران
ع	عامّيّة
عأ	عامّيّة أميركيّة
عب	عامّيّة بريطانيّة
عد	عادةً
عر	علم العَروض
عم	فن العمارة
فا	اسم فاعل من..
فج	فنون جميلة

فز	علم الفيزياء
فزن	فيزياء نوويّة
فس	علم الفيسيولوجيا
فض	فضاء
فف	فلسفة
فل	علم الفلك
فو	فوتوغرافيا أو تصوير فوتوغرافيّ
ق	قانون
قا	قابِلْ؛ قارِنْ
قد	قانون دوليّ
ك	علم الكيمياء
كب	علم الكهرباء
كث	الكنيسة الكاثوليكيّة
كح	كيمياء حيويّة
كف	كيمياء فيزيائيّة
كم	علوم الكومبيوتر
كن	الكنيسة
كهرمغ	كهرمغنطيسيّة
ل	علم اللغة
لا	علم اللاسلكيّ
مث	ميثولوجيا؛ أساطير
مج	مجمع اللغة العربية بالقاهرة
مس	مسك الدفاتر
مص	مصدر
مض	علم الأمراض
مع	علم المعادن
مغ	مغنطيسيّة
مق	علم المنطق
مك	علم الميكانيكا
مل	ملاحة
مو	موسيقى
نب	علم النبات
نج	نجارة
نص	نصرانيّات
نف	علم النفس
هن	علم الهندسة

٢. المختصرات الإنكليزية:

abbr.	abbreviation
adj.	adjective
adv.	adverb
Am.	American
Ar.	Arabic
art.	article
aux.	auxiliary
Brit.	British
c.	century
cap.	capital
Chin.	Chinese
comp.	computer
conj.	conjunction
def.	definite
elect.	electricity
F.	French
fem.	feminine
G.	German
Gk.	Greek
gram.	grammar
Hin.	Hindi
i.	intransitive
imp.	imperative
indef.	indefinite
interj.	interjection
It.	Italian
Jap.	Japanese
L.	Latin
masc.	masculine
mil.	military
n.	noun
n. pl.	noun plural
part.	participle
Per.	Persian
perh.	perhaps
Pg.	Portuguese
phys.	physics
pl.	plural
prep.	preposition
pres.	present
pron.	pronoun
Russ.	Russian
Scand.	Scandinavian
Scot.	Scottish
sing.	singular
Skt.	Sanskrit
Sp.	Spanish
t.	transitive
Turk.	Turkish
v.	verb
vi.	verb intransitive
vt.	verb transitive

ثَبَتُ المَرَاجِع

١ - أهمّ المراجع الإنكليزيّة:

- *A comprehensive etymological dictionary of the English language*, by Ernest Klein. Amsterdam: Elsevier Pub. Co., 1971.
- *A concise etymological dictionary of the English language*, by Walter William Skeat. New York: Capricorn Books, 1963.
- *A dictionary of economics*. Ed. John Black. Oxford: Oxford University Press, 2003.
- *An annotated glossary of Arabic musical terms*, by Lois Ibsen al-Faruqi. Westport & London: Greenwood Press, 1981.
- *An etymological dictionary of modern English*, by Ernest Weekley. New York: Dover Publications, 1967.
- *Arabic computer dictionary*. Ed. Ernest Kay. London & New York: Routledge & Kegan Paul, 1986.
- *Arabic dictionary of civil engineering*. Ed. Ernest Kay. London, Boston and Henley: Routledge & Kegan Paul, 1986.
- *Arabic military dictionary*. Ed. Ernest Kay. London, Boston and Henley: Routledge & Kegan Paul, 1986.
- *Black's medical dictionary*. Ed. Gordon Macpherson. 40th ed. Lanham, Md.: Scarecrow Press, 2004.
- *Cambridge dictionary of American English*. Ed. Sidney I. Landau. Cambridge: Cambridge University Press, 2000.
- *Chambers dictionary of science and technology*. Ed. Peter M.B. Walker. Edinburgh: Chambers, 1999.
- *Chambers 21st century dictionary*. Ed. Mairi Robinson. Edinburgh: Chambers, 1996.
- *Collins dictionary of computers and IT*, by Ian Robertson Sinclair. Glasgow: Harper Collins, 2003.
- *Collins dictionary of electronics*, by Ian R. Sinclair. London: Collins, 1988.
- *Collins English dictionary*. Ed. Diana Treffry. 4th ed. Glasgow: Harper Collins, 1998.
- *Dictionary of American slang*. Ed. Robert L. Chapman. 3rd ed. New York: Harper Collins, 1995.
- *Dictionary of semantic extensions, similes and conceptual metaphors*, by Abdul-Fattah Abu-Ssaydeh. Beirut: Dar al-Rawsheh, 2005.
- *Dictionary of sociology*, by Tony Lawson and Joan Garrod. London: Fitzroy Dearborn, 2001.
- *Dorland's illustrated medical dictionary*. 29th ed. Philadelphia: W.B. Saunders, 2000.
- *Encyclopedia of agricultural science*. Ed. Charles J. Arntzen & Ellen M. Ritter. San Diego: Academic Press, 1994.
- *Encyclopedia of astronomy and astrophysics*. Ed. Paul Murdin. Bristol: Institute of Physics Publishing, 2001.
- *Encyclopedia of climate and weather*. Ed. Stephen H. Schneider. New York: Oxford University Press, 1996.
- *Encyclopedia of education*. Ed. James W. Guthrie. 2nd ed. New York: Macmillan Reference, 2003.
- *Encyclopedia of human biology*. Ed. Renato Dulbecco. 2nd ed. San Diego: Academic Press, 1997.
- *Encyclopedia of information systems*. Ed. Hossein Bidgoli. Amsterdam: Academic Press, 2002.

– *Encyclopedia of politics.* Ed. Rodney P. Carlisle. Thousand Oaks: Sage Publications, 2005.
– *Encyclopedia of psychology.* Ed. Alan E. Kazdin. Washington D.C.: American Psychological Association, 2000.
– *Encyclopedia of sociology.* Ed. Edgar F. Borgatta. 2nd ed. New York: Macmillan Reference, 2000.
– *English-Arabic dictionary of computer terms,* by Firas H. Ali. London: Edward Arnold, 1986.
– *English idioms,* by Jennifer Seidl & W. McMordie. 4th ed. Gloucester: Oxford University Press, 1978.
– *International dictionary of medicine and biology.* Ed. Ernest Lovell Becker. New York: John Wiley & Sons, 1986.
– *Lexicon of insects.* The Permanent Bureau of Arabisation. Rabat, 1972.
– *Longman dictionary of contemporary English.* Ed. Adam Gadsby. 3rd ed. New York: Longman, 1995.
– *Longman dictionary of English idioms.* Ed. Thomas Hill Long. 2nd ed. Harlow & London: Longman, 1989.
– *Longman dictionary of phrasal verbs,* by Rosemary Courtney. Harlow: Longman, 1983.
– *McGraw-Hill dictionary of scientific and technical terms.* 6th ed. New York: McGraw-Hill, 2003.
– *McGraw-Hill encyclopedia of science and technology.* Ed. Elizabeth Geller. New York: McGraw-Hill, 2002.
– *Merriam-Webster's collegiate dictionary.* Ed. Frederick C. Mish. 11th ed. Springfield: Merriam-Webster Inc., 1999.
– *Merriam-Webster's geographical dictionary.* Ed. Daniel J. Hopkins. 3rd ed. Springfield: Merriam-Webster Inc., 2003.
– *New Oxford dictionary of English.* Ed. by Judy Pearsall. Oxford: Oxford University Press, 2001.
– *New Webster's dictionary and thesaurus of the English language.* Ed. Lawrence T. Lorimer. Danbury: Lexicon Publications, 1995.
– *Oxford advanced learner's dictionary,* by A.S. Hornby. 6th ed. Oxford: Oxford University Press, 2004.
– *Random House Webster's college dictionary.* New York: Random House, 1996.
– *Random House Webster's unabridged dictionary.* 2nd ed. New York: Random House, 1998.
– *Shorter Oxford English dictionary on historical principles.* Ed. William R. Trumble and Angus Stevenson. 5th ed. Oxford: Oxford University Press, 2002.
– *The American heritage dictionary of the English language.* Ed. Anne H. Soukhanov. 3rd ed. Boston: Houghton Mifflin Co., 1992.
– *The Barnhart dictionary of etymology.* Ed. Robert K. Barnhart. New York: H.W. Wilson, 1988.
– *The biographical dictionary of scientists.* Ed. Roy Porter & Marilyn Ogilvie. 3rd ed. New York: Oxford University Press, 2000.
– *The encyclopedia Americana – International edition.* Ed. Patricia Bayer. Danbury: Grolier Inc., 1998.
– *The encyclopaedia of Islam – New edition.* Ed. H.A.R. Gibb. Leiden: Brill, 1960-2004.
– *The new encyclopaedia Britannica.* 15th ed. Chicago: Encyclopaedia Britannica Inc., 2002.
– *The Oxford dictionary of English etymology.* Ed. Charles Talbut Onions. Oxford: Clarendon Press, 1978.
– *The Oxford dictionary of new words.* Ed. Elizabeth Knowles & Julia Elliot. Oxford & New York: Oxford University Press, 1998.
– *The Oxford dictionary of slang,* by John Ayto. New York: Oxford University Press, 1998.
– *The Oxford encyclopedic English dictionary.*

Ed. Judy Pearsall & Bill Trumble. 2nd ed. New York: Oxford University Press, 1995.

- *The Oxford English dictionary*. 2nd ed. Oxford: Clarendon Press, 1989.
- *Webster's college dictionary*. Ed. Robert B. Costello. New York: Random House, 1995.
- *Webster's new world thesaurus*, by Charlton Laird. New York: Macmillan 1997.
- *Webster's third new international dictionary of the English language* (unabridged). Ed. Philip Babcock Gove. Springfield: Merriam-Webster, 1993.
- *York dictionary of computing*. 3rd ed. Middlesex: Peter Collin Publishing Ltd., 1999.

٢ - أهمّ المراجع العربيّة:

- الأعلام لخير الدين الزركلي. ط ١٥. بيروت ٢٠٠٢.
- الرائد [في اللغة والأعلام] لجبران مسعود. بيروت ٢٠٠٣.
- الفريد في المصطلحات الحديثة لقسطنطين ثيودوري. ط ٣. بيروت ١٩٩٧.
- قاموس إلياس العصري لإلياس أنطون إلياس. ط ٢٩. القاهرة ١٩٨٨.
- قاموس التربية وعلم النفس التربوي لفريد جبرائيل نجّار وآخرين. بيروت ١٩٦٠.
- القاموس الجغرافيّ الحديث لمحمد زكي الأيّوبي. بيروت ١٩٨٨.
- قاموس حتّي الطبّيّ الجديد ليوسف حتّي وأحمد شفيق الخطيب. ط ٢. بيروت ١٩٩٠.
- قاموس دار العلم التكنولوجيّ للمعلومات والاتصالات لبشير العلّاق. بيروت ٢٠٠٦.
- قاموس دار العلم الزراعيّ لعصام ميّاس. بيروت ٢٠٠٥.
- قاموس دار العلم الفلكيّ لعبد الأمير مؤمن. بيروت ٢٠٠٦.
- قاموس دار العلم الهندسيّ الشامل لمحمود أحمد حمدان. بيروت ٢٠٠٣.
- قاموس سعادة (زائد) لخليل سعادة. طبعة بيروت ١٩٩٦.
- قاموس الشرطة لشفيق عصمت. ط ٢. بيروت ١٩٨٠.
- القاموس العسكريّ الحديث لماهر الكيّالي. ط ٢. بيروت ١٩٩٠.
- قاموس المصطلحات الطبّيّة لوجيه صبّاغ. بيروت ١٩٨٩.
- قاموس مصطلحات المعلوماتيّة واللغويّات الحسابيّة لنبيل الزُّهيري. بيروت ٢٠٠٣.
- قاموس النهضة لإسماعيل مظهر. القاهرة (لا تاريخ).
- مجموعة المصطلحات العلميّة والفنّيّة التي أقرّها المجمع. مجمع اللغة العربيّة، القاهرة ١٩٥٧-١٩٨٨.
- المرجع لعبد الله العلايلي. بيروت ١٩٦٣.
- معجم أبو غزالة للمحاسبة والأعمال لطلال أبو غزالة. عمّان ٢٠٠١.
- معجم الجيولوجيا. مجمع اللغة العربيّة، القاهرة ١٩٨٢.
- معجم الحيوان. إعداد المكتب الدائم لتنسيق التعريب في الوطن العربي. الرباط ١٩٧١.
- معجم الحيوان لأمين المعلوف. القاهرة ١٩٣٢.
- المعجم الشامل لمصطلحات الفلسفة لعبد المنعم الحفني. القاهرة ٢٠٠٠.
- المعجم الشامل لمصطلحات مجمع اللغة العربيّة (العلوم التقنيّة والهندسيّة) لنبيل عبد السلام هارون. بيروت ١٩٩١.
- معجم الشهابي في مصطلحات العلوم الزراعيّة لمصطفى الشهابي. بيروت ١٩٧٨.
- المعجم الطبّيّ الموحّد. إعداد المنظّمة العربيّة للتربية والثقافة والعلوم. ط ٣. ميدليفانت ١٩٨٣.
- المعجم العربيّ الموحّد لمصطلحات الحاسبات الإلكترونيّة. إعداد المنظمة العربيّة للعلوم الإداريّة.

عمّان ١٩٨١.
- المعجم العسكريّ المصوَّر لشريف الحضري. القاهرة ٢٠٠٤.
- معجم العلوم الطبيّة لمرشد خاطر وأحمد حمدي الخيّاط. دمشق ١٩٧٤.
- معجم العمارة والفنّ لعفيف البهنسي. بيروت ١٩٩٥.
- المعجم الفلسفيّ. مجمع اللغة العربيّة، القاهرة ١٩٧٩.
- المعجم الفلسفيّ لجميل صليبا. بيروت ١٩٧١-١٩٧٣.
- المعجم الفلكيّ لأمين المعلوف. القاهرة ١٩٣٥.
- معجم الفيزياء لإبراهيم حمّودة. بيروت ١٩٩١.
- المعجم القانونيّ لحارث سليمان الفاروقي. ط ٤. بيروت ٢٠٠١.
- المعجم الكبير. موادّ الدورات السنويّة لمؤتمر مجمع اللغة العربية بالقاهرة (مخطوط)، وما طُبع من أجزائه (١٩٧٠ -).
- معجم الكيلاني لمصطلحات الكومبيوتر والإنترنت لتيسير الكيلاني. بيروت ٢٠٠٤.
- معجم المصطلحات الحراجيّة لمصطفى الشهابي. دمشق ١٩٦٢.
- معجم المصطلحات الطبّيّة الكثير اللغات للدكتور ا. ل. كليرفيل، تعريب مرشد خاطر وآخرين. دمشق ١٩٥٦.
- معجم مصطلحات العلم والتكنولوجيا. إعداد معهد الإنماء العربي. بيروت ١٩٨٢-١٩٨٨.
- معجم المصطلحات العلميّة والفنيّة والهندسيّة الجديد لأحمد شفيق الخطيب. ط ٢. بيروت ٢٠٠٣.
- معجم المصطلحات الفنّيّة. إعداد إدارة التدريب المهني للقوات المسلَّحة. القاهرة ١٩٨٤.
- معجم المصطلحات اللغويّة لرمزي منير بعلبكي. بيروت ١٩٩٠.
- معجم المصطلحات المصرفيّة والماليّة لمجدي نافد الأسيوطي. القاهرة ١٩٨٠.
- المعجم الموحَّد لمصطلحات الاقتصاد. إعداد المنظَّمة العربيّة للتربية والثقافة والعلوم. تونس ٢٠٠٠.
- المعجم الموحَّد لمصطلحات المعلوماتيّة. إعداد المنظَّمة العربيّة للتربية والثقافة والعلوم. تونس ٢٠٠٠.
- المعجم الموسوعيّ لمصطلحات التربية لفريد نجّار. بيروت ٢٠٠٣.
- المعجم الوسيط. إعداد مجمع اللغة العربية بالقاهرة. ط ٣. القاهرة ٢٠٠٥.
- المنجد في اللغة العربية المعاصرة. بيروت ٢٠٠٠.
- المورد المرئيّ لروحي البعلبكي. بيروت ٢٠٠٢.
- الموسوعة الفلسفيّة العربيّة. تحرير معن زيادة. بيروت ١٩٨٦-١٩٩٧.
- موسوعة المورد لمنير البعلبكي. ط ١ و٣. بيروت ١٩٨٠ و١٩٩٨.

a[1] [ā] *(n. often cap.)* (١) الحرف الأول من الأبجدية الإنكليزية (٢) شيء مُعْتَبَرٌ ذا مقام أوّل [من حيث الترتيب أو الطبقة] (٣) «أ» درجة أو علامة مدرسية تُشْعِرُ بأن عمل الطالب ممتاز. «ب» طالبٌ يُمنَح هذه الدرجة (٤) شيء على صورة حرف **A**.

a[2] *(indef. art.)* (١) أداة تنكير بمعنى «واحد» أو «ما» <~ book; ~ man> (٢) نَفْس؛ مِن نَفْس <pencils all of ~ length> (٣) ثانٍ؛ آخرُ <He is ~ Cicero in eloquence.> (٤) أيُّ؛ كُلُّ <~ man who is sick can't work.> (٥) كلَّ؛ في كلّ <three times ~ day>.

a-[1] بادئة معناها: «أ» في؛ على <*a*board>. «ب» مِنْ <*a*new>. «ج» في حالة كذا <*a*sleep>. «د» بطريقةٍ معيّنة <*a*loud>.

a-[2] *or* **an-** بادئة معناها: لا؛ غير؛ بلا <*a*moral; *a*sexual>.

aard·vark [ärd'värk'] *(n.)* خنزير الأرض؛ أبو ذقن: حيوان ثدييّ إفريقيّ من آكلات النمل.

aardvark

aard·wolf [ärd'woolf'] *(n.)* العِسْبار؛ العُسْبُر؛ ذئب الأرض: حيوان ثدييّ من فصيلة الضِّباع.

ab- بادئة معناها: بعيد عن <*ab*normal>.

a·ba [ä'bə] *(n.)* عَباءة.

a·ba·ca [ä'bä kä'] *(n.)* (١) قِنّب مانيلّا (٢) الأَبَق؛ موز النسيج: شجر تُستخرج منه أليافٌ تعرف بـ«قِنّب مانيلّا» (نب).

a·back [ə băk'] *(adv.)* إلى الوراء؛ إلى الخلْف.
to be taken ~, يُفاجأ؛ يُباغت؛ يُؤخَذُ على حين غِرّة.

a·bac·te·ri·al [ā băk'tēr'ĭ əl] *(adj.)* لا جُرْثوميّ.

ab·a·cus [ăb'ə kəs] *(n.)* pl. **ab·a·ci** [ăb'ə sī] *or* **-cus·es** (١) الطَّبْلِيَّة: كتلة حجرية مربّعة في رأس تاج العمود (عم) (٢) المِعْداد (مج): لوحة ذات خرزات أو كُراتٍ صغيرة تُستخدم لتعليم الأطفال العَدّ.

abacus 2.

A·bad·don [ə băd'ən] *(n.)* (١) الجحيم (٢) أَبَدّون: مَلاك الهاوية.

a·baft [ə băft'] *(prep.; adv.)* (١) خَلْفَ؛ وراءَ (٢) في مؤخَّر السفينة § (٣) «أ» عند مؤخَّر السفينة. «ب» نحو مؤخَّر السفينة.

ab·alien·ate [ăb āl'yə nāt] *(vt.)* (١) يحوِّل [ممتلكاتٍ أو لقبًا إلى شخص آخر] (٢) يُزيغ العقلَ.
— **ab·alien·a·tion** *(n.)*

ab·a·lo·ne [ăb'ə lō'nĭ] *(n.)* أُذُن البحر: حيوان من الرِّخويات.

ab·am·pere [ăb ăm'pēr] *(n.)* الأمبير المُطْلَق (كب).

a·ban·don [ə băn'dən] *(vt.; n.)* (١) يُسْلِم إلى <to ~ a city to a conqueror> (٢) يتنازل عن (٣) يهجر؛ يترك (٤) يتخلّى عن (٥) ينغمس في؛ يسترسل؛ يستسلم لِـ (٦) يُقلِع عن (٧) يَقْطع [الأملَ] (٨) يُوْقِف؛ يُبْطِل؛ يُلغي [مباراةً] § (٩) انغماس؛ استرسال؛ استسلام لِـ (١٠) تهتُّك؛ استهتار (١١) حماسة؛ امتلاء بالحيوية أو المرح <cheered with ~>.

a·ban·doned [ə băn'dənd] *(adj.)* (١) مهجور؛ مخذول؛ مُتَخلًّى عنه (٢) خليع؛ متهتّك (٣) متحرّر من كل قَيْد.

a·ban·don·ee [-'dən ē] *(n.)* المتنازَل له؛ المُتَخلّى له (ق).

a·ban·don·ment *(n.)* (١) إسلام إلى (٢) تنازلٌ عن (٣) هَجْر؛ تَرْك (٤) تَخلٍّ عن (٥) انغماس؛ استسلام لِـ (٦) تهتُّك؛ استهتار (٧) حماسة.

à bas [à bä'] فَلْيَسْقُط! <~ the traitors>.

a·base [ə bās'] *(vt.)* (١) يُنزل رتبة شخص (٢) يُذِلّ؛ يحقّر.

a·base·ment *(n.)* (١) خَفْضُ الرتبة أو المنزلة (٢) إذلال؛ تحقير.

a·bash [ə băsh'] *(vt.)* يُخْجِل؛ يُرْبِك؛ يُضْعِف ثقة شخص بنفسه أو سيطرتَهُ عليها.
— **a·bash·ment** *(n.)*

a·bashed [ə băsht'] *(adj.)* مخجول؛ مُرتبك.

a·bate [ə bāt'] *(vt.; i.)* (١) يُلغي؛ يُبْطِل (٢) يضع حدًّا لِـ (٣) يُنقص؛ يخفِّف؛ يخفّض [ضريبة إلخ] (٤) يُسْقِط؛ يَحْسم (٥) يهدِّئ؛ يُسكِّن؛ يُخْمِد؛ يَحْسُر (٦) يَحْرِم x (٧) يَهْدأ؛ يَسْكن؛ يَخْمُد؛ ينحسر (٨) يَنْقُص [من حيث المقدار أو القيمة] (٩) يصبح لاغيًا.

a·bate·ment *(n.)* (١) مص abate (٢) التخفيض: مبلغ يُلغى من الضريبة.
plea in ~, طلبُ بُطلان الدعوى (ق).

ab·a·tis [ăb'ə tĭs] *(n.)* الحِظار: عائق من أشجار مقطوعة يُسَدّ به الطريق.

A battery *(n.)* حاشدة «أ»؛ بطارية ألفا (ألك).

ab·at·toir [ăb'ə twär'] *(n.)* مَجْزَر؛ مَسْلَخ.

ab·ax·i·al [ăb ăk'sĭ əl] *(adj.)* بعيدٌ عن المحور.

ab·ba·cy [ăb'ə sĭ] *(n.)* رئاسة دَيْر.

ab·ba·tial [ə bā'shəl] *(adj.)* دَيْريّ: متعلّق بدَيْر أو برئيس [أو برئيسة] دَيْر.

ab·bé [ă bā'; ăb'ā] *(n.)* الأب: راهب فرنسيّ.

ă at; ā date; â care; ä car; ĕ egg; ē me; ĭ in; ī bite; ŏ lot; ō bone; ô orphan; oi boil; o͝o good; o͞o boot; ou out; ŭ under; û urgent; ə = *a* in alone, *e* in system, *i* in easily, *o* in gallop, *u* in circus.

ab·bess [ăb′əs; ăb′ĭs] *(n.)* الأمّ: رئيسةُ دَيْرٍ للراهبات.

ab·bey [ăb′ĭ] *(n.)* (١) دَيْر للرهبان أو للراهبات (٢) رهبان أو راهبات دَيْر (٣) كنيسة؛ دَيْر (٤) كنيسة كبيرة، عادةً، كانت في ما مضى ديرًا.

ab·bot [ăb′ət] *(n.)* رئيس دَيْر للرُّهبان.

ab·bot·ship [-shĭp′] *(n.)* رئاسة دير للرهبان.

ab·bre·vi·ate [ə brē′vĭ āt′] *(vt.)* (١) يختصِر؛ يُوجز (٢) يَختزِل (ر).

ab·bre·vi·at·ed *(adj.)* (١) مُخْتَصَر؛ مُوجَز (٢) مُخْتَزَل (ر).

ab·bre·vi·a·tion *(n.)* (١) اختصار (٢) شكلٌ مختصَر لكلمة أو عبارة.

ABC [ā′bē sē′] *(n.)* (١) الألِفْباء (٢) مبادئ علم أو فنٍّ ما.

ab·di·ca·ble [ăb′də kə bəl] *(adj.)* يُتَخَلَّى عنه: ممكنٌ التنازلُ عنه.

ab·di·cate [ăb′də kāt′] *(vt.; i.)* يتنازل [عن عرش]؛ يتخلَّى [عن سُلطة أو حقّ أو منصب رفيع إلخ].
 — **ab·di·ca·tor** *(n.)*

ab·di·ca·tion *(n.)* تنازلٌ [عن عرش]؛ تَخَلٍّ [عن سلطة إلخ].

ab·do·men [ăb′də mən] *(n.)* (١) بطن؛ جوف (٢) البطن: مؤخَّر جسم الحشرة.

ab·dom·i·nal [ăb dŏm′ə nəl] *(adj.)* بَطْنيّ؛ جَوْفيّ.

abdominal auscultation *(n.)* التَّسمُّع البطنيّ (مج): تسمُّع الطبيب إلى الأصوات الحادثة في البطن كوسيلة لتشخيص الداء (ط).

ab·dom·i·nous [-nəs] *(adj.)* بَطِنٌ؛ بَطِينٌ؛ ضخم البطن.

ab·duce [ăb do͞os′; ăb dyo͞os′] *(vt.)* يُبْعِد؛ يُنَحّي (فس).

abducens nerve *(n.)* العَصَب المُبْعِد (مج).

ab·du·cent [ăb do͞o′sənt] *(adj.)* مُبْعِد <~ muscles>.

abducent nerve *(n.)* = abducens nerve.

ab·duct [ăb dŭkt′] *(vt.)* (١) يَخْطَف؛ يختطف [امرأةً] (٢) يُبْعِد؛ يُبْعِد عن المحور (فس).

ab·duc·tion *(n.)* (١) خَطْف؛ اختطاف (٢) إبعاد عن المحور.

abduction splint *(n.)* جَبيرة الإبعاد (مج): جَبيرة لإبعاد العضو عن الجسم.

ab·duc·tor [ăb dŭk′tər] *(n.)* (١) الخاطف؛ المختطِف (٢) المُبْعِد: المُبعِد عن المحور (ت) (٣) العضلة المُبْعِدة (ت).

a·beam [ə bēm′] *(adv.)* مقابلًا لمنتصف جانب السفينة [أو الطائرة].

a·bear [ə bâr′] *(vt.)* يحتمل؛ يُطيق.

a·be·ce·dar·i·an [ā′bē sē dâr′ĭ ən] *(n.; adj.)* (١) الألِفْبائي: تلميذ يتعلّم حروف الهجاء (٢) المبتدئ § (٣) أَلِفْبائيّ؛ أبجديّ (٤) ابتدائيّ؛ أوّليّ.

a·be·ce·da·ry [ā′bē sē′dər ĭ] *(n.; adj.)* = abecedarian.

a·bed [ə bĕd′] *(adv.)* (١) في الفراش (٢) طريح الفراش.

a·bele [ə bēl′] *(n.)* الحَوْر الأبيض (نب).

a·bel·mosk [ā′bəl mŏsk′] *(n.)* حَبُّ المِسْك (نب).

ab·er·rance [ăb ĕr′əns] *or* **ab·er·ran·cy** *(n.)* (١) ضَلال؛ زَيْغ؛ انحراف (٢) شذوذ.

ab·er·rant [ăb ĕr′ənt] *(adj.; n.)* (١) ضالّ؛ زائغ؛ منحرف (٢) شاذّ؛ استثنائي § (٣) الشّاذّ: «أ» شيء شاذّ عن المألوف. «ب» شخص شاذّ السّلوك.

aberrant artery *(n.)* الشّريان الزائغ؛ الشّريان الضالّ.

ab·er·ra·tion [ăb′ə rā′shən] *(n.)* (١) ضلال؛ زَيْغ؛ انحراف، وبخاصة عن طريق الحق أو عما هو طبيعيّ أو سَوِيّ (٢) الزَّيْغ (بص) (٣) اضطراب عقليّ (٤) عضوٌ أو فَرْد شاذّ.

a·bet [ə bĕt′] *(vt.)* (١) يحرِّض؛ يشجِّع على (٢) يؤيِّد؛ يناصر.
 — **a·bet·ment** *(n.)*

a·bet·tor *or* **a·bet·ter** [-ər] *(n.)* (١) المحرِّض؛ المُشَجِّع (٢) المؤيِّد.

ab ex·tra [ăb ĕk′strä] مِنَ الخارج.

a·bey·ance [ə bā′əns] *(n.)* (١) تعطيل؛ تعليق؛ إيقاف مؤقَّت (٢) لافعّاليّة مؤقّتة.

a·bey·ant [ə bā′ənt] *(adj.)* مُعطَّل؛ مُعَلَّق؛ مُوْقَفٌ مؤقّتًا.

ab·hor [ăb hôr′] *(vt.)* (١) يَمْقُت؛ يَكْرَه بشِدّة (٢) يَجْتَنِب؛ يرفض.

ab·hor·rence [ăb hôr′əns] *(n.)* (١) مَقْت (٢) شيء مَقِيتٌ.

ab·hor·rent [-ənt] *(adj.)* (١) ماقِتٌ (٢) بعيدٌ عن <~ from the principles of law> (٣) مُضادّ؛ متنافٍ مع <~ to reason> (٤) بغيض.

a·bid·ance [ə bī′dəns] *(n.)* (١) مص abide (٢) التزام؛ تقيُّد.

a·bide [ə bīd′] *(vi.; t.)* (١) يبقى <*Abide* with me.> (٢) يُقيم؛ يَسْكن (٣) يَصْمد؛ يبقى مُخلصًا لِـ <to ~ by a friend> (٤) ينتظر <to ~ somebody's coming> (٥) يواجه أو يقبل بغير اعتراض أو جَزَع <to ~ one's doom> (٦) يُطيق؛ يتحمّل <I can't ~ such people.>.
 to ~ by (١) يلتزم؛ يتقيّد أو يفي بِـ (٢) يتحمّل [النتائج إلخ].

a·bid·ing [ə bī′-] *(adj.)* ثابت؛ راسخ؛ باقٍ <~ values>.

ab·i·gail [ăb′ə gāl′] *(n.)* أَمَة؛ جارية؛ وصيفة.

a·bil·i·ty [ə bĭl′ə tĭ] *(n.)* (١) «أ» قُدْرَة؛ مقدرة. «ب» براعة؛ مهارة (٢) «أ» موهبة طبيعية. «ب» مهارة مكتسَبة.

ab in·i·ti·o [ăb ĭ nĭsh′ĭ ō] من البداية.

ab in·tra [ăb ĭn′trə] مِنَ الداخل؛ مِنَ الباطن.

a·bi·o·gen·e·sis [ā′bī ō jĕn′-] *(n.)* التّولُّد الذاتيّ؛ التّكوّن اللّاحَيَويّ.

a·bi·o·ge·net·ic; -al [ā′ bī ō jə nĕt′-] *(adj.)* خاصّ بالتولّد الذاتيّ.

a·bi·o·log·i·cal [ā′ bī ō lŏj′ə kəl] *(adj.)* لاحَيَويّ؛ لابيولوجيّ.

a·bi·ot·ic [ā′ bī ŏt′ĭk] *(adj.)* = abiological.

ab·ir·ri·tate [ăb ĭr′ə tāt] *(vt.)* يلطِّف؛ يُسَكِّن (ط).

ab·ject [ăb′jĕkt] *(adj.)* (١) مُذِلّ؛ مُقْنِط؛ مُدْقِع <~ poverty> (٢) دنيء؛ خسيس <an ~ liar>.
 — **ab·ject·ness** *(n.)*

ab·jec·tion [ăb jĕk′shən] *(n.)* (١) ذُلّ (٢) إذلال (٣) طَرْد.

ab·jure [ăb jo͝or′] *(vt.)* (١) يُنكِر [مُقْسِمًا]؛ يتبرّأ من؛ يعلن ارتداده أو تخلّيه عن (٢) يجتنب؛ يتحاشى.
 — **ab·ju·ra·tion** *(n.)*

ab·lac·tate [ăb lăk′tāt] *(vt.)* يَفْطِم: يَفْصِل عن الرَّضاع.

ab·lac·ta·tion *(n.)* الفَطْم؛ الفِطام.

ab·late [ă blāt′] *(vt.)* يزيل؛ يجتثّ؛ يَبْتُر.

ab·la·tion [ăb lā′shən] *(n.)* (١) إزالة (٢) اجتثاث؛ بَتْر (جر).

ab·la·tive [ă blāt′ĭv] *(adj.)* اجتثاثيّ ؛ بَتْريّ .

a·blaze [ə blāz′] *(adv.; adj.)* (١) مُشْتَعِلًا § (٢) متوهِّج ؛ مُلتهب (٣) متلهّف (٤) شديد الغضب .

a·ble [ā′bəl] *(adj.)* (١) قادر <~ to perform his duties> (٢) قدير <an ~ manager> (٣) بارع : دالّ على البراعة <an ~ speech> .

-able *also* **-ible** لاحقة معناها : «أ» قابلٌ لِـ <break*able*> . «ب» عُرْضَةٌ لِـ <perish*able*> . «ج» صالحٌ لِـ <eat*able*> .

a·ble–bod·ied *(adj.)* قويّ البِنْية ؛ سليم البدن .

able–bodied seaman *(n.)* الملّاح المُحنَّك ؛ الملّاح المتمرِّس .

ab·le·gate [ăb′lĭ gāt′] *(n.)* المبعوث البابويّ ؛ المُوْفَد البابويّ .

able seaman *(n.)* الملّاح المُحنَّك ؛ الملّاح المتمرِّس .

a·bloom [ə blo͞om′] *(adj.; adv.)* (١) مُزْهِر § (٢) في حالة إزهار .

ab·lu·ent [ăb′lo͞o ənt] *(adj.; n.)* (١) مطهِّر § (٢) مادة منظِّفة .

ab·lu·tion [ăb lo͞o′-] *(n.)* (١) وُضوء ؛ غَسْل (٢) ماء الوضوء أو الغَسْل .

a·bly [ā′blĭ] *(adv.)* بمهارة ؛ بمَقْدِرة ؛ ببراعة .

ab·ne·gate [ăb′nə gāt′] *(vt.)* (١) يتخلّى عن (٢) يُنكر .

ab·ne·ga·tion *(n.)* (١) تَخَلٍّ عن (٢) نُكْران . وبخاصة : نُكران الذات .

ab·nor·mal [ăb nôr′məl] *(adj.)* شاذّ ؛ غير سَويّ .

ab·nor·mal·i·ty *(n.)* (١) شذوذ (٢) شيء أو وضعٌ شاذّ .

ab·nor·mal·ly [ăb′nôr′-] *(adv.)* على نحو شاذّ .

abnormal psychology *(n.)* سيكولوجيا الشاذّين ؛ علم نفس الشّواذّ .

ab·nor·mi·ty *(n.)* (١) شذوذ (٢) monstrosity .

ab·o [ăb′ō] *(n.)* = aborigine.

a·board [ə bōrd′] *(adv.; prep.)* على متن السفينة [أو الطائرة إلخ] .

close ~, قُرْبَ ؛ بجانب .

a·bode[1] [ə bōd′] *past and past part. of* abide.

a·bode[2] *(n.)* (١) إقامة ؛ مُقام (٢) مَسْكن ؛ مَثْوًى ؛ دار .

a·boil [ə boil′] *(adj.; adv.)* (١) فائر ؛ غالٍ (٢) مُسْتَعِر ؛ مهتاج .

a·bol·ish [ə bŏl′-] *(vt.)* (١) يُلغي ؛ يُبطل ؛ يَنْسَخ (٢) يمحو ؛ يقضي على .

a·bol·ish·a·ble *(adj.)* ممكنٌ إلغاؤه أو إبطالُهُ أو مَحْوُه أو القضاءُ عليه .

a·bol·ish·ment *(n.)* (١) إلغاء ؛ إبطال (٢) مَحْوٌ ؛ قضاءٌ على .

ab·o·li·tion *(n.)* إلغاء ؛ إبطال . وبخاصة : إبطال الاسترقاق .

ab·o·li·tion·ism *(n.)* الإلغائيّة ؛ الإبطاليّة : إلغاء استرقاق الزنوج .

ab·o·li·tion·ist *(n.)* الإلغائيّ ؛ الإبطاليّ : المؤيِّد للإلغائية .

ab·o·ma·sal [ăb′ə mā′səl] *(adj.)* مِنْفَحيّ ؛ إنفحيّ .

ab·o·ma·sum [ăb′ə mā′səm] *(n.)* pl. **-sa** [sə] المِنْفَحَة ؛ الإنْفَحَة : المَعِدة الرابعة أو الحقيقيّة للحيوانات المجترّة .

A–bomb [ā′bŏm′] *(n.; vt.; i.)* (١) قُنبلة ذَرّية § (٢) يقذف بقنبلة ذرّية x (٣) يُلقي قنبلة ذَرّية .

a·bom·i·na·ble [ə bŏm′ə nə bəl] *(adj.)* (١) بغيض ؛ مَقيت ؛ مثير للاشمئزاز (٢) رديء <~ weather> .

abominable snowman *(n.)* الإنسان الثّلجيّ البغيض : حيوان يُعتقد أنه دُبّ ، قِيلَ إنه يقيم وسط ثلوج جبال الهِمَلايا العليا .

a·bom·i·nate [ə bŏm′ə nāt′] *(vt.)* يَمْقُت ؛ يُبغض بِشِدّة .

a·bom·i·na·tion *(n.)* (١) شيء بغيض (٢) بُغض شديد .

ab·o·ral [ăb ōr′əl] *(adj.)* بعيدٌ عن الفم ؛ مقابلٌ للفم (ح) .

ab·o·rig·i·nal [ăb′ə rĭj′ə nəl] *(adj.)* (١) أروميّ ؛ بدائيّ ؛ أصليّ ؛ أهليّ (٢) أروميّ : خاصّ بسكان البلاد الأصليين أو القُدامى <~ tribes> .

ab·o·rig·i·ne [ăb ə rĭj′ə nē′] *(n.)* الأروميّ : واحد من سكان البلاد الأصليين أو القُدامى .

a·bort [ə bôrt′] *(vi.; t.)* (١) تُجْهِضُ [المرأةُ] (٢) يتوقف عن النموّ (٣) يزول [وبخاصة في مراحله الأولى] (٤) يُخفق x (٥) يُجْهِض [المرأةَ] (٦) يُسْقِط ؛ يُجْهِض ؛ يُحبط (٧) يُلغي (٨) يضع حدًّا لِـ .

a·bor·ti·cide [ə bôr′tə sīd′] *(n.)* (١) إجهاض (٢) وسيلة إجهاض .

a·bor·ti·fa·cient [ə bôr′tə fā′shənt] *(adj.; n.)* (١) مُجْهِض § (٢) وسيلة إجهاض ؛ عَقّارٌ مجهِض .

a·bor·tion [ə bôr′shən] *(n.)* (١) إجهاض ؛ إسقاط (٢) الجَهيض ؛ السِّقْط (٣) توقّف نموّ عضو قبل الاكتمال (٤) عضوٌ غير مكتمل النموّ (٥) المشروع الجَهيض : مشروع يقصِّر عن بلوغ درجة الاكتمال .

self–induced ~, الإجهاض الذاتيّ (مج) .

therapeutic ~, الإجهاض العلاجيّ (مج) .

a·bor·tion·ist *(n.)* (١) المُجْهِض (٢) الجَهّاض : محترِف الإجهاض .

a·bor·tive [ə bôr′tĭv] *(adj.)* (١) جَهيض ؛ مُخفِق (٢) ناقص النموّ (٣) مُجهِض : مسبِّب للإجهاض (٤) مساعد على وقف سير المرض (٥) مُتَلَطِّف : قصير الأجل خفيفُ الوطأة من غير تكشُّفٍ عن أعراض سَريرية ظاهرةٍ [صفة للمرض أو لسَيْرِه] .

a·bou·li·a [ə bo͞o′lĭ ə] *(n.)* = abulia.

a·bound [ə bound′] *(vi.)* (١) يَكْثُرُ ؛ يَغْزُر ؛ يسود <the discontent which ~s in the world> (٢) «أ» يَزْخَر <Iraq ~s in oil.> . «ب» يَعِجّ بِـ <The hut ~s with rats.> .

a·bout [ə bout′] *(adv.; prep.; adj.)* (١) حول <a fence ~ the garden> (٢) «أ» حوالى ؛ نحو <~ an hour> . «ب» تقريبًا <~ frozen> (٣) هنا وهناك ؛ في مَواطنَ عدة <The rumor was ~ that he was sick.> (٤) على مقربة ؛ في الجوار <There's no one ~.> (٥) «أ» بالاتجاه المعاكس <to face ~> . «ب» بالترتيب المعاكس <the other way ~> § (٦) في المتناوَل <had no money ~ him> (٧) على وشك أن <~ to speak> (٨) عن ؛ بشأن <a story ~ a lion> § (٩) ناشط ؛ مستيقظ .

to be up (*or* out) and ~, يغادر الفراش ويزاول عمله [بعد مرض] .

turn and turn ~, واحدًا بعد آخر؛ بالدَّور.

a·bout–face [-ʹfāsʹ] *(n.)* (١) دَوَران إلى الوراء (جن) (٢) الانقلاب: تغيُّر كاملٌ أو مفاجئ في الاتجاه أو الموقف أو المسلك أو وجهة النظر.

a·bove [ə bŭvʹ] *(adv.; prep.; n.; adj.)* (١) فوق (٢) قبلُ؛ آنفًا <in the paragraph~> § (٣) أسمى من: فوق <A leader should be ~ mean actions.> (٤) وراء متناوَل <things ~ comprehension> (٥) أكثر من <~ a ton> § (٦) المذكور آنفًا <The ~ shows a loss.> § (٧) سابق؛ متقدِّم <the ~ explanation>.

~ oneself مَزْهُوّ؛ مُسْرِف في الغرور.

~ one's head (١) فوق رأسه (٢) فوق مستوى إدراكه.

a·bove·board [ə bŭvʹbōrdʹ] *(adv.; adj.)* (١) عَلانِيَةً؛ جِهارًا؛ من غير خداع أو إخفاء <Honest men deal ~.> § (٢) صريح؛ مستقيم <Her actions are open and ~.>.

a·bove·ground *(adj.)* (١) فوق سطح الأرض (٢) حيّ؛ على قيد الحياة.

a·bove–men·tioned *(adj.)* مذكورٌ آنفًا؛ مذكور أعلاه.

a·bove–named *(adj.)* = above–mentioned.

ab o·vo [ăb ōʹvō] *(adv.)* من البداية.

ab·ra·ca·dab·ra [ăbʹrə kə dăbʹrə] *(n.)* (١) تعويذة؛ رُقْية؛ طِلَّسم (٢) كلامٌ غير مفهوم.

a·bra·dant [ə brāʹdənt] *(adj.; n.)* = abrasive.

a·brade [ə brādʹ] *(vt.; i.)* (١) يَكْشِط؛ يحُكّ؛ يَبري؛ يَسْحَج؛ «يَجْلف» (٢) يُثير <The skin on John's knees was ~*d* by his fall.> x (٣) ينكشط إلخ.

a·bran·chi·al [ā brăngʹkĭ əl] *(adj.)* لا خَيشوميّ؛ غير ذي خياشيم (ح).

a·bran·chi·ate [ā brăngʹkĭ ĭt] *(adj.)* = abranchial.

a·brase [ə brāzʹ] *(vt.)* = abrade.

a·bra·sion [ə brāʹzhən] *(n.)* (١) كَشْط؛ حكّ؛ سَحْج؛ «جَلْف» (٢) السَّحْجَة: منطقة من الجلد أو الغشاء المخاطي أصابها «جَلْف» (٣) إثارة.

a·bra·sive [ə brāʹsĭv] *(adj.; n.)* (١) كاشط؛ حاكّ (٢) مثير للسُّخط (٣) خشِن <~ manners> (٤) جِلف § (٥) مادة كاشطة.

ab·re·act [ăbʹrĭ ăktʹ] *(vt.)* ينفِّس؛ يفرِّغ: يحرِّر من عقدة نفسية (نف).

ab·re·ac·tion *(n.)* التنفيس؛ التفريغ: إزالة العُقَد بطرائق التحليل النفسيّ.

a·breast [ə brĕstʹ] *(adv.)* (١) جنبًا إلى جنب (٢) متمشِّيًا مع التطوّر؛ مُجاريًا للعصر <to keep ~ of the times>.

a·bridge [ə brĭjʹ] *(vt.)* (١) يَحْرِم من (ا. ق) (٢) يُقصِّر (٣) يختصِر.

a·bridged [ə brĭjdʹ] *(adj.)* مُخْتَصَر؛ موجَز.

a·bridg·ment *or* **a·bridge·ment** *(n.)* (١) اختصار (٢) المُخْتَصَر؛ الموجَز.

a·broach [ə brōchʹ] *(adj.; adv.)* (١) مبزول؛ مثقوب [صفة لِدَنّ الخمرة إلخ] § (٢) مبزولًا؛ مثقوبًا (٣) منتشرًا؛ ناشطًا.

a·broad [ə brōdʹ] *(adv.; adj.)* (١) باتّساع؛ فوق مساحة واسعة <A tree spreads its branches ~.> (٢) خارج البيت <to walk ~> (٣) خارجَ الحدود: خارجَ حدود بلدٍ ما <to live ~> (٤) في كل اتجاه <News quickly spread ~.> § (٥) ذائع؛ منتشر <Rumors of disaster are ~.> (٦) مخطئ أو منحرف عن السبيل الصحيح <I am only a little ~.>.

all ~, مضطرب؛ شارد الذهن؛ عاجز عن الفهم.

ab·ro·ga·ble [ăbʹrə gə-] *(adj.)* يُبْطَل؛ يُلْغَى: قابل للإبطال أو الإلغاء.

ab·ro·gate [ăbʹrə gātʹ] *(vt.)* يُبْطِل؛ يُلْغي.

ab·ro·ga·tion [ăbʹrə gāʹshən] *(n.)* إبطال؛ إلغاء.

ab·ro·ga·tive [ăbʹrə gāʹ-] *(adj.)* إبطاليّ؛ إلغائيّ.

ab·rupt [ə brŭptʹ] *(adj.)* (١) «أ» مفاجئ؛ غير متوقَّع <the cause of your ~ manner>. «ب» فظّ؛ جافٍ <an ~ manner>. «ج» غير مترابط <an ~ literary style> (٢) أبتر؛ منقطع فجأةً <~ plant filaments> (٣) «أ» حادّ؛ خطِر <The road was full of ~ turns.>. «ب» شديد التحدُّر <an ~ descent>.

ab·rup·tion [ə brŭpʹshən] *(n.)* انقطاع مفاجئ؛ توقُّف مفاجئ.

ab·rupt·ly *(adv.)* على نحو مفاجئ أو فظّ أو أبتر أو خطِر إلخ.

abruptly pinnate *(adj.)* ريشيّ أبتر: ريشيّ الترتيب ولكن من غير وُرَيْقةٍ وُسْطى في الطرف (نب).

ab·rupt·ness *(n.)* فُجاءة؛ فظاظة؛ عدم ترابط؛ شدة تحدُّر.

ab·scess [ăbʹsĕs] *(n.)* الخُرّاج؛ الخُرّاجة (ط).

ab·scessed [ăbʹsĕst] *(adj.)* مصابٌ بخُرّاج.

ab·scise [ăb sīzʹ] *(vt.; i.)* (١) يَقْطع؛ يَبْتُر x (٢) ينقطع؛ ينبتر؛ ينفصل.

ab·scis·sa [ăb sĭsʹə] *(n.)* الإحداثيّ السِّينيّ (ر).

ab·scis·sion [ăb sĭzhʹən] *(n.)* (١) قَطْع؛ بَتْر (٢) انقطاع مفاجئ (٣) الفِصال: انفصال الأزهار أو الأوراق أو الثمار بفعل بعض الخلايا الواقعة في الغصن أو اللِّحاء (نب).

ab·sconce [ăb skŏnsʹ] *(n.)* مصباح قاتم [للمِنْضَدَة] (كث).

ab·scond [ăb skŏndʹ] *(vi.)* يَفِرّ [سِرًّا ثم يستخفي].

ab·sence [ăbʹsəns] *(n.)* (١) غِياب (٢) فقدان؛ انعدام.

absence of mind *(n.)* الذُّهول؛ شُرود الذِّهن.

ab·sent[1] [*adj.* ăbʹsənt; *v.* ăb sĕntʹ] *(adj.; vt.)* (١) غائب (٢) مفقود؛ لا وجود له <Revenge is ~ from his mind.> (٣) ذاهل؛ شارد الذِّهن § (٤) يَغِيب؛ يتغيَّب.

ab·sent[2] [ăbʹsĕnt] *(prep.)* بدون؛ من غير.

ab·sen·tee [ăbʹsən tēʹ] *(n.)* (١) الغائب؛ المتغيِّب (٢) المالك المتغيِّب: مالك مقيمٌ في بلاد أو مقاطعة بعيدة عن أطيانِهِ.

absentee ballot *(n.)* الاقتراع الغيابيّ: اقتراع يُمكِّن الناخب المتغيِّب من التصويت مُسْبَقًا بواسطة البريد.

ab·sen·tee·ism *(n.)* التغيُّبيّة؛ التغيُّب المتطاول: «أ» تغيُّب المالك تغيُّبًا متطاولًا عن أملاكه. «ب» تغيُّبٌ مزمنٌ عن العمل أو المدرسة.

ab·sent·mind·ed [-mīnʹdĭd] *(adj.)* ذاهل؛ شارد الذهن.

ab·sent·mind·ed·ness *(n.)* الذُّهول؛ شرود الذهن.

absent voter *(n.)* الناخب المُتَغيِّب: ناخب يَضطرُّهُ المرض أو الابتعاد

القاهر عن دائرته الانتخابيّة إلى الاقتراع بواسطة البريد.

ab·sinthe *also* **ab·sinth** [ăb′sĭnth] *(n.)* الأَفْسِنتين: «أ» عشبة مُعمِّرة (نب). «ب» شراب كحوليّ مُنكَّهٌ بالأَفْسِنتين.

ab·sinth·ism [ăb′sĭnth ĭz əm] *(n.)* الأَفْسِنتينيّة؛ التسمّم الأَفْسِنتينيّ: حالة مَرَضية ناشئة عن الإفراط في تناول الأَفْسِنتين (ط).

ab·sin·thi·um [ăb sĭn′thĭ əm] *(n.)* (١) الأَفْسِنتين (را. absinthe *a*) (٢) أوراق الأَفْسِنتين المجفَّفة (صي).

ab·so·lute [ăb′sə lo͞ot′; -lyo͞ot′] *(adj.; n.)* (١) كامل؛ غير منقوص <the ~ truth> (٢) خالص؛ مَحْض <an ~ lie> (٣) صِرف؛ غير ممزوج بالماء <~ alcohol> (٤) مُطْلَق: «أ» استبداديّ؛ غير مقيَّد بدستور <~ monarchy>. «ب» غير مقيَّد بشروط <~ freedom>. «ج» غير نسبيّ <~ knowledge> (٥) ثابت؛ لا ريب فيه <~ proof> § (٦) *cap.*: المُطْلَق؛ الحقيقة المُطْلَقة (فف). — **ab·so·lute·ness** *(n.)*

ab·so·lute·ly *(adv.)* (١) إطلاقًا؛ بكل ما في الكلمة من معنًى؛ مئةً بالمئة <~ impossible> (٢) على نحو جازم أو قاطع <He refused ~.> (٣) من غير ريب (ع).

absolute majority *(n.)* الأكثرية المُطْلَقة.

absolute monarchy *(n.)* المَلكيّة المُطْلَقة.

absolute temperature *(n.)* درجة الحرارة المطلقة (فز).

absolute value *(n.)* القيمة المُطْلَقة (ر).

absolute zero *(n.)* الصِّفر المُطْلَق (كف).

ab·so·lu·tion *(n.)* (١) إحلال من تَبِعةٍ أو واجب (٢) غفران (كن).

ab·so·lut·ism *(n.)* (١) «أ» الاستبدادية: نظرية سياسية تقول بأن السلطة المطلقة يجب أن تُناط بحاكم واحد أو أكثر. «ب» حكومة استبدادية. «ج» المناداة بضرورة الحكم الاستبدادي (٢) مبدأ مطلَق؛ مقياس مطلَق.

ab·so·lu·tist *(n.)* الاستبداديّ: المؤيد للاستبداد أو الحُكم المطلَق.

ab·so·lut·ize [ăb′sə lo͞ot′īz′] *(vt.)* يَجْعله مُطْلَقًا؛ يحوِّلُهُ إلى مُطْلَق.

ab·sol·u·to·ry [ăb sŏl′yə tōr′ĭ] *(adj.)* إحلاليّ؛ غُفرانيّ.

ab·solve [ăb sŏlv′; ăb zŏlv′] *(vt.)* (١) يُحِلّ [من واجبٍ أو تَبِعة] (٢) يَغْفِر.

ab·sorb [ăb sôrb′; -zôrb′] *(vt.)* (١) يستوعب (٢) يَمْتَصّ؛ يتشرَّب (٣) يستنزف (٤) يَشْغَل؛ يملأ (٥) يستغرق في <was ~*ed* in thought> (٦) يتحمّل؛ يُطيق.

ab·sorb·a·bil·i·ty *(n.)* قابليّة الامتصاص.

ab·sorb·a·ble *(adj.)* يُمتصّ؛ قابلٌ للامتصاص؛ ممكنٌ امتصاصُهُ.

ab·sorb·ant *(adj.; n.)* = absorbent.

ab·sorbed [ăb sôrbd′; -zôrbd′] *(adj.)* مستغرِق؛ مُنهمك <~ in thought>.

ab·sorb·en·cy [ăb sôr′bən sĭ] *(n.)* المُمْتَصِّيّة؛ الماصِّيّة.

ab·sorb·ent *(adj.; n.)* (١) مُمتصّ؛ ماصّ § (٢) شيء ممتصٌّ أو ماصٌّ.

ab·sorb·ing *(adj.)* مستغرِق للانتباه أو مستحوذٌ عليه؛ مُمتع.

ab·sorp·tion *(n.)* (١) امتصاص (٢) استغراق؛ انهماك.

absorption band *(n.)* شريط الامتصاص (فز).

absorption coefficient *(n.)* مُعامِل الامتصاص (فز).

absorption control *(n.)* التحكُّم الامتصاصيّ (فزن).

absorption spectrum *(n.)* طَيْف الامتصاص (فز).

ab·sorp·tive [ăb′sôrp′tĭv] *(adj.)* ممتصّ؛ ماصّ.

ab·sorp·tiv·i·ty *(n.)* المُمْتَصِّيَّة؛ الماصِّيَّة: القدرة على الامتصاص.

ab·stain [ăb stān′] *(vi.)* (١) يُمسك أو يَكُفّ عن (٢) يمتنع عن.

ab·stain·er *(n.)* (١) المُمْسِك [عن المُسْكرات] (٢) المُمتنِع.

ab·ste·mi·ous [ăb stē′mĭ əs] *(adj.)* (١) معتدل أو غير مُسْرِف [وبخاصة في الطعام والشراب وضروب الملذات] (٢) مُتناوَلٌ باعتدال <an ~ diet> (٣) مُتَّسِم بالاعتدال <an ~ life>.

ab·sten·tion [ăb stĕn′shən] *(n.)* إمساك أو امتناع عن...

ab·sten·tious [-′shəs] *(adj.)* مُمْسِك أو ممتنع عن...

ab·sterge [ăb stûrj′] *(vt.)* (١) يطهِّر؛ ينظِّف (٢) يطهِّر الأمعاء [بحقنة شرجية].

ab·ster·gent [-′jənt] *(adj.; n.)* (١) مُطَهِّر؛ منظِّف § (٢) مادة مطهِّرة.

ab·ster·sive [ăb stûr′sĭv] *(adj.)* مطهِّر؛ منظِّف.

ab·sti·nence [ăb′stə nəns] *(n.)* (١) امتناع [عن المُسْكرات وبعض المآكل] (٢) تعفُّف؛ زُهْد (٣) تقشُّف. — **ab·sti·nent** *(adj.)*

ab·sti·nen·cy [ăb′stə-] *(n.)* = abstinence.

ab·stract[1] [ăb′străkt; ăb străkt′] *(adj.)* (١) مُجرَّد <~ truth> (٢) عويص <~ problems> (٣) مثاليّ <~ justice> (٤) تجريديّ <Beauty is ~.> (٥) نظريّ؛ غير تطبيقيّ <~ science>.

ab·stract[2] [ăb′străkt] *(n.)* (١) خلاصة <an ~ of a speech> (٢) فكرة تجريدية (٣) أثر فنّيّ تجريديّ.

in the ~, نظريًّا؛ تجريديًا.

the ~, المثل الأعلى.

ab·stract[3] [ăb străkt′] *(vt.)* (١) يستخلص؛ ينزع؛ يَفصِل أو يُزيل <to ~ metal from ore> (٢) يجرِّد <to ~ the notions of time, of space, or of matter> (٣) يُلخِّص، يُوجز (٤) يَصْرف الانتباهَ عن (٥) يَسْرِق؛ يَسْلُب.

ab·stract·ed *(adj.)* (١) ذاهل؛ شارد الذهن (٢) تجريديّ.

ab·stract·ed·ly *(adv.)* (١) بذهول؛ بِشُرود ذهن (٢) تجريديًا.

ab·stract·ed·ness *(n.)* ذُهول؛ شُرود ذهن.

abstract expressionism *(n.)* التعبيرية التجريدية: مذهب في الرسم يتَّسم بالخطوط المتمعّجة والأشكال الشاذّة والسطوح المغالى في زخرفتها.

ab·strac·tion [ăb străk′-] *(n.)* (١) استخلاص؛ فَصْل إلخ (٢) «أ» تجريد (مج). «ب» فكرة تجريدية؛ تعبير تجريدي (٣) ذهول (٤) لوحة فنّية تجريدية.

ă at; ā date; â care; ä car; ĕ egg; ē me; ĭ in; ī bite; ŏ lot; ō bone; ô orphan; oi boil; o͝o good; o͞o boot; ou out; ŭ under; û urgent; ə = *a* in alone, *e* in system, *i* in easily, *o* in gallop, *u* in circus.

ab·strac·tion·ism *(n.)* التجريدية: «أ» رسم اللوحات الفنية التجريدية. «ب» مبادئ الفن التجريدي أو مُثُلُهُ العليا.

ab·strac·tion·ist *(n.; adj.)* (١) الفنان التجريدي § (٢) تجريديّ.

ab·strac·tive [ăb străk′tĭv] *(adj.)* (١) تجريديّ (٢) تلخيصيّ.

ab·stract·ly *(adv.)* تجريديًا؛ نظريًا.

abstract noun *(n.)* اسم المعنى (ل).

abstract number *(n.)* العدد المجرَّد (ر).

abstract of title خُلاصة السَّنَد: صورة موجزة عن سند التمليك (ق).

ab·strict [ăb strĭkt′] *(vt.)* يَفْصِم؛ يُحْدث انفصامًا.

ab·stric·tion *(n.)* الانفصام: تَقَسُّم الأبواغ في الخيوط الفُطرية (نب).

ab·struse [ăb stroos′] *(adj.)* (١) مُبْهَم؛ غامض؛ مستغلِق <~ questions> (٢) صعب <~ language>. **— ab·struse·ness** *(n.)*

ab·surd [ăb sûrd′; -zûrd′] *(adj.; n.)* (١) سخيف؛ منافٍ للعقل؛ مُضْحِك § (٢) العَبَث: حالة يتواجد فيها الإنسان في عالمٍ لاعقلاني خلوٍ من المعنى.

ab·surd·ism *(n.)* العَبَثانيّة؛ فلسفة العَبَث.

ab·surd·ist *(n.)* العَبَثانيّ: القائل بالعَبَثانية أو فلسفة العَبَث.

ab·surd·i·ty *(n.)* (١) سُخْف (٢) السَّخافة؛ شيء سخيف.

ab·surd·ly *(adv.)* على نحوٍ سخيف؛ على نحوٍ لامعقول.

ab·surd·ness *(n.)* سُخْف؛ لامعقوليّة؛ مُنافاة للعقل.

a·bub·ble [ə bŭb′əl] *(adj.)* (١) فوّار (٢) ناشط؛ مُهتاج.

a·build·ing [ə bĭl′dĭng] *(adj.)* قَيْد الإنشاء؛ تحت التشييد.

a·bu·li·a [ə byoo′lĭ ə] *(n.)* فَقْدُ الإرادة (نف).

a·bun·dance [ə bŭn′dəns] *(n.)* (١) وَفْرة؛ غزارة <blessings in ~> (٢) فَيْض <an ~ of good things> (٣) عَدَد وافر <~ who want bread>.

a·bun·dant [-dənt] *(adj.)* (١) غنيّ؛ خِصْب (٢) وافر؛ غزير.

a·bun·dant·ly *(adv.)* (١) بغِنًى؛ بخِصْب (٢) بوَفْرة؛ بغزارة.

abundant number *(n.)* العدد الزائد (ر).

a·bus·a·ble [ə byooz′ə-] *(adj.)* يُساء استعمالُهُ: عُرضةٌ لسوء الاستعمال.

a·buse [*v.* ə byooz′; *n.* -s′] *(vt.; n.)* (١) يَشْتِم (٢) يُسيء استعمال (٣) يستغلّ (٤) يُسيء المعاملة؛ يَظْلِم § (٥) *pl.*: مساوئ؛ مفاسد <~s of bad government> (٦) إساءة استعمال (٧) إيذاء؛ سوء معاملة (٨) سِباب؛ كلام بذيء (٩) اغتصاب.

a·bu·sive [ə byoo′sĭv] *(adj.)* (١) تَعَسُّفيّ؛ اعتسافيّ (٢) فاسد <~ financial practices> (٣) بذيء (٤) مُؤذٍ جسديًّا.

a·but [ə bŭt′] *(vi.;t.)* (١) يُتاخِم (٢) يرتكز على؛ يناكِب **x** (٣) يجعله مُتاخِمًا لِـ أو مرتكزًا على.

a·bu·ti·lon [ə byoo′tə lŏn′] *(n.)* الأَوْبوطيلون: نبات استوائي.

a·but·ment [ə bŭt′mənt] *(n.)* (١) متاخَمة؛ محاذاة (٢) مُرْتَكَز (٣) وُصْلة (٤) الكتِف؛ كتِفُ القنطرة (عم).

a·but·tals [ə bŭt′əlz] *(n. pl.)* تُخوم؛ حدود.

a·but·ter [ə bŭt′ər] *(n.)* المُتاخِم: مالكُ الأرض المتاخِمة.

a·but·ting [ə bŭt′ĭng] *(adj.)* مُتاخِم؛ مُحاذٍ؛ مُلاصِق.

a·buzz [ə bŭz′] *(adj.)* ضاجٌّ؛ آزٌّ؛ لاغِطٌ.

a·bysm [ə bĭz′əm] *(n.)* = abyss.

a·bys·mal [ə bĭz′məl] *(adj.)* (١) عميق؛ سحيق؛ لا نهاية له (٢) مُطْبِق؛ تامّ <~ ignorance>.

a·byss [ə bĭs′] *(n.)* (١) جهنَّم (٢) اللاّتكَوُّن [في ما قبل الخليقة] (٣) هاوية (٤) غَوْر (٥) اللُّجّ: مُعظم الماء حيث لا يُدْرَك قَعْرُهُ.

a·byss·al [ə bĭs′əl] *(adj.)* (١) لا يُسْبَر غَوْرُهُ (٢) غَوْريّ (٣) أعماقيّ: ذو علاقة بأعماق المحيط.

Ab·ys·sin·i·an [ăb′ə sĭn′-] *(adj.; n.)* (١) حبشيّ؛ إثيوبيّ § (٢) واحد الأحباش.

A·C·, *<alternating current>* «تم» (مج): تيار متناوب (كب).

a·ca·cia [ə kā′shə] *(n.)* (١) صَمغ عَرَبيّ (٢) سَنْط؛ أقاقيا (نب).

ac·a·deme [ăk′ə dēm′] *(n.)* (١) مَعْهد؛ جامعة (٢) الحياة الجامعية.

ac·a·de·mi·a [ăk′ə dē′mē ə] *(n.)* العالَم الأكاديميّ.

ac·a·dem·ic [ăk′ə dĕm′ĭk] *(adj.; n.)* (١) «أ» جامعيّ <~ costume>. «ب» نظريّ؛ غير عمليّ <an ~ thinker>. «ج» أكاديميّ: مبنيّ على الدراسة الرسمية في معهد أو جامعة (٢) أكاديميّ: ذو علاقة بالأدب أو الفن لا بالدراسات التقنية أو المهنية (٣) مُصْطَلَحيّ؛ تقليديّ: متفق مع قواعد أو تقاليد مذهب أدبي أو فنيّ (٤) تجريديّ <an ~ question> § (٥) الأكاديميّ: «أ» عضو كلية أو جامعة. «ب» امرؤ أكاديميّ الثقافة أو النظرة إلى الأشياء.

ac·a·dem·i·cal [-dĕm′ə kəl] *(adj.)* = academic.

a·cad·e·mi·cian [ə kăd′ə mĭsh′ən] *(n.)* (١) المَجْمَعِيّ: عضو مجمع علمي أو أدبي أو فني (٢) الأكاديميّ: «أ» أحد أتباع تقليدٍ فني أو فلسفي معيَّن أو أحد المروّجين للفكرات التي يقوم عليها هذا التقليد. «ب» academic.

a·cad·e·my [ə kăd′ə mĭ] *(n.)* (١) *cap.*: أكاديمية أفلاطون؛ أكاديمية أثينا (٢) الأكاديمية: «أ» مدرسة ثانوية أهلية أو خاصّة. «ب» معهد لتدريس فن أو علم معيَّن (٣) مَجْمَعٌ [فنّيّ أو علميّ أو أدبيّ].

acanth- *or* **acantho-** بادئة معناها: شوك *<acanthous>*.

ac·an·tha·ceous [ăk′ən thā′shəs] *(adj.)* (١) شائك (٢) أقَنْثيّ: ذو علاقة بالأقَنْثيّات **Acanthaceae** وهي فصيلة من ذوات الفلقتين (نب).

a·can·tho·ceph·a·lan [ə kăn′thə sĕf′ə lən] *(n.; adj.)* (١) الشائكة الرأس: دودة من شائكات الرؤوس **Acanthocephala** وهي طائفة من الديدان الخيطية § (٢) شائكة الرأس.

a·can·thoid [ə kăn′thoid] *(adj.)* شوكيّ؛ شائك.

ac·an·thop·ter·yg·i·an [ăk′ən thŏp′tə rĭj′ĭ ən] *(n.; adj.)* (١) الشائكة الزَّعانف: سمكة من شائكات الزعانف **Acanthopterygii** وهي رتبة من السمك ذات زعانف شائكة § (٢) شائكة الزعانف.

a·can·thous [ə kăn′thəs] *(adj.)* شائك.

a·can·thus [-ˈthəs] *(n.)* pl. -thus·es *also* -thi [thī] (١) الأَقَنْثا؛ الأَقَنْثوس: نبات شائك من فصيلة الأقَنْثِيّات (٢) الزخرف الأقَنْثيّ: زخرف شبيهٌ بأوراق الأقَنْثا (عم).

acanthus 2.

a cap·pel·la *also* **a ca·pel·la** [äˈkə pĕlˈə] *(adv.)* كَنَسيًّا: بدون مصاحَبة من الآلات الموسيقية (مو).

ac·a·ri·a·sis [ăkˈə rīˈə sĭs] *(n.)* الحُلام؛ داء الحَلَم: مرض جلدي (ط).

ac·a·rid [ăkˈə rĭd] *(n.; adj.)* (١) الحَلَمة؛ القُرادة: واحدةٌ من القُراديات Acaridae وهي فصيلة من العَنكبوتيات § (٢) حَلَميّ؛ قُراديّ.

a·car·i·dan [ə kărˈə dən] *(n.; adj.)* = acarid.

ac·a·roid [ăkˈə roidˈ] *(adj.)* قُراداني: شبيه بالقُراد.

a·car·pel·ous *or* **a·car·pel·lous** [ā kärˈ pəl əs] *(adj.)* لاكَرْبَليّ؛ لاخِبائيّ؛ عديم الكَرْبلة أو الخِباء (نب).

a·car·pous [ā kärˈpəs] *(adj.)* لاثَمَريّ؛ عديم الثمر (نب).

ac·a·rus [ăkˈə rəs] *(n.)* pl. -ri [rī] الحَلَمة؛ القُرادة (را. acarid).

a·cat·a·lec·tic [ā kătˈə lĕkˈtĭk] *(adj.)* كامل التفاعيل (عر).

a·cau·dal [ā kôˈdəl] *(adj.)* = acaudate.

a·cau·date [ā kôˈdāt] *(adj.)* لاذَيليّ؛ عديم الذَّيل (ح).

a·cau·les·cent [āˈkô lĕsˈənt] *(adj.)* لاساقيّ؛ عديم السّاق (نب).

a·cau·line [ā kôˈlĭn] *(adj.)* = acaulescent.

ac·cede [ăk sēdˈ] *(vi.)* (١) ينضمّ [إلى معاهدة أو حزب] (٢) يوافق (٣) يتبوّأ منصبًا؛ يرتقي العرش.

ac·cel·er·an·do [ăk sĕlˈə ränˈdō] *(adv.; adj.)* (١) بتسارع تدريجيّ (مو) § (٢) متسارع تدريجيًّا (مو).

ac·cel·er·ant [ăk sĕlˈər ənt] *(n.)* المُعاجِل؛ المُسَرِّع (ك).

ac·cel·er·ate [ăk sĕlˈə rātˈ] *(vt.; i.)* (١) يُعَجِّل <to ~ growth> (٢) يُعجِّل؛ يعاجِل؛ يُسَرِّع (فز) x (٣) يتعاجل؛ يتسارع؛ يزداد سرعةً (٤) يتعاظم؛ يستفحل.

ac·cel·er·at·ed [-ˈə rāˈtĭd] *(adj.)* مُعَجَّل؛ مُعاجَل؛ مُسَرَّع (فز).

ac·cel·er·a·tion [ăk sĕlˈə rāˈ-] *(n.)* (١) تعجيل؛ تسريع (٢) التعاجُل؛ التّسارُع: ازديادٌ في السُّرعة أو نسبة ذلك الازدياد (فز).

acceleration of gravity *(n.)* تعاجُل أو تسارُع الجاذبية (فز).

ac·cel·er·a·tive [-ˈə rāˈ tĭv] *(adj.)* مُعجِّل؛ مُعاجِل؛ مُسَرِّع.

ac·cel·er·a·tor *(n.)* المُعاجِل؛ المُسَرِّع: «أ» عَصَب [أو عضلة] يُسرِّع أداءَ عملٍ ما (ت). «ب» دوّاسة البنزين (سي). «ج» مادة تزيد في سرعة التفاعل (ك).

ac·cel·er·om·e·ter [-rŏmˈə-] *(n.)* المِعْجَل (مج)؛ مقياس التّسارع (فز).

ac·cent [*n.* ăkˈsĕnt; *v.* ăkˈsĕnt, ăk sĕntˈ] *(n.; vt.)* (١) لهجة (٢) نَبْرة [صوت] (٣) النَّبرة؛ العلامة النُّطقيّة: حركة تستعمل في الكتابة أو الطباعة للدلالة على نبرة اللفظ (٤) التوكيد: «أ» توكيد لبعض النغمات (مو). «ب» توكيد يوضع على جزء من العمل الفني. «ج» جزء مؤكَّد عليه من العمل الفنيّ (٥) الشَّكْلة؛ الحركة: حركة أو إشارة توضع على حرفٍ أو عَدَد أو إلى يمينهما (٦) توكيد؛ تأكيد <~ on freedom> § (٧) يَنْبُر: يلفظ حرفًا أو مقطعًا بقوّة أعظم أو جَرْسٍ مختلف (٨) يَشْكُل [الحَرْفَ إلخ] (٩) يؤكّد.

accent mark *(n.)* (١) النَّبرة (را. accent 3) (٢) الشكلة؛ الحركة (را. accent 5) (٣) رمز التوكيد: رمز يُستخدم للدلالة على التوكيد الموسيقي.

ac·cen·tu·al [ăk sĕnˈcho͞o əl] *(adj.)* نَبْريّ: ذو علاقة بنَبْرةٍ.

ac·cen·tu·ate [ăk sĕnˈcho͞o ātˈ] *(vt.)* (١) يَنْبُر: يضع التوكيد، عند اللفظ، على حرف أو مَقْطع (٢) يَشْكُل [الحَرْفَ إلخ] (٣) يؤكّد؛ يُبرز.

ac·cept [ăk sĕptˈ] *(vt.; i.)* (١) يَقْبَل؛ يَرضى (٢) يُقِرّ؛ يوافق على (٣) «أ» يسلّم بِـ. «ب» يصدِّق. «ج» يفهم (٤) يلبّي [دعوةً]؛ يقبل منصبًا (٥) يقبل الحوالةَ [فيدفع قيمتها].

ac·cept·a·bil·i·ty *(n.)* المَقْبوليّة؛ المُسْتَحْسَنيّة.

ac·cept·a·ble [ăk sĕpˈtə bəl] *(adj.)* مقبول؛ مُرْضٍ؛ مُسْتَحْسَن.

ac·cept·a·ble·ness *(n.)* = acceptability.

ac·cep·tance [ăk sĕpˈtəns] *(n.)* (١) قَبول؛ رضًا؛ موافقة (٢) مَقْبولية (٣) «أ» قَبول الحوالة. «ب» الحوالة المقبولة (٤) المعنى المشهور؛ المعنى الشائع: معنى اللفظةِ المقبولُ عادةً عند الجمهور (ل).

ac·cept·an·cy *(n.)* قبول؛ رضًا إلخ.

ac·cept·ant [-ˈtənt] *(adj.)* راغب في القبول؛ نزّاع إلى القبول.

ac·cep·ta·tion *(n.)* (١) قَبول؛ استحسان (٢) acceptance 4.

ac·cept·ed *(adj.)* (١) مقبول (٢) مُسْتَحْسَن (٣) واسع الانتشار (٤) تقليديّ؛ مُتَّفَقٌ عليه؛ مُسَلَّم بصحّتِهِ.

ac·cept·ee [ăkˈ sĕp tēˈ] *(n.)* المقبول [في وظيفة إلخ].

ac·cept·er *or* **ac·cep·tor** [ăk sĕpˈtər] *(n.)* (١) القابل (٢) قابلُ الحوالة.

ac·cep·tive [ăk sĕpˈtĭv] *(adj.)* (١) مُتَقبِّل؛ مُنْفَتِح على <~ of every new idea> (٢) مقبول؛ مُرْضٍ؛ ملائم.

ac·cess [ăkˈsĕs] *(n.; vt.)* (١) نوبة [مرض] (٢) فورة [اهتياج] (٣) «أ» الإذن بالدخول على شخص أو القدرةُ على ذلك. «ب» حرية الوصول إلى شيء أو الاقترابِ منه أو استعمالِه. «ج» وسيلة الوصول أو الاقترابِ: مَدْخَل. «د» وصول؛ دُنُوّ؛ اقتراب (٤) نموّ؛ تكاثر (٥) النَّيْل؛ الوصول: الحصول على المعلومات من ذاكرة الكومبيوتر (ألك) § (٦) ينال؛ يَصِل إلى.

ac·ces·sa·ry [ăk sĕsˈə rĭ] *(n.)* = accessory.

ac·ces·si·bil·i·ty *(n.)* (١) إمكانية الوصول [إلى شيء] أو الحصول عليه (٢) سهولة المَنال (٣) إمكانية الفهم.

ac·ces·si·ble [ăk sĕsˈə bəl] *(adj.)* (١) في متناوَل اليد: ممكنُ الوصول إليه أو الحصول عليه (٢) سهل المنال <A telephone should be put where it will be ~.> (٣) متقبِّل أو قابلٌ لِـ <~ to bribery> (٤) منفتح؛ منفتح لتأثير كذا <a mind ~ to reason> (٥) ممكنٌ فَهْمُهُ.

ac·ces·sion [ăk sĕshˈən] *(n.)* (١) إضافة؛ شيء مَزيد <a list of ~s>

ă at; ā date; â care; ä car; ĕ egg; ē me; ĭ in; ī bite; ŏ lot; ō bone; ô orphan; oi boil; o͝o good; o͞o boot; ou out; ŭ under; û urgent; ə = *a* in alone, *e* in system, *i* in easily, *o* in gallop, *u* in circus.

(٢) انضمام <~ to a treaty> (٣) تكاثُر ؛ تعاظُم ؛ نماء <an ~ of wealth> (٤) رضًا ؛ موافقة ؛ قَبول <~ to a demand> (٥) دُنوّ ؛ اقتراب (٦) تَبَوُّؤ ؛ تسنُّم ؛ ارتقاء <~ to the throne> (٧) نوبة ؛ فورة ؛ انفجار .

ac·ces·so·ri·al [ăk′sə sōr′-] *(adj.)* إضافيّ ؛ ثانويّ <~ services> .

ac·ces·so·ry[1] *also* **ac·ces·sa·ry** [ăk sĕs′ə rĭ] *(n.)* (١) «أ» مُلْحَق ؛ تابع ؛ شيء ثانويّ . «ب» شيء كماليّ <auto *accessories*> (٢) المتدخِّل ؛ المُشارِك : «أ» من يساعد على ارتكاب جريمة [من غير أن يكون حاضرًا فعلًا] أو يحرِّض على ارتكابها . ويُدعَى accessory before the fact . «ب» مَنْ يؤوي المجرم وهو يَعْلم أنه مجرم . ويُدعى accessory after the fact.

ac·ces·so·ry[2] *(adj.)* (١) مساعد ؛ ثانويّ (٢) فَرْعيّ ؛ مُلْحَق <~ contracts> (٣) إضافيّ : موجود بمقادير ضئيلة أو بصورة ثانوية <an ~ mineral in a rock> (٤) متدخِّل ؛ مشارِكٌ في .

accessory contract *(n.)* العَقْد الفَرْعيّ ؛ العَقْد الملحَق (ق) .

ac·ci·dence [ăk′sə dəns] *(n.)* الصَّرْف ؛ علم الصَّرف (ل) .

ac·ci·dent [ăk′sə dənt] *(n.)* (١) مصادفة (٢) الحادث : حادث مشؤومٌ عادةً (٣) العَرَض : صفة زائدة أو غير جوهرية <Beauty is an ~.> .

ac·ci·den·tal [ăk′sə dĕn′təl] *(adj.; n.)* (١) عَرَضيّ ؛ غير جوهري أو أساسي (٢) طارئ ؛ اتفاقيّ ؛ غير مقصود § (٣) العَرَض : كلّ ما هو غير جوهريّ (٤) المحوِّلة : علامة التحويل الموسيقي (مو) .

ac·ci·den·tal·ly *(adv.)* مصادفةً ؛ اتفاقًا ؛ من غير قَصْد .

ac·ci·dent–prone *(adj.)* مُعَدّ للحوادث : مُهَيَّأ أو مُعَرَّض للإصابة بالحوادث .

ac·ci·die [ăk′sə dē] *(n.)* = acedia.

ac·cip·i·ter [ăk sĭp′ə tər] *(n.)* صَقْر ؛ باز (طا) .

ac·claim [ə klām′] *(vt.; i.; n.)* (١) يُصفِّق لِـ ؛ يهتف أو يُهَلِّل <to ~ the heroes> (٢) يُنادي به مَلِكًا إلخ § (٣) تصفيق ؛ تهليل ؛ هُتاف .

ac·cla·ma·tion [ăk′lə mā′shən] *(n.)* (١) تصفيق ؛ هُتاف ؛ تهليل (٢) التصويت التهليليّ : تصويت انفعاليّ تأييدًا لمشروع برلمانيّ وذلك من طريق التصفيق والهتاف لا من طريق إحصاء الأصوات .

ac·clam·a·to·ry [ə klăm′ə tōr′ĭ] *(adj.)* تصفيقيّ ؛ هُتافيّ ؛ تهليليّ .

ac·cli·mate [ə klī′mĭt; ăk′lə māt′] *(vt.; i.)* (١) يُؤَقْلِم : يكيِّف وفقًا لإقليم جديد أو مُناخ جديد إلخ x (٢) يَتَأَقْلَم .

ac·cli·ma·tion [ăk′lə mā′shən] *(n.)* (١) أَقْلَمة (٢) تَأَقْلُم .

ac·cli·ma·ti·za·tion [ə klī′mət ə zā′shən] *(n.)* = acclimation.

ac·cli·ma·tize [ə klī′mə tīz′] *(vt.; i.)* = acclimate.

ac·cliv·i·ty [ə klĭv′ə tĭ] *(n.)* حَدَبٌ ؛ مُرْتَقًى ؛ حُدورٌ صاعد .

ac·co·lade [ăk′ə lād′; ăk′ə läd′] *(n.)* (١) معانَقة ؛ احتضان (٢) «أ» حفلة الاحتضان : حفلة تقام عند منح المرء رتبة فارس . «ب» حفلة تكريم (٣) وسام ؛ نَوْط ؛ مدالية (٤) إطراء ؛ ثناء .

ac·com·mo·date [ə kŏm′ ə dāt′] *(vt.; i.)* (١) يكيِّف ؛ يلائم (٢) يُوَفِّق بين ؛ يُلائم بين ؛ يُسَوِّي [الخلافات] (٣) يُصْلح (٤) يمنح ؛ يُقْرِض (٥) يؤوي ؛ يُسْكِن (٦) يتَّسع لِـ <Our hotel can ~ 800 guests.> (٧) يؤدِّي خدمةً إلى <to ~ a friend> x (٨) يتكيَّف مع .

ac·com·mo·dat·ing *(adj.)* لطيف ؛ مُياسِر ؛ مُجامِل ؛ ليِّن العريكة .

ac·com·mo·da·tion [ə kŏm′ə dā′shən] *(n.)* (١) كلّ ما يؤمِّن الراحة أو يُشبع الحاجة ، مثل : «أ» *pl.* : التسهيلات ؛ أسباب أو وسائل الراحة والتسلية [بما فيها المبيت والطعام] . «ب» قطار إلخ يقف في جميع المحطات تقريبًا . «ج» قرض (٢) «أ» تجهيز ؛ تزويد . «ب» تكييف ؛ تكيُّف . «ج» توفيق ؛ ملاءَمة ؛ تسوية [للخلافات] (٣) مجاملة (٤) المطابقة : تكَيُّف العين ، على نحو آليّ ، مع المسافات المختلفة (فس) (٥) كمبيالة الإسعاف أو المجاملة (تج) .

ac·com·mo·da·tion·ist *(n.)* المُتَكَيِّف : من يكيِّف نفسه وفقًا لرأيٍ مخالف . وبخاصة : زنجيّ متكيِّف مع مسالك البِيض ومُثُلهم العليا .

ac·com·mo·da·tive [ə kŏm′ə dā′tĭv] *(adj.)* تكييفيّ ؛ تكيُّفيّ .

ac·com·mo·da·tor *(n.)* الخادم البديل : بديلٌ يحلّ محل خادم نظاميّ .

ac·com·pa·ni·ment [ə kŭm′pə nĭ mənt] *(n.)* (١) مُصاحَبة ؛ مرافَقة ؛ مسايَرة (٢) الدَّور المصاحِب : دورٌ ثانَوي في العزف أو الغناء يؤدِّي تقويةً للآلة الرئيسية أو الصوت الرئيسي أو تكملةً لهما (مو) (٣) المُتَمِّم : شيء ثانوي يضاف بغيَةَ التكميل أو التزيين أو إحداث الانسجام (٤) شيء مُلازِم .

ac·com·pa·nist [ə kŭm′-] *(n.)* العازِف المصاحِب ؛ المُغنّي المصاحِب .

ac·com·pa·ny [ə kŭm′pə nĭ] *(vt.; i.)* (١) يُرافِق ؛ يَصْحَب ؛ يصطحب (٢) يُلازم (٣) يُصاحب : يؤدِّي دورًا مُصاحِبًا في العَزْف أو الغناء (٤) يُرفِق .

ac·com·pa·ny·ist [ə kŭm′pə nĭ ĭst] *(n.)* = accompanist.

ac·com·plice [ə kŏm′plĭs] *(n.)* المتواطئ ؛ الشريك [في جريمة] .

ac·com·plish [ə kŏm′plĭsh] *(vt.)* (١) يُنجز ؛ يُتِمّ ؛ يُحقِّق (٢) يَبْلُغ ؛ يجتاز ؛ يُكْمِل <~*ed* sixty years> .

ac·com·plished [ə kŏm′-] *(adj.)* (١) مُنْجَز ؛ مُتَمَّم (٢) ضليع ؛ مُتَمكِّن <an ~ scholar> (٣) كيِّس ؛ مصقول [اجتماعيًا] ؛ مجيد للفنون الاجتماعية كالموسيقى والرقص والرسم إلخ (٤) واقع ؛ مقرَّر <an ~ fact> .

ac·com·plish·ment *(n.)* (١) إنجاز ؛ إتمام ؛ تحقيق (٢) المُنْجَز : مأثَرَة أو عملٌ بارع <the ~*s* of Arab scientists> (٣) كياسة .

ac·cord [ə kôrd′] *(vt.; i.; n.)* (١) يلائم ؛ يُوَفِّق بين <to ~ controversies> (٢) يَمْنح x (٣) ينسجم ؛ يتّفق § (٤) اتّفاق ؛ تطابق ؛ انسجام (٥) اتفاق ؛ ميثاق ؛ معاهدة ؛ تفاهم دُوَلي (٦) الائتلاف (مو) .

of one's own ~, طوعًا ؛ من غير إكراه .

with one ~, بالإجماع ؛ باتفاق الآراء .

ac·cord·ance [ə kôr′dəns] *(n.)* (١) انسجام ؛ مطابَقة (٢) مَنْح <the ~ of a privilege>.

in ~ with وَفقًا لِـ ؛ طِبقًا لِـ .

ac·cord·an·cy [ə kôr′dən sĭ] *(n.)* = accordance.

ac·cord·ant [ə kôr′dənt] *(adj.)* (١) ملائم ؛ موافق ؛ مطابق ؛ منسجم مع (٢) متآلف ؛ متناسق ؛ متناغم .

ac·cord·ing as *(conj.)* وَفْق ما ؛ بِقَدْر ما ؛ حَسْبما ؛ مِثْلَما .

ac·cord·ing·ly *(adv.)* (١) وَفقًا لذلك؛ طِبْقًا لذلك؛ بمُقْتَضَى ذلك (٢) وهكذا؛ وعلى ذلك؛ وتَبَعًا لذلك.

according to *(prep.)* (١) وَفقًا لـِ؛ حَسَبَ؛ بحسَب (٢) تَبَعًا لـِ.

ac·cor·di·on [ə kôr′dĭ ən] *(n.; adj.)* (١) الأكورديون: آلة موسيقية من آلات النفخ § (٢) أكورديونيّ: قابل للطيّ مثل الأكورديون <an ~ door>.

accordion *1.*

ac·cor·di·on·ist [ə kôr′dĭ ə nĭst] *(n.)* عازف الأكورديون.

ac·cost [ə kôst′] *(vt.)* (١) يُبادره بالكلام؛ يدنو منه ويخاطبُهُ (٢) يتصدَّى له: يعترضه ويخاطبُهُ بجفاء.

ac·couche·ment [ə ko͞osh′mənt] *(n.)* ولادة؛ وَضْع.

ac·cou·cheur [ăk′o͞o shûr′; à ko͞o shœr′] *(n.)* طبيب مولِّد.

ac·count [ə kount′] *(n.; vt.; i.)* (١) حساب؛ محاسبة (٢) بيان؛ تقرير؛ تفسير (٣) سبب؛ أساس <On that ~ I must refuse.> (٤) زبون (٥) حسابٌ مَصْرِفي (٦) قيمة؛ أهمية؛ شأن <things of no ~> (٧) ربح؛ فائدة (٨) اعتبار؛ تقدير (٩) رواية؛ وَصْف <Don't always believe newspaper ~s of events.> (١٠) أداء § (١١) يَدْرس؛ يمحِّص (١٢) يعتبر؛ يَعُدّ x <They ~ed themselves lucky.> (١٣) يعلِّل؛ يفسِّر (١٤) يقدِّم بيانًا عن <Salwa's illness ~s for her absence.> (١٥) يتسبَّب في مقتلِهِ أو اعتقاله <His dog ~ed for three of the bandits.>.

- on ~, على الحساب.
- on ~ of بسبب كذا.
- on any ~, مهما يكن السبب؛ بأية حالة؛ مطلقًا.
- on my ~, بسببي؛ من أجلي.
- on no ~, مهما يكن السبب؛ بأية حال؛ مطلقًا.
- on one's own ~, (١) لمصلحته الخاصة (٢) على مسؤوليته.
- to call to ~, (١) يناقشه الحساب (٢) يوبِّخ؛ يقرِّع.
- to make little ~ of لا يُقيم له كبير وزن.
- to take into ~, يُدْخله في اعتباره أو حسابه؛ يحسب حساب كذا.
- to turn into ~, ينتفع بـِ؛ يستفيد من؛ يستغلّ [خبرته الشخصية إلخ] استغلالًا صالحًا.

ac·count·a·bil·i·ty *(n.)* (١) مسؤولية؛ حساب [على أعمال معيَّنة] (٢) التفسيرية: قابلية التفسير أو التعليل.

ac·count·a·ble [ə koun′tə bəl] *(adj.)* (١) مسؤول؛ عُرْضةٌ للمحاسبة (٢) قابل للتفسير؛ قابلٌ للتعليل.

ac·count·a·ble·ness *(n.)* مسؤولية؛ مُحاسَبيَّة.

ac·count·an·cy [ə koun′tən sĭ] *(n.)* المحاسَبة؛ علم المحاسَبة.

ac·count·ant [ə koun′tənt] *(n.)* (١) المسؤول؛ المعرَّض للمحاسبة (٢) المحاسِب [في شركة].

account book *(n.)* دفتر الحساب؛ دفتر المحاسبة.

ac·count·ing [ə koun′tĭng] *(n.)* المحاسَبة؛ علم المحاسبة.

accounts payable *(n. pl.)* حسابات الدفع؛ الذِّمم الدائنة (تج).

accounts receivable *(n. pl.)* حسابات القبض؛ الذِّمَم المَدِينَة (تج).

ac·cou·ter *or* **ac·cou·tre** [ə ko͞o′tər] *(vt.)* يُجهِّز: يزوِّد بالملابس والسِّلاح وبخاصة للخدمة العسكرية.

ac·cou·ter·ment *or* **ac·cou·tre·ment** *(n.)* (١) تجهيز؛ تجهُّز (٢) *pl.* عدّ: تجهيزات؛ أمتعة؛ عُدَّة (جن) (٣) صفة مميِّزة (٤) وسيلة نموذجيّة.

ac·cred·it [ə krĕd′ĭt] *(vt.)* (١) يُجيز؛ يُقرّ؛ يُعزِّز (٢) يصدِّق؛ يؤمن بصحة شيء <She ~ed stories of apparitions.> (٣) يُجيز: يَشْهد بأن معهدًا تعليميًّا إلخ يفي بمطالبَ أو شروط معيّنة (٤) يفوِّض؛ يعتمد رسولًا أو موفدًا أو سفيرًا (٥) ينسِب؛ يعزو إلى <a discovery ~ed to Marconi>.

ac·cred·i·ta·tion *(n.)* إجازة؛ تصديق؛ تفويض؛ اعتماد؛ نسبة.

ac·cred·it·ed *(adj.)* (١) مُقَرّ؛ مُعْتَمَد؛ مَرْعيّ (٢) مُجاز.

ac·crete [ə krēt′] *(vi.; t.)* (١) يلتحم x (٢) يُلحِم (٣) يَجْمع؛ يَرْكُم.

ac·cre·tion [ə krē′shən] *(n.)* (١) تزايُد؛ تنامٍ؛ تعاظُم [من طريق النموّ العُضوي أو بواسطة إضافات خارجية تدريجية] (٢) الإضافة: إضافة خارجية أو غريبة <The last part of the legend is a later ~.> (٣) الالتحام؛ التنامي الالتحاميّ: التحام عضوين منفصلين طبيعيًا ونموُّهما معًا (ط).

ac·cru·al [ə kro͞o′əl] *(n.)* (١) تراكُم؛ تكاثُر (٢) شيء متراكم.

ac·crue [ə kro͞o′] *(vi.; t.)* (١) يستحقّ؛ يصبح حقًّا أو مطلبًا شرعيًا؛ يصبح واجب الإيفاء أو الأداء (٢) ينشأ؛ يَحْصل؛ ينتج؛ يتمّ <Ability to think will ~ to you from good habits of study.> (٣) يتراكم <The interest on her bank account ~d over the years.> x (٤) يَرْكُم؛ يُجَمِّع.

ac·cul·tur·ate [ə kŭl′chə rāt′] *(vt.; i.)* (١) يُثاقِف: يُغيِّر من طريق التثاقُف أو التمازج الثقافي x (٢) يتثاقف: يتغيَّر من طريق التثاقُف.

ac·cul·tur·a·tion *(n.)* التّثاقُف: «أ» تعديل يطرأ على ثقافة الفرد أو الجماعة أو الشعب من طريق الاقتباس من ثقافة أجنبيةٍ ما. «ب» تمازجُ الثقافات الناشئُ عن طول الاحتكاك في ما بينها. — **ac·cu l·tur·a·tion·al** *(adj.)*.

ac·cul·tur·a·tive *(adj.)* مُثاقِف: مساعدٌ على التثاقُف.

ac·cum·bent [ə kŭm′bənt] *(adj.)* (١) مُنْحنٍ إلى الأمام <~ posture> (٢) مُتَّكِئ (نب).

ac·cu·mu·la·ble [ə kyo͞o′myə lə-] *(adj.)* قابلٌ للتكديس أو الركم إلخ.

ac·cu·mu·late [ə kyo͞o′myə lāt′] *(vt.; i.)* (١) يُكدِّس؛ يَرْكُم (٢) يَجْمع <~d a fortune> x (٣) يتكدَّس؛ يتراكم.

ac·cu·mu·lat·ed *(adj.)* متكدِّس؛ متراكم؛ متجمِّع.

ac·cu·mu·la·tion [ə kyo͞o′myə lā′shən] *(n.)* (١) تكديس <the ~ of money> (٢) تراكُم <the ~ of sorrows> (٣) رُكام؛ شيء متراكم.

ac·cu·mu·la·tive [ə kyo͞o′myə lā′tĭv] *(adj.)* تراكُميّ.

ac·cu·mu·la·tor [ə kyo͞o′myə lā′tər] *(n.)* (١) المكدِّس؛ الراكم؛ الجامع (٢) المِرْكَم: حاشدة أو بطارية مُخْتَزِنة.

ac·cu·ra·cy [ăk′yər ə sĭ] *(n.)* (١) ضَبْط (مج)؛ صِحّة (٢) دِقّة .

ac·cu·rate [ăk′yə rĭt] *(adj.)* (١) مضبوط ؛ صحيح (٢) دقيق .

ac·cu·rate·ly *(adv.)* على نحوٍ مضبوط أو صحيح أو دقيق .

ac·cu·rate·ness [ăk′yə rĭt nəs] *(n.)* = accuracy.

ac·curs·ed [ə kûrst′; ə kûr′sĭd] *or* **ac·curst** [ə kûrst′] *(adj.)* (١) ملعون <this ~ devil> (٢) بغيض ؛ كريه .

ac·cus·a·ble [ə kyo͞oz′ə bəl] *(adj.)* عُرْضةٌ للاتّهام .

ac·cus·al [ə kyo͞o′zəl] *(n.)* = accusation.

ac·cus·ant [ə kyo͞oz′ənt] *(n.)* = accuser.

ac·cu·sa·tion [ăk′yo͞o zā′shən] *(n.)* (١) اتّهام (٢) تُهمة مُوَجَّهة .

ac·cu·sa·tive [ə kyo͞o′zə-] *(adj.)* (١) نصْبيّ ؛ مفعوليّ (ل) (٢) اتّهاميّ .

accusative case *(n.)* حالة النَّصب؛ حالة المفعول به (ل).

ac·cu·sa·to·ri·al *(adj.)* مُتّهِميّ : خاصّ بمُتَّهِم أو ذو علاقةٍ به .

ac·cu·sa·to·ry [ə kyo͞o′zə tōr′ĭ] *(adj.)* اتّهاميّ : منطوٍ على اتّهام .

ac·cu·sa·trix [ə kyo͞o zā′trĭks] *(n.)* المُتّهِمة : مُوَجِّهة الاتّهام .

ac·cuse [ə kyo͞oz′] *(vt.; i.)* (١) يتّهم ؛ يوَجّه تُهمةً (٢) يَلوم .

ac·cused *(adj.; n.)* (١) مُتّهَم § (٢) المُتَّهَم ؛ المُدَّعى عليه .

ac·cus·er *(n.)* المُتّهِم؛ مُوَجِّه التُّهمة .

ac·cus·tom [ə kŭs′təm] *(vt.)* يُعَوِّد .

ac·cus·tomed [ə kŭs′təmd] *(adj.)* (١) معتاد؛ مألوف <in her ~ manner> (٢) مُتَعَوِّد <~ to doing good> .

to get ~ to يتعوَّد أمرًا أو يألفُهُ .

AC/DC *(adj.)* خُنثَويّ : منجذبٌ جنسيًا إلى أفراد من كلا الجنسين .

ace [ās] *(n.; adj.; vt.)* (١) آص ؛ واحد [في ورق اللَّعِب أو حجارة الدومينو أو زَهْر النَّرد] (٢) ذَرّة؛ قِيْد شعرة (٣) الطيّار المتفوّق : طيّار أسقطَ خمسَ طائراتٍ عدوّةٍ على الأقلّ (٤) المتفوّق في فنٍّ ما § (٥) ممتاز ؛ من الطراز الأول § (٦) يهزم ؛ يتغلّب على (٧) يُحرز درجةً عاليةً [في امتحان إلخ].

within an ~ of على قِيْد شَعْرةٍ من . . .

-acea لاحقة معناها : حيوانات من رتبة أو طائفة معيّنة .

-aceae لاحقة معناها : نباتات من فصيلةٍ معيّنة <*Rosaceae*> .

a·ce·di·a [ə sē′dē ə] *(n.)* سأمٌ ؛ ضَجَرٌ ؛ بَرَمٌ .

a·cel·da·ma [ə sĕl′də mə; ə kĕl′-] *(n.)* حقل الدم : «أ» ميدان معركة دامية . «ب» مكان ترتبط به ذكرياتٌ أو معانٍ بغيضة .

a·cel·lu·lar [ā sĕl′yə lər] *(adj.)* لاخَلَويّ : غير مكوَّن من خلايا (أح) .

a·cen·tric [ā sĕn′trĭk] *(adj.)* لامَرْكزيّ ؛ غيرُ ذي مَركز .

-aceous لاحقة معناها : «أ» حافلٌ بِـ <set*aceous*> . «ب» مؤلَّف من <carbon*aceous*> . «ج» شبيه بِـ <herb*aceous*> . «د» خاصّ بطائفة من الحيوانات ذات طبيعة معينة <crust*aceous*> .

a·ceph·a·lous [ā sĕf′ə-] *(adj.)* (١) عديم الرأس (ح) (٢) بلا زعيم .

a·ce·quia [ə sā′kyə] *(n.)* ساقية ؛ تُرعة ؛ قناة رِيّ .

ac·er·ate [ăs′ə rāt′] *(adj.)* = acerose.

a·cerb [ə sûrb′] *(adj.)* (١) حَمضيّ المذاق (٢) فظّ ؛ لاذع .

ac·er·bate [ăs′ər bāt′] *(vt.)* يُثير ؛ يُغضِب .

a·cer·bic [ə sûr′bĭk] *(adj.)* = acerb.

a·cer·bi·ty [ə sûr′bə tĭ] *(n.)* (١) حموضة (٢) فظاظة ؛ لَذْع .

ac·er·o·la [ăs′ə rō′lə] *(n.)* الزُّعرور : نبات عُلَّيقيّ الثمار .

ac·er·ose [ăs′ə rōs′] *(adj.)* إبَريّ الشكل <~ leaves> .

a·ce·rous [ā sĭr′əs] *(adj.)* عديم القرون .

a·cer·vate [ə sûr′vĭt; -vāt] *(adj.)* مُعَنْقَد ؛ عُنقوديّ الشكل .

a·ces·cent [ə sĕs′ənt] *(adj.)* مَضِير ؛ مُتَحمِّض .

acet- *or* **aceto-** بادئة معناها : حَمْض الخلّ ؛ خَلّيّ .

ac·e·tab·u·lar [ăs′ə tăb′yə-] *(adj.)* حُقّيّ : خاصّ بالتجويف الحُقّيّ (ت) .

ac·e·tab·u·lum [ăs′ə tăb′yə ləm] *(n.)* pl. **-s** *or* **-la** (١) التجويف الحُقّيّ (ت) (٢) المِمَصّ : عضو المصّ عند العَلَقة .

ac·e·tal [ăs′ə tăl] *(n.)* الأسيتال ؛ الخَلّال : سائل طيّار عديم اللون (ك) .

ac·et·al·de·hyde [-′ də hīd′] *(n.)* الأسيتالديهيد : سائل طيار عديم اللون .

ac·et·am·ide [ăs′ə tăm′īd] *(n.)* الأسيتاميد؛ أميد حَمْض الخلّ (ك) .

ac·et·an·i·lide [ăs′ə tăn′ə līd] *or* **ac·et·an·i·lid** [-lĭd] *(n.)* الأسيتانيليد : مركّب أبيض متبلِّر يُشْتَقّ من الأنيلين وحمض الخلّ (ك) .

ac·e·tate [ăs′ə tāt′] *(n.)* أسيتات ؛ خلّات (ك) .

a·ce·tic [ə sē′tĭk; ə sĕt′ĭk] *(adj.)* خَلّيّ (ك) .

acetic acid *(n.)* حَمْض الخلّ ؛ حَمْض الخلّيك (ك) .

a·cet·i·fi·ca·tion [ə sĕt′ə fĭ kā′-] *(n.)* (١) تخليل (٢) تخلُّل .

a·cet·i·fi·er [ə sĕt′ə fī ər] *(n.)* (١) المخلِّل (٢) جهاز التخليل .

a·cet·i·fy [ə sĕt′ə fī′] *(vt.; i.)* (١) يُخلِّل x (٢) يتخلَّل : يُصبح خلًّا .

ac·e·tim·e·ter [ăs′ə tĭm′-] *(n.)* = acetometer.

aceto- = acet-.

ac·e·tom·e·ter [ăs ə tŏm′ə tər] *(n.)* مقياس حَمْض الخلّ (ك) .

ac·e·tone [ăs′ə tōn′] *(n.)* الأسيتون؛ الخَلُّون : سائل طيار ملتهب (ك) .

ac·e·to·ne·mi·a [ăs′ə tō nē′mĭ ə] *(n.)* تَخَلُّوُن الدَّم (مض) .

ac·e·to·phe·net·i·din [-fə nĕt′ə dĭn] *(n.)* الأسيتوفينيتيدين : مركّب أبيض متبلِّر يُستخدم لتلطيف الألم (ك) .

ac·e·tose [ăs′ə tōs′] *(adj.)* = acetous.

ac·e·tous [ăs′ə təs; ə sē′-] *(adj.)* (١) خَلّيّ (٢) حامض كالخلّ .

ac·e·tyl [ăs′ə tĭl] *(n.)* الأسيتيل ؛ الخَلِّيل (ك) .

a·cet·y·late [ə sĕt′ə lāt′] *(vt.;i.)* (١) يُؤَسْتِل : يُدخل الأسيتيل على مُرَكَّبٍ ما (ك) x (٢) يتأسْتَل : يُصْبِح مؤسْتَلًا (ك) .

a·cet·y·la·tion [ə sĕt′ə lā′shən] *(n.)* (١) الأسْتَلَة (ك) (٢) التَّأَسْتُل (ك) .

a·cet·y·lene [ə sĕt′ə lēn′] *(n.)* الأسيتيلين : غاز سريع الالتهاب (ك) .

a·cet·y·li·za·tion [ə sĕt′ə lə zā′-] *(n.)* = acetylation.

a·cet·y·lize [ə sĕt′ə līz′] *(vt.; i.)* = acetylate.

A·cha·tes [ə kā′tēz] *(n.)* صديق مخلص .

ache [āk] *(vi.; n.)* (١) يَوْجَع : يُؤالِم ألمًا متواصلًا خفيفًا <His whole

body ~*d.* < (٢) يكتئب ؛ ييتئس (٣) يُشفق على (٤) يتوق تَوْقًا موجِعًا (٥) يتحرّك بجهدٍ مؤلم § (٦) وجعٌ متواصل خفيف .

a·chene [ā kēn′] *(n.)* الفقيرة ؛ الثمرة الفقيرة : ثمرة صغيرة ، يابسة ، مُطْبَقَة ، وحيدة البزرة ، كثمرة الكَسْتناء .

Ach·e·ron [ăk′ə rŏn′] *(n.)* الجحيم أو نهرٌ فيه .

à che·val [à shə väl′] *(adv.)* (١) على صهوة الجواد (٢) مُنْفَرِجَ السّاقين .

a·chiev·a·ble [ə chē′-] *(adj.)* يُنْجَز ؛ يُحْرَز : ممكنٌ إنجازُه أو إحرازُهُ .

a·chieve [ə chēv′] *(vt.; i.)* (١) يُنجز ؛ يُتمّ (٢) يُنهي ؛ يُصَفّي ؛ يقتل (٣) يُحْرِز ؛ يَبلغ ؛ يكتسب (٤) يُحقّق (٥) يصل إلى x (٦) يحقّق أو يبلغ هدفًا .

a·chieve·ment *(n.)* (١) إنجاز (٢) تحقيق ؛ بلوغ (٣) مأثرة ؛ مُنْجَز عظيم .

achievement test *(n.)* رائز التحصيل (تر) .

Achilles' heel *(n.)* عَقِب أخِيل : موقع غير حصين .

Achilles tendon *(n.)* وَتَر أخِيل ؛ وَتَر العُرْقوب (ت) .

ach·ing [ā′kĭng] *(adj.)* (١) مُوجِع ؛ مؤلم (٢) شجِيّ ؛ حزين .

ach·la·myd·e·ous [ăk′lə mĭd′-] *(adj.)* عارٍ : غير ذي غلافٍ زهريّ (نب) .

a·cho·li·a [ā kō′lĭ ə] *(n.)* فَقْدُ الصَّفراء (ط) .

a·chro·ma [ā krō′mə] *(n.)* فَقْدُ اللون ؛ شحوب (ط) .

ach·ro·mat·ic [ăk′rə măt′ĭk] *(adj.)* (١) أكروماتيّ ؛ لالونيّ : «أ» كاسرٌ للضوء من غير أن يحلّله <an ~ telescope> . «ب» غير قابل للتلوين بسهولة . «ج» ماصِح ؛ عديم اللون (٢) diatonic .

achromatic lens *(n.)* العَدَسة الأكروماتية أو اللّالونية (بص) .

a·chro·ma·tin [ā krō′mə tĭn] *(n.)* الأكروماتين ؛ اللّاصِبغين : جزء من نواة الخلية لا يَقْبل الصِّبْغ بسهولة (أح) .

a·chro·ma·tism [-tĭz′əm] *(n.)* الأكروماتية ؛ اللالونيّة .

a·chro·ma·tous [-′mə təs] *(adj.)* لالونيّ ؛ عديم اللون .

a·chro·mi·a [ā krō′mĭ ə] *(n.)* = achroma.

a·chro·mic [-′mĭk] *or* **a·chro·mous** *(adj.)* عديم اللون .

ach·y [ā′kĭ] *(adj.)* مُوْجَع ؛ متألِّم .

a·cic·u·la [ə sĭk′yə lə] *(n.)* pl. **-lae** الإبرة : شوكة أو بلّورة إبَريّة الشكل .

a·cic·u·lar; a·cic·u·late; a·cic·u·lat·ed *(adj.)* إبَريّ الشكل .

ac·id [ăs′ĭd] *(adj.; n.)* (١) حامض (٢) جِلْف ؛ فظّ (٣) بغيض (٤) لاذع ؛ قارص (٥) ساخر (٦) حادّ (٧) صُلْب ؛ عنيد (٨) فاقع (٩) حَمْضيّ § (١٠) حَمْض ؛ مادة حمضيّة .

acid–fast *(adj.)* صامدٌ للأحماض : صَعْبٌ نزْعُ لونِهِ بالأحماض .

a·cid·ic *(adj.)* (١) مُحمِض : مشكّل للحَمْض (٢) حَمْضي .

a·cid·i·fi·ca·tion *(n.)* (١) تحميض (٢) تحمُّض .

a·cid·i·fi·er *(n.)* (١) المُحمِّض (٢) مادة تزيد حمضية التربة .

a·cid·i·fy [ə sĭd′-] *(vt.; i.)* (١) يُحَمِّض : يحوّل إلى حمض x (٢) يتحمَّض .

ac·i·dim·e·ter [ăs′ə dĭm′ə-] *(n.)* المِحْماض : مقياس الحَمْضيّة .

ac·i·dim·e·try *(n.)* المِحْماضية : قياس الحَمضيّة ؛ تقدير الأحماض .

a·cid·i·ty *(n.)* (١) الحَمْضيّة ؛ الحُموضة (٢) فَرْط الحَمْضيّة (٣) جَلافة .

ac·id·ize [ăs′ə dīz] *(vt.; i.)* = acidify.

ac·id·ness [ăs′ĭd nəs] *(n.)* = acidity.

ac·i·doph·i·lous [ăs ə dŏf′ə ləs] *(adj.)* مُحِبّ للحَمْض .

ac·i·do·sis [ăs ə dō′sĭs] *(n.)* الحُماض : حالة غير سويّة تقلّ فيها قلويّة الدم والأنسجة (مض) .

acid–proof [ăs′ĭd proof] *(adj.)* صامدٌ للحَمض .

acid rain *(n.)* المطر الحَمْضيّ : ترسيب حمضيّ يهطل على شكل مطر .

acid test *(n.)* امتحانٌ قاسٍ أو حاسم .

a·cid·u·late [ə sĭj′ə lāt′] *(vt.)* يَسْتَحْمض : يحمِّض قليلًا .

a·cid·u·lent; a·cid·u·lous [ə sĭj′ə-] *(adj.)* (١) مُسْتَحْمِض : حامضٌ قليلًا (٢) حادّ ؛ ثاقب ؛ لاذع ؛ قاسٍ .

ac·i·form [ăs′ə fôrm] *(adj.)* إبَريّ الشكل .

a·ci·nac·i·form [ăs′ə năs′ə fôrm′] *(adj.)* سيفيّ الشكل .

acinaciform leaf

a·cin·i·form [ə sĭn′ə fôrm′] *(adj.)* عنقوديّ الشكل .

ac·i·nous [ăs′ə nəs] *or* **ac·i·nose** [-nōs′] *(adj.)* مُعَنَّب : مؤلّف من عِنَبات .

ac·i·nus [ăs′ə nəs] *(n.)* pl. **-ni** [nī] (١) العِنَبَة : حبّة عنبٍ أو زبيب إلخ (٢) الحُوَيْصِل : أحد الكُيَيْسات في غدّة عنقوديّة .

ack–ack [ăk′ăk′] *(n.)* مِدفع مضادّ للطائرات ؛ نيران مضادّة للطائرات .

ac·knowl·edge [ăk nŏl′ĭj] *(vt.)* (١) يعترف بِـ (٢) يُشْعِر بأنه أدركَ أمرًا أو تقبَّلَهُ (٣) يُشعر بأنه استلم شيئًا <to ~ a letter> (٤) يُقرّ بصحّة كذا ؛ يُسَلِّم بصحّة كذا .

ac·knowl·edged *(adj.)* مُعْتَرَفٌ به <an ~ leader> .

ac·knowl·edg·ment *also* **ac·knowl·edge·ment** *(n.)* (١) اعتراف (٢) إقرار ؛ تسليم بصحة شيء (٣) شُكر ؛ تنويه (٤) إشعار باستلام [رسالةٍ إلخ] .

a·clin·ic [ā klĭn′ĭk] *(adj.)* لاانحرافيّ ؛ لامَيْليّ ؛ أُفُقيّ .

aclinic line *(n.)* خطّ اللاانحراف : خطّ الاستواء المغنطيسي حيث تظلّ إبرة البوصلة في وضع أُفقيّ غير منحرف .

ac·me [ăk′mĭ] *(n.)* ذِرْوة ؛ قِمّة ؛ أوج .

ac·mic [ăk′mĭk] *(adj.)* ذِرْويّ ؛ أوْجِيّ .

ac·ne [ăk′nĭ] *(n.)* العُدّ ؛ حَبّ الشَّباب (مض) .

a·cock [ə kŏk′] *(adj.; adv.)* مُنْتَصِبٌ ؛ مُنْتَصِبًا .

a·cold [ə kōld′] *(adj.)* مقرور ؛ بَرْدان .

ac·o·lyte [ăk′ə līt′] *(n.)* (١) الشَّمّاس : مُساعد الكاهن (كن) (٢) التابع ؛ المُساعِد ؛ المعاوِن .

ac·o·nite [ăk′ə nīt′] *(n.)* (١) البِيش ؛ الأقونيطُن : نبات سامّ (٢) الأكونيت : جذور البِيش المجفّفة [وكانت تُتّخذ مسكنًا للآلام] .

ă at; ā date; â care; ä car; ĕ egg; ē me; ĭ in; ī bite; ŏ lot; ō bone; ô orphan; oi boil; oo good; oo boot; ou out; ŭ under; û urgent; ə = *a* in alone, *e* in system, *i* in easily, *o* in gallop, *u* in circus.

ac·o·ni·tum [ăk′ə nī′təm] *(n.)* = aconite.

a·corn [ā′kôrn] *(n.)* البَلُّوطة؛ جوزة البلّوط (نب).

acorn

a·cos·mic [ā kŏz′mĭk] *(adj.)* لاكَوْنِيّ: مفتقرٌ إلى نظام كونيّ؛ غير منظَّم.

a·cot·y·le·don [ā kŏt ə lē′dən] *(n.)* اللاّفِلْقيّ: نباتٌ عديم الفِلْقة (نب).

a·cot·y·le·don·ous [ā′kŏt ə lē′-] *(adj.)* لافِلْقيّ؛ عديم الفِلْقة.

a·cous·tic [ə ko͞os′ tĭk]; **a·cous·ti·cal** *(adj.)* سَمْعيّ؛ صَوْتيّ.

ac·ous·ti·cian [ăk′o͞o stĭsh′ən] *(n.)* مهندس الصَّوت.

a·cous·tics [ə ko͞os′tĭks] *(n.)* (١) الصَّوْتيّات؛ علم الصوت (٢) السَّمْعانية: مجموعة الخصائص التي تحدّد منزلة المسرح أو القاعة من حيث وضوح السَّماع (صو).

ac·quaint [ə kwānt′] *(vt.)* (١) يُطْلِع على؛ يُحيطُهُ علمًا بِ؛ يُعرِّف إلى (٢) يطّلع على؛ يتعرَّف إلى.

ac·quaint·ance [-′təns] *(n.)* (١) مَعْرِفة؛ خبرة (٢) إلمام؛ معرفة سطحية (٣) أحد معارف المرء.

— **ac·quaint·ance·ship** *(n.)*

to make the ~ of يتعرّف إلى.

ac·quaint·ed [ə kwān′tĭd] *(adj.)* مُطَّلع على؛ مُلِمٌّ بِ.

ac·qui·esce [ăk′wĭ ĕs′] *(vi.)* يُذْعِن لِـ؛ يَرْضَخ لِـ.

ac·qui·es·cence [-ĕs′əns] *(n.)* إذعان؛ رُضوخ؛ قَبولٌ.

ac·qui·es·cent [-ĕs′ənt] *(adj.)* مِذْعان: ميّال إلى الإذعان.

ac·quir·a·ble [ə kwīr′rə-] *(adj.)* ممكنٌ امتلاكُهُ أو إحرازُهُ.

ac·quire [ə kwīr′] *(vt.)* (١) يمتلك (٢) يكتسب؛ يُحرز.

ac·quired *(adj.)* (١) مُمتلَك (٢) لاخِلْقيّ: ناشئ بعد الولادة.

acquired immunodeficiency syndrome *(n.)* = AIDS.

ac·quire·ment *(n.)* (١) امتلاك؛ اكتساب؛ إحراز (٢) *pl.* عد: المُكتَسَب؛ البراعة المكتَسَبة.

ac·qui·si·tion [ăk′wə zĭsh′-] *(n.)* (١) اكتساب (٢) شيء مُكْتَسَب.

ac·quis·i·tive [ə kwĭz′ə-] *(adj.)* اكتسابيّ؛ مُولَعٌ بالاكتساب.

ac·quis·i·tive·ness *(n.)* الاكتسابية: شدة الحرص على الاكتساب.

ac·quit [ə kwĭt′] *(vt.)* (١) يُسدِّد دَينًا (ا. ق) (٢) «أ» يُحِلّ [من التزام]. «ب» يُبَرِّئ (٣) يُبلي بلاءً حسنًا.

ac·quit·tal [ə kwĭt′əl] *(n.)* (١) إعفاء (٢) تَبْرِئة.

ac·quit·tance [-′əns] *(n.)* (١) تبرئة (٢) صكّ بتسديد الدين.

acr- *or* **acro-** بادئة معناها: «أ» أقصى؛ طَرَف. «ب» قِمّة؛ ذِروة.

a·cre [ā′kər] *(n.)* (١) *pl.*: أراضٍ، أطيان (٢) الأَكْر؛ الفَدّان: مقياس للمساحة يساوي ٤٠٤٧ مترًا مربعًا (٣) *pl.* عد: مقدار وافر.

a·cre·age [ā′kər ĭj] *(n.)* (١) المساحة الأَكْرِيّة (٢) أَكْرات.

a·cred [ā′kərd] *(adj.)* ذو أطيان؛ صاحب أطيان.

ac·rid [ăk′rĭd] *(adj.)* (١) حِرّيف (٢) لاذع؛ قارص.

ac·ri·dine [ăk′rə dēn′] *(n.)* الأكْريدين: مركّب متبلّر (ك).

a·crid·i·ty [ə krĭd′ə tĭ] *(n.)* (١) حَرافة؛ حِدّة (٢) لَذْعٌ؛ لَسْع؛ عُنْف.

ac·rid·ness [ăk′rĭd nəs] *(n.)* = acridity.

ac·ri·fla·vine [ăk′rə flā′vĭn] *(n.)* الأكريفلاڤين: صِبغ أصفر (ك).

ac·ri·mo·ni·ous [ăk′rə mō′-] *(adj.)* (١) حادّ (٢) لاذع؛ قارص؛ قاسٍ.

ac·ri·mo·ny [ăk′rə mō′nĭ] *(n.)* (١) حدّة (٢) لَذْع؛ قَسْوة؛ فظاظة.

acro- = acr-.

ac·ro·ba·cy [ăk′rə bə sĭ] *(n.)* = acrobatics.

ac·ro·bat [ăk′rə băt′] *(n.)* (١) بَهْلوان (٢) الأُلْعُبان؛ الحُوَّل؛ القُلَّب.

— **ac·ro·bat·ic** *(adj.)*

ac·ro·bat·ics *(n. pl.)* (١) البَهلوانيات: ألاعيب البَهلوان (٢) حِيَل بارعة.

ac·ro·car·pous [ăk′rə kär′pəs] *(adj.)* طَرَفيّ الإثمار: مُثمِر عند طرف الغُصن.

ac·ro·drome [ăk′rə drōm′] *(adj.)* طَرَفيّ العروق؛ طَرَفيّ الأعصاب: عروقُهُ أو أعصابُهُ الرئيسية منتهية في طَرَف الورقة (نب).

ac·ro·meg·a·ly [ăk′rō mĕg′-] *(n.)* العَبَل؛ الفَتَخ: عِظَمُ اليدين والقدمين والوجه لخلل غُدّيّ (مض).

— **ac·ro·me·gal·ic** *(adj.; n.)*

a·cron·i·cal [ə krŏn′ə kəl] *(adj.)* أُفوليّ؛ غُروبيّ (فل).

ac·ro·nym [ăk′rə nĭm] *(n.)* اللفظة الأوائلية: كلمة مركّبة من أوائل حروف كلماتٍ أخرى، مثل: *radar* من *ra(dio) d(etecting) a(nd) r(anging)*.

a·crop·e·tal [ə krŏp′ə təl] *(adj.)* قِمّيّ التعاقُب (مج): نامٍ من أسفل إلى أعلى نحوَ القمّة (نب).

ac·ro·pho·bi·a [ăk′rə fō′bĭ ə] *(n.)* رُهاب المرتفَعات (نف).

a·crop·o·lis [ə krŏp′ə lĭs] *(n.)* الأكروبوليس: «أ» الجزء المرتفع المحصَّن من مدينة إغريقية. «ب» *cap.*: قلعة أثينا.

a·cross [ə krôs′] *(prep.; adv.)* (١) عَبْرَ؛ من جانب إلى آخر (٢) في [أو إلى أو على] الجانب الآخر (٣) فوق؛ على (٤) بالعَرْض.

with arms ~, متصالبَ الذراعين.

a·cross–the–board *(adj.)* شامل <an ~ wage increase>.

a·cros·tic [ə krôs′tĭk] *(n.)* (١) المُطَرَّزة: مقطوعة شعرية إذا جُمِعت حروفُ أوائل أبياتها أو أواخرها شكّلت كلمةً أو عبارة (٢) acronym (٣) المحبوكة: سلسلة كلمات متساوية الطول مرتَّبةٌ بحيث تكون قراءتها عموديًا مطابقة لقراءتها أفقيًا.

— **a·cros·tic** *(adj.)*

ac·ro·tism [ăk′rə tĭz′əm] *(n.)* ضَعْف النَّبض (ط).

ac·ryl [ăk′rĭl] *(n.)* الأكريل؛ جذر حمض الأكريليك (ك).

a·cryl·ic [ə krĭl′ĭk] *(adj.)* أكريليّ؛ أكريليك (ك).

ac·ryl·yl [ăk′rĭ lĭl] *(n.)* = acryl.

act [ăkt] *(n.; vt.; i.)* (١) عَمَلٌ؛ فِعْل؛ صنيع (٢) *cap.* عد: قانون؛ قرار؛ مرسوم (٣) صكّ (٤) «أ» فَصْلٌ [من مسرحية]. «ب» تظاهرٌ بِـ (٥) فِعْل <an ~ of faith> (٦) «أ» يمثّل: يمثّل على المسرح إلخ. «ب» يتظاهر بِـ <to ~ outraged virtue>. «ج» يمثّل دورَ كذا [وكأنّه على المسرح] <to ~ the man of the world> (٧) يتصرَّف بطريقة تتلاءَم مع x <*Act* your age.> (٨) يَعمل؛ يفعل (٩) يتصرَّف (١٠) يتّخذ إجراءً (١١) يؤثّر في (١٢) يَنوبُ منابَ (١٣) يَصْلُح للتمثيل (١٤) يتخذ قرارًا بشأن.

in the ~; in the very ~, متلبِّسًا بالجرم المشهود.

to ~ as *or* for يقوم بمهمةٍ ليست له في الأصل؛ يسدّ مَسَدّ؛ يعمل كَـ.

to ~ on behalf of يمثِّل فلانًا [في دعوى إلخ].
to ~ on (*or* upon) instructions يَعْمل وَفْقَ التعليمات.
to ~ the fool يتصرّف كالمجنون.
to ~ up (١) يَعْمل بطريقة رديئة (٢) يَحْرُن؛ يتمرّد (٣) يتصرّف بقَصْد لفت النظر (٤) يوجع؛ يُؤلم.
to put on an ~, يتصنّع؛ يتكلّف؛ يتظاهر بـ.

act·a·ble [ăk'tə bəl] *(adj.)* (١) صالح للتمثيل <an ~ role> (٢) صالح للتطبيق <an ~ project>.

actin- *or* **actini-** *or* **actino-** بادئة معناها: إشعاع؛ أشعة.

ac·ti·nal [ăk'tə nəl] *(adj.)* شُعاعيّ: ذو مجسّات أو أذرع (ح).

act·ing[1] [ăk'tĭng] *(n.)* التمثيل؛ فنّ التمثيل.

act·ing[2] *(adj.)* (١) عامل؛ فاعل؛ دائر؛ مُؤَدٍّ وظيفتَهُ <~ machines> (٢) نائب: نائبٌ مَنابَ غيره مؤقتًا <~ governor> (٣) «أ» صالحٌ للتمثيل <an ~ play>. «ب» مُعَدّ للاستخدام في التمثيل؛ مزوَّد بتوجيهات للممثِّلين <an ~ version of a play>.

ac·tin·ic [ăk tĭn'ĭk] *(adj.)* أكتينيّ (را. actinism).

actinic rays *(n. pl.)* الأشعة الأكتينيّة (فز).

ac·ti·nism [ăk'tə-] *(n.)* الأكتينيّة: خاصيّة في الطاقة المُشِعّة قادرة على إحداث التغيُّرات الكيميائية (ك).

ac·tin·i·um [ăk tĭn'ĭ əm] *(n.)* الأكتينيوم: عنصر فلزّيّ إشعاعي النشاط.

ac·ti·no·chem·is·try [ăk'tĭn ə-] *(n.)* الكيمياء الأكتينية.

ac·tin·o·graph [ăk tĭn'ə grăf'] *(n.)* الأكتينوغراف؛ الراسمة الأكتينيّة.

ac·ti·nol·o·gy [ăk tĭ nŏl'ə jĭ] *(n.)* الأكتينولوجيا: علم أشعة الضوء، وبخاصةٍ من حيث آثارُها الكيميائية.

ac·ti·nom·e·ter [ăk'tə nŏm'ə tər] *(n.)* الأكتينومتر؛ المقياس الأكتينيّ: جهاز يُستخدم لقياس شدة الطاقة المُشِعّة.

ac·ti·no·mor·phic *(adj.)* مُنْتَظَم: ممكنٌ تقسيمُه قِسمَيْن متماثلَيْن (نب).

ac·ti·no·my·ces [ăk'tə nō mī'sēz] *(n.)* الحارِش: طُفَيْليّ بكتيريّ مسبِّب لمرض الحارِش.

ac·ti·no·my·co·sis [-mī kō'sĭs] *(n.)* مرض الحارِش: مرض طُفيليّ يصيب الماشية.

ac·ti·no·zo·an [-zō'ən] *(adj.; n.)* = anthozoan.

ac·tion [ăk'shən] *(n.)* (١) دعوى؛ قضيّة [أمام المحاكم] (٢) قرار (٣) تأثير؛ أثر (٤) الأداء: طريقة العمل أو أسلوبه (٥) تغوُّط؛ تبرُّز (٦) عملٌ؛ فعلٌ (٧) نشاط؛ فعّاليّة (٨) تصرُّف؛ سلوك (٩) مُبادَرة (١٠) معركة (١١) العَمَل: سلسلة أحداث الرواية أو المسرحية (١٢) سَهْم ماليّ (اد).
killed in ~, قُتِل في المعركة.
out of ~, (١) غير عامل (٢) خارجَ القتال.
to go into ~, يَشْرع في القتال.
to put (*or* set) in ~, يشغِّل؛ يحرِّك؛ يستخدم.
to take ~, يَشْرع في عملٍ ما.
to take (*or* bring an) ~ against يقيم الدعوى على.

ac·tion·a·ble [-ə bəl] *(adj.)* مُوجِب لإقامة دعوى (ق).

ac·ti·vate [ăk'tə vāt'] *(vt.; i.)* (١) يُنَشِّط؛ يُفعِّل. وبخاصة: يجعله حسّاسًا للضوء أو ذا نشاط إشعاعيّ (٢) يُعِدّ؛ يُجهِّز: يُزَوِّد بالضُّبّاط والعتاد x (٣) يَنْشَط: يُصبح ناشطًا.
— ac·ti·va·tion *(n.)*

activated carbon *(n.)* الكربون المنشَّط.

ac·ti·va·tor [ăk'tə vā'tər] *(n.)* المُنَشِّط: القائم بعملية التنشيط.

ac·tive [ăk'tĭv] *(adj.)* (١) عمليّ؛ فعليّ <~ help> (٢) فعّال <an ~ verb> (٣) معلوم؛ غير مجهول <~ powers of the mind> (٤) رشيق؛ سريع <an ~ gait> (٥) رائج؛ ناشط <an ~ market> (٦) نشِط؛ ناشط؛ مُفْعَم بالنشاط <an ~ life> (٧) جاهد: متطلِّبٌ جَهدًا <~ sports> (٨) نافذ <an ~ law> (٩) عامل <an ~ club member> (١٠) دائر؛ قائم فعلًا <~ hostilities> (١١) مُنَشَّط <~ carbon> (١٢) فاعل: ميّال إلى الاستفحال <~ tuberculosis>.

active computer *(n.)* الكومبيوتر الفعّال: كومبيوتر متَّصِل يعالج المُعْطَيات في مجموعة من الكومبيوترات.

active satellite *(n.)* القمر النَّشِط: قمرٌ صُنْعيّ يُرسِل إشارات.

active service *(n.)* الخدمة الفعليّة: خدمة في الميدان (جن).

active voice *(n.)* صيغة المعلوم: صيغة البناء للمعلوم (ل).

active volcano *(n.)* البركان النَّشِط؛ البركان الثائر.

ac·tiv·ism [ăk'tə vĭz əm] *(n.)* النَّشاطية؛ مذهب الفعّالية: موقف من يؤكّدون على ضرورة اتخاذ الإجراءات الفعّالة أو العنيفة تحقيقًا لغرض سياسيّ مُعيَّن.
— ac·tiv·ist *(n.)* **— ac·tiv·is·tic** *(adj.)*

ac·tiv·i·ty [-tĭv'-] *(n.)* (١) نشاط (٢) حَيَويّة (٣) فعّاليّة (٤) فاعلية (٥) رشاقة (٥) ضربٌ من ضروب النشاط أو حقلٌ من حقوله <social *activities*>.

act of faith فِعْلُ الإيمان: عملٌ صادرٌ عن إيمان.

act of God حادثٌ محتوم؛ قضاء وقَدَر (ق).

ac·tor [ăk'tər] *(n.)* (١) الفاعل؛ العامل (٢) المُمَثِّل المسرحيّ أو السينمائيّ (٣) المشترِك في قضيةٍ ما.

ac·tress [ăk'trəs] *(n.)* المُمَثِّلة: ممثِّلة مسرحيّة أو سينمائية.

ac·tu·al [ăk'cho͝o əl] *(adj.)* (١) فعليّ (٢) واقعيّ (٣) حقيقيّ <~costs> (٤) حاليّ <the ~ position of the moon>.
— ac·tu·al·ist *(n.)*

ac·tu·al·i·ty *(n.)* (١) الفعليّة: كونُ الشيء فعليًّا (٢) حقيقة؛ واقع <*actualities* of life>.

ac·tu·al·ize *(vt.; i.)* (١) يُحقِّق [أمرًا]؛ يجعله أمرًا واقعًا x (٢) يتحقّق.

ac·tu·al·ly *(adv.)* (١) فعليًّا؛ فعلًا (٢) حاليًّا (٣) حقًّا؛ في الواقع.

ac·tu·ar·i·al [ăk'cho͝o âr'ĭ əl] *(adj.)* تأمينيّ: خاصّ بالتأمين.

ac·tu·ar·y [ăk'cho͝o ĕr'ĭ] *(n.)* خبير التأمين.

ac·tu·ate [ăk′cho͞o āt′] *(vt.)* (١) يُشَغِّل؛ يُدير <to ~ a pump> (٢) يَدْفع؛ يحرِّك؛ يَحُثّ <was ~*d* by selfish motives>.

ac·tu·a·tor [ăk′cho͞o ā′tər] *(n.)* (١) فا actuate (٢) المُشَغِّل الآليّ: وسيلة لتشغيل شيء أو ضبطه بطريقة آليّة.

ac·u·ate [ăk′yo͞o ĭt] *(adj.)* (١) مُسْتدِقّ (٢) إبْرِيّ الشكل.

a·cu·i·ty [ə kyo͞o′ə tĭ] *(n.)* (١) استدقاق (٢) فطنة؛ ذكاء.

a·cu·le·ate [ə kyo͞o′lĭ ĭt; -āt′] *(adj.)* (١) شَوْكيّ؛ شائك (٢) لاسِع.

a·cu·le·us [ə kyo͞o′lĭ əs] *(n.)* إبرة؛ حُمَة لاسعة (ح).

a·cu·men [ə kyo͞o′mən] *(n.)* فطنة؛ ذكاء.

a·cu·mi·nate [*adj.* ə kyo͞o′mə nĭt, -nāt′; *v.* -nāt′] *(adj.; vi.; t.)* (١) مستدِق الطَّرَف <~ leaves> § (٢) يَسْتَدِقّ: يُصْبح مُسْتَدِقّ الطَّرف x (٣) يجعله مُسْتدِقّ الطَّرَف.

acuminate leaf

a·cu·mi·nous [-nəs] *(adj.)* (١) فَطِن (٢) مستدِقّ الطَّرَف.

ac·u·punc·ture [ăk′yo͞o pŭngk′chər] *(n.)* التأبير؛ الوَخْز الإبَريّ [لمعالجة الأمراض أو تخفيف الآلام].

a·cute [ə kyo͞ot′] *(adj.)* (١) قاسٍ؛ مبرِّح (٢) حادّ: غير مُزْمِن <an ~ disease> (٣) وجيز (٤) حادّ <an ~ angle> (٥) فطِن؛ ذكيّ؛ حادّ الذهن <an ~ observer> (٦) شديد؛ كبير <an ~ shortage> (٧) خطير <an ~ problem>. — **a·cute·ly** *(adv.)* — **a·cute·ness** *(n.)*

a·cy·clic [ā sī′klĭk] *(adj.)* لادَوْريّ (فز).

A.D. ب. م.: سنةَ كذا بعدَ الميلاد.

ad·age [ăd′ĭj] *(n.)* مَثَلٌ؛ قولٌ مأثور.

a·da·gio [ə dä′jō; -zhĭ ō′] *(adv.; adj.; n.)* (١) بتمهُّل (مو) § (٢) مُتَمهِّل (مو) § (٣) الأمْهَل (مج): علامة موسيقية للتمهُّل (مو) (٤) المُتَمَهِّلة: «أ» حركة أو قطعة موسيقية بطيئة. «ب» رقصة «باليه» ثُنائية.

Ad·am [ăd′əm] *(n.)* (١) آدَم (٢) النزعة البشرية إلى الإثم [وتُدعى أيضًا the old ~].

ad·a·mance; ad·a·man·cy [ăd′ə mən-] *(n.)* تَصَلُّب؛ عناد.

ad·a·mant [ăd′ə mənt] *(n.; adj.)* (١) الأَدَمَنْت: «أ» حجر صُلْب زُعِم أنه لا يُقْطَع. «ب» مادة شديدة الصلابة § (٢) صُلب؛ عنيد (٣) قاسي الفؤاد.

ad·a·man·tine [ăd′ə măn′tĭn] *(adj.)* (١) أدَمَنْتِيّ (٢) صُلْب؛ عنيد (٣) ماسيّ الصلابة أو البريق.

ad·am·ite [ăd′ə mīt] *(n.)* الأدَميت (مع).

Adam's apple *(n.)* الحَرْقَدَة؛ عُقْدة الحَنْجَرَة؛ تُفّاحة آدم.

Adam's needle *(n.)* إبرة آدم (نب).

a·dapt [ə dăpt′] *(vt.; i.)* (١) يُكيِّف؛ يهايئ؛ يعدِّل x (٢) يتكيَّف؛ يتهايأ.

a·dapt·a·bil·i·ty *(n.)* التكيُّفية؛ التَّهايُئيّة: قابليّة التكيُّف أو التهايؤ.

a·dapt·a·ble *(adj.)* (١) مُتكيِّف؛ متهايئ: قابل للتكيُّف أو التهايؤ (٢) قابل للتكييف أو المُهايأة.

ad·ap·ta·tion *(n.)* (١) تكييف (٢) تكيُّف؛ تهايُؤ؛ تبايُؤ (٣) تعديل؛ تحوير؛ تصرُّف؛ اقتباس. وبخاصةٍ: شيء معدَّل أو مُحَوَّر ليَفِيَ بغرض مُعَيَّن.

a·dapt·er *also* **a·dap·tor** [ə dăp′-] *(n.)* (١) المُكيِّف إلخ (٢) الوصيلة؛ المُهايِئة: أداة للرَّبط بين جزأين من جهاز؛ أداة تكيِّف جهازًا لأغراض لم يُجْعَل لها في الأصل.

a·dap·tion *(n.)* = adaptation.

a·dap·tive *(adj.)* (١) مُكيِّف؛ مُهايِئ (٢) تكيُّفيّ؛ تهايُئيّ.

add [ăd] *(vt.; i.)* (١) يُضيف (٢) يُضيف قائلًا (٣) يَجْمع (٤) يَضُمّ؛ يُلحق x (٥) ينضاف؛ ينضمّ؛ يَنْجمع؛ يتّحد (٦) يزيد في (٧) يُعَزِّز؛ يُقَوِّي (٨) يُوَسِّع؛ يضيف إليه أجزاء جديدة.

ad·dax [ăd′ăks] *(n.)* المَهاة: بقرة وحش كبيرة.

addax

ad·dend [ăd′ĕnd] *(n.)* المُضاف؛ الحدّ: عددٌ يُضاف إلى غيره (ر).

ad·den·dum [ə dĕn′dəm] *(n.)* pl. **-da** [də] (١) إضافة (٢) الضَّميمة: مُلحَق لكتاب أو معجم إلخ (٣) طَرَف السِّنّ: طَرَف سِنّ التُّرس (مك).

ad·der[1] [ăd′ər] *(n.)* الأفعى: أيّ من عدة حيّاتٍ سامة.

ad·der[2] *(n.)* (١) المُضيف؛ الضامّ؛ الجامع (٢) ماكينة جَمْع.

ad·der's–tongue [ăd′ərz tŭng′] *(n.)* لسان الحيّة: نوع من السَّراخس ذو ورقٍ شبيهٍ بلسان الحيّة (نب).

adder's–tongue

ad·dict [*v.* ə dĭkt′; *n.* ăd′ĭkt] *(vt.; i.; n.)* (١) يُدمن. وبخاصةٍ: يُدمن مخدِّرًا (٢) يُغري بتعاطي مخدِّر (٣) يكرِّس [نفسَهُ] لِـ <to ~ oneself to science> x (٤) يسبِّب الإدمان § (٥) المُدْمِن (٦) المُولَع بِـ.

ad·dict·ed [ə dĭk′-] *(adj.)* (١) مُدْمِن على (٢) مُوْلَعٌ بِـ.

ad·dic·tion [ə dĭk′-] *(n.)* (١) إدمان [المخدِّرات] (٢) وَلَعٌ شديد.

ad·dic·tive [ə dĭk′-] *(adj.)* (١) مسبِّبٌ إدمانًا (٢) إدمانيّ: مُتَّسِم بالإدمان.

Ad·di·son's disease [ăd′ə sənz] *(n.)* داء أديسون: مرض ينشأ عن ضمور قشرة الكُظْر أو توقُّفها عن النموّ (ط).

ad·dit·a·ment [ə dĭt′ə mənt] *(n.)* الإضافة: شيء مُضاف.

ad·dit·a·men·ta·ry [-mĕn′tə rĭ] *(adj.)* إضافيّ.

ad·di·tion [ə dĭsh′ən] *(n.)* (١) إضافة؛ زيادة (٢) الجَمْع (ر) (٣) مُلْحَق؛ شيء مضاف. وبخاصة: أجنحة أو غُرف تضاف إلى مبنًى.

in ~ to بالإضافة إلى؛ علاوةً على؛ فضلًا عن.

ad·di·tion·al [-əl] *(adj.)* إضافيّ <~charges>.

ad·di·tive [ăd′ə tĭv] *(adj.; n.)* (١) جَمْعيّ؛ إضافيّ § (٢) المُضافة: مادة تضاف إلى أخرى بمقادير صغيرة <food ~*s*>.

ad·dle [ăd′əl] *(adj.; vt.; i.)* (١) فاسد <~ eggs> (٢) أحمق؛ غبيّ (٣) مُشَوَّش § (٤) يُفسد (٥) يُشوِّش x (٦) يَفْسُد (٧) يتشوَّش.

ad·dle·pat·ed [-pā′tĭd] *(adj.)* (١) مشوَّش الذهن (٢) غريب الأطوار.

add–on [ăd′ŏn] *(n.)* مُلحَق؛ إضافة.

ad·dress [*v.* ə drĕs′; *n.* ə drĕs′, ăd′rĕs] *(vt.; n.)* (١) يُوَجِّه (٢) «أ» ينصَبّ؛ ينكبّ على <Qasim ~*ed* himself to the work in hand.> «ب» يعالج <to ~ an issue> (٣) يخاطب؛ يوجِّه كلامه إلى

(٤) يَخطُب في؛ يُلقي خُطبةً في (٥) يُعَنوِن [الرسالة] (٦) يغازل § (٧) *pl.*: مغازلة (٨) لباقة؛ براعة <handled the matter with ~> (٩) أسلوب الحديث مع شخص آخر <a pleasant ~.> (١٠) الأداء: طريقة الإلقاء أو الغناء (١١) خُطبة؛ حديث (١٢) العنوان: «أ» عنوان الشخص أو المؤسسة <Write your ~ plainly.> . «ب» موقع في ذاكرة الكمبيوتر تُخْزَن فيه المعلومات (ألك).

ad·dress·ee [ə drĕ sē′] *(n.)* (١) المخاطَب (٢) المُرْسَل إليه.

ad·duce [ə dyo͞os′] *(vt.)* يُورِد؛ يقدِّم؛ يُدلي بِـ <to ~ reasons>.

ad·du·cent [ə dyo͞o′ sənt] *(adj.)* مقرِّبٌ نحو المحور <~ muscles>.

ad·duct [ə dŭkt′] *(vt.)* يقرِّب نحو المحور الرئيسي (فس).

ad·duc·tion [ə dŭk′ shən] *(n.)* تقريب نحو المحور الرئيسي (فس).

-ade لاحقة معناها: «أ» عملٌ <cannon*ade*>. «ب» نتاج؛ ناتج. وبخاصة: شراب حلو <lime*ade*>.

a·demp·tion [ə dĕmp′shən] *(n.)* بُطلان [أو إبطال] الوصيّة (ق).

aden- بادئة معناها: غُدّة <*adeno*ma>.

ad·e·nine [ăd′ə nĭn; -nēn] *(n.)* الأدينين: مُرَكَّب شبه قِلويّ (ك).

ad·e·ni·tis [ăd′ə nī′tĭs] *(n.)* التهاب الغُدّة (ط).

ad·e·noid [ăd′ə noid] *(adj.)* (١) غُدِّيّ (٢) غُدّانيّ: شبيه بالغُدّة.

ad·e·noi·dal [ăd′ə noi′-] *(adj.)* (١) adenoid (٢) ذو صوت أنفيّ.

ad·e·no·ma [ăd′ə nō′mə] *(n.)* الغُدُوم؛ الورم الغُدّيّ (ط).

ad·e·nom·a·tous [-nŏm′-] *(adj.)* غُدُّوميّ؛ وَرَمِيْغُدّيّ (را. adenoma).

ad·e·nose [ăd′ə nōs] *(adj.)* (١) غُدّانيّ: شبيه بغُدّة (٢) ذو غُدَد.

a·den·o·sine [ə dĕn′ə sēn] *(n.)* الأدينوسين: مركَّب عضويّ (ك).

ad·e·no·sis [ăd′ə nō′sĭs] *(n.)* الغُداد: مرضٌ غُدّيّ.

ad·ept [*n.* ăd′ĕpt, ə dĕpt′; *adj.* ə dĕpt′] *(n.; adj.)* (١) الخبير؛ الماهر (٢) النصير؛ المُوالي § (٣) خبير؛ ماهر. **— a·dept·ness** *(n.)*

ad·e·qua·cy [ăd′ə kwə sĭ] *(n.)* كِفاية؛ مُلاءمة؛ وفاءٌ بالمُراد.

ad·e·quate [ăd′ə kwĭt] *(adj.)* كافٍ؛ ملائم؛ وافٍ بالمراد.

ad·e·quate·ly *(adv.)* على نحوٍ كافٍ أو ملائم أو وافٍ بالغرض.

à deux [ȧ dœ′] *(adj.)* لشخصين؛ بين شخصين <a dinner ~>.

ad·here [ăd hēr′] *(vi.; t.)* (١) يشايع؛ يوالي (٢) يلتصق؛ يلتحم (٣) يلتزم؛ يتقيّد بـ (٤) ينضمّ **x** (٥) يُلصِق.

ad·her·ence; ad·her·en·cy [ăd hēr′-] *(n.)* (١) التصاق؛ التحام (٢) مشايعة؛ مُوالاة (٣) التزام؛ تقيُّد بـ.

ad·her·end [-′ĕnd] *(n.)* المُلصَق: جسم يلتحم بآخر بفعل مادةٍ لاصقة.

ad·her·ent [-′ĕnt] *(adj.; n.)* (١) دَبِق؛ لَزِج؛ سريع الالتصاق (٢) منتسب (٣) ملتحم؛ ملتصِق (نب) § (٤) المُشايع؛ المُوالي (٥) المُناصِر.

ad·he·sion [ăd hē′zhən] *(n.)* (١) مُوالاة؛ مشايعة (٢) التصاق (٣) انضمام؛ اشتراك.

ad·he·sive [-′sĭv] *(adj.; n.)* (١) دَبِق؛ لَزِج؛ سريع الالتصاق (٢) لَصُوق <~ tape> § (٣) اللاصقة: مادةٌ لاصقةٌ كالغِراء.

adhesive tape *(n.)* الشريط اللاصق.

ad·hib·it [ăd hĭb′ĭt] *(vt.)* (١) يُدْخِل (٢) يتناول [دواءً].

ad hoc [ăd hŏk′] *(adj.)* (١) خاصّ: مشكَّل لمعالجة موضوع معيَّن <an ~ committee> (٢) عاجل (٣) مُرْتَجَل <~ parades>.

ad ho·mi·nem [ăd hŏm′ə nĕm] *(adj.; adv.)* (١) عاطفيّ <an ~ argument> (٢) قَذْفيّ؛ تشهيريّ § (٣) بطريقة عاطفية إلخ.

ad·i·a·bat·ic [ăd′ĭ ə băt′ĭk] *(adj.)* مكظوم؛ أدياباتي: واقعٌ من غير خسارة للحرارة أو اكتسابٍ لها (فز).

a·dieu [ə dyo͞o′; ə do͞o′; ȧ dyœ′] *(n.; interj.)* (١) وداعٌ § (٢) وداعًا.

ad in·fi·ni·tum [ăd ĭn′fə nī′təm] *(adv.)* إلى ما لا نهاية؛ من غير حدّ.

ad in·ter·im [ăd ĭn′tə rĭm] *(adv.; adj.)* (١) في غضون ذلك (٢) مؤقتًا؛ لفترةٍ <appointed to serve ~> § (٣) مؤقَّت <an ~ report>.

ad·i·os [ä dyôs′; ä′ dē ôs′] *(interj.)* = adieu.

a·dip·ic [ă dĭp′ĭk] *(adj.)* شَحْميّ.

ad·i·pose [ăd′ə pōs′] *(adj.; n.)* (١) شحميّ؛ دُهنيّ <~ tissues> (٢) بَدين § (٣) الشّحم النَّسيجيّ: الشحم المخزون في أنسجة الجسم الدُّهنية.

ad·i·pos·i·ty [ăd′ə pŏs′ə tĭ] *(n.)* شَحامة؛ بدانة.

ad·it [ăd′ĭt] *(n.)* (١) دخول، دُنوّ (٢) مَدْخَل. وبخاصة: سَرَبٌ أو حَفيرٌ أفقيّ، أو شبه أفقيّ، إلى مَنْجَم.

ad·ja·cen·cy [ə jā′sən sĭ] *(n.)* (١) شيء مُتاخِم (٢) مُتاخمة؛ تجاوُر.

ad·ja·cent [ə jā′sənt] *(adj.)* (١) قريب (٢) مُتاخِم؛ مُجاوِر.

adjacent angles *(n. pl.)* الزاويتان المتجاورتان (هن).

ad·jec·ti·val [ăj′ĭk tī′vəl; ăj′ĭk tĭ vəl] *(adj.)* نَعْتيّ؛ وَصْفيّ.

ad·jec·tive [ăj′ĭk tĭv] *(adj.; n.)* (١) نعتيّ؛ وصفيّ <an ~ phrase or clause> (٢) تابع؛ ثانوي (٣) واهٍ: محتاجٌ إلى مادّة مُثَبِّتة <~ dyes> (٤) إجرائيّ <~ law> § (٥) النَّعت؛ الصِّفة (ل).

ad·join [ə join′] *(vt.; i.)* (١) يَضُمّ؛ يُلحق (٢) يُجاوِر؛ يُحاذي **x** (٣) يتجاور؛ يتحاذى.

ad·join·ing *(adj.)* مُجاوِر؛ مُحاذٍ <the ~ room>.

ad·journ [ə jûrn′] *(vt.; i.)* (١) يُؤَجِّل؛ يُرجِئ (٢) يَفُضّ [اجتماعًا] **x** (٣) يَنْفَضّ؛ ينفرط عَقْدُه (٤) ينتقل. **— ad·journ·ment** *(n.)*

ad·judge [ə jŭj′] *(vt.)* (١) يَحْكُم على (٢) يقضي بـ (٣) يعتبر؛ يرتئي <It was ~*d* wise to avoid war.> (٤) يَمْنح قضائيًّا <The property was ~*d* to the rightful owner.>.

ad·ju·di·cate [ə jo͞o′də kāt′] *(vt.; i.)* (١) يحكم [قضائيًّا] في **x** (٢) يَنْظُر في دعوى؛ يقضي بين الناس.

ad·ju·di·ca·tion *(n.)* (١) قضاء؛ إصدار حُكم قضائيّ (٢) حُكْم قضائيّ.

ă at; **ā** date; **â** care; **ä** car; **ĕ** egg; **ē** me; **ĭ** in; **ī** bite; **ŏ** lot; **ō** bone; **ô** orphan; **oi** boil; **o͝o** good; **o͞o** boot; **ou** out; **ŭ** under; **û** urgent; **ə** = *a* in alone, *e* in system, *i* in easily, *o* in gallop, *u* in circus.

وبخاصة: حُكمٌ بتفليس شخص (ق).

ad·junct [ăj′ŭngkt] *(n.; adj.)* (١) «أ» المُلْحَق. «ب» صفة؛ مِيزة (٢) المساعِد؛ المعاوِن: شخص يساعد شخصًا آخر في أداء وظيفةٍ ما § (٣) مُلْحَق؛ تابع (٤) مُعاوِن أو مؤقَّت <~ professor>.

ad·junc·tion *(n.)* ضمٌّ؛ إلحاق.

ad·ju·ra·tion [ăj′oo rā′-] *(n.)* (١) قَسَمٌ (٢) استحلاف (٣) مناشدة.

ad·jur·a·to·ry [ə jo͝or′ə tōr′ĭ] *(adj.)* استحلافيّ؛ مُناشِد.

ad·jure [ə jo͝or′] *(vt.)* (١) يستحلف (٢) يُناشد.

ad·just [ə jŭst′] *(vt.; i.)* (١) يُسَوّي <to ~ accounts> (٢) يُصْلح؛ يُصَحّح (٣) «أ» يكيّف. «ب» يُوَفّق بين. «ج» ينظّم. «د» يضبط؛ يُعدِّل x (٤) يتكيَّف (٥) ينضبط؛ يَنْعدل.
— **ad·just·a·ble** *(adj.)*

ad·just·ed *(adj.)* مُسَوًّى؛ مضبوط؛ مكيَّف؛ معدَّل إلخ.

ad·just·er; ad·jus·tor [ə jŭs′tər] *(n.)* المُسَوّي؛ الضابط؛ المعدِّل.

ad·just·ment *(n.)* (١) مص adjust (٢) الضابطة: أداة ضبط أو تعديل <an ~ for focusing a microscope> (٣) التَّوافق؛ التّلاؤم (نف).

ad·ju·tan·cy [ăj′ə-] *(n.)* المُعاوِنية: وظيفة الضابط المعاوِن للقائد.

ad·ju·tant [ăj′ə tənt] *(n.)* (١) المعاوِن: ضابط مساعدٌ للقائد (٢) معاوِن.

adjutant bird

adjutant bird *(n.)* أبو سُعْن: طائر من اللقالق.

ad·ju·vant [ăj′ə vənt] *(adj.; n.)* (١) مساعد § (٢) العنصر المُساعِد <an ~ that dries paint>.

ad lib [ăd lĭb′] *(adv.)* من غير قيد؛ من غير حدّ.

ad–lib [ăd lĭb′] *(n.; adj.; vt.; i.)* (١) المُرْتَجَل: شيء مُرْتَجَل § (٢) مُرْتَجَل (٣) حُرّ؛ مُطْلَق؛ غير مقيَّد أو مُحدَّد § (٤) يرتجل.

ad li·bi·tum[1] [ăd lĭb′ə təm] *(adv.)* من غير قيد أو حدّ.

ad li·bi·tum[2] *(adj.)* اختياريّ؛ كما يَهْوى المرء (مو).

ad·man [ăd′măn] *(n.)* وكيل الإعلانات التجارية.

ad·mass [ăd′măs] *(adj.)* استهلاكيّ.

ad·meas·ure [ăd mĕzh′ər] *(vt.)* (١) يقيس (٢) يُحدِّد الحِصَّة.

ad·meas·ure·ment *(n.)* (١) قياس (٢) تحديدُ الحِصّة.

ad·min·is·ter [ăd mĭn′əs tər] *(vt.; i.)* (١) يُدير؛ يُدَبِّر (٢) يَحكم (٣) يُقدِّم (٤) يُعطي (٥) يَمْنَح الأسرار الكَنَسيّة (٦) يُحَلِّف (٧) يُوَجِّه؛ يُسَدِّد x (٨) يُسْهم في؛ يُعَزِّز (٩) يُسعِف (١٠) يُدير التَّرِكة أو أملاك القاصِر (ق).

ad·min·is·trant [ăd mĭn′əs trənt] *(n.)* المُدير؛ المدبِّر إلخ.

ad·min·is·trate [-strāt′] *(vt.)* = administer.

ad·min·is·tra·tion *(n.)* (١) مص administer (٢) إدارة (٣) *cap.*: حكومة؛ إدارة.

ad·min·is·tra·tive [-strā′tĭv] *(adj.)* (١) إداريّ (٢) حكوميّ؛ تنفيذيّ.

ad·min·is·tra·tor [-strā′tər] *(n.)* (١) المُتَولّي: شخص تعيّنه المحكمة لإدارة أملاك مُتَوَفّى أو أملاك قاصر (ق) (٢) المدير؛ المدبِّر (٣) الراعي المؤقَّت: كاهن مكلَّف، مؤقتًا، بإدارة أبرشية (كن).

ad·min·is·tra·trix [ăd mĭn′ə strā′trĭks] *(n.)* المديرة؛ المُدَبِّرة.

ad·mi·ra·ble [ăd′mə rə bəl] *(adj.)* رائع؛ باهر؛ ممتاز.

ad·mi·ra·bly *(adv.)* على نحوٍ رائع أو باهر أو ممتاز.

ad·mi·ral [ăd′mə rəl] *(n.)* (١) الأميرال؛ أمير البحر (٢) أميرة الفَراش: فَراشة زاهية الألوان.

ad·mi·ral·ty *(n.; adj.)* (١) إمارة البحر § (٢) بحريّ.

ad·mi·ra·tion [ăd′mə rā′shən] *(n.)* (١) إعجاب (٢) موضع إعجاب <Salwa was the ~ of everyone.>.

ad·mi·ra·tive [ăd mī′rə tĭv] *(adj.)* (١) إعجابيّ (٢) تَعَجُّبيّ.

ad·mire [ăd mīr′] *(vt.; i.)* (١) يُعْجَب بِـ (٢) يُكْبِر x (٣) يجد متعةً في.

ad·mir·er *(n.)* (١) المُعْجَب؛ المُريد (٢) العاشق.

ad·mis·si·bil·i·ty *(n.)* المَقْبولية: كون الشيء مقبولًا.

ad·mis·si·ble [ăd mĭs′ə bəl] *(adj.)* (١) مقبول؛ جائز؛ ممكنٌ التسليمُ به (٢) جدير بالقبول.

ad·mis·sion [ăd mĭsh′ən] *(n.)* (١) قَبول (٢) «أ» دُخول [بإذن]. «ب» حقّ الدخول؛ الإذْن بالدّخول. «ج» رسم الدخول (٣) «أ» تسليمٌ بِـ. «ب» إقرار.

ad·mit [ăd mĭt′] *(vt.; i.)* (١) «أ» يَسْمح بِـ. «ب» يُفْسِح مجالًا لِـ <This law ~s no exceptions.> (٢) يُسَلِّم بِـ <to ~ the force of an argument> (٣) «أ» يُدْخِل. «ب» يَقْبله في (٤) يتّسع لِـ <This theater ~s only 150 persons.> (٥) يعترف بِـ؛ يُقرّ بِـ x (٦) يؤدّي إلى <a gate that ~s to a yard> (٧) يُجيز؛ يَسْمح.

ad·mit·tance [-′əns] *(n.)* (١) قَبول (٢) «أ» دخول. «ب» حقّ الدخول.

ad·mit·ted [ăd mĭt′ĭd] *(adj.)* مُسلَّم به؛ مُعْتَرَف به.

ad·mit·ted·ly *(adv.)* بإقرار الجميع؛ مما لا يُمكن إنكارُه.

ad·mix [ăd mĭks′] *(vt.)* يَشُوب (مج)؛ يَمزُج؛ يَخْلُط.

ad·mix·ture [-′chər] *(n.)* (١) «أ» مَزْج؛ خَلْط. «ب» امتزاج؛ اختلاط (٢) «أ» المِزاج: ما يُضاف إلى غيره بالمَزْج. «ب» حصيلة المَزْج: مزيج.

ad·mon·ish [ăd mŏn′ĭsh] *(vt.)* (١) يُذَكِّر بِـ؛ يَحُثّ على أداء <to ~ someone about his obligations> (٢) يَلُوم؛ يعاتب (٣) يَنْصَح أو يُحَذِّر.

ad·mon·ish·er *(n.)* المُذَكِّر؛ الحاثّ؛ اللائم؛ الناصح؛ المحذِّر.

ad·mo·ni·tion [ăd′mə nĭsh′ən] *or* **ad·mon·ish·ment** [ăd mŏn′ĭsh-] *(n.)* (١) تذكير؛ حَثّ؛ حضّ (٢) لوم؛ عتاب (٣) نُصْح؛ تحذير.

ad·mon·i·tor [ăd mŏn′-] *(n.)* = admonisher.

ad·mon·i·to·ry [-ə tōr′ĭ] *(adj.)* تذكيريّ؛ لَوْميّ؛ تحذيريّ إلخ.

ad·nate [ăd′nāt] *(adj.)* مندمج (مج): نامٍ مُتَّحدًا مع عضوٍ أو جزء آخر.

ad nau·se·am [ăd nô′shĭ ăm′; -sĭ-] *(adv.)* حتّى الغَثَيان أو الإملال.

ad·o [ə do͞o′] *(n.)* (١) لَغَط؛ ضجّة؛ اهتياج (٢) صعوبة.
much ~ about nothing جَعْجَعة ولا طِحْن.

a·do·be [ə dō′bĭ] *(n.)* (١) طُوب (٢) لَبِن (٣) مبنًى من طُوب أو لَبِن.

ad·o·lesce [ăd′ə lĕs′] *(vi.)* يُراهِق؛ يَبْلُغ سِنّ المراهقة.

ad·o·les·cence [-′əns]; **ad·o·les·cen·cy** *(n.)* المُراهَقة؛ سِنّ المراهَقة.

ad·o·les·cent [-ənt] *(n.; adj.)* (١) المُراهِق § (٢) مُراهِق.

A·do·nis [ə dŏn′ĭs] *(n.)* (١) أدونيس (مث) (٢) شابّ فائق الجمال .

a·dopt [ə dŏpt′] *(vt.)* (١) يتبنّى : يتّخذه وَلدًا (٢) يتبنّى رأيًا أو سياسة (٣) يتّخذ؛ يختار (٤) يستخدم؛ يقتبس (٥) يُقرّ <Congress ~*ed* the measures.>.
— **a·dop·tion** *(n.)*

a·dopt·ed [ə dŏp′-] *(adj.)* مُتَبَنًّى <an ~son> .

a·dop·tee [ə dŏp′tē] *(n.)* المُتَبَنَّى : امرؤ تبنّاه شخص آخر .

a·dop·tive [ə dŏp′tĭv] *(adj.)* (١) تَبَنِّيويّ : خاصّ بالتبنّي أو ذو علاقة به (٢) بالتبنّي <~ father *or* son> .

a·dor·a·ble [ə dōr′ə bəl] *(adj.)* (١) جدير بالعبادة أو التوقير أو الحبّ (٢) ساحر؛ فاتن <an ~ child> .

ad·o·ral [ăd ōr′əl] *(adj.)* قريبٌ من الفم .

ad·o·ra·tion *(n.)* (١) عبادة (٢) توقير (٣) هُيام؛ افتتان .

a·dore [ə dōr′] *(vt.)* (١) يَعْبُد (٢) يُوَقِّر؛ يُجِلّ (٣) يَهِيم بِـ .

a·dorn [ə dôrn′] *(vt.)* يُزَيِّن؛ يُجَمِّل؛ يُحَلِّي؛ يزخرف .

a·dorn·ment *(n.)* (١) تزيين؛ زخرفة (٢) زينة؛ حِلْية .

ad rem [ăd rĕm′] *(adv.)* ضمن نطاق الموضوع .

ad·re·nal [ə drē′nəl] *(adj.)* (١) مُجاوِرٌ للكُلْية (٢) كُظْرِيّ .

ad·re·nal·ec·to·my [ə drē′nə lĕk′tə mĭ] *(n.)* قَطْع الكُظْر : استئصال أحد الكُظْرَيْن أو كِلَيْهما (جر) .

adrenal gland *(n.)* الكُظْر؛ الغدّة فوق الكُلْية (ت) .

ad·ren·al·in [ə drĕn′əl ĭn] *(n.)* (١) الكُظْرِين : هرمون يفرزه الكُظْر (٢) الأدرينالين : عَقّار متبلِّر أبيض محتوٍ على الكُظْرِين .

ad·ri·a·my·cin [-mīs′ən] *(n.)* الأدريامايسين : ضربٌ من المُرْديات .

a·drift [ə drĭft′] *(adj. or adv.)* (١) طافٍ أو طافيًا من غير مِرساة (٢) هائمٌ على غير هدًى؛ بلا هدف؛ في مهبّ الريح .

a·droit [ə droit′] *(adj.)* (١) صَناع : بارعٌ يدويًّا (٢) ماهر .

a·droit·ly [ə droit′lĭ] *(adv.)* بمهارة؛ ببراعة .

a·droit·ness [ə droit′nəs] *(n.)* مهارة؛ براعة .

ad·sci·ti·tious [ăd′sə tĭsh′əs] *(adj.)* (١) مكتَسَب (٢) إضافيّ .

ad·script [ăd′-] *(adj.)* (١) مكتوب بعدَ (٢) مرتبطٌ بالأرض <~ serfs> .

ad·scrip·tion *(n.)* الارتباط بالأرض <~ of serfs> .

ad·sorb [ăd sôrb′] *(vt.)* يَمْتَزّ (مج) : يكثّف جُزَيئات الغاز أو السائل ويُلصقها بسطحِهِ الصُّلب (ك) .
— **ad·sorp·tion** *(n.)*

ad·sor·bate [ăd sôr′bāt] *(n.)* المُمْتَزّ : مادة مكثّفة بالامتزاز (ك) .

ad·sor·bent [ăd sôr′bənt] *(adj.; n.)* (١) مازٌّ : مكثِّف لجُزَيئات الغاز إلخ (ك) § (٢) المازّة : مادّة مكثِّفة لجُزَيئات الغاز (ك) .

ad·u·late [ăj′ə lāt] *(vt.)* (١) يُطري (٢) يتملّق؛ يداهن؛ يتزلّف إلى .
— **ad·u·la·tion** *(n.)* — **ad·u·la·to·ry** *(adj.)*

a·dult [ə dŭlt′; ăd′ŭlt] *(adj.; n.)* (١) بالغ؛ راشد (٢) خاصّ بالبالغين <~ education> § (٣) الراشد : البالغ سنّ الرشد .

a·dul·ter·ant [ə dŭl′tər ənt] *(n.; adj.)* (١) الغاشّة : مادة تُستخدم في الغِش § (٢) غاشّ؛ غشّاش <~ agents> .

a·dul·ter·ate [*v.* ə dŭl′tə rāt′; *adj.* -′tər ĭt, -āt′] *(vt.; adj.)* (١) يَمْذُق؛ يَغُشّ؛ يُزَيِّف <to ~ milk> § (٢) adulterous (٣) مَذِيق؛ مغشوش .

a·dul·ter·a·tion *(n.)* (١) مَذْق؛ غِشّ (٢) سلعةٌ مغشوشة .

a·dul·ter·er [ə dŭl′tər ər] *(n.)* الزّاني .

a·dul·ter·ess [ə dŭl′tər əs] *(n.)* الزّانية .

a·dul·ter·ine [-ĭn; -rēn′] *(adj.)* (١) مَذِيق؛ مغشوش (٢) غير قانونيّ .

a·dul·ter·ous [ə dŭl′tər əs] *(adj.)* (١) زِنَويّ؛ زِناوِيّ : خاصّ بالزّنى أو ميّالٌ إليه <an ~ relation> (٢) مَذِيق؛ مغشوش .

a·dul·ter·y [ə dŭl′tə rĭ] *(n.)* الزّنى؛ السِّفاح .

a·dult·hood *(n.)* (١) البُلوغ؛ اليَفاع (٢) سِنُّ البُلوغ .

ad·um·brate [ăd ŭm′brāt; ăd′əm-] *(vt.)* (١) يُشير إلى؛ يُلمع إلى قرب حدوث شيء (٢) يرمز إلى (٣) يُظَلِّل؛ يَحْجُب .
— **ad·um·bra·tive** *(adj.)*

a·dunc [ə dŭngk′]; **a·dun·cous** *(adj.)* أعْقَف؛ معقوف؛ أحْجَن .

a·dust [ə dŭst′] *(adj.)* (١) مسفوع؛ محروق (٢) نكِد المزاج .

ad va·lo·rem [ăd və lōr′ĕm] *(adj.)* قِيْمِيّ : محسوب على أساس القيمة المنصوص عليها في الفاتورة .

ad·vance [ăd văns′; ăd väns′] *(vt.; i.; n.; adj.)* (١) يَدْفع إلى الأمام؛ يحرِّك إلى الأمام (٢) يُسَرِّع؛ يُعجِّل (٣) يعزِّز؛ يُحسِّن (٤) يُرَفِّع؛ يُرَقِّي (٥) يُسلِّف (٦) يقترح (٧) يسبِّق؛ يقدِّم <to ~ the date of ...> (٨) يزيد؛ يَرْفع <~*d* the price of gasoline> x (٩) يتقدَّم <Troops ~*d*.> (١٠) يترقّى؛ يترفَّع (١١) يزداد؛ يرتفع § (١٢) تقدُّم (١٣) تحسُّن؛ تَرَقٍّ (١٤) ارتفاع في السعر (١٥) خطوة أولى؛ مبادرة (١٦) «أ» تسليف «ب» سُلفة § (١٧) مُنْجَزٌ أو مدفوع سَلَفًا <an ~ payment> (١٨) رائد؛ طليعيّ (١٩) أماميّ .
in ~, مقدَّمًا؛ سَلَفًا .
to make ~s to يتودّد إلى؛ يُغازل .

ad·vanced [ăd vănst′] *(adj.)* (١) مقدَّم؛ موضوع في المقدَّمة <with ~ foot> (٢) متقدِّم في السنّ <a man ~ in years> (٣) متقدّم <~ air bases> (٤) عالٍ <~ studies> (٥) تقدُّميّ <~ ideas> .

ad·vance·ment *(n.)* (١) مص advance (٢) تقدُّم (٣) تَرْقية (٤) تعزيز .

ad·van·tage [ăd văn′tĭj] *(n.; vt.)* (١) تفوُّق؛ أفضلية (٢) مصلحة؛ فائدة (٣) ميزة؛ فضيلة؛ حَسَنة § (٤) يُفيد .
to ~, بطريقة تُظهر مزايا الشيء أو جماله .
to take ~ of an opportunity ينتهز فرصةً؛ يهتبل فُرصَة .
to take ~ of somebody يخدعُهُ؛ يحتال عليه؛ يستغلّه لمصلحته .
to turn something to ~, يستغلُّهُ أحسَنَ استغلال .

ad·van·ta·geous [ăd′vən tā′-] *(adj.)* مفيد؛ مساعِد؛ مؤاتٍ .

ad·vec·tion [ăd vĕk′shən] *(n.)* التأفُّق: «أ» حركة الهواء الأفقيّة. «ب» انتقال الحرارة بواسطة تحرّكات الهواء الأفقية (أر).

ad·vent [ăd′vĕnt] *(n.)* (١) *cap.*: أيام الآحاد الأربعة السابقة للميلاد (نص) (٢) *cap.*: المجيء: مجيء المسيح ثانيةً إلى العالم (نص) (٣) حلول؛ ورود؛ قدوم <the ~ of spring>.

Ad·vent·ism [ăd′vĕn tĭz′əm] *(n.)* المجيئيّة؛ السَّبْتِيّة: المذهب القائل بأن مجيء المسيح ثانيةً ونهاية العالم أمسَيا قريبين (نص).

Ad·vent·ist [ăd′vĕn tĭst] *(adj.)* مجيئيّ؛ سَبْتيّ.

ad·ven·ti·tious [ăd′vən tĭsh′əs] *(adj.)* (١) عَرَضيّ؛ اتفاقيّ (٢) طارئ؛ عارض؛ أحمق: ناشئ في موضع من النبات لم يؤلَف ظهورُهُ فيه <~ buds>.

ad·ven·tive [ăd vĕn′tĭv] *(adj.; n.)* (١) مُنْدَسّ؛ غير بلديّ <~weeds> (٢) adventitious *2* § (٣) المُنْدَسّ: نبات أو حيوان مندسّ أو غير بلديّ.

ad·ven·ture [ăd vĕn′chər] *(n.; vt.; i.)* (١) مغامَرة؛ مُجازَفة؛ مخاطَرة (٢) خبرة أو تجربة مثيرة (٣) مغامرة مالية § (٤) يُغامِر؛ يجازف؛ يُخاطر.

ad·ven·tur·er *(n.)* المُغامِر؛ المجازِف؛ المخاطِر.

ad·ven·ture·some *(adj.)* مغامِر؛ مُخاطِر؛ جَسُور.

ad·ven·tur·ess [ăd vĕn′chər əs] *(n.)* المغامِرة. وبخاصة: المرأة السّاعية إلى اكتساب الرزق أو المكانة بأساليب مشبوهة.

ad·ven·tur·ous [-əs] *(adj.)* (١) مُغامِر؛ جسور (٢) خَطِر.

ad·verb [ăd′vûrb] *(n.; adj.)* (١) الحال (ل) (٢) الظَّرف (ل) § (٣) حاليّ (ل) (٤) ظَرْفيّ (ل).

ad·ver·bi·al [ăd vûr′bĭ əl] *(adj.)* (١) حاليّ (ل) (٢) ظَرْفيّ (ل).

ad ver·bum [ăd vûr′bəm] *(adv.)* حَرْفيًّا؛ بالحرف الواحد.

ad·ver·sar·y [ăd′vər sĕr′ĭ] *(adj.; n.)* مخاصِم؛ معادٍ؛ مُناوئ؛ منافِس.

ad·ver·sa·tive [-vûr′-] *(adj.; n.)* (١) استدراكيّ § (٢) حرف استدراك.

ad·verse [ăd vûrs′] *(adj.)* (١) مُعادٍ؛ مناوئ؛ مناهِض <~ to slavery> (٢) معاكس؛ غير ملائم <~ wind> (٣) مُقابِل <the ~ page> (٤) متقابل؛ متواجه <two ~ carriages>.

ad·ver·si·ty [-vûr′-] *(n.)* شِدّة؛ مِحنة؛ بلاء؛ ضرّاء؛ حَظّ عاثر.

ad·vert[1] [ăd vûrt′] *(vi.)* يُشير إلى؛ يَلفت الانتباه إلى.

ad·vert[2] [ăd′vûrt] *(n.)* = advertisement.

ad·ver·tence; ad·ver·ten·cy [ăd vûr′-] *(n.)* يَقَظة؛ وعي؛ انتباه.

ad·ver·tent [ăd vûr′tənt] *(adj.)* مُتَيقِّظ؛ واعٍ؛ مُتَنَبِّه.

ad·ver·tise [ăd′vər tīz′; ăd′vər tīz′] *(vt.; i.)* (١) يُعْلِم؛ يُحيطُهُ علمًا بـ <I ~*d* him of my intention.> (٢) يُعلِن عن.

ad·ver·tise·ment [ăd′vər tīz′-; ăd vûr′ tĭs-] *(n.)* (١) الإعلان عن السِّلع إلخ (٢) إعلان <a full-page ~>.

ad·ver·tis·ing [ăd′vər tīz′ng] *(n.)* (١) الإعلان عن السِّلَع (٢) إعلانات (٣) صناعة الإعلان.

ad·ver·tize [ăd′vər tīz′] *(vt.; i.)* = advertise.

ad·vice [-vīs′] *(n.)* (١) نصيحة (٢) استشارة (٣) *pl.* عد: أنباء. وبخاصة عن التجارة أو الشؤون الخارجية <~*s* from Italy> (٤) إشعار (تج).

ad·vis·a·ble *(adj.)* مُسْتَصْوَب؛ مُسْتَحْسَن. — **ad·vis·a·bil·i·ty** *(n.)*

ad·vise [ăd vīz′] *(vt.; i.)* (١) يَنْصَح (٢) يُحذِّر (٣) يوصي أو يشير [على شخص] بـ <He ~*d* secrecy.> (٤) يُعْلِم؛ يُخطر x (٥) يَنْصَح (٦) يتشاور.

ad·vised *(adj.)* (١) مدروس؛ مُرَوًّا فيه (٢) مُطَّلِع على.

ad·vis·ed·ly *(adv.)* بأناة؛ بِرَوِيّة؛ عن عَمْد.

ad·vis·ee [ăd vī zē′] *(n.)* المنصوح؛ المُرْشَد (تر).

ad·vise·ment [ăd vīz′-] *(n.)* (١) أناة؛ رَوِيّة (٢) نصيحة؛ نُصْح.

ad·vis·er *or* **ad·vi·sor** *(n.)* (١) الناصح (٢) المستشار؛ المُرشِد (تر).

ad·vi·so·ry [ăd vī′zə rĭ] *(adj.; n.)* (١) استشاريّ <an ~ committee> (٢) إرشاديّ؛ توجيهيّ § (٣) تقرير [عن الأحوال الجوية إلخ].

ad·vo·ca·cy [ăd′və kə sĭ] *(n.)* دفاع؛ تأييد؛ نُصرة.

ad·vo·cate[1] [ăd′və kĭt; ăd′və kāt′] *(n.)* (١) المحامي [أمام القضاء] (٢) المؤيِّد؛ النصير.

ad·vo·cate[2] [-kāt′] *(vt.)* يؤيد؛ يناصر؛ يدافع عن. — **-ca·tor** *(n.)*

ad·vo·ca·tion *(n.)* = advocacy.

ad·y·na·mi·a [ăd′ə nā′mĭ ə] *(n.)* الوَهَن؛ ضَعْف الحيوية.

ad·y·nam·ic *(adj.)* (١) وَهَنيّ: خاصّ بالوَهَن (٢) واهن.

ad·y·tum [ăd′ə təm] *(n.)* pl. **-ta** [tə] (١) المَقْدِس؛ قُدْسُ الأقداس: موضع مقدَّس، في الهياكل القديمة، لا يدخله إلا الكهنة (٢) حَرَمٌ.

adz *or* **adze** [ădz] *(n.; vt.)* (١) القَدُوم § (٢) يقطع بالقَدُوم، يَنْجُر بالقَدُوم.

adz *1.*

a·ë·des [ā ē′dēz] *(n.)* pl. **a·ë·des** الزّاعجة: بعوض الحمّى الصفراء وغيره.

ae·dile [ē′dīl] *(n.)* المُحْتَسِب: موظَّف في روما القديمة مُكلَّف بالإشراف على الأشغال العامة والألعاب والشرطة والتموين.

Ae·ge·an [ē jē′ən] *(adj.)* إيجيّ: منسوب إلى بحر إيجه.

ae·gis [ē′jĭs] *(n.)* (١) دِرْع (٢) حماية (٣) رعاية.

A·e·ne·o·lith·ic [ā ē′nē ō lĭth′ĭk] *(adj.)* إينيوليثيّ: خاصّ بفترة انتقالية بين العصر الحجري الحديث وعصر البرونز (جي).

ae·o·li·an [ē ō′lĭ ən] *(adj.)* (١) *cap.*: عُوْلُسِيّ: منسوب إلى عُوْلُس Aeolus إلّه الرياح في الميثولوجيا اليونانية (٢) ريحيّ.

ae·o·li·an harp *(n.)* قيثارة عُوْلُس؛ قيثارة إيولُس؛ قيثارة الريح (مو).

ae·o·lo·trop·ic [ē′ə lō trŏp′ĭk] *(adj.)* = anisotropic *a.*

Ae·o·lus [ē′ə ləs] عُوْلُس؛ إيولُس: إلّه الرياح (مث).

ae·on [ē′ən; ē′ŏn] *(n.)* دَهر؛ حِقبة؛ آلاف السنين.

aer- *or* **aero-** بادئة معناها: «أ» هواء أو غاز. «ب» طيران.

aer·ate [âr′āt; ā′ə rāt′] *(vt.)* (١) يُؤكْسِج: يُشبع الدَّمَ بالأكسجين من طريق التنفُّس (٢) يُهَوّي: يُشبع التربة أو السائل بالهواء (٣) يُغَوِّز: «أ» يُشبع بالغاز أو بثاني أكسيد الكربون. «ب» يجعله فوّارًا. — **aer·a·tion** *(n.)*

aer·a·tor [âr′ā tər] *(n.)* (١) المُهَوّي (٢) أداة تَهْوية.

aer·i·al [âr'ĭ əl] *(adj.; n.)* (١) «أ» هوائيّ. «ب» شاهق (٢) «أ» لطيف؛ رقيق. «ب» خياليّ؛ أثيريّ (٣) جوّيّ: «أ» خاصّ بالطيران. «ب» مأخوذ من الجوّ <~ photographs> § (٤) الهوائيّ؛ «الأنتين».

aer·i·al·ist [âr'ĭ əl ĭst] *(n.)* البهلوان الجوّيّ: بهلوان يقوم بألعاب بارعة في الهواء.

aerial ladder *(n.)* سُلَّم مطافئ ميكانيكية [على سيارة إطفاء].

aerial perspective *(n.)* المنظور الجوّيّ.

aer·ie [âr'ĭ; ēr'ĭ] *(n.)* (١) وَكْرُ نَسْر إلخ (٢) بيت فوق مُرْتَفَع.

aer·i·fy [âr'ə fī] *(vt.)* (١) يُهَوِّي: يُشبع بالهواء (٢) يُبَخِّر: يُحَوِّل إلى بخار.

aer·o [âr'ō] *(adj.)* طَيَرانيّ: خاصّ بالطيران <an ~ club>.

aero- = aer-.

aer·o·bat·ic [âr'ə băt'ĭk] *(adj.)* بَهْلَوانيجوّيّ؛ بَهْلَوانيّ جوّيّ.

aer·o·bat·ics [âr'ə băt'ĭks] *(n. pl.)* بَهْلَوانيات جوية.

aer·obe [âr'ōb] *(n.)* الحَيْهوائيّ؛ الميكروب الحَيْهوائيّ: بكتير لا يعيش إلّا بوجود الأكسجين (أح).

aer·o·bic [â rō'bĭk] *(adj.)* حَيْهَوائيّ: عائش أو ناشط أو حادث في حال وجود الهواء أو الأكسجين فقط <~ fermentation>.

aer·o·bics *(n. pl.)* الرياضة الأكسجينيّة؛ الرياضة الهوائيّة: تدريب بدنيّ يقوّي جهاز التنفّس والدورة الدموية.

aer·o·bi·ol·o·gy [âr ō bī ŏl'ə jĭ] *(n.)* البيولوجيا الهوائية.

aer·o·bi·o·sis [âr'ō bī ō'-] *(n.)* الحَيْهوائية: الحياة بوجود الهواء أو الأكسجين.

aer·o·drome [âr'ə drōm'] *(n.)* المطار؛ الميناء الجوّيّ.

aer·o·dy·nam·ic *(adj.)* إيروديناميّ: ذو علاقة بالإيروديناميات.

aer·o·dy·nam·i·cist *(n.)* الإيروديناميّ: المتخصّص بالإيروديناميات.

aer·o·dy·nam·ics [âr'ō dī năm'ĭks] *(n.)* الإيروديناميّات؛ الديناميكا الهوائية: فرع من علم الديناميكا يبحث في حركة الهواء والسوائل الغازيّة الأخرى وفي القوى المؤثّرة في الأجسام المتحركة عَبْرَ الهواء.

aer·o·gram *or* **aer·o·gramme** [âr'ə grăm'] *(n.)* رسالة جوية.

aer·og·ra·phy [â rŏg'rə fĭ] *(n.)* = meteorology.

aer·o·lite [âr'ə līt'] *(n.)* النَّيْزَك الحجريّ (فل).

aer·o·lith [âr'ə lĭth] *(n.)* = aerolite.

aer·ol·o·gy [â rŏl'ə jĭ] *(n.)* (١) عِلْم الأرصاد الجوّية (٢) علم الهواء.

aer·o·mag·net·ic [âr'ō măg nĕt'ĭk] *(adj.)* جَوِّيْطِيسيّ؛ جوّيّ مغنطيسيّ.

aer·o·me·chan·ic *(n.; adj.)* (١) خبير أو مهندس طيران § (٢) ميكانيكيّ جوّيّ: خاصّ بالميكانيكا الجوية.

aer·o·me·chan·ics [âr'ō mə kăn'ĭks] *(n.)* الميكانيكا الجوّية: فرع من علم الميكانيكا يبحث في توازن الغازات وحركتها.

aer·o·med·i·cine [âr'ə mĕd'-] *(n.)* الطِّبّ الجوّيّ: فرع من الطب يبحث في الأمراض والاضطرابات الناشئة عن الطيران.

aer·om·e·ter [â rŏm'-] *(n.)* ميزان الهواء: جهاز لقياس وزن الهواء وكثافته.

aer·o·naut [âr'ə nôt'] *(n.)* (١) الملّاح الجوّيّ (٢) المسافر جوًّا.

aer·o·nau·tic; -al [âr'ə nô'-] *(adj.)* طَيَرانيّ: خاصّ بعلم الطيران.

aer·o·nau·tics *(n.)* الطَّيَرانيّات؛ علم الطيران.

aer·o·phile [âr'ə fīl'] *(n.)* محبّ الطيران؛ المولَعُ بالطيران.

aer·o·plane [âr'ə plān'] *(n. chiefly Brit.)* = airplane.

aer·o·sol [âr'ə sōl'] *(n.)* (١) الضَّبابة؛ الضَّبوب: ذُرَيْرات دقيقة مَرْذوذة ومُعَلَّقة في الهواء (٢) المَرْذوذة: مادة تُرَذّ على شكل ضبابة لإبادة الحشرات.

aer·o·space [âr'ə spās'] *(n.; adj.)* (١) الفضاء الجوّي (٢) المجال الجوّي (٣) الصناعة الفضائية § (٤) فضائيّ.

aer·o·sphere [âr'ə sfēr'] *(n.)* الإيروسفير: المنطقة الواقعة فوق غلاف الأرض الجوّيّ.

aer·o·stat [âr'ə stăt'] *(n.)* المُنْطاد؛ السفينة الهوائية.

aer·o·stat·ics [âr'ə stăt'ĭks] *(n.)* الإيروستاتيّات: علم توازن الهواء والغازات الأخرى وتوازن الأجسام المغمورة فيها.

aer·y [âr'ĭ] *(adj.; n.)* (١) وهميّ؛ خياليّ؛ أثيريّ § (٢) aerie.

Aes·cu·la·pi·an [ĕs'kyə lā'-] *(adj.; n.)* (١) طبّيّ § (٢) طبيب.

aes·thete [ĕs'thēt] *(n.)* مُتَذَوِّق الجمال [وبخاصة في الفنّ].

aes·thet·ic; -al [ĕs thĕt'-] *(adj.)* (١) جَماليّ؛ فنّيّ (٢) مُحبّ للجَمال.

aes·the·ti·cian *(n.)* الجَماليّ: الاختصاصيّ في علم الجَمال.

aes·thet·i·cism *(n.)* الجَماليّة: «أ» القول بأن مبادئ الجمال أساسيّة وبأن المبادئ الأخرى، كمبادئ الخير والحقّ، مشتقةٌ منها. «ب» التعبُّد للفنّ والموسيقى والشّعر، واللّامبالاةُ بالشؤون العملية.

aes·thet·ics [ĕs thĕt'ĭks] *(n.)* (١) علم الجَمال؛ الأستاطيقا (٢) فلسفة الجَمال: وصف وتعليل الظواهر الفنية والخبرات الجمالية من طريق الاستعانة ببعض العلوم من مثل علم النفس وعلم الاجتماع (٣) جمال.

aes·ti·val [ĕs'tə vəl] *(adj.)* صَيْفيّ.

aes·ti·vate [ĕs'tə vāt'] *(vi.)* (١) يصطاف (٢) يتصيَّف: يقضي الصيف في حالة خَدَرٍ وَفَقْدِ حسٍّ (ح).

aes·ti·va·tion *(n.)* (١) اصطياف (٢) التصيُّف (مج): قضاء الصيف في حالة خَدَرٍ وَفَقْدِ حسٍّ (ح) (٣) الالتفاف الزَّهري: حالة أجزاء الزهرة من حيث ترتيبُها أو انتظامُها في البُرْعم (نب).

a·far [ə fär] *(adv.; n.)* (١) بعيدًا § (٢) بُعْد؛ مسافة بعيدة.

a·feard *or* **a·feared** [ə fērd'] *(adj.)* خائف؛ مُرَوَّع (ع).

af·fa·bil·i·ty [ăf'ə bĭl'-] *(n.)* الأُنس؛ الدَّماثة؛ عذوبة المعاشرة.

af·fa·ble [ăf'ə bəl] *(adj.)* أنيس؛ دَمِث؛ عَذْب المعاشرة.

af·fair [ə fâr'] *(n.)* (١) *pl.*: شؤون. وبخاصة: شؤون تجارية أو مهنية أو عامة (٢) مسألة؛ أمر؛ شأن <an important ~> (٣) حادث (٤) عمل؛

شغل؛ مُهِمّة (٥) شيء؛ مسألة <This calculator is a complicated ~.> (٦) أو **af·faire**: «أ» علاقة غرامية قصيرة الأجل؛ علاقة جنسية غير شرعية. «ب» فضيحة؛ قضية؛ مسألة تثير قلقًا أو جدلًا عامَّيْن.

af·faire d'a·mour [à fâr′ dà moor′] *(n.)* مسألة غرامية.

af·faire de cœur [-də kœr′] *(n.)* = affaire d'amour.

af·faire d'hon·neur [-dô nœr′] *(n.)* مسألة شَرَف. وبخاصةٍ: مبارَزة.

af·fect¹ [ăf′ĕkt; ə fĕkt′] *(n.)* شعور؛ عاطفة؛ وجدان.

af·fect² [ə fĕkt′] *(vt.)* (١) يُولَع بـ(٢) يتظاهر بـ(٣) يقلّد؛ يحاكي (٤) يتكلّف؛ يتصنَّع (٥) يتَّخذ (٦) يَنْزَع إلى [اتخاذ شكلٍ ما] (٧) يختار؛ يفضِّل (٨) يألف <swallows that ~ chimneys> (٩) يؤثِّر في (١٠) يحرِّك المشاعر.

af·fec·ta·tion [ăf′ĕk tā′-] *(n.)* (١) تظاهرٌ بـ(٢) تكلُّف؛ تَصَنُّع.

af·fect·ed *(adj.)* (١) ميّال إلى <My son was well ~ toward her.> (٢) متكلَّف <is written in an ~ style> (٣) مُتصنِّع؛ متكلِّف <an ~ lady> (٤) متأثِّر بـ <He was deeply ~ by the news.> (٥) مُصابٌ بـ <~ with gout>.

af·fect·ing *(adj.)* مُؤثِّر: محرِّك للمشاعر أو العواطف.

af·fec·tion [ə fĕk′shən] *(n.)* (١) «أ» عاطفة؛ شعور. «ب» الوجدان؛ العاطفة (نف) (٢) تَعَلُّق؛ حُبّ (٣) مَيْل؛ نزوع (٤) «أ» حالة جسدية. «ب» مرض؛ داء؛ عِلّة. «ج» صفة؛ خاصّيّة <Shape and weight are ~s of bodies.>. — **af·fec·tion·al** *(adj.)*

af·fec·tion·ate [-ĭt] *(adj.)* (١) مُحِبّ؛ حنون؛ رؤوم <your ~ mother> (٢) رقيق <an ~ embrace>.

af·fec·tive [-′tĭv] *(adj.)* (١) عاطفيّ (٢) مؤثِّر؛ مثير للعاطفة.

af·fect·less [-′ləs] *(adj.)* عديم الشعور؛ فاقدُ الشّعور.

af·fer·ent [ăf′ər-] *(adj.)* مُوْرِد: ناقلٌ نحو المركز <~ nerves>.

af·fi·ance [ə fī′əns] *(n.; vt.)* (١) ثقة؛ اعتماد (ا. ق.) (٢) خِطْبَة § (٣) يَخْطُبُ [فتاةً].

af·fi·anced [ə fī′ənst] *(adj.)* مخطوب؛ مخطوبة.

af·fi·ant [ə fī′ənt] *(n.)* مُعْطي الإفادة؛ شاهد محلَّف (ق).

af·fi·da·vit [ăf′ə dā′vĭt] *(n.)* إفادة خطيّة [مقرونة بقَسَم] (ق).

af·fil·i·ate [ə fĭl′ĭ āt′] *(vt.; i.; n.)* (١) «أ» يضمّ إلى؛ يَدْمج؛ يُلْحِق <~d organizations>. «ب» يتبنَّى ولدًا. «ج» ينتسب كعُضوٍ <Nawal ~d herself with the local club.> (٢) «أ» يتتبَّع أصلَ شيء. «ب» يُحَدِّد أُبُوَّة ولدٍ غير شرعي. «ج» يَنْسب ولدًا إلى فلان x (٣) ينضمّ أو ينتسب إلى § (٤) العضو المنتسِب (٥) مؤسّسة فرعية.

af·fil·i·at·ed *(adj.)* فرعيّ؛ تابع؛ مُنْتَسِب.

af·fil·i·a·tion *(n.)* (١) دَمْج؛ اندماج (٢) تبنٍّ (٣) تحديد لأبوّة ولد.

af·fine¹ [ə fīn′] *(vt.)* يكرِّر؛ ينقّي [السُّكَّر إلخ].

af·fine² *(n.)* النّسيب [من طريق المصاهرة].

af·fined [ə fīnd′] *(adj.)* مُتّصل أو مرتبط بـ.

af·fin·i·ty [ə fĭn′ə tĭ] *(n.)* (١) مصاهرة (٢) صلة؛ علاقة؛ نَسَب (٣) تآلُف؛ تجانُس (٤) «أ» الانجذاب: صلة روحية بين شخص وآخر وبخاصة من الجنس الآخر. «ب» المحبوب (٥) حُبّ؛ غرام؛ وَلوع؛ مَيْل (٦) الأُلفة: قوّة تَحْمل ذرّات الأجسام، المختلفة في طبيعتها، على الاتحاد بِنِسَب محدَّدة لتشكِّل مُرَكَّبًا ما (ك) (٧) «أ» شَبَه. «ب» القرابة (مج): صلة بين الطوائف البيولوجية تنطوي على شَبَهٍ في البنية العامة وتدلّ على وحدة أصلٍ (أح).

af·firm [ə fûrm′] *(vt.; i.)* (١) يُثبت؛ يؤكّد (٢) يُقِرّ [حُكمًا مُستأنَفًا]: تصدِّق محكمة عُليا على حكم صادر عن محكمة دُنيا (ق) (٣) يَجْزِم؛ يقرِّر (٤) يشهد أو يُعْلن مؤكِّدًا [أمام محكمة ولكن من غير قَسَم]. — **af·firm·a·ble** *(adj.)* — **af·firm·ance** *(n.)*

af·fir·ma·tion *(n.)* (١) «أ» إثبات؛ توكيد. «ب» شيء مُثْبَتٌ أو مؤكَّد (٢) الإقرار؛ الجَزْم: شهادة يؤديها في المحكمة، تحت طائلة العقوبة في حال الكَذِب، شخصٌ يرفض أداء اليمين لاعتبارات ضميرية أو دينية إلخ.

af·firm·a·tive *(adj.; n.)* (١) إيجابيّ؛ غير سلبيّ <an ~ answer> (٢) مؤكِّد؛ مُثبِت (٣) مؤيِّد <an ~ vote> § (٤) الإيجاب <Fifty votes were in the ~.> (٥) قضية منطقية مُوْجَبَة (٦) المؤيِّدة: الجهة المؤيِّدة لقضية تُبْحَث في مناظرة.

af·fix¹ [ə fĭks′] *(vt.)* (١) يُلصِق (٢) يُضيف؛ يُلحق (٣) يَخْتِم: يضع ختمهُ على. — **af·fix·a·tion** *(n.)*

af·fix² [ăf′ĭks] *(n.)* (١) لاحقة أو بادئة [تُزاد على كلمة] (٢) مُلْحَق؛ إضافة.

af·fla·tus [ə flā′təs] *(n.)* وَحْيٌ؛ إلهام.

af·flict [ə flĭkt′] *(vt.)* يُحْزِن؛ يبتلي؛ يُوْجِع؛ يُزعِج.

af·flic·tion *(n.)* حُزْن؛ أَسًى؛ ألَمٌ (٢) بلوى؛ مِحنة؛ مرض.

af·flic·tive *(adj.)* مُحْزِن؛ مؤلم.

af·flu·ence [ăf′lo͞o əns]; **af·flu·en·cy** [-ən sĭ] *(n.)* (١) فَيْض؛ وَفرة؛ عدد وافر (٢) تَدَفُّق (٣) غنًى؛ بُحْبوحة <lived in great ~>.

af·flu·ent¹ [-ənt] *(adj.)* (١) غزير؛ وافر؛ واسع <~ fancy> (٢) غنيّ؛ مُوسِر؛ ثريّ <an ~ man> (٣) فيّاض؛ متدفِّق <an ~ fountain>.

af·flu·ent² *(n.)* (١) نُهَيْر؛ رافد (٢) الغَنيّ؛ المُوسِر.

af·flux [ăf′lŭks] *(n.)* (١) تَدَفُّق (٢) دَفْق <an ~ of blood>.

af·ford [ə fōrd′] *(vt.)* (١) يتحمّل؛ يُطيق <I can't ~ the loss of a day> (٢) يُخاطر (٣) «أ» يستطيع شراء شيء <can't ~ a car>. «ب» يقوى على احتمال النفقات (٤) يُعْطي؛ يُنتج <Olives ~ oil.> (٥) يُزَوِّد بـ(٦) يُقدِّم.

af·for·est [ə fôr′əst] *(vt.)* يُشَجِّر؛ يُحَرِّج. — **af·for·es·ta·tion** *(n.)*

af·fran·chise [ə frăn′chīz′] *(vt.)* يُحرِّر؛ يُعْتِق؛ يُطْلِق.

af·fray [ə frā′] *(n.)* شِجار؛ عِراك.

af·fright [ə frīt′] *(vt.; n.)* (١) يُرَوِّع § (٢) ذُعر.

af·front [ə frŭnt′] *(vt.; n.)* (١) يُهين (٢) يتحدّى؛ يُواجه بشجاعة <to ~ death> § (٣) إهانة.

af·fu·sion [ə fyo͞o′zhən] *(n.)* سَكْبٌ؛ صبٌّ.

af·ghan [ăf′gən] *(n.; adj.)* (١) *cap.* الأفغانيّ: أحد أبناء أفغانستان (٢) *cap.* اللغة الأفغانية (٣) الأفغانية: «أ» بطّانية ملوّنة. «ب» سجادة كبيرة

(٤) .cap: الكلب الأفغانيّ § (٥) .cap: أفغانيّ.

af·ghan·i [ăf′găn′ē] *(n.)* الأفغانيّ: وحدة النقد في أفغانستان.

a·field [ə fēld′] *(adv.)* (١) في الحقل أو إليه (٢) خارجَ الوطن (٣) شاردًا.

a·fire [ə fī′ər] *(adj. or adv.)* مشتعل أو مشتعلًا.

a·flame [ə flām′] *(adj. or adv.)* = afire.

a·float [ə flōt′] *(adj. or adv.)* (١) «أ» طافٍ؛ عائم. «ب» في البحر؛ بعيدًا عن الشاطئ. «ج» متطاير. «د» على متن السفينة (٢) مُكْتَفٍ ذاتيًّا (٣) «أ» ذائع؛ شائع <A rumor is ~.>. «ب» شارد؛ هائم على وجهه (٤) مغمور بالماء <The deck is ~.> (٥) مُشَغَّل بنشاط.

a·flut·ter [ə flŭt′ər] *(adj. or adv.)* (١) مُرَفرِف (٢) مهتاج؛ عصبيّ (٣) حافل بأشياء مُرَفرِفة.

a·foot [ə fo͝ot′] *(adv. or adj.)* (١) على القدمين (٢) جارٍ مجراه.

a·fore [ə fōr′] *(adv.; prep.; conj.)* = before.

a·fore·men·tioned [ə fōr′-] *(adj.)* مذكورٌ آنفًا.

a·fore·said [ə fōr′sĕd′] *(adj.)* = aforementioned.

a·fore·thought [ə fōr′thôt′] *(adj.; n.)* (١) مُبَيَّت؛ مُدَبَّر؛ مدروس § (٢) تَعَمُّد؛ سَبْق تصوُّرٍ وتصميم.

a·fore·time [ə fōr′tīm′] *(adv.; adj.)* (١) سابقًا § (٢) سابق.

a for·ti·o·ri [ā fôr′shĭ ōr′ī] *(adv.)* بالأحرى؛ من باب أَوْلى.

a·foul [ə foul′] *(adj.)* متشابك؛ متداخل.

Afr- *or* **Afro-** بادئة معناها: إفريقيّ <*Afr*american>.

a·fraid [ə frād′] *(adj.)* (١) خائف (٢) متأسِّف <I am ~ I cannot help you.> (٣) راغبٌ عن؛ غير راغبٍ في <He was ~ of hard work.>.

af·reet *or* **af·rit** [ăf′rēt] *(n.)* عِفريت [في الأقاصيص العربية].

a·fresh [ə frĕsh′] *(adv.)* ثانيةً؛ كَرَّةً أخرى؛ من جديد.

Af·ri·can·der [ăf′rə kăn′dər] *(n.)* الأفريقَنْدَر: ثور جنوبإفريقيّ أحدب.

African elephant *(n.)* الفيل الإفريقيّ.

Af·ri·can·ize [-nīz′] *(vt.)* يُؤَفرِق: يجعله إفريقيّ الخصائص.

Af·ri·ka·ner [-kän′-] *(n.)* الإفريقانيّ: شخص جنوبإفريقي من أصل أوروبي.

Af·ro–A·mer·i·can *(n.; adj.)* (١) الأميركيّ الإفريقيّ: أميركيٌّ من أصل إفريقيّ وبخاصة من أصل زنجي § (٢) أميركيّ إفريقيّ.

aft [ăft; äft] *(adv.; adj.)* (١) قُرْبَ [أو نحوَ أو في] مؤخَّر السفينة أو ذيل الطائرة § (٢) خلفيّ.

af·ter [ăf′tər; äf′tər] *(adv.; prep.; conj.; adj.; n.)* (١) بَعْدُ؛ في ما بعد (٢) في المؤخَّرة <He came tumbling ~.> § (٣) خَلْفَ؛ وراءَ؛ تِلْوَ (٤) في إثره <They ran ~ him.> (٥) وَفقًا لِـ؛ بحَسَب؛ بمقتضى <~ their intrinsic value> (٦) على غِرار <a picture ~ Rubens> (٧) عن؛ بشأن <to inquire ~ a person> § (٨) بَعْدَ أن § (٩) تالٍ؛ لاحق؛ قادم؛ مُقْبِل <in ~ years> (١٠) خلفيّ <the ~ sail> § (١١) الأصيل؛ بعد الظهر.

~ all — ومع ذلك؛ برغم كل ذلك.

He was named ~ his father. — سُمِّي بأسمِ والده [تيمُّنًا به].

to take ~, — يُشبه [فلانًا].

af·ter·birth [-bûrth′] *(n.)* الخلاص: المَشِيمة (أج).

af·ter·care [-kâr′] *(n.)* العناية التِّلْوية؛ العناية بالناقهين.

af·ter·clap [-klăp′] *(n.)* الضَّربة التِّلْوية: حادثة غير مُرْتَقَبة، بغيضةٌ عادةً، تتلو مسألة يُفْتَرَض أنها منتهية.

af·ter·death [-dĕth′] *(n.)* الآخرة؛ الحياة بعد الموت.

af·ter·ef·fect [-ə fĕkt′] *(n.)* العُقبول؛ الأثر التِّلْويّ؛ النتيجة المُتَلَكِّئة: نتيجة تَعْقُب سَبَبَها بعد فترة قصيرة.

af·ter·glow [-glō′] *(n.)* (١) الشَّفَق: حُمرة تُرى في الأُفق بُعَيْد المغيب (٢) انعكاس لمجد قديم أو لذكرى قديمة.

af·ter–hours *(adj.)* بَعْدَدَواميّ <~ night clubs>.

af·ter·im·age [-ĭm′ĭj] *(n.)* الصّورة التِّلْوية: إحساس بصريّ عادةً يَحْدث بعد زوال المنبِّه الخارجيّ الذي سبَّبَهُ (نف).

af·ter·life [-līf′] *(n.)* (١) الآخِرة؛ الحياة بعد الموت (٢) الشيخوخة.

af·ter·math [-măth′] *(n.)* (١) الجزّة الثانية [من العشب] (٢) نتيجة؛ عاقبة <the ~ of war>.

af·ter·most [-mōst′] *(adj.)* (١) الأقرب إلى مؤخَّر السفينة (٢) الأخير.

af·ter·noon [-no͞on′] *(n.; adj.)* (١) الأصيل؛ بعد الظُّهر (٢) الأواخر <in the ~ of the 16th century> § (٣) أصيليّ <~ newspapers>.

af·ter·pains [-pānz′] *(n. pl.)* الحِسّ (مج): الألم بعد الولادة.

af·ter·part [-pärt′] *(n.)* (١) جزءٌ تالٍ أو خلفيّ (٢) مؤخَّر السفينة.

af·ter·piece [-pēs′] *(n.)* المسرحية التِّلْوية: تمثيلية قصيرة، هزليةٌ عادةً، تقدَّم بعد المسرحية الرئيسية.

af·ter–shave *(n.)* الغَسول التِّلْويّ: غَسولٌ يُستخدم بعد الحلاقة.

af·ter·shock [-shŏk′] *(n.)* الهَزَّة التِّلْوية؛ الهَزَّة اللاحقة.

af·ter·taste [-tāst′] *(n.)* المَذاق التِّلْويّ [في الفم بعد طعامٍ أو شراب].

af·ter–tax *(adj.)* تالٍ للضَّريبة <an ~ profit>.

af·ter·thought [-thôt′] *(n.)* الفكرة التِّلْوية: فكرة تَخْطُر في البال لاحقًا.

af·ter·time [-tīm′] *(n.)* الزمن التالي: المستقبل.

af·ter·ward [-wərd] *or* **af·ter·wards** *(adv.)* بَعْدَئِذٍ؛ في ما بَعْد.

af·ter·word [-wûrd′] *(n.)* الكلمة التِّلْوية: خاتمة الكتاب إلخ.

af·ter·world [-wûrld′] *(n.)* الآخِرة؛ العالَم الآخَر.

a·ga *also* **a·gha** [ä′gə] *(n.)* الآغا.

a·gain [ə gĕn′; -gān′] *(adv.)* (١) ردًّا على <to answer ~> (٢) ثانيةً؛ من جديد <Try ~.> (٣) من ناحية ثانية (٤) وفوق ذلك؛ وفضلًا عن ذلك.

~ and ~, تكرارًا؛ مَرّةً بعد مرّة.
as much (*or* many) ~, مضاعفةً؛ بنسبة الضِّعف.
never ~, بعد اليوم أبدًا.
now and ~, أحيانًا؛ بين الفَيْنة والفَيْنة.

a·gainst [ə gĕnst′; ə gānst′] *(prep.)* (١) تُجاه؛ قُبالةَ <~ the sea> (٢) «أ» ضدّ <~ the enemy>. «ب» من <protection ~ thieves> (٣) بالمقابلة؛ بالمغايرة مع <Pine trees were black ~ the morning sky.> (٤) استعدادًا لِـ <money saved ~ a rainy day> (٥) «أ» على <to lean ~ a wall>. «ب» إلى؛ على <The rain was beating ~ the window.> «ج» مُسْنَدًا إلى <Put the ladder ~ the tree.> (٦) «أ» مقابل؛ ضدّ <ten votes ~ six>. «ب» لقاءَ؛ مقابلَ <to draw ~ merchandise shipped> (٧) عِنْدَ <to leave ~ noon>.

ag·a·ma [ăg′ə-] *(n.)* العَضْرَفُوط؛ أُمّ حُبَيْن؛ الحُبَيْنة: جنس من العظاء (ح).

agama

a·gam·ic [ā găm′ĭk] *(adj.)* لاتزاوُجيّ؛ لاتناسليّ (أح).

ag·a·mo·gen·e·sis [ăg′ə mō jĕn′-] *(n.)* التّكاثر اللاتزاوُجيّ (أح).

ag·a·pan·thus [-păn′thəs] *(n.)* الأغابنثوس؛ زهرة الحُبّ (نب).

a·ga·pe[1] [ä gä′pā] *(n.)* (١) مَحَبّة (٢) love feast.

a·gape[2] [ə gāp′; ə găp′] *(adj.; adv.)* (١) مفتوح على مداه § (٢) فاغرَ الفم؛ مشدوهًا؛ مندهشًا.

a·gar [ä′gär] *(n.)* الأَغْرَة: مادة هُلاميّة تُستخلص من الطحالب البحرية.

a·gar–a·gar [ä′gär ä′gär] *(n.)* = agar.

ag·a·ric *(n.)* الغاريقون: فُطْر من فصيلة الغاريقونيات.

Aga saga [ä′gə sä′gə] *(n.)* رواية شعبيّة أو ريفيّة.

ag·ate [ăg′ət] *(n.)* (١) عَقيق (٢) العَقيقيّة: مِصْقلة تجليد الكتُب (٣) البِلْية العقيقية: كُرة عقيقية يلعب بها الأطفال (٤) العقيقيّ: حرف طباعيّ (٥,٥ بنط).

agate line *(n.)* السطر الإعلاني: وحدة لقياس المساحة الإعلانيّة.

a·ga·ve [ə gä′vĭ] *(n.)* الأغاف؛ الصَّبّار الأميركي (نب).

age [āj] *(n.; vi.; t.)* (١) «أ» عُمْرٌ؛ سِنّ. «ب» متوسط عمر الفرد أو النوع <The ~ of the horse is from 25 to 30 years.> «ج» سنّ الرّشد. «د» دور [أو طور] من أدوار الحياة. «هـ» شيخوخة <Her eyes were dim with ~.> (٢) جِيل <~s yet unborn> (٣) عصر <the ~ of machinery> (٤) دهر؛ فترة طويلة <I haven't seen him for an ~.> (٥) عصر (جي) § (٦) يَشيخ؛ يَهْرَم (٧) يَنْضَج إلخ x (٨) يُهْرِم <Fear ~*d* her overnight.> (٩) يُعتّق إلخ <to ~ wine>.
of ~, راشدٌ؛ بالغٌ سِنَّ الرُّشد.
over ~, فوق السِّن: متجاوزٌ السِّنَّ المحدَّدة.
to come of ~, يبلغ سِنّ الرُّشد.
under ~, قاصِر؛ غير بالغٍ سِنَّ الرُّشد.

-age لاحقة معناها: «أ» مجموع <mile*age*>. «ب» عمل؛ عملية <marri*age*>. «ج» نسبة كذا أو مقداره <dos*age*>. «د» بيت؛ مأوًى <orphan*age*>. «هـ» حالة؛ وضع؛ منزلة <bond*age*>. «و» رَسْم؛ أجرة <post*age*>.

a·ged [ā′jĭd, ājd; ājd *for 2*] *(adj.)* (١) هَرِم؛ عجوز؛ مُسِنّ (٢) بالغٌ سِنًّا معيّنة <a woman ~ fifty years> (٣) شيخوخيّ.

age·less [āj′ləs] *(adj.)* (١) دائمُ الشباب (٢) أبديّ؛ سَرْمَدِيّ.

age·long [āj′lông] *(adj.)* دائمٌ دهرًا؛ سَرْمَدِيّ.

age–mate *(n.)* اللِّدَة: مَنْ وُلِد معك في العام نفسِهِ.

a·gen·cy [ā′jən sĭ] *(n.)* (١) قوّة <Electricity is a mysterious ~.> (٢) فِعْل (٣) واسطة <communicated through the ~ of our ambassador> (٤) «أ» وكالة [تمثّل شركةً ما]؛ مُمَثِّلِيّة. «ب» مكتب؛ مؤسَّسة <an advertising ~> (٥) مصلحة؛ قسم إداريّ.

a·gen·da [ə jĕn′də] *(n. pl.)* *sing.* **a·gen·dum** (١) مفكِّرة؛ مذكِّرة (٢) «أ» جَدْول أعمال. «ب» برنامَج.

a·gen·e·sis [ā jĕn′ə sĭs] *(n.)* اللّاتكوُّن؛ اللّانُشوء (أح).

a·gent [ā′jənt] *(n.)* (١) عامل؛ قوّة <natural ~*s*> (٢) عامل <an oxidizing ~> («ك» و«فز» و«أح») (٣) عميل؛ موظَّف [وبخاصة في الشرطة وقوى الأمن] (٤) وكيل؛ ممثِّل (٥) أداة؛ وسيلة.
secret ~, مُخْبِر؛ جاسوس.

Agent Orange *(n.)* العامل البرتقاليّ: مبيد للأعشاب شديد السُّمّيّة.

agent pro·vo·ca·teur [à zhän′ prô vô kȧ tœr′] *(n.)* العميل المحرِّض: شخص يُستأجر للاندساس بين أعضاء جماعةٍ ما أو بين أشخاص مشبوهين لتحريضهم – بعد تظاهره بالتعاطف معهم – على ارتكاب أعمالٍ جُرميّة.

a·gent·ry [ā′jən trĭ] *(n.)* المُمَثِّلِيّة؛ الوَكالِيّة؛ العِماليّة.

age of consent سِنّ الموافقة [وبخاصةٍ على الزواج].

age–old *(adj.)* دَهْريّ: مُوْغِلٌ في القِدَم <~ problems>.

ag·er·a·tum [ăj′ə rā′təm] *(n.)* الفَتِيّة: عشبة استوائية (نب).

ag·gie [ăg′ē] *(n.)* (١) مدرسة زراعية (٢) طالب زراعيّ (٣) بِلْيَة؛ كِلّة.

ag·gior·na·men·to [ä jôr′nä mĕn′tō] *(n.)* تحديث؛ عَصْرَنة.

ag·glom·er·ate[1] [ə glŏm′ə rāt′] *(vt.; i.)* (١) يُكتِّل؛ يُكبِّب؛ «يُكَبْتِل» x (٢) يتكتّل؛ يتكبَّب؛ «يتكبتل».

ag·glom·er·ate[2] [-ĭt; -rāt′] *(adj.; n.)* (١) مُتَكَتِّل؛ مُتَكبِّب § (٢) كتلة؛ رُكام (٣) الراهصة البركانية: صخرة مؤلفة من شظايا بركانية متفاوتة الأحجام.

ag·glom·er·a·tion *(n.)* (١) «أ» تكتيل؛ تكبيب. «ب» تكتُّل؛ تَكَبُّب (٢) كتلة؛ «كبتولة» (٣) ضواحي [المدينة].

ag·glu·ti·nate[1] [ə glo͞o′tə nĭt; -nāt′] *(adj.)* مُلْزَن؛ مُغرًّى؛ مُلتصِق.

ag·glu·ti·nate[2] [-nāt′] *(vt.; i.)* (١) يُلْزِن؛ يُغَرِّي؛ يُلْصِق بالغراء x (٢) يتلزَّن؛ يتغرَّى؛ يلتصق.
— ag·glu·ti·nant *(adj.; n.)*

ag·glu·ti·na·tion *(n.)* (١) إلزان؛ تَغْرية (٢) تلزُّن؛ تلازُن؛ تَغَرٍّ (٣) كتلة؛ مجموعة (٤) تكتُّل البكتيريا.

ag·glu·ti·na·tive *(adj.)* (١) مُلْزِن؛ مُغْرٍ (٢) مُتَلزِّن؛ متلازِن.

ag·glu·ti·nin [-′tə nĭn] *(n.)* المُلْزِن: مادّة مُلْزِنة (بك).

ag·grade [ə grād′] *(vt.)* يُسَوّي: يرفع مستوى الأرض.

ag·gran·dize [ə grăn′dīz′] *(vt.)* (١) يُكبِّر؛ يُوَسِّع (٢) يُبَجِّل؛ يُعَظِّم (٣) يُعَزِّز (٤) يُبالغ.
— ag·gran·dize·ment *(n.)*

ag·gra·vate [ăg′rə vāt′] *(vt.)* (١) يُفاقِم: يجعل الشيء أسوأ (٢) يُثير؛ يُغْضِب (٣) يُلهب.

ag·gra·va·tion *(n.)* (١) «أ» مُفاقمة. «ب» تفاقُم (٢) عملٌ أو ظرفٌ مُفاقِم أو مشدِّد (٣) إثارة أو عملٌ مثير.

ag·gre·gate [*adj.; n.* ăg′rə gĭt, ăg′rə gāt′; *v.* ăg′rə gāt′] *(adj.; n.; vt.; i.)* (١) مُتكتِّل: مُتّخذ شكلَ كتلة <an ~ flower> (٢) كُلّيّ؛ إجماليّ <the ~ amount of indebtedness> § (٣) المجموع؛ حاصل الجمع <the ~ of all past experience> (٤) مجموعة § (٥) يُجَمِّع؛ يُكتِّل (٦) يَبْلغ في مجموعه <The money collected will ~ $2000.> **x** (٧) يتجمَّع؛ يتكتّل.
in the ~, إجمالًا؛ على وجه الإجمال.

ag·gre·ga·tion *(n.)* (١) جماعة؛ مجموعة (٢) تجميع (٣) تَجَمُّع.

ag·gress [ə grĕs′] *(vi.; t.)* (١) يَبْغي؛ يعتدي **x** (٢) يُهاجم.

ag·gres·sion *(n.)* (١) عُدوان (٢) التعدّي؛ الافتئات [على حقوق الآخرين].

ag·gres·sive *(adj.)* (١) عُدْوانيّ (٢) هجوميّ (٣) مناضل (٤) مُقْتحم؛ جريء؛ مغامر؛ مُبادِر.
— ag·gres·sive·ness *(n.)*

ag·gres·sor *(n.; adj.)* باغٍ؛ مُعْتَدٍ؛ مُبادئٌ بالعُدوان.

ag·grieve [ə grēv′] *(vt.)* (١) يُحْزِن؛ يُؤلِم (٢) يَظْلِم.

ag·grieved *(adj.)* (١) محزون؛ متألِّم (٢) مظلوم.

a·gha [ä′gə] *(n.)* = aga.

a·ghast [ə găst′] *(adj.)* (١) مَشْدوه (٢) مذعور؛ مُرَوَّع.

ag·ile [ăj′əl; ăj′īl] *(adj.)* (١) رشيق؛ خفيف الحركة (٢) مُتّقِد الذكاء؛ سريع الخاطر.
— a·gil·i·ty *(n.)*

ag·ing[1] [ā′jĭng] *pres. part. of* age.

ag·ing[2] *(n.; adj.)* (١) تعمير؛ اكتهال؛ تقدّم في السنّ (٢) تعتيق § (٣) آخذٌ في الاكتهال.

ag·i·o [ăj′ĭ ō′] *(n.)* (١) فَرْق القيمة [بين نوع من العملة وآخر] (٢) صِرافة (٣) عمولة الصِّرافة.

ag·i·o·tage [ăj′ĭ ə tĭj] *(n.)* (١) الصِّرافة (٢) المُضاربة [بالأسهم الماليّة].

ag·i·tate [ăj′ə tāt′] *(vt.; i.)* (١) يُثير: يَهُزّ؛ يَخُضّ (٢) يحرِّك جَيْئةً وذهابًا (٣) يَهِيج؛ يُقلق (٤) يناقش **x** (٥) يُهَيِّج: يحاول إثارة الرأي العام تأييدًا لقضيّةٍ ما.
— ag·i·tat·ed *(adj.)*

ag·i·ta·tion *(n.)* (١) اهتزاز؛ ارتعاش (٢) اهتياج؛ تَهَيُّج؛ قَلَق (٣) دَرْس؛ مناقشة (٤) إهاجة؛ إثارة.

ag·i·ta·tive [ăj′ə tā′tĭv] *(adj.)* مُثير؛ مُقْلِق؛ مُهَيِّج.

ag·i·ta·tor [ăj′ə tā′tər] *(n.)* (١) المُهَيِّج: داعية يستهدف إثارة الشعور العام في ما يتصل بقضيةٍ ما (٢) الخضّاضة؛ المزّاجة.

ag·it·prop [ăj′ĭt-] *(n.)* الدعاية الإهاجيّة [وبخاصّة للمبادئ اليساريّة].

a·glare [ə glâr′] *(adj.)* مُتّقد؛ مُتَوَهِّج.

a·gleam [ə glēm′] *(adj.)* مُوْمِض؛ ذو وميض.

ag·let [ăg′lət] *(n.)* زرّ زِينيّ؛ دبّوس زينيّ.

a·glit·ter [ə glĭt′ər] *(adj.)* متألّق؛ مُتلألئ.

a·glow [ə glō′] *(adj.)* (١) متوهّج (٢) متورِّد (٣) مُتّقد.

ag·nail [ăg′nāl′] *(n.)* (١) الدّاحوس: تقرُّحٌ حول الظُّفر (٢) hangnail.

ag·nate [ăg′nāt] *(n.; adj.)* (١) النسيب الأبويّ: نسيبٌ من جهة الأب § (٢) قريب؛ نسيب (٣) أبويّ القرابة: نسيب من جهة الأب.

ag·na·tion *(n.)* قَرابة العَصَب: قرابةٌ من ناحية الأب.

ag·no·men [ăg nō′mən] *(n.)* pl. **-nom·i·na** كُنْية؛ لَقَب.

ag·nos·tic [ăg nŏs′tĭk] *(n.; adj.)* (١) اللّاأدريّ: من يعتقد بأن وجود الله وطبيعتهُ وأصل الكون أمورٌ لا سبيلَ إلى معرفتها § (٢) لاأدْريّ.

ag·nos·ti·cism *(n.)* اللّاأدريّة؛ مذهب اللّاأدريين.

Ag·nus De·i [ăg′nəs dē′ī] *(n.)* حَمَلُ الرَّبّ: «أ» جزء من القدّاس يُستهلّ بعبارة «حَمَلُ الرّبّ». «ب» صورة حَمَل ترمز للمسيح (نص).

a·go [ə gō′] *(adj.; adv.)* (١) ماضٍ § (٢) منذُ؛ في الماضي.

a·gog [ə gŏg′] *(adj.; adv.)* (١) مُتَلَهِّف؛ مُتَشوِّق § (٢) بتلهُّف إلخ.

a–go–go [ä gō′gō′] *(n.)* الأجوجة؛ المأجوجة: حانة أو نادٍ ليليّ للرقص على أنغام الموسيقى الصاخبة.

ag·on [ăg′ōn; ăg′ŏn] *(n.)* صراع. وبخاصة: صراع بين الشخصيات الرئيسية في رواية أو مسرحية.

ag·o·nal [ăg′ən əl] *(adj.)* نَزْعيّ: خاصّ بالنَّزع أو سَكْرة الموت.

a·gon·ic [ā gŏn′ĭk] *(adj.)* (١) غير مشكِّل زاويةً (٢) انطباقيّ؛ لاانحرافيّ.

agonic line *(n.)* خطّ الانطباق؛ خط اللّاانحراف المغنطيسيّ.

ag·o·nist [ăg′ə nĭst] *(n.)* (١) المتصارع؛ المشارِك في صراع (٢) العضلة الشّادّة: عضلة تنقبض متأثّرة بانقباض عضلة أخرى (فس).

ag·o·nis·tic [ăg′ə nĭs′-] *also* **-al** *(adj.)* (١) «أ» سِباقيّ: خاصّ بالمسابقات الرياضية عند الإغريق. «ب» مُتّسمٌ بالصِّراع أو الجَدَل (٢) متكلّف؛ متصنَّع.

ag·o·nize [ăg′ə nīz] *(vt.; i.)* (١) يعذِّب **x** (٢) «أ» يُحْتَضَر: يُعاني سَكَرات الموت. «ب» يتعذّب عذابًا شديدًا (٣) يُناضل.

ag·o·niz·ing *(adj.)* معذِّب؛ مؤلم؛ موجِع.

ag·o·ny [ăg′ə nĭ] *(n.)* (١) «أ» كَرْب؛ ألمٌ مُبَرِّح. «ب» النَّزْع؛ سَكرة الموت (٢) *cap.* آلام المسيح (٣) صراع عنيف (٤) نوبة مفاجئة.

agony column *(n.)* عمود الآلام: عمود إعلانات، في صحيفة يومية، مخصَّص للباحثين عن المفقودين من الأنسباء والأصدقاء.

ag·o·ra [ăg′ə rə] *(n.)* pl. **-s** *or* **-e** الأغورا: السّاحة العامة في مدينة إغريقية.

ag·o·ra·pho·bi·a *(n.)* رُهاب الخلاء: خوف مَرَضيّ من الأرض الفضاء.

a·gou·ti [ə gōō′tĭ] *(n.)* الأغوطيّ: حيوان أميركيّ من رتبة القوارض.

agouti

a·grafe *or* **a·graffe** [ə grăf′] *(n.)* الأغراف: إبزيم زِينيّ للثياب.

ă at; ā date; â care; ä car; ĕ egg; ē me; ĭ in; ī bite; ŏ lot; ō bone; ô orphan; oi boil; ŏŏ good; ōō boot; ou out; ŭ under; û urgent; ə = *a* in alone, *e* in system, *i* in easily, *o* in gallop, *u* in circus.

a·graph·i·a [ā grăf'ī ə] *(n.)* الأغرافيا : فَقْد القدرة على الكتابة .

a·grar·i·an [ə grâr'-] *(adj.; n.)* (١) أرضيّ (٢) حقليّ (٣) زراعيّ : متعلّق بالأراضي الزراعية أو بالفلّاح ومصالحه § (٤) داعية الإصلاح الزراعيّ .

a·grar·i·an·ism *(n.)* حركة الإصلاح الزراعيّ : حركة تنادي بإعادة توزيع الأراضي الزراعية توزيعًا عادلًا ، وبرفع مستوى الفلّاح الاقتصادي .

a·gree [ə grē'] *(vi.; t.)* (١) يوافق على (٢) يتّفق : «أ» يتفق على . «ب» يتفق في الرأي (٣) يتفاهم ؛ ينسجم ؛ يحيا بانسجام (٤) «أ» ينطبق على . «ب» يتطابق <Both copies ~.> (٥) يلائم ؛ يناسب <The climate doesn't ~ with me.> x (٦) يُقرّ ؛ يسلِّم بِـ <I ~ that he is the ablest of us.> .

a·gree·a·ble [ə grē'ə-] *(adj.)* (١) مقبول ؛ مُستساغ (٢) حُلْو ؛ سارّ (٣) أنيس ؛ لطيف (٤) ملائم ؛ موافق <an occupation ~ to her tastes> (٥) مستعدّ للموافقة <~ to a plan> (٦) متناغم ؛ منسجم .
— **a·gree·a·bil·i·ty** *(n.)*

a·greed *(adj.)* مُتّفَقٌ عليه <met at the ~ time> .

a·gree·ment [ə grē'mənt] *(n.)* (١) مص agree (٢) «أ» اتفاق . «ب» انسجام ؛ توافق (٣) «أ» اتفاقية . «ب» معاهدة (٤) عَقْد .

a·gres·tic [ə grĕs'-] *(adj.)* (١) ريفيّ ؛ فلّاحيّ (٢) غير مهذَّب أو مصقول .

ag·ri·cul·tur·al *(adj.)* زِراعيّ : خاصّ بالزراعة أو ذو علاقة بها .

ag·ri·cul·tur·al·ist *(n.)* = agriculturist.

ag·ri·cul·ture [ăg'rə kŭl'chər] *(n.)* زِراعة .

ag·ri·cul·tur·ist *(n.)* (١) المُزارع (٢) الخبير الزراعيّ .

ag·ri·mo·ny [ăg'rə mō'nĭ] *(n.)* الغافث : نبات من الفصيلة الوردية .

agrimony

ag·ri·ol·o·gy [-ŏl'-] *(n.)* الوحشيّات : الدراسة المقارنة لعادات البدائيّين .

ag·ro·chem·i·cal [ăg'rō kĕm'-] *(n.)* المادّة الكيميائية الزراعية .

a·grol·o·gy [ə grŏl'-] *(n.)* التُّربيّات : علم التربة وعلاقتها بإنتاج المحاصيل .

a·gron·o·my [ə grŏn'-] *(n.)* الهندسة الزراعية . — **a·gron·o·mist** *(n.)*

a·ground *(adj. or adv.)* (١) جانح ؛ مرتطِم بالأرض (٢) على الأرض .
The ship ran ~, لقد جَنَحت السفينة .

a·gue [ā'gyōō] *(n.)* (١) الملاريا ؛ البُرَداء (مض) (٢) قُشَعريرة .

ah [ä] *(interj.)* آه : صوت ابتهاج أو تحسُّر أو ازدراء أو دَهَش .

A.H., سنة كذا بعد الهجرة (٦٢٢ م .)

a.h., <ampere–hour> أمبير - ساعة (كب) .

a·ha [ä hä'] *(interj.)* آها : صوت اندهاش أو انتصار أو سخرية .

a·head [ə hĕd'] *(adv.; adj.)* (١) «أ» إلى الأمام <full speed ~> . «ب» قُدُمًا (٢) قُدّامَ ؛ أمامَ (٣) متقدِّمًا <~ an hour> (٤) مُبَكِّرًا (٥) مقدَّمًا ؛ سَلَفًا § (٦) مُقْبِل ؛ قادم ؛ تالٍ <the years ~> .

ahead of *(prep.)* (١) في طليعة (٢) قَبْلَ (٣) فَوْقَ ؛ أكثرَ .

a·him·sa [ə hĭm'sä] *(n.)* الأهيمسا : مذهبُ اللّاعنف الهندوسيُّ والبوذيُّ القائلُ بوجوب الامتناع عن إيذاء أيِّما كائن حيّ .

a·hold [ə hōld'] *(n.)* = hold.

aid [ād] *(vt.; i.; n.)* (١) يُعاون ؛ يُساعد § (٢) «أ» معاوَنة ؛ مساعَدة . «ب» مَعُونة (٣) المعاوِن ؛ المساعِد (٤) المُعِينة : أداةٌ مساعِدة <visual ~s> (٥) الإتاوة : مالٌ يدفعُهُ تابعٌ إقطاعيّ إلى سيّده .

aide [ād] *(n.)* (١) المعاوِن ؛ المساعِد (٢) الضابط المُرافِق .

aide–de–camp [ād'də kămp'] *(n.)* = aide.

aide–mé·moire [-mĕ mwär'] *(n.)* (١) مُفَكِّرة (٢) مُذَكِّرة [ديبلوماسية] .

aid·man [ād'măn] *(n.)* الحمّال ؛ المُسْعِف الأوّليّ (جن) .

AIDS [ādz] *(n.)* الآيدز ؛ السّيدا ؛ التّنَقُّصُم [تَناذُر نقْص المناعة المكتسَبة] .

ai·grette [ā'grĕt; ā grĕt'] *(n.)* (١) ابن الماء ؛ البَلَشون الأبيض (را egret .) (٢) الرأسيّة : حِلية للرأس تُصْنَع من ريشٍ أو جواهر .

ai·guille [ā gwēl'] *(n.)* الإبرة : «أ» كتلة صخرية ، أو قمة جبل ، إبريّة الشكل . «ب» مِثْقب حجارة .

ai·ki·do [ī'kē dô] *(n.)* الآيكيدو : ضرب من المصارعة اليابانيّة .

ail [āl] *(vt.; i.)* (١) يُوجِع ؛ يؤلم x (٢) يتوعّك (٣) يعتَلّ .

ai·lan·thus [ā lăn'-] *(n.)* الإيلَنْطُس ؛ شجرة السَّماء : شجر استوائيّ .

ai·le·ron [ā'lə rŏn'] *(n.)* الجُنَيْح : جزء متحرِّك من جناح الطائرة يُصْطَنَع لحفظ التوازن الجَنْبيّ (طي) .

ail·ing [ā'lĭng] *(adj.)* مُتوعِّك ؛ منحرف الصِّحة .

ail·ment *(n.)* (١) اعتلال ؛ داء مزمن (٢) قلق ؛ اضطراب ؛ عدم استقرار .

aim [ām] *(vi.; t.; n.)* (١) يُسَدِّد ؛ يُصوِّب (٢) يُوَجِّه (٣) «أ» يتوق ؛ يَطمح . «ب» يسعى ؛ يحاول <We ~ to save something every month.> (٤) يُشير إلى <When the teacher said that, he was ~*ing* at Salma.> (٥) يعتزم أمرًا ؛ يعقد العزم على § (٦) تسديد ؛ تصويب (٧) براعة التسديد (٨) فعالية سلاحٍ ما (٩) قَصْد ؛ غَرَض ؛ هدف .

aim·less *(adj.)* هائم ؛ شارد ؛ غير ذي هدف أو غاية .

air [âr] *(n.; vt.; i.)* (١) «أ» هواء . «ب» نسيم (٢) «أ» فراغ . «ب» عَدَم ؛ لا وجود . «ج» قطيعة ؛ قطع علاقات مفاجئ (٣) هواء مضغوط (٤) «أ» الطائرة ؛ الجوّ <to travel by ~> . «ب» الطَّيَران <~ safety> . «ج» سلاح الطيران (٥) «أ» الأثير ؛ الهواء <The program is on the ~.> . «ب» راديو ؛ تلفزيون (٦) «أ» سِيماء ؛ هيئة ؛ مَظْهر . «ب» كبرياء مُصطَنَعة . «ج» جوّ ؛ حالة سائدة <an ~ of poverty> (٧) نغمة ؛ لحن (مو) § (٨) يُهَوّي ؛ يعرِّض للهواء (٩) يَعْرِض على الملأ (١٠) يُفْصِح ؛ يُعْرِب (١١) يُذيع بالراديو إلخ x (١٢) يتعرَّض للهواء (١٣) يُذاع بالراديو إلخ .
in the ~, (١) متأرجح ؛ من غير أساس ؛ عرضة للتغيير (٢) منتشر ؛ ذائع (٣) مكشوف ؛ غير مَحْميّ .
There's something in the ~, في الجوّ شيء . . .
to put on ~s يتعَجْرف ؛ يتغطرس ؛ يشمخ بأنفه .
to walk on ~, يَشعر بسعادة بالغة ؛ يكاد يطير من الفرح .

air bag *(n.)* الكيس الهوائيّ : كيسٌ قابلٌ للانتفاخ يقي ركّاب السيّارة من أذى الصدمات (سي) .

air base *(n.)* قاعدة جوية [للطائرات العسكريّة] .

air bladder *(n.)* المثانة الهوائية [في الأسماك] .

air·borne [âr'bôrn] *(adj.)* (١) مُهَوْمَل : محمول بالهواء (٢) مُجَوْقَل :

منقول جوًّا أو بالطائرات.

air brake *(n.)* المِكْبح الهوائيّ: «أ» مِكْبح يعمل بالهواء المضغوط. «ب» جُنَيِّح يُقحم في التيار الهوائيّ لخفض سرعة الطائرة.

air·brush [âr′brŭsh] *(n.; vt.)* (١) المِرذاذ الهوائيّ: نضّاحَة تعمل بالهواء المضغوط لرشّ الدهان فوق سطحٍ ما § (٢) يَرُذّ هوائيًا.

air·burst *(n.)* الانفجار الجوّيّ: انفجار قذيفة في الجو.

air·bus *(n.)* باصّ الجوّ: طائرة مدنيّة نفّاثة قصيرة المدى.

air chief marshal *(n.)* الفريق الأول الطيّار (جن).

air compressor *(n.)* ضاغطة الهواء (مك).

air–con·di·tion *(vt.)* (١) يُجهِّز مبنًى بمكيّفات هواء (٢) يكيِّف.

— air–con·di·tioned *(adj.)*

air conditioning *(n.)* تكييف الهواء.

air–cool *(vt.)* يُبرِّد بالهواء [أسطواناتِ محرّكٍ].

air·craft [âr′krăft′] *(n.)* (١) طائرة (٢) مُنطاد.

aircraft carrier *(n.)* حاملة طائرات.

air·crew [âr′kro͞o′] *(n.)* الرَّكْب الجوّي: مجموع العاملين في طائرة.

air·date [âr′dāt′] *(n.)* موعد البثّ [لبرنامج إذاعي إلخ].

air·drome [âr′drōm′] *(n.)* المطار؛ الميناء الجوّيّ.

air·drop [âr′-] *(n.)* الإنزال الجوّي: إنزال مؤنٍ أو جند بالمظلّات.

air–drop *(vt.)* يُنزل جَوِّيًّا.

air–dry *(vt.; adj.)* (١) يجفّف [أو يزيل الرطوبة] بالهواء § (٢) مُجَفَّف بالهواء.

Aire·dale terrier [âr′dāl′] *(n.)* الأَرْدِيل: ضرب من كلاب الصَّيْد الضخمة.

Airedale terrier

air express *(n.)* (١) نَقْلُ الرِّزَم جوًّا (٢) الرِّزَم المُجَوْقَلَة: رِزَم منقولة جوًّا.

air·fare [âr′fâr] *(n.)* نَوْل الطائرة: أجرة السّفر بالطائرة.

air·field *(n.)* (١) المَهْبِط: أرض الهبوط في مطار (٢) مطار.

air·flow [âr′flō′] *(n.)* التّدفّق الهوائيّ؛ الجَرَيان الهوائيّ: تيّارات هوائية يُحدثها اندفاعُ طائرةٍ أو سيارةٍ إلخ.

air·foil [âr′foil′] *(n.)* المُنْساب الهوائيّ: سطح [كالجناح أو الجُنَيِّح] مُعَدّ للمساعدة على رفع الطائرة أو ضبط حركتها [بالاستفادة من تيار الهواء الذي تندفع عَبْرَه].

air·fone *or* **air·phone** [âr′fōn′] *(n.)* الهاتف الجوّي: هاتفٌ يمكّن المرء من الاتصال الهاتفي وهو على متن الطائرة.

air force *(n.)* سلاح الطيران؛ الأسطول الجوّيّ الحربيّ.

air·frame [âr′frām′] *(n.)* هيكل الطائرة؛ بَدَنُ الطائرة.

air·freight [-′frāt′] *(n.; vt.)* (١) الشحن بالطائرة § (٢) يشحن بالطائرة.

air gun *(n.)* (١) بندقية الهواء: بندقية تعمل بالهواء المضغوط (٢) مِدفعة برشامٍ هوائية (٣) المِرذاذ الهوائيّ (را. airbrush).

air gun *1.*

air hole *(n.)* الثَّقب الهوائيّ: فُتحة يَنْفُذُ منها الهواء.

air·i·ly [âr′ə lĭ] *(adv.)* بابتهاج؛ بمَرَح؛ برشاقة؛ برِقّة إلخ.

air·i·ness *(n.)* ابتهاج؛ مَرَح؛ رشاقة؛ رِقّة إلخ (را. airy).

air·ing [âr′ĭng] *(n.)* (١) التجفيف بالهواء أو بالحرارة (٢) تَهْوية (٣) نزهة في الهواء الطَّلْق (٤) إفصاح؛ تعبير.

air lane *(n.)* مَجاز جوّيّ [تسلكه الطائرات عادةً].

air·less *(adj.)* (١) عديم الهواء <an ~ hall> (٢) ساكن؛ هادئ؛ غير عاصف <~ days>.

air letter *(n.)* (١) رسالة جويّة (٢) ورقة رسائل للبريد الجويّ.

air·lift [âr′-] *(n.; vt.)* (١) خطُّ تموينٍ [أو جسرٌ] جوّيٌّ § (٢) ينقل بجسر جوّي.

air·line *(n.)* (١) خطّ جوّيّ (٢) شركة خطوط جوية.

air·lin·er *(n.)* الطائرة الخَطِّيّة: طائرة تعمل على خطّ جوّي معيَّن.

air lock *(n.)* الغَلَق الهوائيّ: «أ» حُجَيْرةٌ سَدودةٌ للهواء تتوسّط ما بين موضعين يتفاوت فيهما ضغط الهواء. «ب» فقّاعة هوائيّة تنشأ في أنبوب فتعُوق تدفّق السائل فيه.

air·mail [âr′māl′] *(n.; vt.; adj.)* (١) بريد جويّ (٢) طابع بريد جويّ § (٣) يَنْقل بالبريد الجويّ § (٤) جوّيّ: مُرْسَل أو خاصّ بالبريد الجويّ.

air·man [âr′mən] *(n.)* الطيّار؛ الملّاح الجوّي.

air·man·ship *(n.)* الطِّيارة: المهارة في قيادة الطائرات.

air·marshal *(n.)* مارشال الجوّ (جن).

air mass *(n.)* الكتلة الهوائية: كتلة من الهواء تمتدّ مئات الأميال أو آلافها أفقيًا وقد يبلغ ارتفاعها ارتفاعَ الستراتوسفير (أر).

air mile *(n.)* الميل الجويّ [١٨٥٢ مترًا].

air–mind·ed *(adj.)* مُوْلَعٌ بالطيران.

air·mo·bile [âr′mō′bəl] *(adj.)* مُجَوْقَل: منقول جوًّا.

air·phone [âr′fōn′] *(n.)* = airfone.

air·plane [âr′plān′] *(n.)* طائرة.

air plant *(n.)* النبات الهوائيّ: نبات يستمدّ غذاءَه من الهواء والمطر.

air pocket *(n.)* جَيْب هوائيّ؛ «مَطَبّ» (طي).

air police *(n.)* شرطة الجوّ: الشرطة العسكرية في سلاح الطيران.

air·port [âr′pōrt′] *(n.)* مطار؛ ميناء جوّي.

air·post [âr′pōst′] *(n.)* = airmail *1.*

air·proof *(adj.; vt.)* (١) صامدٌ للهواء § (٢) يجعله صامدًا للهواء.

air pump *(n.)* المِضَخَّة الهوائيّة (مك).

air raid *(n.)* غارة جوية.

air sac *(n.)* الكيس الهوائيّ: «أ» كيس مشتمل على هواء. «ب» تجويفٌ في جسم الطائر متّصلٌ بالرئتين. «ج» مثانة هوائية في بعض الأسماك.

air·screw [âr'skrōō'] *(n.)* مِدْسرة؛ مِروَحة الطائرة (بر).

air shaft *(n.)* المَنْوَر: مساحة مفتوحةٌ لتزويد النوافذ بالهواء.

air·ship *(n.)* السَّفينة الهوائية: مَرْكَبة هوائية أخفّ من الهواء.

air·sick [âr'sĭk] *(adj.)* مُصابٌ بدُوار الجوّ.

air·space [âr'spās'] *(n.)* المجال الجوّيّ [لدولةٍ ما].

air·speed [âr'spēd'] *(n.)* السُّرعة الهوائية: سرعة الطائرة في الجوّ.

air·stream [âr'strēm'] *(n.)* (١) تيارٌ هوائيّ (٢) airflow.

air·strip [âr'strĭp'] *(n.)* مَهْبِط طائرات.

air·tight [âr'tīt'] *(adj.)* (١) سَدود للهواء (٢) «أ» مُفْحِم <an ~ argument>. «ب» مُحْكَم <an ~ defense>.

air·time [âr'tīm'] *(n.)* وقت البثّ [الإذاعي أو التلفزيوني].

air–to–air [âr'tə âr'] *(adj. or adv.)* من الجوّ إلى الجوّ: من طائرةٍ منطلقة في الجو إلى أخرى <~ rockets; refueling ~>.

air·wave [âr'wāv'] *(n.)* موجة هوائية.

air·way [âr'wā] *(n.)* (١) مَنْفَذ هواء [في مَنْجم أو إلى الرئتين] (٢) «أ» خطّ جوّيّ. «ب» شركة ملاحة جوية.

air·wom·an *(n.)* الطيّارة: امرأة تعمل في الملاحة الجوية.

air·wor·thy [âr'wûr'thĭ] *(adj.)* صالحٌ للطيران.

air·y [âr'ĭ] *(adj.)* (١) «أ» هوائيّ؛ جوّي. «ب» شاهق <~ regions>. «ج» مُنْجَزٌ في الهواء <~ leaps> (٢) وهميّ؛ خيالي (٣) «أ» بهيج؛ مَرِح. «ب» رشيق. «ج» رقيق (٤) مُهَوًّى؛ طَلْق الهواء (٥) متصنِّع؛ متكبِّر.

aisle [īl] *(n.)* (١) الجناح: جزء جانبيّ من الكنيسة (عم) (٢) المَمَرّ: «أ» مَمْشًى بين كراسي كنيسة أو مسرح أو عربة قطار. «ب» مَجازٌ في مخزن إلخ.

ait [āt] *(n.)* جُزَيِّرة؛ جزيرة صغيرة (بر).

aitch·bone [āch'bōn'] *(n.)* عَظْم العَجُز: «أ» عَظْم العَجُز في الماشية بخاصة. «ب» قطعة من لحم البقر تشتمل على عظم العَجُز.

a·jar [ə jär'] *(adj. or adv.)* (١) مردود: مفتوح جزئيًا <He left the door ~.> (٢) على خلافٍ مع (٣) مناقض؛ غير منسجم مع.

a·kim·bo [ə kĭm'bō] *(adj. or adv.)* (١) مُسْتَخْصِر: واضع يدَهُ على خاصرته (٢) ناتئ استخصارًا <with one elbow ~> (٣) استحضارًا أو على نحوٍ شبيه بالاستحضار <sitting with legs ~>.

a·kin [ə kĭn'] *(adj.)* (١) قريب؛ نسيب (٢) مشابه؛ مماثل.

Ak·ka·di·an [ə kād'ĭ ən] *(n.; adj.)* (١) الأكّادية: لغة ساميّة قديمة § (٢) أكّاديّ.

-al لاحقة معناها: «أ» ذو علاقة بِـ؛ مُتّسِم بِـ <natur*al*; ornament*al*>. «ب» عمل؛ عملية <refus*al*>.

a·la [ā'lə] *(n.)* pl. **a·lae** جناح <an insect ~>.

à la [ä'lä] *(prep.)* وَفقًا لِـ؛ بحسب <~ mode>.

al·a·bas·ter [ăl'ə băs'tər] *(n.)* المَرْمَر؛ الأَلَباسْتَر.

al·a·bas·trine [ăl'ə băs'trĭn] *(adj.)* مَرْمَريّ؛ أَلَباسْتَريّ.

à la carte *also* **a la carte** [ä lä kärt'] *(adv. or adj.)* بالصَّحْن؛ حَسَب اللائحة؛ وفقًا للائحة <an ~ dinner; dinner ~>.

a·lac·ri·ty [ə lăk'rə tĭ] *(n.)* (١) خفة؛ رشاقة؛ نشاط (٢) سرور؛ ابتهاج.

à la king [ä' lə kĭng'] *(adj.)* على الطريقة الملكية <chicken ~>.

à la mode *also* **a la mode** [ä lə mōd'] *(adj.)* (١) على آخر زِيّ (٢) تعلوه المثلوجات <pie ~> (٣) مَطْهُوّ مع الخُضَر <beef ~>.

al·a·nine [ăl'ə nēn'] *(n.)* الألانين: حمض أمينيّ أبيض متبلّر.

a·lar [ā'lər] *(adj.)* (١) جناحيّ (٢) مُجَنَّح.

a·larm [ə lärm'] *(n.; vt.)* (١) هجوم مباغِت (٢) «أ» إنذار بخطر. «ب» جهاز الإنذار (٣) ذُعْر (٤) تنبيه؛ تحذير؛ إنذار § (٥) ينبِّه إلى خطر؛ يُنْذِر بخطر (٦) يُرْعِب (٧) يُزعِج؛ يُقلِق. — **a·larm·ing** *(adj.)*

alarm clock

alarm clock *(n.)* المُنَبِّهة؛ الساعة المنبِّهة.

a·larmed *(adj.)* مروَّع؛ مُثار؛ مُهاج؛ مرتقبٌ خطرًا وشيكًا.

a·larm·ism *(n.)* الإخطارية: إثارة المخاوف والتنبيه إلى المخاطر من غير داعٍ. — **a·larm·ist** *(n.; adj.)*

a·las [ə lăs'; ə läs'] *(interj.)* واحَسْرتاه! واأسَفاه!

a·late [ā'lāt] *(adj.)* مُجَنَّح: ذو أجنحة أو أجزاء تشبهها.

a·lat·ed [ā'lā'tĭd] *(adj.)* = alate.

alb [ălb] *(n.)* الأَلْب: ثوب كتّانيّ أبيض طويل يرتديه الكاهن أثناء القدّاس.

alb

al·ba·core [ăl'bə kōr'] *(n.)* البَكورة: ضرب من سمك التُّن.

Al·ba·ni·an [ăl bā'nĭ ən] *(n.; adj.)* (١) الألبانيّ: أحد أبناء ألبانيا (٢) اللغة الألبانية § (٣) ألبانيّ.

al·ba·tross [ăl'bə trôs'] *(n.)* (١) القَطْرَس: «أ» طائر بحريّ. «ب» شيء مثير للقلق المتواصل (٢) عَقَبة؛ عائق.

albatross *1a.*

al·be·it [ôl bē'ĭt] *(conj.)* ولَوْ؛ وإن يَكُنْ؛ على الرَّغم من أنه..

al·bes·cent [ăl bĕs'ənt] *(adj.)* (١) مُبْيَضّ: آخذٌ في البياض (٢) ضاربٌ إلى البياض.

al·bin·ic [ăl bĭn'ĭk] *or* **al·bi·not·ic** [ăl bə nŏt'-] *(adj.)* (١) مَهَقِيّ: خاصّ بالمَهَق أو ذو علاقة به (٢) أَمْهَق: مصابٌ بالمَهَق.

al·bi·nism [ăl' bə nĭz'əm] *(n.)* المَهَق: حالة غير سوية من مظاهرها بشرةٌ شاحبة وشعر أبيض وعينان حسّاستان للضوء.

al·bi·no [ăl bī'nō *or* -bē'-] *(n.)* الأَمْهَق: المصاب بالمَهَق.

al·bum [ăl'bəm] *(n.)* (١) الألبوم: دفتر لجمع التواقيع التذكارية أو الطوابع والصور والأسطوانات الموسيقية (٢) مختارات أدبية أو موسيقية.

al·bu·men [ăl byōō'mən] *(n.)* (١) الآح؛ بياض البَيْضة (٢) الزُّلال.

al·bu·min [ăl byōō'mən] *(n.)* الزُّلال؛ الآحين؛ الألبومين.

al·bu·mi·noid [-noid] *(adj.; n.)* (١) شبه زُلاليّ؛ بروتيني § (٢) بروتين.

al·bu·mi·nose [-nōs] *(adj.)* = albuminous.

al·bu·mi·nous [-nəs] *(adj.)* (١) آحِيّ (٢) زُلاليّ.

al·bu·mi·nu·ri·a [ăl byo͞o′ mə nyo͝or′ĭ ə] *(n.)* البول الزُّلاليّ .

al·bur·num [ăl bûr′nəm] *(n.)* = sapwood.

al·ca·zar [ăl′kə zär] *(n.)* (١) قصر إسبانيّ (٢) قلعة إسبانية .

al·chem·ic [ăl kĕm′-]; **-cal** *(adj.)* خيميائيّ : ذو علاقة بالخيمياء .

al·che·mist *(n.)* الخِيْميائيّ : المشتغل بالكيمياء القديمة .

al·che·my [ăl′kə mĭ] *(n.)* الخيمياء ؛ السِّيمياء : «أ» الكيمياء القديمة . «ب» تحويل شيء مبتذل إلى شيء نفيس أو القُدْرةُ على ذلك .

al·co·hol [ăl′kə hôl] *(n.)* (١) الكُحول (٢) المُسْكِر الكحوليّ .

al·co·hol·ic *(adj.; n.)* (١) كُحوليّ (٢) سِكِّير § (٣) السِّكِّير .

al·co·hol·ism [ăl′kə hôl ĭz əm] *(n.)* الكُحوليّة ؛ الغَوْليّة : إدمان المُسْكِرات أو التَّسمُّم بها .

al·co·hol·ize *(vt.)* (١) يُكَحْلِل ؛ يمزج بالكحول (٢) يُسْكِر .

al·co·hol·om·e·ter *(n.)* المِكْحال : مقياس الكحوليّة .

al·co·hol·om·e·try *(n.)* قياس الكحوليّة .

Al·co·ran [ăl′kō rän′] *(n.)* القرآن الكريم .

al·cove [ăl′kōv] *(n.)* (١) فجوة [في جدار غرفة لوضع سرير أو مجموعة كتب] (٢) مُخْتلًى مُظلَّل [في حديقة] .

Al·cy·o·ne [ăl sī′ə nē] *(n.)* نيِّر الثُّريّا ؛ عِقد الثُّريّا (فل) .

Al·deb·a·ran [ăl dĕb′ə rən] *(n.)* الدَّبَران (فل) .

al·de·hyde [ăl′də hīd′] *(n.)* الأَلْديهيد (ك) .

al den·te [äl dĕn′tā] *(adj.)* نصف مَطْهوّ .

al·der [ôl′-] *(n.)* جارُ الماء : شجر ينمو في التربة الرطبة .

al·der·man [ôl′-] *(n.)* (١) نائب الملك : حاكم يتولى إدارة إقليم أو مقاطعة نيابةً عن ملك أنجلوسَكْسونيّ (٢) عضو مجلس بلديّ أو مَحَلّيّ .

al·dol [ăl′dôl′] *(n.)* الألدول : سائل ألديهيديّ عديم اللون .

ale [āl] *(n.)* (١) المِزْر : شراب شبيهٌ بالجعة (٢) مِهرجان إنكليزي يكون فيه المِزْر هو الشراب الرئيسي .

a·le·a·tor·ic [ā′lĭ ə tôr′ĭk] *(adj.)* مُرْتَجَل .

a·le·a·to·ry [ā′lĭ ə tōr′ĭ] *(adj.)* (١) جُزافيّ ؛ مُنْطوٍ على مجازَفَة <an ~ contract> (٢) حَظّيّ : ذو علاقة بالحظّ ، وبخاصةٍ بالحظّ العاثر .

a·lee [ə lē′] *(adv. or adj.)* على أو نحو جانب السفينة المحجوب عن الريح .

ale·house [āl′hous′] *(n.)* المَزّارة : حانة يُقدَّم فيها المِزْر .

a·lem·bic [ə lĕm′bĭk] *(n.)* الإمبيق ؛ الإنبيق : «أ» جهاز قديم للتقطير . «ب» وسيلة تقطير أو تصفية .

alembic

a·lert [ə lûrt′] *(adj.; n.; vt.)* (١) يَقِظ ؛ مُتَنَبِّه ؛ واعٍ (٢) رشيق ؛ خفيف الحركة (٣) سريع الخاطر § (٤) تأهُّب (٥) «أ» إنذار [بغارة جوّية إلخ] . «ب» فترة الإنذار § (٦) يُحَذِّر [وبخاصة من غارةٍ جوّية أو هجوم قريب] (٧) يُنَبِّه إلى .

on the ~, متنبِّه ؛ محترِس ؛ في حالة تأهُّب

a·lert·ness [ə lûrt′nəs] *(n.)* يَقَظة ؛ انتباه ؛ رشاقة .

a·leu·rone [ə lo͞or′ōn] *(n.)* الأليرون (مج) : مادة بروتينيّة حُبَيْبية الشكل تكون في بذور القمح وغيره من الحبوب (نب) .

ale·wife [āl′-] *(n.)* (١) مديرة المَزّارة (٢) الألْويف : سمك بحريّ .

Al·ex·an·dri·an [ăl′ĭg zăn′drĭ ən] *(adj.)* إسكَنْدَريّ : «أ» منسوب إلى الإسكندر الكبير . «ب» هلِّينيّ .

Al·ex·an·drine [-drĭn] *(n.)* الإسكَنْدَريّ : بيت من ١٢ مَقْطَعًا (عر) .

a·lex·i·a [ə lĕk′sĭ ə] *(n.)* اللّاقِرائية ؛ العمى القِرائيّ : اضطراب مُخّيّ يتميّز بالعجز عن القراءة (ط) . **— a·lex·ic** *(adj.)*

a·lex·in [ə lĕk′sĭn] *(n.)* الدّاحر : مادة في مصل الدم مُهلِكة للبكتيريا .

al·fal·fa [ăl făl′fə] *(n.)* الفِصفِصة ؛ الفِصّة (نب) .

alfalfa

al·for·ja [ăl fôr′jə] *(n.)* = saddlebag.

al·fres·co [ăl frĕs′kō] *(adv.; adj.)* (١) في الهواء الطَّلْق <to dine ~> § (٢) في الهواء الطَّلْق <an ~ dinner> .

alg- *or* **algo-** بادئة معناها : أَلَمٌ <*algo*phobia> .

al·ga [ăl′gə] *(n.)* pl. **al·gae** [ăl′jē] *also* **al·gas** طُحْلُب ؛ أُشنة .

al·ge·bra [ăl′jə brə] *(n.)* الجَبْر (ر) .

al·ge·bra·ic; -al [ăl′jə brā′-] *(adj.)* جَبْريّ : خاصّ بعلم الجبر .

algebraic equation *(n.)* المعادلة الجَبْرية .

algebraic expression *(n.)* التعبير الجبريّ .

algebraic function *(n.)* الدالَّة الجبرية .

algebraic number *(n.)* العَدَد الجبريّ .

al·ge·bra·ist [ăl′jə brā′ĭst] *(n.)* العالِم بالجبر .

Al·ge·ri·an [ăl jēr′ĭ-] *(n.; adj.)* (١) الجزائريّ § (٢) جزائريّ .

-algia [ăl′jĭ ə] لاحقة معناها : أَلَمٌ <neur*algia*> .

al·gi·cide [ăl′jə sīd] *(n.)* مُبيدة الطحالب .

al·gid [ăl′jĭd] *(adj.)* بارد .

algo- = alg-.

al·goid [ăl′goid] *(adj.)* طُحْلُبانيّ : شبيه بالطُّحْلُب .

Al·gol [ăl′gŏl] *(n.)* رأس الغُول (فل) .

ALGOL [ăl′gŏl; ăl′gôl] *(n.)* الغَوْل : لغة رياضية لبرمجة الكومبيوترات .

al·go·lag·ni·a [ăl′gə lăg′nĭ ə] *(n.)* الشَّبَق الإيلاميّ ؛ السّاديّة : انحراف جنسيّ يتلذَّذ معه المرء بتعذيبه للآخرين .

al·gol·o·gy [ăl gŏl′ə jĭ] *(n.)* الطُّحْلُبيّات ؛ علم الطحالب .

al·gom·e·ter [ăl gŏm′-] *(n.)* الألغومتر : أداة لقياس حساسية المرء للألم الناشئ عن الضَّغط .

al·go·pho·bi·a [ăl′gə fō′-] *(n.)* رُهاب الألم : خوفٌ مَرَضيّ من الألم .

al·go·rism [ăl′gə rĭz′əm] *(n.)* (١) الحساب (٢) algorithm .

ă at; ā date; â care; ä car; ĕ egg; ē me; ĭ in; ī bite; ŏ lot; ō bone; ô orphan; oi boil; o͝o good; o͞o boot; ou out; ŭ under; û urgent; ə = *a* in alone, *e* in system, *i* in easily, *o* in gallop, *u* in circus.

al·go·rithm [-rĭth′-] *(n.)* الخُوارزميّة: طريقة مقنَّنة في الرياضيّات.

ali- بادئة معناها: جناح <*ali*form>.

a·li·as [ā′lĭ əs] *(adv.; n.)* (١) المعروف أيضًا بـ؛ الشّهير بـ <Smith, ~ Simpson> § (٢) اسم مستعار.

al·i·bi [ăl′ə bī] *(n.; vi.; t.)* (١) دَفْعٌ بالغَيْبة: ادّعاء المتَّهم أنه كان في مكان آخر عند وقوع الجريمة (٢) الغَيْبَة: كَوْنُ المتَّهم في مكان آخر عند وقوع الجريمة (٣) عُذْر § (٤) يُقدِّم عُذرًا **x** (٥) يُبَرِّئ [على أساس الغَيْبَة].

al·i·dade [ăl′ə dād] *(n.)* العِضادة: «أ» جزء من الأسطرلاب. «ب» جزء من أداة لمسح الأراضي.

alidade

al·ien [āl′yən] *(adj.; n.; vt.)* (١) غريب؛ أجنبيّ (٢) مغاير؛ مُضادّ؛ غريبٌ عن <Unkindness is ~ to her nature.> § (٣) شخص أجنبيّ § (٤) يُبْعِد؛ ينفِّر (٥) يُحوِّل [المِلْكيَّةَ إلى شخص آخر].

al·ien·a·ble *(adj.)* قابلٌ للتحويل: ممكنٌ تحويلُ مِلكيّتِهِ إلى شخصٍ آخر.

al·ien·ate [āl′yə nāt′] *(vt.)* (١) يُبْعِد؛ يُنَفِّر (٢) يَنْقل [المِلْكيَّةَ إلى شخص آخر] (٣) يَصْرِف عن؛ يحوِّل عن <to ~ capital from its natural channels>.

al·ien·a·tion *(n.)* (١) «أ» تنفير؛ إبعاد. «ب» نفور (٢) تحويل المِلْكية (ق) (٣) جنون؛ خَبَل (٤) اغتراب؛ استلاب؛ ضَياع (نف).

al·ien·ee [āl′yə nē′] *(n.)* المحوَّل إليه؛ المنقول إليه (ق).

al·ien·ism *(n.)* (١) غُرْبة (٢) الطِّبّ العَقْلي.

al·ien·ist *(n.)* الطبيب العقلي: طبيب الأمراض العقلية.

al·ien·or [āl′-] *(n.)* المحوِّل: من يحوِّل مِلْكيّة شيء إلى شخص آخر (ق).

al·i·form [ăl′ə fôrm′] *(adj.)* جَناحانيّ: جناحيّ الشَّكل.

a·light[1] [ə līt′] *(vi.)* (١) يترجَّل [من عربة إلخ] (٢) يَحُطّ الطائر على (٣) يَجِدُ مصادفةً.

a·light[2] *(adj.; adv.)* (١) مُشتعِل؛ مُضطرِم § (٢) مُشتعلًا؛ مُضطرِمًا.

a·lign *also* **a·line** [ə līn′] *(vt.; i.)* (١) يَصُفّ؛ يَرْصُف (٢) يَحْشُد: ينظِّم [أو يجنِّد] القوى لنُصرة قضيةٍ أو مقاومتها **x** (٣) يصطفّ؛ يتراصف (٤) ينحاز أو يتحيَّز إلى (٥) يتعاون.

a·lign·ment *also* **a·line·ment** *(n.)* (١) مص align أو aline (٢) صَفّ [من الجند إلخ] (٣) تخطيط [لطريق أو سكة حديد] (٤) تجمُّع؛ تحالف.

a·like [ə līk′] *(adv.; adj.)* (١) بالطريقة نفسها؛ على قَدَم المساواة <known to treat all customers ~> (٢) على حدّ سواء § (٣) متماثل؛ متشابه <She thinks all politicians are ~.>.

a·like·ness [ə līk′nəs] *(n.)* شَبَهٌ؛ تَشابُه.

al·i·ment [*n.* ăl′ə mənt; *v.* ăl′ə mĕnt′] *(n.; vt.)* (١) غذاء؛ قُوت § (٢) يُقيت؛ يُعيل (٣) يَدْعَم؛ يُمَوِّل.

al·i·men·tal [ăl′ə mĕn′təl] *(adj.)* مُغَذٍّ.

al·i·men·ta·ry *(adj.)* (١) غذائيّ (٢) «أ» مُغَذٍّ. «ب» داعم.

alimentary canal *(n.)* القناة الغذائية (ت).

al·i·men·ta·tion *(n.)* (١) تَغْذِية؛ إقاتة (٢) تَغَذٍّ؛ اقتيات.

al·i·men·ta·tive [-′tə tĭv] *(adj.)* = nutritive.

al·i·mo·ny [ăl′ə mō′nĭ] *(n.)* (١) نفقة الزوجة المُطَلَّقة (٢) إعالة.

a·line [ə līn′] *(vt.; i.)* = align.

Al·i·oth [ăl′ē ŏth] *(n.)* الأَلْيَة: نجم في كوكبة الدُّبّ الأكبر (فل).

al·i·phat·ic [ăl ə făt′ĭk] *(adj.)* أليفاتيّ؛ دُهنيّ.

al·i·quant [ăl′ə kwənt] *(adj.)* قاسمٌ غير تامٍّ [كالخمسة بالنسبة إلى الرقم ١٦ فهي تقسِمُهُ ولكنْ مع باقٍ].

al·i·quot [ăl′ə kwət] *(adj.; n.)* (١) قاسمٌ تامٌّ [كالخمسة بالنسبة إلى الرقم ١٥ فهي تقسِمُهُ من غير باقٍ] (٢) كَسْريّ؛ جزئيّ § (٣) العيِّنة الوافية: عيِّنة نموذجية تمثِّل كمّيّة كبيرة (ط).

a·li·un·de [ā′lĭ ŭn′dĭ] *(adv.; adj.)* من مصدر أو مكان آخر.

a·live [ə līv′] *(adj.)* (١) حيّ؛ على قيد الحياة (٢) ناشط؛ مُتَّقِد؛ فعّال <Keep your memory ~.> (٣) واعٍ؛ مُدْرِك <was ~ to the dangers of the work> (٤) نشيط؛ مُفْعَم بالحيوية (٥) مَليء بـ؛ زاخرٌ بـ.

a·liz·a·rin [ə lĭz′ə rĭn] *(n.)* الأليزارين: مُرَكَّب متبلِّر (ك).

al·ka·hest [ăl′kə hĕst′] *(n.)* الحَلّال: مادة سَعَى أصحاب الكيمياء القديمة إلى الحصول عليها زاعمين أنها قادرة على حلّ جميع الموادّ إلى عناصرها.

al·ka·les·cent [ăl′kə lĕs′-] *(adj.)* مُتَقالٍ: قِلْويّ بعضَ الشيء (ك).

al·ka·li [ăl′kə lī] *(n.)* (١) القِلْي (ك) (٢) فِلِزّ قِلْويّ.

al·ka·li·fy *(vt.; i.)* (١) يُقَلّي: يجعلُهُ قِلْويًّا **x** (٢) يتقلّى: يُصبح قِلْويًا.

alkali metal *(n.)* الفِلِزّ القِلْويّ [كالليثيوم والصوديوم إلخ].

al·ka·lim·e·ter *(n.)* المِقلاء؛ مقياس القِلْوية.

al·ka·lim·e·try *(n.)* المِقْلائية؛ قياس القِلْوية.

al·ka·line [ăl′kə līn′; -lĭn] *(adj.)* قِلْويّ.

al·ka·lin·i·ty [ăl kə lĭn′-] *(n.)* القِلْوية (مج): الحالة القِلْوية (ك).

al·ka·lin·i·za·tion *(n.)* التَّقْلِية (مج): جَعْلُ الشيء قِلْويًا.

al·ka·lin·ize [ăl′kə lĭ nīz′] *(vt.)* يُقَلّي: يجعلُهُ قِلْويًا.

al·ka·loid [ăl′kə loid′] *(adj.; n.)* (١) قِلْوانيّ؛ شِبْقِلْويّ؛ شبه قِلْويّ § (٢) القِلوانيّ: مُرَكَّب شِبْقِلويّ أو شبه قلويّ.

al·ka·lo·sis [ăl′kə lō′-] *(n.)* القُلاء: ازدياد قِلْوية الدم والأنسجة.

al·ka·net [ăl′kə nĕt′] *(n.)* (١) الشِّنْجار؛ رِجْل الحَمَام؛ خَسّ الحمار (نب) (٢) صِبْغ الشِّنْجار: صِبْغٌ أحمر يُستخرج من جذور الشِّنْجار.

al·kyd [ăl′kĭd] *(n.)* الأَلْكيد: مادة راتينجية صُنعيّة (ك).

al·kyne [ăl′kīn′] *(n.)* الألْكين: هيدروكربون أليفاتيّ (ك).

all [ôl] *(adj.; adv.; pron.; n.)* (١) كلّ؛ جميع (٢) مُستهلَك بكامِلِهِ <The keg of beer was ~.> § (٣) تمامًا؛ بكل ما في الكلمة من معنًى <She sat ~ alone.> (٤) لكلّ فريق <The score is three ~.> § (٥) كلُّ شيء <Is that ~?> § (٦) كل ما يملك <to lose one's ~>.

~ alone (١) وحده؛ منفردًا (٢) من غير مساعد.

~ along (١) على امتداد؛ على طول كذا (٢) دائمًا؛ منذ البدء.

~ but (١) ما عدا؛ ما خلا؛ باستثناء (٢) تقريبًا.

~ clear إشارة زوال الخطر .

~ day long طَوالَ النَّهار .

~ for شديد التأييد لشيء أو الرغبةِ فيه .

~ in ~, (١) كلّ شيء؛ «الكلّ في الكلّ» (٢) على العموم .

~ one to me سِيّان عِندي .

~-out كامل؛ شامل .

~ over (١) في كلّ مكان (٢) في طول كذا وعرضه (٣) تمامًا .

~ right هذا حَسَن! أنا موافق!

above ~, قبل كلّ شيء .

after ~, (١) ومع ذلك (٢) برغم كل شيء .

at ~, ألبتّة؛ مُطْلَقًا؛ بأية حال .

for ~ I know بمقدار ما أعرف؛ بقَدْر ما أعلم .

for ~ that برغم ذلك كلّه؛ برغم كلّ شيء .

for good and ~, نهائيًا؛ إلى الأبد .

in ~, جُملةً؛ في المجموع .

not at ~, (١) مُطْلَقًا؛ ألبتّة (٢) لا شكرَ على واجب .

to be ~ over ينتهي؛ ينفضّ [الاجتماعُ] .

to be ~ over with (١) يُلِمّ به الخراب (٢) يُشرف على الموت .

Al·lah [ăl′ə; ä′lə] *(n.)* الله؛ الله عزّ وجلّ .

all–A·mer·i·can *(adj.)* جَمْأميركيّ؛ جَمْعِيّ أميركيّ: «أ» مؤلّف برُمَّته من عناصر أميركية. «ب» ممثّل أو مصوِّر للولايات المتحدة الأميركية كلّها. «ج» خاصّ بالأمم الأميركية كمجموعة <an ~ research project> .

all–a·round *(adj.)* (١) متعدّد البراعات (٢) عامّ؛ شامل .

al·lay [ə lā′] *(vt.)* (١) يهدِّئ (٢) يُسَكِّن؛ يُلَطِّف .

all–day [ôl′dā′] *(adj.)* دائمٌ نهارًا كاملًا .

al·le·ga·tion [ăl′ə gā′-] *(n.)* (١) ادِّعاء؛ زَعْم (٢) احتجاج بِـ .

al·lege [ə lĕj′] *(vt.)* (١) يَدَّعي؛ يَزْعُم (٢) يحتجّ بِـ؛ يتذرَّع بِـ .

al·leged [ə lĕjd′] *(adj.)* مَزْعوم: مشكوك في صحّتِهِ .

al·le·giance [ə lē′jəns] *(n.)* (١) ولاءٌ [للدولة] (٢) إخلاص [لقضيّة] .

al·le·giant [ə lē′jənt] *(adj.)* صادق الولاء .

al·le·gor·i·cal [ăl′ə gôr′ə kəl] *also* **al·le·gor·ic** *(adj.)* مجازيّ؛ رمزيّ .

al·le·go·rist *(n.)* الكاتب المجازيّ؛ الكاتب الرمزيّ .

al·le·go·rize *(vt.; i.)* (١) يعبِّر بالمجاز أو الرّمز x (٢) يستخدم المجاز .

al·le·go·ry [ăl′ə gōr′ĭ] *(n.)* (١) مَجاز (٢) قصة رمزية (٣) رمز .

al·le·gret·to [ăl′ə grĕt′ō] *(adj.; n.)* (١) عاجل (مج)؛ سريع (مو) § (٢) قطعة أو حركة عاجلة (مو) .

al·le·gro [ə lā′grō] *(adj.; n.)* (١) أعْجَلُ؛ أسرَعُ (مو) § (٢) قطعة أو حركة شديدة العجلة (مو) .

al·lele [ə lēl′] *(n.)* الأَلِيْل؛ الفَرْدة؛ الخِلْفة (أح) .

al·le·lo·morph [ə lē′lə môrf′] *(n.)* = allele.

al·le·lu·ia [ăl′ə lōō′yə] *(interj.; n.)* = hallelujah.

al·le·mande [ăl′ə mănd′] *(n.)* رقصة ألمانية أو موسيقاها .

all–em·brac·ing *(adj.)* (١) شامل؛ جامع (٢) كامل؛ قاطع .

al·ler·gen [ăl′ər jĕn′] *(n.)* باعثة الاستهداف: مادة تثير الحساسية .

al·ler·gic [ə lûr′jĭk] *(adj.)* (١) «أ» مثير للاستهداف أو الحساسية . «ب» استهدافيّ؛ حَسّاسيّ (٢) «أ» شديد الحساسية لِـ . «ب» نَفورٌ من .

al·ler·gist [ăl′ər-] *(n.)* الاستهدافيّ: العالم الاختصاصيّ بالاستهداف .

al·ler·gy [ăl′ər jĭ] *(n.)* (١) الاستهداف (مج)؛ التّجاوُب؛ الأرَج: شدة حساسية الجسم لبعض أنواع الطعام أو العقاقير إلخ (٢) نُفور .

al·le·vi·ate [ə lē′vĭ āt′] *(vt.)* يُسَكِّن؛ يُلَطِّف؛ يُخفِّف .

— **al·le·vi·a·tion** *(n.)*

al·le·vi·a·tive *(adj.; n.)* مسكِّن؛ ملطِّف؛ مُخفِّف .

al·le·vi·a·to·ry [ə lē′vĭ-] *(adj.)* = alleviative.

al·ley[1] [ăl′ĭ] *(n.)* (١) ممشًى [تكتنفه الأشجار] في حديقة (٢) مجاز البولنغ: مجاز ضيّق طويل ذو أرضية خشبية للُعبة البولنغ (٣) زُقاق (٤) بِلْية؛ كلّة .

al·ley·way [ăl′ĭ wā′] *(n.)* (١) مَجاز ضيّق (٢) زُقاق .

All Fool's Day *(n.)* يومُ الكَذِب: يوم أول أبريل [نيسان] .

all fours *(n. pl.)* (١) الأَرْبَع: «أ» قوائم الحيوان الأربع . «ب» ذراعا الإنسان ورجلاه (٢) seven–up .

all hail *(interj.)* أهلًا! مرحبًا! يا هلا!

All·hal·low·mas [ôl′hăl′ō məs] *(n.)* = Allhallows.

All·hal·lows [ôl′hăl′ōz] *(n.)* عيد جميع القديسين .

all·heal [ôl′hēl′] *(n.)* الشافِيَة الكُلّيّة: أيّ من نباتات عديدة تستعمل في الطبّ الشعبيّ بخاصة .

al·li·a·ceous [ăl′ĭ ā′shəs] *(adj.)* ثومانيّ؛ بَصَلانيّ: شبيه بالثّوم أو البصل .

al·li·ance [ə lī′əns] *(n.)* (١) اتّحاد (٢) زَواج؛ مصاهرة (٣) حِلف؛ تحالف (٤) القرابة: صلة ناشئة عن تشابُه الخصائص <the ~ between religion and morals>.

al·lied [ə līd′; ăl′īd] *(adj.)* (١) مُتَّحِد: مرتبطٌ بعضُهُ ببعضِهِ الآخر <~ banks> (٢) متحالف؛ حليف <~ nations> (٣) شقيق: تَجْمع بينه صفاتٌ أو خصائصُ أو سلالةٌ مشتركة <~ plants> .

al·li·ga·tor [ăl′ə gā′tər] *(n.)* (١) القاطور: زاحف مائيّ ضخم (٢) الجلد القاطوريّ: جلد مصنوع من جلد القاطور (٣) الآلة القاطورية: آلة ذات فكّ قويّ متحرّك كفكّ القاطور (٤) القاطوريّ: نصير لموسيقى «السّوينغ» الدارجة .

alligator *1.*

all–im·por·tant [ôl′ĭm pôr′-] *(adj.)* فائق الأهمية؛ بالغ الأهمية .

all–in·clu·sive [ôl′ĭn klōō′sĭv] *(adj.)* كُلّيّ الشُّمول .

al·lit·er·ate [ə lĭt′ə rāt′] *(vi.; t.)* يتجانس [أو يُجانس] استهلاليًّا .

al·lit·er·a·tion [-rā′shən] *(n.)* الجِناس الاستهلاليّ؛ المجانسة

ă at; ā date; â care; ä car; ĕ egg; ē me; ĭ in; ī bite; ŏ lot; ō bone; ô orphan; oi boil; o͝o good; o͞o boot; ou out; ŭ under; û urgent; ə = *a* in alone, *e* in system, *i* in easily, *o* in gallop, *u* in circus.

الاستهلالية: تكرير حرفٍ أو مَقْطع في مُسْتَهلّ لفظتين متجاورتين أو في مستهلّ ألفاظ متجاورة [مثل *th*reatening *th*rongs].

al·li·um [ăl′ĭ əm] *(n.)* الثّوم: جنس من فصيلة الزّنبقيات يشمل الثوم والبَصَل والكُرّاث (نب).

all–night [ôl′nīt′] *(adj.)* دائمٌ أو عاملٌ طوالَ الليل.

al·lo·cate [ăl′ə kāt′] *(vt.)* (١) يُوزِّع؛ يقسِّم؛ يُحَصِّص (٢) يَمْنح؛ يَخُصُّه بـ (٣) يعيِّن أو يُحَدِّد [موقع شيء].

al·lo·ca·tion *(n.)* (١) توزيع؛ تقسيم إلخ (٢) حِصّة.

al·lo·cu·tion [-kyōō′-] *(n.)* خُطبة رسمية [تتضمَّن عادةً نصحًا أو تحذيرًا].

al·log·a·my [ə lŏg′-] *(n.)* الإخصاب الخِلْطيّ [بين نبتتين مختلفتين].

al·lom·er·ism [ə lŏm′-] *(n.)* الألومَرِية: قابليّة التغيُّر في البِنية الكيميائية من غير تغيُّر في الشكل البلّوري (ك). — **al·lom·er·ous** *(adj.)*

al·lom·e·try [ə lŏm′ə trĭ] *(n.)* الألومَتْرية: النموّ النسبيّ لجزء من متعضٍّ بالقياس إلى المُتَعضّي بكامله.

al·lo·mor·phism [ăl′ə môr′fĭz əm] *(n.)* = allotropy.

al·lo·nym [ăl′ə-] *(n.)* الاسم المُنْتَحَل: اسم شخصٍ آخر ينتحله مؤلِّفٌ.

al·lo·path [ăl′ə păth′] *(n.)* الألوباثيّ: طبيب يعالج بالألوباثيا.

al·lop·a·thy [ə lŏp′ə thĭ] *(n.)* الألوباثيا؛ المداواة المغايِرة: طريقة في التطبيب تقوم على استعمال علاجاتٍ تُحْدِث آثارًا مختلفة عن تلك التي أحدثَها المرضُ المعالَج. — **al·lo·path·ic** *(adj.)*

all–or–none [ôl′ər nŭn′] *(adj.)* كُلّيّ أو عَدَميّ (أح).

al·lot [ə lŏt′] *(vt.)* (١) يُحَصِّص: يوزِّع حِصَصًا (٢) يُحَدِّد؛ يُعَيِّن (٣) يُفرِد: يُخَصِّص لغرضٍ معيَّن.

al·lot·ment [ə lŏt′-] *(n.)* (١) التَّحْصيص: توزيعٌ للحِصَص (٢) حِصَّة.

al·lo·trope [ăl′ə trōp′] *(n.)* الشكل المتآصل (ك).

al·lo·trop·ic *(adj.)* تآصُليّ: موجودٌ بشكلين مختلفين أو أكثر (ك).

al·lot·ro·py [ə lŏt′rə pĭ] *(n.)* التآصُل؛ التغايُر: وجود مادةٍ بشكلين مختلفين أو أكثر (ك).

al·lot·tee [ə lŏt′ē′] *(n.)* المُحَصَّص: مَنْ تُفْرَد له حصّةٌ ما.

all–out [ôl′out′] *(adj.)* كامل؛ شامل <an ~ effort>.

all out *(adv.)* بعزم؛ بتصميم؛ بأقصى الجهد.

all·ov·er[1] [ôl′ō′vər] *(adj.)* شامل: مُغَطٍّ السَّطحَ كلَّه.

all·ov·er[2] *(n.)* (١) النَّسيج المُغَطّى: نسيج مطرَّز أو مطبوع أو مُزْدان برسم يغطّي سطحَه كلَّه (٢) الرَّسم المُغَطّي: رسم مكرَّرٌ [على نسيج] بحيث يغطّي السطحَ كله.

al·low [ə lou′] *(vt.; i.)* (١) يخصِّص لِـ (٢) يُفرِد؛ يُنْقِص؛ يُدْخِل في حسابه <He ~*ed* an hour for changing trains.> (٣) يُقِرّ؛ يُسَلِّم بِـ؛ يعترف بِـ <We must ~ that he was a brave man.> (٤) يُجيز؛ يَسْمح بِـ <Smoking is not ~*ed* here.> (٥) يمنح؛ يُعطي؛ يقدِّم (٦) يَحْسِم؛ يُخَفِّض (٧) يُمكِّن (٨) يَقْبل؛ يحتمل <These facts ~ no other explanation.> (٩) يرى؛ يعتقد (ع) (١٠) يعتزم أمرًا (ع) x (١١) يحتمل؛ يُفسِح مجالًا لِـ <The crisis ~*s* of no delay.> (١٢) يأخذ في الحُسْبان.

al·low·a·ble *(adj.)* جائز؛ مُباح؛ مشروع؛ مسموحٌ به.

al·low·ance [ə lou′əns] *(n.)* (١) نصيب؛ حِصّة (٢) مُخَصَّص؛ علاوة؛ بَدَلٌ (٣) إنقاص؛ حسم <the ~ for breakages> (٤) التّسامح؛ التّفاوُت (مك) (٥) إباحة؛ إجازة <the ~ of slavery> (٦) إقرار أو تسليمٌ بِـ <the ~ of a claim> (٧) مُراعاة.

to make ~*s* for يراعي؛ يأخذ بعين الاعتبار؛ يُدْخل في حسابه الظروف المخفِّفة.

al·loy [*n.* ăl′oi; *v.* ə loi′] *(n.; vt.; i.)* (١) الأُشابة (مج)؛ السَّبيكة: «أ» مزيج من فِلِزّين أو أكثر. «ب» مَعْدِن خسيس ممزوج بمعدن نفيس (٢) مزيج؛ خليط <an ethnic ~> § (٣) يَزْغَل؛ يغُشّ (٤) يؤشِّب: يمزج بحيث يُشكِّل أُشابةً أو سبيكة (٥) يُفْسِد (٦) يلطِّف؛ يخفِّف x (٧) يتأشّب: يمتزج مشكِّلًا أُشابةً.

all–pur·pose *(adj.)* عامّ الأغراض <an ~ wardrobe>.

all right *(adv.; adj.)* (١) من غير ريب (٢) على نحوٍ مُرْضٍ (٣) حَسَنًا؛ حَسَن جدًا § (٤) مُرْضٍ؛ مقبول (٥) سليم؛ مُعافًى (٦) حسن؛ طيِّب؛ مُوافق!

all–round [ôl′round′] *(adj.)* = all–around.

All Saints' Day *(n.)* عيد جميع القديسين [أول نوفمبر].

all·seed [ôl′sēd′] *(n.)* البَزْراء: نبتة من عدة نباتاتٍ كثيرة البزور.

All Souls' Day *(n.)* عيد الموتى [٢ نوفمبر].

all·spice [ôl′spīs′] *(n.)* الفِلفِل الإفرنجي؛ الفِلفِل الحلو (نب).

all–star [ôl′stär′] *(adj.)* نُجوميّ <an ~ team>.

all–time *(adj.)* (١) full–time (٢) قياسيّ.

al·lude [ə lōōd′] *(vi.)* يُلْمح؛ يُلمِع إلى؛ يشير مُداوَرَةً إلى.

al·lure [ə lōōr′] *(vt.; n.)* (١) يُغْري؛ يَفْتِن § (٢) إغراء؛ فِتنة. — **al·lur·ing** *(adj.)* — **al·lure·ment** *(n.)*

al·lu·sion [ə lōō′zhən] *(n.)* تلميح؛ إلماع؛ إشارة ضمنيّة أو غير مباشرة. — **al·lu·sive** *(adj.)*

al·lu·vi·al *(adj.; n.)* (١) طَمْييّ؛ غَرينيّ § (٢) راسبٌ طَمْييّ.

al·lu·vi·on [ə lōō′vĭ ən] *(n.)* (١) فَيَضان (٢) طَمْي؛ غَرين (٣) تنامي اليابس: تزايدٌ تدريجيّ في اليابسة بسبب انحسار المياه عن الشاطئ (٤) الأرض المكتَسَبة بهذه الطريقة.

al·lu·vi·um [ə lōō′vĭ əm] *(n.)* pl. **-s** *or* **-vi·a** [vĭ ə] الطَّمْي؛ الغَرين.

al·ly[1] [ə lī′] *(vt.; i.)* (١) يُصاهر (٢) يُحالف: يدخل في حِلْف (٣) يرتبط بِـ x (٤) يتحالف مع (٥) يتّحد.

al·ly[2] [ăl′ī; ə lī′] *(n.)* (١) شقيق؛ نسيب (٢) حليف؛ دولةٌ حليفة (٣) نصير.

al·lyl [ăl′ĭl] *(n.)* الألّيل (ك).

al·ma·gest [ăl′mə jĕst′] *(n.)* المَجِسْطي: «أ» *cap.*: موسوعة فلكية ورياضية ألّفها بَطْلَميوس. «ب» أيّ من كتب عديدة وُضعت في القرون الوسطى في علم التنجيم أو في الخيمياء [الكيمياء القديمة].

al·ma ma·ter [ăl′mə mä′tər] *(n.)* (١) الكُلّيّة الأمّ: الكلّية، أو الجامعة، التي تخرَّج منها المرء (٢) نشيد الكلّية.

al·ma·nac [ôl′mə năk′] *(n.)* (١) تقويم؛ روزنامة (٢) دليلٌ سنويّ.

al·man·dite [ăl′mən dīt′] *(n.)* الألمانديت : عقيق أحمر .

al·might·y [ôl mī′tĭ] *(adj.; adv.; n.)* (١) cap. ا ك : كُلّيّ القُدْرة <God Almighty> (٢) جبّار <~ armies> (٣) كبير ؛ ضخم ؛ قويّ § (٤) إلى حدٍّ بعيد § (٥) cap. : الله [تسبقها the] .

al·mond [ä′mənd; ăm′ənd] *(n.)* (١) لَوْز (نب) (٢) لوزة .

al·mond–eyed *(adj.)* لوزيّ العينين : ذو عَيْنين ضيِّقتين بيضويّتين .

almond green *(n.)* الأخضر اللّوزيّ : لونٌ أخضر مصفرّ .

al·mon·er [ăl′-] *(n.)* وكيل الصَّدَقات : موظف مكلف بتوزيع الصَّدَقات .

al·most [ôl′mōst; ôl mōst′] *(adv.; adj.)* (١) تقريبًا § (٢) شبيهٌ بِـ .

alms [ämz] *(n. sing. or pl.)* صَدَقة ؛ صَدَقات .

alms·house [ämz′hous′] *(n.)* مأوًى ؛ ملجأ [للفقراء إلخ] .

alms·man [ämz′măn] *(n.)* المُعْدِم : فقيرٌ عائش على الصَّدقات .

al·oe [ăl′ō] *(n.)* الألُوَة ؛ الصَّبِر (نب) .

a·loft [ə lôft′] *(adv.; prep.)* (١) عاليًا (٢) في الهواء . وبخاصة : على متن الطائرة (٣) فوق ظهر السفينة § (٤) فوق ؛ في أعلى .

a·log·i·cal [ā lŏj′ə kəl] *(adj.)* غير منطقي .

a·lo·ha [ə lō′ə] *(interj.)* (١) هالو : هُتاف ترحيب (٢) وداعًا .

al·o·in [ăl′ō ĭn] *(n.)* الألُوِين ؛ الصَّبِرين : مُسْهِل مُرّ يُستخرج من الألُوَة aloe .

a·lone [ə lōn′] *(adj.; adv.)* (١) متوحّد ؛ منفرد بنفسه <~ with one's thoughts> (٢) فقط ؛ فحسب ؛ وحده <Man shall not live by bread ~.> (٣) فَذّ ؛ لا يُضارَع <She is ~ in worth.> § (٤) وحده ؛ دُون غيره <left her in the house ~> (٥) وحيدًا ؛ بمفرده <He ~ can do it.> .

a·long [ə lông′] *(prep.; adv.)* (١) على طول كذا ؛ في موازاة كذا <sailed ~ the coast> § (٢) إلى الأمام <moved ~> (٣) من شخص إلى آخر <word was passed ~> (٤) معه ؛ برفقتِهِ <brought his sister ~> (٥) بالتعاون (٦) أيضًا (٧) بقربِهِ ؛ في متناولِهِ <had his gun ~> .

along of *(prep.)* (١) بسبب ؛ من جرّاء (٢) مع .

a·long·shore *(adv.; adj.)* (١) قربَ الشاطئ § (٢) ساحليّ .

a·long·side *(adv.)* بجانب كذا ؛ جنبًا إلى جنب مع .

a·loof [ə lōōf′] *(adv.; adj.)* (١) بعيدًا ؛ بمَعْزِلٍ <They stood ~.> § (٢) متحفّظ ؛ لامُبالٍ (٣) مُنْعَزِل .

al·o·pe·ci·a [ăl′ə pē′shĭ ə] *(n.)* المَرَط ؛ الصَّلَع ؛ سقوط الشَّعر .

a·loud [ə loud′] *(adv.)* (١) بصوت عالٍ <to cry ~> (٢) جِهارًا : بنبرة الصوت الطبيعية وليس همسًا <to read ~> .

a·low [ə lō′] *(adv.)* = below.

alp [ălp] *(n.)* طَوْد ؛ جبل شاهق .

al·pa·ca [ăl păk′ə] *(n.)* الألْبَكة : «أ» حيوان ثدييّ شبيه بالخروف . «ب» صوف الألْبَكة أو نسيجٌ منه .

alpaca *a.*

al·pen·glow [ăl′pən glō′] *(n.)* التَّوهُّج الألبيّ : وهجٌ ضاربٌ إلى الحمرة يُرى ، حوالى الغروب أو الشروق ، فوق قِمم الجبال (أر) .

al·pen·horn [ăl′pən hôrn′] *or* **alp·horn** *(n.)* البوق الألبيّ : بوق خشبيّ طويل يستعمله الرُّعاة السّويسريون .

al·pen·stock [-stŏk′] *(n.)* العصا الألبيّة : عصًا طويلة في أسفلها حديدة مُسْتَدِقّة الرأس يُستعان بها على تسلُّق الجبال .

al·pes·trine [ăl pĕs′trĭn] *(adj.)* (١) ألبيّ : منسوب إلى جبال الألب (٢) صُروديّ : نامٍ في سفوح المرتفَعات .

al·pha [ăl′fə] *(n.)* (١) ألفا : الحرفُ الأول من حروف الأبجدية اليونانية (٢) بداية (٣) النجم الرئيسي أو الأشدّ تألّقًا [في كوكبة] .

alpha and omega *(n.)* الألِف والياء : البداية والنِّهاية .

al·pha·bet [ăl′fə bĕt′] *(n.)* (١) الألِفْباء (٢) مبادئ علمٍ ما .

al·pha·bet·ic; -al [ăl′fə bĕt′-] *(adj.)* أبْجَديّ ؛ ألِفْبائيّ . وبخاصة : متوافق مع تسلسل الحروف في الأبجدية أو الألفباء <in ~ order> .

al·pha·bet·i·cal·ly *(adv.)* أبجديًا ؛ ألِفْبائيًا : وفقًا للترتيب الأبجديّ .

al·pha·bet·i·za·tion *(n.)* (١) الأبْجَدَة ؛ الألْفَبَة : ترتيب الأسماء إلخ وفقًا للأبجدية (٢) قائمة مرتّبةٌ أبجديًا .

al·pha·bet·ize *(vt.)* يُؤَبْجِد : «أ» يزوِّد بأبجديةٍ أو ألِفْباء . «ب» يُرَتِّب أبجديًّا .

alpha iron *(n.)* الحديد الألفاويّ ؛ حديد ألْفا : حديد يتميّز باستقراره في درجات الحرارة التي لا تزيد على ٩١٠° مئوية .

alpha particles *(n. pl.)* الجُسَيْمات الألْفاوية ؛ دقائق ألفا (فز) .

alpha rays *(n. pl.)* الأشعة الألْفاوية ؛ أشعة ألفا (فز) .

Al·pine [ăl′pīn; -′pĭn] *(adj.; n.)* (١) *not cap.* : «أ» ألْبِيّ : ذو علاقة بجبال الألب . «ب» شاهق . «ج» alpestrine *2* (٢) ألْبِينيّ : ذو علاقة بفرع من العِرْق القوقازي يتميز أبناؤه المتوسّطو الطّول العِراض الرؤوس ببياض البشرة وامتلاء الجسم § (٣) الألبينيّ : شخص ذو خصائص جسمانية ألْبينيّة .

Al·pin·ism *(n.)* تَسَلُّق الألب [أو أية جبالٍ شاهقة أخرى] .

al·read·y [ôl rĕd′ĭ] *(adv.)* (١) الآن ؛ قُبَيْل الآن <It's finished ~.> (٢) في ذلك الحين <When I called, he had ~ left the house.> (٣) سابقًا ؛ من قبلُ <I've been there ~.> .

al·right [ôl rīt′] *(adv.; adj.)* = all right.

Al·sa·tian[1] [ăl sā′shən] *(adj.; n.)* (١) ألزاسيّ : منسوب إلى الألزاس [في فرنسا] أو إلى ألزاشيا Alsatia [وهو حيّ في لندن] § (٢) الألزاسيّ .

Al·sa·tian[2] *(n.)* = German shepherd.

al·so [ôl′sō] *(adv.)* أيضًا ؛ كذلك .

al·so–ran *(n.)* (١) المُتَخَلِّف : فرسٌ أو كلبٌ يحلّ في مرتبةٍ بعد الثالثة في سباق (٢) الخاسر : مُتبارٍ لا يحالفه النصر (٣) النَّكِرة : شخص ضئيل الشأن .

Al·ta·ic [ăl tā′ĭk] *(adj.)* ألتائيّ ؛ آلطائيّ : «أ» ذو علاقة بجبال آلتاي في آسيا الوسطى . «ب» ذو علاقة باللغات الآلتائية .

Al·tair [ăl tä′ĭr; ăl târ′] *(n.)* النَّسْر الطائر (فل) .

ă at; ā date; â care; ä car; ĕ egg; ē me; ĭ in; ī bite; ŏ lot; ō bone; ô orphan; oi boil; ŏŏ good; ōō boot; ou out; ŭ under; û urgent; ə = *a* in alone, *e* in system, *i* in easily, *o* in gallop, *u* in circus.

al·tar [ôl′tər] *(n.)* المَذْبَح؛ مَذْبح الكنيسة (نص).

al·tar·age [ôl′tər ĭj] *(n.)* الذَّبيحة [في قدّاس] (نص).

altar

altar boy *(n.)* الشَّمّاس: مساعد الكاهن في قدّاس (نص).

al·tar·piece [ôl′tər pēs′] *(n.)* لوحة المَذْبح (نص).

altar rail *(n.)* حاجز المَذْبح [في كنيسة] (نص).

alt·az·i·muth [ăl tăz′ə məth] *(n.)* السَّمْتيُّ الارتفاعيّ: تلسكوب منصوب بحيث تُمْكِن إمالتُهُ أفقيًا وعموديًا.

al·ter [ôl′tər] *(vt.; i.)* (١) يُبَدِّل؛ يُغيِّر (٢) يُحرِّف (٣) يَخْصي [حيوانًا] x (٤) يتبدَّل؛ يتغيّر. — **al·ter·a·ble** *(adj.)*

al·ter·ant [-ənt] *(adj.; n.)* (١) مُبَدِّل؛ مغيِّر § (٢) المُبَدِّل؛ المُغَيِّر.

al·ter·a·tion *(n.)* (١) تبديل؛ تغيير؛ تعديل (٢) تبدُّل؛ تغيُّر.

al·ter·a·tive [-rā′ tĭv] *(adj.; n.)* (١) مبدِّل؛ مغيِّر؛ مُعَدِّل (٢) مُغَيِّر: مُحَوِّل تدريجيًا من حالةٍ مَرَضيّة إلى حالة سليمة (ط) § (٣) المُغيِّر: دواء مُغيِّر.

al·ter·cate [ôl′tər kāt; ăl′tər kāt′] *(vi.)* يتشاحن؛ يتشاجر.

al·ter·ca·tion *(n.)* مُشاحَنة؛ مُشاجَرة؛ مُشادّة [كلاميّة].

al·ter ego [ôl′tər ē′gō] *(n.)* الأنا الأخرى؛ الأنا الثانية. وبخاصة: «أ» صديق وفيّ. «ب» ممثِّل موثوق <was his political ~>. «ج» نظير.

al·ter·nate [*v.* ôl′tər nāt, ăl′tər nāt′; *adj., n.* ôl′tər nĭt, ăl′tər nĭt] *(vt.; i.; adj.; n.)* (١) يُناوِب؛ يعاقِب: يُنجز بالدَّور أو على التعاقُب x (٢) يتناوب؛ يتعاقب § (٣) متناوِب؛ متعاقب (٤) متبادَل <~ acts of kindness> (٥) متبادِل؛ متعاقِب (مج): منتظِمٌ إفراديًا على مستويات مختلفة من جانبَي المحور <~ leaves> (٦) بديل § (٧) البديل.

alternate leaves

to read every ~ line يقرأ سطرًا ويترك سطرًا.

alternate angles *(n. pl.)* الزاويتان المتبادِلتان (ر).

al·ter·nate·ly *(adv.)* بالتناوب؛ بالتعاقُب؛ مُراوَحةً.

al·ter·nat·ing *(adj.)* متناوِب؛ متعاقِب.

alternating current *(n.)* التيّار المتناوِب أو المُتَرَدِّد (كب).

al·ter·na·tion *(n.)* (١) مناوَبة؛ معاقَبة (٢) تناوُب؛ تعاقُب.

al·ter·na·tive [ôl tûr′nə tĭv; ăl-] *(adj.; n.)* (١) alternate (٢) خياريّ: مُتيحٌ المجالَ للاختيار <~ plans> § (٣) بديل (٤) خِيار؛ تخيير بين أمرين <the ~ of remaining neutral or attacking> (٥) البديل: أحد أمرين أو الأمور المُخَيَّر بينها <They chose the ~ of attacking.> (٦) مَعْدًى؛ مَناص <We had no ~ but to attack.>. — **al·ter·na·tive·ly** *(adv.)*

alternative school *(n.)* المدرسة البديلة: مدرسة برامجها غير تقليدية.

al·ter·na·tor *(n.)* المُنَوِّب؛ المُرَدِّد: مولِّد التيار المتناوب (كب).

althorn

alt·horn [ălt′hôrn′] *(n.)* الصُّور: آلة نفخٍ موسيقية.

al·though *also* **al·tho** [ôl thō′] *(conj.)* مع أنّ؛ برغم أنّ.

altimeter

al·tim·e·ter [ăl tĭm′ə tər] *(n.)* الألْتيمتر؛ مقياس الارتفاع.

al·tim·e·try [-trĭ] *(n.)* الألتيمترية: قياس الارتفاعات.

al·ti·tude [ăl′tə to͞od′] *(n.)* (١) الارتفاع: «أ» الارتفاع الزاويّ لجرم سماويّ فوق الأفق (فل). «ب» الارتفاع العمودي لشيء ما فوق سطح البحر. «ج» المسافة العمودية من قاعدة الشكل الهندسي إلى رأسه (هن) (٢) «أ» عُلُوّ؛ ارتفاع. «ب» *pl.*: مرتفعات؛ أعالٍ (٣) ذِروة؛ قمة؛ أوج <the ~ of fame>. — **al·ti·tu·di·nal** *(adj.)*

al·to [ăl′tō] *(n.; adj.)* (١) الألتو: «أ» أعلى الأصوات في غناء الرجال. «ب» أخفض الأصوات في غناء النساء (٢) «أ» المغنّي بأعلى الأصوات. «ب» المغنّية بأخفض الأصوات (٣) «أ» كمان أوسط. «ب» althorn § (٤) أَلْتُوِيّ: منسوب إلى الألتو (٥) مرتفع.

al·to·cu·mu·lus [ăl′tō kyo͞o′myə ləs] *(n.)* القَزَع: تَشكُّلٌ سُحُبيّ صُوفيّ المظهر مؤلف من غيوم كُرَوية (أر).

al·to·geth·er [ôl′tə gĕth′ər] *(adv.)* (١) تمامًا؛ بكل ما في الكلمة من معنًى <~ bad> (٢) جملةً؛ في مجموعِهِ <amounted ~ to sixty dollars> (٣) بالإجمال؛ على الجملة <It was raining, but ~ it was a good journey.>.

al·to–re·lie·vo [ăl′tō rĭ lē′vō] *(n.)* المُرْتفِع البُروز: نقشٌ تكون صُوَرُهُ بارزةً بنسبة تعادل نصفَ ثخانتها على الأقل (فج).

al·to·stra·tus [ăl′tō strā′təs] *(n.)* الطّاخر؛ الطُّخرور: تشكُّلٌ سُحُبيّ منبسط ذو طبقات مُزرقّة (أر).

al·tru·ism [ăl′tro͞o ĭz′ əm] *(n.)* الإيثار؛ الغَيْرية: حُبّ الغَيْر.

al·tru·ist *(n.)* الإيثاريّ؛ الغَيْريّ: مُحِبّ الغَيْر.

al·tru·is·tic *(adj.)* إيثاريّ؛ غَيْريّ: مُحِبٌّ للغير.

al·um [ăl′əm] *(n.)* الشَّبّ؛ حجر الشَّبّ.

a·lu·mi·na [ə lo͞o′mə nə] *(n.)* الألومينا: أكسيد الألومنيوم.

a·lu·mi·nate [-nāt′] *(n.)* ألومينات (ك).

al·u·min·i·um [ăl′yə mĭn′ĭ əm] *(n.)* = aluminum.

a·lu·mi·nize *(vt.)* يُؤَلْمِن؛ يُلَوْمِن: يعالج أو يكسو بالألومنيوم.

a·lu·mi·nous *(adj.)* (١) شَبّيّ: خاصّ بحجر الشَّبّ (٢) ألومنيوميّ.

a·lu·mi·num [ə lo͞o′mə nəm] *(n.)* الألومنيوم (ك).

a·lum·na [ə lŭm′nə] *(n.)* pl. **-e** الخرّيجة: خِرّيجة مدرسةٍ أو جامعة.

a·lum·nus [-′nəs] *(n.)* pl. **-ni** [nī] الخرّيج: خِرّيج مدرسةٍ أو جامعة.

al·um·root [ăl′-] *(n.)* الهُوشيرة: نبات ذو جذور زامّة للأنسجة الحيّة.

al·u·nite [ăl′yə nīt′] *(n.)* الألونيت (مع).

al·ve·o·lar [ăl vē′ə lər] *(adj.)* سِنْخيّ (را. alveolus) (ت).

alveolar artery *(n.)* الشِّريان السِّنخيّ (ت).

al·ve·o·late [-lĭt; -lāt′] *(adj.)* مُنَخْرَب: ذو ثقوب كقرص العسل.

al·ve·o·lus [ăl vē′ə ləs] *(n.)* pl. **-li** [lī] السِّنخ: «أ» حُفَيْرة ينغرس فيها السِّن (ت). «ب» حُجَيْرة هواء في الرِّئة (ت).

al·vine [ăl′vĭn; ăl′vīn] *(adj.)* (١) بَطْنيّ (٢) مِعَويّ.

al·ways [ôl′wāz; -wĭz] *(adv.)* (١) دائمًا (٢) إلى الأبد.

a·lys·sum [ə lĭs′əm] *(n.)* الآلوسِن: نبات ذو زُهيرات عنقودية.

Alz·heim·er's disease [älts′hī mərz] *(n.)* داء ألزهايمر.

am [ăm] *(pres. 1st sing. of* be) أكون <I ~.>.

A·M· *or* **a·m·** <L. *ante meridiem*> ق. ظ.: قبل الظُّهر.

ama [äm′ä] *(n.)* الغوّاص: الغوّاص الياباني على اللآلئ بخاصة.

am·a·dou [ăm′ə do͞o′] *(n.)* الصُّوفان: مادة إسفنجيّة.

a·main [ə mān′] *(adv.)* (١) بكلّ قوّة؛ بعُنف (٢) «أ» بأقصى السّرعة. «ب» توًّا؛ في الحال (٣) كثيرًا؛ إلى حدّ بعيد <pleased ~>.

a·mal·gam [ə măl′gəm] *(n.)* (١) المَلْغَم؛ المُلْغَم: مزيج من زئبق ومعدِن آخر أو معادن أخرى (٢) مزيج؛ خليط.

a·mal·gam·ate [ə măl′gə māt′] *(vt.; i.)* (١) يُمَلْغِم (مج) (٢) يَدْمُج x (٣) يَتَمَلْغَم (مج) (٤) يندمج؛ يتزاوج.

a·mal·gam·at·ed *(adj.)* مُمَلْغَم (مج)؛ مُدْمَج.

a·mal·gam·a·tion *(n.)* (١) المَلْغَمة؛ الدَّمج (٢) التّملغُم؛ الاندماج.

a·mal·gam·a·tor *(n.)* (١) المُمَلْغِم (٢) المِلْغام: آلة تُستعمل في المَلْغَمة.

a·man·dine [ä′mən dēn′] *(adj.)* مُلَوَّز: مَطْهُوّ باللَّوز.

am·a·ni·ta [ăm′ə nī′tə] *(n.)* الأمانيت: فُطر سامٌّ غالبًا (نب).

a·man·ta·dine *(n.)* الأمانتادين: عقّار مُضادّ للفيروسات (صي).

a·man·u·en·sis [ə măn′yo͞o ĕn′sĭs] *(n.)* pl. **-ses** [sēz] (١) كاتب الإملاء: كاتب يُدوِّن ما يُملَى عليه (٢) الناسخ (٣) السّكرتير.

am·a·ranth [ăm′ə rănth′] *(n.)* (١) القَطِيفة؛ سالفُ العَروس: «أ» نبات ذو زُهيرات عنقودية. «ب» زهرة خيالية لا تذبل (٢) القَطِيفيّ: صبغ أحمر ضارب إلى الأرجوانيّ.

am·a·ran·thine *(adj.)* (١) قَطِيفيّ: شبيه بالقَطِيفة (٢) سَرْمديّ؛ خالد؛ لا يَذْبُل (٣) قطيفيّ اللون.

am·a·relle [ăm′ə rĕl′] *(n.)* الكَرَز الحامض (نب).

am·a·ret·to [ăm′ə rĕt′ō] *(n.)* المُلَوَّز: شراب مُسْكر ذو نكهةٍ لَوْزية.

am·a·ryl·lis [ăm′ə rĭl′ĭs] *(n.)* الأمارِلِس: نبات من النرجسيّات.

a·mass [ə măs′] *(vt.; i.)* (١) يَجمع (٢) يُكدِّس x (٣) يتجمّع؛ يتكدّس.

am·a·teur [ăm′ə cho͝or; -tyo͝or] *(n.; adj.)* (١) الهاوي؛ المُولَع (٢) القليل الخبرة أو البراعة § (٣) هاوٍ (٤) لااحترافيّ.

am·a·teur·ish *(adj.)* لااحترافيّ؛ غير بارع.

am·a·tive [ăm′ə -] *(adj.)* مفطور على الحُبّ [أو الانفعال الجنسي].

am·a·tive·ness *(n.)* النُّزوع إلى الحبّ [أو الانفعال الجنسي].

am·a·tol [ăm′ə tŏl′] *(n.)* الأماتول: مادة متفجّرة.

am·a·to·ry; am·a·to·ri·al *(adj.)* غراميّ <~ poems>.

am·au·ro·sis [ăm′ô rō′sĭs] *(n.)* الكُمْنة: عمًى جُزئيّ أو كلّيّ.

a·maze [ə māz′] *(vt.; i.; n.)* (١) يُذهِل؛ يَشْدَه § (٢) ذهول؛ انشداه.

a·mazed [ə māzd′] *(adj.)* ذاهل؛ مشدوه.

a·maze·ment *(n.)* ذُهول؛ انشداه.

a·maz·ing *(adj.)* مُذْهِل؛ مُدْهِش؛ رائع <an ~ girl>.

am·a·zon [ăm′ə zŏn′] *(n.)* الأمازونيّة: «أ» *cap.* امرأة من عِرق خُرافيّ من المحاربات زعمت الأساطير الإغريقية أنهنّ كنّ يُقِمْن قربَ البحر الأسود. «ب» امرأة طويلة قويّة مُسترجِلة.

Am·a·zo·ni·an [ăm′ə zō′-] *(adj.)* (١) أمازونيّاتيّ: متعلّق بالأمازونيات (٢) *not cap.* (amazon را.): قوية؛ مسترجِلة؛ نزّاعة إلى الحرب.

am·bage [ăm′bĭj] *(n.)* (١) .*pl* عد: غموض؛ مواربة (٢) .*pl*: أساليب مُلتوية.

am·ba·gious [ăm bā′jəs] *(adj.)* مُتَمَعِّج؛ مُلْتوٍ؛ غير مباشر.

am·bas·sa·dor [ăm băs′ə dər] *(n.)* (١) سفير (٢) رسول أو ممثِّل مفوَّض.
— **am·bas·sa·do·ri·al** *(adj.)*

am·bas·sa·dress [-drəs] *(n.)* (١) سفيرة (٢) زوجة السَّفير.

am·ber [ăm′bər] *(n.; adj.)* (١) كَهْرمان (٢) لون الكَهْرمان: الأصفر الضارب إلى الحمرة § (٣) كَهْرمانيّ.

am·ber·gris [ăm′bər grēs′] *(n.)* العَنْبر: مادة شمعية توجد طافية على شواطئ البحار الاستوائية.

ambi- بادئة معناها: كِلا؛ كِلْتا <*ambi*dextrous>.

am·bi·dex·ter [ăm′bə dĕk′stər] *(adj.; n.)* (١) أضْبَط: قادرٌ على العمل بكلتا يدَيْه بسهولة متساوية (٢) مُنافِق؛ ذو وجهَيْن § (٣) الأضْبط (٤) المنافِق؛ ذو الوجهين.
— **am·bi·dex·ter·i·ty** *(n.)*

am·bi·dex·trous *(adj.)* (١) ambidexter *1* (٢) بارع إلى حدّ استثنائيّ (٣) مُنافِق؛ مُخادِع؛ ذو وَجْهَيْن.

am·bi·ence *or* **am·bi·ance** [ăm′bē-] *(n.)* جوّ؛ محيط؛ بيئة.

am·bi·ent [ăm′bi-] *(adj.)* مُكْتنِف؛ محيط بِـ <~ air>.

am·bi·gu·i·ty [ăm′bə gyo͞o′ə tĭ] *(n.)* (١) «أ» غموض. «ب» التباس؛ لَبْس (٢) كلمة غامضة؛ تعبير مُلْتبِس.

am·big·u·ous [ăm bĭg′yo͞o əs] *(adj.)* (١) غامض (٢) مُلْتَبِس.

am·big·u·ous·ly *(adv.)* على نحوٍ غامض أو مُلْتَبِس.

am·big·u·ous·ness *(n.)* (١) غموض (٢) التباس.

am·bi·sex·trous [ăm′bə sĕks′trəs] *(adj.)* (١) مُعَدّ للجنسين <~ clothing> (٢) شاملٌ الجنسين <~ parties>.

am·bit [ăm′bĭt] *(n.)* (١) مُحيط؛ دائرة؛ حدود (٢) نطاق.

am·bi·tion [ăm bĭsh′ən] *(n.; vt.)* (١) طُموح (٢) المَطْمَح: كلُّ ما يُطْمَحُ إليه <The crown was his ~.> § (٣) يَطْمَحُ إلى.

am·bi·tious [ăm bĭsh′əs] *(adj.)* (١) طَموح: «أ» مُفْعَم بالطُّموح. «ب» دالٌّ على طُموح <an ~ attempt> (٢) توّاق؛ شديد التَّوْق.

am·biv·a·lence [ăm bĭv′-] *(n.)* ازدواجيّة؛ تناقض؛ تأرْجُح؛ تردُّد.

am·biv·a·lent *(adj.)* متناقض؛ متضارب؛ متأرجح؛ مُتردِّد.

am·bi·ver·sion [ăm′bə vûr′-] *(n.)* تكافؤ الانبساط والانطواء.

am·bi·vert *(n.)* متكافئ الانبساط والانطواء: شخص يجمع في ذات نفسه خصائص كلّ من المنبسط extrovert والمنطوي introvert معًا (نف).

am·ble [ăm′bəl] *(vi.; n.)* (١) يَرْهو [الفَرَسُ]: يسير بتمهُّل (٢) يمشي [أو يَرْكب] متمهّلًا § (٣) «أ» رَهْو. «ب» سَيرٌ مُتمهِّل.

am·bler *(n.)* (١) الرَّهْوان: الفَرَس الذي يسير رَهْوًا (٢) المتمهّل في السير.

am·bly·o·pi·a [ăm′ blĭ ō′pĭ ə] *(n.)* الكَمَش (مج): إظلام البصر من غير علّةٍ عضوية ظاهرة (ط).

am·bro·sia [ăm brō′zhə] *(n.)* الأمبروز: «أ» طعام الآلهة. «ب» عِطر الآلهة. «ج» شيء طيِّب المذاق أو الرائحة.

am·bro·sial [-′zhəl] *(adj.)* (١) أمبروزيّ (٢) أمبروزانيّ: شبيه بطعام الآلهة أو عطرها (٣) لذيذ؛ طيب المذاق؛ زكيّ الرائحة (٤) إلَهيّ؛ جديرٌ بالآلهة.

am·bry [ăm′brĭ] *(n.)* (١) خزانة [للطعام إلخ] (٢) القادوسة: فجوة في جدار الكنيسة تُحفَظ فيها الآنية (٣) مكتبة.

am·bu·la·crum [ăm′byə lăk′-] *(n.)* pl. **-ra** القِناب: إحدى المناطق المُثقَّبة التي تبرز من خلالها الأقدام الأنبوبية [في السّمك النجميّ إلخ].

am·bu·lance [ăm′byə ləns] *(n.)* (١) مستشفى الميدان: مستشفى متنقِّل يرافق الجيش (٢) «أ» سيارة إسعاف. «ب» طائرة إسعاف.

ambulance chaser *(n.)* متصيِّد سيارات الإسعاف: مُحامٍ يلاحق ضحايا حوادث الطُّرق ويحرّضهم على إقامة الدعوى للمطالبة بالتعويض.

am·bu·lant [ăm′byə lənt] *(adj.)* متنقِّل؛ متجوِّل.

am·bu·late [-lāt′] *(vi.)* يتنقَّل؛ يتجوَّل.

am·bu·la·to·ry [-tōr′ĭ] *(adj.; n.)* (١) مَشْييّ: خاصّ بالمَشْي أو ذو علاقة به (٢) مشّاء: قادرٌ على المَشْي (٣) متنقِّل؛ متجوِّل (٤) قابلٌ للتغيير (٥) غير ملازم الفراش <an ~ patient> § (٦) مَمشًى مسقوف [في كنيسة إلخ].

am·bus·cade [ăm′bə skād′] *(n.; vi.; t.)* (١) كَمِين § (٢) يَكْمُنُ لِـ x (٣) يهاجم من مَكْمَن.

am·bush [ăm′bŏŏsh] *(vt.; i.; n.)* (١) يهاجم من مَكْمَن x (٢) يَكْمُنُ لِـ § (٣) الكُمون: التّرصُّد لعدوٍّ في مَكْمَن (٤) كمينٌ؛ مَكْمَن.

a·me·ba [ə mē′bə] *(n.)* pl. **-bas** *or* **-bae** = amoeba.

am·e·bi·a·sis [ăm ĭ bī′ə sĭs] *(n.)* الأميبيّة؛ داء المتموِّرات (مض).

amebic dysentery *(n.)* الزُّحار الأميبي؛ الديزنطاريا الأميبية.

a·meer [ə mēr′] *(n.)* أمير.

a·me·lio·rate [ə mēl′yə rāt′] *(vt.; i.)* (١) يُحسِّن x (٢) يتحسَّن.

a·me·lio·ra·tion *(n.)* (١) تحسين (٢) تَحَسُّن.

a·me·lio·ra·tive *(adj.)* تحسينيّ؛ مُحسِّن.

a·men [ā′mĕn′; ä′mĕn′] *(interj.; adv.)* (١) آمين § (٢) حقًّا.

a·me·na·ble [ə mē′nə-] *(adj.)* (١) مسؤول (٢) عُرْضةٌ لِـ <~to criticism> (٣) قابلٌ لِـ (٤) مِذْعان؛ سَهْل الانقياد. — **a·me·na·bil·i·ty** *(n.)*

a·mend [-mĕnd′] *(vt.; i.)* (١) يُنقِّح (٢) يُحسِّن (٣) يُعَدِّل x (٤) يُصْلح نفسَهُ.

a·mend·a·ble *(adj.)* قابلٌ للتنقيح أو التحسين أو التعديل.

a·mend·a·to·ry [-′də tōr′ĭ] *(adj.)* تنقيحيّ؛ تحسينيّ؛ تعديليّ.

a·mende ho·no·ra·ble [à mänd′ ô′nô′rá′bl] *(n.)* التعويض المشرِّف: اعتراف رسميّ بالإساءة مع اعتذار مُذِلٍّ إلى مَن تعرَّض شرفُهُ للإهانة.

a·mend·ment *(n.)* (١) تنقيح (٢) تحسين (٣) تعديل.

a·mends [ə mĕndz′] *(n. sing. or pl.)* تعويض؛ تَرْضِيَة.
to make ~ to يقدِّم تعويضًا أو ترضيةً إلى..

a·men·i·ty [ə mĕn′ə tĭ; ə mē′-] *(n.)* (١) لطافة <the ~ of the climate> (٢) المُرَفِّه: سببٌ من أسباب الراحة أو المتعة (٣) *.pl*: خدمات؛ تسهيلات (٤) *.pl* عد: لياقات؛ مجاملات.

a·men·or·rhe·a [ā mĕn′ə rē′ə] *(n.)* غَيْبة الطَّمْث: انعدام الطَّمْث أو انقطاعه على نحوٍ غير سَوِيّ (ط).

a men·sa et tho·ro [ā mĕn′sə ĕt thōr′ō] «من المائدة والفراش»: صفة لضرب من الطلاق يحرِّم على الزوج والزوجة العيشَ معًا ولكنه لا يَحُلّ عُقْدة النكاح التي جمعَتْ بينهما (ق).

am·ent [ăm′ənt] *(n.)* العَسِيل: عنقودٌ زَهْريّ سُنبُليّ الشكل (نب).

aments

a·men·tia [ā mĕn′shə] *(n.)* خَبَل؛ بلاهة.

a·merce [ə mûrs′] *(vt.)* (١) يغرِّم (٢) يُعاقب.

a·merce·ment *(n.)* (١) تغريم (٢) غرامة (٣) عقاب.

A·mer·i·can [ə mĕr′ə kən] *(n.; adj.)* (١) الأميركي: «أ» هندي أحمر من هنود أميركا الشمالية أو الجنوبية. «ب» أحد أبناء أميركا الشمالية أو الجنوبية. «ج» أحد مواطني الولايات المتحدة الأميركية § (٢) أميركيّ.

A·mer·i·ca·na *(n. pl.)* (١) الأميركانا: مجموعة من الوثائق أو الكتب أو الحقائق المتعلّقة بأميركا (٢) الثَّقافة الأميركية.

American English *(n.)* الإنكليزية الأميركية: اللغة الوطنية لمعظم سكان الولايات المتحدة الأميركية بوصفها متميِّزةً عن «الإنكليزية البريطانية».

American Indian *(n.)* الهنديّ الأميركيّ: أحد هنود أميركا الحُمْر.

A·mer·i·can·ism *(n.)* الأميركانيّة: «أ» لفظة أو صيغة مستخدَمة في الإنكليزية الأميركية بخاصّة. «ب» الولاء للولايات المتحدة الأميركية. «ج» سِمَةٌ أو عادةٌ مميِّزةٌ للولايات المتحدة الأميركية. «د» المبادئ الأساسية التي ترتكز عليها الثقافة الوطنية الأميركية.

A·mer·i·can·ist *(n.)* الأميركاويّ: «أ» العالِم بلُغات سكان أميركا الأصليين أو ثقافتهم. «ب» المتخصِّص بالثقافة الأميركية.

A·mer·i·can·i·za·tion [-kə nə zā′-] *(n.)* (١) أمْرَكة (٢) تأمْرُك.

A·mer·i·can·ize [-′ə kə nīz′] *(vt.; i.)* (١) يُؤمرِك x (٢) يتأمْرَك.

American plan *(n.)* الخطّة الأميركيّة: نظام مُتَّبعٌ في بعض الفنادق يُتقاضَى بموجبه من النُّزلاء مبلغ محدَّد لقاء المبيت والخدمة والطعام مجتمعةً.

am·er·i·ci·um [ăm′ə rĭsh′ĭ əm] *(n.)* الأمَريكيوم؛ الأمَريسيوم (ك).

Am·er·ind [ăm′ə rĭnd] = Amerindian.

Am·er·in·di·an [ăm′ə rĭn′-] *(n.)* الأَمَرنديّ : هنديّ أميركيّ أحمر .

am·e·thyst [ăm′ə thĭst] *(n.; adj.)* (١) الجَمَشْت : ضربٌ من الكوارتز (٢) اللون الأرجوانيّ أو البنفسجيّ § (٣) أرجوانيّ ؛ بنفسجيّ .
— **am·e·thys·tine** *(adj.)*

am·e·tro·pi·a [ăm′ə trō′pĭ ə] *(n.)* تِيهُ البَصَر (مض) .

Am·har·ic [ăm hăr′ĭk] *(n.; adj.)* (١) الأَمْهَرية ؛ الحبشيّة § (٢) أَمْهَريّ ؛ حَبَشيّ .

a·mi·a·bil·i·ty *(n.)* لُطف ؛ ظَرْف ؛ أُنس ؛ وُدّ ؛ كياسة إلخ .

a·mi·a·ble [ā′mĭ ə bəl] *(adj.)* (١) لطيف ؛ ظريف <an ~ musical comedy> (٢) أنيس ؛ وَدود ؛ كيِّس (٣) وُدِّيّ <an ~ mood> .

a·mi·a·ble·ness [ā′mĭ-] *(n.)* = amiability.

am·i·an·thus [ăm′ĭ ăn′thəs] *or* **am·i·an·tus** [-′təs] *(n.)* الأَمْيَنْت ؛ الأَمْيانتوس : أسبستوس ناعمُ الألياف حريريُّها .

am·i·ca·ble [ăm′ə kə bəl] *(adj.)* حُبّيّ ؛ وُدّيّ ؛ سِلْميّ <an ~ settlement>.
— **am·i·ca·bil·i·ty** *(n.)*

amicable numbers *(n. pl.)* العددان المتحابّان (ر) .

am·i·ca·bly *(adv.)* حُبّيًّا ؛ وُدّيًّا ؛ سِلْميًّا .

am·ice [ăm′ĭs] *(n.)* الأكتافيّة : قطعة قماشٍ يُلقيها الكاهن على كتفيه .

a·mi·cus cu·ri·ae [ə mī′kəs kyoor′ĭ ē′] *(n.)* صديق المحكمة : شخص ليس طرفًا في النزاع يتطوَّع أو يُدعى لتقديم النُّصح إلى المحكمة في قضيةٍ ما .

a·mid [ə mĭd′] *or* **a·midst** *(prep.)* وَسْطَ ؛ في وَسط ؛ خلالَ .

am·i·dase [ăm′ə dās] *(n.)* الأميداز : أنزيمة تفكّك الأميدات .

am·ide [ăm′īd; -ĭd] *(n.)* الأميد : مركَّب عضويّ ينشأ عن إحلال جذر حَمْضيّ محلَّ الهيدروجين في النُّشادر (ك) .

am·i·do [ə mēd′ō] *(adj.)* أميديّ ؛ أمينيّ (ك) .

am·i·dol [ăm′ə dōl′] *(n.)* الأميدول : ملحٌ متبلِّر عديم اللون .

a·mid·ships [ə mĭd′-] *(adv.)* في وَسَط السفينة ؛ نحوَ وَسَط السفينة .

a·midst [ə mĭdst′] *(prep.)* = amid.

a·mi·go [ä mē′gō] *(n.)* صديق .

am·i·nase [ăm′ə nās] *(n.)* الأميناز : أنزيمة تفكّك الأمينات .

a·mine [ə mēn′] *(n.)* الأمين : مركَّب عضوي ينشأ عن إحلال جذرٍ هيدروكربوني محلّ الهيدروجين في النُّشادر (ك) . — **a·min·ic** *(adj.)*

a·mi·no [ə mē′nō] *(adj.)* أمينيّ : منسوب إلى الأمين (ك) .

amino acid *(n.)* الحَمْض الأميني (ك) .

amino group *(n.)* المجموعة الأمينيّة ؛ زُمرة الأمينات (ك) .

a·mir [ə mēr′] *(n.)* = ameer.

a·miss [ə mĭs′] *(adv.; adj.)* (١) على نحو خاطئ (٢) منحرفًا عن السبيل القويم § (٣) خطأ ؛ غَلَط <Doctors said there was nothing ~ with him.> (٤) مُنحرِف ؛ مُعْتَلّ .

to take ~, يستاء ؛ يمتعض .

am·i·to·sis [ăm′ə tō′sĭs] *(n.)* الانقسام اللّافتيلي أو البسيط : انقسام الخليّة المباشر من غير تكوين للصِّبغيّات (أح) .

am·i·tot·ic [-′ĭk] *(adj.)* لافتيليّ : متعلّق بالانقسام اللّافتيليّ (أح) .

am·i·ty [ăm′ə tĭ] *(n.)* صداقة ؛ تفاهم [بين الدُّوَل] .

am·me·ter [ăm′mē′-] *(n.)* الأميتر : أداة لقياس التيار الكهربائي بالأمبير .

am·mine [ăm′ēn; ə mēn′] *(n.)* الأمِّين : «أ» جُزيء النُّشادر كما يكون في المرَكَّبات الأمِّينيّة . «ب» مُرَكَّب أمِّينيّ (ك) .

am·mi·no [ăm′ə nō′] *(adj.)* أمِّينيّ : منسوب إلى الأمِّين (ك) .

am·mo [ăm′ō] *(n.)* = ammunition.

am·mo·nia [ə mōn′yə] *(n.)* (١) نُشادر (ك) (٢) ماء النُّشادر .

am·mo·ni·ac [ə mō′nĭ ăk′] *(n.; adj.)* (١) الأمونياك ؛ النُّشادريّ § (٢) نُشادريّ (را . المادة التالية) .

am·mo·ni·a·cal *(adj.)* نُشادريّ : مؤلَّف من نُشادر أو شبيهٌ به .

am·mo·ni·ate [-āt′] *(vt.)* يُنَشْدِر : يعالج أو يُشبع بالنُّشادر .

ammonia water *(n.)* ماء النُّشادر : محلول النُّشادر المائيّ (ك) .

am·mon·i·fy [ə mŏn′ə fī] *(vt.; i.)* (١) يُنَشْدِر : «أ» يَمزج أو يُشبع بالنُّشادر . «ب» يحوِّل إلى مركَّبات نُشادرية (ك) × (٢) يتنَشْدَر : يتّحد بالنُّشادر .

am·mo·nite [ăm′ə nīt′] *(n.)* الآمونيّة : صَدَفة متحجّرة مُلتفّة من أصداف بعض الرّخويات المنقرضة .

ammonite

Am·mon·ite [ăm′ə nīt′] *(n.; adj.)* (١) العَمُّونيّ : أحد أفراد شعب ساميّ كان يقطن شرقيّ الأردن § (٢) عَمّونيّ .

am·mo·ni·um [ə mō′nĭ əm] *(n.)* الأمونيوم (ك) .

ammonium chloride *(n.)* كلوريد الأمونيوم ؛ ملح النُّشادر (ك) .

ammonium nitrate *(n.)* نترات الأمونيوم (ك) .

ammonium phosphate *(n.)* فوسفات الأمونيوم (ك) .

ammonium sulfate *(n.)* كبريتات الأمونيوم (ك) .

am·mo·noid [ăm′ə-] *(n.)* = ammonite.

am·mu·ni·tion [ăm′yə nĭsh′ən] *(n.; vt.)* (١) ذخيرة ؛ ذخيرة حربية (٢) سلاح ؛ وسيلة هجوم أو دفاع § (٣) يُزَوِّد بالذخيرة .

am·ne·sia [ăm nē′zhə] *(n.)* النَّساوَة ؛ فَقْدُ الذاكرة : «أ» فَقْدُ الذاكرة بسبب من صدمةٍ أو حُمَّى . «ب» فجوةٌ في ذاكرة المرء . — **am·ne·sic** *(adj.)*

am·ne·si·ac [-′zhē ăk] *(n.)* فاقد الذاكرة .

am·nes·ty [ăm′nəs tĭ] *(n.; vt.)* (١) عفوٌ عامّ § (٢) يَصْفح عن : يُصْدِر عفوًا عامًّا عن .

am·ni·on [ăm′nē ən] *(n.)* pl. **-s** *or* **-ni·a** السَّلَى (مج) : كيس غشائيّ يُحيط بأجنّة الثدييات والطيور والزواحف .

am·ni·ot·ic [ăm nē ŏt′ĭk] *(adj.)* سَلَويّ .

ă at; ā date; â care; ä car; ĕ egg; ē me; ĭ in; ī bite; ŏ lot; ō bone; ô orphan; oi boil; o͝o good; o͞o boot; ou out; ŭ under; û urgent; ə = *a* in alone, *e* in system, *i* in easily, *o* in gallop, *u* in circus.

amniotic fluid *(n.)* النُّخط؛ السائل السَّلَويّ.

a·moe·ba *also* **a·me·ba** [ə mē′bə] *(n.)* pl. **-bas** *or* **-bae** [bē] المُتَمَوِّرة؛ الأميبة (مج): حُيَيْوين وحيد الخليّة يتغيّر شكله باستمرار (ح).

amoeba

am·oe·bi·a·sis [ăm ĭ bī′ə-] *(n.)* = amebiasis.

a·moe·bic [ə mē′bĭk] *(adj.)* متموِّر؛ أميبيّ (مج).

a·moe·boid [-′boid] *(adj.)* تَمَوُّرانيّ؛ أميبانيّ: شبيه بالمُتَمَوِّرة.

a·mok [ə mŭk′; ə mŏk′] *(adj.; n.; adv.)* (١) مسعور [سُعِرًا مصحوبًا بنزعة إلى القتل أو الهجوم] § (٢) سُعْر [مصحوب بنزعة إلى القتل أو الهجوم] § (٣) بسُعرٍ [مصحوب بنزعة إلى القتل إلخ].

to run ~, يندفع إلى الشارع كالمجنون [ويقتل كلّ من يصادفه].

a·mo·le [ə mō′lā] *(n.)* الأمول: «أ» جذور نباتات يستعاض بها عن الصابون. «ب» كل نبتة يُستعاض بجذورها عن الصابون.

a·mong [ə mŭng′] *also* **a·mongst** *(prep.)* وَسَطَ؛ بينَ؛ في ما بينَ.

a·mor·al [ā môr′əl; ă-] *(adj.)* (١) غير ذي صفةٍ أخلاقية (٢) فاقد لحِسّ المسؤولية الأخلاقية (٣) موضوعيّ.

am·o·rist [ăm′ə rĭst] *(n.)* زِير النّساء؛ صريع الغواني.

Am·o·rite [ăm′ə rīt′] *(n.; adj.)* (١) العَمّوريّ: واحد من أبناء شعوب ساميّة متعدّدة عاشت في العراق وسوريا وفلسطين خلال الألف الثالث والألف الثاني قبل الميلاد § (٢) عَمُّوريّ.

am·o·rous [ăm′ə rəs] *(adj.)* (١) مفطور على الحب؛ ميّال إلى الحبّ (٢) شَبِق <an ~ disposition> (٣) عاشق؛ مُتيَّم (٤) غراميّ: دالّ على الحبّ <~ glances> (٥) حُبّيّ؛ غَزَليّ <~ poetry>.

am·o·rous·ness *(n.)* الحُبّيّة؛ العِشْقيّة؛ الغرامية؛ الغَزَلية.

a·mor·phism [ə môr′fĭz əm] *(n.)* (١) اللّاشكليّة؛ اللّانظام؛ اللّاتماسُك إلخ (٢) اللّاتبلّرِيّة؛ اللّاتَبَلْوُرية (٣) الفَوْضوية.

a·mor·phous [-fəs] *(adj.)* (١) عديم الشَّكل (٢) غير محدَّد أو مقرَّر (٣) غير منظَّم (٤) لاتبلُّرِيّ؛ غير متبلّر (٥) بدائيّ.

am·or·ti·za·tion [ăm′ər tə zā′-] *(n.)* (١) استهلاك الدَّين: إيفاء الدَّين بإفراد مبالغ دَوْرية تخصَّص لذلك (٢) المال المخصَّص لذلك.

am·or·tize [-′ər tīz′] *(vt.)* يستهلك الدَّينَ [بإفراد مبالغَ دوريةٍ لتسديده].

am·or·tize·ment [ăm′ər tīz′-] *(n.)* = amortization.

a·mount [ə mount′] *(vi.; n.)* (١) يعادل؛ يُساوي <acts that ~ to treason> (٢) يبلغ كذا <Your bill *~ed* to fifty dollars.> § (٣) المجموع؛ حاصل الجمع (٤) مبلغ؛ مقدار؛ كمّيّة.

a·mour [ə mo͝or′] *(n.)* (١) علاقة غراميّة. وبخاصة: غير شرعية (٢) الحُبّ. وبخاصة: الحبّ الجنسيّ (٣) المعشوقة؛ الخليلة.

a·mour pro·pre [ȧ mo͝or prô′pr] *(n.)* احترام الذات.

am·pe·lop·sis [ăm pə lŏp′sĭs] *(n.)* الكَرْمية؛ الشِّبْكَرْمة: نباتٌ معترش.

am·per·age [ăm′pər ĭj] *(n.)* الأمبيريّة: قوة التيار الكهربائي بالأمبير.

am·pere [ăm′pēr] *(n.)* الأمبير: وحدة لقياس شدّة التيار الكهربائيّ.

am·pere–hour *(n.)* أمبير – ساعة؛ أمبيرٌ ساعيّ.

am·pere–turn *(n.)* أمبير–لفَّة (كب).

amphi- *or* **amph-** بادئة معناها: كِلا؛ كِلتا؛ من كِلا النوعين؛ على كلا الجانبين <*amphi*bious>.

Am·phib·i·a [-fĭb′ĭə] *(n. pl.)* البَرْمائيّات؛ القوازب: طائفة من الفقاريات تقضي جزءًا من دورتها الحياتية في المياه العذبة وجزءًا منها على اليابسة.

am·phib·i·an [-ən] *(n.; adj.)* (١) البَرمائيّ؛ القازب (٢) طائرة بَرْمائية § (٣) بَرْمائيّ.

am·phib·i·ol·o·gy *(n.)* علم القوازب (مج)؛ علم البَرمائيات.

am·phi·bi·ot·ic *(adj.)* يَبَسْمائيّ: عائش في الماء في المراحل الأولى من حياته وعلى اليابسة في المراحل التالية (ح).

am·phib·i·ous [ăm fĭb′ĭ əs] *(adj.)* (١) بَرْمائيّ؛ قازب: «أ» قادرٌ على العيش على اليابسة وفي الماء <~ plants>. «ب» ذو علاقة بكلٍّ من اليابسة والماء أو مُعَدٌّ لهما <~ vehicles>. «ج» منفَّذٌ بالتعاون بين قوّى بحرية وبرّية وجوية مُهَيّأة للغزو <~ operations>. «د» مدرَّب على هذا الغزو أو منظَّم من أجله (٢) ثُنائيّ الطبيعة أو الصفة أو النوع.

am·phib·i·ous·ness *(n.)* القُزوب (مج)؛ البَرمائية.

am·phi·bole [ăm′fə bōl′] *(n.)* الأمفيبول (مع).

am·phi·bol·ic *(adj.)* (١) أمفيبوليّ (٢) مُلْتَبِس؛ مُبْهَم (ط).

am·phi·bol·o·gy *(n.)* (١) إبهام؛ التباس (٢) جملة مُبْهَمة إلخ.

am·phib·o·lous *(adj.)* مُبْهَم؛ مُلْتَبِس؛ محتمِلٌ مَعْنَيَين.

am·phi·car·pic [ăm′fə kär′pĭk] *(adj.)* مُزْدوج الثمر: مُنتِجٌ نَمَطَيْن مختلفَين من الثمر في الشكل أو أوان النُّضج.

am·phi·mix·is [ăm′fə mĭk′sĭs] *(n.)* الخَلْط الثُّنائيّ (أح).

am·phi·pod [ăm′fə pŏd′] *(n.; adj.)* (١) حيوان من مُزدوجات الأَرْجُل § (٢) مُزْدَوج الأَرْجُل (ح).

Am·phip·o·da [ăm fĭp′ō də] *(n. pl.)* مُزْدَوجات الأَرْجُل: رتبة من القِشريات الصغيرة لها سبعة أزواج من الأرجُل (ح).

am·phi·sty·lar [ăm′fə stī′lər] *(adj.)* مُعَمَّد الجانبين: ذو أعمدة في كل من جانبَيْه (عم).

am·phi·the·a·ter *also* **am·phi·the·a·tre** [ăm′fə-] *(n.)* (١) مُدَرَّج (٢) مبنًى ضخم (٣) أرض منبسطة، أو منحدرةٌ برفق، تكتنفها الكثبان.

am·phi·the·at·ric *or* **-al** *(adj.)* مُدَرَّجيّ.

am·pho·ra [ăm′fə rə] *(n.)* pl. **-e** الأمفورة: قارورة أو جرّة ضيّقة العنق ذات عُروتين كان الإغريق والرومان يضعون فيها الخمر أو الزيت.

amphora

am·pi·cil·lin [ăm′pĭ sĭl′ĭn] *(n.)* الأمبيسيلين (صي).

am·ple [ăm′pəl] *(adj.)* (١) مُتَّسِع؛ فسيح (٢) كبير (٣) وافر (٤) مليء <an ~ basket> (٥) مُسْهَب <an ~ narrative>. **— am·ple·ness** *(n.)*

am·plex·i·caul [ăm plĕk′sə kôl′] *(adj.)* مُعانِق (مج): معانقٌ أو مطوِّق للسّاق <~ leaves>.

am·pli·fi·ca·tion *(n.)* (١) توسيع (٢) مبالغة (٣) إسهاب (٤) كلامٌ

مُسْهَب (٥) تضخيم؛ تكبير (كب).

am·plif·i·ca·to·ry *(adj.)* (١) توسيعيّ (٢) إسهابيّ (٣) تضخيميّ.

am·pli·fi·er *(n.)* (١) فا amplify (٢) المُضَخِّم؛ المكبِّر (كب).

am·pli·fy [ăm′plə fī′] *(vt.; i.)* (١) يوسّع (٢) يشرح بتفصيل أكبر (٣) يُعَزِّز؛ يُقَوِّي (٤) يضخِّم؛ يكبِّر (كب) **x** (٥) يُسْهِب؛ يُطنب.

am·pli·tude [ăm′plə to͞od′; -tyo͞od′] *(n.)* (١) اتّساع (٢) وفرة (٣) مدًى؛ نطاق (٤) السَّعَة («فز» و«كب»).

amplitude modulation *(n.)* تعديل السَّعة (ألك).

am·ply [ăm′plĭ] *(adv.)* بِسَعَة؛ بوفرة؛ بإسهاب.

am·poule *or* **am·pule** *also* **am·pul** [ăm′pyo͞ol; -po͞ol] *(n.)* الأنبولة (مج)؛ الأمبولة: وعاء زجاجيّ صغير مختوم يحتوي على جرعة واحدة من محلول يُحقَن تحت الجلد (ط).

am·pul·la [ăm pŭl′ə] *(n.)* (١) قارورة [عطرٍ أو خمرٍ أو زيتٍ مقدَّس] (٢) قازوزة (مج)؛ أُنبورة؛ حَوْصلةٌ (أح).

am·pu·tate [ăm′pyo͞o tāt′] *(vt.)* يَبْتُر [عُضوًا بعمليةٍ جراحية].

— am·pu·ta·tion *(n.)*

am·pu·tee [-tē′] *(n.)* الأبتر: من بُتر عضوٌ من أعضائِهِ بعملية جراحية.

a·muck [ə mŭk′] *(adj.; n.; adv.)* = amok.

am·u·let [ăm′yə lət] *(n.)* تَميمة؛ تَعْويذة؛ حِجاب.

a·muse [ə myo͞oz′] *(vt.)* (١) يُلْهي؛ يُسَلّي (٢) يُضْحِك.

a·mused *(adj.)* (١) مُلْهًى؛ مُسَلًّى (٢) مبتهج؛ بهيج.

a·muse·ment *(n.)* (١) لهو؛ تَسْلية (٢) كلُّ ما يُسَلّي.

amusement park *(n.)* مدينة الملاهي.

a·mus·ing; a·mu·sive [-zĭv; -sĭv] *(adj.)* (١) مُلْهٍ؛ مُسَلٍّ (٢) مُضحِك.

a·myg·da·la [ə mĭg′də-] *(n.)* (١) لوزة (٢) اللّوزة: إحدى لوزَتَي الحلْق.

a·myg·da·late *(adj.)* (١) لَوزيّ (٢) لَوْزانيّ: شبيه باللَّوز.

a·myg·da·lin *(n.)* الأميغْدالين: غلوكوسيد موجود في اللوز المرّ (ك).

a·myg·da·loid [ə mĭg′də loid′] *(n.; adj.)* (١) المُلَوَّز؛ اللَّوزانيّ: صخر بركانيّ يشتمل على تجاويف صغيرة أحدَثَها تَمَدُّدُ البُخار ثم امتلأت بعدُ برواسب من مختلف المعادن § (٢) «أ» لوزيّ الشَّكل. «ب» مُلَوَّز؛ لوزانيّ <~ rocks>.

— a·myg·da·loi·dal *(adj.)*

am·yl [ăm′ĭl] *(n.)* الأَمِيْل (ك).

amyl- *or* **amylo-** بادئة معناها: نَشا؛ نَشاء <*amylo*lysis>.

am·y·la·ceous [ăm′ə lā′shəs] *(adj.)* نَشَويّ.

amyl alcohol *(n.)* الكُحول الأَميليّ (ك).

am·yl·ase [ăm′ə lās′] *(n.)* الأميلاز: خميرة في اللُّعاب والعُصارة البنكرياسية تُساعد على تحويل النشاء إلى سكّر.

am·yl·ene [ăm′ə lēn′] *(n.)* الأَمِيْلين (ك).

am·y·loid[1] [ăm′ə-] *or* **-al** *(adj.)* (١) نَشَويّ (٢) نَشَوانيّ: شبيه بالنَّشاء.

am·y·loid[2] *(n.)* طعام نَشَويّ.

am·y·lol·y·sis [ăm′ə lŏl′ə sĭs] *(n.)* التَّحلُّل النَّشويّ (كح).

am·y·lop·sin [ăm′ə lŏp′sĭn] *(n.)* الأميلوبسين: أنزيمة أو خميرة في العُصارة البنكرياسية تحوِّل النّشاء إلى سكَّر (كح).

am·yl·ose [ăm′ə lōs′] *(n.)* الأميلوز: «أ» سُكَّر عُداديّ كالنّشاء والسّلولوز. «ب» أحد المركَّبات الناشئة عن تحلُّل النَّشاء في الماء.

am·y·lum [ăm′ə ləm] *(n.)* نشا؛ نَشاء.

an [ăn] *(indef. art.; conj.)* (١) أداة تنكير تسبق الألفاظ المبدوءة بحرف علّة <~ artist> § (٢) and.

an- بادئة معناها: لا؛ غير؛ بلا؛ بدون <*an*hydrous>.

-an *or* **-ian** *also* **-ean** لاحقة معناها: «أ» منسوب إلى كذا <Americ*an*>. «ب» الخبير بِـ؛ المتخصّص في كذا <statistic*ian*>.

an·a[1] [ăn′ə] *(adv.)* بمقادير متساوية [تُستَخدَم في الوصفات الطبية].

an·a[2] [ä′nə; ā′nə] *(n.)* (١) الأحاديث: مجموعة من أقوال شخصٍ ما (٢) الطرائف: حكايات طريفة عن شخص أو موطن.

ana- *or* **an-** بادئة معناها: «أ» إلى فوق. «ب» وراء؛ إلى الوراء. «ج» ثانيةً؛ من جديد. «د» كثيرًا؛ بإفراط.

-ana لاحقة معناها: مجموعة معلومات عن <Americ*ana*>.

An·a·bap·tism [ăn′ə băp′tĭz′əm] *(n.)* تجديدية العِماد (نص).

An·a·bap·tist *(n.)* القائل بتجديدية العماد: أحد أفراد فرقة بروتستانتية متطرفة تدعو إلى تجديد المعمودية.

a·nab·a·sis [ə năb′ə sĭs] *(n.)* pl. **-ses** (١) زَحْف عسكريّ؛ حملة عسكرية (٢) الانكفاء العسير: تراجع عسكريّ عسيرٌ أو خطِر.

an·a·bat·ic [ăn′ə băt′ĭk] *(adj.)* صاعد: مندفعٌ إلى فوق <~ winds>.

an·a·bol·ic [ăn′ə bŏl′ĭk] *(adj.)* ابتنائيّ.

a·nab·o·lism *(n.)* الابتناء (مج)؛ الأَيْض أو الاستقلاب البنائيّ: تمثيلُ المواد الغذائية وتحويلُها إلى أنسجة حيوانية أو نباتية.

a·nach·ro·nism [ə năk′-] *(n.)* المُفارَقة التاريخيّة: «أ» خطأ تاريخيّ قِوامُهُ وضعُ الشيء في غير موضعه. «ب» شخص أو شيء في غير زمانه الصحيح.

a·nach·ro·nis·tic *(adj.)* منطوٍ على مفارقة تاريخية.

an·a·cli·sis [ăn′ə klī′-] *(n.)* الاتّكال [النفسيّ على الآخرين].

an·a·con·da [ăn′ə kŏn′də] *(n.)* الأَناكُنْدَة: أفعى جنوبأميركية.

an·a·dem [ăn′ə dĕm′] *(n.)* إكليل [من الزهر إلخ].

a·nad·ro·mous [ə năd′rə məs] *(adj.)* مُصَعِّد: صاعد من البحار إلى الأنهار لكي يضع بيوضَهُ.

a·nae·mi·a [ə nē′mĭ ə] *(n.)* = anemia.

an·aer·obe [ăn âr′ōb] *(n.)* المُتَعَضّي اللّاهوائيّ.

an·aer·o·bic [ăn′â rō′-] *(adj.)* لاهوائي (مج): «أ» قادرٌ على الحياة من

غير حاجة إلى أكسجين . «ب» ذو علاقة بالمتعضّيات اللاهوائية أو ناشئ عنها <~ fermentation>.

an·aes·the·sia [ăn′əs thē′zhə] *(n.)* = anesthesia.

an·aes·thet·ic [ăn′əs thĕt′ĭk] *(adj.)* = anesthetic.

an·a·glyph [ăn′ə glĭf] *(n.)* الجُساميّ : نَقْشٌ ضئيل البروز .

an·a·goge *or* **an·a·go·gy** [ăn′ə gō′jĭ] *(n.)* التأويل الباطنيّ [النصّ دينيّ] .

an·a·gram [ăn′ə grăm′] *(n.; vt.)* (١) الجِناس التصحيفيّ : كلمة أو عبارة تُصاغ بتغيير مواضع حروف كلمةٍ أو عبارة أخرى <*Galenus* is an ~ of *angelus*.> *pl.* (٢) التَّصحيفيّة : لعبة يُشكِّل فيها اللاعبون كلماتٍ جديدةً من طريق تصحيف الكلمات الأخرى أو إضافة بعض الحروف إليها § (٣) يُجانس بالتصحيف : «أ» يُعيد ترتيب حروف كلمةٍ ما لكي يشكِّل كلمة جديدة . «ب» يُعيد ترتيب حروف نصٍّ ما لكي يكتشف رسالةً أو فكرةً محجوبة .

— **an·a·gram·mat·ic** *(adj.)*

an·a·gram·ma·tize *(vt.)* = anagram *3*.

a·nal [ā′nəl] *(adj.)* شَرَجيّ ؛ استيّ .

anal canal *(n.)* القناة الشَّرَجيّة : الجزء النهائيّ من المستقيم (ت) .

an·a·lects [ăn′ə lĕkts′]; **an·a·lec·ta** *(n. pl.)* مُنتَخَبات أدبية .

an·a·lep·tic [ăn′ə lĕp′-] *(adj.; n.)* (١) مقوٍّ ؛ منشِّط § (٢) دواء مُقوٍّ .

an·al·ge·si·a [ăn′əl jē′zĭ ə] *(n.)* فَقْد الألم [من غير فقدٍ للوعي] .

an·al·ge·sic *(adj.; n.)* (١) مُسَكِّن : مُفْقِدٌ للألم § (٢) المسكِّن .

analog computer *(n.)* الكومبيوتر النَّظيريّ : كومبيوتر تُمَثَّل فيه المُعْطَيات الرقمية بمتغيِّرات فيزيائية (ألك) .

an·a·log·ic *or* **-al** [ăn′ə lŏj′-] *(adj.)* (١) قياسيّ (٢) تشابُهيّ (٣) تناظُريّ .

a·nal·o·gous [ə năl′ə gəs] *(adj.)* (١) مُشابِه ؛ مُناظِر (٢) متشابه ؛ متناظِر .

an·a·logue *or* **an·a·log** [ăn′ə lôg′] *(n.)* (١) النظير ؛ المُماثل (٢) المتناظر ؛ العضو المتناظر : عضوٌ مماثِلٌ في الوظيفة لعضوٍ في حيوان أو نباتٍ آخر ولكنه مختلف عنه في البِنْيَة والأصل .

analogue computer *(n.)* = analog computer.

a·nal·o·gy [ə năl′ə jĭ] *(n.)* (١) قياس التمثيل (مق) (٢) «أ» تشابُهٌ ؛ تشابهٌ جزئيّ . «ب» مقارنة (٣) التَّناظُر الوظيفيّ (أح) .

an·al·pha·bet [ăn′ăl′fə bĕt′] *(n.)* الأمّيّ .

an·al·pha·bet·ic *(adj.; n.)* (١) غير أَلِفبائيّ (٢) أُمّيّ § (٣) الأمّيّ .

a·nal·y·sand [ə năl′ə sănd′] *(n.)* المحلَّل ؛ المُخْضَع للتحليل (نف) .

an·a·lyse [ăn′ə līz′] *(vt.)* = analyze.

a·nal·y·sis [ə năl′ə sĭs] *(n.)* pl. **-ses** (١) تحليل (٢) إعراب (ل) (٣) موجز ؛ مختصر [لكتابٍ إلخ] (٤) psychoanalysis .

an·a·lyst [ăn′ə lĭst] *(n.)* (١) المُحَلِّل (٢) المُحلِّل النفسيّ .

an·a·lyt·ic [ăn′ə lĭt′ĭk] *or* **an·a·lyt·i·cal** *(adj.)* (١) تحليليّ (٢) بارعٌ في التحليل <a keenly ~ woman> (٣) إعرابيّ ؛ مُعْرَب <an ~ language> (٤) صحيحٌ بالضَّرورة [لأنّ إنكاره ينطوي على تناقض] <All spinsters are unmarried.> (٥) خاصّ بالتحليل النفسيّ .

analytic geometry *(n.)* الهندسة التحليلية (ر) .

analytic philosophy *(n.)* الفلسفة التحليلية (نف) .

an·a·lyt·ics *(n.)* (١) التحليل المنطقيّ (٢) الهندسة التحليلية .

an·a·lyz·a·ble *(adj.)* قابلٌ للتحليل ؛ ممكنٌ تحليلُهُ .

an·a·lyze [ăn′ə līz′] *(vt.)* (١) يُحلِّل (٢) يُعْرِب (ل) (٣) يحلِّل نفسيًّا : يُحلِّل بطريقة التحليل النفسي .

— **an·a·ly·za·tion** *(n.)*

an·am·ne·sis [ăn′ăm nē′sĭs] *(n.)* pl. **-ses** [sēz] (١) التذكُّر (نف) (٢) الذَّكائر ؛ سوابق المريض .

— **an·am·nes·tic** *(adj.)*

an·a·mor·phic [ăn′ə môr′fĭk] *(adj.)* مشوِّه <an ~ lens> .

a·na·nas [ə nä′nəs] *also* **a·na·na** *(n.)* = pineapple.

an·an·drous [ă năn′-] *(adj.)* عديم الأسدية أو الأعضاء الذَّكَرية (نب) .

An·a·ni·as [ăn′ə nī′əs] *(n.)* (١) حَنانيا : رجل سقط مَيْتًا بسبب الكذب (٢) الكذّاب .

an·an·thous [ă năn′thəs] *(adj.)* لازَهْريّ ؛ عديم الزهر .

an·a·pest [ăn′ə pĕst] *(n.)* الأَنْبَسْط : تفعيلة عَروضيّة .

an·a·phase [ăn′ə fāz′] *(n.)* الطَّور الانفصاليّ ؛ طور الصعود : أحد أطوار الانقسام الفتيلي أو غير المباشر لنواة الخلية ، عندما تتباعد أنصاف الصِّبغيات ويتّجه كل نِصفٍ نحو أحد قُطبَي الخليّة (أح) .

a·naph·o·ra [ə năf′ə rə] *(n.)* الأَنْفَرة ؛ تكرار الصّدارة : تكرار في أوائل بيتين أو جملتين متعاقبتين ، أو أكثر ، وبخاصةٍ لغرضٍ بلاغيّ (بل) .

an·aph·ro·dis·i·a [ăn ăf′rə dĭz′ĭə] *(n.)* الجُفور (مج) : فَقْد شهوة الجِماع أو نَقْصُها .

an·aph·ro·dis·i·ac [ăn ăf′rə dĭz′ĭ ăk′] *(adj.; n.)* (١) مُجْفِر : مُفْقِد أو مُنْقِصٌ شهوةَ الجماع § (٢) المَجْفَرة : دواء مُجْفِر .

an·a·phy·lax·is [ăn′ə fə lăk′sĭs] *(n.)* العُوار ؛ الإعوار ؛ التَّحساس : شدّة الحساسية لمفعول بعض البروتينات إلخ التي سبق إدخالها إلى الجسم بالحَقْن .

an·a·plas·ty [ăn′ə plăs′tĭ] *(n.)* = plastic surgery.

an·arch [ăn′ärk] *(n.)* الفَوْضَويّ ؛ الزعيم الفوضويّ .

an·ar·chic [ăn är′kĭk] *(adj.)* فَوْضَوِيّ .

an·ar·chi·cal *(adj.)* = anarchic.

an·ar·chism *(n.)* الفَوْضَويّة : «أ» نظرية سياسية تقول بأن جميع أشكال السلطة الحكومية غيرُ مرغوبٍ فيها . «ب» الدعوةُ إلى المبادئ الفوضوية .

an·ar·chist [ăn′ər kĭst] *(n.; adj.)* (١) الفَوْضَوِيّ § (٢) فَوْضَوِيّ .

an·ar·chis·tic [ăn′ər kĭs′tĭk] *(adj.)* فَوْضَوِيّ .

an·ar·chy [ăn′ər kĭ] *(n.)* (١) اللّاحكومة : «أ» فقدان الحكومة أو عدم وجودها . «ب» فوضى سياسية أو اجتماعية ناشئة عن ذلك . «ج» مدينةٌ فاضلة أو مجتمع مثاليّ لا حكومة فيه ويتألف من أفراد متمتعين بالحرية الكاملة (٢) فوضى (٣) الفوضوية .

an·as·tig·mat [ăn ăs′tĭg măt′] *(n.)* العَدَسة النُّقْطيّة أو البُؤْرية .

an·as·tig·mat·ic *(adj.)* نُقْطيّ ؛ بُؤْريّ ؛ لااستجميّ (بص) .

a·nas·to·mo·sis [ə năs′tə mō′sĭs] *(n.)* pl. **-ses** (١) التَّفَمُّم (مج) :

«أ» التحامٌ بين الأوعية الدموية (فس). «ب» التحام الأغصان أو العروق (نب) (٢) تلاقٍ؛ تواصُل؛ تشابُك [بين خطين أو نهرين إلخ] (٣) شبكة.

a·nas·tro·phe [ə năs′trə fĭ] *(n.)* العَكْس؛ التقديم والتأخير: عكسٌ، أو قَلْبُ، الترتيب المألوف لكلمات الجملة (بل).

a·nath·e·ma [ə năth′ə mə] *(n.)* (١) الحِرْم: معاقبة الأسقفِ امرءًا مؤمنًا بمنعه من شركة المؤمنين (كن) (٢) المحروم: المُخْضَع للحِرْم الكَنَسي (٣) شيء بغيض (٤) لعنة.

a·nath·e·ma·tize *(vt.)* (١) يَحْرِم (كن) (٢) يَلْعَن؛ يستنزل اللّعنة على.

An·a·to·li·an [ăn′ə tō′lĭ ən] *(n.; adj.)* (١) الأناضوليّ: أحد أبناء الأناضول (٢) اللغات الأناضوليّة § (٣) أناضوليّ.

an·a·tom·ic [ăn′ə tŏm′ĭk] *or* **-al** *(adj.)* تشريحيّ: خاصّ بالتشريح.

a·nat·o·mist *(n.)* (١) «أ» العالِم بالتشريح. «ب» المشرِّح (٢) المحلِّل.

a·nat·o·mize *(vt.)* (١) يُشرِّح (٢) يحلِّل.

a·nat·o·my [ə năt′ə mĭ] *(n.)* (١) التّشريح: «أ» علم يُعْنَى بدراسة التركيب الداخلي للمتعضِّيات. «ب» بحث أو رسالة في هذا العلم. «ج» تقطيع الحيوانات أو النباتات لدراسة تركيبها الداخليّ. «د» التركيب البِنيَويّ. وبخاصةٍ لمُتعَضٍّ أو لأحد أجزائِهِ (٢) تحليل (٣) «أ» هيكل عظميّ. «ب» مومياء. «ج» شخص نحيل جدًّا (٤) الجسم البشري.

a·nat·ro·pous [-′rə pəs] *(adj.)* مقلوبة؛ معكوسة: صفة للبُيَيْضة (نب).

-ance لاحقة معناها: «أ» عمل؛ عملية <assist*ance*>. «ب» حالة <protuber*ance*>. «ج» مقدار أو درجة <conduct*ance*>.

an·ces·tor [ăn′sĕs tər] *(n.)* سَلَفٌ؛ جَدٌّ أعلى.

an·ces·tral *(adj.)* سَلَفيّ: ذو علاقة بالأسلاف أو موروث منهم.

an·ces·tress [ăn′sĕs′trəs] *(n.)* جدّةٌ عُليا.

an·ces·try [ăn′sĕs trĭ] *(n.)* (١) سلسلة النسب. وبخاصة: محتِدٌ كريم أو أرستوقراطي (٢) أسلاف؛ أجداد.

an·chor [ăng′kər] *(n.; vt.; i.)* (١) مِرْساة (٢) المُعْتَمَد؛ المُرْتَكَز؛ المَلاذ <Hope is his ~.> § (٣) يُرسي السفينة (٤) يُثبِّت x (٥) يرسو؛ ترسو (٦) يَثْبُت [في موضعه]؛ يَسْتَقِرّ؛ يتركّز.

anchor *1.*

at ~, مُرْسًى، راسية [صفة للمركب أو السفينة].

to cast (*or* drop *or* let go) the ~, يُلقي المِرساة.

to weigh ~, يرفع المِرساة [استعدادًا للإبحار]؛ يُقلِع.

an·chor·age [ăng′kər ĭj] *(n.)* (١) مَرْسًى؛ مرفأ (٢) «أ» إرساء. «ب» رُسُوّ. «ج» رسوم الإرساء (٣) مَلاذ؛ ملجأ؛ وسيلة أمان.

an·cho·ress *or* **an·cress** *(n.)* النّاسكة؛ الزاهدة.

an·cho·rite [ăng′kə rīt′]; **an·cho·ret** *(n.)* النّاسك؛ الزّاهد.

an·cho·rit·ic *(adj.)* نُسُكيّ؛ زُهْديّ.

an·chor·man *(n.)* منسِّق الأخبار [في الإذاعة أو التلفزيون].

an·chor·per·son *(n.)* = anchorman.

an·cho·vy [ăn′chō vĭ] *(n.)* البَلَم؛ الآنشوفة (سمك).

an·cien ré·gime [än syăn′ rĕ zhēm′] *(n.)* (١) النظام القديم: نظام فرنسا السياسي والاجتماعي قبل ثورة ١٧٨٩ (٢) نظامٌ أو أسلوب بائد.

an·cient [ān′shənt] *(adj.; n.)* (١) قديم، وبخاصة: يرقى إلى ما قبل سقوط الأمبراطورية الرومانية الغربية عام ٤٧٦ م <~ history> (٢) عتيق (٣) «أ» جليل. «ب» عتيق الزيّ § (٤) شيخ عجوز (٥) «أ» *pl.*: شعوب التاريخ القديم المُتَمَدْيِنة. «ب» أحد الكتّاب الكلاسيكيين القُدامى.

an·cient·ly *(adv.)* قديمًا؛ في الزمن الغابر.

an·cient·ness *(n.)* قِدَم؛ عِتْق.

an·cil·la [ăn sĭl′ə] *(n.)* pl. **-e** (١) خادمة (٢) مساعد؛ معاوِن.

an·cil·lar·y *(adj.)* (١) مُلْحَق؛ مساعد (٢) إضافيّ.

an·cip·i·tal [ăn sĭp′ə təl] *(adj.)* ذو حدَّين أو حافتَيْن.

an·con [ăng′kŏn] *(n.)* (١) مِرْفَق (ت) (٢) المِرفَق: سِناد يحمل الأجزاء العليا من طُنُفٍ أو إفريز (عم).

-ancy لاحقة معناها: حالة <compli*ancy*>.

an·cy·los·to·mi·a·sis [ăn′sə lŏs′tə mī′ə sĭs] *(n.)* داء الأنسيلوستوما؛ داء المَلْقُوّات: فقر دم حادّ ناشئٌ عن الديدان الطُّفَيليّة (مض).

and [ănd] *(conj.)* وَ؛ واو العطف (ل).

An·da·lu·sian [ăn də lo͞o′zhən] *(adj.; n.)* (١) أَنْدَلُسِيّ § (٢) الأَنْدَلُسِيّ: أحد أبناء الأَنْدَلُس.

an·da·lu·site [ăn′də lo͞o′sīt] *(n.)* الأَنْدَلُسيّ (مع).

an·dan·te [ăn dăn′tĭ] *(adj.; adv.; n.)* (١) أَوْنَى؛ معتدل البطء (مو) § (٢) ببطء معتدل (مو) § (٣) الأَوْنيا: قطعة أو حركة معتدلة البطء (مو).

and·i·ron [ănd′ī ərn] *(n.)* المَنْصَب: مِسند للخشب المشتعل.

andirons

andr- *or* **andro-** بادئة معناها: «أ» ذَكَر؛ ذَكَريّ. «ب» رَجُل.

an·droe·ci·um [ăn drē′shĭ əm] *(n.)* pl. **-cia** [shĭ ə] المَذْكَر؛ الجُشّ؛ الكُشّ؛ العَطيل: مجموع أعضاء التذكير في النبات.

an·dro·gen [ăn′drə jən] *(n.)* الأندروجين؛ منشِّط الذكورة.

—**an·dro·gen·ic** *(adj.)*

an·drog·y·nous [ăn drŏj′ə nəs] *(adj.)* خُنْثَويّ: «أ» جامعٌ لخصائص الأنثى والذَّكَر معًا. «ب» ذو زهرات مشتملةٍ على أعضاء ذَكَريّة وأنثوية في العُنقود نفسه (نب).

an·droid [ăn′droid] *(adj.; n.)* (١) بَشَريّ الشكل § (٢) إنسان آليّ.

An·drom·e·da [ăn drŏm′ə də] *(n.)* (١) أندروميدا: أميرة حبشيّة أسطورية شُدَّت بالسَّلاسل إلى صخرة لكي يلتهمها وحش بحريّ، ولكن برسييوس Perseus أنقذها وتزوّجها (مث) (٢) المرأة المُسَلْسَلة (فل).

-androus لاحقة معناها: ذو عددٍ معيَّن من الأسْدِية.

ă at; ā date; â care; ä car; ĕ egg; ē me; ĭ in; ī bite; ŏ lot; ō bone; ô orphan; oi boil; o͝o good; o͞o boot; ou out; ŭ under; û urgent; ə = *a* in alone, *e* in system, *i* in easily, *o* in gallop, *u* in circus.

a·near [ə nēr′] *(adv.; prep.)* = near.

an·ec·dot·age [ăn′ĭk dō′tĭj] *(n.)* (١) القَصّ: سَرْد الحكايات والنوادر (٢) الحكايات والنوادر (٣) الشَّيخوخة (ع).

an·ec·do·tal [ăn′ĭk dō′təl] *(adj.)* حِكائيّ ؛ نادِريّ <~ art>.

an·ec·dote [ăn′ĭk dōt′] *(n.)* حكاية ؛ نادرة. — **an·ec·dot·ic** *(adj.)*

an·e·lec·tric *(adj.)* لاكهربائيّ: غير متكهرب بالاحتكاك (فز).

anem- *or* **anemo-** بادئة معناها: ريح <*anemo*meter>.

a·ne·mi·a [ə nē′mĭ ə] *(n.)* (١) الأنيمية: فَقْر الدَّم (٢) فَقْدُ الحَيَوية.

a·ne·mic [ə nē′mĭk] *(adj.)* (١) أنيميّ (٢) فَقْرَميّ ؛ فقير الدَّم (٣) ضعيف ؛ شاحب ؛ فاقدُ الحَيَوية.

a·nem·o·graph [ə nĕm′ə grăf′] *(n.)* مِرسمة الريح: مقياسٌ مُسَجِّل لشدّة الريح أو سرعتها.

an·e·mog·ra·phy *(n.)* الأنيموغرافيا: فنّ قياس وتسجيل شدة الريح أو سرعتها.

an·e·mol·o·gy [ăn′ə mŏl′-] *(n.)* الأنيمولوجيا: علم الريح وظواهرها.

an·e·mom·e·ter [-mŏm′-] *(n.)* المِرياح: مقياس شدةِ الريح أو سرعتِها.

an·e·mom·e·try *(n.)* المَرْيَحَة: قياس شدةِ الريح أو سُرعتِها.

anemometer

a·nem·o·ne [ə nĕm′ə nē′] *(n.)* (١) الشُّقّار ؛ شقائق النُّعمان (نب) (٢) شقيق البحر (ح).

an·e·moph·i·lous [ăn′ə mŏf′-] *(adj.)* ريحيّ التّلقيح (نب).

an·e·moph·i·ly *(n.)* التّلقيح الرِّيحيّ (نب).

a·nem·o·scope [ə nĕm′ə skōp′] *(n.)* مِكشاف الرِّيح: أداة تَكْشِف عن وجود الريح واتجاهها.

a·nent [ə nĕnt′] *(prep.)* عن ؛ حَوْلَ ؛ في ما يتعلّق بِـ.

an·er·oid [ăn′ə roid] *(adj.)* لاسائليّ: غير مشتملٍ على سائل.

aneroid barometer *(n.)* البارومتر اللّاسائليّ ؛ البارومتر المَعْدِنيّ.

an·es·the·sia [ăn′əs thē′zhə] *(n.)* (١) الخُدار (مج): فقدان الحسّ (٢) تخدير ؛ تبنيج.

an·es·the·si·ol·o·gist *(n.)* الطبيب المخدِّر ؛ طبيب التبنيج.

an·es·the·si·ol·o·gy *(n.)* مَبْحَث التخدير أو التبنيج.

an·es·thet·ic *(adj.; n.)* (١) تخديريّ <~ effects> (٢) مخدِّر <~ agents> (٣) لاواعٍ ؛ غافل ؛ مُخَدَّر § (٤) المخدِّر: عَقّار مخدِّر.

an·es·the·tist *(n.)* المُخَدِّر ؛ المُبَنِّج: طبيب خبير بالتخدير.

an·es·the·tize *(vt.)* يُخَدِّر ؛ يُبَنِّج [مريضًا].

an·eu·rysm *also* **an·eu·rism** [ăn′yə rĭz′əm] *(n.)* الأنورِسْما (مج) ؛ أُمّ الدَّم: تمدُّد الأوعية الدّموية (مض).

a·new [ə no͞o′; ə nyo͞o′] *(adv.)* (١) ثانيةً ؛ من جديد <wrote the story ~> (٢) بشكلٍ جديد <~ edited>.

an·frac·tu·os·i·ty *(n.)* (١) تعرُّج ؛ التواء (٢) ممرّ متعرِّج.

an·frac·tu·ous [ăn frăk′cho͞o əs] *(adj.)* متعرِّج ؛ مُتَلَوٍّ.

an·gel [ān′jəl] *(n.)* (١) مَلاك (٢) امرأة أو طفل كالملاك جمالًا أو براءةً (٣) الرسول ؛ البشير (٤) المموِّل [أو الداعم بنفوذه] مسرحيةً أو حملةً أو مُرَشَّحًا (ع) (٥) الملائكية: عملة ذهبية إنكليزية قديمة (٦) طائرة عَدُوّة.

an·gel·fish [ān′jəl fĭsh′] *(n.)* السمك الملائكيّ: «أ» سمك ذو زعانف تنتشر كالأجنحة. «ب» سمك استوائي شائك الزعانف برّاق الألوان.

angel food cake *or* **angel cake** *(n.)* الكعكة الملائكية: كعكة بيضاء إسفنجيّة القَوام تُصنع من الدقيق والسكّر والبيض.

an·gel·hood *(n.)* الملائكيّة: حالةُ المَلاك أو طبيعتُهُ.

an·gel·ic [ăn jĕl′ĭk] *or* **-al** *(adj.)* ملائكيّ.

angelica tree *(n.)* عصا هِرَقْل: شُجَيْرة أميركية شائكة.

An·ge·lus [ăn′jə-] *(n.)* (١) صلاة التبشير: صلاة لإحياء ذكرى تجسُّد المسيح (كث) (٢) ناقوس التبشير: دقّة جَرَس تدعو إلى أداء هذه الصلاة.

an·ger [ăng′gər] *(n.; vt.; i.)* (١) غَضَبٌ § (٢) يُغْضِب (٣) يُلْهِب [الجرحَ] **x** (٤) يَغْضَب.

angi- *or* **angio-** بادئة معناها: وعاء <*angio*logy>.

an·gi·na [ăn jī′nə] *(n.)* (١) الذُّبْحَة(ط) (٢) الذُّبْحَة الصَّدرية.

an·gi·na pec·to·ris [pĕk′tə rĭs] *(n.)* الذُّبحة الصَّدرية (ط).

an·gi·o·car·di·og·ra·phy [ăn′jĭ ō kär′dĭ ŏg′rə fĭ] *(n.)* تصوير القلب والأوعية [شعاعيًّا] (ط).

an·gi·og·ra·phy *(n.)* تصوير الأوعية [شُعاعيًّا] (ط).

an·gi·ol·o·gy *(n.)* الوعائيات: مبحث الأوعية الدموية واللِّنفاوية.

an·gi·o·ma *(n.)* الورم الوعائي: ورم مؤلَّف من أوعية دموية أو لنفاوية.

an·gi·o·plas·ty *(n.)* رَأْب الأوعية (ط).

an·gi·o·sperm *(n.)* كاسِية البزور: نبتة ذات بزور محفوظة في مَبيض مُغْلَق (نب). — **an·gi·o·sper·mous** *(adj.)*

an·gle[1] [ăng′gəl] *(n.; vt.; i.)* (١) زاوية (٢) وجهة نظر ؛ موقف <a new ~ on the problem> (٣) مَظْهر ؛ وَجْه ؛ جانب <considered all ~s of the question> (٤) حيلة (٥) منعطَفٌ حادّ § (٦) يُزَوِّي: يُحرِّك على نحو زاويّ **x** (٧) يتزوَّى: يتمعَّج على نحوٍ زاويّ (٨) يحرِّف: يصوغ خبرًا صحفيًّا من وجهة نظر خاصّة أو مُغْرِضة (٩) ينعطف: يدور حول زاوية.

an·gle[2] *(n.; vt.)* (١) صِنّارة صَيْد § (٢) يُصَنِّر: يصيد السمكَ بالقصبة والصِّنّارة (٣) يحتال للحصول على.

an·gled [ăng′gəld] *(adj.)* مُزَوًّى: ذو زاويةٍ أو زوايا.

angle iron *(n.)* قضيب حديدي مُزَوًّى.

angle of attack زاوية الهُبوب (طي).

angle of contact زاوية التَّماسّ.

angle of depression زاوية الانخفاض (هن).

angle of elevation زاوية الارتفاع.

angle of friction زاوية الاحتكاك.

angle of incidence زاوية السُّقوط (فز).

angle of reflection زاوية الانعكاس (ض).

angle of refraction زاوية الانكسار (ض).

an·gler [ăng′glər] *(n.)* (١) فا angle. وبخاصة: «أ» المُصَنِّر: صائد السَّمك بالقصبة والصّنارة. «ب» الكائد؛ مدبِّر المكائد (٢) أبو الشُّصّ: سمك بحريّ على رأسه شبه خيطٍ يتّخذه طُعمًا يُغري به صغارَ الأسماك.

angler 2.

An·gles [ăng′gəlz] *(n. pl.)* الآنْجلْز: شعب جرماني غزا إنكلترا في القرن الخامس للميلاد.

an·gle·worm [ăng′gəl wûrm′] *(n.)* = earthworm.

An·gli·an [ăng′glĭ ən] *(n.; adj.)* (١) الآنجِلْزيّ: واحد الآنْجِلْز (را. Angles) (٢) الآنجِلْزيّة: المجموعة الشمالية والشرقية من اللَّهجات الإنكليزية القديمة § (٣) آنْجِلْزيّ.

An·gli·can [ăng′glə kən] *(adj.; n.)* (١) أنجليكانيّ (٢) إنكليزيّ § (٣) الأنجليكانيّ: أحد أتباع الكنيسة الإنكليزية.

an·gli·cism [-sĭz′-] *(n.)* الإنكليزيانية: «أ» اصطلاح لغويّ إنكليزي. «ب» عادةٌ أو سمة خاصةٌ بالإنكليز. «ج» التعلُّق بالعادات أو الأفكار الإنكليزية.

An·gli·cist [-sĭst] *(n.)* العالِم باللغة الإنكليزية أو الأدب الإنكليزي.

an·gli·cize [-sīz′] *(vt.; i.)* (١) يُنَكْلِز: يجعله إنكليزيَّ الصفة أو الشكل x (٢) يَتَنَكْلَز.

— **an·gli·ci·za·tion** *(n.)*

an·gli·fy [ăng′glə fī′] *(vt.)* = anglicize.

an·gling *(n.)* مص angle. وبخاصة: التَّصَنُّر: الصيد بالصنّارة.

Anglo- بادئة معناها: «أ» إنكليزيّ. «ب» إنكليزيّ و...

An·glo–A·mer·i·can *(adj.)* أنجلو أميركيّ: ذو علاقة بإنكلترا وأميركا.

An·glo–French *(adj.; n.)* (١) أنجلو فرنسيّ؛ فرنسيّ إنكليزيّ § (٢) الفرنسيّة الإنكليزية: الفرنسية كما استُعملت في إنكلترا خلال القرون الوسطى.

An·glo·ma·ni·a [ăng′glō mā′nĭ ə] *(n.)* الهَوَس الإنكليزيّ: التعلُّق المفرط بالمؤسسات والعادات الإنكليزية أو احترامُها ومحاكاتُها.

An·glo–Nor·man *(adj.; n.)* (١) أنجلو نورمانيّ: خاصّ بفترة حكم النورمان إنكلترا (١٠٦٦–١١٥٤) § (٢) الأنجلو نورمانيّ: أحد النورمان الذين استوطنوا إنكلترا بعد عام ١٠٦٦ أو أحد ذراريهم (٣) Anglo–French.

An·glo·phile [ăng′glə fīl′] *also* **-phil** *(n.)* مُحِبّ الإنكليز.

An·glo·phobe [ăng′glə fōb′] *(n.)* مُبغِض الإنكليز.

An·glo·pho·bi·a *(n.)* بُغض الإنكليز؛ رُهاب الإنكليز.

An·glo·phone [-fōn′] *(adj.; n.)* ناطقٌ بالإنكليزية.

An·glo–Sax·on *(n.; adj.)* (١) الأنجلوسكسونيّ: واحد الأنجلوسكسون (٢) الإنكليزيّ. وبخاصة: شخص متحدّر من الأنجلوسكسون (٣) لغة الأنجلوسكسون (٤) اللغة الإنكليزية § (٥) أنجلوسكسونيّ (٦) إنكليزيّ.

an·go·ra [ăng gōr′ə] *(n.)* الأَنْقُرة: «أ» وبر أرنب [أو معزاة] أنقرة. «ب» غَزْل مصنوع من هذا الوبر.

Angora cat *(n.)* هرّة أنقَرة: هرّة أهلية طويلة الوبر.

Angora goat *(n.)* مِعزاة أنقَرة: مِعزاة طويلة الوَبَر حريريّتُه.

Angora rabbit *(n.)* أرنب أنقَرة: أرنب أبيض طويل الوبر ناعمُه.

an·gos·tu·ra [ăng′gə stoor′ə] *(n.)* الأنغوستورة: «أ» لِحاء أيٍّ من شجرتين جنوبأميركيَّتين يُستعمل كمُقَوٍّ. «ب» سائل مُرّ المذاق يُستخرج من هذا اللحاء.

an·gri·ly *(adv.)* بغَضَب؛ على نحوٍ غاضب.

an·gry [ăng′grĭ] *(adj.)* (١) غاضِب: «أ» مُفعَمٌ بالغضب. «ب» مُتَّسِم بالغضب. «ج» مُتوعِّد بغضب <an ~ sky> (٢) مُلْتَهِب <an ~ wound>.

angst [ängkst] *(n.)* ذُعر؛ قلق؛ حَصَرٌ نفسيّ.

angstrom unit [ăng′strəm] *(n.)* الآنغْسْتروم (فز).

an·guil·li·form [ăng gwĭl′ə fôrm′] *(adj.)* أنقليسيّ الشكل.

an·guine [ăng′gwĭn] *(adj.)* (١) أفعُوانيّ (٢) كالأفعى.

an·guish [ăng′gwĭsh] *(n.; vt.; i.)* (١) الكَرْب: ألمٌ جسديّ أو نفسيّ مُبَرِّح § (٢) يُصيب بكَرْب x (٣) يعاني كَرْبًا.

an·guished *(adj.)* مكروب: «أ» مُصابٌ بكَرْب. «ب» ناشئ عن كَرْبٍ أو مصحوبٌ به.

an·gu·lar [ăng′gyə-] *(adj.)* (١) زاويّ: منسوب إلى الزاوية (٢) مُزَوًّى: ذو زاوية أو زوايا (٣) جِلْف؛ خشِن (٤) أخرق: تُعْوِزُهُ الرَّشاقة (٥) شديد النُّحول.

angular cutter *(n.)* المِقْطَع الزاويّ (مك).

angular distance *(n.)* المسافة الزاويّة (ر).

an·gu·lar·i·ty *(n.)* (١) الزاويّة: كونُ الشيء زاويًّا (٢) *pl.*: زوايا حادّة.

angular momentum *(n.)* كميّة التحرّك الزاويّ (فز).

angular velocity *(n.)* السرعة الزاويّة (فز).

an·gu·late[1] [ăng′gyə lĭt] *(adj.)* مُزَوًّى <~ leaves>.

an·gu·late[2] [ăng′gyə lāt′] *(vt.; i.)* (١) يُزَوّي x (٢) يتزَوّى: يُصبح زاويًّا.

an·gu·la·tion *(n.)* (١) التّزوية: جَعْل الشيء زاويًّا (٢) شكلٌ زاويّ.

angusti- بادئة معناها: ضيّق <*angusti*foliate>.

an·gus·ti·fo·li·ate [ăng gŭs′tĭ fō′lĭ āt] *(adj.)* ضيّق الأوراق.

an·hy·dride [ăn hī′drīd] *(n.)* الأنهيدريد؛ الأندريد (ك).

an·hy·drite [ăn hī′drīt] *(n.)* الأنهيدريت (مع).

an·hy·drous [-drəs] *(adj.)* لامائيّ <~ salts>.

an·il [ăn′ĭl] *(n.)* (١) النِّيلة؛ العِظْلِم (نب) (٢) اللون النِّيليّ.

an·ile [ăn′īl; ā′nīl] *(adj.)* عجائزيّ؛ خَرِف.

an·i·line *also* **an·i·lin** [ăn′ə lĭn] *(n.; adj.)* (١) الأنيلين: سائل سامّ يُستخدم في صُنع الأصباغ والمطّاط § (٢) أنيلينيّ.

aniline dye *(n.)* الصِّبغ الأنيلينيّ: صبغ يُصنع من الأنيلين. وتوسُّعًا: صِبغٌ عضويّ صُنعيّ.

a·nil·i·ty [ə nĭl′-] *(n.)* (١) خَرَفٌ (٢) فكرة خَرِفة؛ تصرُّفٌ خرِف.

an·i·mad·ver·sion [-vûr′zhən] *(n.)* (١) ملاحظة انتقادية (٢) انتقادٌ مُعادٍ.

an·i·mad·vert [-vûrt′] *(vi.)* ينتقد بقَسْوة أو بنحوٍ مُعادٍ.

an·i·mal [ăn′ə məl] *(n.; adj.)* (١) حيوان (٢) الطبيعة الحيوانية (٣) شيء؛ مسألة § (٤) حيوانيّ <~ fats> (٥) بهيميّ؛ شهوانيّ.

animal charcoal *(n.)* الفحم الحيوانيّ: فحمٌ حيوانيّ المنشأ يُصنَعُ من العظام عادةً.

an·i·mal·cule [ăn′ə măl′kyōōl] *(n.)* الحُيَيْوين: حيوان مجهريّ لا يُرى بالعين المجرَّدة (أح).

an·i·mal·cu·lum [-′kyə ləm] *(n.)* pl. **-la** [lə] = animalcule.

animal heat *(n.)* حرارة الحيوان؛ الحرارة الحيوانية.

animal husbandry *(n.)* الزراعة الحيوانية: تربية الدواجن.

an·i·mal·ism *(n.)* (١) الحيوانية؛ البهيميّة (٢) المذهب الحيواني: مذهب يقول بأن البشر لَيْسوا غير مجرَّد حيوانات.

an·i·mal·i·ty *(n.)* (١) حَيَوِيّة (٢) الطبيعة الحيوانية (٣) البهيميّة: الجانب الحيواني من الطبيعة البشرية (٤) عالَم الحيوان.

an·i·mal·i·za·tion *(n.)* الحَيْوَنة؛ التَّحَيْوُن.

an·i·mal·ize [ăn′ə mə līz′] *(vt.; i.)* (١) يُحَيْوِن: «أ» يمثِّل أو يُبرِز في شكلٍ حيوانيّ. «ب» يجعله بهيميًّا؛ يُثير الغرائزَ البهيميَّة في... x (٢) يَتَحَيْوَن: يتكشَّف عن خصائصَ حيوانية.

an·i·mal·ly *(adv.)* (١) حيوانيًّا؛ على نحوٍ حيوانيّ (٢) جَسَديًّا.

animal magnetism *(n.)* المغنطيسيّة الحيوانية: التنويم المغنطيسي.

animal spirits *(n. pl.)* حيوية الشّباب؛ مَرَحُ العافية.

an·i·mate [*adj.* ăn′ə mĭt; *v.* -māt′] *(adj.; vt.)* (١) حيّ؛ ذو حياة (٢) حيوانيّ <~ life> (٣) متحرِّك (٤) مُفعَم بالحيوية § (٥) يشجِّع (٦) يُحْيي؛ ينفخ الحياة في (٧) ينشِّط؛ يُقوّي (٨) يَدْفع إلى العمل.

an·i·mat·ed *(adj.)* (١) حيّ (٢) ناشط: مُفْعَم بالحيوية والنشاط (٣) حادّ (٤) نابض بالحياة (٥) متحرِّك <~ cartoon>.

animated cartoon *(n.)* الرسوم المتحركة.

an·i·mat·ing *(adj.)* مُشَجِّع؛ مُحْيٍ؛ منشِّط؛ مُنعِش؛ محرِّك.

an·i·ma·tion *(n.)* (١) تشجيع؛ تنشيط؛ إحياء؛ تحريك (٢) حيوية؛ نشاط (٣) الرسوم المتحركة أو إعدادها.

an·i·ma·tor *(n.)* (١) فا animate (٢) صانع الرسوم المتحرِّكة.

an·i·mism [ăn′ə mĭz′əm] *(n.)* الأرواحيّة: «أ» الاعتقاد بأن الروح أو النفس هي المبدأ الأساسيّ المنظِّم للكون. «ب» الاعتقاد بأن لكلّ ما في الكون، وحتى للكون نفسه، روحًا أو نفسًا. **— an·i·mis·tic** *(adj.)*

an·i·mist [ăn′ə mĭst] *(n.)* الأرواحيّ: المؤمن بالأرواحية.

an·i·mos·i·ty [ăn′ə mŏs′ə tĭ] *(n.)* حِقْد؛ عِداء؛ بَغْضاء.

an·i·mus [ăn′ə məs] *(n.)* (١) نيّة؛ مَيْل (٢) عِداء.

an·i·on [ăn′ī′ən] *(n.)* الدالف المَصْعَديّ (مج)؛ الأنيون: أيون سالب الشِّحنة («فز» و«ك»). **— an·i·on·ic** *(adj.)*

anis- *or* **aniso-** بادئة معناها: متباين <*aniso*gamy>.

an·ise [ăn′ĭs] *(n.)* الأنيسون؛ الآنيسون؛ اليانسون (نب).

an·i·seed [ăn′ə sēd′] *(n.)* بزر الأنيسون.

an·i·sette [ăn′ə sĕt′] *(n.)* شراب الأنيسون.

an·i·sog·a·mous *also* **an·i·so·gam·ic** *(adj.)* متباين الأمشاج: متميِّز باندغام مَشيجَيْن مختلفَيْن أثناء التلاقح <~ reproduction>.

an·i·sog·a·my [ăn′ī sŏg′ə mĭ] *(n.)* تبايُن الأمشاج.

an·i·som·er·ous [ăn′ī sŏm′-] *(adj.)* لامتساويةٌ عددًا: صفة للزهرة التي يختلف فيها عدد الأوراق الزهرية في كلٍّ من دُوَّاراتها (نب).

an·i·so·met·ric *(adj.)* لامُتقايس: غير مُتساوي القياس.

an·i·so·me·tro·pi·a [-trō′pĭ ə] *(n.)* اختلاف مدى العينين (ط).

an·i·so·trop·ic [-trŏp′ĭk] *(adj.)* لامُتناحٍ: «أ» مُتباين الخواصّ (مج): خواصُّه ليست واحدة في جميع الاتجاهات (فز). «ب» متباين الأوضاع: مُتَّخذٌ أوضاعًا مختلفة استجابةً للمنبِّهات الخارجية (نب).

an·ker·ite [ăng′kə rīt′] *(n.)* الأنكَرِيت: معدن شبيه بالدّولوميت.

ankh [ăngk] *(n.)* الأنك: صليب على شكل حرف T، في أعلاه عُرْوة، يرمز إلى الحياة عند قُدامى المصريين.

an·kle [ăng′kəl] *(n.)* الكاحل: رُسْغُ القَدَم (ت).

an·kle·bone [-bōn′] *(n.)* عَظْمُ الكاحل.

ankle

an·klet [ăng′klət] *(n.)* (١) خَلخال (٢) الكاحِليّ: «أ» جَوْرب قصير ينتهي فُوَيْقَ الكاحل. «ب» حذاء خفيض، للنّساء والأطفال، ذو سيورٍ تطوّق الكاحل.

an·ky·lose [ăng′kə lōs′] *(vt.; i.)* (١) يُقَسِّط: يُصيب بالقَسَط (را. المادة التالية) x (٢) يَقْسَط: يُصاب بالقَسَط.

an·ky·lo·sis [-lō′sĭs] *(n.)* القَسَط: تصلُّب المَفْصِل أو التصاقُهُ.

an·lace [ăn′lĭs] *(n.)* الأنْلَس: خنجر ثنائيّ الحدّ.

anlace

an·la·ge [än′lä gə] *(n.)* pl. **-gen; -ges** (١) البُداءة (مج): مجموعة خلايا يبدأ بها تكوُّنُ عضوِ النبات أو الحيوان (٢) أساس (٣) نزعة؛ مَيْل.

an·na [ăn′ə] *(n.)* الآنة: وحدة نقدٍ سابقة في بورما والهند وباكستان تعادل $\frac{1}{16}$ من الروبيّة، وتساوي ١٢ باية (را. pie[3]).

an·nal·ist [ăn′əl-] *(n.)* الحَوْليّ: مؤرِّخ يسجِّل الأحداث عامًا فعامًا.

an·nal·is·tic *(adj.)* حَوْليّ: خاصّ بتدوين الأحداث عامًا فعامًا.

an·nals [ăn′əlz] *(n. pl.)* (١) الحَوْليّات: تاريخ للأحداث يَسْرِدُها عامًا فعامًا (٢) سجلّات التاريخ (٣) سجِلٌّ بنشاطاتِ منظَّمةٍ ما: حَوْليّات.

an·neal [ə nēl′] *(vt.)* (١) يُحَمّي [الزجاجَ] لتثبيت الألوان عليه (٢) يُلَدِّن [بالتحمية ثم بالتبريد] (٣) يُقَوّي؛ يُصَلِّب.

an·ne·lid [ăn′ə-] *(n.; adj.)* (١) الحَلَقيّة: دودة من الحَلَقيّات § (٢) حَلَقيّ.

An·nel·i·da [ə nĕl′ə də] *(n. pl.)* الحَلَقيّات: شعبة من الديدان تشمل العَلَق والخراطين أو ديدان الأرض وتتميّز بأجسامها المؤلفة من حَلَقات متتالية.

an·nex [*v.* ə nĕks′; *n.* ăn′ĕks] *(vt.; n.)* (١) يُلْحِق؛ يَضُمّ؛ يُضيف (٢) يَرْبِط (٣) يستولي على § (٤) مُلْحَق؛ ذيل <an ~ to a treaty> (٥) مبنًى إضافيّ؛

مُلْحَق (٦) ضاحية .

an·nex·a·tion *(n.)* (١) إلحاق؛ ضَمّ إلخ (٢) المُلْحَقِيَّة: كَوْنُ الشيء مُلْحَقًا (٣) ملحق؛ ذيل .

an·nex·ment *(n.)* (١) إلحاق؛ ضمّ (ا. ق) (٢) مُلْحَق؛ ذيل (ا. ق) .

an·ni·hi·la·ble *(adj.)* ممكنٌ إبطالُهُ أو دَحْضُهُ أو إبادتُهُ إلخ .

an·ni·hi·late [ə nī′ə lāt′] *(vt.; i)* (١) يُبْطِل؛ يُلغي (٢) يستخفّ بِـ (٣) يَدْحَض (٤) يَمْحق؛ يُفني؛ يُبيد x (٥) يَفنى؛ يَبيد .

an·ni·hi·la·tion [ə nī′ə lā-] *(n.)* (١) إبطال؛ إلغاء إلخ (٢) بُطلان إلخ .

an·ni·ver·sa·ry [ăn′ə vûr′sə rĭ] *(n.; adj.)* (١) ذكرى سنوية؛ عيد سنويّ § (٢) سنويّ: «أ» مُحْتَفَلٌ به سنويًا في موعد لا يتغيّر <an ~ feast>. «ب» خاصّ بذكرى سنوية <an ~ gift> .

an·no Dom·i·ni [ăn′ō dŏm′ə nē] *(adv.)* في سنة كذا للميلاد .

an·no He·gi·rae [-hĭ jī′rē] *(adv.)* في سنة كذا للهجرة .

an·no mun·di [-mŭn′dī] *(adv.)* في سنة كذا لخَلْق العالم .

an·no·tate [ăn′ō tāt′] *(vt.; i.)* يُحشّي: يُعلّق الحواشي على كتاب .

an·no·ta·tion *(n.)* (١) حاشية [تفسيرية] (٢) التَّحْشِيَة: تعليق الحواشي .

an·no·ta·tor *(n.)* المُحشّي؛ مُعلّق الحواشي؛ الشارح؛ المفسّر .

an·nounce [ə nouns′] *(vt.; i.)* (١) يُعلن [رسميًا]؛ يُبلغ؛ يُذيع (٢) يَدُلّ على؛ يُلمع إلى؛ ينمّ عن <His feeble efforts *~d* his degenerate spirit.> (٣) يُعلن حضور شخص أو وصوله <The butler *~d* each guest in a loud voice.> x (٤) يَعمل مذيعًا [في الراديو أو التلفزيون] (٥) يترشّح .

an·nounce·ment *(n.)* (١) إعلان؛ إبلاغ إلخ (٢) بلاغ .

an·nounc·er *(n.)* فا announce، وبخاصة: المذيع في الراديو إلخ .

an·noy [ə noi′] *(vt.; i.)* (١) يُزعج؛ يضايق؛ يُغضب (٢) يؤذي x (٣) يكون مصدرَ إزعاج .

an·noy·ance *(n.)* (١) إزعاج؛ مضايقة (٢) انزعاج؛ تضايق (٣) مصدر إزعاج <Some visitors are an ~.> .

an·noy·ing *(adj.)* مُزعِج؛ مُضايِق <~ habits> .

an·nu·al [ăn′yoo-] *(adj.; n.)* (١) سنويّ (٢) حَوْليّ: مُتِمٌّ دورةَ حياته في عام [أو موسم] واحد <~ plants> § (٣) حَدَثٌ سنويّ. وبخاصة: قدّاس سنويّ عن روح مَيْت (٤) الحَوْليّة: مطبوعة تَصْدر سنويًا (٥) نباتٌ حَوْليّ .

an·nu·al·ly *(adv.)* سَنَويًّا؛ كلَّ سنة .

annual ring *(n.)* الحَلْقة السَّنوية (مج): طبقة من الخشب متّحدة المركز تتكوّن في الشجرة سنةً بعد سنة وبها يُمكن تقدير عمر النبات .

an·nu·i·tant [ə noo′ə tənt] *(n.)* السُّناهِيّ: مَن يتلقّى سُناهِيّة .

an·nu·i·ty [-tĭ] *(n.)* السُّناهيّة: «أ» دَخلٌ أو مبلغ ماليّ يتلقّاه المرء سنويًا مدى الحياة عادة. «ب» حقّ تلقّي السُّناهيّة. «ج» عقدٌ يقضي بدفع سُناهيّة معيّنة .

an·nul [ə nŭl′] *(vt.)* (١) يَمْحق؛ يمحو (٢) يُلغي؛ يُبطِل؛ يَفْسَخ .

an·nu·lar [ăn′yə lər] *(adj.)* حَلْقانيّ: شبيه بالحَلْقة .

annular eclipse *(n.)* الكُسوف الحَلْقيّ (فل) .

annular ligament *(n.)* الرِّباط الحَلْقيّ (ت) .

an·nu·late [ăn′yə lĭt] *or* **an·nu·lat·ed** *(adj.)* مُحَلَّق: مُشكَّلٌ من حَلَقات .

an·nu·la·tion *(n.)* (١) تشكيل الحَلَقات (٢) حَلْقة .

an·nu·let [ăn′yə lət] *(n.)* الحُلَيْقة: «أ» حَلْقة صغيرة. «ب» حِلية معمارية شبيهة بالحَلْقة (عم) .

annulet *b.*

an·nul·ment *(n.)* (١) إبطال؛ إلغاء (٢) بُطلان (٣) فَسْخُ [الزواج] .

an·nu·lose [ăn′yə lōs] *(adj.)* مُحَلَّق: ذو حَلَقاتٍ أو مؤلَّف منها .

an·nu·lus [ăn′yə ləs] *(n.)* pl. **-li** *also* **-lus·es** (١) حَلْقة. وبخاصة: خَلَدَة أو تركيب حَلْقيّ (أح) (٢) الحَلْقة (ر) .

an·nun·ci·ate [ə nŭn′shĭ āt′; -sĭ-] *(vt.)* = announce.

an·nun·ci·a·tion *(n.)* (١) إعلان؛ إبلاغ (٢) *cap.*: البِشارة: بِشارة المَلَك جبريل لمريم العذراء (نص) (٣) *cap.*: عيد البِشارة (نص) .

an·nun·ci·a·tor *(n.)* (١) المُبْلِغ؛ المُعْلِن (٢) المُعْلِنة: أداة كهربائية تَدُلّ خادم الفندق إلخ على رقم الحجرة التي قُرِع منها الجرس .

an·ode [ăn′ōd] *(n.)* الأنود؛ المَصْعَد: القُطْب الموجَب في بطارية .

an·o·dize [ăn′ə dīz′] *(vt.)* يُؤَنْوِد؛ يُصَعِّد: يكسو فِلزًّا [كالألومنيوم] برُقاقة واقية، وذلك بتسليط تيّار كهربائيّ عليه .

an·o·dyne [ăn′ə dīn′] *(adj.; n.)* (١) مُسَكِّن (٢) مُهَدِّئ <~ novels> (٣) ملطِّف؛ مُخَفِّف § (٤) عقّار مسكِّن .

a·noint [ə noint′] *(vt.)* (١) يُمَرْهِم: يَدهن بمَرْهم (٢) يَمْسَح: يَمْسح بالزيت (٣) يضرب؛ يَجْلد (ع) .

a·noint·ed *(adj.)* (١) مُمَرْهَم: مدهون بمَرْهَم (٢) مَسِيح؛ مكرَّس؛ ممسوح بالزيت (نص) (٣) مضروب؛ مَجْلود [أو مستحقٌّ ذلك] .

a·noint·ment *(n.)* (١) مَرْهَمة (٢) مَسْحٌ بالزيت؛ تكريس .

a·no·le [ə nō′lē] *(n.)* الأَنُوَل: ضربٌ من العِظاء (ح) .

a·nom·a·lous *(adj.)* شاذّ؛ غير سَوِيّ .

a·nom·a·ly [ə nŏm′ə lĭ] *(n.)* (١) شذوذ؛ خروج عن القياس (٢) شيء شاذّ (٣) الحاصَّة: البُعد الزاويّ لكوكب سيّار عن أقرب نقطة له إلى الشمس (فل) .

an·o·mie *also* **an·o·my** [ăn ō mē′] *(n.)* (١) تفسُّخ؛ انحلال (٢) ضَياع؛ قلق؛ اغتراب؛ استلاب (نف) .

a·non [ə nŏn′] *(adv.)* (١) حالًا (ا. ق) (٢) قريبًا (ا. ق) (٣) في وقت آخر .

an·o·nym *also* **an·o·nyme** [ăn′ə nĭm] *(n.)* (١) «أ» شخص غير مُسَمّى . «ب» كاتبٌ غير مُسَمّى (٢) كتابٌ غُفْل [لا يحمل اسم مؤلفه] (٣) اسم مستعار .

an·o·nym·i·ty [-nĭm′ə tĭ] *(n.)* الغُفْلِيّة: كَوْن الشيء غُفْلًا من الاسم .

a·non·y·mous *(adj.)* (١) غير مُسمّى: مجهول <an ~ author> (٢) «أ» غُفْل؛ مجهول المؤلف <an ~ book>. «ب» مجهول [أو غير معيَّن] المصدر <~ gifts> (٣) غير ذي شخصية مميّزة <~ houses> .

a·noph·e·les [ə nŏf′ə lēz′] *(n.)* بعوضة الملاريا .

a·no·rak [ă'nə răk'] *(n.)* الأنوراك : سترةٌ فِرائيّة ذاتُ قَلَنْسُوة .

an·o·rec·tic *(adj.)* (١) قَهِم : فاقدُ الشهوة إلى الطعام (٢) مُقَهِّم .

an·o·rex·i·a [ăn'ə rĕk'-] *(n.)* القَهَم : فَقْدُ الشَّهوة إلى الطعام .

an·or·thite [ăn ôr'thīt] *(n.)* الأنورثيت (مع) .

an·os·mi·a [ăn ŏz'-] *(n.)* الخُشام : فَقْد حاسّة الشمّ (مض) .

an·oth·er [ə nŭth'ər] *(adj.; pron.)* آخَر ؛ ثانٍ .
Love one ~. أحِبّوا بَعْضَكم بَعْضًا .

an·ox·e·mi·a [ăn'ŏk sē'-] *(n.)* الأنوكسيميا : نقص الأكسجين في الدَّم .

an·ox·i·a [ăn ŏk'sĭ ə] *(n.)* الأنوكْسيا : نقص أكسجين الأنسجة (ط) .

An·ser·es [ăn'sər ēz] *(n. pl.)* رتبة الإوَزّ : رُتبة من الطيور المائية تشمل الإوزّ والبطّ (ح) .

an·ser·ine [ăn'sə rīn'] *(adj.)* (١) إوَزّيّ (٢) إوَزّانيّ : شبيه بالإوزّ (٣) أحمق ؛ أبله ؛ سخيف .

an·swer [ăn'sər; än'-] *(n.; vi.; t.)* (١) جواب ؛ إجابة (٢) ردّ ؛ استجابة § (٣) يُجيب ؛ يَرُدّ على (٤) يكون مسؤولًا عن ؛ يُعْلِن نفسَهُ مسؤولًا عن <I will ~ for his safety.> (٥) يُعَوِّض عن (٦) ينطبق على <~*ed* to the description> (٧) يفي بالغَرَض <This ~*s* the purpose.> (٨) يستجيب لِـ (٩) يَحُلّ ؛ يقدِّم حلًّا لِـ (١٠) يُطابق <to ~ the specifications>.

an·swer·a·ble *(adj.)* (١) مسؤول <She is ~ to me for all her acts.> (٢) ملائم (ا. ق) (٣) ممكنٌ دَحْضُهُ .

ant [ănt] *(n.)* نَمْلة .

ant- = anti-.

an·ta [ăn'tə] *(n.)* pl. **-s** *or* **-e** الأَنْت ؛ الأَنْتَة : عمود على جانبي مَدْخل (عم) .

A anta

ant·ac·id [ănt ăs'ĭd] *(n.; adj.)* مُضادّ للحموضة .

an·tag·o·nism *(n.)* (١) تعارُض ؛ تضارُب ؛ تنافُر (٢) خصومة ؛ عِداء (٣) تضادّ (أح) .

an·tag·o·nist [ăn tăg'ə nĭst] *(n.)* (١) خَصْم ؛ عَدُوّ (٢) الضّادّة : عاملٌ مضادٌّ فيسيولوجيًّا . وبخاصة : «أ» دواء مقاوِم لفعل دواء آخر . «ب» عضلة مقاوِمة لأخرى (فس) .

an·tag·o·nis·tic *(adj.)* مُخاصِم ؛ مُعادٍ ؛ متضارب .

an·tag·o·nize [ăn tăg'ə nīz'] *(vt.)* (١) يخاصم ؛ يُعادي ؛ يُقاوِم (٢) يستعدي : يثير عداوَتَهُ أو كراهيته <He ~*d* half the voters.> .

ant·al·gic [ănt'ăl'jĭk] *(adj.; n.)* (١) مُسكِّن § (٢) دواء مسكِّن .

ant·arc·tic *(adj.)* قُطبيجنوبيّ : ذو علاقة بالقطب الجنوبي .

Ant·arc·ti·ca [ănt ärk'tə kə] *(n.)* أنتاركتيكا : قارة غير آهلة بالسّكان تحيط بالقطب الجنوبي .

Antarctic Circle *(n.)* الدائرة القطبية الجنوبية .

An·tar·es [ăn târ'ēz] *(n.)* قَلْب العَقْرَب ؛ نيِّر العَقْرَب (فل) .

ant bear *(n.)* دُبّ النَّمل : حيوان ضخم من آكلات النمل (ح) .

an·te [ăn'tĭ] *(n.; vt.; i.)* (١) الأنتيّ : رِهان يتعيّن على لاعب البوكر أن يضعه بعد الاطّلاع على أوراقه ولكنْ قبل أن يسحب أوراقًا جديدة [وأحيانًا قبل أن يطّلع على أوراقه] (٢) ثَمَن § (٣) يُؤَنِّت : يراهن قبل الاطّلاع على أوراقه [في البوكر] (٤) «أ» يدفع نصيبه . «ب» يدفع .

ante- بادئة معناها : قَبلَ ؛ نحو الأمام .

ant·eat·er [ănt'ē'tər] *(n.)* آكِلُ النّمل : أيّ من عدة حيوانات تعيش على النمل في المقام الأول .

anteater

an·te·bel·lum [ăn'tĭ bĕl'əm] *(adj.)* قَبْحَرْبيّ ؛ سابقٌ للحرب .

an·te·cede [ăn'tə sēd'] *(vt.)* يَسْبق ؛ يتقدّم .

an·te·ced·ence [ăn'tə sē'dəns] *(n.)* سَبْق ؛ تقدُّم .

an·te·ced·en·cy [ăn'tə sē'dən sĭ] *(n.)* أسْبَقيّة .

an·te·ced·ent [ăn'tə sē'dənt] *(adj.; n.)* (١) سابق ؛ سالف ؛ متقدِّم <an ~ event> § (٢) المُحالُ عليه ؛ الاسم الذي يعود إليه الضمير [مثل Tom في قولك .I saw *Tom* and spoke to him] (٣) المُقَدَّم : «أ» الحدّ الأول للنسبة (ر) . «ب» العنصر الشَّرطي في قضية منطقية (مق) (٤) السابقة : حادثة أو حالة سابقة (٥) *pl.* : «أ» ماضي المرء . «ب» أسلاف ؛ أجداد .

an·te·cham·ber [ăn'tĭ chām'bər] *(n.)* (١) حجرة الانتظار (٢) القَيْطون : حجرة تؤدّي إلى أكبر منها .

an·te·date [ăn'tĭ dāt'] *(n.; vt.)* (١) تاريخ متقدِّم § (٢) يُسَبِّق التأريخ <to ~ a check> (٣) يَرُدّ إلى زمن متقدِّم <to ~ a historical event> (٤) يتقدَّم [زمنيًّا] ؛ يَسْبق .

an·te·di·lu·vi·an [ăn'tĭ dĭ lo͞o'vĭ ən] *(adj.; n.)* (١) قَبْطُوفانيّ ؛ سابقٌ للطُّوفان (٢) عتيق أو بدائيّ <~ ideas> § (٣) القَبْطوفانيّ : «أ» شخص عجوزٌ أو متمسِّك بالقديم إلخ . «ب» شيء عتيق الزيّ إلخ .

an·te·fix [ăn'tə fĭks] *(n.)* الإفريزيّة : حِلية معمارية في إفريز مَبْنًى (عم) .

an·te·flex·ion [ăn'tə flĕk'shən] *(n.)* الخَنَث : انعطاف العضو [وبخاصةٍ الرَّحِم] إلى الأمام .

an·te·lope [ăn'tə lōp'] *(n.)* (١) الظَّبْي (٢) جِلد الظَّبي المدبوغ .

antelope *1.*

an·te·me·rid·i·an *(adj.)* صَباحيّ : ذو علاقة بالصباح .

an·te me·rid·i·em [ăn'tĭ mə rĭd'ĭ əm'] *(adj.)* قبلَ الظُّهر [واختصارها : .A.M] .

an·te·mor·tem *(adj.)* قَبْمَوْتيّ ؛ سابق للموت <an ~ confession> .

an·te·mun·dane [-mŭn'dān] *(adj.)* سابقٌ للخليقة أو لخَلْق العالَم .

an·te·na·tal [-nā'təl] *(adj.)* قَبْولاديّ : «أ» خاصّ بالجنين أو ذو علاقة به . «ب» واقعٌ قبل الولادة ؛ حادثٌ خلالَ الحمل .

an·ten·na [ăn tĕn'ə] *(n.)* pl. **-e** *or* **-s** (١) الزُّبانَى ؛ قرن الاستشعار (حش) (٢) الهوائيّ ؛ هوائي الراديو (رد) .

an·ten·nule [-yo͞ol] *(n.)* الزُّبَيْنيَة (مج) : زُبانَى صغيرة .

an·te·pen·di·um *(n.)* pl. **-s** *or* **-di·a** سِتارة المذبح أو المِنبر (كن) .

an·te·pe·nult [ăn'tĭ pē'-]; **an·te·pe·nul·ti·ma** *(n.)* المَقْطع السابق للمقطعَيْن الأخيرين <مثل -*syl* في monosyllable> .

— an·te·pe·nul·ti·mate *(n.; adj.)*

an·te·ri·or [ăn tēr′-] *(adj.)* (١) أماميّ (٢) abaxial (٣) سابقٌ؛ سالِف.

an·te·ri·or·i·ty *(n.)* (١) الأماميّة (٢) الأسبقيّة؛ الأقدَمية.

an·te·room [ăn′tĭ ro͞om′] *(n.)* = antechamber.

an·te·vert [ăn′tĭ vûrt′] *(vt.)* يَقْلِب [الرَّحِمَ] إلى الأمام.

anth- = anti-.

an·thel·min·tic [ăn′thĕl mĭn′tĭk] *(adj.; n.)* (١) طاردٌ للديدان. وبخاصة: طاردٌ لديدان الأمعاء § (٢) طاردُ الديدان: دواء طاردٌ للديدان.

an·them [ăn′thəm] *(n.)* (١) ترنيمة [دينية] (٢) نشيد.

an·the·mi·on [ăn thē′-] *(n.)* pl. **-mi·a** حلية زهرية الأشكال (عم إلخ).

anthemion

an·ther [ăn′thər] *(n.)* المِئْبَر: جزء السَّداة المحتوي على اللَّقاح (نب).

— an·ther·al *(adj.)*

an·ther·id·i·um [ăn′thə rĭd′ĭ əm] *(n.)* pl. **-i·a** الأنثريدة؛ المِئبرية (مج): عضو التذكير في اللّازهريات (نب).

— an·ther·id·i·al *(adj.)*

an·the·sis [ăn thē′sĭs] *(n.)* الإزهار: تفتُّح الزهرة أو مُدَّتُه.

ant·hill [ănt′hĭl′] *(n.)* كثيب النِّمال.

antho- بادئة معناها: زهرة <*antho*phagous>.

an·tho·cy·a·nin [ăn′thə sī′ə nĭn] *(n.)* الأنثوسيانين: صِبْغٌ ذوّابٌ في الماء يُسْهِم إسهامًا رئيسيًا في تلوين الأزهار (كح).

an·thol·o·gist *(n.)* المقتطِف: الجامعُ المتخيِّر للمُنْتَقَيات الأدبية.

an·thol·o·gize *(vt.)* يقتطف: يصنِّف مجموعة مُنْتَقَياتٍ أدبية أو ينشرها.

an·thol·o·gy [ăn thŏl′ə jĭ] *(n.)* مُقْتَطَفات أدبية مختارة.

an·thoph·a·gous [ăn thŏf′ə gəs] *(adj.)* زهريّ الاغتذاء <~ larvae>.

an·tho·phore [ăn′thə fōr′] *(n.)* حامل الزهرة (نب).

A anthophore

an·tho·tax·y [-tăk′sĭ] *(n.)* الترتيب الزَّهريّ: ترتيب الأزهار في عنقودٍ زهريّ (نب).

An·tho·zo·a [ăn′thə zō′ə] *(n. pl.)* الزَّهريات الشُّعاعيّة: طائفة من اللّاحَشْويات تشمل المرجان وشقيق البحر وغيرهما.

an·tho·zo·an [ăn′thə zō′-] *(adj.)* زَهْرِيْشُعاعيّ؛ زَهْريّ شُعاعيّ.

an·thra·cene [-sēn′] *(n.)* الأنثراسين: مادّة في قطران الفحم.

an·thra·cite [ăn′thrə sīt′] *(n.)* الأنثراسيت: فحم حجريّ قاسٍ.

an·thrax [ăn′thrăks] *(n.)* الجَمْرة الخبيثة: مرض خطير مُعْدٍ من أمراض الماشية والخيل وقد يصاب الإنسان به.

anthrop- *or* **anthropo-** بادئة معناها: الإنسان.

an·throp·ic *(adj.)* بَشَريّ: ذو علاقة بالإنسان.

an·thro·po·cen·tric [ăn′thrə pō sĕn′-] *(adj.)* مَرْكَزِيْبَشَريّ: «أ» مُعتبِرٌ أن الإنسان هو حقيقة الكون المركزية. «ب» مُفْتَرِضٌ أن الإنسان هو غاية الكون القصوى. «ج» مُفَسِّرٌ كلَّ شيء بِلُغَةِ القِيم والخبرات الإنسانية.

an·thro·po·gen·e·sis *(n.)* علم أصل الإنسان وتطوُّره.

an·thro·pog·ra·phy *(n.)* الأنثروبوغرافيا: وصفُ خصائص الأعراق وتوزّعها الجغرافي.

an·thro·poid [ăn′thrə poid′] *(adj.; n.)* (١) شبيه بالإنسان <~ apes> (٢) شبيه بالقِرد <an ~ gangster> § (٣) قردٌ شبيه بالإنسان.

anthropoid apes *(n. pl.)* أشباه الإنسان؛ القِرَدة الشبيهة بالإنسان.

an·thro·pol·o·gist *(n.)* الأنثروبولوجي: العالم بالأنثروبولوجيا.

an·thro·pol·o·gy [ăn′thrə pŏl′ə jĭ] *(n.)* الأنثروبولوجيا؛ علم الإنسان: علم يبحث في أصل الجنس البشري وتوزّعِهِ وتطوّره وأعراقه وعاداته.

an·thro·pom·e·try [ăn′thrə pŏm′ə trĭ] *(n.)* الأنثروبومترية: دراسة قياس الجسم البشري لأغراض التصنيف الأنثروبولوجي المقارن.

an·thro·po·mor·phic [-pō môr′fĭk] *(adj.)* (١) مُجَسِّم: موصوفٌ أو مُتَصَوَّر في شكل بشري أو بصفاتٍ بشرية <~ deities> (٢) مُجَسِّم: خالعٌ صفاتٍ بشريةً على غير الإنسان وبخاصة على الآلهة (٣) بَشَريّ الشكل.

an·thro·po·mor·phism *(n.)* التجسيم؛ التَّشبيهية: «أ» خَلْعُ الصفات البشرية على الله. «ب» عَزْو الصفات البشرية إلى غير العاقل.

an·thro·po·mor·phize *(vt.; i.)* يُجَسِّم: ينسب الصفات البشرية إلى.

an·thro·po·mor·pho·sis *(n.)* التَّأنْسُن: التحوُّل إلى شكلٍ بشري.

an·thro·poph·a·gous [-pŏf′ə gəs] *(adj.)* آكلٌ لحمَ البَشَر.

an·thro·poph·a·gus *(n.)* pl. **-a·gi** [ə gī; ə jī] الآكلُ لحمَ البشر.

an·thro·po·pho·bi·a *(n.)* رُهاب البَشَر: خوفٌ مَرَضيٌّ من بني الإنسان.

an·ti[1] [ăn′tī; ăn′tĭ] *(n.)* المقاوِم: من يقاوم خطةً أو فكرةً أو حزبًا.

an·ti[2] *(adj.)* مقاوِم؛ مُعارِض.

an·ti[3] *(prep.)* ضدَّ <was ~ income tax>.

anti- بادئة معناها: «أ» مقاوِمٌ لِـ <*anti*slavery>. «ب» مضادٌّ لِـ <*anti*-aircraft>. «ج» عدوّ؛ كاذب؛ زائف <*anti*christ>. «د» نقيض؛ عكس <*anti*climax>. «هـ» لا؛ غير <*anti*logical>.

an·ti·ac·id [ăn′tĭ ăs′ĭd] *(n.; adj.)* = antacid.

an·ti·air·craft *(adj.; n.)* (١) مضادّ للطائرات § (٢) سلاحٌ مضادٌّ للطائرات.

an·ti·anx·i·e·ty *(adj.)* مُضادٌّ للحُصار؛ مضادّ للقلق <~ drugs>.

an·ti·bac·te·ri·al *(adj.; n.)* (١) مُضادّ للبكتيريا؛ مضادّ للجراثيم § (٢) المُضادّ للبكتيريا: عقّار أو عاملٌ مضادّ للجراثيم.

an·ti·bal·lis·tic missile *(n.)* مُضادّة القذائف البالِسْتية: قذيفة تعترض القذائف البالِسْتيّة أو تدمِّرها.

an·ti·bi·o·sis [ăn′tĭ bī ō′sĭs] *(n.)* التَّضادّ: تضادٌّ بين مُتَعضِّيَيْن يؤدي إلى إلحاق الأذى بأحدهما (أح).

an·ti·bi·ot·ic [-bī ŏt′ĭk] *(adj.; n.)* (١) مُرْدٍ؛ صادّ: قاتلٌ للحياة وبخاصة

للجراثيم § (٢) المُرْدي؛ الصّادّة؛ مُضادّ الحَيَويّات.

an·ti·bod·y *(n.)* الجسم المضادّ؛ الضِّد: مادة بروتينيّة مضادة للبكتيريا موجودةٌ في الدم.

an·tic [ăn′tĭk] *(n.; adj.)* (١) مَرَح؛ عَبَث؛ سلوك غريب (٢) مُهَرِّج § (٣) غريب (٤) مَرِحٌ؛ عابث.

an·ti·cat·a·lyst *(n.)* اللّاحَفّاز: مادة تعوق التفاعل الكيميائي.

an·ti·christ *(n.)* (١) عدوّ للمسيح (٢) *cap.*: المسيح الدجّال.

an·tic·i·pant [ăn tĭs′-] *(adj.; n.)* (١) مُتَوَقِّع؛ منتظِرٌ أمرًا § (٢) المتوقِّع.

an·tic·i·pate [ăn tĭs′ə pāt′] *(vt.; i.)* (١) يعالج أو يَدْرس مقدَّمًا (٢) يدفع قبل الاستحقاق (٣) يستبق تنفيذ رغبات الآخرين إلخ <He tries to ~ all my wishes.> (٤) يستعمل أو ينفق (المالَ) قبل الحصول عليه <A man who ~s his income can never become rich.> (٥) يسبق غيره <Death ~d the executioner.> (٦) يُحْبِط بعملٍ مسبَّق <to ~ arrest by flight> (٧) يعجّل في حدوث أمر <The lazy office boy ~d his dismissal by stealing stamps.> (٨) يتوقّع (٩) يحتاط لأمر مُحْتَمَل الحدوث x (١٠) يظهر قبل موعده المرتقَب.

an·tic·i·pa·tion *(n.)* مص anticipate. وبخاصة: توقُّع.
thanking you in ~, شاكرًا لك سلفًا [صيغة تُختم بها رسالة مشتملة على طلب].

an·tic·i·pa·tive *(adj.)* (١) نزّاع إلى التوقُّع <an ~ mother> (٢) منطوٍ على توقُّع <an ~ look>.

an·tic·i·pa·to·ry [-tōr′ĭ] *(adj.)* (١) توقُّعيّ: متميِّز بالتوقُّع (٢) متوقِّع.

an·ti·cler·i·cal *(adj.)* مقاوِم للأكليروس [أو لنفوذهم إلخ].

an·ti·cli·max *(n.)* (١) الهبوط؛ الهبوط المفاجئ (٢) انحطاط (٣) خيبة أمل (٤) شيء غير مثير.
—an·ti·cli·mac·tic *(adj.)*

an·ti·cli·nal *(adj.)* حَنِيريّ: منحدرٌ في اتجاهين بعيدًا عن القمة أو المحور.

an·ti·cline [ăn′tĭ klīn′] *(n.)* الحَنِيرة؛ الطيّة المحدَّبة (جي).

an·ti·clock·wise *(adj.; adv.)* = counterclockwise.

an·ti·co·ag·u·lant *(n.)* مانعُ التخثُّر (مج): مادّة تعوق تخثُّر الدم.

an·ti·cul·ture *(n.)* اللّاثقافة؛ معاداة الثقافة.

an·ti·cy·clone *(n.)* السَّيكلون المضادّ؛ الإعصار الحلزوني المضادّ (أر).

an·ti·dot·al *(adj.)* تِرْياقيّ: مضادٌّ للسُّمّ.

an·ti·dote [ăn′tĭ dōt′] *(n.)* تِرْياق.

an·ti·e·lec·tron *(n.)* الألكترون المضادّ؛ البوزترون.

an·ti·en·zyme *(n.)* مُضادّة الأنزيمات؛ مضادّة الخمائر.

an·ti·fer·ment *(n.)* مُضادّة التخمُّر: مادة مقاومةٌ للتخمُّر.

an·ti·fer·til·i·ty *(adj.)* مانعٌ أو مقاوِم للحَمْل <~ agents>.

an·ti·freeze *(n.)* مقاوِمة التجمُّد: مادة تضاف إلى السائل لخَفْض نقطة تجمُّده.

an·ti·fric·tion *(n.)* المزلِّقة: مادة مضادّة للاحتكاك أو مخفِّفة له.

an·ti·fun·gal *(adj.)* مقاوِمٌ للفُطر <~ drugs>.

an·ti·gen [ăn′tĭ jən] *(n.)* مُوَلِّد المُضادّ؛ المُسْتَضِدّ: مادة ينشأ عن حقنها في الجسد أجسامٌ مضادّة لها (را. antibody).

an·ti·he·lix *(n.)* الوَتَرة: غُضَيْريف مُنْحَنٍ في أعلى الأُذن الخارجية.

an·ti·his·ta·mine *(n.)* مُضادُّ الهِسْتَمين (صي).

an·ti–in·flam·ma·to·ry *(adj.)* مُضادّ للالتهاب.

an·ti·knock [ăn′tĭ nŏk′] *(n.)* مانعةُ الخَبْط: مادة تضاف إلى الوقود لمنع الخَبْط في محرِّك داخليّ الاحتراق.

an·ti·lock *(adj.)* مضادٌّ للتثبُّت: مانعٌ للدواليب من أن تتثبّت في أمكنتها عند الفرملة <an ~ braking system>.

an·ti·log·a·rithm *(n.)* مقابِلُ اللوغارِتْم (ر).

an·ti·ma·cas·sar *(n.)* غطاء [لظهر الكرسيّ أو ذراعيه].

an·ti·mag·net·ic *(adj.)* مُضادّ للمغنطيسية <an ~ watch>.

an·ti·ma·lar·i·al *(n.; adj.)* مضادٌّ للملاريا.

an·ti·mo·ni·al; an·ti·mon·ic; an·ti·mo·ni·ous *(adj.)* أنتيمونيّ؛ إثْمِديّ.

an·ti·mo·ny [ăn′tə mō′nĭ] *(n.)* الأنتيمون؛ الإثْمِد (ك).

an·ti·neo·plas·tic *(adj.)* مُضادّ للأورام.

an·ti·neu·tri·no *(n.)* النيوترين المضادّ (فزن).

an·ti·neu·tron *(n.)* = antineutrino.

an·ti·node [ăn′tĭ nōd′] *(n.)* البطن؛ بطن الموجة (فز).

an·tin·o·my *(n.)* (١) تضارب القوانين أو المبادئ (٢) تناقض.

an·ti·nov·el *(n.)* اللّارواية: رواية تنقصها عناصر الرواية التقليدية.

an·ti·nu·cle·ar *(adj.)* (١) مُضادّ للنَّوى <~ antibodies> (٢) مناهضٌ للنَّووية.

an·ti·nuke *(adj.)* = antinuclear *2*.

an·ti·ox·i·dant *(n.; adj.)* (١) مُضادّةُ التأكسُد: مادة مانعة للتأكسُد § (٢) مضادٌّ للتأكسُد.

an·ti·par·a·sit·ic *(adj.)* مُضادّ للطُّفيليات.

an·ti·pas·to [än′tē päs′tō] *(n.)* pl. **-tos** *or* **-ti** = hors d'oeuvre.

an·ti·pa·thet·ic *or* **-al** *(adj.)* (١) «أ» نَفور: مفطور على كُره شيء. «ب» كارهٌ؛ مُبْغض (٢) بغيض؛ كريه؛ مُنَفِّر (٣) متنافر.

an·tip·a·thy *(n.)* (١) نُفور: كراهية فِطرية (٢) تنافر؛ تعارض فِطريّ أو غَرَزيّ (٣) شيء أو شخص بغيض.

an·ti·pe·ri·od·ic *(adj.; n.)* (١) مُضادّ للدَّورية: مانعٌ لتكرّر نوبات المرض الدّورية [في الحُمّيات المتقطّعة إلخ] § (٢) دواء مضادّ للدَّورية.

an·ti·per·son·nel *(adj.)* مُضادّ للأفراد <~ bombs>.

an·ti·per·spi·rant *(n.)* مُضادُّ التعرُّق.

an·ti·pet·al·ous *(adj.)* بَتَليّ التقابُل: ذو أَسْدِيَةٍ مقابِلةٍ للبَتَلات (نب).

an·ti·phlo·gis·tic [-flō jĭs′tĭk] *(adj.; n.)* (١) مُضادٌّ للالتهاب § (٢) عقّار مضادّ للالتهاب.

an·ti·phon *(n.)* الترنيمة التّجاوُبية: ترنيمة تُرَتَّل بالمناوبة التجاوُبية.

an·tiph·o·nal[1] *(n.)* = antiphonary.

an·tiph·o·nal² *(adj.)* (١) ترنيميّ تجاوبيّ (٢) تجاوبيّ .

an·tiph·o·nar·y *(n.)* كتاب التراتيل التّجاوبية (كن).

an·tiph·o·ny *(n.)* المجاوَبة الصَّوتيّة (مج) [بين مجموعتين من المنشدين] .

an·tip·o·dal *(adj.)* (١) مُقاطِر : واقعٌ على القُطر أو الجانب المقابل من الأرض <~ to our region> (٢) متناقض ؛ متعارض (٣) مُناهِض .

an·ti·pode [ăn′tə pōd′] *(n.)* نقيض .

an·ti·pol·lu·tion *(n.)* مُضادّة التلوُّث : مادة مانعة للتلوّث .

an·ti·pope *(n.)* البابا المضادّ؛ البابا الزائف (كن).

an·ti·pro·ton *(n.)* البروتون المضادّ (فز).

an·ti·py·ret·ic *(adj.; n.)* مُضادٌّ أو مانعٌ للحُمَّى .

an·ti·py·rine [ăn′tĭ pī′rĭn] *(n.)* الأنتيبِيرين : مركَّب أبيض مُسكِّن للألم .

an·ti·quar·i·an [ăn′tə kwâr′ĭ ən] *(n.; adj.)* (١) العادِيّاتيّ : الجامع أو الدارس للعاديّات أو الأشياء الأثرية § (٢) عادِيّاتيّ : ذو علاقة بالعاديّات أو الأشياء الأثرية (٣) مُتّجر بالكتب القديمة أو النادرة .

an·ti·quar·y *(n.)* العاديّاتيّ (را . المادة السابقة).

an·ti·quate [ăn′tə kwāt′] *(vt.)* يجعله مهجورًا أو عتيق الزِّيّ .

an·ti·quat·ed *(adj.)* (١) مهجور ؛ مُمات (٢) عتيق الزِّيّ (٣) مُسِنّ .

an·tique [ăn tēk′] *(n.; adj.)* (١) العاديّ [والجمع عاديّات] : أثرٌ قديم § (٢) عتيق ؛ قديم (٣) عتيق الزِّيّ (٤) عاديّاتيّ <an ~ show> .

an·tiq·ui·ty [ăn tĭk′wə tĭ] *(n.)* (١) العصور القديمة . وبخاصة : العصور السابقة للقرون الوسطى (٢) عِتْق ؛ قِدَم (٣) *pl.* : «أ» العاديّات : آثار قديمة . «ب» شؤون متعلّقة بثقافة العصور القديمة أو بالحياة فيها (٤) القُدامَى : أبناء العصور القديمة .

an·tir·rhi·num [ăn tə rī′nəm] *(n.)* الخَطْميّة ؛ أنف العجل (نب).

an·ti–Se·mit·ic *(adj.)* لاساميّ : مُعادٍ للساميّين .

an·ti–Sem·i·tism *(n.)* اللّاساميّة : معاداة الشعوب الساميّة .

an·ti·sep·sis [ăn′tə sĕp′sĭs] *(n.)* تطهير ؛ تعقيم .

an·ti·sep·tic *(n.; adj.)* مانعٌ للعفونة ؛ مضادٌّ للفساد ؛ مطهِّر .

an·ti·sep·ti·cize *(vt.)* يُطهِّر ؛ يُعَقِّم .

an·ti·se·rum *(n.)* المَصْل المُضادّ : مَصْلٌ مُحتوٍ على أجسام مضادّة .

an·ti·slav·er·y *(n.; adj.)* (١) مناهَضة الاسترقاق § (٢) مناهِض للاسترقاق .

an·ti·so·cial *(adj.)* لااجتماعيّ : «أ» نَفورٌ من الاختلاط بالآخرين <an ~ fellow> . «ب» مُعادٍ لمصلحة المجتمع <Murder is an ~ act.> .

an·ti·spas·mod·ic *(adj.; n.)* مُضادٌّ للتَّشنُّج .

an·ti·spec·u·la·tion *(adj.)* مُضادّ للمضاربة [في البورصة] .

an·ti·sub·ma·rine *(adj.)* مُضادّ للغوّاصات ؛ مُدمِّر للغواصات .

an·ti·tank *(adj.)* مُقاوِم للدبّابات .

an·tith·e·sis [-tĭth′ə sĭs] *(n.)* pl. **-ses** (١) طِباق (ل) (٢) تضادّ ؛ تناقض (٣) نقيض (٤) النَّقِيضة : المرحلة الثانية من مراحل الديالكتيك الهيغلي .

an·ti·thet·ic *or* **-al** *(adj.)* (١) تضادّيّ ؛ طِباقيّ (٢) متناقض .

an·ti·tox·ic *(adj.)* (١) مضادّ للسُّمّ (٢) أنتيتُكسينيّ .

an·ti·tox·in *(n.)* (١) مُضادُّ الذِّيفان ؛ الأنتيتُكْسين : جسم مضادّ يتكوَّن في الجسد نتيجةً لحقنه بـ «تُكْسين» أو ذيفانٍ معيَّن (٢) المصل الأنتيتُكسينيّ .

an·ti·trades *(n. pl.)* المُضادّة للتجارية : رياحٌ تهبّ في اتجاه معاكس لاتجاه الرياح التجارية وعلى مستوًى أعلى من مستواها .

an·tit·ra·gus [-tĭt′rə gəs] *(n.)* المَرْزة : ناميةٌ في الأذن الخارجية (ت).

an·ti·trust *(adj.)* مناهض للتّروستات : مقاوم للتّجميع الضخم للرساميل .

an·ti·ven·in *(n.)* مُضادُّ السَّمَم : أنتيتُكسين مقاوِم للسُّمّ .

an·ti·vi·ral *(adj.)* مُضادّ للڤيروسات .

an·ti·vi·ta·min *(n.)* مُضادّ الفيتامين : مادةٌ تُفسد فيتامينًا معيَّنًا .

ant·ler [ănt′lər] *(n.)* قَرْن الوَعِل أو شُعبة منه .

ant lion *(n.)* لَيْث عِفْرين ؛ أَسَدُ النّمل : حشرة مغتذية بالنمل .

an·to·nym [ăn′tə nĭm] *(n.)* الضِّدّ ؛ المُطابِقة ؛ الكلمة المضادّة : لفظة ذات معنًى مناقض لمعنى لفظة أخرى <*«Good»* is the ~ of *«bad»*.> .

an·trorse [ăn trôrs′] *(adj.)* أماميّ الاتجاه (مج) : مُتّجِهٌ إلى أعلى أو إلى أمام (أح).

an·trum [ăn′-] *(n.)* pl. **-tra** الغار : جيب أو تجويف في العظم .

An·u·ra [ă nyōō′rə] *(n. pl.)* اللّاذَنَبِيّات ؛ البَتْراوات : رتبة من البرمائيّات لا أذناب لها ، تشمل الضفادعَ على اختلافها (ح).

an·u·ran *(adj.)* لاذَنَبيّ ؛ أبتر (ح).

an·u·re·sis [ăn′yōō rē′sĭs] *(n.)* الزُّرام : انحباس البول .

an·u·ric [ə nōōr′ĭk; ə nyōō-] *(adj.)* زُراميّ : متعلّق بانحباس البول .

a·nus [ā′nəs] *(n.)* الشَّرَج ؛ الاسْت (ت).

an·vil [ăn′vĭl] *(n.)* السَّندان : «أ» أداة لتطريق الحديد . «ب» عُظَيمة السَّندان [في الأذن].

anx·i·e·ty [ăng zī′ə tĭ] *(n.)* (١) قَلَق (٢) تلهُّف ؛ توقٌ شديد (٣) الحَصَر ؛ الحَصَر النفسيّ .

anxiety neurosis *(n.)* الحُصار ؛ العُصاب الحَصَريّ .

anx·ious [ăngk′shəs] *(adj.)* (١) قَلِق ؛ مشغول البال (٢) مصحوب بالقَلَق <~ cares> (٣) مثيرٌ للقَلَق <These are ~ times.> (٤) متلهِّف ؛ توّاق . **— anx·ious·ly** *(adv.)* **— anx·ious·ness** *(n.)*

an·y [ĕn′ĭ] *(adj.; pron.; adv.)* (١) أيٌّ ؛ أيّما <Ask ~ man you meet.> (٢) كلّ <needs ~ help she can get> § (٣) «أ» أيّ شخص <He does better than ~ before him.> . «ب» أحَد <~ unknown to> (٤) أيّ شيء أو مقدار § (٥) إلى درجةٍ ما <Has the patient improved ~?> .

an·y·bod·y *(pron.; n.)* (١) أحد ؛ أيّ إنسان § (٢) شخص ذو شأن <He'll never be ~.> .

an·y·how *(adv.)* (١) كيفما اتّفق (٢) بأية حال .

an·y·more *(n.; adv.)* (١) مَزيد؛ أيّ شيء إضافيّ § (٢) بَعْدَ الآن (٣) الآن؛ في الوقت الحاضر . <Don't think ~ about it.>

an·y·one *(pron.)* أيّ شخص؛ أيّ إنسان .

an·y·place *(adv.)* = anywhere.

an·y·thing *(pron.; adv.)* (١) أيّ شيء؛ شيءٌ ما (٢) أيّ شيء مهما يكن <*Anything* will do.> § (٣) بطريقة ما؛ إلى درجةٍ ما .

anything but <She is ~ mad.> . . . ألبتّة؛ بأية حال؛ أيّ شيء إلّا . أي إنها ليست مجنونة ألبتّة .

an·y·time *(adv.)* في أيّ وقت؛ في جميع الظروف .

an·y·way *(adv.)* (١) بأية طريقة؛ بأية حال؛ مهما يَحْدث (٢) بغير عناية؛ كيفما اتّفق .

an·y·ways *(adv.)* بأيّة حال .

an·y·where *(adv.; n.)* (١) إلى [أو في] أيّ مكان § (٢) أيّ مكان .

an·y·wise *(adv.)* ألبتّة؛ بأية حالٍ .

An·zac [ăn′zăk] *(n.)* الأنزاكي: جنديّ من أستراليا أو نيوزيلندا .

A one *or* **A 1** *also* **A–1** *(adj.)* ممتاز؛ من الطراز الأول .

a·or·ta [ā ôr′tə] *(n.)* pl. **-s** *or* **-e** الوَتين؛ الأَوْرْطيّ؛ الأَبْهر (ت) .

a·or·tic *or* **a·or·tal** *(adj.)* وَتينيّ؛ أَوْرْطيّ؛ أَبْهَريّ (ت) .

a·ou·dad [ä′o͞o dăd] *(n.)* الأَوْداد؛ الكَبْش الملتحي (ح) .

à ou·trance [ä′o͞o′träns′] *(adv.)* إلى أبعد حدّ؛ حتى الموت .

ap- = apo-.

a·pace [ə pās′] *(adv.)* بسرعة <Ill news spreads ~.> .

A·pach·e [ə păch′ĭ] *(n.)* (١) الأبَاش: شعب هندي أحمر (٢) الأبَاشيّ: واحدٌ من أفراد هذا الشعب (٣) الأبَاشيّة: لغة الأبَاش .

a·pache [ə päsh′] *(n.)* قاطع طريق باريسيّ .

ap·a·nage [ăp′ə nĭj] *(n.)* = appanage.

a·pa·re·jo [ä′pä rĕ′hô] *(n.)* سَرْج [الفرس] .

a·part [ə pärt′] *(adv.; adj.)* (١) منفردًا؛ بمَعْزِل <to live ~> (٢) على حدة <Each argument was considered ~.> (٣) جانبًا [كقولك: joking *apart* أي: إذا وضعنا المُزاح جانبًا وتكلّمنا جدّيًا] (٤) بعيدًا بعضهم عن بعض <Keep the children ~.> (٥) إلى أجزاء [كقولك to take a watch ~ أي يفكّك ساعة] § (٦) مستقلّ؛ منفصل <a class ~> .

to know (*or* tell) *apart* يميّز بين شيء وآخر .

worlds ~, مختلف جدًا .

apart from *(prep.)* (١) بصَرْف النظر عن (٢) باستثناء .

a·part·heid [ä pärt′hīt] *(n.)* أَبَرْتهايد: سياسة التمييز العنصري .

a·part·ment [ə pärt′mənt] *(n.)* (١) غرفة أو شقّة [للسَّكن] (٢) المَبْنى الشُّقَقيّ: مبنًى مؤلف من عدة وحَدات سَكَنيّة .

apartment building *(n.)* = apartment house.

apartment house *(n.)* = apartment 2.

ap·a·thet·ic [ăp′ə thĕt′ĭk] *or* **-al** *(adj.)* (١) فاتر الشعور (٢) لامبالٍ .

ap·a·thy [ăp′ə thĭ] *(n.)* (١) فتور الشعور (٢) لامبالاة .

ap·a·tite [ăp′ə tīt′] *(n.)* الأباتيت (مع) .

ape [āp] *(n.; vt.)* (١) قِرْد (٢) مُقَلِّد § (٣) يُقلِّد .

a·peak [ə pēk′] *(adj. or adv.)* في وضع عموديّ .

ape–man *(n.)* الإنسان القِرد: أحد الرئيسات *Primates* المنقرضة التي تُعتبر حلقةً متوسطة بين القِرَدة العُليا والإنسان الحديث .

a·per·çu [ȧ pĕr sʏ′] *(n.)* (١) لمحة خاطفة (٢) خلاصة .

a·pe·ri·ent [ə pēr′ĭ ənt] *(adj.; n.)* مُسْهِل؛ مليِّن .

a·pe·ri·od·ic [ā′pēr ĭ ŏd′ĭk] *(adj.)* لادَوْريّ: «أ» لانظاميّ؛ غير منتظم الحدوث <an ~ fever> . «ب» غير ذي ذبذبات دورية (فز) .

a·pe·ri·tif [ȧ pĕ rĭ tēf′] *(n.)* المُشَهّي؛ فاتح الشّهيّة .

ap·er·ture [ăp′ər chər] *(n.)* فُتحة؛ ثَقْب؛ مَنْفَذ .

a·pet·al·ous [ā pĕt′-] *(adj.)* لابَتَليّ؛ لاتُوَيجيّ: لا بَتَلات أو تُوَيجيّات له .

a·pex [ā′-] *(n.)* pl. **-es** *or* **a·pi·ces** [ăp′ə sēz′] (١) قِمّة (٢) الرأس (ر) .

aph- = apo-.

a·phaer·e·sis *or* **a·pher·e·sis** [ə fĕr′ə sĭs] *(n.)* الترخيم الاستهلاليّ: إسقاط حرف أو أكثر من أول الكلمة كقولك *coon* بدلًا من *raccoon* (ل) .

aph·a·nite [ăf′ə nīt′] *(n.)* الأفانيت: صخر داكن .

a·pha·sia [ə fā′zhə] *(n.)* الحُبْسة؛ الصُّمات: فَقْدُ القدرة على استخدام الكلمات أو فَهْمها نتيجةً لأذًى أصاب الدماغ . **— a·pha·si·ac** *(n.)*

a·phe·li·on [ə fē′lĭ ən] *(n.)* pl. **-li·a** الأوج: النقطة التي يكون فيها الكوكب السيّار أبعدَ ما يمكن عن الشمس (فل) .

aph·e·sis [ăf′ə sĭs] *(n.)* الترخيم الاستهلاليّ العِلّي: إسقاط حرف العلّة من أول الكلمة كقولك *lone* بدلًا من *alone* (ل) .

a·phid; a·phis *(n.)* الأَرَقة؛ المَنّة: حشرة تمتصّ عُصارات النبات .

aphis lion *(n.)* أسَد الأَرَق؛ أسَدُ المَنّ: يَرَقانةٌ آكلةٌ للأَرَق أو المَنّ (حش) .

a·pho·ni·a [ā fō′nĭ ə] *(n.)* الصُّمْتة: فَقْدُ الصوت (مض) .

aph·o·rism [ăf′ə rĭz′əm] *(n.)* حِكْمة؛ مَثَلٌ؛ قولٌ مأثور .

aph·o·rist *(n.)* (١) صائغ الحِكَم (٢) المُستشهِد بالحِكَم .

a·pho·tic [ā fō′tĭk] *(adj.)* مُظلِم <~ depths> .

aph·ro·di·sia [ăf′rə dĭz′ĭ ə] *(n.)* شَبَق؛ غُلْمة .

aph·ro·dis·i·ac *(adj.; n.)* (١) مُشْبِق؛ مُغْلِم: مثيرٌ للشهوة الجنسية § (٢) عقّار أو طعامٌ مثيرٌ للشهوة الجنسية .

aph·ro·di·te [ăf′rə dī′tĭ] *(n.)* أفروديت: فراشة سمراء منقّطة بالأَسْوَد .

Aph·ro·di·te أفروديت: إلاهة الحبّ والجمال عند الإغريق .

a·phyl·lous [ā fĭl′əs] *(adj.)* لاوَرَقيّ: لا ورقَ له (نب) .

a·pi·an [ā′pĭ ən] *(adj.)* نحليّ: خاصّ بالنّحل .

a·pi·ar·i·an [ā′pĭ âr′-] *(adj.)* نَحْليّ: خاصّ بالنّحل أو بتربيته .

a·pi·a·rist [ā′pĭ-] *(n.)* النَّحّال: المشتغل بتربية النحل .

a·pi·ar·y [ā′pĭ-] *(n.)* المَنْحَلَة: مكان تربية النحل .

ap·i·cal [ăp′-] *(adj.)* (١) قِمّيّ: متعلّق بالقِمّة (٢) أَسَليّ <~ letters> .

a·pi·ces [ăp′ə sēz′] *pl. of* apex.

a·pic·u·late [ə pĭk′yə lĭt] *(adj.)* سُفَيْنِيّ (مج): منتهٍ طرَفُهُ بسُفَيَّةٍ أو سَفاةٍ صغيرة وهي زائدة دقيقة تنتهي بها قمة الورقة في بعض النباتات.

a·pi·cul·tur·al *(adj.)* نِحاليّ: خاصّ بالنِّحالة أو تربية النحل.

a·pi·cul·ture *(n.)* النِّحالة: تربية النحل.

a·pi·cul·tur·ist *(n.)* النَّحّال: مُربِّي النَّحل.

a·piece [ə pēs′] *(adv.)* (١) لكلٍّ؛ لكل فرد <gave the boys a shilling ~> (٢) ~ لكل قطعة <costing a dollar ~>.

Apis

A·pis [ā′pĭs] أَبِيْس: العِجل المقدَّس عند قدماء المصريين.

ap·ish [ā′pĭsh] *(adj.)* (١) قِرْدانيّ: شبيه بالقِرد (٢) «أ» مقلِّد. «ب» أحمق. «ج» شديد التصنُّع.

a·piv·o·rous [ā pĭv′ə rəs] *(adj.)* مقتاتٌ بالنَّحل.

APL [ā pē ĕl′] *(n.)* آيْ. بِي. أل: لغة مُعَدَّةٌ لبرمجة الكومبيوتر.

ap·la·nat·ic [ăp′lə năt′-] *(adj.)* أبلاناتيّ؛ لازَيْغيّ <an ~ lens>.

a·pla·sia [ə plā′zhə] *(n.)* الأبلازيا؛ البَسَر: قصورٌ في النموّ يُفضي إلى غياب [فقدان] نسيجٍ أو عضو (ط).

a·plen·ty [ə plĕn′tĭ] *(adj.; adv.; n.)* (١) متوفّر؛ متواجد بوفرة § (٢) بوفرة (٣) كثيرًا § (٤) وفرة؛ مقدار وافر.

ap·lite [ăp′līt] *(n.)* الأبليت: غرانيت دقيق الحُبَيْبات.

a·plomb [ə plŏm′] *(n.)* (١) انتصاب؛ وضعٌ عموديّ (٢) ثقة بالنفس؛ رباطة جأش.

ap·ne·a *or* **ap·noe·a** [ăp nē′ə] *(n.)* (١) البُهْر: انقطاع النَّفَس انقطاعًا عابرًا (٢) اختناق.

apo- *or* **ap-** بادئة معناها: «أ» بعيدًا عن <*ap*helion>. «ب» مُنفصِل؛ مُفترِق <*apo*carpous>. «ج» مُرَكَّب من <*apo*morphine>.

a·poc·a·lypse [ə pŏk′ə lĭps] *(n.)* (١) *cap.*: سِفْر الرؤيا (٢) كَشْف؛ رؤيا نُبوئية.

a·poc·a·lyp·tic; -al *(adj.)* (١) رُؤيَويّ: خاصّ بسِفر الرؤيا (٢) نُبوئيّ: مُتنبِّئ بمصير العالم وقيام الساعة.

ap·o·car·pous *(adj.)* منفصل الكرابل؛ مفترق الكرابل (نب).

ap·o·chro·mat·ic *(adj.)* أبوكروماتيّ؛ مصحِّح للزَّيْغ <an ~ lens>.

a·poc·o·pe [ə pŏk′ə pĭ] *(n.)* التَّرخيم: حذف آخر الكلمة.

a·poc·ry·pha [-′rə fə] *(n. pl.)* الأبوكريفا: «أ» *cap.*: أربعة عشر سفرًا من أسفار «العهد القديم» من الكتاب المقدَّس لا يعترف اليهود والبروتستانت بصحّتها. «ب» كتابات مشكوك في صحّتها أو صحّة من تُعْزَى إليهم من المؤلفين.

a·poc·ry·phal *(adj.)* (١) أبوكريفاويّ: «أ» *cap.*: ذو علاقة بالأبوكريفا. «ب» مشكوك في صحته (٢) منحول؛ موضوع.

Ap·o·da; Ap·odes *(n. pl.)* القَطْعاوات؛ عديمات الأرجُل (ح).

ap·o·dal; ap·o·dous *(adj.)* (١) لاقَدَميّ؛ عديم الأرجل (ح) (٢) عديم الزعانف الحوضية <Eels are ~.>.

ap·o·dic·tic [ăp′ə dĭk′tĭk] *(adj.)* قاطع؛ دامغ.

ap·o·gam·ic *or* **a·pog·a·mous** *(adj.)* لاإلقاحيّ (نب).

a·pog·a·my [ə pŏg′ə mĭ] *(n.)* اللاإلقاح؛ فَقْد الإلقاح: فقدان خاصيّة التناسل الشِّقّيّ في بعض النباتات ونشوء أحياء جديدة منها دون تلاقح الأمشاج.

ap·o·gee [ăp′ə jē′] *(n.)* (١) الأوج؛ نقطة الأوج: أبعد نقطة عن الأرض في مدار القمر (فل) (٢) قِمّة؛ ذِروة؛ أوج. — **ap·o·ge·an** *(adj.)*

a·po·lit·i·cal [ā′pə lĭt′-] *(adj.)* لاسياسيّ: كارهٌ للسياسة أو غير مهتمّ بها.

A·pol·lo [ə pŏl′ō] *(n.)* أپولو: «أ» إلٰه الشعر والموسيقى والجمال الرجولي (مث). «ب» شابٌّ فائق الجمال. — **A·pol·lo·ni·an** *(adj.)*

Apollo *a.*

A·pol·lyon [ə pŏl′yən] *(n.)* أپوليون: ملاك الهاوية أو الجحيم.

a·pol·o·get·ic; -al *(adj.)* (١) دفاعيّ؛ تبريريّ (٢) اعتذاريّ (٣) نادم؛ آسِف: معبِّر عن أسفٍ.

a·pol·o·get·ics *(n.)* الأبولوجيتيكا: الدفاع عن العقائد المسيحية.

ap·o·lo·gi·a [ăp′ə lō′jĭ ə] *(n.)* دفاع [عن آراء أو موقف إلخ].

a·pol·o·gist *(n.)* المُدافع [عن دينٍ أو قضية أو مؤسسة قولًا أو كتابةً].

a·pol·o·gize [ə pŏl′ə jīz′] *(vi.)* (١) يعتذر [عن خطأ أو إهانة إلخ] (٢) يدافع [من طريق الكلام أو الكتابة].

ap·o·logue [ăp′ə lôg′] *(n.)* (١) خرافة أخلاقية (٢) قصة رمزية.

a·pol·o·gy [ə pŏl′ə jĭ] *(n.)* (١) دفاع [عن قضية أو وجهة نظر] (٢) اعتذار [عن خطأٍ إلخ] (٣) بديلٌ مؤقَّت.

ap·o·mic·tic [ăp ə mĭk′tĭk] *(adj.)* عُذْريّ؛ بِكْريّ.

ap·o·mor·phine *(n.)* الأبومورفين: مادة تحضَّر من المورفين.

ap·o·neu·ro·sis *(n.)* الصِّفاق: غشاءٌ عريض يغلّف عضلةً.

ap·o·phthegm [ăp′ə thĕm′] *(n.)* = apothegm.

a·poph·y·sis [ə pŏf′ə sĭs] *(n.)* pl. **-ses** [sēz] نُتوء («ت» و«نب»).

ap·o·plec·tic *(adj.)* (١) سَكْتيّ: ذو علاقة بالسَّكتة أو مسبِّب لها (٢) مَسْكوت: مصابٌ بأعراض السَّكتة أو مُعرَّض لها.

ap·o·plex·y [ăp′ə plĕk′sĭ] *(n.)* السَّكْتة؛ السَّكْتة الدِّماغيّة.

a·port [ə pōrt′] *(adv. or adj.)* على أو نحو الجانب الأيسر [من السفينة].

ap·o·si·o·pe·sis [ăp′ə sī′ə pē′sĭs] *(n.)* pl. **-ses** [sēz] السّكوت المفاجئ [عن إكمال الفكرة وبخاصة لعدم رغبة المتكلم في التعبير عما يدور في خَلَده].

a·pos·ta·sy [ə pŏs′tə sĭ] *(n.)* الرِّدَّة (مج): ارتدادٌ عن عقيدة أو دين.

a·pos·tate [ə pŏs′tāt] *(n.; adj.)* مُرْتدّ [عن عقيدة أو دين].

a·pos·ta·tize [ə pŏs′tə tīz′] *(vi.)* يَرْتدّ [عن عقيدة أو دين].

a pos·te·ri·o·ri [ā pōs tēr′ĭ ōr′ī] *(adj.; adv.)* (١) استدلاليّ: قائمٌ على

دراسة الوقائع المتفرقة والحالات الخاصة بغية استخلاص المبادئ العامة منها <demonstration ~> § (٢) استدلاليًّا (مق).

a·pos·til *also* **a·pos·tille** [ə pŏs′tĭl] *(n.)* حاشية؛ هامش؛ تعليق.

a·pos·tle [ə pŏs′əl] *(n.)* (١) رسول؛ حَواريّ (٢) المُصلِح: رائد إصلاح أخلاقيّ عظيم (٣) نَصير <a ~ of freedom>.

Apostles' Creed *(n.)* قانون الإيمان المسيحي [المنسوب إلى رُسُل المسيح الاثني عشر، ومطلعُهُ «أؤمن بالله الآبِ الكُلّيّ القُدرة»].

a·pos·to·late [-lĭt; -lāt] *(n.)* رسالة الحواريّ أو الرسول أو وظيفتُهُ.

ap·os·tol·ic; -al *(adj.)* (١) رَسُوليّ (٢) رُسُليّ (٣) بابويّ.

apostolic delegate *(n.)* القاصد الرَّسوليّ.

Apostolic Father *(n.)* الأب الرَّسوليّ: أحد آباء الكنيسة في القرن الأول أو القرن الثاني للميلاد.

Apostolic See *(n.)* الكُرسيّ الرَّسوليّ: مقام البابا أو حكومته.

a·pos·tro·phe[1] [ə pŏs′trə fĭ] *(n.)* (١) المناجاة: توجيه الخطاب إلى شخص غير موجود عادةً أو إلى شيء تجريديّ مُشَخَّص وذلك لغرض بلاغيّ (٢) الالتفات: انتقال فجائيّ أثناء الكلام لتوجيه الخطاب إلى شخص آخر (بل).

a·pos·tro·phe[2] *(n.)* الفاصلة العليا: علامةُ (') التي تُفيد الحذفَ أو الإضافة أو الجمع (ل).

a·pos·tro·phize *(vt.; i.)* (١) يُناجي (٢) يلتفت (٣) يضع فاصلة عُليا.

a·poth·e·car·ies' measure [ə pŏth′ĭ kĕr′ēz] *(n.)* المكاييل الصيدلانية: نظام من الوحدات يُستخدم في تركيب الأدوية السائلة (صي).

a·poth·e·car·ies' weight *(n.)* الموازين الصيدلانية: نظام من الموازين يُستخدم في مزج العقاقير وتحضير الوصفات الطبية (صي).

a·poth·e·car·y [ə pŏth′ə kĕr′ĭ] *(n.)* (١) الصَّيْدليّ (٢) صيدلية.

ap·o·the·ci·um [-′shĭ əm] *(n.)* وعاء الأبواغ [في بعض الأشنة والفطور].

ap·o·thegm [ăp′ə thĕm′] *(n.)* حكمة؛ قول مأثور.

a·poth·e·o·sis [ə pŏth′ĭ ō′sĭs] *(n.)* pl. **-ses** [sēz] (١) تأليه (٢) تمجيد (٣) النموذج الكامل؛ النموذج الأمثل.

ap·o·the·o·size [ăp ə thē′-] *(vt.)* (١) يُؤَلِّه (٢) يُمَجِّد.

ap·pall; ap·pal [ə pôl′] *(vt.)* يُرْعِب؛ يُرَوِّع.

ap·pall·ing *(adj.)* مُرْعِب؛ مُرَوِّع <an ~ accident>.

ap·pa·nage [ăp′ə nĭj] *(n.)* (١) النِّحلة: إقطاعة أو مالٌ أو ممتلكات يمنحها الملك أو الأمير لغير البكر من أبنائه (٢) الحِصَّة: نصيب المرء المخصَّص له (٣) *pl.* عد: اللوازم: ملحقات طبيعيّة أو ضرورية (٤) المُلْحَقَة: مقاطعة تحكمها دولة أُخرى.

ap·pa·ra·tus [ăp′ə rā′təs] *(n.)* (١) عُدَّة (٢) أدوات (٣) جِهاز.

ap·par·el [ə păr′əl] *(vt.; n.)* (١) يكسو (٢) يُزيِّن؛ يجمِّل § (٣) جهاز السفينة [من أشرعةٍ ومراسٍ ومدافع] (٤) كِساء؛ ملابس خارجية (٥) مَظهر؛ مَظهر خارجيّ (٦) حُلّة؛ كُسْوَة <the gay ~ of spring>.

ap·par·ent [ə păr′ənt; ə pâr′-] *(adj.)* (١) مَرْئيّ؛ ظاهر (٢) جليّ؛ واضح (٣) شَرْعيّ: ذو حقٍّ لا يُنازَع <the heir ~> (٤) ظاهريّ <the ~ motion of the sun>.

ap·par·ent·ly [ə păr′ənt lĭ] *(adv.)* (١) بوضوح؛ بجلاء (٢) ظاهريًّا.

ap·pa·ri·tion [ăp′ə rĭsh′ən] *(n.)* (١) ظاهرة غريبة (٢) شَبَح (٣) ظهور <the sudden ~ of the Spaniards>.

ap·par·i·tor [ə păr′ə tər] *(n.)* المُباشِر [في محكمة].

ap·peal [ə pēl′] *(vt.; i.; n.)* (١) يتّهم بجريمة (٢) يستأنف الدعوى x (٣) يستغيث بـِ؛ يناشد (٤) يلجأ أو يحتكم إلى <to ~ to force> (٥) يُعجِب؛ يَرُوق لـِ <This color ~s to me.> § (٦) استئناف [للدعوى] (٧) اتّهام بجريمة (٨) استغاثة؛ مناشدة (٩) لجوء؛ احتكام <an ~ to reason *or* to force> (١٠) إغراء؛ فتنة <The game has lost its ~.>.

ap·peal·a·ble *(adj.)* قابل للاستئناف [أمام محكمة أعلى].

ap·peal·er *(n.)* المُستأنِف؛ المُناشِد؛ المُحتكِم إلى.

ap·peal·ing *(adj.)* (١) متوسِّل؛ مُناشِد (٢) مُؤَثِّر (٣) جذّاب؛ فاتن.

ap·pear [ə pēr′] *(vi.)* (١) يَظهر للعِيان (٢) يَمْثُل [أمام القضاء] (٣) يبدو (٤) يتّضح (٥) يَصْدُر <His novel ~*ed* last year.>.

ap·pear·ance *(n.)* (١) ظُهور (٢) مُثول [أمام القضاء] (٣) صدور (٤) هيئة؛ مَظهر (٥) *pl.* مظاهر (٦) *pl.* دلائل خارجيّة (٧) ظاهرة غريبة.

to judge by ~*s* يحكم بحسب الظواهر.

to put in (*or* make) an ~, يَحضُر؛ يَشْهد [اجتماعًا. وبخاصة لفترة قصيرة].

ap·pease [ə pēz′] *(vt.)* (١) يهدّئ (٢) يُطفئ؛ يَرْوي (٣) يُسكِّن (٤) يُشْبِع <to ~ a person's curiosity> (٥) يسترضي. وبخاصة: يسترضي عدوًّا على حساب المبادئ الأخلاقية اجتنابًا لشرّه. — **ap·peas·a·ble** *(adj.)*.

ap·pease·ment *(n.)* تهدِئة؛ تسكين؛ إشباع؛ استرضاء.

ap·pel·lant [ə pĕl′ənt] *(adj.; n.)* (١) استئنافيّ § (٢) المُتَّهِم [غيرَهُ بجريمةٍ إلخ] (٣) المستأنِف [لدعوى].

ap·pel·late [ə pĕl′ət] *(adj.)* استئنافيّ: «أ» ذو علاقة باستئناف الدعاوى. «ب» له صلاحية النقض <an ~ court>.

ap·pel·la·tion *(n.)* (١) اسم؛ لقب (٢) تَسْمية (ا. ق).

ap·pel·la·tive [ə pĕl′ə tĭv] *(n.; adj.)* (١) اسمٌ عامّ [غيرُ عَلَم] (٢) اسم؛ لقب § (٣) عامّ؛ غير عَلَم (ل) (٤) وَصْفيّ.

ap·pel·lee [ăp′ə lē′] *(n.)* المستأنَف ضدَّه (ق).

ap·pel·lor [ə pĕl′ər] *(n.)* المُتَّهِم: المُتَّهِم غيره بجريمة (ق).

ap·pend [ə pĕnd′] *(vt.)* (١) يُذَيِّل (٢) يُلْحِق؛ يُضيف.

ap·pend·age [ə pĕn′dĭj] *(n.)* (١) مُلْحَق؛ ذيل (٢) شخصٌ تابع لشخص آخر (٣) اللّاحقة: عضوٌ أو جزء ثانوي أو إضافي (أح).

ap·pen·dant; ap·pen·dent *(adj.; n.)* مُلْحَق؛ مُضاف؛ تابعٌ لـِ.

ap·pen·dec·to·my [ăp′ən dĕk′tə mĭ] *(n.)* استئصال الزائدة [الدودية جراحيًّا].

ap·pen·di·ces [ə pĕn′də sēz′] *pl. of* appendix.

ap·pen·di·ci·tis [ə pĕn′də sī′tĭs] *(n.)* التهاب الزائدة [الدودية] (ط).

ap·pen·dic·u·lar [-dĭk′yə-] *(adj.)* زائديّ: ذو علاقة بزائدة «ت».

و«أح»). وبخاصة: ذو علاقة بالزائدة الدودية <~ inflammation>.

ap·pen·dix [ə pěn′dĭks] *(n.)* pl. **-dix·es** *or* **-di·ces** (١) مُلْحَق؛ ذيل (٢) الزائدة. وبخاصة: الزائدة الدّودية.

ap·per·ceive [ăp′ər sēv′] *(vt.)* يُدْرِك بالترابط: يفسِّر [مفهومًا جديدًا] في ضوء الخبرة السابقة (نف).

ap·per·cep·tion *(n.)* (١) وعي الذّات [الاستبطانيّ] (٢) الإدراك بالترابط.

ap·per·tain [ăp′ər tān′] *(vi.)* يَخُصّ: يكون خاصًّا بشيء أو شخص أو مشكِّلًا بعضًا من صلاحيته <This matter ~*s* to the police.>.

ap·pe·ten·cy [ăp′ə tən sĭ] *(n.)* (١) أُلفة طبيعيّة [بين الموادّ الكيميائية إلخ] (٢) نزعة غَرَزية (٣) شهوة.

ap·pe·tent [ăp′ə tənt] *(adj.)* (١) توّاق؛ شديد الرغبة في (٢) تَوْقيّ.

ap·pe·tite [ăp′ə tīt′] *(n.)* (١) شَهيّة [إلى الطعام] (٢) شهوة؛ مَيل فطريّ أو مكتسب <an ~ for reading> (٣) مَيْل.

ap·pe·tiz·er *(n.)* المُشَهِّي: طعام أو شراب يُتناول قبل الطعام لإثارة الشهيّة.

ap·pe·tiz·ing *(adj.)* مُشَهٍّ: مثير أو فاتح للشهيّة.

ap·plaud [ə plôd′] *(vi.; t.)* (١) يصفّق [استحسانًا] **x** (٢) يصفّق لِـ <to ~ an actor> (٣) «أ» يُطري؛ يُعْجَب بِـ <to ~ one's conduct>. «ب» يستحسن؛ يعبّر عن موافقته على <I ~ your decision.>.

ap·plaud·a·ble *(adj.)* جديرٌ بالاستحسان أو الإطراء أو التصفيق.

ap·plause [ə plôz′] *(n.)* (١) «أ» إطراء. «ب» استحسان (٢) تصفيق [استحسانيّ].

ap·ple [ăp′əl] *(n.)* (١) تُفّاحة (٢) التُّفّاح؛ شجر التُّفّاح.

ap·ple·jack *(n.)* التُّفّاحيّ: شراب مُسْكِر من عصير التفّاح.

apple of discord تُفّاحة الشِّقاق؛ سبب الشّقاق أو التحاسد.

apple of the eye (١) بؤبؤ العين أو إنسانها (٢) قُرّة العين.

apple pie *(n.)* فطيرة التفّاح: فطيرة مصنوعة من التفاح.

ap·ple–pie [ăp′əl pī′] *(adj.)* ممتاز؛ كامل.

ap·pli·ance [ə plī′əns] *(n.)* (١) استعمال؛ تطبيق (٢) أداة؛ جهاز.

ap·pli·ca·ble *(adj.)* (١) قابلٌ للتطبيق (٢) ملائم؛ مناسب؛ صالح.

ap·pli·cant [ăp′lə kənt] *(n.)* طالب الوظيفة أو المساعدة.

ap·pli·ca·tion [ăp′lə kā′-] *(n.)* (١) استعمال؛ تطبيق (٢) طريقة استعمال (٣) انكباب <~ to one's studies> (٤) الوَضْعة: علاج موضعيّ <hot and cold ~*s*> (٥) طَلَبٌ <an ~ for employment> (٦) قابلية التطبيق.

ap·pli·ca·tive *(adj.)* (١) عمليّ (٢) تطبيقيّ.

ap·pli·ca·tor *(n.)* (١) المُستعمِل: من يستعمل شيئًا أو مادّة معيّنة (٢) الوضّاعة: أداة لإدخال دواء إلى الأنف أو الحنجرة.

ap·pli·ca·to·ry *(adj.)* عمليّ: قابل للاستعمال أو التطبيق.

ap·plied [ə plīd′] *(adj.)* تطبيقيّ <~ sciences.>.

ap·pli·qué [ăp′lə kā′] *(n.; adj.; vt.)* (١) الأبْلَكة: «أ» زخرفة للملابس تتمّ بخياطة رسوم من قماش أو إلصاقها على قماش آخر. «ب» الزخارف المستخدمة لهذا الغرض § (٢) مُؤبْلَك: مُزَخْرَف بهذه الطريقة <~ work> § (٣) يُؤَبْلِك: يزخرف على هذا النحو.

appliqué *1.*

ap·ply [ə plī′] *(vt.; i.)* (١) يستعمل (٢) يُفْرِد: يخصِّص لغرض معيَّن <to ~ a sum of money to pay a debt> (٣) يُعْمِل؛ يُشَغِّل <Salma *applied* her brakes quickly.> (٤) يضع أو ينشُر على <to ~ medicaments to a diseased part of the body> (٥) «أ» يطبِّق. «ب» يَفْرِض (٦) «أ» ينكبّ على. «ب» يُجهد **x** (٧) يَصِحّ في؛ ينطبق على (٨) يقدِّم طلبًا.

ap·point [ə point′] *(vt.)* (١) يُحدِّد (٢) «أ» يَفْرِض؛ يقرِّر. «ب» يأمر؛ يُصْدِر أمرًا (٣) يعيِّن؛ يوظِّف (٤) يُجهِّز؛ يؤثِّث <~*ed* public rooms>.

ap·point·ed *(adj.)* (١) محدَّد (٢) مُعَيَّن (٣) مُجَهَّز؛ مؤثَّث.

ap·point·ee [ə poin tē′] *(n.)* المُعَيَّن [في وظيفةٍ ما].

ap·point·ment *(n.)* (١) تعيين؛ توظيف (٢) وظيفة؛ مَنْصِب (٣) مَوْعِد (٤) *pl.* عد: تجهيزات.

ap·por·tion *(vt.)* يُقَسِّم؛ يوزِّع؛ يُحَصِّص [وفقًا لقاعدة].

ap·por·tion·ment *(n.)* تقسيم؛ توزيع؛ تحصيص [وفقًا لقاعدة].

ap·pose [ə pōz′] *(vt.)* (١) يَضُمّ؛ يُضيف إلى (٢) يضع جنبًا إلى جنب.

ap·po·site [ăp′ə zĭt] *(adj.)* ملائم؛ مناسب؛ في محلّه <an ~ remark>.

ap·po·si·tion *(n.)* (١) بَدَل؛ عطف بيان (ل) (٢) ضمّ؛ إضافة (٣) التراكُب؛ النموّ التّراكبي (أح).

ap·pos·i·tive *(n.; adj.)* (١) بَدَل؛ عطف بيان § (٢) بَدَليّ.

ap·prais·al; ap·praise·ment *(n.)* تثمين؛ تقييم؛ تخمين؛ تقدير.

ap·praise [ə prāz′] *(vt.)* يُثمِّن؛ يُقيِّم؛ يُخَمِّن؛ يقدِّر.

ap·pre·ci·a·ble [ə prē′shĭ ə bəl] *(adj.)* مَحْسوس؛ ملموس.

ap·pre·ci·ate [ə prē′shĭ āt′] *(vt.; i.)* (١) «أ» يُدرِك؛ يعي <to ~ the dangers>. «ب» يَفْهم؛ يقدِّر <I ~ your anxiety about your daughter's illness.> (٢) يُقَدِّر [شيئًا] حقّ قَدْرِه <His great ability was not ~*d*.> (٣) يُعْجَب [إعجابًا عظيمًا بِـ]؛ يتذوَّق <to ~ music> (٤) يزيد في قيمة شيء؛ يرفع الثمن <New buildings ~ the value of land.> **x** (٥) يرتفع ثمنه <This land has ~*d* greatly since the new road was built.>. **—ap·pre·ci·a·tor** *(n.)* **—ap·pre·ci·a·to·ry** *(adj.)*

ap·pre·ci·a·tion *(n.)* (١) إدراك (٢) قَدْرُ الشيء حقَّ قَدْره (٣) إعجاب (٤) تقريظ (٥) ارتفاع في الثمن.

ap·pre·ci·a·tive *(adj.)* مُعْجَب؛ قادرٌ الشيءَ حقَّ قَدْره.

ap·pre·hend [ăp rĭ hĕnd′] *(vt.; i.)* (١) يعتقل؛ يقبض على (٢) «أ» يعي؛ يُدرك. «ب» يَخشَى؛ يتوقَّع بقَلَق (٣) يَفْهم.

ap·pre·hen·si·ble *(adj.)* ممكنٌ إدراكه؛ ممكنٌ فهمُه.

ap·pre·hen·sion *(n.)* (١) «أ» فَهْم. «ب» إدراك. «ج» رأي؛ فكرة؛ مفهوم (٢) اعتقال (٣) خَشْية؛ خوف من شرٍّ مرتقَب.

ap·pre·hen·sive *(adj.)* (١) سريع الفهم أو الإدراك (٢) مُدْرِك؛ واعٍ (٣) خائف؛ قلِق؛ مرتقِب شرًّا <~ of *or* for one's safety>.

ap·pre·hen·sive·ness *(n.)* (١) سرعة فَهْم (٢) خوف؛ قَلَق.

ap·pren·tice [ə prĕn′tĭs] *(n.; vt.)* (١) «أ» الغُلام المُمَهَّن: صبيّ يُمَرَّن، عند صانع ما، على حرفة ما، وفقًا لشروط عقدٍ. «ب» المتمهِّن: من يتعلّم بالاختبار العمليّ صنعة أو فنًّا على أيدي عمّال بارعين (٢) المبتدئ؛ شخص قليل الخبرة § (٣) يُمهِّن: يجعلُهُ غلامًا مُمَهَّنًا أو متلقّيًا أصول الصنعة عن صانع متمرِّس <His father ~*d* him to a carpenter.>.

ap·pren·tice·ship *(n.)* (١) «أ» التَّمَهُّن: التَّدَرُّب على صنعةٍ من الصنائع وَفْقًا لشروطِ عَقْدٍ. «ب» تدرُّب؛ تدرُّج؛ تَلْمذة (٢) مدة التمهّن [وتبلغ أحيانًا سَبْعَ سنوات]. وتوسّعًا: سَبْعُ سنوات.

ap·pressed [ə prĕst′] *(adj.)* لاطئ (مج): منبطح أو منطبق على سطح عضو آخر («نب» و«ح»).

ap·prise [ə prīz′] *(vt.)* يُخْبِر؛ يُعْلِم.

ap·prize [ə prīz′] *(vt.)* = appraise; apprise.

ap·proach [ə prōch′] *(vt.; i.; n.)* (١) «أ» يدنو أو يقترب من <~*ed* the city>. «ب» يناهز <My son is ~*ing* manhood.> (٢) يضاهي <~*ing* Milton as a poet> (٣) يُدْني؛ يقرِّب <He ~*ed* the tool to the work.> (٤) يُفاتح [شخصًا في موضوع]؛ يقدِّم اقتراحًا إلى <~*ed* his employer about an increase in salary> (٥) يحاول رشوته (٦) يُباشر أمرًا x (٧) يدنو؛ يقترب <The storm ~*es*.> § (٨) دنوّ؛ اقتراب (٩) ممرّ؛ مَجاز؛ مَسْلك؛ طريق <All the ~*es* to the castle were guarded by soldiers.> (١٠) الاستشراف: طريقة لفهم موضوع ما أو أداء عمل ما.

easy (*or* difficult) of ~, سَهْلٌ [أو صعبٌ] بلوغُهُ أو الاجتماع به والتحدث إليه.

to make ~*es* to somebody يحاول أن يثير اهتمامه أو يلفت انتباهه، أو يتودّد إليه.

ap·proach·a·ble *(adj.)* (١) سهل المنال؛ سهلٌ بلوغُهُ (٢) ممكنٌ الاجتماعُ به أو التحدُّث إليه أو التعامل معه.

ap·pro·bate [ăp′rə bāt′] *(vt.)* (١) يَسْتَحْسِن (٢) يُجيز؛ يُقِرّ.

ap·pro·ba·tion *(n.)* (١) استحسان (٢) إجازة؛ إقرارٌ؛ تصديق على.

ap·pro·ba·tive [ăp′rə bā′tĭv] *(adj.)* مستحسِن؛ موافق.

ap·pro·ba·to·ry [ə prō′bə tōr′ĭ] *(adj.)* استحسانيّ: معبِّر عن استحسان.

ap·pro·pri·ate [*v.* ə prō′prĭ āt′; *adj.* ə prō′prĭ ĭt] *(vt.; adj.)* (١) يستولي على؛ يختلس (٢) يُفْرِد: يُخصّص لغرضٍ معيَّن <The money was ~*d* by the government for road building.> (٣) ينتحل: يدَّعي لنفسه <She often ~*s* my ideas.> § (٤) ملائم؛ مناسب؛ موافق <an ~ example> (٥) خاصّ.

— **ap·pro·pri·a·tor** *(n.)*

ap·pro·pri·ate·ness *(n.)* ملاءَمة؛ مناسَبة؛ موافَقة.

ap·pro·pri·a·tion *(n.)* (١) استيلاءٌ على (٢) انتحال (٣) إفراد؛ تخصيصٌ [لغرضٍ ما] (٤) المخصَّص: شيء، وبخاصةٍ مال، مخصَّص لغرضٍ ما.

ap·prov·al [ə pro͞o′vəl] *(n.)* موافَقَة؛ استحسان؛ تصديق على.

goods on ~, سِلَعٌ للتجربة: سِلَعٌ قابلة للإرجاع إن لم تُعْجِب.

ap·prove [ə pro͞ov′] *(vt.; i.)* (١) يوافق على؛ يحبِّذ؛ يستحسن (٢) يُقِرّ؛ يصدِّق على x (٣) يُطري؛ يُثني على؛ يكون له رأي حسنٌ في <~ of him>.

ap·proved *(adj.)* مُسْتَحْسَن؛ مُحَبَّذ؛ مصدَّق؛ موافَق عليه.

ap·prox·i·mal *(adj.)* مُجاوِر؛ مُتاخِم؛ مُتَماسّ؛ متلامس.

ap·prox·i·mate [*adj.* ə prŏk′sə mĭt; *v.* -māt′] *(adj.; vt.; i.)* (١) تقريبيّ (٢) متقارب: متقاربٌ بعضُهُ إلى بعضه الآخر <~ leaves> § (٣) يُدْني؛ يقرِّب (٤) يُقارِب؛ يُناهز <The cost will ~ $ 20,000.> x (٥) يدنو؛ يقترب من <Her description of the event ~*d* to the truth.>.

ap·prox·i·mate·ly [-′sə mĭt lĭ] *(adv.)* زُهاء؛ تقريبًا؛ على وجه التقريب.

ap·prox·i·ma·tion [-′sə mā′-] *(n.)* (١) «أ» تقريب. «ب» اقتراب (٢) التقريب: نتيجة غير دقيقة ولكنّها أقرب ما تكون إلى النتيجة الصحيحة.

ap·prox·i·ma·tive [-′sə māt′ĭv] *(adj.)* تقريبيّ <an ~ number>.

ap·pur·te·nance [ə pûr′tə nəns] *(n.)* (١) حقّ أو امتياز فرعيّ [كحقّ الطريق أو المرور] تابعٌ أو ملازمٌ لحقّ رئيسي (٢) التابع؛ المُلْحَق (٣) *pl.*: أدوات؛ لوازم.

ap·pur·te·nant *(adj.; n.)* (١) مُلحَق؛ تابع § (٢) appurtenance.

a·prac·tic [ā prăk′-] *or* **a·prax·ic** *(adj.)* خَرَقيّ؛ لاأدائيّ.

a·prax·i·a [ā prăk′sĭ ə] *(n.)* الخَرَق؛ اللاّأدائيّة؛ العَمَهُ الحَرَكيّ: فَقْد القدرةِ على القيام بحركاتٍ مُنسَّقة (ط).

a·près [á′prā] *(prep.)* بَعْدَ <~ tennis>.

après moi le dé·luge [á prā mwá′lə dĕ lʏzh′] من بَعْدي الطوفان [قولٌ منسوب إلى لويس الخامس عشر].

a·pri·cot [ā′prə kŏt; ăp′rə-] *(n.)* (١) «أ» المِشمِش. «ب» شجرة المِشمِش (٢) المِشمِشيّ: لون المِشمِش.

A·pril [ā′prəl] *(n.)* أبريل؛ نَيْسان.

April fool *(n.)* (١) ضحيّة كذبة أبريل (٢) كِذْبة أبريل.

April Fool's Day *(n.)* يومُ الكَذِب؛ يوم كِذبة أبريل.

a pri·o·ri [ā prī ōr′ī; ä prĭ ōr′ĭ] *(adj.; adv.)* (١) استنتاجيّ: متقدِّم من الكلّيّ إلى الجزئيّ (٢) «أ» بديهيّ؛ قَبْليّ. «ب» افتراضيّ § (٣) بداهةً <can be known ~>.

a·pron [ā′prən] *(n.; vt.)* (١) مِئزَر؛ «وزرة»؛ «مَرْيلة» (٢) الوِقاء: شيء كالمِئزر، مثل: «أ» غطاء العربة المشمَّع الذي يقي الساقَيْن من المطر. «ب» لوح معدنيّ لوقاية أجزاء الماكينة. «ج» كلّ أداة لحماية سطح الأرض [كضفّة نهر إلخ] من فعل المياه الجارية (٣) مقدَّم المسرح (٤) ساحة المطار § (٥) يُؤَزِّر: يزوِّد بمئزر.

ap·ro·pos [1] [ăp′rə pō′] *(adj.; adv.)* (١) ملائم؛ مناسب؛ في محلّه؛ وثيق الصلة بالموضوع <~ remarks> § (٢) «أ» على نحو ملائم أو مناسب إلخ. «ب» في الوقت المناسب (٣) وبالمناسبة... ؛ وعلى ذكر كذا.

ap·ro·pos [2]**; ap·ro·pos of** *(prep.)* بالإشارة إلى؛ في ما يتصل بِـ.

apse [ăps] *(n.)* (١) القَبا (را . apsis) (٢) المِحراب: جزء ناتئ نصف دائري، عادةً، في مبنًى وبخاصة من كنيسة (عم).

apsidal angle [ăp′sə dəl] *(n.)* الزّاوية القَبَوية (مج): الزاوية بين مسافتين قَبَويتين (فل).

ap·sis [ăp′sĭs] *(n.)* pl. **-si·des** (١) القَبا (مج): النقطة المدارية الأبعد عن مركز الجذب، وتُعرف بـ «الأوج الأعلى» higher apsis، أو النقطة المدارية الأقرب إلى هذا المركز، وتُعرف بِـ «الأوج الأدنى» lower apsis (فل) (٢) المحراب (را . apse 2).

apt [ăpt] *(adj.)* (١) «أ» طَيِّع . «ب» مستعدٌّ لِـ، مُهَيّأ لِـ (٢) خليقٌ به؛ جديرٌ به (٣) ميّال إلى (٤) عرضةٌ لِـ؛ قابلٌ لـ <Cast iron is ~ to break.> (٥) ملائم؛ مناسب <an ~ reply> (٦) حادّ الذكاء <~ pupils>.

Ap·ter·a [ăp′tər ə] *(n. pl.)* اللاّجَناحيّات؛ عديمات الأجنحة (ح).

ap·ter·al [ăp′tər əl] *(adj.)* لاجَناحيّ؛ عديم الجناح (ح).

ap·ter·ous [ăp′tər əs] *(adj.)* لاجناحيّ: «أ» عديم الجناح <~ insects>. «ب» غير ذي امتدادات شبيهة بالجناح <~ seeds>.

ap·ter·yx [ăp′tər ĭks] *(n.)* pl. **-es** الكِيْوي: طائر لاجَناحيّ.

ap·ti·tude [ăp′tə to͞od′; -tyo͞od′] *(n.)* (١) نزعة؛ مَيل (٢) «أ» قابليّة؛ استعداد؛ مَلَكة [لتعلّم اللغات إلخ]. «ب» ذكاء (٣) أهليّة؛ جدارة؛ كفاءة.

apt·ness [ăpt′nəs] *(n.)* (١) ملاءَمة (٢) مَيْل (٣) قابليّة.

a·pus [ā′pəs] *(n.)* السَّمامة؛ الخَطّاف الجبليّ (طا).

aq·ua [ăk′wə; ä′kwə] *(n.)* pl. **aq·uae** [ăk′wē; ä′kwē] *or* **aq·uas** ماء. وبخاصة: محلول مادةٍ طيّارةٍ في الماء (صي).

aq·ua·cade [ăk′wə kād′] *(n.)* المهرجان المائيّ: حفلة رياضية قِوامُها التباري في السباحة والغطس على أنغام الموسيقى عادةً.

aq·ua·for·tis [ăk′wə fôr′tĭs] *(n.)* = nitric acid.

aq·ua·lung [ăk′wə-] *(n.)* الرِّئة المائيّة: جهاز للتنفّس تحت الماء.

aq·ua·lung·er *(n.)* ذو الرِّئة المائية: من يستخدم «الرِّئة المائية».

aq·ua·ma·rine [ăk′wə mə rēn′] *(n.; adj.)* (١) زَبَرْجَد (مع) (٢) الزَّبَرْجديّ: لونُ الزَّبَرجد § (٣) زَبَرْجديّ اللون.

aq·ua·plane [ăk′wə plān′] *(n.; vi.)* (١) الزَّلاّقة المائية: لوح خشبي عريض يُشَدّ إلى مؤخَّر زورقٍ بخاري منطلقٍ بسرعة ويمتطيه المرء واقفًا على سبيل التريُّض § (٢) يتزلَّق على الماء.

aq·ua pu·ra [pyo͝or′ə] *(n.)* الماء الزُّلال (صي).

aq·ua re·gi·a [rē′jĭ ə] *(n.)* الماء المَلَكيّ: مزيج من حَمْض النتريك وحمض الهيدروكلوريك (ك).

aq·ua·relle [ăk′wə rĕl′] *(n.)* المائيّة: لوحة فنّية مرسومة بالألوان المائية.

aq·ua·rell·ist *(n.)* الرسّام المائيّ: فنان يرسم لوحاته بالألوان المائية.

a·quar·ist [ə kwâr′ĭst] *(n.)* صاحب المَرْبَى المائي.

a·quar·i·um [ə kwâr′ĭ əm] *(n.)* pl. **-s** *or* **-i·a** [ĭ ə] المَرْبَى المائي (مج): «أ» حوضٌ صنعيّ لحفظ أو عَرْض الأسماك والحيوانات والنباتات المائية الحيَّة. «ب» مؤسسة تُحْفَظ أو تُعْرَض فيها هذه المجموعات المائية.

A·quar·i·us [ə kwâr′ĭ əs] *(n.)* (١) الدَّلْو؛ السّاقي (فل) (٢) بُرْج الدَّلو [في التنجيم] (٣) مولودُ برج الدلو.

a·quat·ic [ə kwăt′ĭk; ə kwŏt′-] *(adj.; n.)* (١) مائيّ: «أ» يألف الماء أو ينمو أو يعيش فيه. «ب» مُنْجَزٌ في الماء أو عليه <~ sports> § (٢) حيوان أو نباتٌ مائيّ (٣) *pl.*: ألعابٌ رياضيةٌ مائيّة.

aq·ua·tint [-tĭnt′] *(n.; vt.; i.)* (١) الحَفْر المائيّ؛ الحَفْر المُمَوَّه: طريقة في النقش على الصفائح النُّحاسية بواسطة الأحماض تستهدف حَفْر الفُسْحات لا الخطوط وتمكّن عند الطباعة من الحصول على صُوَرٍ شبيهة بالرسوم المُعَدّة بالألوان المائية (٢) كليشيه محفورة بهذه الطريقة § (٣) يَنقُش أو يَحْفُر مائيًّا.

aq·ua·vit [-vēt′] *(n.)* الأكواڤيت: شرابٌ إسكندينافيّ مُسْكِر.

aq·ua vi·tae [ăk′wə vī′tē] *(n.)* ماءالحياة: «أ» كحول. «ب» شرابٌ كحوليّ [كالبراندي والويسكي وما إليهما].

aq·ue·duct [-dŭkt] *(n.)* القناة: «أ» قناة لجرّ المياه. «ب» قناة أو مَجاز في جزءٍ أو عُضو (ت).

aqueduct *a.*

a·que·ous [ā′kwĭ əs; ăk′wĭ-] *(adj.)* مائيّ: مُشَكَّلٌ بواسطة الماء.

aqueous humor *(n.)* الرطوبة المائية [للعين] (ت).

aqui- بادئة معناها: ماء <*aqui*culture>.

aq·ui·cul·ture [ăk′wə kŭl′chər] *(n.)* تربية المائيّات: تربية الحيوانات والنباتات المائيّة.

aq·ui·fer [-fər] *(n.)* المَكْمَنُ المائيّ: طبقة صخرية غنيّة بالماء (جي).

Aq·ui·la [ăk′wə lə] *(n.)* العُقاب (فل).

aq·ui·le·gi·a [-lē′jĭ ə] *(n.)* الأنقوليّة؛ الحَوْضيّة؛ زهرة الحَوْض (نب).

aq·ui·line [ăk′wə līn′; -lĭn] *(adj.)* (١) عُقابيّ: ذو علاقة بالعُقاب eagle أو شبيه به (٢) أعقف؛ مَعْقوف <an ~ nose>.

a·quiv·er [ə kwĭv′ər] *(adj.)* مرتجف؛ مرتعش؛ مرتعد.

Ar·ab [ăr′əb] *(n.; adj.)* (١) العَرَبيّ: واحد العَرَب (٢) جوادٌ عربيّ § (٣) عربيّ.

ar·a·besque [ăr′ə bĕsk′] *(n.; adj.)* (١) الأرابَسْك؛ العَرْبَسَة: «أ» الرَّقْش العربي: النَّسَق العربي في الزخرفة. «ب» وضعٌ من أوضاع «الباليه» § (٢) أرابَسْكيّ؛ عَرْبسيّ؛ رَقْشيّ.

arabesque *1a.*

A·ra·bi·an *(adj.; n.)* (١) عربي § (٢) العَرَبيّ.

Arabian camel *(n.)* الجَمَل العربي: جَمَل وحيد السَّنام (ح).

Arabian coffee *(n.)* شجرة البن العربي (نب).

Ar·a·bic [ăr′ə bĭk] *(n.; adj.)* (١) العربيّة؛ اللغة العربية § (٢) عربي.

Ar·ab·i·ca coffee [ə răb′ĭ kə] *(n.)* البُنّ العربيّ.

ar·ab·i·cize *(vt.)* يُعرِّب: يجعله عربيًّا أو ذا صبغةٍ عربية.

Arabic numerals *or* **Arabic figures** *(n. pl.)* الأرقام العربية : الأرقام الهندية الأصل ، وصورتها 0, 1, 2, 3, 4, 5, 6, 7, 8, 9 .

Ar·ab·ist [ăr′əb ĭst] *(n.)* (١) المُستعرب : عالمٌ ثقةٌ في كل ما يتصل بالعرب أو باللغة العربية والأدب العربي (٢) المؤيِّد للمصالح العربيّة .

ar·a·ble [ăr′ə bəl] *(adj.; n.)* (١) منزرِع : صالح للزراعة <~ lands> § (٢) المُنْزَرِعة : أرض منزرعة أو صالحة للزراعة .

a·rach·noid [ə răk′noid] *(n.; adj.)* (١) العَنْكبوتية : غشاء رقيق يحيط بالدماغ والحبل الشوكيّ (ت) § (٢) عَنْكبوتيّ : «أ» ذو علاقة بالعنكبوتية . «ب» مَكْسُوّ بشُعَيرات أو ألياف دقيقة (نب) . «ج» ذو علاقة بالعنكبوتيات **Arachnida** أو شبيهٌ بها .

a·rag·o·nite [ə răg′ə nīt] *(n.)* الأرَغونيت (مع) .

Ar·a·mae·an *or* **Ar·a·me·an** [ăr′ə mē′ən] *(n.; adj.)* (١) الآراميّة : لغة الآراميين (٢) الآراميّ : واحد الآراميين وهم شعبٌ ساميّ عاش في الألف الثاني قبل الميلاد في سوريا وشمالي العراق § (٣) آراميّ .

Ar·a·ma·ic [ăr′ə mā′ĭk] *(n.; adj.)* (١) الآرامية § (٢) آراميّ .

ar·a·pai·ma [ăr′ə pī′mə] *(n.)* الأريبمة : سمك نهريّ .

ar·au·car·i·a [ăr′ô kăr′ĭ ə] *(n.)* الأرُوكارية : شجر جنوبأميركيّ أو أستراليّ من الفصيلة الصَّنوبرية .

ar·ba·lest *or* **ar·ba·list** [är′bə ləst] *(n.)* القوسُ القَذوف : سلاح حربي من أسلحة القرون الوسطى كانوا يستخدمونه لقَذف السّهام والكُرات والحجارة .

ar·bi·ter [är′bə-] *(n.)* (١) الحَكَم ؛ الوسيط (٢) الفَيْصل [في مسألةٍ ما] .

ar·bi·tra·ble *(adj.)* قابلٌ للتحكيم .

ar·bi·trage [är′bə träzh′] *(n.)* موازنة سعر الصَّرف (اد) .

arbitrage of exchange موازنة سعر الصَّرْف (مج) : عملية تقوم بها البنوك من طريق شراء الأوراق الأجنبية موضوع الصَّرْف من الجهات التي هبطت فيها أثمانها وبيْعها ، في الوقت نفسه تقريبًا ، في الجهات التي ارتفع فيها السعر .

ar·bi·tral [är′bə trəl] *(adj.)* تحكيميّ .

ar·bit·ra·ment [är bĭt′rə mənt] *(n.)* (١) الفَصْل في النزاع [يقوم به حَكَمٌ مكلَّفٌ بذلك] (٢) حُكْم المُحَكَّم [في نزاع] .

ar·bi·trar·i·ly *(adv.)* (١) اعتباطيًّا ؛ تحكُّميًّا ؛ كَيْفيًّا (٢) استبداديًا .

ar·bi·trar·i·ness *(n.)* الاعتباطيّة ؛ التحكُّميّة ؛ الاستبدادية .

ar·bi·trar·y [är′bə trĕr′ĭ] *(adj.)* (١) اعتباطيّ ؛ تحكُّميّ ؛ كيفيّ (٢) استبداديّ <an ~ government> .

ar·bi·trate [är′bə trāt′] *(vi.; t.)* (١) يَفْصِل في نزاع [بوصفه حَكَمًا] x (٢) يُحكِّم : يَعْرِض نزاعًا على حَكَمٍ يَفْصِل فيه .

ar·bi·tra·tion *(n.)* تحكيم .

ar·bi·tra·tion·al; ar·bi·tra·tive *(adj.)* تحكيميّ .

ar·bi·tra·tor [är′bə trāt′ər] *(n.)* = arbiter.

ar·bi·tress [är′bə trəs] *(n.)* المُحَكَّمَة : امرأة تُحكَّم في نزاع .

ar·bor [1] [är′bər] *(n.)* الظَّلِيلة : مكان مُظَلَّل بالأغصان .

ar·bor [2] *(n.)* (١) الشِّياق ؛ الشّاقة (مك) (٢) شجرة [والجمع *arbores*] .

ar·bo·ra·ceous [är′bə rā′shəs] *(adj.)* = arboreal.

ar·bo·re·al [är bōr′ĭ əl] *(adj.)* (١) شَجَريّ (٢) شَجَرانيّ : شبيه بالشَّجر (٣) شاجِرٌ : ساكنُ الأشجار .

ar·bored *or* **ar·boured** *(adj.)* مُشَجَّر ؛ تكتنِفُهُ الأشجار .

ar·bo·re·ous [är bōr′ĭ əs] *(adj.)* (١) شَجَرانيّ : شبيه بالشجرة (٢) أَشْجَر : كثير الأشجار (٣) شاجِرٌ : ساكنُ الأشجار <~ monkeys> .

ar·bo·res·cence [-rĕs′əns] *(n.)* الشَّجَرانيّة : كون الشيء شجرانيًّا أي شبيهًا بالشجرة من حيث الخصائص أو النموّ أو التركيب أو المظهر .

ar·bo·res·cent [-rĕs′ənt] *(adj.)* شَجَرانيّ : شبيه بالشَّجرة .

ar·bo·re·tum [är′bə rē′təm] *(n.)* pl. **-tums** *or* **-ta** المَشْجَر : موضع تُزرع فيه الأشجار والشجيرات لأغراض علمية أو تعليمية .

ar·bo·ri·cul·ture [är′bə rə kŭl′chər] *(n.)* الشِّجارة : زراعة الأشجار والشُّجَيْرات وبخاصةٍ للتزيين .

ar·bo·ri·cul·tur·ist *(n.)* الشَّجّار : زارع أشجار التزيين .

ar·bor·ist [är′bə rĭst] *(n.)* الأشجاريّ : خبير متخصّص في العناية بالأشجار وصيانتها .

ar·bo·ri·za·tion *(n.)* (١) التَّشجُّر : تشكُّلٌ على صورةٍ شبيهة بالشجرة (٢) المُتَشجِّر : شكل متشجّر [كما في بعض المستحاثات والمستحجرات] .

ar·bo·rize [är′bə-] *(vi.)* يتشجَّر : يتفرّع أو يتغصّن بحُرّية وعلى نحوٍ متكرّر .

ar·bor·ous [är′bər əs] *(adj.)* شجريّ <an ~ roof> .

ar·bor·vi·tae [är′bər vī′tē] *(n.)* شجرة الحياة : شجرة دائمة الخضرة من الفصيلة الصنوبرية تُزْرَع للتزيين ولإقامة الأسيجة .

ar·bour [är′bər] *(n.)* = arbor [1].

ar·bu·tus [är byōō′təs] *(n.)* القَطْلَب ؛ قاتل أبيه (نب) .

arc [ärk] *(n.; vi.)*, **arced** *or* **arcked** (١) القَوْس : «أ» جزء من دائرة يمثّل المَسارَ الظاهريّ لجِرْم سماويّ (فل) . «ب» شيء قوسيّ الشكل . «ج» دفْق مُنْحنٍ من نور ساطع ينشأ عن مرور التيار عبرَ فجوةٍ بين مُوَصِّلَين (كب) . «د» المصباح القَوْسيّ (را . arc lamp) . «هـ» جزء من دائرة أو خطٌّ مُنْحَنٍ (هن) § (٢) يشكِّل قوسًا كهربائيًا (٣) يتقوَّس : يتّخذ مسارًا أو مجرًى قوسيَّ الشكل .

ar·cade [är kād′] *(n.; vt.)* (١) المُقَنْطَر : «أ» مبنًى أو رواق مزوَّد بقناطر . «ب» ممرّ مُقَنْطَرٌ بين الدكاكين إلخ (٢) عَقْد أو صفّ قناطر (٣) الأركاد : مركز للتسلية مشتمل على ماكينات ألعاب § (٤) يُقَنْطِر .

arcade *1a.*

ar·cad·ed *(adj.)* مُقَنْطَر : مُزَوَّد بقناطر (عم) .

Ar·ca·di·a [är kā′dĭ ə] أركاديا : منطقة جبلية في اليونان اشتهرت بأنها مَوْئل الرُّعاة البُسَطاء القانعين بما قُسِم لهم .

ar·ca·di·a [är kā′dĭ ə] *(n.)* أركاديا : موطن مَسَرّة وسكينة ؛ نعيم .

ar·ca·di·an [är kād′ĭ ən] *(n.; adj.)* (١) الأركاديّ : «أ» مَن يحيا حياةً بسيطةً وادعة . «ب» *cap.* : أحد سكان أركاديا (٢) *cap.* : الأركاديّة : لهجة من لهجات اللغة اليونانية القديمة كان ينطق بها الأركاديون § (٣) *often cap.* : أركاديّ : «أ» منسوب إلى أركاديا . «ب» ريفيّ ؛ رَعَويّ ؛ بسيط ؛ ساذج .

Ar·ca·dy [är′kə dĭ] *(n.)* = Arcadia.

ar·cane [är kān′] *(adj.)* سِرّيّ ؛ مُلْغَز ؛ مُبْهَم .

ar·ca·num [är kā′nəm] *(n.)* pl. **-na** (١) السِّرّ ؛ المعرفة السِّرّية : معرفة مقصورة على فئة قليلة من الخاصّة (٢) elixir .

arc–bou·tant [ȧr bōō tän′] *(n.)* الزّافرة : نصف قنطرة يُدَعَّم بها جدار .

arch [ärch] *(n.; vt.; i.; adj.)* (١) قَنْطرة ؛ قوس (عم) (٢) شيء شبيه بالقنطرة . وبخاصة : «أ» قوس القَدَم . «ب» قوس السّماء (٣) المَمَرّ العَقْدي : ممرٌّ أو مَجاز تحت قنطرة § (٤) يُقَنْطِر : يزوِّد بقنطرة (٥) يقوِّس : يجعله على شكل قنطرةٍ أو قوس x (٦) يتقنطر : يشكِّل قنطرةً أو قوسًا (٧) يتقوَّس : يتّخذ مسارًا شبيهًا بالقوس § (٨) رئيسيّ <the ~ rebel> (٩) ماكر ؛ خبيث .

arch- (١) بادئة معناها : «أ» رئيس ؛ رئيسيّ . «ب» متطرّف (٢) archi- .

-arch لاحقة معناها : رئيس ؛ زعيم <matri*arch*> .

archae- *or* **archaeo-** *also* **archeo-** بادئة معناها : «أ» بِدائي <*archaeo*pteryx> . «ب» قديم <*archaeo*logy> .

ar·chae·o·log·ic; -al *(adj.)* آثاريّ : ذو علاقة بعلم الآثار .

ar·chae·ol·o·gist *(n.)* الآثاريّ : العالِم بالآثار .

ar·chae·ol·ogy [är′kĭ ŏl′ə jĭ] *(n.)* (١) علم الآثار (٢) آثار حضارة أو شعبٍ ما .

ar·chae·op·ter·yx [-′tər ĭks] *(n.)* الطائر الأوّليّ : طائر بدائيّ منقرض .

ar·cha·ic [är kā′ĭk] *(adj.)* قديم ؛ مُمات ؛ مهجور .

ar·cha·ism [är′kĭ ĭz′əm; är′kā-] *(n.)* (١) المهجورية : «أ» كون الشيء مهجورًا . «ب» الحرص على استعمال الألفاظ والأساليب المهجورة (٢) «أ» أسلوب مهجور . «ب» لفظة مهجورة . — **ar·cha·ist** *(n.)*

arch·an·gel [ärk′ān′jəl] *(n.)* (١) الملاك الرئيسي : ملاك من ملائكة الطبقة الأولى أو العُليا (٢) حشيشة الملاك .

arch·bish·op [ärch′bĭsh′əp] *(n.)* رئيس الأساقفة (كن) .

arch·bish·op·ric [-rĭk] *(n.)* (١) مقرّ رئيس الأساقفة (٢) أبرشية رئيس الأساقفة (كن) .

arch·dea·con [ärch′dē′kən] *(n.)* رئيس الشمامسة (كن) .

arch·di·o·cese [ärch′ dī′ə sēs′] *(n.)* أبرشية رئيس الأساقفة .

arch·du·cal [ärch′dōō′kəl; -dyōō′-] *(adj.)* أرشيدوقيّ .

arch·duch·ess [ärch dŭch′ĭs] *(n.)* الأرشيدوقة : «أ» زوجة أرشيدوق . «ب» أميرة من الأسرة الأمبراطورية النمساوية [سابقًا] .

arch·duch·y [ärch dŭch′ĭ] *(n.)* الأرشيدوقيّة : مقاطعة يحكمها أرشيدوق أو أرشيدوقة .

arch·duke [ärch dōōk′; -dyōōk′] *(n.)* الأرشيدوق : أمير من أمراء الأسرة الأمبراطورية النمساوية [سابقًا] .

Ar·che·an [är kē′-] *(adj.; n.)* (١) سحيق § (٢) الدَّهر السَّحيق (جي) .

arched [ärcht] *(adj.)* (١) مُقَنْطَر : ذو قَنْطرة أو قناطر (٢) قَنْطَرانيّ : قَنْطريّ الشكل .

ar·che·go·ni·um [är′kə gō′nĭ əm] *(n.)* pl. **-ni·a** الأرشيجونة ؛ حاملة البُيَيْضة : مُوَلِّدة البُيَيْضة في بعض النباتات الدُّنيا (نب) .

arch·en·e·my [ärch ĕn′ə mĭ] *(n.)* (١) عَدُوّ رئيسيّ (٢) الشيطان [بوصفِهِ عدوَّ الجنس البشريّ] .

ar·chen·ter·on [är kĕn′tə-] *(n.)* الأركنترون : مِعًى بدائيّ (أج) .

archeo- = archae-.

ar·che·o·log·ic; ar·che·o·log·i·cal *(adj.)* = archaeologic; archaeological.

ar·che·ol·o·gist; ar·che·ol·o·gy *(n.)* = archaeologist; archaeology.

arch·er [är′chər] *(n.)* (١) الرامي : رامي السّهام (٢) *cap.* : كوكبة الرامي .

arch·er·fish [är′chər fĭsh′] *(n.)* السمك النَّبّال .

arch·er·y [är′chə rĭ] *(n.)* (١) الرِّماية : الرَّميُ بالسّهام (٢) سلاح الرامي : الأقواس والسّهام (٣) جماعة الرُّماة .

ar·che·spore *or* **ar·che·spo·ri·um** [är′kə-] *(n.)* الخليّة البَوْغيّة : الخليّة المنتِجة للخلايا التي تُشتقّ منها الأبواغ (نب) . — **ar·che·spo·ri·al** *(adj.)*

ar·che·typ·al [är′kə tī′pəl] *or* **ar·che·typ·i·cal** [är′kə tĭp′ə kəl] *(adj.)* طِرازِبَدْئيّ : ذو علاقة بالطِّراز البدئي .

ar·che·type [är′kə tīp′] *(n.)* (١) الطِّراز البَدْئيّ ؛ السَّلف الأصليّ (أح) (٢) نموذج أوّليّ [لطائرة إلخ] .

arch·fiend [ärch′fēnd′] *(n.)* (١) شيطان رئيسي (٢) إبليس .

archi- *or* **arch-** بادئة معناها : «أ» رئيسيّ . «ب» بدائيّ ؛ أصليّ ؛ أوَّليّ .

ar·chi·di·ac·o·nal [är′kĭ dī ăk′ə nəl] *(adj.)* رئيسِيشَمامسيّ : ذو علاقة برئيس الشَّمامسة أو بمنصبه (كن) .

ar·chi·e·pis·co·pal [är′kĭ ĭ pĭs′kə pəl] *(adj.)* رئيسِيأساقفيّ : ذو علاقة برئيس الأساقفة أو بمنصبه (كن) .

ar·chil [är′chəl] *(n.)* الأرْخِيل : «أ» صِبْغٌ بنفسجي يُستخرج من الأُشْنة . «ب» أشنة يُستخرج منها الأرخيل .

ar·chi·man·drite [ăr′kə măn′drīt] *(n.)* الأرشمندريت (كن) .

Ar·chi·me·de·an [är′kə mē′dĭ ən] *(adj.)* أرخميدِسيّ .

Ar·chi·me·des' screw *(n.)* لَوْلب أرْخميدِس : أداة قديمة لرفع مياه الريّ .

Archimedes' screw

ar·chi·pe·lag·ic [är′kə pə lăj′ĭk] *(adj.)* أرخبيليّ : ذو علاقة بأرخبيل أو واقعٌ في أرخبيل <an ~ war> .

ar·chi·pel·a·go [-pĕl′ə gō] *(n.)* الأَرْخبيل : مجموعة جُزُر .

ar·chi·tect [är′kə tĕkt′] *(n.)* (١) المهندس المِعماري (٢) المهندس : المخطِّط والمنفِّذ لمشروع ضخم أو عسير .

ar·chi·tec·ton·ic [-tĕk tŏn′ĭk] *(adj.)* مِعْماريّ : «أ» خاصّ بفن العمارة

أو منطبق على أصوله . «ب» شبيه بالعمل المعماريّ من حيث التركيب أو النظام .

ar·chi·tec·ton·ics *(n. pl.) also* **ar·chi·tec·ton·ic** (١) علم العمارة (٢) مخطَّط عامّ ؛ مخطَّط بِنْيَويّ .

ar·chi·tec·tur·al *(adj.)* مِعماريّ : «أ» خاصّ بفنّ العمارة أو منطبق على أصول هذا الفنّ . «ب» مُتَّسِمٌ بخصائص فنّ العمارة .

ar·chi·tec·ture [är´kə tĕk´chər] *(n.)* (١) فنّ العمارة (٢) تشييد ؛ بناء (٣) مبنًى ؛ مبانٍ (٤) طراز البناء <the ~ of Rome> .

ar·chi·trave [-trāv´] *(n.)* العَتَب : «أ» عارضة مرتكزة على العمود مباشرة (عم) . «ب» حلية معمارية فوق [وعلى جانبَيْ] بابٍ أو أية فتحة مربّعة أو مستطيلة .

ar·chi·val [är kī´vəl] *(adj.)* أرشيفيّ : «أ» ذو علاقة بالأرشيف أو المحفوظات . «ب» متضمَّن في الأرشيف أو مُشَكِّل له .

ar·chive [är´kīv] *(vt.)* يُؤَرْشِف : يجمع أو ينظّم في أرشيف .

ar·chives [är´kīvz] *(n. pl.)* الأرشيف : «أ» محفوظات ؛ سجلّات . «ب» مكان حفظ السّجلّات . «ج» مخزن معلومات .

ar·chi·vist [är´kə vĭst] *(n.)* أمين الأرشيف : القيّم على السّجلّات والمحفوظات .

ar·chi·volt [är´kə vōlt´] *(n.)* النقوش المُطِيفة : نقوش أو زخارف معمارية تحيط بقنطرة (عم) .

arch·ly [ärch´lĭ] *(adv.)* بمَكْر ؛ بخُبْث .

arch·ness [ärch´nəs] *(n.)* مَكْر ؛ خُبث .

ar·chon [är´kŏn] *(n.)* الأرخون : «أ» الحاكم أو القاضي الأول في أثينا القديمة . «ب» كلّ حاكم أو رئيس .

arch·priest [ärch´prēst´] *(n.)* الكاهن الأوّل ؛ كبير الكهنة .

arch·way [ärch´wā] *(n.)* (١) الممرّ العَقْديّ : مدخل أو مَجاز تحت قنطرة (٢) قنطرة .

-archy لاحقة معناها : حُكْم ؛ حكومة <olig*archy*> .

ar·ci·form [är´sə-] *(adj.)* مُنْحنٍ ؛ متقوّس ؛ قوسيّ الشكل .

arc lamp *(n.)* المصباح القَوْسي : مصباح ينبعث فيه النورُ السّاطع من قوسٍ كهربائي .

arc light *(n.)* (١) المِصباح القَوْسي (٢) النور القوسيّ : النور المنبعث من مصباحٍ قوسيّ .

arc·o·graph [är´kə grăf´] *(n.)* المِقْواس : أداة لرسم الأقواس (هن) .

arc·tic [ärk´tĭk; ärt´-] *(adj.; n.)* (١) عد *cap.* : قُطْبِشَماليّ : «أ» متعلّق بالقطب الشمالي . «ب» بارد <an ~ smile> § (٢) عد *cap.* : المناطق القطبية الشمالية (٣) الحذاء الفوقيّ : حذاء مطّاطيّ يُلبس فوق الحذاء الأساسيّ .

Arctic Circle *(n.)* الدائرة القطبية الشمالية .

Arc·tu·rus [ärk toor´əs; -tyoor´-] *(n.)* السِّماك الرامح (فل) .

ar·cu·ate [är´kyoo ĭt; -āt´]; **-d** *(adj.)* مُقَوَّس : منحنٍ على شكل قوس .

-ard *also* **-art** لاحقة معناها : المُسْرِف في <drunk*ard*> .

ar·deb [är´dĕb] *(n.)* الإِرْدَبّ : مكيال مصريّ كبير للحبوب .

ar·den·cy [är´dən sĭ] *(n.)* (١) شِدّة (٢) حِدّة (٣) غَيْرة ؛ حماسة (٤) توقُّد ؛ اتّقاد (٥) توهُّج ؛ سُطوع .

ar·dent [är´dənt] *(adj.)* (١) شديد (٢) حادّ (٣) غَيور ؛ متحمِّس (٤) مُتَّقد (٥) متوهِّج <an ~ fever> .

ardent spirits *(n. pl.)* المُسْكِرات القوية [كالبراندي والويسكي] .

ar·dor *or* **ar·dour** [är´dər] *(n.)* (١) حماسة ؛ تلهُّف (٢) ولاء (٣) اتّقاد ؛ حرارة مُلتهبة .

ar·du·ous [är´joo əs] *(adj.)* (١) شاقّ <an ~ task> (٢) جَهيد <an ~ effort> (٣) شديد التحدّر ؛ صعب المرتقى <an ~ path> (٤) قاسٍ <an ~ winter>.

are [1] [är] *pres. 2d sing. or pres. pl. of* be.

are [2] [âr; är] *(n.)* الآر : مئة متر مربع أو ١١٩,٦ ياردة مربعة .

ar·e·a [âr´ĭ ə] *(n.)* (١) مِساحة <an ~ of 500 square meters> (٢) منطقة <desert ~*s* of North Africa> (٣) نطاق ؛ مجال ؛ دائرة <the whole ~ of science> (٤) فِناء الدار (٥) مَجاز مؤدٍّ إلى قبوٍ [أو إلى جزء من المبنى واقع تحت الأرض] .

area code *(n.)* كَوْدُ المنطقة ؛ رمز المنطقة : رقم يُعَيِّن منطقة الخدمات الهاتفية في بلدٍ من البلدان .

ar·e·al [âr´ĭ əl] *(adj.)* (١) مِساحيّ (٢) إقليميّ .

ar·e·a·way [âr´ĭ ə wā´] *(n.)* (١) area 5 (٢) مَجاز ؛ ممرّ .

ar·e·ca [ăr´ə kə; ə rē´-] *(n.)* الأرِيقة : شجرة من الفصيلة النَّخْلية .

a·re·na [ə rē´nə] *(n.)* (١) المُجْتَلَد : الجزء المتوسّط [الخاصّ بالمتصارعين] من مدرَّج روماني (٢) الحَلْبة ؛ المُعْتَرَك : ميدان تنافس أو صراعٍ <the ~ of politics>.

ar·e·na·ceous [âr´ə nā´shəs] *(adj.)* (١) رَمْليّ : «أ» مؤلَّف من رمل . «ب» نامٍ في المناطق الرملية (٢) رَمْلانيّ : شبيه بالرمل .

arena theater *(n.)* المَسْرح المدوَّر : مسرح يجري التمثيل في وسطه ويجلس النظّارة في مقاعد تحيط به من جميع أقطاره .

ar·e·nic·o·lous [ăr´ə nĭk´ə ləs] *(adj.)* رمليّ : نامٍ أو عائشٌ في الرمل .

aren't [ärnt] = are not.

a·re·o·la [ə rē´ə lə] *(n.)* pl. **-lae** [lē] *or* **-las** (١) اللَّعْوة : حَلْقة ملوَّنة حول حلمة الثدي البشري (٢) الفَجْوة : فُرجة بين ألياف النسيج الضامّ (أح) .

ar·e·ole [âr´ĭ ōl´] *(n.)* = areola.

ar·e·om·e·ter [ăr´ē ŏm´ə tər] *(n.)* مكثاف السوائل (مج) : آلة تطفو في السوائل تُستخدم لتعيين كثافتها أو ثقلها النوعي (فز) .

Ar·es [âr´ēz] *(n.)* (١) آريز : إلٰه الحرب عند اليونان (٢) المِرِّيخ (فل) .

a·rête [ə rāt´] *(n.)* الرَّعْن : نتوء صخريّ في جبل .

ar·ga·li [är´gə lĭ] *or* **ar·gal** [-´gəl] *(n.)* الأَرْغَل : كَبْش برّيّ يتميّز بقرنيه اللّولبيين الطويلين .

argali

ar·gent [är´jənt] *(n.; adj.)* (١) فضة (ا . ق) § (٢) فضّيّ .

ar·gen·tal [är jĕn´təl] *(adj.)* (١) فضّيّ : «أ» منسوب إلى الفضة .

«ب» محتوٍ على فضة (٢) فِضّانيّ: شبيه بالفضة.

ar·gen·te·ous [är jĕn′tĭ əs] *(adj.)* = silvery.

ar·gen·tic [-′tĭk] *(adj.)* فضّيّ: ذو علاقة بالفضة أو مُحْتوٍ عليها.

ar·gen·tif·er·ous [är′jən tĭf′-] *(adj.)* مُنْتِجٌ فضّةً أو محتوٍ عليها.

ar·gen·tine [-′jən tĭn′; -tēn′] *(adj.; n.)* (١) فِضّيّ: منسوب إلى الفضة أو محتوٍ عليها (٢) فِضّانيّ: شبيه بالفضة § (٣) فِضّة [أو مادة شبيهة بها].

Ar·gen·tine *(n.; adj.)* (١) الأرجنتينيّ § (٢) أرجنتينيّ.

ar·gen·tous [är jən′təs] *(adj.)* فِضّيّ: مُحْتوٍ فضّةً.

ar·gen·tum [är jĕn′-] *(n.)* فِضّة.

ar·gil [är′jĭl] *(n.)* الأرْجيل؛ الغَضار: صَلصال. وبخاصة: طينُ الخَزّاف.

ar·gil·la·ceous [är′jə lā′shəs] *(adj.)* غَضاريّ؛ أرجيليّ؛ صَلْصَاليّ.

ar·gil·lite [är′jə līt′] *(n.)* الأرجيليت: صخر رُسوبيّ صلصاليّ.

Ar·give [är′jīv; är′gīv] *(adj.; n.)* (١) آرغوسيّ: منسوب إلى مدينة آرغوس Argos اليونانية القديمة (٢) يونانيّ؛ إغريقيّ § (٣) الآرغوسيّ: أحد أبناء آرغوس (٤) شخص يوناني.

Ar·go [är′gō] *(n.)* السفينة؛ كوكبة السّفينة (فل).

ar·gol [är′gəl] *(n.)* الأرجول؛ الطَّرطير الخام: قشرة متبلّرة محمَرَّة أو ضاربة إلى الرماديّ تترسَّب على جوانب برميل الخمر وفي قعره.

ar·gon [är′gŏn] *(n.)* الأرجون؛ الأرغون: عنصر غازيّ خامل (ك).

ar·go·naut [är′gə nôt′] *(n.)* المُغامر المُستكشِف: المغامر الجادّ في البحث عن شيء. وبخاصة: أحد الذين هاجروا إلى كاليفورنيا عام ١٨٤٨ عند اكتشاف الذهب فيها.

ar·go·sy [är′gə sĭ] *(n.)* (١) سفينة تجارية كبيرة (٢) أسطول تجاريّ.

ar·got [är′gō; -gət] *(n.)* الأَرْغَة: لغة خاصةٌ أو عامية تصطنعها فئة أو طبقة اجتماعية. وبخاصة: «أرْغة» اللصوص والمتشرّدين التي ابتدعوها لإخفاء أغراضهم.

ar·got·ic [är gŏt′ĭk] *(adj.)* أرْغَويّ: ذو علاقة بالأرْغة.

ar·gu·a·ble *(adj.)* قابلٌ للجدَل والمناقشة.

ar·gue [är′gyōō] *(vi.; t.)* (١) يُجادِل؛ يناقِش (٢) يتجادل أو يتنازع مع <to **x** ~ with someone> (٣) يُظهر؛ ينمّ عن <Her clothes ~ poverty.> (٤) يناقش مسألة <The council ~*d* the cause.> (٥) يحاول أن يبرهن <George was *arguing* that poverty was a blessing.> (٦) يُقْنِع <They ~*d* me into going.>.

ar·gu·fy [är′gyə fī] *(vt.; i.)* (١) يُقنع بالحُجّة (٢) يناقش؛ يجادل.

ar·gu·ment [är′gyə mənt] *(n.)* (١) بُرهان؛ حجّة (٢) مناقشة؛ جَدَل (٣) خلاف؛ نزاع (٤) خلاصة (٥) الإزاحة الزّاويّة (ر).

ar·gu·men·tal [är′gyə mĕn′təl] *(adj.)* جَدَليّ.

ar·gu·men·ta·tion [-tā′shən] *(n.)* (١) جَدَل (٢) مناقَشة؛ مناظَرة.

ar·gu·men·ta·tious [-tā′shəs] *(adj.)* جَدِلٌ؛ مُوْلَعٌ بإثارة الجَدَل.

ar·gu·men·ta·tive [är′gyə mĕn′tə tĭv] *(adj.)* (١) جَدَليّ (٢) خِلافيّ: مثير للجَدَل (٣) دالٌّ على <His silence is ~ of guilt.> (٤) مولَعٌ بالجَدَل.

Ar·gus [är′gəs] (١) آرغوس: عملاق ذو مئة عين (مث) (٢) حارسٌ يَقِظ.

Ar·gus–eyed *(adj.)* (١) يقِظ؛ شديد الانتباه (٢) حادّ البصر.

ar·gy–bar·gy [är′gē bär′gē] *(n.)* جدال؛ نزاع؛ نقاش حادّ.

ar·hat [är′hət] *(n.)* الأرْهَت: كاهن بوذيّ بلغ مرحلة النّرڤانا.

a·ri·a [ä′rĭ ə; âr′ĭ ə] *(n.)* نَغَمٌ؛ لحن.

Ar·i·an[1] [âr′ĭ ən] *(adj.; n.)* (١) آريوسيّ: منسوب إلى آريوس، وهو لاهوتيّ نصراني يوناني (ت عام ٣٣٦م) قال بأنّ المسيح مخلوق وليس إلَهًا § (٢) الآريوسيّ: أحد أتباع آريوس.

Ar·i·an[2] *(adj.; n.)* = Aryan.

Ar·i·an[3] *(n.)* مولود برج الحَمَل.

-arian لاحقة معناها: «أ» مؤمنٌ بِـ؛ مؤيِّد لِـ. «ب» مُحْدِث.

ar·id [ăr′ĭd] *(adj.)* (١) جافّ؛ شديد الحرارة (٢) مُجْدب؛ قاحل (٣) عقيم (٤) فاتر؛ غير مشوِّق (٥) تافه.

a·rid·i·ty *or* **ar·id·ness** *(n.)* (١) جَفاف (٢) جَدْب (٣) عُقْم (٤) فتور: خلوٌّ من الحيوية أو المتعة أو التشويق.

ar·i·el [âr′ĭ əl] *(n.)* الأرْيَل: ضربٌ من غزلان شبه جزيرة العرب.

Ar·i·el [âr′ĭ əl] *(n.)* أرِيْيل: أحد أقمار أورانوس الخمسة (فل).

Ar·ies [âr′ēz; âr′ĭ ēz′] *(n.)* (١) الحَمَل (فل) (٢) برج الحَمَل [في التنجيم] (٣) مولود برج الحَمَل.

ar·i·et·ta [âr′ĭ ĕt′ə] *(n.)* نَغَمٌ أو لحنٌ قصير.

ar·i·ette [âr′ĭ ĕt′] *(n.)* = arietta.

a·right [ə rīt′] *(adv.)* على نحو قويم؛ على نحوٍ صحيح.

ar·il [ăr′ĭl] *(n.)* الجَفْت: الغلاف الخارجيّ لبعض البزور (نب).

-arious لاحقة معناها: خاصّ بكذا أو ذو علاقة به.

a·rise [ə rīz′] *(vi.)* (١) يَنْهَض (٢) ينشأ (٣) يَظْهر للوجود أو للعيان (٤) يرتفع.

a·ris·en [ə rĭz′ən] *past part. of* arise.

aristo- بادئة معناها: الأفضل؛ الأسمى.

ar·is·toc·ra·cy [ăr′ə stŏk′rə sĭ] *(n.)* الأرستوقراطية: «أ» حكومة النبلاء أو النخبة أو الطبقة العليا ذات الامتيازات. «ب» جماعة النبلاء. «ج» حكومة الأخيار: حكومة مؤلفة من خير العناصر في بلد ما. «د» الطبقة العليا [أو الأرستوقراطية].

a·ris·to·crat [ə rĭs′tə krăt′] *(n.)* الأرستوقراطيّ: «أ» أحد أفراد الطبقة الأرستوقراطية؛ وبخاصة: أحد النبلاء. «ب» من يحذو حَذْو أبناء الطبقة الأرستوقراطية في تصرّفه أو تفكيره. «ج» مؤيّد الأرستوقراطيّة. «د» الأفضل.

a·ris·to·crat·ic *also* **a·ris·to·crat·i·cal** *(adj.)* أرستوقراطيّ: «أ» ذو علاقة بالأرستوقراطية أو مؤيد لها. «ب» فخم؛ أنيق؛ لائق بالأرستوقراطيين. «ج» ذو علاقة بحكومة النبلاء أو النخبة أو الطبقة العليا.

Ar·is·to·te·lian *or* **Ar·is·to·te·lean** *(adj.; n.)* (١) أرِسْطُوِيّ؛ أرِسْطوطاليسيّ: منسوب إلى أرِسطو أو فلسفته § (٢) الأرِسْطُوِيّ: أحد أتباع أرسطو.

Ar·is·to·te·lian·ism *(n.)* الفلسفة الأرِسْطُوِيّة أو الأرسطوطاليسية.

a·rith·me·tic[1] [ə rĭth′mə tĭk] *(n.)* الحساب؛ علم الحساب.

ar·ith·met·ic[2] [ăr′ĭth mĕt′ĭk] *also* **-al** *(adj.)* حسابيّ.

a·rith·me·ti·cian *(n.)* العالِم بالحساب؛ الخبير في علم الحساب.

arithmetic mean *(n.)* الوَسَط الحسابيّ؛ الوسط العدديّ (ر).

arithmetic progression *(n.)* المتوالية الحسابية أو العددية (ر).

-arium لاحقة معناها: «أ» شيء متعلّق بِـ <honor*arium*>. «ب» مكان مخصَّص لِـ <aqu*arium*>.

ark [ärk] *(n.)* (١) الفُلك: «أ» سفينة نوح. «ب» حِمًى؛ مَلاذ؛ مأمَن. «ج» لعبة أطفال شبيهة بسفينة نوح (٢) تابوت العَهْد [عند اليهود] (٣) صندوق (٤) الفُلْك: شيء ضخم، كسفينة أو مَرْكَبة أو مبنًى، غير مستوفٍ أسباب الراحة.

arm [ärm] *(n.; vt.; i.)* (١) ذراع (٢) لسانُ البحر الداخلُ في الماء (٣) يدُ الكرسيّ أو الأريكة (٤) قوّة؛ سلطة؛ ذراع <the ~ of the law> (٥) كُمّ (٦) سلاح. وبخاصة: سلاح ناريّ (٧) شعبة من الجيش [كسلاح الفرسان أو المشاة] (٨) *pl.*: «أ» حرب. «ب» الخدمة العسكرية § (٩) يُسَلِّح: «أ» يزوّد بالأسلحة. «ب» يزوّد بكلّ ما يقوّي ويصون. «ج» يحصّن خُلُقيًّا (١٠) يَصْلي: يهيّئ أو يجهّز للعمل <to ~ a bomb> x (١١) يتسلّح.

- ~ in ~, ذراعًا بذراع؛ متشابكَي الذراعَيْن.
- at ~'s length على مدى الذراع؛ على مسافة ذراع ممدودة.
- infant in ~s طفلٌ رضيع؛ طفلٌ في القِماط.
- to bear ~s يحمل السّلاح؛ يخدم كجنديّ.
- to keep somebody at ~'s length يتحفَّظ في علاقاته معه.
- to rise up in ~s يستعدّ للقتال [حقيقةً أو مجازًا].
- to take up ~s = to rise up in ~s.
- under ~s تحت السّلاح: مسلَّح ومستعدّ للقتال.
- up in ~s (against) (١) ثائرٌ على (٢) محتجّ بشدّة على.
- with open ~s بحرارة؛ بحماسة؛ بترحاب.

ar·ma·da [är mä′də; är mā′də] *(n.)* (١) *cap.*: الآرمادا؛ الآرمادا التي لا تُقهَر: أسطول حَربيّ وجَّهَتْهُ إسبانيا عام ١٥٨٨ لمقاتلة الإنكليز، فدمّرت العواصف والأسطولُ الإنكليزي معظمَهُ (٢) الأسطول: مجموعة كبيرة من السّفن أو الطائرات أو المصفّحات أو الأوتوبوسات.

ar·ma·dil·lo [är′mə dĭl′ō] *(n.)* المُدرَّع: حيوان ثدييّ لرأسه وجسمه درعٌ من الصفائح العَظْميّة الصغيرة.

armadillo

Ar·ma·ged·don [-gĕd′ən] *(n.)* (١) هَرْمَجَدّون: موضع سوف تجري فيه المعركة الفاصلة بين قوى الخير وقوى الشرّ (نص) (٢) معركة فاصلة وأخيرة.

ar·ma·ment [är′mə mənt] *(n.)* (١) قوّات حربيّة (٢) «أ» كامل قوّة الأمة العسكرية. «ب» سلاح أو عُدّة حربية. «ج» دِرْع؛ وِقاء (٣) تسلُّح.

ar·ma·men·tar·i·um [är′mə mĕn târ′ĭ əm] *(n.)* (١) عُدّة الطبيب (٢) طاقات؛ إمكانات (٣) ثروة (٤) ذخيرة (٥) أداة.

ar·ma·ture [är′mə chər] *(n.)* (١) دِرع (٢) الوِقاء: غلاف واقٍ لحيوان أو نبات <A turtle's shell is an ~.> (٣) الحَروك: «أ» الجزء المتحرِّك من أداة كَهْرَطيسية. «ب» الجزء الدوّار من دينامو (كب) (٤) إطار؛ هيكل.

arm·chair [ärm′châr′] *(n.; adj.)* (١) كرسيّ ذو ذراعين § (٢) خليّ؛ مُسْتَرخٍ (٣) نظريّ؛ غير عمليّ <an ~ strategist> (٤) طُفَيْليّ.

armed [ärmd] *(adj.)* مُسلَّح: «أ» مُزوَّد بالسّلاح <~ forces>. «ب» مدعوم بالقوّة المسلَّحة <~ peace>.

armed forces *(n. pl.)* القوّات المسلَّحة.

Ar·me·ni·an [är mē′nĭ ən; -mēn′yən] *(n.; adj.)* (١) الأرمنيّ: أحد أبناء أرمينيا (٢) الأرمنيّة: لغة الأرمن § (٣) أرمنيّ.

ar·met [är′mĕt] *(n.)* الخُوذة المدرَّعة: خُوذة ذات صفائح أمامية متحركة لوقاية الوجه.

armet

arm·ful [ärm′fo͝ol′] *(n.)* ملء الذّراع أو الذراعين.

arm guard *(n.)* وِقاء الذراع: غطاء لوقاية الذّراع.

arm·hole [ärm′hōl′] *(n.)* (١) إبط (٢) تقويرة الذراع [في ثوب].

ar·mi·ger [är′mə jər] *(n.)* (١) حامل الدروع: تابع الفارس أو خادمه الذي يحمل دروعَه (٢) الفارس المساعد: شخص يلي الفارسَ في الرتبة.

ar·mil·lar·y [-lĕr′ĭ] *(adj.)* (١) سِواريّ (٢) مُحلَّق: مؤلَّف من حَلَقات.

armillary sphere *(n.)* المُحَلَّقَة؛ ذات الحَلَق: آلة فلكية قديمة مؤلَّفة من حلقات تمثِّل مواقع الدوائر الرئيسية في الكرة السماوية (فل).

armillary sphere

arm·ing [är′mĭng] *(n.)* (١) تسليح؛ تسلُّح؛ أسلحة (٢) الجزء المُتَمِّم: جزء يُلحَق بشيء لكي يتمّمه أو يجعله صالحًا للعمل.

arming press *(n.)* المِنقاشة: مِكبس لطبع النقوش إلخ على جلدة الكتاب.

Ar·min·i·an [är mĭn′-] *(adj.; n.)* (١) آرمينيوسيّ: منسوب إلى آرمينيوس (١٥٦٠-١٦٠٩)، وهو لاهوتيّ بروتستانتي هولندي انتقد تعاليم كالڤِن وقال بإمكانيّة الخلاص لجميع البشر § (٢) الآرمينيوسيّ: أحد أتباع آرمينيوس.

ar·mip·o·tent [är mĭp′ə tənt] *(adj.)* جبّار [في الحرب].

ar·mi·stice [är′mə stĭs] *(n.)* هُدْنة.

arm·less [ärm′ləs] *(adj.)* أعزل؛ بلا سلاح.

arm·let [ärm′lət] *(n.)* (١) الساعدة: حلية أو شارة تُلبس في الذراع (٢) الذُّرَيْع: ذراعٌ أو لسان بحر صغير.

ar·moire [är mwär′] *(n.)* خزانة كبيرة [ذات أبواب ورفوف].

ar·mor *or* **ar·mour** [är′mər] *(n.; vt.)* (١) دِرع (٢) التَّدْريع: صفائح معدنية واقية تدرَّع بها السُّفن الحربية إلخ (٣) «أ» وقاية. «ب» وِقاء (٤) القوّات والعربات المدرَّعة § (٥) يدرِّع: يغطّي بدرع أو تدريع.

ar·mor·bear·er *(n.)* حامل الدِّرع: تابعٌ يحمل درع أحد المحاربين.

ar·mor–clad *(adj.; n.)* (١) مُدَرَّع § (٢) المُدَرَّعة: سفينة حربيّة.

ar·mored *or* **ar·moured** [är′mərd] *(adj.)* مُدَرَّع؛ مُصَفَّح.

armored car *(n.)* المصفّحة: السيارة المصفّحة.

armored forces *or* **troops** *(n. pl.)* القوات المدرَّعة (جن).

ar·mor·er *or* **ar·mour·er** [är′mər ər] *(n.)* (١) صانعُ الدّروع أو مُصْلحُها (٢) صانعُ الأسلحة أو مُصْلحها (٣) مُصْلح الأسلحة النارية أو مختبِرُها .

ar·mo·ri·al *(adj.)* رَنْكيّ : خاصّ بشعار النبالة .

armorial bearings *(n. pl.)* = coat of arms.

ar·mor–plat·ed *(adj.)* مُصَفَّح .

ar·mor·y [är′mə rĭ] *(n.)* (١) أسلحة (٢) ذخيرة ؛ ثروة (٣) مستودع أسلحة (٤) مَصْنع أسلحة .

ar·mour [är′mər] *(n.; vt.)* = armor.

arm·pit [ärm′pĭt] *(n.)* الإبْط (ت) .

arms [ärmz] *(n. pl.)* (١) أسلحة (٢) قتال ؛ حرب (٣) coat of arms .

arm–twist·ing *(n.)* ليّ الذّراع : ضغط لتحقيق غاية مرجوّة .

arm wrestling *(n.)* المصارعة الذِّراعية : ضرب من المصارعة يجلس فيه المتباريان وجهًا لوجه ويحاول كلٌّ منهما أن يلوِيَ ذراع الآخر إلى أدنى .

ar·my [är′mĭ] *(n.)* (١) جيش (٢) مجموعة كبيرة <an ~ of motorcycles> (٣) حَشْد .

relieving ~, جيش النجدة .

ar·ni·ca [är′nə kə] *(n.)* (١) زهرة العُطاس : عشبة ذات زهر أصفر (٢) العُطاسية : صبغة مستخرجة من هذه العشبة .

a·ro·ma [ə rō′mə] *(n.)* (١) شَذًا ؛ عبير (٢) نَكْهة .

ar·o·mat·ic [ăr′ə măt′ĭk] *(adj.; n.)* (١) «أ» عِطريّ . «ب» قويّ الرائحة . «ج» ذو نكهة خاصة (٢) أروماتيّ (ك) § (٣) نبات أو دواء عطريّ الرائحة (٤) مُرَكَّب أروماتيّ .

a·ro·ma·tize [ə rō′mə tīz′] *(vt.)* (١) يُعَطِّر : يجعله عِطريَّ الرائحة (٢) يُؤَرْمِت : يحوّل إلى مركَّب أروماتيّ أو أكثر .

a·rose [ə rōz′] *past of* arise.

a·round [ə round′] *(adv.; prep.; adj.)* (١) في مكان قريب <He waited ~ all day.> (٢) من مكان إلى آخر (٣) هنا وهناك <They walked ~ to see the town.> (٤) إلى مكانٍ ما (٥) طوالَ (٦) في الاتجاه المعاكس (٧) نَحْوَ ؛ حَوالى § (٨) حَوْلَ § (٩) حيّ ؛ على قيد الحياة .

around–the–clock *(adj.)* متواصل ؛ دائمٌ أربعًا وعشرين ساعةً .

a·rous·al [ə rou′zəl] *(n.)* (١) إيقاظ (٢) يَقَظة .

a·rouse *(vt.; i.)* (١) يُوقظ (٢) يُثير [نقاشًا] x (٣) يستيقظ .

ar·peg·gio [är pĕj′ĭ ō; är pĕj′ō] *(n.)* (١) توقيع النغمات [على الوتر] توقيعًا متعاقبًا بسرعة (مو) (٢) وترٌ موقَّع عليه توقيعًا متعاقبًا بسرعة (مو) .

ar·pent [är′pənt; är pän′] *(n.)* الأَرْبَنْت : وحدة فرنسية للمساحة تساوي أكرًا acre واحدًا تقريبًا .

ar·que·bus [är′kwə bəs] *(n.)* = harquebus.

ar·rack [ăr′ək] *(n.)* العَرَق : مشروب كحوليّ .

ar·raign [ə rān′] *(vt.; n.)* (١) يستدعي إلى المحكمة [للإجابة عن تهمة] (٢) يَتَّهِم § (٣) استدعاء إلى المحكمة [للإجابة عن تهمة] (٤) اتهام .

ar·raign·ment [-mənt] *(n.)* (١) استدعاء إلى المحكمة (٢) اتّهام .

ar·range [ə rānj′] *(vt.; i.)* (١) يرتِّب ؛ ينظِّم (٢) يتّفق على ؛ يتفاهم على <I have ~d to meet her at two o'clock.> (٣) يتّخذ الاستعدادات لِـ ؛ يقوم بالترتيبات الضرورية لِـ (٤) يُسَوِّي الخلاف <to ~ differences or disputes> (٥) يلائم : يعدِّل أو يكيِّف قطعة موسيقية لتلائم أصواتًا أو آلاتٍ لم تُجْعَلْ لها في الأصل .

ar·range·ment *(n.)* (١) نظام ؛ ترتيب (٢) ترتيب ؛ تنظيم (٣) تسوية (٤) *pl.* عد : استعدادات <made ~s for a journey> (٥) شيء منظَّم بطريقةٍ ما : منظومة ؛ نَسَقٌ <a floral ~> (٦) الملاءَمة : تعديل [أو تكييف] قطعة موسيقية بحيث تلائم أصواتًا أو آلات لم تُجْعَل لها في الأصل .

ar·rant [ăr′ənt] *(adj.)* (١) مُتشرِّد <an ~ thief> (٢) تامّ ؛ بكل ما في الكلمة من معنًى <an ~ fool> (٣) صِرف : مَحْض .

ar·ras [ăr′əs] *(n.)* (١) الأَرّاسيّ : نسيجٌ مزخرف تُكْسَى به الجدران إلخ (٢) الأَرّاسيّة : ستارة مُزَرْكشة مصنوعة من هذا النسيج .

ar·ray [ə rā′] *(vt.; n.)* (١) يَكْسو . وبخاصة : يكسو على نحوٍ غنيّ أو جميل (٢) ينظّم . وبخاصة : ينظِّم صفوف الجند <Troops were formed in battle ~.> § (٣) نظام ؛ ترتيب (٤) كُسْوة ؛ حُلّة [تتميّز خاصّة بالغنى والجمال] (٥) جماعة [من الجند] (٦) جمهرة ؛ عدد كبير (٧) المنظوم (ر) (٨) الصَّفيف : عناصر ذاكرة الكومبيوتر مرتَّبةً وفقًا لنظام خاص (ألك) .

ar·rear·age [ərēr′ĭj] *(n.)* (١) تخلُّف [عن دفع دَيْن إلخ] (٢) arrears .

ar·rears [ə rērz′] *(n. pl.)* المتأخّرات : أعمال غير مُنجزة في موعدها أو ديون استحقّت ولم تُدفع .

to be in ~ with the rent متأخر في دفع أجرة المسكن .

ar·rest [ə rĕst′] *(vt.; n.)* (١) يُوْقِف ؛ يكبح ؛ يعوق (٢) يُعَطِّل ؛ يضع حدًّا لِـ (٣) يَشُلّ : يقضي على فعاليته (٤) يعتقل ؛ يُلقي القبض على (٥) يَلْفِت <to ~ the attention> § (٦) إيقاف ؛ كَبْح ؛ إعاقة (٧) تعطيل (٨) اعتقال (٩) المِكْبَح ؛ الكابح (مك) .

under ~, موقوف ؛ مُعْتَقَل .

ar·rest·ee [ə rĕs tē′] *(n.)* المُعتَقَل ؛ الموقوف .

ar·rest·er *(n.)* (١) المُوْقِف ؛ الكابح إلخ (٢) المعتقِل .

ar·rest·ing *(adj.)* آسِر ؛ فاتن ؛ رائع ؛ لافت للنظر .

ar·rhyth·mi·a [ə rĭth′mĭ ə] *(n.)* اللاّنَظْميّة : عدم اتّساق النبض .

ar·rhyth·mic [ə rĭth′-] *also* **-al** *(adj.)* غير مُتَّسِق أو منتظم .

ar·ri·ère–pen·sée [ȧ ryĕr pän sā′] *(n.)* الفكرة المبطَّنة ؛ الباعث الخفيّ : فكرة كامنة [أو باعث كامن] وراء الفكرة المُعْلَنة [أو الباعث المُعْلَن] .

ar·ris [ăr′ĭs] *(n.)* حَرْف الاتّصال : الحَرْف الحادّ أو الزاوية الناتئة الناشئة عن التقاء سطحَيْن وبخاصة في الحلى المعمارية (عم) .

ar·ri·val [ə rī′vəl] *(n.)* (١) وصول ؛ وفود ؛ قدوم ؛ مَقْدَم <the time of

~> (٢) توصُّل أو انتهاء إلى <~ at a conclusion> (٣) الوافد؛ القادم، شخصًا كان أم شيئًا <news brought by the last~>.

ar·rive [ə rīv′] *(vi.)* (١) يَصِل؛ يَفِد؛ يَقْدَم؛ يجيء (٢) يتوصَّل إلى؛ ينتهي إلى (٣) يُولَد؛ يرى النور (٤) يَبْلغ <to ~ at manhood> (٥) يَحين <The time has ~d.> (٦) يَنجح <a genius who had never ~d>.

ar·ri·vé [ȧr′ē vā′] *(n.)* مُحْدَث النجاح: من يوفَّق فجأة إلى النجاح أو إلى اكتساب السلطة أو الشهرة.

ar·ri·viste [-vēst′] *(n.)* (١) مُحْدَث النِّعمة (٢) الوُصوليّ.

ar·ro·ba [är rō′bä] *(n.)* الرُّبع: وحدة وزن إسبانية أو برتغالية قديمة.

ar·ro·gance [ăr′ə gəns] *(n.)* تكبُّر؛ عَجْرَفة؛ غَطْرَسة.

ar·ro·gant [ăr′ə gənt] *(adj.)* متكبِّر؛ مُتَعَجْرِف؛ مُتَغَطْرِس.

ar·ro·gant·ly *(adv.)* بتَكَبُّر؛ بِعَجْرَفة؛ بِغَطْرَسة.

ar·ro·gate [ăr′ə gāt′] *(vt.)* (١) يَنْتَحِل: يدّعي شيئًا لنفسه بغير حقّ (٢) يَنْحَلُ: يعزو إلى شخص آخر بغير حقّ.

ar·ro·ga·tion [ăr′ə gā′shən] *(n.)* انتحال أو نَحْل.

ar·ron·disse·ment [ȧ rôn dēs män′] *(n.)* (١) القضاء: أكبر المناطق الإدارية التي تنقسم إليها محافظةٌ [أو مديرية] من المحافظات الفرنسية (٢) الدائرة: منطقة إدارية في مدينة فرنسية كبيرة.

ar·row [ăr′ō] *(n.)* (١) سهم (٢) إشارة شبيهةٌ بالسَّهْم.

ar·row·head [ăr′ō hĕd′] *(n.)* (١) رأس السَّهْم (٢) السَّهميّة؛ السّاجِتّارية: نباتٌ مائيّ ذو أوراق شبيهةٍ برؤوس السِّهام (نب).

ar·row·root [ăr′ō ro͞ot′] *(n.)* المَرَنْطَة؛ الآرُوْرُوْت: «أ» نبات يُتَّخذ منه نشاء مُغَذٍّ. «ب» نشاء المَرَنْطة.

ar·row·wood [ăr′ō wo͝od′] *(n.)* شُجَيْرة السِّهام: شجيرة شمالأميركية كان هنود أميركا الحمر يتخذون منها السِّهام (نب).

ar·row·y [ăr′ō ĭ] *(adj.)* (١) سَهْميّ: مؤلَّف من سِهام؛ مليءٌ بالسِّهام (٢) سَهْمانيّ: «أ» شبيه بالسهم. «ب» سريع؛ رشيق؛ ثاقب.

ar·roy·o [ə roi′ō] *(n.)* (١) غَدير؛ نُهَيْر (٢) قناة صغيرة.

arse [ärs] *(n.)* (١) الكَفَل؛ العَجُز (٢) الاَسْت.

ar·se·nal [är′sə-] *(n.)* (١) «أ» دار الصناعة: مؤسسة لصنع الأسلحة. «ب» مستودَع [أو مجموعة] أسلحة (٢) «أ» مَخْزن؛ مستودَع. «ب» ذخيرة؛ موارد.

ar·se·nate [-′sə nāt′; nĭt] *(n.)* الزِّرنيخات: ملح حمض الزِّرنيخ (ك).

ar·se·nic [*n.* är′sə nĭk, ärs′nik; *adj.* är sĕn′ĭk] *(n;. adj.)* (١) الزِّرنيخ (ك) § (٢) زِرنيخيّ.

ar·sen·i·cal *(adj.; n.)* (١) زِرنيخيّ § (٢) *pl.* الزِّرنيخيّات: مجموعة من العقاقير ومبيدات الحشرات محتويةٌ على زِرنيخ.

ar·se·nide [är′sə nīd′; -nĭd] *(n.)* الزِّرنيخيد (ك).

ar·se·ni·ous [är sē′nĭ əs] *(adj.)* زِرنيخيّ (ك).

ar·se·nite [är′sə nīt′] *(n.)* الزِّرنيخيت (ك).

ar·se·nous [är′sə nəs] *(adj.)* = arsenious.

ar·sine [är sēn′; är′sēn; -sĭn] *(n.)* الأرسين: «أ» غاز ملتهبٌ ذو رائحة كرائحة الثوم. «ب» أحد مشتقات الأرسين (ك).

ar·son [är′sən] *(n.)* الإحراق العَمْد [للمباني وغيرها].

ar·son·ist [-ĭst] *(n.)* مُحْرِق المباني عمدًا (ق).

art [ärt] *(n.; adj.)* (١) مهارة؛ براعة (٢) «أ» فنّ. «ب» الفنون الجميلة (٣) طريقة؛ مبادئ صناعة (٤) مكر؛ حيلة § (٥) فنّيّ.

-art = -ard.

ar·tel [är tĕl′] *(n.)* الأَرْتَل: تعاونيّة سوفياتيّة للعمال أو للفلاحين.

Ar·te·mis [är′tə mĭs] آرتميس: إلاهة القمر والقنص عند الإغريق.

Artemis

ar·te·mis·i·a [är′tə mĭz′ĭ ə; -mĭsh′-] *(n.)* الأرطُماسيا: عشب ذو أوراق فوّاحة العبير.

arteri- *or* **arterio-** بادئة معناها: «أ» شريان <*arterio*sclerosis>. «ب» شريانيّ و . . . <*arterio*venous>.

ar·te·ri·al[1] [är tĭr′ĭ əl] *(adj.)* شِرْيانيّ: «أ» خاصّ بالشرايين. «ب» ذو مجرًى رئيسي وتشعُّبات متعدِّدة <~ drainage>. «ج» رئيسيّ.

ar·te·ri·al[2] *(n.)* الطريق الشِّريانية: طريق كثيرة التّشعّبات بين المدن.

ar·te·ri·al·ize [-ə līz′] *(vt.)* يُشَرْيِنُ: يحوِّل [الدَّم الوريديّ] إلى دم شريانيّ بفِعل الأكسجين في الرئتين (فس).

ar·te·ri·o·lar *(adj.)* شُرَينيّ: ذو علاقة بشُرَيْن أو شريان صغير (ت).

ar·te·ri·ole [-ōl] *(n.)* الشُّرَيْن: شريان صغير (ت).

ar·te·ri·o·scle·ro·sis [är tĭr′ĭ ō sklə rō′-] *(n.)* تَصَلُّب الشرايين.

ar·te·ri·o·ve·nous [-vē′nəs] *(adj.)* شريانيّ وريديّ: خاصّ بالشرايين والأوردة معًا أو ذو علاقة بهما (ت).

ar·te·ri·tis [är′tə rī′tĭs] *(n.)* التهاب الشِّريان؛ الالتهاب الشِّريانيّ (ط).

ar·ter·y [är′tə rĭ] *(n.)* (١) شِريان (ت) (٢) شريان المواصلات: نهرٌ أو طريق رئيسية.

ar·te·sian well [är tē′zhən] *(n.)* البئر الأَرْتُوازية: ينبوع صُنعيّ.

art·ful [ärt′fəl] *(adj.)* (١) بارع: مُنْجَز ببراعة أو فنٍّ أو دالٌّ عليهما (٢) فنّيّ (٣) «أ» داهية. «ب» ماكر (٤) صُنْعيّ؛ اصطناعيّ.

art glass *(n.)* الزُّجاج الفنّيّ.

arthr- *or* **arthro-** بادئة معناها: مَفْصِل.

ar·thral·gia [är thrăl′jə] *(n.)* الظُّلاع؛ القُفاص: ألم في مَفْصِل أو أكثر (ط).

— **ar·thral·gic** *(adj.)*

ar·thri·tis [är thrī′tĭs] *(n.)* pl. **ar·thrit·i·des** [är thrĭt′ə dēz′] الرَّثْيَة؛ الالتهاب المَفْصِليّ (ط).

— **ar·thrit·ic** *(adj.; n.)*

ar·throl·o·gy *(n.)* المفاصليّات؛ مَبْحث المفاصل (ط).

ar·throp·a·thy *(n.)* الاعتلال المَفْصِليّ (ط).

ar·thro·pod [är′thrə pŏd′] *(n.; adj.)* (١) المَفْصِليّ: واحد المَفْصِليات **Arthropoda** وهي شعبة من اللافقاريات تشمل القشريّات والعنكبوتيات إلخ § (٢) مَفْصِليّ: ذو علاقة بالمَفْصِليات.

ar·throp·o·dal *or* **ar·throp·o·dan** *(adj.)* مَفْصِليّ .

ar·thro·sis [är thrō′sĭs] *(n.)* (١) مَفْصِل (ت) (٢) الفُصال (ط) .

ar·ti·choke [är′tə chōk′] *(n.)* الخَرْشَف ؛ الخُرشوف ؛ الأرضي شَوكي .

artichoke

ar·ti·cle [är′tə kəl] *(n.; vt.)* (١) بَنْدٌ ؛ فِقرة ؛ مادّة [في عقد أو نحوه] (٢) مقال (٣) أداة التعريف أو التنكير (٤) شيء (٥) صِنف § (٦) يتّهم (٧) يقيّد بشروط عَقْد <to ~ an apprentice> .

ar·tic·u·lar [är tĭk′yə lər] *(adj.)* مَفْصِليّ ؛ مفاصِليّ .

ar·tic·u·late[1] [är tĭk′yə lĭt] *(adj.; n.)* (١) «أ» ملفوظ بوضوح . «ب» بيِّن ؛ واضح . «ج» ناطق . «د» فصيح . «هـ» مِهذار (٢) مَفْصِليّ ؛ ذو مفاصل <~ animals> § (٣) حيوان مَفْصِليّ .

ar·tic·u·late[2] [-lāt′] *(vt.; i.)* (١) يُبيِّن ؛ يَلْفظ بوضوح (٢) يُمَفْصِل <~d mastodon remains> (٣) يُنَسِّق **x** (٤) يَتَمَفْصل : يتّحد أو يرتبط بمفاصل .

ar·tic·u·lat·ed *(adj.)* (١) مَلفوظ بوضوح (٢) مزوَّد بمفاصل (٣) منسَّق .

ar·tic·u·la·tion *(n.)* (١) المَفْصَلة : الربط بمفاصل أو نحوها (٢) التمَفْصُل : الارتباط بمفاصل أو نحوها (٣) مَفْصِل (مج) (٤) «أ» نُطق ؛ لَفْظ . «ب» صوت ساكن ؛ حرف صحيح أو صامت .

ar·ti·fact *also* **ar·te·fact** [är′tə făkt′] *(n.)* الأثر : «أ» شيء من صنع الإنسان أو من نتاج براعته . «ب» أثر فنّيّ .

ar·ti·fice [är′tə fĭs] *(n.)* (١) حيلة (٢) مكر ؛ خداع (٣) «أ» وسيلة أو أداة بارعة . «ب» بَراعة .

ar·tif·i·cer [är tĭf′ə sər] *(n.)* (١) الصَّناع : الصانع البارع (٢) الصانع ؛ المبتدِع ؛ المبتكِر ؛ المهندس .

ar·ti·fi·cial [är′tə fĭsh′əl] *(adj.)* (١) صُنْعيّ ؛ اصطناعيّ <~ kidney> (٢) زائف ؛ كاذب (٣) مُتَكلَّف .

artificial horizon *(n.)* الأُفق الصُّنعيّ : أداة يستعين بها الطيارون على معرفة زاوية الشمس أو زاوية نجمٍ ما حين يتعذر عليهم رؤية الأفق الحقيقي .

artificial insemination *(n.)* الإخصاب الصُّنعيّ (ط) .

artificial intelligence *(n.)* الذكاء الصُّنعيّ .

ar·ti·fi·ci·al·i·ty *(n.)* (١) الصُّنعيّة ؛ الاصطناعية (٢) زَيْف (٣) تكلُّف (٤) شيء صنعيّ أو زائف أو متكلَّف .

artificial respiration *(n.)* التنفُّس الصُّنعيّ .

artificial satellite *(n.)* القمر الصُّنعيّ .

ar·til·ler·ist *(n.)* = artilleryman.

ar·til·ler·y [är tĭl′ə rĭ] *(n.)* (١) مِدفعيّة ؛ مَدافع (٢) سلاح المِدفعيّة (٣) عِلم المِدفعية .

ar·til·ler·y·man *(n.)* pl. **-men** المِدفعيّ : جنديّ في سلاح المِدفعية .

ar·ti·o·dac·tyl [är′tĭ ō dăk′tĭl] *(n.; adj.)* (١) مُزْدَوِج الأصابع ؛ شَفْعيّ الأصابع : حيوان من مزدوجات [أو شَفعيّات] الأصابع **Artiodactyla** كالبقرة والجمل والأيّل § (٢) مزدَوج الأصابع ؛ شَفْعيّ الأصابع (ح) .

ar·ti·o·dac·ty·lous *(adj.)* مُزْدَوِج الأصابع ؛ شَفْعيّ الأصابع .

ar·ti·san [är′tə zən] *(n.)* الحِرَفيّ : الصانع الماهر .

art·ist [är′-] *(n.)* (١) الفنّان : «أ» المشتغل بالفنّ ، رسّامًا كان أو نحّاتًا أو ممثلًا أو مغنّيًا إلخ . «ب» من يتكشّف في عمله عن ذوق فنّيّ رفيع (٢) المخادع ؛ المحتال .

ar·tiste [är tēst′] *(n.)* الفنّان . وبخاصّة : المغنّي ؛ الممثّل ؛ الراقص .

ar·tis·tic; ar·tis·ti·cal *(adj.)* (١) فنّيّ : «أ» ذو علاقة بالفنّ أو الفنّانين . «ب» مُنْجَز ببراعةٍ أو ذوق رفيع (٢) مُوْلَعٌ بالفنون ؛ ذو تقدير للجمال .

art·ist·ry [är′tĭs trĭ] *(n.)* الفنّيّة : الصّفة أو البراعة الفنّيّة .

art·less *(adj.)* (١) غِرّ ؛ جاهل ؛ غير بارع (٢) مصنوع بغير براعة (٣) ساذج ؛ بريء (٤) بسيط ؛ طبيعيّ <~ beauty> .

— art·less·ness *(n.)*

art·sy [ärt′sĭ] *(adj.)* = arty.

art·work [ärt′-] *(n.)* (١) الإنتاج الفنّيّ (٢) رسوم الكتاب وزخارفُه .

art·y [är′tĭ] *(adj.)* (١) متطفّل على الفنّ (٢) مقلِّد للفنّ .

ar·um [âr′əm] *(n.)* اللُّوف : نبات أوراقه شبيهة بالقلب أو السَّيف .

arum

a·run·di·na·ceous [ə rŭn′də nā′shəs] *(adj.)* (١) قَصَبيّ : ذو علاقة بالقَصب (٢) قَصَبانيّ : شبيه بالقصب .

-ary لاحقة معناها : «أ» موضع كذا <ov*ary*> . «ب» مجموعة كذا <dic-tion*ary*> . «ج» متعلق أو خاصّ بكذا <mission*ary*> . «د» مُتَّسِمٌ بكذا <second*ary*> . «هـ» شخصٌ منسوبٌ إلى كذا أو منهمكٌ في كذا <not*ary*> .

Ar·y·an [âr′ĭ ən; âr′yən; är′yən] *(adj.; n.)* (١) آريّ ؛ هنديّ أوروبيّ § (٢) الآريّة : اللغة القبتاريخية prehistoric التي اشتُقّت منها معظم اللغات الأوروبية (٣) الآريّ : «أ» شخص منسوب إلى الجماعات القبتاريخية الناطقة بالآريّة . «ب» شخص يُفترض أنه متحدّر من هذه الجماعات .

as[1] [ăz; əz] *(conj.; adv.; pron.; prep.)* (١) كأنّ ؛ وكأنّ <looks ~ she had seen a ghost> (٢) مِثْل <good ~ gold> (٣) مثلَما <Do ~ we do.> (٤) عندما ؛ أثناء <She came up ~ I was speaking.> (٥) بِرَغم ؛ على الرَّغم <Brave ~ he was, the danger made him afraid.> (٦) «أ» بسبب ؛ لأنّ <stayed home ~ he had no car> . «ب» لمّا كان ؛ بما أنّ <*As* she wasn't ready in time, we went without her.> (٧) بحيث <so clearly guilty ~ to leave no doubt> § (٨) إلى درجة مساوية لكذا <~ artless ~ a child> (٩) مثلًا <Some animals, ~ dogs, eat meat.> § (١٠) الذي ؛ التي إلخ <I had the same troubles ~ you had.> (١١) كما <He is careful ~ his work shows.> § (١٢) كَـ . . . <Her face was ~ a mask.> (١٣) بوصفه كذا <He was respected both ~ a judge and ~ a man.>.

~ a rule عمومًا ، عادةً .

~ far ~, بِقَدْرِ ما .

~ if وكأنّما ؛ وكأنّه ؛ وكأنّ .

~ it is في الواقع ؛ في الحقيقة .

~ it were إذا جاز التعبير .

~ long ~, ما دام .

~ of اعتبارًا من [تاريخ معيّن] .

~ regards; ~ respects في ما يتعلق بـِ .

~ soon ~, حالما .

~ soon ~ possible بأسرع ما يمكن .

~ though = as if.

~ to *or* for في ما يتعلّق بـِ .

~ usual كالعادة ؛ كالمعتاد ؛ كالمألوف .

~ well أيضًا .

~ well ~, بالإضافة إلى ؛ أيضًا .

~ yet حتى الآن .

so ~ to (١) لِكَيْ (٢) بحيث ؛ بطريقة تؤدّي إلى . . .

as [2] [ăs] *(n.)* الآسّ : وحدة وزن أو قطعة نقد رومانية قديمة .

as·a·fet·i·da *or* **as·a·foe·ti·da** [ăs′ə fĕt′ə də] *(n.)* الحِلْتيت : صمغ راتينجيّ كان يُتّخذ علاجًا مضادًّا للتشنّج (ك) .

as·bes·tos *also* **as·bes·tus** [ăs bĕs′-; ăz-] *(n.)* الأَسْبَسْت ؛ الأَسْبَسْتوس ؛ الحرير الصخريّ : معدن صامدٌ للنار (مع) . **— as·bes·tine** *(adj.)*

as·ca·ri·a·sis [ăs′kə rī′ə sĭs] *(n.)* (١) الصَّفَر ؛ الداء الصَّفَريّ : داء ناشئ عن الصَّفريات أو حيّات البطن (٢) إصابة بالصَّفَريات .

as·ca·rid [ăs′kə rĭd] *(n.)* الصَّفَرية ؛ حيّة البطن : دودة من الصَّفَريات **Ascaridae** تسبّب الصَّفَر أو الداء الصَّفَريّ .

as·ca·ris [ăs′kə rĭs] *(n.)* pl. **as·car·i·des** [ă skăr′ə dēz] = ascarid.

as·cend [ə sĕnd′] *(vi.; t.)* (١) يَصْعد ؛ يرتفع ؛ يعلو ؛ يَطْلع (٢) يَرْقى : **x** <Our inquiries ~ to the remotest antiquity.> يرجع إلى عهدٍ ماضٍ (٣) يتسلّق <to ~ a hill> (٤) يرتقي <to ~ the throne> .

as·cend·a·ble *or* **-i·ble** *(adj.)* يُرْتَقى : ممكنٌ ارتقاؤهُ أو تَسلُّقُهُ .

as·cen·dance *also* **as·cen·dence** *(n.)* = ascendancy.

as·cen·dan·cy *also* **as·cen·den·cy** *(n.)* سَطْوة ؛ سَيْطرة ؛ هَيْمنة .

as·cen·dant *also* **as·cen·dent** [ə sĕn′dənt] *(adj.; n.)* (١) صاعد ؛ مُتّجِهٌ إلى أعلى (٢) مُسَيْطِر ؛ سائد § (٣) الطّالِع [في اصطلاح المنجّمين] (٤) سيطرة ؛ هَيْمنة ؛ سيادة (٥) سَلَف .

in the ~, (١) في صعود : آخذٌ نَجْمُهُ في اللمعان (٢) مُسَيْطر ؛ مُهَيْمِن ؛ في أوج سلطانه .

as·cend·er [ə sĕn′dər] *(n.)* المتسلّق ؛ المرتقي ؛ الصاعد إلخ .

as·cend·ing [ə sĕn′-] *(adj.)* صاعد ؛ طالع .

ascending colon *(n.)* القولون الصاعد (ت) .

ascending order *(n.)* الترتيب التّصاعديّ (ر) .

ascending powers *(n. pl.)* القوى الصاعدة (ر) .

as·cen·sion [ə sĕn′shən] *(n.)* (١) صُعود (٢) *cap.* عد : صعود المسيح من الأرض إلى السماء (نص) (٣) *cap.* عد : عيد الصعود (نص) .

as·cen·sion·al *(adj.)* صُعوديّ : خاصّ بالصُّعود أو ميّال إليه .

Ascension Day *(n.)* عيد الصُّعود ؛ خميس الصُّعود (نص) .

as·cen·sive [ə sĕn′sĭv] *(adj.)* صاعد أو ميّال إلى الصعود .

as·cent [ə sĕnt′] *(n.)* (١) «أ» صعود . «ب» تسلّق . «ج» مُرْتَقًى ؛ حدورٌ صاعد . «د» درجة الحدور الصاعد <The road has an ~ of four degrees.> (٢) تقدُّم (٣) عودة إلى الماضي .

as·cer·tain [ăs′ər tān′] *(vt.)* (١) يتحقّق ؛ يتأكّد (٢) يكتشف .

as·cer·tain·a·ble *(adj.)* ممكنٌ التحقُّقُ منه أو اكتشافُه .

as·cer·tain·ment *(n.)* تحقُّق ؛ تأكُّد ؛ اكتشاف .

as·cet·ic [ə sĕt′ĭk] *(adj.; n.)* (١) زُهْدِيّ : خاصّ بالزهد أو الزهّاد (٢) زاهد ؛ متنسّك ؛ مُتَقَشِّف § (٣) الزاهد ؛ الناسك .

as·cet·i·cal [ə sĕt′ə kəl] *(adj.)* زُهْديّ ؛ تنسُّكيّ ؛ تَقَشُّفيّ .

as·cet·i·cism [ə sĕt′ə sĭz′əm] *(n.)* زُهْد ؛ تَنَسُّك ؛ تقشُّف .

as·ci [ăs′ī] *pl. of* ascus.

as·cid·i·an [ə sĭd′ĭ ən] *(n.; adj.)* (١) الزِّقّيّ : حيوان من الزِّقّيّات **Ascidiacea** [الشبيه شكلُها بشكل الزِّقّ أو الكيس] § (٢) زِقّيّ (ح) .

as·cid·i·um [ə sĭd′ĭ əm] *(n.)* pl. **-cid·i·a** الزِّق ؛ الإبريق : عضو أو جزء نباتيّ شبيهٌ شكلُهُ بشكل الزِّق أو الإبريق (نب) .

as·ci·tes [ə sī′tēz] *(n.)* الحَبَن ؛ الاستسقاء الزِّقّيّ (ط) .

as·cit·ic [ə sĭt′ĭk] *(adj.)* حَبَنيّ ؛ استسقائيّ (ط) .

ascitic fluid *(n.)* السِّقْي : ماء الاستسقاء (مج) .

asco- بادئة معناها : زِقّ ؛ كيس <*asco*carp> .

as·co·carp [ăs′kə kärp′] *(n.)* الثمرة الزِّقّيّة (نب) .

as·co·go·ni·um [-′kə gō′-] *(n.)* عُضو التأنيث [في بعض الفطور الزِّقّيّة] .

as·co·my·cete [-mī sēt′] *(n.)* الفُطْر الزِّقّيّ : أحد الفُطريات الزِّقّية **Ascomycetes** ، وهي فطور تتكوّن أبواغها داخل زِقاق أو أكياس .

a·scor·bic acid [ə skôr′bĭk] *(n.)* حَمض الأسكوربيك .

as·co·spore [ăs′kə spōr′] *(n.)* البَوْغ الزِّقّيّ : أحد الأبواغ التي يشتمل عليها الزِّقّ في الفُطريات الزِّقّيّة .

ascot

as·cot [ăs′kət] *(n.)* الأَسْكُتَة : عقدة رقبة عريضة الطرفين .

as·crib·a·ble *(adj.)* يُعْزَى : ممكنٌ عَزْوُهُ أو نسبتُهُ [إلى شخص آخر] .

as·cribe [ə skrīb′] *(vt.)* يَعْزو ؛ يَنسِب إلى .

as·crip·tion [ə skrĭp′shən] *(n.)* عَزْو ؛ نسبة .

as·crip·tive *(adj.)* عَزْويّ ؛ نِسْبيّ .

as·cus [ăs′kəs] *(n.)* pl. **as·ci** [ăs′ī] الزِّقّ (مج) : محفظة غشائية تتكوّن في داخلها الأبواغ [في الفُطريات الزِّقّيّة] .

-ase لاحقة معناها : أنزيمة ؛ خميرة <lact*ase*> .

a·sep·sis [ə sĕp′sĭs; ā-] *(n.)* (١) الطّهارة : خُلُوّ من المُتَعَضِّيات المجهرية المسبّبة للأمراض (٢) التطهير ؛ التعقيم [للتخلص من هذه المتعضّيات] .

a·sep·tic [-tĭk] *(adj.)* (١) مطهّر ؛ معقّم (٢) مطهِّر ؛ مُعقِّم .

a·sex·u·al [ā sĕk′shōō əl] *(adj.)* (١) «أ» لاجنسيّ . «ب» عديم الجنس ؛

عديم الأعضاء التناسلية (٢) لاتزاوجيّ (٣) عُذْريّ .

asexual generation *(n.)* التَوَلُّد اللاّتزاوجيّ (أح).

asexual reproduction *(n.)* التّكاثر اللاّتزاوجيّ (أح).

ash[1] [ăsh] *(n.; adj.)* (١) المُرّان؛ الدّردار: شجر من الفصيلة الزيتونية أو خَشَبُه § (٢) مُرّانيّ؛ دَرْداريّ.

ash[2] [ăsh] *(n.; vt.)* (١) رماد (٢) الرّماد البركانيّ (جي) § (٣) يُرمِّد: «أ» يذرّ الرماد على. «ب» يُحرِق؛ يحوّل إلى رماد.

a·shamed [ə shāmd′] *(adj.)* خَجِل؛ خَجْلان؛ مُسْتَحٍ.

— **a·sham·ed·ly** *(adv.)* — **a·sham·ed·ness** *(n.)*

ash can *(n.)* (١) صندوق القُمامة؛ برميل النُّفايات (٢) قنبلة الأعماق (را. depth charge).

ash·can [ăsh′-] *(adj.)* آشكانيّ: واقعيّ [في وصفِهِ لحياة المدن].

ash·en [ăsh′ən] *(adj.)* (١) مُرّانيّ؛ دَرْداريّ: «أ» ذو علاقة بشجر المُرّان أو الدّردار. «ب» مصنوع من خشب المرّان (٢) رماديّ: «أ» مؤلف من رماد. «ب» رماديّ اللون (٣) شاحب كشحوب الموتى <an ~ face>.

ash·er·y [ăsh′ər ĭ] *(n.)* مصنع البوتاس.

ash·es [ăsh′ĭz] *(n. pl.)* (١) «أ» رُفات. «ب» رماد الجثة المُحْرَقة (٢) رماد (٣) خرائب؛ أنقاض <the ~ of an ancient empire>.

Ash·ke·naz·i [ăsh′kə năz′ĭ] *(n.)* pl. **-naz·im** الأشكينازيّ؛ اليهوديّ الغربيّ.

ash·lar *or* **ash·ler** [ăsh′lər] *(n.)* (١) حجر مربَّع (٢) حجر مربَّع منحوت (٣) مَبْنًى مُشيَّد من حجارة مربّعة أو منحوتة.

a·shore [ə shōr′] *(adv. or adj.)* (١) على أو إلى الشاطئ (٢) على أو إلى اليابسة.

ash·ram [äsh′räm] *(n.)* الأَشْرَم: «أ» مُعْتَزَلٌ خاصّ بحكيم أو فيلسوف هندوسي. «ب» مُعْتَزَلٌ دينيّ.

Ash·to·reth [ăsh′tə rĕth′] = Astarte.

ash·tray [ăsh′trā′] *(n.)* المَرْمَدَة: مَنْفَضة رماد السَّجاير.

Ash Wednesday *(n.)* أربعاء الرَّماد: أولُ أيام الصوم الكبير (نص).

ash·y [ăsh′ĭ] *(adj.)* (١) رماديّ: «أ» متعلّق بالرماد. «ب» مؤلف من رماد. «ج» رماديّ اللون (٢) مكسوّ بالرَّماد (٣) شاحب كشحوب الموتى (٤) غاضب (ع).

A·sia [ā′zhə; ā′shə] آسيا؛ قارّة آسيا.

A·sian [ā′zhən; ā′shən] *(adj.; n.)* (١) آسْيَويّ § (٢) الآسْيَويّ.

Asian influenza *(n.)* الإنْفْلُوَنزا الآسيوية (مض).

A·si·at·ic [ā′zhĭ ăt′ĭk; ā′shĭ-] *(adj.; n.)* = Asian.

Asiatic cholera *(n.)* الكوليرا الآسيويّة (مض).

a·side[1] [ə sīd′] *(adv.)* (١) جانبًا <moved the table ~> (٢) على انفراد <They took him ~.> (٣) إلى جانب <She sat down ~ of me.>.

a·side[2] [ə sīd′] *(n.)* (١) الحديث الجانبيّ: كلامٌ يُقال على انفراد، كالملاحظة التي يُبديها أحد الممثلين على المسرح بصوت منخفض مُتّجهًا بها إلى جمهور النظّارة ومفترضًا أن أيًّا من زملائه لن يسمعها (٢) استطراد.

joking ~, جديًّا؛ من غير هزل.

to speak ~, يتكلم بحيث لا يسمعه الآخرون.

aside from *(prep.)* (١) علاوةً على؛ بالإضافة إلى (٢) لولا.

as·i·nine [ăs′ə nīn′] *(adj.)* (١) حِماريّ: «أ» ذو علاقة بالحمار. «ب» شبيه بالحمار (٢) «أ» أبله. «ب» عنيد.

— **as·i·nin·i·ty** *(n.)*

ask [ăsk; äsk] *(vt.; i.)* (١) يسأل (٢) يَطْلب (٣) يلتمس (٤) يتطلّب؛ يحتاج إلى <This job ~s time.> (٥) يَدْعو <I ~*ed* her to my house.>

to ~ after يستخبر عن صحة فلان.

to ~ for it; to ~ for trouble يتصرّف بحماقة [بحيث يتعرّض لبلاءٍ ما].

to ~ for the moon يطلب المستحيل.

to ~ the banns ينشر إعلانًا عن الزواج [في كنيسة].

a·skance [ə skăns′] *also* **a·skant** [ə skănt′] *(adv.)* (١) شَزْرًا؛ بانحراف؛ بطَرَف العين (٢) بازدراء؛ بارتياب؛ باستنكار.

a·skew [ə skyo͞o′] *(adv.; adj.)* (١) بانحراف <Her picture hung ~.> § (٢) منحرف.

a·slant [ə slănt′; ə slänt′] *(adv.; adj.; prep.)* (١) بانحراف § (٢) منحرف § (٣) عَبْرَهُ [أو فوقه] بانحراف.

a·sleep [ə slēp′] *(adj.; adv.)* (١) نائم (٢) مَيْت (٣) خَدِر <My hand is ~.> (٤) ساكن (٥) بليد؛ لامُبالٍ § (٦) نائمًا إلخ.

a·slope [ə slōp′] *(adj.; adv.)* (١) منحدِر؛ مائل § (٢) بانحدار؛ على نحوٍ مائل.

a·so·cial [ā sō′shəl] *(adj.)* (١) أنانيّ (٢) لااجتماعيّ: متجنِّبٌ الاختلاطَ بالناس.

asp [ăsp] *(n.)* الصِّلّ المصريّ: أفعى صغيرة سامّة.

as·par·a·gine [ə spăr′ə jēn′] *(n.)* الهِلْيَوْنين: حمض أمينيّ (كح).

as·par·a·gus [ə spăr′ə gəs] *(n.)* الهِلْيَوْن: نبات من الفصيلة الزنبقية.

asparagus

as·par·tame [ăs′pər tām′] *(n.)* الأسبارتيم: مادة مُحَلِّية.

as·par·tic acid *(n.)* حَمْض الأسبارتيك (ك).

as·pect [ăs′pĕkt] *(n.)* (١) المَظْهَر (فل) (٢) مَظْهر (٣) هيئة؛ سيماء (٤) وَجْه <both ~s of a question> (٥) واجهة؛ مُطَلّ <The hospital has a southern ~>.

aspect ratio *(n.)* النِّسبة الباعيّة: «أ» نسبة مربَّع أقصى امتداد «المُنْساب الهوائي» (را. airfoil) إلى مساحة الجناح الإجمالية (طي). «ب» نسبة عرض الصورة التلفزيونية أو السينمائية إلى ارتفاعها.

as·pec·tu·al [ăs pĕk′cho͞o əl] *(adj.)* مَظْهَريّ.

as·pen [ăs′pən] *(n.; adj.)* (١) الحَوْر الرَّجْراج: ضربٌ من شجر الحَوْر ترتعش أوراقه إذا هبّ عليها أرقّ النسيم § (٢) حَوْريّرَجْراجيّ؛ حَوْرِيّ رَجْراجيّ (٣) مرتعش <~ leaves>.

as·per·ges [ə spûr′jēz] *(n.)* (١) النَّضْح: رَذّ أو رشّ المذبح والكهنة والمصلّين بالماء المقدّس قبل قدّاس الأحد (نص) (٢) ترنيمة النَّضْح: ترنيمة تُرتَّل أثناء قيام الكاهن بهذا الطقس الديني (نص).

as·per·gill [ăs′pər jĭl] *(n.)* = aspergillum.

as·per·gil·lum [ăs′pər jĭl′əm] *(n.)* pl. **-gil·la** *or* **gil·lums** المِنْضَحَة: مِرَذّة [أو مِرَشّة] الماء المقدّس (نص).

as·per·i·ty [ăs pĕr′ə tĭ] *(n.)* (١) قَسْوة (٢) خشونة (٣) حِدّة.

as·perse [ə spûrs′] *(vt.)* (١) يَنْضَح؛ يَرُذّ؛ يَرُشّ. وبخاصةٍ: يَنْضَح بماءٍ مقدّس (٢) يَذُمّ؛ يَقْذِف؛ يَطْعن في؛ يُشَهِّر بـ.

as·per·sion [ə spûr′zhən; -shən] *(n.)* (١) نَضْح؛ رَذّ؛ رشّ [وبخاصة: بماء مقدّس] (٢) ذمٌّ؛ قَذْفٌ؛ طَعْنٌ؛ تشهير.

as·phalt [ăs′fôlt; -fălt] *(n.; vt.)* (١) أسفَلْت؛ قِير؛ زفت § (٢) يُسَفْلِت؛ يُقَيِّر؛ يُزَفِّت: يكسو بالأسفلت أو القير إلخ. **— as·phal·tic** *(adj.)*

as·phalt·ite [ăs′fôl tīt′] *(n.)* الأسْفَلتيت؛ القِيريت؛ الزِّفتيت.

as·phal·tum [ăs făl′təm] *(n.)* = asphalt.

asphodel

as·pho·del [ăs′fə dĕl′] *(n.)* البَرْوَق؛ البَرْواق: نبات من الفصيلة الزنبقية.

as·phyx·i·a [ăs fĭk′sĭə] *(n.)* الأسفيكسيا؛ الاختناق [بسبب نقص الأكسجين في الدم] (ط).

as·phyx·i·ant [ăs fĭk′sĭ ənt] *(adj.; n.)* (١) خانق § (٢) مادة خانقة.

as·phyx·i·ate [ăs fĭk′ sĭ āt′] *(vt.; i.)* (١) يَخنق [بسبب من نقص الأكسجين] x (٢) يختنق.

as·phyx·i·a·tion *(n.)* (١) خَنْق (٢) اختناق.

as·pic [1] [ăs′pĭk] *(n.)* الصِّلّ المصريّ: أفعى صغيرة سامة.

as·pic [2] *(n.)* الخُزامَى عريضةُ الأوراق (نب).

as·pic [3] *(n.)* الهُلام اللَّحميّ: هُلام يُصنع من اللحم وعصير الطماطم.

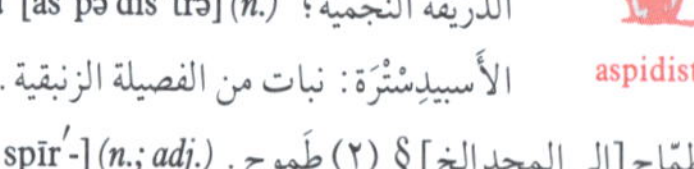
aspidistra

as·pi·dis·tra [ăs′pə dĭs′trə] *(n.)* الدُّرَيْقة النَّجميَّة؛ الأسبيدِسْتْرَة: نبات من الفصيلة الزنبقية.

as·pi·rant [ə spīr′-] *(n.; adj.)* (١) الطمّاح [إلى المجد إلخ] § (٢) طَموح.

as·pi·rate [*v.* ăs′pə rāt′; *n., adj.* -rĭt] *(vt.; n.; adj.)* (١) يُهايئ: يلفظ بملء النَّفَس أو بصوت كصوت حرف *h* (٢) يَسْفُط: يَسْحَب الغاز [من وعاء] أو الدم أو الصديد [من الجسم] (٣) يستنشق § (٤) الهائيّ: حرف *h* أو صوتُهُ (٥) المَسْفوط: مادة مُزالةٌ بالسَّفْط § (٦) مُهايَأ: ملفوظ بصوتٍ كصوت حرف *h*.

as·pi·ra·tion [ăs′pə rā′shən] *(n.)* (١) المُهايأة: النُّطْق بملء النَّفَس أو بصوت كصوت حرف *h* (٢) السَّفْط: سَحْب الغاز [من وعاء] أو الدم أو الصَّديد [من الجسم] (٣) تَنَفُّس (٤) طُموح (٥) المَطْمَح: ما يُطمَح إليه.

as·pi·ra·tor [ăs′pə rā′tər] *(n.)* السَّفّاطة: أداة لسحب الغاز من وعاء أو الدم أو الصديد من الجسم.

as·pir·a·to·ry [ə spīr′ə tōr′ĭ] *(adj.)* (١) تنفُّسيّ (٢) سَفْطيّ: ذو علاقة بالسَّفْط (را. *2* aspiration).

as·pire [ə spīr′] *(vi.)* (١) يتوق؛ يَطْمَح إلى (٢) يرتفع؛ يحلِّق.

as·pi·rin [ăs′pə rĭn] *(n.)* (١) الأسبرين (صي) (٢) قرص أسبرين.

as·pir·ing [ə spīr′-] *(adj.)* (١) طامحٌ؛ تائق (٢) مرتفِع؛ محلِّق.

a·squint [ə skwĭnt′] *(adj.; adv.)* (١) شَزْر § (٢) شَزْرًا؛ بنظرِ شَزْر.

ass [1] [ăs] *(n.)* (١) حِمار (٢) الأبله؛ الأحمق؛ العنيد.

to make an ~ of يَسْتَحْمِر فلانًا؛ يعامله معاملة الحمير؛ يجعله موضوع سخرية.

to make an ~ of oneself يتصرف بحماقة [جاعلًا من نفسه سخرية للناس].

ass [2] *(n.)* = arse.

as·sa·fet·i·da *or* **as·sa·foet·i·da** *(n.)* = asafetida.

as·sa·gai [ăs′ə gī′] *(n.)* = assegai.

as·sail [ə sāl′] *(vt.)* (١) يُهاجم بعنف (٢) يُغير على.

as·sail·a·ble *(adj.)* ممكنٌ مهاجمتهُ أو الإغارةُ عليه.

as·sail·ant *(n.; adj.)* (١) مهاجِم؛ مُغير (٢) المهاجِم؛ المُغير.

as·sas·sin [ə săs′ĭn] *(n.)* (١) *cap.*: الحشّاش: واحد الحشّاشين (٢) السَّفّاك: القاتل المستأجَر أو القاتل بدافع من تعصُّب.

as·sas·si·nate [ə săs′ə nāt′] *(vt.)* (١) يغتال (٢) يشوِّه؛ يؤذي؛ يُدمِّر. **— as·sas·si·na·tor** *(n.)*

as·sas·si·na·tion *(n.)* (١) اغتيال (٢) تشويه؛ إيذاء؛ تدمير.

as·sault [ə sôlt′] *(n.; vt.; i.)* (١) «أ» هجوم؛ انقضاض. «ب» تهجّم (٢) اعتداء أو محاولة اعتداء (٣) اغتصاب؛ وبخاصة: اغتصاب امرأة § (٤) «أ» يهاجم؛ ينقضّ على. «ب» يتهجَّم على (٥) يغتصب [امرأة].

assault and battery الضَّرب والجَرْح (ق).

assault boat *(n.)* زورق الانقضاض: زورق صغير ممكنٌ حَمْلُه أو نَقْلُه يُستخدم في الحرب لعبور الأنهار والبحيرات إلخ.

as·sault·ive *(adj.)* هُجوميّ؛ انقضاضيّ؛ اعتدائيّ.

as·say [*v.* ə sā′; *n.* ə sā′, ăs′ā] *(vt.; n.)* (١) يجرِّب؛ يختبر؛ يفحص (٢) يحاول (٣) يَزِن؛ يُعاير؛ يحلِّل <to ~ an ore> § (٤) تجربة؛ محاولة (ا. ق) (٥) الوَزْن؛ المُعايرة: التحليل الكَمّيّ أو النوعيّ لمادةٍ ما (٦) «أ» المادة المرزونة «ب» نتيجة الوَزْن.

as·say·er *(n.)* الوازن؛ المُعاير: كيميائيّ خبير في وَزْن الذهب إلخ.

as·se·gai [ăs′ə gī′] *(n.)* رمحٌ نحيلٌ [تستعمله بعض القبائل الإفريقية].

as·sem·blage [ə sĕm′blĭj] *(n.)* (١) جَمْع؛ حَشْدٌ [من الناس] (٢) مجموعة (٣) «أ» تجميع. «ب» تركيب (٤) تجمُّع؛ التقاء.

as·sem·ble [ə sĕm′bəl] *(vt.; i.)* (١) يَجمع؛ يَحْشُد (٢) يُرَتِّب (٣) يُركِّب أجزاء آلةٍ ما x (٤) يجتمع؛ يحتشد. **— as·sem·bler** *(n.)*

as·sem·bly [ə sĕm′blĭ] *(n.)* (١) اجتماع (٢) قاعة الاجتماع (٣) *cap.*: جمعية تشريعية. وبخاصة: مجلس النوّاب (٤) «أ» تجميع. «ب» تجمُّع.

«ج» مجموعة (٥) إشارة التجمُّع: إشارة بالطبل أو البوق تدعو الجند إلى الاجتماع (٦) «أ» التجميع: جَمْع أجزاء آلةٍ أو تركيبُها. «ب» المجمَّعة: مجموعة أجزاء آلية مُجمَّعة.

assembly language *(n.)* لغة التأويل: لغة رمزية لبرمجة الكومبيوتر.

assembly line *(n.)* خطّ التجميع: عملية لإنتاج شيء ما بطريقة ميكانيكية فعّالة <academic *assembly lines*>.

as·sem·bly·man *(n.)* عُضو في جمعية تشريعية.

assembly room *(n.)* قاعة الاجتماع.

as·sem·bly·wom·an *(n.)* عُضوة في جمعية تشريعية.

as·sent [ə sĕnt′] *(vi.; n.)* (١) يوافق على؛ يصدِّق على <~*ed* to my proposals> § (٢) موافقة؛ تصديقٌ على.

with one ~, بالإجماع.

as·sen·ta·tion [ăs′ĕn tā′-] *(n.)* موافَقة. وبخاصةٍ بتذلُّل.

as·sent·er [ə sĕnt′ər] *(n.)* الموافِق؛ المصدِّق على.

as·sen·tor [ə sĕnt′ər] *(n.)* (١) الموافِق؛ المصدِّق على (٢) المصدِّق: أحد المقترعين - بالإضافة إلى صاحب الاقتراح والمُثنّي عليه - الذين لا بدّ من موافقتهم للتصديق على تسمية مرشَّح للبرلمان (ق. إنكليزي).

as·sert [ə sûrt′] *(vt.)* (١) يؤكِّد؛ يجزم (٢) يُصرُّ على؛ يدافع عن (٣) يُظهر [وبخاصة بالقوة]؛ يُثبت.

to ~ one's authority يُوَطِّد سُلطتَهُ.

to ~ oneself (١) يُثبت وجوده أو قدرته (٢) يفرض على الآخرين الاعتراف بحقوقه (٣) يتصرّف بطريقة لافتةٍ للنظر.

as·ser·tion *(n.)* (١) توكيد؛ جَزْم (٢) إصرار على حقٍّ أو زعم.

as·ser·tive *(adj.)* (١) ميّال إلى التوكيد والجزم <an ~ fellow> (٢) جازم <spoke in an ~ tone>.

as·ser·to·ry [ə sûr′tə rĭ] *(adj.)* باتّ؛ جازم.

asses' bridge *(n.)* = pons asinorum.

as·sess [ə sĕs′] *(vt.)* (١) يحدِّد نسبة ضريبةٍ إلخ أو مقدارَها (٢) «أ» يَفرِضُ ضريبة إلخ وفقًا لنسبة معيَّنة. «ب» يُخْضع لضريبة أو رسم (٣) يخمّن أو يقيّم [الممتلكات أو الدخل لأغراضٍ ضريبيّة] (٤) يقيِّم: يقدِّر بالدراسة النقدية طبيعة شيء أو أهمّيّته أو كفاءته أو قيمته.

as·sess·a·ble *(adj.)* (١) خاضعٌ للضريبة (٢) ممكنٌ تقييمه أو تقديرُهُ.

as·sess·ment *(n.)* (١) مص assess وبخاصة: تخمين أو تقييم [الممتلكات أو الدخل لأغراضٍ ضريبيّة] (٢) القيمة الضريبيّة المقدَّرة: ضريبة (٣) تقييم؛ تقدير.

as·ses·sor [ə sĕs′ər] *(n.)* (١) المساعد المُستشار؛ مساعد القاضي (٢) القاضي (٣) مخمِّن الضرائب.

as·set [ăs′ĕt] *(n.)* ذُخْر؛ حَسنة؛ ميزة؛ قيمة.

as·sets *(n. pl.)* (١) أصول؛ موجودات (تج) (٢) أموال التَّرِكة (ق).

as·sev·er·ate [ə sĕv′ə rāt′] *(vt.)* يؤكِّد مُقْسِمًا؛ يؤكِّد بجزم.

as·sev·er·a·tion *(n.)* (١) توكيد بقَسَم (٢) قَسَم؛ يمين.

ass·hole [ăs′hōl] *(n.)* (١) شَرَج؛ اسْت (ع) (٢) شخص أبله أو حقير.

as·si·du·i·ty [ăs′ə dōō′-; -dyōō′-] *(n.)* (١) اجتهاد؛ كَدّ؛ مواظبة (٢) *pl.*: ملاطَفةٌ أو مجاملةٌ مستمرة لشخصٍ ما؛ اهتمام شخصي متواصل بامرئ معيّن.

as·sid·u·ous [ə sĭj′ōō əs] *(adj.)* (١) مجتهد؛ كادٌّ؛ مواظب على <~ in her duties> (٢) مُلاطِف؛ مجامِل <Few can be ~ without servility.> (٣) متواصل.

as·sid·u·ous·ly *(adv.)* باجتهاد؛ بِكدٍّ؛ بمواظَبة إلخ.

as·sid·u·ous·ness *(n.)* اجتهاد؛ كدّ؛ مواظبة إلخ.

as·sign [ə sīn′] *(vt.; n.)* (١) يتخلى عن [ممتلكاتٍ أو حقوق إلخ] بطريقة شرعية (٢) يعيِّن في منصب؛ يختار لمهمة (٣) يعيِّنُ [المدرِّسُ] درسًا (٤) يحدِّد [يومًا أو موعدًا إلخ] (٥) يعزو؛ ينسب؛ يُرجع؛ يردُّ <to ~ a reason> (٦) يُخَصِّص؛ يُخصِّص لِـ <These rooms have been ~*ed* to us.> § (٧) *pl.* عد: الشخص المتخلّى له عن ممتلكاتٍ أو حقوقٍ أو المرشَّحُ لذلك <my heirs and ~*s*>.

as·sign·a·ble *(adj.)* (١) ممكنٌ التخلّي عنه أو تحويل مِلْكيّته إلى شخص آخر (٢) قابلٌ للتعيين أو التحديد أو التخصيص (٣) ممكنٌ عَزْوُهُ أو نسبتُهُ إلى.

as·sig·nat [ăs′ĭg năt′] *(n.)* الأسينيّة: إحدى الأوراق النقدية التي أصدرتها حكومة الثورة الفرنسية (١٧٨٩-١٧٩٦).

as·sig·na·tion [ăs ĭg nā′-] *(n.)* (١) مص assign وبخاصة: تَخْصيص؛ تخصيص لِـ (٢) تعيين موعد لقاء؛ وبخاصة: لقاء غرامي غير شرعي.

as·sign·ee [ə sī nē′; ăs′ə nē′] *(n.)* (١) القيِّم؛ الوصيّ. وبخاصة: الحارس القضائي؛ وكيل التفليسة (٢) الوكيل: المعيَّن للعمل باسم شخص آخر (٣) المتنازَل له عن ممتلكاتٍ أو حقوق إلخ.

as·sign·er [ə sī′nər] *or* **as·sign·or** [-nôr′] *(n.)* فا assign.

as·sign·ment [ə sīn′mənt] *(n.)* (١) مص assign (٢) «أ» وظيفة؛ مهمّة؛ واجب محدَّد. «ب» درسٌ مفروض على الطلّاب <What is today's ~?> (٣) تخلٍّ عن؛ تنازلٌ عن [ممتلكاتٍ إلخ وبخاصةٍ سدادًا لديون الدائنين].

as·sim·i·la·ble *(adj.)* يُتَمَثَّل: ممكنٌ تمثُّلُهُ؛ ممكنٌ استيعابُهُ.

as·sim·i·late [ə sĭm′ə lāt′] *(vt.; i.)* (١) يمثِّل: يحوِّل الطعام إلى أنسجة حيّة (٢) يستوعب: «أ» يَهْضم؛ يفهم فهمًا جيدًا. «ب» يمتصّ (٣) يجعله مشابهًا لِـ <The community ~*d* persons of many nationalities.> (٤) يُشَبِّه <~*d* the career of a x conqueror to that of a simple robber> <to ~ our law to the law of Scotland> (٥) يتمثَّل <Some foods ~ more readily than others.> (٦) يندمج؛ يصبح جزءًا من (٧) يُشبه أو يُصبح مشابهًا لِـ.

as·sim·i·la·tion *(n.)* مص assimilate. وبخاصة: «أ» تمثيل الطعام أو تمثُّله. «ب» استيعاب؛ امتصاص.

as·sim·i·la·tive [-ʹə lāʹtĭv] *(adj.)* تمثيليّ أو ممثِّل للطعام.

as·sim·i·la·to·ry [ə sĭmʹə lə tōrʹĭ] *(adj.)* = assimilative.

as·sist [ə sĭstʹ] *(vt.; i.; n.)* (١) يُساعد؛ يُعين (٢) يَحْضر؛ يَشْهَد <to ~ at a public meeting> § (٣) مساعَدة.

as·sis·tance [ə sĭsʹtəns] *(n.)* (١) المساعَدة: إسداء العَوْن (٢) عَوْن؛ مَعُونة؛ مساعَدة <financial ~>.

as·sis·tant [-ʹtənt] *(n.; adj.)* مُساعِد؛ مُعاوِن.

as·size [ə sīzʹ] *(n.)* (١) قانون. وبخاصة: قانون يحدّد الموازين والمكاييل أو أسعار السِّلَع المبيعة في السوق (٢) معيار ثابت (٣) تحقيق قضائي (٤) جلسة [تعقدها هيئة قضائية أو إدارية] (٥) «أ» *pl.* عد: جلسات دورية [يعقدها في كل إقليم من الأقاليم الإنكليزية قضاةُ محكمة عليا للفصل في الدعاوى المدنية والجنائية]. «ب» مكان أو زمان انعقاد مثل هذه المحكمة. «ج» المحكمة نفسُها.

as·so·ci·a·ble [ə sōʹshĭ ə bəl] *(adj.)* قابلٌ للتداعي؛ قابل للترابط (نف).

as·so·ci·ate [*v.* ə sōʹshĭ ātʹ; *n., adj.* -ĭt, -ātʹ] *(vt.; i.; n.; adj.)* (١) يُزامل؛ يُصادق؛ يُرافق (٢) يَضُمّ؛ يوحِّد (٣) يَربط ذهنيًا [بين شيء وآخر] x (٤) يتزامل؛ يتصادق (٥) ينضمّ؛ يتحد § (٦) زميل؛ صديق؛ رفيق (٧) المُشارِك: رتبة علمية جامعيّة § (٨) «أ» مُزامِل؛ مُرافق. «ب» مرتبط؛ متداعٍ (نف). «ج» مُساعِد: غير متمتّع بكامل الحقوق والامتيازات <an ~ professor>.

associate member *(n.)* العضو المشارِك أو المنتسب.

as·so·ci·a·tion *(n.)* (١) مُزامَلة؛ مصادَقة؛ مرافَقة؛ معاشَرة (٢) تزامُل؛ تصادُق؛ ترافُق (٣) جمعية (٤) اتحاد (٥) المترابط؛ الارتباط: شيء مترابط في الذاكرة أو الخيال مع شيء أو شخص آخر (٦) التداعي؛ الترابط (نف) (٧) التجمُّع: ارتباط بين الموادّ أو الوظائف (ك).

association football *(n.)* لُعبة كُرَة القدم (رب).

as·so·ci·a·tive *(adj.)* ترابطيّ: متعلّق بتداعي المعاني والأفكار (نف).

associative law *(n.)* قانون التجميع (ر).

as·so·nance [ăsʹə nəns] *(n.)* السَّجْع: الكلام المُقفّى (بل).

as·so·nant [ăsʹə nənt] *(adj.; n.)* (١) «أ» سَجْعيّ. «ب» مسجوع § (٢) لفظ أو مَقْطعٌ متساجعٌ مع آخر (بل).

as·sort [ə sôrtʹ] *(vt.; i.)* (١) يصنِّف: ينسِّق وفقًا للصِّنف أو النوع (٢) يزوِّد بتشكيلة أو مجموعة منوَّعة <to ~ a cargo> x (٣) يتجانس؛ يتلاءم (٤) يُعاشِر <to ~ with fishermen>.

as·sor·ta·tive [ə sôrʹtə tĭv] *(adj.)* (١) مصنِّف؛ منسِّق (٢) متناسق.

as·sort·ed [ə sôrʹtĭd] *(adj.)* (١) متجانس (٢) مُصَنَّف؛ مشكَّل <~ toffees> (٣) مختلِف؛ متنوِّع.

as·sort·ment *(n.)* (١) «أ» تصنيف؛ تنسيق. «ب» تناسق (٢) تشكيلة؛ مجموعة منوَّعة <an ~ of tools>.

as·suage [ə swājʹ] *(vt.)* (١) يسكِّن؛ يلطِّف <to ~ pain> (٢) يُهدِّئ <to ~ a passion> (٣) يُشْبِع؛ يُطفئ؛ يَنْقَع <to ~ appetite *or* thirst>.

as·sua·sive [ə swāʹsĭv] *(adj.)* مُسَكِّن؛ مُلَطِّف؛ مُهَدِّئ إلخ.

as·sume [ə sōōmʹ] *(vt.)* (١) يأخذ على عاتقه؛ يتولى القيام بـ <to ~ new duties> (٢) يتّخذ <The ameba ~s various shapes.> (٣) يَلْبس <~d her spectacles> (٤) ينتحل؛ يغتصب <to ~ a right to oneself> (٥) يتظاهر بـ <She ~d ignorance.> (٦) يفترض <Let us ~ that you are right.>.

as·sumed *(adj.)* (١) كاذب؛ زائف؛ مزعوم (٢) مفترَض؛ مفروض؛ مُسَلَّم بصحّتِهِ (٣) مُنْتَحَل؛ مغتَصَب.

as·sum·ing *(adj.)* (١) مُدَّعٍ [بوقاحة] (٢) مُتَغَطْرِس؛ مُتَعَجْرِف.

as·sump·tion [ə sŭmpʹ-] *(n.)* (١) *cap.* «أ» رَفْع مريم العذراء إلى السّماء بعد موتها. «ب» عيد انتقال العذراء (١٥ أغسطس) (٢) مص assume، مثل: تولٍّ؛ اتخاذ؛ انتحال؛ تظاهرٌ بـ؛ افتراض (٣) ادعاء؛ عجرفة.

as·sump·tive *(adj.)* (١) مُفْتَرَض؛ مُسَلَّم بصحّته (٢) مُدَّعٍ أو مُتَغَطْرِس.

as·sur·ance [ə shŏŏrʹəns] *(n.)* (١) وَعْد؛ عَهْد؛ تأكيد (٢) «أ» تفرُّغ [عن مِلك]. «ب» سَنَد تفرُّغ [عقاريّ] (٣) سلامة؛ أمن (٤) شجاعة؛ ثقة بالنفس؛ اعتماد على النفس (٥) وقاحة (٦) التأمين [على الحياة إلخ].

as·sure [ə shŏŏrʹ] *(vt.)* (١) يؤكِّد (٢) يُطَمْئِن أو يُقْنِع <He tried to ~ her that flying was safe.> (٣) يكفُل؛ يضمَن <That ~s the success of our work.> (٤) يثبِّت؛ يُوَطِّد <to ~ a person's position> (٥) يؤمِّن [على الحياة إلخ].

as·sured *(adj.; n.)* (١) واثق؛ على ثقة <you may rest ~ that...> (٢) مقتنع (٣) «أ» أكيد؛ ثابت <~ beliefs>. «ب» مضمون (٤) «أ» جريء؛ واثق من نفسِه. «ب» وقح؛ صفيق (٥) مؤمَّن § (٦) الشخص المؤمَّن على حياته أو ممتلكاته.

as·sur·ed·ly [-lĭ] *(adv.)* (١) يقينًا؛ من غير ريب (٢) بثقة.

as·sur·er *or* **as·sur·or** [ə shŏŏrʹər] *(n.)* المؤمِّن [تأ].

as·sur·gent [ə sûrʹjənt] *(adj.)* صاعد؛ طالع <~ leaves>.

As·syr·i·an [ə sĕrʹĭ ən] *(n.; adj.)* (١) الأشوريّ: واحد الأشوريين (٢) الأشورية: لغة الأشوريين § (٣) أشوريّ.

As·syr·i·ol·o·gist *(n.)* الأشوريولوجيّ: العالم بتاريخ الأشوريين ولغتهم.

As·syr·i·ol·o·gy *(n.)* الأشوريولوجيا: دراسة تاريخ الأشوريين ولغتهم.

As·tar·te [ăs tärʹtĭ] عَشْتروت: إلاهة الحب والخصب عند الفينيقيين.

a·stat·ic [ā stătʹĭk] *(adj.)* (١) لاإستاتيّ؛ لاسكونيّ: غير ثابت أو مستقر (٢) لااتجاهيّ: عديم [أو ضعيف] النزعة إلى اتخاذ اتجاه ثابت أو محدَّد (فز).

astatic equilibrium *(n.)* التوازن اللّاإستاتيّ (مك).

astatic needle *(n.)* الإبرة المُعطَّلة (مج): مجموعة من إبرتين مغنطيسيتين أو أكثر مركّبة بحيث لا يكون للمغنطيسية الأرضية أيّ أثر في توجيهها (فز).

as·ta·tine [ăsʹtə tēnʹ] *(n.)* الأستاتين: عنصر كيميائي إشعاعيّ النشاط.

as·ter [ăsʹtər] *(n.)* الأَسْطَر؛ النَّجميّة؛ زهرة النجمة (نب).

aster- *or* **astero-** بادئة معناها: نجم <*asteroid*>.

-aster لاحقة معناها: «أ» نجم. «ب» رديء؛ تافه.

as·te·ri·a [ăs tĭrʹĭ ə] *(n.)* النَّجميّ؛ عين الهِرّ: حجر كريم متميّز بخاصيّة «النجميّة» أو «الكوكبيّة» (را. asterism 2).

as·te·ri·at·ed *(adj.)* متنجِّم؛ مُتَكَوكِب: متميِّز بخاصيَّة «النجميَّة» أو «الكوكبيَّة» (را. *asterism 2*).

as·ter·isk [ăs′tə rĭsk′] *(n.; vt.)* (١) المُنجَّمَة؛ العلامة النجميَّة: علامة طباعية كهذه (*) تفيد الحذف أو الشك § (٢) يَسِمُ بمنجَّمة أو بعلامة نجميَّة.

as·ter·ism [ăs′tə rĭz′əm] *(n.)* (١) «أ» كوكبة (فل). «ب» مجموعة صغيرة من النجوم (٢) النجميَّة؛ الكوكبيَّة: خاصيَّة في بعض المعادن المتبلِّرة تجعلها تتكشَّف عن صورة مضيئة نجميَّة الشكل (٣) المنجَّمات الهرمية: ثلاث منجَّمات مرتَّبة على صورة هرم (⁂ أو *⁎*) وبخاصة للَفْت الأنظار إلى فقرة تالية.

a·stern [ə stûrn′] *(adv.)* (١) في مؤخرة كذا (٢) في أو نحو مؤخر السفينة أو الطائرة (٣) إلى الخلف؛ باتجاه خلفيّ.

a·ster·nal [ā stûr′nəl] *(adj.)* لاقَصّيّ: «أ» غير متَّصل بالقَصّ أو عظم الصَّدر («ت» و«ح»). «ب» غيرُ ذي قصّ؛ لا قَصَّ له (ح).

as·ter·oid [ăs′tə roid′] *(n.; adj.)* (١) السُّيَيْر؛ الكُوَيكِب: جِرم سماويّ صغير يدور، مثل الأرض وسائر الكواكب السيّارة، حول الشمس (فل) (٢) نجم البحر (را. starfish) § (٣) نَجْمانيّ: «أ» نجميّ الشكل. «ب» شبيه بنجم البحر أو ذو علاقة به.

as·the·ni·a [ăs thē′nĭ ə] *(n.)* الوَهْن؛ الوَهَن؛ الضَّعْف وفقْد القوّة.

as·then·ic *(adj.; n.)* (١) وَهْنيّ (٢) واهن § (٣) شخص واهنٌ.

asth·ma [ăz′mə; ăs′mə] *(n.)* النَّسَمة (مج)؛ داء الرَّبو.

asth·mat·ic *(adj.; n.)* (١) نَسَميّ؛ رَبْويّ (٢) مَنْسوم؛ مَرْبوء: مُصابٌ بالنَّسَمة أو داء الرَّبو § (٣) المَنْسوم؛ المَرْبوء.

as·tig·mat·ic *(adj.)* لانُقْطيّ؛ لابُؤريّ؛ لاإستجميّ.

a·stig·ma·tism [ə stĭg′-] *(n.)* اللانُقْطِيّة؛ اللّابؤرية؛ اللاإستجمية: علّة في العين [أو العدسة] تجعل الأشعة المنبعثة من نقطة من الشيء لا تجتمع في نقطة بؤريّة واحدة، فيبدو ذلك الشيء للعين على نحو غير واضح (بص).

a·stir [ə stûr′] *(adv.; adj.)* (١) في حركة؛ في اهتياجٍ أو هَرْجٍ ومَرْج <The village was ~ when the enemy forces got near.> (٢) خارج الفراش؛ مغادرٌ فراشَهُ أو سريره: مستيقظ <You are ~ early this morning.>.

a·stom·a·tous [ā stŏm′ə təs] *(adj.)* عديم الفم («ح» و«نب»).

as·ton·ied [ə stŏn′ĭd] *(adj.)* مذعور؛ مُرَوَّع.

as·ton·ish [ə stŏn′ĭsh] *(vt.)* يُدْهِش؛ يُذْهِل؛ يَشْدَه.

as·ton·ished *(adj.)* مُدْهَش؛ مُذْهَل؛ مشدوه.

as·ton·ish·ing *(adj.)* مُدهِش؛ مُذْهِل <an ~ invention>.

as·ton·ish·ment *(n.)* (١) دَهَشٌ؛ ذُهول (٢) المُدْهِش؛ المُذْهِل.

as·tound [ə stound′] *(vt.; adj.)* (١) يَصْعَق؛ يُذهِل بشدة § (٢) مصعوق.

as·tound·ing *(adj.)* صاعق؛ مُذْهِل بشدّة <an ~ discovery>.

astr- *or* **astro-** بادئة معناها: نجم؛ سماء؛ فلكيّ <*astro*physics>.

as·tra·chan [ăs′trə kən] *(n.)* (١) astrakhan (٢) *cap.*: تفّاح.

a·strad·dle [ə străd′əl] *(adv.; adj.)* منفرج السّاقين.

As·trae·a [ăs trē′ə] أسْتريا: إلاهة العدالة عند الإغريق (مث).

as·tra·gal [ăs′trə gəl] *(n.)* (١) عَظْمُ الكاحل (ت) (٢) الخَرَزيّة: حلية معمارية صغيرة محدَّبة منقوشة (عم).

as·trag·a·lus [ăs trăg′ə ləs] *(n.)* pl. **-li** عَظْمُ الكاحل (ت).

as·tra·khan *or* **as·tra·chan** [ăs′trə kən] *(n.)* الأستراخان: «أ» فرو الحُملان الصغيرة، ويتميز بصوفه الجعد الطويل. «ب» نسيج متجعد الوبر كصوف هذه الحُملان.

as·tral [ăs′trəl] *(adj.)* (١) نجميّ (٢) نَجْمانيّ: شبيه بالنجم (٣) حالم؛ مثاليّ؛ غير عمليّ (٤) رفيع <the most ~ circles of society>.

a·stray [ə strā′] *(adv. or adj.)* (١) ضالّ؛ شارد (٢) مخطئ.

to go ~, يَضِلّ؛ ينحرف عن الصّراط المستقيم.

to lead ~, يُضِلّ؛ يُضَلّل.

as·trict [ə strĭkt′] *(vt.)* (١) يُوثِق (٢) يقيِّد [أخلاقيًّا أو شرعيًّا].

as·tric·tive [ə strĭk′tĭv] *(adj.; n.)* = astringent.

a·stride [ə strīd′] *(adv.; adj.; prep.)* مُنْفرج السّاقَيْن.

as·tringe [ə strĭnj′] *(vt.)* يعقِل؛ يقبِض؛ يزمّ [الأنسجة الحيّة].

as·trin·gent [ə strĭn′jənt] *(adj.; n.)* (١) عَقول؛ قابض؛ زامٌّ للأنسجة الحيّة (٢) صارم؛ قاسٍ (٣) لاذع؛ قارس <~ humor> § (٤) العَقول: مادة تجعل أنسجة الجسم وأوعيته الدموية تنقبض (ط).

astro- = astr-.

as·tro·bi·ol·o·gy *(n.)* البيولوجيا الفضائية.

as·tro·cyte [ăs′trō-] *(n.)* الخليّة النجميّة: خليّة شبيهة بالنجمة (أح).

as·tro·dome [ăs′trō dōm′] *(n.)* القبّة الفلكيّة: قبّة شفّافة في سطح الطائرة الأعلى يستطيع الملّاح رَصْد النجوم من خلالها (طي).

as·tro·ga·tion [ăs′trə gā′-] *(n.)* الملاحة الفضائية [في الفضاء الخارجي].

astrolabe

as·tro·labe [ăs′trə lāb′] *(n.)* الأسْطُرْلاب: آلة فلكية قديمة لقياس ارتفاع الأجرام السماوية (فل).

as·tro·lo·ger *(n.)* المُنَجِّم: المشتغل بالتنجيم.

as·tro·log·ic; -al *(adj.)* تنجيميّ: ذو علاقة بالتنجيم.

as·trol·o·gy [ə strŏl′ə jĭ] *(n.)* التّنجيم؛ علم التنجيم.

as·trom·e·try *(n.)* علم القياس الفلكيّ؛ علم مواقع النجوم.

as·tro·naut [ăs′trə nôt′] *(n.)* الملّاح الفضائيّ؛ رائد الفضاء: ملّاح يقوم برحلة في الفضاء الخارجي.

— **as·tro·nau·tic** *(adj.)*

as·tro·nau·tics *(n. pl.)* (١) علم الفضائيات (٢) المِلاحة الفضائية.

as·tro·nav·i·ga·tion *(n.)* المِلاحة الفضائيّة.

as·tron·o·mer [ə strŏn′ə mər] *(n.)* الفَلَكيّ: العالم بالفَلَك.

as·tro·nom·i·cal *also* **as·tro·nom·ic** *(adj.)* فَلَكيّ: «أ» خاصّ بعلم الفلك. «ب» ضخمٌ إلى حدٍّ لا يصدَّق؛ كبيرٌ كالأرقام المستخدمة في الحسابات

الفلكية <~ numbers> .

as·tron·o·my *(n.)* (١) علم الفَلَك (٢) رسالة في علم الفلك .

as·tro·pho·tog·ra·phy *(n.)* الفوتوغرافيا الفلكيّة : تصوير الأجرام السّماوية فوتوغرافيًّا .

as·tro·phys·i·cal *(adj.)* فيزيائيفَلَكيّ : ذو علاقة بالفيزياء الفلكيّة .

as·tro·phys·i·cist *(n.)* الفيزيائيفَلَكيّ : العالِم بالفيزياء الفلكية .

as·tro·phys·ics [ăs′trō fĭz′ĭks] *(n.)* الفيزياء الفلكيّة .

as·tu·cious [ăs to͞o′shəs; -tyo͞o′-] *(adj.)* = astute.

as·tute [ə sto͞ot′; -tyo͞ot′] *(adj.)* (١) ذكيّ ؛ فَطِن (٢) ماكر ؛ خادع <~ advertising>.

— **as·tute·ness** *(n.)*

a·sty·lar [ā stī′lər] *(adj.)* لاعَمَديّ : غير ذي أعمدة (عم).

a·sun·der [ə sŭn′dər] *(adv.; adj.)* (١) إرَبًا ؛ مِزَقًا <torn ~> § (٢) متباعد <as wide ~ as the poles> .

a·swarm [ə swôrm′] *(adj.)* مَليء ؛ غاصّ ؛ مُزْدَحِم ؛ حافلٌ بِـ.

a·swirl [ə swûrl′] *(adj.)* مُدَوِّم : جارٍ على نحوٍ التفافيّ .

a·swoon [ə swo͞on′] *(adj.)* ذاهل ؛ مَغْشِيّ عليه .

a·sy·lum [ə sī′ləm] *(n.)* (١) الحَرَم ؛ المَقْدِس : مكان [كالكنيسة] لا تُنتَهَك حرمتُهُ كان المَدينون والمجرمون يَفْزعون إليه في العصور الخالية (٢) مَلاذ ؛ مُلْتَجَأ آمن (٣) حقّ اللجوء السياسيّ [تمنحه للاّجئين السياسيين دولةٌ أو سفارة أو هيئة ذات حصانة ديبلوماسية] (٤) «أ» مأوًى [للعميان] . «ب» ملجأ [للأيتام] . «ج» بيمارستان [لمرضى الأمراض العقلية] .

a·sym·met·ric; -al *(adj.)* لامُتساوق ؛ لامُتناسق ؛ لامُتماثل .

a·sym·me·try [ā sĭm′ə trĭ] *(n.)* اللاّتساوق ؛ اللاّتناسُق ؛ اللاّتماثُل .

a·symp·to·mat·ic [ā′sĭmp-] *(adj.)* صامت ؛ لاأعراضيّ : غير متكشّف عن أعراضٍ يلحظُها المريض نفسُه (ط).

as·ymp·tote [ăs′ĭm tōt′] *(n.)* الخطّ المُقارِب ؛ الخط التقارُبيّ (ر).

as·ymp·tot·ic; -al *(adj.)* مُقارِب ؛ تقارُبيّ (ر).

a·syn·chro·nism [ā sĭng′krə-] *(n.)* اللاّتزامُن ؛ اللاّتواقُت .

a·syn·chro·nous *(adj.)* لامُتزامِن ؛ لامُتواقِت .

asynchronous computer *(n.)* الكومبيوتر اللاّتزامني : كومبيوتر يقوم بعمليّاته إثر تلقّيه الأوامر أو المعلومات ، وليس بناءً لتوقيت معيّن .

at [ăt] *(prep.)* (١) عند <~ noon> (٢) في <~ home> (٣) إلى ؛ نحو <laughed ~ him> (٤) على <Aim ~ the target.> (٥) في حالة <~ war> (٦) بسبب <impatient ~ the delay> (٧) بواسطة ؛ من طريق <Smoke comes out ~ the chimney.> (٨) بِـ ؛ بسِعر <He sells them ~ two dollars each.> (٩) وفقًا أو تبعًا لِـ <~ will> .

~ all ألبتّة ؛ مطلقًا ؛ بأيّة حال .

~ last أخيرًا .

~ least (١) على الأقل (٢) على أية حال .

~ once (١) حالاً ؛ في الحال (٢) في وقت واحد ؛ في آنٍ معًا .

~ that (١) بالإضافة إلى ذلك ؛ علاوة على ذلك (٢) ومع ذلك (٣) كما هو ؛ في حالته الحاضرة ؛ من غير تغيير أو مناقشة إضافية .

~ them! اهجموا عليهم! انقضُّوا عليهم!

~ (the) most على الأكثر ؛ على أبعد تقدير .

~ your service في خدمتك ؛ تحتَ تصرُّفك .

Let it go ~ that. تقبَّل ذلك من غير مناقشة إضافية .

What are you ~? (١) ما الذي تفعله؟ (٢) ماذا تقصد ؛ ماذا تريد؟

at·a·bal *also* **at·ta·bal** [ăt′ə băl′] *(n.)* طَبْل ؛ طَبْلة .

at·a·brine [ăt′ə brĭn] *(n.)* الأتَبْرين : ضربٌ من الكينين .

at·a·man [ăt′ə mən] *(n.)* الأتَمان : زعيم قوقازيّ .

at·a·rac·tic [ăt′ə răk′tĭk] *or* **at·a·rax·ic** *(adj.; n.)* (١) مهدِّئ للأعصاب § (٢) عَقّار مهدِّئ .

at·a·rax·i·a [-′sĭ ə] *(n.)* الاطمئنان : راحة البال والنفس .

at·a·vism [ăt′ə vĭz′əm] *(n.)* التأسُّل (مج) ؛ الرُّجْعَى : عودة صفةٍ وراثيةٍ إلى الظهور بعد غيابٍ دامَ أجيالًا (أح).

a·tax·i·a [ə tăk′sĭ ə] *(n.)* (١) اختلاط ؛ لانظام (٢) الهَزَع ؛ التخلُّج : عدم القدرة على تنسيق الحركات العضلية الإرادية .

a·tax·ic *(adj.)* هَزَعيّ ؛ تَخَلُّجي : ذو علاقة بالهَزَع أو التَّخلُّج .

ate [1] *past of* eat.

ate [2] [ā′tĭ] *(n.)* (١) *cap.* آتِي : إلاهة إغريقيّة زعموا أنها كانت تحمل الآلهة والبشرَ على القيام بالأعمال الموسومة بالحماقة والتهوّر (٢) الآتيَة : الغريزة العمياء أو الطموح المتهوّر أو الحماقة المفرطة التي تُوْرِد البَشَرَ مواردَ التَّهْلُكَة .

-ate [1] لاحقة معناها : «أ» ذو علاقة بِـ <collegi*ate*> . «ب» ذو ؛ متميّز بِـ <branchi*ate*> . «ج» شبيه بِـ <stell*ate*> . «د» يُصبح <matur*ate*> . «هـ» يجعله كذا <activ*ate*> . «و» يُحدِث <ulcer*ate*> . «ز» يزوِّد بِـ <capacit*ate*> . «ح» يمزج أو يعالج بِـ <camphor*ate*> . «ط» مَنصب ؛ وظيفة ؛ رتبة <caliph*ate*> .

-ate [2] لاحقة معناها : ملح أو إستر حمضٍ من الأحماض .

at·e·brin [ăt′ə brĭn] *(n.)* = atabrine.

at·el·ier [ăt′əl yā′] *(n.)* (١) المَرْسَم ؛ المَصْوَر ؛ الإستديو : المكان الذي يعمل فيه الرسّام أو المصوِّر إلخ (٢) مَشْغَل ؛ وَرْشَة .

a·the·ism [ā′thĭ ĭz′əm] *(n.)* الإلحاد : إنكار وجود الله .

a·the·ist [ā′thĭ ĭst] *(n.)* المُلْحِد : مَنْ يُنكِر وجودَ الله .

a·the·is·tic; -al *(adj.)* (١) إلحاديّ (٢) ميّال إلى الإلحاد .

ath·el·ing [ăth′əl ĭng] *(n.)* الأمير : المتحدِّر من سُلالة ملكيّة .

A·the·na [ə thē′nə] *or* **A·the·ne** [ə thē′nĭ] أثينا : إلاهة الحكمة والفنون عند الإغريق (مث).

Athena

ath·e·nae·um *or* **a·the·ne·um** [ăth′ə nē′əm] *(n.)* (١) مكتبة عامّة ؛ حُجرة مطالعة (٢) مَجْمع [أدبيّ أو علميّ] .

A·the·ni·an [ə thē′nĭ ən] *(n.; adj.)* (١) الأثينيّ : أحد أبناء مدينة أثينا § (٢) أثينيّ : منسوب إلى مدينة أثينا .

a·the·o·ret·i·cal [ā-] *(adj.)* لانظريّ : غير مبنيّ على النظريات .

a·ther·man·cy [ā thûr′-] *(n.)* اللاّإنفاذيّة [للإشعاع الحراريّ] (فز).

a·ther·ma·nous [-ʹmə nəs] *(adj.)* لامُنْفِذ [للإشعاع الحراري] (فز).

ath·er·o·gen·e·sis [-jĕnʹə-] *(n.)* التعصُّد [في جدران الشرايين] (ط).

ath·er·o·scle·ro·sis [ăthʹə rōʹsklə rōʹ-] *(n.)* التصلُّب التَّعصُّديّ (ط).

a·thirst [ə thûrstʹ] *(adj.)* (١) ظامئ (ا. ق) (٢) تائقٌ إلى.

ath·lete [ăthʹlēt] *(n.)* الرياضيّ: واحد الرياضيين.

athlete's foot *(n.)* قَدَم الرياضيّ: مرض جلديّ مُعْدٍ يصيب الأقدام، ناشئ عن فُطْر ينمو في السطوح الرطبة.

athlete's heart *(n.)* تضخُّم القلب (مض).

ath·let·ic [ăth lĕtʹĭk] *(adj.)* (١) رياضيّ (٢) نشيط؛ قويّ.

athletic–looking *(adj.)* رياضيّ الجسم.

ath·let·ics [ăth lĕtʹĭks] *(n. pl.)* الألعاب الرياضيّة.

athletic supporter *(n.)* الرِّباط الرِّياضيّ: رباط أو حامل للأعضاء التناسليّة يستخدمه الرياضيون والقائمون بالأعمال المُرْهِقة.

ath·o·dyd [ăthʹə dĭd] *(n.)* المحرِّك المَسْهَدْراري (مسلك + هواء + ديناميّ + حراريّ): محرِّك نفّاث يتألف من مسلك للهواء مفتوح الطرفين.

at–home [ət hōmʹ] *(adj.)* مَنْزِليّ <an ~ dress>.

at home *(n.)* حَفْل استقبال [يُقيمه المرء في منزله].

a·thwart [ə thwôrtʹ] *(adv.; prep.)* (١) بانحراف؛ بالعَرْض § (٢) عَبْرَ؛ من جانبٍ إلى جانب (٣) ضدَّ.

a·thwart·wise [-wīz] *(adv.)* = crosswise.

a·tilt [ə tĭltʹ] *(adj.; adv.)* (١) مائل § (٢) على نحو مائل (٣) حاملًا رمحَهُ؛ مسدِّدًا رمحَهُ.

-ation لاحقة معناها: «أ» عمل؛ عمليّة <ador*ation*>. «ب» نتيجة عملٍ ما <discolor*ation*>.

-ative لاحقة معناها: «أ» ذو علاقة بـ <quantit*ative*>. «ب» ميّال إلى <talk*ative*>.

At·lan·te·an [ăt'lăn tēʹən] *(adj.)* (١) أَطْلَسيّ: «أ» ذو علاقة بـ «أطلس» الجبّار (را. Atlas). «ب» شبيه بأطلس: جبّار؛ قويّ (٢) أَطْلَنْتِسيّ: منسوب إلى جزيرة أَطْلَنْتِس (را. Atlantis).

At·lan·tic [ăt lănʹtĭk] *(n.; adj.)* (١) المحيط الأطلسيّ § (٢) «أ» ذو علاقة بالمحيط الأطلسي. «ب» ذو علاقة بـ «أطلس» الجبار (را. Atlas).

At·lan·tis [ăt lănʹtĭs] *(n.)* أَطْلَنْتِس: جزيرة خرافية في المحيط الأطلسي، غربيّ جبل طارق، زعموا أنها غارت في أعماق المحيط.

At·las [ătʹləs] *(n.)* أطلس: «أ» جبّار، أو نصف إلَه، حُكم عليه بأن يحمل السماء على كتفيه (مث). «ب» من يحمل عبئًا ثقيلًا.

at·las¹ [ătʹləs] *(n.)* (١) الأطلس: «أ» مُصَوَّر جغرافي؛ مجموعة خرائط جغرافية مجلَّدة. «ب» مجموعة من لوائح أو صوَر أو رسوم بيانية إلخ مجلَّدة (٢) الفَهْقَة: فَقْرةُ العنقِ الأولى (ت).

at·las² *(n.)* الأَطْلس: ضرب من النسيج الحريريّ الشرقيّ.

at·las³ *(n.)* الأطلسيّ: تمثال أو تمثال نصفيّ لرَجُل، يُستخدم بوصفه عمودًا داعمًا لما فوقه (عم).

at·man [ätʹmən] *(n.)* الأَتْمَن: «أ» الروح؛ النفس. «ب» *cap.*: النفس الكونية التي انبثقت منها جميع النفوس [في الهندوسية].

atmo- بادئة معناها: بُخار <*atmo*sphere>.

at·mom·e·ter [ăt mŏmʹ-] *(n.)* المِبْخار: أداة لقياس نسبة تبخُّر الماء.

at·mo·sphere [ătʹməs fērʹ] *(n.)* (١) الجوّ؛ الغلاف الجوّيّ: «أ» كتلة غازيّة تحيط بجِرْم سماويّ. «ب» غلاف الأرض الجوّيّ (٢) الهواء (٣) جوّ <an ~ of freedom> (٤) الجَوِّيَّة: وحدة ضغط تعادل ضغطَ الهواء عند سطح البحر.

at·mo·spher·ic; -al *(adj.)* جوّيّ: منسوب إلى الجوّ.

at·mo·spher·ics *(n. pl.)* الجَوِّيّات: الظواهر الجوّيّة الكهربائية التي تُحدث ضروب التشويش في جهاز الراديو المستقبِل.

at·oll [ătʹôl] *(n.)* الأَطُوْل؛ الجزيرة المرجانية: شِعبٌ بحريّ مرجانيّ حَلَقيّ الشكل يحيط بهَوْر أو لاغون lagoon.

atoll

at·om [ătʹəm] *(n.)* (١) ذرّة؛ مقدار بالغ الصِّغَر (٢) الذَّرّة: «أ» أصغر جزء من المادة يحتفظ بخصائص عنصرٍ كيميائيّ ما. «ب» الذرّة بوصفها مصدرًا للطاقة.

atom bomb *or* **atomic bomb** *(n.)* القُنبلة الذَّرِّيّة.

atom–bomb *(vt.)* يقصف بقنبلة ذرية؛ يدمِّر بقنبلة ذرية.

a·tom·ic [ə tŏmʹĭk]; **-al** *(adj.)* (١) ذَرِّيّ (٢) شديد الصِّغَر.

atomic age *(n.)* العصر الذّرّيّ: عصرنا الحاضر الذي شهد اكتشاف الطاقة الذرّية وتطبيقاتها التكنولوجية.

atomic cocktail *(n.)* الكوكتيل الذَّرّيّ: مادة ذات نشاط إشعاعي تُعْطى مع الماء، من طريق الفم، للمصابين بالسّرطان.

atomic energy *(n.)* الطاقة الذرّية.

at·o·mic·i·ty [ăt'ə mĭsʹə tĭ] *(n.)* (١) التكافؤ (ك) (٢) الذَّرِّيَّة: عدد الذرّات في جُزَيْء ما (ك) (٣) الذَّرِّيَّة: كونُ الشيء مؤلّفًا من ذرّات.

atomic mass *(n.)* الكتلة الذرّية (فز).

atomic mass unit *(n.)* وحدة الكتلة الذرّية (فز).

atomic number *(n.)* الرَّقم الذرّيّ (فز).

atomic pile; atomic reactor *(n.)* = nuclear reactor.

a·tom·ics *(n.)* الذَّرِّيّات: فرع من الفيزياء النووية يبحث في الطاقة الذرية والانشطار النووي إلخ.

atomic theory *(n.)* النظرية الذرّيّة: نظريةٌ تقول بأنّ المادة كلها مؤلفة من ذرّات (فف).

atomic warfare *(n.)* الحرب الذَّرّيّة أو النووية.

atomic weight *(n.)* الوزن الذّرّيّ (ك).

at·om·ism *(n.)* المذهب الذَّرّيّ: القول بأن الكون مؤلف من ذرّات.

at·om·ist [ăt′-] *(n.)* الذَّرِّيّ: القائل بالمذهب الذرّيّ أو المؤمنُ به.

at·om·is·tic *(adj.)* (١) ذرّيّ: «أ» خاصّ بالمذهب الذرّيّ. «ب» مؤلَّف من عناصر بسيطة كثيرة (٢) فُسَيْفِسائيّ؛ متنافر الأجزاء <an ~ society>.

at·om·is·tics *(n. pl.)* الذَّرِّيّات؛ علم الذَّرَّة.

at·om·i·za·tion *(n.)* (١) الترذيذ: التحويل إلى رَذاذ (٢) التَّذْرية: الفَصْل إلى ذرّات (٣) القصف بالقنابل الذرية (٤) تقسيم؛ تجزئة.

at·om·ize [ăt′ə mīz′] *(vt.)* (١) يُرَذِّذ: يحوّل سائلًا إلى رَذاذ دقيق (٢) يُذَرِّي: يَفْصِل إلى ذرّات (٣) يقصف بالقنابل الذّرّيّة (٤) يقسِم؛ يُجزِّئ.

at·om·iz·er *(n.)* المِرذاذ: أداة لتحويل العطر أو المبيدات إلى رَذاذ.

atomizer

atom smasher *(n.)* مُحطِّم الذرّة.

at·o·my [ăt′ə mĭ] *(n.)* ذرّة؛ شيء بالغُ الصِّغَر.

a·ton·al [ā′tō′nəl] *(adj.)* لانَغَميّ؛ عديم النَّغَميّة (مو).

a·tone [ə tōn′] *(vi.; t.)* يُعَوِّض أو يكفِّر عن.

a·tone·ment [-′mənt] *(n.)* (١) «أ» تعويض أو تكفير عن. «ب» كفّارة (٢) *cap.*: الكَفّارة: افتداء المسيح الجنسَ البشريّ.

a·ton·ic [ə tŏn′ĭk] *(adj.; n.)* (١) واهنٌ؛ ضعيف (٢) مُوْهِن؛ مُضْعِف (٣) غير مُشدَّد؛ غير منبور <an ~ syllable> § (٤) مَقْطع غير مشدَّد (ل) (٥) حرف غير صوتيّ (ل) (٦) مهدِّئ: مسكِّن للاهتياج.

at·o·ny [ăt′ə nĭ] *(n.)* (١) الوَهَن؛ الوَنَى (ط) (٢) اللاتَشديد؛ اللّانَبْر [عند التلفُّظ بمَقْطع] (ل).

a·top [ə tŏp′] *(adv.; prep.)* في أعلى كذا <~the house>.

-ator لاحقة معناها: الفاعل؛ القائم بِـ <arbitr*ator*>.

-atory لاحقة معناها: «أ» خاصّ بِـ. «ب» مُتَّسِم بِـ.

at·ra·bil·ious [ăt′rə bĭl′yəs] *(adj.)* (١) كئيب (٢) رديء الطبع.

a·trem·ble [ə trĕm′bəl] *(adj.)* مُرتعِش؛ مُرتجِف؛ مُرتعِد.

a·tri·al [ā′trĭ əl] *(adj.)* (١) رَدْهيّ: خاصّ بالقاعة المركزية في منزل رومانيّ (٢) أُذَيْنيّ (ط).

a·trip [ə trĭp′] *(adj.)* مُقارِبةٌ للقاع <~ anchors>.

a·tri·um [ā′trĭ əm] *(n.)* pl. **a·tri·a** *also* **a·tri·ums** (١) الرَّدْهة: القاعة المركزية في منزلٍ رومانيّ (٢) أُذَيْن القَلْب (ت).

a·tro·cious [ə trō′shəs] *(adj.)* (١) أثيم؛ شِرّير جدًا (٢) وحشيّ (٣) مُبرِّح؛ شديد (٤) شنيع؛ فظيع؛ مُرَوِّع <an ~ crime> (٥) «أ» كريه؛ بغيض. «ب» رديء جدًا.

a·troc·i·ty [ə trŏs′ə tĭ] *(n.)* (١) وحشيّة؛ شناعة؛ فظاعة؛ رداءة بالغة (٢) عمل شرّير؛ عمل وحشيّ؛ عمل فظيع أو رديء جدًا.

a·troph·ic [ə trŏf′ĭk] *(adj.)* (١) ضُموريّ (٢) ضامر؛ مهزول.

at·ro·phied [ăt′rə fĭd] *(adj.)* ضامر؛ مهزول.

at·ro·phy [-fĭ] *(n.; vt.; i.)* (١) الضُّمور (مج): توقُّف النموّ من قلة التغذية أو عدم الاستعمال (٢) أُفول؛ انحطاط § (٣) يَضْمُر x (٤) يُصيب بالضّمور.

at·ro·pine [ăt′rə pēn′; -pĭn] *also* **at·ro·pin** [ăt′rə pĭn] *(n.)* الأتروبين: مادة سامة تُستخرَج من البلّادونة belladonna.

at·ro·pism *(n.)* التَّسمُّم الأتروبيني: التسمُّم بالأتروبين (مض).

at·tach [ə tăch′] *(vt.; i.)* (١) «أ» يعتقل أو يسوق إلى القضاء [للإجابة عن تهمة]. «ب» يَحْجُز أو يُصادر [كوسيلة لوفاء الدَّين] (٢) يلتحق (٣) يُحِبّ؛ يتعلّق بِـ؛ يُوْلَع بِـ <He was deeply ~*ed* to her.> (٤) يَرْبط؛ يَصِل (٥) يُلْصِق (٦) يَضُمّ؛ يُرفِق (٧) يُلْحِق بأمرٍ رسميّ <Major Ali has been ~*ed* to our regiment.> (٨) يُعَلِّق [أهمّيّةً] على <I don't ~ any importance to that event.> x (٩) «أ» يتصل بِـ؛ يصاحب؛ يلازم <No honor ~*es* to this position.> «ب» يقع على <No blame ~*es* to him.> «ج» ينشأ عن.

at·tach·a·ble *(adj.)* قابلٌ للاعتقال أو الحجز أو الضمّ إلخ.

at·ta·ché [ăt′ə shā′] *(n.)* مُلْحَق [ثقافي إلخ] في سفارة.

attaché case *(n.)* حقيبة صغيرة [للأوراق والوثائق].

at·tach·ment [ə tăch′-] *(n.)* (١) حَجْز؛ مصادرة؛ وبخاصة: حجز ممتلكات المدَّعى عليه قبل استصدار الحكم ضده (ق) (٢) «أ» تعلُّق؛ ولاء. «ب» مَوَدّة؛ صداقة (٣) أداةٌ مُلْحَقَة بِـ <~*s* to a reaping machine> (٤) رابط؛ رابطة (٥) المُلْحَق: مادّة تُلحق برسالة ألكترونيّة (٦) «أ» رَبْط. «ب» ارتباط.

at·tack [ə tăk′] *(vt.; i.; n.)* (١) «أ» يُهاجم. «ب» يغتصب [امرأة]. «ج» يتهجّم على؛ ينتقد (٢) يعتري؛ يصيب <Fever ~*ed* her.> (٣) يشرع في عمل شيء أو دراسته <She ~*ed* her dinner at once; They next ~*ed* the problems of democracy.> (٤) يعالج [أمرًا أو موضوعًا] x (٥) يَشُنّ هجومًا § (٦) «أ» مهاجَمة. «ب» هجوم. «ج» اغتصاب. «د» تهجُّم (٧) «أ» شروعٌ في عملٍ. «ب» طريقة في التأتّي أو الإجراء أو المعالجة (٨) الاستهلال: طريقة البدء في عملٍ [كالعزف على البِيان أو كقذف الكرة في بعض الألعاب] (٩) نوبةُ [قلبٍ أو كَبِدٍ أو حُمّى]. — **at·tack·er** *(n.)*

at·tack·man [ə tăk′măn] *(n.)* لاعب هجوم (رب).

at·tain [ə tān′] *(vt.; i.)* (١) يُحرز (٢) يُحقّق <to ~ one's ends> (٣) يَبْلُغ <to ~ a ripe old age> x (٤) يصل إلى.

at·tain·able *(adj.)* ممكنٌ إحرازُهُ أو تحقيقُهُ أو بلوغُهُ.

at·tain·der [ə tān′dər] *(n.)* فقدان الأهلية والحقوق المدنية.

at·tain·ment *(n.)* (١) إحراز؛ تحقيق؛ بلوغ (٢) المُحْرَز؛ المَكْسَب: ما يُحرزه المرء أو يكسبه من علم أو براعة إلخ <literary and scientific ~*s*>.

at·taint [ə tānt′] *(vt.; n.)* (١) يجرِّد امرءًا من الحقوق المدنية (٢) يُخزي § (٣) attainder.

at·tain·ture [ə tān′chər] *(n.)* = attainder.

at·tar [ăt′ər] *(n.)* العِطر. وبخاصة: عطرُ الورد أو زيتُه.

at·tem·per [ə tĕm′pər] *(vt.)* (١) يلطِّف أو يخفِّف بالمزج (٢) يعدّل الحرارة (٣) يسكّن؛ يهدِّئ (٤) يكيِّف؛ يلائم.

at·tempt [ə tĕmpt′] *(vt.; n.)* (١) يُحاول (٢) يحاول الاعتداء على <to ~ a person's life> § (٣) محاولة (٤) محاولة اعتداء.

at·tend [ə tĕnd′] (*vt.; i.*) (١) يُعالج؛ يَسْهر على صحة فلان (٢) يرافق؛ يواكب (٣) يلازم؛ يصاحب <a cold *~ed* with fever> (٤) يَشْهد؛ يَحْضُر **x** <to ~ a meeting> (٥) ينكبّ على <*Attend* to your work.> (٦) يُصْغي إلى <~ to the voice of my supplications> (٧) يُعْنى بـِ؛ يُولي الأمر عنايتَهُ <I'll ~ to that.> (٨) يقوم على خِدمة فلان.

~ed with difficulties محفوفٌ أو مُكْتَنَفٌ بالمصاعب.

at·tend·ance [ə tĕn′dəns] (*n.*) (١) مص attend (٢) حاشية؛ بطانة (٣) سَهَرٌ على صحّة مريض (٤) «أ» الحضور <Is ~ at college compulsory?>. «ب» النظّارة؛ جمهور الحاضرين. «ج» عدد الحضور.

medical ~, عناية الطبيب أو خدمته لمريضه.

at·tend·ant [ə tĕn′dənt] (*n.; adj.*) (١) المُرافِق (٢) الخادم (٣) شيء مصاحِب أو مُلازِم (٤) المُشاهِد؛ الحاضر § (٥) مُرافق؛ مُواكِب (٦) حاضر <~ hearers> (٧) مُلازم؛ مُصاحِب؛ ناشئ عن <~ evils>.

at·tend·ee [ə tĕn′dē′] (*n.*) الحاضر؛ المشارك [في اجتماعٍ ما].

at·tend·ing (*adj.*) مُداوِم؛ مواظِب <an ~ surgeon>.

at·ten·tat [ȧ tän′tȧ′] (*n.*) محاولة اعتداء.

at·ten·tion [ə tĕn′shən] (*n.*) (١) انتباه <called his ~ to> (٢) عناية؛ اهتمام <Your letter will receive early ~.> (٣) لطف؛ كياسة <~ to a stranger> (٤) *pl.*: مجاملة أو ملاطفة، طمعًا في الفوز بقلب امرأة <to pay one's *~s* to a lady>.

to come to (*or* stand at) ~, يقف منتصبًا ساكنًا (جن).

at·ten·tion·al (*adj.*) انتباهيّ؛ اهتماميّ إلخ.

at·ten·tive [ə tĕn′tĭv] (*adj.*) (١) يَقِظ؛ مُنتبه (٢) مُلاطِف؛ مُجامِل. وبخاصة طمعًا في الفوز بقلب امرأة.

at·ten·tive·ness (*n.*) (١) يَقظة؛ انتباه (٢) لطف؛ مجاملة.

at·ten·u·ant [ə tĕn′yo͞o ənt] (*adj.; n.*) (١) مُرَقِّق: مخفِّف لكثافة سائلٍ ما § (٢) المرقِّق: دواء أو عامل مرقِّقٌ للدّم إلخ.

at·ten·u·ate [*v.* ə tĕn′yo͞o āt′; *adj.* -ĭt, -āt′] (*vt., i.; adj.*) (١) يُنْحِل؛ يُهْزِل (٢) يُوهِن؛ يُضْعِف؛ يخفِّض (٣) يُرَقِّق؛ يخفِّف؛ يجعله أقلّ كثافةً **x** (٤) يَهْزُل؛ يَضْعُف؛ يَرِقّ § (٥) مُوَهَّن؛ مرقَّق؛ مخفَّف (٦) نحيل (٧) مُسْتدِقّ تدريجيًا <~ leaves>.

at·ten·u·at·ed (*adj.*) مُوَهَّن؛ مرقَّق؛ مُخَفَّف <~ drugs>.

at·ten·u·a·tion (*n.*) (١) توهين؛ ترقيق؛ تخفيف (٢) وَهَنٌ إلخ.

at·test [ə tĕst′] (*vt.; i.*) (١) يَشْهد على <His works ~ his ability.> (٢) يُصَدِّق على؛ يُعلن صحةَ أمرٍ <The notary *~ed* the signature.> (٣) يَسْتحلف: يحلِّف شخصًا اليمين **x** (٤) يَشْهد مُقْسِمًا.

at·tes·ta·tion (*n.*) (١) مص attest (٢) شهادة (٣) برهان؛ دليل.

at·test·er; at·tes·tor (*n.*) (١) الشاهد (٢) المصدِّق على [صحةِ أمرٍ].

at·tic [ăt′ĭk] (*n.*) العِلِّيّة: «أ» جزء من المبنى واقعٌ تحت سطحه الأعلى مباشرةً. «ب» الدَّور العُلْوي من مبنًى.

At·tic [ăt′ĭk] (*adj.; n.*) (١) إغريقي. وبخاصّة أثينيّ (٢) بسيط؛ صافٍ؛ كلاسيكيّ <~ taste> § (٣) الإغريقيّ. وبخاصة: الأثينيّ (٤) الأتيكيّة: لهجة أثينا القديمة؛ اليونانية الفصحى.

Attic bird (*n.*) الهَزار؛ العَنْدليب (طا).

Attic faith (*n.*) إيمان راسخ؛ إيمان لا يتزعزع.

at·ti·cism [ăt′ə sĭz′əm] (*n.*) (١) الأتيكيّة: التعلّق بالأثينيين (٢) التعبير الأتيكيّ: تعبير يتميَّز بالبساطة والأناقة والإحكام.

Attic order (*n.*) الأعمدة المربَّعة الصِّغار [في أعلى المبنى] (عم).

Attic salt *or* **wit** (*n.*) ظَرْف؛ دُعابة مهذَّبة [اشتهر بها الأثينيون].

at·tire [ə tīr′] (*vt.; n.*) (١) يُلْبِس؛ يكسو؛ يُزَيِّن [وبخاصة لمناسبة هامة] § (٢) ملابس. وبخاصة: ملابس فاخرة أو مزخرفة (٣) قرنا الأيِّل.

at·ti·tude [ăt′ə to͞od′] (*n.*) (١) وضعٌ جسمانيّ (٢) موقف [من حالة أو حَدَثٍ] (٣) الاتّجاه؛ الموقف النفسي (نف). — **at·ti·tu·di·nal** (*adj.*)

at·ti·tu·di·nize [ăt′ə to͞od′ən īz′] (*vi.*) يتكلّف وضعًا أو موقفًا.

at·torn [ə tûrn′] (*vi.; t.*) (١) يعترف بمالكٍ جديد [لأرضٍ كان هو قد استأجرها من مالكٍ سابق] **x** (٢) ينقل الملكيّة إلى الغير.

at·tor·ney [ə tûr′nĭ] (*n.*) (١) الوكيل (٢) المحامي.

power, letter, *or* warrant of~, تفويض شرعيّ؛ وكالة رسميّة.

attorney at law (*n.*) المحامي (ق).

attorney general (*n.*) النائب العام (ق).

at·tor·ney·ship [-shĭp] (*n.*) وكالة؛ توكيل (ق).

at·torn·ment [ə tûrn′mənt] (*n.*) نقلُ المِلْكيّة (ق).

at·tract [ə trăkt′] (*vt.; i.*) (١) يَجْذِب (٢) يَلْفِت [الانتباه] (٣) يُغْري بـِ؛ يُشَجِّع على (٤) يَفْتِن؛ يَخْلُبُ اللُّبّ.

at·tract·a·ble (*adj.*) ممكنٌ جَذْبُهُ أو اجتذابُهُ.

at·trac·tant [ə trăk′tənt] (*n.*) الجاذب: كلُّ ما يَجْذِب.

at·trac·tion [-′shən] (*n.*) (١) جَذْب (٢) فِتنة؛ جاذبيّة (٣) التجاذُب (فز) (٤) المَفْتَن: كلُّ ما يَفْتِن أو يخلب اللبّ <the *~s* of Paris>.

at·trac·tive (*adj.*) جَذّاب؛ فاتن؛ ساحر؛ مُغْرٍ.

at·trac·tive·ly (*adv.*) على نحوٍ جَذّابٍ أو فاتن أو ساحر إلخ.

at·trac·tive·ness (*n.*) جاذبية؛ فتنة؛ سِحر.

at·tra·hent [ăt′rə hənt] (*adj.*) جاذب؛ جَذّاب.

at·trib·ut·a·ble (*adj.*) ممكنٌ عَزْوُهُ أو نسبتُهُ إلى.

at·trib·ute [*v.* ə trĭb′yo͞ot; *n.* ăt′rə byo͞ot′] (*vt.; n.*) (١) يَعْزو؛ يَنْسِب § (٢) خاصيّة؛ صفة مميِّزة (٣) رمز (٤) نَعْت؛ صفة (ل).

at·tri·bu·tion (*n.*) (١) عَزْو؛ نسبة (٢) «أ» شيء مَعْزُوّ. «ب» صفةٌ مَعْزُوَّة.

at·trib·u·tive (*adj.; n.*) (١) عَزْويّ (٢) وصْفِيّ § (٣) نعت.

attributive adjective (*n.*) النعت الحقيقيّ (ل).

at·trite [ə trīt′] *(adj.)* = attrited.

at·trit·ed *(adj.)* بالٍ أو متآكلٌ بالاحتكاك .

at·tri·tion [ə trĭsh′ən] *(n.)* (١) توبة الخوف (نص) (٢) «أ» احتكاك . «ب» بِلى الاحتكاك : تآكلٌ بالاحتكاك (٣) إنهاك؛ استنزاف <a war of ~> .

at·tune [ə to͞on′] *(vt.)* (١) يُدَوزن الأوتار (٢) يُناغم؛ يُساوق .

a·twit·ter [ə twĭt′ər] *(adj.)* قلِق؛ مهتاج .

a·typ·i·cal [ā tĭp′ə kəl] *(adj.)* شاذّ؛ غير قياسيّ؛ غير سَوِيّ .

au·bade [ō bäd′] *(n.)* الفَجْرِيّة : «أ» قصيدة [أو أغنية] ترحيب بالفجر . «ب» أغنية حبّ تُنْشَد عند الفجر . «ج» موسيقى الصباح .

au·berge [ō bĕrzh′] *(n.)* نُزُلٌ؛ فندق .

au·ber·gine [ō′bĕr zhēn′] *(n.)* الباذِنجان .

au·burn [ô′bərn] *(adj.; n.)* (١) أصْحَر : أسمرُ مُحْمَرّ § (٢) الصُّحرة : اسمرارٌ مُحْمَرّ .

Au·bus·son [ō byo͞o sôn′] *(n.)* الأبوسّون : نسيج غليظ مشغول باليد .

au con·traire [ō kôn trâr′] على العكس؛ على النقيض .

au cou·rant [ō ko͞o rän′] *(adj.)* (١) حَسَن الاطّلاع (٢) مُطّلع على ماجَرَيات الأمور (٣) عصريّ؛ مسايرٌ للتطوّر .

auc·tion [ôk′shən] *(n.; vt.)* (١) مزادٌ عَلَنِيّ § (٢) يبيع بالمزاد العلني .

auction bridge *(n.)* بريدج المزايدة : ضربٌ من لعبة البريدج .

auc·tion·eer [ôk′shə nēr′] *(n.; vt.)* (١) الدَّلّال : شخصٌ مهمّتُهُ البيع بالمزاد العلني § (٢) يبيع بالمزاد العَلَني .

au·da·cious [ô dā′shəs] *(adj.)* (١) جَسُور؛ مُغامر (٢) متهوّر (٣) وقِح (٤) متحرِّر .

— **au·da·cious·ness** *(n.)*

au·dac·i·ty [ō dăs′ə tĭ] *(n.)* (١) جسارة (٢) تهوُّر (٣) وقاحة .

au·di·bil·i·ty *(n.)* المَسْموعيّة : كون الشيء مسموعًا أو ممكنًا سماعُهُ .

au·di·ble [ô′ də bəl] *(adj.)* مسموع : ممكنٌ سماعُهُ بوضوح .

au·di·ence [ô′dĭ əns] *(n.)* (١) سَماع؛ استماع (٢) مقابلة رسمية؛ مقابلة مع شخص ذي مقام رفيع (٣) حرّيّة الكلام أو الفرصة المُتاحة للكلام أمام شخص أو جماعة <The committee will give him an ~ to hear his plan.> (٤) النَّظّارة : «أ» جماعة المشاهدين أو المستمعين . «ب» جمهور القرّاء (٥) أتباع؛ أنصار .

audience room *(n.)* قاعة المقابلات الرسمية .

au·di·ent [ô′dĭ ənt] *(adj.; n.)* سامعٌ؛ مُصْغٍ .

au·dile [ô′dīl] *(adj.; n.)* (١) سَمْعيّ § (٢) السَّمعانيّ : شخص تكون الصُّوَر السَّمعية واضحةً في ذهنه أكثر من الصُّوَر البصرية .

aud·ing [ôd′ĭng] *(n.)* السَّماع : سَماع اللغة وفَهْمُها .

au·di·o [ô′dĭ ō′] *(adj.; n.)* (١) سَمْعيّ؛ صوتيّ § (٢) صوت .

audio- بادئة معناها : «أ» سَمْع <*audio*meter> . «ب» سَمْعِيّ <*audio*visual>.

audio frequency *(n.)* التَّرَدُّد السَّمعيّ («فز» و«ألك») .

au·di·o·gen·ic [ô′dĭ ō jĕn′ĭk] *(adj.)* صوتيّ المنشأ .

au·di·ol·o·gy [ô′dĭ ŏl′ə jĭ] *(n.)* السَّماعيّات؛ مَبْحث السَّمْع (ط) .

au·di·om·e·ter [ô dĭ ŏm′ə tər] *(n.)* المِسْماع؛ مقياس السَّمع .

au·di·on [ô′dĭ ŏn] *(n.)* الأوديون : الصِّمام الثّرميوني (رد) .

au·di·o·vis·u·al *(adj.)* سَمْعِيبَصَريّ؛ سمعيّ بصريّ : «أ» مُعَدّ للمساعدة على التّعلّم وذلك من طريق استخدام السَّمع والبصر معًا (تر) . «ب» ذو علاقة بالسَّمع والبصر معًا .

au·di·phone [ô′də fōn′] *(n.)* المِسْمَع : أداة لتوجيه الصوت إلى العصب السَّمْعيّ بُغْيَة تمكين الصُّمّ من السَّماع .

au·dit [ô′dĭt] *(n.; vt.)* (١) تدقيق الحسابات : فحص رسميّ للحسابات الجارية (٢) بيان تدقيق الحسابات § (٣) يُدَقِّق [الحسابات] (٤) يَحْضُر [الدروس] بوصفه مستمعًا .

au·di·tion [ô dĭsh′ən] *(n.; vt.; i.)* (١) «أ» حاسّة السَّمع . «ب» القُدْرة على السّمع (٢) الاستماع . وبخاصة بغيَة النَّقد أو التقييم (٣) تجربة الأداء : تجربةٌ يُخْضَع لها المُغنّي أو الممثّل لتقدير مدى براعته في الأداء § (٤) يُخْضِع لتجربة أداء **x** (٥) يقدِّم [المغنّي أو الممثِّل] تجربة أداء .

au·di·tive [ô′də tĭv] *(adj.)* سَمْعيّ .

au·di·tor [-tər] *(n.)* (١) المستمع؛ المُصْغي (٢) مدقّق الحسابات (٣) الطالب المستمع [في جامعة] (٤) القاضي .

au·di·to·ri·um [ô′də tōr′ĭ əm] *(n.)* (١) قاعة الاستماع [في كنيسةٍ أو مَسْرح أو مدرسة إلخ] (٢) مبنى الاجتماعات [العامّة] .

au·di·to·ry [ô′də tōr′ĭ] *(n.; adj.)* (١) النَّظّارة : جماعة المشاهدين أو المستمعين (ا . ق) (٢) قاعة الاجتماعات العامة (ا . ق) § (٣) سَمعيّ .

auditory nerve *(n.)* العَصَب السّمعيّ (ت) .

au fait [ō fā′] *(adj.)* (١) بارع (٢) مُطّلع (٣) ملائم؛ مناسب .

Auf·klä·rung [ouf′klĕ′ro͝ong] *(n.)* = enlightenment *2*.

au fond [ō fôn′] *(adv.)* من حيث الجوهر أو الأساس .

auf Wie·der·seh·en [ouf vē′dər zā′ən] *(interj.)* إلى اللقاء .

Au·ge·an [ô jē′ən] *(adj.)* (١) قذِر أو فاسدٌ جدًّا (٢) صعب جدًّا .

au·ger [ô′gər] *(n.)* (١) مِثْقب [النجّار] (٢) بَريمة [الحَفْر الأرض] .

augers

aught[1] [ôt] *(pron.; adv.)* (١) أيّ شيء § (٢) ألبتّةَ؛ بأية حالٍ .

for ~ I know (*or* care) لستُ أعلم [أو أبالي] ألبتّة .

aught[2] [ôt] *(n.)* (١) صِفْر (٢) لا شيء (ا . ق) .

au·gite [ô′jīt] *(n.)* الأوجيت : معدن أسود أو أخضر قاتم .

aug·ment [*v.* ôg mĕnt′; *n.* ôg′mĕnt] *(vi.; t.; n.)* (١) يزداد؛ يكثُر **x** (٢) يزيد؛ يُكثِّر؛ يعزِّز § (٣) زيادة؛ تعاظُم (٤) البادئة العِلّيّة : حرف علّة يُلحَق بصَدْر الفعل، في اليونانية والسنسكريتية، للدلالة على الزمن الماضي (ل) .

aug·men·ta·tion *(n.)* (١) زيادة (٢) ازدياد (٣) إضافة .

aug·men·ta·tive [-′tə-] *(adj.; n.)* (١) «أ» قادرٌ على الزيادة . «ب» قابل للازدياد (٢) معزِّز : «أ» مُعَزِّزٌ قوّةَ كلمة <an ~ affix> . «ب» معزِّزٌ قوةَ فكرة <an ~ word> § (٣) المعزِّزة : بادئة أو لاحقة أو لفظة معزِّزة للمعنى .

aug·ment·ed *(adj.)* مَزيد؛ مُعَزَّز (مو).

au gra·tin [ō grä'tən] *(adj.)* بِالبَريشة: مكسُوٌّ بجُبْن مبروش وكِسَر خبز.

au·gur [ô'gər] *(n.; vt.; i.)* (١) العرّاف: المُتنبِّئ بالغيب § (٢) يتنبأ (٣) يُشكِّل دلالةً على x (٤) يتنبأ بـ.

to ~ ill يكون نذيرًا بـ.

to ~ well يكون بشيرًا بـ.

au·gu·ry [ô'gyə rĭ] *(n.)* (١) عِرافة؛ كِهانة؛ تنبّؤ (٢) دلالة [على المستقبل]: بشير؛ نذير.

au·gust [ô gŭst'] *(adj.)* (١) مُهيب؛ جليل (٢) رائع.

Au·gust [ô'gəst] *(n.)* أغُسْطُس؛ آب.

Au·gus·tan [ô gŭs'-] *(adj.)* أوغُسْطوسيّ: «أ» متعلّق بالأمبراطور الروماني أوغسطوس (٦٣ ق. م. - ١٤م.) أو بعصره. «ب» متعلّق بالعصر الكلاسيكي المُحْدَث في إنكلترا.

Au·gus·tin·i·an [ô'gə stĭn'-] *(n.; adj.)* (١) الأوغُسْطينيّ: «أ» أحد أتباع القديس أوغسطين (٣٥٤-٤٣٠م). «ب» راهب أوغُسْطينيّ § (٢) أوغُسْطينيّ: متعلّق بالقديس أوغسطين أو بتعاليمه أو بأيٍّ من الرهبانات المنتسبة إليه.

au jus [ō zhY'] *(adj.)* بِعُصارتِهِ: مقدَّم على المائدة مع العُصارة المتحلّبة عند شَيِّهِ <~ meat>.

auk [ôk] *(n.)* الأوك: طائر غطّاس قصير العُنُق والذيل والجناحين.

auk

auk·let [ôk'lət] *(n.)* الأُوَيْك: أوك صغير (را. auk).

au lait [ō lā'] *(adj.)* بالحليب: محتوٍ على الحليب.

auld [ôld] *(adj. chiefly Scot.)* = old.

auld lang syne [ôld'lăng zīn'; -sīn'] *(n.)* (١) الأيام الخالية. وبخاصة: الأيام ذات الذكريات العزيزة على قلب المرء (٢) صداقة قديمة أو طويلة.

au na·tu·rel [ō nàt ə rĕl'] *(adj.)* (١) بسيط: «أ» غير دَسِم. «ب» قليل التوابل (٢) طبيعيّ؛ سَوِيّ (٣) عارٍ.

aunt [ănt; änt] *(n.)* (١) عمّة أو خالة (٢) زوجة العمّ أو الخال.

aunt·ie *also* **aunt·y** [ăn'tĭ; än'tĭ] *(n.)* العُمَيْمَة: «أ» صيغة التحبُّب من «العمّة» aunt. «ب» زنجية عجوز.

au pair [ō'pâr'] *(n.)* التَّعادُليّة: فتاة أجنبية تقوم ببعض الأعمال المنزلية لقاء المأكل والمبيت والتمكّن من تعلّم اللغة الأجنبية.

aur- *or* **auri-** بادئة معناها: أُذُن <*auri*scope>.

au·ra [ôr'ə] *(n.)* pl. **-s** *or* **-e** [ôr'ē] (١) شذا؛ عبير (٢) هالة أو جوّ مميَّز (٣) النَّسيم: حركة الهواء عند نقطة مُكَهْرَبة <an ~ of sanctity> (٤) النَّسْمة: شعور بمثل تيار هواء بارد أو غيره يسبق نوبة الصرع أو الهستيريا.

au·ral [ôr'əl] *(adj.)* أُذُنيّ؛ سَمْعيّ: ذو علاقة بالأذن أو السمع.

au·re·ate [ôr'ĭ ĭt] *(adj.)* (١) ذهبيّ اللون أو البريق (٢) طنّان (بل).

au·re·ole [ôr'ĭ ōl'] *or* **au·re·o·la** [ô rē'ə lə] *(n.)* هالة.

au·re·o·my·cin [ô'rĭ ō mī'-] *(n.)* الأوريومايسين: عقّار من المُرْديات.

au re·voir [ō rə vwär'] *(interj.; n.)* إلى اللقاء.

auri- = aur-.

au·ric [ôr'ĭk] *(adj.)* ذهبيّ: ذو علاقةٍ بالذهب أو مُحْتوٍ عليه.

au·ri·cle [ôr'ə kəl] *(n.)* (١) الصِّوان (مج): الجزء الخارجيّ الغُضروفيّ من الأُذن (ت) (٢) الأُذَيْن (ت) (٣) الأُذَيْنِيَّة: زائدة شبيهةٌ بالأُذن («نب» و«ح»).

au·ric·u·la [ô rĭk'yə lə] *(n.)* pl. **-e** *or* **-s** (١) الأُذَيْنِيَّة؛ زهرة الربيع الأُذَيْنيّة: نبات ذو زهرات مُعَنْقَدة مُختلفة الألوان (٢) auricle.

au·ric·u·lar *(adj.)* (١) أُذُنيّ؛ سَمْعيّ (٢) سرّيّ؛ مهموسٌ به <~ confessions> (٣) أُذُنانيّ: أُذُنيّ الشكل (٤) أُذَيْنيّ: ذو علاقة بأحَد أُذَيْنَي القلب.

au·ric·u·late; -d *(adj.)* (١) أُذَيْنيّ: ذو زوائد أو لواحق شبيهة بالأُذُن <an ~ leaf> (٢) أُذُنانيّ: شبيهٌ بالأُذُن.

au·rif·er·ous [ô rĭf'-] *(adj.)* تِبْريّ: حاملٌ ذهبًا أو مُحْتوٍ على ذهب.

Au·ri·ga [ô rī'gə] *(n.)* ذو الأعِنّة؛ مُمْسِك الأعِنّة (فل).

au·ri·scope [ô'rĭ skōp] *(n.)* مِكْشاف الأُذُن: مِنظار لفحص الأُذُن.

au·rist [ôr'ĭst] *(n.)* طبيب الآذان.

au·rochs [ôr'ŏks] *(n.)* الأُرْخُص: ثور برّيّ أوروبي منقرض.

aurochs

au·ro·ra [ô rōr'ə] *(n.)* فَجْر؛ مَطْلع.

aurora aus·tra·lis *(n.)* الشَّفَق القطبيّ الجنوبيّ (أر).

aurora bo·re·al·is *(n.)* الشَّفَق القطبيّ الشماليّ (أر).

aurora borealis

au·ro·ral *(adj.)* (١) فَجْريّ (٢) شَفَقِيقُطْبيّ؛ شَفَقيّ قُطْبيّ.

au·ro·re·an [ô rōr'ĭ ən] *(adj.)* = auroral *1*.

au·rous [ôr'əs] *(adj.)* ذهبيّ: «أ» مُحتوٍ على ذهب. «ب» مشتقّ من الذهب.

au·rum [ôr'əm] *(n.)* ذَهَب (ك).

aus·cul·tate [ô'skəl tāt'] *(vt.; i.)* يتسمّع: يفحص الصدر بالتسمّع (ط).

aus·cul·ta·tion *(n.)* التَّسمُّع (مج): فحص الصدر بالتسمّع كوسيلة لتشخيص المرض (ط).

aus·land·er [ous'lĕn'dər] *(n.)* الغريب؛ الأجنبيّ.

aus·pi·cate [ô'spə kāt'] *(vt.)* يُدَشِّن [مشروعًا إلخ].

aus·pice [ô'spĭs] *(n.)* (١) تكهُّن [وبخاصة بمراقبة طيران الطير] (٢) بشير؛ نذير بشرّ [والمعنى الأول أغلب] (٣) *pl.*: رعاية <under the ~s of the United Nations>.

aus·pi·cious [ô spĭsh'əs] *(adj.)* ميمون؛ سعيد؛ مبشِّر بالنجاح.

aus·ten·ite [ôs'tə nīt] *(n.)* الأُستينيت (مع).

aus·tere [ô stēr'] *(adj.)* (١) رصين (٢) قاسٍ؛ صارم (٣) متزمِّت (٤) متقشِّف (٥) متجهِّم (٦) خَشِن؛ شَظِف (٧) بسيط جدًا؛ عارٍ عن كلّ زينة.

aus·ter·i·ty [ô stĕr'ə tĭ] *(n.)* (١) رصانة (٢) قسوة؛ صرامة (٣) تزمُّت

(٤) تقشُّف (٥) تجهُّم (٦) خشونة ؛ شَظَف (٧) بساطة بالغة .

Austr- *or* **Austro-** بادئة معناها : «أ» أستراليّ و . . . <*Austro*- Malayan> . «ب» نمساويّ و . . . <*Austro*–Hungarian> .

aus·tral [ô′strəl] *(adj.)* (١) جنوبيّ (٢) .*cap*: أستراليّ .

Aus·tral·ian [ô strāl′yən] *(n.; adj.)* (١) الأستراليّ : أحد أبناء أستراليا (٢) الأسترالية : إحدى لغات أستراليا الأصلية § (٣) أسترالي .

Aus·tri·an *(n.; adj.)* (١) النمساوي : أحد أبناء النمسا § (٢) نمساويّ .

Austro- = Austr-.

aut- = auto-.

au·ta·coid [ô′tə koid′] *(n.)* هُرمون (فس) .

au·tar·chic [ô tär′kĭk] *(adj.)* = autarkic.

au·tar·chy[1] [ô′tär′ kĭ] *(n.)* = autarky.

au·tar·chy[2] *(n.)* (١) السيادة المُطْلَقَة (٢) الحُكم المُطْلَق ؛ حكومة الفرد .

au·tar·kic [ô tär′kĭk] *(adj.)* اكتفائيذاتيّ ؛ اكتفائيّ ذاتيّ .

au·tar·ky [ô′tär′kĭ] *(n.)* (١) الاكتفاء الذاتي (اد) (٢) الاكتفائية الذاتية : سياسة تهدف إلى الاكتفاء الذاتيّ (٣) دولة متمتّعة بهذا الاكتفاء .

au·then·tic [ô thĕn′tĭk] *(adj.)* (١) موثوق به ؛ جدير بالتصديق أو الاعتماد (٢) حقيقيّ ؛ صحيح ؛ غير زائف <an ~ signature> (٣) أمين : مطابقٌ للأصل <an ~ portrait> (٤) صادق ؛ أصيل ؛ غير متكلَّف .

au·then·ti·cate [-′tə kāt′] *(vt.)* يُوَثِّق : «أ» يجعله موثوقًا به . «ب» يُثبت أصالة شيء أو صحةَ نسبتِهِ إلى الفنّان <to ~ a portrait> .

au·then·ti·cat·ed *(adj.)* مُوَثَّق .

au·then·ti·ca·tion *(n.)* التوثيق : جعل الشيء مُوَثَّقًا أو موثوقًا به .

au·then·tic·i·ty [-tĭs′ə tĭ] *(n.)* (١) الموثوقيّة : كون الشيء موثوقًا به (٢) الوَثاقة ؛ الأصالة ؛ الصِّحّة .

au·thor [ô′thər] *(n.; vt.)* (١) المؤلِّف (٢) المُبْدِع ؛ المُوْجِد ؛ الخالق (٣) الصانع ؛ الواضع (٤) المُرْتكب § (٥) يؤلِّف ؛ يَضَع (٦) يبتدع .

au·thor·ess [ô′thər əs] *(n.)* (١) المُؤَلِّفة (٢) المُبْدِعة ؛ المُوْجِدة إلخ .

au·thor·i·tar·i·an [ə thôr′ə târ′ĭ ən] *(adj.; n.)* (١) تَسَلُّطيّ <~ parents> (٢) فاشِستيّ : «أ» ذو علاقة بضربٍ من الحكم يُخْضَع فيه الفرد وحقوقُهُ إخضاعًا كاملًا لمصلحة الدولة . «ب» مؤيِّد لمبدأ إخضاع الفرد وحقوقه إخضاعًا كاملًا لمصلحة الدولة (٣) استبداديّ ؛ ديكتاتوريّ <~ regimes> § (٤) التَّسَلُّطيّ ؛ الفاشستيّ ؛ الاستبداديّ .

— au·thor·i·tar·i·an·ism *(n.)*

au·thor·i·ta·tive [ə thôr′ə tā′tĭv] *(adj.)* (١) رَسْميّ ؛ سُلْطويّ : ذو سلطة أو صادرٌ عن سلطة مختصّة <~ orders> (٢) آمر ؛ جازم ؛ ديكتاتوريّ <spoke in ~ tones> (٣) موثوق : جدير بالاعتماد والقبول <~ reports; ~ from an ~ source.>.

au·thor·i·ty [ə thôr′ə tĭ] *(n.)* (١) «أ» نصٌّ مستَشْهَدٌ به . «ب» مستَنَد ؛ مَرْجِع ؛ مَصْدَر . «ج» سابقةٌ ؛ قرارٌ يُتَّخذ سابقةً . «د» شهادة . «هـ» حُجّة ؛ ثقة (٢) «أ» سُلْطة . «ب» حقّ ؛ إذن (٣) .*pl* عد : الحكومة ؛ السُّلطة ؛ السُّلطات (٤) سُلطان ؛ اعتبار ؛ نفوذ يبعث على الاحترام والثقة (٥) «أ» أساس ؛ مُبَرِّر . «ب» وزن ؛ قوّة مُقْنِعة .

au·tho·ri·za·tion *(n.)* (١) تفويض (٢) ترخيص ؛ إجازة (٣) رخصة .

au·tho·rize [ô′thə rīz′] *(vt.)* (١) يُفَوِّض ؛ يُمِدّ بسلطة <The president ~*d* him to do this.> (٢) يُرَخِّص ؛ يُجيز <Parliament ~*d* the spending of more money on....> (٣) يُقِرّ <customs ~*d* by time> .

au·tho·rized *(adj.)* (١) مفوَّض ؛ مُزَوَّد بسُلطة (٢) مُجاز ؛ مُرَخَّص به .

au·thor·ship [ô′thər shĭp′] *(n.)* (١) التأليف ؛ صناعة الكتابة (٢) أصل الكتاب أو مؤلِّفُهُ الحقيقيّ <Nothing is known of the ~ of the *Arabian Nights*.> (٣) إيجاد ؛ إبداع ؛ خَلْق .

au·tism [ô′tĭz əm] *(n.)* الذَّوَوِيّة ؛ التوحُّد : الاستغراق في نشاط عقليّ متمركز حول الذات تهرُّبًا من الواقع (نف) .

— au·tis·tic *(adj.)*

au·to *(n.)* سيّارة .

auto- بادئة معناها : «أ» ذاتيّ <*auto*suggestion> . «ب» ذاتيّ الحركة : أوتوماتيكي <*auto*truck> .

au·to·bahn [ou′tō bän′] *(n.)* اللّاحبة : طريق ألمانية عريضة لا حدَّ للسُّرعة فيها .

au·to·bi·og·ra·pher [ô′tə-] *(n.)* المُترجِم لنفسِهِ : صاحب السِّيرة الذاتية .

au·to·bi·o·graph·ic; -al *(adj.)* سِيَرْذاتيّ : ذو علاقة بسيرة المرء الذاتية أي بقصة حياته مكتوبةً بيده .

au·to·bi·og·ra·phy *(n.)* السِّيرة الذاتيّة : قصة حياة الكاتب بقلمِهِ .

au·to·bus [ô′tō bŭs] *(n.)* الأوتوبوس : سيارة كبيرة لنقل الركاب .

au·to·cade [ô′tə kād′] *(n.)* موكب سيّارات .

au·to·car [ô′tə kär′] *(n.)* سيّارة .

au·to·ca·tal·y·sis [ô′tō kə tăl′-] *(n.)* الحَفْز الذاتيّ (ك) .

au·toch·thon [ô tŏk′thən] *(n.)* pl. **-thons** *or* **-tho·nes** [thə nēz′] الأروميّ : «أ» أحد أبناء البلاد الأصليين . «ب» حيوان أو نبات أهلي .

au·toch·tho·nous [-′thə nəs] *(adj.)* أروميّ : أصليّ ؛ أهليّ ؛ بلديّ .

au·to·clave [ô′tə klāv′] *(n.; vt.)* (١) المِحَمّ ؛ المِعْقام : وعاء مَعْدِنِي مُحْكَم القَفْل يُستخدم للتعقيم بواسطة البخار المَحْميّ والضغط (٢) القِدْر الضَّغْطيّة : قِدْر للطبخ بالضغط § (٣) يُعَقِّم أو يطبخ بإحدى هاتين الأداتين .

au·toc·ra·cy [ô tŏk′rə sĭ] *(n.)* الأوتوقراطية : «أ» حكومة الفرد المطلَقة . «ب» حكم الفرد . «ج» جماعة أو دولة خاضعة لحكم فرد ذي سلطان مطلق .

au·to·crat [ô′tə krăt′] *(n.)* المُسْتبِدّ ؛ الحاكم المُطْلَق .

au·to·crat·ic *(adj.)* أوتوقراطيّ ؛ استبداديّ ؛ مُطْلَق .

au·to·cross [ô′tō krŏs] *(n.)* سباق سيارات .

au·to–da–fé [ô′tō də fā′] *(n.)* فِعْل الإيمان : الاحتفال الذي يرافق إصدار الحكم بالموت من قِبَل إحدى محاكم التفتيش على امرئ متّهم بالهرطقة والذي يُتْبَع بتنفيذ الحكم من جانب السلطات الزمنية . وتوسّعًا : إحراق المُهَرْطِق .

au·to·di·ges·tion [ô′tō dĭ jĕs′chən] *(n.)* = autolysis.

au·to·dyne [ô′tə dīn′] *(adj.)* أوتوداينيّ : ذاتيّ الفعل .

au·to·er·o·tism [ô′tō ĕr′-] *(n.)* (١) التهيُّج الذاتيّ: تهيُّج جنسيّ ينشأ من غير مثير خارجيّ ظاهر أو معروف (٢) الإهاجة الذاتية: إشباع الشهوة الجنسية بلمس المرء أعضاءه التناسلية دونما استثارة خارجية. **— au·to·e·rot·ic** *(adj.)*

au·to·gam·ic; au·tog·a·mous [ô′tŏg′-] *(adj.)* ذاتيّ الإخصاب.

au·tog·a·my [ô′tŏg′ə mĭ] *(n.)* الإخصاب الذاتيّ («نب» و«ح»).

au·to·gen·e·sis; au·tog·e·ny *(n.)* التَّوَلُّد الذاتيّ (أح).

au·to·ge·net·ic [ô′tō jə nĕt′ĭk] *(adj.)* (١) تولُّديْذاتيّ؛ تولُّديّ ذاتيّ: ذو علاقة بالتولُّد الذاتيّ (أح) (٢) متولِّد ذاتيًّا (٣) ذاتيّ المنشأ.

au·tog·e·nous [ô tŏj′ə nəs] *(adj.)* (١) ذاتيّ التولُّد (٢) ناشئ ضمن الفَرْد نفسه. وبخاصة: مستَمَدٌّ من المريض نفسه <an ~ vaccine>.

au·to·gi·ro *also* **au·to·gy·ro** [ô tə jī′rō] *(n.)* الأوتوجيرو: طراز قديم من طائرات الهليكوبتر.

au·to·graft [ô′tō grăft′] *(n.)* الطُّعم الذّاتيّ (أح).

au·to·graph [ô′tə grăf′; -gräf′] *(n.; vt.)* (١) الأوتوغراف: «أ» توقيعُ المرء أو إمضاؤه. «ب» خطُّ المرءِ نفسُهُ. «ج» مخطوطة أصلية [مكتوبةٌ بخطّ المؤلّف] § (٢) يكتب بخطّ يده (٣) يوقِّع على أو في.

au·to·hyp·no·sis [ô′tō hĭp′nō′sĭs] *(n.)* التنويم المغنطيسي الذاتيّ: تنويم مغنطيسي يُحْدِثه المرء بنفسه.

au·to·im·mu·ni·ty *(n.)* المناعة الذاتية (أح).

au·to·in·fec·tion *(n.)* الخَمَج الذاتيّ؛ الإنتان الذاتيّ (ط).

au·to·in·oc·u·la·tion [ô′tō ĭ nŏk′yə lā′-] *(n.)* التلقيح الذاتيّ (ط).

au·to·in·tox·i·ca·tion *(n.)* الانسمام الذاتيّ (ط).

au·to·load·ing *(adj.)* نصف أوتوماتيكيّ <~ firearms>.

au·tol·o·gous *(adj.)* مأخوذ من الفرد نفسِهِ <~ grafts>.

au·to·ly·sin [-lī′sĭn] *(n.)* الحالّة الذاتية: مادة تُحْدِث الانحلال الذاتيّ.

au·tol·y·sis [ô tŏl′ə sĭs] *(n.)* الانحلال الذاتيّ (كح).

au·to·mak·er *(n.)* صانعُ السيّارات: صناعيّ مُنْتِج للسيارات.

au·to·man [ô′tō măn] *(n.)* = automaker.

au·to·mat [ô′tə măt′] *(n.)* المطعم الآليّ: مطعم يستخدم أجهزة أوتوماتيكية لتقديم الطعام إلى الزبائن بمجرّد وضعهم قِطعًا نقديةً في ثقب.

au·tom·a·ta [ô tŏm′ə tə] *pl. of* automaton.

au·to·mate [ô′tə māt′] *(vt.)* يُؤَتْمِت: «أ» يُشَغِّل الشيء أوتوماتيكيًا. «ب» يجعله أوتوماتيكيًا.

au·to·mat·ic [ô′tə măt′ĭk] *(adj.; n.)* (١) أوتوماتيّ؛ أوتوماتيكيّ؛ آليّ: ذاتيّ الحركة (٢) تلقائيّ؛ لاإراديّ § (٣) سلاح ناريّ أوتوماتيكيّ.

au·to·mat·i·cal·ly *(adv.)* آليًّا؛ أوتوماتيًّا؛ أوتوماتيكيًّا.

au·tom·a·tic·i·ty [-tĭs′ə-] *(n.)* الأوتوماتيكيّة: كَوْنُ الشيء ذاتيَّ الحركة.

automatic pilot *(n.)* الرُّبّان الأوتوماتيّ: أداة لتوجيه السُّفن والطائرات والمَرْكَبات الفضائية على نحوٍ أوتوماتيّ أو أوتوماتيكيّ.

au·to·ma·tion [ô′tə mā′shən] *(n.)* الأَتْمَتة: «أ» تِقْنيّة يُستطاع بها جَعْلُ عملية ما أوتوماتيّةً أو تشغيلُ جهازٍ ما أوتوماتيًّا. «ب» كون الجهاز مُشَغَّلًا أوتوماتيًّا. «ج» إدارة الأجهزة بالوسائل الميكانيكية أو الألكترونية التي تحلّ محلّ حواسّ الملاحظة عند الإنسان وتوفّر عليه عناء التقرير وبَذْل الجهد.

au·tom·a·tism [ô tŏm′ə-] *(n.)* (١) الذّاحَرَكيّة: كون الشيء أوتوماتيًّا أو ذاتيّ الحركة (٢) عمل تلقائيّ أو لاإراديّ (٣) المذهب اللاإراديّ: القول بأن جميع نشاطات الحيوان والإنسان تتحكم بها أسبابٌ فيسيولوجية (فف) (٤) العمل العضليّ اللاإراديّ (فس) (٥) العمل اللاإرادي، كالسير أثناء النوم إلخ (نف) (٦) التلقائية الفنّيّة: اجتناب التفكير الواعي لإتاحة المجال للفكرات والمشاعر اللاواعية والمكبوتة للتعبير عن نفسها فنّيًّا، وبخاصة عند السُّرياليين (فج).

au·tom·a·ti·za·tion *(n.)* = automation.

au·tom·a·tize *(vt.)* يُؤَتْمِت: يجعله أوتوماتيًّا أو ذاتيَّ الحركة.

au·tom·a·ton [ô tŏm′ə tŏn′] *(n.)* pl. **-s** *or* **-ta** [tə] (١) الأوتوماتون: إنسان أوتوماتيّ أو آليّ (٢) الأوتوماتونيّة: ماكينة مُصمَّمة بحيث تقوم، تلقائيًا، بعمليّات محدَّدة (٣) الآليّانيّ: شخص يعمل بطريقةٍ آليّة أو روتينيّة.

au·to·mo·bile [-′bēl] *(adj.; n.)* (١) ذاتيّ الحركة § (٢) سيّارة.

au·to·mo·bil·ist [ô′tə mō bē′lĭst] *(n.)* سائق السيّارة.

au·to·mo·tive [-mō′tĭv] *(adj.)* (١) سيّاراتيّ: ذو علاقة بتصميم السيارات أو صُنعها أو بَيْعها أو تشغيلها (٢) ذاتيّ الحركة أو الدَّفع.

au·to·nom·ic *(adj.)* (١) لاإراديّ <~ reflexes> (٢) مستقلّ: متمتّع بالحكم الذاتي (٣) تلقائيّ: ناشئ عن أسباب أو عوامل داخليّة (نب).

au·ton·o·mist *(n.)* الاستقلاليّ: المُنادي بالاستقلال أو بالاستقلالية.

au·ton·o·mous [ô tŏn′ə məs] *(adj.)* (١) «أ» استقلاليّ. «ب» مستقلّ؛ متمتع بالحكم الذاتي (٢) مستقلّ بذاته (أح) (٣) تلقائي (نب).

au·ton·o·my [ô tŏn′ə mĭ] *(n.)* الاستقلال؛ الحكم الذاتيّ.

au·to·pho·bi·a *(n.)* رُهاب الذات: خوفٌ مَرَضيّ من الوحدة.

au·to·plas·ty [ô′tə plăs′tĭ] *(n.)* الجراحة الترقيعية أو التعويضية الذاتية.

au·top·sy [ô′tŏp sĭ] *(n.; vt.)* (١) «أ» تشريح الجثّة. «ب» إذن بتشريح الجثة (٢) تحليل نقديّ § (٣) يشرِّح [الجثّة].

au·to·ra·di·o·graph; -ra·di·o·gram *(n.)* الصورة المِشعاعية الآلية.

au·to·ra·di·og·ra·phy *(n.)* التصوير المِشعاعيّ الآليّ.

au·to·route [ô′tō ro͞ot′] *(n.)* = autostrada.

au·to·stop [ô′tō stŏp′] *(n.)* الاستيقاف؛ الاستركاب؛ نداء السيّارات.

au·to·stra·da [ô′tō sträd′ə] *(n.)* أوتوستراد.

au·to·sug·ges·tion *(n.)* الإيحاء الذاتيّ (نف).

au·to·ther·a·py *(n.)* المُداواة الذاتية: معالجةُ المريضِ نفسَهُ بنفسه.

au·tot·o·mize *(vt.; i.)* (١) يَجْدَع؛ يبتر x (٢) يَنْجدِع؛ يَنْبتِر.

au·tot·o·my [ô tŏt′ə mĭ] *(n.)* الانجداع؛ البَتْر الذاتيّ.

au·to·trans·for·mer *(n.)* المُحَوِّل الذاتيّ (كب).

au·to·troph [ô′tə trŏf′; -trôf′] *(n.)* ذاتيّة التغذية: نبتة قادرة على صُنع غذائها بنفسها.

au·to·troph·ic *(adj.)* ذاتيّ التغذية: مُغَذٍّ نفسَه بنفسه (نب).

au·to·truck [ô′tō trŭk′] *(n.)* الشاحنة: سيارة شحن.

au·to·vac·cine [-văk′sēn] *(n.)* اللَّقاح الذاتيّ (ط).

au·tox·i·da·tion *(n.)* التأكسُد الذاتيّ (ك).

au·tumn [ô′təm] *(n.; adj.)* (١) الخريف: فصل الخريف (٢) الكهولة؛ خريف العمر § (٣) خَريفيّ: منسوب إلى الخريف <~ fashions>.

au·tum·nal [ô tŭm′nəl] *(adj.)* خريفيّ.

autumnal equinox; autumnal point *(n.)* الاعتدال الخريفيّ (فل).

au·tun·ite [ō tŭn′īt] *(n.)* الأتونيت (مع).

aux·e·sis [ôg zē′sĭs; ôk sē′-] *(n.)* نموّ (أح).

aux·il·ia·ry [ôg zĭl′yə rĭ; ôg zĭl′ə rĭ] *(adj.; n.)* (١) مُساعِد <an ~ verb> (٢) إضافيّ <~ troops> (٣) احتياطيّ <an ~ engine> § (٤) شخص أو شيء مساعِد (٥) الفِعل المساعِد (ل) (٦) *pl.*: قوات أجنبيّة في خدمة دولةٍ محاربة (٧) سفينة إضافيّة.

auxiliary circle *(n.)* الدائرة المُساعِدة (ر).

auxiliary verb *(n.)* الفعل المُساعِد (ل).

aux·in [ôk′sĭn] *(n.)* الأُكْسِين: مادة عضوية تعدِّل أو تنظِّم نموّ النباتات والبراعم وبخاصةٍ تكوُّن الجذور. وتوسُّعًا: هرمون نباتيّ (نب).

a·vail [ə vāl′] *(vi.; t.; n.)* (١) يُفيد؛ يَنفع § (٢) فائدة؛ نفع.
- of no ~, غير مفيد؛ غير نافع.
- to ~ oneself of يُفيد من؛ يستفيد من.
- to no ~; without ~, عبثًا، من غير جَدْوَى؛ على غير طائل.

a·vail·a·bil·i·ty *(n.)* (١) مُستفاديّة (٢) مُتاحيّة؛ تَيَسُّر؛ وجود (٣) الأهلية [للنجاح في الانتخابات] (٤) شيء مُتاح أو مُتيسِّر.

a·vail·a·ble [ə vā′lə-] *(adj.)* (١) قانونيّ <an ~ plea> (٢) «أ» مُستفادٌ؛ مُنْتَفَعٌ به. «ب» مُتاح؛ مُتَيَسِّر. «ج» موجود؛ في المتناوَل. «د» قادرٌ على الحضور (٣) مؤهَّل للنجاح [في الانتخابات].

av·a·lanche [ăv′ə lănch′] *(n.; vi.; t.)* (١) التَّيْهُور؛ الجُراف: «أ» كتلة ضخمة من ثلجٍ أو جليد أو صخر تنهار بسرعة على جانب جبل. «ب» سَيْل؛ فَيْض؛ طوفان <an ~ of misfortunes> § (٢) يتهيَّر: ينهار مثل تَيْهور x (٣) يَغْمُر.

avalanche *1a.*

a·vant–garde [ȧ vän gȧrd′] *(n.; adj.)* (١) الطَّليعيون: «أ» جماعة تبتدع أو تطبِّق فكراتٍ أو أساليبَ جديدة أو أصيلة في التعبير الفنّيّ. «ب» جماعة من المتطرِّفين في حقلٍ ما § (٢) طليعيّ <~ poets>. **—a·vant–gard·ist** *(n.)*

av·a·rice [ăv′ə rĭs] *(n.)* حُبّ اكتساب المال واختزانه: جَشَعٌ؛ بخل.
—av·a·ri·cious *(adj.)*

a·vas·cu·lar [ā′văs′kyə lər] *(adj.)* لا وعائيّ (ت).

a·vast [ə văst′] *(interj.)* قِفْ! كُفَّ عن! إبْقَ (مل).

av·a·tar [ăv′ə tär′] *(n.)* (١) تجسُّد الآلهة [في الفلسفة الهندوسية] (٢) تجسُّد فكرةٍ أو فلسفة في شخص معيَّن.

a·vaunt [ə vônt′] *(interj.)* اذهَبْ؛ اغْرُبْ! انْصرف!

a·ve [ä′vā; ā′vĭ] *(interj.; n.)* (١) سلامًا؛ السلام عليك (٢) وداعًا § (٣) *cap.* عد: السلام المَرْيَميّ (را. Ave Maria).

A·ve Ma·ri·a [ä′vā mə rē′ə] *(n.)* السّلام المَرْيَميّ: تحية جبريل للعذراء [ليكن سلامٌ لكِ يا مريم إلخ].

av·e·na·ceous [ăv′ə nā′shəs] *(adj.)* شوفانيّ: متعلِّق بالشُّوفان (نب).

a·venge [ə vĕnj′] *(vt.; i.)* (١) ينتقم لـ؛ يثأر لـ x (٢) ينتقم؛ يثأر.

a·venge·ment *(n.)* الانتقام؛ الاثّار؛ الأخذ بالثأر.

a·veng·er *(n.)* المنتقم؛ المُثَّئِر؛ الآخذ بالثأر.

a·veng·ing *(adj.)* مُنتقِم؛ آخذٌ بالثأر.

av·ens [ăv′ĭnz] *(n.)* حشيشةُ المُبارك: عشب من الفصيلة الوردية.

av·en·tail [ăv′ən tāl′] *(n.)* الجزء الأماميّ الأدنى المتحرِّك من الخُوذة.

a·ven·tu·rine [ə vĕn′chə rĭn] *(n.)* الأفنتورين: «أ» ضربٌ من الكوارتز مرقَّش بنُكَتٍ لامعة من المَيْكَة وغيرها. «ب» زجاج أسمر غير شفاف محتوٍ على جُسَيْمات ذهبية اللون.

av·e·nue [ăv′ə nyōō′; -nōō′] *(n.)* (١) سبيل؛ وسيلة إلى <Hard work is the best ~ to success.> (٢) مَنْفَذ <~ of escape> (٣) طريق؛ مَدْخل (٤) طريق مُشَجَّر. وبخاصة: طريق مُفضية إلى بيت ريفيّ كبير واقع على مبعدة من الطريق العامة (٥) الجادّة: شارع عريض.

a·ver [ə vûr′] *(vt.)* (١) يُثبت (ق) (٢) يؤكِّد؛ يَجْزِم.

av·er·age [ăv′ər ĭj; ăv′rĭj] *(n.; adj.; vi.; t.)* (١) المُعَدَّل؛ المتوسِّط § (٢) متوسِّط <The ~ age of the boys in our class is fourteen.> (٣) عاديّ <~ intelligence> § (٤) يبلغ مُعدَّلُه <The gain ~*d* out to 15%.> x (٥) يعمل بمعدَّل كذا <Kamil ~*s* eight hours of work a day.> (٦) يُوجِد المعدَّل <If you ~ 12, 13, and 11 you get 12.> (٧) يَقْسِم [بين عدد من الأشخاص] على نحو متناسب <They ~*d* their gains according to what each had put in.>.

a·ver·ment *(n.)* (١) إثبات (ق) (٢) تأكيد؛ جزم (٣) توكيد.

A·ver·nus [ə vûr′nəs] *(n.)* جَهَنَّم؛ الجحيم.

a·verse [ə vûrs′] *(adj.)* (١) كارِه؛ مُبغض؛ نَفورٌ من (٢) مبتعد عن الجذع [ضدّ *adverse*]. **—a·verse·ness** *(n.)*

a·ver·sion [ə vûr′zhən] *(n.)* مَقْت؛ كُرْه؛ بُغْضٌ شديد.

a·ver·sive [ə vûr′sĭv] *(adj.)* (١) نَفور (٢) مجنِّبٌ أمرًا.

a·vert [ə vûrt′] *(vt.)* (١) «أ» يُعْرِض عن؛ يُشيح [بوجهه]. «ب» يحوِّل [بَصَرَه] عن (٢) «أ» يتجنَّب؛ يتفادى. «ب» يَدْرأ؛ يمنع.

A·ves [ā′vēz] *(n. pl.)* الطيور (ح).

A·ves·ta [ə vĕs′tə] *(n.)* الأَفَسْتا: كتاب الزَّرادَشتيّين المقدَّس.

av·gas [ăv′găs] *(n.)* = aviation gasoline.

avi- بادئة معناها: طير <*avi*culture>.

a·vi·an [ā′vĭ ən] *(adj.)* طَيْريّ: ذو علاقة بالطيور.

a·vi·a·rist [ā′vĭ ĕr′ĭst] *(n.)* المَطْيَريّ : صاحب المَطْيَر .

a·vi·ar·y [ā′vĭ ĕr′ĭ] *(n.)* المَطْيَر : قفص كبير لحفظ الطيور .

a·vi·ate [ā′vĭ āt′; ăv′ĭ-] *(vi.)* يَطِير [بطائرةٍ أو نحوِها] .

a·vi·a·tion [ā′vĭ ā′shən; ăv′ĭ-] *(n.)* (١) الطّيَران ؛ الملاحة الجوية (٢) الطائرات الحربية (٣) صناعة الطائرات .

aviation gasoline *(n.)* غازولين الطائرات ؛ بنزين الطائرات .

a·vi·a·tor [ā′vĭ ā′tər; ăv′ĭ-] *(n.)* الطيّار ؛ الملّاح الجويّ .

a·vi·a·trix *also* **a·vi·a·tress** *(n.)* الطيّارة ؛ الملّاحَة الجويّة .

av·i·cide [ăv′ĭ sīd] *(n.)* قَتْل الطّيور .

a·vi·cul·ture [ā′vĭ kŭl′chər] *(n.)* الطِّيارة : تربية الطيور .

a·vi·cul·tur·ist *(n.)* الطِّياريّ : مُرَبّي الطيور .

av·id [ăv′ĭd] *(adj.)* (١) طامعٌ [في] ؛ شَرِهٌ [إلى] ؛ شديد التوق إلى (٢) نهِمٌ ؛ لا يَشْبع (٣) شديد ؛ حادّ <~ hunger> .

av·i·din [ăv′ə dĭn] *(n.)* الأڤيدين : بروتين في الآح [أو بياض البيضة] .

a·vid·i·ty [ə vĭd′ə tĭ] *(n.)* طَمَعٌ ؛ جَشَعٌ ؛ شَرَهٌ ؛ نَهَمٌ إلخ .

av·id·ly [ăv′ĭd lĭ] *(adv.)* بِشَرَهٍ ؛ بنَهَم ؛ بشدّة .

a·vi·fau·na [ā′və fô′nə] *(n.)* جماعة الطير [في منطقةٍ أو بيئةٍ إلخ] .

av·i·ga·tion [ăv′ə gā′shən] *(n.)* الملاحة الجوية .

a·vion [ȧ vyôn′] *(n.)* طائرة .

a·vi·on·ic *(adj.)* ألِكْترونيْطَيَرانيّ : متعلّق بألكترونيات الطيران .

a·vi·on·ics [ā′vĭ ŏn′ĭks] *(n. pl.)* ألِكترونيات الطيران : «أ» تطوير وإنتاج الأدوات الكهربائية والألكترونية لاستخدامها في الطيران وما إليه . «ب» هذه الأدوات الكهربائية والألكترونية نفسها .

a·vi·ta·min·o·sis [ā vī′tə mə nō′sĭs; ā′və tăm′ə nō′-] *(n.)* عَوَزُ الفيتامين : مرض ناشئ عن نقص الفيتامينات .

av·o·ca·do [ăv′ə kä′dō] *(n.)* الأڤوكاته ؛ الأڤوكادو : نبات ذو ثمرات لَحِيْمة إجّاصية الشكل .

avocado

av·o·ca·tion [ăv′ə kā′shən] *(n.)* (١) هواية (٢) مِهنة .

av·o·cet [ăv′ə sĕt′] *(n.)* النّكّات : طائر مائيّ ذو منقارٍ نحيل .

avocet

a·void [ə void′] *(vt.)* (١) يُبطل ؛ يُلغي (ق) (٢) يتجنّب ؛ يتفادى .

a·void·a·ble *(adj.)* ممكن إبطالُهُ أو اجتنابُهُ أو تفاديه .

a·void·ance *(n.)* (١) إبطال ؛ إلغاء (ق) (٢) اجتناب ؛ تفادٍ .

av·oir·du·pois [ăv′ər də poiz′] *(n.)* (١) نظام آفواردوبْوا (٢) وَزْن ؛ ثِقَل .

avoirdupois weight *(n.)* نظام أفواردوبْوا : نظامٌ من الموازين يستخدم في بريطانيا وأميركا لوزن جميع السّلع ما عدا الأدوية والمعادن الثمينة والحجارة الكريمة، وهو يَعتبر الباوند أو الرطل الإنكليزي مؤلفًا من ١٦ أونصة .

à vo·tre san·té [ȧ vô′tr sän tā] على صِحّتك [تُقال عند شُرْب الأنخاب] .

a·vouch [ə vouch′] *(vt.)* (١) يؤكد ؛ يجزم (٢) يضمن ؛ يكفُل (٣) «أ» يعترف [بشخص أو شيء] . «ب» يُقرّ .

— a·vouch·ment *(n.)*

a·vow [ə vou′] *(vt.)* (١) يُقِرّ ؛ يعترف بِـ <He ~*ed* his crimes.> (٢) يُجاهر بِـ <to ~ oneself to be a Moslem> .

a·vow·al [ə vou′əl] *(n.)* (١) إقرار ؛ اعتراف (٢) مُجاهَرةٌ بِـ .

a·vowed [ə voud′] *(adj.)* مُعْلَن : مُصَرَّح أو مُعْتَرَفٌ به .

a·vow·er *(n.)* (١) المُقِرّ ؛ المعترف (٢) المُجاهِر بِـ .

a·vulse [ə vŭls′] *(vt.)* يَفْصِل ؛ يَمْزُق ؛ يَنْزَع .

a·vul·sion [ə vŭl′shən] *(n.)* (١) «أ» فَصْل ؛ مَزْق ؛ نَزْع . «ب» فِصلة ؛ مِزْقة (٢) «أ» الانفصال : انفصال مفاجئ لأرضٍ ما عن ممتلكات شخص وانضمامُها إلى أرض شخص آخر نتيجةً لتغيُّر مفاجئ في مجرى نهرٍ إلخ (ق) . «ب» الفِصلة : الأرض التي تنفصل على هذا النحو والباقية مِلكًا لصاحبها الأول .

a·vun·cu·lar [ə vŭng′kyə-] *(adj.)* عَمّيّ ؛ خاليّ <~ affection> .

aw [ô] *(interj.)* صوتٌ يعبّر عن الاحتجاج أو الاشمئزاز إلخ .

a·wait [ə wāt′] *(vt.; i.)* (١) «أ» ينتظر . «ب» يتوقّع ؛ يترقّب (٢) ينتظره كذا ؛ يكون مهيّأً أو مُعدًّا له كذا <A surprise ~*s* him.> .

a·wake [ə wāk′] *(vi.; t.; adj.)* (١) يستيقظ (٢) يَنْهَض (٣) يَعي ؛ يُدْرِك <She *awoke* to the realities of life.> x (٤) يُوْقِظ (٥) يُنْهِض § (٦) يَقْظان (٧) متنبِّه ؛ يقظ ؛ واعٍ .

a·wak·en [ə wā′kən] *(vt.; i.)* (١) يُوْقِظ ؛ يُنَبِّه x (٢) يستيقظ .

a·wak·en·ing *(n.; adj.)* (١) إيقاظ (٢) يَقَظة <Arab ~> (٣) نهضة § (٤) مستيقظ <the ~ city> (٥) مُوقِظ ؛ مُثير <an ~ discourse> .

a·ward [ə wôrd′] *(vt.; n.)* (١) يَحْكُمُ له بكذا (٢) يَمْنح § (٣) حُكْم [صادرٌ عن قاضٍ أو هيئة محكَّمين] (٤) مكافأة ؛ جائزة .

a·ward·ee [ə wôr′dē] *(n.)* الممنوح جائزةً ؛ الفائز بجائزة .

a·ward·er [ə wôrd′ər] *(n.)* مانحُ الجائزة ؛ مقدِّم الجائزة .

a·ware [ə wâr′] *(adj.)* واعٍ ؛ مُدْرِكٌ ؛ متنبِّه ؛ غير غافلٍ عن .

a·ware·ness [ə wâr′nəs] *(n.)* وعي ؛ إدراك ؛ تنبُّه .

a·wash [ə wôsh′; ə wŏsh′] *(adj.)* (١) مغسول بالأمواج : تتلاطم الأمواج فوقه لعدم ارتفاعه عن مستواها <rocks ~ at high tide> (٢) متقاذَفٌ : تتقاذفه الأمواج (٣) مغمور بالماء .

a·way [ə wā′] *(adv.; adj.)* (١) بعيدًا <~ from the fire> (٢) جانبًا ؛ باتجاه آخر <Turn your eyes ~.> (٣) على أرض الخصم <Is our next basketball match at home or ~?> (٤) باستمرار ؛ بغير انقطاع <to work~> (٥) توًّا ؛ فورًا (٦) في السجن أو مستشفى الأمراض العقلية § (٧) غائب <She is ~ from home.> (٨) بعيد (٩) جارٍ على أرض الخصم <It's an ~ match.> (١٠) مَيْت ؛ غائب عن الوعي .

~ with them! خُذوهم من هنا ! أبعِدوهم عنّي !

~ with you! أُغْرُبْ ! إذْهَبْ عنّي !

cannot ~ with لا يُطيق ؛ لا يَحْتمل .

awe [ô] *(n.; vt.)* (١) رُعْب (ا . م) (٢) رَوْع ؛ خشية ؛ رَهْبَة [من الله أو تجاه شيء مقدَّس أو جليل أو مكتنَف بالأسرار] § (٣) يَرُوْع ؛ يُوْقع الرهبة في النفوس <The majesty of the temple ~*d* us.> .

a·wea·ry [ə wēr′ĭ] *(adj.)* مُرْهَق ؛ مُجْهَد [بلغة الشعر] .

a·weath·er [ə wĕth′ər] *(adv.)* نحوَ الريح (مل) .

awed [ôd] *(adj.)* (١) خائف (٢) مُتَّسِمٌ بالرهبة <~ respect> .

awe·less *or* **aw·less** [ô′ləs] *(adj.)* غير هَيّاب ؛ غير وَجِل .

awe·some [ô′səm] *(adj.)* (١) مُوْقع في النفس رَوْعًا أو رهبةً <an ~ sight> (٢) مُرَوِّع ؛ معبِّر عن رهبة <an ~ glance> .

awe·struck [ô′strŭk]; **awe·strick·en** *(adj.)* ممتلئ رُعبًا أو رَهْبةً .

aw·ful [ô′fəl] *(adj.; adv.)* (١) مُرَوِّع ؛ مُخيف (٢) مُفْعَم بالتوقير <~ greetings> (٣) شنيع ؛ بغيض ؛ رديء جدًا <~ weather> (٤) ضَخم ؛ هائل ؛ رهيب <an ~ lot of work> § (٥) جدًا ؛ إلى حدٍّ بعيد .

aw·ful·ly *(adv.)* (١) على نحوٍ مُرَوِّع أو شنيع أو بغيض إلخ (٢) إلى أبعد حدّ <thanks ~; ~ cold> .

a·while [ə (h)wīl′] *(adv.)* لحظةً ؛ هُنَيْهةً ؛ فترةً قصيرةً .

a·whirl [ə (h)wûrl′] *(adj.)* مُدَوِّم : جارٍ على نحوٍ التفافيّ .

awk·ward [ôk′wərd] *(adj.)* (١) أخْرَق : «أ» غير بارع أو لبِق ، وبخاصة في استعمال اليدين أو الأدوات . «ب» تُعْوِزُهُ الرشاقةُ في الحركة . «ج» تُعْوِزُهُ البلاغة أو رشاقة التعبير . «د» غير عَمَليّ <~ tools> . «هـ» بشِعٌ ؛ سَمِج ؛ يُعْوِزه التناسب <an ~ shape> (٢) غير ملائم ؛ غير مناسب <an ~ time> (٣) مُرْبِك ؛ حَرِج <~ situations> (٤) صعب ؛ عسير <~ questions> (٥) صَعْب المِراس <an ~ opponent> (٦) خَطِر (٧) خجول .

awk·ward·ly *(adv.)* على نحوٍ أخرق أو مُرْبِك أو عسير أو خطِر إلخ .

awk·ward·ness *(n.)* خُرْق ؛ ارتباك ؛ عُسْر إلخ .

awl [ôl] *(n.)* مِخرز ؛ مِثقاب [للجلد أو الخشب] .

aw·less [ô′ləs] *(adj.)* = aweless.

awl–shaped *(adj.)* مِخْرَزانيّ ؛ مِخْرَزيّ الشكل .

awn [ôn] *(n.)* السَّفاة ؛ حَسَكة السُّنبلة أو نحوها .

awned *(adj.)* مُسَفًّى ؛ مُحَسَّك : ذو سَفاةٍ أو حَسَكة .

awn·ing [ô′nĭng] *(n.)* الظُّلَّة : ما يُظَلِّل النافذة من الشمس .

awning

aw·ninged [ô′nĭngd] *(adj.)* مُظَلَّل : مُزَوَّدٌ بظُلَّة .

awn·less [ôn′ləs] *(adj.)* لامُسَفًّى ؛ لامُحَسَّك (نب) .

a·woke [ə wōk′] *past and past part. of* awake.

a·wo·ken [ə wō′kən] *past part. of* awake.

a·wry [ə rī′] *(adj.; adv.)* (١) منحرِف ؛ مورُوب ؛ مائل § (٢) بانحراف ؛ على نحوٍ مائل .

Our plans have gone~. أخفقَتْ خُطَطُنا .

ax *or* **axe** [ăks] *(n.; vt.)* (١) «أ» فأس . «ب» بَلْطة (٢) صَرْف من الخدمة <got the ~> (٣) إلغاء لمشروع § (٤) يُشَذِّب ؛ يُشَظِّي ؛ يَقْطع ؛ ينزع (٥) يَصْرِف من الخدمة (٦) يُلغي مشروعًا .

an ~ to grind فأسٌ للشَّحْذ : مأرَب ؛ هَدَفٌ شخصيّ أو أنانيّ أو خفيّ يُسْعَى إلى تحقيقه .

axe·like [ăks′līk′] *(adj.)* فأسانيّ : فأسيّ الشكل .

axe·man *or* **ax·man** [ăks′mən] *(n.)* الحَطّاب .

ax·es [1] [ăk′sĭz] *pl. of* ax *or* axe.

ax·es [2] [ăk′sēz′] *pl. of* axis.

ax·head [ăks′hĕd] *(n.)* رأس الفأس .

ax·i·al [ăk′sĭ əl] *(adj.)* مِحْوَرِيّ : «أ» ذو علاقة بالمحور . «ب» مشكِّل محورًا . «ج» واقعٌ عند المحور .

ax·il [ăk′sĭl] *(n.)* الإبْط : الزاوية الواقعة بين أحد الأغصان أو الأوراق وبين المحور الذي انبثق منه (نب) .

A axil

ax·ile [ăk′sĭl; ăk′sīl] *(adj.)* = axial.

ax·il·la [ăk sĭl′ə] *(n.)* pl. **-e** *or* **-s** (١) «أ» الإبط : باطن الكتِف . «ب» إبط الطائر (٢) كَتِف ؛ مَنْكِب (٣) axil .

ax·il·lar *(n.)* الإبطيّ : جزءٌ ذو علاقة بالإبط أو نامٍ منه .

ax·il·lar·y [ăk′sə lĕr′ĭ] *(adj.; n.)* (١) إبطيّ : «أ» ذو علاقة بالإبط . «ب» واقعٌ عند إبط النبات أو نامٍ منه <~ buds> § (٢) axillar .

axillary buds

ax·i·ol·o·gy [ăk′sĭ ŏl′ə jĭ] *(n.)* القِيَميّات ؛ عِلم القِيَم .

ax·i·om [ăk′sĭ əm] *(n.)* (١) مُسَلَّمة ؛ مُصادَرة ؛ موضوعة (ر) (٢) حقيقة مقرَّرة ؛ حقيقة معترَفٌ بها (٣) بَديهيّة (مج) .

ax·i·o·mat·ic *also* **-al** *(adj.)* بَدَهيّ ؛ بديهيّ .

ax·is [ăk′sĭs] *(n.)* pl. **ax·es** [ăk′sēz′] (١) مِحْوَر (٢) فقرةُ العُنُقِ الثانية (٣) حِلْف .

ax·le [ăk′səl] *(n.)* الجُزْع (مج) : مِحور العجلة أو الدولاب (مك) .

ax·le·tree *(n.)* مِحْور العَرَبة : قضيب يربط بين عَجَلَتَي العَرَبة (مك) .

ax·man [ăks′mən] *(n.)* = axeman.

Ax·min·ster [ăks′-] *(n.)* الأكْسْمِنْسْتَريّ : ضربٌ من السَّجّاد المَحُوك آليًّا .

ax·o·lotl [ăk′sə lŏt′əl] *(n.)* سَمَنْدل المكسيك : حيوان برمائيّ .

axolotl

ax·on [ăk′sŏn] *also* **ax·one** [-sōn] *(n.)* المِحْوار ؛ المِحْور العَصبي (ت) .

ax·o·nal *also* **ax·on·ic** *(adj.)* مِحْواريّ .

ax·seed [ăks′sēd′] *(n.)* الأُكَيْلِيل الأحوى : نبات قرنفلي الزهر .

ay [1] *or* **aye** [ā] *(adv.)* دائمًا ؛ إلى الأبد .

ay [2] *or* **aye** [ī] *(adv.; n.)* (١) نعم § (٢) الموافق ؛ المؤيِّد .

aya·tol·lah *(n.)* آية الله : لقب ديني إيراني .

aye–aye [ī′ī′] *(n.)* الآيآي : لَيْمور lemur صغير من لَيامير مدغشقر .

aye-aye

az- = azo-.

a·zal·ea [ə zāl′yə] *(n.)* الأزاليَة ؛ الصَّحراوية (نب) .

a·zed·a·rach [ə zĕd′ə răk′] *(n.)* الأزادَرَخْت : شجرٌ وارفُ الظِّلال .

azalea

az·i·muth [ăz′ə məth] *(n.)* السَّمْت؛ زاوية السَّمت (فل).

az·i·muth·al equidistant projection *(n.)* الإسقاط السَّمتيّ المتساوي الأبعاد.

azo- بادئة معناها: نِتْروجين؛ آزوت <*azo*benzene>.

a·zo·ic [ā′zō′ĭk] *(adj.)* (١) عديم الحياة (٢) لاحياتيّ: ذو علاقة باللّاحياة أي الزمن الجيولوجيّ السابق لظهور الحياة (جي).

Azoic era *(n.)* اللّاحياة؛ دهر اللّاحياة.

a·zon·ic [ā zŏn′ĭk] *(adj.)* لامِنْطَقيّ؛ لامَحَلّيّ.

az·ote [ă′zōt; ăz′ōt] *(n.)* الآزوت؛ النتروجين (ك).

az·o·te·mi·a [ă′zō tē′mĭ ə] *(n.)* الآزوتيميّة؛ تَنَتْرُج الدم: فَرْط الأجسام النتروجينية في الدم (ط).

— **az·o·te·mic** *(adj.)*

az·oth [ăz′ŏth] *(n.)* الزّاووق: الزِّئبق [عند أصحاب الكيمياء القديمة].

a·zot·ic [ə zŏt′ĭk] *(adj.)* آزوتيّ؛ نِتروجينيّ (ك).

az·o·tize *(vt.)* يؤزِّت؛ يُنَتْرِج: يمزج بالآزوت أو النتروجين (ك).

a·zo·to·bac·ter [ā zō′tō-] *(n.)* الجُرثوم الآزوتي (ك).

az·o·tu·ri·a [ăz′ə to͝or′ĭ ə] *(n.)* البِيلة الآزوتية: فَرْط البِيلة أو غيرها من المواد النتروجينية في البول (ط).

Az·ra·el [ăz′rĭ əl; -rā-] *(n.)* عِزرائيل: مَلاكُ الموت.

Az·tec [ăz′tĕk] *(n.; adj.)* (١) الأزْتكيّ: واحد الأزتكيين، وهم شعب هندي أحمر حكم المكسيك من أواخر القرن ١٢ للميلاد حتى حوالى عام ١٥٢١ (٢) الأزْتكيّة: لغة الأزتكيين § (٣) أزتكيّ: ذو علاقة بالأزتكيين أو لغتهم.

az·ure [ăzh′ər; ā′zhər] *(n.; adj.)* (١) اللّازَوَرْديّ: الأزرق السماويّ (٢) السماء الصافية § (٣) لازَوَرْديّ: أزرق سماويّ.

az·u·rite [ăzh′ə rīt′] *(n.)* (١) الأزوريت: معدن أزرق (٢) اللّازَوَرْد: حجر أزرق نصف كريم.

azygo- بادئة معناها: مُفْرَد.

azy·gous *or* **azy·gos** [ā zī′gəs] *(adj.)* مُفْرَد («ح» و«نب»).

a·zyme [ā′zīm′] *also* **a·zym** [ā′zĭm] *(n.)* الخُبز الفَطِير: خبز غير مختمر.

az·y·mous [ăz′ĭ məs] *(adj.)* فَطير: غيرُ مُخْتمر.

ă at; ā date; â care; ä car; ĕ egg; ē me; ĭ in; ī bite; ŏ lot; ō bone; ô orphan; oi boil; o͝o good; o͞o boot; ou out; ŭ under; û urgent; ə = *a* in alone, *e* in system, *i* in easily, *o* in gallop, *u* in circus.

b [bē] *(n. often cap.)* (١) الحرف الثاني في الأبجدية الإنكليزية (٢) شيءٌ مُعْتَبَرٌ ذا مقامٍ ثانٍ [من حيث الترتيب أو الطبقة] (٣) «أ» درجة أو علامة مدرسية تُشْعِر بأن عملَ الطالب حَسَنٌ ولكنه دون الممتاز. «ب» طالب يُمنَح هذه الدرجة (٤) شيء على صورة حرف **B**.

B·A· بكالوريوس في الفنون [أو الآداب].

baa [bă; bä] *(vi.; n.)* (١) يثغو [الخروف] § (٢) ثُغاء.

ba·al [bā'əl] *(n. often cap.)* البَعْل: أحد الأبْعال أو الآلهة المحلية عند الكنعانيين والفينيقيين.

ba·bas·su [bä'bə sōō'] *(n.)* الباباسيّ: ضرب برازيليّ من النخيل.

bab·bitt [băb'ĭt] *(n.; vt.)* (١) بطانة من معدن «بابت» [للمِحْمَل أو كرسيّ التحميل] § (٢) يُبَيِّت: يُبطِّن أو يزوِّد بمعدن «بابت».

Bab·bitt [băb'ĭt] *(n.)* البابيْتيّ: رجل أعمال أو صاحب مهنة متعلّقٌ من غير تفكير بمُثُل الطبقة الوسطى الاجتماعية والأخلاقية.

bab·bitt metal *(n.)* معدن «بابت»: أُشابة معدنية، فضيّة البياض، مضادّة للاحتكاك، تتألف من نحاس وأنتيمون وقصدير، وتُستخدم بخاصة لتبطين المحامِل أو كراسيّ التحميل.

Bab·bitt·ry *(n.)* البابيتيّة: التعلّق بمُثل الطبقة الوسطى الاجتماعية.

bab·ble [băb'əl] *(vi.; t.; n.)* (١) يَهذي: يتكلم كالطفل أو كالمعتوه، على نحو يُعْوِزه الوضوح والمعنى والترابط (٢) يثرثر: يتكلم بحماقة أو بإسراف (٣) يَخِرّ <*babbling* streams> x (٤) يُفشي بحماقة أو من غير تفكير <to ~ a secret> § (٥) هذيان أو كلام غير مفهوم (٦) ثرثرة (٧) خرير.

bab·ble·ment *(n.)* (١) هَذَيان (٢) ثرثرة (٣) خرير (٤) إفشاء.

bab·bler *(n.)* (١) فا babble (٢) الثرثار: طائر بحجم الشّحرور.

Babcock test *(n.)* اختبار بابكوك: اختبارٌ يُجْرَى لتحديد نسبة الدهن في اللبن ومشتقاته.

babe [bāb] *(n.)* (١) «أ» طفل رضيع. «ب» فتاة؛ امرأة (ع) (٢) الغِرّ؛ الساذج.

Ba·bel [bā'bəl] *(n.)* (١) مدينة بابل (٢) *not cap.*: جَلَبة؛ اختلاط أصوات (٣) *not cap.*: بَلْبَلَة؛ اضطراب.

bab·i·ru·sa [băb'ə rōō'sə] *(n.)* البابيروسّة: خنزير برّي (ح).

babirusa

ba·boon [bă bōōn'] *(n.)* الرُّبّاح: سعدان ضخم.

baboon

ba·bu *also* **ba·boo** [bä'bōō] *(n.)* البابو: «أ» لقبُ مخاطبةٍ هنديّ [بمعنى السيّد]. «ب» هنديّ على شيء من المعرفة باللغة الإنكليزية.

ba·bul [bä bōōl'] *(n.)* البابول: ضرب من شجر السَّنْط يُستخرج منه الصَّمغ العربي.

ba·bush·ka [bə bōōsh'kə] *(n.)* البَبُشْك: «أ» منديل للرأس يُطْوَى عادةً على شكل مثلث. «ب» غطاء للرأس شبيه بهذا المنديل.

ba·by [bā'bĭ] *(n.; adj.; vt.)* (١) «أ» طفل؛ طِفلة؛ رَضيع. «ب» صغير الحيوان. «ج» أصغر أفراد الأسرة أو الجماعة (٢) الطِّفل الكبير: شخص يتصرّف كالأطفال (٣) «أ» فتاة؛ امرأة (ع). «ب» شخص؛ شيء (ع). «ج» صبيّ؛ رَجُل (ع) (٤) الطفل المدلَّل <The project was his ~.> § (٥) أطفاليّ: خاصّ بالأطفال أو ملائم لهم <~ carriages> (٦) طفليّ <a ~ face> (٧) صغير <a ~ car> § (٨) يُدَلِّل: يوليه عناية فائقة.

baby blue–eyes [bā'bĭ blōō'īz] *(n.)* الناموفيلة: عشب أميركي ذو زهر أزرق مُرَقَّش بنقط شبيهة بالعيون.

baby buggy *or* **baby carriage** *(n.)* عرَبَة أطفال.

baby face *(n.)* الطِّفليّ الوجه: شخصٌ بالغٌ ذو وجهٍ شبيه بوجوه الأطفال.

baby farm *(n.)* المَحْضَن: موضع للعناية بصغار الأطفال لقاء أجرٍ.

ba·by·hood *(n.)* (١) الطفولة؛ سنّ الطفولة (٢) الأطفال.

ba·by·ish *(adj.)* طفليّ، صبيانيّ <~ behavior>.

Bab·y·lon [băb'ə lŏn'] *(n.)* (١) بابل: مدينة بابل (٢) بابل: مدينة كبيرة منغمسة في الترف والإثم.

baby's breath *(n.)* = gypsophila.

ba·by–sit [bā'bĭ sĭt'] *(vi.; t.)* يَحْضُن: يُعْنَى بالأطفال وبخاصة خلال غياب ذويهم مدةً قصيرةً.

ba·by–sit·ter [bā'bĭ sĭt'ər] *(n.)* الحاضن؛ الحاضنة: جَليس أو جَليسة الأطفال [لليلة واحدة عادةً].

baby tooth *(n.)* الرّاضعة: إحدى الأسنان اللَّبَنيّة [عند الأطفال].

bac·ca·lau·re·ate [băk'ə lôr'ĭ ət] *(n.)* (١) البكالوريا: شهادة علمية (٢) عظة توجّه إلى صفّ متخرّج [في حفلة التخريج].

bac·ca·rat [băk'ə rä'] *(n.)* البكاراه: لعبة قمار بورق اللعب.

bac·cate [-āt] *(adj.)* (١) شبيهٌ بالعُلّيق (٢) حاملٌ ثمرًا عُلّيقيًّا.

Bac·chae [băk'ē] *(n. pl.)* الباخوسيّات: «أ» رفيقات باخوس، إلّه الخمر. «ب» المُشاركات في عيد باخوس.

bac·cha·nal [băk'ə nəl] *(adj., n.)* (١) باخوسيّ § (٢) «أ» الباخوسيّ: أحد أتباع باخوس. وبخاصة: المحتفل بعيد باخوس. «ب» العِرْبِيد (٣) حفلة

عربدة وتهتّك.

bac·cha·na·li·a [băk′ə nā′-] *(n.)* (١) *cap.*: عيد باخوس: مهرجان روماني يُقام تكريمًا لباخوس إلّه الخمر (٢) حفلة سُكر وتهتّك.

bac·cha·na·li·an *(adj.; n.)* (١) باخوسيّ: «أ» خاص بعيد باخوس أو بحفلات السُّكر والتهتّك. «ب» عِربيد § (٢) الباخوسيّ: شخصٌ مُعَرْبِد أو مُنْغمسٌ في مرحٍ صاخب.

bac·chant [băk′ənt] *(n.)* الباخوسيّ: «أ» أحد كهنة باخوس أو عابديه. «ب» المتهتّكُ العِربيد.

bac·chan·te [bə kăn′tĭ] *(n.)* الباخوسيّة: «أ» إحدى كاهنات باخوس أو عابداته. «ب» المُتَهتّكةُ العِربيدة.

bac·chic [băk′ĭk] *(adj.)* (١) *cap.*: باخوسيّ (٢) مُتهتّك؛ عِربيد.

Bac·chus [băk′əs] باخوس: إلّه الخمرة عند الرومان.

bacci- بادئة معناها: عُلّيق <*bacci*form>.

bac·ci·form [băk′sə-] *(adj.)* عُلّيقاني: شبيه بالعُلّيق (نب).

bach [băch] *(vi., n.)* (١) يتعزّب: يحيا حياة العُزّاب (ع) § (٢) الأعزب.

bach·e·lor [băch′ə lər] *(n.)* (١) الفارس الحَدَث: فارسٌ طريّ العود يخدم تحت لواء فارس آخر (٢) حامل البكالوريوس (٣) العَزَب؛ الأعْزَب.

bach·e·lor–at–arms = bachelor *1*.

bach·e·lor·ette [băch′ə lə rĕt′] *(n.)* العَزْباء: امرأة غير متزوّجة.

bach·e·lor·hood; bach·e·lor·dom *(n.)* العُزوبة؛ العُزوبية.

bach·e·lor's–but·ton *(n.)* زرّ العَزَب؛ الأزرارية: أيٌّ من نباتات متعدّدة ذات رؤوس زهرية مدوّرة شبيهة بالأزرار.

bac·il·lar·y [băs′ə lĕr′ĭ] *or* **ba·cil·lar** [bə sĭl′ər] *(adj.)* (١) عَصَوانيّ؛ عَصَويّ الشكل (٢) عَصَويّ: مؤلّف من عِصِيّ صغيرة (٣) عُصَيّيّ؛ باسيليّ: ذو علاقة بعُصَيّة أو باسيل (را. bacillus).

ba·cil·lus [bə sĭl′əs] *(n.)* pl. **-cil·li** [sĭl′ī] (١) العُصَيّة؛ الباسيل: بُكَتير عَصَويّ الشكل (٢) بُكْتير. وبخاصة: بُكَتير مسبِّب لمرض.

back[1] [băk] *(n.; adv.; adj.; vt.; i.)* (١) ظَهر (٢) قفا (٣) مؤخَّر (٤) جسم الإنسان كلّه <the clothes on his ~> (٥) آخر؛ نهاية (٦) طاقة؛ قُدرة؛ قوة على تحمُّل الأعباء (٧) النَّصير؛ العَوْن؛ جماعة النُّصَراء (٨) «أ» الظَّهير [في كرة القدم]. «ب» موقع الظهير من الملعب § (٩) إلى الوراء، مكانًا أو زمانًا <to step ~; to look ~ on one's youth> (١٠) خَلْفَ <the houses ~ of the railway station> (١١) في أو إلى موضعه الأصلي <Put the book ~ on the shelf; Call that boy ~.> (١٢) بالمقابل؛ كجواب على <to hit ~; to talk ~> § (١٣) خلفيّ <~ door> (١٤) متأخِّر؛ مستحقّ ولم يُدفع <~ rent; ~ taxes> (١٥) خلفيّ الاتجاه <~ current> (١٦) ماضٍ؛ سابق؛ قديم <a ~ number of a magazine> § (١٧) يَسْند؛ يَدْعم؛ يؤيّد (١٨) يُظَهِّر: «أ» يَجعل له ظهرًا <a high–*backed* chair>. «ب» يكتب العنوان على ظهر غلاف الرسالة. «ج» يوقِّع على ظهر <to ~ a bill>. (١٩) يُرجِع إلى الوراء <to ~ a car> (٢٠) يبطِّن بـ <~*ed* with sheet iron> (٢١) يراهن على <to ~ a horse in the race> (٢٢) يمتطي. وبخاصة: يُرَوِّض [فَرَسًا] (٢٣) يشكّل مؤخرة كذا <Cliffs ~ the beach.> x (٢٤) يَرْجِع القَهْقَرَى <The horse ~*ed* suddenly.>.

~ and forth — جَيْئةً وذُهوبًا.
~ to ~, — ظَهْرًا لظهر <stood ~ to ~>.
behind one's ~, — بغير علمه؛ في غيابه.
to ~ down; to ~ off — يتخلّى أو يتنازل عن مطلب.
to ~ out — (١) يحنث بوعده؛ ينقض عَهْدَهُ (٢) ينسحب من مباراة.
to be on one's ~, — يلْزَمُ الفراش؛ يكون طريحَ الفراش.
to break a person's ~, — يقصِم ظهرَه؛ يُنْقِضُ ظهرَهُ بالعمل الشّاق.
to put one's ~ into something — يَعْمل بِجِدّ [لإنجاز عمل ما].
to turn one's ~, — يُعرض عنه؛ يتخلّى عنه.
with one's ~ to the wall — في وضع حَرِج.

back[2] [băk] *(n.)* حَوْض. وبخاصة: حوضٌ ضَحْل لتخمير الجعة وغيرها.

back·ache [băk′āk′] *(n.)* ألَمُ الظَّهر: ألمٌ في الظهر (ط).

back bench *(n.)* (١) مَقْعد خلفيّ [في البرلمان] (٢) أصحاب المقاعد الخلفيّة.
— back·bench·er *(n.)*

back·bite [băk′bīt′] *(vt.; i.)* يغتاب [شخصًا].

back·bit·er *(n.)* المُغْتاب: من يغتاب شخصًا.

back·board [-′bōrd′] *(n.)* الظَّهار: لوح خشبيّ موضوع عند ظهر شيء أو مُشَكِّلٌ ظهرَ شيء.

back·bone [-′bōn′] *(n.)* (١) «أ» العمود الفَقْريّ (ت). «ب» الأساس أو الجزء الأهمّ [من شيء ما] (٢) عزيمة؛ قوة في الشخصية <He lacks ~.> (٣) ظَهْر الكتاب [الحاملُ عادةً عنوانَهُ واسم مؤلِّفِه واسم ناشرِه].
to the ~, — تمامًا؛ بكلّ ما في الكلمة من معنى؛ مئةً في المئة.

back·boned *(adj.)* (١) فَقاريّ: ذو عمود فَقْريّ (٢) ثابت؛ ذو عزم.

back·break·ing *(adj.)* قاصِمٌ للظَّهر <a ~ burden>.

back·date *(vt.)* (١) يؤرخ بتاريخ سابق (٢) يجعله ذا مفعول رجعيّ.

back·door [-′dōr] *(n.; adj.)* (١) باب خلفيّ § (٢) سرّيّ؛ خفيّ (٣) مُلتوٍ؛ مُخادع (٤) غير مباشر.

back·drop [-′drŏp′] *(n.)* السِّتارة الخلفيّة [في المسرح].

backed [băkt] *(adj.)* (١) مؤيَّد؛ مدعوم (٢) مُظَهَّر: مُوَقَّع على ظهرِه [ككمبيالة أو سند] (٣) ذو ظَهْر <a high–*backed* chair>.

back end *(n.)* الجزء الأخير [من كذا].

back·er [băk′ər] *(n.)* (١) النَّصير: المناصر أو المؤيّد [لحركة سياسية إلخ] (٢) المراهِن [على فَرَس] (٣) tobacco.

back·fall [-′fôl′] *(n.)* (١) سقوط على الظهر (٢) ما يسقط على ظهره (٣) وقعة على الظهر [في الملاكمة].

ă at; ā date; â care; ä car; ĕ egg; ē me; ĭ in; ī bite; ŏ lot; ō bone; ô orphan; oi boil; o͝o good; o͞o boot; ou out; ŭ under; û urgent; ə = *a* in alone, *e* in system, *i* in easily, *o* in gallop, *u* in circus.

back matter *(n.)* اللَّحَق: المادة التي تلي مادة الكتاب الرئيسية.

back number *(n.)* العدد القديم: «أ» عددٌ قديم من صحيفة أو مجلة. «ب» شخص مُحافظ أو متمسِّك بالأساليب والطُّرُز القديمة. «ج» شيء عتيق الطراز.

back·pack *(n.)* الظَّهريّ: المحمول على الظهر [كبعض الحقائب].

back rent *(n.)* الإيجار المتأخر: إيجار استحقّ ولمّا يُدْفَعْ بعد.

back·rest [-ˈrĕst] *(n.)* (١) السِّنادة الخلفيّة (مك) (٢) مِسْنَد الظَّهر.

back road *(n.)* الطريق الخلفيّة: طريق ريفية، غير معبَّدة عادةً.

back room *(n.)* الحُجْرة الخلفيّة: غرفةٌ واقعةٌ في المؤخّرة.

back·saw [-ˈsô] *(n.)* منشار ظَهْر: منشار مقوًّى بظهر معدنيّ.

back·seat [-ˈsēt'] *(n.)* (١) مَقْعد خلفيّ (٢) موقعٌ ثانويّ.

back·set [băk'sĕt'] *(n.)* = setback.

back·sheesh [băk'shēsh] *(n.)* = baksheesh.

back·side [-'sīd'] *(n.)* (١) مؤخَّر؛ مُؤخَّرة (٢) كَفَلٌ.

back·slap [-'slăp'] *(vt.; i.)* (١) يُربِّت على الظهر (٢) يبالغ في المُلاطفة.

back·slide [-'slīd'] *(vi.)* (١) يَضِلّ: يحيد عن الطريق القويم؛ ينغمس في المعاصي (٢) يتخلّى عن إيمانه أو تَفْتُر حماستُهُ له.

back·spin *(n.)* التدويم الخلفيّ: حركة الكرة على نحوٍ رَحَويٍّ خلفيّ.

back·stab [-'stăb'] *(vt.)* يَطْعَن في الظهر.

back·stage [-'stāj'] *(adv.; adj.)* (١) «أ» خلف السِّتارة [في مَسْرح]. «ب» وراء الكواليس؛ في حُجُرات المسرح الخاصة بتغيير الملابس وعَمَل الماكياج. «ج» نحو مؤخَّر المسرح (٢) سِرًّا § (٣) واقعٌ وراء الكواليس إلخ (٤) فنّيّ: متعلّق بحياة الفنانين الخاصة (٥) سرِّيّ.

back·stairs [-'stârz'] *(n.; adj.)* (١) سُلَّم خلفيّ § (٢) سرِّيّ؛ خفيّ (٣) مغتاب <~ talk> (٤) قذر؛ رخيص.

back·stay [-'stā'] *(n.)* (١) الشِّكال الخلفيّ: حبل مُرْتدٌّ من أعلى الصاري إلى جانب السفينة أو مؤخرها (٢) السِّنادة الخَلْفيّة: دعامة في مؤخَّر آلةٍ ما.

back·stop [-'stŏp'] *(n.; vt.)* (١) المِصَدّ الخَلْفيّ: «أ» جدار أو حاجز من أسلاك لمنع كرة البَيْسبول من الذهاب إلى أبعد مما ينبغي. أيضًا: اللاعب الذي يصدّ الكرة أو يوقفها. «ب» أداة، كالسقّاطة أو الماسكة، للحؤول دون حدوث الحركة الخلفية أو الارتجاعية (مك) § (٢) يَصُدّ (٣) يَسْند؛ يَدْعم.

back street *(n.)* الشارع الخلفيّ: شارع ثانويّ بعيدٌ عن الشارع الرئيسيّ.

back·stretch [-'strĕch'] *(n.)* أول المَطاف: الجزء المقابل لنهاية المَطاف homestretch من حلبة سباق الخيل؛ الجزء الأكثر بعدًا عن جمهور المشاهدين [من حلبة سباق الخيل].

back·stroke [-'strōk'] *(n.)* (١) الضَّرْبة القَفَوية (را. backhand) (٢) الظَّهْريّة: ضربة في الماء يقوم بها المرء وهو يسبح على ظهره.

back·swept [-'swĕpt'] *(adj.)* مُرْتدّ أو مائلٌ إلى الوراء.

back·swing [-'swĭng'] *(n.)* الضَّربة الخَلْفيّة (رب).

back·sword [-'sōrd'] *(n.)* حُسامٌ وحيد الحدّ أو الضارب به.

back·sword·man *(n.)* الضاربُ بسيفٍ وحيدِ الحدّ.

back talk *(n.)* ردٌّ وَقِح [يوجِّهه صغير إلى كبير].

back·field [-'fēld'] *(n.)* (١) الخَلْفِيّون: لاعبو المواقع الخلفيّة [في كرة القدم] (٢) المواقع الخلفية [من الملعب].

back·fire [-'fī(ə)r'] *(n.; vi.)* (١) الاشتعال المُرْتدّ: ارتداد غازات الخراطيش أو شظاياها إلى الخلف عند إطلاق نيران المدافع (جن) (٢) الاشتعال السَّبقيّ: اشتعال الوقود قبل الأوان، في محرك سيارة (٣) النار الخلفيّة: نارٌ تُضْرَم خصيصًا، في موضع من الغابة، لحماية سائر الغابة من نارٍ تتهدَّدُها § (٤) يشتعل ارتداديًا؛ يشتعل خلفيًّا (٥) يشتعل سَبْقيًّا (٦) يكبح بنارٍ خلفيّة: يُوقف انتشار النار في غابةٍ بإحراق مساحة مُعَيّنةٍ أمامها (٧) يُخْفق؛ يُعطي عكس النتائج المرجُوّة <The plot ~*d.*>.

back–formation *(n.)* (١) النحت الارتجاعيّ: نحت كلمة من أخرى تبدو وكأنها مشتقة منها [كنحت لفظة *typewrite* من لفظة *typewriter*] (٢) المنحوتة الارتجاعيّة: لفظة منحوتة على هذا النحو.

back·gam·mon [băk'găm'ən] *(n.)* النَّرْد؛ لعبة الطاولة.

backgammon

back·ground [-'ground'] *(n.; vt.)* (١) الخَلْفيّة؛ الأرضيّة: «أ» خلفيّة الصورة: كلّ ما يَظهر في الساحة الخلفيّة منها. «ب» خلفيّة القماش: وَجْهُهُ المزدان بالرسوم ونحوها <cloth with pink flower on a white ~>. «ج» الجذور الاجتماعية أو السياسية لحادثة أو وضع <the ~ of the war>. «د» المعلومات الضرورية لفهم حالةٍ أو مشكلةٍ ما. «هـ» تجارب المرء وثقافته وبيئته السابقة § (٢) يشكّل خلفيّةً لِـ... (٣) يُزوِّد بخلفيّة.

background music *(n.)* الموسيقى الخلفيّة: الموسيقى المصاحبة للحوار أو للأحداث في شريط سينمائي إلخ.

back·hand [-hănd] *(n.; adj.; adv.; vt.)* (١) الضَّربة القَفَوية: ضربة، في التّنس بخاصة، تؤدّى وقد لُوِيَ قفا اليد أو ظاهرُ الكفّ في اتجاه الحركة (٢) الخطّ الارتجاعيّ: خطٌّ مائلةٌ حروفُهُ إلى اليسار § (٣) مُسَدّد بقفا اليد § (٤) بضربة أو بحركة قَفَوية § (٥) يضرب بقفا اليد.

back·hand·ed *(adj.)* (١) ملتوٍ؛ غير مباشر (٢) ساخر أو غامض <a ~ compliment> (٣) مائلٌ إلى اليسار (٤) أخرق: تعوزُهُ البراعة أو الرشاقة. (٥) مُسَدَّد بقفا اليد.

back·ing [băk'ĭng] *(n.)* (١) الظِّهارة: كلّ ما يُكسَى به ظهرُ شيء لدعمه أو تقويته (٢) *pl.*: نفايةُ [الصّوفِ أو الكتّان إلخ] (٣) تأييد؛ دعم (٤) الأنصار؛ الأتباع؛ المؤيدون.

back·land *(n.)* الإقليم الخلفيّ أو الداخليّ [من بلدٍ ما].

back·lash [-'lăsh'] *(n.)* (١) الحركة الارتجاعيّة: حركة ارتجاعيّة عنيفة مفاجئة (مك) (٢) الفَوْت؛ «الحَرْتقة»: ارتجاج أجزاء الماكينة بسبب من البلى أو قِلّة التماسك (مك).

back·less [-'lĕs'] *(adj.)* عديم الظَّهْر؛ لا ظهر له <a ~ gown>.

back·load [-'lōd'] *(n.)* الحِمْل الظَّهري: حملٌ يُنْقَل على الظهر.

back·log *(n.; vi.)* (١) الحَطَبة الخلفيّة: حَطَبة ضخمة تُجْعَل في مؤخَّر نار المَوقد (٢) سِناد؛ دعامة؛ احتياطيّ (٣) الرُّكام: رُكام من أعمال غير منجَزة أو من مواد معدّة للمعالجة الصناعية § (٤) تتراكمُ [الأعمالُ غير المنجَزة إلخ].

back to back *(adv.; adj.)* (١) ظَهرًا لظَهْر § (٢) متعاقب؛ متتابع.

back·track [-'trăk'] *(vi.)* (١) يرجع من حيث أتى (٢) يتراجع: يغيّر موقفَهُ؛ ينهج نهجًا معاكسًا.

back·up [-'ŭp'] *(n.; adj.)* (١) احتياطيّ [من المؤن إلخ] (٢) دعم؛ مساعَدة (٣) بَديل <a ~ for soap> § (٤) احتياطيّ؛ بديل <a ~ computer>.

back up *(vi.; t.)* (١) يتدفّق [نتيجةً لانسداد المجاري] (٢) يكتظّ حتى الاختناق x (٣) يصدّ؛ يَرُدّ.

back·ward[1] [-'wərd] *or* **back·wards** *(adv.)* (١) إلى الوراء (٢) عكسيًّا؛ بالمقلوب (٣) نحو الأسوأ.

back·ward[2] *(adj.; n.)* (١) ارتجاعيّ؛ عكسيّ الاتجاه <a ~ journey> (٢) خلفيّ <into some ~ corner of the brain> (٣) «أ» متخلّف <a ~ country>. «ب» متخلّف عقليًا <a ~ child> (٤) متأخّر عن أوانه <a ~ season> (٥) خجول؛ متردّد <~ in giving his views> § (٦) الجزء الخلفيّ أو الماضي.
— **back·ward·ness** *(n.)*

back·wash [-'wŏsh'] *(n.)* (١) الاجتراف الخلفيّ: حركة الماء أو الهواء الخلفيّة الناشئة عن فِعل المجاذيف أو أية قوة أخرى دافعة (٢) aftermath *2*.

back·wa·ter [-'wô'tər] *(n.)* (١) المياه المُرتدّة: مياهٌ تُصَدّ عن سيلها أو يُدْفَع بها إلى الوراء (٢) رُكود؛ عُزْلة؛ تخلُّف (٣) موضع منعزلٌ أو متخلِّف.

back·woods *(n. pl.; adj.)* (١) المناطق الخلفيّة: مناطق كثيرة الغابات غير آهلة (٢) منطقة نائية متخلّفة ثقافيًا § (٣) أخرق؛ فظ؛ جِلْف؛ متخلِّف.

back·woods·man *(n.)* (١) ساكن المناطق الخلفية (٢) الرَّجعيّ.

back·yard [-yärd'] *(n.)* الفِناء الخارجيّ.

ba·con [bā'kən] *(n.)* القَدِيد: لحم الخنزير المقدَّد والمملَّح.
to bring home the ~, (١) ينجح (٢) يفوز بالجائزة.
to save one's ~, ينجو من الموت أو الأذى أو الخسارة.

bac·te·re·mi·a [-rē'mĭ ə] *(n.)* تَجَرْثُم الدَّم: وجود البكتيريا في الدّم.

bacteri- *also* **bacterio-** بادئة معناها: بكتيريا.

bac·te·ri·a [băk tēr'ĭ ə] *(n. pl.)* الجراثيم؛ البكتيريا.

bac·te·ri·al *(adj.)* جُرثوميّ؛ بكتيريّ.

bacterial warfare *(n.)* الحرب الجُرثومية.

bac·te·ri·cid·al *(adj.)* مُبيد [أو قاتلٌ أو مُهلك] للجراثيم.

bac·te·ri·cide [băk tēr'ə sīd'] *(n.)* مُبيد للجراثيم.

bac·te·rin [-'tə rĭn] *(n.)* الجُرثومين؛ البكتيرين: لَقاحٌ يحضَّر من الجراثيم.

bacterio- = bacteri-.

bac·te·rio·gen·ic *(adj.)* بكتيريّ المنشأ.

bac·te·ri·o·log·ic; -al *(adj.)* جراثيميّ (مج)؛ بكتيريولوجيّ.

bac·te·ri·ol·o·gist *(n.)* العالِم الجراثيمي (مج)؛ البكتيريولوجيّ.

bac·te·ri·ol·o·gy *(n.)* الجراثيميّات؛ علم الجراثيم.

bac·te·ri·ol·y·sis *(n.)* انحلال الجراثيم.

bac·te·ri·o·phage [-tēr'ĭ ə fāj'] *(n.)* مُلْتَهِم الجراثيم (كح).

bac·te·ri·o·sta·sis [-stā'sĭs] *(n.)* كَبْح الجراثيم؛ تثبيط الجراثيم: كبحُ نموّ الجراثيم من غير قتلها (بك).

bac·te·ri·um [băk tēr'ĭ əm] *(n.)* pl. **-ri·a** جُرثوم؛ بكتير.

bac·te·ri·uria [-yoor'ĭ ə] *(n.)* تَجَرْثُم البَوْل (ط).

bac·te·ri·za·tion [-rĭ zā'-] *(n.)* (١) جَرْثَمة؛ بَكْتَرة (٢) تَجَرْثُم؛ تَبَكْتُر.

bac·te·rize [băk'tə rīz'] *(vt.)* يُجَرْثِم؛ يُبَكْتِر.

bactero- = bacteri-.

bac·ter·oid [băk'tə roid'] *(adj.)* جُرْثومانيّ: شبيهٌ بالجُرْثوم.

bac·te·roi·dal [-roid'əl] *(adj.)* = bacteroid.

bactrian camel *(n.)* الفالج؛ الدُّهانج: جملٌ ذو سَنامَيْن.

ba·cu·li·form [-kyōōl'-] *(adj.)* عَصَويّ الشكل <~ chromosomes>.

bad[1] [băd] *(adj.; adv.; n.)* (١) رديء؛ سيّئ؛ طالح <~ conduct> (٢) فاسد <The egg was ~.> (٣) كريه <a ~ smell> (٤) بذيء <~ language> (٥) طائش <~ shots> (٦) حافل بالأخطاء <~ grammar> (٧) شرّير؛ غير مُطيع <a ~ boy> (٨) مزعج؛ غير سارّ <~ news> (٩) مؤذٍ <~ for the eyes> (١٠) قاسٍ؛ شديد <~ cold> (١١) آسف؛ نادم <to feel ~ about an error> (١٢) عاثر؛ سيّئ <~ luck> (١٣) مريض؛ مُتَوَعِّك الصحة <to feel ~> (١٤) زائف <a ~ dollar> (١٥) باطل <a ~ claim> § (١٦) على نحو سيّئ أو خطير (١٧) إلى أبعد حدّ § (١٨) الطالح؛ الرديء <Take the ~ with the good.> (١٩) وضعٌ سيّئ.
~ at غير بارع في...
~ debt دَين هالِك أو معدوم؛ دين لن يُدفع أبدًا.
from ~ to worse من سيّئ إلى أسوأ.
in ~ temper في غضب شديد.
not ~; not so ~, لا بأس؛ مقبول؛ حَسَنٌ إلى حدّ ما.
to go ~, يَفْسُد؛ يتلَف.
to go to the ~, يَحِلّ به الخراب إلخ.
too ~, أنا آسف؛ من المؤسف جدًا.

bad[2] [băd] *archaic past of* bid.

bad blood *(n.)* حِقد؛ ضغينة؛ سَخِيمة.

bad·die *or* **bad·dy** [băd'ĭ] *(n.)* الوَغْد؛ الشِّرّير.

bad·dish [băd'ĭsh] *(adj.)* سَيِّئ قليلًا؛ رديء بعضَ الشيء.

bade [băd] *past and past part. of* bid.

bad form *(n.)* قلة لياقة؛ قلّة ذوق.

badge [băj] *(n.; vt.)* (١) الشّارة؛ الشِّعار: علامة تُحمَل دلالةً على الانتساب إلى حرفة أو مدرسة أو نادٍ أو تُمنح تقديرًا لمُنجَزات معيّنة (٢) علامة مميِّزة § (٣) يَسِمُ [بِشارةٍ أو علامة مميِّزة].

badger 2.

badg·er [băj'ər] *(n.; vt.)* (١) البائع المتجوِّل (٢) الغُرَيْر:

ă at; ā date; â care; ä car; ĕ egg; ē me; ĭ in; ī bite; ŏ lot; ō bone; ô orphan; oi boil; ŏŏ good; ōō boot; ou out; ŭ under; û urgent; ə = *a* in alone, *e* in system, *i* in easily, *o* in gallop, *u* in circus.

حيوان ثدييّ يحتفر في الأرض أوجرةً يأوي إليها (ح) (٣) فَرْو الغُرَير § (٤) يزعج باستمرار.

bad hair day *(n. phrase)* يوم التَّعْس: يومٌ يبدو فيه كلّ شيء خطأً (ع).

bad·i·nage [băd'ə näzh'] *(n.; vt.)* (١) مُزاح؛ هَزْل § (٢) يُمازِح.

bad·ly *(adv.; adj.)* (١) على نحو رديء <~ made> (٢) على نحو خطير <~ wounded> (٣) على نحو فاضح أو مُخزٍ <beaten at basketball ~> (٤) إلى أبعد حدّ؛ على نحو مُلحّ <to need *or* want ~> § (٥) مريض (٦) حزين؛ كئيب.

bad·min·ton [băd'mĭn tən] *(n.)* البَدْمِنْتُن؛ تَنِس الريشة (رب).

bad–mouth [băd'-] *(vt.)* ينتقد بقسوة.

Bae·de·ker [bā'də kər] *(n.)* الدليل: كتاب لإرشاد السُّياح.

baf·fle [băf'əl] *(vt.; i.; n.)* (١) يحيّر؛ يُرْبِك؛ يُعيي (٢) يَصُدّ؛ يعوق؛ يُوْهِن (٣) يحوّل [التيارُ أو العاصفةُ] المَرْكَبَ عن خطّ سيره (٤) يَحْرِف: «أ» يضبط تدفُّق الغازات. «ب» يمنع تداخُلَ الموجات الصوتية. «ج» يَحْرِف الصوت عن سبيله أو يُخمِده أو يمنع انتقاله x (٥) يناضل عبثًا؛ يكافح على غير طائل [كسفينة وسط عاصفة هوجاء] § (٦) «أ» تحيير؛ إرباك؛ صدّ. «ب» حَيرة؛ ارتباك.

baf·fle·ment *(n.)* (١) تحيير؛ إرباك (٢) حَيْرة؛ ارتباك.

bag [băg] *(n.; vi.; t.)* (١) «أ» كيس. «ب» حقيبة. «ج» حافظة نقود (٢) الكيس؛ شيء كالكيس: «أ» جَيْب في جسم حيوان أو حشرة <poison ~ of a snake>. «ب» ضَرْع البقرة. «ج» بَطْن (عب). «د» الغَضَن: تجعُّد أو انتفاخ تحت العين. «هـ» المُنْتَفَخ: الجزء المنتفخ من شيء كالقماش إلخ <the~of a sail>. «و» ثوب فضفاض. «ز» pl.: سروال؛ بنطلون فضفاض (٣) محتويات الكيس إلخ (٤) «أ» محصول الصيد. «ب» غنائم. «ج» مجموعة. «د» كثرة؛ وفرة؛ مقدار كبير (٥) «أ» بَغِيّ؛ مومس. «ب» امرأة بشعة قذرة الملابس (ع) § (٦) ينتفخ (٧) يتدلّى [مثل كيس فارغ] x (٨) ينفخ (٩) يكيِّس: يضع في كيس (١٠) يصيد؛ يَقْتل (١١) يُحرز؛ يَكْسِب (١٢) يحجز؛ يحفظ (١٣) يَسْرِق.

- a ~ of bones — شخص شديد الهُزال.
- ~ and baggage — بالكُلّيّة؛ برُمّتِهِ؛ بقَضِّهِ وقضيضه.
- in the~, — (١) مضمون؛ مؤكّد؛ في الجيب (٢) سكران؛ مخمور.
- to let the cat out of the ~, — يُفشي سرًّا من غير قصد.

ba·gasse [bə găs'] *(n.)* ثُفل قصب السُّكّر.

bag·a·telle [-tĕl'] *(n.)* (١) شيء تافه (٢) البغاتيلة: لعبة تشبه البليارد.

bag·ful *(n.)* مِلء كيس. وبخاصة: مقدار كبير.

bag·gage [băg'ĭj] *(n.)* (١) أمتعة؛ حقائب سَفَر (٢) أمتعة الجيش (٣) عُدّة؛ أدوات؛ أجهزة (٤) عوائق <linguistic ~> (٥) نظريات أو عادات بالية (٦) «أ» امرأة تافهة. «ب» بغيّ؛ مومس (٧) فتاة.

bagged *(adj.)* (١) مُكَيَّس: مُعبّأ في أكياس (٢) مُتَدَلٍّ.

bag·gi·ness [băg'ĭ nəs] *(n.)* تَدَلٍّ؛ تَهدُّل.

bag·ging *(n.)* الخَيْش: نسيج قِنّبيّ لصنع الأكياس.

bag·gy [băg'ĭ] *(adj.)* (١) فضفاض؛ منتفخ وكأنه كيس <his ~ trousers> (٢) مُتَدَلٍّ؛ مُتهدِّل <her ~ cheeks>.

bag lady *(n.)* ذات الكيس: امرأة متشرِّدة مُسِنّة عادةً، تحمل كلّ ما تملكه في أكياس وتعيش في الشوارع.

bag·man [băg'mən] *(n.)* (١) البائع المتجوّل (٢) السِّمسار: من يقبض أو يوزع أموالًا غير شرعية لحساب شخص آخر.

ba·gnio [băn'yō] *(n.)* (١) حمّام؛ حمّام عموميّ (ا. م) (٢) سِجن (ا. م) (٣) ماخور؛ بيت دعارة.

bag·pipe [băg'pīp'] *also* **bag·pipes** [băg' pīps] *(n.)* مِزمار القِرْبة (مو).

bagpiper

bag·pip·er *(n.)* الزَّمّار: العازف بمزمار القِرْبة.

ba·guette [bă gĕt'] *(n.)* (١) الهلاليّة: حِلية معمارية صغيرة، مُحدَّبة، نصف دائرية (عم) (٢) العُصَيّة: «أ» جوهرة مستطيلة الشكل ضيّقتُهُ. «ب» شكل مستطيلٌ ضيّق.

bah [bä] *(interj.)* باه: هُتاف يُفيد معنى الازدراء.

Ba·ha'i [bä hä'ē] *(n.; adj.)* (١) البهائيّ: أحد أتباع البهائية **Bahaism** § (٢) بهائيّ.

baht [bät] *(n.)* الباهْت: وحدة النقد في تايلاند.

bail[1] [bāl] *(n.; vt.; i.)* (١) المِنْزَحة: دلوٌ لطَرْح المياه من سفينة § (٢) يَنْزَح: يطرح المياه من سفينة بواسطة دلو x (٣) يَقْفِز من الطائرة بمظلّة.

bail[2] *(n.; vt.)* (١) كَفالة (٢) إطلاق سراح بكفالة (٣) الكفيل § (٤) يَكْفُل موقوفًا [بُغْيَة إطلاق سراحه مؤقتًا] (٥) يُطلق سراحَ موقوفٍ بكفالة (٦) يُسْعِف: يُساعد على الخروج من مأزق بتقديم عَوْن ماليّ.

- out on ~, — مُطْلَق السَّراح بكفالة.
- to ~ a person out; to go ~ for a person — يكفُل موقوفًا [بغية إطلاق سراحه مؤقتًا].
- to surrender to one's ~, — يَمْثُل أمامَ المحكمة بعد إطلاق سراحه بكفالة.

bail[3] *(n.)* (١) مَقْبِض الدَّلو أو الغلّاية (٢) أداةٌ مُثبِّتة.

bail[4] *(vt.)* يُودِع [بضاعة أو مالًا عند شخص آخر].

bail[5] *(n.)* الحاجز الفاصل [بين الجياد في إصطبل].

bail·a·ble [bā'lə bəl] *(adj.)* (١) ممكنٌ إطلاقُ سراحه بكفالة (ق) (٢) ممكنٌ قبولُ كفالة بشأنه <a ~ offence>.

bail bandit *(n.)* مجرم الكفالة: من يرتكب جريمةً بعد إطلاقه بكفالة.

bail·ee [bā'lē'] *(n.)* المُوْدَع لديه: مَنْ تُوْدَعُ عِنده بضاعةٌ ما (ق).

bail·er [bā'lər] *(n.)* (١) النازح: مَنْ يطرح الماء من سفينة بواسطة دلو إلخ (٢) المِنْزَحة: دلوٌ لطرح الماء من سفينة.

bai·ley [bā'lĭ] *(n.)* (١) سُوْر القصر (٢) الفِناء: الفِناء المطوّق بالسُّور.

bai·lie [bā'lĭ] *(n.)* = bailiff.

bai·liff [bā'lĭf] *(n.)* (١) مساعد «الشريف»؛ مساعد العُمْدة (٢) حاجب المحكمة أو رسولها (٣) وكيل المزرعة.

bai·li·wick [bā'lĭ wĭk] *(n.)* (١) منصبُ مساعد «الشريف» أو العُمدة، أو منطقةُ نفوذه (٢) حقل اختصاص المرء أو عمله (٣) ميدان؛ مِضمار.

bail·ment *(n.)* (١) إطلاق سراح بكفالة (ق) (٢) إيداع بضاعة.

bail·or *(n.)* المُوْدِع: من يُوْدِع بضاعة أو مالًا عند شخص آخر (ق).

bail·out *(n.)* الإسعاف: إنقاذ مؤسَّسة إلخ من مأزقٍ ماليّ.

bails·man [bālz′mən] *(n.)* الكافل؛ الضامن.

Bai·ram [bī räm′] *(n.)* عيد الفطر [lesser ~] أو الأضحى [greater ~].

bairn [bârn; bārn] *(n.)* طفل؛ ابن؛ ابنة (اسك).

bait [bāt] *(vt.; i.; n.)* (١) يضايق؛ يُعَذِّب؛ يُرهق بهجمات متواصلة (٢) يحرِّض [الكلبَ] على مهاجمة الطريدة (٣) يهاجم [الكلبُ طريدةً] ويمزّقها (٤) «أ» يزوِّد بطُعم. «ب» يُغْري؛ يُغْوي؛ يأسر (٥) يعلف [الخيلَ] أثناء الرحلة x (٦) يقف التماسًا للطعام والراحة، أثناء الرحلة § (٧) طُعْم [السمك إلخ] (٨) طُعم سامّ [لإبادة الحشرات المؤذية إلخ] (٩) إغراء (١٠) توقُّف أثناء الرحلة [التماسًا للطعام والراحة].

bai·za [bī′zä] *(n.)* البَيْزة: جزء من ألف من الريال العُماني.

baize [bāz] *(n.)* البَيْز: نسيج أخضر تُكسى به موائد البليارد.

bake [bāk] *(vt.; i.; n.)* (١) «أ» يَخْبِز. «ب» يُحَمِّص x (٢) «أ» يَنْخَبِز. «ب» يتحمَّص § (٣) «أ» خَبْز. «ب» تحميص.

bake·house [bāk′hous′] *(n.)* مَخْبَز؛ فُرْن.

Ba·ke·lite [bā′kə līt′] *(n.)* الباكَلَيْت: مادة لدائنية تُصْنع منها أقلام الحبر، وأجهزة التلفونات، ومقابض المظلات، وغيرها.

bak·er [bā′kər] *(n.)* (١) الخبّاز (٢) فرن صغير قابلٌ للنقل.

baker's dozen *(n.)* دزّينة الخبّاز [١٣ بدلًا من ١٢].

baker's yeast *(n.)* خميرة الخبّازين: ضَرْبٌ من خمائر الخُبْز.

bak·er·y [bā′kə rī] *(n.)* المَخْبَز: مكانٌ لصنع الخُبز أو بيعه.

bake·shop [bāk′shŏp] *(n.)* = bakery.

bak·ing [bā′kĭng] *(n.)* (١) خَبْز (٢) تحميص (٣) الخَبزة: الكمية المخبوزة دفعةً واحدة.

baking powder *(n.)* ذَرور الخَبْز: ذَرور يُستخدم خميرةً في الخَبْز.

baking soda *(n.)* صودا الخَبْز: بيكربونات الصودا.

bak·la·va [bäk′lə vä′] *(n.)* البقلاوة: ضرب من الحلوى الشرقية.

bak·sheesh [băk′shēsh] *(n.; vt.)* (١) البَخْشيش؛ الحُلوان؛ الراشن § (٢) يُبَخْشِش: يعطيه بخشيشًا أو حُلوانًا.

bal·a·lai·ka [băl′ə lī′-] *(n.)* البالالايكة: آلة موسيقية روسية شبيهةٌ بالعُوْد.

balalaika

bal·ance [băl′əns] *(n.; vt.; i.)* (١) الميزان: «أ» أداة أو جهاز لتحديد وزن الأجسام. «ب» وسيلة لتقدير قِيَم الأشياء (٢) ثِقل الموازنة: وزنٌ أو قوةٌ أو نفوذٌ مقابلٌ أو مُوازِن (٣) ميزان الساعة: عجلة رقّاصة متذبذبة تنظّم حركة الساعة (٤) «أ» توازُن. «ب» التوازن: تعادُل الجانبين السلبيّ والإيجابيّ من حساب (تج). «ج» الرصيد: باقي الحساب (٥) تساوُق؛ تناسُق؛ انسجام؛ تناغُم (٦) اتّزان [عقليّ أو عاطفيّ] (٧) موازنة؛ مقارنة (٨) تتمّة؛ بقيّة؛ نهاية § (٩) يَزِن (١٠) يُرَصِّد الحساب: «أ» يحسب الفرق بين جانبيه السلبيّ والإيجابيّ. «ب» يسدِّد الحساب أو يدفعه (١١) يوازن؛ يعادل (١٢) يقارن (١٣) يُساوق: يُحْدث التساوق أو الانسجام بين الأجزاء x (١٤) يتوازن؛ يتعادل (١٥) يحتفظ بتوازنه (١٦) «أ» يتمايل؛ يتهادى؛ يترنّح. «ب» يتردَّد؛ يترجَّح؛ يهتزّ؛ يتذبذب.

off ~, فاقدٌ توازُنَه؛ مُعَرَّض للسقوط.

to strike a ~, (١) يُرَصِّد الحساب: يحسب الفرق بين جانبيه السلبيّ والإيجابيّ (٢) يتوصل إلى تسوية عادلة.

bal·anced *(adj.)* (١) متوازن؛ متناغم (٢) مُتَّزِن؛ راجح.

balanced sentence *(n.)* الجملة المتوازنة: جملة متوازنة الفقرات.

balance of mind الاتّزان: سلامة العقل أو رباطة الجأش.

balance of nature توازن الطبيعة.

balance of payments ميزان المدفوعات (اد).

balance of power ميزان القوى [بين دول متنافسة].

balance of terror توازن الرُّعب [بين دولتين متنافستين].

balance of trade الميزان التجاريّ (اد).

bal·anc·er *(n.)* (١) المُوازِن. وبخاصةٍ: أحد عضوين في الحشرة يساعدانها على حفظ التوازن في الطيران (٢) بَهْلوان.

balance sheet *(n.)* الميزانيّة العمومية؛ بيان الميزانيّة (تج).

balance wheel *(n.)* عَجَلة الموازنة [وبخاصةٍ في ساعة].

bal·a·ta [băl′ə tə] *(n.)* البَلاطة: شجرة استوائية ضخمة.

bal·bo·a [băl bō′ə] *(n.)* البَلْبُوْوَة: وحدة النقد في باناما.

bal·brig·gan [băl brĭg′ən] *(n.; adj.)* (١) البَلْبْريغَن: نسيج قطني تُصنع منه الجوارب والملابس التحتانية § (٢) بَلْبْريْغَنيّ.

bal·co·nied *(adj.)* مُشَرَّف: ذو شُرفة أو شُرُفات <a ~ house>.

bal·co·ny [băl′kə nī] *(n.)* (١) شُرْفة (٢) البَلكون: شُرفةٌ داخليةٌ في مَسرح.

balcony *1.*

bald [bôld] *(adj.; vi; t.)* (١) أصلع <a ~ head> (٢) أجْرد <~ mountains> (٣) «أ» بسيط؛ غير مزخرف <a ~ style of writing>. «ب» جافّ؛ غير مشوِّق <a ~ statement of the facts> (٤) صريح؛ مكشوف <a ~ lie> (٥) مجرَّد <the ~ truth> (٦) أغرّ: أبيض الوجه § (٧) يَصْلَع x (٨) يُصَلِّع: يجعله أصلعَ.

bal·da·chin [băl′də kĭn] *or* **bal·da·chi·no** [băl′də kē′nō] *(n.)* (١) البغداديّ: نسيج حريريّ مطرَّز ومُقَصَّب بخيوط ذهبية (٢) ظُلَّة [تُحمَل في المواكب الدينية] (٣) ظُلَّة [معدنية أو خشبية أو حجرية] فوق قبر أو مذبح كنيسة.

baldachin *3.*

bald eagle *(n.)* العُقاب الأغرّ (ط).

bal·der·dash [bôl′dər dăsh′] *(n.)* هُراء؛ كلام فارغ.

bald–faced *(adj.)* (١) أغرّ: أبيض الوجه أو ذو علامات بيضاء على الوجه

ă at; ā date; â care; ä car; ĕ egg; ē me; ĭ in; ī bite; ŏ lot; ō bone; ô orphan; oi boil; o͝o good; o͞o boot; ou out; ŭ under; û urgent; ə = *a* in alone, *e* in system, *i* in easily, *o* in gallop, *u* in circus.

<a ~ horse> (٢) صريح ؛ مكشوف <a ~ lie> .

bald·head [bôld'hĕd'] *(n.)* الأصلع .

bald·head·ed *(adj.; adv.)* (١) أصلع (٢) أغرّ § (٣) باندفاع ؛ بتهوّر <to go at it~>.

bald·ish [bôld'ĭsh] *(adj.)* أصلعُ قليلًا .

bald·ness *(n.)* الصَّلَع : سقوط شعر الرأس جزئيًا أو كليًا .

bald·pate [bôld'pāt'] *(n.)* (١) baldhead (٢) الصَّوّاي الأغرّ : ضربٌ من البطّ في رأسه بياض .

bal·dric [bôl'drĭk] *(n.)* الحِمالة : عِلاقة السيف ؛ حِزام الكتِف .

bale [bāl] *(n.; vt.)* (١) أذًى أو شرّ عظيم (٢) حزن ؛ أسًى ؛ شقاء (٣) البالة ؛ الإبالة : رزمة بضاعة ضخمة § (٤) يُبَيِّل : يرزُم على شكل بالة .

ba·leen [bə lēn'] *(n.)* البَلِّين : عظم فكّ الحوت الأعلى .

bale·fire [bāl'-] *(n.)* (١) نار الابتهاج : نارٌ تُضرَم في الهواء الطَّلْق ابتهاجًا (٢) نار الإنذار (٣) نارٌ لإحراق جثّة مَيْت .

bale·ful [bāl'fəl] *(adj.)* (١) مُؤذٍ ؛ مُهْلِك (٢) مُنْذِر بِشَرّ .

bal·ing [bāl'-] *(n.)* التبييل : حَزْمٌ للبضائع في بالات .

bal·is·tra·ri·a [băl'ĭs trā'-] *(n.)* الفُرْجة : فتحة في حصنٍ تُطلَق منها السّهام .

balk [bôk] *(n.; vt.; i.)* (١) المُهْمَلة : شقة أرض مستطيلة تُتْرَك من غير حراثة (٢) الرافدة : عارضة خشبية (٣) عائق <to proceed without ~s> (٤) «أ» خطأ ؛ غلطة . «ب» القصور ؛ التقصير : عجز اللاعب عن إتمام حركةٍ بَدَأَها § (٥) يَصُدّ ؛ يَعُوق ؛ يُحبط (٦) يُضيع [فرصةً] (٧) يُكوِّم x (٨) يتوقّف فجأةً <He ~*ed* at making the speech.> (٩) يَحْرُن ؛ يَشْمُس [الفرسُ] .

Bal·kan [bôl'kən] *(adj.)* بَلْقانيّ : منسوب إلى البَلْقان .

Bal·kan·i·za·tion *(n.)* البَلْقَنَة أو التَّبَلْقُن .

Bal·kan·ize [-nīz'] *(vt.)* يُبَلْقِنُ : يُجزِّئ منطقة إلى دويلات متعادية .

balk·line [bôk'-] *(n.)* خطّ الانطلاق : «أ» خطّ ينطلق منه العَدّاءون (رب) «ب» خطّ مستقيم يُرسَم عَبْرَ مائدة البليارد وتوضع خلفه الكُرات عند بدء اللعب .

balk·y [bô'kĭ] *(adj.)* حَرون ؛ شَموس <a ~ horse> .

ball [1] [bôl] *(n.; vt.; i.)* (١) «أ» كُرة . «ب» كُرَيّة . «ج» الكُرة الأرضية . «د» رصاصة ؛ قذيفة . «هـ» جزء مستدير أو ناتئ من جسم الإنسان . وبخاصة : الضَّرَّة : النتوء المستدير عند قاعدة إبهام اليد أو القدم . «و» البُؤبؤ : إنسان العين (٢) «أ» خُصْية (ع) . «ب» *pl.* : شجاعة . «ج» *pl.* : هُراء (٣) لعبة من ألعاب الكرة . وبخاصة : البَيْسبول § (٤) يكوِّر ؛ يُكتِّل x (٥) يَتَكوَّر ؛ يَتكتَّل .

~ *ed* up مُشوَّش ؛ مُرْتبك .

~ of the eye بؤبؤ العَيْن ؛ إنسان العين .

The ~ is in your court. الكُرة في مَلْعبك ؛ الكلمة لك الآن .

to have the ~ at one's feet تتوفّر له جميع أسباب الفوز ؛ يكون فوزُه شبه مضمون .

to keep the ~ rolling يُبقي الكُرة دائرةً : يُبْقي الحديث إلخ دائرًا .

to play ~, (١) يتعاون ؛ يُظهر روحًا تعاونية (٢) ينشط (٣) يستهلّ اللعبَ أو يستأنفه بعد توقّف .

to start *or* set the ~ rolling يستهلّ أمرًا وبخاصة : يستهلّ الحديث .

ball [2] *(n.)* (١) حفلة راقصة (٢) نُزهة .

to give a ~, يُقيم حفلةً راقصة .

bal·lad [băl'əd] *(n.)* البَلّادة : «أ» أغنية بسيطة . «ب» قصيدة قصصية صالحة للغناء . «ج» أغنية شعبيّة . وبخاصة : أغنية راقصةٌ عاطفيّة .

bal·lade [bə läd'; bȧ lȧd'] *(n.)* البَلّاد : «أ» قصيدة غنائية ذات «أدوار» أو مقاطع ثلاثة رئيسية كلُّ دورٍ منها يتألف من ثمانية أبيات أو عشرة . «ب» لحنٌ موسيقيّ رومانتيكيّ الطابع مُعَدّ عادةً لِلبيان أو للأوركسترا (مو) .

bal·lad·ist [băl'əd-] *(n.)* البَلّاديّ : مُنشد البَلّادات أو ناظمُها .

bal·lad·mon·ger [-mŭng'gər] *(n.)* (١) البَلّاديّ : ناظم البَلّادات أو بائعُها (٢) النظّام ؛ الشُّعرور : شاعرٌ غير موهوب .

ball and chain *(n.)* (١) الكُرة المُسَلْسَلَة : كرة حديدية ثقيلة تُشَدّ إلى قَدَم السجين بسلسلة (٢) قَيْد ثَقيل (٣) الزوجة ؛ زوجة المرء (ع) .

ball–and–socket joint *(n.)* (١) وُصلة كُرَوية ؛ مَفْصِل كُرَويّ (مك) (٢) المَفْصِل الكُرَويّ الحُقّيّ : مَفْصِلٌ يدور بحرّية تامة مؤلف من كرة تدخل في حُقّ (ت) .

ball-and-socket joint *1.*

bal·last [băl'əst] *(n.; vt.)* (١) الصّابورة ؛ ثِقْل الموازنة : ثِقل يُستخدم في سفينة أو مُنطاد حفظًا لتوازنهما (٢) الرَّضراض : حصًى لرصف الطرق § (٣) يُزوِّد بصابورة أو ثِقْل موازنة (٤) يُحَصِّي : يَرْصُفُ بالحصى (٥) يجعله متّزنًا أو مستقرًّا .

ball bearing *(n.)* مَحْمِل الكُرَيّات : مَحْمِل مُخفِّف للاحتكاك تدور فيه المَقْعَدة دورانًا سَلِسًا على كُرات فولاذية طليقة (مك) .

ball boy *(n.)* غُلام الكُرة : شخص يلتقط كرات التّنس ويُعيدها إلى اللاعبين .

ball cock *(n.)* المَحْبِس الكُرَويّ : أداة قِوامها صمام وكرة طافية عند طرف مُخْلٍ يؤدّي ارتفاعها أو هبوطها إلى إغلاق الصّمام أو فتحه [وذلك منعًا لفيضان الماء من برميل إلخ] .

bal·le·ri·na [băl'ə rē'nə] *(n.)* الباليرينا : راقصة «الباليه» .

bal·let [băl'ā; bă lā'] *(n.)* (١) الباليه : «أ» رقص الباليه . «ب» موسيقى الباليه (٢) فِرقة باليه .

ballet girl *(n.)* فتاة الباليه : راقصة باليه .

bal·let·ic [bă lĕt'ĭk] *(adj.)* بالَويّ : منسوبٌ إلى رقص «الباليه» .

bal·let·o·mane [bă lĕt'ə mān'] *(n.)* المُولَع برقص الباليه .

ball–flow·er [bôl'flou'ər] *(n.)* الزَّهرة الكُرَوية : حِلية معمارية تتألف من كرةٍ في داخل تجويف دائريّ شبيهٍ بالزهرة (عم) .

ball-flower

bal·lis·ta [bə lĭs'tə] *(n.)* pl. -e المَنْجَنيق : آلة حربية قديمة لرمي القذائف .

ballista

bal·lis·tic [bə lĭs'tĭk] *(adj.)* قِذافيّ ؛ مِقذافيّ ؛ بالسْتيّ .

ballistic missile *(n.)* القذيفة البالِسْتية : قذيفة ذاتيّة الدَّفع .

bal·lis·tics [bə lĭs'tĭks] *(n.)* القِذافيّات ؛ القِذافيّة ؛ المِقذافيّة .

exterior ~, القِذافية الخارجية : دراسة حركة القذيفة بعد خروجها من ماسورة المدفع .

interior ~, القِذافيّة الداخليّة : دراسة حركة القذيفة أثناء انطلاقها عبرَ ماسورة المدفع .

bal·li·um [băl′ĭ əm] *(n.)* = bailey.

ball joint *(n.)* = ball–and–socket joint.

bal·locks [băl′əks] *(n. pl.)* (١) الخُصْيَتان (ع) (٢) هُراء.

bal·lo·net [băl′ə nĕt′] *(n.)* حُجَيْرة الهواء: حُجَيْرة هواء أو غازٍ مُحْكَمة السدّ في داخل المُنطاد تُستخدم للتحكُّم في ارتفاعه وهبوطه.

bal·loon [bə lo͞on′] *(n.; vt.; i.; adj.)* (١) مُنطاد؛ بالون (٢) بالون الأطفال: كيس مطاطيّ قابل للنفخ يلعب به الأطفال (٣) بالون الحوار: الإطار المطوّق للكلمات التي يُفترَض أنها صادرة من فم إحدى الشخصيات (٤) بالون الاختبار: فكرة أو إشاعة تُطلَق لمعرفة صداها (٥) مَظهر؛ مَظهر خارجيّ؛ مَظهر خادع § (٦) يَنفخ (٧) يَرفع؛ يزيد؛ يضاعف x (٨) يَصْعد أو يسافر بمنطاد (٩) «أ» ينتفخ. «ب» يرتفع؛ يتزايد § (١٠) مُنطاديّ <~ sails>.

balloon *1.*

bal·loon·ing *(n.)* المَنْطَدَة: ركوب المُنطاد أو المناطيد.

bal·loon·ist *(n.)* المُنطاديّ: «أ» راكب المُنطاد. «ب» قائد المُنطاد.

balloon sail *(n.)* الشراع المُنْطادي: شراع خفيف ضخم يُنْشَر في اليخت بالإضافة إلى الشراع الخفيف العاديّ أو عِوَضًا عنه.

balloon tire *(n.)* الدولاب المُنْطاديّ: دولاب عريض منخفض الضغط.

bal·lot [băl′ət] *(n.; vi.)* (١) «أ» كُرَيَّة تُستخدم في الاقتراع السرّيّ. «ب» ورقة الاقتراع (٢) «أ» اقتراع سرّي. «ب» اقتراع؛ تصويت. «ج» حَقّ الاقتراع (٣) مجموع أصوات المقترعين <There was a large ~.> (٤) قُرْعة § (٥) يقترع (٦) يُجري قُرعةً.

ballot box *(n.)* صندوق الاقتراع [السّرّي].

bal·lotte·ment [bə lŏt′mənt] *(n.)* (١) النَّهْز الجَنينيّ: ضغط بالإصبع على جدار الرَّحم كوسيلة لتشخيص الحَمْل (٢) النَّهْز الكُلويّ: طريقة مماثلة تُستخدم في تشخيص الكُلْية العائمة.

ball·park *(n.; adj.)* (١) مَلْعب الكُرَة § (٢) صحيحٌ تقريبًا <a ~ estimate>.

ball pen *(n.)* = ballpoint.

ball·play·er [bôl′plā′ər] *(n.)* لاعب الكُرَة.

ball·point [bôl′point] *(n.)* قلم الحبر الجافّ.

ball·room [bôl′ro͞om′] *(n.)* المَرْقَص: قاعة الرَّقص.

ball valve *(n.)* الصِّمام المُكوَّر: صِمامٌ تتحكم به كرةٌ ترتفع بضغط السوائل من تحتها وتهبط بفعل الجاذبية (مك).

bal·ly [băl′ĭ] *(adv.; adj.)* (١) إلى حد بعيد § (٢) كبير؛ لعِيْن.

bal·ly·hoo [băl′ĭ ho͞o′] *(n.; vt.; i.)* (١) صُراخ؛ صَخَبٌ؛ جَلَبَة (٢) دعاية صاخبة (٣) هراء § (٤) يثير الاهتمامَ أو الدَّهَش (٥) يُعلن بصَخَب.

bal·ly·rag [băl′ĭ răg] *(n.)* = bullyrag.

balm [bäm] *(n.; vt.)* (١) البَلَسان: راتينج يُستخرَج من بعض الأشجار الاستوائية (٢) البَلْسَم: «أ» مَرْهم عِطريّ. «ب» أيٌّ من أشجار عطرية مختلفة كالحَبَق التُّرُنجاني ونحوه. «ج» رائحة عَطِرة. «د» كلّ ما هو شافٍ أو مسكِّن للألم § (٣) يُبَلْسِم: يُهَدِّئ؛ يُلطِّف؛ يُسكِّن.

balm of Gil·e·ad [gĭl′ĭ əd] *(n.)* بَلْسَم جَلْعاد: «أ» شجر عَطِرُ الأوراق. «ب» راتينج عَطِرٌ يُستخرج من هذا الشجر. «ج» عاملٌ مسكِّن أو شافٍ.

bal·mor·al [băl môr′əl] *(n.)* البَلْمورَل: «أ» حذاءٌ بشريط. «ب» تنّورة تحتية صوفية. «ج» .cap عد: قبعة إسكتلندية مستديرة.

balm·y [bä′mĭ] *(adj.)* (١) مُبَلْسِم؛ شافٍ؛ مُسَكِّن (٢) معتدل؛ مُنْعش (٣) عَطِرٌ؛ أرِجٌ <~ weather>.

bal·ne·al [băl′nĭ əl] *(adj.)* حمّاميّ؛ استحماميّ.

bal·ne·ol·o·gy [-′nĭ ŏl′ə jĭ] *(n.)* الحمّاماتيّات؛ علم الحمّامات: علم استخدام الحمّامات ومياه الينابيع المعدنية لأغراض طبّية.

ba·lo·ney[1] [bə lō′nĭ] *(n.)* = bologna.

ba·lo·ney[2] *(n.; interj.)* هُراء؛ كلام فارغ.

bal·sa [bôl′sə; bäl′-] *(n.)* (١) طَوْف (را. raft) (٢) البَلْزا: «أ» شجر استوائيّ ذو خَشَب خفيف متين تُصنع منه الأطواف. «ب» خشب البَلْزا.

bal·sam [bôl′səm] *(n.)* (١) البَلْسَم: مادة زيتية راتينجية عطِرة تسيل من بعض الأشجار. وأيضًا: مستحضر راتينجيّ عطريّ الرائحة (٢) «أ» شجرة تعطي بلسمًا. «ب» المِجزاعة؛ البَلْسَمينة (نب) (٣) البَلْسَم: كلّ ما يُسكِّن أو يَشْفي.

— bal·sam·ic *(adj.)*

bal·sam·if·er·ous *(adj.)* بَلْسَمِيّ: مُنتِجٌ بلسمًا.

balsam of To·lu [tə lo͞o′] *(n.)* بَلْسَم طُولُو: بلسم يُستخرج من شجر «بلسم طُولُو» ويُستخدم لمداواة السُّعال وفي صناعة العُطور.

bal·sam·y [bôl′sə mĭ] *(adj.)* بَلْسَمانيّ: شبيه بالبَلْسَم.

Bal·tic [bôl′tĭk] *(adj.; n.)* (١) بَلْطيقيّ: «أ» ذو علاقة ببحر البلطيق أو بِدُول ليتوانيا ولاتفيا وأستونيا. «ب» ذو علاقة باللغات البلطيقية § (٢) اللغات البلطيقية [الليثوانية واللاتفيانية إلخ].

bal·us·ter [băl′ə-] *(n.)* البَرْمَق: إحدى قوائم الدَّرابزين.

bal·us·trade [băl′ə strād′] *(n.)* درابزين.

balustrade

bam·bi·no [băm bē′nō] *(n.)* (١) طفل (٢) صورة ليسوع الطِّفل.

bam·boo [băm bo͞o′] *(n.; adj.)* (١) الخَيْزُران (نب) (٢) الخَيْزُرانيّ؛ لون الخَيْزُران § (٣) خَيْزُرانيّ <~ huts>.

bam·boo·zle [-′zəl] *(vt.)* (١) يَخْدَع (٢) يُرْبِك؛ يُحَيِّر.

bamboo *1.*

ban [băn] *(vt.; n.)* (١) يَلْعَن (ا. ق) (٢) يَحْرِم: يلفُظ اللعنةَ الكَنَسيّة على... (ا. ق) (٣) يَمْنَع؛ يَحْظُر <to ~ a meeting> § (٤) الاستنفار: دعوة الملك تابعيه وغيرهم، في عهد الإقطاع، إلى الخدمة العسكرية (٥) الحِرْم الكنسيّ (٦) حَظْر؛ تحريم (٧) إدانة؛ شَجْب؛ استنكار.

ba·nal [bə năl′; bā′nəl] *(adj.)* (١) مُبْتَذَل؛ تافه (٢) عاديّ.

ba·nal·i·ty [bə năl′-; bā-] *(n.)* (١) ابتذال؛ تفاهة (٢) شيء مبتذَل.

ba·nan·a [bə năn′ə] *(n.)* (١) المَوز (٢) شجرة الموز.

banana republic *(n.)* جمهورية المَوز : دولة صغيرة، من دُوَل المناطق الاستوائية عادةً، يتميّز نظام الحكم فيها بطابعه الاستبدادي.

ba·nan·as *(adj.)* مجنون؛ مخبول <drives me ~>.

ba·nau·sic [bə nô′sĭk; -zĭk] *(adj.)* (١) مِهْنيّ (٢) تافه (٣) ماديّ.

band[1] [bănd] *(n.; vt.; i.)* (١) قَيْد (٢) رباط <~s of matrimony> (٣) «أ» شريط؛ عصابة. «ب» حِزام (٤) قَبّة؛ ياقة [وبخاصة لرجال الدين والقانون والجامعات] (٥) طَوْق <a white cap with a gold ~> (٦) النِّطاق: نطاق من الذبذبات أو الأطوال المَوجيّة (رد) § (٧) يربط بشريط أو عصابة إلخ (٨) يزيّن بطوق (٩) يرتبط بجماعة (١٠) يجمع؛ يوحّد x (١١) يتّحد؛ يعتصب.

band[2] *(n.)* (١) عُصْبة؛ زُمرة (٢) عِصابة [لصوصٍ] (٣) فرقة [موسيقية].

band·age [băn′dĭj] *(n.; vt.)* (١) ضِمادة؛ عِصابة § (٢) يُضَمِّد.

ban·dan·na *or* **ban·dan·a** *(n.)* البَنْديل: منديل كبير مُزدان بالرّسوم.

band·box *(n.)* (١) عُلْبة قبّعات أو ياقات إلخ (٢) مسرح صغير.

ban·deau [băn dō′] *(n.)* pl. **-deaux** [dōz′] عِصابة للجبين أو الرأس.

band·ed *(adj.)* (١) مُعَصَّب: ذو عصائب (٢) مشرَّط: ذو أشرطة.

ban·de·role *or* **ban·de·rol** [băn′də rōl′] *(n.)* (١) العُلَيْم: راية صغيرة (٢) شريط؛ عِصابة؛ لِفافة [مكتوب أو منقوش عليها كلامٌ ما].

ban·di·coot [băn′də ko͞ot′] *(n.)* البَنْدَقوط: حيوان جرابيّ صغير.

bandicoot

ban·dit [băn′dĭt] *(n.)* pl. **-dits** *or* **-dit·ti** لِصّ؛ قاطع طريق.

ban·dit·ry [-rĭ] *(n.)* (١) اللُّصوصيّة؛ قَطع الطُّرُق (٢) قُطّاع الطُّرُق.

band·lead·er; band·mas·ter *(n.)* قائد [الفرقة الموسيقية].

ban·dog [băn′dôg′] *(n.)* الكلب المُصَفَّد أو المقيَّد [لضراوته].

ban·do·lier *or* **ban·do·leer** [băn′də lēr′] *(n.)* النِّجاد: حزام عريض للكتف ذو جيوب يوضع فيها الرصاص عادةً.

ban·do·line [băn′də lēn′] *(n.)* البندولين: مستحضر صَمغيّ لإبقاء الشعر أملس أو مجعَّدًا أو مموَّجًا.

ban·dore [băn dōr′] *or* **ban·do·ra** *(n.)* البَنْدُور: آلة وترية شبيهة بالغيتار.

band saw *(n.)* المِنشار الحِزاميّ أو الشَّريطيّ: منشار على شكل حزام فولاذيّ مُسَنَّن يدور على بكرتين (مك).

band saw

bands·man [băndz′-] *(n.)* عضوٌ في فرقة موسيقية.

band·stand [bănd′-] *(n.)* مِنَصّة الموسيقى: مِنصّةٌ تعزف مِنْ عليها فرقة موسيقية في الهواء الطَّلْق.

band·wag·on [bănd′wăg′ən] *(n.)* (١) عَرَبة الموسيقى: عَرَبة تحمل فرقة موسيقية في مهرجان أو استعراض (٢) الحَرَكة: حركة تجتذب إليها جمهرةً كبيرة من الأنصار <the reform ~>.

to jump on *or* climb aboard the ~, يَرْكَبُ الموْجةَ: ينحاز إلى الحزب أو المرشّح ذي الحظّ الأوفر في الفوز.

ban·dy[1] [băn′dĭ] *(vt.)* (١) يتقاذف كُرَةً [في لعبة التِّنِس إلخ] (٢) يتبادل <to ~ blows *or* words> (٣) يُذيع أو ينقل من شخص إلى شخص <to ~ a story about>.

ban·dy[2] *(n.)* الباندي: لعبة شبيهة بلُعبة الهوكي (رب).

ban·dy[3]; **bandy–legged** *(adj.)* (١) متقوِّس (٢) متقوِّس الساقين.

bane [bān] *(n.; vt.)* (١) «أ» سُمّ. «ب» موت؛ هلاك؛ خراب (٢) آفة؛ بلاء؛ لعنة (٣) bone § (٤) يقتل بالسُّمّ.

bane·ful *(adj.)* (١) سامّ (ا.ق) (٢) مُهْلِك؛ مُميت.

bang[1] [băng] *(vt.; i.; n.)* (١) يَضرِب بعنف (٢) يُغْلِق بقوّة (٣) يُجامع [امرأةً] x (٤) يَقرع [البابَ] بشدّة (٥) يُحدِث ضجة مُدَوِّية <The guns ~ed away.> (٦) يُطلق النارَ باستمرار <~ing away at the enemy> § (٧) ضربة عنيفة (٨) ضجة مُدَوِّية (٩) حركة مفاجئة (١٠) نشاط؛ حيوية.

bang–up ممتاز؛ من الطراز الأول.

to go (over) with a ~, يَلْقَى نجاحًا عظيمًا.

bang[2] *(adv.)* (١) بعُنف؛ بِدَويّ؛ فجأةً (٢) تمامًا؛ مباشرةً.

bang[3] *(n.)* القَصّة الجبينيّة: شَعر مقدَّم الرأس مقصوصًا فوق الجبين.

ban·ga·lore torpedo *(n.)* نَسِيفَة بنغالور: أنبوب حديديّ طويلٌ مشتمل على مواد متفجرة، يُسْتَخْدَم لنسف الأسلاك الشائكة ولتفجير الألغام الدّفينة.

bang·er [băng′ər] *(n.)* سُجُق؛ نقانق.

bang·kok [băng′kŏk] *(n.)* (١) قشّ بانكوك (٢) قُبّعة مصنوعة منه.

ban·gle [băng′gəl] *(n.)* سِوار [للمِعْصَم] أو خَلْخال [للقَدَم].

Bang's disease *(n.)* مَرَض بانغ: مَرضٌ مُعْدٍ من أمراض الماشية.

bang·tail [băng′tāl′] *(n.)* (١) ذيلٌ مجزوز (٢) جوادُ سباقٍ.

bang–up [băng′ŭp′] *(adj.; n.)* (١) ممتاز (ع) § (٢) مِعطف ثقيل.

ban·ian[1] [băn′yən] *(n.)* = banyan.

ban·ian[2] *(n.)* (١) البانيانيّ: تاجر هندوسيّ من طائفة اجتماعية تمتنع عن أكل اللحم (٢) البَنْيان: قميص أو سترة فضفاضة تُلبس في الهند.

ban·ish [băn′ĭsh] *(vt.)* (١) ينفي؛ يُبعد عن الوطن (٢) يَطرُد؛ يُقْصِي؛ يُبَدِّد.

ban·ish·ment [-mənt] *(n.)* (١) نَفْيٌ؛ إبعاد (٢) طَرْد؛ إقصاء؛ تبديد.

ban·is·ter *also* **ban·nis·ter** [băn′-] *(n.)* (١) baluster (٢) درابزين.

ban·jo [băn′jō] *(n.)* البانجو: آلة موسيقية وتريّة.

banjo

bank[1] [băngk] *(n.; vt.; i.)* (١) «أ» مُرْتَفَع؛ تلّ. «ب» رُكام؛ كتلة؛ كَوْمة (٢) مُنْحَدَر؛ جُرُف (٣) النَّبْكة: مرتفع في قاع نهر أو بحر [حيث يشكّل الطين أو الرمل كتلةً] (٤) مِتراس؛ سُتْرة [للمدفع] (٥) ضِفّة النهر (٦) العُطوف: مَيَلانٌ جانبيّ (٧) حافة؛ حِتار (٨) سدّ؛ حاجز § (٩) يقيم سَدًّا حَوْلَ... (١٠) يَذُرّ الرَّمادَ في النار أو يضع فوقها بعض الحطب [لكي تضطرم ببطء وتظلّ مشتعلةً فترةً أطوَل] (١١) يَرْكُم؛ يُكَوِّم (١٢) يَصُفّ (١٣) يَعْطِف؛ يُميل الطائرة جانبيًا x (١٤) يتراكم (١٥) تنعطف؛ تميل الطائرة جانبيًا.

bank[2] *(n.; vt.; i.)* (١) «أ» مَصْطَبة؛ دَكّة. «ب» مقعد خشبيّ طويل (٢) «أ» مَصْرِف؛ بنك. «ب» بنك؛ مُستودَع <a blood ~> (٣) مدير نادٍ للقمار؛ مدير لعبة من ألعاب القمار (٤) «البنك»: صندوق لعبة القمار § (٥) يُودِع في مَصْرِف (٦) يموِّل؛ يُنفق على x (٧) يعمل في الحقل المَصْرِفيّ (٨) يتعامل مع مَصْرِف (٩) يتّكل على.

in the ~, مَدِين؛ مديونٌ؛ واقع تحت دين.

to break the ~, يُفْلِس «البنكَ»: يربح كلَّ ما في صندوق لعبة القمار من مال.

bank[3] *(n.)* (١) «أ» صَفٌّ. «ب» صفُّ مجاذيف. «ج» صفّ مفاتيح [في أُرغن أو آلة كاتبة إلخ] (٢) مجموعة مصاعد [في مبنًى].

bank·a·ble *(adj.)* مقبول في بنك <~ securities>.

bank account *(n.)* حساب مَصْرِفيّ.

bank balance *(n.)* رَصيدٌ مَصْرِفيّ.

bank bill *(n.)* حوالة مَصْرِفية [يَسْحبها بنك على بنك آخر].

bank·book *(n.)* دفتر حساب مَصْرِفيّ.

bank·card *(n.)* بطاقة مَصرِفية.

bank discount *(n.)* الحَسْم المَصْرِفي [على كمبيالة].

bank draft *(n.)* = bank bill.

banked [băngkt] *(adj.)* (١) مُصَفَّف؛ مُرَتَّب في صفوف (٢) متراكم.

bank·er [băngk′ər] *(n.)* (١) المَصْرِفيّ: صاحب المَصْرِف أو مديرُهُ أو المساهمُ فيه (٢) مدير اللُّعبة: مدير لعبة من ألعاب القمار.

bank·er's bill *(n.)* = bank bill.

bank·er's card *(n.)* = bankcard.

bank·er's check *(n.)* = traveler's check.

bank holiday *(n.)* العُطلة المَصْرفية: يوم عطلة رسميّة تعطّل فيه المصارف.

bank·ing *(n.)* الصناعة المَصْرِفية.

banking account *(n.)* = bank account.

banking house *(n.)* مؤسسة مَصْرِفية؛ شركة مَصْرِفية.

bank note *(n.)* الورقة المَصْرِفية؛ الورقة النقدية.

bank of issue بنك الإصدار؛ المَصْرِف المركزيّ: بنك يتمتَّع بحقّ إصدار الأوراق النقدية بموجب ترخيص حصريّ من الدولة.

bank rate *(n.)* سعر الحَسْم [كما يحدّده المصرف المركزيّ].

bank·rupt [băngk′rŭpt] *(n.; adj.; vt.)* (١) المُفْلِس (٢) المفتقر إلى كذا <a mental ~> § (٣) مُفلِس (٤) إفلاسيّ <~ laws> (٥) مُخفق (٦) عقيم (٧) مفتقر إلى § (٨) يُفلِّس [شخصًا] (٩) يُفقِر (١٠) يَحْرِم؛ يُفقِد.

to go ~, يُفْلِس؛ يصبح مُفلِسًا؛ يعجز عن الدفع.

bank·rupt·cy [-′rŭpt sĭ; -rəp sĭ] *(n.)* (١) إفلاس (٢) افتقار كامل.

bank·si·a [băngk′sĭ ə] *(n.)* البَنْكْسِيّة: شجيرة أسترالية دائمة الخضرة.

banksia

bank·side *(n.)* جانب الضِّفّة: مُنْحَدَر ضِفّة النهر.

ban·ner [băn′ər] *(n.; vt.; adj.)* (١) راية؛ لواء؛ عَلَم (٢) اللوائية: رأسيّة أو «ترويسة» ضخمة بحروف منبسطة على عرض الصفحة [في جريدة] (٣) لافتة (٤) شِعار § (٥) يزوِّد براية § (٦) مُناصِر (٧) ممتاز.

ban·ner·et[1] [băn′ər ĭt] *(n.)* اللِّوائيّ؛ قائد الفرسان.

ban·ner·et[2] *also* **ban·ner·ette** [băn′ə rĕt′] *(n.)* راية صغيرة.

ban·ner·man [băn′-] *(n.)* مُلْصِق الإعلانات [للحفلات المسرحية إلخ].

ban·ner·ol [băn′ə rōl′] *also* **banner roll** *(n.)* = banderole.

ban·nock [băn′ək] *(n.)* البَنُّوكَة: كعكة من دقيق الشوفان أو الشعير.

banns [bănz] *(n. pl.)* إعلان عن زواج [وبخاصة في كنيسة].

ban·quet [băng′kwĭt] *(n.; vt.; i.)* (١) وليمة؛ مأدُبة § (٢) يُولِم؛ يُقيم وليمة أو مأدبة لِـ x (٣) يَحضُر وليمة؛ يُشارك في مأدبة (٤) يستمتع بالطعام أو الشراب.
— **ban·quet·er** *(n.)*

ban·quette [băng kĕt′] *(n.)* (١) دَكَّة الرّمي: مِنصّة داخل متراس أو خندق يعتليها الجند عند إطلاقهم النار (٢) مَقْعَد طويل مُنَجَّد.

ban·tam [băn′təm] *(n.; adj.)* (١) البَنْطَم: «أ» دجاج صغير الحجم. «ب» شخص ضئيل الجسم مُحِبّ عادة للخصام والعراك. «ج» jeep § (٢) «أ» صغير <~ sized>. «ب» مشاكِس؛ عُدْواني.

ban·tam·weight [băn′təm wāt′] *(n.)* الملاكم البَنْطَميّ: ملاكم من وزن خفيف لا يتعدى ١١٨ باوندًا.

ban·ter [băn′tər] *(vt.; i.; n.)* (١) يُمازح x (٢) يَمْزَح § (٣) مُزاح.

ban·ter·er [băn′tər ər] *(n.)* المُمازِح؛ المازِح.

ban·ter·ing·ly *(adv.)* بمُمازحة؛ على سبيل المُزاح.

bant·ling [bănt′-] *(n.)* طفل. وبخاصة: ابن زِنًى؛ ابن سِفاح.

Ban·tu [băn′tōō] *(n.; adj.)* (١) البانتو: «أ» مجموعة من اللغات الإفريقية. «ب» مجموعة كبيرة من الشعوب الزّنجانيّة في إفريقيا الاستوائية والجنوبية § (٢) بانْتُوِيّ.

ban·yan [băn′yən] *(n.)* الأَثْأَب؛ تين البنغال: شجر آسيوي استوائيّ ضخم.

banyan

ban·zai [bän′zī′] *(n.; adj.)* (١) صَيْحة الحرب؛ تحيّة أو ترحيب [عند اليابانيّين] § (٢) متهوِّر؛ انتحاريّ.

banzai attack *(n.)* الهجوم الانتحاريّ: ضرب من الهجوم الجَماعيّ اليائس، المصحوب بصيحات الحرب.

ba·o·bab [bā′ō-] *(n.)* الباأوباب؛ التِّبَلْديّ: شجر إفريقيّ استوائيّ ضخم.

baobab

bap·ti·sia [băp tĭzh′ĭ ə] *(n.)* البَبْتيزيا: عشب أميركي مُزْهِر.

bap·tism [băp′tĭz əm] *(n.)* (١) العِماد؛ المعمودية (نص) (٢) التجربة الأولى [يواجهها المرء في حياةٍ جديدة] (٣) تدشين.

bap·tis·mal [băp tĭz′-] *(adj.)* مَعْموديّ: ذو علاقة بالمعمودية.

baptism of fire مَعمودية النار: «أ» أول تجربة يواجهها المرء في حياةٍ جديدة. وبخاصة: أول معركة يخوضها الجنديّ. «ب» مِحْنة قاسية.

bap·tist [băp′tĭst] *(n.; adj.)* (١) المُعمِّد؛ المَعْمَدانيّ: مَنْ يُعَمِّدُ أو يُنَصِّر (٢) *cap.* المَعْمَدانيّ: أحد أتباع مذهب بروتستانتيّ يقول إن المعمودية يجب أن لا تتمّ إلا بعد أن يبلغ المرء سنًّا تمكّنه من فهم معناها § (٣) *cap.* مَعمَدانيّ.

bap·tis·ter·y [băp′tĭs tə rĭ] *(n.)* بيت المعمودية: مبنًى، أو جزء من كنيسة، يُجْرَى فيه التعميد (نص).

bap·tize [băp tīz′] *(vt.; i.)* (١) يُعمِّد: يغطِّس طفلًا في الماء [أو يَنْضَحُهُ به] رمزًا لتطهيره من الخطيئة وإدخاله في كَنَفِ الكنيسة (٢) يُطَهِّر روحيًا (٣) يُنَصِّر: يعطي الطفل اسم التنصير [أي اسمه الصغير] عند المعمودية (٤) يُدَشِّن.

bar [1] [bär] *(n.; vt.)* (١) «أ» قضيب [معدِنيّ إلخ]. «ب» رِتاج؛ مِزلاج. «ج» المُصَبَّع: قطعة مستطيلة [من صابون أو شوكولا]. «د» سبيكة ذهب (٢) «أ» عائق؛ حاجز؛ عَقَبة. «ب» سدّ. «ج» بوّابة المُكوس (٣) «أ» إبطال لزعم أو دعوى (ق). «ب» اعتراض مُبْطِل لزعم أو دعوى (٤) «أ» حاجز في محكمة [يفصل مقاعد القضاة أو المحامين عن مقاعد النَّظّارة]. «ب» قَفَص المحكمة [حيث يقف المتَّهمون] (٥) «أ» محكمة. «ب» جماعة المحامين. «ج» مهنة المحاماة. «د» نقابة المحامين (٦) «أ» شعاع. «ب» خطّ؛ شريط؛ عِصابة؛ «قَلَم» (٧) مَشْرَب؛ بار؛ حانة (٨) قَدْر (مج)؛ فاصلة موسيقية § (٩) يُحْكِم إقفال الباب [بمزلاج] (١٠) يَسُدّ؛ يعترض (١١) يُعَلِّم أو يَسِمُ بخطوط (١٢) «أ» يَمْنع؛ يَحْظُر. «ب» يمنعه من الدخول [أو الانتساب إلى أو المشاركة في]. «ج» يَعوق؛ يوقف.

- behind ~s — في السِّجن؛ خلفَ قضبان السِّجن.
- to be called to the *Bar* or to go to the *Bar*, — يُصبح محاميًا؛ يُقْبَل عضوًا في نقابة المحامين.
- to be tried at (the) *Bar* — يُحاكَم محاكمةً علنية.
- to read for the *Bar* — يَدْرس المحاماة.

bar [2] *(prep.)* ما عدا؛ باستثناء.

- ~ none — من غير استثناء.
- ~ one — ما عدا واحدًا، إلا واحدًا.

bar [3] *(n.)* البار: سمك كبير من أسماك البحر الأبيض المتوسط.

bar [4] *(n.)* البار: وحدة لقياس الضغط [مليون «داين» في السنتيمتر المربَّع].

bar- *or* **baro-** بادئة معناها: وَزْن؛ ضغط.

barb [1] [bärb] *(n.; vt.)* (١) «أ» شوكة [في نصل السَّهم أو صنارة الصيد]. «ب» تعليق لاذع (٢) لحية؛ عِذار (ا. م) (٣) البَرْب: «أ» غطاء للرأس [في القرون الوسطى] يُطَوِّق الذقنَ ويغطّي العُنُق. «ب» سمك نهريّ صغير (٤) البَرْبَل: زائدة رفيعة مُتَدَلِّية من فم السمكة (٥) البُرائل: أحد الفروع الجانبية من عِراق shaft ريشة الطائر (٦) «أ» أَسَلَة (نب). «ب» هُلْب (ح) § (٧) يُشَوِّك: يزوِّد السَّهمَ أو الصنارةَ بشوكة.

barb [2] *(n.)* (١) الجواد المَغْرِبيّ (٢) الحَمام المَغْرِبيّ.

barb [3] *(n.)* = barbiturate.

bar·bar·i·an [bär bâr′-] *(adj.; n.)* (١) أجنبيّ. وبخاصة: غير يونانيّ (٢) همجيّ؛ مُتَبَرْبِر؛ غير متمدِّن § (٣) شخص أجنبيّ أو هَمَجيّ.

bar·bar·ic [bär băr′ĭk] *(adj.)* (١) هَمَجيّ؛ غير مُتمدِّن (٢) مُبَهْرَج: مزوَّق من غير ذوق <~ decorations>.

bar·ba·rism *(n.)* (١) هَمَجيّة؛ تخلُّف (٢) الرَّطانة: «أ» استعمال الكلمات التي تتنافى مع الفصاحة. «ب» كلمة أو عبارة غير فصيحة.

bar·bar·i·ty *(n.)* (١) هَمَجيّة (٢) وَحشيّة (٣) عمل وَحْشيّ.

bar·ba·rize *(vt.; i.)* (١) يَرْطُن (٢) يُصبح هَمَجيًّا x (٣) يجعلُهُ هَمَجيًّا.

bar·ba·rous *(adj.)* (١) غير فصيح (٢) هَمَجيّ؛ غير مُتمدِّن (٣) وَحْشيّ (٤) صاخب <~ music>.

Bar·ba·ry ape [bär′bə rĭ] *(n.)* قِرْد المَغْرِب: قرد شمالإفريقيّ عديم الذيل.

Barbary ape

bar·bate [bär′bāt] *(adj.)* (١) مُلْتَحٍ؛ ذو لحية (٢) أهلبُ: قاسي الشُّعيرات طويلُها (نب).

bar·be·cue [bär′bə kyōō′] *(vt.; n.)* (١) يُبَرْبِك: «أ» يشوي الثّور أو الخنزير جملةً واحدة. «ب» يطهو اللحمَ أو السمك شرائحَ رقيقةً مغموسةً في صلصة خلّ حِرّيفة § (٢) المَنْقَل: كانون النار يُستخدم لِشيّ اللحم أو السمك (٣) البَرْبَك: «أ» ثورٌ أو خنزير يُشْوَى جملةً واحدة. «ب» قِطَعٌ من الحيوان المَشْويّ على هذا النحو. «ج» مناسبة اجتماعية يقدَّم فيها البَرْبَك.

barbed [bärbd] *(adj.)* (١) شائك؛ مُشَوَّك (٢) لاذع.

barbed wire *(n.)* أسلاك شائكة.

bar·bel [bär′bəl] *(n.)* (١) البُنّيّ؛ البربيس: سمك نهريّ من فصيلة الشبّوطيّات (٢) العَذَبة؛ البَرْبَل: زائدة استشعارية رفيعة تتدلّى من أفواه بعض الأسماك.

barbel *1.*

bar·bell [bär′bĕl] *(n.)* الثَّقَّلَة: قضيب فولاذي في كلٍّ من طرفَيْه أوزان قُرصية الشكل، يُستخدم في رياضة رفع الأثقال.

barbell

bar·bel·late [-bə lāt′] *(adj.)* ذو شُعَيْرات قصيرة قاسية.

bar·ber [bär′bər] *(n.; vt.; i.)* (١) الحلاّق؛ المُزَيِّن § (٢) يَحْلِق لِـ x (٣) يَعْمَلُ حلاّقًا.

bar·ber·ry [-bər′ĭ] *(n.)* البَرْباريس: شجيرة شائكة صغيرة الأوراق.

bar·ber·shop *(n.)* المَحْلَق: صالون الحلاّق.

bar·bet [bär′bət] *(n.)* البَرْبيت: «أ» طيرٌ استوائيّ ضخم الرأس. «ب» كلب طويلُ الشَّعر مُتَجعِّدُه.

bar·bette [bär bĕt′] *(n.)* (١) المَصْطَبَة: مِنصّة [أو مرتفعٌ من الأرض] داخل حِصن تُطْلَق منها النار (٢) الدَّريئة: دِرع أسطوانية تحمي مِنَصَّة المدافع في سفينة حربية.

bar·bi·can [bär′bə kən] *(n.)* بُرج دفاعيّ يُشَيَّد فوق جسر مؤدٍّ إلى مدينة.

barbican

bar·bi·tal [-′bə tăl′] *(n.)* البربيتال: مركَّبٌ أبيض متبلِّر يُتَّخَذُ مُسَكِّنًا.

bar·bi·tu·rate [bär bĭch′ə rāt′] *(n.)* البربيتورات: «أ» مِلْح أو إستر حمض البربيتوريك. «ب» أحد مشتقّات هذا الحَمْض، وهو يُتَّخذ مُسَكِّنًا ومنوِّمًا.

bar·bule [bär′byōō l] *(n.)* (١) اللُّحَيّة: لحية صغيرة (٢) العَذَبة؛ البَرْبَل (را. barbel *2*) (٣) شُعَيْرة [في عِراق أو قصبة ريش الطائر].

barb·wire [bärb′ wīr′] *(n.)* = barbed wire.

bar·ca·role *or* **bar·ca·rolle** [bär′kə rōl′] *(n.)* البَرْكارول: «أ» أغنية ينشدها بحّارة البندقية. «ب» لحن موسيقيّ مستوحًى منها.

Barcelona chair [-sə-] *(n.)* كرسيّ بَرْشَلونة: كرسيّ جلديّ بلا ذراعين.

bar code *(n.)* الكَوْدُ القُضبانيّ: كَوْدٌ مؤلف من مجموعة قضبان وفُسْحات،

وأحيانًا من أرقام، مُعَدّ للاستخدام في الكومبيوتر (ألك).

bard[1] [bärd] *(n.)* (١) البَرْد: «أ» أحد الشعراء السَّلتيّين الذين نَظَموا القصائد في مآثر الأبطال وأنشدوها. «ب» شاعر ملحميّ أو بُطوليّ (٢) شاعر.

bard[2] *or* **barde** [bärd] *(n.; vt.)* (١) البَرْدَعة: كساءٌ يُلْقَى على صهوة الفَرَس § (٢) يُبَرْدِع: يكسو بِبَرْدَعة.

bard·ol·a·ter [bär dŏl′ə-] *(n.)* الشديد الإعجاب بشيكسبير.

bare[1] [bâr] *(adj.; vt.)* (١) «أ» عارٍ. «ب» حاسر الرأس (ا م). «ج» أعزل. «د» أجْرَد <a ~ hillside>. «هـ» مسلول <a ~ sword> (٢) بادٍ؛ ظاهر للعِيان؛ غير محجوب (٣) عاطِلٌ عن؛ خِلْوٌ من <halls ~ of furniture> (٤) مُجَرَّد <can't buy even the ~ necessaries of life> (٥) ضئيلٌ جدًا <elected by a ~ majority> (٦) صريح؛ عارٍ؛ مجرَّد <the ~ truth> § (٧) يُبْدي؛ يكشف عن (٨) يفضي بسريرة نفسه <to ~ one's heart>.

to ~ one's head يرفع قبَّعته احترامًا.
to lay ~, يكشف عن أمرٍ أو سرّ.

bare[2] [bâr] *archaic past of* bear.

bare·back *(adv.)* على فرس غير مُسْرَج <riding ~>.

bare·backed *(adv.; adj.)* (١) bareback § (٢) غير مُسْرَج.

bare·face [bâr′-] *(adj.)* أجْرَد: لا زِئْبَر لَهُ <~ fabrics>.

bare·faced *(adj.)* (١) «أ» سافِر؛ غير مُحَجَّب. «ب» حليق (٢) مكشوف؛ واضح (٣) صفيق؛ وَقِح <a ~ lie>.

bare·foot; bare·foot·ed *(adj.; adv.)* حافي القدمين.

bare–hand·ed *(adv. or adj.)* (١) صِفْر اليدين (٢) بلا قفّازات (٣) أعزل.

bare·head·ed *(adj.; adv.)* (١) حاسر: مكشوف الرأس § (٢) حاسرًا.

bare·legged *adj.)* عاري الرِّجلين؛ بلا جوارب.

bare·ly [bâr′lĭ] *(adv.)* (١) على نحوٍ هزيل <a ~ furnished home> (٢) بالجهد؛ بصعوبة؛ بِـ «الكاد»؛ بِشِقّ النَّفَس <He ~ escaped injury.> (٣) بصراحة؛ من غير مُواربة <a question ~ put> (٤) عاريًا.

bare·ness [bâr′nəs] *(n.)* عُرْي؛ تجرُّد؛ خُلُوّ من.

barf [bärf] *(vi.)* يتقيّأ.

bar·fly [bär′-] *(n.)* زير الحانات: سِكّير يُكْثِر من التردُّد على الحانات.

bar·gain [bär′gĭn] *(n.; vi.; t.)* (١) التصافُق: اتفاق على بيع أو مقايضة (٢) صَفْقَة. وبخاصة: صفقة رابحة § (٣) يُساوم (٤) يتّفق؛ يصل إلى اتّفاق x (٥) يُقايض (٦) يشترط (٧) يتعهَّد.

a bad ~, صَفْقة خاسرة.
a good ~, صفقة رابحة.
a hard ~, صفقة المَغبون: صفقة ظالمةٌ أو قاسية الشروط.
in the ~; into the ~, أيضًا؛ إضافةً إلى ذلك؛ فضلًا عن ذلك.
to ~ away يضحّي بِـ؛ يتخلّى عن.
to ~ for; to ~ on يتوقع؛ ينتظر؛ يُدخِل في حسابه.
to strike (close, conclude, settle) a ~, يَعْقُد صفقةً.

bargain sale *(n.)* «الأوكازيون»: بيعٌ بأسعار مُخفَّضة أو مُغرية.

barge [bärj] *(n.; vt.; i.)* (١) البَرْج: «أ» مركب لنقل البضائع. «ب» زورق بخاريّ مخصّص لقائد أسطول. «ج» مركب كبير للرحلات والمهرجانات والاحتفالات الخاصة. «د» houseboat § (٢) يُبَرِّج: يَنْقُل ببَرْج x (٣) يمشي بتثاقل (٤) يُقحِم نفسَه.

bar·gee [bär jē′] *(n. chiefly Brit.)* = bargeman.

barge·man [bärj′-] *(n.)* البَرْجِيّ: قائد البَرْج (را. barge) أو أحد نوتيّته.

bar·ic[1] [băr′ĭk] *(adj.)* باريوميّ: منسوب إلى الباريوم.

bar·ic[2] *(adj.)* ثِقْليّ؛ وَزْنيّ: ذو علاقة بالثِّقل أو الوزن.

ba·ril·la [bə rĭl′ə] *(n.)* (١) الحَرْض؛ الحُرُض: نباتٌ أوروبيّ كان يُستخرج من رماده كربونات صودا غير نقيّة (٢) قِلْيُ الحَرْض.

bar·ite [bâr′īt; băr′īt] *(n.)* الباريت: معدن قِوامُهُ كبريتات الباريوم (مع).

bar·i·tone [băr′ə tōn′] *(n.; adj.)* (١) الجَهير الأوَّل؛ الباريتون: صوت رِجاليّ أعلى من الجَهير bass وأدنى من الصّادح tenor (مو) § (٢) باريتونيّ.

bar·i·um [bâr′ĭ əm] *(n.)* الباريوم (ك).

barium sulfate *(n.)* كبريتات الباريوم.

bark[1] [bärk] *(vi.; t.; n.)* (١) يَنْبَحُ [الكلبُ] (٢) يَنْبَحُ كالكلب (٣) يَسْعُل (ع) x (٤) يعلن بصوت عالٍ شبيه بالنُّباح § (٥) نباح (٦) سُعال (ع).

to ~ up the wrong tree يخطئ القصد؛ يلاحق شخصًا [أو هدفًا] غير الذي يقصده.

bark[2] *(n.; vt.)* (١) لِحاء الشجر (٢) لِحاء الدبّاغين: لِحاء يُستخدم في صناعة الدِّباغة § (٣) «أ» يَدْبغ. «ب» يَصْبغ (٤) يُقَشِّر؛ ينزع اللِّحاء (٥) يكسو باللّحاء (٦) يَخْدِش؛ «يَجْلُف» [رُكبَتَهُ نتيجةً لزلّةٍ أو سقطة].

bark[3] *(n.)* البَرْك: «أ» مركب شراعيّ صغير. «ب» سفينة شراعية ثلاثيّة الصَّواري.

bark[3] *b.*

bar·keep [bär′-] *(n.)* = barkeeper.

bar·keep·er *(n.)* الخمّار: صاحب الحانة أو مديرُها.

bark·en·tine [bär′kən tēn′] *(n.)* البَرْكَنْتين: مركب شراعيّ ذو صوارٍ أقلُّها ثلاثة وأكثرها خمسة.

barkentine

bark·er[1] [bär′kər] *(n.)* (١) اللَّحّاء: من ينزع لحاء الشجر ويُعِدُّهُ للاستخدام في الدِّباغة (٢) اللَّحّاءة: ماكينة لنزع اللحاء عن خشب الأشجار.

bark·er[2] *(n.)* (١) النَّبّاح (٢) الصَّيّاح: شخص يقف أمام دكان أو مسرح إلخ ويدعو السابلة، بصوت جهير، إلى الدخول (٣) الدليل: مرشد السُّيّاح.

bark·ing *(n.)* مص bark. وبخاصة: «أ» عُواء. «ب» نَزْع اللِّحاء.

bark·y [bär′kĭ] *(adj.)* لِحائيّ: مَكْسُوّ باللِّحاء أو شبيهٌ به.

bar·ley [bär′lĭ] *(n.)* الشَّعير (نب).

bar·ley·corn [bär′lĭ kôrn′] *(n.)* (١) حبّة شعير (٢) الشَّعيرة: وحدةُ طول قديمةٌ تساوي ثُلث إنش.

barley sugar *or* **barley candy** *(n.)* سُكَّر نبات .

barm [bärm] *(n.)* خميرة البيرة .

bar·maid [bär′mād′] *(n.)* المَشْرَبيّة ؛ السّاقية [في حانة] .

bar·man [bär′mən] *(n.)* المَشْرَبيّ ؛ السّاقي [في حانة] .

Bar·me·cid·al [-sīd′əl] *or* **Bar·me·cide** *(adj.)* وَهْميّ ؛ خياليّ .

Barmecide feast *(n.)* (١) وليمة وهمية (٢) تظاهر فارغ بالكرَم .

barm·y[1] [bär′mĭ] *(adj.)* مُزْبِد : كثير الزَّبَد أو الرَّغوة .

barm·y[2] *(adj.)* أحمق ؛ مجنون ؛ مخبول .

barn [bärn] *(n.)* (١) الهُرْي : مخزن الحبوب (٢) زريبة الماشية أو الخيل (٣) المَرْأب : مبنًى كبير لإيواء العربات .

bar·na·cle [bär′nə kəl] *(n.)* (١) الإوزّ القُطبيّ (٢) البَرنَقيل : «أ» حيوان بحريّ قِشريّ يلتصق عادة بجوانب السُّفن وبالصخور والأسماك الكبيرة . «ب» شيء أو شخصٌ دَبِقٌ .

bar·na·cles *(n. pl.)* (١) الزِّيار : كُلّابة لكبح الفَرَس (٢) نظّارات .

barn–door *(n.)* بابُ الهُرْي ؛ باب مخزن الحبوب .
not able to hit a ~, ضعيف جدًا في الرماية .

bar·ney [bär′nĭ] *(n.)* (١) مشاجَرة ؛ مشاحَنة (٢) مَرَحٌ صاخب .

barn lot *(n.)* = barnyard.

barn·storm [bärn′-] *(vi.; t.)* (١) يَتَهَرّى ؛ يَتَريَّف : «أ» يطوف في المناطق الريفية مقدِّمًا الحفلات المسرحية عادةً . «ب» يقوم بحملة سياسية أو بجولة خطابية في الأرياف . «ج» يقود طائرته في رحلاتٍ يُراد بها الاستمتاع بمشاهدة الريف إلخ من الجوّ x (٢) يجتاز مُتَهرِّيًا أو متريِّفًا .

barn·yard[1] [bärn′-] *(n.)* فِناءُ الهُرْي : فِناءٌ مُحاذٍ لمخزن الحبوب .

barn·yard[2] *(adj.)* فظّ ؛ قذِر ؛ بذيء ؛ داعر .

baro- = bar-.

bar·o·gram [băr′ə-] *(n.)* الباروغرام : ما تسجِّلُهُ مِرسمةُ الضغط الجوّي .

bar·o·graph *(n.)* الباروغراف ؛ مِرْسَمَة الضغط الجوّي : بارومتر أوتوماتيّ التسجيل .

barograph

ba·rom·e·ter [bə rŏm′ə tər] *(n.)* البارومتر : «أ» مقياس الضغط الجوّي . «ب» كل ما يسجِّل التغيّرات في الرأي العام وغيره .

barometer *a.*

barometric pressure *(n.)* الضّغط البارومتريّ .

ba·rom·e·try *(n.)* البارومتريّة : علم القيام بالقياسات البارومتريّة .

bar·on [băr′ən] *(n.)* (١) البارون (٢) القُطْب : رجل عظيم النفوذ في حقلٍ ما (٣) البارونيّة : قطعة من لحم البقر .

bar·on·age *(n.)* (١) جماعة البارونات (٢) البارونيّة : رتبة البارون .

bar·on·ess [băr′ə nəs] *(n.)* البارونة : زوجة البارون أو أرملته .

bar·on·et [băr′ə nĕt] *(n.)* (١) البارونيتيّة : رتبة وراثية أو درجة شرف تحت البارون وفوق الفارس (٢) البارونيت : حامل هذه الرتبة .

bar·on·et·age [-nĕt′ĭj] *(n.)* (١) baronetcy (٢) جماعة البارونيتّات .

bar·on·et·cy [băr′ə nĕt′ sĭ] *(n.)* = baronet *1*.

ba·ro·ni·al [bə rō-] *(adj.)* بارونيّ : «أ» منسوب إلى البارون . «ب» لائق ببارون . «ج» فخم <a ~ hall> . «د» كبير ؛ ضخم .

bar·o·ny [băr′ə nĭ] *(n.)* البارونيّة : «أ» رتبة البارون أو أراضيه . «ب» أطيان .

ba·roque [bə rōk′] *(adj.; n.)* (١) باروكيّ : «أ» خاصّ بالأسلوب الباروكيّ أو ذو علاقة به . وهو أسلوب في التعبير الفني ازدهر في أوروبا من عام ١٦٠٠ إلى عام ١٧٥٠ . يتميز بدقة الزخرفة وتساوقها ، وأحيانًا بغرابتها ، وباصطناع الأشكال المنحنية [في فن العمارة] ، وبالتعقيد والصور الغريبة الغامضة [في الأدب] . «ب» مُزَخْرَف على نحو مُفرط أو غريب (٢) لاقِياسيّ ؛ غير مُتَّسِق الشكل <~ pearls> § (٣) الأسلوب الباروكيّ (٤) أثرٌ فنّيّ باروكيّ (٥) الباروكيّة : لؤلؤة لاقياسية ؛ لؤلؤة غير مُتَّسقة الشكل .

bar·o·scope [băr′-] *(n.)* الباروسكوب : أداة تُبيِّن تقلُّبات الضغط الجوّي .

bar·o·stat [băr′ə stăt′] *(n.)* مُثبِّت الضَّغط .

ba·rouche [bə ro͞osh′] *(n.)* البَرُوشة : مركبة ذات أربع عجلات ومقعدين متقابلين وغطاء قابلٍ للطيّ .

barouche

barque [bärk] *(n.)* = bark[3].

bar·quen·tine [bär′kən tēn′] *(n.)* = barkentine.

bar·rack[1] [băr′ək] *(n.; vt.)* (١) *pl.*: «أ» ثُكنة . «ب» شبه سقيفة [تُصطنع للإيواء المؤقّت] § (٢) يُثْكِن : يؤوي الجندَ في ثُكُنات .

bar·rack[2] *(vi.; t.)* يَهْتِف ضدّ لاعب أو فريق أو لِلاعبٍ أو فريق .

bar·ra·coon [băr′ə ko͞on′] *(n.)* المَحْجَر : شبه ثكنة كان الأرِقّاء والمجرمون يُحْتَجَزون فيها مؤقتًا .

bar·ra·cu·da [băr′ə ko͞o′ də] *(n.)* البَرَّكودة : سمك بحريّ ضخم ضارٍ .

barracuda

bar·rage [bə räzh′] *(n.; vt.)* (١) السّدّ ؛ الحاجز : «أ» حاجز من نيران المدفعية يُستخدم لمنع العدوّ من التقدم أو لتمكين القوات الناشطة خلف تلك النيران من أن تعمل بأقلّ قَدْر ممكن من الإصابات . «ب» حاجز من الغام في الماء (٢) وابل <a ~ of stones> § (٣) يرمي بوابلٍ [من النيران] .

bar·ra·mun·da; bar·ra·mun·di *(n.)* البَرَمون : سمك نهري .

bar·ran·ca [bə răng′kə] *(n.)* وادٍ ضيّق متحدِّر الجَنَبات .

bar·ra·try [băr′ə trĭ] *(n.)* (١) السِّيمونيّة : شراء المناصب أو بيعها [في الكنيسة أو الدولة] (٢) خيانة الملّاح أو البحّارة (٣) الإسراف في إقامة الدعاوى .

barred [bärd] *(adj.)* (١) مُقَضَّب : مؤلَّف من قضبان (٢) مُزلَّج : مُدَعَّم بمزلاج أو أكثر (٣) مسدود (٤) ممنوع (٥) مُقَلَّم ؛ مُخطَّط <~ fabrics> .

bar·rel [băr′əl] *(n.; vt.; i.)* (١) «أ» بِرْميل . «ب» الجزء الأعلى الداخليُّ من الجرس . «ج» مِلء برميل . «د» مقدار ضخم (٢) أسطوانة ؛ جزء أسطوانيّ . وبخاصة : الماسورة : «أ» أنبوبة البندقية الواقعة في طَرَفها الأقصى . «ب» أنبوبة قلم الحبر أو الرصاص (٣) الجِذْع : جذع حيوان من ذوات الأربع § (٤) يُبَرْمِل : يُعَبِّئ في برميل (٥) ينقُل بسرعة فائقة x (٦) ينطلق بسرعة فائقة .

barrel chair *(n.)* الكُرسيّ البِرميليّ : كرسيّ منجَّد عالي الظهر مُدَوَّرُهُ .

bar·reled *or* **bar·relled** [băr′əld] *(adj.)* (١) مُبَرْمَل : مُعَبَّأ في براميل (٢) بِرميليّ الشكل (٣) مُمَوْسَر : ذو ماسورة أو أنبوبة .

bar·rel·house *(n.)* (١) حانة حقيرة (٢) الجاز البِرميليّ: ضرب من موسيقى الجاز.

barrel organ *(n.)* الأُرغن البِرميليّ: أُرغن يطوف به المتسوِّل.

bar·ren [băr′-] *(adj.; n.)* (١) عاقر <a ~ woman> (٢) قاحل؛ مُجْدِب <~ lands> (٣) غير مُثمِر <~ plants> (٤) عقيم؛ فارغ <~ reveries> (٥) غير مُربح (٦) غير مُمتع أو جذاب (٧) عاطل عن؛ مُجرَّد من (٨) مُتبلِّد؛ متبلّد التفكير <~ minds> § (٩) أرض قاحلة (١٠) *pl.* عد: أرض قليلة الأشجار والثمار. **— bar·ren·ness** *(n.)*

bar·rette [bə rĕt′] *(n.)* مِشْبَكٌ لشَعْر المرأة.

bar·ri·cade [băr′ə kād′] *(n.; vt.)* (١) مِتراس (٢) حاجز؛ عقبة (٣) *pl.*: ميدان: ساحة صراع § (٤) يَسُدّ أو يعترض بِمتراس.

bar·ri·er [băr′ĭ ər] *(n.)* (١) حاجز (٢) عائق (٣) حدّ؛ تخْم (٤) الثَّغر: قلعة أو مدينة محصَّنة على الحدود.

bar·ring [bär′-] *(prep.)* باستثناء؛ في ما عدا؛ إلا إذا حال حائل دون كذا.

bar·ris·ter [băr′ĭs tər] *(n.)* مُحامٍ [في المحاكم العليا].

bar·room [bär′-] *(n.)* البار: حجرة فيها مَشْرَب لبيع الخمر.

bar·row [băr′ō] *(n.)* (١) جبل؛ رابية (٢) الهَيال: رُكام من تراب أو حجارة فوق قبر قديم (٣) خِنزير مَخْصِيّ (٤) عَرَبة يد.

bar·tend·er [bär′tĕn′dər] *(n.)* = barman.

bar·ter [bär′tər] *(vi.; t.; n.)* (١) يُقايض § (٢) مُقايَضة (٣) المقايَضُ به.

bar·ti·zan [bär′tə zən] *(n.)* البُرَيْج: برج صغير ناتئ من مبنًى.

bar·y·on [băr′ē ŏn′] *(n.)* الباريون (فزن).

ba·ry·ta [bə rī′tə] *(n.)* الباريتا: «أ» أكسيد الباريوم. «ب» باريوم (ك).

bar·y·tone [băr′ə tōn′] *(n.)* = baritone.

bas·al [bā′səl] *(adj.)* (١) قاعديّ: «أ» ذو علاقة بالقاعدة أو واقعٌ عندها. «ب» ناشئ من قاعدة السّاق <~ leaves> (٢) أساسيّ.

ba·salt [bə sôlt′] *(n.)* البازَلْت: صخر بركانيّ صَلْدٌ داكنُ اللون.

ba·sal·tic *(adj.)* بازَلْتي: منسوب إلى البازَلت.

bas bleu [bä blœ′] *(n.)* = bluestocking.

bas·cule [băs′kyōōl] *(n.)* = seesaw 3.

bascule bridge *(n.)* الجسر النوّاس: جسر متحرِّك قلّاب.

base[1] [bās] *(n.; vt.; i)* (١) القاعدة: «أ» الأساس أو الجزء الذي يرتكز عليه شيء. «ب» أسفل الشيء. «ج» المُنطَلَق؛ نقطة الانطلاق. «د» قاعدة بحرية أو جوّية. «هـ» الهَدَف [في الهوكي وبعض الألعاب الرياضية]. «و» قاعدة المثلّث (هن). «ز» مركّب كيميائي يتفاعل مع الأحماض ليشكّل أملاحًا (ك) (٢) الأساس (ر) § (٣) يُقيم؛ يبني على أساس كذا <Direct taxation is ~*d* upon income.> (٤) يُشَكِّل أساسًا لِـ **x** (٥) يقوم على؛ يُبْنَى على (٦) يأوي إلى [قاعدة حربية إلخ].

base[2] *(adj.)* (١) أساسيّ <a ~ right> (٢) دنيء؛ حقير <~ conduct> (٣) خسيس؛ قليل القيمة <~ metals> (٤) زائف <~ coin> (٥) عاميّ؛ غير فصيح <~ Latin>.

base·ball [bās′bôl′] *(n.)* البَيْسبول؛ كُرَة القاعدة (رب).

base·board [bās′-] *(n.)* (١) لوح القاعدة: لوحٌ خشبيّ يشكِّل قاعدة شيءٍ ما (٢) الإزار؛ إزار الحائط: طوق خشبيّ محيط بالجدران الداخلية للغرفة مما يلي أرضيّتها مباشرة.

base·born [bās′-] *(adj.)* (١) «أ» وضيع المولد. «ب» نَغل؛ غير شرعيّ (٢) حقير؛ دنيء.

based [bāst] *(adj.)* (١) ذو أساس؛ قائمٌ على أساس (٢) صفة لشركة إلخ من حيث مركزها <London *based*>.

base·less *(adj.)* (١) لا أساس له <a ~ claim> (٢) لا مبرِّر له.

base line *(n.)* (١) الخطّ القاعديّ: خطّ رئيسيّ يُتّخذ [أو يمثّل] قاعدة (٢) الخطّ الخلفيّ [في كلٍّ من طرَفَيْ ملعب التنس] (٣) أساس.

base·ly [bās′lĭ] *(adv.)* بدناءة؛ بحقارة؛ بخِسّة.

base·ment [bās′-] *(n.)* (١) السَّرَب؛ سافلة المبنى: جزء من المبنى واقعٌ تحت الأرض كليًّا أو جزئيًّا (٢) الجزء الأسفل أو القاعديّ.

base metal *(n.)* الفِلِزّ الخسيس؛ المَعْدِن الخسيس.

base·ness [bās′-] *(n.)* دناءة؛ حقارة؛ خِسّة.

ba·sen·ji [bə sĕn′jē] *(n.)* البازنجيّ: كلب صغير نادرًا ما ينبح.

base pay *(n.)* الراتب الأساسيّ [مجرَّدًا من الضمائم المختلفة].

bash [băsh] *(vt.; i.; n.)* (١) يضرب بعنف (٢) يسحق § (٣) ضربة عنيفة (٤) لهو؛ مرح.

ba·shaw [bə shô′] *(n.)* = pasha.

bash·ful [băsh′fəl] *(adj.)* خجول؛ حَيِيّ.

bash·ful·ness [băsh′-] *(n.)* خَجَل؛ حياء.

bash·i·ba·zouk [băsh′ĭ bə zōōk′] *(n.)* (١) الباشبوزوق: «أ» واحدٌ من أفراد قوة فُرسان عثمانية اشتهر أفرادها بالوحشية والتمرّد وإثارة القلاقل. «ب» جنديّ غير نظاميّ (٢) المتمرِّد؛ المثير للقلاقل.

ba·sic [bā′sĭk] *(adj.; n.)* (١) أساسيّ؛ جوهريّ (٢) قاعديّ («ك» و«مع» و«جي») § (٣) شيء أساسيّ.

ba·si·cal·ly [bā′sĭ klĭ] *(adv.)* أساسيًّا؛ جَوْهريًّا.

ba·sic·i·ty [bā sĭs′-] *(n.)* (١) القاعدية (ك) (٢) دَرَجة القاعدية (ك).

basic steel *(n.)* الفولاذ القاعديّ.

ba·sid·i·al [bə sĭd′ĭ əl] *(adj.)* دِعاميّ: ذو دِعامة basidium (نب).

ba·sid·i·o·my·cete [-mī′sēt] *(n.)* الفُطر الدِّعاميّ (نب).

ba·sid·i·o·spore [bə sĭd′-] *(n.)* البَوْغ الدِّعاميّ: بَوْغٌ تُنْتِجه دِعامة (نب).

ba·sid·i·um [bə sĭd′ĭ əm] *(n.)* pl. **-sid·i·a** الدِّعامة: خليّة عَصَوية الشكل ينشأ في أطرافها بوغ الفطور الدِّعاميّة (نب).

ba·si·fixed *(adj.)* قاعديّ: متّصل بالقاعدة أو واقعٌ على مقربة منها (نب).

ba·si·fy [bā′sə fī] *(vt.)* يُقَعِّد؛ يُقَلِّي: يجعله قاعديًا أو قِلْويًا (ك).

bas·il [băz′əl] *(n.)* الحَبَق؛ الرَّيحان (نب).

bas·i·lar [băs′ə-] *(adj.)* قاعِديّ: واقعٌ عند القاعدة.

ba·sil·ic [bə sĭl′-] *(adj.)* (١) باسيليقيّ (٢) فَخْم؛ مَلَكيّ.

ba·sil·i·ca [bə sĭl′ə kə] *(n.)* الباسيليقا: «أ» مبنًى رومانيّ مستطيلٌ، في أحد طرفيه محراب أو جزء ناتئ نصف دائريّ. «ب» كنيسة قديمة مبنيّة على هذا الشكل. «ج» كاتدرائية كاثوليكية ذات امتيازات.

basilic vein *(n.)* الباسيليق (مج)؛ الوريد البازليّ (ت).

bas·i·lisk [băs′ə lĭsk; băz′ə lĭsk] *(n.)* البازيليق؛ البازيليسق: «أ» كائن خرافيّ، قيل إنه عَظاءة، مُهْلِك الأنفاس والنظرات (مث). «ب» عَظاءة أميركية.

basilisk *b.*

ba·sin [bā′sən] *(n.)* (١) «أ» حوض؛ طَسْت. «ب» ملء حوض (٢) ما يشبه حوض الماء. مثل: بركة؛ حوض سفن (٣) الجَفْنَة: وعاء خزفيّ للتبخير أو للتسخين (ك) (٤) حوض [النهر أو البحيرة أو المحيط].

bas·i·net [băs′ə nĕt′] *(n.)* الحَوْضية: خوذة خفيفة.

ba·sis [bā′sĭs] *(n.)* pl. **-ses** [sēz] (١) أساس (٢) عنصر أو مبدأ أساسيّ.

bask [băsk; bäsk] *(vi; t.)* (١) يَسْتدفئ؛ يتشمَّس (٢) يَنْعَمُ بِـ **x** (٣) يعرِّض [نَفْسَهُ] للشمس.

bas·ket [băs′kĭt; bäs′-] *(n.)* (١) سَلَّة (٢) إصابة [في كرة السَّلّة].

bas·ket·ball [băs′kĭt bôl′] *(n.)* كُرَة السَّلّة (رب).

basket case *(n.)* الحالة السَّلِّيّة: «أ» مبتور الأطراف: شخص بُتِرَت يداه ورجلاه. «ب» العاجز: امرُؤ عديم الفاعلية.

bas·ket·ful [băs′kĭt fōōl′] *(n.)* مِلْء سَلّة: المقدار الذي يملأ سلّة.

basket hilt *(n.)* المَقْبِضُ السَّلِّيّ: مَقْبِض سيفٍ ذو غطاء على شكل سلّة.

basket–of–gold *(n.)* الآلوسَن الحجريّ؛ سَلّة الذهب: عشب أصفر الزَّهر.

bas·ket·ry *(n.)* (١) السِّلالة: صُنع السِّلال ونحوها (٢) سِلال إلخ.

basket weave *(n.)* النَّسْج السَّلِّيّ: أسلوب في نسج القماش تتشابك فيه الخيوط كتشابك عيدان السَّلّة.

ba·so·phil·ic [bā′sə fĭl′ĭk] *(adj.)* مُسْتَقعِد: سريع الاختضاب بالأصباغ القاعدية (أح).

Basque [băsk] *(n.; adj.)* (١) الباسكيّ: واحد الباسكيّين (٢) الباسكيّة: لغة الباسكيّين (٣) *not cap.*: الباسكيّة: صُدرةٌ نسائية ضيّقة § (٤) باسكيّ.

basque *3.*

bas–re·lief [bä′rĭ lēf′] *(n.)* نقش ضئيل البروز.

bass[1] [băs] *(n.)* الفَرْخ؛ القاروس؛ ذئب البحر (سمك).

bass[2] [bās] *(adj.; n.)* (١) جَهير (مج): عميق وخفيض § (٢) الجَهير: «أ» صوت عميق وخفيض. «ب» مُغَنٍّ جَهير الصوت.

bass drum [bās] *(n.)* الطَّبلة العظمى (مو).

bas·set [băs′ĭt] *(n.; vi.)* (١) البُروز: حَرْف الطبقة الصخرية البارز فوق سطح الأرض § (٢) يبرز على السَّطح (جي).

bass horn *(n.)* = tuba.

bas·si·net [băs′ə nĕt′] *(n.)* المَهْد السَّلِّي: سرير للأطفال شبيهٌ بالسَّلّة.

bas·so [băs′ō] *(n.)* الجَهير: مُغَنٍّ عميقُ الصوت خفيضُهُ.

bas·soon [bă sōōn′] *(n.)* الزَّمْخَر (مج): مزمار ذو أنبوبة خشبية مزدوجة وفم معدنيّ مُلْتَوٍ (مو).

bassoon

bas·so–re·lie·vo; bas·so–ri·lie·vo *(n.)* = bas–relief.

bass·wood [băs′wōōd′] *(n.)* (١) الزَّيزفون الأميركيّ (نب) (٢) خَشَبُهُ.

bast [băst] *(n.)* (١) اللِّحاء الداخليّ (نب) (٢) المِشْقَة؛ الهُبْر: ليفٌ متين تُصْنع منه الحبال والحُصُر.

bas·tard [băs′tərd] *(n.; adj.)* (١) النَّغْل: «أ» ابن الزِّنى: ولدٌ غير شرعيّ. «ب» شيء زائف أو شاذّ أو مشكوك في أصله (٢) فتًى؛ رجُل <a poor ~> § (٣) نَغِل؛ غير شرعيّ (٤) هجين (٥) ذو شكل أو حجم غير قياسيّ <~ cars> (٦) كاذب؛ زائف.

bas·tard file *(n.)* المِبْرَدُ النَّغِل: مِبْرد نصف خشن.

bas·tard·ize [-′tər dīz′] *(vt.; i.)* (١) يُنْغِل: يُعلن أو يُثْبِت أنه غير شرعيّ (٢) يحطّ من شأنه **x** (٣) يَسْقُط؛ يَنْحطّ.

bas·tard·ly *(adj.)* (١) نَغِل؛ غير شرعيّ (٢) زائف (٣) تافه.

bastard title *(n.)* = half title.

bas·tar·dy [-dĭ] *(n.)* (١) اللّاشرعية: كونُ الولد نغلًا أو غير شرعيّ (٢) الإنغال: إنجابُ ولدٍ غير شرعيّ.

baste [bāst] *(vt.)* (١) يُسَرِّج [في الخِياطة] (٢) يُسَقِّي: يطرِّي [اللحمَ] بالزبدة المائعة أو نحوها، وبخاصة في أثناء الطَّهو (٣) يَجْلِد [بالسِّياط] (٤) يُعنِّف بقوّة؛ يُوبِّخ بشدّة.

bas·tille *or* **bas·tile** [băs tēl′] *(n.; vt.)* (١) سِجْن § (٢) يَسْجن.

Bastille Day *(n.)* يوم الباستيل؛ ذكرى سقوط الباستيل (١٤ تموز ١٧٨٩).

bas·ti·na·do [băs′tə nā′dō] *(n.; vt.)* (١) ضربة بالعصا (٢) «أ» ضربٌ بالعصا. «ب» ضربٌ بالفَلَقَة؛ جَلدٌ بالعصا على أخْمَصَي القدمين (٣) عصًا § (٤) يضرب بالعصا وبخاصة على أخْمَصَي القدمين.

bast·ing [bā′stĭng] *(n.)* (١) «أ» التسريج [في الخِياطة]. «ب» خيط التسريج (٢) «أ» التَّسْقِيَة: تَطْرِية اللحم بالزبدة المائعة أو غيرها وبخاصة في أثناء طهوه. «ب» السِّقاء: السائل المستخدَم في التطرية (٣) ضرب عنيف [بالعصا].

bas·tion [băs′chən; -tĭ ən] *(n.)* (١) البَسْتِيْن: جزء ناتئ من حِصن (٢) منطقة محصَّنة؛ مَوقع محصَّن (٣) مَعْقِل.

bat[1] [băt] *(n.; vt.; i.)* (١) النَّبُّوت: عصًا غليظة (٢) ضربة عنيفة (٣) المِضْرب: مِضْرب كرة البَيْسبول أو الكريكيت أو كرة الطاولة (٤) «أ» ضربُ الكرة [بالمضرب]. «ب» دَوْر اللاعب في الضَّرْب. «ج» الضارب: اللاعب الضارب للكرة بمِضْرَبِهِ (٥) شَطِيَّة من آجُرّ (٦) نسبة السرعة (٧) مَرَح صاخب أو مُعَرْبِد <to go on a~> § (٨) «أ» يَضْرِب. «ب» يضرب الكرة [بالمِضرب]. «ج» يَدْحَض (٩) يُنجز بعَجَلة (١٠) يناقش بدقّة؛ يدرس بتفصيل **x** (١١) يأخذ دَوْرهُ في ضرب الكرة بالمِضرب (١٢) يهيم على وجهه

(١٣) يضرب تكرارًا.

at a rare ~, بسرعة فائقة (ع).

bat[2] *(n.)* (١) الخُفّاش (٢) بَغِيّ؛ مومس (ع).

bat[2] *1.*

bat[3] [băt] *(vt.)* تَطْرِفُ عينُهُ [من دَهَشٍ أو انفعال].

not ~ an eyelid (١) لا يَغْمض له جفن (٢) لا يُظهر أيّ اندهاش.

batch[1] [băch] *(n.)* (١) خَبْزَة؛ عَجْنة (٢) الدُّفعة: «أ» كميّة المادة الضرورية لإنتاج شيءٍ ما بعملية واحدة <a ~ of dough>. «ب» مجموعة مَهامّ يُكَلَّف الكومبيوتر أداءَها دفعةً واحدةً (٣) مجموعة.

batch[2] [băch] *(vi.; n.)* = bach.

bate[1] [bāt] *(vt.; i.)* (١) يَخفِض صوته؛ يحبس أنفاسه [خوفًا أو قلقًا] (٢) يخفّض؛ يُنقص **x** (٣) يَضْعُف؛ يَخْمُد.

bate[2] *(vi.; n.)* (١) يُصَفِّق: يصفِّق الصَّقر بجناحيه غضبًا أو خوفًا § (٢) حالة غضب أو خوف [تعتري الصَّقر].

ba·teau *also* **bat·teau** [bă tō′] *(n.)* pl. **-teaux** [tōz′] مركبٌ صغير.

bat·fowl [băt′foul′] *(vi.)* يُعَشّي الطَّيرَ: يصطاد الطيور ليلًا بأن يَبْهَرَ عينيها بنورٍ ساطع ثم يضربها بالعصا لتقع في شَرَك.

bath [băth; bäth] *(n.; vt.; i.)* (١) «أ» غَسْل؛ اغتسال؛ استحمام. «ب» مَغْطَس؛ حوض استحمام (٢) الحمّام: «أ» موضِع الاغتسال أو الاستحمام. «ب» الغَسُول: مُسْتَحْضَر، مثل سائلٍ حَمْضيّ، يُغْمَر فيه شيء. «ج» *pl.* عد: المُنْتَجَع المَعْدِنيّ: مُنْتَجعٌ يرتادُه الناس رغبةً في مياهه المعدنية § (٣) يُحَمِّم **x** (٤) يَغْتسِل؛ يَسْتَحمّ.

bath- *or* **batho-** بادئة معناها: عُمْق <*batho*meter>.

Bath brick [băth] *(n.)* آجُرّ باث: كتلة من رمل شبيهة بالآجُرّ تُصقَل بها المعادن.

Bath chair *(n.)* كُرسيّ باث: كرسيّ ذو عجلات خاص بالمرضى.

bathe [bāth̸] *(vt.; i.; n.)* (١) يَغْسِل؛ يُحمِّم (٢) يُبَلِّل <to ~ a wound> (٣) يَغْمُر **x** (٤) يغتسل؛ يستحمّ (٥) يَسْبَح [التماسًا للمتعة] (٦) يَنْغَمر؛ يَغمر نفسَهُ § (٧) bath (٨) سباحة أو اغتسال في البحر إلخ.

bath·house *(n.)* (١) حمّام عموميّ (٢) المُتَجَرَّد: مبنًى على الشاطئ ينتظم حُجُراتٍ يغيِّر فيها السابحون ملابسهم.

Bath·i·nette [băth′ə nět′] *(n.)* الحُوَيْض: مغطس للأطفال قابل للحمل.

bath·ing [bāth̸′ing] *(n.)* اغتسال [أو سباحة] في البحر إلخ.

bathing cap *(n.)* قَلَنْسُوَة السباحة: قَلَنْسُوَة من المطّاط لوقاية شعر المرأة من البَلَل [أثناء السباحة].

bathing costume; bathing dress *(n.)* = bathing suit.

bathing machine *(n.)* كُشك السباحة: شبه كوخ متنقل على عجلات يُدفَعُ إلى الشاطئ حيث يُغَيِّر فيه السابحون ملابسهم.

bathing suit *(n.)* المايوه: ثوب السباحة.

bath mat *(n.)* مِمْسحة الحمّام.

batho- = bath-.

bath·o·lith [băth′ə-] *(n.)* الباثوليت: كتلة ضخمة من صخر ناريّ توقّفت في ارتفاعها عند نقطة ما تحت سطح الأرض (جي).

ba·thom·e·ter [bə thŏm′ə-] *(n.)* المِعماق: مقياس لِعُمق المياه.

ba·thos [bā′thŏs] *(n.)* (١) الحضيض؛ الدَّرْك الأسفل (٢) anticlimax (٣) تفاهة؛ ابتذال (٤) عاطفيّة مُفْرِطة أو كاذبة.

bath·robe [băth′rōb′] *(n.)* بُرْنُس الحمّام.

bath·room [băth′ro͞om′] *(n.)* (١) حمّام (٢) مِرحاض.

bath·tub [băth′tŭb′] *(n.)* حوض استحمام؛ «بانيو».

bath·wa·ter [băth′-] *(n.)* ماء الاستحمام: مياهٌ مُعَدَّةٌ للاستحمام.

bathy- بادئة معناها: «أ» عُمْق؛ عميق. «ب» ذو علاقة بأعماق البحر.

bath·y·al [băth′ĭ əl] *(adj.)* = deep–sea.

bath·y·met·ric; -al *(adj.)* قياسأعماقيّ: ذو علاقة بقياس الأعماق.

ba·thym·e·try *(n.)* المِعْماقيّة؛ قياس الأعماق.

bath·y·scaph(e) *(n.)* غوّاصة الأعماق: غوّاصةٌ مُعَدّة لريادة الأعماق.

ba·tik [bə tēk′] *(n.; adj.)* (١) التّطبيع الباتيكيّ: طريقة إندونيسية في تطبيع الأقمشة أو تلوينها يدويًا بتغطية الأجزاء، التي لا يُراد صَبْغها، بطبقة شمعية (٢) المُطبَّع الباتيكيّ: قماش ملوَّن بهذه الطريقة (٣) رسم أو شكل مطبوع على القماش بطريقة التطبيع الباتيكيّ § (٤) «أ» باتيكيّ. «ب» زاهي الألوان.

bat·ing [bāt′ing] *(prep.)* باستثناء؛ ما عدا.

ba·tiste [bə tēst′] *(n.)* الباتيستة: قماش قطنيّ أو كَتّانيّ رقيق.

bat·man [băt′-] *(n.)* الوصيف: جنديّ يخدم ضابطًا بريطانيًا.

ba·ton [bă tŏn′; bȧ tôn′] *(n.)* (١) هِراوة الشُّرطيّ (٢) عصا المارشال وغيره (٣) المِخْصَرة: عصا قائد الفرقة الموسيقية.

ba·tra·chi·an [bə trā′kĭ ən] *(n.; adj.)* (١) الضِّفدِعيّ؛ البَرمائيّ: حيوان من الضِّفْدِعيات أو البَرمائيات **Batrachia** وهي طائفة من الفَقاريات تشمل الضَّفادع (ح) § (٢) ضِفْدِعيّ؛ بَرْمائيّ.

bats [băts] *(adj.)* مخبول؛ غريب الأطوار.

bats·man [băts′-] *(n.)* ضارب الكُرَة [وبخاصة في الكريكيت].

bat·tal·ion [bə tăl′yən] *(n.)* (١) جيش؛ كتيبة (٢) جماعة كبيرة.

bat·ten[1] [băt′ən] *(vi.; t.)* (١) يَسْمَن (٢) يأكلُ بنَهَم **x** (٣) يُسَمِّن.

bat·ten[2] *(n.; vt.)* (١) الشَّريحة: «أ» لوحٌ خشبيّ تُفْرَش بأمثاله أرضيّة الحجرة إلخ. «ب» عارضة خشبية § (٢) يَفْرُش بشرائح (٣) يُثبِّت بعوارض خشبية.

bat·ter[1] [băt′ər] *(vt.; i.; n.)* (١) «أ» يضرب بقوة واستمرار؛ يسحق. «ب» يقصف بالقنابل (٢) يهاجم بعنف وعلى نحوٍ متكرر (٣) يُبلي أو يعطب بالضرب أو بالاستعمال العنيف § (٤) «أ» موضع بالٍ أو معطوب على صفحة حَرْف مطبعيّ أو كليشيه. «ب» العيب الناشئ عن ذلك عند الطباعة.

bat·ter[2] *(n.)* المَخِيض: مَخِيضُ لبنٍ وبَيْض إلخ.

bat·ter[3] *(vi.; t.; n.)* (١) ينحدِرُ خلفيًّا: يتراجع جانبُ الجدارِ من القاعدة

x (٢) يُحَدِّر خلفيًّا § (٣) انحدارٌ خلفيّ (عم).

bat·ter[4] [băt′ər] *(n.)* ضاربُ الكُرَة (رب).

bat·ter·ing ram *(n.)* الكَبْش: آلة حربية كان القدماء يستخدمونها لدكّ أسوار المدن المحاصَرة.

battering ram

bat·ter·y [băt′ə rĭ] *(n.)* (١) ضَرْب (٢) اعتداء (٣) «أ» مِدْفَعيّة. «ب» سَرِيّة مِدْفَعِيّة. «ج» حِصْنٌ إلخ مجهّز بمدفعية ثقيلة (٤) الحاشدة: البطارية الكهربائية (٥) مجموعة أشياء متماثلة أو مترابطة <a ~ of lenses> (٦) وابلٌ.

bat·ting [băt′ĭng] *(n.)* (١) ضَرْب. وبخاصة: «أ» ضربُ القطن أو الصوف. «ب» الضَّرب بالمِضْرَب، في ألعاب الكُرة (٢) الحَشْوة: رُقاقات من قطن أو صوف يُحْشَى بها اللِّحاف وغيره (٣) حِرام؛ بطانيّة.

bat·tle [băt′əl] *(n.; vt.; i)* (١) معركة (٢) كفاح § (٣) يقاتل؛ يحارب (٤) يَشُقّ [طريقهُ إلخ] x (٥) يكافح؛ يناضل.

battle-ax 1.

battle array *(n.)* ترتيب المعركة؛ ترتيب الوَحَدات.

bat·tle–ax *or* **bat·tle–axe** *(n.)* (١) فأس الحرب (٢) امرأة مشاكِسة (ع).

battle cruiser *(n.)* طرّادة القتال: ضرب من السُّفن الحربية شديدُ السّرعة.

bat·tle·dore [băt′əl dōr′] *(n.)* (١) البَتْلَدور: ضربٌ قديم من تَنِس الريشة (٢) مِضرَب البَتْلَدور.

battledore 2.

bat·tle·field; bat·tle·ground *(n.)* ساحة القتال.

bat·tle·front [-frŭnt′] *(n.)* الجَبْهة؛ جَبْهة القتال (جن).

battle group *(n.)* مجموعة القتال: وحدة عسكرية من خمس سَرايا.

bat·tle·ment [băt′əl mənt] *(n.)* الشُّرفة المُفَرَّجة: جدار ذو فُتَحاتٍ على سطح حصنٍ يُطْلَق منها النار.

battlement

bat·tle·plane [-plān′] *(n.)* طائرة القتال: طائرة للقتال الجوّيّ.

battle royal *(n.)* (١) «أ» مشاجرة جَماعية. وبخاصة: مباراة بين أكثر من متلاكمَيْن. «ب» صراعٌ عنيف؛ صراع حتى النهاية (٢) مناقشة حامية.

bat·tle·ship *(n.)* بارجة؛ سفينة حربية (جن).

bat·tle·some [-səm] *(adj.)* مُشاكِس؛ مُحِبّ للنزاع والخصام.

bat·tle·wag·on *(n.)* (١) battleship (٢) امرأةٌ مُشاكسة أو عُدْوانيّة.

bat·tle·wise [-wīz′] *(adj.)* متمرِّس بالقتال <~ troops>.

bat·tue [bă to͞o′; -tyo͞o′] *(n.)* (١) الإحاشة: إثارة الطرائد من مكانها ليصيدها القنّاص (٢) مذبحة؛ قتلٌ من غير تمييز.

bat·ty [băt′ĭ] *(adj.)* (١) خُفّاشيّ (٢) أحمق؛ معتوه (ع).

bat·wing *(adj.)* خُفّاشيّ الجناح: شبيه بجناحَي الخُفّاش.

bau·ble [bô′bəl] *(n.)* (١) دُمية للأطفال (ا. م) (٢) حِلية رخيصة تافهة (٣) عصا المُهَرِّج (٤) شيء أو شخص تافه.

bau·drons [bô′drənz] *(n.)* هِرّة؛ قِطّة (اسك).

baulk [bôk] *(n.; vt.; i.)* = balk.

baux·ite [bôk′sīt] *(n.)* البوكسيت: صَخْر يُستخرج منه الألومنيوم.

Ba·var·i·an [bə vâr′-] *(n.; adj.)* (١) الباڤاريّ: أحد أبناء باڤاريا (٢) الباڤاريّة: اللّهجة الألمانية الخاصة بباڤاريا والنمسا § (٣) باڤاريّ.

baw·bee *or* **bau·bee** [bô bē′; bô′bē] *(n.)* (١) البَوْبيّ؛ البَوْبيّة: «أ» عملة أسكتلندية صغيرة. «ب» نصف بنس إنكليزي (٢) شيء تافه.

bawd [bôd] *(n.)* (١) صاحبة ماخور أو مَبْغًى (٢) مومس.

bawd·ry [bô′drĭ] *(n.)* (١) فِسْق؛ فجور (ا. م) (٢) بذاءة.

bawd·y [bô′dĭ] *(adj.; n.)* (١) فاسق؛ فاجر (٢) داعر (٢) بذيء § (٣) بذاءة.

bawd·y–house *(n.)* ماخور؛ مَبْغًى؛ بيت دعارة.

bawl [bôl] *(vi; t.; n.)* (١) «أ» يصيح؛ يزعق. «ب» يبكي x (٢) «أ» يُصْدِر أمرًا [بأعلى صوته]. «ب» ينادي على البضاعة § (٣) صياح؛ صيحة.

bay[1] [bā] *(adj.; n.)* (١) كُمَيْت: كستنائيّ اللون <a ~ mare> § (٢) الكُمَيْت: فرسٌ كُمَيْت (٣) الكُمتة: اللون الكَسْتنائيّ.

bay[2] *(n.)* (١) الغار (نب) (٢) إكليل غار (٣) .pl عد: مجد؛ شهرة.

bay[3] *(n.)* (١) الجَناح: جزء من مبنًى (٢) الحَوْز: «أ» حجرة في الهُرْي أو مخزن الحبوب. «ب» جانب من السفينة يُتَّخذ مستشفى <the sick ~>. «ج» حُجَيْرة في طائرة <an engine ~; a bomb ~> (٣) «أ» تجويف [في حائط]. «ب» الباكية: فُسحة بين عمودين. «ج» مَشْرَبيّة؛ نافذة ناتئة (عم).

bay[4] *(vi.; t.; n.)* (١) يَنْبَح (٢) يصيح x (٣) يَنْبح على (٤) يُكْرِه عَدُوًّا على الدفاع عن نفسه (٥) يطارِد وهو يَنْبح § (٦) نُباح.

- **at ~,** في وضع حرج يُضْطَرّ معه إلى الدفاع عن نفسه بضراوة.
- **to bring to ~,** يُكْرِهُ [عدوًّا] على الدفاع عن نفسه؛ يجعل الفرار مستحيلًا.
- **to keep** *or* **hold at ~,** يَصُدّ؛ يمنع العدوَّ من التقدّم.

bay[5] *(n.)* (١) الجُوْن: خليج صغير (٢) خليج.

ba·ya·dere [bī′ə dēr′] *(n.; adj.)* (١) البايَدير: قماش مقلّم أُفقيًّا بألوان شديدة التغاير § (٢) بايَديريّ: مقلَّم على هذا النحو.

bay·ber·ry [bā′bĕr′ĭ] *(n.)* المِيْرِيقَة؛ الشَّمعيّة (نب).

bay leaf *(n.)* ورقة الغار.

bay·o·net [bā′ə nĭt] *(n.; vt.; i.)* (١) حَرْبة § (٢) يَطعن بحَرْبة (٣) يُكْرِه على x (٤) يستعمل الحِراب.

bayonet 1.

bay·ou [bī′o͞o] *(n.)* نُهَيْر؛ رافد.

bay window *(n.)* (١) المَشْرَبيّة: نافذة ناتئة (٢) كِرْش؛ بطنٌ ضخم.

bay window 1.

ba·zaar [bə zär′] *(n.)* البازار: «أ» سوق شرقيّة. «ب» دُكّان؛ مَتْجَر. «ج» department store. «د» سوق خيرية.

ba·zoo·ka [bə zo͞o′kə] *(n.)* البازوكة: سلاح خفيف يُحمَل على الكتف تُطلَق منه الصواريخ على الدبابات ونحوها.

B battery *(n.)* بطاريّة «ب» (ألك).

B.C. قبل المسيح؛ قبل الميلاد.

BCG vaccine *(n.)* لَقاح «ب ك ج»: لَقاح ضدّ داء السُّلّ.

B complex *(n.)* = vitamin B complex.

bdel·li·um [dĕl′ĭ əm; -yəm] *(n.)* المُقْل: «أ» مادة ورَدَ ذكرها في التوراة، وقيل إنها صمغ، وقيل إنها حجر كريم أو لؤلؤة. «ب» صمغ راتينجيّ شبيهٌ بالمُرّ.

be [bē] *(vi.)* (١) يكون <Try to ~ just.> (٢) يوجد <The copybook

is on the table.> (٣) يُصْبح <What is he going to ~ when he grows up?> (٤) يَبْقَى <Don't ~ long.> (٥) يذهب؛ يجيء <Have you ever *been* to Beirut?>.

be- بادئة معناها: «أ» من جميع الجهات <*be*sprinkle>. «ب» كليًّا؛ تمامًا <*be*dazzle>. «ج» يجعله؛ يُصيِّره <*be*calm>. «د» يعاملُهُ معاملة كذا <*be*friend>. «هـ» يكسوه أو يلفُّه بكذا <*be*fog>.

beach [bēch] *(n.; vt.)* (١) شاطئ رمليّ (٢) منطقة ساحلية § (٣) يُشاطئ: يسحب مركبًا إلى الشاطئ (٤) يُضْعِف.

beach break *(n.)* متكسِّرة الشاطئ: موجة تتكسَّر قرب الشاطئ.

beach·comb·er [bēch'kō'mər] *(n.)* (١) مُتَسَكِّع الشواطئ. وبخاصة: رجلٌ أبيض متسكّعٌ في جزر المحيط الهادئ الجنوبي (٢) موجة الشاطئ: موجة طويلة مُقْبِلةٌ من عُرْض المحيط.

beach flea *(n.)* بُرغوث الشاطئ.

beach·head [bēch'hĕd'] *(n.)* (١) رأس الجسر الساحليّ: جزء من شاطئ مُعادٍ تستولي عليه طليعةُ الجيش لتمكين القوات المُغيرة من الهبوط إلى اليابسة (جن) (٢) foothold *3*.

beach·side [bēch'sīd'] *(adj.)* شاطئيّ.

beach wagon *(n.)* = station wagon.

beach·y [bē'chĭ] *(adj.)* مُرْمِل؛ حَصِب.

bea·con [bē'kən] *(n.; vt.; i.)* (١) نار التحذير أو الإرشاد [على تلّةٍ أو برج] (٢) منارة (٣) مرشد لاسلكيّ [لهداية الطائرات] (٤) المُحَذِّر؛ المُرْشِد (٥) مصدر إشعاع أو إيحاء § (٦) يضيء؛ يُنير (٧) يَهْدي؛ يُرشد (٨) يزوِّد بمنارة أو مرشدٍ لاسلكيّ **x** (٩) يضيء كالمنارة.

bead [bēd] *(n.; vt.; i.)* (١) *pl.*: التَّسابيح: سلسلة من الصلوات تتمّ بواسطة سُبْحة (٢) خَرَزة (٣) *pl.*: «أ» سُبْحة؛ «مِسْبَحة». «ب» عِقْد (٤) الخَرَزة: كُرَيَّة، مثل: «أ» قطرة عَرَق أو دم. «ب» فُقّاعة [في شراب أو على سطحه]. «ج» قمحة؛ شَعيرة؛ علامة تسديد [في سلاح ناريّ]. «د» دَرْزَة لِحام (٥) الشَّفَة: حافة أو طوق بارز (٦) الحِلية المُحَبَّبة (عم) § (٧) يُخَرِّز: يُزوِّد أو يُزيِّن بخرزات **x** (٨) يَتَخَرَّز: يتَّخذ شكلَ خَرَزات أو قَطَرات.

to draw a ~ on *or* upon — يصوِّب النار إلى.

to say, tell, *or* count one's ~*s* — يسبّح؛ يتلو صلواته مستعينًا بسُبحة.

bead·house [bēd'-] *(n.)* مأوى التسبيح: مأوًى للفقراء كان يُطلَب إلى نُزلائه الدعاء إلى الله أن يُجزل الثوابَ لمنشئيه.

bead·ing [bē'dĭng] *(n.)* (١) تخريز (٢) المُخَرَّز: «أ» شيء مؤلَّف من خَرَزات. «ب» زخرفة خَرَزية في ثوب إلخ (٣) الحِلْية المحبَّبة (را. bead *6*).

bea·dle [bē'dəl] *(n.)* الشَّمّاس (نص).

bea·dle·dom [-dəm] *(n.)* الشَّمّاسيّة: تظاهر بالسلطة أو ممارستُها على نحوٍ أحمق [من جانب موظَّف ثانويّ إلخ].

bead·roll [bēd'rōl'] *(n.)* (١) لائحة؛ مَسْرَد (٢) سُبحة.

beads·man [bēdz'-] *(n.)* (١) المُصَلّي أو المُصَلّي المستأجَر: من يتلو الصلوات وبخاصة من أجل غيره لقاءَ أجْر (٢) نزيل ملجأ للفقراء.

bead·work [bēd'wûrk'] *(n.)* = beading *2b; 3*.

bead·y [bē'dĭ] *(adj.)* (١) خَرَزيّ. وبخاصة: صغير مدوَّرٌ يمور ببريق الرغبة أو الطمع <~ eyes> (٢) ذو خَرَزات أو فقاقيع.

bea·gle [bē'gel] *(n.)* البَيْجَل: كلب صيد صغير قصير القوائم.

beak [bēk] *(n.; vt.)* (١) منقار الطائر أو مِحْجَنُهُ (٢) أنف (ع) (٣) شيء مُستَدِقّ الطَّرَف شبيه بالمنقار (٤) قاضٍ (عب) (٥) مُدَرِّس أو مدير مدرسة § (٦) يَنْقُدُ [الحَبَّ] أو يلتقطُهُ بمنقاره.

beaked *(adj.)* (١) ذو منقار (٢) مِنقاريّ الشكل؛ أعْقَف.

beak·er [bē'kər] *(n.)* (١) كأس كبيرة أو محتوياتها (٢) كوب الصَّيدليّ.

beam [bēm] *(n.; vt.; i.)* (١) الرافدة: قطعة طويلة من خشب، أو من معدن أو حجارة، تُستَخدم في تشييد المباني بخاصة (٢) الدِّعامة: الدِّعامة الأفقية الرئيسية، الخشبية أو المعدنية، في مبنًى أو سفينة (٣) العاتق: حديدة الميزان الأفقية التي تتدلّى منها كِفّتاه (٤) النِّصاب: جزء من المحراث القديم تُشَدُّ إليه شفرتُهُ (٥) عَرْض السفينة الأعظم (مل) (٦) شعاع (٧) الحُزْمة: «أ» مجموعة من الأشعة المتوازية تقريبًا. «ب» دَفْق من الألكترونات المركَّزة (فز) (٨) بارقة <a ~ of hope> (٩) إشراقة؛ ابتسامة <with a ~ of delight> (١٠) الإشارة اللاسلكية: إشارة لاسلكية تُرسَل لإرشاد ربابنة الطائرات § (١١) يُرْسِل أشعة (١٢) يُرَفِّد: يَدْعم بروافد إلخ (١٣) يُوَجِّه [برنامجًا إذاعيًا في اتجاه معيَّن] <programs ~*ed* at France> (١٤) يُعَبِّر [عن ترحيبه بالضيف إلخ بالابتسام] **x** (١٥) يُشِعّ (١٦) يبتسم بابتهاج.

off the ~, — (١) في غير الاتجاه المحدَّد بإشارات الهداية اللاسلكية (٢) خطأ؛ غير صحيح (ع).

on the port ~, — على الجانب الأيسر من السفينة.

on the starboard ~, — على الجانب الأيمن من السفينة.

beam–ends *(n. pl.)* طَرَفا الدِّعامة [الأفقية في سفينة].

on her ~, — على جانب السفينة؛ مائلة إلى حدّ تكاد معه أن تنقلب.

on one's ~, — (١) مُعْوِز؛ مُعْدِم (٢) على شفير الإفلاس.

beam·y [bē'mĭ] *(adj.)* (١) مُشِعّ؛ متألِّق (٢) عريض؛ ضخم.

bean [bēn] *(n.; vt.)* (١) الفول؛ اللُّوبيا؛ الفاصوليا (٢) حَبَّة <coffee ~> (٣) رأس؛ دماغ (ع) (٤) فتًى (بر) (٥) دولار (ع) § (٦) يَضْرِبُه على الرأس.

full of ~*s* — في أحسن حال؛ ممتلئ نشاطًا.

I haven't a ~, — ليس معي فَلْس.

to give somebody ~*s* — يعاقبُهُ؛ يُوبِّخُهُ.

bean·bag *(n.)* كيس الفول: كيس مملوءٌ بحبّات الفول يُتَّخذ لعبةً للأطفال.

bean·er·y [bē'nə rĭ] *(n.)* الفُوليّ: مطعم رخيصٌ وحقير عادةً.

bean·feast *(n.)* مأدبة سنوية [يقيمها ربُّ العمل تكريمًا لعمّاله].

bean·pole [-'pōl'] *(n.)* المُعْتَرَش: «أ» عمود طويلٌ يُنْصَب لكي تتسلّقَهُ نبتة

الفول أو اللوبيا . «ب» شخص هزيل فارعُ الطول .

bean·stalk [-'stôk'] *(n.)* ساق الفول : ساق نبتة الفول [أو اللوبيا] .

bear[1] [bâr] *(n.; vt.; adj.)* (١) الدُّبّ (٢) دُبّ ؛ شخص أخرق أو فظّ (٣) البارع في . . . (٤) المتشائم [بالنسبة إلى تطوّر الأحوال الاقتصادية] (٥) المُضارب على الهبوط [في البورصة] (٦) «أ» الدُّبّ الأكبر (فل) . «ب» الدُّبّ الأصغر (فل) § (٧) يُخفِّض الأسعار في . . . § (٨) مُتَّسِم بانخفاض الأسعار <a ~ market> .

bear[1] *1.*

bear[2] [bâr] *(vt.; i.)* (١) يَحْمِل (٢) يقدِّم ؛ يُعطي ، يُدلي بـِ <to ~ witness> (٣) ينشر [إشاعةً إلخ] (٤) يسلُك ؛ يتصرَّف <to ~ oneself with dignity> (٥) يقود ؛ يواكب <They *bore* the hero home.> (٦) تَلِدُ <to ~ quintuplets> (٧) يُنتِج ؛ يحمل <to ~ leaves> (٨) يحتوي على <oil–*bearing* shale> (٩) يُطيق <more than he could ~> (١٠) يتحمَّل ؛ يَقبل <to ~ responsibility> (١١) يحتمل <Your words ~ two interpretations.> (١٢) يَثْبُت أو يَصْمد لـِ <Her claim doesn't ~ close examination.> (١٣) يستحقّ <The joke doesn't ~ repeating.> (١٤) يَدْفَع ؛ يَرُدّ <The boat was *borne* backward by the wind.> (١٥) «يَحمِل» <to ~ the signs of blows> (١٦) يمارس سلطةً إلخ <to ~ rule> x (١٧) ينطلق ؛ يشقّ طريقه <Boats *bore* north.> (١٨) يقع <The land *bore* due north of the boat.> (١٩) ينعطف <The road ~*s* to the left.> (٢٠) يتصل بـِ ؛ يؤثّر في <matters that ~ upon the welfare of the community> (٢١) يُثمِر <plants that ~ well> .

It was gradually *borne* in on (*or* upon) me that... لقد بدأت أعتقد أن . . . ، لقد انطبع في ذهني تدريجيًا أن . . .

to ~ a child تِلد طفلًا ؛ تَضَعُ طفلًا .

to ~ a hand يساعد ؛ يَمُدّ يَدَ المساعدة .

to ~ away the palm يَبُزّ ؛ يتفوّق على الأقران .

to ~ away the prize يفوز بالجائزة .

to ~ down (١) يَهْزِم ؛ يتغلّب على (٢) يضغط على (٣) يبذل قُصارى جَهده .

to ~ fruit يُثمر ؛ يَنْجح ؛ يُؤتي أُكُلَهُ .

to ~ hard *or* heavily *or* severely on *or* upon يَثْقُل على ؛ يكون ثقيلَ الوطأة على [عاتق المكلَّفين الفقراء مثلًا] .

to ~ heavily on يتّكئ بتثاقلٍ على .

to ~ in mind يتذكَّر ؛ يضع نُصْبَ عينيه .

to ~ out what somebody says يؤيّد ما يقوله فلان .

to ~ resemblance to يُشْبِه ؛ يُشابه .

to ~ somebody out يوافق فلانًا أو يُقِرّه على .

to ~ up to يدنو من ؛ يتقدَّم نَحْوَ .

to ~ with somebody يَصْبِر عليه ؛ يعامله ، أو يصغي إليه ، بأناة .

to ~ witness to يَشْهَد ؛ يَشْهَد على .

to bring all one's energies to ~ upon a task يَحْشُد كلّ طاقاته لأداء مهمة ما .

bear·a·ble [bâr'ə bəl] *(adj.)* مُحْتَمَل ؛ ممكنٌ احتمالُهُ .

bear·ber·ry [bâr'bĕr'ĭ] *(n.)* عِنَب الدُّبّ (نب) .

beard [bērd] *(n.; vt.)* (١) لِحْيَة (٢) السَّفا : حَسَكةُ الحبّة أو السُّنبلة (نب) (٣) الشَّوكة [في السَّهم أو صنارة الصيد] § (٤) يجعل له لحيةً أو سَفًا أو شوكة (٥) يُمسك بلحيتِهِ أو يجذبها (٦) يتحدَّى .

beard·ed *(adj.)* (١) مُلْتَحٍ (٢) ذو سَفًا أو حَسَكة (نب) .

beard·less *(adj.)* (١) أَمْرَد : غير ذي لحية (٢) شابّ ؛ غِرّ .

bear·er [bâr'ər] *(n.)* الحامل ، مثل : «أ» الحمّال ؛ العتّال . «ب» شجرة تحمل ثمرًا <a good ~> . «ج» حامل الرسالة أو الشّيك .

bearer bonds *or* **securities** *(n. pl.)* سَنَدات تُدْفع لحاملها .

bear garden *(n.)* حديقة الدِّبَبَة : «أ» موضع لحفظ الدِّبَبة أو تدريبها أو عرضها . «ب» موضع تشيع فيه الفوضى والاضطراب .

bear grass *(n.)* اليُكّة : نباتٌ شماأميركي من الفصيلة الزنبقية .

bear·ing [bâr'ĭng] *(n.)* (١) المِشْية ؛ الوِقْفة ؛ الجِلسة : طريقة المرء في المشي أو الوقوف أو الجلوس <a man of dignified ~> (٢) «أ» الإثمار أو زمنُهُ ؛ إنجاب الأولاد <a tree past ~; a woman past ~> . «ب» محصول (٣) ضَغْط (٤) الاحتمال ؛ القدرة على الاحتمال (٥) السِّناد : سطحُ ارتكاز (عم) (٦) المِحْمَل ؛ كرسيّ التحميل (مك) (٧) اتّجاه (٨) وَجْه <considered the matter in all its ~*s*> (٩) صلة ؛ علاقة <What she said has no ~ on the subject.> (١٠) تأثير <It had no ~ on the result.> (١١) معنًى ؛ مغزًى <The ~ of his remark was unnoticed.> (١٢) *pl.* : رمزٌ مميَّز لشِعار النبالة <armorial ~*s*> .

to lose one's ~*s* (١) يَضِلّ سبيله ؛ يَفْقِد اتّجاهه (٢) يُشْدَه ؛ يرتبك .

bear·ish [bâr'ĭsh] *(adj.)* (١) دُبّيّ : شبيه بالدُّبّ (٢) فظّ (٣) «أ» مسبِّب لانخفاض الأسعار [في سوق الأسهم المالية] . «ب» مُتَّسِمٌ بانخفاض الأسعار (٤) متشائم .

bear leader *(n.)* مُدَرِّب الدُّبّ : مدرِّس خاصّ أو رفيق سفرٍ لشابّ ثريّ .

bear's–ear *(n.)* الأُذَيْنِيّة ؛ زهرة الربيع الأُذَيْنِيّة (را . auricula) .

bear's–foot *(n.)* = hellebore.

bear·skin [bâr'-] *(n.)* (١) جِلد الدُّب أو فَرْوُهُ (٢) قبّعة من جلد الدُّب أو فَرْوِه .

beast [bēst] *(n.)* (١) بَهيمة (٢) البهيمة : شخص حقير تتحكّم به طبيعته البهيمية (٣) فتاة ؛ امرأة شابّة (ع) .

beast·ie [bē'stĭ] *(n.)* = beast.

beas·tings [bē'stĭngz] *(n.)* = beestings.

beast·ly[1] [bēst'lĭ] *(adj.)* (١) «أ» بهيميّ ؛ حيوانيّ . «ب» وحشيّ (٢) شهوانيّ (٣) بغيض ؛ كريه <What ~ weather!> .

beast·ly[2] *(adv.)* جدًّا ؛ بإفراط <was ~ drunk> .

beat [bēt] *(vt.; i.; n.; adj.)* (١) يَضْرِب على شكل متكرِّر ، مثل : «أ» يَجْلِد ؛ يَضْرِب تكرارًا وعلى نحو مُوْجِع . «ب» يعاقب بالضرب أو الجَلْد . «ج» يدوس أو يجتاز . «د» يطوف بالمكان بحثًا عن . . . «هـ» يجوب أرجاء الغابة مثيرًا الطائرَ من مكامنها . «و» يَشُقّ طريقًا بِدَوْسٍ متكرّر . «ز» يَخْفِق البيض . «ح» يَسْحَق ؛ يَسْحَن . «ط» يُصفِّق [بجناحيه] . «ي» يَضْرِب بقَدَمه على نحوٍ متكرّر . «ك» يَطْرُق السَّجّاد . «ل» يطرِّق [المعادن] . «م» يَقْرع . «ن» يَعْزِف .

«س» يطلق إشارة [بقَرْع الطَّبل أو بأية آلة أخرى]. «ع» يُؤدّي لحنًا (٢) «أ» يَرُدّ؛ يَصُدّ. «ب» يَهْزِم؛ يتغلّب على. «ج» يَبُزّ؛ يتفوّق. «د» يُحَطِّم [الرقمَ القياسيَّ]. «ه» يُحَيِّر؛ يَشْدَه؛ يُذْهِل. «و» يُرْبِك. «ز» يُرْهِق؛ يُنْهِك. «ح» يَخْدع (٣) «أ» يَسْبِق. «ب» يُحْرِز سَبْقًا صحفيًا x (٤) «أ» يَخْفُق؛ ينبض [القلبُ]. «ب» تَتِكّ [الساعةُ]. «ج» يُقْرَع: يُدَوّي عند قرعِهِ (٥) يُرَفرِف (٦) يَطْرُق [البابَ] (٧) يتقدم بصعوبة (٨) يفوز؛ ينتصر § (٩) «أ» ضربة. «ب» نقرة. «ج» نبضة. «د» تكّة (١٠) طَوافٌ لإثارة الطرائد من مكامنها (١١) «أ» ترقيم الميزان (مو). «ب» إيقاع (١٢) طريق المرء المعتادة <a watchman's ~> (١٣) سَبْق صُحُفيّ (١٤) المُتَسَكِّع؛ المُتَبَطِّل § (١٥) «أ» مُرْهَق. «ب» مُحَطَّم المعنويّات (١٦) بِيتيّ: خاصّ بوجوديّي السُّلوك أو الملبس.

beat–up — بالٍ؛ تالف؛ متهدِّم.

to ~ about *or* around the bush — يحوم حول الموضوع.

to ~ a retreat — (١) يقرع الطبل داعيًا إلى التراجع (٢) يتراجع؛ ينسحب.

to ~ down — (١) يَسْحق (٢) يَهْزِم (٣) يساوم (٤) يحمله على خفض أسعاره (٥) يخفض الأسعار.

to ~ it — (١) ينصرف على وجه السرعة؛ يُطلق ساقيه للريح (٢) يُسْرِع؛ يندفع إلى.

to ~ off — (١) يردّ؛ يَصُدّ [العَدُوَّ] (٢) يمارس العادة السرّية (ع).

to ~ one's gums — يُسرف في الكلام.

to ~ out — (١) يتغلّب [على منافس] (٢) يُرهق (٣) يَعْزِف [لحنًا].

to ~ the record — يحطِّم الرقم القياسيّ.

to ~ time — يَضْبُط النَّغم أو الإيقاع (مو).

beat·en [bē'tən] *(adj.)* (١) مضروب (٢) مُطرَّق <~ silver> (٣) مطروق؛ مألوف <a ~ path> (٤) مهزوم (٥) مُرْهَق (٦) تالف.

beat·er *(n.)* (١) فا beat (٢) مِخفَقة البيض (٣) النَّقّارة: عصا القَرْع على الطبل (٤) مثير الطرائد من مكامنها [في الصيد].

be·a·tif·ic [bē'ə tĭf'ĭk] *(adj.)* (١) شديد الابتهاج (٢) مُبْهِج (٣) ملائكيّ <a ~ smile>.

—be·at·i·fi·ca·tion *(n.)*

be·at·i·fy [bĭ ăt'ə fī'] *(vt.)* (١) يُسْعِد [إلى أبعد الحدود] (٢) يُطَوِّب: يَعُدّ أحدَ الموتى في عِداد الأبرار الذين سينعمون بالخلود (كث).

beat·ing *(n.)* (١) مص beat (٢) ضَرْب؛ جَلْد (٣) خَفَقان (٤) هزيمة.

be·at·i·tude [bĭ ăt'ə to͞od'] *(n.)* (١) طُوبَى: غبطة؛ سعادة بالغة (٢) *cap.*: كل مقطع في عِظة المسيح على الجبل يبدأ بـ «طُوبَى لِـ...».

beat·nik [bēt'nĭk] *(n.)* الوجوديّ السلوك أو الملبس إلخ.

beat–up *(adj.)* بالٍ؛ تالف؛ مُتَهَدِّم.

beau [bō] *(n.)* (١) المتأنِّق (٢) زِير النِّساء (٣) العاشق.

Beau Brum·mell [bō brŭm'əl] *(n.)* الغندور: رجلٌ شديد التأنّق.

Beau·fort scale [bō'fərt] *(n.)* سُلَّم بوفورت [لتبيان قوة الريح].

beau geste [bō zhĕst'] *(n.)* (١) بادرة كريمة (٢) بادرة كريمة مُتكَلَّفة.

beau ideal [bō' ī dē'əl] *(n.)* المثل الأعلى في الكمال أو الجمال.

beau monde [bō mŏnd'] *(n.)* دُنيا المجتمع [الراقي].

beaut [byo͞ot] *(n.)* الجميل؛ الرائع؛ الكامل.

beau·te·ous [byo͞o'tĭ əs] *(adj.)* = beautiful.

beau·ti·cian [byo͞o tĭsh'-] *(n.)* المُجَمِّل: المشتغل في مؤسسةٍ للتجميل.

beau·ti·fi·ca·tion [byo͞o'tə fə kā'-] *(n.)* تجميل.

beau·ti·fi·er [byo͞o'tə fī'ər] *(n.)* المُجَمِّل؛ المُحسِّن.

beau·ti·ful [byo͞o'tə fəl] *(adj.)* (١) جميل؛ وسيم (٢) صائب؛ بارع (٣) ممتاز؛ كامل (٤) رائع <~ weather>.

beau·ti·ful·ness *(n.)* جَمال؛ وَسامة.

beau·ti·fy *(vt.; i.)* (١) يُجَمِّل x (٢) يَجْمُل: يُصبح جميلًا.

beau·ty [byo͞o'tĭ] *(n.)* (١) جَمال (٢) شيء جميل (٣) حَسْناء.

beauty contest *(n.)* مباراة الجمال.

beauty operator *(n.)* = beautician.

beauty queen *(n.)* مَلِكة الجَمال.

beauty shop, parlor *or* **salon** *(n.)* مؤسسة أو دار تجميل.

beauty sleep *(n.)* نومُ الحُسْن: النوم قبل منتصف الليل.

beauty spot *(n.)* (١) patch[1] *1* (٢) شامة؛ خال (٣) «أ» الوحمة: علامة خِلْقيّة على الجسد. «ب» لطخة طفيفة (٤) موقع يُطِلّ على مشاهد جميلة.

beaux arts [bō zär'] *(n. pl.)* الفنون الجميلة.

beaux–es·prits [bō zĕs prē'] *pl. of* bel–esprit.

bea·ver[1] [bē'vər] *(n.)* (١) «أ» القُنْدُس؛ البِيدَسْتَر؛ السَّمُّور: حيوان من القوارض. «ب» فرو القُنْدُس (٢) «أ» قبعة من فرو القُنْدُس أو السَّمّور. «ب» silk hat (٣) القُنْدُسيّ: نسيج صوفيّ أو قطنيّ ثقيل (٤) فَرْج المرأة (ع) (٥) «أ» لحية طويلة (ع). «ب» رجُلٌ مُلْتَحٍ (ع).

beaver[1] *1.*

bea·ver[2] *(n.)* (١) لِفاع الخُوذة: جزء متحرك في أسفل الخوذة يقي الذقن والفم (٢) مقدَّم الخُوذة: جزؤها الأماميّ المتحرّك.

beaver[2] *1.*

bea·ver[3] *(vi.)* يَكْدَح؛ يَعْمل بِكَدّ؛ يَنْكَبّ على.

be·bop [bē'bŏp] *(n.)* البِيْبوب: ضربٌ من موسيقى الجاز.

be·calm [bĭ käm'] *(vt.)* (١) يُوْقِف المَرْكَبَ [لانعدام الريح] (٢) يُهَدِّئ.

be·came [bĭ kām'] *past of* become.

be·cause [bĭ kôz'; -kŏz'] *(conj.)* لأنّ؛ بسببٍ من.

bec·ca·fi·co [bĕk'ə fē'kō] *(n.)* عُصفور التّين: طائر صغير مُغرِّد.

bé·cha·mel [bĕ shȧ mĕl'] *(n.)* البيشاميل: صلصة بيضاء.

be·chance [bĭ chăns'] *(vi.; t.)* = befall.

be·charm [bĭ chärm'] *(vt.)* يَفْتِن؛ يَسْحَر.

bêche–de–mer [bĕsh'də mâr'] *(n.)* (١) خِيار البحر: حيوان بحريّ دوديّ الشكل (٢) لغة خِيار البحر: لغة مشتركة مبنيّة على أساسٍ من الإنكليزية

[في غينيا الجديدة وأرخبيل بسمارك وجُزر سليمان].

beck [bĕk] *(vt.; n.)* (١) يُومئ أو يشير إلى (ا. ق) § (٢) انحناءة احترام (اسك) (٣) إيماءة؛ إشارة (٤) جَدْول؛ غدير (بر).

to be at a person's ~ and call يكون رهنَ إشارة فلان أو طَوْع أمره.

beck·et [bĕk'ĭt] *(n.)* المُثَبِّتة: أداة، وبخاصةٍ حَبْلٌ في طرفه عقدة، لتثبيت شيء في مكانه.

beck·on [bĕk'ən] *(vt.; i.; n.)* (١) يومئ؛ يشير [إلى شخص] (٢) يدعو؛ يُغري <The water ~s me.> § (٣) إيماءة.

be·cloud [bĭ'-] *(vt.)* (١) يَحْجب [بالغيوم] (٢) يُعكِّر؛ يُشَوِّش.

be·come [bĭ kŭm'] *(vi.; t.)* (١) يُصْبح (٢) يَحِلّ بـ [تتبعها of] x (٣) يُلائم <This dress ~s you.> (٤) يليق بـ <It does not ~ you to complain.>.

be·com·ing *(adj.)* (١) ملائم؛ مناسب؛ لائق (٢) جذّاب.

be·com·ing·ly *(adv.)* على نحو ملائم أو لائق أو جذّاب.

bed [bĕd] *(n.; vt.; i.)* (١) «أ» سرير. «ب» فراش الزوجية. «ج» العلاقة الزوجية. «د» مَضْجَع. «هـ» نوم. «و» ميعاد النوم. «ز» فراش؛ حَشِيّة. «ح» المَبِيت؛ المنامة: النوم في فندق أو التجهيزات والخدمات التي يقتضيها ذلك (٢) مَغْرِس؛ مَزْهَر؛ مَسْكَبَة [في حديقة] (٣) المَهْد: قاع النهر أو البحر إلخ (٤) مِهاد؛ أساس؛ قاعدة. وبخاصة: طبقة حجارة تُجْعَل قاعدةً أو أساسًا لطريق أو للسّكة الحديدية <a road ~> (٥) طبقة <a ~ of clay> § (٦) يُسَرِّر: «أ» يزوِّد بسرير إلخ. «ب» يضعه في السَّرير أو يقوده إليه (٧) يُشاطر شخصًا فراشَهُ (٨) يثبّت تحت السطح: يَطْمُرُ (٩) «أ» يَغْرُس في مَسْكَبة. «ب» ينظّم في مَساكب (١٠) يُقيم؛ يؤسِّس <~ded on rock> x (١١) «أ» يأوي إلى الفراش؛ يَضْطجع. «ب» يضاجع (١٢) يشكّل طبقةً (جي).

a double ~, السرير المُزْدَوج: سرير يتّسع لشخصين اثنين.

a single ~, السّرير المُنفرد: سرير يتّسع لشخص واحد.

as you make your ~ so you must lie on it عليك أن تتقبّل نتائج أعمالك.

to get out of ~ on the wrong side يُلازمُه الغضبُ وسوء المزاج طَوالَ النهار.

to go to ~ with يُضاجع؛ يُجامع.

to take to (*or* keep to) one's ~, يَلْزَمُ فراشه، بحُكم المرض.

bed and board *(n.)* (١) نُزُل يؤمِّن المَبِيتَ والطعامَ (٢) بيت الزوجية.

bed–and–breakfast *(n.)* نُزُل يؤمّن المَبِيتَ والفَطور.

be·daub [bĭ dôb'] *(vt.)* (١) يُلَوِّث (٢) يُسْرف في تزيينه أو مدحه.

be·daz·zle [bĭ dăz'-] *(vt.)* (١) يُعْشي؛ يَبْهَر العينَ (٢) يفتِن؛ يَسْحَر.

bedbug

bed·bug [bĕd'bŭg'] *(n.)* بَقّة الفِراش.

bed·cham·ber [bĕd'chām'bər] *(n.)* حُجرة النوم.

bed·clothes *(n. pl.)* كُسْوة السّرير [من لُحُف وبطانيّات وشراشف].

bed·ding [bĕd'ĭng] *(n.; adj.)* (١) «أ» فراش. «ب» كُسْوَة الفراش (٢) أساس (٣) المِهاد: ما يُتّخذ فراشًا للحيوان [كالتّبن] § (٤) مَسْكَبيّ: صالح للزَّرع في مَساكب <~ plants>.

be·deck [bĭ dĕk'] *(vt.)* يُزَيِّن؛ يُزَخْرِف.

bede·house [bēd'hous'] *(n.)* = beadhouse.

bede·man [bēd'mən] *(n.)* = beadsman.

bedes·man [bēdz'mən] *(n.)* = beadsman.

be·dev·il [bĭ dĕv'əl] *(vt.)*, **-iled** *or* **-illed** (١) يَسْحَر؛ يَفْتِن (٢) يُفْسد (٣) يُعذِّب (٤) يشوِّش؛ يُفْسد نظام شيء.

be·dew [bĭ do͞o'; -dyo͞o'] *(vt.)* يُنَدّي؛ يُبَلِّل؛ يُخَضِّل.

bed·fast [bĕd'făst; -fäst] *(adj.)* طريح الفراش.

bed·fel·low *(n.)* (١) الضَّجيع: من يُقاسمك الفراش (٢) حليف؛ رفيق.

Bed·ford cord [bĕd'-] *(n.)* نسيج بَدْفورْد: نسيج مُضَلَّع طُوليًّا.

be·dim [bĭ dĭm'] *(vt.)* (١) يُعتِّم (٢) يُغَشّي: يَحْجُب بشبه سحابة.

be·di·zen [bĭ dī'zən] *(vt.)* يكسو أو يزيّن [بغير ذوق].

bed·lam [bĕd'ləm] *(n.)* (١) المجنون (ا. م) (٢) مستشفى للمجاذيب (ا. ق) (٣) هَرْجٌ ومَرْج أو مكان يَسُوده الهَرْجُ والمَرْج.

bed·lam·ite [bĕd'lə mīt'] *(n.)* المعتوه؛ المخبول؛ المجنون.

bed linen *(n.)* بياضات السّرير: أغطيتُهُ وأكْسِيةُ وسائدِه إلخ.

bed molding *(n.)* الغائرة: حِلْية غائرة وَسْط نتوء شديد (عم).

bed·ou·in [bĕd'o͞o ĭn] *(n.; adj.)* (١) البَدْوي (٢) المترحِّل § (٣) بَدْوي؛ مترحِّل.

— **bed·ou·in·ism** *(n.)*

bed·pan [bĕd'păn'] *(n.)* (١) مِدفأة السُّرُر (٢) نونيّة السّرير: نونيّة صغيرة يَبُول فيها طريحو الفراش أو يَتبرّزون.

bed·plate *(n.)* الفَرْشة: لوح القاعدة؛ لوح الأساس (مك).

bed·post [-'pōst'] *(n.)* عمود السّرير: أيّ من الأعمدة الأربعة القائمة عند زوايا بعض السُّرُر.

be·drag·gle [bĭ drăg'əl] *(vt.)* (١) يبلِّل بالمطر (٢) يُمَرِّغ [بالوحل].

be·drag·gled *(adj.)* (١) مُبَلَّل (٢) مُتَّسخ (٣) بالٍ؛ خَرِب.

bed rest *(n.)* ملازمة السَّرير: بقاء المريض في سريره حتى يَشْفى.

bed·rid·den [bĕd'rĭd'ən] *also* **bed·rid** *(adj.)* طريح الفراش.

bed·rock [bĕd'-] *(n.; adj.)* (١) صَخْر الأديم (مج): الصَّخر الصَّلْد الواقع تحت التربة (جي) (٢) الحضيض؛ الدَّرْك الأسفل (٣) أساس؛ أعماق § (٤) أساسيّ؛ وطيد؛ راسخ.

bed·roll *(n.)* الفِراش اللّفيف: فراشٌ قابلٌ لأن يُلفَّ ويُحمل.

bed·room [bĕd'ro͞om'] *(n.; adj.)* (١) حجرة النوم؛ المَهْجع § (٢) مُثير: محرِّك للرَّغبة الجنسية <a ~ novel>.

bedroom slipper *(n.)* خُفُّ المَهْجع؛ خُفّ حجرة النوم.

bed·side *(n.; adj.)* (١) جانب السَّرير: موضع إلى جانب السرير، وبخاصة إلى جانب سرير مريضٍ أو مُحْتَضَر § (٢) خاصّ بجانب السرير.

bed–sit [bĕd'sĭt] *(n.)* = bed–sitter.

bed–sit·ter *(n.)* غرفة النَّوجُلوس: حجرة للنوم والجلوس (بر).

bed·sore [-sōr'] *(n.)* قرحة الفِراش: تقرُّحٌ ناشئ عن ملازمة الفراش.

bed·spread [-'sprĕd'] *(n.)* غطاء السرير [المُزَخرَف عادةً].

bed·spring [-ʹsprĭngʹ] *(n.)* نابض السرير : نابض [راسّور] أو مجموعة نوابض لجعل حشيّة السرير مريحةً .

bed·stead [bĕdʹstĕdʹ] *(n.)* هيكل السَّرير .

bed·straw [-ʹstrō′] *(n.)* الغاليون؛ قَشّ مريم؛ قَشّ الفِراش : نبات كانت تُحشَى به الفُرُش .

bed·time [bĕdʹtīmʹ] *(n.)* وقت النَّوم؛ ميقات الرُّقاد .

bed·u·in [bĕdʹo͞o ĭn] *(n.; adj.)* = bedouin.

bed·ward [-ʹwərd] *or* **bed·wards** *(adv.)* نحو الفِراش؛ إلى الفِراش .

bed–wet·ting [bĕdʹwĕtʹĭng] *(n.)* سَلَسُ البول (مض) .

bee [bē] *(n.)* (١) نَحلة (٢) اجتماع للعمل أو التسلية .
a ~ in one's bonnet *or* head الهاجس : فكرة تستحوذ على المرء لا سبيل إلى التخلص منها .

bee·bread [-ʹbrĕdʹ] *(n.)* خبز النَّحْل : لَقَح يختزنه النحلُ طعامًا لصغاره .

beech [bēch] *(n.)* (١) الزّان؛ المُرّان (نب) (٢) خشب الزّان .

bee eater *(n.)* الوَرْوار؛ الخُضّار؛ الخُضَيْراء : طائر ذو منقار مستدقّ .

bee eater

beef[1] [bēf] *(n.)* (١) لحم البقر (٢) ثور؛ بقرة (٣) عضلات؛ قُوّة عَضَليّة (ع) (٤) قوّة؛ طاقة (٥) نزاع؛ شجار (٦) شكوى؛ اعتراض؛ احتجاج .

beef[2] *(vt.; i.)* (١) يُعزِّز؛ يُقَوّي **x** (٢) يشكو؛ يتذمَّر (ع) .

beef·alo [bēʹfə lōʹ] *(n.)* البَقْجاموس : حيوان مُهَجَّن من البقرة والجاموس .

beef·burg·er [bēfʹbûrʹgər] *(n.)* = hamburger.

beef·eat·er [bēfʹēʹtər] *(n.)* (١) «أ» آكل لحم البقر . «ب» شخص بدين (٢) «أ» أحد أفراد الحرس الملكيّ الإنكليزيّ . «ب» شخص إنكليزيّ (٣) طير البقر : ضرب من الزرازير يقع على ظهور البقر .

beef·steak [-ʹstākʹ] *(n.)* البِفْتيك : شريحة من لحم البقر .

beefsteak fungus *(n.)* فُطر الكَبِد؛ كَبِدُ الثور : فُطْرٌ أحمرُ .

beef tea *(n.)* شاي لحم البقر : مَرَق لحم يُقَدَّم للمرضى .

beef–wit·ted [bēfʹwĭtʹĭd] *(adj.)* أبله؛ مُغَفَّل .

beef·y [bēʹfī] *(adj.)* (١) قويّ (٢) لَحِيم (٣) بدين؛ سمين .

bee·hive [bēʹhīvʹ] *(n.; adj.)* (١) القَفير؛ خليّة النحل (٢) خَليّة نَحلٍ : مكان مُزْدَحِم يمور بالنّشاط § (٣) قفيرانيّ : قفيريّ الشكل <a ~ oven> .

bee·keep·er [bēʹkēʹpər] *(n.)* النَّحّال : مُرَبّي النَّحل .

bee·line [bēʹlīnʹ] *(n.; vi.)* (١) خطّ النّحل؛ الخطّ المباشر؛ أقرب المسالك § (٢) يسلك أقصر الطُّرق .

Be·el·ze·bub [bĭ ĕlʹ-] *(n.)* (١) بَعْل زَبوب : رئيس الشياطين (٢) شيطان .

been [bĭn] *past part. of* be.

beep [bēp] *(n.; vi.)* (١) بيب : صوت البوق إلخ § (٢) يُبَوِّق؛ يَزْعق .

beep·er [bēʹpər] *(n.)* المُبَيِّبة؛ المُبَوِّقة : أداة ألكترونية تُطلِق صوتًا معيّنًا عند استقبالها إشارة لاسلكية خاصة .

beer [bēr] *(n.)* جِعَة؛ بيرة .

beer and skittles *(n.)* لَهْو؛ عَبَث؛ لَعِب (بر) .

beer·house [bērʹ-] *(n.)* حانة الجِعَة : حانة لبيع الجعة ونحوها .

beer·y [bērʹī] *(adj.)* جِعَويّ : «أ» منسوب إلى الجِعَة أو خاصّ بها . «ب» شبيه بالجِعَة مذاقًا أو رائحةً . «ج» ناشئ عن الجعة أو متأثّر بها <a ~ breath> . «د» عابق برائحة الجِعَة <a ~ tavern> .

bees·tings [bēʹstĭngz] *(n.)* اللِّبَأ : أول اللبن الذي تعطيه البقرة أو غيرُها من الثدييّات عَقِبَ الولادة .

bees·wax [bēzʹwăksʹ] *(n.; vt.)* (١) شمع العَسَل § (٢) يُشَمِّع : يَفْرك أو يكسو أو يَصْقُل بشمع العَسَل .

beet [bēt] *(n.)* (١) الشَّمَنْدَر؛ الشَّوَنْدَر؛ البَنْجَر (نب) (٢) جذر الشَّمَنْدَر .

bee·tle[1] [bēʹtəl] *(n.; vt.)* (١) خُنْفُساء (حش) (٢) مِدَقّة (٣) مِطْرَقة خشبية (٤) مِصْقلة [للأقمشة] § (٥) «أ» يَدُقّ . «ب» يضرب بمِطرقة . «ج» يَصْقُل .

bee·tle[2] *(adj.; vi.)* (١) ناتئ؛ بارز § (٢) ينتأ؛ يَبْرُز .

bee·tle–browed *(adj.)* (١) كَثّ الحاجبين (٢) عابس؛ مُقَطِّب .

bee·tle·head; -ed [bēʹtəl-] *(n.)* الأبله؛ المعتوه؛ المُغَفَّل .

bee tree *(n.)* شجرة النَّحل : شجرة جوفاء يتَّخذ النّحلُ منها قفيرًا .

beet sugar *(n.)* سُكَّر الشَّمَنْدَر .

beeves [bēvz] *pl. of* beef.

be·fall [bĭ fôlʹ] *(vi.; t.)* (١) يَحْدُث؛ يَقَع **x** (٢) يُصيب؛ يَحْدُث لِـ .

be·fell [bĭ fĕlʹ] *past of* befall.

be·fit [bĭ fĭtʹ] *(vt.)* (١) يُلائم؛ يُناسب (٢) يليق بِـ .

be·fit·ting [bĭ fĭtʹĭng] *(adj.)* (١) مُلائم؛ مُناسب (٢) لائق .

be·flag [bĭ flăgʹ] *(vt.)* يكسو بالرايات؛ يزيِّن بالرايات .

be·fog [bĭ fŏgʹ] *(vt.)* (١) يَلُفّه بالضّباب (٢) يجعله ضبابيًا أو غير واضح (٣) يحيِّر؛ يُرْبِك؛ يَشْدَه (٤) يُضْعِف <Drink ~*ged* her senses.> .

be·fool [bĭ fo͞olʹ] *(vt.)* (١) يعامله معاملةَ المجانين (٢) يَخْدع .

be·fore [bĭ fôrʹ] *(adv.; adj.; prep.; conj.)* (١) من قبلُ؛ قبلَ الآن؛ سابقًا § (٢) سابق <the night ~> § (٣) أمامَ <~ my very eyes> (٤) إزاءَ؛ في مواجهة (٥) قُبالَة؛ تُجاهَ (٦) في حضرة <~ the judge> (٧) في طليعة (٨) قبلَ <~ the war> (٩) فوقَ؛ في مرتبةٍ أعلى <to put quantity ~ quality> (١٠) بسبب؛ من جَرّاء § (١١) قبل أن <Finish your work ~ you leave.>.

be·fore·hand *(adv.; adj.)* (١) مُقَدَّمًا؛ سَلَفًا <to know ~> (٢) سابقًا (٣) قبلَ الموعد المحدَّد § (٤) «مسبِّق»؛ مُنْجِزٌ أمرًا قبل موعده؛ مسارعٌ إلى دفع ما عليه قبل استحقاقه .

be·fore·time *(adv.)* سابقًا؛ قديمًا؛ في ما مضى (ا . ق) .

be·foul [bĭ foulʹ] *(vt.)* (١) يُلَوِّث؛ يُوَسِّخ (٢) يُشَوِّه بالافتراء .

be·friend [bĭ frĕndʹ] *(vt.)* (١) يُصادق (٢) يساعد؛ يُناصر؛ يؤيِّد .

be·fud·dle [-fŭd′əl] *(vt.)* (١) يُشوِّش أو يُخَبِّل [بالمُسْكِرات] (٢) يُرْبِك .

beg [bĕg] *(vt.; i.)* (١) يستجدي ؛ يستعطي ؛ يَشْحَذ (٢) «أ» يلتمس <to ~ forgiveness> . «ب» يتوسَّل إلى ؛ يتضرَّع إلى . «ج» يجيز لنفسه <I ~ to point out that...> (٣) يُسَلِّم بِـ <to ~ the question> (٤) يلتمس إعفاءه من x (٥) يعتذر : يطلب إعفاءه من أداء واجب أو إنجاز وعد .

be·gan [bĭ găn′] *past of* begin.

be·gat [bĭ găt′] *past of* beget.

be·get [bĭ gĕt′] *(vt.)* (١) يُنجب [ولدًا] (٢) يولِّد ؛ يسبِّب ؛ يُفْضي إلى .

beg·gar [bĕg′ər] *(n.; vt.)* (١) مُتَسَوِّل ؛ شحّاذ (٢) فقيرٌ مُعْدِم (٣) جامع تبرُّعات [لمشروع خيريّ إلخ] (٤) فتًى ؛ شخص § (٥) يُفْقِر (٦) يَفُوق ؛ يَجِلُّ عن الوصف <~s all description> .

beg·gar·ly *(adj.)* (١) مُعْدِم ؛ فقير جدًّا (٢) حقير .

beg·gar·y [bĕg′ə rĭ] *(n.)* (١) عُدْم ؛ فقر مُدقِع (٢) جماعة المتسوّلين ؛ طبقة المتسوّلين (٣) تَسَوُّل ؛ استجداء ؛ استعطاء .

be·gin [bĭ gĭn′] *(vi; t.)* (١) يبدأ ؛ يشرع ؛ يأخذ في (٢) ينشأ x (٣) يبدأ عملًا ؛ يستهلّ (٤) «أ» ينشئ ؛ يؤسس . «ب» يبتدع ؛ يخترع .

to ~ the world — يدخل مُعْتَرَك الحياة [بعد التخرج] .

to ~ with — أولًا .

be·gin·ner *(n.)* (١) المُسْتَهِلّ [أمرًا ما] (٢) الغِرّ ؛ المبتدئ .

be·gin·ning *(n.; adj.)* (١) بدء ؛ ابتداء (٢) مُسْتَهَلّ ؛ مَطْلَع (٣) أصل ؛ مصدر ؛ علّة <God is the ~ of all things.> § (٤) مولود حديثًا (٥) استهلاليّ (٦) مبتدئ .

be·gird [bĭ gûrd′] *(vt.)* يُطوِّق [برباط أو نطاق] ؛ يُحيط بِـ .

be·gone [bĭ gôn′; bĭ gŏn′] *(vi.)* يمضي ؛ ينصرف ؛ يبتعد .

be·gon·ia [bĭ gōn′yə] *(n.)* البَغُونِيَة : نبات استوائيّ .

begonia

be·got [bĭ gŏt′] *past and past part. of* beget.

be·got·ten [bĭ gŏt′ən] *past part. of* beget.

be·grime [bĭ grīm′] *(vt.)* (١) يُلوِّث ؛ يُوَسِّخ (٢) يُفْسِد .

be·grudge [bĭ grŭj′] *(vt.)* (١) يَضِيق بِـ ؛ ينزعج من (٢) يَحْسُده على (٣) يَبخَل أو يَضِنّ عليه بِـ . . . .

be·guile [bĭ gīl′] *(vt.)* (١) يُضَلِّل ؛ يَخْدَع (٢) يقوده بالحيلة أو الخداع (٣) يَسْلُبه [مالًا] بالحيلة أو الخداع (٤) يتسلّى [عن الهمّ] (٥) يُلهي ؛ يُسَلّي (٦) يُزْجي : يُمضي وقتَ الفراغ بِـ . . . (٧) يُغْوِي ؛ يَفْتِن ؛ يَسْحَر .
— **be·guile·ment; be·guil·er** *(n.)*

be·guine [bĭ gēn′] *(n.)* (١) البيجين : رقصة شعبية جنوبأميركيّة شبيهة بالرومبا (٢) موسيقى البيجين .

be·gum [bē′gəm] *(n.)* البِيغوم : سيِّدة مسلمة رفيعة المقام .

be·gun [bĭ gŭn′] *past part. of* begin.

be·half [bĭ hăf′; -häf′] *(n.)* (١) مَصْلحة ؛ منفعة (٢) دفاع ؛ تأييد .

in ~ of — لأجل ؛ لمصلحة ؛ دفاعًا عن .

in this ~, — من هذه الناحية [من المسألة أو الموضوع] .

on ~ of — (١) «أ» بالنيابة عن . «ب» بالأصالة عن النفس (٢) لأجل ؛ لمصلحة .

on my ~, — عليَّ ؛ من ناحيتي .

be·have [bĭ hāv′] *(vt.; i.)* (١) يَسْلُك ؛ يتصرّف (٢) يَسْلُك سلوكًا حَسَنًا <Did the child~?> (٣) يَعْمل ؛ يؤدّي وظيفتَهُ .

Behave yourself! — تأدَّبْ! كن لطيفًا!

be·hav·ior; be·hav·iour *(n.)* سلوك ؛ تَصَرُّف . **–ior·al** *(adj.)*

be·hav·ior·ism *(n.)* السُّلوكية : مدرسة في علم النفس تقوم على أساس الدراسة الموضوعية للسلوك .

be·head [bĭ hĕd′] *(vt.)* يَقْطَع رأسَه ؛ يَضْرِب عُنُقَه .

be·held [-hĕld′] *past and past part. of* behold.

be·he·moth [bĭ hē′məth; bĭ′ə-] *(n.)* البَهِيْموث : «أ» فرس النهر . «ب» شيء أو شخص أو حيوان ضخمٌ قوي (ع) .

be·hest [bĭ hĕst′] *(n.)* (١) أمرٌ ؛ وصيّة (٢) طَلَب ؛ رغبة .

be·hind [bĭ hīnd′] *(adv. or adj.; prep; n.)* (١) في المؤخَّرة (٢) من الخلف (٣) إلى الوراء (٤) متأخِّر <The clock was ~.> (٥) متأخرٌ في <~ in his payments> § (٦) خَلْفَ ؛ وراءَ (٧) مُتَخلِّف عن § (٨) الجانب الخلفيّ [من الثوب إلخ] (٩) مؤخَّرة ؛ عَجيزة .

~ time — متأخِّر .

~ the scenes — سِرًّا ؛ وراء الكواليس .

~ the times — (١) عتيق الزّيّ ؛ بَطُل استعماله (٢) رجعيّ ؛ ذو أفكار بالية .

be·hind·hand *(adj.)* (١) مُتأخِّر (٢) مُتخلِّف ؛ مُقَصِّر عن الآخرين .

behind–the–scenes *(adj.)* سِرّيّ ؛ مُنْجَز خلف الكواليس .

be·hold [bĭ hōld′] *(vt.; interj.)* (١) ينظر ؛ يُشاهد ؛ يرى (٢) يُلاحظ § (٣) أُنظُرْ! شاهِدْ! لاحِظْ!

be·hold·en *(adj.)* مَدِينٌ بالفضل <~ to no one> .

be·hold·er [bĭ hōl′dər] *(n.)* النّاظر ؛ المُشاهِد ؛ المُلاحِظ .

be·hoof [bĭ hoof′] *(n.)* مَصْلحة ؛ منفعة ؛ فائدة .

be·hoove [bĭ hoov′] *(vt.; i.)* (١) ينبغي ؛ يتعيَّن ؛ يتوجَّب (٢) يليق بِـ .

be·hove [bĭ hōv′] *(vt.; i.)* = behoove.

beige [bāzh] *(n.; adj.)* (١) البيج : «أ» نسيج من صوف طبيعي غير مصبوغ . «ب» لون الصوف الطبيعي § (٢) بيجيّ ؛ بيجيّ اللون : بلون الصوف الطبيعي .

be·ing [bē′ĭng] *(n.)* (١) الكَيْنونة ؛ الوجود (٢) الحياة (٣) طبيعة (٤) كائن ؛ كائن حيّ (٥) شخصيّة (٦) شخص (٧) جوهر .

for the time ~, — مؤقَّتًا ؛ في الوقت الحاضر .

in ~, — موجود .

the supreme *Being* — الذّات العُليا : الله .

be·jew·el [bĭ joo′əl] *(vt.)* يُجَوْهِر : يُرَصِّع بالجواهر .

bel [bĕl] *(n.)* البَل : وحدة لقياس نسبة القدرة تساوي ١٠ ديسيبلات .

be·la·bor *also* **be·la·bour** [bĭ lā′bər] *(vt.)* (١) يُوسِعُهُ دَرْسًا ؛ يُطيل تمحيصَه (٢) يُوْسِعُهُ ضَرْبًا (٣) يُهاجم أو يَسخَر من .

be·lat·ed [bĭ lā′-] *(adj.)* (١) متأخر [عن الوقت المعتاد] (٢) بالٍ .

be·laud [bĭ lôd′] *(vt.)* يُطري [إطراءً شديدًا] ؛ يُمَجِّد .

be·lay [bĭ lā′] *(vt.; i.; n.)* (١) «أ» يُوَتِّد : يثبِّت حبلًا بِلَفِّهِ حول وَتِدٍ .

«ب» يُثَبِّت. «ج» يُوقِف؛ يُلغي (مل) x (٢) قِفْ! كَفَى! (مل) § (٤) التّوتيد: «أ» تثبيت حبل التسلّق. «ب» الصخرة التي يُشَدُّ إليها هذا الحبل.

be·lay·ing pin *(n.)* وَتِدُ التثبيت: وتدٌ تُلَفّ حوله الحبال لتثبيتها (مل).

belch [bělch] *(vi.; t.; n.)* (١) يَتَجشَّأ (٢) يثور؛ ينفجر (٣) يتدفّق (٤) يَلْفِظ؛ يقذف بقوة § (٥) «أ» تجشُّؤ. «ب» قَذْفٌ بقوّة (٦) المقذوف [من نارٍ أو دخان].

bel·dam *or* **bel·dame** [běl′dəm] *(n.)* العجوز الشمطاء.

be·lea·guer [bǐ lē′gər] *(vt.)* (١) يُحاصِر؛ يطوّق (٢) يُزعج.

bel–es·prit [běl ěs prē′] *(n.)* العَبْقري؛ الموهوب؛ عظيم الذكاء.

bel·fry [běl′frǐ] *(n.)* بُرْجُ الجَرَس [في كنيسةٍ].

bel·ga [běl′gə] *(n.)* البَلْجة: وحدة نقد بلجيكية سابقة تساوي خمسة فرنكات.

Bel·gian [běl′jən] *(n.; adj.)* (١) البلجيكيّ: «أ» أحد أبناء بلجيكا. «ب» فَرَس بلجيكيّ § (٢) بلجيكيّ.

Belgo- بادئة معناها: بلجيكيّ و . . . <*Belgo*–English>.

Be·li·al [bē′lǐ əl] *(n.)* بَلِيْعال: «أ» الشيطان. «ب» ملاك ساقط.

be·lie [bǐ lī′] *(vt.)* (١) يعطي فكرةً خاطئةً عن <His words ~ his true feelings.> (٢) يُكذِّب؛ يناقض <His deeds ~ his words.> (٣) يُخيِّب <He ~*d* our hopes.> (٤) يُحرِّف؛ يُشوِّه.

be·lief [bǐ lēf′] *(n.)* (١) إيمان (٢) ثقة (٣) تصديق (٤) مُعْتَقَد؛ عقيدة (٥) اعتقاد؛ رأي.

be·liev·a·ble *(adj.)* قابلٌ للتصديق؛ مُمكِنٌ تصديقُهُ.

be·lieve [bǐ lēv′] *(vi.; t.)* (١) يُؤمن بـ (٢) يثق بـ x (٣) يعتقد (٤) يصدِّق (٥) يظنّ فيه [ظنَّ السَّوء إلخ].

— **be·liev·er** *(n.)*

be·liev·ing *(n.)* إيمان؛ اعتقاد؛ تصديق.

be·like [bǐ līk′] *(adv.)* رُبّما؛ في أغلب الظنّ (ا ق).

be·lit·tle [bǐ lǐt′əl] *(vt.)* (١) يُصَغِّر (٢) يقلِّل من شأنه؛ يستخفّ.

bell¹ [běl] *(n.; vt.; i.)* (١) جَرَس؛ ناقوس (٢) صوت الجَرَس (٣) الكأس: كأس الزهرة (نب) (٤) الجَرَس: كلّ ما هو جَرَسيّ الشكل، مثل: «أ» طرف الأنبوبة المتّسع. «ب» طرف آلة النفخ الموسيقية المتّسع (٥) glockenspiel § (٦) يُجرِّس: «أ» يزوِّد بجَرَس. «ب» يجعله جَرَسيّ الشكل x (٧) يتجرَّس: يتّخذ شكلَ جَرَس.

to ~ the cat يُقدِم على عمل خَطِرٍ إنقاذًا للآخرين.

to ring a ~, يُذَكِّر بشيء غاب عن البال أو الذهن.

bell² *(vt.; n.)* (١) يَجْأر؛ يخور § (٢) جُؤار؛ خُوار.

bel·la·don·na [běl′ə dŏn′ə] *(n.)* البَلّادونة؛ ستّ الحُسْن (نب).

belladonna lily *(n.)* = amaryllis.

bell·bird [běl′bûrd] *(n.)* الطائر الناقوسيّ: أيّ من عدّة طيور يُشبه صوتُها صوتَ الناقوس.

bellbird

bell·boy [běl′boi′] *(n.)* غلام الجَرَس: خادم فندقٍ أو نادٍ.

bell buoy *(n.)* الطافية الجَرَسيّة: «عوّامة» لإرشاد السُّفن ذاتُ جَرَسٍ تقرعُهُ الأمواج.

belle [běl] *(n.)* الفاتنة؛ الحسناء: امرأة ذات جمال ساحر.

belles let·tres [běl lět′r] *(n. pl.)* الأدب المَحْض: الأدب بوصفه فنًّا جميلًا. وبخاصة: الشعر والمسرحية والرواية.

— **bel·let·rist** *(n.)*

bel·le·tris·tic [běl′lě trǐs′-] *(adj.)* أدبيمَحْضيّ: خاصّ بالأدب المَحْض.

bell·flow·er [běl′flou′ər] *(n.)* الجُرَيْس: نبات من الفصيلة الجُرَيْسيّة.

bell founder *(n.)* الجَرّاس: سبّاك الأجراس.

bell founding *(n.)* الجِراسة: صناعة الأجراس.

bell foundry *(n.)* المَجْرَسة: مَسْبَك الأجراس.

bell glass *(n.)* = bell jar.

bell·hop [běl′hŏp′] *(n.)* = bellboy.

bel·li·cose [běl′ə kōs′] *(adj.)* مُسْتَحْرِب: مُوْلَعٌ بالقتال.

bel·lied [běl′ǐd] *(adj.)* (١) ذو بطن (٢) بَطِين (٣) مُنْتَفِخ.

bel·lig·er·ence [-lǐj′-] *(n.)* (١) حُبُّ القتال (٢) قتال؛ حرب (٣) عِداء.

bel·lig·er·en·cy *(n.)* المُحارِبيّة: حالة الاشتراك الفعليّ في الحرب.

bel·lig·er·ent [bə lǐj′-] *(adj.; n.)* (١) مُحارِب: مشتركٌ اشتراكًا فعليًا في الحرب <the ~ powers> (٢) حَرْبيّ؛ مُحارِبيّ: خاصّ بالحرب أو بالمحاربين <~ rights> (٣) مُعادٍ؛ عُدوانيّ (٤) نزّاع إلى القتال § (٥) دولة محاربة [أو أحد أفراد قوّاتها].

bell jar

bell jar *(n.)* القارورة الناقوسيّة؛ الناقوس الزُّجاجي (ك).

bell·man [běl′mən] *(n.)* (١) قارع الناقوس (٢) منادي البلدة أو حارسُها (٣) bellboy.

bell metal *(n.)* مَعْدِن الأجراس: خليط من نحاس وقصدير تُصنع منه الأجراس.

bell–mouthed *(adj.)* ناقوسيّ الفم: ذو فمٍ كالجَرَس.

Bel·lo·na [bə lō′nə] *(n.)* بيلونا: إلاهة الحرب عند الرومان (مث).

bel·low [běl′ō] *(vi.; t.; n.)* (١) يَخُور [الثورُ إلخ] (٢) يَجْأر؛ يرفع الصوت عاليًا x (٣) يَجْأر بـ؛ يقول بصوت عالٍ عميق § (٤) «أ» خُوار. «ب» جُؤار.

bel·lows [běl′ōz] *(n. sing. or pl.)* (١) مِنفاخ؛ كِيْر (٢) الرّئتان (٣) المِنفاخ: الجزء الجلدي المتمدّد من آلة التصوير.

bellows fish *(n.)* فَرَس البحر: سمكة طويلة الخَطْم مضغوطة الجسم.

bellows fish

bell·pull [běl′po͝ol′] *(n.)* (١) مَقْبِض الجرس: مَقبِض متّصل بحبل أو سلك لقرع أجراس الأبواب (٢) حبل الجرس.

bell push *(n.)* زِرّ الجرس: زرٌّ يُقْرَع بواسطته جرسٌ كهربائيّ.

bell·weth·er [běl′-] *(n.)* (١) الكَرّاز: كَبْشٌ يتقدّم القطيع (٢) زعيم.

bell·wort [běl′wûrt′] *(n.)* (١) bellflower (٢) اللَّهَوِيّة؛ زهرة اللَّهاة: عشب ذو زهرات صفراء، متدلّية، ناقوسية الشكل (نب).

bel·ly [běl′ǐ] *(n.; vt.; i.)* (١) «أ» بطن. «ب» رَحِمٌ. «ج» المَعِدة وملحقاتها.

«د» الشهوة إلى الطعام (٢) الجَوف: الجزء الداخليّ من شيء (٣) البطن: «أ» الجزء المتنفخ من شيءٍ ما <the ~ of a flask>. «ب» جزء من الشراع ينتفخ عند هبوب الريح. «ج» الجزء اللَّحِيم من عضلة § (٤) يَنفخ x (٥) ينتفخ.

bel·ly·ache [-āk′] *(n.; vi.)* (١) مَغْص § (٢) يشكو؛ يتذمّر.

bel·ly·band [-bănd′] *(n.)* الحِزام. وبخاصة: حزام بطن الفَرَس.

bel·ly–bound *(adj.)* مُعْتَقَل البطن؛ مُصابٌ بإمساك.

belly button *(n.)* السُّرّة: سُرّة البطن.

belly dance *(n.; vi.)* (١) رقصة البطن [تؤدّيها راقصةٌ شرقية عادةً] § (٢) تؤدّي رقصةَ البطن.

— **belly dancer** *(n.)*

bel·ly·ful *(n.)* (١) مِلءُ البطن (٢) تُخَمة؛ مقدارٌ مُتْخِم.

belly–god *(n.)* الأكول؛ الشَّرِه؛ النَّهِم؛ عابدُ بطنِه.

bel·ly–land *(vi.)* يستبطن: يجعل الطائرةَ تهبط على «بطنيَّتها» أو سطحها الأدنى عندما يتعطَّل جهاز الهبوط.

be·long [bĭ lông′; bĭ lŏng′] *(vi.)* (١) يَخُصّ (٢) ينتسب أو ينتمي إلى <Which club do you ~ to?> (٣) يلائم <Strong meat ~s to them that are of full age.> (٤) يَصْلُح لِـ؛ ينفعُ في <A dictionary ~s in every office.> (٥) يتمتّع بالصفات الاجتماعية اللازمة للاندماج في جماعةٍ ما <She's smart and jolly and everything, but she doesn't ~.> (٦) يقطُن؛ يسكُن <Do you ~ here?>.

be·long·ing *(n.)* صلة وثيقة أو حميمة؛ ولاء متبادل.

be·long·ings *(n. pl.)* (١) أمتعة؛ ملابس؛ ممتلكات (٢) مُلْحَقات؛ توابع (٣) أنسباء؛ أقارب.

Be·lo·rus·sian [byĕl′ə rŭsh′ən] *(n.; adj.)* (١) البيلوروسيّ: أحد أبناء بيلوروسيا (٢) البيلوروسيّة: لغة البيلوروسيّين § (٣) بيلوروسيّ.

be·loved [bĭ lŭv′ĭd] *(adj.; n.)* محبوب؛ عزيز؛ أثير.

be·low [bĭ lō′] *(adv.; prep.; adj.)* (١) تَحْتَ (٢) «أ» على الأرض <here ~>. «ب» في الجحيم <the fiends ~> (٣) في الدَّور أو الطابق الأسفل من <~ down> (٤) أدناه؛ في أدنى الصفحة أو في صفحة تالية <See the statistics ~.> (٥) دون؛ أقلُّ من <~ the average; ~ three dollars> § (٦) ممّا لا يليق بـ <It is ~ your dignity to do that.> § (٧) أدْنويّ؛ تِلْويّ: واقعٌ في أدنى الصفحة أو في صفحة تالية.

belt [bĕlt] *(n.; vt.; i.)* (١) «أ» حِزام؛ زُنّار. «ب» خطّ؛ قلم؛ سَيْر؛ شريط (٢) السَّيْر: حزام يربط ما بين دولابين أو أكثر لنقل الحركة أو تغيير اتجاهها (٣) الحِزام: «أ» نِطاقٌ من أشجار أو حدائق. «ب» منطقة تصلح لزراعة أحد المحاصيل <the corn ~> (٤) لكمة أو ضربة بجُمْع اليد (ع) (٥) جَرْعة (٦) تأثُّر؛ انفعال § (٧) يُطوِّق أو يثبِّت أو يزوِّد بحزام أو سَيْر إلخ (٨) «أ» يَجْلِد. «ب» يَضْرب (٩) يُغنّي بقوّة x (١٠) يندفع أو يَعمل بهمّة أو بعُنف.

below the ~, (١) بطريقة مخالفة للعُرف أو لقواعد اللّعبة [في الملاكمة] (٢) بطريقة ظالمة أو جبانة.

to ~ up يهدأ؛ يَسْكت.

to tighten one's ~, يَشُدّ الحزام: يتقشّف؛ يقتصد في النفقة.

belt·ed *(adj.)* (١) مُحَزَّم؛ مُسَيَّر: مطوَّق بحزام أو سَيْر (٢) مُنْتَطِق حِزامًا (٣) متدلٍّ من حزام (٤) مُخطَّط؛ مُقَلَّم.

belt highway *(n.)* الطريق المطوِّقة [حول مدينة أو منطقة].

belt·ing *(n.)* (١) أحزِمة؛ سُيور (٢) حِزام؛ سَيْر (٣) موادّ لصنع الأحزمة والسُّيور (٤) جَلْد: ضربٌ بالحزام.

belt·way [bĕlt′wā′] *(n.)* = belt highway.

be·lu·ga [bə lo͞o′gə] *(n.)* البَلُوغة: «أ» الحَفْش الأبيض (سمك). «ب» الدُّلفين الأبيض.

beluga b.

bel·ve·dere [bĕl′və dēr′] *(n.)* البَلْفدير: «أ» مبنى مُطلٌّ على منظر رائع. «ب» ضربٌ من السّيجار.

be·ma [bē′mə] *(n.)* المَقْدِس: جزء من كنيسة يشتمل على المذبح.

be·maul [bĭ môl′] *(vt.)* يَضْرِب بعُنف.

be·mazed [bĭ māzd′] *(adj.)* مشدوه؛ متحيِّر؛ مرتبك.

be·mean [bĭ mēn′] *(vt.)* يُحَقِّر؛ يَحُطّ من قَدْر . . .

be·mire [bĭ mīr′] *(vt.)* يُوحِل: يلوِّث بالوَحْل.

be·moan [bĭ mōn′] *(vt.)* (١) يتفجّع أو ينوح على (٢) يَشْجُب.

be·mock [bĭ mŏk′] *(vt.)* يَسْخَر من؛ يَهزَأ بـ؛ يتهكّم على.

be·muse [bĭ myo͞oz′] *(vt.)* يُرْبِك؛ يَشْدَه؛ يُذْهِل.

ben [bĕn] *(n.)* البَن: الغرفة الداخلية من منزل أسكتلندي.

bench [bĕnch] *(n.; vt.; i.)* (١) البَنْك: مقعد طويل لشخصين أو أكثر (٢) «أ» مقعد القاضي إلخ. «ب» منصب القاضي <was elected to the ~>. «ج» محكمة. «د» هيئة المحكمة (٣) النَّضَد: «أ» دَكّة النجّار إلخ. «ب» مائدة تشكّل جزءًا من آلة (٤) مختبَر <~ test> (٥) الرصيف؛ المَصْطَبة: مُنْبَسَط مرتفعٌ من الأرض (٦) «أ» مِنصّة [يُعرَض عليها كلبٌ في معرِض للكلاب]. «ب» مَعْرِض كلاب § (٧) يزوِّد ببنوك أو مقاعد إلخ (٨) يُجْلِس [وبخاصة على مقعد القضاء] (٩) يُخرِج لاعبًا من اللعب (١٠) يَعرِض [الكلابَ] على مِنَصّة x (١١) يَجْلس على مقعد القضاء (ا. م).

bench mark *(n.)* (١) صُوَّة الإسناد: علامة تُجعَل على حدٍّ ثابتٍ وتُتّخذ نقطة ارتكازٍ لقياس الارتفاعات (٢) مِقياس؛ معيار.

bench show *(n.)* مَعْرِض الكلاب [وغيرها من الحيوانات الصغيرة].

bench warrant *(n.)* أمر المحكمة: أمرٌ باعتقال مُتّهَم بجريمةٍ.

bend[1] [bĕnd] *(vt.; i.; n.)* (١) يُوتِّر: يَشُدّ وترَ القوس إلى الوراء استعدادًا لإطلاق السّهم (٢) يَلْوِي؛ يَثْني؛ يَحْني (٣) يُوثِق؛ يُثَبِّت <to ~ a mainsail> (٤) يُخضِع <to ~ someone to one's will> (٥) يَحْرِف؛ يَعْطِف؛ يُزيغ (٦) يحرِّف؛ يشوِّه (٧) يَعْقِد العزم <He's *bent* on mastering French.> (٨) يوجّه الذهن أو الجهد إلخ <She *bent* her mind to her studies.> x (٩) «أ» يلتوي؛ ينثني؛ ينحني. «ب» ينحني خضوعًا أو احترامًا. «ج» يَخْضَع (١٠) ينكبّ على § (١١) لَيّ؛ ثَنْي؛ حَنْي (١٢) التواء؛ انثناء؛ انحناء (١٣) مُنعطَف [في طريق أو مجرى نهر إلخ] (١٤) bends.

bend[2] *(n.)* عُقْدة [في حبل].

bend·er *(n.)* (١) فا bend (٢) مرحٌ صاخب (٣) ستة بنسات.

bending moment *(n.)* عَزْم الثَّني (مج): عزم الازدواج الذي يعمل على

ثَنْي الجسم (مك).

bends [bĕndz] *(n. pl.)* = caisson disease.

be·neath [bĭ nēth′] *(adv.; prep.)* (١) تَحْتَ § (٢) تحت وطأة (٣) دون؛ أدنى مرتبةً من (٤) غير جدير أو لائقٍ بـ.

ben·e·dict [bĕn′ə dĭkt] *(n.)* المتزوّج حديثًا [بعد عُزوبة طويلة].

Ben·e·dic·tine [bĕn′ə dĭk′-] *(n.; adj.)* (١) الراهب البنيديكتيّ؛ الراهبة البنيديكتيّة: راهب أو راهبة من أتباع القديس بنيديكت (٢) الخمر البنيديكتيّة: خمر منسوبة إلى الرهبان البنيديكتيين § (٣) بنيديكتيّ.

ben·e·dic·tion [-′shən] *(n.)* (١) المباركة: مَنْحُ البَرَكة (٢) بَرَكة. وبخاصة: بَرَكة يمنحها الكاهن بعد الصلاة (نص) (٣) «أ» رحمة. «ب» فائدة.

— **ben·e·dic·to·ry** *(adj.)*

ben·e·fac·tion [bĕn′ə făk′-] *(n.)* (١) إحسان (٢) تبرُّع؛ هِبة.

ben·e·fac·tor [bĕn′ə făk′-] *(n.)* المُحْسِن؛ المُتبرِّع [بهِبةٍ خيرية].

ben·e·fac·tress [-trəs] *(n.)* المُحْسِنة؛ المتبرِّعة [بهِبةٍ خيرية].

be·nef·ic [bə nĕf′ĭk] *(adj.)* = beneficent.

ben·e·fice [bĕn′ə fĭs] *(n.; vt.)* (١) «أ» منصِب كنسيّ [ذو دَخْل]. «ب» دَخْل هذا المنصِب (٢) إقطاعة § (٣) يَمْنحه منصبًا كنسيًّا ذا دَخْل.

be·nef·i·cence [bə nĕf′ə səns] *(n.)* = benefaction.

be·nef·i·cent [-sənt] *(adj.)* (١) مُحْسِن؛ خيِّر؛ كريم (٢) مفيد.

ben·e·fi·cial [bĕn′ə fĭsh′əl] *(adj.)* (١) مفيد؛ نافع (٢) مستفيد: صاحب حق في الاستفادة من كذا <the ~ owner of an estate>.

ben·e·fi·ci·ar·y [-′ĭ ĕr′ĭ] *(n.)* (١) «أ» المستفيد. «ب» المستفيد من وصية أو عقد تأمين إلخ (٢) صاحب منصب كنسيّ ذي دَخْل.

ben·e·fit [bĕn′ə fĭt] *(n.; vt.; i.)*, **-fit·ed** *also* **-fit·ted** (١) «أ» فائدة؛ نفع. «ب» عون؛ مساعدة (٢) المَزِيّة: «أ» إعانة مالية عند الشيخوخة أو المرض أو البطالة. «ب» مبلغ يُدفع أو خدمة تُقدَّم بموجب تقاعد أو عقد تأمين إلخ (٣) حفلة خيرية § (٤) يُفيد x (٥) يستفيد.

benefit of clergy (١) الحصانة الإكليركية: امتياز قديم كان رجال الدين يحاكَمون بموجبه أمام محاكم إكليركية خاصة (٢) موافقة الكنيسة.

benefit of doubt قرينة الشّكّ (ق).

to give a person the ~, يجعل قرينة الشّكّ في مصلحته؛ يبرِّئه على أساس من عدم توفّر الأدلة الكافية لإدانته.

benefit society *also* **association** *(n.)* الجمعية الإسعافية: جمعية تهدف إلى مساعدة أعضائها وأفراد أُسرهم في حال المرض أو الوفاة.

be·nev·o·lence [bə nĕv′ə ləns] *(n.)* (١) الخَيْرِيَّة: النزعة إلى عمل الخير (٢) صَدَقة؛ هِبَة (٣) تبرّع إلزاميّ للملك (تا إنكليزيّ).

be·nev·o·lent [-lənt] *(adj.)* (١) كريم؛ خيِّر؛ مطبوع على حبّ الخير (٢) خيريّ: هادفٌ إلى النفع العام لا إلى الربح (٣) عَذْب وَدُود.

Ben·ga·lese [bĕn′gə lēz′] *(adj.; n.)* (١) بنغاليّ: متعلّق بالبنغال أو بشعبه أو بلغته § (٢) البنغاليّ: أحد أبناء البنغال (٣) البنغاليون.

Bengal fire *(n.)*=Bengal light.

Ben·ga·li [bĕn gô′lĭ; -gä′-] *(n.; adj.)* (١) البنغاليّ: أحد أبناء البنغال (٢) البنغلاديشيّ: أحد أبناء بنغلاديش (٣) اللغة البنغاليّة § (٤) بنغاليّ.

ben·ga·line [bĕng′gə lēn′] *(n.)* البنغالين: نسيج مُضَلَّع.

Bengal light *(n.)* الضوء البنغاليّ: ضوء أزرق يُستعمل في المسارح والألعاب النارية ولإرسال إشارات التنبيه.

be·night·ed [bĭ nī′tĭd] *(adj.)* (١) أدركه الليل؛ دهمَهُ الليل <~ travelers> (٢) جاهل <~ minds>.

be·nign [bĭ nīn′] *(adj.)* (١) لطيف؛ كريم <a ~ old lady> (٢) عذب؛ رقيق <a ~ smile> (٣) معتدل <a ~ climate> (٤) حميد؛ غير خطِر <a ~ tumor>.

be·nig·nan·cy [bĭ nĭg′nən sĭ] *(n.)* (١) رأفة؛ عَطْف (٢) الحَمادة: كَوْن الورم حميدًا أو غيرَ خطِر.

be·nig·nant [bĭ nĭg′nənt] *(adj.)* (١) رؤوف؛ عطوف <a ~ sovereign> (٢) نافع (٣) حميد <a ~ tumor>.

be·nig·ni·ty [-′nə tĭ] *(n.)* (١) لُطْف؛ كرم؛ رقة (٢) سلامة عاقبةٍ (٣) عملٌ كريم إلخ.

ben·i·son [bĕn′ə zən; -sən] *(n.)* = benediction.

ben·ja·min [bĕn′jə mən] *(n.)* (١) benzoin *1*؛ (٢) المِجْزاعة؛ البَلْسَمِيْنَة. وبخاصة: مجزاعة الحدائق (نب).

ben·net [bĕn′ĭt] *(n.)* الحشيشة المبارَكة (نب).

bent[1] [bĕnt] *past and past part. of* bend.

bent[2] *(n.)* (١) مَرْج؛ حَقْل (٢) المَرْجيّة؛ النّجيل (را . bent grass).

bent[3] *(adj.; n.)* (١) مُنْحنٍ؛ مَحْنيّ (٢) مُصمِّم (٣) غير مألوف؛ غير سويّ § (٤) نَزْعة؛ مَيْل (٥) القُدْرة على الاحتمال.

bent grass *(n.)* المَرْجيّة؛ النَّجيل: نبات من النَّجيليّات.

ben·thic; ben·thal; ben·thon·ic *(adj.)* قاعيّ؛ أعْماقيّ: خاصّ بقاع البحر أو أعماق المحيط <~ organisms>.

ben·thos *(n.)* (١) قاع البحر (٢) القاعيّات: حيوانات ونباتات قاع البحر.

be·numb [bĭ nŭm′] *(vt.)* (١) يَشُلّ (٢) يُخْدِر: يجعله خَدِرًا.

ben·zene [bĕn′zēn] *(n.)* البِنْزَن؛ البِنزول: سائل طيّار سامّ.

ben·zine [bĕn′zēn; -zēn′] *(n.)* البنزين: سائل ملتهب يُشْتَق بتقطير البترول.

ben·zo·ic acid [-zō′ĭk] *(n.)* حَمْض البَنْزويك؛ حَمْض اللُّبان الجاويّ.

ben·zo·in [bĕn′zoin; -zō′ĭn] *(n.)* (١) المَيْعَة؛ اللُّبان الجاويّ؛ البَنْزُوِيْن: صمغ عطِرٌ يُتخذ بخورًا (٢) اللُّبْنَى: شجرة تُنْتِج المَيْعة أو اللُّبان الجاويّ.

ben·zol [bĕn′zōl] *(n.)* = benzene.

be·queath [bĭ kwēth′] *(vt.)* (١) يُورِّث بِوَصِيَّة (٢) يُسْلِم [تراثًا] إلى الذُّرِّيّة.

be·quest [bĭ kwĕst′]; **be·queath·al** *(n.)* توريث أو إرثٌ بوصيّة .

be·rate [bĭ rāt′] *(vt.)* يُعَنِّف : يُوَبِّخ بقسوة .

Ber·ber [bûr′bər] *(n.; adj.)* (١) البَرْبَرِيّ : واحد البَرْبَر (٢) البَرْبَرية : لغةُ البَرْبَر § (٣) بَرْبَرِيّ .

ber·ceuse [bĕr sœz′] *(n.)* (١) lullaby *1* (٢) لحنٌ هادئ .

be·reave [bĭ rēv′] *(vt.)* (١) يَسْلُب ؛ يَحرِم من (٢) يُفقِده [الموتُ] أمَّه أو أباه .

be·reaved *(adj.)* (١) محروم (٢) ثاكلٌ ؛ ثَكْلَى .

be·reave·ment [bĭ rēv′-] *(n.)* (١) حِرمان (٢) ثُكْل .

be·reft[1] [bĭ rĕft′] *past and past part. of* bereave.

be·reft[2] [bĭ rĕft′] *(adj.)* (١) محروم ؛ مجرَّدٌ من <~ of hope> (٢) يتيم (٣) ثاكل ؛ ثَكْلَى .

be·ret [bə rā′] *(n.)* البيريه : قَلَنْسُوَة مستديرة مُسَطَّحة ليِّنة .

beret

berg [bûrg] *(n.)* = iceberg.

ber·ga·mot [bûr′gə mŏt′] *(n.)* البَرْغَموت : «أ» برتقال إجّاصيّ الشكل يُستعمل زيتُ قشره في صنع العطور . «ب» زيت البَرْغَموت أو روحُهُ .

be·rib·boned [bĭ rĭb′-] *(adj.)* مزدان بالأشرطة أو الأوشحة .

ber·i·ber·i [bĕr′ĭ bĕr′ĭ] *(n.)* البَري بَري : داءٌ ينشأ عن نقص الفيتامين «ب١» في الغذاء ويَصْحبه ضعفٌ (مض) .

ber·ke·li·um [bər kē′lē əm] *(n.)* البَرْكيليوم : عنصر إشعاعيّ النشاط .

Berk·shire [bûrk′shĕr] *(n.)* البَرْكشِير : سلالة من الخنازير السُّود .

ber·lin [bər lĭn′] *(n.)* (١) البَرْلينيّة : «أ» مركبة كبيرة مقفلة ذات أربع عجلات ومقعدين داخليّين . «ب» سيارة في مؤخر مقعد سائقها زجاجٌ حاجزٌ متحرِّك (٢) الصُّوف البرلينيّ .

berlin *1a.*

berm *or* **berme** [bûrm] *(n.)* (١) حافة (٢) سَطيحة ضيِّقة .

Bermuda bag *(n.)* حقيبة بَرْمودا : حقيبة يد مدوَّرة أو بيضوية الشكل ذات مَقْبِض خشبيّ .

Bermuda grass *(n.)* عُشب بَرْمودا : عُشب متسلِّق .

Bermuda shorts *(n. pl.)* شورت برمودا : بنطلون قصير .

ber·ret·ta [bə rĕt′ə] *(n.)* = biretta.

ber·ried [bĕr′ĭd] *(adj.)* (١) عُلَّيقيّ : حاملٌ ثمرًا عُلَّيقيًا (٢) عُلَّيقانيّ : شبيهٌ بالثمر العُلَّيقيّ (٣) ذو بَيْض <a ~ lobster> .

ber·ry [bĕr′ĭ] *(n.; vi.)* (١) العِنَبيّة ؛ التوتة ؛ الثمرة العُلَّيقيّة (٢) الثمرة اللُّبِّية : ثمرة بسيطة لُبِّية أو لَحِيمَة [كالعنب أو الطماطم أو الموز] (٣) حبّة أو بزرة يابسة <a coffee ~> (٤) بيضة سمكة أو جرادة بحر § (٥) يحمل أو يجني ثمرًا عُلَّيقيًّا أو لُبِّيًا .

ber·ry·like *(adj.)* عُلَّيقانيّ : «أ» شبيه بالثمرة العُلَّيقية . «ب» صغير ومدوَّر .

ber·seem [bər sēm′] *(n.)* البِرْسيم ؛ النَّفَل (نب) .

ber·serk[1] [bûr sûrk′] *or* **ber·serk·er** *(n.)* البَرْسَرْكيّ : «أ» واحد من محاربين إسكندينافيين قدماء عُرِفوا بقتالهم المسعور . «ب» من يتحدّى غيره بتهوُّر أو طيش .

ber·serk[2] *(adj.; adv.)* (١) مَسْعور ؛ شديد الاهتياج § (٢) بسُعْر .

to go ~, يُجَنّ جُنونُهُ ؛ يندفع باهتياج شديد .

berth [bûrth] *(n.; vt.; i.)* (١) مسافة كافية [بين سفينة وأخرى إلخ] (٢) «أ» مَرْسًى [للسُّفُن] . «ب» موقف [للسيارات] (٣) مَضْجَع [في سفينة أو قطار أو طائرة] (٤) عمل ؛ وظيفة § (٥) يُرسي السفينة (٦) يؤمِّن مضجعًا لِـ x (٧) ترسو [السفينة] .

to give a wide ~ to يبتعد عن ؛ يتجنب .

ber·tha [bûr′thə] *(n.)* البَرْثيّة : قَبّة أو ياقة مدوَّرة تُغطّي الكتفين .

Ber·til·lon system [bûr′tə lŏn′; bĕr tē yôn′] *(n.)* نظام بَرْتييّون : طريقة للتعرّف إلى هُويّة الأشخاص وبخاصة المجرمين بواسطة سجلّ للمقاييس الفردية والعلامات الفارقة وبصمات الأصابع .

ber·yl [bĕr′əl] *(n.)* البَريل : معدن شفّاف أو شبه شفاف .

be·ryl·li·um [bə rĭl′ĭ əm] *(n.)* البيريليوم : عنصر فِلِزّيّ سامّ (ك) .

be·seech [bĭ sēch′] *(vt.; i.)* يلتمس ؛ يتوسّل ؛ يتضرَّع .

be·seem [bĭ sēm′] *(vi.; t.)* يليق بـ .

be·set [bĭ sĕt′] *(vt.)* (١) يُرَصِّع <~ with jewels> (٢) يُزعج ؛ يُقلق (٣) يهاجم من جميع الجهات (٤) يُطوِّق ؛ يكتنف ؛ يُحدِق بـ .

be·set·ting *(adj.)* مُحْدِق : ماثل أو مهاجمٌ أو مُغرٍ باستمرار .

be·shrew [bĭ shrōō′] *(vt.)* يَلْعَن ؛ يدعو على (ا. ق) .

be·side [bĭ sīd′] *(prep.)* (١) قُرْبَ ؛ عندَ ؛ بجانب (٢) بالمقارنة مع ؛ بالنسبة إلى <Her work is poor ~ yours.> (٣) علاوةً على (را. besides) (٤) خارج عن ؛ لا صلة له بـ <This discussion is ~ the question.> .

~ oneself خارج عن طوره ؛ غير متمالك نفسَهُ غيظًا أو ابتهاجًا .

be·sides *(prep.; adv.; adj.)* (١) غير ؛ عدا <There was no one here ~ Ahmad and me.> (٢) علاوةً على ؛ فضلًا عن <I have four other suits ~ this.> § (٣) وفوق ذلك ؛ وإلى ذلك <I don't like this album; besides, it is too expensive.> § (٤) else .

be·siege [bĭ sēj′] *(vt.)* (١) يُحاصِر [مدينةً إلخ] (٢) يطوِّق ؛ يُحيط بـ (٣) يُمطِر بالمطالب أو الأسئلة (٤) يُقلق ؛ يُزعج .

be·sieg·er [bĭ sēj′ər] *(n.)* المُحاصِر ؛ المُطَوِّق .

be·smear [bĭ smēr′] *(vt.)* يُلَطِّخ ؛ يُلوِّث [الشُّمعةَ إلخ] .

be·smirch [bĭ smûrch′] *(vt.)* (١) يُلوِّث (٢) يُلَطِّخ [السُّمعةَ] .

be·smut [bĭ smŭt′] *(vt.)* يُسَخِّم : يُسَوِّد أو يُلوِّث بالسُّخام .

be·som[1] [bē′zəm] *(n.)* (١) مِكْنَسة ؛ مِقَشّة (٢) القُوطيسوس ؛ رَتَمُ المكانس : نبات طويل الأغصان تُصْنع منه المكانس .

be·som[2] *(n.)* هُدْب ؛ حاشية [التقوية فتحة الجيب] .

be·sot [bĭ sŏt′] *(vt.)* (١) يُخَبِّل ؛ يَسْلُب العقلَ (٢) يُسْكِر .

be·sot·ted [bĭ sŏt′ĭd] *(adj.)* (١) مخبَّل (٢) ثمِل .

be·sought [bĭ sôt′] *past and past part. of* beseech.

be·span·gle [bĭ spăng′gəl] *(vt.)* يُزيِّن أو يُرصِّع باللُّمَع .

be·spat·ter [bĭ spăt′ər] *(vt.)* (١) يُوَحِّل : يلوِّث برشاش الماء المُوْحِل

(٢) يُلَطِّخ ؛ يُلوِّث ؛ يُفسِد .

be·speak [bĭ spēk′] *(vt.)* (١) «أ» يَحْجِز [غرفة في فندق إلخ]. «ب» يوصي على شيء مقدَّمًا (٢) يطلب مقدَّمًا <to ~ the reader's patience> (٣) يخاطب ؛ يوجه الخطاب إلى (٤) يَنِمّ عن ؛ يَدُلّ على <Your words ~ a kindly heart.> (٥) يُنْذِر أو يُبَشِّر بـ .

be·spoke [1] [bĭ spōk′] *past and past part. of* bespeak.

be·spoke [2] *or* **be·spo·ken** *(adj.)* (١) مُوْصًى عليه <~ shoes> (٢) مُشتغِل بالتوصية <~ tailors> (٣) مخطوب ؛ مخطوبة (ع).

be·spread [bĭ sprĕd′] *(vt.)* يَكسو ؛ يُغَطّي بـ ؛ يَنْشُر على .

be·sprin·kle [bĭ sprĭng′kəl] *(vt.)* = sprinkle.

Bes·se·mer converter [bĕs′ə mər] *(n.)* مُحَوِّل بَسِّمَر : فرن ضخم يُستخدم في إنتاج الفولاذ وفقًا لطريقة بَسِّمر .

Bessemer process *(n.)* طريقة بَسِّمَر [في إنتاج الفولاذ].

best [bĕst] *(adj.; adv.; n.; vt.)* (١) أفضلُ ؛ أحسَنُ (٢) مُعْظَم <the ~ part of a day> (٣) على أحسن وجه <John works ~ in the morning.> (٤) أكثر ما يكون ؛ إلى أبعد حد <Sami is the ~ hated man in Sidon.> § (٥) الأفضل (٦) الحالة الفُضْلى ؛ أحسن الأحوال (٧) غايةُ الجَهْد ؛ أقصى الجهد <Do your ~.> (٨) ثياب المرء الفُضْلَى (٩) أطيبُ التَّمنِّيات <Please give my ~ to your son.> § (١٠) يَهْزِم ؛ يتفوَّق على .

all the ~, مع أطيب التمنِّيات .

at ~, في أحسن الأحوال .

in one's Sunday ~, مُرْتَدٍ أفضلَ ملابسِهِ .

to be at one's ~, يكون في أحسن أحواله .

to have *or* get the ~ of... يفوز ؛ يتفوَّق على . . .

to have the ~ of two worlds يجمع بين الحُسْنَيَيْن .

to make the ~ of a bad job *or* business يبذل غاية جهده رغم المصاعب والعوائق .

to make the ~ of one's time يستفيد من وقته على أحسن وجه .

to make the ~ of one's way ينطلق بأقصى سرعته .

best girl *(n.)* الحبيبة ؛ المحبوبة .

bes·tial [bĕs′chəl; bĕst′yəl] *(adj.)* (١) بَهيميّ (٢) وَحْشيّ .

bes·ti·al·i·ty [bĕs′chĭ ăl′ə tĭ; bĕs′tĭ ăl′-] *(n.)* (١) البَهيميّة ؛ الوحشيّة (٢) الشَّهْوِيّة : الانغماس في الشهوات البهيميّة (٣) مضاجعة الحيوان : علاقة جنسية شاذة بين إنسان وحيوان .

bes·tial·ize [bĕs′chə līz′; bĕst′yə-] *(vt.)* يجعله بَهيميًّا إلخ .

bes·ti·ar·y [bĕs′chē ĕr′ē; bēs′-] *(n.)* كتاب الحيوان : مجموعة حكايات رمزية عن الحيوانات .

be·stir [bĭ stûr′] *(vt.)* يَحُثّ أو يُثير [نَفْسَهُ].

best man *(n.)* إشبين العريس [في حفلة الزفاف].

be·stow [bĭ stō′] *(vt.)* (١) يستخدم ؛ ينفق (٢) يَضَع (٣) «أ» يَمْنَح ؛ يَهَب . «ب» يُغْدِق (٤) يَخْزُن (٥) يُسْكِن ؛ يُؤوي .

be·stow·al [bĭ stō′əl] *(n.)* (١) مص bestow (٢) مِنْحة ؛ هِبَة .

be·strad·dle [bĭ străd′əl] *(vt.)* = bestride.

be·strew [bĭ stroo͞′] *(vt.)* (١) يَنْثُر على <to ~ the road with flowers> (٢) ينتثر على .

be·stride [bĭ strīd′] *(vt.)* (١) يَرْكب [أو يقف أو يجلس] مُباعِدًا ما بين رجلَيْه <to ~ a horse> (٢) يُهَيْمن على (٣) يتخطّى <to ~ a ditch>.

best-sell·er [bĕst′sĕl′ər] *(n.)* أَرْوَجُ الكُتب ؛ الكتاب الأكثر رواجًا .

be·stud [bĭ stŭd′] *(vt.)* يُرَصِّع .

bet [bĕt] *(n.; vt.; i.)* (١) «أ» رِهان . «ب» مُراهَنة (٢) الرِّهان : ما يُراهَن عليه (٣) «أ» يُراهِن على . «ب» يراهِن فلانًا <The gray horse is the best~.> § x (٤) يُراهِن <I never ~.>.

I ~, أنا واثق (ع).

You ~, من غير ريب ؛ بكلّ تأكيد ؛ كن واثقًا (ع).

be·ta [bā′tə] *(n.)* (١) بيتا ؛ الباء : الحرف الثاني في الأبجدية اليونانية (٢) الثاني في سلسلة [أو في تصنيف].

beta iron *(n.)* حديد بيتا ؛ الحديد البائيّ .

be·take [bĭ tāk′] *(vt.)* (١) يَذْهب (٢) يَعْمَد أو يلجأ إلى .

beta particle *(n.)* جُسَيْم بيتا ؛ الجُسَيْم البائيّ (فزن).

beta ray *(n.)* أشعة بيتا ؛ الأشعة البائيّة (فزن).

be·ta·tron *(n.)* البيتاترون : مُعَجِّل تُسَرَّع فيه الألكترونات (فزن).

be·tel [bē′təl] *(n.)* التَّنبول ؛ التّانبول ؛ التّامول (نب).

Be·tel·geuse [bē′təl jo͞oz′] *(n.)* مَنْكِبُ الجوزاء (فل).

betel nut *(n.)* جَوْزة الفَوْفَل (را . المادة التالية).

betel palm *(n.)* الفَوْفَل ؛ الكَوْثَل : شجرٌ من النَّخْليّات (نب).

betel palm

bête noire [bĕt nwär′; bāt′nwär′] *(n.)* بُعْبُع : شخص بغيض أو مَخُوف .

beth·el [bĕth′əl] *(n.)* (١) بُقعة مقدَّسة (٢) كنيسة للبحّارة .

be·think *(vt.; i.)* (١) يتذكَّر (٢) يفكِّر ؛ يتأمّل (٣) يعتزم ؛ يقرِّر .

be·tide [bĭ tīd′] *(vt.; i.)* (١) يصيبه كذا x (٢) يَحْدُث ؛ يَقَع .

be·times *(adv.)* (١) باكرًا (٢) عاجلًا ؛ قبل فوات الأوان .

bê·tise [bā tēz′] *(n.)* (١) حماقة (٢) عملٌ أحمق .

be·to·ken [bĭ tō′kən] *(vt.)* (١) يَدُلّ على (٢) يُنْذِر أو يبشِّر بـ .

bé·ton [bĕ tôn′] *(n.)* إسمَنْت ؛ باطون ؛ خَرسانة .

be·took [bĭ to͝ok′] *past of* betake.

be·tray [bĭ trā′] *(vt.)* (١) يُضلِّل ؛ يُغَرِّر بـ ؛ يَخْدع (٢) يخون <to ~ one's nation> (٣) يتخلّى عنه (٤) يُفشي <to ~ a secret> (٥) يَنِمّ عن ؛ يَدُلّ على <His mistakes ~*ed* his ignorance.> (٦) يُظهر ؛ يُبدي <No one ~*ed* any wish to quarrel.>.

to ~ oneself يكشف عن خُلُقِهِ الحقيقيّ أو خُطَطه الحقيقيّة إلخ .

be·tray·al [bĭ trā′əl] *(n.)* خيانة ؛ تخلٍّ ؛ إفشاء .

be·troth [bĭ trōth′; -trôth′] *(vt.)* يَخْطُب [فتاةً] .

be·troth·al [bĭ trō′thəl; -trô′thəl] *(n.)* خِطبة ؛ «خُطوبة» .

be·trothed *(adj.; n.)* (١) مخطوبة § (٢) الخطيب ؛ الخطيبة .

bet·ter [1] [bĕt′ər] *(adj.; adv.; n.; vt.; i.)* (١) أعظم ؛ أكبر <the ~ part of a lifetime> (٢) أحْسَنُ حالًا ؛ أفضلُ صحِّيًا <He's ~ today.> (٣) أفضل ؛ أحسن § (٤) على نحو أفضل (٥) أكثر <~ than a year> § (٦) الأفضل ؛ الشيء الأفضل <the ~ of two choices> § (٧) يُحَسِّن ؛ يُرَقّي (٨) يَبُزّ ؛ يتفوّق على x (٩) يتحسَّن .

~ off أكثر غنًى ؛ أحسَنُ حالًا .

for ~ or worse في مختلف الأحوال والظروف ؛ في السَّرّاء والضرّاء .

for the ~, نحوَ الأفضل .

had ~, يجب ؛ ينبغي ؛ يكون من الأَوْلَى أن . . .

one's ~ half نِصفُهُ الأفضل : زوجة المرء (ع) .

one's ~*s* من هم أكثر منك خبرةً أو أعلى مقامًا . . .

the sooner the ~, خير البِرِّ عاجِلُه .

to get the ~ of يتغلَّب على ؛ يتفوَّق على ؛ يَهْزِم .

to go (someone) one ~, يَبُزّ ؛ يتفوَّق على .

to know ~, (١) يكون أعقلَ أو أكثر حكمةً من أن (٢) يرفض تصديق زعم .

to think ~ of something *(or* of doing something) يغيّر رأيَه في . . . ؛ يَعْدِل عن كذا .

bet·ter [2] *(n.)* = bettor.

bet·ter·ment *(n.)* (١) تحسين ؛ إصلاح (٢) تَحَسُّن .

bet·ter·most *(adj.)* (١) أفضل ؛ أحسن (٢) أكبر ؛ أعظم .

bet·ting [bĕt′ĭng] *(n.)* رِهان ؛ مُراهَنَة .

bet·tor *also* **bet·ter** *(n.)* المُراهِن [على فَرَس إلخ] .

Bet·ty [bĕ′tĭ] *(n.)* الحَسْناء : شابّة بارعة الجمال (عا) .

bet·u·la [bĕch′ōō lə] *(n.)* البَتولا ؛ شجر القُضبان : شجر حَرَجيّ .

bet·u·la·ceous [bĕch′ōō lā′shəs] *(adj.)* بَتُوليّ : ذو علاقة بالبَتوليّات أو الفصيلة البَتوليّة **Betulaceae** وهي من ذوات الفلقتين (نب) .

be·tween [bĭ twēn′] *(prep.; adv.)* بين ؛ في ما بين .

~ ourselves في ما بيننا ؛ السِّرّ لن يتجاوزَنا .

~ the devil and the deep (blue) sea بينَ نارين ؛ بين أمْرَين أحلاهُما مُرّ .

far ~, (١) في فترات متباعدة (٢) متباعدٌ بعضه عن بعض [من حيث الموقع أو المكان] .

few and far ~, نادرٌ ؛ قليل الحدوث .

in ~, (١) في الوَسَط (٢) وسطَ كذا .

be·tween·brain [bĭ twēn′-] *(n.)* = diencephalon.

be·tween·ness [-twēn′nəs] *(n.)* البَيْنيّة ؛ التَّوسُّط (ر) .

be·tween·times *(adv.)* من وقت إلى آخر ؛ بين الفَيْنة والفَيْنَة .

be·tween·whiles *(adv.)* = betweentimes.

be·twixt [bĭ twĭkst′] *(prep.; adv.)* = between.

be·twixt and between *(adv. or adj.)* بَيْنَ بَيْنَ .

bev·a·tron [bĕv′-] *(n.)* البيفاترون : جهاز لتسريع البروتونات (فز) .

bev·el [bĕv′əl] *(adj.; n.; vt.; i.)* (١) مائل ؛ مشطوب ؛ «مشطوف» § (٢) مِسطار الزوايا : أداة لرسم الزوايا (٣) شُطبة ؛ سطح مائل ؛ حافة مائلة أو مشطوبة § (٤) يُميل ؛ يَشْطُب ؛ «يشطُف» حافة الزجاج إلخ x (٥) يَميل ؛ ينحدر .

bevel 2.

bev·eled *or* **bev·elled** *(adj.)* مَشْطوب ؛ «مَشطوف» الحافَة .

bevel gear *(n.)* التُّرس المشطوب ؛ المُسَنَّنة المشطوبة (مك) .

bevel square *(n.)* كُوس الزوايا : أداة يستعملها النجارون لتخطيط الزوايا أو لاختبار دقة السطوح المشطوبة أو «المشطوفة» .

bevel square

bev·er·age [bĕv′ər ĭj] *(n.)* شراب . وبخاصة : كلُّ شراب غير الماء .

bev·y [bĕv′ĭ] *(n.)* (١) جماعة (٢) مجموعة (٣) سِرْب .

be·wail [bĭ wāl′] *(vt.; i.)* يَنْدُب ؛ ينوح أو يتفجّع على .

be·wail·ing *(n.; adj.)* (١) نَدْب ؛ مَناحة § (٢) نادب ؛ نائح .

be·ware [bĭ wâr′] *(vt.; i.)* يَحترس ؛ يَحْذَر ؛ ينتبه .

be·wil·der [bĭ wĭl′dər] *(vt.)* يُذهِل ؛ يُرْبِك ؛ يُحَيِّر .

be·wil·dered *(adj.)* مُنْذَهِل ؛ مُرْتَبِك .

be·wil·der·ing *(adj.)* مُذْهِل ؛ مُرْبِك ؛ مُحَيِّر .

be·wil·der·ment *(n.)* ذُهول ؛ انذهال ؛ ارتباك ؛ حَيْرة .

be·witch [bĭ wĭch′] *(vt.; i.)* (١) يَسْحَر [فُلانًا] : يَعْمل له السِّحر (٢) يَفْتِن ؛ يَسْحَر ؛ يَخْلِب اللُّبّ .

be·witch·ing *(adj.)* فاتن ؛ ساحر .

be·witch·ment *(n.)* (١) «أ» سِحْر ؛ فتنة . «ب» رُقْيَة (٢) انسحار ؛ افتتان .

bey [bā] *(n.)* (١) البك : «أ» حاكم مقاطعة ثانوية في الأمبراطورية العثمانية . «ب» بيه ؛ بك : لقب تشريف [في تركيا ومصر سابقًا] (٢) الباي : لقب حكام تونس القدماء .

be·yond [bĭ yŏnd′] *(prep.; adv.; n.)* (١) وراء (٢) إلى ما بعدَ <stayed ~ the time limit> (٣) فَوْق ؛ وراء نطاق أو متناول كذا <~ human comprehension> (٤) غير ؛ سوى <He had nothing ~ his pension.> § (٥) أبْعد <as far as the house and ~> § (٦) الخَلْفيّ : شيء واقعٌ إلى الخَلْف (٧) الآخِرة ؛ العالَم الآخر .

~ all praise; ~ compare ممتاز ؛ لا يُضاهَى .

~ oneself = beside oneself.

~ one's reach وراء متناوَله ؛ في غير متناوَله .

~ question من غير ريب أو جدال .

It is ~ me. إنه فوق فهمي ؛ أنا لا أستطيع أن أفهمه .

the back of ~, مكانٌ ناءٍ أو منعزل ؛ مكان يصعب الوصول إليه .

to live ~ one's income يُنفِق أكثرَ من دَخْله .

be·zant [bĕz′ənt] *(n.)* (١) البِيزَنْط : قطعة نقد ذهبية بيزنطية قديمة (٢) البِيزَنْطَة : حِلْيَة معمارية على شكل قرص مُسَطَّح (عم) .

bez·el [bĕz′əl] *(n.)* (١) الشُّطْبة: الحافة المشطوبة في طَرَف أداةِ القَطْع (٢) «أ» موضع الفَصّ من الخاتم. «ب» موضع الزجاجة من الساعة.

be·zique [bə zēk′] *(n.)* البيزيك: ضرب من لَعِب الورق.

be·zoar [bē′zōr] *(n.)* (١) ترياق (ا. م) (٢) الباذِزَهْر؛ البازَهْر: حصاة في أمعاء الحيوانات، وبخاصة المجترَّة منها، كان يُظَنّ أن لها خصائص سحرية، وأنها ترياق ضدّ السّمّ.

bezoar antelope *(n.)* الظَّبي الهنديّ؛ ظبي الهند (ح).

bezoar goat *(n.)* البُزْل؛ البازِن؛ ماعز إيران البرّي (ح).

bez·zant [bĕz′ənt] *(n.)* = bezant.

bhang *or* **bang** [băng] *(n.)* القِنَّب الهنديّ أو مخدِّرٌ منه.

bi [bī] *(n.; adj.)* = bisexual.

bi- بادئة معناها: «أ» ثنائي؛ مُزْدَوِج <*bi*angular>. «ب» حادث أو صادرٌ مرَّتين كلَّ... <*bi*monthly>. «ج» إلى قسمين <*bi*sect>. «د» ثاني <*bi*carbonate>. «هـ» -bio.

bi·an·gu·lar [bī ăng′gyə lər] *(adj.)* ثُنائيّ الزاوية؛ ذو زاويتين.

bi·an·nu·al [bī ăn′-] *(adj.)* (١) نصف سنويّ: حادثٌ مرَّتين في السنة الواحدة (٢) حَوْلِيّ: حادثٌ مرةً كل سنتين.

bi·an·nu·al·ly [bī ăn′-] *(adv.)* مرَّتين في السنة.

bi·as [bī′əs] *(n.; adj.; adv.; vt.)* (١) المُنْحَرِف: خطّ دَرْزٍ منحرف أو موروب فوق نسيج (٢) «أ» نزعة. «ب» اتجاه. «ج» مَيْل. «د» خطّ؛ نَهْج (٣) محاباة؛ انحياز؛ تغرُّض § (٤) منحرِف؛ مائل؛ موروب § (٥) على نحو منحرف أو مائل أو موروب § (٦) يُحَيِّز؛ يؤثِّر في؛ يوجِّه في اتجاه معيَّن.

bi·ased *or* **bi·assed** *(adj.)* (١) منحرف؛ موروب (٢) متحيِّز.

bi·au·ric·u·lar; bi·au·ric·u·late *(adj.)* ذو أُذَيْنَيْن (ت).

bi·ax·i·al [bī ăk′-] *(adj.)* ثُنائيّ المِحْور؛ ذو مِحْوَرَيْن.

bib [bĭb] *(vt.; i.; n.)* (١) يَشْرب (ا. ق) § (٢) الصُّدْرة: «أ» صدريّة الطفل [توضع تحت ذقنِهِ أثناء الطعام]. «ب» الجزء الأعلى من الثوب أو المئزر.

bi·ba·cious [bĭ bā′shəs] *(adj.)* سِكِّير.

bib and tucker *(n.)* ملابس؛ ثياب.

bi·ba·sic [bī bā′sĭk] *(adj.)* ثُنائيُّ القاعدة (ك).

bib·ber [bĭb′ər] *(n.)* السِّكِّير: المُدْمِنُ شُرْبَ الخمر.

bib·cock *also* **bibb cock** *(n.)* الصُّنبور الأعقف أو مائل الفوّهة.

bi·be·lot [bĭb′lō] *(n.)* (١) التُّحَيفة: تُحفة صغيرة (٢) كُتَيِّب أنيق الحجم.

bi·ble [bī′bəl] *(n.)* (١) *cap.*: الكتاب المقدَّس: العهدان القديم والجديد (٢) العُمدة: كلُّ كتاب يُعتبر مَرجعًا معتَمَدًا في موضوعه.

Bible school *(n.)* = Sunday school.

bib·li·cal *(adj.)* كتابيّ؛ توراتيّ: خاصّ بالكتاب المقدَّس، أو بالتوراة.

bib·li·cism *(n. often cap.)* الكِتابيّة: التمسُّك بحرفية الكتاب المقدَّس.

bib·li·cist *(n.)* الكِتابيّ: المتمسِّك بحرفية الكتاب المقدس أو العالِمُ به.

biblio- بادئة معناها: «أ» كتاب. «ب» الكتاب المقدَّس.

bib·li·o·film [bĭb′lĭ ō fĭlm′] *(n.)* = microfilm.

bib·li·og·ra·pher *(n.)* البِبْليوغرافيّ: العالِم بالبِبْليوغرافيا.

bib·li·o·graph·ic; -al *(adj.)* بِبْليوغرافيّ: منسوب إلى البِبْليوغرافيا.

bib·li·og·ra·phy [bĭb′lĭ ŏg′rə fĭ] *(n.)* البِبْليوغرافيا: «أ» فنّ وصف الكتب والمخطوطات أو التعريف بها. «ب» مَسْرَدٌ نقديّ بالكتب المتصلة بموضوع أو حقبة أو مؤلِّف ما. «ج» بيان بمؤلفات كاتب أو بمطبوعات دار للنشر. «د» ثَبَت المراجع.

bib·li·ol·a·ter [bĭb′lĭ′ŏl ət ər] *(n.)* عابد الكتب: «أ» المُجِلّ للكُتب. «ب» المُغالي في إجلال الكتاب المقدس مُفَسَّرًا تفسيرًا حرفيًا.

— **bib·li·ol·a·try** *(n.)*

bib·li·o·man·cy [-măn′sĭ] *(n.)* الاستخارة؛ التَّكهُّن بالكُتُب.

bib·li·o·ma·ni·a [-mā′nĭ ə] *(n.)* هَوَس الكُتُب: شدّة الولع باقتناء الكتب.

— **bib·li·o·ma·ni·ac** *(adj.)*

bib·li·op·e·gist [bĭb′lĭ ŏp′ə jĭst] *(n.)* المُجَلِّد: مُجَلِّد الكُتُب.

bib·li·o·phile [bĭb′lĭ ə fīl′; -fĭl] *(n.)* مُحِبّ الكتب أو جامعها.

bib·li·o·pole *or* **bib·li·op·o·list** *(n.)* بائع الكتب النادرة أو المستعمَلَة.

bib·li·o·the·ca [-thē′kə] *(n.)* (١) مكتبة (٢) قائمة كتب.

bib·li·ot·ics *(n.)* المُحَرَّراتيّة: دراسة الخطوط والوثائق المحرَّرة وبخاصة لتقرير صحّتها أو صحّة نسبتها إلى من نُسبت إليهم.

bib·list [bĭb′lĭst] *(n.)* = biblicist.

bib·u·lous [bĭb′yə-] *(adj.)* (١) ماصّ؛ ممتصّ (٢) مُدمِن الخمر.

bi·cam·er·al [bī kăm′ər əl] *(adj.)* ذو مجلسَيْن: ذو مجلسين تشريعيّين.

bi·cap·su·lar *(adj.)* ثُنائيّ المِحْفَظة (مج): ذو عُلَيْبتين أو جِرَوَيْن (نب).

bi·car·bon·ate [bī kär′-] *(n.)* ثاني كربونات؛ ثاني فَحْمات (ك).

bicarbonate of soda ثاني كربونات الصودا (ك).

bice [bīs] *(n.)* البَيْس: صِبْغ أزرق أو أخضر.

bi·cel·lu·lar [bī′sĕl′yə-] *(adj.)* ثنائيّ الخليّة: ذو خليَّتين اثنتين (أح).

bi·cen·te·nar·y [bī sĕn′tə nĕr′ĭ] *(adj.; n.)* = bicentennial.

bi·cen·ten·ni·al [bī′sĕn tĕn′ĭ əl] *(adj.; n.)* (١) دائمٌ مئتَيْ سنة؛ مؤلَّف من مئتَيْ سنة (٢) حادث أو واقعٌ كلَّ مئتَيْ سنة (٣) خاصّ بالذكرى المئوية الثانية § (٤) الذكرى المئوية الثانية: ذكرى مرور مئتي سنة على...

bi·cen·tric *(adj.)* ثُنائيّ المَركز: ذو مركزَيْن اثنين.

bi·ceph·a·lous [bī sĕf′ə ləs] *or* **bi·ce·phal·ic** [bī sĕ făl′-] *(adj.)* ثُنائيّ الرأس: ذو رأسَيْن اثنين.

bi·ceps [bī′sĕps] *(n.)* ذات الرأسين: عضلة ذات رأسين (ت).

bi·chlo·ride [bī-] *(n.)* (١) ثاني كلوريد (٢) كلوريد الزِّئبقيك.

bi·chro·mate [bī krō′māt] *(n.)* ثاني كرومات (ك).

bi·chrome [bī′krōm′] *(adj.)* ثُنائيّ اللون: ذو لونين اثنين.

bi·cip·i·tal [-sĭp′-] *(adj.)* (١) ذو رأسين (٢) خاصّ بالعضلة ذات الرأسين .

bick·er [bĭk′ər] *(n.; vi.)* (١) شِجار ؛ مشاحنة § (٢) يتشاجر ؛ يتشاحن ؛ يتخاصم (٣) يتدفق ؛ يندفع ؛ يجري بسرعة (٤) يرتعش ؛ يرتعد .

bi·col·ored; bi·col·or *(adj.)* ثُنائيّ اللون : ذو لونين .

bi·con·cave [bī kŏn′-] *(adj.)* ثُنائيّ التَّقَعُّر : مُقَعَّر الوجهين .

bi·con·vex [bī kŏn′-] *(adj.)* ثُنائيّ التَّحدُّب : مُحَدَّب الوجهين .

bi·corn [bī′-] *also* **bi·corned** *(adj.)* ذو قرنين : هلاليّ الشَّكل .

bi·cor·nate [bī kŏr′nāt; -nĭt] *(adj.)* = bicorn.

bi·cul·tur·al [bī kŭl′-] *(adj.)* ثُنائيّ الثقافة .

bi·cus·pid [bī kŭs′pĭd]; **bi·cus·pi·date** *(adj.)* ذو شُرْفَتَيْن : ذو طَرَفين مُسْتَدِقَّين <~ teeth; ~ leaves> .

bi·cy·cle [bī′sĭ kəl] *(n.; vi.)* (١) درّاجة هوائيّة § (٢) يركب دَرّاجة .

bi·cy·cler *also* **bi·cy·clist** *(n.)* الدَّرّاج : راكب الدرّاجة الهوائية .

bi·cy·clic *also* **bi·cy·cli·cal** *(adj.)* (١) ثُنائيّ الدَّورة : مؤلَّف من دورتين (٢) منتظم في كوكبين أو دُوّارتين whorls [كأسْدِية الزَّهرة] .

bi·cy·lin·dri·cal *(adj.)* ذو سَطحَيْن أُسطوانيَّين .

bid [bĭd] *(vt.; i.; n.)* (١) يأمر ؛ يُصْدِر أمرًا إلى (٢) يدعو [إلى حفلة . . .] (٣) «أ» يَعْرِض . «ب» يعطي أو يَعْرِض سعرًا [في مزايدة أو مناقصة] : يزايد أو يناقص § (٤) أَمْر (٥) عطاء [في مزايدة أو مناقصة] (٦) دعوة (٧) محاولة [للفوز بشيء] .

The plan ~*s* fair to succeed. الخطّة تبشّر بالنجاح .
to ~ against يَعرِض ثمنًا أعلى .
to ~ defiance to يَتَحدَّى ؛ يرفض الرُّضوخ .
to ~ (a person) good–bye, good–night, welcome, farewell, etc. يودِّعه أو يحيّيه بإحدى هذه الصِّيَغ .
to ~ up يرفع السعر [بعَرْض ثمنٍ أعلى على نحو متواصل] .
to make a ~ for يحاول الحصول على . . .

bid·da·ble [bĭd′ə bəl] *(adj.)* طَيِّع ؛ مُطيع ؛ سَهْل الانقياد .

bid·den [bĭd′ən] *past part. of* bid.

bid·der *(n.)* (١) الآمر (٢) العارض ثمنًا (٣) المُزايد (٤) الداعي .

bid·ding *(n.)* (١) أمْر (٢) مُزايدة (٣) دعوة .

bid·dy [bĭd′ĭ] *(n.)* (١) دجاجة (٢) فَرْخة (٣) خادمة (٤) امرأة .

bide [bīd] *(vi.; t.)* (١) يبقى (٢) ينتظر (٣) يُقيم في x (٤) يواجه ؛ يقاوم (٥) يتحمّل (ع) .

bi·den·tate [bī dĕn′-] *(adj.)* ثُنائيّ السِّنّ .

bi·det [bē dā′; bĭ dĕt′] *(n.)* (١) مُهْر (٢) المِرْحَضَة ؛ حوض الاستبراء [لغَسْل الشَّرج والأعضاء التناسلية] .

bi·di·a·lec·tal·ism [bī′dī ə lĕk′-] *(n.)* ثُنائية اللَّهجة (ل) .

bi·di·rec·tion·al [bī′dī rĕk′-] *(adj.)* ثنائيّ الاتجاه .

bi·en·ni·al [bī ĕn′-] *(adj.; n.)* (١) حَوْليّ : «أ» حادثٌ أو واقع كل سنتين <~ games> . «ب» دائم أو عائش حَوْلَين . وبخاصة : نام خُضَريًّا في العام الأول حتى إذا كان العام الثاني أثمر ومات § (٢) الحَوْليّ : «أ» حادثٌ حوْلي . «ب» نباتٌ حوْلي .

bi·en·ni·um [bī ĕn′ē əm] *(n.)* pl. **-ums** *or* **-ni·a** فترة سنتين .

bier [bēr] *(n.)* نَعْش ؛ تابوت .

biest·ings [bēs′tĭngz] *(n. pl.)* = beestings.

bi·fa·cial [bī fā′shəl] *(adj.)* ثُنائيّ الوجه .

bi·far·i·ous [-fâr′-] *(adj.)* مرصوف في صفّين عموديَّين [كأوراق الشجر] .

biff [bĭf] *(n.; vt.)* (١) ضَربة ؛ لكمة (عا) § (٢) يضرب ؛ يلكُم (عا) .

bi·fid [bī′fĭd] *(adj.)* أَشْرَم : مشقوق إلى قسمين متساويين .

bi·fi·lar [bī fī′-] *(adj.)* ثُنائيّ السِّلْك : ذو سلكين أو خيطين .

bi·fla·gel·late [bī flăj′-] *(adj.)* ثُنائيّ السَّوط : ذو سَوْطَيْن (أح) .

bi·flex [bī′-] *(adj.)* ثُنائيّ الالتواء : مُلتوٍ في موضعَيْن .

bi·flo·rate; bi·flo·rous *(adj.)* ذو زهرتين : حاملٌ زهرتين (نب) .

bi·fo·cal [bī fō′kəl] *(adj.; n.)* (١) ثُنائيّ البؤرة : ذو بؤرتين اثنتين (بص) § (٢) عَدَسة ثُنائيّة البؤرة (٣) *pl.* : نظارة ذات عدستين من هذا النوع .

bi·fold [bī′fōld] *(adj.)* مُضاعَف ؛ مزدَوج .

bi·fo·li·ate [bī fō′lĭ ĭt; -āt′] *(adj.)* ذو ورقتين أو وُرَيقتَيْن .

bi·fo·li·o·late [-lāt′] *(adj.)* ذو وُرَيْقتَيْن [كبعض الأوراق المركَّبة] .

bi·forked [bī′fôrkt′] *(adj.)* ذو شعبتين [أو فَرْعين] .

bi·form [bī′fôrm′] *(adj.)* ثُنائيّ الشَّكل : ذو شكلَيْن اثنَيْن .

bi·func·tion·al *(adj.)* ثُنائيّ الوظيفة .

bi·fur·cate [bī′fər kāt′] *(adj.; vt.; i.)* (١) ذو شعبتين [أو فرعين] § (٢) يَقْسِم إلى شعبتين x (٣) يتفرَّع إلى شُعبتين .

bi·fur·ca·tion *(n.)* (١) «أ» تشعيب ؛ تفريع . «ب» تشعُّب ؛ تفرُّع (٢) «أ» نقطة التشعُّب أو التفرُّع : مَفْرِق . «ب» شُعبة ؛ فرعٌ .

big [bĭg] *(adj.; adv.; n.)* (١) قويّ ؛ شديد <~ storms> (٢) كبير ؛ ضخم <a ~ fleet> (٣) حامل ؛ حبلى . وبخاصة : على وشك الوضع <~ with child> (٤) «أ» محتدِمٌ غيظًا <~ with rage> . «ب» مُتْرَع <eyes ~ with tears> (٥) جَهْوَرِيّ <a ~ voice> (٦) «أ» رئيسيّ . «ب» بارز ؛ عظيم ؛ ذو شأن <a ~ banker> (٧) حاسم <the ~ moment> (٨) متفاخر ؛ متمدّح <a ~ talker> (٩) طنّان ؛ رنّان <~ words> (١٠) كريم ؛ نبيل ؛ كبير <a ~ heart> § (١١) بإفراط (١٢) جدًّا <~ rich> (١٣) بتفاخر ؛ بتمدُّح <talks ~> § (١٤) قُطْب ؛ شخص عظيم الشأن .

big·a·mist [bĭg′ə mĭst] *(n.)* (١) المُضارّ : المتزوِّج من امرأتين في وقتٍ واحد (٢) المُضارّة : المتزوجة من رجلين في وقت واحد .

big·a·mous [bĭg′ə məs] *(adj.)* (١) مُضارّ : متزوِّج على ضُرّ [من امرأتين في وقت واحد] (٢) مُضارّة : متزوجة على ضُرّ [من رجلين في وقت واحد] (٣) ضُرّي : ذو علاقة بالمُضارّة .

big·a·my *(n.)* المُضارّة (را . المادّتين السابقتين) .

big·ar·reau [bĭg′ə rō′] *(n.)* البيغار : ضرب من الكَرَز (نب) .

big brother *(n.)* الأخ الكبير : «أ» أخٌ أكبر . «ب» من يكفُلُ يتيمًا أو قاصرًا محتاجًا إلى العون والتوجيه . «ج» *cap.* : الديكتاتور ؛ الطاغية .

big buck *(n.)* مبلغ كبير [من المال] (ع).

big bug *(n.)* القُطب: شخص مُهِمّ أو ذو شأن.

big deal *(n.)* شيء عظيم الشأن [أو ذو أهمية خاصة].

big–eyed *(adj.)* (١) كبير العينين (٢) ذاهل؛ مشدوه.

big game *(n.)* (١) كبار الطرائد: كبار الحيوانات أو الأسماك التي يطاردها المرء أو يصطادها (٢) هدفٌ عظيم [محفوف بالمخاطر].

big·ge·ty [bĭg′ ə tĭ] *(n.)* (١) مغرور؛ مَزْهُوّ (٢) وَقح.

big·gin[1] *or* **big·ging** [bĭg′ ĭn] *(n.)* مبنًى؛ منزل (ا . ق).

big·gin[2] *(n.)* (١) قُبَّعة الطفل (عب) (٢) قَلَنْسُوَة النوم (عب).

big·gish [bĭg′ĭsh] *(adj.)* كبيرٌ بعضَ الشيء؛ كبير نسبيًا.

big·head *(n.)* (١) الرُّؤاس: ورم يصيب أنسجة رأس الخروف (٢) غرور.

big·head·ed *(adj.)* (١) مصاب بالرُّؤاس (٢) مغرور.

big·heart·ed *(adj.)* كبير القلب؛ رَحْب الصَّدْر؛ ذو قلب كبير.

bighorn

big·horn [bĭg′-] *(n.)* كَبْش الجبال الصَّخرية (ح).

big house *(n.)* سِجْن؛ إصلاحيّة (ع).

bight [bīt] *(n.; vt.)* (١) «أ» مُنْعَطَف. وبخاصة: منعطف في نهر أو سلسلة جبال. «ب» منعطف في شاطئ. «ج» خليج (٢) أُنشوطة [في حبل] § (٣) يثبِّت [بأنشوطة حبل].

big if *(n.)* «إذا» كبيرة: سؤال أو شرط أساسيّ (ع).

big money *(n.)* (١) مقدار كبير من المال (٢) أرباح طائلة (ع).

big·mouthed *(adj.)* (١) كبير الفَم (٢) صخّاب؛ كثير الصَّخَب.

big·ness *(n.)* (١) كِبَر؛ ضخامة؛ عِظَم (٢) حَجْم (ع).

big noise *(n.)* القُطب: شخص عظيم الشأن (ع).

big·no·nia [bĭg nō′nĭ ə] *(n.)* البَغْنونيّة: نبات أميركي معترش.

big·ot [bĭg′ət] *(n.)* المتعصِّب [لدين أو حزب أو رأي].

big·ot·ed [bĭg′ə tĭd] *(adj.)* متعصِّب؛ شديد التعصّب.

big·ot·ry [bĭg′ə trĭ] *(n.)* تعصُّب أعمى.

big shot *(n.)* القُطْب: شخصٌ عظيم الشأن.

big talk *(n.)* تفاخُر؛ تمدُّح؛ تبجُّح.

big–tick·et *(adj.)* غالٍ؛ مرتفع الثمن.

big–time *(adj.)* ممتاز؛ من الطراز الأول.

big top *(n.)* (١) الخيمة الكبرى [في سِيْرْك] (٢) سِيْرْك.

big tree *(n.)* السَّكْوِيَة العظيمة: شجرة ضخمة من الصَّنَوْبَريّات.

big wheel *(n.)* = bigwig.

big·wig [bĭg′wĭg′] *(n.)* القُطْب: شخص عظيم الشأن (ع).

bi·hour·ly [bī our′lĭ] *(adj.; adv.)* (١) حادث [أو مُنْجَز] مرةً كلَّ ساعتين § (٢) مرّةً كل ساعتين.

bi·jou [bē′zhōō] *(n.; adj.)* (١) جوهرة؛ حِلْيَة § (٢) صغير وأنيق.

bi·jou·te·rie [bē zhōō′tə rĭ] *(n.)* جواهر؛ حِلًى.

bi·ju·gate [bī′jōō-] *(adj.)* ثُنائيّ الازدواج: ذو زوجين من الوُرَيقات.

bike[1] [bīk] *(n.)* (١) وكر زنابير (٢) حشدٌ من الناس.

bike[2] *(n.; vi.)* (١) درّاجة هوائية أو ناريّة § (٢) يركب درّاجةً.

bik·er *(n.)* الدَّرّاج: راكبُ الدّرّاجة الهوائية أو الدّرّاجة النارية.

bike·way *(n.)* طريق الدَّرّاجات: طريق خاصّ بسباق الدرّاجات.

bi·ki·ni [bĭ kē′nē] *(n.)* البِكيني: ثوب سباحة للسيّدات مؤلف من قطعتين تُبقيان معظم الجسد عاريًا.

bi·la·bi·al [bī lā′bĭ əl] *(adj.; n.)* (١) شَفَتانيّ: ذو علاقة بكلتا الشَّفَتين أو ملفوظ بهما § (٢) الشَّفَتانيّ: حرف ملفوظ بكلتا الشَّفَتين.

bi·la·bi·ate [-′bĭ āt′] *(adj.)* ثُنائيّ الشَّفَة: ذو شفتين (نب).

bilabiate

bil·an·der [bĭl′ən dər; bī′-] *(n.)* البَلَنْدَر: مركب تجاريّ صغير.

bi·lat·er·al [bī lăt′ər əl] *(adj.)* (١) ثُنائيّ الجانب <~ symmetry> (٢) ثُنائيّ <a ~ treaty>.

bil·ber·ry [bĭl′-] *(n.)* الأُوَيْسَة؛ عِنَب الأحراج؛ عِنَب الدُّبّ (نب).

bil·bo [bĭl′bō] *(n.)* (١) البِلباويّ: قيد طويل لأقدام السّجناء (٢) سيف.

bile [bīl] *(n.)* (١) الصَّفْراء؛ المِرَّة: مادّة صفراء يُفرزها الكبد (فس) (٢) النَّكَد أو سُوء الطبع.

bile duct *(n.)* قناة الصَّفراء (مج)؛ القناة الصفراوية (ت).

bile·stone [bīl′stōn′] *(n.)* الحَصاة الصَّفراويّة (ط).

bilge [bĭlj] *(n.; vi.; t.)* (١) المُنتَفَخ: بطنُ البرميل أو الجزء المنتفِخ في وَسَطه (٢) الجَمّة: جوف السفينة (٣) ماء الجَمّة: ماء آسِنٌ متجمّع في جَمّة السفينة (٤) هُراء § (٥) تُخْرَق الجَمّة: تُصاب جَمّة السفينة بأذًى (٦) تَرْشَح الجَمّة (٧) ينتفخ x (٨) يخرق الجَمّة (٩) يَنْفُخ.

bilge water *(n.)* ماء آسن [متجمِّع في جوف السفينة].

bilg·y [bĭl′jĭ] *(adj.)* جَمِّيّ: رائحته شبيهة برائحة الماء الآسن.

bil·har·zi·a [bĭl här′zĭ ə] *(n.)* البَقِيريّ؛ البلهارسيا (مض).

bil·i·ar·y [bĭl′ĭ ĕr′ĭ] *(adj.)* صَفْراويّ: خاصّ بالصَّفراء.

bi·lin·gual [bī lĭng′gwəl] *(adj.; n.)* (١) ثُنائيّ اللغة: «أ» مطبوع بلغتين اثنتين <a ~ dictionary>. «ب» ذو لغتين؛ ناطق بلُغَتَين اثنتين <a ~ nation> § (٢) الثُّنائيّ اللغة: شخص يُجيد التكلّم بلُغَتَيْن اثنتين.

bil·ious [bĭl′yəs] *(adj.)* (١) صَفْراويّ: خاصّ بالصَّفراء أو ناشئ عنها (٢) مصفور؛ مكبود: مصاب بفَرْط إفراز الصفراء أو باختلال في وظيفة الكبد (٣) صفراويّ المزاج؛ متشائم.

bi·lit·er·al [bī lĭt′ər əl] *(adj.)* ثُنائيّ الحروف.

bilk [bĭlk] *(vt.; n.)* (١) يُخيِّب؛ يُحبِط (٢) يَغُشّ؛ يَخْدَع (٣) يتهرّب: يتهرَّب من دفع الدَّين أو من الدائنين (٤) يتجنَّب؛ يتملّص من؛ يُفلت من § (٥) حيلة (ا . م) (٦) الغشّاش؛ المخادع (٧) المتهرِّب [من دفع الدَّين].

bill[1] [bĭl] *(n.; vi.; t.)* (١) المِنقار: «أ» منقار الطائر. «ب» نتوء من اليابسة شبيهٌ بالمنقار. «ج» طَرَف مِخْلَب المِرساة § (٢) «أ» يَقْرَع منقارًا بمنقار؛ يَفْرُك منقارًا بمنقار. «ب» يغازل؛ يقبِّل (ع) x (٣) يلتقط بمنقاره.

bill 1a.

bill[2] *(n.)* المِنقارية: سلاح قديم يتألف من مقبض طويل وشفرة معقوفة.

bill[3] *(n.; vt.)* (١) «أ» وثيقة. «ب» مذكِّرة. «ج» رسالة (٢) «أ» مشروع قانون. «ب» قانون (٣) دعوى؛ عريضة [تقدَّم إلى محكمة] (٤) «أ» قائمة؛ بيان بـ. «ب» قائمة الطعام (٥) فاتورة (٦) «أ» إعلان عن حفلة مسرحية. «ب» برنامج؛ حفلة <good ~ at the theater> (٧) «أ» ورقة نقدية. «ب» كمبيالة § (٨) يُفَوْتر: يُدْخِل في فاتورة؛ يُعِدّ فاتورةً بـ (٩) يقدِّم فاتورة إلى؛ يُرسل فاتورةً إلى (١٠) يُعلن عن <New actors were *~ed* for this week.> (١١) يُنزله في برنامج.

bill·board [bĭl'bōrd'] *(n.)* لوحة إعلانات.

billed [bĭld] *(adj.)* (١) ذو منقار (٢) مُفَوْتَر: مُسجَّل في فاتورة أو مُزَوَّد بفاتورة (٣) معلَنٌ عنه.

bill·er *(n.)* (١) المُفَوْتِر (٢) المُفَوْتِرة: آلة مُعِدَّة للفواتير.

bil·let[1] [bĭl'ĭt] *(n.; vt.; i.)* (١) «أ» أمرُ الإيواء: أمرٌ رسميّ بإيواء جنديّ، وبخاصة في بيت أحد المواطنين. «ب» البيت المختار لهذا الغرض (٢) وظيفة؛ عمل § (٣) يؤوي x (٤) يأوي إلى؛ يُقيم في.

bil·let[2] *(n.)* (١) قطعة حَطَب (٢) قضيب حديديّ أو فولاذيّ (٣) القُضبانيّة: واحدٌ من سلسلة «قضبان» قصيرة تشكّل حِلْيةً معمارية (عم).

billets[2] 3.

bil·let–doux [bĭl'ĭ dōō'] *(n.)* رسالة غرام.

bill·fish [bĭl'fĭsh'] *(n.)* الخَرْمان: سمك ذو فكَّيْن طويلين.

bill·fold [bĭl'fōld'] *(n.)* مِحْفَظَة الجيب.

bill·head [-'hĕd'] *(n.)* ورقة مطبوع في رأسها اسم المؤسسة وعنوانُها.

bill·hook [-'hōōk'] *(n.)* المِنقاريّة: أداة لتشذيب الأغصان.

billhook

bil·liard [bĭl'yərd] *(adj.; n.)* (١) بِلْيارْديّ § (٢) إصابة [في البليارد].

bil·liards [bĭl'yərdz] *(n.)* البِلْيارد: لعبة البِلْيارد.

bil·ling [bĭl'ĭng] *(n.)* (١) إعلان [عن حفلة مسرحية] (٢) الموقع الترتيبيّ: الموقع النسبيّ الذي يحتلّهُ اسمُ الممثّل في برنامج أو إعلان عن حفلة (٣) الفَوْترة: إعداد الفواتير.

bil·lings·gate *(n.)* لُغة السُّوقة: لغةٌ يغلب عليها طابعُ البذاءة.

bil·lion [bĭl'yən] *(n.)* (١) البِليون: «أ» ألف مليون. «ب» مليون مليون (٢) عددٌ ضخم جدًا.

bil·lion·aire [bĭl'yə nâr'] *(n.)* البِلْيونير: من تُقَدَّر ثروتُهُ ببليون دولار إلخ أو أكثر.

bill of attainder قانون التجريم: قانون قديم يقضي بجواز تجريم المرء والحكم عليه بالموت دون سابق محاكمة.

bill of credit سند الاعتماد.

bill of debt سَنَد؛ كمبيالة (تج).

bill of divorce ورقة الطلاق.

bill of exchange (١) تحويل؛ حوالة (٢) كمبيالة؛ سُفْتَجَة.

bill of fare (١) قائمة الطعام [في فندق إلخ] (٢) برنامج.

bill of health (١) براءة الصحّة: شهادة تُعطى لرُبّان السفينة عند مغادرته المرفأ تبيانًا لسلامة البحّارة والركّاب (٢) تقريرٌ إيجابيّ [عن وضع أو حالة].

bill of lading وثيقة الشحن؛ بوليصة الشَّحن (تج).

bill of rights بيان الحقوق: بيان رسميّ بالحقوق الأساسية لشعبٍ ما. وبخاصة: *cap.* بيانُ الحقوق [البريطاني].

bill of sale عَقْد البيع؛ سَنَد البيع.

bil·lon [bĭl'ən] *(n.)* البِلُّون: أُشابة من فضة أو ذهب ومعدن خسيس.

bil·low [bĭl'ō] *(n.; vi.; t.)* (١) موجة. وبخاصة: موجة عارمة؛ موجة عظيمة (٢) سحابة متدحرجة؛ دُخان متموِّج (٣) دَفْق؛ كتلة متدفّقة § (٤) «أ» يتموَّج. «ب» يتدفَّق (٥) ينتفخ (٦) يتلاطم كالأمواج x (٧) يُموِّج؛ يَنْفُخ.

bil·low·y [bĭl'ō ĭ] *(adj.)* (١) مائج؛ متلاطم [الأمواج] (٢) منتفخ.

bill·post·er; bill·stick·er *(n.)* مُلصِق الإعلانات.

bil·ly[1] [bĭl'ĭ] *(n.)* غَلّاية؛ رَكْوة [للشاي إلخ].

bil·ly[2] *(n.)* (١) هِراوة؛ عصًا (٢) هِراوة الشرطي.

bil·ly[3] *(n.)* (١) رفيق؛ زميل (٢) أخ (٣) فتًى؛ غلام.

bil·ly·cock *(n.)* البَلْكوك: قبّعة لِبّاديّة مستديرة (بر).

billy goat *(n.)* التَّيْس: ذَكَرُ الماعز.

bi·lo·bate; bi·lo·bat·ed; bi·lobed *(adj.)* ثُنائيّ الفَصّ (نب).

bi·lob·u·lar [bī lŏb'yə lər] *(adj.)* ثُنائيّ الفُصَيْص (أح).

bi·loc·u·lar *or* **bi·loc·u·late** [bī lŏk'yə-] *(adj.)* ثُنائيّ الحُجَيْرة أو الخليّة <a ~ ovary>.

bil·tong [bĭl'tŏng'] *(n.)* قَدِيد اللحم [في جنوب إفريقيا].

bim·a·nous [bĭm'ə nəs] *(adj.)* ثُنائيّ اليد (ح).

bi·man·u·al [bī-] *(adj.)* مصنوع بكلتا اليدين أو مُقتضٍ استعمالهما معًا.

bim·bo [bĭm'bō'] *(n.)* (١) رَجُل غبيّ أو امرأة غبيّة (٢) امرأة عاهر (ع).

bi·mes·ter [bī mĕs'tər] *(n.)* فترة شهرين.

bi·mes·tri·al *(adj.)* (١) دائمٌ شهرين (٢) حادثٌ كلَّ شهرين.

bi·me·tal·lic *(adj.)* (١) ثُنائيمَعْدِني: مُستخدِم نظام المَعْدِنَيْن أو ذو علاقة به أو مبنيّ على أساسه (٢) ثُنائيّ المَعْدِن: مؤلَّف من مَعْدِنَيْن اثنين.

bi·met·al·lism *(n.)* نظام المَعْدِنَيْن: قاعدة تقضي باتخاذ كلّ من الذهب والفضة أساسًا للنظام النقديّ في دولةٍ ما.

bi·mil·le·na·ry[1] [bī mĭl'ə nĕr ĭ] *or* **bi·mil·len·ni·al** *(n.)* (١) فترة ألفَيْ سنة (٢) الذكرى الألفية الثانية [لحدثٍ ما].

bi·mil·le·na·ry[2] [bī-] *(adj.)* خاصّ بالذكرى الألفية الثانية [لحدث ما].

bi·mo·lec·u·lar *(adj.)* ثُنائيّ الجُزَيء: «أ» خاص بجُزَيْئَيْن. «ب» مؤلَّف من جُزَيْئَيْن (ك).

bi·month·ly [bī mŭnth'-] *(adj.; adv.; n.)* (١) حادثٌ أو صادر كلَّ شهرين

(٢) نصف شهري: حادثٌ أو صادرٌ مرَّتَيْن في الشهر § (٣) مرة كلَّ شهرين (٤) مرَّتَيْن في الشهر § (٥) مجلة تصدر كل شهرين مرة (٦) مجلة نصف شهرية.

bi·mo·tored *(adj.)* ثُنائيّ المحرِّك: مُزَوَّد بمحرِّكَيْن.

bin [bĭn] *(n.; vt.)* (١) الخانة: صندوق لخزن الحنطة أو الفحم إلخ § (٢) يضع في خانةٍ.

bin- بادئة معناها: ثُنائيّ؛ مُزدوج <*bin*ocular>.

bi·na·ry [bīʹnə rĭ] *(n.; adj.)* (١) الثُّنائيّ: شيء مؤلف من جزأين. وبخاصة: نجم ثُنائيّ § (٢) شَطْرِيّ (مج)؛ مُزْدَوج؛ ثُنائيّ.

binary compound *(n.)* المُرَكَّب الثُّنائيّ (ك).

binary fission *(n.)* الانقسام الشَّطْرِيّ (أح).

binary star *(n.)* النَّجم الثُّنائي: نجمان يدوران حول مركز جاذبيّة مشترك.

binate leaf

bi·nate [bīʹnāt] *(adj.)* مضاعَف؛ زوجيّ النموّ (نب).

bin·au·ral [bī nôrʹəl] *(adj.)* ثُنائيّ الأذن: «أ» ذو أُذُنين اثنتَيْن. «ب» ذو علاقة بكلتا الأذنين أو مُنْطوٍ على استعمالهما معًا.

bind [bīnd] *(vt.; i.; n.)* (١) «أ» يَرْبِط، يُوْثِق. «ب» يُقَيِّد؛ يَعُوق عن الحركة. «ج» يُلْزِم (٢) «أ» يَحْزِم. «ب» يَعْصِب؛ يطوِّق. «ج» يُضَمِّد (٣) يوحِّد؛ يَجْمع ما بين (٤) يَعْقِل البطنَ أو يُمسكُهُ بعد إسهال (٥) «أ» يُجلِّد <to ~ a book>. «ب» يقي أو يُمتِّن أو يزخرف بحاشية <to ~ the edge of a carpet> (٦) يَجْعلُهُ مُلْزِمًا x (٧) يتماسك؛ يُصبح صُلْبًا (٨) يكون مُلْزِمًا § (٩) رِباط؛ وَثاق (١٠) «أ» رَبْط؛ إيثاق. «ب» ارتباط (١١) مِحنة؛ مأزِق (ع).

to ~ oneself to يَعِد بِـ، يتعهَّد بِـ.

to ~ over يُلْزِم، تحت طائلة العقوبة، بِـ...

bind·er *(n.)* (١) فا bind. وبخاصة: مجلِّد الكُتُب (٢) رِباط؛ حِزام؛ زُنّار (٣) المَلَفّ؛ حافظة الأوراق: غلاف تُجمَع بين دفَّتَيْه أوراقٌ متناثرة (٤) الرِّباط: مادة لاصقة كالإسمنت ونحوه، تساعد على تماسُك الحُبَيْبات أو تلاحمها (٥) اتفاق مبدئيّ [على شراء عقار من العقارات] (٦) الحصّادة الحازمة: آلة تحصد وتحزم في آنٍ معًا (ز).

bind·er·y [bīnʹdə rĭ] *(n.)* معمل التجليد: معمل تجليد الكتب.

bind·ing [bīnʹ-] *(n.; adj.)* (١) مص bind (٢) رِباط (٣) جلدة الكتاب (٤) الكُفَّة: حاشية لتقوية [أو تزيين] طَرَف القماشِ أو السَّجّادة إلخ § (٥) رابطٌ (٦) مُلْزِم <a ~ agreement>.

binding post *(n.)* مِرْبط التوصيل (كب).

bind·weed [bīndʹ-] *(n.)* اللَّبلاب [وغيرُهُ من النباتات المعترشة].

bine [bīn] *(n.)* (١) اللَّبلاب (٢) الفَرْع السّاقيّ [المنبثق من نبتة].

binge [bĭnj] *(n.)* (١) مَرَح صاخب (٢) المَأْنُسَة: حفلة أُنس وسَمَر.

bin·go [bĭngʹgō] *(n.)* البِنْغو: لعبة من ألعاب الحظّ.

bin·na·cle [bĭnʹə kəl] *(n.)* بيت الإبرة؛ صندوق البوصلة [في سفينة].

binnacle

bin·o·cle [bĭnʹə kəl] *(n.)* البينوكل؛ المنظار الثنائيّ: منظار ذو عينيّتين.

bin·oc·u·lar [bə nŏkʹ-] *(adj.; n.)* (١) ثُنائيّ العَيْن: ذو علاقة بكلتا العينين أو مستخْدِمٌ كلتا العينين <~ vision> § (٢) ثُنائيّ العينيّة: ذو عينيَّتين اثنتين <a ~ microscope> § (٣) *pl.* عد: ثُنائيّ العَيْنيّة: مجهر أو تلسكوب أو منظار أوبرا ثنائيّ العينيّتين.

binoculars 3.

bi·no·mi·al [bī nōʹmĭ əl] *(adj.; n.)* (١) ثنائيّ التَّسمية: ذو اسمَيْن، الأول يشير إلى الجنس والثاني يشير إلى النوع (٢) حَدّانيّ؛ ثُنائيّ الحدّ (ر) § (٣) التسمية الثُّنائيّة («ح» و«نب») (٤) ذات الحدَّين: عبارة ذات حدّين (ر).

bi·nu·cle·ar *or* **bi·nu·cle·ate; -d** *(adj.)* ثُنائيّ النواة: ذو نواتين.

bio- بادئة معناها: حياة أو أحياء <*bio*logy>.

bi·o·as·say [*n.* bīʹō ə sāʹ; -ăsʹā; *v.* -ə sāʹ] *(n.; vt.)* (١) الاختبار الأحيائي: تقدير لقوة مادّةٍ ما [كعقّار أو هرمون] من طريق دراسة الآثار التي تخلّفها في كائنٍ حيّ [كالفأرة ونحوها] § (٢) يُجري اختبارًا أحيائيًا على...

bi·o·cat·a·lyst *(n.)* الحفّاز الأحيائيّ: مادّة تُسَرِّع العمليات البيولوجية.

bi·o·chem·i·cal *(adj.)* كِيْمِيْحَيَويّ؛ كيميائيّ حيويّ.

bi·o·chem·ist *(n.)* الكِيْمِيْحَيَويّ: العالِم بالكيمياء الحيوية.

bi·o·chem·is·try [bīʹō kĕmʹ-] *(n.)* الكيمياء الحيوية.

bi·o·cid·al [bīʹō sīdʹəl] *(adj.)* مُبيد؛ قاتل.

bi·o·e·lec·tric·i·ty *(n.)* الكَهْرَحْيائية؛ الكهربائية الأحيائية (فس).

bi·o·en·gi·neer·ing *(n.)* الهندسة الأحيائية.

bi·o·eth·ics *(n.)* علم الأخلاق الأحيائيّ.

bi·o·gen·e·sis *(n.)* النشوء الأحيائيّ: نشوء الحياة من حياة سابقة.

bi·o·gen·ic [-jĕnʹ-] *(adj.)* نُشوئيحَيَويّ: ناشئ بفعل المتعضِّيات الحية.

bi·o·ge·o·graph·ic; -al *(adj.)* جُغرافِيْحَيَويّ: متعلّق بالجغرافيا الحيوية.

bi·o·ge·og·ra·phy *(n.)* الجغرافيا الحيوية: فرع من علم الجغرافيا يُعْنَى بدراسة توزُّع الحيوانات والنباتات توزّعًا جغرافيًا.

bi·og·ra·phee [bī ŏgʹrə fēʹ] *(n.)* المُتَرْجَم له؛ صاحب الترجمة.

bi·og·ra·pher *(n.)* كاتب السِّيرة؛ كاتب السِّيَر أو التراجم.

bi·o·graph·i·cal *also* **bi·o·graph·ic** *(adj.)* (١) سِيَرِيّ: متعلّق بسيرة شخص أو حياته (٢) سِيَرِيّ؛ مَعْنِيّ بالسِّيَر <a ~ dictionary>.

bi·og·ra·phy [bī ŏgʹ-] *(n.)* السِّيرة: ترجمة حياة شخص.

bi·o·log·ic *or* **bi·o·log·i·cal** *(n.)* المُسْتَحْضَر البيولوجيّ: مستحضر كيميائي حيويّ، كاللّقاح وغيره، يُستخدم طبيًّا.

bi·o·log·i·cal *also* **bi·o·log·ic** *(adj.)* (١) أحيائيّ؛ بيولوجيّ (٢) طبيعيّ <his ~ father>.

biological warfare *(n.)* الحرب البيولوجية: حرب تُستخدم فيها الكائنات الحيّة [كالجراثيم] لقتل الإنسان أو الحيوان أو النبات.

bi·ol·o·gism *(n.)* الأحيائيّة: الأخذ بالتعليلات البيولوجية أو الأحيائية في تحليل الأوضاع الاجتماعية.

bi·ol·o·gist *(n.)* الأحيائيّ؛ البيولوجيّ: المتخصِّص في علم الأحياء.

bi·ol·o·gy [bī ŏl′ə jĭ] *(n.)* علم الأحياء؛ الحِياوة؛ البيولوجيا.

bi·o·med·i·cal *(adj.)* طِبّأحيائيّ؛ طبيّ أحيائيّ.

bi·o·med·i·cine *(n.)* الطبّ الأحيائيّ: فرع من الطبّ يُعْنى بدراسة قدرة الإنسان على الحياة والعمل في بيئات صعبة.

bi·o·met·rics *(n.)* = biometry.

bi·om·e·try [bī ŏm′ə trĭ] *(n.)* (١) قياس الحياة: حُسْبان الدَّيمومة المحتمَلَة للحياة البشرية (٢) علم الإحصاء الأحيائيّ: التحليل الإحصائيّ للمشاهَدات البيولوجية.

bi·on·ics [bī ŏn′ĭks] *(n. pl.)* الألكترونيّات الأحيائية: دراسة الطرق التي يؤدّي بها الإنسان والحيوان بعضَ المَهامّ وتطبيقُ نتائج هذه الدراسة في حقل تصميم الحاسبات الألكترونية.
— **bi·on·ic** *(adj.)*

bi·o·nom·ics [bī′ō nŏm′ĭks] *(n.)* = ecology.

bi·on·o·my [bī ŏn′ə mĭ] *(n.)* = bionomics.

bi·o·phys·ics [bī′ō fĭz′ĭks] *(n.)* الفيزياء الأحيائية.

bi·op·sy [bī′ŏp′ sĭ] *(n.)* الاختزاع؛ الفَحْص الأحيائيّ: الفحص المِجْهَريّ للأنسجة المنتزَعة من الجسد (ط).

bi·o·scope [bī′ə skōp′] *(n.)* مِشْلاط [أو بروجكتور] سينمائيّ.

bi·os·co·py *(n.)* الكَشْف الأحيائيّ: فحص الجسد لمعرفة أحيّ هو أم لا.

-biosis لاحقة معناها: طريقةُ حياة <aero*biosis*>.

bi·o·sphere [bī′ō sfēr′] *(n.)* الغلاف الأحيائي: «أ» ذلك الجزء من العالم الذي يُمكن للحياة أن توجد فيه. «ب» الكائنات الحيَّة وبيئتها.

bi·o·syn·the·sis [bĭ′ō sĭn′thə sĭs] *(n.)* التخليق الأحيائيّ: إنتاجُ مُركَّبٍ كيميائيّ من قِبَل كائنٍ حيّ (كح).

bi·o·ta [bī ō′tə] *(n.)* الحَيَويّات: نباتات منطقةٍ [أو حقبةٍ ما] وحيواناتُها.

bi·o·tech·nol·o·gy *(n.)* التكنولوجيا الأحيائيّة: شُعبة من التكنولوجيا تُعْنَى بتطبيق المُعْطَيات البيولوجية والهندسية على المشكلات المتعلقة بالإنسان والآلة.

bi·ot·ic *or* **bi·ot·i·cal** *(adj.)* حَيَويّ. وبخاصة: ناشئ عن كائنات حية.

bi·o·tin *(n.)* البيوتين: فيتامين موجود في الخميرة والكبد وصفار البيض.

bi·o·tite [bī′ə tīt′] *(n.)* البيوتيت؛ المَيْكة السّوداء (مع).

bi·o·type [bī′ə tīp′] *(n.)* النَّمط الأحيائيّ: مجموعة من المُتَعضِّيات ذات نَمَط وراثيّ مشترك (أح).

bip·a·rous [bĭp′ər əs] *(adj.)* (١) مُتْئم: مُنْتِج وليدين اثنين دفعةً واحدة (٢) ثنائيّ التَّغصُّن أو التَّمَحْوُر (نب).

bi·par·ti·san [bī pär′tə zən] *(adj.)* ثُنائيحِزْبيّ؛ ثُنائيّ حِزبيّ: «أ» مؤلف من حِزْبَين. «ب» مؤيَّد من حزبين <a ~ foreign policy>.

bi·par·tite [bī pär′tīt] *(adj.)* (١) «أ» شَطْرِيّ: ذو شطرين أو قسمين. «ب» ثُنائيّ <a ~ treaty> (٢) مُنْشطِر؛ ثُنائيّ التشريم: مُنْشطِر إلى قسمين حتى القاعدة تقريبًا <~ leaves>.

bi·ped[1] [bī′pĕd] *(n.)* الثُّنائيّ القدم: حيوان ذو قدمين.

bi·ped[2] *or* **bi·ped·al** *(adj.)* ثُنائيّ القدم: ذو قدمين [كالإنسان].

bi·pet·al·ous [bī pĕt′əl əs] *(adj.)* ثُنائيّ البَتَلَة (نب).

bi·phase [bī′fāz′] *(adj.)* ثُنائيّ الطَّور (كب).

bi·phen·yl [bī fĕn′əl] *(n.)* البِيْفينيل: هيدروكربون أبيض متبلِّر (ك).

bi·pin·nate [bī pĭn′āt] *(adj.)* ثُنائيّة التَّرَيُّش: صفة للورقة حين تكون ريشية الشكل وتكون وُرَيْقاتها كذلك (نب).

bipinnate leaf

bi·plane [bī′plān′] *(n.)* ثُنائيّة السَّطح: طائرة ذات زوجَيْن من الأجنحة يقوم أحدهما فوق الآخر.

biplane

bi·pod [bī′pŏd] *(n.)* المِسْنَد الثُّنائيّ: مِنصَب للمِدفَع الأوتوماتيّ ذو قائمتين.

bi·po·lar [bī pō′lər] *(adj.)* ثُنائيّ القُطب: «أ» ذو قطبَيْن <a ~ dynamo>. «ب» متواجد في كلتا المنطقتين القطبيتين <~ birds>. «ج» متناقض؛ متعارض <~ views>.
— **bi·po·lar·i·ty** *(n.)*

bi·quad·rat·ic [bī′kwŏd răt′ĭk] *(n.; adj.)* (١) المعادَلة الرُّباعية: معادلةٌ من الدرجة الرابعة (ر) § (٢) مُضاعَفُ التربيع (ر).

bi·ra·cial *(adj.)* ثُنائيعِرْقيّ؛ ثُنائيّ العِرق: خاصّ بِعرقين مختلفين.

birch [bûrch] *(n.; vt.)* (١) البَتُولا؛ شجر القضبان (٢) خشب البتولا (٣) عصا التأديب: قضيب من البتولا لمعاقبة التلامذة § (٤) يَجْلِد.

bird [bûrd] *(n.; vi.)* (١) الطّائر؛ الطَّير (٢) «أ» شخص. «ب» فتاة (عب) (٣) shuttlecock (٤) صفير الاستهجان إلخ <to get the ~; to give somebody the ~> (٥) صَرْفٌ من الخدمة (٦) «أ» طائرة. «ب» صاروخ. «ج» قذيفة مُوجَّهة. «د» مَرْكبة فضائية. «هـ» قمرٌ صناعي (٧) المحكوميّة: فترة يقضيها المرء في السجن § (٨) يصيد الطيور أو يوقعها في شَرَك (٩) يراقب جوارح الطير في بيئتها الطبيعية.

a ~ in the bush شيء مجهول أو محتَمَلٌ مجرَّدَ احتمال.
to kill two ~*s* with one stone يصيد عُصفورين بحجر واحد.

bird·brain *(n.)* (١) الأحمق؛ الأبله (٢) الغافل؛ الشاردُ الذِّهن.

bird·brained *(adj.)* (١) أحمق؛ أبله (٢) غافل؛ شاردُ الذِّهن.

bird·call *(n.)* (١) أداة لمحاكاة صوت الطير (٢) صوت الطائر.

bird colonel *(n.)* عقيد؛ كولونيل (ع).

bird dog *(n.)* كلب الطيور: كلبٌ يساعد في صيد الطيور.

bird·er [bûr′dər] *(n.)* (١) فا bird (٢) الصيّاد: صائد الطير وبخاصة لبيعها في السوق.

bird flu *(n.)* إنفلونزا الطيور (مض).

bird·house *(n.)* بيت الطائر: قفص مُعَدٌّ لإيواء الطيور.

bird·ie [bûr′dĭ] *(n.)* الطُّوَيْر: طائر صغير.

bird·like [bûrd′līk′] *(adj.)* طائرانيّ: شبيه بالطائر.

bird·lime [bûrd′līm′] *(n.)* (١) الدّابوق: مادة لزجة تُطْلَى بها الأغصان لالتقاط صغار الطير (٢) شَرَك؛ فخّ.

bird louse *(n.)* قُمَّل الطَّير: قُمَّل يتطفَّل على الطيور بخاصة.

bird·man *(n.)* (١) مُرَبّي الطيور (٢) متصيِّد الطيور (٣) العالِم بالطيور (٤) الطيّار؛ الملّاح الجوّي (ع).

bird of paradise *(n.)* طائِر الفِردَوْس : طائر جميل الريش .

bird–of–paradise *(n.)* طائر الفِردَوْس : نبات زينيّ .

bird of passage (١) المُهاجِر : طيرٌ من القواطع أو الطيور المهاجِرة (٢) المُتَبَدّي : شخص لا يُطيل المَكْثَ في مكانٍ واحد .

bird of prey الجارح : أحد الجوارح وهي الطيور المفترسة .

bird pepper *(n.)* الفُلَيْفِلة الدَّغليّة (نب) .

bird·seed *(n.)* حَبّ الطير : خليط من الحَبّ يقدَّم طعامًا للطيور .

bird's–eye[1] *(n.)* عين الطائر : «أ» نبات ذو زهرات صغيرة مُدوَّرة . «ب» نمط من نسيج القماش يتميز بأشكالٍ صغيرة شبيهة بعين الطائر . «ج» قماش منسوج على هذا النحو .

bird's–eye[2] *(adj.)* (١) طَيْريّ الأعين : ذو نُقَط وعلامات شبيهة بأعيُن الطير (٢) تحليقيّ ؛ مأخوذٌ من عَلٍ <a ~ view of a city> (٣) عامّ ؛ سريع ؛ خاطف ؛ سَطحيّ <a ~ view of modern European history> .

bird's–foot [bûrdz′fo͝ot′] *(n.)* pl. **-foots** رِجْلُ الطّير : نباتٌ أوراقُهُ أو أزهارُهُ شبيهة برجل الطائر (نب) .

bird's–foot trefoil *(n.)* قرن الغزال : نبات عُشبيّ .

bird–watch·er *(n.)* مُراقِب الطير [في بيئتها الطبيعية] .

bird–wit·ted *(adj.)* أحمق ؛ طائش ؛ شاردُ الذهن .

bird·wom·an *(n.)* الطيّارة : امرأة خبيرة بقيادة الطائرات (ع) .

bi·reme [bī′-] *(n.)* البَيْريم : مَرْكبٌ بصَفّيْ مجاذيف من كل جانب .

bi·ret·ta [bə rĕt′ə] *(n.)* البيريتّة : قَلَنْسُوَة قاسية مُربَّعة يعتمر بها رجال الدين الكاثوليك .

biretta

birl [bûrl] *(vt.; i.)* (١) يُدير [حول محور] . وبخاصة : يُدَحرِج زندًا خشبيًا طافيًا في الماء وذلك بالدَّوس عليه **x** (٢) يَلُفّ ؛ يدور (٣) يقامر (ع) .

birr[1] [bûr] *(n.; vi.)* (١) قوة ؛ اندفاع (٢) عَزْم ؛ نشاط (٣) أزيز § (٤) يئزّ .

birr[2] [bēr] *(n.)* البِرّ : وحدة النقد في إثيوبيا (الحبشة) .

birth [bûrth] *(n.; vt.; i.)* (١) «أ» ولادة . «ب» مَوْلد (٢) نَسَبٌ (٣) أصل ؛ مَنْبِت <of German ~> (٤) مَحْتِدٌ كريم (٥) الفِطرة <a poet by ~> (٦) نشوء ؛ منشأ <the ~ of drama> § (٧) يُحْدِث ؛ يولِّد **x** (٨) تَلِدُ (ع) .

birth certificate *(n.)* شهادة الميلاد أو المولد .

birth control *(n.)* ضبط النَّسل ؛ تحديد النَّسل .

birth·day [-′dā′] *(n.)* (١) مولدُ [شخص أو شيء] (٢) عيد ميلاد .

birthday suit *(n.)* بِذْلة الولادة : العُرْي .

birth defect *(n.)* العِلّة الخِلْقيّة : علّة مصاحِبة منذ الولادة .

birth·mark *(n.)* الوَحْمة : علامة تكون على جسم المرء منذ الولادة .

birth·mate *(n.)* اللِّدَة : من وُلد معك في نفس المكان والزمان .

birth·place *(n.)* مَسْقَط الرأس .

birth·rate *(n.)* نسبة المواليد [إلى مجموع السكان في مدّة معيّنة] .

birth·right *(n.)* حقّ البُكوريّة ؛ حقّ المولد : حقّ أو امتياز عائد إلى شخص ما بسبب من كونِهِ بِكْرَ أبيه أو بسبب من ولادته في بلدٍ ما .

birth·root [bûrth′ro͞ot′] *(n.)* الإطرِلّيون ؛ الزهرة الثلاثية (نب) .

birth sin *(n.)* الخطيئة الأصلية (نص) .

birth·stone *(n.)* جوهرة المَوْلِد : حجر كريم [بينه وبين أحد شهور السنة ارتباط رمزي] يزعم بعض الناس أنه يحمل الحظ السعيد إلى من يتحلّى به من مواليد ذلك الشهر .

birth·wort [-wûrt′] *(n.)* (١) الزَّراوَنْد : نبات ذو جذور عطِرة يُستعان بها في الطبّ الشعبيّ لتسهيل الولادة (٢) birthroot .

bis [bĭs] *(adv.; interj.)* (١) مَرَّةً أُخرى (٢) مَرَّتين § (٣) أعِدْ!

bis·cuit [bĭs′kĭt] *(n.)* (١) بَسْكَويت (٢) الخَبيزَة : فخّار أو خزف أُحْرِقَ مرةً واحدة قبل تزجيجه (٣) لون أسمر شاحب .

bise [bēz] *(n.)* البِيز : ريحٌ شمالية باردة جافة في فرنسا وسويسرا .

bi·sect [bī sĕkt′] *(vt.; i.)* (١) يَشْطُر ؛ يُنصِّف (٢) يَقْطَع ؛ يتقاطع مع **x** (٣) يَنْشَعب : يتفرَّع الطريقُ إلخ إلى شُعبتين .

bi·sec·tion [bī sĕk′shən] *(n.)* (١) شَطْر ؛ تَنصيف (٢) نِصْف ؛ شَطْر .

bi·sec·tor [bī sĕk′tər] *(n.)* المُنَصِّف ؛ مُنَصِّف الزاوية (ر) .

bi·ser·rate [bī sĕr′āt] *(adj.)* ثُنائيّ التَّسنُّن : مُسَنَّن كالمنشار مع تسنُّن في الأسنان نفسها (نب) .

bi·sex·u·al [bī-] *(adj.; n.)* (١) خُنثَويّ ؛ ثُنائيّ الجنس § (٢) خُنثَى .

bish·op [bĭsh′əp] *(n.; vt.)* (١) أُسْقُف ؛ مِطران (٢) الفيل : أحد بَيْدَقَيْن من بيادق الشطرنج (٣) الأُسقفيّ : شراب مُسْكر حارّ § (٤) يُؤَسْقِف : يعيّنه أُسقفًا .

bishop 2.

bishop bird *(n.)* الشُّرشور الأحمر (طا) .

bish·op·ric [bĭsh′əp rĭk] *(n.)* الأُسقُفيّة : منصب الأُسقُف أو مقرُّهُ .

bis·muth [bĭz′məth] *(n.)* البِزْموت : عنصرٌ فِلِزّيّ (ك) .

bi·son [bī′sən; -zən] *(n.)* البِيْسون ؛ البيزون ؛ الثور الأميركيّ .

bison

bisque [bĭsk] *(n.)* (١) البِيْسك : «أ» حَساء دسِمٌ يُصنع من الأسماك الصَّدَفية أو من لحم الطيور . «ب» حَساء يُصنع من خُضَر مهروسة مُصَفّاة . «ج» ضرب من «البوظة» يحتوي على مسحوق البندق أو الجوز (٢) *biscuit 2* .

bis·sex·tile [bī sĕks′tĭl; bī-] *(adj.; n.)* (١) كَبيسيّ : مشتملٌ على الإضافيّ من أيام السنة الكبيسة <February is the ~ month.> (٢) كَبيسَة : مشتملة على يوم إضافي <a ~ year> § (٣) سَنة كبيسة .

bis·ter *or* **bis·tre** [bĭs′tər] *(n.)* (١) السَّخيم ؛ البِشتَر : صِبغٌ يُستخرج من سُخام الخشب ويُستخدَم في الرّسم (٢) لون أسمر داكن .

bis·tered [bĭs′tərd] *(adj.)* مُسَخَّم ؛ مُبَشتَر (را . المادة السابقة) .

bis·tort [bĭs′tôrt] *(n.)* الجُنْجُر المُلْتوي : نبات ذو جذرٍ مُلْتوٍ .

bis·tou·ry [bĭs′tə rĭ] *(n.)* مِبْضَع ؛ مِشْرَط [للجراحة الثانوية] .

ă at; ā date; â care; ä car; ĕ egg; ē me; ĭ in; ī bite; ŏ lot; ō bone; ô orphan; **oi** boil; o͝o good; o͞o boot; **ou** out; ŭ under; û urgent; ə = *a* in alone, *e* in system, *i* in easily, *o* in gallop, *u* in circus.

bis·tre [bĭs′tər] *(n.)* = bister.

bis·tro [bĭs′trō] *(n.)* (١) «أ» حانة صغيرة أو مطعم صغير . «ب» نادٍ ليليّ (٢) «أ» الخمّار : صاحب الحانة . «ب» صاحب المطعم (ع) .

bi·sul·cate [bī sŭl′kāt] *(adj.)* مشقوق <a ~ hoof> .

bi·sul·fate *or* **bi·sul·phate** *(n.)* ثاني كبريتات (ك) .

bi·sul·fide *or* **bi·sul·phide** *(n.)* ثاني كبريتور (ك) .

bi·sul·fite *or* **bi·sul·phite** *(n.)* ثاني كبريتيت (ك) .

bit [1] [bĭt] *(n.; vt.)* (١) شيء يُعَضّ عليه أو يُمسَك بالأسنان . مثل : «أ» الحَكَمَة ؛ الشَّكيمة : حديدةُ اللِّجامِ المعترضةُ في فم الفَرَس . «ب» المَبْسَم : فمُ البِيبة أو الغليون (٢) الجزء أو الحَرْف القاطعُ من أداة . مثل : «أ» النَّصْل : حدّ الفأس . «ب» الشَّفرة : لسانُ المِسْحاج أو فأرة النجّار . «ج» اللُّقمة : الجزء اللَّولبيّ الدوّار من المِثقب (٣) *pl.* فَكّا الكمّاشة أو المِسْحَبَة (٤) الكابح ؛ الوازع (٥) لسان المفتاح § (٦) يَشْكُمُ [الفرس] (٧) يَكْبح (٨) يُلَسِّن [المفتاحَ] : يجعل له لسانًا .

spiral bits

bit [2] *(n.)* (١) لُقمة [من طعام] (٢) كِسْرة ؛ مقدارٌ ضئيل (٣) قطعة نقدية صغيرة (٤) «أ» شيء صغير أو غير هامّ . «ب» دور صغير [في مسرحية إلخ] (٥) فتاة .

~ by ~, ببطء ؛ تدريجيًا ؛ قليلًا قليلًا .

a ~ at a time تدريجيًا ؛ قليلًا قليلًا .

a long ~, خمسة عشر سَنْتًا (ع) .

a short ~, عشرة سَنْتات (ع) .

I don't care a ~, أنا لا أبالي ألبتة ؛ أنا لا أُبالي على الإطلاق .

not a ~; not a ~ of it ألبتّة ؛ على الإطلاق .

to do one's ~, يقوم بقسطِهِ من الواجب [مهما ضَؤُل] .

bit [3] *(n.)* البِتّة : وحدة معلومات أساسيّة في الكومبيوتر .

bit [4] *past and past part. of* bite.

bi·tar·trate [bī tär′trāt] *(n.)* ثاني طَرْطَرات (ك) .

bitch [bĭch] *(n.; vt.; i.)* (١) «أ» الكلبة : أنثى الكلب . «ب» أنثى الذئب أو الثعلب (٢) امرأة . وبخاصة : بغيّ ؛ مومس ؛ عاهر ؛ فاجرة (٣) شكوى (ع) § (٤) يُفْسِد (٥) يَخْدع **x** (٦) يشكو .

bitch·er·y [bĭch′ə rĭ] *(n.)* فجور ؛ فِسْق ؛ حقد ؛ أنانية إلخ .

bitch·y [bĭch′ĭ] *(adj.)* فاجر ؛ فاسق ؛ حاقد ؛ شرّير ؛ أناني .

bite [bīt] *(vt.; i.; n.)* (١) «أ» يَعَضّ . «ب» يَقْضُم (٢) يَلْدَغ ؛ يَلْسَع (٣) يقطع ؛ يمزّق (٤) يقرُص أو يُوجع إيجاعًا شديدًا (٥) «أ» يُمسك أو يتشبّث بـ ؛ يعمل بفعالية على . . . «ب» يستحوذ على ؛ يترك انطباعة عميقة في (٦) يأكل ؛ يتآكّل <Acid ~s metal.> (٧) يَخْدَع (ا . ق) (٨) يُزعج ؛ يُقلق **x** (٩) يَلْدَغ (١٠) يؤثّر ؛ يترك أثرًا (١١) «أ» تأكل [السمكةُ] الطُّعْم . «ب» ينخدع (١٢) يَلْصَب ؛ يَثْبُت أو يعمل بفعالية فوق كذا § (١٣) «أ» عضّ ؛ قَضْم ؛ لَدْغ ؛ لَسْع . «ب» عضّة ؛ قَضْمة ؛ لَدْغة ؛ لَسْعة (١٤) «أ» لُقمة . «ب» طعام . «ج» وجبة طعام مختصرة (١٥) خُدْعة ؛ حيلة (ا . ق) (١٦) حَرافة ؛ لَذْع ؛ نَكْهة نفّاذة (١٧) إقبال السمكة على الطُّعم (١٨) اللَّصَب : تشبُّث فكّي المِلزمة بالخشب أو دوران عجلات السكة بفعالية على قضبانها .

— bit·er *(n.)* .

once *bitten,* twice shy لا يُلْدَغ المؤمن من جُحْرٍ مرّتين .

to ~ the dust *or* the ground يَخِرّ صريعًا .

bite·wing [bīt′-] *(n.)* رَقيقة العضّ : فيلم مُعَدّ لأخذ صورة بأشعة أكس لتيجان الأسنان العليا والسفلى معًا .

bit·ing *(adj.)* (١) حِرِّيف (٢) قارص ؛ بارد جدًا (٣) لاذع ؛ ساخر .

bit·sy [bĭt′sĭ] *(adj.)* دقيق ؛ صغير جدًا .

bitt [bĭt] *(n.; vt.)* (١) مَرْبِطُ الحبال : عمود معدني أو خشبيّ فوق ظهر المركب تُشَدّ إليه الحبال § (٢) يثبّت [بِمَرْبِطِ للحبال] (مل) .

bit·ten [bĭt′ən] *past part. of* bite.

bit·ter [bĭt′ər] *(adj.; n.; vt.; i.; adv.)* (١) مُرّ (٢) مرير ؛ مُرّ ؛ مؤلم (٣) قاسٍ ؛ لا يُنْسَى (٤) شديد ؛ ثقيل الوطأة (٥) فاجع (٦) متعصّب ؛ وطيد الإيمان (٧) لَدود <~ foes> (٨) ساخر ؛ لاذع § (٩) مَرارة (١٠) المُرّ : شيء مُرّ (١١) *pl.* المُرّيّ : شراب مُسْكِرٌ عادةً يُعَدّ بتقطير بعض الأعشاب أو الجذور المُرّة لتسهيل الهضم (١٢) المِزْر المُرّ : ضرب من المِزْر ، أو الجِعة ، مُرّ المذاق § (١٣) يُمِرّ : يجعله مُرَّ المذاق **x** (١٤) يُصْبح مُرًّا § (١٥) جدًّا ؛ إلى حدّ بعيد <a ~ cold night> .

— bit·ter·ness *(n.)* .

bitter end *(n.)* (١) النهاية ؛ النهاية المريرة : النهاية القصوى مهما تكن موجعة أو مهلِكة (٢) الطرف الأقصى [من حبل] .

bit·ter·ish [bĭt′ər ĭsh] *(adj.)* مُرٌّ بعضَ الشيء .

bit·tern [1] [bĭt′ərn] *(n.)* الواق : طائر وثيق الصلة بمالك الحزين .

bittern[1]

bit·tern [2] *(n.)* زيت الملح : سائل زيتيّ يتخلّف عند تبلُّر الملح .

bit·ter·sweet *(n.; adj.)* (١) الحُلو المُرّ : شيء حلوٌ مُرّ . وبخاصة : مُتعةٌ مشوبةٌ أو ممزوجة بألم أو ندم (٢) «أ» المَغْدُ الحُلو المُرّ : نباتٌ عُشبيّ من الفصيلة الباذنجانية . «ب» القالَسْطُروس المتسلّق : الجِرابيّة ، أو شجرة الجِراب ، المتسلّقة (نب) § (٣) حلوٌ مُرّ : «أ» لذيذٌ مؤلم . «ب» حلوٌ ولكنه يخلّف في الفم مذاقًا مُرًّا . وبخاصة : قليل السُّكّر .

bit·ter·weed *(n.)* الحشيشة المُرّة : نبات تُستخرَج منه مُركّبات مُرّة .

bit·tie [bĭt′ĭ] *(adj.)* = bitty.

bit·ty [bĭt′ĭ] *(adj.)* صغير ؛ ضئيل .

bi·tu·men [bĭ to͞o′mən; -tyo͞o′-] *(n.)* الحُمَر ؛ البِتْيومين (مع) .

bi·tu·mi·nize *(vt.)* يُحَمِّر : يُحَوِّل إلى حُمَر أو يعالج بالحُمَر .

bi·tu·mi·nous *(adj.)* حُمَريّ ؛ بِتيوميني .

bituminous coal *(n.)* الفحم الحُمَريّ ؛ الفحم البِتْيوميني .

bi·va·lence [bī vā′ləns] *(n.)* ثُنائيّة التكافؤ (ك) .

bi·va·lent [bī vā′lənt] *(adj.)* ثُنائيّ التكافؤ (ك) .

bi·valve [bī′vălv′] *(adj.; n.)* (١) ذو صِمامَيْن ؛ ذو مِصراعَيْن (نب) (٢) ذو مِصراعين : ذو صدفة تتألف من مِصراعين [صفة للحيوان الرِّخويّ] § (٣) حيوان ذو مِصراعين .

bi·valved *also* **bi·val·vu·lar** *(adj.)* = bivalve.

bi·ven·tral [bī vĕn′trəl] *(adj.)* ثُنائيّ البطن : ذو بطنين .

biv·ou·ac [bĭv′o͞o ăk′] *(n.; vi.)* (١) «أ» مُخيَّم ؛ مُعَسْكر عَراء . «ب» مَثْوًى مؤقّت (٢) «أ» مَبيت في مخيَّم [لليلةٍ واحدةٍ] . «ب» إقامة مؤقتة § (٣) يُخَيِّم :

يُعَسْكِر في العَراء.

bi·week·ly [bī wēk′-] *(adj.; adv.; n.)* (١) نِصف شهريّ (٢) نصف أسبوعيّ § (٣) كلَّ أسبوعين (٤) مرّتين في الأسبوع § (٥) نصفُ الشهريّة: مجلة تصدر مرّتين في الشهر.

bi·year·ly [bī yēr′lĭ] *(adj.; adv.)* (١) biennial (٢) biannual § (٣) كلَّ سنتين (٤) مرّتين في السنة.

biz [bĭz] *(n.)* = business.

bi·zarre [bĭ zär′] *(adj.)* غريب؛ عجيب؛ شاذّ.

bi·zon·al *(adj.)* ثُنائيّ المنطقة: خاصّ بمنطقة تشترك في إدارتها دولتان.

blab [blăb] *(n.; vt.; i.)* (١) الثرثار؛ الكثير الكلام (٢) ثرثرة § (٣) يُفشي سرًّا [من طريق الكلام بغير تحفُّظ] x (٤) يُثرثر.

blab·ber [blăb′ər] *(vi.; t.; n.)* (١) يُثرثر x (٢) يقول بحماقة § (٣) ثرثرة (٤) الثرثار؛ الكثير الكلام.

black [blăk] *(adj.; n.; vt.; i.)* (١) أسود (٢) زَنجيّ (٣) خاصّ بالزنوج (٤) مؤيِّد للزنوج (٥) أسود: مُتَّشِح بالسَّواد <the ~ knight> (٦) مُتَّسِخ؛ قذِر (٧) بهيم؛ شديد الظلام (٨) أسود: صِرف؛ من غير حليب أو كريما <~ coffee> (٩) شِرّير (١٠) أسود: «أ» شائن. «ب» مُصْطَنَع لأغراض شريرة <~ magic> (١١) قاتم؛ غير مبشِّر بخير (١٢) متشائم؛ كئيب (١٣) غير شرعيّ <the ~ market> (١٤) أسود: مُتَّسم بروح من الهجاء أو السخرية <~ humor> § (١٥) صبغٌ أسود (١٦) «أ» سَواد. «ب» لطخة سوداء (١٧) شيء أسود. وبخاصة: «أ» ثوب الحِداد. «ب» الأدهَم: جوادٌ أسود (١٨) الزِّنجيّ: شخص زَنجيّ (١٩) الظُّلمة: فقدان النور § (٢٠) يُسوِّد؛ يطلي بالسّواد (٢١) يَصْقُل [الحذاء] بدهانٍ أسود x (٢٢) يَسْوَدّ: يُصبح أسود.

in the ~, دائن؛ غير مَدين.

to ~ out (١) يُعتِّم: «أ» يُطفئ الأنوار [على خشبة المسرح]. «ب» يطفئ أو يحجب الأضواء كلها وقاية من غارة جوية. «ج» يكبت حرية الرأي من طريق الرقابة على المطبوعات (٢) يمحو [حادثة أو ذكرى] من ذهنه (٣) يَفْقُد [الوعي أو البصر أو الذاكرة] مؤقتًا (٤) تكتنفُهُ الظلمة.

to look ~ at somebody ينظر إليه نظرةً معادية أو غَضْبَى.

black·a·moor [-′ə mo͝or′] *(n.)* الشديد السُّمرة. وبخاصة: الزِّنجيّ.

black–and–blue *(adj.)* أَسْوَدُ مُزْرَقّ [من أثرِ سقطة أو لكمة].

black–and–white *(adj.)* (١) مكتوب أو مطبوع (٢) أَسْوَد وأبيض <a ~ hawk> (٣) ثَنَويّ؛ لاتَوَسُّطيّ: منقسِم انقسامًا حادًّا <a ~ world>.

black and white *(n.)* (١) الكتابة أو الطباعة (٢) «أ» رسم أو طبع أو تصوير بالأبيض والأسود. «ب» أثر مرسوم أو مطبوع على هذا النحو.

black art *(n.)* سِحْر؛ شَعْوذة.

black–a–vised *also* **black–a–viced** [-′vīst′] *(adj.)* داكن البَشَرة.

black·ball [-′bôl′] *(n.; vt.)* (١) الكُرَيَّة السوداء: كرة سوداء صغيرة تُلقى في صندوق الاقتراع كنايةً عن صوت سلبيّ (٢) تصويت سلبيّ § (٣) يصوِّت ضدّ. وبخاصة: يرفض طلب انتساب شخص إلى مؤسَّسة (٤) يقاطع (٥) يَطْرُد.

black bass *(n.)* البَلَكْبَس: سمك نهري أميركي.

black bear *(n.)* الدُّبّ الأسود: دبّ أميركي كثيف الشَّعر أسْوَدُه.

black bear

black belt[1] *(n.)* النِّطاق الأسود: «أ» منطقة تتميز بتربة سوداء خصبة. «ب» *pl.* عد: منطقة آهلةٌ بأعداد كبيرة من الزنوج.

black belt[2] *(n.)* الحزام أو النطاق الأسود [في «الجودو»].

black·ber·ry [-′bĕr′ĭ] *(n.)* العُلّيق؛ التوت الشَّوكيّ (نب).

black bile *(n.)* السَّوداء: أحد الأخلاط humors الأربعة التي اعتقد القُدامى أنها تتحكَّم في المزاج [وقد خصّوا السوداء بالكآبة].

black·bird *(n.; vi.)* (١) الشُّحرور: طائر مغرِّد ذَكَرُهُ أسْوَدُ كُلّه § (٢) يتّجر بالرقيق.

blackbird *1*

black body *(n.)* الجسم الأَسْوَد: سطح يمتصُّ كاملَ الطاقة المُشِعّة.

black book *(n.)* السِّجلّ الأسود: لائحة بأسماء اللّامرغوب فيهم.

black·cap *(n.)* (١) العُلّيق الأميركيّ (نب) (٢) أبو قَلَنْسُوَة (طا).

black–capped *(adj.)* أَسْوَد القَلَنْسُوة: أعلى رأسه أَسْوَد.

black·damp *(n.)* الغازات السّوداء: مزيج من ثاني أُكسيد الكربون وبعض الغازات الأخرى يكون في المناجم.

Black Death *(n.)* الطاعون الأسود [تفشَّى في أوروبا في القرن ١٤].

black diamond *(n.)* الماسُ الأَسْوَد: الفحم الحجريّ.

black dog *(n.)* كآبة؛ اكتئاب.

black·en *(vi.; t.)* (١) يَسْوَدّ x (٢) يُسَوِّد (٣) يَذُمّ؛ يُشَوِّه السُّمعة.

black·ened *(adj.)* مُسَوَّد: مغطًّى بالفلفل والبهارات.

black eye *(n.)* (١) كَدمة حول العين [من أثر لطمة] (٢) خِزْي؛ عار.

black·face *(n.)* أَسْوَد الوجه: «أ» ممثّل يقوم بدَور زنجيّ. «ب» ماكياج للقيام بهذا الدَّور. «ج» حَرْفٌ أسود أو ثخين (طع).

black·fel·low *(n.)* أحد سكان أستراليا الأصليين أو البدائيين.

black·fish *(n.)* = tautog.

black flag *(n.)* راية القراصنة [تمثّل جُمجمةً وعظمَين متصالبَيْن].

black·fly *(n.)* الذُّبابة السَّوداء: حشرة صغيرة سوداء.

Black·foot *(n.)* هنديّ أحمر [من قبيلة ذوي الأقدام السوداء].

black gold *(n.)* الذهب الأسود: النِّفط؛ البترول.

black grouse *(n.)* الطَّيْهُوج الأسود (طا).

black grouse

black·guard *(n.; vi.; t.)* (١) الوَغد (٢) البذيء § (٣) يتصرَّف كالأوغاد x (٤) «أ» يَذُمّ. «ب» يوجِّه كلامًا بذيئًا إلى.

black·head *(n.)* (١) النَّصْل: بثرة في الوجه سوداء الرأس (٢) داء الرأس الأسود: داءٌ مُعْدٍ يُصيب الدِّيكة الرومية في أكبادها وأمعائها (٣) أَسْوَدُ الرأس: كلّ طائر ذي رأس أسود (ع).

black·heart [blăk′härt′] *(n.)* (١) القلب الأسود: ضرب من الكَرَز ذو

ثمرات شبيهٍ شكلُها بشكل القلب (٢) القلب الأسود: مرض من أمراض البطاطا وغيرها تَسْوَدُّ بسببه أنسجتُها الداخلية.

black·heart·ed *(adj.)* شِرِّير؛ أَسْوَدُ القلب.

black·ing *(n.)* الطِّلاء الأسود [لصبغ الأحذية والمواقد إلخ].

black·ish *(adj.)* أَسْوَدانيّ؛ مُسْوَدّ: ضارب إلى السَّواد.

black·jack[1] *(n.)* (١) وعاء كبير للجعة (٢) الجِلدانية: هراوة يتألف طرفُها الضاربُ من مَعْدِنٍ مَكْسُوّ بالجلد (٣) راية القراصنة (٤) البَلُّوط الأسود (نب) (٥) البَلَكْجَك: ضرب من لَعِب الورق.

black·jack[2] *(vt.)* (١) يَجْلِد: يضرب بِجِلْدانية (٢) يُجْبِر.

black knot *(n.)* العُقدة السّوداء: داء فُطريّ يُصيب الكرزَ والخوخَ.

black lead *(n.)* = graphite.

black·leg [-ˈlĕgˈ] *(n.; vt.)* (١) الجَمْرَة العَرَضيّة أو الانتفاخية: مرض مُعْدٍ من أمراض الماشية (٢) المقامر المحترف (٣) مُفْسِد الإضراب: شخص يواصل العمل أثناء الإضراب أو يُستأجَر للحلول محل عاملٍ مُضْرِب § (٤) يرفض الإضراب.

black letter *(n.)* الحرف الأسود: حرف قوطيّ ثخين استخدمه الطابعون الأوروبيون القُدامى.

black–letter *(adj.)* (١) مطبوع بالحرف الأسود (٢) مشؤوم.

black·list *(n.; vt.)* (١) القائمة السّوداء § (٢) يُدْرِج في القائمة السوداء.

black magic *(n.)* السِّحر الأسود: سِحرٌ يُصْطَنَع لأغراضٍ شريرة.

black·mail [-ˈmālˈ] *(n.; vt.)* (١) الابتزاز التهديديّ: ابتزاز المال بتهديد المرء بالفضيحة خاصةً (٢) المال المبتزّ بالتهديد § (٣) يبتزّ بالتهديد.

Black Ma·ri·a *(n.)* عربة السُّجناء: عربة لنقل السُّجناء من السِّجن وإليه.

black mark *(n.)* النقطة السّوداء [دلالةً على التقصير أو سوء السّلوك].

black market *(n.)* السّوق السّوداء.

black–mar·ket *(vi.; t.)* يتعامل في السّوق السّوداء.

black measles *(n.)* الحَصْبة السّوداء؛ الحَصْبة الخبيثة (ط).

black·ness [blăkˈnəs] *(n.)* سواد؛ ظُلمة إلخ.

black·out [blăkˈoutˈ] *(n.)* (١) التعتيم: «أ» إطفاء الأنوار كليًّا على خشبة المسرح. «ب» إطفاء الأنوار في مدينة إلخ [خلال غارة جوية]. «ج» انطفاء الأنوار بسبب عُطل طارئ. «د» كَبْت للرأي أو الخبر من طريق الرقابة على المطبوعات (٢) فقدان الوعي أو البصر أو الذاكرة مؤقتًا (٣) حذف؛ إلغاء.

black·poll *(n.)* دُخْلة أميركية [يتميز ذَكَرُها بسواد أعلى رأسه].

black pudding *(n.)* = blood sausage.

black sheep *(n.)* الخروف الأسود: شخص تافهٌ من أسرةٍ محترَمَة.

Black·shirt *(n.)* ذو القميص الأسود: عضو في منظمة فاشستية يرتدي أفرادها قمصانًا سوداء.

black·smith [blăkˈsmĭthˈ] *(n.)* الحدّاد.

black·snake *(n.)* (١) الحيّة السّوداء: حيّة أميركية سوداء (٢) سوط من جلدٍ مضفور.

blacksnake *1.*

black·thorn *(n.)* بُرْقوق السِّياج؛ البُرقوق الشائك (نب).

black tie *(n.)* الرَّبطة السَّوداء: لباس سَهْرة نصفُ رسميّ للرجال.

black–tie *(adj.)* نصفُ رسميّ <a ~ dinner>.

black·top *(n.; vt.)* (١) زفت الطُّرُق § (٢) يُزفِّت [طريقًا].

black vomit *(n.)* (١) قَيء أسود (٢) الحُمَّى الصَّفراء (مض).

black walnut *(n.)* (١) الجوز الأسود (نب) (٢) خشبه أو ثمره.

black·water fever *(n.)* حُمّى البول الأسود [تتميز ببولٍ دام].

black widow *(n.)* الأرملة السّوداء: أنثى ضربٍ من العناكب السّوداء السّامة تلتهم ذَكَرَها بعد أن يقوم بتلقيحها.

blad·der [blădˈər] *(n.)* (١) المَثانة (ت) (٢) كيسٌ يُملأ هواءً.

blad·der·nut *(n.)* العُنْقوديّة؛ الإستافِيلِيَة: شُجَيْرة أميركيّة أو ثمرها.

bladder worm *(n.)* اليَرَقانة المَثانيّة: يَرَقانةُ الدودة الشريطية.

bladder wrack *(n.)* الفَوْقَس الحُوَيْصِليّ: طحلب أسْوَد (نب).

blad·der·y *(adj.)* (١) «أ» شبيه بالمثانة. «ب» منتفخ (٢) ذو مَثانٍ.

blade [blād] *(n.)* (١) «أ» ورقة نبات. وبخاصة: ورقة عشب. «ب» النَّصْل: الجزء العريض المنبسط من ورقة النبات (٢) شيء شبيه بنَصْل الورقة. مثل: «أ» راحة المِجذاف: جُزْؤه المُسَطَّح العريض. «ب» ريشة المروحة. «ج» نَصْل اللسان: جزؤهُ الأعلى المُسَطَّح. «د» العَظْم الكَتِفيّ (ت) (٣) «أ» شفرة المُدية أو السَّيف. «ب» سَيْف. «ج» المُسايِف: البارع في المُسايفة. «د» شخص طائش. «هـ» الزَّلّاجة: إحدى القطعتين الطويلتين الضيِّقتين اللتين تنزلق عليهما مِزلجة الجليد.

blad·ed [ˈ-ĭd] *(adj.)* مُنَصَّل؛ مُشَفَّر: ذو نَصْل أو شفرة.

blah [blä] *(n.)* (١) هُراء (٢) *pl.* سأم؛ ضَجَر.

blain [blān] *(n.)* بَثْرة؛ نَفْطة؛ «فَقْفولة» (مض).

blam·a·ble *(adj.)* مَلُوم؛ مستحقّ لِلَّوم.

blame [blām] *(vt.; n.)* (١) يَلُوم (٢) ينتقد؛ يعيب (٣) يعتبرهُ مسؤولًا عن § (٤) لوم؛ مَلامة؛ انتقاد (٥) مسؤولية خطأٍ أو فشل.

blamed *(adj.; adv.)* (١) لعين <a ~ fool> § (٢) إلى حدّ بعيد.

blame·ful *(adj.)* مَلُوم؛ مستحقّ لِلَّوم.

blame·less *(adj.)* بريء؛ طاهر الذَّيْل؛ غير مَلُوم.

blame·wor·thy *(adj.)* مُستحقّ لِلَّوم: جديرٌ باللَّوم.

blanch [blănch] *(vt.; i.)* (١) يُبَيِّض: «أ» يبيِّض [أوراق النبات] أو يمنعها من الاخضرار بحَجْب النور عنها. «ب» يعالج أو يسلق بالماء الحار أو البخار لكي يُبيِّض أو ينزع القشرة عن ... «ج» يُكسِبُ الفضّة [قبل سَكّها] بريقًا أبيض، بواسطة الحوامض. «د» يكسو [صفيحة من حديد أو فولاذ] بطبقة من القصدير (٢) يُشْحِب: يجعله شاحبًا من مرضٍ أو خوف x (٣) يَبْيَضّ؛ يَشْحُب.

blanc·mange [blə mänzhˈ] *(n.)* المُهَلَّبِيّة: حلوى من حليب ونشاء إلخ.

bland [blănd] *(adj.)* (١) رقيق؛ لطيف <a ~ smile> (٢) عليل <a ~ breeze> (٣) لامبالٍ (٤) غير حِرِّيف <a ~ diet> (٥) مهدِّئ؛ غير منبِّه <a ~ cough syrup> (٦) تَفِهٌ: خلوٌّ من الطعم.

blan·dish [blănˈdĭsh] *(vt.; i.)* يتملّق؛ يُداهن؛ يتزلّف إلى.

bland·ness [blăndˈnəs] *(n.)* رِقّة؛ لُطف إلخ.

blank [blăngk] *(adj.; n.; vt.; i.)* (١) أبيض؛ شاحب؛ عديم اللون (ا . ق) (٢) «أ» مشدوه <She looked ~.> . «ب» مُرْبِك <~ dismay> . «ج» أجوف؛ خلوٌ من المعنى <a ~ stare> . «د» خلوٌ من التعبير أو الانفعال <a ~ face> (٣) «أ» رتيب: خلوٌ من المتعة أو التنوّع أو التغيّر <~ hours> . «ب» فارغٌ؛ عقيم؛ غير مثمر <a ~ day> . «ج» غُفْل؛ خالٍ من الكتابة <~ paper> . «د» مشتمل على فراغ يُملأ . «هـ» أبيض؛ على بياض <a ~ check> (٤) تامّ؛ مُطْلَق <~ stupidity> (٥) غُفْل: «أ» غير مُنْجَز أو مشغولٍ <a ~ key> . «ب» مُصْمَت: لا أبواب أو نوافذ أو أية فتحات أخرى فيه <a ~ wall> (٦) مُرْسَل؛ غير مُقَفّى <~ verse> § (٧) «أ» فراغ؛ بياض . «ب» فجوة؛ ثغرة . «ج» قسيمة . «د» الاستمارة: ورقة تتضمن طلبًا وتشتمل على فراغات تُملأ (٨) «أ» الفترة الهامدة: فترةٌ خِلوٌ من الأحداث الهامة . «ب» الفراغ: حيّزٌ فارغ . «ج» شيء تافهٌ أو غير مرغوب فيه . وبخاصة: ورقة يانصيب خاسرة (٩) «أ» قَلْبُ الرَّمِيّة: نقطة الهدف المركزية . «ب» هدف؛ غاية (١٠) «أ» الغُفْل: قطعة معدنيّة نصف مُنْجَزة تحتاج إلى مزيد من الشُّغل لتصبح أداةً بعينها، كمفتاح أو نحوه . «ب» الخَرطوشة الخُلَّبيّة: خَرطوشة مشتملة على شحنة بارود فقط من غير رصاصة . «ج» نتيجة مخيّبة للأمل (١١) الشِّعر المُرْسَل: شِعرٌ غير مقفّى § (١٢) يَحْذف؛ يمحو (١٣) يَسُدّ <to ~ off a tunnel> (١٤) يمنع خصمَهُ من إحراز إصابة x (١٥) يخبو (١٦) يرتبك .

blank check *(n.)* تفويض مطلَق؛ صلاحية تامة .

blank endorsement *(n.)* التَّظهير الغُفْل: تظهير للشيك من غير تعيين للمستفيد، الأمر الذي يجعل الشيك قابلًا للدفع لحامله .

blan·ket [blăng'kĭt] *(n.; vt.; adj.)* (١) حِرام؛ بطّانية (٢) دِثار، وبخاصة: الثوب الرئيسي عند بعض الهنود الحمر (٣) «أ» حِجاب؛ سِتار . «ب» قشرة؛ طبقة رقيقة <a ~ of snow> § (٤) يُغطّي [بحِرام]؛ يكسو (٥) «أ» يَحْجُب . «ب» يشوِّش على؛ يُفسِد <to ~ radio signals by powerful interference> § (٦) يَشمل (٧) شامل <a ~ insurance policy> .

a wet ~, مُفْسِد البهجة: شخص يُفسد ابتهاج الآخرين أو مَرَحهم .

blan·ket·flow·er *(n.)* = gaillardia.

blank·ly *(adv.)* (١) بانشداه؛ بذهول (٢) بصراحة (٣) بكل معنى الكلمة؛ من كل وجه <~ atheistic> .

blank verse *(n.)* الشِّعر المُرْسَل: شعرٌ غير مُقَفّى .

blare [blâr] *(vi. t.; n.)* (١) يُبوِّق؛ يَزْعق؛ يُدَوّي (٢) يتوهّج x (٣) «أ» يُطلق بصوت عالٍ . «ب» يُعْلِن على نحوٍ صارخ <The radio ~d the awful news.> § (٤) «أ» البُواق: صوت البوق . «ب» زعيق؛ دويّ (٥) توهُّج .

blar·ney [blär'nĭ] *(n.; vt.; i.)* (١) تملُّق؛ مُداهنة § (٢) يتملّق .

bla·sé [blä zā'] *(adj.)* (١) سَئِمٌ من الملذّات (٢) مُتْخَم؛ لامبالٍ .

blas·pheme [-fēm'] *(vt.; i.)* (١) يُجدِّف [على الله] (٢) يَسُبّ .

blas·phe·mous [-'fə məs] *(adj.)* (١) مُجدِّف (٢) تجديفيّ؛ كُفريّ .

blas·phe·my *(n.)* (١) التجديف [على الله] (٢) التألُّه: ادّعاء المرء حقوقَ الإلّه أو صفاته (٣) اللاتقديس؛ الاستخفاف بالمقدَّسات .

blast [blăst] *(n.; vi.; t.)* (١) «أ» هَبّة؛ عَصْفة [ريح أو هواءٍ] . «ب» هبوب الرّيح وعَصْفُها (٢) نَفْخَة؛ صَفْرة [في بوق أو صافرة] (٣) «أ» نفخة [من الفم أو المِنْفَخ] . «ب» تيار هوائيّ [لصَهْر المعادن] (٤) دويّ؛ ضجة مُدوِّية (٥) آفة (٦) اللَّفحة؛ السَّفعة: داء من أدواء النبات (نب) (٧) «أ» انفجار عنيف . «ب» هجوم . «ج» لغمٌ [لنَسْفِ الصخور بخاصة] (٨) فعالية؛ طاقة؛ سرعة (٩) المآنَسة: سهرة أنس وسَمَر § (١٠) يُدَوّي (١١) «أ» يضع لغمًا أو متفجِّرة . «ب» يُطلق النار على . «ج» يَشُنّ هجومًا عنيفًا على (١٢) يَذْبُل؛ يَذْوي x (١٣) «أ» يُذْبِل؛ يُصَوِّح . «ب» يُصيب بآفة (١٤) «أ» يَنسِف؛ يُدَمِّر . «ب» يَشُقّ نفقًا إلخ . «ج» يقضي على (١٥) يُزَمِّر: يُعْمِل الزُّمُّور (١٦) يَقتُل (١٧) يَهْزِم .

in *or* at full ~, عاملٌ بكل طاقته .

to ~ off ينطلق؛ يرتفع في الهواء؛ يحلّق في الفضاء .

-blast لاحقة معناها: جُرثومة، أَرومة؛ خليّة؛ طبقة خَلَوِيّة .

blast·ed *(adj.)* (١) ذابل؛ ذاوٍ (٢) مُدَمَّر؛ محطَّم؛ ممزَّق [بفعل متفجِّرة أو صاعقة] (٣) عاطلٌ عن الورق <a ~ tree> (٤) لَعين؛ بغيض .

blas·te·ma [blă stē'mə] *(n.)* البلاستيمة: الأساس البِدائيّ لعضوٍ لم يتشكّل بعد والذي منه ينمو ذلك العضو (أج) .

blast furnace *(n.)* الفرن العالي: أتّون صهر المعادن .

blast·ie [blăs'tĭ] *(n.)* قَزَم (اسك) .

blast·ing *(n.)* (١) نَسْفٌ بمتفجِّرات (٢) إذبال؛ ذبول .

blas·to·derm [blăs'tə-] *(n.)* أَدَمة الأُرَيْمة؛ جدار البلاستولة (أج) .

blas·to·disc [-dĭsk] *(n.)* القُرْص الأُرَيْميّ: القُرْص البروتوبلازميّ الصغير الذي يشتمل على نواة البُيَيْضة (أج) .

blast–off *(n.)* انطلاق [صاروخ إلخ] .

blas·to·gen·e·sis *(n.)* التَّبَرْعُم: التكاثُر البُرْعميّ (أح) .

blas·to·mere [-mēr] *(n.)* القُسَيْم الأروميّ (أح) .

blas·to·pore [-pōr'] *(n.)* الثُّقب البُرْعميّ: فتحةُ المِعَى البدائيّ .

blas·to·sphere [blăs'tə sfēr'] *(n.)* = blastula.

blastula

blas·tu·la [blăs'choo lə] *(n.)* pl. **-s** *or* **-e** البلاستولة؛ الأُرَيْمة: مُضغة بدائية تتخِذ شكل كرة جوفاء، مشتملةٍ على سائل (أج) .

blat [blăt] *(vi.; t.; n.)* (١) يثغو [الخروفُ] x (٢) يقول [بصوتٍ عالٍ وبحماقة] § (٣) ثُغاء (٤) صَخَب؛ ضجيج .

bla·tan·cy [blā'-] *(n.)* صَخَب؛ سماجة؛ وقاحة إلخ .

bla·tant [blā'tənt] *(adj.)* (١) صَخّاب؛ كثير الصِّياح (٢) سَمِج؛ وقِح؛ محاولٌ لَفتَ الأنظار بسلوك يُعْوِزُهُ الذَّوق <a ~ reformer> (٣) صارخ؛ شديد الوضوح <a ~ error> (٤) ثاغٍ <~ herds> .

blath·er [blăth'ər] *(vi.; n.)* (١) يَهْذِر؛ يلغو § (٢) هَذَر؛ لَغْو .

blath·er·skite [-skīt'] *(n.)* المِهذار؛ الثَّرثار؛ الجَعْجاع .

blat·ter [blăt′ər] *(vi.)* يَهْذِر ؛ يلغو ؛ يُثرثر .

blaw [blô] *(vt.; i.)* = blow.

blaze [1] [blāz′] *(n.; vi.; t.)* (١) «أ» لَهَبٌ ؛ لهيب . «ب» وَهج (٢) حريق . وبخاصة : اندلاع النار فجأةً (٣) بريق ؛ تألُّق (٤) نوبة غضب أو انفعال (٥) *pl.* جَهَنَّم (ع) § (٦) يلتهب ؛ يتّقد ؛ يتوهّج (٧) يلمع ؛ يتألّق (٨) ينفجر x (٩) يُحرق ؛ يُضرم النارَ في .

in a ~, ملتهب ؛ مشتعل ؛ ناشبةٌ فيه النار .

to ~ away يطلق النار بسرعة وعلى نحو متكرر .

blaze [2] *(vt.)* يُذيع ؛ يُعلن على الملأ .

blaze [3] *(n.; vt.)* (١) الغُرّة : علامة بيضاء على وجه الفَرَس إلخ (٢) الوَسْمة : «أ» علامة تُحْدَث في الشجرة بنزع جزء من لحائها . «ب» علامة هادية § (٣) يَسِمُ : يُعَلِّم الشجرة بنزع جزء من لحائها (٤) يمهّد السبيل : يشقّ الطريق بوصفِهِ رائدًا في حقلٍ ما .

blaz·er *(n.)* (١) فا blaze (٢) كلّ ما يتوهّج أو يتّقد (٣) الزّاهية : سترة خفيفة زاهية الألوان .

blaz·ing *(adj.)* (١) مُتّقد (٢) لافح (٣) مشتعِل (٤) متوهّج (٥) شديد الغضب (٦) مكشوف ؛ واضح (٧) قويّ .

bla·zon [blā′zən] *(n.; vt.)* (١) الرَّنْك : «أ» شعار النّبالة في القرون الوسطى . «ب» وصف أو رسمٌ لشعار النبالة (٢) تباهٍ ؛ تفاخر § (٣) يُذيع أو ينشر في الآفاق . وبخاصة : يتباهى بـ (٤) يُرَنِّك : «أ» يَصفُ رَنْكًا بتعابير فنيّة . «ب» يمثّل رَنْكًا بالرَّسم أو بالحفر (٥) يصوِّر بالألوان (٦) يُجَمِّل ؛ يُزَيِّن ؛ يُزَركش .

bla·zon·ry *(n.)* (١) «أ» وصف أو رسم لشعار النَّبالة . «ب» شعار النَّبالة (٢) زخرفة بارعة (٣) عَرْض فنيّ باهر .

bleach [blēch] *(vt.; i.; n.)* (١) يُقَصِّر : يبيِّض قماشًا بالتعريض للشمس أو باستخدام بعض المواد الكيميائية x (٢) يَحُوْلُ [اللونُ] : يَبْيَضّ أو يَشْحُب § (٣) «أ» تقصير ؛ تبييض . «ب» ابيضاض (٤) المُقَصِّرة : مادة كيميائية تُستخدم في التقصير (٥) درجة الحُؤول : درجة البياض الناشئ عن التقصير .

bleach·er *(n.)* (١) القَصّار : من يُقَصِّر أو يُبَيِّض القماش (٢) المُقَصِّرة : مادة كيميائية تُستخدم في التقصير (٣) القَصّارة : جهاز التقصير (٤) *pl.* عد : مدرَّج مكشوف (رب) .

bleach·er·y *(n.)* المَقْصَرة : مؤسسة أو موضعٌ لتقصير الأقمشة .

bleaching powder *(n.)* مسحوق التقصير أو القَصْر .

bleak [1] [blēk] *(adj.)* (١) أجرد ؛ مكشوف ؛ منعزل ؛ معرَّض للرياح (٢) قارس ؛ بارد جدًا (٣) «أ» كئيب . «ب» قاسٍ (٤) بسيط جدًا (٥) قاتم ؛ مُظلم (٦) فاتر ؛ غير وُدّيّ .

bleak [2] *(n.)* السَّمك الأبيض : سمك ذو حراشف فضية اللون .

blear [blēr] *(vt.; adj.)* (١) «أ» يُدْمع العينين أو يقرِّحهما . «ب» يُعْشي البصر . «ج» يخدع § (٢) دامع <~ eyes> (٣) غامض .

blear-eyed *(adj.)* (١) دامع أو غائم العينين (٢) ضعيف البصر .

blear-wit·ted [blēr′wĭt′ĭd] *(adj.)* مُتبلِّد الذِّهن .

blear·y [blēr′ĭ] *(adj.)* (١) غائم [من إرهاق أو رقاد] <~ eyes> (٢) غير واضح المعالم (٣) مُتْعَب حتى الإجهاد .

bleat [blēt] *(vi.; t.; n.)* (١) «أ» يثغو [الخروفُ] . «ب» يُطلق صوتًا كالثُّغاء . «ج» يئنّ (٢) يُغمغم شاكيًا (٣) يَهْذِر ؛ يلغو ؛ يثرثر x (٤) يقول بنبرةٍ شاكية § (٥) ثُغاء (٦) هَذَر ؛ لَغْو ؛ ثرثرة .

bleb [blĕb] *(n.)* (١) بَثْرة (٢) الفُقّاعة : نُفّاخة تعلو سطحَ الماء .

bleed [blēd] *(vi.; t.; n.; adj.)* (١) يَسْتَدْمي [الرَّجُلُ] : «أ» يَنْزِف دمًا . «ب» يجود بدمه : يُجْرح أو يُقْتل وبخاصة في المعركة (٢) «أ» يَدْمَى [الجُرْحُ] . «ب» يتفطّر حزنًا (٣) ينزف [الدمُ إلخ] (٤) تتحلّب الشجرة (٥) يدفع مالًا ابتزَّ منه ابتزازًا (٦) يفيض : يُطْبَع بحيث يُغَطِّي جانبًا أو أكثر من جوانب الصفحة عند القطع أو «التحرير» [تتبعها off عادةً] x (٧) يَفْصِد (٨) يبتزّ مالًا من (٩) يستخرج العصارة [من شجرة] (١٠) يستنزف (١١) «أ» يُفيض : يجعل «الصورة» تغطي جانبًا أو أكثر من جوانب الصفحة عند القطع أو التحرير (طع) . «ب» يقطع أو «يحرر» صفحة بحيث «تفيض» المادة المطبوعة § (١٢) رَسْمٌ «فائض» (١٣) الفائضة : صفحة مقطوعة أو «محرّرة» بحيث «يفيض» الرسم على جانب منها أو أكثر (١٤) الفائض : الجزء المقطوع أو المحرَّر من صفحة «فائضة» § (١٥) فائض : مطبوع بحيث تغطّي صورةٌ فيه جانبًا من جوانبه أو أكثر .

bleed·er [blē′dər] *(n.)* (١) فا bleed (٢) «أ» المنزوف : من يسيلُ دمُهُ . «ب» النَّزوف : شخص نَزْفيّ المزاج (٣) الفَصّاد : مَن يفصد الدمَ (٤) الطُّفَيْليّ ؛ العالة (٥) الوَغْد (ع) .

bleed·ing *(adj.; n.)* (١) «أ» دامٍ ؛ نازف . «ب» متحلّب (٢) متفطِّر القلب [حزنًا] (٣) لَعين § (٤) «أ» نَزْف . «ب» رُعاف . «ج» فَصْد .

bleeding heart *(n.)* القلب الدامي (نب) .

bleep [blēp] *(n.)* بليپ : صوت قصير حادٌّ .

blem·ish [blĕm′-] *(vi.; n.)* (١) يُشَوِّه ؛ يُلَطِّخ § (٢) عيب ؛ شائبة .

blench [1] [blĕnch] *(vi.)* يَنْكُص ؛ يتراجع ؛ يُحْجِم .

blench [2] *(vt.; i.)* (١) يُشْحِب x (٢) يَشْحُب (٣) يَبْيَضّ .

blend [blĕnd] *(vt.; i.; n.)* (١) يمزج ، وبخاصة : يُوَلِّف أي يخلط أصنافًا من الشاي أو التبغ أو الكحول إلخ للحصول على صنف معيّن (٢) يدمج [شيئين بحيث يتعذر تبيُّن الخط الفاصل بينهما] x (٣) يتمازج ؛ يندمج (٤) ينسجم ؛ يأتلف ؛ يتناغم § (٥) مَزْج (٦) مزيج ؛ «توليفة» <a ~ of coffee> (٧) كلمة منحوتة .

blende [blĕnd] *(n.)* (١) السِّفالاريت (٢) أيّ من عدة كبريتيداتٍ أخرى .

blend·ed whiskey *(n.)* الويسكي المُوَلَّفة .

blend·er *(n.)* (١) فا blend (٢) المزّاجة ؛ الخلّاطة ؛ الهَرّاسة .

blender 2.

blen·ny [-ĭ] *(n.)* البُلَيْنيّ : سمك صغير يألف الشواطئ الصخرية .

blephar- or **blepharo-** بادئة معناها : جَفْن <*blepharitis*> .

bleph·a·ri·tis [blĕf′ə rī′tĭs] *(n.)* التهاب الجَفْن .

bles·bok [blĕs′bŏk′] *(n.)* البَلَسْبُك ؛ الظبي الأغرّ : ظبيٌ جنوبإفريقي ضخم يتميّز وجهه بغُرّةٍ بيضاء عريضة .

blesbok

bless [blĕs] *(vt.)* (١) يُكَرِّس : يجعله مقدّسًا (٢) يَرسُم إشارة الصليب على (٣) يُبارك : يسأل الله أن يُسْبِغ نعمته على (٤) يُمَجِّد ؛ يُعظِّم (٥) يُسْعِد ؛ يُنْعِم على

(٦) يحمي؛ يصون.

Bless me!; *Bless* my soul! يا إلّهي.

bless·ed [blĕs'ĭd] *also* **blest** [blĕst] *(adj.)* (١) مُقدّس (٢) مبارَك (٣) سعيد؛ مُسْعَد؛ مُنْعَم عليه. وبخاصة: ناعمٌ بالسّعادة الروحيّة (٤) مُسْعِد؛ سارّ؛ بهيج (٥) محظوظ (٦) لعين؛ ملعون <not a ~ penny>.

blessed event *(n.)* الحَدَثُ السعيد: ولادة طفل.

bless·ed·ness *(n.)* سعادة؛ نعيم.

bless·ing *(n.)* (١) «أ» مباركة. «ب» موافقة؛ تشجيع (٢) بَرَكة؛ نعمة؛ عطيّة إلّهية (٣) عبادة؛ صلاة.

bleth·er [blĕth'ər] *(vi.; n.)* = blather.

blew [bloo] *past of* blow.

blight [blīt] *(n.; vt.; i.)* (١) اللَّفحة؛ الآفة الزراعية (٢) آفة؛ مَتْلَفة؛ مَفْسَدة (٣) «أ» تلفٌ؛ فساد. «ب» تَدَهْور؛ انخفاض [وبخاصة في قيمة العقارات] § (٤) يَؤُوف؛ يُفْسِد؛ يُصيب بآفة (٥) يُتلِف؛ يحطّم x (٦) يُؤاف [الزَّرعُ]؛ يُصابُ بآفة.

blight·er [blī'tər] *(n.)* (١) آفة (٢) شخص تافهٌ أو حقير.

blimp[1] [blĭmp] *(n.)* مُنطاد صغير [غير جاسئ].

Blimp[2] *(n.)* = Colonel Blimp.

blind [blīnd] *(adj.; adv.; n.; vt.; i.)* (١) «أ» ضرير؛ مكفوف؛ أعمى. «ب» خاصّ بالمكفوفين (٢) «أ» أعمى <~ faith>. «ب» مُنْجَزٌ من غير رؤية <~ flying>. «ج» متهوّر؛ طائش (٣) مُتعامٍ عن (٤) مُبْهَم؛ غامض (٥) «أ» غير مقروء أو واضح <~ writings>. «ب» يُعْوِزُهُ العنوان الكامل أو المقروء <~ mail>. «ج» محجوب؛ مُستَتِر <a ~ corner> (٦) «أ» سكران؛ مخمور. «ب» تامّ؛ كامل <~ stupor> (٧) غير مُزْهِر <~ buds> (٨) «أ» مُصْمَت: لا نافذة أو باب فيه <a ~ wall>. «ب» غير نافذ <a ~ street> § (٩) على نحو أعمى (١٠) بتهوُّر (١١) حتّى الغيبوبة <~ drunk> § (١٢) شيء حاجب للنور. مثل: «أ» الحاجبة: ستارة النافذة. «ب» الغِمامة: جزء من اللّجام يُجْعَل إلى جانب عين الدابة لكي لا ترى إلّا ما أمامها (١٣) مَكْمَنُ الصيّاد (١٤) طُعْم؛ خُدْعة (١٥) «أ» السِّتار: وسيلة للتغطية على نشاطٍ محظور. «ب» العميل [لمصلحة شخص آخر مُستتر] § (١٦) «أ» يُعْمِي. «ب» يُعْشِي [البَصَرَ]. «ج» يَبْهَر (١٧) يُعَتِّم؛ يَحْجب النورَ عن (١٨) يَخْدع (١٩) يُخفي (٢٠) يَكْسِف: يفوق غيرَهُ بهاءً أو جمالًا (٢١) يقود [السيارةَ] بتهوّر.

to go ~, يَعْمَى؛ يُصاب بالعمى؛ يُكَفّ بَصَرُه.

blind alley *(n.)* زُقاق مسدود أو غير نافذ.

blind date *(n.)* الموعد الأول؛ اللّقاء الأعمى: «أ» لقاء بين رجل وامرأة لم يَسْبِقْ لهما أن اجتمعا من قبلُ. «ب» أحد المشارِكَيْن في مثل هذا اللقاء.

blind·ed *(adj.)* (١) مَعْمِيّ؛ مُعتَّم إلخ (٢) مُستَّر؛ مزوَّد بستائر (٣) مُسْدَل السَّتائر.

blind·er *(n.)* = blind *12b*.

blind·fish *(n.)* السمك الأعمى: سمكٌ صغير لا يُبْصِر.

blind·fold [-'fōld] *(vt.; n.; adj.)* (١) يَعْصِبُ [العينين] (٢) «أ» يُعْمِي. «ب» يُضِلّ § (٣) عِصابة [للعينين] (٤) غِشاوة § (٥) «أ» معصوب العينين. «ب» مُجْرًى بعينين معصوبتين <a ~ test> (٦) متهوِّر؛ طائش.

blind gut *(n.)* الأعور: المُصْران الأعور.

blind·ly *(adv.)* (١) على نحو أعمى؛ «على العمياني» (٢) بتهوّر.

blind·man's buff *(n.)* الغُمَّيْضة؛ الغَمْضيّة: لعبة يحاول فيها لاعبٌ معصوب العينين أن يُمْسِك بلاعب آخر ويُعلِن مَنْ هو.

blind·ness *(n.)* (١) عَمًى (٢) جهالة؛ حماقة؛ تهوّر.

blind spot *(n.)* (١) النُّقطة العمياء: نقطة في شبكية العين غير حسّاسة للضوء (ت) (٢) المنطقة العمياء: مجالٌ تتعطّل فيه قدرة المرء على الفهم أو التمييز.

blind·sto·ry *(n.)* الدَّور المُصْمَت: دَوْرٌ أو طابقٌ لا نوافذ فيه (عم).

blind tiger *(n.)* الحانة العمياء: موضع لبيع المُسْكرات خلافًا للقانون.

blind·worm *(n.)* العَظاءة العمياء: عَظاءة يعتقد الناس أنها عمياء.

blink [blĭngk] *(vi.; t.; n.)* (١) «أ» يَطْرِف؛ يرفّ بعينِهِ. «ب» ينظر بعينين طارِفتين نصف مفتوحتين <seated in her corner ~*ing* at the fire> (٢) تَطْرِف [العَيْنُ]: ترِفّ وبخاصةٍ على نحو متكرِّر أو مختلج (٣) يُومض (٤) يَخْزُر: «أ» ينظر خِلسةً أو بلا مبالاة. «ب» ينظر بدَهَش أو ذُعر x (٥) «أ» يجعل العينَ تطرِف أو ترِفّ. «ب» يفتح عينيه ويغمضهما بسرعة (٦) يتعامى عن؛ يتغاضى § (٧) لمحة؛ نظرة (اسك) (٨) طَرْفة عين (٩) لحظة؛ فترة قصيرة (١٠) ومضة؛ وميض (١١) الرَّفيف: فتح العينين وإغماضهما على نحوٍ لاإرادي (١٢) الوميض الجليديّ (را. iceblink).

blink·ard *(n.)* (١) الأعشى: ضعيف البصر (٢) المُغَفَّل؛ القليل الإدراك.

blink·er *(n.; vt.)* (١) الضوء الوامض: ضوء متقطِّع للتحذير (٢) blinder (٣) عَيْن (ع) § (٤) يُغمّي: يضع غِمامتَين على عينَي الدابة.

blin·tze *or* **blintz** *(n.)* البُلِنْسِيّة: كعكة مَحْشُوّة بالجُبن أو المُرَبّى.

blip [blĭp] *(n.; vt.)* (١) بليپ: صوت قصير حادّ (٢) النقطة المضيئة [على شاشة الرادار] § (٣) يمحو (٤) يَصْفَع.

bliss [blĭs] *(n.)* (١) مُنْتهى السَّعادة (٢) النعيم؛ الجنّة.

bliss·ful *(adj.)* (١) مُسَبِّب منتهى السَّعادة (٢) في نعيم؛ سعيد جدًا.

blis·ter [blĭs'tər] *(n.; vt.; i.)* (١) النَّفْطة؛ البَثْرة؛ القَرْح: «أ» انتفاخ [في البشرة]. «ب» انتفاخ مماثل في النبات (٢) عاملٌ من عوامل التَّنَفُّط أو التَّبَثُّر (٣) داء منفِّط أو مبثِّر يصيب النبات § (٤) «أ» يضرب؛ يجلِد. «ب» ينتقد؛ يوبّخ؛ يعاقب [بقسوة]. «ج» يَلْذَع [بالنقد أو السُّخرية] x (٥) يتنفّط؛ يتبثّر؛ يتقرَّح.

blister beetle *(n.)* الذُّرّاح النّافط: حشرة تجفَّف وتُسْحَق ثم تُذَرّ على البشرة لإحداث البثور فيها.

blis·tered [blĭs'tərd] *(adj.)* مُنَفَّط؛ مُبَثَّر؛ مُقَرَّح.

blister gas *(n.)* الغاز المُنَفِّط: غاز سامّ يُحرق أنسجة الجسم أو يُحدث

فيها بثورًا، وهو يُستعمل في الحرب الكيميائية.

blis·ter·ing *(adj.)* (١) لافح (٢) لَعِين (٣) عنيف (٤) شديد (٥) لاذع (٦) سريع جدًا (٧) مُلِحّ.

blister rust *(n.)* بَثْرة الصَّنَوبر: مرض فُطريّ (نب).

blister steel *(n.)* الفولاذ المُنَفَّط: فولاذ خامٌ مُنَفَّط أو مُبَثَّر.

blithe [blīth] *(adj.)* (١) مَرِحٌ (٢) مبتهج (٣) طائش.

blithe·ful [blīth′-] *(adj.)* مَرِح؛ مبتهج.

blith·er [blĭth′ər] *(vi.; n.)* = blather.

blithe·some [blīth′səm] *(adj.)* مَرِحٌ <a ~ nature>.

blitz [blĭts] *(n.; vt.)* (١) حرب خاطفة (٢) غارة جوية (٣) حملة [غير عسكرية] مركَّزة وسريعة § (٤) يهاجم [عدوًّا] بحرب خاطفة.

blitz·krieg [-′krēg′] *(n.)* (١) حرب خاطفة (٢) قصف كاسح مفاجئ (٣) حملة مفاجئة كاسحة [في الدعاية إلخ].

bliz·zard [blĭz′-] *(n.)* (١) الدَّمَق: عاصفة ثلجية شديدة (٢) طوفان.

bloat [blōt] *(adj.; vt.; i.; n.)* (١) منتفخ § (٢) يَنْفُخ (٣) يملأه غرورًا (٤) يقدِّد: يملّح السمك ثم يدخّنه ويقدّده x (٥) ينتفخ § (٦) السِّكّير (ع) (٧) النُّفْخة: تمدُّد الكَرِش، عند الماشية والغنم والخيل.

bloat·ed [blō′-] *(adj.)* (١) بدين (٢) منتفخ (٣) مغرور؛ مَزْهُوّ.

bloat·er [blō′-] *(n.)* المُقَدَّدة: سمكة رِنكة مملَّحة ومقدَّدة.

blob [blŏb] *(n.; vt.)* (١) نقطة [من شمع أو دهان أو حبر أو سائل] (٢) الفُقّاعة: نُفّاخة تعلو سطحَ الماء (٣) التَّفَقُّع: صوت شبيه بصوت انفجار الفقاقيع § (٤) يُبَقِّع؛ يُلطِّخ [بنقطة حبر إلخ].

bloc [blŏk] *(n.)* كُتلة؛ جَبْهة؛ عُصبة.

block [blŏk] *(n.; vt.; i.)* (١) الفِدْرة: «أ» قطعة من خشب أو حجارة أو مَعْدِن. «ب» قطعة لحم (٢) الوَضَم: خشبة غليظة يَقْطع عليها الجزار اللحمَ (٣) قالَبٌ [لصُنع القُبّعات أو عرضها] (٤) الكُتْلة: علبة مشتملة على بكرة أو أكثر لرفع الأثقال. تدعى أيضًا: ذات البَكَر (٥) شيء شبيه بفِدْرة أو قطعة خشب. مثل: شخص أحمق أو غبيّ أو قاسٍ (٦) عَقَبة؛ عائق (٧) «أ» مِنَصَّة الدّلّال [في مزاد علنيّ]. «ب» بيع بالمزاد العلني (٨) الفِدْرة: «أ» مقدار كبير يشكّل وحدةً. «ب» رزمة من الأسهم المالية تباع بوصفها وحدةً. «ج» مجموعة مؤلفة من أربعة طوابع متلاصقة (٩) المُجَمَّع: «أ» مبنًى ضخم مقسَّم إلى وحدات مستقلة. «ب» صفّ من بيوت ومحالّ تجارية متلاصقة (١٠) ميدان (١١) رَوْسَم؛ كليشيه (طع) § (١٢) «أ» يَسُدّ [طريقًا]. «ب» يعترض سبيلَ كذا. «ج» يعوق [حركةَ لاعبٍ]. «د» يُحبط [خُطّةً]. «هـ» يُخدِّر [العَصَبَ إلخ] (١٣) يَحْجُب [عن الأنظار] (١٤) يُقَوْلِب [القُبَّعةَ إلخ] (١٥) يرسم الخطوط العريضة لِـ x (١٦) يعوق حركة الخصم [في كرة القدم إلخ].

block 4.

a chip off (*or* of) the old ~, ولدٌ يُشبه أباه مَظهرًا أو خُلُقًا.

block·ade [blŏ kād′] *(n.; vt.)* (١) حِصار (٢) قوّةٌ مُحاصِرة (٣) عَقَبة § (٤) يُحاصِر (٥) يعوق؛ يعترض سبيلَ كذا.

block·ade–run·ner *(n.)* مُخترِق الحِصار [مَرْكَبًا كان أو شخصًا].

block·age [blŏk′ĭj] *(n.)* (١) سَدّ؛ اعتراض سبيل (٢) انسداد.

block and tackle *(n.)* البَكّارة: بَكَرات وحبال لرفع شيء ما.

block·bust·er [-′bŭs′tər] *(n.)* (١) العارِمة: قنبلة ضخمة شديدة الانفجار تُلقَى من الجوّ (٢) القنبلة: شيء له وقع القنبلة.

block·head *(n.)* الأحمق؛ الغبيّ؛ المُغَفَّل.

block·house *(n.)* المَعْقِل: حِصْن صغير لاتّقاء نيران العدوّ.

block·ish [blŏk′ĭsh] *(adj.)* أحمق؛ أخرق؛ غبيّ.

block letters *(n. pl.)* حروف خشبية أو حروف كبيرة منفصلة.

block plane *(n.)* المُسَيْحِجَة: مِسْحَجة يدوية صغيرة (نج).

block signal *(n.)* الإشارة الهادية [في السكة الحديدية].

block system *(n.)* نظام الإشارات الهادية [في السكة الحديديّة].

block·y [blŏk′ĭ] *(adj.)* (١) مُجَحْدَر: ممتلئ الجسم؛ قصيرٌ بدينٌ (٢) متفاوت: مُتّسم برُقَع ضوء وظلّ غير متساوية التوزيع (فو).

bloke [blōk] *(n.)* رجُل؛ فتًى؛ شخص (عب).

blond *or* **blonde** [blŏnd] *(adj.; n.)* (١) أشقر (٢) شقراء (٣) فاتح؛ غير داكن § (٤) الأشقر: شخص أشقر الشعر والبشرة (٥) الشَّقراء (٦) الشُّقرة.

blood [blŭd] *(n.; vt.)* (١) «أ» دم. «ب» عُصارة النبات (٢) حياة (٣) «أ» سُلالة. «ب» سُلالة ملكيّة <a prince of the ~>. «ج» قرابة؛ نَسَب؛ تحدُّر من جَدٍّ مشترك <related by ~>. «د» أنسباء. «هـ» مَحْتِدٌ كريم؛ أصل نبيل <a gentleman of ~ and breeding> (٤) «أ» سفك دماء. «ب» قَتْل (٥) «أ» الطبيعة البشرية <The frailty of men's ~>. «ب» مِزاج <a man of hot ~>. «ج» الخليع؛ الفاسق؛ المنغمس في الملذات § (٦) يَفْصِد (٧) يلوِّث بالدّم (٨) يُدَمّي: يعوِّد كلبَ الصيد رؤية دم الطَّريدة (٩) يُحنِّك؛ يُمَرِّس.

~ and thunder مثير؛ مَلِيء بالأحداث المثيرة.
~ is thicker than water الدم لا يصير ماءً.
in cold ~, ببرودٍ؛ عمدًا؛ بتعمُّد وسبق إصرار.
new (*or* fresh) ~, دم جديد؛ عنصرٌ جديد.
to make bad ~ between persons يُوقِعُ الشِّقاقَ بينهم.

blood bank *(n.)* بنك الدَّم؛ مَصْرِف الدَّم.

blood·bath *(n.)* حمّام الدّم: مَجْزَرة رهيبة.

blood brotherhood *(n.)* أُخُوّة الدم؛ الأُخُوَّة بالدم.

blood cancer *(n.)* = leukemia.

blood count *(n.)* تَعْداد الدَّم.

blood·cur·dling *(adj.)* مُرَوِّع؛ رهيب <~ stories>.

blood·ed *(adj.)* أصيل؛ صافي الدّم <~ horses>.

-blooded لاحقة معناها: ذو دم أو مزاج من نوع مُعَيَّن.

blood group *(n.)* زُمرة الدَّم؛ فئة الدّم.

blood·guilt·y *(adj.)* قاتل؛ سافكٌ للدّماء.

blood heat *(n.)* درجة حرارة الدم الطبيعية [عند الإنسان].

blood horse *(n.)* الجواد الأصيل: جوادٌ صافي الدَّم.

blood·hound *(n.)* الدَّموم: «أ» كلبٌ ضخم يُستخدم في تَعَقُّب طريدي العدالة. «ب» مُتَعَقِّبٌ بارع.

bloodhound *a.*

blood·i·ly *(adv.)* بوحشيّة؛ بطريقة دموية أو متعطّشة إلى الدماء.

blood·less *(adj.)* (١) عديم الدّم <~ meat> (٢) شاحب (٣) أبيض: غير مصحوب بإراقة دم <a ~ revolution> (٤) خامل.

blood·let·ting *(n.)* (١) فَصْد (٢) إراقة دماء (٣) استنزاف.

blood·line *(n.)* (١) سلسلة النَّسَب: سلسلة الأسلاف المباشرين [وبخاصة في شجرة نَسَب] (٢) سُلالة؛ عِترة.

blood·mo·bile *(n.)* سيّارة الدَّم: سيارة لجمع الدم من المتبرِّعين به.

blood money *(n.)* (١) ثَمَن الدَّم: مالٌ يتلقّاه القاتل المستأجَر ثمنًا لفَعلتِهِ أو يتلقّاه مَنْ يُرْشِد السلطة إلى مقرّ مجرم فارّ (٢) دِيَة القتيل.

blood plasma *(n.)* بلازما الدّم: الجزء السائل من الدم البَشري.

blood platelet *(n.)* اللُّوَيحة؛ لُوَيْحة الدَّم.

blood pressure *(n.)* ضغط الدّم (ط).

blood pudding *(n.)* = blood sausage.

blood·red [blŭd′rĕd′] *(adj.)* قانٍ: أحمر كالدّم.

blood relative *or* **relation** *(n.)* القريب قرابةَ دم أو عَصَب.

blood·root *(n.)* الدَّمويّة: نبات أميركي جذوره حمراء.

blood sausage *(n.)* السُّجق الدّامي [المحتوي على نسبة كبيرة من الدم].

blood serum *(n.)* مَصْل الدَّم.

blood·shed *or* **blood·shed·ding** *(n.)* إراقة الدِّماء؛ سَفْكُ الدِّماء.

blood·shot *(adj.)* محتقِن بالدَّم <~ eyes>.

blood·stain [blŭd′stān′] *(n.)* لَطْخة دم.

blood·stained *(adj.)* (١) ملطَّخ بالدَّم (٢) قاتلٌ: ملطَّخة يداه بالدم.

blood·stone *(n.)* حَجَر الدَّم: عقيق ذو نُقَط حمراء.

blood·suck·er *(n.)* (١) مَصّاص الدماء. وبخاصةٍ: المُرابي؛ ربّ العمل الجَشِعُ (٢) عَلَقة (٣) المُبتزّ [مالَ غيره] (٤) الطُّفَيْليّ.

blood test *(n.)* فحص الدَّم.

blood·thirst·y *(adj.)* مُتَعَطِّشٌ إلى الدمّ: سفّاح.

blood transfusion *(n.)* الإصفاق؛ نقلُ الدَّم (ط).

blood type *(n.)* = blood group.

blood–type *(vt.)* يحدِّد زُمرة الدم [عند شخصٍ ما].

blood vessel *(n.)* الوعاء الدمويّ: «أ» شريان. «ب» وريد (ت).

blood·y [blŭd′ĭ] *(adj.; adv.; vt.)* (١) دَمَويّ: مُتَضمِّنٌ دمًا (٢) مُدَمًّى؛ مُلَطَّخ بالدّم (٣) راعِفٌ <a ~ nose> (٤) دامٍ <a ~ fight> (٥) متعطّش للدماء (٦) وحشيّ (٧) أحمر قانٍ (٨) لَعِينٌ؛ مُخزٍ <a ~ shame> § (٩) جدًّا <not ~ likely> § (١٠) يُدَمِّي (١١) يُلَطِّخ بالدَّم.

blood·y–mind·ed *(adj.)* (١) شرِس؛ وحشيّ (٢) مُشاكِس؛ مُعانِد.

bloody shirt *(n.)* قميص عثمان: قميص القتيل الملطَّخ بالدم يُعرَض على رؤوس الأشهاد للتحريض على الأخذ بالثأر.

bloom[1] [bl͞oom] *(n.)* النَّوْرَة: «أ» كتلة حديدية أو فولاذية غير مُنْجَزَة. «ب» قضيب حديديّ أو فولاذيّ غير مُنجَز. «ج» كتلة زجاج ذائب.

bloom[2] *(n.; vi.; t.)* (١) «أ» زهرة. «ب» زهرات نبتةٍ ما (٢) «أ» إزهار؛ تَفَتُّح <roses in full ~>. «ب» فترة إزهار (٣) رَيْعان؛ رَيْق؛ قِمّة؛ أوج (٤) «أ» الحَبَب؛ الغُبار السَّطحيّ: طبقة ذرورية رقيقة تكون على بعض الثمار والأوراق. «ب» طبقة شبيهة بالحَبَب (٥) «أ» تورُّد الخدّين. «ب» نَضْرة؛ رَوْنق (٦) التَّزَهُّر: تَغَبُّش على طبقةٍ من ورنيش (٧) «أ» بريق؛ لمعان. «ب» السُّطوع: وهجٌ ناشئ عن شيء يعكس على كاميرا التلفزيون مقدارًا من الضوء أكثر مما ينبغي (٨) عبير الخمر § (٩) يُزْهِر (١٠) يزدهر (١١) يتورَّد؛ يتوهّج (١٢) يتزهّر؛ يتغَبّش (١٣) «أ» يلمع؛ يَسْطع. «ب» يتعاظم؛ يتضخّم؛ يتزايد، وبخاصة على نحو مفاجئ x (١٤) يجعله مُزْهِرًا أو مُزْدهرًا (١٥) يورِّد؛ يُوَهِّج (١٦) يُغَبِّش.

bloom·er[1] *(n.)* (١) المُزْهِرة: نبتة مُزْهِرة (٢) الزاهر: شخص في أوج الكفاءة أو النّضج (٣) «أ» غلطة شنيعة. «ب» إخفاق (ع). «ج» المُخْفِق (ع).

bloom·er[2] *(n.)* البَلْمَر: «أ» ثوب نسائيّ مؤلف من تنورة قصيرة وسروال طويل فضفاض مزرَّر حول الكاحل. «ب» *pl.*: سروال فضفاض مزموم عند الركبتين كانت تلبسه النساء عند ممارستهن الألعاب الرياضية. «ج» *pl.*: سروال تحتانيّ شبيه بهذا ترتديه البنات بخاصة.

bloom·ing *(adj.)* (١) «أ» مُزْهِر. «ب» منوِّر؛ متفتّح (٢) مُزْدَهر (٣) متورِّد؛ ناضر (٤) لعين؛ حقير.

bloom·y [bl͞oo′-] *(adj.)* (١) مُثْقَل بالأزهار (٢) مَكْسُوّ بالحَبَب (٣) نَضِر.

bloop·er [bl͞oo′pər] *(n.)* غلطة شنيعة أو مُرْبِكة.

blos·som [blŏs′əm] *(n.; vi.)* (١) زهرة الشجرة المُثمرة (٢) «أ» زهرات نبتةٍ ما. «ب» إزهار؛ تَفَتُّح (٣) رَيْعان؛ رَيْق § (٤) يُزْهِر (٥) يزدهر (٦) يتطوَّر (٧) يَبْرُز إلى الوجود. — **blos·som·y** *(adj.)*

blos·somed *(adj.)* مُزْهِر: حاملٌ أزهارًا.

blot[1] [blŏt] *(n.; vt.; i.)* (١) «أ» لطخة. «ب» بُقعة حبر إلخ. «ج» وَصْمة؛ شائبة؛ عَيْب (٢) مَحْو؛ شَطْب § (٣) يُلَطِّخ (٤) يَكْسِف: يجعله مُظْلمًا (٥) «أ» يجفّف الحبرَ [بورق نشّاف]. «ب» ينشِّف (٦) يمحو (٧) يتفشّى: ينتشر [الحبرُ] مُحْدِثًا بقعةً متفشِّية (٨) يتشرَّب: يمتصّ الحبرَ إلخ.

to ~ out (١) يمحو (٢) يحجب عن الأنظار (٣) يُدَمِّر؛ يُبِيد؛ يُفني.

blot[2] *(n.)* نقطة ضعفٍ [في عمل أو مناقشة].

blotch [blŏch] *(n.; vt.)* (١) عَيْب؛ شائبة؛ لطخة (٢) بقعة حِبر إلخ (٣) بَثْرة؛ قَرْح § (٤) يُلطِّخ؛ يُبقِّع؛ يبثّر.

blot·ter [blŏt′ər] *(n.)* (١) «أ» وَرَقة نشّاف. «ب» النشّافة: أداة خشبية أو لدائنية يُطَوَّق جزؤها الأسفل بورق نشّاف (٢) دفتر المُسَوَّدة: دفترٌ تُسَجَّل فيه المبيعات أو الأحداث مؤقّتًا في انتظار نقلها إلى السِّجلّات الدائمة (٣) السِّكّير.

blotter *1b.*

blot·ting paper *(n.)* النَّشّاف: ورقٌ نشّاف.

blouse [blous; blouz] *(n.; vi.; t.)* (١) البُلوزة: قميص خارجيّ فضفاض

يرتديه النساء والأولاد (٢) الوِزْرة: ثوب العامل § (٣) يَتَهَدَّل: يتدلّى على نحوٍ فضفاض x (٤) يُهَدِّل.

blow[1] [blō] *(vi.; t.; n.)* (١) يَهُبّ؛ يَعْصِف (٢) «أ» ينفُخ بمنفاخ. «ب» ينفخ على. «ج» تُطلق [آلةُ النفخ الموسيقية] صوتًا. «د» يَصْفِر (٣) يتباهى؛ يتفاخر (ع) (٤) يَلْهَث (٥) يطير مع الريح (٦) «أ» تَنْصَهر: تحترق الصِّمامة الكهربائية أو «الفيوز» بسببٍ من شدة التيار. «ب» يحترق [المصباحُ الكهربائيّ]. «ج» ينفجر [دولابُ السيارة] x (٧) «أ» ينفخ. «ب» يملأه غرورًا؛ يَنْفخ (٨) «أ» تُحَرِّك [المِروحةُ الهواءَ]. «ب» يُحْدِث [أثرًا ما] بالنفخ. «ج» يَدْفع؛ يَسُوق بتيّار هوائيّ. «د» يُزَمِّر: يضغط على زمّور السيارة (٩) يَعْزِف [على آلة موسيقية] (١٠) يَنْشر: يُذيع؛ يُفشي (١١) يُطلق إشاعة (١٢) «أ» يتجاهل؛ لا يُبالي بِـ. «ب» يَلْعن (١٣) يُحْدِث [الفقاقيعَ] أو يشكِّل [الزجاجَ] بالنفخ (١٤) تَسْرأ: تُلقي [الذُّبابةُ] بيضَها على (١٥) يَنْسِف؛ يفجِّر (١٦) «أ» يُرهق فرسًا [إلى حدّ اللُّهاث]. «ب» يَدَعُ الفرسَ يستردّ أنفاسَهُ (١٧) «أ» يُبَذِّر: ينفق المال بغير حساب. «ب» يدعو بسخاء [إلى طعام] <I'll ~ you to a steak.> (١٨) يَصْهر: يُسبِّب انصهار الصِّمامة الكهربائية (١٩) يَقْطع بشدّة الضغط على (٢٠) يُضيع [الفرصة] (٢١) يغادر. وبخاصة: يغادر على جناح السُّرعة <The criminal *blew* town.> (٢٢) يَقْذِف [الكُرَة] بقوّة أو سُرعة § (٢٣) عاصفة (٢٤) تفاخُر؛ تباهٍ (٢٥) المتفاخر؛ المتباهي (ع) (٢٦) «أ» نَفْخ. «ب» نفخة [في بوق أو زمّور]. «ج» نفخ [في آلة موسيقية] (٢٧) «أ» فترة النَّفْخ [عَبْرَ فِلِزٍّ ذائب بُغْيَةَ تنقيته]. «ب» حصيلة الفِلِزّ المُنَقّى خلال هذه الفترة (٢٨) ضربة؛ لطمة (٢٩) هجوم مباغِت (٣٠) مُصيبة؛ كارثة (٣١) مَرَحٌ صاخبٌ.

- at one ~, — بضربة واحدة؛ دفعة واحدة.
- to ~ down — يُطيح به؛ يَطْرَحُهُ أرضًا.
- to ~ hot and cold — يتقلّب: يكون مؤيدًا حينًا [للرأي أو شخص] ومعارضًا حينًا آخر.
- to ~ in *or* into — يَصِل أو يجيء مصادفةً أو على غير توقُّع.
- to ~ one's nose — يتمخّط؛ يَمْخُط.
- to ~ out — (١) تنطفئ الشمعة أو النار (٢) ينفجر [دولاب السيارة إلخ] (٣) تتوقّف [الأداة الكهربائية] عن العمل (٤) يُطفئ شمعةً.
- to ~ over — (١) ينقضي؛ يَخْمُد؛ يهدأ (٢) يُنْسَى.
- to ~ up — (١) يَنْسِف؛ يفجِّر (٢) يَنْفُخ [دولابًا أو بالونًا] (٣) يُوَسِّع؛ يضخِّم (٤) يكبِّر [صورة فوتوغرافية] (٥) يُوَبِّخ؛ يعنِّف (٦) ينفجر (٧) تَهُبّ [العاصفة] (٨) يشتدّ؛ يَقْوى؛ يتعاظم (٩) يُنْسَف (١٠) يَفْقد السيطرة على أعصابه (١١) ينتفخ (١٢) ينشأ أو يَبْرُز فجأةً.
- to come to ~*s* — يتضارب؛ يتعارك؛ يتقاتل.
- to have (*or* go for) a ~, — يغادر المنزلَ طلبًا للهواء الطَّلْق.
- to strike a ~ for — يؤيِّد؛ يُناصر؛ يناضل من أجل.

blow[2] *(vi.; n.)* (١) يُزْهِر؛ يُنَوِّر § (٢) إزهار؛ تَفَتُّح (٣) مجموعة أزهار منوَّرة.

blow–by–blow *(adj.)* مُفَصَّل بدقة <a ~ account>.

blow·er *(n.)* (١) فا blow (٢) المُتبجِّح؛ المُتفاخر (٣) مِرْوَحة.

blow·fish [blō'fĭsh] *(n.)* السَّمكة المنتفخة (را. puffer *2*).

blow·fly *(n.)* الذُّبابة السَّروء: ذبابة تضع بيضها على اللَّحم إلخ.

blow·gun *(n.)* بُندقية النَّفخ: أنبوب تُطلق منه المقذوفات بالنَّفخ بالفم.

blow·hard *(n.)* المُتمدِّح؛ المتبجِّح؛ المُتفاخر.

blow·hole *(n.)* (١) النَّيْسَم: مِنْخَر في أعلى رأس الحوت (٢) المَنْفَس: «أ» ثقبٌ في الجليد تقصد إليه الحيتان إلخ لكي تتنفَّس. «ب» مَنْفَذ.

blown [blōn] *(adj.)* (١) متفتّح (٢) منتفخ (٣) نَفْخيّ: مُشكَّلٌ بالنفخ <~ glass> (٤) مُرْهَق؛ مُتْعَب؛ لاهث (٥) مَسْروء: ملوَّث ببيوض الذُّباب.

blow·off [blō'ôf'] *(n.)* (١) المنفوث: تيّار بخارٍ منطلق من مَنْفَذ (٢) المَنْفَث: أنبوب لتصريف هذا التيار (٣) المُتفاخر؛ المُتباهي (٤) قمة؛ أوج (٥) مَرَحٌ صاخب.

blow·out *(n.)* (١) «أ» مائدة سخيّة. «ب» حفلة سمر كبرى (٢) «أ» انفجار دولاب أو عجلة. «ب» ثقب في دولاب (٣) شِجار (٤) انبجاس الهواء أو البخار فجأةً أو بعنف.

blow·pipe *(n.)* (١) الحِملاج؛ أُنبوب النَّفخ: «أ» أداة أنبوبية لإذكاء النار. «ب» أنبوب معدنيّ طويل يُستخدم لتشكيل الزجاج بالنَّفخ (٢) blowgun.

blow·sy [blou'zĭ] *(adj.)* (١) أشْعَث؛ منفوش (٢) سمين (٣) قذِر.

blow·torch *(n.)* مَوْقِد اللِّحام: حرّاق لِلِحام المعادن.

blow·tube *(n.)* (١) blowgun (٢) blowpipe *1b*.

blow·up [blō'ŭp'] *(n.)* (١) انفجار (٢) «أ» ثورة غضب. «ب» توبيخ (٣) صورة فوتوغرافية مكبَّرة (٤) إفلاس.

blow·y [blō'ĭ] *(adj.)* (١) عاصف؛ كثير الرياح (٢) خفيف.

blow·zy [blou'zĭ] *(adj.)* = blowsy.

blub [blŭb] *(vi.)* يبكي؛ ينتحب.

blub·ber [blŭb'ər] *(vi.; t.; n.; adj.)* (١) ينتحب x (٢) يورِّم [وبخاصة بالبكاء] (٣) يُخَضِّل: يبلِّل بالدَّمع (٤) يقول منتحبًا § (٥) «أ» دُهْن الحوت. «ب» بدانة (٦) انتحاب § (٧) منتفخ؛ غليظ.

blub·ber·y *(adj.)* (١) منتفخ (٢) مترهِّل (٣) بدين؛ سمين.

blu·cher [blo͞o'kər; -chər] *(n.)* البُلوخَر: ضربٌ من الأحذية.

blucher

bludg·eon [blŭj'ən] *(n.; vt.)* (١) هِراوة § (٢) يضرب بهراوة (٣) يُكرِه على.

blue [blo͞o] *(adj.; n.; vt.; i.)* (١) أزرق (٢) «أ» ضاربٌ إلى الزُّرقة. «ب» مُزْرَقّ [من بردٍ أو لطمة] (٣) «أ» كئيب <to feel ~>. «ب» مُورِث للكآبة أو اليأس <Things looked ~.> (٤) مُرْتدٍ ثوبًا إلخ أزرق (٥) مُثَقَّفة <a ~ lady> (٦) قاسٍ؛ صارم؛ مُتزمِّت <~ laws> (٧) فاحش؛ داعِر <~ movie> (٨) بذيء <~ jokes> § (٩) الزُّرقة؛ اللَّون الأزرق (١٠) صِبغ أزرق (١١) «أ» ثوب أزرق. «ب» قماش أزرق. «ج» الأزرقيّ: شخص منتسبٌ إلى منظمة لباسُها الرسميّ أزرق (١٢) «أ» السَّماء. «ب» البحر (١٣) شيء أزرق (١٤) امرأة مُثَقَّفة (١٥) المرتبة الأولى؛ الجائزة الأولى (١٦) *pl.*: كآبة § (١٧) يُزَرِّق x (١٨) يَزْرق.

- a bolt from the ~, — مفاجأة؛ شيء غير متوقَّع ألبتّة.
- once in a ~ moon — نادرًا وبصورة استثنائية.
- out of the ~, — على نحوٍ غير متوقع.
- to ~ one's money — يُبَذِّر: يُنفق ماله بتبذير (ع).

blue baby *(n.)* الوليد الأزرق: طفلٌ مُزْرَقّ البشرة لعلّةٍ خِلْقيّة.

blue·beard [-ˈbērdˈ] *(n.)* الشَّهْرَيار: القاتل زوجاتِهِ واحدةً بعد أخرى.

blue·bell *(n.)* الجُرَيْس: أي من عدة نباتات ذات زهرات شبيهة بالأجراس.

blue·ber·ry *(n.)* الأُوَيْسة؛ عِنَب الأحراج؛ عِنَب الدُّب (نب).

blue·bill *(n.)* أزرق المِنقار: ضرب من البطّ الغَوّاص.

blue·bird *(n.)* العُصفور الأزرق: طائر شمالأميركيّ مغرِّد.

bluebird

blue–black *(adj.)* أَسْوَدُ مُزْرَقّ.

blue blood *(n.)* (١) الدَّم الأزرق؛ النَّبالة (٢) النبيل.

blue·blood·ed *(adj.)* أزرق الدّم: نبيل؛ أرستوقراطيّ المولد.

blue·bon·net *(n.)* (١) القَلَنْسُوَة الزَّرقاء: قَلَنْسُوةٌ عريضة مدوَّرة مصنوعة من صوف أزرق كان يعتمر بها الأسكتلنديون (٢) المُعْتَمِر بقلنسوة زرقاء. وبخاصة: الأسكتلنديّ (٣) cornflower.

blue book *(n.)* الكتاب الأزرق: «أ» دليل أو سجلّ بأسماء الأعلام والمشاهير. «ب» كتاب تُصدره الحكومة حول قضية ما. «ج» دفتر امتحانات أزرق الغلاف يُستخدم في الكلّيات. «د» امتحان [في كليّة].

blue·bot·tle *(n.)* (١) cornflower (٢) الخَوْتَع: ذبابة زرقاء البطن.

blue cat *(n.)* = blue catfish.

blue catfish *(n.)* السِّلَّوْر الأزرق: سمكة أميركيّة ضخمة زرقاء.

blue cheese *(n.)* الجُبْن الأزرق: جبن شبيه بجبن الروكفورت.

blue chip *(n.)* السَّهم الأزرق: سهم ماليّ موثوق.

blue–chip *(adj.)* مُرْبح؛ رائج؛ ناجح <~ stocks>.

blue·coat *(n.)* ذو السُّترة الزرقاء: «أ» شخص مُرْتَدٍ سترة زرقاء. «ب» جندي اتحاديّ أيامَ الحرب الأهلية الأميركية. «ج» شرطيّ.

blue–col·lar *(adj.)* عُمّاليّ: خاصّ بالطبقة الكادحة.

blue devils *(n.)* حُزن؛ كآبة؛ قُنوط.

blue·fish *(n.)* القَنْبَر: سَمَك أعلاه مزرقّ وأدناه فضيّ اللون.

blue flag *(n.)* الراية الزَّرقاء؛ «السَّوْسَن الكثير الألوان» (نب).

blue flu *(n.)* الإنْفْلُونزا الزّرقاء: تمارُضٌ جماعيّ يقوم به ضباط الشرطة تحقيقًا لمطلب معيَّن.

blue·grass *(n.)* الكَلَئيّة؛ الكَلَئيّة المَرْجيّة (نب).

blue gum *(n.)* الأوكالبتوس الكُرَويّ (نب).

blue·ish [blōōˈish] *(adj.)* = bluish.

blue·jack *(n.)* البَلُّوط الأزرق: ضربٌ أميركي من البلّوط.

blue·jack·et *(n.)* أزرق السُّترة: بحّار من رجال الأسطول.

blue jay *(n.)* القِيْقُ الأزرق؛ الزَّرياب الأزرق (ط).

blue jeans *(n. pl.)* السِّروال الأزرق: سروال يُخاط من قماش متين أزرق.

blue mold *(n.)* البَنيسِيْلّة؛ العَفَن الأزرق: ضرب من الفُطر.

blue moon *(n.)* فترة طويلة جدًا <haven't sung in a ~>.

once in a ~, نادرًا وبصورة استثنائية.

blue·ness *(n.)* الزُّرقة: كون الشيء أزرقَ اللون.

blue·nose *(n.)* ذو الأنف الأزرق: المؤيد للشرائع الأخلاقية الصارمة.

blue–pen·cil *(vt.)* يعدِّل أو يوجز أو ينقِّح أو يحذف إلخ.

blue pe·ter *(n.)* راية الإقلاع: راية زرقاء تُرْفع عند الإقلاع (مل).

blue·point *(n.)* مَحارُ بْلُو پُوينْت [من الرِّخويّات البحريّة].

blue point *(n.)* المُنقَّط بالأزرق: هِرٌّ سِيامي.

blue·print *(n.)* (١) الطبعة الزّرقاء: نسخة فوتوغرافيّة عن مُخَطَّط موضوع لماكينةٍ أو لإنشاء مبنًى (٢) مخطَّط؛ برنامج عمل.

blue–rib·bon *(adj.)* (١) رفيع المستوى <~ beef> (٢) بارز.

blues [blōōz] *(n.)* (١) كآبة (٢) الاكتئابية: أُغنية أميركية زنجية الأصل يغلب عليها الغمّ والاكتئاب (٣) البِزّة الزرقاء [يرتديها الجنود الأميركيون].

blue–sky *(adj.)* (١) ضئيل القيمة أو عديمُها (٢) خياليّ.

blue–sky law *(n.)* قانون الأسهم: قانون مُنَظِّم لبيع الأسهم.

blue·stock·ing *(n.)* البَرْزة؛ المُثَقَّفة: امرأة ذات اهتمامات فكرية وأدبية.

blue stone *(n.)* = blue vitriol.

blue streak *(n.)* السَّهم: شيء منطلق بسرعة.

blu·et [blōōˈət] *(n.)* الهُصْطونيّة: نبات أميركيّ أزرق الزهر.

blue vitriol *(n.)* الزّاج الأزرق: كبريتات النُّحاس المُمَيَّهة (ك).

blue·weed *(n.)* العُشْبة الزرقاء: عشب شائك أزرق الزهر.

bluff[1] [blŭf] *(adj.; n.)* (١) «أ» عريض المُقَدَّمة: ذو مُقدَّمة مُسَطَّحة عريضة. «ب» شديد التحدُّر (٢) صريح § (٣) جُرُفٌ عالٍ؛ مُنْحَدَر صخريّ.

bluff[2] *(vt.; i.; n.)* (١) يَخْدَع؛ يُغَرِّر بِـ؛ «يَبْلُف» (٢) يتظاهر بـ (٣) يُوفَّق إلى أمرٍ بالمخادعة <He ~ed his way.> § (٤) «أ» خِداع؛ مخادعة. «ب» خُدْعة (٥) الخدّاع.

to call somebody's ~, يتحدّاه بدعوته إلى تنفيذ تهديده أو وعيده.

blu·ing *or* **blue·ing** [blōōˈing] *(n.)* المُزَرِّق: صبغ أزرق، كالنِّيل.

blu·ish *or* **blue·ish** [blōōˈish] *(adj.)* مُزْرَقّ؛ ضاربٌ إلى الزُّرقة.

blun·der [blŭnˈdər] *(vi.; t.; n.)* (١) يتخبَّط: يمشي باضطراب وارتباك (٢) يُخطِئ خطأً فاضحًا (٣) يتلعثم x (٤) يُلَهْوِج: يَعْمل بغيرِ إتقان (٥) يقول شيئًا بحماقة أو اضطراب § (٦) خطأ فاضح.

to ~ on (*or* upon) something يَعْثُر على شيء مُصادفةً.

blun·der·buss *(n.)* (١) البندقية الراعدة: بندقية قصيرة تُطلق عدّة طلقات دفعة واحدة (٢) الأحمق؛ الأخرق؛ الخَطّاء.

blunderbuss *1.*

blunge [blŭnj] *(vt.)* يَجْبُل [الطينَ إلخ].

blunt [blŭnt] *(adj.; vt.; i.)* (١) «أ» عديم الحسّ. «ب» متبلّد الذِّهن (٢) كَليل: غير حادّ أو ماضٍ <a ~ knife> (٣) جِلْف؛ فظّ § (٤) يُثَلِّم؛ يجعله كَليلًا (٥) يُخفِّف؛ يُلطِّف x (٦) يتثلَّم؛ يُصبح كَليلًا.

blunt arrow *(n.)* السَّهم الكَليل: سَهْم غير ماضٍ لقتل الطير بلا تشويه.

blur [blûr] *(n.; vt.; i.)* (١) «أ» لطخة؛ بقعة. «ب» شائبة؛ عَيْب. «ج» غشاوة (٢) الضبابيّة؛ اللاوضوح (٣) هَمْهَمة؛ غَمْغَمة § (٤) يُلطِّخ (٥) يُغْشي (٦) يُغَشّي (٧) يُبْهِت x (٨) يُحْدث لطخة (٩) يُصبح غير واضح.

blurb [blûrb] *(n.; vt.)* (١) التعريف بالكتاب: وصف الناشر لمحتويات الكتاب (٢) دعاية مُغالًى فيها § (٣) يُغالي في الدعاية لِـ.

blurred *(adj.)* (١) مُلَطَّخ (٢) غائم؛ عاتم (٣) غامض.

blur·ry [blûr′ĭ] *(adj.)* = blurred.

blurt [blûrt] *(vt.)* يُعلن [فجأةً وبغير رويّة].

blush [blŭsh] *(vi.; t.; n.; adj.)* (١) يَحْمَرّ وجهُهُ [خجلًا أو ارتباكًا] (٢) يَخْجل؛ يستحيي (٣) يتورَّد؛ يَحْمَرّ x (٤) يُحَمِّر؛ يُوَرِّد § (٥) نَظْرة؛ وهْلة (٦) احمرار الوجه [خجلًا أو ارتباكًا] (٧) تورُّد § (٨) مُحْمَرّ؛ متورِّد.

blush·ful *(adj.)* (١) متورِّد؛ ورديّ (٢) خجول (٣) مُخْجِل.

blush·ing *(n.; adj.)* (١) «أ» خَجَل؛ حياء؛ خَفَر. «ب» تورُّد؛ احمرار § (٢) «أ» خَجِلٌ؛ حَيِيّ؛ خَفِر. «ب» متورِّد؛ مُحْمَرّ.

blus·ter [blŭs′tər] *(vi.; t.; n.)* (١) «أ» تَعصِف [الريحُ]. «ب» يكون [الجوّ] عاصفًا (٢) «أ» يتحدث بصخب أو عنف. «ب» يتهدّد؛ يتوعَّد [بتبجُّح] x (٣) يقول [أو يُطْلِق] بصخب مُتَبَجِّح <to ~ out threats> (٤) يُكرِه [أو يحقق] بالتهديد والوعيد <~*ed* all princes into obedience> § (٥) «أ» عاصفة. «ب» هدير أمواج. «ج» نوبة غضب إلخ. «د» اهتياج؛ صَخَب (٦) تهديد؛ وعيد؛ تبجُّح.
— **blus·ter·ous** *(adj.)*

blus·ter·y *(adj.)* (١) عاصف (٢) مُتَبَجِّح أو مُتَوعِّد.

bo·a [bō′ə] *(n.)* (١) الأَصَلة؛ البُواء: أفعى كبيرة (٢) الأَصَلانيّ: لفاع طويل من فرو أو ريش أو نسيج رقيق.

boa *1.*

boa constrictor *(n.)* الأَصَلة العاصرة: بُواء أميركية ضخمة تعتصر فرائسَها.

boar [bōr] *(n.)* (١) العِفْر: ذَكَرُ الخنازير (٢) الخِنزير البرّيّ.

board [bōrd] *(n.; vt.; i.)* (١) جانب؛ حافة (ا. م) (٢) جانب السفينة (٣) «أ» لوح خشب. «ب» *pl.*: خشبة المسرح (٤) «أ» مائدة؛ طاولة (ا. ق). «ب» مائدة طعام. «ج» طعام بسعر محدَّد [في فندق أو نحوِهِ]. «د» مِنصّة المحكمة إلخ. «هـ» مجلس؛ هيئة <a ~ of directors> (٥) «أ» لوحٌ مستطيل. «ب» لوحة. «ج» رقعة <a chess*board*> (٦) كرتون التجليد § (٧) يقتحم [سفينةً عَدُوّةً] (ا. ق) (٨) يبادرُهُ بالكلام (٩) يمتطي مَتْنَ [سفينة أو قطار إلخ] (١٠) يكسو بألواح خشبية (١١) يقدِّم الطعام [والمَبيت عادةً] إلى شخص معيَّن بسعر محدَّد في الأسبوع أو الشهر x (١٢) يَثْوي: يتناول طعامه [ويَبيت] بسعر محدَّد في الأسبوع أو الشهر.

~ and lodging — مأكلٌ ومَبيت [في نُزُل أو فندق].
above ~, — را. aboveboard.
on ~, — على متن السفينة أو الطائرة أو القطار إلخ.
on the ~*s* — (١) على خشبة المسرح (٢) ممثِّل.
to go by the ~, — (١) يَسقط الصّاري على جانب المركب (٢) «أ» يُهْمَل أو يُتَخلّى عنه. «ب» يُخفق إخفاقًا كاملًا.
to sweep the ~, — يَكْتسِح: «أ» يكسب جميع المال الموجود على مائدة القمار. «ب» ينجح نجاحًا عظيمًا ويكسب كل شيء.
to tread the ~*s* — يمثِّل في مسرحية.

board·er *(n.)* (١) فا board (٢) الثاوي: من يبيت ويتناول طعامه لقاء تعويض محدَّد (٣) تلميذ داخليّ.

board foot *(n.)* القَدَم اللَّوحيّ: وحدة حَجْم تساوي ١٤٤ إنشًا مُكَعَّبًا.

board·ing [bōr′dĭng] *(n.)* (١) ألواح خشبيّة (٢) شيء مصنوع من خشب [كسياج أو أرضيّة غرفة] (٣) الثَّواء: تناولُ الطعام [مع المبيت عادة] في منزل شخص آخر لقاء تعويض أسبوعي أو شهري محدَّد.

board·ing·house *(n.)* المَثْوَى (مج): بيت يقدِّم الطعام [والمبيت عادةً] إلى نُزَلائِهِ بثَمَن أسبوعي أو شهري محدَّد.

boarding school *(n.)* مدرسة داخلية.

board measure *(n.)* القياس اللَّوحيّ: نظام لقياس ألواح الخشب بالقدم اللوحيّ (را. board foot).

board·room *(n.)* حُجْرة مجلس الإدارة.

board wages *(n. pl.)* (١) الأجر النُّزُليّ: طعام ومَبِيت يُقدَّمان بدلًا من الراتب (٢) أَجْرُ الكَفاف: أجرٌ لا يكاد يُغطّي نفقاتِ الطعام والمبيت (٣) بَدَلُ الطعام [يُدْفَع إلى خادم لا يتناول طعامه في بيت مخدومِهِ].

board·walk *(n.)* ممشًى خشبيّ [وبخاصة على شاطئ].

boar·ish [bōr′ĭsh] *(adj.)* خِنزيريّ؛ بَهيميّ؛ شهوانيّ؛ وحشيّ.

boart [bôrt] *(n.)* = bort.

boast [bōst] *(vi.; t.; n.)* (١) يتباهى؛ يتفاخر؛ يتبجَّح x (٢) يفتخر بـِ؛ يعتزّ بـِ (٣) يَنْحَت [تمثالًا إلخ] بصورة مَبْدَئية (٤) يحتوي على <The office ~*s* only one desk.> § (٥) تباهٍ؛ تفاخرٌ؛ تبجُّح (٦) المَفْخَرة: ما يُفْتَخَر به.

boaster *(n.)* (١) المتفاخر؛ المتباهي؛ المتبجِّح (٢) إزميل النحّات.

boast·ful *(adj.)* (١) مُتَبَجِّح؛ مُحِبّ للتَّبجُّح (٢) مُتَّسِم بالتَّبَجُّح.

boat [bōt] *(n.; vt.; i.)* (١) مَرْكَب؛ زَوْرق (٢) سفينة (٣) الفنجان المَرْكبيّ: فنجان على شكل مَرْكب أو زَوْرق § (٤) يُزَوْرِق: «أ» يضع داخل الزَّورق. «ب» ينقل بزَوْرق x (٥) يركب زَوْرقًا.

boat·er *(n.)* (١) فا boat (٢) الزَّوْرقيّة: قبعة قشّ.

boat·ing *(n.)* (١) زوارق (٢) ركوب الزّوارق [للمتعة].

boat·man *(n.)* النُّوتيّ؛ المَراكبيّ.

boat race *(n.)* سِباق الزّوارق.

boat·swain [bō′sən; bōt′swān′] *(n.)* عريف الملاحين.

boat train *(n.)* قطار السفينة: قطارٌ ينقل الركاب من السفينة وإليها.

bob[1] [bŏb] *(vt.; i.; n.)* (١) يضرب أو يقرع برفق (٢) «أ» يهزّ <to ~ the head>. «ب» يعبّر بهزّة رأس <to ~ a greeting> (٣) يَصْقُل؛ يُلمِّع x (٤) يتذبذب؛ يعلو ويهبط (٥) يَبْرز: ينشأ على نحو غير متوقَّع (٦) يحني الرأس احترامًا (٧) يحاول العضّ على شيء بالنّواجذ <to ~ for apples> § (٨) «أ» تذبذُب؛ ذبذبة. «ب» هزّة رأس إلخ (٩) رقصة شعبية (اسك) (١٠) ضربة (ا. م).

bob[2] *(n.; vt.)* (١) عنقود؛ حُزْمة (٢) باقة زَهْر (إسك) (٣) «أ» كتلة ديدان إلخ [تُتَّخذ طُعمًا في الصَّيد بالقصبة]. «ب» فلّينة قصبة الصيد (٤) «أ» عُقْدة أو عَقْصة

[من شَعْر أو غَزْل أو عصائب]. «ب» خُصلة شَعْر (٥) قَصَّة شَعْر قصيرة [للنساء أو للأطفال] (٦) الثِّقْل: ثِقْلٌ أو كُرة تكون في طرف البندول وذيل الفادِن وذيل الطائرة الورقية إلخ (٧) شيء تافه § (٨) «أ» يَجُزّ. «ب» يقُصّ الشعر قصيرًا.

bob[3] [bŏb] *(n.)* = shilling.

bob·ber·y [bŏb′ə rĭ] *(n.)* اضطراب؛ فوضى.

bob·bin [bŏb′ĭn] *(n.)* وَشيعة؛ مَكُّوك؛ بَكَرَة.

bobbin

bob·bi·net [bŏb′ə nĕt′] *(n.)* تَخْريم أو وَشْي [ميكانيكي الصُّنع].

bob·ble [bŏb′əl] *(vi.; t.; n.)* (١) يتذبذب (٢) يُخطِئ § (٣) تذبذُب (٤) خطأ.

bob·by [bŏb′ĭ] *(n.)* شُرْطيّ (عب).

bob·by pin *(n.)* الدَّبّوس المُسطَّح: دَبّوس مُحكَم الانطباق.

bob·by socks *or* **bob·by sox** *(n. pl.)* جورب قصير للفتيات.

bob·by–sox·er *or* **bob·by–socker** *(n.)* فتاةٌ مُراهِقة.

bob·cat [bŏb′kăt′] *(n.)* البَبْكَت؛ الهِرّة البرية (ح).

bob·o·link [bŏb′ə lĭngk′] *(n.)* المِمْراح: طائر شمالأميركي معروفٌ بتغريده المرِح.

bobolink

bob·sled *(n.; vi.)* (١) الزَّلاّجة: «أ» مِزلجة قصيرة تُقرَن عادة بأخرى مماثلة. «ب» مِزلجة مزدوجة على هذا النحو § (٢) ينزلق [على الجليد] بزلاّجة.

bob·stay [bŏb′stā′] *(n.)* حبلٌ أو سلسلة لتثبيت الدَّقَل المائل (مل).

bob·tail [-′tāl′] *(n.; adj.; vt.)* (١) ذيل قصيرٌ أو أبتر (٢) قصير الذيل؛ مبتور الذيل: فرسٌ أو كلبٌ قصير الذيل أو أبترُهُ (٣) شيء مختصَر § (٤) «أ» أبتر. «ب» ناقص؛ غير تامّ § (٥) يَبْتُر: يقصِّر ذيلَ الفرس إلخ.

bob·white *(n.)* الحَجَل (را. partridge).

bo·cac·cio [bō kä′chō] *(n.)* البوكاتش: سمك ضخم واسع الفم.

boc·cie *or* **boc·ci** [bŏch′ē] *(n.)* البوتشيّة: ضربٌ إيطاليّ من البولنغ.

bock [bŏk] *(n.)* جِعَة الرّبيع: جِعةٌ تُخمَّر في الخريف وتباع في الربيع.

bode[1] [bōd] *past of* bide.

bode[2] *(vt.; i.)* ينبئ بـ؛ يبشِّر بخير؛ يُنذر بشرّ.

bo·de·ga [bō dā′gə; -dē′-] *(n.)* (١) حانة؛ خمّارة (٢) محلّ البقّال.

bod·ice [bŏd′ĭs] *(n.)* الصِّدار: الجزء الأعلى من ثوب المرأة.

bod·ied [bŏd′ĭd] *(adj.)* ذو جَسَدٍ <big–*bodied*>.

bod·i·less *(adj.)* (١) غير ذي جَسَد (٢) لا مادّيّ.

bod·i·ly [bŏd′ə lĭ] *(adj.; adv.)* (١) مادّيّ (٢) جَسَديّ § (٣) جَسَديًا (٤) بشخصِهِ؛ بجسده (٥) جُمْلةً؛ من غير تجزيء (٦) دفعةً واحدة.

bod·ing [bō′dĭng] *(n.; adj.)* (١) «أ» بشيرٌ بخير. «ب» نذيرٌ بشرّ § (٢) «أ» مُبَشِّر بخير. «ب» مُنْذِر بشرّ.

bod·kin [bŏd′kĭn] *(n.)* (١) الخُنَيْجِر: خَنجَرٌ صغير (ا. م) (٢) مِخْرَز [القماش إلخ] (٣) الدَّبّوس الخَنْجَريّ: دبّوس زينيّ خَنجريّ الشكل (٤) المِتَكّ: أداة لإدخال التِّكّة، أو الشريطة، في بيتها (٥) المحشور: شخصٌ محشورٌ بين شخصَين.

to ride *or* sit ~, يَرْكَب أو يجلس منحشرًا بين شخصين.

Bo·do·ni [bə dō′nē] *(n.)* البودونيّ: ضربٌ من الحرف المطبعي.

bod·y [bŏd′ĭ] *(n.; vt.)* (١) «أ» جسد؛ جسم؛ بَدَن. «ب» جثة. «ج» شخص. «د» الشّخص (ق) (٢) «أ» جِذْع الإنسان: جسمه ما عدا الرأس واليدين والرجلين. «ب» جذع الشجرة (٣) الجزء المركزيّ أو الأساسيّ: «أ» صحن الكنيسة: جزؤها المخصَّص للمصلّين. «ب» بدَن السيارة أو الطائرة. «ج» هيكل السفينة (٤) «أ» بَدَنُ الثوب: جزؤه المُغطّي للجذع. «ب» متن الوثيقة: جزؤها الرئيسيّ مجرَّدًا من العنوان والمقدِّمة والملاحق. «ج» نصٌّ مطبوع (٥) «أ» جِرْم؛ جِسم. «ب» كتلة (٦) «أ» مجموعة <a ~ of laws>. «ب» جماعة <large *bodies* of unemployed men>. «ج» قوة؛ جماعة من الجند <a ~ of troops>. «د» هيئة <a legislative ~> (٧) قَوام؛ كثافة؛ قوة النَّكهة <wine of a good ~> § (٨) يجسِّد: يزوِّد الشيء بجسدٍ أو نحوه (٩) يصوِّر؛ يمثِّل.

in a ~, كُلُّهم معًا؛ على نحو جَماعيّ.

body–build·ing *(n.)* بناء الأجسام (رب).

body corporate *(n.)* الهيئة المعنوية أو الاعتبارية (ق).

body count *(n.)* تعداد القتلى.

body·guard *(n.)* (١) الحارس أو الحَرَس الخاصّ (٢) حاشية؛ بطانة.

body language *(n.)* لغة البَدَن [أوضاعه التي تعبِّر دون كلام].

body politic *(n.)* الأُمّة [بوصفها وحدةً سياسيةً خاضعة لحكومة].

body snatcher *(n.)* نشّال الجُثَث.

body snatching *(n.)* نَشْل الجُثَث [من القبور لبيعها وتشريحها].

body·work *(n.)* بَدَن السيارة: الجزء المركزيّ من السيارة.

Boer [bōr] *(n.; adj.)* (١) البُويَريّ: شخص جنوبإفريقيّ من أصل هولنديّ § (٢) بُويَريّ: منسوب إلى البويريين أو «البوير».

bof·fo [bŏf′ō] *(adj.)* عظيم؛ ممتاز؛ مثير.

bog [bŏg; bôg] *(n.; vt.; i.)* (١) مستنقَع (٢) مِرحاض؛ كنيف (ع) § (٣) يُغرِق في مستنقع x (٤) يغوص في مستنقَع.

to be *or* get ~*ged* down يتعثَّر؛ يعجز عن التقدّم.

bo·gey[1] [bō′gĭ] *(n.)* = bogie.

bo·gey[2] *also* **bo·gie** *or* **bo·gy** *(n.)* (١) شَبَحٌ (٢) غول؛ بُعْبُع.

bo·gey·man [-măn′] *(n.)* بُعْبُع. وبخاصة: بُعْبُع لتخويف الأطفال.

bog·gle [bŏg′əl] *(vi.; t.; n.)* (١) يُجفل [رُعبًا] (٢) يَذْهَل (٣) يعترض (٤) يُلَهوِج: يعمل بغير براعة x (٥) يُذْهل؛ يُرْبك؛ يُشَوِّش (بر) § (٦) إجفال؛ ذهول؛ تردُّد إلخ (٧) لَهْوَجة؛ عملٌ غير مُتقَن.

bog·gy [bŏ′gĭ; bŏg′ĭ] *(adj.)* سَبْخيّ؛ مُسْتَنْقَعيّ.

bo·gie *also* **bo·gey** *or* **bo·gy** [bō′gĭ] *(n.)* عربة نقل منخفضة.

bo·gle *also* **bog·gle** [bō′gəl] *(n.)* (١) شَبَح (٢) بُعْبُع؛ غول.

bo·gus [bō'gəs] *(adj.)* زائف؛ مزوَّر؛ كاذب.

bog·wood *(n.)* الخشب السَّبَخي؛ خشب السنديان السَّبَخيّ.

bo·hea [bō hē'] *(n.)* الشّاي الأَسْود.

Bo·he·mi·a [bō hē'mĭ ə] *(n.)* (١) بوهيميا: منطقة تسكنها جماعة من الكتّاب والفنانين العائشين حياةً بوهيمية (٢) دُنيا البوهيميين.

Bo·he·mi·an [bō hē'mĭ ən] *(n.; adj.)* (١) البوهيميّ: أحد أبناء بوهيميا في تشيكيا (٢) البوهيمية: لغة أبناء بوهيميا (٣) *not cap.* عد: «أ» المتشرِّد المترحِّل؛ وبخاصة: الغَجَريّ. «ب» الفنان البوهيميّ: كاتب أو رسّام إلخ يحيا حياة بوهيمية لا تقيم وزنًا للأعراف والقواعد الاجتماعية § (٤) بوهيميّ.

Bohr theory [bōr] *(n.)* نظرية بور: نظرية في الكيمياء الفيزيائية تقول بأن الذرَّة مؤلفة من نواة موجبة الشحنة يدور حولها إلكترون أو أكثر.

boil [boil] *(vi.; t.; n.)* (١) «أ» يَغْلي [الماءُ]. «ب» تَغْلي [القِدْرُ] (٢) يهيج؛ يتلاطم <the ~*ing* waves> (٣) يفورُ غَضَبًا (٤) يتدفَّق؛ ينبجس x (٥) «أ» يَغْلي [الماءَ]. «ب» يَسْلق [البيضَ] (٦) يُشَكِّل أو يَفْصِل [السُّكَّر أو الملح] بالغَلْي § (٧) «أ» غَلْيٌ. «ب» غَلَيان (٨) بَثْرة؛ حَبّة؛ دُمَّل.

- to ~ down (١) يُنْقِص بالغَلْي (٢) يختصر؛ يوجز.
- to ~ over (١) يفُور [أثناء الغَلَيان] (٢) ينفجر غاضبًا.
- to go off the ~, يتوقَّف عن الغَلَيان.

boil·er *(n.)* (١) فا boil (٢) «أ» غلّاية. «ب» مِرْجَل.

boil·er·mak·er *(n.)* (١) صانع الغَلّايات (٢) ويسكي تُؤْخذ بعدها جِعة.

boiler suit *(n.)* الوَزْرة؛ ثوب العامل.

boil·ing *(n.; adj.; adv.)* (١) غَلْي؛ غَلَيان § (٢) غالٍ <~ water> (٣) فائر [غضبًا]؛ مهتاج § (٤) جدًّا <~ hot>.

boiling point *(n.)* نقطة الغليان (١٠٠° م؛ ٢١٢° ف).

bois·ter·ous [boi'stər əs] *(adj.)* (١) صاخب؛ ضاجّ (٢) صخّاب؛ مُعَرْبِد (٣) عاصف؛ هائج.

bo·la [bō'lə] *(n.)* البُولا: سلاح مؤلف من كُرَتَين [أو أكثر] مشدودتين إلى حبال يُرشق به الحيوانُ فيأسره.

bolas

bo·lar [bō'lər] *(adj.)* طِينيّ؛ صَلصاليّ؛ طَفَليّ.

bold [bōld] *(adj.)* (١) جريء؛ مِقدام؛ جَسور (٢) وقح (٣) شديد التحدُّر <~ cliffs> (٤) شديد <~ winds> (٥) ناضج (٦) واضح؛ بارز (٧) منضَّد بحرف أسود أو ثخين (طع).

— **bold·ness** *(n.)*

bold·face *(n.)* (١) حرف أسود أو ثخين (٢) الطباعة بحرف أسود.

bold–faced *(adj.)* (١) وَقح (٢) مُسَوَّد: منضَّد بحرف أسود (طع).

bole [bōl] *(n.)* (١) جِذْع؛ ساق (٢) طين؛ صَلْصال؛ طَفَل.

bo·le·ro [bō lâr'ō] *(n.)* (١) البوليرو: رقصة إسبانية أو موسيقاها (٢) البوليرة: سترة فضفاضة تبلغ الخَصْر طولًا.

bo·le·tus [bō lē'-] *(n.)* البوليطُس: جنسٌ من الفطور fungi.

bo·lide [bō'līd] *(n.)* الشِّهاب المتفجِّر: نَيْزَك ضخم متفجِّر.

bo·li·var [bŏl'ə vər; *Sp.* bô lē'vär] *(n.)* البوليڤار: وحدة النقد الڤنزويليّ.

boll [bōl] *(n.)* اللَّوزة: المَحْفَظة المشتملة على بزور بعض النباتات.

bol·lard [bŏl'-] *(n.)* مَرْبِط الحبال: عمود تُشَدّ إليه حبال السفينة.

boll weevil *(n.)* خُنْفساء القطن (ح).

boll·worm *(n.)* دودة القطن والذرة وغيرهما.

bo·lo [bō'lō] *(n.)* البولو: مُدْية كبيرة طويلة [تُستعمل في الفيليبين].

bo·lo·gna [bə lōn'yə] *(n.)* سُجُق بولونيا.

bo·lo·graph [bō'-] *(n.)* المُدَوَّنة البولومترية: ما يُسَجِّلُهُ البولومتر.

bo·lom·e·ter [-lŏm'-] *(n.)* البولومتر: مقياس الطاقة الإشعاعية الحرارية.

bo·lo·ney [bə lō'nĭ] *(n.)* = baloney[2].

Bol·she·vik [bŏl'shə vĭk] *(n.; adj.)* (١) البَلْشَفيّ: عضوٌ في الجناح المتطرّف من حزب العمال الاجتماعي الديموقراطي الروسي الذي استولى على السلطة في روسيا (١٩١٧) بزعامة لينين (٢) الشيوعيّ: عضوٌ في الحزب الشيوعي § (٣) «أ» بَلْشفيّ. «ب» شيوعيّ.

Bol·she·vism *(n.)* (١) البَلْشَفيّة: مذهب أو برنامج البلاشفة الداعي إلى الإطاحة بالرأسمالية عن طريق العُنف (٢) الشيوعية الروسية.

Bol·she·vist *(n.; adj.)* = Bolshevik.

Bol·she·vize *(vt.)* يُبَلْشِف: يجعلهُ بَلْشَفيًّا.

bol·ster [bōl'stər] *(n.; vt.)* (١) وِسادة؛ مِخَدَّة (٢) المِسْنَد: نتوء مستدير في تاج العمود الأيوني (عم) (٣) «أ» السِّناد: جزء من الآلة يسند شيئًا فيها أو يشكِّل حاملًا له. «ب» الحَشِيَّة: جزء من الآلة يراد به تخفيف الضغط، أو منع البلى بالحكّ، أو إخماد الضجّة (مك) § (٤) يَسْنُد؛ يدعَم إلخ (٥) يُعزِّز؛ يُقَوّي (٦) يحشو؛ يُبطِّن.

bolt[1] [bōlt] *(n.; vi.; t.; adv.)* (١) «أ» سهم قصير. «ب» شيء كالسَّهم، مثل: هجوم؛ جَهْد؛ حُجَّة. «ج» صاعقة (٢) «أ» رِتاج؛ مِزْلاج. «ب» لسان القُفل (٣) «أ» حُزمة [تبنٍ إلخ]. «ب» «ثوب» قماش [طوله ٣٠ أو ٤٠ ياردة]. «ج» لُفافة ورق جدران [طولها ١٥ أو ١٦ ياردة] (٤) دَفْق؛ فيض <a ~ of water> (٥) مسمار مُلَوْلَب؛ مسمار مُصَوْمَل (٦) «أ» كتلة خشبية [مُعدّة للنَّشر أو للقَطْع]. «ب» كُتَيْلة أو جزء قصير مستدير من كتلة خشبية (٧) انطلاق؛ اندفاع (٨) فرار؛ هروب (٩) ارتداد؛ انفصال من حزب إلخ § (١٠) ينطلق؛ يندفع (١١) «أ» يفرّ؛ يَهْرب. «ب» يَجْمَح [الفرسُ] (١٢) يُرْتَج؛ يُثَبَّت بالرِّتاج (١٣) يَرْتَدّ: ينفصل عن حزبه السياسيّ أو يقاومُهُ x (١٤) يُطلق نارًا أو قذيفة (ا.ق) (١٥) يُجفِّل (١٦) ينطق بشيء [في غير رويّة أو تبصُّر] (١٧) «أ» يُرْتِج: يثبِّت، أو يُحكم الإغلاق، بالرِّتاج. «ب» يُصَوْمِل: يثبِّت بمسمار مُصَوْمَل (١٨) يَلُفّ القماشَ أو ورقَ الجدران [على شكل ثوب أو لُفافة] (١٩) يزدرد؛ يلتهم § (٢٠) مُنتصِبًا (٢١) فجأةً.

- ~ from the blue مفاجأةٌ مذهِلة؛ حَدَثٌ غير متوقَّع.
- ~ upright مُنْتصبًا؛ كالعمود استقامةً.
- to ~ a person in *or* out يوصد الأبواب بالمزاليج لكي يُبقي شخصًا في الداخل أو في الخارج.
- to make a ~ for it يعدو فرارًا من خطر أو نحوه.
- to shoot one's (last) ~, يَبْذُل قُصارى جهده.

bolt[2] *(vt.)* (١) يَنْخُل [الطحينَ بمُنْخُل] (٢) يتنخّل؛ يتفحَّص.

bolt·er *(n.)* (١) فا bolt (٢) المُنْخُل: أداة أو ماكينة لنَخْل الطحين إلخ

(٣) المُرْتَدّ : الرافض تأييدَ سياسات حزبِهِ أو مرشّحيه .

bolt·head *(n.)* رأس المسمار : رأس المسمار المُصَوْمَل .

bolt·rope *(n.)* الحِباك : حبل يُحْبَك حول جوانب الشِّراع بُغْيَة تمتينها .

bo·lus [bō′ləs] *(n.)* (١) البُلْعَة : حبّة دواء كبيرة (٢) مُضْغة .

bomb [bŏm] *(n.; vt.; i.)* (١) قُنبلة (٢) القُنْبُلة : وعاء للغازات المضغوطة (٣) القذيفة : كتلة مدوَّرة من اللّابة lava (٤) إخفاق تامّ (٥) نجاح عظيم § (٦) يَقْصِف ؛ يَقْذِف بالقنابل **x** (٧) يُخفق إخفاقًا كاملًا (٨) ينطلق بسرعة .

bom·bard *(n.; vt.)* (١) العَرّادة : منجنيق قديم § (٢) يَقْصِف ؛ يَقْذِف بالقنابل (٣) يُمطر [بوابل من الأسئلة] (٤) يقذِف بالألكترونات أو بأشعّة ألفا (فز) . — **bom·bard·ment** *(n.)*

bom·bar·dier [bŏm′bər dēr′] *(n.)* (١) المِدْفعِيّ (٢) القاذف ؛ الرامي : ملّاح طائرةٍ قاذفةٍ للقنابل يُعْمِل جهاز إطلاق القنابل .

bom·bar·don [bŏm′bər dən] *(n.)* البُمبَرْدون : آلة موسيقية نفخيّة .

bom·bast [bŏm′băst] *(n.)* التّنميق : كلام منمَّق أو طنّان .

bom·bas·tic *(adj.)* مُنمَّق ؛ طنّان .

bom·ba·zine [-zēn′] *(n.)* البَمْبازين : نسيج تُصنع منه ثياب الحِداد .

bomb bay *(n.)* حَوْز القنابل : حُجَيْرة القنابل [في طائرة] .

bombe [bŏm; bônb] *(n.)* قنبلة الحَلْوى : قالب من الحلوى المثلوجة .

bombed [bŏmd] *(adj.)* (١) سكران ؛ ثمِل (٢) مُخدَّر .

bomb·er [bŏm′ər] *(n.)* (١) فا bomb (٢) قاذفة القنابل .

bom·bi·nate [bŏm′bə nāt′] *(vi.)* يَطِنّ ؛ يئزّ .

bomb·proof [bŏm′-] *(adj.)* صامدٌ للقنابل : منيع ضدّ القنابل .

bomb·shell [bŏm′shĕl] *(n.)* (١) قُنبلة (٢) مفاجأة مُذهِلة .

bomb·sight [bŏm′sīt′] *(n.)* مُصَوِّبة القَصْف ؛ مُصَوِّبة القنابل : أداة لضبط إلقاء القنابل من طائرة بحيث تصيب الهدف (جن) .

bo·na·ci [bō′nə sē′] *(n.)* البوناسيّ : سمك بحريّ أسود .

bo·na fide [bō′nə fī′dĭ] *(adj.)* (١) صادق ؛ لا خِداعَ فيه (٢) مُخلص (٣) أصليّ ؛ غير زائف .

bo·na fi·des [fī′dēz′] *(n.)* (١) صِدق ؛ إخلاص (٢) أصالة .

bo·nan·za [bō năn′zə] *(n.)* (١) خامة ضخمة [من ذهب أو فضة في منجم] (٢) مَنْجَم (٣) مَصْدر ثراء [كبير ومفاجئ] .

Bo·na·part·ism [bō′nə-] *(n.)* البونابرتيّة : «أ» مشايعة الأمبراطورين الفرنسيين ، نابوليون الأول ونابوليون الثالث ، أو أسرتهما . «ب» حركة سياسية على رأسها قائد عسكري مطلق الصلاحية . — **Bo·na·part·ist** *(n.; adj.)*

bon·bon [bŏn′bŏn′] *(n.)* البُنْبون : ضرب من المُسَكَّرات .

bon·bon·nière [bôn bôn nyâr′] *(n.)* البُنبونيّة : وعاء البُنبون .

bond [bŏnd] *(n.; vt.; i.)* (١) عبدٌ رقيق (ا . م) (٢) قَيْد ؛ وِثاق (٣) ميثاق (٤) «أ» حبل ؛ رباط . «ب» الرابطة : قوة تشدّ بعض الذرّات إلى بعضها في جُزَيْء (ك) . «ج» الرِّباط : مادة رابطةٌ أو مُلْصِقة (٥) الآصِرة : رابطة ولاءٍ أو صداقةٍ أو عاطفةٍ (٦) «أ» التزام ؛ تعهُّد . «ب» كفالة . «ج» الكافل ؛ الضامن . «د» سَنَدٌ أو وثيقة بدَيْن . وبخاصة : سَنَدٌ على خزانة الدولة . «هـ» صكّ تأمين (٧) مِدماك [بناءٍ] § (٨) يُدَمِّك : يجعل الحجارة مَداميكَ زيادةً في قوة البناء (٩) يَرْهَن (١٠) يَكْفُل (١١) يَحْجز [البضائعَ في الجمرك] حتى دَفْع الرسوم المفروضة عليها (١٢) يَأصِر ؛ يُوَثِّق : يجعله يتماسك **x** (١٣) يتماسك . — **bond·er** *(n.)*

in ~, محجوز في الجمرك [إلى أن تدفع الرسوم المفروضة] .

in ~s (١) مُقيَّد ؛ مُكبَّل (٢) في السجن (٣) تحت نير العبودية .

to take out of ~, يخلِّص البضائع : يُخْرِجها من الجمرك .

bond·age [bŏn′dĭj] *(n.)* عُبوديّة ؛ استرقاق .

bond·ed *(adj.)* (١) مضمون بسندات <~ debt> (٢) محجوز في الجمارك [إلى أن تُدفع الرسوم المفروضة عليه] <~ goods> .

bonded warehouse *(n.)* مُحْتَجَزُ الجمرك : مخزن في الجمرك تُحجز فيه البضائع إلى أن تُدفع الرسوم المفروضة عليها .

bond·er·ize *(vt.)* يُبَنْدِر : يطلي الفولاذَ بالفوسفات وقايةً له من التآكل .

bond·er·ized steel *(n.)* الفولاذ المُبَنْدَر (را . المادة السابقة) .

bond·hold·er *(n.)* حاملُ السَّنَد [أو السَّندات] .

bond·maid *(n.)* (١) جارية (٢) المُسْتَرَقّة : امرأة مُلْزَمةٌ بالعمل بلا أجر .

bond·man *(n.)* (١) عَبْدٌ ؛ رقيق (٢) المُسْتَرَقّ : رجلٌ مُلْزَمٌ بالعمل بلا أجر .

bond paper *(n.)* ورق السَّنَدات : ورق أبيض ممتاز .

bond servant *(n.)* = bondman.

bonds·man [bŏndz′-] *(n.)* (١) bondman (٢) الكافل ؛ الضامن .

bond·stone *(n.)* حَجَر الرِّباط : حجرٌ يمتدّ خلال الجدار تقويةً له .

bonds·wom·an *(n.)* (١) bondwoman (٢) الكافلة ؛ الضامنة .

bond·wom·an *(n.)* = bondmaid.

bone [bōn] *(n.; vt.; i.; adv.)* (١) «أ» عَظْم . «ب» عاج (٢) *pl.*: قَرارة النفس (٣) *pl.*: هيكل عظمي (٤) *pl.*: جَسَد (٥) *pl.*: عظام ؛ رُفات ؛ جُثّة (٦) *pl.*: الإطار الأساسيّ [للرواية أو مسرحية] (٧) الضِّلع : قطعة مستطيلة يُقَسَّى بها مِشدٌّ نِسْويّ أو ثوب (٨) *pl.*: زَهر النَّرْد (٩) دولار (ع) § (١٠) «أ» يَنزع العظمَ من <to ~ a turkey> . «ب» ينزع الحَسَك من (١١) يُضَلِّع : يُزوِّد مِشدًّا نِسْويًا أو ثوبًا بأضلاع ابتغاءَ تقسيته (١٢) يَسْرِق (ع) **x** (١٣) ينكبُّ على الدرس ؛ «يَصُمّ» § (١٤) تمامًا (١٥) إلى أبعد حدّ .

to make no ~s about doing something لا يتردّد في . . . . ؛ لا يجد في القيام بكذا حَرَجًا .

to the ~, «حتّى العَظم» ؛ تمامًا ؛ إلى أبعد الحدود .

will not make old ~s لن يُعَمَّر طويلًا .

bone ash *(n.)* الرَّماد العَظْميّ : رماد العظام المحروقة .

bone black *(n.)* الفَحْم العَظْمي : مادة سوداء يُحْصَل عليها بإحراق عظام في أوعية مُقفلة .

bone china *(n.)* الخَزَف العَظْميّ : خزف أبيض شبه شفاف يُصنع من صلصال ممزوج برمادٍ عظميّ .

ă at; ā date; â care; ä car; ĕ egg; ē me; ĭ in; ī bite; ŏ lot; ō bone; ô orphan; oi boil; o͝o good; o͞o boot; ou out; ŭ under; û urgent; ə = *a* in alone, *e* in system, *i* in easily, *o* in gallop, *u* in circus.

boned [bōnd] *(adj.)* (١) ذو عَظْم (٢) منزوع العظم أو الحَسَك .

bone·head *(n.)* شخص أحمق أو عنيد .

bone·less *(adj.)* (١) لاعَظْميّ (٢) منزوعٌ عظمُهُ (٣) ضعيف .

bone marrow *(n.)* النِّقْي : مُخّ العظم (ت) .

bone·meal [-ˈmēlˈ] *(n.)* ذَرورُ العظام [يُتَّخذ سماداً وعلفاً] .

bon·er [bō-ˈ] *(n.)* (١) فا bone (٢) غلطة شنيعة [أو مُرْبكة أو مُضحكة] .

bone·set [bōnˈsĕtˈ] *(n.)* المُجَبِّرة ؛ مُجَبِّرة العظام (نب) .

boneset

bone·set·ter *(n.)* المُجَبِّر : مُجَبِّر العظام .

bone·set·ting *(n.)* التجبير : تجبير العظام .

bon·fire [bŏnˈfī(ə)rˈ] *(n.)* المَشْعَلَة : نارٌ تُضرَم في الهواء الطَّلْق .

bong [bŏng] *(n.; vt.; i.)* (١) رنين الجرس § (٢) يرنّ ؛ يقرع .

bon·go [bŏngˈgō] *(n.)* البُنْغَة : إحدى طبلتين متصلتين يُعزف عليهما .

bon·ho·mie; bon·hom·mie [bŏnˈə mēˈ] *(n.)* رِقّة ؛ أُنس ؛ وداعة .

bon·i·face [bŏnˈə fāsˈ] *(n.)* صاحب الفندق أو المطعم أو النادي الليليّ .

bo·ni·to [bə nēˈtō] *(n.)* البَيْنيت : سمك بَحْريّ مُخطَّط الظَّهر .

bonito

bon·kers [bŏngˈkərz] *(adj.)* مخبول ؛ مجنون .

bon mot [bôn mōˈ] *(n.)* مُلْحة ؛ قولٌ بارع ؛ ملاحظة ظريفة .

bonne [bôn] *(n.)* (١) خادمة (٢) مربية [أو حاضنة] للأطفال .

bon·net [bŏnˈət] *(n.; vt.)* (١) قَلَنْسُوة . وبخاصة : قَلَنْسُوةٌ نسوية أو أطفالية تُشَدّ بشريطٍ تحت الذقن (٢) القَلَنْسُوَة : «أ» وُصْلة في شراع . «ب» غطاء محرِّك السيارة المعدنيّ . «ج» طربوش المدخنة . «د» غطاء معدنيّ واقٍ لغرف الصِّمامات إلخ (مك) § (٣) يُقَلْنِس : «أ» يُلْبِسُهُ قَلَنْسُوَةً . «ب» يُزَوِّده بغطاءٍ واقٍ .

bonnet 1.

bon·ny [bŏnˈĭ] *(adj.)* (١) جميل ؛ وسيم (٢) ممتلئ صحةً (٣) رائع ؛ ممتاز .

bon·spiel [bŏnˈspēl] *(n.)* مباراة [رياضية] .

bon·te·bok [bŏnˈtē bŏkˈ] *(n.)* الظَّبي المُؤَزَّر : ظبيٌ مُحمرّ الوَبَر .

bo·nus [bōˈnəs] *(n.)* (١) إضافة ؛ شيء إضافيّ (٢) مكافأة ؛ عِلاوة [للموظفين] (٣) مِنحة (تأ) (٤) إعانة حكومية [لصناعةٍ ما] .

bon vi·vant [bôn vē vänˈ] *(n.)* (١) المُتْرَف (٢) المِعْياش : مُحِبُّ الطيِّبات من مأكل ومشرب (٣) رفيقٌ مَرِح .

bon voy·age [bôn vwȧ yȧzhˈ] *(interj.)* رحلة سعيدةً!

bon·y *also* **bon·ey** [bōˈnĭ] *(adj.)* (١) عَظْميّ (٢) عَظْمانيّ : شبيه بالعظام (٣) كثير الحَسَك <a ~ fish> (٤) «أ» ناتئ العظام . «ب» نحيل .

bony labyrinth *(n.)* التِّيهُ العَظْميّ (ت) .

bonze [bŏnz] *(n.)* البُنْز : راهب بوذيّ ، وبخاصة في اليابان والصين .

boo [bo͞o] *(interj.; n.; vi.; t.)* (١) بو! : هتاف استهجان أو ازدراء § (٢) صوت كهذا § (٣) يُبَوّي : يُطلق صوت «بو» .

boob[1] [bo͝ob] *(n.)* (١) المُغَفَّل ؛ السّاذَج (ع) (٢) ثديُ المرأة .

boob[2] *(vi.)* يخطئ : يرتكب غلطة حمقاء (بر) .

boob·oi·sie [bo͞oˈbwä zēˈ] *(n.)* طبقة المُغَفَّلين والسُّذَّج .

boo–boo [bo͞oˈbo͞oˈ] *(n.)* (١) رضّة ؛ خَدْش (٢) غلطة شنيعة .

boob tube *(n.)* (١) التَّلْفَزة (٢) جهاز تلفزيون .

boo·by [bo͞oˈbĭ] *(n.)* (١) المُغفَّل ؛ الأحمق (٢) الأَطَيْش : طائر مائيّ معروف ببلاهته الظاهرية (٣) النَّهد : ثدي المرأة .

booby hatch *(n.)* (١) مستشفى المجاذيب (٢) مَخْفَر شرطة (٣) سِجن .

booby trap *(n.)* (١) الشَّرَك العابث : شَرَكٌ يتألف من دلو ماء موضوع فوق باب بحيث يندلق على من يفتح ذلك الباب (٢) شَرَكُ الغَفْلَة : قنبلة مخبوءة متصلة بشيء لا يثير الريبة فهي تتفجر عندما يمس ذلك الشيءَ شخصٌ قليل الاحتراس .

boo·by–trap [bo͞oˈbĭ trăpˈ] *(vt.)* يُفَخِّخ ؛ يُلَغِّم .

boo·dle [bo͞oˈdəl] *(n.)* (١) حَشْدٌ [من الناس] (٢) رَشوة .

boo·gie [bo͝ogˈē] *(vi.)* يُبَوِّغ : يرقص على أنغام موسيقى صاخبة .

book [bo͝ok] *(n.; adj.; vt.; i.)* (١) «أ» كتاب . «ب» دفتر تجاريّ . «ج» سِجِلّ . «د» دفتر شيكات أو بطاقات . «هـ» باب أو جزء من كتاب (٢) *cap.* : الكتاب المقدَّس (٣) سيلٌ من التُّهَم ؛ جُمّاع التُّهَم المُمكن توجيهُها إلى مُتَّهَم (٤) حساب ؛ مسؤولية (٥) رأي (٦) النَّصّ : «أ» كلمات الأوبرا أو المُغنّاة . «ب» نصُّ المسرحية (٧) رزمة [من أوراق التبغ إلخ] (٨) «أ» وكيل المراهنات [على جياد السّباق] . «ب» سِجلّ المراهنات [على جياد السباق] § (٩) كُتُبيّ : مُسْتقًى من الكُتب (١٠) دفتريّ <~ profit> § (١١) يُسَجِّل ؛ يُدوِّن (١٢) يحجز مُقَدَّمًا <to ~ seats on a plane> x (١٣) يسجِّل اسمَهُ .

by the ~, وفقًا للقواعد المقرّرة .

one for the ~, عمل أو حَدَثٌ جديرٌ بالتسجيل .

to bring to ~, يناقشُهُ الحسابَ .

book·bind·er *(n.)* المُجَلِّد : مجلِّد الكتب .

book·bind·er·y *(n.)* مَعْمل تجليد [الكتب] .

book·bind·ing *(n.)* التَّجليد ؛ تجليد الكتب .

book·case [-kās] *(n.)* خزانةُ كُتُب .

book·end *(n.)* مِسْند الكتب : مِسند يوضَع عند نهاية صفٍّ كُتُب لتثبيتِهِ في مكانه .

book ends

book·ie [bo͝okˈĭ] *(n.)* = bookmaker *3.*

book·ish *(adj.)* كُتُبيّ : «أ» خاصّ بالكتب . «ب» مُولَع بالكتب والمطالعة . «ج» مُعتمِد أو ميّال إلى الاعتماد على المعرفة المستمَدّة من الكتب لا من التجربة العملية . «د» فصيح ؛ غير عاميّ .

book jacket *(n.)* سِترةُ الكتاب .

book·keep·er *(n.)* ماسك الحسابات [في مؤسّسة أو شركة إلخ] .

book·keep·ing *(n.)* مَسْك الدفاتر (تج) .

book·let [bo͝okˈlət] *(n.)* الكُتَيِّب : كرّاسة أو كتاب صغير .

book louse *(n.)* قُمّلة الكتب (حش) .

book·mak·er *(n.)* (١) صانع الكِتاب : طابع الكُتُب أو مجلِّدها إلخ (٢) المصنِّف : من يجمع موادّ كتبه من مؤلَّفات الآخرين (٣) وكيل المراهنات [على جياد السِّباق] .

book·man *(n.)* (١) «أ» العالِم ؛ الباحث . «ب» مُحِبّ الكتب (٢) الكُتُبيّ : بائع الكتب أو المُتَّجِر بها (٣) الناشر .

book·mark *(n.)* المؤشِّرة: «أ» شريطةٌ أو نحوُها توضع بين صفحتَيْ كتاب إشارةً إلى موضع بعَيْنه. «ب» *pl.* عد: العناوين البريديّة الألكترونيّة المختزَنة في ذاكرة الكومبيوتر.

book·mo·bile *(n.)* المكتبة السيّارة: سيارة تقوم بمهمّة مكتبة متجوّلة.

book·plate *(n.)* رقعة الكتاب: رقعة أو أتيكيت تُلْصَق عادة على كتاب ويُسَجَّل عليها اسمُ صاحبه أو موضعُهُ في مكتبة.

book review *(n.)* مُراجعة الكتاب: مقالٌ عن كتابٍ صدر حديثًا.

book·sel·ler *(n.)* الكُتُبيّ: بائع الكتب.

book·shelf *(n.)* (١) رفّ الكُتب (٢) مجموعة صغيرة من الكتب.

book·shop *(n.)* المكتبة: محلّ تجاريّ لبيع الكتب.

book·stack *(n.)* مجموعة رفوف [في مكتبة].

book·stall *(n.)* كُشْك الكتب [في مطار أو محطة إلخ].

book·stand *(n.)* كُشك الكتب.

book·store *(n.)* المكتبة: محلّ تجاريّ لبيع الكتب.

book value *(n.)* القيمة الدَّفترية: قيمة الموجودات في دفاتر المؤسسة (تج).

book·worm *(n.)* (١) عُثّة الكتب (حش) (٢) المُولَع بالمطالعة أو الدراسة.

book·y [bo͝ok′ĭ] *(adj.)* = bookish.

boom[1] [bo͞om] *(n.; vt.)* (١) «أ» ذراع التطويل: ذراع يُستخدم لإبقاء قاعدة الشراع ممدودة (مل). «ب» ذراع المِرفاع أو الرافعة (مك). «ج» ذراع الميكروفون (٢) «أ» السلسلة العائمة: سلسلة حديدية أو مجموعة من الأخشاب المتّصلة الطافية يُراد بها اعتراضُ سبيل الملاحة أو تطويق مجموعة أخرى من الكُتَل الخشبية الطافية. «ب» المرفأ العائم: المياه المطوّقة على هذا النحو § (٣) يَبْسُط أو يَمُدّ [الشراعَ على ذراع التطويل].

boom[2] *(n.; vi.; t.)* (١) «أ» دَوِيٌّ [المدافع]. «ب» هدير [الأمواج]. «ج» طنين أو أزيز [النَّحل إلخ] (٢) اتّساع أو تعاظم سريع، مثل: «أ» نموّ في شعبية مرشّح سياسي أو جهودٌ تُبْذَل لذلك. «ب» ازدهار مدينة أو منطقة. «ج» انتعاش؛ ازدهار اقتصادي § (٣) «أ» يدوّي. «ب» يهدُر. «ج» يطنّ؛ يَئِزّ (٤) يندفع بدوِيّ أو زَخْم (٥) يزدهر x (٦) يُعلن بِدَوِيّ <The clock ~*ed* out eleven.> (٧) يُنْعِش: يسبِّب الانتعاش أو الازدهار (٨) يُرَوِّج [لنتاج جديد إلخ].

boom·er·ang [bo͞o′mə răng′] *(n.; vi.)* (١) البُمْرَنْغ: قطعة خشب مَلْوِيّة أو معقوفة يتّخذ منها سكان أستراليا الأصليون قذيفة يرشقون بها هدفًا ما. ومن أصناف البُمْرَنغ ضَربٌ يرتدُّ إلى الرامي (٢) الكَيْد المُرتدّ: خطة [أو عمل أو قول] يرتدّ أذاها إلى نَحْرِ صاحبها § (٣) يرتدّ [الكيدُ] إلى نحر صاحبه (٤) يُخفق.

boomerangs *1.*

boom·y [bo͞o′mĭ] *(adj.)* مُتَّسِمٌ بالازدهار الاقتصادي.

boon[1] [bo͞on] *(n.)* (١) مِنّة؛ فَضْل؛ عطيّة؛ هِبَة (٢) نعمة.

boon[2] *(adj.)* مَرِح؛ جَذِل <a ~ companion>.

boon·dog·gle [bo͞on′dŏg′əl] *(n.; vi.)* (١) الأثر اليدويّ: كل أثر من آثار الصنعة اليدوية [كالحزام أو غِمْد الخنجر أو مقبض الفأس] (٢) جَدِيلةُ العُنُق: حبل من جلد مجدول يطوّق به الكشّافون أعناقهم (٣) عمل تافه أو ضئيل القيمة § (٤) يقوم بعمل تافه أو ضئيل القيمة (ع).

boor [bo͞or] *(n.)* (١) فلّاح (٢) Boer (٣) «أ» ريفيّ ساذج. «ب» شخص فظّ أو جِلْف.

boor·ish [bo͞or′ĭsh] *(adj.)* ريفيّ؛ غير مثقَّف؛ جِلْف؛ فظّ.

boor·ish·ness *(n.)* جَلافة؛ فظاظة.

boost [bo͞ost] *(vt.; n.)* (١) يَرْفِد: يَسْنُد [شخصًا يحاول أن يتسلّق] بدفعِهِ من تحت أو من وراء (٢) يزيد؛ يَرْفع <to ~ prices> (٣) يَدعم أو يؤيّد بحماسة (٤) يُرَوِّج (٥) يقوّي (٦) يُعَزِّز: يزيد القوة أو الطاقة أو الضَّغط (٧) يَسْرِق (ع) § (٨) رَفْد؛ رَفْع؛ دَفْع إلى فوق (٩) زيادة (١٠) دَعْم؛ عَوْن؛ تشجيع.

boost·er *(n.)* (١) فا boost (٢) نصير متحمّس (٣) المُعَزِّز: «أ» أداة إضافية لزيادة القوة أو الطاقة أو الضغط. «ب» مُضخِّم للتردّد اللاسلكي في جهازٍ مستقبِل من أجهزة الراديو أو التلفزيون. «ج» مادة تعزِّز فعالية العلاج. وبخاصة: جرعةٌ من عاملٍ مُمَنِّع تضاف رغبةً في تعزيز المناعة.

boot[1] [bo͞ot] *(n.; vi.)* (١) عِلاوة؛ إضافة؛ زيادة § (٢) يُفيد؛ ينفع.

to ~, علاوةً على ذلك؛ بالإضافة إلى ذلك.

boot[2] *(n.; vt.)* (١) جَزمة؛ حِذاء عالي الساق (٢) الجُزَيمة: حِذاءٌ أو وقاءٌ للسّاق يتخطّى الكاحل (٣) «أ» غِطاء واقٍ لساق الفرس. «ب» مئزر أو غطاء لمقعد الحوذيّ (٤) الدَّهَق: أداة تعذيب تُعْصَر بها السّاق (٥) الصُّندوق [في مؤخر السيارة] (٦) رَفْسة (٧) تسريح؛ صَرْف؛ طَرْد (٨) متعة [قصيرة الأجل] (٩) مجنَّد [في الأسطول البحري] مُخْضَعٌ لتدريب أساسي § (١٠) «أ» ينتعل؛ يحتذي [جزمةً]. «ب» يُنْعِله أو يُحْذيه [جزمةً] (١١) «أ» يَرْفُس. «ب» يسرِّح؛ يَطرد (١٢) يركب فَرَسًا (١٣) يُدَهِّق: يُعَذِّب بالدَّهَق.

to get the ~, يُصْرَف من الخدمة.
to give somebody the ~, يَصْرِفُهُ من الخدمة.
to lick someone's ~*s* يتملّق فلانًا أو يتذلل له.
to wipe one's ~*s* on يُعامله معاملةً مُهينة.

boot[3] *(n.)* غنيمة (ا. ق).

boot·black *(n.)* ماسح الأحذية.

boot camp *(n.)* مُعَسكر التدريب [لمجنّدي الأسطول البحري].

boot·ed [bo͞o′-] *(adj.)* مُنْتَعِل جَزمةً [وبخاصة لركوب الخيل].

boo·tee [bo͞o tē′] *(n.)* (١) حذاء قصير (٢) جورب صوفيّ للأطفال.

Bo·ö·tes [bō ō′tēz] *(n.)* العَوّاء؛ راعي الشِّتاء (فل).

booth [bo͞oth] *(n.)* (١) سَقيفة [للماشية أو للعمال] (٢) كُشْك [لبيع السِّلَع أو عَرْضها] (٣) الحُجَيرة: «أ» حجرة صغيرة يوضع فيها المِسْلاط أي أداة تسليط الصُّوَر على شاشة السينما. «ب» حُجَيْرة الهاتف. «ج» حُجَيْرة الاقتراع (٤) المَقْصورة: مكانٌ شبهُ معزول، في مطعم أو نادٍ ليليّ.

boo·tie [bo͞o′tē] *(n.)* = bootee.

boot·jack [-′jăk′] *(n.)* مِخْلَعة الجَزمة: أداة لخلع الجزمة من الرِّجل.

bootjack

ă at; ā date; â care; ä car; ĕ egg; ē me; ĭ in; ī bite; ŏ lot; ō bone; ô orphan; **oi** boil; o͝o good; o͞o boot; **ou** out; ŭ under; û urgent; ə = *a* in alone, *e* in system, *i* in easily, *o* in gallop, *u* in circus.

boot·lace [-ʹlāsʹ] *(n.)* رِباط الحذاء؛ شريط الحذاء (بر).

boot·leg [-ʹlĕgʹ] *(n.; vt.; i.; adj.)* (١) ساق الجزمة: الجزء العُلْوي من الجزمة (٢) moonshine *3* § (٣) يَصْنع أو يبيع أو ينقل [شرابًا مُسْكِرًا] بطريقة مخالفةٍ للقانون (٤) «أ» يُنتج أو يبيع على نحو غير شرعي. «ب» يهرِّب § (٥) مصنوع أو مَبيع أو منقول بطريقة غير شرعية (٦) غير شرعيّ.

— boot·leg·ger *(n.)*

boot·less *(adj.)* باطلٌ؛ غير مُجْدٍ؛ غير مفيد.

boot·lick *(vt.; i.)* يتملَّق؛ يتزلَّف. **— boot·lick·er** *(n.)*

boots *(n.)* خادم [مهمَّتُهُ الرئيسية مَسْحُ الأحذية].

boot tree *(n.)* قالب الأحذية [لتوسيعها أو لحفظ شكلها].

boo·ty [bo͞oʹtĭ] *(n.)* (١) غنيمة (٢) كَسْب عظيم.

booze [bo͞oz] *(vi.; n.)* (١) يُسْرف في الشَّراب § (٢) شراب مُسْكِر (٣) المَصْخَبة: حفلة تتميز بالمرح الصّاخب.

boozed [bo͞ozd] *(adj.)* سكران؛ ثَمِلٌ؛ مخمور (ع).

booz·y [bo͞oʹzĭ] *(adj.)* (١) ثمِل؛ سكران (٢) سِكّير.

bop [1] [bŏp] *(n.; vt.)* (١) ضَرْبة § (٢) يَضْرِب.

bop [2] *(n.; vi.)* (١) البوپ: ضربٌ من الجاز § (٢) يندفع بسرعة.

bo·ra [bôrʹə] *(n.)* البُوْرة: ريح جافة باردة تهبّ على سواحل الأدرياتيّ.

bo·rac·ic acid [bə răsʹĭk; bō-] *(n.)* = boric acid.

bor·age [bŏrʹĭj] *(n.)* لسان الثّور: عشب أوروبيّ أزرق الزَّهر.

bo·rate [bōrʹāt] *(n.)* البورات: ملح حمض البوريك (ك).

bo·rat·ed *(adj.)* مُبَوْرَق: مُشْبَعٌ بالبُوْرَق أو بحمض البوريك.

bo·rax [1] [bōrʹăks] *(n.)* البُوْرَق: مرَكّب أبيض متبلّر (ك).

bo·rax [2] *(n.; adj.)* (١) سلعة رخيصة § (٢) رخيص.

Bor·deaux [bôr dōʹ] *(n.)* نبيذ بوردو.

Bordeaux mixture *(n.)* مزيج بوردو: سائل مبيد للفُطريات.

bor·del [bôrʹdəl] *(n.)* = bordello.

bor·del·lo [bôr dĕlʹō] *(n.)* مَبْغًى؛ ماخور؛ بيت دعارة.

bor·der [bôrʹdər] *(n.; vt.; i.)* (١) حافَة؛ جانب؛ حاشية (٢) تَخْم؛ حدّ (٣) الطُرّة: «أ» رقعة ضيّقة من أرض مزروعة في محاذاة جانب من حديقة أو ممشًى. «ب» «كنار»؛ حاشية. «ج» حاشية زُخرفية تحيط برسم أو صفحة (طع) § (٤) «أ» يُحَشّي: يجعل له حاشيةً. «ب» يُطَرِّر: يجعل له طُرَّة (٥) يتاخم؛ يُحاذي (٦) يَحُدّ: يُشَكِّل حدًّا أو تَخْمًا لِـ x (٧) يُتاخم؛ يقع على تخوم... (٨) يُقارب؛ يجاور؛ يُشابه.

bor·der·er *(n.)* الحدوديّ: أحد سكان الحدود.

bor·der·land *(n.)* (١) «أ» حدٌّ؛ تَخْم. «ب» منطقة حدود (٢) هامش (٣) التوسّط: منزلةٌ بين المنزلتين.

border line *(n.)* حدٌّ؛ تَخْمٌ؛ خطّ فاصل.

bor·der·line *(adj.)* (١) حدوديّ؛ تُخوميّ (٢) متوسِّط: في منزلة متوسطة بين حالتين (٣) بَيْنِيّ: واقع عند الحدّ الفاصل بين السّويّ واللّاسَوِيّ (نف) (٤) مقارِبٌ أو مجاوِرٌ للّامحتشم (٥) مختَلَفٌ فيه.

bore [1] [bōr] *past of* bear.

bore [2] *(vt.; i.; n.)* (١) يَثْقُب [بمِثقَب أو نحوه]؛ يُجَوِّف (٢) يَحْفِر x (٣) يُحْدِث ثَقبًا (٤) ينثقب (٥) يَشُقّ طريقَهُ بجهد § (٦) ثَقْب (٧) «أ» التجويف: القُطر الداخليّ أو الفتحة الداخلية لأنبوب. «ب» العِيار: القُطر الداخلي لماسورة البندقية أو المدفع.

bore [3] [bōr] *(n.)* موجة عارمة.

bore [4] [bōr] *(n.; vt.)* (١) المُضْجِر؛ المُبْرِم: شخص ثقيل الظلّ (٢) شيء مُضْجِر § (٣) يُضجِر؛ يُبْرِم؛ يُسئِم. ~*d* to death ضَجِرٌ حتى الموت؛ ضَجِرٌ إلى أبعد الحدود.

bo·re·al [bōrʹĭ əl] *(adj.)* (١) شَماليّ (٢) شَمْأليّ: متعلّق بريح الشمال.

Bo·re·as [bōrʹĭ əs] *(n.)* بورياس: «أ» إلّه الشَّمْأل أو ريح الشَّمال في الميثولوجيا اليونانية. «ب» ريحُ الشّمال مُشخَّصَةً.

bore·dom [bōrʹdəm] *(n.)* ضَجَرٌ؛ سَأَمٌ؛ بَرَمٌ.

bor·er [bōrʹər] *(n.)* فا bore، مثل: «أ» الثّقّاب: عاملٌ يُحدث في المعادن وغيرها ثقوبًا. «ب» المِثْقَب: أداة الثَّقْب. «ج» الثَّقّابة: حشرة تثقب خشب النبات. «د» دودة السُّفن (را. shipworm).

bore·some [bōrʹsəm] *(adj.)* مُضْجِر؛ مُمِلّ.

bo·ric [bōrʹĭk] *(adj.)* بوريك: بورونيّ أو محتوٍ على بورون.

boric acid *(n.)* حمض البوريك (ك).

bor·ing [bōrʹĭng] *(n.; adj.)* (١) الثَّقْب: عملية الثَّقْب بمِثقب (٢) ثَقْب؛ فُتحة (٣) *pl.* الثُّقابة: ما ينشأ عن الثَّقْب من شظايا أو نِثار § (٤) ثاقب <a ~ tool *or* insect; a ~ look> (٥) مُضْجِر.

born [1] [bôrn] *past part. of* bear.

born [2] *(adj.)* (١) مولود (٢) بالفطرة <a ~ poet>.

borne [bôrn; bōrn] *past part. of* bear.

born·ite [bôrʹnīt] *(n.)* البورنيت (مع).

bo·ron [bōrʹŏn] *(n.)* البورون؛ البُوْر: عنصر لافلزّي يكون في البُوْرق.

bor·ough [bûrʹō] *(n.)* (١) القَصَبَة: «أ» مدينة إنكليزية تتمتع بحكم محلّيّ ذاتيّ. «ب» مدينة إنكليزية ذات ممثّل أو أكثر في البرلمان (٢) «أ» بلدة أميركية [أصغر من مدينة]. «ب» أحد الأقسام الإدارية الخمسة لمدينة نيويورك.

bor·row [bŏrʹō] *(vt.; i.)* (١) يستعير (٢) يقتبس (٣) يَسْرق (٤) يُعير (ع).

borscht [bôrsht] *or* **borsch** [bôrsh] *(n.)* البُرْش: حساء خُضَر روسيّ.

bor·stal [bôrʹstəl] *(n.)* إصلاحيّة؛ إصلاحيّة الأحداث.

bort [bôrt] *(n.)* البُوْرْت: «أ» رديء ألماس. «ب» كُسارة ألماس.

bor·zoi [bôrʹzoi] *(n.)* البُرْزِيّ: كلبٌ روسيّ ضخم.

bos·cage *also* **bos·kage** [bŏsʹkĭj] *(n.)* أَيْكَة؛ أجَمَة؛ دَغَلٌ.

bosh [bŏsh] *(n.)* (١) هُراء؛ كلامٌ فارغ (٢) شيء تافه.

bosk *or* **bosque** [bŏsk] *(n.)* = boscage.

bosk·et *or* **bos·quet** [bŏsʹkət] *(n.)* = boscage.

bosk·y [bŏsʹkĭ] *(adj.)* (١) أجَميّ: مكسُوّ بالآجام (٢) ظَلِيل.

bos·om [bo͝ozʹəm] *(n.; vt.; adj.)* (١) صَدْر. وبخاصة: ثديا المرأة (٢) قَلْب؛ صميم (٣) كنَف؛ حِضْن <lived in the ~ of her family>

(٤) صَدْر الثوب: جزؤهُ المُغطّي للصّدر § (٥) يَكتُم (٦) يُخفي (٧) يعانق § (٨) صَدْريّ (٩) حميم.

bos·om·y *(adj.)* (١) ناهد؛ بارز <~ hills> (٢) ناهد الثديين.

bos·quet [bŏs′kət] *(n.)* = bosket.

boss[1] [bôs; bŏs] *(n.; vt.)* (١) «أ» حَدَبة؛ سَنام. «ب» نتوء (٢) عُقدة؛ زرّ زينيّ [في درع] (٣) الصُّرّة: «أ» حلية معمارية شبيهة بالعُقدة (عم). «ب» الجزء المضخّم من عمود الإدارة (مك). «ج» صُرّة المِروحة (مك) (٤) الشَّخيص؛ الحَدَبة: كتلة صخرية شاخصة (٥) الوثار: حَشيّة ناعمة تُستخدم للصقل في صناعتي الخزف والزجاج § (٦) يُرصِّع بعُقَد؛ يرصِّع بأزرار زينية (٧) يُوثِّر: يَصْقل بوثار أو حشيّةٍ ناعمة.

boss[1] *3a.*

boss[2] *(n.; adj.; vt.; i.)* (١) الرئيس. وبخاصة: رئيس العمال (٢) المُتسلِّط: «أ» سياسيّ ذو سيطرة على المسؤولين في حزبه في منطقة معيّنة. «ب» المدير المطلق الصلاحية [في مؤسسة] § (٣) رئيس؛ مقدَّم <a ~ printer> (٤) ممتاز § (٥) يترأس x (٦) يستبدّ.

boss[3] *(n.)* (١) بقرة (٢) عِجْل.

boss·y[1] [bôs′ĭ] *(adj.)* (١) محدَّب (٢) مرصَّع بأزرار زينيّة.

bos·sy[2] *(n.)* (١) بقرة (٢) عِجْل.

boss·y[3] *(adj.)* ديكتاتوريّ: نزّاع إلى السيطرة.

Bos·ton [bô′stən] *(n.)* البُسْطُن: «أ» لعبة من ألعاب الورق. «ب» رقصة شبيهة بالفالس.

Boston bag *(n.)* حقيبة بوسْطُن: حقيبة يدٍ مزدوجة المقبض.

Boston fern *(n.)* سَرْخَس بوسْطُن (نب).

Boston ivy *(n.)* لبلاب بوسْطُن (نب).

Boston rock·er *(n.)* كرسيّ بوسْطُن الهزّاز.

Boston rocker

Boston terrier *(n.)* تَرْيَر بوسْطُن: كلب صيد صغير ناعمُ الشعر قصيرُهُ.

Boston terrier

Bos·well [bŏz′wĕl] *(n.)* مُتَرجِم الأصدقاء: من يكتب سِيَر أصدقائِهِ.

bot *also* **bott** [bŏt] *(n.)* النَّغَفة: يَرَقانة النِّبر (را. botfly).

bo·tan·ic [bə tăn′ĭk] *(adj.)* = botanical.

bo·tan·i·cal [bə tăn′ĭ kəl] *(adj.; n.)* (١) نباتيّ § (٢) عقّار نباتيّ.

bot·a·nist [bŏt′ə nĭst] *(n.)* النَّباتيّ؛ عالِم النبات.

bot·a·nize *(vi.; t.)* (١) يجمع النباتات [لدراستها علميًا] (٢) يدرس النباتات [علميًا] x (٣) يَرُود [الحقولَ] لدراسة نباتاتها.

bot·a·ny [bŏt′ə nĭ] *(n.)* النَّباتيّات: «أ» علم النبات. «ب» الحياة النباتية لبلدٍ أو منطقةٍ ما. «ج» بيولوجيا نبتةٍ ما أو مجموعةٍ نباتيةٍ ما.

botch[1] [bŏch] *(n.)* بَثْرة؛ قَرْح.

botch[2] *(vt.; n.)* (١) يَرْقع بطريقة خرقاء أو غير متقنة (٢) يُفسِد بعمل سقيم أخرق (٣) يعمل أو يعبّر بطريقة خرقاء § (٤) اللَّهْوَجة: عملٌ غير متقَن <Her baking was a complete ~.> (٥) رقعة غير متقنة (٦) خليط؛ مزيج.

botched [bŏcht] *(adj.)* مُبتَّر؛ مُقرَّح.

botch·y [bŏch′ĭ] *(adj.)* (١) مُرقَّع (٢) غير مُتقَن.

bot·fly [bŏt′flī′] *(n.)* النِّبْر: ذبابةٌ من ذوات الجناحَيْن تتطفّل يرقاناتها على تجاويف الحيوانات الثديية أو أنسجتها.

both[1] [bōth] *(adj.; pron.)* (١) كِلا (٢) كِلْتا.

both[2] *(conj.; adv.)* معًا؛ على حدٍّ سواء.

both·er [bŏth′ər] *(vt.; i.; n.)* (١) يُرْبك (٢) يُزعج؛ يضايق (٣) يُقلِق x (٤) يَقْلَق (٥) يزعج نفسه § (٦) «أ» انزعاج. «ب» قلق (٧) مصدر انزعاج أو قلق (٨) عمل؛ جَهْد (٩) ضجّة؛ جلَبة؛ اهتياج، وبخاصة حول مسألة تافهة.
أُفّ: هتاف يدلّ على Oh, ~ (it)!; *Bother* the flies!; Oh, ~ you! الانزعاج أو نفاد الصبر.

both·er·a·tion *(n.)* (١) إزعاج إلخ (٢) انزعاج إلخ (٣) شيء مزعج.

both·er·some [bŏth′ər səm] *(adj.)* مُزْعِج؛ مُضايِق.

bo tree *(n.)* تين المعابد؛ التين المقدّس (نب).

bot·ry·oid [bŏt′rĭ oid′] *(adj.)* = botryoidal.

bot·ry·oi·dal [bŏt′rĭ oid′əl] *(adj.)* عنقوديّ؛ عنقوديّ الشكل.

bot·tle [bŏt′əl] *(n.; vt.)* (١) «أ» زُجاجة؛ قارورة؛ قِنّينة. «ب» زِقّ؛ قِربة (٢) الخمر؛ معاقرة الخمر (٣) حليب الزُّجاجة: حليب معبّأ في زجاجات يُستعاض به عن لبن الأمّ § (٤) يُعبّئ في زجاجات (٥) يُعلِّب الخُضَر أو الفاكهة (٦) يَكظُم؛ يَكبح (٧) «أ» يُبطِّئ؛ يُعَرْقل. «ب» يَحْصُر؛ يَحْجُز <to ~ up an enemy's fleet>.

bottle club *(n.)* نادي الزُّجاجة: مؤسسة خصوصية، عادةً، تُقدِّم المُسكرات إلى زبائنها بعد ساعات الإقفال الرسمية.

bot·tle–feed *(vt.)* يُرضِع بالزُّجاجة.

bot·tle·neck [bŏt′əl nĕk′] *(adj.; n.; vt.; i.)* (١) عُنُقُزجاجيّ: شبيه بعنق الزجاجة وكتِفَيْها (٢) ضيّق <a ~ street> § (٣) طريق ضيّق (٤) المُخْتَنَق؛ عُنُق الزجاجة: نقطة ازدحام في طريق (٥) مأزِق؛ طريق مسدود § (٦) يكبح؛ يَعُوق؛ يُوْقف x (٧) يتعطّل؛ يتوقّف.

bot·tom [bŏt′əm] *(n.; adj.; vt.; i.)* (١) «أ» أدنى؛ أسْفل. «ب» قاعدة؛ السطح السفلي. «ج» عَجيزة؛ كَفَل. «د» المَقْعَدَة: الجزء الذي يُقعَد عليه من الكرسي (٢) «أ» قعر؛ قاع. «ب» سافلة المركب: جزؤه الذي يكون تحت الماء. «ج» مركب؛ سفينة (٣) «أ» سَفح. «ب» حضيض؛ قرار. «ج» قَرارة؛ صميم؛ أعماق. «د» آخر؛ مؤخّرة. «هـ» نهاية. «و» *pl.* عد: بنطلون البيجاما (٤) القَعْرية؛ أرض القَعْر: أرض منخفضة مُعْشَوشِبة في محاذاة مجرًى مائيّ (٥) أساس؛ قاعدة (٦) لُبّ؛ جوهر؛ مَصْدر (٧) طاقة الاحتمال: قدرة الفرس أو الكلب على الاحتمال § (٨) الأدنى؛ الأسفل <~ prices> (٩) أساسي <the ~ cause> (١٠) قاعيّ: يألَفُ القاع <~ fish> (١١) الأخير <his ~ dollar> § (١٢) يُقعِّد: يجعل له مَقْعَدَةً <to ~ a chair> (١٣) يؤسِّسُهُ

(١٤) يَسْبُرُ الغَور <~*ed* upon solid principles> على؛ يبنيه على (١٥) يستنزف **x** (١٦) يقوم؛ ينهض على.

at ~, في العمق؛ من حيث الجوهر.

Bottoms up! إشربوا كؤوسكم حتى الثُّمالة!

to knock the ~ out of an argument يَدْحض حُجّةً.

bottom dollar *(n.)* الدولار الأخير: آخر فَلْس يملكه المرء.

bot·tom·less *(adj.)* (١) عديم المَقْعَدة <a ~ chair> (٢) لا أساسَ له (٣) لا قاع له (٤) مُستغلِق على الفهم (٥) غير محدود (٦) عارٍ.

bottom line *(n.)* (١) النقطة الأساسية (٢) النتيجة الأخيرة.

bot·tom·most *(adj.)* الأسفل؛ الأخير؛ الأعمق؛ الجوهريّ.

bot·tom·ry *(n.)* قَرْض برَهْن السفينة: عقدٌ يرهن بموجبه صاحبُ السفينة سفينَتَهُ لقاء مالٍ يقترضه للقيام برحلةٍ ما.

bot·u·lism [bŏch'ə-] *(n.)* الوَشِيقيّة: تسمُّم ينشأ عن الأغذية الفاسدة.

bou·clé *or* **bou·cle** [bōō klā'] *(n.; adj.)* (١) المُعَكَّف: «أ» ضربٌ من الغَزْل يُستخدم في إعداد النسيج العَكِف. «ب» النسيج العَكِف: نسيج محبوك بحيث يبدو له سطح ذو عُرًى وتجاعيدَ طفيفة § (٢) مُعَكَّف؛ عَكِف: منسوج أو محبوك بحيث يبدو له سطح ذو عُرًى.

bou·doir [bōō'dwär'] *(n.)* الخِدْر: مَخْدع السيّدة أو حجرة لُبْسها.

bouf·fant [bōō fänt';-fän'] *(adj.)* منتفخ <a ~ skirt>.

bouffe [bōōf] *(n.)* = opéra bouffe.

bou·gain·vil·lea [bōō gən vĭl'ĭ ə] *(n.)* البوغَنْفيلية: نبات معترش.

bough [bou] *(n.)* غُصْن. وبخاصة: فرع؛ غصن رئيسيّ.

bought[1] [bôt] *past and past part. of* buy.

bought[2] [bôt] *(adj.)* جاهز <~ clothes>.

bought·en [bôt'ən] *(adj.)* مُشْتَرًى: غير مصنوع في المنزل <~ shirts>.

bou·gie [bōō'jĭ] *(n.)* (١) شمعة (٢) المُوَسِّعة؛ شمعة الاستقصاء: أداة نحيلة ليّنة تُدْخَل في قناة من قنوات الجسد لأغراض توسيعية أو تشخيصيّة (ط) (٣) تحميلة؛ فتيلة (ط).

bouil·la·baise [bōōl'yə bās'; bōō yȧ bĕs'] *(n.)* حَساء السَّمك.

bouil·lon [bōōl'yŏn; bōō yôn'] *(n.)* المَرَق: حَساء غير مُركَّز.

boul·der [bōl'dər] *(n.)* الجُلْمود: صخر ضخم أكسَبَتْه المياه أو الأحوال الجوية شكلًا مدوَّرًا.

bou·le [bōō'lē] *(n.)* البُوْليّ: مجلس شيوخ أو نوّاب [عند الإغريق].

bou·le·vard [bōōl'ə värd] *(n.)* الجادّة: شارع عريض تكتنفه الأشجار.

bou·le·var·dier [bōōl'ə vär dēr'] *(n.)* (١) الجادّي: من يُكثِر التردُّد على جادّات باريس (٢) man-about-town.

bou·le·ver·se·ment [bōōl vĕrs män'] *(n.)* انقلاب؛ اضطراب.

boulle [bōōl] *(n.)* المُطعَّم: «أ» خشب مُطعَّم بمعدن أو صدف أو عاج. «ب» أثاث مصنوع من خشب مطعَّم.

bounce [bouns] *(vi.; t.; n.; adv.)* (١) يثب كالكرة؛ يرتدّ (٢) ينهض بسرعة [من لكمةٍ أو هزيمة] (٣) يرتدّ مرفوضًا من قِبَل المصرف <His checks ~.> (٤) يثب فجأةً (٥) يدخل أو يخرج بجلبة أو غضب <to ~ into *or* out of a room> (٦) يتبجَّح **x** (٧) يجعله يثب <to ~ a ball> (٨) يَطْرد؛ يَصْرِف [من الخدمة] (٩) يُصْدر «شيكًا» من غير رصيد § (١٠) ضربة قوية مفاجئة (١١) ارتداد؛ وثبة مفاجئة (١٢) تَبَجُّح (١٣) حيوية؛ حماسة؛ نشاط (١٤) طَرْد؛ صَرْفٌ من الخدمة § (١٥) فجأةً.

bounc·er *(n.)* (١) فا bounce (٢) «أ» المتبجّح. «ب» الكذّاب. «ج» كذبة ضخمة (٣) شيء ضخم <The fish was a ~.> (٤) الطارد: رجل يُستخدم في مسرح أو فندق لإخراج غير المرغوب فيهم (ع) (٥) الشيك المُرتدّ.

boun·ci·ly *(adv.)* بمَرَح؛ بحماسة؛ بحيوية؛ بنشاط.

bounc·ing *(adj.)* (١) مُفْعَم بالحيوية (٢) ممتلئ الجسم؛ قويّ؛ نشيط <a ~ baby> (٣) ضخم؛ مغالًى فيه <a ~ lie> (٤) متبجِّح.

boun·cy *(adj.)* (١) مَرِح؛ مُفعَم بالحيوية (٢) رَجوع؛ مَرِنٌ.

bound[1] [bound] *past and past part. of* bind.

bound[2] *(adj.)* قاصدٌ إلى؛ مُتَّجِهٌ <college-*bound*>.

bound[3] *(adj.)* (١) مقيَّد؛ مُكبَّل؛ مُوْثَق (٢) مؤكَّد؛ محتوم؛ مُقَدَّرٌ لَهُ <a ~ plan ~ to succeed> (٣) مضطرٌّ (٤) مُلْزَم أدبيًّا أو قانونيًّا <duty-*bound*> (٥) مصابٌ بإمساك (٦) مجلَّد <a ~ volume> (٧) مصمِّم على <was ~ to have his way>.

~ up in *or* with (١) غير منفصل عن؛ متصل به اتصالًا لا ينفصم (٢) شديد التعلّق أو الولع بِـ.

bound[4] *(n.; vt.; i.)* (١) .pl عد: حدود؛ تخوم (٢) قَيْد؛ حدّ <ambition without ~> (٣) .pl عد: منطقة حدودية (٤) .pl نطاق <within the ~*s* of reason> § (٥) يقيِّد؛ يكبح (٦) يحيط بِـ؛ يَحُدّ؛ يؤلّف حدود كذا (٧) يعيِّن حدود كذا **x** (٨) يُتاخم <England ~*s* on Scotland.>.

in ~*s* مباحٌ [الدخول إليه].

out of ~*s* محظورٌ [الدخول إليه].

bound[5] *(n.; vi.)* (١) وثبة؛ قفزة (٢) ارتدادُ [الكُرَة] § (٣) يثب؛ يَقْفِز (٤) يرتدّ [كالكرة].

by leaps and ~*s* بسرعة فائقة.

bound·a·ry [boun'də rĭ] *(n.)* تَخْم؛ حدّ.

bound·en [-'dən] *(adj.)* (١) مَدينٌ بالفضل (٢) مُلْزِم؛ إلزاميّ.

bound·er [-'dər] *(n.)* (١) فا bound (٢) الرَّذْل؛ الجِلْف.

bound·less *(adj.)* لانهائيّ؛ غير محدود.

boun·te·ous [boun'tĭ əs] *(adj.)* (١) كريم؛ جواد (٢) وافر؛ سخيّ.

boun·ti·ful [boun'-] *(adj.)* = bounteous.

boun·ty [boun'tĭ] *(n.)* (١) هِبة سخيّة (٢) سخاء؛ كَرَم (٣) محصول. وبخاصة: محصول غِلال (٤) جائزة أو منحة حكومية.

bou·quet [bō kā'; bōō-] *(n.)* (١) باقة أزهار (٢) إطراء (٣) عبير.

bour·bon [bōōr'bən] *(n.)* (١) .cap: البوربونيّ: أحد أفراد أسرة فرنسية مالكة حكمت فرنسا من عام ١٥٨٩ إلى عام ١٧٩٣ ومن عام ١٨١٤ إلى عام ١٨٤٨ (٢) .cap عد: السَّلَفيّ: الشديد المحافظة على القديم؛ المتطرِّف في مقاومة كلّ جديد (٣) وَرْد بوربون: ضربٌ من الورد شائك الأغصان مُعَنْقَد الأزهار (٤) البوربونيّة؛ ويسكي بوربون.

bourg [bo͝org] *(n.)* مدينة أو قرية.

bour·geois [bo͝or zhwä′] *(adj.; n.)* (١) بورجوازيّ: «أ» ذو علاقة بأبناء المدن أو بالطبقة المتوسطة. «ب» مُتَّسِمٌ بالانغماس في المصالح المادية. «ج» محافظ؛ رجعيّ. «د» تسيطر عليه المصالح التجارية والصناعية: رأسمالي § (٢) البورجوازيّ: «أ» أحد أفراد الطبقة المتوسطة. وبخاصة: التاجر. «ب» شخص ماديّ القِيَم (٣) *pl.* البورجوازية: طبقة البورجوازيين.

bour·geoise [bo͝or zhwäz′] *(n.)* امرأة بورجوازية.

bour·geoi·sie [-zē′] *(n.)* البورجوازيّة: طبقة البورجوازيين.

bour·geon [bûr′jən] *(n.; vi.)* = burgeon.

bourn *or* **bourne** [bōrn; bo͝orn] *(n.)* (١) غدير؛ جَدْول (٢) حدّ؛ تَخْم (ا. ق) (٣) هدف (ا. ق) (٤) عالَمٌ.

bour·rée [bo͞o rā′] *(n.)* البوريه: رقصة فرنسية قديمة أو موسيقاها.

bourse [bo͞ors] *(n.)* مَصْفَق؛ بورصة.

bour·tree [bo͞or′trē′] *(n.)* الخابور؛ الخَمان الأسود أو الكبير (نب).

bouse[1] [bous; bouz] *(vt.; i.)* يَرْفع ببكرة وحبال (مل).

bouse[2] [bo͞oz; bouz] *(vi.; n.)* = booze.

bou·stro·phe·don [bo͞o′strə fēd′ən] *(n.; adj.)* (١) البَطْرَفة؛ خطّ الحرّاث: طريقة قديمة في الكتابة تجري فيها السطور من اليمين إلى اليسار ثم من اليسار إلى اليمين على التوالي § (٢) بَطْرَفيّ.

bout [bout] *(n.)* (١) دَوْر؛ نوبة (٢) محاولة (٣) مباراة [في الملاكمة إلخ] (٤) جولة قتال (٥) فترة <a drinking ~> (٦) نوبة <a ~ of fever>.

bou·tique [bo͞o tēk′] *(n.)* البوتيكة: مَتْجر صغير لبيع السِّلع النّسوية.

bou·ton·niere [-nyâr′] *(n.)* زهرة العُرْوة [تعلَّق في عروة السترة].

bou·zou·ki [bo͞o zo͞o′kē] *(n.)* البُزُق: آلة موسيقية وترية.

bo·vid [bō′vĭd] *(adj.)* بَقَريّ: ذو علاقة بالبَقَريّات (ح).

bo·vine [bō′vīn] *(adj.; n.)* (١) بَقَريّ (٢) بليد § (٣) ثَوْر.

bow[1] [bou] *(vi.; t.; n.)* (١) يُذْعِن؛ يَخْضَع (٢) ينحني [احترامًا أو خضوعًا أو خجلًا] (٣) يَحني رأسه [تحيةً أو موافقة] **x** (٤) يَحني (٥) يُخضِع؛ يَسْحَق (٦) يعبِّر عن شيء بالانحناء <Khalid ~*ed* his thanks.> § (٧) انحناءةُ [احترامٍ أو خضوعٍ أو موافقة أو تحيّة].

to ~ out (١) ينسحب [من مباراة إلخ] (٢) يستقيل.

bow[2] [bō] *(n.; adj.; vi.; t.)* (١) «أ» التواء؛ حَنْيَة. «ب» قوس. «ج» قوس قُزَح (٢) «أ» القَوْس: أداة تُرمى بها السِّهام. «ب» النبّال: رامي السِّهام (٣) «أ» حَلْقة المفتاح أو المقصّ إلخ. «ب» العُقْدة العُرْوِيّة: عقدة ذات عُرًى زخرفية. «ج» bow tie. «د» إطار عَدَستي النظّارة. «هـ» ذراع النظّارة (٤) «أ» قوس الكمان. «ب» نَقرة بهذا القوس § (٥) متقوّس؛ ملتوٍ <~ legs> § (٦) ينحني؛ يتقوّس (٧) يعزف بالقوس: يعزف على الكمان ونحوه **x** (٨) يَحْني؛ يُقوِّس.

to draw the long ~, يُبالغ؛ يُغالي.

to have more than one string to his ~, أن تكون لدى المرء أكثر من خطة واحدة.

bow[3] [bou] *(n.; adj.)* (١) الجُؤجُؤ؛ القَيْدوم: مقدَّم السفينة أو الطائرة (٢) «أ» المجذاف الأمامي. «ب» المجذِّف الأماميّ § (٣) جؤجؤيّ؛ قَيْدوميّ.

bow compass [bō] *(n.)* الفِرجار القَوْسيّ؛ الفِرجار النابضيّ.

bow compass

bowd·ler·ize [bōd′lə rīz′] *(vt.)* يُهَذِّب؛ يُبَدْلِر: يهذّب كتابًا بحذف بعض العبارات أو المقاطع غير المستساغة أخلاقيًا أو تعديلها.

bowed [boud *for 1*; bōd *for 2*] *(adj.)* (١) مَحْنيّ؛ مُنْحَنٍ (٢) مُقوَّس.

bow·el [bou′əl] *(n.; vt.)* (١) *pl.* عد: أمعاء (٢) *pl.* عد: أحشاء § (٣) ينزع أمعاءه أو أحشاءه.

bow·er[1] [bou′ər] *(n.; vt.)* (١) كوخ ريفيّ؛ منزل صيفيّ (٢) boudoir (٣) ظليلة؛ تَعريشة [في حديقة] § (٤) يُظَلِّل؛ يُعَرِّش.

bow·er[2] *(n.)* مِرساة الجؤجؤ: مِرساة في مقدَّم السفينة.

bow·er[3] [bō′ər] *(n.)* عازف الكمان.

bow·er·y [bou′ə rĭ] *(adj.; n.)* (١) «أ» ذو ظلائل أو تعاريش. «ب» شبيه بظليلةٍ أو تعريشة (٢) ظَلِيل § (٣) مزرعة (٤) شارع المتشرّدين: شارع تكثُر فيه الحانات الرخيصة والمراقص وبُؤر القمار.

bow·fin [bō′fĭn] *(n.)* البَوْفِن: سمك نهريّ أميركيّ.

bowfin

bow·head whale [bō′hĕd′] *(n.)* البَوْهَد: حوت البِحار القطبية الشمالية.

bow·ie knife [bō′ĭ] *(n.)* المُدْية الغِمدية: مُدية ضخمة طويلة الشفرة ذات غمدٍ.

bowie knife

bow·knot [-nŏt] *(n.)* العُقْدة العُرْوِيّة: عُقدة ذات عُرًى زخرفية.

bowl[1] [bōl] *(n.)* (١) «أ» زُبدية (مج)؛ سُلطانية؛ قَصْعة. «ب» طاس الخمر (٢) تجويف. وبخاصة: الجزء الأجوف من الملعقة أو البيبة [الغليون] (٣) مُدَرَّج [للألعاب الرياضية إلخ].

bowl[2] *(n.; vi.; t.)* (١) «أ» كُرَة [من كُرات البولنغ]. «ب» *pl.*: لُعبة البولنغ (٢) الدّوّارة: أسطوانة دوّارة لتخفيف الاحتكاك إلخ (مك) § (٣) «أ» يلعب البولنغ. «ب» يُدحرج كُرة البولنغ (٤) ينطلق بخفّة ورشاقة **x** (٥) يُدَحْرِج (٦) يَصْدِم [بشيء منطلق بسرعة] (٧) يَشْدَه [بمفاجأة مذهلة].

to ~ over (١) يَصْرعُهُ؛ يطرحُهُ أرضًا (٢) يُذْهِل؛ يَشْدَه.

bowl·der [bōl′dər] *(n.)* = boulder.

bow·leg [bō′-] *(n.)* (١) الفَحَج: تقوُّس الساقين (٢) ساق متقوِّسة.

bow·leg·ged [bō′lĕg′ĭd; -lĕgd] *(adj.)* أفحج: مُتقوّس السّاقين.

bowl·er[1] [bō′lər] *(n.)* (١) فا bowl (٢) لاعب البولنغ.

bowl·er[2] *(n.)* البَوْلَر: قبّعة رجالية مدوَّرة.

bow·line [bō′-] *(n.)* (١) الكَرّ: حبل شراع السفينة (٢) عقدة غير منزلقة.

bowline 2.

bowl·ing [bō′lĭng] *(n.)* (١) البولنغ: لعبة بالكرات الخشبيّة (٢) بولنغ

ă at; ā date; â care; ä car; ĕ egg; ē me; ĭ in; ī bite; ŏ lot; ō bone; ô orphan; **oi** boil; o͝o good; o͞o boot; **ou** out; ŭ under; û urgent; ə = *a* in alone, *e* in system, *i* in easily, *o* in gallop, *u* in circus.

المَخْضَرة: ضرب من البولنغ يُلعب بكُراتٍ خشبية في أرض مُعشوشبة.

bowling green *(n.)* مَرْج البولنغ: مرجٌ مُعَدّ لِلَعب البولنغ.

bow·man [1] [bō′-] *(n.)* النَّبّال: رامي السِّهام.

bow·man [2] [bou′-] *(n.)* المجذف الأماميّ (مل).

bow oar [bou] *(n.)* المِجذاف الجؤجؤيّ؛ المِجذاف الأماميّ.

bow pen [bō] *(n.)* الفِرجار القَلَميّ: فرجارٌ قوسيّ في إحدى ساقَيْه قلم.

bow saw [bō] *(n.)* المنشار القَوْسيّ: منشار ذو إطارٍ خفيف قوسيّ الشكل.

bowse [1] [bous; bouz] *(vt.; i.)* = bouse [1].

bowse [2] [bo͞oz; bouz] *(vi.; n.)* = bouse [2].

bow·sprit [bou′-; bō′-] *(n.)* الدَّقَلُ المائل: عمود ضخم مائل منبثق من مقدَّم المركب (مل).

bowsprit

bow·string [bō′-] *(n.; vt.)* (١) وَتَرُ القوس § (٢) يَخْنق [بوَتَر].

bow tie [bō] *(n.)* الأُرْبَة الفَراشيّة: ربطةُ عُنقٍ فَراشيّةُ الشكل.

bow tie

bow window [bō] *(n.)* المَشْربيّة القَوْسيّة: مَشْربيّة مدوَّرة أو شبه مُدَوَّرة.

bow·wow [bou′wou′] *(n.)* (١) «أ» نُباح. «ب» كَلْب (٢) احتجاج صاحب (٣) صَلَف؛ عجرفة.

bow·yer [bō′-] *(n.)* (١) النبّال: رامي السِّهام (٢) القوّاس: صانع الأقواس.

box [1] [bŏks] *(n.)* البَقْس؛ الشِّمشاد: شُجيرة دائمة الخضرة.

box [2] *(n.; vt.)* (١) «أ» صُندوق؛ عُلبة. «ب» مَقْعَد الحُوذيّ: مَقعَد سائق العربة في عَرَبته (٢) قيثارة؛ غيتار (ع) (٣) record player (ع) (٤) هدية في علبة (بر) (٥) مقصورة [في مسرح أو حافلة من حافلات السكة الحديدية] (٦) حَظيرة؛ قَفَص [للشهود أو المحلَّفين في محكمة] (٧) زريبة [الفرسِ في إصطبل أو عربة] (٨) «أ» كوخ. «ب» كُشْك (٩) الصُّندوق: تجويف واقٍ (مك) (١٠) «أ» جهاز إشارة. «ب» جهاز تلفزيون (١١) الإطار: نبذة منضَّدة ضمن إطار (صح) (١٢) مأزق (١٣) المَهْبِل (ع) § (١٤) يُصَنْدِق: «أ» يصون بصُنْدوق (مك). «ب» يُعبِّئ في صندوق (١٥) يُؤَطِّر: يضع ضمن إطار.

in a ~, في مأزق أو ورطة.

to ~ in يَحْجُز [في رقعة ضيّقة].

to ~ off يَقْسِم إلى مقصورات أو حُجيرات ضيّقة.

to ~up (١) يحجز: يمنع من الخروج (٢) يَلْزَم الهدوء.

box [3] *(n.; vt.; i.)* (١) لَكْمة. وبخاصة: على الأذن § (٢) «أ» يَلْكُم. «ب» يُلاكم x (٣) يتلاكم.

box·board [bŏks′bōrd] *(n.)* كرتون الصَّناديق.

box calf *(n.)* البوكس: جلد عجل مدبوغ بأملاح «الكروم».

box camera *(n.)* الكاميرا الصُّندوقية: آلة تصوير صُندوقية الشكل.

box·car [bŏks′kär′] *(n.)* الشّاحنة الصُّندوقية: شاحنة من شاحنات السكّة الحديدية مسقوفةٌ ذات أبواب جانبية مُنْزلِقة.

box coat *(n.)* (١) مِعْطف الحُوذيّ (٢) معطف فضفاض.

box·er [1] *(n.)* المُلاكم: مُحترف الملاكمة.

box·er [2] *(n.)* الصناديقيّ: «أ» صانع الصناديق. «ب» مُعبِّئ الصناديق.

box·er [3] *(n.)* البَكْسَر: كلب متوسط الحجم قصير الشعر.

Box·er [bŏk′sər] *(n.)* المُلاكم؛ البوكْسَريّ: عضو جمعية صينيّة قديمة.

box·ful [bŏks′fəl] *(n.)* مِلْءُ صندوق [من كذا...].

box·ing *(n.)* (١) الصَّندقة: التعبئة في صناديق (٢) casing (٣) الصَّنْدَقيّات: الموادّ المستعملة في صنع الصناديق (٤) الملاكمة (رب).

Boxing Day *(n.)* يوم الإهداء: يوم ٢٦ ديسمبر التالي لعيد الميلاد وفيه تقدَّم الهدايا إلى سعاة البريد وغيرهم من المستخدَمين.

boxing glove *(n.)* قُفّاز الملاكمة.

boxing ring *(n.)* حَلْبة الملاكمة.

box kite *(n.)* الطيّارة الصُّندوقية: طيارة ورقية قِوامُها إطارٌ صندوقيّ الشكل، مطوَّق بعصائب من قماش أو ورق.

box kite

box·like *(adj.)* صُندوقانيّ: شبيهٌ بصُندوق.

box lunch *(n.)* الغَداء المُصَنْدق: وجبة طعام خفيفة تُوَضَّب في علبة بحيث يَسْهُل تناوُلها في النُّزهات إلخ.

box office *(n.)* (١) شبّاك التذاكر [في مسرح أو سينما] (٢) إيرادات المسرحية إلخ أو نجاحُها في اجتذاب مشتري التذاكر (٣) شيء مُعزِّز لهذا النجاح.

box score *(n.)* (١) النتيجة المؤطَّرة: خلاصة وقائع المباراة الرياضية ونتائجها مُجَدْوَلَةً ضمن إطار [في صحيفة] (٢) خلاصة؛ موجَز.

box seat *(n.)* (١) مَقْعَد الحُوذيّ (٢) المَقْعَد المَقْصوريّ: «أ» مَقْعَدٌ في مقصورة مَسرح. «ب» مَوْقِعٌ ملائم لرؤية شيء.

box stall *(n.)* الزَّريبة الأحاديّة: زريبة مُربَّعةٌ عادةً لفَرَس واحد.

box·thorn [bŏks′thôrn′] *(n.)* عَوْسَج؛ خَوْلان (نب).

box tortoise *(n.)* = box turtle.

box turtle *(n.)* السُّلَحْفاة المُصَنْدَقة (ح).

box turtle

box·wood [-′wo͝od′] *(n.)* (١) البَقْس؛ الشِّمشاد (نب) (٢) خَشَب البَقْس.

box·y [bŏk′sĭ] *(adj.)* صُنْدوقانيّ: شبيه بصُندوق.

boy [boi] *(n.)* (١) «أ» غُلام؛ صبيّ. «ب» ابن؛ ولد. «ج» شابّ. «د» محبوب (٢) شخص؛ رَجُل (٣) خادم.

bo·yar *also* **bo·yard** [bō yär′] *(n.)* البُويار: واحد من طبقة النبلاء في الروسيا أو رومانيا سابقًا.

boy·cott [boi′-] *(vt.; n.)* (١) يُقاطع [شخصًا أو مَتجرًا إلخ] § (٢) مقاطعة.

boy·friend *(n.)* (١) صديق (٢) رفيق [لفتاة أو امرأة]؛ خليل.

boy·hood *(n.)* (١) «أ» الصِّبا. «ب» زمنُ الصِّبا (٢) الصِّبيان.

boy·ish [boi′ĭsh] *(adj.)* صِبيانيّ؛ غير ناضج.

boy·o [boi′ō] *(n.)* غُلام؛ صبيّ.

boy scout *(n.)* الكشّاف: عضوٌ في جمعية كشفيّة.

bo·zo [bō′zō] *(n.)* شخص. وبخاصة شخص غبيّ.

bra [brä] *(n.)* = brassiere.

brab·ble [brăb′əl] *(vi.; n.)* (١) يتشاحن؛ يتشادّ § (٢) مُشاحنة؛ مُشادّة.

brace [1] [brās] *(vt.; i.)* (١) يُوثِق؛ يُحكم الرَّبْط (ا.ق) (٢) يُوَتِّر <to ~ the nerves, a bow, a drum> (٣) يُعِدّ؛ يُهيِّئ (٤) يُنَشِّط؛ يُنعش (٥) يُدَعِّم؛ يُسنِّد (٦) يقوّي (٧) يُثَبِّت [قَدَمَهُ إلخ] x (٨) يتشجّع؛ يستجمع

قواه (٩) يستعدّ.

brace[2] [brās] *(n.)* (١) مِشْبَك؛ شِكال؛ دعامة؛ سِناد؛ رِباط؛ مقوِّم (٢) زوج؛ اثنان (٣) المِلْفاف: مَقْبِض يدار به المِثقاب (٤) *pl.*: حِمالة البنطلون (٥) الحاصرة: إحدى هاتين العلامتين { } في الطباعة (٦) المنشِّط: شيء مثيرٌ للنشاط أو مقوٍّ للمعنويات.

braces[2] 4.

brace and bit

brace and bit *(n.)* المِثْقَب اللَّفّاف.

brace·let [brās′-] *(n.)* (١) سِوار (٢) *pl.* عد: وِثاق؛ قَيْد [لليدين].

brac·er[1] *(n.)* وِقاء الذِّراع؛ وِقاء الرُّسْغ [في رماية السِّهام].

brac·er[2] *(n.)* (١) فا brace (٢) شرابٌ منبِّه أو مقوٍّ.

bra·chi·al [brā′kĭ əl] *(adj.)* عَضُديّ (ت).

brachial artery *(n.)* الشِّريان العَضُدي (ت).

bra·chi·al·gi·a [brā′kĭ ăl′jĭ ə] *(n.)* العُضاد: ألمٌ في أعصاب العَضُد.

bra·chi·ate [brā′kĭ ət; brā′kĭ āt′] *(adj.)* عَضُدِيّ: ذو أغصان ناميةٍ أزواجًا متعاقبة (نب).

brachio- بادئة معناها: عَضُد <*brachio*pod>.

bra·chi·o·pod [brā′kĭ-] *(n.; adj.)* (١) العَضُديُّ الأَرْجُل: حيوان من عَضُديات الأرجل **Bra·chi·op·o·da** وهي شعبة من اللافقاريات البحرية § (٢) عَضُديّ الأَرْجُل.

bra·chi·um [brā′kĭ əm] *(n.)* pl. **-chi·a** عَضُد (ت).

brachy- بادئة معناها: قصير <*brachy*dactylous>.

brach·y·ce·phal·ic; brach·y·ceph·a·lous *(adj.)* قصيرُ الرأس.

brach·y·ceph·a·ly [brăk′ĭ sĕf′-] *(n.)* قِصَرُ الرأس.

brach·y·cra·ni·al; brach·y·cra·nic *(adj.)* قصير الجُمْجُمة.

brach·y·cra·ny [brăk′ĭ krā′ nĭ] *(n.)* قِصَرُ الجُمجُمة.

brach·y·dac·ty·lous *(adj.)* أَكْزَم: قصير الأصابع إلى حدّ غير سَويّ.

brach·y·dac·ty·ly *(n.)* الكَزَم: قِصَرُ الأصابع إلى حدّ غير سَويّ.

bra·chyp·ter·ous [brə kĭp′tər əs] *(adj.)* قصير الجناحين.

brach·y·ur·an [brăk′ĭ yŏŏr′ən] *(n.; adj.)* (١) القصيرُ الذَّيْل: حيوان من قِصار الذَّيل **Brachyura** وهي رُتَيْبة من القِشريات تشمل السَّراطين § (٢) قصير الذَّيْل (ح).

brach·y·u·rous [brăk′ĭ yŏŏr′əs] *(adj.)* قصيرُ الذَّيل (ح).

brac·ing [brā′sĭng] *(adj.)* (١) مُنَشِّط؛ مُنْعِش (٢) مُقَوٍّ؛ مُثَبِّت.

brack·en [brăk′ən] *(n.)* (١) سَرْخَس (نب) (٢) أجمة سَرْخَس.

brack·et [brăk′ĭt] *(n.; vt.)* (١) الكُتَيْفة؛ الثُّلَيْثة: سِنادٌ خشبيّ أو معدنيّ مثلَّث الشكل يكون تحت رفّ إلخ (٢) «أ» الرفّ الكتيفيّ أو الثُّلَيثيّ: رفّ مدعوم بكُتَيفَة أو ثُلَيثَة. «ب» حاملة المصباح [المنبثقة من جدار] (٣) «أ» المُعَقَّف: إحدى هاتين العلامتين [ ] في الطباعة. «ب» الهلال: إحدى هاتين العلامتين ( ) (٤) الفئة: فئة من دافعي الضرائب مُصَنَّفةٌ وفقًا للدَّخل <the low-income ~> § (٥) يَحْصُر ضمن مُعَقَّفَين؛ يضع بين هلالين (٦) يُقصي؛ يستبعد (٧) يَشْمَل (٨) يُكَتِّف: يزوِّد أو يدعم بكتائف (٩) «أ» يَقْرِن: يَجْمع بين شيئين على أنهما من طبقة واحدة. «ب» يُصَنِّف.

bracket *1.*

brack·ish [brăk′-] *(adj.)* (١) مُوَيْلِح: مالحٌ قليلًا (٢) كريه؛ بغيض.

bract [brăkt] *(n.)* القِنابة: ورقة في قاعدة زهرة أو في ساق زهرة.

brac·te·al; brac·te·ate; bract·ed *(adj.)* قِنابيّ؛ مقنَّب.

brac·te·ole; bract·let *(n.)* القُنَيْبَة: قِنابة صغيرة (نب).

brad [brăd] *(n.; vt.)* (١) المُسَيْمير: مسمار صغير، رفيع، عديم الرأس أو صغيرُهُ § (٢) يُثبِّت بمُسَيْمير.

brad·awl [brăd′ôl′] *(n.)* المِخْراز: مِثْقَب لإحداث ثُقَيْبات في الخشب.

brad·y·car·di·a [brăd′ĭ kär′dĭ ə] *(n.)* بُطء القلب.

brae [brā; brē] *(n.)* مُنْحَدَر؛ مُنْحَدَر تلّ (اسك).

brag [brăg] *(vi.; t.; n.; adj.)* (١) يتفاخر؛ يتباهى؛ يتبجَّح x (٢) يتفاخر بـ § (٣) تفاخُر؛ تباهٍ؛ تَبَجُّح (٤) المَفْخَرة: ما يُتفاخَر به (٥) المتفاخِر؛ المتباهي؛ المُتَبَجِّح (٦) البراغ: ضرب قديم من ألعاب الورق شبيهٌ بالبوكر § (٧) رائع؛ من الطراز الأول؛ جديرٌ بأن يُفاخَر به <a ~ crop>. —**brag·ger** *(n.)*

brag·ga·do·ci·o [-ə dō′ shĭ ō′] *(n.)* (١) المُتَبَجِّح (٢) تبجُّح.

brag·gart [brăg′ərt] *(n.; adj.)* (١) المُتَبَجِّح § (٢) مُتَبَجِّح.

brag·gy [brăg′ĭ] *(adj.)* متفاخِر؛ متباهٍ؛ مُتَبَجِّح.

Brah·ma[1] [brä′mə] *(n.)* البراميّ: دجاج مكسوّ القوائم بالريش.

Brah·ma[2] [brä′mə] *(n.)* براهما؛ الذات العُليا: مُوْجِد الكون وروحُهُ العليا وجوهرُهُ في الفلسفة الهندوسية.

Brahma[2]

Brah·man [-mən] *(n.)* (١) البَرَهميّ: أحد أفراد طبقة الكهنوت العليا عند الهندوس (٢) Brahma[2] (٣) البَرَهمانيّ: مثقّف من الطبقة الأرستوقراطية.

Brah·man·ism *(n.)* البَرَهمانية: النظام الدينيّ والاجتماعيّ الهندوسيّ.

Brah·min [brä′mĭn] *(n.)* = Brahman.

braid [brād] *(vt.; n.)* (١) يَجْدُل؛ يَضْفِر (٢) يَعْقِص: يَجْدُل الشَّعر بعصابة (٣) يَمْزُج؛ يخلِط <~*s* fact with fiction> (٤) يُزَركش [بشريط زينيّ مجدول] § (٥) «أ» شريط زينيّ مَجْدول. «ب» جديلة؛ ضفيرة (٦) كبار ضباط الأسطول البحري. —**braid·ed** *(adj.)*

braid·ing *(n.)* (١) جَدْل؛ ضَفْر إلخ (٢) جدائل؛ ضفائر؛ أشرطة زينية (٣) المَجْدول: كلّ ما يُصنع من مادة مَجْدولة.

brail [brāl] *(n.; vt.)* (١) حَبْل الطَّيّ: حبل أفقيّ يُشَدّ إلى الشراع ويُستخدم لطيِّه أو جمعه (مل) § (٢) يطوي أو يجمع [الشراعَ بحبل الطيّ].

braille [brāl] *(n.)* عد *cap.*: طريقة بْرَيْل: طريقة في الكتابة خاصةٌ بالعميان.

braille·writ·er *(n.)* آلة بْرَيْل الكاتبة: آلة للكتابة بطريقة بْرَيْل.

brain [brān] *(n.; vt.)* (١) دماغ (ت) (٢) *pl.* عد: فَهْم؛ ذكاء؛ مقدرة عقلية (٣) «أ» شخص شديد الذكاء. «ب» *pl.* عد: العَقْل المُدَبِّر § (٤) يَقْتُل [بسَحْق الجمجمة] (٥) يضرب على الرأس.

to beat *or* cudgel *or* rack *or* puzzle one's ~*s* يقدح زناد فكره.

brain·case [brān'kās'] *(n.)* قِحْف الدماغ (ت).

brain·child *(n.)* بنت الفِكْر: إحدى بنات أفكار المرء.

brain death *(n.)* الموت الدِّماغيّ (ط).

brain fever *(n.)* حُمَّى الدِّماغ؛ الحُمَّى الدِّماغية (مض).

brain·i·ness [brā'nĭ nəs] *(n.)* ذكاء.

brain·less [brān'ləs] *(adj.)* أبْلَه؛ مُتَبَلِّد الذهن.

brain·pan [brān'păn'] *(n.)* = braincase.

brain·pow·er *(n.)* (١) المقدرة العقلية (٢) ذوو المقدرة العقلية.

brains *(n. pl.)* (١) مُخّ الحيوان (٢) ذكاء (٣) العقل المُدَبِّر.

brain·sick *(adj.)* (١) مخبول؛ معتوه (٢) خَبَليّ: ناشئ عن خَبَل.

brain·storm *(n.; adj.; vi.; t.)* (١) نوبة جنون عابرة (٢) فكرة بارعة مفاجئة (٣) الاستبداع (را. المادة التالية) § (٤) استبداعي § (٥) يستبدع x (٦) يُخضِع [مسألةً] للاستبداع.

brain·storm·ing *(n.)* الاستبداع: تِقنية في البحث الجماعي تستهدف حلّ الأمور بنقاش عفويّ متحرّر.

brain trust *(n.)* هيئة الخبراء: مجموعة من الخبراء تُسدي المشورة وتساعد على رسم سياسةٍ ما.
— **brain truster** *(n.)*

brain·wash *(vt.; n.)* (١) يَغْسِل الدماغ § (٢) غَسْل الدِّماغ.

brain·wash·ing *(n.)* غَسْل الدِّماغ: «أ» إشباع الذهن بمجموعة من الفكرات السياسية إلخ بدلًا من مجموعة سابقة، بواسطة التعذيب والمؤثِّرات النفسية. «ب» إقناعٌ بواسطة الدِّعاية إلخ.

brain wave *(n.)* (١) فكرة بارعة مُفاجئة (٢) الموجة الدماغيّة: «أ» تراوُح الفُلْطيّة voltage بين أجزاء الدماغ على نحو إيقاعيّ يُفضي إلى تدفُّق كهربائيّ. «ب» التيار الكهربائي الناشئ عن ذلك.

brain·work *(n.)* جَهْدٌ عقليّ.

brain·y [brā'nĭ] *(adj.)* (١) ذكيّ (٢) مُثَقَّف.

braise[1] [brāz] *(vt.)* يُدَمِّس. يطهو ببطء في قِدْر مُقْفَلة.

braise[2] *also* **braize** [brāz] *(n.)* المَرْجان؛ الفَرِّيدي (سمك).

brake[1] [brāk] *(n.; vt.)* (١) الهاشمة: أداة أو آلة مسنَّنة تُستخدم لسَحْق الأجزاء الخشبية من الكتّان أو القِنَّب لفصل الألياف عنها (٢) الثَّنّاية: آلة لثَني الصفائح المعدنية أو طيِّها أو تشكيلها (٣) البَريكة: عربة كبيرة رباعية العجلات § (٤) يَهْشِم: يَفصِل ألياف الكتّان إلخ بالهاشمة.

brake[2] *(n.)* أَجَمة؛ دَغَلٌ.

brake[3] *(n.; vt.; i.)* (١) كمّاحة (مج)؛ مِكبَح؛ فَرْمَلة § (٢) «أ» يَكْمَح؛ يَكْبَح: يُفرمِل سيارة إلخ. «ب» يُزوِّد بكمّاحة أو مِكْبَح x (٣) يَنْكمح؛ يَنْكَبِح.

brake horsepower *(n.)* القُدرة الحِصانية المِكبَحيّة أو الفَرْملية.

brake load *(n.)* الحِمْل المِكبحيّ؛ الحِمل الفَرْمليّ (مك).

brake·man; brakes·man *(n.)* الكبّاح: عامِلُ المِكبح.

brake wheel *(n.)* عَجلة الكمّاحة؛ عجلة الفَرْمَلَة (مك).

braking power *(n.)* القُدْرة المِكْبَحيّة أو الفَرْمَلية (مك).

bram·ble [brăm'bəl] *(n.; vi.)* (١) العُلَّيْق § (٢) يجمع العُلَّيْق.

bram·bling [brăm'blĭng] *(n.)* الشُّرشور الجبليّ (طا).

bram·bly *(adj.)* (١) كثير العُلَّيْق (٢) عُلَّيْقيّ؛ شائك.

bran [brăn] *(n.)* النُّخالة: قشور القمح.

branch [brănch] *(n.; vi.; t.)* (١) غصن (٢) «أ» رافد؛ نُهَيْر. «ب» غدير؛ جدول. «ج» طريق فرعية (٣) فرع؛ شُعبة § (٤) يَتَغَصَّن: يُطْلِع أغصانًا (٥) يتفرَّع؛ يتشعَّب x (٦) يُغَصِّن: يُزيِّن بأشكال تطريزية شبيهة بأغصان الشجرة وأوراقها (٧) يقسِّم؛ يفرِّع.

branched [brăncht] *(adj.)* متفرِّع؛ مُفرَّع؛ مُشَعَّب.

bran·chi·a [brăng'kĭ ə] *(n.)* الخَيْشوم؛ خيشوم السَّمكة.

bran·chi·al [brăng'kĭ əl] *(adj.)* خَيْشوميّ.

bran·chi·ate [brăng'kĭ ĭt; -āt'] *(adj.)* مُخَشَّم: ذو خياشيم.

bran·chi·o·pod [-ə pŏd'] *(n.; adj.)* (١) الخَيْشوميّ الأقدام: واحدٌ من خَيْشوميات الأقدام **Branchiopoda** وهي طُوَيْئفة من القِشريات § (٢) خَيْشوميّ الأقدام (ح).

branch·let [brănch'lət] *(n.)* الغُصَيْن: غُصْن صغير.

branch·y [brăn'chĭ] *(adj.)* كثير الأغصان أو الفروع.

brand [brănd] *(n.; vt.)* (١) جمرة (٢) سَيْف (٣) «أ» السِّمة: علامة توسَم بها الماشية للدلالة على مالكها إلخ. «ب» ماركة؛ علامة تجارية (٤) «أ» سِمة العار: سِمة بالحديد المُحَمَّى كانوا يَسِمُون بها المجرمين. «ب» المِيسَم: أداة الوَسْم. «ج» وصمة عار (٥) صنف <a ~ of tea> (٦) شُعلة § (٧) يَسِمُ بالنار أو بعلامة تجارية أو بسِمَة العار (٨) يَدْمَغ: يطبع على نحو لا يُمْحَى.

bran·died [brăn'dĭd] *(adj.)* مُبَرْنَد: مُنكَّهٌ أو معالَج بالبراندي.

branding iron *(n.)* المِيسَم: أداة يُوْسَم بها.

bran·dish [brăn'dĭsh] *(vt.; n.)* (١) يلوِّح بالسَّيف (٢) يَعْرِض بتباهٍ أو بطريقة عدوانية § (٣) تلويحٌ مُهَدِّد.

brand·ling *(n.)* الجُمَيْرة: دودة أرض يتَّخذ منها الصيادون طُعمًا للأسماك.

brand name *(n.; adj.)* (١) الاسم التجاريّ [للسلعة] § (٢) واسع الشهرة.

brand–new [brăn'n(y)ōō'] *(adj.)* قشيب: جديدٌ تمامًا.

bran·dy[1] [brăn'dĭ] *(n.)* البراندي: شرابٌ مُسْكِر.

bran·dy[2] *(vt.)* يمزج أو يُنكِّه أو يَحفَظ بالبراندي.

branks [brăngks] *(n. pl.)* لجام السَّليطات: ضربٌ من اللجام كانوا يصطنعونه لمعاقبة النسوة السَّليطات.

bran–new [brăn'nyōō'] *(adj.)* = brand–new.

bran·ni·gan [brăn'ə gən] *(n.)* (١) مَرَح صاخب (٢) شِجار.

bran·ny [brăn'ĭ] *(adj.)* نُخاليّ: كثيرُ النخالة أو مؤلَّف منها.

brant [brănt] *(n.)* البَرَنْتيّة: إوزّة بريّة.

brant

brash [brăsh] *(adj.; n.)* (١) هشّ؛ قَصِم؛ سَهل الكَسْر <~ wood> (٢) متهوِّر؛ طائش (٣) مَزْهُوّ (٤) وَقِح § (٥) قِطَع؛ فِلَذ؛ كِسَر [من جَليد أو

صخر] (٦) نوبة مرض (٧) «أ» عاصفة. «ب» وابلٌ من المطر.

bra·sier [brā'zhər] *(n.)* = brazier.

brass [brăs; bräs] *(n.; adj.)* (١) الصُّفْر؛ النُّحاس الأصفر (٢) «أ» *pl.*: آلات النفخ الموسيقية النُّحاسية. «ب» لوحة تذكارية نحاسيّة. «ج» آنية أو تجهيزات معدنية برّاقة. «د» بطانة المِحْمَل النُّحاسية أو البرونزية (مك). «هـ» خراطيش فارغة مُستهلَكة (٣) وقاحة؛ صفاقة (ع) (٤) كبار الضباط (عا) (٥) مال؛ نقود (عب) § (٦) صُفْرِيّ؛ نُحاسيّ.

brass·age [brăs'ĭj] *(n.)* رَسْم السِّكّة: رسم سَكّ العملة.

bras·sard; bras·sart [brăs'-] *(n.)* العِضاد: دِرْع للذِّراع أو عِصابة للعَضُد.

brass band *(n.)* الفرقة الصُّفْرية؛ الفرقة النحاسية: فرقة موسيقية تعزف على آلات نفخ صُفْرية.

brass·bound *(adj.)* (١) نُحاسيّ الحواشي (٢) محافظ: عبدٌ للتقاليد (٣) راسخ؛ ثابت (٤) عنيد (٥) صارم؛ قاسٍ (٦) وَقح.

brass hat *(n.)* (١) ضابط كبير (٢) العَيْن: الرفيع المكانة في الحياة المدنيّة.

brass·ie *also* **brass·y** [brăs'ĭ] *(n.)* البراسِيّة: عصا غولف نُحاسيّة النعل.

bras·siere [brə zēr'] *(n.)* النَّهْديّة؛ صُدَيْرية النَّهدين.

brass·i·ly [brăs'ĭ lĭ] *(adv.)* بوقاحة؛ بصفاقة.

brass·i·ness [brăs'ĭ nəs] *(n.)* وقاحة؛ صفاقة.

brass tacks *(n. pl.)* الحقائق الأساسية: أساسيّات الموضوع المعالَج.

brass·ware [brăs'wâr'] *(n.)* آنية صُفرية؛ أدوات نُحاسية.

brass winds *(n. pl.)* آلات النفخ الموسيقية الصُّفرية.

brass·y [1] [brăs'ĭ] *(n.)* = brassie.

brass·y [2] *(adj.)* (١) وَقح؛ صفيق (٢) صُفْرِيّ؛ نُحاسيّ.

brat [brăt] *(n.)* (١) ثياب (عب) (٢) مِئزر (٣) طفل. وبخاصة: طفل مزعج.

brat·tice [brăt'ĭs] *(n.)* فاصلٌ من خشب أو قماش [في منجم].

brat·ty [brăt'ĭ] *(adj.)* صبيانيّ.

bra·va·do [brə vä'dō] *(n.)* استئساد؛ تظاهرٌ بالشجاعة.

brave [brāv] *(adj.; n.; vt.)* (١) شجاع (٢) أنيق؛ حسن المظهر (٣) زاهٍ؛ ملوَّن (٤) رائع؛ ممتاز <a ~ start> § (٥) الشُّجاع؛ الباسل. وبخاصة: مُحارب من الهنود الحمر § (٦) يواجه أو يتحمّل بشجاعة <to ~ misfortunes> (٧) يتحدَّى.

brav·er·y *(n.)* (١) حُسْن البزّة أو المظهر (٢) شجاعة.

bra·vo [1] [brä'vō] *(n.)* قاتل مستأجَر.

bra·vo [2] [brä'vō] *(interj.; n.; vt.)* (١) مَرْحى! أحسَنْت! براڤو! § (٢) مَرْحى: هُتاف استحسان § (٣) يُمَرْحي: يستحسن عملًا بقوله «مَرْحى!».

bra·vu·ra [brə vyoor'ə] *(n.)* (١) البراڤورة: «أ» لحن موسيقيّ يحتاج إلى براعة في الأداء. «ب» أداء بارع (٢) صَلَف؛ زَهْو؛ غرور.

brawl [1] [brôl] *(vi.; n.)* (١) يتشاجر (٢) يَهْدِر [كمياهِ نهرٍ متدفقةٍ فوق الصُّخور] § (٣) شِجار (٤) هدير.

— **brawl·er** *(n.)*

brawl [2] *(n.)* البَرْوَلة: رقصة قديمة فرنسية الأصل.

brawn [brôn] *(n.)* (١) لحم الخنزير (٢) عضَلات قوية.

brawn·y [brô'nĭ] *(adj.)* (١) قويّ؛ مفتول العَضَل (٢) منتفِخ وصُلْب.

bray [1] [brā] *(vi.; t.; n.)* (١) يَنْهَق x (٢) يقول بصوت كالنهيق § (٣) نهيق.

bray [2] *(vt.)* (١) يَسْحَن [بالهاون] (٢) يَدْحو: ينشر الطابعُ الحبرَ أو يَبْسُطُه رقيقًا بمِدْحاةٍ يدوية.

bray·er [brā'ər] *(n.)* المِدحاة اليدوية: مِدحاة يدوية لمدّ الحبر (طع).

braze [brāz] *(vt.)* (١) يُصفِّر؛ يُنحِّس: «أ» يكسو أو يُزيِّن بالصُّفر أو النُّحاس الأصفر. «ب» يجعله نُحاسيًّا (٢) يقسّي.

bra·zen *(adj.; vt.)* (١) صُفْرِيّ؛ نُحاسيّ (٢) نُحاسيّ اللون أو الرنين (٣) وقح؛ صفيق § (٤) يواجه بتَحَدٍّ أو وقاحة.

bra·zen–faced *(adj.)* وَقح؛ صفيق الوجه.

bra·zen·ly *(adv.)* بوقاحة؛ بصفاقة.

bra·zen·ness *(n.)* وقاحة؛ صفاقة.

bra·zier [brā'zhər] *(n.)* (١) النَّحّاس (٢) كانون؛ مَجْمَرة.

Brazil nut

Brazil nut [brə zĭl'] *(n.)* بُنْدُق البرازيل: بندق مثلَّث الشكل.

bra·zil·wood [-'wood'] *(n.)* (١) الخشب الجَمْريّ؛ الخشب البرازيليّ: خشب يُستخرج منه صبغ أحمر أو أرجوانيّ (٢) صِبغ الخشب الجَمريّ.

breach [brēch] *(n.; vt.; i.)* (١) «أ» خَرْق لقانون. «ب» نقض لعهد (٢) «أ» كَسْر؛ صَدْع. «ب» ثغرة؛ فَجوة [في جدار إلخ]. «ج» الجَفْوة: انقطاع في العلاقات الودية (٣) وثبة. وبخاصة: وثبة الحوت من الماء § (٤) يُحْدِث صَدْعًا x (٥) يَخْرِق؛ يَنْقُض (٦) يثبُ [الحوتُ من الماء].

to stand in the ~, (١) يتحمّل الثِّقل الأعظم من الهجوم (٢) ينهض بالقسط الأعظم من العمل الشاق.

to throw *or* fling oneself into the ~, يندفع إلى مَدّ يَدِ المساعدة إلى من يُحدق بهم بلاءٌ أو خطر.

breach of confidence إفشاء لِسِرّ [من الأسرار].

breach of contract نقضٌ لعَقْد.

breach of faith نَقْضٌ لعهد؛ نَكْثٌ بوعد.

breach of promise نَكْثٌ بوعد. وبخاصة: نكثٌ بوعدٍ بالزواج.

breach of the peace إخلال بالأمن العام [بإحداث الشَّغَب إلخ].

bread [brĕd] *(n.; vt.)* (١) خُبْز (٢) كِسرة خبز (٣) قوت؛ طعام؛ رِزْق (٤) خبز القُربان (نص) (٥) مال؛ نقود (ع) § (٦) يكسُو بكِسَر الخبز.

to break ~, (١) يتناول الطعام (٢) يناول أو يتناول القربان المقدس.

to know which side one's ~ is buttered on يعرف أين هي مصلحته؛ يعرف من أين تؤكل الكتِف.

bread and butter *(n.)* (١) خبز وزبدة: شرائح خبز مفروشة بالزبدة (٢) رِزق؛ معيشة؛ ضروريات البقاء (٣) قِوام؛ عِماد.

bread–and–butter *(adj.)* (١) صبياني؛ مُراهق (٢) واقعيّ (٣) ارتزاقيّ.

(٤) جوهريّ (٥) شُكْرانيّ : مُعَبِّر عن الشُّكر على حُسن الضيافة <a ~ letter> .

bread and cheese *(n.)* الخبز والجُبن : الكفاف من الرِّزق .

bread and wine *(n.)* العشاء الرّبّانيّ ؛ القُربان المقدَّس (نص) .

bread·bas·ket *(n.)* (١) سلّة خبز (٢) المَعِدة (٣) منطقةٌ منتجة للحبوب .

bread·crumb [-ˊkrŭm] *(n.)* فُتاتةُ لُبِّ الخُبْز .

bread·fruit *(n.)* (١) شجرة الخُبز : شجرة ذات ثمار تشتمل على لُبّ نَشَويّ يُخبز (٢) ثمرة الخُبز .

breadfruit 2.

bread·stuff *(n.)* (١) حِنطة أو طحين (٢) خُبز .

breadth [brĕdth] *(n.)* (١) عَرْض (٢) قطعة ذات عرض معيَّن <a ~ of cloth> (٣) اتّساع ؛ شُموليّة (٤) رحابة ؛ سعة في أفق التفكير .

breadth·ways; breadth·wise *(adv.)* عَرْضًا ؛ بالعَرْض .

bread·win·ner *(n.)* (١) مَورد رزق (٢) المُعِيل : كاسبُ الرِّزق لعياله .

break [brāk] *(vt.; i.; n.)* (١) «أ» يَكْسِر . «ب» يَجرَح <to ~ the skin> . «ج» يَفُكّ ؛ يَدُقّ ؛ يَخلع . «د» يَبْتُر [القَدَمَ أو الذراع] ؛ يُشَوِّه ؛ يمثِّل بِـ . «هـ» يمزِّق إرْبًا إرْبًا . «و» يَحْرُث . «ز» يمزِّق [وعاءً دمويًا] (٢) «أ» يَخْرِق ؛ ينتهك <to ~ the law> . «ب» يُخلِف ؛ يَنْكُث بِـ (٣) «أ» يقتحم . «ب» يَحْفِر . «ج» يَخْرِق ؛ يَثْقُب . «د» يفرّ من <to ~ jail> (٤) «أ» يَنْزَع ؛ يَخْلَع . «ب» يَقْطِف . «ج» يَفْسَخ ؛ يَحُلّ (٥) يفرِّق ؛ يشتّت (٦) «أ» يَسْحَق . «ب» يَهْزِم . <to ~ a rebellion> . «ج» يُرَوِّض <to ~ a horse> . «د» يمرِّس ؛ يُعَوِّد [على الشدائد] . «هـ» يُضْعِف ؛ يُرْهِق ؛ يُنْهِك (٧) «أ» يُفلِس <to ~ a bank> . «ب» يُنزل رتبته (٨) «أ» يُحْبط ؛ يُفْسِد <to ~ a strike> . «ب» يحطِّم ؛ يتفوَّق على <to ~ a record> . «ج» يخفِّف [وطأة كذا] (٩) «أ» يُدَمِّر ؛ يقضي على . «ب» يَدْحَض <to ~ an alibi> (١٠) يخفّض الأسعار تخفيضًا كبيرًا (١١) «أ» يَقْطع : يتوقف عن إتمام شيء أو إكمالِه . «ب» يَقْطع [الصَّمتَ أو التيّار الكهربائي] (١٢) يُنهي ؛ يضع حدًّا لِـ (١٣) «أ» يشقّ سطح كذا <fish *~ing* water> . «ب» يحمله على الإقلاع عن <to ~ anyone of a bad habit> (١٤) «أ» يُفضي بمكنون صدره إلى . «ب» يُبْلغ ؛ يُذيع <to ~ news gently> (١٥) «أ» يَحُلّ لُغزًا . «ب» يَحُلّ [رموزَ] الشيفرة (١٦) يغيِّر اتجاه شيء [أو خطَّ سَيْرِه] x (١٧) «أ» ينتشر ؛ يَذيع . «ب» يَشيع على نحو مثير <The bribery scandal *broke*.> (١٨) «أ» يَطْلُع ؛ يَبْزُغ <Day was *~ing*.> . «ب» ينفجر <His anger *broke*.> . «ج» ينفجر بالبكاء . «د» يندلع . «هـ» يتفشّى (١٩) يتكسَّر [المَوْج] (٢٠) يَخْمُد ؛ يخبو (٢١) يصحو <when the weather *~s*> (٢٢) يتراجع بغير نظام <The enemy *broke* before them.> (٢٣) «أ» يَضْعُف ؛ ينهار <*broke* under questioning> . «ب» يتفطَّر ؛ ينسحق بالأسى [أو الألم أو الخيبة] . «ج» تتعطّل [الآلة] أو تتلف (٢٤) ينخفض [سعرُهُ أو قيمتُهُ] انخفاضًا كبيرًا (٢٥) يُفلس (٢٦) يقطع الصلةَ بِـ (٢٧) يتوقَّف ؛ ينتهي (٢٨) «أ» ينحرف فجأةً . «ب» يرتفع أو ينخفض بشدّة . «ج» تتغيّر طبقة الصوت تغيُّرًا ملحوظًا . «د» يُصبح أجشَّ [كصوت غلام عند البلوغ] (٢٩) ينقطع عن العمل أو النشاط فترةً قصيرة (٣٠) ينقسم ؛ يتفرَّع <Our cases ~ up into four types.> (٣١) يجري ؛ يَحْدُث § (٣٢) «أ» كَسْر . «ب» ثُلْمة ؛ ثَغرة (٣٣) اندفاع ؛ انطلاق (٣٤) محاولة هروب <The prisoners planned a jail ~.> (٣٥) «أ» انبلاج <the ~ of dawn> . «ب» بدء السِّباق (٣٦) انقطاع <a ~ in friendship *or* conversation> (٣٧) وَقفة ؛ محطّة ؛ فاصل <a ~ for the commercial> (٣٨) «أ» البياض : سطر أو سطران فارغان بين فقرتين . «ب» *pl.* : علامة الحذف : ثلاث نقط (. . .) تدلّ على شيء محذوف (٣٩) «أ» تغيُّر <waiting for a ~ in the bad weather> . «ب» تغيّر ملحوظ في الموضوع أو المسلك أو المعاملة . «ج» تغيّر مفاجئ في الصوت أو الاتجاه (٤٠) انقطاع الصّلة بِـ (٤١) راحة قصيرة ؛ استراحة (٤٢) هبوط في الأسعار [على نحوٍ مفاجئ وشديد] (٤٣) هفوة ؛ زَلّة (٤٤) حظّ سعيد (٤٥) انهيار .

- to ~ a habit — يُقلع عن عادةٍ [من العادات] .
- to ~ away — (١) ينفصل عن (٢) يقطع الصلة بِـ (٣) يُقلع [عن عادةٍ . . .] (٤) يفرّ ؛ يُفْلِت .
- to ~ camp — يقوِّض الخيامَ ويستأنف الرحيل .
- to ~ down — (١) يحطِّم ؛ يُدمِّر (٢) ينهار ؛ يكفّ عن المقاومة (٣) تتعطَّل [الآلة] (٤) تُخْفِق ؛ تنقطع [المفاوضات] .
- to ~ even — يخرج من غير ربح أو خسارة .
- to ~ free *or* loose — يُفلت ؛ يفرّ ؛ يتملّص من قيوده .
- to ~ ground — (١) يحرث (٢) يحفر الخنادق (٣) يبدأ العمَلَ .
- to ~ in — (١) يقتحم : يَدْخُل بيتًا إلخ عَنْوةً (٢) يقاطع أثناء الحديث (٣) يُرَوِّض (٤) يبدأ العملَ (٥) يتغلَّب على قساوة سلعةٍ جديدة .
- to ~ into — (١) يَشْرع فجأةً في كذا (٢) يقتحم : يدخل عَنْوَةً .
- to ~ off — (١) ينفصل (٢) يتوقف فجأةً .
- to ~ one's fast — يُفطر [بعد صيام] .
- to ~ open — يقتحم ؛ يفتح بقوة .
- to ~ out — (١) «أ» يُصابُ بطَفْح جلديّ . «ب» يَبْرُز الطَّفْح على الجلد (٢) «أ» تنشَب [الحرب] . «ب» تندلع [النار] . «ج» يتفشّى [الوباء] (٣) يفرّ [من السِّجن] (٤) يهيّئ للعمل أو الاستعمال .
- to ~ the ice — يكسر الجليد : «أ» يمهِّد السبيل ؛ يقوم بالخطوات الأولى . «ب» يقطع حبل الصمت .
- to ~ through — (١) يخترق [خطوطَ العَدُوّ] (٢) يقوم باكتشاف جديد .
- to ~ up — (١) يَقْطع [استمرارَ شيء أو تَسَلْسُلَهُ] (٢) يُنهي ؛ يضع حدًّا لِـ (٣) يفتِّت (٤) يحطِّم (٥) يتفرَّق ؛ يتبدَّد (٦) ينفضُّ [الاجتماعُ] (٧) تتحطَّم السفينة [على الصخور] (٨) ينفصل [أحد الزوجين عن الآخر] (٩) يفقد رباطة جأشِهِ [أو عزيمته أو معنوياته] .
- to ~ wind — يُخرج ريحًا [من الأمعاء] .
- to ~ with — يتخاصم مع ؛ يقطع علاقته بِـ .

break·a·ble *(adj.; n.)* (١) يُكْسَر § (٢) شيء قابلٌ للكَسْر .

break·age [brāˊkĭj] *(n.)* (١) كَسْر ؛ تَكَسُّر (٢) الكُسارة : مقدار الأشياء المكسورة (٣) «أ» حَسْمُ الكَسْر : حَسْمٌ لقاءَ الخسارة الناشئة عن السّلع المكسورة . «ب» تعويض الكَسْر : تعويض عن الأذى اللاحق بالسِّلع المكسورة أثناء النقل .

break·a·way *(n.; adj.)* (١) انفصال [عن] § (٢) منفصل .

break·bone fever [brākˊbōn] *(n.)* = dengue.

break dancing *(n.)* الرقص البَهْلوانيّ : رقصٌ يتميّز بحركات بهلوانيّة .

break·down [brākˊ-] *(n.)* (١) تعطُّل [آلةٍ عن العمل] (٢) انهيار [جسديّ

breath [brĕth] *(n.)* (١) «أ» نَفَسٌ. «ب» أثر <not a ~ of scandal> (٢) عبير؛ شذًا (٣) «أ» تنفُّس. «ب» لحظة. «ج» فترة راحة (٤) نسمة <a ~ of air> (٥) صوت؛ همسة (٦) لَطْخة (٧) روح؛ حياة.

below (*or* under) one's ~, بهمس؛ بصوتٍ مهموس.

in the same ~, في نفس اللحظة؛ في آنٍ واحد؛ معًا.

out of ~, لاهث؛ مَبْهور؛ مُقَطَّع الأنفاس.

to hold (*or* catch) one's ~, يَحبس أنفاسَهُ [خوفًا إلخ].

to waste one's ~, يُبِحّ صوتَهُ؛ يتكلّم من غير جدوى.

breath·a·lyz·er [brĕth'ə lī'zər] *(n.)* مِكشاف السُّكْر: جهاز تستخدمه الشرطة لمعرفة مقدار الكحول أو المُسْكِرات التي احتساها المرء.

breathe [brēth] *(vi.; t.)* (١) يستريح؛ يستردّ أنفاسه (٢) يتنفس (٣) يحيا (٤) يَنْشُرُ عبيرَه (ا.م) (٥) يَهُبّ [الهواء] برفق (٦) يتكلّم **x** (٧) يَزْفُر؛ يَنْفُث <able to ~ life into a stone> (٨) يَنْفُخ <dragons *breathing* fire> (٩) يَلْفِظ؛ يَهْمس؛ يَنْبِس بـِ (١٠) يُطلق [التهديدات] (١١) يُبْدِي؛ يُظْهِر؛ يعبِّر عن <Other articles ~ the same spirit.> (١٢) يستنشق (١٣) يُريح: يُساعد فرسًا على استرداد أنفاسِه.

to ~ again يتنفَّس الصُّعَداء؛ يستشعر الطُّمأنينة.

to ~ a vein يفْصِد وريدًا.

to ~ freely يتنفَّس الصُّعَداء؛ يستشعر الطُّمأنينة.

to ~ one's last يموت؛ يَلْفِظُ أنفاسَهُ الأخيرة.

breath·er [brē'thər] *(n.)* (١) فا breathe (٢) المتحدِّث عن؛ المذيع لِـ (٣) استراحة (٤) مُتَنَفَّس؛ مَنْفَذ [للهواء] (٥) تمرين عنيف.

breath·ing *(n.)* (١) تَنَفُّس (٢) «أ» نَفَسٌ. «ب» لحظة (٣) استراحة قصيرة.

breath·less [brĕth'-] *(adj.)* (١) «أ» عديم النَّفَس. «ب» مَيْت (٢) «أ» لاهث. «ب» مُلْهِث: مُرْهِق إلى حدّ اللُّهاث <a ~ ride> (٣) حابسٌ أنفاسه [خوفًا أو توقُّعًا أو اندماجًا] <~ listeners> (٤) ساكن <~ air>.

breath·tak·ing [brĕth'-] *(adj.)* (١) مُلْهِث (٢) مثير (٣) مُذْهِش.

breath·y [brĕth'ĭ] *(adj.)* أنفاسيّ: مصحوبٌ بإطلاق أنفاس مسموعة.

brec·ci·a [brĕch'-] *(n.)* البَريشة: صخر مؤلّف من شظايا زاوِيّة متلاحمة.

brec·ci·ate [brĕch'ĭ āt'] *(vt.)* يُبَرِّش: يحوِّل إلى بَريشة.

bred [brĕd] *past and past part. of* breed.

bree [brē] *(n.)* (١) شراب (٢) حَساء (إسك).

breech [brēch] *(n.; vt.)* (١) *pl.*: «أ» الرُّكْبِيّ: بنطلون قصير [لركوب الخيل إلخ]. «ب» بنطلون (٢) كَفَلٌ؛ عَجيزة (٣) المغلاق؛ المؤخَّرة: ذلك الجزء من السّلاح الناريّ الواقعُ خلفَ الماسورة (٤) أسفل البكرة (مك) § (٥) يُمَغْلِق: يُزَوِّد بمِغلاق.

breech·block *(n.)* كُتْلة المِغلاق: قطعة معدنية متحركة يُوصَد بها المِغلاق في بعض الأسلحة النارية (جن).

breeches buoy

breech·cloth; breech·clout *(n.)* = loincloth.

breech·es buoy *(n.)* الطّافية البِنْطالية: مَقْعد خَيْشيّ شبيه

أو عقليّ أو عصبيّ] (٣) انقطاع [المفاوضات] (٤) «أ» انحلال. «ب» تحليل (ك) (٥) تقسيم؛ تصنيف [إلى زُمَر] (٦) رقصة شعبية صاخبة.

break·er[1] *(n.)* (١) فا break (٢) الكسّارة: آلة أو مصنع لتكسير الصخور (٣) المتكسِّرة: موجة تتكسَّر على صخور الشاطئ (٤) وِقاء (٥) مِحراث.

break·er[2] *(n.)* البَرْكَر: برميل ماء خشبيّ صغير (مل).

break–e·ven *(adj.)* تعادُليّ <a ~ situation>.

break·fast [brĕk'fəst] *(n.; vi.; t.)* (١) الفَطور: طعام الصباح § (٢) يُفطر: يتناول الفطور **x** (٣) يقدِّم الفَطور إلى.

break–in *(n.)* (١) اقتحام (٢) المرحلة التمهيدية [من عملٍ ما].

breaking news *(n.)* الأخبار الطارئة أو العاجلة: أخبار تنقلها وسائل الإعلام خلال حدوثها أو حالما تصبح متوفّرة.

breaking point *(n.)* (١) نقطة الانكسار (مك) (٢) نقطة الانهيار.

break·neck *(adj.)* فاكٌّ للرَّقبة: مُفْرِط إلى حدّ خَطِر.

break·out *(n.)* (١) تحرُّر من قَيد [أو وضع حرج] (٢) هجوم [لكَسْر طوقٍ أو حصار عسكريّ] (٣) هروب من السِّجن (٤) تفشّي [الوباء].

break·through *(n.)* (١) «أ» اختراق. «ب» الاختراق: اختراق لحصون العَدُوّ (جن) (٢) الفَتْح العلميّ: تقدّم مفاجئ في المعرفة أو التِّقنية.

break·up *(n.)* (١) تفكُّك؛ تفسُّخ (٢) تقسيم؛ توزيع؛ تفتيت.

break·wa·ter *(n.)* حائل الأمواج؛ كاسر الموج: جدار أو حاجز لوقاية المرفأ أو الشاطئ من عزم الأمواج.

bream[1]

bream[1] [brēm] *(n.)* الأبراميس: سمك ذو زعنفة ظَهرية.

bream[2] *(vt.)* ينظِّف [قعرَ السفينة] بالتَّحمِيَة والقَشْط (مل).

breast [brĕst] *(n.; vt.)* (١) ثَدي؛ نَهْد (٢) صَدْر (٣) مقدَّم الشيء أو صَدْرُهُ (٤) القلب؛ المشاعر § (٥) يواجه؛ يُقاوِم (٦) يَصْعَد؛ يرتقي.

to make a clean ~ of يعترف بكل شيء؛ يعترف اعترافًا كاملًا.

breast·beat·ing *(n.)* لَطْمُ الصَّدْر [حزنًا وأسًى].

breast·bone *(n.)* القَصّ: عظمُ الصدر المَغروزةُ فيه أطراف الأضلاع من الجانبين (ت).

breast drill *(n.)* المِثْقَب الصَّدريّ: مِثقب ذو صفيحة يضغط العامل بصدره عليها أثناء الثَّقْب.

breast drill

breast–feed *(vt.)* يُرضع [طفلًا من الثدي لا من زجاجة].

breast·pin [brĕst'pĭn'] *(n.)* البْروش؛ دبّوس الصَّدر.

breast·plate *(n.)* الصِّدارة؛ الصُّدرة: «أ» الجَوْشَن: دِرْع الصَّدر. «ب» رداء مُرَصَّع بالجواهر كان يرتديه حاخام اليهود الأكبر. «ج» صفيحة في مِثقب يَضغط العاملُ بصدره عليها عند استخدامه المثقب الصَّدري breast drill. «د» جزء من طقم الفَرَس أو عُدّتِهِ يحيط بالصَّدر. «هـ» صدر السُّلَحْفاة.

breast wheel

breast wheel *(n.)* السّانية الصَّدرية؛ الناعورة الصَّدرية.

breast·work *(n.)* متراسٌ مُرْتَجَل [يبلغ ارتفاعهُ ارتفاع الصدر] (جن).

بالبنطلون القصير يُدلَّى من طافيةِ نجاةٍ ويُستخدم لنقل الأشخاص في حالات الخوف من الغرق.

breech·ing [brē′chĭng; brĭch′ĭng] *(n.)* طَوْق المؤخَّرة: ذلك الجزء من طقم الخيل أو عُدَّتها الذي يطوِّق مؤخرة الفَرَس.

breech·load·er *(n.)* البندقية المِغْلاقية: بندقية تُملأ من مِغلاقها.

breed [brēd] *(vt.; i.; n.)* (١) «أ» يَفْقِس. «ب» يلد؛ ينتج. «ج» يَنْسِل (٢) يُحْدِث؛ يولِّد <Despair ~s violence.> (٣) يستولد: «أ» يستولد النباتات بالإلقاح الاصطناعي. «ب» يحسّن نوع الماشية بالاستيلاد الموجَّه. «ج» ينشئ [صفاتٍ مرغوبًا فيها] من طريق الاستيلاد (٤) «أ» يربّي [الماشية إلخ]. «ب» يُنشِّئ [المرءَ] على (٥) يُلْقِح؛ يُعَشِّر (٦) يستولد: يُحْدِث عنصرًا قابلًا للانشطار بأن يقذف عنصرًا غير قابل للانشطار بنيوترونات من عنصر إشعاعيّ النشاط (فزن) x (٧) يتوالد؛ يتناسل § (٨) سُلالة [من الحيوان أو النبات] (٩) نَسْل؛ ذرّية (١٠) صِنف؛ نوع.

breed·er *(n.)* (١) «أ» فا breed. «ب» المسبِّب؛ المُحْدِث (٢) حيوان أو نبات مُعَدٌّ للاستيلاد.

breed·ing *(n.)* (١) مص breed (٢) نَسَب (٣) خُلُق رفيع (٤) استيلاد.

breeze [brēz] *(n.; vi.)* (١) نسيم (٢) هَمْسة (٣) إشاعة (ع) (٤) اهتياج؛ اضطراب (٥) «أ» سهولة. «ب» شيء سَهْل <The test was a ~.> (٦) السُّقاط: نُفاية الفحم (٧) رماد § (٨) يَهُبّ النسيمُ (٩) ينطلق بسرعة.

breez·i·ly *(adv.)* بمَرَح؛ بابتهاج؛ بنشاط.

breez·y [brē′zĭ] *(adj.)* (١) مُنَسَّم: كثير النَّسَمات (٢) مُنَسَّم: يَكثُر هبوب النسيم عليه <a ~ corner> (٣) مَرِح؛ مبتهج.

breg·ma [brĕg′mə] *(n.)* pl. **-ma·ta** [mə tə] يَأفوخ؛ يافوخ (ت).

Bren gun [brĕn] *(n.)* رُشَيْش بْرَن: مدفع خفيف سريع (جن).

brent [brĕnt] *(n.) chiefly Brit.* = brant.

breth·ren [brĕth′rən] *archaic pl. of* brother.

Bret·on [brĕt′ən] *(n.; adj.)* (١) البريتانيّ: أحد أبناء مقاطعة بْريتانيْ (٢) البْريتانيّة: لغة أبناء بْريتانيْ § (٣) بْريتانيّ.

breve [brēv] *(n.)* المُقَصِّرة؛ علامة القَصْر: علامة (˘) توضع فوق حرف علة دلالةً على أنه قصير أو غير ممدود.

bre·vet [brə vĕt′] *(n.; vt.)* (١) البراءة الفخرية: براءة تُرَفِّع الضابط إلى رتبة أعلى من غير زيادة في الراتب § (٢) يُرَفِّع فخريًّا.

brevi- بادئة معناها: قصير.

bre·vi·ar·y [brē′-] *(n.)* (١) كتاب صلوات يومية (٢) مُخْتَصَر؛ مُوجَز.

bre·vier [brə vēr′] *(n.)* حرفٌ مطبعيّ قياسُه ٨ بُنط.

brev·i·ped *(adj.; n.)* (١) قصير الرِّجلين § (٢) طائر قصير الرِّجلين.

brev·i·pen·nate [-pĕn′āt] *(adj.)* قصير الجناحَيْن <~ birds>.

brev·i·ty [brĕv′ə tĭ] *(n.)* (١) قِصَر (٢) إيجاز [في الكلام أو الكتابة].

brew [bro͞o] *(vt.; i.; n.)* (١) يُخمِّر [الجِعَةَ إلخ] (٢) يُحْدِث؛ يُدَبِّر <to ~ trouble> x (٣) يختمر (٤) يتكوَّن؛ يتشكَّل؛ يتجمَّع <A storm was ~ing.> § (٥) شراب مُخمَّر (٦) تخمُّر.

brew·age [bro͞o′ĭj] *(n.)* (١) تخمير [الجِعةِ إلخ] (٢) شرابٌ مُخَمَّر.

brew·er *(n.)* فا brew. وبخاصة: مُخَمِّر الجِعَة أو صانعُها.

brewer's yeast *(n.)* خميرة الجِعة؛ خميرة البيرة.

brew·er·y [bro͞o′ə rĭ]; **brew·house** *(n.)* مَصْنع الجِعَة.

brew·ing *(n.)* (١) تخمير [الجعة إلخ] (٢) التخميرة: الكمية المخمَّرة دفعة واحدة (٣) تدبير [مكيدةٍ إلخ].

brew·is [bro͞o′ĭs] *(n.)* مَرَق؛ حساء رقيق (ع).

bri·ar [brī′ər] *(n.)* = brier.

bri·ard [brē är′] *(n.)* البْرِيار: كلبٌ فرنسي ضخم أسود.

bri·ar·root [brī′ər ro͞ot] *(n.)* = brierroot.

bri·ar·wood [brī′ər wo͝od′] *(n.)* = brierwood.

brib·a·ble [brī′bə bəl] *(adj.)* يُرْشَى؛ قابلٌ للرَّشوة؛ قابلٌ لأن يُرْشَى.

bribe [brīb] *(n.; vt.; i.)* (١) رَشْوة (٢) حافز § (٣) يَرْشو: يُعطي رَشْوةً.

brib·ee [brī′bē] *(n.)* المُرْتشي: آخذُ الرَّشوة؛ قابلُ الرَّشوة.

brib·er [brī′bər] *(n.)* الرّاشي: مُعْطي الرَّشوة؛ مقدِّم الرشوة.

brib·er·y [-′bə rĭ] *(n.)* (١) الرَّشو: إعطاء الرَّشوة (٢) ارتشاء.

bric–a–brac [brĭk′ə brăk′] *(n.)* الطُّرَف: تحفٌ زِينيّة ذات عِتْقٍ أو طرافة [كالزهريات، والخزف الصينيّ القديم، والتماثيل الصغيرة].

brick [brĭk] *(n.; vt.; adj.)* (١) آجُرّة؛ قِرْميدة (٢) آجُرّ؛ قِرْميد (٣) شخص طيِّب (٤) الآجُرَّة: كتلة مستطيلة مضغوطة <a ~ of ice cream> § (٥) يُقَرْمِد: يَفْرِش أو يُحيط أو يبني بالقِرميد § (٦) آجُرّيّ؛ قِرميديّ.

to ~ in يطوِّق [أرضًا] بالآجرّ.

to ~ up يَسُدّ [نافذةً] بالآجرّ.

brick·bat [brĭk′băt′] *(n.)* (١) كِسْرة آجرّ (٢) ملاحظة جارحة.

brick·kiln [brĭk′kĭln′] *(n.)* أتون الآجُرّ: أتون يُشوى فيه الآجرّ.

brick·lay·er *(n.)* المُقَرْمِد؛ البنّاء الآجُرّيّ.

brick·lay·ing *(n.)* القَرْمَدَة: البناء بالآجرّ أو القِرميد.

brick·le [brĭk′əl] *(adj.)* قَصِف؛ قَصِم؛ سهل الانكسار (ع).

brick·work *(n.)* (١) مبنًى آجُرّيّ (٢) بناء أو تشييد بالآجُرّ.

brick·yard *(n.)* فِناء الآجرّ: موضع يُصنع فيه الآجُرّ.

brid·al [brī′dəl] *(n.; adj.)* (١) زِفاف؛ عُرس § (٢) زِفافيّ.

bridal wreath *(n.)* الإكليل؛ الإكليليّة: شُجيرة بيضاء الزَّهر.

bride [brīd] *(n.)* (١) العروس (٢) الراهبة.

bride·cake *(n.)* كَعْكَة العُرْس؛ كَعكَة الزِّفاف.

bride·groom [brīd′gro͞om′] *(n.)* العريس.

brides·maid [brīdz′mād′] *(n.)* إشبينة العروس.

brides·man [-′mən] *(n.)* إشبين العريس.

bride·well [brīd′wĕl] *(n.)* (١) إصلاحية (٢) سِجْن.

bridge[1] [brĭj] *(n.; vt.)* (١) جِسْر (٢) شيء كالجسر شكلًا أو وظيفةً. مثل: «أ» جسر الأنف: جزء الأنفِ العُلْويُّ العظميُّ الواقعُ بين العينين. «ب» جسر النظارتين: ذلك الجزء من النظارتين الذي يجمع بين العَدَستين ويستقرّ على قصبة الأنف. «ج» مُشْط العُود؛ مُشْط الكمان: القطعة الرافعة لأوتار العود أو

الكمان. «د» البُرْج: منصّة رُبّان السفينة (٣) الجسر: صفٌّ من أسنان صُنعيّة (٤) الجِسر: أداة لقياس المقاومة أو المعاوقة الكهربائية (كب) § (٥) يُجَسِّر: يقيم جسرًا على <to ~ a river>.

to ~ the gap — يَجْسُر: يَسُدّ الثغرة أو النقص.

to burn one's ~s — يَنْسِف جسوره: يقطع خطّ الرَّجعة.

bridge ² *(n.)* البْرِيدْج: ضرب من لعِب الورق.

bridge·board *(n.)* ركيزةُ السُّلَّم: إحدى دعامتين مُسَنَّنَتَيْن تستقر عليهما درجات السلّم الخشبيّ المُوْصِل بين طابقين من بيت.

bridgeboards

bridge·head *(n.)* رأس الجسر: «أ» تحصينات تصون طرفَ الجسر الأقرب إلى العدوّ. «ب» موقعٌ متقدّم يُسْتَوْلَى عليه في أراضي العدوّ ويُتّخذ مُنْطَلَقًا لتقدُّم جديد (جن).

bridge·work *(n.)* (١) بناء الجسور (٢) جسر [أو جسور] أسنان.

bri·dle [brī′-] *(n.; vt.; i.)* (١) لجام (٢) مِكْبَح (٣) شموخ بالأنف؛ تصعيرٌ للخدّ [غرورًا أو ازدراءً] § (٤) «أ» يُلْجِم. «ب» يكبح **x** (٥) يَشْمَخ بأنفِهِ.

bridle path, road *or* **way** *(n.)* مَجاز صالحٌ لركوب الخيل.

Brie [brē] *(n.)* البْرِي: جبن أبيض طريّ مملَّح.

brief [brēf] *(adj.; n.; vt.)* (١) وجيز؛ قصير الأمد <a ~ visit> (٢) مُوجَز؛ مُختصَر (٣) باردٌ؛ جافٍ <a ~ welcome> § (٤) رسالة بابوية (٥) «أ» مذكِّرة. «ب» خلاصة (٦) «أ» أمرٌ قضائيّ. «ب» خلاصة الدعوى: وثيقة أو مذكّرة بأهمّ وقائع الدعوى ونقاطها القانونية (٧) معلومات؛ توجيهات (٨) *pl.* المُقَصَّر: سروال تحتانيّ قصير § (٩) يُوْجِز؛ يلخِّص (١٠) يُوَكِّل محاميًا (١١) يُطلع باختصار (١٢) يعطي تعليماتٍ أو توجيهاتٍ نهائية ودقيقة.

in ~, — قُصارى القول؛ بكلماتٍ قليلة.

to hold a ~ for — يؤيِّد؛ يُناصِر؛ يستصوب.

brief·case *(n.)* مَحْفَظَة الأوراق: مَحفظة لنَقْل الأوراق والوثائق.

brief·ing *(n.)* (١) تعليمات؛ توجيهات (٢) «أ» تزويد بآخر المعلومات. «ب» مؤتمر صحفيّ يُعقد لهذا الغرض.

brief·less *(adj.)* عديم المُوَكِّلين <a ~ lawyer>.

brief·ness *(n.)* اختصار؛ إيجاز؛ قِصَر.

bri·er [brī′ər] *(n.)* (١) «أ» ورد بريّ. «ب» كتلة متشابكة من نباتات شائكة (٢) ساقٌ أو غصنٌ شائك (٣) خَلَنْج شَجَريّ (٤) البِيبة الخَلَنْجيّة: بيبة [أو غليون] من جذر الخَلَنْج الشَّجري.

bri·er·root [brī′-] *(n.)* جذر الخَلَنْج الشَّجَريّ أو بِيبة مصنوعة منه.

bri·er·wood [brī′ər wood′] *(n.)* = brierroot.

brig [brĭg] *(n.)* (١) البْرِيغيّة: سفينة شراعية ذات صاريَيْن (٢) سِجن [في سفينة] (٣) سِجن (٤) جِسر.

brig *1.*

bri·gade [brĭ gād′] *(n.; vt.)* (١) لواء (جن) (٢) فرقة <a fire ~> § (٣) يُشَكِّل لواءً (جن) (٤) ينظِّم [في جماعة أو مجموعة].

brig·a·dier [brĭg′ə dēr′] *(n.)* = brigadier general.

brigadier general *(n.)* عميد؛ قائد لواء.

brig·and [brĭg′ənd] *(n.)* لصّ؛ قاطع طريق.

brig·and·age [-′ən dĭj] *(n.)* لصوصيّة؛ قَطْعُ طُرُق.

brig·an·dine [-′ən dēn′] *(n.)* دِرع مزرودة؛ درعٌ من زَرَد.

brig·an·tine [-′ən tēn′] *(n.)* البْرِيغَنْتِيّة: سفينة شراعية ذات صاريَيْن.

brigantine

bright [brīt] *(adj.; adv.; n.)* (١) نيِّر؛ ساطع (٢) مُشْمِس <a ~ day> (٣) مُشْرِق <the ~ side of things> (٤) وضّاء بالبهجة أو السعادة <~ faces> (٥) متألق فتنةً وسحرًا <~ beauty> (٦) «أ» زاهٍ <~ colors>. «ب» قانٍ <~ red> (٧) حادّ <a ~ sound> (٨) «أ» ذكيّ <a ~ girl>. «ب» بارع <a ~ remark> (٩) مبتهج؛ مَرِح <to keep ~ in spite of one's misfortunes> (١٠) صافٍ؛ رائق <a ~ wine> (١١) باسم؛ زاهر <a ~ future> § (١٢) على نحوٍ نيّر أو ساطع § (١٣) تَبْغٌ فاتحُ [اللونِ].

bright·en [brīt′ən] *(vi.; t.)* (١) يَسْطع؛ يُشْرِق إلخ (٢) تبدو عليه أمارات الابتهاج **x** (٣) يجعله ساطعًا أو مُشرقًا (٤) يزيده بهجةً.

bright·ness *(n.)* إشراق؛ سطوع؛ تألُّق؛ ذكاء إلخ.

Bright's disease [brīts] *(n.)* مرضُ برايت: التهاب كلويّ مزمن.

bright·work *(n.)* اللّوامع: القِطَع المعدنية المصقولة [في سيارة إلخ].

brill [brĭl] *(n.)* البَرِيْل: سمك أوروبيّ مُفَلْطَح.

bril·liance; bril·lian·cy *(n.)* (١) تألُّق؛ إشراق (٢) ألْمعِيّة؛ ذكاء.

bril·liant [brĭl′yənt] *(adj.; n.)* (١) «أ» متألق <~ stars>. «ب» مُشْرِق؛ باسم <~ prospects> (٢) لامع؛ مبرِّز <a ~ scientist> (٣) ألمعيّ؛ مُتَّقِدُ الذكاء <a ~ mind> (٤) رائع؛ مثير للإعجاب <a ~ achievement> § (٥) المتألقة: ماسة متألقة (٦) المتألِّق: حرف مطبعيّ صغير [حوالى ٣,٥ بنط].

bril·lian·tine [-′yən tēn′] *(n.)* اللَّمْعِيْن: «أ» قماش صقيل قطنيّ أو صوفيّ. «ب» مستحضر زيتيّ لتلميع الشَّعر وتثبيته.

Brill's disease [brĭlz] *(n.)* مرض بْرِيْل: شكلٌ من حمّى التيفوس.

brim [brĭm] *(n.; vt.; i.)* (١) حافة؛ حَرْف § (٢) يُتْرِع **x** (٣) يَطْفَح.

brim·ful [brĭm′-] *(adj.)* مُتْرَع؛ طافح.

brim·mer [brĭm′ər] *(n.)* كأسٌ مُتْرَعة؛ كوبٌ طافح إلخ.

brim·stone [brĭm′stōn′] *(n.)* = sulfur.

brin·dle [brĭn′dəl] *(n.; adj.)* (١) الأمْغَر المخطَّط: حيوان ذو إهاب موشّح بخطوط [أو مُرَقَّش ببُقع] داكنة § (٢) أو **brin·dled**: أمْغَرُ مُخَطَّط.

brine [brīn] *(n.; vt.)* (١) الأجاج: «أ» ماء شديد الملوحة. «ب» محلول مِلْحيّ (٢) مياه البحر (٣) «أ» بحر. «ب» محيط (٤) دموع § (٥) يؤجِّج: يَنْقع أو يُشبع أو يُخَلِّل بماءٍ أُجاج.

Bri·nell hardness [brĭ nĕl′] *(n.)* الصَّلادة البْرينيليّة: صلابة الفِلِزّ أو الأشابة مَقِيسةً بكُرَةٍ فولاذية تُضْغَط عليه.

Bri·nell machine *(n.)* ماكينة برينيل [لقياس صلادة الفِلِزّات].

Bri·nell number *(n.)* عدد الصَّلادة البرينيليّة.

bring [brĭng] *(vt.)* (١) يَجْلِب؛ يحمِل؛ يُحْضِر؛ يجيء بِـ (٢) «أ» يجتذب. «ب» يُقنع، يُغري. «ج» يُجْبر؛ يُكره. «د» يواكب؛ يرافق (٣) «أ» يُحْدث. «ب» يُوْرِد؛ يُدلي بِـ <to ~ an argument>. «ج» يقدِّم رسميًا (٤) يُذَكِّر بِـ (٥) يُغِلّ: يعود عليه بدَخْل.

to ~ about (١) يُحْدث؛ يُسَبِّب (٢) يحقِّق؛ يُنجز.
to ~ back يُعيد إلى الذاكرة [أحداثًا ماضية].
to ~ down (١) يُسْقط [طائرةً] (٢) يُسْقِط؛ يُطيح [بحاكم أو نظام] (٣) يَصْرَع [بإطلاق النار] (٤) يُذِلّ (٥) يخفِّض [الأسعار].
to ~ forth (١) يُحْدِث؛ يولِّد (٢) يُثمر؛ يحمل ثمرًا.
to ~ forward (١) يقدِّم [برهانًا] (٢) يثير [قضيّةً].
to ~ in (١) يُرْبِح؛ يعود عليه بدَخلٍ ما (٢) يرفع [المحلَّفون قرارَهم] إلى المحكمة (٣) يجعل [البئر البترولية] منتجةً.
to ~ off (١) يُنْفِذ (٢) يَنْجح؛ يُحرز نجاحًا.
to ~ on (١) يُحْدِث؛ يسبِّب (٢) يساعد.
to ~ out (١) يُظهِر؛ يُوضح (٢) يُنتج (٣) ينشر [كتابًا] (٤) يُقدِّم أو يَعرض [على المسرح] (٥) يقدِّم [فتاةً إلخ] إلى المجتمع.
to ~ over يستميل؛ يجتذب.
to ~ round (١) يستميله (٢) يعيد إليه وَعْيَهُ [بعد إغماء].
to ~ through (١) يُنْقذ (٢) يوجِّه بسلام.
to ~ to (١) يوقف السفينة (٢) يُعيد إليه وعيه.
to ~ to an end يُنهي؛ يضع حدًا لِـ...
to ~ to mind يذكِّر بِـ؛ يُعيد إلى الذهن أو الذاكرة.
to ~ to pass يُسَبِّب؛ يُحْدِث.
to ~ to terms يُكْرِهُهُ على الموافقة أو التسليم.
to ~ up (١) يُنَشِّئ؛ يُرَبّي (٢) يثير [قضيةً]؛ يقدِّم [اقتراحًا] (٣) يُوْقِف فجأةً (٤) يُوَبِّخ؛ يؤنِّب (٥) يقِفُ فجأةً.
to ~ upon يجلب على نفسه [شرًّا أو بلاءً].

brin·i·ness [brī′nĭ nəs] *(n.)* الأُجاجيَّة: شدّة المُلوحة.

brink [brĭngk] *(n.)* (١) حَرْف؛ حافة (٢) شَفِير <~ of war>.

brin·y[1] [brī′nĭ] *(adj.)* أُجاج: شديد المُلوحة.

brin·y[2] *(n.)* البحر؛ المحيط؛ الأوقيانوس.

bri·o [brē′ō] *(n.)* حيوية؛ نشاطيّة؛ اندفاع؛ حرارة.

bri·oche [brē′ōsh] *(n.)* البَرْيُوش: خبزٌ مُحلًّى مع زُبدة وبيض.

bri·o·lette [brē′ə lĕt′] *(n.)* ماسة بَيْضويةُ الشكل أو إجّاصيَّتُهُ.

bri·quette *or* **bri·quet** [brĭ kĕt′] *(n.)* القُوَيْلِب الآجُرّيّ: قالب صغير آجرّيّ الشكل من فحم حجريّ إلخ.

bri·sance [brĭ zäns′] *(n.)* قوّة القَصْم: القوة التدميرية المتفجرة.

bri·sant [brĭ zänt′] *(adj.)* قاصم؛ مُدَمِّر؛ محطِّم.

brisk [brĭsk] *(adj.; vt.; i.)* (١) رشيق: خفيف؛ سريع <a ~ breeze; a ~ walk> (٢) «أ» فوّار أو شديد الفوران <~ cider>. «ب» حادّ <a ~ flavor>. «ج» قويّ النَّكهة <~ tea> (٣) منعش <~ weather> (٤) ناشط <~ trading> § (٥) يُنعش؛ يُنشِّط x (٦) ينتعش؛ يَنْشَط <The market ~ed up.>.

bris·ket [brĭs′kət] *(n.)* (١) صَدْر الحيوان (٢) لحم صدر الحيوان.

brisk·ness *(n.)* رشاقة؛ خِفّة؛ نشاط.

bris·ling *or* **bris·tling** [brĭs′lĭng] *(n.)* الصّابوغة: سمك كالسَّردين.

bris·tle [brĭs′əl] *(n.; vi.; t.)* (١) الهُلْب: ما غَلُظَ وصَلُبَ من الشَّعر [كشعر الخِنزير] § (٢) يَقِفُ [الشَّعرُ]؛ ينتصب بخشونة (٣) يتهلّب: يُوقف شعرَهُ بخشونة <The hog ~d up.> (٤) يتَّخذ مظهرًا [أو موقفًا] عُدوانيًا x (٥) يُنْصِب: يجعله ينتصب كهُلْب خِنزير غاضب (٦) يُهَلِّب: يزوِّدُه بالهُلْب ونحوه (٧) يُزعِج؛ يُكدِّر.
~d with difficulties محفوفٌ بالمصاعب.
to ~ with bayonets مُدَجَّج بالحِراب.

bris·tle·tail [-tāl′] *(n.)* هُلْبيّة الذَّنَب: حشرة لا جناحيّة في مؤخَّرها هُلبان.

bris·tly [brĭs′lĭ] *(adj.)* (١) هُلْبيّ؛ كَثٌّ؛ خشِن (٢) أهْلَب: قاسي الشّعر (٣) «أ» نَكِدُ الطَّبْع. «ب» مولَعٌ بالقتال.

bris·tol [brĭs′təl] *(n.)* البْرِيستول: ورق مقوًّى صقيل.

brit *also* **britt** [brĭt] *(n.)* البِرْت: الصغير من سمك الرَّنكة.

Brit [brĭt] *(n.)* البريطانيّ. وبخاصة: الإنكليزيّ.

Bri·tan·ni·a metal *(n.)* مَعْدِن بريطانيا: سبيكة قصدير ونحاس إلخ.

Bri·tan·nic [brĭ tăn′ĭk] *(adj.)* بريطانيّ.

britch·es [brĭch′ĭz] *(n. pl.)* = breeches.

Brit·i·cism [brĭt′ə sĭz′əm] *(n.)* الاصطلاح البريطانيّ: لفظة أو عبارة تجري على ألسنة البريطانيين بخاصة.

Brit·ish [brĭt′ĭsh] *(n.; adj.)* (١) «أ» البريطونيّة: لغة البريطونيين (را. Briton *1*). «ب» الإنكليزية البريطانية British English (٢) البريطانيّون: أبناء بريطانيا العظمى أو الكومنولث البريطانيّ § (٣) بريطانيّ.

British English *(n.)* الإنكليزية البريطانية: اللغة الإنكليزية المميَّزة لإنكلترا والمتميِّزة عن إنكليزية الولايات المتّحدة الأميركية.

Brit·ish·er [brĭt′ĭsh ər] *(n.)* = Briton *2*.

British thermal unit *(n.)* الوحدة الحرارية البريطانية: مقدار الحرارة اللازم لرفع باوند واحد من الماء درجة فارنهايتية واحدة.

Brit·on [brĭt′ən] *(n.)* (١) البريطونيّ: أحد أبناء واحدٍ من الشعوب التي سكنت بريطانيا قبل الغزوات الأنكلوسكسونية (٢) البريطانيّ: أحد أبناء أو رعايا بريطانيا. وبخاصة: الإنكليزيّ.

brits·ka [brĭts′kə] *(n.)* الحَنْطور: مَرْكَبة ذات غطاء قابلٍ للطَّيّ.

britska

brit·tle[1] [brĭt′əl] *(adj.; vi.)* (١) قَصِف (مج)؛ قَصِم؛ هَشّ؛ سريع الانكسار (٢) واهٍ؛ غير وطيد <a ~ marriage> (٣) «أ» حسّاس؛ سريع الانفعال <a ~ person>. «ب» نَزِق؛ نَكِد <~ temper> (٤) حادّ <a ~ sound> § (٥) يتقصَّف؛ يتفتّت.

brit·tle[2] *(n.)* الحلوى القَصِفة: سُكّر يُغْلَى ثم يضاف إليه جوز أو لوز ويقطَّع رقائقَ قَصِفة.

brit·tle·ness *(n.)* قَصافة (مج)؛ قَصامة؛ هشاشة؛ سرعةُ انكسارٍ.

broach[1] [brōch] *(n.; vt.; i.)* (١) بروش؛ دبُّوس زينيّ (٢) شيء مُستدقّ، مثل: «أ» سَفّود؛ سِيخ. «ب» مِثقاب. «ج» مِبْزَل أو مِخْرَز [لفتح البراميل]. «د» برجٌ مستدقّ (عم). «هـ» إزميل البنّاء § (٣) «أ» يَبْزُل [برميلًا]. «ب» يَفْصِدُ [وريدًا]؛ يسفح [دمًا] (٤) يَثْقُب أو يوسّع ثقبًا (٥) «أ» يُعلن. «ب» يفتح؛ يَطْرُق <to ~ a subject>. «ج» يُدَشِّن؛ يفتتح [منجمًا أو مَتْجَرًا] x (٦) تنبثق [السمكةُ أو الغواصةُ] من تحت سطح الماء.

broach[2] *(vt.)* يدير [جانبَ المركب] نحو الريح أو الأمواج.

broad [brôd] *(adj.; adv.; n.)* (١) عريض (٢) فَسيح <the ~ sea> (٣) واسع <~ experience> (٤) واضح؛ بيِّن <a ~ hint> (٥) «أ» مطلَق العِنان؛ لا يعرف حدًّا أو قيدًا <~ mirth>. «ب» بذيء <~ jokes> (٦) متحرِّر؛ رحب الأفق <~ views> (٧) رئيسيّ؛ عامّ؛ عريض <the ~ aspects of the case> (٨) تمامًا؛ بكلّ ما في الكلمة من معنًى <~ awake> § (٩) الجزء العريض [من شيء ما] (١٠) *pl.* عد: امتداد نهر؛ اتّساع نهر (١١) امرأة (ع) (١٢) بَغِيّ؛ مومس (ع).

~ daylight وَضَحُ النهار.

broad arrow *(n.)* السهم العريض: «أ» سهم عريض النصل. «ب» علامة سهمية توضع على المخازن والممتلكات الحكوميّة البريطانية وعلى ملابس المحكوم عليهم.

broad arrow

broad·ax *also* **broad·axe** *(n.)* فأس ضخمة عريضة الشَّفرة.

broad bean *(n.)* فول الخيل؛ الباقِلّى؛ الباقِلّاء؛ الجَرْجَر (نب).

broad·bill *(n.)* (١) عريضُ المنقار: أيّ من عدة طيور تتميَّز بمناقيرها العريضة (٢) السَّيف؛ سيّاف البحر؛ أبو سيف: سمك بحريّ كبير.

broad·brim *(n.)* (١) عريضة الحافة: قبعة عريضة الحافة كالتي يعتمر بها المهتزّون Quakers (٢) *cap.*: المُهتَزّ: واحدُ المهتزّين.

broad·brush *(adj.)* عامّ؛ غير محدَّد أو دقيق.

broad·cast [brôd'-] *(vt.; i.; n.; adj.; adv.)* (١) يَنْثُرُ [الحَبَّ] (٢) يَنْشُرُ [إشاعةً] (٣) يَبُثّ: يذيع الأخبار أو الموسيقى وغيرها بالراديو أو التلفزيون x (٤) يتحدَّث أو يمثّل في برنامج إذاعيّ أو تلفزيونيّ § (٥) البَثّ: إذاعة الصوت أو الصُّوَر بالراديو أو بالتلفزيون (٦) برنامج إذاعيّ أو تلفزيونيّ § (٧) منثور في جميع الجهات (٨) واسع الانتشار <~ discontent> (٩) إذاعيّ؛ تلفزيونيّ § (١٠) منثورًا أو مبثوثًا على رقعة واسعة.

broad·cloth *(n.)* (١) جوخ (٢) قماش قطنيّ أو حريريّ.

broad·en [brô'dən] *(vt.; i.)* (١) يوسّع؛ يُعَرِّض x (٢) يتَّسع؛ يَعْرُض.

broad gauge *(n.)* السِّكة الحديدية العريضة.

broad–gauge [-gāj'] *(adj.)* (١) عريض (٢) متحرِّر؛ واسع أفق التفكير.

broad jump *(n.)* القفز العريض (رب).

broad·leaf[1] *(n.)* العريض الأوراق: تبغ عريض الأوراق صالح لصُنع السِّيجار.

broad·leaf[2]; **-leafed; -leaved** *(adj.)* عريض الأوراق.

broad·loom *(adj.)* منسوج على نولٍ عريض.

broad–mind·ed *(adj.)* متحرِّر؛ متسامح؛ واسع أفق التفكير.

broad·ness *(n.)* (١) اتّساع إلخ (٢) تحرُّر (٣) بذاءة.

broad·side *(n.; adj.; adv.; vi.)* (١) النشرة المطويّة: قطعة من الورق يُطبع عليها إعلان أو أُغنية ثم تُطْوَى (٢) جانب السفينة [البارز فوق سطح الماء] (٣) «أ» مَدافع جانب السفينة. «ب» الصَّلْية الجانبية: نيران مَدافع جانب السفينة منطلقةً في وقتٍ معًا. «ج» وابلٌ من الشتائم أو النقد § (٤) جانبيّ § (٥) جانبيًّا (٦) دفعةً واحدةً (٧) عَشوائيًا؛ كَيْفَما اتفق § (٨) يتقدم على نحو جانبيّ.

broad–spo·ken *(adj.)* بيِّن؛ واضح؛ صريح.

broad·sword *(n.)* السَّيف العريض: سيف عريض الحدّ.

broad·tail *(n.)* = karakul *a.*

broad·wife *(n.)* الأَمَة المفارقة: زوجةُ عبدٍ رقيق يملكه مالكٌ آخر.

bro·cade [brō kād'] *(n.; vt.)* (١) البروكاد: نسيج مُقَصَّبٌ أو مطرَّز § (٢) يُقصِّب؛ يُطرِّز.

bro·cad·ed *(adj.)* مُقَصَّب؛ مطرَّز.

broc·a·telle [brŏk'ə tĕl'] *(n.)* البَرْكاتيل: نسيج مُقَصَّب على نحوٍ بارز.

broc·co·li *or* **broc·o·li** [brŏk'ə-] *(n.)* البَرْكولي: نبات شبيهٌ بالقَنَّبيط.

bro·chette [brō shĕt'] *(n.)* سَفُّود؛ سِيخ [لشيّ اللحم إلخ].

bro·chure [brō shoor'] *(n.)* كُرّاسة؛ كُتَيِّب؛ بحث موجز.

brock·et [brŏk'ət] *(n.)* (١) الشّادن: ولد الظَّبي (٢) البَرْكَت: ظبي جنوبأميركي صغير.

bro·gan [brō'gən] *(n.)* المَداس: حذاء غليظ.

brogue [brōg] *(n.)* (١) البَروغ: «أ» حذاء إيرلنديّ غليظ. «ب» حذاء متين يتميَّز عادةً بثقوب زِينيّة (٢) نبرة؛ لهجة. وبخاصة: اللهجة الإيرلندية في النُّطق بالإنكليزية.

broi·der [broi'dər] *(vt.)* = embroider.

broil[1] [broil] *(vt.; i.; n.)* (١) يَشْوي (٢) يُحَمّي؛ يُسَخِّن x (٣) يُشْوَى (٤) يَحْمَى § (٥) «أ» شيّ إلخ. «ب» انشواء. «ج» حرارة لاهبة (٦) شِواء.

broil[2] *(vi.; n.)* (١) يتشاجر § (٢) شِجار.

broil·er[1] *(n.)* (١) «أ» الشَّوّاء. «ب» مِشواة (٢) فَرّوج (٣) نهارٌ قائظ.

broil·er[2] *(n.)* المُشاغب: مثير المشاجرات والنزاعات.

broke[1] [brōk] *past and past part. of* break.

broke[2] [brōk] *(adj.)* مُفْلِس.

bro·ken [brō'kən] *(adj.)* (١) مُهَشَّم (٢) «أ» مكسور. «ب» وَعْر. «ج» مُخْلَف؛ منكوثٌ به <a ~ promise>. «د» مُتَقَطِّع <~ sleep>. «هـ» مُتَقَلِّب <~ weather> (٣) «أ» مُوْهَن؛ مُرْهَق؛ مُتْعَب. «ب» مُرَوَّض؛ مُذَلَّل؛ مُطَوَّع <a ~ horse>. «ج» يائس. «د» مُنْسَحِق <a ~ spirit>. «هـ» مُفْلِس. «و» مُنْزَل الرُّتبة (٤) محطَّم؛ غير سليم <~ English>

(٥) ناقص ؛ غير كامل <a ~ set> .
بيت منشقٌّ أو خَرِب : أسرة فَصَلَ الطلاق ما بين ركنَيها فَعَدِم a ~ home الأولاد فيها كلَّ رعاية .

bro·ken–down *(adj.)* (١) مُحَطَّم : غير صالح للعمل <a ~ horse> (٢) مُعَطَّل ؛ بالٍ ؛ تالف <a ~ machine> (٣) عليل (٤) مُفْلِس .

bro·ken·heart·ed *(adj.)* مسحوق الفؤاد [أسًى أو يأسًا] .

broken wind *(n.)* رَبْو الخيل .

bro·ker [brō′-] *(n.)* (١) سمسار ؛ وسيط (٢) تاجر السِّلع المستعملة (بر) .

bro·ker·age [-ĭj] *(n.)* السَّمْسَرة : عَمَل السِّمسار أو عُمولتُه .

bro·mate [brō′māt′] *(n.; vt.)* (١) البرومات : ملح الحمض البروميّ (ك) § (٢) يُبَرْوِم : يمزج بالبروم (ك) .

bro·mic [brō′-] *(adj.)* بروميّ : محتوٍ على بروم أو ذو علاقة به .

bromic acid *(n.)* الحَمض البروميّ (ك) .

bro·mide [brō′mīd] *(n.)* (١) البروميد (ك) (٢) «أ» شخصٌ مُضجِر (ع) . «ب» فكرة أو ملاحظةٌ مبتذَلة (ع) .

bro·mid·ic [brō mĭd′ĭk] *(adj.)* مُضْجِر ؛ مُبْتَذَل ؛ غير مُمتع .

bro·mi·nate [-′mə nāt′] *(vt.)* يُبَرْوِم : يعالج أو يمزج بالبروم (ك) .

bro·mi·na·tion *(n.)* البَرْوَمة : المعالَجة أو المزج بالبروم (ك) .

bro·mine [brō′mēn; -mĭn] *(n.)* البروم ؛ البرومين (ك) .

bro·mism [brō′mĭz əm] *(n.)* البروميّة : حالة مرضيّة جلدية ناشئة عن الإسراف في استعمال البروم أو مركّباته (مض) .

bro·mo *(n.)* البرومو : مستحضر فوّار يُتّخذ مُسَكِّنًا أو علاجًا للصداع .

bronch- بادئة معناها : شُعبة ؛ شُعَبيّ .

bron·chi [brŏng′kī] *pl. of* bronchus.

bron·chi·a [-′kĭ ə] *(n. pl.)* sing. **-chium** الشُّعَيبات ؛ القُصَيْبات (ت) .

bron·chi·al [-′kĭ əl] *(adj.)* شُعَبيّ (ت) .

bronchial asthma *(n.)* النَّسمة الشُّعَبيّة ؛ الرَّبو الشُّعَبيّ .

bronchial pneumonia *(n.)* = bronchopneumonia.

bronchial tube *(n.)* الشُّعْبة : إحدى شُعْبَتَي القَصَبة الهوائية (ت) .

bron·chi·ec·ta·sis [-ĕk′tə sĭs] *(n.)* توسُّع الشُّعَب (مض) .

bron·chi·tis [brŏng kī′tĭs] *(n.)* الالتهاب الشُّعَبيّ (مض) .

broncho- = bronch-.

bron·cho·pneu·mo·nia [-nyo͞o mō′-] *(n.)* الالتهاب الشُّعَبيّ الرئويّ .

bron·cho·scope [brŏng′kə-] *(n.)* المِشْعاب : أداة أنبوبية لفحص شُعْبَتَي القصبة الهوائية ولإخراج الأجسام الغريبة منهما (ط) .

bron·chus [brŏng′kəs] *(n.)* pl. **-chi** [kī] الشُّعبة : إحدى شُعْبَتَي القصبة الهوائية (ت) .

bron·co [-kō] *(n.)* البَرْنَق : جوادٌ قَزَم غيرُ مُرَوَّض أو نصف مُرَوَّض .

bron·to·sau·rus [-sôr′əs] *or* **bron·to·saur** *(n.)* البرونتوصور : دينوصور منقرض .

brontosaur

bronze [brŏnz] *(n.; adj.; vt.)* (١) البرونز (مع) (٢) تمثال برونزيّ (٣) اللون البرونزيّ § (٤) برونزيّ § (٥) يُبَرْنِز : يجعله بلون البرونز .

Bronze Age *(n.)* عصر البرونز [بين العصر الحجري وعصر الحديد] .

bronz·ing *(n.)* (١) التَّبَرْنُز : تلوُّن بلون البرونز (٢) البَرْنَزَة .

bronz·y [brŏn′zĭ] *(adj.)* برونزيّ : شبيه بلون البرونز .

brooch [brōch; bro͞och] *(n.)* البروش : دبّوس زينيّ أنيق .

brood [bro͞od] *(n.; adj.; vt.; i.)* (١) «أ» الحَضْنَة ؛ الفَقْسَة : نِتاج الحَضْنة أو الفَقْسَة الواحدة . «ب» صغار الأمّ الواحدة [من الحيوان والإنسان] (٢) جنس ؛ نوع § (٣) استيلاديّ : مُعَدٌّ للاستيلاد <a ~ mare> § (٤) «أ» تَحْضُن الدجاجةُ إلخ بيضها ليفقس . «ب» يجلس في سكينة (٥) «أ» يتأمّل ؛ يُطيل التفكير في أمر . «ب» يكتئب (٦) يكتنف (٧) يُطِلّ ؛ يُشْرِف على .

brood·er *(n.)* (١) فا brood (٢) المَوْكِن ؛ المَفْقَسَة : موضع مُدَفًّا لفَقْس البيض صُنْعيًا .

brood·y *(adj.)* (١) استيلاديّ <a ~ mare> (٢) حاضن ؛ حَضُون <a ~ hen> (٣) «أ» نزّاعٌ إلى التأمل . «ب» كئيب .

brook[1] [bro͝ok] *(n.)* جَدْول ؛ غدير .

brook[2] *(vt.)* يتحمّل ؛ يحتمل ؛ يُطيق .

brook·let [bro͝ok′-] *(n.)* الجُدَيْل (مج) : جدول أو غدير صغير .

broom [bro͞om] *(n.; vt.)* (١) رَتَمُ المكانس (نب) (٢) مِكْنَسَة ؛ مِقَشَّة § (٣) يَكْنُس .

broom·corn *(n.)* ذُرة المكانس (نب) .

broom·rape *(n.)* الجَعْفيل ؛ أسَدُ العَدَس : نبات طُفَيْلي .

broom·stick *(n.)* عصا المِكنَسة .

brose [brōz] *(n.)* البروز : طعام يُعَدّ بصبّ سائلٍ مَغْليّ على الدقيق .

broth [brôth] *(n.)* (١) مَرَق (٢) حساء .

broth·el [brŏth′əl; brŏth′-] *(n.)* ماخور ؛ مَبْغًى ؛ بيت دعارة .

broth·er [brŭth′ər] *(n.)* (١) أخ (٢) صديق ؛ زميل (٣) راهب .
~ in arms رفيق السِّلاح ؛ أخٌ في السِّلاح (جن) .

broth·er·hood *(n.)* (١) أُخُوَّة (٢) إخاء (٣) أَخَوِيّة ؛ رَهْبنة ؛ منظَّمة ؛ نقابةُ صُنّاع (٤) أبناء المهنة الواحدة <the medical ~> .

broth·er–in–law *(n.)* (١) «أ» أخو الزَّوج . «ب» أخو الزوجة (٢) زوج الأخت (٣) «أ» زوج أختِ الزوجة . «ب» زوج أختِ الزوج .

broth·er·ly *(adj.; adv.)* (١) أخَويّ § (٢) أخَويًّا .

brough·am [bro͞o′əm] *(n.)* البْرُهام : ضرب من العَرَبات والسيّارات .

brought [brôt] *past and past part. of* bring.

brou·ha·ha [bro͞o hä′hä] *(n.)* ضَجيج ؛ صَخَب ؛ اهتياج .

brow [brou] *(n.)* (١) «أ» حاجبُ العين أو شَعْرُهُ . «ب» جبين (٢) حافة المنحدر أو أعلاه (٣) سيماء ؛ طَلعة ؛ ملامح ؛ أسارير .
to knit one's ~*s* يُقطِّب جبينَهُ : يَعْبِس .

brow·beat [brou′bēt′] *(vt.)* يتوعَّد ؛ يُرهِب [بالصِّياح أو العبوس] .

-browed لاحقة معناها : ذو حاجبَيْن من نوع معيَّن .

brown [broun] *(adj.; n.; vi.; t.)* (١) أسمر أو بُنّيّ . وبخاصة : أسمر البَشَرة (٢) مَسْفوع [بالتعرُّض للشمس] § (٣) اللون الأسمر ؛ اللون البُنّيّ (٤) شخص أسمر البَشَرة § (٥) يَسْمَرّ x (٦) يُسَمِّر (٧) يُضجِر ؛ يُسْئِم .

to do ~, يَخْدَعُ؛ يغشّ؛ يَمْكُرُ بِـ.

brown–bag *(vt.; i.; adj.)* (١) يتزوّد: يحمل غداءه معه إلى مقرّ عمِلِهِ [في كيس ورقيّ أسمَر عادةً] § (٢) مُتَزَوَّد <a ~ lunch>.

brown Bet·ty *(n.)* حلوى مخبوزة [تُعَدّ من تُفّاحٍ وخبزٍ وتوابل].

brown coal *(n.)* = lignite.

brown·ie [brou′nĭ] *(n.)* السُّمَيْراء: «أ» جِنّيّة سمراء صغيرة تزعم الأسطورة أنها تساعد سِرًّا في أداء بعض الأعمال المنزلية. «ب» *cap.*: الزَّهرة: فتاة منتسبة إلى فرقة كشفية للبنات. «ج» كعكة شوكولا بالبندق.

Brownie point *(n.)* تقدير يُكْتَسَبُ بتملّق الرؤساء.

brown·ish *(adj.)* مُسْمَرّ: ضاربٌ إلى السُّمرة.

brown·out [broun′out′] *(n.)* تعتيم جزئيّ.

Brown·shirt *(n.)* (١) النازيّ (٢) عضو في قوّات الصاعقة الهتلرية.

brown·stone *(n.)* الحجر الأسمر: حجر رمليّ أسمر.

brown study *(n.)* شرود [في الذهن]؛ استغراق في التفكير.

browse [brouz] *(vt.; i.; n.)* (١) تَعْلُق: ترعى الماشيةُ العشبَ x (٢) يتصفّح [كتابًا في مكتبة أو صفحةً من صفحات الإنترنت] (٣) يستعرض [السِّلَعَ المعروضةَ للبيع] § (٤) العَلَق: الأماليد والأوراق الغضّة التي تغتذي بها الماشية.

brow·ser [brou′-] *(n.)* «أ» المتصفِّح: مَن يتصفّح كتابًا إلخ [في مكتبة أو على الإنترنت]. «ب» برنامج كومبيوتر يؤمِّن الدخول إلى مواقع في الشبكة العالميّة.

bru·cel·lo·sis [broo′sə lō′sĭs] *(n.)* الحُمَّى المتموِّجة؛ الحُمَّى المالطيّة.

bru·cine [broo′sēn] *(n.)* البروسين: مادة شبه قلوية سامّة.

bru·in [broo′ĭn] *(n.)* دُبّ (ح).

bruise [brooz] *(vt.; i.; n.)* (١) يَرُضّ؛ يَكْدِم (٢) يَخْدِش؛ يجرح [الشعورَ إلخ] (٣) يَسْحَن [الأدوية أو الأطعمة] x (٤) يَنْرَضّ؛ ينكدم؛ يزرقّ من ضربة أو وقعة إلخ (٥) ينخدش؛ ينجرح <His feelings ~ easily.> § (٦) رضّة؛ كَدْمة (٧) خَدْش [للشعور أو الإحساس].

to ~ along يركب الخَيْل بتهوُّر.

bruis·er [-′zər] *(n.)* (١) فا bruise (٢) الملاكم (٣) رجل فظّ.

bruit [broot] *(n.; vt.)* (١) إشاعة (ا. ق) § (٢) ينشر إشاعةً.

bru·mal [broo′məl] *(adj.)* شَتَويّ.

brume [broom] *(n.)* ضباب؛ «غطيطة».

brum·ma·gem [brŭm′ə jəm] *(adj.; n.)* (١) زائف؛ كاذب؛ مُبَهْرَج ولكنّه رخيص § (٢) شيء زائف أو كاذب إلخ.

brunch [brŭnch] *(n.)* الفَطْرَغَد: وجبة طعام نصف صباحية تقوم مقام الفطور والغداء معًا [فَطور + غداء].

bru·net [broo nĕt′] *(adj.; n.)* (١) أسمر (٢) أسود <~ eyes> § (٣) الأسمر: رَجُلٌ أسمر.

bru·nette [broo nĕt′] *(adj.; n.)* (١) brunet § (٢) امرأة سمراء.

brunt [brŭnt] *(n.)* الطُّخمة: الوطأة العظمى [من هجوم أو نقد].

brush[1] [brŭsh] *(n.)* (١) أغصان مقطوعة (٢) أَجَمَة؛ دَغَلٌ.

brush[2] *(n.)* مُناوَشة؛ معركة قصيرة.

brush[3] [brŭsh] *(n.; vt.; i.)* (١) «أ» فُرْشاة [للتّنظيف أو الرسم]. «ب» صناعة الرسّام أو براعتُهُ (٢) شيء كالفُرشاة، مثل: «أ» ذيل كثيف. وبخاصة: ذيل الثعلب. «ب» ريش القُبّعة (٣) الفِرْجَوْن؛ المِسْفَرة: مُوَصِّل كهربائيّ يُحدث تلامسًا انزلاقيًا بين جزء ساكن وآخرَ متحرِّك [في مُوَلِّد أو محرِّك] (٤) تنظيف بالفُرْشاة (٥) مَسٌّ رفيق (٦) جولة سريعة في الريف [على صهوة جواد] § (٧) يُفَرْشي: ينظّف أو يمسح بالفرشاة (٨) يُسَرِّح بالفرشاة (٩) يَصْرِف؛ يتخلّص من <He ~ *ed* her off.> (١٠) يمسّ برفق [أثناء السَّير] x (١١) يَمُرّ به مرورًا سريعًا (١٢) يندفع؛ ينطلق بخفة [بحيث لا يكاد يُلحظ] (١٣) يُفَرْشي أسنانه.

to ~ aside *or* away يتجاهل؛ لا يُبالي بِـ.
to ~ away a tear يُكفكِف دمعةً.
to ~ up (١) يَصْقُل (٢) يُطَرّي ذاكرته: يدرس أو يتمرّن ليستعيد براعةً مفقودةً.

brush discharge *(n.)* التّفريغ الفِرْجَوني (كب).

brushed [brŭsht] *(adj.)* مُزَأْبَر: ذو زِئْبِرٍ <~ fabrics>.

brush–off [brŭsh′ôf′] *(n.)* رَفْض؛ صَرْف نهائيّ أو فظّ (عا).

brush·wood *(n.)* (١) أغصان مقطوعة (٢) أَجَمَة؛ دَغَلٌ.

brush·work *(n.)* الرَّسم: عَمَلُ الرّسّام.

brush·y [brŭsh′ĭ] *(adj.)* (١) أَجَميّ؛ دَغَليّ (٢) زاخرٌ بالأغصان المقطوعة (٣) كَثّ؛ خشِن الشَّعر.

brusque *also* **brusk** [brŭsk] *(adj.)* فَظّ؛ جافٍ؛ جِلْف.

brus·que·rie [-kə rē′]; **brusque·ness** *(n.)* فَظاظة؛ جَلافة.

Brussels sprout [brŭs′əlz] *(n.)* (١) *pl.* عد: الكُرُنب المُسَوَّق: ضرب من الكُرُنب أو الملفوف رؤوسُه شبيهة بالبراعم (٢) *pl.* عد: أحد الرؤوس نفسها.

Brussels sprouts

brut [broot] *(adj.)* غير حلو: محتوٍ على أقلّ من ١,٥٪ سُكّرًا.

bru·tal [broo′təl] *(adj.)* (١) وحشيّ <a ~ attack> (٢) قاسٍ <~ weather> (٣) مُوجع؛ مُرّ: دقيق أو صحيح إلى حدّ مؤلم <the ~ truth>.

bru·tal·i·ty [-tăl′ə tĭ] *(n.)* (١) وحشيّة (٢) عملٌ وحشيّ.

bru·tal·ize *(vt.; i.)* (١) يُوَحِّش: يُصَيِّره وحشيًّا <War ~s men.> (٢) يعامل بوحشية x (٣) يتوحّش: يُصبح كالوحش.

brute [broot] *(adj.; n.)* (١) بهيميّ (٢) أعجم؛ غير عاقل <a ~ beast> (٣) أعمى: غير ذي حياة أو إدراك <the ~ powers of nature> (٤) شبيه بالبهيمة صفةً أو عملًا أو غريزةً، مثل: «أ» شَهْوانيّ. «ب» وحشيّ § (٥) بهيمة (٦) شخص وحشيّ (٧) صفات الإنسان أو رغباته البهيمية.

brut·ish [broo′-] *(adj.)* (١) بهيميّ (٢) وحشيّ (٣) فظّ (٤) أحمق.

bryo- بادئة معناها : طُحْلب ؛ طُحْلبيّ .

bry·ol·o·gy [brī ŏl′ə jĭ] *(n.)* (١) طحالب منطقةٍ ما (٢) علم الطَّحالب .

bry·o·ny [brī′ə nĭ] *(n.)* الفاشِرا : نبات معترش .

bry·o·phyte [brī′ə fīt′] *(n.)* نبات طُحْلبيّ .

bry·o·zo·an [brī′ə zō′ən] *(n.; adj.)* (١) حيوان طُحْلبيّ § (٢) حيوانيُطُحْلبيّ ؛ حيوان طُحْلبيّ .

BSE [bē ĕs′ē] *(n.)* جنون البقر ؛ مَرَض الدِّماغ الإسفنجيّ البقريّ .

bu·bal [byōō′bəl] *(n.)* النَّيْتَل : نوع من بقر الوحش .

bub·ble [bŭb′əl] *(n.; vi.; t.)* (١) فُقّاعة[في سائل أو جسم صلب شفّاف] (٢) «أ» وَهْم . «ب» مسألة تافهة خادعة . «ج» مشروع وهميّ (٣) «أ» بَقْبقة[الماء الغالي] . «ب» خرير § (٤) «أ» يُبَقْبِق . «ب» يُزْبد (٥) يتدفّق مُحْدِثًا خريرًا (٦) يفور (٧) يتحدَّث باندفاع وطلاقة x (٨) يَخْدع (ا . ق) (٩) يَغلي ؛ يفوِّر ؛ يُفَقِّع : يجعله مُزْبدًا أو ذا فقاقيع (١٠) يساعد طفلًا على التجشُّؤ [بفرْك ظهره أو بالتربيت عليه] .

to ~ over (١) يَطْفح ؛ يفيض (٢) يَمور بالحيوية .

bubble and squeak *(n.)* بطاطس وكرنب [يُقليان معًا] .

bubble gum *(n.)* المَضيغة الفُقّاعية [يُطْلَق منها ما يُشبه الفقاقيع] .

bub·ble·head·ed *(adj.)* أحمق ؛ مُغَفَّل ؛ أبله .

bub·bler [bŭb′lər] *(n.)* (١) فا bubble (٢) نبع فوّار .

bub·bly *(adj.; n.)* (١) فوّار (٢) فُقّاعيّ (٣) مَرِح § (٤) شامبانيا .

bu·bo [byōō′bō] *(n.)* الدَّبْل : ورمٌ في غدّة لنفاوية .

bubonic plague [byōō bŏn′-] *(n.)* الطّاعون الدَّبْليّ (مج) .

buc·cal [bŭk′əl] *(adj.)* (١) وَجْنيّ : خاصّ بالوَجْنة (٢) فَمّيّ .

buc·ca·neer [bŭk′ə nēr] *(n.; vi.)* (١) قُرْصان (٢) المُغامر [في السياسة أو التجارة] § (٣) يَتَقَرْصن .

buc·ci·na·tor [bŭk′sə nā′tər] *(n.)* العضلة المُبَوِّقة : عضلة رقيقة تبطِّن الخَدَّ وتساعد على المضغ والنفخ بالبوق (ت) .

bu·cen·taur ¹ [byōō sĕn′tôr] *(n.)* البوقَنْطور : كائن خرافيّ نصفُهُ ثور ونصفُهُ بَشَرٌ (مث) .

bu·cen·taur ² *(n.)* البوصَنْطُور : قارب كان يستعمله أُمراء البندقيّة [في إيطاليا] في مناسبات رسميّة .

bucentaur²

buck ¹ [bŭk] *(n.; vi.; t.)* (١) ذَكَرُ الحيوان . وبخاصة : ذَكَرُ الأيِّل ؛ ذَكَرُ الظبي (٢) «أ» رَجُل . «ب» هنديّ أحمر . «ج» زنجيّ أميركيّ . «د» شاب متأنّق (٣) ظَبْي (٤) جِلد الظَّبي [أو شيء مصنوع منه] (٥) دولار (ع) (٦) حامِل ؛ مِنْصَب ؛ سِناد § (٧) يَثِبُ [الجوادُ] أو يَشْبو (٨) تَثِبُ [العربةُ] وتَرُجّ أو «تَنْخع» (٩) يقاوم بعناد (١٠) يناضل ؛ يكافح (١١) يتبجَّح (بر) x (١٢) يعارض ؛ يقاوم .

buck¹ *1.*

to ~ up (١) يتشجَّع (٢) يصبح أكثر ابتهاجًا ونشاطًا .

buck ² *(n.)* (١) علامة ؛ مُؤشِّر (٢) مسؤولية ؛ تَبِعَة .

to pass the ~, يحوِّل المسؤولية أو الملامة إلى شخص آخر .

buck ³ *(adj.)* من الدرجة الدنيا [في فئة عسكريةٍ ما] <~ sergeant> .

buck·a·roo *also* **buck·er·oo** [bŭk′ə rōō] *(n.)* = cowboy.

buck·bean [bŭk′-] *(n.)* نَفَلُ الماء : نبات ينمو في المستنقعات .

buck·board *(n.)* البَكْبَرْد : عربة خيل مكشوفة .

bucked [bŭkt] *(adj.)* (١) مُتْعَبٌ ؛ مُرْهَق (٢) سعيد ؛ مبتهج .

buck·et [bŭk′ət] *(n.; vt.; i.)* (١) دَلْو (٢) كلُّ ما يُشبه الدَّلو . وبخاصة : قادوس الناعورة (٣) مِلء دَلْوٍ (٤) مقدار كبير § (٥) يرفع أو يحمل بدَلْوٍ (٦) «أ» ينطلق بالفرس بسرعة خاطفة . «ب» يسوق بسرعة أو خشونة x (٧) يندفع ؛ يستعجل (٨) يهيم على وجهه .

bucket brigade *(n.)* الكتيبة الدَّلْوية : سلسلة من أشخاص يعملون على إطفاء حريق بإمرار دِلاء الماء من يد إلى يد .

bucket seat *(n.)* المَقْعَد الدَّلْويّ : مَقْعَد قابلٌ للطيّ مُخصَّصٌ لشخصٍ واحد [في السيارات والطائرات] .

bucket shop *(n.)* مكتب للمضاربة [على الأسهم يعمل ضدّ مصالح زبائنه] .

buck·eye [bŭk′ī′] *(n.; adj.)* (١) الباقِية : نبات وثيق الصلة بكستناء الحصان horse chestnut § (٢) مُبَهْرَج ؛ رخيص .

buck fever *(n.)* حُمّى الطَّرَد : اهتياج عصبيّ يصيب صيّادًا تُعْوِزُه الخبرة عند رؤيته الطّرائد .

buck·hound *(n.)* كلب الظِّباء : كلبٌ لصيد الظِّباء .

buck·ish [bŭk′ĭsh] *(adj.)* (١) متأنّق [في الملبس] (٢) مندفع .

buck·le [bŭk′əl] *(n.; vt.; i.)* (١) إبزيم ؛ مِشبَك (٢) الإبزيميّة : حلية معدنية عادةً شبيهة بالإبزيم (٣) التواء ؛ انثناء (٤) تَغَضُّن ؛ تجعُّد § (٥) يُبَزِّم : يُثبِّت بإبزيم (٦) يَلْوي ؛ يَثْني (٧) يُغَضِّن ؛ يُجعِّد x (٨) يَنْبَزِم ؛ ينشبك (٩) ينكبّ [على العمل] (١٠) يلتوي ؛ ينثني (١١) ينهار .

to ~ (down) to يَنْكَبُّ على العمل .

buck·ler *(n.; vt.)* (١) تُرْس § (٢) يحمي ؛ يدافع عن .

buck passer *(n.)* المُتَهرِّب من المسؤولية .

buck·ra [bŭk′rə] *(n.; adj.)* (١) رجل أبيض [بلُغَة الزنوج] (٢) سيِّد ؛ مولًى ؛ رئيس § (٣) «أ» أبيض ؛ قويّ . «ب» حَسَنٌ [بلُغَة الزنوج] .

buck·ram [bŭk′rəm] *(n.; adj.; vt.)* (١) البَقْرَم ؛ البُخاريّ : قماش قاسٍ لتجليد الكتب § (٢) بَقْرَميّ ؛ بُخاريّ § (٣) يُبَقْرِم : يُقَسّي أو يُقَوّي بالبَقْرَم .

bucksaw

buck·saw [bŭk′sô′] *(n.)* مِنشار يدويّ .

buck·shee [bŭk′shē] *(n.; adj.)* (١) بقشيش ؛ راشن § (٢) مجانيّ (ع) .

buck·shot *(n.)* خُرْدق الأيائل : خردق كبير لصيد الأيائل وكبار الطَّرائد .

buck·skin *(n.)* (١) جِلْد الأيِّل [أو الظَّبي] (٢) الأيِّليّ : «أ» جلدٌ متين ليِّن مصفرّ أو ضاربٌ إلى الرّمادي . «ب» نسيج صوفيّ قِشْديّ اللون . «ج» *pl.*: بنطلون أو حذاء مصنوع من الجلد الأيِّليّ .

buck·thorn *(n.)* النَّبْق (نب) .

buck·tooth *(n.)* السِّنّ الناتئة أو البارزة .

buck·wheat *(n.)* (١) الحِنْطة السَّوداء : نباتٌ عُشبيّ يُقَدَّم حَبُّهُ عَلَفًا للحيوان (٢) حَبُّ الحِنطة السوداء أو دقيقها .

bu·col·ic [byōō kŏl′ĭk] *(adj.; n.)* (١) رَعَويّ : ذو علاقة بالرُّعاة (٢) ريفيّ § (٣) فَلّاح ؛ راعٍ ؛ ريفيّ (ا . ق) (٤) قصيدة رَعَويّة .

bud [bŭd] *(n.; vi.; t.)* (١) بُرْعُم (نب) (٢) شيء أو شخص غير ناضج (٣) «أ» غُلام. «ب» فتاة. «ج» شابّ (٤) رفيق؛ زميل § (٥) يتبرعَم: «أ» يُطلع النباتُ براعمَهُ. «ب» يبدأ في النمو x (٦) يُبَرْعِم: يجعله يتبرعَم. in ~, مُتَبَرْعِم؛ ذو براعم.

Bud·dha [bōōd′ə] *(n.)* (١) البوذا؛ المتنوِّر: مَنْ بلغ حالةَ التنوُّر الروحيّ الكامل [عند البوذيين] (٢) البوذا: رسمٌ أو تمثال لغوتاما بوذا، مؤسس البوذية.

Buddha 2.

Bud·dha·hood *(n.)* البوذانيّة: حالة الكمال الروحيّ [في البوذية].

Bud·dhism [bōōd′ĭz əm] *(n.)* البُوذيّة؛ الديانة البوذيّة.

Bud·dhist [bōōd′ĭst] *(n.; adj.)* (١) البوذيّ § (٢) بُوذيّ.

bud·ding [bŭd′ĭng] *(n.; adj.)* (١) تَبَرْعُم (نب) § (٢) ناشئ؛ صاعد.

bud·dle [bŭd′əl] *(n.)* المِدْسَقة: أداة لتركيز الخامات.

bud·dle·ia [bŭd lē′ə] *(n.)* البُدْلِيّة: شجرة زينيّة.

bud·dy [bŭd′ĭ] *(n.)* (١) رفيق؛ زميل [وبخاصة في السّلاح] (٢) فتًى.

budge[1] [bŭj] *(n.)* (١) البَدْج: فَرْوٌ من جلد الحَمَل (٢) لِصّ (ع).

budge[2] *(vi.; t.)* (١) يَتَزَحْزَح x (٢) يُزَحْزِح.

budg·er·i·gar [bŭj′ə rē gär′] *(n.)* الطائر الطيِّب: ببغاء أسترالية.

bud·get[1] [bŭj′ĭt] *(n.; vt.; i.)* (١) كيس (٢) مجموعة (٣) ميزانية § (٤) يُدْخِل في ميزانية x (٥) يضع ميزانية. **—bud·get·ar·y** *(adj.)*

bud·get[2] *(adj.)* رخيص: ملائم لميزانيّة المرء.

bud·ge·teer [bŭj′ĭ tēr′] *or* **bud·get·er** [bŭj′ĭt ər] *(n.)* واضع الميزانية.

bud·gie [bŭj′ĭ] *(n.)* = budgerigar.

buff[1] [bŭf] *(n.; adj.; vt.)* (١) جلد الجاموس (٢) الجاموسيّة: سترة عسكرية من جلد الجاموس (٣) عُرْي (ع) (٤) لون أصفرُ برتقاليّ (٥) عصا الصَّقْل؛ عجلة التلميع: عصًا أو عجلة مكسُوّة بالجلد تُستَخدَم للصَّقل أو التّلميع § (٦) جِلْدَجاموسيّ: مصنوع من جلد الجاموس (٧) أصفر برتقاليّ § (٨) يَصْبُغ بلون أصفر برتقاليّ (٩) يَصْقُل؛ يُلمِّع (١٠) يُخَفِّف الصَّدمة.

buff[2] [bŭf] *(n.)* النصير؛ المُوْلَع بِ؛ المتحمِّس لِ.

buf·fa·lo [bŭf′ə lō′] *(n.; vt.)* (١) جاموس § (٢) يُرْبِك؛ يُحيِّر (٣) يُرْهِب؛ يُهَوِّل على.

buffalo

buffalo grass *(n.)* عشب الجاموس (نب).

buffalo robe *(n.)* جلد الجاموس الأميركي [يُتَّخذ بساطًا إلخ].

buff·er[1] [bŭf′ər] *(n.)* (١) شخص (٢) شخص أحمق.

buff·er[2] *(n.; vt.)* (١) المِصَدّ؛ الدّارئ: مُخَفِّف الصَّدَمات في سيارة أو قطار (٢) الداريُ؛ الحائل؛ الحاجز: «أ» buffer state. «ب» شخص يتولّى عن غيره مُهمة القيام بالشؤون الرّوتينية المزعجة (٣) الخازنة المؤقّتة: وحدة خزن مؤقتة في الكومبيوتر § (٤) يُلَطِّف؛ يخفِّف.

buffer[2] 1.

buff·er[3] *(n.)* (١) الصاقل؛ الملمِّع (٢) buff[1] 5.

buffer state *(n.)* الدُّوَيْلة الحاجزة أو الدّارِئة.

buf·fet[1] [bŭf′ĭt] *(n.; vt.; i.)* (١) ضربة [باليد أو بجُمْع الكَفّ] (٢) مُصيبة؛ صدمة عنيفة § (٣) يضرب [باليد أو بِجُمع الكفّ] (٤) يُقارِع؛ يقاوم x (٥) يُناضِل (٦) يَشُقّ طريقَهُ [وبخاصة في ظروف عسيرة].

buf·fet[2] *(n.; adj.)* (١) صِوان السُّفرة (مج): خزانة أدوات المائدة (٢) البوفيه: خزانة خفيفة غير ذات مرآةٍ عادةً (٣) المَقْصَف: «أ» مطعَم أو مشرب [بار] في مطار أو محطة للسكة الحديدية. «ب» طعام على مائدة أو خُوان يتناوله المدعوّون وقوفًا خادمينَ أنفسَهُمْ بأنفسهم § (٤) مَقْصَفِيّ.

buffet[2] 1.

buff·ing wheel *(n.)* عَجَلة الصَّقل.

buf·fle·head *(n.)* جاموسيّة الرأس: بطة ذات رأس مدوَّر كثير الزَّغَب.

bufflehead

buf·fo [bōō′fō] *(n.; adj.)* (١) مُهَرِّج § (٢) هَزْليّ.

buf·foon [bə fōōn′] *(n.)* (١) المُهَرِّج؛ المُضحِك (٢) الممثِّل الهزليّ (٣) شخص بدينٌ أبله.

buf·foon·er·y [bə fōō′ nə rĭ] *(n.)* (١) تَهريج (٢) هَزْل ماجِن.

buff stick *(n.)* عصا الصَّقْل (را. buff[1] 5).

buff wheel *(n.)* = buffing wheel.

bug [bŭg] *(n.; vi.; t.)* (١) بَقّ؛ بَقّة (٢) كل حشرة تقريبًا (ع) (٣) خَلَل؛ عِلّة (٤) جُرثوم؛ فيروس (٥) هِواية (٦) الهاوي؛ المتحمِّس (٧) جهاز إنذار (٨) جهاز تَنَصُّت <~*ging* devices> § (٩) يُزعج (١٠) يُزَوِّد بجهاز إنذار (١١) يضع جهاز تنصُّت x (١٢) يتصيَّد البقّ.

bug·a·boo [bŭg′ə bōō′] *(n.)* (١) بُعْبُع (٢) مصدر قلقٍ أو ذُعْر.

bug·bear [bŭg′bâr′] *(n.)* (١) بُعْبُع (را. bugaboo) (٢) مُشكلة.

bug–eyed [bŭg′īd′] *(adj.)* (١) جاحظ العينين (٢) مَشدوه.

bug·ger[1] [bŭg′ər] *(n.; vt.; i.)* (١) اللُّوطيّ (٢) «أ» شخص تافه. «ب» فتًى (٣) شيء مُزعج § (٤) يَلُوط به x (٥) ينصرف.

bug·ger[2] *(n.)* المُنَصِّت: من يضع جهازًا للتنصُّت.

bug·gered [bŭg′ərd] *(adj.)* مُرْهَق؛ مُتْعَب جدًا.

bug·ger·y [bŭg′ə rĭ] *(n.)* اللِّواط: مُضاجعةُ الذكور.

bug·gy[1] [bŭg′ĭ] *(adj.)* (١) حافلٌ بالبَقّ (٢) مخبول.

bug·gy[2] *(n.)* البُوْجِيّة: عربة خفيفة يجرُّها عادةً جواد واحد.

buggy[2]

bug·house *(n.; adj.)* (١) مخبول § (٢) مستشفى المجاذيب.

bu·gle[1] [byōō′gəl] *(n.; vi.; t.)* (١) البَوْجَل: آلة شبيهة بالبوق § (٢) يُبَوْجِل: «أ» يَنْفُخُ في بَوْجَل. «ب» يدعو بالنفخ في بَوْجَل.

bugle[1] 1.

bu·gle[2] [byōō′gəl] *(n.)* البَجْلِيّ: خَرَز زجاجيّ صغير.

bu·gler [-′glər] *(n.)* النافخ بِـ«البَوْجل» (را. bugle[1]).

bu·gloss [byōō′glŏs] *(n.)* البوغَلْصُ؛ لسان الثور (نب).

buhl [bo͞ol] *(n.)* = boulle.

build [bĭld] *(vt.; i.; n.)* (١) يبني ؛ يُشَيِّد ؛ يُقيم (٢) يَصْنع ؛ ينشئ (٣) يُوْجِد ؛ يكوِّن <to ~ a good reputation> (٤) يقوّي ؛ يعزِّز (٥) يَخْبز (٦) يؤلِّف ؛ يُبْدع (٧) يزيد ؛ يُضاعف x (٨) يعمل في صناعة البناء (٩) يتنامى ؛ يتعاظم <Tension is *~ing* up.> (١٠) يعتمد ؛ يتّكِل <You can ~ on his honesty.> § (١١) طراز ؛ شكل (١٢) بِنْية (١٣) تنامٍ ؛ تعاظُم .

build·a·ble *(adj.)* صالحٌ للبناء .

build·er [bĭl′dər] *(n.)* (١) الباني . وبخاصة : البنّاء (٢) المُنشئ ؛ المؤسِّس (٣) اللِّبنة : مادّة تضاف إلى الصابون تعزيزًا لفاعليّته التنظيفيّة .

build·ing [bĭl′dĭng] *(n.)* (١) مَبْنًى ؛ بناء (٢) البِناء ؛ صناعة البناء .

build·up [bĭld′ŭp′] *(n.)* (١) إنشاء [تدريجيّ] (٢) تعزيز (٣) تطوير (٤) تنامٍ ؛ تعاظم ؛ اشتداد ؛ استفحال (٥) حملة دعاية (٦) تشجيع .

built [bĭlt] *past and past part. of* build.

built–in *(adj.)* (١) مُبيَّت <~ bookcases> (٢) مُدْمَج ؛ قائمٌ داخلَ الجهاز <a ~ hard disk> .

built–up *(adj.)* (١) مُجمَّع : مُركَّب من أجزاء أو طبقات مشدودٍ بعضُها إلى بعض (٢) مُكْتظّ بالمباني .

bulb [bŭlb] *(n.)* (١) بَصَلة النبات (٢) نبتة نامية من بَصَلة (٣) شيء بَصَليّ الشكل . مثل : «أ» بُصَيْلة الترمومتر أي مستودع الزئبق فيه . «ب» المُنتفَخ : الجزء الزُجاجيّ من المصباح الكهربائيّ . «ج» مصباح كهربائيّ [متوهّج الضياء] .

bulb *1.*

bul·bar [bŭl′-] *(adj.)* بَصَليّ . وبخاصة : ذو علاقة بالنّخاع المستطيل .

bulbar paralysis *(n.)* الشَّلل البَصَليّ (مج) .

bulb·if·er·ous [-bĭf′ər əs] *(adj.)* مُبْصِل : مُنْتِجٌ بَصَلاتٍ .

bul·bil [bŭl′bĭl] *(n.)* = bulblet.

bulb·let [bŭl′blət] *(n.)* بُصَيْلة (نب) .

bul·bous [bŭl′bəs] *(adj.)* (١) بَصَليّ : «أ» ذو بَصَلة . «ب» نامٍ من بَصَلة (٢) منتفخ ؛ بَصَليّ الشكل .

bul·bul [bo͝ol′bo͝ol] *(n.)* البُلْبُل (طا) .

bulbul

Bul·gar [bŭl′gər; bo͝ol′gär] *(n.)* البُلْغاري : أحد أبناء بلغاريا .

Bul·gar·i·an [bŭl gâr′-] *(n.; adj.)* (١) البُلغاريّ : أحد أبناء بُلغاريا (٢) البُلغاريّة : لغة البلغاريين § (٣) بُلغاريّ .

bulge [bŭlj] *(vt.; i.; n.)* (١) يَنْفُخ ؛ يُوَرِّم ؛ يُنتِئ x (٢) ينتفخ ؛ يتورَّم ؛ ينتأ (٣) تَجْحَظ [العَيْنُ] § (٤) انتفاخ ؛ نتوء ؛ بروز (٥) جُحوظ [العينين] (٦) أفضلية <to get the ~ on...> (٧) ارتفاع الأسعار .

bulg·y [bŭl′jĭ] *(adj.)* (١) منتفخ ؛ متورِّم ؛ ناتئ (٢) جاحظ .

bu·lim·i·a [byo͞o lĭm′ĭ ə] *(n.)* الضُّوْر ؛ الشَّره المَرَضيّ (مض) .

bulk [bŭlk] *(n.; vi.; t.)* (١) حَجْم <a ship of great ~> (٢) جسم ؛ جَسَد . وبخاصة : جسمٌ بشريّ ضخم (٣) الشِّحنة السّائبة ؛ الشِّحنة الرَّكْميّة : شحنة غير مُعَبَّأة في صناديق أو أكياس (٤) «أ» مُعظم الشيء ؛ الجزء الأكبر <the ~ of a debt> . «ب» الأكثرية ؛ الأغلبية § (٥) يَعْظُم ؛ يَضْخُم ؛ ينتفخ (٦) يتكدَّس x (٧) يوسِّع ؛ يضخِّم (٨) يَرْكُم ؛ يكدِّس .

in ~, (١) سائبًا ؛ رَكْميًّا : غيرَ معبأ في أكياس أو صناديق إلخ (٢) بمقادير كبيرة .

bulk·head [-′hĕd] *(n.)* الحاجز ؛ الفاصل الإنشائي : «أ» أحد الحواجز التي تقسم السفينة إلى حُجَيْرات . «ب» جدار لمقاومة ضغط الصخور أو للوقاية من الماء أو النار أو الغاز . «ج» بابٌ خارجيّ أفقي فوق سلّم مؤدية إلى قبو المؤن .

bulk·y [bŭl′kĭ] *(adj.)* (١) ضَخْم ؛ جسيم (٢) وَزين : يَصْعُب تحريكه أو نقلُهُ .

— **bulk·i·ness** *(n.)*

bull[1] [bo͝ol] *(n.; adj.; vi.; t.)* (١) ثور (٢) ذَكَرُ بعض الحيوان <an ~ elephant> (٣) الثَّوْر : «أ» المضارب على الصعود [في البورصة] . «ب» شخص شبيه بالثور ضخامةَ جسم أو ارتفاعَ صوت (٤) bulldog (٥) شرطيّ ؛ بوليس سرّي (ع) (٦) *cap.* : برج الثَّور (فل) § (٧) ثَوْريّ : ذو علاقة بالثور (٨) ثَوْرانيّ : شبيه بالثور (٩) ذَكَرٌ <a ~ calf> (١٠) كبير ؛ ضخم (١١) خشِن ؛ غليظ (١٢) ثوريّ : آخذٌ في الصعود <a ~ market> § (١٣) يتصرَّف كالثور : يندفع بقوّة وعنف (١٤) يرتفع سعرُهُ x (١٥) يحاول رفع الأسعار <to ~ stocks> .

a ~ in a china shop ثور في محلّ لبيع الخزف : شخص تعوزه البراعة واللباقة في مكان يقتضيهما .

to take the ~ by the horns يُمسك بالثور من قرنيه : يواجه المشكلة بشجاعة .

bull[2] [bo͝ol] *(n.)* (١) رسالة بابوية (٢) إرادة ملكية .

bull[3] *(vt.; i.)* (١) يَخْدَع . وبخاصة : يخدع من طريق التبجُّح والتفاخر (ع) x (٢) يتبجَّح ؛ يتفاخر .

bull[4] *(n.)* غلطة لغوية ؛ غلطة لغوية مضحكة .

bull[5] *(n.)* (١) تَبَجُّح (٢) هُراء ؛ كلام فارغ .

bul·la [bo͝ol′ə] *(n.)* (١) خَتْم بابويّ (٢) ختمٌ ذهبيّ [كان يستخدمه الإغريق والملوك الجرمانيون القُدامى] (٣) بثرة أو نَفْطة كبيرة (مض) .

bul·lace [bo͝ol′ĭs] *(n.)* البَلّوص : ضرب من الخوخ أو البرقوق .

bul·late [bo͝ol′āt′] *(adj.)* مُبَثَّر ؛ مُغَضَّن <~ leaves> .

bull·bat [-băt′] *(n.)* السُّبَد ؛ الضُّوَع : طائر شبيه بالبوم .

bull·dog [bo͝ol′dŏg′] *(n.; adj.; vt.)* (١) البُلْدُغ : «أ» كلب الثيران : كلبٌ قويّ البنية ضخم الرأس . «ب» مُسَدَّس قصير الماسورة . «ج» مرافق أو مساعد المراقب في جامعتي أوكسفورد وكيمبريدج § (٢) بُلْدُغيّ : شبيهٌ ببُلْدُغ أو مميَّزٌ له <~ tenacity> § (٣) يُبَلْدِغ : يهاجم مثل بُلْدُغ .

bulldog *1a.*

bull·doze [bo͝ol′dōz′] *(vt.)* (١) يُرْهِب [بالعنف أو بالتهديد] (٢) يُسَوّي [الأرضَ] بجرّافة (٣) يَشقّ طريقَهُ بقوّة .

bull·doz·er [-′dō′zər] *(n.)* (١) فا bulldoze (٢) جرّافة .

bul·let [bo͝ol′ĭt] *(n.; vi.)* (١) الكُرَيّة : كُرَة صغيرة (ا . ق) (٢) رصاصة (٣) النقطة السّوداء : نقطة غليظة سوداء (•) تُسْتَخْدَم في الطباعة لِلَفْت الانتباه إلى فقرة معيّنة § (٤) ينطلق بسرعة .

bul·let·head *(n.)* (١) رأس مُدَوَّر (٢) مدوَّر الرأس (٣) العنيد ؛ الأحمق .

bul·le·tin [bo͝ol′ə tən] *(n.; vt.)* (١) بلاغ؛ نَشْرة (٢) مجلة [ناطقةٌ بلسان مؤسسة أو جمعية] § (٣) يُعلن ببلاغ أو نشرة.

bulletin board *(n.)* لوحة البلاغات [أو النشرات أو البيانات].

bul·let·proof *(adj.)* صامدٌ للرَّصاص: لا يخترقه الرَّصاص.

bullet train *(n.)* القطار السَّهمي: قطار رُكّاب سريعٌ جدًّا.

bull·fight [bo͝ol′fīt′]; **bull·fight·ing** *(n.)* مُصارَعة الثيران.

bull·fight·er *(n.)* مُصارع الثيران.

bull·finch [-′fĭnch′] *(n.)* (١) الدَّغْناش: طائر مغرِّد (٢) سياج مرتفع.

bullfinch *1.*

bull·frog *(n.)* ضِفْدِع. وبخاصة: ضفدع أميركي ضخم.

bull·head *(n.)* (١) البُلْهَد: سمك ضخم الرأس (٢) الأحمق؛ العنيد.

bull·head·ed *(adj.)* (١) رأسه كرأس الثَّور (٢) عنيد؛ أحمق.

bul·lion [bo͝ol′yən] *(n.)* (١) الكَنْزَة: سبيكة ذهبية أو فضية (٢) حاشية أو جديلة [من خيوط ذهبية أو فضية].

bull·ish [-ĭsh] *(adj.)* (١) ثَوْراني: «أ» شبيه بثَوْر. «ب» عنيد؛ أحمق. «ج» مُؤَدٍّ إلى ارتفاع الأسعار في السوق المالية <~ news>. «د» آخذٌ في الصّعود <a ~ market> (٢) متفائل.

bull·necked [-′nĕkt′] *(adj.)* غليظ الرقبة قصيرها.

bull·ock [bo͝ol′ək] *(n.)* (١) العُجَيْل: عِجْل صغير (٢) عِجلٌ مَخْصيّ.

bull pen *(n.)* (١) زريبة ثيران (٢) معتقل مؤقَّت.

bull·ring *(n.)* حَلْبة مصارعة الثيران.

bull–roar·er *(n.)* (١) ذات الخُوار: «أ» قطعة خشبية رقيقة مشدودة إلى سَيْر جلدي تُدَوَّر به في الهواء مُحْدِثة صوتًا هادرًا. «ب» لعبة أطفال مماثلة (٢) خطيب مُفَوَّه؛ خطيب جهوريّ الصوت (عا).

bull's–eye [bo͝olz′ī′] *(n.)* (١) عين الثَّور: «أ» حلوى مكوَّرة قاسية. «ب» قرص زجاجي سميك، في سقف أو أرضية أو سطح سفينة، لتمكين النور من النَّفاذ إلى أيّ منها (٢) «أ» قَلْب الرَّمِيَّة: نقطة الهدف الرئيسية؛ دائرة الهدف المركزية الصغرى. «ب» شيء مركزيّ أو حاسم. «ج» الرصاصة التي تصيب قلْب الرَّميَّة (٣) رَمْيَة صائبة؛ ضربة موفَّقة (٤) «أ» عدسة نصف كُرَوية [تُستخدم لتركيز الضوء]. «ب» نصف الكُرَويّ: فانوس مزوَّد بمثل هذه العدسة (٥) كُوَّة.

bull's eye *1b.*

bull·shit [-′shĭt] *(n.)* (١) هُراء؛ كلام فارغ (٢) أكاذيب؛ مبالغات.

bull·shot [-′shŏt] *(n.)* البُلْشوت: شرابٌ مُسْكر قِوامُه الفودكا.

bull·ter·ri·er [-′tĕr′ĭ ər] *(n.)* البُلْتَرْيَر: كلب أبيض متوسط الحجم قويّ.

bull tongue *(n.)* لسان الثور: شفرة في المحراث تشقّ الأتلام.

bull·whip [-′(h)wĭp′] *(n.)* السَّوط الثَّوراني: سوط مضفور.

bul·ly[1] [bo͝ol′ĭ] *(n.; adj.; adv.; interj.; vt.; i.)* (١) المتنمِّر؛ المستأسد [على من هم أضعف منه] (٢) حامي العاهر (٣) زميل؛ رفيق (عب) § (٤) مَرح (٥) ممتاز؛ رائع <That's a ~ idea> (٦) تنمُّريّ؛ استئساديّ § (٧) جدًّا؛ إلى حدّ بعيد § (٨) مَرْحَى؛ «براڤو» <*Bully* for you!> § (٩) يُرهب x (١٠) يتنمّر؛ يستأسد [على من هم أضعف منه].

bul·ly[2] *or* **bully beef** *(n.)* لحم بقر [مُعَلَّب أو مُخلَّل].

bul·ly·rag [-răg] *(vt.)* (١) يُرهب [بالتهديد إلخ] (٢) يغيظ؛ يُناكد.

bul·rush [-rŭsh′] *(n.)* (١) الدِّيس: عشب مائيّ من الفصيلة السُّعدية (نب) (٢) النِّيفا: عُشبة البِرَك (٣) بَرْدِيّ (نب).

bul·wark [-′wərk] *(n.; vt.)* (١) مِتراس؛ استحكام (جن) (٢) breakwater (٣) وِقاءٌ من خطر (٤) مَلاذ؛ ملجأ (٥) *pl.* عد: المَلْطَم: جانب السفينة الممتد فوق سطحها العُلْويّ § (٦) «أ» يحصِّن. «ب» يحمي.

bum[1] [bŭm] *(n.)* عَجيزة؛ كَفَل؛ مؤخَّرة (بر).

bum[2] *(n.; vi.)* (١) طنين؛ أزيز § (٢) يَطِنّ؛ يَئِزّ.

bum[3] *(adj.)* (١) رديء؛ غير صالح (٢) باطل؛ زائف.

bum[4] *(vi.; t.)* (١) يَتَصَعْلك؛ يَتسكَّع متشرِّدًا (٢) يُسْرف في الشراب (٣) يتطفّل على x (٤) يستجدي [سيجارة أو نقلةً بالسيارة إلخ].

bum[5] *(n.)* (١) الصُّعْلوك؛ المُتسكِّع السِّكِّير (٢) الفاشل (٣) المتشرِّد.

bum·ble[1] [bŭm′bəl] *(vi.; n.)* (١) يَطِنّ؛ يَئِزّ § (٢) طنين؛ أزيز.

bum·ble[2] *(vi.; t.)* (١) يَتَلَعْثم (٢) يمشي باضطراب x (٣) يُلَهْوِج: يعمل شيئًا بطريقة خرقاء.

bum·ble·bee *(n.)* الطَّنّانة: نحلة ضخمة شديدة الطنين أثناء طيرانها.

bumblebee

bum·boat [-′bōt′] *(n.)* قارب التموين: قارب لبَيْع المؤن والسّلع للمراكب الراسية في المرفأ أو بعيدًا عن الشاطئ.

bum·kin [bŭm′kĭn] *(n.)* = boom[1] *1.*

bump [bŭmp] *(vt.; i.; n.)* (١) يضرب؛ يَصْرع (٢) «أ» يصدِم؛ يَرْطُم. «ب» يؤذي بالارتطام بشيء صلب <I've ~*ed* my head.> (٣) «أ» يزيحه من مكانه. «ب» يحلّ محلَّه [بفضل الأسبقية عادةً] (٤) يَخْفِض رتبَتَهُ (٥) يَفْصِل؛ يَطْرد (٦) يُدَقْدِق [صفيحةً مَعْدِنية] x (٧) يرتطم بـ (٨) يتخبّط [مرتفعًا ومنخفضًا] في طريق وعرة § (٩) «أ» وَرَمٌ. «ب» نتوء (١٠) ضربة أو صدمة قوية (١١) رَجَّة؛ نَخْعَة.

to ~ into — يلتقي به [وبخاصةٍ مصادفةً].

to ~ off — يَقْتُل؛ يغتال (ع).

bump·er[1] *(n.; vt.; i.)* (١) كأس مُتْرَعة (٢) شيء ضخم إلى حدّ استثنائيّ؛ كذبةٌ كبيرة (ع) § (٣) يُتْرع: يملأ (٤) يَشْرَبُ نَخْبَهُ x (٥) يَشْرَبُ الأنخاب.

bump·er[2] *(n.)* (١) المِصَدُّ؛ مخفِّف الصَّدمة (سي) (٢) فا bump.

bump·er[3] *(adj.)* غزير: وافرٌ جدًّا <~ crops>.

bumper–to–bumper *(adj.)* مُتَصادّ؛ متلاصق المِصَدّات <~ traffic>.

bump·kin [bŭmp′kĭn] *(n.)* = boom[1] *1.*

bump·tious [bŭmp′shəs] *(adj.)* مغرور [إلى حدّ مُسْتَهْجَن].

bump·y [bŭmp′pĭ] *(adj.)* (١) «أ» وعر <~ roads> . «ب» متخبّط في طريق وعرة <a ~ ride> (٢) كثير المهاوي أو المَطَبّات <~ air> (٣) حافل بالمصاعب <~ life> .

bun [bŭn] *(n.)* (١) الكَعْكة : «أ» كعكة محلّاة قليلًا . «ب» شعر معقود على شكل كعكة (٢) *pl.* : مؤخَّرة ؛ عَجُز (٣) مقدار مُسْكِر [من شراب] .

Bu·na [bo͞o′nə; byo͞o′nə] *(n.)* البُونَة : مطّاط صُنعيّ .

bunch [bŭnch] *(n.; vt.; i.)* (١) نتوء ؛ حَدَبة ؛ سَنام (٢) «أ» عُنقود ؛ عِذق . «ب» حُزمة ؛ باقة (٣) مجموعة § (٤) يَضُمّ ؛ يَحزِمُ x (٥) يَنتأ ؛ ينتفخ (٦) ينضمّ ؛ يجتمع ؛ يتعنقد .

bunch·y [bŭn′chĭ] *(adj.)* (١) ناتئ ؛ منتفخ (٢) مُعَنْقَد ؛ عُنقوديّ الشكل .

bun·co [bŭng′kō] *(n.; vt.)* (١) «أ» لعبة خادعة . «ب» مكيدة § (٢) «أ» يَخدَع ؛ يَمْكُر بـ . «ب» يَسْلُب .

bun·combe [bŭng′kəm] *(n.)* = bunkum.

bunco steerer *(n.)* الغَشّاش ؛ المُخادِع ؛ النَّصّاب .

bund[1] [bŭnd] *(n.)* البَنْد : «أ» سَدٌّ [على نهر] . «ب» رصيف ميناء مطوَّقٌ بسدّ .

bund[2] [bo͝ond] *(n.)* البوند : جمعية سياسية .

bun·dle [bŭn′dəl] *(n.; vt.; i.)* (١) «أ» حُزمة . «ب» رِزمة ؛ صُرّة . «ج» مبلغ كبير من المال (ع) § (٢) يَحزِم ؛ يَرْزُم ؛ يَصُرّ (٣) يُلقي من غير ترتيب (٤) يبعث أو يُرسل على وجه السُّرعة <His father *~d* him off to school.> (٥) يقود [أو يَدفع] بخشونة x (٦) يذهب على وجه السُّرعة <They *~d* off.> .
to ~ up (١) يَحزِم ؛ يَرْزُم (٢) يكسو أو يرتدي ملابسَ مُدَفِّئة .

bung [bŭng] *(n.; vt.)* (١) «أ» الإسكابة ؛ السِّطام : سدّادة لثقب البرميل . «ب» ثُقب البرميل (٢) الشَّرَج ؛ الأست § (٣) يَسُدّ ؛ يَسْطِم (٤) يَرُضّ ؛ يَكْدُم (٥) يُصيبهُ بأذًى كبير (٦) يَقْذف بقوّة <to ~ bombs> .

bun·ga·low [bŭng′gə lō′] *(n.)* البَنْغَل : بيت من طابق واحد [وبخاصة في الريف أو على شاطئ البحر] .

bung·hole [bŭng′hōl′] *(n.)* ثُقب البرميل [لإفراغه أو مَلئه] .

bun·gle [bŭng′gəl] *(vi.; t.; n.)* (١) يُلَهْوِج : يعمل بغير إتقان § (٢) اللَّهْوَجة : عملٌ مُلَهْوَج أو غير متقَن .
— bun·gling *(adj.)*

bun·gler *(n.)* المُلَهْوِج : العامِل الأخرق .

bun·gle·some [-səm] *(adj.)* أخرَق ؛ غير بارع .

bun·ion [bŭn′-] *(n.)* الوَكَع : ورمٌ ملتهِب في المَفْصِل الأول من إبهام القدم .

bunk[1] [bŭngk] *(n.; vi.; t.)* (١) «أ» سرير مُبَيَّت [في جدار سفينة] . «ب» سرير (ع) (٢) مَعْلَف ؛ مِزْوَد § (٣) ينام [في سرير مبيّت أو غير مُريح] x (٤) يزوِّد بسرير .

bunk[2] *(vi.; n.)* (١) يَفِرّ § (٢) فِرار ؛ هُروب .

bunk[3] *(n.)* هُراء ؛ كلام فارغ .

bun·ker [bŭng′kər] *(n.; vi.; t.)* (١) مستودع الفحم الحجري أو النفط [في باخرة] (٢) المَنَعَة : غرفة مُحصَّنة تحت الأرض (جن) (٣) «أ» الشَّرَك : مُنْخَفَضٌ أو مرتفَع رمليّ في مجاز لعبة الغولف [لإعاقة اندفاع الكرة] . «ب» عقبة ؛ صعوبة § (٤) يملأ أو يزوِّد بالوقود x (٥) يُخزِّن [الوقودَ في مستودع] (٦) «أ» يُشرِك : يضرب كرةَ الغولف مُوْقِعًا إياها في «شَرَك» . «ب» يوقع في المتاعب .

bunk·house *(n.)* المبنى المُسَرَّر [المزوَّد بِسُرُرٍ ساذجة لعمّال البناء] .

bun·ko [bŭng′kō] *(n.; vt.)* = bunco.

bun·kum [bŭng′kəm] *or* **bun·combe** [bŭng′kəm] *(n.)* (١) الخطابة الديماغوجيّة : خطابة يُراد بها إرضاء الجماهير وانتزاع التصفيق (٢) «أ» كلامٌ يُعوِزُهُ الصِّدق . «ب» هُراء .

bun·ny [bŭn′ĭ] *(n.)* (١) أرنب (ع) (٢) سِنجاب (ع) .

Bun·sen burner [bŭn′sən] *(n.)* مِصباح بَنْزِن (مج) : أنبوبة يدخل إليها الهواء فيمتزج بالغاز محدثًا شعلة زرقاء حامية جدًّا .

bunt[1] [bŭnt] *(n.)* مُنتصَف الشِّراع .

bunt[2] *(vt.; i.; n.)* (١) يَنْطَح [برأسِهِ] (٢) يَنْطح : يَضْرِب كرةَ البَيْسبول برفقٍ بحيث تتدحرج ببطء مسافةً قصيرة ليس غير § (٣) نَطْحة (٤) «أ» النَّطْح : ضربُ كرة البَيْسبول برفق . «ب» النَّطْحة : ضربةٌ برفق [في البَيْسبول] (٥) المَنْطوحة : كرة مضروبةٌ برفق .

bunt[3] *(n.)* نَخَرُ الحِنطة : مرضٌ فُطريّ يصيب الحبوب .

bun·ting[1] [bŭn′tĭng] *(n.)* الدُّرَّسة : طائر من الجواثم .

bun·ting[2] *(n.)* (١) قُماش رقيق تُصنع منه الرايات (٢) رايات .

bunt·line *(n.)* حَبْل الرَّفْع : حَبْل مشدود إلى أدنى الشِّراع .

buoy [bo͞o′ĭ; boi] *(n.; vt.; i.)* (١) الطّافية : عوّامة لإرشاد السُّفن (٢) life buoy § (٣) يزوِّد أو يُعَلِّم بالطَّوافي <to ~ *or* ~ off a channel> (٤) «أ» يُعَوِّم : يُبقيه طافيًا على وجه الماء . «ب» يَدْعَم ؛ يُثبِّت x (٥) يطفو ؛ يَعُوم .

buoy *1.*

buoy·an·cy [boi′ən sĭ; bo͞o′yən sĭ]; **buoy·ance** *(n.)* (١) الطَّفْويّة : قابليّة الطَّفْو على سطح الماء (٢) التَّعويميَّة : قدرة السائل على إبقاء الأجسام عائمة على سطحه (٣) مَرَح ؛ بِشْر ؛ ابتهاج .

buoy·ant [boi′ənt; bo͞o′yənt] *(adj.)* (١) عَوّام : قابلٌ للعَوْم (٢) مِعوام : قادرٌ على التعويم (٣) مَرِح ؛ مبتهِج (٤) مُبْهِج ؛ منشِّط .

bur [bûr] *(n.; vi.; t.)* = burr.

Bur·ber·ry [bûr′-] *(n.)* البَرْبِري : ضرب من القماش تُصنع منه السّترات .

bur·ble [bûr′bəl] *(vi.; n.)* (١) يُبَقْبِق ؛ يَخِرّ [النَّهرُ] (٢) يُثرثر § (٣) بَقْبقة ؛ خرير (٤) ثرثرة .

bur·bot [bûr′bət] *(n.)* البَرْبوط : سمك نهريّ من فصيلة القُدّ .

bur·den[1] [bûr′dən] *(n.; vi.)* (١) «أ» حِمْل . «ب» واجب (٢) عبء (٣) حَمْل الأثقال <a ship *or* beast of ~> (٤) حمولة السفينة <a ship of a hundred tons ~> § (٥) «أ» يُثقِل ؛ يُلقي عليه حِملًا ثقيلًا . «ب» يُرْهِق .

bur·den[2] *(n.)* (١) اللازمة ؛ القَرار [في قصيدة أو أغنية] (٢) الفكرة الرئيسية <the ~ of his book>.

burden of proof عِبء الإثبات : إلزام أحد الفريقين بإقامة الدليل على صحة ادعاءٍ ما ، وإلا خسر القضية (ق) .

bur·den·some *(adj.)* (١) ثقيل ؛ مُرْهِق (٢) قاسٍ .

bur·dock [bûr′dŏk] *(n.)* الأرْقِطيون : نبات شائك من الفصيلة المركّبة .

bu·reau [byo͝or′ō] *(n.)* pl. **-s** *also* **-x** (١) البُورِيْه : «أ» مِنضدة [ذاتُ أدراج وسطح مائل]. «ب» خزانة خفيفة، ذاتُ مرآةٍ وأدراج للملابس (٢) مكتب <travel ~> (٣) دائرة رسمية.

bu·reau·cra·cy [byo͝o rŏk′rə sĭ] *(n.)* الدَّواوينيّة؛ البيروقراطيّة: «أ» حكومة تتركز السلطة فيها بأيدي جماعات من الموظفين. «ب» أصحاب السلطة من موظفي هذه الحكومة. «ج» تركُّز السلطة في أيدي جماعات من الموظفين الإداريين. «د» روتين حكوميّ مغالًى فيه.

bu·reau·crat [byo͝or′ə-] *(n.)* الدَّواوينيّ؛ البيروقراطيّ: «أ» عضوٌ في حكومة دواوينيّة أو بيروقراطية. «ب» موظّف يؤدي عمله بطريقة روتينية جامدة.

bu·rette *or* **bu·ret** [byo͝o rĕt′] *(n.)* السَّحّاحة (مج): أنبوبة زجاجيّة مدرَّجة تُستخدم في سحّ السوائل أو قياسها.

burg [bûrg] *(n.)* البَرْج: «أ» مدينة مُحصَّنة. «ب» بلدة؛ مدينة.

bur·gee [-jĭ] *(n.)* العُلَيْم: راية مُثَلَّثِيَّة الشكل.

bur·geon [bûr′jən] *(n.; vi.)* (١) بُرْعُم § (٢) يَتَبَرْعم: يُطلع البراعم (٣) يُزْهر (٤) يزدهر: ينمو أو يتّسع بسرعة.

burg·er [bûr′gər] *(n.)* = hamburger.

bur·gess [bûr′jəs] *(n.)* البَرْجَس: «أ» مواطن في مدينة إنكليزية ذات ممثِّلين في البرلمان. «ب» ممثِّل لهذه المدينة أو لجامعة ما في البرلمان البريطانيّ.

burgh [bûr′ō; bŭr′ō] *(n.)* البَرْغ: مدينة أسكتلندية ذات حكم ذاتيّ.

burgh·er [-gər] *(n.)* أحد أبناء بَرْج **burg** أو مدينة.

bur·glar [bûr′glər] *(n.)* لصّ [يَسْطو على المباني ليلًا].

bur·glar·i·ous *(adj.)* سَطْويّ: ذو علاقة بالسَّطْو على المباني ليلًا.

bur·glar·ize *(vt.)* يَسْطو؛ يَسْطو على المباني ليلًا.

bur·gla·ry [bûr′glə rĭ] *(n.)* السَّطْو [على المباني ليلًا].

bur·gle [bûr′gəl] *(vt.)* = burglarize.

bur·go·mas·ter [bûr′gə-] *(n.)* عُمْدة المدينة [في هولندا وألمانيا إلخ].

burgonet

bur·go·net [-nĕt′] *(n.)* البَرْجونيّة: خوذة خفيفة.

bur·goo [bûr′go͞o] *(n.)* البُرْجُو: «أ» عصيدة من دقيق الشّوفان. «ب» حساء مُركّز كثير التوابل. «ج» نزهة يقدَّم فيها البُرْجُو.

bur·gun·dy [bûr′-] *(n.)* البُرْغَنْدِي: نبيذ مُنْتَج في بُرغَنْديا بفرنسا.

bur·i·al [bĕr′ĭ əl] *(n.)* (١) قَبْر؛ ضريح (٢) دفن.

burial ground *(n.)* مَقْبرة؛ مَدْفَن؛ جَبّانة.

bur·ied [bĕr′ĭd] *(adj.)* مدفون؛ دفين.

bur·i·er [bĕr′ĭ ər] *(n.)* الدافن؛ الدّفّان.

bu·rin [byo͝or′ĭn] *(n.)* المِنْقاش: أداة للنقش في المعادن أو الرُّخام.

burin

burke [bûrk] *(vt.)* (١) يُبَرِّك: يَخنق على نحوٍ يُبقي الجثة سليمةً صالحةً للتشريح (٢) يَطْمِس.

Bur·kitt's lymphoma [bûr′kĭts] *(n.)* لِنْفوم بَرْكِت: ورم لِنفاويّ خبيث يصيب أطفال إفريقيا الوسطى بخاصة (ط).

burl [bûrl] *(n.; vt.)* (١) عُقدة [في خيط أو قُماشٍ إلخ] (٢) النامية الجِذْعية: «أ» نامية شبيهة بالقُبَّة تكون على جذع شجرة. «ب» قشرة خشبيّة زِينيّة ذات نوامٍ جِذْعية § (٣) يُزيل العُقد [من القماش].

bur·lap [bûr′lăp] *(n.)* الخَيْش: نسيج قِنَّبيّ غليظ.

burled [bûrld] *(adj.)* مُعقَّد: ذو عُقَد.

bur·lesque [bər lĕsk′] *(n.; adj.; vt.; i.)* (١) البُرْلَسْك: «أ» سُخرية [بالكاريكاتور عادةً]. «ب» تقليد أو محاكاةٌ بقصد السُّخرية والإضحاك (٢) برنامج منوَّعات مسرحيّ خفيف § (٣) هَزْليّ؛ فكاهيّ § (٤) يُقلِّد؛ يُحاكي [على سبيل السُّخرية] x (٥) يَسْخَر [كاريكاتوريًّا].

bur·ley [bûr′lĭ] *(n.)* البُرْليّ: تبغ أميركي رقيق الأوراق.

bur·ly [bûr′lĭ] *(adj.)* (١) ضَخْم الجسم (٢) فظّ.

bur marigold *(n.)* = sticktight *1.*

Bur·mese [bər mēz′; bər mēs′] *(n.; adj.)* (١) البورميّ: أحد أبناء بورما (٢) البورميّة: لغة البورميين § (٣) بورميّ.

burn[1] [bûrn] *(n.)* جَدْول؛ غدير (إسك).

burn[2] *(vi.; t.; n.)* (١) «أ» يشتعل. «ب» يحترق. «ج» يضيء (٢) «أ» يتّقد [الوجهُ إلخ]. «ب» يتوهّج. «ج» يؤلم. «د» يتحرّق شوقًا. «هـ» يتميّز غَيْظًا. «و» يَتَصَوَّح [النباتُ]. «ز» يموت على الكرسي الكهربائيّ (٣) يقترب اقترابًا شديدًا من اكتشاف شيء مخبوء، أو من معرفة الجواب [في ألعاب التّسلية] (٤) تَسْفَعُهُ الشمس x (٥) «أ» يُحرِق. «ب» يَعْمل بوقودٍ معيّن <Our new furnace ~s gas.> «ج» يُحْدِث بالإحراق أو الحرارة <~ed a hole in the carpet> (٦) يَسْفَع (٧) يَكوي؛ يُداوي بالكَيّ (٨) يُبَدِّد؛ يُتلف <money to ~> (٩) يَنْهَب: يجتاز بسرعة فائقة <to ~ up the road or the miles> (١٠) «أ» يُثير؛ يُغضب؛ يُزعج (ع). «ب» يَخْدَع؛ يغشّ (ع) § (١١) حُرْق (١٢) «أ» إحراق. «ب» احتراق (١٣) غضب (ع).

money to ~,	مال وفير.
to ~ away	يُواصلُ الاشتعالَ؛ يذوب [كالشمعة] بالاشتعال.
to ~ one's boats or bridges	يَقطع على نفسه طُرُقَ التراجع جميعًا.
to ~ one's ears	يوبِّخ أو يؤنِّب بقسوة.
to ~ one's fingers	يُحْرِق أصابعَهُ: يجلب على نفسه المتاعب بتهوُّره أو بتدخله في شؤون الآخرين.
to ~ out	(١) يُبلي؛ يُتلف؛ يدمِّر صحَّتَه (٢) يُكرهه على الخروج أو الرحيل بإحراق منزله.
to ~ the wind	يعدو أو ينطلق بسرعة لا تُصدَّق.

burn·er [bûr′nər] *(n.)* (١) فا burn (٢) المَضْرَم؛ الحَرّاق: ذلك الجزء من الموقد [أو المصباح] الذي يَحْدُث فيه اللهب.

bur·net [bûr′nĕt] *(n.)* المُرْقِيّة: عشب من الفصيلة الوردية (نب).

burn·ing *(n.; adj.)* (١) «أ» إحراق. «ب» احتراق § (٢) مُحترِق؛ مشتعِل.

(٣) متوهِّج (٤) مُتَّقِد؛ مُلتهِب (٥) لاسع؛ لاذع؛ حارق.

burning bush *(n.)* الجَنْبة المُشْتعلة: شُجَيرة أميركية.

burning glass *(n.)* العَدَسة الحارقة أو المُحْرِقة.

bur·nish [bûr′-] *(vt.; n.)* (١) يَصْقُل؛ يلمِّع § (٢) بريق؛ لمعان.

bur·nish·er *(n.)* المِصْقَلة: أداة للصَّقْل.

bur·noose *or* **bur·nous** [bər no͞os′] *(n.)* البُرْنُس: رداءٌ رأسُهُ منه.

burnoose

burn·sides *(n. pl.)* البَرْنْسيديّة: لحية ذات شاربٍ وسَبَلَتين وذقنٍ حليقٍ تمامًا.

burnsides

burnt [bûrnt] *(adj.) past and past part. of* burn.

burp [bûrp] *(n.; vi.; t.)* (١) تَجَشُّؤ § (٢) يتجشأ x (٣) يُجَشّي: يساعد طفلًا على التجشُّؤ [بفَرْك ظهره أو بالتربيت عليه].

burp gun *(n.)* مسدَّس رشّاش (جن).

burr [bûr] *(n.; vi.; t.)* (١) المُشْوِكة: «أ» غلاف ثمرةٍ شائكٌ أو خشنٌ واخز. «ب» ثمرة ذات غلاف كهذا (٢) «أ» المُشْوِك: شيء أو شخص يَعْلَق كثمرة شائكة. «ب» الطُّفَيْليّ (٣) حافة خشنة (٤) عُقدة في شجرة (٥) التَّفخيم الرائيّ: التَّلفّظ بحرف r في الإنكليزية مشدَّدًا (٦) «أ» مِحْفَرة؛ مِثقاب. «ب» مِحْفَرة طبيب الأسنان (٧) دَمْدَمة؛ طنين § (٨) «أ» يُشَدِّد [حرفَ الراء الإنكليزيّ]. «ب» يتكلّم بخشونة أو بغير إفصاح (٩) يُدمدِم؛ يئزّ؛ يَطِنّ؛ يَهْدُر x (١٠) يشكِّل حافة خشنة (١١) يُزيل غلاف الثمرة الشائك. — **burred** *(adj.)*

bur reed *(n.)* شريط الماء؛ الإسْبَرْغانيون: عشب مائيّ شريطيّ الأوراق.

bur·ro [bûr′ō] *(n.)* حمار. وبخاصة: حمار صغير.

bur·row [bûr′ō] *(n.; vt.; i.)* (١) جُحْر؛ وِجار (٢) ملجأ § (٣) «أ» يَحْفِر. «ب» يَشُقّ (٤) يُكِنّ؛ يُؤوي x (٥) يستكنّ؛ يختبئ؛ يقيم في جُحْر (٦) يَحْتفر جُحْرًا (٧) يُنَقِّب [في الكتب والمراجع إلخ].

bur·ry [bûr′ĭ] *(adj.)* خشِن؛ شائك <~ wool>.

bur·sa [bûr′sə] *(n.)* جِراب؛ كيس. وبخاصة: كيس مَصْليّ (ت).

bur·sar [bûr′sər] *(n.)* أمين الصُّندوق [في كليّة أو دير].

bur·sa·ry [bûr′sə rĭ] *(n.)* (١) خزانة المال [في كليّة أو دير] (٢) منحة مالية [لطالب محتاج].

burse [bûrs] *(n.)* (١) مِحفظة [نقود إلخ] (٢) مِنحة جامعيّة.

bur·si·form *(adj.)* جِراباني؛ كِيساني: جِرابيّ أو كِيسيّ الشكل.

bur·si·tis [bər sī′tĭs] *(n.)* التهاب الجِراب (مض).

burst [bûrst] *(vi.; t.; n.)* (١) ينفجر (٢) يتفطَّر [حزنًا] (٣) «أ» يندفع [داخلًا أو خارجًا] بقوةٍ أو فجأةً <She ~ into the room.>. «ب» يَبْرُز [للعِيان] فجأةً <The sun ~ through the clouds.> (٤) يَطْفَح <The barns were ~*ing* with grain.> x (٥) يُفجِّر (٦) يُحْدِث بالتَّفجير أو بمثلِهِ <to ~ a hole through the wall> § (٧) انفجار (٨) تفجُّر عاطفيّ [مفاجئ] (٩) اندفاع أو جهدٌ مفاجئ (١٠) بروز مفاجئ [للعِيان] (١١) الصَّلْية: رميٌ مستمرّ من سلاح أوتوماتيّ (جن) (١٢) نتيجة الانفجار. وبخاصة: هَبّات دخان ترافق انفجار القنبلة. — **burst·er** *(n.)*

to ~ into laughter ينفجر بالضحك.

to ~ into tears ينفجر بالبكاء.

to ~ open (١) يَفْتَح [الباب] بالقوة (٢) يتفتح [الزَّهْرُ].

to ~ out *or* into يأخذ في الكلام [فجأةً وبعُنف].

bur·then [bûr′t͟hən] *(n.; vt.)* = burden.

bur·y [bĕr′ĭ] *(vt.)* (١) يَدْفِنُ (٢) يَطْمُر (٣) يُغيِّب [خنجرًا في صدر فلان] (٤) يُواري؛ يُخفي <*buried* his face in his hands> (٥) يتناسى <to ~ an injury> (٦) يَغْمُر؛ يُغرِق (٧) ينغمر.

bur·y·ing [bĕr′ĭ ĭng] *(n.)* دَفْن؛ طمْر إلخ.

burying ground *(n.)* مَقْبرة؛ مَدْفن؛ جبّانة.

bus [1] [bŭs] *(n.)* pl. **bus·es** *or* **bus·ses** (١) الباصّ؛ الأوتوبوس: «أ» سيارة عمومية كبيرة لنقل الركّاب على خطّ معيّن. «ب» سيارة (٢) البَصّ: مُوَصِّل في دارة كهربائية يُستخدم للرَّبط ما بين الدارات.

bus [2] [bŭs] *(vi.; t.)* (١) يَتَبَوّص: «أ» ينتقل بالباصّ. «ب» يشتغل مساعد نادِلٍ [في مطعم] x (٢) يُبَوِّص: يَنْقُل بالباصّ.

bus·boy [bŭs′boi′] *(n.)* مُساعد النّادل [في مطعم].

bus·by [bŭz′bĭ] *(n.)* القَلْبَق: قبّعة عالية من فِراء.

busby

bush [1] [bo͝osh] *(n.; vt.; i.)* (١) «أ» شُجيرة؛ جَنْبة. وبخاصة: شُجيرة خفيضة كثيفة الأغصان. «ب» أجمة؛ دَغل (٢) منطقة كثيرة الآجام (٣) «أ» حانة (ا م). «ب» إعلان <Good wine needs no ~.> (٤) «أ» خُصْلة أو كتلة كَثّة. «ب» ذَنَب الثعلب § (٥) يكسو أو يقي بشُجيرات كثيفة الأغصان x (٦) يتغصَّن أو يمتدّ على نحو كثيف.

bush [2] *(n.; vt.)* (١) بطانة معدنية إلخ [لتخفيف البلى بالاحتكاك] (مك) § (٢) يُبطِّن: يُزوِّد ببطانة معدنية.

bush baby *(n.)* طِفل الجَنَبات: حيوان إفريقيّ صغير ذو ذيل طويل.

bushed *(adj.)* (١) مُؤَجَّم: مَكْسُوّ بالآجام (٢) مُرتبك (٣) مُرْهَق.

bush·el [1] [-əl] *(n.)* (١) البُوشِل: وحدة حجم للحبوب (٢) مكيال.

bush·el [2] *(vt.)* يُصْلح أو يُعَدّل [الملابس].

bush·el·man [bo͝osh′əl-] *(n.)* مُساعد خياط [يُصْلح الملابسَ أو يُعَدِّلها]. — **bush·el·wom·an** *(n.)*

Bu·shi·do [bo͞o′shē dô′] *(n.)* البوشيدو: «أ» القانون الأخلاقي للفرسان والمحاربين اليابانيين. «ب» الاستماتة في سبيل الأمبراطور.

bush·ing [bo͝osh′ĭng] *(n.)* = bush [2] *1.*

bush·man [bo͝osh′-] *(n.)* (١) الحطّاب (٢) قاطن الأدغال.

bush·mas·ter *(n.)* سيِّدة الأدغال: حيّة ضخمة سامّة.

bush·rang·er *(n.)* (١) رَجُل الأدغال (٢) لصّ الأدغال [في أستراليا].

bush·whack·er [-′(h)wăk′ər] *(n.)* (١) أليفُ الأدغال (٢) الدّاغر: المُشارك في حرب العصابات.

bush·whack·ing *(n.)* (١) اختراق الأدغال (٢) المَدْغَرَة: حرب العصابات.

bush·y *(adj.)* (١) مُدْغِل؛ مُلتفّ الأشجار (٢) كثيف؛ كثّ.

bus·i·ly [bĭz′ə lĭ] *(adv.)* بهمّة؛ بانكباب؛ بنشاط.

bus·i·ness [bĭz'nəs] *(n.; adj.)* (١) دَوْر؛ وظيفة (٢) مهنة (٣) عمل؛ مُهِمّة (٤) مُؤسَّسة تجارية (٥) تجارة؛ أعمال (٦) مسألة؛ قضية <a strange ~> (٧) حَرَكة؛ عمل [كإشعال سيكارةٍ إلخ يقوم بهما الممثل المسرحيّ خلقًا لجوّ معيّن أو تعبيرًا عن حالة معيّنة] (٨) شأن <none of your ~> (٩) حقّ <You have no ~ to do that.> (١٠) أذًى (١١) توبيخ (١٢) تغوُّط (ع) (١٣) دعارة؛ بغاء (ع) § (١٤) تِجاريّ.

Mind your own ~! لا تتدخَّل في ما لا يعنيك!
to mean ~, يَجِدُّ؛ يكون جادًّا؛ يعني ما يقول.
to send (a person) about his ~, يسأله أن ينصرف؛ يأمره ألّا يتدخل.

business address *(n.)* العنوان التجاريّ.

business administration *(n.)* إدارة الأعمال.

business college *(n.)* المدرسة التجارية: مدرسة تدرِّب طلابها على الجانب المكتبيّ من التجارة [كالاختزال ومسك الدفاتر].

business deal *(n.)* صفقة تجارية.

business hours *(n. pl.)* ساعات العمل [في مكتب].

busi·ness·like *(adj.)* فعّال؛ جِدّي؛ عمليّ؛ نظاميّ.

busi·ness·man *(n.)* رجل أعمال.

busi·ness·peo·ple *(n. pl.)* رجال الأعمال.

busi·ness·per·son *(n.)* رجل [أو سيّدة] أعمال.

busi·ness·wom·an *(n.)* سيِّدة أعمال.

busk [bŭsk] *(n.; vt.; i.)* (١) ضِلعُ المِشدّ: ضلع من معدِن أو عظم أو لدائن لتثبيت مِشدّ المرأة (٢) مِشدّ § (٣) يُعِدّ؛ يُهَيِّئ x (٤) يستعدّ.

bus·kin [bŭs'kĭn] *(n.)* (١) البَسْكِن: «أ» نعلٌ ذو سيور تصل إلى منتصف السّاق. «ب» جَزمة نصفيّة كان ينتعلها ممثلو التراجيديا الإغريقية (٢) التراجيديا؛ المأساة.

buskin *1b.*

bus·man [bŭs'mən] *(n.)* البَوّاص: سائق الباصّ.

bus·man's holiday *(n.)* العُطلة العامِلة: عطلةٌ يتابع فيها المرء، مختارًا، عملَهُ النظاميّ المعتاد.

buss [bŭs] *(n.; vt.; i.)* (١) قُبلة (ع) § (٢) يُقبِّل.

bus·ses [bŭs'ĭz] *pl. of* bus.

bust[1] [bŭst] *(n.)* (١) تمثال نصفيّ (٢) صَدْر. وبخاصة: ثديا المرأة.

bust[1] *1.*

bust[2] *(vt.; i.; n.; adj.)* (١) يَلْكُم (٢) يكسِر (٣) يُصيبُهُ بالإفلاس (٤) يَخْفِض رتبَتَهُ [العسكرية إلخ] (٥) يُرَوِّض [جوادًا] (٦) يعتقِل (٧) يقتحم [منزلًا بحثًا عن مخدِّرات إلخ] (٨) يَطْرُدُهُ من الكليّة [لإخفاقه في الدراسة] x (٩) ينفجر (١٠) ينهار (١١) يُفْلِس (١٢) «أ» يُخفق. «ب» يُطْرَد من الكلية [لإخفاقِهِ في الدراسة] § (١٣) المَصْخَبَة: مَرَحٌ صاخب (١٤) «أ» إخفاق تامّ. «ب» إفلاس. «ج» أزمة اقتصادية (١٥) لكمة عنيفة (١٦) اعتقال (ع) § (١٧) مُفْلِس.

bustard

bus·tard [bŭs'tərd] *(n.)* الحُبارَى؛ دجاجة البرّ (طا).

bust·er [bŭs'tər] *(n.)* (١) فا bust (٢) عاصفة جنوبية هوجاء (٣) «أ» طفلٌ قويّ البنية. «ب» فتًى؛ رجُل (٤) مِحراث (٥) مُرَوِّض [الجياد] (٦) سقطة شديدة.

bus·tle[1] [bŭs'əl] *(vi.; t.; n.)* (١) يَنْشَط؛ ينطلق بسرعة واهتياج <Everyone was *bustling* about.> (٢) يَعُجّ بـ، يَزْخَرُ بـ x (٣) يَسْتحثُّهُ أو يحمله على الانطلاق بسرعة <She ~*d* her children off to school.> § (٤) صَخَب؛ نشاط مهتاج <the ~ of big cities>.

bus·tle[2] *(n.)* أرداف مستعارة [للنِّساء].

bust–up *(n.)* (١) شِجار؛ نزاع (٢) مِهرجان.

bust·y [bŭs'tĭ] *(adj.)* كبيرة الثَّدْيَيْن.

bus·y [bĭz'ĭ] *(adj.; vt.; i.)* (١) مشغول (٢) «أ» حافل بالأعمال <a ~ day>. «ب» ناشط <a ~ airport>. «ج» مُتَّصِل الحركة <~ fingers> (٣) فضوليّ <a ~ ape> (٤) مُعَقَّد <a ~ design> § (٥) يَشْغَل x (٦) يَنْشغل.

bus·y·bod·y *(n.)* الفضوليّ؛ المتطفّل.

bus·y·ness [bĭz'ĭ-] *(n.)* (١) انشغال (٢) نشاط (٣) فُضول.

busy signal *(n.)* إشارة الانشغال: إشارة تدل على أن رقم الهاتف مشغول.

but[1] [bŭt] *(conj.; prep.; adv.; n.)* (١) لولا؛ لولا أن <would have protested ~ that he was afraid> (٢) أنّه <There is no doubt ~ . . .> (٣) إلّا و <I never go past my old school ~ I think . . . of him.> (٤) إلّا أنّ <I cannot ~ admire your skill.> (٥) لكن <They all went ~ I didn't.> § (٦) إلّا؛ غير؛ سوى <no one there ~ me> § (٧) فحسب؛ فقط <She left ~ an hour ago.> (٨) مجرّد <He is ~ a child.> § (٩) اعتراض؛ استثناء؛ شرط <I am tired of your ifs and ~s.>.

~ for your help لولا مساعدَتُك.
~ then ولكنه من الناحية الثانية . . .

but[2] *(n.)* (١) المطبخ (اسك) (٢) الغرفة الخارجية [من منزل ذي حجرتين].

bu·ta·caine [byo͞o'tə kān'] *(n.)* البوتاكاين: مركَّب يُتَّخذ مُخَدِّرًا.

bu·tane [byo͞o'tān] *(n.)* البوتَيْن؛ البيوتان: مركَّب غازيّ ملتهب.

butch [bo͝och] *(adj.)* مُسْترجِلة: متشبِّهة بالرجال.

butch·er [-ər] *(n.; vt.)* (١) «أ» الجزّار؛ القصّاب. «ب» تاجر اللّحوم (٢) السَّفّاح (٣) البائع. وبخاصة: البائع في قطار أو مسرح إلخ <a candy ~> § (٤) يَذْبح [الحيوانات لبيع لحومها في السوق] (٥) يَقْتل؛ يَسْفك الدّم ظلمًا (٦) يُفسِد بعمل غير مُتْقَن.

butcher–bird *(n.)* النُّهَس: طائر غليظ المنقار.

butch·er·ly *(adj.)* (١) وَحْشيّ؛ دَمَويّ (٢) أخرق.

butch·er's–broom *(n.)* الآس البرّيّ الشائك (نب).

butch·er·y [bo͝och'ə rĭ] *(n.)* (١) مَجْزَر؛ مَسْلَخ (٢) الجِزارة؛ القِصابة (٣) مَجْزرة؛ مذبحة؛ قتلٌ جماعيّ.

but·ler [bŭt'lər] *(n.)* (١) السّاقي (٢) كبير الخَدَم.

butler's pantry *(n.)* حجرة السّاقي: حُجَيْرة بين المطبخ وحجرة الطعام.

butt [1] [bŭt] *(vi.; t.; n.)* (١) يَنْطَح (٢) يتأ § (٣) نَطْحة.

butt [2] *(n.)* البُتّ: «أ» برميل كبير للخمر أو الجِعة إلخ. «ب» مقياس للسوائل يساوي ٤٧٧ ليترًا.

butt [3] *(n.)* (١) هَدَف؛ مَرْمًى (٢) مَكْمَن الصيّاد (٣) الأضحوكة؛ الضُّحْكة: شخص يُسخر منه.

butt [4] *(n.)* (١) الكَفَل؛ العَجُز (٢) الطَّرَف الغليظ [من أيّ شيء]. مثل: الأرومة: أصل الشجرة (٣) عَقِب البندقية (٤) «أ» عَقِب الشمعة أو السيكارة «ب» البقيّة: الجزء المتبقّي من كذا (٥) الجزء الغليظ [من جلد مدبوغ].

butt [5] *(vi.; t.)* (١) يتاخِم **x** (٢) يُشَذِّب [أطرافَ جذوع الأشجار].

butte [byo͞ot] *(n.)* البُتّة: هضبة منعزلةٌ شديدة التحدُّر.

but·ter [bŭt'ər] *(n.; vt.)* (١) زُبْدة (٢) الزُّبد: مُربًّى يُدْهَن به الخبز <apple ~> (٣) مداهنة؛ تملُّق (ع) § (٤) «أ» يَدهن [الخبزَ] بالزّبدة. «ب» يُداهن؛ يتملّق (ع).

but·ter·ball *(n.)* (١) bufflehead (٢) شخص ممتلئ الجسم.

butter bean *(n.)* الفاصوليا الليميّة: ضرب أميركي من الفاصوليا (نب).

buttercup

but·ter·cup *(n.)* الحَوْذان: نبات من الفصيلة الحوذانية.

but·ter·fat *(n.)* دُهْن الزُّبد.

but·ter·fin·gered *(adj.)* (١) رِخو الأصابع: عُرْضةٌ لأن تَسْقط الأشياء من بين أصابعه (٢) مُهْمِل.

but·ter·fin·gers *(n.)* (١) الرِّخْوُ الأصابع (٢) المُهْمِل.

but·ter·fly [bŭt'ər flī'] *(n.; adj.)* (١) فَراشة (٢) الفَراشة: شخص مُوَكَّل باتّباع الملَذّات § (٣) فَراشيّ: مفتوح على مصراعيه.

butterfly bush *(n.)* = buddleia.

butterfly fish *(n.)* عروسة البحر الفَراشيّة: سمكة زاهية الألوان.

butterfly fish

butterfly valve *(n.)* الصِّمام المِرْوَحيّ (مك).

butterfly weed *(n.)* الصُّقلاب العُسْقوليّ (نب).

but·ter·ine [bŭt'ə rēn'] *(n.)* الزُّبدين: زبدة صُنعيّة.

but·ter·milk *(n.)* المَخيض؛ مَخيض اللبن.

but·ter·nut *(n.)* (١) الجوز الأرمد: ضرب أميركي من الجوز (نب) (٢) الوَزْرة البُنّية: «أ» *pl*: ثوب فضفاض بُنّيّ اللون يُرتدى فوق الملابس. «ب» جنديّ من جنود الولايات المتحدة الجنوبية المنشقّة [خلال الحرب الأهلية].

but·ter·scotch *(n.)* الزُّبدة الأسكتلندية: حلوى صلبة دبقة مصنوعة من زبدة وسكّر أسمر.

butter tree *(n.)* شجرة الزُّبْد: نبات يُستخرج من جذوره مادةٌ كالزُّبدة.

but·ter·wort [bŭt'ər wûrt'] *(n.)* صائدُ الذُّباب: نباتٌ تُفرِزُ أوراقُهُ مادةً تأسِر الحشراتِ وتتمثّلها.

but·ter·y [1] [bŭt'ə rĭ] *(n.)* (١) حُجرة الخمور [أو المؤن] (٢) المَتْجَر الجامعيّ: محلّ لبيع الأطعمة والمشروبات في جامعة.

but·ter·y [2] *(adj.)* (١) زُبدانيّ: شبيه بالزُّبدة (٢) مُزَبَّد: محتوٍ على زُبدة أو مدهونٌ بها (٣) متملِّق.

butt joint *(n.)* الوُصلة التناكُبيّة؛ وُصلة التَّناكُب (نج).

but·tock [bŭt'ək] *(n.)* (١) الرِّدف: أحد الرِّدْفَيْن (٢) *pl.*: كَفَلٌ؛ عَجُزٌ؛ رِدْفان.

but·ton [bŭt'ən] *(n.; vt.; i.)* (١) زِرّ (٢) بُرعُم (نب) (٣) نبتة فُطر صغيرة (٤) كُرَيّة معدنية [تتخلّف بعد الصَّهر] (٥) زرّ الجرس الكهربائيّ (٦) *pl.*: المُزَرِّر: خادم في فندق أو نادٍ يرتدي عادةً بزّة كثيرة الأزرار (عب) § (٧) يُزرِّر: «أ» يزوِّد أو يزيِّن بأزرار. «ب» يضمّ بواسطة زرّ أو أزرار **x** (٨) يَتزرَّر <My shirt doesn't ~ up easily.>.

but·ton·ball *(n.)* الدُّلب (نب).

but·ton·bush *(n.)* الرأسيّة؛ القافالنثوس (نب).

but·toned [bŭt'ənd] *(adj.)* مُزرَّر: مزوَّد أو مزيَّن بأزرار.

but·ton·hole [-hôl'] *(n.; vt.)* (١) عُرْوة (٢) العُرْويّة: زهرة في عروة السترة § (٣) يُعرّي: يجعل للثوب عُرًى (٤) يأخذ بتلابيبه: يُمْسِك به من طَرَف ثوبه وبخاصة لكي يُكرِهَهُ على الاستماع.

buttonhole stitch *(n.)* قُطبة العُرى [في الخياطة].

but·ton·hook *(n.)* المُزَرِّرة: كُلّابة لتزرير القُفّازات والأحذية إلخ.

but·ton·mold *(n.)* القُرْص الزِّرّي: قرصٌ يُكسَى بالقماش ليُشكِّل زرًّا.

button tree *(n.)* = buttonball.

but·ton·wood *(n.)* (١) الدُّلب (نب) (٢) خشب الدُّلب.

but·ton·y [bŭt'ən ĭ] *(adj.)* (١) مُزَرَّر: مُزَيَّن بأزرار (٢) زِرّاني: شبيه بالزّر.

but·tress [bŭt'rəs] *(n.; vt.)* (١) الكَتِف: دعامة خارجيةٌ ناتئةٌ ساندةٌ لجدار أو مبنى (٢) الكَتِف: شيء كالكتف [أي الدّعامة الخارجية الناتئة]. مثل: «أ» الجزء الناتئ من الجبل. «ب» نتوء عظميّ في حافر الفَرَس (٣) سِناد؛ دعامة § (٤) يُكتِّف: يُزوِّد بكتِف (عم) (٥) يَدْعَم.

buttress *1.*

butt weld *(n.)* اللُّحمة التَّناكبيّة: وُصلة تناكُبٍ تُصْنع باللِّحام.

but·ty [bŭt'ĭ] *(n.)* رفيق؛ زميل.

bu·tyl [byo͞o'tĭl] *(n.)* البوتيل (ك).

bu·tyl·ene [byo͞o'tə lēn'] *(n.)* البوتيلين (ك).

bu·ty·ra·ceous [byo͞o'tə rā'shəs] *(adj.)* (١) زُبْدانيّ: شبيه بالزُّبدة (٢) زُبديّ: منتجٌ مادة شبيهة بالزُّبدة.

bu·ty·rate [byo͞o'tə rāt'] *(n.)* الزُّبْدات: إستر الحمض الزُّبديّ.

bu·tyr·ic *(adj.)* زُبديّ: منسوب إلى الزُّبدة أو مُشتقٌّ منها.

butyric acid *(n.)* الحَمْض الزُّبديّ: سائل عديم اللون، كريه الرائحة، يكون في الزبدة الفاسدة.

bu·tyr·in [-ʹtər ĭn] *(n.)* الزُّبدين: دُهن في الزبدة.

bux·om [bŭkʹsəm] *(adj.)* بَضّة: ممتلئة الجسم؛ عامرة الصدر؛ مُفْعَمَة بالصحة على نحوٍ جذّاب <a ~ woman>.

buy [bī] *(vt.; i.; n.)* (١) يشتري (٢) يفتدي (٣) يرشو (٤) يَقْبل؛ يصدِّق؛ يؤمن بـ <I don't ~ that nonsense.> x (٥) يشتري السِّلع § (٦) صفقة؛ صفقة رابحة <This stock is a good ~ at that price.>.

- to ~ back — يشتري شيئًا كان قد باعه.
- to ~ in — (١) يشتري مقدارًا وافرًا من (٢) يشتري سِلَعَهُ نفسها [في المزاد العلني] بأن يدفع فيها سعرًا أعلى من كل ما دُفع فيها [لكي يحول دون بيعها بسعر منخفض أكثر مما ينبغي].
- to ~ off — (١) يرشو [فلانًا] (٢) يتخلص [من فِرْية كاذبة أو من أذى أحد المبتزّين للمال بالتهديد] بدفع الأموال...
- to ~ one out — يشتري كامل حصة فلان [فيحلّ محله فيها].
- to ~ over — يرشو [فلانًا].
- to ~ up — (١) يُسْرِف في الشراء (٢) يشتري كامل المحصول.

buy·er [bīʹər] *(n.)* (١) المشتري (٢) وكيل المشتَرَيات [لمحلّ تجاريّ].

buzz [bŭz] *(vi.; t.; n.)* (١) يَطِنّ؛ يَئِزّ (٢) يُغمغم؛ يَهمِس (٣) يضجّ أو يمتلئ بغمغمات مختلطة <The room ~*ed* with excitement.> (٤) يتنقّل بسرعة واهتياج من مكان إلى آخر (٥) يَذْهب؛ يَنْصرف <to ~ along *or* off> x (٦) يعبِّر [بالغمغمة أو الهمس] عن كذا (٧) يجعلُهُ يَطِنّ أو يئزّ (٨) يَنْشُر إشاعةً (٩) يُتَلْفن لِـ (١٠) يُسِفّ في الطيران [حتى ليكاد يُلامس السّطوح أو الرؤوس] <Planes ~*ed* the crowd.> (١١) يشرب حتى الثُّمالة § (١٢) «أ» إشاعة. «ب» غمغمة مختلِطة (١٣) طنين؛ أزيز (١٤) مخابرة هاتفية (١٥) سُكْر.

buz·zard [bŭzʹərd] *(n.; adj.)* (١) الصَّقر الجَرّاح (٢) «أ» الحقير: شخص جدير بالازدراء. «ب» الأبله. «ج» الجبان § (٣) أبله؛ أحمق.

buzzard *1.*

buzz bomb *(n.)* = flying bomb.

buzz·er *(n.)* (١) فا buzz (٢) الأزّاز: جهاز شبيه بالجرس الكهربائيّ.

buzz saw *(n.)* المنشار الأزّاز: منشار دائريّ يُحدث أزيزًا قويًا.

buzz·wig [bŭzʹwĭg] *(n.)* (١) اللِّمّة الكَثّة: «أ» شَعر مستعار كثيف ضخم. «ب» شخصٌ معتمرٌ بِلِمّةٍ كَثّة (٢) العَيْن: شخص ذو شأن.

buzz·word *(n.)* الكلمة الطنّانة؛ العبارة الرّنّانة.

by[1] [bī] *(prep.; adv.; adj.; n.)* (١) بجانب؛ بِقُرب <a house ~ the river> (٢) بِـ، بواسطة <We came ~ train.> (٣) من طريق <They went to Japan ~ Siberia.> (٤) في اتجاه كذا؛ نحو <north ~ east> (٥) عبر كذا؛ [مرورًا] به <I go ~ her house every day.> (٦) في ساعة معيّنة أو قبلها؛ في موعد لا يتجاوز ساعة معيّنة <He will be here ~ two o'clock; ~ then> (٧) في؛ خلال <~ night> (٨) بِـ <~ force> (٩) من قِبَل؛ من جانب <regretted ~ all> (١٠) وفقًا لِـ؛ بحسَب <~ the rules> (١١) مكتوب بقلم <a novel ~ Dickens> (١٢) بِـ؛ مضروبًا في <6 ~ 4> § (١٣) على مقربة من <It's near ~.> (١٤) عبر نقطة قريبة من شيء معين <The car drove ~.> (١٥) جانبًا <Put it ~ for the moment.> § (١٦) جانبيّ؛ ثانويّ § (١٧) قضيّة جانبية.

- ~ and ~, — قريبًا؛ عمّا قريب؛ في ما بعد.
- ~ and large — على العموم؛ على الجملة.
- ~ oneself — (١) وَحْدَهُ (٢) من غير مساعدة.
- ~ the ~; ~ the bye; ~ the way — وبالمناسبة؛ و«على فكرة»؛ والشيء بالشيء يُذكَر.
- day ~ day — يومًا فيومًا.
- piece ~ piece — قطعةً قطعةً؛ بالتَّسَلْسُل.
- to stand ~ somebody — يؤيّده؛ يناصرهُ؛ يقف إلى جانبه.

by[2] *or* **bye** [bī] *(adj.)* جانبيّ؛ فَرْعيّ؛ ثانويّ؛ عَرَضيّ.

by[3] *or* **bye** [bī] *(n.)* قضية جانبية؛ شيء ثانويّ.

by[4] *or* **bye** [bī] *(interj.)* وداعًا! إلى اللقاء!

by–and–by *(n.)* المستَقْبَل؛ المستقبَل القريب.

by–bid·der *(n.)* المُزايد الجانبيّ: شخص مكلَّفٌ بالمزايدة لرفع الأسعار في مَزادٍ علنيّ.

by–blow *(n.)* (١) ضربة غير مباشرة (٢) ولدٌ غير شرعيّ.

by–child *(n.)* ابن سِفاح: ولدٌ غير شرعيّ.

bye[1] [bī] *(adj.)* = by[2].

bye[2] *(n.)* = by[3].

bye[3] *(interj.)* = by[4].

bye–bye[1] [bīʹbīʹ] *(interj.)* وداعًا! إلى اللقاء!

bye–bye[2] *or* **by–by** *(n.)* الفِراش؛ النَّوم.

byelaw [bīʹlôʹ] *(n.)* = bylaw.

by–elec·tion; bye–election *(n.)* الانتخاب الفرعيّ [لمَلْء مقعد شاغر].

by·gone [bīʹgôn] *(adj.; n.)* (١) ماضٍ؛ سالف (٢) مُبْطَل؛ مهجور؛ عتيق الزّيّ (٣) منقرض (٤) شيء ماضٍ § (٥) *pl.*: الماضي.

- Let ~*s* be ~*s*. — عفا الله عمّا سَلَف.

by·law *or* **bye·law** [bīʹlôʹ] *(n.)* القانون الداخليّ.

by·line [bīʹlīnʹ] *(n.)* (١) الخط الثانويّ [في السّكة الحديدية] (٢) السّطر الثانويّ: سطرٌ في رأس المقالة ينصّ على اسم كاتبها.

by·name [bīʹnāmʹ] *(n.)* (١) اسمٌ ثانويّ (٢) كُنية؛ لقب.

by·pass [bīʹpăsʹ] *(n.; vt.)* (١) طريق جانبيّ [وبخاصة حول مدينة] (٢) مجرًى جانبيّ (٣) التحويلة؛ التَّحويدة (كب) § (٤) يتجنَّب: يَسْلُك طريقًا جانبيًا (٥) يُحَوِّد: يُجري السائلَ أو الغازَ في مجرًى جانبيّ (٦) يُهمِل؛ يتجاهل (٧) يَلتفّ [حولَ العدوّ].

by·past [bīʹpăstʹ] *(adj.)* = bygone.

by·path [bīˊpăthˊ] *(n.)* = byway.

by·play *(n.)* عملٌ أو كلامٌ ثانويّ [وبخاصة على المسرح].

by–prod·uct *(n.)* (١) حَصيلة ثانية ؛ مُنْتَج جانبيّ (٢) نتيجة ثانوية [وأحيانًا غير مُتَوَقَّعَة أو مقصودة].

byre [bīr] *(n.)* زريبة [للأبقار].

by–re·ac·tion *(n.)* التفاعلُ الجانبيّ (ك).

by·road *(n.)* = byway *1*.

by–room *(n.)* غرفة جانبيّةٌ [أو خاصةٌ].

bys·sus [bĭsˊəs] *(n.)* pl. **bys·sus·es** *or* **bys·si** [ī *or* ē] (١) البِيْس : قماش ناعم استخدمه قُدامى المصريين في تكفين موميااتهم (٢) المِلْصاقة : كتلة ألياف حريرية تلتصق بواسطتها بعضُ الرِّخويات بالصّخور.

by·stand·er *(n.)* المتفرِّج [على حادثةٍ من غير أن يشارك فيها].

by·street *(n.)* شارع فرعيّ.

by·talk [bīˊtôkˊ] *(n.)* اللَّغْو : محادثة حول شؤونٍ تافهة.

byte [bīt] *(n.)* البَيْتة : مجموعة أرقام ثُنائية متجاورة يعتبرها الكومبيوتر وحدةً وتكون، في العادة، أقصر من كلمة.

by·way [bīˊwāˊ] *(n.)* (١) طريق فرعيّ [غير مطروق كثيرًا] (٢) مَظهرٌ أو حقلٌ من حقول البحث ثانويٌّ أو مجهول.

by·word *(n.)* (١) مَثَلٌ ؛ قولٌ مأثور (٢) لقبٌ (٣) موضع سخرية (٤) اللازمة : كلمة أو عبارة متداوَلة.

by·work *(n.)* العمل الجانبيّ : عملٌ ثانويّ يقوم به المرء إلى جانب عمله النظاميّ [في ساعات فراغه].

Byz·an·tine [bĭzˊən tēnˊ; -tīnˊ] *(adj.; n.)* (١) بِيْزَنطيّ § (٢) البيزنطيّ : أحد أبناء مدينة بيزنطة القديمة.

By·zan·tin·ist [bĭ zănˊtē nĭst; -tī-] *(n.)* العالِم بالثقافة البيزنطية.

By·zan·ti·um [-ˊshĭ əm; -tĭ-] *(n.)* بيزنطة.

c [sē] *(n. often cap.)* (١) الحرف الثالث من الأبجدية الإنكليزية (٢) «أ» مئة. «ب» مئة دولار (ع) (٣) شيء مُعْتَبَرٌ ذا مقام ثالث [من حيث الترتيب أو الطبقة] (٤) «أ» درجة أو علامة مدرسيّة تُشعِر بأن عمل الطالب متوسط. «ب» طالب يُمنَح هذه الدرجة (٥) شيء على صورة حرف **C**.

Caa·ba [kä′bə] الكَعْبة؛ بيت الله الحرام.

cab[1] [kăb] *(n.)* القاب: وحدة حجم عبرانية قديمة.

cab[2] *(n.)* القَبّ: «أ» مَرْكبة ذات عجلتين وجواد واحد. «ب» مَرْكبة أجرة.

cab[3] *(n.)* القَبّ: سيارة أجرة.

cab[4] *(n.)* المَقْصورة: «أ» الجزء المُغَطَّى من القاطرة [حيث يقف السائق والوقّاد]. «ب» جزء مماثلٌ في شاحنة أو جرّار.

ca·bal [kə băl′] *(n.; vi.)* (١) عُصْبة أو جمعية سرّيّة (٢) مؤامرة؛ مكيدة § (٣) «أ» يؤلف عصبة سرّية. «ب» يتآمر.

ca·ba·la *or* **cab·ba·la** [kăb′ə lə; kə bä′-] *(n. often cap.)* (١) *cap.* عد: القَبّلانيّة: فلسفة دينية سرّيّة، عند أحبار اليهود وبعض نصارى العصر الوسيط، مبنيّة على تفسير صوفيّ للكتاب المقدَّس (٢) «أ» مُعْتَقَد صُوفيّ. «ب» مذهب سرّيّ. «ج» فنّ سرّيّ. **— ca·ba·list** *(n.)* **— cab·a·lis·tic** *(adj.)*

ca·bal·le·ro [kăb′əl yâr′ō] *(n.)* (١) سيّد إسبانيّ (٢) فارس.

ca·ban·a [kə băn′ə; -băn′yə] *(n.)* كوخ [وبخاصة على الشاطئ].

cab·a·ret [kăb′ə rā′] *(n.)* (١) حانة (ا. ق) (٢) المَلْهى: «أ» نادٍ ليليّ؛ مطعم يقدِّم برامج غناء ورقص. «ب» برنامج غناء أو رقص.

cab·bage[1] [kăb′ĭj] *(n.; vt.)* (١) شيء مسروق أو مختلس وبخاصة: أجزاء من القماش «يختلسها» الخياط عند تفصيله ثوبًا § (٢) يسرق <Your tailor ~s whole yards of cloth.>.

cab·bage[2] *(n.)* (١) كُرُنب؛ ملفوف (٢) البنكنوت؛ العملة الورقية (ع).

cabbage palm

cabbage palm *(n.)* النَّخل الكُرُنبيّ (نب).

cabbage palmetto *(n.)* السّابال النَّخيلي: ضرب من النَّخل الكُرُنبي.

cab·driv·er; cab·bie *or* **cab·by** [kăb′ī] *(n.)* سائق مَرْكبة أو سيارة أجرة.

ca·ber [kā′-] *(n.)* جذع يُقذف به لتجربة القوة (رب).

cab·in [kăb′ĭn] *(n.; vi.; t.)* (١) القَمْرة: «أ» حجرة خصوصية لشخص أو أكثر، في سفينة. «ب» حجرة تحت ظهر المركب الصغير للركاب أو النوتية. «ج» حجرة في الطائرة للأحمال أو الملاحين أو الركّاب (٢) كوخ؛ كابينة (٣) **cab**[4] § (٤) يُقيم في قمرةٍ أو كوخ **x** (٥) يَحْبِس.

cabin boy *(n.)* غلام السفينة: غلام يشتغل خادمًا في سفينة.

cabin class *(n.)* الدرَجة القَمْرية: درجة أعلى من الدرجة السياحية وأدنى من الدرجة الأولى [في سفينة للركاب].

cab·i·net [kăb′ə nĭt] *(n.; adj.)* (١) خِزانة [للنفائس إلخ] (٢) «أ» حجرة خصوصية صغيرة. «ب» حجرة عَرْض صغيرة في متحف (٣) «أ» *cap.* عد: مجلس الوزراء. «ب» المجلس الاستشاري لحاكم ولاية إلخ. «ج» اجتماع لمجلس الوزراء(بر) § (٤) قيِّم: ذو قيمة أو جمال أو حجم يجعله ملائمًا للوضع في حجرة خصوصية أو للحفظ في خزانة صغيرة <a ~ edition of Dickens> (٥) وزاريّ: خاص بمجلس الوزراء <~ procedure> (٦) خصوصيّ؛ سرّيّ (٧) أثاثيّ: مُسْتَخْدَمٌ في صنع الموبيليا أو مُعَدّ لذلك <~ wood>.

cabinet file *(n.)* مِبرَدُ النجّارين؛ مِبْرَد النِّجارة.

cab·i·net·maker *(n.)* نجّار الموبيليا.

cabinet saw *(n.)* منشار النجّارين؛ منشار النِّجارة.

cab·i·net·work *(n.)* (١) الموبيليا (٢) صناعة الموبيليا.

ca·ble [kā′bəl] *(n.; vt.; i.)* (١) «أ» مَرَسة؛ قَلْس؛ حبلٌ غليظ. «ب» سِلك؛ سلسلة مَعْدِنية (٢) cable length (٣) «أ» الكَبْل: حُزمة أسلاك يُعْزَل بعضها عن بعض ضمن غلاف واقٍ وتُستخدَم لنقل التيار الكهربائيّ عادةً. «ب» البرقية الكَبْليّة: برقية مُرْسلة بكَبْلٍ كهذا (٤) cable television § (٥) يمرِّس؛ يقلِّس: يثبِّت أو يزوِّد بأمراس أو أقلاس (٦) يُبْرق بكَبْلٍ.

cable 3a.

ca·ble·gram [kā′bəl grăm′] *(n.)* = cable *3 b.*

cable length *(n.)* الطُول الكَبْليّ: وحدة بحريّة للطُّول.

cable railway *(n.)* السِّكّة الكَبْليّة: سكّة الحديد المعلّقة.

ca·blet [kā′blĭt] *(n.)* مُرَيْسة؛ قُلَيْسة؛ كُبَيْل: حبلٌ غير غليظ.

cable television *also* **cable TV** *(n.)* التَّلْفَزَة الكَبْليّة: نظام تُبَثُّ فيه البرامج التلفزيونية على المشتركين عَبْرَ قنوات خاصّة.

cab·man [kăb′mən] *(n.)* = cabdriver.

ca·bob [kə bŏb′] *(n.)* = kabob.

ca·boo·dle [kə bo͞o′dəl] *(n.)* مجموعة.

ca·boose [kə bo͞os′] *(n.)* (١) مطبخ [على ظهر السفينة] (٢) المِذْنَب : الحافلة الأخيرة في قطار للشّحن [يستعملها عمّاله].

cab·o·tage [kăb′ə täzh′] *(n.)* (١) المُساحَلة : الملاحة أو النقل على السواحل (٢) حقُّ المساحَلة.

ca·bril·la [kə brĭl′ə] *(n.)* القُشْر : أيّ من فصيلة سمك من العَظْميّات المعروفة بـ «القُشْريات».

cab·ri·ole [kăb′rĭ ōl′] *(n.)* القائمة البُرْثُنية : قائمة محفورة، من قوائم الموبيليا، تنتهي على شكل براثن الحيوان.

cab·ri·o·let [kăb′rĭ ə lā′] *(n.)* الكَبْرِيْلَة : «أ» مركبة ذات عجلتين وجواد واحد وسطح جلديّ يُطْوَى. «ب» سيارة ذات سطح قابل للطيّ.

cabriolet *a.*

cab·stand *(n.)* موقف مركبات أو سيارات الأجرة.

cac- *or* **caco-** بادئة معناها : رديء؛ خاطئ؛ كريه <*cacography*>.

ca' can·ny [kä kăn′ĭ] *(n.)* التّراخي : تباطؤ في العمل يَتعمّدُهُ العمال.

ca·ca·o [kə kā′ō; kə kä′ō] *(n.)* (١) شجرة الكاكاو (٢) كاكاو.

cacao butter *(n.)* زُبد الكاكاو.

cach·a·lot [kăsh′ə lŏt′] *(n.)* العَنْبَر : حوت ضخمٌ كبير الرأس.

cache [kăsh] *(n.; vt.)* (١) مَخْبأ [للمؤن والأدوات] (٢) المختزَن : جزء من ذاكرة الكومبيوتر تُختزن فيه المعلوماتُ (٣) الخَبِيء؛ الخَبِيئة : ما يُخَبَّأ § (٤) يُخَبِّئ.

ca·chec·tic [kă kĕk′tĭk] *(adj.)* دَنِف : مُصاب بالدَّنَف.

cache memory *(n.)* = cache 2.

ca·chet [kă shā′] *(n.)* (١) خَتْمٌ [تُذَيَّل به رسالة] (٢) طابَع؛ صفة مميِّزة (٣) شأن؛ اعتبار؛ منزلة (٤) برشانة (صي) (٥) «أ» الخَتْم التَّذكاريّ : رسم أو كلام على أغلفة الرسائل إحياءً لذكرى بريدية. «ب» شعار يُضمَّن في الختم البريدي.

ca·chex·i·a [kə kĕk′sĭ ə] *or* **ca·chex·y** *(n.)* الدَّنَف : اعتلال عامّ، مصحوبٌ بهُزالٍ، بسبب من مرض عُضال كالسُّلّ والسرطان.

cach·in·nate [kăk′ə nāt′] *(vi.)* يُقَهْقِه؛ يُغرِب في الضّحك.

ca·chou [kă sho͞o′] *(n.)* السُّكَّرية : حبّة سُكَّرية تُعَطِّر بها الأنفاس.

ca·chu·cha [kä cho͞o′chä] *(n.)* الكَتْشوشة : رقصة إسبانية مَرِحة.

ca·cique [kə sēk′] *(n.)* (١) زعيمٌ محليّ [في إسبانيا وأميركا اللاتينية] (٢) الكاسِك : طائر استوائيّ.

cack·le [kăk′əl] *(vi.; t.; n.)* (١) تُقَوْقي [الدجاجةُ] (٢) يضحك [على نحو متقطّع] (٣) يثرثر [مُحْدثًا جَلَبةً] x (٤) يعبِّر بمثل القوقأة § (٥) القوقأة : صوت الدجاج (٦) ضحِك متقطّع (٧) ثرثرة حمقاء.

cack·ler [kăk′lər] *(n.)* (١) فا cackle (٢) الثرثار.

caco- = cac-

cac·o·de·mon [kăk′ə dē′mən] *(n.)* شيطان : روح شريرة.

cac·o·ë·thes [kăk′ō ē′thēz] *(n.)* (١) «أ» هَوَس؛ دافعٌ لا يقاوَم. «ب» عادةٌ سيئة (٢) قرحةٌ خبيثة (ط).

cac·o·gen·e·sis [kăk ə jĕn′-] *(n.)* تردِّي الأعراق أو فسادُها.

cac·o·gen·ics *(n.)* (١) dysgenics (٢) تَرَدِّي الأعراق.

ca·cog·ra·phy [kə kŏg′-] *(n.)* (١) خطٌ رديء (٢) تهجئة خاطئة.

cac·o·mis·tle [kăk′ə mĭs′əl] *(n.)* (١) أُسَيْد الجبل : حيوان ثدييّ شبيه بالراكون raccoon (٢) فرو أُسَيْد الجبل.

cacomistle *1.*

ca·coph·o·nous [kə kŏf′-] *(adj.)* متنافر النغمات.

ca·coph·o·ny [kə kŏf′ə nĭ] *(n.)* تنافُر النغمات (مو).

cac·ta·ceous [kăk tā′shəs] *(adj.)* صَبّاريّ : خاصّ بالفصيلة الصَّبّارية.

cac·tus [kăk′-] *(n.)* pl. **-ti** *also* **-tus·es** الصَّبّار؛ «الصُّبَيْر» (نب).

cad [kăd] *(n.)* (١) الوغد؛ النَّذْل (٢) ابن المدينة (ع).

ca·das·tral [kə dăs′trəl] *(adj.)* مَسْحيّ؛ مِساحيّ.

cadastral map *(n.)* الخريطة المَسْحيّة؛ الخريطة المِساحيّة.

cadastral survey *(n.)* المِساحة التفصيلية [للأملاك والعقارات].

ca·das·tre *or* **ca·das·ter** [kə dăs′tər] *(n.)* سِجِلّ المِساحة.

ca·dav·er [kə dăv′ər] *(n.)* جُثّة؛ جيفة.

ca·dav·er·ous [-′ər əs] *(adj.)* (١) «أ» جِيَفيّ. «ب» جِيْفانيّ : شبيه بالجِيفة (٢) شديد الشحوب (٣) مهزول؛ شديد النحول.

cad·die *or* **cad·dy** [kăd′ĭ] *(n.; vi.)* (١) الكاديّ : «أ» غلام يساعد لاعب الغولف بأن يحمل المضارب ويبحث عن الكرة. «ب» أداة صغيرة ذات عجلات لنقل الأشياء التي قد يتعذَّر حملها باليد § (٢) يُكدّي : يساعد لاعب الغولف بوصفه كاديًا.

cad·dish [kăd′ĭsh] *(adj.)* خسيس؛ سافل.

cad·dis·worm [kăd′ĭs wûrm′] *(n.)* دودة القَمَص.

cad·dy [-′ĭ] *(n.)* (١) العُلَيبة : علبة صغيرة وبخاصة للشاي (٢) caddie.

cade[1] [kād] *(adj.)* (١) مُتَخَلًّى عنه : مُربًّى على يد البشر بعد أن تخلّت عنه أمه <a ~ lamb> (٢) مُدَلَّل.

cade[2] *(n.)* (١) برميل. وبخاصة : برميل صغير (٢) العَرْعَر الكادِيّ (نب).

ca·delle [kə dĕl′] *(n.)* الظَّلاميّة؛ خُنفُساء الدقيق.

ca·dence [kā′dəns] *(n.)* (١) إيقاع (٢) مَحَطّ؛ نغمة ختامية (مو).

ca·den·cy [kā′dən sĭ] *(n.)* = cadence.

ca·dent [kā′dənt] *(adj.)* (١) ساقط؛ مُنهمِر (٢) ذو إيقاع.

ca·det [kə dĕt′] *(n.)* (١) «أ» ابنٌ أو أخٌ أصغر. «ب» الابن الأصغر (٢) الطالب العسكري : طالب في كلية حربية (٣) المبتدئ [في مهنة ما] (٤) الدَّيُّوث : القوّاد (ع).

cadge [kăj] *(vi.; t.)* (١) يتطفّل (٢) يتسوَّل x (٣) ينال بالتَّسوُّل.

cadg·er [kăj′ər] *(n.)* (١) الطُّفَيْليّ (٢) المُتَسوِّل.

ca·di *or* **ka·di** [kä′dĭ] *(n.)* القاضي؛ القاضي الشَّرعي (إس).

cad·mi·um [kăd′mĭ əm] *(n.)* الكادميوم : عنصر فِلِزّيّ أبيض (ك).

cadmium orange *(n.)* البرتقاليّ الكادميوميّ : لون أصفر برتقاليّ.

ca·dre [kä′dər] *(n.)* (١) إطار (٢) المِلاك؛ الكادر : مجموعة مؤهَّلة لأن تنهض بأعباء معيّنة (٣) الكادر : أحد أفراد هذه المجموعة.

caduceus 2.

ca·du·ce·us [kə dōō′sĭ əs] *(n.)* pl. **-cei** (١) صولجان هَرْمس رسول الآلهة (٢) الصولجان المجنَّح: صولجان يتّخذه الأطباء شعارًا لمهنتهم. **— ca·du·ce·an** *(adj.)*

ca·du·ci·ty [kə dōō′-] *(n.)* (١) شيخوخة؛ خَرَف (٢) سرعة الزوال.

ca·du·cous [kə dōō′kəs] *(adj.)* (١) «أ» متساقط. «ب» مُبْتَسَر السقوط؛ مبكِّر التساقط (نب) (٢) سريع الزوال.

cae·cum [sē′kəm] *(n.)* pl. **-ca** [kə] = cecum.

caen- *or* **caeno-** = cen-; ceno-.

Cae·sar [sē′zər] *(n.)* (١) القيصر: لقب الأباطرة الرومان بعد أوغسطوس (٢) قيصر .not cap عد: «أ» أمبراطور. «ب» ديكتاتور. «ج» القيصر: السلطة المدنية أو الحاكم الزمني.

Cae·sar·e·an [sĭ zâr′-] *(adj.; n.)* (١) قَيْصَرِيّ § (٢) القَيْصرية؛ العملية القيصرية: عملية فتح البطن واستخراج الجنين.

Cae·sar·ism *(n.)* القَيْصَرية: الديكتاتورية السياسية أو الطغيان العسكريّ.

cae·si·um [sē′zĭ əm] *(n.)* = cesium.

caes·pi·tose [sĕs′pĭ tōs′] *(adj.)* مُعَنْقَد: نامٍ على شكل عناقيد.

cae·su·ra [sĭ zhōōr′ə] *(n.)* (١) الوَقْف: توقُّف عند منتصَف بيت من الشعر (٢) وَقْف؛ انقطاع.

ca·fé [kă fā′] *(n.)* (١) قهوة (٢) مَقهًى؛ مطعم؛ مَشْرَب؛ حانة.

café au lait [kă fā′ō lā′] *(n.; adj.)* (١) قهوة بالحليب (٢) لون بنّي فاتح § (٣) بنّي فاتح.

café–au–lait [kă fā′ō lā′] *(adj.)* بُنّيّ فاتح.

café noir [kă fā′nwär′] *(n.)* القهوة السوداء: قهوة بلا حليب.

caf·e·te·ri·a [kăf′ĭ tēr′ĭ ə] *(n.)* الكافيتيريا: مطعم بلا نُدُل.

caf·feine [kăf′ēn; kăf′ĭ ĭn] *(n.)* الكافيين؛ البُنِّين.

caf·tan [kăf′tən; käf tän′] *(n.)* قُفطان.

cage [kāj] *(n.; vt.)* (١) القَفَص: «أ» مَحْبِس الطير والحيوان. «ب» حُجَيْرة ذات قضبانٍ يُحجز فيها السُّجناء. «ج» مُعَسْكر لأسرى الحرب (٢) شيء كالقَفَص شكلًا أو وظيفة (٣) سلّة [في كرة السلّة ونحوها] (٤) بيت الملعب: مبنًى يحيط بقطعةٍ من الأرض صالحةٍ لمختلف الألعاب الرياضية § (٥) يُقَفِّص: يضع أو يحبس في قفص إلخ.

cage·ling [kāj′-] *(n.)* حبيسُ القَفَص: طائر محبوس في قَفَص.

ca·gey *also* **ca·gy** [kā′jĭ] *(adj.)* (١) حَذِر؛ مُحترِس (٢) كَتوم.

ca·hier [kä yā′] *(n.)* (١) «أ» تقرير. «ب» مذكِّرة (٢) دفتر.

ca·hoot [kə hōōt′] *(n.)* تواطؤ؛ اتفاق سرّي.

cai·man [kā′mən] *(n.)* الكَيْمَن: حيوان برمائيّ شبيه بالعظاءة.

Cai·no·zo·ic [kī′nə zō′ĭk] *(adj.)* = Cenozoic.

ca·ïque [kä ēk′] *(n.)* الكَيْك: «أ» زورق طويل يُستخدم في مضيق البوسفور بخاصة. «ب» مَرْكب شراعيّ مَشْرِقيّ.

cairn [kârn] *(n.)* المَعْلَم: رُكام من حجارة يُنْصَب للذكرى أو بوصفِهِ صُوّةً.

cais·son [kā′-] *(n.)* (١) «أ» صندوق [متفجّرات]. «ب» عربة [لنقل مدفع أو ذخيرة] (٢) القَيسون: «أ» حجرة صامدة للماء تُستخدم في البناء تحت المياه. «ب» أداة لانتشال مركبٍ غريق. «ج» جزء غائرٌ مزخرف [في سقف إلخ].

caisson disease *(n.)* شَلَل الغَوّاص؛ داء القَيْسون (ط).

cai·tiff [kā′tĭf] *(adj.; n.)* وغد؛ خسيس؛ حقير؛ جبان.

caj·e·put [kăj′ə pət] *(n.)* الكاجيبوت: «أ» شجرة يُسْتَقْطَر من ورقها زيت أخضر زكيّ الرائحة. «ب» زيت الكاجيبوت.

ca·jole [kə jōl′] *(vt.)* يلاطف؛ يتملّق؛ يُقنع بالملاطفة.

ca·jol·er·y [kə jō′lə rĭ] *(n.)* ملاطفة؛ تملُّق؛ إقناع بالملاطفة.

caj·u·put [kăj′ə pət] *(n.)* = cajeput.

cake [kāk] *(n.; vt.; i.)* (١) كَعْكة (٢) «أ» قطعة؛ كتلة متراصة <a ~ of soap, ice, etc.>. «ب» قشرة صلبة أو قَصِمة (٣) الأبله؛ المغفَّل (عب) § (٤) يكسو أو يُلبِّس بقشرَة (٥) يحشو x (٦) يتخذ شكل كتلة متراصة <Mud ~*d* on her shoes.>.

a piece of ~, شيء هيّن أو سائغ جدًا.
to sell *or* go like hot ~*s* يُباع أو يَنْفُق بسرعة.
to take the ~, (١) يفوز بقَصَب السَّبْق (٢) يتفوَّق.

cakes and ale *(n.)* قَصْف؛ لَهْوٌ صاخب.

cake·walk [-′wôk′] *(n.)* رقصة زنجيّة أو محاكاةٌ لها.

Calabar bean *(n.)* فولة كالابار: بزرة شديدة السُّمِّيّة (نب).

cal·a·bash [kăl′ə băsh′] *(n.)* (١) الدُّبّاء: قَرْع التزيين (٢) الوعاء الدُّبّائيّ: زجاجة أو طاسة تُتَّخذ من ثمرة دُبّاء يابسةٍ.

cal·a·boose [kăl′ə bōōs′] *(n.)* سِجن (ع).

ca·la·di·um [kə lā′-] *(n.)* الكَلْدوم: نبات استوائيّ زينيّ.

cal·a·man·der [kăl′ə-] *(n.)* القَلَمَنْدَر: خشب بندقيّ اللون مقلَّم بالأسود.

cal·a·mar·i [käl′ə mär′ē] *(n.)* = squid.

cal·a·mar·y [kăl′ə mĕr′ĭ] *(n.)* = calamari.

cal·a·mine [kăl′ə mīn] *(n.)* الكالامين: «أ» سِليكات الزنك المائية (ك). «ب» كربونات الزنك (ك).

ca·lam·i·tous [kə lăm′ə-] *(adj.)* فاجع <a ~ defeat>.

ca·lam·i·ty [kə lăm′-] *(n.)* (١) بؤس (٢) نكبة؛ كارثة.

cal·a·mus [kăl′ə məs] *(n.)* pl. **-mi** (١) الوَجّ؛ الأُقْوُرون؛ عِرقُ أَكَر: «أ» نبات عَطِر الجذور. «ب» جذرُ الوَجّ (٢) القَلَم (مج): ساق الريشة الأجوف.

calash *b.*

ca·lash [kə lăsh′] *(n.)* الكَلاش: «أ» عربة خفيفة، منخفضة، ذات غطاءٍ يُطْوَى. «ب» قبعة شبيهة بغطاء العربة القابل للطيّ.

cal·ca·ne·um [kăl kā′-] *(n.)* pl. **-ne·a** العَقِب: عظمُ مؤخَّر القَدَم (ت).

cal·ca·ne·us [-kā′nĭ əs] *(n.)* pl. **-ne·i** [nĭ ī′] = calcaneum.

calcarate foot

cal·car [kăl′kär] *(n.)* pl. **-i·a** مِهماز (أح).

cal·ca·rate [-′kə rāt′] *(adj.)* مُمَهْمَز: مُزَوَّد بمهماز.

cal·car·e·ous [-kâr′ĭ əs] *(adj.)* جيريّ؛ كِلسيّ.

cal·ce·i·form [kăl′sĭ ə fôrm′] *(adj.)* خُفّانيّ؛ خُفّيّ الشكل.

cal·ce·o·late [kăl′sĭ ə lāt′] *(adj.)* = calceiform.

calces [kăl′sēz] *pl. of* calx.

cal·cic [kăl′sĭk] *(adj.)* كِلسيّ؛ جيريّ.

cal·ci·cole [-′sĭ kōl′] *(n.)* إلفُ الكلس: نبات ينمو عادةً في أرض كلسيّة.

cal·cif·er·ol [kăl sĭf′ə rōl′] *(n.)* الكَلْسيفَرول؛ ڤيتامين «د».

cal·cif·er·ous [kăl sĭf′-] *(adj.)* حاملٌ كِلسًا: «أ» مشكِّلٌ أملاح الكلسيوم. «ب» محتوٍ على كربونات الكلسيوم.

cal·ci·fi·ca·tion *(n.)* (١) «أ» تكليس. «ب» تكلُّس (٢) جزءٌ مُتكلِّس.

cal·ci·fuge *(n.)* كارِهُ الكلس: نباتٌ لا ينمو عادةً في أرض كلسيّة.

cal·ci·fy [kăl′-] *(vt.; i.)* (١) يُكَلِّس (٢) يُجَمِّد؛ يُصَلِّب **x** (٣) يتكلَّس (٤) يتجمَّد؛ يتصلَّب.

cal·ci·mine [kăl′sə mīn] *(n.; vt.)* (١) الكَلْسيمين: طلاء أبيض أو ملوَّن § (٢) يُكَلْسِم: يطلي بالكَلْسيمين.

cal·ci·na·tion *(n.)* (١) تكليس؛ تحريق (٢) تَكَلُّس.

cal·cine [kăl′sīn] *(vt.; i.)* (١) يُكَلِّس؛ يُحَرِّق؛ يُرَمِّد (٢) يُؤكسِد حراريًا **x** (٣) يتكلَّس إلخ.

cal·cite [kăl′sīt] *(n.)* الكَلْسيت: كربونات الكلسيوم المتبلّرة (ك).

cal·ci·um [kăl′sĭ əm] *(n.)* الكَلْسيوم؛ الكالسيوم (ك).

calcium carbide *(n.)* كَرْبيد الكَلْسيوم (ك).

calcium carbonate *(n.)* كربونات أو فَحْمات الكلسيوم (ك).

calcium chloride *(n.)* كلوريد الكلسيوم (ك).

calcium hydroxide *(n.)* هيدروكسيد الكلسيوم (ك).

calcium light *(n.)* ضوء الكلسيوم: نور أبيض ساطع.

calcium phosphate *(n.)* فوسفات الكَلْسيوم (ك).

calc·spar [kălk′spär′] *(n.)* = calcite.

cal·cu·la·ble *(adj.)* (١) ممكنٌ إحصاؤه (٢) مُعْتَمَد؛ جدير بالاعتماد.

cal·cu·late [kăl′kyə lāt′] *(vt.; i.)* (١) يَحْسُب [رياضيًا] (٢) يظنّ؛ يحسِب؛ يعتقد (٣) يُعِدّ: يكيِّف أمرًا بحيث يفي بغرض معين <This advertisement is ~d to attract the attention of students.> (٤) يقصِد؛ يتعمّد **x** (٥) يقدِّر؛ يُجري حسابًا؛ يفكّر في النتائج <Strong passions never ~.> (٦) يعتمد؛ يتكل على.

cal·cu·lat·ed *(adj.)* (١) مؤهَّل لِـ (٢) مُحْتَمَل (٣) محسوب [رياضيًا] (٤) مدروس؛ مُرَوًّأ فيه (٥) مُعَدّ لِـ (٦) متعمَّد؛ مقصود.

cal·cu·lat·ing *(adj.)* (١) حاسب <a ~ machine> (٢) حَذِر؛ يَقِظ (٣) ماكر؛ أنانيّ.

calculating machine *(n.)* = calculator *2.*

cal·cu·la·tion *(n.)* (١) «أ» حُسبان؛ إجراء للحساب. «ب» حساب (٢) رويّة؛ تفكير مُرَوًّأ فيه؛ حَذَر (٣) مَكْر.

calculator

cal·cu·la·tor *(n.)* (١) الحاسب: مَن يحسب أو يستخدم المِحساب (٢) المِحْساب؛ الحسّابة؛ الآلة الحاسبة (٣) جداول حسابية.

cal·cu·lous [kăl′kyə ləs] *(adj.)* (١) حَصَويّ (٢) مَحْصُوّ: مصابٌ بحصاة كُلْوية أو بولية إلخ.

cal·cu·lus [kăl′-] *(n.)* pl. **-li** *also* **-lus·es** (١) حساب التفاضل والتكامل (ر) (٢) حصاةٌ في الكُلْية أو في المسالك البولية <renal ~; urinary~>.

calculus of variations *(n.)* حساب التغاير؛ حساب المتغيّرات.

cal·dron [kôl′drən] *(n.)* مِرْجَل؛ خِلقين.

ca·lèche *or* **ca·leche** [kə lĕsh′] *(n.)* = calash.

cal·e·fa·cient [kăl′ə fā′shənt] *(adj.; n.)* (١) مُحِرّ؛ مُدَفِّئ § (٢) علاج مُحِرّ أو مُدَفِّئ [كَلَصْقة الخَردل إلخ].

cal·e·fac·tion [kăl′ə făk′-] *(n.)* (١) تَحْمية؛ تسخين (٢) حماوة.

cal·e·fac·to·ry [kăl′ə făk′tə rĭ] *(n.; adj.)* (١) المَدْفأ: حجرة جلوس مُدَفّأة في دير § (٢) مُحِرّ؛ مُحْدِثٌ حرارةً.

cal·en·dar [kăl′ən dər] *(n.; vt.)* (١) «أ» تقويم. «ب» روزنامة (٢) لائحة؛ قائمة؛ جدول (٣) بَيانٌ جامعة (بر) § (٤) يسجّل؛ يُدْرِج في لائحة إلخ.

calendar clock *(n.)* الساعة التقويميّة [تبيِّن اليومَ والشهرَ إلخ].

calendar day *(n.)* اليوم التقويميّ [من منتصف الليل إلى منتصفه التالي].

calendar month *(n.)* الشّهر التقويميّ: أحد شهور السنة الشّمسيّة.

calendar year *(n.)* السّنة التقويمية [من أول يناير حتى ٣١ ديسمبر].

cal·en·der [kăl′ən dər] *(vt.; n.)* (١) يَصْقل؛ يملِّس [الورقَ أو القماشَ] § (٢) المِصْقلة: ماكينة لصقل الورق أو القماش أو تمليسه.

ca·len·dri·cal *also* **ca·len·dric** *(adj.)* تقويميّ؛ روزناميّ.

cal·ends [kăl′əndz] *(n.)* الغُرّة: أول الشهر في التقويم الروماني القديم.
at *or* on the Greek ~, في ميقات لن يحين أبدًا.

ca·len·du·la [kə lĕn′jə lə] *(n.)* الآذَرْيون: نبات زهريّ.

cal·en·ture [-′chər] *(n.)* حُمَّى القَيْظ: حمّى استوائية.

calf[1] [kăf; käf] *(n.)* pl. **calves** *also* **calfs** (١) عِجل (٢) جلد العجل (٣) فتًى غِرّ (٤) الفَصيل: كتلة جليد انفصلت عن جبل جليديّ عائم.

calf[2] *(n.)* pl. **calves** رَبْلة السّاق؛ باطن السّاق.

calf love *(n.)* غرام المراهَقة: حب سريع الزوال بين الجنسين.

calf·skin [kăf′skĭn; käf′-] *(n.)* جِلد العِجل [المدبوغ].

cal·i·ber *or* **cal·i·bre** [kăl′ə bər] *(n.)* (١) العِيار: «أ» قُطر الرصاصة أو القذيفة. «ب» القُطْر الداخلي لماسورة المدفع أو السلاح الناري. «ج» قطر جسم مستدير؛ وبخاصة: القطر الداخلي لأنبوب أو لأسطوانة جوفاء (٢) الوزن: درجة المقدرة العقلية أو الصفة الخُلقية؛ منزلة المرء أو مكانته <a man of excellent ~>.

cal·i·brate [kăl′ə brāt′] *(vt.)* (١) يُعاير؛ يُدَرِّج؛ يقوِّم: يفحص أو يحدِّد أو يقوِّم عيار الشيء أو «تدريجات» مقياس مدرَّج (٢) يكيِّف؛ يعدِّل؛ يضبط.

cal·i·bra·tion *(n.)* مُعايَرة؛ تدريج؛ تقويم.

cal·i·ces [kăl′ə sēz′] *pl. of* calix.

ca·li·che [kə lē′chē] *(n.)* الكاليش: قشرة من كربونات الكلسيوم تتشكّل على التربة الصخرية في المناطق القاحلة (جي).

cal·i·co [kăl′ə kō′] *(n.; adj.)* (١) الكاليكوت: قماش قطنيّ (٢) حيوان مرقَّطٌ أو منقَّط الإهاب § (٣) كاليكوتيّ: مصنوع من الكاليكوت (٤) مُرَقَّط؛ منقَّط.

calico bass

calico bass *(n.)* القَلْقَباس: سمك نهريّ أميركيّ يؤكل.

calico bush *(n.)* غار الجبل (نب).

ca·lif [kā′lĭf; kăl′ĭf] *(n.)* = caliph.

cal·if·ate [kăl′ə fāt; -fĭt] *(n.)* = caliphate.

cal·i·for·ni·um [kăl′ə fôr′-] *(n.)* الكاليفورنيوم (ك).

ca·lig·i·nous [kə lĭj′ə nəs] *(adj.)* ضَبابيّ؛ مُعْتِم؛ قاتم.

cal·i·pash [kăl′ə păsh′] *(n.)* الكاليباشية: مادةٌ هلامية ضاربة إلى الخضرة تلي غطاء السلحفاة العُلْوي [وتُعتبر من طيّب الطعام].

cal·i·pee [kăl′ə pē′] *(n.)* الكاليبيّة: مادةٌ هلامية ضاربة إلى الصفرة متصلة بغطاء السلحفاة السفليّ [وتعتبر من طيّب الطعام].

cal·i·per *or* **cal·li·per** [kăl′ə pər] *(n.; vt.)* (١) المِسْماك: أداة لقياس سماكة الشيء أو ثخانته (٢) سماكة أو ثخانة [الورقِ أو الشجرةِ] § (٣) يُمَسْمِك: يقيس بالمِسْماك.

caliper *1.*

ca·liph *or* **ca·lif** [kā′lĭf; kăl′ĭf] *(n.)* الخليفة (إس).

ca·liph·ate [kăl′ə fāt; -fĭt] *(n.)* الخِلافة (إس).

cal·is·then·ic [kăl′əs thĕn′ĭk] *(adj.)* جُمبازي.

cal·is·then·ics *(n.)* الجُمبازيات؛ الألعاب الجُمبازية.

ca·lix [kā′lĭks; kăl′-] *(n.)* pl. **cal·i·ces** (١) كأس القربان (كن) (٢) كأس الزهرة (نب).

calix *2.*

calk[1] [kôk] *(vt.)* يُجَلْفِطُ: «أ» يَسُدّ حُزوز السفينة إلخ. «ب» يسدّ شقوق الصهريج أو النافذة أو المرجل.

calk[2] [kôk] *(n.; vt.)* (١) مانعة الانزلاق: جزء ناتئ من نعل الفَرَس أو من كعب الحذاء [لمنع الانزلاق] § (٢) يزوِّد بمانعةٍ للانزلاق.

calk·er [kô′kər] *(n.)* (١) الجِلْفاط: من يَسُدّ حُزوز السفينة إلخ (٢) المُجَلْفِطة: أداة تُستخدم في الجَلْفَطة.

call [kôl] *(vi.; t.; n.)* (١) «أ» يصيح؛ يصرخ. «ب» يصوِّت الطائر أو الحيوان. «ج» يتطلّب؛ يقتضي؛ يستلزم <His plan will ~ for a lot of money.>. «د» يتلفن لِـ <I'll ~ you up tomorrow.> (٢) يعرِّج على؛ يقوم بزيارة قصيرة لِـ x <He *~ed* on me; He *~ed* at Habib's house.> (٣) «أ» ينادي؛ يدعو. «ب» يتلو بصوتٍ عالٍ <to ~ the roll>. «ج» يعلن <to ~ a halt>. «د» يستدعي <to ~ a witness>. «هـ» يدعو إلى <to ~ a strike>. «و» يدعو إلى الانعقاد <to ~ Congress into session>. «ز» ينظر في <His case will be *~ed* in court today.>. «ح» يوقظ. «ط» يجتذب الطريدةَ بمحاكاة صوتها المميَّز. «ي» يطالب بدفع دَيْن <The bank *~ed* his loan.>. «ك» يطلب إبراز السندات للدفع (٤) «أ» يسمّي؛ يدعو. «ب» يعتبر <Do you ~ Arabic an easy language?> § (٥) «أ» صيحة. «ب» محاكاة لصوت الطريدة رغبةً في اجتذابها. «ج» أداة لمحاكاة هذا الصوت <a duck ~>. «د» صوت الطائر أو الحيوان المميَّزُ (٦) تلاوة للأسماء بصوت عالٍ <a roll ~> (٧) «أ» نداء. «ب» دعوة. «ج» استدعاء. «د» طلب (٨) زيارة قصيرة (٩) حاجة؛ ضرورة؛ مُبَرِّر؛ داعٍ (١٠) مخابرة تلفونية (١١) الشّراء بشرط الخِيار: عَقْد يمكّن المرء من شراء مقدار معيّن بسعر محدَّد أو لمدة محدودة (١٢) «أ» دعوة إلى دفع دَين. «ب» دعوة إلى إبراز السندات إلخ لدفع قيمتها.

~ to the sea — نداء البحر: الشوق إلى ركوب البحر.
a place (*or* house) of ~, — موطن يُزار باستمرار.
a port of ~, — مرفأ تتوقف فيه السفينة فترة قصيرة.
at *or* on ~, — قابلٌ للاسترداد عند الطلب [كقرض إلخ].
to ~ a spade a spade — يسمّي الأشياء بأسمائها مهما كانت جارحة؛ يتكلّم بصراحة.
to ~ attention to — يَلْفِتُ النظر إلى.
to ~ away — يَصْرِف [الذّهنَ والأفكار] عن...
to ~ back — (١) يستردّ؛ يسترجع؛ يسحب (٢) يتلفن بدوره [جوابًا على مخابرة إلخ].
to ~ down — (١) يستنزل [اللّعنات] على (٢) يوبّخ.
to ~ for — (١) يقتضي؛ يتطلّب؛ يستلزم (٢) يعرّج عليه [لكي يذهب معه إلى مكانٍ آخر].
to ~ for help — يستغيث؛ يستنجد.
to ~ forth — (١) يَسْتجمع أو يَحْشُد (٢) يُسبِّب؛ يُحْدث.
to ~ in — (١) يستردّ؛ يأمر بإعادة كذا (٢) يسحب من التداول (٣) يستدعي [طبيبًا إلخ].
to ~ in question — يرتاب في؛ يطعن في صحّته...
to ~ into being *or* existence — يُوجِد؛ يَخْلُق.
to ~ (somebody) names — يَشْتُم؛ يَسُبّ؛ يُهين.
to ~ off — (١) يُلغي (٢) يُوْقف؛ يأمر بإيقاف...
to ~ on — (١) يسأل؛ يطلب من (٢) يعرّج على؛ يزوره زيارة قصيرة.
to ~ out — (١) يَصْرُخ؛ يصيح (٢) يستنجد بـ: يدعو إلى النجدة (٣) يستدعي [للخدمة العسكرية] (٤) يتحدّى: يطلب للمبارزة.
to ~ over — (١) يزور (٢) يتلو قائمة أسماء [ليعرف الغائبين].
to ~ to mind *or* memory — يتذكّر.
to ~ to order — يدعو إلى الهدوء والتقيّد بالنظام.
to ~ to the colors — يستدعي إلى الخدمة العسكرية.
to ~ up — (١) يوقظ من النوم (٢) يعيد إلى الذاكرة (٣) يدعوه إلى الالتحاق بالجيش [أو الأسطول] (٤) يطالب بدفع دَيْن (٥) يتلفن لِـ.
to ~ upon — (١) يدعو؛ يناشد (٢) يزوره زيارة قصيرةً.
within ~, — في المتناول.

cal·la [kăl′ə] *(n.)* الكالة: نبات من الفصيلة اللّوفيّة.

ă at; ā date; â care; ä car; ĕ egg; ē me; ĭ in; ī bite; ŏ lot; ō bone; ô orphan; oi boil; o͝o good; o͞o boot; ou out; ŭ under; û urgent; ə = *a* in alone, *e* in system, *i* in easily, *o* in gallop, *u* in circus.

cal·lan [kä′lən] *(n.)* = callant.

cal·lant [kä′lənt] *(n.)* وَلَدٌ؛ غلام (إسك).

call–board *(n.)* = bulletin board.

call·boy *(n.)* (١) bellboy (٢) المنادي: غلام يدعو الممثلين للظهور على المسرح عندما يحين موعدُ ذلك.

cal·ler[1] [kăl′ər; kä′-] *(adj.)* (١) طازَج (٢) بارد (إسك).

call·er[2] [kôl′ər] *(n.)* (١) فا call (٢) زائر عابر.

caller ID *(n.)* معيِّنة المتّصِل: تقنيّة لكشف رقم المتّصِل هاتفيًّا.

cal·let [kăl′ət] *(n.)* بغيّ؛ مومس؛ بنت هوًى (إسك).

call girl *(n.)* بغيّ الهاتف: مومس يُتَّفَق على الاجتماع بها تلفونيًّا.

call house *(n.)* المَبْغَى الهاتفيّ: ماخور يُتّفق على الاجتماع بمومساته تلفونيًّا.

cal·lig·ra·pher; cal·lig·ra·phist [kə lĭg′-] *(n.)* الخطّاط.

cal·lig·ra·phy *(n.)* (١) حُسْنُ الخطّ (٢) فنّ الخطّ (٣) الخطّ: خطّ اليد.

call·ing [kôl′ĭng] *(n.)* (١) مص call (٢) دعوة (٣) النّداء: دافع باطنيّ إلى أداء عملٍ ما (٤) حرفة؛ مهنة.

calling card *(n.)* بطاقة زيارة.

Cal·li·o·pe [kə lī′ə pē] *(n.)* كاليوب: ربّةُ الشِّعر الملحمي عند الإغريق.

cal·li·ope *(n.)* الكاليوبة: آلة موسيقية شبيهة بالأرغن.

cal·li·op·sis [kăl′ĭ ŏp′sĭs] *(n.)* = coreopsis.

cal·li·pash [kăl′ə păsh′] *(n.)* = calipash.

cal·li·per [kăl′ə pər] *(n.)* = caliper.

cal·lis·then·ics *(n.)* = calisthenics.

Cal·lis·to [kə lĭs′-] *(n.)* كاليستو: القمر الخامس من أقمار المُشْتري.

call loan *(n.)* قَرْضُ الطلب: قرضٌ واجب الإعادة عند الطلب.

call money *(n.)* أموال الطَّلب: أموال تقرضها المصارف، للمشتغلين في البورصة، شرطَ إعادتها عند الطلب (اد).

call number *(n.)* رقم الطَّلب: رقم الكتاب في رفوف إحدى المكتبات.

cal·los·i·ty [kə lŏs′-] *(n.)* (١) صلابة (٢) قَسْوة الفؤاد (٣) callus *1*.

cal·lous [kăl′əs] *(adj.; vt.; i.)* (١) «أ» صُلْب. «ب» جاسِئ (٢) قاسي الفؤاد § (٣) يُصَلِّب: يجعله صُلْبًا إلخ x (٤) يتصلّب.

cal·low [kăl′ō] *(adj.)* (١) عديم الريش (٢) غِرّ؛ قليل الخبرة.

call rate *(n.)* سِعر الفائدة الطَّلَبيّة (اد).

call to quarters *(n.)* نداء الرُّجوع [لإعادة الجنود إلى ثكناتهم].

cal·lus [kăl′əs] *(n.; vi.; t.)* (١) الجُسْأة: جزء من الجلد أو اللّحاء متصلّب أو غليظ (٢) الدُّشْبُذ (مج): مادة التئام العظام المكسورة (٣) الكَنَب: نسيج ليّن يتشكّل على جراحات النبات § (٤) يتجسّأ x (٥) يُجَسِّئ.

calm [käm; kälm] *(adj.; vi.; t.; n.)* (١) ساكن؛ هادئ <a ~ sea> (٢) رصين؛ رزين <a ~ manner> § (٣) يَسْكُن؛ يَهْدأ x (٤) يُسَكِّن؛ يُهَدِّئ § (٥) سكون الرياح أو الأمواج (٦) سكون؛ هدوء.

cal·ma·tive [kăl′mə tĭv] *(adj.; n.)* مُسَكِّن.

calm·ness *(n.)* (١) سُكون؛ هدوء (٢) رصانة؛ رزانة؛ رباطة جأش.

cal·o·mel [kăl′ə-] *(n.)* الكالوميل: ذرور يُتَّخذ مُسْهِلًا.

ca·lor·ic [kə lôr′ĭk] *(n.; adj.)* (١) السَّيّال الحراريّ: شكل مُفْتَرَض من أشكال المادة كان القدماء يَعْزون إليه ظاهرة الحرارة والاحتراق (٢) حرارة (ا. ق) § (٣) حراريّ (٤) سُعْريّ.

cal·o·rie [kăl′ə rĭ] *(n.)* السُّعرة؛ الحُرَيرة؛ الوحدة الحرارية.

cal·o·rif·ic [kăl′ə rĭf′-] *(adj.)* (١) caloric (٢) مُولِّد للحرارة.

cal·o·rim·e·ter [-rĭm′ə tər] *(n.)* المِسْعَر (مج)؛ الكالوريمتر: جهاز لقياس كمية الحرارة الناشئة عن احتكاك أو انفجار إلخ.

cal·o·ri·met·ric; -al *(adj.)* مِسْعَريّ؛ كالوريمتْريّ.

cal·o·rim·e·try *(n.)* المِسْعَرية؛ الكالوريمترية: قياس كميّة الحرارة.

cal·o·ry [kăl′ə rĭ] *(n.)* = calorie.

ca·lotte [kə lŏt′] *(n.)* الكالوتة: قَلَنْسُوَة [لرجال الدين الكاثوليك].

cal·o·yer [kăl′ə yər] *(n.)* المَهيْب: راهب من الكنيسة الشرقية.

cal·pac *or* **cal·pack** [kăl′păk] *(n.)* القَلْبق: غطاء للرأس.

calque [kălk] *(n.)* النَّسخ؛ الاقتراض بالترجمة (ل).

cal·trop [kăl′trəp] *also* **cal·throp** *(n.)* (١) الحَسَك: اسمٌ عامّ يُطلق على عدة نباتات شائكة الرؤوس أو الثمار (نب) (٢) الكَلْتروب: كرة حديدية ذات أربعة رؤوس شائكة تُلْقَى في طريق الفرسان لتعوق تقدّمهم (جن).

caltrop *2.*

cal·u·met [kăl′yə mĕt′] *(n.)* القُصَيْبة: بيبة [تدخين] طويلة.

ca·lum·ni·ate [kə lŭm′nĭ āt′] *(vt.)* (١) يفتري على (٢) يشوّه سمعته [بالافتراء]. — **ca·lum·ni·a·tion** *(n.)*

ca·lum·ni·ous; ca·lum·ni·a·to·ry *(adj.)* افترائيّ.

cal·um·ny [kăl′əm nĭ] *(n.)* (١) افتراء [لتشويه السُّمعة] (٢) فِرية.

cal·va·dos [-və dōs′] *(n.)* الكَلْفادوس: مُسْكِر يُستقطر من لُبّ التفّاح.

cal·va·ry [kăl′-] *(n.)* (١) تمثال للمسيح المصلوب (٢) عذاب نفسيّ (٣) *cap.*: الجُمجُمة؛ الجُلْجُلة: الموضع الذي صُلب فيه المسيح (نص).

calve [kăv; käv] *(vi.; t.)* (١) تنتج [البقرةُ] عجلًا (٢) ينفصل: ينشعب الجبل الجليدي العائم بحيث تنفصل عنه كتلةٌ جليدية ضخمة.

calves [kăvz; kävz] *pl. of* calf.

Cal·vin·ism [kăl′və nĭz′əm] *(n.)* الكالفنيّة: مذهبُ اللاهوتي الفرنسي جون كالڤِن (١٥٠٩–١٥٦٤) القائلُ بأن قَدَر الإنسان مرسومٌ قبل ولادته.

Cal·vin·ist *(n.)* الكالفنيّ: أحد أتباع مذهب جون كالڤِن.

Cal·vin·is·tic [kăl′vĭn ĭs′tĭk] *(adj.)* كالڤنيّ.

cal·vi·ti·es [kăl vĭsh′ĭ ēz] *(n.)* صَلَع.

calx [kălks] *(n.)* pl. **calx·es** *or* **cal·ces** (١) الكِلْس (مج): ما تخلّف من تكليس المعادن (٢) كِلْس؛ جير (٣) كُسارة الزُّجاج ونُفايَتُه.

ca·ly·ce·al [kā′lə sē′-] *(adj.)* كأسيّ: منسوب إلى كأس الزّهرة.

cal·y·ces [kăl′ə sēz′] *pl. of* calyx.

cal·y·cine [kăl′ə sĭn; -sīn′] *(adj.)* (١) كأسيّ: منسوب إلى كأس الزهرة

(را . calyx) (٢) كأسانيّ : شبيه بكأس الزهرة .

cal·y·cle [kăl′ə kəl] *(n.)* = epicalyx.

ca·lyp·tra [kə lĭp′trə] *(n.)* البُرْقُع : «أ» جزء قَلَنْسُويّ الشكل يكسو عُلَيْبات الطُّحلب (نب) . «ب» غلاف زهرةٍ أو ثمرةٍ شبيهٌ بالقَلَنْسُوة (نب) .

ca·lyx [kā′lĭks; kăl′ĭks] *(n.)* الكأس : «أ» كأسُ الزهرة أو لفافَتُها الخارجية (نب) . «ب» جزء كأسيّ الشكل («أح» و«ح») .

calyx *a.*

cam [kăm] *(n.)* حَدَبة ؛ كامَة (مك) .

cam

ca·ma·ra·de·rie [kä′mə rä′də rē] *(n.)* ألفة : مودّة صادقة .

cam·a·ril·la [kăm′ə rĭl′ə] *(n.)* (١) البِطانة : مجموعة من المستشارين غير الرسميين [يحيطون بملك] (٢) العُصبة النافذة : زمرةٌ من الأشخاص المتمتعين بسلطات سياسية خفيّة أو غير رسمية .

cam·as; cam·ass [kăm′ăs] *(n.)* الكَماسيّة : نبات من الفصيلة الزنبقية .

cam·ber [kăm′bər] *(vi.; t.; n.)* (١) يَحْدَوْدب x (٢) يُحدِّب [قليلًا] § (٣) الاحديداب : تقوُّس الطريق أو ظهرِ السفينة .

camber beam *(n.)* الرافدة أو العارضة المُحْدَودبة (عم) .

cam·bi·al [kăm′-] *(adj.)* قُلبيّ (را . cambium) .

cam·bist [kăm′-] *(n.)* (١) صَيْرَفيّ (٢) دليل العُملات والموازين : كتيِّب يبيِّن عُملات البلدان المختلفة إلخ ويُظهر معادلاتها .

cam·bi·um [kăm′bĭ əm] *(n.)* pl. **-s** *or* **-bi·a** القُلْب : طبقة من نسيج خَلَويّ ليِّن تقع بين لحاء الشجرة وخشبها .

Cam·bri·an [kăm′-] *(n.; adj.)* (١) الويلزيّ : أحد أبناء ويلز Wales (٢) الكَمْبريّ : أول عصور الدهر القديم (جي) § (٣) ويلزيّ (٤) كَمْبريّ .

cam·bric [kām′-] *(n.)* الكامبريّ : قماش قطنيّ أو كتّانيّ رقيق .

cambric tea *(n.)* الشاي الكامبريّ : شراب من حليب وشاي .

came [kām] *past of* come.

cam·el [kăm′əl] *(n.)* (١) جَمَل (٢) أداة لانتشال السُّفن الغارقة .

Arabian ~, الجمل العربيّ : جمل ذو سنام واحد .

Bactrian ~, الفالج ؛ القِرْعَوْس : جملٌ ذو سنامَيْن .

she- ~, النّاقة : أنثى الجمل .

cam·el·eer [-ə lēr′] *(n.)* (١) الجمّال (٢) الهجّان : جنديّ من الهَجّانة .

camel hair *(n.)* وَبَر الجمل أو نسيج مصنوع منه .

ca·mel·lia *also* **ca·me·lia** [kə mēl′yə] *(n.)* الكاميليا : «أ» شُجيرة أو شجرة ذات أوراقٍ بيضوية . «ب» زهرة الكاميليا .

ca·mel·o·pard [-′ə pärd′] *(n.)* (١) زَرافة (٢) *cap.* : كوكبة الزَّرافة .

camel's hair *(n.)* = camel hair.

Cam·em·bert [kăm′əm bâr′] *(n.)* الكَمَمْبَر : جبن طريّ .

cam·e·o [kăm′ĭ ō] *(n.)* القَمْوُ : «أ» حجرٌ كريم ذو نقش بارز . «ب» نقش بارز على حجر كريم أو نحوه . «ج» دور مسرحيّ أو تلفزيوني صغير .

cam·er·a [kăm′ər ə] *(n.)* (١) غرفة . وبخاصة : مكتب القاضي (٢) الكاميرا ؛ المُصَوِّرة : آلة التصوير .

in ~, (١) في مكتب القاضي (٢) سرًّا .

cam·er·al [kăm′-] *(adj.)* كاميراليّ : متعلّق بمكتب القاضي .

cam·er·a lu·ci·da [lo͞o′sə də] *(n.)* الحجرة المضيئة (بص) .

cam·er·a·man *(n.)* المُصَوِّر . وبخاصة : المُصَوِّر السينمائي .

cam·er·a ob·scu·ra [ŏb sky͝or′ə] *(n.)* الحجرة المُظلمة (بص) .

camera obscura

cam·i·knick·ers [kăm′ĭ nĭk′ərz] *(n. pl.)* القميص المُسَرْوَل : لباسٌ نسويّ تحتاني وحيد القطعة مؤلف من قميص بلا كمَّيْن وسروال قصير .

cam·i·on [kăm′ĭ ən] *(n.)* (١) كَميون ؛ شاحنة (٢) bus .

ca·mise [kə mēz′; -mēs′] *(n.)* قميص .

cam·i·sole [kăm′ə sōl′] *(n.)* القَميصول : «أ» سترة نسوية قصيرة . «ب» لباس نسويّ تحتانيّ قصير من غير كُمَّيْن .

cam·let [kăm′lət] *(n.)* (١) الخَمْلَة : «أ» نسيج آسيوي وسيطيّ من وبر الجمل إلخ . «ب» نسيج أوروبي من حرير وصوف (٢) ثوبٌ مَخيط من الخَمْلَة .

cam·o·mile [kăm′ə mīl′] *(n.)* = chamomile.

ca·mor·ra [kə môr′ə] *(n.)* عصابة السّوء : زمرة ذات غايات غير شريفة .

cam·ou·flage [kăm′ə fläzh′] *(n.; vt.; i.)* (١) التّمويه : حَجْب الأعتدة الحربية عن الأنظار في الحرب (٢) تَعْمية ؛ خداع § (٣) «أ» يموِّه . «ب» يُعَمِّي ؛ يَخْدع .

camp [kămp] *(n.; vi.; t.)* (١) «أ» مُخَيَّم . «ب» معسكَر . «ج» بلدة حديثة النشأة [حول منجم إلخ] . «د» خيمة ؛ كوخ (٢) جندٌ مُعَسْكِرون (٣) المُعَسْكَر : جبهة تمثّل عقيدةً مُشتركة <the socialist ~> (٤) حياة الجندية أو الخدمة العسكرية § (٥) يقيم مخيَّمًا (٦) يخيّم ؛ يُعسكِر [تتبعها out] (٧) يرابط x (٨) يُنزل [جُندًا] في معسكر .

cam·paign [kăm pān′] *(n.; vi.)* (١) حَمْلة [عسكرية أو سياسية إلخ] § (٢) يَشُنّ حملةً أو يُشارك فيها .

— **cam·paign·er** *(n.)*

campaign ribbon *(n.)* عصابة الحملة : عصابة ملوّنة تشير إلى الحملة التي اشترك فيها حاملُها .

cam·pan·i·form [kăm′păn′ĭ-] *(adj.)* جَرَسانيّ : جَرَسيّ الشكل .

cam·pa·ni·le [kăm′pə nē′lĭ] *(n.)* pl. **-ni·les** *or* **-ni·li** برج أجراس [منفصلٌ عن الكنيسة عادةً] .

campanile

cam·pa·nol·o·gy [kăm′pə nŏl′-] *(n.)* الجِراسة : عِلم الأجراس .

cam·pan·u·la [kăm păn′yə lə] *(n.)* = bellflower.

cam·pan·u·late [-′yə lĭt] *(adj.)* = campaniform.

camp bed *(n.)* سرير المخيَّم : سريرٌ صغير قابلٌ للطيّ والنقل .

camp·craft [kămp′krăft′] *(n.)* صناعة التّخييم .

cam·pes·tral [kăm pĕs′trəl] *(adj.)* (١) حَقْليّ (٢) ريفيّ .

camp fever *(n.)* حُمّى المُعَسْكَرات ؛ التيفوس (مض) .

camp·fire *(n.)* (١) نارُ المخيَّم (٢) حفلة سَمَر .

camp fire girl *(n.)* عضوٌ في جمعية [شبه كشفية] للبنات .

camp follower *(n.)* (١) تَبَعُ المعسكر : من يَلْحَق بمعسكر أو جيش من غير أن تكون له صفة رسمية به [كغسّالة إلخ]. وبخاصة : مومس (٢) اللامنضوي : تابعٌ أو مريدٌ غير منتسبٍ رسميًا إلى المنظمة التي يناصرها .

cam·phene [kăm′fēn] *(n.)* الكَمْفين : مُرَكَّب شبيه بالكافور .

cam·phine [-′fēn′] *(n.)* الكَمْفِن : مزيج من الكحول وزيت التربنتينة .

cam·phire [kăm′fīr′] *(n.)* الحِنّاء (را . henna) .

cam·phor [kăm′fər] *(n.)* كافور .

cam·phor·ate [kăm′fə rāt] *(vt.)* يُكَفِّر : يُشبع بالكافور .

camphor ball *(n.)* كُرَيّة الكافور : كُرة صغيرة من كافور ونفتالين إلخ تُتَّخذ للوقاية من العُثّ .

cam·phor·ic *(adj.)* كافوريّ : ذو علاقة بالكافور .

camphor ice *(n.)* ثلج الكافور : مستحضَر تجميلي يُعَدّ من الكافور .

camphor oil *(n.)* زيت الكافور .

camphor tree *(n.)* شجرة الكافور : شجرة ضخمة دائمة الخضرة .

cam·pi·on [kăm′pĭ ən] *(n.)* اللُّخنيس ؛ المنثور البرّيّ (نب) .

camp meeting *(n.)* اجتماع دينيّ [يُعْقَد في الهواء الطَّلْق أو خَيْمة] .

cam·po [kăm′pō] *(n.)* الكَمْب : سهلٌ مُعْشَوشب في أميركا الجنوبية .

cam·pong [käm′pông] *(n.)* قرية .

camp·o·ree [-rē′] *(n.)* الكَمْبوري : مهرجان محلّي لكشّافة منطقة معيّنة .

cam·po san·to [käm′pô sän′tô] *(n.)* مدفن ؛ مَقْبرة .

camp·stool [kămp′stōōl′] *(n.)* مَقْعَد المُخَيِّم : مقعد خفيف يُطوى .

cam·pus [kăm′pəs] *(n.)* (١) حَرَم الجامعة : أرض الجامعة أو الكلية ومبانيها (٢) مَرْج الجامعة : المنطقة المعشوشبة وَسَط أرض الجامعة (٣) الحياة الجامعيّة أو الأكاديمية .

cam·py·lot·ro·pous *(adj.)* مائل الانتحاء : ذو بُيَيْضة منحنية (نب) .

cam·shaft [kăm′shăft′] *(n.)* عمودُ الحَدَبات (مك) .

cam wheel *(n.)* العَجَلة الحَدَبية (مك) .

can[1] [kăn] *(vi.; t.)* (١) يستطيع ؛ يَقْدِر (٢) يُمْكِن .

can[2] [kăn] *(n.; vt.)* (١) «أ» كأس . «ب» صفيحة أو وعاء معدني [للزيت أو الحليب أو الرماد أو النفايات]. «ج» علبة [مشتملة على طعام محفوظ] (٢) سجن (ع) (٣) مِرحاض (ع) (٤) قنبلة الأعماق (٥) مُدَمِّرة § (٦) «أ» يضع في صفيحة إلخ . «ب» يُعَلِّب [الفاكهةَ أو الأسماك إلخ] (٧) «أ» يطرد من المدرسة (ع). «ب» يَصْرِف من الخدمة (٨) يُوقِف : يضعُ حدًّا لِـ (٩) يُسَجِّل على شريط أو أسطوانة <to ~ a song> .

Ca·naan·ite [kā′nə nīt′] *(n.; adj.)* (١) الكَنْعانيّ § (٢) كَنْعاني .

Canada thistle *(n.)* شوك الحقول ؛ قُصوان الحقول (نب) .

Ca·na·di·an [kə nā′-] *(n.; adj.)* (١) الكَنَديّ § (٢) كَنَديّ .

Canadian French *(n.)* الفرنسية الكَنَدية : لغة أبناء كندا الفرنسيّين .

ca·naille [kə nāl′; kȧ nä′y] *(n.)* الغَوْغاء ؛ الرَّعاع ؛ الدَّهْماء .

ca·nal [kə năl′] *(n.; vt.)* (١) قَناة § (٢) يَشُقّ قناةً [خلالَهُ أو عَبْرَهُ] .

can·a·lic·u·lus *(n.)* pl. **-li** القُنَيَّة (مج) : قناة صغيرة في العظم إلخ .

ca·nal·i·za·tion *(n.)* (١) التَّقْنية : شَقّ القَنوات (٢) شبكة قَنوات .

ca·nal·ize [kə năl′-] *(vt.; i.)* (١) يُقَنّي : «أ» يَشُقّ خلالَهُ قناةً أو قَنوات . «ب» يجعل النهرَ صالحًا للملاحة [بإنشاء القنوات]. «ج» يجعل للعاطفة إلخ مَنْفَذًا أو مُتَنَفَّسًا . «د» يوجِّه نحو مجرًى معيَّن x (٢) يَتَقَنّى : يَجْري في قناة أو إليها .

can·a·pé [kăn′ə pĭ] *(n.)* الكَنَبَة : خبز مفروش بالجبن أو الكافيار إلخ .

ca·nard [kə närd′] *(n.)* إشاعة كاذبة ؛ قصّة مختَلَقة .

ca·nar·y [kə nâr′ĭ] *(n.)* (١) الكناريّ : نبيذ جُزُر كاناري (٢) الكانارِيّة : رقصة فرنسية قديمة (٣) الكَنار : طائر صغير حسن الصوت (٤) الأصفر الكناريّ : لون أصفر فاتح (٥) المُخْبِر ؛ المبلِّغ ؛ الواشي المحترف (ع) .

canary 3.

canary seed *(n.)* = birdseed.

canary yellow *(n.)* الأصفر الكناريّ : لون أصفر فاتح .

ca·nas·ta [kə năs′tə] *(n.)* الكَنَسْتة : لعبة بورق الشدّة .

can·can [kăn′kăn] *(n.)* الكَنْكان : رقصة غير محتشمة [فرنسية الأصل] .

can·cel [kăn′səl] *(vt.; i.; n.)*, **-celed** *or* **-celled** (١) «أ» يَشْطُب . «ب» يَحْذِف (٢) يُلغي ؛ يُبطل ؛ يَنْسَخ (٣) يُتلف (٤) يختزل (ر) (٥) يعطِّل [طابعًا بخطوط متوازية] منعًا لاستعماله ثانيةً § (٦) شَطْب ؛ حَذْف ؛ إلغاء ؛ نَسْخ (٧) «أ» فقرة إلخ مشطوبة أو محذوفة . «ب» فقرة أو صفحة حُذِف منها شيء .

can·cel·late [-lāt′]; **can·cel·lous** *(adj.)* مُشاشيّ ؛ مساميّ ؛ إسفنجيّ .

can·cel·la·tion *(n.)* (١) شَطْب ؛ حَذْف ؛ نَسْخ (٢) النَّواسِخ : علامات الشَّطب أو الحذف (٣) شيء مشطوب أو منسوخ .

Can·cer [kăn′sər] *(n.)* (١) السَّرَطان (فل) (٢) برج السرطان (٣) مولود برج السرطان .

can·cer [kăn′sər] *(n.)* (١) السَّرَطان (مض) (٢) آفةٌ مُهْلِكة .

can·cer·ate [kăn′sə rāt′] *(vi.; t.)* (١) يَتَسَرْطَن : يصبح سرطانيًا . x (٢) يُسَرْطِن : يجعله سرطانيًا .

can·cered [kăn′sərd] *(adj.)* مُسَرْطَن : مصابٌ بالسَّرطان .

can·cer·ous *(adj.)* (١) سَرَطانيّ (٢) مصابٌ بالسَّرطان (٣) عُضال .

can·croid [kăng′kroid] *(adj.; n.)* (١) شِبْسَرَطانيّ ؛ شبه سَرَطانيّ : شبيه بالسَّرطان البحري أو بداء السَّرطان § (٢) ضرب من سَرَطان الجلد .

can·de·la·bra [kăn′ də lä′brə; -lā′-] *(n.)* = candelabrum.

can·de·la·brum [-lä′brəm; -lā′-] *(n.)* pl. **-bra** *also* **-s** المُشَعَّب : شمعدان زينيّ متعدّد الشُّعَب .

candelabrum

can·dent [kăn′dənt] *(adj.)* مُتوهِّج [من شدة الحرارة] .

can·des·cence [kăn dĕs′əns] *(n.)* توهُّج ؛ وَهيج .

can·des·cent *(adj.)* = candent.

can·did [kăn′dĭd] *(adj.)* (١) أبيض (٢) نزيه ؛ غير متحيِّز (٣) صريح (٤) قاسٍ ؛ فظّ (٥) مُتَّسِمٌ بالعَفْوية <a ~ interview> .

can·di·da·cy; can·di·da·ture [-chər] *(n.)* التَّرشُّح [لمنصب إلخ].

can·di·date [kăn′də dāt′; -dĭt] *(n.)* المُرَشَّح [لمنصب إلخ].

candid camera *(n.)* الكاميرا الخاطفة؛ الكاميرا الخَفِيّة تُستخدَم لأخذ الصور الخاطفة للأشخاص من غير معرفتهم أحيانًا.

can·died [kăn′dĭd] *(adj.)* (١) مُلبَّس أو مَكْسُوّ بالسُّكّر (٢) مُبَلَّر: مُحَوَّلٌ إلى سُكّر (٣) معسول؛ متملِّق <~ words>.

can·dle [kăn′dəl] *(n.; vt.)* (١) شمعة (٢) الشمعة: وحدة لقياس شدة التألّق § (٣) يفحص البيضة [بوضعها بين العين والضوء].

not fit to hold a ~ to لا يدانيه أو يقارَن به.

not worth the ~, لا يستحقّ كلّ هذا العناء أو الإنفاق.

to burn the ~ at both ends يُرهق صحته بالعمل ليلًا ونهارًا.

candle coal *(n.)* = cannel coal.

can·dle–foot *(n.)* = footcandle.

can·dle·hold·er *(n.)* = candlestick.

can·dle·light *(n.)* (١) ضوء الشَّمعة (٢) إضاءَة صُنْعيّة (٣) الغَسَق.

Can·dle·mas [kăn′dəl məs] *(n.)* عيد تطهير العذراء (٢ فبراير).

can·dle·pow·er *(n.)* القُدْرة الشمعيّة: شدّة التألُّق مقيسة بالشموع.

can·dle·stick [kăn′dəl stĭk′] *(n.)* شَمْعَدان.

can·dle·wick [-wĭk′] *(n.)* (١) فتيل الشمعة (٢) الغَزْل الفَتيليّ: غَزْلٌ قطنيّ للتطريز (٣) تطريز بغَزْلٍ فتيليّ.

can·dle·wood *(n.)* الخشب الشمعيّ: خشب راتينجيّ يُتَّخَذُ مشاعلَ أو يُستعاض به عن الشموع.

can·dor *also* **can·dour** [kăn′dər] *(n.)* (١) بياض (٢) نزاهة؛ لاتَحَيُّز (٣) صراحة؛ إخلاص أو صدق [في إبداء الرأي].

can·dy [kăn′dĭ] *(n.; vt.; i.)* (١) سُكّر نبات (٢) القَنْد: ضربٌ من الكراميل أو الحلوى § (٣) يُسَكِّر: «أ» يحفظ الفاكهة بغليها في السُّكّر. «ب» يُحلّي. «ج» يُبلِّر على شكل سكّر x (٤) يكتسي بالسُّكّر (٥) يتبلَّر على شكل سُكّر.

can·dy·tuft [-tŭft′] *(n.)* الأندلسيّة؛ زهرة الأندلس (نب).

cane [kān] *(n.; vt.)* (١) «أ» قَصَب؛ خيزران. «ب» قَصَبة؛ خيزرانة (٢) قَصَبُ السُّكّر (٣) عصًا؛ عُكّاز (٤) rattan *1* § (٥) يَضْرِب [بِعَصًا أو خيزرانة] (٦) يُقَشِّش [كُرسيًّا].

cane·brake [kān′brāk′] *(n.)* المَقْصَبة: أجمةُ قَصَب.

cane chair *(n.)* كرسيُّ خَيْزُران.

ca·nel·la [kə nĕl′ə] *(n.)* قِرفة.

can·er [kā′nər] *(n.)* المُقَشِّش: مُقَشِّشُ الكراسيّ.

cane sugar *(n.)* سُكَّر القَصَب: سُكّر مُستخرَج من قَصَب السُّكّر.

cangue [kăng] *(n.)* الكَنْغ: نير خشبيّ ثقيل كانت أعناق المجرمين تطوّق به في الصين.

cangue

Ca·nic·u·la [kə nĭk′yə lə] *(n.)* الشِّعْرَى اليمانيّة (فل).

ca·nic·u·lar *(adj.)* شِعرانيّ: «أ» خاصّ بالشِّعْرَى اليمانيّة (فل). «ب» خاصّ بأيّام الشِّعْرَى dog days.

ca·nine [kā′nīn; kă′nīn] *(n.; adj.)* (١) ناب (٢) كَلْب § (٣) كَلْبيّ: «أ» ذو علاقة بالكلاب أو بفصيلة الكلبيّات. «ب» شبيهٌ بالكلب (٤) نابيّ: ذو علاقة بالناب أو بالأنياب.

canine tooth *(n.)* النّاب: سنّ مستدقّة الطَّرف (ت).

Ca·nis Ma·jor [kā′nĭs] *(n.)* الكَلْب الأكبر (فل).

Ca·nis Mi·nor [kā′nĭs] *(n.)* الكلب الأصغر (فل).

can·is·ter [kăn′-] *(n.)* (١) عُلَيْبة؛ علبة صغيرة (٢) قذيفة شظايا (٣) عُلَيْبة القناع: عُلَيبة معدنية خفيفة مُثَقَّبة تحتوي مادة تمتص سمومَ الهواء أو تُصَفّيها.

can·ker [kăng′kər] *(n.; vt.; i.)* (١) الآكلة: قَرْحة أكّالة [في الفم بخاصة] (٢) القَرْحة: داء يصيب سوق النباتات (٣) التقرُّح: التهاب مزمن يصيب الحيوانات (٤) كلّ آفةٍ مُفْسِدة أو مُهْلِكة (٥) نِسرين الكِلاب؛ وَرْد السِّياج (نب) § (٦) يُقرِّح (ا. م) (٧) يُفسِد؛ يُتلف ببطء x (٨) يتقرَّح؛ يتآكل (٩) يَفْسُد.

can·ker·ous *(adj.)* (١) قَرْحيّ (٢) مقروح؛ مُقَرَّح: مصابٌ بقَرْحة (٣) مقرِّح؛ مُصيبٌ بقَرْحة (٤) أكّال؛ مُهَرِّئ.

can·ker·worm *(n.)* القادحة: يرقانةٌ ضارّة بالأشجار المثمرة وغيرها.

can·na [kăn′ə] *(n.)* القَنّا: عشب استوائيّ عريض الأوراق.

can·na·bin [-′ə bĭn] *(n.)* القِنَّبين: راتينج سامّ يُستخرج من القِنَّب الهندي.

can·na·bis [-′ə bĭs] *(n.)* (١) الحشيش: مُخَدِّر يُتَّخذ من القِنَّب الهنديّ (٢) قِنَّب (نب).

canned [kănd] *(adj.)* (١) مُعَلَّب <~ fish> (٢) مُسَجَّل <~ music> (٣) مكرور؛ مبتذَل (٤) سكران.

can·nel coal [kăn′əl] *(n.)* الفحم الوقّاد: فحم حجريّ سريع الاحتراق.

can·ner [kăn′ər] *(n.)* المُعَلِّب: مَنْ يُعَلِّب الأغذية لحفظها.

can·ner·y [kăn′ə rĭ] *(n.)* المَعْلَب: معمل لتعليب الأغذية.

can·ni·bal [kăn′ə bəl] *(n.; adj.)* (١) القَنْبَليّ: «أ» إنسان، متوحّش عادةً، يأكل لحم البشر. «ب» حيوان يأكل لحم حيوان من نوعه أو جنسه § (٢) قَنْبَليّ: «أ» ذو علاقة بأَكَلَةِ لحوم البَشَر أو مميِّز لهم أو شبيهٌ بهم. «ب» آكلٌ لحمَ البَشَر.

can·ni·bal·ism *(n.)* (١) القَنْبَليّة: «أ» أَكْلُ الإنسان لحمَ البشر. «ب» أكلُ الحيوان لحمَ حيوان من نوعه أو جنسه (٢) وَحشيّة.

can·ni·bal·ize *(vt.; i.)* (١) يُقَنْبِل: «أ» يفكّك آلة لكي يتّخذ من أجزائها قِطَعَ تبديلٍ لآلة أخرى. «ب» يَحْرِم مؤسسةً من بعض عناصرها أو أجهزتها لإلحاقها بمؤسسة أخرى x (٢) يُقَنْبِل: «أ» يأكل [الإنسان] لحمَ البشر. «ب» يأكل [الحيوانُ] لحمَ حيوانٍ من جنسه.

can·ni·kin [kăn′ə kĭn] *(n.)* (١) عُلَيْبة (٢) كأس صغيرة.

can·ning [kăn′ĭng] *(n.)* التعليب: حفظُ الأغذية في عُلَب مختومة.

can·non [kăn′ən] *(n.; vi.; t.)* (١) مِدْفَع (٢) الحَكَمة؛ الشَّكيمة (را. bit[1] *1a*) (٣) عُرْوة الجَرَس المعدنية [التي بها يُعَلَّق] (٤) الكرومة: إصابة في

لعبة البليارد (٥) قَصَبُ قائمة الفَرَس ونحوِه § (٦) يَرْشُق: يُطلق النارَ من مدفع (٧) يُكَرْوِم: يسجِّل إصابةً في البليارد.

can·non·ade [kăn'ə nād'] *(n.; vt.; i.)* (١) رشقٌ بالمدافع (٢) هجوم عنيف [بالكلام أو الكتابة] § (٣) يهاجم [بالمدفعية] x (٤) يَرْشُق.

can·non·ball *(n.; vi.)* (١) قذيفة مِدفع (٢) قطار سريع § (٣) ينطلق بسرعةٍ فائقة.

cannon bone *(n.)* قصبة قائمة الفَرَس ونحوه (ح).

can·non·eer [kăn'ə nēr'] *(n.)* المِدْفعيّ.

can·non·ry [kăn'ən rĭ] *(n.)* (١) إطلاق المدافع (٢) المِدفعيّة.

can·not [kăn'ŏt; kă nŏt'] = can not.

can·nu·la [kăn'yə lə] *(n.)* pl. **-las** *or* **-lae** القُنَيَّة؛ القُصَيْبة: إبرة مُحْتَفَرَة لإدخال سائلٍ ما إلى الجسد أو إخراجه منه (جر).

can·nu·lar [kăn'yə lər] *(adj.)* أُنبوبيّ.

can·ny [kăn'ĭ] *(adj.)* (١) بارع (٢) حكيم؛ بعيد النظر (٣) حذِر (٤) هادئ؛ مُريح (٥) جميل؛ جذّاب (٦) بخيل؛ مقتصِد.

ca·noe [kə nōō'] *(n.; vi.; t.)* (١) الكَنُوُ: زورق طويل خفيف ضيّق يُقاد بمِغْذَفٍ (را. paddle) أو أكثر § (٢) يُغذِّف [يجذِّف] كَنُوًا (٣) ينطلق بكَنُوٍ x (٤) ينقل بكَنُوٍ.

can·on[1] [kăn'ən] *(n.)* (١) «أ» قانون كَنَسيّ. «ب» الجزء الأساسيّ من القدّاس (٢) اللائحة المقدَّسة: «أ» لائحةٌ بالأسفار المُعْتَرَف بقُدْسيَّتها. «ب» قائمة بأسماء القديسين (٣) الأعمال الموثوقة [لمؤلِّفٍ ما] (٤) «أ» مبدأ مقرَّر؛ قاعدة مقرَّرة. «ب» مِحَكّ؛ مِعيار. «ج» مجموعة مبادئ أو قواعد إلخ (٥) الإتْباع (مو) (٦) الحرف القانونيّ: حرف مطبعيّ ضخم [٤٨ بُنْطًا].

can·on[2] *(n.)* كاهن [من هيئة كُهّان كاتدرائيةٍ ما] (كث).

ca·ñon [kăn'yən] *(n.)* = canyon.

ca·non·i·cal [kə nŏn'-]; **ca·non·ic** *(adj.)* قانونيّ: «أ» ذو علاقة بالقانون الكنسيّ أو موافقٌ له. «ب» قويم. «ج» مُعْتَرَف به؛ مقبول.

canonical hours *(n. pl.)* أوقات الصلاة والعبادة اليومية السَّبع (كن).

ca·non·i·cals *(n. pl.)* الحُلَّة القانونية: حُلَّة الكاهن أثناء الصلاة.

can·on·ist [kăn'ən ĭst] *(n.)* العالِم بالقانون الكنسيّ.

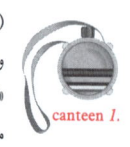

can·on·ize [kăn'-] *(vt.)* (١) يقدِّس: يُعلن قداسةَ شخص بعد الوفاة؛ يضمُّهُ إلى قائمة القديسين (٢) يقنِّن: «أ» يجعله قانونيًا. «ب» يُقِرّ؛ يجيز؛ يعترف بـ.

canon law *(n.)* = canon[1] *1a.*

can opener

can opener *(n.)* الفتّاحة: أداة لفَتْح العُلَب.

canopic jar

ca·no·pic jar [kə nō'pĭk] *(n.)* خابية الموتى: وعاء فخّاري كان قُدامى المصريين يحفظون به أحشاء الجثث المحنَّطة.

Ca·no·pus [kə nō'pəs] *(n.)* سُهَيْل (فل).

can·o·py [kăn'ə pĭ] *(n.; vt.)* (١) الكُنَّة: «أ» ظُلَّةٌ فوق سرير أو عرش أو فوق شخص ذي منزلة رفيعة أو شيءٍ مقدَّس. «ب» الجزء الأعلى المُتَغَصِّنُ من الغابة. «ج» awning. «د» غطاء أو نتوء زينيّ على شكل سقف (عم). «هـ» الغطاء العُلوي الشفّاف لرُكن الطيار. «و» قُبّة الباراشوت (٢) السَّماء § (٣) يُظَلِّل: يزوِّد بظُلَّةٍ أو نحوها.

ca·no·rous [kə nōr'əs] *(adj.)* رَخيم؛ موسيقيّ.

cant[1] [kănt] *(adj.)* مَرِح؛ مبتهج؛ ناشط (عب).

cant[2] *(n.; vt.; i.; adj.)* (١) الزاوية الخارجية [لمبنًى] (٢) سطحٌ منحرف أو موروب (٣) مَيْل؛ انحراف؛ انحدار (٤) حركةٌ مفاجئة [تُطيح بشيء] (٥) قَذْف أو رميٌ مفاجئ § (٦) يَشْطُب؛ «يَشْطف» حافةَ الزجاج إلخ (٧) يُميل (٨) يقذف بحركة مفاجئة (٩) يوجِّهه وجهةً جديدةً x (١٠) يَميلُ: ينحرف؛ ينحدر § (١١) مشطوب الحافة (١٢) مائل؛ منحرف؛ موروب.

cant[3] *(vi.; n.; adj.)* (١) يتسوَّل؛ يَشْحَذ (٢) يتشاحذ: يتكلم بلهجة الشحاذين الانتحابيّة المُنَغَّمة أو باللغة الخاصة بأهل حرفةٍ ما (٣) ينافق؛ يتظاهر بالتقوى § (٤) إنشادُ الشّحّاذين (٥) الأُرْغة: لغة خاصة تصطنعها فئةٌ أو أهلُ حرفة معينة [كاللّصوص إلخ] (٦) نفاق؛ رياء § (٧) منافِق.

can't [kănt; känt] = can not.

can·ta·bi·le [kän tä'bē lā'] *(adv.)* بطريقة غنائية.

Can·ta·brig·i·an [kăn'tə brĭj'ĭ ən] *(n.; adj.)* (١) الكَيْمبريدجيّ: «أ» أحد أبناء مدينة كَيْمبريدج الإنكليزية أو الأميركية. «ب» طالبٌ في جامعة كَيْمبريدج الإنكليزية أو أحد خرّيجيها § (٢) كَيْمبريدجيّ.

can·ta·lev·er [kăn'tə lĕv'ər] *(n.)* = cantilever.

can·ta·loupe *also* **can·ta·loup** [-'tə lōp'] *(n.)* = muskmelon.

can·tan·ker·ous [kăn tăng'-] *(adj.)* مُشاكِس؛ مُحِبٌّ للخصام.

can·ta·ta [kən tä'tə] *(n.)* الكَنْتاتة: أنشودة دينيّة جماعيّة على أنغام الموسيقى.

can·ta·trice [kän'tä trē'chĕ] *(n.)* مُغَنِّية. وبخاصة: مُغَنِّية أوبرا.

cant dog *(n.)* = peavey.

canteen *1.*

can·teen [kăn tēn'] *(n.)* (١) المَزادة: حافظة للماء وغيره من السوائل يستعملها الجند عادةً (٢) الكانتين: «أ» صندوق لأدوات المائدة يستعمله الجند والنازلون في مخيَّمات. «ب» ملهًى مجّاني للجند [في بلدة أو مدينة واقعة قرب مُعَسْكَر أو قاعدة حربية]. «ج» مطعم صغير.

can·ter[1] [kăn'tər] *(n.)* فا cant. وبخاصة: الشحّاذ؛ المتشرِّد؛ المنافق.

can·ter[2] *(vi.; t.; n.)* (١) يَخِبُّ [الفَرَسُ] x (٢) يُخِبّ [الفَرَسَ]: يحمله على الخَبَب § (٣) خَبَب.

can·thar·is *(n.)* الذُّرّاح: حشرة من مُغْمَدات الأجنحة.

cant hook *(n.)* الخُطّاف المائل: مُخْلٌ خشبيّ، ذو كُلّابٍ حديديّ متحرِّك، يُستخدَم لإمالة الأحطاب أو قَلْبها.

can·thus [kăn'thəs] *(n.)* pl. **-thi** المُؤْق: مُؤْق العين.

can·ti·cle [kăn'tə kəl] *(n.)* *cap.,* (١) أُنشودة. وبخاصة: ترتيلة دينية (٢) *pl.:* نشيد الأناشيد [من أسفار العهد القديم].

can·ti·le·ver [-lē'vər] *(n.)* الكابول: رافدة ناتئةٌ مثبَّتة من طَرَف واحد.

can·zo·ne [kän tsô′nĕ] *(n.)* قصيدة غنائية أو لحنها .

can·zo·net [kăn′zə nĕt′] *(n.)* الكَنْزونيّة : أغنية قصيرة مرِحة .

caou·tchouc [ko͞o′cho͝ok; kou cho͝ok′] *(n.)* المطّاط .

cap [kăp] *(n.; vt.; i.)* (١) قَلَنْسُوَة ؛ قُبّعة ؛ غطاء للرأس (٢) سِدادة [لأنبوب المياه إلخ] (٣) قمّة ؛ ذِروة (٤) تاج العمود (عم) (٥) كَبْسولة [تفجير أو نَسْف] (٦) البُرْقُع : طبقة من مطّاط جديد تُضهر على السطح البالي من دولاب السيارة § (٧) يُقَلْنِس : يزوِّد أو يغطّي بقَلَنْسُوَةٍ أو غطاء (٨) يُتوِّج ؛ يَعْلو (٩) يَبُزّ (١٠) يُكْمِل ؛ يُتِمّ (١١) يُرْبِك x (١٢) يرفع قبّعته احترامًا .

~ and gown اللِّباس الجامعيّ .

~ in hand بتذلُّل ؛ بخنوع .

to ~ the climax يتخطّى الذِّروةَ ؛ يتجاوز الحدّ .

to set one's ~ at *or* for تحاول جذبه أو إغراءه .

ca·pa·bil·i·ty [kā′pə bĭl′ə tĭ] *(n.)* (١) قُدرة ؛ مَقْدِرة (٢) قابليّة (٣) *pl.* عد : الإمكانيّة : كفاءةٌ قابلةٌ للتطوير .

ca·pa·ble [kā′pə bəl] *(adj.)* (١) قابلٌ لِـ (٢) مُهَيّأ للإقدام على <~ of murder> (٣) قادرٌ على ؛ مُؤهَّل لِـ (٤) بارع ؛ كُفْؤ <a very ~ teacher> .

ca·pa·cious [kə pā′shəs] *(adj.)* رَحْب ؛ واسع ؛ فسيح .

ca·pa·cious·ness *(n.)* رحابة ؛ سَعة ؛ اتّساع .

ca·pac·i·tance [kə păs′ə-] *(n.)* المُواسَعة ؛ السَّعة (كب) .

ca·pac·i·tate [-′ə tāt′] *(vt.)* (١) يُمكِّن (٢) يزوِّد بسلطات شرعية .

ca·pac·i·tive [-′ə tĭv] *(adj.)* مُواسَعيّ : متعلّق بالمواسَعة (كب) .

ca·pac·i·tor [kə păs′ə tər] *(n.)* المُواسِع ؛ المكثِّف (كب) .

ca·pac·i·ty [kə păs′ə tĭ] *(n.)* (١) السُّلطة القانونية (٢) سَعة ؛ استيعاب (٣) «أ» قُدْرة . «ب» مَدارِك . «ج» قدرة عقليّة (٤) قابليّة (٥) صفة ؛ وَصْف ؛ وظيفة (٦) طاقة الإنتاج القُصْوَى (٧) capacitance .

filled to ~; full to ~, مُتْرَع ؛ مُفْعَم .

cap–a–pie [kăp′ə pē′] *(adv.)* من قِمّة الرأس إلى أخمصِ القَدَم .

ca·par·i·son [kə păr′-] *(n.; vt.)* (١) الرَّخْت : غطاء مزركش لسَرْج الفَرَس (٢) ملابس فاخرة § (٣) يُرَخِّت : يكسو السَّرجَ بغطاء مزركش (٤) يكسو بملابس فاخرة .

cape[1] [kāp] *(n.)* الرأس : جزء من اليابسة ممتدّ في البحر .

cape[2] *(n.)* الكاب : رداء خارجيّ بلا كُمَّيْن يُطْرَح على الكتفين .

cap·e·lin [kăp′ə lĭn] *(n.)* الكَبْلِين : سمك صغير من فصيلة الهِفّ .

Ca·pel·la [kə pĕl′ə] *(n.)* العَيُّوق (فل) .

ca·per[1] [kā′pər] *(n.)* الكَبَر : شجيرة تُخَلَّل ثمارها .

ca·per[2] *(vi.; n.)* (١) يطْفُر : يَثِبُ مَرَحًا § (٢) طَفْرة (٣) حيلة أو مَزْحَة .

to cut ~s; to cut a ~, (١) يَثِبُ مَرَحًا (٢) يتصرّف بحماقة .

cap·er·cail·lie [kăp′ər kāl′yĭ] *(n.)* الطَّيهوج الكبير ؛ ديك الخَلَنْج .

capercaillie

cape·skin *(n.)* الجِلد الكابيّ : جلد ضأنٍ تُصْنَع منه القُفّازات .

cantilever bridge *(n.)* الجسر الكابوليّ .

cantilever bridge

cantilever crane *(n.)* المرفاع الكابوليّ (مك) .

cantilever crane

can·til·late [kăn′tə lāt′] *(vt.)* يُنْشِد ؛ يتلو مُنَغِّمًا .

can·til·la·tion *(n.)* إنشاد ؛ تنغيم .

can·ti·na [kăn tē′nə] *(n.)* (١) خُرْج (٢) حانة .

can·tle [kăn′təl] *(n.)* (١) شَطْر ؛ جزء (٢) قَرَبوس السَّرجِ الخلفيُّ [أيْ جزؤهُ المقوَّس] .

can·to [kăn′tō] *(n.)* النَّشيد : أحد الأقسام الرئيسية من قصيدةٍ طويلة .

can·ton [kăn′tən] *(n.; vt.)* (١) جزء ؛ قسم (٢) الكانتون : إقليم أو ولاية وبخاصةٍ في سويسرا (٣) الزاوية : الرُّبع الداخليّ الأعلى [من علم أو راية] § (٤) يُجزِّئ ؛ يقسِّم . وبخاصة : يَقْسِم إلى أقاليم أو كانتونات (٥) يُنزِل ؛ يؤوي [الجندَ إلخ] . **— can·ton·al** *(adj.)*

Canton crepe *(n.)* كريب كانتون : قماش حريريّ رقيق مُتَغَضِّن .

Canton flannel *(n.)* فلانيلّة كانتون : قماش قطنيّ على أحد سطحيه زِئْبِرٌ أو زَغَب .

can·ton·ment [kăn tŏn′-] *(n.)* مُعَسْكَر [كبيرٌ عادةً] .

can·tor [kăn′tər] *(n.)* قائد جوقة الترتيل [في كنيسة] .

can·trip [kăn′trĭp] *(n.)* (١) رُقْية ؛ تميمة ؛ تعويذة (إسك) (٢) حيلة .

can·tus [kăn′təs] *(n.)* (١) أغنية ؛ لحن (٢) موسيقى كَنَسيّة .

cant·y [kăn′tĭ; kän′-] *(adj.)* (١) مَرِح ؛ مبتهج (٢) رشيق .

Ca·nuck [kə nŭk′] *(n.)* (١) الكَنَديّ : أحد أبناء كندا (٢) الكَنَديّ الفرنسيّ : كَنَديّ من أصل فرنسي (٣) Canadian French .

can·vas *also* **can·vass** [kăn′vəs] *(n.; vt.)* (١) القِنَّبيّ : قماشٌ يُنْسَج من قِنَّب ويُستخدم في صنع الأشرعة والخيام (٢) «أ» شِراع . «ب» أشرعة (٣) «أ» خيمة . «ب» خيام (٤) القِنَّبيّة : «أ» قطعة من القماش القِنَّبيّ مستعملة لغرض خاص . «ب» قماشة معدّة للرَّسم الزيتي . «ج» لوحة زيتية مرسومة على قماشة (٥) الكَنْفا : نسيجٌ غليظ متباعد الخيوط يُستخدَم في شغل الإبرة (٦) أرضُ حَلْبة الملاكمة أو المصارعة § (٧) يُقَنِّب : يزوِّد بقماشٍ قِنَّبيّ .

under ~, (١) في الخيام (٢) منشورة الأشرعة .

can·vas·back [-băk′] *(n.)* قِنَّبيّة الظَّهر : بطّة برية أميركية .

can·vass *also* **can·vas** [kăn′vəs] *(vt.; i.; n.)* (١) «أ» يتفحّص . «ب» يدقّق [في أصوات المقترعين للتأكّد من صحتها] . «ج» يناقش (٢) يُجَوِّب : يطوِّف في مدينة التماسًا لأصوات الناخبين أو لعرض السِّلَع على التجار أو لتأمين الاشتراكات لمجلة إلخ x (٣) يلتمس الأصوات أو الطَّلَبات التجارية § (٤) تفحُّص (٥) تدقيق (٦) التجويب : الطَّواف في مدينة التماسًا للأصوات إلخ .

can·vass·er *(n.)* (١) المُتَفَحِّص (٢) المُجَوِّب : المطوِّف في مدينة التماسًا للأصوات أو الاشتراكات إلخ .

can·y [kā′nĭ] *(adj.)* (١) قَصَبيّ (٢) حافلٌ بالقَصَب .

can·yon [kăn′-] *(n.)* الخانق : وادٍ ضيّق يجري عبرَهُ جدولٌ .

cap·ful [kăp′fo͝ol′] *(n.)* مِلءُ قَلَنْسُوة .

Caph [kăf] *(n.)* الكفّ الخضيب؛ ذات الكرسيّ (فل) .

ca·pi·as [kā′pĭ əs; kăp′ĭ-] *(n.)* أمرٌ قضائيّ باعتقال مُتَّهم ما (ق) .

cap·il·la·ceous [kăp′ə lā′ shəs] *(adj.)* = capillary.

cap·il·lar·i·ty [kăp′ə lăr′-] *(n.)* الشَّعْرية؛ الخاصّة الشَّعرية (فز) .

cap·il·lar·y [kăp′ə lĕr′ĭ] *(adj.; n.)* (١) شَعْرِيّ: «أ» رفيع جدًا. «ب» متعلّق بالخاصّة الشَّعرية § (٢) capillary tube (٣) الشُّعَيْرة؛ الوعاء الشَّعريّ .

capillary action *(n.)* الفِعْل الشَّعريّ؛ الخاصّة الشَّعرية .

capillary attraction *(n.)* التَّجاذُب الشَّعريّ .

capillary tube *(n.)* الأُنبوب الشَّعريّ: أنبوب رفيع الثقب جدًّا .

capillary vessel *(n.)* الشُّعَيْرة؛ الوعاء الشَّعريّ .

cap·i·tal[1] [kăp′ə təl] *(n.)* تاج العَمود: رأس العَمود أو قِمَّتُهُ (عم) .

capital[1]

cap·i·tal[2] *(adj.)* (١) استهلاليّ؛ كبير <~ letters> (٢) «أ» عقوبتُهُ الموت <a ~ crime> . «ب» مُتضمِّن إعدامًا <~ punishment> (٣) خطير <a ~ error> (٤) رئيسيّ (٥) رِسْماليّ <~ goods> (٦) ممتاز <a ~ dinner>.

cap·i·tal[3] *(n.)* (١) رأس مال (٢) الرأسماليون أو طبقتُهم (٣) مصدر ربح أو قوة (٤) الحرف الاستهلاليّ: حرف كبير <مثل *B* في Beirut> (٥) عاصمة؛ حاضرة .

fixed ~, الرأسمال أو رأس المال الثابت (مج): رأسمال يُستخدم في الإنتاج أكثر من مرة دون أن يتغير شكله [كالآلات] .

productive ~, الرِّسمال أو رأس المال المنتِج: الثروة الناتجة عن عملٍ سابق والمستخدَمة في إنتاج ثروة أخرى .

to make ~ of something يُفيد [من أخطاء غيره إلخ] .

capital assets *(n.)* الموجودات الرِّسمالية (اد) .

cap·i·tal·ism *(n.)* الرأسماليّة: «أ» تركُّز الثروة بما تمثّله من قوة ونفوذ في أيدي القلّة . «ب» النظام الرأسمالي: نظام اقتصاديّ مبنيّ على المِلكية الخاصة، والمنافسة، وإنتاج السِّلَع للرِّبح .

cap·i·tal·ist[1] *(n.)* (١) الرأسماليّ: «أ» شخص ذو رأسمالٍ ضخم موظَّف في المشاريع الاقتصادية. «ب» المُثري؛ الغنيّ. «ج» المؤيِّد للنظام الرأسماليّ .

cap·i·tal·ist[2] *or* **cap·i·tal·is·tic** *(adj.)* رأسماليّ: «أ» مالكٌ ثرواتٍ كبيرة. «ب» مؤيِّد للرأسمالية أو ممارسٌ لها <~ nations> .

cap·i·tal·ize *(vt.)* (١) يُسَهْلِل: يَكتب أو يطبع بحروف استهلالية (٢) يُرَسْمِل: يحوِّل إلى رأسمال (٣) يموِّل <to ~ a business> (٤) يُفيد من <to ~ on another's mistakes>.

— **cap·i·tal·i·za·tion** *(n.)*

capital levy *(n.)* ضريبة الرساميل: ضريبة تُفرض على رأس المال الشخصي أو الصناعي [بالإضافة إلى ضريبة الدخل وغيرها] .

cap·i·tal·ly *(adv.)* (١) بالعقوبة القُصوى <to punish ~> (٢) على نحوٍ خطير أو مُهْلِك (٣) على نحو أساسيّ <~ important> (٤) على نحوٍ ممتاز أو رائع <~ done> .

capital punishment *(n.)* العُقوبة القُصوى؛ عقُوبة الإعدام (ق) .

capital ship *(n.)* السفينة الرئيسيّة [في القتال] .

capital stock *(n.)* أسهم رأس المال [في شركة] .

cap·i·tate [kăp′ə tāt′] *(adj.)* هاميّ: على صورة رأس، وبخاصة: «أ» متجمّع في رأس <~ flowers> . «ب» متضخّم وكرويّ <~ stigma> .

cap·i·ta·tion [kăp′ə tā′-] *(n.)* ضريبة الرؤوس؛ ضريبة الأعناق .

cap·i·tol [kăp′ə-] *(n.)* (١) .cap: الكابيتول: هيكل جوبيتر القديم في رومة (٢) مبنى البرلمان (٣) .cap: الكابيتول: مبنى الكونغرس الأميركي بواشنطن .

Cap·i·to·line [-′tə līn′] *(adj.; n.)* (١) كابيتوليّ: ذو علاقة بالكابيتول في رومة أو بالإله جوبيتر § (٢) الكابيتولين: إحدى تلال رومة القديمة السَّبع .

ca·pit·u·lar [kə pĭch′ə-] *(adj.)* مَحْفِليّ: خاصّ بجماعة إكليركية .

ca·pit·u·lar·y [-lĕr′ĭ] *(adj.; n.)* (١) مَحْفِليّ: خاصّ بجماعة إكليركية § (٢) المَحْفِليّ: عضوٌ في هذه الجماعة (٣) .pl: مجموعة شرائع .

ca·pit·u·late [kə pĭch′ə lāt′] *(vi.)* (١) يَستسلم [وبخاصة بشروط معيَّنة] (٢) يُذْعِن؛ يكفّ عن المقاومة .

ca·pit·u·la·tion *(n.)* (١) ملخَّص؛ خلاصة (٢) معاهدة (٣) .pl: الامتيازات الأجنبية (٤) «أ» استسلام بشروط . «ب» اتفاقية استسلام .

ca·pit·u·lum [kə pĭch′ə-] *(n.)* pl. **-la** الرُّؤَيْس: «أ» نتوء مدوَّر وبخاصة في طَرَف عظم (ت) . «ب» ازهرار يتألّف من عنقود من الزُّهيرات اللاطئة (نب) .

ca·pon [kā′pŏn] *(n.)* ديك مَخْصِيّ [يسمَّن للأكل] .

ca·pon·ize [kā′pə nīz′] *(vt.)* يَخْصي ديكًا .

cap·o·ral [kăp′ə răl′] *(n.)* العَريف: تبغٌ خشِنٌ حِرّيف .

ca·pote [kə pōt′] *(n.)* (١) المُقَلْنَس: معطف ذو قَلَنْسُوَة (٢) قبّعة [نِسْوية أو أطفاليّة] (٣) «كبّوت» العربة أو غطاؤها .

cap·per [kăp′ər] *(n.)* (١) فا cap (٢) الطُّعم: من يُستخدم لإيقاع شخص آخر في شَرَك (٣) المُزايد الجانبيّ: شخص مكلَّف بالمزايدة لرفع الأسعار في مزادٍ علنيّ .

cap·ping [kăp′ĭng] *(n.)* (١) مص cap (٢) غطاء .

cap·puc·ci·no [kăp ə chē′nō] *(n.)* الكَبُّوشيّة: قهوة تُنَكَّه بالقِرفة .

cap·re·o·late [kăp′rĭ ə lāt′] *(adj.)* (١) ذو حوالق: ذو خيوط تساعده على التعلُّق (نب) (٢) حَوالِقيّ: شبيه بالحوالق (ت) .

cap·ric acid [kăp′rĭk] *(n.)* حَمْض الكَبْريك (ك) .

ca·pric·ci·o [kə prē′chĭ ō′] *(n.)* (١) نزوة (٢) حيلة أو مزحة (٣) النَّزْويّ: لحن موسيقي ذو طابع حرّ غير نظامي .

ca·price [kə prēs′] *(n.)* (١) نَزْوة؛ هوًى مفاجئ (٢) تقلُّب (٣) الحُوَّليّة: ميلٌ إلى التقلّب من غير سبب ظاهر (٤) capriccio 3 .

ca·pri·cious [kə prĭsh′əs] *(adj.)* نَزْويّ؛ قُلَّب؛ حُوَّل .

Cap·ri·corn [kăp′rə kôrn′] *(n.)* = Capricornus.

Cap·ri·cor·nus [kăp′rə kôr′nəs] *(n.)* (١) الجَدْي (فل) (٢) برج الجدي (٣) مولود برج الجدي .

cap·ri·fi·ca·tion *(n.)* تأبير التين [أي تلقيحه صُنْعيًّا] .

cap·ri·fig [kăp′rə fĭg] *(n.)* التّين البرّيّ؛ تين التأبير.

cap·rine [kăp′rīn] *(adj.)* ماعِزيّ: ذو علاقة بالماعز.

cap·ri·ole [-′rĭ ōl′] *(n.; vi.)* (١) طَفْرة؛ وثبة (٢) شبّة؛ وثبةُ فرس § (٣) يثِبّ [الفَرَسُ].

ca·pro·ic acid [kə prō′ĭk] *(n.)* حَمْض الكبرونيك (ك).

ca·pryl·ic acid [kə prĭl′ĭk] *(n.)* حمض الكَبْريليك (ك).

cap·si·cum [kăp′sĭ kəm] *(n.)* فُلَيْفِلة (نب).

cap·size [kăp sīz′] *(vt.; i.)* (١) يَقْلب x (٢) ينقلب.

cap·stan [kăp′stən] *(n.)* الرَّحَوِيّة: أداة يديرها الملّاحون لرفع المراسي والأثقال.

capstan

cap·stone [kăp′stōn′] *(n.)* (١) حجر الذِّروة: الحجرُ الواقع في أعلى العَقْد (٢) قِمة؛ ذِروة؛ أوج.

cap·su·lar [-′sə lər] *(adj.)* (١) عُلَيبيّ (٢) مُكَبْسَل: محفوظ في كبسولة.

cap·su·late [kăp′sə lāt′] *(adj.)* = capsulated.

cap·su·lat·ed *(adj.)* مُكَبْسَل: محفوظ في كبسولة.

cap·sule [kăp′səl] *(n.; vt.; adj.)* (١) المِحْفَظة: غلاف أو كيس يُحيط ببعض أعضاء الجسد (ت) (٢) العُلَيْبَة؛ الجِرْو: غلاف البزور الجافّ الذي ينفتح عند النضج (٣) الكَبْسولة: «أ» البرشامة: وعاء هُلاميّ من قطعتين بداخله دواء. «ب» مُخْتَصَر؛ موجز. «ج» عُلَيْبة؛ عُلبة صغيرة. «د» غطاء أو غلاف صغير § (٤) يُكَبْسِل: يزوِّد بكبسولة (٥) يُرَكِّز § (٦) مُرَكَّز؛ شديد الإيجاز <~ biographies> (٧) مَضْغوط <~ submarines>.

capsule 2.

cap·tain [kăp′tən; -tĭn] *(n.; vt.)* (١) «أ» نقيب (جن). «ب» رُبّان؛ قبطان. «ج» قائد عسكري بارز. «د» قائد [فرقةٍ رياضية] (٢) زعيم؛ قائد § (٣) يقود.

cap·tion [kăp′shən] *(n.; vt.)* (١) عُنوان [لفصلٍ أو مقالٍ أو صفحة] (٢) تعليق؛ شرح [الصورة في مجلة إلخ] (٣) عنوان فرعي [في السينما] § (٤) يُعَنْوِن إلخ.

cap·tious [kăp′shəs] *(adj.)* (١) «أ» عيّاب. «ب» يصعب إرضاؤه (٢) مُغْرِض أو صادرٌ عن حبّ للمماحكة <a ~ remark> (٣) إرباكيّ؛ أُحبوليّ: مرادٌ به الإرباك أو الإيقاع في الشَّرَك وبخاصة في الجدل والمحاجّة <~ questions>.

cap·ti·vate [kăp′tə vāt′] *(vt.)* (١) يأسِر (٢) يفتِن؛ يَسْحَر؛ يَسْبي؛ يَخْلِب.
— **cap·ti·va·tor** *(n.)*

cap·ti·va·tion *(n.)* فِتنة؛ سِحر؛ أسْر.

cap·tive [kăp′tĭv] *(adj.; n.)* (١) «أ» مأسور؛ أسير. «ب» حَبيس؛ مقيَّد. «ج» موقوف: تملكه أو تديره شركة صناعية أو مصلحة عامة سدًّا لحاجاتها هي لا لتزويد السّوق بنتاجه <a ~ coal mine> (٢) أسْريّ: ذو علاقة بالأسر (٣) مفتون؛ متيَّم § (٤) الأسير (٥) المفتون؛ المتيَّم.

captive balloon *(n.)* المُنطاد المقيَّد: مُنطاد مراقبةٍ أو استكشاف مشدودٌ إلى الأرض بحبال فولاذية.

cap·tiv·i·ty [kăp tĭv′-] *(n.)* (١) أَسْر (٢) عبودية (٣) مدة الأَسْر.

cap·tor [kăp′tər] *(n.)* الآسِر؛ المُعْتقِل.

cap·ture [kăp′chər] *(vt.; n.)* (١) «أ» يستولي على. «ب» يأسر. «ج» يَعتقل؛ يَقْبض على. «د» يفوز بـ؛ ينتزع <to ~ a prize>. «هـ» يَلْفِت؛ يجذِب؛ يسترعي (٢) يَفتِن؛ يَخْلِب § (٣) استيلاء؛ أَسْر؛ اعتقال (٤) لَفْت؛ جَذْب (٥) «أ» أسيرٌ. «ب» غنيمة.

ca·puche [kə po͞osh′] *(n.)* الكَبُّوشة: قَلَنْسُوَةُ بُرْنُس. وبخاصة تلك التي يعتمر بها الآباء الكَبّوشيّون.

cap·u·chin [kăp′yo͞o chĭn] *(n.)* (١) *cap.*: الأب أو الراهب الكَبّوشيّ (٢) بُرْنُس نِسويّ (٣) الكَبُّوشيّ؛ السّعدان المُقَلْنَس: سعدان أميركي استوائيّ يكسو رأسَهُ شعر كثيف أشبهُ بالقَلَنْسُوَة.

capuchin 3.

cap·y·ba·ra [kăp′ĭ bä′rə] *(n.)* خِنزير الماء: حيوان نصف مائيّ يُعتبر أعظَمَ القوارض الحيّة.

capybara

car [kär] *(n.)* (١) «أ» عَرَبة (ا. ق). «ب» مَرْكبة حَرْب أو نصر. «ج» حافلة [في قطار]. «د» سيارة (٢) الحُجَيْرة: «أ» ذلك الجزء من الطائرة أو المِصْعد المخصَّصُ للرُّكّاب. «ب» صندوق مُخَرَّمٌ عائمٌ [لإبقاء الأسماك حيّةً].

ca·ra·ba·o [kär′ə bä′ō] *(n.)* جاموس الماء (را. water buffalo).

carabao

car·a·bin [kăr′ə bĭn] *also* **car·a·bine** [-bīn′] *(n.)* = carbine.

car·a·bi·neer *or* **car·a·bi·nier** [kăr′ə bə nēr′] *(n.)* القَرَبينيّ: جنديٌّ حاملٌ قَرَبينة (را. carbine).

ca·ra·ca·ra [kär′ə kär′ə] *(n.)* الكَرْكار: صقر أميركيّ.

car·a·cole [kăr′ə kōl] *(n.; vi.)* (١) نصف دورة § (٢) يدور الفارس نصف دورة.

car·a·cul [kăr′ə kəl] *(n.)* = karakul.

ca·rafe [kə răf′; -räf′] *(n.)* الغَرّافة: إبريق زجاجيّ.

car·a·ga·na [kăr′ə găn′ə] *(n.)* القَرْغانة: شجيرة آسيوية.

car·a·mel [kăr′ə məl] *(n.)* الكَرَميلّة: «أ» سُكَّر محروق يُتَّخذ للتلوين والتَّنكيه. «ب» قطعة من الحلوى الدَّبقة.

car·a·mel·ize *(vt.; i.)* (١) يُكَرْمِل: يحوِّل إلى كَرَميلّة x (٢) يتكرْمل.

ca·ran·gid [kə răn′jĭd] *(adj., n.)* (١) شِيميّ: منسوب إلى الشِّيميّات Carangidae وهي فصيلة أسماك بحرية من شائكات الزعانف § (٢) الشِّيميّة: سمكة من الشِّيميّات.

car·a·pace [kăr′ə pās′] *(n.)* (١) الذَّبْل: درع قرنيّ أو عظميّ يُغَطّي ظهر السُّلحفاة وغيرها (٢) قشرة صُلبة (٣) القَوْقَعة: كل غطاء خارجيّ صُلب واقٍ.

car·at [kăr′ət] *(n.)* (١) القيراط: وحدة وزن للذهب والحجارة الكريمة

ă at; ā date; â care; ä car; ĕ egg; ē me; ĭ in; ī bite; ŏ lot; ō bone; ô orphan; oi boil; o͝o good; o͞o boot; ou out; ŭ under; û urgent; ə = *a* in alone, *e* in system, *i* in easily, *o* in gallop, *u* in circus.

تُعادل مئتي مليغرام (٢) karat .

car·a·van [kăr'ə văn'] (n.; vi.) (١) قافلة [من الجمال أو العربات] (٢) القَطِيرة: بيت متنقّل قائمٌ على عجلات § (٣) يرتحل في قافلة أو قَطيرة.

car·a·van·sa·ry [kăr'ə văn'sə rī]; **car·a·van·se·rai** (n.) (١) الخان: موضع تستريح فيه القوافل (٢) نُزُل؛ فُنْدُق.

car·a·vel [kăr'ə věl'] (n.) الكَرَڤيل: مَرْكبٌ شراعي صغير.

car·a·way [kăr'ə wā'] (n.) الكَرَوْيا؛ الكَرَوْياء (نب).

carb- *or* **carbo-** بادئة معناها: كربون؛ كربونيّ.

car·bam·ic acid [kär băm'-] (n.) حَمْض الكَرْباميك (كح).

car·barn [kär'bärn'] (n.) حظيرة العَرَبات.

car·ba·zole [kär'bə zōl'] (n.) الكَرْبازول: مركَّب متبلّر (ك).

car·bide [kär'bīd'] (n.) الكَرْبيد: مركَّب من كربون وأحد العناصر الأخرى. وبخاصة: كربيد الكَلْسيوم.

car·bine [kär'bīn; -bēn] (n.) القَرَبينة: بندقية قصيرة.

car·bi·neer [kär'bə nēr'] (n.) = carabineer.

car·bi·nol [kär'bə nōl'] (n.) الكَرْبينول: «أ» الميثانول. «ب» كحول مشتقّ من الميثانول (ك).

carbo- = carb-.

car·bo·hy·drate [kär'bō hī'drāt] (n.) الكربوهيدرات: مجموعة من المركَّبات العضوية التي تتألف من كربون وهيدروجين وأكسجين.

car·bo·lat·ed [kär'bə lā'-] (adj.) مُكَرْبَل: مشبَع بحمض الكربوليك.

car·bol·ic acid [kär bŏl'ĭk] (n.) حَمْض الكربوليك؛ الفينول (ك).

car·bo·lize (vt.) يُكَرْبِل: يَمْزُج أو يعالج بحمض الكربوليك (ك).

car·bon [kär'bən] (n.) (١) الكَرْبون؛ الفَحْم (ك) (٢) ورقة كربون (٣) carbon copy (٤) القضيب الكربوني: قطعة كربون تُستخدم في المصابيح القوسية وفي البطّاريات إلخ.

car·bo·na·ceous [kär'bə nā'-] (adj.) (١) غنيّ بالكربون (٢) متفحّم.

car·bo·na·do [-nā'dō] (n.) الماس الكَرْبونيّ؛ الماس الأسود.

car·bon·ate[1] [kär'bə nāt'] (n.) الكَرْبونات (ك).

car·bon·ate[2] (vt.) (١) يُكَرْبِن: يُحَوِّل إلى كربونات (٢) يُفعِم بالحيوية.

car·bon·at·ed (adj.) (١) مُكَرْبَن: «أ» مُحَوَّل إلى كربونات. «ب» مُشْبَعٌ بثاني أُكسيد الكربون (٢) مُفْعَم بالحيويّة.

car·bon·a·tion (n.) الكَرْبَنة: التحويل إلى كربونات.

carbon black (n.) سِناج الكربون (ك).

carbon copy (n.) النُّسخة الكربونية: نسخة إضافية مأخوذة بورق الكربون.

carbon dioxide (n.) ثاني أكسيد الكربون (ك).

carbon disulfide (n.) ثاني كبريتيد الكربون (ك).

carbonic acid (n.) حَمْضُ الكربونيك (ك).

carbonic acid gas (n.) = carbon dioxide.

car·bon·if·er·ous (adj.) (١) مكوِّنٌ للفحم (٢) متضمِّنٌ فحمًا (٣) *cap.*: كربوني؛ فحميّ: ذو علاقة بالعصر الكربوني أو الفَحْمي.

Carboniferous period (n.) العصر الكَرْبوني أو الفَحْمي (جي).

car·bon·i·za·tion (n.) (١) كَرْبَنَة؛ تفحيم (٢) تَكَرْبُن؛ تفحُّم.

car·bon·ize (vt.; i.) (١) يُكَرْبِن؛ يفحِّم: «أ» يحوّل إلى كربون أو فحم. «ب» يمزج أو يُشبع الفِلِزَّ بالكربون **x** (٢) يَتَكَرْبن؛ يَتفحَّم.

carbon monoxide (n.) أوّل أُكسيد الكربون (ك).

car·bon·ous [-'bə nəs] (adj.) (١) كربونيّ (٢) متفحِّم: هشٌّ وأَسْوَد.

carbon paper (n.) ورق الكربون؛ الورق المُفَحَّم.

carbon tet·ra·chlo·ride (n.) رُباعيّ كلوريد الكربون (ك).

car·bon·yl [kär'bən ĭl] (n.) الكَرْبونيل (ك).

car·bo·run·dum [-rŭn'-] (n.) الكَرْبورَنْدوم: مادة شديدة الصَّلابة تُستخدَم في الصَّقْل والكَشْط.

carboxyl group (n.) مجموعة الكربوكسيل؛ زُمرة الكربوكسيل (ك).

car·boy [kär'-] (n.) الدامجانة: وعاءٌ كبير مكسوّ بوِقاء من الخيزران.

car·bun·cle [-'bŭng kəl] (n.) (١) غارنيت؛ عقيق أحمر (٢) الجَمْرة: التهاب جلديّ مَوْضعيّ ذو جيوب يخرج منها القَيْح (ط).

car·bu·ret [kär'bə rāt'; -byə rět'] (vt.) يُكَرْبِن: «أ» يجعله يتّحد كيميائيًا بالكربون. «ب» يُثْري الغازَ [بمزجِهِ بمركَّباتٍ كربونية].

car·bu·re·tion [kär'bə rā'shən; -byə-] (n.) الكَرْبَنَة.

car·bu·re·tor [kär'bə rā'tər; -byə-]; **car·bu·ret·ter** [kär'byə rět'ər] (n.) المُكَرْبِن: أداة تَمزج الوقودَ بالهواء لتولّد منهما بُخارًا متفجّرًا.

car·bu·rize [kär'bə rīz'] (vt.) = carburet.

car·ca·jou [kär'kə jōō'] (n.) الشَّرِه: حيوان ثديّ شبيه بالدُّب.

car·case [kär'kəs] (n. chiefly Brit.) = carcass.

car·cass [kär'kəs] (n.) (١) جُثّة. وبخاصة: جَسدُ الذبيحة (٢) الجسم الحيّ (٣) بقايا [شيءٍ خَرِبٍ] (٤) هيكلُ [بيتٍ أو سفينةٍ] (٥) البَدَن؛ بَدَن العَجَلة: الجزء الأساسي من دولاب السيارة.

carcin- *or* **carcino-** بادئة معناها: سَرَطان.

car·cin·o·gen [kär sĭn'ə jən] (n.) المُسَرْطِن: مادةٌ مُحْدِثةٌ للسَّرطان.
— **car·cin·o·gen·ic** (adj.)

car·ci·no·ma [kär'sə nō'mə] (n.) pl. **-mas** *or* **-ma·ta** (n.) السَّرَطانة: ورمٌ خبيث ظِهاريّ المنشأ.

car·ci·no·ma·to·sis (n.) السُّراط: انبثاث السَّرَطانات في الجسم.

car·ci·no·ma·tous [kär'sə nŏm'ə-] (adj.) سَرَطانَويّ.

card[1] [kärd] (n.; vt.) (١) المِمْشطة؛ المِسْرَحة: أداة لتمشيط الصوف أو تسريحِهِ (٢) المُزَأبِرة: أداة لإحداث الزِّئبر على سطح القماش § (٣) يُمَشِّط؛ يُسَرِّح [الصوفَ] (٤) يُزَأبِر.

card[2] [kärd] (n.; vt.) (١) «أ» ورقة لَعِب [من ورق الشَّدّة]. «ب» *pl.*: لعبة الورق: لعبة من ألعاب الورق أو الشَّدّة. «ج» *pl.*: لَعِبُ الورق أو الشَّدّة (٢) «أ» شخصٌ ذو ظرفٍ أو دُعابة. «ب» شخص <a queer ~> (٣) قُرص البوصلة (٤) بطاقة (٥) برنامج. وبخاصة: برنامج ألعاب <racing ~>

(٦) قائمة الطعام [في مطعم] § (٧) يزوِّد ببطاقة (٨) يُدَوِّن على بطاقة .

~ of admission — بطاقة الدخول [إلى حفلة أو اجتماع] .

a doubtful ~, — خطة أو وسيلة مشكوك في نجاحها .

a sure ~, — خطة أو وسيلة مضمونة النجاح .

one's best ~, — ورقة المرء الفضلى : حجته الأقوى أو طريقته الفضلى للفوز بما يريد .

on the ~*s* — مُحْتَمَل ؛ ممكن ؛ وشيك الوقوع .

to have a ~ up one's sleeve — يحتفظ بخطة سرية احتياطية [يلجأ إليها إذا أخفقت سائر الخطط] .

to play one's ~*s* well — يؤدي دوره أو مهمته ببراعة .

to put one's ~*s* on the table — يكشِفُ عن خططِهِ أو نيّاته .

car·da·mom [kär′də məm] *(n.)* (١) الهال ؛ الهيل (نب) (٢) حَبُّ الهال .

card·board *(n.; adj.)* (١) الكَرْتون : ورقٌ مُقَوًّى § (٢) كرتونيّ (٣) مُتخشِّب ؛ غير نابض بالحياة .

card catalog *(n.)* فهرس البطاقات [بأسماء الكتب في مكتبة عامّة] .

cardi- *or* **cardio-** بادئة معناها : القَلْب <*cardio*graph> .

car·di·ac [kär′-] *(adj.; n.)* (١) قَلبيّ : ذو علاقة بالقلب (٢) قُلابيّ : ذو علاقة بمرض القلب § (٣) علاج للقَلْب (٤) المقلوب : المُصاب بداءٍ في قلبه .

cardiac arrest *(n.)* السَّكتة القلبيّة (ط) .

car·di·al·gi·a [-ăl′jĭ ə] *(n.)* (١) heartburn (٢) ألمٌ في القلب .

car·di·gan [kär′dĭ gən] *(n.)* الكارديغانية : سترة صوفية ضيّقة .

car·di·nal [kär′də nəl] *(n.; adj.)* (١) كاردينال (كث) (٢) *pl.* عد : عدد أصليّ <~ numbers> (٣) الكاردينالي : معطف نسوي قصير ، ذو قَلَنْسُوَة (٤) الكردينال : طائر مغرِّد § (٥) رئيسيّ ؛ أساسيّ (٦) كارديناليّ : ذو علاقة بكاردينال .

cardinal *4.*

car·di·nal·ate [-nə lāt′] *(n.)* (١) الكاردينالية : منصب الكاردينال (٢) الكرادلة .

cardinal fish *(n.)* ديك البحر : سمك بحريّ صغير .

cardinal flower *(n.)* اللُّوبيْلية الأُرجوانية : نبات شمالأميركي .

cardinal point *(n.)* الجهة الأصلية [الشمال والجنوب والشرق والغرب] .

cardinal red *(n.)* الأحمر الكردينالي : لون أحمر داكنٌ أو قانٍ .

cardinal virtues *(n. pl.)* الفضائل الأصليّة : «أ» الحصافة والعدل والاعتدال [أو ضبط النفس] والجَلَد . «ب» الفضائل اللاهوتية الثلاث [الإيمان والأمل والإحسان] .

card·ing [kär′dĭng] *(n.)* تمشيطُ الصوف أو تسريحُهُ .

carding machine *(n.)* المِمْشَطة : أداة لتمشيط الصوف .

cardio- = cardi-.

car·di·o·gram *(n.)* مُخَطَّط القَلْب : الخطّ المنحني المصوَّر لنبضات القلب .

car·di·o·graph *(n.)* مِخْطاط القَلْب ؛ راسمة القَلب .

car·di·ol·o·gist *(n.)* القُلوبيّ ؛ طبيب القلب .

car·di·ol·o·gy [kär′dĭ ŏl′ə jĭ] *(n.)* القَلْبيّات ؛ طبّ القلب .

cardiopulmonary resuscitation *(n.)* الإنعاش القلبيّ الرّئويّ (ط) .

car·di·o·vas·cu·lar [-văs′kyə lər] *(adj.)* قلبيّ وعائيّ .

car·di·tis [kär dī′tĭs] *(n.)* التهاب القلب (ط) .

car·doon [kär do͞on′] *(n.)* الحَرْشف ؛ الحَرْشَف البريّ (نب) .

card·play·er *(n.)* لاعبُ الورق ؛ لاعبُ الشَّدّة .

card·sharp·er *(n.)* الغشّاش في لَعِب الورق .

care [kâr] *(n.; vi.; t.)* (١) «أ» همٌّ ؛ قَلَق . «ب» مَصْدر هَمّ أو قلَق (٢) حَذَر ؛ اهتمام ؛ عناية (٣) رعاية ؛ رقابة (٤) رغبة (٥) موضعُ عنايةٍ أو اهتمام § (٦) «أ» يهتمّ ؛ يبالي . «ب» يَقْلق (٧) يُعْنَى بـِ ؛ يهتمّ بـِ **x** (٨) يريد ؛ يرغب في .

~ of (c/o) — بواسطة ؛ ومن فضلِهِ إلى . . .

to ~ less — لا يُبالي .

ca·reen [kə rēn′] *(n.; vt.; i.)* (١) إمالة المَرْكب (٢) مَيَلان § (٣) «أ» يُميل المركبَ . «ب» ينظِّف أو يُصلح مَرْكبًا [بعد إمالتِهِ إلى جانب] **x** (٤) يَميل [المركبُ إلخ] إلى جانب .

ca·reer [kə rēr′] *(n.; vi.; adj.)* (١) مَسار ؛ مَجْرًى (٢) سرعة <in full ~> (٣) السِّيرة : مجرى حياة المرء وبخاصة في حقل معيَّن من حقول النشاط (٤) «أ» مهنة . «ب» نجاح [في مهنة] § (٥) ينطلق أو يعدو بسرعة § (٦) محترِف <a ~ diplomat> .

care·free [kâr′frē′] *(adj.)* سعيد ؛ خليّ ؛ خِلْوٌ من الهمّ .

care·ful [kâr′fəl] *(adj.)* (١) حَذِر ؛ محترِس (٢) يَقِظ ؛ واعٍ (٣) مُقْتَصِد (٤) دقيق : مُعَدّ بدقّة أو حَذَر .

— care·ful·ness *(n.)*

care·less [kâr′-] *(adj.)* (١) «أ» خِلْوٌ من الهموم <~ days> . «ب» لامبالٍ <~ of his health> (٢) مُهْمِل <~ of the consequences> (٣) «أ» غير مُتْقَن <~ work> . «ب» طائش ؛ غير مدروس <a ~ remark> .

care·less·ly [-lĭ] *(adv.)* بلا مبالاة ؛ بإهمال ؛ بغير إتقان ؛ بطَيْش .

ca·ress [kə rĕs′] *(n.; vt.)* (١) ملاطفة ، مثل : «أ» تَرْبيت . «ب» عناق . «ج» قبلة § (٢) يلاطِف : «أ» يربّت بلطف . «ب» يعانق . «ج» يقبّل .

ca·ress·ing [kə rĕs′ĭng] *(adj.)* مُلاطِف .

care·tak·er [kâr′-] *(n.)* (١) ناظر أو وكيل [يتولى الإشراف على بيتٍ أو أرضٍ في غياب المالك] (٢) المتولّي منصبًا بالوكالة (٣) وليّ الأمر .

care·taker government *(n.)* حكومة مؤقتة ؛ حكومة انتقالية .

care·worn [kâr′wōrn′] *(adj.)* مهموم ؛ مُضْنًى بالهموم .

car·fare [kär′fâr′] *(n.)* رسم الركوب [في ترام أو أوتوبوس إلخ] .

car·go [kär′gō] *(n.)* الحُمُولة : ما تحمله السفينة أو الطائرة إلخ من بضائع .

car·hop [kär′hŏp′] *(n.)* النادل أو النادلة [في مطعم يقدِّم الطعام إلى روّاده وهم ملازمون سياراتهم] .

Car·ib [kăr′ĭb] *(n.)* (١) الكاريبيّ : واحد من أبناء شعب هندي أحمر من

شعوب أميركا الجنوبية إلخ (٢) اللغة الكاريبيّة: لغة الكاريبيين.

Ca·rib·be·an [kăr'ə bē'ən] *(adj.; n.)* (١) كاريبيّ § (٢) Carib *1*.

ca·ri·be [kə rē'bē] *(n.)* الضّاري: سمك جنوبأميركي صغير ضارٍ.

caribou

car·i·bou [kăr'ə bōō'] *(n.)* الكَرِيب: أيّل شمالأميركيّ.

car·i·ca·ture [kăr'ĭ kə chŏŏr'] *(n.; vt.)* (١) فنّ الكاريكاتور: طريقة في الرسم تبالغ، على نحوٍ ساخر، في إظهار خصائص شخص، أو شيء، أو نقائصه (٢) رسم كاريكاتوريّ (٣) تشويه مغالًى فيه § (٤) يرسم كاريكاتوريًا.

car·i·ca·tur·ist [-ĭst] *(n.)* الرسّام الكاريكاتوريّ.

car·ies [kâr'ēz] *(n.)* النَّخَر: تَسَوُّس الأسنان أو العظام (ط).

car·il·lon [kăr'ə lŏn'] *(n.)* (١) المُصَلْصِلة: مجموعة أجراس تُقْرَع بمطارقَ يُتَحكَّم بها بواسطة لوحة مفاتيح (٢) المُصَلْصَل: لحنٌ موضوع لمُصَلصِلة.

car·il·lon·neur [-lə nûr'] *(n.)* المُصَلْصِليّ: العازف على مُصَلصِلة.

ca·ri·na [kə rī'nə] *(n.)* pl. **-s** *or* **-e** (١) الجُؤجُؤ: نتوء حَيْديّ عظميّ على طول القصّ (أح) (٢) الضِّلْع: نتوء حَيْديّ (نب) (٣) *cap.*: الجُؤجؤ: كوكبة في نصف الكرة السماويّة الجنوبيّ.

carina 2.

Car·i·na·tae [-nā'tē] *(n. pl.)* الجُؤجُئيّات: طيور تتميز بوجود حَيْدٍ طولي على عظم القصّ (أح).

car·i·nate [kăr'ə nāt'] *(adj.)* (١) جُؤجُئيّ (أح) (٢) ضِلعيّ (نب).

ca·ri·o·ca [kăr'ĭ ō'kə] *(n.)* الكَرْيوكا: رقصة تشبه السّامبا.

car·i·ole *also* **car·ri·ole** [kăr'ĭ ōl'] *(n.)* الكَرْيولة: «أ» مَرْكبة صغيرة خفيفة بجواد واحد. «ب» مِزلجة يجرُّها كلب.

car·i·ous [kâr'ĭ əs] *(adj.)* نَخِر؛ مُتَسَوِّس <teeth ~>.

car·jack·ing *(n.)* اختطاف السيّارات.

cark [kärk] *(vt.; i.; n.)* (١) يُقلِق x (٢) يَقْلَق § (٣) قَلَق.

cark·ing [kär'kĭng] *(adj.)* (١) مُقْلِقٌ (٢) قَلِق؛ مضطرب البال.

car·line *or* **car·lin** [kär'lĭn] *(n.)* امرأة. وبخاصّة: عجوز (إسك).

car·ling [kär'lĭng] *(n.)* عارضة طولانيّة [في مركب].

car·load *(n.)* حُمولة الشاحنة: مقدار ما تستطيع الشاحنة حملَهُ.

car·ma·gnole [kär'mən yōl'] *(n.)* الكارْمَنْيول: رقصة أو أغنية شعبية اشتهرت في أثناء الثورة الفرنسية.

car·mak·er [kär'mā'kər] *(n.)* صانع السيارات.

car·man *(n.)* سائق العربة أو الترام أو الأوتوبوس إلخ.

Car·mel·ite [kär'mə līt'] *(n.; adj.)* (١) راهب كَرْمِلي § (٢) كَرْمليّ.

car·min·a·tive [kär mĭn'ə tĭv] *(adj.; n.)* (١) طاردٌ للريح [من المعدة أو الأمعاء] § (٢) دواء طاردٌ للريح.

car·mine [kär'mĭn] *(n.; adj.)* (١) اللون القِرمزيّ (٢) صِبغٌ قِرمزيّ § (٣) قِرْمزيّ.

car·min·ic [kär mĭn'ĭk] *(adj.)* قِرمِزيّ.

car·nage [kär'nĭj] *(n.)* (١) أشلاء (٢) مَذبحة؛ مَجْزَرة.

car·nal [-'nəl] *(adj.)* (١) جَسَديّ؛ غير روحيّ (٢) شهوانيّ (٣) دُنيويّ؛ زمنيّ.

car·nal·ist [kär'nəl ĭst] *(n.)* الشّهوانيّ: شخص شهوانيّ.

car·nal·i·ty *(n.)* (١) «أ» الجَسَديّة. «ب» الغُلْمة؛ الشهوانيّة (٢) الجِماع: الاتصال الجنسيّ.

car·nas·si·al [kär năs'ĭ əl] *(adj.; n.)* (١) لاحمة؛ قاطعة: مُعَدّة لقَطْع اللحم <~ teeth> § (٢) السنّ اللاحمة أو القاطعة.

car·na·tion [kär nā'-] *(n.)* (١) «أ» لون البَشَرة. «ب» اللّون القَرَنفُليّ: اللون الأحمر الفاتح (٢) قَرَنْفُل (نب).

car·nau·ba [kär nou'bə] *(n.)* الكَرْنوبة: نخلٌ استوائيّ.

car·nel·ian [kär nēl'yən] *(n.)* العقيق اللَّحميّ: حجرٌ شبهُ كريم.

car·ni·fex *(n.)* الجلّاد: منفِّذ الإعدام شنقًا [في روما القديمة].

car·ni·val [kär'nə vəl] *(n.)* (١) عيد المَرْفع (نص) (٢) الكَرْنَفال: «أ» مَرَحٌ صاخب. «ب» مدينة ملاهٍ متنقِّلة (٣) برنامج ترفيه؛ مِهْرَجان.

Car·niv·o·ra [kär nĭv'ə rə] *(n. pl.)* اللّواحم؛ آكلات اللُّحوم (ح).

car·ni·vore [kär'nə vōr] *(n.)* (١) اللاحم: حيوان من اللواحم (٢) النبات اللاحم: نبات يتغذّى بالحشرات.

car·niv·o·rous [-nĭv'ə-] *(adj.)* (١) لاحمٌ: «أ» آكلٌ للَّحم. «ب» مقتات بالحشرات <a ~ plant> (٢) لواحميّ: متعلّق باللواحم (٣) مفترس.

car·no·tite [kär'nə tīt'] *(n.)* الكارنوتيت: معدن إشعاعيّ النشاط.

car·ny *or* **car·ney** *or* **car·nie** [kär'nē] *(n.)* (١) مدينةُ ملاهٍ متنقلةٌ (٢) المشتغل في مدينة ملاهٍ متنقّلة.

car·ob [kăr'əb] *(n.)* شجر الخَرّوب أو ثمره.

ca·roche [kə rōch'] *(n.)* الكَرُوسة: مَرْكبة فخمة تجرّها الجياد.

car·ol [kăr'əl] *(n.; vi.; t.)* (١) أغنية مَرِحة (٢) ترنيمة <Christmas ~s> § (٣) «أ» يُغَنّي [بمَرَح]. «ب» يُغرِّد (٤) يترنَّم: ينشد الترانيم x (٥) يتغنَّى بِـ.

Car·o·le·an [kăr'ə lē'ən] *(adj.)* شارليّ: منسوب إلى شارل الأول أو شارل الثاني مَلِكَيْ إنكلترا <a ~ costume>.

car·ol·er [kăr'əl ər] *(n.)* مُنشد ترانيم عيد الميلاد.

Car·o·lin·i·an [kăr'ə lĭn'ĭ ən] *(adj.; n.)* (١) كارولينيّ: منسوب إلى كارولينا الشمالية أو إلى كارولينا الجنوبية بالولايات المتحدة الأميركية § (٢) الكارولينيّ: أحد أبناء كارولينا الشمالية أو كارولينا الجنوبية.

car·om [kăr'əm] *(n.)* (١) الكَرُومة: ضربة في لعبة البليارد تصيب فيها الكرةُ كُرتَين على التعاقب (٢) ارتداد [بعد اصطدام بشيء].

car·o·tene [kăr'ə tēn'] *(n.)* الكاروتين؛ الجَزَرين (كح).

ca·rot·e·noid [kə rŏt'ə noid'] *(n.; adj.)* (١) الصِّبغ الجَزَرانيّ: أصباغ بيولوجية في الدُّهن الحيواني وبعض النباتات (كح) § (٢) جَزَرانيّ: شبيهٌ بالكاروتين أو الجَزَرين (كح).

ca·rot·id [kə rŏt'ĭd] *(n.; adj.)* (١) الشِّريان السُّباتيّ § (٢) سُباتيّ (ت).

ca·rous·al [kə rou'zəl] *(n.)* المَقْصَفة: احتفال صاخبٌ مخمور.

ca·rouse [kə rouz'] *(n.; vi.)* (١) المَقْصَفة: احتفال صاخبٌ مخمور § (٢) يَقْصِف: «أ» يُسْرِف في شرب الخمر. «ب» يشترك في احتفالٍ صاخبٍ

— **ca·rous·er** *(n.)* مخمور .

car·ou·sel [kăr′ə zĕl′; -sĕl′] *(n.)* (١) الكاروسيل : عرضٌ يقوم فيه الفرسان بحركات خاصّة (٢) merry–go–round *1* .

carp [1] [kärp] *(vi.; n.)* (١) يعيب؛ ينتقد § (٢) انتقاد؛ شكوى .

carp [2] *(n.)* الشَّبُّوط : سمك نهريّ .

carp[2]

-carp لاحقة معناها : ثمرة؛ ثمر <endo*carp*> .

car·pac·cio [-pät′chô] *(n.)* الكَرْباتْشو : شرائح لحم بَقَريّ .

car·pal [kär′pəl] *(adj.)* (١) رُسْغيّ § (٢) عظم رُسْغيّ (ت) .

car·pa·le [kär pā′lĭ] *(n.)* pl. **-li·a** = carpal.

car·pe di·em [kär′ pĭ dē′əm] *(n.)* الاستمتاع بالحاضر؛ اغتنام اللذّات .

car·pel [kär′-] *(n.)* الكَرْبَلة؛ الخِباء : عضوُ التأنيثِ في الزهرة .

car·pel·late [kär′pə lāt′] *(adj.)* مُكَرْبَل : ذو كرابل أو أَخْبِية (نب) .

car·pen·ter [kär′-] *(n.; vi.; t.)* (١) النَّجّار § (٢) يشتغل نجّارًا **x** (٣) يَنْجُر : يَصْنَعُ بالنِّجارة .

car·pen·try *(n.)* النِّجارة : حرفة النجّار .

car·pet [kär′pĭt] *(n.; vt.)* (١) سَجّادة § (٢) يكسو بالسجّاد (٣) يوبِّخ .

on the ~, (١) على بساط البحث (٢) قَيْد التوبيخ .

car·pet·bag *(n.; adj.; vi.)* (١) خُرْج § (٢) أخراجيّ : ذو علاقة بذوي الأخراج أو مميَّزٌ لهم § (٣) يرتحل بأمتعة قليلة .

car·pet·bag·ger *(n.)* (١) ذو الخُرْج : أحد أبناء الشمال الأميركي الذين شخصوا إلى الولايات الجنوبية، وليس معهم غير ما حملوه في أخراجهم، التماسًا للربح الشخصيّ عقب الحرب الأهلية الأميركية (٢) الطارئ. وبخاصة : شخص غريب يتدخَّل في السياسة .

carpet beater *(n.)* مِقْرَعة السَّجّاد : مِطرقة السَّجّاد .

carpet beetle *(n.)* خُنْفَساء السَّجّاد (حش) .

car·pet·ing *(n.)* (١) السَّجاجيدية : موادّ صنع السَّجّاد (٢) سَجّاد .

carpet knight *(n.)* فارس الصالونات : فارسٌ منغمس في البطالة والترف .

car·pi [kär′pī] *pl.* of carpus.

carp·ing [kär′pĭng] *(adj.)* عَيّاب؛ مُولَعٌ بالانتقاد .

car·pol·o·gy [kär pŏl′ə jĭ] *(n.)* الثَّمَريّات؛ مَبْحَث الثّمار .

car·poph·a·gous [-pŏf′ə gəs] *(adj.)* مُقْتاتٌ بالثمار .

car·po·phore [-fōr′] *(n.)* (١) حاملُ الثِّمار (نب) (٢) حامل الأخبية (نب) .

car·port [kär′pôrt] *(n.)* سَقِيفة السيارة : سقيفةٌ بلا جدران، ناتئة من جانب المبنى، تُظَلَّل بها السيّارة .

car·pus [kär′-] *(n.)* pl. **-pi** (١) رُسْغ (٢) عظام الرُّسغ (ت) .

car·rack [kăr′ək] *(n.)* القُرْقُور : سفينة شراعية ضخمة .

car·ra·geen *also* **car·ra·gheen** [-gēn′] *(n.)* الكَرّاجين : طُحلب بحريّ .

car·re·four [kăr′ə fōōr′] *(n.)* (١) مَفرِق طُرُق (٢) ساحة؛ مَيْدان .

car·rel [kăr′əl] *(n.)* مقصورة [بين رفوف الكتب في مكتبة عامّة] .

car·riage [kăr′ĭj] *(n.)* (١) حَمْلٌ؛ نَقْلٌ (٢) المِشية؛ الوِقفة؛ الجِلسة (٣) أجرة النَّقل أو نفقاته (٤) حِمْل (ا . م) (٥) «أ» مَرْكبة . «ب» حافلة [في قطار للرّكاب] (٦) الحاضن : «أ» مِحْمَل المِدفع أو عَرَبتُه . «ب» جزء متحرِّك من آلةٍ ما، يحمل جزءًا آخر متحرِّكًا .

carriage folk *(n.)* ذوو المَرْكبات : جماعة الأثرياء القادرين على اقتناء مركبات خصوصية .

carriage forward *(adv.)* أجرة النقل على المشتري .

carriage free *(adj.)* خالص أجرة النقل؛ مدفوعةٌ أجرةُ نقله من قِبل البائع .

car·riage·way [kăr′ĭj wā′] *(n.)* طريق المَرْكبات .

car·rick bend [kăr′ĭk] *(n.)* عقدة لربط حَبْلَيْن (مل) .

car·ri·er [kăr′ĭ ər] *(n.)* (١) «أ» الناقل؛ الرسول . «ب» الحمّال (٢) «أ» ملتزم النقل . «ب» شركة النَّقل . «ج» ساعي البريد . «د» موزع الصحف [على المشتركين] (٣) حامل الشِّحنة (فز) (٤) الحامل : وعاء للحمل يُثَبَّت على سيارة أو دراجة (٥) الحاملة؛ الناقلة (مك) (٦) حاملة الطائرات (٧) حامل المرض (٨) الناقلة : مادة حفّازة يُنْقَل بواسطتها عنصرٌ ما من مركَّب إلى آخر (ك) (٩) الحاملة؛ التيّار الحامل (كب) .

carrier pigeon *(n.)* حَمامُ الزّاجل .

car·ri·ole [kăr′ĭ ōl′] *(n.)* = cariole.

car·ri·on [kăr′ĭ ən] *(n.; adj.)* (١) «أ» جيفة . «ب» لحم فاسد (٢) فساد؛ قَذارة § (٣) جِيفيّ (٤) مُقتات بالجِيَف (٥) فاسد؛ قَذِر .

carrion crow *(n.)* الزّاغ أو الغُراب الجِيَفيّ (طا) .

car·ron·ade [kăr′ə nād′] *(n.)* الكاروني : مِدفعٌ قصير قديم .

car·rot [kăr′ət] *(n.)* (١) «أ» جَزَر . «ب» جَزْرة (٢) مكافأة أو فائدة موعودة [وهميّة عادةً] .

the stick and the ~, الترغيب والترهيب؛ الوعيد والرشوة .

car·rot·y [kăr′ət ĭ] *(adj.)* (١) جَزَريّ اللون (٢) أحمر الشَّعر .

car·rou·sel [kăr′ə zĕl′; -sĕl′] *(n.)* = carousel.

car·ry [kăr′ĭ] *(vt.; i.; n.)* (١) يَحْمِل؛ يَنْقُل (٢) يرافق؛ يقود (٣) يَدْفع؛ يَسُوق (٤) يستحوذ على المشاعر <He *carried* his audience with him.> (٥) يستولي على <They *carried* the enemy's fort.> (٦) يُرَحِّل [الحسابات] (٧) تَحْمِل؛ تَحْبَل (٨) يتّسم بـِ (٩) ينطوي على (١٠) يقف أو يمشي [بطريقة معيّنة] (١١) يَحْمل أو يتحمَّل ثِقَلَ كذا (١٢) ينهض بالعبء الأعظم (١٣) يغنّي (١٤) يَدْعم؛ يُعزِّز (١٥) يُقيت؛ يزوِّد بالطعام (١٦) يتّسع لِـ (١٧) يَعْرِض للبيع (١٨) يَمُدّ (١٩) «أ» يكسب لمرشّحِهِ النصر . «ب» ينجح في حَمْل المجلس على تبنّي مشروعٍ ما (٢٠) يفوز في <to ~ an election> (٢١) يَنْشُر <Many newspapers ~ weather reports.> **x** (٢٢) يَبْلُغ مداه <His rifle *carries* almost a mile.> (٢٣) يُبْقي [الجوادُ] رأسَهُ مرتفعًا (٢٤) يتعقّب [الكلبُ] أثرَ الطريدة § (٢٥) حَمْل؛ نَقْل (٢٦) المَدَى؛ مجال الرَّمي .

ă at; ā date; â care; ä car; ĕ egg; ē me; ĭ in; ī bite; ŏ lot; ō bone; ô orphan; **oi** boil; ŏŏ good; ōō boot; **ou** out; ŭ under; û urgent; ə = *a* in alone, *e* in system, *i* in easily, *o* in gallop, *u* in circus.

to~all (*or* everything *or* the world) before one يتغلّب على جميع العقبات ؛ يُحرز انتصارًا كاملًا .

to~arms يحمل السّلاح ؛ يَخْدم في الجندية .

to~a tune يجيد الغناء ؛ يغنّي على نحو سليم .

to~away (١) يُبْعِد (٢) تجرفهُ [العاطفةُ أو الحماسة] .

to~back يعود به [بالفكر أو بالذاكرة] إلى . . .

to~forward (١) يُرَحِّل : يَنْقل مجموعَ الأرقام إلى عمود تالٍ أو صفحة تالية (٢) يَسير قُدُمًا في .

to~into effect (*or* practice *or* execution) يُنَفِّذ .

to~off (١) يَنْقل بالقوة (٢) يفوز بِـ (٣) يواجه النتائج بجسارة (٤) يُنجز بسهولة ونجاح (٥) يَقْتل ؛ يقضي على .

to~on (١) يواصل . وبخاصة رغم العقبات (٢) يُدير ؛ يُدَبِّر (٣) يتصرّف بحماقة أو اهتياج .

to~on a business يشتغل في صناعة ما .

to~on with (١) يغازل (٢) يتدبَّر أمرَهُ مؤقَّتًا .

to~one's point ينتزع موافقة الآخرين على وجهة نظره .

to~out (١) يُنفِّذ [خطةً أو تهديدًا إلخ] (٢) يُتمّ ؛ يُنجز .

to~over (١) يُرجئ ؛ يؤجِّل (٢) يحتفظ بالبضائع [إلى موسم آخر] (٣) يُرَحِّل [الحسابات] .

to~the day (١) يفوز ؛ يسود (٢) يُكسِبُهُ النَّصرَ .

to~through (١) يُنجز ؛ يحقّق (٢) يفي بوعده (٣) يُسْعِف ؛ يُنْجِد .

to~weight يكون ذا تأثير أو قوة على الإقناع .

car·ry·all [kăr′ĭ ôl′] *(n.)* (١) الكَرْيولة : «أ» عربة خفيفة مقفلة لأربعة أشخاص أو أكثر . «ب» سيارة مقفلة ذات مقعدين طُوْلِيَّيْن متقابلين (٢) كيسٌ أو صندوق كبير .

car·ry·ing–on *(n.)* تصرُّفٌ أحمق ؛ سلوك صبيانيّ .

car·ry·o·ver *(n.)* (١) إرجاء ؛ تأجيل (٢) احتفاظ بالبضائع [إلى موسم آخر] (٣) «أ» ترحيل [الحسابات] . «ب» المجموع المُرَحَّل (تج) .

car·sick [kär′sĭk′] *(adj.)* مُصابٌ بدُوار السّيارات أو الحافلات .

car·sick·ness *(n.)* دُوار السيارات ؛ دُوار الحافلات .

cart [kärt] *(n.; vt.; i.)* (١) الكارّة : «أ» عربة بدولابين لنقل الأثقال يجرّها حصان . «ب» عربة خفيفة ذات دولابين يجرّها حصان أو كلب . «ج» عربة صغيرة تجرّ باليد § (٢) ينقل في كارّة **x** (٣) يَسُوق كارّةً أو نحوَها .

to put the ~ before the horse يضع العربة قبل الحصان ؛ يضع الأشياء في غير موضعها الصحيح .

cart·age [kär′tĭj] *(n.)* (١) النَّقل بكارّة (٢) أجرة النقل بكارّة .

carte [kärt] *(n.)* (١) خريطة (٢) ورقة [من أوراق الشدّة] (٣) لائحة الطعام [في مطعم] .

carte blanche [blänsh′] *(n.)* تفويض مُطْلَق ؛ سلطة تامّة .

car·tel [kär tĕl′; kär′təl] *(n.)* (١) تَحَدٍّ كتابيّ [طلبًا للمبارزة] (٢) الكارتل : «أ» اتفاقٌ مكتوب بين دولتين متحاربتين ، وبخاصة لتبادل الأسرى . «ب» اتّحاد بين المنتجين للتخفيف من وطأة التنافس في ما بينهم . «ج» اتحاد بين الجماعات السياسية من أجل عمل مشترك .

car·ter [kär′tər] *(n.)* سائق الكارّة : سائق عربة للنقل .

Car·te·sian [kär tē′zhən] *(adj.; n.)* (١) ديكارتيّ : منسوب إلى ديكارت § (٢) الديكارتيّ : المؤمن بفلسفة ديكارت .

Cartesian coordinates *(n. pl.)* الإحداثيّات الديكارتية (ر) .

Car·tha·gin·i·an [kär′thə jĭn′-] *(adj.; n.)* (١) قَرْطاجيّ § (٢) القَرْطاجيّ : أحد أبناء قَرْطاجة (٣) اللغة القَرْطاجيّة .

car·ti·lage [kär′tə lĭj] *(n.)* (١) غُضْروف (٢) جزء غُضروفيّ .

car·ti·lag·i·nous [-lăj′ə-] *(adj.)* غُضروفيّ : «أ» متعلّق بالغُضروف . «ب» ذو هيكل غُضروفيّ في المقام الأول [كبعض الأسماك] .

cart·load [kärt′lōd′] *(n.)* حِملُ كارّة : مقدار ما تستطيع عربةُ نقلٍ حَمْلَه .

car·to·gram [kär′tə-] *(n.)* الخريطة البيانية : خريطة تستخدم الظلال والمنحنيات لكي تُظهر ، جغرافيًا ، إحصاءات مختلفة .

car·tog·ra·pher [kär tŏg′-] *(n.)* الخرائطيّ : رسّام الخرائط .

car·tog·ra·phy [kär tŏg′-] *(n.)* الخرائطية : علم رسم الخرائط .

car·ton [kär′tən] *(n.)* علبة كرتون ؛ صندوق كَرْتونيّ .

car·toon [kär to͞on′] *(n.; vt.; i.)* (١) رسمٌ تمهيديّ [لصورةٍ أو لوحة] (٢) صورة كاريكاتورية ؛ رسم كاريكاتوري (٣) comic strip (٤) animated cartoon § (٥) يَرْسُم تمهيديًا أو كاريكاتوريًّا .

car·toon·ist [kär to͞on′ĭst] *(n.)* الرسّام الكاريكاتوريّ .

car·touche *also* **car·touch** [kär to͞osh′] *(n.)* (١) خَرْطوشة ؛ فَشَكة (٢) إطارٌ مُزَخْرَف أو زِينيّ (٣) الخَرْطوشة : شكلٌ مستطيلٌ أو بيضويّ ، وبخاصةٍ على أثرٍ فرعوني ، يشتمل على اسم ملك .

car·tridge [kär′trĭj] *(n.)* (١) خَرْطوشة (٢) اللفيفة : فيلم ملفوف .

cartridge belt *(n.)* حِزام الخَرْطوش ؛ مِنْطقة الخَرْطوش .

cartridge clip *(n.)* المُشْط ؛ مخزن الخرطوش .

car·tu·lar·y [kär′cho͞o lĕr′ĭ] *(n.)* (١) سِجلّات [ديرٍ أو كنيسةٍ أو عِزْبة] (٢) أمين هذه السجلّات .

cart·wheel *(n.)* (١) دولاب عربة نقل (٢) قطعة نقدية كبيرة .

cart·wright [-′rīt′] *(n.)* صانع الكارّات أو عربات النقل .

car·un·cle [kăr′-] *(n.)* اللُّحَيْمة : «أ» نامية لحميّة صغيرة (ت) . «ب» عُرْف الديك . «ج» زائدة عند سُرّة بذرة النبات . — **ca·run·cu·lar** *(adj.)*

ca·run·cu·late [kə rŭng′kyə lĭt] *(adj.)* ذو لُحَيْمة .

carve [kärv] *(vt.; i.)* (١) يَنْحَت (٢) يَنْقُش (٣) يَشُقّ (٤) يُقَطِّع إلى شرائح (٥) ينال أو يكسِب بالكَدْح **x** (٦) يشتغل نحّاتًا .

carved [kärvd] *(adj.)* منحوت ؛ منقوش .

car·vel [kär′vəl] *(n.)* = caravel.

carv·en [kär′vən] *(adj.)* = carved.

car·ver *(n.)* (١) النّحات ؛ النقّاش (٢) مُقطِّع اللحم إلى شرائح (٣) المقطِّعة : سكّين كبيرة لتقطيع اللحم إلى شرائح .

carv·ing *(n.)* (١) نَحت ؛ نَقْشٌ (٢) شيء منقوش .

car wash *(n.)* مَغْسَل السيارات .

cary- *or* **caryo-** بادئة معناها : نواة الخليّة .

caryatids

car·y·at·id [kăr′ĭ ăt′ĭd] *(n.)* pl. **-s** *or* **-es** الكَرْتيد : تمثال

امرأة يقوم مقام عمود في مبنًى (عم).

car·y·op·sis [kăr′ĭ ŏp′sĭs] *(n.)* pl. **-op·ses** *also* **-op·si·des** البُرَّة: ثمرة جافّة ذات بزرة وحيدة [كحبّة الحنطة].

ca·sa [kä′sä] *(n.)* بيت؛ منزل.

ca·sa·ba [kə sä′bə] *(n.)* القَصَبيّ: بطيخ أصفر شتويّ.

Cas·bah [käz′-] *(n.)* القَصَبة: «أ» قلعة. «ب» الحيّ الوطنيّ بمدينة شمالإفريقيّة.

cas·cade [kăs kād′] *(n.; vi.; t.)* (١) الشّلشال: شلال صغير [يؤلّف حَلْقةً من سلسلة شلالات مماثلة] (٢) دَفْق: شيء مندفع أو ساقطٌ بغزارة § (٣) يتشلْشل: يَسْقط كالشّلشال **x** (٤) يُشَلشِل: يجعله يَسْقط كالشّلشال.

cas·car·a [kăs kâr′ə] *(n.)* النَّبَق المُسْهِل (نب).

cascara buckthorn *(n.)* = cascara.

cas·ca·ril·la [kăs′kə rĭl′ə] *(n.)* قِشرُ عَنْبَر؛ كينا عطريّة.

case[1] [kās] *(n.)* (١) حادثة (٢) حالة؛ وضع (٣) الحالة [في النحو] (٤) الواقع؛ الحقيقة الواقعة <That is not the ~.> (٥) مسألة <a ~ of conscience> (٦) «أ» دعوى؛ قضية. «ب» حجّة. وبخاصة: حجّة مُقنعة (٧) «أ» إصابة مرضيّة. «ب» مريض. «ج» مَثَلٌ. «د» حالة تستحقّ الدّرس: شخص غريب الأطوار <He's a ~.>.

in any ~,	على أية حال؛ مهما يكن أو يَحْدُث.
in ~ of	في حال...؛ إذا ما.
in no ~,	بأية حال؛ ألبتة؛ على الإطلاق.
in this (*or* that) ~,	في هذه الحال؛ إذا حَدَث ذلك.
to make out a ~ (for)	يورد الحجَجَ تأييدًا لِـ...
to state one's ~,	يُورِد الوقائع والحجج المؤيدة لرأيه.

case[2] *(n.; vt.)* (١) صُندوق؛ عُلبة (٢) حقيبة (٣) مجموعة؛ زوج <a ~ of pistols> (٤) غِمد؛ غلاف خارجيّ <a knife ~> (٥) صندوق الأحرف (طع) (٦) الإطار: صندوق النافذة أو الباب (٧) دولار § (٨) يُصَنْدِق: يضع في صندوق (٩) يغطّي (١٠) يراقب؛ يتفحّص بقصد السَّرقة.

ca·se·ate [kā′sĭ āt′] *(vi.)* يتجبَّن: يُصبح جُبْنيَّ القَوام.

ca·se·a·tion [kā′sĭ ā′-] *(n.)* التَّجبُّن: تحوُّل الأنسجة إلى كتلةٍ متعجّنة (مض).

case·book *(n.)* (١) سجلّ الحالات أو القضايا: سجلّ مشتمل على معلومات تفصيلية عن بعض القضايا الواقعية والقضائية والاقتصادية إلخ (٢) سِجلّ وثائق أو مراجع.

case ending *(n.)* خِتام الحالة؛ حركة الإعراب (ل).

case harden *(vt.)* (١) يُصَلِّد غلافيًّا: يقسّي الحديد أو الفولاذ بحيث يُصبح سطحه أصْلَدَ من داخلِهِ (٢) يُقسّي الرّوح.

case history *(n.)* السِّيرة؛ الذَّكائر: مجموعة من الوقائع عن أُسرة المرء أو تاريخه الشخصيّ أو بيئتِهِ تُعدّ للإفادة منها في دراسة صحته الجسمانية والنفسانية إلخ.

ca·sein [kā′sēn; -sē ĭn] *(n.)* الجُبنين؛ الكازين (كح).

case knife *(n.)* (١) سِكّين ذات غِمد (٢) سِكّين مائدة.

case law *(n.)* نظام السوابق: القانون المستمدّ من السّوابق.

case·mate [kās′māt′] *(n.)* المَعْصِم؛ المَنَعَة: «أ» حجرة صامدة للقنابل ذات فتحات تطلق منها نيران المدافع. «ب» حظيرة مدرّعة لوقاية المدافع على متن سفينةِ قتال.

case·ment [kās′-] *(n.)* (١) النافذة البابيّة: نافذة تنفتح كما ينفتح الباب [لا صعودًا أو نزولًا] (٢) نافذة (٣) إطار؛ غطاء.

casement *1.*

ca·se·ous [kā′sĭ əs] *(adj.)* (١) متجبّن (٢) جُبنِيّ: شبيه بالجُبْنة.

case record *(n.)* = case history.

ca·sern *or* **ca·serne** [kə zûrn′] *(n.)* ثُكنة (جن).

case shot *(n.)* = canister *2.*

case system *(n.)* التعليم بالقضايا: طريقة في تعليم الحقوق تُتخذ فيها القضايا البارزة أساسًا للدراسة (ق).

case·work *(n.)* تَقَصّي السِّيرة: دراسة لتاريخ وبيئة الفرد غير السويّ أو لأسرته يُستفاد منها في تشخيص الداء.

cash[1] [kăsh] *(n.; vt.; i.)* (١) نَقد (٢) مالٌ يُدفع نقدًا أي عند الشّراء مباشرةً § (٣) يَصْرِف: يدفع أو يقبض مبلغًا نقديًا مقابل ورقة ماليّة <to ~ a check> **x** (٤) يموت (تتبعها *in*).

~ and carry	إدفع وانقل.
~ down	الدَّفع فورًا؛ الدَّفع قبل الاستلام.
~ on delivery	الدَّفع عند الاستلام.
in ~,	ذو مالٍ.
out of ~,	مُفتَقِرٌ إلى المال.
to ~ in on	(١) يستغلّ؛ يُفيد من (٢) يحقّق رِبحًا عاجلًا.

cash[2] *(n.)* الكاش: عملة صغيرة في الصين وجنوب الهند.

cash·book *(n.)* دفتر الصُّندوق (تج).

cash dividend *(n.)* حصة الأرباح النقدية (اد).

ca·shew [kăsh′o͞o] *(n.)* الكاجو؛ البَلاذُر الأميركي (نب).

ca·shier[1] [kă shēr′] *(vt.)* (١) يَصْرِف من الخدمة (٢) يَنْبُذ؛ يَطْرَح.

cash·ier[2] *(n.)* أمين الصندوق.

cashier's check *(n.)* شيك أمين الصندوق: شيك يحرّره البنك على نفسه ويوقّعُهُ أمين صندوقِهِ.

cash·mere [kăsh′mēr] *(n.)* (١) الكَشْمير: «أ» صوف معِز أو خراف ناعم. «ب» نسيج صوفيّ رقيق (٢) شالٌ من كشمير.

cash register *(n.)* مُسَجِّلة النَّقد: ماكينة تسجِّل المدفوعات النقدية.

cash register

cas·ing [kā′sĭng] *(n.)* (١) تغليف (٢) غلاف؛ غطاء (٣) إطار [نافذةٍ أو باب] (٤) الغلاف الخارجيّ [لدولاب السّيارة] (٥) أمعاء الخروف أو البقرة

ă at; ā date; â care; ä car; ĕ egg; ē me; ĭ in; ī bite; ŏ lot; ō bone; ô orphan; oi boil; o͝o good; o͞o boot; ou out; ŭ under; û urgent; ə = *a* in alone, *e* in system, *i* in easily, *o* in gallop, *u* in circus.

[بعد تنظيفها].

ca·si·no [kə sē′nō] *(n.)* (١) الكازينو : نادٍ للقمار بخاصةٍ (٢) الكاسّينو : ضربٌ من لعب الورق.

cask [kăsk; käsk] *(n.)* الكَسْك : برميل خشبيّ للسوائل.

cas·ket [kăs′kət] *(n.; vt.)* (١) عُلَيْبة مجوهرات (٢) تابوت. وبخاصة : تابوت نفيس § (٣) يضع في عُلَيْبةٍ أو تابوت.

casque [kăsk] *(n.)* (١) خُوذة (٢) نامية على الرأس شبيهة بالخوذة (ح).

cas·sa·ba [kə sä′bə] *(n.)* = casaba.

cas·sa·tion [kă sā′-] *(n.)* إلغاء؛ إبطال؛ نَقْض.

cas·sa·va [kə sä′və] *(n.)* المَنِيْهُوت : نبات يُستخرج منه نشاءٌ مُغَذٍّ.

cas·se·role [kăs′ə rōl′] *(n.)* الكَسْرولة : «أ» طبقٌ خزفيّ، عميق القعر، مدوَّر، ذو مقبض، يُستخدم لإحماء بعض الموادّ في المختبر. «ب» طبقٌ يُخْبَز فيه الطعام ويُقدَّم. «ج» الطعام المقدَّم في كَسْرولة.

cas·sette *also* **ca·sette** [kă sĕt′] *(n.)* (١) عُلَيْبة مجوهرات (٢) العُلَيْبة؛ الكاسيت : علبة لدائنية صغيرة مشتملة على شريط تسجيل.

cas·sia [kăsh′ə; kăs′ĭ ə] *(n.)* (١) الكاسيا؛ القرفة الصينية (٢) السَّنا : شُجيرة من الفصيلة القَرْنية.

cas·si·mere [kăs′ə mēr′] *(n.)* الكَشْمير : نسيج صوفي رقيق.

cas·si·no [kə sē′nō] *(n.)* الكاسّينو (را. casino 2).

Cas·si·o·pe·ia [kăs′ĭ ə pē′ə] *(n.)* ذات الكرسيّ (فل).

cas·sis [kä sēs′] *(n.)* القَسِيس : شجيرة تحمل عنبًا أسودَ.

cas·sit·er·ite [kə sĭt′ə rīt′] *(n.)* الكاسيتريت؛ حجر القصدير (مع).

cas·sock [kăs′ək] *(n.)* (١) الغَفّارة : رداء الكاهن في الكنيسة (٢) الكاهن؛ القسّ.

cassowary

cas·so·war·y [kăs′ə wĕr′ĭ] *(n.)* الشُّبْنَم : طائر كالنعامة لكنه أصغرُ منها.

cast [kăst; käst] *(vt.; i.; n.; adj.)* (١) «أ» يُلقي؛ يرمي. «ب» يُصوِّب [نظرةً إلى]. «ج» يَبْعث؛ يُطلق. «د» يَطْرح. «هـ» يَنْبذ. «و» تضع [مولودًا]، وبخاصة قبل أوان الولادة الطبيعي. «ز» يطرحُهُ أرضًا [في المصارعة]. «ح» يَهْزِم (٢) يَحْفِر (٣) «أ» يَجْمع [أرقامًا]. «ب» يتنبأ؛ يَحسُب بالتنجيم (٤) يبتكر (٥) «أ» ينظّم؛ يوزِّع؛ يقسِّم. «ب» يوزِّع الأدوار على الممثلين. «ج» يُسند دورًا إلى ممثّل إلخ (٦) يَسْبُك؛ يَصُبّ (٧) يفتل؛ يُدير؛ يَلْوي (٨) يَعْقُد [عُقدةً x (٩) يُلقي. وبخاصة : «أ» يُلقي النَّرْد. «ب» يلقي طعمًا بقصبة صيد (١٠) يتقيّأ (عب) (١١) يُثمر؛ يُعطي غلّةً (١٢) ينفتل؛ يلتوي (١٣) يقتفي [الكلبُ] أثَرَ الطريدة (١٤) يُبْعد مقدَّم المركب عن الريح (١٥) يَتَقَوْلب § (١٦) مص cast، مثل : إلقاء؛ طَرْح إلخ (١٧) «أ» حظّ؛ نصيب. «ب» إلقاء الصنّارة [أو الشبكة] في الماء. «ج» الصنّارة الملقاة (١٨) «أ» شكل؛ هيئة. «ب» شخصيات الرواية أو المسرحية (١٩) مجال الرمي. وبخاصة : المدى الذي يبلغه السَّهم المنطلق (٢٠) «أ» نَظْرة. «ب» حَوَلٌ طفيف (٢١) شيء يُلْقَى أو يُطْلَق أو يُسْبَك إلخ، مثل : «أ» الطَّلْقة : عدد الصقور التي يُطلقها البازيار دفعةً واحدة. «ب» السَّبْكة؛ الصبّة : مقدار المعدن المسبوك دفعةً واحدة (٢٢) «أ» قالب. «ب» سبيكة. «ج» شيء مُقَوْلَب؛ شيء مُفْرَغ في قالب. «د» جَبيرةٌ للعظام (٢٣) تنبُّؤ؛ حَزْر (٢٤) «أ» ظِلّ. «ب» لون خفيف (٢٥) أثَر؛ مقدار ضئيل (٢٦) «أ» نَقْلة الطريق (را. lift). «ب» عون؛ مساعدة (إسك) (٢٧) «أ» مَظهر؛ شكل خارجيّ. «ب» نوع؛ ضَرْب. «ج» طبيعة؛ مَيْل (٢٨) المطروح؛ الطريح : شيء يُطْرَح. مثل : «أ» براز دودة الأرض. «ب» القالَب : كتلة من مادة لدنة تتشكّل في تجاويف الأعضاء المريضة ثم تُطْرح من الجسم (ط). «ج» جلد الحشرة (٢٩) الاقتفاء : انطلاق الكلاب في كلّ اتجاه التماسًا لأثر الطريدة § (٣٠) طَرِيح <a ~ horse>.

- to ~ a ballot : يصوّت؛ يقترع.
- to ~ about : (١) يضع الخطَط (٢) يبحث [عن].
- to ~ aside : يَطْرح؛ يَنْبذ؛ يُهمِل؛ يتخلّى عن.
- to ~ away : (١) يُغرِق (٢) يَنْبذ؛ يهجر (٣) يُبَدِّد.
- to ~ down : (١) يُتلف؛ يُدمِّر (٢) يُحزن؛ يثبِّط (٣) يَخْفِض المنزلة.
- to ~ off : (١) يَنْبذ؛ يتخلّص من (٢) يُطلق؛ يحرِّر (٣) يَعْمل الصفَّ الأخير من القُطَب [في الحبك].
- to ~ on : يعمل الصّفّ الأول من القُطَب [في الحَبْك].
- to ~ out : يَطْرد؛ يُخرِج بالقوة.
- to ~ up : (١) يرفع (٢) يَجْمَع [في الحساب].

castanets

cas·ta·net [kăs′tə nĕt′] *(n.)* الصَّنْج (مو).

cast·a·way [kăst′ə wā′] *(adj.; n.)* (١) منبوذٌ؛ مَطروح (٢) مقذوفٌ به إلى الشّاطئ [إثر غرق السفينة] § (٣) الناجي [من سفينة غارقة] (٤) المنبوذ.

caste [kăst; käst] *(n.; adj.)* (١) الطبقة المنغلقة : إحدى الطبقات الاجتماعية الوراثية المنغلقة على نفسها عند الهندوس. «ب» كلّ طبقة اجتماعية منغلقة على نفسها (٢) الطَّبقيّة : نظامٌ اجتماعيّ مبنيّ على أساس المنزلة أو الثروة إلخ (٣) الفِرقة : مجموعة من الحشرات الاجتماعية [كالنحل أو النمل] تقوم بعمل معيَّن <~ worker> § (٤) طَبَقيّ.

- to lose ~, : يفقد اعتباره؛ يفقد مكانته واحترام الناس له.

cas·tel·lan [kăs′tə lən] *(n.)* آمرُ القلعة؛ مُحافظ القلعة.

cas·tel·lat·ed [-lā′tĭd] *(adj.)* (١) «أ» ذو شُرُفات مُفَرَّجة. «ب» مبنيّ على شكل قلعة. «ج» محصَّن (٢) ذو قلعة أو قلاع.

cast·er [kăs′tər] *(n.)* (١) فا cast (٢) المِسْبك : آلة سابكة للأحرف المطبعية (٣) castor أيضًا : «أ» المِذَرّة : آنية لذرّ الملح والتوابل على أطباق الطعام. «ب» حامِلةٌ للمِذرّات (٤) castor أيضًا : الدُّحروجة : عجلة صغيرة في قائمة الكرسيّ لتسهيل تحريكه.

cas·ti·gate [kăs′tə gāt′] *(vt.)* يعاقب؛ يؤنِّب؛ ينتقد بقسوة.

Cas·tile soap [-′tēl] *(n.)* صابون قَشْتالة : صابون صُلب من زيت الزيتون.

Cas·til·ian [kăs tĭl′yən] *(n.; adj.)* (١) القَشْتاليّ : أحد أبناء قَشْتالة في إسبانيا. وتوسُّعًا : الإسبانيّ (٢) القَشْتالية : «أ» لهجة قَشْتالة. «ب» لغة إسبانيا الرسميةُ والأدبيةُ المبنيّةُ على لهجة قشتالة § (٣) قَشْتاليّ.

cast·ing [kăs′-] *(n.)* (١) المطروح : كلّ ما يُطْرح (٢) براز؛ غائط (٣) مص cast (٤) المصبوب : شيء مصبوب في قالب.

casting bottle *(n.)* النَّضّاحة : زجاجة لنَضْح العطور أو رَذِّها.

casting director *(n.)* مُوزِّع الأدوار [في مسرحية إلخ].

casting net *(n.)* شبكة صيد.

casting vote *or* **voice** *(n.)* الصوت المُرَجِّح.

cast iron *(n.)* حديد الزَّهر؛ حديد الصَّبّ.

cast–iron *(adj.)* (١) مصنوع من حديد الزَّهر (٢) متين؛ صُلب؛ قويّ.

cas·tle [kăs′əl] *(n.; vt.)* (١) «أ» قَلْعة. «ب» مَعْقِل (٢) قَصْر (٣) ملاذ (٤) الرُّخّ: بَيْدق شِطْرنج على شكل قلعة § (٥) يُحصِّن.

cas·tled [kăs′əld] *(adj.)* = castellated.

cast net *(n.)* شبكة صَيْد.

cast·off *(adj.; n.)* (١) منبوذ؛ مُهْمَل § (٢) المنبوذ؛ المُهْمَل.

cas·tor [kăs′tər] *(n.)* (١) القُنْدُس؛ السَّمّور (ح) (٢) القُنْدسية؛ السَّمورية: «أ» مادة زيتيّة يفرزها القُنْدُس. «ب» قبّعة من فرو القُنْدُس (٣) *3–4* caster.

Cas·tor [kăs′tər] *(n.)* رأس أَفْلُون؛ نيِّر التوأمَيْن (فل).

cas·tor bean *(n.)* (١) بزرة الخِرْوَع (٢) الخِرْوَع (نب).

cas·tor oil *(n.)* زيت الخِرْوَع.

cas·tor–oil plant *(n.)* الخِرْوَع؛ نبات الخِرْوَع.

cast·or sugar *(n.)* سُكَّر المِذَرَّة: سُكَّر ناعمٌ جدًا.

cas·trate [kăs′trāt] *(vt.; n.)* (١) يَخْصي (٢) يُضعِف؛ يُوْهِن (٣) يُهَذِّب [كتابًا بحذف أجزاء منه] § (٤) خَصِيّ.
— cas·tra·tion *(n.)*

Cas·tro·ism *(n.)* الكاسْتروويّة: مذهب فيدَل كاسترو السياسي والثوري.

cast steel *(n.)* فولاذ الزَّهر؛ فولاذ الصَّبّ.

ca·su·al [kăzh′o͞o əl] *(adj.; n.)* (١) عَرَضيّ؛ اتفاقيّ؛ غير مقصود (٢) طارئ (٣) «أ» متقطِّع؛ غير نظاميّ. «ب» عاملٌ بصورة متقطعة <a ~ laborer> (٤) عابر؛ سطحيّ (٥) لامبالٍ <a ~ host> (٦) غير رسميّ <a ~ coat> § (٧) العامل اللّانظاميّ: عاملٌ يشتغل في فترات متقطعة (٨) الطارئ: ضابط أو جندي ينتظر نقله إلى وحدته.

ca·su·al·ly *(adv.)* عَرَضًا؛ اتفاقًا؛ مصادفةً؛ من غير قَصْد.

cas·u·al·ty [kăzh′o͞o əl tĭ] *(n.)* (١) مصيبة؛ كارثة (٢) الإصابة؛ المُصاب: جنديّ يُجرَح أو يُقْتَل أو يُفْقَد في المعركة (٣) الضحيّة: شيء أو شخص يُقتل أو يذهب ضحية حدثٍ خطير.

cas·u·ist [kăzh′o͞o-] *(n.)* المُفْتي [في قضايا السلوك والضمير].

cas·u·is·tic [kăzh′o͞o-] *(adj.)* سَفسَطيّ؛ سوفسطائيّ (را. المادة التالية).

cas·u·ist·ry [kăzh′o͞o-] *(n.)* (١) الإفتاء [في قضايا الضمير والسلوك والخير والشرّ] (٢) السَّفسَطة: المنطق الباطل أو الذي يُقْصَد به تمويه الحقائق.

ca·sus bel·li [kā′səs bĕl′ī] *(n.)* سبب الحرب؛ ذريعة الحرب.

cat [kăt] *(n.; vt.; i.)* (١) الهِرّ؛ القِطّ؛ السِّنَّوْر (٢) السِّنَّوْريّ: حيوان من السِّنَّوريات [كالأسد والنمر] (٣) جِلْد الهرّ أو فَرْوُهُ (٤) امرأة خبيثة [تحبّ القيلَ والقال] (٥) بَكَرة قوية لرفع المِرساة (٦) catboat (٧) سَوْط (٨) catfish (٩) المولع بموسيقى الجاز المثيرة أو عازفها (ع) (١٠) شخص؛ فتًى (ع) § (١١) يرفع المِرساة (١٢) يجلد بالسَّوط x (١٣) يبحث عن امرأة يضاجعها (ع).

to lead a ~ and dog life يحيا حياةً حافلة بالمنازعات والخصام.

to rain ~s and dogs تُمطر بغزارة.

to see which way the ~ jumps; to wait for the ~ to jump يرفض أن يعطي رأيًا أو يضع خطةً إلا بعد أن يرى ما الذي يفعله الآخرون أو يفكّرون فيه.

ca·tab·o·lism [kə tăb′ə-] *(n.)* الانتقاض؛ الأَيْض الهَدْميّ: انحلال المركَّبات المُعَقَّدة في المتعضّيات الحيّة (أح).
— cat·a·bol·ic *(adj.)*

cat·a·chre·sis [kăt ə krē′sĭs] *(n.)* اللَّحْن: الاستعمال الخاطئ للألفاظ.

cat·a·clysm [kăt′ə klĭz′əm] *(n.)* (١) طوفان؛ زلزال إلخ (٢) الجائحة: تغيُّر جيولوجيّ مفاجئ على سطح الأرض (٣) تحوّلٌ عنيف.
— cat·a·clys·mal; cat·a·clys·mic *(adj.)*

cat·a·comb [kăt′ə kōm′] *(n.)* سرداب الموتى: مقبرة تحت الأرض.

cat·a·falque [kăt′ə fălk′] *(n.)* النعش؛ مِنَصّة التابوت.

cat·a·lep·sy; cat·a·lep·sis *(n.)* الجُمْدة؛ الإغماء التخشّبيّ.

cat·a·log *or* **cat·a·logue** [kăt′ə lôg′] *(n.; vt.)* (١) بيان؛ قائمة؛ فهرِس § (٢) يُفَهْرِس.

cat·a·log·er [-lôg′ər] *(n.)* المُفَهْرِس: واضع الفِهرِس أو الفهارس.

cat·a·logue rai·son·né [rā′zô′nā′] *(n.)* بِبْليوغرافيا نقدية.

ca·tal·pa [kə tăl′pə] *(n.)* الكَتَلْبَة: شجرة أوراقها شبيهة بالقلب.

ca·tal·y·sis [kə tăl′ə sĭs] *(n.)* الحَفْز؛ الوساطة (ك).

cat·a·lyst [kăt′ə lĭst] *(n.)* الحَفّاز؛ الوسيط: «أ» مادة تُحْدِث أو تُسَرِّع التفاعل الكيميائيّ. «ب» كلُّ من يسرِّع حدثًا.

cat·a·lyt·ic [-lĭ′tĭk] *(adj.)* حَفْزيّ <a ~ reaction>.

catalytic agent *(n.)* = catalyst.

catalytic cracking *(n.)* التكسير الحَفْزيّ: تحويل الهيدروكربونات بواسطة عامل حفّاز.

cat·a·lyze [kăt′ə līz′] *(vt.)* (١) يُحَفِّز (ك) (٢) يَسْتَحِثّ.

cat·a·ma·ran [kăt′ə mə răn′] *(n.)* (١) الطَّوف؛ الرَّمَث: مَرْكب بسيط مؤلّف من ألواح شُدّ بعضُها إلى بعض (٢) القَطَمَران: مَرْكبٌ شراعيّ من بدنَيْن متوازيين (٣) المشاكِس: المحبّ للخصام. وبخاصة: امرأة نزّاعةٌ إلى المشاحنة والمشاكسة.

catamaran 2.

cat·a·me·ni·a [kăt′ə mē′nĭ ə] *(n.)* طَمْث؛ حَيْض.

cat·a·me·ni·al [-′nĭ əl] *(adj.)* طَمْثيّ؛ حَيْضيّ.

cat·a·mite [-′ə mīt′] *(n.)* المأبون: غلام يُتَّخذ لأغراضٍ جنسيّة شاذة.

cat·a·mount [kăt′ə-] *(n.)* هِرُّ الجبل: حيوان وحشيّ من السِّنَّوْريات.

cat–a–moun·tain *(n.)* سِنَّوْر الجَبَل: حيوان وحشي من السِّنَّوريات.

cat·a·pho·re·sis [-rē′sĭs] *(n.)* (١) الهجرة الكهربائية [للجُسَيْمات المُعلَّقة] (كب) (٢) الكَثْفرة؛ الترحيل الكهربائي (ط).

ă at; ā date; â care; ä car; ĕ egg; ē me; ĭ in; ī bite; ŏ lot; ō bone; ô orphan; oi boil; o͝o good; o͞o boot; ou out; ŭ under; û urgent; ə = *a* in alone, *e* in system, *i* in easily, *o* in gallop, *u* in circus.

cat·a·pla·sia [kăt′ə plā′zhə] *(n.)* الرُّجْعَى: ارتداد الخلايا أو الأنسجة إلى أوضاع أكثر بدائية (أح).

cat·a·plasm [kăt′ə plăz′əm] *(n.)* الكِمادة؛ اللَّصوق؛ اللَّزْقة.

cat·a·plex·y [kăt′ə plĕk′sĭ] *(n.)* الجُمْدة: فقدان القوى العضلية المفاجئ [إثر صدمة أو انفعال] (ط).

cat·a·pult [kăt′ə pŭlt′] *(n.; vt.; i.)* (١) المَنْجنيق (٢) المِجْنَقة: «أ» آلة لإطلاق الطائرة من على سطح حاملةٍ للطائرات. «ب» جهاز لقَذْف الإنسان إلى خارج الطائرة (٣) المِرجام؛ النَّقّافة: أداة يَقْذِف بها الأطفال الحصَى والحجارة (بر) § (٤) يَجْنِق: يَقْذِف أو يُطلق بالمَنْجنيق أو بالمِجْنَقة ونحوهما (٥) يَرْجُم [بالمِرْجام] (بر) **x** (٦) يندفع بعنف.

catapult *1.*

cat·a·ract [kăt′ə-] *(n.)* (١) السُّدّ: إعتام عدسة العين (ط) (٢) شلال (٣) مطر غزير (٤) طوفان.

ca·tarrh [kə tär′] *(n.)* النَّزْلة: التهابُ أغشية القناةِ التنفّسيةِ المصحوبُ بإفرازات غزيرة (ط). **— ca·tarrh·al; ca·tarrh·ous** *(adj.)*

ca·tas·ta·sis *(n.)* (١) التأزُّم السابق لذِرْوة المسرحية (٢) ذِرْوة المسرحية.

ca·tas·tro·phe [kə tăs′trə fĭ] *(n.)* (١) الحدث الأخير [من أحداث العمل المسرحيّ] (٢) فاجعة؛ كارثة؛ نَكْبة (٣) cataclysm *1* (٤) إخفاق تامّ.

cat·a·stroph·ic *(adj.)* فاجع: ذو علاقة بفاجعةٍ أو ناشئٌ عنها.

cat·a·to·ni·a [kăt′ə tō′nĭ ə] *(n.)* الخُلاع؛ الجامود؛ الكاتاتونيا: مرحلةٌ من الفُصام تتّسم بالتخشّب أو الجمود الكامل (ط).

cat·bird *(n.)* الكَنْبَرْد: طائر أميركيّ مغرِّد.

catbird seat *(n.)* مَرْكز رفيع؛ موقع بارز.

cat·boat *(n.)* الكَتْبوت: مَركَبٌ ضخم الشّراع ذو صارٍ واحد مركوزٍ في مقدَّمِهِ.

catboat

cat·bri·er [kăt′brī′ər] *(n.)* الفُشاغ: نبات معترش.

cat·call [kăt′kôl′] *(n.; vi.; t.)* (١) المَوّاءة: أداة صغيرة لإحداث صوت شبيهٍ بمُواء الهِرّة (٢) المُواء: صوت هذه الأداة (٣) صيحة [أو صَفرة] استهجان § (٤) يُطلق صيحةَ استهجان **x** (٥) يستهجن [بمثل هذه الصَّيحة].

catch [kăch] *(vt.; i.; n.; adj.)* (١) «أ» يُمسِك بـِ؛ يقبض على. «ب» يلتقط. «ج» يصطاد؛ يُوْقِع في شَرَك. «د» يَخْدع. «هـ» يفاجئ (٢) يأخذ <to ~ a nap> (٣) ينتهز [الفرصةَ] (٤) يَلْفِت [الانتباهَ]؛ يَجْذِب (٥) «أ» يُصاب بـِ. «ب» يُصيب <to ~ a cold> <The blow *caught* him on the head.> (٦) يَلْمَح (٧) يَلْحق بـِ؛ يُدْرِك <to ~ a train> (٨) يَفْتِن؛ يَسْحَر؛ يأسُر (٩) يُدرِك؛ يَفهم (١٠) يسمع بوضوح **x** (١١) يَعْلَق بـِ <The kite *caught* in the trees.> (١٢) يَثْبُت؛ يُصبح مُحكَمًا <The bolt does not ~.> (١٣) يتمسّك؛ يتشبَّث بـِ (١٤) يشتعل <Tinder ~*es* easily.> (١٥) يتفشّى [المرضُ] § (١٦) صَيْد إلخ. وبخاصة: مقدار المَصِيد من السمك دفعةً واحدةً <a large ~ of fish> (١٧) «أ» مص catch. «ب» اللَّقْطِيّة: لعبةٌ تُقْذَف فيها الكرةُ وتُلْتَقط (١٨) السَّقّاطة؛ المزلاج؛ الماسكة (١٩) اللُّقطة: كلّ ما يستحقّ أن يفوز به المرء، وبخاصة كزوجة أو زوج <He was a good ~.> (٢٠) «أ» انقطاع مؤقّت. «ب» تهدُّج؛ ارتعاش (٢١) الدَّورية: أغنية مُعدَّةٌ لعدّة أصوات تنطلق بها واحدًا إثر آخرَ (٢٢) جزء؛ مَقطع <~*es* of a song> (٢٣) أُحبولة؛ شَرَك؛ خدعة <There must be a ~ in it somewhere.> § (٢٤) مُضلِّل؛ خادع؛ مقصودٌ به الإرباك أو الإيقاع <a ~ question> (٢٥) آسِر؛ خلّاب؛ مقصودٌ به لفتُ النظر أو إثارة الاهتمام.

to ~ fire (١) يشتعل؛ تَعْلَق به النار (٢) يلتهب حماسةً.

to ~ it (١) يُوَبَّخ؛ يُؤنَّب (ع) (٢) يُعاقَب (ع).

to ~ on (١) يُدرِك؛ يفهم (٢) ينتشر؛ يروج: يصبح شعبيًّا أو كثير الاستعمال (ع).

to ~ up (١) يَخْطف؛ ينشل (٢) يطّلع على ما فاتَهُ من أخبار (٣) يَلْحق بـِ؛ يُدْرِك (٤) يقاطع أو يزعج بالانتقادات والأسئلة.

catch·all [kăch′ôl′] *(n.)* الكَشْكول: وعاء للنَّثْريّات.

catch·fly *(n.)* شَرَكُ الذُّباب: نبات يُفرز سائلًا دَبِقًا تعلق به الحشرات.

catch·ing *(adj.)* (١) مُعْدٍ (٢) جذّاب؛ فاتن؛ ساحر؛ مُغْوٍ.

catch·ment area *or* **basin** *(n.)* مُسْتَجْمَعُ الأمطار (مج): أرض تجري منها الأمطار إلى نهر.

catch·pen·ny *(adj.; n.)* (١) مُبَهْرَج: مُعَدّ لكي يُباع بسرعة أو لاقتناص المال من الجهلة § (٢) سلعة مُبَهْرَجة.

catch·phrase *(n.)* (١) العبارة الآسِرة: عبارةٌ تروج فترةً من الزمان بحيث تصبح على كل شفة ولسان (٢) شِعار.

catch·pole *or* **catch·poll** *(n.)* نائب العمدة. وبخاصة: المسؤول عن اعتقال المَدِينين.

catch·up [kăch′əp; kĕch′əp] *(n.)* = catsup.

catch·word [kăch′-] *(n.)* (١) الكلمة الهادية: «أ» كلمة تحت الجانب الأيمن من آخر سطر من سطور صفحة الكتاب تمثّل تكرارًا لأول كلمات الصفحة التالية. «ب» إحدى كلمتين في أعلى العمودين الأيسر والأيمن [من معجم إلخ] تمثّل واحدةٌ منهما أول مادّة من موادّ الصفحة وتمثّل الثانية آخرَها. «ج» الكلمة الأخيرة من حديث ممثّل [يدخل المسرحَ، أو يتكلم، على إثرها ممثل آخر] (٢) الشعار: لفظة أو صيغة تكرَّر حتى تصبح ممثلة لحزب أو مدرسة أو وجهة نظر.

catch·y [kăch′ĭ] *(adj.)* (١) آسِر؛ جذاب <~music> (٢) مضلِّل؛ خادع <a ~ question> (٣) متقطّع <~ breathing>.

cate [kāt] *(n.)* الطّريف: الطعام المُتْرَف أو الشهيّ (ا. ق).

cat·e·che·sis [kăt′ə kē′sĭs] *(n.)* تعليمٌ دينيّ شفهيّ [قبلَ المَعْمودية].

cat·e·chet·i·cal [-kĕt′-] *(adj.)* خاص بالتعليم بطريقة السّؤال والجواب.

cat·e·chism [kăt′ə kĭz′əm] *(n.)* (١) تعليمٌ شفهيّ (٢) الخلاصة الدينية: كتابٌ مشتمل على خلاصةٍ للعقيدة الدينية مُفْرَغةٍ في قالب السؤال والجواب (٣) سلسلة أسئلة [توضَع للاختبار]. **— cat·e·chis·mal** *(adj.)*

cat·e·chize [kăt′ə kīz′] *(vt.)* يُسَائِل: «أ» يُعَلِّم بطريقة السؤال والجواب، والإيضاح والتصحيح. وبخاصة: يلقِّن الدينَ بهذه الطريقة. «ب» يسأل أو يستجوب بطريقةٍ نظامية أو شاملة. **— cat·e·chist** *(n.)*

cat·e·chu [kăt′ə chōō′] *(n.)* الكاشو؛ الكاد: مادّة راتينجيّة تُستخرج من سِنْط الكاشو أو الكاد الهندي.

cat·e·chu·men [kăt′ə kyōō′-] *(n.)* (١) القَبْمَعْموديّ: متنصِّرٌ يتلقّى التعليم الديني قبل المعموديّة (نص) (٢) المبتدئ: شخص يتلقّى مبادئ علمٍ ما.

cat·e·gor·i·cal *(adj.)* (١) «أ» مُطْلَق؛ غير مقيّد أو مشروط. «ب» صريح؛ باتّ <~ denial> (٢) «أ» مَقُوليّ: منسوب إلى مَقُولَة. «ب» طَبَقيّ: منسوب إلى طبقة.

cat·e·go·rize [kăt′ə gə rīz′] *(vt.)* يُصنِّف؛ يبوِّب.

cat·e·go·ry [kăt′ə gōr′ĭ] *(n.)* (١) المَقُولة: إحدى مَقُولات أرسطو العشر (مق) (٢) طَبَقَة <Species, genus, and family are biological categories.> (٣) فئة؛ بابة؛ صِنْف.

ca·te·na [kə tē′nə] *(n.)* pl. **-e** *or* **-s** سلسلة. وبخاصة: سلسلة مقتطفات من كتابات آباء الكنيسة.

cat·e·nar·y [kăt′ə nĕr′ĭ] *(n.; adj.)* (١) منحنى السِّلسلة (مج): «أ» المنحنى الذي تأخذه سلسلة منتظمة إذا عُلِّقَت من طرفيها تعليقًا حرًّا. «ب» شيء على صورة مُنْحَنَى السلسلة § (٢) سِلْسِليّ <~ curve>.

cat·e·nate [kăt′ə nāt′] *(vt.)* يُسَلْسِل: يضمّ على شكل سلسلة.

cat·e·noid; ca·ten·u·late *(adj.)* سِلْسِلانيّ: سِلسِليّ الشكل (أح).

ca·ter [kā′tər] *(vi.)* (١) يموّن؛ يزوِّد بالطعام (٢) يُلبِّي الرَّغبات أو المطالب (٣) يراعي مختلف الآراء والأذواق.

cat·er·an [kăt′ər ən] *(n.)* (١) جنديّ غير نظاميّ (٢) قاطعُ طُرُق.

cat·er·cor·ner [kăt′-]; **-ed** *(adj.; adv.)* (١) منحرف؛ مائل § (٢) بانحراف.

ca·ter–cous·in [kā′tər kŭz′ən] *(n.)* (١) ابن عمّ؛ ابن خال إلخ (ا. م) (٢) صديق حميم.

ca·ter·er [kā′-] *(n.)* متعهّد تقديم الطعام [للحفلات إلخ].

cat·er·pil·lar [kăt′ər pĭl′ər] *(n.)* اليُسْروع؛ يرقانةُ الفراشةِ.

caterpillar

Cat·er·pil·lar *(n.)* جرّارة مُجَنْزَرة؛ تراكتور [يتحرّك على جنزيرين].

cat·er·waul [kăt′ər wôl′] *(vi.; n.)* (١) يَمْوُء الهرّ [أثناء الدورة النَّزْوية] (٢) يتشاجر كالقِطط § (٣) مُواء الهرّ [أثناء الدورة النَّزْوية].

cat·fac·ing *(n.)* التَّهَرُّر: تَشَوُّهٌ في وجه الثمرة يجعلُهُ شبيهًا بوجه الهرّة.

cat·fall [kăt′fôl′] *(n.)* الكَتْفَل: حبل أو سلسلة لرفع المرساة.

cat·fish [kăt′fĭsh] *(n.)* السِّلَّوْر؛ الصِّلَّوْر (سمك).

catfish

cat·gut [kăt′gŭt′] *(n.)* (١) وَتَر (٢) كمنجة (٣) الآلات الوتريّة (مو).

ca·thar·sis [kə thär′-] *(n.)* (١) التسهيل: إفراغ الأمعاء (٢) تطهير العواطف بالفنّ [عند أرسطو] (٣) التنفيس: تحرير المرء من عقدة نفسية ما بإفساح المجال أمامه للتعبير عنها.

ca·thar·tic *(adj.; n.)* (١) مُسْهِل § (٢) المُسْهِل: علاجٌ مُسْهِل.

cat·head [kăt′hĕd′] *(n.)* الرِّجام: رافدة خشبية أو حديدية ناتئة عند مقدّم السفينة تُرْفَع إليها المِرساة وتُعَلَّق (مل).

ca·the·dra [kə thē′drə] *(n.)* عرش الأسقف.

ca·the·dral [-′drəl] *(adj.; n.)* (١) كاتدرائيّ: «أ» ذو علاقة بعرش الأسقف أو مشتملٌ عليه <a ~ church>. «ب» رسميّ: صادرٌ عن مَقَرّ سلطةٍ ما. «ج» منسوبٌ إلى كاتدرائية § (٢) الكاتدرائية: كبرى الكنائسِ في أبرشية.

cath·e·ter [kăth′ə tər] *(n.)* القِثْطار: أداة أنبوبية تُستخدم لإقحام السوائل أو سحبها من بعض قَنَوات الجسد (ط).

cath·e·ter·ize [-tə rīz′] *(vt.)* يُقَثْطِر: يُدْخل القِثْطار في.

ca·thex·is [kə thĕk′sĭs] *(n.)* تركيز الطاقة العقلية [على شخص أو شيء].

cath·ode [kăth′ōd] *(n.)* الكاثود: القطب السّالب في بطّارية.

cathode ray *(n.)* أشعة الكاثود (مج): سَيْلٌ من الألكترونات ينبعث من الكاثود في أنبوب تفريغ غازيّ.

cathode–ray tube *(n.)* أُنبوب أشعّة الكاثود.

cath·o·lic [kăth′ə lĭk] *(adj.; n.)* (١) عامّ؛ شامل؛ كونيّ (٢) متحرِّر؛ واسع أُفق التفكير (٣) *cap.*: كاثوليكيّ (نص) § (٤) *cap.*: الكاثوليكيّ: واحد الكاثوليك.

ca·thol·i·cate [-kāt] *(n.)* مقرّ الكاثوليكوس catholicos.

Ca·thol·i·cism [-′ə sĭz′əm] *(n.)* الكَثْلكة؛ المذهب الكاثوليكي.

cath·o·lic·i·ty [-lĭs′ə tĭ] *(n.)* (١) *cap.*: الكَثْلَكيّة: كونُ الشيء مُتّفقًا وتعاليمَ الكنيسة الرومانية الكاثوليكية (٢) «أ» تحرُّر؛ سَعةٌ في أفق التفكير. «ب» الكونيّة؛ الشُّمول.

ca·thol·i·cize [kə thŏl′ə sīz′] *(vt.; i.)* (١) *cap.*: يُكَثْلِك: «أ» يجعله كاثوليكيًا. «ب» يَجعله كونيًا أو شاملًا x (٢) *cap.*: يتكَثْلك: «أ» يصبح كاثوليكيًا. «ب» يُصبح كونيًا أو شاملًا.

ca·thol·i·con [-′ə kən] *(n.)* الدواء العامّ: دواء لكلّ داء.

ca·thol·i·cos [-′ə kəs] *(n.)* الكاثوليكوس: بطريرك الكنيسة الأرمنية.

cat·house [kăt′hous′] *(n.)* الماخور؛ بيت الدّعارة.

cat·i·on [kăt′ī ən] *(n.)* الكاتيون؛ الهابطة: أيون موجَبُ الشِّحنة.

cat·kin [kăt′kĭn] *(n.)* النَّوْرة الهِرّية: عنقودٌ زهريّ كَثٌّ.

catkins

cat·like [kăt′līk′] *(adj.)* هِرّانيّ: شبيه بالهِرّة.

cat·nap [kăt′năp] *(n.; vi.)* (١) السِّنَة: نوم قصير خفيف § (٢) يأخذ سِنَةً: ينام نومًا قصيرًا خفيفًا.

cat·nip [kăt′nĭp] *(n.)* نَعْناع الهِرَرة: نعناع برّي تحبّه الهِررة.

cat–o'–mountain *(n.)* = cat–a–mountain.

cat–o'–nine–tails [kăt′ə nīn′tālz′] *(n.)* سوط.

cat·rigged *(adj.)* كَتْبوتيّ الصاري: ذو صارٍ كصاري الكَتْبوت catboat.

cat's cradle *(n.)* (١) سرير الهرّ: لعبة من ألعاب الأطفال قوامها خيط معقود يُشَدّ إلى أصابع اليد بحيث يشبه سريرًا صغيرًا (٢) تعقيد؛ شيءٌ مُعَقَّد.

cat's cradle *1.*

cat's–eye [kăts′ī′] *(n.)* عين الهرّ: «أ» حجر نصف كريم. «ب» عاكسة

ă at; ā date; â care; ä car; ĕ egg; ē me; ĭ in; ī bite; ŏ lot; ō bone; ô orphan; **oi** boil; ŏŏ good; ōō boot; **ou** out; ŭ under; û urgent; ə = *a* in alone, *e* in system, *i* in easily, *o* in gallop, *u* in circus.

صغيرة لأضواء السيارات الأمامية .

cat's–paw [kăts'pô'] *(n.)* مِخْلَب القِطّ : «أ» نسيمٌ يُغضِّن صفحة مياه النهر إلخ . «ب» الآلة ؛ الأداة : شخص يستخدمه شخص آخر لتحقيق مآربِهِ .

cat·sup [kăt'səp; kĕch'əp] *(n.)* الكَتْشاب : صلصة طماطم .

cat·tail [kăt'tāl'] *(n.)* التِّيفا ؛ عُشْبة البِرَك : نبات قَصَبيّ طويل .

cat·ter·y [kăt'ə rĭ] *(n.)* المَهْرَرة : موضع لتربية الهِرَرة .

cat·ti·ly *(adv.)* (١) خِلْسةً (٢) برشاقة (٣) بخُبث ؛ بحقد .

cat·tish [kăt'ĭsh] *(adj.)* = catty.

cat·tle [kăt'əl] *(n. pl.)* (١) ماشية (٢) القُطعان البشرية ؛ الرَّعاع .

cat·tle·man [kăt'əl mən] *(n.)* مُرَبِّي الماشية .

cat·ty [1] [kăt'ĭ] *(n.)* الكاتيّ : وحدة وزن في الصين وجنوب شرق آسيا تعادل نحوًا من رطل إنكليزي وثُلث الرّطل .

cat·ty [2] *(adj.)* (١) هِرّاني : شبيه بالهرّ (٢) «أ» انسلاليّ ؛ اختلاسيّ . «ب» رشيق ؛ خفيف الحركة . «ج» خبيث ؛ حقود على نحوٍ ماكر (٣) هِرّيّ : ذو علاقة بالهرّة .

— cat·ti·ness *(n.)*

cat·ty–cor·ner *or* **cat·ty–cor·nered** = catercorner.

Cau·ca·sian [kô kā'zhən; -shən] *(adj.; n.)* (١) قوقازيّ ؛ قفقاسيّ : «أ» ذو علاقة بالقوقاز . «ب» ذو علاقة بالعرق الأبيض § (٢) القوقازيّ ؛ القفقاسيّ : «أ» أحد أبناء القوقاز . «ب» أحد أفراد العرق الأبيض .

Cau·ca·sian languages *(n. pl.)* اللغات القوقازية ؛ اللغات القفقاسيّة .

cau·cus [kô'kəs] *(n.; vi.)* (١) مؤتمر حزبيّ [لاختيار المرشحين أو لتقرير السياسة] § (٢) يَعْقِد مؤتمرًا حزبيًّا كهذا .

cau·dad [kô'dăd] *(adv.)* نحو الذَّيل أو المؤخَّرة («ت» و«ح») .

cau·dal [kô'dəl] *(adj.)* (١) ذَيْليّ (٢) ذَيْلانيّ : شبيه بالذَّيل .

cau·date; cau·dat·ed [kō'-] *(adj.)* ذو ذيل أو ذنب أو شبيهٍ بهما .

cau·dex [kô'dĕks] *(n.)* pl. **-di·ces** *or* **-dex·es** الأصل : «أ» ساق النخلة وغيرها . «ب» القاعدة الخشبية لنبتةٍ مُعَمِّرة (نب) .

cau·di·llo [kô dēl'yō] *(n.)* الزعيم ؛ رئيس الدولة [في أميركا اللاتينية] .

cau·dle [kô'dəl] *(n.)* الكَوْدَل : شراب ساخن للمرضى يُعدّ من خمر ممزوجة بالبيض والخبز والسكّر والتوابل إلخ .

caught [1] [kôt] *past and past part. of* catch.

caught [2] *(adj.)* حامل ؛ حُبْلى <to get ~> .

caul [kôl] *(n.)* بُرْقُع الجنين : غشاء رقيق يغطّي رأس الجنين .

caul·dron [kôl'drən] *(n.)* = caldron.

cau·les·cent [-lĕs'ənt] *(adj.)* مُسَوَّق : ذو ساقٍ ظاهرةٍ فوق الأرض (نب) .

cau·li·cle [kô'lə kəl] *(n.)* السُّوَيْقة : ساق صغيرة (نب) .

cau·li·flow·er [kô'lə-] *(n.)* القُنَّبيط ؛ القَرْنبيط .

cauliflower ear *(n.)* الأُذن القُنَّبيطيّة : أذن شوّهتها لكمات متكرّرة .

cau·line [kô'lĭn] *(adj.)* ساقيّ : نامٍ على أعلى ساق النبات .

cau·lis [kô'lĭs] *(n.)* pl. **-les** [lēz] ساقُ النبات .

caulk [kôk] *(vt.)* = calk [1].

caulk·er [kô'kər] *(n.)* = calker.

cau·ri [kou'rē] *(n.)* الكاوري : قطعة نقدية صغيرة في غينيا .

caus·al [kô'zəl] *(adj.)* سَبَبيّ ؛ عِلّيّ .

cau·sal·i·ty [kə zăl'ə tĭ] *(n.)* السَّببيّة ؛ العِلّيّة .

cau·sa·tion [kô zā'-] *(n.)* (١) «أ» تسبيب . «ب» سَبَبٌ (٢) السببية : العلاقة بين السبب والمسبَّب ؛ المبدأ القائل بأن لكل مسبَّب سَبَبًا .

caus·a·tive [kô'zə tĭv] *(adj.)* (١) مُسَبِّب (٢) سَبَبيّ .

cause [kôz] *(n.; vt.)* (١) دافع ؛ حافز (٢) سببٌ ؛ علّة (٣) داعٍ ؛ مُوجِب (٤) «أ» خلاف [يَفْصِل فيه القضاء] . «ب» دعوى قضائية (٥) القضيّة : فكرة أو حركة يؤيّدها المرء ويناضل من أجلها § (٦) يُسبِّب .

to make common ~ with يضمّ جهوده إلى جهود فلان ؛ يناصره .

cause cé·lè·bre [sə lĕb'r] *(n.)* دعوى تثير اهتمام الرأي العام (ق) .

cause·less [kôz'ləs] *(adj.)* (١) مجهول السبب (٢) لا مبرِّر له .

cause list *(n.)* جدول القضايا [في محكمة] (ق) .

cau·se·rie [kō'zə rē'] *(n.)* (١) حديث ؛ محادثة (٢) مقالة قصيرة .

cause·way [kôz'wā'] *(n.; vt.)* (١) المَجازَة : ممرّ أو طريق مرتفعٌ عَبْرَ أرض منخفضة أو سَبِخة (٢) طريق مُعَبَّدة § (٣) يُعَبِّد طريقًا (٤) يقيم مجازةً .

caus·tic [kô'-] *(adj.; n.)* (١) كاوٍ (٢) لاذع ؛ ساخر § (٣) مادة كاوية .

caustic potash *(n.)* البوتاس الكاوي ؛ البوتاسا الكاوية .

caustic soda *(n.)* الصّودا الكاوية ؛ هيدروكسيد الصوديوم .

cau·ter·i·za·tion *(n.)* (١) الكَيّ : المعالَجة بالكيّ (٢) الانكواء .

cau·ter·ize [kô'tə rīz'] *(vt.)* يكوي ؛ يعالج بالكيّ .

cau·ter·y [kô'tə rĭ] *(n.)* (١) كَيّ (٢) مِيْسَم .

cau·tion [kô'shən] *(n.; vt.)* (١) تحذير (٢) حَذَرٌ ؛ احتراس (٣) كل ما يثير العجبَ أو الاستغراب § (٤) يُحذِّر .

cau·tion·ar·y [-nĕr'ĭ] *(adj.)* تَحْذيريّ <a ~ advice> .

cau·tious [kô'shəs] *(adj.)* حذِرٌ ؛ مُحْتَرِس .

cav·al·cade [kăv'əl kād'] *(n.)* موكب [فرسان أو عَرَبات إلخ] .

cav·a·lier [kăv'ə lēr'] *(n.; adj.)* (١) الفارس (٢) الشَّهْم (٣) المُراقِص : من يراقص سيّدةً § (٤) مُتَعَجْرِف ؛ مُختال (٥) مبتهج .

— cav·a·lier·ly *(adv.; adj.)*

ca·val·la [kə văl'ə] *(n.)* الكَفَلَة : سمك بحريّ استوائيّ .

ca·val·ly [kə văl'ĭ] *(n.)* = cavalla.

cav·al·ry [kăv'əl rĭ] *(n.)* الفرسان ؛ سلاح الفرسان .

cav·al·ry·man [-mən] *(n.)* الفارس ؛ الخيّال .

cav·a·ti·na [kăv'ə tē'nə] *(n.)* (١) أغنية بسيطة (٢) لحنٌ بسيط .

cave [1] [kāv] *(n.; vt.)* (١) كَهْف ؛ غار (٢) انسحاب أو مجموعة منسحبين [من حزب سياسي] § (٣) يكهِّف ؛ يُجَوِّف .

cave [2] *(vi.; t.)* (١) ينهار ؛ يَسْقُط ؛ يغور (٢) يستسلم ؛ يَكفّ عن المقاومة [تتبعها *in* عادةً] x (٣) يُسْقِط .

ca·ve·at [kā'vē ăt'] *(n.)* (١) «أ» تحذير . «ب» توضيح [دفعًا لسوء التفاهم] (٢) تحذير شرعيّ يُوَجَّه إلى محكمة [لتأجيل اتخاذ إجراءٍ ما إلى أن تُسْمَع إفادة

المعترِض].

ca·ve·at emp·tor [kā′vē ăt′ ĕmp′tôr] *(n.) (L.)* فَلْيأخُذِ المشتري حِذْرَهُ [أي أنّه يشتري على مسؤوليّته].

cave dweller *(n.)* ساكن الكهوف.

cave–in [kāv′ĭn] *(n.)* الخَسْف: انهيارٌ في منجم أو نحوه.

cave·man [-′mən] *(n.)* (١) إنسان الكهوف (٢) الجِلْف؛ الفظّ.

cav·en·dish [kăv′ən-] *(n.)* الكَفَنْديش: تبغٌ مضغوطٌ أقراصًا.

cav·ern [kăv′ərn] *(n.; vt.)* (١) كهفٌ كبير § (٢) يكهِّف: يضع في كهف أو نحوه (٣) يجوِّف [تتبعها *out*].

cav·ern·ous [kăv′ər nəs] *(adj.)* (١) مُتكهِّف: ذو مسامّ أو نخاريب <a ~ substance> (٢) كَهْفِيّ <~ darkness> (٣) غائر <~ eyes>.

ca·vet·to [kə vĕt′ō] *(n.)* الكَهْفِيّة؛ رُبع الدائريّة (عم).

cav·i·ar *or* **cav·i·are** [kăv′ĭ är′] *(n.)* الكافيار: ضربٌ من البطارخ. **~ to the general** شيء أسمى من أن يَقْدُرَه الجمهور حقَّ قدره.

cav·i·corn [kăv′ə kôrn′] *(adj.)* مُجوَّف القرنين (ح).

cav·il [kăv′əl] *(vi.; t.; n.)* (١) يُماحِك: يثير اعتراضاتٍ تافهة § (٢) المُماحَكة (٣) اعتراض تافه. **— cav·il·er; cav·il·ler** *(n.)*

cav·ing [kā′vĭng] *(n.)* الكِهافة: هواية اكتشاف الكهوف والمغاور.

cav·i·tate [kăv′ə tāt′] *(vi.; t.)* (١) يتجوَّف x (٢) يُجَوِّف.

cav·i·ty [kăv′ə tĭ] *(n.)* (١) فَجْوة (٢) تجويف <abdominal ~>.

ca·vort [kə vôrt′] *(vi.)* (١) يَطْفُر؛ يثِبُ مَرَحًا (٢) يَمْرح.

ca·vy [kā′vĭ] *(n.)* الكابياء؛ خنزير الهند: حيوان من القوارض.

caw [kô] *(vi.; n.)* (١) يَنْعَبُ [الغرابُ] § (٢) نعيب.

cay [kā; kē] *(n.)* الكاية: جزيرة صغيرة منخفضة.

cay·enne pepper [kī ĕn′] *(n.)* فُلْفلٌ حرِّيف؛ فُلفل أحمر.

cay·man [kā′mən] *(n.)* = caiman.

cay·use [kī yōōs′] *(n.)* الكَيُّوس: فَرَس أميركي قَزَم [عند الهنود الحمر].

C battery *(n.)* بطارية «ج» (كب).

CD [sē′ dē′] *(n.)* = compact disc.

cease [sēs] *(vt.; i.; n.)* (١) يُوْقِف؛ يَقْطع x (٢) يتوقَّف؛ ينقطع (٣) يَكفّ عن § (٤) انقطاع <without ~>.

cease–fire [sēs′-] *(n.)* (١) وَقْف إطلاق النار (٢) هدنة.

cease·less [sēs′ləs] *(adj.)* متواصل؛ مستمرّ؛ دائم؛ غير منقطع.

ce·cal [sē′kəl] *(adj.)* أعْوَرِيّ: ذو علاقة بالمصران الأعور (ت).

ce·cum [sē′kəm] *(n.)* pl. **ce·ca** الأعور؛ المصران الأعور.

ce·dar [sē′dər] *(n.)* (١) الأرْز (نب) (٢) خشب الأَرْز.

ce·dar·bird *(n.)* عصفور الأَرْز: طائر أميركيّ صغير.

cedarbird

ce·darn [sē′dərn] *(adj.)* أرْزيّ: ذو علاقة بالأَرْز أو مصنوع من خشبه.

cede [sēd] *(vt.)* يتخلّى عن.

ce·dil·la [sĭ dĭl′ə] *(n.)* السَّدِيلة: علامة تُجْعَل هكذا ç تحت حرف c لتدلّ على أنّه يُلْفظ كحرف s.

cei·ba [sā′bə] *(n.)* السَّيْبة: شجرة استوائية ضخمة.

ceil [sēl] *(vt.)* يَسْقُف: يَجْعَل له سَقْفًا.

ceil·ing [sē′-] *(n.)* (١) «أ» سَقْف. «ب» الموادّ المستخدمة في إقامة السقوف (٢) أقصى الارتفاع (طي) (٣) السَّقف: الحدّ الأعلى <~s wage>.

ceiling unlimited *(n.)* السَّماء الصافية: سماءٌ لا تعكّرها الغيوم.

cein·ture [săn′chər] *(n.)* حِزام؛ زُنّار.

-cele لاحقة معناها: وَرَمٌ أو فَتْق.

cel·e·brant [sĕl′ə-] *(n.)* (١) المُحْتفِل: «أ» المشارِك في طَقْس دينيّ. «ب» المشارِك في احتفالٍ ما (٢) المُقَدِّس: الكاهن الذي يقوم بالقدّاس.

cel·e·brate [sĕl′ə brāt′] *(vt.; i.)* (١) يقيم [قدّاسًا إلخ] (٢) يحتفل بِـ (٣) يُمَجِّد (٤) يُعْلِن x (٥) يمتنع عن العمل [في عيد] (٦) يقيم احتفالًا دينيًا (٧) يشارك في احتفال صاخب. **— cel·e·bra·tor** *(n.)*

cel·e·brat·ed *(adj.)* شهير؛ مشهور؛ ذائع الصِّيت.

cel·e·bra·tion *(n.)* (١) الاحتفال [بمناسبةٍ ما] (٢) إقامة القدّاس.

ce·leb·ri·ty [sə lĕb′-] *(n.)* (١) شهرة (٢) المشهور؛ العَلَم؛ النَّجم.

ce·ler·i·ty [sə lĕr′ə tĭ] *(n.)* خفّة؛ سرعة.

cel·er·y [sĕl′ə rĭ] *(n.)* الكَرَفْس: عشب تؤكل ضلوع أوراقه.

ce·les·ta [sə lĕs′tə] *(n.)* السَّلَسْتة؛ السَّماوية: آلة موسيقية.

celesta

ce·les·tial [-′chəl] *(adj.; n.)* (١) سماويّ (٢) إلَهِيّ (٣) عُلْويّ؛ سامٍ؛ خارق (٤) *cap.*: صينيّ § (٥) كائنٌ أُسْطوريّ (٦) *cap.*: الصينيّ: أحد أبناء الصين.

celestial body *(n.)* الجِرم السَّماويّ (فل).

celestial equator *(n.)* خطّ الاستواء السماويّ (فل).

celestial globe *(n.)* الكُرة السَّماوية: كرةٌ تمثّل القبّة السَّماوية.

celestial navigation *(n.)* الملاحة السَّماوية: الملاحة بمراقبة مواقع الأجرام السماوية.

celestial poles *(n.)* القُطبان السَّماويّان (فل).

celestial sphere *(n.)* القُبّة السَّماوية (فل).

ce·li·ac [sē′lĭ ăk′] *(adj.)* جَوْفِيْبَطْنِيّ: ذو علاقة بجوف البطن.

cel·i·ba·cy [sĕl′ə bə sĭ] *(n.)* (١) عُزوبة (٢) تَبَتُّل.

cel·i·bate [sĕl′ə bĭt] *(n.; adj.)* (١) العَزَب؛ المُتبتِّل § (٢) عَزَبٌ؛ مُتَبَتِّل.

cell [sĕl] *(n.)* (١) «أ» صَوْمَعَة. «ب» حُجَيْرَة [في دير]. «ج» زَنْزانة [في سجن] (٢) نُخْروب؛ تجويف؛ فُرْجة [في قرص الشّهد أو مَبيض النبات إلخ]. (٣) الخَلِيّة: «أ» الوحدة البِنْيَوية الصغرى من المادّة الحيّة (أح). «ب» أداة لتوليد الكهرباء تُشكِّل كاملَ البطارية الفُلْطية أو جزءًا منها (كب). «ج» الوحدة الأساسية [في منظمةٍ أو حركة].

cel·la *(n.)* pl. **-e** المَقْدِس: حجرة داخليّة في هيكل إغريقيّ أو رومانيّ.

cel·lar [sĕl′ər] *(n.; vt.)* (١) قَبْو [للخمر أو المؤن] (٢) الدَّرْك الأسفل : أحطّ الدّرجات (٣) مخزون من الخمر § (٤) يُقَبِّي : يَخْزُن في قَبْو.

cel·lar·age [-ĭj] *(n.)* (١) قَبْو (٢) القَبْوية : رسم الخَزْن في قبو.

cel·lar·er [sĕl′ər ər] *(n.)* وكيل المؤونة [في دير إلخ].

cel·lar·ette *or* **cel·lar·et** [-ə rĕt′] *(n.)* خزانة لزجاجات الخمر إلخ.

cel·lar·man [sĕl′ər-] *(n.)* (١) أمين قَبْو الخمر (٢) تاجر الخمور.

cel·list [chĕl′ĭst] *(n.)* الفيولونسيليّ : عازف الفيولونسيل (مو).

cell membrane *(n.)* (١) الغشاء الخَلَويّ (أح) (٢) جدار الخليّة.

cel·lo [chĕl′ō] *(n.)* الفيولونسيل : كمنجة كبيرة (مو).

cel·lo·phane [sĕl′ə fān′] *(n.)* السِّيلوفان : مُنْتَجٌ شفّاف شبيه بالورق.

cel·lu·lar [sĕl′yə lər] *(adj.)* (١) خَلَويّ (٢) مَساميّ ؛ نُخروبيّ.

cellular phone *(n.)* الهاتف الخَلَويّ [أو النقّال أو الجوّال أو المحمول].

cellular tissue *(n.)* النسيج الخَلَويّ (أح).

cel·lule [sĕl′yo͞ol] *(n.)* الخُلَيّة : خليّة صغيرة.

cel·lu·lite [sĕl′yə līt′] *(n.)* التكتُّل الدُّهني.

cel·lu·li·tis [sĕl′yə lī′tĭs] *(n.)* التهاب النسيج الخلويّ (ط).

cel·lu·loid [sĕl′yə loid′] *(n.; adj.)* (١) السَّليولويد : مادة صُلبة شفافة تُصْنَع منها الأفلام والأمشاط والدُّمى إلخ (٢) شريط سينمائيّ § (٣) سينمائيّ.

cel·lu·lose [sĕl′yə lōs′; -lōz′] *(n.)* السَّلولوز ؛ الخَلِيُوز : مادة تؤلف الجزء الأساسي من جدران خلايا النبات (كح).

cellulose acetate *(n.)* خَلّات السَّلولوز (ك).

cellulose nitrate *(n.)* نترات السَّلولوز (ك).

cel·lu·los·ic *(adj.; n.)* (١) سَلولوزيّ § (٢) السَّلولوزيّة : مادة مصنوعة من السَّلولوز أو مشتقة منه.

cel·lu·lous [-′yə ləs] *(adj.)* خَلَويّ : «أ» كثير الخلايا. «ب» ذو خلايا.

cell wall *(n.)* القَيْض (مج) ؛ جدار الخليّة (أح).

Cel·si·us [sĕl′sĭ əs] *(adj.)* سَلْسيوسيّ ؛ مئويّ ؛ سنتيغراديّ.

celt [sĕlt] *(n.)* السَّلتيّة : أداة حجرية أو معدنية شبيهة بالإزميل أو الفأس.

Celt [sĕlt; kĕlt] *(n.)* السَّلتيّ ؛ الكَلْتيّ : واحدُ السَّلتيين أو الكَلْتيين الذين يمثّلهم اليومَ الإيرلنديون والويلزيون.

Celt·ic [sĕl′tĭk; kĕl′-] *(adj.; n.)* (١) سَلْتيّ ؛ كَلْتيّ : منسوب إلى السَّلتيين أو لغاتهم § (٢) اللغات السَّلْتيّة أو الكَلْتيّة [كالإيرلندية والإسكتلندية والويلزية].

Celt·i·cist [sĕl′tĭ sĭst; kĕl′-] *(n.)* العالم باللغات أو الثقافات السلتيّة.

ce·ment [sĭ mĕnt′] *(n.; vt.; i.)* (١) إسمنت (٢) «أ» اللِّصاق : مادةٌ تَشُدّ بعضَ الأشياء إلى بعضها الآخر. «ب» الرابطة : عقيدةٌ مُوَحِّدة ؛ شعورٌ رابطٌ (٣) المِلاط : «أ» مادة شبه عظميّة تشكّل طبقة تكسو جِذر الضّرس وعُنُقَه. «ب» مادة لَدْنةٌ لاصقة تُحشَى بها الأسنان (٤) ذرور السَّمْنَتة : الذرور المُسْتَخدَم في عملية السَّمنتة cementation § (٥) «أ» يُلْصِق ؛ يَلْحُم ؛ يُثَبِّت بالإسمنت أو نحوِه. «ب» يوحِّد (٦) يمكّن ؛ يعزّز ؛ يوطِّد (٧) يُسَمْنِت : يكسو بالإسمنت x (٨) يتماسك.

ce·men·ta·tion *(n.)* (١) مص cement (٢) السَّمْنَتة : إحاطة مادةٍ صُلبة بذرور معيَّن وإحماؤها بحيث تتغيّر من طريق الاتحاد الكيميائي بالذرور.

ce·men·tite [sĭ mĕn′tīt] *(n.)* السِّمنتيت : كربيد الحديد.

ce·men·ti·tious [sē mĕn′ tĭ′shəs] *(adj.)* إسمنتانيّ : شبيه بالإسمنت.

cement mortar *(n.)* مِلاط الإسمنت (مج) ؛ المِلاط الإسمنتيّ.

ce·men·tum [sĭ mĕn′təm] *(n.)* = cement *3a.*

cem·e·ter·y [sĕm′ə tĕr′ĭ] *(n.)* مَقْبرة ؛ مَدْفَن ؛ جَبّانة ؛ قَرافة.

cen- *or* **ceno-** بادئة معناها : حديث ؛ جديد.

-cene لاحقة معناها : حديث ؛ جديد.

ce·no·bite [sē′nə bīt′] *(n.)* راهب [مُقيم في دير].

ce·no·bit·ic [sē′nə bĭt′ĭk] *or* **-al** *(adj.)* رُهبانيّ ؛ نُسْكيّ.

ce·no·gen·e·sis [sē′nə jĕn′-] *(n.)* النُّشوء المُسْتَحْدَث : شكل من النشوء تُكْتَسَبُ فيه خصائص الكائن الحي بفعل تأثير البيئة (أح).

cen·o·taph [sĕn′ə tăf′; -täf] *(n.)* القبر الأجوف : قبرٌ أو نُصُبٌ يُشَيَّد تكريمًا لامرئ دُفِن جثمانُهُ في موضع آخر.

Ce·no·zo·ic [sē′nə zō′ĭk] *(adj.; n.)* (١) دَهريحديثيّ : ذو علاقة بالدهر الحديث الممتدّ حتى الوقت الحاضر § (٢) الدهر الحديث (جي).

cense [sĕns] *(vt.)* يُبَخِّر : يُحرق البَخُور قربَ أو أمامَ . . .

cen·ser [sĕn′sər] *(n.)* المِبْخَرة. وبخاصة : مِبخرة تَؤَرْجَح بالسّلاسل.

cen·sor [sĕn′sər] *(n.; vt.)* (١) السَّنْسَر : «أ» المسؤول عن إحصاء السّكان وعن مراقبة الأخلاق في رومة القديمة. «ب» الرقيب : كلُّ من يراقب مسالكَ الآخرين الأخلاقية (٢) الرقيب : مراقب المطبوعات أو الأفلام السينمائية إلخ (٣) الناقد المعادي (ا.ق) (٤) الرقيب : القوّة النفسية التي تُقْصي عن الوعي ضروبَ العُقَد والذكريات البغيضة (نف) § (٥) يُراقِب : يُخْضِع للمراقبة.

cen·so·ri·al [-sōr′ē-] *(adj.)* مُراقِبيّ : ذو علاقة بمراقب المطبوعات إلخ.

cen·so·ri·ous [-sōr′ĭ əs] *(adj.)* عيّاب : ميّال إلى النقد القاسي.

cen·sor·ship *(n.)* (١) مراقبة المطبوعات إلخ (٢) وظيفة المسؤول عن مراقبة الأخلاق عند الرومان (٣) الرّقابة : إقصاء العُقَد والذكريات البغيضة عن الوعي بواسطة قوةٍ نفسيّة خاصة بذلك (نف).

cen·sur·a·ble [sĕn′shər-] *(adj.)* جديرٌ باللّوم أو النقد أو الاستهجان.

cen·sure [sĕn′shər] *(n.; vt.)* (١) لوم ؛ نقد ؛ استهجان (٢) تقريع أو توبيخ رسمي § (٣) يلوم ؛ ينتقد ؛ يعيب ؛ يستهجن.

cen·sus [sĕn′səs] *(n.; vt.)* (١) إحصاء [للسكّان] § (٢) يُحْصي.

cent [sĕnt] *(n.)* السَّنْت : جزء من مئة من الدولار.
five per~; 5% خمسة بالمئة.

cen·tal [sĕn′təl] *(n.)* السَّنتال : وزن يساوي مئة رطل إنكليزي.

cen·tare [sĕn′tär] *(n.)* السَّنتار : مترٌ مربع.

cen·taur [sĕn′tôr] *(n.)* (١) القنطور : كائن خرافيّ نصفه رَجُل ونصفُه فَرَس (٢) *cap.* قِنْطورَس ؛ الظُّلمان (فل).

centaur *1.*

Cen·tau·rus [sĕn tôr′əs] *(n.)* قِنطورَس ؛ الظُّلمان (فل).

cen·tau·ry [sĕn′tô rĭ] *(n.)* حشيشة القَنْطَرْيون (نب).

cen·ta·vo [sĕn tä′vō] *(n.)* السَّنتافو : عملة صغيرة في كوبا والمكسيك إلخ.

cen·te·nar·i·an [sĕn′tə nâr′ĭ ən] *(n.; adj.)* (١) المِئويّ : البالغُ من

العمر مئةَ سنة § (٢) مِئَويّ : بالغٌ من العمر مئةَ سنة .

cen·te·nar·y [sĕn′tə nĕr′ĭ] *(adj.; n.)* (١) مئويّ : «أ» ذو علاقة بمئة عام . «ب» حادثٌ مرةً كل مئة عام § (٢) ذكرى مئوية (٣) القَرْن : مئة عام .

cen·ten·ni·al [sĕn tĕn′ĭ əl] *(adj.; n.)* (١) مئويّ : «أ» ذو علاقة بمئة عام أو بذكرى مئوية . «ب» بالغٌ من العمر مئةَ عام (٢) قرنيّ : دائمٌ مئةَ عام § (٣) ذكرى مئوية أو احتفال بها .

cen·ter *also* **cen·tre** [sĕn′tər] *(n.; vt.; i.; adj.)* (١) المَرْكز (هن) (٢) مَرْكز ؛ محور (٣) قَلْب ؛ وَسَط (٤) الوَسَط : «أ» رجال السياسة المعتدلون الذين تجعلهم وجهات نظرهم في مركزٍ وسطٍ بين اليمين واليسار . «ب» وجهات نظر هؤلاء السياسيين . «ج» المؤيدون لوجهات النظر هذه (٥) الأوسط : لاعب يحتلّ موقعًا متوسطًا بين مواقع أفراد فريقه من الملعب (٦) ذَنَبَةُ [المخرطةِ] § (٧) يُوَسِّط : يَضع في الوَسَط (٨) يُرَكِّز ؛ يُمَرْكِز (٩) يُحَدِّد المركز ؛ يُزوِّد بمركز x (١٠) يتركّز ؛ يتمركز § (١١) مَرْكزيّ ؛ متوسِّط .

center bit *(n.)* المِثقب المركزيّ (نج) .

cen·ter·ing *(n.)* (١) مص center (٢) قالب خشبيّ [لقنطرة] .

center of buoyancy مَرْكز الطَّفْو (مج) (فز) .

center of gravity (١) مَرْكز الثِّقَل (فز) (٢) النقطة المحورية [التي يتركّز حولها نشاط أو اهتمامٌ ما] .

center of inertia مَرْكَز القصور ؛ مَرْكَز العَطالة (مك) .

center of mass مَرْكَز الكُتلة (فز) .

center of suspension مَرْكَز التعليق (مك) .

center of symmetry مَرْكز التناظُر (فز) .

cen·ter·piece *(n.)* الواسطة : شيء محتلّ مَرْكزًا وَسَطًا . وبخاصة : «أ» قطعة زِينيّة من فضة أو زجاج أو وَشْي توضع في منتصف الطاولة . «ب» حَدَثٌ أو سياسةٌ أو مفهومٌ ذو أهميّة مركزية .

center punch *(n.)* الخرّامة المركزية (مك) .

cen·tes·i·mal [sĕn tĕs′ə-] *(adj.)* (١) جُزْئِيمئويّ : متعلّق بأجزاء من المئة (٢) مئويّ : مُقَسَّم إلى أجزاء من المئة <~ thermometers> .

cen·tes·i·mo [sĕn tĕs′ə mō′] *(n.)* السَّنْتَسِّيمو : قطعة نقدية صغيرة في إيطاليا [سابقًا] وأوروغواي وباناما .

cen·te·sis [sĕn tē′sĭs] *(n.)* ثَقْب ؛ بَزْل ؛ نَخْر (ط) .

centi- بادئة معناها : «أ» مئة . «ب» جزء من مئة .

cen·ti·grade [sĕn′tə grād′] *(adj.)* مئويّ ؛ سنتيغراديّ .

centigrade scale *(n.)* المقياس المئويّ أو السنتيغراديّ .

centigrade thermometer *(n.)* المِحرّ المئويّ أو السَّنتيغراديّ .

cen·ti·gram *also* **cen·ti·gramme** *(n.)* السَّنتيغرام : $\frac{1}{100}$ من الغرام .

cen·ti·li·ter *also* **cen·ti·li·tre** *(n.)* السَّنتيلتر : $\frac{1}{100}$ من اللِّتر .

cen·time [sän′tēm] *(n.)* السَّنتيم : $\frac{1}{100}$ من الفرنك .

cen·ti·me·ter *also* **cen·ti·me·tre** *(n.)* السَّنتيمتر : $\frac{1}{100}$ من المتر .

centimeter–gram–second system *(n.)* نظام السَّنتيمتر – الغرام – الثانية : نظام وحدات مبنيّ على السَّنتيمتر كوحدةٍ للطول ، والغرام كوحدة للكتلة ، والثانية كوحدة للزمن .

cen·ti·mo [sĕn′tə mō′] *(n.)* السَّنتيمو : $\frac{1}{100}$ من البوليفار [عُملة ڤنزويلا] أو الكولون [عملة كوستاريكا] إلخ .

centipede

cen·ti·pede [-pēd′] *(n.)* المِئِينيّة ؛ الحَرِيش ؛ أمّ أربع وأربعين .

cent·ner [sĕnt′-] *(n.)* السَّنْتْنَر : وحدة وزن تعادل ٥٠ كيلوغرامًا .

cen·to [sĕn′tō] *(n.)* pl. **-to·nes** المُتَرَدَّم : أثر أدبي مؤلَّف من مقتطفات مأخوذة من آثار أدبية أخرى .

centr- *or* **centri-** بادئة معناها : مَرْكز <*centri*fugal> .

cen·tra [sĕn′trə] *pl. of* centrum.

cen·tral [sĕn′trəl] *(adj.; n.)* (١) مَرْكزيّ (٢) أساسيّ ؛ رئيسي <the ~ character in her novel> (٣) أوسط ؛ متوسِّط <*Central* America> § (٤) «أ» السنترال : مركز تبادُلٍ هاتفيّ . «ب» عامل السنترال .

central angle *(n.)* الزاوية المركزية (هن) .

central axis *(n.)* المحور المركزيّ أو المتوسط (فز) .

central bank *(n.)* المَصْرِف المركزيّ .

central heating *(n.)* التَّدفئة المَرْكزية .

cen·tral·ism *(n.)* المَرْكَزِيّة : تركُّزُ السيطرة بيد سلطة مركزية .

cen·tral·i·ty [sĕn trăl′-] *(n.)* (١) التوسُّط ؛ المَرْكَزانيّة : كون الشيء في الوسط أو المَرْكز (٢) التَّمَرْكُزية : نزوعٌ إلى البقاء في المَرْكز .

cen·tral·i·za·tion [sĕn′trəl ə zā′-] *(n.)* (١) المَرْكَزَة (٢) التَّمَرْكُز .

cen·tral·ize *(vt.; i.)* (١) يُمركز x (٢) يَتَمَرْكَز .

central nervous system *(n.)* الجهاز العصبيّ المَرْكزيّ .

central orbit *(n.)* المَدار المَرْكزيّ ؛ الفَلَك المركزيّ (فز) .

cen·tre [sĕn′tər] *(n.; vt.; i.; adj.)* = center.

cen·tre·piece [sĕn′tər pēs′] *(n.)* = centerpiece.

centri- = centr-.

cen·tric [sĕn′trĭk]; **cen·tri·cal** *(adj.)* مَرْكزيّ .

cen·tric·i·ty [sĕn trĭs′ə tĭ] *(n.)* المَرْكزيّة : كونُ الشيء مركزيًا .

cen·trif·u·gal [-trĭf′yə gəl] *(adj.; n.)* (١) مُنْتَبِذ : مندفعٌ بعيدًا عن المركز (٢) نابذ ؛ طَرْدِيمَرْكزيّ ؛ طاردٌ من المَرْكز <~ pumps> (٣) efferent (٤) انفصاليّ § (٥) النابذة : ماكينة تَعْمل بالطَّرْد المركزيّ .

centrifugal force *(n.)* القوة النّابذة ؛ القوّة الطاردة عن المَرْكز (مك) .

centrifugal machine *(n.)* النّابذة : ماكينة تعملُ بالطَّرْد المَرْكزيّ .

cen·trif·u·ga·tion *(n.)* النَّبْذ : الطَّرد من المَرْكز وبخاصة بماكينةٍ نابذة .

cen·tri·fuge [sĕn′trə fyo͞oj′] *(n.; vt.)* (١) النّابذة : أداة تعمل وفقًا لمبدأ «القوة النابذة» § (٢) يَنْبُذ : يَطْرد من المَرْكز وبخاصّة بواسطة آلةٍ نابذة .

cen·tring [sĕn′trĭng] *(n.)* = centering.

cen·tri·ole [-ˈtrĭ ōl′] *(n.)* الوُكْتة: عُصَيٌّ خَلَويّ في وَسَط الكُرَيّة المَرْكَزية.

cen·trip·e·tal [-trĭpʹə-] *(adj.)* (١) مُنْجَذِب: مندفع نحو المَرْكز (٢) جابذ؛ جذبِيْمَرْكزيّ؛ جاذبٌ إلى المَرْكز (مك) (٣) afferent (٤) توحيديّ؛ مُوَحِّد.

centripetal force *(n.)* القوة الجابذة؛ القوة الجاذبة إلى المركز (مك).

cen·trist *(n.)* الوَسَطيّ: «أ» *cap.* عد: عضوٌ في حزب من أحزاب الوسَط. «ب» شخص ذو آراء معتدلة.

centro- = centr-.

cen·troid [sĕnʹtroid] *(n.)* = center of mass.

cen·tro·some [-sōm′] *(n.)* (١) centriole (٢) الكُرَيّة المركزية (أح).

cen·tro·sphere *(n.)* (١) الهالة: البروتوبلازما المحيطة بالكُرَيّة المركزية (أح) (٢) لُبّ الأرض المركزي (جي).

cen·trum [sĕnʹtrəm] *(n.)* (١) مَرْكز (٢) جسم الفَقَارة (ت).

cen·tum [sĕnʹtəm] *(n.)* مِئة.

cen·tu·ri·al [-to͝orʹĭ-] *(adj.)* قَرْنيّ: خاصّ بقرن من الزمان.

cen·tu·ri·on [-to͝orʹĭ ən] *(n.)* قائد المئة [عند الرومان].

cen·tu·ry [sĕnʹchə rĭ] *(n.)* (١) المِئويّة: «أ» كتيبة مؤلّفة من مئة مقاتل [عند الرومان]. «ب» مجموعة مؤلفة من مئة. «ج» وحدة انتخابيّة رومانية (٢) القرن: مئة عام.

century plant *(n.)* الأغاف الأميركي؛ الباهرة الأميركية (نب).

ceorl [chĕʹôrl] *(n.)* الشَّيْرَل: رجلٌ من الطبقة الدنيا بإنكلترا [قديمًا].

cephal- بادئة معناها: رأس <*cephal*ad>.

ceph·a·lad [sĕfʹə lăd′] *(adv.)* صَوْبَ الرأس («ت» و«ح»).

ce·phal·ic [sə fălʹĭk] *(adj.)* رأسيّ: ذو علاقة بالرأس.

cephalic index *(n.)* الدليل الرأسيّ: نسبة أقصى عرض الرأس إلى أقصى طوله مضروبةً بمئة.

ceph·a·li·za·tion *(n.)* الترئيس: نزعة نشوئية إلى تمركُز الأعضاء الحسّية والعصبية في الرأس أو على مقربة منه (ح).

cephalo- بادئة معناها: رأس <*cephalo*metry>.

ceph·a·lo·chor·date [-ˈdāt′] *(n.)* الرأسْحَبليّ؛ الحبليّ الرأسي (ح).

ceph·a·lom·e·ter *(n.)* المِرآس: أداة لقياس الرأس أو الجمجمة.

ceph·a·lom·e·try *(n.)* المِرآسيّة: علم قياس الرأس.

ceph·a·lo·pod [sĕfʹə lə pŏd′] *(n.)* رأسيّ الأرجُل: حيوان من رأسيّات الأرجُل **Cephalopoda** وهي طائفة من الرِّخويّات.

cephalopod

ceph·a·lo·tho·rax *(n.)* الصَّدْر الرأسيّ: المنطقة الأمامية من الجسم التي تتكون من اندماج الرأس والصدر في العناكب والقشريات (ح).

ceph·a·lous [sĕfʹə ləs] *(adj.)* ذو رأس (ح).

cer- *or* **cero-** بادئة معناها: شمع.

ce·ra·ceous [sə rāʹshəs] *(adj.)* شَمعانيّ: شبيه بالشمع.

ce·ram·ic [sə rămʹĭk] *(adj.; n.)* (١) خَزَفيّ § (٢) الخِزافة: صناعة الآنية الخزفية (٣) إناء خَزَفيّ.

ce·ram·ics *(n.)* (١) الخزافة (٢) آنيةٌ خَزَفية.

ce·ra·mist *or* **ce·ram·i·cist** *(n.)* الخزّاف.

ce·ras·tes [sə răsʹtēz] *(n.)* المُقَرَّنة؛ الحيّة القَرْناء؛ ذات القرنين.

cerat- *or* **cerato-** بادئة معناها: قرن.

ce·rate [sĕrʹāt] *(n.)* القَيْروطيّ: مرهم من شمع وزيت إلخ.

cer·a·tin [sĕrʹə tĭn] *(n.)* = keratin.

cer·a·toid [sĕrʹə toid′] *(adj.)* قَرْنانيّ: شبيه بالقَرْن.

Cer·be·re·an [sər bērʹ-] *(adj.)* سيربيروسيّ: منسوب إلى سيربيروس.

Cer·ber·us [sûrʹbər əs] *(n.)* سيربيروس: «أ» كلب ذو ثلاثة رؤوس زعمت الميثولوجيا اليونانية أنه يَحْرُس باب العالم السُّفلي. «ب» الحارس اليقظ المخيف.

Cerberus *a.*

cer·car·i·a [sər kârʹĭ ə] *(n.)* المُذَنَّبة (مج): اسمٌ يطلق على الحيوان وهو في طور من أطوار المُثقَّبات يكون له فيه ذنب (ح).

cerco- بادئة معناها: ذَنَب؛ ذيل <*cerco*cebus>.

cer·co·ce·bus [sûr′kō sēʹ-] *(n.)* الذَّيّال: سعدان إفريقيّ طويل الذَّيل.

cere[1] [sēr] *(vt.)* يَلُفُّ [أو يكفّن] بقماش مشمَّع.

cere[2] *(n.)* القِيْر: جزء ليّن منتفخ عند أصل المنقار في الطيور.

ce·re·al [sērʹĭ əl] *(adj.; n.)* (١) حَبّيّ؛ حبوبيّ § (٢) النبات الحَبِّيّ: كلّ نبات نجيليّ يُعطي حَبًّا، كالقمح والشعير والذرة إلخ (٣) حبّ؛ حبوب (٤) طعامٌ من حبوب. وبخاصة: الفَطور.

cer·e·bel·lar *(adj.)* مُخَيْخيّ: منسوب إلى المُخَيْخ أو ذو علاقة به.

cer·e·bel·lum [-bĕlʹəm] *(n.)* pl. **-s** *or* **-bel·la** [bĕlʹə] المُخَيْخ (ت).

cerebr- *or* **cerebro-** بادئة معناها: «أ» مُخّ؛ دماغ. «ب» مُخّيّ و...

cer·e·bral [sĕrʹə-] *(adj.)* (١) مُخّيّ؛ دِماغيّ (٢) عقليّ: متطلّب انتباهًا شديدًا وتفكيرًا مركّزًا؛ مخاطبٌ العقل لا الوجدان <~ music>.

cerebral accident *(n.)* الحادث المُخّيّ [كالنّزف في الدماغ].

cerebral cortex *(n.)* القِشرة المُخّيّة (ت).

cerebral hemisphere *(n.)* نصف الكُرة المُخّيّة (ت).

cerebral hemorrhage *(n.)* النَّزف المُخّيّ.

cerebral palsy *(n.)* الشَّلل المُخّيّ [يصيب الدماغ قبل الولادة أو أثناءها].

cer·e·brate [sĕrʹə brāt′] *(vi.)* يُفكّر.

cer·e·bra·tion *(n.)* (١) نشاطُ العقلِ أو عملُهُ (٢) تفكير.

cerebro- = cerebr-.

cer·e·bro·spi·nal *(adj.)* مُخّيْشَوكيّ؛ مُخّيّ شوكيّ («ت» و«فس»).

cerebrospinal fluid *(n.)* السّائل المُخّيْشَوْكيّ (فس).

cerebrospinal meningitis *(n.)* التهاب السَّحايا المُخّيْشوكيّة.

ce·re·bro·vas·cu·lar *(adj.)* مُخّيْوعائيّ؛ مُخّيّ وِعائيّ.

cer·e·brum [sĕrʹə-] *(n.)* pl. **-brums** *or* **-bra** [brə] المُخّ (ت).

cere·cloth [sērʹ-] *(n.)* قُماشٌ مشمَّعٌ [يُكفَّن به الميت].

cere·ment [sērʹmənt] *(n.)* الكَفَن [ترِد بصيغة الجمع عادةً].

cer·e·mo·ni·al [sĕr′ə mōʹ-] *(adj.; n.)* (١) رسميّ (٢) طَقْسيّ: احتفاليّ؛ شعائريّ § (٣) طَقْس؛ شَعِيرة (٤) مراسم احتفاليّة.

cer·e·mo·ni·al·ism *(n.)* التمسُّك بالرسميّات أو بالطقوس [الدينية].

cer·e·mo·ni·ous *(adj.)* (١) مُولَع بالرسميّات (٢) رسميّ: مُتَّسم بالمحافظة على الرسميات <a ~ reception>.

cer·e·mo·ny [sĕr′ə mō′-] *(n.)* (١) حفلة؛ احتفال (٢) مَراسِم؛ تشريفات (٣) طَقْس؛ شعيرة (٤) «أ» كياسة؛ سلوك بالغُ التهذيب. «ب» كياسة متكلَّفة؛ عملٌ مُعْتَبَرٌ ضربًا من الرسميات الفارغة (٥) شدّة التمسُّك بالشّكليات التقليدية.

to stand on ~, يُسرف في اتّباع «الأتيكيت» [أو قواعد السلوك المهذَّب الصارمة].

Ce·res [sēr′ēz] *(n.)* سيريز: «أ» إلاهة الزراعة عند الرومان. «ب» أكبر السُّيَيْرات (را. asteroid) وأول ما اكتُشِف منها.

ce·ric [sēr′ĭk] *(adj.)* سيريوميّ: ذو علاقة بالسّيريوم.

ce·rise [sə rēs′; -rēz′] *(n.)* الأحمر الكَرَزيّ: لون أحمر معتدل.

ce·ri·um [sēr′ĭ əm] *(n.)* السِّيريوم: عنصر فِلزّي (ك).

cerium metals *(n. pl.)* = rare–earth elements.

cer·nu·ous [sûr′nyōō′əs] *(adj.)* مُتَدَلٍّ <~ flowers>.

ce·ro [sēr′ō] *(n.)* السِّيرو: سمك أميركيّ استوائيّ ضخم.

cero- = cer-.

ce·ro·plas·tic [sēr′ə plăs′-] *(adj.)* شمعيّ التَّقَوْلُب؛ مُقَوْلَبٌ بالشّمع.

ce·rot·ic acid [sĭ rŏt′-] *(n.)* حَمْض السّيروتيك: حَمْضٌ في شمع النحل.

ce·rous [sēr′əs] *(adj.)* سيريوميّ: ذو علاقة بالسّيريوم.

cer·tain [sûr′tən] *(adj.)* (١) مُحَدَّد؛ معيَّن؛ مُتَّفَق عليه (٢) صحيح؛ دقيق (٣) يقينيّ؛ لا ريب فيه (٤) «أ» بَعْض. «ب» ما <a ~ man> (٥) موثوق؛ ناجع <a ~ remedy> (٦) محتوم؛ مؤكَّد (٧) واثق؛ متأكِّد؛ على مثل اليقين.

for ~, من غير ريبٍ ألبتّة؛ على وجه اليقين.

to make ~, يتأكَّد؛ يستيقن من.

cer·tain·ly *(adv.)* (١) حقًّا؛ من غير ريب (٢) طبعًا!

cer·tain·ty [sûr′-] *(n.)* (١) حقيقة؛ أمرٌ لا ريبَ فيه (٢) ثقة؛ يقين.

for a ~, من غير أدنى شكّ؛ على وجه اليقين.

cer·tes [sûr′tēz] *(adv.)* حقًّا؛ من غير ريب (ا ق).

cer·ti·fi·a·ble *(adj.)* (١) ممكنٌ التصديق عليه (٢) مخبول؛ مجنون.

cer·tif·i·cate [*n.* sər tĭf′ə kĭt; *v.* -ə kāt′] *(n.; vt.)* (١) شهادة (٢) شهادة مدرسية § (٣) يشْهد [خطيًّا أو رسميًا على] (٤) يزوِّد [أو يفوِّض] بشهادة خطيّة.

cer·tif·i·cat·ed *(adj.)* مُجاز <a ~ nurse>.

certificate of deposit شهادة الإيداع (تج).

cer·ti·fi·ca·tion *(n.)* (١) مص certify (٢) شهادة.

cer·tif·i·ca·to·ry [-′ə kə tōr′ĭ] *(adj.)* شهاديّ؛ تَصْديقيّ؛ اعتماديّ.

cer·ti·fied *(adj.)* (١) مُصَدَّق عليه (٢) مُعْتَمَد (٣) مجنون.

certified check *(n.)* الشيك المصدَّق أو المضمون (تج).

certified copy *(n.)* المُصَدَّقَة: النُّسخة المصدَّقة رسميًا.

certified public accountant *(n.)* المحاسب القانوني.

cer·ti·fy [sûr′tə fī] *(vt.; i.)* (١) يصدِّق على: يشهد رسميًا على صحة شيء <to ~ a signature> (٢) يَضمَنُ الجودة أو القيمة <*certified* milk> (٣) يَشهد على جنون فلان (٤) يُعْلِم بيقين وثقةٍ (٥) يُرَخِّص لِـ؛ يجيز **x** (٦) يَشْهد على صحة كذا.

cer·ti·o·ra·ri [sŭr′shĭ ə râr′ī] *(n.)* الأمر بسَلْخ الدعوى: أمرٌ تصدره محكمة عليا إلى محكمة دُنيا لتسليمها ملفَّ قضيةٍ ما لإعادة النظر فيها.

cer·ti·tude [sûr′tə tōōd′; -tyōōd′] *(n.)* (١) يقين؛ ثقة (٢) دِقّة.

ce·ru·le·an [sə rōō′lĭ ən] *(adj.)* لازَوَرْديّ؛ أزرق سماويّ.

ce·ru·men [sə rōō′mən] *(n.)* الصِّملاخ: مادة شمعيّة تفرزها الأُذن.

ce·ruse [-′ōōs] *(n.)* (١) الإسبيداج (ك) (٢) مستحضَر تجميليّ مُحْتوٍ عليه.

ce·rus·site [sēr′ə sīt′] *(n.)* السّيروسيت: كربونات الرَّصاص.

cer·ve·lat [sûr′və lăt′] *(n.)* السَّرفيلات: ضربٌ من النّقانق أو السُّجق.

cer·vi·cal [sûr′vĭ kəl] *(adj.)* عُنُقيّ: ذو علاقة بالعُنُق (ت).

cer·vi·ces [sûr′vĭ sēz′] *pl. of* cervix.

cer·vi·ci·tis [sûr′vĭ sī′tĭs] *(n.)* التهاب عُنُق الرَّحِم (مض).

Cer·vi·dae [sûr′vĭ dē] *(n. pl.)* الأيِّليات؛ فصيلة الأيائل.

cer·vine [sûr′vīn; -vĭn] *(adj.)* أيِّليّ: متعلّق بالأيائل أو شبيهٌ بها.

cer·vix [sûr′-] *(n.)* (١) العُنُق. وبخاصة: مؤخَّر العُنُق (٢) عُنُق الرَّحِم.

Ce·sar·e·an *or* **Ce·sar·i·an** [sĭ zâr′-] *(adj.; n.)* = Caesarean.

ce·si·um [sē′zĭ əm] *(n.)* السِّيزيوم: عنصرٌ فِلزّيّ (ك).

cess [sĕs] *(n.)* (١) ضريبة (٢) حظّ <bad ~ to you>.

ces·sa·tion [sĕ sā′-] *(n.)* توقُّف؛ انقطاع.

ces·sion [sĕsh′ən] *(n.)* (١) تَخَلٍّ عن (٢) إقليمٌ أو حقٌّ مُتَخَلَّى عنه.

cess·pit; cess·pool *(n.)* (١) بالوعة؛ مجرور (٢) الحَمْأة.

c'est–à–dire [sĕ tȧ dēr′] أيْ؛ يعني؛ وبكلمة أخرى.

c'est la vie [sĕ lȧ vē′] هكذا هي الحياة.

Ces·to·da [sĕs tō′-] *(n. pl.)* المِنْطقيّات؛ الديدان الشريطيّة.

ces·tode [sĕs′tōd] *(n.; adj.)* (١) دودة مِنْطَقيّة § (٢) مِنْطَقيّ؛ شريطيّ.

ces·tus[1] [sĕs′təs] *(n.)* الحزام النّسوي. وبخاصة: حزام العروس.

ces·tus[2] *(n.)* قُفّاز الملاكم: قُفّاز من أشرطة جلدية مُثْقلة بالرّصاص والحديد [في رومة القديمة].

ce·su·ra [sə zhōōr′ə] *(n.)* = caesura.

cet- *or* **ceto-** بادئة معناها: حُوْت <*cet*ology>.

ce·ta·cean [sĭ tā′shən] *(n.; adj.)* (١) الحِيتانيّ؛ الحوتيّاتيّ: حيوان من رتبة الحيتان § (٢) حيتانيّ.

ce·tane [sē′tān] *(n.)* السِّيتان: زيت عديم اللون يكون في البترول.

cetane number *(n.)* العَدَد السّيتانيّ (ك).

ce·te·ris pa·ri·bus [sĕt′ə rĭs păr′-] *(adv.)* إذا تساوت سائر الأحوال.

ce·tol·o·gist [sĭ tŏl′-] *(n.)* الحيتانيّ: المتخصِّص بدراسة الحيتان.

ce·tol·o·gy [-ˊə jī] *(n.)* الحيتانيّات: دراسة الحيتان علميًّا.

Ce·tus [sēˊtəs] *(n.)* قَيْطَس: كوكبة استوائية (فل).

ce·tyl alcohol [sētˊəl] *(n.)* كحول السِّيتيل (ك).

Cey·lo·nese [sē´lə nēzˊ] *(adj.; n.)* (١) سِيلانيّ § (٢) السِّيلانيّ.

Chab·lis [shăbˊlē] *(n.)* الشَّبليّة: نبيذ فرنسيّ أبيض.

cha–cha [chäˊchäˊ] *(n.)* التّشاتشا: رقصة جنوبأميركية الأصل.

chac·ma [chăkˊmə] *(n.)* الشَّقْمة: رُبّاح جنوبإفريقيّ ضخم.

chacma

chae·ta [kēˊtə] *(n.)* pl. **-tae** [tē] = bristle *1*.

chaeto- بادئة معناها: شَعْر.

chafe [chāf] *(vt.; i.; n.)* (١) يُثير؛ يُغضِب (٢) يَسْتدفئ: يفرك اليدين التماسًا للدفء (٣) يُبْلي أو يقرّح بالحك x (٤) يَغْضَب؛ يَغْتاظ (٥) يَبْلى أو يَتَقَرَّح بالحكّ § (٦) غضبٌ؛ غَيظ (٧) حرارة أو بِلًى أو تقرّح ناشئ عن الفَرْك (٨) فَرْكٌ؛ احتكاك.

cha·fer [chāˊfər] *(n.)* الجُعَل: خُنفُساء بطيئة الحركة.

chaff[1] [chăf; chäf] *(n.)* (١) العُصافة: قِشر الحنطة المفصولُ عنها بالدِّراس (٢) قشّ؛ تبن (٣) النُّفاية؛ سَقَطُ المتاع: شيء تافه.

chaff[2] *(n.; vt.; i.)* (١) مُزاح § (٢) يُمازِح x (٣) يَمْزَح.

chaf·fer [chăfˊər] *(n.; vi.; t.)* (١) المازح؛ الممازح (٢) مساومة [على الأسعار] (ا . ق) § (٣) يساوم [على الأسعار] (٤) يتحادث x (٥) يُقايِض.

chaf·finch [chăfˊinch] *(n.)* الصَّعْنَج؛ الظالم: طائرٌ مغرِّدٌ.

chaff·y [chăfˊī] *(adj.)* (١) عُصافيّ؛ تِبْنيّ؛ قَشّيّ (٢) تافه.

chaf·ing dish [chāˊfĭng] *(n.)* طَبَق الإحماء: جهاز مؤلف من طبقٍ تحته مصباحٌ أو مُسَخِّنٌ.

Cha·gas' disease [shäˊgəs] *(n.)* داء شاغاس؛ الدُّراق الطُّفَيْليّ.

cha·grin [shə grĭnˊ] *(n.; vt.)* (١) غَمّ؛ كَدَر § (٢) يُغِمّ؛ يُكدِّر.

chain [chān] *(n.; vt.; adj.)* (١) سلسلة (٢) المقياس السِّلسلي: مقياس كالسلسلة يبلغ طوله ٦٦ قدمًا [وهذا هو مقياس المسّاح]، أو مئة قدم [وهذا هو مقياس المهندس] (٣) قَيْد؛ غُلّ (٤) *.pl*: عبودية (٥) سلسلة جبال (٦) المؤسَّسات السِّلسليّة: عددٌ من المؤسَّسات المتماثلة، كالمصارف والفنادق، تملكُهُ أو تديره شركةٌ واحدة (٧) السِّلسلة: عددٌ من ذرّات تترابط وكأنها حلقات منظومةٌ في سلسلة (ك) § (٨) يُوْثِق أو يَرْبط بسلسلة (٩) يقيِّد؛ يكبِّل؛ يُصَفِّد § (١٠) مُتَسلسل <a ~ letter> (١١) متراكم.

in ~*s* سجين؛ أسير؛ مُسْتَعْبَد.

chain compounds *(n. pl.)* المُرَكَّبات السِّلسلية (مج): مُرَكَّبات مؤلَّفة من عدد من الذّرّات يتصل بعضها ببعض على هيئة سلسلة (ك).

chain gang *(n.)* العُصبة المُسَلْسَلَة: مجموعة من السُّجناء المُوْثَقين بسلسلةٍ واحدة.

chain letter *(n.)* (١) الرسالة المُسَلْسَلَة: رسالة يُبْعَث بها إلى مجموعة من الأشخاص على التوالي (٢) الرسالة المضاعفة: رسالة يُبعَث بها إلى عدة أشخاص مع الرجاء إلى كل منهم أن يبعث بنسخٍ عنها إلى عدد مماثل.

chain lightning *(n.)* البَرْق السِّلسالي [على نحو متماوج أو متكسّر].

chain mail *(n.)* المَزْرودة: دِرع مَرِنَةٌ ذات زَرَد.

chain measure *(n.)* نظام المقاييس السِّلسليّة [يستخدمهُ المسّاحون].

chain of command *(n.)* سلسلة القيادة (جن).

chain–re·act *(vi.)* يتفاعل تَسَلْسُليًّا (فزن).

chain–reacting pile *(n.)* المُفاعِل الذَّرِّي أو النَّووي.

chain reaction *(n.)* التفاعل المُتَسلسل (فزن).

chain rule *(n.)* قاعدة السِّلسلة (ر).

chain–smok·er *(n.)* المُدَخِّن السِّلسِليّ: مَنْ يُدَخِّن من غير انقطاع.

chain store *(n.)* (١) المَتاجر السِّلسلية: عدد من المتاجر المتماثلة تملكه أو تديره شركة واحدة (٢) أحد المتاجر السِّلسليّة.

chain·work *(n.)* الحَبك السِّلسليّ: حبكٌ زُخرفيّ على شكل سلسلة.

chair [chȃr] *(n.; vt.)* (١) «أ» كُرسيّ. «ب» الكرسيّ الكهربائيّ (٢) «أ» مَقَرّ السُّلطة. «ب» كرسي القضاء أو الأُستاذية [في جامعة]. «ج» رئيس الجلسة (٣) مِحَفَّة § (٤) «أ» يُجلس على كرسيّ. «ب» يُزوِّد بكُرْسيّ (٥) يُنَصِّب: يُسْنِد إليه مَنْصِبًا (٦) يحملُهُ على كرسيّ ويطوف به [احتفالًا بانتصاره أو ظَفَره] (٧) يترأَّس [لجنةً أو جَلْسة].

to take the ~, يترأَس الاجتماع؛ يَرْئسُ الجلسة أو اللجنة.

chair car *(n.)* = parlor car.

chair·man [chȃrˊmən] *(n.; vt.)* (١) رئيس الجلسة أو اللجنة أو الدائرة (٢) حاملُ المِحَفَّة § (٣) يترأَّس جلسةً إلخ.

chair·man·ship *(n.)* رئاسة الجلسة أو المجلس أو اللجنة إلخ.

chair·per·son *(n.)* = chairman *1*.

chair·wom·an *(n.)* رئيسة الجلسة أو المجلس أو اللجنة إلخ.

chaise [shāz] *(n.)* الشّيز: عربة خفيفة ذات عجلتين أو أربع.

chaise

chaise longue [shāzˊ lôngˊ] *(n.)* الشّيزلُنْغ؛ الكرسيُّ الطويل.

Chal·ce·do·ni·an [kăl´sə dōˊ-] *(adj.)* خَلْقيدونيّ: ذو علاقة بمدينة خَلقيدونيا القديمة أو بمجمع خلقيدونيا الذي عُقد عام ٤٥١م وحرّم القول بالطبيعة الواحدة (نص).

chal·ced·o·ny [kăl sĕdˊə nī] *(n.)* الخَلْقيدونيّ؛ العقيق الأبيض.

chal·cid [kălˊsĭd] *(n.; adj.)* (١) الصفريّة؛ الخلقيديديّة: حشرة من الصُّفريّات أو الخَلْقيديديّات **Chalcidoidea** وهي فصيلة من الحشرات من رتبة غشائيات الأجنحة § (٢) صُفريّ؛ خَلقيديديّ.

chalco- بادئة معناها: نُحاس <*chalco*graphy>.

chal·co·cite [kălˊkə sītˊ] *(n.)* الكَلْكوسيت: معدن ناعم الحُبَيْبات.

chal·cog·ra·phy [kăl´kŏgˊ-] *(n.)* الحفر على النُّحاس.

chal·co·py·rite [-pīˊrīt] *(n.)* الكالكوبيريت؛ بيريت النُّحاس (مع).

Chal·da·ic [kăl dāˊĭk] *(n.; adj.)* = Chaldean.

Chal·de·an [-dēˊən] *(n.; adj.)* (١) الكَلْدانيّ: واحد الكَلْدانيين (٢) الكَلْدانية: لغة الكَلْدانيين (٣) المنجِّم؛ الساحر § (٤) كَلْدانيّ.

chal·dron [chôlˊdrən] *(n.)* الكَلْدَرْن: مقياس إنكليزي للفحم.

chalet

cha·let [shă lāˊ] *(n.)* الشّاليْه: «أ» كوخ راعٍ في الجبال

السويسرية. «ب» بيت سويسري ذو أفاريز عريضة. «ج» دارة أو «فيلّا» مشيّدة على هذا الطراز.

chal·ice [chăl′ĭs] *(n.)* (١) «أ» كأس. «ب» كأس القربان. «ج» خمرة كأس القربان (٢) كأس الزهرة الداخليّ (نب).

chalk [chôk] *(n.; vt.; i.; adj.)* (١) طباشير (٢) «أ» طبشورة. «ب» علامةٌ بطبشورة. «ج» إصابة تُسجَّل في لعبةٍ ما § (٣) يُطَبْشِر: يُعلِّم أو يرسم أو يكتب بالطباشير (٤) يرسم الخطوط الكبرى لـ... (٥) يجعله شاحبًا x (٦) يَتَطَبْشر: يُصبح طباشيريًا § (٧) طباشيريّ.

by a long ~, بكثير؛ بمراحل.

to~out يَرْسُم الخطوط الكبرى [لمشروع أو خطّةٍ].

to~the door يُطَبْشِر الباب: يضع إشارةً بالطباشير على منزل شخصٍ إنذارًا له أو تنبيهًا.

to~up (١) يُدوِّن أو يُسجِّل [النقاط المُحْرَزة في مباراة إلخ] (٢) يُحْرِز؛ يَكْسب (٣) يَرْفع سعر كذا.

chalk·stone *(n.)* (١) كتلةٌ طباشيرية (٢) الراسب الرمليّ [في النِّقرِس].

chalk·y [chô′kĭ] *(adj.)* طباشيريّ: مُحْتوٍ على طباشير أو أبيض كالطباشير.

chal·lenge [chăl′ənj] *(vt.; i.; n.)* (١) يُطالب بـ (ا م) (٢) يقتضي؛ يستلزم (٣) يعترض: يوقفُ [الحارسُ] شخصًا للتّحقّق من هُويَّتِهِ (٤) يُفنِّد؛ يُشكِّك في (٥) «أ» يعترض على. «ب» يَدْفع بعدم الاختصاص أو الأهلية (ق) (٦) يرتاب في (٧) يتحدّى (٨) يناجز: يدعو إلى المبارزة أو النِّزال § (٩) المناجَزة: دعوة إلى المبارزة أو النِّزال (١٠) اعتراض على (١١) الاعتراض: إيقاف الحارس شخصًا للتحقُّق من هُويّته (١٢) الارتياب [في شرعية صوتٍ انتخابيّ أو في حقّ مقترعٍ في الاقتراع] (١٣) تَحَدٍّ (١٤) اختبار. وبخاصة: اختبارٌ للمناعة من مرض.

chal·leng·ing *(adj.)* (١) مُتحدٍّ (٢) مثيرٌ للاهتمام (٣) فاتن.

chal·lis [shăl′ĭ] *(n.)* الشَّلِّيس: نسيج رقيق من قطن أو صوف.

chal·one [kăl′-] *(n.)* الكالون: إفراز داخليّ مُوهِنٌ للنشاط الفيسيولوجي.

cha·lyb·e·ate [kə lĭb′ĭ ĭt] *(adj.; n.)* (١) حديديّ: «أ» مُشَرَّب بأملاح الحديد. «ب» حديديّ الطَّعم § (٢) ماء أو دواء حديديّ.

cham [kăm] *(n.)* = khan.

cham·ber [chām′bər] *(n.; vt.; adj.)* (١) حجرة. وبخاصة: حجرة النوم (٢) تجويف؛ فجوة (٣) «أ» قاعة اجتماع هيئة تشريعية أو قضائية. «ب» *pl.*: مكتب القاضي أو المحامي. «ج» *pl.*: شقّة؛ مجموعة غُرَف. «د» حجرة استقبال في قصر (٤) «أ» هيئة تشريعية أو قضائية. وبخاصة: المجلس؛ أحد مجلسَي البرلمان. «ب» غرفة؛ مجلس <~ of commerce> (٥) الحُجَيْرة: موضع الحشوة في البندقية إلخ (٦) الحافظة: جيب لغلاف الفيلم الشفّاف § (٧) يُبيِّت؛ يُؤوي؛ يضع في حجرةٍ أو نحوها (٨) يزوِّد بحُجَيْرات أو بحُجُرات <*~ed* corridors> § (٩) حُجَرِيّة: مُعَدّة للعزف من قبل بضعة موسيقيين أمام جمهور قليل العدد <~ music>.

Lower *Chamber* مجلس النوّاب.

Upper *Chamber* مجلس الأعيان.

cham·bered *(adj.)* مزوَّد بحُجُرات <~ corridors>.

cham·ber·lain [chām′bər lĭn] *(n.)* (١) المَهْجَعِيّ: موظف مسؤول عن حجرة نوم الملك إلخ (٢) الياور؛ الحاجب؛ موظف كبير في بلاط (٣) أمين الخزانة أو المال.

cham·ber·maid *(n.)* المَهْجَعِيّة: خادمة مسؤولة عن غرف النوم.

chamber music *(n.)* موسيقى الحُجرة؛ الموسيقى الحُجَريّة.

chamber of commerce غُرفة التجارة.

chamber of deputies مجلس النُّواب.

chamber of industry غرفة الصِّناعة.

chamber orchestra *(n.)* أوركسترا الحجرة.

chamber pot *(n.)* النُّونيّة المَهْجَعِيّة: مَبْولة توضَع في حجرة النوم.

cham·bray [shăm′brā] *(n.)* الشَّمبراي: نسيج قطنيّ رقيق.

cha·me·le·on [kə mē′lĭ ən] *(n.)* (١) الحِرْباء (ح) (٢) الحُوَّل؛ القُلَّب؛ المتلوِّن: شخص متقلّب أو مُتَلَوِّن.

cha·me·le·on·ic [-lĭ ŏn′ĭk] *(adj.)* (١) حِربائيّ (٢) متقلّب؛ متلوِّن.

cham·fer [chăm′-] *(vt.; n.)* (١) يُثَلِّم؛ يُخَدِّد (٢) يَشْطُب [أو يَشْطُف] الحافةَ § (٣) ثَلْم؛ أُخْدود (٤) حافة مشطوبة أو مشطوفة.

cham·fron [chăm′frən] *(n.)* الرَّأسيّة: درعٌ لرأس الفَرَس.

cham·ois [shăm′ĭ; shȧ mwä′] *(n.)* pl. **-ois** *also* **-oix** (١) الشَّمواة: حيوانٌ شبيهٌ بالمعزاة (٢) جلد الشَّمواة.

chamois

cham·o·mile [kăm′ə mīl′] *(n.)* البابونَج (نب).

champ [chămp] *(vt.; i.; n.)* (١) يَعَضّ. وبخاصة: يَعَضّ بفارغ الصَّبر (٢) يَقْضِم ويَمْضَغ [بقوّةٍ وصوتٍ] § (٣) عَضٌّ؛ قَضمٌ (٤) champion.

cham·pac *or* **cham·pak** [-′păk] *(n.)* الشَّنْبَق: نبات أصفر الزهر.

cham·pagne [shăm pān′] *(n.; adj.)* (١) الشّامبانيا: شراب مُسْكِر § (٢) شامبانياويّ: ذو لون كلون الشامبانيا.

cham·paign [shăm pān′] *(n.; adj.)* (١) السَّهل؛ الأرض المُستوية § (٢) سَهْليّ؛ مُنبسِط <~ fields>.

cham·per·ty [chăm′pər tĭ] *(n.)* الإنصاب: تقديم المال أو الخدمات من أجل إنجاح دعوى طمعًا في الحصول على نصيب من الربح الناشئ عنها.

cham·pi·gnon [shăm pĭn′yən] *(n.)* الفُطر (نب).

cham·pi·on [chăm′pĭ ən] *(n.; vt.; adj.; adv.)* (١) المقاتل؛ المحارِب (٢) النصير: المدافع عن شخص أو جماعة أو قضية <a ~ of the oppressed> (٣) البطل: المُجَلّي في لعبةٍ أو مسابقة § (٤) يناصر؛ يؤيِّد؛ يدافع عن § (٥) مُجَلٍّ؛ بَطَلٌ <the ~ team> (٦) ممتاز؛ رائع <That's ~!> (٧) لا يُجارى <a ~ liar> § (٨) على نحو رائع.

cham·pi·on·ship *(n.)* (١) بطولة [في لُعْبةٍ إلخ] (٢) نُصْرة؛ دفاعٌ عن (٣) مباراة البطولة: مباراة تُجرى لإحراز لقب البطولة.

chance [chăns; chäns] *(n.; vi.; t.; adj.)* (١) مصادفة (٢) حظّ (٣) احتمال؛ إمكانية حدوث شيء (٤) فرصة <a ~ to escape> (٥) أمل (٦) مخاطرة <to take a ~> § (٧) يصادف؛ يتفق؛ يَحْدُثُ مصادفةً أو اتفاقًا x (٨) يُخاطر § (٩) تصادفيّ؛ اتفاقيّ (١٠) طارئ؛ عارض؛ غير متوقَّع <a ~ buyer>.

by ~, مصادفةً؛ اتّفاقًا.
on the ~ of *or* that رجاةَ أن؛ على أمل أن.
to ~ on *or* upon يلتقي به أو يجدُهُ مصادفةً.
to take a ~; to take one's ~, يخاطر؛ يُجازف.

chance·ful [chăns'fəl] *(adj.)* = eventful.

chan·cel [chăn'səl; chän'-] *(n.)* مَذْبَح؛ هيكل [في كنيسة].

chan·cel·ler·y *or* **chan·cel·lor·y** [chăn'-] *(n.)* (١) أمانة السرّ: منصب كاتم أسرار الملك أو الأمير إلخ أو مقرُّهُ (٢) المستشارية: منصب المستشار الألماني أو النمساوي أو مقرّهما (٣) مبنى السفارة [أو القنصلية] أو رجالها.

chan·cel·lor [chăn'sə-] *(n.)* (١) أمين السرّ (٢) قاضي القضاة [في بريطانيا] (٣) السكرتير الأول [في سفارة] (٤) رئيس الجامعة (٥) المستشار: رئيس الوزراء [في ألمانيا والنمسا].

Chancellor of the Exchequer *(n.)* وزير المال [في بريطانيا].

chan·cel·lor·ship *(n.)* منصب قاضي القضاة أو المستشار الألماني إلخ أو مدة ولاية أيّ منهم.

chance–med·ley [chăns'mĕd'lĭ; chäns'mĕd'lĭ] *(n.)* (١) القَتْل من غير قصد أو دفاعًا عن النفس (٢) «أ» مصادَفة. «ب» عملٌ يَحْدُث اتّفاقًا.

chan·cer·y [-'sə rĭ] *(n.)* (١) محكمةٌ عليا (٢) مكتب المحفوظات أو الأرشيف (٣) مكتب قاضي القضاة إلخ (٤) مبنى سفارة (٥) المسكة الخانقة: مسكة في المصارعة تطوّق الرأس أو العُنق بإحكام.

in ~, (١) قيدَ النظر في محكمة عليا (٢) في مأزِق؛ في وضع يائس.

chan·cre [shăng'kər] *(n.)* القَرْح؛ القَرْحة [التناسليّة] الصُّلبة (ط).

chan·croid [shăng'kroid] *(n.)* القُرَيْح؛ القَرْحة [التناسليّة] اللّيِّنة (ط).

chan·crous *(adj.)* (١) قَرْحانيّ؛ كالقَرْحة (٢) متقرِّح: ذو قروح.

chan·cy [chăn'sĭ] *(adj.)* (١) جالب للحظّ (٢) خاضع للحظّ؛ غير مضمون النتائج (٣) محفوف بالمخاطر (٤) تصادفيّ؛ اتفاقيّ.

chan·de·lier [shăn'də lēr'] *(n.)* ثُرَيّا.

chan·delle [-dĕl'] *(n.)* الصعود الشّمعدانيّ: دورانٌ صاعدٌ شديد المَيْل (طي).

chan·dler [chăn'dlər] *(n.)* (١) الشَّمّاع: صانع الشموع أو بائعُها (٢) السَّمّان؛ البَقّال.

chan·dler·y [-'dlə rĭ] *(n.)* (١) المَشْمَعَة: موضعٌ تُحفظ فيه الشموع (٢) الشّماعة: صناعة الشمّاع (٣) بضاعة الشمّاع [أو السمّان إلخ].

change [chānj] *(vt.; i.; n.)* (١) يغيِّر؛ يُبدِّل (٢) «أ» يحوِّل إلى. «ب» يَمْسخ (٣) يستبدل شيئًا بآخر <to ~ trains> (٤) يَصْرِف: يستبدل ورقة نقدية بوحدات صغيرة (٥) يتبادل <Shall we ~ seats?> (٦) يغيِّر أغطية الفراش x (٧) يتغيَّر؛ يتبدَّل (٨) ينتقل من قطار إلى آخر (٩) يغيِّر ملابسَهُ § (١٠) تغيير؛ تبديل (١١) تغيُّر؛ تبدُّل (١٢) انحراف عن <a ~ in the daily routine> (١٣) استبدال شيء بآخر (١٤) التحوُّل: انتقال من مكانٍ أو حالة أو شكل أو وجهٍ إلى آخر <~ of the moon> (١٥) تنويع يُراد به دَفْعُ السَّأم <for a ~> (١٦) الغِيار: مجموعة إضافيّة من الثياب (١٧) البورصة (بر) (١٨) «أ» «صرافة»؛ «فكّة النقود». «ب» ما يُرَدّ من فائض قيمة السِّلَع المشتراة.

for a ~, على سبيل التنويع أو التغيير.
to ~ countenance يتغيّر لون مُحَيّاه [من ذُعر أو حزن إلخ].
to ~ front (١) يغيّر وِجهةَ هجومِهِ (٢) يناقش من زاوية جديدة (٣) يغيّر موقفَهُ أو مبادئه.
to ~ hands ينتقل من يدٍ إلى يد؛ يتحوَّل من مالكٍ إلى آخر.
to ~ one's mind يبدِّل رأيه؛ يُغيِّر فكرَهُ.
to give short ~, يوليه اهتمامًا أقلّ مما كان يتوقع.
to ring the ~s (١) يقرع مجموعة أجراس بمختلف الطرق الممكنة مُحْدِثًا ضروبًا من النغمات (٢) يعمل [أو يقول] شيئًا بطرق مختلفة.
to take one's ~, ينتقم؛ يثأر.

change·a·ble *(adj.)* (١) متقلّب (٢) ممكنٌ تغييره (٣) مُتلاوِن: ذو لونٍ أو مظهر يتغيَّر باختلاف زاوية النظر إليه <~ silk>.

change·ful *(adj.)* متقلّب؛ متغيّر؛ باستمرار.

change·less *(adj.)* ثابت؛ مستقرّ؛ غير متبدِّل.

change·ling *(n.)* (١) المارق: المتخلّي عن حزبه أو مبادئه؛ الخائن (٢) المُسْتَبْدَل: طفلٌ استُبدِل بآخر، بطريقة سرّية، منذ الطفولة.

change of heart انقلاب كامل [في الموقف أو المَسْلك].

change of life تغيُّر الحياة؛ سِنّ اليأس.

change of state الاستحالة: تغيُّر المادّة من حالة إلى أخرى (فز).

change·o·ver *(n.)* التَّحَوُّل: تحوّلٌ من حالٍ إلى حال.

chang·er *(n.)* (١) فا change (٢) الصَّرّاف؛ الصَّيْرَفيّ (ا. م).

change·room *(n.)* حُجرة التغيير: حجرة تغيير الملابس.

chan·nel [chăn'əl] *(n.; vt.)*, **-neled** *or* **-nelled** (١) «أ» مَجْرى نهر. «ب» أعمق نقطةٍ في نهر أو مرفأ (٢) القناة: «أ» مجاز مائيّ ضيِّق. «ب» سبيل من سُبُل المواصلات أو التعبير. «ج» سبيل مُوْصِلٌ إلى كذا. «د» طريق <~s of trade>. «ه» مَصْدر [من مصادر الأخبار] (٣) أنبوب (٤) ثَلْمٌ؛ أُخدود؛ قناة (٥) القناة: «أ» نطاق من الترددات الراديويّة مخطَّطٌ للاستخدام في البثّ التلفزيونيّ. «ب» مَسار المعلومات الرَّقمية أو غيرها في الكومبيوتر (٦) قضيبُ مجرًى: قضيب معدني على شكل حرف U § (٧) يُثَلِّم؛ يُخَدِّد: يحفر ثلمًا أو أخدودًا في (٨) ينقل عَبْرَ قناةٍ أو نحوها (٩) يَشُقّ على شكل قناة <The river ~*ed* its way through the rocks.> (١٠) يُقَنّي: يوجِّه نحو قناة؛ يَحْصُر في مجرًى أو اتجاه <to ~ one's interests>.

channel bar; iron; steel; rail *(n.)* = channel *6*.

chan·nel·ing *(n.)* الاتصال الرُّوحيّ.

chan·nel·ize [chăn'əl īz'] *(vt.)* = channel.

channel surfing *(n.)* استعراض القَنَوات [في التلفزيون].

chan·son [shăn'sən] *(n.)* (١) أُغنية (٢) أُنشودة.

chan·son de geste [shän sôn′ də zhěst′] *(n.)* أُنشودة البطولة : أُنشودة ملحمية فرنسية تتغنّى بتاريخ فرنسا القديم .

chan·son·nier [shän′sō nyā′] *(n.)* (١) مؤلِّف الأغاني (٢) المُغَنّي .

chant [chănt; chänt] *(vi.; t.; n.)* (١) يُنشد (٢) يُغَنّي (٣) يُرَتِّل ؛ يُرَنِّم (٤) يتلو بنبرة رتيبة x (٥) يترنّم بـ ؛ يتغنّى بـ <~*ed* the virtues of patriotism> § (٦) أُنشودة (٧) غناء (٨) ترتيلة ؛ ترنيمة (٩) أغنية رتيبة (١٠) نبرة رتيبة أو مُمِلّة [في الكلام] .

chan·tage [chăn′tĭj; shän tȧzh′] *(n.)* الشّانتاج ؛ الابتزاز : ابتزاز الأموال من طريق التهديد بالتشهير .

chant·er [chăn′tər] *(n.)* (١) المُنشِد ؛ المُرَتِّل (٢) المُنشِد في جوقة كنسية .

chan·te·relle [shăn′tə rěl′] *(n.)* الإنائيّة : فُطر يؤكل (نب) .

chan·teuse [shän tœz′] *(n.)* المُنشِدة ؛ المُغَنّية .

chan·tey *or* **chan·ty** [shăn′tĭ] *(n.)* نشيد البحّارة .

chan·ti·cleer [chăn′tə klēr′] *(n.)* ديك (ح) .

chant·ress [chăn′trəs; chän′-] *(n.)* المُنشِدة ؛ المُغَنّية .

chan·try [chăn′-] *(n.)* (١) مال موقوف لإقامة القداديس (٢) القداديسية : كنيسة صغيرة ذات أوقافٍ لهذا الغرض .

cha·os [kā′ŏs] *(n.)* (١) «أ» الشّواش ؛ اللاتكوّن : حالة الكون المختلطة قبل تكوّنه . «ب» الهَيُولى : المادة اللامتشكّلَة المفروض أنها سبقت وجود الكون (٢) فوضى ؛ هَرْج ومَرْج ؛ اختلاط أو تشوُّش كامل (٣) خليط ؛ مزيج .

cha·ot·ic [kā ŏt′-] *(adj.)* شَواشيّ ؛ هَيوليّ ؛ مشوَّش كليًّا ؛ فوضويّ .

chap [1] [chăp] *(n.; vi.; t.)* (١) شِقّ : فَلْع [وبخاصة في البشرة] § (٢) يَتشقَّق [الجلدُ إلخ] (٣) ينصدع ؛ ينفلق x (٤) يُشقِّق [البردُ البشرةَ] (٥) يَصْدَع ؛ يَفْلِق .

chap [2] [chŏp; chăp] *(n.)* (١) فكٌّ (٢) خَدٌّ .

chap [3] [chăp] *(n.)* (١) فَتًى ؛ غُلام ؛ رَجُل (٢) طِفل (٣) زبون ؛ مُشترٍ (عب) (٤) الحبيب (عب) (٥) الزَّوج (عب) .

chap [4] [chăp] *(n.)* لَكْمة ؛ ضَرْبة (إسك) .

chap·a·ra·jos *or* **chap·a·re·jos** [shăp′ə rā′ ōs] *(n. pl.)* الشَّبراج : بنطلون جلدي متين يلبسه رعاة البقر .

chaparajos

chap·ar·ral [chăp′ə răl′] *(n.)* (١) أجَمة سنديان (٢) أَجَمة ؛ دَغَل .

chap·ar·ral cock *(n.)* الجَوّاب : طائرٌ أميركيّ .

chap·book [chăp′bo͝ok′] *(n.)* كُتَيِّب حكايات شعبية إلخ .

chape [chāp] *(n.)* الرّأسيَّة : زخارف الغِمدِ أو القرابِ المعدنيةُ [عند الحَلْقة التي تُعلِّقُه بالحزام] .

cha·peau [shă pō′] *(n.)* القُبَّعة : غطاءٌ للرأس .

chap·el [chăp′əl] *(n.)* (١) الكُنَيِّسَة : كنيسة صغيرة في قصر أو مدرسة أو سجن أو مستشفًى إلخ (٢) مُصَلًّى في كنيسة أو كاتدرائية مخصَّص للتأمل والعبادة (٣) جوقة ترتيل [تابعةٌ لكنيسة صغيرة] (٤) صلاة أو اجتماع [في كنيسة مدرسة أو كلّية] (٥) «أ» مطبعة . «ب» عُمّال المطبعة (٦) المَعْبَد : مكان للعبادة خاصٌ بالمتسببين إلى كنيسة منشقّة <a nonconformist ~> .

chap·er·on *or* **chap·er·one** [shăp′ə rōn′] *(n.; vt.; i.)* (١) قُبَّعة (٢) الناظورة ؛ الوصيفة المصاحِبة : امرأة متزوّجة ترافق فتاةً إلى الحفلات الاجتماعية لحمايتها أو للعناية بها (٣) النّاظور ؛ الحافظ ؛ المُصاحب : رجلٌ يرافق الشبّان إلى الحفلات الاجتماعية للتأكّد من سلوكهم مسلكًا حسنًا فيها § (٤) «أ» ترافق [بوصفها ناظورةً] . «ب» يرافق [بوصفه ناظورًا] x (٥) يُناظر : يقوم بمهمّة الناظور أو الناظورة .

chap·fall·en [chŏp′fô′lən] *(adj.)* مُكْتَئب ؛ محزون .

chap·i·ter [chăp′ə tər] *(n.)* تاج العمود (عم) .

chap·lain [chăp′lĭn] *(n.)* القَسّ المُلْحَق [بمؤسسة أو بلاط إلخ] .

chap·let [chăp′lət] *(n.)* (١) إكليل للرأس (٢) سُبْحة (٣) «أ» سُبحة الصلاة . «ب» صلواتٌ تؤدَّى بالاستعانة بها (كث) (٤) السُّبحيّة : حِلْية معمارية صغيرة خَرَزيّة الشكل (عم) .

chap·man [chăp′-] *(n.)* (١) التّاجر (ا . ق) (٢) البائع المتجوِّل (بر) .

chaps [chăps; shăps] *(n. pl.)* = chaparajos.

chap·ter [chăp′tər] *(n.; vt.)* (١) فَصْل [من كتاب] (٢) المَجْمَع : «أ» اجتماع عامّ لرجال الكنيسة . «ب» جماعة الكهنة الملحقين بكاتدرائية . «ج» جماعة الرهبان في دير (٣) المَحْفَل : فرعٌ محليّ من جمعية أو نادٍ إلخ § (٤) يُفَصِّل : يُقسِّم كتابًا إلى فصول .

~ of accidents سلسلة من المصائب المتعاقبة .

to the end of the ~, حتى النهاية ؛ إلى الأبد .

chapter house *(n.)* (١) مَجلِس الكَهَنة : مبنًى مُلحَق بكاتدرائيةٍ أو ديرٍ يَعقد فيه الكهنة اجتماعاتهم (٢) المَحْفَل : مبنًى لفرعٍ محليّ من نادٍ إلخ .

char [1] *(n.)* الشّار [سمك] .

char [2] *(vt.; i.; n.)* (١) يُفَحِّم (مج) : يُحرق أو يُحَوِّل إلى فحم (٢) يَسْفَع : يُحرق إحراقًا طفيفًا x (٣) يتفحّم (٤) يُسْفَع : يُحْرَق إحراقًا طفيفًا § (٥) فحمٌ .

char [3] *(vi.; n.)* (١) تَخْدِمُ المرأةُ نهارًا [في المكاتب أو المنازل من غير أن تبيت فيها] (٢) يقوم بمهامّ صغيرة § (٣) الخادمة النّهارية .

char·a·banc [shăr′ə băng′] *(n.)* أوتوبوس كبير [لنقل السُّياح] .

char·a·cin [kăr′ə sĭn] *(n.)* الكَرْسين : سمكٌ صغير زاهي الألوان .

char·ac·ter [kăr′ĭk tər] *(n.; vt.; adj.)* (١) «أ» رمز . «ب» علامة . «ج» حرف أبجديّ . «د» أَلِفْباء . «ه» كتابة ؛ طباعة . «و» أسلوب في الكتابة أو الطباعة (٢) سِمة ؛ طابَع ؛ شخصية ؛ صفة مُميِّزة (٣) خُلُق <a man of fine ~> (٤) نوع ؛ ضرب ؛ طراز (٥) وصف ؛ صِفة <in his ~ as a son> (٦) شهادة حُسْن سلوك (٧) «أ» شخص غريب الأطوار <He's quite a ~.> «ب» شخصية [في رواية أو مسرحية] . «ج» دَوْر [في مسرحية] (٨) «أ» سُمعة ؛ صيت . «ب» سُمعة حسنة (٩) خُلُقٌ رفيع (١٠) السِّمة ؛ الرّمز : أيُّ رَمْزٍ يمثِّل مُعْطًى من مُعْطَيات الكومبيوتر (ألك) § (١١) يصف ؛ يُصَوِّر § (١٢) شخّاص : قادرٌ على تمثيل الشخصيّات الصعبة <a ~

actor>.

in ~, مُتَمَشٍّ مع طبيعة المرء أو مزاجه.

out of ~, غير مُتَمَشٍّ مع طبيعة المرء أو مزاجه.

char·ac·ter·is·tic *(n.; adj.)* (١) خصِّيصة؛ ميزة؛ صفة مميِّزة (٢) العدد البيانيّ [في اللوغارثم] § (٣) مُمَيِّز.

char·ac·ter·is·ti·cal·ly *(adv.)* على نحوٍ مُمَيِّز.

characteristic curve *(n.)* المنحني المُمَيِّز (ر).

characteristic equation *(n.)* المعادَلة المُمَيِّزة (ر).

characteristic function *(n.)* الدّالّة المُمَيِّزة (إحص).

char·ac·ter·i·za·tion *(n.)* (١) وَصْف؛ نَعْت (٢) وصف أو تصوير [للخصائص إلخ] (٣) التَّشخيص؛ خَلْق الشَّخصيات الروائية.

char·ac·ter·ize *(vt.; i.)* (١) يصف [الخصائصَ] أو يصوِّرها (٢) يُمَيِّز: يَسِمُ بصفة مُمَيِّزة؛ يُشكِّل مِيزةً لِـ (٣) يشخِّص: يرسم شخصيات الرواية.

char·ac·ter·less *(adj.)* عديم الشخصية؛ تُعْوِزهُ الشخصيّة.

char·ac·ter·ol·o·gy [-ŏl´ jĭ] *(n.)* علم الطبائع (نف).

char·ac·ter·y [kăr´ĭk tə rĭ] *(n.)* حروف؛ رموز.

cha·rade [shə rād´; shə räd´] *(n.)* (١) أُحجية؛ لُغز (٢) *pl.*: التَّمثيلية التَّحزيرية: لعبةٌ قِوامُها مشهدٌ تمثيلي إيمائيّ يصوِّر مقاطعَ كلمة معيَّنة يُطلَب إلى المشترك في اللُّعبة أن يحزرها (٣) خدعة؛ زَعْمٌ.

cha·ras [chär´əs] *(n.)* = hashish.

char·broil [chär´broil´] *(vt.)* يشوي بالفحم.

char·coal [chär´kōl´] *(n.; vt.)* (١) الفحم؛ الفحم العضويّ أو النباتيّ (٢) قَلَم فحميّ [للتصوير] (٣) الصورة الفحميّة: صورة مرسومة بقلمٍ فحميّ § (٤) يُفحِّم: يُسَوِّد أو يكتب أو يرسم بالفحم (٥) يشوي بالفحم.

chard [chärd] *(n.)* السِّلْق (نب).

chare [châr] *or* **char** [chär] *(n.)* = chore.

charge [chärj] *(vt.; i.; n.)* (١) «أ» يُحَمِّل؛ يضع حملًا على... (ا.ق). «ب» يُلْقِم أو يحشو [بندقية]. «ج» يَشْحن [بطاريةً كهربائية]. «د» يملأ. «هـ» يُشبع [الهواءَ أو الجوَّ بـ]. «و» يُرْهِق؛ يُثقِل. «ز» يتّخذه رمزًا لشعار النبالة. «ح» يَسِمُهُ أو يميّزه برمز (٢) «أ» يكلِّفُهُ أمرًا؛ يَعْهد إليه بمهمّة. «ب» يأمر؛ يُوْصي بِـ. «ج» يُعطي التعليمات إلى (٣) يَتَّهم بِـ (٤) يعزو؛ يُلقي التَّبعةَ على (٥) «أ» يُسَدِّد؛ يُصَوِّب [رمحًا إلخ]. «ب» يهاجم؛ يحمل على (٦) يقيِّد على حساب فلان أو اسمِهِ (٧) «أ» يفرض رَسْمًا. «ب» يطلب ثمنًا § (٨) «أ» حِمْل؛ عِبء (ا.م). «ب» رمز مميَّز لشعار النبالة (٩) «أ» شِحنة. «ب» حَشْوة (١٠) «أ» مهمّة؛ واجب؛ مسؤوليّة. «ب» عُهدة؛ رعاية. «ج» الوديعة: شخصٌ أو شيء موضوعٌ تحت إشراف امرئٍ ما. «د» أبرشية [معهودٌ أمرُ العناية بها إلى كاهن] (١١) عبء؛ عالة (١٢) «أ» أمرٌ؛ وصيّة. «ب» توجيهات؛ تعليمات (١٣) «أ» نَفَقة. «ب» ثمن؛ رَسْم. «ج» دَيْن أو ضريبة (١٤) تُهمة (١٥) هجومٌ مُباغِت <a tank ~> (١٦) الشِّحنة («كب» و«فزن»).

in ~ of the library مسؤول عن المكتبة.

to bring a ~ against يتّهمُهُ بِـ...

to face a ~, يواجهُ تُهمةً.

charge·a·ble *(adj.)* (١) عُرْضةٌ للاتّهام (٢) ممكنٌ إضافتُهُ إلى حسابٍ ما (٣) قابلٌ [كضريبة] للفَرْض.

charge card *(n.)* = credit card.

charged *(adj.)* (١) مشحون؛ مُعَبّأ <a ~ cell> (٢) انفعاليّ.

char·gé d'af·faires [shär zhā´ dȧ fâr´] *(n.)* القائم بالأعمال: موظف يلي السفيرَ رتبةً.

char·ger[1] [chär´jər] *(n.)* طَبَقٌ أو صَحْن كبير (ا.ق).

char·ger[2] *(n.)* (١) فا charge (٢) المُلْقِم؛ المُشْط؛ جهاز الحَشْو (جن) (٣) حصان [مُعَدّ للقتال] (٤) الشّاحن: جهاز لشحن البطارية.

char·i·ly [châr´ə lĭ] *(adv.)* (١) بحَذَر (٢) بخَجَل (٣) باقتصاد.

char·i·ness [-nəs] *(n.)* (١) حَذَر (٢) خَجَل (٣) اقتصاد.

char·i·ot [chăr´ĭ ət] *(n.; vi.; t.)* (١) المُعَجَّلة: «أ» مَرْكبة خفيفة ذات أربع عجلات. «ب» مَرْكبة حربية قديمة، ذات عجلتين، تجرّها الخيل، كانت تُستخدَم أيضًا في المواكب والسّباقات § (٢) «أ» يَسُوق مُعَجَّلةً. «ب» يركب مُعَجَّلةً x (٣) يَنْقُل بمُعَجَّلة.

char·i·o·teer [-tēr´] *(n.)* (١) سائق المُعَجَّلة (٢) *cap.*: ذو الأعنّة (فل).

cha·ris·ma [kə rĭz´mə] *also* **char·ism** *(n.)* (١) قدرة خارقة [على اجتراح العجائب] (٢) سِحر [في شخصية القائد يَدْفع الجماهير إلى تقديسه] (٣) جاذبية؛ فتنة <the ~ of popular actors>.

char·is·mat·ic *(adj.)* (١) عجائبي (٢) ساحر؛ ساحر للجماهير <~ leaders> (٣) جذّاب؛ فاتن؛ آسِر <a ~ popular actor>.

char·i·ta·ble [chăr´ə-] *(adj.)* (١) مُحسن؛ متصدِّق [على الفقراء] (٢) خَيْريّ (٣) رَفيق: متلطِّف في الحكم على الناس.

char·i·ty [chăr´ə tĭ] *(n.)* (١) المَحَبَّة: «أ» حُبّ المرء لإخوانه في الإنسانيّة. «ب» عناية الله الأبوية بالناس (نص) (٢) الإحسان: «أ» عمل الخير. «ب» مؤسسة خيرية (٣) «أ» صَدَقة؛ حَسَنة؛ هِبَةٌ لأغراضٍ خيرية عمومية. «ب» مؤسَّسة [كمستشفى أو نحوِه] مُنْشَأةٌ بِهِبةٍ كهذه (٤) الرِّفق: التلطُّف في الحكم على الناس.

Charity begins at home. الأقربون أولى بالمعروف.

cha·riv·a·ri [shĭv´ə rĭ; shĭv´ə rē´] *(n.; vt.)* = shivaree.

char·ka *or* **char·kha** [chär´-] *(n.)* الكَرْخَة: دولاب الغَزْل [في الهند].

char·la·dy [chär´lā dĭ] *(n.)* = charwoman.

char·la·tan [shär´lə tən] *(n.)* الدَّجّال؛ المُشَعْوِذ.

char·la·tan·ism *or* **char·la·tan·ry** *(n.)* الدَّجَل؛ الشَّعْوَذة.

Charles's Wain [wān´] *(n.)* = Ursa Major.

Charles·ton [chärlz´tən] *(n.)* الشّارْلِسْتون: رقصة زنجية الأصل.

char·ley horse *(n.)* الألم العضليّ الصَّدْعيّ (ط).

char·lie *also* **char·ley** [chär´lĭ] *(n.)* = fool.

char·lock [chär´lək] *(n.)* خَرْدلُ الحقول؛ الخَرْدل البريّ (نب).

char·lotte [shär´lət] *(n.)* الشَّرْلوت: حلوى من خبزٍ وفاكهة وكريما.

char·lotte russe [ro͞os´] *(n.)* الشَّرْلوت الروسيّة (را. المادة السابقة).

charm [chärm] *(n.; vt.; i.)* (١) عزيمة؛ رُقية؛ تعويذة (٢) فتنة؛ سِحر

(٣) جمال؛ مَفاتن <feminine ~s> (٤) حلية صغيرة [تُعَلَّق بسلسلة السّاعة إلخ] § (٥) يعوِّذ؛ يَرْقي (٦) يَفْتِن؛ يَسْحَر x (٧) يُمارس السِّحر.

charmed *(adj.)* (١) مَرْقيّ؛ معوَّذ (٢) مفتون؛ مسحور.

charm·er *(n.)* (١) السّاحر؛ المشتغل بالسِّحر (٢) الحاوي (٣) الفاتن.

charm·ing *(adj.)* ساحِر؛ فاتن؛ آسِر.

char·nel *(n.)* (١) مَقْبرة (٢) المَعْظَمة: موضع تُحفظ فيه الجثث أو عظامها.

charnel house *(n.)* = charnel 2.

char·poy [chär′poi′] *(n.)* الشَّرْبُوْيُ: سريرٌ خفيف [في الهند].

char·qui [chär′kē; shär′-] *(n.)* الشّاركيّ: قديد اللحم البقريّ.

charr [chär] *(n.)* = char 1.

chart [chärt] *(n.; vt.)* (١) خريطة (٢) جدولٌ أو رسمٌ بيانيّ (٣) المخطَّطة: ورقة مُسطَّرة ومُدرَّجةٌ مُعَدّةٌ للاستعمال في آلةٍ مدوِّنة § (٤) «أ» يرسم خريطة. «ب» يُظهر على خريطة إلخ (٥) يخطِّط: يرسم خطة لِـ <to ~ a course of action>.

char·ta·ceous [kär tā′shəs] *(adj.)* ورقيّ أو شبيهٌ بالورق.

char·ter [chär′tər] *(n.; vt.; adj.)* (١) صَكّ؛ عَقْد (٢) «أ» براءة [بحقوق أو امتيازات]. «ب» شِرعة؛ ميثاق؛ دُستور (٣) رخصة أو إجازة [من منظَّمة مركزية بإنشاء فرع لها] (٤) امتياز؛ حصانة؛ إعفاء خاصّ (٥) الإكراء: تأجير سفينة أو طائرة أو جزءٍ منها لمدّة معيّنة § (٦) يمنح براءةً أو رخصةً لِـ (٧) يؤجِّر أو يستأجر سفينة أو طائرة § (٨) مكتراة؛ مستأجَرة من قِبَل جماعة معيَّنة <a ~ airplane>.

char·tered accountant *(n.)* المُحاسب القانوني.

Charter of the United Nations شِرعة الأمم المتحدة.

Char·tism [chär′-] *(n.)* الميثاقيّة: حركة عُمّالية إنكليزية نشطت في القرن التاسع عشر وهَدَفت إلى تحسين أوضاع الطبقة العاملة اجتماعيًا وصناعيًا.

char·tist [chär′-] *(n.)* (١) الخرائطيّ: رسّام الخرائط (٢) الجداوِليّ: خبير بالأسواق الماليّة يتّكل في تنبُّؤاته على الجداول البيانية.

char·treuse [shär trœz′] *(n.)* (١) لونٌ أخضر ضاربٌ إلى الصُّفرة (٢) *cap*: الشَّرتروزيّة: شراب مُسْكر أخضر اللون أو أصْفرُهُ.

char·tu·lar·y [kär′choo lĕr′ĭ] *(n.)* = cartulary.

char·wom·an [chär′-] *(n.)* الخادمة النّهارية: خادمة تعمل نهارًا في المنازل من غير أن تبيت فيها، أو تنظِّف المكاتب والمباني الكبيرة.

char·y [châr′ĭ] *(adj.)* (١) حَذِر (٢) خجول (٣) مقتصِد بحَذَر.

chase [1] [chās] *(n.; vt.; i.)* (١) مُطاردة (٢) طَريدة (٣) صَيْد؛ قَنْص (٤) «أ» حقّ الصَّيْد [في نطاقٍ مُعَيَّن من الأرض]. «ب» مَرْتَع الصَّيْد: أرضٌ مخصَّصة للصَّيد § (٥) يطارد؛ يتعقّب (٦) يتصيَّد x (٧) يسعى [من أجل الحصول على] (٨) يعدو؛ يُسرع <The boys ~d off after the procession.>

to give ~, يُطارد؛ يلاحق؛ يتعقَّب.

chase [2] *(vt.)* (١) يَحفِر؛ ينقش؛ يُزيِّن المعدِن بنقوش (٢) يُرَصِّع بالجواهر (٣) يُثلِّم؛ يُخَدِّد (را. channel 7) (٤) يُمَشِّط: يُسَنِّن اللَّولب (مك).

chase [3] *(n.)* (١) ثَلْم؛ أُخدود (٢) الفُوَّهة: فُوَّهة المِدفع (٣) خندق (٤) المَسْلَك: مجاز أو ممرّ في جدارٍ لتركيب الأسلاك أو إمرارها.

chase [4] *(n.)* طَوْقٌ حديديّ [لربط الصفحات المُنَضَّدة تمهيدًا لطبعها].

chase gun *(n.)* مِدفع المُطارَدة (را. المادة التالية).

chas·er [chā′sər] *(n.)* (١) فا chase (٢) المُلْحَق: شراب مُسْكِر خفيف يؤخذ بعد مُسْكِر قويّ (٣) سفينة أو طائرة مطارِدة (٤) مدفع المطاردة [في مقدَّم السفينة أو مؤخَّرها] (٥) النَّقّاش: البارع في نقش المعادن أو حَفْرها (٦) المِنقَش: أداة نَقْشٍ أو حَفْر (٧) المِمْشَط: أداة لتسنين اللَّوالب (مك).

chasm [kăz′əm] *(n.)* (١) هُوَّة (٢) شِقّ؛ صَدْع (٣) فَجْوة (٤) الخُلْف: تباين كبير في المصالح، بين شخصين أو دولتين إلخ، يؤدي إلى تنابذهما <a political ~>.

chas·mo·phyte [-fīt′] *(n.)* نبات الصُّدوع: نبات في صُدوع الصخور.

chasse·pot [shăs′pō] *(n.)* الشَّسْبُوَة: ضرب من البنادق.

chas·seur [shă sûr′; shȧ sœr′] *(n.)* (١) الصَّيّاد (٢) القنّاص: جنديّ من القنّاصة (٣) مُرافق أو خادم [يرتدي بِزّةً رسمية].

chas·sis [shăs′ē; chăs′ĭs; chăs′ē] *(n.)* الهَيْكل: «أ» الإطار والعجلات والآليّات التي يُرَكَّب عليها بدنُ السيارة أو الطائرة. «ب» الإطار والأجزاء العاملة من جهاز الراديو أو التلفزيون بوصفها شيئًا متميِّزًا عن خزانته.

chaste [chāst] *(adj.)* (١) طاهر؛ عفيف (٢) عَزَب؛ عَزباء (٣) مُحْتشِم (٤) بسيط؛ غير مُتْرَف <a ~ meal> (٥) بسيط؛ غير مُبالَغ في زخرفته.

chas·ten [chā′sən] *(vt.)* (١) يؤدِّب؛ يُعاقب (٢) يُطهِّر (٣) يهذِّب؛ يُشذِّب؛ يَصْقُل؛ يُبَسِّط (٤) يلطِّف؛ يَكْبح جماح...

chaste·ness [chāst′-] *(n.)* (١) طهارة؛ عفّة؛ احتشام إلخ (٢) بساطة.

chas·tise [chăs tīz′] *(vt.)* (١) يؤدِّب؛ يُعاقب؛ يَجْلِد (٢) يؤنِّب.

chas·tise·ment *(n.)* (١) «أ» تأديب؛ جَلْد. «ب» عقاب (٢) تأنيب.

chas·ti·ty [chăs′tə tĭ] *(n.)* = chasteness.

chastity belt *(n.)* حِزام العِفّة: حزام كان يُستخدم لضمان امتناع المرأة عن الاتصال الجنسيّ مع أيّ شخصٍ غير زوجها.

cha·su·ble [chăz′yə bəl] *(n.)* رداء الكاهن [أثناء القُدّاس].

chat [1] [chăt] *(vi.; t.; n.)* (١) يَهْذُر؛ يلغو؛ يثرثر [بالمشافهة أو بواسطة الكومبيوتر] (٢) يتحادث في غير كُلْفة x (٣) يتحدَّث إلى... (بر) § (٤) هَذْر؛ لَغْو؛ ثرثرة (٥) حديث؛ محادثة.

chat [2] *(n.)* الأبْلَق؛ أبو بُلَيْق: طائر مغرِّد.

châ·teau [shă tō′] *(n.)* (١) قصرٌ فرنسيّ إقطاعيّ (٢) بيت ريفيّ ضخم.

chat·e·lain [shăt′ə lān′] *(n.)* = castellan.

chat·e·laine [shăt′ə lān′] *(n.)* (١) زوجة آمِر القلعة (٢) سيّدة القَصْر (٣) مِشْبَك [لتعليق الساعة أو المفاتيح].

cha·toy·ant [shə toi′ənt] *(adj.)* متغيِّر البريق <~ silk>.

ă at; ā date; â care; ä car; ĕ egg; ē me; ĭ in; ī bite; ŏ lot; ō bone; ô orphan; oi boil; o͝o good; o͞o boot; ou out; ŭ under; û urgent; ə = *a* in alone, *e* in system, *i* in easily, *o* in gallop, *u* in circus.

chat show *(n.)* الاستعراض الحواريّ [في الإذاعة أو التلفزيون].

chat·tel [chăt´əl] *(n.)* (١) المِلْك المنقول [كالأثاث إلخ] (٢) العَبْد.

chattel mortgage *(n.)* رَهْنُ المنقول (ق).

chat·ter [chăt´ər] *(vi.; t.; n.)* (١) «أ» يُزقزق [العُصفور]. «ب» يُثرثر [الجدول] (٢) يَهْذِر؛ يلغو؛ يُثرثر (٣) تصطكّ [الأسنانُ] (٤) تَصْطَكّ: تهتزّ عُدّةُ القَطْع أو تتذبذب بسرعة x (٥) يَلْغو بـ؛ يَهْذِر بـ: يَنْطِق بسرعة أو بغير وضوح أو بطريقة تنمّ عن تبطُّل وعدم انشغال (٦) يَصُكّ: يَقْطع بعُدّة قَطْع مُصْطَكّة § (٧) «أ» زقزقة. «ب» ثرثرة (٨) هَذْر؛ لَغْو (٩) اصطكاك الأسنانِ أو عُدّةِ القَطْع إلخ.

chat·ter·box [chăt´ər bŏks´] *(n.)* المِهْذار؛ الثّرثار.

chat·ty [chăt´ĭ] *(adj.)* (١) مُحدِّث؛ عَذْب الحديث (٢) هاذِر: حافلٌ بالهَذْر واللَّغْو <a ~ letter>.

chauf·feur [shō´fər] *(n.; vi.; t.)* (١) سائق السيّارة. وبخاصة: السائق الخصوصيّ § (٢) يَعْمل سائقًا خصوصيًا x (٣) يَنْقُل كسائق خصوصيّ.

chaunt [chônt; chänt] *(vi.; t.; n.)* = chant.

chaus·sure [shō syr´] *(n.)* حِذاء.

chau·tau·qua [shə tô´kwə] *(n.)* مركز ثقافيّ صيفيّ.

chau·vin·ism [shō´və-] *(n.)* الشّوفينيّة: الغُلُوّ في الوطنية.

chau·vin·ist *(n.; adj.)* (١) الشّوفينيّ: المُغالي في الوطنية § (٢) شوفينيّ.

chaw [chô] *(vt.; i.; n.)* (١) يَمْضَغ § (٢) مُضْغة. وبخاصة من التبغ.

chaw·ba·con [chō´bā kən] *(n.)* الرِّيفيّ الجِلْف أو الأخرق.

cheap [chēp] *(adj.; adv.)* (١) رخيص: «أ» غير غالٍ. «ب» متدنّي القيمة الشرائية بحكم التضخّم المالي <~ dollars> (٢) هيِّن؛ يسير: غير متطلِّب كبيرَ عناء <a ~ victory> (٣) رخيص: «أ» يعوزُهُ العمق أو الصِّدق. «ب» رديء النوع <Nahid's shoes looked ~.> (٤) حقير؛ مُزْدَرًى؛ تافه (٥) مبتذَل؛ لاأخلاقيّ (٦) بخيل § (٧) بسعر رخيص أو زهيد.

to feel ~, يستشعر الخِزْيَ؛ يستشعر الصَّغار.
to go ~, يُعرَض أو يُباع بثمن بَخْسٍ.
to hold something ~, يستخفّ به؛ يَزْدريه.

cheap·en [chē´pən] *(vt.; i.)* (١) يُرْخِص: «أ» يُخَفِّض الثمن. «ب» يُنْقِص قَدْره؛ يقلِّل من احترام الناس له x (٢) يَرْخُص.

cheap·ie [chē´pĭ] *(n.; adj.)* (١) شيء رخيص § (٢) رخيص.

cheap·jack [chēp´jăk] *(n.)* المتَّجر بالسِّلَع الرخيصة.

cheap·ness *(n.)* الرُّخص: كونُ الشيء رخيصًا أو تافهًا أو مبتذَلًا إلخ.

cheap·o [chē´pō] *(adj.)* = cheap.

cheap·skate *(n.)* (١) البخيل (٢) المُسْتَرْخِص: الميّال إلى اختيار أرخص السِّلَع.

cheat[1] [chēt] *(vt.; i.; n.)* (١) «أ» يَخْدَع. «ب» يَغُشّ. «ج» يحتال على (٢) يتملّص من x (٣) يُمارس الخداع (٤) يخون [زوجتَهُ] § (٥) خِداع؛ غِشّ؛ احتيال (٦) المُخادِع؛ الغشّاش؛ المحتال (٧) خدعة؛ حيلة.

cheat[2] *(n.)* البرومُس: ضرب من العشب.

cheat·ers [chē´tərz] *(n. pl.)* نظّارة؛ عُوَينات (ع).

check [chĕk] *(vt.; i.; n.; adj.)* (١) يُعرِّض [شاهَ الخصم، في الشطرنج] للخطر (٢) يوبِّخ؛ يعنِّف (ع) (٣) يَكْبح؛ يُوقِف؛ يَضبُط (٤) «أ» يحقِّق؛ يقارن شيئًا بما وردفي مصدر أو أصل أو مرجع. «ب» يراجع أو يفحص [شيئًا للتأكّد من سلامته أو صحّته أو حسن سيره]. «ج» يؤشِّر على: يضع إشارةً أمام شيء للدلالة على أنه قد روجع. «د» يَشْحَن أمتعة مسافرٍ (٥) يرسم مُرَبَّعات على (٦) «أ» يأخذ بطاقة [أو قطعةً خشبية أو معدنية] تُظهر ملكيّتَهُ لأمتعة مُرسَلةٍ بالقطار أو متروكة في محطة للسكة الحديدية. «ب» يُودِع معطفَهُ أو مظلّته أو قبّعته عند مدخل الفندق إلخ لقاء إيصال <Check your umbrellas at the door.> (٧) يَصْدَع؛ يُشقِّق x (٨) يتوقّف؛ يتمهّل (٩) يُحقِّق في أمر <I'll ~ up on the matter.> (١٠) ينطبق على؛ يتطابق مع <The reprint ~s with the original.> (١١) يَسْحب مالًا [من مَصْرِف بأن يُوَقِّع شيكًا عليه] (١٢) ينصدع؛ يتشقَّق § (١٣) تعريض الشاه للخطر [في الشّطرنج] (١٤) كَبْح؛ وَقْف؛ ضَبْط (١٥) توقُّف أو انقطاع مفاجئ (١٦) توبيخ؛ تعنيف (ا.ق) (١٧) «أ» قَيْد؛ عائق. «ب» الكابح؛ الضابط؛ المقيِّد (١٨) مِحَكّ؛ مِعيار (١٩) «أ» فحص؛ تدقيق. «ب» مراجَعة؛ مقابلة؛ تحقُّق (٢٠) وَجْبة خفيفة (ع) (٢١) شيك مصرفيّ (٢٢) «أ» بطاقة الإيداع: بطاقة أو قطعة خشبية أو معدنية دالّةٌ على مِلكية شيءٍ مُودَع <a hat ~>. «ب» وَصْل؛ إيصال. «ج» فاتورة [في مطعم] (٢٣) «أ» مجموعة ترابيع أو مُرَبَّعات [كالتي تكون على رقعة الشطرنج]. «ب» أحد هذه الترابيع. «ج» قماش ذو ترابيع (٢٤) صَدْعٌ؛ شَقّ § (٢٥) مُسْتَخْدَم في المراجعة أو المقابلة (٢٦) كابح؛ مُوْقِف (٢٧) ترابيعيّ: ذو ترابيع.

in ~, مكبوح؛ مقيَّد؛ مُسَيطَرٌ عليه.
to ~ in (١) يسجِّل اسمَهُ في فندق [عند وصوله إليه] (٢) يموت (عا).
to ~ off (١) يضع إشارةً أمام شيء للدلالة على أنه قد روجع ووُجِد صحيحًا (٢) يستبعد.
to ~ out (١) يدفع حساب الفندق ويغادره (٢) يسجِّل الكتاب قبلَ استعارته من المكتبة (٣) يراجع؛ يُدقِّق (٤) يموت (عا).
to ~ up (١) يفحص؛ يقابل؛ يُراجع (٢) يحقّق في.

check·bite [-´bīt´] *(n.)* (١) العضّ الاختباريّ: العضّ على رُقاقة من شمع أو نحوه لتبيان مدى انطباق الأسنان العُليا على الأسنان السُّفلى (٢) نتيجة العضّ الاختباري أو رُقاقة الشمع الحاملةُ لهذه النتيجة.

check·book [chĕk´bŏŏk´] *(n.)* دفتر الشّيكات.

checked *(adj.)* (١) مكبوح؛ مُسَيطَر عليه (٢) ذو ترابيع أو مربَّعات.

check·er [chĕk´ər] *(n.; vt.)* (١) رقعة الشّطرنج (ا.ق) (٢) رسم ذو ترابيع أو مربّعات (٣) التربيعة: إحدى هذه الترابيع (٤) بَيْدق الداما (٥) الغُبَيْراء: شجرٌ من الفصيلة الوردية § (٦) يُلوِّن: يجعله مختلفَ الألوان (٧) ينوِّع. وبخاصة: يُخْضعه لتقلُّبات متواصلة (٨) يُرَبِّع: يجعله ذا ترابيعَ.

check·er·ber·ry *(n.)* الغُلْطيريّة المُسطَّحة؛ شاي كندا (نب).

check·er·board [-bōrd´] *(n.)* رُقعة الداما أو الشِّطرنج.

check·ered *(adj.)* (١) متلاون؛ مختلف الألوان (٢) ذو مربَّعات.

check·ers [chĕk´ərz] *(n.)* الدّاما؛ لعبة الدّاما.

check·in *(n.)* تسجيل الوصول [إلى فندق إلخ].

check·ing account *(n.)* الحساب الجاري.

check·list [chĕk′lĭst] *(n.)* قائمة؛ لائحة؛ ثَبَتٌ.

check·mate [chĕk′māt′] *(vt.; n.; interj.)* (١) «أ» يَهْزِم. «ب» يوقِف؛ يُحْبِط (٢) يُميت الشّاه [في الشِّطرنج] § (٣) «أ» إماتة الشاه [في الشطرنج]. «ب» وَضْع الإماتة: الوضع الذي تكون عليه بيادق الشِّطرنج عند إماتة الشاه (٤) هزيمة تامة § (٥) مات الشاه!: تعبير يعلن فيه لاعب الشّطرنج أنه قد قام بحركة أماتت شاهَ الخصم.

check·out *(n.)* (١) مغادرة الفندق [بعد دفع فاتورة الحساب] (٢) فحص؛ تدقيق [للتأكد من سلامة شيء أو حُسن سيره].

check·point [chĕk′point′] *(n.)* حاجز التفتيش.

check·rein [-′rān′] *(n.)* المِرْفَع: عِنانٌ لمنع الفَرَس من خَفْض رأسه.

check·room *(n.)* المَوْدَع: حجرة [في فندق] توضع فيها المعاطف إلخ.

check·row *(n.; vt.)* (١) خطّ الترابيع: صفّ من صفوف الأشجار أو النباتات التي تقسم الأرض إلى مربعات § (٢) يزرع على هذا النحو.

check·up *(n.)* (١) فَحْص؛ مراجعة؛ تدقيق (٢) فحص جسمانيّ شامل.

ched·dar [chĕd′ər] *(n.)* الشَّدَّر: جبن صُلْبٌ أبيض أو أصفر.

cheek [chēk] *(n.; vt.)* (١) خدّ؛ وَجْنَة (٢) جانب (٣) وقاحة (ع) (٤) الرِّدف؛ العَجيزة (ع) § (٥) يخاطِب بوقاحة.

cheek·bone [chēk′bōn′] *(n.)* العَظْم الوَجني (ت).

cheek·i·ly [chē′kĭ lĭ] *(adv.)* بوقاحة؛ بصفاقة.

cheek·i·ness *(n.)* وقاحة؛ صفاقة.

cheek pouch *(n.)* الضَّهْوة؛ الجراب الوجنيّ: كيس في خدود بعض السعادين والقوارض تستخدمه لحمل الطعام.

cheek strap *(n.)* العِذار: ما سالَ من اللِّجام على خدّ الفَرَس.

cheek·y [chē′kĭ] *(adj.)* (١) وَقِح؛ صفيق (٢) ممتلئ الخدين.

cheep [chēp] *(vi.; n.)* = chirp.

cheer [chēr] *(n.; vt.; i.)* (١) شعور؛ حالة نفسية (٢) ابتهاج (٣) ترحيب (٤) طعام وشراب (٥) شيء مُبْهِج (٦) هُتاف؛ تهليل [يُراد به التشجيع] § (٧) يُواسي: يُرَفِّه عن (٨) يُبْهِج (٩) يُشَجِّع (١٠) يَهْتِف لِـ x (١١) يبتهج.

Cheer up! ابتهج! لا تَحْزن! لا تبتئس!

to ~ on يُشجِّع بالهُتاف [أثناء اللَّعِب].

What *cheer*? كيف أنت؟ كيف حالُك؟

cheer·ful [-′fəl] *(adj.)* (١) مبتهج (٢) مُبْهِج (٣) مرح.

cheer·ful·ly *(adv.)* بابتهاج؛ بمَرَح.

cheer·ful·ness *(n.)* ابتهاج؛ مَرَح.

cheer·i·o [chēr′ĭ ō] *(interj.)* (١) وداعًا! (٢) على صحّتك!

cheer·lead·er *(n.)* قائد الهَتّافين [في ملعب رياضيّ].

cheer·less [chēr′ləs] *(adj.)* كئيب؛ قاتم؛ مُوحِش.

cheer·ly [chēr′lĭ] *(adv.)* = cheerfully.

cheers *(interj.)* على صحّتِك!: هُتاف يُقال عند شُرْب الأنخاب.

cheer·y [chēr′ĭ] *(adj.)* (١) مَرِح؛ مبتهج (٢) مُبْهِج؛ سارّ.

cheese[1] [chēz] *(n.)* (١) جُبْن (٢) قالب جُبْن (٣) شيء كالجُبن شكلًا أو قوامًا.

cheese[2] [chēz] *(vt.)* يُوقِف؛ يضع حدًّا لِـ.

cheese[3] *(n.)* (١) شيء ممتاز (٢) القُطْب: شخصٌ ذو شأن.

cheese·burg·er *(n.)* الشِّيزْبَرْغيّة: سندويشة من لحم البقر مع شريحة جبن.

cheese·cake *(n.)* فطيرة الجُبْن: «أ» فطيرة من بيض وجُبْن وسُكّر إلخ. «ب» صورة فوتوغرافية مُبرزة لمَفاتن المرأة [في صحيفة شعبية].

cheese·cloth *(n.)* القُماش الجُبْنيّ: قماش قطنيّ كان يُستعمل لِلَفّ الجُبْن.

cheese·mak·ing *(n.)* صُنع الجُبْن؛ صناعة الجُبْن.

cheese·par·ing [-′pâr′ĭng] *(n.; adj.)* (١) التّافه: شيء ضئيلُ القيمة أو عديمُها (٢) بُخْل؛ شُحّ § (٣) بخيل؛ شحيح.

chees·y [chē′zĭ] *(adj.)* (١) جُبنيّ: شبيه بالجُبن وبخاصة من حيث الرائحة أو القوام (٢) تافه؛ رديء؛ رخيص <~ comedy>.

chee·tah [chē′tə] *(n.)* الفَهْد (ح).

chef [shĕf] *(n.)* (١) الرَّئيس. وبخاصة: رئيس الطُّهاة (٢) الطّاهي.

chef d'œu·vre [shĕ dœ′vr] *(n.)* التُّحْفة: رائعة أدبية أو فنّية.

che·la[1] [kē′lə] *(n.)* pl. **-lae** [lē] المِخْلب؛ الكُلّاب: زائدة شبيهة بالكمّاشة تكون في أطراف القِشريات والعنكبوتيات (ح).

che·la[2] [chā′lä] *(n.)* المُرِيد: أحد تلاميذ معلّم دينيّ هنديّ.

che·late [kē′lāt] *(adj.)* (١) مِخلبيّ؛ كُلّابيّ (ح) (٢) مُمَخْلَب.

Che·lo·nia [kĭ lō′nē ə] *(n. pl.)* السُّلَحْفيات؛ رتبة السَّلاحف (ح).

che·lo·ni·an [-′nĭ ən] *(n.; adj.)* (١) سُلَحْفاة § (٢) سُلَحْفائيّ.

chem- *or* **chemo-** بادئة معناها: كيميائي؛ كيمياء.

chem·ic [kĕm′ĭk] *(adj.)* (١) خيميائيّ (ا. ق) (٢) كيميائيّ.

chem·i·cal [kĕm′ĭ kəl] *(adj.; n.)* (١) كيميائيّ § (٢) مادة كيميائية.

chemical agent *(n.)* العامل الكيميائيّ.

chemical analysis *(n.)* التحليل الكيميائيّ.

chemical compound *(n.)* المُرَكَّب الكيميائيّ.

chemical constitution *(n.)* البِنْية الكيميائية.

chemical engineering *(n.)* الهندسة الكيميائية.

chemical reaction *(n.)* التفاعل الكيميائيّ.

chemical warfare *(n.)* الحرب الكيميائية: الحرب بالغازات السّامّة.

chemical weapon *(n.)* السلاح الكيميائيّ.

che·min de fer [shə măn′də fĕr′] *(n.)* (١) سِكّة حديدية (٢) ضرب من لَعِب الورق.

che·mise [shə mēz′] *(n.)* القَمِيصة: قميص نسويّ تحتانيّ فضْفاض.

ă at; **ā** date; **â** care; **ä** car; **ĕ** egg; **ē** me; **ĭ** in; **ī** bite; **ŏ** lot; **ō** bone; **ô** orphan; **oi** boil; **o͝o** good; **o͞o** boot; **ou** out; **ŭ** under; **û** urgent; **ə** = *a* in alone, *e* in system, *i* in easily, *o* in gallop, *u* in circus.

chemisette

chem·i·sette [shĕm′ĭ zĕt′] *(n.)* القُمَيِّص: كِساء زينيّ يُملأ به صدر الفستان المفتوح.

chem·ism [kĕm′-] *(n.)* الكيميائية: النشاط الكيميائي أو الأُلفة الكيميائية.

chem·ist [kĕm′ĭst] *(n.)* (١) الكيميائي: العالم بالكيمياء (٢) الصيدليّ.

chem·is·try [kĕm′ĭs trĭ] *(n.)* (١) الكيمياء؛ علم الكيمياء (٢) كيمياء: «أ» التركيب الكيميائي لمادة ما وخصائصُها الكيميائية <the ~ of iron>. «ب» العمليات والظواهر الكيميائية لِـ... <blood ~>. «ج» انجذاب أو تعاطُفٌ قويّ متبادَل.

chemo- = chem-.

chem·o·sphere [kĕm′ō sfēr′] *(n.)* الغلاف الكيميائي (أر).

chem·o·sur·ger·y *(n.)* الجراحة الكيميائية (ط).

chem·o·syn·the·sis *(n.)* التخليق الكيميائيّ: عملية يتمّ فيها بناء موادّ عضوية من موادّ أخرى أبسطَ منها باستخدام الطاقة الكيميائية (نب).

chem·o·tax·is [kĕm′ō tăk′-] *(n.)* الانتظام الكيميائي (أح).

chem·o·tax·on·o·my *(n.)* التصنيف الكيميائي (أح).

chem·o·ther·a·peu·tics *(n.)* = chemotherapy.

chem·o·ther·a·py *(n.)* المعالجة الكيميائية (ط).

che·mot·ro·pism [kĭ mŏt′-] *(n.)* الانتحاء الكيميائيّ («نب» و«ح»).

chem·ur·gy [kĕm′ûr jĭ] *(n.)* الكيميارجيا: فرع من الكيمياء التطبيقية يُعْنَى باستغلال المحاصيل الزراعية لأغراض صناعية.

che·nille [shə nēl′] *(n.)* الشَّنيْل: «أ» غَزْل صوفي أو قطنيّ أو حريريّ ذو زِئبر ناتئ. «ب» غزل أو نسيج شبيه بالشَّنيْل.

che·no·pod [kē′nə pŏd′] *(n.)* السَّرمَق؛ رِجْل الإوز (نب).

cheque [chĕk] *(n. chiefly Brit.)* شيك مصرفيّ.

cheq·uer [chĕk′ər] *(n.)* = checker.

cheq·uer·board [chĕk′ər bōrd′] *(n.)* = checkerboard.

cheq·uered [chĕk′ərd] *(adj.)* = checkered.

cheq·uers [chĕk′ərz] *(n.)* = checkers.

cher·ish [chĕr′ĭsh] *(vt.)* (١) «أ» يُعِزّ؛ يعتزّ بـ. «ب» يُدَلِّل (٢) يرعى بحنان (٣) يتعلّق بـ؛ يُبقي في الذهن (٤) يُكِنّ؛ يَدَّخر.

che·root [shə rōōt′] *(n.)* الشِّيروت: ضربٌ من السّيجار.

cher·ry [chĕr′ĭ] *(n.; adj.)* (١) الكَرَز (نب) (٢) ثمر الكَرَز أو خشبه (٣) الكَرَزيّ: الأحمر الفاتح (٤) «أ» غشاء البكارة. «ب» العُذْرية § (٥) «أ» كَرَزيّ: أحمر فاتح. «ب» مصنوع من خشب الكرز (٦) عُذْريّ.

cher·ry·like [chĕr′ĭ līk′] *(adj.)* كَرَزانيّ: شبيهٌ بالكَرَز.

cher·ry·stone *(n.)* الشَّريستون: كواهوغ صغير (را. quahog).

cher·so·nese [kûr′sə nēz] *(n.)* شبه جزيرة.

chert [chûrt] *(n.)* الشَّرْت: ضرب من الكوارتز.

chert·y [chûrt′ĭ] *(adj.)* شَرْتيّ: شبيه بالشَّرْت أو مشتملٌ عليه.

cher·ub [chĕr′əb] *(n.)* pl. **-im** *or* **-s** (١) مَلاك (٢) طفلٌ جميل.

che·ru·bic [chĕ rōō′bĭk] *(adj.)* (١) ملائكيّ (٢) بريء.

cher·vil [chûr′vĭl] *(n.)* السَّرفيل؛ المَقْدونس الإفرنجيّ (نب).

chess [chĕs] *(n.)* (١) الشِّطْرَنج (٢) البرومُس: ضرب من العشب.

chess·board [chĕs′bōrd′] *(n.)* رقعة الشِّطرنج.

chess·man [chĕs′mən] *(n.)* البَيْدَق: حَجَر الشِّطرنج.

chest [chĕst] *(n.)* (١) «أ» صندوق [كبير لحفظ النفائس]. «ب» صندوق شاي إلخ (٢) وعاء مُحكَم (٣) الأدراجيّة: خزانة ذات أدراج (٤) «أ» الخزينة: خزانة المال في مؤسَّسة إلخ. «ب» أموال الخزينة (٥) الصَّدْر (ت).

ches·ter·field [chĕs′tər-] *(n.)* (١) معطف (٢) أريكة أو كَنَبة طويلة.

Ches·ter White *(n.)* خنزير «تشَسْتَر» الأبيض.

chest·nut [chĕs′nŭt′] *(n.; adj.)* (١) كَسْتناء (٢) خشب الكَسْتناء (٣) اللون الكَسْتنائيّ: لون بُنّيّ مُحْمَرّ (٤) horse chestnut (٥) الكُمَيْت: فرسٌ كَسْتنائيّ اللون (٦) القَسْطلة: الجَسْأة أو الجلد المتصلِّب في باطن رِجْل الفَرَس (٧) قِصَّة أو نكتة قديمة أو «بايخة» (٨) المُبْتَذَل: شيء مكرَّر إلى حدّ الابتذال § (٩) كَسْتنائيّ.

chest of drawers *(n.)* الأدراجيّة: خزانة ذات أدراج.

chest·y [chĕs′tĭ] *(adj.)* (١) مغرور؛ مُعْجَبٌ بنفسه (٢) كبير الصَّدْر.

che·tah [chē′tə] *(n.)* = cheetah.

che·val–de–frise [shə văl′də frēz′] *(n.)* pl. **che·vaux–de–frise** [shə vō′-] الحصان الشائك: حاجزٌ دفاعيٌّ مؤلَّف من أسلاك شائكة.

cheval-de-frise

che·val glass [shə văl′] *(n.)* مرآة طويلة متأرجحة.

chev·a·lier [shĕv′ə lēr′] *(n.)* (١) فارس (٢) الفارس: «أ» فارس في جوقة الشَّرف. «ب» نبيل فرنسيّ من الدرجة الدُّنيا (٣) الشَّهم.

che·ve·lure [shəv lōōr′] *(n.)* شَعْر؛ جُمّة.

che·ville [shə vē′] *(n.)* مفتاح العُود أو الكَمان (مو).

chev·i·ot [chĕv′ĭ ət] *(n. often cap.)* الشَّفيوت: «أ» غنم كثيف الصّوف. «ب» نسيجٌ من صوف هذا الغنم.

chev·ron [shĕv′rən] *(n.)* (١) شارة [من شارات الرُّتب العسكرية] (٢) الحِلية الشّاريّة: حلية معمارية شبيهة بالشّارات العسكرية (عم).

chevron 1

chevron 2

chev·y [chĕv′ĭ] *(vt.; i.; n.)* = chivy.

chew [chōō] *(vt.; i.; n.)* (١) يَمْضَغ؛ يلوك (٢) يَسْحَق؛ يُحطِّم (٣) يُفكِّر مَلِيًّا في (٤) يُغمغِم؛ يُتَمتِم × (٥) يَمْضَغ التَّبغ (٦) يفكِّر؛ يتأمَّل في § (٧) مَضْغ (٨) مُضْغة [من التبغ].

chew·ing gum [chōō′ĭng] *(n.)* المَضيغة؛ العِلْكة؛ اللُّبان.

che·wink [chĭ wĭngk′] *(n.)* الشّوينغ: عُصفور طويلُ الذَّيل.

chez [shā] *(prep.)* عند؛ لَدى؛ لَدُن.

Chi·an·ti [kĭ ăn′tĭ] *(n.)* الكِيانتي: نبيذ إيطالي أحمر.

chiao [tyou] *(n.)* التّياو: وحدةُ نقدٍ في الصين الشعبية.

chi·a·ro·scu·ro [kĭ är′ə skyōōr′ō] *(n.)* الجلاء والقَتَمة (مج): طريقة توزُّع الضوء والظلّ في الصورة.

chi·as·ma [kī ăz′mə] *(n.)* pl. **-ma·ta** *or* **-mas** (١) تصالُب؛ تقاطع (٢) تصالُب العَصَبَيْن البصريَّين [عند قاعدة الدماغ] (ت).

chi·bouk *or* **chi·bouque** [chĭ bo͝ok′] *(n.)* الشُّبُق: بيبة تدخين تركيّة طويلة.

chic [shēk] *(n.; adj.)* (١) أناقة § (٢) أنيق: مطابق للزيّ الحديث.

chi·ca·lo·te [chē′kä lô′tĕ] *(n.)* الأرغامونيَة المكسيكية: نبتة شائكة.

chi·cane [shĭ kān′] *(vi.; t.; n.)* (١) يُغالِط: يلجأ إلى الحِيَل الشَّرعية بقصد المخادعة (٢) يَخدع؛ يَغُشّ § (٣) مُغالَطة (٤) عَقَبة [في مضمار السّباق أو حَلْبته] (٥) الخَلاء: خُلُوّ يد اللاعب من الأوراق الرابحة.

chi·can·er·y [shĭ kā′nə rĭ] *(n.)* (١) المغالَطَة: اللُّجوء إلى الحيَل الشرعية بقَصْد المخادعة (٢) خداع؛ غِشّ (٣) خدعة؛ حيلة.

chic·co·ry [chĭk′ə rĭ] *(n.)* = chicory.

chi·chi [shē′shē′] *(adj.; n.)* (١) مُبَهْرَج (٢) متكلَّف؛ مَصْنوع (٣) أنيق § (٤) «أ» بَهْرَجَة. «ب» شيء مُبَهْرَج (٥) تكلُّف؛ صَنْعة (٦) أناقة.

chick [chĭk] *(n.)* (١) كَتْكوت؛ صُوص (٢) الفَرْخ: صغير الطائر (٣) طفل (٤) فتاة.

chick·a·dee [chĭk′ə dē′] *(n.)* القُرْقُف الأميركيّ: طائر صغير على رأسه شبهُ قَلَنْسُوةٍ سوداء.

chickadee

chick·a·ree [chĭk′ə rē] *(n.)* الشيكاريّ: سِنجاب شمالأميركي أحمر.

chick·en [chĭk′ən] *(n.; adj.; vi.)* (١) «أ» فَرّوج. «ب» دجاجة. «ج» لحم الدجاج (٢) الفَرْخ: صغير الطائر (٣) الحَدَث؛ الغِرّ (ع) (٤) فتاة (ع) (٥) شخص جبان أو رِعديد (٦) مظهرٌ تافه [من مظاهر الانضباط العسكريّ، بخاصة، مفروضٌ بصرامة] § (٧) صغير <a ~ lobster> (٨) «أ» مذعور. «ب» جبان؛ رِعديد (٩) «أ» مُصِرّ على تطبيق المظاهر التافهة. «ب» تافه؛ غير هامّ § (١٠) يَفْقِد أعصابه [تتبعها *out* عادةً].

chicken breast *(n.)* = pigeon breast.

chicken cholera *(n.)* كوليرا الدَّجاج.

chicken colonel *(n.)* العقيد أو الكولونيل [الكامل] (جن).

chicken feed *(n.)* (١) طعام الدَّجاج (٢) مبلغٌ تافه (ع) (٣) أجرٌ هزيل (ع) (٤) نقود صغيرة (ع).

chicken hawk *(n.)* صقر الدَّجاج: صَقر يفترس الدَّجاج.

chick·en–heart·ed; chick·en–liv·ered *(adj.)* جبان؛ رِعديد.

chicken pox *(n.)* الجُدَيري؛ الحُماق؛ جُدَيريّ الماء (مض).

chicken snake *(n.)* أفعى الدَّجاج: أفعى شمالأميركية كبيرة غير سامّة.

chick–pea [chĭk′pē] *(n.)* الحِمِّص؛ الحِمَّص (نب).

chick·weed *(n.)* عُشب الطير: نبات تأكل الطَّير ورقَهُ وحَبَّهُ.

chic·le [′-əl] *(n.)* التِّشْكِلِيّة: مادة صمغيّة تُصْنَعُ منها «العِلْكة».

chic·o·ry [chĭk′ə rĭ] *(n.)* الهِنْدباء البرِّية (نب).

chid [chĭd] *past and past part. of* chide.

chide [chīd] *(vi.; t.)* (١) يتخاصم x (٢) يُوَبِّخ؛ يُعَنِّف؛ يقرِّع (٣) يُهَدِّد.

chief [chēf] *(adj.; n.)* (١) أول؛ أكبر <the ~ priest> (٢) رئيسيّ <~ difficulty> § (٣) الرئيس؛ المقدَّم؛ الزعيم.

chief justice *(n.)* (١) رئيس المحكمة (٢) *cap.*: رئيس المحكمة العليا [في الولايات المتحدة الأميركية].

chief·ly [chēf′lĭ] *(adv.)* (١) في المقام الأول؛ في الأعمّ الأغلب (٢) فوق كلّ شيء؛ خصوصًا.

chief of staff رئيس الأركان: قائد أركان الجيش (جن).

chief of state رئيس الدولة.

chief·tain [-′tən] *(n.)* (١) رئيس جماعةٍ أو عصابة (٢) شيخ القبيلة.

chief·tain·cy [chēf′tən sĭ] *(n.)* رئاسة؛ زعامة؛ مَشْيَخة.

chiff·chaff [chĭf′chăf′; -chäf′] *(n.)* الهازجة: طائرٌ مُغَرِّدٌ.

chif·fon [shĭ fŏn′] *(n.; adj.)* (١) الشِّيفون: «أ» عُقدة أشرِطة يُزَيَّن بها فستان المرأة. «ب» نسيج حريريّ شفّاف § (٢) شيفونيّ: «أ» شبيه بالشّيفون من حيث الشفافية أو الرقّة. «ب» رقيق القَوام بسبب من إضافة الهُلام أو بياض البيض المخفوق إليه <lemon ~ pie>.

chif·fo·nier [shĭf′ə nēr] *(n.)* الشّيفونيّة: خزانة ضيّقة عالية ذات أدراج.

chiffonier

chig·ger [chĭg′ər] *(n.)* بُرْغوث.

chi·gnon [chēn′yŏn] *(n.)* الشِّنْيون: «كعكة» شَعر في مؤخر رأس المرأة.

chig·oe [chĭg′ō] *(n.)* بُرْغوث النَّمل (حش).

Chi·hua·hua [chĭ wä′wä] *(n.)* الشِّيواو: كلب صغير جدًا.

chil·blain [chĭl′-] *(n.)* الشَّرَث: تقرُّحُ اليدين أو الرِّجلين من برد أو رطوبة.

child [chīld] *(n.)* pl. **chil·dren** (١) «أ» جنين. «ب» وليد؛ طفل. «ج» طفلة (ع) (٢) «أ» غلام. «ب» بِنْت. «ج» غِرّ. «د» قاصر (٣) «أ» ابن. «ب» ابنة (٤) ابن؛ ثمرة؛ نتيجة <~ of poverty>.

child's play عَبَثُ أطفال؛ شيء سهلٌ جدًا.

with ~, حامل؛ حُبْلَى.

child·bear·ing [-′bâr′-] *(n.; adj.)* (١) إنجاب الأولاد § (٢) إنجابيّ.

child·bed [-′bĕd] *(n.)* المَخَاض: حالةُ الولادة.

childbed fever *(n.)* حُمَّى النِّفاس (مض).

child·birth [-′bûrth′] *(n.)* الولادة؛ المَخاض.

child·hood [chīld′ho͝od] *(n.)* الطُّفولة.

child·ing [chīl′dĭng] *(adj.)* (١) حامل؛ حُبْلَى (٢) مُثمِر.

child·ish [-′dĭsh] *(adj.)* (١) طِفليّ (٢) صبيانيّ؛ سخيف؛ أحمق.

child labor *(n.)* تشغيل الأولاد.

child·less *(adj.)* أبتَر: لا أولاد له.

child·like [-′līk] *(adj.)* (١) طِفليّ (٢) بريء؛ صريح؛ بسيط.

child·ly [chīld′lĭ] *(adv.)* = childlike.

chil·dren [chĭl′drən] *pl. of* child. أولاد؛ أبناء.

chil·e [chĭl′ĭ] *(n.)* = chili.

Chil·e saltpeter [sôlt′pē′tər] *(n.)* نترات الصوديوم الطبيعيّ (ك).

chil·i [chĭl′ĭ] *or* **chil·e** *(n.)* (١) «أ» فُلْفُل حارّ. «ب» فُلْفُل (٢) صَلْصة الفُلْفُل: صلصة كثيفة القَوام مؤلَّفة من لحم وفُلْفُل (٣) chili con carne.

chil·i·ad [kĭl′ĭ ăd] *(n.)* (١) ألف (٢) ألفُ عام.

chil·i·asm [kĭl′ĭ ăz′əm] *(n.)* العقيدة الألفيّة: القول بالعَصْر الألفيّ الذي سيملك فيه المسيح على الأرض (نص).

chil·i con car·ne [kŏn kär′nĭ] *(n.)* اللّحم بالفُلْفُل: طبقٌ مكسيكيّ.

chil·i sauce [chĭl′ĭ] *(n.)* الصّلصة بالفُلْفُل: صلصة طماطم بالتوابل.

chill [chĭl] *(n.; adj.; vi.; t.)* (١) قُشَعْريرة (٢) بردٌ معتدل [ولكنه غير مُسْتَحَبّ] (٣) جَفْوة (٤) خَوفٌ مفاجئ § (٥) باردٌ باعتدال (٦) مرتجف بَرْدًا (٧) فاتر <a ~ welcome> (٨) مثبِّطٌ للهِمّة § (٩) «أ» يَبْرُد. «ب» يرتجف بَرْدًا (١٠) تُصيبُهُ قُشَعْريرة (١١) يَتَبرَّد: يصبح المعدنُ صَلْدَ السَّطح نتيجةً للتبريد المفاجئ **x** (١٢) يُبَرِّد (١٣) يخيِّب [الآمال]؛ يثبِّط العزائم (١٤) يُبَرِّد: يُصَلِّد سَطحَ المعدن بالتبريد المفاجئ.

chilled *(adj.)* (١) مثلَّج؛ مُبَرَّد (٢) مصلَّد بالتبريد المفاجئ <~ steel>.

chill·er *(n.)* (١) فا chill (٢) أداة تبريد (٣) رواية مُرْعِبة.

chil·li [chĭl′ĭ] *(n.)* = chili.

chil·li·ness [chĭl′ĭ nəs] *(n.)* (١) بُرودة (٢) فُتور.

chill·ing *(adj.)* (١) بارد (٢) فاتر <a ~ manner>.

chill·ness [chĭl′nəs] *(n.)* (١) برودة (٢) فتور.

chil·ly [chĭl′ĭ] *(adj.)* (١) بارد: مُوْقِعٌ في الجسم قُشَعْريرةً (٢) مَقرور: شاعر بالبرد (٣) فاتر <a ~ welcome> (٤) رهيب.

chi·mae·ra [kĭ mēr′ə; kī-] *(n.)* (١) الخُرافيّة: سمكة من الخرافيّات ذات ذيل طويل **Chimaeridae** (٢) chimera.

chime[1] [chīm] *(n.)* حافة البرميل؛ حاشية البرميل.

chime[2] *(n.; vi.; t.)* (١) القارِعة: جهاز لقَرْع جَرَس أو مجموعة أجراس <a door ~> (٢) الجَرَسية: آلة موسيقية قوامها مجموعة أجراس (٣) مجموعة أجراس [في برج كنيسة] (٤) *pl.*: رنين الأجراس (٥) دقّات الساعة (٦) توافُق؛ تناغُم § (٧) ترِنّ [الأجراس] على نحوٍ متآلف (٨) يجرِّس: يُحْدِث صوتًا موسيقيًا بقرع جَرَس أو نحوه (٩) يتوافق؛ يتناغم **x** (١٠) يَقْرَع على نحوٍ موسيقيّ (١١) يُعلن بالدّقات أو نحوها <a clock *chiming* midnight> (١٢) يردِّد على نحوٍ إيقاعيّ أو رتيب.

to ~ in يقاطِعُهُ [أثناء الحديث]. وبخاصة: للتعبير عن موافقته.

to ~ in with يتوافق؛ يتناغم؛ ينسجم.

chi·me·ra *or* **chi·mae·ra** [kī mēr′ə] *(n.)* (١) *cap.*: كِمِّير: مخلوقة لها رأس أسدٍ وجسمُ شاةٍ وذنب أفعى (مث) (٢) وَهْم. وبخاصة: سَراب؛ حُلْمٌ لا سبيلَ إلى تحقيقه.

chimera *1.*

chi·mere [chĭ mēr′; shĭ-] *(n.)* رداء الأسقُف (كن).

chi·mer·i·cal *also* **chi·mer·ic** [kī mĕr′-] *(adj.)* (١) وَهْميّ؛ خياليّ (٢) خياليّ المَنْزَع؛ ميّال إلى المشاريع الخيالية.

chim·ney [chĭm′nĭ] *(n.)* (١) المُصْطَلَى؛ المُسْتَوْقَد؛ المِدْفأة (٢) المَدْخَنة: مجرًى لتصريف الدخان (٣) زجاجة القِنديل (٤) الدّاخون: صَدْعٌ ضيّق في صخرٍ أو جبل أو بركان شبيهٌ بالمِدخنة.

chimney cap *(n.)* قَلَنْسُوَة المَدْخَنة؛ طربوش المَدْخنة.

chimney corner *(n.)* «أ» زاوية المُسْتَوقَد. «ب» موضعٌ قربَ النار.

chim·ney·piece *(n.)* رَفُّ المُصْطَلَى أو المُسْتوقَد الزُّخْرُفيّ.

chimney pot *(n.)* قِدْر المَدْخَنة: أنبوب فخّاريّ عادةً في أعلى المَدْخنة.

chimney sweep *or* **sweeper** *(n.)* منظِّف المداخن.

chimney swift *(n.)* سَمامة المداخن: طائر أميركيّ كثيرًا ما يَبني عُشَّهُ في المداخن المُهْمَلة.

chimp *(n.)* = chimpanzee.

chim·pan·zee [chĭm′păn zē′] *(n.)* البَعام؛ الشيمبانزي (ح).

chimpanzee

chin [chĭn] *(n.; vt.; i.)* (١) ذَقن § (٢) يُذَقِّن: «أ» يُدْني طَرَف الكمان إلخ إلى ذقنه. «ب» يرفع نفسَهُ، ثانيًا مِرْفَقَيْه، حتى يُصبح ذقنُهُ على مستوى قضيب أفقيّ منصوب كان يتأرجح منه **x** (٣) يتحدَّث؛ يلغو؛ يَهْذُر (ع).

chi·na [chī′nə] *(n.; adj.)* (١) الصِّينيّ: خزف نفيس (٢) «أ» آنية من الصينيّ. «ب» الأطباق والكؤوس مجتمعةً § (٣) صينيّ: مصنوع من الصينيّ.

China aster *(n.)* أَسْطَرُ الصين؛ الملكة مَرغريتا: نبات صينيّ.

china bark *(n.)* شجر الكينا (را. cinchona).

chi·na·ber·ry *(n.)* الأزادَرَخْت؛ الزَّنْزَلَخْت: شجر وارف الظلال.

china·clay *(n.)* = kaolin.

Chi·na·man *(n.)* الصّينيّ: أحد أبناء الصِّين.

Chi·na·town *(n.)* الحيّ الصينيّ [في مدينةٍ ما].

China tree *(n.)* = chinaberry.

chi·na·ware *(n.)* = china *2.*

chin·bone [chĭn′bōn′] *(n.)* عَظْم الذَّقن (ت).

chinch [chĭnch] *(n.)* بَقّة الفِراش.

chinch bug *(n.)* حَشَرة الحِنطة: حشرة تُنْزِل أعظمَ الضَّرر بالحِنطة.

chin·chil·la [chĭn chĭl′ə] *(n.)* الشِّنشيلة: «أ» حيوان جنوبأميركي. «ب» فرو الشِّنشيلة النفيس. «ج» نسيج صوفيّ للمعاطف.

chinchilla

chin–chin [chĭn′chĭn′] *(vt.; i.; interj.; n.)* (١) يُحيِّي بكثيرٍ من الاحتفال (٢) يتحدَّث بكياسة § (٣) صيغة تقال عند الترحيب أو الوداع أو شُرب الأنخاب § (٤) حديث مُتَّسِم بالكياسة (٥) لَغْو؛ ثرثرة.

chin·cough [chĭn′kôf′] *(n.)* الشَّهْقة؛ السُّعال الديكي.

chine [chīn] *(n.; vt.)* (١) عمود فِقريّ (٢) الفِقريّة: قطعة من سلسلة ظهر الحيوان تُطْهَى مع اللحم الذي يكسوها (٣) حافة البرميل؛ حاشية البرميل (٤) قِمّة؛ ذِرْوَة § (٥) يُفقِّر: يُعمل الجزّار مُدْيَتَهُ بين فقرات عمود الذبيحة الفقريّ.

Chi·nese [chī nēz′] *(n.; adj.)* (١) الصِّينيّ: أحد أبناء الصين (٢) الصِّينية:

لغة أهل الصين § (٣) صينيّ.

Chinese chestnut *(n.)* القَسْطَل الصّينيّ؛ الكَسْتناء الصينية.

Chinese gooseberry *(n.)* الكِيْوي: نبات الكِيوي أو ثمرُهُ.

Chinese lantern *(n.)* المِصباح الصينيّ: مِصباحٌ ورقيّ ملوَّن.

Chinese lantern

Chinese puzzle *(n.)* الأُحجية الصينيّة: «أ» أحجية مُعقَّدة أو عسيرة الحلّ. «ب» شيء مُعقَّد ومُبْهَم.

Chinese wall *(n.)* السُور الصينيّ: حاجز منيعٌ أو عقبةٌ تَعُوق التفاهم.

Chinese white *(n.)* الأبيضُ الصِّينيّ؛ أُكسيد الزِّنك.

chink[1] [chĭngk] *(n.; vt.)* (١) مَنْفَذ؛ مَهْرَب؛ وسيلة تملُّص أو هروب (٢) شَقّ؛ فَلْع؛ صَدْع § (٣) يَسُدّ الشُّقوق.

chink[2] *(n.; vi.; t.)* (١) نقود (ا.ق) (٢) رنين؛ صَلْصلة § (٣) تَرِنّ [النقودُ أو الكؤوس] x (٤) يُرِنّ: يجعل النقود أو الكؤوس تَرِنّ.

Chink [chĭngk] *(n.)* الصينيّ: أحد أبناء الصين [ازدراءً].

chink·y [chĭngk'ĭ] *(adj.)* مُشَقَّق؛ مُفَلَّع: كثير الصُّدوع.

chin·less *(adj.)* (١) عديم الذَّقن؛ صغير الذَّقن (٢) جبان.

chi·no [chē'nō] *(n.)* التّشينو: «أ» قماش قطنيّ كاكيّ كالذي تُخاط منه ملابس الجند. «ب» *pl.*: ثوب مَخيط من التّشينو.

Chino- بادئة معناها: صينيّ و... <*Chino*–Japanese>.

chi·noi·se·rie [shē nwäz rē'] *(n.)* (١) زخرفة صينيّة (٢) شيء مزخرَف على الطريقة الصينيّة.

Chi·nook [shĭ no͝ok'; chĭ-] *(n.)* (١) الشِّينوكيّون: شعب هنديّ أحمر (٢) الشِّينوكيّ: واحدُ الشِّينوكيّين (٣) الشِّينوكيّة: لغة الشِّينوكيّين (٤) *not cap.*: الشِّينوك: «أ» ريحٌ حارّةٌ رطبةٌ، جنوبية غربية، تهبّ من البحر على سواحل ولايتَيْ أوريغون وواشنطن الأميركيتين. «ب» ريحٌ حارّة جافة تهبّ أحيانًا هابطةً المنحدَرات الشرقية من جبال روكي [في أميركا الشمالية].

Chi·nook·an [shĭ no͝ok'ən; chĭ-] *(n.; adj.)* (١) الشِّينوكانيّة: أسرة من لغات الهنود الحمر § (٢) شينوكانيّ.

chin·qua·pin [chĭng'kə-] *(n.)* الشِّنْكابين: شجر من جنس الكَسْتناء.

chintz [chĭnts] *(n.)* الشِّيت: قماش قطنيّ مطبَّع.

chintz·y *(adj.)* (١) مُشَيَّت: مزيَّن بقماش قطنيّ مُطبَّع أو بشيء شبيه به (٢) مُبَهْرَج؛ رخيص: مُزَوَّق على نحو يُعْوِزه الذوق (٣) بخيل.

chin–wag [chĭn'wăg'] *(n.)* محادثة؛ حديث؛ لَغْو؛ هَذْر.

chip[1] [chĭp] *(n.; vt.; i.)* (١) جُذاذة؛ شَظِيّة؛ كِسْرة (٢) الجُذاذات: رُقاقات من الخشب أو القشّ لصُنع القُبَّعات والسِّلال (٣) الرُّقاقة: قطعة رقيقة من البطاطس أو الشوكولا (٤) *pl.*: رُقاقات بطاطس مَقْليّة (٥) الفُتات: شيء صغير أو تافه (٦) «أ» الفِيشة: قرصٌ رقيق من عظم أو عاج يُستخدم رمزًا للمال في البوكر وغيره. «ب» *pl.*: نقود؛ مال (ع). «ج» *pl.*: شيء يُخاطَر به (٧) قطعة من روث مجفَّف <cow ~> (٨) الجُذاذة؛ الرُّقاقة: قطعة ذات خصائصَ كهربائيّة معيَّنة (ألك) § (٩) يُجذِّذ؛ يُشَظّي: يقطِّع على شكل جُذاذات إلخ (١٠) يقتطع (١١) يُشَوِّه [بكَسْر قِطَعٍ صغيرةٍ من شيء ما] (١٢) يداعب؛ يُمازح (عب) (١٣) ينتقد بقسوة x (١٤) يتشظّى (١٥) يُفَيِّش: يلعب البوكر مستخدمًا «فيشةً» أو «فيشات».

a ~ off (*or* of) the old block سِرّ أبيه؛ ولدٌ يشبه أباه.

a ~ on one's shoulder استعداد للمشاجرة أو القتال.

to ~ in (١) يُسْهِم في... ؛ يقدِّم المال أو العون إلى... (٢) يقاطع [شخصًا يتحدَّث]؛ يتدخَّل [في الحديث].

chip[2] *(n.; vi.)* (١) سَقْسَقة [العصافيرِ] § (٢) يُسَقسِقُ [العصفورُ].

chip count *(n.)* مجموع الجُذاذات [في الكومبيوتر].

chip·munk *(n.)* الصَّيْدَنانيّ: حيوان صغير شبيه بالسِّنجاب.

chipmunk

chipped beaf *(n.)* الرُّقاقات البقرية: رُقاقات مُجفَّفة ومُدَخَّنة.

Chip·pen·dale [chĭp'ən dāl'] *(n.; adj.)* (١) الشِّيبِندال: طراز إنكليزي من الأثاث § (٢) شيبِنداليّ.

chip·per[1] [chĭp'ər] *(n.)* (١) فا chip (٢) المِشْظاة؛ المِرقاق: أداة للتقطيع إلى جُذاذات أو شظايا أو رُقاقات.

chip·per[2] *(vi.)* (١) يُسَقسِق [العصفورُ] (٢) يُثرثر؛ يَلْغو.

chip·per[3] *(adj.)* (١) مَرِح؛ مبتهج (٢) نشيط؛ قويّ البنية.

chip·ping *(n.)* (١) تجذيذ؛ تَشْظِية (٢) جُذاذة؛ شظِيّة؛ رُقاقة.

chip·ping sparrow *(n.)* السّنونو المُسَقْسِق: سنونو أميركي صغير.

chip·py [-'ĭ] *(n.)* (١) chipmunk (٢) chipping sparrow.

chir- *or* **chiro-** بادئة معناها: يَدٌ <*chiro*graphy>.

chirk [chûrk] *(vi.; t.; adj.)* (١) يَصِرّ؛ يَصْفِر؛ يُزَقزِق (٢) يبتهج <to ~ up> x (٣) يُشجِّع؛ يُنَشِّط (٤) يُبهج § (٥) مبتهج (ع).

chi·ro·graph·ic *or* **chi·ro·graph·i·cal** [kī'rə grăf'-] *(adj.)* خَطّيّ.

chi·rog·ra·phy [kī rŏg'rə fĭ] *(n.)* الخطّ: فنّ الخطّ أو حُسْنُهُ.

chi·ro·man·cy [kī'rə măn'sĭ] *(n.)* كَشْف البخت [بقراءة خطوط الكفّ].

— **chi·ro·man·cer** *(n.)*

chi·rop·o·dist [kī rŏp'ə dĭst] *(n.)* الأقداميّ: الاختصاصي في العناية بالقدم البَشَرية ومعالجتها [في الصّحة والمرض].

chi·rop·o·dy [-'ə dĭ] *(n.)* الأقدامية: العناية بالقدم البشرية ومعالجتها.

chi·ro·prac·tic [kī'rə prăk'-] *(n.)* (١) المعالجة اليدوية: طريقة في المعالجة تقول بأن المرض ناشئ عن عدم قيام الأعصاب بوظيفتها على النحو السَّويّ (٢) المعالج اليَدَويّ.

— **chi·ro·prac·tor** *(n.)*

chi·rop·ter [kī rŏp'tər] *(n.)* الخُفّاشيّ: واحد الخُفّاشيّات **Chiroptera** وهي رتبة من الثدييات تشمل الخفافيش.

chi·rop·ter·an *(n.; adj.)* (١) chiropter § (٢) خُفّاشيّ.

chirp [chûrp] *(n.; vi.; t.)* (١) سَقْسَقة؛ زَقْزَقة [الطيور] (٢) صرير [الحشرات] § (٣) يُسَقسِق؛ يَصِرّ.

chirp·y *(adj.)* (١) مُسَقْسِق ؛ مُزَقزِق (٢) مَرِح ؛ مبتهج .

chirr [chûr] *(n.; vi.)* (١) صرير [الجنادب والصّراصير] § (٢) يَصِرّ .

chir·rup [chĭr′əp; chûr′-] *(n.; vi.; t.)* = chirp.

chir·rup·y [chĭr′əp ĭ; chûr′-] *(adj.)* = chirpy.

chi·rur·geon [kī rûr′jən] *(n.)* الجرّاح ؛ الطبيب الجرّاح (ا . ق) .

chis·el [chĭz′əl] *(n.; vt.; i.)* (١) إزميل ؛ مِنْحَت ؛ مِنْقاش § (٢) يَنْحَت ؛ يَنْقُش بالإزميل (٣) يَخْدع (٤) ينال بالاحتيال <to ~ a job> x (٥) يحتال للحصول على .

chis·eled *or* **chis·elled** [-′əld] *(adj.)* (١) منحوت بإزميل (٢) واضح المعالم : بادٍ وكأنه منحوت بإزميل <a ~ face> .

chit[1] [chĭt] *(n.)* (١) طِفل (٢) فتاة وَقِحة .

chit[2] *(n.)* (١) مذكِّرة ؛ رسالة قصيرة (٢) فاتورة [المطعم إلخ] .

chit·chat [chĭt′chăt′] *(n.; vi.)* (١) لَغْو : حديث وُدّي [غيرُ رسميّ] (٢) قيلٌ وقال § (٣) يلغو (٤) ينغمس في القيل والقال .

chi·tin [kī′tĭn] *(n.)* الكيتين : مادّة قَرْنية تشكِّل جزءًا من الإهاب الخارجيّ في الحشرات والقشريات .
— chi·tin·ous *(adj.)*

chit·lin; chit·lings; chit·lins *(n.)* = chitterlings.

chi·ton [kī′tən] *(n.)* الخيتون : «أ» حيوان من الرِّخويات البحرية يلتصق بالصخور . «ب» ثوبٌ إغريقيّ للرجال والنساء .

chit·ter *(vi.)* (١) «أ» يُسَقْسِق [الطيرُ] . «ب» يثرثر (٢) يرتجف بردًا .

chit·ter·lings [chĭt′ər-] *(n. pl.)* الشَّترلِنْغ : أمعاء الخنازير مطهوَّةً .

chiv·al·ric [shĭ văl′-] *(adj.)* (١) فُروسيّ (٢) شَهْم .

chiv·al·rous [chĭv′əl rəs] *(adj.)* (١) شهم (٢) فُرُوسيّ : «أ» ذو علاقة بالفروسية أو مميِّزٌ لها . «ب» متّسِم بالشرف أو الجُود أو الكياسة . «ج» متّسِم باحترام بالغ للنساء .

chiv·al·ry [shĭv′-] *(n.)* (١) فُرسان (٢) الفروسيّة : «أ» شهامة . «ب» نظام الفروسية في القرون الوسطى .

chive [chīv] *or* **chive garlic** *(n.)* الثّوم المُعَمِّر (نب) .

chiv·y *or* **chiv·vy** [chĭv′ĭ] *(vt.; i.; n.)* (١) يطارد (٢) يزعج ؛ يعذِّب x (٣) يعدو بسرعة § (٤) مطاردة .

chla·myd·e·ous [klə mĭd′-] *(adj.)* غلافيّ : خاصّ بالغلاف الزهري للنبات .

chla·myd·o·spore [-′ə spōr′] *(n.)* البَوْغ الغلافيّ أو الغِمديّ (نب) .

chla·myd·o·zo·a [klĕ mĭd′ ə zō′ə] *(n. pl.)* المُرْتَدِيات ؛ المُلْتَحِفات : متعضّيات مجهرية مُغْمَدة تكون في بعض الأمراض كالتراخوما والجُدَريّ (أح) .

chla·mys [klā′mĭs] *(n.)* pl. **-mys·es** *or* **-y·des** : الكَلامِس : معطف قصير يُطْرَح على الكتِف كان يرتديه فرسان الإغريق وشبّانهم .

chlamys

chlor- *or* **chloro-** بادئة معناها : «أ» أخضر <*chloro*phyll> . «ب» كلور .

chlo·ral [klōr′əl] *(n.)* الكلورال : سائلٌ عديم اللون .

chlo·ra·mine *(n.)* الكلورامين : مركّب مشتمل على نتروجين وكلور .

chlo·rate [klōr′āt] *(n.)* الكلورات : ملح الحَمْض الكلوري (ك) .

chloric acid *(n.)* حَمْض الكلوريك (ك) .

chlo·ride [klōr′īd] *(n.)* الكلوريد (ك) .

chloride of lime *(n.)* كلوريد الجير (ك) .

chlo·ri·nate [klōr′-] *(vt.)* يُكَلْوِر : يمزج أو يعالج بالكلور .

chlo·ri·na·tion [klōr′ə nā′-] *(n.)* الكَلْوَرة (ك) .

chlo·rine [klōr′ēn] *(n.)* الكْلور (ك) .

chlo·rite [klōr′īt] *(n.)* الكْلُوريت («ك» و«مع») .

chloro- = chlor-.

chlo·ro·form *(n.; vt.)* (١) الكلوروفورم ؛ البنج § (٢) يُبنِّج [بالكلوروفورم] .

chlo·ro·my·ce·tin [-sē′tən] *(n.)* الكلورومايسيتين : عقّار من المُرْديات .

chlo·ro·phyll *also* **chlo·ro·phyl** [klōr′ə fĭl] *(n.)* اليَخْضور ؛ الكلوروفيل : المادّة الخضراء الملوِّنة في النبات .

chlo·ro·phyl·lous [klōr′ə fĭl′əs] *(adj.)* يَخضوريّ ؛ كلوروفيليّ .

chlo·ro·pic·rin [klōr′ō pĭk′rĭn] *(n.)* الكلوروبكْرين : سائل عديم اللون يُسيل الدمعَ ويسبِّب التقيّؤ ويُستَعمل كمُبيد للحشرات .

chlo·ro·plast [klōr′ə plăst′] *(n.)* جُبَيلة اليَخْضور ؛ حُبَيبة اليَخْضور : جُبَيْلة plastid تشتمل على اليخضور (نب) .

chlo·ro·sis [klō rō′-] *(n.)* (١) الخُضار ؛ الخلوروز : فقر دمٍ يصيب المراهقات (٢) اليَرَقان : اصفرارٌ غير سَوِيّ يصيب النبات .
— chlo·rot·ic *(adj.)*

chlo·rous [klōr′əs] *(adj.)* كلوريّ : مشتمل على الكلور أو مشتقّ منه .

chlor·pic·rin [klōr pĭk′rĭn] *(n.)* = chloropicrin.

chlor·tet·ra·cy·cline *(n.)* الكلورتتراسيكلين : عقّار من المُرْديات .

cho·an·o·cyte [kō ăn′-] *(n.)* الخَلِيّة القُمعيّة أو المطوَّقة [في الإسفنج] .

choc–ice [chôk′īs] *(n.)* المثلوجة المُشَكْلَتة : قطعة رقيقة مستطيلة من «البوظة» المكسُوّة بالشوكولا .

chock [chŏk] *(n.; vt.; adv.)* (١) السّاندة : وَتِدٌ أو إسفين لمنع البرميل أو العَجَلة من الدّوران (٢) الحابسة ؛ دليل الحبال (مل) § (٣) يزوِّد أو يثبِّت بساندة إلخ § (٤) مُحْكَمَ الشّدّ أو الرَّبط .
~*ed* up with طافح بِـ ؛ مليء بِـ ؛ غاصٌّ بِـ .

chock 2.

chock·a·block [chŏk′ə-] *(adv.; adj.)* (١) باكتظاظ ؛ بازدحام § (٢) مُحْكم الشّدّ أو الرّبط (٣) مُكتظّ ؛ مزدحم .

chock–full *(adj.)* طافح ؛ مُتْرَع ؛ غاصّ بِـ ؛ مُفْعَم .

choc·o·late [chôk′ə lĭt] *(n.; adj.)* (١) شوكولا (٢) شراب أو حلوى بالشّوكولا (٣) لون بُنّيّ داكن § (٤) شوكولاتيّ (٥) شوكولاتيّ اللون .

chocolate–box *(adj.)* عاطفيّ [على نحوٍ سطحيّ] .

choice [chois] *(n.; adj.)* (١) الاختيار ؛ الاصطفاء (٢) الخِيار : حقّ الاختيار أو إمكانيّتُهُ <She has no ~ in the matter.> (٣) صَفْوَة : زُبدة (٤) الشيء أو الشخص الذي يُختار <This necktie is my ~.> (٥) مجموعة ؛ تشكيلة <a large ~ of neckties> (٦) عناية في الاختيار

(٧) بديل § (٨) ممتاز؛ مختارٌ <collected with judgment and ~> بعناية <~ fruit>.

choir [kwīr] *(n.; vi.; t.)* (١) الخورُس: جوقة من المنشدين. وبخاصة: جوقة من المرتلين في كنيسة (٢) الفصيلة: مجموعة آلات موسيقية من نوع واحد <string ~> (٣) الفِرقة؛ الكَوْكبة: مجموعة منظَّمة من الأشخاص أو الأشياء (٤) طبقة من الملائكة (٥) الخورُس: جزء من الكنيسة مخصَّص للمرتلين أو للكهنة § (٦) يُخَوْرِس: يغنّي أو يُرتِّل جَماعيًا.

choir·boy [kwīr′-] *(n.)* غُلام الخورُس: غلام يرتِّل في جوقةٍ كنسيّة.

choir loft *(n.)* شُرْفة الخورُس [في كنيسة].

choir·mas·ter *(n.)* قائد الخورُس [في كنيسة].

choke [chōk] *(vt.; i.; n.)* (١) يَخْنُق (٢) يكبِت، يَكْظِم (٣) يَحْبس [دمعَهُ] (٤) يضعُ حدًّا لِـ (٥) يُسْكِت؛ يُخرِس (٦) يَخْنُق: يوقف أو يَعُوق أو يعطِّل النموَّ أو التطوّرَ والنشاط (٧) يَسُدّ (٨) يملأ؛ يُتْرِع؛ يُفْعِم (٩) يَخْنُق؛ يُعمِل المِخنقة أو «الشَّرّاقة» [عند إدارة محرِّك السيارة] **x** (١٠) يختنِق (١١) يَغُصّ [بالطعام]؛ يَشْرَق [بالماء] (١٢) ينسَدّ § (١٣) خَنْق (١٤) كَبْت؛ كَظْم إلخ (١٥) المِخْنَقة؛ الشَّرّاقة (سي) (١٦) العُنُق: تضييق في ماسورة البندقية عند الفوّهة.

to ~ down (١) يلتهم (٢) يكبح؛ يكظم [غيظَهُ].

to ~ off (١) يثنيه عن (٢) يتخلّص منه (٣) يُوبِّخ.

choke–ber·ry [chōk′bĕr′ĭ] *(n.)* الآرونية: شُجيرة ذات ثمر مُرّ المذاق.

choke–bore [chōk′bōr′] *(n.)* (١) الماسورة المُتَضيِّقة [عند فوَّهة البندقية] (٢) بندقية مُتَضيِّقة الماسورة [عند الفُوَّهة].

choke coil *(n.)* الملفّ الخانق (كب).

choke·damp [chōk′dămp′] *(n.)* = blackdamp.

choke–full *(adj.)* = chock–full.

chok·er *(n.)* (١) فا choke (٢) طوق ضيّق (٣) قَبّة عالية (٤) لِفاع.

chok·ing [chō′-] *(adj.)* (١) خانق <~ dust> (٢) مختنق: منفعل إلى حدّ يُشعر بالاختناق <spoke in a ~ voice>.

chok·y [chō′kĭ] *(adj.)* خانق.

chol- *or* **chole-** بادئة معناها: الصَّفراء؛ المِرّة.

cho·le·cys·tec·to·my [kō′lə sĭs tĕk′-] *(n.)* استئصال المَرارة (جر).

cho·le·cys·ti·tis [kō′lə sĭs tī′tĭs] *(n.)* التهاب المَرارة (ط).

cho·ler [kŏl′ər] *(n.)* (١) الغَضَب (٢) سرعة الغضب.

chol·er·a [kŏl′ər ə] *(n.)* الهَيْضَة (مج)؛ الكوليرا (مض).

chol·e·ra·ic [kŏl′ə rā′-] *(adj.)* هَيْضيّ: متعلّق بالهَيْضة أو ناشئٌ عنها.

cholera in·fan·tum [ĭn făn′təm] *(n.)* هَيْضة [كوليرا] الأطفال (مض).

cholera mor·bus [môr′bəs] *(n.)* هَيْضة [كوليرا] الصَّيف (مض).

chol·er·ic [kŏl′ər ĭk] *(adj.)* (١) سريع الغضب (٢) غاضب.

cho·les·ter·in [kə lĕs′tər ĭn] *(n.)* = cholesterol.

cho·les·ter·ol [kə lĕs′tə rōl′] *(n.)* الكولسترول؛ غَوْل المِرّة (كح).

cho·lic acid [kō′lĭk] *(n.)* حَمْض الكوليك؛ حَمْض المرارة.

cho·line [kō′lēn] *(n.)* الكولين؛ المَرارين: مادة توجد في جميع الخلايا وبخاصة في المِرّة أو الصفراء وهي ضرورية لأداء الكبد وظيفته (كح).

cholo- = chol-.

chomp [chŏmp] *(vt.; i.)* يَمْضغ أو يَعَضّ على.

chondr- *or* **chondri-** *or* **chondro-** بادئة معناها: غُضْروف.

chon·dri·o·some [kŏn′drĭ ō sōm′] *(n.)* الكُنْدْريوسوم: أحد جُسَيماتٍ حُبَيْبيّة في سيتوبلازم الخلايا (أح).

chon·dro·cra·ni·um [-krā′-] *(n.)* القِحْف الغُضروفيّ [في الجمجمة].

chon·dro·ma [kŏn drō′mə] *(n.)* الغُضروم؛ الورم الغُضروفي (مض).

choose [chōōz] *(vt.; i.)* (١) يختار: يصطفي؛ ينتقي (٢) يفضِّل (٣) يُقرِّر (٤) يريد؛ يرغب في (ع) **x** (٥) يرى من المناسب. — **choos·er** *(n.)*

choos·y *or* **choos·ey** [-′zĭ] *(adj.)* (١) نيِّق: مُدقِّق في الاختيار (٢) مُتَرَدِّد.

chop[1] [chŏp] *(vt.; i.; n.)* (١) يَقْطع بفأس (٢) يُقطِّع؛ يُفرِّم؛ يُهرِّم (٣) يَشُقّ <tried to ~ his way> (٤) يُخفِّض (٥) يضرب الكرةَ إلى أدنى [ضربةً سريعةً قويةً] **x** (٦) يوجِّه ضربة خاطفة [أو ضَرَباتٍ متكرّرة] بالفأس ونحوهِ § (٧) قَطْع؛ تقطيع؛ تفريم (٨) «أ» ضربة قاطعة [بالفأس]. «ب» ضربة عنيفة إلى أدنى (٩) «أ» قطعة؛ شظيّة. «ب» شَرْحة لحمٍ [مع ضِلْعها عادةً] (١٠) «أ» حركة قصيرة مفاجئة. «ب» أمواج قصيرة متلاطمة.

to get the ~, يُصْرَف من الخدمة؛ يُطْرَد من الوظيفة.

chop[2] *(n.)* *pl.* عد: «أ» فكٌّ. «ب» فم. «ج» خدّ.

chop[3] *(n.)* (١) خاتم أو طابع رسميّ (٢) رخصة رسمية (٣) «أ» سِمة على السِّلَع [أو على النقود] تشير إلى طبيعتها أو نوعيّتها. «ب» نوع من السِّلع حاملٌ السِّمَةَ نفسَها. «ج» نوعيَّة.

of the first ~, من الطِّراز الأول؛ من أحسن صنف.

chop[4] *(vi.)* (١) يتحوَّل: يُبَدِّل رأيه أو خُطَطَهُ (٢) يغيِّر اتجاهَهُ [فجأةً أو بسرعة].

to ~ logic يُماحك؛ يجادِل؛ يخوض في مناقشاتٍ سفسطائية.

chop–chop *(adv.)* تَوًّا؛ بسرعة؛ من غير إبطاء.

chop·fall·en [chŏp′fô′lən] *(adj.)* = chapfallen.

chop·house [chŏp′-] *(n.)* (١) مَطْعَم (٢) جمرك [في الصين].

cho·pine [chō pēn′] *(n.)* الشّوبين: حذاء نسويّ عالي الكعب.

chop·per[1] [chŏp′ər] *(n.)* (١) فا chop (٢) مِفْرَمة؛ ساطور (٣) هليكوبتر.

chop·per[2] *(vi.; t.)* (١) يرتحل [بهليكوبتر] **x** (٢) ينقل [بهليكوبتر].

chop·ping [chŏp′ĭng] *(n.; adj.)* (١) مص chop § (٢) مُرْتَجّ؛ متقطِّع (٣) متدفّق (٤) متقلِّب؛ مُتحوِّل <~ winds> (٥) متلاطم الأمواج <a ~ sea> (٦) ضخم الجسم قويُّه.

chop·ping block *(n.)* الوَضَم: خشبة يقطّع الجزّار عليها اللحم.

chop·ping knife *(n.)* المِفْرَمة: سكّين لفَرْم اللحوم إلخ.

chop·py *(adj.)* (١) مُتَشقّق؛ كثير الشّقوق (٢) مُتقلّب؛ متحوّل <~ winds> (٣) متلاطم المُوَيجات (٤) وَعْر (٥) متقطّع.

chop·sticks *(n. pl.)* العُوْدان: عودان يتناول بهما الصينيون طعامهم.

chopsticks

chop su·ey [chŏp′so͞o′ĭ] *(n.)* الشُّوبْسُويّ: طعام صينيّ قِوامُهُ لحومٌ مفرومة وخُضَرٌ وأرزّ إلخ.

cho·ra·gus [kə rā′gəs] *(n.)* pl. **-gi** [jī] قائد كورَس أو خورُس أو جماعة.

cho·ral [kōr′əl] *(adj.)* كُورَسيّ؛ خورُسيّ: «أ» خاصّ بِـ«كورس» (را. chorus) أو «خورُس» (را. choir). «ب» مصحوب بغناء <a ~ dance>. «ج» مُغَنًّى من قِبَل كورَس أو خورُس.

cho·rale *also* **cho·ral** [kə răl′; -räl′] *(n.)* الكورال: «أ» ترتيلة؛ ترنيمة. «ب» لحنٌ ترتيليّ. «ج» كورَس chorus. «د» خورُس choir.

chord[1] [kôrd] *(n.; vt.; i.)* (١) نغمات متآلفة § (٢) يتناغم؛ يتآلف؛ ينسجم مع (٣) يؤالف: يعزف نغماتٍ متآلفة على آلة وترية عادةً x (٤) يُوَتِّر: يزوِّد بأوتار (٥) يناغم أو يوفّق بين.

chord[2] *(n.)* (١) «أ» عَصَبٌ؛ وَتَر (ت). «ب» وترُ [الآلةِ الموسيقية] (٢) وترُ الدائرة (ر) (٣) عاطفة؛ مزاج.

chord[3] *(n.)* = cord.

chord·al [kôrd′əl] *(adj.)* (١) وَتَريّ (مو) (٢) حَبْليّ (ت).

chor·date [-′dāt′] *(n.; adj.)* **Chordata** (١) الحَبْليّ: حيوان من الحَبْليات وهي شعبة تشمل الفقاريّات وذوات الحبل الظَّهريّ § (٢) حَبْليّ (ح).

chore [chōr] *(n.)* (١) المَشْغَلة: العمل النظاميّ أو اليوميّ الخفيف في منزلٍ أو مزرعة (٢) عملٌ روتينيّ؛ مهمّة شاقة أو بغيضة.

cho·rea [kə rē′ə] *(n.)* الرُّقاص؛ الزَّفَن: اضطراب عصبيّ يتميّز باختلاجات تشنُّجيّة في الوجه والأطراف (مض).

cho·re·og·ra·pher [kōr′ĭ ŏg′rə fər] *(n.)* مُصَمِّم الرَّقصات.

cho·re·og·ra·phy *(n.)* (١) فنّ الرّقص (٢) تصميم الرقصات.

cho·ric [kōr′ĭk] *(adj.)* كورَسيّ: ذو علاقة بالكورَس.

cho·ri·on [kōr′ĭ ŏn′] *(n.)* المَشِيماء: الغشاء المغلِّف للجنين.

cho·ri·pet·al·ous [kō′rĭ pĕt′-] *(adj.)* مُنفصِل البَتَلات (نب).

chor·is·ter [kôr′-] *(n.)* المنشد في خورُس؛ غلام الخورُس.

cho·rog·ra·phy [kə rŏg′rə fĭ] *(n.)* (١) التخطيط الإقليمي: فنّ وصف الأقاليم أو وَضْع الخرائط لها (٢) المُخَطَّط الإقليمي.

cho·roid [kōr′oid] *(n.; adj.)* (١) غلاف العين المشيميّ § (٢) مَشِيميّ.

chor·tle [chôr′təl] *(vi.; t.; n.)* (١) يُغنّي، أو يُنْشِد، بتهلُّلٍ وجَذَل (٢) يضحك § (٣) ضحكة.

cho·rus [kōr′əs] *(n.; vt.; i.)* (١) الكورَس؛ الجوقة: «أ» مجموعة من المغنين أو الراقصين. «ب» مجموعة من المنشدين في خورُس choir (٢) المَذْهَب: «أ» ذلك الجزء من الأغنية أو الترنيمة الذي يتكرّر حينًا بعد حين. «ب» الجزء الأساسيّ من أغنية شعبية (٣) نشيد الجوقة: جزء من المسرحية الإغريقية يقوم الكورَس بأدائِهِ (٤) العاصفة: عاصفة من الاستحسان أو الرّفض إلخ § (٥) يغنّون معًا؛ يتكلمون في آنٍ معًا. in ~, كلُّهم معًا في آنٍ واحد.

chorus boy *(n.)* غلام الكورَس: فتًى يُغَنّي أو يَرْقُص في كورَس.

chorus girl *(n.)* فتاة الكورَس: فتاة تُغنّي أو ترقص في كورَس.

chose[1] [chōz] *past of* choose.

chose[2] [shōz] *(n.)* شيء؛ مَتاع؛ منقول [أو مالٌ] شخصيّ.

chose in action [shōz] الحقّ المتنازَع عليه (ق).

chose in possession [shōz] المُمْتَلَك: شيء في حَوْزة المرء فعلًا (ق).

chose local *(n.)* المُلْحَق: شيء مُلْحَقٌ بمكانٍ ما [كطاحون إلخ].

cho·sen[1] [chō′zən] *past part. of* choose.

cho·sen[2] *(adj.)* مُختار؛ مُصْطفًى؛ مفضَّل.

chough [chŭf] *(n.)* الغُراب الأَعْصَم؛ الزُّمَّت: طائر وثيق الصلة بالغُراب.

chough

chouse [chous] *(vt.)* (١) يَخْدع (٢) يَسُوق أو يَرْعَى بخشونة (ع).

chow [chou] *(n.; vi.)* (١) طعام § (٢) يأكل [تتبعها *down* عادةً].

chow·chow [chou′chou′] *(n.; adj.)* (١) التّشاوْتشاو: «أ» مُرَبًّى صينيّ مؤلَّف من خليط من الفاكهة. «ب» خليط من المخلَّل المفروم في صلصة الخَرْدَل § (٢) مخلوط؛ منوَّع: مؤلف من أنواع متعددة مخلوطة معًا <~ sweetmeats>.

chow chow [chou′-] *or* **chow** *(n.)* التّشاوْتشاو: كلب صينيّ كثيف الشَّعر.

chow chow

chow·der [chou′-] *(n.)* الشَّوْدَر: حساءٌ من سمك وبطاطس وبصل.

chow·der·head [chou′dər hĕd′] *(n.)* الغبيّ؛ المُغَفَّل.

chow·hound [chou′hound′] *(n.)* الشَّرِه؛ النَّهِم.

chow mein [chou′mān′] *(n.)* الشَّوْمَن: طعام يُعَدّ من فُطر وبصل ولحم وخُضَر ويقدّم مكسُوًّا بطبقة من المعكرونة.

chres·tom·a·thy [krĕs tŏm′ə thĭ] *(n.)* (١) مقاطع مختارة [يُستعان بها في تعليم اللغات] (٢) مختارات من آثار مؤلِّف ما [مجموعةٌ في كتاب].

chrism [krĭz′əm] *(n.)* المَيْرون: زيت مقدَّس يُمْسَح به عند التعميد (نص).

chris·ma·to·ry [-mə tōr′ĭ] *(n.)* وعاء المَيْرون أو الزيت المقدَّس (نص).

chris·om [krĭz′əm] *(n.)* سِربال [أو ثوب] العِماد.

chrisom child *(n.)* فقيد الشَّهر: طفل يموت في شهره الأوّل.

Christ [krīst] *(n.)* المسيح؛ يسوع المسيح؛ عيسى بن مريم.

chris·ten [krĭs′ən] *(vt.)* (١) «أ» يُعَمِّد؛ يُنَصِّر. «ب» يُسَمّي عند التعميد (٢) يُسَمّي. وبخاصة: يُطلق اسمًا على سفينةٍ قبل إنزالها إلى البحر (٣) يُدَشِّن: يستعمل للمرة الأولى.

Chris·ten·dom [krĭs′ən dəm] *(n.)* (١) النّصرانية (٢) العالَم المسيحيّ.

chris·ten·ing [krĭs′ən-] *(n.)* حفلة التعميد أو التنصير (نص).

Chris·tian [-′chən] *(n.; adj.)* (١) النَّصرانيّ؛ المسيحيّ § (٢) نَصرانيّ؛ مسيحيّ (٣) إنسانيّ: غير وحشيّ (٤) لائق؛ متحضّر (٥) ممثِّلٌ النّصرانيةَ.

Christian era *(n.)* التقويم النصرانيّ ؛ التاريخ المسيحيّ .

Chris·ti·an·i·ty [krĭs chĭ ăn′ə tĭ] *(n.)* (١) النَّصرانية (٢) النَّصارَى .

Chris·tian·i·za·tion *(n.)* (١) التنصير (٢) التَّنصُّر .

Chris·tian·ize [krĭs′chə nīz′] *(vt.; i.)* (١) يُنَصِّر x (٢) يتنصَّر .

Chris·tian·like *(adj.)* لائق بنصرانيّ [أو شبيهٌ به] .

Chris·tian·ly *(adj.; adv.)* (١) لائقٌ بنصرانيّ § (٢) على نحوٍ نصرانيّ .

Christian name *(n.)* اسم التنصير : الاسم الأول الذي يسبق اسمَ الأسرة .

Christian Science *(n.)* العِلم النصرانيّ : فرقة بروتستانتية تقول بأنّ الخطيئة والمرض والموت يمكن القضاء عليها بفهم تعاليم المسيح فهمًا كاملًا .

Christian Scientist *(n.)* العِلْمَنَصْرانيّ : المؤمن بـ«العلم النصرانيّ» .

Christ·less [krīst′ləs] *(adj.)* لامسيحيّ ؛ غير مسيحيّ .

Christ·like *(adj.)* مَسيحانيّ : شبيهٌ بالمسيح [صفةً أو روحًا أو عملًا] .

Christ·ly *(adj.)* (١) مسيحيّ (٢) مسيحانيّ : شبيه بالمسيح .

Christ·mas [krĭs′məs] *(n.)* عيد الميلاد (٢٥ ديسمبر) .

Christmas Eve *(n.)* عَشيّة الميلاد (٢٤ ديسمبر) .

Christ·mas·tide *(n.)* موسم الميلاد [من عشيّة عيد الميلاد إلى ما بعد عيد رأس السنة] .

Christmas tree *(n.)* شجرة الميلاد [تُزَخْرَف وتُضاء في الميلاد] .

Chris·tol·o·gy *(n.)* الكريستولوجيا : التعليل اللّاهوتي لشخص المسيح وعملِهِ (نص) .

Christ's–thorn *(n.)* شوك المسيح : شُجيرة فلسطينيّة شائكة .

chrom- *or* **chromo-** بادئة معناها : «أ» كروم . «ب» لون ؛ صِبْغ .

chro·ma [krō′mə] *(n.)* (١) صفاء اللون (٢) كثافة اللون .

chromat- *or* **chromato-** بادئة معناها : «أ» لون . «ب» كروماتين .

chro·mate [krō′māt′] *(n.)* كرومات (ك) .

chro·mat·ic [krō măt′-] *(adj.)* (١) «أ» لونيّ : ذو علاقة باللون . «ب» مُلَوَّن ؛ بالألوان <~ printing> (٢) لونيّ : مبنيّ على السُّلَّم اللونيّ (مو) .

chromatic aberration *(n.)* الزَّيغ اللَّونيّ (بص) .

chro·ma·tic·i·ty [krō′ mə tĭs′ə tĭ] *(n.)* اللَّونيّة (بص) .

chro·mat·ics *(n.)* اللَّونيّات ؛ علم الألوان .

chromatic scale *(n.)* السُّلَّم اللَّوني : سُلَّم موسيقيّ من أنصاف نَغَماتٍ .

chro·ma·tin [krō′mə tĭn] *(n.)* الكروماتين ؛ الصِّبْغين : جزء من نواة الخليّة يتميّز بسرعة الانصباغ بالموادّ الملوِّنة (أح) .

chromato- = chromat-.

chro·ma·to·graph [-tə grăf] *(n.)* المِشراب ؛ الراسمة الاستشرابية (ك) .

chro·ma·to·graph·ic analysis *(n.)* التحليل الاستشرابيّ (ك) .

chro·ma·tol·y·sis [krō′mə tŏl′ə-] *(n.)* انحلال الكروماتين (أح) .

chro·ma·to·phil [krō′mə tō′fĭl] *(adj.)* = chromophil.

chro·ma·to·pho·bi·a [krō′mə tə-] *(n.)* رُهاب الألوان (نف) .

chro·ma·to·phore [-fōr′] *(n.)* (١) الملوِّنة (مج) : خليّة مشتملة على الصِّبغ (أح) (٢) chloroplast .

chrome [krōm] *(n.; vt.)* (١) الكُروم (ك) (٢) المُكَرْوَم : شيء مطليّ بالكُروم § (٣) يُكَرْوِم : يُعالج أو يكسو بمركّب كُروميّ .

-chrome لاحقة معناها : لون ؛ صِبْغ <poly*chrome*> .

chrome green *(n.)* الأخضر الكُروميّ : صِبْغ أخضر لمّاع (ك) .

chrome yellow *(n.)* الأصفر الكُروميّ : صِبْغ أصفر مؤلَّف من كُرومات الرصاص أو الباريوم أو الزنك (ك) .

chro·mic [krō′mĭk] *(adj.)* كُروميّ : خاصّ بالكُروم أو مشتقّ منه (ك) .

chromic acid *(n.)* حَمْض الكُروميك (ك) .

chro·mi·nance [krō′mə nəns] *(n.)* التَّلَوُّنيّة : الفرق بين لونٍ ما ولونٍ مَرْجعيّ مختارٍ ذي سطوع مماثل ، في التلفزيون الملوَّن .

chro·mite [-′mīt] *(n.)* الكروميت : معدنٌ قِوامُه أُكسيد الحديد وكُروم .

chro·mi·um [krō′mĭ əm] *(n.)* الكُروم : عنصر فِلِزّيّ صُلب (ك) .

chro·mize [krō′mīz′] *(vt.)* يُكَرْوِم : يعالج أو يطلي بالكُروم .

chro·mo [krō′mō] *(n.)* = chromolithograph.

chromo- = chrom-.

chro·mo·gen [krō′mə jən] *(n.)* مُوَلِّد الصِّبغ (مج) .

chro·mo·lith·o·graph *(n.)* الصورة الحجرية الملوَّنة (طع) .

chro·mo·li·thog·ra·phy *(n.)* الطباعة الحجرية الملوَّنة .

chro·mo·mere [krō′mə mēr′] *(n.)* القُسَيْم الصِّبغيّ : أيّ من الحُبَيْبات الصِّبغيّة التي يتكوَّن منها الصِّبغيّ أو الكروموسوم (أح) .

chro·mo·phil *(adj.)* صَبِغ ؛ أليف ألوان : سهل التلوّن بالأصباغ (أح) .

chro·mo·plast [krō′mə-] *(n.)* الجُبَيْلة الملوِّنة : جبلة أو بروتوبلازما صغيرة تشتمل على مادّة ملوِّنة صفراء أو حمراء (نب) .

chro·mo·so·mal *(adj.)* صِبْغَوِيّ ؛ كروموسوميّ .

chro·mo·some [krō′mə sōm′] *(n.)* الصِّبغيّ (مج) ؛ الكروموسوم : جُسَيْم خيطيّ كروماتينيّ يظهر في نواة الخليّة عند الانقسام (أح) .

chro·mo·sphere [-sfēr′] *(n.)* الكروموسفير : «أ» الطبقة الدُّنيا من جوّ الشمس . «ب» غلافٌ غازيّ يُحيط بنجم (فل) .

chro·mous [krō′-] *(adj.)* كُروميّ : خاصّ بالكُروم أو مشتقّ منه (ك) .

chron- *or* **chrono-** بادئة معناها : الوقت ؛ الزمن <*chrono*meter> .

chron·ic [krŏn′ĭk] *or* **chron·i·cal** *(adj.)* (١) «أ» مُزْمِن ؛ غير حادّ : متطاول أو متكرِّر باستمرار <a ~ disease> . «ب» مُزْمَن : مصابٌ بمرض مُزْمِن <a ~ invalid> (٢) مُستمِرّ ؛ دائم ؛ متواصل ؛ مألوف <~ civil war> (٣) مُدْمِن <a ~ smoker> .

chronic fatigue syndrome *(n.)* تناذُر الإرهاق المُزْمِن .

chron·i·cle [krŏn′ə kəl] *(n.; vt.)* (١) تاريخ ؛ عرضٌ للأحداث وَفْقًا لتَسَلْسُلها الزمنيّ § (٢) يؤرِّخ [بالتسلسل الزمنيّ] (٣) يَسْرُد ؛ يَصِف .

ă at; ā date; â care; ä car; ĕ egg; ē me; ĭ in; ī bite; ŏ lot; ō bone; ô orphan; oi boil; oo good; oo boot; ou out; ŭ under; û urgent; ə = *a* in alone, *e* in system, *i* in easily, *o* in gallop, *u* in circus.

chron·i·cler *(n.)* المؤرِّخ الإخباريّ: مؤرِّخ الأحداث وفقًا للتسلسل الزمنيّ.

chron·o·gram *(n.)* التاريخ الجُمَّلِيّ: نقش أو جملة أو عبارة تعبِّر فيها بعضُ الحروف، ذات القيمة العددية، عن تاريخ مُعيَّن.

chron·o·graph *(n.)* الكرونوغراف: أداة لتسجيل اللحظة التي يقع فيها حدثٌ ما، أو المدة التي يستغرقها ذلك الحَدَث.

chro·nol·o·ger *(n.)* = chronologist.

chron·o·log·i·cal *also* **chron·o·log·ic** *(adj.)* كرونولوجيّ: «أ» منسوب إلى الكرونولوجيا <~ order>. «ب» مرتَّب وفقًا للتسلسل الزمنيّ <~ tables>.

chro·nol·o·gist [krə nŏl′-] *(n.)* الكرونولوجيّ: العالِم بالكرونولوجيا.

chro·nol·o·gy [krə nŏl′ə jĭ] *(n.)* الكرونولوجيا: «أ» علم يُعْنَى بتقسيم الزمن إلى فترات وتعيين التواريخ الدقيقة للأحداث وترتيبها وفقًا لتسلسلها الزمني. «ب» جدول أو مَرْجِعٌ تاريخيّ منظَّم على أساسٍ من هذا التّسلسُل.

chro·nom·e·ter [krə nŏm′ə tər] *(n.)* الكرونومتر؛ المِيقَت: أداة لقياس الزمن بدقة بالغة.

chron·o·met·ric; -al *(adj.)* كرونومتريّ.

chro·nom·e·try *(n.)* الكرونومترية: «أ» علم قياس الزمن بدقة. «ب» قياس الزمن بفَتَرات أو تقسيمات.

chron·o·scope *(n.)* الكرونوسكوب: أداة لقياس الفترات الزمنية القصيرة.

chrys- *or* **chryso-** بادئة معناها: ذهب؛ أصفر.

chrys·a·lid [krĭs′ə lĭd] *(n.; adj.)* (١) chrysalis § (٢) خادِريّ.

chrys·a·lis [-lĭs] *(n.)* pl. **-sal·i·des** *or* **-lis·es** (١) الخادرة: الحشرة في الطور الذي يعقب اليرقانة (٢) الشَّرنَقَة: الغلاف المحيط بالخادرة.

chry·san·the·mum [krĭ săn′-] *(n.)* الأُقْحُوان.

chryso- = chrys-.

chrys·o·ber·yl [krĭs′ə bĭr′əl] *(n.)* الكريزوبريل: حجر شبه كريم.

chrys·o·lite [krĭs′ə līt′] *(n.)* = olivine.

chrys·o·prase [-prāz′] *(n.)* الكريزوبراز: حَجَر أخضر تُفّاحيّ.

chub [chŭb] *(n.)* الشّوب: سمك نهري من الشَّبّوطيات.

chub

chub·by [chŭb′ĭ] *(adj.)* رَيّان؛ لَحِيم؛ ربيل <a ~ boy>.

chuck[1] [chŭk] *(vi.; t.; n.)* (١) يُقَوْقي [الدجاجُ] (٢) يدعو [الدجاجَ] بالقوقأة § (٣) قَوْقأة.

chuck[2] *(n.)* حبيب <My love, my~.>.

chuck[3] *(vt.; n.)* (١) يُربِّت بلُطف [تحت الذقن إلخ] (٢) يَقْذِف؛ يرمي [بحركة سريعة وإلى مسافة قصيرة عادةً] (٣) يُهْمِل؛ يَطَّرِح (٤) يَطْرد (٥) يستقيل من § (٦) تربيتة [تحت الذقن إلخ] (٧) رَمْية؛ قَذْفة (٨) طَرْد؛ صَرْف.

chuck[4] *(n.)* (١) قطعة لحم بقري [تشمل معظم الرقبة والأجزاء المحيطة بالعظم الكتفيّ] (٢) طعام (ع) (٣) الظَّرف: أداة تُمْسِك بجزء من جهازٍ جاسئ.

chuck[4] *3.*

chuck–full *(adj.)* = chock–full.

chuck·hole [chŭk′hōl′] *(n.)* حفرة؛ فجوة [في طريق].

chuck·le [chŭk′əl] *(vi.; n.)* (١) يُزَقزِق: يضحك بينه وبين نفسه أو في خفوت (٢) يُقَوْقي [الدجاجُ] (٣) يَخِرُّ [الجدولُ] § (٤) ضِحْكة خافتة.

chuck·le·head [chŭk′əl hĕd] *(n.)* الأحمق؛ الأبله.

chuck wagon *(n.)* العربةُ المطبخُ: عربة مزوَّدة بالطعام وبأدوات الطبخ.

chuff[1] [chŭf] *(n.)* (١) الفلّاح؛ الريفيّ الفظّ (٢) البخيل.

chuff[2] *(vi.; n.)* (١) يَنْفُث [دخانًا إلخ في جلبةٍ] § (٢) نفثة صاخبة.

chuff[3] *(adj.)* بدين؛ سمين؛ رَبيل؛ لَحِيم (عب).

chuffed [chŭft] *(adj.)* مغرور؛ متفاخر.

chuf·fy [chŭf′ĭ] *(adj.)* بدين؛ سمين؛ ربيل؛ لحيم.

chug [chŭg] *(n.; vi.)* (١) القَرْقَرة: صوت انفجاريّ قصير خافت § (٢) يُقرقر: «أ» يُحدث مثل هذا الصوت. «ب» يتقدّم ببطء محدثًا مثلَ هذا الصوت.

chug·a·lug [chŭg′ə lŭg] *(vi.; t.)* يَكرَع: يشرب من غير توقُّف.

chuk·ker *or* **chuk·kar** [chŭk′ər] *(n.)* فترة من اللعب [في البولو].

chum[1] [chŭm] *(n.; vi.)* (١) الخِلّ: صديق حميم (٢) رفيق الغرفة [في جامعة إلخ] § (٣) يصادق؛ يخادن (٤) يقيم مع غيره [في غرفة واحدة].

chum[2] *(n.)* الطُّعم المفروم: سمكة مفرومة، أو مادة أُخرى مهرَّمة أو مسحوقة، تُطرح لاجتذاب الأسماك.

chum·my [chŭm′ĭ] *(adj.)* ودود؛ حميم؛ أنيس.

chump [chŭmp] *(n.)* (١) حَطَبة (٢) الأبله؛ المغفَّل (٣) الرأس (ع).

chunk [chŭngk] *(n.)* (١) الفِدْرة: القطعة أو الكتلة القصيرة الغليظة من أيّ شيء (٢) مقدار وافر (٣) فرس [أو شخص] قويّ مكتنز.

chunk·y *(adj.)* (١) قصير مُكتنز (٢) مُكَتَّل: مَلِيءٌ بالكتل الغليظة.

church [chûrch] *(n.; vt.; adj.)* (١) الكنيسة: «أ» مَعْبد النصارى. «ب» *cap.* عد: السلطة الإكليريكية. «ج» رجال الكنيسة أو الدين. «د» النصارى قاطبةً (٢) *cap.*: كنيسة؛ طائفة <the Presbyterian *Church*> (٣) صلاة عامة § (٤) يقود إلى الكنيسة لتلقّي طقس من طقوسها [كالعماد أو صلاة الجنازة إلخ] (٥) يُخضع للنظام الكنسيّ (٦) يقيم صلاة الشكر [من أجل امرأة وضعت مولودًا] § (٧) كَنَسِيّ <~ government>.

churched [chûrcht] *(adj.)* منتسب إلى كنيسة.

church·go·er *(n.)* إلْفُ الكنيسة: من يتردّد على الكنيسة بانتظام.

church·ing *(n.)* الطَّقسانية: إقامة الطقوس الكنسية أو تلقّيها.

church·less *(adj.)* (١) بدون كنيسة (٢) غير منتسب إلى كنيسة (٣) غير متردّد على الكنيسة (٤) غير مُقَرّ أو مُجاز من قِبَل الكنيسة.

church·ly [chûrch′lĭ] *(adj.)* (١) كَنَسِيّ (٢) كَنَسانيّ: ملائمٌ لكنيسة أو مذكِّر بها (٣) مشايع لكنيسة.

church·man *(n.)* (١) الكاهن؛ القسّ (٢) عضو في كنيسة.

church·war·den [-′wôr′dən] *(n.)* وكيل الكنيسة.

church·wom·an *(n.)* امرأةٌ عضوٌ في كنيسة.

church·y *(adj.)* (١) مطابق لمعتقدات الكنيسة (٢) كنسيّ.

church·yard *(n.)* فِناء الكنيسة [كثيرًا ما يُتَّخذ جانبٌ منه مَدْفنًا].

churl [chûrl] *(n.)* (١) ceorl (٢) الفلّاح الوسيطيّ: فلّاح من فلاحي العصر الوسيط (٣) الفلّاح؛ الريفيّ (٤) الفظّ؛ الغليظ (٥) البخيل.

churl·ish [chûr′lĭsh] *(adj.)* (١) فظّ؛ غليظ (٢) فلّاحيّ؛ ريفيّ (٣) نزق؛ شَكِس: سيّئ الطَّبع (٤) شَموس؛ صعب المراس.

churn [chûrn] *(n.; vt.; i.)* (١) مِمْخَضَة اللبن § (٢) يَمْخُض اللبن (٣) «أ» يَخُضّ؛ يحرّك بعنف. «ب» يُزَبِّد: يجعله مُزْبدًا x (٤) يُزْبد: يُصْبح مُزْبدًا (٥) يتحرك في اضطراب واهتياج.

churn·ing *(n.)* (١) مَخْض (٢) كميّة الزُّبدة الممخوضة دفعةً واحدة.

churr [chûr] *(vi.; n.)* = chirr.

chute [sho͞ot] *(n.; vt.; i.)* (١) «أ» شلّال. «ب» حَدور؛ مُنْحَدَرُ نهر (٢) المَزْلَق: هيكل معدني منحدر يَنْزلق عليه الأطفال في الحدائق العامة (٣) المَسْقَط: قناة مائلة، أو أنبوب مائل، لإنزال الماء أو الحبوب أو الفحم الحجري إلى مكان منخفض (٤) مِظلّة؛ باراشوت § (٥) يُزْلِق؛ يزلّق: يَنْقل بمَزْلق x (٦) ينزلق؛ يتزلّق [مُستخدمًا مَزْلقًا].

chut·ist [sho͞ot′ĭst] *(n.)* = parachutist.

chut·ney [chŭt′nĭ] *(n.)* الكَتْنيّة: صلصة من ثمار وأعشاب وتوابل.

chy·la·ceous [kī lā′shəs] *(adj.)* (١) كَيْلوسي: منسوب إلى الكَيْلوس (را. chyle) (٢) كَيْلوسانيّ: شبيه بالكَيْلوس.

chyle [kīl] *(n.)* الكَيْلوس: سائل غليظ القوام يتكوّن في المِعَى الدقيق ليُنْقَل من ثَمّ إلى الأوردة (فس).

chy·li·fac·tion [kī lĭ făk′-] *(n.)* التَّكَيْلُس: التحوُّل إلى كَيْلوس.

chy·lous [kī′ləs] *(adj.)* = chylaceous.

chyme [kīm] *(n.)* الكَيْموس: مادة لُبِّيَّة يتحوّل إليها الطعام بفعل العُصارة الهضمية (فس).

chy·mi·fi·ca·tion [kī-] *(n.)* التَّكَيْمُس: تحوُّل الطعام إلى كَيْموس.

chy·mous [kī′məs] *(adj.)* (١) كَيْموسي: منسوب إلى الكَيْموس (را. chyme) (٢) كَيْموسانيّ: شبيه بالكَيْموس.

ciao [chä′ō; chou] *(interj.)* تْشاو: «أ» مرحبًا. «ب» وداعًا.

ci·bo·ri·um [sĭ bōr′ĭ əm] *(n.)* (١) وعاء خبز القربان (نص) (٢) الظُّلّة القُبّيّة [فوق مذبح الكنيسة].

ciborium *1.*

ci·ca·da [sĭ kā′də] *(n.)* pl. **-das** *also* **-dae** زيز الحصاد (حش).

cicada

ci·ca·la [sĭ kä′lə] *(n.)* = cicada.

cic·a·tri·cial [sĭk′ə trĭsh′əl] *(adj.)* نَدَبيّ.

cic·a·trix [-′ə trĭks] *(n.)* pl. **-tri·ces** النَّدَبة: أثر الجرح في الحيوان أو النبات.

cic·a·trize [sĭk′-] *(vt.; i.)* (١) يَدْمُلُ الجُرْحَ x (٢) يتندّب: يندمل.

cic·e·ro·ne [sĭs′ə rō′nĭ] *(n.)* الشّيشَرون: دليل يرافق السُّيّاح.

Cic·e·ro·ni·an [sĭs′ə rō′-] *(adj.)* شَيْشرونيّ: منسوب إلى شَيْشرُون.

cich·lid [sĭk′lĭd] *(n.; adj.)* (١) البُلطيّة؛ المُشْطيّة: سمكة من البُلْطيّات أو المُشْطيّات Cichlidae وهي فصيلة أسماك نهرية من شائكات الزعانف § (٢) بُلطيّ؛ مُشْطيّ.

Cic·in·del·i·dae [sĭs′ĭn dĕl′ĭ dē] *(n. pl.)* الخُنْفُسِيّات البَبْريّة (حش).

-cidal لاحقة معناها: مُبيد؛ قاتل <bacteri*cidal*>.

-cide لاحقة معناها: «أ» قاتل؛ مُبيد. «ب» قَتْل؛ إبادة.

ci·der [sī′dər] *(n.)* السَّيْدَر: عصير الفاكهة. وبخاصة: عصير التفاح.

ci–de·vant [sē də vän′] *(adj.)* سابق <a ~ governor>.

ci·gar [sĭ gär′] *(n.)* سيكار؛ سيجار.

cig·a·rette *also* **cig·a·ret** [sĭg′ə rĕt′; -′ə rĕt′] *(n.)* سيكارة؛ سيجارة.

cigarette holder *(n.)* المَبْسَم؛ «بزّ» السيكارة.

cig·a·ril·lo [sĭg′ə rĭl′ō] *(n.)* السّيكاريلّو: سيكار صغير جدًا.

cil·i·a [sĭl′ĭ ə] *(n. pl.)* sing. **cil·i·um** أهداب («ت» و«ح» و«نب»).

cil·i·ar·y [sĭl′ĭ ĕr′ĭ] *(adj.)* (١) هُدْبيّ (٢) هُدْبانيّ: شبيه بالأهداب.

cil·i·ate *or* **cil·i·at·ed** *(adj.)* مُهَدَّب: ذو أهداب.

cil·i·o·late [sĭl′ĭ ə lĭt; -lāt′] *(adj.)* دقيق الأهداب.

cil·i·um [sĭl′ĭ əm] *(n.)* pl. **cil·i·a** هُدْب.

ci·met·i·dine [sī mĕt′-] *(n.)* السِّميتيدين: هِسْتمين تعالَج به القرحة.

ci·mex [sī′mĕks] *(n.)* pl. **cim·i·ces** بَقّة الفِراش.

Cim·me·ri·an [sĭ mēr′-] *(adj.; n.)* (١) مُظلم § (٢) السِّيميريّ: فرد من شعب خرافي ذكر هوميروس أنه يحيا في ظلام سرمديّ.

cinch [sĭnch] *(n.; vt.)* (١) الوَلْم: حزام السَّرج (٢) مَسْكة أو قبضة مُحْكَمَة (٣) شيء سهل أو مضمون (ع) § (٤) «أ» يُوَلِّم: يزوِّد بحزام سَرْج. «ب» يُوثق بإحكام (٥) يَكْفُل؛ يَضْمَن.

cin·cho·na [sĭn kō′nə] *(n.)* (١) الكينا؛ شجر الكينا (٢) لِحاء الكينا.

cin·cho·nism [sĭn′kə nĭz′əm] *(n.)* السِّنكونيّة: التسمّم بالكينا.

cinc·ture [sĭngk′chər] *(n.; vt.)* (١) تطويق (٢) طوق § (٣) يطوِّق.

cin·der [sĭn′dər] *(n.; vt.)* (١) الخَبَث: ما لم يتمّ احتراقه في الفرن الخاصّ بصَهْر الفِلِزّات (٢) *pl.* رماد (٣) «أ» جمرة مطفأة. «ب» جمرة حارّة عديمة اللّهب (٤) الجَمْرة البركانية: فلذة من حمم بركان ثائر § (٥) يُحرق؛ يحوِّل إلى رماد.

cin·der·y *(adj.)* (١) رماديّ: كالرماد أو مؤلَّفٌ منه (٢) كثير الرماد.

cine [sĭn′ē] *(n.)* فيلم سينمائي.

cine·ast *or* **cine·aste** [sĭn′ē ăst] *(n.)* المولع بالسينما.

cin·e·ma [sĭn′ə mə] *(n.)* (١) «أ» فيلم سينمائي (بر). «ب» صالة أو دار للسينما (٢) «أ» صناعة السينما. «ب» الفن السينمائي.

cin·e·mat·ic [sĭn′ə măt′ĭk] *(adj.)* سينمائي.

cin·e·mat·o·graph [sĭn′ə măt′ə grăf] *(n.)* السينماتوغراف:

«أ» الكاميرا السينمائية: كاميرا لتصوير الأفلام السينمائية (بر). «ب» المِسْلاط السينمائيّ: أداة لتسليط الصور على الشاشة السينمائية (بر). «ج» صالة سينما (بر). «د» الفن السينمائيّ (بر).

cin·e·ma·tog·ra·pher *(n.)* السينماتوغرافيّ: «أ» المصوِّر السينمائيّ. «ب» المسلاطيّ السينمائيّ: مُشغِّل المِسْلاط، أو أداة تسليط النور، السينمائيّ.

cin·e·ma·tog·ra·phy *(n.)* السينماتوغرافيا: فن أو علم التصوير السينمائيّ. **— cin·e·mat·o·graph·ic; cin·e·mat·o·graph·i·cal** *(adj.)*

cin·e·ole [sĭn′ĭ ōl] *(n.)* السِّينْيول: سائل كافوريّ الرائحة يوجد في كثير من الزيوت العطرة.

cin·e·rar·i·um *(n.)* pl. **-rar·i·a** المَرْمَدَة: موضع لحفظ رماد الجثث المحروقة. **— cin·e·rar·y** *(adj.)*

cin·er·a·tor [sĭn′ə rā′tər] *(n.)* = incinerator.

ci·ne·re·ous [sĭ nēr′ ĭ əs] *(adj.)* رماديّ.

cin·gu·late [sĭng′gyə lĭt] *(adj.)* مطوَّق: ذو طوق لونيّ.

cin·gu·lum [sĭng′gyə-] *(n.)* pl. **-la** طَوْق؛ طوق لونيّ (أح).

cin·na·bar [sĭn′ə bär′] *(n.)* (١) الزِّنْجَفْر: كبريتيد الزِّئبقيك (ك) (٢) اللون الأحمر الزاهي.

cin·nam·ic *(adj.)* قِرْفيّ: ذو علاقة بالقِرفة أو مشتقّ منها.

cin·na·mon [sĭn′ə mən] *(n.)* (١) قِرْفة (٢) لون القِرفة.

cinque [sĭngk] *(n.)* خمسة. وبخاصة في النرد وورق اللعب.

cin·que·cen·tist [chĭng′kwə chĕn′tĭst] *(n.)* السادس عشري: كاتب أو فنان إيطالي من أهل القرن السادس عشر.

cin·que·cen·to *(n.)* القرن السادس عشر [وبخاصة في الفنّ الإيطاليّ].

cinque·foil [sĭngk′foil′] *(n.)* (١) البوطَنْطِلّة؛ عُشبة القُوى: نبات خماسيّ الورقات (٢) النقش البوطَنْطِلّيّ: نقش خماسيّ الفصوص (عم).

cinquefoil 2.

ci·on [sī′ən] *(n.)* = scion.

ci·pher[1] [sī′fər] *(n.)* (١) «أ» صِفر. «ب» شيء أو شخص تافه لا شأن له (٢) الجِفْرة؛ الشِّيفرة (٣) الرسالة الجِفرية: رسالة موجَّهة بالشيفرة (٤) الرقم العربي: أحد الأرقام العربية (٥) الطُّغَراء: حروف رمزية متشابكة. وبخاصة: حروف الاسم الأولى متشابكةً.

ci·pher[2] *(vi.; t.)* (١) يستعمل الأرقام [حسابيًّا] x (٢) يُجَفِّر: يكتب بالشيفرة أو شبيهٍ بها (٣) يَحْسُب [بالأرقام].

cir·ca [sûr′kə] *(prep.)* حوالى. وبخاصة: حوالى العام...

Cir·cas·sian [sər kăsh′-] *(n.; adj.)* (١) الجَرْكَسيّ: واحد الجَرْكَس أو الجراكسة (٢) الجَرْكَسيّة: لغة الجركَس § (٣) جَرْكَسيّ.

cir·ci·nate [sûr′sə nāt′] *(adj.)* (١) حَلْقيّ: مستدير على شكل حلقة (٢) لِفافيّ: معقوف الطَّرف (نب).

cir·cle [sûr′kəl] *(n.; vt.; i.)* (١) «أ» حلقة؛ هالة. «ب» الدائرة (ر) (٢) مَدار الجِرم السماوي (٣) الحَلْقة: مجموعة مقاعد شبه دائرية في مسرح (٤) عالَم؛ منطقة عملٍ أو نفوذ (٥) دَوْرة (٦) الدَّور (مق) (٧) الحَلْقة؛ الدائرة؛ الوَسَط: جماعة تَشُدّ بعضَ أفرادها إلى بعضهم الآخر وحدةٌ في المصلحة (٨) الدائرة: قسمٌ إداريّ من بلدٍ ما § (٩) يطوِّق (١٠) يدور حول x (١١) يدور.

circle of declination دائرة الانحراف الاستوائي (فل).

circle of similitude دائرة المشابهة (ر).

cir·clet [sûr′klĭt] *(n.)* (١) الدُّوَيْرة: دائرة صغيرة (٢) خاتم (٣) حلية دائرية [وبخاصة للرأس].

cir·cuit [sûr′kĭt] *(n.; vt.; i.)* (١) محيط بُقعة ما أو البُقعةُ الواقعةُ ضمنَهُ (٢) طريق غير مباشر (٣) «أ» جولة دورية [يقوم بها قاضٍ أو مبشِّر]. «ب» القائمون بهذه الجولة. «ج» الطريق التي يسلكونها أو المَواطن التي يزورونها أو المنطقة التي تشملها جولتهم (٤) الدارة؛ الدائرة الكهربائية (٥) hookup *I* (٦) عُصْبة؛ جمعية (٧) المُسَلْسَلة: «أ» مجموعة من المسارح إلخ يديرها شخص واحد أو تعمل فيها، على التعاقب، جماعة واحدة من الفنانين. «ب» عدد من اللقاءات الاجتماعية المتماثلة (٨) «أ» دوران. «ب» دَورة § (٩) يدور؛ يطوف حول.

circuit breaker *(n.)* قاطعُ الدارة؛ فاصم الدارة (كب).

circuit court *(n.)* المحكمة الطوّافة [تنعقد في فترات مختلفة].

circuit judge *(n.)* القاضي الطوّاف: قاضي المحكمة الطوّافة أو الدوّارة.

cir·cu·i·tous [sər kyōō′ĭ təs] *(adj.)* (١) مُداوِر؛ غير مباشر (٢) مُراوِغ.

circuit rider *(n.)* المبشِّر الجوّال: القَسّ المتجوّل.

cir·cuit·ry [sûr′kĭ-] *(n.)* مجموعة الدّارات [الكهربائية أو الألكترونية].

cir·cu·i·ty [sər kyōō′ĭ tĭ] *(n.)* المداوَرَة: كون الشيء مداوِرًا أو غير مباشر.

cir·cu·lar [sûr′kyə lər] *(adj.; n.)* (١) مستدير (٢) دائريّ (٣) لولبيّ (٤) مداوِر؛ غير مباشر (٥) دَوْريّ: حادثٌ أو متكرّر دَوْريًا (٦) سيّار: مُوَجَّهٌ إلى عدد كبير من الأشخاص أو مُعَدّ للتوزيع عليهم <a ~ letter> § (٧) الرسالة السيارة: نشرة أو إعلان أو مذكّرة معدّة للتوزيع على عدد من الأشخاص.

circular arc *(n.)* القوس الدائريّ (ر).

circular current *(n.)* التيار الدائريّ: تيار كهربائي ذو مسارٍ دائري.

circular file *(n.)* (١) سلّة المهملات (٢) الملفّ الدائري (كم).

cir·cu·lar·i·ty *(n.)* الاستدارية؛ الدائرية: كون الشيء مستديرًا أو دائريًا.

cir·cu·lar·ize [sûr′kyə-] *(vt.)* (١) يدوِّر: يجعل الشيء مستديرًا أو دائريًا (٢) يبعث برسائل سيارة (را. 7 circular) إلى... (٣) ينشر؛ يذيع.

circular measure *(n.)* قياس الدوائر: نظام قياس الدوائر.

circular note *(n.)* (١) رسالة سيارة (را. 7 circular). وبخاصة: رسالة سيّارة مستخدمة في العمل الديبلوماسي (٢) letter of credit.

circular plane

circular plane *(n.)* المِسْحاج الدائري.

circular polygon *(n.)* المُضَلَّع الدائريّ (ر).

circular saw *(n.)* المِنشار الدائريّ أو القُرْصي.

circular saw

cir·cu·late [sûr′kyə lāt′] *(vi.; t.)* (١) يدور (٢) يطوف (٣) ينتشر؛ يَذيع

(٤) يروج ؛ تتداوله الأيدي **x** (٥) يُدير ؛ يجعله يدور (٦) يَنْشُر ؛ يروِّج .

— circulative; cir·cu·la·to·ry *(adj.)*

cir·cu·lat·ing *(adj.)* (١) دائر (٢) منتشر ؛ ذائع (٣) متداوَل .

circulating capital *(n.)* رأس المال الدائر [أو المتداوَل] .

circulating decimal *(n.)* = recurring decimal.

circulating library *(n.)* المكتبة الدائرة : مكتبة تعير الكتب لمشتركيها فيطالعونها في بيوتهم .

circulating medium *(n.)* النقود أو أوراق البنكنوت (اد) .

cir·cu·la·tion [sûr′kyə lā′-] *(n.)* (١) دَوَران ؛ جَرَيان (٢) الدورة الدموية (٣) التداوُل <~ coins in> (٤) السَّيرورة ؛ التوزيع ؛ الانتشار : «أ» معدل عدد النسخ المبيعة من صحيفة أو مجلة خلال فترة معيّنة . «ب» إجماليُّ عدد الكتب المستعارة من مكتبة عامة .

circum- بادئة معناها : حَوْلَ <*circum*navigate> .

cir·cum·am·bi·ent [-′kəm ăm′-] *(adj.)* مطوِّق ؛ مكتنِف ؛ محيطٌ بِـ .

cir·cum·am·bu·late [-ăm′byə lāt′] *(vt.; i.)* يطوف حول . . .

cir·cum·cise [sûr′kəm sīz] *(vt.)* (١) يَخْتِن (٢) يطهِّر روحيًا .

cir·cum·ci·sion [sûr′kəm sĭzh′ən] *(n.)* (١) خِتان (٢) تطهير روحي (٣) عيد ختان المسيح [أوّل يناير] .

cir·cum·fer·ence [sər kŭm′-] *(n.)* المحيط : محيط الدائرة .

cir·cum·fer·en·tial [-′shəl] *(adj.)* (١) محيطيّ (٢) مطوِّق .

cir·cum·flex [sûr′kəm-] *(adj.; n.)* (١) مُكْتَنَف : مزوَّدٌ بمكتَنِفة أو ملفوظٌ بالطريقة التي تحدّدها (٢) مُنْحَنٍ § (٣) المُكْتَنِفة : علامة (^) أو (⌒) أو (~) توضع فوق حرف لتحديد طريقة لفظه .

cir·cum·flu·ent *(adj.)* جارٍ حَوْلَ : مُطوِّق <~ rivers> .

cir·cum·flu·ous *(adj.)* مُطوِّق ؛ مكتنِف <the ~ ocean> .

cir·cum·fuse [-fyōōz′] *(vt.)* (١) يَصُبّ أو ينشُر حولَ (٢) يطوِّق .

cir·cum·lo·cu·tion [sûr′kəm lō kyōō′-] *(n.)* (١) إسهاب ؛ إطناب (٢) موارَبة ؛ دوران حول المعنى .

— cir·cum·loc·u·to·ry *(adj.)*

cir·cum·lu·nar *(adj.)* حَوْقَمَريّ : دائرٌ حول القمر أو محيطٌ به .

cir·cum·nav·i·gate [-năv′ə gāt′] *(vt.)* يُباحِر : يُبحر مطوِّفًا حولَ .

cir·cum·po·lar *(adj.)* حَوْقُطْبيّ : واقع حولَ أحد قُطبَي الأرض أو السماء .

cir·cum·scis·sile [-sĭs′ĭl] *(adj.)* حَوْعَرْضيّ : مُنفتح حول خطٍّ دائريّ مستعرض (نب) .

circumscissile pods

cir·cum·scribe [-skrīb′] *(vt.)* (١) يرسم خطًّا حول ؛ يعيِّن حدود شيء (٢) يطوِّق (٣) يقيِّد ؛ يحدِّد (٤) يحيط [شكلًا هندسيًّا] بدائرة (٥) تُحيط [الدائرةُ] بشكل هندسي .

cir·cum·scrip·tion *(n.)* (١) مص circumscribe (٢) «أ» حدّ ؛ تخم . «ب» محيط (٣) «أ» رقعة مطوَّقة . «ب» منطقة ؛ مقاطعة (٤) نقش دائريّ [حول خَتْم أو قطعة نقدية] .

cir·cum·so·lar *(adj.)* حَوْشَمْسيّ : حولَ الشمس <~ course> .

cir·cum·spect [sûr′kəm-] *(adj.)* حذِر ؛ محترس ؛ محترز .

cir·cum·stance [sûr′kəm stăns′] *(n.; vt.)* (١) ظَرْف ؛ حالة (٢) *pl.* ظروف ؛ ملابسات (٣) *pl.* وضع المرء الماليّ (٤) احتفال ؛ أُبَّهة <with pomp and ~.> (٥) تفصيل تامّ (٦) حادثة ؛ حَدَثٌ (٧) حقيقة ؛ واقعة ؛ تفصيل § (٨) يُحيطه بظروف معيَّنة .

- in easy *or* good *or* flourishing ~s — في سعة ؛ في غنًى .
- in reduced *or* straitened ~s — فقير ؛ مُعْوِز .
- in *or* under no ~s — ألبتّة ؛ مهما تكن الظروف .
- in *or* under the ~s — في هذه الحال ؛ والحالة هذه .

cir·cum·stanced *(adj.)* في حالة أو ظروف معيّنة [وبخاصةٍ من حيث المواردُ أو الدخل] .

cir·cum·stan·tial [sûr′kəm stăn′-] *(adj.)* (١) ظَرفيّ : ذو علاقة بالظروف أو مستمَدٌّ منها أو مبنيّ عليها (٢) عَرَضيّ ؛ ثانويّ (٣) مفصَّل ؛ تفصيليّ <a ~ account> (٤) ماديّ <~ prosperity> (٥) ظَرْفيّ ؛ استدلاليّ ؛ غير مباشر <~ evidence> .

cir·cum·stan·ti·al·i·ty *(n.)* (١) تفصيل (٢) *pl.* تفاصيل .

cir·cum·stan·ti·ate [sûr′kəm stăn′shĭ āt′] *(vt.)* (١) يؤيِّد بالأدلة ؛ يعزِّز بالتفاصيل <to ~ a claim> (٢) يصف بتفصيل .

cir·cum·val·late[1] [sûr′kəm văl′āt] *(vt.)* يُمَتْرِس : يحيط بمتراسٍ .

cir·cum·val·late[2] [-văl′āt; -văl′ĭt] *(adj.)* مُمَتْرَس : محاطٌ بمتراس .

cir·cum·vent [-vĕnt′] *(vt.)* (١) يطوِّق (٢) يَحْتبل : يوقع في أحبولة أو شَرَك (٣) يدور حول (٤) يروغ من (٥) يتغلَّب [بالمراوغة أو الحيلة] على . . .

— cir·cum·ven·tion *(n.)*

cir·cum·vo·lu·tion *(n.)* (١) دَوَران (٢) دورة (٣) التفاف .

cir·cum·volve [-vŏlv′] *(vi.; t.)* (١) يدور **x** (٢) يُدير : يجعله يدور .

cir·cus [sûr′kəs] *(n.)* (١) مدرَّج روماني (٢) سِيرْك (٣) هَرْج ومَرْج (٤) ميدان ؛ مُلتقى شوارع (بر) .

cir·rate [sĭr′āt] *(adj.)* ذو معاليق أو ذؤابات (را . cirrus *1; 2*) .

cir·rho·sis [sĭ rō′sĭs] *(n.)* التليُّف ؛ التشمُّع [الكبديّ] (مض) .

cir·ri·ped [sĭr′ə-] *(n.; adj.)* (١) الهُدّابيّ الأرجل : حيوان من هُدّابيات الأرجل **Cirripedia** وهي رتبة من القشريات البحرية § (٢) هُدّابي الأرجل .

cir·ro·cu·mu·lus [sĭr′ō kyōō′myə ləs] *(n.)* النِّمر : سحاب مؤلف من صفوف أو مجموعات من الغيوم الصغيرة الشبيهة بالصوف .

cir·ro·neb·u·la *(n.)* الزَّهَج : سحاب رقيق ضاربٌ لونه إلى البياض .

cir·rose *or* **cir·rhose** [sĭr′ōs] *(adj.)* = cirrate.

cir·ro·stra·tus [-strā′-] *(n.)* السِّمحاق : سحاب مرتفع أشبه بالحجاب .

cir·rous [sĭr′əs] *(adj.)* (١) cirrate (٢) طُخْروري (را . cirrus *3*) .

cir·rus [sĭr′əs] *(n.)* pl. **cir·ri** (١) المِعلاق : جسم خيطيّ

cirrus *1.*

لولبيّ يساعد النبات على التسلّق (٢) الذُّؤابة؛ الهُدّابة: زائدة رفيعة تمثّل عند الحيوان مِلْمسًا أو ذراعًا أو رِجلًا (٣) الطُّخرور؛ الطَّخاف: سحاب رقيق أبيض شبيه بالصوف يكون على ارتفاع عالٍ جدًّا.

cis- بادئة معناها: على هذا الجانب من <cisatlantic>.

cis·at·lan·tic *(adj.)* على هذا الجانب من المحيط الأطلسي.

cis·co [sĭs′kō] *(n.)* السِّيْسَك: سمك نهريّ أميركيّ.

cis·lu·nar *(adj.)* بَيْأرْضِيقَمَريّ: واقع بين الأرض والقمَر.

cis·sy [sĭs′ĭ] *(n.; adj.)* = sissy.

cist [sĭst] *(n.)* (١) الناووس: تابوت حجري (٢) الوعاء المقدَّس: وعاء كان الرومان يضعون فيه الأدوات المقدّسة.

Cis·ter·cian [-′shən] *(n.; adj.)* (١) السِّيسترسيّ: راهب [أو راهبة] من الرهبنة السِّيسترسية [أُنشئت على أساس الرهبنة البندكتية] § (٢) سيسترسيّ.

cis·tern [sĭs′-] *(n.)* (١) صِهْريج؛ حوض (٢) كيس؛ تجويف (ت).

cis·ter·na [sĭs tûr′nə] *(n.)* pl. **-nae** كيس؛ وعاء (ت).

cit·a·del [sĭt′ə dəl] *(n.)* قلعة؛ مَعْقِل؛ حِصْن.

ci·ta·tion [sī tā′-] *(n.)* (١) دعوة للمثول أمام القضاء (٢) «أ» استشهاد [بقول أو رأي أو سابقة]. «ب» قول إلخ مُستَشْهَدٌ به (٣) تَعْداد؛ ذِكْر. وبخاصة: تنويهٌ أو إشادة ببطولة [جنديّ] أو تفوُّق [خرِّيج من جامعة].
— citatory *(adj.)*

cite [sīt] *(vt.)* (١) يدعو [شخصًا] للمثول أمام القضاء (٢) يستشهد [بقول أو رأي أو سابقة] (٣) يورد؛ يَذْكر (٤) ينوِّه؛ يُشيد [ببطولة جنديّ أو تفوُّق خرِّيج جامعي].

cith·a·ra [sĭth′ər ə] *(n.)* القيثارة: آلة وترية إغريقية (مو).

cith·er [sĭth′ər] *also* **cith·ern** *(n.)* = cittern.

cit·ied [sĭt′ĭd] *(adj.)* ذو مُدُن؛ تحتلُّه مُدن.

cit·i·fy [sĭt′ĭ fī] *(vt.)* يُمَدْين: يطبعُهُ بطابع المدن أو يعوِّده حياتَها.

cit·i·zen [sĭt′ĭ zən] *(n.)* (١) المَدِينيّ: أحد سكان المدن (٢) المواطن: عضو في دولة بالولادة أو بالاختيار (٣) المَدَنيّ: مَنْ ليس بشرطيّ أو جنديّ إلخ.
— cit·i·zen·ess *(n. fem.)*

citizen of the world المواطن العالمي [يُعْنى بشؤون الأمم جميعًا].

cit·i·zen·ry [sĭt′ĭ zən rĭ] *(n.)* جماعة المواطنين؛ المواطنون قاطبةً.

cit·i·zen·ship *(n.)* (١) المواطِنيّة: «أ» كون المرء مواطنًا من مواطني الدولة. «ب» واجبات المواطن وحقوقُه (٢) عضوية [في كليّة إلخ].

ci·toy·en [sē twȧ yăn′] *(n.)* = citizen.

citr- *or* **citri-** بادئة معناها: «أ» الليمون. «ب» حَمْض الليمونيك.

cit·rate [sĭ′trāt; sī′-] *(n.)* اللَّيمونات؛ السِّيترات (ك).

cit·ric acid [sĭ′trĭk] *(n.)* حَمْض اللَّيمونيك أو السيتريك (ك).

cit·ri·cul·ture [sĭ trə kŭl′-] *(n.)* زراعة الحَمْضيّات.

cit·rine [1] [sĭ′trēn; sĭ′trĭn] *(adj.)* ليمونيّ اللون؛ أصفر شاحب.

cit·rine [2] *(n.)* السِّيترين: ضرب من الكوارتز (مع).

citro- = citr-.

cit·ron [sĭ′trən] *(n.; adj.)* (١) الأُترُجّ؛ الكَبّاد § (٢) أصفر مُخْضَرّ.

cit·ron·el·la [-nĕl′ə] *(n.)* (١) الأُتْرُجِّيّة: عشب عطِر (٢) زيت الأترجّيّة.

cit·rous [sĭ′trəs] *(adj.)* حَمْضيّ: خاصّ بالحَمْضيات.

cit·rus [sĭ′-] *(n.; adj.)* (١) الحَمْضية: ثمرة من الحمضيّات § (٢) حَمْضيّ.

cit·tern [sĭt′ərn] *(n.)* القيثار: آلة موسيقية شبيهة بالغيتار.

cit·y [sĭt′ĭ] *(n.)* (١) مدينة (٢) city–state (٣) سكان المدينة.
the *City* المدينة: المنطقة التجارية والمالية في لندن.

city council *(n.)* المجلس البلدي.

city editor *(n.)* (١) محرِّر الأخبار المحليّة [صح] (٢) المحرِّر المالي.

city hall *(n.)* (١) مبنى البلدية (٢) البلدية؛ المجلس البلدي.

City of God مدينة الله: السَّماء.

City of Seven Hills مدينة التلال السَّبعة: رومة.

city·scape [sĭt′ĭ skāp] *(n.)* مَنْظر المدينة.

city–state [sĭt′ĭ stāt′] *(n.)* دولة المدينة (مج)؛ الدولة المدِينيّة: دولة ذات سيادة مؤلفة من إحدى المدن المستقلة وبعض المناطق الخاضعة لسلطانها المباشر [كأثينا القديمة].

civ·et [sĭv′-] *(n.)* الزَّباد: طِيبٌ يخرج من بعض غُدد سِنَّور الزَّباد.

civet cat *(n.)* الزَّباد؛ سِنَّور الزَّباد.

civ·ic [sĭv′ĭk] *(adj.)* (١) مَدِينيّ: ذو علاقة بمدينة <~ problems> (٢) مَدَنيّ: ذو علاقة بالمواطنين <~ duties>.

civ·ics [sĭv′ĭks] *(n.)* التربية المدنية: علم حقوق المواطنين وواجباتِهم.

civ·ies [sĭv′ĭz] *(n. pl.)* الملابس المَدَنية [غير العسكرية].

civ·il [sĭv′əl] *(adj.)* (١) مَدَنيّ: ذو علاقة بالمواطنين <~ liberties> (٢) متمدّن؛ متحضّر <~ society> (٣) أهليّ <~ war> (٤) مهذَّب؛ لطيف <a ~ reply>.

civil action; suit; proceeding *(n.)* الدعوى المَدَنية (ق).

civil aviation *(n.)* الطيران المدني.

civil death *(n.)* الموت المَدَني: الحرمان الكامل من الحقوق المدنية.

civil defense *(n.)* الدفاع المدني.

civil disobedience *(n.)* العصيان المدني.

civil engineer *(n.)* المهندس المدني.

civil engineering *(n.)* الهندسة المدنية.

ci·vil·ian [sĭ vĭl′yən] *(n.; adj.)* (١) المتفقِّه في القانون المدني (٢) المَدَنيّ: كلّ من ليس بشرطي أو جندي § (٣) مدنيّ.

civ·i·li·sa·tion [sĭv′ə lī zā′-] *(n. chiefly Brit.)* = civilization.

ci·vil·i·ty [sĭ vĭl′ĭ-] *(n.)* (١) لطف؛ كياسة (٢) مجاملة.

civ·i·li·za·tion [sĭv′ə lĭ zā′-] *(n.)* (١) الحضارة؛ المدنية (٢) التحضُّر؛ التمدُّن (٣) سموّ التفكير؛ رفعة الذوق؛ حُسن التصرّف (٤) حياة المدن.

civ·i·lize [sĭv′ə līz′] *(vt.)* (١) يحضِّر؛ يمدِّن (٢) يثقِّف؛ يهذِّب.

civ·i·lized *(adj.)* (١) متحضِّر؛ متمدِّن (٢) لطيف؛ مهذَّب.

civil law *(n.)* القانون المدني [يُعنى بالحقوق الشخصية لا بالجرائم].

civil liberty *(n.)* الحرية المدنيّة.

civil list *(n.)* المخصَّصات المَلَكية: مخصَّصات ماليّة للملك وأسرته.

civ·il·ly [sĭv'ə lĭ] *(adv.)* (١) مَدَنيًا <~ dead> (٢) بلطف؛ بتهذيب.

civil marriage *(n.)* الزواج المدنيّ: زواج يعقده موظف حكوميّ.

civil rights *(n. pl.)* الحقوق المدنية.

civil servant *(n.)* الموظَّف المدنيّ: موظف في الإدارة المدنية.

civil service *(n.)* الإدارة المدنية: دوائر الحكومة كلها ما خلا الجيش.

civil war *(n.)* الحرب الأهلية.

civ·ism [sĭv'ĭz əm] *(n.)* المُواطنيّة الصالحة.

clab·ber [klăb'ər] *(n.; vi.)* (١) لبن خاثر § (٢) يتخثَّر اللَّبن.

clack [klăk] *(vi.; t.; n.)* (١) يُثرثر؛ يَهْذُر (٢) يُطقطِق: يحدث صوتًا قصيرًا حادًا (٣) تُقَوْقي [الدجاجةُ] x (٤) يُطقطِق: يجعله يُطَقْطِق (٥) يقول بحماقة [أو ثرثرة] § (٦) «أ» ثرثرة. «ب» لسان. «ج» قِيلٌ وقال (٧) طقطقة.

clack valve *(n.)* الصِّمام المُطَقْطِق: صِمام يُحدث عند انغلاقه صوتًا كالطَّقْطقة (مك).

clad [klăd] *(adj.; vt.)* (١) «أ» مُرْتدٍ. «ب» مكسوٌّ بـ § (٢) يكسو.

clad·o·phyll [klăd'ə fĭl] *(n.)* الغُصن الورقيّ: غصن مسطَّح كورقة النبات.

cladophyll

claim [klām] *(vt.; n.)* (١) يطالب بـ (٢) يتطلّب؛ يستحقّ (٣) يتمتّع بميزة أو خاصيّةٍ ما (٤) يقضي على (٥) يشتري (٦) يدَّعي (٧) يفاخر؛ يُباهي § (٨) ادّعاء؛ دعوى (٩) حقّ المطالبة بشيء <She has no ~ on our sympathies.> (١٠) شيء يُدَّعَى أو يُطالَب به. وبخاصة: قطعة أرض يطالب أحد المعدِّنين بحقّ التنقيب فيها إلخ.

claim·ant *or* **claim·er** *(n.)* المُطالِب؛ المدَّعي.

clair·voy·ance [klâr voi'əns] *(n.)* (١) الاستبصار: القدرة المزعومة على رؤية كل ما هو واقع وراء نطاق البصر (٢) حدّة الإدراك.

clair·voy·ant [-'ənt] *(adj.; n.)* (١) مستبصِر § (٢) المستبصِر.

clam[1] [klăm] *(n.)* المِلْزَم؛ المِلْزَمة (را. clamp).

clam[2] [klăm] *(n.; vt.)* (١) البَطْلينوس: حيوان من الرّخويات ذو مصراعَيْن (٢) شخص مُؤْثِر للتكتُّم أو الصَّمْت (٣) clamshell § (٤) يَجمع البَطْلينوس.

clam[2] *1.*

to ~ up يصمت؛ يلتزم الصمت.

cla·mant [klā'mənt] *(adj.)* (١) صاخب (٢) مُلحّ؛ متطلِّب اهتمامًا.

clam·bake [klăm'bāk'] *(n.)* (١) البَطْلينوسيّة: نزهة على شاطئ البحر يُشوى فيها البَطْلينوس (٢) اجتماع صاخب. وبخاصة: اجتماع سياسي لإثارة الحماسة الجماعية.

clam·ber [klăm'-] *(vi.; t.; n.)* (١) يتسلّق بجَهْد § (٢) تَسَلُّقٌ بجَهْد.

clam·mi·ness *(n.)* (١) رطوبة؛ نداوة؛ برودة مع تدبُّق (٢) برودة.

clam·my [-'ĭ] *(adj.)* (١) رطب؛ نديّ؛ بارد ودَبِق (٢) فاتر.

clam·or *or* **clam·our** [klăm'ər] *(n.; vi.; t.)* (١) صَخَب؛ جَلَبة (٢) مطالبة صاخبة؛ تذمّر غاضب § (٣) يَصْخب؛ يصرخ؛ يُحدث ضجة عالية أو متواصلة x (٤) يعبِّر [عن مطالبه إلخ] بصَخَب.

clam·or·ous *(adj.)* (١) صاخب (٢) مُطالب أو متذمِّر بصخب.

clamp [klămp] *(n.; vt.; i.)* (١) المِلْزَم؛ المِلْزَمة § (٢) يضغط أو يثبّت بمِلْزَم (٣) يَشُدّ بإحكام x (٤) يمشي بتثاقُل.

clamp *1.*

clamp·down *(n.)* تشديد [الإجراءاتِ أو القيود].

clams casino *(n.)* طَبَق بطلينوس [مخبوز أو مشوي].

clam·shell [klăm'-] *(n.)* (١) صَدَفة البطلينوس (را. clam) (٢) الدَّلو المَحاريّ: دلوٌ يَشقّ التربة في اتجاه عموديّ (٣) الحفّارة المَحاريَّة: حفّارة ذات دلو مَحاريّ.

clam worm *(n.)* الدودة البَطْلينوسية: أيّ من عدة ديدان بحرية تُتّخذ طُعمًا في صيد السمك.

clan [clăn] *(n.)* (١) عشيرة (٢) زمرة؛ جماعة.

clan·des·tine [-dĕs'tĭn] *(adj.)* سرّيّ <a ~ marriage>.

clang [klăng] *(vi.; t.; n.)* (١) يَرِنُّ [المعدنُ أو الجرسُ] (٢) ينطلق محدثًا رنينًا (٣) يُطلق صوتًا كصوت الكُرْكيّ أو الإوز إلخ x (٤) يجعله يَرِنّ § (٥) رنين (٦) صوت الكُركيّ أو الإوزّ إلخ.

clang·or *or* **clang·our** [klăng'gər] *(n.; vi.)* (١) قَعْقعة؛ قَرْقعة (٢) ضجّة صاخبة § (٣) يُقَعْقِع (٤) يتحرّك مُقَعْقِعًا.

clang·or·ous *(adj.)* مُقَعْقِع: مُحْدِثٌ قَعْقعةً.

clank [klăngk] *(n.; vi.; t.)* (١) قَعْقعة؛ صليل؛ جلجلة § (٢) يُقَعقِع؛ يُصَلْصِل؛ يُجَلْجِل (٣) يتحرك مُقَعْقِعًا إلخ x (٤) يجعله يُقَعْقِع أو يُصَلْصِل.

clan·nish [klăn'ĭsh] *(adj.)* (١) عشائري (٢) متماسك؛ متضامن (٣) «أ» مُنْغلِق على العشيرة. «ب» متعصِّب لبني قومه.

clans·man [klănz'-] *(n.)* أحد رجال العشيرة أو شبابِها.

clans·wom·an [klănz'-] *(n.)* إحدى بنات العشيرة أو نسائها.

clap [klăp] *(vt.; i.; n.)* (١) يَصْفِق: يضرب أحَد سطحين صُلْبَيْن بالآخر مُحدثًا صوتًا حادًا (٢) يُصفِّق (٣) يُربِّت (٤) يصفِّق بجناحيه؛ يُرفرف (٥) يَزُجّ بـ (٦) يضع ويثبِّت بإحكام (٧) «أ» يرتِّب بعجلة. «ب» يُدبِّر؛ يحوك. «ج» يرتدي بسرعة x (٨) يَصْطفِق: يُحدث صوتًا حادًا كصوت شيء يصطدم بآخر (٩) يقْصِف [الرعدُ] (١٠) يُصَفِّق (١١) ينغلق بعنف (١٢) يُثرثر (١٣) يندفع بقوة أو صَخَب § (١٤) قَصْفُ الرَّعد (١٥) صَفعة (١٦) تربيتة (١٧) تصفيق (١٨) gonorrhea.

to ~ eyes on يرى؛ يقع بصره على.

clap·board [klăb'ərd; klăp'bōrd] *(n.; vt.)* (١) لوح التلبيس: لوح خشبيّ ضيّق إحدى حافتيه أرقّ من الأخرى تُكسَى بأمثاله الجدران الخارجية لبعض المباني § (٢) يُلبِّس: يكسو بلوح تلبيس.

clap·per [klăp'-] *(n.)* (١) فا clap (٢) «أ» لسان الجرس. «ب» لسان امرئ ثرثار (ع) (٣) المُصَفِّقة؛ المُخَشْخِشة: إحدى عَصَوين أو عظمتين مسطحتين يُمسك بهما المرء بين أصابعه لإحداث بعض النغمات (مو) (٤) المصفِّق.

clap·per·claw *(vt.)* (١) يَخمِش أو يخدِش بالأظفار (٢) يوبِّخ .

clap·trap [klăp′trăp] *(n.)* هُراء : كلام فارغ .

claque [klăk] *(n.)* (١) المصفِّقون المستأجَرون (٢) المتملِّقون ؛ النفعيّون .

cla·queur [klă kûr′] *(n.)* المصفِّق المستأجَر [في مسرح إلخ] .

clar·ence [klăr′əns] *(n.)* الكلارنْس : عربة مقفلة ، رُباعية العجلات .

clarence

clar·et [klăr′ət] *(n.; adj.)* (١) الكلاريت : «أ» نبيذ بوردو الفرنسي الأحمر . «ب» لون أحمر أرجواني داكن (٢) الدّم (ع) § (٣) أحمر أرجوانيّ داكن .

clar·i·fi·ca·tion *(n.)* (١) تصفية ؛ ترويق (٢) توضيح ؛ تفسير .

clar·i·fi·er *(n.)* (١) المُصفِّي ؛ المروِّق (٢) المُوَضِّح ؛ المفسِّر .

clar·i·fy [klăr′ə fī′] *(vt.; i.)* (١) يُصفّي ؛ يروِّق (٢) يوضِّح ؛ يُفسِّر **x** (٣) يصفو ؛ يروق (٤) يتّضح .

clar·i·net [klăr′ə nĕt′] *(n.)* الكلارينَت : أداة نفخ موسيقية .

clarinet

clar·i·net·ist *or* **clar·i·net·tist** *(n.)* عازف الكلارينَت .

clar·i·on [1] [klăr′ĭ ən] *(n.)* الكلاريون : بوق قديم أو صوتُه .

clar·i·on [2] *(adj.)* (١) صافٍ (٢) جَهير : مرتفع وواضح .

clar·i·o·net [klăr′ĭ ə nĕt′] *(n.)* = clarinet.

clar·i·ty [klăr′ĭ tĭ] *(n.)* (١) صفاء (٢) وضوح .

cla·ro [klä′rō] *(n.)* الكلارو : سيجار فاتح غير حادّ المذاق .

clar·y [klâr′ĭ] *(n.)* القَصعين القاسي (نب) .

clash [klăsh] *(vi.; t.; n.)* (١) يَصِلّ ؛ يُقعقِع : يُسمع له صليل أو قعقعة (٢) يتصادم ؛ يصطدم (٣) يتعارض ؛ يتضارب **x** (٤) يجعله يَصِلّ أو يُقعقع § (٥) صليل ؛ قعقعة (٦) تصادُم ؛ اصطدام (٧) «أ» معركة ؛ مناوشة . «ب» تعارُض ؛ تضارُب .

clasp [klăsp] *(n.; vt.)* (١) إبزيم ؛ مِشْبَك (٢) المَشْبوكة : قطعة مستعرضة فضية ، أو غير فضية ، متّصلة بشريط المدالية ، تحمل اسم المعركة التي خاضها حاملُها (٣) حَضْنة ؛ عناق ؛ مصافحة ؛ إمساك بـ § (٤) يَشْبِك بإبزيم (٥) يحضن ؛ يعانق ؛ يصافح ؛ يُمسك بـ .

clasp knife *(n.)* مُدْية الجَيْب : مُدْية ذات شفرة قابلة للانطواء .

class [klăs; kläs] *(n.; vt.; i.)* (١) الصفّ (تر) (٢) طبقة اجتماعية <the working ~> (٣) النظام الطَّبَقيّ <to abolish ~> (٤) منزلة اجتماعية رفيعة (٥) امتياز ؛ تفوّق (٦) درجة <to travel first ~> (٧) أناقة (٨) طائفة [من النباتات أو الحيوانات] (٩) طراز ؛ درجة ؛ فئة <a ~ A movie> § (١٠) يُصَنِّف : يضع في منزلة أو مصافّ **x** (١١) ينتظم في طبقة أو يحتلّ مكانًا فيها <those who ~ as believers> .

in a ~ by itself فذّ ؛ فريد ؛ نسيجُ وَحْدِه .

the ~*es* الطبقات العليا ؛ الطبقات الأرستوقراطية .

class act *(n.)* شيء فذّ ؛ شيء ممتاز .

class·book [klăs′bŏŏk] *(n.)* (١) دفتر الصّفّ : دفترٌ يدوِّن فيه المدرِّس علامات الطلبة وغيابهم عن الصفوف إلخ (٢) كتاب الصفّ : كتاب ينشره صفّ مدرسي متخرج حاملًا صور الطلّاب والمدرّسين والمباني المدرسية إلخ .

class–con·scious [-′kŏn′shəs] *(adj.)* واعٍ طَبَقيًّا : متمتّع بالوعي الطَّبَقي .

class consciousness *(n.)* الوعي الطَّبقي .

class day *(n.)* يوم الصفّ [يحتفل فيه أفراد صف مدرسيّ بتخرّجهم] .

clas·sic [klăs′ĭk] *(adj.; n.)* (١) ممتاز ؛ من الطراز الأول (٢) تقليدي (٣) كلاسيكيّ : «أ» ذو علاقة بأدب الإغريق والرومان أو فنّهم أو حياتهم . «ب» على غرار أدب الإغريق والرومان وفنّهم . «ج» بسيط ؛ نظاميّ (٤) ذو شهرة تاريخية أو أدبية (٥) موثوق (٦) نموذجيّ § (٧) الأثر الكلاسيكيّ : «أ» أثر أدبيّ إغريقي أو روماني . «ب» أثر أدبي أو فنّي من الطراز الأول <Macbeth is a ~> (٨) الكاتب أو الفنان الكلاسيكيّ (٩) مصدر موثوق (١٠) مثلٌ نموذجيّ (١١) حَدَثٌ تقليدي .

the ~*s* الكلاسيكيات : أدب الإغريق والرومان .

clas·si·cal [klăs′ĭ kəl] *(adj.)* (١) ممتاز ؛ من الطراز الأول (٢) classic *3* (٣) كلاسيكي : «أ» مُلتزم بالأشكال التقليدية . «ب» متضلّع من أدب الإغريق والرومان (٤) تقليديّ ؛ أصيل : مُعتبَرٌ عمدةً في حقل من حقول المعرفة بوصفه متميّزًا عن النظريات الجديدة أو غير المألوفة <~ physics> .

clas·si·cism; clas·si·cal·ism *(n.)* (١) الكلاسيكية : «أ» قواعد الأدب والفن عند الإغريق والرومان ، وهي تشمل البساطة والوضوح والتناسب والعقلانية والسيطرة على العواطف . «ب» التزام هذه القواعد (٢) التضلّع من أدب الإغريق والرومان (٣) تعبير كلاسيكي .

clas·si·cist *(n.)* الكلاسيكيّ : «أ» الملتزم قواعدَ الكلاسيكية في الأدب والفن . «ب» المنادي بضرورة دراسة أدب الإغريق والرومان . «ج» المتضلّع من هذا الأدب .

clas·si·cize *(vt.; i.)* (١) يجعله كلاسيكيًا **x** (٢) يتّبع الأسلوبَ الكلاسيكي .

clas·si·fi·a·ble [klăs′ə fī′ə-] *(adj.)* قابل للتصنيف أو التبويب .

clas·si·fi·ca·tion *(n.)* (١) تصنيف ؛ تبويب (٢) التصنيف (أح) (٣) طبقة ؛ فئة .

clas·si·fied *(adj.)* (١) مُبوَّب ؛ مُصَنَّف <~ ads> (٢) مصنَّف ؛ سرّيّ : محظورٌ إطلاع الجمهور عليه صونًا للسلامة الوطنية <~ information> .

classified ads *(n. pl.)* الإعلانات المبوَّبة [في الصحف] .

clas·si·fi·er *(n.)* (١) المصنِّف ؛ المبوِّب (٢) المُصَنِّفة : ماكينة لفرز مكوِّنات مادةٍ ما [كرِكاز أو خامة] .

clas·si·fy [klăs′ə fī] *(vt.)* يصنِّف ؛ يبوِّب .

class·ism *(n.)* الطَّبَقية : تمييز مبنيّ على أساس الطبقة الاجتماعية .

class–mate *(n.)* رفيق الصفّ [في مدرسة أو كلية] .

class number *(n.)* الرقم التصنيفي : رقم يرمز إلى موضوع الكتاب وموضعه في المكتبة .

class·room *(n.)* حجرة الدراسة [في معهد أو كلية] .

class struggle *(n.)* الصّراع الطَّبَقي : الصراع بين الطبقات الاجتماعية .

class·y [klăs′ĭ] *(adj.)* (١) أنيق (ع) (٢) راقٍ ؛ من طراز عالٍ (ع) .

clast [klăst] *(n.)* الرَّضيخة ؛ فِلذة من صخر .

clas·tic *(adj.)* رَضيخيّ : مؤلَّف من فلذٍ صخرية أشدَّ إمعانًا في القِدَم (جي) .

clat·ter [klăt′ər] *(vi.; t.; n.)* (١) «أ» يُهَذرِم : يتكلّم بسرعة أو جلبة .

«ب» يثرثر؛ يلغو؛ يَهْذُر (٢) يُقرقع؛ يُطرطق x (٣) يجعله يُقرقع أو يُطرطق § (٤) قرقعة؛ طرطقة (٥) «أ» فوضى؛ اضطراب. «ب» لَغَطٌ (٦) لَغْو؛ هَذَر.

clat·ter·y [klăt′ər ĭ] *(adj.)* مُقَرْقِع؛ ضاجّ.

clau·di·ca·tion [klô′də kā′-] *(n.)* العَرَج.

clause [klôz] *(n.)* (١) العبارة: جزء من جملة (٢) فِقْرة. وبخاصة: مادة من قانون أو معاهدة أو وثيقة رسمية. **— claus·al** *(adj.)*

claus·tral [klô′strəl] *(adj.)* = cloistral.

claus·tro·pho·bi·a [klô′strə fō′-] *(n.)* رُهاب الاحتجاز: الخوف المَرَضي من الأماكن المقفَلة أو الضيِّقة. **— claus·tro·pho·bic** *(adj.)*

cla·vate [klā′vāt]; **cla·vat·ed** *(adj.)* نَبُّوتي؛ نَبُّوتي الشكل.

cla·ver [klā′vər] *(vi.; n.)* (١) يلغو؛ يَهْذُر § (٢) لَغْو؛ هَذر.

clav·i·chord [klăv′ə kôrd′] *(n.)* مُوَتَّرة المفاتيح: آلة موسيقية وترية قديمة مزوَّدة بلوحة مفاتيح؛ وعنها تطوَّرت آلة البيانو.

clav·i·cle [klăv′ə kəl] *(n.)* التَّرْقُوَة؛ الناحِرة (ت).

clav·i·corn [klăv′-] *(adj.)* نَبُّوتيّ الملامِس: ذو قرون استشعار نبّوتية الشكل.

clav·i·er [klăv′ĭ ər] *(n.)* (١) لوحة المفاتيح [في بيان أو أُرْغن] (٢) لوحيّة المفاتيح: كل آلة موسيقية ذات لوحة مفاتيح [كالبِيان والأرغن].

clav·i·form [klăv′ə fôrm′] *(adj.)* = clavate.

claw [klô] *(n.; vt.)* (١) مِخْلَب؛ بُرْثُن (٢) الطرَف المنشعب أو المشقوق من القَدوم [القَدّوم] (٣) *pl.* أصابع اليد (٤) خَدْش؛ خَمْش § (٥) يخدش أو يمزِّق أو يُمسك أو يجذب بالبراثن ونحوها (٦) يحفر <to ~ a hole> (٧) يحكّ جلده برفق.

to ~ hold of يُنشب مخالبه أو أظفاره في.

clawed [klôd] *(adj.)* مُمَخْلَب؛ مُبَرْثَن: ذو مخالب أو براثن.

claw hammer *(n.)* (١) المِطْرقة المِخْلبيّة: مِطرقة ذات طرف مشقوق لخلع المسامير (٢) سترة رسمية [طويلة مشقوقة الذيل].

claw hammer 1.

claw hatchet *(n.)* البُلَيْطة المِخلبيّة: فأس ذات طرف مشقوق.

clay [klā] *(n.; vt.)* (١) صَلْصال؛ طين (٢) وَحْل (٣) التراب [بوصفه المادة التي خُلِق منها الإنسان] (٤) الجسد البشريّ § (٥) يعالج أو يكسو بالصَّلصال.

clay·bank [klā′-] *(n.)* الأصفرانيّ: جواد ضاربٌ لونُهُ إلى الصُّفْرة.

clay·more [-′mōr′] *(n.)* الكَلْمور: سيف أسكتلندي ذو حدَّين.

clay pigeon *(n.)* الحمامة الصَّلْصالية: قرص فخاريّ يُقذَف في الهواء ليُتَّخذ هدفًا للرماة.

clay pigeon

clay·ware [klā′wâr] *(n.)* الآنية الفَخّارية.

clean [klēn] *(adj.; adv.; vt.; i.; n.)* (١) نظيف: «أ» خالٍ من الأوساخ. «ب» خالٍ من التلوّث أو المرض. «ج» مهذَّب؛ غير بذيء <~ jokes>. «د» متحرّر من العادات القذرة <a ~ animal>. «هـ» نظيف بطبعه؛ محبّ للنظافة. «و» مراعٍ للقواعد المقرَّرة <a ~ fight>. «ز» خالٍ نسبيًا من الغبار الذرّي المتساقط (٢) صافٍ: خلوٌ من المواد الغريبة <~ wheat> (٣) نظيف: «أ» خالٍ من العوائق <a ~ harbor>. «ب» خالٍ من الأعشاب الضارّة (٤) «أ» شريف؛ طاهر <a ~ life>. «ب» طاهر [من وجهة النظر الدينية]؛ صالح للأكل <~ fish> (٥) «أ» تامّ؛ كامل <a ~ break with the past>. «ب» بارع <a ~ trick; a ~ boxer> (٦) «أ» أنيق أو حَسَن الشكل <a motorcar with ~ lines>. «ب» أملس <a ~ edge> (٧) فارغ <a ~ ship> (٨) بريء (ع) (٩) نظيف: غير حامل بضائع مهربة أو مخدِّراتٍ مخبوءة § (١٠) على نحو نظيف <A new broom sweeps ~.> (١١) وفقًا للأصول (١٢) تمامًا <I ~ forgot about it.> § (١٣) ينظِّف (١٤) يُزيل (١٥) يجرِّد (١٦) يفرِّغ (١٧) يَسْلُب § (١٨) تنظيف.

to ~ out (١) ينظِّف (٢) يسلبه ماله (٣) يستهلك؛ يَستنفد (٤) يُخلي مكانًا من السكان أو المحتويات.

to ~ up (١) ينظِّف (٢) يرتِّب (٣) يضع حدًّا لِـ (٤) يحقّق ربحًا كبيرًا.

to come ~, يقول الحقيقة؛ يعترفُ بجريمته.

clean–cut *(adj.)* (١) أملس (٢) واضح؛ محدَّد؛ بيِّن المعالم (٣) ذو شخصية متميّزة (٤) حسن الشكل.

clean·er *(n.)* (١) المنظِّف: من يقوم بتنظيف شيء ما (٢) المنظِّفة: أداة للتنظيف (٣) المُنَظِّف: مستحضر كيميائي يُنَظَّف به (٤) *pl.* عد: مَصْبَغة.

clean·hand·ed *(adj.)* نظيف؛ طاهر الكفّ أو الذيل.

clean–limbed *(adj.)* رشيق؛ متناسق الأوصال أو الأجزاء.

clean·li·ness [klĕn′lĭ nəs] *(n.)* حبّ النظافة.

clean·ly[1] [klēn′lĭ] *(adv.)* على نحو نظيف.

clean·ly[2] *(adj.)* نظيفٌ بطبعه؛ محبّ للنظافة. **— clean·li·ly** *(adv.)*

cleanse [klĕnz] *(vt.; i.)* (١) ينظِّف؛ يطهِّر x (٢) يَنْظُف؛ يَطْهُر.

clean–shav·en *(adj.)* حليق الشَّعْر تمامًا أو حليق اللحية والشاربين.

clean·up [klēn′ŭp′] *(n.)* (١) تنظيف (٢) ربحٌ عظيم.

clear [klēr] *(adj.; adv.; vt.; i.; n.)* (١) «أ» ساطع؛ نيِّر <a ~ flame>. «ب» صافٍ: خِلوٌ من الغيوم. «ج» مُشرق: خِلوٌ من الضباب <a ~ day>. «د» رائق؛ هادئ؛ ساكن <a ~ gaze> (٢) «أ» نظيف؛ نقيّ. «ب» صافٍ: مُتَمَيِّز بصفاء اللون أو بالخلوّ من الشوائب <a ~ complexion>. «ج» خالٍ من العُقَد إلخ <~ lumber>. «د» شفّاف (٣) واضح؛ جليّ (٤) حادّ؛ صافٍ <*clear*eyed; *clear*headed> (٥) واثق؛ متأكّد <I am not at all ~ that...> (٦) طاهر؛ بريء؛ غير ملوَّث (٧) «أ» متحرِّر أو خِلْوٌ من <~ of snow>. «ب» متحرّر من الدَّين إلخ. «ج» صافٍ <a ~ profit>. «د» مطلَق؛ تامّ. «هـ» كامل؛ غير منقوص <for five ~ days>. «و» سالك؛ خِلْوٌ من العقبات <Is the road ~?> (٨) فارغ <a ~ ship> § (٩) بوضوح (١٠) تمامًا؛ بكل ما في الكلمة من معنًى (١١) بعيدًا عن § (١٢) يصفّي؛ يروِّق؛ ينقّي إلخ (١٣) يبرِّئ (١٤) يُخْلي القاعة (١٥) «أ» ينوِّر؛ يزوِّد بمعلومات واضحة. «ب» يُوضح؛ يفسِّر (١٦) يحرِّر من

العوائق (١٧) ينظِّف [حنجرتَهُ بالتَّنَحْنُح] (١٨) يمحو [الموادَّ المختزنة في كومبيوتر] (١٩) يُجيز؛ يُرخِّص (٢٠) يفرِّغ <to ~ a ship of its cargo> (٢١) يُزيل (٢٢) «أ» يحرِّر من دَيْن. «ب» يسدِّد <to ~ an account>. «ج» يدفع الرسوم (٢٣) يربح ربحًا صافيًا <to ~ $3000 in a transaction> (٢٤) يثب فوق شيء من غير أن يَمَسَّه <to ~ a hedge> **x** (٢٥) يَصْفو: يصبح صافيًا (٢٦) يتبدَّد؛ يتلاشى؛ ينقشع؛ يزول (٢٧) يَنْفَد؛ يباع بكامله (٢٨) «أ» تخضع السفينة للشروط المفروضة لدخول مرفأ أو مغادرته. «ب» تغادر السفينةُ المرفأ بعد ذلك (٢٩) يتبادل الشيكات [في دار المُقاصّة] § (٣٠) بقعة أو رُقعة خالية من العقبات.

in the ~, (١) من حيث القياس [أو العرض] الداخلي (٢) مُبرَّأ من التهمة أو الشك (٣) متحرّر من الدَّين.

to ~ away (١) يُزيل؛ يرفع [الأطباقَ عن المائدة إلخ] (٢) يَرْحَل؛ يفرّ (٣) يتبدَّد؛ ينقشع.

to ~ off (١) ينصرف (٢) يُنهي أو يتخلص من.

to ~ out (١) يفرِّغ (٢) ينظِّف تنظيفًا تامًّا (٣) ينصرف (٤) يستهلك أمواله.

to ~ the way يُمهِّد الطريق لِـ.

to ~ up (١) يرتِّب (٢) يُزيل صعوبة أو سوء تفاهم (٣) يُفسِّر؛ يَحُلّ (٤) يسدِّد دَيْنًا (٥) يصحو الجوُّ.

clear·ance [klēr′əns] *(n.)* (١) مص clear (٢) إزالة [المباني إلخ من الأحياء المزدحمة] (٣) «أ» دفع الرسوم عن سفينة. «ب» الأوراق الرسمية المُثْبِتة لذلك (٤) المُقاصَّة: تصفية الحسابات بين المصارف (٥) ترخيص؛ إجازة (٦) بيعُ التصفية: بيع بأسعار مخفَّضة بقصد التخلُّص من السّلع غير المرغوب فيها [يُدعى أيضًا ~ sale] (٧) الخلوص: المسافة بين شيء وآخَر ممتدٌّ تحته أو بجانبه.

clear–cut *(adj.)* (١) واضح؛ بيِّن؛ محدَّد (٢) واضح المعالم.

clear–eyed *(adj.)* (١) حادّ البصر (٢) حصيف؛ ثاقب الفكر.

clear·head·ed *(adj.)* صافي الذهن؛ حادّ الإدراك.

clear·ing [klēr′ĭng] *(n.)* (١) مص clear (٢) أرض مقطوعة الشجر (٣) «أ» المُقاصّة: تبادل الشيكات وتصفية الحسابات بين المصارف. «ب» *pl.*: مقدار الحسابات المُصَفّاة بهذه الطريقة.

clear·ing house *(n.)* دار المُقاصَّة أو المعاوضة.

clear·ly [klēr′lĭ] *(adv.)* بوضوح؛ بجلاء إلخ.

clear·ness [klēr′nəs] *(n.)* وضوح؛ جلاء إلخ.

clear–sight·ed *(adj.)* (١) جليّ البَصَر (٢) بصير؛ حصيف.

clear·sto·ry [klēr′stōr′ĭ] *(n.)* = clerestory.

clear·wing [klēr′-] *(n.)* شفّافة الجناح: حشرة ذات جناحين شفّافين.

cleat [klēt] *(n.; vt.)* (١) الكَلْب؛ الكَلْبة: «أ» جزء وَتِدِيّ الشكل يُستخدم لدعم شيء آخر. «ب» قطعة خشبية أو معدنية يُلفّ حولها حبل السفينة (٢) الرَّدْعة: قطعة معدنية أو جلدية تثبَّت في نعل الحذاء وقايةً له من الانبراء (٣) *pl.*: المُرَدَّع: حذاءٌ مزوّدٌ برَدْعة § (٤) يثبِّت أو يزوِّد بكَلْب أو رَدْعة.

cleat *1b.*

cleav·a·ble [klē′və-] *(adj.)* قابلٌ للفَلْق أو الفَلْع أو الشّقّ.

cleav·age [klē′vĭj] *(n.)* (١) «أ» الانفلاق: الانشقاق في اتجاهات محدَّدة. «ب» الفَلْقة: فلذة من الماس (٢) «أ» فَلْق؛ فَلْع؛ شَقّ. «ب» انفلاق؛ انفلاع؛ انشقاق. «ج» انقسام؛ اختلاف [في الرأي] (٣) التّفلُّج: انقسام البُيَيْضة الكلّي أو الجزئيّ إلى خلايا أصغر (أح).

cleave[1] [klēv] *(vi.)* (١) يلتصق بِـ (٢) يتعلق بِـ؛ يُخلِص الولاء لِـ.

cleave[2] [klēv′] *(vt.; i.)* (١) يَفْلِق؛ يَفْلع؛ يَشُقّ (٢) يفرِّق: يُحدِث الفرقة أو الانقسام (٣) يشقّ [طريقَهُ] **x** (٤) ينفلق؛ ينفلع؛ ينشقّ.

cleav·er [klē′vər] *(n.)* (١) فا cleave (٢) ساطور الجزّار.

cleek [klēk] *(n.)* (١) كُلّاب [لتعليق قِدر فوق النار] (٢) مِضْرَب غولف.

clef [klĕf] *(n.)* المفتاح: علامة موسيقية.

cleft [klĕft] *(n.; adj.)* (١) شَقّ؛ فَلْع؛ صَدْع (٢) شقّة؛ هوّة <a sharp ~ between rich and poor> § (٣) مشقوق.

cleft lip *(n.)* = harelip.

cleft palate *(n.)* الحَنَك الأفلج: شقّ خِلْقيّ في سقف الحَلْق.

clem·a·tis [klĕm′ə-] *(n.)* الظَّيّان؛ ياسمين البرّ: نبات معترش.

clematis

clem·en·cy [klĕm′ən sĭ] *(n.)* (١) رحمة؛ رأفة (٢) اعتدال [الجوّ إلخ].

clem·ent *(adj.)* (١) رحيم؛ رؤوف (٢) معتدل <~ weather>.

clench [klĕnch] *(vt.; n.)* (١) يُبَجِّن؛ يُبَشِّم: يلوي رأس المسمار، بعد دقِّهِ، تثبيتًا له (٢) يُمسك بإحكام (٣) يُطبق [أسنانه أو أصابع يديه بإحكام] (٤) يَحْسِم [جدلًا] (٥) يثبِّت [ظنونَهُ] § (٦) تبجين؛ تَبْشيم (٧) إمساكٌ بإحكام (٨) إطباق الأسنان أو الأصابع إلخ (٩) رأس المسمار المُبَجَّن.

clep·sy·dra [klĕp′sĭ-] *(n.)* pl. **-dras** *or* **-drae** [drē′] السّاعة المائيّة.

clepsydra

clep·to·ma·ni·a [klĕp′tə mā′nĭ ə] *(n.)* = kleptomania.

clere·sto·ry [klēr′stōr′ĭ] *(n.)* المَنْوَر: جزء من الكنيسة يرتفع فوق مستوى أجزائها الأخرى وتشتمل جدرانه على نوافذ لإضاءة الأجزاء الداخلية.

cler·gy [-′jĭ] *(n.)* (١) الإكليروس: رجال الدين المسيحي (٢) رجال الدين.

cler·gy·man [klûr′jĭ-] *(n.)* (١) الكاهن؛ القَسّ (٢) رَجُل الدين.

cler·ic [klĕr′ĭk] *(n.; adj.)* (١) رَجُلُ دين § (٢) إكليركي.

cler·i·cal *(adj.; n.)* (١) إكليركي (٢) نَسْخيّ؛ كتابيّ <a ~ error> § (٣) كاهن؛ قسّ (٤) الإكليروسيانيّ: من يدعو إلى الإبقاء على نفوذ الكنيسة في الدولة.

clerical collar *(n.)* الياقة الإكليركية: ياقة ضيّقة بيضاء خاصّة بالقُسُس.

cler·i·cal·ism *(n.)* الإكليروسيانية: «أ» المبادئ الإكليركية. «ب» النفوذ الإكليركيّ في الدولة أو السياسة. «ج» الدعوة إلى الإبقاء على هذا النفوذ أو إلى تعزيزه. **— cler·i·cal·ist** *(n.)*

cler·i·sy [klĕr′ə sĭ] *(n.)* = intelligentsia.

clerk [klûrk; klärk] *(n.; vi.)* (١) رَجُل دِين (٢) الكاتب [في مَتْجر أو محكمة أو مكتب] (٣) البائع؛ أو البائعة [في مَتْجَر إلخ] § (٤) يَعمل كاتبًا [في مَتْجَر] (٥) يَعمل بائعًا [في دُكّان]. **— clerk·ly** *(adj.)* **— clerk·ship** *(n.)*

clev·er [klĕv′ər] *(adj.)* (١) رشيق (٢) ذكي؛ موهوب (٣) حاذق؛ ماهر (٤) بارع (٥) مناسب؛ ملائم؛ مُرْضٍ <more ~ to me>.

clev·er·ish *(adj.)* حاذقٌ قليلًا؛ حاذق بعضَ الشيء.

clev·er·ly [klĕv′ər lĭ] *(adv.)* بحذق؛ بمهارة؛ ببراعة.

clev·er·ness [klĕv′ər nəs] *(n.)* حِذق؛ مهارة؛ براعة.

clev·is [klĕv′ĭs] *(n.)* المثقوبة: قطعة معدنية على شكل حرف U، مثقوبة الطرفين، تُستخدم لوصل الأجزاء أو تعليقها.

clew *or* **clue** [kloo] *(n.; vt.)* (١) كُرة غزلٍ أو خيوط (٢) المفتاح [لحلّ لغزٍ أو مسألة] (٣) الزاوية السُّفلى [من الشراع] (٤) الكِظامة: عروة معدنية متصلة بزاوية الشراع السُّفلى § (٥) يَكُبّ؛ يُكَبكِب؛ يكوِّر (٦) «أ» يُزوِّده بمفتاح [الحلّ لغز أو مسألة]. «ب» يعطيه معلومات موثوقة (٧) يَكْظِم: يَرفع أو يَخفض الشِّراعَ بحبال الكظامة.

clews 4.

cli·ché [klē shā′] *(n.; adj.)* (١) الرَّوسَم؛ الكليشيه (طع) (٢) فكرة أو صيغة مبتذَلة § (٣) مُبْتَذَل.

click [klĭk] *(vi.; t.; n.)* (١) يُطقطِق؛ يُتَكْتِك (٢) يتلاءم؛ يتطابق؛ يتوافق (٣) يعمل بفعالية وسلاسة (٤) يُحرز نجاحًا <The show *~ed*> x (٥) يَصْفِق: يضرب شيئًا بشيء على نحوٍ مُطقطِق § (٦) طَقْطَقة؛ تَكْتَكة (٧) الحابسة؛ السَّقّاطة (مك).

click beetle *(n.)* الخُنْفُساء المُطَقطِقة (حش).

cli·ent [klī′ənt] *(n.; adj.)* (١) التّابع: من يحيا في حماية شخص آخر (٢) الموكِّل: من يوكِّل محاميًا في دعوى (٣) الزَّبون: أحد زبائن المَتْجر إلخ § (٤) تابع <a ~ state>. — **cli·en·tal** *(adj.)*

cli·en·tele [klī′ən tĕl′] *or* **cli·en·tage** [klī′ən tĭj] *(n.)* جماعة الزَّبائن: زبائن المَتْجَر أو الطبيب أو الفندق.

cliff [klĭf] *(n.)* الجُرُف: مُنحدَر صخري شاهق [وبخاصة عند الشاطئ].

cliff dweller *(n.)* ساكن الجُرُف: «أ» المقيم في كهف أو بيت في جُرُف. «ب» المقيم في شقةٍ بمبنًى ضخم من مباني المدينة.

cliff dwelling *(n.)* المَسْكن الجُرُفي: كهف أو بيتٌ في جُرُفٍ.

cliff–hanger *(n.)* (١) حابسُ الأنفاس: مُسلسَل مغامرات تنتهي كلّ حلقة من حلقاته بموقف حابسٍ للأنفاس (٢) حابسة الأنفاس: حادثة أو مباراة يظل الغموض مكتنفًا نتيجتها حتى النهاية.

cliff swallow *(n.)* سنونو الأجراف: طائر يبني أعشاشه في الأجراف.

cli·mac·ter·ic [klī măk′-] *(adj.; n.)* (١) «أ» حَرِج. «ب» حاسم § (٢) نقطة تحوُّل [رئيسيّة]؛ مرحلة حرجة (٣) «أ» menopause. «ب» ظاهرة مماثلة من الفتور أو العجز الجنسي عند الرجل.

cli·mac·tic *also* **cli·mac·ti·cal** *(adj.)* ذِرْويّ؛ أوجيّ.

cli·mate [klī′mĭt] *(n.)* (١) منطقة [ذات مُناخ خاصّ] (٢) مُناخ.

cli·mat·ic [klī măt′ĭk] *or* **cli·mat·i·cal** *(adj.)* مُناخيّ.

cli·ma·tol·o·gist *(n.)* المناخيّ: المتخصّص بعلم المناخ.

cli·ma·tol·o·gy *(n.)* علم المُناخ: علم يبحث في المُناخات وظواهرها.

cli·max [klī′măks] *(n.; vi.; t.)* (١) الصورة المِعراجية: صورة كلامية تكون فيها العبارات والجمل مرتبةً ترتيبًا تصاعديًا تبعًا لقوة أثرها البلاغي في النفس (٢) الذِّروة؛ الأوج: «أ» أعلى الشيء أو قمتُهُ. «ب» الجزء الأخير من الصورة المِعراجية. «ج» النقطة أو الحادثة الأكثر أهميةً أو إثارةً للشّوق، وبخاصة في رواية أو مسرحية. «د» هِزّة الجِماع؛ قمة التهيّج الجنسي. «ه» سِنّ اليأس § (٣) يَبْلغ الذِّروة x (٤) يُبلِغُ الذِّروة.

climb [klīm] *(vi.; t.; n.)* (١) يرتفع (٢) يتصاعد (٣) ينحدر صُعُدًا (٤) «أ» يتسلّق. «ب» يَعترشُ [النباتُ] x (٥) يَبْلغ بالتسلّق § (٦) المُرْتَقَى: موضع لا سبيلَ إلى التقدّم فيه إلا بالتسلّق (٧) تسلُّق (٨) صعود؛ تحليق.

to ~ down (١) يَهْبِط مستعينًا بيديه وقدميه (٢) يتراجع [عن رأي]؛ ينسحب [من مركز أو موقف سابق].

climb·er [klī′mər] *(n.)* (١) فا climb (٢) متسلّق الجبال (٣) المتصعِّد: من يحاول جاهدًا أن يُحرز تقدمًا في الحياة بوسائل مختلفة لا تمتّ إلى الكفاءة بِصلة (٤) «أ» نبتة معترشة. «ب» طائر متسلّق [كنقّار الخشب إلخ] (٥) الخُفّ المسماري (را. المادة التالية).

climb·ing iron *(n.)* الخُفّ المِسماريّ: شبهُ خُفٍّ ذو مسامير يُلبَس فوق الحذاء تسهيلًا لعملية التسلُّق.

climb·ing perch *(n.)* الفَرْخ المتسلِّق؛ السمك السيّار.

climbing perch

clime [klīm] *(n.)* = climate.

clin- *or* **clino-** بادئة معناها: مَيْل؛ انحدار <*clino*meter>.

-clinal لاحقة معناها: مائل <mono*clinal*>.

clinch [klĭnch] *(vt.; i.; n.)* (١) يُبَجِّن؛ يُبشِّم: «أ» يلوي رأس المسمار، بعد دقِّهِ، تثبيتًا له. «ب» يثبِّت بهذه الطريقة (٢) يحسم أمرًا أو يثبّته نهائيًا x (٣) يُمسك بإحكام (٤) يتعانق § (٥) تبجين؛ تبشيم (٦) رأس المسمار المُبَجَّن أو المبرشَم (٧) إمساك بقوّة (٨) عناق.

clinch·er *(n.)* (١) فا clinch (٢) مسمار تبجين (٣) عاملٌ حاسم؛ حقيقة أو ملاحظة حاسمة؛ حجّة مُفحِمة (٤) دولاب سيارة.

-cline لاحقة معناها: مَيْل؛ انحدار <mono*cline*>.

cling [klĭng] *(vi.; n.)* (١) يتماسك؛ يتلاصق <The fused particles *clung* together.> (٢) «أ» يلتصق بِـ؛ يَعْلَق بِـ. «ب» يتشبّث أو يتمسّك بِـ. «ج» يعلِّل النفس بالأمل. «د» يظلّ على مقربة من § (٣) التصاق؛ تشبُّث.

cling·ing clothes *(n. pl.)* ملابس ضيّقة [تُبرز شكل الجسم].

cling·stone *(n.)* لَصِيق النَّواة: ثمرٌ لُبُّهُ ملتصق بالنواة.

cling·y [klĭng′ĭ] *(adj.)* لزِج؛ دبق <wet ~ dirt>.

clin·ic [klĭn′ĭk] *(n.)* (١) السَّريريات؛ الطب السَّريريّ (٢) صفّ السَّريريات: صف يتلقّى دروسًا في الطبّ السريريّ (٣) «أ» عيادة. «ب» مستوصَف (٤) النَّدوة؛ الحَلْقة الدراسية (٥) المركز الطبّي؛ الكلينيك.

clin·i·cal *(adj.)* (١) سريريّ: «أ» ذو علاقة بحجرة المرض أو التمريض.

«ب» مبنيّ على ملاحظةٍ مباشرةٍ للمريض. «ج» مُنجز على فراش المرض أو الموت <~ baptism> (٢) «أ» هادئ؛ رصين. «ب» تحليلي؛ موضوعيّ.

clinical psychology *(n.)* علم النفس السَّريري.

cli·ni·cian [-nĭsh′ən] *(n.)* السريريّ: طبيب يعالج سريريًا.

clink [klĭngk] *(vi.; t.; n.)* (١) يُصَلْصِل؛ يُخَشْخِش x (٢) يجعله يُصَلصِل إلخ § (٣) صَلْصَلة؛ خَشْخَشة (٤) زنزانة (٥) سِجْن.

clink·er[1] *(n.)* (١) فا clink (٢) الآجرّ المُقَسّى (٣) الحجر الخَفّاف: مادة يقذفها البركان (٤) الخَبَث: رُسابة تتخلّف بعد احتراق الفحم الحجري.

clink·er[2] *(n.)* (١) شيء من الطراز الأول (٢) «أ» غلطة مُربكة أو مُضحكة. «ب» إخفاق تامّ.

clink·er-built *(adj.)* مُتراكِب الألواح أو الصفائح <~ lifeboats>.

cli·nom·e·ter [klī nŏm′-] *(n.)* مقياس المَيْل (مج)؛ مقياس الانحدار.

clin·to·ni·a [klĭn tō′nĭ ə] *(n.)* الإقلِنطونية: عشب أصفر الزَّهر أو أبيضُهُ.

Cli·o [klī′ō] كْليو: موزيّة (را. muse) التاريخ عند الإغريق.

clip[1] [klĭp] *(vt.; n.)* (١) يُطوّق (٢) يُمْسِك بإحكام (٣) يَشْبِك: يثبّت بمشبك § (٤) مِشْبَك؛ مِلْقط [للأوراق والرسائل إلخ] (٥) مُشط الخَرطوشة.

clip[2] [klĭp] *(vt.; i.; n.)* (١) يجزّ (٢) يقُصّ (٣) يُقلّم (٤) يَختصر؛ يوجز (٥) يرخِّم: يحذف جزءًا من آخر الكلمة (٦) يثقب تذكرة القطار إلخ (٧) يُشوّه حافة القطعة النقدية (٨) يضرب [بسرعة أو عنف] (٩) يسلبُه ماله [وبخاصة من طريق تقاضي ثمن باهظ] x (١٠) ينطلق مسرعًا § (١١) *pl.*: المِجزّ: أداة لجزّ الصوف (١٢) مُقَلّمة الأظفار (١٣) «أ» جَزٌّ إلخ. «ب» جُزازة. «ج» مقدار الصوف المجزوز في موسم (١٤) قُصاصة [من صحيفة أو فيلم] (١٥) ضربة عنيفة (١٦) خطوٌ سريع <going at a good ~> (١٧) المرّة الواحدة <He charged $30 a ~.>.

clip·board [klĭp′bōrd′] *(n.)* اللوح المِشْبَكيّ: لوح للكتابة في أعلاه مِشبَك لتثبيت الأوراق.

clipboard

clip-on *(adj.; n.)* (١) مُنْشبِك <~ earrings> § (٢) مِشْبَك.

clip·per [klĭp′-] *(n.)* (١) فا clip (٢) *pl.* عد: «أ» مِجزّ. «ب» مقلّمة الأظفار. «ج» ماكينة لقصّ الشَّعر (٣) «أ» مَرْكبة سريعة. «ب» فرس سريع. «ج» القَلْبَر: سفينة شراعية سريعة (٤) الفَذّ: شخص أو شيء فريدٌ أو من الطراز الأول.

clipper 2c.

clipper-built *(adj.)* مُعَدّ للإبحار السريع <a ~ vessel>.

clip·ping *(n.; adj.)* (١) جزٌّ؛ قصٌّ إلخ (٢) قُصاصة <newspaper~s> (٣) قُلامة <nail~s> § (٤) جازٌّ؛ قاصٌّ إلخ (٥) سريع <a ~ breeze> (٦) ممتاز (ع).

clique [klēk] *(n.; vi.)* (١) زمرة؛ عُصبة؛ ثُلّة؛ طُغمة § (٢) يتّحد [في زمرة أو عصبة] (٣) يتآمر.
— **cli·quey; cli·quish** *(adj.)*

cli·to·ral [klĭt′ə rəl] *or* **cli·tor·ic** *(adj.)* بَظْريّ.

cli·to·ris [klĭt′ər ĭs] *(n.)* البَظْر (ت).

clo·a·ca [klō ā′kə] *(n.)* pl. **-cae** [sē] (١) بالوعة؛ مجرور (٢) مَذْرَق؛ است [تُقال للطيور والأسماك].
— **clo·a·cal** *(adj.)*

cloak [klōk] *(n.; vt.)* (١) عباءة؛ ثوب خارجي فضفاض (٢) «أ» قِناع. «ب» ذريعة § (٣) «أ» يغطّي بعباءة أو نحوها. «ب» يَحْجُب؛ يُخفي.

cloak-and-dagger *(adj.)* تآمريّ؛ تجسُّسيّ؛ بوليسي؛ مليء بالمغامرات.

cloak·room *(n.)* (١) حجرة الإيداع: حجرة لإيداع القبعات والمعاطف موقتًا [في مسرح إلخ] (٢) مِرحاض.

clob·ber [klŏb′-] *(vt.)* (١) يضرب بقسوة (ع) (٢) يهزمه هزيمةً منكَرة (ع).

clo·chard [klō′shərd; klō shär′] *(n.)* المتشرِّد؛ المتسكّع؛ الأفّاق.

cloche [klōsh] *(n.)* (١) الجَرَس: وعاء زجاجيّ إلخ لوقاية النباتات الرخصة من البرد (٢) الجَرَسيّة: قبّعة نسوية ضيقة جَرَسيّة الشكل.

clock[1] [klŏk] *(n.; vt.; i.)* (١) السّاعة. وبخاصة: ساعة الحائط (٢) عدّاد السُّرعة [في السيارات] (٣) ساعة الدّوام [في المؤسسات والدوائر الرسمية] (٤) المِيقَت: أداة في الكومبيوتر تُحْدِث نبضاتٍ في فترات نظامية (ألك) § (٥) يقيس الوقت (٦) يسجّل بمسجّلة آليّة x (٧) يسجِّل على ساعة دوام.

clock[2] [klŏk] *(n.; vt.)* (١) رسم زينيّ [على جانبَي الجورب] § (٢) يزيِّن [الجوربَ برسم كهذا].

clock·er [klŏk′ər] *(n.)* المُوَقِّت: مَنْ يقيس الوقت في سباق ما.

clock·mak·er *(n.)* السّاعاتيّ: صانع الساعات أو مُصلحها.

clock·wise [-′wīz′] *(adv.; adj.)* باتجاه حركة عقارب الساعة.

clock·work *(n.; adj.)* (١) آليّةُ السّاعة (٢) آلية مشتملة على مجموعة دواليب صغيرة § (٣) أوتوماتيكي؛ منتظم.

clod [klŏd] *(n.)* (١) كتلة تراب أو طين (٢) تُربة (٣) كل ما هو أرضي أو حقير [كالجسد البشريّ بالقياس إلى الروح] (٤) الغبيّ؛ الأبله.
— **clod·dish; clod·dy** *(adj.)*

clod·hop·per *(n.)* (١) ريفي أخرق (٢) *pl.*: حذاء ضخم غليظ.

clod·hop·ping [klŏd′-] *(adj.)* جِلْف؛ غليظ؛ فظّ.

clod·pate [klŏd′pāt′] *(n.)* = clodpoll.

clod·poll *or* **clod·pole** [-′pōl′] *(n.)* الغبيّ؛ الأبله.

clog [klŏg] *(n.; vt.; i.)* (١) عائق (٢) ثِقلٌ مُعوِّق (٣) قَبقاب § (٤) يَعُوق؛ يُعَرْقِل (٥) يَسُدّ x (٦) ينسدّ (٧) يتخثّر (٨) يُقبقِب: يرقص رقصة القَبقاب.

clog dance *(n.)* رَقصة القَبْقاب: رقصة ينتعل فيها الراقص شبه قبقاب وينقر أو يخبط الأرض على نحوٍ إيقاعيّ.

clog·gy [klŏg′ĭ] *(adj.)* (١) متخثّر (٢) لزج.

cloi·son·né [kloi′zə nā′] *(n.; adj.)* (١) المُجَزَّع: مينا يفصل بين ألوانِ نقشِها المتعددة شرائطُ معدنية § (٢) مُجَزَّع؛ مُجَزَّعيّ.

clois·ter [kloi′stər] *(n.; vt.)* (١) «أ» دير. «ب» المُعْتَزَل: موضع هادئ منعزل. «ج» حياة الأديرة (٢) رواق معمَّد مسقوف [مشيَّد حولَ فِناء دير إلخ] § (٣) يَعْزِل عن العالم [في دير أو نحوه] (٤) يروِّق: يُحيط برواقٍ معمَّد مسقوف.

clois·tered *(adj.)* منعزل؛ متوحِّد <~ life>.

clois·tral [-′strəl] *(adj.)* (١) نُسُكيّ (٢) مُتَنَسِّك (٣) شبيه بدير.

clomp [klŏmp] *(vi.)* يمشي بتثاقل وجَلَبة.

clone [klōn] *(n.; vt.)* (١) النسخة المطابقة [لأصلٍ معيّن] (٢) المُسْتَنْسَخ: فَرْدٌ يُنشأ من خليّة واحدة تؤخذ من أحد الأشخاص § (٣) يُصْدِر نسخةً عن (٤) يستنسخ.

clon·ic [klŏn′ĭk] *(adj.)* رَجَفانيّ؛ ارتعاشيّ.

clon·ing *(n.)* الاستنساخ: أخذ خليّة من كائن حَيّ لإنتاج جنين مطابق.

clonk [klŏngk] *(vi.; t.; n.)* (١) يَطِنّ **x** (٢) يجعله يَطِنّ § (٣) طنين.

clo·nus [klō′nəs] *(n.)* الرَّجَفان (مج)؛ الارتعاش (مض).

cloot [klo͞ot] *(n.)* الظِّلْف: حافر مشقوق.

clop [klŏp] *(n.; vi.)* (١) طَقْطَقَة § (٢) يُطقطِق.

close [1] [klōz] *(vt.; i.; n.)* (١) «أ» يُغلِق. «ب» يَسُدّ [طريقًا]. «ج» يَحْجُب [الرُّؤيةَ] (٢) يُنهي؛ يَخْتِم (٣) «أ» يُطبِق [أصابع يده]. «ب» يُغمِض [عينيه] (٤) يَرُصّ؛ يَضُمّ؛ يُوحِّد (٥) يُصَفّي: يتخلّص منه بسعر منخفض **x** (٦) ينغلق (٧) «أ» ينسدّ. «ب» يندمل [الجرح] (٨) ينقطع عن العمل (٩) «أ» يدنو. «ب» يشتبك في نزاع (١٠) يتّفق؛ يتفاهم (١١) ينتهي § (١٢) «أ» انتهاء. «ب» إنهاء. «ج» ختام؛ نهاية [خطبةٍ أو مسرحية إلخ].

to ~ about يطوِّق.

to ~ down (١) يُقفل [المصنعُ] نهائيًا (٢) تَختم [محطّة البثّ] برامجها.

to ~ in (١) يتقاصر [النهارُ] (٢) يلفُّهُ الظّلام.

to ~ in on (*or* upon) يُطْبق [العدوُّ] على الخَصْم.

to ~ up (١) يُغلق إغلاقًا تامًا (٢) يَسُدّ (٣) يَرُصّ الصفوفَ (٤) يتراصّ؛ يتجمّع كالبنيان المرصوص.

to ~ with (١) يُطبِق [على العدوّ] (٢) يَقْبل عَرْضًا إلخ.

close [2] [klōs] *(n.)* (١) بقعة مسوَّرة أو مُسَيَّجة [وبخاصة قربَ كاتدرائية] (٢) «أ» ممرّ أو مدخل ضيّق. «ب» فِناء يؤدي إليه هذا الممرّ أو المدخل. «ج» طريق غير نافذ؛ طريق مسدود.

close [3] [klōs] *(adj.; adv.)* (١) مُغْلَق؛ مُقفَل (٢) «أ» حبيس؛ محبوس <a ~ prisoner>. «ب» حابس <a ~ restraint> (٣) مقصور على فئة معيّنة <a ~ scholarship> (٤) «أ» سِرّي؛ مكتوم <to keep something ~>. «ب» مُتَكَتِّم؛ معتصم بالكتمان (٥) شديد <~ attention> (٦) «أ» حبيس الهواء <a hot ~ room>. «ب» ثقيل الوطأة؛ يَقْبِض الصَّدْر <~ weather> (٧) بخيل؛ مَغْلول اليد (٨) مُلْتَزّ؛ مُتَراصّ (٩) قصير جدًا (١٠) ضيّق <a ~ bonnet> (١١) مُحْكَم؛ صائب (١٢) قاسٍ؛ صارم (١٣) يقِظ؛ واعٍ (١٤) قريب؛ دانٍ (١٥) حميم <~ friends> (١٦) وثيق <a ~ cooperation> (١٧) دقيق <a ~ study> (١٨) دقيق؛ أمين للأصل <a ~ translation> (١٩) نادر؛ صَعْب المنال <Money is ~.> (٢٠) متعادل النتائج تقريبًا <a ~ match> (٢١) مُغْلَق: محظورٌ الصيدُ فيه <a ~ season> § (٢٢) بإحكام؛ على نحوٍ مُحْكَم إلخ. — **close·ness** *(n.)*

~ at hand قريب؛ في متناول اليد.

~ by *or* to على مقربة من.

~ to *or* on *or* upon تقريبًا؛ على وجه التقريب.

to sail ~ to the wind (١) يُبحر في اتجاه معاكس للريح تقريبًا (٢) يكاد ينتهك قانونًا أو مبدأً أخلاقيًا.

close–by [klōs′bī′] *(adj.)* دانٍ؛ قريب؛ مُجاور.

close corporation *(n.)* الشركة المُقْفَلة: شركة يملك أسهمَها أفراد قلائل هم عادةً القائمون بإدارتها.

close–cropped; close–cut *(adj.)* مقصوص قصًّا قصيرًا جدًا.

closed [klōzd] *(adj.)* (١) مُغْلَق؛ مُقْفَل (٢) مُغلَق: «أ» مقصورٌ على أفراد قلائل <~ membership>. «ب» مقتصرٌ على الأعضاء فقط <a ~ session>. «ج» مُنتهٍ بحرفٍ صامت <~ syllables>.

closed book *(n.)* لغزٌ أو سرّ مُغْلَق.

closed chain *(n.)* السلسلة المُغْلَقَة (ك).

closed circuit *(n.)* الدارة المغلَقة؛ التلفزيون مُغلَقُ الدارة.

closed–door *(adj.)* مغلق؛ مُوْصَد الأبواب <a ~ session>.

closed–shop *(n.)* المؤسسة المغلقة: مؤسسة لا تشغِّل إلا عمالًا نقابيين.

close·fist·ed *(adj.)* بخيل؛ شحيح؛ مغلول اليد؛ منقبض الكفّ.

close–grained *(adj.)* مُحكَم النَّسْج؛ متقارب الحُبَيْبات: ذو حُبَيْبات أو دقائق أو بلورات متلازّة <~ wood>.

close–hauled *(adj.)* مُبحر في اتجاه معاكسٍ للريح [جَهد الإمكان].

close–knit *(adj.)* متماسك؛ مترابط <small ~ villages>.

close–lipped *(adj.)* = closemouthed.

close·ly [klōs′lĭ] *(adv.)* (١) بإحكام (٢) «أ» عن كثَب. «ب» على نحو ملتزّ أو متراصّ (٣) على نحو تتعادل فيه النتائج تقريبًا (٤) إلى حد بعيد (٥) بانتباه (٦) بأمانة؛ بدقة (٧) ببخل؛ بشحّ.

close·mouthed *(adj.)* (١) قليل الكلام (٢) مُتَكتِّم.

close quarters *(n. pl.)* (١) مكان ضيّق (٢) التحام [في القتال].

close–set *(adj.)* متلازّ؛ مُتراصّ <~ teeth>.

close shave *(n.)* (١) حلاقة ناعمة (٢) نجاة بأعجوبة (ع).

clos·et [1] [klŏz′ət] *(n.; vt.)* (١) المُخْتَلى: «أ» حجرة صغيرة يخلو فيها المرء إلى نفسه. «ب» حجرة صغيرة مخصّصة للمقابلات الخاصة (٢) خِزانة (٣) مِرحاض § (٤) يَخْلو [إلى نفسه] (٥) يختلي به [للتشاور معه على انفراد].

clos·et [2] *(adj.)* (١) سرّي <~ vows> (٢) نظريّ <~ plans>.

closet drama *(n.)* المسرحية القرائيّة: مسرحية تصلح للقراءة لا للتمثيل.

close–up *(n.)* (١) الكَثَبيّة: صورة فوتوغرافية أو لقطة سينمائية مأخوذة عن كَثَب (٢) وصفٌ دقيق (٣) ترجمة حياة موجزة.

closing price *(n.)* سعر الإقفال [في البورصة].

clos·ure [klō′zhər] *(n.; vt.)* (١) إغلاق؛ إقفال (٢) انغلاق (٣) الغَلَق: أداة الإغلاق (٤) ختام؛ نهاية (٥) إقفال المناقشة البرلمانية [لأخذ الأصوات] § (٦) يُقفل المناقشة البرلمانية.

clot [klŏt] *(n.; vi.; t.)* (١) كتلة (٢) خَثْرة [لبنٍ] (٣) دَمَة؛ جَلْطة (٤) الأحمق

ă at; **ā** date; **â** care; **ä** car; **ĕ** egg; **ē** me; **ĭ** in; **ī** bite; **ŏ** lot; **ō** bone; **ô** orphan; **oi** boil; **o͝o** good; **o͞o** boot; **ou** out; **ŭ** under; **û** urgent; **ə** = *a* in alone, *e* in system, *i* in easily, *o* in gallop, *u* in circus.

(بر) (٥) مجموعة § (٦) يتكتّل؛ يتخثّر؛ يتجلّط x (٧) يُكتّل؛ يُخثّر؛ يُجلّط.

~*ted* hair شَعْر متلبِّد [من وسخٍ أو دم].

cloth [klôth] *(n.)* (١) «أ» قُماش؛ جوخ. «ب» «نسيج» من زجاج (٢) القُماشة: قطعة من قُماش معدّة لغرضٍ بعينِهِ <a floor–*cloth*> (٣) غطاء المائدة (٤) «أ» شراع. «ب» أشرعة (٥) «أ» الثوب المميِّز [لمهنةٍ ما]. «ب» ثوب الكاهن. «ج» الأكليروس؛ رجال الدين.

clothe [klōth] *(vt.)* (١) «أ» يُلبِس. «ب» يزوِّد بملابس (٢) يَكسو (٣) يُفرغ؛ يعبِّر عن (٤) يزوِّد [بصلاحية أو سلطة].

clothes [klōz; klōthz] *(n. pl.)* (١) ملابس؛ ثياب (٢) أغطية السرير.

clothes·horse [klōz′-] *(n.)* «جحش» الغسيل [يُنشر عليه لِيَنْشَف].

clothes·line [klōz′līn′] *(n.)* حبل الغسيل.

clothes moth *(n.)* عُثّة الملابس.

clothes peg; clothes·pin *(n.)* مِلقط الغسيل.

clothes pole *(n.)* عمود الغسيل: عمود يُسْنَد به حبل الغسيل.

clothes·press [klōz′prěs′] *(n.)* خزانة الملابس.

clothes tree *(n.)* شجرة الملابس: مِشْجَب عموديّ في القسم الأعلى منه عقائف تعلَّق عليها المعاطف والسِّترات والقبّعات.

cloth·ier [clōth′yər; -ĭ ər] *(n.)* (١) البَزّاز: بائع الثياب (٢) الخَيّاط: صانع الثياب (٣) القَمّاش: بائع الأقمشة.

cloth·ing [klō′thĭng] *(n.)* (١) ملابس؛ ثياب (٢) غطاء.

cloth yard *(n.)* ياردة القُماش: مقياس للأقمشة طولُه ثلاثة أقدام.

clo·ture [klō′chər] *(n.; vt.)* (١) إقفال المناقشة [بأخذ الأصوات على المسألةِ موضوعِ النقاش] § (٢) يُقفل باب المناقشة على هذا النحو.

cloud [kloud] *(n.; vi.; t.)* (١) سَحابة (٢) حَشْد: عددٌ وافر <a ~ of locusts> (٣) «أ» الغَيْمة: عِرق داكن أو بقعة داكنة [في الرّخام]. «ب» لَطْخة § (٤) تَغيم [السماءُ]: تُصبح ذات غيم أو سحاب (٥) «أ» يَكْفهِرّ [الوجهُ]. «ب» تغشاه سحابة [اكتئاب إلخ] (٦) يُصبح موضعَ شُبهة؛ يتسربل بالعار x (٧) يَحْجُب [بسحابة أو سُحُب] (٨) يغشّي؛ يعتّم؛ يُضبِّب (٩) يُغمِّض: يجعله غامضًا أو مبهمًا (١٠) «أ» يجعله موضعَ رِيبة؛ يُسَرْبله بالعار. «ب» يلوّث [سمعتَهُ].

in the ~*s* ذاهل؛ شارد الذهن.

under a ~, (١) موضع نقمة (٢) مشبوه؛ مُسَرْبَلٌ بالخزي.

cloud·ber·ry *(n.)* فريز السَّحاب: فريز معترش ذو زهرات بيضاء.

cloud·burst *(n.)* الوابل: مطر غزير مفاجئ.

cloud chamber *(n.)* الغرفة الغيميّة (فز).

cloud–cuck·oo–land *(n.)* دنيا الأحلام؛ عالم الأوهام.

cloud·i·ly *(adv.)* على نحو غائم أو غامض أو مُكفهِرّ إلخ.

cloud·i·ness *(n.)* تغيُّم؛ غموض؛ اكفِهْرار إلخ.

cloudiness of the cornea تغيُّم القَرْنيّة (ط).

cloud·land *(n.)* (١) منطقة الغيوم (٢) دنيا الأحلام.

cloud·less *(adj.)* صافٍ؛ صاحٍ؛ لا غيمَ فيه.

cloud·let [kloud′lət] *(n.)* القَزَعة: سحابة صغيرة.

cloud rack *(n.)* القَزَع: قِطَع السّحاب المتفرِّقة في السّماء.

cloud·y [klou′dĭ] *(adj.)* (١) غَيْميّ (٢) غائم (٣) قلِق؛ نكِد <a ~ mood> (٤) غامض <~ notions> (٥) مجهول <a ~ future> (٦) مُغبَّش: يعوزه الصفاء أو البريق <a ~ diamond> (٧) معرَّق أو مُبقَّع <~ marble> (٨) مشبوه أو مُسربَل بالخزي والعار.

clough [klŭf; klou] *(n.)* الوَهْد؛ المَسِيل: وادٍ صغير ضيّق.

clout [klout] *(n.; vt.)* (١) خِرقة (عب) (٢) «أ» ثوب. «ب» منديل. «ج» غطاء (٣) «أ» ضربة. وبخاصة: ضربة باليد. «ب» ضربة في البَيْسبُول (٤) «أ» هَدَفٌ [في الرّماية]. «ب» رميةٌ صائبة (٥) نفوذ. وبخاصة: نفوذ سياسي § (٦) يُرَقِّع (٧) يضرِب بقوّة.

clove[1] [klōv] *past of* cleave.

clove[2] *(n.)* (١) فَصٌّ [من الثوم] (٢) كَبْش القَرَنْفُل.

clove hitch *(n.)* عُقدة الوَتِد: عقدة لشدّ حَبْل حول عمود إلخ (مل).

clove hitch

clo·ven[1] [klō′vən] *past part. of* cleave.

clo·ven[2] *(adj.)* مشقوق <the ~ hoof of a goat>.

clo·ven foot *(n.)* (١) ظِلْف مشقوق (٢) رمز للشيطان أو للإغواء.

clo·ven–foot·ed *(adj.)* (١) مُظَلَّف: مشقوق الحافر (٢) شيطانيّ.

clo·ven hoof *(n.)* = cloven foot.

clo·ven–hoofed *(adj.)* = cloven–footed.

clo·ver [klō′vər] *(n.)* النَّفَل؛ البِرسيم (نب).

in ~, في سعة؛ في بحبوحة؛ في رِفْهٍ أو تَرَف.

cloverleaf *(n.)* ورقة البرسيم: تقاطع طرق يتميّز بمستوياته المختلفة التي تسهِّل حركة المرور.

cloverleaf

clown [kloun] *(n.; vi.)* (١) الفلّاح؛ الرِّيفيّ (٢) الجِلف؛ الفَظّ (٣) المهرِّج (٤) شخص تافه § (٥) يُهرِّج: يتصرّف كمهرِّج؛ يمثّل دورَ مهرِّج.

— clown·er·y *(n.)*

clown·ish *(adj.)* جِلف؛ فظّ؛ أخرق.

cloy [kloi] *(vt.; i.)* (١) يُتخِم x (٢) يُغثي: يبعث على الغثيان.

club [klŭb] *(n.; vt.; i.)* (١) «أ» هِراوة؛ نبّوت. «ب» مِضرب الكرة (٢) الإسباتي [في ورق اللعب] (٣) النادي (٤) النادي الليلي § (٥) يضرِب بهراوة أو نحوها (٦) يوحِّد [تحقيقًا لغرضٍ معيَّن] (٧) يدفع [إلى صندوق مشترك] x (٨) يتّحد؛ يتكتّل (٩) يتعاون (١٠) يدفع نصيبه من النفقة المشتركة.

club·ba·ble *or* **club·a·ble** [-′ə bəl] *(adj.)* اجتماعيّ.

clubbed [klŭbd] *(adj.)* هِراويّ الشكل <~ antennae>.

club·by [klŭb′ĭ] *(adj.)* مميِّز لنادٍ أو لأعضاء نادٍ.

club car *(n.)* = lounge car.

club chair *(n.)* كرسيّ النوادي: كرسيّ خفيض وثير ذو ذراعين.

club·foot *(n.)* (١) القدم الحَنْفاء: قدمٌ مصابة بالحَنَف (٢) الحَنَف.

club·foot·ed *(adj.)* أحنف: مُصاب بالحَنَف.

club·house *(n.)* المنتدى: مبنًى يَشْغَلُهُ نادٍ.

club·man [klŭb′măn′] *(n.)* (١) عضوٌ في نادٍ (٢) المُولَع بحياة النوادي.

club moss *(n.)* رِجْل الذئب : نبات عشبيّ دائم الخضرة .

club sandwich *(n.)* شطيرة النوادي : سندويشة ثلاثية الطبقات تشتمل على لحم وطماطم وخسّ إلخ .

club steak *(n.)* «بفتيك» النوادي : شريحة من لحم الخاصرة .

club·woman *(n.)* عضوة النادي : امرأة عضوٌ في نادٍ .

cluck[1] [klŭk] *(vi.; t.)* (١) تَقْرِق [الدجاجةُ] : تُطلق صوتًا خاصًا تدعو به صغارها (٢) يعبِّر عن اهتمامه أو قلقه x (٣) يدعو إلى شيء بمثل القَرْق (٤) يعبِّر باهتمام أو قلق <My sister ~*ed* her disapproval.> (٥) يجعله يُطلِق صوتًا كالقَرْق (٦) يُطَقطِق بلسانه .

cluck[2] [klŭk] *(n.)* (١) القَرْق : صوت الدجاجة وبخاصة إذا دعت صغيرها (٢) القِرْقة : الدجاجة القاعدةُ على بيضها (٣) المُغَفَّل ؛ السّاذَج .

clue [klōō] *(n.; vt.)* = clew.

clum·ber span·iel [klŭm′-] *also* **clum·ber** *(n.)* القَلَمْبَر : كلب ضخم قصير القوائم .

clumber spaniel

clump [klŭmp] *(n.; vi.; t.)* (١) «أ» اللَّفيف : مجموعة مُتلازّة [من الأشجار بخاصة] . «ب» أَجَمة ؛ دَغَل (٢) كتلة <a ~ of earth> (٣) صوت وَطْءٍ ثقيل § (٤) يمشي بتثاقل وجَلَبة (٥) يتجمَّع ؛ يتكتّل x (٦) يُجَمِّع ؛ يُكتِّل .

clump·y [klŭmp′ĭ] *(adj.)* (١) أَجَميّ ؛ دَغَليّ (٢) ملتفّ الأشجار .

clum·si·ly [clŭm′zĭ lĭ] *(adv.)* بخُرْق ؛ بسماجة ؛ من غير إتقان .

clum·sy [klŭm′zĭ] *(adj.)* (١) أخرق ؛ غير رشيق أو بارع <~ fingers; a ~ workman> (٢) سمج ؛ تُعوزه الرِّقّة <a ~ joke> (٣) واهٍ ؛ سخيف <a ~ excuse> (٤) غليظ ؛ غير متقَن الصُّنع <~ shoes> .

clung [klŭng] *past and past part. of* cling.

clunk *(vi.; t.; n.)* (١) يُقَرْقِر (٢) يَضرِب § (٣) قَرْقرة (٤) ضربة .

clu·pe·id [klōō′pĭ ĭd] *(n.; adj.)* (١) الصابوغة : سمكة من الصابوغيّات أو القَرِيسيّات **Clupeidae** وهي فصيلة أسماك تشمل الصابوغة والرَّنكة والسردين § (٢) صابوغيّ .

clus·ter [klŭs′tər] *(n.; vi.; t.)* (١) «أ» عنقود . «ب» مجموعة . «ج» جماعة § (٢) يَتَعَنْقد : «أ» يتَّخِذ شكلَ عناقيد . «ب» يتجمَّع أو يتحلّق حول . . x (٣) يُعنقِد .

clustered column

cluster bomb *(n.)* القنبلة العنقوديّة .

clus·tered *(adj.)* مُعَنقَد : متخذ شكل عنقود .

clutch[1] [klŭch] *(vt.; i.; n.)* (١) يُمسِك بـِ ؛ يتشبَّث بـِ ؛ يقبض على x (٢) يحاول التعلّق بـِ § (٣) *pl.* عد : براثن ؛ سيطرة ؛ سلطان (٤) إمساك ؛ تشبُّث إلخ (٥) «أ» قبضة . «ب» المِقْبض : أداة للإمساك بشيء (٦) القابض ؛ «الدوبرياج» .

in the ~, في مأزق ؛ في وضع حرجٍ أو خطِر .

clutch[2] *(n.; vt.)* (١) «أ» حَضنة بيض . «ب» عدد الصيصان الناقفة من هذه الحضنة (٢) مجموعة ؛ زمرة § (٣) تَحْضُن [الدجاجةُ] بيضَها .

clut·ter [klŭt′ər] *(vt.; i.; n.)* (١) «أ» يَرْكُم أو يكوِّم بغير نظام . «ب» يملأ بأشياء مركومة بغير نظام x (٢) يعدو بغير نظام (٣) يتحرك بجلبة أو ضوضاء (٤) يُحدِث جلبةً أو ضوضاء (٥) يُغَمْغِم : يتكلّم على نحوٍ لا تَبين معه الكلمات § (٦) «أ» رُكام مُختلِط أو يُعْوِزه النظام . «ب» فوضى ؛ اختلاط (٧) جَلَبة ؛ ضوضاء .

clyp·e·ate [klĭp′ĭ āt′] *also* **-at·ed** *(adj.)* (١) تُرْسيّ الشكل : ذو شكل شبيهٍ بشكل الترس المستدير (٢) مُدَرَّق : ذو دَرَقة (را . clypeus) .

clyp·e·us [klĭp′ĭ əs] *(n.)* pl. **clypei** [-ĭ ē′] الدَّرَقة : ترسٌ أو صفيحة في مقدَّم رأس الحشرة (أح) .

— **clyp·e·al** *(adj.)*

clys·ter [klĭs′tər] *(n.)* حُقنة شَرَجيّة (ط) .

Cni·da·ri·a [nī dâ′rĭ ə] *(n. pl.)* اللّواسع ؛ اللاسعات (ح) .

co- [kō] بادئة معناها : «أ» معًا <*co*operate> . «ب» مساوٍ في الدرجة <*co*extensive> . «ج» مشارِك ؛ شريك <*co*author> . «د» مختلَط <*co*education> . «هـ» مساعد <*co*pilot> . «و» مُتمِّم <*co*sine> .

coach [kōch] *(n.; vt.; i.)* (١) الكوشيّة : «أ» مركبة كبيرة مُقفلة . «ب» حافلة [في السكّة الحديدية] . «ج» أوتوبوس . «د» سيارة ذات بابين . «هـ» درجة من درجات السفر بالطائرة أدنى سعرًا من الدرجة الأولى (٢) مدرِّس خصوصيّ (٣) مدرِّب رياضيّ أو فنّيّ § (٤) يعلِّم ؛ يدرِّب (٥) ينقل بمركبة كبيرة إلخ x (٦) يسافر بمركبة كبيرة إلخ (٧) يَعْمل مدرِّسًا خصوصيًا أو مدرِّبًا رياضيًا (٨) يتعلّم أو يتدرّب على يد مدرِّس خصوصي أو مدرِّب رياضي .

— **coacher** *(n.)*

coach–and–four *(n.)* رُباعية الجِياد : مَرْكبة يجرّها أربعة جياد .

coach box *(n.)* مَقْعد الحُوذيّ [في مركبة] .

coach dog *(n.)* = Dalmatian.

coach·man *(n.)* (١) حُوذيّ (٢) ذبابة صُنْعية [للصَّيْد بالقصبة] .

coach·y [kōch′ĭ] *(n.)* الحُوذيّ : سائق المَرْكبة (ع) .

co·act [kō ăkt′] *(vt.; i.)* (١) يَقْسِر ؛ يُكرِه (ا . م) x (٢) يتعاون ؛ يتضافر .

co·ac·tion [kō ăk′-] *(n.)* (١) قَسْر ؛ إكراه (ا . م) (٢) تعاوُن ؛ تضافر .

co·ac·tive *(adj.)* (١) قَسْريّ ؛ إكراهيّ (ا . م) (٢) متعاون ؛ متضافر .

co·ad·ju·tor [kō ăj′-] *(n.; adj.)* (١) المعاوِن ؛ المساعِد (٢) مساعِد الأسقف § (٣) مساعِد <~ bishop> .

co·ad·ju·tress [kō ăj′ə trəs] *(n.)* المعاونة ؛ المساعِدة .

co·ad·u·nate [kō ăj′ə nĭt] *(adj.)* متّحد ؛ نامٍ معًا («ح» و«نب») .

co·ag·u·lant [kō ăg′yə-] *(n.)* المخثِّر ؛ المجلِّط : مادة مخثِّرة أو مُجلِّطة .

co·ag·u·la·tion [kō ăg′yə lā′-] *(n.)* (١) تخثير (٢) تخثُّر .

co·ag·u·lum [kō ăg′yə-] *(n.)* pl. **-ula** خُثْرة ؛ جَلْطة .

coal [kōl] *(n.; vt.; i.)* (١) جمرة (٢) فحم حيوانيّ أو نباتيّ (٣) فحم حجريّ § (٤) يفحِّم : يحوِّل إلى فحم حيوانيّ أو نباتيّ (٥) يزوِّد بفحم حجريّ x (٦) يتزوَّد بالفحم الحجريّ .

to carry ~*s* to Newcastle يكون كناقل التّمر يزوِّد بشيء متوفِّر أصلًا ؛

إلى هَجَر.

to haul, drag, call, rake, etc., over the ~s ينتقد؛ يوبخ بقسوة؛ يناقشه الحساب.

to heap ~s of fire on one's head يقابل الإساءة بالإحسان [لكي يَحمل المسيء على الندم أو يُشعِرهُ بالخجل].

coal bed *(n.)* طبقة فحْمْحَجَرية أو مشتملة على فحم حجريّ.

coal dust *(n.)* رَجِيع الفحم (مج)؛ غبار الفحم.

coal·er *(n.)* (١) الفحّام (٢) ناقلة الفحم: سفينة لنقل الفحم الحجريّ.

co·a·lesce [kō'ə lĕs'] *(vi.; t.)* (١) يلتئم [الجرحُ] (٢) يندمج؛ يلتحم (٣) يتّحد x (٤) يَدْمُج؛ يوحِّد. — **co·a·les·cent** *(adj.)*

co·a·les·cence [kō'ə lĕs'əns] *(n.)* (١) اندماج؛ التحام (٢) اتحاد.

coal·field [kōl'fēld] *(n.)* حقل الفحم: منطقة غنية بالفحم الحجري.

coal gas *(n.)* غاز الفحم: غاز الفحم الحجريّ المحترق.

coal heaver *(n.)* (١) حمّال الفحم (٢) جارفُ الفحم.

coal hod *(n.)* دلو الفحم: دلو صغير لنقل الفحم الحجريّ (ع).

coal·i·fi·ca·tion *(n.)* التفحُّم: تحوُّل المادة النباتية إلى فحم حجريّ.

coal·ing station *(n.)* مرفأ الاستفحام [لتزويد البواخر بالفحم الحجريّ].

co·a·li·tion [kō ə lĭsh'-] *(n.)* (١) اندماج (٢) مجموعة متّحدة (٣) الائتلاف: تحالف مؤقت بين السياسيّين أو الأحزاب لغرض معيَّن.

coal measures *(n. pl.)* الطَّبقات الفَحْمْحَجَرِيّة: طبقات صخرية محتوية على فحم حجريّ (جي).

coal mine *(n.)* مَنجَم الفحم. — **coal miner** *(n.)*

coal oil *(n.)* (١) زيت الفحم (٢) كيروسين.

coal pit *(n.)* (١) موضع يُصنع فيه الفحم (٢) منجم الفحم الحجريّ.

coal seam *(n.)* = coal bed.

coal tar *(n.)* قطران الفحم.

coal–tar dye *(n.)* الصِّبغ القارْفَحْميّ: صبغٌ من مشتقات قار الفحم.

coal·y [kōl'ĭ] *(adj.)* (١) فحميّ؛ فَحْمْحَجريّ (٢) فَحْمانيّ: شبيه بالفحم الحجريّ (٣) مشتملٌ على فحم حجريّ.

coam·ing [kō'mĭng] *(n.)* الجِتار: حافة مرتفعة حولَ فتحة في سطح أو أرضية أو سطح سفينة لمنع تسرُّب المياه إليها.

co–an·chor *(n.)* منسِّق الأخبار المساعِد [في الإذاعة والتلفزيون].

co–ap·ta·tion [kō'ăp tā'-] *(n.)* التئام [الجُرْح أو العظمِ المكسور].

coarse [kōrs] *(adj.)* (١) رديء؛ خسيس <~ metal> (٢) خشِن <~ sand> (٣) شديد <~ sickness> (٤) قاسٍ <~ winter> (٥) جلف؛ فظّ؛ غير مصقول <~ manners> (٦) بذيء <~ language> (٧) أجشّ.

coarse–grained *(adj.)* (١) خشِن النسيج (٢) جِلف؛ فظّ؛ غير مصقول.

coars·en [kōr'-] *(vt.; i.)* (١) يُخشِّن: يجعله خشِنًا x (٢) يَخْشُن.

coarse·ness [kōrs'-] *(n.)* خشونة؛ قَسْوة؛ جلافة؛ بذاءة إلخ.

coast [kōst] *(n.; vt.; i.)* (١) ساحل؛ شاطئ (٢) تلّة؛ منحدَر (٣) هبوطٌ مُنحدَر [بمزلجة أو نحوها] § (٤) يُساحل: يُبحر في محاذاة ساحل كذا x (٥) يهبط بفعل الجاذبية.

coast artillery *(n.)* مِدفعيّة السواحل.

coast·er [kō'stər] *(n.)* (١) فا coast، مثل: «أ» شخص مشتغل بالمواصلات أو التجارة الساحلية. «ب» السواحلية: سفينة مخصَّصة للتجارة بين مرافئ بلدٍ ما (٢) الساحليّ: شخص مقيم على ساحل البحر (٣) الصِّينية الجوّابة: صينية أنيقة منصوبة على هيكل ذي عجلات تُستخدم لإدارة الماء أو الخمر على الموائد بعد الطعام (٤) الواقية: صُحَيْن [أو صفيحة أو قُماشة] يوضع تحت الزجاجة لوقاية المائدة من البلل أو الحرارة (٥) مِزلقة؛ مِزلجة (٦) الأفعوانية: سكة حديد مرتفعة [في مدينة للملاهي] تتلوّى وتنخفض، وتجري فوق قضبانها عرباتٌ صغيرة.

coaster brake *(n.)* الفَرملة الخلفيّة: مِكبح في عجلة الدرّاجة الخلفية.

coast guard *(n.)* (١) خَفَر السّواحل (٢) خفير السواحل.

coast·guards·man *or* **coast·guard·man** *(n.)* خفير السّواحل.

coast·ward [kōst'wərd] *or* **-wards** *(adv.)* نحوَ الساحل.

coast·wise *(adv.; adj.)* (١) بطريق الساحل أو بمحاذاته § (٢) مُساحِل: منطلق في محاذاة الساحل (٣) ساحليّ؛ سواحليّ.

coat [kōt] *(n.; vt.)* (١) «أ» سِترة. «ب» مِعطَف (٢) غطاء طبيعي: «أ» صوف الحيوان. «ب» لحاء الشجر. «ج» قشر الفاكهة (٣) طبقة <a ~ of paint> § (٤) يكسو (٥) يطلي.

coat card *(n.)* = face card.

coat·ed *(adj.)* (١) ذو سترة إلخ (٢) مصقول (٣) مطليّ؛ مشمَّع.

coat·ee [kō tē'] *(n.)* معطف قصير.

co·a·ti [kō ä'tĭ] *(n.)* القُوطيّ: حيوان ثدييّ لاحمٌ.

coati

coat·ing *(n.)* (١) جوخ (٢) غطاء؛ غلاف (٣) طَلْية؛ طبقة خارجية.

coat of arms *(n.)* (١) السِّترة الدِّرعية: سترة مطرَّزة تُلبس فوق الدرع (٢) الرَّنْك: شعار النَّبالة أو النَّسَب.

coat of arms 2.

coat of mail *(n.)* المَزْرودة: درعٌ من زَرَد.

coat·tail [kōt'tāl'] *(n.)* ذيل السترة.

co·au·thor [kō ô'-] *(n.)* المؤلِّف المشارِك [في وضع كتابٍ ما].

coax [1] [kōks] *(vt.)* (١) يلاطف؛ يتملّق (٢) ينال أو ينتزع بالملاطفة والتملّق <~*ed* a smile from the baby>.

co·ax [2] [kō'ăks] *also* **co·ax cable** *(n.)* = coaxial cable.

co·ax·i·al [kō ăk'sĭ əl] *(adj.)* مُتّحِدُ المِحور.

coaxial cable *(n.)* الكَبْل المتّحد المحور: كَبْل ذو موصِّلين معزولين متّحدَي المحور (ألك).

cob [kŏb] *(n.)* (١) ذَكَرُ الإوزّ (٢) كتلة؛ قطعة مستديرة [من فحم أو حجارة إلخ] (٣) العِرناس: الجزء شبه الخشبي من كوز الذرة (٤) الكَبّ: جواد رُكوبٍ قصير القوائم (٥) اللَّبِن: مزيج من طين وقشٍ تُبنى به البيوت (٦) زعيم؛ رجل ذو شأن (عب).

co·balt [kō'bôlt] *(n.)* الكوبَلْت؛ الكوبالت (ك).

cobalt blue *(n.)* أزرق الكوبَلْت: «أ» صبغ أزرق مخضرّ يتألف من أكسيد الكوبلت وأكسيد الألومنيوم. «ب» لون أزرق مُخْضَرّ.

co·balt·ite [-ʹtīt] *or* **co·balt·ine** [-tēnʹ] *(n.)* الكوبَلْتيت؛ الكوبَلتين.

cob·ber [kŏbʹər] *(n.)* رفيق؛ صديق حميم.

cob·ble[1] [kŏbʹəl] *(n.; vt.)* (١) الرَّصْفِيَّة: حصاة كبيرة لرصف الشوارع (٢) *pl.*: المكوَّر: فحم حجريّ مكوَّر (بر) § (٣) يَرْصف بِحَصًى كبار.

cob·ble[2] *(vt.)* (١) يرقّع [الأحذية إلخ] (٢) يُلَهْوِج: يعمل بطريقة خرقاء أو غير متقنة <~*d* rhymes>.

cob·bler[1] [kŏbʹ-] *(n.)* (١) الإسكاف (٢) عاملٌ غير بارع (ا.ق).

cob·bler[2] *(n.)* القَبْلر: «أ» شرابٌ مسكر مثلوج يُعَدّ من خمر وعصير فاكهة. «ب» ضرب من فطائر الفاكهة.

cob·ble·stone [kŏbʹəl stōnʹ] *(n.)* = cobble[1] *1*.

cob coal *(n.)* المُكوَّر: فحم حجريّ مكوَّر.

co·bel·lig·er·ent [-lĭjʹ-] *(n.; adj.)* (١) شريكُ الحرب: بلدٌ محارب مع دولة أخرى ضد عَدُوّ مشترك § (٢) شريك حَرْب <~ countries>.

cob·nut [kŏbʹnŭt] *(n.)* الكَبْنوت: شجر وثيق الصلة بشجر البندق.

co·bra [kōʹbrə] *(n.)* الصِّلّ؛ الناشر؛ الكوبرا: أفعى سامة جدًا.

cobra

cob·web [kŏbʹwĕbʹ] *(n.; vt.)* (١) بيت العنكبوت أو نَسْجُهُ (٢) خيط من نَسْج العنكبوت (٣) كلّ ما هو رقيق أو واهٍ كبيت العنكبوت (٤) شَرَك؛ فخّ § (٥) يُعَنْكِب: يكسو بنسيج العنكبوت (٦) يُربك؛ يشوِّش.

— **cob·webbed; cob·web·by** *(adj.)*

co·ca [kōʹkə] *(n.)* الكُوكة: «أ» نبتة يُستخرج منها الكوكايين. «ب» أوراق الكوكة المجفَّفة.

co·caine [kō kānʹ] *(n.)* الكوكايين: مخدِّر يُستخرج من أوراق الكوكة.

co·cain·ism [kō kāʹ-] *(n.)* الكوكايينية: إدمان الكوكايين.

co·cain·ize [-ʹnīz] *(vt.)* يُكَوْكِن: يعالج أو يخدِّر بالكوكايين.

coc·ci [kŏkʹsī] *pl. of* coccus.

Coc·ci·dae [kŏkʹsĭ dē] *(n. pl.)* فصيلة القِرمِزيات (حش).

coc·cus [kŏkʹəs] *(n.)* pl. **-ci** [sī] (١) المكوَّرة: جرثومة كروية الشكل (٢) كَرْبلة [أو خباء] الثمرة المتفلِّقة (نب).

-coc·cus لاحقة معناها: مكوَّر؛ كُرواني <micro*coccus*>.

coc·cyg·e·al [kŏk sĭjʹĭ əl] *(adj.)* عُصْعُصيّ (ت).

coc·cyx [kŏkʹsĭks] *(n.)* pl. **-cy·ges** [-sīʹjēz] العُصْعُص (ت).

co·chair [kō chârʹ] *(vt.)* يرأس الجلسة بالمشاركة أو بالنيابة.

Co·chin China [kōʹ-] *(n.)* الدجاج الفيتنامي: دجاج كثيفُ ريش القوائم.

coch·i·neal [kŏchʹə nēlʹ] *(n.)* القِرْمِز: صبغ أحمر.

cochineal insect *(n.)* القِرمزية؛ حشرة القِرمِز.

coch·le·a [kŏkʹlĭ ə] *(n.)* pl. **-as** *or* **-ae** (١) القَوْقعة: جزء من الأذن الباطنية شكلُهُ كالقَوْقعة (ت) (٢) سُلَّم لولبيّة (ا.ن).

coch·le·ate [kŏkʹ-] *or* **coch·le·at·ed** *(adj.)* حَلَزونيّ؛ لَوْلَبيّ.

cock[1] [kŏk] *(n.; vi.; t.; adj.)* (١) «أ» ديك. «ب» ذكر الطيور الداجنة (٢) صياح الديك (٣) *1* weathercock (٤) مِحْبَس؛ حنفية؛ صُنبور (٥) «أ» زعيم؛ رئيس. «ب» مختال؛ متكبّر (٦) «أ» الديك: زِناد البندقية. «ب» وَضْع الصَّلْي أو الاستقداح (٧) القضيب: آلة الرَّجُل (ع) (٨) مَيَلان <~ of the head> § (٩) يَتَبَخْتَر (١٠) ينتصب x (١١) يَنْصِب؛ يَصْلي: يردُّ زِنادَ البندقية إلى الوراء استعدادًا للرمي (١٢) يَنصِبُ: «أ» يوتِّر [أذنيه للاستماع] «ب» يجعله في وضع منتصب (١٣) يُميل [إلى جانب] (١٤) يَرُدّ [حافة القبعة] إلى أعلى § (١٥) ذَكَر <a ~ lobster>.

~ of the walk *or* school سيّد الجماعة أو الموقف [وبخاصة بمعنى استبداديّ أو متّسم بالغطرسة].

to live like fighting ~*s* يَنْعَم بطيِّب المآكل ووافره.

cock[2] *(n.; vt.)* (١) كومة؛ رُكام صغير <a ~ of hay> (٢) حماقة؛ بلاهة (٣) وقاحة § (٤) يُكوِّم.

cock·ade [kŏ kādʹ] *(n.)* عُقدة شريط القبّعة.

cock-a-hoop *(adj.)* (١) تيّاه؛ مغرور (٢) مبتهج (٣) موروب.

Cock·aigne [kŏ kānʹ] *(n.)* (١) أرض الوَفْرة؛ أرض النعيم: أرض أسطورية يحيا فيها الناس برخاء وترفٍ بالِغَيْن (٢) لندن.

cock·a·leek·ie [kŏkʹə lēʹkē] *(n.)* حساء الدجاج بالكُرّاث.

cock·a·lo·rum [-lōrʹəm] *(n.)* (١) التيّاه: شخص مغرور (٢) تبجّح.

cock-and-bull story *(n.)* حكاية غير قابلة للتصديق.

cock·a·tiel *or* **cock·a·teel** [-ə tēlʹ] *(n.)* الكُكْتيل: ببغاء أسترالي.

cock·a·too [kŏkʹə tōōʹ] *(n.)* الكُكْتُوْ: ببغاء ذو عُرف.

cockatoo

cock·a·trice [-trĭs] *(n.)* الأَصَلة؛ أمّ طَبَق: أفعى خرافية.

cock·boat [-ʹbōtʹ] *(n.)* الكُكْبُوْت: مركب صغير ذو مجاذيف.

cock·chaf·er [-ʹchāʹfər] *(n.)* الجُعَل الديكيّ: خنفساء مُتلِفة للنباتات.

cock·crow [kŏkʹkrōʹ] *(n.)* وقت صياح الديك: الفجر.

cocked hat *(n.)* القبّعة المردودة: قبعة مردودة الحافة إلى أعلى في موضعَيْن أو ثلاثة.

to knock into a ~, يُفسد؛ يُتلف؛ يُحبط.

cocked hat

cock·er[1] [kŏkʹər] *(n.)* (١) cocker spaniel (٢) الدُّيوكيّ: «أ» مَن يُربّي أو يدرِّب دِيَكة المصارعة. «ب» المعنيّ بصراع الديَكة.

cock·er[2] *(vt.)* يُدَلِّل؛ يغنّج <to ~ a child>.

cock·er·el [kŏkʹər əl] *(n.)* الدُّيَيْك: ديك صغير.

cock·er spaniel *(n.)* الكَوْكَر: كلب صغير مُسترخي الأذنين.

cocker spaniel

cock·eye [kŏkʹīʹ] *(n.)* العين الحولاء؛ عين فيها حَوَلٌ.

cock·eyed [kŏkʹīdʹ] *(adj.)* (١) أحول (٢) منحرف؛ مائل؛ موروب (٣) أحمق؛ سخيف؛ مضحك (٤) سكران.

cock·fight *also* **cock·fight·ing** *(n.)* صراع الدِّيكة .

cock·horse [-ʹhôrsʹ] *(n.)* حصان خشبي هزّاز [للأطفال] .

cock·i·ness [kŏkʹĭ-] *(n.)* غرور ؛ زَهْو ؛ عُجْب ؛ اعتدادٌ بالنفس .

cock·ish [kŏkʹĭsh] *(adj.)* مغرور ؛ مَزْهُوّ ؛ معتدّ بنفسه .

cock·le[1] [kŏkʹəl] *(n.)* الكَوْكَل : عشب نام في حقول القمح .

cock·le[2] [kŏkʹəl] *(n.; vi.; t.)* (١) الصَّدَف ؛ الكَوْكَل : حيوان من الرّخويات ذو صَدَفة مُضَلّعة (٢) غَضَنٌ ؛ تغضُّن (٣) الكَوْكَل : «أ» قارب صغير خفيف . «ب» حلوى من دقيق وسكّر § (٤) يتغضّن x (٥) يُغضّن .

cock·le·shell *(n.)* (١) صَدَفة الكَوْكَل (٢) الحَسَكة : قارب خفيف .

cockles of the heart صميم القلب ؛ أعمق أعماق القلب .

cock·loft [kŏkʹlôft] *(n.)* عِلّيّة صغيرة .

cock·ney [kŏkʹnĭ] *(n.; adj.)* (١) الكَوْكَنيّ : أحد أبناء لندن . وبخاصة : أحد أبناء الطرف الشرقيّ منها (٢) الكَوْكَنيّة : لهجة لندن أو الطرف الشرقيّ منها § (٣) كَوْكَنيّ . — **cock·ney·ish** *(adj.)*

cock·pit [kŏkʹ-] *(n.)* (١) حَلْبة مصارعة الديكة (٢) مسرح المعارك : منطقة شهدت معارك كثيرة بين مختلف الدول (٣) القَمْرة : جزء من السفينة الحربية مخصّص لصغار الضباط وجرحى المعركة (٤) الوُكْنة ؛ مقصورة القيادة (طي) .

cock·roach [-ʹrōchʹ] *(n.)* الصُّرصور ؛ بنت وَرْدان .

cocks·comb [kŏksʹkōmʹ] *(n.)* (١) عُرف الديك (٢) التَّيّاه ؛ المتأنّق المغرور (٣) قبّعة المهرّج : قبّعة شبيهة بعُرف الديك يعتمر بها المهرّجون (٤) قطيفة عُرف الديك : نبات زهريّ .

cockscomb 4.

cocks·foot [kŏksʹfo͝otʹ] *(n.)* نَجيل الإصبع (نب) .

cock·shut [kŏkʹshŭtʹ] *(n.)* المساء ؛ الغَسَق (عب) .

cock·shy [kŏkʹshīʹ] *(n.)* (١) رماية (٢) رَمْية ؛ هدف .

cock·sure [-ʹsho͝orʹ] *(adj.)* (١) واثق (٢) واثق أكثرَ مما ينبغي .

cock·tail[1] [kŏkʹtālʹ] *(n.)* الكوكتيل : «أ» شراب مُسكِر مُعَدّ من خمور مختلفة . «ب» كلّ طعام مُشَهٍّ يُتناول قبل غيره <a clam ~> .

cock·tail[2] *(adj.)* (١) كوكتيليّ (٢) شبه رسمي <~ dress> .

cock·tail[3] *(n.)* الأبتر : «أ» فرس مقصوص الذيل . «ب» فرس غير أصيل .

cock–up *(n.)* اختلاط ؛ فوضى ؛ انعدامٌ تامّ للنظام .

cock·y [kŏkʹĭ] *(adj.)* مغرور ؛ مزهوّ ؛ مُعْجَب بنفسه ؛ مُعْتدّ بنفسه .

co·co [kōʹkō] *(n.)* (١) شجرة جوز الهند (٢) جَوْزة هند .

co·coa [kōʹkō] *(n.)* (١) كاكاو (٢) شراب الكاكاو .

co·co·nut [kōʹkə nŭtʹ] *(n.)* جوزة الهند .

coconut palm *or* **tree** *(n.)* شجر جوز الهند .

coconut water *(n.)* ماء جوز الهند ؛ لبن جوز الهند .

co·coon[1] [kə ko͞onʹ] *(n.)* الفَيْلَجة : «أ» الشَّرْنَقة . «ب» غطاء واقٍ يُنشر على الطائرات والمحرّكات والسيارات المخزونة لحمايتها من الصدأ .

co·coon[2] *(vt.)* يُفَيْلِج ؛ يُشَرْنِق : يقي بغطاء شبيه بالفَيْلَجة .

co·cotte [kō kŏtʹ] *(n.)* بَغيّ ؛ مُومِس ؛ بنتُ هوًى .

cod

cod [kŏd] *(n.)* القُدّ : سمك ضخم يكثر في البحار الشمالية .

co·da [kōʹdə] *(n.)* التقفيلة (مج) : المقطع الختاميّ من اللحن (مو) .

cod·dle [kŏdʹəl] *(vt.)* (١) يَسْلُق . وبخاصة : بماء لم يبلغ درجة الغليان (٢) يُدلّل ؛ يعامل برفق .

code [kōd] *(n.; vt.)* (١) المُدَوَّنة : مجموعة قوانين (٢) الدستور : مجموعة مبادئ أو قواعد أخلاقية <a ~ of ethics> (٣) الجِفْرة ؛ الشِّيفرة ؛ الرّاموز (٤) الكَوْد : مجموعة من الرموز والقواعد تُستخدم في الكومبيوتر بخاصة (٥) الكَوْد ؛ المفتاح : رقم خاصّ بمدينة إلخ يُستخدم عند الاتصال بها هاتفيًا أو بالتلكس § (٦) ينظّم أو يُدْرج في مُدَوَّنة (٧) يجفّر : يكتب بالشيفرة (٨) يُكَوِّد : يعطيه كَوْدًا أو مفتاحًا معيّنًا .

co·de·fend·ant [kōʹdĭ fĕnʹ-] *(n.)* مُدَّعًى عليه ثانٍ (ق) .

co·deine [kōʹdēn] *(n.)* الكودين : مخدّر يُستخرج من الأفيون .

co·dex [kōʹ-] *(n.)* pl. **codices** (١) مخطوطة (٢) مجلّد مخطوطات .

cod·fish [kŏdʹfĭsh] *(n.)* (١) cod (٢) لحم القُدّ [بوصفه طعامًا] .

codg·er [kŏjʹər] *(n.)* شخص غريب الأطوار أو سيّئ السمعة .

co·di·ces [kōʹdĭ sēzʹ; kŏdʹĭ-] *pl. of* codex.

cod·i·cil [-ʹĭ sĭl] *(n.)* (١) مُلحَق الوصية [مشتملٌ على تعديل] (٢) مُلْحَق .

cod·i·fy *(vt.)* (١) يُقنِّن : يجمع القوانين وينظّمها (٢) ينظِّم ؛ يُصنِّف .

cod·ling [kŏdʹ-] *(n.)* (١) سمكة قُدّ صغيرة (٢) «أ» تفاحة صغيرة فجّة . «ب» شابّ غِرّ (٣) ضرب من التفاح المستطيل (بر) .

cod·ling moth *(n.)* فراشة التُّفاح : فراشة تُتْلف يرقاناتها ثمرة التفاح إلخ .

cod–liver oil *(n.)* زيت كبِد القُدّ .

co·don [kōʹdŏn] *(n.)* الراموز : الوحدة الأساسية للرمز الوراثيّ .

cods·wal·lop [kŏdzʹwŏlʹəp] *(n.)* هراء ؛ كلام فارغ (بر) .

co–ed [kōʹĕd] *(n.; adj.)* (١) المُخْتَلِطة : تلميذة في معهد مُخْتَلَط § (٢) مُخْتلِطيّ : خاصّ بهذه التلميذة (٣) مختلَط .

co·ed·i·tor *(n.)* المحرِّر المشارِك [في جريدة أو كتاب إلخ] .

co·ed·u·ca·tion [kōʹĕj o͞o kāʹ-] *(n.)* التعليم المختلَط . — **co·ed·u·ca·tion·al** *(adj.)*

co·ef·fi·cient[1] [kōʹə fĭshʹənt] *(n.)* (١) المُعامِل (ر) (٢) درجة .

co·ef·fi·cient[2] *(adj.)* متعاون : عاملٌ معًا لإحداث أثرٍ ما .

coefficient of absorption مُعامِل الامتصاص (فز) .

coefficient of expansion مُعامِل التمدُّد (فز) .

coefficient of friction مُعامل الاحتكاك (مك) .

coefficient of reflection مُعامِل الانعكاس (فز) .

coe·la·canth [sēʹlə kănthʹ] *(n.)* شوكيّ الجوف : سمك من رتبة شوكيّات الجوف .

coelacanth

coe·len·ter·ate [sĭ lĕnʹtə rātʹ] *(n.; adj.)* (١) اللاّحَشويّ : واحد اللاّحَشْويّات **Coelenterata** وهي شعبة من الحيوانات المائية تتميز بتجويف بطنيّ ذي فتحة واحدة § (٢) لاحَشْويّ .

coe·len·ter·on [-rŏnʹ] *(n.)* pl. **-ter·a** الهَوْش : جوف الحيوان

اللاحَشْويّ (ح).

coe·li·ac [sē′lĭ ăk′] *(adj.)* = celiac.

coe·lom [sē′ləm] *(n.)* pl. **-loms** *or* **-lo·ma·ta** الجوف؛ السِّيلوم: باطن البطن (ح).

coe·lo·mic [sē lŏm′ĭk] *(adj.)* جوفيّ؛ سيلوميّ (ح).

co·e·qual [kō ē′kwəl] *(adj.)* مُتساوٍ [في الرتبة أو العمر إلخ].

co·erce [kō ûrs′] *(vt.)* (١) يُهَيْمن على (٢) يُكْرِه؛ يُجبر؛ يَقْسِر (٣) يفرض بالقوة.

— co·er·cive *(adj.)*

co·er·cion [kō ûr′shən] *(n.)* إكراه؛ إجبار؛ قَسْر.

coercive force *(n.)* القوة القَهْرية (مغ).

co·e·ta·ne·ous [kō′ĭ tā′nĭ əs] *(adj.)* = coeval.

co·e·ter·nal [kō′ĭ tûr′-] *(adj.)* مماثل أو مشارك في الأزَلية.

co·e·val [kō ē′vəl] *(adj.; n.)* (١) مُجايِل: مماثلٌ عُمرًا أو تاريخًا أو ديمومةً <~ stars> (٢) معاصِر § (٣) المُجايل؛ المُعاصر.

co·ex·ist [kō′ĭg zĭst′] *(vi.)* (١) يتواجد: يتصاحب في الوجود (٢) يتعايش: يعيش أحدهما مع الآخر بسلام. **— co·ex·ist·ent** *(adj.)*

co·ex·ist·ence *(n.)* (١) التواجد: التصاحُب في الوجود (٢) التعايش [السّلمي بين الطوائف أو بين الدول ذات الأنظمة المختلفة].

co·ex·ten·sion *(n.)* التّمادّ: التساوي في الامتداد [زمانًا أو مكانًا].

co·ex·ten·sive [kō′ĭk stĕn′-] *(adj.)* مُتَمادّ: متساوٍ في الامتداد؛ ممتدّ على المكان نفسه أو طوالَ الزمان نفسه.

cof·fee [kô′fĭ] *(n.)* (١) قهوة (٢) بُنّ (٣) فنجان قهوة.

coffee bean *(n.)* حبّة البُنّ.

cof·fee·house [kô′fĭ hous′] *(n.)* مَقْهًى.

coffee maker *(n.)* الرَّكْوة؛ رَكْوة القهوة.

coffee mill *(n.)* طاحونة البُنّ: مطحنة صغيرة لطحن حبات البنّ.

cof·fee·pot [kô′fĭ pŏt′] *(n.)* = coffee maker.

coffee shop *(n.)* حانوت القهوة؛ مقهًى.

coffee tree *(n.)* شجرة البُنّ.

cof·fer [kô′fər] *(n.)* (١) صندوق. وبخاصة: صندوق حديدي لحفظ النفائس (٢) *pl.*: خزينة؛ خزانة الدولة (٣) cofferdam (٤) الغَوْر: زُخْرُف غائر، مربَّع أو مُثَمَّن، في سقف (عم).

coffers 4.

cof·fer·dam [-dăm′] *(n.)* سَدّ الإنضاب: سَدّ يقام لتمكين العمّال من إقامة أساس جسر في نهر.

cof·fin [kô′fĭn] *(n.; vt.)* (١) تابوت (٢) حافر الفرس § (٣) يضع في تابوتٍ أو نحوه.

cof·fle [kŏf′əl] *(n.)* قافلة [من العبيد أو الحيوانات].

cof·fret [kô′frĕt] *(n.)* صندوق صغير إلخ (را. coffer).

co·func·tion [kō′fŭngk′shən] *(n.)* الدالّة المشارِكة (ر).

cog [1] [kŏg] *(n.)* (١) سنّ العجلة أو الدولاب (٢) عجلة مسنَّنة؛ دولاب مُسَنَّن (٣) شخص ثانويّ [في منظمة أو حركة].

cog [2] [kŏg] *(vt.; i.)* (١) يَضْبِن: يحاول التحكّم بزهر النَّرد، بطريقة غير مشروعة، عند إلقائه x (٢) يَخدَع؛ يغُشّ.

cog [3] [kŏg] *(n.; vt.)* (١) اللِّسان (نج) § (٢) يُلَسِّن: يصِل ما بين قطعتي خشب بلسان.

co·gen·cy [kō′jən sĭ] *(n.)* قوة الحجة؛ القُدرة على الإقناع.

co·gent [kō′jənt] *(adj.)* (١) قويّ: مُفحِم؛ مُقنِع (٢) قاهر.

cogged [kŏgd] *(adj.)* مُسَنَّن: مزوَّد بأسنان <~ wheels>.

cog·i·tate [kŏj′ĭ tāt′] *(vt.; i.)* (١) يفكر [في أمر] تفكيرًا عميقًا (٢) يُدبِّر؛ يحوك؛ يَرْسُم [مكيدة إلخ] x (٣) يتأمّل؛ يفكّر.

cog·i·ta·tion *(n.)* (١) تفكير؛ تأمُّل (٢) ملكة التفكير (٣) فكرة (٤) خُطّة.

cog·i·ta·tive [kŏj′ĭ tā′tĭv] *(adj.)* (١) تفكيريّ <the ~ faculty> (٢) مفكّر (٣) تأمّلي (٤) مُولَعٌ بالتأمّل.

co·gnac [kōn′yăk; kŏn′-] *(n.)* الكونياك: شراب مُسْكِر.

cog·nate [kŏg′nāt] *(adj.; n.)* (١) متشابه: ذو طبيعة متشابهة <Physics and astronomy are ~ sciences.> (٢) «أ» قريب؛ نسيب. «ب» نسيب من ناحية الأمّ (٣) شقيق: من أصل واحد <~ languages> § (٤) القريب؛ النّسيب؛ الشّقيق؛ المتشابه.

cog·na·tion *(n.)* (١) تشابُه (٢) قرابة؛ نسابة (٣) تحدّر من أصل واحد.

cog·ni·tion *(n.)* (١) معرفة؛ إدراك (٢) المُدْرَك: شيء مُدْرَك.

cog·ni·tive [kŏg′nĭ tĭv] *(adj.)* مَعْرِفيّ؛ إدراكيّ.

cog·ni·za·ble [kŏg′nĭ zə bəl] *(adj.)* (١) ممكنٌ إدراكُهُ أو معرفتُه (٢) داخلٌ ضمنَ صلاحية مَحكمةٍ ما (ق).

cog·ni·zance [-′nə zəns] *(n.)* (١) شارة مميِّزة (٢) عِلم؛ معرفة؛ إدراك (٣) «أ» الاختصاص: صلاحية مَحكمةٍ للنظر في دعوى. «ب» النظر في الدعوى.

to take~of يأخذ علمًا بِـ؛ يأخذ شيئًا بعين الاعتبار.

cog·ni·zant [kŏg′nĭ zənt] *(adj.)* مُدرِك لِـ؛ عالِمٌ بِـ؛ مُطَّلِعٌ على.

cog·nize [kŏg′nīz] *(vt.)* يَعْلَم؛ يُدرِك؛ يَفْهَم.

cog·no·men [-nō′-] *(n.)* pl. **-no·mens** *or* **-nom·i·na** (١) اسم الأسرة [عند الرومان] (٢) اسم. وبخاصة: لقبٌ. **— cog·nom·i·nal** *(adj.)*

co·gno·scen·te [kôn′nyô shĕn′tĕ] *(n.)* pl. **-ti** = connoisseur.

cog·nos·ci·ble [kŏg nŏs′ə-] *(adj.)* ممكنٌ إدراكُهُ أو معرفتُهُ.

cog·no·vit [-nō′-] *(n.)* إقرار المدَّعى عليه بصدق دعوى المدَّعي (ق).

cog railway *(n.)* سكة حديد مسنَّنة.

cogs·well chair [kŏgz′wĕl′] *(n.)* كُرْسِيّ كوغْزويل: كرسيّ منجَّد ذو ذراعين وظهر مُرْتَدٍّ إلى الوراء وقائمتين أماميتين بُرثُنيّتين [أي مُنْتَهِيَتَيْن على شكل براثن الحيوان].

cogwheels

cog·wheel [kŏg′-] *(n.)* دولاب مُسَنَّن؛ عجلة مُسنَّنة.

co·hab·it [kō hăb′ĭt] *(vi.)* يتعايش؛ يساكِن [وبخاصةٍ: كالأزواج].

co·hab·i·ta·tion *(n.)* التعايُش؛ المُساكَنة [وبخاصة: كالأزواج].

co·heir [kō âr′] *(n.)* شريك في ميراث.

co·heir·ess [kō âr′əs] *(n.)* شريكة في ميراث.

co·here [kō hēr′] *(vi.)* (١) يتلاحم؛ يلتحم؛ يتماسك؛ يتلاصق (٢) يتَّحِد [بجامعٍ من المبدأ أو المصلحة العامة] (٣) «أ» يترابط [منطقيًا]. «ب» يتساوق [جَماليًا].

co·her·ence; -en·cy *(n.)* (١) تلاحُم؛ تماسُك (٢) ترابُط منطقيّ.

co·her·ent [kō hēr′-] *(adj.)* (١) متلاحم؛ متماسك؛ متلاصق (٢) مُتَّحِد (٣) مترابط منطقيًا.

coherent scattering *(n.)* الاستطارة المترابطة (فز).

co·her·er [-′ər] *(n.)* الرابط: تناقلٌ راديويّ ترابطيّ (رد).

co·he·sion [kō hē′zhən] *(n.)* (١) تلاحُم؛ تلاصُق (٢) التّماسُك (فز).

co·he·sive *(adj.)* (١) مُلحِم؛ مُلصِق (٢) متماسك (٣) تماسُكيّ.

co·hort [kō′hôrt] *(n.)* (١) كتيبة (٢) عُصْبة؛ جماعة.

coif [koif] *(n.; vt.)* (١) قَلَنْسُوَة ضيّقة (٢) تسريحة شَعْر § (٣) يُقَلْنِس: يغطّي بقَلَنْسُوةٍ أو نحوها (٤) يُسرِّح [الشَّعرَ].

coif·feur [kwȧ fœr′] *(n.)* المُزَيِّن؛ الحلّاق.

coif·feuse [kwȧ fœz′] *(n.)* المُزَيِّنة؛ الحلّاقة.

coif·fure [-fyŏŏr′] *(n.; vt.)* (١) تسريحة [شَعر] § (٢) يصفِّف [الشَّعرَ].

coign [koin] *(n.)* (١) زاوية ناتئة (٢) حجر الزاوية (٣) وَتِد.

coign of vantage *(n.)* نقطة المراقبة: موقع ملائم للمراقبة [أو للعمل].

coil[1] [koil] *(n.)* (١) اضطراب؛ جَلَبة (٢) هموم الحياة اليومية.

coil[2] *(vt.; i.; n.)* (١) يَلُفّ x (٢) يَلْتفّ § (٣) لَفَّة (٤) المَلَفّ: سلك لولبيّ لتزويد الدارة الكهربائية بالخواصّ الكهرطيسية (فز) (٥) سلسلة أنابيب [مُلتفّة أو مُضْطفّة] (٦) لفّة طوابع [بريدية].

coin [koin] *(n.; vt.; i.)* (١) «أ» زاوية؛ حجر الزاوية (ا.ق). «ب» وَتِد (ا.ق) (٢) «أ» قطعة نقد [معدنية]. «ب» عُملة؛ نقد معدني (٣) مال؛ نقود (ع) § (٤) يَضْرِب أو يَسُكّ العُملة (٥) يَصُوغ؛ يبتكر <to ~ words> (٦) يستغلّ [كسبًا للمال] (٧) يكسِب بسرعة x (٨) يزوّر [العُملة].

coin·age [-′nĭj] *(n.)* (١) «أ» ضَرْب العُملة أو سَكّها. «ب» العُملة (٢) «أ» صياغة؛ ابتكار <the ~ of new words>. «ب» كلمة مبتكرة أو مستحدثة.

co·in·cide [kō′ĭn sīd] *(vi.)* (١) يتماكَن: يحتلّ نفسَ المكان (٢) يتزامن (٣) يتوافق؛ يتطابق (٤) يتّفق [في الرأي].

co·in·ci·dence [-′sĭ dəns] *(n.)* (١) تماكُن؛ تزامُن (٢) تطابُق؛ توافُق (٣) الانطباق (هن) (٤) مُصادفة.

co·in·ci·dent [-′sĭ dənt] *(adj.)* (١) مُتطابق؛ مُتوافق <~ opinions> (٢) مُتماكن؛ مُتزامن: محتلٌّ نفسَ المكان أو الزمان <~ events>.

co·in·ci·den·tal *(adj.)* (١) تصادفيّ <a ~ meeting> (٢) مُتزامن.

co·in·her·it·ance [kō′ĭn hĕr′ĭ-] *(n.)* اشتراك في ميراث.

co·in·sur·ance *(n.)* التأمين المُشترَك: «أ» التأمين بالاشتراك مع شخص آخر أو أشخاص آخرين. «ب» شكل من التأمين ضدّ الحريق وغيره بأقلّ من قيمة الممتلكات بحيث يكون المالك ضامنًا مشارِكًا يتحمّل جزءًا من الخسائر.

co·in·sure [kō′ĭn shŏŏr′] *(vt.; i.)* يؤمِّن تأمينًا مشترَكًا.

coir [koir] *(n.)* الكَوْر: ليفُ جوز الهند [تُصنع منه الحبال إلخ].

co·i·tion [kō ĭsh′ən]; **co·i·tus** *(n.)* جِماع؛ اتصال جنسي.

coke [kōk] *(n.; vt.; i.)* (١) الكُوك؛ فحم الكوك (٢) cocaine § (٣) يُكَوِّك: يحوِّل إلى كوك x (٤) يتكوَّك: يتحوَّل إلى كوك.

col [kŏl] *(n.)* الفَجّ: الفُرْجة بين قمّتين جبليّتين.

col- *or* **coli-** *or* **colo-** بادئة معناها: القولون.

co·la [kō′lə] *pl. of* colon.

colander

col·an·der [kŭl′ən dər] *(n.)* مِصفاة صغيرة [تُستخدم في الطَّهو].

col·can·non [kəl kăn′ən] *(n.)* الكُلْكانُن: طعام من بطاطس وكرُنب.

col·chi·cum [kŏl′chə kəm] *(n.)* (١) السُّورَنجان؛ اللَّحلاح (نب) (٢) الكولشيكوم: عقّار يُصنع من بذور السّورنجان لمعالجة النِّقْرس.

col·co·thar [kŏl′kə thər] *(n.)* القُلقُطار: أكسيد الحديد البنّيّ المُحْمَرّ.

cold [kōld] *(adj.; adv.; n.)* (١) بارد (٢) فاتر؛ غير ودّيّ (٣) لامبالٍ؛ رزين؛ تُعْوِزُه الحماسة <a ~ nature> (٤) مقرور؛ بَرْدان (٥) بارد: غير مستجيب جنسيًا (٦) «أ» مُشعِر بالبرد <~ blank walls>. «ب» ضارب إلى الزرقة أو الخضرة <a ~ gray> (٧) مُبَيَّت؛ مدروس <a ~ act of aggression> (٨) «أ» فاقدُ الوعي. «ب» مَيِّت (٩) مُثبِّط للهمّة <~ news> (١٠) واهن؛ ضعيف <a ~ scent> § (١١) تمامًا (١٢) على نحوٍ مفاجئ أو فظٍّ § (١٣) البَرْد (١٤) الزُّكام.

— **cold·ness** *(n.)*

in ~ blood عن عَمْد؛ على نحو متعمَّد أو مبيَّت.

in the ~, من غير تسخين.

out in the ~, مُهْمَل؛ محروم من المنافع المُسْبَغَة على الآخرين.

to catch *or* take (a) ~, يصاب بزكام.

to give (a person) the ~ shoulder يعامله بجفاء.

to make one's blood run ~, يملأُهُ رعبًا.

cold–blood·ed *(adj.)* (١) وحشيّ <a ~ murder> (٢) واقعيّ؛ موضوعيّ (٣) متغيّر الحرارة: ذو حرارة تتغيَّر تبعًا لحرارة البيئة [كالأسماك والزواحف] (٤) هجين <~ horses> (٥) شديد الحساسية للبرد.

cold chisel *(n.)* الإزميل البارد: إزميل قويّ لقَطع المعادن الباردة.

cold–cock *(vt.)* يَصْرَعه بضربة قاضية [تُفقِدُهُ وَعْيَه].

cold cream *(n.)* «الكريم» البارد: مرهم مُطَرٍّ للبشرة.

cold cuts *(n. pl.)* شرائح من لحم [وأحيانًا من جُبن] بارد.

cold–eyed *(adj.)* بارد؛ هادئ؛ موضوعيّ.

cold feet *(n. pl.)* خوف؛ جُبن؛ تردّد؛ عدم ثقة بالنفس (ع).

cold frame *(n.)* الوقاء البارد: وقاء زجاجيّ الغطاء، خالٍ من الحرارة الصُّنعية، يُتَّخذ لصيانة النباتات.

cold front *(n.)* الجبهة الباردة (أر).

cold–heart·ed *(adj.)* لامبالٍ أو خِلْوٌ من الشعور أو العطف.

cold pack *(n.)* الكِمادة الباردة: قماشة باردة [أو كيس ثلج] تُوضع على الجسم ابتغاءَ تخفيف الورم أو تلطيف الألم.

cold shoulder *(n.)* جفاء؛ جَفْوة؛ لامبالاة متعمَّدة.

cold snap *or* **spell** *(n.)* الفترة الباردة: فترة مفاجئة من الجوّ القارس.

cold steel *(n.)* السلاح الفولاذي. وبخاصةٍ: سيفٌ أو حربة أو مُدية.

cold turkey *(n.)* (١) لغة جافية؛ إجراء فظّ (٢) غنيمة باردة (٣) شخص بارد أو متحفظ.

cold war *(n.)* الحرب الباردة: «أ» حرب أدواتها ديبلوماسيّة واقتصادية وإعلامية. «ب» حالة من الصّراع [بين العمّال وأرباب العمل إلخ].

cold wave *(n.)* موجة البرد: فترة من البرد الاستثنائي.

cole [kōl] *(n.)* اللِّفت الحَرَجيّ؛ لِفت الأحراج (نب).

co·lec·to·my [kə lĕk′-] *(n.)* استئصال القولون؛ قَطْع القولون (جر).

cole·man·ite [kōl′mə nīt′] *(n.)* الكولمنيت (مع).

co·le·op·ter·an [kō′lĭ ŏp′-]; **co·le·op·ter·on** *(n.)* مُغْمَدة الجناح: حشرة من مُغْمدات الجناح: خُنفُسة.

cole·slaw [kōl′slô′] *(n.)* سَلَطة الكُرُنب [المخرَّط].

co·le·us [kō′lĭ əs] *(n.)* القُولْيوس؛ زهرة الغِمد (نب).

col·ic [kŏl′ĭk] *(n.; adj.)* (١) مَغْص § (٢) مَغْصيّ (٣) قولونيّ.

co·li·cin [kō′lə sən] *(n.)* الكوليسين: مادّة مضادّة للبكتيريا.

col·ick·y [kŏl′ĭ kĭ] *(adj.)* (١) مَغْصيّ (٢) ممغوص (٣) مُمْغِص.

col·ic·root *(n.)* نبتة المَغْص: نبتة شمالأميركية جذورُها تخفّف المَغْص.

co·lin·ear [kō lĭn′-] *(adj.)* متسامت: واقع على نفس الخط المستقيم.

col·i·se·um [kŏl′ĭ sĭ′əm] *(n.)* الكولوسيوم: «أ» .*cap*: مدرَّج رومة القديم. «ب» مدرَّج أو مسرح كبير تقام فيه الحفلات العامة.

co·li·tis [kō lī′tĭs] *(n.)* التهاب القولون؛ ذاتُ القولون (مض).

col·lab·o·rate [kə lăb′ə rāt′] *(vi.)* (١) يشترك [في تأليف كتاب إلخ] (٢) يتعاون [مع العدوّ المحتلّ] (٣) يتعاون [مع مؤسسة إلخ].

— **col·lab·o·ra·tion; col·lab·o·ra·tor** *(n.)*

col·lab·o·ra·tive [-rā′tĭv] *(adj.)* تعاونيّ: مُتّسِمٌ أو مُنْجَزٌ بالتعاون.

col·lage [kə läzh′; kō-] *(n.; vt.)* (١) المُلَصَّقة: رسم تجريدي مؤلف من قُصاصاتِ صُحف وإعلاناتٍ إلخ مُلْصَقةٍ على سطح صورة (٢) فنّ صنع المُلَصَّقات (٣) خليط؛ مزيج (٤) المُلَصَّق: فيلم مؤلف من مشاهد متباينة تتعاقب بسرعة § (٥) يلصِّق: يصنع المُلَصَّقات.

col·la·gen [kŏl′ə jən] *(n.)* الكولاجين: المادة البروتينية التي في النسيج الضامّ والعظام والتي تُنتج الهُلامَ عند غَلْيها في الماء الحار (كح).

col·lapse [kə lăps′] *(vi.; t.; n.)* (١) ينهار؛ يتقوَّض (٢) يُخفِق (٣) ينهار: «أ» يفقد الشجاعة أو الثقة بالنفس فجأة. «ب» يُصاب بضَعْفٍ شديد. «ج» يقع مَغْشيًّا عليه (٤) ينطوي: يكون قابلًا للطيّ x (٥) يقوِّض؛ يجعله ينهار (٦) يطوي § (٧) انهيار (٨) انهيار صحّيّ أو عصبيّ.

col·laps·i·ble [kə lăp′sə bəl] *(adj.)* قابل للطيّ <a ~ chair>.

col·lar [kŏl′ər] *(n.; vt.)* (١) «أ» قَبَّة؛ ياقة. «ب» قِلادة قصيرة. «ج» طَوق [لعنق الحيوان]. «د» الطَّوق: شبه طَوْق في أعناق بعض الطيور (٢) الطَّوق: حَلْقة تقيِّد حركةَ شيء أو تُثَبِّتُهُ في مكانه (٣) إمساكٌ بـِ § (٤) يأخذ أو يُمسك بخناقِهِ (٥) يَقْبِض على (٦) يستولي على؛ يأخذ بلا استئذان (٧) يزوِّد بطَوْق.

out of ~, عاطل عن العمل.

col·lar·bone [kŏl′ər bōn′] *(n.)* = clavicle.

col·lard [kŏl′-] *(n.)* الكُرُنب اللّارُوَيسيّ: ضرب من الكُرُنب الأميركي.

col·lared [kŏl′ərd] *(adj.)* (١) مطوَّق (٢) ذو ياقة؛ مُرْتدٍ ياقةً (٣) ملفوف ومنقوع بالخلّ [صفة للّحم إلخ] (٤) مُعتَقَل (ع).

collar stud *(n.)* مثبِّت الياقة: زرّ خاص لتثبيت الياقة بالقميص.

col·late [kŏ lāt′] *(vt.)* (١) يقابل: يقارن [بين النصوص] (٢) يتفحّص المَلازم: يفحص مَلازم كتاب يُراد تجليده [للتأكد من أنها مرتبةٌ ترتيبًا صحيحًا] (٣) يمنحه رتبةً كَنَسيةً ذات دَخْل.

col·lat·er·al [kə lăt′ər əl] *(adj.; n.)* (١) ملازِم؛ مصاحب؛ مكمِّل (٢) غير مباشر (٣) إضافيّ <~ evidence> (٤) كَلاليّ: ذو قرابة بعيدة (٥) متوازٍ (٦) مُتلازم؛ مُتزامن <~ events> (٧) متكافئ: متماثل من حيث المنزلة أو الوظيفة إلخ <proofs ~ to those offered> (٨) مكفول بضمانة إضافيّة <a ~ loan> § (٩) الكَلاليّ: نسيب ذو قرابة بعيدة (١٠) ضمانة إضافية (١١) فرع [من عَصَب أو وعاء دموي] (١٢) ملابس؛ حوائج (ع) (١٣) نُفاية؛ سَقَط المتاع.

col·la·tion [kō lā′-] *(n.)* (١) وجبة طعام خفيفة (٢) مص collate.

col·league [kŏl′ēg] *(n.)* الزميل؛ الرصيف.

col·lect[1] [kŏl′ĕkt] *(n.)* (١) صلاة قصيرة (٢) مجموعة (٣) بالوعة [مياه].

col·lect[2] [kə lĕkt′] *(vt.; i.; adj.; adv.)* (١) يَجْمع (٢) يجبي؛ يحصِّل [الديونَ أو الضرائب] (٣) يستنتج (٤) يستجمع: يستعيد السيطرة على أفكاره أو قواه (٥) يَمُرّ به ويصطحبه x (٦) يتجمَّع؛ يتراكم (٧) يَجْمع [الكتبَ أو الطوابع إلخ على سبيل الهواية] (٨) يقبض [تعويضًا أو قيمة تأمين] § (٩) تُدفَع أجرته من قِبَل المستلم <a ~ telegram> § (١٠) محوَّلةً أجرتُهُ على المستلِم <a telegram sent ~>.

col·lec·ta·ne·a [kŏl′ĕk tā′nĭ ə] *(n. pl.)* منتخبات مختارة.

col·lect·ed [-′tĭd] *(adj.)* هادئ؛ رابط الجأش.

col·lect·i·ble *(adj.)* (١) قابلٌ للجمع (٢) مستحقّ؛ واجبُ الدفع.

col·lec·tion [kə lĕk′-] *(n.)* (١) مص collect (٢) مجموعة (٣) مبلغ من المال [يُجْمَع للأغراض الخيرية إلخ] (٤) رُكام (٥) رباطة جأش.

col·lec·tive [-′tĭv] *(adj.)* (١) جَمْعيّ: دالّ على الجَمْع <*Crowd* is a ~ word.> (٢) متجمِّع؛ متراكم <the ~ wisdom of the ages> (٣) كلّيّ؛

ă at; ā date; â care; ä car; ĕ egg; ē me; ĭ in; ī bite; ŏ lot; ō bone; ô orphan; oi boil; o͝o good; o͞o boot; ou out; ŭ under; û urgent; ə = *a* in alone, *e* in system, *i* in easily, *o* in gallop, *u* in circus.

إجماليّ <~ assets> (٤) جَماعيّ <~ leadership> (٥) وحدة أو منظّمة تعاونية. وبخاصة: مزرعة تعاونية.

collective agreement *(n.)* الاتفاق الجَماعيّ: اتفاق بين ربّ العمل ونقابة عُمالية لمصلحة جميع أعضاء النقابة.

collective bargaining *(n.)* المساوَمة الجَماعية: مفاوضات على الأجور إلخ تُجريها نقابة عمالية مع ربّ العمل بأسم جميع أعضاء النقابة.

collective farm *(n.)* المزرعة الجَماعية أو التعاونية.

collective note *(n.)* المذكِّرة الجماعية: مذكِّرة ديبلوماسية توقّعها جميع الدول المَعْنيّة.

collective noun *(n.)* اسم الجمع؛ الاسم الجمعيّ (ل).

collective unconscious *(n.)* العقل الباطن الجَماعي (نف).

col·lec·tiv·ism *(n.)* الجَمَاعانيّة: المبدأ القائل بوجوب سيطرة الدولة، أو الشعب ككلّ، على جميع وسائل الإنتاج.

— col·lec·tiv·ist *(n.; adj.)* **— col·lec·tiv·is·tic** *(adj.)*

col·lec·tiv·i·ty *(n.)* (١) الجَمْعيّة أو الجَماعيّة: كون الشيء جَمْعيًا أو جَماعيًا (٢) الشعب ككُلّ.

col·lec·ti·vize [kə lĕk′tə vīz′] *(vt.)* يُجَمْعِن: ينظّم شعبًا أو صناعةً أو اقتصادًا وفقًا لمبادئ الجَماعانيّة (را. collectivism).

col·lec·tor [-′tər] *(n.)* (١) الجابي (٢) الجامع؛ الجمّاع؛ هاوي الجمع <~ stamp> (٣) المجمِّع: أداة لتجميع التيار (كب).

col·leen [kŏl′ēn; kŏ lēn′] *(n.)* فتاة إيرلندية.

col·lege [-′ij] *(n.)* (١) «أ» مَجْمَع <the ~ of cardinals>. «ب» جمعية (٢) «أ» كُلّيّة. «ب» مبنى الكلّيّة أو مبانيها (٣) جماعة؛ حَشْد (٤) سجن (عب).

col·leg·er [kŏl′i jər] *(n.)* طالب الكلية: طالب في إحدى الكلّيّات.

col·le·gi·al·i·ty [kə lē′ jĭ ăl′-] *(n.)* الزَّمالة: العلاقة بين الزملاء.

col·le·gian [kə lē′jən; -jĭ ən] *(n.)* طالب الكليّة أو المتخرّج منها.

col·le·giate [kə lē′jĭt; -jĭ ĭt] *(adj.)* كُلّيّانيّ: «أ» ذو علاقة بكلّيّة. «ب» مُعَدّ لطلّاب الكليّات أو مميِّز لهم <~ clothes>.

col·le·gi·um [-′jē əm] *(n.)* الكوليجيوم: مجلس يتمتع كل عضو فيه بسلطة مساوية تقريبًا لسلطة الأعضاء الآخرين [وبخاصة في الاتحاد السوفياتي سابقًا].

col·len·chy·ma [kə lĕng′kə mə] *(n.)* النسيج الغَرَويّ: نسيج مؤلَّف من خلايا متطاولة، عادةً، ذات جدران متغلّظة وبخاصة عند الزوايا (نب).

— col·len·chym·a·tous *(adj.)*

col·let [kŏl′ĭt] *(n.)* (١) طوق (٢) موضع الفَصّ من الخاتم.

col·lide [kə līd′] *(vi.)* (١) يتصادم (٢) يتعارض؛ يتضارب.

col·lie [kŏl′ĭ] *(n.)* الكولّي: كلب ضخم استُخدم أصلًا في رعي الغنم.

collie

col·lier [kŏl′yər] *(n.)* (١) الفحّام: «أ» مُنتِج الفحم. «ب» العامل في منجم فحم حجريّ (٢) الفحّامة: سفينة لنقل الفحم الحجريّ.

col·lier·y [-′yə rĭ] *(n.)* المَفْحَمة: منجم الفحم بمنشآتِهِ وأجهزته.

col·li·gate [-′ə gāt′] *(vt.)* (١) يضمّ؛ يوحّد؛ يجمع ما بين (٢) يستقري: يربط ما بين شتى الوقائع أو الحقائق ليستخلص مبدأً عامًّا.

col·li·mate [kŏl′ə māt′] *(vt.)* (١) يُوْزي: يَجعل أشعة الضوء متوازيةً (فز) (٢) يُسَدِّد خطَّ البصر [في تلسكوب إلخ] (فل).

col·li·ma·tion *(n.)* (١) الإيزاء؛ الاستيزاء (٢) التّسديد؛ التّسدُّد.

col·li·ma·tor [-mā′-] *(n.)* المِيزاء؛ أداة التسديد (را. collimate).

col·lin·ear [kə lĭn′ĭ ər] *(adj.)* مُتسامت: واقع على نفس الخط.

col·lins [kŏl′ĭnz] *(n.)* الكولِنز: شرابٌ مُسْكِر مثلوج.

col·lin·si·a [kə lĭn′sĭ ə; -zĭ ə] *(n.)* الكُلِّنْسِيّة: نبات ذو زهرات ملوَّنة.

col·li·sion [kə lĭzh′ən] *(n.)* (١) اصطدام (٢) تعارُض؛ تضارُب.

col·lo·cate [kŏl′ə kāt′] *(vt.; i.)* **x** (١) ينظِّم؛ يرتّب. وبخاصة: يَرْصُف (٢) يترافق؛ يتصاحب؛ يتزامن.

col·lo·ca·tion *(n.)* (١) تنظيم؛ رَصْف (٢) انتظام؛ ارتصاف.

col·lo·di·on [kə lō′dĭ ən] *(n.)* الغُرَيّاء: سائل دبق يجفّ بسرعة.

col·logue [kə lōg′] *(vi.)* (١) يتآمر (ع) (٢) يتشاور [بصورة سرّية].

col·loid [kŏl′oid] *(n.; adj.)* (١) الغَرَوان؛ الغروانيّ: مادة شبه غَرَوية § (٢) غَرَوانيّ؛ شِبْغَرَويّ؛ شبه غَرَويّ.

col·loi·dal [kə loi′-] *(adj.)* غَرَواني؛ شِبْغَرَويّ؛ شبه غَرَويّ.

col·lop [kŏl′əp] *(n.)* الشُّرَيْحة: «أ» شريحة أو قطعة صغيرة، وبخاصة من اللحم. «ب» طيّة لحم أو جلدٍ على الجسد.

col·lo·qui·al [kə lō′kwĭ əl] *(adj.; n.)* (١) مَحْكِيّ: مُستَخدَم في لغة الحياة اليومية <~ Arabic> (٢) عامّيّ § (٣) العامّية: لهجة أو لغة مَحْكيّة.

col·lo·qui·al·ism *(n.)* (١) تعبير عامّيّ (٢) أسلوب عامّيّ.

col·lo·quist [kŏl′ə kwĭst] *(n.)* المتحدِّث؛ المتكلّم؛ المشترك في حديث.

col·lo·qui·um [kə lō′kwĭ əm] *(n.)* مؤتمر؛ نَدوة؛ حَلْقة دِراسية.

col·lo·quy [kŏl′ə kwĭ] *(n.)* (١) مؤتمر (٢) حديث؛ مُكالمة.

col·lude [kə lood′] *(vi.)* يتواطأ؛ يتآمر.

col·lu·sion [kə loo′zhən] *(n.)* (١) تواطُؤ (٢) مؤامرة.

col·lu·sive *(adj.)* (١) تواطُؤيّ؛ تآمري (٢) متواطئ؛ متآمر.

col·ly [kŏl′ĭ] *(vt.; n.; adj.)* (١) يُسَخِّم: يُسوّد بالسُّخام soot § (٢) سُخام § (٣) مُسَخَّم: ملوَّث بالسُّخام. وبالتالي: أسود.

col·lyr·i·um [kə lĕr′ĭ-] **-lyr·i·a** *(n.)* القَطْرة؛ غَسُول للعين.

colo- = col-.

col·o·cynth [kŏl′ə sĭnth] *(n.)* الحَنظَل (نب).

co·logne [kə lōn′] *(n.)* الكولونيا؛ ماء الكولونيا.

co·lon [1] [kō′lən] *(n.)* pl. **-s** *or* **co·la** القولون: جزء من المِعَى الغليظ.

co·lon [2] *(n.)* *pl.*: النقطتان: علامة ترقيم (:).

co·lon [3] [kō lōn′] *(n.)* الكولون: وحدة النقد في السلفادور وكوستاريكا.

colo·nel [kûr′nəl] *(n.)* عقيد؛ كولونيل (جن).

Colonel Blimp *(n.)* (١) شخص مغرور (٢) المحافظ؛ الرَّجعيّ.

co·lo·ni·al [kə lō′-] *(adj.; n.)* *cap.* (١) استعماريّ <~ empires> (٢)

عد: مُسْتَعْمَرِيّ: ذو علاقة بالمستعمرات الثلاث عشرة الأصليّة المكوِّنة للولايات المتحدة الأميركية § (٣) ساكن المستعمرة.

co·lo·ni·al·ism *(n.)* (١) الاستعمارية: كونُ الشيء استعماريًا (٢) الاستعمار.

co·lo·ni·al·ize *(vt.)* يجعله استعماريًّا.

co·lon·ic [kō lŏn′ĭk] *(adj.)* قولونيّ: ذو علاقة بالقولون (ت).

col·o·nist [kŏl′ə nĭst] *(n.)* المستعمِر؛ المستوطِن: شخص يشارك في إنشاء مستعمرة أو مستوطنَة أو يقيم فيها.

col·o·nize [kŏl′ə nīz] *(vt.; i.)* (١) يستعمر؛ يستوطن (٢) يُوطِّن x (٣) ينشئ مستعمرة أو يقيم فيها.

— col·o·ni·za·tion *(n.)*

col·on·nade [-nād′] *(n.)* العَمَد: صفّ من الأعمدة أو الأشجار.

col·on·nad·ed *(adj.)* مُعمَّد: ذو صفّ من الأعمدة أو الأشجار.

col·o·ny [kŏl′ə nĭ] *(n.)* (١) جماعة المستعمرين أو المستوطنين (٢) مستعمَرة؛ مستوطَنَة <the American ~ in Paris> (٣) جالية (٤) الطائفة: جماعة منعزلة يمارس أفرادها نفس المهنة <a ~ of artists> (٥) المستعمَرة: «أ» مجموعة الحيوانات أو النباتات العائشة أو النامية معًا <a ~ of bees>. «ب» مجموعة من المتعضّيات المجهرية (بك).

col·o·phon [kŏl′ə fŏn′] *(n.)* (١) حَرْدُ المَتْن: كلمات في آخر الكتاب تشتمل على اسم الكتاب وتاريخ النشر ومكانه (٢) شارة الناشر: الشارة المميِّزة لدار النشر، وهي توضع في صدر الكتاب عادةً.

col·o·pho·ny [kŏl′ə fō′nĭ] *(n.)* = rosin.

col·or *also* **col·our** [kŭl′ər] *(n.; vt.; i.; adj.)* (١) لون (٢) «أ» مظهر خارجيّ <His argument has the ~ of reason.>. «ب» حجّة؛ ذريعة <attacked their opponents under ~ of patriotism>. «ج» مظهرٌ يُشعر بإمكانية الوقوع؛ مظهر يغري بالتصديق <Her torn clothing gave ~ to her story that she had been attacked.> (٣) «أ» بشرة. «ب» تورّد البشرة. «ج» بشرة متورِّدة (٤) «أ» حيوية <His gift for description adds ~ to his stories.>. «ب» local color (٥) «أ» :pl. شارة أو عصابة أو ملابس ملوَّنة مميِّزة. «ب» :pl. راية؛ عَلَم <a ship sailing under Lebanese ~s> (٦) :pl. رأي؛ وجهة نظر <to stick to one's ~s> (٧) نوع <cattles of this ~> (٨) :pl. طبيعة؛ شخصية (٩) :pl. القوات المسلّحة <to join the ~s> (١٠) لون؛ صِبْغ <water ~s> (١١) «أ» اللون: بشرة الأعراق غير البيضاء. وبخاصة: بشرة الزنوج. «ب» أفراد عِرق غير أبيض. وبخاصة: الزنوج (١٢) الأثارة: قطعة ذهب صغيرة تتخلّف في وعاء الأتربة بعد غسلها § (١٣) يلوِّن (١٤) يَصْبغ (١٥) يشوِّه؛ يحرِّف x (١٦) يحمرّ خجلًا <News are often ~ed.> § (١٧) لونيّ؛ عِرقيّ؛ عنصريّ <the ~ line> (١٨) ملوَّن؛ بالألوان <~ television>.

off ~, منحرف الصحة أو المزاج.

to change ~, (١) يَشْحُب وجهُهُ (٢) يحمرّ وجهُهُ.

to give *or* lend ~ to يجعله يبدو صحيحًا أو محتملًا.

to lose ~, يَشْحُب: يُصبح شاحبَ الوجه.

to lower one's ~*s* يتخلّى عن مطالبه أو موقفه.

to show one's true ~*s* (١) يكشف عن وجهه الحقيقيّ (٢) يصرِّح بآرائه، يعلِن عن خُططه.

with flying ~*s* بنجاح كبير.

col·or·able *also* **col·our·a·ble** *(adj.)* (١) ممكنٌ تلوينُهُ (٢) معقول أو مقبول ظاهرًا (٣) غرّار؛ خادع؛ زائف <~ piety>.

col·or·ant [kŭl′ər ənt] *(n.)* صِبْغ؛ صباغ؛ مادة ملوِّنة.

col·or·a·tion *also* **col·our·a·tion** *(n.)* (١) «أ» تلوين. «ب» تلوُّن (٢) «أ» اختيار الألوان. «ب» نَسَق الألوان أو توزُّعها. «ج» مِيزة؛ صفة مميِّزة.

color bar *(n.)* حاجز اللون: حاجز اجتماعي يحول بين الملوَّنين وبين الإسهام مع البِيض في مختلف النشاطات.

col·or–bear·er *(n.)* حامل الراية [في عرض عسكري إلخ].

col·or–blind *(adj.)* (١) أعمى اللون: مصاب بالعمى اللوني (٢) عَمٍ أو متعامٍ عن (٣) لاعِرقيّ (٤) لاعُنصريّ.

color blindness *(n.)* العَمْلَوْنية؛ العمى اللوني؛ عمى الألوان.

color box *(n.)* علبة ألوان [أو أصباغ] الرسام.

col·or·breed *(vt.)* يَسْتَوْلد اللون: يستولد اصطفائيًا بغيةَ الحصول على نتاجٍ ذي لون معيَّن <~*ing* canaries for red>.

col·or·cast *(vt.; i.; n.)* (١) يَبُثّ بالألوان § (٢) بثّ بالألوان (تلفز).

col·ored *also* **col·oured** [kŭl′ərd] *(adj.; n.)* (١) ذو لونٍ معيَّن -ash- <colored> (٢) ملوَّن <~ glass> (٣) زائف؛ مزعوم <~ allies> (٤) منمَّق؛ مُزخرَف <~ verse> (٥) مُغْرِض؛ متحيِّز <a ~ opinion> (٦) موجَّه؛ مُنحاز (٧) «أ» ملوَّن: من غير العرق الأبيض. وبخاصة: زنجي. «ب» هجين. «ج» خاصّ أو متعلق بالملوّنين أو الزنوج § (٨) شعب مُلوَّن (٩) شخص ملوَّن.

col·or·fast *(adj.)* ثابت اللّون: ذو لونٍ لا يَنْصُل.

col·or·ful [kŭl′ər-] *(adj.)* (١) غنيّ بالألوان (٢) زاهٍ؛ ناضر (٣) نابض بالحياة أو الحيوية <a ~ novel>.

color guard *(n.)* حرسُ شرف [لراية مؤسسةٍ أو منظمةٍ ما].

col·or·if·ic [kŭl′ə rĭf′ĭk] *(adj.)* (١) ملوِّن (٢) لونيّ.

col·or·im·e·ter *(n.)* مقياس اللون: أداة لقياس شدة اللون.

col·or·im·e·try [kŭl′ə rĭm′ĭ trĭ] *(n.)* قياس اللّون.

col·or·ing [kŭl′ər-] *(n.)* (١) تلوين (٢) صِبْغ؛ مادة ملوِّنة (٣) اللونيّة: «أ» أثر استخدام الألوان أو مزجها. «ب» أسلوبُ الرسام الخاصُّ في التعاطي مع الألوان (٤) لون طبيعي (٥) بشرة (٦) تحريف؛ تمويه (٧) مظهرٌ كاذب أو خادع (٨) طابع مميِّز؛ لون محلّيّ.

col·or·ist [-ĭst] *(n.)* (١) الملوِّن (٢) المُدَبِّج: رسّام بارع في استخدام الألوان أو رسام يعتمد في المقام الأول على استخدام الألوان.

col·or·less *(adj.)* (١) عديم اللون (٢) شاحب (٣) تَفِهٌ؛ غير مُمتع (٤) رتيب (٥) حِياديّ؛ غير متحيّز.

color line *(n.)* = color bar.

co·los·sal [kə lŏs'əl] *(adj.)* ضَخْم؛ عظيم؛ هائل؛ عِملاق.

col·os·se·um [kŏl'ə sē'əm] *(n.)* = coliseum.

co·los·sus [kə lŏs'əs] *(n.)* pl. **-los·si** *or* **-sus·es** تمثال ضخم؛ عِملاق.

co·los·to·my [kə lŏs'tə mĭ] *(n.)* فَغْر القولون؛ تفميم القولون: عملية يُراد بها فتح شَرَج صنعيّ في القولون (جر).

co·los·trum [kə lŏs'trəm] *(n.)* اللِّبَأ: أول اللبن في النتاج.

col·our [kŭl'ər] *(n.; vt.; i.; adj.)* = color.

-colous لاحقة معناها: نام أو عائشٌ على <areni*colous*>.

col·pi·tis [kŏl pī'tĭs] *(n.)* التهاب المَهْبِل (طِ).

col·por·tage [-'pōr'tĭj] *(n.)* بيع الكتب [وبخاصة الدينية] بالتجوّل.

col·por·teur [kŏl'pōr'tər] *(n.)* بائع الكتب المتجوّل.

colt [kōlt] *(n.)* (١) مُهْر (٢) فتًى غِرّ (٣) *cap.*: مسدّس.

col·ter *also* **coul·ter** [kōl'-] *(n.)* السِّكّين: حديدة المحراث القاطعة.

colt·ish *(adj.)* (١) حَرون (٢) مَرِح؛ لَعوب (٣) مُهْريّ.

colts·foot *(n.)* pl. **-s** (١) قدم المُهْر (نب) (٢) حشيشة السُّعال (نب).

col·u·brid [kŏl'ə brĭd] *(n.; adj.)* (١) ثُعبان § (٢) ثُعبانيّ.

col·u·brine [-brīn] *(adj.)* (١) أفعوانيّ (٢) ثُعبانيّ: خاصّ بالثعابين.

Co·lum·ba [kə lŭm'bə] *(n.)* (١) جنس الحَمام (٢) كوكبة الحمامة (فل).

Co·lum·bae [kə lŭm'bē] *(n. pl.)* الحماميّات: رتبة الحمام.

col·um·bary [kŏl'əm bĕr ĭ] *(n.)* برج الحمام.

Co·lum·bi·a [kə lŭm'bĭ ə] *(n.)* أميركا أو الولايات المتحدة الأميركيّة.

Co·lum·bi·an *(adj.)* ذو علاقة بكريستوفر كولومبُس أو بالولايات المتحدة.

col·um·bine[1] [kŏl'əm bīn'] *(n.)* = aquilegia.

col·um·bine[2] *(adj.)* (١) حَماميّ (٢) بلون الحمامة (٣) شبيه بالحمامة.

co·lum·bite [kə lŭm'bīt] *(n.)* الكولومبيت: معدن أسود قاسٍ.

co·lum·bium [-'bĭ əm] *(n.)* الكولومبيوم؛ النيوبيوم niobium.

col·u·mel·la *(n.)* pl. **-e** العُمَيِّد: جزء عموديّ الشكل («نب» و«ح»).

col·umn [kŏl'əm] *(n.)* (١) عمود (٢) نهرٌ أو عمود في صفحة مطبوعة (٣) عمود [في صحيفة] مخصَّصٌ لموضوع أو لكاتب معيَّن (٤) رَتَلٌ؛ طابور؛ صفّ طويل.

— col·umned *(adj.)*

co·lum·nar [kə lŭm'-] *(adj.)* (١) عموديّ (٢) مطبوع على شكل أعمدة (٣) عموداني: «أ» شبيه بالعمود. «ب» عَمَدانيّ: مؤلف من أعمدة.

co·lum·ni·a·tion *(n.)* (١) التعميد: استخدام الأعمدة أو ترتيبها في مبنًى (٢) العَمَد: الأعمدة المستخدَمة.

col·um·nist [kŏl'-] *(n.)* صاحب العمود: محرر عمودٍ خاص في صحيفة.

col·za [kŏl'zə] *(n.)* (١) السَّلجَم؛ اللِّفت (نب) (٢) بزر السَّلجم.

com- بادئة معناها: مع؛ معًا <commingle>.

co·ma[1] [kō'mə] *(n.)* pl. **-mas** (١) السُّبات (مج): غيبوبة عميقة ناشئة عن مرض أو أذًى أو تسمُّم (٢) خَدَرٌ؛ خُمول.

co·ma[2] *(n.)* pl. **-mae** (١) خُصْلة [في طرف بزرة] (٢) ذُؤابة [المُذَنَّب].

Co·ma Ber·e·ni·ces [bĕr ə nī'sēz] *(n.)* ذُؤابة بيرينيكي (فل).

co·mate[1] [kō māt'] *(n.)* الرفيق؛ الخَدِين؛ الصاحب.

co·mate[2] [kō'māt'] *(adj.)* (١) مُخَصَّل (٢) أزْغَب؛ أشْعَر.

co·ma·tose [kŏm'ə tōs'] *(adj.)* (١) سُباتيّ؛ غيبوبي (٢) فاقدُ الوعيَ.

comb [kōm] *(n.; vt.; i.)* (١) مُشْط (٢) عُرف الديك [أو شيء شبيه به] (٣) قرص العسل § (٤) يُمشِّط؛ يسرِّح (٥) يَضرب؛ يَجلد (٦) ينقّب؛ يبحث عن (٧) يتفحّص بعناية (٨) يُمَشِّط <Police ~*ed* the city for the killer.> (٩) يوبِّخ x (١٠) يتموّج؛ يتكسّر.

to~out يطهِّر: يُقصي العناصر الفاسدة.

com·bat[1] [kəm băt'; kŏm'băt'] *(vi.; t.)*, **-bat·ed** *or* **-bat·ted** (١) يصارع؛ يقاتل x (٢) يقارع (٣) يقاوم بعنف.

com·bat[2] [kŏm'băt'] *(n.)* (١) صراع (٢) نزاع (٣) قتال؛ معركة.

com·bat[3] [kŏm'băt'] *(adj.)* قِتاليّ <~ troops>.

com·bat·ant [kŏm băt'ənt] *(n.; adj.)* (١) المُقاتِل؛ المحارب § (٢) مُقاتِل؛ محارب (٣) «أ» مستعدّ للقتال. «ب» مولَع بالقتال.

com·bat·ive [kəm băt'-] *(adj.)* (١) مستعدّ للقتال (٢) مُولَع بالقتال.

combe [kōōm; kōm] *(n.)* وادٍ ضيّق.

comb·er [kō'mər] *(n.)* (١) فا comb (٢) موجة طويلة متكسِّرة.

com·bi·na·tion [kŏm'bə nā'-] *(n.)* (١) «أ» اتحاد. «ب» مجموعة مؤتلفة (٢) توحيد؛ ضمّ (٣) التَّوفيقة؛ التوافقيّة: أيّ من المجموعات المختلفة الممكن تأليفها من عدد معيَّن من الحروف إلخ <مثل *ab* أو *ac* أو *cb* وغيرها مما يُستطاع تركيبه من *a* و *b* و *c*> (٤) القميص المُسَرْوَل: ثوب تحتاني ذو قطعة واحدة يكسو أعلى الجسم وأسفله (٥) المؤتلِفة: أداة مُعَدّة لأداء مهمتين أو أكثر (٦) «أ» المَزْج؛ الامتزاج. «ب» مزيج. «ج» مركَّب (ك).

combination lock *(n.)* القُفْل التوافقيّ: قُفلٌ ذو أرقام أو حروف متحركة لا يُفتَح إلّا إذا أُلِّف منها رقم أو لفظ سرّي معيَّن.

combinatorial analysis *(n.)* التحليل التوافقي (ر).

com·bine[1] [kəm bīn'] *(vt.; i.)* (١) يضمّ؛ يوحِّد (٢) يمزج؛ يخلط (٣) يَجْمَع <a plan which ~*s* the best features of several other plans> x (٤) ينضمّ؛ يتّحد (٥) يمتزج.

com·bine[2] [kŏm'bīn] *(n.; vt.)* (١) اتّحاد. وبخاصة: اتحاد أفراد أو منظّمات لأغراض تجارية أو سياسية (٢) الحصّادةُ الدَّرّاسة: ماكينة تَحْصُد وتَدْرُس في آنٍ معًا § (٣) يَحْصُد بحصّادةٍ درّاسة.

com·bined *(adj.)* (١) موحَّد؛ مُتَّحِد (٢) مشتَرَك (٣) مُركَّب.

comb·ings [kō'mĭngz] *(n. pl.)* المُشاطة: ما يُسْقِطُهُ المُشْط من الشَّعر.

com·bin·ing form *(n.)* (١) بادئة، مثل *auto-* في كلمة *auto*mobile (٢) لاحقة، مثل *-cracy* في كلمة auto*cracy*.

com·bo *(n.)* (١) combination (٢) فرقة «جاز» أو رقص صغيرة.

com·bust [kəm bŭst'] *(vt.; i.)* (١) يُحرِق x (٢) يَحترق.

com·bus·ti·bil·i·ty *(n.)* الحَروقيّة : قابلية الاحتراق .

com·bus·ti·ble *(adj.; n.)* (١) حَرُوْق : قابل للاحتراق (٢) سريع الغضب § (٣) الحَرُوق : مادة قابلة للاحتراق .

com·bus·tion [-ʹchən] *(n.)* (١) إحراق (٢) احتراق (٣) اهتياج عنيف .

combustion chamber *or* **com·bus·tor** *(n.)* غرفة الاحتراق (مك) .

com·bus·tive [kəm bŭsʹ-] *(adj.)* (١) احتراقيّ (٢) مُحدِث للاحتراق .

come [kŭm] *(vi.; t.)* (١) «أ» يجيء؛ يأتي <She *came* to see me yesterday.> . «ب» يَصِل إلى <to ~ to an understanding> . «ج» يُخفق : ينتهي إلى لا شيء <His plans *came* to nothing.> . «د» يوفَّق إلى النجاح <She will never ~ to much.> . «هـ» يسير نحو النضج أو الاكتمال <The job is *coming* nicely.> . «و» يبلغ <The dress ~s to her knees.> (٢) «أ» يساوي؛ يبلغ <Your bill ~s to $42.> . «ب» يخطر أو يلتمع في الذهن <The solution *came* in a flash.> . «ج» يَحْدث؛ يُصيب <No harm will ~ to you.> . «د» يقع <On what page does it~?> . «هـ» ينشأ عن <This ~s of carelessness.> . «و» يتحدَّر من <He ~s of a sturdy race.> . «ز» يكون [أو كان سابقًا] من أبناء بلدٍ ما <She ~s from Chicago.> . «ح» يدخل مرحلة كذا؛ يبدأ؛ يستهلّ <Artillery *came* into action.> . «ط» يقع ضمن نطاق كذا <This ~s within the terms of the treaty.> . «ي» يتشكّل؛ يتكوَّن <Churn till the butter ~s.> . «ك» يوجد؛ يمكن الحصول عليه <The garments ~ in three sizes.> . «ل» يعني؛ يفيد <What you say ~s to this.> . «م» يبلغ ذروة التهيج الجنسي (٣) يؤول إليه : يُصيبه، أو يكون من نصيبه، عند القسمة أو الإرث <Several thousand dollars *came* to him from his aunt.> (٤) يرقّ؛ يلين <He will relent; he's *coming*.> (٥) يُكلّف <Good clothes ~ high.> (٦) يُصْبح <His dream will ~ true; x Everything will ~ all right in the end.> (٧) يناهز <child *coming* five years old.> (٨) يمثّل دور كذا <to ~ the stern parent> .

~ along *or* on! هيّا! عجّل! أسرع!

~ what may مهما يحدث؛ وليكن ما يكون .

to ~ about (١) يَحْدُث (٢) يغيِّر اتجاهه .

to ~ across (١) يلتقي به مصادفةً (٢) يَنجح (٣) يترك انطباعًا [حَسَنًا] (٤) يَعْبُر [بالسيّارة إلخ] .

to ~ along (١) يُحرز تقدُّمًا؛ ينجح (٢) يَبْرز؛ يَسْنَح .

to ~ around (١) تَحيض؛ تَطمُث (٢) to ~ round .

to ~ at (١) يجد؛ ينال (٢) يهاجم .

to ~ back (١) يَرْجع (٢) يعود [الشيء المنسيُّ] إلى الذاكرة (٣) يعود إلى الحياة (٤) يصبح زِيًّا دارجًا من جديد (٥) يُبلّ؛ يَشْفى (٦) يستردّ مركزًا .

to~by (١) ينال؛ يكسب (٢) يَمرّ بـ (٣) يزور .

to ~ clean يعترف؛ يروي القصة بكاملها .

to ~ close يقاربُ؛ يقترب من؛ يكون قريبًا من .

to ~ down (١) يَهبِط؛ يَنزِل (٢) ينخفض [السّعر إلخ] (٣) يَهطُلُ [المطرُ] (٤) يَسقط؛ ينهار (٥) يَخسر مكانته (٦) يتحدَّر أو ينتقل من طريق العُرف أو الإرث (٧) يواجه [أمرًا أو صعوبةً] .

to ~ down on *or* upon (١) يؤنّب؛ يوبّخ (٢) يُعاقِب (٣) يطالبه بدفع مال أو أداء عمل .

to ~ down to earth يَرْجع إلى الواقع .

to ~ forward (١) يقدِّم نفسه (٢) يتطوَّع؛ يَعْرِض خدماته .

to ~ in (١) يَدْخل (٢) يحين موسمُهُ أو أوانُ حصاده إلخ (٣) يصبح الزيُّ دارجًا (٤) يحلّ [في المقام الأول أو الثاني إلخ] من سباق (٥) يفوز في الانتخابات؛ يتولى زمام السلطة (٦) يجيب عن إشارة أو نداء (٧) يصبح متوفرًا (٨) ينال حِصّةً أو نصيبًا من شيء .

to ~ into (١) ينال (٢) يرث (٣) يَدْخل .

to ~ into being ينشأ؛ يَبْرز إلى حيِّز الوجود .

to ~ into effect *or* force يصبح نافذ المفعول .

to ~ of age يبلغ سنَّ الرُّشد .

to ~ off (١) يَسْقط [الزِّرُّ إلخ] (٢) يَسْقط عن [متن فرس أو درّاجةٍ] (٣) يزول؛ ينقضي (٤) يهجر؛ يتخلّى عن (٥) يَحْدُث؛ يتمّ (٦) ينجح (٧) يؤدّي مهمّتهُ [على نحو حسنٍ أو غير حسن] (٨) يفوز (٩) يَنْزل [عن الحائط إلخ] .

to ~ off it يكفُّ عن الادّعاء أو الكذب .

to ~ on (١) يَتْبع؛ يلحق بـ (٢) يبدأ (٣) يواصل التقدم (٤) يتقدّم؛ يتطوَّر (٥) يَبرُز؛ يَظهر (٦) يُنظَر في دعوى (٧) يَظهر [الممثّل] على المسرح (٨) تُعْرَض [التمثيليةُ] على المسرح (٩) يُصيب [المرضُ] امرءًا (١٠) يُراودها عن نفسها .

to ~ out (١) يَخْرج (٢) يَبرُز؛ يتبدّى للعِيان (٣) تتفتح [الأزهارُ] (٤) يتَّضح (٥) يَذيع؛ ينتشر [الخبرُ] (٦) يَصْدُر [الكتابُ] (٧) يُضرِب [العُمالُ] (٨) يتجلّى (٩) تزول [البُقَع عن الثوب] (١٠) يَنْصُل [اللونُ إلخ] (١١) تنحلّ [المسألة الرياضية] (١٢) يحتلّ [المقام الأول أو الثاني إلخ] في امتحان أو نحوه (١٣) يظهر للمرة الأولى على المسرح أو في المجتمع (١٤) يعلن عن رأيه (١٥) يعترف (١٦) يمتدّ؛ ينتأ .

to ~ out with (١) يَطْلُع بفكرة أو اقتراح (٢) يَنْشر .

to~over (١) يأتي من مكان بعيد (٢) يستبدّ به [شعورٌ ما إلخ] (٣) يصيبه أو يَحْدُث له (٤) يشايع فريقًا (٥) يتّخذ موقفًا جديدًا (٦) يقوم بزيارة خاطفة .

to ~ round (١) يستردّ صحته أو وَعْيه (٢) يسلك طريقًا غيرَ مباشر (٣) يزوره زيارة غير رسمية (٤) يغيِّر موقفه [ويعتنق آراء جديدة] (٥) يَقْبل؛ يوافق (٦) يتفاهم [بعد جدال] (٧) يهدأ بعد غضب .

to ~ through (١) يخرج سالمًا من محنةٍ أو حرب (٢) يَرِدُ بالتلفون أو اللاسلكي (٣) يتحقّق؛ يتجسَّد .

to ~ to (١) يفيق من إغماء (٢) يُساوي؛ يَبلغ .

to ~ to a decision يقرِّر؛ ينتهي إلى قرار .

to ~ to an agreement يتّفق؛ يتوصَّل إلى اتفاق .

to ~ to a standstill يتوقَّف؛ يبلغ مرحلةً يتعذّر فيها عملُ شيء .

to ~ to fruition يَنضَج؛ يَيْنَع .

to ~ to one's senses *or* to oneself (١) يفيق من إغماء (٢) يعود إلى

طريق الرشاد.

to ~ to pass يَحْدُث؛ يقع.

to ~ to pieces يتحطّم إرَبًا.

to ~ true يتحقق [الحُلْمُ أو الأمل]؛ يُصبح حقيقةً.

to ~ up (١) تُشرق [الشمسُ] (٢) ينمو [الحَبُّ] (٣) يدنو (٤) يصعد؛ يرتقي (٥) يقع؛ يَحْدُث (٦) ينشأ؛ يبرز.

to ~ up against يواجه؛ يَلْقى [مقاومةً أو معارضةً].

to ~ upon (١) يفاجئُه؛ يأخذه على حين غِرّة (٢) يطالبه بـ (٣) يكون عِبئًا أو عالةً على (٤) يلتقي به مصادفةً (٥) يكتشف.

to ~ up to (١) يبلغ؛ يَصِل إلى (٢) يرتفع إلى المستوى المطلوب أو المتوقع.

to ~ up with (١) يُدرك؛ يلحق بـ (٢) يَطْلُع بفكرة.

come·back *(n.)* (١) «أ» جواب بارع ولاذع. «ب» سببٌ من أسباب الشكوى (٢) «أ» إبلال؛ شفاء. «ب» استعادة لمركز أو وضع سابق (٣) الارتجاع: ردّ السِّلعة إلى البائع.

co·me·di·an [kə mē′-] *(n.)* (١) ممثِّل هزليّ (٢) شخص فكِهٌ جدًا.

co·me·dic *(adj.)* (١) كوميديّ (٢) هزليّ؛ ظريف؛ مُضْحِك.

co·me·di·enne [kə mē′dĭ ĕn′] *(n.)* الكوميديّة: الممثلة الهزلية.

com·e·do [kŏm′ĭ dō′] *(n.)* النَّصْل: بثرة في الوجه سوداء الرأس.

come·down *(n.)* السُّقوط: خسارة منصب أو مكانة أو ثروة.

com·e·dy [kŏm′ĭ dĭ] *(n.)* (١) الكوميديا؛ المَلْهاة: «أ» مسرحية هزلية. «ب» حادثة مضحكة أو سلسلة أحداث تبعث على الضحك (٢) العنصر الكوميديّ أو الهزليّ [في مسرحية].

come·li·ness [kŭm′lĭ nəs] *(n.)* وسامة؛ جمال إلخ.

come·ly [-′lĭ] *(adj.)* (١) وسيم؛ جميل (٢) لائق؛ مناسب.

come–on [kŭm′ŏn′] *(n.)* إغراء؛ إغواء.

come–out·er *(n.)* (١) الخارج [عن الجماعة] (٢) الراديكاليّ؛ المُصْلِح.

com·er [kŭm′ər] *(n.)* (١) القادم؛ الوافد (٢) الواعد: شخص يحقّق نجاحًا ملحوظًا أو يَعِدُ بمستقبل زاهر.

co·mes·ti·ble [kə mĕs′-] *(adj.; n.)* (١) يُؤكَل؛ صالح للأكل § (٢) *pl.* عد: طعام.

com·et [kŏm′ĭt] *(n.)* المُذَنَّب (فل).

comet finder *or* **seeker** *(n.)* تلسكوب المذنَّبات (فل).

come·up·pance [-′ŭp′-] *(n.)* توبيخ أو قصاص [يستحقُّه المرء].

com·fit [kŭm′-] *(n.)* المُسَكَّرة: فاكهة مجفَّفة مكسوَّة بالسُّكَّر.

com·fort [kŭm′fərt] *(n.; vt.)* (١) عَوْن (٢) تَعْزِية؛ مؤاساة (٣) سلوى؛ عزاء (٤) راحة؛ رفاهية (٥) مُتعة § (٦) يُعين (ا. م) (٧) يشجِّع؛ يقوّي (٨) يُعزّي: يُواسي (٩) يُريح.

com·fort·a·ble [kŭm′fər-] *(adj.; n.)* (١) مُعَزٍّ؛ مشجِّع <Be ~ to my mother.> (٢) مريح؛ وثير <a ~ bed> (٣) كافٍ؛ وافٍ <a ~ income> (٤) مرتاح جسمانيًا؛ رخيّ البال <Do you feel quite ~?> § (٥) لِحاف.

— **com·fort·a·ble·ness** *(n.)*

com·fort·er [kŭm′fər-] *(n.)* (١) «أ» *cap.*: الروح القُدُس (نص). «ب» المُعَزّي (٢) «أ» لِفاعٌ صوفيّ للعنق. «ب» لِحاف.

com·fort·less *(adj.)* خالٍ من أسباب الراحة <a ~ room>.

com·frey [kŭm′frĭ] *(n.)* السَّنفيتون؛ السَّمفوطُن: عشب مُعمِّر.

com·fy [kŭm′fĭ] *(adj.)* = comfortable.

com·ic [kŏm′ĭk] *(adj.; n.)* (١) «أ» هزليّ. «ب» مُضحك؛ مُسَلٍّ § (٢) الكوميديّ: الممثِّل الهزلي (٣) العنصر الهزلي (٤) مجلة هزليّة (٥) *pl.*: الزاوية الهزليّة [في صحيفة].

com·i·cal *(adj.)* (١) كوميديّ (ا. م) (٢) هزليّ؛ مُضْحِك.

comic strip *(n.)* المُسَلسلة الهزلية: سلسلة رسوم هزلية.

com·ing [kŭm′ĭng] *(n.; adj.)* (١) مجيء: قدوم § (٢) قادم؛ مُقبِل (٣) في طريقه إلى الشهرة أو النجاح <a ~ man>.

co·mi·ti·a [kə mĭsh′ĭ ə] *(n.)* الكوميشيا: اجتماع كان يعقده المواطنون في روما لأغراضٍ تشريعية أو قضائية أو انتخابية.

com·i·ty [kŏm′ĭ tĭ] *(n.)* (١) مجاملة؛ كياسة (٢) المجاملة الدُّوَلية.

comity of nations *(n.)* (١) المُجامَلة الدُّوَلية: احترام الدول ضمن نطاق أراضيها لمؤسسات الدول الأخرى وقوانينها (٢) الدول المتجاملة.

com·ma [kŏm′ə] *(n.)* (١) الفاصلة؛ الشَّولة: علامة وقف صغرى (,) (٢) فاصل؛ فترة فاصلة.

comma bacillus *(n.)* العُصَيّة الشَّوْلية: بكتير الكوليرا الآسيوية.

com·mand [kə mănd′] *(vt.; i.; n.; adj.)* (١) يأمُر (٢) يقود [جيشًا إلخ] (٣) يسيطر أو يهيمن على (٤) يُثير؛ يستثير (٥) يكبح [جماحَ غضبه إلخ] (٦) يملك (٧) «أ» يستوجب؛ يستدعي <Her bravery ~*ed* respect.>. «ب» يستحقّ وينال <Great men ~ our respect.> (٨) يُطِلّ أو يُشرف على <The hill ~*s* the sea.> x (٩) يَحْكُم (١٠) يُصدر أمرًا (١١) يتولى القيادة § (١٢) «أ» إصدار الأوامر. «ب» أمرٌ؛ إيعاز (١٣) قيادة؛ إمرة (١٤) فرقة أو سفينة [تحت إمرة ضابط] (١٥) منطقة عسكرية (١٦) سلطة (١٧) سيطرة (١٨) تمكُّن أو تضلُّع من <a good ~ of the English language> (١٩) إطلال؛ إشرافُ موقع على... (٢٠) دعوة ملَكية (بر) § (٢١) مقدَّم أو مُنْجَزٌ بناء على طلب.

com·man·dant [kŏm′ən dănt′] *(n.)* (١) الآمِر: آمر الموقع أو الجماعة (٢) القائد: قائد الوحدة العسكرية.

com·man·deer [-dēr′] *(vt.)* (١) يُجنِّد: يُكرِه على أداء الخدمة العسكرية (٢) يصادر لأغراضٍ عسكرية (٣) يغتصب؛ يستولي بالقوة.

com·mand·er [kə măn′-] *(n.)* (١) الآمر (٢) القائد (٣) رئيس الجمعية إلخ (٤) الآمر: ضابط في البحرية رتبتُهُ دون رتبة الكابتن مباشرةً.

commander in chief (١) القائد الأعلى [للقوات المسلَّحة] (٢) القائد العام [لجزء من الجيش أو الأسطول].

Commander of the Faithful أمير المؤمنين (اس).

com·mand·er·y [-′də rĭ] *(n.)* (١) القيادة: رتبة القائد أو منصبُهُ (٢) القائدية: مقاطعة يحكمها قائد عسكريّ.

com·mand·ing *(adj.)* (١) «أ» آمِر؛ مسؤول. «ب» مُسَيْطِر (٢) قياديّ

(٣) مُطِلّ؛ مُشْرِف <a ~ position> .

commanding officer *(n.)* قائد الوحدة؛ قائد القطعة العسكرية (جن).

com·mand·ment *(n.)* (١) أمر؛ وصيّة (٢) إحدى الوصايا العشر.

com·man·do [kə măn′dō] *(n.)* pl. **-dos** *or* **-does** (١) «أ» كتيبة. وبخاصة: كتيبة من جند «البوير» Boer في جنوب إفريقيا. «ب» غارة [تشنُّها هذه الكتيبة] (٢) «أ» المغاوير: جماعة من الفدائيين مهمّتها الإغارة على أرض العدوّ. «ب» المِغوار: عضو في جماعة من الفدائيين.

command post *(n.)* مركز القيادة (جن).

com·meas·ur·a·ble [-mĕzh′-] *(adj.)* مُتقايس: متساوٍ من حيث القياس.

com·meas·ure [kə mĕzh′ər] *(vt.)* يتقايس: يتساوى من حيث القياس.

comme il faut [kô mēl fō′] *(adj.)* (١) كما ينبغي (٢) ملائم.

com·mem·o·rate [kə mĕm′ə rāt′] *(vt.)* (١) يُحيي ذكرى... (٢) يحتفل بذكرى (٣) يخلِّد ذكرى. — **com·mem·o·ra·tion** *(n.)*

com·mem·o·ra·tive *(adj.; n.)* (١) تذكاريّ § (٢) شيء تذكاري.

com·mem·o·ra·to·ry *(adj.)* = commemorative.

com·mence [kə mĕns′] *(vi.; t.)* (١) يبدأ؛ يستهلّ x (٢) يبدأ (٣) ينال درجة جامعية.

com·mence·ment *(n.)* (١) بدء؛ ابتداء (٢) «أ» حفلة التخريج: حفلة توزيع الشهادات في كلية أو جامعة. «ب» يوم التخريج.

com·mend [kə mĕnd′] *(vt.)* (١) يُوْدِع؛ يَسْتودع (٢) يُسْلِم إلى (٣) يوصي [بشخص] (٤) يُطري؛ يمدح (٥) يُعجبه أو يروق له.

com·mend·a·ble *(adj.)* جديرٌ بالإطراء أو الثناء.

com·men·da·tion [kŏm′ən dā′-] *(n.)* (١) إيداع (٢) إطراء؛ ثناء.

com·mend·a·to·ry [-′də tōr′ĭ] *(adj.)* (١) إطرائيّ؛ مَدْحيّ (٢) مُطْرٍ.

com·men·sal [kə mĕn′səl] *(n.; adj.)* (١) المؤاكل: رفيقك الذي يأكل معك على المائدة (٢) المُعايش: حيوان مُعايش § (٣) مؤاكل (٤) معايش. — **com·men·sal·ism; com·men·sal·i·ty** *(n.)*

com·men·su·ra·ble [kə mĕn′shə-] *(adj.)* (١) مَقِيس: قابلٌ للقَيْس المُشْتَرَك (ر) (٢) متناسب؛ متكافئ مع.

com·men·su·rate [-′shə rĭt] *(adj.)* (١) متمادّ: متساوٍ في الامتداد مكانًا أو زمانًا (٢) متناسب؛ متكافئ (٣) متساوٍ؛ متعادل (٤) مَقِيس: قابل للقَيْس المشتَرَك (ر).

com·ment [kŏm′ĕnt] *(n.; vt.; i.)* (١) تعليق؛ تعقيب [على قول أو كتابة أو عمل] (٢) ملاحظة أو انتقاد § (٣) يعلّق أو يعقّب على.

com·men·tar·y *(n.)* (١) تعليق؛ تعقيب (٢) شرح؛ تفسير (٣) *pl.* عد: المذكِّرات: تسجيل للأحداث بقلم شخص مشاركٍ فيها.

com·men·tate [-′ən tāt′] *(vt.; i.)* (١) يعلِّق على x (٢) يَعْمل مُعلِّقًا.

com·men·ta·tor *(n.)* المعلِّق. وبخاصة: المعلِّق على الأنباء في الإذاعة أو التلفزيون.

com·merce [kŏm′ərs] *(n.)* (١) المطارحة: تبادل الأفكار أو المشاعر (٢) صلة؛ علاقة (٣) تجارة (٤) مُضاجعة؛ اتصال جنسيّ [غير شرعيّ بخاصة].

com·mer·cial [kə mûr′-] *(adj.; n.)* (١) تجاريّ: «أ» ذو علاقة بالتجارة <a ~ treaty>. «ب» متوسّط النوعية أو رديئها <~ grade of beef>. «ج» مُمَوَّل من قِبَل المعلنين <a ~ radio program> § (٢) إعلان أو برنامج تجاري [في الإذاعة أو التلفزيون].

com·mer·cial·ism [-′shə lĭz′əm] *(n.)* التِّجاريّة: «أ» الروح التجاريّة. «ب» الطرائق التجارية. «ج» التوكيد المفرط على الربح.

com·mer·cial·i·za·tion *(n.)* التَّتجير أو التَّتَجُّر (را. المادة التالية).

com·mer·cial·ize [-′shə līz′] *(vt.)* يُتَجِّر: «أ» يُدير على أساس تجاريّ بغيةَ الربح. «ب» يستغلّ تجاريًا <to ~ Christmas>. «ج» يجعله تجاريًا: يهبط بمستواه للفوز بربح أكبر <~*d* theater>.

commercial traveler *(n.)* الوكيل المتجوِّل: وكيلُ بيعٍ يجوب البلاد بُغيةَ عقد الصفقات لمصلحة مؤسسة تجارية.

com·mie [kŏm′ĭ] *(n. often cap.)* = communist.

com·mi·na·tion [-′ə nā′-] *(n.)* (١) تهديد؛ وعيد؛ إنذار (٢) شَجْب.

com·min·gle [kə mĭng′gəl] *(vt.; i.)* (١) يَمْزُج x (٢) يمتزج.

com·mi·nute [kŏm′ə no͞ot′] *(vt.)* يَسْحَق؛ يَسْحَن؛ يَسْهَك.

com·mi·nu·tion [kŏm′ə no͞o′-] *(n.)* سَحْق؛ سَحْن؛ سَهْك.

com·mis·er·ate [kə mĭz′ə rāt′] *(vt.; i.)* (١) يرثي لِـ x (٢) يؤاسي. — **com·mis·er·a·tion** *(n.)* — **com·mis·er·a·tive** *(adj.)*

com·mis·sar [kŏm′ĭ sär′] *(n.)* المُفَوَّض: «أ» مسؤول في الحزب الشيوعي يُعهَد إليه ببثّ المبادئ الحزبية في وحدة من الوحدات العسكرية والتأكد من صدق ولاء أفرادها للحزب. وتوسعًا: من يحاول السيطرة على الرأي العام. «ب» رئيس دائرة حكومية في الاتحاد السوفياتي (حتى عام ١٩٤٦).

com·mis·sar·i·at [-sâr′ĭ ət] *(n.)* (١) المِيرة: «أ» نظام لتزويد جيشٍ بالطعام. «ب» مُؤَن (٢) المفوَّضية: دائرة حكومية في الاتحاد السوفياتي (حتى عام ١٩٤٦).

com·mis·sar·y [-′ə sĕr′ĭ] *(n.)* (١) المندوب؛ المُمَثِّل (٢) «أ» مخزن تموين. وبخاصة في معسكر للجيش. «ب» مؤن. «ج» ضابط مسؤول عن أقوات الجيش (٣) مطعم صغير.

com·mis·sion [kə mĭsh′ən] *(n.; vt.)* (١) «أ» تفويض. «ب» براءة برتبة أو سلطة عسكرية إلخ. «ج» سلطة ممنوحة ببراءة. «د» منصب ضابط في الجيش أو الأسطول <to hold *or* resign a ~> (٢) تكليف (٣) وكالة (٤) مهمة (٥) لجنة (٦) «أ» ارتكاب [جريمةٍ أو خطأ إلخ]. «ب» الجريمة إلخ المرتكبة (٧) عمولة؛ سمسرة؛ كومسيون § (٨) يفوّض (٩) يُكلِّف (١٠) يُقلِّده رتبةً أو سلطة عسكرية (١١) يجهِّز: يزوِّد سفينة بالرجال والعتاد ويُعِدُّها للخدمة الفعلية.

in ~ *or* into ~, (١) جاهز للخدمة الفعلية [في وصف سفينة]

(٢) عاملٌ ؛ قيد الاستعمال ؛ صالح للاستعمال .

on ~, على أساس العمولة أو الكومسيون .

out of ~, (١) غير جاهز للخدمة الفعلية (٢) غير عامل ؛ غير موضوعٍ موضعَ الاستعمال ؛ غير صالح للاستعمال .

commission agent *(n.)* الوكيل بالعمولة ؛ «الكومسيونجي» .

com·mis·sion·aire [-′ə nâr′] *(n.)* حاجب أو بوّاب [بِبِزّة رسمية] .

commissioned officer *(n.)* الضّابط المُقَلَّد : ضابط يحمل - بموجب براءة - رتبة ملازم ثانٍ فما فوق .

com·mis·sion·er [-′ə nər] *(n.)* (١) عضو لجنة (٢) مندوب الحكومة في مقاطعة إلخ (٣) مفوَّض <a police ~> .

commission merchant *(n.)* = commission agent.

commission plan *(n.)* حكومة المفوَّضين : شكلٌ من الإدارة البلدية تنحصر فيه السلطات التشريعية والتنفيذية والإدارية في أيدي لجنة منتخبة يتولى كلُّ مفوَّض من مفوّضيها مهامَّ إحدى الإدارات البلدية على نحو مباشر .

com·mis·sure [-′ĭ shoor′] *(n.)* المَقْرَن ؛ الوَصيلة ؛ الصِّوار : نقطة الالتقاء بين جزءَين تشريحيين أو نباتيَّين متقابلين .

com·mit [kə mĭt′] *(vt.; i.)* (١) «أ» يُسْلِم إلى <She ~*ted* herself to the doctor's care.> . «ب» يُوْدِع <to ~ a person to jail> . «ج» يُحيل [مشروعًا] إلى لجنة [للدرسِ] (٢) يقترف ؛ يرتكب <to ~ a crime> (٣) يُلزِم (٤) يورِّط نفسَهُ <refused to ~ herself by talking about the crime> x (٥) يتعهّد بِـ .

to ~ for trial يحيله إلى المحاكمة .

to ~ suicide ينتحر .

to ~ to memory يستظهر ؛ يحفظ عن ظهر قلب .

to ~ to paper *or* writing *or* print يدوّن ؛ يسجِّل .

com·mit·ment [-′mənt] *(n.)* (١) مص commit (٢) «أ» إيداع شخصٍ السجنَ أو مستشفًى للأمراض العقلية . «ب» أمرٌ بذلك . «ج» إحالة [مشروع إلخ] إلى لجنة لدرسِهِ (٣) ارتكاب جريمة إلخ (٤) «أ» تعهُّد . «ب» التزام (٥) عَهْد ؛ وَعْد .

com·mit·tal [kə mĭt′əl] *(n.)* = commitment.

com·mit·tee [kə mĭt′ĭ] *(n.)* لَجْنة .

in ~, قَيْد الدَّرْس [من قِبَل لجنة] .

com·mit·tee·man *(n.)* عضو لجنة .

com·mit·tee·wom·an *(n.)* عضوة لجنة .

com·mix [kə mĭks′] *(vt.; i.)* (١) يَمْزُج x (٢) يمتزج .

com·mix·ture [-′chər] *(n.)* (١) مَزْجٌ (٢) امتزاج (٣) مزيج .

com·mode [kə mōd′] *(n.)* (١) الكومودة : قبعة نسوية مزخرفة (٢) الصِّوان : خزانة ذات أدراج (٣) الكوميدية : منضدة أو خزانة مشتملة على نونية أو مغسلة [توضع في حجرة النوم] (٤) مِرحاض .

commode *1.*

com·mo·di·ous [kə mō′-] *(adj.)* (١) واسع (٢) ملائم ؛ وافٍ بالمرام .

com·mod·i·ty [kə mŏd′ə tĭ] *(n.)* سِلعة ؛ بضاعة .

com·mo·dore [kŏm′ə dōr] *(n.)* (١) عميد بحري (٢) قائد العمارة : قائد مجموعة سفن تجارية (٣) رئيس نادٍ لليخوت إلخ .

com·mon [kŏm′ən] *(adj.; n.)* (١) عموميّ <~ council> (٢) مُشْتَرَك <~property> (٣) سائد (٤) معروف ؛ مشهور [بصفة ذميمة عادةً] <a ~ thief> (٥) عاديّ <a ~ event> (٦) عامّ ؛ شائع <~ knowledge> (٧) مألوف ؛ معتاد (٨) مبتذَل ؛ رديء ؛ رخيص (٩) خشِن ؛ جافٍ ؛ غير مهذّب أو مصقول <~ manners; ~ language> (١٠) فاجرة ؛ عاهرة <a ~ woman> § (١١) *pl.*: العامّة : عامة الشعب (١٢) *pl.*: «أ» حجرة الطعام . «ب» مائدة مشتركة [وبخاصة في كلّية] أو الطعام المقدَّم فيها (١٣) *pl.*: «أ» ممثلو العامة في البرلمان . «ب» مجلس العموم [في بريطانيا] (١٤) «أ» أرض مَشاع . «ب» حديقة عامة (١٥) حقّ الارتفاق (ق) .

by ~ consent بإجماع الآراء .

in ~, مُشْتَرَك ؛ مَشاع .

in ~ with (١) مُشْتَرَك (٢) بالاشتراك مع (٣) مِثْلَ ؛ على غرار .

out of the ~, غير عاديّ ؛ غير مألوف .

right of ~, حقّ الارتفاق (ق) .

to be on short ~, يكون مستوى معيشته دون المألوف .

to make a ~ cause against the enemy يتّحدون ضدَّ العدوّ .

com·mon·a·ble [-′ə nə bəl] *(adj.)* مَشاع <~ lands> .

com·mon·age [-′ə nĭj] *(n.)* (١) أرضٌ مَشاع (٢) المشاعيّة : كون الأرض مَشاعًا (٣) العامّة ؛ طبقةُ عامّةِ الشعب .

com·mon·al·i·ty *(n.)* (١) العامّة ؛ طبقة العامّة (٢) صفة مشترَكة .

com·mon·al·ty *(n.)* (١) العامّة ؛ طبقة العامّة (٢) جماعة (٣) جُمّاع الأعضاء ؛ مجموع الأعضاء .

common carotid *(n.)* السُّباتيّ المُشْتَرَك : شريان يُمِدّ الرأس بالدم .

common cold *(n.)* الزُّكام .

common denominator *(n.)* المَقام المشترك (ر) .

common difference *(n.)* الفَضْل المشترَك (ر) .

common divisor *(n.)* القاسم المشترَك (ر) .

com·mon·er [-′ə nər] *(n.)* (١) العامّيّ : فرد من العامّة (٢) المُنْفِق : طالب في جامعة أوكسفورد إلخ يدفع نفقات طعامه (٣) عضو في مجلس العموم .

common factor *(n.)* = common divisor.

common fraction *(n.)* الكَسْر العاديّ أو الاعتياديّ (ر) .

common ground *(n.)* الأرضيّة المشترَكة : أساس للتفاهم المتبادَل .

common law *(n.)* القانون العُرفيّ ؛ القانون المكتوب .

common–law marriage *(n.)* الزواج العُرْفي .

common logarithm *(n.)* اللوغارِتْم العاديّ أو العَشْريّ (ر) .

com·mon·ly *(adv.)* (١) على نحو مشترَك أو عاديّ (٢) عادةً ؛ عمومًا .

common multiple *(n.)* المضاعَف المشترَك (ر) .

common noun *(n.)* الاسم النَّكرة (ل) .

com·mon·place [-′ən plās′] *(n.; adj.)* (١) شيء مألوف أو عاديّ (٢) ملاحظة عادية أو مبتَذَلة § (٣) مألوف ؛ عاديّ ؛ مبتَذَل .

common ratio *(n.)* النِّسبة المشترَكة (ر) .

common room *(n.)* حُجرة الاستراحة [لأساتذة الكلّية أو طلابها].

commons [kŏm′ənz] *(n. pl.)* (را. common *11–13*).

common school *(n.)* المدرسة العامة: مدرسة ابتدائية مجانية.

common sense *(n.)* الحسّ العامّ: «أ» آراء الناس العاديين المُرْسَلة على البديهة. «ب» الحكم على الأشياء بصورة صائبة وحصيفة.

common stock *(n.)* الأسهم العاديّة؛ الأسهم المُشْتَرَكة (اد).

common tangent *(n.)* المُماسّ المشترَك (ر).

com·mon·weal [-′ən wēl′] *(n.)* الخير العام؛ المصلحة العامة.

com·mon·wealth [-wĕlth′] *(n.)* الكُومَنْوَلث: «أ» دولة يوحِّدها توافق الشعب على العمل للمصلحة العامّة. «ب» دولةٌ ديموقراطية. «ج» جمهورية. «د» جماعة من الأشخاص أو الدول تَشُدّ بعضَ أفرادها إلى بعض مصلحة مشتركة. «هـ» *cap.*: الحكومة الإنكليزية في ظلّ أوليفر كرومويل وابنه (١٦٤٩–١٦٦٠). «و» *cap.*: اتحاد فيديرالي <the *Commonwealth* of Australia>.

common year *(n.)* السنة العادية: سنة غيرُ كبيسةٍ.

com·mo·tion [kə mō′-] *(n.)* (١) «أ» اضطراب [سياسي أو اجتماعي]. «ب» ثورة؛ فتنة (٢) اهتياج؛ فوضى.

com·move [kə mo͞ov′] *(vt.)* يُهيج؛ يُثير.

com·mu·nal [kə myo͞on′əl] *(adj.)* (١) «أ» كوميونيّ: ذو علاقة بكوميون (را. commune) أو بمجتمع ذي كوميونات. «ب» مميِّز لحياة اجتماعية بسيطة (٢) «أ» اشتراكيّ؛ شيوعيّ. «ب» مَشاع (٣) جماهيريّ: ذو علاقة بعامّة الشَّعب (٤) طائفيّ <serious ~ disturbances>.

com·mu·nal·ism *(n.)* (١) الكوميونالية: نظرية تقول بأن الدولة كنايةٌ عن اتحاد بين كوميونات (را. commune[2] *1*) مستقلة (٢) الطائفية.

com·mu·nal·ize *(vt.)* يُكَوْمِن: يجعله كوميونيًا أو طائفيًا.

com·mu·nard [kŏm′yə närd′] *(n.)* الكوميونيّ: المقيم في كوميون.

com·mune[1] [*v.* kə myo͞on′; *n.* kŏm′yo͞on] *(vi.; n.)* (١) يتحادث [بصورة حميمة] (٢) يتناول القربان المقدس (نص) § (٣) محادثة ودية أو حميمة؛ مطارحة أفكار أو عواطف.

com·mune[2] [kŏm′yo͞on′] *(n.)* (١) الكوميون: أصغر وحدات التقسيم الإداري في فرنسا وإيطاليا وسويسرا إلخ (٢) العامّة؛ عامّة الشَّعْب.

com·mu·ni·ca·ble *(adj.)* (١) قابل للنقل أو الإبلاغ (٢) سارٍ؛ مُعْدٍ.

communicable disease *(n.)* الداء الساري؛ الداء المُعْدي.

com·mu·ni·cant [kə myo͞o′-] *(n.; adj.)* (١) المتناوِل: من يتناول القربان المقدَّس؛ عضو في كنيسة أو جماعة (٢) «أ» الناقل؛ المُوْصِل. «ب» المُبلِّغ § (٣) ناقل؛ مُبلِّغ.

com·mu·ni·cate [-′nə kāt′] *(vt.; i.)* (١) يُبلغ <to ~ news> (٢) يُفشي <to ~ a secret> (٣) يَنْقُل <to ~ a disease> (٤) يناوله القربان المقدس x (٥) يتناول القربان المقدَّس (٦) يتّصل بـ <to ~ with people by telephone> (٧) يتّصل بعضه ببعض <rooms that ~>.

com·mu·ni·ca·tion *(n.)* (١) مص communicate (٢) معلومات مبلَّغة. وبخاصة: «أ» رسالة. «ب» خبر (٣) التواصل: تبادل الفكرات أو الآراء أو المعلومات من طريق الكلام أو الكتابة أو الإشارات (٤) *pl.*: الاتصالات: وسائل الاتصال على اختلافها.

communications satellite *(n.)* قمر الاتصالات.

com·mu·ni·ca·tive *(adj.)* صريح؛ كثير الكلام؛ غير متحفّظ.

com·mun·ion [kə myo͞on′-] *(n.)* (١) تشارُك؛ مُشارَكة (٢) *cap.*: «أ» العشاء الرّبّاني (نص). «ب» تناول العشاء الرّبّاني. «ج» جزء من القدّاس يُتناوَل فيه القربان المقدَّس (٣) «أ» صلة حميمة [بين شخصين أو أكثر]. «ب» تبادل الأفكار والمشاعر (٤) طائفة؛ مِلَّة.

com·mu·ni·qué [kə myo͞o′nə kā′] *(n.)* بلاغ رسميّ.

com·mu·nism [kŏm′yə-] *(n.)* الشيوعية: «أ» نظرية تدعو إلى إلغاء المِلْكية الخاصة. «ب» *cap.*: مذهب مبنيّ على أساس الاشتراكية الماركسية والماركسية اللّينينيّة. «ج» *cap.*: نظام يسيطر بموجبه حزب واحد على وسائل الإنتاج المملوكة من قِبل الدولة.

com·mu·nist [-nĭst] *(n.; adj.)* (١) الشيوعي § (٢) *cap.* عد: شيوعي.

com·mu·nis·tic *(adj.)* شيوعيّ: ذو علاقة بالشيوعية أو نزّاعٌ إليها.

com·mu·ni·ty [kə myo͞o′-] *(n.)* (١) المُشْتَرَك: «أ» جماعة ذات تنظيم مُشترَك أو مصالحَ مشتركة أو عائشةٌ في موطن واحد وفي ظلّ قوانين واحدة. «ب» موطن هذه الجماعة (٢) الجُمْهور <the approval of the ~> (٣) الجماعة: جماعة من الرجال أو النساء تحيا حياةً مشتركة وفقًا لنظام خاص <a ~ of monks> (٤) المجتَمَع: مجموعة من النباتات أو الحيوانات تحيا معًا (٥) «أ» جالية. «ب» طائفة (٦) المِلْكِيّة المشترَكة (٧) وحدة؛ اتفاق؛ تماثُل <~ of interests>.

community antenna television *(n.)* = cable television.

community center *(n.)* المركز الاجتماعيّ: مبنًى [أو عددٌ من المباني] يجتمع فيه أفراد جماعة ما لأغراض ثقافية أو اجتماعية.

community chest *(n.)* الصندوق الاجتماعيّ: صندوق يتلقّى تبرّعات أفراد جماعةٍ لإنفاقها في ما يعود بالخير على الجماعة ككلّ.

community college *(n.)* الكلّية الجَماعيّة (تر).

community property *(n.)* الأموال المشتَرَكة [بين الزوج والزوجة].

com·mu·nize *(vt.)* (١) يؤمِّم: يجعله مِلكًا للدولة (٢) يشوِّع: يجعله شيوعيًا.

com·mut·a·ble [kə myo͞o′-] *(adj.)* قابل للاستبدال أو التخفيف.

com·mu·tate [kŏm′yə-] *(vt.)* يعكس اتجاه التيار (كب).

com·mu·ta·tion *(n.)* (١) «أ» تبادُل. «ب» استبدال (٢) بَدَلٌ؛ عِوَضٌ (٣) إبدال العقوبة؛ تخفيف العقوبة (ق) (٤) الانتقال يوميًا بالقطار [من مكان العمل وإليه] (٥) عَكْسُ اتجاه التيار.

com·mu·ta·tive [kə myo͞o′tə-] *(adj.)* تبادليّ؛ استبداليّ؛ إبداليّ.

ă at; ā date; â care; ä car; ĕ egg; ē me; ĭ in; ī bite; ŏ lot; ō bone; ô orphan; oi boil; o͝o good; o͞o boot; ou out; ŭ under; û urgent; ə = *a* in alone, *e* in system, *i* in easily, *o* in gallop, *u* in circus.

commutative law *(n.)* القانون التبديليّ (ر).

com·mu·ta·tor *(n.)* المُبَدِّل: أداة تعكس اتجاه التيار (كب).

com·mute [kə myōōt′] *(vt.; i.)* (١) يغيِّر؛ يبدِّل (٢) يستبدل (٣) يُخفِّف: يُبدِّل العقوبة أو الالتزامات المالية بأخفَّ منها (٤) يعكس اتجاه التيار (كب) **x** (٥) يعوِّض؛ يكفِّر عن (٦) يدفع إجماليًا [نفقات السَّفر بالقطار عدةَ مرات] (٧) يقوم برحلات يومية [إلى مكان عمله ومنه]. — **com·mu·ter** *(n.)*

com·my [kŏm′ĭ] *(n.)* = commie.

co·mose [kō′mōs] *(adj.)* = comate.

comp [kŏmp] *(n.)* (١) تذكرة مجانية (٢) شيء مجانيّ.

com·pact [*adj., v.* kəm păkt′; *n.* kŏm′păkt] *(adj.; vt.; i.; n.)* (١) مؤلَّف؛ مصنوع (٢) مُدَمَّج؛ مُتضامّ؛ مُتلازّ (٣) مُحْكَم؛ مُوجَز <~ statements> (٤) مُلَمْلَم؛ مُصَغَّر <a ~ kitchen> (٥) مُكتَنِز § (٦) يؤلِّف؛ يركِّب (٧) يُدَمِّج؛ يَلُزّ؛ يُحْكِم **x** (٨) يتدمَّج؛ يتلازّ؛ يتراصّ § (٩) شيء متضامّ أو متلازّ أو متراصّ (١٠) المُدَمَّجة: «أ» علبة تجميل صغيرة تشتمل على مرآة وقطيفة وذرور للوجه وأحمر للشفاه. «ب» سيارة صغيرة نسبيًا (١١) اتفاق؛ ميثاق.

compact disk *(n.)* القُرْص المُدَمَّج [أو المُدْمَج]: قرصٌ تُختزن فيه مادّة مرمَّزة كالموسيقى والمعلومات إلخ (ألك).

com·pac·tion *(n.)* (١) تدميج؛ لَزّ؛ رَصّ (٢) تَدَمُّج؛ تَلازّ؛ تَراصّ.

com·pact·ness *(n.)* (١) تَدَمُّج؛ تَضامّ؛ تَلازّ؛ تَراصّ إلخ (٢) إحكام.

com·pa·dre [kəm pä′drā] *(n.)* صديق حميم؛ رفيقٌ لصيق.

com·pan·ion[1] [kĕm păn′yən] *(n.; vt.; i.)* (١) الرَّفيق؛ العَشير (٢) الوصيف؛ الوصيفة (٣) الفَرْدة: واحدٌ من زوج؛ أحد شيئين يُتَمِّم أحدُهما الآخر (٤) كتاب؛ دليل § (٥) يرافِق؛ يصاحب؛ يعاشر.

com·pan·ion[2] *(n.)* دَرَج السفينة أو غطاؤه.

com·pan·ion·a·ble *(adj.)* أنيس؛ حُلْو العِشرة؛ حَسَنُ الصُّحبة.

com·pan·ion·ate [-nĭt] *(adj.)* رِفاقيّ: منسوبٌ إلى الرِّفاق أو على طريقتهم.

com·pan·ion·ship *(n.)* رِفْقة؛ عِشْرة؛ صُحْبة.

com·pan·ion·way *(n.)* الدَّرَج: سُلَّم داخليّة تصل ظهر السفينة بحُجَيْراتها السُّفلى (مل).

com·pa·ny [kŭm′pə nĭ] *(n.; adj.; vt.; i.)* (١) «أ» رِفقة؛ عِشْرة؛ صُحْبة. «ب» رِفاق؛ عُشَراء؛ صِحاب. «ج» ضيف أو ضيوف (٢) «أ» جماعة؛ مجموعة. «ب» سَرِيّة [من جيش]. «ج» فرقة موسيقية أو مسرحية <opera ~>. «د» طاقم السفينة. «هـ» فرقة مطافئ (٣) المجتمع (٤) «أ» شركة. «ب» شُرَكاء § (٥) «أ» رِفقيّ؛ عِشْريّ: ذو علاقة بالرِّفقة أو العِشرة <~ manners>. «ب» شَرِكيّ: خاصّ بالشَّرِكة <~ stores>. «ج» شَرِكاتيّ: خاصّ بالشَّرِكات <~ law> § (٦) يرافق؛ يعاشِر؛ يصاحِب.

for ~, على سبيل المرافقة.

to keep *or* bear a person ~, يلازمُه: يَذهب أو يَبقى معه.

to keep ~ with يُعاشِر؛ يُصادِق.

to part ~, يفترق؛ ينفصل عن.

company officer *(n.)* قائد السَّرِيّة (جن).

company union *(n.)* (١) النقابة المستقلّة: نقابة تضمّ عمال شركة أو مؤسسة من غير أن تؤلف جزءًا من اتحاد نقابيّ أوسع (٢) النقابة المغلولة: نقابة للعمال يسيطر عليها رَبُّ العمل.

com·pa·ra·ble [-′pər ə-] *(adj.)* (١) قابل للمقارنة (٢) مُساوٍ؛ مُشابه.

com·par·a·tive [kəm păr′ə-] *(adj.; n.)* (١) مقارِن: ذو علاقة بالمقارنة أو قادرٌ على إجراء المقارنات <the ~ faculty> (٢) مقارَن: مدروس على أساس مقارِن <~ literature> (٣) نسبيّ؛ غير مطلق <to live in ~ comfort> § (٤) النِّدّ؛ الصِّنو؛ المنافس.

the ~ degree صيغة التفضيل [بين طرفين].

com·par·a·tive·ly *(adv.)* (١) على نحوٍ مقارَن (٢) نسبيًّا؛ بعضَ الشيء.

com·par·a·tor *(n.)* المقارِن: أداة لمقارنة شيء بآخر أو بمقياس عياريّ.

com·pare [kəm pâr′] *(vt.; i.; n.)* (١) يشبِّه بـ (٢) يقارِن؛ يوازن [بين] **x** (٣) يضاهي؛ يُباري؛ يجاري (٤) يقارن (٥) يُماثل؛ يُشابه § (٦) مقارَنة <a ruffian in ~ to his comrades>.

beyond *or* without *or* past ~, لا يُضاهَى.

to ~ notes يتبادلون الآراء ووجهات النظر.

com·par·i·son [-′ĭ sən] *(n.)* (١) تشبيه (٢) مقارَنة؛ مُوازنة (٣) شَبَه (٤) التفضيل <The three degrees of ~ are positive, comparative, and superlative.>.

by ~, عند المقارنة

in ~, بالمقارنة مع؛ بالنِّسْبة إلى.

to bear *or* stand ~ with يُضاهي؛ يُباري.

com·part *(vt.)* يَفْصِل إلى أجزاء. وبخاصة: يقسِّم وفقًا لخريطة (عم).

com·part·ment *(n.)* (١) قِسم؛ جزء (٢) مقصورة [في قطار]؛ حُجَيْرة.

com·part·men·tal *(adj.)* (١) مقسَّم؛ مجزَّأ (٢) ذو مقصورات إلخ.

com·part·men·tal·ize *(vt.)* يقسِّم إلى فئات أو مقصورات.

com·pass[1] [kŭm′pəs] *(vt.)* (١) يرسم خطة لِـ؛ يدبِّر مكيدة لِـ (٢) «أ» يطوِّق. «ب» يدور حول (٣) «أ» يُنجِز؛ يُتِمّ. «ب» ينال؛ يحقِّق؛ يُحرِز؛ يحقِّق (٤) يستوعب <to ~ an idea>.

com·pass[2] *(n.; adj.)* (١) «أ» محيط؛ حدّ. «ب» نطاق (٢) البُوصلة؛ الحُكّ؛ بيت الإبرة؛ إبرة الملاحين (٣) *pl.* عد: بركار؛ فرجار § (٤) منحنٍ؛ دائريّ. وبخاصة: نصف دائريّ <a ~ window>.

compass card *(n.)* قُرص البوصلة: قرص إبرة الملاحين الدائريّ الذي تظهر عليه أقسام الجهات الاثنان والثلاثون ودرجات الدائرة الثلاثمائة والستون.

compass card

compass error *(n.)* الخطأ البوصليّ: الفرق بين الاتجاه الذي تشير إليه البوصلة وبين الشمال الجغرافيّ أو الحقيقيّ (مل).

com·pas·sion [-păsh′-] *(n.; vt.)* (١) شفقة؛ حنوّ § (٢) يشفق.

com·pas·sion·ate [*adj.* kəm păsh′ə nĭt; *v.* -nāt′] *(adj.; vt.)* (١) شَفوق؛ شفيق؛ حَنون؛ رحيم § (٢) يُشْفِق على.

com·pas·sion·ate·ly *(adv.)* بِشَفَقةٍ؛ بِحَنان؛ بِرَحمة.

com·pas·sion·ate·ness *(n.)* شَفَقَة ؛ حنان ؛ رحمة .

compass north *(n.)* الشمال المغنطيسي [على البوصلة] (مل) .

compass plane *(n.)* = circular plane.

compass plant *(n.)* البوصليّة : نبات شمالأميركي تتّخذ أوراقه السُّفلى وضعًا شماليًا جنوبيًا كالذي تتخذه إبرة البوصلة .

compass saw *(n.)* مِنشار المُنْحَنيات : منشار يدويّ لقطع المُنْحنيات .

com·pat·i·bil·i·ty *(n.)* انسجام ؛ تساوُق ؛ تناغم إلخ .

com·pat·i·ble [kəm păt′-] *(adj.)* (١) منْسجم ؛ متساوق ؛ متناغم (٢) منطبق على ؛ متلائم أو متّفق مع (٣) متساوِق : «أ» خاصّ بنظام يجعل استقبال الإرسال التلفزيوني الملوَّن ممكنًا ، باللونين الأسود والأبيض ، على شاشات الأجهزة غير المزوَّدة بأسباب الاستقبال الملوَّن (تلفز) . «ب» خاصّ بنظام يتيح العمل بانسجام لأدوات مختلفة في الكومبيوتر <an IBM- ~ device> .

com·pa·tri·ot [kəm pā′trĭ ət] *(n.; adj.)* (١) مُواطن المرء أو ابنُ بلده (٢) رفيق ؛ زميل § (٣) مُواطن : من نفس البلد .

com·peer [kəm pēr′] *(n.)* (١) الرفيق (٢) النِّد ؛ الصِّنْو ؛ الكُفُؤ .

com·pel [kəm pĕl′] *(vt.; i.)* (١) يُكْرِه ؛ يُجْبِر ؛ يُرْغِم (٢) يفرض بالقوة (٣) يُخْضِع <I ~ all creatures to my will.> **x** (٤) يستخدم القوةَ .

com·pel·la·ble *(adj.)* ممكنٌ إجبارُهُ أو إرغامُهُ [على أمر] .

com·pel·la·tion [kŏm′pə lā′-] *(n.)* (١) مُخاطَبة (٢) اسم ؛ لقب .

com·pel·ler [kəm pĕl′ər] *(n.)* المُكْرِه ؛ المُجْبِر ؛ المُرْغِم .

com·pel·ling *(adj.)* (١) شديد (٢) آسر ؛ فاتن (٣) مُقنِع ؛ مُفحِم .

com·pend [kŏm′pĕnd] *(n.)* = compendium.

com·pen·di·ous [kəm pĕn′dĭ əs] *(adj.)* مختَصَر ؛ مُوْجَز .

com·pen·di·um [-əm] *(n.)* pl. **-di·ums** *or* **-di·a** خلاصة وافية .

com·pen·sate [kŏm′pən sāt′] *(vt.; i.)* (١) يعوِّض على (٢) يدفع له تعويضًا أو أجرًا (٣) يكافئ ؛ يُعادل **x** (٤) يعوِّض عن .

com·pen·sat·ing *(adj.)* معوِّض ؛ مكافئ ؛ معادِل .

compensating errors *(n. pl.)* الأخطاء المتكافئة : أخطاء في الحساب التجاري متعادلة القيمة ولكنّها متضادّة الدلالة فهي تُبطل بعضها بعضًا .

compensating gear *(n.)* التُّرس المعادِل (مك) .

compensating leads *(n. pl.)* أسلاك التوصيل المعادِلة (كب) .

compensating winding *(n.)* اللّفائف المعادِلة (كب) .

com·pen·sa·tion [kŏm′pən sā′-] *(n.)* (١) تعويض (٢) أجر (٣) التعويض : «أ» مالٌ يُدْفع إلى عاطل عن العمل أو إلى عامل يُصاب بأذى أثناء العمل أو إلى أهله . «ب» عملية يُخفي بها المرء عجزًا أو نقصًا معيّنًا أو شعورًا بالضَّعَةِ إلخ وذلك من طريق التفوُّق في حقل معيَّن (نف) .

com·pen·sa·tion·al; com·pen·sa·tive; com·pen·sa·to·ry *(adj.)* تعويضيّ .

com·pere [kŏm′pâr] *(n.; vt.)* (١) مُقدِّم البرامج § (٢) يقدِّم البرامج .

com·pete [kəm pēt′] *(vi.)* (١) يتنافس (٢) يشترك في مباراة .

com·pe·tence [kŏm′pə-] *(n.)* (١) «أ» كفاية ؛ مقدار كافٍ . «ب» دخل كافٍ لتأمين ضرورات الحياة من غير ترف (٢) كفاءة ؛ جدارة ؛ مقدرة (٣) «أ» اختصاص (ق) . «ب» أهلية (ق) .

com·pe·ten·cy *(n.)* = competence.

com·pe·tent [-′pə tənt] *(adj.)* (١) كافٍ ؛ وافٍ بالغرض (٢) «أ» كفؤ ؛ مقتدر <a ~ cook> . «ب» مُؤهَّل لِـ <Is he ~ for his work?> (٣) «أ» مختصّ ؛ ذو صلاحيّة <a ~ court> . «ب» ذو أهلية <a ~ witness> .

com·pe·ti·tion [kŏm′pə tĭsh′-] *(n.)* (١) تنافس ؛ منافسة ؛ مزاحمة (٢) «أ» مباراة <chess ~s> . «ب» مُتبارٍ <ahead of the ~s> .

com·pet·i·tive; com·pet·i·to·ry *(adj.)* تنافسيّ .

com·pet·i·tor [kəm pĕt′ə tər] *(n.)* المنافس ؛ المزاحِم .

com·pi·la·tion [kŏm′pə lā′-] *(n.)* (١) جَمْعٌ ؛ تصنيف ؛ تأليف (٢) «أ» كتاب ؛ مصنَّف ؛ مُؤلَّف . «ب» مجموعة [نصوصٍ أو معلومات] .

com·pile [kəm pīl′] *(vt.)* يَجْمع ؛ يصنِّف ؛ يؤلف .

com·pil·er [-′lər] *(n.)* الجامع ؛ المصنِّف ؛ المؤلِّف .

com·pla·cence *(n.)* (١) رِضًا ؛ رِضًا ذاتيّ (٢) اطمئنان ؛ راحة بال .

com·pla·cen·cy *(n.)* رضًا . وبخاصةٍ : رضًا عن الذات مصحوبٌ بغفلةٍ عن الأخطار المُحْدِقة .

com·pla·cent [kəm plā′sənt] *(adj.)* (١) لطيف ؛ مُجامل ؛ راغبٌ في الإرضاء (٢) راضٍ . وبخاصة : راضٍ عن نفسه (٣) مُطْمئِنّ .

com·plain [kəm plān′] *(vi.)* (١) يتذمَّر ؛ يشكو ؛ يتشكّى [أمرًا] (٢) يشكو أو يتّهم رسميًا .

— com·plain·er *(n.)*

com·plain·ant [-′nənt] *(n.)* (١) المتذمِّر ؛ الشاكي (٢) المُدَّعي (ق) .

com·plaint [kəm plānt′] *(n.)* (١) تذمُّر ؛ تَشَكٍّ (٢) شَكْوى ؛ شَكاة ؛ ظُلامة (٣) مَرض <a heart ~> (٤) اتهام رسمي (ق) .

com·plai·sance [-′səns; -′zəns] *(n.)* لُطف ؛ كياسة ؛ لِيْنُ جانب .

com·plai·sant *(adj.)* لطيف ؛ كيِّس ؛ دَمِث ؛ ليِّن الجانب .

com·pleat [kəm plēt′] *(adj.)* كامل : بالغٌ حدَّ الكمال .

com·plect·ed *(adj.)* ذو بشرَة <dark-*complected*> .

com·ple·ment [*n.* kŏm′plə mənt; *v.* -mĕnt′] *(n.; vt.)* (١) تتمّة ؛ تكملة ؛ مُلْحَق (٢) المجموعة الكاملة : طاقم السفينة الكامل <the ship's ~> (٣) القَسِيم : الشيء المتمِّم لشيء آخر (٤) المُتَمِّم : المقدار الضروري لجعل الزاوية تساوي ٩٠ درجة (هن) (٥) الفَضْلة ؛ تتمة المُسْنَد (ل) (٦) alexin § (٧) يُتمِّم ؛ يُشكِّل تتمةً لِـ .

com·ple·men·tal [-mĕn′təl] *(adj.)* = complementary.

com·ple·men·ta·ry *(adj.)* (١) متمِّم ؛ مُكمِّل (٢) مُتَتامّ : مُتمِّم بعضُهُ بعضًا .

complementary angles *(n. pl.)* الزاويتان المتتامّتان : زاويتان

مجموعهما ٩٠ درجة.

com·plete [kəm plēt′] *(adj.; vt.)* (١) تامّ؛ كامل (٢) مُتمِّم؛ مُنْجَز (٣) كامل: بالغٌ حدَّ الكمال § (٤) يتمِّم؛ يُكمِّل (٥) يُنهي؛ يُنجز (٦) يجعله بالغًا حدَّ الكمال.

— **com·plete·ness** *(n.)*

com·plete·ly [kəm plēt′lĭ] *(adv.)* تمامًا؛ بكلّ ما في الكلمة من معنًى.

complete quadrangle *(n.)* رُباعيّ الزوايا التّام (ر).

complete quadrilateral *(n.)* رُباعيّ الأضلاع التّام (ر).

com·ple·tion [kəm plē′-] *(n.)* (١) إتمام؛ إكمال (٢) اكتمال.

com·plex[1] [kəm plěks′; kŏm′plěks] *(adj.)* (١) مركَّب (٢) مُعقَّد <~ machines> (٣) مُرَكَّب <~ fractions>.

com·plex[2] [kŏm′plěks] *(n.)* (١) المُعَقَّد: كلُّ مركَّب من أجزاء (٢) مُجَمَّع مبانٍ أو منشآت (٣) العُقدة؛ المركَّب <Oedipus ~>.

com·plex[3] [kəm plěks′; kŏm′plěks] *(vt.)* يُعَقِّد: يجعله مُعقَّدًا.

complex fraction *(n.)* الكَسْر المركَّب (ر).

com·plex·ion [kəm plěk′-] *(n.)* (١) طبيعة؛ مزاج [فس قديمة] (٢) بَشَرة (٣) مَظْهر؛ صفة <the threatening ~ of the sky>.

com·plex·i·ty [-′sĭ tĭ] *(n.)* (١) تعقيد؛ تعقّد (٢) شيء معقَّد.

complex number *(n.)* العدد العُقْديّ (ر).

complex plane *(n.)* المُسْتَوي العُقْديّ (ر).

complex variable *(n.)* المتغيِّر العُقْديّ (ر).

com·pli·a·ble [kəm plī′ə-] *(adj.)* = compliant.

com·pli·ance [-′əns]; **com·pli·an·cy** *(n.)* (١) المطاوَعة؛ الإذعان؛ الانقياد؛ الامتثال (٢) لِيْن العريكة (٣) الانقياد (فز).

in ~ with عملًا بِـ؛ نزولًا عند؛ وفقًا لِـ.

com·pli·ant [-′ənt] *(adj.)* (١) مطاوِع؛ مُذْعِن؛ (٢) مُسايِر؛ ليِّن العريكة.

com·pli·ca·cy [-′plə kə sĭ] *(n.)* = complexity.

com·pli·cate [*v.* kŏm′plə kāt′; *adj.* -kĭt] *(vt.; i.; adj.)* (١) «أ» يُعَقِّد. «ب» يصعِّب x (٢) «أ» يتعقَّد. «ب» يَصْعُب § (٣) مُعقَّد (٤) صَعْب (٥) مَطْوِيّ على نفسه <a ~ embryo>.

com·pli·cat·ed [-kā′tĭd] *(adj.)* (١) معقَّد (٢) عسير؛ صَعْب.

com·pli·ca·tion [-′plə kā′-] *(n.)* (١) تعقيد (٢) تعقُّد (٣) المُعَقِّد: عنصرٌ مُعقِّد (٤) المضاعَفَة: علّة أو حالة ثانوية تنشأ أثناء مرضٍ ما فتزيده خطورةً.

com·plic·it [kəm plĭs′ət] *(adj.)* مشارِك [في جريمة].

com·plic·i·ty [-′ə tĭ] *(n.)* اشتراك؛ مُشارَكة [في جريمة].

com·pli·er [kəm plī′ər] *(n.)* المطيع؛ المُمْتَثِل؛ المستجيب؛ المُذْعِن.

com·pli·ment [*n.* kŏm′plə mənt; *v.* -měnt′] *(n.; vt.)* (١) مَدْح؛ إطراء؛ ثناء (٢) تَمَلُّق (٣) تكريم (٤) *pl.* تحيّات؛ تمنّيات § (٥) يُطري (٦) يجامل؛ يُهدي على سبيل المجاملة (٧) يهنِّئ.

com·pli·men·ta·ry *(adj.)* (١) مَدْحيّ (٢) مُجامِل (٣) مَجّانيّ.

com·plot [*n.* kŏm′plŏt′; *v.* kəm plŏt′] *(n.; vt.; i.)* (١) مؤامرة (ا ق) § (٢) يتآمر (ا ق).

com·ply [kəm plī′] *(vi.)* يطيع؛ يمتثل؛ يستجيب؛ يُذعن.

com·po·nent [kəm pō′-] *(n.; adj.)* (١) المُرَكِّب؛ المكوِّن: عنصرٌ أو جزء أساسيّ (٢) المُرَكِّبة (ر) § (٣) مُرَكِّب؛ مكوِّن <~ parts>.

com·port [kəm pōrt′] *(vi.; t.)* (١) يتلاءم؛ يتوافق؛ يتطابق مع x (٢) يتصرَّف؛ يَسْلك <~s herself with dignity>.

com·port·ment [-′mənt] *(n.)* تصرُّف؛ سلوك.

com·pose [kəm pōz′] *(vt.; i.)* (١) يركِّب؛ يشكِّل (٢) ينضِّد؛ يَجْمع <to ~ type> (٣) «أ» يَنْظِم <to ~ a poem>. «ب» يؤلِّف <to ~ an opera> (٤) يُسوّي؛ يُنهي <to ~ a dispute> (٥) يُهيِّئ؛ يُعِدّ <to ~ oneself to read a novel> (٦) يرتِّب (٧) يهدِّئ <*Compose* yourself!> x (٨) يَنْظِم؛ يؤلِّف؛ يلحِّن <He ~s only in the evening.> (٩) ينضِّد (طع).

com·posed [-pōzd′] *(adj.)* هادئ. وبخاصة: رابط الجأش.

— **com·pos·ed·ly** *(adv.)* — **com·pos·ed·ness** *(n.)*

com·pos·er *(n.)* فا compose. وبخاصة: الملحِّن؛ المؤلِّف الموسيقي.

com·pos·ing *(n.)* (١) تركيب (٢) تنضيد (طع) (٣) نَظْم؛ تأليف إلخ.

composing machine *(n.)* المنضِّدة: آلة تنضيد الأحرف الطباعية.

composing room *(n.)* حُجرة التنضيد: حُجرة منضِّدي الأحرف بمطبعة.

composing stick *(n.)* المِصَفّ؛ مِصَفّ الأحرف الطباعية.

composing stick

Com·pos·i·tae [kŏm pŏz′ĭ tē] *(n. pl.)* الفصيلة المركَّبة (نب).

com·pos·ite [kəm pŏz′ĭt] *(adj.; n.)* (١) مركَّب؛ مؤلَّف § (٢) المركَّب: شيء مركَّب (٣) المركَّبة: نبتة من المركَّبات.

composite number *(n.)* العدد المؤلَّف؛ العدد غير الأوّلي (ر).

composite photograph *(n.)* الصورة المؤلفة: صورة فوتوغرافية يُحْصَل عليها من طريق الجمع بين صورتين فوتوغرافيّتين مستقلتين أو أكثر.

com·po·si·tion [kŏm′pə zĭsh′ən] *(n.)* (١) مص compose. وبخاصة «أ» التنضيد؛ تنضيد الأحرف الطباعية <hand ~>. «ب» تأليف <a piano sonata of her own ~>. «ج» أسلوب التأليف <a picture excelling in ~> (٢) «أ» التركيب: الأجزاء التي يتركّب منها شيء ما <The ~ of this confectionery includes sugar, chocolate, and butter.> «ب» المركَّب: مادة مركَّبة <a ~ of several acids> (٣) البُنْية. وبخاصة: تكوين المرء العقليّ <a touch of madness in her ~> (٤) «أ» اتفاق؛ تسوية. وبخاصة: صلح المفلس مع دائنيه [بأن يكتفوا بدفعِهِ جزءًا من ديونهم]. «ب» مبلغ يُدفع بموجب هذا الصّلح (٥) الإنشاء: مقالة قصيرة يُطلب إلى التلامذة كتابتُها (٦) قطعة موسيقية.

composition of forces تركيب القُوى (مك).

com·pos·i·tor [-pŏz′ə tər] *(n.)* منضِّد الحروف [في مطبعة].

com·pos men·tis [kŏm′pəs měn′tĭs] *(adj.)* سليم العقل (ق).

com·post [kŏm′pōst] *(n.)* (١) خليط التسميد: خليط من رَوْث وأوراق شجر مَيْتة لتسميد التربة (٢) خليط؛ مزيج.

com·po·sure [kəm pō′zhər] *(n.)* هدوء. وبخاصة: رباطة جأش.

com·po·ta·tion [kŏm′pō tā′-] *(n.)* المُشارَبة: المشاركة في الشَّراب.

com·po·ta·tor [kŏm′pə tā′tər] *(n.)* المُشارِب : رفيق الشراب .

com·pote [kŏm′pōt] *(n.)* (١) الكومبوت : فاكهة مَطْهُوّة بالسّكّر بطريقة تحافظ معها على شكلها (٢) وعاء يُسْكب منه الكومبوت .

com·po·tier [kŏm′pə tēr′; *F.* kôn pô tyā′] *(n.)* = compote *2.*

com·pound [*adj.,* kŏm′pound; kŏm pound′; *n.* kŏm′pound; *v.* kəm pound′] *(adj.; n.; vt.; i.)* (١) مُركَّب § (٢) كلمة مركّبة <مثل harmful> (٣) المُرَكَّب (ك) (٤) المُجَمَّع : «أ» مجموعة مبانٍ أو منشآت؛ سوق تجارية . «ب» رُقعة من الأرض مسيَّجة § (٥) يركّب؛ يؤلِّف (٦) يسوِّي حُبيًّا [نزاعًا أو دَيْنًا] (٧) يدفع الفائدة المركّبة (٨) يزيد؛ يضاعِف (٩) يصالح على جريمة [مقابلَ مالٍ] <to ~ a crime> x (١٠) يتّحد [في مركّب] (١١) يتّفق <He *~ed* with his creditors.> .

compound engine *(n.)* المحرِّك المركّب (مك) .

compound fraction *(n.)* = complex fraction.

compound fracture *(n.)* الكَسْر المضاعَف : كَسْرٌ يمزّق فيه العظمُ المكسورُ اللحمَ والجلدَ ويتأ منهما (جر) .

compound interest *(n.)* الفائدة المركّبة (اد) .

compound leaf *(n.)* الورقة المركّبة (نب) .

compound microscope *(n.)* المجهر أو التلسكوب المركّب .

compound number *(n.)* العدد المركّب : كمية معبَّرٌ عنها بوحدتين أو أكثر <مثل 4ft. 8in. أو 3hr. 24min. 30sec.> .

compound quantity *(n.)* الكمية المركّبة (ر) .

compound ratio *(n.)* النسبة المركّبة (ر) .

compound sentence *(n.)* الجملة المركّبة : جملة مؤلفة من عبارتين رئيسيَّتين أو مستقلّتين أو أكثر .

com·pra·dor [kŏm′prə dôr′] *or* **com·pra·dore** [-dōr′] *(n.)* الكومبرادور : «أ» وكيل أو مستشار وطنيّ كانت تستخدمه ، في الصين ، مؤسسة أجنبية [كقنصلية] للإشراف على شؤون مستخدميها الصينيين . «ب» الوسيط .

com·pre·hend [kŏm′prĭ hĕnd′] *(vt.)* (١) يَفهم؛ يُدرك (٢) يَشْمل؛ يتضمَّن .
— com·pre·hend·i·ble *(adj.)*

com·pre·hen·si·ble [-hĕn′sə bəl] *(adj.)* ممكنٌ فهمُهُ أو إدراكُهُ .
— com·pre·hen·si·bil·i·ty; com·pre·hen·si·ble·ness *(n.)*

com·pre·hen·sion [-′shən] *(n.)* (١) «أ» فَهْم؛ إدراك . «ب» معرفة . «ج» القدرة على الفهم (٢) «أ» اشتمال . «ب» شمول (٣) connotation .

com·pre·hen·sive *(adj.)* (١) شامل؛ واسع (٢) واسع الإدراك .

com·press [*v.* kəm prĕs′; *n.* kŏm′prĕs] *(vt.; i.; n.)* (١) يَضْغَط؛ يَكْبِس؛ يَعْصِر (٢) يُرَكِّز؛ يُكَثِّف x (٣) ينضغط؛ ينكبس؛ ينعصر (٤) يتركّز؛ يتكثّف § (٥) كِمادة (٦) مِكْبَسُ القطن .

com·pressed *(adj.)* (١) مضغوط <~ air> (٢) مُسطَّح .

compressed–air brake *(n.)* مِكْبَح بالهواء المضغوط (مك) .

com·press·i·bil·i·ty *(n.)* المُنْضَغِطِيّة؛ الانضِغاطِيّة : كَوْنُ الشيء مُنْضَغِطًا أو قابلًا للانضغاط .

com·press·i·ble *(adj.)* مُنْضَغِط؛ قابلٌ للانضغاط .

com·pres·sion [kəm prĕsh′ən] *(n.)* (١) ضَغْط إلخ (٢) انضغاط .

com·pres·sive *(adj.)* (١) ضَغْطيّ؛ انضِغاطيّ (٢) ضاغط <a ~ force>.

com·pres·sor [-prĕs′ər] *(n.)* (١) الضاغط إلخ (٢) العَضَلة الضاغطة (ت) (٣) الضاغطة : آلة تضغط الهواء والغاز إلخ .

com·pres·sure [kəm prĕsh′ər] *(n.)* (١) ضغط (٢) انضغاط .

com·prise [kəm prīz′] *(vt.)* (١) يشتمل؛ يتضمّن؛ يضمّ (٢) يتألّف من (٣) يؤلِّف؛ يشكِّل .

com·pro·mise [kŏm′prə mīz′] *(n.; vt.; i.)* (١) «أ» تَسْوية؛ حلٌّ وسطٌ؛ منزلةٌ متوسطةٌ بين منزلتين . «ب» الوَسَط : شيء جامعٌ لخصائص شيئين آخرين (٢) تَخَلٍّ أو تنازلٌ عن <a ~ of rights> (٣) تعرُّضٌ للشُّبهة أو الفضيحة أو الخطر § (٤) يُسوِّي [نزاعًا] بحلٍّ وسط (٥) يعرِّض للشبهة أو الفضيحة أو الخطر x (٦) يتوصَّل إلى تفاهم؛ يتوصَّل إلى تسوية (٧) يتخلّى [عن حقوقه إلخ] (٨) يَقْبل بتسوية مُذِلّة <rather die than ~> .

com·pro·mis·ing *(adj.)* (١) مُسَوٍّ؛ مُوَفِّق (٢) مُعَرِّض للشُّبهة إلخ .

compte ren·du [kônt rän dY′] *(n.)* بيان؛ تقرير؛ عَرْض .

comp·tom·e·ter [kŏmp tŏm′ə tər] *(n.)* آلة حاسبة .

comp·trol·ler [kən trō′-] *(n.)* مراقب النفقات أو الحسابات .

com·pul·sion [kəm pŭl′shən] *(n.)* (١) «أ» إكراه؛ إلزام؛ إجبار؛ قَسْر . «ب» كَرْه؛ اضطرار . «ج» قوةٌ ضاغطة (٢) القَسْر؛ القَهْر؛ الإلحاح (نف) .

com·pul·sive [kəm pŭl′sĭv] *(adj.)* مُكرِه؛ مُلْزِم؛ مُجْبِر؛ قاهر .

com·pul·so·ry [-′sə rĭ] *(adj.)* (١) قَسْريّ (٢) إلزاميّ؛ إجباريّ .

com·punc·tion *(n.)* (١) وَخْزُ الضمير (٢) ندم (٣) تردُّد .

com·punc·tious [kəm pŭngk′-] *(adj.)* (١) نَدَميّ (٢) مُثير للندم .

com·pur·ga·tion [kŏm′pər gā′-] *(n.)* التَّبرئة بالأَيْمان : تبرئة المتَّهم إذا ما أقسم عدد من جيرانه أو أصدقائه على براءته (ق) .

com·pur·ga·tor *(n.)* شاهدُ البراءة : شاهدٌ يُقْسم على براءة متَّهَم .

com·pu·ta·tion *(n.)* (١) حساب (٢) تقدير؛ تخمين (ا . م) .

com·pu·ta·tor [kŏm′pyə tā′tər] *(n.)* = computer.

com·pute [1] [kəm pyōōt′] *(n.)* = computation.

com·pute [2] *(vt.; i.)* يَحْسُب؛ يقدِّر حسابيًّا .

com·put·er *(n.)* الكومبيوتر؛ الحاسبة الألكترونية؛ الحاسوب .

computer engineer *(n.)* مهندس الكومبيوتر .

com·put·er·ese *(n.)* الكومبيوتريزيّة : لغة خبراء الكومبيوتر الاصطلاحية .

com·pu·ter·ize *(vt.)* يُكَمْيِر : «أ» يُنفِّذ أو يُجري أو يضبط أو يحفظ بكومبيوتر . «ب» يزوِّد بكومبيوتر .
— com·pu·ter·ized *(adj.)*

computer literacy *(n.)* معرفة الكومبيوتر .

computer science *(n.)* علم الكومبيوتر .

com·rade [kŏm′răd] *(n.)* (١) رفيق (٢) رفيق في السّلاح أو الحزب .

con[1] [kŏn] *(vt.)* (١) يَستظهر ؛ يحفظ عن ظهر قلب (٢) يَدرس أو يَفحص بدقة .

con[2] *(vt.; n.)* (١) يوجّه دَفّة السفينة § (٢) توجيه [دَفّةِ السفينة] .

con[3] *(adv.; n.)* (١) ضدَّ <to argue pro and ~> § (٢) حجّة ضدّ شيء ما <pros and ~s> (٣) الموقف السلبيّ في مناظرة أو صاحب هذا الموقف .

con[4] *(vt.)* (١) يخدع ؛ يحتال على (٢) يتملّق .

~ game = confidence game.

~ man = confidence man.

con[5] *(n.)* السُّلّ ؛ داء السُّلّ .

con- = com-.

con a·mo·re [kôn ä mô′rē] *(adv.)* (١) بحبّ ؛ بحماسة (٢) بحنان (مو) .

co·na·tion *(n.)* النُّزوع : مظهر سلوكيّ يشمل الرغبة والإرادة (نف) .

co·na·tus [kō nā′təs] *(n.)* (١) جَهْد (٢) نزعة طبيعية ؛ دافع طبيعي .

con bri·o [kôn brē′ō] *(adv.)* بقوة ؛ بحيوية (مو) .

con·cat·e·nate [-kăt′ə-] *(vt.; adj.)* (١) يُسَلْسِل § (٢) متسلسِل .

con·cat·e·na·tion *(n.)* (١) سَلْسَلة (٢) تَسَلْسُل .

con·cave [*adj.; v.* kŏn kāv′; kŏn′kāv; *n.* kŏn′-] *(adj.; n.; vt.)* (١) مُقعَّر § (٢) المُقعَّر : خط أو سطحٌ مُقعَّر § (٣) يُقعِّر .

con·cav·i·ty [-kăv′ĭ tĭ] *(n.)* (١) التجويف : سطح أو شيء مقعَّر (٢) تقعُّر .

con·ca·vo–con·cave *(adj.)* مُزْدَوِج التَّقعُّر : مُقعَّر من الوجهين .

con·ca·vo–con·vex *(adj.)* مُقعَّرٌ محدَّب : مُقعَّر من جهةٍ ومُحَدَّبٌ من أخرى .

con·ceal [kən sēl′] *(vt.)* (١) يَكتُم (٢) يُخفي ؛ يَحْجُب .

con·ceal·ment *(n.)* (١) «أ» كَتْم . «ب» إخفاء (٢) «أ» كتمان . «ب» اختفاء (٣) مَخْبأ .

— **con·ceal·a·ble** *(adj.)*

con·cede [kən sēd′] *(vt.; i.)* (١) يمنَح ؛ يُخوِّل (٢) يسلِّم بِـ x (٣) يُذْعِن أو يقوم بتنازلات .

con·ceit [kən sēt′] *(n.; vt.)* (١) «أ» تصوّر ؛ إدراك . «ب» فكرة (٢) رأي شخصيّ ؛ وجهة نظر (٣) خيال ؛ وهم ؛ نزوة (٤) غُرور ؛ عُجْب § (٥) يتخيَّل (ع) (٦) يولَع بِـ (عب) .

in one's own ~, في رأي المرء الشخصيّ .

out of ~ with لم يَعُدْ مولعًا بِـ أو ميالًا إلى .

con·ceit·ed [kən sē′tĭd] *(adj.)* مغرور ؛ مُعْجَب ؛ مُعْتَدّ بنفسه .

con·ceiv·a·ble [kən sē′-] *(adj.)* ممكنٌ تصوُّره أو تخيُّلُه .

con·ceive [kən sēv′] *(vt.; i.)* (١) تحمِل [المرأةُ] ؛ تَحْبَل بِـ <to ~ a child> (٢) يَسْتَشْعر (٣) يتصوَّر ؛ يتخيَّل (٤) يَفْهم (٥) يَرى ؛ يَعْتقد (٦) يعبِّر ؛ يصوغ <~*d* in the plainest language> x (٧) تَحْبل (٨) يَعتبر ؛ يَعُدّ [تتبعها *of* عادةً] .

con·cen·ter *(vt.; i.)* (١) يُراكز : يجعله مُتَّحد المركز x (٢) يتراكز .

con·cen·trate [kŏn′sən trāt′] *(vt.; i.; n.)* (١) يُركِّز (٢) يكثِّف (٣) يُجمِّع ؛ يَحْشُد x (٤) يتركَّز ؛ يتكثَّف (٥) يتجمَّع ؛ يحتشد (٦) يركِّز : يَحْصُر تفكيرَه في نقطة معيّنة § (٧) المُركَّز : شكلٌ مُركَّز من مادةٍ ما .

con·cen·trat·ed *(adj.)* مركَّز ؛ مكثَّف <~ effort> .

con·cen·tra·tion *(n.)* (١) تركيز أو تركُّز . وبخاصة : تركيز الفكر على أمرٍ ما (٢) تجمُّع ؛ تكتُّل (٣) الحَشْد : تجميع القوات العسكرية أو البحرية في بقعة معيَّنة استعدادًا لعمليات حربية مرتَقَبة (٤) كثافة .

concentration camp *(n.)* مُعَسْكَر اعتقال [للسجناء السياسيّين إلخ] .

con·cen·tric *(adj.)* متراكز ؛ متّحد المركز <~ circles> .

con·cen·tri·cal *(adj.)* = concentric.

con·cept [kŏn′sĕpt] *(n.)* (١) فكرة ؛ فكرة عامة (٢) مفهوم .

con·cep·tion [kən sĕp′-] *(n.)* (١) «أ» العُلوق : إخصاب بُيَيْضة الأنثى (أح) . «ب» حَمْلٌ ؛ حَبَلٌ . «ج» جنين . «د» بداية (ا.ق) . «هـ» ثمرة ؛ نِتاج (٢) «أ» تصوّر . «ب» إدراك ؛ فَهْم . «ج» concept .

con·cep·tu·al *(adj.)* مفاهيميّ : ذو علاقة بالمفاهيم أو مؤلَّف منها .

con·cep·tu·al·ize *(vt.; i.)* يُشكِّل مفهومًا أو مفاهيم .

con·cep·tus [kən sĕp′təs] *(n.)* = fetus.

con·cern [kən sûrn′] *(vt.; n.)* (١) يتعلّق بِـ (٢) يَهُمّ ؛ يَخُصّ (٣) يُقْلِق (٤) يتورَّط في (٥) يَشْغَل نَفْسَهُ § (٦) علاقة ؛ صلة (٧) شأن <the private ~*s* of families> (٨) اهتمام ؛ عناية ؛ رعاية (٩) همٌّ ؛ قلق (١٠) مؤسَّسة تجارية (١١) حصّة <He has a ~ in our firm.> .

as ~*s* في ما يتعلق بِـ .

con·cerned *(adj.)* (١) قَلِق ؛ مَعْنيّ ؛ مُهْتَمّ (٢) متورِّط (٣) منشغل بِـ .

con·cern·ing *(prep.)* (١) حَولَ ؛ في موضوع (٢) في ما يتعلّق بِـ .

con·cern·ment [-′mənt] *(n.)* (١) شأن (٢) أهمية (٣) قلق .

con·cert[1] [kŏn′sûrt; kŏn′sərt] *(n.; adj.)* (١) تناغم (ا.م) (٢) اتفاق ؛ انسجام (٣) حفلة موسيقية § (٤) حَفْليّ <a ~ hall> .

con·cert[2] [kən sûrt′] *(vt.; i.)* (١) يضع ؛ يبتكر ؛ يرتّب (٢) يسوِّي ؛ يُزيل [الخلافات] بالتفاهم x (٣) ينسِّق : يعمل بانسجام .

con·cert·ed *(adj.)* (١) جَماعيّ <~ efforts> (٢) منسَّق : موزَّع على عدّة أصوات أو آلات (مو) .

con·cer·ti·na [kŏn′sər tē′nə] *(n.)* (١) الكونسَرْتينة : آلة موسيقية من أسرة الأكورديون (٢) أسلاك شائكة .

concertina *1.*

con·cer·ti·no [kŏn′chər tē′nō] *(n.)* pl. **-nos** *or* **-ni** الكونشيرتينو : كونشيرتو concerto قصير (مو) .

con·cert·mas·ter *(n.)* قائد الفرقة المساعد (مو) .

con·cert·meis·ter [kŏn sĕrt′mīs′-] *(n.)* = concertmaster.

con·cer·to [kən chĕr′tō] *(n.)* pl. **-ti** *or* **-tos** الكونشيرتو : لحن يُعزف على آلة منفردة أو على عدة آلات بمصاحبة الأوركسترا <a piano ~> .

con·ces·sion [kən sĕsh′ən] *(n.)* (١) مص concede : «أ» مَنْح ؛ تَخويل . «ب» تسليمٌ بِـ . «ج» تنازل ؛ تساهل (٢) «أ» مِنحة أو حقّ ممنوح . «ب» شيء مسلَّم به (٣) امتياز <oil ~*s* in Asia> (٤) تنازل [تتخذه

الحكومة إلخ على سبيل التهدئة والوصول إلى اتفاق].

con·ces·sion·aire [-năr′]; **con·ces·sion·er** *(n.)* صاحب الامتياز.

con·ces·sion·ar·y *(adj.; n.)* (١) امتيازيّ § (٢) صاحب الامتياز.

con·ces·sive [kən sĕs′ ĭv] *(adj.)* تنازليّ؛ تساهليّ إلخ.

conch [kŏngk; kŏnch] *(n.)* (١) المَحارة؛ القَوْقعة: حيوان رخويّ بحريّ (٢) مَحارة الأُذن.

conch *1.*

conch- *or* **concho-** بادئة معناها: مَحارَة <*concho*logy>.

con·cha [kŏng′kə] *(n.)* pl. **-chae** (١) «أ» سَطح القُبّة المُقعَّر. «ب» المحراب (٢) المَحارة: تجويفُ الأذنِ الخارجيةِ الأكبرُ والأعمقُ.

con·chif·er·ous [kŏng kĭf′-] *(adj.)* مصدَّف: ذو صَدَفة.

con·choi·dal [-koid′əl] *(adj.)* مَحارانيّ: شبيه بالمَحارة.

con·chol·o·gy [-kŏl′ə jĭ] *(n.)* علم المَحاريّات أو الأصداف.

con·cierge [kŏn′sĭ ûrzh′] *(n.)* (١) البوّاب (٢) حامل الأمتعة.

con·cil·i·ar [kən sĭl′-] *(adj.)* (١) مَجْلسيّ (٢) صادرٌ عن مجلس.

con·cil·i·ate [kən sĭl′ĭ āt] *(vt.; i.)* (١) يسترضي؛ يستميل (٢) يهدئ (٣) يوفِّق بين x (٤) يُصادِق [فلانًا].

— **con·cil·i·a·tion** *(n.)*

con·cil·i·a·tive; con·cil·i·a·to·ry *(adj.)* استرضائيّ؛ توفيقيّ.

con·cin·ni·ty [kən sĭn′-] *(n.)* التساوُق؛ التناغُم [في الكتابة الأدبية].

con·cise [kən sīs′] *(adj.)* (١) موجَز؛ مختصَر (٢) مُوجِز.

con·cise·ly [kən sīs′lĭ] *(adv.)* بإيجاز؛ باختصار.

con·cise·ness [-′nəs] *(n.)* المُوْجَزِيَّة: كون الشيء مُوْجَزًا.

con·ci·sion [kən sĭzh′ən] *(n.)* = conciseness.

con·clave [kŏn′klāv] *(n.)* (١) اجتماع سرّي. وبخاصة: اجتماع الكرادلة لانتخاب البابا (٢) الخَلْوَة: مكان هذا الاجتماع.

con·clude [kən klōōd′] *(vt.; i.)* (١) يُنهي؛ يختم (٢) يستنتج (٣) يُقرِّر (٤) يَعْقِد <to ~ a treaty> x (٥) ينتهي؛ ينفضّ؛ يُختتَم (٦) يصل إلى قرار أو اتفاق.

con·clu·sion [-klōō′zhən] *(n.)* (١) استنتاج (٢) نتيجة (٣) خِتام؛ خاتمة (٤) قرار أو حُكم نهائيّ (٥) عَقْدُ [معاهدةٍ إلخ].

in ~, وختامًا؛ وفي الختام.

to try ~*s* يشترك في مسابقة أو مباراة.

con·clu·sive *(adj.)* (١) ختاميّ (٢) حاسم؛ مُقنِع؛ نهائيّ.

con·coct [kŏn kŏkt′] *(vt.)* (١) يُلفِّق [شرابًا أو طعامًا] بالمَزْج (٢) يلفِّق؛ يخترع <to ~ an excuse> (٣) يُدبِّر <to ~ an intrigue>.

con·coc·tion *(n.)* (١) تلفيق؛ تدبير (٢) ما يُلَفَّق أو يُدَبَّر.

con·com·i·tance; con·com·i·tan·cy *(n.)* (١) تلازُم؛ تصاحُب؛ اقتران (٢) الاقتران: تواجُدُ جسد المسيح ودمه في خبز العشاء الربّانيّ وخمره.

con·com·i·tant [kŏn kŏm′ə tənt] *(adj.; n.)* (١) مُلازِم؛ مُصاحِب § (٢) شيء مُلازِم؛ حالةٌ مُصاحِبة.

con·cord [kŏn′kôrd] *(n.)* (١) «أ» انسجام؛ تناغم. «ب» اتفاق؛ وئام؛ سلام (٢) توافُق الأصوات (مو) (٣) معاهدة.

con·cor·dance *(n.)* (١) مَسْرَد أبجديّ (٢) انسجام؛ تناغُم إلخ.

con·cord·ant [-′dənt] *(adj.)* (١) مُتّفِق؛ منسجم (٢) متناغم (مو).

con·cor·dat [kŏn kôr′dăt] *(n.)* (١) اتفاقيّة؛ ميثاق (٢) الاتفاقية البابوية: اتفاقية بين البابا وبين ملك أو حكومة لتنظيم الشؤون الكَنَسية.

con·course [kŏn′kōrs] *(n.)* (١) التقاء (٢) «أ» احتشاد. «ب» حشدٌ [من الناس] (٣) ملتقى مَمَرّاتٍ أو طُرُق (٤) باحة [في محطّة للسكة الحديدية] (٥) جادّة؛ طريق عريضة (٦) مَلْعب.

con·cres·cence [kŏn krĕs′əns] *(n.)* (١) نموٌّ (٢) التَّنامي؛ النموّ معًا (٣) التلاحم: اندماج الأجزاء أو الأعضاء المنفصلة في الأصل (أح).

con·crete[1] [kŏn krēt′; kŏn′krēt] *(adj.)* (١) عينيّ: دالّ على شيء مُدْرَكٍ بالحواسّ <*Man* is a ~ term.> (٢) متماسك؛ متخثِّر <~ blood> (٣) واقعيّ؛ عمليّ (٤) ملموس؛ ماديّ (٥) محدَّد؛ معيَّن (٦) خَرَسانيّ <a ~ pavement>.

— **concreteness** *(n.)*

con·crete[2] [kŏn′krēt; kŏn krēt′] *(vt.; i.)* (١) «أ» يقسّي؛ يُحَجِّر. «ب» يخثِّر (٢) يَدْمُج (٣) يُشخِّص؛ يُجسِّد (٤) يُخَرْسِن: يفرش بالخَرسانة x (٥) «أ» يتقسّى؛ يتحجَّر. «ب» يتخثَّر؛ يتجلّط [الدمُ].

con·crete[3] [kŏn′krēt; kŏn krēt′] *(n.)* (١) شيء محسوس أو ملموس (٢) كتلة متماسكة (٣) خَرسانة.

concrete mixer *(n.)* خلّاطة الخَرسانة.

concrete noun *(n.)* اسم العَيْن؛ اسم الذّات.

concrete number *(n.)* العدد الماديّ؛ العدد المُمَيَّز (ر).

concrete steel *(n.)* فولاذ الخَرسانة: فولاذ لتسليح الخرسانة.

con·cre·tion [kŏn krē′-] *(n.)* (١) تقسية؛ تحجير (٢) تصلُّد؛ تحجُّر (٣) شيء متحجِّر. مثل: «أ» حُصَيّة أو حَصاة [في المرارة أو الكُلْية]. «ب» دَرَنة صَخريّة (٤) تشخيص.

con·cre·tize *(vt.; i.)* (١) يشخِّص؛ يجسِّد x (٢) يتشخَّص؛ يتجسَّد.

con·cu·bi·nage [kŏn kyōō′bə nĭj] *(n.)* (١) التَّسرّي؛ التَّحَظّي: اتّخاذ السَّراري أو المَحْظيّات ومعاشرتهُنَّ معاشرةَ الأزواج (٢) السَّرارية؛ المَحْظَويّة: كونُ المرأة سُرِّيّةً أو مَحْظِيَّة.

con·cu·bine [kŏng′kyə bīn′] *(n.)* (١) السُّرِّية؛ المَحْظِيّة (٢) الخليلة.

con·cu·pis·cense [-kyōō′-] *(n.)* رغبة مُلِحّة. وبخاصة: شهوة جنسية.

con·cu·pis·cent [-kyōō′pĭ sənt] *(adj.)* (١) توّاق (٢) شَهوانيّ.

con·cur [kən kûr′] *(vi.)* (١) يتعاون (٢) يوافق على (٣) يتّفق [في الرأي] (٤) يتزامن.

con·cur·rence [-′əns] *(n.)* (١) تعاوُن (٢) اتفاق [في الرأي] (٣) التقاء؛ تلاقٍ (٤) تزامن؛ تواقت.

con·cur·rent [-′ənt] *(adj.; n.)* (١) متزامن: عاملٌ أو حادثٌ في وقت

ă at; ā date; â care; ä car; ĕ egg; ē me; ĭ in; ī bite; ŏ lot; ō bone; ô orphan; oi boil; ŏŏ good; ōō boot; ou out; ŭ under; û urgent; ə = *a* in alone, *e* in system, *i* in easily, *o* in gallop, *u* in circus.

واحد <~ forces> (٢) مُتَلاقٍ [في نقطة واحدة] <~ lines> (٣) مُساعِد: معاونٌ على إحداث الواقعة نفسها أو الأثر نفسه <a ~ cause> (٤) متّفق؛ منسجم مع (٥) متوافق؛ متماثل (٦) مُشْتَرَك: ممارَس بالنسبة إلى القضية نفسها أو المنطقة نفسها من قِبَل سُلطتين مختلفتين § (٧) شيء مُساعد أو مشترَك (٨) خصم؛ منافِس (ا. ق).

con·cuss [kən kŭs′] *(vt.)* (١) يَهُزّ؛ يَرُجّ (٢) يَصدِم: يُصيب بصَدْمة.

con·cus·sion [kən kŭsh′ən] *(n.)* (١) هزّة؛ رجّة (٢) صَدْمة (٣) الارتجاج المخّيّ (ط) (٤) إكراه؛ إجبار.

con·demn [kən dĕm′] *(vt.)* (١) يَشْجُب (٢) يُدين: «أ» يعتبره مذنبًا أو مجرمًا. «ب» يَشْهد أنه مذنب <Her words ~ her.> (٣) يَحْكم على <was *~ed* to death> (٤) يقضي باللاصلاحية: يحكم بأن شيئًا غيرُ صالح للاستعمال <The old ship was *~ed.*> (٥) يقضي باليأس: يحكم الطبيب بأنّ مريضًا ما ميؤوس من شفائه (٦) يُصادر للمصلحة العامة.

— con·dem·na·ble *(adj.)*

con·dem·na·tion [kŏn dĕm nā′-] *(n.)* (١) شَجْب (٢) إدانة (٣) حُكمٌ على (٤) المُدانيّة؛ المحكوميّة: كون المرء مُدانًا أو محكومًا عليه (٥) سبب الإدانة إلخ (٦) مصادرة الممتلكات [من أجل المصلحة العامة].

— con·dem·na·to·ry *(adj.)*

con·demned [kŏn dĕmd′] *(adj.)* مُدان؛ محكومٌ عليه.

condemned cell *(n.)* زنزانة المحكومين [بالإعدام].

con·den·sa·ble *also* **con·den·si·ble** *(adj.)* قابلٌ للتكثيف أو التكاثُف.

con·den·sate [kən dĕn′sāt] *(n.)* المُتكثِّف: نِتاج التكثيف.

con·den·sa·tion [kŏn′dĕn sā′-] *(n.)* (١) تكثيف (٢) تَكَثُّف (٣) شيء مُكثَّف؛ كتلة مُكثَّفة (٤) تلخيص (٥) نِتاج التلخيص. وبخاصة: مُلخَّص أثر أدبي (٦) إيجاز.

con·dense *(vt.; i.)* (١) يكثِّف (٢) يلخِّص **x** (٣) يتكثّف.

con·densed [-dĕnst′] *(adj.)* (١) مكثَّف (٢) مُلَخَّص؛ موجَز.

condensed milk *(n.)* الحليب المكثَّف [المُضاف إليه سكّر].

con·den·ser *(n.)* (١) المكثِّف؛ الملخِّص (٢) المكثِّفة: عدسة أو مرآة لتركيز الضوء (بص) (٣) المكثِّف: جهاز لاختزان الطاقة الكهربائية.

con·de·scend [kŏn′dĭ sĕnd′] *(vi.)* (١) يتنازل؛ يتعطَّف؛ يتلطَّف (٢) يتدنَّى: يَهْبِط بنفسه إلى مستوى... (٣) يتشامخ: يتصرَّف بطريقةٍ تنمّ عن شعوره بالتفوُّق رغم اصطناعه بعضَ اللُّطف. **— con·de·scend·ing** *(adj.)*

con·de·scen·dence; con·de·scen·sion *(n.)* (١) تنازُل؛ تواضُع؛ تعطُّف؛ تلطُّف؛ تكرُّم (٢) تشامُخ.

con·dign [kən dīn′] *(adj.)* مُسْتَحَقّ؛ مناسِب؛ في محله.

con·di·ment [kŏn′də mənt] *(n.)* تابل؛ بهار.

con·di·tion [kən dĭsh′ən] *(n.; vt.; i.)* (١) شَرْط (٢) «أ» حالة. «ب» حالة جيدة <Athletes must keep in ~.> (٣) حالة (٤) منزلة؛ وضعٌ اجتماعيّ § (٥) يجعلُهُ مشروطًا (٦) يجعله في حالةٍ جيدة <Exercise ~s your muscles.> (٧) يُكيِّف <to ~ the air of a room> (٨) يقرِّر؛ يُحدِّد؛ يتحكَّم بِـ <Our income ~s what we spend.> (٩) يُخْضعه للشَّرط: يطلب إليه أن يجتاز امتحانًا جديدًا كشرط لبقائه في الصفّ أو المؤسّسة <was *~ed* in French> (١٠) يُشرِط (نف) **x** (١١) يشترط (ا. ق).

in ~, في صحة جيدة.

in no ~ to غير صالح لِـ؛ في حالٍ غير ملائمة لِـ...

on ~ (that) شَرْطَ أن؛ شريطة أن.

out of ~, في صحّة سيئة.

con·di·tion·al *(adj.)* (١) مشروط <a ~ sale> (٢) شَرْطيّ <a ~ clause>.

con·di·tioned *(adj.)* (١) conditional (٢) مكيَّف <air–*conditioned* cinema> (٣) ذو حالة معيَّنة أو وضع معيَّن <ill–*conditioned*>.

conditioned reflex *or* **response** *(n.)* الفعل المنعكِس الشَّرطي (نف).

con·di·tion·er *(n.)* (١) المكيِّف <an air ~> (٢) المحسِّن: مادة تضاف لتحسين النوعية أو زيادة الفعالية <a soil ~> (٣) مدرِّب الرياضيّين.

con·di·tion·ing *(n.)* (١) تكييف <air ~> (٢) الإشراط: عملية ربطِ منبِّهٍ باستجابة لم يكن بينها وبين ذلك المثير صلة في الأصل، وذلك عن طريق التداعي (نف).

con·do [kŏn′dō] *(n.)* = condominium *4.*

con·dole [kən dōl′] *(vt.)* يعزّي؛ يؤاسي؛ يشاطره أساه.

con·do·lence [-dō′ləns] *(n.)* تَعْزية؛ مُؤاساة؛ مُواساة.

con·dom [kŏn′dəm] *(n.)* الرِّفال (مج)؛ الكَنْدَم؛ الواقي.

con·do·min·i·um [kŏn′də mĭn′ĭ əm] *(n.)* (١) سيادة مشتركة [بين دولتين أو أكثر] (٢) حكم مشترك (٣) ثُنائيّ الحكم: بلد خاضع لحكم دولتين أو أكثر (٤) مِلْكية مشترَكة.

con·do·na·tion [kŏn′dō nā′-] *(n.)* غُفران؛ صَفح؛ عَفْو.

con·done [kən dōn′] *(vt.)* (١) يَغْفِر؛ يَصْفَح (٢) يَتغاضى عن.

con·dor [kŏn′dər] *(n.)* (١) الكَنْدور: نسرٌ أميركي ضخم (٢) الكوندور: نقدٌ معدنيّ جنوبأميركي يحمل صورة نَسْر.

condor *1.*

con·dot·tie·re [kôn′də tyâr′ā] *(n.)* pl. **-ri** (١) قائد المُرْتَزِقة [في أوروبا بين القرنين ١٤ و١٦] (٢) المُرْتزِق: جندي من المُرْتَزِقة.

con·duce [kən dōōs′] *(vi.)* يُفضي إلى؛ يُساعد على إحداث كذا.

con·du·cive *(adj.)* مُفضٍ إلى؛ مساعدٌ على إحداث كذا.

con·duct[1] [kŏn′dŭkt] *(n.)* (١) إدارة (٢) سلوك؛ تصرُّف.

con·duct[2] [kən dŭkt′] *(vt.; i.)* (١) يُرشِد؛ يَهْدي؛ يُواكب (٢) يُدير؛ يُشرف على (٣) يقود <to ~ an orchestra> (٤) «أ» يُوَصِّل [الماء أو الهواء]. «ب» يُوَصِّل [الحرارة أو الكهرباء أو الصوت أو الضوء] **x** (٥) يَسْلُك؛ يتصرَّف <Salma always ~s herself as a lady.> (٦) يُفْضي؛ يُؤدِّي [الطريقُ] (٧) يُدير: يتولى قيادة الفرقة الموسيقية (٨) يقطع التذاكر [في ترام إلخ].

con·duct·ance [-dŭk′təns] *(n.)* المواصَلة؛ المناقَلة (فز).

con·duc·tion [-dŭk′-] *(n.)* (١) التوصيل؛ النَّقل: «أ» نَقلُ الماء إلخ في أنبوب. «ب» توصيل الحرارة أو الكهرباء أو الصوت أو الضوء بواسطة مُوَصِّل

(فز) . «ج» نقل الاندفاعات بواسطة عصب أو نسيج (فس) (٢) conductivity .

con·duc·tive [kən dŭk′-] *(adj.)* مُوَصِّل؛ ناقل؛ توصيليّ؛ نَقْليّ (فز) .

con·duc·tiv·i·ty *(n.)* المُوَصِّليّة؛ المُناقِليّة («فز» و«كب») .

con·duc·tor [-dŭk′tər] *(n.)* (١) الهادي؛ المرشد؛ الدليل (٢) قاطع التذاكر أو جامعُها [في ترام أو أوتوبوس إلخ] (٣) «أ» المدير؛ القائد . «ب» قائد الفرقة الموسيقية (٤) المُوَصِّل؛ الناقل: مادة مُوَصِّلة للحرارة أو الكهرباء أو الصوت إلخ . **— con·duc·to·ri·al** *(adj.)*

con·duc·tress [-′trəs] *(n.)* (١) المُرْشِدة؛ الدليلة (٢) قاطعة التذاكر .

con·duit [kŏn′dwĭt; -dĭt] *(n.)* (١) المجرى: «أ» قناة . «ب» أنبوب لوقاية الكَبْلات والأسلاك الكهربائية (٢) وسيلة نَقْل <a ~ of information> .

con·du·pli·cate *(adj.)* طوليّ الانطواء: صفة للأوراق أو البتلات في بُرعم .

con·dy·lar *(adj.)* لُقْميّ: منسوب إلى اللُّقمة (را . المادة التالية) .

con·dyle [kŏn′dīl] *(n.)* اللُّقْمة: نُتُوء مَفْصِليّ في طرَف عَظْم (ت) .

con·dy·loid *(adj.)* (١) لُقمانيّ: شبيهٌ بلُقمة (ت) (٢) لُقْميّ (ت) .

con·dy·lo·ma [kŏn də lō′mə] *(n.)* pl. **-mas** *or* **-ma·ta** السَّعدانة: نامية ثُؤلوليّة قربَ الشَّرَج وأعضاء التناسل تنشأ أحيانًا عن داء السِّفلس .

cone [kōn] *(n.; vt.)* (١) كوز الصنوبر إلخ (٢) المخروط (هن) (٣) شيء مخروطيّ الشكل . مثل: «أ» كوز البوظة [الجيلاتي] . «ب» قمة البركان § (٤) يكوِّز: يجعله على شكل مخروط .

cone 2.

coned *(adj.)* (١) مخروطانيّ: مخروطيّ الشكل (٢) ذو مخروط أو مخاريط .

cone·flow·er [kōn′flou′ər] *(n.)* = rudbeckia.

cone·nose [kōn′nōz′] *(n.)* بقّة ماصة للدماء .

Con·es·to·ga [-stō′gə] *(n.)* الكونَسْتوغة: عربة نقل تجرّها ستة جياد .

co·ney [kō′nĭ; kŭn′ĭ] *(n.)* الكُوْنيّ: «أ» أرنب أوروبيّ . «ب» pika . «ج» hyrax . «د» فرو الأرنب . «هـ» ضرب من السَّمك .

con·fab [kŏn′-] *(vi.; n.)* (١) يتحادث؛ يتسامر § (٢) مُحادثة؛ مُسامرة .

con·fab·u·late [kən făb′-] *(vi.)* (١) يتحادث؛ يتسامر (٢) يتشاور .

con·fab·u·la·tion *(n.)* (١) محادثة؛ مسامرة (٢) تشاوُر؛ تباحُث .

con·fect [*v.* kən fĕkt′; *n.* kŏn′fĕkt] *(vt.; n.)* (١) يُرَكِّب؛ يُعِدّ بالمَزْج (٢) يَصْنَع (٣) يعلِّب أو يُخلِّل (٤) يُحوِّله إلى مُرَبّى § (٥) مُرَبّى .

con·fec·tion [kən fĕk′-] *(n.)* (١) مص confect (٢) «أ» مُرَبّى . «ب» مُلَبَّس . «ج» حلوى (٣) «أ» مزيج . «ب» اللَّعوق: مستحضر طبي قِوامُهُ مساحيق ممزوجة بالعسل (٤) التركيبة: شيء مركَّب أنيق . وبخاصة: أثر فنّي مؤلف من عناصر يُعوزها التناسق (٥) فستان أنيق؛ قبعة نسوية أنيقة .

con·fec·tion·ar·y [-′shə nĕr′ĭ] *(n.; adj.)* (١) دكان الحَلْوانيّ (٢) حَلْوَيات § (٣) حَلْوانيّ: ذو علاقة بالحَلْوَيات أو بصُنْعها .

con·fec·tion·er *(n.)* الحَلْوانيّ: بائع الحَلْوَيات أو صانعُها .

con·fec·tion·er·y [kən fĕk′shə nĕr′ĭ] *(n.)* (١) الحَلْوَيات أو صناعتها (٢) دكان الحَلْوانيّ .

con·fed·er·a·cy [-′ər ə sĭ] *(n.)* (١) حِلاف؛ حِلْف؛ تحالُف (٢) مؤامرة (٣) الحِلاف: اتحاد أشخاص أو ولايات أو دول (٤) *cap.*: الولايات الأميركية الحلافية: الولايات التي انفصلت عن الولايات المتحدة الأميركية عام ١٨٦٠ و١٨٦١ . **— con·fed·er·al** *(adj.)* **— con·fed·er·al·ist** *(n.)*

con·fed·er·ate [*adj.; n.* -fĕd′ər ĭt, -fĕd′rĭt; *v.* -fĕd′ə rāt′] *(adj.; n.; vt.; i.)* (١) متحالف؛ متَّحِد § (٢) الحليف (٣) الشريك [في مؤامرة] § (٤) يوحِّد أو يتّحد في عصبة أو حِلاف إلخ .

con·fed·er·a·tion *(n.)* (١) الحِلاف؛ الاتحاد الكونفدراليّ (٢) اتحاد .

con·fed·er·a·tive [-fĕd′ə rā′tĭv] *(adj.)* حِلافيّ؛ كونفدراليّ .

con·fer [kən fûr′] *(vt.; i.)* (١) يَمْنح؛ يَهَب؛ يُنعِم على (٢) يُعْطي؛ يُكسِب؛ يَمْنح **x** (٣) يتشاور؛ يتباحث؛ يتداول .

con·fer·ee *or* **con·fer·ree** [kŏn′fə rē′] *(n.)* (١) المُشاوَر؛ المتباحَث معه؛ المشترِك في مشاورات أو مؤتمر (٢) المُنْعَم عليه [برتبة أو لقب تشريفيّ] .

con·fer·ence [kŏn′fər əns] *(n.)* (١) تشاوُر؛ تداوُل (٢) مؤتمر (٣) اتحاد كنائسَ أو مدارس أو فِرق رياضية (٤) مَنْح؛ إنعام .

conference call *(n.)* المخابرة المتشعّبة: مخابرة هاتفية تمكِّن القائمَ بها من التحدّث إلى عدة أشخاص في آنٍ معًا .

con·fer·ment [kən fûr′-] *(n.)* (١) مَنْح؛ إنعام (٢) تشاوُر؛ تداوُل .

con·fer·rer *(n.)* المانح؛ الواهب؛ المُنْعِم .

con·fer·va [kən fûr′və] *(n.)* pl. **-vae** *or* **-vas** طُحْلُب نهريّ .

con·fess [kən fĕs′] *(vt.; i.)* (١) يعترف؛ يُقِرّ بـ (٢) يعترف [للكاهن] **x** (٣) يتلقّى [الكاهنُ] اعترافًا .

con·fess·ed·ly *(adv.)* (١) admittedly (٢) باعتراف المرء نفسه .

con·fess·er [kən fĕs′ər] *(n.)* = confessor.

con·fes·sion [-fĕsh′ən] *(n.)* (١) اعتراف (٢) اعتراف للكاهن (٣) الجَهْر بالإيمان أو العقيدة (٤) عقيدة (٥) طائفة؛ مِلّة . **— con·fes·sion·al; con·fes·sion·ar·y** *(adj.)*

confessional equality *(n.)* المساواة أمام القانون [دون اعتبار المذهب] .

con·fes·sor [kən fĕs′ər] *(n.)* (١) المُعترِف (٢) المجاهِر بإيمانه أو عقيدته برغم الاضطهاد (٣) كاهن الاعتراف (نص) .

con·fet·ti [kən fĕt′ĭ] *(n.)* (١) النِّثار: قُصاصات من الورق الملوَّن تُنْثَر على الناس في الكرنفالات والأعراس (٢) حَلْوى؛ «بُنبون» .

con·fi·dant [kŏn′fĭ dănt′] *fem.* **con·fi·dante** [-dănt′] *(n.)* (١) النَّجِيّ: المؤتَمَنُ على الأسرار (٢) الخِلّ؛ الصَّديق الحميم .

con·fide [kən fīd′] *(vt.; i.)* (١) يَثِق بـ (٢) يَسْتَسِرُّ: يأتمنه على أسراره **x** (٣) يُفضي إليه ببلواه [أو بدخيلة نفسه] (٤) يَعْهد به إلى . . .

con·fi·dence[1] [kŏn′fĭ dəns] *(n.)* (١) إيمان؛ ثقة (٢) «أ» ثقة بالنفس. «ب» جرأة (٣) سِرِّيَّة (٤) ثقة بالحكومة (٥) سِرٌّ.
in ~, مُسَارَّةً؛ سرًّا؛ بوصفه سرًّا أو مسألةً شخصية لا يجوز الإفضاء به أو بها إلى الآخرين.
to take a person into one's ~, يجعله موضعَ ثقتِهِ.

confidence[2] *(adj.)* (١) احتيالي؛ خادعٌ <a ~ game> (٢) محتال.

confidence game *or* **trick** *(n.)* الاحتيال؛ النَّصْب. وبخاصة: انتزاع مالٍ أو ممتلكات من طريق الاحتيال بعد كسب ثقة الضحيّة.

confidence man *(n.)* المحتال: سالبُ الناسِ أموالَهم بعد كَسْب ثقتهم.

con·fi·dent [-′fĭ dənt] *(adj.; n.)* (١) واثق (٢) دالٌّ على الثقة <a ~ smile> (٣) واثقٌ من نفسه (٤) «أ» جريء. «ب» مغرور § (٥) confidant.

con·fi·den·tial *(adj.)* (١) حميميّ: دالّ على الثقة بالمخاطَب <a ~ tone> (٢) سرّيّ؛ خصوصيّ <~ information> (٣) موثوق: موضع ثقة؛ مؤتَمَن على الأسرار <a ~ secretary> (٤) مستأمِن: ميّال إلى الثقة بالآخرين والإفضاء إليهم بأسراره <was too ~ with strangers>.

con·fi·den·tial·ly *(adv.)* على نحوٍ حميميّ أو سرّيّ إلخ.

con·fi·dent·ly [kŏn′fĭ dənt lĭ] *(adv.)* (١) بثقة (٢) بجرأة (٣) بغير تردّد.

con·fid·ing [kən fī′-] *(adj.)* وَثّاق: حَسَن الظنّ؛ ميّال إلى الثقة بالناس.

con·fig·ur·ate [kən fĭg′-] *(vt.)* يُشكِّل: يُعْطيه شكلًا أو صورةً.

con·fig·u·ra·tion [kən fĭg′yə rā′-] *(n.)* (١) شكل؛ صورة؛ هيئة؛ ترتيب (٢) تضاريس (٣) التَّشكيل: «أ» الوضع أو المظهر النّسبيّ للأجرام السماوية. «ب» مجموعة نجوم (٤) التشكيلة: الوضع النسبيّ للذرّات في جُزَيء («فز» و«ك») (٥) gestalt.

con·fig·ure [kən fĭg′yər; -fĭg′ər] *(vt.)* يشكّل؛ يصوِّر؛ يصوغ.

con·fine[1] [kŏn′fīn] *(n.)* (١) .pl عد: منطقة (ا. ق) (٢) .pl: «أ» حدود؛ تخوم. «ب» سدود؛ قيود؛ عوائق (٣) .pl: نِطاق.

con·fine[2] [kən fīn′] *(vt.)* (١) يقيِّد؛ يحجز (٢) يَحْصُر؛ يَقْصُر (٣) «أ» يَسْجُن. «ب» يجعله حبيسَ حُجرته <~*d* to his room>.

con·fined *(adj.)* (١) ضيّق <~ space> (٢) في المخاض؛ بحالة الولادة.

con·fine·ment *(n.)* (١) حَصْر؛ قَصْر (٢) انحصار؛ اقتصار (٣) ولادة.

con·firm [kən fûrm′] *(vt.)* (١) يقوّي؛ يُعزِّز؛ يُرسِّخ (٢) يُبْرِم؛ يُصدِّق على (٣) يعطي سرَّ التثبيت (كن) (٤) يُؤكِّد: يُثْبِت [صحةَ شيء] (٥) يؤكّد: يُعلن جازمًا (٦) يُثْبِت [حجزًا بالطائرة إلخ]. — **con·firm·a·ble** *(adj.)*

con·fir·ma·tion [kŏn′fər mā′-] *(n.)* (١) تعزيز؛ تثبيت؛ توكيد إلخ (٢) تثبيت العماد إلخ (كن) (٣) إبرام؛ تصديقٌ على [معاهدةٍ إلخ] (٤) «أ» برهان. «ب» إثبات.

con·firm·a·tive *(adj.)* مُعَزِّز؛ مُثْبِت؛ مؤكِّد.

con·firm·a·to·ry *(adj.)* تعزيزيّ؛ تثبيتيّ؛ توكيديّ.

con·firmed *(adj.)* (١) معزَّز؛ مثبَّت؛ مؤكَّد (٢) مُبْرَم؛ مُصَدَّق عليه (٣) راسخ <a ~ habit> (٤) مُدمِن <a ~ drunkard> (٥) مُزْمِن <a ~ disease> (٦) مَعْضول: مصابٌ بمرض عُضالٍ <a ~ invalid>.

con·fis·ca·ble [kən fĭs′-]; **con·fis·cat·able** *(adj.)* عرضة للمصادَرة.

con·fis·cate [kŏn′fĭ skāt′] *(vt.; adj.)* (١) يُصادِر § (٢) مُصادَر (٣) مُصادَرُ الممتلكات: محروم من ممتلكاته بالمصادرة. — **con·fis·ca·tion; con·fis·ca·tor** *(n.)*

con·fit·e·or [kən fĭt′ĭ ôr′] *(n.)* صلاة الاعتراف [بالخطايا] (كن).

con·fi·ture [kŏn′fĭ cho͝or′] *(n.)* المُرَبَّب؛ المُرَبَّى؛ الفاكهة المحفوظة.

con·fla·grant [kən flā′-] *(adj.)* مُلْتَهِب؛ مُشْتعِل؛ مُحترِق.

con·fla·gra·tion [kŏn′flə grā′-] *(n.)* حريق. وبخاصة: حريقٌ هائل.

con·fla·tion [kən flā′-] *(n.)* (١) الدَّمج: وبخاصة: دمج قراءتين مختلفتين [من قراءات نصٍّ] (٢) قراءة مُدْمَجة؛ نصٌّ مُدْمَج.

con·flict [*n.* kŏn′flĭkt; *v.* kən flĭkt′] *(n.; vi.)* (١) نِزاع؛ خِلاف (٢) قِتال؛ صِراع؛ معركة (٣) تضارُب؛ تعارُض <~ of opinions> (٤) تصادُم <a ~ of air currents> § (٥) يتضارب؛ يتعارض <His interests ~ with yours.>.

con·flict·ing *(adj.)* متضارب؛ متعارض <~ emotions>.

conflict of interest تضارب المصالح.

con·flu·ence [kŏn′flo͞o əns] *(n.)* (١) «أ» احتشاد. «ب» حَشْدٌ؛ جمعٌ محتشِد (٢) تلاقٍ؛ التقاء (٣) الملتقَى: «أ» التقاء نهرين أو أكثر في نقطة واحدة. «ب» نقطة التقاء النهرين (٤) النهر الموحَّد [الناشئ عن ذلك].

con·flu·ent [-ənt] *(adj.; n.)* (١) مُتلاقٍ: مُنْدَمِج في كلٍّ واحد (٢) مُنْدَغِم: مُنْدَمِج في كتلة § (٣) الرافد: نهر يَنْدغم في نهرٍ أكبرَ منه.

con·flux [kŏn′flŭks] *(n.)* = confluence.

con·fo·cal [kŏn fō′kəl] *(adj.)* مُتّحِد البُؤَر <~ lenses>.

con·form [kən fôrm′] *(vi.; t.)* (١) يتطابق؛ يتشاكل (٢) يتناغم مع (٣) يُطيع؛ يَعْمَلُ وَفْقَ <You must ~ to the rules.> x (٤) يطابق: يجعله مطابقًا لِـ (٥) يُكيِّف؛ يُناغِم <He ~*ed* his ways to ours.>.

con·form·a·ble *(adj.)* (١) مطابق؛ مماثِل (٢) متّفِق أو منسجمٌ مع <~ to custom> (٣) مُطيع؛ ممتثل لِـ. — **con·form·a·bly** *(adv.)*

con·form·ance [kən fôr′məns] *(n.)* = conformity.

con·for·ma·tion [kŏn′fôr mā′-] *(n.)* (١) تكييف؛ تعديل (٢) تَشَكُّل (٣) شكل؛ تكوين؛ بُنية (٤) انطباق [على نموذج أو خطة إلخ].

con·form·ist [kən fôr′mĭst] *(n.)* المُمْتَثِل: «أ» العامل وَفْقًا لعُرْف أو عادة. «ب» الملتزم بأعراف كنيسةٍ ما [وبخاصة: الكنيسة الإنكليزية].

con·form·i·ty [-′mĭ tĭ] *(n.)* (١) تطابقٌ؛ تماثُل؛ تشاكُل (٢) انسجام (٣) شَبَه؛ نقطة التقاء (٤) المناغَمة: تكييف المرء نفسَهُ وأعماله وَفقًا لفكرات الآخرين (٥) خضوع؛ إذعان؛ تعبُّد (٦) الامتثال (را. conformist).
in ~ with وَفْقًا لِـ؛ طِبقًا لِـ.

con·found [kŏn found′] *(vt.)* (١) يُخْزي (٢) يَدْحَض؛ يُفنِّد (٣) يلعن <*Confound* it!> (٤) يُذْهِل؛ يُرْبِك (٥) يَخْلِط؛ يَمْزُج؛ يُلَخْبِط (٦) يخلط بين شيئين.

con·found·ed *(adj.)* (١) مُذْهَل؛ مُرتبِك؛ مُشوَّش <a ~ look> (٢) لَعين؛ بَغيض؛ مَقيت <~ creatures>.

con·fra·ter·ni·ty [kŏn′frə tûr′-] *(n.)* أخوية دينية أو جمعية خيرية.

con·frere [kŏn′frâr] *(n.)* زميل؛ رفيق.

con·front [kən frŭnt′] *(vt.)* (١) يتحدّى؛ يُجابِه (٢) يُواجِه [المتَّهَمَ بأدلّة قاطعة] (٣) يُقابِل: يقوم قبالةَ كذا <His house ~*s* yours.> (٤) يوازن؛ يقارن. **— con·fron·ta·tion** *(n.)*

Con·fu·cian [kən fyōō′shən] *(adj.; n.)* (١) كونفوشيوسيّ: ذو علاقة بكونفوشيوس، الفيلسوف الصيني (٥٥١-٤٧٩ق.م)، أو بتعاليمه § (٢) الكونفوشيوسي: أحد أتباع الكونفوشيوسيّة. **— Con·fu·cian·ism** *(n.)*

con·fuse [kən fyōōz′] *(vt.)* (١) يُرْبِك؛ يُخجِل (٢) يُشَوِّش (٣) يُفسِد نظام شيء (٤) يخلط بين شيئين (٥) يُضلِّل. **— con·fus·ed·ly** *(adv.)* **— con·fused** *(adj.)*

con·fu·sion [-fyōō′zhən] *(n.)* مص confuse، وبخاصة: «أ» إرباك؛ ارتباك. «ب» بَلْبلة؛ اختلاط. «ج» خَلْط بين أمرين. «د» فوضى.

con·fu·ta·tion [kŏn′fyōō tā′-] *(n.)* (١) إفحام [خصم] (٢) دَحْضُ [حُجّةٍ] (٣) حُجّةٌ مُفحِمة (٤) حُجّة داحضة.

con·fute [kən fyōōt′] *(vt.)* (١) يُفحِم [خصمًا] (٢) يَدْحَضُ [حُجّةً].

con·ga [kŏn′gə] *(n.; vi.)* (١) الكونغا: «أ» رقصة كوبية الأصل أو موسيقاها. «ب» طبلة طويلة تُقرَع باليدين § (٢) يَرْقص الكونغا.

con·gé [kŏn′zhā] *(n.)* (١) إذْن أو استئذان بالانصراف (٢) صَرْف؛ طَرْد (٣) انحناءة احترام (٤) وداع؛ توديع <to give somebody his ~> (٥) الرُّبْعيّة: حلية معمارية مقعَّرة (عم).

con·geal [kən jēl′] *(vt.; i.)* (١) يُجمِّد؛ يَعْقِد (٢) يخثِّر (٣) يحجِّر (٤) يَشُلّ؛ يُعطِّل **x** (٥) يتجمّد (٦) يتخثّر (٧) يتحجّر. **— con·geal·ment** *(n.)*

con·ge·la·tion *(n.)* (١) تجميد؛ تجمُّد (٢) تخثير؛ تخثُّر (٣) شيء متخثّر.

con·ge·ner [kŏn′jə nər] *(n.)* (١) المُجانِس: حيوان أو نبات من جنس genus حيوان أو نباتٍ آخر (٢) المُشاكِل: شخصٌ يُشبه شخصًا آخر من حيث الطبيعةُ أو العمل.

con·ge·ner·ic *or* **con·gen·er·ous** *(adj.)* مُجانِس؛ مُشاكِل.

con·gen·ial [kən jēn′-] *(adj.)* (١) شقيق: من نفس الجنس أو النوع (٢) متناغم؛ متجانس [روحًا أو طبعًا أو مصلحةً] <~ companions> (٣) ملائم: مناسب لطبيعة المرء أو مزاجه وحاجاته <a ~ occupation> (٤) عَذْب <~ music> (٥) أنيس؛ ودود <a ~ host>.

con·gen·i·tal [-′ĭ təl] *(adj.)* (١) خِلْقيّ: موجود منذ الولادة <a ~ defect> (٢) فِطْريّ (٣) بالفطرة <a ~ liar>.

con·ger [kŏng′gər] *also* **conger eel** *(n.)* القَنْجَر: أنقليس بحريّ ضخم الرأس.

con·ge·ries [kŏn jēr′ēz] *(n.)* مجموعة؛ كومة؛ كتلة.

con·gest [kən jĕst′] *(vt.; i.)* (١) يُفعِم؛ يَزْحَم؛ يَسُدّ (٢) يُسبِّب احتقانًا دمويًا في. **x** (٣) يزدحم؛ يكتظّ (٤) يحتقن (مض).

con·gest·ed *(adj.)* (١) مُزدحِم؛ مُكتَظّ (٢) مُحتقِن (مض).

con·ges·tion *(n.)* (١) ازدحام؛ اكتظاظ (٢) احتقان.

con·ges·tive [kən jĕs′tĭv] *(adj.)* احتقانيّ <a ~ fever>.

congestive heart failure *(n.)* قصور القلب الاحتقانيّ (مض).

con·gi·us [-′jĭ əs] *(n.)* pl. **-gi·i** [jē ī′] الكونجَس: مقياس قديم للسّوائل.

con·glo·bate [kŏn glō′bāt] *(vt.; i.; adj.)* (١) يُكَوِّر: يجعله على شكل كرة **x** (٢) يتكوَّر § (٣) مُكَوَّر. **— con·glo·ba·tion** *(n.)*

con·globe [kŏn glōb′] *(vt.; i.)* = conglobate.

con·glom·er·ate[1] [-′ər ĭt] *(adj.)* (١) مختلِط: مكوَّن من أجزاء مختلفة الأنواع أو مستمدّة من مصادر مختلفة <a ~ language> (٢) مُعَنْقَد <~ flowers>.

con·glom·er·ate[2] [-′ə rāt′] *(vt.; i.)* (١) يكتِّل؛ يجمِّع **x** (٢) يتكتَّل؛ يتجمَّع.

con·glom·er·ate[3] [-′ər ĭt] *(n.)* (١) خليط؛ مزيج (٢) كتلة.

con·glom·er·a·tion *(n.)* (١) تكتيل؛ تجميع (٢) تكتُّل؛ تجمُّع (٣) «أ» كتلة؛ مجموعة. «ب» مزيج؛ خليط <a ~ of ideas>.

con·glu·ti·nate [kən glōō′tə nāt′] *(vt.; i.)* (١) يُلْصِق؛ يغرّي **x** (٢) يلتصق؛ يتغرّى. **— con·glu·ti·na·tion** *(n.)*

con·go [kŏng′gō] *(n.)* = congou.

con·gou [kŏng′gōō] *or* **con·go** *(n.)* شاي صينيّ أسود.

con·grat·u·late [kən grăch′ə lāt′] *(vt.)* يُهَنِّئ.

con·grat·u·la·tion *(n.)* (١) تقديم التهاني (٢) *pl.* عد: تهنئة؛ تهانٍ.

con·grat·u·la·to·ry [-′ə lə tōr′ĭ] *(adj.)* (١) تهنيئيّ: منطوٍ على تهنئة <a ~ speech> (٢) تَهْنِئيّ: ميّال إلى التّهنئة <a ~ mood>.

con·gre·gate[1] [kŏng′grə gāt′] *(vi.; t.)* (١) يجتمع؛ يحتشد **x** (٢) يَجْمع؛ يَحْشد.

con·gre·gate[2] [-gĭt; -gāt′] *(adj.)* (١) متجمِّع؛ محتشد (٢) جَماعيّ.

con·gre·ga·tion [kŏng′grə gā′-] *(n.)* (١) «أ» جمعٌ محتشد. وبخاصة: جماعة المصلّين. «ب» أبرشية؛ طائفة؛ رعايا كنيسة. «ج» الدِّيارات: مجموعة أديرة تؤلف فرعًا مستقلًا من رهبنة (٢) «أ» تجميع؛ حَشْد. «ب» تجمُّع؛ احتشاد. «ج» مجموعة؛ قطيع؛ سِرْب <a ~ of birds> (٣) لجنة كرادلة.

con·gre·ga·tion·al *(adj.)* (١) طائفيّ؛ أبرشيّ (٢) جَماعيّ؛ متعلق بجماعة المصلّين <~ singing> (٣) مُستقلّ <*Congregational* church>.

con·gre·ga·tion·al·ism *(n.)* الأبرَشانيّة: ضرب من التنظيم الكنسيّ تتمتع فيه كل أبرشية باستقلالٍ ذاتيّ.

con·gress [*n.* kŏng′grəs; *v.* kən grĕs′] *(n.; vi.)* (١) اجتماع؛ لقاء (٢) جِماع؛ مُضاجعة (٣) الكونغرس: الهيئة التشريعية العُليا في دولة (٤) جَلْسة § (٥) يجتمع؛ يأتمر. **— con·gres·sion·al** *(adj.)*

con·gress·man *(n.)* عضو الكونغرَس [الأميركي بخاصة].

con·gress·peo·ple *(n.)* أعضاء الكونغرَس [من رجال ونساء].

con·gress·wom·an *(n.)* امرأةٌ في الكونغرس [وبخاصة الأميركي].

con·gru·ence; con·gru·en·cy *(n.)* (١) انسجام (٢) التطابق (هن).

con·gru·ent [kŏng′grōō-] *(adj.)* (١) منسجم؛ متناغم (٢) متطابق (هن).

con·gru·i·ty [kən grōō′ə tĭ] *(n.)* (١) انسجام؛ تناغم؛ تطابق؛ توافق (٢) التطابق (هن) (٣) نقطة اتفاق أو تطابق.

con·gru·ous [kŏng′grōō əs] *(adj.)* (١) منسجم؛ متناغم؛ متوافق (٢) ملائم؛ مناسب (٣) متناغم الأجزاء (٤) متطابق (هن).

coni- بادئة معناها: مخروط <*coni*form>.

con·ic [-′ĭk]; **-al** *(adj.)* (١) مخروطيّ (٢) مخروطانيّ: مخروطيّ الشكل.

conical surface *(n.)* السَّطح المخروطيّ (هن).

con·ic·oid [kŏn′ĭ koid] *(n.)* المجسَّم المخروطيّ (هن).

conic section *(n.)* القَطْع المخروطيّ (هن).

co·nif·er·ous [kō nĭf′ər-] *(adj.)* (١) صَنَوْبريّ الثمر (٢) صَنَوْبريّ.

co·ni·um [kō′nĭ əm] *(n.)* الشُّوكران الكبير؛ الشُّوكران السّامّ.

con·jec·tur·al *(adj.)* (١) حَدْسيّ (٢) حدّاس: ميّال إلى الحَدْس.

con·jec·ture [kən jĕk′chər] *(n.; vt.; i.)* (١) حَدْس؛ تحزُّر؛ رَجْمٌ بالغَيْب § (٢) يَحْدِس؛ يتحزَّر؛ يَرْجُم بالغَيْب.

con·join [kən join′] *(vt.; i.)* (١) يَضُمّ؛ يُوَحِّد **x** (٢) يتّحد.

con·joined *(adj.)* متلاصق؛ مُتماسّ؛ مُتَراكِب.

con·joint [kən joint′] *(adj.)* (١) مُوَحَّد (٢) مُشْتَرَك.

con·joint·ly *(adv.)* على نحوٍ مُوَحَّد أو مُشْتَرَك.

con·ju·gal [kŏn′jə gəl] *(adj.)* (١) زيجيّ؛ زَواجيّ (٢) زَوْجيّ: خاصّ بالعلاقة بين الزّوج وزوجته <~ happiness>.

con·ju·gate[1] [kŏn′jə gĭt; kŏn′jə gāt′] *(adj.)* (١) «أ» متزاوج؛ تزاوجيّ <~ cells>. «ب» متزوِّج (٢) ثُنائيّ الازدواج: ذو زوجين من الوُرَيْقات (نب) (٣) مترافق؛ مُرافِق (ر) (٤) مُتجاذِر: مشتقّ من جذر واحد (ل).

conjugate leaf

con·ju·gate[2] [kŏn′jə gāt′] *(vt.; i.)* (١) يُصَرِّف [الأفعال] (٢) يَقْرِن؛ يوحِّد؛ يزاوج **x** (٣) يتصرَّف [الفعلُ] (٤) يقترن؛ يتَّحد (٥) يتزاوج (أح).

con·ju·gate[3] [kŏn′jə gĭt; -gāt′] *(n.)* كلمة متجاذرة (را. conjugate[1] *4*).

conjugate foci *(n. pl.)* البؤرتان المترافقتان (بص).

conjugate planes *(n. pl.)* المستويان المترافقان (ر).

conjugate triangles *(n. pl.)* المثلّثان المترافقان (ر).

con·ju·ga·tion [kŏn′jə gā′-] *(n.)* (١) تصريف الأفعال (٢) «أ» توحيد؛ مُزاوَجة. «ب» اتحاد؛ اقتران (٣) التزاوج؛ الاقتران (أح).

con·junct [kən jŭngkt′] *(adj.)* (١) مُتحد؛ مُوَحَّد (٢) مُشْتَرَك.

con·junc·tion [kən jŭngk′-] *(n.)* (١) توحيد؛ ضمّ (٢) اتحاد؛ انضمام (٣) التزامُن؛ التماكُن: حدوثٌ أو وقوعٌ في زمانٍ أو مكانٍ واحد (٤) الاقتران [بين جِرمين سماويين أو أكثر عند درجة واحدة من منطقة البروج] (فل) (٥) حَرْف عطف (ل).

in ~ with بالاشتراك مع؛ بالتعاون مع.

con·junc·ti·va [kŏn′jŭngk tī′və] *(n.)* pl. **-vas** *or* **-vae** المُلْتَحِمَة: الغشاء المخاطيّ الذي يغلِّف باطن الجفن (ت).

con·junc·tive [-′tĭv] *(adj.; n.)* (١) رابط؛ موحِّد (٢) مُوَحَّد؛ مُشْتَرَك <~ actions> (٣) عاطف <*And* is a ~ word.> § (٤) حرف عطف.

con·junc·ti·vi·tis [-vī′-] *(n.)* التهاب المُلْتَحِمة: التهاب باطن الجفن.

con·junc·ture [kən jŭngk′chər] *(n.)* (١) حالة؛ وضع (٢) أزمة.

con·jur·a·tion [kŏn′jōō rā′-] *(n.)* (١) التَّعْزيم: استحضار الأرواح (٢) عزيمة؛ رُقية؛ تَعْويذة (٣) سِحر؛ شَعْوَذة (٤) مُناشَدة.

con·jure [kŏn′jər; kən jōōr′ *for 1*] *(vt.; i.)* (١) يُناشِد (٢) «أ» يُعَزِّم: يستحْضر الأرواح. «ب» يَسْحَر (٣) يبتكر (٤) يَجْترِح؛ يَصْنع (٥) يَسْتَحْضِر؛ يستعيد [في ذهنه صورةً إلخ] <to ~ up visions of one's boyhood days> **x** (٦) «أ» يمارس السِّحر. «ب» يُشَعْوِذ.

con·jur·er *or* **con·jur·or** *(n.)* (١) المُناشِد (٢) السّاحر (٣) المُشَعْوِذ.

conk[1] [kŏngk] *(n.)* (١) رأس (ع) (٢) أنف (ع).

conk[2] *(vt.)* يَضْرِب. وبخاصة: يَضرِب على الرأس؛ يَطْرَحُهُ أرضًا.

conk[3] *(vi.)* (١) يتعطّل: يتوقَّف عن العمل لعُطل طارئ (٢) يُغْمَى عليه (٣) يأوي إلى الفراش (٤) يموت.

conn [kŏn] *(vt.; n.)* (١) يُوَجِّه دِفّة السفينة § (٢) توجيه.

con·nate [kŏn′āt] *(adj.)* (١) مُتطابع: متماثل من حيث الطبيعة (٢) فِطريّ؛ خِلْقيّ (٣) حُوْقيّ: متّحِدٌ خلقةً؛ ملتصِق بإحكام <~ leaves> (٤) متناشئ: ناشئ أو مولود معًا <~ qualities>.

connate leaf

con·na·tion [kə nā′-] *(n.)* تطابُع؛ تناشُؤ (را. المادة السابقة).

con·na·tu·ral [kə năch′ər əl] *(adj.)* (١) متطابع: متماثل من حيث الطبيعة (٢) فِطريّ؛ خِلقيّ: كائن منذ الولادة.

con·nect [kə nĕkt′] *(vt., i.)* (١) يَرْبِط؛ يَصِل (٢) يَرْبِط [ذهنيًا] بين شيء وآخر **x** (٣) يرتبط؛ يتَّصل (٤) يَضْرِب [الكُرَةَ] بقوّة أو نجاح (ع) (٥) ينجح.

con·nect·ed *(adj.)* (١) مرتبط (٢) مُتَّصِل (٣) مُترابط.

well-~, قويّ الارتباط؛ متشعّب العلاقات.

con·nect·ed·ly *(adv.)* على نحوٍ مترابط؛ على نحوٍ مُحْكَم الرّبط.

connecting rod *(n.)* ذراع التوصيل (مك).

con·nec·tion *also* **con·nex·ion** [kə nĕk′-] *(n.)* (١) رَبْطٌ أو ارتباط. مثل: «أ» علاقة سببيّة أو منطقيّة. «ب» سِياق؛ قَرينة <the ~ in which a word is used>. «ج» قَرابة؛ نسابة. «د» تسلسل مَنطقيّ؛ ترابط فكري (٢) «أ» صِلة؛ علاقة. «ب» اتّصال أو وسيلة اتّصال <a bad telephone ~>. «ج» الوُصْلة: أداة وَصْل <plumbing ~s> (٣) النَّسيب؛ القريب (٤) صلة اجتماعية أو مهنية أو تجارية. مثل: «أ» مركز؛ عمل؛ وظيفة. «ب» مصدر تهريب (٥) جماعة: «أ» طائفة دينية. «ب» عشيرة. «ج» حلقة من الأصدقاء [أو فرد منها]. «د» زبائن <He has good ~s among the wealthy women of Paris.> (٦) اتحاد؛ تحالُف (٧) عُصبة.

in this ~, بهذا الصَّدد؛ بهذا الخصوص.

con·nec·tive *(adj.; n.)* (١) ضامّ؛ رابط <~ tissues> § (٢) وُصْلة أو شيء رابط. مثل: الضامّ: «أ» نسيج ضامّ لِفَصّي المِئبَر (را. anther).

«ب» حرف عطف (ل).

connective tissue *(n.)* النسيج الضامّ (ت).

conn·ing tower [kŏn′ĭng] *(n.)* (١) برج القيادة [في سفينة حربية] (٢) برج المراقبة [في غواصة].

con·nip·tion [kə nĭp′-] *(n.)* نَوْبة غضب أو هستيريا أو ذُعر.

con·niv·ance [kə nī′vəns] *(n.)* (١) تغاضٍ. وبخاصةٍ: تستُّر [على جريمة] (٢) تواطؤ (٣) تآمُر.

con·nive [kə nīv′] *(vi.)* (١) يتغاضى؛ يَغُضّ الطَّرْف. وبخاصة: يتستّر على جريمة (٢) يتواطأ: يتعاون سِرًّا [مع العدُوّ] (٣) يتآمر.

con·ni·vent [kə nī′-] *(adj.)* متضامّ؛ متقارب («نب» و«ح»).

con·nois·seur [kŏn′ə sûr′] *(n.)* الجِهْبِذ؛ العارف؛ الخبير: المتمكّن من تقنيَّة فنّ من الفنون أو أصوله إلى حدّ يؤهّله لإطلاق حُكم نقديّ فيه.
— **con·nois·seur·ship** *(n.)*

con·no·ta·tion [kŏn′ə tā′-] *(n.)* (١) المُتَضمَّن؛ المعنى الضّمنيّ: معنًى إضافي توحيه الكلمة علاوةً على معناها الأصلي (٢) الدِّلالة: معنى اللفظة (٣) المفهوم (مق).
— **con·no·ta·tive** *(adj.)*

con·note [kə nōt′] *(vt.)* (١) يتضمَّن معنى كذا؛ يُفيد ضمنًا (٢) يتلازم مع (٣) ينطوي على؛ يستلزم <Injury ~*s* pain.>.

con·nu·bi·al [kə no͞o′-] *(adj.)* زِيجيّ؛ زَواجيّ؛ زَوجيّ.

co·noid [kō′noid] *(adj.; n.)* (١) مخروطانيّ: شبيهٌ بالمخروط § (٢) المجسَّم المخروطانيّ (ر).

conoid *1.*

co·noi·dal [kō′noid əl] *(adj.)* = conoid.

con·quer [kŏng′kər] *(vt.; i.)* (١) يَفْتَح [بلدًا] (٢) يُخضع؛ يقهر <to ~ an enemy> (٣) ينتزع: يكتسب بالتغلّب على العقبات أو المقاومة <to ~ independence *or* fame> (٤) يتغلب على أمر، [باذلًا قوةً عقلية أو أخلاقية] <to ~ temptation> (٥) ينتصر <resolved to ~ or to die>.

con·quer·or *(n.)* الفاتح؛ المُنتصِر إلخ (را. المادة السابقة).

con·quest [kŏn′kwĕst] *(n.)* (١) «أ» فَتْح. «ب» إخضاع. «ج» انتزاع؛ اكتساب (٢) الأرض المفتوحة [من طريق الغزو العسكري].
to make a ~ of ينتزع حُبَّه أو إعجابه به.

con·qui·an [kŏn′kĭ ən] *(n.)* الكونكان: ضرب من لَعِب الورق.

con·quis·ta·dor [kŏn kwĭs′tə dôr′] *(n.)* pl. **-es** [ēz] *or* **-s** الفاتح. وبخاصة: أيّ من فاتحي المكسيك وبيرو الإسبان في القرن ١٦.

con·san·guine [kŏn săng′gwĭn]; **con·san·guin·e·ous** [kŏn săng gwĭn′ĭ əs] *(adj.)* من دمٍ أو أصل واحد. وبخاصة: قريبٌ قرابةَ عَصَب.

con·san·guin·i·ty [-′ə tĭ] *(n.)* (١) قَرابةُ عَصَب (٢) صلة وثيقة.

con·science [kŏn′shəns] *(n.)* (١) الضمير (٢) التزام بما يمليه الضمير.
in all ~, (١) براحة ضمير؛ من غير تعارض مع ما يمليه الضمير (٢) يقينًا؛ على وجه التأكيد؛ من غير ريب.

conscience money *(n.)* مال الضمير: مالٌ يدفعه المرء إراحةً لضميره [تكفيرًا عن ذنبٍ اقترفه أو وفاءً بالتزامات تهرَّبَ من الوفاء بها في ما مضى].

con·science–strick·en *(adj.)* معذَّب الضمير: مستشعرٌ وَخْزَ الضمير.

con·sci·en·tious [kŏn′shĭ ĕn′shəs] *(adj.)* (١) حيّ الضَّمير <a ~ judge> (٢) مُتْقِن [لعملِهِ] <a ~ worker> (٣) مُتقَن: مُنْجَزٌ وَفقًا لما يمليه الضمير <~ work> (٤) دقيق <a ~ description>.

conscientious objection *(n.)* الاعتراض الضميريّ: رفضُ حمل السّلاح أو الخدمة في القوات المسلّحة لاعتبارات أخلاقية أو دينية.

con·scious [kŏn′shəs] *(adj.; n.)* (١) واعٍ: «أ» مُدْرِك لِـ؛ شاعرٌ بِـ <~ of his guilt>. «ب» يَقِظ؛ صاحٍ <The patient became ~ after the anesthesia wore off.>. «ج» مُتَّسِم بالوعي <our ~ actions> (٢) شاعرٌ بالإثم <~ heart> (٣) مُستَشْعَر: مُدْرَك من قِبَل المرء نفسه <~ guilt> (٤) مُرتبِك؛ خجِل (٥) مُتعمِّد؛ مُتقصِّد <a ~ liar> (٦) متعمَّد؛ مقصود <a ~ lie> § (٧) الوعي؛ الشعور (نف).

con·scious·ness [kŏn′shəs nəs] *(n.)* (١) وعي (٢) شعور.

con·scribe [kən skrīb′] *(vt.)* (١) يقيِّد؛ يعوق؛ يَحُدّ من (٢) يجنِّد: يُجْبِر على الخدمة العسكرية.

con·script [*adj, n.* kŏn′skrĭpt; *v.* kən skrĭpt′] *(adj.; n.; vt.)* (١) مُجَنَّد: مُجْبَر على الخدمة العسكرية <~ soldiers> (٢) مؤلَّف من مجنَّدين <~ armies> § (٣) المُجَنَّد الإلزامي § (٤) يُجنِّد إلزاميًّا (٥) يصادر.

con·scrip·tion *(n.)* (١) التجنيد الإلزامي (٢) «أ» التسخير. «ب» القُرعة العسكرية (٣) التبرُّع الإلزامي [تفرِضه الحكومة زمنَ الحرب] (٤) مصادَرة.

con·se·crate [kŏn′sə krāt′] *(vt.; adj.)* (١) يَرْسُم كاهنًا أو أسقفًا (٢) يكرِّس: «أ» يجعله أو يُعْلِنُهُ مقدَّسًا؛ يقِفُهُ لخدمة الله <to ~ a church>. «ب» يقف أو يخصِّص لغرض ما <hours ~*d* to meditation>. «ج» يحيطه بهالة من القداسة <customs ~*d* by time> § (٣) مكرَّس؛ مقدَّس.
— **con·se·cra·tive; con·se·cra·to·ry** *(adj.)*

con·se·crat·ed *(adj.)* (١) مكرَّس؛ موقوفٌ لغرض نبيل (٢) مقدَّس.

con·se·cra·tion [kŏn′sə krā′-] *(n.)* (١) تكريس (٢) رِسامة كاهن.

con·se·cu·tion [kŏn′sə kyo͞o′-] *(n.)* تعاقُب؛ تتابُع؛ تَتالٍ.

con·sec·u·tive [kən sĕk′-] *(adj.)* (١) متعاقب؛ متتابع؛ متوالٍ (٢) متواصل <a ~ conversation> (٣) مترابط منطقيًّا <a ~ account of the accident> (٤) منطقيّ التفكير <a ~ thinker>.

consecutive lines *(n. pl.)* الخطوط المتتابعة أو المتتالية.

con·sec·u·tive·ly *(adv.)* على التعاقب؛ على التتابع؛ على التتالي.

con·sen·su·al [kən sĕn′sho͞o əl] *(adj.)* (١) رِضائيّ: تامٌّ بالرِّضا المتبادل من غير تدوين <a ~ contract> (٢) لاإراديّ (فس).

con·sen·sus [-′səs] *(n.)* (١) انسجام؛ تناغم (٢) إجماع: اتفاق جماعيّ [في الرأي].

ă at; ā date; â care; ä car; ĕ egg; ē me; ĭ in; ī bite; ŏ lot; ō bone; ô orphan; oi boil; o͝o good; o͞o boot; ou out; ŭ under; û urgent; ə = *a* in alone, *e* in system, *i* in easily, *o* in gallop, *u* in circus.

con·sent [kən sĕnt′] *(vi.; n.)* (١) يوافق؛ يَقْبَل § (٢) موافَقَة؛ قَبول.

age of ~, سن الإدراك أو التمييز.

Silence gives ~, السكوت [أو عدم الاعتراض] يُفيد الموافقة أو القبول.

with one ~; by general ~, بالإجماع.

con·sen·ta·ne·ous [kŏn′sĕn tā′nĭ əs] *(adj.)* (١) موافقٌ لِـ؛ متّفق مع <~ to truth> (٢) إجماعيّ <~ profession of loyalty>.

con·sen·tient [-′shĕnt] *(adj.)* (١) مُوافِق (٢) متوافق؛ إجماعي.

con·se·quence [kŏn′sə kwĕns′] *(n.)* (١) نتيجة؛ عاقبة؛ مَغَبّة (٢) نتيجة منطقية (٣) أهمية؛ شأن <It's of no ~.> (٤) مكانة؛ منزلة اجتماعية رفيعة <a man of ~> (٥) عُجْب؛ غرور.

in ~, وإذن؛ وهكذا؛ بناءً على ذلك.

con·se·quent [-kwĕnt] *(adj.; n.)* (١) ناجم؛ ناشئ عن؛ تالٍ [بوصفه نتيجةً] (٢) لازم كنتيجة منطقية (٣) عقلانيّ <a clear and ~ account> § (٤) نتيجة طبيعية (٥) التالي (مج): حَدُّ النسبة الذي يُذكَر ثانيًا (ر).

con·se·quen·tial [kŏn′sə kwĕn′shəl] *(adj.)* (١) ناجم؛ ناشئ أو ناتج عن (٢) عقلانيّ (٣) هامّ؛ خطير (٤) مغرور.

con·se·quent·ly *(adv.)* وإذن؛ وهكذا؛ وبالتالي؛ بناءً على ذلك.

con·serv·a·ble [kən sûr′və bəl] *(adj.)* قابلٌ للحفظ أو الصِّيانة.

con·serv·an·cy [kən sûr′-] *(n.)* (١) مجلس لتنظيم الصَّيد والملاحة [في نهر أو مرفأ] (٢) «أ» صيانة. «ب» صيانة الموارد الطبيعية (٣) «أ» منظمة الصِّيانة: منظَّمة لصيانة الموارد الطبيعية. «ب» منطقة الصِّيانة: منطقة مخصَّصة لصيانة الموارد الطبيعية [كالأشجار والحيوانات المتوحِّشة إلخ].

con·ser·va·tion *(n.)* صيانة؛ محافظة. وبخاصة: صيانة الموارد الطبيعية.

con·ser·va·tion·ist *(n.)* الصِّيانيّ: المنادي بصيانة الموارد الطبيعية.

conservation of charge بقاء الشِّحنة؛ حِفظ الشِّحنة (فز).

conservation of energy بقاء الطاقة؛ حفظ الطاقة (فز).

conservation of mass *or* **matter** بقاء الكتلة أو المادة (فز).

conservation of momentum بقاء الزَّخْم؛ حِفظ الزَّخْم (فز).

conservation of species حِفْظ النَّوع (أح).

con·ser·va·tism *(n.)* (١) *cap.*: «أ» المُحافِظيّة: مبادئ حزب المحافظين، في المملكة المتّحدة، وسياستُهُ. «ب» حزب المحافظين (٢) المحافَظَة: النزوع إلى الإبقاء على ما هو قائم؛ مقاومة التجديد أو التغيُّر.

con·ser·va·tive [kən sûr′və tĭv] *(adj.; n.)* (١) واقٍ؛ صائن (٢) مُحافظ: متمسِّك بالقديم؛ مقاومٌ للتغيّر (٣) محافِظيّ: ذو علاقة بحزب سياسيّ محافِظ (٤) تقليديّ <~ policies> (٥) متحفّظ؛ حذِر؛ معتدل <a ~ estimate> § (٦) المحافظ: «أ» *cap.*: عضوٌ في حزب محافظ [وبخاصة في حزب المحافظين البريطانيّ]. «ب» شخص محافظ في عاداته ومسالكه (٧) شخص متحفّظ أو حَذِر (٨) الوقاء: وسيلة من وسائل الوقاية.

con·ser·va·tize *(vi.; t.)* (١) يُصبح محافظًا **x** (٢) يجعله محافظًا.

con·ser·va·toire [kən sûr və twär′] *(n.)* = conservatory *2*.

con·ser·va·tor [kŏn′sər vā′tər] *(n.)* (١) الواقي؛ الصّائن؛ الحافظ؛ الحامي (٢) الوصيّ؛ القيِّم؛ الحارس (ق) (٣) الأمين: موظف مكلَّف بصيانة شيء ذي صلة بالمصلحة العامة.

con·ser·va·to·ry [kən sûr′və tōr′ĭ] *(n.)* (١) المَخْضَرة: مُسْتَنْبَت زجاجي، أو دفيئة زجاجية، مُعَدّ لتعهُّد النباتات أو عرضها (٢) «أ» معهد موسيقي. «ب» معهد مسرحيّ.

con·serve [1] [kən sûrv′] *(vt.)* (١) يقي؛ يصون؛ يحفظ (٢) يُرَبِّب: يَحفظ الفاكهة بالسُّكَّر.

conserve [2] [kŏn′sûrv] *(n.)* المُرَبَّى: فاكهة محفوظة بالسُّكَّر.

con·sid·er [kən sĭd′ər] *(vt.; i.)* (١) يفكِّر في؛ يَدْرُس (٢) يأخذ بعين الاعتبار (٣) يُراعي [مشاعرَ الآخرين] <She never ~s others.> (٤) يتأمّل؛ يُطيل النظرَ (٥) يَعتبر؛ يَعُدّ <to ~ a man unfit> (٦) يحترم؛ يُجِلّ؛ يقدِّر (٧) يرى؛ يعتقد **x** (٨) يفكِّر مَليًّا.

con·sid·er·a·ble [-′ər ə bəl] *(adj.; n.)* (١) «أ» هامّ؛ جدير بالاعتبار. «ب» ذو شأن (٢) كبير؛ ضخم <a ~ sum of money> § (٣) شيء كثير <He has done ~ for the country.>.

con·sid·er·a·bly *(adv.)* بكثير؛ إلى حد بعيد <~ colder>.

con·sid·er·ate [kən sĭd′ər ĭt] *(adj.)* (١) حذِر؛ مُرَوًّأ فيه <a ~ pace> (٢) مراعٍ لحقوق الآخرين ومشاعرهم <courteous and ~>.

con·sid·er·ate·ness *(n.)* (١) حَذَرٌ؛ رَوِيّة (٢) مراعاة لحقوق الآخرين ومشاعرهم.

con·sid·er·a·tion [kən sĭd′ə rā′-] *(n.)* (١) تفكير؛ درس <under ~> (٢) اعتبار <economic ~s> (٣) رأي؛ نظرة <~s on the choice of a profession> (٤) مراعاة [للمشاعر الآخرين أو ظروفهم إلخ] (٥) مكانة أو منزلة عالية (٦) أهمية <It's of no ~ at all.> (٧) مكافأة؛ مقابل؛ تعويض ماليّ <I'm busy but I'll do it for a ~.>.

in ~ of (١) نظرًا لِـ؛ بسببٍ من (٢) تعويضًا عن.

on *or* under no ~, بأية حال؛ ألبتّة.

to take into ~, يأخذ بعين الاعتبار.

con·sid·ered *(adj.)* (١) مُرَوًّأ فيه؛ مدروس (٢) مُبَجَّل؛ موقَّر.

con·sid·er·ing *(prep.; adv.)* (١) إذا أخذنا بعين الاعتبار <Layla did well ~ her limitations.> § (٢) إذا أخذنا كلَّ شيء بعين الاعتبار <The boy does well, *considering*.>.

con·sign [kən sīn′] *(vt.; i.)* (١) «أ» يُودِع. «ب» يُسْلِم إلى. «ج» يَعْهد به إلى (٢) يُفرد؛ يُخَصِّص (٣) يُرسل [بضاعةً] إلى عميل لبيعها أو خزنها **x** (٤) يَرضى؛ يَقْبل.

con·sign·ee [kŏn′sī nē′] *(n.)* المُرْسَل إليه؛ المشحون إليه.

con·sign·er *or* **con·sign·or** [kən sī′nər] *(n.)* المُرْسِل؛ الشاحن.

con·sign·ment [kən sīn′-] *(n.)* (١) مص consign (٢) الوديعة: ما يُودَع (٣) الإرسالية: بضاعة مُرسَلة إلى عميل لبيعها أو خزنها.

on ~, برسم الأمانة؛ مُرْسَل إلى عميل، على أن لا يُكَلَّف دفعَ ثمنه إلا إذا بيع.

con·sist [kən sĭst′] *(vi.)* (١) يتوقف على؛ يكمُنُ في [تتبعها *in*] (٢) يتألف

من [تتبعها of] (٣) يُطابق؛ ينسجم مع [تتبعها with].

con·sis·ten·cy; con·sis·tence [kən sĭs′-] *(n.)* (١) متانة؛ تماسُك (٢) القَوام: درجة الكثافة أو اللُّزوجة إلخ <the ~ of a syrup> (٣) اتّساق؛ تناغم (٤) اطِّراد؛ استمرارية (٥) الاستقامة؛ التمسُّك بالمبادئ.

con·sis·tent [-′tənt] *(adj.)* (١) متين؛ متماسك (٢) متساوق؛ متناغم؛ منسجم (٣) مُطّرِد <~ policies> (٤) مستقيم؛ متمسِّك بالمبادئ.

con·sis·to·ry [kən sĭs′tə rĭ] *(n.)* (١) مجلس (٢) مجلس كَنَسيّ؛ محكمة كَنَسيّة (٣) مَجمع كرادلة (٤) المجلس: المنظّمة التي تمنح درجات الطقس الماسونيّ الإسكتلندي.

con·so·ci·ate [*v.* kən sō′shĭ āt′; *adj., n.* -shĭ ĭt; -shĭ āt′] *(vt.; i.; adj.; n.)* (١) يوحِّد x (٢) «أ» يتّحد. «ب» يشكِّل اتحادًا كَنَسيًا § (٣) مُتّحِد § (٤) الشريك.

con·so·ci·a·tion [-sĭ ā′-] *(n.)* (١) «أ» اتحاد. «ب» اتحاد كنائسيّ (٢) العُشَيِّرة [في دراسة البيئة النباتية].

con·sol [kŏn′sŏl] *n. sing. of* consols.

con·so·la·tion [kŏn′sə lā′-] *(n.)* (١) تَعْزية؛ مؤاساة (٢) تَعَزٍّ؛ سُلوان (٣) عزاء؛ سَلوى.

consolation game *also* **match** *or* **race** *(n.)* مباراة [أو سباق] المؤاساة: مباراة لا يشترك فيها غير الخاسرين في المراحل الأولى.

consolation prize *(n.)* جائزة الترضية: جائزة، ضئيلة القيمة نسبيًا، تُمْنَح لمن فاته الفوز بسبب من فارق بسيط، عادةً.

con·sol·a·to·ry [kən sŏl′ə tōr′ĭ] *(adj.)* مُعَزٍّ؛ مُؤاسٍ؛ مُسْلٍ.

con·sole[1] [kən sōl′] *(vt.)* يعزِّي؛ يؤاسي؛ يُسْلي.

con·sole[2] [kŏn′sōl] *(n.)* الكُنْسُلة: «أ» حامل [أو حِلية] الإفريز (عم). «ب» نَضَد الأرغُن: جزء من الأرغن يشتمل على لوحة المفاتيح والدّوّاستين. «ج» خزانة الراديو أو التلفزيون.

consoles *a.*

console table *(n.)* الكُنْسولة: طاولة تُثَبَّت إلى الجدار تَحْت مرآة إلخ.

con·sol·i·date [kən sŏl′ə dāt′] *(vt.; i.)* (١) يَدْمُج؛ يوحِّد (٢) يقوّي؛ يعزِّز؛ يثبِّت (٣) يُجَمِّد x (٤) يندمج؛ يتّحد (٥) «أ» يَصْلُب. «ب» يتجمَّد.

con·sol·i·dat·ed *(adj.)* (١) مُدْمَج؛ مُوَحَّد (٢) مُصَلَّب؛ مُقَسّى.

con·sol·i·da·tion *(n.)* (١) مص consolidate (٢) كلٌّ متماسك أو متجمِّد إلخ (٣) الاندماج: اندماج مؤسستين أو أكثر في مؤسسة واحدة.

con·sols [kŏn′sŏlz] *(n. pl.)* السَّندات الموحَّدة [تصدرها الحكومة البريطانية].

con·som·mé [kŏn′sə mā′] *(n.)* مرق اللحم أو العظام.

con·so·nance; con·so·nan·cy [kŏn′sə-] *(n.)* (١) انسجام؛ تساوق؛ تناغم (٢) تناغُمُ الأصوات؛ توافق الأنغام (مو).

con·so·nant [kŏn′sə nənt] *(adj.; n.)* (١) منسجم؛ متناغم؛ مُتَّفِق مع (٢) متناغم الأصوات؛ متوافق الأنغام (٣) متماثل الأصوات <~ words> (٤) صامتيّ (را. المادة التالية) § (٥) «أ» الصوت الصامت. «ب» الحرف الصامت: حرف غير صائت.

con·so·nan·tal *(adj.)* صامتيّ: متعلّق بالحرف الصامت أو بصوته.

con·so·nant·ly *(adv.)* بانسجام؛ بتناغم.

con·sort [*n.* kŏn′sôrt; *v.* kən sôrt′] *(n.; vi.; t.)* (١) رفيق (ا. م) (٢) تناغم الأصوات (ا. م) (٣) سفينة مرافِقة لأخرى (٤) زوج أو زوجة (٥) مجموعة § (٦) يعاشر؛ يرافق (٧) ينسجم؛ يتلاءَم x (٨) يوحِّد؛ يقْرِن.

con·sor·ti·um [kən sôr′shĭ əm] *(n.)* pl. **-ti·a** *also* **-s** (١) الاتحاد المالي: اتحاد بين بعض المؤسسات لتمويل مشروعات تحتاج إلى رساميل ضخمة (٢) جمعية؛ اتحاد؛ نادٍ (٣) حق الزوجية: حقّ الزوج [أو الزوجة] الشرعيّ في أن ينعم بحبّ شريكته في الحياة وخدماتها.

con·spe·cif·ic *(adj.)* متناوع: من النوع نفسه («ح» و«نب»).

con·spec·tus [kən spĕk′təs] *(n.)* (١) نظرة عامة أو شاملة (٢) خلاصة.

con·spic·u·ous [kən spĭk′yōō əs] *(adj.)* (١) واضح؛ جليّ (٢) رائع؛ بارز (٣) منافٍ للذَّوق السليم <a ~ necktie>.

con·spir·a·cy [-spĭr′-] *(n.)* (١) تآمر (٢) مؤامرة (٣) المتآمرون.

con·spi·ra·tion *(n.)* (١) تآمرٌ؛ تواطؤ (٢) تعاوُن.

con·spir·a·tive; con·spi·ra·tion·al *(adj.)* تآمري؛ تواطُئيّ.

con·spir·a·tor *or* **con·spir·er** *(n.)* المتآمر؛ المتواطئ.

con·spir·a·to·ri·al *(adj.)* تآمريّ؛ تواطُئيّ <~ glances>.

con·spire [kən spīr′] *(vi.; t.)* (١) يتآمر؛ يتواطأ (٢) يتعاون x (٣) يرسم خطة سرية لِـ <to ~ a person's ruin>.

con·sta·ble [kŏns′stə-] *(n.)* القُنْسْطَبْل: «أ» موظف كبير في قصر ملك أو نبيل [في العصر الوسيط]. «ب» حاكم قلعةٍ أو مدينة محصَّنة. «ج» موظف مسؤول عن الأمن إلخ. «د» شرطيّ بريطانيّ.

con·stab·u·lar·y [kən stăb′yə-] *(adj.; n.)* (١) شُرَطيّ: ذو علاقة برجال الشُّرطة أو بواجباتهم § (٢) شرطة منطقة أو بلد (٣) قوة شرطة عسكرية منظَّمة بمعزل عن الجيش النظاميّ.

con·stan·cy [kŏn′stən sĭ] *(n.)* (١) «أ» ثبات؛ جَلَدٌ. «ب» إخلاص؛ وفاء؛ ولاء (٢) استقرار؛ اطّراد؛ انتظام.

con·stant [-′stənt] *(adj.; n.)* (١) «أ» جَلْد؛ ذو عزم. «ب» مخلص؛ وفيّ (٢) مستقرّ؛ مُطَّرِد؛ ثابت (٣) متواصل (٤) نظاميّ؛ منتظم § (٥) شيء ثابت أو غير متغيّر (٦) مقدار ثابت (ر).

con·stant·ly *(adv.)* دائمًا؛ باستمرار؛ على نحو متواصل.

con·stel·late [kŏn′stə lāt′] *(vi.; t.)* (١) «أ» تتكوكب: تسطع [النجوم] مطلقةً إشعاعًا موحّدًا. «ب» يَتَعَنْقَد؛ يتجمّع في عنقود x (٢) يُكوكِب؛ يُعنقِد (٣) يرصِّع بالنجوم أو نحوها.

con·stel·la·tion [kŏn stə lā′-] *(n.)* (١) الكوكبة: «أ» مجموعة نجوم. «ب» البُرج: أيّ منطقة محدَّدة من السماء (فل). «ج» مجموعة متألقة من

الأشخاص أو الأشياء أو الصّفات (٢) نمط؛ ترتيب.

con·ster·nate [kŏn′stər nāt′] *(vt.)* يُرَوِّع؛ يملأهُ رُعبًا.

con·ster·na·tion [kŏn′stər nā′-] *(n.)* رُعْب؛ ذُعر.

con·sti·pate [kŏn′stə pāt′] *(vt.)* (١) يَقبِض [الأمعاءَ]؛ يُصيب بالإمساك (٢) يجمِّد؛ يُعطِّل؛ يُبلِّد؛ يقيِّد.
— **con·sti·pat·ed** *(adj.)*

con·sti·pa·tion *(n.)* (١) القبض؛ الإمساك (ط) (٢) تجميد؛ تعطيل إلخ.

con·stit·u·en·cy [kən stĭch′o͞o ən sĭ] *(n.)* (١) «أ» جمهور الناخبين أو المقيمين [في دائرة انتخابية]. «ب» دائرة انتخابية (٢) جمهور من الأنصار أو الزبائن إلخ.

con·stit·u·ent [-ənt] *(n.; adj.)* (١) الناخب أو المقيم [في دائرة انتخابية] (٢) المقوِّم: عنصر أو جزء أساسي <the ~s of character> § (٣) مقوِّم: مشكِّلٌ أو مكوِّن وحدةً أو كلًّا تامًّا <~ parts> (٤) تأسيسيّ: مخوَّل سُلطةَ وضع دستور جديد أو تعديلِهِ <a ~ assembly>.

con·sti·tute [kŏn′stə tyo͞ot′] *(vt.)* (١) يعيِّن؛ ينصِّب (٢) يُنشئ (٣) يَسُنّ؛ يضع تشريعًا (٤) يمنح سلطةً شرعية [للجنة أو نحوها] (٥) يؤلِّف؛ يُشكِّل.

con·sti·tu·tion [-′stĭ tyo͞o′-] *(n.)* (١) عُرف؛ قانون (٢) تعيين؛ تنصيب (٣) إنشاء (٤) تكوين؛ قِوام؛ بِنْية (٥) بِنْية الجسم (٦) مزاج (٧) دُستور.

con·sti·tu·tion·al[1] [-′shən əl] *(adj.)* (١) بِنْيويّ: ذو علاقة ببِنْية المرء الجسمانية أو العقلية <a ~ weakness> (٢) صحّي <a ~ walk> (٣) أساسيّ <a ~ part> (٤) دستوريّ <a ~ crisis>.

con·sti·tu·tion·al[2] *(n.)* النزهة الصحية: نزهة سيرًا على القدمين، أو أية رياضة أخرى، يقوم بها المرء لأغراض صحية.

constitutional formula *(n.)* الصيغة التقويمية أو البِنيوية (ك).

con·sti·tu·tion·al·ism *(n.)* الدُّستورانية: «أ» التمسُّك بالمبادئ الدستورية أو الحكمُ وَفقَها. «ب» نظام حكم دستوري.

con·sti·tu·tion·al·ist *(n.)* الدُّستورانيّ: «أ» المؤيِّد للدُّستورانية (را. المادة السابقة) أو لدستورٍ قائم. «ب» الباحث أو العالم الدستوريّ.

con·sti·tu·tion·al·i·ty *(n.)* الدُّستورية: كونُ الشيء منطبقًا على الدُّستور.

con·sti·tu·tion·al·ize *(vt.)* يُدَسْتِر: يجعله دستوريًا.

constitutional monarchy *(n.)* المَلَكيّة الدستورية.

con·sti·tu·tive [kŏn′stĭ tyo͞o′tĭv] *(adj.)* (١) تأسيسيّ؛ إنشائيّ (٢) مقوِّم؛ مكوِّن؛ أساسيّ <a ~ part> (٣) قِواميّ؛ تكوينيّ: متعلق بِقوام الشيء أو تكوينه <a ~ property>.

con·strain [kən strān′] *(vt.)* (١) يُكرِه؛ يُجبِر؛ يَقْسُر؛ يَضْطرّ (٢) يتكلّف؛ يصطنع <a ~ed smile> (٣) يقيِّد؛ يُوثِق (٤) يحبِس؛ يحصُر (٥) يكبح.

con·strained *(adj.)* (١) مُكْرَه؛ مُضْطَرّ (٢) متكلَّف (٣) مقيَّد (٤) مرتبك.

con·straint *(n.)* (١) «أ» إكراه؛ إجبار. «ب» اضطرار (٢) «أ» تقييد. «ب» قَيْد <legal ~s> (٣) كَبْحُ [العواطف والانفعالات] (٤) ارتباك.

con·strict [kən strĭkt′] *(vt.; i.)* (١) «أ» يَقبِض؛ يقلِّص؛ يَزُمّ. «ب» يضيِّق (٢) يَعْصِر (٣) يقيِّد؛ يَعُوق x (٤) يتقلَّص؛ يتضيَّق إلخ.

con·strict·ed *(adj.)* ضيِّق؛ محدود <a ~ outlook>.

con·stric·tion [kən strĭk′-] *(n.)* (١) قَبْض؛ تقليص إلخ (٢) انقباض؛ تقلُّص (٣) عضوٌ مقبوض أو مُقلَّص (٤) القابض؛ المقلِّص: كلّ ما يقبض أو يقلِّص إلخ (٥) عائق.

con·stric·tive [-′tĭv] *(adj.)* مُقلِّص؛ زامّ؛ عاصر إلخ.

con·stric·tor [-′tər] *(n.)* (١) فا constrict (٢) العضلة القابضة (ت) (٣) الأفعى العاصرة: أفعى تقتل ضحيتها بالالتفاف حولَها وعَصْرِها.

con·stringe [-strĭnj′] *(vt.)* (١) يَقْبِض؛ يقلِّص؛ يَزُمّ (٢) يُقيِّد؛ يعوق.

con·strin·gent [kən strĭn′jənt] *(adj.)* قابض؛ مقلِّص؛ زامّ.

con·struct [*v.* kən strŭkt′; *n.* kŏn′strŭkt′] *(vt.; n.)* (١) يبني؛ يشيِّد (٢) يُنشئ؛ يرتِّب؛ ينظِّم؛ يُركِّب؛ يُبدع (٣) يُنشئ؛ يعمل: يرسم شكلًا هندسيًا بمواصفات معيّنة § (٤) المُنشَأ: شيء يُنشأ. وبخاصة من طريق التركيب أو التأليف العقلي synthesis <Every sense perception is a ~.>.

con·struc·ter; con·struc·tor *(n.)* الباني؛ المُشيِّد؛ المُنشئ؛ المُبْدِع.

con·struc·tion [-′shən] *(n.)* (١) بناء؛ تشييد؛ إنشاء؛ إبداع إلخ (٢) بِنْية؛ تركيب <objects of similar ~> (٣) مبنًى؛ بناء مُشيَّد (٤) صناعة البناء (٥) معنًى؛ تفسير <The statement does not bear such a ~.> (٦) ترتيب الكلمات [في جملة] (ل) (٧) الإنشاء: رسم الشكل الهندسي وفقًا لشروط معيّنة.
— **con·struc·tion·al** *(adj.)*

con·struc·tion·ist *(n.)* المفسِّر؛ الشارح [للقوانين بخاصة].

con·struc·tive [kən strŭk′-] *(adj.)* (١) إنشائيّ؛ إبداعيّ (٢) استدلاليّ؛ استنتاجيّ: مبنيّ على الاستدلال أو الاستنتاج أو التفسير <~ permission> (٣) بنّاء؛ غير هدّام <~ criticism>.

con·strue [-stro͞o′] *(vt.; i.)* (١) يُعرِب [جملةً] (٢) يُترجم (٣) يفسِّر؛ يؤوِّل x (٤) يُعْرَب: يكون قابلًا للإعراب (ل).

con·sub·stan·tial *(adj.)* من نفس المادة أو الجوهر أو الطبيعة.

con·sub·stan·ti·ate [-′shĭ āt′] *(vi.; t.)* (١) يؤمن بالمتّحِدانيّة (را. المادة التالية) (٢) يتّحد في مادة أو طبيعة مشتركة x (٣) يوحِّد في مادة أو طبيعة مشتركة.

con·sub·stan·ti·a·tion *(n.)* المُتَّحِدانيّة: العقيدة القائلة بأن جسد المسيح ودمه مُتَّحِدان بخبز القربان المقدّس وخمرِهِ (نص).

con·sue·tude [kŏn′swĭ tyo͞od′; -to͞od′] *(n.)* عادةٌ.

con·sul [kŏn′səl] *(n.)* القُنْصُل: «أ» أحد الحاكمين الرئيسيّين في جمهورية روما القديمة. «ب» أحد حكّام الجمهورية الفرنسية الثلاثة من عام ١٧٩٩ إلى عام ١٨٠٤. «ج» موظف تعيّنه الحكومة ممثلًا لها في دولة أجنبية حيث يُعنَى بمصالح مواطنيه التجارية ويُصدر تأشيرات الدخول إلى بلاده إلخ.

con·su·lar *(adj.)* قُنْصُليّ: منسوب إلى القنصل أو ذو علاقة به.

consular agent *(n.)* الوكيل القُنْصليّ: موظف يقوم بمهامّ القنصل في بلدٍ ذي أهمية تجارية ضئيلة.

con·su·late [kŏn′sə lĭt] *(n.)* القُنْصُليّة: «أ» حكومة القناصل. «ب» مقرّ القنصل في بلدٍ أجنبي. «ج» *cap.*: حكومة فرنسا من عام ١٧٩٩ إلى عام ١٨٠٤.

consul general *(n.)* القنصل العام.

con·sult [v. kən sŭlt′] *(vt.; i.; n.)* (١) يُراعي (٢) يستشير؛ يشاور (٣) يُراجع؛ يَرْجِع إلى <to ~ an encyclopedia> x (٤) يتشاور؛ يتبادل الرأي (٥) يعمل مُسْتشارًا § (٦) استشارة؛ مُشاورة؛ تشاوُر.

con·sul·tan·cy [-′tən sĭ] *(n.)* (١) استشارة (٢) مكتب استشارات.

con·sul·tant [-′tənt] *(n.)* (١) المستشير إلخ (٢) المستشار؛ الخبير.

con·sul·ta·tion *(n.)* (١) مؤتمر. وبخاصة: مداولة بين طبيبين أو أكثر حول تشخيص داء أو معالجته (٢) «أ» استشارة. «ب» مشاورة؛ تشاوُر.

con·sul·ta·tive; con·sul·ta·to·ry [kən sŭl′tə-] *(adj.)* استشاريّ <a ~ committee>.

con·sult·ing *(adj.)* (١) مستشير (٢) مُشاوَر: قائم بإسداء النُّصح للجمهور أو لزملائه في المهنة <a ~ physician> (٣) استشاريّ؛ مُستشاريّ.

con·sul·tive [kən sŭl′tĭv] *(adj.)* = consultative.

con·sum·a·ble *(adj.; n.)* (١) يُسْتَنْفَد؛ يُسْتهلك: قابلٌ للاستنفاد أو الاستهلاك § (٢) *pl.*: الأشياء القابلة للاستنفاد أو الاستهلاك.

con·sume [kən sōōm′] *(vt.; i.)* (١) يُهلك؛ يُفني (٢) يبدِّد [المالَ أو الوقتَ] (٣) يستنفد؛ يستهلك (٤) يلتهم؛ يأتي على <~*d* two watermelons> (٥) يَسْتغرِق: يستحوذ على كامل الانتباه أو الاهتمام أو الطاقة x (٦) يَذْبُل؛ يَذْوَى؛ يَفْنى (٧) يستهلك [سِلعةً أو سِلَعًا].

~*d* with envy مُفْعَم بالحسد؛ يتأكَّلُهُ الحسدُ.

con·sum·ed·ly *(adv.)* إلى حدٍّ بعيد <~ proud of it>.

con·sum·er *(n.)* (١) فا consume (٢) المستهلِك [للسِّلع التجارية].

consumer goods *(n. pl.)* السِّلع الاستهلاكية.

con·sum·er·ism *(n.)* الاستهلاكانيّة؛ حماية مصالح المستهلكين.

consumer price index *(n.)* مؤشِّر أسعار المستهلك.

con·sum·mate [v. kŏn′sə māt′; adj. kən sŭm′ĭt, kŏn′sə mĭt] *(vt.; i.; adj.)* (١) يُتمّ؛ يُكمِل؛ يُنجز (٢) يحقِّق <to ~ a desire> (٣) يُتمّ بالدخول على المرأة <to ~ a marriage> x (٤) «أ» يَكتمل. «ب» يبني بزوجته § (٥) كامل <a man of perfect and ~ virtue> (٦) شديد البراعة <~ skill> (٧) من الطراز الأول <a ~ actress>.

con·sum·ma·tion *(n.)* (١) إكمال؛ تحقيق (٢) اكتمال؛ تحقُّق.

con·sum·ma·to·ry; con·sum·ma·tive *(adj.)* (١) مُتمِّم؛ مكمِّل (٢) ختاميّ؛ نهائيّ <a ~ act>.

con·sump·tion [kən sŭmp′-] *(n.)* (١) مص consume (٢) الضَّنَى: «أ» هزال تدريجيّ بسبب منَ السُّلّ بخاصة. «ب» السُّلّ؛ داء السُّلّ (٣) الاستهلاك: استهلاك السِّلَع التجارية (اد).

con·sump·tive [kən sŭmp′tĭv] *(adj.; n.)* (١) مُتلِف؛ مُبدِّد إلخ (٢) استهلاكيّ (٣) سُلِّيّ: ذو علاقة بداء السُّلّ أو شبيهٌ به (٤) «أ» مسلول؛ مصدور. «ب» عرضةٌ للسُّلّ § (٥) المسلول؛ المصدور.

con·tact [kŏn′tăkt] *(n.; vt.; i.; adj.)* (١) احتكاك (٢) التماسّ (ر) (٣) «أ» التّلامس: اتصال بين مُوَصِّلين يجري خلالهما التيّار (كب). «ب» أداة أو جزء لإحداث التلامُس (كب) (٤) اتصال مباشر (٥) المعرفة؛ المعارف: شخص أو أشخاص سبق للمرء أن اتصل به أو بهم <Do you have any ~*s* in Beirut?> (٦) المُلامِس: إنسان أو حيوان محتكّ بإنسان أو حيوان آخر مُصابٍ بمرضٍ مُعْدٍ (٧) مصدر معلومات خاصّة § (٨) يحتكّ بِـ (٩) يُراجع <*Contact* your local dealer.> x (١٠) يتماسّ؛ يتلامس § (١١) تلامُسيّ: ناشئ من التّلامُس <a ~ skin rash>.

contact flight *or* **flying** *(n.)* الطيران التلمُّسيّ: طيران يَظلُّ فيه الرُّبّان قادرًا على رؤية اليابسة أو المياه التي ينطلق فوقها.

contact lens *(n.)* العَدَسة المُلامِسة؛ العدسة اللّاصقة.

con·ta·gion [kən tā′jən] *(n.)* (١) «أ» عَدْوى. «ب» مَرَضٌ مُعْدٍ. «ج» المُمْرِض: عاملٌ، كالڤيروس ونحوه، مُحْدِثٌ للمرض (٢) «أ» سُمّ. «ب» شَرّ (٣) العَدْوَى: «أ» انتقال سريع لأيّما شعور، كالحماسة أو القلق، من شخصٍ إلى آخر. «ب» شعور أو تأثير منتقل بسرعة.

con·ta·gious [kən tā′jəs] *(adj.)* (١) مُعْدٍ؛ سارٍ (٢) ناقل للعدوى.

con·ta·gious·ness *(n.)* الإعدائية: كون الشيء مُعْدِيًا أو قابلًا للسَّرَيان.

con·ta·gium [kən tā′jəm] *(n.)* pl. **-gia** الكُنْتَجْيُوم؛ ناقلة العدوى: ڤيروس أو مُتعضٍّ حيّ قادرٌ على إحداث مرضٍ مُعْدٍ.

con·tain [kən tān′] *(vt.; i.)* (١) يكبَح: يكبِت؛ يَلجُم <She ~*ed* her anger.> (٢) يحتوي: يَحُول دون انتشار قوّةٍ أو عقيدة مُعادية (٣) يحتوي؛ يتضمَّن؛ يشتمل على (٤) يَسَع؛ يتَّسع لِـ (٥) يساوي؛ يعادل <A pound ~*s* 16 ounces.> (٦) يَقْبل القسمةَ على كذا بدون باقٍ <6 ~*s* 2 and 3.> x (٧) يكبح عواطفَهُ.

She couldn't ~ herself for joy. لم تتمالك نفسها من الفرح.

con·tain·er *(n.)* (١) وعاء؛ إناء؛ صندوق (٢) حاوية؛ مُسْتَوْعِبة.

con·tain·er·board [kən tā′nər-] *(n.)* كرتون الصناديق.

con·tain·ment *(n.)* (١) كَبح؛ لَجْم إلخ (٢) الاحتواء: نهجٌ سياسي قِوامُهُ منع انتشار قوة أو عقيدة أو إيديولوجية مُعادية.

con·tam·i·nant [kən tăm′-] *(n.)* المُلوِّث؛ المُفْسِد إلخ.

con·tam·i·nate [kən tăm′ə nāt′] *(vt.)* (١) يلوِّث (٢) يَشُوب (٣) يُفسد [الأخلاقَ]؛ يُسمِّم [الأفكارَ].

con·tam·i·na·tion *(n.)* (١) تلويث (٢) تلوُّث (٣) شيء مُلَوَّث.

conte [kônt] *(n.)* الحكاية: قصّة حوادثها خارقة أو خيالية عادةً.

con·temn [kən tĕm′] *(vt.)* يزدري؛ يحتقر.

con·tem·ner; con·tem·nor [kən tĕm′-] *(n.)* المُزْدري؛ المُحْتَقِر.

con·tem·plate [kŏn′tĕm plāt′] *(vt.; i.)* (١) يتأمّل (٢) يتفكّر في... (٣) يتوقّع <I don't ~ any opposition.> (٤) يعتزم <She ~*s* going back to Cairo.> x (٥) يتأمَّل: يفكِّر؛ يفكِّر مَلِيًّا.

con·tem·pla·tion [kŏn′təm plā′-] *(n.)* (١) تأمُّل [روحيّ أو دينيّ]

(٢) تفكُّر؛ دراسة؛ تأمُّل (٣) إنعام نظر (٤) توقُّع (٥) اعتزام.

con·tem·pla·tive [kən tĕm′plə tĭv] *(adj.; n.)* (١) تأمّلي. وبخاصة: مكرَّس للصّلاة والتأمل الروحيّ <the ~ life> (٢) تأمّليّ النزعة؛ مُولَعٌ بالتأمل § (٣) المتصوِّف: المُسْتَغْرِق في التأمُّل الروحيّ.

con·tem·po·ra·ne·ous [kən tĕm′pə rā′nĭ əs] *(adj.)* كائنٌ متعاصر: في العصر نفسه <The lives of Abu Bakr and Omar were ~.>.

con·tem·po·rar·i·ness *(n.)* المُعاصَرة؛ التعاصُر؛ التّزامُن.

con·tem·po·rar·y [kən tĕm′pə rĕr′ĭ] *(adj.; n.)* (١) معاصر لِـ؛ متعاصِرٌ مع <Thackeray was ~ with Dickens.> (٢) مُعاصِر؛ حديث <~ literature> § (٣) المتعاصر <Petrarch and Chaucer were *contemporaries.*> (٤) اللِّدَة: من وُلد مع غيره في عامٍ واحد [أو كان في مثل سنِّهِ تقريبًا].
— **con·tem·po·rar·i·ly** *(adv.)*

con·tempt [kən tĕmpt′] *(n.)* (١) ازدراء؛ احتقار (٢) خِزْي؛ عار <fell into ~> (٣) قلة احترام <Familiarity breeds ~.> (٤) ازدراء المحكمة: عصيان المحكمة أو القاضي إلخ.

con·tempt·i·ble *(adj.)* خَسيس؛ وضيع؛ تافه؛ جدير بالازدراء.

con·temp·tu·ous [-′chōō əs] *(adj.)* (١) مُزْدَرٍ (٢) راشحٌ بالازدراء.

con·tend [kən tĕnd′] *(vi.; t.)* (١) يناضل؛ يكافح (٢) يتنافس؛ يتبارى (٣) يُجادل؛ يناقش x (٤) يُؤَكِّد [مُعلِنًا صحةَ أمرٍ ما]؛ يقول برأيٍ [رغمَ معارضة الآخرين] <Columbus ~*ed* that the earth was round.>.

con·tend·er *(n.)* المناضل؛ المكافح؛ المتنافس؛ المتباري إلخ.

con·tent[1] [kən tĕnt′] *(adj.; vt.; n.)* (١) راضٍ؛ مُكتفٍ؛ قانعٌ بما عنده (٢) مُطْمَئِنّ؛ مرتاح البال (٣) مُوافِق (٤) راغبٌ § (٥) يُرْضي؛ يُشبع [الرغباتِ] (٦) يكتفي؛ يقنع § (٧) رضًا؛ قناعة؛ اطمئنان.

con·tent[2] [kŏn′tĕnt] *(n.)* (١) .*pl* عد: محتويات (٢) محتوًى: مضمون (٣) موضوع؛ مادة (٤) سَعَة (٥) حجم.

con·tent·ed *(adj.)* (١) راضٍ؛ قانع (٢) دالّ على الرضا.

con·ten·tion [kən tĕn′shən] *(n.)* (١) نضال؛ كفاح (٢) تنافُس (٣) نزاع؛ خلاف؛ جدال (٤) الزَّعم: رأي يجاهد المرء من أجله.
bone of ~, سَبَبُ النزاع أو موضوعُهُ.

con·ten·tious [kən tĕn′shəs] *(adj.)* (١) مُثيرٌ للنزاع؛ باعث على النزاع <a ~ clause in a treaty> (٢) مُشاكس؛ كثير الخصام.

con·tent·less [kən tĕnt′ləs] *(adj.)* غير مكتفٍ؛ غير قانع إلخ.

con·tent·ment *(n.)* رضًا؛ قناعة؛ اطمئنان.

con·ter·mi·nous; con·ter·mi·nal [kən tûr′-] *(adj.)* (١) مُتاخِم؛ محاذٍ (٢) مُشتَرَك الحدود؛ ذو حدود مُشْتَرَكة (٣) متمادّ؛ متساوٍ في الامتداد.

con·test [*v.* kən tĕst′; *n.* kŏn′tĕst] *(vt.; i.; n.)* (١) يناقش؛ يفنِّد؛ يعلن ارتيابَهُ في صحة شيء (٢) يناضل أو يقاتل من أجل <Our army ~*ed* every inch of ground.> (٣) يحاول أن يكسب... <to ~ a seat in Parliament> x (٤) يُناضل (٥) يتبارى؛ يتنافس § (٦) نضال؛ صراع (٧) مباراة؛ مسابقة (٨) خِلاف؛ نزاع؛ خصام.
— **con·tes·ta·tion** *(n.)*

con·tes·tant *(n.)* (١) المتباري؛ المتنافس (٢) الطاعن [في صحة انتخابٍ أو وصيّة إلخ].

con·text [kŏn′tĕkst] *(n.)* (١) القرينة؛ سياق الكلام (٢) السِّياق: ظروفُ الحَدَثِ وأحوالُه <historical ~>.
— **con·tex·tu·al** *(adj.)*

con·tex·ture [-tĕks′chər] *(n.)* (١) نَسْج (٢) نسيج <a ~ of lies> (٣) نظام؛ تركيب؛ تكوين (٤) بِنْية (٥) سياق.

con·ti·gu·i·ty [kŏn′tə gyōō′-] *(n.)* (١) تَماسٌّ؛ تلامُس؛ تجاوُر (٢) اتصال؛ تلاصق (٣) مُلامسة (ر) (٤) امتداد متَّصل؛ سلسلة متواصلة.

con·tig·u·ous [kən tĭg′-] *(adj.)* (١) مُتماسّ (٢) متَّصل (٣) قريب.

con·ti·nence; con·ti·nen·cy *(n.)* (١) تَعَفُّف؛ كبحُ النفس؛ الامتناع عن الاتصال الجنسيّ (٢) الحَقْن: القدرة على التحكّم في البول أو الغائط.

con·ti·nent[1] [kŏn′tə-] *(adj.)* عفيف؛ مُستعصِم؛ زاهد: غير منغمس في الملذات أو في الشهوة الجنسية.

con·ti·nent[2] *(n.)* (١) قارّة (٢) البرّ الرئيسيّ: الجزء الأعظم من قارةٍ ما [بعد استثناء الجُزُر منها].
the Continent أوروبا [باستثناء الجزر البريطانية].

con·ti·nen·tal [kŏn′tə nĕn′təl] *(adj.; n.)* (١) قارّيّ <~ waters> (٢) .*cap* عد: أوروبيّ (٣) .*cap*: قارّي: ذو علاقة بالمستعمرات التي تشكّلت منها، في ما بعد، الولايات المتحدة الأميركية <*Continental* Congress> § (٤) القارّيّ: «أ» .*cap* عد: جنديّ أميركي من جنود الثورة الأميركية. «ب» نقدٌ ورقيّ أميركي أُصدِر أثناء الثورة الأميركية. «ج» أحد سكان قارّة من القارات، وبخاصة القارة الأوروبية.
not worth a ~, تافه؛ عديم القيمة.

continental drift *(n.)* الانجراف القارّيّ (جي).

continental shelf *(n.)* حافة القارّة؛ الرَّفُّ القارّيّ؛ الإفريز القارّيّ: جزء من القارّة مغمور بمياه البحر الضَّحلة نسبيًا (جي).

con·ti·nent·ly *(adv.)* بتعفُّف؛ باستعصام: من غير انغماس في الشهوات.

con·tin·gence [-′jəns] *(n.)* (١) contingency (٢) تماسّ؛ تلامُس.

con·tin·gen·cy [kən tĭn′jən sĭ] *(n.)* (١) الاحتمال: إمكان حدوث شيء (٢) مصادفة؛ حادثة غير متوقَّعة (٣) طارئ.

con·tin·gent [-′jənt] *(adj.; n.)* (١) مُحْتَمَل؛ ممكن (٢) طارئ؛ عارض؛ غير متوقَّع (٣) طَوارِئيّ: مُعَدّ للاستخدام في الطوارئ (٤) مشروط: مُتوقِّف على شيء آخر <Our plans are ~ upon pleasant weather.> § (٥) مصادَفة؛ حادثة غير متوقَّعة (٦) «أ» فريق ممثّل لبلاده [في مباراة إلخ]. «ب» فرقة تمثّل بلادها [في عملٍ عسكري مشترك] <the British ~ in the Balkan campaign>.

con·tin·u·al [kən tĭn′yōō əl] *(adj.)* (١) متواصل؛ مستمرّ (٢) متواتر؛ متكرِّر بانتظام.
— **con·tin·u·al·ly** *(adv.)*

con·tin·u·ance [-′yōō əns] *(n.)* (١) استمرارية؛ دَيْمومة (٢) بقاء <~ in office> (٣) تتمة <the ~ of a story> (٤) تأجيل؛ إرجاء.

con·tin·u·ant [-′yōō ənt] *(n.)* المستمرّ: شيء مستمرّ.

con·tin·u·a·tion [kən tĭn′yōō ā′-] *(n.)* (١) استمرار؛ دوام (٢) استئناف؛ متابعة (٣) تمديد (٤) تتمة؛ بقية.

con·tin·ue [kən tĭn′yo͞o] *(vi.; t.)* (١) يستمرّ؛ يدوم (٢) يمتدّ (٣) يبقى؛ يظلّ (٤) يُواصل (٥) يُطيل؛ يمدِّد (٦) يُبقي (٧) يتمّم؛ يكمِّل (٨) يستأنف [قائلًا]؛ يستطرد (٩) يؤجِّل؛ يُرجئ [النظرَ في الدعوى].

to be ~ *d* للبحث صلة؛ البقية في العدد القادم إلخ.

con·tin·ued *(adj.)* (١) متواصل (٢) مستأنَف بعد انقطاع.

continued fraction *(n.)* الكَسْر المتّصل أو المتسلسِل (ر).

continued proportion *(n.)* التناسب المتّصل أو المتسلسل (ر).

con·tin·u·ing *(adj.)* (١) مُتواصِل (٢) ثابت؛ غير محتاج إلى تجديد.

con·ti·nu·i·ty [kŏn′tə nyo͞o′ə tĭ] *(n.)* (١) التواصلية: كون الشيء متواصلًا من غير انقطاع (٢) تماسُك؛ تلاحُم (٣) سلسلة متّصلة؛ كلٌّ مترابطٌ (٤) السيناريو السينمائي (٥) التَّوْصيلة: الموسيقى التي تربط ما بين أجزاء البرنامج الإذاعيّ أو التلفزيونيّ.

con·tin·u·ous [kən tĭn′yo͞o əs] *(adj.)* مُتَّصل؛ متواصِل؛ مستمرّ.

continuous function *(n.)* الدالّة المُتَّصلة (ر).

con·tin·u·ous·ly *(adv.)* باستمرار؛ على نحوٍ متّصل أو متواصل.

continuous wave *(n.)* الموجة المتواصلة (فز).

con·tin·u·um [-′yo͞o əm] *(n.)* pl. **-tin·u·a** *also* **-s** المُتَّصِل: «أ» كمية أو سلسلة متّصلة. «ب» مجموعة مترابطة متراصّة (ر).

con·tort [kən tôrt′] *(vt.; i.)* (١) يلوي أو يثني بقوّة (٢) يُحرِّف؛ يُشوِّه [المعنى] **x** (٣) تلتوي [قَسَماتُ الوجه].

con·tort·ed *(adj.)* (١) ملتوٍ؛ متلوٍّ (٢) مُلْتفّ (٣) مُحرَّف.

con·tor·tion *(n.)* (١) ليّ؛ التواء [الوجه أو الجسد بخاصة] (٢) تحريف.

con·tor·tion·ist *(n.)* اللَّوّاء. وبخاصة: «أ» البهلوان. «ب» الكاتب الذي يحرِّف معنى الكلمات. «ج» الفنان الذي يرسم أشكالًا شائهة.

con·tour [kŏn′to͝or] *(n.; vt.; adj.)* (١) الكِفاف: حِتارُ الشيء أو الحرفُ الذي يحيط به (٢) الخطّ الكِفافيّ: خطّ يمثِّل الكِفاف (٣) *pl.* عد: شكل الحدود الخارجية لِـ <the ~*s* of a statue> § (٤) يكفِّف: «أ» يرسم كِفاف شيء. «ب» يشكِّل بحيث يطابق كِفاف شيء ما. «ج» يشقّ حول كِفاف هضبة § (٥) كِفافيّ.

contour feathers *(n. pl.)* الريش الكِفافيّ: ريش الطير الخارجيّ.

contour line *(n.)* الخطّ الكِفافيّ؛ خطُّ المَناسيب: خطّ على خريطة يصِلُ ما بين الخطوط المتساوية الارتفاع فوق سطح البحر.

contour map *(n.)* الخريطة الكِفافية أو المَناسيبية (را. المادّة السابقة).

con·tra [kŏn′trə] *(prep.; adv.)* (١) ضدَّ § (٢) على العكس.

con·tra- بادئة معناها: مُضادّ <*contra*ception>.

con·tra·band [-bănd′] *(n.; adj.; vt.)* (١) تهريب (٢) المهرَّبات: سِلَعٌ مهرَّبة § (٣) مُحَرَّم أو محظور قانونيًا <~ goods; ~ trade> § (٤) يهرِّب السِّلَع المحظورة (٥) يُحرِّم.

con·tra·band·ist *(n.)* المهرِّب: مُهَرِّب السِّلَع المحظورة.

contrabass

con·tra·bass [kŏn′trə bās′] *(n.)* الكَمانُ الأجْهَر (مو).

con·tra·cep·tion [kŏn′trə sĕp′-] *(n.)* مَنْع الحَمْل.

con·tra·cep·tive *(adj.; n.)* (١) مَنْعِيْحَمْليّ: ذو علاقة بمنع الحمل (٢) مانعٌ للحمل § (٣) العُقْر: وسيلة لمنع الحمل.

con·tra·clock·wise *(adj.; adv.)* باتجاهٍ معاكس لحركة عقارب الساعة.

con·tract[1] [*n.* kŏn′trăkt′; *v.* kən trăkt′, kŏn′trăkt′] *(n.; vt.; i.)* (١) عَقْد (٢) خِطْبة؛ عَقْد زواج (٣) كلمة مُرَخَّمة (ل) § (٤) يُعْدَى بِـ؛ يلتقط <to ~ disease> (٥) «أ» يَعْقِد <to ~ an alliance>. «ب» يعقد خِطبة أو زواجًا (٦) يُقطِّب [الجبينَ] (٧) يَقْبِض <to ~ a muscle> (٨) «أ» يضيِّق؛ يُقصِّر. «ب» يُقلِّص (٩) يُرخِّم (ل) **x** (١٠) يعقد اتفاقًا (١١) يتقلَّص؛ ينكمش (١٢) تنقبض [العَضَلةُ].

— con·tract·i·ble *(adj.)*

to ~ bad habits يتعوّد عادات سيّئة [كالقمار إلخ].

to ~ debts يقع تحت ديون.

to ~ out of an agreement etc. يُحِلّ نفسَهُ من أحكام اتفاقية ما إلخ.

con·tract[2] [kŏn′trăkt] *(adj.)* = contracted.

contract bridge *(n.)* البريدج التعاقديّ: ضرب من ألعاب الورق.

con·tract·ed *(adj.)* (١) تعاقديّ (٢) مخطوب؛ مخطوبة (٣) منكمش؛ متقلّص (٤) مقطَّب <a ~ brow> (٥) «أ» مُرَخَّم. «ب» مُوجَز؛ مختصَر (٦) ضيِّق؛ غير متحرِّر <a ~ mind>.

con·trac·tile [kən trăk′təl; -tīl] *(adj.)* (١) مقلِّص <a ~ force> (٢) قَلوص؛ مُتَقبِّض؛ قابل للانقباض <a ~ tissue> (٣) مُتَطوٍّ: قابلٌ للانطواء على مقربة من الجسم [كأجنحة الحشرات].

con·trac·til·i·ty *(n.)* القَلوصِيَّة: قابلية التقلُّص أو الانقباض.

con·trac·tion [-′shən] *(n.)* (١) قَبْض؛ تقليص (٢) انقباض؛ تقلّص (٣) انكماش [في النشاط الاقتصادي] (٤) «أ» ترخيم. «ب» لفظة مُرَخَّمة.

con·trac·tive *(adj.)* (١) قَلُوص: قابل للتقلّص (٢) مقلِّص (٣) تقلّصيّ.

con·trac·tor *(n.)* (١) المتعاقد (٢) «أ» المتعهِّد؛ الملتزم. «ب» المقاوِل <road ~*s*> (٣) القَلوص: شيء قابل للتقلّص (٤) العضلة المُتَقَبِّضة (ت).

con·trac·tu·al [kən trăk′cho͞o əl] *(adj.)* تعاقديّ.

con·trac·ture *(n.)* التَّقَفُّع: تقلّصُ العضلة أو الوتر تقلّصًا دائمًا.

con·tra·dict [-dĭkt′] *(vt.; i.)* (١) يكذِّب؛ يُنكر [صحةَ قولٍ أو زعم]؛ يعارض (٢) يناقض؛ يتناقض أو يتعارض مع **x** (٣) يُعارِض؛ يدفع الحُجّة.

con·tra·dict·er *or* **con·tra·dict·or** *(n.)* المكذِّب؛ المُنْكِر؛ المعارِض.

con·tra·dic·tion [kŏn′ trə dĭk′-] *(n.)* (١) تكذيب؛ إنكار؛ معارضة (٢) المتناقضة: عبارة متناقضة مع غيرها أو مع نفسها (٣) تناقض.

con·tra·dic·tious; con·tra·dic·tive *(adj.)* = contradictory.

con·tra·dic·to·ry [-′tə rĭ] *(adj.; n.)* (١) متناقض <~ reports> (٢) متنافٍ أو متعارض مع <~ to common sense> (٣) مُشاكِس § (٤) نقيض.

con·tra·dis·tinc·tion [-dĭ stĭngk′-] *(n.)* التمييز بالتضادّ أو بالتغاير.

con·tra·dis·tin·guish [-stĭng′gwĭsh] *(vi.)* يُميِّز بالتضادّ أو بالتغاير.

con·tra·in·di·cate [-ĭn′də kāt′] *(vt.)* يُضادّ الاستطباب: يجعل من غير المُسْتَصْوَب استعمال دواءٍ ما أو اتخاذ إجراءٍ ما.

con·tra·in·di·ca·tions *(n. pl.)* النَّواهي: مُضادات الاستطباب (ط).

con·tral·to [kən trăl′-] *(n.)* الرَّنّان: أوطأ صوت نسويّ في الغناء.

con·tra·po·si·tion *(n.)* عَكْس النقيض (مق).

con·trap·tion [-trăp′-] *(n.)* البِدعة: أداة مستحدثة أو غريبة الشكل.

con·tra·pun·tal [kŏn′trə pŭn′təl] *(adj.)* طِباقيّ: ذو علاقة بالطِّباق الموسيقي (را. counterpoint).

con·tra·pun·tist *(n.)* الطِّباقيّ: البارع في الطِّباق الموسيقي.

con·tra·ri·e·ty [kŏn′trə rī′ə tĭ] *(n.)* (١) تناقُض (٢) المتناقِض؛ المتناقِضة <How can these *contrarieties* agree?>.

con·tra·ri·ly *(adv.)* (١) بطريقةٍ مُعاكِسة (٢) بطريقة مُشاكِسة.

con·trar·i·ous [-trâr′ĭ-] *(adj.)* (١) شَكِسٌ؛ مخاصِم (٢) غيرُ مؤاتٍ.

con·tra·ri·wise *(adv.)* (١) على العكس (٢) والعكس بالعكس (٣) باتجاه معاكس (٤) بطريقةٍ مُعاكِسة أو مُشاكِسة.

con·tra·ry [kŏn′trĕr ĭ] *(adj.; n.; adv.)* (١) مُضادّ؛ مُعاكِس (٢) مُتضادّ؛ مُتضارِب؛ مُتناقِض <~ opinions> (٣) مُناقِض أو متعارِض مع <~ to fact> (٤) مُعاكِس: غير مؤاتٍ <~ winds> (٥) مُشاكِس؛ مُعانِد <a ~ girl> § (٦) الضدّ؛ النقيض؛ العَكْس § (٧) ضدًّا؛ على نحوٍ مخالف أو متعارض مع <Events went ~ to her interests.>.

by *contraries* على نحوٍ مُعاكس لما هو منطقيّ أو متوقَّع.
on the ~, على العكس تمامًا.
to the ~, (١) يفيد العكس <until I have proof to the ~> (٢) بما يفيد العكس <unless you write me to the ~>.

con·trast [*v.* kən trăst′; *n.* kŏn′trăst] *(vt.; i.; n.)* (١) يُغاير: يقابل بين شيئين **x** (٢) يتغاير: يتكشَّف عن فروقٍ ووجوه اختلافٍ صارخة عند مقابلته بشيء آخر <Samir's actions ~ sharply with his promises.> § (٣) التغاير؛ التباين: فرق كبير؛ تفاوتٌ يتبدَّى عند مقارنة شيء بآخر (٤) المغايَرة: المقابَلة بين شيئين بُغْيَةَ إظهار الفروق (٥) المغايِر: شيء أو حَدَثٌ أو شخص يتكشَّف عن فروق صارخة عندما يوضع جنبًا إلى جنب مع شيء آخر <Black hair is a sharp ~ to a light skin.>.

con·tras·tive [kən trăs′tĭv] *(adj.)* تغايُريّ؛ تبايُنيّ.

con·trast·y [-′tĭ] *(adj.)* متغاير؛ متباين: مُتَّسِمٌ بتفاوت كبير بين مَواطن الجلاء ومَواطن القَتَمة <a ~ photograph>.

con·tra·vene [kŏn′ trə vēn′] *(vt.)* (١) يُخالِف؛ ينتهك <to ~ a law> (٢) يُجادل في؛ يشكّ في؛ يُنكر صحةَ كذا (٣) ينافي؛ يتعارض مع.

con·tra·ven·tion *(n.)* مخالفة؛ خرق؛ انتهاك [للقانون].

con·tre·danse [kôn′trə däns′] *(n.)* التّقابليّة: «أ» رقصة شعبية يصطفّ المشتركون فيها، زوجَيْن زوجَيْن، في صفَّين متقابلين أو في مربَّع. «ب» موسيقى الرقصة التقابلية.

con·tre·temps [kŏn′trə tän′] *(n.)* حادث مؤسف أو غير متوقَّع.

con·trib·ute [kən trĭb′yo͞ot] *(vt.; i.)* (١) يُقَدِّم؛ يتبرّع بـ (٢) ينمّي؛ يُغْني (٣) يقدِّم [مقالًا] للنشر في مجلة أو جريدة **x** (٤) يُسْهِم في جهد مشترك (٥) يُفضي إلى؛ يُساعد على.

con·tri·bu·tion [kŏn′trə byo͞o′-] *(n.)* (١) ضريبة (٢) «أ» تبرُّع. «ب» هِبة؛ مُساعَدة؛ مالٌ مُتَبَرَّعٌ به (٣) «أ» إسهام. «ب» مَأثَرَة؛ خدمة تؤدَّى للحضارة أو الفكر (٤) مقالة أو قصة مُعدّة للنشر في جريدة أو مجلة <The editor is short of ~*s* for the next issue.>.

to lay under ~, يُكرِهُهُ على التبرّع.

con·trib·u·tor *(n.)* (١) المتبرِّع؛ المُسْهِم (٢) المُشارِك في تحرير مجلّة.

con·trib·u·to·ry *(adj.; n.)* (١) مساعِد: مساعدٌ على إحداث نتيجةٍ ما <a ~ cause of the accident> (٢) مُسْهِم في جهد مشترك (٣) اكتتابيّ؛ إسهاميّ: متوجبٌ على المنتفعين الاكتتابُ فيه <~ insurance plans> § (٤) المُسْهِم [في جهدٍ ما].

con·trite [kən trīt′] *(adj.)* (١) منسحق الفؤاد [ندمًا]؛ كسير القلب (٢) معبِّر عن ندم؛ دالّ على ندم <~ words> (٣) صادر عن ندم <~ sighs; ~ tears>.

con·tri·tion [kən trĭsh′ən] *(n.)* (١) نَدَم (٢) أسفٌ عميق.

con·triv·ance [-trī′-] *(n.)* (١) مُخْتَرَع؛ اختراع. وبخاصة: أداة ميكانيكية (٢) وسيلة؛ حيلة (٣) اختراع؛ استنباط.

con·trive [-trīv′] *(vt.; i.)* (١) يُوجِدُ وسيلةً (٢) يخترع؛ يستنبط (٣) يحتال للأمر <~*d* to live on a small income> **x** (٤) يرسم خُطَطًا.

con·trived *(adj.)* مصطنَع؛ متكلَّف؛ غير طبيعي.

con·trol [kən trōl′] *(vt.; n.)* (١) يفحص؛ يدقِّق؛ يحقِّق (٢) يكبح <~*led* his anger> (٣) يوجِّه؛ يراقب؛ يَضْبُط؛ ينظِّم (٤) يتحكَّم في؛ يسيطر على § (٥) كَبْح (٦) توجيه؛ مراقبة؛ ضَبْط؛ تنظيم (٧) فحصٌ؛ تدقيق؛ تحقيق (٨) سيطرة؛ تحكُّم (٩) تمكُّن؛ تضلُّع [من فَنٍّ أو لغة إلخ] (١٠) *pl.*: جهاز القيادة [في طائرة إلخ] (١١) الضابط: مقياس للمقابلة وللتحقق من صحة أمر أو دقّته (١٢) المَوْقِفَة: محطة تستطيع الطائرة التوقّفَ فيها لإجراء إصلاحات ثانوية.

out of ~, خارج نطاق السيطرة؛ في حالة يتعذَّر معها السّيطرة على شيء أو التحكُّم به.

control experiment *(n.)* التجربة الحاكمة؛ الاختبار الضابط: تجربة تُجرَى للتأكد من صحة نتائج اختبارات أخرى.

con·trol·la·ble *(adj.)* ممكنٌ ضبطُهُ أو مراقبتُهُ أو التحكُّم فيه إلخ.

con·trol·ler [kən trō′lər] *(n.)* (١) مراقب النفقات أو الحسابات (٢) كبير المحاسبين [في مؤسسة] (٣) الموجِّه؛ الضابط؛ الكابح (٤) المِضْبَط: أداة لضبط سرعة الماكينة أو تنظيمها.

control tower *(n.)* برج المراقبة (طي).

con·tro·ver·sial [kŏn′trə vûr′shəl] *(adj.)* (١) خِلافيّ: فيه خِلاف (٢) مثير للجدل أو الخلاف <a ~ question> (٣) مُولَع بالجدل إلخ.

con·tro·ver·sial·ist *(n.)* (١) المجادِل؛ المُناظِر: المشارِك في جدلٍ أو مناظرة (٢) البارع في الجدل أو المناظرة.

con·tro·ver·sy [kŏn′-] *(n.)* (١) جَدَلٌ؛ مناظَرة (٢) خِلاف؛ نزاع؛ شِجار.

beyond ~, مؤكَّد؛ لا جدال فيه؛ لا يَرْقى إليه الشكّ.

con·tro·vert [kŏn′trə vûrt′] *(vt.; i.)* (١) يُنكِر؛ يُعارض؛ يفنِّد؛ يدفع [حُجَّةً] x (٢) يُجادل.

con·tu·ma·cious [-mā′shəs] *(adj.)* متمرِّد؛ عاصٍ؛ خارجٌ عن الطاعة.

con·tu·ma·cy [kŏn′tōō mə sĭ] *(n.)* تمرُّد؛ عصيان. وبخاصة: ازدراء [أو احتقار] للمحكمة.

con·tu·me·li·ous [kŏn′tōō mē′lĭ əs] *(adj.)* مُزْدَرٍ؛ مُهين.

con·tu·me·ly *(n.)* (١) ازدراء (٢) إهانة [توجَّه إلى شخص].

con·tuse [kən tōōz′] *(vt.)* يَرُضّ؛ يَكْدِم.

con·tu·sion [-tōō′zhən] *(n.)* (١) رَضٌّ؛ كَدْم (٢) رضَّة؛ كَدْمة.

co·nun·drum [kə nŭn′-] *(n.)* (١) أُحْجيّة؛ لُغز (٢) مُشكِلة مُحيِّرة.

con·va·lesce [kŏn′və lĕs′] *(vi.)* يَنْقَهُ؛ يتماثلُ للشّفاء.

con·va·les·cence [-′əns] *(n.)* (١) نقاهة؛ تماثُلٌ للشّفاء (٢) دَوْر النقاهة.

con·va·les·cent *(adj.; n.)* (١) ناقِهٌ؛ متماثل للشفاء (٢) نَقاهيّ: ذو علاقة بالنّقاهة أو الناقهين § (٣) الناقِه: مريض متماثلٌ للشفاء.

convalescent home *or* **hospital** *(n.)* مَصَحّ الناقهين.

con·vec·tion [kən vĕk′-] *(n.)* (١) نَقْل (٢) الحَمْل الحراريّ: انتقال الحرارة من مكان إلى آخر نتيجةً لدوران جُزَيْئات السائل أو الغاز المسخَّنة (فز).

con·vec·tion·al *(adj.)* حَمْليّ: ذو علاقة بالحَمْل الحراريّ (فز).

con·vec·tive *(adj.)* (١) ناقل <the ~ force of water> (٢) حَمْليّ: ذو علاقة بالحَمْل الحراريّ (فز).

con·vec·tor *(n.)* المُسَخِّن بالحَمْل الحراري.

con·ve·nance [kŏn′və näns′] *(n.)* (١) ملاءمة (٢) *pl.*: آداب المجتمع.

con·vene [kən vēn′] *(vi.; t.)* (١) يجتمع (٢) ينعقد؛ يلتئم x (٣) يدعو للمثول [أمام القضاء] (٤) يدعو [إلى الاجتماع أو الانعقاد].

con·ven·ience [kən vēn′-] *(n.)* (١) ملاءمة؛ موافقة <I supported the plan because of its ~.> (٢) «أ» شيء ملائم أو مفيد <It's a great ~ to live near a hospital.> «ب» وسيلة من وسائل الراحة <The house is full of ~s.> «ج» مرحاض (٣) فرصةٌ مناسِبة <to await one's ~> (٤) راحة <at your own ~>.

con·ven·ien·cy [kən vēn′yən sĭ] *(n.)* = convenience.

con·ven·ient *(adj.)* (١) ملائم؛ مُريح (٢) قريب؛ في المتناوَل.

con·vent [kŏn′vĕnt] *(n.)* (١) رَهْبنة. وبخاصة: جماعة من الراهبات (٢) دير. وبخاصة: ديرٌ للراهبات.

con·ven·ti·cle [kən vĕn′tə kəl] *(n.)* (١) اجتماع (٢) اجتماع سرّيّ أو غير مُرَخَّص به (٣) «أ» اجتماع للعبادة. وبخاصة: اجتماع لضربٍ من العبادة غير مُرَخَّص به. «ب» مكان هذا الاجتماع.

con·ven·tion [kən vĕn′-] *(n.)* (١) «أ» اتفاقية. «ب» معاهدة؛ ميثاق (٢) «أ» دعوة [جمعية إلخ] إلى الانعقاد. «ب» مؤتمر؛ اجتماع (٣) عُرف؛ مواضَعَة؛ اصطلاح؛ تقليد؛ عادةٌ مُتَّبعة.

con·ven·tion·al *(adj.)* (١) مُتَمسِّك بالعرف؛ متعبِّد للتقاليد (٢) اصطلاحيّ؛ متَّفِق مع القواعد المقرَّرة؛ غير جديد أو أصيل <~ art> (٣) تقليديّ: «أ» معهود؛ متعارَف عليه. «ب» مألوف؛ غير نَوَويّ أو ذرّيّ <~ weapons> (٤) عاديّ؛ مبتَذَل <~ remarks> (٥) مؤتَمَريّ؛ ذو علاقة بمؤتمر أو اجتماع.

con·ven·tion·al·ism *(n.)* (١) التقاليديّة: التمسُّك بالتقاليد (٢) شيء تقليديّ. وبخاصة: تعبير تقليديّ؛ سلوك تقليديّ.

con·ven·tion·al·i·ty *(n.)* (١) عُرف؛ قاعدة (٢) الاصطلاحية: كون الشيء اصطلاحيًا أو متفِقًا مع القواعد المقرَّرة (٣) التقاليدية: التمسّك بالتقاليد أو الأعراف المتّبعة.

con·ven·tion·al·ize *(vt.)* (١) يجعله اصطلاحيًا أو تقليديًا (٢) يَرسُم بطريقة اصطلاحية أو تقليدية (رم).

con·ven·tion·eer *(n.)* المؤتمِر: عضوٌ مشارِكٌ في مؤتمَر.

con·ven·tu·al *(adj.; n.)* (١) ديريّ؛ رُهبانيّ § (٢) راهب؛ راهبة.

con·verge [kən vûrj′] *(vi.; t.)* (١) يتقارب: يميل إلى الالتقاء عند نقطة واحدة (٢) يجتمع؛ يتلاقى؛ يتشارك؛ يتعاون (٣) يتجمَّع؛ يتركَّز؛ يدور حول x (٤) يقارب؛ يجمِّع؛ يَلُمّ.

con·ver·gence; con·ver·gen·cy *(n.)* (١) التقارب: ميل إلى الالتقاء عند نقطة واحدة (٢) الملتَقى: نقطة الالتقاء.

con·ver·gent *(adj.)* (١) متقارِب؛ متجمِّع (٢) تقارُبيّ.

convergent series *(n.)* المُتَسَلْسِلة المتقاربة أو التّقاربيّة (ر).

convergent squint *(n.)* القَبَل: الحَوَل التقاربيّ أو الداخليّ.

con·verg·ing *(adj.)* (١) متقارِب؛ متجمِّع (٢) مقرِّب؛ مُجمِّع؛ لامّ.

converging lens *(n.)* العَدَسة المقرِّبة أو اللّامّة أو المجمِّعة.

converging rays *(n. pl.)* الأشعة المتقارِبة أو المتجمِّعة (فز).

con·vers·a·ble [kən vûr′sə bəl] *(adj.)* (١) أنيس: صفة لمن يأنَسُ المرء بالتحدّث إليه (٢) مُوْلَع بالحديث؛ حُلْو الحديث.

con·ver·sance; con·ver·san·cy *(n.)* إلمام؛ اطّلاع.

con·ver·sant [kŏn′vər sənt] *(adj.)* مُلِمّ بـ؛ مُطَّلع على.

con·ver·sa·tion [kŏn′vər sā′-] *(n.)* (١) جِماع؛ اتّصال جنسيّ (٢) محادثة؛ حديث (٣) مداولة [بين مندوبي الدول أو المؤسَّسات].

con·ver·sa·tion·al *(adj.)* (١) تَحادُثيّ (٢) عامّيّ؛ دارج: مُسْتَخْدَم في الحديث <~ words> (٣) مُحَدِّث: مولَع بالحديث أو بارع فيه.

con·ver·sa·tion·al·ist *(n.)* المحدِّث: المولَعُ بالحديث أو البارِعُ فيه.

con·ver·sa·zio·ne [-sät′ sĭ ō′nĭ] *(n.)* pl. **-zi·o·nes** *or* **-zio·ni** مجلس أدب: لقاء اجتماعيّ يُتطارَحُ فيه الحديث في مسائل الأدب والفن إلخ.

con·verse [1] [*v.* kən vûrs′; *n.* kŏn′vûrs] *(vi.; n.)* (١) يتحدّث مع؛ يتحادث مع § (٢) حديث؛ محادثة.

con·verse[2] [*adj.* kən vûrs′; *n.* kŏn′vûrs] *(adj.; n.)* (١) معاكس؛ مضادّ (٢) معكوس؛ مقلوب § (٣) ضدٌّ؛ عكسٌ (٤) عكسُ القضيّة: استنباط قضية من أخرى عن طريق العكس (مق).

con·ver·sion [kən vûr′zhən] *(n.)* (١) «أ» تحويل. «ب» تحوُّل (٢) «أ» هداية. «ب» الاهتداء: اعتناق لدين أو مذهب جديد إلخ (٣) اغتصاب؛ اختلاس (٤) العَكْس (مق).

con·vert [*v.* kən vûrt′; *n.* kŏn′vûrt] *(vt.; i.; n.)* (١) يَهْدي [إلى دين أو مذهب جديد] (٢) يُحوِّل (٣) يغتصب؛ يختلس x (٤) يهتدي [إلى دين أو مذهب جديد] (٥) يتحوَّل § (٦) المهتدي [إلى دين أو مذهب جديد].

con·ver·ter *also* **con·ver·tor** *(n.)* (١) فا convert (٢) المحوِّل: «أ» عاملٌ [أو آلة] يُستخدم لتحويل المنتجات الخام إلى مُنتجات مصنّعة. «ب» Bessemer converter. «ج» أداة لتغيير شكل التيار الكهربائي (كب). «د» أداة إضافية لتمكين الجهاز التلفزيوني من التقاط برامج مُرْسَلة على قنواتٍ لم يُعَدّ لاستقبالها في الأصل. «هـ» أداة في الكومبيوتر تقوم بتحويل المعلومات من كَوْدٍ code إلى آخر (ألك).

con·ver·t·i·ble [kən vûr′tə bəl] *(adj.; n.)* (١) قابل للتحويل (٢) قابل للهداية (٣) ذات غطاء قابل للطيّ <a ~ coupé *or* sedan> § (٤) سيارة ذات غطاء قابل للطيّ.
— con·vert·i·bil·i·ty *(n.)*

con·vert·i·plane *also* **con·vert·a·plane** *(n.)* الطائرة المتحوِّلة: طائرة تُقلع وتهبط كالهليكوبتر ولكنها قابلة للتحويل إلى طائرة ذات جناحين ثابتين تطير بهما كالطائرات العادية.

convex

con·vex [*adj.* kŏn vĕks′; *n.* kŏn′vĕks] *(adj.; n.)* (١) محدَّب § (٢) جسم مُحَدَّب؛ سطحٌ مُحَدَّب؛ عَدَسة مُحَدَّبة.

con·vex·i·ty [kən vĕk′sĭ tĭ] *(n.)* (١) تحدُّب؛ احديداب (٢) المُحَدَّب: سطح أو شيء مُحدَّب.

con·vex·ness *(n.)* تحدُّب.

con·vex·o–con·cave *(adj.)* مُقعَّر محدَّب: مُقعَّر من جهةٍ محدَّبٌ من أخرى.

con·vex·o–con·vex *(adj.)* مزدوج التحدُّب: مُحَدَّب من كلا الجهتين.

con·vey [kən vā′] *(vt.)* (١) يَنْقل (٢) يُوَصِّل [تيارًا كهربائيًا] (٣) يُبلغ (٤) يَسْرق (ا. ق) (٥) يفرِّغ: ينقل مِلكية عقار إلى شخص آخر.

con·vey·ance [-′əns] *(n.)* (١) مص convey (٢) «أ» التفريغ: نقلُ المِلْكية من شخص إلى آخر. «ب» وثيقة التفريغ (٣) وسيلة نقل: عربة؛ سيارة.

con·vey·anc·er *(n.)* كاتب التفريغ: محرِّر وثائق نقلِ المِلْكيّة.

con·vey·anc·ing *(n.)* الإعداد للتفريغ: إعداد وثائق نقلِ المِلْكية.

con·vey·or *or* **con·vey·er** [-vā′ər] *(n.)* (١) فا convey (٢) المفرِّغ: من يحوِّل مِلْكية شيء إلى شخص آخر (٣) الناقلة: جهاز ميكانيكيّ لنقل الرِّزَم أو السِّلع (مك).

con·vict [*v., adj.* kən vĭkt′; *n.* kŏn′vĭkt] *(vt.; n.; adj.)* (١) يُدين: يُجَرِّم مُتَّهَمًا (٢) يُشعره بالإثم § (٣) المُدان: مُتَّهَمٌ جَرَّمَتْهُ المحكمة (٤) المحكوم: مُدانٌ يقضي في السجن المدةَ التي قضت المحكمة بسجنِهِ طوالها والتي تكون غير قصيرة عادةً § (٥) مُدان (ا. ق).

con·vic·tion [kən vĭk′-] *(n.)* (١) إدانة؛ تجريم (٢) إشعار بالإثم (٣) استشعار الإثم (٤) «أ» إيمان راسخ. «ب» اقتناع.
open to ~, مُنفتِح؛ منفتح لمحاولات الإقناع.

con·vince [kən vĭns′] *(vt.)* يُقْنِع.

con·vinced *(adj.)* مُقْتَنِع <I am ~ of his loyalty.>.

con·vin·ci·ble *(adj.)* مستعدٌّ للاقتناع؛ راغب في الاقتناع.

con·vinc·ing *(adj.)* (١) مُقْنِع <a ~ argument> (٢) معقول.

con·viv·i·al [kən vĭv′ĭ əl] *(adj.)* (١) مَرِح؛ أنيس: مولَع بالقَصْف والسَّمر وبتناول الطعام والشَّراب مع الأصدقاء (٢) مخمور: مُتَّسِم بالقصف والإسراف في الشراب <a ~ evening>.

con·viv·i·al·i·ty [-ə tĭ] *(n.)* مَرَحٌ؛ أُنس.

con·vo·ca·tion [kŏn′və kā′-] *(n.)* (١) «أ» مَجْمَع كَنَسيّ إنجيليّ. «ب» اجتماع [يعقده أعضاء كلية] (٢) دعوة إلى الاجتماع أو الانعقاد.

con·voke [kən vōk′] *(vt.)* يدعو إلى الاجتماع أو الانعقاد.

con·vo·lute [kŏn′və lo͞ot′] *(vt.; i.; adj.)* (١) يَلُفّ x (٢) يلتفّ § (٣) ملفوف؛ مُلْتَفّ <~ leaves>.

convolute leaf

con·vo·lut·ed *(adj.)* (١) مَلْفوف؛ مُلْتفّ (٢) مُعقَّد.

con·vo·lu·tion [kŏn′və lo͞o′-] *(n.)* (١) الالتفافية؛ الالتفاف (٢) لفَّة؛ طيَّة (٣) التلفيف: أحد تلافيف الدماغ (ت).

con·volve [kən vŏlv′] *(vt.; i.)* (١) يَلُفّ x (٢) يلتفّ.

con·vol·vu·lus *(n.)* pl. **-lus·es** *or* **-li** اللَّبلاب؛ اللَّفلاف (نب).

con·voy [*v.* kən voi′; *n.* kŏn′voi] *(vt.; n.)* (١) يُواكب [وبخاصة للحراسة والحماية] § (٢) «أ» المُواكِب. «ب» المواكِبة؛ قافلة الحراسة: قوة عسكرية مرافِقة للسفن أو الأشخاص أو السِّلَع بقصد الحماية (٣) «أ» مواكبة؛ مرافقة. «ب» حماية [تؤمّنها القوة المواكبة أو المرافقة] (٤) القافلة: مجموعة من السفن أو القُطُر الحديدية إلخ ترافقها قوَّةٌ تحميها.

con·vul·sant [kən vŭl′-] *(adj.)* مُشَنِّج: مُحدِث تَشَنُّجًا أو اختلاجًا.

con·vulse [kən vŭls′] *(vt.)* (١) يُزَلْزِل؛ يهزّ بعُنف (٢) يجعله ينتفض؛ يُحدث اضطرابًا عنيفًا في (٣) يُشَنِّج (٤) يجعله يهتزّ من الضحك؛ يُورثه نوبةً من الضحك.

con·vul·sion [-vŭl′shən] *(n.)* (١) الاختلاج؛ التشنُّج (مض) (٢) الزِّلزال: اضطراب عنيف في الطبيعة أو المجتمع (٣) نوبة ضَحِكٍ.

con·vul·sion·ar·y *(adj.)* (١) تشنُّجي (٢) مُتَشَنِّج؛ مُختَلِج.

con·vul·sive *(adj.)* (١) تشنُّجي (٢) مُتَشَنِّج أو مصحوب بتشنُّج.

co·ny [kō′nĭ; kŭn′ĭ] *(n.)* = coney.

coo [ko͞o] *(vi.; n.)*, **cooed; coo·ing** (١) يَسْجَعُ [الحَمامُ]؛ يَهْدِل (٢) يتحدّث بتودّد وحبّ: يُغازل § (٣) سَجْع؛ هديل.

cook [ko͝ok] *(vi.; t.; n.)* (١) يَطْهو؛ يَطْبُخ (٢) يُطْبَخ؛ يَنْطَبِخ <These apples don't ~ well.> (٣) يُحْدث x (٤) يَضَع؛ يلفِّق <to ~ up a story> (٥) يطهو الطعامَ (٦) يتلاعب بِـ؛ يزوِّر <to ~ accounts> (٧) يسخِّن (٨) «أ» يُفسِد؛ يقضي على. «ب» يُرهق (ع) § (٩) الطاهي.

cook·book; cookery book *(n.)* كتاب الطبخ .

cook·er *(n.)* (١) فا cook (٢) قِدْر أو جهاز للطبخ (٣) المُنْطَبِخ : ما ينطبخ <Those apples are good ~*s.*>.

cook·er·y [kŏŏk'-] *(n.)* (١) الطَّبخ ؛ فنّ الطَّبخ (٢) مَطْبَخ .

cook·house *(n.)* مَطبخ . وبخاصة : مطبخ سفينةٍ أو معسكر .

cook·ie *or* **cook·y** [-'ĭ] *(n.)* (١) الكُعَيْكة : «أ» كعكة صغيرة مُحَلّاةٌ ومسطّحة . «ب» ملفّ صغير يُختزن في الكومبيوتر عند الاتصال بموقع على الإنترنت (٢) حسناء .

cookie file *(n.)* = cookie *1 b.*

cook·ing *(n.; adj.)* (١) طَبْخ § (٢) مَطْبَخيّ <~ utensils> (٣) صالح للطَّبخ <~ apples> .

cook·maid [kŏŏk'mād] *(n.)* مساعِدة الطاهي .

cook·out [-'out'] *(n.)* الطَّهْويّة : «أ» نزهة يُطهَى فيها الطعام ويقدَّم في الهواء الطَّلْق . «ب» الطعام المقدَّم في هذه النزهة .

cook·shack [-'shăk] *(n.)* كوخ الطبخ .

cook·shop [-'shŏp] *(n.)* مَطْعم ؛ مَطْعم صغير .

cook·stove [-'stōv] *(n.)* فرن الطبخ : مَوْقد أو وجاق طبخ .

cook·ware [-'wâr] *(n.)* آنية الطبخ ؛ أدوات الطبخ .

cool [kōōl] *(adj.; n.; vi.; t.)* (١) معتدل البرودة (٢) «أ» هادئ ؛ رصين ؛ رابط الجأش . «ب» فاتر : تُعْوِزُهُ الحرارة <a ~ reception> . «ج» رزين : مكبوح الاهتياج أو الانفعال <~ jazz> (٣) كامل ؛ غير منقوص <inherited a ~ million> (٤) صفيق ؛ وقح <a ~ reply> (٥) مُنعِش : مُشعِر ببرودة معتدلة أو مُوحٍ بها <a ~ dress; ~ colors> (٦) ممتاز (٧) مُوجَز § (٨) نسيم بارد (٩) برودة معتدلة (١٠) فتور ؛ لامبالاة (١١) ثقة بالنفس (١٢) هدوء ؛ رباطة جأش § (١٣) يَبْرد : يُصبح معتدلَ البرودة (١٤) يهدأ ؛ يَسْكُن ؛ يَفْتُر **x** (١٥) يبرِّد : يجعله معتدل البرودة (١٦) يهدِّئ ؛ يسكِّن (١٧) يَقْتُل .

cool·ant *(n.)* المُبَرِّدة : مادةٌ مُبرِّدة أو محلول تبريد .

cool·er *(n.)* (١) المبرِّد : وعاء لتبريد السّوائل <a water ~> (٢) ثلّاجة ؛ برّاد (٣) سِجن (ع) (٤) شراب مثلوج .

coo·lie [kōō'lĭ] *(n.)* الكوليّ : حمّال أو عاملٌ غير بارع .

cool·ing *(n.; adj.)* (١) تبريد إلخ § (٢) مُبرِّد ؛ مُنْعِش .

cool·ish *(adj.)* باردٌ قليلًا ؛ باردٌ بعضَ الشيء .

cool·ness *(n.)* (١) برودة معتدلة (٢) رباطة جأش (٣) فتور إلخ .

coombe *or* **coomb** [kōōm] *(n.; vt.; i.)* = combe.

coon [kōōn] *(n.)* (١) raccoon (٢) زنجيّ (عا) .

coon·can [kōōn'kăn] *(n.)* الكونكان : ضرب من لَعِب الورق .

coon cat *(n.)* (١) coati (٢) هرّة أنقرة : هرة أهلية طويلة الوَبَر .

coon's age *(n.)* فترة طويلة <been sick for a ~> .

coon·tie [kōōn'tĭ] *(n.)* = arrowroot.

coop [kōōp; kŏŏp] *(n.; vt.)* (١) الخُمّ : قُنّ الدجاج (٢) «أ» مكان ضيِّق . «ب» سِجْن (ع) § (٣) يُخمِّم : «أ» يَحْبِس في مكان ضيِّق مزدَحِمٍ عادةً . «ب» يحبِس [الدَّجاجَ] في خُمّ .
to go fly the ~, يَفِرّ ؛ يَهْرُب من السجن .

co–op [kō'ŏp] *(n.)* = cooperative.

coop·er *(n.; vt.; i.)* (١) البراميليّ : صانع البراميل أو مُصلحها § (٢) يُبَرْمِل : يصنع البراميل أو يُصلحها **x** (٣) يحترف صناعةَ البراميليّ .

coo·per·age [-'pər ĭj] *(n.)* (١) البراميليّة : «أ» صناعة البراميليّ . «ب» الأجر المدفوع إلى صانع البراميل أو مُصْلِحها (٢) البراميليّات : مُنْتَجات البراميليّ (٣) دُكّان البراميليّ .

co·op·er·ate [kō ŏp'ə rāt'] *(vi.)* يتعاون .

co·op·er·a·tion [-ŏp'ə rā'-] *(n.)* (١) تعاونٌ (٢) جمعية تعاونية .

co·op·er·a·tive [-'ə rā-] *(adj.; n.)* (١) تعاونيّ <a ~ store> (٢) متعاون : راغب في التعاون مع الآخرين <~ neighbors> § (٣) «أ» مخزن تعاونيّ . «ب» جمعية تعاونية .

cooperative store *(n.)* المخزن أو المَتْجَر التعاونيّ .

co·op·er·a·tor *(n.)* (١) المتعاون (٢) التعاونيّ : عضوٌ في منظمة تعاونية .

co–opt [kō ŏpt'] *(vt.)* (١) يَختار أو ينتخب [عضوًا في لجنة] (٢) يستوعب [في نظام أو حركة أو ثقافة] (٣) يستولي على .

co·or·di·nate [*adj., n.* kō ôr'də nĭt; *v.* -nāt'] *(adj.; n.; vt.; i.)* (١) مُتكافئ : متساوٍ في الرتبة أو المنزلة <~ clauses> (٢) تكافُؤيّ : رابط بين الكلمات أو العبارات أو الجمل المتكافئة <~ conjunctions> (٣) مُنَسَّق (٤) إحداثيّ <~ geometry> § (٥) الإحداثيّ ؛ الإحداثيّة (ر) (٦) الكُفْؤ ؛ النِّدّ § (٧) يكافئ : يجعله متكافئًا أو متساويًا في الرتبة أو المنزلة (٨) ينسِّق **x** (٩) يتناسق .

coordinate axis *(n.)* المِحْور الإحداثيّ (ر) .

co·or·di·nat·ed *(adj.)* (١) منسَّق (٢) متناسق العضلات .

coordinate geometry *(n.)* الهندسة الإحداثية أو التحليلية .

co·or·di·na·tion *(n.)* (١) التكافؤ : تساوٍ في الرتبة (٢) تنسيق ؛ تناسق .

coot [kōōt] *(n.)* (١) الغُرَّة ؛ الغرّاء : طائر مائيّ (٢) المُغَفَّل ؛ السَّاذج (ع) .

coot *1.*

coot·ie [kōō'tĭ] *(n.)* قَمْلة . وبخاصة : قملة البدن .

cop [1] [kŏp] *(n.)* (١) قِمّة (٢) «أ» كُبّة غَزْل . «ب» الملفّ : ما تُلَفّ عليه خيوط كُبّة الغَزْل (٣) شُرطيّ ؛ بوليس .

cop [2] *(vt.; i.)* (١) يقبض على (٢) يَسْرِق **x** (٣) يَربَح .

co·pa·cet·ic *or* **co·pe·set·ic** *(adj.)* ممتاز ؛ مُرْضٍ جدًا .

co·pai·ba [kō pā'bə; -pī'-] *(n.)* الكُبَيْبَة ؛ الكُبَيْبة : «أ» شجر جنوبأميركيّ . «ب» عصارة الكُبَيْبة الراتينجية .

ă at; ā date; â care; ä car; ĕ egg; ē me; ĭ in; ī bite; ŏ lot; ō bone; ô orphan; **oi** boil; **ŏŏ** good; **ōō** boot; **ou** out; ŭ under; û urgent; ə = *a* in alone, *e* in system, *i* in easily, *o* in gallop, *u* in circus.

co·pal [kō′pəl] *(n.)* الكوبال: صمغ راتينجيّ عطريّ قَصِفٌ.

co·par·ce·nar·y [-pär′-] *(n.)* (١) شَرِكة في الإرث (٢) مِلْكيّة مُشترَكة.

co·par·ce·ner [kō pär′sə nər] *(n.)* شريك في الميراث.

co·part·ner [kō pärt′nər] *(n.)* الشريك؛ المشارِك. وبخاصة: عاملٌ له نصيب من أرباح شركة أو مؤسسة، بالإضافة إلى راتبه.

co·part·ner·ship *(n.)* نظام المشاركة [في الأرباح]؛ مشاركة [العمال في الأرباح].

cope[1] [kōp] *(n.; vt.)* (١) الغَفّارة: رداء الكاهن (٢) ظُلّة؛ غطاء (٣) السماء؛ قوس السماء (٤) الكِفْت (را. coping) § (٥) يكسو بغفّارة (٦) يُكفِّت: يزوِّد بكِفْت.

cope[2] *(vi.)* (١) يتكافأ مع: يُنافِس أو يقاوم على قَدَم المساواة وبنجاح (٢) يَتَصدَّى لِـ؛ يُواجِه (٣) يتغلّب على [مشكلة إلخ].

co·peck [kō′pĕk] *(n.)* = kopeck.

co·pe·pod [kō′pə pŏd′] *(n.; adj.)* (١) المِجذافيّ الأرجُل: حيوان من مِجذافيات الأرجُل **Copepoda** وهي طُوَيئفة من صغار القِشريات البحرية والنهرية § (٢) مِجذافيّ الأرجل.

cop·er [kō′pər] *(n.)* تاجر خيل. وبخاصة: تاجر خيل غير أمين.

Co·per·ni·can [kō pûr′-] *(adj.; n.)* (١) كوبرنيكيّ: «أ» ذو علاقة بكوبرنيكوس الفلكيّ البولنديّ (١٤٧٣-١٥٤٣) أو بالاعتقاد بأنّ الأرض والكواكب السيّارة تدور حول الشمس. «ب» خطير؛ عظيم الشأن أو الأثر § (٢) الكوبرنيكيّ: المؤمن بتعاليم كوبرنيكوس الفلكيّة.

cope·stone [kōp′-] *(n.)* (١) حجر الذِّروة: الحجر الأعلى في مبنًى (عم) (٢) حجر الكِفْت: أحد أحجار الإفريز المائل (عم) (٣) أوج؛ ذِروة.

cop·i·er [kŏp′ĭ ər] *(n.)* (١) الناسخ؛ الناقل (٢) الناسخة: ماكينة تُستخدم لاستخراج نُسَخ عن كتابات أو صُوَر (٣) المقلِّد؛ المُحاكي.

co·pi·lot [kō′pī′lət] *(n.)* مساعد الرُّبّان [في طائرة].

cop·ing [kō′-] *(n.)* الكِفْت؛ الإفريز المائل (عم).

coping

coping saw *(n.)* منشار القَطْل: منشار يَدَويّ ضيّق النَّصل قصيرُهُ، على شكل حرف U.

cop·ing·stone *(n. chiefly Brit.)* = copestone.

co·pi·ous [kō′pĭ əs] *(adj.)* (١) وافر؛ غزير (٢) فيّاض <~ springs> (٣) مُسهَب؛ مُطنَب (٤) مُكثِر؛ غزير الإنتاج.

— **co·pi·ous·ly** *(adv.)* — **co·pi·ous·ness** *(n.)*

co·pla·nar [kō plā′-] *(adj.)* مُتّحد المستوى؛ في مستوًى واحد (هن).

coplanar triangles *(n. pl.)* المُثلَّثان مُتّحدا القُطب (هن).

co·pol·y·mer·i·za·tion *(n.)* التَّبَلْمُر الإسهاميّ (ك).

cop–out *(n.)* (١) ذريعة؛ حُجّة (٢) المُخلِف بالوعد (٣) إخلاف.

cop·per [kŏp′ər] *(n.; vt.; adj.)* (١) النُّحاس (ك) (٢) النُّحاسيّة: «أ» قطعة نقدية نُحاسية. «ب» فراشة نُحاسيّة الجناحين (٣) مِرْجَل؛ خِلْقين (٤) وعاءٌ نُحاسي (٥) شرطيّ، بوليس § (٦) ينحِّس: يكسو بالنُّحاس أو نحوه (٧) يراهن على § (٨) نُحاسيّ (٩) نُحاسيّ اللون.

cop·per·as [kŏp′ər əs] *(n.)* كبريتات الحديدوز (ك).

cop·per·head [kŏp′ər hĕd] *(n.)* (١) نُحاسية الرأس: أفعى قصيرة سامة (٢) *cap.* أحيانًا: نُحاسيّ الرأس: أميركيّ من ولايات الشمال عاطفٌ على الولايات الجنوبية خلال الحرب الأهلية.

cop·per·plate *(n.)* (١) النُّحاسية: «أ» كليشيه أو صفيحة نحاسية (طع). «ب» صورة أو طبعة مستخرجة من كليشيه نحاسية (٢) حفر الكليشيهات النُّحاسيّة أو الطباعة بواسطتها.

copper pyrites *(n.)* بيريت النُّحاس (ك).

cop·per·smith [kŏp′ər smĭth] *(n.)* النَّحّاس.

copper sulfate *(n.)* كبريتات النّحاس: الزّاج الأزرق (ك).

cop·per·y *(adj.)* نحاسيّ: مشتمل على نُحاس أو شبيه بالنُّحاس.

cop·pice [kŏp′ĭs] *(n.)* = copse.

copr- *or* **copro-** بادئة معناها: روث؛ نَجْو؛ غائط.

cop·ra [kŏp′rə] *(n.)* الكُبْرة: لبّ جوز الهند المجفف.

co·prod·uct [kō prŏd′əkt] *(n.)* = by–product.

cop·ro·lite [kŏp′rə līt] *(n.)* النَّجْو المُستَحْجِر [في طبقات الصخور].

cop·roph·a·gous [-′ə gəs] *(adj.)* مُقتات بالرَّوث <~ beetles>.

cop·roph·a·gy [kŏp rŏf′ə jĭ] *(n.)* الاقتيات أو الاغتذاء بالرَّوث.

copse [kŏps] *(n.)* الخِيْس: أيكة أو غَيْضَة صغيرة الأشجار.

Copt [kŏpt] *(n.)* القِبْطيّ: أحد أقباط مِصْر.

cop·ter [kŏp′tər] *(n.)* = helicopter.

Cop·tic [kŏp′-] *(adj.; n.)* (١) قِبْطيّ § (٢) القِبْطيّة: لغة الأقباط.

cop·u·la [kŏp′yə lə] *(n.)* pl. **-las** *or* **-lae** (١) صلة؛ رابط (٢) الفعل الرابط: فعل يربط بين المبتدأ والخبر (٣) عَظْم أو غُضروف رابط (ت).

cop·u·late [*v.* -′yə lāt′; *adj.* -lĭt] *(vi.; adj.)* (١) يتسافد؛ يتجامع: يتّحد بالاتصال الجنسي § (٢) متَّصل؛ مرتبط؛ ملتحم.
— **cop·u·la·tion** *(n.)*

cop·u·la·tive [-′yə lā-] *(adj.; n.)* (١) جامِع؛ واصل؛ رابط (٢) جِماعيّ؛ تسافُديّ § (٣) كلمةٌ رابطة.

copy [kŏp′ĭ] *(n.; vt.; i.)* (١) نُسْخة (٢) مثال أو نموذجٌ يُحتَذَى (٣) مخطوطة أو مادة مُعَدّة للطبع (٤) الإنشاء: تمرين كتابيّ مدرسيّ (عب) (٥) الحَدَث الصُّحُفيّ: حَدَثٌ يستطيع الصحافي أن يتخذ منه مادةً للنشر <This revolution will make good ~.> § (٦) يَنْسَخ (٧) يقلِّد؛ يحاكي؛ يحتذي x (٨) يَغُشّ؛ يَنقُل [أثناء الامتحان] (٩) يحذو حَذْوَ (١٠) يُنْتَسَخ؛ يُنْسَخ <The document did not ~ well.>.

fair *or* clean ~, نسخة مُبيَّضة.

foul *or* rough ~, نسخة مُسَوَّدة.

cop·y·book *(n.; adj.)* (١) دفتر (٢) دفتر الخطّ: دفتر لتدريب الطالب على حُسن الخطّ § (٣) مُبْتذَل؛ مألوف <~ phrases>.

cop·y·boy *(n.)* غلام أو خادم [لنقل المواد المعدَّة للطبع إلخ].

cop·y·cat *(n.; vt.; i.)* (١) المقلِّد؛ المُحاكي (ع) § (٢) يقلِّد (ع).

copy desk *(n.)* منضدة التحرير: منضدة تُحرَّر عليها المواد المعدّة للطَّبع.

copy editor *(n.)* محرِّر النُّسخة: مَنْ يصحِّح مادة مُعَدّة للطبع من حيث اللغة

والإملاء إلخ.

cop·y·hold *(n.)* (١) الالتزام : ضرب من مِلكية الأرض كان يتمّ وفقًا لشروط يُنصّ عليها في سجلّات مالك الأرض الأصيل (٢) الإقطاعة الملتزَمَة : إقطاعة ممتلَكةٌ بالالتزام.

cop·y·hold·er *(n.)* (١) المالكُ بالالتزام (٢) مُثبِّتة الأصول : أداة لتثبيت الموادّ المعدّة للطبع في مكانها على صندوق التنضيد أو على الآلة الكاتبة.

cop·y·ing *(n.; adj.)* (١) نَسْخ (٢) تقليد؛ محاكاة § (٣) ناسخ.

copying ink *(n.)* حبر النَّسخ؛ حبر «كوبْيَه».

copying paper *(n.)* ورق النَّسخ [لاستخراج نُسَخ عن رسالة إلخ].

copying press *(n.)* مِكْبَس النَّسخ.

cop·y·ist [kŏp′ĭ ĭst] *(n.)* (١) النّاسِخ (٢) المقلِّد؛ المُحاكي.

cop·y·read·er *(n.)* قارئ الأصول : محرر في دار للنشر يقرأ مخطوطات الكتب ويصحِّحها قبل دفعها إلى المطبعة. وأيضًا : محرر في صحيفة يراجع المواد قبل دفعها إلى الطبع.

cop·y·right [kŏp′ĭ rīt′] *(n.; vt.; adj.)* (١) حقّ النّشر أو التأليف § (٢) يُسجِّل [كتابًا] في دائرة حقِّ النشر والتأليف § (٣) محفوظةٌ حقوقُ نشره [بتسجيلها في دائرة حقّ النشر والتأليف].

cop·y·writ·er *(n.)* كاتب الإعلانات.

co·quet[1] [kō kĕt′] *(n.; adj.)* (١) المِغناج : امرأة ذات دلال تحاول أن تجذب الرجالَ إرضاءً لغرورها § (٢) مِغْناج : عابثةٌ في الحب.

co·quet[2] *or* **co·quette** *(vi.)* (١) تَتَغانَج : تَعْبَثُ المرأة في الحب (٢) يَعْبث بِـ : يعالج بخفّةٍ أو استخفاف.

co·quet·ry [kō′kə trĭ] *(n.)* غِنَج؛ دلال؛ عَبَثٌ في الحبّ.

co·quet·tish *(adj.)* (١) غَنِج؛ مِغناج (٢) جذّاب؛ فاتن؛ ساحر.

co·qui·na [kō kē′-] *(n.)* الصُّدَيفيّ : «أ» حجر يتألف من كُسارة المرجان والأصداف البحرية ويُستخدم في البناء. «ب» ضرب من السمك الصَّدَفيّ.

cor·a·ci·i·form [kôr′ə sī′ə-] *(adj.)* غُدافيّ الشكل : ذو علاقة بغُدافيّات الشكل **Coraciiformes** وهي رتبة من الطيور اللّاجوانح.

cor·a·cle [kôr′ə kəl] *(n.)* القُرْقُل : زَوْرَق صغير يُكْسَى هيكله القَصَبيّ أو الخشبيّ بالجلد أو الخَيْش إلخ.

cor·a·coid *(n.; adj.)* (١) العظم الغُدافيّ (ت) § (٢) غُدافيّ؛ غُرابيّ.

cor·al [kôr′əl] *(n.; adj.)* (١) المَرْجان : «أ» حيوان بحريّ يُفرز مادةً كلسية يتشكّلُ منها الحجر الكريم المعروف بِـ «المَرْجان». «ب» حجر كريم (٢) المَرْجانيّة : حِلْيةٌ أو لعبة أطفال إلخ مصنوعة من مَرْجان (٣) لون المَرْجان § (٤) مَرْجانيّ اللون : قَرَنفليّ داكن <~ lips>.

cor·al·bells *(n.)* الهُوْشِيرة المُدَمّاة : نبات ذو زهرات جَرَسيّة الشكل.

coral island *(n.)* جزيرة المرجان.

cor·al·line [kôr′ə lĭn] *(n.; adj.)* (١) الأُشْنة المَرْجانية : طُحْلُب أحمر مُشْبَع بالجِيْر (٢) الحيوان المَرْجانيّ : حيوان يُشبه المَرجان § (٣) مَرْجانيّ (٤) مَرْجانيّ اللون.

cor·al·loid [-′ə loid′]; **cor·al·loi·dal** *(adj.)* مَرْجانيّ الشكل أو المظهر.

coral reef *(n.)* الشِّعْب المَرْجانيّ؛ الحَيْد البحريّ المَرْجانيّ.

coral snake *(n.)* الأفعى المَرْجانية : أفعى أميركية صغيرة سامّة.

co·ran·to *(n.)* pl. **-tos** *or* **-toes** = courante.

cor·ban [kôr′băn] *(n.)* القُربان : تَقْدِمة دينية.

cor·beil *or* **cor·beille** [kôr′bəl; kôr bā′] *(n.)* السَّلّة : سلّة أزهار أو ثمار منقوشة تُتَّخذ حِلْيةً معمارية (عم).

cor·bel [kôr′bəl] *(n.; vt.)* (١) الطُّنُف : جُزء حجريّ أو خشبيّ ناتئٌ من جدارٍ داعمٌ لشيء فوقه (عم) § (٢) يُطنِّف : يزوِّد أو يدعم بطُنُف (عم).

corbels *1.*

cor·bel·ing *or* **cor·bel·ling** *(n.)* (١) سلسلة أطناف (٢) التطنيف : إنشاء الأطناف.

cor·bie [kôr′bĭ] *(n.)* غُراب؛ غُداف (إسك).

cor·bi·na [kôr bē′ nə] *(n.)* القَرْبين؛ الغُدافيّ : سمكٌ بحريّ أميركيّ.

cord [kôrd] *(n.; vt.)* (١) «أ» حَبْل. «ب» حبل المِشنقة (٢) رباط أخلاقيّ أو روحيّ أو عاطفيّ (٣) الحَبْل؛ الوَتَر : جزء من الجسم شبيه بحبل أو وتر <the spinal ~; the vocal ~s> (٤) البَريم : كَبْل صغير معزول شديد المرونة (كب) (٥) الكُرْد : مقياس للحطب يساوي ١٢٨ قدمًا مُكعَّبًا (٦) «أ» المُضلَّع : ضرب من النسيج المضلّع أو ثوب مَخِيط منه. «ب» pl. : بنطلون مَخِيط من قطيفة مضلَّعة § (٧) يَرْبِط بالحبال (٨) يكدِّس الحطب إلخ.

cord·age [kôr′dĭj] *(n.)* (١) حبال. وبخاصة : حبال السفينة (٢) الكُرْديّة : كمية من الحطب مقيسةٌ بالكُرْدات (را. cord 5).

cor·date [kôr′dāt] *(adj.)* قَلْبانيّ : قلبيّ الشكل.

cordate leaf

cord·ed [kôr′dĭd] *(adj.)* (١) حَبْليّ؛ حِباليّ : مصنوع من حبال؛ على شكل حبال <a ~ ladder> (٢) متوتّر <~ muscles> (٣) مشدود بالحبال (٤) مكدَّس <~ wood> (٥) مضلَّع <a ~ cloth>.

Cor·de·lier [kôr′ də lēr′] *(n.)* راهب فرنسيسكانيّ.

cor·dial [kôr′jəl; -dĭ əl] *(n.; adj.)* (١) شراب أو دواء مُنَبِّه (٢) شراب مُسْكِر § (٣) مُنعِش؛ مُنعِش للفؤاد <~ julep> (٤) عميق؛ شديد <~ hatred> (٥) حارّ؛ قلبيّ؛ ودّيّ <a ~ welcome>.

cor·dial·i·ty *(n.)* حرارة؛ مودّة؛ شعور وُدّيّ إلخ.

cor·dial·ly *(adv.)* بحرارة؛ بمودّة؛ قلبيًّا.

cor·di·er·ite [kôr′dĭ ə rīt′] *(n.)* الكورديريت : معدن أزرق.

cor·di·form [kôr′də-] *(adj.)* قَلْبانيّ : قلبيّ الشكل.

cor·dil·le·ra [kôr′ dĭl yâr′ə] *(n.)* الكورديليرا : سلسلة جبال.

cord·ite [-′dīt] *(n.)* الكورديت : متفجِّر لا دُخان له يُصْنَع على شكل حبال.

cord·less *(adj.)* (١) لاحَبْليّ : غير ذي حبال (٢) لابَريميّ : غير ذي بَريم أو شريط كهربائيّ <a ~ electric toothbrush>.

cor·do·ba [-ˊdə bə] *(n.)* الكوردوبة: وحدة النقد في نيكاراغوا.

cor·don [kôrˊdən] *(n.; vt.)* (١) شريطٌ زينيّ (٢) وِشاحٌ؛ وسام (٣) الطَّوق الحجريّ [حول مبنًى] (عم) (٤) نطاق أو طوق من الجند أو الشرطة أو الحصون مضروب حول مكانٍ ما § (٥) يطوّق.

Cor·do·van [kôrˊdə vən] *(adj.; n.)* (١) قُرْطُبيّ: «أ» *cap.*: منسوب إلى قُرطُبة بإسبانيا. «ب» مصنوع من الجلد القُرْطُبيّ § (٢) *cap.*: القرطُبيّ: أحد أبناء قُرْطُبة (٣) الجلد القُرْطُبيّ: جلد ناعمٌ منسوب إلى قُرْطُبة.

cor·du·roy [kôrˊdə roiˊ] *(n.; vt.)* (١) المُضَلَّع: قماش قطني متين مضلَّع مخمليّ الزَّغَب (٢) بنطلون مَخيطٌ من قَطِيفة مضلَّعة (٣) المضلَّعة: طريق من جذوع أشجار مرصوفة بالعرض عَبْرَ مستنقع أو أرض منخفضة § (٤) يُضَلِّع: ينشئ طريقًا مضلَّعة.

cord·wain·er [kôrdˊwā nər] *(n.)* الحذّاء: صانع الأحذية.

cord·wood *(n.)* المُكَرَّد: حَطَبٌ مكدَّسٌ أو مَبيعٌ أكداسًا.

core [kōr] *(n.; vt.)* (١) القَلْب: «أ» قَلْبُ الثمرة [المشتمِلُ على بذورها] <the ~ of an apple>. «ب» الجزء المركزي <the ~ of the capital> (٢) اللُّبّ: «أ» مركز الأرض. «ب» جوهر؛ لبّ <the ~ of an argument> (٣) الصَّميم § (٤) ينزع البذور من <to ~ an apple>.

core city *(n.)* قلب المدينة [الأقدمُ والأكثرُ ازدحامًا بالسّكّان].

core course *(n.)* المقرَّر الأساسي [في منهج دراسيّ].

co·re·la·tion [kôrˊə lāˊ-] *(n.)* = correlation.

co·re·li·gion·ist *(n.)* أخٌ في الدين: شخص يدين بمثل دين شخص آخر.

co·re·op·sis [kôrˊĭ ŏpˊ-] *(n.)* البَقِّيّة؛ زهرة البقّ: نبات من المركَّبات.

co·re·spond·ent [kōˊrĭ spŏnˊ-] *(n.)* الشريك في الزِّنى.

corf [kôrf] *(n.)* pl. **-ves** [kôrvz] سلّة أو عربة صغيرة [تُستخدم في منجم].

co·ri·a·ceous [-āˊshəs] *(adj.)* (١) جِلديّ (٢) جِلْدانيّ: شبيه بالجلد.

co·ri·an·der [kōrˊĭ ănˊdər] *(n.)* كُزْبرة.

Co·rin·thi·an [kə rĭnˊthĭ ən] *(n.; adj.)* (١) الكورَنثيّ: أحد أبناء كورنث باليونان (٢) «أ» شخص متهتّك. «ب» man of fashion (را. fashion). «ج» هاوٍ لرياضة اليخوت § (٣) كورَنْثيّ: منسوب إلى كورنث [وقد اشتهرت قديمًا بالترف والتهتّك] (٤) مُتْرَف؛ متهتّك (٥) منمّق <~ literary style> (٦) كورنثيّ الطراز: تيجانُ أعمدته مزدانةٌ بزخارف شبيهة بأوراق الأقَنْثا.

co·ri·um [kōrˊĭ-] *(n.)* الأدَمَة: باطن الجلد الواقعُ تحت البَشَرة (ت).

cork [kôrk] *(n.; vt.; adj.)* (١) الفِلّين (٢) البَهْشَة: شجرة الفِلّين (٣) الفِلّينة: «أ» سِدادة القنّينة. «ب» فِلّين الصّنّارة § (٤) يُفَلِّن: «أ» يَسُدّ بفلّينة. «ب» يُسَوِّد بفلّين محروق (٥) يَكبح <~ed up his feelings> § (٦) فِلّينيّ: مصنوع من فلّين <~ jackets>.

cork·age [kôrˊkĭj] *(n.)* رَسْم البَزْل: رسم يتقاضاه صاحب الفندق لقاء كل زجاجة خمر تُشترى من خارج الفندق وتقدَّم إلى النزلاء.

corked [kôrkt] *(adj.)* (١) مُفَلَّن: «أ» مسدودٌ بفلّينة. «ب» فاسد النّكهة؛ فيه طعم الفِلّين أو رائحته <~ wine>. «ج» مُسَوَّدٌ بفِلّين محروق (٢) ثَمِلٌ جدًا.

cork·er *(n.)* (١) «أ» المُفَلِّن: عامل يَسُدّ القناني بالفِلّين. «ب» المُفَلِّنة: ماكينة لسدّ القناني بالفِلّين (٢) الكلمة الفَصْل [في مناقشة] (٣) شخص أو شيء ممتاز أو رائع (٤) كِذْبة ضخمة.

cork·ing *(adj.; adv.)* (١) ممتاز؛ رائع § (٢) جدًّا.

cork jacket *(n.)* السّترة الفِلّينيّة [يرتديها السّابحُ وقايةً من الغرق].

cork oak *(n.)* البَهْشة؛ شجرة الفِلّين.

cork·screw [-ˊskrōōˊ] *(n.; adj.; vt.; i.)* (١) المِبرام: نازعة السّدادات الفِلّينية § (٢) لولبيّ <a ~ curl> § (٣) يَشُقّ طريقه لولبيًّا <to ~ one's way through a crowd> (٤) يُلَوْلِب: يجعله مُلَوْلَبًا x (٥) يتمعَّج [الطريقُ].

corkscrew *1.*

cork tree *(n.)* = cork oak.

cork·y [kôrˊkĭ] *(adj.)* (١) فِلّانيّ: شبيه بالفِلّين (٢) خفيف (ع) (٣) نشيط (ع) (٤) مُفَلَّن: فيه طعم الفِلّين أو رائحتُهُ <~ wine> (٥) ثَمِل؛ سكران (ع).

corm [kôrm] *(n.)* الكَعْب؛ الجِعْثِن: جِذْرٌ بَصَليّ الشّكل.

corm·el [kôrˊ-] *(n.)* الكُعَيْب: كعبٌ صغير (را. corm).

cor·mo·rant [kôrˊmə rənt] *(n.; adj.)* (١) الغاق؛ الغاقة: طائر مائيّ تحت منقاره جراب يختزن فيه ما يصيده من أسماك (٢) الشَّره؛ النَّهِم § (٣) شَرِهٌ؛ نهِمٌ.

cormorant *1.*

corn[1] [kôrn] *(n.; vt.)* (١) الحَبّة: حبة قمح أو ذُرة إلخ (٢) حِنطة؛ شُوفان؛ ذُرَة (٣) ويسكي الذُّرة (٤) شيء مُبْتَذَل § (٥) يُمَلِّح: يحفظ بالملح <~ed beef> (٦) يزرع [الأرضَ] حنطةً (٧) يُقيت بالحبوب.

to tread on a person's ~s يجرح مشاعرَه؛ يكدِّره.

corn[2] *(n.)* مِسمار القدم: تصلُّب في بشرة إصبع القدم.

corn borer *(n.)* ثقّابة الذُّرَة: عُثّة صغيرة مُتلفة للذُّرة إلخ.

corn bread *(n.)* خبز الذُّرة.

corn chandler *(n.)* الحنّاط: بائع الحنطة.

corn·cob [-ˊkŏbˊ] *(n.)* (١) «أ» العِرناس: الجزء شبه الخشبيّ من كوز الذّرة. «ب» كوز ذُرة (٢) بِيبة [غليون] تبغ مصنوعةٌ من الجزء الخشبيّ من كوز الذُّرة.

corn cockle *(n.)* خُرَّم الحنطة: عشبٌ ينمو في حقول الحنطة.

corn·crake *(n.)* الصِّفْرِد: طائر صغير يألف حقول الحنطة.

corn·crib *(n.)* هُريُ الأكواز: هُريٌ تُختَزَن فيه أكواز الذُّرة.

corn dodger *(n.)* كعك الذُّرة: كعك يُخْبَزُ من دقيق الذُّرة.

cor·nea [kôrˊnĭ ə] *(n.)* القَرْنيّة؛ قَرْنيّة العين (ت).

cor·ne·al [-əl] *(adj.)* قَرْنيّ: ذو علاقة بقرنيّة العين.

corned [kôrnd] *(adj.)* مُمَلَّح؛ محفوظ بالملح <~ beef>.

cor·nel [kôrˊnəl] *(n.)* القَرانيا: شجرة ذات ثمارٍ كَرَزيّة.

cor·nel·ian [kôr nēlˊyən] *(n.)* = carnelian.

cor·ne·ous [kôrˊnĭ əs] *(adj.)* قَرْنيّ؛ قرنيّ النسيج؛ صُلْب.

cor·ner [kôrˊnər] *(n.; vt.; i.; adj.)* (١) «أ» زاوية. «ب» مُلتقى شارعين (٢) حافَة (٣) جانب (٤) بقعة؛ رَجًا [ج. أرجاء]؛ طَرَف؛ ناحية (٥) موقف أو وضعٌ حَرِج (٦) احتكار § (٧) يَحْصُر في زاوية؛ يَضَعُه في مركز حَرِج (٨) يزوّي: يجعل له زوايا (٩) يحتكر x (١٠) يتزاوى: يلتقي عند زاوية

(١١) ينعطف حول زاوية § (١٢) زاوِيّ: «أ» واقع عند زاوية. «ب» مُعَدّ لزاوية <a ~ table>.

tight ~, وضعٌ حرِج أو خطِر.

to cut ~*s*; to cut off a ~, يختصر الطريق.

to turn the ~, (١) ينعطف حول زاوية (٢) يخرج سالمًا من مرض أو أزمة أو حالة خطرة.

cor·ner·back *(n.)* الظُّهير الرُّكنيّ (رب).

cor·nered *(adj.)* (١) مُزَوَّى (٢) مُحْرَج؛ محصور في زاوية.

corner kick *(n.)* الضربة الرُّكنيّة [في كرة القدم].

cor·ner·stone *(n.)* (١) حجر الزاوية (٢) الأساس؛ الرُّكن الأساسيّ.

cor·ner·wise; cor·ner·ways *(adv.)* (١) زاويًّا: «أ» بوضع تكون فيه الزاوية في الجهة الأمامية. «ب» بحيث يشكِّل زاويةً (٢) على نحوٍ مائل.

cor·net [kôr nĕt′] *(n.)* (١) الشِّياع: آلة نفخ شبيهة بالبوق (٢) القِرطاس: «أ» قمع ورقيّ. «ب» قِمعٌ من البسكويت الهشّ يُملأ بالبوظة.

cornet *1.*

cor·net-à-pis·tons [kôr nĕt′ə pĭs′tənz] *(n.)* = cornet *1.*

cor·net·ist; cor·net·tist *(n.)* الشَّيّاع: العازف على الشِّياع cornet.

corn·flakes [kôrn′flāks′] *(n. pl.)* رُقاقات الذُّرة.

corn flour *(n.)* (١) دقيق الذُّرة (٢) نشاء الذّرَة.

corn·flow·er *(n.)* القَنطَريون العَنْبَريّ: نبات من الفصيلة المركّبة.

corn·husk *(n.)* قِشْر الذُّرة: القشور الخارجية التي تغلّف كوز الذُّرة.

cor·nice [kôr′nĭs] *(n.)* طُنُف؛ إفريز؛ كورنيش (عم).

cor·niche [kôr nēsh′] *(n.)* الكورنيش: طريق ساحلية عريضة.

cor·nic·u·late [-nĭk′yə lāt′] *(adj.)* مُتَقرِّن: ذو قرون صغيرة.

cor·ni·fi·ca·tion *(n.)* التَّقرُّن: التحوُّل إلى مادة قَرْنيّة.

corn·meal [kôrn′mēl] *(n.)* دقيق الذُّرة.

corn pone *(n.)* (١) خبز الذُّرة (٢) كعكة الذرة؛ رغيف الذرة.

corn poppy *(n.)* الخَشْخاش المنثور (نب).

corn rootworm *(n.)* خُنفَساء الذُّرة (حش).

corn·stalk [-′stôk] *(n.)* ساقُ الذُّرة؛ قصبة الذُّرة.

corn·starch [-′stärch′] *(n.)* نشاء الذُّرة.

cor·nu [kôr′no͞o] *(n.)* pl. **-nua** (١) قَرْن (٢) تشكُّل قرنيّ (ت).

cor·nu·al [kôr′no͞o əl; kôr′nyo͞o əl] *(adj.)* قَرْنيّ.

cor·nu·co·pia [kôr′nə kō′pĭ ə] *(n.)* (١) قرن الوَفْرة: قرن معزاة مليء بالثمار إلخ يُتّخذ رمزًا للوفرة (مث) (٢) وَفْرة.

cornucopia *1.*

cor·nut·ed *(adj.)* (١) مُقرَّن: ذو قرون (٢) قَرْنانيّ: قرنيّ الشكل.

cor·nu·to *(n.)* الدَّيُّوث؛ القَرْنانُ: زوج المرأة الفاسقة.

corn whiskey *(n.)* ويسكي الذُّرة.

corn·y [kôr′nĭ] *(adj.)* (١) حِنْطيّ: ذو علاقة بالحنطة (٢) «أ» مُنتِجٌ حنطةً أو حبوبًا. «ب» موفور الحبوب (٣) مساميريّ: ذو علاقة بـِ «مسامير» الأرجل (٤) تافه؛ مُبْتَذَل؛ سخيف <~ radio programs> (٥) بالٍ <~ jokes>.

cor·o·dy [kôr′ə dĭ] *(n.)* مُخَصَّص من المؤن [يُمنح صَدَقَةً].

co·rol·la [kə rŏl′ə] *(n.)* التُّوَيج: الغلاف الداخليّ المحيط بالأَسْدِيَة والمِدَقّة (نب).
— **co·rol·late** *(adj.)*

corolla

cor·ol·la·ceous [-′shəs] *(adj.)* (١) تُوَيجيّ (٢) تُوَيجانيّ: شبيهٌ بالتُّويج.

cor·ol·lar·y [kôr′ə lĕr′ĭ] *(n.)* (١) اللازمة (ر) (٢) نتيجة منطقية.

co·ro·na [kə rō′nə] *(n.)* pl. **-nas** *or* **-nae** (١) ذراع الإفريز: الجزء الناتئ من إفريز كلاسيكي (عم) (٢) هالة (٣) إكليل الشمس (فل) (٤) قمة الضِّرس أو الجمجمة (ت) (٥) إكليل الزهرة (٦) سيجار طويل.

Co·ro·na Aus·tra·lis *(n.)* كوكبة الإكليل الجنوبيّ (فل).

Co·ro·na Bo·re·al·is *(n.)* كوكبة الإكليل الشماليّ (فل).

cor·o·nach [kôr′ə nəkh] *(n.)* = dirge.

cor·o·nal [kôr′-] *(n.; adj.)* (١) إكليل (٢) تاج § (٣) إكليليّ (٤) تاجيّ.

coronal suture *(n.)* الدَّرْز التاجيّ؛ الدَّرْز الإكليليّ (ت).

cor·o·nar·y [kôr′ə-] *(adj.; n.)* (١) تاجيّ؛ إكليليّ (٢) قلبيّ: ذو علاقة بالقلب § (٣) شريانٌ [أو وريد] تاجيّ (٤) الخَثَر التاجيّ (ط).

coronary artery *(n.)* الشِّريان التاجيّ أو الإكليليّ (ت).

coronary thrombosis *or* **occlusion** *(n.)* الخَثَر التاجيّ أو الإكليليّ.

coronary vein *(n.)* الوريد التاجيّ أو الإكليليّ (ت).

cor·o·na·tion [kôr′ə nā′-] *(n.)* (١) تتويج (٢) حفلة تتويج.

cor·o·ner *(n.)* محقِّق الوفيات: محقِّق في أسباب الوفيات المشتبَه بها.

cor·o·net [kôr′ə nĕt′] *(n.)* (١) التُّوَيْج: تاج صغير يلبسه الأمراء والنبلاء (٢) الإكليل: إكليل من ذهب أو جواهر أو أزهار تزيِّن به المرأة رأسها (٣) أدنى الرُّسغ: ذلك الجزء من رُسْغ الفرس الواقعُ فوق الحافر مباشرةً (ح).

cor·po·ra [kôr′pə rə] *(n.)* *pl. of* corpus.

cor·po·ral [kôr′pər əl] *(n.; adj.)* (١) قُماشة القُربان: قطعة نسيج تُبْسَط على المذبح لوضع كأس القُربان عليها (٢) العريف: رتبة عسكرية § (٣) بَدَنيّ؛ جسديّ <~ punishment> (٤) شخصيّ <~ possession>.

cor·po·ral·i·ty *(n.)* (١) الجسمانية؛ الجَسَدانيّة (٢) الوجود الماديّ؛ الجسد (٣) *pl.*: الأشياء المتعلقة بالجَسَد.

corporal's guard *(n.)* (١) سَرِيّة يقودها عريف (٢) جماعة صغيرة.

cor·po·rate [kôr′pər ĭt] *(adj.)* (١) مُندمِج؛ مُتَّحِد (٢) جَماعيّ <~ responsibility> (٣) عامّ؛ مُشْتَرَك <the ~ good>.

cor·po·ra·tion [kôr′pə rā′-] *(n.)* (١) مجلس بلديّ (٢) «أ» شركة. «ب» مؤسّسة (٣) نِقابة (٤) البطن. وبخاصة: بطنٌ ضخم بارز (ع).

cor·po·ra·tive [kôr′pə rā′-] *(adj.)* (١) شَرِكيّ؛ مؤسَّسيّ (٢) نِقابانيّ: مؤيد للنّقابانية، أي اعتبار النقابات الصناعية والمهنيَّة هيئاتٍ تابعةً للدولة ومتمتعة بحقّ التمثيل السياسي.

cor·po·ra·tor [kôr′pə rā′tər] *(n.)* عضو شركة؛ عضو مؤسسة.

cor·po·re·al [kôr pōr′ĭ əl] *(adj.)* (١) جسديّ (٢) ماديّ؛ عينيّ.

cor·po·re·al·i·ty *(n.)* (١) الجَسَدانيّة: الوجود الجسدي (٢) الجَسَد.

cor·po·re·al·ly *(adv.)* (١) جَسَديًا؛ بَدَنيًا (٢) ماديًا؛ عَيْنيًا.

cor·po·re·i·ty [-pə rē′ə tĭ] *(n.)* الماديّة: الطبيعة أو الصِّفة المادية.

cor·po·sant [kôr′pə zănt] *(n.)* = Saint Elmo's fire.

corps [kōr] *(n.)* pl. **corps** [kōrz] (١) فَيْلَق (٢) سِلْك <the diplomatic ~> (٣) فرقة باليْه (٤) رابطة طلّاب [جامعيّة ألمانية].

corps de ballet [kôr′ də bă lā′] *(n.)* فرقةُ باليْه.

corpse [kôrps] *(n.)* جثّة؛ جُثمان.

corps·man [kôr′mən] *(n.)* المُسْعِف: مجنَّد يُتقِن الإسعاف الأوّليّ.

cor·pu·lence; cor·pu·len·cy [kôr′pyə-] *(n.)* بدانة؛ سِمَنٌ.

cor·pu·lent [kôr′pyə lənt] *(adj.)* بدين؛ سمين.

cor·pus [kôr′pəs] *(n.)* pl. **-po·ra** (١) جَسَد. وبخاصة: جثّة (٢) الجسم: الجزء الأساسيّ <the ~ of the jaw> (٣) رأس المال (٤) المُدَوَّنة: مجموعة قوانين أو كتابات واسعة في حقل معيَّن.

corpus cal·lo·sum *(n.)* pl. **cor·po·ra cal·los·a** الجسم الجاسئ: كتلة ألياف عصبية تصِل بين نِصْفَيْ كرة المخّ (ت).

Cor·pus Chris·ti [krĭs′tĭ] *(n.)* عيد الجسد؛ عيد القُرْبان (نص).

cor·pus·cle [kôr′pə səl]; **cor·pus·cule** [-′kyōōl] *(n.)* (١) جُسَيمة (٢) خليّة حيّة. وبخاصة: كُرَيَّة <blood ~s>.

cor·pus·cu·lar [-pŭs′kyə lər] *(adj.)* (١) جُسَيميّ (٢) كُرَيّيّ.

corpuscular theory *(n.)* النظرية الجُسَيمية (فز).

corpus de·lic·ti [dĭ lĭk′tī] *(n.)* جسم الجريمة: «أ» الواقعة المادية والرئيسية الضرورية لإثبات ارتكاب جريمة ما [كموت الشخص المزعوم أنه صُرِع في جريمة قتل]. «ب» الجسم الذي وقعت عليه الجريمة [كجسد الضحية في جريمة قتل].

cor·pus ju·ris [jōōr′ĭs] *(n.)* المجموعة القانونية [في بلدٍ ما].

corpus lu·te·um [lōō′tĭ əm] *(n.)* pl. **cor·po·ra lu·te·a** الجسم الأصفر: كتلة [صفراء ضاربة إلى الحمرة] من نسيج هرموني تتكون في المبيض عن طريق حُوَيصلة نضجت أو انفصلت عنه.

corpus stri·a·tum [strī ā′-] *(n.)* pl. **-po·ra stri·a·ta** الجسم المخطَّط: كتلة من المادة الرمادية تكون تحت القشرة في كلّ من نصفَي المخّ.

cor·rade [kə rād′] *(vt.; i.)* (١) يَحُتّ؛ يُبلي x (٢) يَبْلى؛ يتآكل.

cor·ral [kə răl′] *(n.; vt.)* (١) زريبة (٢) المِتراس: سياج من عربات للدفاع عن معسكر § (٣) يَزْرُب: يحبس الماشيةَ في زريبة (٤) يُمترِس: يرتّب العربات لتشكّل مِتراسًا واقيًا (٥) «أ» يجمع. «ب» يُطوِّق (٦) يَحْصل أو يستولي على.

cor·ra·sion [-rā′zhən] *(n.)* البِلى؛ التأكُّل: تأكُّل التربة أو الصخور (جي).

cor·rect¹ [kə rĕkt′] *(vt.)* (١) يُصَحِّح؛ يصوِّب (٢) يقاوم؛ يُحايد؛ يُعالج <to ~ acidity of the stomach by alkaline preparations> (٣) يعدِّل: يَضْبُط وفقًا لمقياس معيَّن أو حالة معيّنة <to ~ a lens for spherical aberration> (٤) يُؤدِّب؛ يعاقب؛ يوبِّخ.

cor·rect² *(adj.)* (١) صحيح؛ مضبوط (٢) ملائم؛ مناسب (٣) لائق؛ متّفق مع العُرف أو التقليد <~ behavior>.

cor·rec·tion [kə rĕk′-] *(n.)* (١) تصحيح؛ تصويب؛ إصلاح (٢) مُقاوَمة؛ مُحايَدة؛ معالجة (٣) تعديل (٤) تأديب؛ مُعاقبة؛ توبيخ (٥) التصحيح: هبوط في أسعار الأسهم أو في النشاط الاقتصادي يتلو فترةً من ارتفاع الأسعار (٦) إصلاح الأحداث: إصلاح المنحرفين من الأحداث بإعادة تأهيلهم في الإصلاحيات. — **cor·rec·tion·al** *(adj.)*

cor·rec·ti·tude [-′tĭ tōōd′] *(n.)* لياقة؛ حسنُ سلوك.

cor·rec·tive [-′tĭv] *(adj.; n.)* (١) تَصْحيحيّ (٢) تعديليّ (٣) تأديبيّ (٤) إصلاحيّ: مساعد على إصلاح الأحداث الجانحين <~ training> § (٥) التِّرياق: علاج أو عامل مقاوم لعمل شيء مؤذٍ أو أثرِه.

cor·rect·ness *(n.)* صِحّة؛ ضَبْط؛ سَداد؛ صوابيّة.

cor·rec·tor *(n.)* (١) المصحِّح؛ المُصْلِح (٢) مصحِّح التجارب المطبعية.

cor·re·late [kôr′ə lāt′] *(vi.; t.; n.; adj.)* (١) يرتبط [بعلاقةٍ متبادَلة] x (٢) يُرابط: يَرْبط بين شيئين بصورة نظامية (٣) يُقيم علاقةً متبادلةً بين § (٤) المتلازم: أحد شيئين متلازمَيْن § (٥) متلازم؛ مترابط؛ متعالق.

cor·re·la·tion [kôr′ə lā′-] *(n.)* (١) رَبْط؛ إقامةُ علاقةٍ متبادلة بين (٢) ارتباط؛ تعالق (٣) الارتباط (إحص) (٤) علاقة متبادَلة.

correlation coefficient *(n.)* مُعامِل الارتباط (إحص).

cor·rel·a·tive [kə rĕl′ə-] *(adj.; n.)* (١) متلازم؛ مترابط؛ متعالِق (٢) متناظر؛ متبادَل العلاقة؛ ذو علاقة متبادَلة § (٣) المتناظر: لفظٌ أو شيء متبادَل العلاقة <مثل *either* و *or*>.

cor·re·spond [kôr′ə spŏnd′] *(vi.)* (١) يتوافق؛ يتطابق؛ ينسجم مع <Her white hat ~s with her white dress.> (٢) يقابل؛ يوازي؛ يماثل <The U.S. Congress ~s to the British Parliament.> (٣) يتراسل؛ يتبادل الرسائل.

cor·re·spond·ence; cor·re·spond·en·cy *(n.)* (١) توافُق؛ تطابُق؛ انسجام (٢) تماثُل؛ تشابُه (٣) «أ» تراسُل؛ مُراسَلة. «ب» الرسائل المتبادَلة.

correspondence school *(n.)* المَدرسة التراسُلية: مدرسة للتعليم بالمراسلة.

cor·re·spond·ent [-′dənt] *(adj.; n.)* (١) متوافق؛ متطابق؛ منسجم مع (٢) مُقابِل؛ مُناظِر؛ مُماثِل؛ مُشابِه § (٣) المُقابِل؛ المُناظِر إلخ (٤) المتراسَل معه: شخص يتبادل المرء الرسائل معه (٥) مُراسِل [الصّحيفة أو المجلّة] (٦) المراسِل: مؤسسة ذات علاقات تجارية نظامية مع مصرف في بلدٍ أجنبيّ <the London ~ of a New York bank>.

cor·re·spond·ing *(adj.)* (١) «أ» مُتطابِق؛ مُتماثِل؛ مُتشابِه. «ب» مقابِل؛ مُناظِر. «ج» مُتناظِر (ر) (٢) «أ» مُراسِل. «ب» متراسِل.

corresponding angles *(n. pl.)* الزاويتان المتناظرتان (ر).

cor·re·spon·sive *(adj.)* = corresponding.

cor·ri·da [kō rē′ də] *(n.)* = bullfight.

cor·ri·dor [kôr'ə dər] *(n.)* (١) رِواق؛ دِهليز؛ مَجاز [بين الحُجُرات] (٢) الرِّواق: قطعة من الأرض ضيّقة تمتدّ عَبْرَ أراضي دولة أخرى إلى مرفأ <the Polish *Corridor*>.

corridor train *(n.)* القطار المُرَوَّق أو المُدَهْلَز: قطار ذو دِهْليز يمتدّ من أقصاه إلى أقصاه عبر جميع الحافلات.

cor·rie [kôr'ĭ] *(n.)* الكَوْر: تجويف دائريّ في جانب الجبل.

Cor·rie·dale [kôr'ĭ dāl'] *(n.)* الخِراف الكوريداليّة: خراف نيوزيلندية كبيرة نسبيًّا، بيضاء الوجوه، عديمة القرون عادةً.

cor·ri·gen·dum [kôr'ə jĕn'dəm] *(n.)* pl. **-da** (١) خطأ مطبعيّ [مصحَّح في آخر الكتاب] (٢) *pl.*: جدول الخطأ والصواب [في كتاب].

cor·ri·gi·ble [kôr'ĭ jə bəl] *(adj.)* ممكنٌ إصلاحه؛ قابِل للإصلاح.

cor·ri·val [kə rī'vəl] *(n.; adj.)* (١) المنافِس؛ الخَصْم § (٢) منافِس.

cor·rob·o·rant [kə rŏb'ər-] *(adj.)* مُقَوٍّ؛ مُنَشِّط.

cor·rob·o·rate [-'ə rāt'] *(vt.)* يؤيِّد؛ يُثبِّت؛ يُوَثِّق؛ يُعزِّز.

cor·rob·o·ra·tion [kə rŏb'ə rā'-] *(n.)* (١) تأييد؛ تثبيت؛ توثيق؛ تعزيز (٢) واقعةٌ مؤيِّدة؛ كلامٌ مُعَزِّز؛ برهان إضافي.

cor·rob·o·ra·tive; cor·rob·o·ra·to·ry *(adj.)* مُؤيِّد؛ مثبِّت؛ مُوَثِّق؛ مُعَزِّز.

cor·rob·o·ree [kə rŏb'ə rĭ] *(n.)* (١) الكَرْبَريّ: مهرجان ليليّ يشتمل على أغانٍ ورقصات رمزية يحتفل فيه سكان أُستراليا الأصليون بالأحداث القَبَلية الهامة (٢) «أ» مهرجان صاخب. «ب» صخب.

cor·rode [kə rōd'] *(vt.; i.)* (١) يتآكَل؛ يَحُتّ؛ يُؤكْسِد؛ يُصْدِئ **x** (٢) يتآكل؛ يتحاتّ؛ يتأكسد؛ يَصْدأ.

cor·ro·dy [kôr'ə dĭ] *(n.)* = corody.

cor·ro·sion [kə rō'zhən] *(n.)* (١) تأكُّل؛ حَتٌّ؛ أَكْسَدة (٢) تآكلٌ؛ تحاتٌّ؛ تأكسُدٌ (٣) صَدَأ.

cor·ro·sive *(adj.; n.)* (١) متأكِّل؛ أكّال؛ حاتّ (٢) مزعج؛ مضايق (٣) مُفْسِد؛ مُتلِف § (٤) عامل أكّالٌ؛ مادة أكّالة.

corrosive sublimate *(n.)* كلوريد الزِّئبق.

cor·ru·gate [*v.* kôr'ə gāt'; *adj.* -gĭt, -gāt'] *(vt.; i.; adj.)* (١) يُموِّج؛ يُغَضِّن؛ يُجعِّد **x** (٢) يتموّج؛ يتغضَّن إلخ § (٣) متموِّج؛ متغضِّن إلخ.

corrugated iron *(n.)* الحديد المموَّج: ألواح حديدية مموّجة أو مغضَّنة تُجعل أسيجةً أو سقوفًا للمباني الرخيصة.

corrugated paper *or* **cardboard** *(n.)* الورق أو الكرتون المموَّج: ورق أو كرتون يقي السِّلع المعبّأة في الصناديق من الكسر.

cor·ru·ga·tion [kôr'ə gā'-] *(n.)* (١) «أ» تمويج؛ تغضين؛ تجعيد. «ب» تموُّج؛ تغضُّن؛ تجعُّد (٢) غَضَن؛ جَعْدَة.

cor·rupt [kə rŭpt'] *(vt.; i.; adj.)* (١) يرشو (٢) يُفسِد (٣) يحرِّف **x** (٤) يَفْسُد § (٥) فاسد [خُلُقيًّا]. وبخاصة: مُرْتشٍ <a ~ judge> (٦) فاسد؛ عفِن (٧) مُحَرَّف <a ~ text>.

cor·rupt·er *or* **cor·rup·tor** *(n.)* المُفْسِد؛ المحرِّف إلخ.

cor·rupt·i·bil·i·ty *(n.)* قابلية الفساد أو الإفساد.

cor·rupt·i·ble *(adj.)* قابل للفساد أو الإفساد أو الرّشوة.

cor·rup·tion [kə rŭp'-] *(n.)* (١) مص corrupt، مثل: «أ» رشوة. «ب» فساد. «ج» إفساد. «د» تعفّن (٢) فساد أخلاقي (٣) قيْح (ع).

cor·rup·tion·ist *(n.)* الفَساديّ: المنغمس في الفساد السياسيّ أو المدافعُ عنه.

cor·rup·tive *(adj.)* مُفْسِد: مسبِّب للفساد إلخ.

cor·rupt·ness [kə rŭpt'nəs] *(n.)* فساد.

cor·sage [kôr säzh'] *(n.)* (١) الصِّدار: الجزء الأعلى من ثوب المرأة (٢) الصِّدارية: باقة زهر صغيرة تزيِّن بها المرأة كتِفها أو خَصْرها.

cor·sair [kôr'sâr] *(n.)* (١) القُرصان: لصّ البحر (٢) مَرْكَب القُرصان.

Cor Scor·pi·i [skôr'pĭ ī] *(n.)* قلب العَقْرب؛ نيِّر العقرب (فل).

corse [kôrs] *(n.)* جُثّة؛ جُثمان؛ جيفة (ا. ق).

cor·se·let[1] *or* **cors·let** [kôrs'lĭt] *(n.)* دِرْع.

cor·se·let[2] *or* **cor·se·lette** [-'sə lĕt'] *(n.)* المخصِّر الخفيف: مِشَدّ نِسويّ للخصر والصَّدر قليل الأضلاع العظميّة أو عديمُها.

cor·set [kôr'sĭt] *(n.; vt.)* (١) *pl.* أحيانًا: المُخصِّر: مِشَدّ نِسْويّ للخصر والرِّدفين § (٢) يُخصِّر (٣) يضيِّق على.

cor·tege *also* **cor·tège** [kôr tĕzh'] *(n.)* (١) الحاشية: بطانة الأمير أو الملك (٢) موكب. وبخاصة: موكبٌ جنائزيّ.

cor·tex [kôr'tĕks] *(n.)* pl. **-ti·ces** *or* **cor·tex·es** (١) القِشرة: الطبقة الخارجية لعضو داخليّ كالكُلْية والمخّ (٢) لِحاء (نب).

cor·ti·cal [-'tĭ kəl] *(adj.)* (١) قِشْريّ: «أ» متعلِّق بقشرة الكُلْية أو المُخّ إلخ. «ب» ناشئ عن عمل قشرة المخّ أو حالتها <~ blindness> (٢) لِحائيّ.

cor·ti·cate; cor·ti·cat·ed *(adj.)* ذو لِحاء أو قشرة.

cor·ti·coid [kôr'tə koid] *(adj.)* قِشرانيّ: شبيه بالقشرة.

cor·ti·cose; cor·ti·cous *(adj.)* مُلحًّى؛ ذو لِحاء (نب).

cor·ti·co·spi·nal *(adj.)* قِشريّ نُخاعيّ (ت).

cor·tin [kôr'tĭn] *(n.)* الكورتين؛ القِشرين: هرمون يُفرزهُ الكُظر (أح).

cor·ti·sone [kôr'tə sōn'; -zōn'] *(n.)* الكورتيزون: هرمون إستيرويديّ يعالَج به التهاب المفاصل الرَّثيانيّ بخاصة.

co·run·dum [-'dəm] *(n.)* كورَنْدوم: معدنٌ قِوامُهُ أكسيد الألومنيوم.

co·rus·cant; cor·us·cat·ing [kə rŭs'-] *(adj.)* متلألئ؛ برّاق؛ لمّاع.

cor·us·cate [kôr'ə skāt'] *(vi.)* يتلألأ؛ يَبْرُق؛ يَلْمَع.

cor·us·ca·tion [kôr'ə skā'-] *(n.)* (١) تلألؤ؛ بريق؛ لمعان (٢) «أ» وميض؛ ومضة. «ب» التماعة [ذهنية]؛ وَمْضة [عقليّة].

cor·vée [kôr vā'] *(n.)* السُّخْرة: «أ» عمل غير مأجور يؤدّيه الفلاّح لسيّدِهِ

الإقطاعي . «ب» عملٌ إلزاميّ بأمر القانون .

corves [kôrvz] *pl. of* corf.

cor·vette [kôr vĕt′] *(n.)* الحرّاقة : «أ» سفينة حربية قديمة . «ب» سفينة حِراسة صغيرة .

corvette *a.*

Cor·vi·dae [kôr′vĭ dē] *(n. pl.)* الغُرابيّات ؛ فصيلة الغِربان (ح) .

cor·vi·na [kôr vē′nə] *(n.)* = corbina.

cor·vine [-′vīn; -′vĭn] *(adj.)* (١) غُرابي (٢) غُرابانيّ : شبيه بالغراب .

Cor·vus [kôr′vəs] *(n.)* الغُراب ؛ الخِباء اليمانيّ (فل) .

co·ryd·a·lis [kə rĭd′ə-] *(n.)* القُبَّرية : عشب ذو زهرات عنقودية .

cor·ymb [kôr′ĭm(b)] *(n.)* العِذْق : شكل من الازهار شبيه بالعنقود .

corymb

cor·ymbed [kôr′ĭmd] *(adj.)* مُعَذَّق : ذو أعذاق (نب) .

co·rym·bose *or* **co·rym·bous** *(adj.)* عِذْقيّ (را . corymb) .

cor·y·phae·us [kôr′ə fē′əs] *(n.)* pl. **-phae·i** [fē′ī] (١) قائدُ جوقة (٢) زعيم حزب ؛ زعيم مدرسة فكرية .

cor·y·phée [-fā′] *(n.)* الراقصة [في فرقة باليْه] .

co·ry·za [kə rī′zə] *(n.)* زُكام . — **co·ry·zal** *(adj.)*

cos [kŏs; kôs] *(n.)* = romaine.

co·se·cant [kō sē′kənt] *(n.)* قاطِعُ التَّمام (ر) .

cosh *(n.; vt.)* (١) هِراوة ؛ نبّوت § (٢) يَضرب [بهراوة أو نبّوت] .

co·sig·na·to·ry [kō sĭg′nə tōr′ĭ] *(adj.; n.)* (١) مُشارِكٌ في التوقيع ؛ مُوَقّع مع غيره § (٢) المُوَقِّع المشارِك .

co·sine [kō′sīn] *(n.)* جَيْب التَّمام (ر) .

cos lettuce [kŏs; kôs] *(n.)* = cos.

cos·met·ic [kŏz mĕt′ĭk] *(n.; adj.)* (١) مُسْتَحْضَر التجميل § (٢) تجميليّ <~ creams> (٣) سطحيّ <~ reforms> .

cos·me·ti·cian; cos·me·tol·o·gist *(n.)* المجمِّل : المتخصِّص في تجميل الوجه .

cos·me·tol·o·gy *(n.)* التجميل : المعالجة التجميلية للبشرة والأظفار إلخ .

cos·mic *(adj.)* (١) كَوْنيّ (٢) لانهائيّ ؛ عظيم ؛ لا حدَّ لَهُ .

cosmic dust *(n.)* الغُبار الكَوْنيّ (فل) .

cosmic rays *(n. pl.)* الأشعة الكونية .

cosmo- بادئة معناها : الكَوْن ؛ العالم <*cosmo*logy> .

cos·mo·chem·is·try *(n.)* الكيمياء الكونية .

cos·mo·gen·ic *(adj.)* كونيّ المنشأ <~ carbon 14> .

cos·mog·o·ny [-mŏg′-] *(n.)* نشأة الكون أو نظرية تحاول تفسيرها .

cos·mog·ra·pher *(n.)* الكوزموغرافيّ : العالِم بالكوزموغرافيا .

cos·mo·graph·ic *or* **cos·mo·graph·i·cal** *(adj.)* كوزموغرافيّ .

cos·mog·ra·phy [kŏz mŏg′rə fĭ] *(n.)* الكوزموغرافيا : «أ» وصفٌ عامّ للعالم أو الكون . «ب» علم يبحث في مَظهر الكون وتركيبه العامّ، وهو يشمل علوم الفلك والجغرافيا والجيولوجيا .

cos·mo·log·i·cal [kŏz′mə lŏj′ĭ kəl] *(adj.)* كوزمولوجي .

cos·mol·o·gist *(n.)* الكوزمولوجيّ : العالم بالكوزمولوجيا .

cos·mol·o·gy [-mŏl′-] *(n.)* الكوزمولوجيا : «أ» شعبة من الفلسفة تبحث في أصل الكون . «ب» شعبة من علم الفلك تبحث في بِنْية الكون ونشوئه وتطوّره .

cos·mo·naut [kŏz′mə nôt] *(n.)* = astronaut.

cos·mop·o·lis *(n.)* الكوزموبوليس : مدينة دُوَليّة المكانة يتألف سكانها من عناصر اجتمعت من مختلف أرجاء العالم .

cos·mo·pol·i·tan [kŏz′mə pŏl′-] *(n.; adj.)* (١) cosmopolite § (٢) كوزموبوليتانيّ : «أ» عالميّ ، غير محلّي . «ب» متحرِّر من الأحقاد القومية أو المحلية . «ج» مؤلف من عناصر اجتمعت من مختلف أرجاء العالم <a ~ city *or* culture> . «د» موجود في معظم أجزاء العالم <a ~ herb> .

cos·mop·o·lite [kŏz mŏp′ə līt] *(n.)* (١) مُواطن العالم : شخص يعتبر العالَمَ كلَّهُ وطنًا له ؛ شخص متحرّر من الأحقاد القومية أو المحلّية (٢) نبات أو حيوان كوزموبوليتانيّ أو موجود في معظم أجزاء العالم .

cos·mos[1] [kŏz′məs] *(n.)* (١) الكَوْن : «أ» النظام الكونيّ كلُّهُ ويشمل الأرضَ والشمسَ والمجرّات إلخ . «ب» نظام كامل متناغم (٢) نظام ؛ تناغُم .

cosmos[2] *(n.)* الزِّينة ؛ القُسْموس : عشب أميركيّ من الفصيلة المركَّبة .

cos·mo·tron *(n.)* الكوزموترون : جهاز مُسَرِّع للبروتونات (فزن) .

Cos·sack [kŏs′ăk] *(n.)* القوزاقيّ : أحد أبناء الشعب القوزاقيّ .

cos·set [kŏs′ət] *(n.; vt.)* (١) حَمَلٌ أو ولدٌ مدلَّل § (٢) يُدَلِّل .

cost [kôst] *(n.; vt.; i.)* (١) ثَمَن (٢) كُلْفَة ؛ تَكْلِفة ؛ نفقة (٣) حساب خسارة <to work at the ~ of one's health> (٤) *pl.* : نفقات الدعوى [التي تفرضها المحكمة على الفريق الخاسر لتُدفع إلى الفريق الرابح] § (٥) يكلِّف <It may ~ you > (٦) يكلِّفه خسارة كذا <This pen ~s ten dollars.> your life.> (٧) يقدِّر أو يحدِّد ثمن كذا <to ~ leather> .

at all ~*s* } مهما كلَّف الأمر ؛
at any ~, } بأيّ ثمن .

to count the ~, يدرس الظروف كلّها ؛ يفكر بالمخاطر والخسائر المحتملة قبل الإقدام على عمل .

cos·ta [kŏs′tə] *(n.)* pl. **cos·tae** (١) ضِلع (ت) (٢) ضِلع ورقة (نب) .

cost accounting *(n.)* محاسبة التكاليف (اد) .

cos·tal [kŏs′təl] *(adj.)* ضِلْعيّ ؛ أضلاعيّ <~ nerves> .

co·star [*n.* kō′stär′; *v.* kō′stär′] *(n.; vi.)* (١) النجم المشارِك [في بطولة الفيلم] § (٢) يقاسمُهُ البطولة ؛ يُشاطِرُه الصَّدارة .

cos·tard [kŏs′tərd] *(n.)* (١) تفّاح إنكليزي (٢) الرأس (ا . ق) .

cos·tate [kŏs′tāt] *(adj.)* مُضَلَّع ؛ ذو أضلاع <~ leaves> .

cost–ef·fec·tive *(adj.)* مُجْزٍ ؛ فعّال التكاليف .

cos·ter; cos·ter·mon·ger [kŏs′-] *(n.)* خُضَريّ أو فاكهانيّ متجوّل .

cos·tive [kŏs′tĭv] *(adj.)* (١) «أ» مصاب بالإمساك . «ب» مسَبِّب للإمساك (٢) بطيء في التفكير أو في التعبير عن آرائه (٣) بخيل .

cost·ly [kôst′lĭ] *(adj.)* (١) غالٍ ؛ غير رخيص (٢) نفيس <~ jewels> (٣) باهظ الثمن .

— **cost·li·ness** *(n.)*

cost·mar·y [kŏst′mâr′ĭ] *(n.)* الأُقْحُوان البَلْسَميّ (نب).

cost of living نَفَقةُ المعيشة: متوسِّط ما يُنفِقُهُ المرء أو الأسرة على الطعام والكساء والسَّكن والمواصلات إلخ (اد).

cost–plus *(n.; adj.)* (١) النفقة المُرْباة: نفقة الإنتاج مضافًا إليها نسبةٌ من الربح متَّفقٌ عليها [تُتَّخذ، عادةً، أساسًا للدفع في العقود الحكومية] § (٢) مُرْبَى النَّفقة <a ~ contract>.

cost price *(n.)* الثمن الأصليّ: ثمن السِّلعة المدفوعُ من قِبَل بائع التجزئة.

cost–push *(n.)* تَصاعُدُ النفقة (اد).

cos·trel [kŏs′trəl] *(n.)* الجَنْبيّة؛ الخَصْريّة: إناء للسوائل جلديٌّ أو فخاريّ أو خشبيّ ذو عُروةٍ أو عُرًى يعلَّق بواسطتها.

cos·tume [*n.; adj.* kŏs′tōōm′; *v.* kŏs tōōm′] *(n.; vt.; adj.)* (١) زِيّ (٢) لباس <~ academic> (٣) «أ» بِذْلة؛ بِزّة؛ طَقْم. «ب» الكَشْتَم: ثوبٌ نِسْويّ مؤلف من سترة وتنّورة § (٤) يكسو أو يزوِّد بملابس (٥) يُصَمِّم الملابِس لِـ § (٦) تاريخيّ <a ~ movie> (٧) زِيّانيّ: ملائم لزيّ معيَّن <a ~ handbag>.

costume jewelry *(n.)* المجوهرات الزِّيّانيّة: مجوهرات رخيصة مصمَّمة على نحوٍ متوافق مع الأزياء الدارجة.

costume play *(n.)* المسرحية الملابسية [تُرتَدى فيها ملابس تاريخية].

cos·tum·er *or* **cos·tum·i·er** [kŏ stōō′-] *(n.)* المَلابسيّ: من يخيط الملابس للمسرحيات والكرنفالات إلخ أو يبيعها أو يؤجّرها.

co·sy [kō′zĭ] *(adj.; n.; adv.)* = cozy.

cot [kŏt] *(n.)* (١) كوخ (٢) ملجأ (٣) غطاء؛ غِمد. وبخاصةٍ: غِمْدٌ واقٍ للإصبع (٤) السُّرَيْر: «أ» سرير نقّال. «ب» سرير طفل.

co·tan·gent [kō tăn′jənt] *(n.)* ظِلُّ التَّمام (ر).

cote [kōt] *(n.)* (١) كوخ (٢) زريبة. وبخاصة: برج الحمام.

co·te·rie [kō′tə rĭ] *(n.)* زُمرة؛ حَلْقة؛ «شِلّة».

co·ter·mi·nous *(adj.)* = conterminous.

co·thur·nus [kō thûr′nəs] *(n.)* (١) الكَوْثَرْن: جزمة كان ينتعلها ممثلو التراجيديا الإغريقية والرومانية (٢) المأساة؛ التراجيديا؛ الأسلوب التراجيديّ.

co·tid·al [kō tīd′əl] *(adj.)* مُتساوي المَدّ.

co·til·lion *also* **co·til·lon** [kə tĭl′yən] *(n.)* الكوتِلْيون: «أ» رقصة فرنسيّة أو موسيقاها. «ب» حفلة راقصة رسمية.

co·to·ne·as·ter [-′nē ăs-] *(n.)* السَّفَرجلية: جُنَيْبة من الفصيلة الوردية.

Cots·wold *(n.)* الكوتزْوولدي: واحد من سُلالة خرافٍ طويلة الصوف.

cot·ta [kŏt′ə] *(n.)* الكوتيّة: حُلّة كنسية بيضاء لا تُجاوز الخصر.

cot·tage [kŏt′ĭj] *(n.)* (١) كوخ (٢) النَّجْع: بيت صغير للاستجمام.

cottage cheese *(n.)* الحَلّوم: ضرب من الجُبْن الأبيض.

cottage industry *(n.)* الصناعة المنزلية أو الريفيّة.

cot·tag·er [kŏt′ĭj ər] *(n.)* (١) الكَوّاخ: ساكن الكوخ (٢) الفلّاح.

cot·ter[1] *or* **cot·tar** [kŏt′ər] *(n.)* (١) الكوّاخ: ساكن الكوخ (٢) الفلّاح.

cotter[2] *(n.)* الوُتَيْد: دبّوس يُقْحَمُ في فتحةٍ صغيرة ابتغاءَ الجمع ما بين جزأين من أجزاء الماكينة (مك).

cotter pin *(n.)* الدّبّوس الوُتَيْدي (مك).

cot·ton [kŏt′ən] *(n.; vi.)* (١) «أ» قُطْن. «ب» نبتة القطن. «ج» محصول قطن (٢) «أ» قماش قطنيّ. «ب» غَزْل قطنيّ § (٣) يصادق؛ يتصادق مع (٤) يُدْرك (٥) ينسجم مع (٦) يُولَعُ بِـ [تتبعها *to*] (٧) يتملّق.

cotton batting *(n.)* = cotton wool *2*.

cotton belt *(n.)* حِزام القطن: منطقة في الجزء الجنوبي من الولايات المتحدة الأميركية مخصَّصة كلُّها تقريبًا لزراعة القطن.

cotton cake *(n.)* كُسْب القطن: كتلة من بذور القطن المعصورة.

cotton candy *(n.)* غَزْل البنات: حلوى شبيهة بالقطن المندوف.

cotton gin *(n.)* المِحْلاج: آلة لفصل ألياف القطن من بذوره.

cotton grass *(n.)* قُطْن المَناقع: عشب مستنقعيّ.

cot·ton·mouth *(n.)* = water moccasin.

cotton oil; cottonseed oil *(n.)* زيت القطن؛ زيت بذرة القطن.

cot·ton·pick·ing *(adj.)* (١) تافه (٢) لَعِين <a ~ swindler>.

cot·ton·seed [kŏt′ən sēd′] *(n.)* بذرة القطن.

cotton stainer *(n.)* صابغة القطن: حشرة تُلِمّ بنبتة القطن فتصبغ أليافَها بلونٍ ضاربٍ إلى الحُمرة أو الصُّفرة.

cot·ton·tail *(n.)* قطنيّ الذَّنَب: أرنب شمالأميركي أبيضُ الذَّنب أزْغَبُهُ.

cottontail

cot·ton·wood *(n.)* (١) الحَوْر القُطنيّ: حَوْر أميركي تكسو بذورَه خُصَلٌ قطنيّة (٢) خشب الحَوْر القطنيّ.

cotton wool *(n.)* (١) القطن الخام (٢) القطن الحَشْويّ: قطن تبطَّن به الملابس أو تُحشَى به اللُّحُف (٣) القطن الماصّ.

cot·ton·y [kŏt′ən ĭ] *(adj.)* (١) قُطنيّ (٢) ناعم؛ ليّن (٣) أزغب.

cotyl- *or* **cotyli-** بادئة معناها: كأس؛ عضوٌ أو جزء كأسيّ الشَّكل.

cot·y·le·don *(n.)* الفِلْقة: ورقة جَنينيّة ترافق بزورَ الزَّهريات (نب).

cotyledon

cot·y·loid *(adj.)* كأسانيّ: كأسيّ الشَّكل.

couch [kouch] *(vt.; i.; n.)* (١) يَبْسُط <~*ed* his limbs> (٢) يُطرِّز (٣) «أ» ينكِّس [الرأسَ]. «ب» يُسدِّد [رُمْحًا] (٤) يَصوغ: يُفْرِغ في ألفاظ (٥) يَقْدَح السَّدّ (مج): يُجري عملية للعين المُصابة بإعتام العدسة (جر) x (٦) يَضْطَجع [للرّاحة أو النوم] (٧) يَكْمُنُ لِـ § (٨) «أ» مَضْجَع؛ سرير. «ب» أريكة (٩) مَرْبِض؛ عرين (١٠) طبقة من دهان إلخ.

couch·ant [kou′chənt] *(adj.)* (١) مُضْطَجع (٢) رابض [كالأسد إلخ].

couch grass [kouch] *(n.)* النَّجيل؛ العِكْرِش: نبات مُعْترِش.

couch·ing [kou′chĭng] *(n.)* (١) مص couch (٢) تطريز.

ă at; ā date; â care; ä car; ĕ egg; ē me; ĭ in; ī bite; ŏ lot; ō bone; ô orphan; oi boil; ŏŏ good; ōō boot; ou out; ŭ under; û urgent; ə = *a* in alone, *e* in system, *i* in easily, *o* in gallop, *u* in circus.

cou·gar [kōō'gər] *(n.)* الكَوْجر؛ الأسد الأميركي.

cough [kôf] *(vi.; t.; n.)* (١) يَسْعُل (٢) يُحْدِث صوتًا كالسُّعال x (٣) يُخْرِج من الحنجرة بالسُّعال <to ~ up mucus> (٤) يَبُوح [بمعلومات إلخ] (٥) يَدْفع؛ يُسَلِّم <to ~ up the money> § (٦) سُعال.

cough drop *(n.)* قرص السُّعال: قرص صغير مُعَدّ لمعالجة السُّعال.

could [kood] *past of* can.

could·n't [kood'nt] = could not.

cou·lee [kōō'lĭ] *(n.)* (١) جَدْول؛ غدير؛ نُهَيْر (٢) وادٍ صغير (٣) المَسِيل: جدول من الحِمَم أو مقذوفات البراكين.

cou·lisse [kōō lēs'] *(n.)* (١) الكواليس: كواليس المسرح (٢) المِزْلاق: قطعة خشبية طولانية ذات أخدود ينزلق عليها شيء.

cou·loir [kōō lwär'] *(n.)* الوَهْد: وادٍ ضيّق [في جبال الألب السّويسرية].

cou·lomb [kōō'lŏm] *(n.)* الكولون: وحدة لقياس الشِّحنة الكهربائية.

coul·ter [kōl'tər] *(n.)* = colter.

cou·ma·rin [kōō'mə rĭn] *(n.)* الكومَرين: مركّب عضويّ عَطِر.

cou·ma·rone *(n.)* الكومَرُون: مُركّب يوجد في قطران الفحم الحجري.

coun·cil [koun'səl] *(n.)* (١) مَجْلِس <the municipal ~> (٢) مجلس شُورى (٣) مَجْمَع كَنَسيّ (٤) مُداوَلة؛ تَشاوُر (٥) «أ» فرع محليّ [من منظّمة]. «ب» نادٍ؛ جمعية.

coun·cil·lor; coun·cil·or; coun·cil·man *(n.)* عضو مجلس.

council of ministers *often cap. C & M* مجلس الوزراء.

coun·cil·wom·an *(n.)* عضوةُ مجلس: امرأة عضوٌ في مجلس.

coun·sel [koun'səl] *(n.; vt.; i.)* (١) نصيحة؛ مَشُورة (٢) خُطّة [عملٍ أو سلوك] (٣) تداوُل؛ تشاوُر <to take ~ with one's partners> (٤) «أ» قَصْد (ا.ق). «ب» رأي أو قصد شخصيّ أو سرّي (ا.ق) (٥) *pl.* counsel: محامٍ؛ محامون (٦) مستشار قانونيّ § (٧) يَنْصَح؛ يشير بِـ x (٨) يستشير؛ يُشاوِر. **— coun·sel·ing** *(n.)*

to keep one's own ~, يُبقي خطتهُ طيَّ الكتمان.

coun·sel·ee [koun sə lē'] *(n.)* المشاوَر؛ المستشار.

counseling psychology *(n.)* علم النفس الإرشاديّ.

coun·se·lor *or* **coun·sel·lor** [koun'sə lər] *(n.)* (١) «أ» الناصح. «ب» المستشار (٢) «أ» المحامي. «ب» المستشار القانوني.

count [1] [kount] *(vt.; i.; n.)* (١) «أ» يَعُدّ. «ب» يُحْصي (٢) «أ» يعتبر <I ~ myself lucky.> «ب» يظنّ؛ يُقدِّر (٣) يُدخل في الحساب؛ يأخذ بعين الاعتبار <...not ~*ing* the children> x (٤) يتّكل؛ يعتمد (٥) يُعَدّ؛ يُعتبر (٦) يؤثّر؛ يَهُمّ؛ يجب إدخاله في الحساب <a novel which ~*s* as a masterpiece> (٧) يساوي <Every vote ~*s*.> <Such poets don't ~ for anything.> § (٨) عَدّ؛ إحصاء (٩) المجموع؛ الرقم الإجماليّ (١٠) فقرة اتهامية (١١) قضية؛ مسألة (١٢) تعداد <blood ~>.

to ~ down يَعُدّ تنازليًا؛ يَعُد عكسيًا.

to ~ in يُدخله في الحساب؛ يُشْرِكه في مشروع إلخ.

to ~ on (١) يُواصِل العَدّ (٢) يعتمد أو يتّكل على.

to ~ out (١) يستثني (٢) يُعلن [الحَكَمُ] هزيمة الملاكم لعدم نهوضه بعد أن عدَّ من واحد إلى عشرة (٣) يعلن [رئيسُ المجلس] رفع الجلسة لفقدان النصاب.

to take no ~ of what they say لا يقيم وزنًا أو اعتبارًا لما يقولون.

count [2] *(n.)* الكونت: نبيل أوروبي.

count·a·ble *(adj.)* قابلٌ للعدّ أو الإحصاء.

count·down [kount'-] *(n.)* العدّ التنازليّ أو العَكْسِيّ.

coun·te·nance [koun'tə nəns] *(n.; vt.)* (١) هدوء؛ رزانة؛ رباطة جأش (٢) سيماء؛ ملامح (٣) وجه؛ مُحَيّا (٤) تشجيع؛ تأييد معنوي <He gave ~ to my plan.> § (٥) يُشجِّع؛ يُؤيِّد؛ يُقِرّ <I can never ~ a war of aggression.>.

to keep a person in ~, يُنقذه من الارتباك [بأن يشاركه في عملٍ يخجل من القيام به بمفرده].

to keep one's ~, (١) يعتصم بالهدوء؛ يسيطر على انفعالاته (٢) يُمسك عن الابتسام أو الضحك.

to lose ~, تثور ثائرتُهُ؛ يفقد أعصابه.

count·er [1] [koun'-] *(n.)* (١) الفيشة: عملة رمزية تُستخدم في القمار (٢) قطعة نقدية (ع) (٣) النُّضُد: حاجز أو مِنضدة طويلة [في مصرِف أو مطعم إلخ].

coun·ter [2] *(vt.; i.)* (١) يُضادّ؛ يعاكس؛ يعارض (٢) يُبْطِل؛ يُعطِّل (٣) يواجه؛ يقاوم x (٤) يردّ على الضربة أو الحجّة بمثلها.

count·er [3] *(n.)* (١) العادّ؛ المُحْصي (٢) العدّاد؛ جهاز العَدّ.

coun·ter [4] *(adv.)* (١) بالاتجاه المعاكس أو الخاطئ (٢) ضدًّ: على نحوٍ مضادّ أو معاكس <~ to common sense.>.

coun·ter [5] *(n.)* (١) الضدّ؛ العَكْس (٢) الكَوْثَل: الجزء البارز من مؤخّر السفينة (٣) ضربة مضادّة [في الملاكمة] (٤) المُعاكِسة: قطعة جلد قاسية داخلَ مؤخّر الحذاء [المحيط بالعَقِب] (٥) ردٌّ؛ دفاع؛ مقاومة.

coun·ter [6] *(adj.)* (١) مُضادّ؛ مُعاكِس <a ~ revolution> (٢) مُعادٍ؛ مُوْلَع أو مُتّسِم بالعِداء والمعارضة (٣) مُبْطِل؛ مُلْغٍ.

counter- بادئة معناها: «أ» مُضادّ؛ مُعاكِس <*counter*attack>. «ب» مُعادِل؛ مُوازِن <*counter*balance>.

coun·ter·act [-ăkt'] *(vt.)* يُضادّ؛ يُقاوِم؛ يُحايد؛ يُبطِل.

coun·ter·ac·tion *(n.)* مُضادّة؛ محايَدة؛ إبطال؛ عملٌ مُضادّ.

coun·ter·ac·tive *(adj.; n.)* (١) مُضادّ § (٢) شيء مُضادّ.

coun·ter·at·tack [*n.* -'tər-; *v.* -ə tăk'] *(n.; vt.; i.)* (١) هجوم مُعاكِس § (٢) يَشُنّ هجومًا معاكسًا.

coun·ter·at·trac·tion [-ə trăk'-] *(n.)* الجَذْب المُضادّ.

coun·ter·bal·ance [*n.* -'tər-; *v.* -băl'-] *(n.; vt.)* (١) ثِقَل موازِن: نفوذ مُوازِن؛ قوّة مُوازِنة § (٢) يُوازِن: يُقاوِم بوزن مماثل (٣) يزوِّد بِثِقْل مُوازِن.

coun·ter·blast [-'tər blăst'] *(n.)* ردّ سريع عنيفٌ.

coun·ter·blow [-'tər blō'] *(n.)* ضربة مضادّة [في الملاكمة].

coun·ter·charge [*n.* -'tər-; *v.* -chärj'] *(n.; vt.)* (١) تهمة مضادّة (٢) هجوم مُضادّ § (٣) يَرُدُّ بتهمة مُضادّة (٤) يَشُنّ هجومًا مضادًّا.

coun·ter·check [*n.* -'tər-; *v.* -chĕk'] *(n.; vt.)* (١) عَقَبة؛ عَقَبةٌ مُقابِلة

(٢) المراجَعة المقابِلة: مراجعة ثانية تُجرى على سبيل التحقُّق § (٣) يَعُوق (٤) يُراجع ثانية: يُجري مراجعةً ثانيةً على سبيل التحقُّق.

counter check *(n.)* الشيك النُّقُديّ: شيك يُحصَل عليه من بنكٍ ما ولا تُدفع قيمتُهُ إلا للسّاحب وضمن جدران البنك نفسه.

coun·ter·claim [n. -ˈtər; v. -klāmˈ] *(n.; vt.; i.)* (١) الادّعاء المقابل [للمدَّعى عليه] (ق) § (٢) يقدّم ادعاءً مقابِلًا x (٣) يتقدّم بادّعاء مقابِل.

coun·ter·clock·wise *(adv.; adj.)* = contraclockwise.

coun·ter·cur·rent *(n.)* التيّار المُضادّ: تيار يجري في اتجاهٍ معاكس.

coun·ter·es·pi·o·nage [-ĕsˈpĭ ə nĭj] *(n.)* التجسُّس المُضادّ.

coun·ter·ex·am·ple *(n.)* المَثَل المُضادّ [يَدْحَضُ قضيّةً أو نظريةً].

coun·ter·feit [-ˈtər fĭtˈ] *(vt.; i.; adj.; n.)* (١) يتظاهر بِـ (٢) يقلّد (٣) يُزَيِّف؛ يزوِّر x (٤) يمارس التزييف أو التزوير § (٥) مُزَيَّف؛ مُزَوَّر <~ coins> (٦) زائف؛ كاذب <~ jewels> (٧) مُتكَلَّف § (٨) شيء مُزَيَّف.

coun·ter·flow [-ˈtər flōˈ] *(n.)* التّدفّق المتعاكس.

coun·ter·foil *(n.)* أُرومة الشيك أو الإيصال إلخ.

coun·ter·in·sur·gen·cy *(n.)* مكافحة العِصيان أو التمرُّد.

coun·ter·in·tel·li·gence *(n.)* الاستخبارات المُضادّة.

coun·ter·ir·ri·tant [-ĭrˈĭ tənt] *(n.)* المثير المُضادّ: كلّ ما يُستخدم لإحداث التهيُّج في موضع من الجسم تخفيفًا للألم أو الالتهاب في موضع آخرَ.

coun·ter·mand [v. -măndˈ; n. kounˈ-] *(vt.; n.)* (١) يَنْسَخ؛ يَنْقُض؛ يُبْطِل § (٢) نَسْخٌ؛ نَقْضٌ؛ إبطال.

coun·ter·march [n. -ˈtər-; v. -märchˈ] *(n.; vi.; t.)* (١) نكوص؛ تراجُع § (٢) يَنكُص؛ يتراجع x (٣) يَحْمِلُه على النّكوص.

coun·ter·meas·ure [kounˈ-] *(n.)* إجراء مُعاكِسٌ أو انتقاميّ.

coun·ter·mel·o·dy *(n.)* اللَّحْن المرافِق (مو).

coun·ter·mine [n. -ˈtər-; v. -mīnˈ] *(n.; vt.; i.)* (١) لَغَمٌ مُضادّ (٢) خُطّة مُضادّة § (٣) يُحبط بتدابير سِرّية (٤) يقاوم بلَغَم مُضادّ x (٥) «أ» يضع لَغَمًا مضادًا. «ب» يرسم خُطّة مضادة (٦) يدمِّر ألغامَ العدوّ.

coun·ter·move *(n.; vt.; i.)* (١) حركة مُضادّة § (٢) يقوم بحركة مُضادّة.

coun·ter·of·fen·sive [-ə fĕnˈsĭv] *(n.)* الهجوم المُضَادّ أو المُعاكِس.

coun·ter·of·fer [-ˈtər ôfˈər] *(n.)* عَرْض مُضادّ.

coun·ter·pane [-ˈtər pānˈ] *(n.)* الشَّرشف: غِطاء السَّرير.

coun·ter·part [-ˈtər-] *(n.)* (١) نسخة؛ نسخة مُطابِقة (٢) النَّظير: «أ» شيء أو شخص يُشبه غيره شبهًا شديدًا <This twin is his brother's ~.>. «ب» شخص يحتل منصبًا مماثلًا لذلك الذي يحتله شخص آخر (٣) القسيم: الشيء المتمِّم لشيء آخر <Night is the ~ of day.>.

coun·ter·plan *(n.)* (١) الخُطة المُضادّة (٢) خُطّةٌ بديلة.

coun·ter·plot [-ˈtər plŏtˈ] *(n.; vi.; t.)* (١) مكيدة مُضادّة § (٢) يدبِّر مكيدةً مُضادّة x (٣) يُقاوم أو يُحْبِط بمكيدة مضادّة.

coun·ter·point *(n.)* الطِّباق: «أ» لحن يضاف إلى آخرَ على سبيل المُصاحَبة. «ب» فنّ مَزْج الألحان. «ج» العَكْس؛ النقيض (بل).

coun·ter·poise [1] [-ˈtər poizˈ] *(vt.)* = counterbalance.

coun·ter·poise [2] *(n.)* (١) counterbalance (٢) توازُن.

coun·ter·poi·son [-ˈtər poiˈ-] *(n.)* (١) تِرْياق (٢) سُمٌّ مُضادّ.

coun·ter·pro·duc·tive *(adj.)* مُضادّ للإثمار: مُعَوِّق لبلوغ الهدف.

coun·ter·pro·pos·al *(n.)* اقتراحٌ مضادّ أو معاكس.

coun·ter·punch *(n.)* الضّربة المُضادّة [في الملاكمة].

coun·ter·ref·or·ma·tion *(n.)* الإصلاح المُضادّ.

coun·ter·rev·o·lu·tion *(n.)* الثورة المضادّة.

coun·ter·scarp *(n.)* منحدَرُ الخندق أو جدارُهُ الخارجي.

coun·ter·shad·ing *(n.)* تعاكُسُ الظِّلال [في ألوان جسم الحيوان].

coun·ter·shaft *(n.)* العمود الوسيط (مك).

coun·ter·sign [-ˈtər sīnˈ] *(n.; vt.)* (١) الإمضاء المُصَدِّق: إمضاء يَشْهد على صحة وثيقةٍ موقَّع عليها من شخص آخر (٢) كلمة السّر (جن) § (٣) يصدِّق على الإمضاء (٤) يثبِّت؛ يوثِّق.

coun·ter·sig·na·ture *(n.)* الإمضاء المُصَدِّق (را. المادة السابقة).

coun·ter·sink [-ˈtər sĭngkˈ] *(vt.; n.)* (١) يُخَوِّش: «أ» يُوَسِّع الجزء الأعلى من الثقب لإدخال اللَّولب فيه. «ب» يُدخل اللَّولب في مثل هذا الثّقب بحيث يستوي مع السطح أو يغور تحته § (٢) التخويش: ثقبٌ وُسِّع جزؤه الأعلى لإدخال اللَّولب فيه (٣) المخوِّشة: أداة تخويش.

1 2 3
countersinks 3.

coun·ter·spy [kounˈtər spīˈ] *(n.)* الجاسوس المُضادّ.

coun·ter·stroke [-ˈtər strōkˈ] *(n.)* الضَّربة المُضادّة.

coun·ter·tend·en·cy [-tĕnˈ-] *(n.)* النَّزعة المُضادّة.

coun·ter·vail [-vālˈ] *(vt.; i.)* (١) يعوِّض عن (٢) يُساوي؛ يُوازي (ا. ق) (٣) contract x (٤) counterbalance.

coun·ter·view [-ˈtər vyo͞oˈ] *(n.)* وِجهة النظر المُضادّة.

coun·ter·weigh [-tər wāˈ] *(vt.)* = counterbalance.

coun·ter·weight [-ˈtər wātˈ] *(n.; vt.)* = counterbalance.

count·ess [kounˈtĭs] *(n.)* الكونتِس: «أ» زوجة الكونت أو أرملتُهُ. «ب» سيدة نبيلة تحمل لقبًا موازيًا للقب الكونت.

coun·ti·an [kounˈtĭ ən] *(n.)* ساكن الإقليم أو المقاطعة.

count·ing·house *(n.)* مكتب المحاسبة [في مؤسسة تجارية].

counting room *(n.)* = countinghouse.

count·less [kountˈləs] *(adj.)* لا يُعَدّ؛ لا يُحصَى.

coun·tri·fied *also* **coun·try·fied** [kŭnˈ-] *(adj.)* ريفيّ.

coun·try [kŭnˈtrĭ] *(n.; adj.)* (١) بَلَد؛ قُطر (٢) «أ» وطن. «ب» دولة (٣) «أ» شعب. «ب» هيئة محلَّفين. «ج» جمهور الناخبين (٤) ريف <spent a

ă at; ā date; â care; ä car; ĕ egg; ē me; ĭ in; ī bite; ŏ lot; ō bone; ô orphan; oi boil; o͝o good; o͞o boot; ou out; ŭ under; û urgent; ə = *a* in alone, *e* in system, *i* in easily, *o* in gallop, *u* in circus.

<week in the ~> § (٥) أهليّ؛ بلديّ؛ وطنيّ (٦) ريفيّ (٧) فظّ؛ غير مصقول <~ manners>.

to go (*or* appeal) to the ~, يستفتي الشعبَ في قضية.

to put (*or* throw) oneself upon the ~, (١) يحتكم إلى ناخبيه (٢) يُحاكَم أمام هيئة محلَّفين.

country club *(n.)* النادي الريفيّ: نادٍ في الضواحي يرتادهُ أبناء المدن لممارسة الألعاب الرياضية والنشاطات الاجتماعية في الهواء الطلق.

country cousin *(n.)* النسيب الريفيّ: نسيبٌ من الريف تَشْدَهُهُ مظاهر الحياة في المدينة.

country–dance *(n.)* الرقصة الريفية: رقصة إنكليزية ريفية يؤدِّيها الراقصون في صَفَّين متقابلين.

coun·try·folk *(n.)* (١) أهل الريف (٢) مواطنو المرء أو أبناءُ بلده.

country house *(n.)* = countryseat.

coun·try·man *(n.)* (١) مواطن المرء أو ابنُ بلدِهِ (٢) الريفيّ: أحد سكان الريف.

— **coun·try·wom·an** *(n.)*

country mile *(n.)* المِيل الريفيّ: مسافة طويلة.

coun·try·seat *(n.)* (١) العِزْبة (٢) المَقَرّ الصيفي [لِغَنيّ صاحب أطيان].

coun·try·side *(n.)* (١) الرِّيف (٢) سكّان الريف.

coun·ty [koun′tĭ] *(n.)* (١) الكونتيّة: إقليم خاضعٌ لسلطة «كونت» (٢) إقليم؛ مقاطعة؛ سكان الإقليم أو المقاطعة.

county agent *(n.)* المستشار الإقليميّ.

county court *(n.)* المحكمة الإقليمية.

county seat *or* **town** *(n.)* حاضرة الإقليم.

coup [koo͞] *(n.)* (١) ضربة موفَّقة غير متوقَّعة (٢) انقلاب.

coup de grace [də gräs′] *(n.)* (١) رصاصة الرحمة: رصاصة تصوَّب عادة إلى رأس المحكوم عليه بالإعدام للتثبت من أنه قد فارق الحياة (٢) «أ» ضربة قاضية. «ب» حادثة حاسمة.

coup de main [măn′] *(n.)* مباغتة؛ هجوم مفاجئ.

coup de maître [mâ′tr′] *(n.)* «ضربة معلِّم»: عملٌ بارع.

coup de soleil [sô′lā′] *(n.)* الرَّعْن: ضربة الشمس.

coup d'état [dā tä′] *(n.)* الانقلاب: إجراء مفاجئ حاسم في عالم السياسة. وبخاصة: حركة تؤدي إلى الإطاحة بنظام الحكم.

coup de the·atre [tĕ ä′tr] *(n.)* (١) تطوّر مفاجئ ومثير في أحداث المسرحية أو في الأحداث العامة (٢) مسرحية ناجحة.

coup d'oeil [dœ′y] *(n.)* نظرةٌ خاطفة؛ نظرةٌ عَجْلى.

coupé *or* **coupe** [koo͞ pā′; *for b, also often* koo͞p] *(n.)* الكُوبِيْه: «أ» مَرْكبة مقفَلة ذات أربع عجلات. «ب» سيارة مُقْفَلة، ذات بابين اثنين فقط، تتسع عادةً لراكبَيْن وقد تتسع لخمسة ركاب.

coupé *a.*

cou·ple[1] [kŭp′əl] *(n.; vt.; i.)* (١) الزَّوجان: ذكرٌ وأنثى متزوِّجان أو مخطوبان أو راقصان معًا (٢) الزَّوج: اثنان من نوع واحد <ten ~*s* of hounds> (٣) رباط؛ رابط؛ وُصلة (٤) المُزْدَوِجة: قوتان متساويتان متوازيتان تعملان في اتجاهين متضادَّين (مك) (٥) المُزْدَوِجة الكَلْفانية (كب) (٦) بضعة؛ بضع؛ عدد قليل § (٧) يَرْبِط: يَقْرِن؛ يُقْرِن؛ يُزَوِّج؛ يَضُمّ (٨) يزوِّج x (٩) «أ» يتناكح؛ يتزاوج. «ب» يتسافد. «ج» يزدوج؛ يتقارن (١٠) يَتَّحِد [كيميائيًا].

coup·le[2] *(adj.)* اثنان. وأيضًا: قليل؛ معدود <a ~ drinks>.

coup·led *(adj.)* (١) مُقْرَن؛ مُزْوَج؛ موصول (٢) متقارن.

cou·pler [kŭp′-] *(n.)* (١) فا couple (٢) المِقْرَنة: «أ» أداة تَرْبِطُ ما بين شاحنتين أو ما بين حافلتين من حافلات السكة الحديدية. «ب» أداة لنقل الطاقة الكهربائية من دارة إلى أخرى (رد).

cou·plet [-′lĭt] *(n.)* (١) الدُّوبَيْت: مقطع شعريّ من بيتين (٢) زوج؛ اثنان.

cou·pling [kŭp′lĭng] *(n.; adj.)* (١) مص couple. وبخاصة: جماع (٢) القارنة: أداة تَرْبِطُ ما بين أعمدة الإدارة في ماكينة (٣) المِقْرَنة (را. coupler) (٤) التقارن؛ الاقتران (فزن) § (٥) قارِنٌ <~ rod> (٦) تقارُنيّ <~ systems>.

cou·pon [koo͞′pŏn; kyoo͞′-] *(n.)* قسيمة؛ كوبون.

cour·age [kûr′ĭj; kŭr′-] *(n.)* شَجاعة؛ بَسالة؛ جَراءة.

to have the ~ of one's convictions *or* opinions يكون من الشجاعة بحيث يفعل ما يعتقد أنه صواب.

to take one's ~ in both hands يستجمع شجاعته [للقيام بعمل جريء].

cou·ra·geous [kə rā′jəs] *(adj.)* شُجاع؛ باسل؛ جريء.

cou·rante [koo͞ rănt′] *(n.)* العادِيَة: «أ» رقصة إيطالية الأصل تتميز بالخطو السريع. «ب» موسيقى للرقصة العادِيَة.

cour·gette [koo͞r zhĕt′] *(n.)* القُرَيع؛ الكوسا (نب).

cou·ri·er [kûr′ĭ ər; koo͞r′-] *(n.)* (١) الساعي؛ الرسول (٢) «أ» الجاسوس. «ب» مهرِّب السِّلع (٣) رفيق السُّيّاح: شخص مكلَّف بالسهر على راحة السياح [يشتري التذاكر ويعنى بالأمتعة ويحجز الغرف في الفنادق إلخ].

cour·lan [koo͞r′lən] *(n.)* الكُرْلان: طائر أميركيّ استوائيّ طويل المنقار.

course [kōrs] *(n.; vt.; i.)* (١) «أ» سَيْر؛ تقدُّم. «ب» المَسار؛ الاتجاه؛ وِجهة السَّير (٢) مُطارَدة (٣) «أ» سبيل؛ طريق. «ب» مضمار [للخَيْل]. «ج» ملعب الغولف. «د» مجرى النهر. «هـ» المجرى: سبيل معتادة (٤) «أ» مَسْلك؛ طريقة؛ أسلوب. «ب» سلوك. «ج» سِياق؛ غُضون (٥) «أ» career. «ب» life history (٦) «أ» سلسلة. «ب» المقرَّر التعليميّ: مجموعة كاملة من الدروس والمحاضرات تُؤَهّل الطالبَ لنيل درجةٍ علمية <a college ~>. «ج» المَساق؛ الدَّوْرة: حَلْقةٌ في هذا المقرَّر <a ~ in French> (٧) «أ» اللون: لون من ألوان الطعام المقدَّمة بالتتابع <a dinner of four ~*s*>. «ب» صفّ؛ طبقة؛ وبخاصة مِدْماك. «ج» شِراع <fore-course> (٨) *pl.* طمث؛ حيض <monthly ~*s*> § (٩) «أ» يُلاحق؛ يتعقَّب. «ب» يطارد [بكلاب القنص]. «ج» يحمله على المطاردة <to ~ hounds> (١٠) يجتاز (١١) يُدَمِّك: يصفّ في مِدْماك أو نحوه x (١٢) يتخذ سبيلًا (١٣) يجري (١٤) يعدو [في مباراة أو سباق].

a matter of ~, شيء طبيعي؛ شيء واقع بحكم الطبع؛ شيء متوقَّع [لا يحتاج إلى جهد أو لا ضرورة للشكر عليه].

a railway in ~ of construction سكة حديدية قيد الإنشاء.

in due ~, في الوقت المناسب؛ بعد برهة وجيزة.

in the ~ of خلال؛ أثناء؛ في غضون.

of ~, طبعًا؛ من غير ريب.

to run its ~, يتخذ مجراه الطبيعي.

to stay the ~, يواصل حتى النهاية؛ يصمد.

cours·er [kōr′sər] *(n.)* (١) فرسٌ سريع (٢) كلبُ صيدٍ مطارِدٌ (٣) الصيّاد (٤) العَدّاء: طائر معروفٌ بسرعة عَدْوِهِ.

courser 4.

cours·ing [-′sĭng] *(n.)* (١) مص course (٢) مُطاردة [بكلاب القنص].

court [kōrt] *(n.; vt.; i.)* (١) قَصْر؛ بَلاط (٢) مجلس البَلاط: «أ» اجتماع رسمي يَعْقِده الملك. «ب» الملك ومستشاروه وكبارُ رجاله (٣) البَلاط: أسرة الملك وحاشيتُهُ (٤) «أ» الصَّرح: مَبْنى كبير قائم وسَط بناء مُسَوَّر. «ب» motel. «ج» فِناء؛ ساحة. «د» ملعب التِّنِس أو كرة السلّة أو جانبٌ منه. «هـ» زُقاق (٥) «أ» مَحكمة. «ب» جلسة [تعقِدُها المحكمة]. «ج» دار العدل أو القضاء. «د» القاضي أو هيئة المحكمة (٦) «أ» مجلس؛ مجلس إدارة. «ب» برلمان؛ هيئة تشريعية. «ج» فرعٌ من جمعية (٧) «أ» مُلاطفة؛ تودّد؛ تقرُّب. «ب» مُغازَلة § (٨) «أ» يحاول اكتسابَ كذا <to ~ applause>. «ب» يُغري؛ يُغْوي. «ج» يغازل [امرأة]؛ يراودها عن نفسها. «د» يتملّق؛ يتوَدَّد إلى x (٩) ينهمك في الغَزَل <to go ~*ing*>.

to pay ~ to (١) يتودَّد إلى (٢) يُغازِل.

to put oneself out of ~, يتصرف أو يتكلم بطريقة تجعله يفقد الحق في أن تؤخذ دعواه بعين الاعتبار.

to settle a case *or* quarrel out of ~, يفضّ الخلاف حُبيًّا.

to take a case to ~, يقيم دعوى.

court card *(n.)* = face card.

court circular *(n.)* نشرة البَلاط: تقرير يوميّ يُصدِرُهُ البَلاطُ وينشرُهُ في الصُّحُف.

court dress *(n.)* لباس البَلاط [يتعيَّن ارتداؤه في الحفلات الملكية].

cour·te·ous [kûr′tĭ əs] *(adj.)* لطيف؛ دَمِث؛ كيِّس؛ مُجامِل.

cour·te·ous·ness [kûr′tĭ-] *(n.)* لُطف؛ دَماثة؛ كِياسة؛ مُجامَلة.

cour·te·san *also* **cour·te·zan** [kōr′tĭ zən] *(n.)* (١) مَحْظِيَّة [من مَحْظِيّات البَلاط] (٢) مومس [يتردَّد عليها الأثرياء].

cour·te·sy [kûr′tə sĭ] *(n.)* (١) لُطف؛ كياسة (٢) مُجامَلة <a title by ~ rather than by right> (٣) انحناءة احترام (٤) إذْن؛ مُوافَقة [بدون مقابل عادةً] (٥) واسطة.

courtesy title *(n.)* لقبُ المجامَلة: لقب يُعْطَى على سبيل المجامَلة لا بحُكم الحقِّ الرسميّ.

court fool *(n.)* مُهَرِّج البلاط.

court hand *(n.)* خَطُّ المَحاكم: خطٌ كان يُستخدم في المحاكم الإنكليزية.

court·house [kōrt′-] *(n.)* (١) «أ» دار العدل أو القضاء. «ب» سراي الإقليم (٢) حاضرة الإقليم.

cour·ti·er [kōr′tĭ ər] *(n.)* (١) أحد رجال البَلاط (٢) المتودِّد؛ المُتَملِّق.

court·li·ness *(n.)* لُطف؛ كياسة إلخ (را. المادة التالية).

court·ly [kōrt′lĭ] *(adj.; adv.)* (١) لطيف؛ كَيِّس؛ مصقول (٢) مُؤيِّد لسياسة البَلاط (٣) مُتملِّق؛ مُتَزَلِّف § (٤) بلُطف؛ بتملُّق إلخ.

court–mar·tial *(n.; vt.)* (١) المجلس العسكريّ § (٢) يقدِّم للمحاكمة العسكريّة.

court of appeals *or* appeal محكمة الاستئناف.

court of cassation [kă sā′-] محكمة التمييز؛ محكمة النّقض والإبرام.

court of inquiry مجلس التحقيق [العسكريّ].

court of sessions محكمة الجنايات.

Court of St· James's بَلاط سانت جيمس: البَلاط البريطانيّ.

court plaster *(n.)* اللَّصْقة الملكيّة: لزقة طبيّة أو تجميلية.

court·room [kōrt′ro͞om′] *(n.)* قاعة المحكمة.

court·ship *(n.)* (١) «أ» تَوَدُّد؛ تقرُّب. «ب» تَزَلُّف (٢) مغازلة.

court·side [kōrt′sīd′] *(n.)* جانبُ الملعب (رب).

court·yard [kōrt′yärd] *(n.)* الفِناء؛ ساحة الدار.

cous·in [kŭz′ən] *(n.)* (١) ابن [أو بنت] عمّ أو خال أو عمّة أو خالة (٢) نسيب؛ قريب (٣) صديق (٤) نظير.

cous·in·age [-′ən ĭj] *(n.)* (١) القَرابة؛ النَّسابة (٢) أقارب؛ أنسباء.

cous·in–ger·man *(n.)* = cousin *1.*

cous·in·ly *(adj.; adv.)* (١) شبيهٌ بابن عمّ إلخ أو لائق به § (٢) على طريقة أبناءِ العمّ إلخ.

cous·in·ry *(n.)* (١) أبناء العمومة أو الخؤولة (٢) الأقارِب.

cou·teau [ko͞o tō′] *(n.)* (١) سِكّين (٢) خنجر ثُنائيّ الحَدّ.

coûte que coûte [ko͞ot′ kĕ ko͞ot′] *(adv.)* مهما كلَّف الأمر؛ بأيّ ثمن.

couth [ko͞oth] *(adj.; n.)* (١) دَمْث؛ مصقول؛ مُهَذَّب § (٢) دَماثة.

cou·ture [ko͞o to͞or′] *(n.)* (١) تصميم الملابس النِّسائية الأنيقة أو خياطتُها أو بيعُها (٢) مصمِّمو الملابس النسائية ومؤسّساتُها.

cou·tu·ri·er [-′ĭ ā] *(n.)* (١) مؤسَّسة لتصميم الملابس النسائية (٢) صاحب هذه المؤسسة أو مصمِّم الأزياء فيها.

— **cou·tu·ri·ere** *(n. fem.)*

co·va·lence *or* **co·va·len·cy** *(n.)* التّكافؤ التَّساهُمي (ك).

co·va·lent bond *(n.)* الرابطة التّساهُميّة: رابطة تكافؤ تنشأ عن إسهام كلّ من الذَّرّتين بألكترون واحد (ك).

cove [kōv] *(n.; vt.)* (١) التجويف: حِليةٌ مُقَعَّرة (عم) (٢) جُوْن؛ خليج صغير (٣) كهف؛ غارٌ (٤) موضع ظليل [بين الغابات أو الجبال] (٥) مَمَرّ ضيّق [بين جبلين] (٦) فتًى؛ رَجُل <a queer ~> § (٧) يُجوِّف؛ يُقَعِّر.

co·ven [kŭv′ən; kō′-] *(n.)* زُمرة؛ ثُلّة؛ عُصْبة.

cov·e·nant [kŭv′ə nənt] *(n.; vt.; i.)* (١) عَقْدٌ؛ اتفاقية (٢) عَهْد؛ ميثاق

§ (٣) يُعاهِد؛ يُواثِق (٤) يشترط x (٥) يتّفِق على؛ يتعهّد بموجب عَقْد.

cov·e·nan·tee *(n.)* المُعاهَد؛ المواثَق: الفريق المُعطَى عهدًا أو ميثاقًا.

cov·e·nan·ter *also* **cov·e·nan·tor** *(n.)* المُعاهِد؛ المواثِق: الفريق المُعطِي عهدًا أو ميثاقًا.

Cov·en·try [kŭv′ən trĭ] كوفنتري: مدينة في أواسط إنكلترا.

to send (a person) to ~, يرفض التعامل معه؛ يأبى أن يكلّمه أو أن تكون له أية صلة به.

cov·er [kŭv′ər] *(vt.; i.; n.)* (١) «أ» يغطّي: يحمي من هجمات العدوّ. «ب» يُهَيْمن على. «ج» يُصَوِّب [المُسَدَّس] إلى <~*ed* his enemy with a pistol>. «د» يؤمِّن <Is he ~*ed* against fire?>. «هـ» يحمي؛ يَصُون (٢) «أ» يُخفي؛ يَسْتُر؛ يَحجُب. «ب» يُغطّي؛ يكسو (٣) «أ» يُسافِد؛ يُجامع. «ب» تَحْضُنُ [الدجاجةُ] بَيْضَها (٤) يَسُدّ [حاجةً]؛ يُغَطّي النفقات أو الديون (٥) يَشْمل؛ يَستغرق <My researches ~ a wide field.> (٦) يعالج [موضوعًا]؛ يبحث في (٧) يغطّي: «أ» يزوّد صحيفة بأنباء حَدَثٍ ما <to ~ a revolution for a newspaper>. «ب» ينشر أو يُذيع أنباء حَدَثٍ ما <The press ~*ed* the terrible massacre.> (٨) يجتاز <The train ~*ed* seven miles.> (٩) يُغطّي نفسَهُ: يشتري السِّلَع أو الأسهمَ المالية لتسليمها في المستقبل خشيةَ الخسارة (١٠) يقبل بشروط [رهانٍ إلخ] x (١١) يعمل كبديل لغيره [أثناء غيابه] § (١٢) مخبأ؛ مَكْمَن (١٣) غِطاء (١٤) غِلاف الكتاب أو الرسالة (١٥) حِجاب؛ سِتار (١٦) حُجَّة؛ ذَريعة (١٧) شخصٌ بديل (١٨) المائدية: مجموعة من أدوات المائدة يستخدمها شخص واحد (١٩) تغطية أو ضمانة مالية.

to break ~, يَخْرُج [الحيوانُ] من مَكْمَنِهِ.

to take ~, يختبئ؛ يأوي إلى مكان آمن.

under ~, (١) ضمن غلافٍ أو ظرف (٢) سِرّي (٣) سِرًّا.

under separate ~, ضمن غلاف أو طرد مستقل.

cov·er·age [kŭv′ər ĭj] *(n.)* (١) تَغْطية إلخ (٢) تأمين؛ ضمان (٣) مدى التَّغطية: مجموع أنواع المخاطر التي تشملها بوليصة تأمين [كالحريق والسرقة وحوادث الاصطدام] (٤) تغطية نقدية <gold ~> (٥) تغطية الأحداث <television ~ of the war in Lebanon> (٦) مدى انتشار الصحيفة إلخ.

cov·er·all *(n. usually pl.)* المئزر: ثوب عملٍ ذو كُمَّين.

cov·er–all *(adj.)* شامل <~ provisions>.

cover charge *(n.)* رسم الخدمة أو الترفيه: رسم يتقاضاه المطعم أو النادي الليلي علاوةً على ثمن الطعام أو الشراب مقابل الخدمة أو الترفيه.

cover crop *(n.)* محصول التغطية: محصولٌ من الفصيلة البقليّة أو القرنيّة، عادةً، يُزرَع لوقاية التربة من التعرية في الشتاء.

cov·ered *(adj.)* (١) مُغَطًّى؛ محجوب؛ مَصُون؛ مسقوف إلخ (٢) مُؤَمَّن عليه [ضِدَّ الحريق أو السَّرقة] (٣) مُعْتَمِرٌ بِقُبَّعَتِهِ.

cover girl *(n.)* فتاة الغلاف: فتاة حسناء تُنشَر صورتُها على غلاف مجلة.

cov·er·ing *(n.; adj.)* (١) غِطاء؛ حجاب؛ غِلاف؛ سَقف إلخ (٢) تغطية § (٣) مُغَطٍّ: واقٍ لموقعٍ أو لجندٍ آخرين <a ~ force>.

covering letter *(n.)* المُفَسِّرة: رسالة تشرح وثيقةً مُرْفقةً.

cov·er·let *also* **cov·er·lid** *(n.)* (١) غطاء السَّرير (٢) غطاء.

cover story *(n.)* المقال الرئيسي [المرتبط بصورة الغلاف] في مجلة.

cov·ert [kŭv′ərt] *(adj.; n.)* (١) سِرّيّ؛ خَفِيّ؛ مُقَنَّع <a ~ glance; a ~ alliance> (٢) مُغَطًّى؛ ظليل <a ~ nook> (٣) مُحْصَنة؛ في عِصمة [زوجها] – تقال في امرأة متزوّجة § (٤) مَخبأ؛ ملجأ (٥) المَكْمَن: أجمة تختبئ فيها الطرائد (٦) الكاسية: واحدة الكواسي (را. coverts) (٧) covert cloth.

covert cloth *(n.)* الكَفَرْت: قماش قطنيّ أو صوفيّ متين.

cov·ert·ly *(adv.)* (١) سِرًّا؛ خِفيةً؛ خِلسةً (٢) تلميحًا.

cov·erts [kŭv′-] *(n. pl.)* الكواسي: الصغيرات من ريش الطائر التي تكسو أصول الكبيرات منه.

cov·er·ture [-′ər chər] *(n.)* (١) «أ» غِطاء. «ب» مَلجأ؛ مَخبأ (٢) الإحصان: وَضْعُ المرأة المتزوجة الشرعيّ بوصفها في عصمة زوجها.

cov·er·up *(n.)* قِناع؛ ستار؛ وسيلة لإخفاء شيء.

cov·et [kŭv′ĭt] *(vt.; i.)* (١) يتوق إلى؛ يَطمع في (٢) يشتهي [وبخاصة شيئًا هو ملكٌ لغيره].

— cov·et·ous *(adj.)*

cov·ey [kŭv′ĭ] *(n.)* (١) حَضْنة؛ حَضْنة طيور (٢) سِرْب صغير (٣) جماعة؛ زُمرة؛ عُصْبة.

cow [kou] *(n.; vt.)* (١) بقرة (٢) أنثى الفيل أو الحوت إلخ (٣) امرأة بدينة (ع) § (٤) يُرَوِّع [بالتهديد].

cow·age [kou′ĭj] *(n.)* قراصيا الأنْطِيل؛ كَرَز الأنْطِيل (نب).

cow·ard [kou′ərd] *(n.; adj.)* (١) الجبان § (٢) جبان.

cow·ard·ice [kou′ər dĭs] *(n.)* جُبْن؛ جَبانة.

cow·ard·ly [kou′ərd lĭ] *(adv.; adj.)* (١) بجُبْن؛ بجبانة § (٢) جبان (٣) وضيع؛ جدير بالازدراء <~ behavior>.

cow·bane [kou′bān] *(n.)* الشَّوكَران السامّ (نب).

cow·bell [-′bĕl′] *(n.)* جُلْجُل البَقَرة: جرسٌ يُعَلَّق في عُنق البقرة ليُحدث صوتًا يُعرف بواسطته مكانُها.

cow·bird *also* **cow blackbird; cow bunting** *(n.)* طير البقرة: طائر صغير مرافقٌ للماشية.

cow·boy *(n.)* البقّار؛ راعي البقر [وبخاصة على صهوة جواد].

cow·catch·er *(n.)* لاقطة؛ كانسة العَقَبات: هيكل معدني منحنٍ في مُقَدَّم القاطرة يُستخدم لإزاحة العقبات من الطريق.

cow·er [kou′ər] *(vi.)* يَجْثُم أو ينكمِش مُرتعدًا [من برد أو خوف].

cow·fish *(n.)* السَّمَك البقريّ: سمك ذو نُتوءات فوق العيون شبيهة بالقرون.

cowfish

cow·girl [kou′gûrl′] *(n.)* البقّارة؛ راعية البقر.

cow·hage [kou′ĭj] *(n.)* = cowage.

cow·hand [kou′hănd] *(n.)* = cowboy.

cow·herd [kou′hûrd′] *(n.)* البقّار؛ راعي البقر.

cow·hide [kou′hīd] *(n.; vt.)* (١) جِلدُ بقرةٍ. وأيضًا: جِلدٌ مدبوغٌ منه

(٢) سَوْط مجدول من جلد البقر § (٣) يَسُوط ؛ يَجْلِد بالسّوط .

co–win·ner *(n.)* الفائز المشارِك [بجائزةٍ معيَّنة] .

cowl [koul] *(n.; vt.)* (١) قَلَنْسُوَة الراهب (٢) الطُّربوش : غطاء للمدخنة يدور مع هبوب الرّيح عادةً (٣) الكَوْل : جزء ضيِّق من بدن السَّيارة يشتمل على الحجاب الواقي من الريح وعلى لوحة المفاتيح (٤) cowling § (٥) يُقَلْنِس : يُلْبِسُهُ قَلَنْسُوَةَ راهب ؛ يجعل منه راهبًا (٦) يُطَرْبِش : يجعل للمدخنة طُربوشًا .

cowled *(adj.)* (١) مُقَلْنَس : مُرْتَدٍ قَلَنْسُوَةً (٢) قَلَنْسُوِيّ الشكل .

cow·lick [kou′lĭk] *(n.)* خصلة شعر مرفوعة فوق الجبين .

cow·ling [kou′-] *(n.)* الغِطاء : غِطاء مَعْدِنيّ لمحرِّك الطائرة إلخ .

cowl·staff [kōl′-] *(n.)* المِشْقال : قضيب يتدلّى منه وعاء ويحمله شخصان .

cow·man *(n.)* (١) البقّار : راعي البقر (٢) صاحب مواشٍ .

co–worker *(n.)* العامل الزميل : زميلٌ أو رفيق في العمل .

cow·pat [kou′păt′] *(n.)* رَوْث البقرة .

cow·pea [kou′pē′] *(n.)* اللُّوبيا ؛ اللُّوبيا البلدية (نب) .

Cow·per's glands [kou′-] *(n.)* غُدَّتا كاوْپِر : غُدَّتان صغيرتان تَدْفقان إفرازًا مخاطيًّا في مجرى البول عند الذكور أثناء التهيُّج الجنسي (ت) .

cow·poke [kou′pōk′] *(n.)* = cowboy.

cow pony *(n.)* جواد الماشية : جواد لرعي الماشية .

cow·pox [kou′pŏks′] *(n.)* جُدَرِيّ البقر .

cow·punch·er [kou′pŭn′chər] *(n.)* = cowboy.

cow·rie; cow·ry [kou′rĭ] *(n.)* (١) الكَوْريّ : أيّ من عدة حيوانات رخويّة بحرية (٢) صَدَفة الكَوْريّ : وَدَعةٌ صفراء تُتّخذ عُملةً في بعض بلدان إفريقيا وآسيا .

cowrie *1.*

cow·slip [kou′-] *(n.)* زهرة الربيع المَرْجيّة (نب) .

cox [kŏks] *(n.; vt.; i.)* = coxswain.

cox·a [kŏk′sə] *(n.)* pl. **cox·ae** «أ» وَرِكٌ . «ب» مَفْصِل الوَرِك (ت) .

cox·al·gi·a [kŏk săl′jĭ ə] *(n.)* الوُراك : أَلمٌ في الوَرِك (مض) .

cox·comb [-′kōm] *(n.)* (١) شخص أحمق مغرور (٢) عُرف الديك .

cox·swain [kŏk′sən; -swān′] *(n.; vt.; i.)* (١) رُبّان المركب (٢) الدَّقّاف : مُوَجِّه الدَّفة (مل) § (٣) يُدَفِّف : يُوَجِّه الدَّفة x (٤) يَعْمَلُ دقّافًا .

coy [koi] *(adj.; vi.)* (١) خجول . وبخاصة : خَفِرة ؛ حَيِيّة (٢) متظاهر بالخجل § (٣) يتصرف بحياء (ا . ق) .

— **coy·ness** *(n.)*

coy·ly [koi′lĭ] *(adv.)* بِخَجَل ؛ بحياء ؛ بخفَر .

coy·ote [kī ō′tĭ] *(n.)* القَيُّوط : ذئب شمالأميركي صغير .

coyote

co·yo·til·lo [kō′yō tēl′yō] *(n.)* القَيُّوطيل : شُجيرةٌ ثمرُها سامّ .

coy·pu [koi′pōō] *(n.)* الكَيْب : حيوان جنوبأميركي من القوارض .

coypu

coz [kŭz] *(n.)* = cousin.

coz·en [kŭz′ən] *(vt.; i.)* (١) يَخْدَع ؛ يحتال (٢) ينال بالخداع .

coz·en·age [kŭz′ə nĭj] *(n.)* خِداع ؛ احتيال .

coz·en·er [kŭz′ən ər] *(n.)* المخادِع ؛ المحتال .

co·zy [1] [kō′zĭ] *(adj.)* (١) كَنِين : دافئ مريح <a ~ little room> (٢) متمتِّع بالدفء والراحة (٣) عائليّ : مُتَّسِمٌ بحميمية الجوّ العائليّ (٤) ملائم أو مفيد (٥) حَذِرٌ .

— **coziness** *(n.)*

co·zy [2] *(n.)* الدِّفاء : غطاء مُبَطَّن يوضع على إبريق الشاي .

co·zy [3] *(adv.)* بِحَذَر [وبخاصة في عبارة play it *cozy*] .

crab [1] [krăb] *(n.)* (١) سَرطان ؛ سَلطعون (٢) .*cap* : برج السَّرطان (٣) رافعة (٤) أثقال crab apple (٥) crab louse (٦) المُجانَبة : طيران منحرفٌ .

crab[1] *1.*

crab [2] *(vt.; i.)* (١) يُجانِب : يقود الطائرةَ بانحراف x (٢) تُجانِب : تتقدم الطائرةُ بانحراف (٣) يصيد السَّراطين .

to catch a ~, يقوم بضربة خاطئة في التجذيف .

crab [3] *(n.)* النَّزِق : شخص سَيِّئ الطبع أو نَكِدُ المزاج .

crab [4] *(vt.; i.)* (١) يُنكِّد ؛ يجعل المزاجَ نكِدًا (٢) يُغضِب ؛ يُثير (٣) يَعيب ؛ ينتقد (٤) يَتَشَكّى أمرًا (٥) يُفسِد ؛ يُتْلِف x (٦) يَتَذَمَّر .

crab apple *(n.)* التفّاح البري : تفاح برّيّ حامض .

crab·bed [-′ĭd] *(adj.)* (١) سيِّئ الطبع ؛ نكِد المزاج ؛ صعب الإرضاء (٢) معقَّد <~ writings> (٣) مُبْهَم ؛ غير مقروء <~ handwriting> .

crab·ber [-′ər] *(n.)* (١) السَّراطينيّ : «أ» صائد السّراطين . «ب» مركب لصيد السّراطين (٢) الشَّكّاء : الكثير الشكوى لغير داعٍ مُوجِب .

crab·by [krăb′ĭ] *(adj.)* سيِّئ الطبع ؛ نَكِدُ المزاج ؛ صَعب الإرضاء .

crab louse *(n.)* الطَّبُّوع : قملٌ يُلِمّ بشَعر العانة .

crab·stick [-′stĭk] *(n.)* (١) العصا التُّفّاحيّة : عصًا من خشب التفاح البرّيّ (٢) السَّيِّئ الطَّبع ؛ النَّكِد المزاج .

crack [krăk] *(vi.; t.; n.; adj.)* (١) يُطقطِق ؛ يتفرقع (٢) ينصدع ؛ ينْفلِع ؛ يَنْشَقّ (٣) ينهار ؛ يتحطَّم (٤) يُصبِح أَجَشَّ [كصوت الغلام عند البلوغ] (٥) ينطلق بسرعة (٦) يتكسَّر : يَنْحَلّ [النِّفط إلخ] إلى مُرَكَّبات أبسَطَ نتيجةَ التسخين (ك) (٧) «أ» يَلْغو . «ب» يُثرثر . «ج» يتبجَّح (ع) x (٨) «أ» يَصْدَع ؛ يَفْلَع ؛ يَشُقّ . «ب» يكسِر [مُحدِثًا صوتًا حادًّا] <to ~ nuts> (٩) يُطلق ؛ يَرْوي [وبخاصة على نحو مفاجئ أو بارع] <to ~ a joke> (١٠) يَصْفَع (١١) يُطْري ؛ يُمَجِّد ؛ يَرْفع (١٢) «أ» يَفْتَح ليشرب <to ~ a bottle of wine> . «ب» يفتح ليدرس <to ~ a book> . «ج» يَحُلّ رموزَ كذا <to ~ a code> . «د» يَسْطو على <to ~ a safe> . «هـ» يقتحم (١٣) «أ» يُحَطِّم <to ~ a new car up> . «ب» يشوِّه ؛ يلوِّث . «ج» يجعل الصوتَ أجشَّ . «د» يَسْحَق ؛ يُحزِن حزنًا شديدًا <My old heart is ~*ed*.> (١٤) يُطَقْطِق ؛ يُفرقِع ؛ يجعله يُطلق صوتًا حادًّا <~*ed* the joints of his fingers> (١٥) يُكَسِّر : يُخْضِع الزيوتَ لعملية التقطير الهدّام § (١٦) «أ» طَقْطَقَة ؛ فرقعة ؛ صوت مفاجئ حادّ . «ب» طَلْقة [من مسدَّس] . «ج» هدير [المدافع] ؛

هزيم [الرعد] (١٧) «أ» لَغْو؛ حديث. «ب» نكتة <a dirty ~> (١٨) «أ» فَلْعٌ؛ صَدْع؛ شَقٌّ. «ب» فتحة ضيّقة (١٩) «أ» ضَعْف؛ خَلَل؛ لُوثة؛ مَسٌّ من جنون. «ب» بُحّة [في الصوت]. «ج» المخبول؛ الغريب الأطوار (٢٠) «أ» لحظة <She was on her feet again in a ~.>. «ب» انبلاج؛ انبثاق <the ~ of dawn> (٢١) «أ» سَطْوٌ [على البيوت إلخ]. «ب» لِصّ (ع) (٢٢) ضربة مُدَوِّية <a ~ on the head> (٢٣) محاولة؛ تجربة (٢٤) تبجُّح؛ كِذْبة (ع) § (٢٥) ممتاز؛ متفوّق <one of our ~ speakers in the Commons>.

to ~ a smile — يبتسم.

to ~ down — يتّخذ إجراءاتٍ صارمة [لفَرْض النظام].

to ~ up — (١) يَسْحق؛ يُدَمِّر (٢) يُطري [شخصًا] بإسراف (٣) يُضحك (٤) يُصاب بانهيار [عقليّ أو نفسيّ] (٥) يَضْعُف [بسبب الشيخوخة إلخ].

crack·a·jack [krăk′ə jăk′] *(n.; adj.)* = crackerjack.

crack·brain [-′brān′] *(n.)* المخبول؛ المعتوه؛ الغريب الأطوار.

crack·brained [-′brānd′] *(adj.)* مخبول؛ معتوه؛ غريب الأطوار.

crack·down *(n.)* اتخاذ إجراءات صارمة [لفرض النظام].

cracked [krăkt] *(adj.)* (١) «أ» مكسور. «ب» معطوب. «ج» مصدوع؛ مشقوق (٢) مسحوق <~ ice> (٣) أجشّ (٤) مُخَبَّل؛ معتوه.

crack·er [krăk′ər] *(n.)* (١) فا crack (٢) المتبجِّح؛ الكذّاب (ع) (٣) مُفَرْقِعَة نارية (٤) البُنبونة المفرقعة: مفرقعة تشتمل عادةً على شعار أو قطعة حلوى (٥) *pl.* كسّارة الجوز (٦) المتكسِّرة: بسكويتة هَشّة ناشفة (٧) «أ» poor white. «ب» أحد مواطني جورجيا أو فلوريدا (٨) جهاز التكسير: جهاز التقطير الهدّام [للبترول].

crack·er·jack *(n.; adj.)* (١) شيء ممتاز؛ شخص من الطراز الأول § (٢) عظيم البراعة؛ ممتاز جدًّا (ع).

crack·ers *(adj.)* مخبول؛ معتوه؛ مجنون (عب).

crack·ing[1] [krăk′-] *(adj.; adv.)* (١) عظيم؛ كبير § (٢) جدًّا.

crack·ing[2] *(n.)* التكسير: التقطير الهدّام [للبترول].

crack·le [krăk′əl] *(vi.; t.; n.)* (١) يُطَقْطِق؛ يتفرقع (٢) يمور؛ يجيش بـ (٣) يتجزَّع: يتكشَّف عن شَبكة صدوع رقيقة x (٤) «أ» يُقَرْقِع. «ب» يَكْسِر مُحْدِثًا طَقْطَقَةً § (٥) «أ» طَقْطَقَة. «ب» فَرْقَعَة. «ج» مَوْر؛ جَيَشان (٦) «أ» التجزيع: شبكة صدوع رقيقة [في سطح آنية خزفية]. «ب» المُجَزَّعة: آنية خزفية مُجَزَّعة.

crack·le·ware [krăk′əl wâr′] *(n.)* = crackle *6b.*

crack·ling *(n.)* (١) طَقْطَقة؛ فَرْقعة (٢) قشرة لحم الخنزير المحمَّر.

crack·ly [krăk′lĭ] *(adj.)* هَشٌّ؛ قَصِمٌ؛ قَصِفٌ.

crack·nel [krăk′nəl] *(n.)* (١) المُتَكَسِّرة: بسكويتة رقيقة هشّة (٢) *pl.* المُتَقَصِّمة: قِطَع صغيرة من لحم الخنزير المقليّ على نحوٍ هشّ.

crack of doom *(n.)* (١) علامات الساعة: علامات قيام الساعة (٢) القارعة: يوم القيامة.

crack·pot [krăk′-] *(n.; adj.)* (١) المعتوه؛ الغريب الأطوار § (٢) معتوه؛ غريب الأطوار.

cracks·man *(n.)* لِصّ [من لصوص الليل].

crack–up [-′ŭp] *(n.)* (١) انهيار عصبيّ (٢) سقوط (٣) تحطُّم.

-cracy لاحقة معناها: «أ» حكومة؛ شكلٌ من أشكال الحكومة <auto*cracy*>. «ب» طبقة اجتماعية أو سياسية.

cra·dle [krā′dəl] *(n.; vt.)* (١) المَهْد: سرير الطفل الهزّاز (٢) المِهاد: «أ» شبكة قضبان. «ب» حامل السمّاعة التلفونية. «ج» أداة مؤلفة من قضبان شبيهة بالأصابع كانت تُشَدُّ إلى المنجل وتُستخدم في حَصْد محاصيل الحنطة. «د» شِبهُ فراش ذي عجلات يستلقي الميكانيكي عليه عند إصلاحه السيارة. «هـ» وقاء لإبعاد غطاء الفراش عن التماسّ مع جزء من الجسم مكسورٍ أو مجروح. «و» الهزّازة: صندوق هزّاز يستعمله المعدِّنون لفصل الذهب عن التراب. «ز» هيكل يثبّت السفينة إلخ أثناء بنائها أو إصلاحها (٣) مَهْد كل شيء أو موطنُ نشوئِهِ <the ~ of Arab civilization> § (٤) يَستَمْهِد: «أ» يضع أو يهزّ طفلًا في مَهْد. «ب» يُنشئ أو يربّي في سنّ الطفولة. «ج» يحصد الزرع بمنجل شُدَّت إليه قضبانٌ شبيهة بالأصابع. «د» يُثَبِّت السفينة في مِهادٍ خاصّ أثناء ترميمها إلخ. «هـ» يستخلص الذهب بفصله عن التراب مستعينًا بهزّازة. «و» يضع سمّاعة التلفون في مِهادها.

from the ~, — منذ الطفولة.

in the ~, — أثناء الطفولة.

the ~ of the deep — البحر.

cra·dle·song *(n.)* التَّهْويدة: أُغنية يُراد بها حملُ الطفل على النوم.

craft [krăft; kräft] *(n.; vt.)* (١) براعة (٢) «أ» حِرفة. وبخاصة: حِرفة تتطلّب براعة يدوية أو فنّية. «ب» صناعة (٣) مَكْر؛ خِداع (٤) «أ» أصحاب الحرفة الواحدة. «ب» أعضاء نقابة (٥) «أ» مَرْكَب [صغيرٌ عادةً]. «ب» طائرة. «ج» مَرْكَبة فضائية § (٦) يَصْنع باليد.

the *Craft* — الأَخَوية الماسونية.

craft·i·ness [krăf′tĭ nəs] *(n.)* مَكْرٌ؛ خداع.

crafts·man [-′măn] *(n.)* (١) الحِرْفيّ: صاحب الحِرفة اليدوية (٢) الفنّان.

crafts·man·ship *(n.)* الحِرَفانيّة: صناعةُ الحِرْفيّ أو براعتُهُ.

craft union *(n.)* النّقابة الحِرْفية: نقابة تنتظم أهل الحرفة الواحدة فحسب.

craft·y [krăf′tĭ] *(adj.)* (١) بارع (ا.ق) (٢) ماكر؛ خادع.

crag[1] [krăg] *(n.)* القِطاط: صخرة أو جُرُفٌ شديد الانحدار.

crag[2] *(n.)* عُنُق؛ حَنْجَرة (إسك).

crag·gy *(adj.)* (١) متجعِّد؛ مُخدَّد (٢) فظّ (٣) أجشّ.

crags·man *(n.)* القِطاطيّ: البارع في تسلّق الأقِطّة أو الأجراف.

crake [krāk] *(n.)* المُرَعة: ضربٌ من التِّفلق rail قصير المنقار.

cram [krăm] *(vt.; i.; n.)* (١) يَكُظّ؛ يملأ؛ يحشو (٢) «أ» يُتْخِم. «ب» يَزْدَرِد [الطعامَ] (٣) يُقحِم؛ يَدُسّ (٤) يحشو [دماغَهُ أو دماغ غيره] حشوًا سريعًا بالمعلومات [استعدادًا للامتحان] (٥) يَروي الأكاذيب أو الأخبار المُغالَى فيها (ع) x (٦) يأكل بنهم أو حتى التُّخمة (٧) يدرس متعجِّلًا في اللحظة الأخيرة [استعدادًا لامتحان] § (٨) حشدٌ غفير (ع) (٩) حشو الدماغ [بالمعلومات، استعدادًا لامتحان]، أو المعلومات التي حُشِيَ بها الدماغُ

خلال ذلك.

cram·be [krăm′bē] *(n.)* الكُرُنْب أو الملفوف البحريّ.

cram·bo [krăm′bō] *(n.)* الكُرُنْبيّة؛ لعبة القافية: لعبة يتعيّن فيها على المرء [أو الفريق] أن يأتي بلفظة على وزن لفظة أخرى، أو بقافية تتوافق مع قافية بيت من الشِّعر، يُطلِقُهما شخص أو فريق آخر.

cram–full *(adj.)* طافح؛ مُتْرَع؛ مُفْعَم.

cram·mer *(n.)* (١) فا cram (٢) المِسْمان: جهاز لتسمين الدجاج (٣) الحَشّاء: «أ» طالب يحشو دماغه بالمعلومات التي تمكّنه من اجتياز الامتحان. «ب» مدرِّس خصوصي يحشو أدمغة طلابه بالمعلومات بغيةَ اجتياز الامتحان.

cram·oi·sie [-′oi zĭ] *(n.; adj.)* (١) قماش قِرمِزيّ اللون § (٢) قِرْمِزيّ.

cramp[1] [krămp] *(n.)* (١) عُقّال؛ مَعَص؛ تشنُّجٌ لاإراديّ (٢) *pl.* عد: مَغْصٌ حادّ (٣) *pl.*: طَمْثٌ مؤلم (ع).

cramp[2] *(n.)* (١) القامطة؛ المِلزَم (نج) (٢) قَيْد؛ وِثاق.

cramp[3] *(vt.; i.)* (١) يشنِّج (٢) يُمْغِص: يسبِّب له مَغْصًا (٣) يقيِّد؛ يَعُوق (٤) يَلُفّ: يُدير عجلتَي السيارة الأماميّتين يَمنةً أو يَسرةً (٥) يُقَمِّط: يُثبِّت بقامطةٍ أو مِلزم x (٦) يُمْعَص: يُصاب بمغص.

cramp[4] *(adj.)* (١) ضيِّق (٢) مُلْغَز؛ مُعقَّد؛ عسيرٌ فهمُه.

cramped [krămpt] *(adj.)* (١) «أ» ضيِّق. «ب» ضيِّق التفكير (٢) غير مقروء؛ تَصْعُب قراءتُه <~ handwriting>.

cramp·fish [krămp′-] *(n.)* = electric ray.

cram·pon [-′pən]; **cram·poon** *(n.)* (١) *pl.* عد: الكُلّابة: أداة لرفع الأثقال (٢) *pl.* عد: climbing iron.

cran·ber·ry [krăn′bĕr′ĭ] *(n.)* الأُوَيْسَة؛ عِنَبُ الأحراج (نب).

cranch [kränch] *(vt.; i.; n.)* = crunch.

crane [krān] *(n.; vt.; i.)* (١) الكُرْكيّ؛ الغُرنوق (طا) (٢) المِرفاع؛ الرافعة؛ الوَنش (٣) الذِّراع: «أ» ذراع أفقيّة متأرجحة قرب مُسْتَوقَدٍ تُدلَّى القِدْرُ منها فوق النار. «ب» كل ذراع أفقية متأرجحة حول محورٍ عموديّ § (٤) يَرْفع [برافعةٍ أو ونش] (٥) يَمُدّ إلى أمام x (٦) يَتْلِعُ عُنُقَه (٧) يتردَّد [أمام خطر أو عَقَبة].

crane *1.*

crane fly *(n.)* الطَّيّار؛ الذبابة الغُرْنوقية (حش).

cranes·bill *or* **crane's–bill** *(n.)* الغُرْنوقي؛ إبرة الراعي (نب).

crani- *or* **cranio-** بادئة معناها: «أ» جُمْجُمة؛ قِحْف <*crani*ate>. «ب» جُمْجميّ أو قِحْفيّ و . . . <*cranio*sacral>.

cra·ni·al *(adj.)* (١) جُمْجُميّ؛ قِحْفِيّ (٢) cephalic.

cranial nerve *(n.)* العَصَب القِحْفيّ (ت).

cra·ni·ate [krā′nĭ ĭt; -āt′] *(adj.; n.)* (١) ذو جُمجمة؛ ذو قِحْف § (٢) حيوان ذو جمجمة أو قِحْف.

cra·ni·ol·o·gy [krā′nĭ ŏl′ə jĭ] *(n.)* الجُمْجُميّات: علم يبحث في أحجام الجماجم وأشكالها وخصائصها الأخرى.

cra·ni·om·e·try *(n.)* علم قياس الجماجم.

cra·ni·o·sa·cral [-sā′krəl] *(adj.)* (١) قِحْفيَعَجُزيّ؛ قِحْفيّ عَجُزيّ: ذو علاقةٍ بالقِحْف والعَجُز (٢) parasympathetic.

cra·ni·um [krā′nĭ-] *(n.)* pl. **-ni·ums** *or* **-ni·a** [nĭ ə] جُمْجُمة؛ قِحْف.

crank[1] [krăngk] *(n.; vi., t.)* (١) المِرْفَق؛ الكَرَنْك؛ ذراع التدوير (مك) (٢) «أ» نَزْوة. «ب» المهووس: شخص تستحوذ عليه فكرة أو هوايةٌ ما. «ج» الغريبُ الأطوار. «د» النَّزِق الرديء الطبع § (٣) يتلوّى أو يتمعَّج [في سيره] (٤) يُدير كَرَنْكًا x (٥) يُكَرْنِك: «أ» يلوي على شكل كَرَنْك. «ب» يُزَوِّد بكَرَنْك. «ج» يُعمِل محرِّك السيارة بواسطة الكَرَنْك.

crank[1] *1.*

to ~ out يُحدِث [وبخاصة بطريقة ميكانيكية].

crank[2] *(adj.)* (١) مَرِح (٢) مَزْهُوّ: مغرور؛ مُعْجَب؛ مُعْتَدّ بنفسه.

crank[3] *(adj.)* قَلِق؛ غير مستقرّ؛ عُرضةٌ للانقلاب <a ~ boat>.

crank[4] *(adj.)* دائرٌ بصعوبة؛ غير عامل بسلاسة.

crank arm *(n.)* = crank web.

crank·case [-′kās′] *(n.)* عُلبة المَرافِق (مك).

crank·ed *(adj.)* (١) مُلْتوٍ (٢) مُكَرْنَك: مزوَّدٌ بِكَرَنْك <a ~ axle>.

cran·kle [krăng′kəl] *(vi.; t.; n.)* = crinkle.

crank·pin [-′pĭn′] *(n.)* بنانة المِرفق (مك).

crank·shaft [-′shăft′] *(n.)* العمود المِرفقيّ (مك).

crankshaft

crank web *(n.)* ساعِدُ المِرفق (مك).

crank·y [krăng′kĭ] *(adj.)* (١) «أ» غريب الأطوار. «ب» نَزِق؛ سيّئ الطبع (٢) متمعِّج؛ مُتلوٍّ (٣) في حالٍ غير صالحة (٤) أبله (ع) (٥) قَلِق؛ مُتقلقِل.

cran·nied [krăn′ĭd] *(adj.)* مُتَشَقِّق؛ كثير الشُّقوق أو الصُّدوع.

cran·ny [-′ĭ] *(n.)* (١) شَقّ؛ صَدْع [في جدار إلخ] (٢) زاوية مُظلمة.

crap [krăp] *(n.; vi.)* (١) «أ» غائط (ع). «ب» تغوُّط (ع) (٢) «أ» هُراء؛ كلام فارغ. «ب» نُفاية؛ حُثالة § (٣) يتغوَّط؛ يتبرَّز (٤) يرمي رميةً خاسرة [في الكُرابْس craps].

crape [krāp] *(n.; vt.)* (١) الكْريب: قُماش رقيق جَعْد (٢) عصابة من الكْريب [حول القبّعة أو الكُمّ علامةً على الحداد] § (٣) يُكرِّب: يُغطّي أو يلفّ بالكريب (٤) يُجعِّد [الشَّعرَ].

crape myrtle *(n.)* اللّاجِرسْتُرُميّة الهندية: شُجَيرة مُزْهِرة.

crap·per [krăp′ər] *(n.)* مِرْحاض (ع).

crap·pie [krăp′ĭ] *(n.)* الكَرابيّ: سمك نهريّ صغير.

crap·py [krăp′ĭ] *(adj.)* رديء؛ حقير؛ خَسيس؛ مُغْثٍ.

craps [krăps] *(n.)* الكُرابْس: لعبة قمار تُلْعَب بنَرْدَيْن.

crap·shoot [krăp′sho͞ot′] *(n.)* مغامرة تجارية خطِرة.

crap·shoot·er *(n.)* لاعبُ الكُرابْس (را. craps).

crap·u·lous [krăp′yoo-] *(adj.)* (١) مُسْرِف [في الطعام أو الشراب] (٢) مُتْخَمٌ [بسببٍ من هذا الإسراف].

— crap·u·lence *(n.)*

crash [1] [krăsh] *(vt.; i.; n.)* (١) «أ» يُحطِّم؛ يهشِّم. «ب» يُعطِّب [طائرةً] عند الهبوط (٢) «أ» يَقرَع: يجعله يُحْدِث ضجةً عالية. «ب» يَشُقّ [طريقَهُ] في جَلَبةٍ صاخبة (٣) «أ» يتطفَّل: يشهد حفلةً من غير دعوة. «ب» يدخل من غير أن يشتري بطاقة <to ~ the gate> x (٤) «أ» يتحطّم. «ب» ينهار. «ج» يُفلس (٥) يُحْدث ضجةً شديدة [مثل شيء ينهار] § (٦) «أ» هزيم؛ قَصْف <the ~ of thunder>. «ب» دويّ (٧) تَحطُّم؛ تَهَشُّم؛ ارتطام (٨) انهيار مفاجئ وبخاصة: انهيار مشروع؛ انهيار عامّ في البورصة إلخ؛ انهيار في برنامج الكومبيوتر (٩) «أ» نَوْم. «ب» مَبيت (ع).

crash [2] *(adj.)* خاطف؛ مُتَعجَّل فيه: منفَّذٌ على عجل بجميع الوسائل المتيسِّرة <a ~ program>.

crash [3] *(n.)* الكُراش: قماش قطنيّ أو كتّانيّ خشِن.

crash dive *(n.)* الغَوْصُ الخاطف [تقوم به الغواصة بأقصر مدّة ممكنة].

crash·ing *(adj.)* (١) تامّ؛ كامل؛ مئة بالمئة (٢) مُذهِل.

crash–land *(vt.; i.)* يهبط بالطائرة [أو يُهبطها] محطمًا إياها.

crash landing *(n.)* الهبوط التحطُّمي (را. المادّة السابقة).

crass [krăs] *(adj.)* (١) أحمق؛ خَشِن؛ فظّ (٢) تامّ؛ شديد؛ مُطبِق <~ stupidity; ~ ignorance>.

— cras·si·tude *(n.)*

-crat لاحقة معناها: «أ» نَصيرٌ أو مؤيِّد لنوع معيَّن من الحكم <democrat>. «ب» عضو طبقة اجتماعية مُهيمِنة معيَّنة <plutocrat>.

cratch [krăch] *(n.)* (١) مَعْلَف؛ مِذْوَد (٢) grating *1*.

crate [krāt] *(n.; vt.)* (١) «أ» قَفَص [للشحن البحريّ]. «ب» صندوق (٢) سيارة عتيقة بالية § (٣) يُقفِّص: يُعبّئ في قفص للشحن البحريّ.

cra·ter [krā′tər] *(n.; vt.)* (١) فُوَّهة البركان (٢) الوَهْدة: «أ» منخفَض يُحدِثه ارتطام الشُّهُب بالأرض. «ب» حفرة في الأرض يحدثها انفجار اللغم أو القنبلة (٣) الباطِيَة: وعاء كان الإغريق والرومان يستعملونه لمزج الخمر بالماء § (٤) يُوَهِّد: يُحْدِث وِهادًا في. .

Cra·ter [krā′tər] *(n.)* كوكبة الباطِيَة؛ الكأس (فل).

C ration *(n.)* الجِراية المُعلَّبة [لإقاتة الجند في ميدان القتال].

craunch [krônch; kränch] *(vt.; i.; n.)* = crunch.

cra·vat [krə vät′] *(n.)* (١) لِفاع [للعنق] (٢) الأَرْبة: ربطة العُنُق.

crave [krāv] *(vt.; i.)* (١) يلتمس: يطلبُ متوسِّلًا (٢) يحتاج حاجةً ماسّةً إلى <The stomach ~s food.> (٣) يتشهّى؛ يتحرّق شوقًا إلى x (٤) يرغب رغبةً قوية في. . .

cra·ven [krā′vən] *(adj.; n.; vt.)* (١) جبان؛ رِعديد § (٢) شخص جبان § (٣) يُجْبِن: يجعله جبانًا.

crav·ing [krā′vĭng] *(n.)* رغبة مُلحّة؛ توقٌ شديد.

craw [krô] *(n.)* (١) حَوْصَلة الطائر أو الحشرة (٢) مَعِدة [الحيوان].

craw·fish [krô′-] *(n.; vi.)* (١) crayfish (٢) المُنْسحِب؛ المُتراجع [عن موقفٍ إلخ] § (٣) ينسحب؛ يتراجع [عن موقف إلخ] (عا).

crawl [1] [krôl] *(vi.; t.; n.)* (١) يَدِبّ؛ يَزْحَف (٢) يتقدّم ببطء أو ضَعْف (٣) يَغُصّ؛ يَزْخَرُ؛ يمتلئ بالنمل ونحوه <The work ~ed.> (٤) يَنْمَل؛ يَخْدَر x (٥) يوبِّخ بقسوة § (٦) دبيب؛ زَحْف (٧) تقدُّم بطيء (٨) سباحة سريعة تتميّز بحركات ذراعيّة دائرية.

crawl [2] *(n.)* الكَرَال: شبه حوض في مياه الشاطئ الضّحلة لاحتجاز السّلاحف والأسماك وما إليها.

crawl·er [krôl′ər] *(n.)* (١) فا crawl (٢) المُجنْزَرة: «أ» تراكتور أو جرّارة تتحرّك على جنزيرَيْن، أو حزامَيْن مَعْدِنيَّيْن، متواصلين. «ب» أية آلة [كالرافعة أو الونش إلخ] تتحرك على مثل هذين الجنزيرين.

crawl space *(n.)* حيِّز الدُّلوف: حيِّز خفيض تحت سقف المبنى أو تحت الطابق الأرضي منه يمكِّن العمال من الوصول إلى الأسلاك أو الأنابيب وغيرها من مُعدّات الخدمة كلَّما اقتضَتِ الحالُ إصلاحها.

crawl·way *(n.)* المَزْحَف: ممرّ لا يمكن اجتيازُهُ إلا زَحْفًا.

crawl·y [krô′lĭ] *(adj.)* = creepy.

cray·fish [krā′-] *(n.)* جراد البحر؛ جراد النهر.

crayfish

cray·on [krā′ən] *(n.; vt.)* (١) الكَرْيون: قلم طباشير أو شمع يُستخدم في الكتابة والرسم (٢) الكَرْيونيّة: صورة مرسومة بالكَرْيون § (٣) يُكَرْيِن: يرسُم بالكَرْيون (٤) يرسُم الخطوط الكبرى [لمشروع إلخ].

cray·on·ist *(n.)* الكَرْيونيّ: فنان يرسم بالكَرْيون (را. المادة السابقة).

craze [krāz] *(vt.; i.; n.)* (١) يُجزِّع: يُحدِث شبكة صدوع رقيقة في سطح الخزف (٢) يُخبِّل؛ يُجنِّن (٣) يُضعِف أو يُفسِد الصحة (ع) x (٤) يُجَنّ (٥) يتجزَّع § (٦) ضَعْف جسديّ (٧) fad (٨) خَبَلٌ؛ جنون (٩) تَجَزُّع.

crazed [krāzd] *(adj.)* (١) مجنون؛ مخبول (٢) مُجزَّع.

cra·zy [krā′zĭ] *(adj.; adv.)* (١) مُجزَّع؛ كثير الصّدوع (٢) ضعيف؛ واهن (٣) مخبول؛ مجنون (٤) شاذّ؛ غريب الأطوار (٥) شديد الاهتياج أو الحماسة (٦) مفتون؛ مُتيَّم § (٧) جدًا؛ إلى أبعد حدّ (٨) كالمجنون.

crazy bone *(n.)* = funny bone.

crazy pavement *(n.)* المجاز اللّانظاميّ: ممرّ في حديقة إلخ مرصوفٌ ببلاط متفاوتِ الأشكال.

crazy pavement

cra·zy·weed [krā′zĭ wēd′] *(n.)* = locoweed.

creak [krēk] *(vi.; t.; n.)* (١) يَصِرّ؛ يَصْرِف: يُحْدِث صريرًا أو صريفًا x (٢) يجعله يَصِرّ § (٣) صرير؛ صَريف.

creak·y *(adj.)* (١) صارّ؛ ذو صرير <~ stairs> (٢) عتيق؛ بالٍ.

cream [krēm] *(n.; vi.; t.; adj.)* (١) قِشدة (٢) المُقَشَّد: طعام مُعَدّ من قشدة اللبن (٣) القِشدانيّ: شيء قِشديّ القَوام (٤) الكُريم؛ الرَّهيم: مستحضر طبّي أو تجميليّ (٥) الزُّبدة؛ الصَّفْوة <the ~ of society> (٦) القِشْدِيَّة: وعاء صغير للقِشدة (٧) لون القِشْدة: لون أصفر شاحب § (٨) «أ» يَتَقَشَّد: يُصْبح ذا قِشْدة. «ب» يُرْغي؛ يُزبد x (٩) يَقْشُد: «أ» يَقشُط القشدةَ عن سطح اللبن. «ب» يأخذ صفوة الشيء (١٠) يُقشِّد: «أ» يُعِدّ أو يَمزُج أو يطهو بالقِشْدة. «ب» يخفق [الزُّبدةَ إلخ] حتى تصبح قِشديّةَ القَوام. «ج» يضيف القِشْدة إلى الشاي أو القهوة (١١) يُرَهِّم: يعالج بالرَّهيم أو «الكُريم» (١٢) يحطِّم؛ يهشِّم

§ (١٣) قِشديّ القَوام <~ soup>.

cream cheese *(n.)* الجبن القِشديّ: جبن أبيض طريّ يُصْنَع من حليب كامل وقِشْدة.

cream–col·ored *(adj.)* قِشديّ اللون: ذو لون أصفر شاحب.

cream·er [krē'-] *(n.)* (١) فا cream (٢) المِقْشَدة: أداة لفصل القِشْدة عن اللبن (٣) القِشْديّة: وعاء صغير للقِشْدة.

cream·er·y *(n.)* (١) المَقْشَدة: مؤسسة لصُنع القِشْدة (٢) المَجْبَنة: مؤسسة لصنع الجبن (٣) المَلْبَنة: محلّ لبيع اللبن ومشتقاتِهِ.

cream of tartar *(n.)* زُبْد الطَّرطير (ك).

cream·y [-'mĭ] *(adj.)* (١) «أ» قِشْديّ: محتوٍ على قِشْدة. «ب» دَسِمٌ. «ج» ناعم (٢) قِشْدانيّ: شبيه بالقشدة مظهرًا أو قوامًا (٣) قِشْديّ اللون.

crease [krēs] *(n.; vt.; i.)* (١) غَضَنٌ؛ جَعْدَة (٢) منطقة الهدف [في ملعب الهوكي إلخ] § (٣) يُغضِّن؛ يُجعِّد [الوجهَ إلخ] (٤) يَخْدِش: يجرح جرحًا طفيفًا x (٥) يتغضَّن؛ يتجعّد.

crease·less [-'ləs] *(adj.)* أملس؛ مصقول؛ خِلْوٌ من التجاعيد.

cre·ate [krē āt'] *(vt.; i.)* (١) يَخْلُق (٢) يعيِّن <to ~ a peer> (٣) يُحْدِث <to ~ a revolution> (٤) يُسَبِّب (٥) يبتدع؛ يُبْدع (٦) يسبق إلى أداء دورٍ ما <to ~ a part> (٧) يصمِّم الأزياء x (٨) يبتكر.

cre·a·tine [krē'ə tēn'] *(n.)* الكِرياتين؛ الكِراتين؛ اللَّحمين (كح).

cre·a·tion [krē ā'-] *(n.)* (١) خَلْق. وبخاصة: خَلْق العالم (٢) «أ» إبداع. «ب» إحداث. «ج» تعيين. «د» تمثيل دور للمرة الأولى (٣) شيء مخلوق، مثل: «أ» العالم؛ الكون. «ب» الخليقة؛ الكائنات جملةً (٤) المُبْتَدَع؛ المُبْتَكَر: «أ» أثر ينمّ عن عبقرية مبدعة <~s of artists>. «ب» ثوب بديع التصميم.

cre·a·tive [-'tĭv] *(adj.)* (١) مُبْدِع: قادرٌ على الإبداع <~ talent> (٢) إبداعي: مُتَّسِمٌ بالإبداع والخَلْق لا بالمحاكاة <~ work>.

— **cre·a·tiv·i·ty** *(n.)*

cre·a·tor [-'tər] *(n.)* (١) الخالق؛ المبدع (٢) .cap: الله.

crea·ture [krē'chər] *(n.)* (١) مخلوق (٢) كائن حيّ (٣) حيوان؛ وبخاصة: بقرة؛ فرس إلخ (٤) إنسان؛ شخص (٥) صنيعةُ [شخص]؛ أداةٌ [في يد شخصٍ] (٦) شراب مُسكر؛ ويسكي.

creature comforts *(n. pl.)* وسائل الراحة البَدَنيّة.

crèche [krāsh] *(n.)* (١) دار الحضانة: دار تتعهّد الأطفال أثناء غياب أمهاتهم (٢) مأوى اللُّقَطاء (٣) المِذْوديّة: لوحة تمثّل مريم العذراء إلخ حول المِذْوَد الذي وُلد فيه يسوع في بيت لحم (فج).

cre·dence [krē'dəns] *(n.)* (١) تصديق؛ إيمانٌ بِـ (٢) اعتماد <letters of ~> (٣) خُوان؛ «بوفيه» (٤) مائدة القربان: مائدة صغيرة يوضع عليها خبز القربان المقدّس وخمرهُ (نص).

cre·den·dum [krĭ dĕn'-] *(n.)* pl. **-da** عقيدة؛ مُعْتَقَد.

cre·dent [krē'dənt] *(adj.)* مؤمِنٌ؛ مصدِّق؛ سريع التصديق.

cre·den·tial [krĭ dĕn'-] *(adj.; n.)* (١) اعتماديّ <~ letters> § (٢) .pl: أوراق اعتماد [سفير أو مبعوث] (٣) درجة جامعية.

cre·den·za [krĭ dĕn'-] *(n.)* (١) خُوان؛ «بوفيه» (٢) خزانة كتب.

cred·i·bil·i·ty *(n.)* (١) المِصْداقيّة (٢) التصديقية: القدرة على التصديق.

cred·i·ble [krĕd'ə-] *(adj.)* (١) معقول (٢) موثوق؛ جدير بالثقة.

cred·it [krĕd'ĭt] *(n.; vt.)* (١) «أ» رصيدٌ دائنٌ [في حساب]. «ب» ائتمان؛ اعتماد [يفتحه المصرف لمصلحة شخص أو مؤسسة]. «ج» دَيْن؛ نسيئة <to buy things on ~>. «د» تسليف. «هـ» المطلوب له؛ الدائن: الجانب الأيمن من الحساب الجاري (ضدّ *debit*). «و» نفدة تسجّل في هذا الجانب (٢) ثقة؛ تصديق <They seem to deserve some degree of ~.> (٣) «أ» سمعة. «ب» سمعة حسنة <a citizen of ~> (٤) شرَف؛ فضل <The man who does the work should get the ~.> (٥) مفخرة؛ موضع فخر <Samira is a ~ to her parents.> (٦) التقدير: قبول رسمي لنتائج عمل الطالب في حقل من الدراسة وتدوين ذلك في سجلّه (٧) الوحدة الدراسيّة: وحدة من وحدات البرنامج الدراسي ينال عليها الطالب مثل هذا التقدير (٨) ثَبَتُ المشاركين [في فيلم سينمائي] § (٩) يبيعه [سلعًا] بالدَّين (١٠) يصدِّق؛ يثق بِـ <to ~ everything a newspaper says> (١١) يقيّد له أو لحسابه (١٢) «أ» ينسب أو يعزو شيئًا إلى. «ب» يعتقد أن «فلانًا» يمتلك كذا <I have always ~*ed* her with some sense.>.

He's cleverer than I gave him ~ for هو أبرع مما كنت أظن أو ممّا كنت أسلّم له به.

cred·it·a·ble *(adj.)* (١) جديرٌ بالتصديق (٢) مُشَرِّف؛ جدير بالإكبار (٣) جدير بالائتمان: جدير بأن يُمنح اعتمادًا مصرفيًا (٤) ممكنٌ عَزْوُهُ إلى.

credit card *(n.)* بطاقة النَّسيئة؛ بطاقة الائتمان.

credit line *(n.)* (١) سَطْر الفَضْل: سطر يُنَصُّ فيه على مصدر المادة الأدبية المنشورة أو المادة الفنية المعروضة (٢) حدود الائتمان: مبلغ يمثّل الحدّ الأعلى للاعتماد المفتوح في مصرفٍ ما لمصلحة شخص أو مؤسسة.

credit note *(n.)* إشعارُ دائن (تج).

cred·i·tor [krĕd'ĭ tər] *(n.)* الدائن: صاحب الدَّين.

credit union *(n.)* اتحاد التسليف: جمعية تعاونية تمنح أعضاءها قروضًا صغيرة بفائدة ضئيلة.

cre·do [krē'dō; krā'dō] *(n.)* عقيدة؛ معتقَد.

cre·du·li·ty [krə dōō'lə tĭ] *(n.)* السّذاجة؛ سرعة التصديق.

cred·u·lous [krəj'ə-] *(adj.)* (١) ساذج؛ سريع التصديق (٢) تَصديقيّ.

creed [krēd] *(n.)* (١) عقيدة (٢) .cap: قانون الإيمان المسيحيّ.

creed·al [krēd'əl] *(adj.)* عَقَديّ؛ مُعْتَقَديّ.

creek [krēk; krĭk] *(n.)* (١) الجُوْن: خليج صغير (٢) جَدْول؛ غدير؛ نُهَيْر؛ رافد (٣) ممرّ ضيّق أو متعرّج (ا. ق).

creel [krēl] *(n.)* الكَرِيل: «أ» سلة صيّاد السَّمك بالقصبة

creel *a.*

والصنّارة. «ب» شَرَك سَلّيّ الشكل مُعَدّ لاحتجاز الأسماك وما إليها. «ج» إطار يحيط بالوشائع في آلة غَزْل.

creep [krēp] *(vi.; n.)* (١) يَدِبّ؛ يَزْحَف (٢) «أ» يَدْرُج أو يتقدّم خِلسةً وببطء. «ب» ينسحب خِلْسةً. «ج» يَنْسَلّ إلى (٣) يَنْمَل؛ يَخْدَر [من خوفٍ أو ذُعر] (٤) يَعْتَرِش؛ يتسلّق <Ivy ~s.> (٥) يَزْحَل: ينزلق الحزامُ عن موضعه (مك) (٦) يتزحّف: يتغيّر شكل المعدن تغيُّرًا ثابتًا نتيجةً للإجهاد الموصول أو للتعرّض للحرارة العالية (مك) § (٧) دبيب؛ زَحْف (٨) *pl.* عد: «أ» نَمَلٌ؛ خَدَرٌ. «ب» خوف؛ ذُعْر (٩) حظيرة أو مَعْلَف [لصغار الحيوان] (١٠) التّزحُّف: تغيُّر بطيء في أبعاد شيء نتيجةً للإجهاد الموصول أو للتعرض للحرارة العالية (١١) لِصّ (١٢) شخص بغيض أو تافه.

to give one the ~s يوقع في نفسه الخوف أو البغضاء.

to make one's flesh ~, يجعله يرتعد خوفًا أو رعبًا.

creep·age *(n.)* دبيب؛ زَحْف؛ تسلُّل؛ تقدُّم تدريجيّ.

creep·er *(n.)* (١) فا creep. مثل: «أ» نبات مُعْتَرِش أو متسلّق. «ب» طائر متسلّق [بحثًا عن الحشرات]. «ج» حشرة تَدِبُّ؛ زَحّافةٌ تَسْعَى (٢) مِرساة (مل) (٣) أيّما أداة تُستخدم للزّحف، مثل: «أ» مانعة الانزلاق: أداة شائكة في عقِب الحذاء لمنع الانزلاق على الثلج إلخ. «ب» climbing iron (٤) الزّحّافة: أداة تمكّن مادّةً ما من الجري باطّراد من جزء من أجزاء الآلة إلى آخر (٥) *pl.* عد: ثوبٌ للأطفال ملائم للدّبيب.

creep·y [krē'pĭ] *(adj.)* (١) دابّ؛ زاحف <~ insects> (٢) مُنْمِل؛ مُرَوِّع (٣) نَمِلٌ؛ مُرَوَّع <The ghost story made them all ~.>.

creese [krēs] *(n.)* الكَرِيس: سيف أو خنجرٌ إندونيسيّ.

cre·mains [krĭ mānz'] *(n. pl.)* رَماد الجثة المحروقة.

cre·mate [krē'māt] *(vt.)* يُرَمِّد: يُحْرِق جثة الميت.

cre·ma·tion [krĭ mā'-] *(n.)* التّرميد: إحراق جُثَث الموتى.

cre·ma·tor [krē'mā-] *(n.)* (١) المُرَمِّد: مُحْرِق جثث الموتى (٢) المَرْمَدة: فرنٌ لإحراق جثث الموتى (٣) مَحْرَقة [للقُمامة].

cre·ma·to·ri·um [krē'mə tōr'-] *(n.)* pl. **-s** *or* **-ri·a** = crematory.

cre·ma·to·ry [krē'mə tōr'ĭ] *(n.; adj.)* (١) المَرْمَدة: فرن لإحراق جُثث الموتى § (٢) ترميديّ: ذو علاقة بإحراق جثث الموتى.

crème *or* **creme** [krĕm] *(n.)* (١) cream (٢) شراب مُسْكِر حُلْو.

crème de ca·ca·o *(n.)* كريما الكاكاو: مُسْكِر مُنَكَّهٌ بالكاكاو.

crème de la crème *(n.)* زُبْدة الزّبدة؛ صَفْوة الصَّفوة.

crème de menthe [-mänt'] *(n.)* المُنَعْنَع: مُسْكِر مُنَكّه بالنعناع.

cre·nate [krē'-] *or* **cre·nat·ed** *(adj.)* مسنَّن؛ مُحَزَّز <a ~ leaf>.

crenate leaf

cre·na·tion [krĭ nā'-] *(n.)* (١) تَسَنُّن؛ تحزُّز [في حَوافي ورقة النبات أو القطعة النقدية] (٢) سِنّ؛ حَزّ.

cren·el *or* **cre·nelle** *(n.)* الفُرْجة: فُتْحة في شُرفةٍ يُطلَق منها النار.

cren·el·late *or* **cren·el·ate** *(vt.)* يُفرِّج: يُزوِّد [شرفةً] بفُرُجات.

cren·el·la·ted *or* **cren·el·at·ed** [krĕn'-] *(adj.)* مُفرَّج: مُزَوَّد بفُرُجات.

cre·nelle [krĕn'əl] *(n.)* = crenel.

cren·u·la·tion *(n.)* (١) الحُزَيْز: حَزّ دقيق (٢) تَحزُّز دقيق.

cre·ole [krē'ōl] *(adj.)* كْرِيُولِيّ: «أ» *cap.*: ذو علاقة بالكْرِيُوليين أو بلُغَتِهم (را. المادة التالية). «ب» مطهوّ بالأرزّ والطماطم والتوابل.

Cre·ole [krē'ōl] *(n.)* (١) «أ» الكريولِيّ: أحد مواليد جزائر الهند الغربية أو أميركا اللاتينية المتحدرين من أصل أوروبيّ أو من أصل إسبانيّ بخاصة. «ب» أبيض متحدر من نزلاء بعض الولايات الأميركية الفرنسيين أو الإسبانيين الأوّلين ولكنه لا يزال يحتفظ بلغته وثقافته الأصليتين. «ج» شخص يجري في عروقه مزيج من الدم الفرنسي [أو الإسباني] والزنجي يتكلم بلهجة من لهجات الفرنسية أو الإسبانية (٢) الكْريولية *not cap.*: كلّ لغة تنشأ من امتزاج لغتين أو أكثر ويعتبرها الناطقون بها لسانًا قوميًّا.

cre·o·sol [krē'ə sōl'] *(n.)* الكْرِيوسول: سائل زيتيّ عديم اللون.

cre·o·sote [-sōt'] *(n.; vt.)* (١) الكْرِيوسوت: سائل زيتيّ يُستحْضر بتقطير القطران § (٢) يُكَرْسِت: يعالج بالكْرِيوسوت (ك).

crepe *or* **crêpe** [krāp] *(n.; adj.; vt.)* (١) الكْرِيب: قماش رقيق جَعْدٌ (٢) شارة حِداد [من كريب أسْود] (٣) الورق الكْرِيبيّ: ورق رقيق جَعْد شبيه بالكْريب (٤) الكريبيّة: فطيرة محلّاة رقيقة جدًا § (٥) كْرِيبيّ § (٦) يُكَرِّب: يُغطي أو يَلُفّ بالكْرِيب.
— **crepey** *or* **crepy** *(adj.)*

crepe de Chine [-shēn'] *(n.)* الكْريب الصِّينيّ: كْريب حريريّ رقيق.

crepe myrtle *or* **crêpe myrtle** *(n.)* = crape myrtle.

crepe paper *(n.)* الورق الكْرِيبيّ (را. crepe *3*).

crepe rubber *(n.)* المطّاط الكْرِيبيّ: مطّاطٌ جَعْد لأعقاب الأحذية.

crepe su·zette [-sōō zĕt'] *(n.)* كعكة رقيقة محلّاة.

crep·i·tant [krĕp'ə tənt] *(adj.)* مُطَقْطِق؛ متفرقع؛ مُخَشْخِش.

crep·i·tate [-tāt'] *(vi.)* يُطَقْطِق؛ يتفرقع؛ يُخَشْخِش.

crep·i·ta·tion [krĕp'ə tā'-] *(n.)* طَقْطَقَة؛ فَرْقَعَة؛ خَشْخَشة.

crept [krĕpt] *past and past part. of* creep.

cre·pus·cu·lar [-'kyə lər] *(adj.)* غَسَقِيّ؛ شَفَقِيّ: «أ» شبيه بالغَسَق أو الشَّفَق؛ غير واضح. «ب» ناشط في الغَسَق <~ birds>.

cre·pus·cule [krĭ pŭs'kyōōl] *(n.)* (١) الغَسَق (٢) الشَّفَق.

cre·scen·do [krə shĕn'dō; -sĕn'-] *(n.; adj.; adv.)* (١) ازدياد تدريجيّ (٢) «أ» التصعيد: تعاظم تدريجيّ في حجم الصوت أو شِدّتِه (مو). «ب» ذِرْوة؛ قِمّة؛ أوج (٣) فقرة تصعيدية (مو) § (٤) تَصْعيديّ: متعاظم تدريجيًّا [من حيث شدة الصوت أو ارتفاعه] § (٥) تصعيديًّا (مو).

cres·cent [krĕs'ənt] *(n.; adj.)* (١) هِلال (٢) الهِلال: «أ» شعار الدولة العثمانية. «ب» الإسلام (٣) الهِلاليّة: كعكة مُحلّاة شبيهة بالهلال (٤) شارع مُلْتوٍ (عب) § (٥) هِلاليّ الشكل (٦) نامٍ؛ متعاظِم.

cres·cive [krĕs'ĭv] *(adj.)* نامٍ؛ مُتعاظم؛ متزايد.

cre·sol [krē'sōl] *(n.)* الكريسول: مادّة هيدروكربونية (ك).

cress [krĕs] *(n.)* الرّشاد؛ الحُرْف؛ قُرّة العين (نب).

cres·set [krĕs'ĭt] *(n.)* نِبْراس؛ مِشعَل.

cresset

crest [krĕst] *(n.; vt.; i.)* (١) عُرف الديك أو الفَرَس (٢) «أ» خُوذة.

«ب» ريشة الخوذة: شارة زُخرفية لخوذة الفارس. «ج» شارة أو صورة زُخرفية على شعار النبالة أو ورق الرسائل أو أغلِفتها إلخ (٣) شيء شبيه بعُرف الديك، مثل: «أ» قِمّة؛ قُنَّة. «ب» أعلى الموجة المُزْبدة. «ج» أعلى الخوذة (٤) ذروة؛ أوج (٥) كبرياء؛ شجاعة؛ جرأة § (٦) يتوِّج (٧) يتذرّى: يبلغ قِمّة كذا x (٨) يتذرَّى: يرتفع الموج بحيث يشكِّل ذُرًى مُزبِدَةً.

crest·al [krĕs′-] *(adj.)* عُرفيّ؛ ذِرْويّ: منسوب إلى العُرف أو الذِّروة.

crest·ed *(adj.)* (١) ذو عُرف أو قِمّة (٢) متوَّج بِشِعار.

crest·fall·en *(adj.)* (١) مُكتئب؛ مخيَّب الأمل (٢) خَجِل؛ مَخْزِيّ.

crest·less *(adj.)* (١) غير ذي عُرْف (٢) وضيع النَّسَب.

cre·syl·ic *(adj.)* (١) كْريسوليّ (را. cresol) (٢) كْرييوسوتيّ (را. creosote).

cre·ta·ceous [krĭ tā′shəs] *(adj.)* طَباشيريّ.

Cretaceous period *(n.)* العصر الطَّباشيريّ: العصر الثالث والأخير من الدهر الوسيط (جي).

Cre·tan [krē′tən] *(adj.; n.)* (١) كْريتيّ؛ إقريطِشيّ: منسوب إلى كريت [إقريطِش] § (٢) الكْريتيّ: أحد أبناء كْريت.

cre·tin [krē′tĭn] *(n.)* (١) القَمِيء؛ الفَدْم: المُصاب بالقَماءة أو الفَدامة (را. المادة التالية) (٢) المخبول؛ المعتوه.

cre·tin·ism [-′tə nĭz əm] *(n.)* القَماءة؛ الفَدامة: حالة مَرَضية خِلقيّة تتَّسم بالتّشوّه الجسدي وقِصَر القامة والبلاهة.

cre·tin·ous [krē′-] *(adj.)* (١) قَميئيّ؛ فَدْميّ (٢) قَمِيء؛ فَدْم.

cre·tonne [krĭ tŏn′] *(n.)* الكْريتون: قُماش قطنيّ متين مطبَّع.

cre·vasse [krə văs′] *(n.)* الفَلْج؛ السَّلْع: صَدْعٌ عميق في الأرض أو في نهر أو سَدّ.

crev·ice [krĕv′ĭs] *(n.)* صَدْع؛ فَلْع؛ شَقّ.

crew[1] [kro͞o] *past of* crow.

crew[2] *(n.; vi.; t.)* (١) جماعة مُسَلَّحة (ا. ق) (٢) حَشْد (٣) «أ» جماعة؛ زُمرة؛ عُصبة. «ب» حاشية؛ بِطانَة (٤) الطاقم: «أ» ملّاحو الطائرة أو السفينة. «ب» مجموعة من الأشخاص المستخدَمين في عمل معيَّن أو العاملين تحت إمرة رئيس واحد <stage ~> § (٥) يَعْمل [أو يَخْدِم] في طاقم.

crew·el [kro͞o′əl] *(n.)* الكْرُوْل: غَزْل صوفي.

crew·man *(n.)* الطاقميّ: أحد أفراد طاقم سفينة أو طائرة.

crib [krĭb] *(n.; vt.; i.)* (١) مَعْلَف؛ مِذْوَد (٢) زَريبة [للحيوانات] (٣) مَهْد؛ سرير الطفل (٤) سَلَّة (٥) مبنًى [أو صندوق] لخزن الحنطة أو الملح (٦) «أ» حَيِّز ضيِّق. «ب» غرفة صغيرة. «ج» كوخ (٧) بيت؛ دُكّان [بلغة اللّصوص] (٨) «أ» سَرِقة صغيرة. «ب» الانتحال: انتحال آراء مؤلِّف آخر أو كلماتِهِ. «ج» قُصاصة الغِشّ: قُصاصة يستعين بها الطالب على اجتياز الامتحان بطريقة غير مشروعة. «د» التلخيص: خُلاصة يُستعان بها على فهم أثرٍ أدبيّ (٩) crèche *3* § (١٠) يَحْجُر؛ يَحْبِس (١١) يَخْزُن القمْحَ (١٢) «أ» يَسْرِق. «ب» ينتحل آراءَ الآخرين أو أقوالَهم x (١٣) يَغُشّ [في الامتحان].

crib·bage [krĭb′ĭj] *(n.)* الكْرِبِّج: لعبة من ألعاب الشَّدّة.

crib death *(n.)* الموت المَهْدِيّ؛ موت الأطفال المُباغِت.

crib·ri·form [krĭb′rə-] *(adj.)* مُثقَّب؛ مُخرَّق؛ مُنخليّ.

crick [krĭk] *(n.; vt.)* (١) التَّيبُّس: تشنُّج مؤلم في الرقبة أو الظهر § (٢) يُيبِّس: يُحدث تيبُّسًا في الرقبة أو الظَّهر.

cricket[1]

crick·et[1] [krĭk′ĭt] *(n.)* الجُدْجُد؛ صرّار الليل.

crick·et[2] *(n.; vi.)* (١) الكْريكيت: لعبة من ألعاب الكرة والمِضْرب (٢) شهامة؛ روح رياضية؛ مسلك نبيل § (٣) يلعب الكريكيت.

crick·et·er [krĭk′ĭt ər] *(n.)* الكْريكيتيّ: لاعب الكْريكيت.

cri·coid [krī′koid] *(adj.; n.)* (١) حَلْقانيّ: شبيه بحَلْقة § (٢) الغُضروف الحَلْقانيّ: غُضروف في الجزء الأدنى من الحنجرة (ت).

cri·er [krī′ər] *(n.)* فا cry. وبخاصة: «أ» طفل بَكّاء. «ب» حاجب محكمة. «ج» البائع المتجوِّل. «د» منادي البلدة: موظف يطوف الشوارعَ مُذيعًا البيانات على الناس.

cri·key [krī′kē] *or* **crick·ey** *(interj.)* عجبًا! واعجباه! (ع).

crime [krīm] *(n.)* (١) جريمة؛ جناية (٢) الإجرام (٣) عملٌ أحمق.

crim·i·nal [krĭm′ə-] *(adj.; n.)* (١) جنائيّ <~ law> (٢) إجرامي <a ~ act> (٣) مُجْرِم <renders us ~ in the sight of God> (٤) مُخزٍ؛ شائن § (٥) المجرم؛ الجاني.

criminal conversation *(n.)* الفُجور: الزِّنى أو الاتصال غير الشرعي بشخص متزوّج.

criminal court *(n.)* محكمة الجنايات (ق).

crim·i·nal·ist *(n.)* العالِم الجنائيّ: الضليع في القانون الجنائيّ.

crim·i·nal·i·ty *(n.)* (١) الإجرامية (٢) جريمة؛ عملٌ إجرامي.

criminal law *(n.)* القانون الجنائي.

crim·i·nal·ly *(adv.)* (١) جنائيًا (٢) إجراميًا.

crim·i·nate *(vt.)* (١) يتّهم بجريمة (٢) يجرِّم؛ يُدين (٣) يَشْجُب.

crim·i·na·tive [krĭm′ə nā-] *(adj.)* (١) اتّهامي (٢) تجريميّ.

crim·i·no·log·i·cal *(adj.)* عِلْمِيْجَريميّ: ذو علاقة بعلم الجريمة.

crim·i·nol·o·gist *(n.)* الباحث في علم الجريمة.

crim·i·nol·o·gy [krĭm′ə nŏl′ə jĭ] *(n.)* علم الجريمة.

crim·i·nous [krĭm′ə nəs] *(adj.)* = criminal.

crimp[1] [krĭmp] *(vt.; n.)* (١) يُجَعِّد؛ يُغَضِّن؛ يموِّج (٢) يشكِّل: يُعطي الجلدَ الشَّكل المطلوب (٣) يَعُوق؛ يقيِّد § (٤) تجعيد؛ تغضين؛ تمويج (٥) تجعُّد؛ تغضُّن؛ تموُّج (٦) .pl عد: خصلة شَعْر جَعْدة أو متموِّجة (٧) جَعْدة؛ غَضَنٌ (٨) عائق؛ قَيْد.

to put a ~ in يعوِّق؛ يقيِّد؛ يعطِّل.

crimp[2] *(n.; vt.)* (١) المُغَرِّر: من يلجأ إلى وسائل ملتوية لإغراء الرجال

بالخدمة العسكرية أو بالعمل في الملاحة § (٢) يُغرِّر بـ: يُغريه بالخدمة العسكرية إلخ.

crimping iron *(n.)* مموِّجة الشَّعر: أداة لتمويج الشَّعر أو تجعيده.

crim·ple [krĭm′-] *(vt.; i.)* (١) يجعِّد؛ يُغَضِّن x (٢) يتجعَّد؛ يتغضَّن.

crimp·y [krĭm′pĭ] *(adj.)* جَعْد؛ مُتغضِّن؛ متموِّج.

crim·son [krĭm′zən] *(n.; adj.; vt.; i.)* (١) اللون القِرمِزيّ § (٢) قِرمِزيّ اللون § (٣) يُقَرْمِز: يجعله قِرمِزيًّا x (٤) يَتَقَرْمَز.

cringe [krĭnj] *(vi.; n.)* (١) يَنكمش [خوفًا إلخ] (٢) يتذلَّل؛ يتملَّق § (٣) تَذَلُّل؛ تَمَلُّق (٤) انحناءة تَرْشَحُ بالتذلُّل والخنوع.

cring·er [krĭnj′ər] *(n.)* (١) المُنْكَمِش [خوفًا] (٢) المتذَلِّل؛ المتملِّق.

crin·gle [krĭng′gəl] *(n.)* العُرْوة الشِّراعيّة (مل).

crin·kle [krĭng′kəl] *(vi.; t.; n.)* (١) يتجعَّد؛ يتغضَّن (٢) يَجِفّ؛ يُخَشْخِش x (٣) يُجعِّد؛ يُغضِّن § (٤) جَعْدة؛ غَضَن (٥) حَفيف؛ خَشْخَشَة (٦) الجُعاد؛ الغُضان: أيّ مرض يصيب النبات بتغضّن الأوراق.

cri·noid [krī′noid] *(adj.; n.)* (١) زَنْبَقانيّ: شبيه بالزَّنبق § (٢) زنبق البحر: واحد من أشباه الزَّنابق **Crinoidea** وهي طائفة من حيوانات البحر اللافقارية كأسية الشكل.

crinoid 2.

crin·o·line [krĭn′ə lĭn] *(n.)* (١) القَرينول: قماش قطنيّ قاسٍ لتبطين الثياب (٢) القَرينوليّة: تنّورة مثبّتة بأضلاع [لتحتفظ بشكلها المنتفخ].

cri·ol·lo [krē ō′lō] *(n.; adj.)* (١) الكريُيُولُوِيّ: «أ» شخص من دم إسباني صافٍ مولودٌ في أميركا الإسبانية. «ب» شخص وُلِد ونُشِّئ في بلدٍ من بلدان أميركا الإسبانية (٢) الحيوان الكريُيُولُوِيّ: حيوان داجن من سلالة نُشِّئت في أميركا اللاتينية § (٣) كريُيُولُوِيّ.

crip·ple [krĭp′əl] *(n.; adj.; vt.)* (١) الأعرج؛ المُقْعَد؛ الأشلّ (٢) المنقوص؛ المعلول: كل ذي نقصٍ أو علّة (٣) «أ» مستنقع (عا). «ب» أجَمَة؛ دَغَل § (٤) «أ» أعرجُ؛ أشَلُّ. «ب» بالٍ. «ج» رديء النوع § (٥) يُصيبه بالعَرَج (٦) يَشُلّ؛ يعطِّل.

cri·sis [krī′sĭs] *(n.)* pl. **-ses** (١) البُحْران؛ النَّوبة؛ الأزْمة: تحوُّلٌ مفاجئ نحو الأفضل أو نحو الأسوأ في حُمَّى أو مرض حادّ (٢) الأَزْمة: «أ» حَدَثٌ عاطفيّ بارز أو تحوّل جَذْريّ في حياة شخص. «ب» حالة من اللّاَاستقرار السياسي إلخ تُفضي إلى تحوُّل حاسم. «ج» مَرْحلة في العمل القصصيّ أو المسرحيّ تتضارب فيها العوامل المتعارضة.

crisp [krĭsp] *(adj.; vt.; i.; n.)* (١) جَعْد؛ مُتَغضِّن؛ مُتَمَوِّج (٢) هَشّ؛ قَصِمٌ؛ قَصِف (٣) ناضِر <~ lettuce> (٤) بيِّن؛ واضح؛ حادّ <~ outlines> (٥) جازم (٦) مُوجَز؛ مُختصَر (٧) أنيق؛ نظيف <~ clothes> (٨) بارد؛ قارس (٩) مُنعِش § (١٠) يُجعِّد؛ يُغضِّن؛ يُموِّج (١١) يجعله هَشًّا إلخ x (١٢) يتجعَّد؛ يتغضَّن؛ يتموَّج (١٣) يُصْبح هَشًّا إلخ § (١٤) شيء هشّ (١٥) *pl.* عد: رُقاقة بطاطس مقليّة ومُملَّحة (١٦) ورقة نقدية (ع).

cris·pate [krĭs′pāt] *also* **cris·pat·ed** *(adj.)* جَعْد؛ مُتموِّج.

cris·pa·tion *(n.)* (١) تجعيد؛ تجعُّد (٢) التَّعكُّش: تقلُّصٌ عضليّ طفيف.

crisp·en *(vt.; i.)* (١) يُقَصِّم: يجعله قَصِمًا x (٢) يتقصَّم.

crisp·i·ness *(n.)* (١) تجعُّد؛ تموُّج (٢) هشاشة؛ سرعة انقصاف.

crisp·y [-′pĭ] *(adj.)* (١) جَعْد؛ مُتَموِّج (٢) هشّ؛ قَصِف؛ قَصِم.

criss·cross [krĭs′krôs′] *(vt.; n.; adj.; adv.)* (١) يُصالب: يَسِمُ بخطوط مُتصالبة (٢) يجتاز جَيئةً وذُهوبًا § (٣) شبكة [خطوطٍ متصالبة] (٤) اختلاط؛ تشوُّش § (٥) مُتصالِب؛ مُتقاطِع § (٦) على نحوٍ مُتصالِب أو مُتقاطع (٧) بانحراف؛ على نحو موروب أو معاكس.

cris·tate [krĭs′tāt] *also* **cris·tat·ed** *(adj.)* = crested *1.*

cri·te·ri·on [krī tēr′ĭ ən] *(n.)* pl. **-te·ri·a** *also* **-te·ri·ons** مِعْيار؛ مِقياس؛ ميزان؛ مِحَكّ؛ فَيْصل.

crit·ic [krĭt′ĭk] *(n.)* (١) الناقد (٢) العيّاب؛ الكثير الانتقاد.

crit·i·cal [-′ə kəl] *(adj.)* (١) انتقاديّ: نزّاع إلى الانتقاد <a ~ disposition> (٢) نقّاد: بارع في النقد (٣) نقديّ <~ opinions> (٤) حَرِج <~ pressure> (٥) أساسيّ؛ حَيَويّ <~ services> (٦) حاسم <the ~ moment> (٧) خَطِر؛ خطير؛ حَرِج <a ~ situation>.

critical angle *(n.)* الزاوية الحرجة (بص).

critical error *(n.)* الخطأ الحَرِج: خطأ يفضي إلى انهيار الكومبيوتر.

critical mass *(n.)* الكتلة الحرجة (فزن).

critical point *(n.)* النقطة الحرجة («ر» و«فز»).

critical pressure *(n.)* الضَّغط الحَرِج (فز).

critical size *(n.)* القدُّ الحرِج (فزن).

critical temperature *(n.)* درجة الحرارة الحرجة (فز).

critical volume *(n.)* الحجم الحرج: حجم الوزن الجُزَيْئيّ لغازٍ ما مقدَّرًا بالغرامات عند درجة ذلك الغاز الحرجة وتحت ضغطه الحرج (فز).

crit·ic·as·ter [krĭt′ĭk ăs′-] *(n.)* ناقد مُحتَقَر أو غير كُفُؤ.

crit·i·cise [krĭt′ĭ sīz′] *(vi.; t.)* = criticize.

crit·i·cism [krĭt′ə sĭz′əm] *(n.)* (١) انتقاد؛ تخطئة (٢) نقد [أدبي أو فنّي إلخ] (٣) ملاحظة أو مقالة نقدية.

crit·i·ciz·a·ble *(adj.)* عُرْضة للنقد؛ قابلٌ للنقد [أو الانتقاد].

crit·i·cize [krĭt′ə sīz′] *(vi.; t.)* يَنْتَقِد؛ يَنْقُد.

cri·tique [krĭ tēk′] *(n.; vt.)* (١) نَقْد (٢) مقالة نقدية § (٣) يَنتقد.

crit·ter [krĭt′ər] *(n.)* = creature.

croak [krōk] *(vi.; t.; n.)* (١) «أ» يَنِقّ [الضِّفدِع]. «ب» يَنْعَق؛ يَنْعَب [الغُراب]. «ج» يتكلّم بصوت خفيضٍ أجشّ (٢) «أ» يتذمّر. «ب» يتشاءم؛ يتوقّع شرًّا (٣) يموت (ع) x (٤) يُنذِر بـ؛ يُعْلن بصوت خفيض أجشّ <~ to disaster> (٥) يَقْتل؛ يَصْرع (ع) § (٦) «أ» نَقيق. «ب» نعيق؛ نعيب.

croak·er *(n.)* (١) حيوان ناقّ أو ناعق أو ناعب (٢) النّعّاب: سمك يُطلق أصواتًا كالنعيب (٣) المتذمِّر؛ المتشكّي؛ المتشائم.

croak·y [krō′kĭ] *(adj.)* (١) ناقّ؛ ناعِقٌ؛ ناعِبٌ (٢) أجشّ.

Croat [krō′ăt] *(n.)* = Croatian.

Cro·a·tian [-ā′shən] *(n.; adj.)* (١) الكُرْواتيّ: أحد أبناء كُرواتيا (٢) اللغة الكُرْواتية § (٣) كُرْواتيّ.

cro·ce·in [krō′sē ĭn] *(n.)* الكُروسيين : صِبغ أحمر أو أرجوانيّ .

cro·chet [krō shā′] *(n.; vt.; i.)* (١) التَّعقيف : نسجٌ بإبرة معقوفة (٢) المُعقَّف : نسيج محبوك بإبرة معقوفة § (٣) يُعَقِّف : يَحْبِكُ بإبرة معقوفة .

crock[1] [krŏk] *(n.; vt.)* (١) جَرَّة ؛ قِدْر (٢) كِسْرة فخّار [يُغطّى بها الثَّقب في قَعْر الزَّهرية الخزفية] (٣) سُخام (ع) (٤) هُراء ؛ كلام فارغ § (٥) يحفظ في جَرّة (٦) يُسَخِّم : يلوِّث بالسُّخام .

crock[2] *(n.; vt.; i.)* (١) العَطِيل : العاجز عن العمل إنسانًا كان أو حيوانًا أو آلة (٢) الشَّكّاء : مريض كثيرُ التَّشكّي § (٣) يُعَطِّل : يجعله عَطِيلًا x (٤) ينهار .

crock·er·y [krŏk′ə rĭ] *(n.)* الآنية الفَخّاريّة .

crock·et [krŏk′ĭt] *(n.)* المُتَعَقِّفة : حِلْية ناتئة تشبه ورقاتِ نباتٍ متقوِّسة .

crocket

croc·o·dile [krŏk′ə dīl′] *(n.)* (١) التِّمساح أو جِلْدُه (٢) المُتَباكي (ا . ق) .

crocodile bird *(n.)* التَّوْرَم ؛ طيرُ التِّمساح .

crocodile tears *(n. pl.)* دموع التماسيح : حزن كاذبٌ .

croc·o·dil·i·an [krŏk′ə dĭl′-] *(n.; adj.)* (١) التِّمساحيّ : واحدُ التِّمساحيات **Crocodilia** وهي رتبة من الزواحف المائية تشمل التمساح وما إليه § (٢) تِمْساحيّ (٣) مُراءٍ ؛ منافق .

cro·cus [krō′kəs] *(n.)* (١) الزَّعفران ؛ الجاديّ (نب) (٢) الزَّعفَرانيّ : لون أصفر فاقع (٣) أكسيد الحديديك الأحمر .

croft [krôft] *(n.)* (١) حقل صغير مُسَوَّر (٢) مزرعة صغيرة (بر) .

croft·er [krôf′tər] *(n.)* المُزارِع الصغير .

crois·sant [krwä′sän′] *(n.)* الهِلالية : كعكة رُقاقيّة هلاليّة الشكل .

Croix de Guerre [krwä də gĕr′] *(n.)* وسام صليب الحرب .

Cro–Mag·non [krō măg′nŏn] *(adj.; n.)* (١) كُرومَنْيونيّ : منسوب إلى إنسان قَبْتاريخيّ prehistoric وُجدت بقاياه في كهف كُرومَنْيون بفرنسا § (٢) إنسان كُرومَنْيون .

crom·lech [krŏm′lĕk] *(n.)* (١) الدُّلْمَن (را . dolmen) (٢) الدُّلْمَنِيّة : دائرةٌ من حجارةٍ ضخام تحيط بدُلْمَن .

crone [krōn] *(n.)* الحَيْزَبون : عجوز شَمْطاء قبيحة .

cro·ny [krō′nĭ] *(n.)* رفيق ؛ صديق حميم .

cro·ny·ism [-′nĭ ĭz əm] *(n.)* المحسوبية : محاباة الأصدقاء .

crook[1] [kro͝ok] *(n.; vt.; i.)* (١) أداة عقفاء ، مثل : «أ» خُطّاف ؛ مِحْجَن . «ب» عصا الراعي . «ج» صولجان [أو عصا] الأسقف (٢) انعطاف ؛ انحناء (٣) الجزء الأعقف [من شيء ما] (٤) المحتال ؛ اللِّص § (٥) يَعْطِف ؛ يحني (٦) «أ» يَخدع أو يحصل على شيء بالخداع (ع) . «ب» يَسْرِق (ع) x (٧) ينعطف ؛ يلتوي .

crook[2] *(adj.)* (١) غير ملائم (٢) مُلْتوٍ : غير شريف <~ dealings> (٣) مُعَطَّل (٤) غاضب .

crook·backed *(adj.)* أحدب ؛ مُحْدَوْدِب الظهر .

crook·ed [kro͝ok′ĭd] *(adj.)* (١) «أ» أعوج ؛ مائل . «ب» مُلْتوٍ . «ج» مُنْحنٍ ؛ معقوف (٢) 2 crook[2] .

crook·ery *(n.)* خِداع ؛ سلوك مُلْتوٍ ؛ أساليب غير شريفة .

crook·neck [kro͝ok′nĕk′] *(n.)* القَرْع المَعْقوف (نب) .

crook·necked *(adj.)* معقوف العُنُق ؛ مُلْتوي العُنُق .

croon [kro͞on] *(vi.; t.; n.)* (١) يهوِّد ؛ يترنَّم : يغنّي بصوت رقيق خفيض (٢) يُدَنْدِن § (٣) تهويد ؛ تَرَنُّم (٤) دَنْدَنة .

crop [krŏp] *(n.; vt.; i.)* (١) «أ» مِقْبَض السَّوط . «ب» سَوْط قصير (٢) «أ» حَوْصلة الطائر أو الحشرة . «ب» مَعِدة الحيوان (٣) «أ» الصَّلْمة : علامة ناشئة عن صَلْم أُذن الحيوان . «ب» قَصَّة شعر قصيرة (٤) حصيلة ؛ غَلَّة (٥) مجموعة <a ~ of questions> § (٦) «أ» يَجُزّ : يَقْطع الجزء الأعلى [من النبات] . «ب» يَصْلِم الأُذُن . «ج» يَحْصُد . «د» يَقُصّ الشَّعر قصيرًا (٧) يَحْرُث ؛ يزرع x (٨) ترعى [الماشيةُ الكلأ] (٩) تُغِلّ [الأرضُ] (١٠) يَبْرُز [على نحوٍ غير متوقَّع] <Problems ~ up daily.>

crop–eared *(adj.)* (١) أصْلَم : مقطوع الأُذُنين (٢) أقَصّ : مقصوص الشَّعر قَصًّا قصيرًا تبدو معه أُذناه بوضوح .

crop·per [krŏp′ər] *(n.)* (١) «أ» الحصّاد . «ب» الحصّادة : آلةُ حَصاد (٢) «أ» الزّارع . «ب» المُحاصِص : مزارع يستغلّ الأرض لحساب صاحبها لقاءَ حصةٍ من الغِلال (٣) سقطة عنيفة [وبخاصة عن صهوة جواد] (٤) إخفاق أو انهيار [عنيف أو مفاجئ] .

to come a ~, (١) يَسْقط سقطةً عنيفة (٢) يُخفق إخفاقًا فاضحًا .

cro·quet [krō kā′] *(n.)* الكُروكيّة : لعبة بالكُرات الخشبية (رب) .

croquet

cro·quette [krō kĕt′] *(n.)* الكُروكيت : كتلة صغيرة ، مستديرة عادةً ، من لحم أو سمك مفروم تُكْسَى بالبيض وكِسَر الخبز وتُقْلَى بالسَّمن .

cro·qui·gnole [krō′kə nōl′; -kĭn yōl′] *(n.)* الكُروغِنيول : طريقة من طرائق تمويج الشَّعر .

cro·quis [krō kē′] *(n.)* المخطَّط : رسم إعداديّ أو تمهيديّ .

crore [krōr] *(n.)* الكُرور : عشرة ملايين . وبخاصة : عشرة ملايين روبيّة .

cro·sier [krō′zhər] *(n.)* صَوْلجان الأسْقُف .

cross [krôs; krŏs] *(n.; vt.; i.; adj.; prep.; adv.)* (١) صَليب (٢) «أ» الصَّلْب <the penalty of the ~> . «ب» المِحْنة : بَلْوى تُمتَحَنُ فيها فضيلةُ المرء أو صبرُهُ إلخ (٣) النُّصُب الصَّليبيّ : نُصُب على شكل صليب أو يعلوه صليب (٤) إشارة صليب [يُوَقِّع بها الأمّيون] (٥) وسام أو زخرف أو شارةٌ على شكل صليب (٦) تقاطع طريقَيْن أو خطَّين (٧) نزاع ؛ مُشادّة (٨) «أ» التَّهجين : المزاوجة بين الأنواع أو الأعراق . «ب» الهجين : نِتاجُ عملية التهجين . «ج» نبتة مُهَجَّنة (٩) «أ» المباراة المُزَيَّفة : مباراة دُبِّرت نتيجتُها مُقدَّمًا على نحو غير شريف . «ب» تصرّفات غير شريفة أو غير شرعية

(١٠) الاجتياز: انتقال من جزء من المسرح إلى آخر (١١) .cap: «أ» Northern Cross. «ب» Southern Cross § (١٢) يَقْطع؛ يتقاطع (١٣) يُصَلِّب: يرسم إشارة الصليب أمام كذا (١٤) يَحْذِف (١٥) يُصالِب: يجعله مُتصالبًا <~*ed* the arms> (١٦) يعترض؛ يُعارض؛ يُقاوم <They ~*ed* me in everything.> (١٧) يُفسد: يعطّل تعطيلًا كاملًا (١٨) يَخْدَع؛ يخون (١٩) يمتدّ عَبْرَ (٢٠) يَبْلُغ؛ يَصِل إلى (٢١) يَعْبُر؛ يجتاز (٢٢) يُسَطِّر: يرسم خطّين مُتوازيَيْن على ظاهر الشيك (٢٣) يُهجِّن: يزاوج بين الأنواع (٢٤) يلتقي بِـ **x** (٢٥) «أ» ينتقل من جانب إلى آخر [من المسرح]. «ب» ينتقل من موقع [أو ولاء] إلى آخر (٢٦) يتقاطع [الشارعان] (٢٧) يتلاقيان في الطريق § (٢٨) مُسْتَعْرِض: ممتدّ بالعَرْض (٢٩) متقاطع <~ streets> (٣٠) مُعاكِس؛ مُضادّ؛ غير مُؤاتٍ (٣١) مُتعارِض؛ مُتضارِب <~ requirements> (٣٢) متبادَل <~ payments> (٣٣) نَزِق (٣٤) فظّ؛ جِلْف (٣٥) هجين؛ مهجَّن (٣٦) غير أمين؛ غير شريف (ع) § (٣٧) عَبْرَ § (٣٨) بانحراف.

on the ~, (١) غير أمين أو شريف أو مشروع (٢) على نحو غير أمين أو شريف أو مشروع (٣) بالوَرْب.

to ~ a cheque يسطّر شيكًا: يرسم خطين متوازيين على ظاهر الشيك بحيث يقيَّد في الحساب الجاري للمستفيد.

to ~ another's hand *or* palm (١) يعطي كاشفَ الحظّ [أو كاشفتَهُ] قطعةً نقدية (٢) يرشو.

to ~ a person's path يلتقي به [أو تكون له صلاتٌ به].

to ~ one's heart يَرْتسم: يرسم إشارة الصليب على قلبه عندما يُقسِم على صحة شيء.

to ~ one's legs يُصالِب رِجلَيْه: يضع ساقًا على ساق.

to ~ one's mind تَخْطُر له [فكرة].

to ~ swords with يتبارز [أو يتجادل] مع.

to take the ~, يلتحق بحملة صليبية.

cross·a·ble *(adj.)* (١) ممكنٌ عبورُهُ (٢) مُتهاجن: قابل للتهجين.

cross action *(n.)* الدَّعوى المضادّة [يقيمها المُدَّعَى عليه ضدّ المدَّعي].

cross·bar *(n.)* العارضة؛ القضيب المُسْتَعْرِض [الممتدّ بالعَرْض].

cross·beam *(n.)* العارضة المتقاطعة أو المُسْتَعْرِضة: عارضة خشبية ضخمة تتقاطع مع أخرى أو تمتدّ من جدار إلى جدار.

crossbill

cross·bill [-ˊbĭl] *(n.)* «القَرْزَبيل»: طائر يتميّز بمنقار مُتصالب.

cross·bones *(n. pl.)* العظمان المتصالبان [تحت جمجمةٍ رمزًا للموت].

cross·bow [krôsˊbō´] *(n.)* النُّشّابيّة: آلة حربية قديمة.

crossbow

cross·bred [-ˊbrĕd] *(adj.; n.)* (١) هجين؛ مُهجَّن § (٢) الهَجين.

cross·breed [-ˊbrēd´] *(vt.; i.; n.)* (١) يُهجِّن: يُزاوج بين ضربين أو سُلالتين من النوع نفسه **x** (٢) يتهاجن § (٣) الهَجِين؛ المُهَجَّن.

cross bun *(n.)* كعكة الصليب: كعكة عليها إشارة الصليب تؤكل يوم الجمعة الحزينة بخاصة.

cross·check *(vt.)* يُعارِض: يتحقق [من أمر] بالمعارضة أو المقابلة.

cross–coun·try[1] *(adj.; adv.)* (١) عَبْرَ الحقول أو الريف <a ~ race> (٢) عَبْرَ البلاد إلى <a ~ flight>.

cross–country[2] *(n.)* سباق الضّاحية (رب).

cross–cul·tur·al *(adj.)* عَبْرثقافي: مَعْنيّ بالمقارنة بين الثقافات.

cross·cut [-ˊkŭt´] *(vt.; adj.; n.)* (١) يَقْطع بالعرض (٢) يجري عَبْرَ... (٣) يتقاطع [الخطّان إلخ] § (٤) مُتعارض: مُعَدّ للقطع بالعَرْض <a ~ saw> (٥) مُسْتَعْرِض؛ بالعَرض <a ~ incision> § (٦) مَقْطعٌ مُسْتَعْرِض.

cross·cut saw *(n.)* منشار القَطْع المُتعارِض.

crosse [krôs] *(n.)* الصَّولجان: مِضرب كرة اللَّكْروس lacrosse.

cross–ex·am·i·na·tion *(n.)* (١) استجواب الشاهد: استجواب شاهد الخصم ابتغاء دَحْض شهادته (ق) (٢) استجواب دقيق أو قاسٍ.

— cross–ex·am·ine *(vt.)*

cross–ex·am·in·er *(n.)* مُستجوِب الشاهد (را. المادّة السابقة).

cross–eye [krôsˊī´] *(n.)* (١) حَوَل (٢) .pl: عينان حَوْلاوان.

cross–eyed [krôsˊīd´] *(adj.)* أحْوَلُ.

cross–fer·ti·li·za·tion *(n.)* (١) الإخصاب التَّهجينيّ (أح) (٢) الإخصاب الخَلْطيّ (نب) (٣) تفاعل.

— cross–fer·ti·lize *(vt.; i.)*

cross·file *(vi.; t.)* يترشَّح [أو يرشِّح] للانتخابات الأوّلية لأكثرَ من حزب.

cross fire *(n.)* (١) النيران المتقاطعة: نيران تُطْلَق من أكثرَ من موقع بحيث تتقاطع وتتصالب (٢) تبادُل عنيف (٣) الوابل: شبه رَشَقات مُنْصَبّة من جهات مختلفة أو أناس مختلفين <a ~ of questions>.

cross–grained *(adj.)* (١) شَكِس؛ سيّئ الطبع (٢) مُسْتَعْرِض التجزُّع: ذو ألياف متعرّقة على نحوٍ مُسْتَعرِض أو منحرف.

cross hair *(n.)* الشَّعْرة المُتعامِدة [في بؤرة العينية لأداةٍ بَصَريّة].

cross·hatch [krôsˊ-] *(vt.; i.)* يُرقِّن تعارُضيًّا: يُرقِّن أو يُظلِّل بمجموعتين متعارضتين من الخطوط المتوازية (رم).

cross–hatch·ing *(n.)* التّرقين أو التظليل المتعارض.

cross·head [krôsˊhĕd´] *(n.)* (١) الطَّربوش: جزء من الآلة يصل بين ذراع الكبّاس وذراع التوصيل (مك) (٢) العنوان الفرعيّ [طع].

cross·ing *(n.)* (١) مص cross؛ مثل: «أ» عبور. وبخاصّة: رحلة بحريّة. «ب» معارضة؛ مقاومة. «ج» تهجين (٢) مَعْبَر المُشاة (٣) نقطة التَّقاطُع.

cross–leg·ged *(adj.; adv.)* (١) مُقَرْفِص: جالسٌ القُرْفُصاء (٢) مُتصالب الرِّجلين: واضعٌ ساقًا على ساق.

cross·let [krôsˊlĭt] *(n.)* الصُّلَيْب: صليب صغير.

cross·ly [krŏsˊlĭ] *(adv.)* بِنَزَق؛ بِشكاسة؛ بفظاظة.

cross multiplication *(n.)* الضَّرب المتصالب (ر).

cross–na·tion·al *(adj.)* دُوَلي: خاصّ بدولتين أو أكثر.

cross·ness *(n.)* (١) نَزَق؛ رداءة طبع (٢) فظاظة؛ جَلافة.

cross·o·ver [krôsˊ-] *(n.)* (١) عبور (٢) مَعْبر (٣) التَّحويلة: ترتيبة خطوط تحوِّل القطارَ الحديديّ من خطّ إلى آخر.

cross·patch *(n.)* النَّزِق؛ السَّريع الاهتياج؛ الكثير التَّشكّي والتَّذمُّر.

cross·piece *(n.)* القطعة المتعارِضة: قطعة خشبية أو حديدية مُثبَّتة عَبْرَ

أخرى .

cross–pol·li·na·tion *(n.)* الإخصاب الخَلْطيّ (نب).

cross–pur·pose *(n.)* (١) غَرَض أو هدف مُضادّ (٢) تناقض؛ سوء تفاهم . to be at ~s يعملون على نحوٍ متعارض [من غير تعمُّدٍ عادةً].

cross–ques·tion *(vt.; n.)* (١) cross–examine § (٢) السُّؤال التّعارضيّ: سؤال يُطْرح أثناء استجواب الشاهد.

cross–re·ac·tion *(n.)* التفاعل التبادُليّ (أح).

cross–ref·er·ence *(n.; vt.)* (١) الإسناد الترافُقيّ: إحالة من جزء من كتاب أو فِهْرس إلى آخر § (٢) يُزَوِّد بإسنادات ترافُقيّة.

cross·road [krôs′rōd] *(n.)* (١) الطريق المتقاطعة [مع طريق رئيسية] (٢) طريق فرعية (٣) *.pl*: مُفْتَرَق طُرُق. at the ~s على مُفْتَرَق الطُّرُق: في مرحلة مصيرية يتعيَّن على المرء فيها أن يُقرِّر أو يختار موقفًا أو وِجهةً ما.

cross section *(n.)* المَقْطَع المُسْتَعْرِض: «أ» مَقْطَعٌ عَرْضي. «ب» عيِّنة مقصودٌ بها أن تُعطي صورة نموذجية عن الكلّ <a ~ of Indian opinion>. — **cross–sec·tion·al** *(adj.)*

cross–ster·ile *(adj.)* عقيمٌ تبادُليًّا: عقيمٌ على نحوٍ متبادَل.

cross–stitch [-′stĭch′] *(n.; vt.; i.)* (١) القُطْبة المُتصالِبة: «أ» قُطبة تتصالب مع أُخرى مُشَكِّلةً حرف x. «ب» ضرب من شغل الإبرة تتصالب فيه القُطَب § (٢) يخيط أو يطرِّز بقُطَب متصالبة.

cross-stitch

cross street *(n.)* الشارع المتقاطع [مع شارع آخر].

cross·town *(adj.)* (١) متقابل (٢) عَبْرَ البلدة أو المدينة.

cross·tree [krôs′trē′] *(n.)* مِنَصّة الصّاري (مل).

cross vault *(n.)* العَقْد المتقاطع (عم).

cross vault

cross·walk [krôs′wôk′] *(n.)* مَمَرّ المُشاة.

cross·way [krôs′wā′] *(n.)* = crossroad.

cross·wind [krôs′wĭnd′] *(n.)* الرِّيح المُتعامدة: ريح تَهُبُّ على زاوية قائمة مع مَسار الطائرة (طي).

cross·wise [-′wīz′] *also* **cross·ways** *(adv.)* (١) بالعَرْض؛ على نحوٍ مُستعرِض (٢) على غير ما يُرام.

cross·word puzzle *(n.)* أُحجيّة الكلمات المتقاطعة.

crotch [krŏch] *(n.)* (١) المُنْشَعِب: جزء أو قطعة أو مرتكَزٌ الخ ذو شعبتين (٢) «أ» المُنشَعَب: الزاوية الناشئة عن انشعاب جذع الشجرة إلى فرعين. «ب» المُنْفَرَج: الزاوية الناشئة عن انفراج الرِّجلين. — **crotched** *(adj.)*

crotch·et [krŏch′ĭt] *(n.)* (١) كُلّاب؛ مِحْجن (٢) نزوة؛ هوًى؛ هَوَس (٣) أداة غريبة؛ حيلة خاصّة (٤) النَّغمة الرُّبعيّة (مو).

croch·et·y [-′ĭt ĭ] *(adj.)* نَزِق؛ غريب الأطوار؛ سيِّئ الطَّبع.

cro·ton [krō′tən] *(n.)* حَبّ الملوك: نبات ذو منافع طبية.

Croton bug

Cro·ton bug *(n.)* صُرصور كروتون: صُرْصور صغير ذو لون بنّي فاتح.

crouch [krouch] *(vi.; t.; n.)* (١) يربض؛ يجثم (٢) ينحني بتذلُّل أو عبودية x (٣) يحني بِذُلّ أو خوف <to ~ one's head> § (٤) رُبوض؛ جُثوم (٥) انحناء أو حنيٌ بتذلّل.

croup[1] [krōōp] *(n.)* (١) كَفَل الحيوان ذي الأربع (٢) كَفَلُ الحصان بخاصة.

croup[2] *(n.)* الخُناق: التهاب في الحنجرة يتميّز بالسُّعال وضيق التنفُّس.

crou·pi·er [krōō′pĭ ər; -pyā′] *(n.)* مدير اللُّعبة: موظف في نادٍ للقمار يجمع الأموال على المائدة الخضراء ويدفع إلى الرابحين أنصبتهم.

croup·ous [krōō′pəs] *(adj.)* خُناقيّ: متعلّق بالخُناق أو شبيهٌ به.

croup·y [krōō′pĭ] *(adj.)* (١) خُناقيّ (٢) مُصابٌ بالخُناق.

crou·ton [krōō′tŏn] *(n.)* الكروتون: قطعة من الخبز المحمَّص.

crow [krō] *(n.; vi.)* (١) الغُراب (ط) (٢) crowbar (٣) *.cap*: الغُراب؛ الخِباء اليمانيّ (فل) (٤) صياح الديك (٥) صيحةٌ ظافرة § (٦) يصيح [الديك] (٧) يُطلق [الطفل] صيحاتِ الابتهاج (٨) «أ» يتبَجَّح <to ~ over a victory>. «ب» يشمت بعدوّ مهزوم <to ~ over a defeated enemy>. as the ~ flies في خطٍّ مستقيم؛ بأقصر الطُّرق.

crow *1.*

crow·bar [krō′bär′] *(n.)* العَتَلة؛ المُخْل (مك).

crow·ber·ry *(n.)* الحَجَريّة السَّوداء الثمر: شُجيرة دائمة الخضرة.

crowd[1] [kroud] *(vi.; t.; n.)* (١) يندفع؛ يَجري مُسرعًا (٢) يَشُقّ طريقه [إلى]؛ يتدافع (٣) يحتشد x (٤) «أ» يَحْشُر. «ب» يدفع إلى أمام. «ج» يملأ؛ يَكُظّ (٥) يَحْشُد (٦) يَسْتحثّ (٧) يزيد (٨) يَضْغط على (٩) تَزْحَمُ [السيارةُ السيارةَ] § (١٠) حَشْدٌ [من الناس] (١١) الناس؛ العامّة؛ الجماهير (١٢) جَمْهَرَة؛ مجموعة كبيرة <a ~ of islands> (١٣) الزُّمرة؛ العُصْبة: جماعة تربط ما بين أفرادها مصالحُ مشتركة <meeting his ~>. to ~ (on) sail يَنشُر أشرعةً كثيرة [لزيادة سرعة المركب]. to follow (*or* go with *or* move with) the ~, يندفع مع التيار؛ يَفعَل ما يفعَلُه معظم الناس.

crowd[2] *(n.)* الكُرود: آلة موسيقية وترية سَلْتيّة قديمة شبيهة بالقيثارة (مو).

crowd[2]

crowd·ed *(adj.)* (١) مزدحم؛ مُكْتَظّ <~ streets> (٢) متراصّ على نحو غير مُريح: مزدحم <~ passengers on a bus> (٣) حافل: كثير الفقرات أو متعدّدها <a ~ program> (٤) خِصْب؛ غنيّ <a ~ life>.

crow·foot [krō′fōōt′] *(n.)* قَدَمَ الغراب: «أ» نبات تشبه أوراقه قَدَم الغراب. «ب» *.pl*: تجعّدات حول زاوية العين الخارجيّة. «ج» مجموعة حبال قصيرة مختلفة الطول [لتعليق الظُّلّة التي تقي النافذة من الشمس]. «د» أداة مستدقة الرأس تُطرح على الأرض لإعاقة اندفاع الفرسان.

crow·keep·er *(n.)* مُرَوِّع الغِربان: شخص يُستخدم لترويع الغربان.

crown [kroun] *(n.; vt.)* (١) التّاج : «أ» جائزة؛ مكافأة على انتصار . وبخاصة : لقب البطولة في لعبة رياضية . «ب» حِلْية للرأس يتّخذها الملوك (٢) قِمّة؛ ذِرْوة . مثل : «أ» أعلى الجمجمة أو الرأس . «ب» الرأس نفسُه <He broke his ~.> . «ج» قُنّة الجبل . «د» ذِروة الشجرة . «هـ» أعلَى القُبّعة . «و» تاج الضِّرس : جزؤه الأعلى الذي فوق اللِّثة، أو بديلٌ صناعيّ، ذهبيّ عادةً، لذلك الجزء (٣) إكليل (٤) شيء يُشبه الإكليل أو التاج [مثل إكليل الزهرة إلخ] (٥) «أ» *cap.* عد : السلطة الملكية أو الأمبراطورية . «ب» *cap.* : حكومةٌ ملكية دستورية . «ج» *cap.* عد : مَلِك (٦) الكراون : «أ» أيّ من عدة قطع نقدية ذهبية تحمل صورة تاج . «ب» قطعة نقدية فضيّة بريطانية سابقة تساوي خمسة شلنات (٧) التاجيّ : قَطْع من الورق [١٥ × ٢٠ إنشًا عادةً] § (٨) يُتوِّج (٩) يكلِّل (١٠) يُتوِّج : يُضفي عليه شرفًا أو مجدًا (١١) يُتوِّج : يَخْتِم [أو يُكمِل] بنجاح أو فعّالية (١٢) يُتوِّج : يُلبِس الضرسَ تاجًا صناعيًا (١٣) يضرب على الرأس .

crown canopy *(n.)* الظُّلّة التّاجيّة : الغطاء المُشكَّل من أعالي أغصان الشجر في غابة .

Crown Colony *(n.)* مستعمرة التاج : مستعمرة يسيطر التاج البريطاني على شؤون التشريع والإدارة فيها سيطرة تامة .

crown court *(n.)* محكمة التاج : محكمة الجنايات [في بريطانيا] .

crown·er [krou'nər] *(n.)* = coroner.

crown glass *(n.)* الزُّجاج التاجيّ : «أ» زجاج شديد النقاء . «ب» زجاج نوافذ قُرصيّ الشكل في وسطه شبه عُقْدة أو طبقة سميكة .

crown·ing *(adj.)* مُتمِّم؛ مُكمِّل؛ مُتوِّج <~ part> .

crown land *(n.)* أرض التاج : «أ» أرض تابعة للتاج البريطاني تعود إيراداتها إلى الملك . «ب» أرض عموميّة في بعض المستعمرات البريطانية .

crown·piece [-'pēs'] *(n.)* أعلى الشيء أو تاجُه .

crown prince *(n.)* وَليُّ العهد .

crown princess *(n.)* (١) زوجة وَليِّ العهد (٢) وليَّة العهد .

crown saw *(n.)* المنشار التّاجيّ : منشار ذو أسطوانة حولَ حافتها أسنان .

crown saw

crown vetch *(n.)* الأُكَيْليل المتغيّر : نبات عشبيّ أوروبيّ .

crow's–foot [krōz'-] *(n.)* pl. **-feet** قَدَم الغُراب : «أ» *pl.* عد : تجعُّدات أو غضون حول زاوية العين الخارجية . «ب» نبات تُشبه أوراقه قَدَم الغراب .

crow's–nest *(n.)* مِنَصّة المراقبة [على السفينة أو الشاطئ] .

cro·zier [krō'zhər] *(n.)* = crosier.

cru·ces [kroo'sēz] *pl. of* crux.

cru·cial [kroo'shəl] *(adj.)* (١) حاسم <a ~ experiment> (٢) عصيب <a ~ period> (٣) حَرِج <a ~ moment> (٤) أساسيّ .

cru·ci·ate [kroo'shĭ ĭt] *(adj.)* صليبيّ الشكل . وبخاصة : ذو أوراق أو بَتَلاتٍ صَليبيةِ الشكل (نب) .

cru·ci·ble [-'sə bəl] *(n.)* (١) بُوتَقة (٢) مِحنة؛ اختبار قاسٍ .

crucible steel *(n.)* فولاذ البواتق (مع) .

cru·ci·fer [kroo'sə fər] *(n.)* الصَّليبيّة : أيّ نبتة من فصيلة الصَّليبيات التي تشمل القُنّبيط والكُرُنب والرَّشاد .

cru·cif·er·ous [kroo sĭf'-] *(adj.)* صليبيّ : «أ» حاملٌ صليبًا . «ب» منسوب إلى الفصيلة الصليبية أو ذو علاقة بها (نب) .

cru·ci·fix *(n.)* (١) صليب يمثّل المسيحَ مصلوبًا (نص) (٢) صليب .

cru·ci·fix·ion [kroo'sə fĭk'-] *(n.)* (١) «أ» صَلْب . «ب» *cap.* : صَلْب المسيح (نص) . «ج» صورة إلخ تمثّل ذلك (٢) عذاب أليم؛ محنة قاسية .

cru·ci·form [-'sə fôrm'] *(adj.; n.)* (١) صَليبيّ الشكل § (٢) صليب .

cru·ci·fy [-'sə fī] *(vt.)* (١) يَصْلُب (٢) يُميت؛ يَقْهَر [الشهواتِ] أو يَكْبِتُها كَبْتًا كاملًا <to ~ the flesh> (٣) يَضْطهد؛ يُعذِّب .

crud [krŭd] *(n.; vt.; i.)* (١) خُثارة اللَّبن (٢) شيء بغيض (٣) شخص مُحتقَر (٤) عِلّة جسمانية [غير محدَّدة الهوية] § (٥) يُخثِّر (ع) x (٦) يتخثّر (ع) .

crude [krood] *(adj.; n.)* (١) خام <~ oil> (٢) فِجّ؛ غير ناضج (ا. ق) (٣) بسيط؛ جافٍ <a ~ hut> (٤) غير بارع أو مُتقَن <~ paintings> (٥) فَظّ؛ جِلْف (٦) خشِن : غير مصقول أو مُهذَّب <~ manners> (٧) عارٍ؛ صريح <~ facts> § (٨) مادةٌ خامٌ . وبخاصة : نفطٌ خامٌ .

cru·di·ty *(n.)* (١) خاميّة؛ فجاجة إلخ (٢) شيء خامٌ أو فِجّ إلخ .

cru·el [kroo'əl] *(adj.)* (١) وَحشيّ (٢) قاسٍ (٣) مُوجِع؛ لاذع؛ مُؤذٍ <a ~ joke>.
— **cru·el·ness** *(n.)*

cru·el·ty [-tĭ] *(n.)* (١) وحشيّة؛ قَسْوة (٢) عمل وحشيّ .

cru·et [-'ĭt] *(n.)* (١) وعاء الخمر أو الماء المقدَّس (كن) (٢) إبريق زجاجي [للزيت أو الخلّ إلخ] .

cruet

cruet stand *(n.)* المَقْزَحة (مج) : حمّالة تضمّ عدة زجاجات صغيرة تحتوي على زيتٍ أو خلّ إلخ للمائدة .

cruise [krooz] *(vi.; t.; n.)* (١) يُساحِل : يُبْحر مُتوقِّفًا عند مرافئ متعددة (٢) يذهب؛ يمضي (٣) يترحَّل : يُسافر طلبًا للمتعة (٤) يُطوِّف : يجوب الشّوارع متمهّلًا (٥) يتطوّف : «أ» تطوّف [البارجةُ إلخ] بحثًا عن سُفن الأعداء . «ب» تنطلق [السيارة أو الطائرة] بأقصى سرعة عمليّة يمكن السيطرة عليها x (٦) يجوب؛ يطوف § (٧) مُساحَلة؛ تَرَحُّل؛ تَطَوُّفٌ (٨) رحلة [للمتعة] .

cruise missile *(n.)* القذيفة الطَّوفيّة : قذيفة موجَّهة [من طائرة إلخ] .

cruis·er [kroo'zər] *(n.)* (١) فا cruise (٢) المُساحِلة : باخرة تتوقف مؤقتًا في مرافئ متعدّدة (٣) المُطوِّفة؛ المُتَطوِّفة : سيارة أو طائرة مُطوِّفة أو مُتطوِّفة (٤) الطّرّاد : سفينة حربية (٥) زورق [لرحلات المتعة] (٦) المُتَرَحِّل طلبًا للمتعة (٧) المُطوِّف؛ المُتطوِّف؛ الجوّاب (٨) مومس (ع) .

cruising altitude *(n.)* ارتفاع التَّطواف (طي) .

cruising speed *(n.)* السّرعة التطوُّفيّة («سي» و«طي») .

cruising taxi *(n.)* المطوِّفة : سيارة تجوب الشوارع على رجاء أن يستوقفها بعض الركاب .

crul·ler [krŭl'-] *(n.)* المبرومة؛ المُحَلَّقة : كعكة صغيرة محلّاة .

crumb [krŭm] *(n.; vt.)* (١) كِسْرة [وبخاصة من الخبز] (٢) النُّتْفَة : مقدار ضئيل <a ~ of comfort> (٣) لُبّ الخبز (٤) شخص تافه (ع) § (٥) يُفتِّت

(٦) يكسو بكِسَر الخبز (طخ) (٧) يرفع الفُتات عن <to ~ a table> .

crum·ble [krŭm′bəl] *(vt.; i.; n.)* (١) يُفَتِّت x (٢) يتفتّت (٣) يتقوّض؛ ينهار § (٤) شيء متفتّت (٥) كِسْرة.

crum·blings *(n. pl.)* كِسَرٌ؛ فُتات.

crum·bly [krŭm′blĭ] *(adj.)* سهل التفتّت <~ soil>.

crum·mie *or* **crum·my** [krŭm′ĭ] *(n.)* بقرة (إسك).

crum·my *or* **crumb·y** [krŭm′ĭ] *(adj.)* (١) زريّ؛ قذر (٢) رخيص؛ تافه.

crump [krŭmp] *(vt.; i.; n.; adj.)* (١) يطحن بأسنانه؛ يَمْضَغ (٢) يَضْرِب بعنف x (٣) يُحدث صوتًا طاحنًا [كالذي ينشأ عن السير على الثلج] § (٤) صوت طاحنٌ أو ماضغ (٥) لكمة قوية (٦) انفجار [قنبلةٍ] (٧) مُتَفجِّرة ضخمة (بر) § (٨) هَشّ؛ قَصِمٌ؛ قَصِفٌ.

crum·pet [krŭm′pĭt] *(n.)* (١) المُلْتَفَّة: كعكة مسطّحة مستديرة ليّنة غير مُحلّاة تحمّص وتؤكل ساخنةً مفروشةً بالزبدة (٢) الرأس (ع).

crum·ple [krŭm′pəl] *(vt.; i.; n.)* (١) يُغَضِّن؛ يجعّد (٢) يلوي؛ يُشَوِّه؛ يَسْحَق (٣) يدمِّر؛ يَقْهَر؛ يَهْزِم؛ يتغلّب على x (٤) يتغضّن؛ يتجعّد (٥) يتقوّض؛ يتهدّم؛ ينهار § (٦) غَضَنٌ؛ جَعْدة.

crunch [krŭnch] *(vt.; i.; n.)* (١) «أ» يطحن بأسنانه. «ب» يمضغ بصوتٍ طاحن (٢) يَسْحَق بِجَلَبة <to ~ crisp snow> x (٣) ينسحق [الثلج إلخ] بجلَبة § (٤) طَحْن بالأسنان؛ مَضْغٌ؛ سَحْقٌ [أو صوتُ ذلك] (٥) مَأزِق (٦) أزمة <an energy ~>.

crunch·er [krŭn′chər] *(n.)* (١) فا crunch (٢) ضربة قاضية.

crup·per [krŭp′ər] *(n.)* (١) المِذْيَلة؛ الثَّفَر: سير من جلد يقع تحت ذيل الفرس (٢) كَفَلُ الحصان. وتوسُّعًا: كفَلٌ؛ عجيزة.

cru·ral [kroor′əl] *(adj.)* فَخِذيّ؛ ساقيّ <~ artery>.

crus [krŭs] *(n.)* pl. **cru·ra** السّاق («ت» و«ح»).

cru·sade [kroo sād′] *(n.; vi.)* (١) الصَّليبية: «أ» حملةٌ من حملات الحروب الصَّليبية. «ب» حملة عنيفة تُشَنّ ضدّ قضية أو في سبيلها <a ~ against crime> § (٢) يُشارِك في حملة صليبية (٣) يناضل. — **cru·sad·er** *(n.)*

cru·sa·do [kroo sā′dō] *also* **cru·za·do** *(n.)* الكروسادو: قطعة نقدية ذهبية أو فضية برتغالية قديمةٌ موسومةٌ بصليب.

cruse [krooz; kroos] *(n.)* قارورة؛ إبريق [للماء أو الزيت إلخ].

crush [krŭsh] *(vt.; i.; n.)* (١) يَعْصِر (٢) يعتصر: يستخرج بالعَصْر (٣) يعانق؛ يَضُمُّ بشدّة (٤) يَسْحَن؛ يَطْحَن (٥) يَسْحَق (٦) يَمْحَق؛ يقضي على (٧) يَقْمَع؛ يُخْمِد (٨) يضطهد؛ يَسْحَق (٩) يُغضِّن؛ يُجَعِّد (١٠) يَحْشُر <We can't ~ any more people into the hall.> (١١) يَشُقّ [طريقَهُ] x (١٢) يَنْسحق (١٣) يتغضَّن (١٤) يندفع § (١٥) مص crush (١٦) عصير فاكهة <orange ~> (١٧) زِحام؛ جمهور مُحْتشِد (١٨) «أ» افتتان؛ ولوع؛ تعلُّق <to have a ~ on someone>. «ب» الشخص المُفْتَتَن به.

crush·ing *(adj.)* (١) ساحق؛ ماحق (٢) مُفحِم؛ مُسْكِت (٣) حاسم.

crust [krŭst] *(n.; vt.; i.)* (١) القِشْرة: «أ» قشرة الرغيف [تمييزًا لها عن لُبِّه]. «ب» قطعة من هذه القِشْرة. «ج» كِسْرة من الخبز اليابس. «د» القشرة الخارجية لفطيرة أو كعكة مُحلّاة (٢) الغلاف: القشرة الخارجية القاسية لحيوان أو نبات (٣) القِشْرة؛ أديم الأرض (٤) وقاحة § (٥) يكسو بقشرةٍ x (٦) يكتسي بقشرة.

crus·ta·cean [krŭs tā′shən] *(n.; adj.)* (١) القِشْريّ: حيوان مَفْصِليّ من طائفة القِشْريات التي تشمل السراطين وجراد البحر والإربيان § (٢) قِشْريّ.

crus·ta·ceous [krŭs tā′shəs] *(adj.)* قِشْريّ.

crust·ed *(adj.)* (١) قِشْريّ (٢) قديم؛ عريق (٣) راسخ؛ ثابت.

crus·ty *(adj.)* (١) قِشْريّ (٢) قاسٍ (٣) فظّ (٤) نَزِق.

crutch [krŭch] *(n.; vt.)* (١) عُكّاز (٢) سِناد؛ دِعامة؛ ركيزة (٣) مِسند للرِّجلين [في سَرْج جانبيّ sidesaddle] (٤) المُنْفَرَج: الزاوية الناشئة عن انفراج الرِّجلين (٥) دعامة مُنشَعِبة (٦) «شاكوش» السّاعة § (٧) يَسْنُد؛ يَدْعَم.

crutch *1.*

crux [krŭks] *(n.)* pl. **cruxes** *also* **cruces** (١) صليب (٢) مشكلة محيِّرة (٣) لُبّ؛ جَوْهر (٤) نقطة جوهرية.

Crux [krŭks] *(n.)* نُعَيْم؛ صليب الجنوب (فل).

cru·zei·ro [kroo zâr′ō] *(n.)* الكروزارو: وحدة النقد في البرازيل.

crwth [krooth] *(n.)* الكُرود: آلة موسيقية وترية قديمة (را. crowd [2]).

cry [krī] *(vi.; t.; n.)* (١) يَصْرخ؛ يصيح (٢) يبكي؛ ينتحب (٣) يعوي؛ ينبح؛ ينعب إلخ x (٤) يلتمس؛ يطلب متوسِّلًا (٥) ينادي؛ يصرخ قائلًا (٦) «أ» ينادي على البضاعة. «ب» يذيع أو يعلن على الملأ <*cried* the news> § (٧) صياح؛ صراخ؛ صيحة؛ صرخة (٨) «أ» بكاء. «ب» نوبة بكاء (٩) عواء؛ نباح؛ نعيب إلخ (١٠) التماس؛ توسُّل؛ مُناشَدة (١١) مناداة على البضائع (١٢) شعار سياسي أو حزبي <«Africa for the Africans» was their ~.> (١٣) «أ» إشاعة عامة <The ~ goes that you shall marry her.> «ب» زيّ شائع (١٤) رأي عام (١٥) «أ» زمرة [من كلاب القنص]. «ب» جماعة <a ~ of players>.

- a far ~ from — مختلف جدًا عن...
- in full ~, — (١) في مطاردة حادَّة [تنبح فيها الكلاب جميعًا] (٢) في حالة هجوم عنيف.
- much ~ and little wool — جَعْجعة من غير طِحْن.
- the ~; all the ~, — الزيّ الأخير.
- to ~ down — ينتقص من قدره.
- to ~ for — (١) يطلب متوسلًا أو باكيًا (٢) يكون في أمسّ الحاجة إلى.
- to ~ for the moon — يطلب شيئًا مستحيلًا.
- to ~ halves — يطالب بالمناصفة، يطالب بحصّة مساوية لحصة شخص آخر.
- to ~ mercy — يلتمس الصفح أو الرحمة.
- to ~ off — (١) ينقض عهدًا أو اتفاقًا (٢) يُحجم عن عمل شيء كان قد عقد النيّة عليه.
- to ~ one's eyes *or* heart out — يبكي بكاءً مريرًا.

ă at; ā date; â care; ä car; ĕ egg; ē me; ĭ in; ī bite; ŏ lot; ō bone; ô orphan; oi boil; oo good; oo boot; ou out; ŭ under; û urgent; ə = *a* in alone, *e* in system, *i* in easily, *o* in gallop, *u* in circus.

to ~ oneself to sleep يبكي إلى أن يغلبه النعاس فينام .

to ~ out (١) يصرخ (٢) يتشكّى ؛ يتذمّر ؛ يحتجّ على .

to ~ out against يشجب أو يوبّخ بعنف .

to ~ out on *or* upon يشجب ؛ يستهجن .

to ~ over spilled milk يبكي على اللبن المُراق ؛ يأسَى على مُضَيَّع لا سبيل إلى استرجاعه .

to ~ shame upon يحتجّ على . . .

to ~ up يُطري إطراءً شديدًا .

to ~ wolf يطلق إشارة خطر كاذبة .

cry·ba·by *(n.)* (١) البَكّاء : شخص سريع إلى البكاء (٢) الشَّكّاء : كثير التذمّر .

cry·ing [krī′-] *(adj.; n.)* (١) صارخ ؛ باكٍ إلخ (٢) ملِحّ ؛ ماسٌّ <a ~ need> (٣) متطلّب إصلاحًا أو معالجة <a ~ evil> (٤) شنيع <a ~ shame> § (٥) صِياح ؛ بكاء ؛ عُواء إلخ .

crym- *or* **crymo-** بادئة معناها : صقيع ؛ بردٌ شديد .

cry·mo·ther·a·py [krī′mō thĕr′-] *(n.)* الاستبراد ؛ المعالجة بالبَرْد .

cryo- بادئة معناها : قُرّ ؛ صَرَدٌ ؛ صقيع ؛ برد شديد .

cry·o·gen [krī′ə jən] *(n.)* = refrigerant.

cry·o·lite [krī′ə līt] *(n.)* الكرايوليت : معدن لمّاع أبيض .

cry·om·e·ter [krī ŏm′-] *(n.)* الكريومتر ؛ المِحَرّ القُرّيّ : مِحَرٌّ لقياس درجات الحرارة المنخفضة يشتمل على كحول بدلًا من الزئبق .

cry·o·pro·tec·tive [krī′ō prə tĕk′-] *(adj.)* حافظ من القُرّ .

cry·o·scop·ic *(adj.)* استِصْراديّ (را . المادة التالية) .

cry·os·co·py [krī ŏs′-] *(n.)* الاستصراد : «أ» تحديد نقاط تجمّد السوائل أو المحاليل . «ب» تحديد نقاط تجمّد البول إلخ لأغراض تشخيصية (ط) .

cry·o·ther·a·py [-thĕr′ə pĭ] *(n.)* = crymotherapy.

crypt *(n.)* (١) الدِّيماس : سرداب تحت كنيسة يُتّخذ مدفنًا (٢) الجُرَيْب : تجويف غُدّيّ صغير (ت) .

crypt- *or* **crypto-** بادئة معناها : «أ» خفيّ ؛ مستور . «ب» جِفريّ .

crypt·a·nal·y·sis [krĭp′tə năl′-] *(n.)* تحليل الجِفرة أو الشّيفرة .

cryp·tic [krĭp′-] *(adj.)* (١) خفيّ ؛ سرّي <nature's ~ ways> (٢) مُلْغِز ؛ خفيّ المعنى <a ~ comment> (٣) مَجْعول لإخفاء الحيوان <~ coloring> (٤) موجَز <a ~ note> (٥) جِفريّ ؛ شيفريّ <a ~ message>.

cryp·to [krĭp′tō] *(n.)* المُستخفي : المنتسب سرًّا إلى حزب أو طائفة إلخ .

crypto- = crypt-.

cryp·to·gam [krĭp′tə găm′] *(n.)* اللّازَهْرية : نبتة من اللّازَهْريات **Cryptogamia** وهي شُعبة من النبات لا أزهارَ أو بذورًا حقيقية لها ، كالسَّراخس والطحالب والأُشنة (نب) .

cryp·to·gam·ic *or* **cryp·tog·a·mous** *(adj.)* لازَهْريّ (نب) .

cryp·to·gen·ic [krĭp′tə jĕn′-] *(adj.)* خَفِيّ المنشأ <a ~ disease> .

cryp·to·gram [krĭp′tə grăm′] *(n.)* رسالة أو كتابة بالجِفرة .

cryp·to·graph [krĭp′tə grăf′] *(n.)* = cryptogram.

cryp·tog·ra·phy *(n.)* (١) التجفير ؛ التشفير : الكتابة بالجِفرة أو الشّيفرة (٢) جِفرة ؛ شيفرة .

cryp·to·mer·i·a *(n.)* سَرْو اليابان : شجر دائم الخضرة من الصنوبريّات .

cryp·to·nym [krĭp′tə nĭm] *(n.)* اسمٌ سرّيّ .

crypt·or·chi·dism [-′kə dĭz əm] *(n.)* استخفاء الخُصية (ط) .

crys·tal [krĭs′təl] *(n.; adj.)* (١) بِلّور (٢) بِلّورة (ك) (٣) غِطاء الساعة [الزجاجيّ أو اللدائنيّ الشفّاف] § (٤) بِلَّوريّ (٥) صافٍ ؛ شفّاف .

crystal detector *(n.)* المِكْشاف البِلّوريّ (رد) .

crystal gazer *(n.)* العرّاف البِلّوري : عرّاف يكشف عن أحداث المستقبل الخبيئة من طريق التحديق إلى كُرةٍ بِلّورية .

crys·tal·lif·er·ous *also* **crys·tal·lig·er·ous** [-lĭj′ər əs] *(adj.)* (١) مُبَلِّر : مُحْدِثٌ بِلّورات (٢) مُبَلَّر : محتوٍ على بِلّورات .

crys·tal·line [krĭs′tə lĭn; -līn′] *(adj.)* (١) بِلّوريّ (٢) بِلّورانيّ : شبيه بالبِلّور (٣) مُتَبَلِّر (٤) شفّاف ؛ صافٍ (٥) مُتَبَلْوِر : واضح المعالم .

crystalline lens *(n.)* العَدَسة البِلّورية : عدسة العين في الفقاريات (ت) .

crys·tal·li·za·tion *(n.)* (١) تَبَلُّر (٢) تَبَلْوُر (٣) جسم مُتَبَلِّر ؛ فكرة مُتبَلْورة .

crys·tal·lize *also* **crys·tal·ize** [-′tə līz′] *(vt.; i.)* (١) يُبَلِّر : يجعله يشكّل بِلّورات أو يجعله يتّخذ شكلًا متبلّرًا (٢) يُبَلْوِر : يجعله يتّخذ شكلًا محدَّدًا <She tried to ~ her thoughts.> (٣) يُبَلِّر : يكسو ببلّورات من السّكّر <to ~ grapes> x (٤) يتبلّر (٥) يتبَلْوَر .

— **crys·tal·lized** *(adj.)*

crys·tal·log·ra·pher *(n.)* العالم بالبِلّوريات .

crys·tal·log·ra·phy [krĭs′tə lŏg′rə fĭ] *(n.)* علم البِلّوريّات .

crys·tal·loid *(adj.; n.)* (١) بِلّورانيّ : شبيه بالبِلّور § (٢) مادّة بِلّورانيّة .

crystal set *(n.)* المستقبِلة البِلّورية : جهاز استقبال يستعيض عن الصمامات الألكترونية بمكشاف بِلّوريّ (رد) .

cte·noid [tē′noid] *(adj.)* (١) مُشْطيّ الحاشية : ذو حاشية شبيهة بأسنان المُشط (٢) مُشطيّ الحراشف <~ fishes> .

cte·noph·o·ran [tĭ nŏf′-] *(adj.; n.)* (١) مُشطيّ : ذو علاقة بحيوان من المُشطيّات § (٢) المُشطيّ : حيوان من المُشطيّات (را . المادة السابقة) .

cten·o·phore [tĕn′ə fōr′] *(n.)* المُشطيّ : حيوان من المُشطيّات **Ctenophora** وهي شعبة من اللافقاريات البحرية ذات صفائح مشطيّة الشكل .

cub [kŭb] *(n.)* (١) «أ» ولدُ الثعلب [تَتْفُل] أو الدبّ [دَيْسَم] أو الذئب [دَغْفَل] أو الأسد [شبل] . «ب» صغير الحوت أو صغير القِرش (٢) فتى ؛ فتاة ؛ وبخاصة : فتًى غِرّ ؛ فتى قليل التهذيب (٣) الجُرْموز : كشّاف صغير يتراوح عمره ما بين الثامنة والعاشرة (٤) المبتدئ : مراسل صُحُفيّ تُعْوِزُهُ الخبرة .

cu·ba·ture [kyōō′bə chər] *(n.)* (١) التّكعيب : تحديد المحتوى الحَجْميّ (٢) المحتوى الحَجْميّ .

cub·by [kŭb′ĭ] *(n.)* حُجَيْرة ؛ غرفة صغيرة .

cub·by·hole *(n.)* (١) حُجَيْرة (٢) pigeonhole *1b* .

cube [kyōōb] *(n.; vt.)* (١) المُكعَّب (٢) مُكعَّب العَدَد

cube *1.*

[مثلًا : مُكعَّب ٣ هو ٣ × ٣ × ٣ أو ٢٧] (٣) الكَعْب ؛ حَجَر النَّرْد ؛ زَهْر الطاولة § (٤) يُكعِّب : «أ» يوجِد مُكعَّب عددٍ ما . «ب» يجعله مُكعَّبَ الشَّكل . «ج» يقيس المحتوى الحَجْميّ .

cu·beb [kyo͞o′bĕb] *(n.)* (١) الكَبابة ؛ حَبّ العروس : نبات من الفصيلة الفلفلية (٢) المُكَبَّبة : سيكارة مشتملة على ثمر الكَبابة المجفَّف .

cube root *(n.)* الجِذْر التَّكعيبيّ (ر) .

cu·bic [kyo͞o′bĭk] *(adj.)* (١) مُكَعَّب الشَّكل (٢) مُكَعَّب <a ~ centimeter> (٣) تكعيبيّ ؛ حَجْميّ <the ~ contents of...> .

cu·bi·cal *(adj.)* (١) مُكَعَّب . وبخاصة : مُكَعَّب الشكل (٢) حَجْميّ .

cubical equation *(n.)* المعادلة التكعيبيّة (ر) .

cu·bi·cle [kyo͞o′bĭ kəl] *(n.)* (١) المَهْجَع . وبخاصة : واحد من عدة مَهاجع صغيرة في حجرة نوم مجزَّأة [في مدرسة أو مستشفًى] (٢) حُجيرة (٣) carrel .

cubic measure *(n.)* (١) قياس الأحجام (٢) مقياس حَجْميّ .

cu·bi·form [kyo͞o′bə fôrm′] *(adj.)* مكعَّب الشكل .

cub·ism [kyo͞o′bĭz əm] *(n.)* التكعيبية : مذهب فنّيّ تمثَّل فيه الأشياء بمكعّبات وأشكال هندسيّة أخرى (فج) .

cub·ist[1] *(n.)* الرسّام التكعيبيّ ؛ المثّال التكعيبيّ .

cub·ist[2] *or* **cu·bis·tic** *(adj.)* تكعيبيّ : منسوب إلى التكعيبية .

cu·bit [kyo͞o′-] *(n.)* الذِّراع : وحدة قياس للطول قديمة [حوالى ١٨ إنشًا] .

cu·boid [kyo͞o′boid] *(adj.; n.)* (١) مُكَعَّبانيّ : شبيه بالمكعَّب § (٢) المُكعَّبانيّ ؛ شبه المكعَّب ؛ متوازي المستطيلات (ر) (٣) المُكعَّبانيّ : عَظْم في رُسغ القدم شبيهٌ بالمكعَّب (ت) .

cu·boi·dal *(adj.)* مُكَعَّبانيّ : شبيه بالمكعَّب .

cub scout *(n.)* الجُرموز (را . cub[3]) .

cuck·ing stool *(n.)* كرسيّ التشهير : كرسيّ كانوا يُوْثِقون فيه السَّليطات من النِّساء والغشّاشين من التجار إلخ للتشهير بهم .

cuck·old [kŭk′əld] *(n.; vt.)* (١) الدَّيُّوث ؛ القَرْنان : زوج المرأة الفاسقة § (٢) «أ» يُديِّث : يجعل منه ديوثًا [بإغواء زوجته] . «ب» تُديِّث : تجعل من زوجها ديّوثًا [بأن تزني وتفسق] .

cuck·oo [ko͝ok′o͞o] *(n.; vi.; t.; adj.)* (١) الوَقواق (طا) (٢) الوَقْوَقة : صوت الوَقواق (٣) الأحمق § (٤) يُوَقْوِق : يكرِّر على نحوٍ رتيب كما يكرِّر الوقواقُ وَقْوَقَتَهُ § (٥) وَقواقيّ : منسوبٌ إلى الوقواق أو شبيهٌ به (٦) أحمق .

cuckoo *1.*

cuckoo clock *(n.)* ساعة الوقواق : ساعةُ جدارٍ دقّاتُها كصوت الوقواق .

cuck·oo·flow·er *(n.)* حُرْف الماء ؛ حُرْف المروج : بقلة من الصَّليبيّات .

cuckoopint

cuck·oo·pint [ko͝ok′o͞o pīnt] *(n.)* اللُّوف الأبقع (نب) .

cu·cu·li·form [kyo͞o kyo͞o′lə-] *(adj.)* (١) وَقواقيّ : ذو علاقة بالوَقْواقيات **Cuculiformes** وهي رتبة طيور تشمل الوقاويق (٢) وَقْوَقانيّ : شبيه بالوقواق .

cu·cul·late *also* **cu·cul·lat·ed** [kyo͞o′kə-] *(adj.)* (١) مُقَلْنَس : ذو قَلَنْسوة (٢) قَلَنْسوانيّ : شبيه بقَلَنْسُوَة .

cu·cum·ber [kyo͞o′kŭm bər] *(n.)* الخِيار ؛ القِثّاء .
as cool as a ~, هادئ ؛ رابط الجأش .

cucumber tree *(n.)* مَغْنوليّة الخيار : مَغْنوليّة (را . magnolia) أميركية ذات ثمر شبيه بالخيار الصغير (نب) .

cu·cu·mi·form [kyo͞o kyo͞o′-] *(adj.)* خِيارانيّ : خياريّ الشكل .

cu·cur·bit [kyo͞o kûr′bĭt] *(n.)* (١) وعاء الإنبيق (ك) (٢) القَرْع : نبات من الفصيلة القَرْعيّة .

cud [kŭd] *(n.)* (١) الجِرّة : جزء من الطعام يعيده الحيوان المُجْترّ من معدته الأولى إلى فمه ليمضغه ثانيةً (٢) مُضغة [من التبغ بخاصة] .
to chew the ~, يتفكّر ؛ يتأمّل .

cud·dle [kŭd′əl] *(vt.; i.; n.)* (١) يُعانق ؛ يحتضن **x** (٢) يتضامّ التماسًا للدفء <They *~d* up under the blankets.> § (٣) عناق .

cud·dle·some *(adj.)* جدير بالمعانقة أو مُغْرٍ بها <a ~ girl> .

cud·dly [kŭd′lĭ] *(adj.)* = cuddlesome.

cud·dy[1] [kŭd′ĭ] *(n.)* (١) «أ» قَمْرة ؛ حُجَيْرة [في سفينة] . «ب» مطبخ [في سفينة صغيرة] (٢) حجرة أو خزانة صغيرة .

cud·dy[2] *or* **cud·die** *(n.)* (١) حمار (عب) (٢) الأحمق ؛ الأبله (عب) .

cud·gel [kŭj′əl] *(n.; vt.)* (١) نَبُّوت ؛ هِراوة § (٢) يضرب بالنَّبوت .
to ~ one's brains يقدح زناد فكره [لحلّ مشكلة إلخ] .
to take up the ~*s* (for) يدافع عن ؛ يؤيِّد تأييدًا قويًّا .

cudgel play *(n.)* قتال أو مباراة بالنبابيت .

cud·weed [kŭd′-] *(n.)* البَرْسيّة : نبات ذو أوراق حريرية أو صوفية .

cue[1] [kyo͞o] *(n.; vt.)* (١) المُشعِرة : كلمة أو عبارة ، في مسرحية ، تُشعر الممثلَ بأن دوره في الكلام أو في الدخول إلى خشبة المسرح قد حان (٢) تلميح ؛ إلماع ؛ إشارة (٣) توجيه ؛ إرشاد (٤) الدَّور الذي يتعيّن على المرء تمثيله (ا . ق) (٥) مزاج (ا . ق) § (٦) يلقِّن [ممثلًا على خشبة المسرح] (٧) يُدْخِل ؛ يُقحِم .
to give a person his ~, يلمِّح له بما يتعيَّن عليه أن يفعله .

cue[2] *(n.; vi.; t.)* (١) عصا البليارد (٢) رَتَل ؛ صفّ ؛ طابور (٣) ضفيرة ؛ جَديلة § (٤) يَصْطفّ [في رَتَل أو طابور] **x** (٥) يَضْفِر ؛ يَجْدُل (٦) يَضْرب بعَصا البليارد .

cue ball *(n.)* كُرَة الدَّفع : الكرة التي يدفعها لاعب البليارد بعَصاه .

cuff[1] [kŭf] *(n.; vt.)* (١) الكُفّة ؛ طَرَف الرُّدْن أو الكُمّ [المطوَّق للمِعْصَم] (٢) ثَنْية ساق البنطلون (٣) *pl.* عد : قَيْد ؛ غُلّ ؛ صَفَد § (٤) يُكَفِّف : يزوِّد بكُفّة (٥) يقيِّد : يغلِّل ؛ يُصَفِّد .
on the ~, (١) بالدَّين ؛ نَسيئةً (٢) مجانيّ ؛ مجانًا .

cuff[2] *(vt.; i.; n.)* (١) يَصْفَع **x** (٢) يتشاجر § (٣) صَفْعة .

cuff link *(n.)* وِثاق الكُفّة : زِرّ معدنيّ يُثَبَّت به طرفا كُمّ القميص .

cui bo·no [kwē′bō′nō] *(n.)* (١) لمصلحة من؟ (٢) ما فائدة ذلك؟ (٣) الاستفادية: المبدأ القائل بأن مرتكب الجريمة إلخ هو في أغلب الظن الشخص الذي يستفيد منها (٤) الفائدية؛ المَنْفَعِيّة: الفائدة أو المنفعة كمقياس لتقدير قيمة عملٍ ما أو سياسةٍ ما.

cui·rass [kwĭ răs′] *(n.; vt.)* (١) «أ» دِرع. «ب» دِرع السفينة الواقي. «ج» دِرع الحيوان § (٢) يُدَرِّع: يزوِّد أو يكسو بدرع.

cui·ras·sier [kwĭr′ə sēr′] *(n.)* الدّارع: فارس لابسٌ دِرْعًا.

cui·sine [kwĭ zēn′] *(n.)* (١) مطبخ (٢) أسلوب الطَّهو (٣) الطعام المَطْهُوّ.

cuisse [kwĭs] *also* **cuish** [kwĭsh] *(n.)* الفَخذية: درعُ الفَخِذ.

cuit·tle [kʏ′təl] *(vt.)* يُلاطف؛ يتملّق؛ يتزلّف إلى (إسك).

cuke [kyo͝ok] *(n.)* = cucumber.

culch *or* **cultch** [kŭlch] *(n.)* نُفاية (ع).

cul–de–sac [kŭl′də săk] *(n.)* (١) الرَّتَج؛ الرَّدْب: جيبٌ أو وعاء مسدود الطَّرَف (ت) (٢) طريق مسدود (٣) مَأزِق.

cu·lex [kyo͞o′lĕks] *(n.)* pl. **-li·ces** بَرْغَشَة؛ بَعُوضة.

cu·lic·id [-lĭs′ĭd] *(n.; adj.)* (١) بعوضة § (٢) بَعُوضيّ.

cu·li·nar·y [kyo͞o′lə-] *(adj.)* (١) مَطْبَخيّ (٢) طَبْخيّ؛ طَهْوِيّ.

cull [kŭl] *(vt.; n.)* (١) يختار؛ ينتخب؛ يَصْطفي (٢) يُغربل؛ يتنخّل؛ يطرح النفايةَ من § (٣) اختيار؛ اصطفاء (٤) نُفاية (٥) المُغَفَّل؛ السَّاذج (عب).

cul·len·der [kŭl′ən dər] *(n.)* = colander.

cul·let [kŭl′ĭt] *(n.)* السُّؤر: كُسارة الزجاج.

cul·ly [kŭl′ĭ] *(n.; vt.)* (١) المُغَفَّل؛ السّاذَج § (٢) يَخْدع (ا. ق).

culm [1] [kŭlm] *(n.)* دُقاق الفحم.

culm [2] *(n.)* القَصَبة: ساقُ النبات النَّجِيليّ الجوفاءُ ذاتُ العُقَد.

cul·mi·nant *(adj.)* مُتكبِّد؛ متأوّج: بالغُ الذّروة أو الأوج.

cul·mi·nate [kŭl′mə nāt′] *(vi.; t.)* (١) يتكبَّد [النجمُ] (را. المادة التالية) (٢) يتأوّج: يَبْلُغ الأوجَ أو الذِّروة x (٣) يُكبِّد؛ يُؤوِّج.

cul·mi·na·tion [kŭl′mə nā′-] *(n.)* (١) التَّكبُّد: بلوغ الجرم السماويّ كَبِدَ السَّماءِ أو سَمْتَها (فل) (٢) تأوُّج (٣) أوج؛ ذِروة.

cu·lotte [kyo͞o lŏt′] *also* **cu·lottes** [-lŏts′] *(n. pl.)* الكُولوت؛ التَّنُّورة المشقوقة: ثوب نسوي يبدو وكأنه تنّورة ولكنّه مفصَّل ومَخيطٌ على شكل بنطلون.

cul·pa·bil·i·ty; cul·pa·ble·ness *(n.)* المَلُوميّة؛ استحقاقيّة اللَّوم.

cul·pa·ble [kŭl′pə bəl] *(adj.)* مَلُوم؛ مُستحقٌّ لِلَّوم؛ جديرٌ باللَّوْم.

cul·prit [kŭl′prĭt] *(n.)* (١) المُتَّهَم [بجريمة] (٢) المُذْنِب؛ المُجرِم.

cult [kŭlt] *(n.)* (١) عبادة (٢) «أ» دِين. «ب» طائفة؛ فرقة دينية (٣) «أ» العبادة: إعجاب يقارب العبادة بشخص أو شيء <a ~ of Napoleon>. «ب» موضع هذا الإعجاب. «ج» جماعة المُعْجَبين.

—cul·tic *(adj.)* **—cult·ism; cult·ist** *(n.)*

cultch [kŭlch] *(n.)* = culch.

cul·ti·va·ble [kŭl′tə və-] *(adj.)* قابلٌ لِلْحَرْث أو للتَّهذيب إلخ.

cul·ti·vate [kŭl′tə vāt′] *(vt.)* (١) يَحْرُث؛ يَفلح [وبخاصة حول النباتات المزروعة] (٢) يتعهَّد [النباتَ] بالعناية (٣) يُهَذِّب؛ يَصْقُل (٤) يكرِّس نفسه [لفنٍّ أو علمٍ إلخ] (٥) يَرْعَى؛ يُشجِّع <to ~ the arts> (٦) يُصادق؛ يَسْعى لمصادقة فلان.

cul·ti·vat·ed *(adj.)* (١) محروث (٢) مُتَعَهَّد: مُنَشَّأ بالعناية أو التعهُّد <a ~ flower> (٣) مهذَّب؛ مصقول <~ style>.

cul·ti·va·tion *(n.)* حراثة؛ تعهُّد؛ تهذيب؛ رعاية إلخ.

cul·ti·va·tor [kŭl′-] *(n.)* (١) فا cultivate (٢) المِسْلَفَة: أداة لعَزْق التربة واقتلاع الأعشاب الضارّة النامية حول الزَّرع.

cultivator 2.

cul·trate [kŭl′trāt] *(adj.)* سِكِّينيّ: حادّ الطَّرَف مُسْتَدِقّ الرأس كالسِّكّين.

cultrate leaf

cul·tur·al [kŭl′chər əl] *(adj.)* (١) ثقافيّ (٢) استنباتيّ: مُحْدَث بالاستنبات <a ~ variety>.

cul·ture [kŭl′chər] *(n.; vt.)* (١) حراثة (٢) تثقيف؛ تهذيب؛ تربية (٣) ثقافة: حضارةٌ أو مرحلةٌ معيَّنة من مراحل التقدم الحضاريّ (٤) «أ» الاستنبات: زرع البكتيريا أو الأنسجة الحيّة لغرضٍ طبّيّ أو للدراسة العلمية. «ب» المستنبَت: نِتاج عملية الاستنبات § (٥) يثقف؛ يهذِّب (ا. م) (٦) cultivate (٧) يستنبت [البكتيريا أو الأنسجة الحيّة].

cul·tured [-′chərd] *(adj.)* (١) «أ» مُثَقَّف؛ مُهذَّب. «ب» رفيع <~ tastes> (٢) مُسْتَنْبَت: مستولَد صُنْعيًّا <~ viruses; ~ pearls>.

cul·tus [kŭl′təs] *(n.)* pl. **-tus·es** *or* **-ti** = cult.

cul·ver [kŭl′vər] *(n.)* حَمامة.

cul·ver·in [kŭl′vər ĭn] *(n.)* (١) بندقية قديمة (٢) مدفع قديم.

cul·vert [kŭl′-] *(n.)* البَرْبخ: «أ» مجرور أو مجرًى للمياه القذرة تحت الطريق. «ب» قناة للأسلاك الكهربائية تحت الأرض.

cum [kŭm; ko͝om] *(prep.)* مَع؛ زائد؛ بما فيه.

cum·ber [kŭm′-] *(vt.; n.)* (١) يَعُوق <His heavy boots ~*ed* him in walking.> (٢) يُرْهِق؛ يُثْقِل § (٣) عائق.

cum·ber·some [kŭm′-] *(adj.)* (١) ثقيل؛ مُرْهِق؛ مُزعِج (٢) بطيء.

cum·brous [kŭm′brəs] *(adj.)* = cumbersome.

cum·in *also* **cum·min** [kŭm′ĭn] *(n.)* الكَمُّون؛ بزور الكمّون.

cum lau·de [lô′dē] *(adv.; adj.)* بامتياز <graduated ~>.

cum·mer·bund [kŭm′ər bŭnd′] *(n.)* الكَمَر: حزام أو وشاح للخصر.

cum·quat [kŭm′kwŏt] *(n.)* = kumquat.

cum·shaw [kŭm′shô] *(n.)* مِنحة؛ بقشيش [في الموانئ الصينية].

cu·mu·late [*v.* kyo͞o′myə lāt′; *adj.* -lĭt, -lāt′] *(vt.; i.; adj.)* (١) يَرْكُم؛ يُكدِّس x (٢) يتراكم؛ يتكدَّس § (٣) مُتراكم.

cu·mu·la·tion *(n.)* (١) رَكْم؛ تكديس (٢) تراكُم؛ تكدُّس (٣) رُكام.

cu·mu·la·tive [kyo͞o′myə lā′-] *(adj.)* (١) متراكم (٢) تراكُميّ. وبخاصة: تجمُّعيّ: يُضاف إلى ما سيُدفع في المستقبل إن لم يُدفع في حينه <a ~ dividend; ~ interest> (٣) تصاعُديّ: متزايد القسوة إذا تكرَّر الجرم

<penalty ~> (٤) مُعزِّز : مؤكد للنقطة نفسها <evidence ~>.

cumulo- بادئة معناها : القَزَع ؛ الحيِّز ؛ النَّغّاض.

cu·mu·lo·cir·rus [kyōō'myə lō sĭr'-] *(n.)* القَزَع الطُّخروري : سحابةٌ قَزَعيةٌ صغيرة عالية بيضاء رقيقة مثل السُّحب الطُّخرورية.

cu·mu·lo·nim·bus [-nĭm'bəs] *(n.)* الرُّكام ؛ المُكْفَهِرّ : كتلة من السُّحب ترتفع قِمَمُها على صورة جبال أو أبراج وتُطلق وابلًا من مطر أو ثلج.

cu·mu·lo·stra·tus *(n.)* القَزَع الرَّهَجيّ : سحابة قَزَعية تنبسط قاعدتُها أفقيًا مثل سحابة رَهَجيّة.

cu·mu·lous *(adj.)* (١) قَزَعانيّ : شبيهٌ بسحابةٍ قَزَعيّة (٢) قَزَعيّ.

cu·mu·lus [kyōō'myə-] *(n.)* pl. **-li** (١) رُكام (٢) القَزَع ؛ الحَيِّز ؛ النَّغّاض : سحاب مؤلَّف من أكداس مُدَوَّرة ذات قاعدة مسطَّحة.

cunc·ta·tion [kŭngk tā'-] *(n.)* تباطؤ ؛ بطءٌ حَذِرٌ.

cu·ne·al [kyōō'nĭ əl]; **cu·ne·ate** *(adj.)* وَتِدانيّ : وَتِديّ الشكل.

cu·ne·i·form [kyōō nē'ə-; kyōō'nĭ ə-] *(adj.; n.)* (١) إسفينيّ ؛ مِسماريّ § (٢) الحروف [أو الكتابة] الإسفينية أو المسمارية (٣) العظم الإسفينيّ (ت).

cuneiform 2.

cun·ner [kŭn'ər] *(n.)* القَنَّر : سمك بحريّ صغير.

cun·ni·lin·gus; cun·ni·linc·tus *(n.)* التَّبظير (مج) : لَعْقُ البَظْر.

cun·ning [kŭn'ĭng] *(adj.; n.)* (١) بارع : منفَّذ ببراعة ؛ دالّ على براعة <work ~> (٢) ماكر <thieves ~> (٣) وسيم ؛ جذّاب <children ~> § (٤) براعة (٥) مكر.

cunt [kŭnt] *(n.)* (١) فَرْج المرأة (٢) جِماع ؛ مضاجعة.

cup [kŭp] *(n.; vt.)* (١) كوب ؛ فنجان (٢) «أ» الشَّراب أو الطعام المقدَّم في كوب. «ب» خَمْر القربان المقدَّس (٣) قسمة ؛ نصيب ؛ كأس [الشقاء أو السعادة] (٤) الكأس : «أ» كأس من معدن نفيس يقدَّم جائزة في مباراة. «ب» كأس القربان المقدَّس (٥) الكوب ؛ الكأس : جزء نباتيّ كوبيّ الشكل أو كأسي الشكل (٦) الخمر أو معاقرتها <pleasures of the ~> (٧) الكَبّ : «أ» شراب مُسْكِر يُحَلّى ويُنَكَّه بمختلف الثمار والأعشاب <claret ~>. «ب» طعام يُقَدَّم في وعاء كأسيّ الشكل <fruit ~> (٨) الكوبيّة : العلامة ∪ التي ترمز إلى اتحاد مجموعتين اثنتين § (٩) يَحْجُم : يعالج بالحِجامة (١٠) يُكَوِّب : «أ» يجعله على شكل كُوب. «ب» يضع في كوب.

in one's ~*s* ثَمِل ؛ مخمور ؛ سكران.

Cup [kŭp] *(n.)* = Crater.

cup·bear·er [-'bâr'ər] *(n.)* السّاقي : ساقي الخمر.

cup·board [kŭb'ərd] *(n.)* (١) الخزانة المُرَفَّفَة : خزانة ذات رفوف للكؤوس والأطباق (٢) الصَّوان ؛ الصُّوان : خزانة صغيرة للملابس إلخ.

cupboard love *(n.)* الحُبّ الكاذب : حُبٌّ يراد به جَرُّ مَغْنَم إلخ.

cup·cake *(n.)* الكعكة المُكَوَّبة : كعكة مخبوزة في قالبٍ كوبيّ الشكل.

cu·pel [kyōō'-] *(n.; vt.)* (١) بُوتَقَة § (٢) يُبَوتِق : يصفّي [المعدن] ببُوتقة.

cu·pel·la·tion [kyōō pə lā'-] *(n.)* البَوْتقة : تنقية الفِلِزّات [كالذهب والفضة] بإخضاعها لحرارة عالية في بُوتقة.

cup–final *(n.)* المباراة النهائية أو الحاسمة [لنيل كأس إلخ].

cup·ful [kŭp'fōōl] *(n.)* مِلءُ كوبٍ ؛ مِلءُ كأسٍ.

cup fungus *(n.)* الفُطر الكوبيّ : فطرٌ شكله شبيه بالكوب أو القُرْص.

cup·hold·er *(n.)* الفائز بالكأس [في مباراة رياضية].

Cu·pid [kyōō'-] *(n.)* (١) كُيوبِيْد : إلَه الحبّ عند الرومان (٢) *not cap.* : الكُيوبيد : صورة أو تمثال لِكُيوبيد تمثّلهُ طفلًا جميلًا مُجَنَّحًا حاملًا قوسًا ونُشّابًا.

cu·pid·i·ty *(n.)* (١) طَمَع ؛ جَشَع. وبخاصة : حُبّ المال (٢) شهوة.

cup of tea *(n.)* (١) الشيء المفضَّل <Physics is my ~.> (٢) مسألة.

cu·po·la [kyōō'pə-] *(n.)* (١) قُبّة (٢) الدَّسْت : فرنٌ لصهر الحديد.

cu·po·laed [kyōō'pə ləd] *(adj.)* مُقَبَّب : ذو قُبّة أو قباب.

cup·ped [kŭpt] *(adj.)* كُوبانيّ : كُوبيّ الشكل.

cup·per [kŭp'ər] *(n.)* الحَجّام : محترِف الحِجامة.

cup·ping [kŭp'ĭng] *(n.)* الحِجامة : امتصاص الدم بالمِحْجَم.

cupping glass *(n.)* المِحْجَم ؛ المِحْجَمة : كأس الحَجّام.

cup·py *(adj.)* (١) كوبانيّ : شبيهٌ بالكوب (٢) مليء بالمُنْخَفَضات الصغيرة.

cu·pre·ous [kyōō'prĭ əs] *(adj.)* (١) نُحاسيّ (٢) نُحاسيّ اللون.

cupri- *or* **cupro-** بادئة معناها : «أ» نحاس. «ب» نُحاسٌ و . . .

cu·pric [kyōō'-] *(adj.)* نُحاسيّ : منسوبٌ إلى النُّحاس أو مشتملٌ عليه.

cupric sulfate *(n.)* كبريتات النحاس ؛ الزاج الأزرق (ك).

cu·prif·er·ous [kyōō prĭf'-] *(adj.)* نُحاسيّ : مشتمل على نُحاس.

cu·prite [kyōō'prīt] *(n.)* الكوبْريت : معدن أصفر.

cu·prous [kyōō'prəs] *(adj.)* = cupric.

cu·pu·late *also* **cu·pu·lar** [kyōō'-] *(adj.)* (١) قِمْعانيّ : قِمعيّ الشكل (٢) مُقَمَّع : ذو قِمع.

cu·pule [kyōō'pyōōl] *(n.)* القِمْع ؛ الكُوَيْس : كأس صغيرة خشبية تحيط بثمار البلّوط.

cupule

cur [kûr] *(n.)* (١) الكُرّ : كلبٌ هجين (٢) الخسيس ؛ اللئيم ؛ الجبان.

cur·a·bil·i·ty; cur·a·ble·ness *(n.)* قابلية الشِّفاء أو المعالجة.

cur·a·ble [kyōōr'ə bəl] *(adj.)* قابل للشِّفاء أو للمعالجة.

cu·ra·çao [kyōōr'ə sō'] *also* **cu·ra·çoa** *(n.)* شراب مُسْكر مُنَكَّهٌ بقشر النارنج أو «أبو صفَيْر» المجفَّف.

cu·ra·cy [kyōōr'ə sĭ] *(n.)* منصب راعي الأبرشية أو عملُهُ.

cu·ra·re *also* **cu·ra·ri** [kyōō rä'rĭ] *(n.)* الكورار : مادة تستخرج من بعض النباتات الاستوائية يستعملها هنود أميركا الجنوبية لتسميم السهام وتُستخدم طبيًّا لإحداث الاسترخاء العضليّ.

cu·ras·sow [kyōōr'ə sō'] *(n.)* القَرّاز : طائر أميركي كبير شبيهٌ

curassow

بالديك الرومي (ح).

cu·rate [kyo͝or′ĭt] *(n.)* (١) راعي الأبرشية (٢) مساعد الخوري.

cu·ra·tive [kyo͝or′ə tĭv] *(adj.; n.)* (١) «أ» شِفائيّ. «ب» عِلاجيّ. «ج» شافٍ § (٢) علاج؛ دواء.

cu·ra·tor [kyo͞o rā′tər] *(n.)* (١) الوصيّ [على قاصر إلخ] (٢) المدير؛ المراقِب؛ المُناظِر (٣) القيِّم: أمين المتحف أو المكتبة إلخ.

cu·ra·tor·ship *(n.)* الوصاية؛ القِوامة.

curb [kûrb] *(n.; vt.)* (١) الشكيمة: الحديدة المعترِضة في فم الفرس من اللجام (٢) حافة؛ حاشية (٣) الكابح؛ الضابط <Put a ~ on your anger.> (٤) إفريز (٥) الجُوْل: «أ» حاجز يحيط بأعلى البئر. «ب» حاجز حجريّ أو إسمنتيّ عند حافة الرصيف (٦) المَصْفَق اللّارسميّ: سوق لتبادل الأسهم المالية غير المسجّلة في البورصة § (٧) يَشْكُمُ الفَرَسَ: يضع الشكيمةَ في فمه (٨) يكبح؛ يَضْبُط <tried to ~ his passions>.

curb bit *(n.)* = curb *1*.

curb exchange *(n.)* = curb 6.

curb·ing [kûr′bĭng] *(n.)* (١) التّجاويل: مواد البناء اللازمة لإقامة أجوال الرّصيف (٢) الجُول: حاجز الرَّصيف (را. curb *5b*).

curb roof *(n.)* السَّقف المُحَرَّد: سقف مزدوج الانحدار من كل جانب.

curb roof

curb·side [kûrb′sīd] *(n.)* الطَّوار: رصيف المشاة في شارع.

curb·stone *(n.)* حجر الجُول: حجر أو حجارة تحيط برصيف الشارع.

curch [kûrch] *(n.)* = kerchief *1*.

cur·cu·li·o [kûr kyo͞o′lĭ ō] *(n.)* خُنفَساء الفاكهة.

cur·cu·ma [-′kyo͞o-] *(n.)* الكُرْكُم؛ الهُرْد: نبات من الفصيلة الزَّنجبيلية.

curd [kûrd] *(n.; vt.; i.)* (١) الخُثارة: «أ» خُثارة اللبن. «ب» طعام شبيه بخُثارة اللبن § (٢) يُخثِّر **x** (٣) يتخثَّر.

curd cheese *(n.)* = cottage cheese.

cur·dle [kûr′-] *(vt.; i.)* (١) يُخثِّر (٢) يُجمِّد (٣) يُفسِد **x** (٤) يتخثَّر إلخ. to ~ the blood يُرَوِّع؛ يُخيف؛ يُجمِّد الدَّمَ في العروق.

curd·y [kûr′dĭ] *(adj.)* مُتخثِّر؛ متجمِّد؛ مُتجبِّن.

cure [kyo͝or] *(n.; vt.; i.)* (١) الرعاية الروحية [من جانب الكاهن لأبناء أبرشيته] (٢) منصب راعي الأبرشية (٣) «أ» شفاء؛ إبلال. «ب» عِلاج؛ دواء. «ج» مُعالجة؛ مُداواة (٤) spa (٥) تمليح؛ تقديد [اللحم إلخ] § (٦) يشفي (٧) يُعالج؛ يُداوي (٨) يَحفظ [بالتمليح أو التّقديد] **x** (٩) يَشْفَى؛ يُبِلّ (١٠) يتلقى المعالَجة [في مصحّة أو منتجع مَعْدِنيّ] (١١) يُملَّح؛ يقدَّد. to obtain a ~, يفوز بوظيفة راعي أبرشية.

cu·ré [kyo͞o rā′] *(n.)* الخوري؛ الكاهن: راعي الكنيسة.

cure–all *(n.)* الدّواء العامّ: دواء لجميع الأمراض.

cure·less *(adj.)* عُضال: غير قابل للشّفاء.

cu·ret·tage [kyo͞o rĕt′ĭj; -täzh′] *(n.)* التجريف؛ الكَحْت؛ الكَشْط: عمليّةٌ قوامُها إزالة الأنسجة المَيتة من تجويف جسديّ كالرَّحِم (ط).

cu·rette *also* **cu·ret** [kyo͞o rĕt′] *(n.; vt.)* (١) المُجرِّفة؛ المِكْحَت؛ المِكْشطة: أداة مِلْعقيّة الشكل تُجرى بها عملية التجريف أو الكحت [في الرَّحِم إلخ] § (٢) يجرِّف؛ يَكْحَت؛ يَكْشُط: يُجري عملية تجريف أو كَحْتٍ على... — **cu·rette·ment** *(n.)*

curf [kûrf] *(n.)* = kerf.

cur·few [kûr′fyo͞o] *(n.)* (١) حَظْر التجوُّل؛ منع التجوُّل (٢) «أ» ناقوس حَظْر الإنارة: ناقوس لإعلان موعد حَظْر الإنارة أو حَظْر التجول. «ب» إعلان هذا الحَظْر (٣) «أ» موعد حَظْر التجول. «ب» مدة حَظْر التجوّل.

cu·ria [kyo͝or′ĭ ə] *(n.)* pl. **cu·ri·ae** [-′ĭ ē] (١) العَشيرة: جزء من القبيلة في رومة القديمة (٢) المجلس: «أ» دار اجتماع العشيرة الرومانية. «ب» دار مجلس الشيوخ الروماني (٣) «أ» البَلاط: بَلاط ملكٍ من ملوك القرون الوسطى. «ب» مَحْكمة (٤) *cap.* عد: الإدارة البابوية: البابا وكبار أعوانِهِ بوصفهم السلطة الحاكمة في الكنيسة الرومانية الكاثوليكية.

cu·rie [kyo͝o′rē] *(n.)* الكُوري: وحدة النشاط الإشعاعيّ (فزن).

Curie point *(n.)* نقطة كوري: درجة الحرارة التي تفقد فيها المادة المُمَغْنطة خصائصَها المغنطيسية (فز).

cu·rio [kyo͝or′ĭ ō′] *(n.)* (١) التُّحفة؛ الطُّرفة: شيء لافت للنظر بِجِدَّته أو طرافتِه (٢) شخص غريب الأطوار.

cu·ri·o·sa [kyo͝or′ĭ ō′sə] *(n. pl.)* المُغْرِبات: كتب أو كراريس تعالج موضوعاتٍ غريبةً [داعرةً بخاصة].

cu·ri·os·i·ty [-ŏs′ə tĭ] *(n.)* (١) الفُضول؛ حُبّ الاستطلاع (٢) صفة مُثيرة أو لافتة للنظر (٣) curio.

cu·ri·ous [-′ĭ əs] *(adj.)* (١) فضوليّ: «أ» مُحِبّ للاستطلاع والتعلّم. «ب» مُحِبّ للاطّلاع على شؤون الآخرين الخاصة (٢) غريب؛ لافتٌ للنظر بغرابته أو جِدَّته (٣) دقيق <a ~ inquiry> (٤) بذيء؛ غير محتشم <~ books> (٥) غريب الأطوار (ع).

cu·rite [kyo͝or′īt] *(n.)* الكوريت: معدن إشعاعيّ النشاط.

cu·ri·um [kyo͝or′ĭ əm] *(n.)* الكوريوم: عنصرٌ فِلِزّيّ إشعاعيّ النشاط.

curl [kûrl] *(vt.; i.; n.)* (١) «أ» يُعَقِّصُ [الشَّعرَ]. «ب» يَلُفّ. «ج» يفتل **x** (٢) «أ» يلتفّ. «ب» يتجعّد (٣) يتمعّج: يمتدّ أو يجري بطريقة لولبية (٤) يَلْتوي (٥) يلعب الكَرْلِنْغ (را. curling) § (٦) عَقْصة؛ حُلَيْقة [شَعْرٍ] (٧) لَفّة (٨) «أ» لَفٌّ؛ عَقْصٌ. «ب» التفاف <to keep the hair in ~> (٩) التلفُّف: التفاف الأوراق غير السَّويّ (نب).

curl·er [kûr′-] *(n.)* (١) فا curl (٢) «أ» عاقص الشَّعْر. «ب» المِعْقصة: أداة لعقص الشعر (٣) لاعب الكَرْلنغ (را. curling).

cur·lew [kûr′lo͞o] *(n.)* الكَرَوان: طائر ساحليّ ذو منقار معقوف إلى أدنى.

curlew

curl·i·cue *also* **curl·y·cue** [-′lĭ kyo͞o′] *(n.)* المُلْتَفّ: شكلٌ زينيّ ملتفّ أو لولبيّ <~*s* in handwriting>.

curl·i·ness [kûr′lĭ nəs] *(n.)* تَجَعُّد [الشَّعر].

curl·ing [kûr′lĭng] *(n.)* الكَرْلِنْغ: لعبة إسكتلندية على الجليد تُزَلَّق فيها حجارةٌ كبارٌ مَلْساءُ نحو هدفٍ.

curling iron *(n.)* المِعْقَصَة : أداة لعَقْصِ الشَّعر وتمويجه بالكَيّ .

curling irons *or* **curling tongs** *(n.)* = curling iron.

curling stone *(n.)* حَجَر أو كُرة الكَرْلِنغ (را . curling) .

curling stone

curl·pa·per *(n.)* قُصاصة العَقْص : قُصاصة ورق تُلَفّ حولها خُصلة الشَّعر عند عَقْصها .

curl·y [kûr′lĭ] *(adj.)* (١) جَعْد أو مَعْقوص <~ hair> (٢) جَعْدُ الشَّعر .

cur·ly·cue [kûr′lĭ kyōō′] *(n.)* = curlicue.

cur·mud·geon [kər mŭj′ən] *(n.)* (١) البخيل (٢) السّريع الغضب .

curn [kûrn] *(n.)* (١) حَبّة ؛ ذَرّة (إسك) (٢) قليل ؛ عدد قليل (إسك) .

curr [kûr] *(vi.)* يُقَرْقِر ؛ يُدَمدِم <.The owlets ~> .

cur·rant [kûr′ənt] *(n.)* الكِشْمِش : «أ» عنبٌ أو زبيب لا بزرَ له . «ب» شجيرة مُثمرة من الفصيلة الكِشمشيّة تُزرع لثمرها .

cur·ren·cy [kûr′ən-; kŭr′-] *(n.)* (١) «أ» التّداول <the ~ of bank notes> . «ب» انتشار ؛ رواج ؛ سيرورة <Rumors soon gained ~.> (٢) عملة متداولة <paper ~> .

cur·rent [kûr′ənt] *(adj.; n.)* (١) مُتدفّق (ا . ق) (٢) جارٍ ؛ حاضر ؛ حاليّ <the ~ month> (٣) الأخير <the ~ issue of a magazine> (٤) متداوَل <a ~ coin> (٥) شائع ؛ ذائع ؛ سائد ؛ رائج <~ beliefs> § (٦) «أ» تدفّق ؛ جريان . «ب» جدول ؛ نهر (٧) تيّار [مائي أو هوائيّ أو كهربائيّ] (٨) مجرى [الحياة أو الأحداث] <disturbed the peaceful ~ of his life> (٩) اتجاهٌ عامّ <tried to influence the ~ of thought> .

current account *(n.)* الحساب الجاري [في مصرف] .

current assets *(n. pl.)* الأصول الجارية (تج) .

current density *(n.)* كثافة التّيّار (كب) .

current expenses *(n. pl.)* النفقات الجارية : النفقات المتواصلة باطّراد والضرورية لتسيير مؤسسةٍ ما (اد) .

current liabilities *(n. pl.)* الخُصوم الجارية (تج) .

cur·rent·ly *(adv.)* (١) بطلاقة ؛ بسهولة <read Chinese ~> (٢) الآن ؛ حاليًا ؛ في الوقت الحاضر (٣) على نحوٍ عامّ أو شائع .

cur·ri·cle [kûr′ə kəl] *(n.)* الكُركُل : عربة ذات عجلتين وجوادين .

cur·ric·u·lum [kə rĭk′yə ləm] *(n.)* pl. **-la** *also* **-lums** مِنهاج الدراسة [في مدرسة أو جامعة] .

— **cur·ric·u·lar** *(adj.)*

curriculum vi·tae [vī′tē] *(n.)* pl. **cur·ric·u·la vitae** بيان السِّيرة : بيان يوجز سيرة المرء ومؤهلاته العلمية .

cur·rie [kûr′ĭ] *(n.)* الكَرِي (را . curry[2]) .

cur·ri·er [kûr′ĭ ər] *(n.)* (١) الحسّاس : ممشّط شعر الفَرَس بالمِحَسَّة (٢) المعّاس ؛ المَحّاس : مَنْ ينظّف الجلود بعد دبغها .

cur·ri·er·y [kûr′ĭ ə rĭ] *(n.)* (١) المِعاسة ؛ المِحاسة : صناعة تنظيف الجلود بعد الدَّبغ (٢) المِمْعَسَة ؛ المِمْحَسَة : موضع تنظيف الجلود .

cur·rish [kûr′-] *(adj.)* (١) كُرّيّ : خاصٌّ بالكُرّ (را . cur) (٢) مُشاكِس (٣) خسيس ؛ دنيء ؛ حقير .

cur·ry[1] [kûr′ĭ] *(vt.)* (١) يَحُسّ : يُمشّط شَعرَ الفرس بالمِحَسّة (٢) يَمْعَس ؛ يَمْحَس : ينظّف الجلد المدبوغ (٣) يضرِب ؛ يَجلد .

to ~ favor (with somebody) يتملّقهُ كسبًا لرضاه .

cur·ry[2] *(n.)* (١) المُكَرّى : طعام مُنكَّهٌ بالكَرِي (٢) الكَرِي : بهار هندي .

cur·ry[3] *(vt.)* يُكَرّي : يطهو أو يُنكّهُ بالكري .

cur·ry·comb [kûr′ĭ kōm′] *(n.; vt.)* (١) المِحَسّة : مُشط لشَعر الفَرَس § (٢) يَحُسّ : يُمشّط شعرَ الفرس بِمِحَسّة .

curry powder *(n.)* الكَرِي : مزيج من توابل حرّيفة مطحونة .

curse [kûrs] *(n.; vt.; i.)* (١) لعنة (٢) شيء ملعون (٣) «أ» بلاء . «ب» سبب البلاء أو الشقاء <She is a ~ to her family.> § (٤) يلعن (٥) «أ» يَشْتِم . «ب» يُجدِّف على الله (٦) يبتلي ؛ يُعَذِّب ؛ يمتحن ؛ يُشقي x (٧) يلعن ؛ يَشْتِم .

curs·ed [kûr′sĭd; kûrst] *also* **curst** *(adj.)* (١) لعين ؛ ملعون (٢) بغيض ؛ كريه (٣) مُشاكِس ؛ رديء الطَّبع (ع) (٤) مُبْتَلًى بِـ .

cur·sive [kûr′sĭv] *(adj.; n.)* (١) جارٍ : مكتوبٌ بأحرف متّصلة [كحروف الخط اليدويّ لا كحروف الخط المطبعيّ] (٢) متدفّق ؛ سيّال (٣) مُرْتَجَل § (٤) المخطوطة الجارية : مخطوطة كُتبت بأحرف متّصلة (٥) الجاري : نمط من الأحرف المطبعية شبيه بخطّ اليد .

cur·sor [kûr′-] *(n.)* المُنْزَلِقة : مؤشّرة متحرّكة على شاشة الكومبيوتر .

cur·so·ri·al [kûr sōr′ĭ əl] *(adj.)* (١) مُعَدٌّ للعَدْو [كقوائم الكلاب أو الخيل] (٢) عَدّاء : ذو قوائمَ مُعَدّةٍ للعَدْو [كبعض الطيور] .

cur·so·ri·ly *(adv.)* على نحو سريع أو خاطفٍ أو سطحيٍّ أو مُتَعَجِّلٍ فيه .

cur·so·ry [kûr′sə-] *(adj.)* سريع ؛ خاطف ؛ سطحيّ ؛ مُتَعَجَّلٌ فيه .

curst [kûrst] *past and past part. of* curse.

curt [kûrt] *(adj.)* (١) مُقْتَضَب ؛ مُوْجز (٢) جافٍ ؛ فظّ (٣) قصير .

cur·tail [kər tāl′] *(vt.)* (١) يَقُصّ (٢) يختصر ؛ يَبْتُر <to ~ a visit> (٣) يُقلّص (٤) يُخَفّض <to ~ public spending> .

cur·tail·ment *(n.)* قَصّ ؛ اختصار ؛ تقليص إلخ .

cur·tain [kûr′tĭn] *(n.; vt.)* (١) سِتارة (٢) سِتر ؛ غِطاء ؛ حِجاب <a ~ of artillery fire> (٣) السِّتار : جزء من جدار بين بُرْجَيْن إلخ (٤) «أ» ستارة المسرح . «ب» رفع الستارة عند بدء المشهد أو إسدالها عند انتهائه . «ج» نهاية المشهد . «د» *pl.* : نهاية . وبخاصة : موت § (٥) يُزوِّد بالستائر (٦) يَحْجُب .

to ~ off يَفْصِل أو يَقْسِم بِستارة .

curtain call *(n.)* نداء السِّتارة ؛ دعاء السِّتارة : تصفيق استحسان عند نهاية العزف أو الغناء يَحْمل الفنّان على العودة إلى المسرح .

curtain lecture *(n.)* التوبيخ المستور : توبيخ المرأة لزوجها سرًّا .

curtain raiser *or* **lifter** *(n.)* (١) المسرحية التمهيدية : مسرحية صغيرة تُعرض قبل المسرحية الرئيسية (٢) الحدث المُمَهِّد [لحدث أهمَّ وأخطر] .

ă at; ā date; â care; ä car; ĕ egg; ē me; ĭ in; ī bite; ŏ lot; ō bone; ô orphan; **oi** boil; **ŏŏ** good; **ōō** boot; **ou** out; **ŭ** under; **û** urgent; ə = *a* in alone, *e* in system, *i* in easily, *o* in gallop, *u* in circus.

curtain wall *(n.)* السِّتار الحائطيّ (عم).

cur·tal [kûr′təl] *(adj.)* قصير الثوب <a ~ friar>.

cur·tal ax *or* **cur·tle ax** *(n.)* = cutlass.

cur·tate [kûr′tāt] *(adj.)* (١) قصير (٢) مُتقاصِر.

cur·ti·lage [kûr′tə lĭj] *(n.)* فِناء الدار.

curt·sy *or* **curt·sey** [kûrt′sĭ] *(vi.; n.)* (١) تنحني المرأةُ [انحناءةَ احترام] § (٢) انحناءة الاحترام [تقوم بها المرأة خاصةً].

cu·rule [kyoor′ool] *(adj.)* (١) كوروليّ: ذو علاقة بالكورول (را. المادة التالية) (٢) من الدرجة العليا <a ~ magistrate>.

cu·rule chair *(n.)* الكورول: كرسيّ لا ظهرَ له، قابلٌ للطيّ، مرصَّع بالعاج عادةً، كان التربُّع عليه امتيازًا خاصًّا ببعض كبار رجال الدولة الرومانية.

cur·va·ceous [kûr vā′shəs] *(adj.)* مثير؛ شديد الجاذبية الجنسية.

cur·va·ture *(n.)* (١) حَنْيٌ؛ تقويس (٢) انحناء؛ تقوُّس <~ of the spine> (٣) مقدار الانحناء (٤) شيء مُنْحَنٍ.

curve [kûrv] *(vi.; t.; n.)* (١) ينحني؛ يتقوَّس (٢) ينعطف **x** (٣) يحني؛ يُقوِّس § (٤) المُنْحَنَى (٥) مُنْعطَف [في طريق] (٦) المُنحني (ر) (٧) *pl.*: الهلالان [في الكتابة أو الطباعة] (٨) خُدْعة؛ خِداع.

curved [kûrvd] *(adj.)* مُنحنٍ؛ مُتقوِّس.

cur·vet [*n.* kûr′vĭt; *v.* kər vĕt′, kûr′vĭt] *(n.; vi.; t.)*, **-vet·ted** *or* **-vet·ed** (١) القَمْص: قَفْزة الفَرَس § (٢) يَقْمُصُ [الفَرَسُ] (٣) يَمْرَح؛ يَطْفِر مَرَحًا **x** (٤) يقمِّص [الفَرَسَ]: يَحْمِلُهُ على القَمْص.

curvi- بادئة معناها: مُنْحَنٍ <*curvi*linear>.

cur·vi·lin·e·ar *also* **cur·vi·lin·e·al** *(adj.)* (١) منحني الخطوط: مُتَّسِم بخطوط منحنية (٢) منحني الأضلاع.

curvilinear angle *(n.)* الزاوية المنحنيةُ الخطين (ر).

curv·y [kûr′vĭ] *(adj.)* مُنْحنٍ: ذو مُنْحنًى أو مُنْحنيات.

cush·at [kŭsh′ət] *(n.)* = ringdove.

cu·shaw [kə shô′] *(n.)* القَرْع المِسْكيّ (نب).

cush·ion [koosh′ən] *(n.; vt.)* (١) وِسادة؛ مِسْنَد (٢) الوِثار: «أ» شيء ليِّن، كالوسادة <a ~ of leaves>. «ب» بطانةُ حافةِ مائدة البِليارد. «ج» الضَّبان: قطعة من جلد تُقْحَم في باطن الحذاء. «د» مُهَمِّد الحركة؛ ملطِّف الصَّدمة (مك) § (٣) يوسِّد: «أ» يُجْلِس أو يضع على وسادة. «ب» يزوِّد بوسادة أو وسائد (٤) يُهَمِّد [الحركةَ]؛ يُلطِّف [الصَّدمةَ]؛ يُخمِد.

cush·y [koosh′ĭ] *(adj.)* هيِّن؛ يسير؛ غير شاقّ <a ~ job>.

cusk [kŭsk] *(n.)* البَرْسَم: سمك بحريّ ضخم وثيق الصِّلة بالقُدّ.

cusk

cusp [kŭsp] *(n.)* (١) طرف مُستدِقّ (٢) القَرْن: أحد قَرْنَي الهلال أي طَرَفَيْه (٣) الحَدَبة: نتوء فوق تاج الضِّرس (٤) مُنْعطَف؛ نقطة تحوّل.
~ of a curve قرنة المنحنى (عم).
~*s* of a valve شُرُفات الصِّمام أو المصراع (ت).

cus·pate; cus·pat·ed; cusped *(adj.)* مستدقّ الطَّرَف.

cus·pid [kŭs′pĭd] *(n.)* النّاب (ت).

cus·pi·dal; cus·pi·date; cus·pi·dat·ed *(adj.)* مُسْتَدِقّ الطَّرَف.

cuspidate leaf

cus·pi·dor [kŭs′pə dôr′] *(n.)* المِبْصَقَة: وعاء يُبْصَقُ فيه.

cuss [kŭs] *(n.; vt.; i.)* (١) لَعْنة (ع) (٢) شخص؛ مخلوق (ع) § (٣) يلعن.
She doesn't care a ~, إنها لا تبالي ألبتّة.

cuss·ed [-ĭd] *(adj.)* (١) ملعون (ع) (٢) عنيد (ع) (٣) مُشاكِس.

cuss·ed·ness *(n.)* (١) عِناد (٢) مُشاكَسَة.

cuss·word [kŭs′wûrd] *(n.)* شتيمة.

cus·tard [-′tərd] *(n.)* القَسْتَر: مزيج مُحَلًّى من الحليب والبيض يُخْبَز أو يُغْلَى أو يُثَلَّج.

custard apple *(n.)* القِشْدة؛ السَّفَرْجَل الهنديّ (نب).

cus·to·di·an [kŭs tō′dĭ ən] *(n.)* القيِّم؛ الأمين؛ الحارس.

cus·to·dy [kŭs′tə dĭ] *(n.)* (١) رعاية؛ وصاية؛ كفالة (٢) حجز قضائي (٣) الحَبْس؛ السَّجْن.
— **cus·to·di·al** *(adj.)*

cus·tom [kŭs′təm] *(n.; adj.)* (١) «أ» عادةٌ. «ب» عُرْف (٢) *pl.*: «أ» رسوم جمركية. «ب» جمرك (٣) «أ» الزِّبانة: معاملة المستهلك محلًّا تجاريًّا معيَّنًا على نحو موصول <I shall take away my ~ from this shop.> كقولك: سوف أنقطع عن شراء السِّلع منه. «ب» الزبائن § (٤) مُوصًّى عليه؛ غير جاهز؛ مصنوع خصيصًا بناء على طلب الزبون <~ shoes> (٥) صانع للسِّلع «غير الجاهزة» <a ~ shoemaker>.

cus·tom·a·ble [kŭs′təm-] *(adj.)* خاضع للرسوم [الجمركية].

cus·tom·ar·y [-′tə mĕr′ĭ] *(adj.)* (١) عُرْفيّ: «أ» ذو علاقة بالعُرف لا بالقانون. «ب» راسخ بفضل العُرف لا بقوة القانون (٢) مُعتاد؛ مألوف.

cus·tom–built *(adj.)* مُوصًّى عليه: مصنوع بناءً على طلب الزبون.

cus·tom·er [kŭs′təm-] *(n.)* (١) زبون (٢) شخص <a queer ~>.
an awkward ~; a queer ~, شخص يصعب التعامل معه.

cus·tom·house *(n.)* الجُمْرُك: إدارة الجُمْرُك.

cus·tom·ize *(vt.)* يَصْنع أو يُعدِّل وَفْقًا لطلب الزَّبون.

cus·tom–made *(adj.)* = custom–built.

customs union *(n.)* الاتحاد الجُمْركي [بين عدد من الدول].

cus·tom–tai·lor *(vt.)* = customize.

cut [kŭt] *(vt.; i.; n.; adj.)* (١) «أ» يَجْرح. «ب» يَجْرح الإحساس. «ج» يَجْلِد. «د» يضرب الكرة [بحيث يغيّر اتجاهها أو يجعلها تدور حول نفسها]. «هـ» يُسَنِّن: تَطْلُعُ أسنانُهُ (٢) «أ» يقصّ <~ his hair>. «ب» يقلِّم؛ يُشَذِّب <~ her nails>. «ج» يختصر بالحذف <to ~ a manuscript>. «د» يُرَقِّق سائلًا: يُخفِّف من كثافته بالمزج بالماء <to ~ liquor>. «هـ» يُخفِّض <to ~ prices> (٣) «أ» يَحْصُد؛ يَجُزّ <to ~ grain; to ~ hay>. «ب» يُقطِّع؛ يُقسِّم إلى أجزاء <to ~ bread>. «ج» يَقْطع <to ~ timber>. «د» يَفْصِل. «هـ» يُفْرِد؛ يَعْزِل. «و» يُدير؛ يُغيِّر اتجاه شيء (٤) «أ» يتقاطع <The lines ~ one another.>. «ب» يَقْطع [خطوطَ التموين]. «ج» يَقْطع: يَقْسم مجموعة أوراق الشَّدّة قسمَيْن. «د» يسحب ورقة من هذه المجموعة. «هـ» يقسِّم (٥) «أ» يُوقف؛ يَكُفّ عن. «ب» يتجاهل

شخصًا. «ج» يتغيَّب عن <to ~ classes>. «د» يُوقف [مُحرِّكًا]. «هـ» يَقْطع [تصوير مشهدٍ سينمائيّ] (٦) «أ» ينقُش. «ب» ينحت. «ج» يَقْطع ويُهَنْدِم <to ~ a diamond>. «د» يَشُقّ؛ يَحْفِر. «هـ» يُفصِّل <to ~ a garment>. «و» يَصُبّ <to ~ a key>. «ز» يسجِّل [الكلام أو الأغنية على أسطوانة فونوغرافية]. «ح» يطبع [على الإسْتَنْسِل] (٧) ينغمس [في اللَّهو] (٨) ينهض بأعباء كذا **x** (٩) «أ» يقطع؛ يَقُصّ. «ب» ينقطع؛ يَنْقَصّ <Cheese ~*s* easily.> (١٠) تخترق [الأسنانُ] اللّثةَ (١١) يُوْجِع (١٢) يختصر الطريقَ (١٣) ينطلق بسرعة <a yacht ~*ting* through the water> (١٤) ينتقل فجأةً [من صورة إلى أخرى في السينما أو التلفزيون] § (١٥) «أ» ثوب قماش [يتراوح طوله ما بين ٤٠ و١٠٠ ياردة]. «ب» غلّة؛ محصول. «ج» قطعة [لحمٍ أو خبزٍ]. «د» حصّة؛ نصيب <His ~ was 35%.> (١٦) «أ» مَجاز؛ قناة؛ مَجْرًى. «ب» جُرح. «ج» طريق (١٧) «أ» كليشيه (طع). «ب» صورة مطبوعة عن كليشيه (١٨) «أ» مص cut. مثل: جَرْح؛ قَصّ؛ تقليم؛ تخفيض إلخ. «ب» كلام جارح؛ ملاحظة لاذعة؛ انتقاد عنيف. «ج» طعنة [بالسيف]. «د» جلدةٌ [بالسَّوط]. «هـ» تخفيض؛ إنقاص <salary ~*s*> (١٩) «أ» قَطْع ورق الشدّة. «ب» نتيجة القَطْع. «ج» تغيُّبٌ إراديّ [عن الدروس]. «د» إجازة قصيرة (٢٠) ضربةُ كُرَةٍ سريعةٌ مُركَّزة [في التَّنس أو الكريكيت] (٢١) «أ» حَذْف. «ب» الجزء المحذوف <many ~*s* in the film> (٢٢) تجاهُل شخصٍ (ع) (٢٣) التَّفصيلة: طريقة التفصيل <I like the ~ of your coat.> (٢٤) نمط؛ طراز؛ نوع (٢٥) القَصّة: طريقة قَصّ الشَّعر § (٢٦) مقطوع؛ مفصول (٢٧) مُقطَّع (٢٨) مُزَخْرف ومصقول <~ glass> (٢٩) مُخفَّض <~ rates; ~ prices> (٣٠) مَخْصِيّ (٣١) سَكران (ع).

a hair ~, القَصّة: قَصّة الشَّعْر.

a short ~, القادوميّة: طريق مُختصرة.

to ~ a corner; to ~ corners يختصر الطريق؛ يُنجز بأسرع السُّبُل أو أسهلها أو أرخصِها.

to ~ after يطارد؛ يتعقّب.

to ~ a long story short يختصر قصةً طويلة.

to ~ a loss (one's losses) يضع حدًّا لخسارته؛ يبدأ بداية جديدة تمامًا [بدلًا من الاستمرار في خطة سابقة عادت عليه بالخسارة].

to ~ and run يلوذ بالفرار.

to ~ a poor (grand, ridiculous, etc.) figure يَظْهر بمظهر مُخْزٍ [أو مَهِيب أو مثير للسخرية إلخ].

to ~ at يسدِّد ضربة قاسيةً وخاطفة إلى...

to ~ away (١) يَقْطَع؛ يَنْزَع؛ يَقُصّ (٢) يَفِرّ؛ يَهْرُب.

to ~ back (١) يقلِّم؛ يشذِّب (٢) يُنقص؛ يخفِّض (٣) يقطع تسلسل الرواية بإقحام أحداث سابقة على آخر مشهد عُرض منها.

to ~ both ways يكون أشبه بسيفٍ ذي حدَّين.

to ~ down (١) يَقْطَع [شجرةً إلخ] (٢) يَقْتُل (٣) يُقعِده [المرضُ] (٤) يخفِّض [السِّعْرَ إلخ] (٥) يعيد تشكيل شيء [بإزالة الزوائد والفضول] (٦) يختصر [مقالًا].

to ~ in *or* into يقاطع [شخصًا] أثناء الحديث.

to ~ it fine يصل إلى المحطة قُبَيْل إقلاع القطار.

to ~ off (١) يَقْطع (٢) يَقْطع عليه الخطّ [أثناء حديثه بالهاتف] (٣) يَفْصِل؛ يَعْزِل (٤) ينطلق (٥) يحرمه الميراث (٦) يُوْقف (٧) يتوقّف [عن العمل].

to ~ off somebody with a shilling يحرمه القِسمَ الأكبر من الميراث؛ يوصي له بجزء ضئيل من التَّرِكَة.

to ~ on يُسْرِع؛ يُعَجِّل.

to ~ one's coat according to one's cloth يوفّق بين دَخْلِه وخَرْجِه؛ يمدّ رجلَيْه على قَدْر بساطه.

to ~ oneself free يتحرر [من قيوده].

to ~ one's head open يقع ويشجّ رأسه.

to ~ one's profits يقنع بأرباحٍ أقلّ [أو بالبيع من غير رِبْح].

to ~ one's teeth يُسَنِّن: تَطلُعُ أو تنبُت أسنانُهُ.

to ~ one's throat (١) يَحْتزّ عُنُقَهُ (٢) يُهلك؛ يُدمِّر.

to ~ one's wisdom teeth (١) يبلغ سن التمييز (٢) يكتسب الحكمة بالاختبار.

to ~ out (١) يحلّ محلَّ (٢) يَهْزِم (٣) يهيّئ؛ يُعِدّ (٤) يَقْطع؛ يَفْصِل (٥) يَشُقّ طريقًا (٦) يَحْذف (٧) ينقطع [عن التدخين] (٨) يُفَصِّل [بذلةً] (٩) ينصرف على عجل (١٠) يتوقَّف [المحرِّكُ] عن العمل (١١) يندفع فجأةً إلى الجانب الآخر من الطريق.

to ~ short (١) يمنعه من مُتابعة الكلام (٢) يُنهي؛ يختم.

to ~ the (Gordian) knot يقطع العقدة [الغوردية]: يحلّ مشكلةً بأسرع الطرق ولو كانت شاذّة أو عويصة.

to ~ the record يحطِّم الرقمَ القياسي [في الألعاب الرياضية إلخ].

to ~ up (١) يجزِّئ (٢) يمزِّق [قوى العدوّ] (٣) يَجْرح [الأحاسيسَ] (٤) ينتقد بقسوة (٥) يتقطَّع؛ يتجزّأ (٦) يَسْلُك سُلوكًا صاخبًا (٧) يهرِّج.

to ~ up rough يهتاج؛ يَغْضب (ع).

to ~ up well (١) يموت مخلِّفًا ثروة ضخمة (٢) تكون الدجاجة إلخ موفورة اللحم.

to be ~ out for a job يكون مخلوقًا، أو مُؤهَّلًا بالفطرة، لتولّي وظيفةٍ ما.

cut–and–dried *also* **cut–and–dry** *(adj.)* (١) روتينيّ (٢) سَبْقيّ (٣) مكرور؛ مُعاد؛ جاهز <~ opinions>.

cut–and–paste *(vt.)* يَقْطَع ويُلْصِق [في ملفّ الكومبيوتر].

cu·ta·ne·ous [kyo͞o tā′-] *(adj.)* جِلديّ <a ~ disease>.

cut·a·way [kŭt′ə wā′] *(adj.; n.)* (١) أبتر: مقطوع منه جزء <a ~ illustration> § (٢) البتراء: صورةٌ بتراء (٣) المُذَيَّلة: سترة طويلة تنفرج الزاويةُ المشكَّلة من التقاء طرَفَيْها الأمامِيين، عند موضع الحزام من الخصر، انفراجًا متواصلًا حتى الظهر حيث ينتهي بذيل مستدقّ [يرتديها الرجال في المناسبات الرسمية النهارية].

cut·back [kŭt′-] *(n.)* (١) تخفيض <a ~ in production> (٢) الرَّجْعَة: عودة، في سياق القصة أو الشريط السينمائيّ، إلى أحداث سابقة.

cutch [kŭch] *(n.)* = catechu.

ă at; **ā** date; **â** care; **ä** car; **ĕ** egg; **ē** me; **ĭ** in; **ī** bite; **ŏ** lot; **ō** bone; **ô** orphan; **oi** boil; **o͝o** good; **o͞o** boot; **ou** out; **ŭ** under; **û** urgent; ə = *a* in alone, *e* in system, *i* in easily, *o* in gallop, *u* in circus.

cute [kyōōt] *(adj.)* (١) ذكيّ؛ بارع (٢) وسيم؛ فاتن (٣) أنيق.

cute·sy [kyōōt′sĭ] *(adj.)* مُتَكَلَّف؛ مُصْطَنَع.

cu·ti·cle [kyōō′tĭ-] *(n.)* (١) إهاب (٢) بَشَرة (٣) بَشَرة ميتةٌ أو متصلِّبة.

cu·tic·u·lar *(adj.)* جُلَيْديّ: متعلّق بالبَشَرة.

cut·ie [kyōōt′ĭ] *(n.)* (١) شخص وسيم أو جذاب (٢) الحسناء؛ الفاتنة.

cu·tin [kyōō′tĭn] *(n.)* الجُلَيْدِين: مادة شمعية شفافة تشكّل هي والسِّليلوز بَشَرةَ النبات (كح).

cu·tis [kyōō′tĭs] *(n.)* pl. **-tes** *or* **-tis·es** = dermis.

cut·lass *also* **cut·las** [kŭt′ləs] *(n.)* القَطْلَس: سيف قصير ثقيل.

cutlass

cutlass fish *(n.)* السَّيف: سمك بحريّ شبيهٌ بالسَّيف.

cutlass fish

cut·ler [kŭt′lər] *(n.)* السَّكاكينيّ: صانع السكاكين والأدوات القاطعة أو بائعُها أو مُصلحُها.

cut·ler·y [-′lə rĭ] *(n.)* (١) السَّكاكينيّة: صناعة السَّكاكينيّ (٢) سكاكين؛ آلات حادّة (٣) أدوات المائدة [كالسكاكين والملاعق إلخ].

cut·let [-′lĭt] *(n.)* الضِّلْعة؛ الكَسْتَلاتة: شريحة لحم تُشْوَى مع ضِلْعها عادةً.

cut·off [kŭt′ôf] *(n.)* (١) قَطْع إلخ (را. to cut off) (٢) القادوميّة: طريق مختصرة (٣) صِمام القَطْع [في محرّك بخاريّ].

cut·out [kŭt′out] *(n.; adj.)* (١) قَطْع (را. to cut out) (٢) القَطِيعة: شكل أو رسمٌ مُعَدّ للقَطْع أو الفَصْل بعد أن يُلوِّنه الطِّفل <a page of animal ~s> (٣) قاطعُ التيّار (كب) § (٤) مُعَدٌّ للقَطْع [والتلوين] <~ designs> (٥) قاطعٌ للتيار <a ~ value> (٦) أبتر <a ~ shoe>.

cut out *(adj.)* مَخلوقٌ لِـ: مؤهَّل أو صالح بطبيعته لِـ.

cut·purse [kŭt′pûrs′] *(n.)* النَّشّال: لصّ الجيوب.

cut rate *(n.)* سِعرٌ مُخَفَّض.

cut–rate *(adj.)* (١) مُخَفَّض الأسعار: بائعٌ بأسعار مخفَّضة <a ~ store> (٢) مُخفَّض السِّعر <~ commodities> (٣) رخيص؛ رديء؛ وضيع.

cut·ta·ble [kŭt′ə-] *(adj.)* ممكنٌ قطعُهُ؛ جاهزٌ للقَطْع.

cut·ter [kŭt′ər] *(n.)* (١) فا cut، مثل: «أ» القاطع؛ النحّات إلخ. «ب» القاطعة؛ المِقْطَعة؛ المِقْطَع: أداة أو آلة قاطعة. «ج» مُفَصِّل الملابس (٢) القَطَر: «أ» مركب شراعي صغير وحيد الصارية. «ب» مركب تابع لسفينة حربية يُستخدم لنقل الأشخاص والمؤن من السفينة وإليها. «ج» زورق بخاري حكومي مسلّح لمنع التَّهريب إلخ. «د» مِزلجة صغيرة خفيفة يجرّها عادةً جواد (٣) مسدَّس (ع).

cut·throat [kŭt′-] *(n.; adj.)* (١) السَّفّاح: سَفّاك الدِّماء (٢) الزُّغَيْم: طائر إفريقيّ صغير حول عُنُقِهِ شبهُ طَوْقٍ قِرمزيّ داكن § (٣) «أ» سفّاح؛ قاتل. «ب» وحشيّ؛ مُهلِك (٤) قاسٍ؛ حادّ؛ لا يرحم <~ competition> (٥) تناحُريّ: صفة للُعْبة، من ألعاب الورق مثلاً، يشترك فيها ثلاثة أشخاص كلّ منهم يلعب لحسابه الشخصي <~ bridge>.

cutthroat finch *(n.)* = cutthroat 2.

cut·ting [kŭt′ĭng] *(n.; adj.)* (١) مص cut (٢) شيء يُقْطَع أو يُفْصَل إلخ، مثل: «أ» الفَسْل؛ شتلة نبات. «ب» حَصاد. «ج» قُصاصة جريدة (بر) (٣) النَّفَق المكشوف: نَفَق غير مسقوف يُشقّ لتمرّ فيه طريق أو سكة حديدية أو قناة (٤) أسطوانة فونوغرافية (٥) التنقيح: «تنقيح» الأفلام السينمائية والأشرطة المسجلة إلخ بقَطْع الأجزاء غير المرغوب فيها § (٦) قاطع؛ ماضٍ؛ حادّ (٧) قارس <~ winds> (٨) لاذع؛ قارص؛ جارح للشعور <~ remarks> (٩) مُبَرِّح <a ~ pain>.

cutting edge *(n.)* (١) صَدْر؛ مُقَدَّم؛ طليعة (٢) أثرٌ شديد.

cutting room *(n.)* حجرة التنقيح: حجرة يجري فيها تنقيح الأفلام السينمائية والأشرطة المسجَّلة.

cut·tle [kŭt′əl] *(n.)* (١) cuttlefish (٢) cuttlebone.

cuttlebone

cut·tle·bone [-bōn′] *(n.)* لسان البحر: عظم الحبّار (را. cuttlefish) وهو يُستخدم لصنع ذَرور الصقل أو يُتّخذ طعامًا للطيور.

cut·tle·fish [-fĭsh] *(n.)* الحَبّار: حيوان بحري من الرِّخويات.

cuttlefish

cut·ty [kŭt′ĭ] *(adj.; n.)* (١) قصير (إسك) § (٢) مِلْعقة أو بيبة تدخين قصيرة (إسك) (٣) امرأة مستهترة أو داعرة (إسك).

cut·ty sark *(n.)* (١) ثوب قصير (٢) «أ» امرأة (إسك). «ب» امرأة داعرة.

cut·ty stool *(n.)* (١) المخفوضة: كرسيّ خفيض لا ظَهْرَ له (٢) مَقْعد التعنيف: كرسيّ في الكنائس القديمة كان المتهمون بالجرائم الأخلاقيّة وغيرها يُجلَسون عليه ابتغاء تعنيفهم على مسمع من الجمهور (إسك).

cut·up [kŭt′ŭp′] *(n.)* (١) المهرِّج؛ المُضْحِك (٢) الصَّخّاب.

cut·wa·ter [kŭt′-] *(n.)* القَيْدوم: مقدَّم السفينة الذي يَشُقّ الماء.

cut·work [kŭt′-] *(n.)* شُغل القَطْع: ضربٌ من ضروب التطريز.

cut·worm *(n.)* فراشة الحَصِيد: عُثّة تقصّف جذور النباتات.

-cy لاحقة معناها: «أ» رتبة؛ وظيفة <captain*cy*>. «ب» هيئة؛ طبقة <magistra*cy*>. «ج» حالة؛ وَضْع <infan*cy*>.

cy·an [sī′ăn] *(n.)* الأزرق المُخْضرّ.

cyan- *or* **cyano-** بادئة معناها: «أ» أزرق داكن؛ أزرق. «ب» سِيانوجين. «ج» سِيانيد.

cy·an·a·mide *also* **cy·an·a·mid** [sī ăn′-] *(n.)* السِّياناميد (ك).

cy·an·ic [sī ăn′ĭk] *(adj.)* (١) سِيانوجينيّ: ذو علاقة بالسِّيانوجين أو محتوٍ عليه <~ acid> (٢) «أ» أزرق. «ب» مُزْرَقّ.

cyanic acid *(n.)* حَمْض السِّيانيك: حمض عضويّ سامّ طيّار.

cy·a·nide [sī′ə nīd′] *(n.; vt.)* (١) السِّيانيد (ك) § (٢) يعالج بالسِّيانيد.

cy·a·nine [-nēn′] *(n.)* السِّيانين: صبغ يُستخدم في التصوير الفوتوغرافي.

cyano- = cyan-.

cy·an·o·gen [sī ăn′ə jən] *(n.)* السِّيانوجين: غاز سريع الاشتعال.

cy·a·nosed *(adj.)* مَزْرُوق: مصابٌ بالزُّراق (را. المادة التالية).

cy·a·no·sis [sī′ə nō′-] *(n.)* الزُّراق: ازرقاق في البشرة ناشئ عن نقص الأكسجين في الدم (مض).

— cy·a·not·ic *(adj.)*

cy·an·uric acid [sī′ə nyōōr′ĭk] *(n.)* حَمْض السيانوريك (ك).

Cyb·e·le [sĭb′ə lē′] سيبيل: إلاهة الطبيعة عند شعوب آسيا الصغرى.

cyber- بادئة معناها: «أ» كومبيوتريّ <*cyber*talk> . «ب» عصريّ جدًّا .

cy·ber·na·tion [sī′bər nā′-] *(n.)* السِّبَرْنة: الضبط الأوتوماتي لعملية ما، من طريق استخدام الكومبيوترات.

cy·ber·net·ics [-nĕt′ĭks] *(n.)* السِّبَرْناتِيَّة؛ السِّبَرْنيَّة؛ علم الضَّبط.

cy·cad [sī′kăd] *(n.)* السِّيكاسيَّة: نبتة من السِّيكاسيّات **Cycadaceae** وهي فصيلة من عاريات البزور شبيهة بالنخيل (نب).

Cy·cas [sī′kăs] *(n.)* السِّيكاس: شجر من السيكاسيات.

cycl- *or* **cyclo-** بادئة معناها: «أ» دائرة؛ حَلْقة. «ب» مُركَّب حَلَقي.

cy·cla·mate [sī′klə māt′] *(n.)* السِّيكلامات (ك).

cy·cla·men [-mən] *(n.)* بَخُور مَرْيَم: نبات عشبيّ مُعمِّر.

cy·cle [sī′kəl] *(n.; vi.; t.)* (١) دَوْر؛ دَوْرة (٢) مَدار؛ فَلَك (فل) (٣) عصر أو فترة طويلة من الزمن (٤) المجموعة: «أ» مجموعة من القصائد أو المسرحيات أو القصص أو الأغاني تعالج موضوعًا واحدًا. «ب» سلسلة من الحكايات تصوّر مغامرات بطلٍ أسطوري (٥) «أ» دراجة هوائية. «ب» دراجة ثلاثية [العجلات]. «ج» دراجة بخارية (٦) الدّورة: مجموعة من عمليات الكومبيوتر تتكرّر بوصفها وحدةً متكاملة (فزن) § (٧) يدور [في دورة]؛ يتكرَّر حدوثُهُ [في دورات] (٨) يركب درّاجة. وبخاصة درّاجة هوائية **x** (٩) يدوِّر: يجعله يدور.

cy·cler [sī′klər] *(n.)* = cyclist.

cy·clic [sī′klĭk] *or* **cy·cli·cal** *(adj.)* (١) دَوْريّ (٢) دائري <a ~ figure> (٣) حَلَقيّ: صفة للمركَّبات التي تنتظم ذراتها في الجُزَيء على شكل حَلَقات أو سلاسل مُقْفَلة (ك) (٤) مُلْتفّ؛ حَلَزونيّ.

cyclic compounds *(n. pl.)* المُرَكَّبات الحَلَقيّة (ك).

cy·clic·i·ty [sī klĭs′ə tĭ] *(n.)* الدَّورية: كون الشيء دوريًا.

cy·clist [sī′klĭst] *(n.)* الدَّرّاج: راكب الدرّاجة.

cy·clo [sī′klō] *(n.)* التاكسي الدَّرّاج: سيارة تاكسي ثلاثية العجلات.

cyclo- = cycl-.

cycloid *1.*

cy·cloid [sī′kloid] *(n.; adj.)* (١) الدُّوَيريّ؛ الدُّحروج: خطٌ مُنحنٍ تُحدثه أيُّما نقطة من نقاط محيط الدائرة في سطحٍ مُسْتوٍ (ر) (٢) الدُّوَيْريّة: سمكة ذات حراشف دائرية § (٣) دائريّ (٤) دُوَيْريّ: دائريّ الحراشف (٥) دَوْريّ المزاج؛ متقلّب المزاج.
— **cy·cloi·dal** *(adj.)*

cy·clom·e·ter [sī klŏm′-] *(n.)* السِّيكلومتر: «أ» أداة لقياس الأقواس الدائرية. «ب» أداة لتسجيل دورات الدولاب وبالتالي لتسجيل المسافة التي تقطعها عربةٌ ذات عجلات.

cy·clone [sī′klōn] *(n.)* (١) السِّيكلون؛ الإعصار الحلزونيّ (٢) tornado.

cy·clon·ic *(adj.)* سَيْكْلونيّ؛ تُرناديّ؛ إعصاريّ.

cy·clo·pe·an [sī′klə pē′ən] *(adj.)* (١) سَيْكلوبيّ: *cap.* «أ» منسوب إلى السِّيكلوب (را. *cyclops 1*). «ب» متعلّق بطراز من البناء يتميّز باستعمال حجارة ضخام غير متناسقة الأحجام من غير مِلاط (٢) ضخم؛ هائل.

cy·clo·pe·dia *also* **cy·clo·pae·di·a** *(n.)* = encyclopedia.

cy·clo·pro·pane [-prō′pān] *(n.)* البروبان الحَلَقيّ (ك).

cyclops *2.*

cy·clops [sī′klŏps] *(n.)* (١) *cap.*: السِّيكلوب: عملاق من جيل من العمالقة [في الأساطير اليونانية] ذو عين واحدة في وسط الجبين (٢) السِّيكلوب: ضرب من براغيث الماء ذو عين متوسطة الموضع هي في الواقع عينٌ مزدوجة.

cy·clo·ram·a [sī′klə răm′ə; -rä′mə] *(n.)* (١) السِّيكلوراما: عَرْض تصويري لمشاهد الطبيعة أو الحرب إلخ على الجدار الداخلي لحجرة دائريّة يشاهدُهُ نظّارةٌ قاعدون وسط الحُجرة (٢) الستارة السِّيكلورامية: ستارة شبه دائرية [أو جدار شبه دائري] تُتَّخذ خلفيّةً لمسرحٍ مُعَدٍّ لكي يوحي للنظّارة بامتدادٍ مكانيّ لا حدَّ له.

cy·clos·to·mate *also* **cy·clo·stom·a·tous** *(adj.)* مستدير الفم.

cy·clo·stome [sī′klə stōm′] *(n.; adj.)* (١) مستدير الفم: واحد من مستديرات الفم **Cyclostomi** *or* **Cyclostomata** وهي فقاريّات مائية دُنيا أنقليسية الشكل تتميَّز بأن لها أفواهًا مستديرةً ماصّة خاليةً من الفكوك (ح) § (٢) مستدير الفم.

cy·clo·thy·mi·a [sī′klə thī′mĭ ə] *(n.)* المزاج الدَّوريّ: اضطراب عقلي يسبِّب ابتهاجًا أو انتعاشًا بالِغَيْن لا تلبث حالة من الانقباض والأسى والقنوط أن تعقبهما وهكذا (نف).

cy·clo·tron [sī′klə trŏn′] *(n.)* السِّيكلوترون: مُسَرِّع يزيد سرعة الجُسَيْمات المشحونة المتحركة في مسار لولبيّ (فزن).

cy·der [sī′dər] *(n.)* *Brit.* = cider.

cy·e·sis [sī ē′sĭs] *(n.)* = pregnancy.

cyg·net [sĭg′nĭt] *(n.)* التُّمَيْم: فرخ التَّمّ [الإوزّ العراقي].

Cyg·nus [sĭg′-] *(n.)* (١) كوكبة الدَّجاجة (فل) (٢) التَّمّ؛ الإوز العراقي.

cylinder *1b.*

cyl·in·der [sĭl′ĭn dər] *(n.)* (١) الأُسطوانة: «أ» جسمٌ صلبٌ ذو طَرَفَيْن متساويين على هيئة دائرتين مُتماثلتَيْن تَحْصُران سطحًا ملفوفًا. «ب» غرفة في المحرّك حيث يضغط البخار أو البنزين على المِكْبس <a six-*cylinder* motorcar>. «ج» جزء دوّار من الآلة الطابعة يضغط الورق على السطور أو الأشكال المحبَّرة. «د» جزء من المسدّس يحتوي على حجرة الخراطيش (٢) حجم الأسطوانة.

cyl·in·dered *(adj.)* مُؤَسْطَن: ذو أسطوانة أو أسطُوانات.

cylinder liner *(n.)* البِطانة: بطانة الأسطوانة أو قميصُها (مك).

cy·lin·dri·cal *also* **cy·lin·dric** *(adj.)* أُسطُوانيّ.

cyl·in·droid [sĭl′ĭn droid′] *(adj.)* أُسطُوانيّ؛ شبه أُسطُوانيّ.

cy·ma [sī′mə] *(n.)* السِّيْمَة: حِلْيةٌ صورتُها الجانبية مَوْجيَّة (عم).

cy·mar [sĭ mär′] *(n.)* = simar.

cy·ma·ti·um [sĭ mā′shĭ əm] *(n.)* pl. **-tia** = cyma.

cym·bal [sĭm′bəl] *(n.)* الصَّنج : صفيحةٌ دائريةٌ مقعّرة من نحاس أصفر يُضْرب بها على أخرى (مو) .

cymbals

cym·bal·ist *(n.)* الصَّنّاج ؛ الصَّنّاجة : العازف بالصَّنجَيْن .

cym·bid·i·um [sĭm bĭd′-] *(n.)* المراكبيّة ؛ الفُنجانية : نبات استوائيّ .

cyme [sīm] *(n.)* السَّنَمة : شكل من الازهار يتميّز بزهرة على قمة المحور الرئيسي وبزهرة على قمة كل فرع من فروع الازهار .

cyme

cy·mene [sī′mēn] *(n.)* السِّيمين : هيدروكربون سائل عَذْب (ك) .

cy·mo·gene [sī′mə jēn′] *(n.)* السِّيموجين : نتاج بترولي غازيّ (ك) .

cy·mo·phane [sī′mə fān′] *(n.)* = chrysoberyl.

cy·mose [sī′mōs] *also* **cy·mous** [sī′məs] *(adj.)* سَنَميّ : «أ» منسوب إلى السَّنَمة (را . cyme) . «ب» مُسَنَّم : حاملٌ سَنَمةً (نب) .

Cym·ric [kĭm′rĭk; sĭm′-] *(adj.; n.)* (١) ويلزيّ : منسوب إلى مقاطعة «ويلز» Wales في بريطانيا § (٢) اللغة الويلزية .

Cym·ry [kĭm′rĭ] *(n. pl.)* الويلزيون : شعبُ «ويلز» .

cyn·ic [sĭn′ĭk] *(n.; adj.)* (١) الكَلْبيّ : «أ» *cap.* : واحدٌ من مجموعة فلاسفة يونانٍ آمنوا بأنّ الفضيلة هي الخير الأوحد وبأن جوهرها ضَبْطُ النفس . «ب» المؤمن بأن السلوك البشريّ تهيمن عليه المصالح الذاتية وحدها ، والمعبِّر عن موقفه هذا عادةً بالسخرية والتهكُّم § (٢) كلبيّ : متعلّق بالفلاسفة الكلبيين (٣) cynical .

cyn·i·cal [sĭn′ə kəl] *(adj.)* (١) عيّاب ؛ ساخر (٢) كلبيّ : شاكٌّ في طِيْبَة الدوافع البشرية (٣) متشائم .

cyn·i·cism [sĭn′ə sĭz′əm] *(n.)* (١) الكلبيّة : «أ» *cap.* مذهب الكلبيين . «ب» المزاج الكلبيّ ؛ الصفة الكلبية <~ of Voltaire> (٢) تعبير ساخر ؛ ملاحظة ساخرة <pungent ~s> .

cy·no·sure [sī′nə shoor′] *(n.)* (١) *cap.* : «أ» كوكبة الدبّ الأصغر . «ب» النجم القطبيّ (٢) الهادي ؛ المُرْشِد (٣) قِبْلة [الأنظارِ] <She is the ~ of all eyes.>.

Cyn·thi·a [sĭn′thĭ ə] *(n.)* (١) Artemis (٢) القَمَر .

cy·pher [sī′fər] *(n.; vi.; t.)* = cipher.

cy pres [sē′ prā′] *(adv.; n.)* (١) إلى أقرب حدّ ممكن § (٢) قاعدة الحدّ الأقرب : قاعدة مَرْعيّة في المواريث تقضي بتنفيذ الوصيّة على نحو يتّفق ، أكثرَ ما يكون الاتفاق ، مع مقاصد الموصي أو نيّتِه ، وذلك عندما يتعذّر تنفيذها حرفيًا بسبب من كونها مستحيلةً ، أو غير عمليّة ، أو متجاوزةً حدود القانون (ق) .

cy·press [sī′prəs] *(n.)* (١) السَّرْو (نب) (٢) خشب السَّرو .

cypress vine *(n.)* كَرْمة السَّرو (نب) .

Cyp·ri·an [sĭp′rĭ ən] *(adj.; n.)* (١) فاسق ؛ داعر (٢) قُبرصيّ § (٣) القبرصيّ (٤) «أ» الفاسق ؛ الداعر . «ب» بغيّ ؛ مومس .

cy·pri·nid [sĭ prī′nĭd] *(n.; adj.)* (١) الشَّبّوطيّة : كلّ سمكة من الشَّبّوطيات Cyprinidae وهي فصيلة كبيرة من الأسماك النهرية رقيقة الزعانف § (٢) شَبّوطيّ .

cy·prin·o·dont [sĭ prĭn′ə dŏnt] *(n.; adj.)* (١) البَجْن ؛ البَطْريخ ؛ البَطْحيش : سمك يُشبه الشَّبّوط لكنه أصغر منه § (٢) بَجْنيّ إلخ .

cyp·ri·noid [sĭp′rə noid′] *(adj.; n.)* (١) شَبُّوطانيّ : شبيه بالشَّبُّوط (را . carp) § (٢) الشَّبُّوطانية : سمكةٌ شبيهة بالشَّبّوط .

Cyp·ri·ot [sĭp′rĭ ət] *also* **Cyp·ri·ote** [-′rĭ ōt] *(n.; adj.)* (١) القُبْرصيّ : أحد أبناء قبرص (٢) القُبرصيّة : لغة القبارصة اليونانية § (٣) قُبْرُصيّ .

cyp·ri·pe·di·um [sĭp′rə pē′-] *(n.)* = lady's slipper.

cy·pro·hep·ta·dine [-dēn] *(n.)* السِّيبروهيبتادين : عقّار مضادّ للهِسْتمين .

cy·prot·er·one [sī prŏt′ə rōn′] *(n.)* السِّيبروترون : إسْتَرويْد steroid صُنعيّ يكبح إفراز منشِّطات الذكورة (ك) .

Cyr·e·na·ic [sĭr′ə nā′-] *(adj.; n.)* (١) «أ» قوريني : منسوب إلى مدينة قورينة Cyrene الإغريقية . «ب» خاصّ أو متعلّق بالمذهب القوريني القائل بأنّ اللّذة هي هدف الحياة الأوحد § (٢) القورينيّ : «أ» أحد أبناء مدينة قورينة . «ب» أحد أتباع المذهب القوريني .

Cy·ril·lic [sə rĭl′-] *(adj.)* سيريلّيّ : «أ» منسوب إلى القديس سيريل . «ب» خاصّ بالأبجدية السّيريلية (را . المادة التالية) .

Cyrillic alphabet *(n.)* الأبجدية السِّيريلية : أبجدية وُضِعَت في القرن التاسع للميلاد ، وما تزال أشكالها الحديثة تُستخدم في صربيا وروسيا إلخ .

cyst [sĭst] *(n.)* الكُيَيْس ؛ الكِيسة ؛ المثانة («نب» و«أح») .

cyst- بادئة معناها : كُيَيْس ؛ مَثانة <*cyst*itis> .

-cyst لاحقة معناها : كُيَيْس ؛ مثانة .

cys·tal·gia [sĭs tăl′jə] *(n.)* المَثَن (مج) : وجع المثانة .

cys·tec·to·my [sĭs tĕk′-] *(n.)* استئصال الكُيَيْس أو المثانة (جر) .

cysti- = cyst-.

cyst·ic [sĭs′-] *(adj.)* (١) كُيَيْسِيّ (٢) مَثانيّ (٣) متكيِّس : مطوَّق بكُيَيْس .

cystic duct *also* **canal** *(n.)* المَسال المراريّ (مج) .

cys·ti·cer·co·sis [sĭs′tə sûr kō′-] *(n.)* داء الكِيْسات المُذَنَّبة .

cys·ti·cer·cus [sĭs′tə sûr′kəs] *(n.)* الكِيْسة المُذَنَّبة : يرقانة بعض الديدان الشريطية . وهي تتألف من كيسٍ يشتمل على سائل وعلى رأسٍ مُغْمَد هو رأس الدودة الشريطية (ح) .

cystic fibrosis *(n.)* اللِّيفة الكيسيّة (ط) .

cys·tine [sĭs′tēn] *(n.)* السِّيستين : حَمض أمينيّ متبلّر (كح) .

cys·ti·tis [sĭs tī′tĭs] *(n.)* التهاب المثانة (ط) .

cysto- = cyst-.

cys·to·carp [sĭs′tə kärp′] *(n.)* الثمرة الكيسيّة : البِنْية الثمريّة التي تنشأ في الطحالب الحمراء بعد الإخصاب (نب) .

cyst·oid [sĭs′toid] *(adj.; n.)* (١) كُيَيْسانيّ : شبيهٌ بالكُيَيْس § (٢) الكُيَيْسانيّ : جسمٌ أو تشكُّلٌ كُيَيْسانيّ .

cys·to·lith [sĭs′tə lĭth] *(n.)* الحصاة : حصاة في المثانة أو الكُلْية (مض) .

cys·to·scope *(n.)* المنظار المَثانيّ : أداة لفحص المثانة بَصَريًّا (ط) .

cys·tos·co·py *(n.)* تنظير المثانة : معاينة المثانة بالمنظار .

cys·to·tome [sĭs′tə tōm′] *(n.)* مِبضع المثانة (ط).

cys·tot·o·my [sĭ stŏt′ə mĭ] *(n.)* بَضْعُ المثانة: جراحة تُجرى لإحداث شَقّ في المثانة (ط).

cyt- *or* **cyto-** بادئة معناها: «أ» خليّة. «ب» حَشْوة؛ سَيْتوبلازما.

-cyte لاحقة معناها: خليّة <leuko*cyte*>.

Cyth·er·e·a [sĭth′ə rē′ə] *(n.)* = Aphrodite.

cyto- = cyt-.

cy·to·ar·chi·tec·ture *(n.)* التركيب الخَلَويّ: تركيب الخليّة أو بِنْيتُها.

cy·to·chem·is·try *(n.)* الكيمياء الخَلَوية: كيمياء الخلايا الحيّة.

cy·to·chrome [sī′tə krōm′] *(n.)* الصُّبيغة؛ السَّيتوكروم: أيّ من عدة أنزيمات توجد في خلايا النبات والحيوان وتؤدّي دورًا هامًّا في إحداث الأكْسَدة البيولوجية (كح).

cytochrome c *(n.)* الصُّبيغة «ج»؛ السَّيتوكروم «ج»: أوفر الصُّبيغات وجودًا وأكثرها ثباتًا (كح).

cytochrome oxidase *(n.)* أكسيداز الصُّبيغة؛ أكسيداز السَّيتوكروم: أنزيمة تلعب دورًا هامًّا في تنفُّس الخلايا (كح).

cy·to·dif·fer·en·ti·a·tion *(n.)* التّمايز الخَلَويّ (أح).

cy·to·gen·e·sis [sī′tō jĕn′-] *(n.)* تكوُّن الخلايا: أصل الخلايا وتطوُّرها.

cy·to·ge·net·ics *(n.)* علم الوراثة الخَلَويّ: فرع من علم الأحياء يُعنى بدراسة الوراثة من وجهَتَيْ نظر علم الخلايا وعلم الوراثة.

cy·to·ki·ne·sis [sī′tō kĭ nē′-] *(n.)* الانقسام السَّيتوبلازميّ (أح).

cy·tol·o·gist *(n.)* السَّيتولوجيّ: الباحث في السَّيتولوجيا أو علم الخلايا.

cy·tol·o·gy [sī tŏl′ə jĭ] *(n.)* السَّيتولوجيا؛ علم الخلايا: فرع من علم الأحياء يبحث في بنية الخلايا وخصائصها ووظائفها.

cy·tol·y·sin *(n.)* حالّة الخليّة: مادّة تعمل على انحلال الخلايا (أح).

cy·tol·y·sis [sī tŏl′ĭ sĭs] *(n.)* انحلال الخلايا (مض).

cy·to·lyt·ic [sī′tə lĭt′ĭk] *(adj.)* حالٌّ للخلايا (أح).

cy·to·me·gal·ic [sīt′ō mĭ găl′ĭk] *(adj.)* (١) مُضَخَّم الخلايا (٢) مُضَخِّم للخلايا (أح).

cy·to·mem·brane *(n.)* الغِشاء الخَلَويّ: غشاء يكتنف الخليّة (أح).

cy·ton [sī′tən] *(n.)* السِّيتون: جسم الخليّة العصبية (أح).

cy·to·path·o·gen·ic [sīt′ə-] *(adj.)* مُتْلِف أو مُدَمِّر للخلايا (أح).

cy·to·pa·thol·o·gy [-pə thŏl′ə jĭ] *(n.)* علم أمراض الخلايا: شُعبة من علم الأمراض تبحث في التغيّرات الشاذّة التي تطرأ على الخلايا (مض).

cy·to·phil·ic [sīt′ə fĭl′-] *(adj.)* أليف الخلايا: مُحِبٌّ للخلايا أو منجذبٌ إليها <~ antibodies>.

cy·to·pho·tom·e·try [sīt′ə-] *(n.)* المِضوائية الخَلَوية؛ الفوتومترية الخَلَوية: استخدام المضوائية في دراسة الخليّة أو مكوِّناتها (أح).

cy·to·plasm [sī′tə plăz′əm] *(n.)* الحَشْوة؛ السَّيتوبلازما: بروتوبلازما الخليّة باستثناء نواتها (أح).

cy·to·plast [sī′tə plăst′] *(n.)* = cytoplasm.

cy·to·sine [sī′tə sēn] *(n.)* السَّيتوسين: مادة قاعدية تُعتبر مكوِّنًا أساسيًا في كثير من الأحماض النووية (كح).

cy·to·sol [sīt′ə sŏl] *(n.)* العُصارة الخَلَوِيّة: الجزء المائع من السيتوبلازما.

cy·to·stat·ic [sīt′ə stăt′-] *(adj.)* مُبَطِّئ للخلايا: نزّاع إلى إبطاء نشاط الخلايا أو تكاثرها.

cy·to·tax·on·o·my [sīt′ō tăk sŏn′-] *(n.)* التّصنيف الخَلَويّ: تصنيف المُتَعضِّيات ودراسةُ العلاقات القائمة بينها (أح).

cy·to·tech·nol·o·gist [sī′tə tĕk nŏl′ə jĭst] *(n.)* التكنولوجيّ الخَلَويّ: الاختصاصي بالتكنولوجيا الخَلَوِيّة.

cy·to·tech·nol·o·gy *(n.)* التكنولوجيا الخَلَويّة: دراسة الخلايا البشرية للكشف عن أمارات السَّرطان أو علاماته.

cy·to·tox·ic [sī′tə tŏk′-] *(adj.)* سامّ للخلايا <~ properties>.

cy·to·tox·in [sī′tə tŏk′sĭn] *(n.)* الذِّيفان الخَلَويّ؛ التُّكسين الخَلَويّ: ذِيفان [أو تُكسين] أو جسمٌ مضادٌّ مُسَمِّم للخلايا.

cy·to·trop·ic *(adj.)* مُنجذبٌ نحو الخلايا <a ~ virus>.

czar [zär] *(n.)* (١) أمبراطور (٢) القيصر: «أ» لقب أباطرة الروسيا السابقين. «ب» شخص عظيم الشأن <a movie ~>.

czar·das [chär′dăsh] *(n.)* التّشارْدَش: رقصة وطنية هنغارية.

czar·dom [zär′-] *(n.)* القَيْصَرة؛ القيصرية: منصب القيصر أو سلطتُهُ.

czar·e·vich [zär′ə vĭch] *(n.)* (١) ابن القيصر (٢) أكبر أولاد القيصر.

cza·rev·na [zä rĕv′nə] *(n.)* بنت القيصر.

cza·ri·na [-rē′nə] *(n.)* القَيْصرة: «أ» زوجة القيصر. «ب» أمبراطورةٌ روسيةٌ.

czar·ism [zär′ĭz əm] *(n.)* (١) القيصرية: الحكم القيصريّ في الروسيا [قبل ثورة عام ١٩١٧] (٢) ديكتاتوريّة؛ حكم أوتوقراطي.

cza·rit·za [zä rĭt′sə] *(n.)* = czarina.

Czech [chĕk] *(n.; adj.)* (١) التشيكيّ: أحد أبناء تشيكيا. وبخاصة: أحد أبناء بوهيميا أو موراڤيا أو سيليزيا (٢) التشيكية: لغة التشيكيين السّلافيّة الغربية § (٣) تشيكيّ. **— Czech·ic; Czech·ish** *(adj.)*

Czech·o·slo·vak [chĕk′ə slō′-] *(n.; adj.)* (١) التشيكوسلوفاكيّ: أحد أبناء تشيكوسلوفاكيا (٢) التشيكوسلوفاكية: لغة التشيكوسلوفاكيين السّلافيّة § (٣) تشيكوسلوفاكي. **— Czech·o·slo·vak·i·an** *(adj.; n.)*

d [dē] *(n. often cap.)* (١) الحرف الرابع من الأبجدية الإنكليزية (٢) خمسمئة (٣) شيء مُعْتَبَرٌ ذا مقام رابع [من حيث الترتيب أو الطبقة] (٤) «أ» درجة أو علامة مدرسية تُشْعِر بأن عمل الطالب ضعيف. «ب» طالب يُمْنَح هذه الدرجة (٥) شيء على صورة حرف **D**.

dab[1] [dăb] *(n.; vt.; i.)* (١) وَكْزَة؛ لَكْزَة؛ ضربة (٢) التربيتة: ضربة أو لمسة خفيفة (٣) كتلة [صغيرة رطبة] <little ~*s* of butter> (٤) مقدار ضئيل <a ~ of meat> § (٥) يُربِّت: يضرب برفق (٦) يَمْلُث: «أ» يُرَبِّت أو يمسّ بمادة رطبة أو ليّنة <She ~*bed* at her face with a powder puff.>. «ب» يضع أو يَبْسُط [مادةً] بلمساتٍ رفيقة <~*bing* paint on the picture>.

dab[2] *(n.)* الدّاب: سمك صغير مُفَلْطَح.

dab[2]

dab[3] *(n.)* البارع؛ الكفؤ؛ المتمرِّس بـ <a ~ at tennis.>.

dab·ble [dăb'əl] *(vt.; i.)* (١) يُبلِّل؛ يُرطِّب (٢) يَنْضَح؛ يَرُذّ؛ يَرُشّ **x** (٣) يُخوِّض؛ يلعب بيديه أو قدميه في الماء <The duck ~*s*.> (٤) يتلهّى؛ يتسلّى: يشتغل في شأن من الشؤون على سبيل الهواية أو على نطاق ضيّق <to ~ in politics>.

dab·bler *(n.)* (١) فا dabble. وبخاصة: الهاوي (٢) بطّة مخوِّضة.

dab·chick [dăb'chĭk] *(n.)* الزُّغْوَيطة؛ الغَطّاس الصغير: طائر مائيّ.

dab hand *(n.) chiefly Brit.* = expert.

da ca·po [dä kä'-] *(adv.; adj.)* من البداية: إيعاز بضرورة الإعادة (مو).

d'ac·cord [dȧ kôr'] *(adv.)* موافق! أنا موافق!

dace [dās] *(n.)* الدّاس: سمك نهري صغير من الشَّبّوطيّات.

dace

da·cha [dä'chə] *(n.)* الدّاشة: بيت ريفي صغير.

dachs·hund [däks'ho͝ond'; däsh'-] *(n.)* الدَّشْهَنْد: كلبٌ ألمانيّ صغير طويل الجسم قصير القوائم.

da·cite [dā'sīt] *(n.)* الدّاسيت: صخر بركاني.

da·coit [də koit'] *(n.)* الدّاكيت: عضو بعصابة لصوص في الهند وبورما.

Da·cron [dā'-] *(n.)* الدَّكْرون: نسيج من خيوط صُنعية شديدة المرونة.

dac·tyl [dăk'təl] *(n.)* الدّكتيل: تفعيلة شِعرية ثلاثية المقاطع.

dactyl- *or* **dactylo-** بادئة معناها: إصبع <*dactylo*logy>.

dac·tyl·o·gram [dăk tĭl'ə-] *(n.)* = fingerprint.

dac·ty·lol·o·gy [dăk'tə lŏl'ə jĭ] *(n.)* التَّصبيع: فن نقل الأفكار بالإشارات الإصبعيّة [كما في الأبجدية الخاصة بالصُّمّ والبُكم].

-dactylous لاحقة معناها: ذو عدد معيّن من الأصابع.

dad [dăd] *(n.)* أَبٌ [بلُغة الأطفال أو تحبُّبًا].

Da·da [dä'dä] *(n.)* الدادئة: حركة أدبية وفنية [بعد الحرب العالمية الأولى] رفضت القيَمَ الأخلاقية والجمالية التقليدية إلى حدّ العَدَميّة والعَبَث.

da·da·ism [dä'dä ĭz əm] *(n.)* = Dada.

dad·dy [dăd'ĭ] *(n.)* = dad.

dad·dy long·legs *(n.)* طويل القوائم: أيّ من عدة حيوانات تتميز بطول القوائم ودقّتها. وبخاصة: الحصّاد (را. harvestman).

da·do[1] [dā'dō] *(n.)* الدّاد؛ السِّفل: «أ» جزء من قاعدة العمود (عم). «ب» الجزء الأدنى المزخرف من جدار غرفة.

da·do[2] *(vt.)* يُدَيِّد؛ يُسَفِّل: يزوِّد بداد أو سِفْل.

dae·dal [dē'dəl] *(adj.)* (١) مُعقَّد (٢) «أ» فنّيّ. «ب» بارع؛ عبقريّ.

dae·mon [dē'mən] *(n.)* = demon.

daf·fo·dil [dăf'ə dĭl] *(n.)* (١) النَّرجس البرّي؛ النَّرجس الكاذب (٢) اللون الأصفر.

daffodil *1.*

daf·fy [dăf'ĭ] *(adj.)* معتوه؛ مخبول؛ ضعيف العقل (ع).

daft [dăft; däft] *(adj.)* (١) «أ» سخيف؛ أحمق. «ب» معتوه؛ مجنون (٢) عابث؛ لعوب؛ مَرِح باستهتار (إسك).

dag [dăg] *(n.)* (١) طَرَف مُتَدلٍّ (٢) صوف متلبِّد أو مكسُوٌّ بالرّوث.

dag·ger [dăg'ər] *(n.; vt.)* (١) خَنْجَر (٢) شيء كالخَنجر. وبخاصّة: الخَنْجرية: إشارة (†) طباعية تُحيل القارئ إلى الهامش أو ترمز إلى تاريخ الوفاة § (٣) يَطعن بخَنجر.

at ~*s* drawn مستعدّ للقتال؛ على وشك القتال.

to look ~*s* at ينظر إليه نظرات مِلؤها البغض والعداوة.

da·go [dā'gō] *(n.)* الدّيغو: شخص من أصل إيطاليّ أو إسبانيّ.

da·guerre·o·type [də gâr'ə tīp] *(n.; vt.)* (١) الدَّغْرية؛ التصوير الدَّغريّ: طريقة قديمة في التصوير الضوئيّ بواسطة ألواح معدنية مفضّضة (٢) صورة دَغرية § (٣) يُدَغِّر: يُصَوِّر بهذه الطريقة.

dahl·ia [dăl'yə; däl'-] *(n.)* الدَّهْلِيّة؛ الأضاليا: «أ» نبات ذو جذور دَرَنية وأوراق ريشية الشكل. «ب» زهرة الدَّهْلِيّة.

dai·kon [dīk'ən] *(n.)* الدّيكون: فجل ياباني طويل الجذور.

dai·ly [dā'lĭ] *(adj.; adv.; n.)* (١) يَوْميّ § (٢) يوميًّا؛ كلّ يوم § (٣) اليومية: صحيفة تصدر يوميًّا (٤) النَّهارية: خادمة تَفِدُ على البيت كلّ يوم ولكنها لا تبيت فيه (بر).

dai·mon [dī'mōn] *(n.)* الدَّيْمون: «أ» الروح الحارسة [لشخصٍ أو مكان

إلخ]. «ب» نصف إله [في الميثولوجيا اليونانية].

dai·myo *or* **dai·mio** [dī′myō] *(n.)* الدَّيميو: بارون ياباني إقطاعيّ.

dain·ty [dān′tĭ] *(adj.; n.)* (١) لذيذ؛ طيِّب المذاق (٢) وسيم؛ أنيق (٣) نيِّق؛ صعب الإرضاء (٤) رقيق؛ مُنَمْنَم؛ عُرْضةٌ للكسر § (٥) طعام طيّب.

dai·qui·ri [dī′kə rĭ] *(n.)* الدَّيْكَريّ: شراب مُسْكِر.

dairy [dâr′ĭ] *(n.)* (١) المَلْبَنة: «أ» مبنًى لحفظ اللبن والقِشدة. «ب» مصنع لإنتاج الزبدة والجبن. «ج» مَتْجر أو شركة لبيع اللبن والزبدة إلخ (٢) اللِّبانة: صناعة إنتاج اللبن والزبدة والجبن (٣) المزرعة اللِّبانية: مزرعة مخصّصة لهذا الإنتاج (٤) أبقار اللِّبانية: أبقار هذه المزرعة.

dairy cattle *(n.)* الماشية اللِّبانية: ماشية تربّى من أجل لبنها.

dairy farm *(n.)* المزرعة اللِّبانية.

dair·y·ing [dâr′ĭ ĭng] *(n.)* = dairy *2.*

dair·y·maid [-′ĭ mād′] *(n.)* اللَّبّانة: العاملة في مَلْبَنة.

dair·y·man *(n.)* (١) اللِّبانيّ: صاحب مزرعةٍ لِبانيّة (را. dairy farm) (٢) اللَّبّان: صاحب مَلْبنةٍ أو مستخدَمٌ فيها.

da·is [dā′ĭs; dās] *(n.)* مِنَصّة؛ مِنبر.

dai·sy [dā′zĭ] *(n.; adj.)* (١) زهرة الربيع؛ اللؤلؤية الصغرى؛ مرغريتا الكبرى: نبات من الفصيلة المركّبة (٢) شخص ممتاز؛ شيء رائع (ع) § (٣) ممتاز؛ رائع؛ من الطراز الأول.

daisy ham *(n.)* الكُتَيْفة المُدَخّنة: قطعة مُدَخّنة من لحم كتف الخنزير.

daisy wheel *(n.)* الدولاب المُلألأ: جزء من الآلة الكاتبة الكهربائية قِوامُهُ قرصٌ ذو نتوءات تمثِّل مختلف الحروف والرموز الطباعية.

Da·lai La·ma [dä′lī lä′mə] *(n.)* الدالاي لاما: الزعيم الروحيّ لِلّامية (را. Lamaism).

da·la·si [dä läs′ ē] *(n.)* الدّلاسي: وحدة النقد في غامبيا.

dale [dāl] *(n.)* وادٍ. وبخاصة: وادٍ عريض.

dales·man [dālz′-] *(n.)* الوِديانيّ: أحد سكان الوديان في إنكلترا.

dal·li·ance [dăl′ĭ-] *(n.)* (١) مداعبة (٢) عَبَثٌ (٣) توانٍ؛ تلكّؤ.

dal·ly [dăl′ĭ] *(vi.; t.)* (١) يُداعب <The breeze *dallied* with the flowers.> (٢) يَعْبث: «أ» يعالج بخفّة واستهتار. «ب» يغازل امرأة من غير أن تكون عنده نيّة جدّية في طلب يدها للزواج <He was ~*ing* with her affections.> (٣) يتوانى؛ يتلكّأ <Don't ~ over your work.> x (٤) يُضيع [الوقتَ] سُدًى <She *dallied* her time away.>.

Dal·ma·tian [dăl mā′shən] *(n.; adj.)* (١) الدّلماسيّ: أحد أبناء دَلْماسيا في الجزء الغربي من يوغوسلافيا (٢) الكلب الدّلماسيّ: كلب قصير القوائم ذو وبر أبيض مُرَقّش بنُقَطٍ سُود § (٣) دَلماسيّ.

Dalmatian 2.

dal·mat·ic [dăl măt′-] *(n.)* الدَّلمَطيق: «أ» رداء كهنوتي يُرتدى أثناء القداس (نص). «ب» ثوب يرتديه العاهل البريطاني عند تتويجه.

dal·ton·ism [dôl′tə-] *(n.)* الدالتونيّة: عدم القدرة على التمييز بين الأحمر والأخضر. وتوسّعًا: عمى الألوان.

dam[1] [dăm] *(n.)* الأمّ: أُمُّ الحيوان الداجن بخاصة.

dam[2] [dăm] *(n.; vt.)* (١) سَدّ؛ خزّان (٢) مياه السدّ (٣) حاجز؛ عائق § (٤) يُزوِّد بسدّ (٥) يَحْجز بسدّ (٦) يعوق (٧) يكبح؛ يضبط.

dam·age [dăm′ĭj] *(n.; vt.; i.)* (١) أذًى؛ ضرر (٢) *pl.* تعويض [عن ضرر]؛ «عطل وضرر» (٣) ثمن؛ نفقة § (٤) يُؤذي؛ يَضُرّ x (٥) يُصاب بأذًى أو ضرر.

dam·ag·ing *(adj.)* مؤذٍ؛ ضارّ. **— dam·ag·ing·ly** *(adv.)*

dam·an [dăm′ən] *(n.)* الدّمَان: حيوان ثديي صغير.

dam·a·scene [dăm′ə sēn] *(n.; adj.; vt.)* (١) *cap.* الدِّمَشْقيّ: أحد أبناء دِمشق § (٢) دِمَشْقيّ (٣) دِمَقْسيّ (را. damask) § (٤) يُدَمْشِق: يزيِّن الفولاذ بخطوط متموِّجة كالتي تميّز السيوف الدمشقية.

Da·mas·cus [də măs′kəs] دِمَشْق.

Damascus steel *(n.)* الفولاذ الدِّمَشْقيّ: فولاذ مُزدانٌ بخطوط متموِّجة كانت تُصْنَع منه شفرات السُّيوف [في دمشق أصلًا].

dam·ask [dăm′əsk] *(n.; adj.)* (١) الدِّمَقْس: نسيج حريريّ إلخ مشجّر على نحوٍ صقيل أو لامع (٢) «أ» Damascus steel. «ب» تموّجات الفولاذ الدِّمشقي (٣) الورديّ: لون قَرَنْفُليّ أو أحمر ورديّ § (٤) دِمَقْسيّ (٥) ورديّ: ذو لون شبيه بلون الورد الدمشقي.

damask rose *(n.)* ورد دِمشق؛ الورد البلدي (نب).

dame [dām] *(n.)* السَّيِّدة: «أ» امرأة ذات سلطة أو مقام رفيع. «ب» امرأة كهلة. «ج» امرأة متزوجة. «د» امرأة (ع).

dame's violet *(n.)* بَنَفْسجة السيدة؛ زهرة المساء البُستانية (نب).

dam·mar *or* **dam·ar** *also* **dam·mer** [dăm′ər] *(n.)* الدَّمَر: أيّ من عدة موادّ راتينجيّة صُلبة تُستخرج من بعض الأشجار الصنوبرية في آسيا الجنوبية وتُستخدم في صنع الورنيش وحبر المطابع.

damn [dăm] *(vt.; i.; n.; adj.; adv.)* (١) يُدين: «أ» يحكم عليه بالعقوبة السرمدية [في جهنّم]. «ب» يحكم عليه بأنّه رديء أو غير ملائم أو غير شرعي. «ج» يعتبره، من طريق النقد العلني، فاشلًا أو مخفقًا <to ~ a novel> (٢) يُهْلك (٣) يلعن § (٤) لَعْنٌ (٥) شيء تافه أو ضئيل القيمة § (٦) لعين؛ جديرٌ باللعن § (٧) إلى حدّ بعيد.

dam·na·ble [dăm′nə-] *(adj.)* (١) مستحقٌّ للّعن؛ جدير باللّعن (٢) لعين؛ رديء جدًّا <~ weather>.

dam·na·tion [-nā′-] *(n.)* (١) «أ» الإدانة؛ اللَّعْن. «ب» المُدانيّة؛ الملعونيّة: كون الشيء مُدانًا أو ملعونًا (٢) الخطيئة المُميتة: خطيئة يستحق صاحبها العقوبة السرمدية (كن).

dam·na·to·ry [dăm′nə tōr′ĭ] *(adj.)* (١) إدانيّ؛ هلاكيّ؛ لَعْنيّ (٢) مُدِين؛ مُهْلِك؛ مُوْرِث للّعْنَة الأبدية إلخ.

damned [dămd] *(adj.; adv.)* (١) لعين؛ ملعون؛ محكوم عليه بالهلاك الأبدي <souls ~> (٢) مُستحقٌّ اللعنةَ أو الإدانةَ (٣) «أ» بغيض؛ مَقِيت. «ب» استثنائيّ؛ لا يُصَدَّق. «ج» بكل معنى الكلمة § (٤) إلى أقصى حدّ <~ funny>.

dam·ni·fy [dăm′nə fī′] *(vt.)* يُؤذي؛ يَضرّ؛ يُسبِّب الخسارة لِـ.

damn·ing *(adj.)* مُميت: مُوْرِثٌ للّعنة الأبدية <a ~ sin>.

damp [dămp] *(n.; adj.; vt.; i.)* (١) غاز سامّ. وبخاصة في منجم فحم حجري (٢) رطوبة (٣) ضباب (٤) «أ» عامل مثبِّط. «ب» كآبة؛ انقباض (ا.ق) § (٥) كئيب؛ منقبض الصدر (٦) رَطْب؛ نديّ § (٧) يخنق [بغازٍ سامّ] (٨) يُثبِّط؛ يُوْهِن (٩) يَقْبض [الصّدرَ] (١٠) يُخمِّد: «أ» يضائل سَعة الموجات أو الذبذبات (فز). «ب» يكبح [الجِماحَ] (١١) يُرَطِّب (١٢) يُخمد؛ يطفئ x (١٣) تتضاءل [سَعَةُ الموجات أو الذبذبات].
— **damp·ness** *(n.)*

damped wave *(n.)* الموجة المُخَمَّدة: موجةٌ تتضاءل سَعَتُها تدريجيًا (فز).

damp·en [dăm′pən] *(vt.; i.)* (١) يَكْبَح؛ يُوْهِن؛ يُخمِد (٢) يرطِّب؛ يندّي (٣) يثبِّط [العزمَ]؛ يورِث الكآبة أو الانقباض (٤) يُخَمِّد؛ يضائل [الذبذبات] x (٥) يَرْطُب؛ يصبح رطبًا (٦) يَهِنُ عزمُهُ؛ تَتَثَبَّطُ همّته (٧) يَخْمُد؛ يتضاءل.

damp·er [dăm′pər] *(n.)* (١) فا damp (٢) «أ» المُثبِّط [للهمّة]. «ب» المُعَكِّر؛ المكدِّر [صَفْوَ شيء]. «ج» المُوْرِث للكآبة أو الانقباض (٣) المُخَمِّد: «أ» صِمام منظِّم لتيّار السّحب، في مَوْقد. «ب» أداة لتخفيف تذبذب أوتار البيانو. «ج» ممتصّ الصّدمات [في سيارة إلخ].

damp·ing *(n.)* مص damp. وبخاصة: «أ» التخميد: مضاءلة سَعة الموجات أو الذبذبات (فز). «ب» التخمُّد (فز).

damp·ing–off *(n.)* ذبول الغِراس الصغيرة [بفعل الفُطور] (نب).

dam·sel [dăm′zəl] *(n.)* فتاة؛ آنسة؛ شابّة غير متزوِّجة.

dam·sel·fish [dăm′-] *(n.)* السّمكة الآنسة: سمكة بحرية زاهية الألوان.

dam·sel·fly [dăm′-] *(n.)* اليَعْسوبيّة؛ السُّرمانيّة (حش).

dam·son [dăm′zən] *(n.)* الدَّمْسُون؛ الدِّمشقيّ؛ خوخ دمشق.

dance [dăns; däns] *(vi.; t.; n.)* (١) يَرْقُص (٢) يَثِب [من اهتياج أو انفعال] x (٣) يؤدّي رقصة؛ يرقص <to ~ a waltz> (٤) يُرقِّص <~d a baby on his knee> § (٥) رَقْص (٦) حفلة راقصة (٧) قطعة موسيقية راقصة (٨) فن الرقص.

to ~ attendance on (*or* upon) somebody يلازمُهُ؛ يخدمه بعناية؛ يسرف في ملاطفته والخضوع له.

to ~ on (*or* upon) nothing يُشْنَق؛ يُعْدَمُ شنقًا.

to give a ~, يقيم حفلةً راقصة.

danc·er [dăn′sər] *(n.)* (١) الرّاقص (٢) الراقصة.

danc·ing [dăn′sĭng] *(n.; adj.)* (١) رَقْص § (٢) راقص.

dancing girl *(n.)* الراقصة: الراقصة المحترفة.

dancing master *(n.)* معلِّم الرقص؛ أستاذ الرقص.

dancing party *(n.)* المَرْقَصة: حفلةٌ راقصة.

dancing room *(n.)* المَرْقَص: حجرة الرقص.

dan·de·li·on [dăn′də lī′ən] *(n.)* الطَّرَخْشَقون؛ الهندباء البرية (نب).

dan·der [dăn′dər] *(n.)* (١) dandruff (٢) غضب.

to get one's ~ up يَغضب.

to get somebody's ~ up يثير غضب فلان.

dan·di·a·cal [dăn dī′-] *(adj.)* غُنْدوريّ (را. dandy).

dan·di·fy [dĭn′də fī′] *(vt.)* يُغَندِر: «أ» يجعله شبيهًا بالغُندور (را. dandy). «ب» يكسو بأناقة مفرطة.

dan·dle [dăn′dəl] *(vt.)* (١) يرقِّص [الطفلَ]: يُؤَرْجِحُهُ على ركبتيه أو بين ذراعيه (٢) يدلِّل [الطفلَ].

dan·druff [dăn′drəf] *also* **dan·driff** *(n.)* الهِبْرِيَة: نُخالة الرأس أو قشرتُهُ.

dan·dy [dăn′dĭ] *(n.; adj.)* (١) الغُنْدور: شخص شديد التأنّق في مَلْبَسِه أو مظهره (٢) شيء من الطراز الأول (ع) (٣) الدَّنْديّ: مركب شراعي صغير ذو صارِيَيْن § (٤) غُندور: شديد التأنّق في المَلْبس والمَظْهر (٥) ممتاز: من الطراز الأول.
— **dan·dy·ish** *(adj.)*

dandy fever *(n.)* = dengue.

dan·dy·ism *(n.)* الغُندورية: «أ» شدّة التأنّق في الملبس والمظهر. «ب» أسلوب أدبيّ وفنّي في القرن ١٩م تميّز بالعاطفيّة المتأنّقة والصنعة المتكلّفة.

Dane [dān] *(n.)* (١) الدانمركيّ: شخص من أبناء الدانمرك أو من أصل دانماركيّ (٢) Great Dane.

Dane·law [dān′lô′] *(n.)* (١) القانون الدانمركي: قانون فرضه الدانمركيون عندما احتلوا الجزء الشمالي الشرقي من إنكلترا في القرنين ٩ و١٠م (٢) الدانيّات: ذلك الجزء من إنكلترا الذي خضع لتلك الأحكام.

dang [dăng] *(adj.; adv.)* = damn.

dan·ger [dān′jər] *(n.; vt.)* (١) خَطَرٌ § (٢) يعرِّض للخطر (ا.ق).

dan·ger·ous [-′jər əs] *(adj.)* خَطِر؛ محفوف بالمخاطر.

dan·ger·ous·ly *(adv.)* على نحو خطِر <~ wounded>.

dan·gle [dăng′gəl] *(vi.; t.; n.)* (١) يتدلّى (٢) يَتْبَع؛ يَتَّبع؛ يحوم حوله [طمعًا في الفوز بشيء] <spent his life in *dangling* after women> (٣) يلوِّح له بكذا [على سبيل الإغراء] x (٤) يُدلّي؛ يُرخي § (٥) «أ» تَدَلٍّ. «ب» تَدْلِية (٦) شيء متدلٍّ.

dan·gler *(n.)* (١) المُدَلّى: شيء مُتَدَلٍّ <ear clips with diamond ~s> (٢) الزِّير: المُكْثِر من التحويم حول النساء.

Dan·ish [dā′nĭsh] *(adj.; n.)* (١) دانمركيّ § (٢) اللغة الدانمركية.

dank [dăngk] *(adj.)* شديد الرطوبة؛ رَطْب على نحو مزعج.

dank·ness [dăngk′nəs] *(n.)* شدّة الرطوبة.

dan·seur [dän sœr′] *(n.)* راقصُ الباليْه.

dan·seuse [dän sœz′] *(n.)* راقصةُ الباليْه.

Dan·te·an [dăn′tĭ ən] *(adj.; n.)* (١) دانتيّ: منسوب إلى الشاعر الإيطالي دانتي أو شعره § (٢) الدانتيّ: الدارس لشعر دانتي أو المُعْجَب به.

Dan·tesque [dăn tĕsk′] *(adj.)* = Dantean.

Daph·ne [dăf′nĭ] *(n.)* دافني: حوريّة طاردها أبولو فلم تَنْجُ منه إلّا بتحوّلها إلى شجرة غار.

daph·ne *(n.)* الغار: شجر دائم الخضرة.

dap·per [dăp′ər] *(adj.)* (١) أنيق (٢) نشيط؛ رشيق.

dap·per·ness *(n.)* (١) أناقة (٢) نشاط؛ رشاقة.

dap·ple [dăp′əl] *(n.; adj.; vt.; i.)* (١) رَقطة؛ رَقْشة؛ نُقطة (٢) تَرَقُّط؛ تَرَقُّش؛ تَنَقُّط (٣) حيوان مُرَقَّط أو مُرَقَّش الجلد § (٤) أرقط؛ أرقش؛ منقّط § (٥) يُرقِّط؛ يُرقِّش؛ يُنَقِّط x (٦) يترقّط؛ يترقّش.

dap·pled [dăp′əld] *(adj.)* أرقط؛ أرقش؛ منقّط.

dap·ple–gray *(adj.; n.)* (١) رماديّ أرقش: ذو لون رماديّ تشوبُهُ نُقَط رَماديّة أشدُّ دُكنةً § (٢) جواد رماديّ أرقش.

darb [därb] *(n.)* شيء ممتاز أو بارز أو جذاب جدًا.

Darby and Joan *(n.)* زوجان سعيدان [متقدّمان في السنّ عادةً].

dare [dâr] *(vi.; t.; n.)* (١) يجرُؤ؛ يَجْسُر x (٢) يتحدّى (٣) يواجهُ بشجاعة (٤) يحاول أمرًا [بشجاعة وَتَحَدٍّ] <The young actress ~*d* the title role.> § (٥) تَحَدٍّ (٦) جَراءة؛ جسارة.

dare·dev·il [dâr′-] *(n.; adj.)* (١) المتهوِّر؛ الجريء بتهوّر § (٢) متهوِّر.

dare·dev·il·ry [dâr′dĕv′əl rĭ] *(n.)* تهوُّر.

dare·say *(vt.; i.)* (١) يعتقد؛ يستطيع القول x (٢) يظنّ؛ يَحْسَب.

dar·ing *(adj.; n.)* (١) جريء؛ جَسور § (٢) جَراءة؛ جَسارة.

dark [därk] *(adj.; n.)* (١) مُظلم <~ as night> (٢) داكن <~ brown> (٣) شرِّير <the ~ powers that lead to war> (٤) كئيب <the ~ days of the war> (٥) أسود؛ قاتم؛ عابس؛ مكفهرّ (٦) أعمى (٧) مُظلم: مُتَّسِم بالجهالة أو عدم التنوّر <*Dark* Ages> (٨) غامض؛ مُلْغَز (٩) خفيّ <a ~ purpose> (١٠) سِرّي <They kept their plans ~.> (١١) متكتِّم <was always ~ about the matter> (١٢) أسمر؛ داكن <a ~ complexion> (١٣) داكن البشرة § (١٤) ظلام (١٥) ليلٌ؛ غروب (١٦) الدّاكن: لونٌ داكن (١٧) جَهْل (١٨) غموض (١٩) خفاء؛ سِرِّيّة.

Dark Ages *(n. pl.)* العُصور المُظلِمة [من حوالى ٤٧٦ إلى حوالى ١٠٠٠ للميلاد]. وتوسّعًا: القرون الوسطى.

Dark Continent, The القارة السوداء: إفريقيا.

dark·en [där′kən] *(vt.; i.)* (١) «أ» يعتِّم: يجعله مظلمًا. «ب» يجعله غامضًا (٢) يقتّم: يجعله قاتم اللون (٣) يُحزِن؛ يوقع الكآبة في نفسه (٤) يُعمي x (٥) يُظلم (٦) يَغْمُض: يصبح غامضًا (٧) يصبح قاتمًا (٨) يكتئب أو يكفهرّ.

dark·ey [där′kĭ] *(n.)* = darky.

dark–field microscope *(n.)* = ultramicroscope.

dark horse *(n.)* مفاجأة الحَلْبة: «أ» جواد أو شخص يكسب سباقًا أو مباراةً على نحوٍ غير متوقّع. «ب» شخص يُرَشَّح، على نحوٍ غير متوقّع، لمنصب سياسي.

dark·ie [där′kĭ] *(n.)* = darky.

dark·ish [därk′ĭsh] *(adj.)* مُظلم قليلاً.

dar·kle [där′kəl] *(vi.)* (١) «أ» يُظلِم. «ب» يَكفهِرّ [الوجهُ] (٢) يختفي [أو يتلاشى] في الظلام؛ يبدو على نحوٍ غير واضح.

dark·ling *(adv.; adj.)* (١) في الظلام § (٢) مُظلم؛ قاتم (٣) خَفِيّ؛ سِرّيّ (٤) ظَلاميّ: مُنجَزٌ أو حادثٌ في الظلام <a ~ journey>.

dark·ly *(adv.)* على نحوٍ مظلم أو غامض أو مُكفهِرّ أو خفيّ إلخ.

dark·ness *(n.)* (١) ظُلمة (٢) دُكنة؛ قَتام (٣) جَهْل (٤) عَمًى (٥) كآبة (٦) غموض <the ~ of certain passages in a text> (٧) سِرّية؛ خفاء (٨) الظلام؛ الشرّ <the powers of ~>.

dark·room *(n.)* الغرفة المظلمة: غرفة مظلمة لتظهير الأفلام (فو).

dark·some [-′səm] *(adj.)* (١) مُظلم (٢) مظلمٌ بعضَ الشيء.

dark·y [därk′ĭ] *(n.)* (١) الزِّنجيّ (ع) (٢) الزِّنجية (ع).

dar·ling [där′-] *(n.; adj.)* (١) الحبيب؛ المحبوب § (٢) حبيب؛ عزيز؛ أثير <my ~ child> (٣) ساحر؛ فاتن <a ~ novel>.

darn[1] [därn] *(vt.; i.; n.)* (١) يرفو؛ يرْتُق § (٢) رَفْوٌ؛ رَتْقٌ (٣) الرَّتْق: موضع مرتوق من الثوب إلخ <a garment full of ~*s*>.

darn[2] *(adj.; adv.; vt.; i.; n.)* (١) لعين؛ ملعون § (٢) إلى أقصى حدّ § (٣) يَلْعن § (٤) لَعْن (٥) شيء ضئيل القيمة.

not give a ~, لا يبالي ألبتّة.

dar·nel [där′nəl] *(n.)* الزُّوان؛ الزُّؤان (نب).

darn·ing *(n.)* (١) رَفْو؛ رَتْق (٢) الثياب المَرْفُوّة أو الواجب رَفْوُها.

darning needle *(n.)* (١) إبرة الرّفو (٢) dragonfly.

dart [därt] *(n.; vt.; i.)* (١) رمح خفيف (ا.ق) (٢) الجُمّاح؛ السّهم المَريش (٣) الجُمّاحيّة؛ المَريشيّة؛ لعبة السِّهام المَريشة: لعبة تُسَدَّدُ فيها السِّهام المَريشة إلى رَمِيّةٍ أو هدف (٤) حُمَة العقرب؛ إبرة النحلة إلخ (٥) نظرة حادّة (٦) ثَنْية (٧) اندفاعة؛ حركة سريعة؛ وثبة مفاجئة § (٨) «أ» يقذف [بحركة مفاجئة]. «ب» يرمي بسهم (٩) يدفع أو يحرِّك بسرعة (١٠) يَرْشُق [بنظرة غَضْبى] x (١١) يندفع كالسّهم (١٢) ينقضّ [على].

dart·board *(n.)* [därt′bôrd′; -bōrd′] رَمِيّة الجُمّاحيّة: الهدف الذي تُوَجَّه إليه السِّهام في لعبة الجُمّاحيّة (را. dart 3).

dartboard

dart·er *(n.)* (١) فا dart (٢) الزُّقّة: طائر مائي طويل الرقبة (٣) السّهميّ: سمك نهري صغير يندفع كالسّهم عندما يُزْعَج.

Dar·win·i·an [där wĭn′-] *(adj.; n.)* (١) داروينيّ: منسوب إلى تشارلز داروين (١٨٠٩-١٨٨٢) أو نظرياته أو أتباعه § (٢) الداروينيّ: المؤمن بالداروينية.

Dar·win·ism *(n.)* الداروينية: مذهب داروين في أصل الأنواع.

Dar·win·ist; Dar·win·is·tic *(n.; adj.)* = Darwinian.

dash [dăsh] *(vt.; i.; n.)* (١) يَقْذِف بعنف (٢) يُهَشِّم؛ يَسْحَق (٣) «أ» يَرُشّ. «ب» يُطَرْطِش. «ج» يُلوِّث [السُّمعةَ] (٤) يُفْسِد؛ يُخيِّب؛ يُحبط؛ يقضي على <Their hopes were ~*ed*.> (٥) يُحزِن؛ يُوْقِع الكآبةَ في النفس (٦) يُخجِل؛ يُخزي (٧) يَمزُج؛ يَشُوب <to ~ wine with water>

(٨) يُنجِز على عجل <She ~*ed* off a short story.> x (٩) يندفع بعنف أو بسرعة (١٠) يتهشَّم § (١١) ضربة عنيفة أو سريعة (١٢) «أ» تلاطُمُ [الأمواج]. «ب» ارتطام [الماء بشيء]. «ج» وَقْعُ [المطرِ على النوافذ]. «د» صَيِّبٌ؛ وابل <a ~ of rain> (١٣) اندفاع؛ هجوم؛ انقضاض <a ~ at the enemy> (١٤) خَيْبَة <The accident was a ~ to our hopes.> (١٥) شَرْطة؛ قاطعة: خط أفقي قصير (-) في الكتابة والطباعة (١٦) ذَرّة؛ مقدار ضئيل <a ~ of pepper> (١٧) تباهٍ (١٨) حيوية؛ نشاط؛ اندفاع (١٩) سباق قصير سريع <a hundred–yard ~> (٢٠) dashboard *2*.

dash·board [-ˈbōrdˈ] *(n.)* (١) الحاجبة: وِقاء من الماء أو الوحل يكون في مُقدَّم العربة أو المركب (٢) لوحة أجهزة القياس: لوحة مشتملةٌ على مختلف العدّادات وأجهزة القياس في السيّارة أو الطائرة.

da·sheen [dă shēnˈ] *(n.)* القُلقاس: بقلة ذات جذور دَرَنية.

dash·er *(n.)* (١) فا dash (٢) الجَسُور؛ المِقدام (٣) الأنيق؛ المتأنق (٤) dashboard *1*.

dash·ing *(adj.)* (١) جَسُور؛ مُفْعَم بالحيوية (٢) أنيق؛ مختال.

dash·y [dăshˈĭ] *(adj.)* أنيق؛ متأنق.

das·tard [dăsˈtərd] *(n.; adj.)* (١) الجبان. وبخاصة إذا جمَعَ إلى الجبن خِسّةً ونذالة § (٢) جبان؛ خسيس؛ نَذْل.

das·tard·ly *(adj.)* جبان؛ خسيس؛ نذل.

das·y·ure [dăsˈĭ yo͝orˈ] *(n.)* الدّاصْيور: حيوان صغير لاحمٌ من ذوات الجراب.

dasyure

da·ta [dāˈtə; dătˈə; dätˈə] *(n. pl.)* المُعْطَيات: «أ» مجموعة من القضايا المسلَّمة في علم من العلوم. «ب» معلومات؛ حقائق؛ بيانات.

data bank *(n.)* بنك المُعْطَيات: مجموعة من المعلومات منظّمةٌ على نحوٍ يُيسِّر الحصولَ عليها [وبخاصة بواسطة الكومبيوتر].

database [dāˈtə bāsˈ; däˈ-] *(n.)* = data bank.

data processing *(n.)* معالجة المُعْطَيات [بواسطة الكومبيوترات].

da·ta·ry [dāˈtə rĭ] *(n.)* (١) الداتاريّ: كاردينال مُكلَّف بالتحقيق في أهلية المرشَّحين لبعض الرتب الكنسية (٢) منصب الداتاريّ.

date[1] [dāt] *(n.)* (١) بَلَحة؛ تَمْرة (٢) نَخْلة.

date[2] *(n.; vi.; t.)* (١) تاريخ <What is the ~ today?> (٢) ديمومة؛ مدة استمرار شيء <the short ~ of all things sweet> (٣) عهد؛ عصر <ruins of Roman ~> (٤) «أ» موعد <a ~ with a girl>. «ب» المُوَاعَد: شخص من الجنس الآخر يكون المرء معه على موعد <his ~ at the party> § (٥) يرقى إلى <The castle ~*s* back to the 15th century.> (٦) يَعْتُق؛ يصبح عتيق الزيّ أو متخلّفًا عن العصر <Isn't this textbook beginning to ~?> x (٧) يؤرِّخ <to ~ a letter> (٨) يحدِّد تاريخ شيء <Only experts can ~ this manuscript.> (٩) يُواعِد: يضرب موعدًا.

dat·ed *(adj.)* (١) مؤرَّخ (٢) بالٍ: عتيق الزيّ أو الطراز.

date·less [dātˈ-] *(adj.)* (١) لانهائيّ؛ غير محدود (٢) غير مؤرَّخ؛ غُفْلٌ من التاريخ (٣) مُوغِل في القِدم <customs ~> (٤) خالد؛ لا يُبليه كَرُّ الأيّام <more ~ than Hamlet>.

date·line [dātˈlīn] *(n.)* خطّ التاريخ: خطّ في رسالة أو جريدة أو مقالة إلخ يعيِّن زمان الصدور [ومكانه في كثير من الأحيان].

date line *(n.)* خطّ التوقيت: خطّ تغيّر تاريخ اليوم (مل).

date palm *also* **date tree** *(n.)* النَّخلة؛ شجرة النَّخْل.

da·tive [dāˈtĭv] *(adj.; n.)* (١) مَنْحِيّ؛ ديتيفيّ: دالّ على حالة من حالات النَّصْب تكون فيها الكلمة مفعولًا به غير مباشر <مثل me في قولك Give *me* the pencil> § (٢) حالة النصب غير المباشر (٣) كلمة في هذه الحالة (ل).

da·tum [dāˈtəm] *(n.) sing. of* **data** المُعْطَى: واحد المُعْطَيات.

da·tu·ra [də to͝orˈə] *(n.)* الدّاتورة: نبات ذو خصائص تخديرية.

daub [dôb] *(vt.; i.; n.)* (١) يُجَصِّص؛ يطيِّن: يكسو بطبقة لزجة من جصٍّ أو طين أو نحوهما (٢) يلطِّخ؛ يلوِّث (٣) يدهن أو يرسم [صورًا زيتية] بغير إتقان § (٤) جصّ أو طين [يُكْسَى به جدار إلخ] (٥) تجصيص؛ تلطيخ؛ إلخ (٦) صورة زيتية غير متقنة.

daugh·ter [dôˈtər] *(n.)* (١) بِنْت؛ ابنة (٢) الوليدة (فزن).

daughter cell *(n.)* الخليّة الوليدة (أح).

daugh·ter–in–law *(n.)* الكَنّة: زوجة الابن.

daunt [dônt; dänt] *(vt.)* (١) يُرهِب؛ يروِّع (٢) يثبِّط الهمّة.

daunt·less [-ˈləs] *(adj.)* شجاع؛ باسل؛ لا يَهاب.

dau·phin [dôˈfĭn] *(n.)* الدّوفين: الابن البكر لملك فرنسي.

dau·phine [dô fēnˈ] *or* **dau·phin·ess** *(n.)* الدّوفينة: زوجة الدّوفين.

dav·en·port [dăvˈən-] *(n.)* (١) أريكة؛ كَنَبة عريضة (٢) مِنضدة [للكتابة].

dav·it [dăvˈĭt, dāˈvĭt] *(n.)* الدّاووديّ: أحد عمودين حديديين أو ذراعين ملويَّين على جانب السفينة يستخدمان لرفع [أو خفض أو تعليق] مركب صغير أو مرساة إلخ.

a a davits

Da·vy Jones's lock·er *(n.)* قعر المحيط أو الأوقيانوس.

Da·vy lamp *(n.)* مصباح دايفي: مصباح الأمان في المناجم.

daw [dô] *(n.)* (١) jackdaw (٢) المُغَفَّل؛ السّاذَج (ا م).

daw *1.*

daw·dle [dôˈdəl] *(vi.; t.)* (١) يتوانى؛ يتلكّأ؛ يُضيع الوقت سُدًى (٢) يتهادَى x (٣) يُضَيِّع؛ يُبَدِّد <Don't ~ away your time!>.

daw·dler [dôˈdlər] *(n.)* المُتَواني؛ المُتَلكِّئ: المُضَيِّع وقتَهُ سُدًى.

dawn [dôn] *(vi.; n.)* (١) يَطْلُع [النهارُ] (٢) يبدأ؛ يبزُغ <A new era is ~*ing*.> (٣) يتَّضح للعين أو العقل <The truth ~*ed* on him.> § (٤) الفجر (٥) فجر؛ بزوغ؛ مُسْتَهَلّ؛ مَطْلَع.

daw·son·ite [dôˈsə nīt] *(n.)* الدَّوسينيت: معدن أبيض.

day [dā] *(n.)* (١) النهار أو ضوءه (٢) فجر <at the break of ~> (٣) يوم (٤) وقت؛ عهد <the present ~> (٥) عهد القوة أو السلطان أو الازدهار <Colonialism has had its ~.> (٦) مباراة <We've won the ~.>.

~ and night ليلًا نهارًا؛ طوالَ الوقت.

before ~, قبل بزوغ الفجر.

by ~, نهارًا؛ خلالَ النهار.

one ~, ذات يوم.
one of these ~s عمّا قريب؛ في المستقبل القريب.
some ~, في يوم ما في المستقبل.
the other ~, منذ بضعة أيام.
this ~ week في مثل هذا اليوم من الأسبوع السابق أو التالي.
to end one's ~s يموت، يقضي نحبه.

day·bed *(n.)* سرير النهار: سرير ضيّق يحوّل في النهار إلى أريكة.

day blindness *(n.)* العَمَى النّهاري (بص).

day·book [dā′-] *(n.)* (١) دفتر اليوميات: دفتر يُدوِّن فيه الكاتب أو الأديب يوميّاته (٢) دفتر اليوميّة (تج).

day boy *(n.)* الطالب النّهاريّ أو الخارجيّ.

day·break [dā′brāk′] *(n.)* الفَجْر.

day coach *(n.)* الحافلة النّهارية: حافلة من حافلات السّكّة الحديدية غير مزوّدة بأسِرَّة.

day·dream *(n.; vi.)* (١) حُلم اليَقَظة § (٢) يستغرق في أحلام اليقظة.

day·dream·er *(n.)* الحالم في اليقظة.

day laborer *(n.)* العامل المُياوم: عامل يتقاضى أجرَهُ مياومةً.

day letter *(n.)* البرقية النّهارية: برقية ترسل خلال ساعات النهار وتكون عادةً أطول وأبطأ، ولكنها أرخص، من البرقية العادية.

day·light [dā′līt′] *(n.; vt.)* (١) ضوء النهار (٢) الفجر (٣) ضوء «مُوضِحٌ لشيء غامض» <His lecture threw some ~ on the problem.> (٤) العَلَن؛ وَضَح النهار <The new diplomacy has to operate in ~.> (٥) *pl.*: العقل؛ سلامة العقل § (٦) يُزوِّد [حجرةَ صفٍّ إلخ] بضوء النهار.

daylight saving time *(n.)* التوقيت الصيفي.

day lily *(n.)* زَنْبق النهار؛ فِتْنة النهار (نب).

day·long [dā′-] *(adj.; adv.)* (١) دائمٌ طوالَ النهار § (٢) طوالَ النهار.

day·mare *(n.)* كابوس النهار: كابوس يُلِمّ بِالْمَرْء في ساعات اليقظة.

day nursery *(n.)* دار الحضانة النهارية: مؤسسة للعناية بالأطفال خلال ساعات النهار وبخاصة حين تكون أمهاتهم منصرفات إلى أداء وظائفهنّ.

day off *(n.)* يوم إجازة [يتغيب فيه المرء عن العمل].

day school *(n.)* (١) المدرسة اليومية: مدرسة تعمل طوال أيام الأسبوع ما عدا يوم الأحد [تمييزًا لها عن مدرسة الأحد] (٢) المدرسة النهاريّة: مدرسة تُلقى فيها الدروس نهارًا (٣) المدرسة الخارجية: مدرسة مخصَّصة للطلاب النهاريين [وتقابلها: المدرسة الداخلية].

days of grace *(n.)* أيام السَّماح [لدفع كمبيالة أو سند تأمين إلخ].

day·spring [dā′-] *(n.)* الفجر؛ انبلاج الفجر [بِلُغة الشِّعر].

day·star [dā′-] *(n.)* (١) نجم الصّباح (٢) الشّمس [بِلُغة الشّعر].

day·time[1] [dā′-] *(n.)* النهار: الفترة ما بين الشروق والغروب.

day·time[2] *(adj.)* نهاريّ: حادثٌ خلال ساعات النهار <a ~ flight>.

day–to–day *(adj.)* يوميّ <~ worries>.

daze [dāz] *(vt.; n.)* (١) يَشْدَه؛ يُذْهِل؛ يدوِّخ؛ يُفقده صوابه [وبخاصة بضربة عنيفة] (٢) يَبْهَر [البَصَر] § (٣) انشداه؛ ذهول (٤) انبهار.

daz·zle [dăz′əl] *(vi.; t.; n.)* (١) ينبهر [من شدّة الضياء] (٢) يلتمع؛ يتألق x (٣) يَبْهَر [البَصَر] (٤) يبهَر النفسَ [بشيء رائع جميل] § (٥) انبهار (٦) التماع؛ تألُّق (٧) الباهر: كلُّ ما يَبْهَر.

daz·zling *(n.; adj.)* (١) الجَهَر (مج): تحيّر البصر من شدة الضياء § (٢) باهر؛ متألق؛ رائع.

D-day [dē′dā] *(n.)* اليوم «ي»: اليوم المحدّد سرًّا لشنّ الهجوم أو للقيام بعملية عسكرية ما.

D D T *(n.)* د.د.ت: مبيد للحشرات شديد الفعالية.

de- بادئة معناها: «أ» ينقض <*de*centralize>. «ب» عَكْس؛ نقيض <*de*calescence>. «ج» ينزع من <*de*aminate>. «د» يَخْلَع عن <*de*throne>. «هـ» يُنْقِص؛ يخفض <*de*value>. «و» يترجّل <*de*train>. «ز» تمامًا <*de*nude>.

dea·con [dē′kən] *(n.)* الشَّمّاس؛ الشِّدياق (كن).

dea·con·ess [dē′kən əs] *(n.)* الشَّمّاسة؛ الشِّدياقة (كن).

dea·con·ry [-rĭ] *(n.)* (١) الشِّماسة: وظيفة الشّمّاس (٢) الشَّمامسة.

de·ac·ti·vate [dē ăk′tə vāt′] *(vt.; i.)* (١) يَسرِّح [وحدةً عسكريةً] (٢) يعطِّل [فاعليةَ قنبلة أو لغم] (٣) يُهْمِد؛ يُخْمِد؛ يُفقده فاعليته الكيميائية (ك) x (٤) يَهْمُد؛ يَخْمُد («فز» و«ك»).

dead [dĕd] *(adj.; n.; adv.)* (١) مَيْت (٢) «أ» مَوَتانيّ؛ شَبيه بالموت <in a ~ faint>. «ب» خدِر؛ فاقد للحسّ <My fingers are ~.>. «ج» مُرْهَق؛ مُجْهَد. «د» مجرّد أو محروم من <~ to pity>. «هـ» غير مستجيب <~ to reason>. «و» خامد؛ مُطْفأ <a ~ fire> (٣) «أ» جامد؛ غير ذي حياة <~ matter>. «ب» قاحل؛ ماحل <~ soil>. «ج» مُستنزَف؛ غير قادر بعدُ على العمل <a ~ battery> (٤) «أ» مُمات؛ غير نافذ المفعول <~ laws>. «ب» بائد؛ مَيْت <~ languages>. «ج» هامد <~ volcanoes>. «د» بارد: تُعْوِزُه البهجة أو الحياة <a ~ party>. «هـ» فاتر؛ يُعْوِزُه النشاط <a ~ social season>. «و» غير منتج <~ capital>. «ز» كاسد <a ~ market>. «ح» قليل المرونة <a ~ tennis ball>. «ط» غير مكَهْرب. «ي» غير محسوب أو معدود <a ~ ball>. «ك» ممنوع من اللعب مؤقتًا (٥) «أ» راكد؛ ساكن <~ air>. «ب» تُعْوِزُه الحرارة أو الحياة <a ~ description>. «ج» تَفِه؛ عديم النكهة <~ wine> (٦) «أ» مستوٍ تمامًا <a ~ level>. «ب» صائب <a ~ shot>. «ج» مستقيم <a ~ line>. «د» لا يُعوَّض <a ~ loss> (٧) تامّ <~ silence> (٨) مُخْمَد <a ~ sound> (٩) كامد؛ غير مُشرِق أو لَمّاع (١٠) مسدود؛ غير نافذ <a ~ street> § (١١) المَيْت § (١٢) تمامًا؛ بكل معنى الكلمة <I was ~ tired> (١٣) فجأةً وعلى نحوٍ تامّ <to stop ~> (١٤) تمامًا؛ مباشرةً <~ ahead>.

ă at; ā date; â care; ä car; ĕ egg; ē me; ĭ in; ī bite; ŏ lot; ō bone; ô orphan; oi boil; o͝o good; o͞o boot; ou out; ŭ under; û urgent; ə = *a* in alone, *e* in system, *i* in easily, *o* in gallop, *u* in circus.

the ~, (١) الموتى (٢) الموت؛ حالة الموت.

the ~ of night هَدْأة الليل؛ جوف الليل البهيم.

dead·beat [dĕd′bēt′] *(n.; adj.)* (١) المتهرّب من دفع ديونه (٢) المُتَبَطِّل؛ المُتَسَكِّع؛ الكسلان § (٣) لاارتجاجيّ؛ لاتَرَجُّحي.

dead–beat *(adj.)* مُرْهَق [كُلِّيًا]؛ منهوك القوى (ع).

dead center *(n.)* النقطة المَيْتة (مك).

dead–drunk *(adj.)* ثمِل جدًا [بحيث يَفقد الوعي أو يعجز عن الحركة].

dead duck *(n.)* شخص أو شيء تافه أو فاشل.

dead·en [dĕd′ən] *(vt.; i.)* (١) يُضْعِف؛ يُوْهِن (٢) يُهْمِد؛ يُخفِت (٣) يُخدِّر (٤) يخفِّف (٥) يكمِّد: يُفقده البريقَ أو اللمعان (٦) يُتَفِّه: يجعله تفِهًا أو عديم النكهة <to ~ wine> (٧) يجعل [الجدارَ] عازلًا للصوت (٨) يُميت؛ يَقْتل x (٩) يموت أو يضعف أو يفقد الحيوية.

dead–end[1] *(adj.)* (١) غير نافذ <a ~ street> (٢) فظّ؛ غير مهذَّب.

dead–end[2] *(vi.)* يصل إلى طريق مسدود: ينتهي.

dead end *(n.)* (١) أنبوب مسدود (٢) «أ» طريق غير نافذ. «ب» مأزِق.

dead·en·ing [dĕd′-] *(n.)* المُخْفِتة: مادة لجعل الجدران عازلةً للصوت.

dead·fall [-′fôl′] *(n.)* الشَّرَك المُهْلك: شَرَكٌ يُنْصَب للطرائد الكبيرة فلا تكاد تقع فيه حتى يسقط عليها ثِقل ثقيل يُهلكها.

dead hand *(n.)* = mortmain.

dead·head [-′hĕd′] *(n.)* (١) الطُّفَيْليّ: من يحضُر الحفلات المسرحية أو يركب السيارات العامة ولا يدفع الرسم المفروض (٢) المُغَفَّل؛ السّاذج.

dead heat *(n.)* سباق التعادل: سباق يتعادل فيه متسابقان.

dead letter *(n.)* (١) الحرف المَيْت: قانون إلخ لم يَعُد نافذَ المفعول [من غير أن يُلْغَى رسميًا] (٢) الرسالة المَيْتة: رسالة تُتلَف في إدارة البريد، أو تعاد إلى مُرْسِلها، بسبب نقص أو خطأ في العنوان.

dead–letter office *(n.)* مكتب الرسائل المَيْتة: شعبة في إدارة البريد تُفتح فيها الرسائل المَيْتة ثم تُتْلَف أو تعاد إلى مرسليها.

dead·light [-′līt′] *(n.)* (١) جَفْن النافذة: غطاء حديدي لنوافذ السفينة لمنع تسرّب الماء إليها (٢) المِنْوَر: زجاج سميك في ظهر السفينة أو جانبها لتمكين النور من النّفاذ.

dead·line [-′līn′] *(n.)* (١) خطّ الموت: خط ضِمْنَ سِجْن أو حَوْلَه لا يجوز للسجناء تجاوزه وإلا أُطْلِقَت عليهم النار (٢) الموعد الأخير [لإنجاز عمل ما].

dead·li·ness *(n.)* المُمِيتيّة: كون الشيء مُميتًا أو مُهلكًا.

dead load *(n.)* حِمْل السكون؛ الحِمْل الساكن: حِملٌ غير قابل للتغيير من حيث الموقع أو المقدار كالحِمل الناشئ عن ثِقَل المواد المستخدمة في إنشاء السقف أو الجسر.

dead·lock [-′lŏk′] *(n.; vt.; i.)* (١) الطريق المسدود: توقُّفٌ تامّ أو حالة يُصبح فيها التقدُّم مستحيلًا؛ إخفاق تامّ في التوصّل إلى اتفاق لتسوية نزاع ما <The two parties are at a ~.> § (٢) يُوصِل إلى طريق مسدود x (٣) ينتهي إلى طريق مسدود.

dead·ly [dĕd′-] *(adj.; adv.)* (١) مُميت؛ مُهْلِك <a ~ poison> (٢) لَدُود <a ~ enemy> (٣) معصوم «عن الخطأ» <a ~ marksman> (٤) مُمِلّ؛ فاتر <a ~ conversation> (٥) مُفْرِط؛ مُتطرِّف <~ haste> § (٦) على نحوٍ مُذكِّر بالموت أو شبيهٍ به <was ~ pale> (٧) بإفراط؛ إلى حدّ بعيد <~ dull>.

dead march *(n.)* اللحن الجنائزيّ: لحنٌ حزين يُعزَف في الجنائز.

dead·ness *(n.)* موت؛ جُمود؛ هُمود؛ فُتور إلخ (را. dead).

dead–on *(adj.)* بالغُ الدِّقة: دقيق إلى حدٍّ بعيد.

dead pan *(n.)* الوجه الجامد: وجهٌ جامد خِلوٌ من التعبير كلّيًا.

dead point *(n.)* = dead center.

dead reckoning *(n.)* (١) تقدير أو حُسْبان الموقع: تقدير موقع السفينة أو الطائرة من غير استعانة بآلات الرصد الفلكيّة (٢) حَزْر.

dead set *(adj.)* مُصَمِّم؛ مُوطَّدُ العزم؛ عاقدُ العزمَ.

dead sleep *(n.)* النوم المَيْت: نوم عميق يبدو المرء معه وكأنه مَيْت.

dead·weight *(n.)* = dead load.

dead·wood *(n.)* (١) «أ» أغصان مَيْتة [على الشجرة]. «ب» أغصان أو أشجار ميتة (٢) سَقَطُ المتاع: كلُّ ما لا خيرَ فيه.

de·aer·ate [dĭ′âr′āt] *(vt.)* يَنْزِع الهواءَ من... ؛ ينزع الغازَ من...

deaf [dĕf] *(adj.)* (١) أصَمّ؛ أطرش (٢) مُتَصامّ: غير راغب في الإصغاء.

deaf·en [-′ən] *(vt.; i.)* (١) يُصِمّ: يُصيب بالصَّمم (٢) يجعل الجدارَ أو أرضية الحجرة إلخ عازلًا للصوت x (٣) يُصِمّ؛ يصاب بالصَّمَم [من شدّة الدَّوِيّ].

deaf·en·ing *(adj.)* (١) مُصِمّ: مُصيبٌ بالصَّمَم (٢) مُدَوٍّ.

deaf–mute *(n.; adj.)* (١) الأصَمّ الأبكم § (٢) أصَمُّ أبكمُ.

deaf–mute alphabet *(n.)* أبجديّة الصُّمّ البُكم.

deaf·ness [dĕf′-] *(n.)* الصَّمَم؛ الطَّرَش.

deal[1] [dēl] *(vt.; i.; n.)* (١) يُوزِّع؛ يُقسِّم (٢) يوزِّع [ورقَ اللَّعِب] على اللاعبين (٣) يُوَجِّه؛ يُسَدِّد [ضربةً] (٤) يبيع <to ~ heroin> x (٥) يبحث في <This book... ~s with Africa.> (٦) يَتَّجِر بِـ (٧) يتعامل مع؛ يتعاطى مع <This man is easy to ~ with.> (٨) يُعامِل؛ يتصرّف [نحو الآخرين] <to ~ fairly> (٩) يعالج [مسألةً] § (١٠) «أ» مقدار غير محدّد <It means a great ~.> «ب» مقدار ضخم <a ~ of money> (١١) توزيع (١٢) «أ» توزيع ورق اللعب على اللاعبين. «ب» مجموعة الأوراق في يد اللاعب. «ج» دور اللاعب في توزيع ورق اللَّعِب (١٣) صفقة تجارية (١٤) package deal (١٥) اتفاق سرّيّ؛ صفقة سرية [في التجارة والسياسة] (١٦) معاملة <a fair ~> (١٧) قضيّة هامة.

a good ~, مقدار كبير.

deal[2] *(n.)* لوح [من خشب الصنوبر أو التَّنُّوب].

deal·er [dē′lər] *(n.)* (١) فا deal (٢) التاجر؛ البائع.

deal·er·ship *(n.)* الوكالة: مؤسسة تملك حقّ توزيع سلعةٍ ما.

deal·ing [dē′-] *(n.)* (١) مص deal. وبخاصة: توزيع؛ توزيع ورق اللَّعِب [على اللاعبين] إلخ (٢) معاملة؛ تصرُّف [نحو الآخرين] <honest ~> (٣) *pl.* عد: تعامُل؛ تعاطٍ؛ علاقات <business ~s>.

dealt [dĕlt] *past and past part. of* deal.

de·am·i·nate; de·am·i·nize [dĭ ăm′-] *(vt.)* يُنَزْمِن: ينزع الأمينات من مركَّبٍ ما (ك).

de·am·i·na·tion [-nā′-] *(n.)* التَّزْمَنة: نَزْعُ الأمينات من مركَّب ما.

dean[1] [dēn] *(n.)* العميد: «أ» كاهنٌ كبير مسؤول عن كاتدرائيّة إلخ. «ب» عميد كليّة من كليّات جامعةٍ ما. «ج» عميد سِلكٍ ما.

dean[2] [dēn] *(n.)* = dene.

dean·er·y [dē′-] *(n.)* العِمادة: منصب العميد الإكليركي أو مقرُّهُ.

dear [dēr] *(adj.; n.; adv.; interj.)* (١) عزيز؛ حبيب (٢) غالٍ § (٣) العزيز؛ الحبيب § (٤) بإعزاز؛ بهُيام؛ بإخلاص (٥) «أ» غاليًا <Success cost her ~.> «ب» بثمنٍ غالٍ § (٦) أَوْ **Dear me!**: يا سلام!: تعبير يفيد معنى الدَّهَش أو الأسى أو الذُّعر أو نفاد الصَّبر.

dear·ly [dēr′-] *(adv.)* (١) كثيرًا؛ إلى حدّ بعيد (٢) بثمن غالٍ.

dearth [dûrth] *(n.)* (١) قِلّة؛ نُدْرة (٢) مَجاعة.

dear·y *also* **dear·ie** *(n.)* pl. **dear·ies** عزيزي؛ عزيزتي: تعبير تخاطب به الأمُّ ولدَها أو العجوزُ شخصًا أصغر منها سنًا.

death [dĕth] *(n.)* (١) مَوْت؛ وفاة (٢) سبب الموت <Drinking was the ~ of him.> (٣) الرّدى؛ الموت (٤) حالة الموت <to lie still in ~> (٥) تبدُّد؛ ضَياع <It will mean the ~ of our hopes.> (٦) انقراض (٧) الموت المدنيّ: الحرمان الكامل من الحقوق المدنيّة (٨) طاعون <the black ~> (٩) قَتْل؛ سفك دماء <a man of ~>.

- at *death's* door على عتبة الموت.
- to catch one's ~ of cold يُصاب بزُكام خطير قد يُميته.
- to ~, إلى أقصى حدّ.
- to do *or* put to ~, يَقْتُل.
- to the ~, حتى الموت؛ حتى النهاية.

death·bed *(n.)* (١) فراش الاحتضار (٢) النَّزْع؛ ساعات الاحتضار.

death bell *(n.)* ناقوس الموت: ناقوس يُقْرَع إعلانًا لوفاة شخص.

death benefit *(n.)* تعويض الوفاة: مال يدفع إلى ورثة الميت بموجب قانون تقاعد أو سند تأمين.

death·blow [-′blō] *(n.)* الضَّربة القاضية: ضربة مُميتة أو مُهلكة.

death cup *(n.)* كأس الموت: فُطر سامّ جدًا (نب).

death cup

death duty *(n.)* = death tax.

death·ful *(adj.)* (١) مُميت؛ مُهْلِك (ا.ق) (٢) ميّت: غير مخلَّد (ا.ق) (٣) شاحبٌ شحوبَ الموت <~ face>.

death house *(n.)* جَناح الموت: مبنًى أو جانب من السجن يُوضع فيه المحكوم عليهم بالإعدام ريثما يُنَفَّذ فيهم الحكم.

death·less *(adj.)* خالد؛ باقٍ؛ لا يموت <a ~ novel>.

death·like *(adj.)* شبيه بالموت <a ~ silence>.

death·ly [-′lĭ] *(adj.; adv.)* (١) مُميت؛ مُهلِك (٢) شبيه بالموت <a ~ stillness> § (٣) إلى أقصى حدّ <~ afraid>.

death mask *(n.)* قناع الموت: قالب مأخوذ عن وجه رَجُل مَيْت.

death point *(n.)* نُقْطَةُ الموت: درجةٌ من الحرارة أو البرودة لا يَقْوَى المُتَعَضِّي أو البروتوبلازما الحية، بعدها، على الحياة.

death rate *(n.)* نسبة أو مُعَدَّل الوفيات [بين سكان بلدٍ في فترة ما].

death rattle *(n.)* حَشْرَجَةُ الموت.

death roll *(n.)* (١) عدد الضّحايا (٢) قائمة الضحايا [في حادث ما].

death's–head *(n.)* الجُمجُمة البشرية [بوصفها رمزًا للموت].

deaths·man [dĕths′mən] *(n.)* الجلّاد (ا.ق).

death tax *(n.)* ضريبة الإرْث.

death throes *(n. pl.)* سَكَرات الموت: النزع الأخير.

death trap *(n.)* شَرَك الموت: بِنْية أو حالة تُعرِّض المرء لخطر الموت.

death warrant *(n.)* (١) تفويض الموت: أمرٌ رسميّ بتنفيذ حكم الإعدام (٢) ضربةٌ قاضيةٌ.

death·watch [-′wŏch′] *(n.)* (١) خُنفساء الموت: خُنفساء تنقر الخشب مُحْدِثةً صوتًا كصوت المطرقة كان يُعتبر نذيرًا بموت وشيك (٢) سَهَر الموت: فترة يُسْهَرُ فيها أمام فراش شخص مُحْتَضَر أو مَيْت (٣) حَرَس الموت: «أ» حَرَس مكلَّف بمراقبة شخص محكوم عليه بالموت، ريثما ينفّذ فيه حكم الإعدام. «ب» عدد من مُخْبِري الصحف ينتظر إذاعة نبأ مرتقب.

deathwatch *1.*

deave [dēv] *(vt.)* يُصِمّ: يُصيب بالصَّمَم (ع).

de·ba·cle [dā bä′kəl] *(n.)* (١) «أ» تَقَصُّف الجليد [في نهر]. «ب» اندفاع المياه بعنف (٢) انحدار؛ هزيمة (٣) كارثة كبرى (٤) تَدَهْوُر [في الأسعار].

de·bar [dĭ bär′] *(vt.)* (١) يَمْنَع؛ يَحْظُر (٢) يَحْرِم من (٣) يُحرِّم؛ يُحظِّر.

de·bark[1] [dĭ bärk′] *(vt.; i.)* = disembark.

de·bark[2] *(vt.)* يُنَزْلِح: ينزع اللِّحاء من...

de·base [dĭ bās′] *(vt.)* (١) يُحطّ [من قدره] (٢) يَزْغَل: يَغُش القطعةَ النقدية الذهبية أو يَخْفض قِيمَتَها بزيادة ما تتضمَّنُه من مَعْدِنٍ خسيس (٣) يخفِّض [قيمةَ النقد].
— **de·base·ment** *(n.)*

de·bat·a·ble [dĭ bā′-] *(adj.)* (١) متنازَعٌ عليه <~ territory> (٢) مختلَفٌ فيه؛ قابلٌ للمناقشة <~ questions> (٣) مثيرٌ للمناقشة <~ topics for classroom use>.

de·bate [dĭ bāt′] *(n.; vi.; t.)* (١) مناقشة [في اجتماع أو في البرلمان أو الصحف] (٢) مناظرة [في مناقشةٍ ما بين فريقين مؤيِّد ومُعارِض] § (٣) يتناقش؛ يتناظر (٤) يُناقِش (٥) يتنازع على (٦) يشترك في مناقشة أو مناظرة **x** (٧) يجادل (٨) يناقش [شخصًا].

de·bauch [dĭ bôch′] *(vt.; i.; n.)* (١) يُغوي (٢) يُفسد **x** (٣) يَفْسُق: ينغمس في الملذات الحسيّة § (٤) فُسوق؛ انغماس في الملذّات (٥) قَصْف؛ لهوٌ مُعَرْبِد.

de·bauched *(adj.)* (١) فاسق (٢) فاسد؛ مُنْحَلّ <~ morals>.

de·bauch·ee [dĭb'ô chē'] *(n.)* الفاسق : المنغمس في الملذّات .

de·bauch·er·y [-'chə rĭ] *(n.)* (١) «أ» فُسوق . «ب» قَصْف ؛ لهوٌ مُعَربِد (٢) الإغواء : تشجيعٌ على الإثم أو إهمال الواجب (ا . ق) .

de·ben·ture [dĭ bĕn'chər] *(n.)* (١) سَنَد [دَيْن] (٢) الرّادّة : شهادة تخوّل حامِلَها حقّ استرداد الرسوم الجمركية .

de·bil·i·tate [dĭ bĭl'ĭ tāt'] *(vt.)* يُضْعِف ؛ يُوهِن .

de·bil·i·ty [dĭ bĭl'ə tĭ] *(n.)* ضَعْف ؛ وَهَنٌ .

deb·it [dĕb'-] *(vt.; n.)* (١) يُقيِّد على الحساب (تج) § (٢) «أ» المطلوب منه ؛ المَدِين : الجانب الأيسر من الحساب الجاري [ضدّ *credit*] . «ب» نفدة مسجلة [أو مجموع النفدات المسجلة] في هذا الجانب (٣) مَأْخذ ؛ نقطة ضَعف .

debit balance *(n.)* الرصيدُ المَدِين (تج) .

debit note *(n.)* الإشعار المَدِين (تج) .

debit side *(n.)* الجانب المَدِين [من الحساب الجاري] (تج) .

deb·o·nair [dĕb'ə nâr'] *(adj.)* (١) لطيف ؛ ذو كِياسة (ا . ق) (٢) مُهَذَّب ؛ دَمِث (٣) «أ» مبتهج . «ب» لامبالٍ .

de·bone [dĭ bōn'] *(vt.)* يُنَزْعِم ؛ ينزع العظمَ من . . .

de·bouch [dĭ bo͞osh'] *(vi.; t.)* (١) ينطلق : يخرج [الجندُ] من مكان ضيّق إلى الأرض الواسعة <The soldiers *~ed* from the valley into the plain.> (٢) يتدفّق [النهرُ] من وادٍ ضيّق إلى سهل فسيح (٣) ينبثق ؛ يَبْرُز x (٤) يجعله يبرز للعِيان .

dé·bou·ché [dē bo͞o'shā'] *(n.)* مَنْفَذ ؛ مَخْرَج .

de·bouch·ment *(n.)* (١) انطلاق ؛ تدفُّق (٢) المَصَبّ : مصبّ النهر .

de·bride·ment [dĭ brēd'-] *(n.)* الإنضار ؛ نَزْعُ النُّفايات (جر) .

de·brief *(vt.)* (١) يستخلص المعلومات : يستجوب [رُبّان مَرْكبة فضائية مثلًا] بغيةَ استخلاص المعلومات المفيدة (٢) يَسْتَسِرّ : يطلب إلى موظف ذي منصب حسّاس ألّا يبوح بالأسرار عند تركه الوظيفة .

de·bris [də brē'] *(n.)* (١) حُطام (٢) أطلال ؛ أنقاض (٣) الحُطام : ركامٌ من الفِلَذ الصَّخرية <the ~ left by a glacier> .

debt [dĕt] *(n.)* (١) إثم (٢) المَدِينيّة : كونُ المرء مَدينًا (٣) دَيْن .
- bad ~, دَيْنٌ معدوم أو هالك ؛ دَيْنٌ لا سبيلَ إلى استرداده .
- in ~, مَدينٌ ، واقعٌ تحت دَيْن .
- to get *or* run into ~, يقع تحت دَيْن .
- to get out of ~, يتخلّص من ديونه بدفعها .
- to pay the ~ of nature يموت ؛ يقضي نحبه .

debt·less [dĕt'ləs] *(adj.)* غير مَدِين ؛ متحرّر من الديون .

debt of nature *(n.)* الموت ؛ الرَّدى .

debt·or [dĕt'ər] *(n.)* (١) الآثم (٢) المَدِين ؛ المديون .

de·bug [dĭ bŭg'] *(vt.)* (١) يُقوِّم : يزيل الأخطاء أو العِلل وبخاصة من الكومبيوتر (٢) يَنْزِع جهاز التنصّت .

de·bunk [dĭ bŭngk'] *(vt.)* يَفْضح الزَّيْفَ [في زَعْم إلخ] .

de·bus [dĭ bŭs'] *(vt.)* يترجّل من الأوتوبوس .

de·but [dĭ byo͞o'; dā-] *(n.)* الاستهلال : «أ» الظهور الأول لممثلٍ إلخ على المسرح . «ب» ظهور الفتاة ، بخاصة ، للمرة الأولى في الحفلات الاجتماعية .

deb·u·tant [dĕb' yo͞o tänt'] *(n.)* المُسْتَهِلّ : ممثّل أو عازف يَستهلّ نشاطه المهنيّ للمرة الأولى .

deb·u·tante *(n.)* المُستَهِلَّة : فتاة تظهر للمرة الأولى في الحفلات الاجتماعية .

de·bye [dĭ bī'] *(n.)* الدِّيبايْ : وحدة لعزم القطب الكهربائي (كب) .

deca- *or* **deka-** بادئة معناها : عشرة <*deca*liter> .

de·cade [dĕk'ād] *(n.)* (١) عشرة (٢) العَقْد : عَشر سنوات .

dec·a·dence [dĭ kā'-; dĕk'ə-] *(n.)* تفسُّخ ؛ انحطاط ؛ تدهوُر .

dec·a·den·cy [dĭ kā'-; dĕk'ə-] *(n.)* = decadence.

dec·a·dent [dĭ kā'-; dĕk'ə-] *(adj.; n.)* (١) مُتفسِّخ ؛ مُنحطّ ؛ مُتَدَهْور § (٢) المتفسِّخ ؛ المُنْحَلّ ؛ المُنْحَطّ (٣) الشاعر الرمزي : أحد أفراد المدرسة الرمزية في أواخر القرن التاسع عشر .

de·caf·fein·at·ed [dĭ kăf'-] *(adj.)* منزوع الكافيين <~ coffee> .

deca·gon [dĕk'ə gŏn] *(n.)* العَشْرز ؛ مُعَشّر الزوايا : شكل ذو عشر زوايا وعشرة أضلاع (هن) .

deca·gram *or* **deca·gramme** [dĕk'ə grăm'] *(n.)* العَشْرَغ : وحدة وزن تساوي عشرة غرامات .

deca·he·dron [dĕk'ə hē'drən] *(n.)* العَشْرَس ؛ مُعَشَّر السطوح : شكل ذو عشرة سطوح (هن) .

de·cal·ci·fi·ca·tion *(n.)* النَّزْكَلَة ؛ التَّنَزْكُل : نَزْع أو ضياع الكلسيوم أو مركّبات الكلسيوم [من العظام أو التربة] .

de·cal·ci·fy [dē kăl'-] *(vt.)* يُنَزْكِل : ينزع الكلسيوم أو مُرَكّباتِهِ من .

de·cal·co·ma·ni·a [dĭ kăl'kə mā'-] *(n.)* (١) التّرسيم : فنّ نقل الصُّوَر أو الرسوم إلى الخشب أو الزجاج إلخ عن ورق مُعَدٍّ خِصّيصًا لذلك (٢) المُرَسَّمة : صورة منقولة بهذه الطريقة .

de·ca·les·cence [dē'kə lĕs'əns] *(n.)* خُبُوّ [سطح الفِلِزّ المُحَمّى] .

deca·li·ter *also* **deca·li·tre** [dĕk'ə lē'tər] *(n.)* العَشْرَل ؛ الديكالتر : وحدة سعة تساوي عشرة ليترات .

deca·logue [-'ə lôg] *(n.)* (١) *cap.* : الوصايا العَشْر (٢) مجموعة وصايا .

deca·me·ter *also* **deca·me·tre** [dĕk'ə mē'tər] *(n.)* العَشْرَم ؛ الديكامتر : مقياس للطول يساوي عشرة أمتار .

de·camp [dĭ kămp'] *(vt.)* (١) يتحمَّل ؛ يُقَوِّض خيامَهُ ، سرًّا عادةً ، بغيةَ الرحيل (٢) «أ» يرتحل فجأةً . «ب» يَفِرّ .

de·camp·ment *(n.)* تَحمُّل ؛ نزوح ؛ ارتحال مفاجئ إلخ .

dec·a·nal [dĕk'ə-; dĭ kā'-] *(adj.)* (١) عميديّ : منسوب إلى العميد (را . dean) (٢) عِماديّ : خاص بمنصب العميد (را . deanery) .

de·cant [dĭ kănt'] *(vt.)* يَصْفِق : «أ» يَصُبُّ السائل برفق ليصفو . «ب» يصبّ من وعاء إلى آخر .

— de·can·ta·tion *(n.)*

de·can·ter [dĭ kăn'-] *(n.)* المِصْفَق : «أ» إناء يُستخدم في عملية الصَّفْق . «ب» إناء زجاجيّ زِينيّ يُصَبّ منه الخمر أو الماء على

decanter

مائدة الطعام .

de·cap·i·tate [dĭ kăp′ə tāt] *(vt.)* يَقطع الرأسَ ؛ يَضْرِب العُنق .

de·cap·i·ta·tor *(n.)* الجلّاد : قاطعُ الرأس أو ضاربُ العنق .

deca·pod [dĕk′ə pŏd′] *(n.; adj.)* (١) عُشاريّ الأَرْجُل : حيوان من عُشاريات الأرجل **Decapoda** وهي رتبة من القِشريات تشمل السَّرطان والكَرْكَنْد إلخ § (٢) عُشاريّ الأرجل . **— de·cap·o·dal** *(adj.)* **— de·cap·o·dan; de·cap·o·dous** *(n.; adj.)*

de·car·bon·ate *(vt.)* يُنَزْكِس : ينزع أكسيد الكربون من . .

de·car·bon·ize [-′bə nīz′] *(vt.)* يُنَزْكِر : ينزع الكربون من . .

de·car·box·yl·ate [-′sə lāt] *(vt.)* يَنزع الكربوكسيل من . .

de·car·bu·rize [-′bə rīz] *(vt.)* = decarbonize.

dec·are [dĕk′är] *(n.)* العَشْرَر : وحدة مساحة تساوي عشرة آرات .

dec·a·stere [dĕk′ə stēr] *(n.)* الدّيكَسْتَر : مقياس للحجم يساوي عشرة أمتار مكعّبة .

deca·syl·lab·ic [-sĭ lăb′-] *(adj.; n.)* <a ~ verse> (١) مُعَشَّر المقاطع § (٢) المعشَّر المقاطع : بيت من الشِّعر مؤلف من عشرة مقاطع .

deca·syl·la·ble *(n.)* (١) المعشَّر المقاطع : بيت شِعر مؤلَّف من عشرة مقاطع (٢) المعشَّرة المقاطع : كلمة مؤلفة من عشرة مقاطع .

de·cath·lete [-′lēt] *(n.)* المتسابق العُشاريّ (را . المادة التالية) .

de·cath·lon [-′lŏn] *(n.)* المباراة العُشاريّة : مُباراة تتألف من سباقات مختلفة يفوز فيها من يُحرز أكبر قَدْر من النقط .

de·cay [dĭ kā′] *(vi.; t.; n.)* (١) يَفْسُد ؛ يَنْحطّ ؛ يتفسّخ ؛ يَسْقط ؛ يَذوي (٢) يضمحلّ ؛ يتضاءل ؛ يتلاشى تدريجيًا (٣) يَبلى ؛ ينتخر ؛ يصبح خرابًا (٤) يَضْعُف ؛ يَهِن ؛ يَعْتَلّ (٥) ينحلّ ؛ يتعفّن x (٦) يُفسِد ؛ يُبلي ؛ يُذوِي إلخ § (٧) فساد إلخ (٨) بِلًى ؛ نَخَر ؛ خراب (٩) «أ» انحلال ؛ تعفّن . «ب» عَفَن (١٠) ضَعْف ؛ وَهَن ؛ اعتلال (١١) الاضمحلال ؛ التضاؤل : «أ» تناقص تلقائي في عدد الذرات ذات النشاط الإشعاعي في مادة إشعاعية النشاط . «ب» انحلال الذّرّة أو نواة الذّرّة إلخ تلقائيًا (فزن) .

de·cayed *(adj.)* <a ~ tooth> (١) فاسد ؛ متفسّخ إلخ (٢) نَخِرٌ .

de·cease [dĭ sēs′] *(n.; vi.)* (١) موت § (٢) يموت .

de·ceased [dĭ sēst′] *(adj.; n.)* (١) مَيْت § (٢) المَيْت ؛ الفقيد .

de·ce·dent [dĭ sē′dənt] *(n.)* المَيْت ؛ المُتَوَفَّى .

de·ceit [dĭ sēt′] *(n.)* (١) خِداع ؛ مخاتلة ؛ غِش (٢) كِذبة ؛ حيلة (٣) المَيْل إلى المخادعة .

de·ceit·ful [-′fəl] *(adj.)* (١) مُخادِع ؛ مُخاتِل (٢) خادِع ؛ مُضلِّل .

de·ceit·ful·ness *(n.)* خِداع ؛ مُخادعة ؛ خَتْلٌ ؛ مُخاتلة .

de·ceive [dĭ sēv′] *(vt.; i.)* يَخْدَع ؛ يُخاتل ؛ يَغُشّ ؛ يُضلِّل .

de·ceiv·er [dĭ sēv′ər] *(n.)* المُخادِع ؛ المُخاتِل ؛ المُضَلِّل .

de·ceiv·ing [-′ĭng] *(adj.)* مُخادِع ؛ مُخاتِل ؛ مُضَلِّل .

de·cel·er·ate [dē sĕl′ə rāt′] *(vt.; i.)* <to ~ a motor> (١) يُبَطِّئ ؛ يُنْقِص السرعة x (٢) يتباطأ <the car ~d.> .

De·cem·ber [dĭ sĕm′bər] *(n.)* دِيسَمْبر ؛ كانون الأول .

De·cem·brist *(n.)* الديسمبري : أحد المشتركين في الثورة الفاشلة على قيصر الروسيا نيقولا الأول في ديسمبر ١٨٢٥ .

de·cem·vir [dĭ sĕm′vər] *(n.)* العُشاريّ : «أ» عضوُ مجلسٍ عُشاريّ . «ب» أحد أعضاء مجلس القضاة العُشاريّ الذي جمع قوانين رومة ونظّمها .

de·cem·vi·rate [-′və rĭt; -rāt′] *(n.)* (١) المجلس العُشاريّ : مجلس من عشرة أعضاء (٢) العِشارة : منصب أعضاء هذا المجلس أو مدةُ ولايتهم .

de·cen·cy [dē′sən sĭ] *(n.)* (١) حشمة ؛ احتشام (٢) لياقة (٣) *pl.*: «أ» آداب ؛ أصول . «ب» آداب السلوك (٤) *pl.* عد : مستلزَمات العيش اللائق .

de·cen·na·ry [dĭ sĕn′-] *(n.)* العَقْد : عشر سنوات .

de·cen·ni·al [-′ĭ əl] *(adj.; n.)* (١) عَقْديّ : «أ» مؤلف من عشر سنوات . «ب» دائمٌ عشرَ سنوات . «ج» حادثٌ أو مُنْجزٌ كلَّ عشر سنوات § (٢) الذكرى العَشْرية : ذكرى انقضاء عشر سنوات على شيء .

de·cen·ni·um [dĭ sĕn′ĭ əm] *(n.)* pl. **-s** *or* **-ni·a** العَقْد : عشر سنوات .

de·cent [dē′sənt] *(adj.)* (١) «أ» مُحْتَشِم <~ clothes> . «ب» محتشم المَلْبَس (٢) مهذَّب <~ language> (٣) لائق <~ housing> (٤) مُرْضٍ ؛ مقبول ؛ حسنٌ ولكنه غير ممتاز <a ~ dinner> (٥) محترَم <a ~ family> (٦) لطيف ؛ كريم (٧) محبَّب <a ~ chap> .

de·cent·ness [-nəs] *(n.)* احتشام ؛ تهذيب ؛ لياقة إلخ .

de·cen·tral·i·za·tion *(n.)* (١) اللّاتركزية : «أ» إبطال المركزية في الحكم أو الإدارة من طريق توزيع السلطات والاختصاصات . «ب» إعادة السكان والمصانع [من المدن المزدحمة بالسكان إلى مناطق نائية عنها] (٢) اللامركزية [في الحكم أو الإدارة إلخ] .

de·cen·tral·ize [-′trə līz′] *(vt.)* يُبْطل المركزية ؛ يجعله لامركزيًا .

de·cep·tion [dĭ sĕp′-] *(n.)* (١) خَدْع ؛ مخادعة (٢) انخداع (٣) خُدْعة .

de·cep·tive [-′tĭv] *(adj.)* خادِع ؛ مُضلِّل ؛ غرّار .

de·cer·e·bra·tion *(n.)* (١) نَزْعُ المُخّ (جر) (٢) فَصْلُ المخّ (جر) .

de·cer·ti·fi·ca·tion *(n.)* سَحْبُ الشّهادة ؛ استرداد الشّهادة .

deci- بادئة معناها : عُشْر <*deci*gram> .

deci·are [dĕs′ĭ är′] *(n.)* العُشْرُر : وحدة مساحة تساوي عُشْرَ آر .

deci·bel [dĕs′ə bĕl′] *(n.)* العُشْرُبْل ؛ الدِّيسيبل : وحدة لقياس التفاوت في منسوب قدرتين أو التفاوت بين شِدّتي صوتين ، وهي تُعادل عُشْر «بل» bel .

de·cide [dĭ sīd′] *(vt.; i.)* (١) يقرِّر (٢) يَفْصِل [في دعوى قضائيّة] (٣) يَحْسِم ؛ يُنْهي على نحوٍ حاسم <One blow ~d the fight.> (٤) يَحمِل [شخصًا] على اتّخاذ قرار ما <What ~d him to resign?> x (٥) يقضي بحكم <The judge ~d in favor of the plaintiff.> .

de·cid·ed [dĭ sī′-] *(adj.)* (١) واضح ؛ محدّد <a ~ difference> (٢)

لا جدال فيه؛ مفصولٌ فيه <a ~ victory> (٣) مصمِّم <I'm quite ~.>.

de·cid·ed·ly *(adv.)* (١) بلا جدال؛ من غير ريب <is ~ better> (٢) بعزم؛ بلا تردّد.

de·cid·u·a [dĭ sĭj′ o͞o ə] *(n.)* pl. **-u·as** *or* **-u·ae** السّاقط؛ النُّفاض؛ اللُّفاظ: غشاء الرَّحم الداخليُّ الذي يَسقط عند الولادة (أج).

de·cid·u·ous [dĭ sĭj′ o͞o əs] *(adj.)* (١) مُسّاقِط: مُسْقَطٌ في موسم معيّن أو فترة من النموّ معيّنة <~ leaves *or* teeth> (٢) نَفْضِيّ؛ مُعْبِل: طارحٌ أوراقَهُ سنويًا <~ trees> (٣) عابر؛ زائل.

deci·gram *also* **deci·gramme** [dĕs′ ə grăm′] *(n.)* العُشْرُغ، الدسيغرام: وحدة وزن تساوي عُشر غرام.

deci·li·ter [dĕs′-] *(n.)* العُشْرُل: وحدة سعة تساوي عُشْر ليتر.

de·cil·lion [dĭ sĭl′ yən] *(n.)* الدِّيسيليون: رقم مؤلف من واحد إلى يمينه ٣٣ صفرًا [في الولايات المتحدة الأميركية وفرنسا] أو ٦٠ صفرًا [في بريطانيا وألمانيا].

dec·i·mal [dĕs′ ə-] *(adj.; n.)* (١) عَشْريّ § (٢) الكَسْر العَشْريّ.

decimal fraction *(n.)* الكَسْر العَشْريّ (ر).

dec·i·mal·ize [-′ə mə līz′] *(vt.)* يُعَشِّر: يُحوِّل إلى نظام عَشْريّ.

decimal measure *(n.)* القياس العَشْريّ (ر).

decimal notation *(n.)* العَدِّيّة العَشْرية (مج)؛ الطريقة العَشْريّة.

decimal numeration *(n.)* = decimal notation.

decimal point *(n.)* الفاصلة العَشْريّة (ر).

dec·i·mate [dĕs′ ə māt′] *(vt.)* (١) يَعْشِر: «أ» يُجري قرعةً ثمّ يَقتل كلّ رَجُلٍ عاشرٍ <to ~ a regiment>. «ب» يأخذ العُشر (٢) يُهلك: يُبيد القسمَ الأعظم من..

deci·me·ter [dĕs′ ə-] *(n.)* العُشْرُم؛ الدسيمتر: عُشْر المتر.

de·ci·pher [dĭ sī′ fər] *(vt.)* (١) يَحُلّ الجِفْرة [أو الشِّيفرة] (٢) يَفُكّ المغالق: يَحُلّ غوامضَ شيء مُبْهم أو شبه مَمْحوّ.

de·ci·pher·ment *(n.)* (١) حلُّ الجِفرة [أو الشِّيفرة] (٢) فكُّ المغالق.

de·ci·sion [dĭ sĭzh′ ən] *(n.)* (١) فَصْل أو قَطْع [في مسألة أو خلاف] (٢) حُكْم (٣) قرار (٤) عَزْم <a man of ~>.

decision making *(n.)* التقرير؛ اتخاذ القرار (نف).

de·ci·sive [dĭ sī′-] *(adj.)* (١) فاصل؛ حاسم <a ~ battle> (٢) قاطع؛ باتّ (٣) ذو عَزْم <a ~ man>. **— de·ci·sive·ly** *(adv.)*

dec·i·stere [dĕs′-] *(n.)* الدَّسِيْستير: مقياس للحجم [عُشر متر مكعّب].

deck [dĕk] *(n.; vt.)* (١) سطحُ [أو ظَهْر] السّفينة (٢) دَوْر [في مبنًى] (٣) أرضية الأوتوبوس (٤) صندوق السيارة (٥) «أ» مجموعة ورق اللّعِب. «ب» علبة سكاير. «ج» رُزَيْمة مخدِّرات § (٦) يكسو بأناقة (٧) يزيِّن؛ يزخرف (٨) يُظهِّر: يجعل للسفينة سَطْحًا (٩) يحمِّل [أو يكدِّس] فوق ظهر المركب.

to clear the ~*s* يستعدّ للقتال أو للعمل.

to sweep the ~*s* يَكْسِب جميع المراهنات.

deck chair *(n.)* كرسيّ المركب: كرسي طويل قابلٌ لِلطَّيّ.

deck·er [-′ər] *(n.)* (١) فا deck (٢) ذات السّطوح: سفينة أو مركبة ذات عدد معيّن من السطوح <a three-*decker*> (٣) السَّندويشة الثنائية أو الثلاثية إلخ: سندويشةٌ مؤلفة من طبقتي خبز أو أكثر <a double-*decker* sandwich> (٤) شِقّة [في مبنًى].

deck·hand [dĕk′-] *(n.)* النُّوتيّ المساعد [في مركب أو سفينة].

deck·ing [dĕk′ ĭng] *(n.)* سطح السفينة.

deck·le [dĕk′ əl] *(n.)* الدّكَل: إطار خشبيّ حول قالب يدويّ لصنع الورق.

deck tennis *(n.)* تَنِس السُّطوح (رب).

de·claim [dĭ klām′] *(vt.; i.)* (١) «أ» يتكلم بطريقة خطابيّة. «ب» يخطب [في الناس] (٢) يكتب بطريقة خطابية [تُعْوِزُها الحجة السليمة إلخ] x (٣) يلقي خطبة أو قصيدة إلخ.

to ~ against يحتجّ على؛ ينتقد بعنف.

dec·la·ma·tion *(n.)* (١) خَطابة؛ إلقاء (٢) خُطبة؛ قصيدة خطابيّة.

de·clam·a·to·ry *(adj.)* (١) خَطابيّ (٢) انفعاليّ؛ حماسيّ.

de·clar·ant [dĭ klâr′ ənt] *(n.)* المُصَرِّح. وبخاصة: أجنبي صرَّح برغبته في أن يصبح مواطنًا أميركيًا بتوقيعه الأوراقَ الأولى الضرورية لذلك.

dec·la·ra·tion [dĕk′ lə rā′-] *(n.)* (١) إعلان [حرب إلخ] (٢) تصريح؛ بيان (٣) شكوى [أمام القضاء] (٤) الإعلان؛ البيان: وثيقة رسمية تُعلن مبادئ أو أهدافًا أو سياساتٍ مُعيّنة <the *Declaration* of Human Rights> (٥) التصريح الضرائبي: تصريح رسميّ بالدّخل إلخ.

de·clar·a·tive; de·clar·a·to·ry *(adj.)* إعلانيّ؛ تصريحيّ؛ بيانيّ.

de·clare [dĭ klâr′] *(vt.; i.)* (١) يُعْلِن (٢) يصرِّح بِـ (٣) يُظهر (٤) يؤكّد (٥) يصرِّح [بدخله إلخ] x (٦) يُعلن [عن شيء].

to ~ against يعلن معارضتَه لِـ.

to ~ for يعلن تأييدَه لِـ.

de·clared *(adj.)* مُعْلَن؛ مُصَرَّح به <~ objectives>.

de·class *(vt.)* يُخْرِجُهُ من طَبَقَتِهِ؛ يخفض منزلته [اجتماعيًا].

dé·clas·sé [dĕ klȧ sā′] *(adj.)* مخفوض الطبقة أو المرتبة أو المنزلة الاجتماعية.

de·clas·si·fy [-′ə fī′] *(vt.)* يرفع الصِّفة التصنيفية أو السّرّية عن..

de·clen·sion [dĭ klĕn′ shən] *(n.)* (١) «أ» تصريف الأسماء (ل). «ب» أسرة صَرْفيّة (٢) انحدار (٣) انحطاط (٤) انحراف [عن عقيدة أو دين إلخ] (٥) رفضٌ مهذّب.

de·clin·a·ble [dĭ klīn′-] *(adj.)* مُتَصَرِّف: قابلٌ للتصريف (ل).

dec·li·nate *(adj.)* ملتوٍ؛ مائل؛ منحرف؛ منحنٍ.

dec·li·na·tion [dĕk′ lə nā′-] *(n.)* (١) المَيْل: البُعْد الزاويّ لنجم أو كوكب عن خطّ الاستواء السّماوي (٢) انحراف؛ مَيْل (٣) انحطاط؛ تفسُّخ <moral ~> (٤) انحناء؛ انحدار (٥) رفضٌ رسميّ (٦) الحدور المغنطيسي: الزاوية المُتَشكِّلة بين موقع الإبرة المغنطيسية والشمال الصحيح.

de·clin·a·to·ry [dĭ klī′ nə tōr′ ĭ] *(adj.)* رَفْضيّ: مُعَبِّر عن رفضٍ.

de·clin·a·ture [-′ nə chər] *(n.)* رفضٌ رسميّ.

de·cline [dĭ klīn′] *(vi.; t.; n.)* (١) ينحرف (٢) «أ» ينحدر؛ يهبط. «ب» ينخفض. «ج» ينحطّ (٣) «أ» يأفُل أو يميل إلى الغروب؛ يأخذ [النهارُ]

سبيله إلى الزوال. «ب» يَذْبُل؛ يَضْعُف (٤) يَرفض **x** (٥) يصرِّف (ل) (٦) يتجنّب (٧) يحني § (٨) «أ» ذبول أو ضَعْف تدريجيّ. «ب» انحطاط (٩) آخِر؛ مُنْتَهى؛ أَرْذَل <in the ~ of life> (١٠) مُنْحَدَر (١١) كلّ مرض يَضْوي الجسمَ. وبخاصة: السُّلّ.

dec·li·nom·e·ter [-nŏm′ə-] *(n.)* المِحدار: مقياس الحُدور المغنطيسيّ.

de·cliv·i·tous [-′ə təs] *(adj.)* مُتحادِر: منحدِرٌ بعضَ الشيء.

de·cliv·i·ty [dĭ klĭv′ə tĭ] *(n.)* (١) انحدار (٢) مُنْحَدَر.

de·cli·vous [dĭ klī′vəs] *(adj.)* مُنْحدِر.

de·clutch [-klŭch′] *(vt.)* يَفُكّ القَبْض: يدوس على «الدوبرياج» (سي).

de·coct [dĭ kŏkt′] *(vt.)* يستخلص [خُلاصةَ الأعشاب] بالإغلاء.

de·coc·tion *(n.)* الاستخلاص [أو المادة المُستخلَصة] بالإغلاء.

de·code [dē kōd′] *(vt.)* يُحلْوِد: يَحُلّ الكَوْد code أو الجِفْرة [الشِّيفرة]؛ يترجم رسالة مكتوبة بالشّيفرة. — **de·cod·er** *(n.)*

de·col·late [dĭ kŏl′āt] *(vt.)* يَقْطَع الرأسَ؛ يَضْرِب العُنُق.

dé·col·le·tage [dā′kôl täzh′] *(n.)* (١) تَقْوِيرة الفستان [عند الصدر والظَّهر وعبر الكتفين] (٢) المُقَوَّر: فستانٌ مقوَّر الصدر إلخ.

dé·col·le·té [-tā′] *(adj.)* (١) مُقَوَّرة الفستان: مرتديةٌ فستانًا مقوَّر الصّدر إلخ (٢) مُقَوَّر <a ~ dress>.

de·col·o·ni·za·tion *(n.)* تحرير [من وضع استعماري].

de·col·or [dē kŭl′ər] *(vt.)* يُزَلْوِن: يُزيل اللّون.

de·col·or·ant [-ənt] *(adj.; n.)* (١) مُزَلْوِن: مُزيل للّون § (٢) المُزَلْوِنة: مادة مزيلة للّون.

de·col·or·i·za·tion *(n.)* الزَّلْوَنة: إزالة اللون.

de·col·or·ize [dē kŭl′ə rīz′] *(vt.)* = decolor.

de·com·mis·sion [-mĭsh′ən] *(vt.)* يُخْرِج [سفينةً إلخ] من الخدمة.

de·com·pen·sa·tion *(n.)* اللّامُعاوَضة: مرضٌ من أمراض القلب (ط).

de·com·pose [dē′kəm pōz′] *(vt.; i.)* (١) يفكّك: يَحُلّ [مُركّبًا إلى عناصره الرئيسية أو إلى مركّبات أبسط] (٢) يُعفِّن؛ يُفسد **x** (٣) يتفكّك؛ يتفسّخ؛ ينحلّ [إلى عناصره الرئيسية إلخ] (٤) يتعفّن؛ يَفْسُد.

de·com·po·si·tion *(n.)* (١) تفكيك؛ حلٌّ (٢) تفكُّك (٣) تعفُّن.

de·com·pound [-pound′] *(vt.; adj.; n.)* (١) يفكّك: يَحلّ مُركّبًا إلى عناصره الرئيسية § (٢) مُضاعَف التركيب: مركّب من عناصر مركّبة؛ مركّب ثانية (٣) مُفَصّل: مؤلّف من أجزاء هي في حدّ ذاتها مُركّبة <~ leaves> § (٤) المضاعَف التركيب وبخاصة: لفظة أحد عناصرها مركّب [مثل newspaperman].

decompound leaf

de·com·press *(vt.; i.)* (١) يُزيل الضّغطَ **x** (٢) يتخلّص من الضغط.

de·con·cen·trate [dē kŏn′-] *(vt.)* = decentralize.

de·con·ges·tant [dē′kən jĕs′tənt] *(adj.; n.)* مُزيلٌ [أو مخفِّفٌ] للاحتقان.

de·con·ges·tion [-′chən] *(n.)* إزالة [أو تخفيف] الاحتقان (ط).

de·con·tam·i·nate [dē′kən tăm′-] *(vt.)* يُطهِّر؛ يُزيل التلوُّث.

de·con·trol [dē′kən trōl′] *(vt.; n.)* (١) يُنَزْرِق: ينزع الرَّقابة أو السيطرة الحكومية عن <to ~ the coal industry> § (٢) النَّزْرَقة: نَزْعُ الرقابة أو السيطرة الحكومية عن <the gradual ~ of rents>.

de·cor *or* **dé·cor** [dā kôr′] *(n.)* (١) الديكور المسرحي (٢) «أ» زخرفة. «ب» فنّ الزخرفة الداخلية [للمنازل والمكاتب].

dec·o·rate [dĕk′ə rāt] *(vt.)* (١) يُزَخرف (٢) يُقلِّد وسامًا إلخ.

dec·o·ra·tion *(n.)* (١) زَخْرَفة (٢) زُخْرُف (٣) وسام؛ مَدالية.

Decoration Day *(n.)* = Memorial Day.

dec·o·ra·tive [-′ə rā′tĭv; -rə-] *(adj.)* زُخْرُفيّ؛ زينيّ.

dec·o·ra·tor [dĕk′ə rā′tər] *(n.; adj.)* (١) المُزَخرِف (٢) المُزَخرِف المحترِف [لداخل المنزل أو المكتب] § (٣) صالحٌ للزخرفة الداخلية <~ fabrics>.

dec·o·rous [dĕk′ə rəs; dĭ kôr′əs] *(adj.)* مُحْتَشِم؛ لائق؛ مُهذَّب.

de·cor·ti·cate [dē kôr′tə-] *(vt.)* يُنَزْلِح: ينزع اللِّحاءَ أو القشرة عن.

de·cor·ti·ca·tor *(n.)* (١) المُنَزْلِح: نازعُ اللِّحاء أو القشور (٢) المُنَزْلِحة: أداة لنزع القِشر عن الحبوب.

de·co·rum [dĭ kôr′əm] *(n.)* احتشام؛ لياقة؛ ذوق؛ تهذيب.

de·coy [*n.* dĭ koi′, dē′koi; *v.* dĭ koi′] *(n.; vt.; i.)* (١) البِرْكة - الشَّرَك: بركةٌ تُجْتَذب إليها الطيورُ، وبخاصة البطّ، ليسهل اصطيادها (٢) طُعْم؛ شَرَكٌ. وبخاصة: الطائر - الطعمُ: طائرٌ صُنْعيّ يُستخدَم لاجتذاب الطيور الحيّة إلى حيث يمكن اصطيادها (٣) المُشْرِك: شخص يُستخدَم لإيقاع شخص آخر في شَرَك § (٤) يخدع؛ يُوقع في شَرَك **x** (٥) ينخدع؛ يقع في شَرَك.

decoy 2.

de·crease [*v.* dĭ krēs′; *n.* dē′krēs, dĭ krēs′] *(vi.; t.; n.)* (١) يَنْقُص **x** (٢) يُنْقِص § (٣) تناقص (٤) النُّقصان: مقدار النقص. on the ~, متناقص؛ آخذ في التناقص.

de·cree [dĭ krē′] *(n.; vt.; i.)* (١) مرسوم؛ قرار (٢) حكمٌ قضائيّ § (٣) يَرْسُم: يصدر مرسومًا بِـ <to ~ an amnesty> (٤) يقضي بِـ؛ يصدر حكمًا قضائيًا بِـ <to ~ a punishment> **x** (٥) يقضي <as my eternal purpose hath ~*d*>.

de·cree–law *(n.)* المرسوم الاشتراعيّ: مرسوم يصدره الحاكم أو الوزارة وتكون له قوة القانون الصادر عن هيئة تشريعية (ق).

de·cree ni·si [nī′sī] *(n.)* التفريق الآجل: حكم تمهيديّ بالطلاق يصبح مُبْرَمًا في تاريخ آجل (ق).

dec·re·ment [dĕk′rə-] *(n.)* (١) تناقُص (٢) التناقُص: مقدار النّقص.

dec·re·men·tal *(adj.)* تناقُصيّ: منسوب إلى التناقص.

de·crep·it [dĭ krĕp′ĭt] *(adj.)* (١) عاجز؛ مُقْعَد [بسبب الشيخوخة]

ă at; ā date; â care; ä car; ĕ egg; ē me; ĭ in; ī bite; ŏ lot; ō bone; ô orphan; oi boil; o͝o good; o͞o boot; ou out; ŭ under; û urgent; ə = *a* in alone, *e* in system, *i* in easily, *o* in gallop, *u* in circus.

(٢) بالٍ <The bus is ~.> (٣) مُتداعٍ للسقوط <three ~ houses>.

de·crep·i·tate [dĭ krĕp′ĭ tāt′] *(vt.; i.)* (١) يُفقِّع: يجعله يفرقع من طريق التحميص x (٢) يتفقّع.

de·crep·i·tude *(n.)* (١) عَجْز؛ ضَعف [بسبب الشيخوخة] (٢) بِلًى (٣) تداعٍ.

de·cre·scen·do [dē′ krĭ shĕn′dō] *(adj.; adv.; n.)* (١) مُتَنَزِّل: مُتّسِمٌ بتناقُصٍ في ارتفاع الصوت § (٢) بِتَنَزُّلٍ § (٣) التَنَزُّل: تناقُصٌ في ارتفاع الصوت أو قوّتِهِ (٤) المُتَنَزِّل: مَقْطع موسيقيّ مُتَنَزِّل.

de·cres·cent [dĭ krĕs′-] *(adj.)* مُتناقِص: آخِذٌ في التناقص.

de·cre·tal *(n.; adj.)* (١) مرسوم. وبخاصة: فتوى بابوية § (٢) مرسوميّ.

de·cre·tive [dĭ krē′-] *(adj.)* (١) مَرْسوميّ (٢) له قوة المرسوم.

de·cre·to·ry [dĕk′rĭ tōr′ĭ] *(adj.)* مَرْسوميّ: متعلّق [أو محدّد] بمرسوم.

de·cri·al [dĭ krī′əl] *(n.)* شَجْبٌ؛ استنكار.

de·cry [dĭ krī′] *(vt.)* (١) يَبْخَس؛ يَنتقص [من قَدْرِهِ] (٢) يَشجُب؛ يستنكر؛ ينتقد بقسوة <*decried* the emphasis on sex>.

dec·u·man [dĕk′yōō-] *(adj.)* ضخم؛ هائل <a ~ wave>.

de·cum·bent [dĭ kŭm′-] *(adj.)* (١) مُضْطَجِع؛ مستَلْقٍ (٢) مُستلقٍ: متمدِّد على الأرض مع نزوع طَرَفِهِ إلى الاستعلاء <~ plants>.

dec·u·ple [dĕk′yə-] *(adj.; n.; vt.; i.)* (١) أكبر بعشر مَرّات § (٢) مبلغ أكبر بعشر مرات § (٣) يجعله [أو يُصبح] أكبرَ بعشر مرات.

de·cu·ri·on [dĭ kyŏŏr′ĭ ən] *(n.)* (١) قائد العَشَرة [في سلاح الفرسان عند الرومان] (٢) الشّيخ: عضوٌ في مجلس شيوخ روماني.

de·cur·rent [dĭ kûr′ənt] *(adj.)* أَقْنَف: ذو قاعدة ممتدة، على ساق النّبتة، نحو الأسفل.

decurrent leaves

de·curved [dē kûrvd′] *(adj.)* سُفليّ الانحناء: مُنْحَنٍ نحو الأسفل.

dec·u·ry [dĕk′yōō rĭ] *(n.)* العَشْرية: مجموعة من عشرة جنود أو قضاة أو شيوخ رومان.

de·cus·sate [dĭ kŭs′āt] *(vi.; t.; adj.)* (١) يتصالب: يتقاطع [على شكل حرف X] x (٢) يُصالب: يقطع على شكل حرف X § (٣) متصالبٌ: متقاطعٌ على شكل حرف X (٤) متصالبة: مرتّبة على ساق النبتة أزواجًا أزواجًا وكل زوج على زاوية قائمة من الزوج الذي فوقه أو تحته <~ leaves>.

decussate leaves

de·cus·sa·tion [dē kə sā′-] *(n.)* التصالُب: تقاطع على شكل حرف X.

ded·i·cate [dĕd′ə kāt′] *(adj.; vt.)* (١) مكرّس § (٢) يكرّس: يخصِّص كنيسةً لخدمة الله وذلك باحتفال خاصّ (٣) يَقِف؛ يَنْذُر [لغرض معيَّن] (٤) يُهْدي: يَطبع في صدر الكتاب كلمةَ تقدير يعترف فيها بفضل فلانٍ عليه (٥) يُدَشِّن [جسرًا إلخ].

ded·i·ca·tee [dĕd′ə kə tē′] *(n.)* المُهْدَى إليه (را. *dedicate 4*).

ded·i·ca·tion [-kā′-] *(n.)* (١) تكريس (٢) وَقْف؛ تخصيص (٣) إهداء الكتاب (٤) تدشين (٥) التفاني: إخلاص لقضية أو مَثَلٍ أعلى.

ded·i·ca·to·ry [-kə tōr′ĭ] *(adj.)* تكريسيّ؛ وَقفيّ؛ إهدائيّ؛ تدشينيّ.

de·duce [dĭ dyōōs′] *(vt.)* (١) يستنتج: يَستخرج النتيجة من مقدّمات معروفة أو مفترَضة؛ يستدلّ (٢) يتتبّع [أصلَ شيء أو مَنْشَأه].

de·duc·i·ble *(adj.)* (١) قابلٌ للاستنتاج (٢) قابل للتَّتبُّع.

de·duct [dĭ dŭkt′] *(vt.)* (١) يقتطع؛ يَطْرح؛ يَحْسِم (٢) يستنتج؛ يستدلّ.

de·duct·i·ble *(adj.)* قابلٌ للاقتطاع أو الحَسْم أو للاستنتاج.

de·duc·tion [dĭ dŭk′-] *(n.)* (١) «أ» اقتطاع؛ حَسْم. «ب» مبلغ مُقْتَطَع أو محسوم [من ضريبة إلخ] (٢) الاستنتاج (مق).

de·duc·tive *(adj.)* استنتاجيّ <~ reasoning>.

deed [dēd] *(n.; vt.)* (١) عملٌ؛ صنيعٌ (٢) مأثرة (٣) الوَصِيرة؛ السَّنَد؛ صَكُّ [المِلكية العقارية] § (٤) يحوِّل [المِلكيّةَ العقاريةَ] بِصَكٍّ.

deed·y [dēd′ĭ] *(adj.)* = industrious.

dee·jay [dē′jā′] *(n.)* = disc jockey.

deem [dēm] *(vt.; i.)* (١) يَعْتَبر؛ يَعْتقد؛ يَحْسَب x (٢) يرى رأيًا في؛ يكون له رأيٌ في <I cannot ~ otherwise of them.>.

deep [dēp] *(adj.; adv.; n.)* (١) عميق (٢) ذو عمقٍ معيّن (٣) مُعَقّد؛ عويص <a ~ problem> (٤) خَفِيّ؛ غامض <a ~ mystery> (٥) فاحش <a ~ wrong> (٦) حكيم؛ حصيف (٧) ماكر؛ ذو دهاء (٨) غارق <~ in debt> (٩) مستغرق <~ in thought> (١٠) شديد <~ grief> (١١) دامس <~ darkness> (١٢) صادق؛ قلبيّ <~ affections> (١٣) قاتم؛ داكن؛ غامق <~ colors> (١٤) خفيض <in a ~ voice> § (١٥) عميقًا <to dig ~> (١٦) بإسراف؛ بإفراط <to drink ~> (١٧) في ساعة متأخرة <~ in the night> § (١٨) أوقيانوس؛ مُحيط <the briny ~> (١٩) مدًى واسع (٢٠) العُمق: الجزء العميق من البحر أو النهر إلخ (٢١) المَعْمَعان: الجزء الأشد وَطأةً <~ of winter>.

the ~, البحر أو المحيط.

to go off the ~ end (١) يغوص إلى الأعماق (٢) يتطرّف؛ يتّخذ إجراءً متطرّفًا (٣) يهتاج أو يغضب بشدّة.

deep·en [dē′pən] *(vt.; i.)* (١) يُعَمِّق x (٢) يَعْمُق.

deep–freeze *(vt.)* يحفظ في ثلّاجة معمَّقة <*deep–frozen* fish>.

deep freeze *(n.)* الثّلّاجة المُعَمّقة: ثلّاجة لحفظ الطعام بدرجة صفر فارنهايت.

deep–fry *(vt.)* يقلي بدُهن أو بزيت غامر.

deep–go·ing *(adj.)* (١) خطير (٢) أساسيّ <~ theories>.

deep–laid *(adj.)* مُبَيَّت: مُدَبَّر بعناية أو مكر أو كتمانٍ.

deep·ly [dēp′lĭ] *(adv.)* (١) عميقًا <to sink ~> (٢) بتعمّق؛ بتضلّع <~ versed in relativity> (٣) بشدّة <~ interested in the subject> (٤) بصوت خفيض أو عميق <baying ~> (٥) بدهاء؛ بمكر <~ laid plot> (٦) على نحوٍ خطير <~ involved in the scandal>.

deep–root·ed *(adj.)* متأصِّل؛ عميق الجذور <~ loyalty>.

deep–sea *(adj.)* أعماقيّ؛ أعماقِيَبَحْريّ <~ fishing>.

deep–seated *(adj.)* راسخ؛ مُتَجذِّر <~ traditions>.

deep–six *(vt.)* يَطْرَح؛ يَنْبُذ؛ يتخلّص من (ع).

deer [dēr] *(n.)* الأيِّل: حيوان ثدييّ مُجْتَرّ.

deer·ber·ry [dēr′bĕr′ĭ] *(n.)* عِنَب الأيائل؛ عِنَب الظِّباء (نب).

deer·hound [dēr′-] *(n.)* كلب الأيائل: كلب ضخم طويل.

deer·skin [dēr′-] *(n.)* (١) جِلد الأيِّل (٢) ثوب من جِلد الأيِّل.

deer·stalk·er [-′stô′kər] *(n.)* خاتِلُ الأيائل: من يصطاد الأيائل بالانسلال إليها من غير أن تُحِسَّ به.

de–es·ca·late *(vt.; i.)* (١) يُخفِّف؛ يخفِّض x (٢) يَخِفّ؛ يَنْقُص.

deet [dēt] *(n.)* الدِّيت: سائل زيتيّ عديم اللون.

de·face [dĭ fās′] *(vt.)* (١) يُشَوِّه (٢) يمحو؛ يَطْمِس (٣) يُلغي.

de fac·to [dē făk′tō] *(adv.; adj.)* (١) في الواقع § (٢) واقعيّ: قائم فعلًا سَواءٌ على نحو شرعيّ أو غير شرعيّ <the ~ king>.

de·fal·cate [dĭ făl′kāt] *(vt.)* يختلس [مالًا مؤتمَنًا عليه].

de·fal·ca·tion *(n.)* (١) اختلاس (٢) المبلغ المختَلَس.

def·a·ma·tion [dĕf′ə mā′-] *(n.)* قَذْف؛ تشهير؛ افتراء.

de·fam·a·to·ry [dĭ făm′ə tōr′ĭ] *(adj.)* قَذْفيّ؛ تشهيريّ؛ افترائيّ.

de·fame [dĭ fām′] *(vt.)* يقذِف؛ يُشهِّر بـ؛ يَفتري على.

de·fat [dē făt′] *(vt.)* يُنَزِّدُهُ: ينزع الدُّهن من...

de·fault [dĭ fôlt′] *(n.; vi.; t.)* (١) إهمال (٢) التّخلُّف: «أ» تخلُّف عن إيفاء دَيْن. «ب» تخلُّفٌ عن المثول أمام القضاء. «ج» تخلُّفٌ عن الاشتراك في مباراة مقرّرة أو عن الاستمرار فيها إلى النهاية (٣) فقدان؛ عدمُ وجود <owing to ~ of water> § (٤) يُهْمِل [أداءَ واجب] (٥) يتخلّف عن دفع دَيْن أو تقديم حساب عن مالٍ في عهدتِهِ إلخ (٦) يتخلّف عن المثول أمام القضاء (٧) «أ» يتخلّف عن الاشتراك في مباراة مقرّرة أو عن متابعة الاشتراك فيها حتى النهاية. «ب» يَخسر المباراة بسبب ذلك.

in ~ of (١) في حال عدم وجود (٢) لعدم وجود.

judgment by ~, محاكمة غيابية (ق).

to win a case *or* a game by ~, يكسب دعوى أو مباراةً بسبب من تخلّف الفريق الآخر عن الحضور.

de·fault·er *(n.)* (١) فا default (٢) المختلس [مالًا ائتُمِنَ عليه].

de·fea·sance [dĭ fē′zəns] *(n.)* إبطال؛ إلغاء؛ نَسْخٌ؛ فَسْخ.

de·fea·si·ble [-′zə bəl] *(adj.)* قابل للإبطال أو الإلغاء أو الفَسْخ.

de·feat [dĭ fēt′] *(vt.; n.)* (١) يُبْطِل؛ يُلْغي (٢) يخيِّب؛ يُحْبِط <Their hopes were ~ed.> (٣) يهزِم؛ يغلِب § (٤) إحباط؛ تخييب <the ~ of a plan> (٥) إيقاع الهزيمة بِـ <as a reward for his ~ of the enemy> (٦) هزيمة.

de·feat·ism *(n.)* الانهزامية؛ الروح الانهزامية.

de·feat·ist *(n.; adj.)* (١) الانهزاميّ: المُتّصِف بالانهزامية § (٢) انهزاميّ.

de·fea·ture [dĭ fē′chər] *(n.)* (١) تشويه (ا. ق) (٢) هزيمة (ا. ق).

def·e·cate [dĕf′ə kāt′] *(vt.; i.)* (١) يصَفّي؛ يروّق؛ يكرِّر x (٢) يَصْفو (٣) يتغوّط؛ يتبرَّز.

— def·e·ca·tion *(n.)*

de·fect [*n.* dē′fĕkt, dĭ fĕkt′; *v.* dĭ fĕkt′] *(n.; vi.)* (١) خَلَلٌ؛ عِلّة؛ عيبٌ؛ شائبة § (٢) يَرْتَدّ [عن معتقده]؛ يَنْشَقّ عن حزب إلخ.

de·fec·tion [dĭ fĕk′-] *(n.)* رِدّة؛ ارتداد؛ مُروق؛ انشقاق.

de·fec·tive [-′tĭv] *(adj.; n.)* (١) فاسد؛ مَعيب: فيه خللٌ أو عَيْب (٢) ناقص: تَنْقُصُهُ صيغة أو أكثر من صِيَغ التصريف <a ~ verb> (٣) مُتخلِّف عقليًا أو جسديًا § (٤) شخص مُتخلِّف عقليًا أو جسديًا.

de·fem·i·nize [dē′fĕm′-] *(vt.)* يُرَجِّل: يُفقده صفاتِ الأنوثة.

de·fence [dĭ fĕns′] *(n.)* = defense.

de·fend [dĭ fĕnd′] *(vt.; i.)* (١) يَحمي؛ يَصون (٢) يدافع [عن نظرية أو مُتّهم] (٣) يُفنِّد <to ~ a claim> x (٤) يدافع؛ يتولّى الدفاع.

de·fen·dant [dĭ fĕn′dənt] *(n.)* المُدَّعَى عَلَيْه (ق).

de·fend·er *(n.)* (١) الحامي؛ المُدافع (٢) المُدافع [في كُرَة القَدَم].

de·fen·es·tra·tion *(n.)* إلقاء شخص أو شيء من النافذة.

de·fense [dĭ fĕns′] *(n.)* (١) «أ» حماية؛ صيانة. «ب» كلّ ما يحمي أو يصون. وبخاصة: حِصن (٢) دفاع (٣) الدِّفاع: «أ» جهة الدفاع: المدّعَى عليه ومحاموه مجتمعين (ق). «ب» مجموع اللاعبين المدافعين عن الهدف (رب).

in ~ of دفاعًا عن.

de·fense·less *(adj.)* (١) أعْزَل (٢) عاجز عن الدفاع [عن نفسه].

defense mechanism *(n.)*. سبيل الدفاع؛ الآلية الدفاعية («نف» و«أح»).

de·fen·si·ble [dĭ fĕn′-] *(adj.)* (١) ممكنٌ الدفاع عنه (٢) مُبرَّر.

de·fen·sive [dĭ fĕn′sĭv] *(adj.; n.)* (١) واقٍ <~ armor> (٢) دفاعيّ <a ~ attitude> § (٣) وضعٌ دفاعيّ؛ موقف دفاعيّ.

de·fer [dĭ fûr′] *(vt.; i.)* x (١) يُحيل إلى؛ يَعْهَد به إلى (٢) يؤجِّل؛ يُرجِئ (٣) يراعي؛ يُذْعِن لِـ؛ يَنْزِل عند إرادته أو رَغْبته.

def·er·ence [dĕf′-] *(n.)* (١) احترام؛ توقير (٢) مُراعاة؛ إذعان.

def·er·ent[1] [dĕf′-] *(adj.)* ناقل؛ مُصَرِّف <a ~ conduit>.

def·er·ent[2] *(adj.)* = deferential.

def·er·en·tial [-rĕn′shəl] *(adj.)* مُراعٍ؛ مُحْتَرِم [لرغبات الآخرين].

de·fer·ment [dĭ fûr′-] *(n.)* تأجيل. وبخاصة للخدمة العسكرية.

de·fer·ra·ble *(adj.)* (١) ممكنٌ تأجيلُهُ (٢) صالح للتأجيل.

de·fer·ral [dĭ fûr′əl] *(n.)* = deferment.

de·ferred [dĭ fûrd′] *(adj.)* مؤجَّل؛ مُرْجَأ <~ payments>.

deferred bonds *(n. pl.)* سندات مؤجَّلة الفائدة (تج).

deferred shares *(n. pl.)* أسهم مؤجّلة الرِّبح (تج).

de·fer·ves·cence [-vĕs′əns] *(n.)* إقلاع الحُمّى: هبوط حرارة الحُمّى.

de·fi·ance [dĭ fī′əns] *(n.)* (١) تَحَدٍّ (٢) استخفاف بالمعارضة إلخ.

in ~ of من غير اعتبار لِـ؛ على الرغم من.

de·fi·ant [dĭ fī′ənt] *(adj.)* مُتَحَدٍّ؛ جريء؛ غير هيّاب.

de·fi·bril·la·tion *(n.)* إزالة الرَّجَفان؛ وَقْف الاختلاج (ط).

de·fi·cien·cy [dĭ fĭsh′-] *(n.)* (١) نَقْص؛ عَوَز (٢) العَجْز: مِقدار النقص.

deficiency disease *(n.)* العُواز؛ مرض النَّقص: كلّ مرض ناشئ عن سوء التغذية (ط).

de·fi·cient [dĭ fĭsh′-] *(adj.; n.)* (١) ناقص (٢) ضعيف <a mentally ~ person> § (٣) شخص ضعيف [العقل إلخ] <a mental ~>.

def·i·cit [dĕf′ĭ sĭt] *(n.)* (١) نقص <a ~ in revenue> (٢) عَجْز.

de·fi·er [dĭ fī′ər] *(n.)* المتحدّي؛ المقاوِم.

def·i·lade [dĕf′ə lād′] *(n.)* سَتْر؛ استتار [من نيران العدوّ].

de·file [1] [dĭ fīl′] *(vt.)* (١) يُلوِّث (٢) يُفسِد (٣) يُدنِّس؛ ينجِّس <~*d* the temple> (٤) يُشوِّه [السُّمعة إلخ].

de·file [2] *(n.)* شِعْب؛ ممرّ ضيِّق [بين الجبال].

de·file [3] *(vi.)* يسير [الجندُ] أرتالاً.

de·file·ment *(n.)* (١) تلوُّث إلخ (٢) الملوِّث؛ شيء مُلوَّث.

de·fine [dĭ fīn′] *(vt.)* (١) يحدِّد؛ يعيِّن (٢) يُعرِّف <Some words are hard to ~.> (٣) يُبيِّن؛ يُوضِح (٤) يميِّز.

de·fined [dĭ fīnd′] *(adj.)* محدَّد؛ معيَّن؛ مُعرَّف.

def·i·nite [dĕf′ə nĭt] *(adj.)* (١) محدَّد (٢) واضح؛ لا لَبْسَ فيه <a ~ answer> (٣) حازم <a ~ manager>.

definite article *(n.)* أداة التعريف [*the* في الإنكليزية] (ل).

definite integral *(n.)* التَّكامل المحدَّد (ر).

definite proportions *(n. pl.)* النِّسَب الثابتة (ر).

def·i·ni·tion [dĕf′ə nĭsh′ən] *(n.)* (١) تحديد؛ تعيين (٢) التعريف؛ الحدّ <to give a ~ of a word> (٣) الإيضاحية: قدرة العدسة [في كاميرا أو تلسكوب] على إعطاء صورة واضحة (٤) الوُضوحيّة: حُسْن التقاط الصوتِ [في جهاز الراديو] أو الصورةِ [في جهاز التلفزيون].

de·fin·i·tive [dĭ fĭn′-] *(adj.)* (١) حاسم <a ~ victory> (٢) نهائيّ <a ~ offer> (٣) محدِّد؛ مميِّز <~ names> (٤) دقيق؛ محدَّد بوضوح. وتوسُّعًا: واقعيّ؛ فعليّ (٥) مُسْتَتِمّ؛ تامّ النموّ <a ~ organ>.

de·fin·i·tude [dĭ fĭn′ĭ to͞od] *(n.)* دِقّة.

def·la·grate [dĕf′lə grāt′] *(vt.; i.)* يُضرِم أو يَضْطرِم [بحرارة شديدة ولهب ساطع].
— def·la·gra·tion *(n.)*

de·flate [dĭ flāt′] *(vt.; i.)* (١) يَفُشّ: يُخرِج الهواء أو الغاز من جسم منتفخ [كدولاب أو كُرة قدم] (٢) يجرح كبرياءَهُ (٣) «أ» يُخفِّض [الأسعارَ]. «ب» يُخفِض مِقدارَ النقد المتداول [ابتغاءَ خفض الأسعار] x (٤) يَنْفَشّ: يَنكمش نتيجةً لتحرير الهواء أو الغاز منه.

de·fla·tion [dĭ flā′-] *(n.)* (١) الفَشّ (را. المادة السابقة) (٢) جَرْح [للكبرياء] (٣) خفضٌ للأسعار (٤) الانكماش: نقصٌ في حجم النقد المتداول يفضي إلى انخفاض الأسعار.

de·flect [dĭ flĕkt′] *(vt.; i.)* (١) يَحْرِف؛ يَعْطِف؛ يُزيغ x (٢) ينحرف؛ ينعطف؛ يَزيغ.
— de·flec·tion; de·flex·ion *(n.)*

de·flec·tive [dĭ flĕk′-] *(adj.)* حارِف: مُسبِّب للانحراف.

de·flexed [dĭ flĕkst′] *(adj.)* مُنحرِف؛ مُنْعَطِف <~ petals>.

def·lo·ra·tion [dĕf′ lə rā′shən] *(n.)* (١) التَّزْهِرة: نَزْع الأزهار عن النبات (٢) الافتضاض؛ الافتراع؛ سَلْب البكارة.

de·flow·er [dĭ flou′ər] *(vt.)* (١) يُنَزْهِر: ينزع الزهر عن النبات (٢) يفتضّ؛ يَفْتَرِع؛ يَسْلُب الفتاةَ بكارتها.

de·foam [dē′fōm′] *(vt.)* يُنَزْبِد: ينزع الزَّبَد أو الرغوة من...

de·fo·li·ate [dē fō′lĭ āt′] *(vt.; i.)* (١) يُنَزْوِر: ينزع ورق الشجر x (٢) يتنزّور: يتجرّد الشجرُ من ورقه.

de·force [dĭ fōrs′] *(vt.)* (١) يغتصب [أرضًا إلخ] (٢) يحرِمه ممتلكاتِهِ [ظُلمًا].
— de·force·ment *(n.)*

de·for·ciant [dĭ fōr′shənt] *(n.)* المُغتصِب إلخ (را. deforce).

de·for·est [dē fôr′-] *(vt.)* يُزَحْرِج: يُزيل الأحراج من بقعةٍ ما.

de·for·es·ta·tion *(n.)* الزَّحْرَجَة: إزالة الأحراج من بقعةٍ ما.

de·form [dĭ fôrm′] *(vt.; i.)* (١) يُشوِّه (٢) يَمْسخ x (٣) يتشوَّه.

de·for·mal·ize *(vt.)* يُخفِّف الرسميّة: يجعله أقلّ رسميّة.

de·for·ma·tion *(n.)* (١) تشويه (٢) تَشَوُّه (٣) شكلٌ معدَّل.

de·formed [dĭ fôrmd′] *(adj.)* (١) مُشَوَّه (٢) بغيض؛ كريه (٣) بَشِعٌ.

de·form·i·ty [dĭ fôr′mə tĭ] *(n.)* (١) تشوّه (٢) عاهة جسديّة (٣) عيب؛ شائبة (٤) بشاعة (٥) فساد؛ انحراف (٦) شخص أو شيء مشوَّه.

de·fraud [dĭ frôd′] *(vt.)* يَسْلُبُه مالَهُ أو حقَّه بالاحتيال.

de·fray [dĭ frā′] *(vt.)* يتحمّل؛ يدفع [نفقات رحلة إلخ].

de·fray·al; de·fray·ment [dĭ frā′-] *(n.)* دَفْع؛ تَحَمُّل [النفقاتِ].

de·frock [dē frŏk′] *(vt.)* = unfrock.

de·frost [dē frôst′] *(vt.; i.)* يُزَجْلِد: يُزيل الجليد [عن ثلّاجة إلخ].

deft [dĕft] *(adj.)* (١) بارع (٢) رشيق <~ fingers> (٣) أنيق (ع).

de·funct [dĭ fŭngkt′] *(adj.; n.)* (١) مَيْت § (٢) المَيْت.

de·fuse [dē fyo͞oz′] *(vt.)* (١) يُعطِّل؛ ينزع الفتيل <to ~ a bomb> (٢) يخفِّف؛ يلطِّف؛ يهدّئ <to ~ a crisis>.

de·fy [1] [dĭ fī′] *(vt.)* (١) يتحدّى (٢) يقاوم؛ يَصْمُد في وجه.

de·fy [2] [dĭ fī′; dē′fī] *(n.)* (١) تَحَدٍّ (٢) صُمود.

dé·ga·gé [dā gȧ zhā′] *(adj.)* (١) لامبالٍ (٢) مُستخِفّ بالتقاليد إلخ.

de·gas [dĭ găs′] *(vt.)* يُحَرْغِز: يحرِّر من الغاز.

de Gaull·ism *(n.)* = Gaullism.

de·gauss [dē gous′] *(vt.)* (١) يُعادل المغنطيسية: يزيل الحقلَ المغنطيسيّ من بَدَن السفينة (٢) يُزَمغِط: يُزيل التّمغنط (ألك).

de·gen·er·a·cy [dĭ jĕn′-] *(n.)* (١) انحلال؛ تفسُّخ (٢) انحراف جنسيّ.

de·gen·er·ate [*v.* dĭ jĕn′ə rāt; *adj., n.* -ər ĭt] *(vi.; t.; adj.; n.)* (١) يَنحلّ؛ يتفسّخ؛ يَحْرُض (٢) يَنْحَطّ؛ يَتَردّى x (٣) يُحِلّ؛ يُفسِّخ؛ يَحُطّ؛ يُردِي § (٤) مُنْحَلّ؛ مُتفسِّخ؛ مُنْحَطّ؛ مُتردٍّ § (٥) المُتَرَدِّي: «أ» شخص يتكشّف عن سمات جسمانية أو عقلية مَرَضيّة سواء أكانت هذه السِّمات مكتسَبة

أم خِلقيّة. «ب» شخص فاسد الأخلاق أو الخُلُق. «ج» شخص منحرف جنسيًا.

de·gen·er·a·tion *(n.)* (١) انحلال؛ تفسُّخ؛ فساد؛ حَرَضٌ (٢) انحطاط [فكريّ أو أخلاقيّ].

de·gen·er·a·tive [dĭ jĕn′ə rā′-] *(adj.)* (١) مُنْحَلّ؛ مُتَفَسِّخ إلخ (٢) مُسَبِّب للانحلال أو التَفَسُّخ إلخ.

de·glu·ti·tion [dē glo͞o tĭsh′ən] *(n.)* ازدراد؛ ابتلاع.

de·grad·a·ble *(adj.)* مُنْحَلّ؛ مُتفكِّك. <~ detergents>.

deg·ra·da·tion [dĕg′rə dā′-] *(n.)* (١) «أ» خَفضٌ للرتبة. «ب» تجريد من رتبة أو لقب (٢) خِزْي (٣) انحطاط فكريّ أو خُلقيّ (٤) تَعْرية؛ تأكُّل [التربةِ] (٥) انحلال؛ تفكُّك (ك).

de·grade [dĭ grād′] *(vt.; i.)* (١) «أ» يَخفِض رُتْبَتَه. «ب» يجرِّده من رتبة أو لقب [على سبيل القصاص] (٢) يُهين؛ يُخزي؛ يَحُطّ من قَدْر. (٣) يُفسد [أخلاقيًا أو فكريًا] (٤) يَحُتّ [التُربَة] (٥) يَحُلّ: يفكّك [مركّبًا إلى عناصره الأساسية] **x** (٦) يَنحطّ (٧) يَنحلّ (ك).

de·grad·ed *(adj.)* (١) مُنْحَطّ (٢) فاسق (٣) مُنحَلّ؛ مُتفسِّخ.

de·grad·ing [dĭ grā′-] *(adj.)* مُهين؛ مُخزٍ؛ حاطّ [من القَدْر].

de·grease [dē grēs′; -grēz′] *(vt.)* يُزَشْحِم: يُزيل الشحمَ عن.

de·gree [dĭ grē′] *(n.)* (١) دَرَجة (٢) مدًى (٣) منزلة [اجتماعية] (٤) شهادة [علمية] (٥) الدرجة: «أ» جزء من ٣٦٠ جزءًا من محيط الدائرة (ر). «ب» وحدة لقياس الحرارة.

by ~s تدريجيًا.

to a ~, (١) إلى حدّ بعيد (٢) قليلًا؛ بعضَ الشيء.

degree of freedom *(n.)* درجة الحرية أو الطَّلاقة (مك).

de·gres·sion [dĭ grĕsh′ən] *(n.)* هبوط؛ نُزول؛ سقوط؛ تناقُص.

de·gum [dē gŭm′] *(vt.)* يُحَرْصِم: يحرّر من الصّمغ أو المادة الصّمغيّة.

de·gust [dĭ gŭst′] *(vt.; i.)* يذوق؛ يتذوَّق.

de·hisce [dĭ hĭs′] *(vi.)* يتفتّح؛ ينفلق.

de·his·cence [dĭ hĭs′əns] *(n.)* التفتّح: انفلاق الثمرة (نب).

de·his·cent [dĭ hĭs′ənt] *(adj.)* متفتح؛ منفلق (نب).

de·horn [dē hôrn′] *(vt.)* يُنَزْقِر: ينزع قرون الماشية أو يَحُول دون نموِّها.

de·hu·man·ize *(vt.)* يُحَيْوِن: يجرِّد من الصفات أو من الشخصية الإنسانية.

de·hu·mid·i·fy [dē hyo͞o mĭd′-] *(vt.)* يُزَرْطِب: يزيل الرطوبة.

de·hy·drate [dē hī′-] *(vt.; i.)* (١) يُزَمْوِه: «أ» يزيل الماء أو عنصرَي الماء من مركَّب كيميائيّ. «ب» يجفِّف [الخُضَر] **x** (٣) يَتَزَمْوَه.

de·hy·dra·tion *(n.)* (١) الزَّمْوَهَة (را. المادّة السابقة) (٢) الاجتفاف: فقدان المتعضّي ما يشتمل عليه جسمه من ماء.

de·hy·dro·gen·ate *(vt.)* يُزَهْرِج: يزيل الهيدروجين من مركَّبٍ ما.

de·hy·dro·ge·na·tion *(n.)* الزَّهْرَجة: إزالة الهيدروجين من مركَّبٍ ما.

de·hyp·no·tize [dē hĭp′-] *(vt.)* يوقظ من حالة النوم المغنطيسيّ.

de·ice [dē īs′] *(vt.)* يُزَجْلِد: يُزيل الجليد أو يمنع تكوّنَهُ.

de·ic·er [dē ī′sər] *(n.)* المُزَجْلِدَة: أداة لإزالة الجليد أو لمنع تكوّنه.

de·i·cide [dē′ĭ sīd′] *(n.)* (١) قَتْل إلَهٍ (٢) قاتلُ إلَهٍ.

de·if·ic [dē ĭf′ĭk] *(adj.)* (١) مؤلِّه (٢) إلَهيّ.

de·i·fi·ca·tion [dē′ə fə kā′-] *(n.)* (١) تأليه (٢) تعظيم حتى العبادة.

de·i·form [dē′ə fôrm′] *(adj.)* شبيه بإلَه: إلَهيّ.

de·i·fy [dē′ə fī′] *(vt.)* (١) يُؤَلِّه (٢) يعظِّم حتّى العبادة.

deign [dān] *(vi.; t.)* (١) «أ» يتلطَّف؛ يتعطَّف؛ يتكرَّم؛ يتفضَّل. «ب» يتنازل **x** (٢) يتنازل فيعطي أو يمنح <to ~ no reply>.

Dei gra·tia [dē′ī grā′shĭ ə] بِنِعْمة الله.

deil [dēl] *(n.)* الشَّيطان (إسك).

de·ism [dē′ĭz əm] *(n.)* الرُّبوبية؛ الدين الطبيعيّ: الإيمان بالله من غير الاعتقاد بديانات مُنْزَلة.

de·ist [dē′ĭst] *(n.)* الرُّبوبيّ: القائل بالرُّبوبيّة.

de·i·ty [dē′ə tĭ] *(n.)* (١) أُلوهيّة (٢) «أ» إلَه أو إلاهة. «ب» *cap.*: الله (٣) المعبود: شخص أو شيء مُعَظَّم حتى العبادة.

dé·jà vu [dā zhá vY′] *(adj.; n.)* (١) سَبقت رؤيتُهُ § (٢) شيء مألوف.

de·ject [dĭ jĕkt′] *(vt.)* يُكئب؛ يُغِمّ؛ يُوهِن العزيمة.

de·jec·ta [dĭ jĕk′tə] *(n. pl.)* بِراز؛ غائط.

de·ject·ed [dĭ jĕk′tĭd] *(adj.)* مكتئب؛ مُغتمّ؛ مُوْهَن العزيمة.

de·jec·tion *(n.)* (١) اكتئاب؛ اغتمام (٢) «أ» تبرُّز. «ب» بِراز.

dé·jeu·ner [dā zhœ nā′] *(n.)* (١) الفَطُور: طعام الصباح (٢) الغداء.

de ju·re [dē jo͝or′ĭ] *(adv.; adj.)* (١) قانونًا § (٢) قانونيّ.

deka- *or* **dek-** = deca-.

dek·a·gram [dĕk′ə grăm′] *(n.)* = decagram.

dek·a·li·ter [-′ə lē′tər] *(n.)* = decaliter.

dek·a·me·ter [-′ə mē′tər] *(n.)* = decameter.

de·lam·i·nate [dē lăm′-] *(vi.)* يترقّق: ينفصل إلى طبقات رقيقة.

de·late [dĭ lāt′] *(vt.)* (١) يتّهم (إسك) (٢) ينشر؛ يذيع (ا. ق).

de·lay [dĭ lā′] *(vt.; i.; n.)* (١) يُؤَجِّل؛ يُرجِئ (٢) يؤخِّر؛ يَعُوق **x** (٣) يتوانى § (٤) «أ» تأخير. «ب» تأخُّر (٥) توانٍ.

de·le [dē′lē] *(vt.; n.)* (١) يحذف [كلمةً من تجربة مطبعية] (٢) يضع علامة الحذف [أمام كلمة في تجربة مطبعية] § (٣) علامة الحَذْف [في تصحيح التجارب المطبعية].

de·lec·ta·ble [dĭ lĕk′-] *(adj.)* (١) مُبْهِج؛ سارّ جدًا (٢) لذيذ.

de·lec·tate [dĭ lĕk′tāt] *(vt.)* يُبْهِج؛ يَسُرّ.

de·lec·ta·tion [dē lĕk tā′-] *(n.)* (١) بهجة؛ سرور (٢) إمتاع.

del·e·ga·cy [-′ə gə sĭ] *(n.)* (١) نَدْب؛ تفويض (٢) مجلس؛ لجنة دائمة.

del·e·gate [*n.* dĕl′ə gāt′, -gĭt; *v.* -gāt′] *(n.; vt.)* (١) مندوب؛ ممثّل (٢) نائب [في البرلمان] § (٣) يُحيل؛ يَنْقل (٤) ينتدب؛ يفوّض.

de·le·ga·tion [-gā′-] *(n.)* (١) نَدْبٌ؛ تفويض؛ توكيل (٢) وفدٌ مفوّض.

de·lete [dĭ lēt′] *(vt.)* يشطب؛ يمحو [كلمةً مكتوبة أو مطبوعة].

del·e·te·ri·ous [dĕl′ĭ tēr′-] *(adj.)* (١) مُؤذٍ (٢) ضارٌّ بالصحّة.

de·le·tion [dĭ lē′-] *(n.)* (١) شَطْب (٢) انشطاب (٣) كلمة مشطوبة.

delft; delft·ware [dĕlft-] *(n.)* خزف مصقول [مزدان بالزخارف].

de·lib·er·ate [*v.* dĭ lĭb′ə rāt′; *adj.* -ər ĭt] *(vt.; i.; adj.)* (١) يَدْرُس؛ يقلّب الرأيَ في <to ~ a question> **x** (٢) يفكّر مَلِيًّا (٣) يتداول؛ يتشاور § (٤) مدروس؛ مُرَوًّأ فيه <a ~ judgment> (٥) مُتَعَمَّد <a ~ mischief> (٦) مُرَوٍّ؛ محترس في اتخاذ القرارات <a ~ man> (٧) متأنٍّ؛ بطيء <~ steps>.

de·lib·er·ate·ly *(adv.)* (١) بِتَرَوٍّ (٢) بتعمّد (٣) بتأنٍّ.

de·lib·er·a·tion [dĭ lĭb′ə rā′-] *(n.)* (١) تَرَوٍّ؛ تفكير مُرَوًّأ فيه (٢) تداوُل؛ تشاوُر (٣) تأنٍّ.
— **de·lib·er·a·tive** *(adj.)*

del·i·ca·cy [dĕl′ə kə sĭ] *(n.)* (١) طعام شهيّ أو مُتْرَف (٢) رِقّة <the ~ of lace> (٣) ضَعْف؛ هشاشة؛ قابلية للمرض (٤) رهافة <~ of hearing> (٥) دِقّة <The political situation is one of great ~.> (٦) الكِياسة؛ مراعاة للذوق أو لأحاسيس الآخرين.

del·i·cate [dĕl′ə kĭt] *(adj.)* (١) لطيف؛ بهيج (٢) شهيّ (٣) ناعم (٤) رقيق <~ feelings> (٥) ضعيف <a ~ child> (٦) واهٍ؛ هزيل (٧) هشّ؛ قَصِفٌ <~ china> (٨) مُرْهَف <a ~ sense> (٩) دقيق <a ~ situation> (١٠) لَبِق؛ مُتّسِم بالكياسة <a ~ speech>.

del·i·ca·tes·sen [-kə tĕs′ən] *(n. pl.)* (١) الجواهز: الأطعمة الجاهزة للتناول [كاللحم المطهوّ] (٢) الجواهزيّة: مَتْجَر تباع فيه الجواهز.

de·li·cious [dĭ lĭsh′əs] *(adj.)* (١) مُبْهِج؛ فاتن (٢) لذيذ؛ شهيّ.

de·lict [dĭ lĭkt′] *(n.)* الجُنْحة: جُرْم تطبَّق عليه العقوبة الجزائية (ق).

de·light [dĭ līt′] *(n.; vi.; t.)* (١) بهجة؛ سرور شديد (٢) شيء مُبْهِج § (٣) يبتهج **x** (٤) يُبْهِج.

de·light·ed [dĭ lī′tĭd] *(adj.)* مبتهج؛ مسرور جدًّا.

de·light·ful; de·light·some [dĭ līt′-] *(adj.)* مُبْهِج؛ سارّ جدًّا.

de·lim·it [dĭ lĭm′ĭt] *(vt.)* (١) يُعيِّن أو يرسم [الحدودَ] (٢) يَحُدّ.

de·lim·i·tate [dĭ lĭm′ə tāt′] *(vt.)* = delimit.

de·lin·e·ate [dĭ lĭn′ĭ āt′] *(vt.)* (١) يُخطّط؛ يرسم الخطوط الكبرى (٢) يرسم؛ يصوّر بدقة (٣) يَصِف.
— **de·lin·e·a·tor** *(n.)*

de·lin·e·a·tion *(n.)* (١) تخطيط؛ رسم؛ تصوير (٢) صورة؛ وصف.

de·lin·quen·cy [dĭ lĭng′kwən sĭ] *(n.)* (١) تقصير؛ إهمال (٢) جُنحة؛ جُرم (٣) الجُنوح: سلوك مُتّسِم بالانحراف والخروج على أحكام القانون (٤) الدَّين المتأخِّر: دينٌ استحقّ ولم يُدْفَع.

de·lin·quent [-′kwənt] *(adj.; n.)* (١) مُقصِّر؛ مُهمِل (٢) جانح؛ منتهك للقانون (٣) «أ» متأخّر في الدفع <~ debtors>. «ب» متأخِّر: استحقّ ولم يُدْفَع <~ taxes> § (٤) المقصِّر؛ المُهمِل (٥) الجانح [من الأحداث بخاصة].

de·li·quesce [dĕl′ə kwĕs′] *(vi.)* (١) «أ» يذوب. «ب» يَميع (٢) يَنْشَعِب إلى أقسام دقيقة [تقال في عروق ورقة النبات بخاصة].

del·i·ques·cence *(n.)* (١) تذويب أو ذَوَبان (٢) الذَّوْب: السائل الناشئ عن التذويب أو الذوبان (٣) الانشعاب (را. المادة السابقة).

del·i·ques·cent *(adj.)* (١) مائع (٢) مَيُوع: قابلٌ للمَيَعان (٣) منشعِب.

de·lir·i·ous [dĭ lēr′ĭ əs] *(adj.)* (١) بُطاحيّ؛ هَذَياني (٢) مَبْطُوح؛ هاذٍ: مصابٌ بالبُطاح أو هذيان الحمّى (٣) مهتاج؛ منفعل بشدة.

de·lir·i·um [-′ĭ əm] *(n.)* (١) البُطاح؛ هذيان الحمّى (٢) اهتياج؛ انفعال.

delirium tre·mens [trē′mənz] *(n.)* البُطاح الغَوْلي؛ الهَذَيان الارتعاشي [الناشئ عن الإسراف في معاقرة الخمر] (ط).

de·list [dē′lĭst′] *(vt.)* يَشْطُب من اللائحة.

de·liv·er [dĭ lĭv′ər] *(vt.; i.)* (١) يحرِّر؛ يُنقذ؛ يُنجّي (٢) «أ» ينقل؛ يسلِّم؛ يُوْصِل؛ يوزِّع <Postmen ~ letters.>. «ب» يسلِّم؛ يتخلّى عن؛ يتنازل عن (٣) يُسْلِم [إلى الشُّرطة إلخ] (٤) «أ» يُوَلِّد [امرأةً]. «ب» تَلِد؛ تَضَعُ (٥) «أ» يُنشد؛ يُؤدّي. «ب» يُلقي [محاضرةً]. «ج» يَلْفِظ [حكمًا] (٦) يوجِّه؛ يُسدِّد <to ~ a blow> **x** (٧) يفي بـ؛ يُنجز.

de·liv·er·ance [-′ər əns] *(n.)* (١) مص deliver (٢) حُرّية [بعد سَجْن أو اعتقال] (٣) نجاة (٤) رأي؛ قرار؛ حُكْم.

de·liv·er·y [-′ə rĭ] *(n.)* (١) تحرير؛ إطلاق سراح (٢) «أ» تسليم؛ تخلٍّ عن <the ~ of a fort>. «ب» تحويل [الملكية] إلى شخص آخر. «ج» توزيع الرسائل. «د» «توزيعة» رسائل <How many *deliveries* are there everyday?>. «هـ» تسليم البضائع. «و» «تسليمة» بضائع <Each ~ will include...>. «ز» سيارة التسليم؛ مؤسّسة التسليم: سيارة أو مؤسسة لتسليم البضائع وبخاصة إلى تجار التجزئة (٣) ولادة؛ وَضْع (٤) «أ» إلقاءُ [محاضرة إلخ]. «ب» لفظُ [الحكم] (٥) الأداء: طريقة الإلقاء أو الغناء <She has an excellent ~.> (٦) قذف الكرة أو طريقة قذفها.

delivery book *(n.)* دفتر التسليم أو التسليمات (تج).

delivery note *(n.)* إشعار التسليم (تج).

delivery order *(n.)* أمر التسليم (تج).

delivery room *(n.)* حجرة التوليد [في مستشفى].

dell [dĕl] *(n.)* الوَهدة: وادٍ صغير منعزل.

de·lo·cal·ize [-′kə līz′] *(vt.)* يُزَمْقِع: يزيله من موقعه.

de·louse [dē lous′; -louz′] *(vt.)* يُزَمْقِل: يُزيل القمل من.

Del·phi·an; Delphic [dĕl′-] *(adj.)* دَلفيّ: «أ» منسوب إلى مدينة دلفي اليونانية القديمة أو إلى مَوْحى oracle أبولو فيها. «ب» مُبْهَم؛ ملتبِس المعنى.

Delphic oracle مَوْحى دَلْفي: مَوْحى أبولو في دَلْفي وقد عُرِف بأجوبته المُبْهَمة.

del·phin·i·um [dĕl fĭn′ĭ əm] *(n.)* pl. **-i·ums** *or* **-i·a** العائق؛ العايق؛ الدَّلْفِنيون: عشب جميل الزهر أزرقُهُ عادةً.

Del·phi·nus [dĕl fī′nəs] *(n.)* كوكبة الدُّلفين (فل).

del·ta [dĕl′tə] *(n.)* (١) الدّال (مج): الحرف الرابع من الأبجدية اليونانية (△) (٢) «أ» المثلث: شيء كحرف الدال اليوناني (△). «ب» الدَّلتا ~ the> of the Nile>.

— del·ta·ic *(adj.)*

delta ray *(n.)* الشُّعاع الداليّ؛ شُعاع دلتا (فزن).

delta wave *(n.)* الموجة الداليّة؛ موجة دلتا (ط).

delta wing *(n.)* الجناح المُثَلَّثيّ (طي).

del·toid [dĕl′toid] *(n.; adj.)* (١) العَضَلة الداليّة: عضلة الكتِف المُثَلَّثيّة الشكل (ت) § (٢) مُثَلَّثيّ <a ~ leaf>.

deltoid leaf

de·lude [dĭ lo͞od′] *(vt.)* يُضلِّل؛ يَخْدَع.

del·uge [dĕl′yo͞oj] *(n.; vt.)* (١) «أ» طوفان. «ب» مطرٌ غامرٌ (٢) فيض، مقدار ضخم <a ~ of offers> § (٣) يُغْرِق؛ يَغْمُر.

de·lu·sion [dĭ lo͞o′zhən] *(n.)* (١) «أ» تضليل؛ مُخادَعة. «ب» ضلال؛ انخداع (٢) وَهْم (٣) الضّلال (نف).

de·lu·sive [-′sĭv] *(adj.)* (١) مُضِلّ؛ خادع (٢) وهميّ؛ باطل.

de·lu·so·ry [dĭ lo͞o′sə rĭ] *(adj.)* = delusive.

de·lus·ter [dē lŭs′-] *(vt.)* يخفّف اللمعان [في الأقمشة إلخ].

de·luxe [də lo͝oks′] *(adj.)* فاخر؛ مُتْرَف <a ~ edition>.

delve [dĕlv] *(vt.; i.)* (١) يحفِر (ا. ق) (٢) يَسْحو؛ يُقَلِّب التربةَ <to ~ a garden> x (٣) ينقِّب؛ يبحث [عن المعلومات] <The scholar ~*d* in many libraries to support his theory.>.

de·mag·net·ize [dē măg′-] *(vt.)* يُزَغْنِط: يُزيل الخصائص المغنطيسية.

dem·a·gog·ic; -al [dĕm′ə gŏj′-] *(adj.)* دَهماويّ؛ غوغائيّ.

dem·a·gogue *or* **dem·a·gog** [dĕm′ə gôg′] *(n.)* (١) زعيم الدهماء (٢) الدهماويّ: مهيِّج أو خطيب شعبيّ يستغل الاستياء الاجتماعي لاكتساب النفوذ السياسي.

dem·a·gogu·er·y *(n.)* الدَّهماوية: أساليب الدَّهماويين أو أعمالهم.

dem·a·gogu·ism; dem·a·gog·ism *(n.)* = demagoguery.

dem·a·go·gy [dĕm′ə gō′jĭ] *(n.)* (١) الدَّهماوية: أساليب أو أعمال الدهماويين (٢) حكم الدَّهْماء (٣) الدَّهماويون: مهيِّجو الدهماء.

de·mand [dĭ mănd′] *(vt.; i.; n.)* (١) يَطلب (٢) يُطالِب بـ (٣) يتطلّب؛ يقتضي؛ يحتاج إلى <This task ~*s* patience> (٤) يستدعي [للمثول أمام القضاء] x (٥) يسأل § (٦) «أ» طلبٌ. «ب» مطالبة (٧) مَطلب (٨) الطَّلَب: «أ» الرغبة في الشراء مقرونةً بالقدرة عليه. «ب» مقدار السلع أو الخدمات المطلوبة بسعر معيَّن وزمان معيّن (اد) (٩) «أ» المطلوبية: كون الشيء مطلوبًا <an article in great ~>. «ب» حاجة ملحّة.

on ~, عند الطلب؛ عند التقديم والمطالبة بالدفع.

de·mand·a·ble *(adj.)* مطلوب؛ مرغوبٌ فيه.

de·man·dant [dĭ măn′dənt] *(n.)* المُدّعي (ق).

demand bill *or* **draft** *(n.)* حوالة الطلب: حوالة تُدفع عند الطلب.

demand deposit *(n.)* وديعة الطلب: وديعة مصرفية واجبة الأداء عند الطلب من غير إشعار سابق.

de·mand·ing *(adj.)* = exacting.

demand loan *(n.)* = call loan.

demand note *(n.)* = demand bill.

demand–pull *(n.)* تصاعُد الطلب (اد).

de·mar·cate [dĭ mär′kāt] *(vt.)* (١) يُتَخِّم؛ يعيِّن التُّخوم أو الحدود (٢) يُفرِد؛ يفصل؛ يُميِّز.

— de·mar·ca·tion; de·mar·ka·tion *(n.)*

dé·marche [dā märsh′] *(n.)* (١) طريقة؛ مسلك [وبخاصة إذا انطويا على سياسة جديدة] (٢) مَسْعًى؛ إجراء <diplomatic ~*s*>.

deme [dēm] *(n.)* الدِّيْم: وحدة من وحدات التقسيم الإداريّ في أتّيكا القديمة في اليونان.

de·mean [dĭ mēn′] *(vt.)* (١) يَسْلُك؛ يتصرّف (٢) يحطّ من القَدْر.

de·mean·or *also* **de·mean·our** [dĭ mē′-] *(n.)* سلوك؛ تصرُّف.

de·ment [dĭ mĕnt′] *(vt.)* يُخَبِّل؛ يُفقِد العقلَ.

de·ment·ed [dĭ mĕn′-] *(adj.)* مُخَبَّل؛ معتوه؛ مجنون.

de·men·tia [-′shə; -′shĭ ə] *(n.)* خَبَلٌ؛ عُتْهٌ؛ جنون.

dementia prae·cox [prē′kŏks] *(n.)* العُتاه الباكر: اسم قديم كان يُطلق على الفُصام (را. schizophrenia).

de·mer·it [dē mĕr′-] *(n.)* (١) نقيصة؛ عَيْب (٢) عدم استحقاق (٣) العلامة السَّيِّئة: علامة تشير إلى تقصير المرء أو سوء سلوكه إلخ.

de·mesne [dĭ mān′; -mēn′] *(n.)* (١) تملُّكُ أرضٍ (٢) دنيا؛ عالَم؛ حقل <~ of philosophy> (٣) مِلْك السيِّد: أراضٍ يحتفظ بها السيِّد الإقطاعي لاستعماله الخاص (٤) العِزْبة: قصر السيِّد الإقطاعي والأراضي المحيطة به (٥) منطقة.

De·me·ter [dĭ mē′-] *(n.)* دِيمِتَر: إلاهة الزراعة والخِصب عند اليونان.

demi- بادئة معناها: نِصْف <*demi*god>.

dem·i·god [dĕm′ĭ gŏd′] *(n.)* نصف إله.

dem·i·god·dess [-gŏd′əs] *(n.)* نِصْف إلاهة.

dem·i·john [dĕm′ĭ jŏn′] *(n.)* الدّامِجانَة: زجاجة ضخمة واسعة الجوف ضيقة العنق مكسوَّة بقضبان مجدولة.

de·mil·i·ta·rize [dē mĭl′-] *(vt.)* يُنَزْلِح؛ ينزع السّلاح: «أ» يُجرِّد منطقة من السِّلاح. «ب» يُخْضِع للإدارة المدنيّة بدلًا من العسكرية.

de·mil·i·ta·rized zone *(n.)* منطقة منزوعة السلاح.

dem·i·mon·daine [-mŏn dān′] *(n.)* امرأة ساقطة أو مشبوهة.

dem·i·monde [dĕm′ĭ mŏnd′] *(n.)* (١) «أ» عالَمُ الغانيات: عالَمُ الساقطات أو النساء المشبوهات. «ب» مومسات (٢) امرأة ساقطة أو مشبوهة (٣) المُسْتَعْهِرة: جماعةٌ من أهل مهنة معيَّنةٍ موصومةٌ باللّاأخلاقية أو بالنزعة

التجارية الرخيصة <the artistic ~>

dem·i·rep [dĕm′ĭ rĕp′] *(n.)* = demimondaine.

de·mise [dĭ mīz′] *(vt.; i.; n.)* (١) يُؤجِّر أرضًا إلخ (٢) يورِّث بوصيّة (٣) يورِّث العرشَ من طريق الوفاة أو التنازل x (٤) يموت (٥) يَؤُول [بالوصيّة أو بالإرث إلخ] § (٦) تأجير أرض (٧) الأيلولة: انتقال السلطة الملكية إلخ من طريق الوفاة أو التنازل (٨) «أ» موت؛ وفاة. «ب» موت ملك أو أمير (٩) زوال؛ سقوط (١٠) توقُّف [عن النشاط أو الصدور] (١١) فقدانٌ لمنصب.

dem·i·sem·i·qua·ver [dĕm′ĭ sĕm′ĭ-] *(n.)* ثُلاثيّة الأسنان (مو).

de·mis·sion [dĭ mĭsh′ən] *(n.)* استقالة؛ تنازل.

de·mit [dĭ mĭt′] *(vt.; i.)* (١) يستقيل x (٢) يتخلّى عن [مَنْصِب].

dem·i·tasse [dĕm′ĭ tăs; -täs′] *(n.)* الفنجان النصفيّ: «أ» فنجان صغير من القهوة. «ب» فنجان صغير للقهوة.

dem·i·urge [dĕm′ĭ ûrj′] *(n.)* (١) خالق الكون الماديّ [عند أفلاطون] (٢) قوة خلّاقة؛ سلطة حاسمة.

dem·i·world [dĕm′ĭ wûrld′] *(n.)* = demimonde *3.*

demo- بادئة معناها: الشَّعب؛ العامّة <*demo*cracy>.

de·mob [-mŏb′] *(vt.; n.)* (١) يُسرِّح [جيشًا أو جنديًا] § (٢) تسريح.

de·mo·bi·li·za·tion *(n.)* تسريح [جيشٍ أو جنديّ].

de·mo·bi·lize [dē mō′bə līz′] *(vt.)* يُسرِّح [جيشًا أو جنديًا].

de·moc·ra·cy [dĭ mŏk′rə sĭ] *(n.)* (١) الديموقراطية: «أ» حكم الشعب. وبخاصة: حكم الأكثرية. «ب» دولة ديموقراطية؛ مجتمع ديموقراطي. «ج» الروح الديموقراطية: المساواة السياسية أو الاجتماعية (٢) الشعب؛ العامّة.

dem·o·crat [dĕm′ə krăt] *(n.)* الديموقراطيّ: «أ» المناصر للديموقراطية. «ب» المتواضع. «ج» *cap.*: عضو في الحزب الديموقراطي الأميركي.

dem·o·crat·ic [dĕm′ə krăt′ĭk] *(adj.)* ديموقراطيّ: «أ» ذو علاقة بالديموقراطية أو مناصرٌ لها. «ب» *cap.* عد: ذو علاقة بالحزب الديموقراطيّ الأميركي. «ج» شعبيّ؛ جماهيري <~ art>. «د» متواضع.

de·moc·ra·ti·za·tion *(n.)* (١) الدَّقْرَطة (٢) التَّدَقْرُط.

de·moc·ra·tize *(vt.; i.)* (١) يُدَقْرِط: يجعله ديموقراطيًا x (٢) يَتَدَقْرَط: يصبح ديموقراطيًا.

dé·mo·dé [dā mō dā′] *(adj.)* مهجور: عتيق الزّيّ أو الطِّراز.

de·mod·ed [dē mō′dĭd] *(adj.)* = démodé.

de·mod·u·late [dē mŏj′ə lāt′] *(vt.)* يُزَضْمِن؛ يُزيل التَّضمين: يَستخلص [المعلوماتِ] من موجةٍ حاملةٍ مُضَمَّنة (رد).

de·mog·ra·pher; -ra·phist *(n.)* الديموغرافيّ: العالم بالديموغرافيا.

de·mo·graph·ic *(adj.)* ديموغرافيّ: منسوب إلى الديموغرافيا.

de·mog·ra·phy [dĭ mŏg′rə fĭ] *(n.)* الديموغرافيا؛ علم السّكّان [من حيث المواليد والوفَيات والزواج والصحة إلخ].

dem·oi·selle [dĕm′wä zĕl′] *(n.)* (١) آنسة (٢) الزَّهْو: طائر يشبه الكُرْكيّ (٣) damselfly (٤) damselfish.

demoiselle 2.

de·mol·ish [dĭ mŏl′ĭsh] *(vt.)* (١) يُدَمِّر؛ يَهْدِم؛ يقوِّض؛ يدكّ (٢) «أ» يضع حدًّا لِـ. «ب» يَدْحَض [حجّة] (٣) يلتهم؛ يأتي على.

dem·o·li·tion [-lĭsh′ən] *(n.)* (١) تدمير. وبخاصة: تدمير بالقنابل زَمنَ الحرب (٢) *pl.*: قنابل مُدَمِّرة.

de·mon *or* **dae·mon** [dē′mən] *(n.)* (١) الروح الحارسة [لشخص أو مكان] (٢) شيطان؛ عِفْريت (٣) نصف إله [في الميثولوجيا اليونانية] (٤) شخص ذو قوة أو براعة عظيمة.

de·mon·e·tize [dē mŏn′-] *(vt.)* (١) يُبْطِل استعمال [معدِن ما] كمقياس نقدي (٢) يسحب [العملة أو الطوابع] من التداول.

de·mo·ni·ac [dĭ mō′nĭ ăk′] *also* **de·mo·ni·a·cal** *(adj.)* (١) مُتَلَبَّس: بِهِ مَسٌّ من شيطان (٢) شيطانيّ.

de·mo·ni·an [-′nĭ ən] *(adj.)* شيطانيّ.

de·mon·ic *also* **de·mon·i·cal** *(adj.)* = demoniac *2.*

de·mon·ism *(n.)* (١) الإيمان بالشياطين أو عبادتُها (٢) demonology.

de·mon·ize [dē′mə nīz′] *(vt.)* يُشَيْطِن: «أ» يُحَوِّلُهُ إلى شيطان. «ب» يُخضعه لنفوذ الشياطين.

de·mon·ol·a·try [dē′mə nŏl′-] *(n.)* عبادة الشياطين أو العفاريت.

de·mon·ol·o·gy [-′ə jĭ] *(n.)* (١) الشَّيطانيات: دراسة الشياطين والعفاريت أو المعتقدات المتّصلة بها (٢) الإيمان بالشياطين (٣) لائحة بالشياطين.

de·mon·stra·ble *(adj.)* (١) ممكنٌ إثباتُهُ أو إقامة الدليل عليه (٢) واضح.

de·mon·strant [-mŏn′-] *(n.)* المتظاهر: المُشارِك في تظاهرةٍ أو مَسِيرة.

dem·on·strate [dĕm′ən strāt′] *(vt.; i.)* (١) يُظهِر [بوضوح]؛ يُبدي (٢) يُثبت؛ يُبرهن؛ يقيم الدليل على (٣) يشرح؛ يوضح [وبخاصة من طريق الاستعانة بأمثلة كثيرة] (٤) يُبيِّن: يُظهر للزبون محاسنَ سلعة ما ترغيبًا له في شرائها x (٥) يتظاهر: يقوم بمظاهرة أو يشترك فيها (٦) يقوم بمظاهرة عسكرية (٧) يعلِّم مستعينًا بالأمثلة والتجارب وما إليها.

dem·on·stra·tion [-strā′-] *(n.)* (١) إظهار؛ إبداء <a ~ of affection> (٢) «أ» إثبات؛ بَرْهنة. «ب» برهان؛ دليل (٣) شرح؛ إيضاح [من طريق الاستعانة بالأمثلة أو التجارب] (٤) إظهار محاسن السِّلعة [للزبون] (٥) المُظاهَرة العسكرية: عَرْض للقوة [لإظهار استعداد الدولة لخوض الحرب عند الاقتضاء] (٦) مُظاهَرة؛ مَسِيرة.

de·mon·stra·tive [-′strə tĭv] *(adj.; n.)* (١) إيضاحيّ؛ بيانيّ (٢) إثباتيّ؛ بُرهانيّ؛ حاسم (٣) إشاريّ (ل) (٤) مجاهَرٌ به <~ greetings> (٥) مُجاهِر: نزّاع إلى التعبير عن مشاعره علنًا وبلا تحفُّظ § (٦) اسم الإشارة (ل).

demonstrative pronoun *(n.)* اسم الإشارة (ل).

dem·on·stra·tor [dĕm′-] *(n.)* (١) المُظْهِر؛ المبرهِن إلخ (٢) الشارح: مدرِّس أو مساعِدُ مدرّسٍ في كلية للطب أو العلوم مهمَّتُهُ شرح المبادئ والنظريات المدروسة [من طريق التشريح أو التجارب إلخ] (٣) المرغِّب: موظف في شركةٍ مهمّتُهُ ترغيب الجمهور في سِلعةٍ مُسْتَحْدَثة (٤) المُرَغِّبة: السِّلعة المستخدَمة في تلك العملية (٥) المُتظاهِر: المُشارِك في مظاهَرة.

dem·o·pho·bi·a [dĕm′ō fō′bĭ ə] *(n.)* رُهاب الحشود (نف).

de·mor·al·ize [dĭ môr′ə līz] *(vt.)* (١) يُفسد الأخلاق (٢) يُضعف

المعنويات ؛ يُثَبِّط الهِمّة (٣) يُرْبِك ؛ يُشوِّش ؛ يُوْقِع الفوضى .

— de·mor·al·i·za·tion *(n.)*

de·mos *(n.)* (١) العامّة (٢) العامّة [في دولة إغريقية قديمة] .

de·mote [dĭ mōt′] *(vt.)* يُنزل درجَتَهُ أو رتبتَهُ [في الجيش أو المدرسة إلخ] .

de·mot·ic [dĭ mŏt′-] *(adj.)* (١) ديموطيّ : ذو علاقة بالخطّ القديم الذي استعمله قُدامى المصريين في حياتهم اليومية (٢) شَعْبيّ ؛ دارج ؛ شائع .

de·mount [dē mount′] *(vt.)* (١) يَنزع [شيئًا عن رَكوبتِهِ أو قاعدتِهِ] <to ~ a watch> (٢) يفكّك <~*ed* the tire from the wheel> .

de·mul·cent [dĭ mŭl′sənt] *(adj.; n.)* (١) مُلَطِّف ؛ مُسَكِّن § (٢) دواء أو مَرْهَم مُلطِّف أو مُسَكِّن .

de·mur [dĭ mûr′] *(vi.; n.)* (١) يعترض على (٢) يتردَّد (ا . ق) § (٣) تردّد (٤) اعتراض ؛ احتجاج .

de·mure [dĭ myŏŏr′] *(adj.)* (١) رزين ؛ محتشم (٢) خجول (٣) مُتزازن ؛ متحاشم ؛ متخاجل : متظاهر بالرّزانة أو الاحتشام أو الخجل .

de·mur·rage [dĭ mûr′ĭj] *(n.)* (١) التقاعس : تقاعس عن تحميل أو تفريغ سفينة أو شاحنة ضمن المدة المتفق عليها (٢) غرامة التقاعس .

de·mur·ral [-′əl] *(n.)* اعتراض ؛ احتجاج .

de·mur·rer [-′ər] *(n.)* (١) الدَّفع التَّحوُّطيّ : دفع يُطالِب فيه المدَّعَى عليه بوجوب عدم الاستمرار في نظر الدعوى ذاهبًا إلى أن الوقائع التي قدّمها المدَّعي، على افتراض صحّتها، لا تؤيِّد دعواه أو إلى أنها غير كافية قانونًا (ق) (٢) اعتراض (٣) المُعْتَرِض : صاحب الاعتراض .

de·my [dĭ mī′] *(n.)* قَطع النِّصف : قَطْع من الورق (١٦ × ٢١ إنشًا) .

de·mys·ti·fy [dē′mĭs′-] *(vt.)* يُزيل التَّعْمِيَة : يفسِّر ؛ يُوضح .

den [dĕn] *(n.; vi.; t.)* (١) عرين (٢) «أ» وَكر <~ of vice> . «ب» وكر اللصوص (٣) الوَكْر : حُجرة صغيرة قذرة (٤) المُخْتَلَى : حجرة يخلو فيها المرء إلى نفسه للمطالعة أو العمل (ع) § (٥) يحيا في وكر أو نحوه (٦) يطارد [حيوانًا] حتى الوكر .

de·nar·i·us [dĭ nâr′ĭ əs] *(n.)* pl. **-nar·i·i** (١) الدِّرْهم : قطعة نقد فضية رومانية قديمة (٢) الدِّينار : قطعة نقد ذهبية رومانية قديمة .

den·a·ry [dĕn′ə rĭ] *(adj.)* عَشْريّ .

de·na·tion·al·ize [dē năsh′-] *(vt.)* (١) يُسْقط الجنسية ؛ ينزع الجنسية : يحرمه حقوق المواطن وامتيازاته (٢) يُنَزْمِم ؛ ينزع التأميم : «أ» ينزع مِلكية الحكومة القومية أو سيطرتها عن . «ب» يعيد صِناعةً مؤمَّمة إلى المِلكية الخاصة .

de·nat·u·ral·ize [dē năch′-] *(vt.)* (١) يُفْسِد الطبيعة : يَنزع أو يُعدِّل طبيعة الشيء الحقيقية أو الأصلية (٢) denationalize *1* .

de·na·ture [dē nā′chər] *(vt.)* (١) dehumanize (٢) يَمْسَخ : يُفقِد الشيء طبيعته الخاصة (٣) يُصَعِّد : «أ» يجعل الكحول إلخ غير صالح للشرب من غير إفساد لصلاحه لأغراض أخرى . «ب» يغيِّر طبيعةَ البروتين الأصلية بوسائلَ كيميائية إلخ .

de·na·zi·fy [dē năt′sĭ-] *(vt.)* ينزع النّازيّة : يجرِّد من النّازيّة أو مؤثّراتها .

dendr- *or* **dendro-** بادئة معناها : شجر أو شبيه بشجرة .

den·dri·form [dĕn′drə-] *(adj.)* شَجَرانيّ : شَجَريّ الشكل .

den·drite [-′drīt] *(n.)* (١) «أ» الشَّجَرانية : صورة متشعّبة شجريّة الشكل منطبعة على صخر إلخ . «ب» صخرة انطبعت عليها صورة شجرية الشكل (جي) (٢) الغُصَيْن : زائدة بروتوبلازمية مُتشجِّرة تنقل الدفعات العَصَبية إلى الجسم الخَلَويّ (ت) .

dendrite 1a.

den·drit·ic *also* **den·drit·i·cal** *(adj.)* مُتَشَجِّر ؛ متفرّع الشَّكل .

dendro- = dendr-.

den·dro·gram [dĕn′drə-] *(n.)* شجرة النَّسب (أح) .

den·droid *also* **den·droi·dal** *(adj.)* شَجَرانيّ : مُتفرِّع كالشجرة .

den·drol·a·try [dĕn drôl′ə trĭ] *(n.)* عبادة الأشجار .

den·drol·o·gy [-′ə jĭ] *(n.)* الشَّجريات ؛ علم الشَّجر .

dene [dēn] *(n.)* وادٍ (بر) .

Den·eb [dĕn′ĕb] *(n.)* ذَنَبُ الدجاجة (فل) .

den·e·ga·tion [dĕn′ə gā′-] *(n.)* = denial.

den·gue [dĕng′gā; -′gĭ] *(n.)* الدَّنْجِيّة ؛ حمّى الضَّنك ؛ «أبو الرُّكَب» (مض) .

de·ni·a·ble [dĭ nī′-] *(adj.)* قابلٌ للإنكار ؛ ممكنٌ إنكارُهُ .

de·ni·al [dĭ nī′əl] *(n.)* (١) رفض (٢) إنكار (٣) نُكْران الذّات .

de·nic·o·tin·ize *(vt.)* يُنَزْكِت : ينزع جزءًا من النيكوتين من التبغ .

de·ni·er[1] [dĭ nī′ər] *(n.)* الرافض ؛ المُنْكِر .

de·nier[2] [də nēr′] *(n.)* الدِّنِير : «أ» قطعة نقد فرنسية قديمة ضئيلة القيمة . «ب» مقدار ضئيل القيمة . «ج» وحدة وزن تستخدم لتعيين نفاسة الحرير .

den·i·grate [dĕn′ə grāt′] *(vt.)* (١) يُسَوِّد (٢) يُشَوِّه السُّمعة .

den·im [dĕn′əm] *(n.)* (١) الدِّنيم : قماش قطنيّ متين (٢) *pl.* الدِّنيميّ : بنطلون أو وِزْرة من دَنيم أزرق عادةً .

de·ni·tri·fy [dē nī′-] *(vt.)* يُزَنْتِر : يُزيل النتروجين من . . .

den·i·zen [dĕn′ĭ zən] *(n.)* (١) السّاكن ؛ القاطن ؛ المقيم (٢) المتجنِّس : أجنبي مُنح حقوق المواطَنة في بلدٍ ما (٣) حيوان أو نبات متأقلِم مع بيئة جديدة (٤) المُرتاد : المتردد على مكانٍ ما <~*s* of out-of-town theaters> .

de·nom·i·nal [dĭ nŏm′-] *(adj.)* اسميّ : مشتقٌّ من اسمٍ ما .

de·nom·i·nate [-′ə nāt′] *(vt.)* (١) يُسَمِّي ؛ يدعو ؛ يلقِّب (٢) يَدُلّ على (٣) «أ» يعيِّن ؛ يخصِّص . «ب» يعبِّر عن .

denominate number [-′ə nət] *(n.)* العدد التعييني : عدد يعين كمية ما بلُغة وحدة من وحدات القياس (مثل 9 في قولك 9 feet) .

de·nom·i·na·tion [-nā′-] *(n.)* (١) تسمية ؛ تلقيب (٢) الفئة : إحدى فئات العملة أو الطوابع أو وحدات الوزن أو القياس <bills in $5 and $10 ~*s*> (٣) اسم ؛ لقب (٤) الطائفة ؛ الزُّمرة : جماعة من الأشخاص أو الأشياء متميِّزة بأسم خاصّ (٥) المِلّة ؛ النِّحْلَة ؛ الطائفة الدينية .

ă at; ā date; â care; ä car; ĕ egg; ē me; ĭ in; ī bite; ŏ lot; ō bone; ô orphan; oi boil; ŏŏ good; ōō boot; ou out; ŭ under; û urgent; ə = *a* in alone, *e* in system, *i* in easily, *o* in gallop, *u* in circus.

— **de·nom·i·na·tion·al** *(adj.)*

de·nom·i·na·tion·al·ism *(n.)* الطائفية : «أ» الإخلاص للمبادئ أو المصالح الطائفية . «ب» التعصّب الطائفي .

de·nom·i·na·tive [-ˈə nāˈtĭv] *(adj.; n.)* (١) اسميّ [أو وصفيّ] الاشتقاق : مشتق من اسم أو صفة <*to center* and *to blacken* are ~ verbs.> § (٢) لفظة اسميّة الاشتقاق أو وَصْفيّة الاشتقاق .

de·nom·i·na·tor [-ˈə nāˈtər] *(n.)* (١) المَقام ؛ مَخْرَج الكسور (ر) (٢) «أ» صفة مشتركة . «ب» مستوًى <low ~ of public taste> .

de·no·ta·tion [dē nō tāˈ-] *(n.)* (١) مص denote (٢) معنًى ؛ دَلالة (٣) اسم (٤) علامة ؛ إشارة <~s of divine wrath> .

de·no·ta·tive [dēˈnō tāˈ-] *(adj.)* (١) دالّ (٢) دَلاليّ .

de·note [dĭ nōtˈ] *(vt.)* (١) «أ» يدلّ على . «ب» يشير إلى (٢) يُعلِن ؛ يُظهر (٣) يعني (٤) يرمز إلى .

de·noue·ment [dāˈnōō mänˈ] *(n.)* (١) حَلُّ العُقدة [في مسرحية أو رواية] ، أو المرحلة التي يتمّ فيها ذلك (٢) الخاتمة : نتيجة وضع مُعقَّد .

de·nounce [dĭ nounsˈ] *(vt.)* (١) يَشْجُب ؛ يَسْتَنْكِر (٢) يتّهم ؛ يُبلِّغ عن (٣) يُشْعِر رسميًا بإنهاء [معاهدةٍ أو اتفاق] .

— **de·nounce·ment** *(n.)*

de no·vo [dē nōˈvō] *(adv.)* من جديد ؛ كَرَّةً أُخرى .

dense [dĕns] *(adj.)* (١) كثيف ؛ مُلتَزّ ؛ مُكْتظّ (٢) مُتبلِّد <a ~ mind> (٣) أبله ؛ غَبِيّ (٤) شديد ؛ مُفرط <~ ignorance> (٥) كثيف : شديد الكُمْدة نسبيًا <~ photographic negatives> .

dense·ly [dĕnsˈlĭ] *(adv.)* بكثافة ؛ باكتظاظ إلخ .

dense·ness [-ˈnəs] *(n.)* كثافة ؛ التزاز ؛ اكتظاظ .

den·si·fy [-ˈsə fīˈ] *(vt.)* يُكثِّف . وبخاصة : يزيد كثافة الخشب بالضغط .

den·sim·e·ter; den·si·tom·e·ter *(n.)* المِكثاف ؛ مِقياس الكثافة .

den·si·ty [-ˈsĭ tĭ] *(n.)* (١) كثافة («ك» و«فز») (٢) بلاهة ؛ غباء .

dent[1] [dĕnt] *(n.; vt.; i.)* (١) بَعْجة ؛ انبعاج ؛ غَوْر (٢) جُرح ؛ خَدْش <a ~ in one's pride> § (٣) يَبْعَج **x** (٤) يَنْبَعِج .

dent[2] *(n.)* السِّن : سِنّ الدولاب إلخ .

dent- *or* **denti-** بادئة معناها : سِنّ ؛ أسنان .

den·tal [-ˈtəl] *(adj.; n.)* (١) نِطْعيّ : ملفوظ بملامسة رأس اللسان مؤخَّرَ الأسنان الأمامية العليا (٢) سِنّيّ ؛ أسنانيّ § (٣) حَرف نِطْعيّ (ل) .

dental floss *(n.)* الخَيْط الأسنانيّ : خيط لتنظيف الأسنان .

dental hygienist *(n.)* صائنُ الأسنان [مهمتُهُ تنظيف الأسنان وفحصُها] .

dental pulp *(n.)* اللُّبّ السِّنّي ؛ لبّ السِّن (ت) .

dental technician *(n.)* تِقْنُ الأسنان : فَنّيّ يصنع الأدوات السِّنِّية [كالجسور إلخ] وفقًا للقياسات التي يأخذها طبيب الأسنان .

dentate leaf

den·tate *or* **den·tat·ed** *(adj.)* مُسَنَّن : ذو أسنان <~ leaves> .

den·ta·tion [dĕn tāˈ-] *(n.)* (١) تَسَنُّن (٢) سِنّ ؛ نتوء زاويّ مسنّن .

denti- = dent-.

den·ti·cle [-ˈtĭ kəl] *(n.)* السُّنَيْنة : سِنّ صغيرة ؛ نتوء سِنّي صغير .

den·tic·u·late *or* **den·tic·u·lat·ed** *(adj.)* (١) سُنَيْنِيّ : مسنَّن على نحو دقيق <~ leaves> (٢) مُدَنْطَل : ذو دناطيل (را . dentil) .

den·ti·form [dĕnˈtə-] *(adj.)* سِنّانيّ : سِنّي الشكل .

den·ti·frice [-ˈtə frĭs] *(n.)* السَّنُوْن ؛ منظِّف الأسنان : مستحضَر لتنظيف الأسنان .

den·til [dĕnˈtəl] *(n.)* الدَّنْطِيل : أحد النتوءات المستطيلة الصغيرة المرصوفة مثل صفّ من الأسنان في الجزء الأدنى من طُنُفٍ أو إفريز (عم) .

den·tin [-ˈtĭn] *or* **den·tine** [-ˈtēn] *(n.)* السِّنِّين ؛ العاجِيْن ؛ عاج الأسنان .

den·tist [dĕnˈtĭst] *(n.)* طبيب الأسنان .

den·tist·ry [dĕnˈtĭs trĭ] *(n.)* طِبّ الأسنان .

den·ti·tion [-tĭshˈən] *(n.)* الإسنان : «أ» ظهور الأسنان . «ب» عدد الأسنان ونوعها وترتيبها . «ج» طبيعة الأسنان كما يُحدِّدها شكلها وترتيبها .

den·toid [dĕnˈtoid] *(adj.)* سِنّانيّ : سِنّيّ الشكل .

den·tu·lous [-ˈchə ləs] *(adj.)* ذو أسنان .

den·ture [-ˈchər] *(n.)* (١) مجموعة أسنان (٢) البِذْلة : طَقْم أسنان صُنْعيّة .

den·u·date [dĭ nōōˈdātˈ] *(vt.; adj.)* (١) يُعرّي ؛ يُجرِّد § (٢) مُعَرًّى ؛ عارٍ .

den·u·da·tion [dĕnˈyōō dāˈ-] *(n.)* (١) تَعْرية ؛ تجريد (٢) تَعَرٍّ ؛ تجرُّد (٣) التعرية (جي) .

de·nude [-nyōōdˈ] *(vt.)* (١) يُعرِّي ؛ يجرِّد (٢) يعرّي الصّخور (جي) .

de·nu·mer·a·ble *(adj.)* قابلٌ للعدّ (ر) .

de·nun·ci·ate [dĭ nŭnˈsĭ ātˈ; -ˈshĭ ātˈ] *(vt.)* = denounce.

de·nun·ci·a·tion *(n.)* (١) شَجْب ؛ استِنكار (٢) اتّهام ؛ تبليغ [عن] ؛ وشاية بِـ (٣) إشعار رسمي بإنهاء [معاهدة أو اتفاق] (٤) تحذير .

de·nun·ci·a·tive *or* **de·nun·ci·a·to·ry** *(adj.)* (١) شَجْبيّ (٢) اتّهاميّ .

de·ny [dĭ nīˈ] *(vt.)* (١) يُنْكِرُ [تهمةً إلخ] (٢) يتبرّأ من ؛ ينكر أن تكون له علاقة بِـ (٣) «أ» يرفض . «ب» يَحْرِم ؛ يرفض أن يمنح <*denied* the child the candy> (٤) يَجْحَد ؛ يرفض الإيمان بِـ .

to ~ oneself (١) يمتنع عن (٢) يُنكِر ذاتَه .

to ~ oneself to يرفض أن يستقبل [الضيوفَ إلخ] .

de·o·dar [dēˈə därˈ] *also* **de·o·da·ra** *(n.)* الدِّيودار ؛ أرز هِمَلايا .

de·o·dor·ant [dē ōˈdər-] *(n.; adj.)* مُزَرْوِح : مزيلٌ للرائحة الكريهة .

de·o·dor·ize [dē ōˈdə-] *(vt.)* يُزَرْوِح : يزيل الرائحة الكريهة .

De·o gra·ti·as [dēˈō grāˈshĭ ăs] شكرًا لله .

de·on·tol·o·gy [dēˈŏn tŏlˈə jĭ] *(n.)* علم الأخلاق .

de·or·bit [dē ôrˈ-] *(vt.; i.)* يُخرج أو يَخْرج من المدار .

De·o vo·len·te [dēˈō vō lĕnˈtĭ] إن شاء الله .

de·ox·i·dize [dē ŏkˈ-] *(vt.)* يُزَأكِج : يُزيل الأكسجين من .

de·ox·y·gen·ate; de·ox·y·gen·ize *(vt.)* = deoxidize.

de·ox·y·ri·bo·nu·cle·ic acid *(n.)* = DNA.

de·part [dĭ pärtˈ] *(vi.; t.)* (١) «أ» يَرْحل . «ب» يموت (٢) يحيد ؛ ينحرف عن **x** (٣) يغادر [مدينة إلخ] .

to ~ from one's word *or* promise ينكث بعهدِهِ أو وعده.

de·part·ed [-′tĭd] *(adj.)* (١) ماضٍ؛ خالٍ (٢) مَيِّت؛ متوفًّى.

the ~, (١) الفقيد؛ الراحل (٢) الموتى.

de·part·ee [dē pär tē′] *(n.)* الراحل؛ المغادر [بلدًا أو منطقة].

de·part·ment [dĭ pärt′-] *(n.)* (١) قِسْم؛ فَرْع؛ شُعْبَة (٢) إدارة؛ مصلحة [في حكومة] (٣) «أ» مقاطعة [في التقسيم الإداري الفرنسي]. «ب» دائرة [في كلية أو جامعة]. «ج» منطقة عسكرية.

de·part·men·tal *(adj.)* (١) إداريّ؛ مَصْلحيّ (٢) مقسَّم إلى دوائر.

de·part·men·tal·ize *(vt.)* يقسِّم إلى شُعَب أو مصالح أو دوائر إلخ.

Department of State وزارة الخارجية الأميركية.

department store *(n.)* المَتْجَر التنويعي: مَتْجر كبير للبيع بالتجزئة مقسَّم إلى عدة شُعَب مستقلّة في كل منها نوعٌ من السِّلع.

de·par·ture [dĭ pär′chər] *(n.)* (١) «أ» رحيل؛ سَفَر. «ب» موت (ا.ق) (٢) المُنْطَلَق: موقع السفينة عند بدء الرحلة (٣) انطلاق (٤) انحراف.

de·pau·per·ate [dĭ pô′pə rət] *(adj.)* فقير؛ مُعْوِز.

de·pend [dĭ pĕnd′] *(vi.)* (١) يعتمد؛ يتّكل (٢) يتوقّف على؛ يكون رَهْنًا بِـ (٣) يثِق: يكون واثقًا (٤) يتدلّى.

de·pend·a·ble [-′də bəl] *(adj.)* موثوق؛ جديرٌ بالثقة؛ يُعْتَمَدُ عليه.

de·pend·ance [dĭ pĕn′dəns] *(n.)* = dependence.

de·pend·ant [dĭ pĕn′dənt] *(adj.; n.)* = dependent.

de·pend·ence [-′dəns] *(n.)* (١) توقُّف على (٢) «أ» اعتماد؛ اتكال. «ب» تَبَعِيّة (٣) «أ» ثقة. «ب» موضع اعتماد أو ثقة (٤) إدمانُ المخدِّرات.

de·pend·en·cy [-′dən sĭ] *(n.)* (١) توقُّف على (٢) «أ» اعتماد؛ اتكال. «ب» تبعيّة (٣) شيء تابع لغيره، مثل: «أ» الملحق: مَبْنًى إضافيّ مُلْحق بمبنًى رئيسي. «ب» البلد التابع: بلدٌ خاضع لسلطان دولة أخرى.

de·pend·ent [-′dənt] *(adj.; n.)* (١) مُتَدَلٍّ (٢) متوقِّف على (٣) «أ» عالة [على غيره]. «ب» تابع؛ خاضع § (٤) العالة؛ التابع.

dependent covenant *or* **contract** *(n.)* الاتفاق المشروط: اتفاق يتوقف تنفيذه على تحقيق شرطٍ معيَّن (ق).

dependent variable *(n.)* المتغيِّر التابع (ر).

de·per·son·al·ize *(vt.)* (١) يَسْلُب الشخصية (٢) يجعله موضوعيًا.

de·pict [dĭ pĭkt′] *(vt.)* (١) يرسم؛ يصوِّر (٢) يَصِف.

de·pic·ture [-′chər] *(vt.)* (١) يرسم؛ يصوِّر (٢) يَصِف (٣) يتخيَّل.

de·pig·men·ta·tion *(n.)* نَزْع الخِضْب [الطبيعيّ من البشرة أو الريش].

dep·i·late [-′ə lāt′] *(vt.)* يَسْمِط: يزيل الشَّعر أو الصّوف عن.

de·pil·a·to·ry [dĭ pĭl′ə tōr′ĭ] *(adj.; n.)* (١) سامِط: مزيل للشَّعر أو الصوف § (٢) السّامِط: مستحضَر مزيل للشَّعر أو الصوف.

de·plane [dē-] *(vi.; t.)* (١) يترجّل من الطائرة x (٢) يُنزِل من الطائرة.

de·plete [dĭ plēt′] *(vt.)* (١) يَفْصِد (٢) يستنزِف؛ يَسْتنفِد.

de·ple·tion *(n.)* (١) «أ» فَصْد. «ب» استنزاف؛ استنفاد (٢) نُضوب.

de·plor·a·ble [dĭ plōr′-] *(adj.)* (١) مؤسف؛ باعثٌ على الأسى <a ~ accident> (٢) بائس؛ يُرثى له <a ~ condition> (٣) مُسْتهجَن.

de·plore [dĭ plōr′] *(vt.)* (١) «أ» يأسَى لِـ؛ يحزن من أجل. «ب» يتأسف بِشِدّة (٢) يرثي لِـ (٣) يستنكر؛ يستهجن.

de·ploy [dĭ ploi′] *(vt.; i.)* (١) يَنْشُر: يوزِّع الجند بحيث يشكّلون جبهة مستعرضة x (٢) ينتشر [الجُنْدُ].

de·ploy·ment [-′mənt] *(n.)* نَشْر؛ انتشار (را. المادة السابقة).

de·plume [dē plōōm′] *(vt.)* (١) يَنْتِف الريشَ (٢) يُجرِّد من الأوسمة أو الثروة إلخ.

de·po·lar·ize [dē pō′lə-] *(vt.)* يُزَقْطِب: يزيل الاستقطاب (كب).

de·po·lit·i·cize [-lĭt′-] *(vt.)* يُزيل التَّسَيُّس: يُخرج من نطاق السياسة.

de·pone [dĭ pōn′] *(vt.; i.)* يَشْهد [مُقسِمًا يمينًا].

de·po·nent [dĭ pō′nənt] *(adj.; n.)* (١) مجهول الصيغة معلوم المعنى <a ~ verb> § (٢) فعلٌ مجهول الصيغة معلوم المعنى (٣) الشاهد المحلَّف [وبخاصة خطيًّا].

de·pop·u·late [dē pŏp′-] *(vt.)* يُقْوي؛ يُفرِّغ: «أ» يجعله غيرَ آهلٍ بالسّكان. «ب» يُفقده السَّوادَ الأعظمَ من السّكان.

de·port [dĭ pōrt′] *(vt.)* (١) يسلك؛ يتصرَّف (٢) «أ» يرحِّل بالقوة. «ب» ينفي؛ يُبعد [من البلاد].

de·port·a·ble [dĭ pōrt′-] *(adj.)* (١) عقوبتُهُ الترحيل أو النفي <~ offenses> (٢) عُرْضة للترحيل <~ aliens>.

de·por·ta·tion *(n.)* (١) مص deport (٢) تَرحيل الأجانب غير المرغوب فيهم.

de·por·tee [dē′pōr tē′] *(n.)* المُرَحَّل: الصادر بِحَقِّه حكمٌ بالترحيل.

de·port·ment *(n.)* (١) سلوك؛ تصرّف (٢) وِقفة؛ مِشية.

de·pos·al [dĭ pō′zəl] *(n.)* خَلْع: عَزْل [من منصب رفيع].

de·pose [-pōz′] *(vt.; i.)* (١) يَخْلع؛ يَعْزِل (٢) يَضَع (٣) يَشْهَد مُقْسِمًا.

de·pos·it [dĭ pŏz′ĭt] *(vt.; i.; n.)* (١) يُوْدِع، وبخاصة في مصرف (٢) يضع (٣) يُعَرْبِن: يدفع عربونًا (٤) يُرسِّب؛ يُقِرّ؛ يُخلِّف x (٥) يترسّب؛ يستقرّ § (٦) «أ» وديعة [في مصرف]. «ب» العربون؛ التأمين [يُدْفع على سبيل الضمان] (٧) مستودَع؛ مخزن (٨) الراسب: شيء مترسّب (٩) القُرارة: «أ» مادة مترسّبة بعملية طبيعية. «ب» تراكم طبيعيّ <New ~s of coal were discovered.>.

deposit account *(n.)* حساب الادّخار (اد).

de·pos·i·tar·y [-′ə tĕr′ĭ] *(n.)* (١) المُوْدَع لديه (٢) مستودَع [للسِّلع].

de·pos·it·ee [dĭ pŏz′ə tē′] *(n.)* المُوْدَع لديه.

de·po·si·tion [dĕp′ə zĭsh′ən] *(n.)* (١) خَلْع؛ عَزْل (٢) «أ» أداء الشهادة [وبخاصة أمام القضاء]. «ب» شهادة خطية مقرونة بقَسَم (٣) إيداع (٤) ترسيب

ă at; ā date; â care; ä car; ĕ egg; ē me; ĭ in; ī bite; ŏ lot; ō bone; ô orphan; oi boil; ŏŏ good; ōō boot; ou out; ŭ under; û urgent; ə = *a* in alone, *e* in system, *i* in easily, *o* in gallop, *u* in circus.

(٥) الراسب؛ القُرارة (را. deposit).

de·pos·i·tor *(n.)* (١) فا deposit (٢) المُودِع [مالًا في مَصْرِف].

de·pos·i·to·ry [dĭ pŏz′ə tōr′ĭ] *(n.)* = depositary.

de·pot [dē′pō] *(n.)* (١) مخزن؛ مستودع (٢) ذخيرة؛ مخزون [من الطعام إلخ] (٣) مستودع الذخائر أو المُعَدّات (جن) (٤) مركز لتدريب المجنّدين (جن) (٥) محطةُ [قطارٍ أو أوتوبوس إلخ].

dep·ra·va·tion [dĕp′rə vā′-] *(n.)* (١) إفساد (٢) فسادُ [الأخلاق إلخ].

de·prave [dĭ prāv′] *(vt.)* (١) يُفسِد (٢) يُفسِد الأخلاق.

de·praved [dĭ prāvd′] *(adj.)* (١) فاسد؛ منحرف؛ متفسِّخ (٢) فاسق.

de·prav·i·ty [dĭ prăv′ə tĭ] *(n.)* فساد. وبخاصة: فُسوق.

dep·re·cate [dĕp′rə-] *(vt.)* (١) يستنكر (٢) يحتجّ على (٣) يستخفّ به؛ ينتقص من قدره. **—dep·re·ca·tion** *(n.)* **—dep·re·ca·to·ry** *(adj.)*

de·pre·ci·ate [dĭ prē′shĭ āt′] *(vt.; i.)* (١) يَكِسُ [مضارع «وَكَسَ»]: يخفّض السِّعرَ أو القيمة (٢) ينتقص من قدره أو أهميته x (٣) يَكِسُ: تنخفض قيمته. **—de·pre·ci·a·ble; de·pre·ci·a·to·ry** *(adj.)*

de·pre·ci·a·tion [-shĭ ā′shən] *(n.)* (١) الوَكْس: «أ» خفضٌ لقوة العملة الشرائية. «ب» انخفاض في قوة العملة الشرائية (٢) انتقاص من قدر؛ تقليل من أهمية . . . (٣) الاستهلاك: نقص القيمة نتيجة للبِلى أو الاستعمال.

dep·re·date [dĕp′rĭ dāt] *(vt.; i.)* يَسْلُب؛ يَنْهَب.

dep·re·da·tion [dĕp′rĭ dā′-] *(n.)* سَلْبٌ؛ نَهْبٌ.

de·press [dĭ prĕs′] *(vt.)* (١) «أ» يضغط على. «ب» يُنزِل؛ يخفض (٢) يُخمِّد؛ يُضعف (٣) يُحزِن؛ يوقع الكآبة في النفس؛ يوهن العزيمة (٤) يكسِّد: يجعل السوق كاسدة.

de·pres·sant *(adj.; n.)* (١) مُخمِّد: خافض للنشاط أو الحيوية (٢) مُسَكِّن (ط) § (٣) المخمِّد: عَقّار خافض للنشاط أو الحيوية (٤) عَقّار مُسَكِّن.

de·pressed [dĭ prĕst′] *(adj.)* (١) حزين؛ كئيب (٢) مقعَّر السطح الأعلى (نب) (٣) منخفِض؛ مُهْبَط (٤) «أ» كاسد <a ~ industry>. «ب» متأثر بالكساد <~ areas>. «ج» ناشئ عن الكساد <~ conditions> (٥) منبوذ <~ classes>.

de·press·ing *(adj.)* مُكْئِب: مُوقعٌ الكآبةَ في النفس.

de·pres·sion [dĭ prĕsh′-] *(n.)* (١) الانخفاض (فل) (٢) «أ» خَفْض. «ب» انخفاض (٣) ضعف؛ وَهَن (٤) حزن؛ كآبة (٥) الهبوط؛ الاكتئاب (نف) (٦) الهمود: هبوط في القوى الحيوية أو النشاط الوظيفي (مض) (٧) مُنْخَفَض (٨) الانخفاض: «أ» انخفاض في الضغط الجويّ. «ب» منطقة منخفضة الضغط الجويّ (أر) (٩) الأزمة الاقتصادية (اد).

de·pres·sive *(adj.)* (١) مُكْئِب: مُوقعٌ الكآبةَ في النفس (٢) كئيب.

de·pres·sor [-′ər] *(n.)* (١) فا depress (٢) العضلة الخافضة (ت) (٣) الخافض: أداة لتنحية عضو [كاللسان] أثناء عملية جراحية (٤) العَصَب الخافض: عَصَبٌ يعمل على خَفْض ضغط الدم وسُرعة النَّبض (ت).

dep·ri·va·tion; de·priv·al *(n.)* (١) حِرمان (٢) فَقْد؛ خَسارة (٣) تجريد [من الرّتبة الكَنَسِية] (٤) عَزْلٌ [من منصب].

de·prive [dĭ prīv′] *(vt.)* (١) يَحْرِم (٢) يجرِّد [من الرتبة الكَنَسيّة] (٣) يَعْزِل [من منصب]. **—de·prived** *(adj.; n.)*

de pro·fun·dis [dē prō fŭn′dĭs] من الأعماق.

depth [dĕpth] *(n.)* (١) «أ» موضع عميق [في البحر إلخ]. «ب» *pl.*: أعماق؛ الجزء الأعمق <in the ~s of the earth>. «ج» قلب؛ وسط <in the ~ of the forest>. «د» هاوية. «هـ» مُعْمعان [الشتاء إلخ]؛ جَوْف [الليل البهيم] (٢) عمق (٣) شدّة؛ كثافة (٤) انخفاض [نبرة الصوت].

out (*or* beyond) one's ~, (١) في مياه أعمق من أن تبلغ قدما المرء قرارها (٢) عاجز عن فهم موضوع إلخ لأنه غريب عنه.

depth charge *or* **bomb** *(n.)* قنبلة الأعماق: متفجّرة معدَّة للاستخدام تحت سطح المياه وبخاصّة ضدّ الغوّاصات.

depth·less *(adj.)* (١) لا يُسْبَر غوره (٢) ضَحْل؛ سطحيّ.

depth·om·e·ter *(n.)* المِعْماق: أداة لقياس عمق المياه.

depth perception *(n.)* إدراك العُمق (فس).

depth psychology *(n.)* = psychoanalysis.

dep·u·rate [dĕp′yə-] *(vt.; i.)* (١) يطهِّر؛ ينظِّف؛ يُنقّي x (٢) يَطْهُر.

dep·u·ra·tive [-rā′tĭv] *(adj.; n.)* (١) مُطهِّر § (٢) مادة مطهِّرة.

dep·u·ta·tion [dĕp′yə tā′-] *(n.)* (١) تفويض؛ انتداب (٢) «أ» مندوب. «ب» وفدٌ مفوَّض.

de·pute [də pyōōt′] *(vt.)* = delegate.

dep·u·tize [-′yə tīz′] *(vt.; i.)* (١) يفوِّض؛ ينتدب x (٢) ينوب عن.

dep·u·ty[1] [dĕp′yə tĭ] *(n.)* (١) «أ» المندوب؛ الممثل. «ب» الوكيل: مساعد يقوم بمهامّ رئيسه عند غيابه (٢) النائب [في البرلمان].

dep·u·ty[2] *(adj.)* مساعِد؛ معاوِن <a ~ sheriff>.

de·rac·in·ate [dĭ răs′-] *(vt.)* يَجْتَثّ؛ يستأصل [من الجذور].

de·rail [dē rāl′] *(vt.; i.)* (١) يُخرج [قطارًا] عن الخطّ x (٢) يَخرج [القطارُ] عن الخط.

de·range [dĭ rānj′] *(vt.)* (١) «أ» يُفسِد [نظامَ شيء أو ترتيبه]. «ب» يشوِّش؛ يعكِّر (٢) يعطِّل أو يعوق عن العمل (٣) يقاطع؛ يزعج (٤) يُخبِّل؛ يُفقِد العقل.

de·ranged [dĭ rānjd′] *(adj.)* (١) مُشوَّش (٢) مُخَبَّل.

de·range·ment *(n.)* (١) تشويش (٢) فوضى (٣) تعطيل (٤) خَبَل؛ جنون.

der·by [dûr′bĭ] *(n.)* (١) الدَّربي: «أ» *cap*: سباق خيل يجري سنويًا قرب لندن. «ب» سِباق خيل أو عدّائين أو درّاجات إلخ (٢) الدَّربيّة: قبّعة مستديرة، ضيِّقة الحِتار، سوداء عادةً.

de·reg·u·late [-′yə lāt] *(vt.)* ينزع أو يرفع القيود عن.

der·e·lict [dĕr′ə lĭkt] *(adj.; n.)* (١) مهجور؛ سائب <a ~ ship> (٢) مُهْمَل؛ مَنْسِيّ؛ غير مُسْتَعْمل (٣) خَرِب؛ متداعٍ (٤) مُهْمِل؛ مقصِّر § (٥) شيء مهجور. وبخاصة: «أ» مَرْكَب مهجور في عُرْض البحر. «ب» مِلْكٌ شخصيّ مُهْمَل من قِبَل صاحبه (٦) المنبوذ؛ المتشرّد؛ المتبطِّل (٧) dereliction 2b (٨) المُهْمِل؛ المُقصِّر [في أداء واجباته].

der·e·lic·tion [dĕr′ə lĭk′-] *(n.)* (١) هَجْر؛ نَبْذ (٢) «أ» الانحسار:

انحسار مياه البحر عن أرضٍ ما على نحوٍ يؤدّي إلى اكتسابها . «ب» المُنْحَسَر : أرض مُكْتَسبة نتيجةً لانحسار المياه عنها (٣) إهمال ؛ تقصير (٤) قصور ؛ نَقْص .

de·ride [dĭ rīd′] *(vt.)* يَسْخَر من ؛ يهزأ بِـ .

de ri·gueur [də rē gœr′] *(adj.)* واجب ؛ ضروري : مطلوب بموجب آداب المعاشرة أو الأتيكيت <Evening dress is ~ at the Casino.> .

de·ris·i·ble [dĭ rĭz′-] *(adj.)* جدير بالسُّخرية أو بالهُزء .

de·ri·sion [dĭ rĭzh′ən] *(n.)* (١) سُخْرية ؛ هزء (٢) موضوع سُخْرية .

de·ri·sive [dĭ rī′-] *(adj.)* (١) سُخْريّ ؛ ساخر <~ laughter> (٢) باعث على السخرية <~ attempts> .

de·ri·so·ry [dĭ rī′sə rĭ] *(adj.)* = derisive.

der·i·vate [dĕr′ə vāt′] *(n.)* = derivative.

der·i·va·tion [dĕr′ə vā′-] *(n.)* (١) اشتقاق (٢) «أ» أصل ؛ منشأ . «ب» تحدُّر ؛ نَسَب (٣) كلمة مُشْتقَّة (٤) استنتاج .

de·riv·a·tive [dĭ rĭv′ə-] *(adj.; n.)* (١) مُشْتقّ (٢) ثانويّ § (٣) لفظةٌ مُشْتقّة (٤) المُشْتقّ <~s of ammonia> (٥) المُشْتقّة (ر) .

de·rive [dĭ rīv′] *(vt.; i.)* (١) يشتق [كلمةً من أخرى] (٢) يَسْتمدّ (٣) يَشْتقّ : يستخرج مادة كيميائية من أخرى (٤) يستنتج (٥) يَرُدّ : يُرْجِع لفظةً أو عادةً إلى أصل معيَّن x (٦) ينشأ [من مصدرٍ ما] <His income ~s from trade.> .

derm [dûrm] *(n.)* (١) أَدَمة (را . dermis) (٢) جِلْد .

derm- *or* **derma-** بادئة معناها : جلد ؛ بَشَرة <*dermal*> .

der·ma [dûr′mə] *(n.)* مِعًى ؛ مَصِير ؛ مُصران .

-der·ma لاحقة معناها : جِلْد أو مرض جلدي من نوع معيَّن .

der·mal *(adj.)* (١) جِلْديّ (٢) بَشَريّ : ذو علاقة بالبَشَرة .

dermat- *or* **dermato-** بادئة معناها : جلد .

der·ma·ti·tis [dûr′mə tī′tĭs] *(n.)* التهاب الجلد (مض) .

der·ma·toid [dûr′mə toid′] *(adj.)* جِلْدانيّ : شبيه بالجِلد .

der·ma·tol·o·gist *(n.)* طبيب الجلد ؛ المتخصص بالجلد وأمراضه .

der·ma·tol·o·gy [dûr′mə tŏl′ə jĭ] *(n.)* علم الجِلد وأمراضه .

der·ma·to·phyte *(n.)* الفُطْرُ الجِلدي : فُطر يتطفَّل على الجلد .

der·ma·to·sis *(n.)* pl. **-to·ses** المرض الجِلدي .

der·mis [dûr′mĭs] *(n.)* الأَدَمة : باطن الجلد الواقعُ تحت البَشَرة .

dermo- = derm-.

der·moid [dûr′moid] *(adj.)* جِلدانيّ : شبيه بالجلد .

der·mo·tro·pic *(adj.)* جِلديّ الانتحاء <~ viruses> .

der·ni·er [dĕr nyā′] *(adj.)* أخير ؛ خِتامي .

der·ni·er cri [dĕr nyā′ krē′] *(n.)* الزِّيّ الأخير ؛ «آخر موضة» .

der·o·gate [dĕr′ə gāt′] *(vt.; i.)* (١) ينتقص منه ؛ يَحُطّ من قَدْره x (٢) ينحطّ ؛ يتفسَّخ .

de·rog·a·tive [dĭ rŏg′ə-] *(adj.)* = derogatory.

de·rog·a·to·ry *(adj.)* (١) منتقِص ؛ حاطٌّ من القَدْر (٢) ازدرائيّ .

der·rick [dĕr′ĭk] *(n.)* (١) المِرْفاع ؛ الرافعة : جهاز لرفع الأثقال (٢) الدَّرِيْك : هيكل معدني يقام فوق بئر بترول .

derrick 2.

der·ri·ere *or* **der·ri·ère** [dĕr′ĭ âr′] *(n.)* عَجُزٌ ؛ كَفَلٌ ؛ رِدْفان .

der·ring–do [dĕr′ĭng dōō′] *(n.)* عملٌ جريء ؛ جُرأة بطولية .

der·rin·ger [dĕr′ĭn jər] *(n.)* الدَّرَنْجَر : مسدَّس جَيْب .

derringer

der·vish [dûr′vĭsh] *(n.)* الدَّرويش : واحد من جماعة الدراويش .

de·sal·i·nate [dē săl′-] *(vt.)* يُزَمْلِح : يزيل الملحَ منه .

de·sa·lin·ize [dē sā′-]; **de·salt** [dē sôlt′] *(vt.)* = desalinate.

des·cant [*n.* dĕs′kănt; *v.* dĕs kănt′] *(n.; vi.)* (١) part music (٢) اللحن المُساير : لحنٌ يُعْزَف أو يُغَنَّى مع لحنٍ آخر (٣) أغنية ؛ أنشودة (٤) تعبير مُسْهب [وحماسيّ عادةً، عن معتقدات المرء أو الشؤون التي تهمُّهُ] § (٥) «أ» يغنّي أو يعزف لحنًا مُسايرًا . «ب» يُنشد ؛ يُغنّي (٦) يُسهب ؛ يُطنِب .

de·scend [dĭ sĕnd′] *(vi.; t.)* (١) يهبط ؛ ينزل (٢) يتقدَّم [من العامّ إلى الخاصّ] (٣) «أ» يتحدَّر [من أسرة إلخ] . «ب» ينتقل بالإرث ؛ يؤول إلى (٤) ينحدر نحو (٥) ينقضّ <to ~ upon the enemy> (٦) يتنازل من الأعلى إلى الأدنى ؛ يتدرَّج من الأبعد إلى الأقرب أو الأحدث (٧) ينحطّ إلى مستوى كذا x (٨) يهبط [سُلّمًا أو هضبةً إلخ] .

de·scend·ant *or* **de·scend·ent** [-sĕn′-] *(adj.; n.)* (١) هابط ؛ نازل (٢) متحدِّر من سَلَفٍ أو أصل § (٣) سليل <a ~ of the Normans> .

de·scend·ing *(adj.)* (١) هابط ؛ نازل (٢) منحدِر (٣) تنازُليّ .

descending colon *(n.)* القولون النازل (ت) .

descending order *(n.)* الترتيب التنازلي (ر) .

descending powers *(n. pl.)* القُوى النازلة (ر) .

de·scent [dĭ sĕnt′] *(n.)* (١) أصل ؛ نسب ؛ سُلالة <people of Irish ~> (٢) الأَيْلُولَة : انتقال مِلكيّة أو ألقاب أو صفاتٍ إلخ من طريق الإرث (٣) تحدُّرٌ [من سُلالةٍ ما] (٤) الجيل [من أجيال أسرة] (٥) هبوط ؛ نزول (٦) مُنْحَدَر (٧) المَجازُ الهابط : ممرّ أو سُلّمٌ يُفضي إلى أسفل (٨) غارة ؛ هجوم مُباغت <~ of the locusts> (٩) زيارة مفاجئة (١٠) سقوط ؛ تَرَدٍّ <~ of the family to actual poverty>.

de·scribe [dĭ skrīb′] *(vt.)* (١) يَصِف (٢) يصوِّر (٣) يَرْسُم .

de·scrip·tion [dĭ skrĭp′-] *(n.)* (١) «أ» وَصْف . «ب» تصوير (٢) نوع ؛ ضَرْب <people of every ~> (٣) رَسْمُ [شكلٍ هندسيّ] .

de·scrip·tive [-′tĭv] *(adj.)* وصفيّ ؛ تصويريّ .

descriptive geometry *(n.)* الهندسة الوصفيّة .

descriptive linguistics *(n.)* الأَلْسُنيّة الوصفيّة .

de·scry [dĭ skrī′] *(vt.)* (١) يَلْمَح ؛ يتبيَّن عن بُعد (٢) يكتشف .

des·e·crate [dĕs′ə krāt′] *(vt.)* (١) يُدَنِّس ؛ ينتهك قُدُسيّة [كنيسةٍ إلخ] (٢) يَهْجر <~*d* houses> (٣) يشوِّه .

— **des·e·cra·tion** *(n.)*

ă at; ā date; â care; ä car; ĕ egg; ē me; ĭ in; ī bite; ŏ lot; ō bone; ô orphan; oi boil; ŏŏ good; ōō boot; ou out; ŭ under; û urgent; ə = *a* in alone, *e* in system, *i* in easily, *o* in gallop, *u* in circus.

de·seg·re·gate [-ʹrə gātʹ] *(vt.; i.)* (١) يضع حدًّا للعَزْل العِرقيّ أو التمييز العنصري في . . . x <They ~d their schools.> (٢) يطبِّق الدمجَ العِرقي <Few Southern universities ~d.>.

de·sen·si·tize [dē sĕnʹsĭ tīzʹ] *(vt.)* (١) يُضْعِف أو يُزيل الحساسية (٢) يُحجِّر العاطفة؛ يقسِّي الفؤاد.

des·ert [1] [dĕzʹərt] *(n.; adj.)* (١) صحراء؛ بيداء § (٢) قاحل؛ مُجْدِب (٣) مهجور؛ مُقْوٍ؛ مُقْفِر (٤) صحراويّ.

de·sert [2] [dĭ zûrtʹ] *(n.)* (١) استحقاق لمَثوبة أو عقوبة (٢) مَثوبة أو عُقوبة مُسْتَحَقّة (٣) أهلية؛ استحقاق <was appointed on grounds of ~>.

de·sert [3] [dĭ zûrtʹ] *(vt.; i.)* (١) يَهْجر (٢) يفارق (٣) يتخلّى [عند الضّيق] (٤) يخون؛ يَخْذُل (٥) يغادر [مركز عمله] من غير إذن (٦) ينشقّ [عن حزب] (٧) يفرّ: يأبق من الجندية.

de·sert·ed *(adj.)* (١) مهجور؛ مُتَخلًّى عنه (٢) مُقْوٍ؛ مُقْفِر.

de·sert·er *(n.)* (١) فا desert (٢) الفارّ: الآبق من الجندية.

de·sert·i·fi·ca·tion *(n.)* التَّصَحُّر: صيرورة الأرضِ صحراويّةً.

de·ser·tion [dĭ zûrʹ-] *(n.)* (١) مص desert (٢) «أ» هَجْر. «ب» هِجْران (٣) تخلٍّ عن (٤) «أ» انشقاق عن حزب. «ب» فرارٌ من الجندية إلخ (٥) الفارّ من الجنديّة إلخ <The ~s gave themselves up.>.

desert soil *(n.)* التُّربة الصحراويّة (جي).

de·serve [dĭ zûrvʹ] *(vt.; i.)* يَسْتحقّ؛ يستأهل.

de·served *(adj.)* مُسْتَحَقّ؛ مستأهَل <a ~ rebuke>.

de·serv·ed·ly *(adv.)* بحقّ؛ باستحقاق <~ punished>.

de·serv·ing *(n.; adj.)* (١) استحقاق § (٢) مُستحِقّ: «أ» جديرٌ بِ. «ب» مستأهلٌ المساعدةَ الماليّة <needy and ~ students>.

de·sex; de·sex·u·al·ize *(vt.)* (١) يَخْصي (٢) يجرِّد من الصفة التناسلية.

des·ha·bille [dĕzʹə bēlʹ] *(n.)* = dishabille.

des·ic·cant [dĕsʹə kənt] *(adj.; n.)* (١) مُجفِّف § (٢) مادّة مُجفِّفة.

des·ic·cate [dĕsʹə kātʹ] *(vt.; i.)* (١) يجفِّف: «أ» يجعله جافًّا. «ب» يحفظ الأغذية بتجفيفها (٢) يَسْلُبُهُ حيويته العاطفية أو الفكرية x (٣) يتجفَّف.

des·ic·cat·ed *(adj.)* (١) مجفَّف <~ fruit> (٢) مُذرَّر: محوَّل إلى ذَرور <~ milk>.

des·ic·ca·tion [dĕs ə kāʹshən] *(n.)* تجفيف.

des·ic·ca·tor *(n.)* (١) فا desiccate (٢) المجفِّف: وعاء للتجفيف (ك).

desiccator 2.

de·sid·er·a·ta [dĭ sĭdʹə rāʹtə] *pl. of* desideratum.

de·sid·er·ate [dĭ sĭdʹə rātʹ] *(vt.)* يتمنّى؛ يتوق إلى؛ يرغب في.

de·sid·er·a·tion *(n.)* (١) تَمَنٍّ؛ تَوْقٌ؛ رغبة (٢) أُمنية.

de·sid·er·a·tum [dĭ sĭdʹə rāʹ-] *(n.)* pl. **-ta** أُمنية؛ رَغيبة.

de·sign [dĭ zīnʹ] *(vt.; i.; n.)* (١) يَرْسُم [خُطةً أو مكيدةً أو حَبْكة روائية]؛ يخطِّط (٢) يعتزم (٣) يتعمَّد؛ يتقصَّد <Did you ~ that, or did it just happen?> (٤) يُعِدّ [لغرض معيَّن] (٥) يُصمِّم <~*ed* new bridges> (٦) يبتدع؛ يبتكر؛ يُصمِّم [الأزياء إلخ] (٧) يَجْعل؛ يصنع؛ يصوغ x <Slogans are usually ~*ed* to get action without reflection.> (٨) يَعْمل مصمِّمًا أو واضعَ تصاميم <He ~*s* for a firm of dressmakers.> (٩) «أ» يعتزم الانطلاق إلى <This ship ~*s* for Beirut.>. «ب» يعتزم مزاولة مهنة ما <The young man ~*s* for law.> § (١٠) خُطّة؛ مشروع (١١) «أ» مَقصِد؛ نيّة؛ هدف. «ب» عَمْد؛ قَصْد (١٢) «أ» مكيدة. «ب» هدف عدواني أو شرير (١٣) «أ» مخطَّط. «ب» تخطيط. «ج» تصميم <a machine of excellent ~>. «د» تصميم فنّيّ. «هـ» فنُّ وضع التصاميم. «و» أثرٌ فنّي (١٤) رَسْم؛ زُخرف.

des·ig·nate [*adj.* dĕzʹĭg nĭt, -ĭg nātʹ; *v.* -ĭg nātʹ] *(adj.; vt.)* (١) مُعيَّن؛ مسمًّى؛ مختار لمنصب ولكنه لم يُقَلَّدْهُ رسميًا بَعْدُ <ambassador ~> § (٢) يعيِّن أو يختار لمنصب أو مهمّة إلخ (٣) يعيِّن؛ يحدِّد (٤) يصنِّف شيئًا أو يضعُهُ في زمرة معيّنة (٥) يخصِّص (٦) يَدُلّ على؛ يُظهِر بوضوح <His uniform ~*s* his rank.> (٧) يسمّي؛ يدعو (٨) يشير أو يرمز إلى <associate the names with the persons they ~>.

des·ig·na·tion [dĕzʹĭg nāʹ-] *(n.)* (١) مص designate (٢) تعيين أو اختيار [لمنصب أو مهمّة] (٣) اسم أو علامة أو لَقَب مُمَيِّز (٤) دَلالة؛ مَعنًى.

des·ig·na·tive; des·ig·na·to·ry *(adj.)* مُعَيِّن؛ محدِّد؛ دالٌّ إلخ.

de·sign·ed·ly [dĭ zīʹnĭd lĭ] *(adv.)* عمدًا؛ عن عَمْد.

des·ig·nee [dĕzʹĭg nēʹ] *(n.)* المعيَّن أو المختار [لمنصب أو مهمّة].

de·sign·er [1] [dĭ zīʹ-] *(n.)* (١) المُخطِّط؛ المُصمِّم: واضع الخطط أو التصاميم (٢) مهندس الديكور المَسْرحيّ (٣) المتآمر؛ مُدَبِّر المكيدة.

de·sign·er [2] *(adj.)* موقَّع: حاملٌ اسمَ المصمِّم أو شعارَه <~ neckties>.

de·sign·ing [dĭ zīʹ-] *(adj.; n.)* (١) مخطِّط؛ بعيد النظر (٢) ماكر؛ كائد؛ مُولَع بالتآمر § (٣) وضعُ الخُطط والتصاميم (٤) المكر؛ الكَيْد؛ التآمر.

des·i·nence [dĕsʹə nəns] *(n.)* نهاية؛ خاتمة.

de·sir·a·bil·i·ty *(n.)* المَرْغوبية: كون الشيء مرغوبًا فيه.

de·sir·a·ble [-zīrʹ-] *(adj.; n.)* (١) جذّاب <a ~ woman> (٢) مرغوب فيه: مستحسَن § (٣) شيء أو شخص مرغوب فيه.

de·sire [dĭ zīrʹ] *(vt.; i.; n.)* (١) يرغب في؛ يتوق إلى (٢) يطلب؛ يتطلّب (٣) يسأل؛ يرغب إليه [في كذا]؛ يتمنّى عليه أن x (٤) يروم؛ يشاء § (٥) رَغْبَة؛ مَرام (٦) تَوْق (٧) شَهْوة. وبخاصة: الشّهوة الجنسية (٨) طَلَبٌ (٩) أُمنية.

de·sired *(adj.)* (١) مَرومٌ؛ مَتوقٌ إليه (٢) مطلوب.

de·sir·ous [dĭ zīrʹəs] *(adj.)* راغبٌ في؛ توّاق إلى.

de·sist [dĭ zĭstʹ] *(vi.)* يَكُفّ عن؛ يُقلِع عن.

de·sist·ance *(n.)* كَفّ؛ إقلاع؛ توقفٌ عن القيام بعمل ما.

desk [dĕsk] *(n.; adj.)* (١) «أ» المكتب: طاولة للقراءة أو الكتابة مائلة السطح عادةً. «ب» المِقْرأ: ما يُجعل عليه الكتاب عند القراءة. «ج» مِنْضَدة (٢) «أ» الشعبة؛ الدائرة؛ المكتب: جزء من مؤسسة متخصِّص في وجه من وجوه نشاطها. «ب» رئيس هذه الشُّعْبة § (٣) مَكْتبيّ <a ~ job> (٤) مُنْظَر

<~ strategists>.

desk·man *(n.)* المكتبيّ: موظف يقوم بعمله وهو جالس إلى مكتب.

desk·top [dĕsk′tŏp] *(adj.)* مِنْضَديّ الحجم: ذو حجم يُيَسِّر وضعَهُ على مِنضدةٍ أو طاولة <~ computers>.

des·man [dĕs′mən] *(n.)* الدَّسمان: حيوان نصف مائيّ، شبيه بالخُلْد.

des·mid [dĕs′mĭd] *(n.)* الدَّسميد: طحلب نهري لا يُرى بالعين المجرَّدة.

des·o·late [*adj.* dĕs′ə lĭt; *v.* -′ə lāt′] *(adj.; vt.)* (١) مهجور (٢) «أ» متوحِّد. «ب» بائس. «ج» مفجوعٌ بأصدقائه؛ مستشعرٌ أن أصدقاءه قد تخلّوا عنه. «د» مُخَيَّب الآمال (٣) «أ» خرِب. «ب» مقفِر؛ لا حياة فيه. «ج» كئيب؛ مُوقعٌ الكآبةَ في النفس § (٤) «أ» يجعله مهجورًا أو مقفرًا. «ب» يدمِّر؛ يخرِّب. «ج» يتخلى عن. «د» يوقع الكآبة في نفسه، يتركه فريسة الأسى والشقاء.

des·o·la·tion *(n.)* (١) مص desolate (٢) حزن؛ أسًى (٣) تَوَحُّد (٤) خراب؛ دمار (٥) إقفار (٦) القَفْر: مكان مهجور أو مُقفِر.

de·sorb [dē′sôrb] *(vt.)* يُنَزْمِز: يَنْزع المادة الممتزَّة من (ك).

de·spair [dĭ spâr′] *(vi.; n.)* (١) ييأس؛ يقنط § (٢) يأس؛ قنوط (٣) مصدر يأس <He is the ~ of his parents.>.

de·spair·ing [dĭ spâr′-] *(adj.)* (١) يائس (٢) دالّ على اليأس.

des·patch [dĭs păch′] *(vt.; i.; n.)* = dispatch.

des·per·a·do [dĕs′pə rä′dō; dĕs′pə rā′do] *(n.)* (١) المجرم اليائس: مجرم خطِر أو متهوِّر (٢) المستميت: شخص مستعدٌ للقيام بأيّ عمل يائس.

des·per·ate [dĕs′pər ĭt] *(adj.)* (١) يائس: فاقدٌ كلَّ أمل (٢) يائس: «أ» مُؤْيِس؛ باعث على اليأس <a ~ situation>. «ب» يائس: مُتَّسِم بتهوّر ناشئ عن اليأس <a ~ act>. «ج» مستميت؛ «مُسْتَقْتِل»؛ متهوِّر بسبب من اليأس. «د» غير باعث على كثير من الأمل والنجاح <~ remedies> (٣) متحرّق إلى؛ شديد الحاجة إلى <~ for money> (٤) مُفرط؛ شديد <a ~ insult> (٥) شنيع؛ فظيع <a ~ languor descended upon her.>.

des·per·a·tion *(n.)* (١) يأس؛ قُنوط (٢) يأس مُفْضٍ إلى التَّهوُّر.

de·spi·ca·ble [dĕs′pĭ kə-] *(adj.)* حقير؛ خسيس؛ جديرٌ بالازدراء.

de·spise [dĭ spīz′] *(vt.)* (١) يحتقر؛ يزدري (٢) «أ» يستخفّ بِـ. «ب» يَكْرَه.

de·spite[1] [dĭ spīt′] *(n.)* (١) احتقار؛ ازدراء (٢) «أ» استخفاف. «ب» كُرْه؛ حِقد؛ ضغينة. «ج» خُبْث (٣) إهانة؛ أذًى.

de·spite[2] *(prep.)* رَغْمَ؛ على الرغم من.

in ~ of برغم؛ على الرغم من.

de·spite·ful [-′fəl] *(adj.)* (١) مُزْدرٍ (ا. م) (٢) حقود؛ خبيث.

de·spit·eous [dĭ spĭt′-] *(adj.)* (١) خبيث (٢) وَحْشيّ؛ عديم الرحمة.

de·spoil [dĭ spoil′] *(vt.)* يَسْلُب؛ يَنْهَب. **– ment** *(n.)*

de·spond [dĭ spŏnd′] *(vi.; n.)* (١) «أ» يقنط. «ب» يكتئب. «ج» يَجْزَع § (٢) «أ» قنوط. «ب» كآبة. «ج» جَزَع.

de·spon·dence; de·spon·den·cy *(n.)* قُنوط؛ كآبة؛ جَزَع.

de·spon·dent [-′dənt] *(adj.)* قانط؛ مكتئب؛ جَزِعٌ.

des·pot [dĕs′pət] *(n.)* (١) «أ» أمبراطور أو أمير بيزنطي. «ب» أسقف أو بَطْرِيَرْك [في الكنيسة الأرثوذكسية الشرقية]. «ج» أميرٌ أو قائدٌ عسكري إيطاليّ [في عصر النهضة] (٢) «أ» الحاكم المطلق. «ب» الطاغية؛ المستبدّ.

des·pot·ic [dĕs pŏt′ĭk] *(adj.)* طُغياني؛ استبداديّ.

des·pot·ism [dĕs′pə tĭz′əm] *(n.)* (١) «أ» الحكم المُطلَق. «ب» الطُّغيان؛ الاستبداد (٢) حكومة أو دولة استبدادية.

des·qua·mate [dĕs′kwə māt′] *(vi.)* يَتَوَسَّف: يتقشَّر الجلدُ مَرَضيًّا.

des·sert [dĭ zûrt′] *(n.)* العُقْبَة: حلوى أو فاكهة يُختم بها الطعام.

des·sert·spoon [-′spoon′] *(n.)* مِلعقة العُقبة: ملعقة أصغر من ملعقة الطعام وأكبر من ملعقة الشاي.

dessert wine *(n.)* خمر العُقبة: خمرٌ تقدَّم مع العُقبة (را. dessert) أو بين وجبات الطعام.

de·sta·bi·lize *(vt.)* يُفقِدُه الاستقرار؛ يجعله غير مُسْتقِرّ.

de·stain *(vt.)* يُزَصْبِغ: يزيل الصَّبْغ من [عيّنة للدراسة الميكروسكوبية].

des·ti·na·tion [-nā′-] *(n.)* (١) غرض؛ غاية (٢) إفراد؛ تخصيص [لغرضٍ معيَّن] (٣) الطِّيَّة؛ وجهة السَّفر: الموضع الذي تنتهي به الرحلة.

des·tine [dĕs′tĭn] *(vt.)* (١) يقدِّر أو يكتب [عليه أو له]؛ يقرِّر بقضاء وقدر (٢) يُهَيِّئ؛ يقرِّر المستقبل أو الوضع أو الاستعمال أو العمل مسبَّقًا <~*d* by his parents for the ministry> (٣) يُخصِّص [لغرض معيَّن].

~*d* for قاصدٌ إلى؛ مُتَّجهٌ إلى.

des·ti·ny [dĕs′tə nĭ] *(n.)* (١) القِسْمة؛ النصيب: قَدَرُ المرء المقدورُ له أو عليه (٢) المصير (٣) القضاء والقَدَر.

des·ti·tute [dĕs′tə toot′] *(adj.)* (١) «أ» عاطل عن؛ محرومٌ من <a city street ~ of trees>. «ب» خِلْوٌ من <a lake ~ of fish> (٢) مُعْوِز؛ مُعْدِم <a ~ widow>.

des·ti·tu·tion *(n.)* (١) فِقدان (٢) عَوَز؛ إملاق؛ فقر مُدقِع.

de·stroy [dĭ stroi′] *(vt.; i.)* (١) «أ» يَهْدِم؛ يدمِّر؛ يخرِّب. «ب» يُتْلِف. «ج» يشوِّه السمعة [تشويهًا كاملًا]. «د» يقضي عليه [سياسيًّا أو ماليًّا أو مهنيًّا] (٢) «أ» يُهْلِك؛ يفتك بِـ. «ب» يُلاشي. «ج» يكسف. «د» يمحق؛ يبيد **x** (٣) يُتلف إلخ.

de·stroy·er *(n.)* (١) الهادِم؛ المُدمِّر (٢) المُدَمِّرة: سفينة حربية صغيرة سريعة.

destroyer escort *(n.)* المُدَمِّرة المُواكِبة.

destroying angel *(n.)* المَلاك المُهْلِك: ضرب من الفُطر السّامّ (نب).

de·struct[1] [dĭ strŭkt′] *(vt.)* يَهْدِم؛ يُتلِف.

de·struct[2] *(n.)* تدمير متعمَّد [لصاروخ ما وبخاصة أثناء تجربة].

de·struc·ti·bil·i·ty *(n.)* الانهدامية: قابلية الانهدام أو الدَّمار إلخ.

ă at; ā date; â care; ä car; ĕ egg; ē me; ĭ in; ī bite; ŏ lot; ō bone; ô orphan; **oi** boil; o͝o good; o͞o boot; ou out; ŭ under; û urgent; ə = *a* in alone, *e* in system, *i* in easily, *o* in gallop, *u* in circus.

de·struc·ti·ble *(adj.)* انهداميّ : ممكنٌ هدمُهُ أو تدميره .

de·struc·tion [dĭ strŭk′-] *(n.)* (١) هَدْم؛ تدمير؛ تخريب؛ إتلاف؛ إهلاك؛ إبادة إلخ (٢) دمار؛ خراب؛ هلاك إلخ (٣) قوة مدمِّرة أو مهلكة؛ سبب الهلاك إلخ <Alcohol will be his ~.> (٤) الانتقاض (أح).

de·struc·tion·ist *(n.)* (١) مُحِبُّ الهدْم (٢) الهدّام : المنادي بضرورة القضاء على المؤسسات السياسية القائمة أو نحوها .

de·struc·tive *(adj.)* (١) مُهلِك؛ مُتلِف إلخ (٢) مُولَع بالتحطيم أو التخريب <~ children> (٣) هدّام؛ غير بنّاء <~ criticism> .

destructive distillation *(n.)* التقطير الإتلافيّ؛ التقطير الهدّام (ك).

de·struc·tiv·i·ty *(n.)* الهَدْميّة : القدرة على الهدم أو الإتلاف إلخ.

de·struc·tor [-′tər] *(n.)* (١) المُتلِف : فرن لإتلاف النُّفايات (٢) المُدمِّر : أداة تُستخدم لتدمير الصاروخ وبخاصة أثناء تجربة.

des·ue·tude [dĕs′wĭ to͞od′] *(n.)* كونُ الشيء مُبْطَلًا أو مهجورًا .

de·sul·fur·ize [dē sŭl′fə rīz′] *(vt.)* يُنَزْكِت : يُزيل الكبريت من.

des·ul·to·ry [dĕs′əl tōr′ĭ] *(adj.)* (١) مُتقطِّع <~ whistling> (٢) مُفَكَّك : غير ذي منهج أو هدف <~ reading> (٣) عابر؛ استطرادي <a ~ remark>.

de·tach [dĭ tăch′] *(vt.)* (١) يَفْصِل (٢) يَحُلّ؛ يَفُكّ؛ يُحَرِّر (٣) يُفرِز : يُرسل كتيبة أو سفينة حربية في مهمّة خاصة (جن).

de·tach·a·ble *(adj.)* قابلٌ للفصل أو الحلّ أو الفكّ أو الفَرْز.

de·tached [dĭ tacht′] *(adj.)* (١) منفصل؛ قائم بذاته : غير متَّصل بأيّ مبنًى آخر <a ~ house> (٢) مستقلّ : موضوعيّ <a ~ view of the affair>.

de·tach·ment *(n.)* (١) «أ» فَصْل. «ب» انفصال (٢) الفَرْز : إرسال كتيبة أو جزء من الأسطول في مهمة خاصة (٣) «أ» المُفْرَزة : كتيبة أو مجموعة من السفن مُرْسَلة في مهمة خاصة. «ب» وَحْدة؛ مُفْرَزة <a medical ~> (٤) انعزال (٥) تَجَرُّد؛ لاتحيُّز؛ استقلال في الرأي.

de·tail [*n.* dĭ tāl′; dē′tāl; *v.* dĭ tāl′] *(n.; vt.; i.)* (١) تفصيل (٢) جزء من كلّ. مثل : «أ» نقطة تفصيلية <Don't omit a single ~.>. «ب» جزء ثانوي من آلة أو من مبنًى [كالإفريز وتيجان الأعمدة] أو من لوحة (٣) «أ» الفَرْز : إرسال فرد أو مجموعة أفراد في مُهِمّة خاصّة (جن). «ب» المُفْرَزَة؛ الزُّمرة : الأفراد المكلَّفون بهذه المهمّة الخاصّة. «ج» المهمّة نفسُها § (٤) يروي أو يصف بتفصيل <The sailor ~*ed* the story of the shipwreck.> (٥) يفصِّل؛ يعدِّد؛ يَسْرُد؛ يخصِّص (٦) يُفرِز [المهمة خاصة] (٧) يستكمل : يزوِّد بتفاصيل تكميلية x (٨) يرسم رسومًا تفصيلية (را. المادة التالية).

detail drawing *(n.)* الرسم التفصيلي : رسم كبير نسبيًا لجزء من آلة أو بناية [يُستعان به عند إنشائها].

de·tailed *(adj.)* تفصيليّ : مُفَصَّل <a ~ study of history>.

detail man *(n.)* المندوب المفصِّل : ممثل مصنع للأدوية يعرِّف الأطباء والصيادلة إلى العقاقير الجديدة ويشرح لهم مزاياها بتفصيل.

de·tain [dĭ tān′] *(vt.)* (١) «أ» يحتجز. «ب» يعتقل؛ يَسْجُن (٢) يُعَوِّق؛ يُؤَخِّر (٣) يستوقف : يَلْفِت النظر.
—**de·tain·ment** *(n.)*

de·tain·ee [dĭ tā′nē′] *(n.)* المُحْتَجَز؛ المُعْتَقَل.

de·tain·er [dĭ tā′-] *(n.)* (١) احتجاز؛ اعتقال؛ سَجْن (٢) أمر الإبقاء : أمرٌ قضائيّ يخوِّل القيِّم على السِّجن إبقاء سجينٍ ما فيه (ق).

de·tect [dĭ tĕkt′] *(vt.)* (١) يكتشف؛ يستبين (٢) يضبطه بالجُرْم (٣) يكشِف الذبذبات أو الموجات (رد) (٤) demodulate.

de·tect·a·ble *(adj.)* ممكنٌ اكتشافُهُ أو استبيانُهُ.

de·tect·a·phone [dĭ tĕk′-] *(n.)* التلفون الكاشف : جهاز شبيه بالتلفون يوضع سرًّا لاستراق السمع من الأسلاك التلفونية إلخ.

de·tec·tion *(n.)* (١) «أ» كَشْف. «ب» اكتشاف (٢) الكَشْف (رد).

de·tec·tive [-′tĭv] *(adj.; n.)* (١) كَشْفيّ؛ كشّاف <scientific ~ methods> (٢) بوليسيّ <~ story> § (٣) شُرطيّ تَحَرٍّ؛ بوليس سرّي.

detective police *(n.)* البوليس السّرّيّ؛ الشرطة السِّرّيّة.

de·tec·tor [-′tər] *(n.)* (١) المكتشف؛ المستبين (٢) المِكشاف : أداة للكشف عن الموجات الكهربائية أو عن النشاط الإشعاعي (٣) الكاشف : الجهاز المستخدم في عملية إزالة التضمين (رد).

de·tent [dĭ tĕnt′] *(n.)* الحابسة؛ الماسكة؛ السقّاطة (مك).

dé·tente [dā tänt′] *(n.)* الانفراج [في حِدّة توتّر العلاقات الدولية].

de·ten·tion [dĭ tĕn′-] *(n.)* (١) احتجاز؛ اعتقال؛ توقيف (ق) (٢) «أ» إعاقة؛ تأخير. «ب» تأخُّر اضطراريّ.

de·ter [dĭ tûr′] *(vt.)* (١) يَثْني؛ يعوق؛ يمنع؛ يحول دون (٢) يَرْدَع.

de·terge [dĭ tûrj′] *(vt.)* (١) ينظِّف (٢) يُطَهِّر [جرحًا].

de·ter·gen·cy [-′jən sĭ] *(n.)* التنظيفيّة : خاصيّة التنظيف أو القدرة عليه.

de·ter·gent [-′jənt] *(adj.; n.)* (١) منظِّف؛ مُطَهِّر § (٢) مادة منظِّفة.

de·te·ri·o·rate [dĭ tēr′ĭ ə-] *(vt.; i.)* (١) يُفْسِد (٢) يَحُلّ؛ يُفسِّخ x (٣) يَفْسُد؛ يَتلَف تدريجيًا (٤) يتردّى؛ يتدهور <Her health ~*d*.>.

de·te·ri·o·ra·tion *(n.)* إفساد؛ فساد؛ تلف؛ تَرَدٍّ إلخ.

de·te·ri·o·ra·tive [dĭ tēr′ĭ ə rāt′ĭv] *(adj.)* مُفْسِد؛ مُتْلِف.

de·ter·ment [dĭ tûr′-] *(n.)* ثَنْي؛ إعاقة؛ مَنْع؛ رَدْع.

de·ter·mi·nant[1] [dĭ tûr′-] *(adj.)* = determinative.

de·ter·mi·nant[2] *(n.)* (١) المحدِّد؛ عاملٌ محدِّد أو مقرِّر (٢) المحدِّدة (ر) (٣) gene.

de·ter·mi·nate [-′mə nĭt] *(adj.)* (١) مُحَدَّد (٢) «أ» مقرَّر. «ب» نهائيّ؛ حاسم (٣) سَنَميّ (را. cymose).

determinate cleavage *(n.)* التفلُّج المحدَّد (أح).

de·ter·mi·na·tion [-nā′-] *(n.)* (١) «أ» الفَصْل في نزاع. «ب» حكم؛ قرار (٢) «أ» العزم؛ عقد النيّة على أمر. «ب» التصميم؛ ثبات في العزم (٣) «أ» تقرير [أمرٍ]. «ب» تحديد [معنًى لفظةٍ إلخ]. «ج» تعيين [موقع شيء]. «د» حُسْبان [لمقدار أو كميّة] (٤) اتجاه أو نزعة نحو غاية ما.

de·ter·mi·na·tive [-′mə nā′tĭv] *(adj.; n.)* (١) محدِّد؛ مقرِّر (٢) حاسم § (٣) المحدِّد : شيء محدِّد إلخ.

de·ter·mine [dĭ tûr′mĭn] *(vt.; i.)* (١) «أ» يحدِّد [سياسةً إلخ].

«ب» يفصل في مسألة [بحكم قضائيّ]. «ج» يقرِّر؛ يعقِدُ العزم. «د» يحمله على اتخاذ قرار <The news that he was in trouble ~*d* me to act at once.> (٢) «أ» يحتِّم؛ يحدِّد شكل شيء أو صفته مقدّمًا. «ب» يقرِّر <Demand ~*s* the price.> «ج» يحدِّد تُخُومَ شيء. «د» يُنهي؛ يُصَفّي (ق) (٣) يعيِّن <to ~ a position at sea> **x** (٤) يتخذ قرارًا؛ يصل إلى قرار <The boy ~*d* on becoming a painter.> (٥) ينتهي.

de·ter·mined *(adj.)* (١) محدَّد؛ مقرَّر (٢) مصمِّم؛ عاقدٌ العزمَ.

de·ter·min·ism *(n.)* (١) الحَتْمِيّة: مذهب يقول بأن أفعالَ المرء والظواهرَ الاجتماعية إلخ هي ثمرة عوامل لا سلطةَ للمرء عليها (٢) الجَبْرِية؛ الإيمان بالقضاء والقدر.

de·ter·rence [dĭ tûr′əns] *(n.)* ثَنْي؛ إعاقة؛ مَنْع؛ رَدْع.

de·ter·rent [dĭ tûr′ənt] *(adj.; n.)* عائق؛ مانع؛ رادع.

de·ter·sive [dĭ tûr′sĭv] *(adj.; n.)* = detergent.

de·test [dĭ tĕst′] *(vt.)* يَمقت: يُبغض أو يَكْرَه بشدّة.

de·test·a·ble [-′tə bəl] *(adj.)* مَقِيت: بغيض أو كريهٌ جدًا.

de·tes·ta·tion *(n.)* (١) المَقْت: بُغضٌ شديد (٢) شيء مَقِيت.

de·throne [dē thrōn′] *(vt.)* يَخلَع: «أ» يَخْلَع ملكًا عن العرش. «ب» يُبعِد شخصًا عن مقام السلطة أو النفوذ.

det·i·nue [dĕt′ə nōō′] *(n.)* دعوى الاسترداد [لملكيّة شخصيّة].

det·o·na·ble [dĕt′ən-] *(adj.)* مُتَفَجِّر: قابل للتفجُّر أو التفجير.

det·o·nate [dĕt′ə nāt′] *(vt.; i.)* يفجِّر [أو يتفجّر] بعنف مفاجئ.

detonating fuse *(n.)* فَتيلُ التّفجير [في مُتَفَجِّرة].

det·o·na·tion [dĕt′ə nā′-; dē′-] *(n.)* (١) تفجير (٢) انفجار.

det·o·na·tor [dĕt′ə nāt′ər; dē′-] *(n.)* (١) المُفجِّر: فتيل التفجير (٢) الصاعق: أداةٌ أو متفجِّرة صغيرة لتفجير مادة أخرى (٣) متفجِّرة.

de·tour [dē′tōōr] *(n.; vi; t.)* (١) الالتفاف؛ الانعطاف: تحوّل عن الطريق المباشر أو الأساليب المألوفة <a ~ in education> (٢) العَطْفة: طريق ملتوية أو غير مباشرة تُستخدم مؤقتًا بدلًا من الطريق الرئيسية § (٣) يلتفّ أو ينعطف حول <to ~ around a pit> **x** (٤) يعطفه أو يجعله يتنكّب الطريق الرئيسية <Heavy trucks were ~*ed* to avoid the bridge.> (٥) يتجنّب [العقبات] بسلوك طريق جانبيّ <either flying above or ~*ing* storms>.

de·tox·i·cate; de·tox·i·fy *(vt.)* يُزَلْسِم: يُزيل السُّمّ أو أثَرَهُ من.

de·tract [dĭ trăkt′] *(vt.; i.)* (١) يُنْقِص؛ يقلِّل؛ يسلب جزءًا من <This ugly frame ~*s* from the beauty of the picture.> (٢) يَصْرِف؛ يحوِّل عن <~ attention> **x** (٣) ينتقص؛ يحطّ من القَدْر.

de·trac·tion *(n.)* انتقاص؛ حطٌّ من القَدْر؛ تشويه للسّمعة.

de·trac·tive; de·trac·to·ry *(adj.)* منتقِص؛ حاطّ من القَدْر إلخ.

de·train [dē trān′] *(vi.; t.)* يَنْزِل أو يُنزِل من القطار.

de·trib·al·ize *(vt.)* يُزَقْبِل: يزيل الهُويّة القَبَليّة أو ينزعها.

det·ri·ment [dĕt′rə-] *(n.)* أذًى؛ ضرر [أو شيء مسبِّب لهما].

det·ri·men·tal *(adj.; n.)* (١) مؤذٍ؛ ضارّ <the ~ effects of smoking> § (٢) شخص أو شيء مؤذٍ أو غير مرغوب فيه.

de·tri·tal [dĭ trī′-] *(adj.)* حُتاتيّ: ذو علاقة بالحُتات أو ناشئ عنه.

de·tri·tion [dĭ trĭsh′ən] *(n.)* تَحاتٌّ؛ انحتات؛ تفتُّت.

de·tri·tus [dĭ trī′-] *(n.)* (١) الحُتات: فُتات الصخور (٢) حُطام؛ نِثار.

de trop [də trō′] *(adj.)* (١) فائض؛ زائد عن الحاجة (٢) مبالَغٌ فيه.

de·truck [dē trŭk′] *(vi.; t.)* يَنزِل أو يُنزِل من شاحنة.

de·trude [dĭ trōōd′] *(vt.)* يَكْبِس؛ يضغط على.

de·trun·cate [-′kāt] *(vt.)* يُشَذِّب؛ يهذِّب؛ يُقلِّم؛ يقضِّب.

deuce [dōōs] *(n.)* (١) الاثنان [في النَّرد أو في ورق اللعب] (٢) تعادُلٌ في التنس [ينال فيه كل فريق أربعين نقطة] (٣) الشيطان.

the ~ of a row شجار عنيف.

to play the ~ with يُفْسِد؛ يقلب رأسًا على عقب.

deuc·ed [dōō′sĭd] *(adj.; adv.)* (١) لَعِين <in a ~ fix> § (٢) إلى حدّ بعيد <a ~ clever girl>.

deuc·ed·ly [dōō′sĭd lĭ] *(adv.)* إلى حدّ بعيد.

deut- *or* **deuto-** بادئة معناها: ثانٍ أو ثانويّ.

deuter- *or* **deutero-** بادئة معناها: «أ» ثانٍ أو ثانويّ. «ب» ديوتريوم.

deu·ter·a·no·pi·a [dōō′tər ə nō′-] *(n.)* عمى الأخضر (ط).

deu·te·ri·um [dōō tĕr′ĭ əm] *(n.)* الديوتريوم؛ الهيدروجين الثقيل (ك).

deuterium oxide *(n.)* = heavy water.

deu·ter·og·a·my [dōō′tə rŏg′-] *(n.)* (١) زواجٌ ثانٍ [بعد وفاة – أو بعد الانفصال عن – الزوج الأول أو الزوجة الأولى] (٢) تثنية الزواج: عادة الزواج ثانية بعد وفاة الزوج الأول أو الزوجة الأولى.

deu·ter·on [dōō′tə rŏn′] *(n.)* الدّيوترون: نواة ذرّة الديوتريوم المؤلّفة من بروتون واحد ونيوترون واحد (ك).

Deu·ter·on·o·my [dōō′-] *(n.)* سِفر تَثْنِية الاشتراع [من أسفار التوراة].

deuto- = deut-.

deu·to·plasm [dōō′-] *(n.)* المُحّ: الجزء الأصفر من البيضة (أح).

Deut·sche mark [doi′chə] *(n.)* المارك الألماني: وحدة النقد الألمانية سابقًا.

deut·zia [dōōt′sē ə] *(n.)* الدُّتْزِيّة: شُجيرة تزيينيّة (نب).

de·val·u·ate [dē văl′yōō āt′] *(vt.)* = devalue.

de·val·u·a·tion [-ā′shən] *(n.)* (١) خفضُ العملة (٢) انحطاط؛ سقوط.

de·val·ue [dē văl′yōō] *(vt.)* (١) يخفِّض العُملة (٢) ينتقِص من قَدْر [شخصٍ أو أثر أدبيّ].

dev·as·tate [dĕv′ə stāt′] *(vt.)* (١) يُدَمِّر؛ يخرِّب (٢) يُرْهِق؛ يُنهِك.

dev·as·ta·tion *(n.)* (١) تدمير؛ تخريب (٢) دمار؛ خراب.

dev·as·ta·tive; dev·as·tat·ing *(adj.)* مُدَمِّر؛ مخرِّب.

de·vel·op [dĭ vĕlʹəp] *(vt.; i.)* (١) «أ» يوسّع؛ يُوَضِّح بتفصيل <~*ed* his thesis with great skill>. «ب» يُظهِر؛ يكشف عن <The detectives' inquiry did not ~ any new facts.>. «ج» يتكشَّف عن. «د» يُظَهِّر؛ يحمِّض فيلمًا فوتوغرافيًا (٢) يُطَوِّر (٣) ينمّي (٤) يَبْسُط تدريجيًا <~*ed* his argument> (٥) يكتسب تدريجيًا <to ~ a taste for olives> x (٦) يتطور (٧) ينمو (٨) «أ» يتظهّر [الفيلمُ الفوتوغرافي]. «ب» يتجلّى؛ يتكشَّف. «ج» يَظهر؛ ينشأ.

de·vel·oped countries *(n. pl.)* البلدان المتطوّرة أو المتقدّمة.

de·vel·op·er *(n.)* (١) فا develop (٢) المُظَهِّر: من يُظهِّر فيلمًا فوتوغرافيًا (٣) المُنَمّي: من يعمل على تنمية العقارات أو تطويرها.

developing countries *(n. pl.)* البلدان النامية أو المتنامية.

de·vel·op·ment *also* **de·vel·ope·ment** *(n.)* (١) توسيع (٢) «أ» تطوير. «ب» تطوُّر (٣) «أ» إنماء؛ تنمية. «ب» نموّ (٤) نشوء (٥) المُنَمّاة: أرضٌ قُسِّمت وأنشئت عليها المنازل بقصد بيعها للآخرين.

de·vel·op·men·tal *(adj.)* (١) تطويريّ (٢) إنمائيّ.

de·verb·a·tive [-ʹbăt ĭv] *(adj.)* فِعليّ الاشتقاق: مشتقّ من الفعل (ل).

de·vest [dĭ vĕstʹ] *(vt.)* = divest.

de·vi·ance *or* **de·vi·an·cy** [dēʹvĭ-] *(n.)* انحراف.

de·vi·ant *(adj.; n.)* (١) مُنحرِف § (٢) المُنحرِف [وبخاصةٍ جنسيًّا].

de·vi·ate[1] [dēʹvĭ ātʹ] *(vi.; t.)* (١) ينحرِف x (٢) يَحْرِف.

de·vi·ate[2] [-ĭt] *(n.; adj.)* (١) المنحرف. وبخاصة جنسيًا § (٢) منحرِف.

de·vi·a·tion [dē vĭ āʹ-] *(n.)* (١) انحراف (٢) الانحراف: «أ» انحراف إبرة البوصلة بسبب من المؤثرات المغنطيسية في السفينة أو الطائرة. «ب» الفرق بين أي من أعداد مجموعةٍ ما ومعدَّل تلك الأعداد الوسطيّ (أح). «ج» انحراف الصور (بص). «د» انحراف عن الإيديولوجية المقرَّرة أو الخطّ الحزبي المقرَّر. وبخاصة: انحراف عن المذهب الماركسيّ. «هـ» انحراف أخلاقي.

de·vi·a·tion·ism [-āʹshən-] *(n.)* الانحرافيّة: انحراف عن سياسة الحزب المقرَّرة [وبخاصة في الإيديولوجية الماركسية].

de·vice [dĭ vīsʹ] *(n.)* (١) «أ» خطة؛ إجراء. «ب» مكيدة؛ حيلة (٢) البِدْع: شيء في الأثر الأدبي [كصورة بلاغية] يُراد به تحقيق غرض معيَّن (٣) أداة؛ وسيلة؛ جهاز (٤) رغبة؛ إرادة <was left to his own ~*s*> (٥) رسم أو صورة [للزخرفة أو التزيين وبخاصة على شعار للنبالة إلخ] (٦) شِعار.

dev·il [dĕvʹəl] *(n.; vt.)* (١) *cap.* عد: إبليس؛ الشَّيطان (٢) الشَّيْطان: «أ» روح شرِّيرة. «ب» شخصٌ شِرِّير أو وحشيّ إلى أبعد حدّ (٣) العِفريت: شخص ذو براعة أو نشاطيّة فائقة (٤) فتًى؛ شخص <lucky ~> (٥) ساعي المطبعة [ينقل الرسائل إلخ] (٦) شيء مُرهِق (٧) مفرقعة نارية (٨) العِفريتة: آلة ذات أسنان حادّة مُعَدّة للمَزْق أو التنظيف إلخ (٩) نقدٌ لاذع § (١٠) يُبَهِّر بإفراط: يُسرف في إضافة التوابل عند الطهو (١١) يُناكِد؛ يُغايِظ؛ يُعذِّب (١٢) يُعَفْرِت: يمزِّق بعفريتة <to ~ rags>.

~ and all (١) كلّ شيء (٢) كلّ ما هو رديء.

~ a one ولا واحد.

the ~'s own time خبرة قاسية؛ تجربة مريرة؛ كفاح مرير.

the ~ to pay بلاء عظيم أو عاقبة وخيمة.

to give the ~ his due يُنصِفُهُ ولو كان شرَّ الناس.

to play the ~ with يؤذي؛ يُفسد؛ يخرِّب.

dev·iled *or* **dev·illed** [-ʹəld] *(adj.)* مُبهَّر <~ eggs>.

dev·il·fish *(n.)* (١) شيطان البحر: حيوان بحريّ من نوع الراي أو السَّفَن (٢) أُخطُبوط.

devilfish *1.*

dev·il·ish *(adj.; adv.)* (١) شيطانيّ <~ tricks> (٢) شرّير (٣) مُفْرِط § (٤) إلى حدٍّ مُفرط أو بعيد <in a ~ hurry>.

dev·il·kin [dĕvʹəl kĭn] *(n.)* الشُّيَيْطين: شيطان صغير.

dev·illed [dĕvʹəld] *(adj.)* = deviled.

dev·il–may–care *(adj.)* مُستَهتِر؛ طائش؛ لامبالٍ.

dev·il·ment [dĕvʹəl-] *(n.)* (١) عمل شيطانيّ (٢) سلوك شيطانيّ.

dev·il·ry [dĕvʹəl rĭ] *(n.)* = deviltry.

devil's advocate *(n.)* محامي الشيطان: «أ» مسؤول في الكنيسة الكاثوليكية مهمّتُهُ إظهارُ نواحي الضَّعف في البيِّنات التي يقوم عليها طلبٌ مقدَّم لرفع امرئ ما إلى مرتبة القدّيسين. «ب» المُدافع عن قضية خاسرة حبًّا بالجدل ليس غير.

devil's–bones *(n. pl.)* زَهْر النَّرْد؛ زَهْر الطاولة (ع).

devil's books *(n. pl.)* ورق اللَّعِب: ورق الشدَّة أو الكوتشينة.

devil's darning needle *(n.)* (١) damselfly (٢) dragonfly.

devil's dozen *(n.)* = baker's dozen.

devil's food cake *(n.)* كعكة الشيطان: كعكة مُحلّاة غنيّة بالشوكولا.

devil's walking stick *(n.)* عُكّاز الشيطان؛ الأرالْية الشائكة (نب).

dev·il·try [-ʹəl trĭ] *(n.)* (١) سِحْر؛ شَعْوَذة (٢) وحشية [أو نزعة إلى الشرّ] شديدةٌ (٣) أعمال شريرة (٤) سلوك طائش أو متهور.

dev·il·wood *(n.)* شيطانية الخشب؛ العَبِقة الأميركية (نب).

de·vi·ous [dēʹvĭ əs] *(adj.)* (١) ناءٍ؛ بعيد <~ coasts> (٢) متعرِّج؛ مُداوِر؛ غير مباشر <a ~ route *or* path> (٣) تائه <a ~ comet> (٤) مُلْتوٍ <~ ways> (٥) ماكر؛ مُخادِع؛ مُراوِغ (٦) جائر؛ ظالم.

de·vis·a·ble *(adj.)* ممكنٌ اختراعُهُ أو استنباطُهُ أو توريثُهُ بوصية.

de·vis·al [dĭ vīʹ-] *(n.)* اختراع؛ استنباط؛ تدبير إلخ (را. devise).

de·vise [dĭ vīzʹ] *(vt.; i.; n.)* (١) «أ» يخترع؛ يستنبط؛ يبتكر <to ~ an engine>. «ب» يدبِّر <to ~ a plot> (٢) يورِّث [ممتلكاتٍ] بوصية § (٣) توريثٌ بوصيّة (٤) وصية؛ أو فقرة من وصية، مشتملةٌ على توريث لممتلكات (٥) هِبة بوصيّة (ق). — **de·vis·er** *(n.)*

de·vi·see [dĭ vī zēʹ] *(n.)* المُوْصَى له: المُوَرَّثُ ممتلكاتٍ بوصيّة (ق).

de·vi·sor [-ʹzər] *(n.)* المُوْصِي: المُوَرِّثُ ممتلكاتٍ بوصيّة (ق).

de·vi·tal·ize [dē vīʹtə līzʹ] *(vt.)* يَسْلُبُهُ الحياةَ أو الحيوية.

de·vit·ri·fy [dē vĭtʹrə fīʹ] *(vt.)* يَسْلُبُهُ شفافيتهُ وبريقه [الزجاجيّ].

de·vo·cal·ize [dē vōʹkə līzʹ] *(vt.)* = devoice.

de·voice *(vt.)* يُهْمِس : يلفظُهُ من غير هزّ للأوتار الصوتية (ل) .

de·void [dĭ void′] *(adj.)* (١) خِلْوٌ من ؛ مجرَّد من (٢) مفتقرٌ إلى .

de·voir [də vwär′] *(n.)* (١) واجب ؛ مهمّة (٢) .pl عد : احترام <He paid his ~s to his hostess.> (٣) اللّياقة : عمل من أعمال الكياسة أو الاحترام <a birthday ~ to the founder>.

de·vo·lu·tion [dĕv′ə lōō′-] *(n.)* (١) «أ» الأيلولة : انتقال المِلْكية أو السلطة أو الحق من شخص إلى آخر . «ب» تفويض . «ج» تنازل عن السلطة [تقوم به حكومة مركزية للسلطات المحلية إلخ] (٢) انحلال ؛ تَرَدٍّ .

de·volve [dĭ vŏlv′] *(vt.; i.)* (١) ينقل أو يُحوِّل [إلى شخص آخر] x (٢) يؤول : تنتقل ملكيّتُهُ إلى شخص آخر (٣) ينحدر <streams *devolving* from the mountains> (٤) ينحلّ ؛ يتردّى .

dev·on [dĕv′-] *(n.)* الديفونيّ : واحد من سلالةٍ من الماشية صوفُها أحمر .

De·vo·ni·an [də vō′-] *(adj.; n.)* (١) ديفونيّ : «أ» منسوب إلى إقليم ديفون أو ديفونشير في إنكلترا . «ب» متعلّق بالعصر الدِّيفونيّ § (٢) الدِّيفونيّ : أحد أبناء ديفونشير (٣) العصر الدِّيفونيّ (جي) .

Devonian period *(n.)* العصر الدِّيفونيّ (جي) .

de·vote [dĭ vōt′] *(vt.)* يُكرِّس ؛ يقف ؛ يُخصِّص ؛ يَنْذُر .

de·vot·ed [dĭ vō′-] *(adj.)* (١) مُخلص <a ~ friend> (٢) مكرَّس .

dev·o·tee [dĕv′ə tē′] *(n.)* (١) «أ» الناذر نفسَهُ للدِّين . «ب» المتعصب للدِّين (٢) التابع أو النصير المتحمّس .

de·vo·tion [dĭ vō′-] *(n.)* (١) «أ» تقوى ؛ ورع . «ب» .pl : عبادة ؛ صلوات (٢) «أ» تكريس . «ب» تكرّس (٣) «أ» حبّ شديد . «ب» إخلاص ؛ تفانٍ .

de·vo·tion·al *(adj.; n.)* (١) تعبّديّ إلخ <the ~ life> § (٢) صلاة قصيرة [يُفْتَتَح بها اجتماع غير دينيّ] .

de·vour [dĭ vour′] *(vt.)* (١) يلتهم (٢) يفترس (٣) يُبيد ، يبدّد <~*ed* his wife's fortune> (٤) يستبدّ به [القلقُ أو الندمُ إلخ] .

de·vout [dĭ vout′] *(adj.)* (١) وَرِع ؛ تقيّ <a ~ reformer> : (٢) خاشع ؛ ينمّ عن وَرَع <~ prayer> (٣) مخلصٌ ؛ قلبيّ <~ wishes> .

dew [dyōō; dōō] *(n.; vt.)* (١) نَدى (٢) نداوة ، طراوة ؛ غضارة <in the ~ of his youth> (٣) «أ» دموع . «ب» عَرَق إلخ § (٤) ينَدِّي : يرطّب بالندى أو نحوه .

de·wan [dĭ wän′] *(n.)* الديوان : موظف هنديّ ؛ رئيس وزراء ولاية هندية .

Dewar flask [dyōō′ər] *(n.)* إناء دْيُوَار ؛ الإناء الخَوائيّ ؛ التَّرموس : إناء معدني أو زجاجي مفرَّغ لمنع انتقال الحرارة .

Dewar flask

de·wa·ter [dē wô′tər] *(vt.)* يُزَمِّيه ؛ يُزَمْوِه : يزيل الماء من . . .

dew·ber·ry [dyōō′bĕr′ĭ] *(n.)* توت النَّدى : ضربٌ من العُلَّيق .

dew·claw [dyōō′klô′] *(n.)* بُرْثن في أرجل بعض الكلاب لا وظيفةَ له ولا يمسُّ الأرضَ عند السَّير أو العَدْو .

dew·drop *(n.)* (١) قَطرة ندى (٢) قَطر النَّدى : عشب أبيض الزهر .

Dew·ey decimal classification *(n.)* تصنيف دْيُوِي العَشْريّ : طريقة خاصة لتصنيف الكتب في المكتبات العامة وفقًا لموضوعاتها .

dew·fall [-′fôl′] *(n.)* (١) سقوط النَّدى (٢) وقتُ سقوط النَّدى .

dew·lap [dyōō′lăp′] *(n.)* الغَبَب ؛ اللُّغْد : لحمٌ متدلٍّ تحت رقبة البقرة والكلب إلخ وأيضًا فوق حنجرة الإنسان .

de·worm [dē′wûrm′] *(vt.)* يُنَزْوِن : ينزع الديدان عن . . .

dew point *(n.)* نقطة النَّدى ؛ نقطة التكاثف : درجة الحرارة التي عندها يبدأ البُخار في التكاثف (أر) .

dew·y [dyōō′ĭ; dōō′ĭ] *(adj.)* (١) نَدِيّ <a ~ lawn> (٢) نَدِيّانيّ : «أ» شبيهٌ بالندى [من حيث الرطوبة أو الطهارة] <~ tears; a ~ maiden> . «ب» منعش أو هابط برفقٍ كالندى <~ sleep> .

dew·y-eyed *(adj.)* ساذَج ؛ سريع التصديق ؛ بريء براءةَ الأطفال .

dex·ter [dĕk′stər] *(adj.)* أيمن : واقع في ناحية اليمين .

dex·ter·i·ty [dĕk stĕr′-] *(n.)* حِذْق ؛ براعة [يدوية أو عقلية] .

dex·ter·ous *or* **dex·trous** *(adj.)* [dĕks′trəs; -tər əs] (١) حاذق ؛ بارع [يدويًا أو عقليًا] (٢) متقَن ؛ بارع <a ~ résumé of the play> .

dextr- *or* **dextro-** بادئة معناها : «أ» أيمن . «ب» مُيامِن .

dex·tral *(adj.)* أيمن : «أ» قائم إلى ناحية اليمين . «ب» عامل بيمينِهِ .

dex·trin *also* **dex·trine** [dĕks′trĭn] *(n.)* الدِّكْسْترين : مركّب صَمْغيّ يُستخرج من النَّشاء (كح) .

dex·tro [dĕks′trō] *(adj.)* = dextrorotatory.

dextro- = dextr-.

dex·tro·glu·cose *(n.)* = dextrose.

dex·tro·gy·rate [-trō jī′rĭt; -rāt] *(adj.)* مُيَمِّن : مسبِّبٌ الدورانَ نحو اليمين أو باتجاه عقرب الساعة <a ~ crystal> .

dex·tro·ro·ta·to·ry [-′trō rō′-] *(adj.)* (١) مُيامِن : دائرٌ نحو اليمين أو باتجاه عقرب الساعة (٢) مُيَمِّن : مسبِّب الدوران نحو <a ~ crystal> .

dex·trorse; dex·tror·sal *(adj.)* مرتفع لولبيًا [من اليسار إلى اليمين] (نب) .

dex·trose [dĕks′trōs] *(n.)* الدِّكْسْتروز : سُكّر العنب (كح) .

dex·trous [dĕks′trəs] *(adj.)* = dexterous.

dey [dā] *(n.)* الدّاي : لقبٌ قديم لحكام الجزائر وتونس وطرابلس الغرب .

dharma [där′mə] *(n.)* الدّارما [في الهِنْدوسيّة والبوذية] : «أ» صفة جوهرية . «ب» القانون ؛ وبخاصة الشريعة الدينية أو العمل وفقًا لأحكامها . «ج» الفضيلة . «د» الدِّين .

dhole [dōl] *(n.)* الدُّول : كلبٌ هنديّ ضارٍ .

dho·ti [dō′tĭ] *also* **dhoo·ti** [dōō′tĭ] *(n.)* الدُّوطيّ : «أ» مئزر طويل يرتديه الرجال في الهند . «ب» القماش الذي يُصنع منه الدُّوطيّ .

dhow [dou] *(n.)* الدَّهْو: مركب شراعي مألوف في شواطئ الجزيرة العربية وشرقيّ إفريقيا.

dhow

di- بادئة معناها: مضاعَف؛ ثُنائيّ.

dia- بادئة معناها: عَبْرَ؛ خِلالَ <*dia*chronic>.

di·a·base [dī'ə bās'] *(n.)* الدِّيابيز: صخر ناريّ ناعم الحُبيبات.

di·a·be·tes [dī'ə bē'tĭs] *(n.)* الدِّيابيتس؛ البُوالة؛ الداء السُّكّري.

dia·bet·ic [dī'ə bĕt'-] *(adj.; n.)* (١) ديابيتيّ؛ بُواليّ (٢) مَسْكور: مُصاب بالديابيتس [الداء السُّكّريّ] § (٣) المَسْكور: شخص مُصابٌ بالديابيتس.

dia·be·tol·og·ist [-tŏl'ə jĭst] *(n.)* العالِم بالدِّيابيتس.

di·a·ble·rie; di·a·ble·ry [dĭ ä'blə rĭ] *(n.)* (١) سِحر؛ عِرافة (٢) عالَمُ الشياطين (٣) عملٌ أو سلوك شيطانيّ.

di·a·bol·ic; -al *(adj.)* (١) شيطانيّ (٢) ماكر؛ شِرِّير؛ وَحْشيّ.

di·ab·o·lism [dī ăb'ə-] *(n.)* (١) سِحر؛ شَعْوَذَة (٢) الإيمان بالشياطين أو عبادتُها (٣) عمل أو سلوك شيطانيّ.

di·ab·o·lize [dī ăb'-] *(vt.)* (١) «أ» يجعله شيطانيًا. «ب» يُخضعه للمؤثرات الشيطانية (٢) يصوّره وكأنه شيطانيّ السِّمات.

diabolo

di·ab·o·lo [-'ə lō] *(n.)* لُعبة الشيطان.

di·a·chron·ic [dī'ə krŏn'ĭk] *(adj.)* تاريخيّ (ل).

di·ac·id [dī ăs'ĭd] *(adj.; n.)* ثُنائيّ الحَمْض (ك).

di·ac·o·nal [dī ăk'-] *(adj.)* شمّاسيّ: ذو علاقة بشمّاس deacon.

di·ac·o·nate [-'ə nĭt; -nāt'] *(n.)* (١) الشِّماسة: وظيفة الشّمّاس [أو الشَّمّاسة] أو مدّتُها (٢) الشَّمامسة: جماعةُ الشَّمامسة.

di·a·crit·ic [1] *or* **di·a·crit·i·cal** [dī'ə krĭt'-] *(adj.)* (١) مُمَيِّز <the ~ elements in culture> (٢) قادر على التمييز.

di·a·crit·ic [2] *(n.)* المميِّزة: علامة صوتية توضع فوق الحرف أو تحته.

di·a·del·phous [dī'ə dĕl'fəs] *(adj.)* ثُنائيّة الأُخوّة: صفةٌ للأَسْدِيَة إذا اجتمعت في حزْمتَين (نب).

di·a·dem [dī'ə dĕm'] *(n.)* (١) تاج. وبخاصة: إكليلٌ من قماش، مرصَّع بالجواهر أحيانًا، كان يرتديه الملوك الشرقيون (٢) سلطة ملكية.

di·aer·e·sis [dī ĕr'-] *(n.)* pl. **-ses** الفاكّة؛ علامة الفكّ: علامة (¨) توضع على حرف علّة إشارةً إلى وجوب لَفْظِه كمقطعٍ مستقلّ (مثلًا: *naïve* و*Brontë*).

dia·gen·e·sis [dī ə jĕn'-] *(n.)* تكوّن الصّخور (جي).

di·ag·no·sis [dī əg nō'-] *(n.)* pl. **-ses** (١) التشخيص: تشخيص الداء (٢) تحليل <~ of a crisis>.
— **di·ag·nose** *(vt.; i.)*

di·ag·nos·tic *(adj.; n.)* (١) تشخيصيّ (ط) § (٢) *pl.* عد: تشخيص؛ فن تشخيص الأمراض (ط) (٣) علامة مميِّزة.

di·ag·nos·ti·cian [-tĭsh'-] *(n.)* المُشَخِّص: الخبير بتشخيص الأمراض.

di·ag·o·nal [dī ăg'ə nəl] *(adj.; n.)* (١) قُطْريّ (ر) (٢) مائل؛ موروب § (٣) «أ» خطّ قُطْريّ (ر). «ب» سطح قُطْريّ (ر) (٤) الفاصلة المائلة: علامة (/) تُستخدم للدلالة على معنى «أو» (مثل *and/or*) أو معنى «في» (مثل *feet/second*).
— **di·ag·o·nal·ly** *(adv.)*

a
a. diagonal *3a.*

di·a·gram [dī'ə grăm] *(n.; vt.)*, **-gramed** *or* **-grammed** (١) المخطَّط؛ الرَّسم البياني § (٢) يخطِّط: يمثِّل بمخطَّط.

di·a·gram·mat·ic *also* **di·agram·mat·i·cal** *(adj.)* تخطيطيّ؛ بيانيّ.

di·al [1] [dī'əl] *(n.)* (١) المِزْوَلة؛ الساعة الشمسيّة (٢) المُدَرَّجة؛ القُرص المدرَّج: «أ» صفيحة مدرَّجة [أي مقسَّمة إلى درجات] على وجه الساعة إلخ. «ب» قرص الراديو أو التلفون الآليّ (٣) الوجه البشري (ع).

di·al [2] *(vt.; i.)*, **di·aled** *or* **di·alled** يُدَرِّج: «أ» يدير إبرة الراديو [أو يضغط على أزراره] للاستماع إلى برنامجٍ ما <~ your favorite program.>. «ب» يدير قرص التلفون [أو يضغط على أزراره] للاتصال برقم معيَّن <~ the office>.

di·a·lect [dī'ə lĕkt'] *(n.)* (١) لهجة؛ لغة محلية (٢) اللغة؛ اللغة الوليدة: لغة متفرِّعة من لغةٍ أمٍّ [كالفرنسية التي تَفَرَّعَتْ عن اللاتينية] (٣) الاصطلاحية: لغة خاصة بأهل صناعةٍ أو طبقة اجتماعية ما.

di·a·lec·tal *(adj.)* لَهْجيّ: ذو علاقة بلهجةٍ أو مُمَيِّزٌ لها.

dialect atlas *(n.)* = linguistic atlas.

dialect geography *(n.)* = linguistic geography.

di·a·lec·tic [dī'ə lĕk'tĭk] *(n.)* (١) الجَدَل: المناقشة بطريقة الحوار (٢) علم المنطق أو فرع منه (٣) الديالكتيكية؛ الجَدَلية الهيغلية.

di·a·lec·ti·cal [dī'ə lĕk'-] *also* **di·a·lec·tic** *(adj.)* (١) «أ» جَدَليّ. «ب» ديالَكْتيكيّ (٢) dialectal.

dialectical materialism *(n.)* المادّية الجَدَلية: نظرية تُعتبر الأساس الفلسفي للماركسية، وهي تقول بأن تاريخ المجتمع لا يعدو أن يكون تاريخَ الصِّراعات الطَّبَقية.

di·a·lec·ti·cian *(n.)* (١) الجَدَليّ؛ العالِم بالمنطق (٢) العالم باللَّهجات.

di·a·lec·tics [dī ə lĕk'-] *(n.)* (١) عِلم المنطق (٢) أصول المنطق.

di·a·lec·tol·o·gist [-'ə jĭst] *(n.)* اللَّهَجاتيّ: المتخصِّص بعلم اللَّهجات.

di·a·lec·tol·o·gy [-'ə jĭ] *(n.)* اللَّهَجاتيات؛ علم اللَّهَجات.

di·a·log·ic [dī'ə lŏj'-] *(adj.)* حِواريّ: منسوبٌ إلى الحِوار أو مُتّسِمٌ به.

di·a·lo·gist [-'ə jĭst] *(n.)* (١) كاتب الحوار (٢) المحاوِر: المشارِك في حوار.

di·al·o·gize [dī ăl'ə jīz'] *(vi.)* يُحاوِر: يشترك في حوار.

di·a·logue [1] *also* **di·a·log** [dī'ə lôg'] *(n.)* (١) حِوار (٢) «أ» محاوَرة [بين شخصين أو أكثر]. «ب» تبادلُ آراء وأفكار (٣) الحوار [في أثَرٍ أدبي أو مسرحي] (٤) الحِواريّة: أَثَرٌ أدبي مُفْرَغ في أسلوب حواريّ.

di·a·logue [2] *(vi.; t.)* (١) يحاور x (٢) يُفرغ أو يصوغ في أسلوب حواري.

dial tone *(n.)* إشارة اللاانشغال: إشارة صوتية يطلقها جهاز تلفون آليّ كدليل على أن الخطّ غير مشغول.

di·al·y·sis [dī ăl'ə sĭs] *(n.)* الدَّيْلَزَة؛ المَيْز الغشائيّ: فصل المواد شِبه الغَرَوِيّة عن المواد الأخرى القابلة للذوبان وذلك باستخدام غشاء فارز.

di·a·lyt·ic [dī ə lĭt'ĭk] *(adj.)* دَيْلَزِيّ (را. dialysis).

di·a·lyze [dīʹə-] *(vt.; i.)* (١) يُدَيْلِز x (٢) يَتَدَيْلَز .

di·a·mag·net *or* **di·amag·ne·tic** [dīʹ-] *(n.)* المغنطيس المغاير ؛ المادة الدايامغنطيسية : مادة ضعيفة الإنفاذية المغنطيسية (فز) .

di·a·mag·net·ic *(adj.)* مُغايِرُ المغنطيسية ؛ دايامغنطيسي .

di·a·mag·ne·tism *(n.)* المغنطيسية المغايرة ؛ الدايامَغْنطيسيّة .

di·am·e·ter [dī ămʹə tər] *(n.)* القُطْر : «أ» قُطر الدائرة (ر) . «ب» قُطر أيّ شكل أو جسم . «ج» عَرْض ؛ ثخانة .

di·am·e·tral [dī ămʹ-] *(adj.)* قُطْريّ : منسوب إلى قُطر الدائرة (ر) .

di·a·met·ric *or* **di·a·met·ri·cal** *(adj.)* (١) قُطريّ (٢) تامّ ؛ مُطْلَق ؛ مضادٌّ بالكُلّية <is in ~ contradiction to her claims> .

di·a·met·ri·cal·ly *(adv.)* تمامًا ؛ بكل ما في الكلمة من معنًى .

di·am·ide [dīʹə mīd] *(n.)* الدّياميد ؛ ثُنائيّ الأميد (ك) .

di·am·ine [-mēn] *(n.)* الدّيامين : مركّب مشتمل على مجموعتين أمينيّتين .

di·a·mond [dīʹmənd; dīʹə-] *(n.; adj.; vt.)* (١) الماس ؛ الألماس (٢) ماسة ؛ ألماسة (٣) المعيَّن : شكل مسطّح متساوي الأضلاع الأربعة المستقيمة المُحيطة به غَيرُ قائم الزوايا (هن) (٤) الديناري [في ورق اللعب] (٥) الحرف الماسيّ : حرف مطبعيّ صغير جدًا [٤,٥ «بنط»] (٦) مَلْعب البيسبول § (٧) «أ» ماسيّ . «ب» مُرَصَّع بالماس <~ jubilee> (٨) مُعَيَّنيّ الشكل § (٩) يُرَصِّع بالماس .

diamond 3.

a rough ~, الماسةُ الخام : شخصٌ فَظّ ولكنّه طيِّبُ القلب .

Diamonds cut ~*s*. لا يفلُّ الحديدَ إلا الحديدُ .

di·a·mond·back *(n.)* مُعَيَّنيّة الظَّهر : حيّة أميركية كبيرة سامّة .

diamondback *also* **diamond–backed** *(adj.)* مُعَيَّنيّ الظهر : على ظهره أشكال شبيهة بالمُعيَّن (را . *3* diamond) .

diamondback

diamondback terrapin *(n.)* سُلَحفاة مُعَيَّنيّة الظَّهر .

diamond edition *(n.)* الطَّبْعة الماسيّة : طبعةٌ من كتاب بالحرف الماسيّ (را . diamond 5) .

di·a·mond·if·er·ous *(adj.)* مُنتِجٌ ماسًا <~ earth> .

diamond jubilee *(n.)* اليوبيل الماسي : ذكرى انقضاء خمس وسبعين سنة [وأحيانًا ستين سنة] على حدثٍ ما .

Di·an·a [dī ănʹə] (١) ديانا : «أ» إلاهة القمر والصَّيد والغابات عند الرومان . «ب» امرأة مُولَعة بالصَّيد . «ج» امرأة تجيد ركوب الخيل (٢) القَمَر .

di·an·drous [dī ănʹ-] *(adj.)* ثُنائيّ الأَسْدِية : ذو سَداتَيْن اثنتين (نب) .

diandrous flower

di·a·no·et·ic [dī ə nō ĕtʹĭk] *(adj.)* فكريّ ؛ عقليّ .

di·an·thus [dī ănʹthəs] *(n.)* القَرَنْفُل (نب) .

di·a·pa·son [dī ə pāʹzən; -ʹsən] *(n.)* (١) التناغم : توافق الأنغام (مو) (٢) مِعيار النَّغم (٣) نطاق ؛ مدًى (٤) tuning fork .

di·a·pe·de·sis [-dēʹ-] *(n.)* الانسلال : نزف الدم إلى أنسجة الجسم .

di·a·per [dīʹə pər] *(n.; vt.)* (١) الدَّيابَر : «أ» نسيج قطني أو كتانيّ مُضَلَّعٌ أو مُشجَّر . «ب» رسم مُضلَّعٌ أو مشجَّر إلخ (٢) مِنشَفة ؛ منديل (ا . ق) (٣) حِفاض [الطفل] § (٤) يُضلِّع ؛ يُشَجِّر : يُزيِّن برسوم مُضَلَّعة أو مُشجَّرة (٥) يحفِّض طفلًا أو يغيِّر حِفاضَه .

di·a·pha·ne·i·ty [dī ə fə nēʹə tĭ] *(n.)* (١) شفافية ؛ رِقة (٢) ضَعْف .

di·aph·a·nous [dī ăfʹ-] *(adj.)* (١) شفّاف ؛ رقيق (٢) ضعيف .

di·a·pho·re·sis [dīʹə fə rēsʹ-] *(n.)* العَرَق : التعرُّق [وبخاصة حين يكون غزيرًا ومُسْتَدَرًّا بوسائل صُنعيّة] .

di·a·pho·ret·ic [-rĕtʹĭk] *(adj.; n.)* (١) مُعَرِّق § (٢) دواءٌ معرِّق .

di·a·phragm [dīʹə frămʹ] *(n. ; vt.)* (١) الحِجاب الحاجز (ت) (٢) الرِّقّ : «أ» غشاء رقيق فاصل . «ب» صفيحة مَساميّة تفصل بين سائلَيْن ، كما في البطارية الكَلْفانية (ك) (٣) الحِجاب : غشاء أو قرص مُتذَبْذِب في سمّاعة التلفون إلخ § (٤) يُغَشّي ؛ يُحَجِّب : يزوِّد بغشاء أو حجاب .

diaphragmatic respiration *(n.)* التنفّس الحِجابيّ : تنفُّسٌ متأثِّرٌ بحركات الحجاب الحاجز في المقام الأول (فس) .

diaphragm pump *(n.)* المِضخَّة الرِّقّية : مضخة مزوَّدة برقٍّ مَرِنٍ .

di·aph·y·sis [dī ăfʹĭ-] *(n.)* pl. **-ses** الجَذْل ؛ جِسْم العَظْم (ت) .

di·a·pir [dīʹə pēr] *(n.)* الطيّة الاختراقية (جي) .

di·ar·chy [dīʹär kĭ] *(n.)* = dyarchy.

di·a·rist [dīʹə-] *(n.)* كاتب اليوميات : من يدوِّن خبراتِهِ في يوميات .

di·ar·rhe·a *or* **di·ar·rhoe·a** [dī ə rēʹə] *(n.)* الإسهال ؛ المُشاء (ط) .

di·ar·rhe·ic *or* **di·ar·rhe·al** *also* **di·ar·rhet·ic** *(adj.)* إسهاليّ .

di·ar·thro·sis [dīʹär thrōʹsĭs] *(n.)* pl. **-ses** المَفْصِل السَّلِس (ت) .

di·a·ry [dīʹə rĭ] *(n.)* (١) اليَوْميّات : ملاحظات وخِبْرات يدوّنها الكاتب يومًا بعد يوم (٢) المفكِّرة ؛ دفتر اليوميات .

di·as·po·ra [dī ăsʹpər ə] *(n.)* (١) *.cap* : الشَّتات ؛ الدِّيَسْبورة : اليهود المشتَّتون في الأرض بعد الأسر البابلي (٢) هجرة (٣) الشَّتات : قسم من شعبٍ ما مشتَّت في مختلف أرجاء العالم <Palestinian ~> .

di·a·spore [dīʹə spōrʹ] *(n.)* الدّياسبور : هيدروكسيد الألومنيوم (مع) .

di·a·stase [dīʹə stās] *(n.)* الدّياستاز : خميرة تحوِّل النشاء إلى سكّر (كح) .

di·a·stat·ic *(adj.)* دياستازيّ . وبخاصة : محوِّلٌ النَّشاء إلى سُكَّر .

di·as·ter [dī ăsʹtər] *(n.)* التَّقَطُّب : طورٌ في الانقسام الخلوي غير المباشر تتجمّع فيه الصِّبغيات ، بعد انقسامها وافتراقها ، وتتقطَّب استعدادًا لتكوين نَوَيات جديدة (أح) .

di·as·to·le [dī ăsʹtə lēʹ] *(n.)* (١) الانبساط : توسُّع تجاويف القلب وامتلاؤها بالدم (٢) المَدّ : إطالة مَقْطع قصير في الأصل (ل) .

di·as·tol·ic pressure *(n.)* ضغط الدم الانبساطيّ (فس) .

di·as·tral *(adj.)* تَقَطُّبي : منسوب إلى التَّقَطُّب (را . diaster) .

di·a·stroph·ic *(adj.)* تشويهيّ ؛ تشوُّهيّ (را . المادة التالية) .

ă at; ā date; â care; ä car; ĕ egg; ē me; ĭ in; ī bite; ŏ lot; ō bone; ô orphan; oi boil; o͝o good; o͞o boot; ou out; ŭ under; û urgent; ə = *a* in alone, *e* in system, *i* in easily, *o* in gallop, *u* in circus.

di·as·tro·phism [dī ăs′-] *(n.)* التَّشويهية: عملية تحرُّك فيها القِوَى الداخليةُ قشرةَ الأرض أو تُغيِّرُ شكلها مُحْدِثةً القاراتِ والجبال إلخ (جي).

di·a·ther·man·cy [dī′ə thûr′-] *(n.)* المُنْفِذيّة للإشعاع الحراريّ (فز).

di·a·ther·man·ous [-′mə nəs] *(adj.)* مُنْفِذٌ للإشعاع الحراريّ (فز).

di·a·ther·my [dī′ə-] *(n.)* الاستحرار؛ الإنفاذ الحراريّ: إحداث الحرارة، بواسطة تيارات كهربائية، في أنسجة الجسم لأغراض طبّية.

di·ath·e·sis [dī ăth′ə-] *(n.)* النَّحيزَة (مج)؛ التأهُّب: حالة في بنية الجسم تهيِّئه للإصابة بمرضٍ ما (ط).

— **di·a·thet·ic** *(adj.)*

di·a·tom [dī′ə təm] *(n.)* الدَّياتوم؛ المشطور: طُحْلُب نهريّ أُحاديّ الخليّة.

di·a·to·ma·ceous [dī′ ə tə mā′shəs] *(adj.)* دَياتوميّ؛ مَشْطوريّ: مؤلف من أو مُحْتوٍ على دياتوم أو بقاياه المتحجّرة.

di·a·tom·ic [dī′ə tŏm′-] *(adj.)* ثُنائيّ الذَّرّة: ذو ذرّتين في الجُزَيْءِ (ك).

di·a·ton·ic [dī′ə tŏn′-] *(adj.)* دَياتونيّ؛ ثُنائيّ النَّغمة.

diatonic scale *(n.)* السُّلَّم الدَّياتونيّ؛ السُّلَّم ثُنائيّ النَّغمة (مو).

di·a·tribe [dī′ə trīb′] *(n.)* (١) كلام لاذع (٢) نقد ساخر عنيف.

di·at·ro·pism [dī ăt′-] *(n.)* الانتحاء المستعرِض: نزعة عند بعض أعضاء النبات إلى اتخاذ وضع مستعرِض بالنسبة للمؤثر الخارجي (نب).

di·a·zine [dī′ə zēn′] *(n.)* الدّيازين؛ ثُنائيّ الأزين (ك).

dib [dĭb] *(vi.)* يترفَّق: يصيد السمك بترك الطعم يتذبذب برفق.

di·ba·sic [dī bā′sĭk] *(adj.)* ثُنائيّ القاعدة <~ acids>.

dib·ber [dĭb′ər] *(n.)* = dibble.

dib·ble [dĭb′əl] *(n.; vt.; i.)* (١) المِحْفار: أداة مستدقَّة الطرَف تُحْفَر بها الأرض لغرس البذور والنباتات الصغيرة § (٢) يثقب الأرض بمحفار (٣) يزرع مستعينًا بمحفار x (٤) dib.

dibble

di·bran·chi·ate [dī brăng′kĭ ĭt] *(n.; adj.)* (١) ثُنائيّ الخَيْشوم: حيوان من ثُنائيات الخَيْشوم **Dibranchia** وهي رتبة من الرِّخويات الرأسيّات الأرجل § (٢) ثُنائيّ الخَيْشوم (ح).

di·bro·mide [dī brō′mīd′] *(n.)* ثُنائيّ البروميد (ك).

dibs [dĭbz] *(n. pl.)* (١) نقود؛ دراهم (٢) حقّ؛ حقّ في شيء.

di·cast [dī′kăst] *(n.)* الدِّكَسْت: قاضٍ في أثينا القديمة.

dice [dīs] *(n. pl.; vt.; i.), sing.* **die** [dī] (١) الكِعاب: نَرْدا الطاولة (٢) لعبة النَّرد أو الطاولة (٣) المُكعَّبة: قطعة صغيرة مُكَعَّبة من طعام ما § (٤) «أ» يقطِّع إلى مكعَّبات صغيرة. «ب» يزيِّن بأشكال مربَّعة <~*d* leather> (٥) «أ» يورِّط [نفسَهُ بكذا] بلعب النرد <~*d* himself into debt>. «ب» يخسر بلعب النرد x (٦) يلعب بالنرد: يقامر.

— **dic·er** *(n.)*

no ~, لا طائل تحته؛ غير ذي جدوى.

to ~ with death يقامر بحياته؛ يغامر بحياته.

di·cen·tra [dī sĕn′trə] *(n.)* المِهمازيّة؛ ذاتُ المِهْمازَيْن: نبات مُزْهِر.

di·ceph·a·lous [dī sĕf′-] *(adj.)* ثُنائيّ الرأس: ذو رأسين اثنين.

dic·ey [dī′sĭ] *(adj.)* منطوٍ على مخاطرة؛ غير مضمونِ [النتائج].

di·cha·si·al [dī kā′zhĭ əl] *(adj.)* ثُنائيّ الشُّعْبة (نب).

di·chla·myd·e·ous [-mĭd′-] *(adj.)* سائبةُ البَتَلات؛ ثُنائيّة الغِمد (نب).

di·chlo·ride [dī klōr′īd] *(n.)* ثُنائيّ الكلوريد (ك).

di·chlor·vos [dī′klōr′vŏs] *(n.)* ثُنائيّ الكلورڤوس: مبيدٌ للحشرات.

di·chot·o·mist [dī kŏt′ə-] *(n.)* المُفرِّع؛ المُشعِّب (را. المادة التالية).

di·chot·o·mize [dī kŏt′-] *(vt.; i.)* (١) يُفرِّع؛ يُشعِّب: يقسِم إلى فرعين أو شُعبتَيْن إلخ x (٢) يتفرَّع تفرُّعًا ثُنائيَّ الشُّعَب (نب).

di·chot·o·mous [-′ə məs] *(adj.)* (١) مُفَرَّع أو متفرِّع [إلى شُعبتين إلخ] (٢) ثُنائيّ التفرُّع: مُتفرِّع تفرُّعًا ثُنائيَّ الشُّعَب <a ~ stem>.

dichotomous stem

di·chot·o·my [-′ə mĭ] *(n.)* (١) التَّفرُّع؛ التَّشعُّب: انقسام إلى فرعين أو شُعبتين (٢) افتراق؛ تمايُز؛ تعارض (٣) التفرُّع الثُّنائيّ (نب).

dichotomy 3.

di·chro·ic [dī krō′ĭk] *(adj.)* (١) تِلْوانيّ (٢) ثِنْلَوْنيّ: ثنائيّ اللون.

di·chro·ism [dī′krō-] *(n.)* (١) التِّلْوانيّة: خاصّيّة في بعض البلّورات تجعلها تتكشّف عن ألوان مختلفة حين يُنْظَرُ إليها من جهات مختلفة (٢) الثِّنلونيّة: ثنائية اللوْن.

di·chro·mat *(n.)* الأعمى الثِّنْلَوْنيّ: شخص مصاب بالعمى الثِّنْلَوْنيّ.

di·chro·mate [dī krō′māt′] *(n.)* = bichromate.

di·chro·mat·ic [dī′krō măt′-] *(adj.)* (١) ثِنْلَوْنيّ: ثُنائيّ اللون (٢) عَمْثِنلَوْني: متعلّق بالعمى الثِّنلوني (٣) مصابٌ بالعمى الثِّنلونيّ.

di·chro·ma·tism [dī krō′-] *(n.)* (١) الثِّنْلَوْنيّة؛ ثنائية اللون: كون الشيء ذا لونين أو متكشفًا عن لونين (٢) العمى الثِّنلونيّ: عمًى جزئيّ لا يرى المصاب به غير اثنين من الألوان الرئيسية.

dichromic acid *(n.)* حَمضُ ثُنائيّ الكروميك (ك).

di·chro·scope [dī′-] *(n.)* مقياس التِّلْوانية: مقياس لتِلوانية dichroism البلورات.

dick [dĭk] *(n.)* (١) شخص؛ فتًى (بر) (٢) القضيب (ع) (٣) بوليس سرّيّ.

dick·cis·sel [dĭk sĭs′əl] *(n.)* الدُّرَّسة الأميركية: عصفور أسود الحنجرة.

dick·ens [dĭk′ĭnz] *(n.)* الشّيطان.

The ~ ! يا للشَّيطان!

Dick·en·si·an [dĭ kĕn′zĭ ən] *(adj.)* ديكِنْزيّ: منسوب إلى الروائي الإنكليزي تشارلز ديكنز أو آثاره.

dick·er[1] [dĭk′ər] *(n.)* (١) عَشَرة (٢) اثنا عشر؛ دزّينة.

dick·er[2] *(n.; vi.)* (١) «أ» مقايضة. «ب» مساوَمة § (٢) يقايض أو يساوم.

dick·ey *or* **dick·y** [dĭk′ĭ] *(n.)* (١) «أ» شبه صُدْرة [للرجال]. «ب» «صدرية» للطفل [توضع تحت ذقنه عادةً]. «ج» قَبّة قميص (٢) طائر صغير (٣) «أ» مقعد الحوذي (بر). «ب» المقعد الخلفي [في عربة أو سيارة].

Dick test [dĭk] *(n.)* اختبار دِكْ [لمعرفة المناعة ضدَّ الحمّى القرمزية].

di·cli·nous [dī′klī nəs] *(adj.)* منفصل الجنس: ذو أسْدِية ومِدقّات في زهرتين منفصلتين (نب).

di·cot [dī′kŏt]; **di·cot·y·le·don** [dī kŏt′ə lē′-] *(n.)* ثُنائيّ الفِلقة (نب).

— **di·cot·y·le·don·ous** *(adj.)*

di·crot·ic [dī krŏt′-] *(adj.)* مترادف: ذو ضربتين <a ~ pulse>.

dic·ta [dĭk′tə] *pl. of* dictum.

Dic·ta·phone [dĭk′tə fōn′] *(n.)* المِملاة؛ الدِّكتافون: أداة تسجِّل ما يُمْلَى عليها من كلام بحيث يكون في الإمكان سماعه بعد ذلك وتدوينه على الورق [يستعملها رجال الأعمال بخاصة].

dic·tate [*v.* dĭk′tāt, dĭk tāt′; *n.* dĭk′tāt] *(vi.; t.; n.)* (١) يُمْلي (٢) يأمر؛ يملي أوامرَه بصورة تنمّ عن السلطة **x** (٣) يملي [كلامًا] على شخص أو آلة § (٤) المُمْلَى؛ الأمر <the ruler's ~*s*>.

dictating machine *(n.)* = Dictaphone.

dic·ta·tion [dĭk tā′-] *(n.)* (١) أمر؛ أمرٌ جازم (٢) إصدار الأوامر [بصورة تَنِمّ عن سلطة أو نفوذ] (٣) «أ» الإملاء. «ب» المُمْلَى؛ الكلام المُمْلَى.

dic·ta·tor [dĭk′tā tər] *(n.)* (١) الديكتاتور: الحاكم المُطْلَق (٢) المُمْلي.

dic·ta·to·ri·al [dĭk′tə tōr′-] *(adj.)* ديكتاتوريّ؛ استبداديّ.

dic·ta·tor·ship [dĭk tā′-] *(n.)* الديكتاتورية: «أ» منصب الديكتاتور. «ب» الحكم المطلق. «ج» حكومة أو دولة على رأسها حاكمٌ مطلق.

dictatorship of the proletariat ديكتاتورية البروليتاريا: استيلاء البروليتاريا على السلطة السياسية.

dic·tion [dĭk′shən] *(n.)* (١) بيان؛ أسلوب <good ~> (٢) الإلقاء [في الخطابة] (٣) الأداء [في الغناء].

dic·tion·ar·y [dĭk′shə nĕr′ĭ] *(n.)* مُعْجَم؛ قاموس.

Dic·to·graph [dĭk′-] *(n.)* المِسْراق؛ الدِّكتوغراف: أداة تلفونية تُستخدم لاستراق السَّمع لأحاديث الآخرين أو للحصول على تسجيلٍ لها.

dic·tum [dĭk′təm] *(n.)* pl. **-dic·ta** *also* **-tums** (١) قولٌ فَصْل؛ رأي حاسم (٢) مَثَلٌ: قولٌ مأثور (٣) التعليق: رأي عابرٌ غير مُلزِم يبديه القاضي في مسألة غير ذات أثر أساسي في تكوين حكمِهِ النهائيّ.

dicty- *or* **dictyo-** بادئة معناها: شبكة <*dictyo*stele>.

di·cy·clic [dī sī′klĭk] *(adj.)* = bicyclic.

did *past of* do.

di·dact [dī′-] *(n.)* المواعظيّ: المُسْرف في إلقاء المواعظ على الآخرين.

di·dac·tic [dī dăk′tĭk] *(adj.)* (١) تعليميّ: مُعَدّ للتعليم؛ مقصودٌ به التعليم لا الفنّ الخالص <~ poetry> (٢) مواعظيّ: نزّاع إلى الإسراف في إلقاء المواعظ على الآخرين <a ~ old lady>.

di·dac·tics *(n.)* البيداغوجيا: علم أصول التدريس.

di·dac·tyl *or* **di·dac·ty·lous** *(adj.)* ثنائيّ الإصبع أو البُرثُن (ح).

di·dap·per [dī dăp′ər] *(n.)* = dabchick.

did·dle [dĭd′əl] *(vi.; t.)* (١) يترجرج: يتحرّك بارتجاج، عاليًا ونازلًا أو إلى أمام وإلى وراء (٢) يتهادى: يمشي مضطربًا كما يمشي الطفل **x** (٣) يُرَجرج (٤) يُضيع [الوقتَ] سُدًى (٥) يخدع؛ يغشّ. **— did·dler** *(n.)*

di·del·phic *(adj.)* (١) ثُنائيّ الرَّحِم (٢) ذو علاقة بِرَحِم مزدوجة.

did·n't [dĭd′nt] = did not.

di·do [dī′dō] *(n.)* (١) عمل أحمق (ع) (٢) مَزْحة؛ حيلة (ع).

di·dym·i·um [dī dĭm′ĭ əm] *(n.)* الدِّيديميوم (ك).

did·y·mous [dĭd′ə-] *(adj.)* توأميّ: نامٍ زوجًا زَوْجًا (نب).

di·dyn·a·mous [dī dĭn′-] *(adj.)* مختلِفة الزوجين؛ مختلفةُ زَوْجَي الأسْدِية: صفة للزهرة التي لها أربع أسْدِية اثنتان منها أطولُ من الأخْرَيين (نب).

die[1] [dī] *(vi.)* (١) يموت؛ يُتَوفّى (٢) يزول؛ يتلاشى (٣) يضيع؛ يُفْقَد (٤) يَهْمُد؛ يَخْمُد (٥) يموت [موتًا روحيًا]؛ تحلّ عليه اللعنة (٦) يتحرّق شوقًا <to ~ to> (٧) يتوقّف؛ يتعطّل <The motor ~*d*.> (٨) يُصبح لامباليًا بِـ <to ~ to worldly matters> (٩) يصبح أقلّ تعرُّضًا لِـ <to ~ to all sin>.

Never say ~, لا تستسلم؛ احتفظ بشجاعتك!
to ~ away يضمحلّ؛ يزول.
to ~ game يموت وهو يقاتل ببسالة.
to ~ hard يستميت في القتال؛ يقاتل حتى الموت.
to ~ in harness يقضي نحبه وهو لا يزال يعمل.
to ~ in one's bed يموت حَتفَ أنفه: يموت على فراشه من غير ضرب أو قتل.
to ~ in one's boots *or* shoes } to ~ with one's shoes on } يموت نتيجةَ حادثٍ عنفٍ أو بطريقة غير طبيعية.
to ~ off تموت البراعم إلخ واحدًا بعد آخر.
to ~ out (١) ينقرض (٢) يَهمد؛ يخمد.

die[2] [dī] *(n.)* pl. **dice** *or* **dies** (١) الكَعْب؛ نَرْد الطاولة (٢) المكعّبة: جسم مُكعَّب صغير <to cut potatoes into *dice*> (٣) حظّ؛ نصيب (٤) قالب [لسكّ العملة أو الميداليات أو لدمغ الورق] (٥) لُقمة اللَّوْلَبة (مك).

the ~ is cast قُضِي الأمر؛ سَبَق السَّيفُ العَذَل.

die·back [dī′-] *(n.)* السَّقَم؛ السَّقام؛ موت الأطراف (نب).

di·e·cious [dī ē′shəs] *(adj.)* = dioecious.

die·hard [dī′härd] *(n.)* المعانِد؛ المقاوِم بعناد وبخاصة: سياسي محافظ متطرِّف يقاوم حتى النهاية أيّ تغيير في النظام السياسي.

die–hard *(adj.)* مُعانِد؛ عنيد <~ conservatives>.

di·el [dī′əl] *(adj.)* يوميّ: مستغرقٌ ٢٤ ساعة كاملةً.

diel·drin [dīl′-] *(n.)* الدِّيلدرين: مركَّب متبلّر مبيد للحشرات.

di·e·lec·tric [dī′ĭ lĕk′-] *(n.; adj.)* (١) العازل (كب) § (٢) عازلٌ؛ غير مُوصِّل.

di·en·ceph·a·lon [dī′ĕn sĕf′ə lŏn′] *(n.)* الدِّماغ المتوسِّط: الجزء الخلفيّ من مقدَّم المخّ.

di·er·e·sis [dī ĕr′ə sĭs] *(n.)* = diaeresis.

die·sel [dē′zəl] *(n.)* الدِّيزل: قاطرة أو شاحنة تعمل بمحرِّك ديزل.

diesel–electric *(adj.)* ديزلْكَهْربيّ <a ~ locomotive>.

diesel engine [dē′zəl] *(n.)* محرِّك ديزل.

die·sel·ize [-′zə līz′] *(vt.)* يُدَيْلِز: يُزَوِّد بمحرِّك ديزل.

die·sink·er [dī′-] *(n.)* القواليبيّ: حفّار القوالب (را. 4 die[2]).

Di·es Irae [dē′äs ēr′ä] *(n.)* يومُ الغَضَب : ترنيمة لاتينية يدور موضوعها على يوم الحساب وتُنشد في القداديس التي تقام عن أرواح الموتى (نص).

di·e·sis [dī′ə sĭs] *(n.)* pl. **-ses** = double dagger.

di·es·ter [dī′ĕs′tər] *(n.)* ثُنائي الإستر (ك).

diestock

die·stock [dī′-] *(n.)* كِفّة لُقَم اللَّولبة (مك).

di·et [dī′ət] *(n.; vt.; i.)* (١) غِذاء (٢) حِمْية (٣) قُوْت <~ of oriental music.> § (٤) يُطعِم؛ يُقيت (٥) يَحْمي : يغذّي وفقًا لنظام حِمية ما x (٦) ينحمي : يلتزم نظامَ حِمْيةٍ ما.

di·e·tar·y [dī′ə tĕr′ĭ] *(n.; adj.)* (١) الحِمْيَة : نظام حِمْية معيَّن (٢) جِراية § (٣) حِمْيِيّ <a ~ cure>.

di·e·tet·ic [dī′ə tĕt′-] *(adj.)* (١) إقاتيّ؛ غذائيّ (٢) حِمْييّ.

di·e·tet·ics [-′ĭks] *(n.)* الإقاتيّات؛ الغذائيات : علم تطبيق مبادئ التغذية الصحيحة في إعداد الطعام للأفراد والجماعات.

di·e·ther [dī′ē′thər] *(n.)* ثُنائيّ الإثير (ك).

di·e·ti·tian *or* **di·e·ti·cian** [dī′ə tĭsh′-] *(n.)* الإقاتيّ؛ العالم بالغذائيّات.

dif·fer [dĭf′ər] *(vi.)* (١) يختلف (٢) يختلف معه [في الرأي إلخ].

dif·fer·ence [-′ər əns] *(n.; vt.)* (١) اختلاف (٢) فارق؛ فَرْق (٣) صفة مميِّزة (٤) تمييز <The Law should make no ~ between the rich and the poor.> (٥) خلاف؛ نزاع § (٦) يُميِّز.

dif·fer·ent [dĭf′ər ənt] *(adj.)* (١) مختلِف (٢) منفصل؛ متميّز (٣) عِدّة (٤) آخَر <switched to a ~ channel> (٥) متميّز؛ غير اعتياديّ.

dif·fer·en·tia [-ə rĕn′shĭ ə] *(n.)* pl. **-ti·ae** الصِّفة المميِّزة (مق).

dif·fer·en·ti·a·ble *(adj.)* (١) ممكنٌ تمييزُهُ (٢) قابل للمفاضلة (ر).

dif·fer·en·tial [-ə rĕn′shəl] *(adj.; n.)* (١) تفاوُتيّ؛ تبايُني؛ تفاضُليّ (٢) مميِّز؛ فارق <a ~ feature> (٣) تفاضُليّ («فز» و«ر») § (٤) التفاوت؛ التباين إلخ (٥) التفاضل (فز) (٦) التُّرس التفاضليّ (مك).

differential calculus *(n.)* حساب التفاضل (ر).

differential coefficient *(n.)* المُعامِل التفاضليّ (ر).

differential diagnosis *(n.)* التشخيص التمييزيّ أو التفريقيّ (ط).

differential duties *(n. pl.)* الرسوم الجمركية التفاضُلية (تج).

differential equation *(n.)* المعادلة التفاضُليّة (ر).

differential gear *(n.)* التُّرس التفاضُليّ (مك).

differential gear

differential geometry *(n.)* الهندسة التفاضُليّة (ر).

differential motion *(n.)* الحركة التّفاضُلية (مك).

differential rate *(n.)* الرَّسم التفاضليّ [على نقل البضائع] (تج).

differential screw *(n.)* اللَّولب التفاضلي (مك).

dif·fer·en·ti·ate [-′shĭ āt′] *(vt.; i.)* (١) يُوْجِد المشتقّة (ر) (٢) يميّز (٣) يفرّق أو يميّز بين <Reason ~s man from the lower animals.> (٤) يمايز؛ يُخلِّق : يجعله مختلفًا أو متميّزًا من حيث الشكل أو الوظيفة (أح) <A botanist can ~ varieties of plants.> x (٥) يتخالف، يصبح مختلفًا <Do English as spoken in England and English as spoken in the U.S.A. ~ more as the years pass?> (٦) يتمايز؛ يتخلَّق : يُصبح مختلفًا أو متميِّزًا من حيث الشكل أو الوظيفة (أح).

dif·fer·en·ti·a·tion *(n.)* (١) التّفاضُل : إيجاد المشتقّة (ر) (٢) المخالَفة : جعلُ الشيء مختلفًا (٣) تمييز؛ تفريق (٤) المُمايَزة؛ التّخليق (أح) (٥) التّمايُز؛ التَّخلُّق (أح).

dif·fer·ent·ly *(adv.)* (١) بطريقة مختلفة (٢) خلافًا لذلك.

dif·fi·cile [dĭf′ə sēl′] *(adj.)* (١) عنيد (٢) صعبٌ إرضاؤه.

dif·fi·cult [dĭf′ə kŭlt] *(adj.)* (١) عسير؛ صعب؛ شاقّ <a ~ task> (٢) عنيد؛ مُشاكِس (٣) عويص <a ~ text>.

dif·fi·cul·ty [-kŭl′tĭ] *(n.)* (١) صعوبة؛ عُسْر (٢) نزاع (٣) تَرَدُّد أو اعتراض (٤) عائق؛ عقبة <the *difficulties* of a science> (٥) «أ» ضِيق؛ حَرَجٌ؛ بلاء <in days of ~ and pressure>. «ب» *pl.* عد : عُسْر ماليّ.

dif·fi·dence [dĭf′ə dəns] *(n.)* (١) حياء (٢) عدم ثقة بالنفس.

dif·fi·dent [-′ə dənt] *(adj.)* (١) حَيِيّ (٢) غير واثق من نفسه.

dif·fract [dĭ frăkt′] *(vt.)* يُحيِّد [الضوءَ].

dif·frac·tion [dĭ frăk′-] *(n.)* الحُيُود : انحراف الموجات الصوتية أو المائية أو الضَّوئية عندما تصطدم بعقبة أو تَنْفُذ من ثقب (فز).

diffraction grating *(n.)* مُحَزَّزة الحُيود : أداة تُستخدم للحصول على الأطياف، استنادًا إلى ظاهرة الحيود، وتُتّخذ من لوح زجاجي أو معدني مصقول تُحَزّ على مُسَطَّحه خطوط مستقيمة متوازية (ض).

dif·frac·tive [-′tĭv] *(adj.)* حُيُوديّ : ذو علاقة بالحُيود.

dif·fuse [*v.* dĭ fyōōz′; *adj.* -fyōōs′] *(vt.; i.; adj.)* (١) يَصُبّ؛ يُريق (٢) يَنْشُر [المعرفةَ أو الضوءَ أو الحرارةَ أو الرائحةَ إلخ] x (٣) ينتشر § (٤) مُنْتَشِر <~ light> (٥) مُسْهَب؛ مُطْنَب (٦) مُسْهِب؛ مُطنِب <a ~ essayist>.

dif·fused lighting *(n.)* الإضاءة المنتشرة.

dif·fus·er *or* **dif·fu·sor** *(n.)* الناشرة («مك» و«كب» و«فو»).

dif·fus·i·ble [dĭ fyōō-] *(adj.)* قابل للنّشر أو الانتشار.

dif·fu·sion [dĭ fyōō′zhən] *(n.)* (١) «أ» نَشْر. «ب» انتشار (٢) إسهاب.

dif·fu·sive [-′sĭv] *(adj.)* (١) «أ» ناشر. «ب» منتشر (٢) مُسْهَب.

dig [dĭg] *(vi.; t.; n.)* (١) يَحْفِر (٢) يَكِدّ؛ يَجتهد (٣) يتعمَّق في x (٤) يحفر خندقًا إلخ (٥) يَحْرُث (٦) يستخرج بالحفر <to ~ potatoes; to ~ coal> (٧) يُبْرِز إلى النور <~ up facts> (٨) يُقحِم؛ يُنْشِب <*dug* his fingers into the earth> (٩) يدفع؛ يَكِز <He *dug* me in the ribs.> (١٠) ينظر أو يلتفت إلى <~ that fancy hat> (١١) يفهم؛ يقدِّر؛ يُعجَب بِـ (ع) § (١٢) وكزة (١٣) ملاحظة ساخرة (١٤) طالب مجتهد (١٥) *pl.*: المأجورة : غرفة أو غرف مستأجرة للسكنى بمنزل شخصٍ آخر <Are you living at home or in ~*s*?> (١٦) «أ» موقع ينقَّب فيه عن الآثار. «ب» تنقيبٌ عن الآثار.

to ~ in (١) يطمر (٢) يستعدّ للدفاع بأن يحفر الخنادق (٣) يصمد بعناد (٤) يشرع في الأكل.

to ~ oneself in (١) يحمي نفسه بحفر خندق (٢) يرفض أن يتزحزح.

to have a ~ at يُبْدي ملاحظةً ساخرة.

dig·a·my [dĭg′ə mĭ] (n.) = deuterogamy.

di·gas·tric [dī găs′-] (adj.) ثِنْبطنيّة؛ ذات بَطْنَيْن [صفة للعضلة].

di·gen·e·sis [dī jĕn′-] (n.) التكاثُر الخِلْفيّ: التوالد بطريقتين متعاقبتين، جنسية ثم لا جنسية (أح).
— **di·ge·net·ic** (adj.)

di·gest[1] [dĭ jĕst′; dī-] (vt.; i.) (١) يُنظِّم؛ يُصَنِّف <to ~ the laws> (٢) يَهْضِم [الطعامَ] (٣) يستوعب؛ يتمثَّل [عقليًا] (٤) يتحمَّل بصبر (٥) يَهْتضم: يُليِّن أو يَحُلّ بالحرارة والرطوبة أو بالمواد الكيميائية (٦) يُلخِّص x (٧) يَهْضِم (٨) ينهضم [الطعامُ].

di·gest[2] [dī′jĕst] (n.) (١) المدوَّنة: مجموعة قوانين أو قرارات (ق) (٢) خُلاصة: مُلخَّص (٣) حصيلة الهضم.

di·gest·ant [dĭ jĕs′-] (n.) الهَضُوم؛ الهاضوم: مادّة مساعدة على الهضم.

di·gest·er (n.) (١) فا digest (٢) digestant (٣) المُهْتَضِمة: وعاء مُحكَم القَفْل تُغلى فيه الموادّ، مع سائلٍ ما، لِتَحَلَّ أو تُلَيَّن أو يُستخرَج منها شيء.

di·gest·i·bil·i·ty (n.) الانهضامية: كون الشيء قابلًا للهضم أو سَهْلَهُ.

di·gest·i·ble (adj.) مُنْهَضِم: قابلٌ للهضم؛ سهلٌ هضمُهُ.

di·ges·tion [dĭ jĕs′chən; dī-] (n.) (١) تصنيف (٢) هَضْم (٣) استيعابٌ أو تمثُّلٌ عقلي (٤) الاهتضام (را. digest[1] 5).

di·ges·tive [dĭ jĕs′-; dī-] (adj.; n.) (١) هَضْميّ <the ~ system> (٢) هَضُوم: مساعد على الهضم <~ ferments> § (٣) digestant.

dig·ger [dĭg′ər] (n.) (١) الحَفّار إلخ (٢) الحفّارة: أداة أو ماكينة مُعَدّةٌ للحَفْر (٣) .cap: النَّقّاب: هندي أحمر يعيش على جذور النباتات التي يستخرجها من الأرض (٤) جندي أستراليّ أو نيوزيلنديّ.

digger wasp (n.) الحَفُور: زنبور يحفر لنفسه أَوْجِرَةً في الأرض.

dig·gings (n. pl.) (١) منجم (٢) الحَفريّات: كلّ ما يُستخرَج بالحفر (٣) المأجورة: غرفة مُستأجَرة للسُّكنى.

dig·it [dĭj′ĭt] (n.) (١) رَقْم [من صفر إلى تسعة] (٢) الإصْبَعيّ: مقياس مساوٍ لعرض الإصبع (٣) إصبَع.

dig·it·al (adj.; n.) (١) إصبَعيّ (٢) مُصَبَّع: ذو أصابع أو ما يُشبهها (٣) رَقْمي § (٤) إصبع (٥) إصبع الأُرْغُن أو البِيان.

digital computer (n.) الكومبيوتر الرَّقميّ (ألك).

dig·i·tal·is [dĭj′ə tăl′-] (n.) الديجيتاليس: «أ» عشب ذو زهر شبيهٍ بالقِمْع. «ب» foxglove. «ج» أوراق الديجيتاليس المجفّفة (صي).

dig·i·tal·ize [dĭj′ət əl īz′] (vt.) = digitize.

dig·i·tate [dĭj′ə tāt′] (adj.) (١) مُصَبَّع: ذو أصابع (٢) إصبعانيّ: شبيه بإصبَع. وبخاصة: ذو وُرَيقات شبيهة بأصابع اليد.

digitate leaf

digiti- بادئة معناها: إصبَع <*digiti*form>.

dig·i·ti·form (adj.) إصبَعانيّ: شبيه بإصبع.

dig·i·ti·grade [dĭj′ə tə grād′] (adj.; n.) (١) إصبَعيّ المِشْيَة: ماشٍ على أصابع قدميه [كالكلاب والقطط] § (٢) حيوان إصبَعيّ المِشْيَة.

dig·i·tize (vt.) يَسترْقِم: يُحَوِّل المُعْطَيات إلى شكلٍ رَقْميّ.

dig·ni·fied [-′nə fīd′] (adj.) (١) مُبَجَّل؛ جليل (٢) نبيل؛ رصين.

dig·ni·fy [-′nə fī′] (vt.) (١) يُبَجِّل (٢) يُشرِّف [بتغيير اسمه أو مظهره] <to ~ thievery by calling it kleptomania>.

dig·ni·tar·y [-′nə tĕr′ĭ] (n.) العَيْن؛ الوجيه: شخص رفيع المقام.

dig·ni·ty [-′nə tĭ] (n.) (١) جلال؛ وقار (٢) نُبْل؛ سموّ (٣) شَرَف؛ كرامة (٤) منزلة (٥) «أ» منصب أو لقب رفيع. «ب» صاحب مقام رفيع.

di·graph [dī′-] (n.) الدّوغراف: حرفان متعاقبان يمثِّلان صوتًا واحدًا.

di·gress [dĭ grĕs′; dī-] (vi.) يَسْتطرِد: ينحرف عن الموضوع الرئيسي.

di·gres·sion [dĭ grĕsh′-; dī-] (n.) استطراد.

di·gres·sive (adj.) (١) استطراديّ (٢) مُتَّسِم بالاستطراد <a ~ book>.

di·he·dral [dī hē′-] (adj.; n.) (١) زَوْجيّ؛ ثِنْسطحيّ؛ ثنائيّ الأسطح § (٢) الزاوية الزوجية: شكل ناشئ عن تقاطع مُستَوِيَيْن (هن).

dik–dik [dĭk′dĭk′] (n.) الدِّقْدِق: ظبي صغير من ظباء إفريقيا الشرقية.

dike [dīk] (n.; vt.) (١) خندق (٢) «أ» سَدّ. «ب» حاجز. «ج» سِياج؛ جدار (٣) المَجازة: ممرّ أو طريق مرتفع عبرَ أرض منخفضة أو سَبخة (٤) المُساحِقة: امرأة تمارس السِّحاق (ع) § (٥) يطوِّق أو يَصُون بسدّ.

dik·tat [dĭk tät′] (n.) أمر؛ قرار؛ مرسوم.

di·lac·er·ate [dĭ lăs′-] (vt.) يمزِّقه إرَبًا إرَبًا.

di·lap·i·date [-′ə dāt′] (vt.; i.) (١) يهدِّم؛ يقوِّض x (٢) يتهدَّم؛ يتقوَّض.

di·lap·i·dat·ed (adj.) متهدِّم؛ متقوِّض؛ متداعٍ؛ خَرِبٌ.

di·lat·a·bil·i·ty (n.) المُتَمَدِّدية؛ الاتّساعية: قابلية التمدُّد أو الاتّساع.

di·lat·a·ble [dī lāt′-] (adj.) متمدِّد؛ قابلٌ للاتّساع.

di·lat·ant [dī lāt′ənt] (adj.) متمدِّد؛ متوسِّع.

di·la·ta·tion [dĭ′lə tā′-] (n.) (١) إسهاب (٢) «أ» تمدُّد <~ of the stomach>. «ب» تمديد (٣) «أ» اتّساع؛ توسُّع <~ of the cavities of the heart>. «ب» توسيع (٤) عضوٌ متمدِّد أو متَّسع.

di·late [dī lāt′] (vt.; i.) (١) يَصِف بإسهاب (ا. ق) (٢) يُمَدِّد؛ يُوَسِّع x (٣) يُسْهِب؛ يُطْنِب (٤) يتمدَّد؛ يتَّسع؛ يتوسَّع.

di·lat·ed (adj.) مُمَدَّد؛ مُوَسَّع؛ مُسَطَّح.

di·la·tion [dī lā′shən] (n.) = dilatation.

di·la·tom·e·ter [dĭl ə tŏm′-] (n.) المِمْداد: مِقياس التمدُّد الحراريّ.

di·la·tor [dī lā′-] (n.) (١) الممدِّد؛ المُوسِّع (٢) المُوَسِّعة: أداة لتوسيع قناة أو تجويف في الجسم (جر).

dil·a·to·ry [dĭl′ə tōr′ĭ] (adj.) (١) مُعَوِّق؛ مقصودٌ به التعويق <~ tactics> (٢) بطيء <She is ~ in answering letters.>.

dil·do [dĭl′-] (n.) القضيب الزائف [تُقحمه المرأة في فرجها].

di·lem·ma [dĭ lĕm′ə] *(n.)* (١) القياس الأقرن: برهان ذو حدّين [أو قرنَين] يُكرِه الخصمَ على اختيار واحد من بديلين كلاهما في غير مصلحته (مق) (٢) «أ» مأزِق؛ ورطة. «ب» مُعْضِلة.
— **dil·em·mat·ic** *(adj.)*
on the horns of a ~, في حَيْصَ بَيْص.

dil·et·tan·te [dĭl′ə tänt′; dĭl′ə tän′tĭ] *(n.; adj.)* (١) مُحِبّ الفنون (٢) الهاوي [فنًّا ما] § (٣) هُواتيّ: ذو علاقة بالهواة أو مُميِّزٌ لهم.

dil·i·gence¹ [dĭl′ə jəns] *(n.)* (١) كَدّ؛ اجتهاد (٢) يَقَظة؛ اهتمام (ق).

dil·i·gence² *(n.)* الدِّيلجَنْس: مركبة عمومية كبيرة تجرّها الجياد.

diligence²

dil·i·gent [dĭl′ə jənt] *(adj.)* (١) كادٌّ؛ مُجتهد <a ~ scholar> (٢) جادّ؛ دائب؛ متواصل <~ search>.

dill [dĭl] *(n.)* الشِّبْث؛ الشِّبِتّ: بقلة من التوابل.

dill

dil·ly [dĭl′ĭ] *(n.)* شيء رائع؛ شيء لافت للنظر (ع).

dilly bag *(n.)* المُشَبَّكة: سلّة أستراليّة مصنوعة من قَصَب.

dil·ly·dal·ly [dĭl′ĭ dăl′ĭ] *(vi.)* يتلكّأ؛ يتوانى؛ يضيع الوقت بالتردّد.

dil·u·ent [dĭl′yo͞o-] *(adj.; n.)* (١) مُشَعْشِع: مُرَقِّق أو مخفِّف للزُّوجة § (٢) المُشَعْشِعَة: مادة مخفِّفة للزُّوجة وبخاصة في الدم.

di·lute [dī lo͞ot′; dĭ-] *(vt.; adj.)* (١) يُضعِف؛ يوهن (٢) يُشَعْشِع: يُرَقِّق السائل أو يخفف من كثافته بإضافة الماء إليه (٣) يَشُوب § (٤) ضعيف؛ واهن (٥) مُشَعْشَع؛ مرقَّق؛ مخفَّف <~ alcohol>.

di·lu·tion [dī lo͞o′-] *(n.)* (١) شَعْشَعة؛ ترقيق؛ تخفيف (٢) تَشَعْشُع؛ ترقُّق (٣) محلولٌ مُشَعْشَع أو مُرَقَّق.

di·lu·vi·al *or* **di·lu·vi·an** [dĭ lo͞o′-] *(adj.)* طوفانيّ: ذو علاقة بطوفان [وبطوفان نوح بخاصة].

di·lu·vi·um [dĭ lo͞o′-] *(n.)* الراسب الفَيْضيّ؛ الراسب المَجْلَدِيّ (جي).

dim [dĭm] *(adj.; vt.; i.; n.)* (١) «أ» مُعتِم؛ مظلم قليلًا <a ~ room>. «ب» كامد؛ باهت <a ~ color>. «ج» غامض؛ مُبْهَم <a ~ idea>. «د» مُضْجِر <a ~ celebration> (٢) «أ» غير جليّ <a ~ object>. «ب» خافت <a ~ sound>. «ج» ضعيف <~ light; ~ smell> (٣) «أ» مُظْلِم <a ~ future>. «ب» متشائم أو مُعادٍ <took a ~ view of> (٤) «أ» كليل <His sight was getting ~.>. «ب» بليد الفهم <~ in her wits> § (٥) يُعَتِّم؛ يُبْهِت؛ يُضعِف x (٦) يَعْتِم؛ يَبْهَت؛ يَضْعُف § (٧) المُضْعَف: «أ» ضوء السيارة الصغير المستخدَم في المواقف. «ب» ضوء السيارة الأماميّ القصيرُ المدى.
— **dim·ness** *(n.)*

dime [dīm] *(n.)* (١) الدّايْم: عشرة سنتات أو عُشْر دولار (٢) مقدار ضئيل من المال.

dime novel *(n.)* الرواية الرّخيصة: رواية مثيرة عديمة القيمة الأدبية.

di·men·sion [dĭ mĕn′shən] *(n.; vt.)* (١) بُعْد [مُفرد أبعاد] (٢) *pl.* عد: حجم (٣) *pl.* عد: نطاق؛ مدًى (٤) مَظْهر؛ سِمة § (٥) يُبَوْعِد: «أ» يصنع وفقًا لأبعاد معيّنة. «ب» يضع الأبعاد [على رسم].

di·men·sion·al *(adj.)* بُعْديّ: منسوبٌ إلى بُعْدٍ من الأبعاد.

di·mer·ic [dī mĕr′-] *(adj.)* مُزْدَوِج <a ~ chromosome>.

dim·er·ous [dĭm′ər-] *(adj.)* مُزْدَوِج: مؤلف من أو مشطور إلى جزأين.

dim·e·ter [dĭm′-] *(n.)* ثُنائيّ التفاعيل؛ ذو التفعيلتين (عر).

di·mid·i·ate [dĭ mĭd′-] *(vt.; adj.)* (١) يُنَصِّف: يَقْسِم إلى نصفين § (٢) مُنصَّف.

di·min·ish [dĭ mĭn′ĭsh] *(vt.; i.)* (١) يُقلِّل؛ يُنْقِص؛ يُخفِّض (٢) يُضعِف السُّلطة (٣) يَستخفّ به؛ ينتقص من قدره (٤) يجعله مُسْتَدِقّ الطَّرَف (عم) x (٥) يَقِلّ؛ يَنْقُص؛ يَصْغُر؛ يتضاءل (٦) يَسْتَدِقّ (عم).

diminishing returns, law of قانون تناقص الغَلّة: قانون يقول بأن زيادة العمل أو رأس المال إلى أبعد من حدود معيّنة، لا ينشأ عنها زيادةٌ في الإنتاج، وبالتالي في الأرباح، بالنسبة نفسها (اد).

di·min·u·en·do [-yo͞o ĕn′dō] *(adj.; n.)* = decrescendo.

dim·i·nu·tion [-no͞o′shən] *(n.)* (١) إنقاص (٢) تناقُص (٣) نَقْص.

di·min·u·tive [-′yə tĭv] *(adj.; n.)* (١) تصغيريّ: دالّ على التصغير <-let is a ~ suffix> (٢) صغير <a ~ hotel> § (٣) «أ» أداة تصغير. «ب» صيغة تصغير (ل) (٤) شيء أو شخص صغير.

dim·i·ty [dĭm′ə tĭ] *(n.)* الدِّيما؛ البَفْتة الهندية: قماش قطنيّ رقيق.

dim·ly [dĭm′lĭ] *(adv.)* على نحوٍ مُعْتِم أو غامض إلخ (را. dim).

dim·mer [dĭm′ər] *(n.)* (١) المِعْتام: أداة لإضعاف التيار الكهربائيّ تدريجيًا (٢) *pl.* المُضْعَف: «أ» ضوء السيّارة الصغير [المُستعمل في المواقف]. «ب» ضوء السيارة الأمامي القصير المدى.

di·mor·phic [dī môr′-] *(adj.)* ثنائيّ الشّكل («ك» و«ح» و«نب»).

di·mor·phism *(n.)* ثُنائية الشّكل («ك» و«ح» و«نب»).

di·mor·phous [dī môr′fəs] *(adj.)* = dimorphic.

dim·out [dĭm′out] *(n.)* التعتيم الجُزئيّ [وقايةً من غارة جوية].

dim·ple [dĭm′pəl] *(n.; vt.; i.)* (١) «أ» النُّونة: النُّقرةُ في الذقن. «ب» الغمّازة: النقرة في الخدّ (٢) الهَزْمة: كلّ نُقْرة صغيرة § (٣) يُغَمِّز: يُحدِث ما يشبه الغمّازات في <large, heavy drops that ~d the stream> (٤) يَهْزِم: يُحْدِث [في المعدن] نُقَرًا x (٥) يتغمَّز: يُبْدي أو يشكّل غمّازةً أو نحوها، وبخاصة عند الابتسام <She ~d up at them shyly.>.

dim·wit [dĭm′wĭt′] *(n.)* الغَبيّ؛ الأبله؛ المُغَفَّل.

dim–wit·ted *(adj.)* غَبيّ؛ أبله؛ مُغَفَّل.

din [dĭn] *(n.; vt.; i.)* (١) ضجيج؛ جَلَبة § (٢) يُصِمّ الآذانَ [بالضجيج والجلبة] (٣) يكرِّر بإلحاح x (٤) يَضِجّ؛ يُحدث ضجّة.

di·nar [dĭ när′] *(n.)* الدِّينار: وحدة النقد في بلدان كثيرة.

dine [dīn] *(vi.; t.)* (١) يَتعشّى [أو يتغدّى]: يتناول طعام العَشاء [أو الغَداء] x (٢) يدعو إلى العَشاء [أو الغَداء].
to ~ out يتناول طعام العَشاء خارج المنزل.
to ~ with Duke Humphrey يَبيت على الطَّوَى.

din·er [dī′nər] *(n.)* (١) متناوِل العَشاء أو الغَداء (٢) حافلة الطَّعام: «أ» حافلة قطار يقدَّم فيها الطعام. «ب» مطعمٌ على شكل هذه الحافلة.

di·nette [dī nĕt′] *(n.)* حُجَيْرة طعام أو أثاثها.

ding [dĭng] *(vt.; i.; n.)* (١) يَقْرَع [ناقوسًا] (٢) يَرِنّ: يُقْرَع [الناقوسُ]

(٣) يُلْحِف: يكرِّر القولَ مرةً بعد مرة § (٤) صوت الناقوس ونحوِه.

ding–a–ling [dĭng′ə lĭng′] *(n.)* الأحمق؛ الأبله؛ المغفَّل.

ding·bat [dĭng′băt] *(n.)* الأحمق؛ الأبله؛ المغفَّل.

ding–dong [dĭng′dông′] *(n.; vi.; adj.)* (١) صوت النّاقوس ونحوِهِ § (٢) يُقْرَع <heard the bell ~*ing*> (٣) يُرَدِّد: يكرِّر صوتًا أو عملًا على نحو متواصل أو مُضجِر § (٤) ناقوسيّ: ذو علاقة بصوت الناقوس أو شبيهٌ به (٥) عنيف؛ مرير؛ حامٍ؛ قاسٍ <a ~ struggle>.

dinge [dĭnj] *(n.)* (١) قذارة (٢) كُمْدَة؛ دُكْنة (٣) كآبة.

din·gey; din·ghy [dĭng′ĭ; dĭng′gĭ] *(n.)* الدِّنجيّ: «أ» زورق تجذيف. «ب» مَركب شراعيّ. «ج» طَوْف مطاطيّ يُتَّقَى به من الغرق.

din·gi·ness [dĭn′jĭ-] *(n.)* (١) قذارة (٢) كُمْدَة؛ دُكْنة [في اللون].

din·gle [dĭng′gəl] *(n.)* الوَهْدَة: وادٍ صغير كثير الشجر.

dingo

din·go [dĭng′gō] *(n.)* الدَّنْغ: كلبٌ أستراليّ ضارٍ.

din·gus *(n.)* (١) المجهول: شيء يجهل المرء اسمَهُ أو ينساه (٢) القضيب (ع).

din·gy [dĭn′jĭ] *(adj.)* (١) قذِر (٢) رَثّ؛ بالٍ (٣) داكن.

din·ing car *(n.)* حافلة الطعام: حافلة قطارٍ يُقَدَّم فيها الطعام.

din·ing hall *(n.)* قاعة الطعام [في كليّة إلخ].

din·ing room *(n.)* حُجرة الطعام.

din·key *or* **din·ky** [dĭng′kĭ] *(n.)* قاطرة صغيرة.

din·ky [dĭngk′ĭ] *(adj.)* (١) أنيق (بر) (٢) صغير؛ تافه.

din·ner [dĭn′ər] *(n.)* (١) وجبة الطعام الرئيسية [عشاءً كانت أم غداءً] (٢) مَأْدُبة؛ وليمة.

dinner coat *(n.)* = dinner jacket.

dinner dance *(n.)* العَشاء الراقص: عشاء يتبعه رقص.

dinner jacket *(n.)* بذلة السهرة [للرجال]؛ السّموكنغ.

dinner party *(n.)* حفلة عَشاء [أو المدعوُّون إليها].

din·ner·time [dĭn′ər tīm] *(n.)* وقتُ العَشاء.

dinner wagon *(n.)* عربة الطعام: عربة ذات رفوف، تُدفَع على عجلات صغيرة في حجرة الطعام.

di·noc·er·as [dī nŏs′-] *(n.)* الدِّينوسيراس: حيوان ضخم منقرض من ذوات الحافر والقرون.

di·no·saur [dī nə sôr′] *(n.)* الدِّينوصور: أيٌّ من الزَّواحف البائدة التي ظهرت في الدهر الوسيط Mesozoic era وانقرضت في أواخره.

dinosaur

di·no·sau·ri·an *(adj.; n.)* (١) دَيْنوصوريّ § (٢) دَينوصور.

di·no·there [dī′nə thēr′] *(n.)* الدِّينوثير: حيوان ثديّ منقرض شبيه بالفيل.

dinothere

dint [dĭnt] *(n.; vt.)* (١) قوّة (٢) بَعْجة § (٣) يَبْعَج (٤) يَغْرِز.

(١) أبْرَشيّ § (٢) أسقُف أبرشية. **di·oc·e·san** [dī ŏs′ə sən] *(adj.; n.)*

di·o·cese [dī′ə sēs] *(n.)* الأَبْرَشِيّة؛ الأسقفيّة (كن).

di·ode [dī′ōd] *(n.)* الصِّمام الثُّنائيّ (ألك).

di·oe·cious [dī ē′shəs] *(adj.)* مُنْفصِل الجنس (نب).

di·oi·cous [dī oi′kəs] *(adj.)* = dioecious.

Di·o·ny·si·a [dī′ə nĭsh′ĭ ə] *(n.)* المهرجان الدّيونيسوسيّ: أحد المهرجانات الإغريقية القديمة المُقامة لديونيسوس Dionysus إلَه الخمرة، وبخاصة في إقليم أتّيكا.

Di·o·ny·sian [-′ən] *(adj.)* (١) ديونيسوسيّ (٢) شهواني؛ عِربيد.

Di·o·ny·sus [dī′ə nī′səs] ديونيسوس: إلَه الخمرة عند اليونان.

di·op·side [dī ŏp′sīd] *(n.)* الدّيوبسيد: معدن من البيروكسينات.

di·op·tase [dī ŏp′tās] *(n.)* الديوبتيز: سِليكات النحاس المائية.

di·op·ter [dī ŏp′-] *(n.)* الديوبتر؛ الكسيرة: وحدة لقياس قوة العدسة.

di·op·tom·e·ter *(n.)* الدّيوبتومتر: مقياس الانكسار العَيْنيّ (بص).

di·op·tric [dī ŏp′-] *(adj.)* انكساريّ: ذو علاقة بانكسار الضوء.

di·op·trics *(n.)* الانكساريّات: دراسة قوانين انكسار الضوء (بص).

di·o·ram·a [dī′ə răm′ə] *(n.)* الديوراما: صورة شبه شفافة تُعَدّ للعرض من خلال ثقب مع الاستعانة بمختلف وسائل الإضاءة.

di·o·rite [dī′ə rīt′] *(n.)* الدّيوريت: صخر حُبَيْبيّ شبيه بالغرانيت.

di·ox·ane [dī ŏk′sān′] *(n.)* الدّيوكسان: سائل سريع الالتهاب (ك).

di·ox·ide [dī ŏk′sīd] *(n.)* ثاني أكسيد <carbon ~>.

dip [dĭp] *(vt.; i.; n.)* (١) «أ» يَغْمِس؛ يغطِّس؛ يَغُطّ. «ب» يُقحِم <~*ped* his hand in his pocket>. «ج» يَصْبغ بالغَمْس [في صباغ]. «د» يُطهِّر: يُغطِّس خروفًا أو خنزيرًا في محلول قاتل للجراثيم. «هـ» يُشَمِّع: يصنع شمعةً بتكرير غمس الفتيل في دُهن أو شمع ذائب (٢) يَغْرِف (٣) «أ» يَرْهَن. «ب» يتورَّط في متاعب مالية <He was ~*ped* as badly as his father.> (٤) «أ» يخفض ثم يرفع ثانية <to ~ a flag in salute>. «ب» يخفض [رأسَه أو أنوار السيّارة الأماميّة إلخ] x (٥) «أ» يَغْطِس. «ب» يسقط. «ج» ينخفض [باعتدال وموقتًا عادة] <Prices ~*ped*.> (٦) يَسْطو على (٧) يتصفح كتابًا إلخ (٨) ينحني؛ ينحدر؛ يَميل § (٩) مص dip. مثل: «أ» غَمْس؛ تغطيس؛ غَطّ. «ب» غَطْس. «ج» سقوط. «د» خَفْض. «هـ» انخفاض معتدل <how to account for ~*s* in his popularity> (١٠) المَيْل الرأسيّ («جي» و«مغ») (١١) «أ» انحدار. «ب» منحدَر (١٢) شمعة [تُصْنع بغمس الفتيل تكرارًا في دُهنٍ ذائب] (١٣) الغَميس: سائل يُغْمَس فيه (١٤) نشّال (ع).

to ~ one's hand into one's purse يُنفق المال أو يتبرَّع به.

di·phase [dī′fāz]; **di·phas·ic** [-fā′-] *(adj.)* ثُنائيّ الطَّور (ك).

di·phen·yl [dī fĕn′əl] *(n.)* = biphenyl.

di·phos·gene [dī fŏs′jēn] *(n.)* الدِّيفوسجين: غاز سامّ (ك).

dip·per [dĭp′ər] *(n.)*: (١) الدُّنْقُلة؛ الغَطّاس: طائر مُغرِّد (٢) فا dip، مثل: «أ» الصابغ؛ الصَّبّاغ. «ب» الشَّمّاع: صانع الشموع. «ج» المُتَصَفِّح: القارئ بسرعة وسطحيّة. «د» مِغرفة (٣) المِخفاض: مفتاح خافض للأضواء الأمامية (سي) (٤) نشّال (ع) (٥) cap.: الدُّبّ الأكبر أو الدُّبّ الأصغر (فل).

dipping needle

dip·ping needle *(n.)* إبرة المَيَلان؛ إبرة الميل الرأسيّ.

dip·py [dĭp′ĭ] *(adj.)* (١) مجنون؛ مخبول؛ مُتَيَّم (٢) أحمق <a ~ plan>.

dip·so·ma·ni·a [dĭp′sə mā′nĭ ə] *(n.)* الكُحال: تَعَطُّش لا يُقاوَم للأشربة الكحولية.

dip·so·ma·ni·ac [-′nĭ ăk′] *(n.)* المكحول: المصاب بالكُحال.

dip·so·ma·ni·a·cal [dĭp′sə mə nī′-] *(adj.)* مكحول: مصاب بالكُحال.

dip·stick [-′stĭk] *(n.)* قضيب العُمق: قضيب مدرَّج لقياس العمق.

dipt [dĭpt] *past and past part. of* dip.

dip·ter·al [dĭp′-] *(adj.)* ذو صَفَّيْن من الأعمدة [في جهاته كلها] (عم).

dip·ter·an *(adj.; n.)* (١) ثُنائيّ الجناح § (٢) حشرة مزدوجة الجناح.

dip·ter·on [dĭp′-] *(n.)* pl. **-ter·a** ثنائيّة الجناح: حشرة مُزْدوجة الجناح.

dip·ter·ous [dĭp′-] *(adj.)* (١) مُزْدَوِج الجناح <~ seeds> (٢) ثُنائيّ الجناح <~ insects>.

dipterous insect

dip·tych [dĭp′tĭk] *(n.)* (١) الدِّبْتَك؛ اللوح المزدوج: لوحان من خشب أو معدن أو عاج كان الإغريق والرومان يَصِلون ما بينهما بضرب من المِفْصلات ويَكْسون باطنَهما بالشَّمع ثم يكتبون عليهما بقلم خاص (٢) الدِّبْتَكيّ: غلاف كتاب شبيهٌ بالدِّبْتَك (٣) الدِّبْتَكيّة: صورة مزدوجة على لوحٍ مزدوج.

dire [dīr] *(adj.)* (١) «أ» رهيب <a ~ calamity>. «ب» أليمٌ <the ~ news of the president's death>. «ج» كئيب <a ~ point of view> (٢) منذرٌ بكارثة <a ~ forecast> (٣) مُلِحّ؛ ماسّ جدًّا <~ need> (٤) شديد؛ مُفرِط <~ poverty>.

di·rect [dĭ rĕkt′; dī-] *(vt.; i.; adj.; adv.)* (١) يُعَنْوِن [الرسالة] (٢) «أ» يوجّه. «ب» يخصص <~*ed* their earnings to academic scholarship funds> (٣) يرشد؛ يدلّ على الطريق (٤) يدير؛ يقود (٥) يأمر (٦) يُخرِج <Who ~*ed* that film?> x (٧) يفرض؛ يقضي (٨) يقود الأوركسترا <clever at composing and ~*ing*> § (٩) مستقيم <a ~ line> (١٠) مباشر <~ contact> (١١) صريح <a ~ answer> (١٢) مباشر: ممثّل لكلام القائل بالحرف الواحد <~ discourse> (١٣) مُطَّرِد؛ مستمرّ (كب) § (١٤) مباشرةً <The writer must take his material ~ from life.>.

direct action *(n.)* العمل المباشر: عمل يستهدف تحقيق غاية ما على نحوٍ مباشر وبأسرع الطرق وأكثرها فعالية [كالإضراب والمقاطعة إلخ].

direct current *(n.)* التيّار المُطَّرِد أو المستمرّ (كب).

di·rect·ed *(adj.)* مُوَجَّه <a ~ economy>.

directed angle *(n.)* الزاوية الموجَّهة (ر).

di·phos·phate [dī fŏs′fāt] *(n.)* ثُنائيّ الفوسفات (ك).

diph·the·ri·a [dĭf thēr′-] *(n.)* الخانوق؛ الخُناق؛ الديفتيريا (مض).

diph·thong [dĭf′thông] *(n.)* (١) الصائت الثنائيّ: «أ» حرفا عِلّة يشكّلان صوتًا واحدًا (مثل *oi* في لفظة *noise*). «ب» حرفا علة يكتبان مُتّصلَين (مثل æ) (٢) digraph.

diph·thong·ize [dĭf′-] *(vt.; i.)* (١) يُدْغِم x (٢) يندغم (ل).

diphy- *or* **diphyo-** بادئة معناها: ثُنائيّ <*diphy*odont>.

di·phyl·lous [dī fĭl′əs] *(adj.)* ثُنائيّ الورق: ذو ورقتين (نب).

di·phy·o·dont [dĭf′ĭ ō dŏnt′] *(adj.)* ثُنائيّ التسنين (ح).

dipl- *or* **diplo-** بادئة معناها: مُزْدَوِج؛ مُضاعَف <*diplo*pia>.

di·ple·gia [dī plē′jə] *(n.)* الشَّلل المزدوج (ط).

di·plex [dī′-] *(adj.)* ثُنائيّ الإشارة: ذو إشارتين مستقلّتين (رد).

di·plod·o·cus [dĭ plŏd′-] *(n.)* الدَّينوصور العاشب [الآكل للعشب].

dip·loid [dĭp′loid] *(adj.; n.)* (١) مضاعَف؛ مُزْدَوِج (٢) ضِعفانيّ: ذو منظومتين من الصِّبغيات أو الكروموسومات (أح) § (٣) خليّة ضعفانيّة.

di·plo·ma [dĭ plō′mə] *(n.; vt.)* pl. **-mas** *or* **-ma·ta** (١) وثيقة رسمية (٢) البراءة: وثيقة رسمية تمنح حاملها حقًّا أو امتيازًا أو شرفًا (٣) الدِّبلوم: شهادة مدرسيّة أو جامعيّة إلخ § (٤) يَمنح دبلومًا <too many ~*ed* illiterates>.

di·plo·ma·cy [dĭ plō′mə sĭ] *(n.)* (١) الديبلوماسية: فنّ التفاوض بين الدول (٢) ديبلوماسية؛ لباقة؛ كياسة؛ حُسْن تدبير.

dip·lo·mat [-′lə măt′] *(n.)* الديبلوماسيّ: «أ» المشتغل بالديبلوماسية [كالسَّفير أو الوزير المفوَّض إلخ]. «ب» اللَّبِق؛ الكَيِّس؛ الحَسَن التدبير.

dip·lo·mate [dĭp′lə māt′] *(n.)* (١) حامل الشهادة (٢) الاختصاصيّ.

dip·lo·mat·ic [dĭp′lə măt′-] *(adj.)* (١) ديبلوماسيّ (٢) لبِق؛ كيِّس.

diplomatic agent *(n.)* المُعْتَمَد الديبلوماسيّ.

diplomatic body *(n.)* الهيئة الديبلوماسية.

diplomatic immunity *(n.)* الحَصانة الديبلوماسية.

di·plo·ma·tist [dĭ plō′-] *(n.)* = diplomat.

di·plo·pi·a [dĭ plō′pĭ ə] *(n.)* الشَّفَع؛ ازدواج الرؤية: حالة مَرَضية في البصر يتبدّى معها الشيء الواحد مُزدوجًا (ط).

dip·lo·pod [dĭp′lə pŏd] *(adj.)* ثُنائيّ الأرجُل (ح).

di·plo·sis [dĭ plō′sĭs] *(n.)* التَّضْعاف: تضاعُفُ عدد الصِّبغيّات (أح).

dip needle *(n.)* = dipping needle.

dip·no·an [dĭp′nō ən] *(n.; adj.)* (١) مُزْدَوِجَة التنفُّس: واحدة من مُزْدَوِجات التنفُّس **Dipnoi** وهي مجموعة من الأسماك ذات خياشيم ورئات § (٢) مُزْدَوِج التنفُّس.

dip·o·dy [dĭp′ə dĭ] *(n.)* التفعيلة الثنائية (عر).

di·po·lar [dī pō′-] *(adj.)* ثُنائيّ القُطب؛ مُزْدَوِج القُطب.

di·pole [dī′pōl′] *(n.)* (١) ثُنائيّ القُطب (فز) (٢) جُزَيْ ثُنائيّ القطب (ك) (٣) هوائيّ ثنائيّ الاستقطاب («رد» و«تلفز»).

di·rec·tion [dĭ rĕk′-; dī-] *(n.)* (١) إدارة؛ إشراف (٢) عُنوان الرسالة (ا. ق) (٣) «أ» أمْرٌ [مُفْرَد أوامر]. «ب» توجيه [مُفْرَد توجيهات]. «ج» تعليم [مُفْرَد تعليمات] (٤) توجيه [الاقتصادِ إلخ] (٥) «أ» اتجاه. «ب» جهة. «ج» نزعة (٦) قيادة الأوركسترا (٧) الإخراج [المسرحيّ أو التلفزيوني إلخ].

di·rec·tion·al *(adj.)* (١) اتجاهيّ <a ~ signal> (٢) توجيهيّ.

directional antenna *(n.)* الهوائيّ الاتجاهيّ: هوائيّ يحدّد الجهة التي تُقبِل منها الإشارات الملتقَطة أو يرسل الإشارات في اتجاه واحد فقط (رد).

direction cosine *(n.)* جيب تمام الاتجاه (ر).

direction finder *(n.)* معيِّن الاتجاه: أداة لتحديد الجهة التي تنطلق منها الموجات والإشارات اللاسلكية (رد).

direction indicator *(n.)* مُبيِّن الاتجاه: بوصلة ذات عقربين أحدهما مثبَّت في الاتجاه المُراد والآخر دالٌّ على الاتجاه الفعلي (طي).

direction indicator

di·rec·tive [dĭ rĕk′-; dī-] *(adj.; n.)* (١) توجيهي؛ إداري (٢) اتجاهيّ: دالّ على الاتجاه؛ وبخاصة: عاملٌ في فعالية أعظم باتجاه معيَّن <a more ~ aerial> § (٣) تعليمات أو توجيهات [عسكرية بخاصة].

directive therapy *(n.)* المعالجة التوجيهيّة (نف).

direct lighting *(n.)* الإضاءة المباشِرة.

di·rect·ly [dĭ rĕkt′lĭ; dī-] *(adv.; conj.)* (١) مباشرةً (٢) توًّا؛ في الحال (٣) قريبًا § (٤) حالما؛ بُعيد أمرٍ ما مباشرةً <*Directly* you feel any pains you must go to the doctor.>.

direct object *(n.)* المفعول به المباشِر (ل).

di·rec·tor [dĭ rĕk′-; dī-] *(n.)* (١) مدير (٢) مدير شركة (٣) مُخرج [مسرحي أو سينمائي] (٤) قائد [فرقة موسيقية].

di·rec·to·rate [dĭ rĕk′tər ĭt; dī-] *(n.)* (١) المديرية: منصب المدير (٢) مجلس إدارة [شركةٍ ما] (٣) مديرو برنامج [أو مكتب إلخ].

di·rec·to·ri·al *(adj.)* (١) توجيهيّ؛ إرشاديّ (٢) مُديريّ: منسوب إلى مدير أو مهامّ المدير <employed in a ~ position> (٣) إخراجيّ: ذو علاقة بالإخراج المَسْرحي أو السينمائي <a new ~ genius> (٤) إداريّ؛ مُديريّ: ذو علاقة بمجلس أو حكومة مديرين.

di·rec·to·ry [-′tə rĭ; dī-] *(adj.; n.)* (١) توجيهيّ. وبخاصة: استشاريّ § (٢) المُرشِد: كتاب مشتملٌ على مجموعة توجيهات أو قواعد (٣) الدليل: كتاب مُرتَّب على حروف الهجاء يشتمل على أسماء وعناوين (٤) «أ» مجلس مديرين. «ب» حكومة مديرين.

direct primary *(n.)* الانتخاب الأوّليّ المباشِر: انتخاب يختار فيه أعضاء الحزب السياسي مُرَشَّحيهم من طريق الاقتراع المباشر.

direct proportion *(n.)* التناسب الطَّرْديّ (ر).

di·rec·tress [dĭ rĕk′trĭs; dī-] *(n.)* مُديرة.

di·rec·trix *(n.)* (١) مُديرة (ا. ق) (٢) الدَّليل؛ الخط الدليليّ (ر).

direct speech *(n.)* القَوْل المباشر: الكلام كما نَطَقَ به قائلُهُ (ل).

direct tax *(n.)* الضريبة المباشرة [كضريبة الدخل أو الإرث].

dire·ful [dīr′-] *(adj.)* (١) رهيب؛ فظيع (٢) مشؤوم: منذِر بكارثة.

dirge [dûrj] *(n.)* (١) ترنيمة جنائزيّة (٢) لحن حزين.

dir·i·gi·ble [dĭr′ə jə-] *(adj.; n.)* (١) قابل للتوجيه أو للتسيير § (٢) المُنطاد الموجَّه.

dirigible 2.

dir·i·ment [dĭr′ə-] *(adj.)* مُلْغٍ؛ مُبْطِل؛ ناسخ.

dirk [dûrk] *(n.; vt.)* (١) خِنجر § (٢) يطعن بخنجر.

dirn·dl [dûrn′dəl] *(n.)* الدَّرَنْدَل: «أ» ثوب نسويّ. «ب» تنّورة.

dirt [dûrt] *(n.)* (١) «أ» قَذَر. «ب» غائط؛ بِراز. «ج» وَحْل (٢) شخص أو شيء حقير (٣) تراب؛ رمل (٤) «أ» قذارة. «ب» فساد؛ سفالة. «ج» بذاءة. «د» قيلٌ وقالٌ.

dirt bike *(n.)* درّاجة الوحول: درّاجة ناريّة للأراضي الوعرة.

dirt–cheap *(adj.; adv.)* (١) رخيص جدًّا § (٢) بسعر رخيص جدًّا.

dirt·i·ness *(n.)* قذارة؛ وساخة؛ دناءة؛ بذاءة إلخ.

dirt–poor *(adj.)* مُعدِم؛ شديد الفقر.

dirt road *(n.)* الطريق الترابيّة: طريق غير مُعبَّدة.

dirt track *(n.)* مَجاز الدَّرّاجات: مجاز مُعَدّ لسباق الدراجات النارية.

dirt·y[1] [dûr′tĭ] *(adj.)* (١) «أ» قَذِر؛ وسِخ. «ب» بغيض؛ مُضجِر؛ عاقّ <did the ~ work>. «ج» ملوَّث <a ~ wound> (٢) «أ» دنيء؛ حقير <War is a ~ business.>. «ب» مكتسَب بطرائق غير شريفة <~ money>. «ج» تُعْوِزُهُ الروح الرياضية <a ~ hockey player> (٣) سافل؛ بذيء <a ~ joke> (٤) عاصف؛ كثير الضباب <a ~ night> (٥) كامد؛ باهت؛ غيرُ مشرق <~ white> (٦) رديء: كثير الأخطاء أو مُثقَل بالتصحيحات <a ~ copy> (٧) وسخ: كثير الغبار الذرّيّ المتساقط <a ~ hydrogen bomb>.

dirt·y[2] *(vt.; i.)* (١) يوسِّخ؛ يلوِّث x (٢) يتّسِخ؛ يتلوَّث.

dirt·y[3] *(adv.)* (١) بمكر؛ بخداع (٢) ببذاءة.

dirty word *(n.)* سُبَّة؛ كلمة بغيضة.

dis [dĭs] *(vt.; i; n.)* (١) يُهين (٢) ينتقد؛ يستخفّ § (٣) إهانة.

dis- بادئة معناها: (١) «أ» ينقض؛ يعكس <*dis*join>. «ب» يحرم؛ يجرِّد من <*dis*arm>. «ج» يطرد <*dis*bar> (٢) نقيض؛ فقدان <*dis*union; *dis*affection> (٣) غير <*dis*honest> (٤) تمامًا <*dis*annul>.

dis·a·bil·i·ty *(n.)* (١) عجز [جسديّ أو عقليّ] (٢) اللاأهلية الشّرعية (ق).

dis·a·ble [dĭs ā′-] *(vt.)* (١) يُفْقِدُهُ الأهلية (٢) يُضعِف؛ يُعجِز؛ يُقعِد عن العمل (٣) يعطِّل [عَمَلَ الآلة].
— **dis·a·ble·ment** *(n.)*

dis·a·bled *(adj.)* مُعاق؛ مُعَوَّق: مُصاب بعجز يَعُوقُهُ عن العمل.

dis·a·buse [dĭs′ə byōōz′] *(vt.)* يخلّص؛ يحرِّر من وهم أو خطأ.

dis·ac·cord [dĭs′ə kôrd′] *(vi.; n.)* (١) disagree § (٢) خلاف؛ تنافر.

ă at; ā date; â care; ä car; ĕ egg; ē me; ĭ in; ī bite; ŏ lot; ō bone; ô orphan; oi boil; ŏŏ good; ōō boot; ou out; ŭ under; û urgent; ə = *a* in alone, *e* in system, *i* in easily, *o* in gallop, *u* in circus.

dis·ac·cus·tom [-ə kŭs′-] *(vt.)* يحرِّر من عادةٍ ؛ يَصْرِف عن عادةٍ .

dis·ad·van·tage [-əd văn′-] *(n.; vt.)* (١) ضرر ؛ أذًى ؛ خسارة <rumors to his ~> (٢) عائق ؛ ظَرْفٌ معوِّق ؛ وَضعٌ غير مُؤاتٍ <fighting at a ~> (٣) عيب ؛ سيِّئة § (٤) يَضُرّ ؛ يُؤذي .

dis·ad·van·taged *(adj.)* مَحْروم : تُعْوِزُه الموارد أو الشروط الرئيسية التي تكفل له مركزًا متكافئًا في المجتمع <a ~ class> .

dis·ad·van·ta·geous [-tā′jəs] *(adj.)* (١) غير مُؤاتٍ ؛ غير مُلائم لمصالح المرء (٢) مُنْتَقِصٌ من القَدْر .

dis·af·fect [-ə fĕkt′] *(vt.)* ينفِّر ؛ يُنقِص من ولائه ؛ يستثير سُخْطه .

dis·af·fect·ed *(adj.)* ساخط ؛ مستاء ؛ متمرد ؛ غير موالٍ .

dis·af·fec·tion *(n.)* (١) نُفور ؛ كُره (٢) استياء ؛ سُخط .

dis·af·fil·i·ate [-ə fĭl′ĭ āt′] *(vt.; i.)* (١) يَفْصِل x (٢) ينفصل عن .

dis·af·firm [-ə fûrm′] *(vt.)* (١) يُنكِر (٢) يُبطل ؛ ينقُض (ق) .

dis·ag·gre·gate [-′rə gāt] *(vt.; i.)* (١) يُفكِّك x (٢) يتفكَّك .

dis·a·gree [dĭs ə grē′] *(vi.)* (١) يتعارض ؛ يتضارب (٢) «أ» يختلف في الرأي . «ب» يخالف ؛ يعارض (٣) يؤذي ؛ لا يلائم الصحّة <Damp climate ~s with her.>.

dis·a·gree·a·ble *(adj.)* (١) كريه <a ~ odor> (٢) سيِّئ الطبع .

dis·a·gree·ment [dĭs ə grē′-] *(n.)* (١) تعارُض ؛ تضارب (٢) «أ» اختلاف [في الرأي] . «ب» خلاف ؛ نزاع (٣) لاملاءمة .

dis·al·low [-ə lou′] *(vt.)* (١) يُنْكِر ؛ يرفض <Tax officials ~*ed* his claim.> (٢) يردّ ؛ ينقض ؛ لا يجيز [مشروعَ قانون إلخ] .

dis·an·nul [-ə nŭl′] *(vt.)* يُلغي ؛ يُبطِل ؛ يَنْسَخ .

dis·ap·pear [-ə pēr′] *(vi.)* يختفي ؛ يتوارى ؛ يزول ؛ يضمحلّ ؛ يتلاشى .

dis·ap·pear·ance *(n.)* اختفاء ؛ توارٍ ؛ زوال ؛ اضمحلال ؛ تلاشٍ .

dis·ap·point [-ə point′] *(vt.)* (١) يُخيِّب [أملًا] (٢) يُحبِط [خُطَّةً] .

dis·ap·point·ed *(adj.)* (١) مخيَّب <a ~ hope> (٢) مُخيَّب الرجاء ؛ محزون لما أصابه من خيبة أمل .
— dis·ap·point·ing *(adj.)*

dis·ap·point·ment *(n.)* (١) خَيْبة أمل (٢) مُخيِّب الأملِ .

dis·ap·pro·ba·tion [dĭs′ăp rə bā′-] *(n.)* = disapproval.

dis·ap·prov·al [-ə proo′-] *(n.)* (١) استنكار ؛ استهجان (٢) رَفْض .

dis·ap·prove *(vt.; i.)* (١) يستنكر ؛ يستهجن (٢) يرفض [المصادقةَ على] .

dis·arm [-ärm′] *(vt.; i.)* (١) «أ» يَنزع السلاح . «ب» يجرِّد [مدينةً إلخ] من السِّلاح . «ج» يُبطِل فعّالية لَغَم أو قنبلة بنزع الفتيل إلخ (٢) يسترضي x (٣) يُلقي السِّلاحَ (٤) تُخفِّض [البلادُ] حجمَ تسلُّحها .

dis·ar·ma·ment *(n.)* (١) نَزْع السِّلاح (٢) خَفض أو تحديد التسلُّح .

dis·arm·ing *(adj.)* ساحر ؛ ملطِّف أو مزيل للنقمة <a ~ smile> .

dis·ar·range [-ə rānj′] *(vt.)* (١) يُشوِّش (٢) يُبَعْثِر ؛ يُفسد النظامَ .

dis·ar·range·ment *(n.)* (١) تشويش (٢) تَشَوُّش ؛ فوضى .

dis·ar·ray [-ə rā′] *(vt.; n.)* (١) يُشوِّش ؛ يُفسد الترتيبَ أو النظامَ (٢) يجرِّده من ملابسه § (٣) تشوُّش ؛ فوضى (٤) الفِضال : الثوب المُبْتَذَل يُلْبَسُ في البيت للخدمة أو النوم .

dis·ar·tic·u·late [dĭs är tĭk′-] *(vt.; i.)* (١) يُفكِّك [المفاصلَ] x (٢) تَتَفَكَّك [المفاصلُ] .

dis·as·sem·ble [-ə sĕm′-] *(vt.; i.)* (١) يُفكِّك x (٢) يَتَفكَّك (٣) يتفرّق .

dis·as·sem·bly *(n.)* (١) «أ» تفكيك . «ب» تفكُّك (٢) تفرُّق .

dis·as·so·ci·ate [-ə sō′shĭ āt′] *(vt.; i.)* (١) يَفْصِل x (٢) ينفصل عن .

dis·as·ter [-zăs′-; -zäs′-] *(n.)* كارثة ؛ نكبة .

dis·as·trous [-′trəs] *(adj.)* (١) فاجع (٢) مشؤوم <a ~ day> .

dis·a·vow [-′ə vou′] *(vt.)* يُنكر ؛ يتنصَّل من [المسؤوليةِ] .

dis·a·vow·al [-′əl] *(n.)* إنكار ؛ تنصُّل من [المسؤوليةِ] .

dis·band [dĭs bănd′] *(vt.; i.)* (١) «أ» يَحُلّ . «ب» يسرِّح [جيشًا] x (٢) «أ» ينحلّ . «ب» يتشتّت [الجيش] ؛ يتمزَّق .

dis·bar [-bär′] *(vt.)* (١) يُقصي ؛ يُبعِد (٢) يَشْطُب [من جدول المحامين] .

dis·be·lief [-bĭ lēf′] *(n.)* إنكار ؛ جُحود ؛ كفرٌ بِـ ؛ عدم تصديق .

dis·be·lieve *(vt.; i.)* يُنكر ؛ يَجْحَد ؛ يَكْفُر بِـ ؛ لا يصدِّق . . .

dis·bow·el [dĭs bou′əl] *(vt.)* = disembowel.

dis·branch *(vt.)* (١) يجرِّد [شجرةً] من أغصانها (٢) ينزع غُصْنًا .

dis·bud [-bŭd′] *(vt.)* (١) يُجَرِّد من البراعم (٢) ينزع قرونَ الماشية .

dis·bur·den [-bûr′-] *(vt.; i.)* (١) «أ» يحرِّر من حِمل أو عبء . «ب» يريح <~ your conscience> (٢) يُفرِّغ أو يُنزل «البضاعة» x (٣) يتحرَّر من حِمْل ؛ يفرِّغ <vessels ~*ing* at a dock> .

dis·burse [-bûrs′] *(vt.)* (١) «أ» يُنْفِق . «ب» يَدْفع (٢) يوزِّع .

dis·burse·ment *(n.)* (١) إنفاق ؛ دَفْع ؛ توزيع (٢) مالٌ مُنْفَق إلخ .

disc [dĭsk] *(n.; vt.)* = disk.

disc- *or* **disci-** *or* **disco-** بادئة معناها : «أ» قرص <*disci*form> . «ب» أسطوانة فونوغرافية <*disco*phile> .

dis·calced [dĭs kălst′] *(adj.)* حافٍ <~ friars> .

dis·cant *(n.; vi.)* = descant.

dis·card [*v.* -kärd′; *n.* dĭs′-] *(vt.; i.; n.)* (١) يرمي ورقة أو أكثر [في لعب الورق] (٢) يطْرح ؛ ينبذ § (٣) «أ» رَمْي الورق [في لعب الورق] . «ب» الورقة المَرْمية (٤) شخص أو شيء منبوذ .

dis·car·nate [-kär′nĭt; -′nāt′] *(adj.)* روحيّ ؛ غير ماديّ .

dis·cern [dĭ sûrn′; -zûrn′] *(vt.; i.)* (١) «أ» يرى ؛ يتبيَّن . «ب» يشمّ ؛ يَسمع إلخ (٢) يُدرك (٣) يميِّز [شيئًا من شيء] x (٤) يميز [بين أمرين] .

dis·cern·i·ble *(adj.)* قابلٌ لأن يُرى أو يُدْرَك أو يُميَّز .

dis·cern·ing *(adj.)* بصير ؛ فَطِن ؛ حصيف <a ~ critic> .

dis·cern·ment *(n.)* (١) مص discern (٢) بصيرة ؛ فِطنة ؛ حُسن تمييز .

dis·charge [*v.* dĭs chärj′; *n.* -′chärj] *(vt.; i.; n.)* (١) «أ» يفرِّغ <to ~ a ship> . «ب» يعفي <~ *d* from payment of taxes> . «ج» يطلق النار من <to ~ a gun> . «د» يفرِّغ من شحنة <to ~ a storage battery> (٢) «أ» يُنزل <to ~ a cargo> . «ب» يطلق [سهمًا] . «ج» يطلق سراح .

«د» يصب [النهر] مياهه. «هـ» يَنْفُث [دخانًا]. «و» يُفرِز [صديدًا] (٣) «أ» يصرف من الخدمة. «ب» يُسَدِّد دَيْنًا. «ج» يؤدّي واجبًا. «د» يُبطِل؛ يَنْقُض؛ يلغي. «هـ» يَستختم: يأمر لجنة برلمانية بأن تختم دراستها لمشروع قانون ابتغاء عرضه على المجلس (٤) يقصِّر: يزيل الألوان بعملية القَصْر أو التبييض (٥) يَشْطُب [اسم الكتاب المستعار عند إعادته] x (٦) يتحرَّر من حِمْلٍ أو عبء (٧) «أ» تنطلقُ النارُ [من بندقية إلخ]. «ب» ينحلّ <Some ~ dyes>. «ج» يَصُبّ § (٨) «أ» تحريرٌ من دَيْن أو التزام أو تهمة أو عقوبة. «ب» شهادة مُثْبِتة لذلك (٩) براءة [من دَيْن أو تهمة] (١٠) تفريغ <the ~ of a ship> (١١) إطلاق سراح (١٢) إطلاقٌ للنار (١٣) «أ» تصريف. «ب» تدفق؛ انطلاق [من أنبوب إلخ]. «ج» الدَّفق؛ الإفراز: المادة المتدفقة أو المفرَزة (١٤) «أ» تسديدٌ لدين. «ب» إنجاز لمهمة (١٥) صَرْفٌ [من الخدمة] (١٦) التفريغ (كب) (١٧) التصريف: اندفاق المُفْرَزات إلخ (ط).

discharge lamp *(n.)* مصباح التفريغ (كب).

dis·charg·er [-chärj′-] *(n.)* المُفَرِّغ؛ جهاز التفريغ (كب).

discharge tube *(n.)* صِمام التفريغ؛ أنبوب التفريغ (كب).

disci- = disc-.

dis·ci·form [dĭs′ĭ-] *(adj.)* قُرصانيّ: قُرْصيّ الشّكل.

dis·ci·ple [dĭ sī′-] *(n.)* المُريد؛ التابع؛ التلميذ (٢) الحَواريّ (نص).

dis·ci·pli·nal [dĭs′ə plĭn əl] *(adj.)* انضباطيّ؛ تأديبيّ.

dis·ci·pli·nar·i·an [-plə nâr′-] *(n.; adj.)* (١) فارضُ النظام: من يفرض النظام أو الانضباط § (٢) نظاميّ؛ انضباطيّ؛ تأديبيّ.

dis·ci·pli·nar·y [-′ə plə nĕr′ĭ] *(adj.)* (١) انضباطيّ؛ تأديبيّ (٢) صارم.

dis·ci·pline [-′ə plĭn] *(n.; vt.)* (١) عقوبة؛ عقاب (٢) العِلم: فرع من المعرفة أو الدراسة (٣) تدريب؛ تهذيب (٤) «أ» تأديب. «ب» سَوْط (٥) «أ» انضباط. «ب» ضبط النفس (٦) نظام (٧) انتظام § (٨) يعاقِب؛ يؤدِّب (٩) يدرِّب [وبخاصة على ضبط النفس] (١٠) يفرض النظام [وبخاصة من طريق التدريب والمراقبة] (١١) ينظِّم.

dis·ci·plined *(adj.)* منظَّم <a ~ mind>.

disc jockey *(n.)* فارس الأسطوانات: من يُعدّ برنامجًا إذاعيًا أو تلفزيونيًا مؤلَّفًا من مجموعة من التسجيلات الموسيقية ثم يقدِّمه مع تعليقات غير ذات صلة بالموسيقى.

dis·claim *(vi.; t.)* (١) يُسقط حقَّهُ x (٢) «أ» يُنكر. «ب» يتنصَّل من.

dis·claim·er *(n.)* (١) فا disclaim (٢) إسقاطُ حقّ (٣) إنكار؛ تنصُّل.

disc·like [dĭsk′līk] *(adj.)* = disklike.

dis·close [-klōz′] *(vt.)* (١) يكشف عن؛ يُبدي للعيان (٢) يَفْضح <to ~ a plot> (٣) يُفشي سرًّا (٤) يبيِّن؛ يُظهِر.

dis·clo·sure [-klō′zhər] *(n.)* (١) كشف؛ فَضْح؛ إفشاء (٢) انكشاف؛ افتضاح (٣) كل ما يُكشَف عنه أو يُفضَح أو يُفشَى.

dis·co *(n.; vi.)* (١) الدّيسكو: مَلْهًى ليليّ للرقص (٢) موسيقى الديسكو الراقصة § (٣) يُدَسِّك: يَرْقص على أنغام موسيقى الديسكو.

dis·cob·o·lus [-kŏb′ə-] *(n.)* pl. **-li** رامي القُرص (رب).

discobolus

dis·cog·ra·pher *(n.)* جامع الأسطوانات [الفونوغرافية] ومصنِّفها.

dis·cog·ra·phy [dĭs kŏg′rə fĭ] *(n.)* (١) فِهْرِس الأسطوانات: بيان تفصيليّ بالأسطوانات الفونوغرافية يعيِّن فئاتِها وواضعي كلماتها والمُغَنِّين الذين أدَّوها وتاريخ إنزالها إلى السوق (٢) تاريخ الموسيقى المسجلة.

dis·coid [-′koid] *(adj.; n.)* (١) قُرصانيّ: شبيه بالقُرص (٢) قُرْصيّ § (٣) قُرص.

discoid flowers

dis·coi·dal [dĭs koi′dəl] *(adj.)* = discoid.

dis·col·or [-kŭl′ər] *(vt.; i.)* (١) يُغَيِّر اللونَ أو يُفسده أو يزيله (٢) يُلطِّخ x (٣) يَحُول: يتغيَّر لونُه إلخ (٤) يتلطَّخ.

dis·col·or·a·tion *(n.)* (١) تغيير اللون أو تغيُّرُهُ (٢) لطخة.

dis·com·bob·u·late *(vt.)* يُفسِد؛ يشوِّش.

dis·com·fit [-kŭm′-] *(vt.; n.)* (١) «أ» يَدْحر؛ يهزم (١ ق). «ب» يُحبط؛ يُخيِّب (٢) «أ» يُربك. «ب» يُخْزِي § (٣) discomfiture.

dis·com·fi·ture [-′fĭ chər] *(n.)* (١) «أ» هزيمة. «ب» خَيْبَة (٢) ارتباك (٣) ضَرَر.

dis·com·fort [-kŭm′-] *(vt.; n.)* (١) يُزْعج؛ يُقلق § (٢) انزعاج؛ قلق (٣) مشقَّة؛ إزعاج <the ~s endured by explorers>.

dis·com·mend *(vt.)* (١) يستهجن (٢) «أ» يَذُمّ. «ب» يَحُطّ من قدره.

dis·com·mode [-kə mōd′] *(vt.)* يزعج؛ يُضايق.

dis·com·pose [-pōz′] *(vt.)* (١) يُقلق؛ يَغيظ؛ يثير (٢) يُفسِد النظام.

dis·com·po·sure [-pō′zhər] *(n.)* (١) عدم ترتيب (٢) قَلَق؛ اضطراب.

dis·con·cert [-sûrt′] *(vt.)* (١) يُحْبِط؛ يُفْسِد (٢) يُربِك؛ يُقلِق.

dis·con·cert·ed [-sûr′tĭd] *(adj.)* مُرْتَبِك؛ مُضْطَرِب.

dis·con·cer·tion *or* **dis·con·cert·ment** *(n.)* (١) إرباك (٢) ارتباك.

dis·con·firm [-fûrm′] *(vt.)* يَدْحَض؛ يُثبِت بطلانَ شيء.

dis·con·form·i·ty *(n.)* تخالُف؛ لاتطابُق؛ عدم انسجام.

dis·con·nect *(vt.; i.)* (١) يَفْصِل [بين شيئين] x (٢) ينعزل.

dis·con·nect·ed *(adj.)* (١) مُنفصِل؛ غير متَّصل (٢) مفكَّك؛ غير مترابط.

dis·con·nec·tion [dĭs′kə nĕk′-] *(n.)* (١) فَصْل (٢) انفصال.

dis·con·so·late [-′sə lĭt] *(adj.)* (١) مسحوق الفؤاد؛ مُتفطِّر القلب حُزنًا <a ~ mother> (٢) مُغِمّ؛ مُوحِش <a ~ landscape>.

dis·con·tent [-tĕnt′] *(adj.; n.; vt.)* (١) ساخطٌ؛ مستاء؛ قَلِق البال § (٢) الساخط؛ المستاء إلخ (٣) سُخْط؛ استياء § (٤) يُسخطه أو يثير استياءه. **—dis·con·tent·ment** *(n.)*

dis·con·tent·ed *(adj.)* ساخط؛ مُستاء؛ قلِقُ البال.

dis·con·tin·u·ance [-′yoo͞ əns] *(n.)* (١) قَطْع؛ وَقْف (٢) انقطاع.

dis·con·tin·u·a·tion [-yoo ā′shən] *(n.)* = discontinuance.

dis·con·tin·ue [-′yoo] *(vt.; i.)* (١) يَقْطَع ؛ يُوقِف ؛ يُنهي (٢) يَحْجُب : يُوقِف نَشْرَ جريدة أو مجلة (٣) يُنهي اشتراكَهُ [في جريدة] **x** (٤) ينقطع ؛ يتوقَّف (٥) تحتجب : تتوقف [الجريدة] عن الصّدور .

dis·con·ti·nu·i·ty [-nyoo′ə-] *(n.)* (١) انقطاع ؛ لاتماسُك (٢) فَجْوة ؛ ثَغْرة .

dis·con·tin·u·ous *(adj.)* (١) مُتَقَطِّع <~ rain> (٢) غير مترابط .

dis·co·phile [dĭs′kə fīl′] *(n.)* مُحِبّ الأسطوانات [الفونوغرافية] .

dis·cord [*n.* dĭs′-; *v.* -kôrd′] *(n.; vi.)* (١) خلاف ؛ نزاع (٢) تنافُر ؛ نشاز (مو) (٣) ضجيج § (٤) يتعارض ؛ يتضارب .

dis·cord·ance *(n.)* (١) خلاف ؛ نزاع (٢) تنافُرُ الأصوات (٣) تعارُض .

dis·cord·ant [-kôr′dənt] *(adj.)* (١) مُتعارِض ؛ مُتضارِب (٢) منقسمٌ على نفسه (٣) شَكِس ؛ مُحِبّ للخصام (٤) مُتنافِر النَّغَمات (٥) صاحب : مُحدِثٌ أصواتًا مُتنافِرة <a ~ crowd> .

dis·co·theque [-tĕk′] *(n.)* الدّيسكوتيك ؛ الدّيسكو (را . disco) .

dis·count [*n.* dĭs′-; *v.* dĭs′-, -kount′] *(n.; vt.; i.)* (١) حَسْم ؛ «خَصْم» : تخفيض يُجرى على الثّمن (٢) الحَطِيطة : المبلغ المحسوم (٣) «خَصْم» كمبيالة § (٤) يَحسم ؛ «يخصم» (٥) «يخصم» كمبيالة (٦) «أ» يُهْمِل ؛ يُسقِط من الحساب أو الاعتبار . «ب» ينتقص ؛ يقلل من أهمية شيء . «ج» يحسب حساب المبالغة والتغرّض [فلا يصدِّق من الكلام إلا بعضه] . «د» يشكّ في ؛ لا يصدِّق . «ﻫ» يُدْخِل في حسابِه [حدثًا مستقبَلًا] **x** (٧) «يخصم» [المصرفُ كمبيالةً] .

dis·count·a·ble *(adj.)* قابلٌ للحَسْم أو «الخَصْم» <a ~ bill> .

dis·coun·te·nance [dĭs koun′-] *(vt.; n.)* (١) يُخزي ؛ يُخجِل ؛ يُربِك (٢) يُنفِّر [من] ؛ لا يُشجِّع [على] ؛ يَرفض [الموافقةَ على] § (٣) disapproval .

discount rate *(n.)* سِعرُ «الخَصْم» أو الحسم (تج) .

dis·cour·age [-kûr′ĭj] *(vt.)* (١) يثبِّط الهِمّة (٢) يكافح ؛ يقاوم (٣) يَعُوق (٤) يحاول أن يَثْنِيَه عن .

— dis·cour·ag·ing *(adj.)*

dis·cour·age·ment *(n.)* (١) «أ» تثبيط . «ب» تثبُّط ؛ وَهَنٌ في العزيمة [ناشئ عن التثبيط] (٢) شيء مثبِّط : رادع <a ~ to vice> .

dis·course [*n.* dĭs′kōrs, -kōrs′; *v.* -kōrs′] *(n.; vi.; t.)* (١) حديث ؛ محادثة (٢) مداوَلة (٣) مقالة ؛ خُطبة ؛ مُحاضرة § (٤) «أ» يتحدَّث . «ب» يعالج موضوعًا [كتابةً أو خطابةً] ؛ يُحاضِر في . . . **x** (٥) يَعْزِف [لحنًا] .

dis·cour·te·ous [-kûr′tĭ əs] *(adj.)* فظّ ؛ جِلف ؛ جافٍ .

dis·cour·te·sy [dĭs kûr′-] *(n.)* (١) فَظاظَة ؛ جَلافة (٢) عملٌ فظٌ إلخ .

dis·cov·er [-kŭv′ər] *(vt.; i.)* (١) يَكشِف عن ؛ يُفضي بِـ (٢) يكتشف .

dis·cov·er·y [-′ə rĭ] *(n.)* (١) اكتشاف (٢) المُكْتَشَف : ما يُكتَشَف .

dis·cred·it [-krĕd′ĭt] *(vt.; n.)* (١) يَرفض التصديق (٢) يُكَذِّب ؛ يُضْعِف الثقة بِـ (٣) يُخزي ؛ يشوِّه السمعة § (٤) خِزْي ؛ عار (٥) شكّ .

dis·cred·it·a·ble [-′ĭt ə bəl] *(adj.)* مُخزٍ ؛ ضارٌ بالسُّمعة .

dis·creet [-krēt′] *(adj.)* (١) عاقل ؛ حكيم (٢) كتوم ؛ متحفِّظ (٣) حذِرٌ (٤) مُتواضِع .

— dis·creet·ness *(n.)*

dis·crep·an·cy *or* **dis·crep·ance** [-krĕp′-] *(n.)* (١) اختلاف ؛ خلاف (٢) تعارض ؛ تضارُب ؛ تناقض .

dis·crep·ant *(adj.)* (١) مُتفاوِت (٢) مُتعارِض ؛ مُتضارِب ؛ مُتناقِض .

dis·crete [-krēt′] *(adj.)* (١) منفصِل ؛ متميِّز ؛ متفرِّد (٢) غير مترابط .

dis·cre·tion [-krĕsh′-] *(n.)* (١) تعقّل ؛ تحفُّظ ؛ حَذَر (٢) تكتُّم ؛ احتفاظ بالسرّ (٣) حرية التصرُّف أو الاختيار (٤) الاجتهاد ؛ الاستنساب (ق) (٥) تمييز ؛ رُشْد <age of ~> .

at ~, (١) على هواه ؛ وفقًا لما يراه مناسبًا (٢) من غير قيد أو شرط .

dis·cre·tion·al; dis·cre·tion·ar·y *(adj.)* اجتهاديّ ؛ استنسابيّ : متروك لتقدير المرء أو مُمارَسٌ وَفْقًا لما يراه مناسبًا <~ powers> .

discretionary account *(n.)* الحساب الاجتهادي أو الاستنسابيّ (تج) .

dis·crim·i·nant [-krĭm′-] *(adj.; n.)* (١) مميِّز ؛ فارِقٌ § (٢) المميِّز (ر) .

dis·crim·i·nate [*v.* -′ə nāt′; -′ə nĭt] *(vt.; i.; adj.)* (١) يميِّز **x** (٢) يميِّز وبخاصة في المعاملة § (٣) متميِّز (ا . ق) (٤) مميِّز ؛ حصيف ؛ حَسَن التمييز .

to ~ against يتعصَّب عليه ؛ يعامله معاملةً غير عادلة .

dis·crim·i·nat·ing *(adj.)* (١) مميِّز ؛ فارِق <a ~ mark> (٢) حصيف ؛ حَسَن التمييز <~ buyers> (٣) تَفاضُلي <a ~ tariff> .

dis·crim·i·na·tion *(n.)* (١) تمييز (٢) حَصافة ؛ حُسْنُ تمييز (٣) تمييز في المعاملة (٤) «أ» محاباة . «ب» تعصُّبٌ على .

— dis·crim·i·na·tion·al *(adj.)*

dis·crim·i·na·tive [-nā′tĭv] *(adj.)* (١) مميِّز ؛ فارِق <~ features> (٢) تمييزي ؛ تفاضليّ <a ~ tariff> .

dis·crim·i·na·tor *(n.)* (١) المميِّز : مَنْ أو ما يميِّز (٢) المميِّز (ألك) .

dis·crim·i·na·to·ry [-′ə nə tōr′ĭ] *(adj.)* (١) مُمَيِّز <~ features> (٢) تمييزيّ <~ attitudes toward minority groups> .

dis·crown [-kroun′] *(vt.)* يَخلع : يَخْلَع عن العرش .

dis·cur·sive [-kûr′-] *(adj.)* (١) استطراديّ : متنقِّل من موضوع إلى آخر <a ~ style> (٢) منطقيّ ؛ غير حَدْسيّ (٣) متنقِّل ؛ متجوِّل .

dis·cus [dĭs′kəs] *(n.)* pl. **-es; dis·ci** [dĭs′ī] (١) «أ» القُرْص : قرص خشبي أو لدائنيّ يُرمى اختبارًا للقوة (رب) . «ب» رَمْيُ القُرص (٢) القُرْص : الجزء الأوسط من الرُّؤَيس (نب) .

discus 1a.

dis·cuss [-kŭs′] *(vt.)* (١) «أ» يناقش ؛ يدرس . «ب» يبحث بتفصيل (٢) يتبادل الآراء حول (٣) يلتهم ؛ يتناول الطعام أو الشراب بشهيّة .

dis·cus·sant [-′ənt] *(n.)* المناقش : المُشارِك في مناقشة عامة .

dis·cus·sion [-kŭsh′ən] *(n.)* مناقشة ؛ دَرْس ؛ بَحْث .

discus throwing *(n.)* رَمْيُ القُرص (رب) .

dis·dain [-dān′] *(vt.; n.)* (١) يزدري (٢) يترفع عن ؛ يأنف من § (٣) ازدراء .

dis·dain·ful [-′fəl] *(adj.)* (١) ازدرائيّ <a ~ smile> (٢) مُزْدَرٍ .

dis·ease [dĭ zēz′] *(n.; vt.)* (١) مَرَض ؛ داء ؛ علّة (٢) سَقَمٌ ؛ اعتلال [في مؤسسة اجتماعية] § (٣) يُمْرِض ؛ يُسْقِم .

dis·eased [dĭ zēzd′] *(adj.)* مريض؛ عليل؛ سقيم.

dis·e·con·o·my *(n.)* اللّاقتصاد: ارتفاع متوسّط تكلِفة الإنتاج (اد).

dis·em·bark [dĭs′əm bärk′] *(vt.; i.)* (١) يُنزِل من السفينة x (٢) «أ» يَنزِل من السفينة. «ب» يترجّل من مركبة.

dis·em·bar·rass [dĭs′ĕm băr′-] *(vt.)* (١) يخلّص [من كل ما يعوق أو يُرْبِك] (٢) يُريح؛ يتخلّص من <to ~ oneself of a burden>.

dis·em·bod·y [-ĕm bŏd′ĭ] *(vt.)* يحرّر [روحًا] من الجسد.

dis·em·bogue [-bōg′] *(vi.; t.)* (١) يَصُبّ [النهرُ] x (٢) يَصُبّ؛ يُفرِغ.

dis·em·bos·om [-bo͝oz′-] *(vt.)* (١) يبوح [بالسرّ] (٢) يُفضي بمكنون صَدْره.

dis·em·bow·el [-bou′əl] *(vt.)* (١) يَنْزِع الأحشاء (٢) يفرّغ.

dis·en·chant [-ĕn chănt′] *(vt.)* يُحرِّر من السِّحر أو الوهم.

dis·en·cum·ber [-kŭm′-] *(vt.)* يخلّص [من عبء أو عائق].

dis·en·dow [dĭs′ĕn dou′] *(vt.)* يجرِّد [كنيسةً إلخ] من الأوقاف.

dis·en·fran·chise [-frăn′chīz] *(vt.)* = disfranchise.

dis·en·gage [-ĕn gāj′] *(vt.; i.)* (١) «أ» يحرِّر. «ب» يُحِلّ من عهد أو التزام. «ج» يَحُلّ. «د» يَفْصِل. «هـ» يَسحب [جندًا] من المعركة x (٢) يتحرَّر من (٣) ينسحب من المعركة.

dis·en·gaged *(adj.)* حرّ؛ غير مشغول؛ قادر على استقبال الزائرين.

dis·en·gage·ment [-gāj′-] *(n.)* (١) تحرير أو تحرُّر [من العمل] (٢) خُلُوّ البال (٤) فَسْخ الخِطبة (٥) فضُّ الاشتباك (جن).

dis·en·tail [-ĕn tāl′] *(vt.)* ينزع صفةَ الوقف [عن عقار إلخ].

dis·en·tan·gle [-ĕn tăng′-] *(vt.; i.)* (١) يَحُلّ؛ يَفُكّ (٢) يَجلو؛ يُزيل التّشوُّش (٣) يستخلص x (٤) يَنحلّ؛ يَنفكّ إلخ.

dis·en·thrall [-ĕn thrôl′] *(vt.)* يُعْتِق: يحرِّر من العبودية.

dis·en·throne [-ĕn thrōn′] *(vt.)* يَخْلع: يخلع عن العرش.

dis·en·ti·tle [-ĕn tī′təl] *(vt.)* يُجرِّد من لقب أو حقّ إلخ.

dis·en·tomb [-ĕn to͞om′] *(vt.)* (١) يُخرج من القبر (٢) يُبرِز إلى النور.

dis·en·trance [-ĕn trăns′] *(vt.)* = disenchant.

dis·e·qui·li·brate [-ē kwĭ′ lĭ brāt] *(vt.)* يُفقِدُهُ التوازنَ.

dis·es·tab·lish [-tăb′-] *(vt.)* ينزع الصفة الرسمية [عن كنيسة].

dis·es·teem [dĭs ĕs tēm′] *(vt.; n.)* (١) يزدري؛ يستخفّ بِـ § (٢) ازدراء؛ استخفاف بِـ.

dis·fa·vor *also* **dis·fa·vour** [-fā′ vər] *(n.; vt.)* (١) كُرْه (٢) «أ» ازدراء. «ب» نقمة؛ لاحَظْوة (٣) disadvantage § (٤) يَكْرَه؛ يَزدَري.

dis·fea·ture [-fē′chər] *(vt.)* يشوِّه [سِماتِ شيء].

dis·fig·ure [-fĭg′yər] *(vt.)* يُشوِّه [وجهَ شيء أو مظهرَهُ].

dis·fran·chise [-′chīz] *(vt.)* يحرمه حقًّا شرعيًّا أو امتيازًا أو حصانةً ما. وبخاصة: يحرمه حقّ التصويت.

dis·frock [-frŏk′] *(vt.)* = unfrock.

dis·gorge [-gôrj′] *(vt.; i.)* (١) «أ» يتقيّأ. «ب» يَلفظ [البركانُ حِمَمَهُ] (٢) يُفرِغ (٣) يتخلى [عن شيء] على كره منه x (٤) يَصُبّ [النهرُ].

dis·grace [-grās′] *(vt.; n.)* (١) يُخْزي؛ يُلْحِق به خزيًا أو عارًا (٢) يطرد § (٣) خِزي؛ عار.

dis·grace·ful *(adj.)* مُخْزٍ؛ شائن <~ behavior>.

dis·grun·tle [-grŭn′-] *(vt.)* يُسْخِط: يُثير سُخطَهُ أو استياءه.

dis·grun·tled *(adj.)* ساخِط؛ مُستاء؛ ناقم.

dis·guise [dĭs gīz′] *(vt.; n.)* (١) يتنكّر؛ يتقنّع (٢) يُقنّع؛ يُخْفي § (٣) «أ» قِناع. «ب» «ماكياج» الممثل أو ملابسه (٤) «أ» مظهر كاذب. «ب» خِداع (٥) تنكُّر (٦) إخفاء.

dis·gust [-gŭst′] *(n.; vt.; i.)* (١) غَثَيان (٢) اشمئزاز؛ قَرَف § (٣) يُغثي؛ يثير الاشمئزاز أو القرَف.

dis·gust·ed *(adj.)* (١) مَغْثيّ: مصابٌ بالغثيان (٢) مشمئزّ؛ قَرْفان.

dis·gust·ful *(adj.)* (١) مُغْثٍ (٢) مُقرِف: مُثير للقرف أو الاشمئزاز.

dis·gust·ing [dĭs gŭs′-] *(adj.)* = disgustful.

dish [dĭsh] *(n.; vt.; i.)* (١) طَبَق؛ صَحْفَة؛ صحن (٢) لون من ألوان الطعام (٣) الطَّبَق: «أ» شيء [مثل أثر أدبيّ] يُشبه لونًا من ألوان الطعام وبخاصة من حيث اشتمالُهُ على عدة عناصر متمازجة أو متناسقة. «ب» شيء شبيه بالطَّبق (٤) مِلء طَبَق (٥) وعاء مُقعَّر (٦) تَقعُّر (٧) شيء مُفَضَّل <Marriage was scarcely his ~.> (٨) فتاة وسيمة § (٩) يَسْكب الطعام (١٠) يَنْشُر؛ يُعلن (١١) يُقعِّر (١٢) يَهْزِم (١٣) يُخيِّب [الأملَ] (١٤) يُهمِل x (١٥) يَتَقعَّر: يُصبح مُقعَّرًا.

to ~ out (١) يَسْكُب الطعامَ [من طبق] (٢) يُغْدِق [المال أو الثناء]؛ يعطي بسخاء.

to ~ up (١) يسكب الطعامَ [في طبق] (٢) يُعِدّ؛ يصوغ؛ يقدِّم بطريقة جذابة.

dis·ha·bille [dĭs′ə bēl′] *(n.)* (١) الفِضال: ثوبٌ مُبْتَذَل يُلْبَس في البيت للخدمة أو النوم (٢) التَّفَضُّل: ارتداء الفِضال (٣) فوضى.

dis·hal·low [dĭs hăl′ō] *(vt.)* يُدَنِّس؛ يَنْتَهِك الحُرْمةَ.

dis·har·mon·ic; dis·har·mo·ni·ous *(adj.)* مُتنافِر.

dis·har·mo·nize *(vt.; i.)* (١) يُنَشِّز: يجعله متنافرًا x (٢) يَتنافَر.

dis·har·mo·ny [dĭs här′-] *(n.)* تنافُر؛ لاتناغُم؛ عَدَم تساوُق.

dish·cloth [dĭsh′-] *(n.)* قُماشة الأطباق: قماشة لغسل الصحون.

dish·clout [-′klout] *(n.)* = dishcloth.

dis·heart·en [-här′tən] *(vt.)* يُثبِّط الهمة؛ يُوْهِن العزمَ.

dished [dĭsht] *(adj.)* (١) مُقعَّر <a ~ face> (٢) worn–out.

di·shev·el [dĭ shĕv′-] *(vt.)* (١) يُشَعِّث [الشَّعرَ] (٢) يُغَضِّن [الملابسَ].

di·shev·eled [dĭ shĕv′-] *(adj.)* (١) أشْعَث <~ hair> (٢) غير مُرتّب.

ă at; ā date; â care; ä car; ĕ egg; ē me; ĭ in; ī bite; ŏ lot; ō bone; ô orphan; oi boil; o͝o good; o͞o boot; ou out; ŭ under; û urgent; ə = *a* in alone, *e* in system, *i* in easily, *o* in gallop, *u* in circus.

dis·hon·est [-ŏn'ĭst] *(adj.)* خادع؛ مضلِّل؛ غشّاش؛ غير أمين أو شريف.
— **dis·hon·es·ty** *(n.)*

dis·hon·or *also* **dis·hon·our** [dĭs ŏn'ər] *(n.; vt.)* (١) خِزْي؛ عار (٢) إهانة (٣) عدم دفعِ [أو قبولِ] الحوالة من قبل المسحوب عليه § (٤) «أ» يُهين. «ب» يلوث السمعة. «ج» يغتصب [فتاة] (٥) يُخزي: يلبسه ثوبَ الخزي والعار (٦) يرفض دفع [أو قبول] الحوالة أو الشيك.

dis·hon·or·a·ble [dĭs ŏn'-] *(adj.)* مُخزٍ؛ شائن <~ conduct>.

dishonorable discharge *(n.)* الطَّرْد الشائن [من الجندية].

dish·rag [dĭsh'răg'] *(n.)* = dishcloth.

dish·tow·el [dĭsh'tou'əl] *(n.)* مِنشفة الأطباق: منديل لتنشيف الصحون.

dish·ware [dĭsh'wâr] *(n.)* الأطباق والصحون.

dish·wash·er *(n.)* (١) غاسل الأطباق (٢) غسّالة الأطباق [الآليّة].

dish·wa·ter *(n.)* غَسول الأطباق: ماء غُسِلت، أو تُغْسَل، به الأطباقُ.

dish·y [dĭsh'ĭ] *(adj.)* وسيم؛ جميل؛ جذاب.

dis·il·lu·sion [-ĭ lo͞o'zhən] *(vt.; n.)* (١) يحرِّر من الوهم (٢) يُخيِّب الأمل § (٣) تحرير أو تحرُّر من الوهم (٤) خيبة أمل.

dis·in·cen·tive [dĭs'ĭn sĕn'-] *(n.)* عقبة؛ عائق.

dis·in·cli·na·tion [-nā'-] *(n.)* نُفور؛ كراهية؛ عُزوفٌ عن.

dis·in·cline [-ĭn klīn'] *(vt.; i.)* (١) ينفِّر x (٢) يَنْفُر: يَعْزف عن.

dis·in·clined *(adj.)* نافرٌ من؛ عازف عن؛ راغب عن.

dis·in·fect [-fĕkt'] *(vt.)* (١) يُطهِّر؛ يُعقِّم [من الجراثيم] (٢) ينظّف.

dis·in·fect·ant [-fĕk'-] *(n.; adj.)* مُطهِّر؛ مُعَقِّم.

dis·in·fec·tion *(n.)* التطهير؛ التعقيم [من الجراثيم].

dis·in·fest [-fĕst'] *(vt.)* يُبيد: يُطهِّر من الحشرات أو القوارض إلخ.

dis·in·fes·tant *(n.)* المُبيد: مادة مبيدةٌ للحشرات إلخ.

dis·in·fla·tion [-flā'-] *(n.)* انحسار التضخُّم (اد).

dis·in·gen·u·ous [-jĕn yo͞o əs] *(adj.)* مُخادِع؛ ماكِر.

dis·in·her·it [-hĕr'ĭt] *(vt.)* (١) يَحْرِمه من الخلافة أو الإرث (٢) «أ» يحرمه من الحقوق الطبيعية أو الإنسانية. «ب» يحرمه من امتيازات خاصة.

dis·in·te·grate [-'tə grāt'] *(vt.; i.)* (١) يَحُلّ؛ يفسّخ؛ يُحطِّم x (٢) يَنْحلّ؛ يتفسّخ؛ يتحطّم.
— **dis·in·te·gra·tion** *(n.)*

dis·in·ter [dĭs'ĭn tûr'] *(vt.)* = disentomb.

dis·in·ter·est [dĭs ĭn'-] *(n.)* (١) نزاهة؛ تجرُّد (٢) لامبالاة.

dis·in·ter·est·ed *(adj.)* (١) غير مُبالٍ (٢) نزيه؛ متجرّد.

dis·ject [dĭs jĕkt'] *(vt.)* = scatter.

dis·join [-join'] *(vt.; i.)* (١) «أ» يَفْسَخ. «ب» يَفْصِل x (٢) ينفصِل.

dis·joint *(vt.; i.)* (١) يفكّك (٢) يفصِل (٣) يَخْلع المفاصلَ x (٤) يتخلّع.

dis·joint·ed *(adj.)* (١) مُفَكَّك (٢) مُخلَّع <~ fowl>.

dis·junct [-jŭngkt'] *(adj.)* مُنْفَصِل؛ غير مُتَّصل.

dis·junc·tion [-'shən] *(n.)* (١) فَصْل (٢) انفصال.

dis·junc·tive *(adj.)* (١) فاصِل؛ فارِق (٢) «أ» طِباقيّ؛ استِدْراكيّ <مثل *but* في قولك <poor *but* happy>. «ب» تخييريّ: دالّ على المساواة <مثل *either* و *or* في قولك: <*either* milk *or* cream>.

disk *or* **disc** [dĭsk] *(n.; vt.)* (١) القُرْص: «أ» صورة لجِرمٍ سماويّ <the solar ~>. «ب» طبقة غُضْروفيّة [بين فقرات العمود الفقريّ] (ت). «ج» الجزء الأوسط من الرُّؤَيْس (نب). «د» شيء مدوَّر رقيق. «هـ» أسطوانة فونوغرافية. «و» قُرص تُسَجَّل عليه مُعْطَيات الكومبيوتر (٢) disk harrow § (٣) يَسْلُف: يُسَوّي الأرضَ بمِسْلفةٍ قُرصيّة أو نحوها (٤) يُسجِّل [على أسطوانة فونوغرافيّة].

disk drive *(n.)* محرِّكة القُرْص: أداة تحرِّك القُرْص المُمَغْنَط (كم).

dis·kette [dĭs'kĕt] *(n.)* القُرَيْص (را. floppy[2]).

disk flower *(n.)* الزهرة القُرْصية (نب).

disk harrow *(n.)* المِسْلَفَة القُرْصيّة: أداة زراعيّة ذات أقراص مُقَعَّرة مُسْتَدِقَّة الأطراف تَقْلِب الأرض وتستأصل الأعشابَ الضارّة.

disk jockey *(n.)* = disc jockey.

disk·like *or* **disc·like** *(adj.)* قُرْصانيّ: قُرْصيّ الشكل.

disk wheel *(n.)* العَجَلة القُرْصية (سي).

dis·like [dĭs līk'] *(vt.; n.)* (١) يَكْرَه؛ يُبغِض § (٢) كُره؛ بُغض.

dis·limn [dĭs lĭm] *(vt.; i.)* = dim.

dis·lo·cate [-'lō kāt'] *(vt.)* (١) «أ» يَنْزِع [شيئًا من موضعه]. «ب» يَخْلَع [الذراعَ أو الكتف] (٢) يُخَلْخِل: يُوْقع الاختلالَ أو الاضطرابَ في.

dis·lodge [-lŏj'] *(vt.; i.)* (١) يَنْزِع (٢) يُزيح (٣) يَطْرد x (٤) يَنْزاح.

dis·loy·al [dĭs loi'əl] *(adj.)* (١) خائن؛ غادر (٢) غير مُوالٍ.

dis·loy·al·ty [-loi'əl tĭ] *(n.)* (١) خيانة؛ غَدْر (٢) عدم ولاء.

dis·mal [dĭz'-] *(adj.)* (١) كئيب (٢) مُوحِش؛ مُغِمّ (٣) ضعيف؛ باهت.

dis·man·tle [-măn'təl] *(vt.)* (١) يُفكِّك (٢) يُعرّي (٣) يجرِّد [من الأثاث أو التجهيزات أو وسائل الدفاع] (٤) يُلغي.

dis·mast [-măst'] *(vt.)* يَنزع أو يكسِرُ الصّاري (مل).

dis·may [-mā'] *(vt.; n.)* (١) يُرْهِب؛ يُفزِع § (٢) فَزَعٌ؛ ذُعر.

dis·mem·ber [-'bər] *(vt.)* (١) يُقطِّع الأوصال (٢) يمزِّق.

dis·miss [-mĭs'] *(vt.; i.)* (١) يَصْرِف؛ يأذن بالانصراف <The teacher ~*ed* his class.> (٢) يطرد؛ يَصْرِف؛ يُسَرِّح [من الخدمة إلخ] (٣) يَنْبُذ؛ يَرْفض (٤) يَصْرِف النظر عن (٥) يَرُدّ الدعوَى: يرفض القاضي [أو المحكمة] النظرَ في دعوى أو استئناف النظر فيها (ق) x (٦) يَنصرِف؛ يَتفرّق؛ يَتَشَتَّت.

dis·miss·al *also* **dis·mis·sion** *(n.)* (١) صَرْف إلخ (٢) انصراف إلخ.

dis·mount [*v.* dĭs mount'; *n.* dĭs'mount', dĭs mount'] *(vi.; t.; n.)* (١) يترجَّل [عن فَرَس أو درّاجةٍ أو قطارٍ أو سيارة إلخ] x (٢) يَفُكّ: «أ» يُنْزِل مِدفعًا عن رَكوبته أو قاعدته. «ب» يَنزِع جوهرةً عن موضعها من الخاتم (٣) يُسْقِط [عن ظهر الجواد] (٤) يفكِّك [آلةً] § (٥) تَرَجُّل؛ فَكّ إلخ.

dis·o·be·di·ence [dĭs'ə bē'-] *(n.)* تمرُّد؛ عصيان.

dis·o·be·di·ent [-'dĭ ənt] *(adj.)* متمرِّد؛ عاصٍ.

dis·o·bey [dĭs'ə bā'] *(vi.; t.)* يتمرَّد على؛ يَعْصي.

dis·o·blige [-ə blīj′] *(vt.)* (١) يمتنع عن مجاملته [بأن يرفض له طلبًا ما] (٢) «أ» يُزعج؛ يُضايق. «ب» يُغضِب.

dis·o·blig·ing *(adj.)* غيرُ مجامِل: رافضٌ النزولَ عند رغبات الآخرين.

dis·or·der [-ôr′dər] *(n.; vt.)* (١) فوضى؛ لانظام (٢) اضطراب؛ شَغَب (٣) اعتلال [جسديّ أو عقليّ] § (٤) يُشوِّش: يُوقع الاضطراب في (٥) يُعِلّ: يُصيب الصحةَ الجسدية أو العقلية بالاعتلال.

dis·or·dered *(adj.)* (١) مضطرب؛ في حالة فوضى (٢) «أ» معتلّ. «ب» معتلّ العقل.

dis·or·der·ly *(adj.)* (١) متمرِّد؛ مُخِلّ بالنظام (٢) مخالفٌ للقانون؛ منافٍ للأخلاق أو الحِشمة (٣) مشوَّش؛ عديم النظام.

disorderly conduct *(n.)* السّلوك المُخِلّ (ق).

disorderly house *(n.)* (١) ماخور؛ بيت دعارة (٢) وكر قمار.

dis·or·gan·ize [-ôr′gə nīz′] *(vt.)* يُشوِّش: يُفْسِد نظام شيء أو يُوقِع الاختلالَ فيه.
— **dis·or·gan·i·za·tion** *(n.)*

dis·or·gan·ized *(adj.)* مُشَوَّش؛ مُفْسَد النظام.

dis·o·ri·ent [-ōr′ĭ ənt] *(vt.)* (١) يَحْرِف: يجعله ينحرف عن وضعِهِ السَّويّ (٢) يُتيه؛ يُضِلّ: يُفقِده حسَّ المكان والزمان أو يجعله عاجزًا عن معرفة هُويَّتِهِ الذاتية (٣) يُرْبِك.

dis·o·ri·en·tate [dĭs ōr′-] *(vt.)* = disorient.

dis·own [dĭs ōn′] *(vt.)* (١) يتبرّأ من؛ يتنصَّل من (٢) «أ» يُنكِر. «ب» يرفض الاعترافَ بصحة شيء أو شَرْعيّته.

dis·par·age [-′ĭj] *(vt.)* (١) يَحُطّ من قَدْره (٢) يَذُمّ؛ يَنْتَقِص؛ يَسْتخِفّ بِـ.

dis·pa·rate [-′pər ĭt] *(adj.)* (١) مُتغاير (٢) مُتفاوِت؛ مُتباين.

dis·par·i·ty [dĭs păr′ə tĭ] *(n.)* (١) تغايُر (٢) تفاوُت؛ تبايُن.

dis·part [-pärt′] *(vt.; i.)* (١) يَفْصِل؛ يَقْسِم **x** (٢) يَنْفَصِل؛ ينقسم.

dis·pas·sion [-păsh′ən] *(n.)* (١) هُدوء؛ لاانفعال (٢) تجرُّد؛ موضوعيّة.

dis·pas·sion·ate *(adj.)* (١) هادئ؛ غير منفعل (٢) متجرِّد؛ موضوعيّ.

dis·patch [-păch′] *(vt.; n.)* (١) يبعث؛ يرسل [رسولًا أو برقيةً إلخ] (٢) يقتل؛ يُعدِم (٣) يُنجز [مهمةً] بسرعة أو فعالية § (٤) «أ» إرسال [رسول أو برقية إلخ]. «ب» قَتل؛ إعدام. «ج» إنجاز [عمل] بسرعةٍ. «د» سُرعة <with great ~> (٥) الرسالة العاجلة: «أ» رسالة مُوَجَّهة على جناح السّرعة. «ب» رسالة رسمية يحملها موفَدٌ ديبلوماسي أو ضابط عسكري. «ج» رسالة إخبارية من مراسِلٍ إلى صحيفته. «د» برقية.
— **dis·patch·er** *(n.)*
mentioned in ~es مُنَوَّهٌ به: مُشادٌ بذكره في التقارير العسكرية تقديرًا لبسالته.

dispatch boat *(n.)* مَرْكَب الرسائل: مَرْكَب رسميّ سريع لنقل الرسائل.

dispatch rider *(n.)* الساعي الراكب: رسول ينقل الرسائل العسكرية مُمتطيًا، عادةً، درّاجة نارية.

dis·pel [-pĕl′] *(vt.)* يُبَدِّد <to ~ fear>.

dis·pen·sa·ble [-′sə bəl] *(adj.)* غير ضروريّ؛ يُسْتغنَى عنه.

dis·pen·sa·ry [-′sə rĭ] *(n.)* مستوصَف [لتوزيع الأدوية مجّانًا إلخ].

dis·pen·sa·tion [-sā′shən] *(n.)* (١) «أ» إدارة؛ حُكم. «ب» التدبير الإلّهي لشؤون العالم (٢) شريعة؛ نظام دينيّ <Christian ~> (٣) حِلٌّ؛ تَحِلّة؛ إعفاء (٤) «أ» توزيع. «ب» ما يُوَزَّع.

dis·pen·sa·to·ry [-′sə tōr′ĭ] *(n.)* الأقرَباذين: كتاب يشتمل على عناصر الأدوية وطريقة تركيبها ومجالات استخدامها.

dis·pense [-pĕns′] *(vt.; i.)* (١) «أ» يوزِّع. «ب» يُقِيم العدالة، يضع القانون موضع التنفيذ (٢) يُحِلّ؛ يُعْفي (٣) يركِّب الأدوية ويوزعها [وبخاصة حسب وصفةٍ طبية] **x** (٤) يمنح حِلًّا أو تَحِلّةً (كن).
to ~ with (١) يستغني عن (٢) يتخلّص من (٣) يُحِلّ من.

dis·pens·er *(n.)* (١) فا dispense (٢) «أ» الصَّيدليّ. «ب» مدير المستوصف (٣) المُوزِّعة: ماكينة بَيْع ذات ثقب للنقود <a candy ~>.

dis·peo·ple [dĭs pē′pəl] *(vt.)* = depopulate.

dis·per·sal [-pûr′səl] *(n.)* (١) «أ» تشتيت؛ تبديد. «ب» تشتُّت؛ تبدُّد (٢) «أ» نَثْر؛ نَشْر. «ب» انتثار؛ انتشار.

dis·perse [-pûrs′] *(vt.; i.)* (١) يُشَتِّت؛ يُفرِّق (٢) ينثُر؛ يَنْشُر (٣) يُبدِّد (٤) يُقزِّح [الضوءَ] (٥) يُشتِّت **x** (٦) يَتشتَّت؛ يَتفرَّق؛ يَنْتَثِر؛ يَتَبدَّد. <The fog is ~d.>
— **dis·per·sive** *(adj.)*

dis·per·sion [-pûr′zhən; -shən] *(n.)* (١) diaspora *1* : *cap.* (٢) تَشْتيت؛ تبديد (٣) تَشَتُّت؛ تَبَدُّد (٤) التَّقَزُّح: استحالة الضوء الأبيض إلى الأضواء ذات الألوان المتدرِّجة من الحُمرة إلى البنفسجية بواسطة موشور من الزجاج (بص).

dis·pir·it [-spĭr′ĭt] *(vt.)* (١) يُوْقِع الكآبةَ في النفس (٢) يُثبِّط الهمة.

dis·pir·it·ed [-spĭr′ĭt-] *(adj.)* (١) مُكتئب؛ متشائم (٢) مُثبَّط الهِمّة.

dis·place [-plās′] *(vt.)* (١) يُزيح (٢) يُشرِّد؛ يُهجِّر (٣) يُنحّي؛ يَعزِل؛ يَطْرُد؛ يَصْرِف [من وظيفة إلخ] (٤) «أ» يَحِلُّ مَحَلَّ. «ب» يَسْتبدل [شيئًا بآخر]؛ يُحِلّ شيئًا مَحَلّ آخر.

displaced person *(n.)* المُرَحَّل؛ المُهَجَّر [عن وطنه أو بيته إلخ].

dis·place·ment [-′mənt] *(n.)* (١) «أ» إزاحة. «ب» انزياح (٢) تشريد؛ تهجير (٣) تَنْحِيَة؛ عَزْل (٤) الإزاحة: «أ» إزاحة الماء بجسمٍ مغمور أو طافٍ فيه. «ب» الوزن أو الحجم المُزاح (فز).

dis·play [-plā′] *(vt.; n.)* (١) يَنْشر؛ يَبْسُط <to ~ a map on the table> (٢) يُظهر؛ يُبدي (٣) يَعْرِض (٤) يتباهى بِـ <He likes to ~ his strength.> (٥) يتكشَّف عن (٦) يصوِّر <The canvases ~ed shabby acrobats.> (٧) يُبرِز؛ يُظهِر: يطبع بأحرفٍ ضخمة § (٨) نَشْر؛ بَسْط (٩) عَرْض (١٠) إبداء (١١) تباهٍ <a vulgar ~ of wealth> (١٢) «أ» إبراز؛ تظهير (طع). «ب» المادة المُبْرَزَة أو المُظَهَّرة [بأحرفٍ ضخمةٍ].

dis·please [-plēz′] *(vt.; i.)* (١) يَسُوء؛ يُمعِض **x** (٢) يُثير الاستياء.

dis·pleas·ure [-plĕzh′ər] *(n.)* استياء؛ امتعاض؛ عدم رضًا .

dis·plode [dĭs plōd′] *(vt.; i.)* = explode.

dis·port [-pōrt′] *(vt.; i.; n.)* (١) يلهو؛ يَمْرح § (٢) لَهْو (ا . ق) .

dis·pos·a·ble [-pō′zə-] *(adj.)* (١) مُتاح؛ متوافر؛ في المتناوَل (٢) اطّراحيّ: مُعَدّ للطَّرح بعد الاستعمال من غير خسارة تُذكر <~ napkins> .

dis·pos·al [-pō′zəl] *(n.)* (١) تصرُّف (٢) ترتيب؛ تنظيم (٣) تدبير؛ إدارة (٤) نقل المِلكية (٥) «أ» رَمْي؛ اطِّراح. «ب» تخلُّص من <the ~ of rubbish> (٦) تدمير .

dis·pose [-pōz′] *(vt.; i.; n.)* (١) يعرِّض لِـ (٢) يرغِّب؛ يشجِّع؛ يُقنع (٣) يُعِدّ (٤) يُرتِّب؛ يُنَظِّم **x** (٥) يُقدِّر: يُقرِّر مصيرَ شيء على نحوٍ نهائيّ <Man proposes but God ~*s*.> § (٦) demeanor .

to ~ of (١) «أ» يضع أو يوزِّع أو يرتب [بطريقة نظامية]. «ب» يتصرّف بِـ (٢) «أ» يَهَب. «ب» يبيع (٣) «أ» يتخلّص من. «ب» يَحْسِم [مسألةً]. «ج» يسوّي [الخلافات] (٤) يُنجز (٥) يلتهم [طعامًا إلخ] (٦) يحطّم [طائرات العدوّ إلخ].

dis·posed *(adj.)* (١) ميّال إلى (٢) مطبوعٌ على .

to be well *or* ill ~ towards يتّخذ موقفًا ودّيًا [أو عدائيًا] من .

dis·po·si·tion *(n.)* (١) «أ» تخلُّص من. «ب» سُلطة؛ تصرُّفٌ. «ج» تحويل مِلكيّة إلى شخص آخر [من طريق البيع أو الوصية إلخ]. «د» حَسْمٌ لمسألة ما. «هـ» ترتيب؛ تنظيم (٢) «أ» ميل. «ب» نزعة. «ج» مزاج .

dis·pos·i·tive [-pŏz′ət ĭv] *(adj.)* حاسم <~ evidence> .

dis·pos·sess [-zĕs′] *(vt.)* (١) يُقصي؛ يُخرِج؛ يَطْرُد (٢) يَسْلُب .

dis·pos·sessed [-zĕst′] *(adj.)* (١) مُبْعَد؛ مُقصًى (٢) مُسْتَلَب .

dis·praise [-prāz′] *(vt.; n.)* (١) يَذُمّ؛ يَقْدَح بِـ § (٢) ذَمٌّ؛ قَدْح .

dis·pread [dĭ sprĕd′] *(vt.; i.)* = extend.

dis·prize [dĭs′ prīz′] *(vt.)* يَزْدري؛ يَسْتخفّ بِـ .

dis·proof [-prōōf′] *(n.)* (١) دَحْض (٢) حُجّة دامغة أو داحِضَة .

dis·pro·por·tion [-prə pōr′-] *(n.; vt.)* (١) «أ» تفاوت. «ب» لاتناغم؛ لاتناسب § (٢) يجعله متفاوتًا أو غير متناغم .

dis·pro·por·tion·al; -tion·ate *(adj.)* غير متجانِس أو مُتكافئ مع .

dis·prove [-prōōv′] *(vt.)* يَدْحَض: يُثبت بُطلانَ شيء أو صحّتَه .

dis·put·a·ble [-pyōō′tə-] *(adj.)* قابلٌ للمناقشة؛ فيه نظرٌ .

dis·pu·tant [-pyōōt′ənt] *(n.)* (١) المُجادِل؛ المُناظِر (٢) المُنازِع .

dis·pu·ta·tion [-tā′-] *(n.)* (١) «أ» جَدَل. «ب» نزاع (٢) مناظَرة .

dis·pu·ta·tious [-tā′shəs] *(adj.)* (١) مُولعٌ بالجدل أو الخصام (٢) خِلافيّ؛ فيه خلاف؛ مثيرٌ للجدل أو الخلاف .

dis·pute [-pyōōt′] *(vi.; t.; n.)* (١) يتجادل [بشدّةٍ وعنفٍ] (٢) يتنازع **x** (٣) «أ» يناقش [أمرًا]؛ يجعله موضع نقاش. «ب» يشكّ في. «ج» يفنّد؛ يدفع [حجّةً] (٤) «أ» يقاوم. «ب» يدافع عنه <Our soldiers ~*d* every inch of ground.> «ج» يكافح من أجل؛ يحاول انتزاع <~*d* the victory until the very end of the game> § (٥) جدال؛ نقاش (٦) خلاف؛ نزاع .

beyond ~, غير منازَع؛ من غير ريب .

in ~, متنازَع فيه .

dis·qual·i·fi·ca·tion *(n.)* (١) «أ» تجريد من الأهلية. «ب» لاأهلية (٢) كلّ ما يسلب الأهلية .

dis·qual·i·fy [-kwŏl′ə fī′] *(vt.)* (١) يُفْقِدُهُ الأهلية: يجعله عاجزًا عن، أو غير أهلٍ لـ (٢) يحرمه الحقوقَ الشرعية أو الامتيازات إلخ؛ يعلن عدم أهليته لـ (٣) يحرمه حقّ الاشتراك في مباراة لمخالفته القوانين (رب) .

dis·qui·et [-kwī′ət] *(vt.; n.)* (١) يُقلِق؛ يُزعِج § (٢) قلق؛ انزعاج .

dis·qui·e·tude [-kwī′ə tōōd′] *(n.)* قَلَق؛ حالة قَلَق .

dis·qui·si·tion [-kwĭ zĭsh′-] *(n.)* خُطبة؛ بحث؛ مقالة .

dis·rate [-rāt′] *(vt.)* يُخَفِّض الرُّتبة؛ يُنزِل الرُّتبة (جن) .

dis·re·gard [-gärd′] *(vt.; n.)* (١) يتجاهل؛ يتغاضى عن (٢) يستخفّ بِـ؛ لا يكترث بِـ؛ يُهمِل § (٣) تجاهلٌ (٤) استخفاف؛ لااكتراث؛ إهمال .

dis·re·gard·ful *(adj.)* مُهْمِل <~ of one's duties> .

dis·rel·ish [-rĕl′ĭsh] *(vt.; n.)* (١) «أ» يعاف؛ يكره طعمَ شيء. «ب» يُبغِض؛ يكره § (٢) «أ» عَيْف؛ عِياف. «ب» بُغْضٌ؛ كُره .

dis·re·mem·ber [-rĭ mĕm′bər] *(vt.)* يَنْسَى .

dis·re·pair [-rĭ pâr′] *(n.)* عَطَب؛ تَلَف؛ حاجة إلى ترميم .

dis·rep·u·ta·ble [-′yə-] *(adj.)* (١) سيِّئ السمعة <~ bars> (٢) زَرِيّ؛ حقير <a *disreputable*-looking fellow> (٣) بالٍ؛ قذر؛ ممزَّق <an old ~ coat> (٤) ضارٌ بالسُّمعة .

dis·re·pute [-rĭ pyōōt′] *(n.)* انثلام السُّمعة؛ فقدان السُّمعة الجيدة .

dis·re·spect *(n.; vt.)* (١) ازدراء؛ احتقار § (٢) يزدري؛ يحتقر .

dis·re·spect·ful *(adj.)* قليل الاحترام [للآخرين]؛ قليل الأدب .

dis·robe [-rōb′] *(vt.; i.)* (١) يُعَرِّي **x** (٢) يتعرّى .

dis·root [-rōōt′] *(vt.)* (١) يقتلع؛ يَستأصل (٢) يُزيح؛ يَطرد .

dis·rupt [-rŭpt′] *(vt.; adj.)* (١) يمزِّق؛ يُفتِّت (٢) يُوقِعُ الفوضى في (٣) يُعطِّل § (٤) مُمزَّق؛ مُفتَّت .

— **dis·rup·tion** *(n.)*

dis·rup·tive [-rŭp′-] *(adj.)* (١) ممزِّق إلخ (٢) تمزيقيّ إلخ .

disruptive discharge *(n.)* التفريغ التمزيقيّ (كب) .

diss [dĭs] *(vt.; i; n.)* = dis.

dis·sat·is·fac·tion *(n.)* سُخط؛ استياء؛ امتعاض؛ عَدَم رضًا .

dis·sat·is·fac·to·ry *(adj.)* مُسْخِط؛ غير مُرضٍ: باعث على الاستياء .

dis·sat·is·fied *(adj.)* ساخط؛ مُستاء؛ مُمتعِض؛ غير راضٍ .

dis·sat·is·fy [-săt′ĭs fī′] *(vt.)* يُسْخِط: يُثير سخطَهُ أو استياءَهُ .

dis·save [dĭs sāv′] *(vt.)* يُبَدِّد المدَّخَرات .

dis·sect [dĭ sĕkt′] *(vt.)* (١) يشرِّح [الجثّة] (٢) يُحلِّل؛ يَفْحَص بدقّة .

dis·sect·ed [dĭ sĕk′-] *(adj.)* (١) مُشَرَّح (٢) مُشَرَّطة؛ مُشرَّحة: ذات أقسام أو فصوص واضحة المعالم <~ leaves> .

dis·sec·tion *(n.)* (١) تشريح (٢) التحليل: دراسة نقدية مفصَّلة (٣) المشرَّحة: عيّنة تُقْطع من الجسم ليتمّ فحصها علميًا .

dis·sec·tor *(n.)* (١) المشرِّح (٢) المِشراح: مِبْضَع التشريح .

dis·seise *or* **dis·seize** [dĭs sēz′] *(vt.)* يغتصب [مِلْك الغير] (ق) .

dis·sem·ble [dĭ sĕm′bəl] *(vt.; i.)* (١) يُخفي [بقصد الخداع] (٢) يتظاهر بـ **x** (٣) يرائي؛ ينافق.

dis·sem·i·nate [dĭ sĕm′ə nāt] *(vt.; i.)* (١) «أ» يَنْثُر؛ يَبْذُر. «ب» ينشر **x** (٢) ينتشر؛ يتنشر.

— dis·sem·i·na·tion *(n.)*

dis·sem·i·nule [-′ə nyōōl′] *(n.)* الفِصْلة: جزء أو عضوٌ نباتيّ [كالبذرة أو البَوْغ] يُفصَل عن النبتة فيكفل لها الانتشار في مكان آخر.

dis·sen·sion [dĭ sĕn′shən] *(n.)* خِلاف؛ نزاع؛ شِقاق.

dis·sent [dĭ sĕnt′] *(vi.; n.)* (١) يخالف؛ يعارض (٢) يَخرج على؛ ينشقّ على § (٣) مخالَفَة؛ معارضة (٤) خروج؛ انشقاق.

dis·sent·er [dĭ sĕn′-] *(n.)* (١) المُعارض (٢) الخارج؛ المُنْشَقّ.

dis·sen·tient [dĭ sĕn′shənt] *(adj.; n.)* (١) مخالف؛ معارض [وبخاصة لرأي الأكثرية] § (٢) المخالِف؛ المعارض <gained him a vote of confidence with only five ~*s*>.

dis·sent·ing *(adj.)* مخالف؛ معارِض <without a ~ voice>.

dis·sen·tion [dĭ sĕn′shən] *(n.)* = dissension.

dis·sen·tious [-′shəs] *(adj.)* مُشاكِس؛ مُولَعٌ بالخصام.

dis·sep·i·ment [-sĕp′-] *(n.)* (١) حاجز (٢) الحاجز: نسيج فاصل (نب).

d. dissepiment 2.

dis·sert [dĭ sûrt′] *(n.)* = discourse.

dis·ser·tate [-′ər tāt′] *(vi.)* يبحَث: يعالج موضوعًا بشيء من الإسهاب.

dis·ser·ta·tion *(n.)* (١) بحث؛ مقالة؛ خُطبة (٢) أُطروحة؛ رسالة [جامعية].

dis·serve [dĭs sûrv′] *(vt.)* يُؤذي؛ يُسيء إلى.

dis·ser·vice [-sûr′vĭs] *(n.)* أذًى؛ ضَرَر؛ إساءة.

dis·sev·er [dĭ sĕv′ər] *(vt.)* (١) يَفْصِل (٢) يَقْسِم.

dis·si·dence [dĭs′ĭ-] *(n.)* (١) خلاف [في الرأي] (٢) انشقاق.

dis·si·dent [dĭs′ĭ-] *(adj.; n.)* (١) «أ» مختلف [في الرأي]. «ب» خارجٌ أو منشقّ على. «ج» مشاكس؛ كثير الخصام (٢) متضارب؛ غير متجانس § (٣) الخارج؛ المنشقّ.

dis·sim·i·lar [dĭ sĭm′-] *(adj.)* متباين: غير متماثل أو متشابه.

dis·sim·i·lar·i·ty *(n.)* (١) تباين؛ اختلاف (٢) نقطةُ تبايُن.

dis·sim·i·la·tion *(n.)* (١) تبايُن (٢) التَّخالُف: استبدال صوت بآخر (ل).

dis·si·mil·i·tude [dĭs sĭ mĭl′-] *(n.)* (١) تبايُن (٢) نقطة تبايُن.

dis·sim·u·late [-′yə lāt′] *(vt.; i.)* (١) يُخفي [تحت مظهرٍ كاذب] (٢) يتظاهر بـ **x** (٣) يرائي؛ ينافق؛ يداجي.

dis·sim·u·la·tion *(n.)* (١) إخفاء [تحت مَظهرٍ كاذب] (٢) خِداع (٣) رِياء.

dis·si·pate [-′ə pāt′] *(vt.; i.)* (١) «أ» يفرِّق؛ يشتّت [حشدًا]. «ب» يبدِّد <~*d* the night mists> (٢) «أ» ينفق بحماقة. «ب» يبذِّر. «ج» يَخسر [مِلكًا أو أرضًا] نتيجةً للتبذير **x** (٣) يتبدد؛ ينقشع (٤) ينغمس في الملذات؛ وبخاصة: يسرف في الشراب.

dis·si·pat·ed [-′ə pā′tĭd] *(adj.)* خليع؛ فاسق؛ منغمس في الملذات.

dis·si·pa·tion [-pā′shən] *(n.)* (١) «أ» تفريق؛ تبديد. «ب» تفرّق؛ تبدّد. «ج» تبذير أو إسراف في الإنفاق. «د» انغماس في الملذّات وبخاصة: إسراف في الشراب (٢) تسلية (٣) التَّبدُّد: فَقْدٌ للطاقة (فز).

dis·so·ci·a·ble [dĭ sō′shĭ ə-] *(adj.)* ممكِنٌ فصلُهُ؛ قابلٌ للانفصال.

dis·so·cial [dĭ sō′shəl] *(adj.)* (١) أنانيّ (٢) مناهِض للمجتمع.

dis·so·ci·ate [dĭ sō′shĭ āt′; -sĭ-] *(vt.; i.)* (١) يَفْصِل (٢) يُفكِّك (ك) **x** (٣) ينفصل (٤) يتفكّك (ك).

dis·so·ci·a·tion [-sĭ ā′shən; -shĭ-] *(n.)* (١) «أ» فَصْل. «ب» انفصال (٢) «أ» تفكيك. «ب» تفكّك (ك) (٣) الفُراق؛ الانفصال؛ التفكّك (نف) (٤) الانفصالية: خاصة في بعض الأحياء تجعلها تنفصل إلى عِتْرَتَيْن متميزتين أو أكثر (أح).

dis·sol·u·ble [dĭ sŏl′-] *(adj.)* ذوّاب: قابلٌ للحلّ أو الذَّوَبان.

dis·so·lute [-′ə lōōt′] *(adj.)* فاسق؛ فاجر؛ منغمس في الملذّات.

dis·so·lu·tion [dĭs′ə lōō′-] *(n.)* (١) «أ» حلّ؛ تذويب. «ب» انحلال؛ ذوبان (٢) فناء؛ موت (٣) «أ» إنهاء؛ إسقاط. «ب» حلّ [لجمعية أو برلمان]. «ج» تصفية نهائية [لشركةٍ إلخ].

dis·solv·a·ble [dĭ zŏl′-] *(adj.)* = dissoluble.

dis·solve[1] [dĭ zŏlv′] *(vt.; i.)* (١) «أ» يُلاشي؛ يبدِّد؛ يقضي على. «ب» يُنهي؛ يُلغي. «ج» يَفْسَخ. «د» يفكّك. «هـ» يحلّ [برلمانًا إلخ] (٢) «أ» يذيب؛ يَحُلّ. «ب» يثير مشاعره. «ج» يَغمر (٣) يُحِلّ: يُبَهِّت مشهدًا سينمائيًا أو تلفزيونيًا ليُحِلّ محلَّه مشهدًا آخر بطريقة تدريجية (سن) (٤) يحلّ [لغزًا] **x** (٥) «أ» يتلاشى؛ يتبدَّد. «ب» ينفَضّ. «ج» يَهِنُ؛ يَضْعُف (٦) «أ» يذوب. «ب» يستسلم للعاطفة. «ج» ينحلّ إلى.

dis·solve[2] *(n.)* الإحلال: تبهيتُ مشهدٍ على شاشة السينما أو التلفزيون وإحلالُ مشهدٍ آخَرَ، بطريقةٍ تدريجيّة، محلَّهُ (سن).

dis·sol·vent [dĭ zŏl′-] *(adj.; n.)* (١) مُذِيب § (٢) عاملٌ مُذيب.

dis·so·nance [dĭs′-] *(n.)* (١) تنافُر؛ لاانسجام (٢) تنافر الأصوات (مو).

dis·so·nant [dĭs′ə-] *(adj.)* (١) متنافر؛ غير منسجم (٢) متنافر (مو).

dis·spir·it [dĭ spĭr′ĭt] *(vt.)* = dispirit.

dis·spread [dĭ sprĕd′] *(vt.; i.)* = dispread.

dis·suade [dĭ swād′] *(vt.)* (١) ينصحه بالعدول [عن عملٍ ما] (٢) يَثْنيه [عن أمرٍ] بالإقناع.

dis·sua·sion [-swā′zhən] *(n.)* (١) نُصْحٌ بالعدول عن (٢) ثَنْيٌ عن.

dis·sua·sive [-swā′-] *(adj.)* ثانٍ: داعٍ إلى العدول عن <~ advice>.

dis·syl·lab·ic [dĭs′ĭ lăb′-; dī-] *(adj.)* = disyllabic.

dis·syl·la·ble [dĭs′sĭl′ə-; dī′-] *(n.)* = disyllable.

ă at; ā date; â care; ä car; ĕ egg; ē me; ĭ in; ī bite; ŏ lot; ō bone; ô orphan; oi boil; ŏŏ good; ōō boot; ou out; ŭ under; û urgent; ə = *a* in alone, *e* in system, *i* in easily, *o* in gallop, *u* in circus.

dis·sym·met·ric [-ˈĭ mĕtˈ-] *(adj.)* لامُتناظر: غير مُتجانس أو مُتساوِق.

dis·sym·me·try *(n.)* اللّاتناظُر: عدم التجانُس أو التساوُق.

dis·taff [dĭsˈtăf; dĭsˈtäf] *(n.; adj.)* (١) «أ» فَلْكة المِغْزَل. «ب» عَمَلُ المرأةِ أو عالَمُها (٢) «أ» الجانب النِّسويّ من الأسرة. «ب» نِسوة. «ج» امرأة § (٣) نِسْويّ <~ matters> (٤) أُمّيّ: منسوب إلى الأمّ.

dis·tal [dĭsˈ-] *(adj.)* بعيد؛ قاصٍ؛ أقصى <~ end of a bone>.

dis·tance [dĭsˈ-] *(n.; vt.)* (١) «أ» فترة. «ب» مسافة. «ج» حيِّز؛ رقعة منبسطة [من الأرض] (٢) «أ» بُعْد؛ بَوْن. «ب» لاوُدّ. «ج» برود؛ تحفّظ. «د» تفاوت؛ تباين (٣) نقطة أو منطقة نائية § (٤) يُبعِد؛ يقصي (٥) يسبق؛ يَبُزّ.
to keep a person at a ~, يعامله بفتور.

dis·tant [-ˈtənt] *(adj.)* (١) بعيد عن (٢) ناءٍ؛ قصيّ (٣) متباعد <a row of ~ teeth> (٤) بعيد: غير وثيق القرابة <a ~ relative> (٥) مغايِر؛ مختلف (٦) غير ودّي؛ متشامخ بعض الشيء؛ بارد <with a ~ politeness> (٧) طويل <a ~ journey> (٨) مُبْعِد: مُتّجهٌ نحو الأشياء البعيدة <~ thoughts>.

dis·taste [-tāstˈ] *(n.)* (١) العَيْف: كُرْهٌ للطعام أو الشَّراب (٢) كُرْهٌ؛ نفور.

dis·taste·ful *(adj.)* (١) كريه (٢) بغيض إلى النفس (٣) مُشْمَئِزّ.

dis·tem·per[1] [-tĕmˈpər] *(vt.; n.)* (١) يُشَوِّش: يُفسد نظام شيء؛ يُوقع الاختلال في § (٢) «النَّكَد»؛ سوء المزاج (٣) داء؛ مرض (٤) المرض الحيوانيّ. وبخاصة: «أ» سُلّ الكلاب. «ب» حمّى الخيل أو الهِرَرة أو الأرانب (٥) اضطراب <political ~>.

dis·tem·per[2] *(vt.; n.)* (١) يُدَسْتَمْبِر: «أ» يمزج الألوان بالبيض أو بالغراء بدلًا من الزيت. «ب» يرسم بهذه الألوان § (٢) الدَّسْتَمْبَرة: تلك الطريقة في الرسم (٣) الدَّسْتَمْبَر: الطِّلاء المستخدَم في طريقة الرسم هذه (٤) المُدَسْتَمْبَرة: صورة مرسومة بهذه الطريقة (٥) طلاء مائيّ؛ بويا مائية.

dis·tem·per·a·ture [-chər] *(n.)* اختلال؛ اعتلال [عقلي أو جسدي].

dis·tem·per·ed *(adj.)* (١) سقيم؛ عليل (٢) مُختلّ؛ مُخَبَّل.

dis·tend [-tĕndˈ] *(vt.; i.)* (١) يَمُدّ؛ يَبْسُط (٢) يَنْفُخ (٣) يُضَخِّم x (٤) يَمْتدّ (٥) يَنْتفِخ (٦) يَتَضَخَّم.

dis·ten·si·ble [dĭs tĕnˈ-] *(adj.)* قابلٌ للتمدُّد أو الانتفاخ إلخ.

dis·ten·sion *or* **dis·ten·tion** *(n.)* (١) مدٌّ؛ نَفْخ (٢) امتداد؛ انتفاخ.

dis·tich [dĭsˈtĭk] *(n.)* الدّوبيت: وحدةٌ شِعرية مؤلفة من بيتين.

dis·ti·chous [-ˈtə kəs] *(adj.)* (١) ثنائيّ التصفيف: منتظم في صفّين عموديين <~ leaves> (٢) ثنائيّ التفصُّص <~ antennae>.

dis·till *also* **dis·til** [-tĭlˈ] *(vt.; i.)* (١) يَسْتقطر: يجعله يتساقط قطراتٍ قطراتٍ (٢) يُقطِّر؛ يُرشِّح؛ يُركِّز؛ يُحَفِّل (٣) يستخلص x (٤) يتقطَّر.

dis·til·late [-ˈtə lĭt; -lātˈ] *(n.)* القُطارَة: النِّتاج المكثَّف لعملية التقطير.

dis·til·la·tion [-lāˈ-] *(n.)* (١) التقطير (ك) (٢) القُطارة.

dis·tilled [dĭs tĭldˈ] *(adj.)* (١) مُسْتَقْطَر؛ مُقطَّر (٢) مُسْتَخْلَص.

dis·till·er [-tĭlˈər] *(n.)* (١) المُقطِّر (٢) المِقْطَر: جهاز التقطير.

dis·till·er·y [-tĭlˈə rĭ] *(n.)* المَقْطَر: معمل التقطير.

dis·tinct [-tĭngktˈ] *(adj.)* (١) مُتميِّز (٢) مُغايِر (٣) بيِّن؛ جليّ؛ واضح (٤) بارز؛ استثنائيّ (٥) لا جدالَ فيه (٦) ثاقب <~ vision>.

dis·tinc·tion [-ˈshən] *(n.)* (١) طبقة؛ مَنْزِلة؛ طِراز (٢) تمييز (٣) اختلاف؛ فَرْق (٤) فارق؛ علامة فارقة (٥) سُمُوّ؛ رِفعة (٦) امتياز؛ تفوُّق (٧) وسام؛ لقب تشريف.

dis·tinc·tive [-ˈtĭv] *(adj.)* مُمَيِّز <a ~ characteristic>.

dis·tinct·ly [-ˈlĭ] *(adv.)* (١) بوضوح؛ بجلاء (٢) من غير ريب.

dis·tin·gué [-tăng gāˈ] *(adj.)* (١) ممتاز. وبخاصة: ذو مظهر دالّ على الامتياز <a rather ~ foreign diplomat> (٢) مُضْفٍ امتيازًا <Black is always ~ for evening wear.>.

dis·tin·guish [-tĭngˈgwĭsh] *(vt.; i.)* (١) يُمَيِّز (٢) يُصنِّف؛ يُبوِّب (٣) يَتبيَّن؛ يَلْحَظ (٤) «أ» يكتسب شهرةً أو شرفًا <She ~*ed* herself by winning four prizes.>. «ب» يُبلي بلاءً حسنًا <He ~*ed* himself in battle.> x (٥) يَلْحَظ الفَرْق: يميِّز بين.

dis·tin·guish·a·ble *(adj.)* ممكنٌ تمييزُه أو تبيُّنُه أو تصنيفُه.

dis·tin·guished *(adj.)* (١) واضح؛ بيِّن (٢) مرموق؛ شهير (٣) فاخر: لائق بشخص بارز <a ~ velvet–collared coat>.

dis·tort [-tôrtˈ] *(vt.)* (١) يُحرِّف؛ يُصَحِّف (٢) يَلْوي (٣) يُشَوِّه.

dis·tor·tion [-tôrˈshən] *(n.)* (١) تحريف؛ تشويه (٢) تحرُّف؛ تشوُّه (٣) التشوُّه: تغيُّرٌ يطرأ على الشَّكل المَوْجيّ لإشارةٍ ما (ألك).

dis·tract [-trăktˈ] *(vt.)* (١) يَصْرِف أو يحوِّل عن (٢) يَصْرِف [الانتباهَ عن..]؛ يُلهي (٣) يُسَلّي (٤) يُحيِّر؛ يُربك؛ يُذْهِل؛ يُخَبِّل.

dis·tract·ed *(adj.)* (١) شارد الذهن (٢) مُتحيِّر؛ ذاهِل (٣) مُخَبَّل.

dis·trac·tion [-trăkˈ-] *(n.)* (١) «أ» إلهاء أو التهاء. «ب» خلاف؛ نزاع. «ج» خَبَل؛ اضطراب عقلي. «د» حيرة؛ قلق؛ ارتباك؛ ذُهول. «هـ» تَسْلية (٢) اللَّهو: كلّ ما يُلْهي (٣) شرود الذهن (نف).

dis·train [-trānˈ] *(vt.; i.)* يَحْجز: يلقي الحجز [استيفاءً لدَيْن] (ق).

dis·train·ee [-trā nēˈ] *(n.)* المحجوز على أمواله [استيفاءً لدَيْن] (ق).

dis·train·er *or* **dis·train·or** *(n.)* الحاجز [على أموال الغير] (ق).

dis·traint [-trāntˈ] *(n.)* الحَجْز [استيفاءً لدَيْن] (ق).

dis·trait [dĭs trāˈ] *(n.)* شاردُ الذِّهن.

dis·traught [-trôtˈ] *(adj.)* (١) «أ» ذاهل. «ب» مهتاج؛ شديد الاضطراب (٢) مُخبَّل.

dis·tress [-trĕsˈ] *(n.; vt.; adj.)* (١) «أ» الحجز [على الأموال استيفاءَ لدَيْن] (ق). «ب» الأموال المحجوز عليها (٢) «أ» ألمٌ. «ب» أسًى. «ج» مِحْنَة (٣) «أ» خطَر. «ب» كَرْب؛ عَوَز § (٤) يمتحن: يصيبه بمحنة (٥) «أ» يُحْزِن. «ب» يُوجِع. «ج» يُقْلِق. «د» يُزْعِج؛ يضايق (٦) يُعَتِّق [الخشب أو الأثاث] § (٧) معروض للبيع بأسعار مخفضة جدًا <~ merchandise> (٨) مخفض الأسعار <a ~ sale>.

dis·tressed *(adj.)* مَكْرُوب؛ محزون؛ مُوْجَع؛ مُعْوِز إلخ.

dis·tress·ful [-ˈfəl] *(adj.)* (١) مُؤلم؛ موجِع (٢) متألِّم؛ مُوْجَع.

dis·tress·ing *(adj.)* مُؤلم؛ مُوْجِع <~ news>.

dis·trib·u·tar·y [-ˈyo͞o tĕrˈĭ] (n.) فرع (من نهر)؛ تُرعة فرعيّة.

dis·trib·ute [-trĭbˈyo͞ot] (vt.) (١) يوزّع (٢) يَنثر؛ يَبْذُر؛ يَنْشُر (٣) يصنّف؛ يبوّب (٤) يفرّق [الحروف المنضَّدة] (طع).

dis·trib·u·tee [-tēˈ] (n.) المُسْتَحِقّ [نصيبًا معيّنًا عند توزيع التَّرِكة].

dis·tri·bu·tion [-trə byo͞oˈ-] (n.) (١) «أ» توزيع. «ب» توزّع (٢) تصنيف؛ تبويب (٣) الموزَّع: الشيء الموزَّع (٤) تسويق [السِّلع] (اد).

dis·trib·u·tive [-trĭbˈ-] (adj.; n.) (١) توزيعيّ (٢) موزِّعة: صفة للكلمة المشيرة إلى كل فرد على حِدَة (ل) § (٣) كلمة موزِّعة (مثل *each* أو *every*).

dis·trib·u·tor (n.) (١) الموزِّع (٢) وكيل التوزيع [لسلعةٍ ما] (٣) الموزِّعة: أداة توزّع التيارَ الكهربائيّ (مك).

dis·trict [dĭsˈ-] (n.; vt.) (١) مِنطَقة؛ مقاطعة § (٢) يقسِّم إلى مناطق.

district court (n.) محكمة المِنْطَقة أو المقاطعة.

dis·trust (vt.; n.) (١) يرتاب في؛ لا يثق بِـ § (٢) ارتياب؛ عدم ثقة.

dis·trust·ful (adj.) (١) مُرتاب؛ شاكّ (٢) قليل الثقة بِـ.

dis·turb [-tûrbˈ] (vt.) (١) يقاطع؛ يعوق (٢) يفسد نظام شيء أو ترتيبه (٣) «أ» يُقلق [الراحةَ أو السكينة]. «ب» يعكر. «ج» يشوّش. «د» يزعج.

dis·turb·ance [-tûrˈbəns] (n.) (١) إقلاق؛ إزعاج؛ تعكير؛ تشويش (٢) قلق؛ انزعاج (٣) «أ» اضطراب. «ب» شَغَب.

dis·turbed (adj.) (١) هائج <~ seas> (٢) مهتاج (٣) مضطرب.

di·sul·fate [dī sŭlˈfāt] (n.) ثُنائيّ الكبريتات (ك).

di·sul·fide [dī sŭlˈfīd] (n.) = bisulfide.

dis·un·ion [-yo͞onˈyən] (n.) (١) انفصال (٢) خِلاف؛ شِقاق.

dis·un·ion·ist [-nĭst] (n.) الانفصاليّ: المؤيِّد للانفصال السياسي إلخ.

dis·u·nite [-yo͞o nītˈ] (vt.; i.) (١) «أ» يَفْصِل. «ب» يفرِّق. «ج» يبعثر (٢) يُوقِع الشِّقاقَ بين x (٣) ينفصل إلخ.

dis·u·ni·ty [-yo͞oˈnĭ tĭ] (n.) خِلاف؛ شِقاق؛ انقسام؛ لاوَحْدة.

dis·use [v. -yo͞ozˈ; n. -yo͞osˈ] (vt.; n.) (١) يهجر؛ يُهمل؛ يكفّ عن استعمال § (٢) هَجْر؛ إهمال؛ لااستعمال.

dis·u·til·i·ty [dĭsˈyo͞o tĭlˈĭ tĭ] (n.) (١) العُقم: عدم الفائدة أو الجدوى (٢) الإيذائيّة: كونُ الشيء ضارًّا أو مزعجًا أو مسبِّبًا للكَرْب أو البلاء.

dis·val·ue [-vălˈyo͞o] (vt.) يستخفّ بِـ؛ ينتقص من قَدْره.

di·syl·lab·ic [dīˈsĭ lăbˈ-] (adj.) ثُنائيَّة المَقْطع (مثل لفظة *virtue*).

di·syl·la·ble [dīˈ-] (n.) الثُّنائية المقطع: لفظة ذات مقطعين (مثل *virtue*).

dit [dĭt] (n.) النقطة [في كَوْدٍ code لاسلكي أو تلغرافي].

ditch [dĭch] (n.; vt.) (١) «أ» خندق [للدفاع]. «ب» قناة [للريّ]. «ج» مَسَال؛ مَصْرَف [للمياه] § (٢) «أ» يطوِّق بخندق. «ب» يحفر خندقًا في (٣) «أ» يُخرج قطارًا عن الخطّ. «ب» يقود سيارة إلى خندق (٤) يَنْبِذ (٥) يَهْجُر (٦) يُخفي <~ the stolen goods> (٧) يتجنّب [بالمَكْر والحيلة]؛ يتخلّص من (٨) يَحُطّ على الماء: يهبط بطائرته اضطراريًا فوق سطح الماء (طي).

ditch·wa·ter [dĭchˈ-] (n.) مياه الخنادق: مياه آسنة مُتجمِّعة في خندق.

dite [dīt] (n.) مقدار ضئيل؛ نَزْرٌ يسير (ع).

di·the·ism [dīˈthē ĭzˈəm] (n.) الثَّنَوية: الاعتقاد بإلّهين أو بمبدأين أصليَّيْن أحدُهما يمثّل الخيرَ والآخرُ يمثّل الشرّ.

dith·er [dĭthˈər] (vi.; n.) (١) يرتجف (٢) يَتَرَدَّد أو يعمل بعصبية واضطراب § (٣) ارتجاف [وبخاصة من البرد] (٤) ارتباك؛ اهتياج [عصبيّ شديد].

dith·y·ramb [dĭthˈə rămˈ] (n.) الباخوسيّة: «أ» قصيدة مُفْعَمة بالحماسة والعواطف الجياشة. «ب» كلام مُفْعَم بالحماسة أو الانفعال.

dit·sy or **dit·zy** [-ˈsē] (adj.) (١) طائش؛ سخيف (٢) مُصاب بدوار.

dit·ta·ny [dĭtˈə nĭ] (n.) رَيْحان الأرض (نب).

dit·to [dĭtˈō] (n.; vt.; adj.; adv.) (١) كذلك؛ الشيء نفسُهُ: تعبير يُستخدم في الحسابات والقوائم اجتنابًا للتكرار (٢) علامة التكرير: علامة تتألف من فاصلتين صغيرتين (") (٣) نسخة طبق الأصل <He is the ~ of his father.> § (٤) يكرِّر <The second speaker ~*ed* his argument.> (٥) يَنْسَخ [بآلة ناسخة] § (٦) مشابه؛ مماثل § (٧) كذلك؛ كما تقدَّم؛ «شَرْحُه».

dit·ty [dĭtˈĭ] (n.) (١) قصيدة مُعَدَّة للغناء (٢) أغنية قصيرة بسيطة.

dit·ty bag (n.) كيس الملّاح: كيس يضع فيه الملّاحون أدوات الخياطة.

dit·ty box (n.) صندوق الملّاح: صندوق يضع فيه الملّاحون أدوات الخياطة.

dit·zy (adj.) = ditsy.

di·u·re·sis [dī yo͞o rēˈsĭs] (n.) الإبالة؛ غزارة البول (ط).

di·u·ret·ic [-rĕtˈĭk] (adj.; n.) (١) مُدِرّ للبول § (٢) دواءٌ مُدِرّ للبول.

di·ur·nal [dī ûrˈ-] (adj.) (١) يوميّ <~ tasks> (٢) نهاريّ <~ noises>.

di·va [dēˈvä] (n.) pl. **-vas** or **-ve** الراقصة الأولى [في الباليه].

di·va·gate [dīˈvə gātˈ] (vi.) (١) يهيم على وجهه (٢) يستطرد (٣) ينحرف؛ يبتعد عن.
— **di·va·ga·tion** (n.)

di·va·lent [dī vāˈ-] (adj.) = bivalent.

di·van [dīˈvăn; dĭ vănˈ] (n.) (١) الديوان: «أ» المجلس السلطانيّ في الأمبراطورية العثمانية. «ب» مجلس. «ج» قاعة اجتماع أو استقبال كبيرة. «د» حجرة تدخين (٢) الديوان: أريكة؛ مُتَّكأ (٣) ديوان شعر.

di·var·i·cate [v. dī vărˈə kātˈ; adj. -kĭt] (vi.; adj.) (١) يَنْشَعِب (٢) يتشعَّب § (٣) ثُنائيّ الشُّعبة <~ petals>.

divaricate petals

di·var·i·ca·tion (n.) (١) «أ» تشعُّب؛ تفرُّع. «ب» شُعبة؛ فَرْع (٢) اختلاف في الرأي.

dive [dīv] (vi.; t.; n.) (١) «أ» يَغْطِس. «ب» يغوص (٢) «أ» يهبط؛ يسقط. «ب» يُقحِم [يدَهُ في جيبه إلخ]. «ج» تنقضّ [الطائرة] (٣) «أ» ينكبّ [على الدرس أو العمل]. «ب» يندفع إلى أو نحو x (٤) يُقحم في (٥) يحمل الطائرةَ [على الهبوط] أو الغواصةَ [على الغوص] § (٦) غَطْس؛ غوص؛ اندفاع إلخ

(٧) «أ» هبوط مفاجئ [في الأسعار أو المعنويات]. «ب» انقضاض [طي] (٨) حانة رديئة السمعة.

dive–bomb *(vt.)* يَقْذِف مُنْقَضًّا [على الهدف].

dive bomber *(n.)* قاذفة الانقضاض (جن).

div·er [dī′-] *(n.)* (١) فا dive مثل: الغطّاس؛ الغوّاص؛ صائد اللؤلؤ إلخ (٢) loon [2] (٣) النَّشّال (عب).

di·verge [dĭ vûrj′; dī-] *(vi.; t.)* (١) يَنْفرج؛ ينشعب؛ يتباعد (٢) يختلف (٣) «أ» ينحرف [عن سبيلٍ أو سياسةٍ ما]. «ب» يستطرد x (٤) يَحْرِف: يجعله ينحرف.

di·ver·gence [dĭ vûr′jəns; dī-] *(n.)* (١) انفراج؛ انشعاب؛ تباعُد (٢) اختلاف (٣) التباعُد: اكتساب المُتَعَضِّيات الشقيقة صفاتٍ متباينةً في البيئات غير المتماثلة (أح) (٤) «أ» انحراف. «ب» استطراد.

di·ver·gent [dĭ vûr′-; dī-] *(adj.)* (١) «أ» منفرج؛ منشعِب <~ lines>. «ب» متباعد <the ~ evolution of two species> (٢) متباين؛ متعارض (٣) مُنحرِف (٤) مُباعِد (ض).

divergent series *(n.)* المُتَسَلْسِلة المتباعِدة (ر).

di·verg·ing (*also* **divergent**) **lens** *(n.)* العَدَسة المُباعِدة أو المفرِّقة.

di·vers [dī′vərz] *(adj.)* كثير؛ متعدِّد؛ مُختلِف.

di·verse [dĭ vûrs′; dī′-] *(adj.)* (١) مختلف <of ~ racial origins> (٢) متعدّد الأشكال <~ nature of man> (٣) متنوّع <a most ~ group of politicians>.

di·ver·si·fi·ca·tion *(n.)* (١) تنويع (٢) تنوُّع.

di·ver·si·fied [dĭ vûr′-; dī-] *(adj.)* متنوِّع <~ activity>.

di·ver·si·fy [dĭ vûr′sə fī′; dī-] *(vt.; i.)* (١) ينوِّع؛ يشكِّل (٢) ينوِّع التوظيف: يوظِّف أمواله في مشاريع مختلفة x (٣) ينوِّع: يُنتِج محاصيلَ، أو أصنافًا من السِّلع، مختلفة (٤) ينهمك في أعمال متباينة.

di·ver·sion [dĭ vûr′zhən; -shən; dī-] *(n.)* (١) تحويل [عن سبيلٍ أو مجرًى مألوف] (٢) صَرْف للانتباه (٣) انحراف أو تحوّلٌ عن (٤) لَهْو؛ تسلية (٥) إلهاء (٦) الهجوم المضلِّل؛ هجوم يُشَنّ لصرف أنظار العدوّ عن العملية الرئيسية (جن).

— di·ver·sion·ar·y *(adj.)*

di·ver·si·ty [dĭ vûr′-; dī-] *(n.)* (١) تنوُّع (٢) اختلاف <~ of opinion> (٣) فَرْق <climatic *diversities*>.

di·vert [dĭ vûrt′; dī-] *(vi.; t.)* (١) ينحرف x (٢) يحوِّل <~*ed* the stream> (٣) يَصْرِف الانتباهَ عن (٤) «أ» يُلْهي؛ يُسَلّي. «ب» يَسُرّ.

di·ver·tic·u·li·tis [dī′vûr tĭk′yə lī′-] *(n.)* التهاب الرَّدْب (ط).

di·ver·tic·u·lum [-′yə ləm] *(n.)* pl. **-la** الرَّدْب؛ الرَّدْج: جيب خارجيّ مسدود النهاية متموضعٌ على جدار عضوٍ مجوَّف كالمِعَى (ط).

di·vert·ing [dĭ vûr′-; dī-] *(adj.)* مُسَلٍّ <a ~ story>.

di·ver·tisse·ment [dē vĕr tēs män′] *(n.)* (١) الفُوَيْصِل: فاصل قصير من رقص الباليه (٢) لحن موسيقيّ خفيف (٣) لَهْوٌ؛ تسلية.

Di·ves [dī′vēz] *(n.)* الموسِر؛ الثريّ؛ الغنيّ.

di·vest [dĭ vĕst′; dī-] *(vt.)* (١) يُعَرّي (٢) يجرِّد: يحرمه ممتلكاته أو لقبَهُ إلخ (٣) يتخلّص من (٤) يَسْلُب.

— di·vest·ment *(n.)*

di·vest·i·ture [-′tə chər; dī-] *(n.)* (١) «أ» تَعْرِيَة. «ب» تَعَرٍّ (٢) تجريد.

di·vid·a·ble [dĭ vī′-] *(adj.)* قابلٌ للقسمة.

di·vide [dĭ vīd′] *(vt.; i.; n.)* (١) «أ» يَقْسِم. «ب» يقسِّم. «ج» يَشُقّ [الأمواجَ إلخ] (٢) «أ» يوزِّع؛ يُحصِّص. «ب» يقاسم؛ يتقاسم <~s the blame with his companion> (٣) «أ» يميِّز؛ يَفْصِل. «ب» يفرِّق؛ يمزِّق؛ يُوقِع الشِّقاق (٤) يُدَرِّج: يقسم [أنبوبةً أو مسطرةً] إلى درجات (٥) يَقْسِم [حسابيًّا] x (٦) «أ» ينقسم. «ب» ينشعب. «ج» ينفصل. «د» ينشقّ؛ ينقسم بحكم الاختلاف في الرأي إلخ § (٧) تقسيم؛ توزيع (٨) حدٌّ أو خطٌّ فاصل <a period marking the ~ between two eras>.

di·vid·ed [dĭ vī′-] *(adj.)* (١) مَقْسوم؛ مُقَسَّم (٢) مُقَسَّمة: صفة للطريق العريضة تُقْسَم إلى شُعْبَتَيْن تجري السيارات في كلٍّ منهما باتجاهٍ مخالفٍ للآخر (٣) «أ» منقسم على نفسه <were sharply ~ over that issue>. «ب» متضارب؛ متعارض <~ loyalties>.

divided highway *(n.)* الطريق المُقَسَّمة (را. divided 2).

div·i·dend [dĭv′ə-] *(n.)* (١) حِصّة (٢) الرَّبيحة: «أ» إيراد السَّهم الماليّ الواحد من الأرباح الموزَّعة. «ب» ربح توزعه شركات التأمين على المؤمّنين لديها. «ج» سلعة إضافية تُعطى مجانًا لمن يشتري عددًا معيَّنًا من السِّلَع (٣) الوَزيعة: حصة نسبية تُدفَع إلى الدائن من موجودات مؤسسةٍ مفلسة (ق) (٤) المَقْسوم (ر) (٥) القُسامة: مبلغ يُراد توزيعه أو قِسمتُهُ.

di·vid·er *(n.)* (١) القاسم؛ المقسِّم إلخ (٢) *pl.* القَسّامة: أداة شبيهةٌ بالفرجار تفصل أجزاء متساوية من خطٍّ ما (٣) حاجز؛ فاصل.

div·i–div·i [dĭv′ĭ dĭv′ĭ] *(n.)* الدِّفْدِف: نبتة أميركية استوائية.

div·i·na·tion [-nā′-] *(n.)* (١) الكِهانة؛ الرَّجْم بالغَيْب (٢) نُبوءة.

di·vine [dĭ vīn′] *(adj.; n.; vt.; i.)* (١) إلَهِيّ <~ right of kings> (٢) دينيّ؛ مقدَّس (٣) رائع (٤) فاتن؛ ساحر <looked ~ in that dress> (٥) سماويّ: ذو طبيعةٍ أسمى من طبيعة البشر § (٦) كاهن (٧) اللاهوتيّ: العالم باللاهوت § (٨) يتنبّأ بِـ (٩) يكتشف بالحَدْس x (١٠) يتكهّن؛ يُمارس الكهانة (١١) يَحْزِر.

di·vin·er [dĭ vī′-] *(n.)* (١) العرّاف؛ «البصّار» (٢) المتنبئ بِـ (٣) المستنبئ بالعصا: المستعين بالعصا لمعرفة مواقع الماء والمعادن تحت الأرض.

diving bell *(n.)* حُجرة الغَوْص؛ ناقوس الغُوّاص: وعاء ضخم يساعد الغوّاصين على البقاء فترةً قصيرة تحت الماء.

diving bell

diving board *(n.)* مِنَصَّة الغَوْص؛ مِنَصَّة الوَثْب.

diving duck *(n.)* البَطُّ الغَوّاص: ضرب من البطّ يألف المياه العميقة.

divining rod *(n.)* عصا الاستنباء: قضيب منشعب يستعين به بعضهم للتعرّف إلى وجود الماء أو المعادن تحت الأرض.

di·vin·i·ty [dĭ vĭn′-] *(n.)* (١) اللاهوت (٢) الألوهيّة (٣) *cap.* عد: الله.

divinity school *(n.)* المدرسة اللاهوتيّة: مدرسة دينية لتخريج القساوسة وعلماء اللاهوت.

di·vis·i·bil·i·ty [dĭ vĭz′ə bĭl′-] *(n.)* قابليّة القِسمة (ر).

di·vis·i·ble [dĭ vĭz′ə bəl] *(adj.)* قابلٌ للقِسمة.

di·vi·sion [dĭ vĭzh′ən] *(n.)* (١) «أ» تقسيم. «ب» انقسام. «ج» توزيع (٢) قِسْم؛ جزء (٣) خِلاف؛ نِزاع (٤) «أ» القاسم؛ الفاصل. «ب» فَصْل؛ انفصال (٥) القِسْمة (ر) (٦) الفِرقة: «أ» وحدة عسكرية رئيسية. «ب» مجموعة سُفُن حربية (٧) مقاطعة [أو جزء من وحدة إقليمية] (٨) شُعبة [من إدارة حكومية أو تجارية أو تربوية] (٩) القِسْم: جماعة من الأحياء تؤلف جزءًا من جماعة أكبر منها (أح) (١٠) فئة (١١) الانقسام: انشطار الخليّة إلى خليّتين (أح).

direct ~, الانقسام اللاّفتيلي؛ الانقسام المباشر (أح).

indirect ~, الانقسام الفتيلي؛ الانقسام اللاّمباشر (أح).

di·vi·sion·al *(adj.)* (١) تقسيميّ؛ فاصل <a ~ line> (٢) قِسميّ: مؤلَّفٌ قسمًا من وحدة <~ coins> (٣) فِرْقيّ: متعلق بفرقة عسكرية <the ~ artillery>.

division of labor *(n.)* تقسيم العمل (اد).

di·vi·sive [dĭ vī′-] *(adj.)* مُسبِّب للشِّقاق أو النزاع <~ activities>.

di·vi·sor [dĭ vī′zər] *(n.)* القاسم؛ المقسوم عليه (ر).

di·vorce [dĭ vôrs′; dī-] *(n.; vt.; i.)* (١) الطَّلاق (ق) (٢) انفصال تامّ § (٣) يُطلِّق [زوجتَهُ]؛ تُطلِّق [زوجَها] (٤) يُفرِّق: يفسخ القاضي عقدَ الزواج بين... (٥) يَفْصِل x (٦) يَحْصل على الطلاق.

di·vor·cé [dĭ vōr sā′] *(n.)* المطلَّق: زوجٌ مُطلَّق.

di·vor·cee [dĭ vōr sē′] *(n.)* (١) المُطلَّق (٢) المطلَّقة.

di·vor·cée [dĭ vōr sā′] *(n.)* المطلَّقة: زوجة مطلَّقة.

di·vorce·ment [dĭ vōrs′-] *(n.)* (١) طَلاق (٢) انفصال تامّ.

div·ot [dĭv′ət] *(n.)* القُلاعة: كتلة من عشب يقتلعُها مِضْرَب الغولف.

di·vulge [dĭ vŭlj′; dī-] *(vt.)* يبوح بـ؛ يُفشي [سِرًّا].

di·vulge·ment; di·vul·gence *(n.)* بَوْح؛ إفشاء [لِسِرّ].

di·vul·sion [dĭ vŭl′shən; dī-] *(n.)* تمزيقٌ؛ فَصْلٌ بعنف.

div·vy [dĭv′ĭ] *(n.; vt.; i.)* (١) حِصّة (ع) § (٢) يُقَسِّم؛ يُوَزِّع (ع).

Dix·ie [dĭk′sĭ] *(n.)* الولايات الجنوبية [من الولايات المتحدة الأميركية].

di·zy·got·ic [dī zī gŏt′-] *(adj.)* ثُنائيّ اللاقحة (أح).

diz·zi·ness [dĭz′-] *(n.)* دُوار؛ سَدَر؛ دَوْخة.

diz·zy [dĭz′ĭ] *(adj.; vt.)* (١) أحمق (ع) (٢) «أ» دائخ: مصاب بدُوار. «ب» مَشْدُوه؛ مشوَّش الذهن (٣) «أ» مدوِّخ: مسبِّب للدوار؛ شاهق <~ heights>. «ب» دُواري: ناشئ عن الدُّوار أو مُتَّسِم به. «ج» سريع جدًّا § (٤) يُصيب بالدُّوار (٥) يشوِّش [الذهنَ].

djin·ni [jĭn′ē] *or* **djinn** *or* **djin** [jĭn] *(n.)* الجنّيّ.

DNA [dē ĕn ā′] *(n.)* د. ن. أ؛ دَنا؛ حَمْض ديوكسي ريبونيوكليك.

do[1] [dō] *(n.)* دو: المقام الأول من السُّلَّم الموسيقيّ.

do[2] [do͞o] *(vt.; i.; n.)* (١) يُنفِّذ <to ~ the will of God> (٢) يفعل؛ يقوم بـ <I will ~ what I can.> (٣) يرتكب (٤) «أ» يعود عليه بـ <His vacation *did* him a great deal of good.> «ب» يقدِّم <having *done* their homage to the tomb> (٥) يُنهي؛ يُنجِز (٦) يبذل <*did* her best> (٧) يُرهِق (٨) يُنتج [أثرًا أدبيًا أو فنيًا] (٩) يقوم بتمثيل دورٍ (١٠) يخدع؛ يحتال على (١١) «أ» يُرتِّب؛ يُنظِّف؛ يُعِدّ. «ب» يطهو. «ج» يُجَمِّل: يُعالج بمستحضرات التجميل <had *done* her face>. «د» يُزخرف؛ يُؤثِّث (١٢) «أ» يمتهن: يتّخذ مهنةً <what to ~ after college>. «ب» يَدْرُس <to ~ biology> (١٣) «أ» يقطع؛ يجتاز <We *did* twenty miles today.>. «ب» ينطلق بسرعة كذا (١٤) يطوف بـ <~*ing* 10 countries in 10 days> (١٥) يقضي مدّة محكوميته (١٦) يلبّي الحاجة إلى؛ يلائم <Worms will ~ us for bait.> (١٧) يتعاطى؛ يُدمن x (١٨) يَعْمل؛ يتصرَّف (١٩) يَنْجح (٢٠) يَعْمل: يوفَّق إلى إنجاز شيء (٢١) يُعاقب؛ يُؤذي (٢٢) يَحْدث؛ يجري <What's ~*ing* across the street?> (٢٣) ينتهي <He had *done* with speech for that evening.> (٢٤) يكفي؛ يفي بالغرض <That will ~.> (٢٥) يناسب؛ يليق؛ يكون ملائمًا <won't ~ to be late> § (٢٦) جَعْجَعة؛ جَلَبة (٢٧) مهرجان؛ احتفال (٢٨) معركة (٢٩) أمر: مُفْرَد «أوامر» <the basic ~*s* and *don'ts* of hygiene> (٣٠) خدعة؛ خداع <The scheme was a ~ from the start.>.

How do you ~? كيف حالك؟

Sorry, nothing ~*ing*. آسف، لا أستطيع أن ألبّي طلبك.

There was nothing ~*ing*. كان كل شيء هادئًا؛ لم يحدث شيء يُذكر.

to ~ a person out of (something) يحرم شخصًا [بالخداع إلخ] من الحصول على شيء.

to ~ away with (١) يلغي؛ يتخلّص من (٢) يقتل.

to ~ by (a person) يتصرف نحوه؛ يعامله بـ.

to ~ for (١) يضع حدًّا لـ؛ يُتلف؛ يقتل (٢) يَخْدع؛ يُعْنَى بـ (٣) يتدبّر أمر شيء؛ يؤمّن الحصول عليه.

to be *done* for يكون في حالة تلفٍ أو بلًى.

to ~ in (١) يُهْلِك (٢) يقتُل (٣) يُرهق (٤) يَخْدع.

to ~ one's bit *or* duty يقوم بقِسطِه من الواجب.

to ~ (something) over يعمل [أمرًا] من جديد.

to ~ time يقضي سنوات محكوميّتِهِ في السجن.

to ~ to death يُعْدِم.

to ~ up (١) يُزَرِّر (٢) يرتِّب (٣) يرمِّم (٤) يدهن أو يزخرف جدران بيت (٥) يَرْزُم (٦) يُرْهِق.

to ~ with (١) يكون ذا علاقة بـ (٢) يتحمّل؛ يطيق صبرًا على (٣) يقنع أو يكتفي بـ (٤) يحتاج إلى؛ يكون سعيدًا إذا حصل على (٥) يتخلّص أو ينفض يده من.

to ~ without (something) يستغني عن.

do·a·ble [do͞o′ə bəl] *(adj.)* عَمَليّ؛ مُمكِنٌ عملُهُ.

do–all [-′ôl′] *(n.)* المستخدَم الكُلّيّ: مستخدَم يؤدّي مختلِف المهامّ.

dob·bin [dŏb′ĭn] *(n.)* بِرذَون : فَرَس مزرعةٍ .

dob·by [dŏb′ĭ] *(n.)* المخبول ؛ المعتوه ؛ المجنون .

dob·son [dŏb′sən] *(n.)* الدُّبسون : يرقانة ذبابة دُبسون (را . المادة التالية)، وهي تُتَّخذ طُعمًا للأسماك .

dob·son·fly [-flī′] *(n.)* ذُبابة دُبسون : حشرة كبيرة ذات أربعة أجنحة غِشائية .

dobsonfly

doc [dŏk] *(n.)* = doctor.

do·cent [dō′sənt] *(n.)* (١) المدرِّس ؛ المُحاضِر [في جامعة] (٢) دليل [السُّيّاح] .

doc·ile [dŏs′əl; dō′sīl] *(adj.)* (١) قابلٌ للتعليم ؛ راغبٌ في التعلّم (٢) مِطواع ؛ طيِّع ؛ سهل الانقياد .

— **do·cil·i·ty** *(n.)*

dock[1] [dŏk] *(n.)* الحُمّاض : نبات ذو زهيرات حامضة المذاق .

dock[2] *(n.; vt.)* (١) العَجْب : الجزء الصُّلب من الذَّنَب (٢) البَتْرة : ما يبقى من الذَّنَب بعد بتره § (٣) يَبْتُر [ذيلًا إلخ] (٤) يختصر ؛ يُلخِّص (٥) يُنقِص ؛ يُخفِّض [الأجورَ] (٦) «أ» يَحْرِمُهُ شيئًا [على سبيل العقاب] . «ب» يَحْسِمُ من راتبه .

dock[3] *(n.; vt.; i.)* (١) حوض السُّفن (٢) رصيف [لتحميل السُّفن أو تفريغها] (٣) السّقالة ؛ الصِّقالة : شبه مِنَصّة لفحص الطائرات وإصلاحها (٤) حظيرةُ [الطائرات] § (٥) يُحَوِّض ؛ يُرَصِّف : يدفع السفينة أو يقودُها إلى الحوض أو الرصيف x (٦) تُحوِّض ؛ تُرَصِّف [السفينةُ] .

dock[4] *(n.)* قَفَصُ الاتِّهام [في محكمة] .

dock·age [dŏk′ĭj] *(n.)* (١) رَسْم التحويض أو الترصيف : رسم إدخال السفينة إلى حوض أو رصيف (٢) التحويض ؛ الترصيف : إدخال السفينة إلى حوض أو رصيف (٣) اقتطاع [جزءٍ من الراتب أو السعر إلخ] .

dock·er *(n.)* (١) فا dock . وبخاصة : «أ» الباتر [لِذَنَب حيوان] . «ب» المِبْتَر : أداة لبَتْر ذَنَب الحيوان (٢) عامل في حوض أو رصيف للسُّفن .

dock·et [dŏk′ĭt] *(n.; vt.)* (١) خلاصة [خطية لوثيقةٍ ما] (٢) الحافظة : سجلّ بالدعوى يدوَّن فيه موجز لوقائع جلساتها (ق) (٣) «أ» جدول الدّعاوى (ق) . «ب» جَدْول الأعمال (٤) إشعار دفع [للرسم الجمركيّ] (٥) الرُّقعة : بطاقة تُلْصق على ظاهر رزمة أو وثيقة للدلالة على مضمونها § (٦) يُجَدْوِل : يُدْرِج في جدول الدعاوى (ق) (٧) يَحْفظ : يدوِّن موجزَ وقائع الجلسات (٨) يُرَقِّع : يُلْصِق رقعةً على .

dock·hand; dock·work·er [dŏk′-] *(n.)* = longshoreman.

dock·land [dŏk′lănd] *(n.)* منطقة الأحواض : «أ» جزء من المرفأ تَشغَلُهُ الأحواض . «ب» حيّ سَكَنيّ مجاورٌ للأحواض .

dock·side [dŏk′sīd] *(n.)* جانب الحوض : «أ» الساحل المحاذي لحوض من أحواض السفن . «ب» رقعة من الأرض محاذية لحوض السّفن .

dock·yard [dŏk′-] *(n.)* المَسْفَن : موضعٌ لبناء السفن وتجهيزها وترميمها .

doc·tor [dŏk′tər] *(n.; vt.; i.)* (١) الدكتور : «أ» عالم لاهوتي بارز . «ب» أستاذ واسع العلم . «ج» حامل دكتوراه في الآداب أو الفلسفة إلخ (٢) طبيب (٣) المُطَيِّبة : مادة تضاف إلى الطعام لإعطائِهِ مذاقًا مرغوبًا فيه (٤) المطيِّبة : كل أداة معدَّة لأداء غرضٍ خاصٍّ (٥) الذُّبابة الصُّنعيّة [تُتَّخذ طُعمًا للأسماك] (٦) مُصْلِح الآلات أو الأجهزة (٧) الطاهي (ع) § (٨) يطبِّب ؛ يعالج (٩) يُصلح ؛ يرمِّم (١٠) يُعَدِّل ؛ يكيِّف (١١) «أ» يُعالج : يعالج بالمواد الكيميائية إلخ على نحو خادع <to ~ poor wine to get a better price> . «ب» يتلاعب بـ <to ~ the election returns> (١٢) يخصي [حيوانًا] x (١٣) يمارس الطب (١٤) يأخذ دواءً .

— **doc·tor·al** *(adj.)*

doc·tor·ate [dŏk′tər ĭt] *(n.)* درجة [أو لقب] الدكتوراه .

doc·tri·naire [-nâr′] *(n.; adj.)* (١) النَّظَرانيّ : من يحاول تطبيقَ نظرية تجريدية من غير اعتبار للمصاعب العملية § (٢) نَظَرانيّ : نظريّ ؛ غير عمليّ .

doc·tri·nal [dŏk′trə-] *(adj.)* مَذْهبيّ ؛ عَقَديّ ؛ مَبدئيّ .

doc·trine [-′trĭn] *(n.)* (١) تعليم ؛ تعاليم (٢) مذهب ؛ عقيدة (٣) المبدأ : بيان عن السياسة الأساسيّة للحكومة وبخاصة في موضوع العلاقات الدولية <the Monroe ~>.

doc·u·ment [dŏk′yə-] *(n.; vt.)* (١) وثيقة (٢) documentary § (٣) يُوثِّق : يزوِّد أو يَدْعَم بالوثائق .

— **doc·u·men·tal** *(adj.)*

doc·u·men·ta·ry [dŏk′yə mĕn′-] *(adj.; n.)* (١) كتابيّ <a ~ evidence> (٢) وثائقيّ : ذو علاقة بالوثائق أو مؤلَّف أو مُستمدٌّ منها § (٣) الوثائقيّ : شريط سينمائيّ إلخ مستمدٌّ من الوثائق .

doc·u·men·ta·tion [-mĕn tā′-] *(n.)* (١) «أ» التوثيق : التزويد أو الدعم بالوثائق . «ب» بيِّنة مُوَثَّقَة [في بحث أو رسالة] (٢) الوثائقية : «أ» الاستناد إلى الوثائق التاريخية . «ب» الانطباق على الوقائع التاريخية أو الموضوعية .

dod·der[1] [dŏd′-] *(n.)* الكَشُوث ؛ الحامول ؛ الهالوك : نبات طفيليّ .

dod·der[2] *(vi.)* (١) يَرتعِش [من ضَعْف أو شَيْخوخة] (٢) يَسير بِوَهَن .

dod·dered [-′ərd] *(adj.)* (١) عديم الورق [بسبب من السنّ أو الفساد] <a ~ oak> (٢) ضعيف ؛ واهِن [وبخاصة بسبب من الشَّيخوخة] .

dod·der·ing [dŏd′ər-] *(adj.)* خَرِف <a ~ old man> .

dod·der·y [dŏd′ər ĭ] *(adj.)* (١) ضعيف ؛ واهن (٢) خَرِف .

dodeca- *or* **dodec-** بادئة معناها : اثنا عشر .

do·de·ca·gon *(n.)* الثِّنْعَشَريّ الأضلاع : شكل ذو ١٢ ضِلعًا و١٢ زاوية .

do·de·ca·he·dron [dō dĕk′ə hē′-] *(n.)* pl. **-s** *or* **-dra** الثِّنْعَشَريّ السّطوح : مُجسَّم ذو ١٢ سطحًا أو وجهًا (هن) .

dodge [dŏj] *(vi.; t.; n.)* (١) يراوغ (٢) «أ» يتنقّل ، جيئةً وذهوبًا ، من مكان إلى مكان . «ب» يروغ : يقوم بحركة مفاجئة في اتجاه جديد اجتنابًا للكمة إلخ x (٣) يتفادَى § (٤) مراوغة ؛ تفادٍ (٥) حيلة .

dodg·er [dŏj′ər] *(n.)* (١) المُراوِغ (٢) المحتال (٣) circular 7 (٤) كعك الذُّرة : كعك يُخبز من دقيق الذُّرة .

dodg·er·y [dŏj′-] *(n.)* (١) مُراوَغة (٢) احتيال .

dodg·y [-′ĭ] *(adj.)* (١) مُراوِغ (٢) مُحتال (٣) قَلِق ؛ غير مستقرّ (٤) خطِر .

do·do [dō′dō] *(n.)* (١) الدُّودو : طائر منقرض (٢) المتخلِّف : شخص متخلِّف عن العصر تخلّفًا شديدًا (٣) الأحمق ؛ الأبله .

dodo *1.*

doe [dō] *(n.)* أُنثى الظبي أو الأيِّل أو الماعز إلخ .

do·er [dōō′ər] *(n.)* الفاعل : من يفعل شيئًا .

doe·skin [dō′-] *(n.)* (١) «أ» جلد الأنثى : جلد أنثى الظبي أو الأيِّل إلخ . «ب» جلد النعجة المدبوغ (٢) الدَّسْكَن : قماش صوفيّ ناعم .

does·n't [dŭz′ənt] = does not.

doff [dŏf] *(vt.)* (١) «أ» يتجرّد : يخلع أو ينزع ملابسه . «ب» يرفع قبّعته [احترامًا أو ترحيبًا] (٢) يطّرح ؛ يتخلّص من .

dog [dôg; dŏg] *(n.; vt.; i.; adj.; adv.)* (١) الكلب (ح) (٢) شخص تافه أو حقير (٣) فتًى ؛ شخص <a gay ~> (٤) كُلّابة تُستخدم [للتثبيت إلخ] (٥) المَنْصَب : مِسْنَدٌ للخشب المشتعل (٦) sundog (٧) أناقة متكلّفة (٨) «أ» الكلب الأكبر (فل) . «ب» الكلب الأصغر (فل) (٩) *pl.*: القَدَمان (١٠) *pl.*: هلاكٌ ؛ دمار <go to the ~s> (١١) شيء رديء (١٢) سلعة كاسدة (١٣) مسرحية فاشلة (١٤) فتاة قبيحة (١٥) *cap.*: الدُّجّ : أيٌّ من عدة شعوب أميركية هنديةٍ حمراء § (١٦) يتعقّب ؛ يُطارد (١٧) يُكلِّب : يثبّت بكُلّابة x (١٨) يلازمُ ملازمةَ الكلب لصاحبه § (١٩) رديء ؛ زائف § (٢٠) إلى حدٍّ بعيد <*dog*-tired> .

- a ~ in the manger — من لا يستعمل شيئًا ولا يدَع غيره يستعمله .
- Every ~ has his day — لكلٍّ يومُهُ : لا بدَّ أن يحالف الحظُّ [أو السعادة] المرءَ عاجلًا أو آجلًا .
- to be top ~, — يحتلّ منصبًا ذا سلطة ونفوذ .
- to be under ~, — يكون في وضع يتعيّن عليه فيه أن يُطيع على نحو موصول .
- to give a ~ a bad name and hang him — السمعة السيئة تُردي صاحبها لأنها تترك بصماتها على سائر سنوات حياته .
- to give (throw) to the ~*s* — ينبذ شيئًا بوصفه عديم القيمة .
- to help a lame ~ over a stile — يساعد شخصًا على التخلص من ورطة .
- to lead a *dog's* life — يحيا حياةً حافلةً بالشقاء والمهانة .
- to lead someone a *dog's* life — يقلقه أو يزعجه باستمرار .

dog·bane [-′bān] *(n.)* قاتلُ الكلب : نبات سامّ .

dog·ber·ry [-′bĕr ĭ] *(n.)* (١) عِنَبيّة الكلب (نب) (٢) القرانيا المُدَمّاة (نب) .

dogcart

dog·cart [-′kärt] *(n.)* الكَلْبيّة : عربة يجرّها كلب أو فرس .

dog collar *(n.)* (١) طَوْق لعُنق الكلب (٢) قَبّة إكليريكيّة (ع) (٣) المُطَوِّق : عقد من الجواهر أو الخرز يُطوِّق الجِيْدَ بإحكام .

dog days *(n. pl.)* (١) أيام الشِّعْرَى : الفترة بين أوائل يوليو وأوائل سبتمبر في نصف الكرة الشمالي [وتتميّز بجوّها القائظ الشديد الرّطوبة] (٢) فترة ركود .

doge [dōj] *(n.)* الدّوج : القاضي الأول في البندقية وجَنَوا .

dog–ear *(n.; vt.)* (١) أُذن الكلب : زاوية صفحةٍ [من كتاب] تُطوَى مثل أُذن الكلب نتيجةً للإهمال أو كعلامة على موضع معيَّن منه § (٢) يَطوِي زاويةَ الصفحة .

dog–eared *(adj.)* (١) مَطْوِيّ الزوايا <a ~ novel> (٢) بالٍ ؛ رَثّ .

dog·eat·dog *(adj.)* تَكالُبيّ [على الربح والإثراء] <a ~ society> .

dog·face *(n.)* جنديّ . وبخاصة : جنديّ من المشاة (ع) .

dog fennel *(n.)* القُحْوان : ضرب من البابونج نافذ الرائحة .

dog·fight [-′fīt] *(n.)* (١) «أ» معركة بين الكلاب . «ب» نزاع عنيف أو شرِس (٢) قتال المُهارَشة [بين طائرتين متقاتلتين أو أكثر] .

dog·fish [dôg′-] *(n.)* كلب البحر : سَمَك وثيق الصلة بالقرش .

dog·ged [-′gĭd] *(adj.)* عنيد <~ determination> .

dog·ger [dôg′ər; dŏg′ər] *(n.)* الدُّجَر : مَرْكَبُ صيدٍ ذو صاريين .

dog·ger·el [-′gər əl] *(adj.; n.)* (١) مُكسَّر : مُتّسِم بالخروج على أوزان العَروض بقَصْد الإضحاك (٢) ركيك ؛ سخيف ؛ تافه <~ lines of verse> § (٣) الشِّعر المكسَّر .

dog·ger·y [-′gə rĭ] *(n.)* (١) الاستكلاب : سلوك حقير كسلوك الكلاب (٢) «أ» كلاب . «ب» رَعاع (٣) حانة رديئة السمعة (ع) .

dog·gish *(adj.)* (١) كَلْبانيّ : شبيه بالكَلْب (٢) «أ» حقير ؛ وضيع . «ب» نَزِق .

dog·go [dôg′ō] *(adv.)* مختبئًا <to lie ~> .

dog·gone [-′gôn′] *(vt.; i.; n.; adj.)* (١) يَلعن § (٢) لَعْنة § (٣) ملعون .

dog·gy[1] *or* **dog·gie** [dô′gĭ] *(n.)* الكُلَيْب : كلب صغير .

dog·gy[2] *(adj.)* (١) كَلْبيّ (٢) كَلْبانيّ : شبيه بالكلب (٣) مُبَهْرَج .

dog·house *(n.)* (١) الوِجار : بيت الكلب (٢) نِقْمة ؛ لاحَظْوة .

do·gie [dō′gē] *(n.)* عِجل يتيم أو تائه .

dog·leg *(adj.; n.)* (١) معقوف ؛ أعْوَج ؛ مُلْتوٍ § (٢) مُنْعَطَف حادّ .

dog·ma [dôg′mə] *(n.)* (١) عقيدة (٢) مبدأ ؛ تعليم .

dog·mat·ic; -al [dôg măt′-] *(adj.)* (١) عَقَديّ : منسوب إلى العقيدة (٢) متعسّف (٣) تعسُّفي ؛ دوغماتيّ : مُؤكّد من غير بيِّنة أو دليل .

dog·mat·ics *(n.)* العَقَديات : فرع من اللاهوت يُعنى بتفسير عقائد دينٍ ما .

dogmatic theology *(n.)* اللاهوت العَقَدي ؛ العَقَديات .

dog·ma·tism *(n.)* (١) التعسُّفيّة ؛ الدوغماتيّة : توكيد الرأي أو القَطْعُ به وبخاصةٍ بغطرسة أو من غير مبرِّر كافٍ (٢) التعسُّف : وجهة نظر مبنيّةٌ على مقدّمات غير ممحَّصة تمحيصًا وافيًا . **— dog·ma·tist** *(n.)*

dog·ma·tize [-′mə tīz′] *(vi.; t.)* (١) يتعسَّف : يَجْزِمُ بِغَطْرَسَة ومن غير بيِّنة x (٢) يَعْتسِف : يؤكّد رأيًا وكأنه عقيدة .

do–good·er *(n.)* الخيْريّ : مُصلح مثاليّ ساذج .

dog rose *(n.)* النِّسرين البرّي ؛ نِسرين الكِلاب ؛ وَرْد السِّياج (نب) .

dog's chance *(n.)* أَضْألُ الحظّ : حَظّ ضئيل في صالح المرء .

Dog Star *(n.)* (١) الشِّعرى اليمانية (فل) (٢) الشِّعرى الشاميّة (فل) .

dog tag *(n.)* الصفيحة الكلبيّة : صفيحة معدنية تعلّق بطَوْق الكلب .

dog–tired [-′tīrd] *(adj.)* لاغب : مُرْهَق إلى حدّ بعيد .

dog·tooth *(n.)* (١) ناب (٢) النّابيَّة : حِلْية مِعمارية بارزة (عم) .

dogtooth violet *(n.)* البنفسج النّابيّ (نب) .

dog·trot [-′trŏt′] *(n.; vt.)* (١) الكَلْبيّة : مِشية رشيقة كمِشْيَةِ الكلب § (٢) يَمشي الكَلْبِيَّةَ .

dog·watch *(n.)* نَوْبة الساعتين: إحدى نوبتَيْ حراسة على متن السفينة تمتدّ الأولى من الساعة ٤ إلى ٦ والثانية من الساعة ٦ إلى ٨ ب. ظ.

dog·wood *(n.)* القرانيا المُدَمّاة: شجرة من الفصيلة القَرانيّة.

doi·ly [doiʹlĭ] *(n.)* الدُّوْلِيّة؛ مُنَيْديل المائدة: منديل صغير من قماش أو ورق يوضع تحت أطباق المائدة وكؤوسها إلخ.

do·ing [do͞oʹĭng] *(n.)* (١) العَمَل (٢) *pl.*: «أ» أعمال أو أحداث. «ب» نشاطات اجتماعية (ع).

doit [doit] *(n.)* (١) الدُّوَيْت: عملة هولندية قديمة صغيرة (٢) شيء تافه.

dol·ce [-ʹchā] *(adj.; adv.)* (١) لطيف؛ رفيق § (٢) بلُطف؛ برِفق (مو).

dol·drums [dŏlʹ-] *(n. pl.)* (١) «أ» توانٍ؛ فتور همّة. «ب» كآبة (٢) نطاق الرَّهْو: مناطق أوقيانوسية واقعة قرب خطّ الاستواء تكثر فيها الرِّياح السّاكنة (٣) حالة رُكود.

dole [dōl] *(n.; vt.)* (١) «أ» الإحسان: التَّصدُّق على الفقراء. «ب» مِنْحة البطالة [تقدِّمها الحكومة للعاطلين عن العمل]. «ج» صَدَقة § (٢) يتصدَّق بِـ (٣) يُعطي بتقتير.

dole·ful *(adj.)* (١) مُحزِن <a ~ loss> (٢) كئيب (٣) حزين.

dol·er·ite [-ʹə rīt] *(n.)* = diabase.

dole·some [dōlʹsəm] *(adj.)* = doleful.

dolich- *or* **dolicho-** بادئة معناها: طويل؛ مستطيل.

dol·i·cho·ce·phal·ic [dŏlʹə kō sə fălʹ-] *(adj.)* مُستطيل الرأس.

dol·i·cho·cra·ni·al; dol·i·cho·cra·nic *(adj.)* مُستطيل الجمجمة.

doll [dŏl] *(n.; vt.)* (١) دُمية (٢) الدُّمية: امرأة جميلة ولكنها طائشة خفيفة العقل (٣) «أ» امرأة. «ب» حبيب؛ حبيبة. «ج» شخص وسيم § (٤) يكسو أو يُزيِّن بأناقة [تتبعها *up*].

dol·lar [dŏlʹər] *(n.)* (١) taler (٢) الدولار [الأميركي إلخ].

dollar sign *or* **mark** *(n.)* علامة الدولار ($).

doll·ish [dŏlʹĭsh] *(adj.)* دُمْيَوانيّ: شبيه بالدُّمْية.

dol·lop [dŏlʹəp] *(n.)* (١) كُتلة؛ حَفْنة <a ~ of mud> (٢) مقدار ضئيل.

dol·ly [1] [-ʹĭ] *(n.)* (١) دُمْيَة (٢) «أ» المِضْربة: أداة لضرب الملابس وتحريكها عند الغَسْل. «ب» المقلّبة: أداة لتقليب المعدن الخام عند غسله (٣) الدُّلْية: «أ» شاحنة خفيضة ذات عجلات صغيرة لنقل الأثقال التي لا يمكن حملها باليد. «ب» منصة ذات عجلات توضع عليها آلة التصوير السينمائية أو التلفزيونيّة.

dol·ly [2] *(vt.; i.)* (١) يُضرِّب؛ يُقلِّب: يعالج بمِضْربة أو مُقلِّبة (٢) يُدَلّي: يَنْقُل بدُلْية x (٣) يُدَلّي: ينقُل آلة التصوير السينمائية أو التلفزيونية من مكان إلى مكان على منصة ذات عجلات [أثناء التقاط المشاهد].

dol·ly·bird [-bûrd] *(n.)* الحسناء: فتاة أو امرأة جميلة.

dol·man [dŏlʹ-] *(n.)* الدُّلمان: «أ» رداء تركيّ طويل. «ب» سترة نِسْوية واسعة الرُّدنَيْن عِند الإبط ضيِّقتُهما عند الرُّسْغ.

dol·men [dōlʹmən] *(n.)* الدُّلْمَن: ضريح من أضرحة ما قبل التاريخ قوامُهُ حجر كبير مسطّح موضوع فوق عدد من الحجارة المنصوبة.

dolmen

do·lo·mite [dōlʹə mīt] *(n.)* (١) الدُّولوميت (مع) (٢) رخام غنيّ به.

do·lor *or* **do·lour** [dōʹlər] *(n.)* أسًى؛ حزن.

do·lor·ous [dōʹlər əs] *(adj.)* (١) مُحْزِن (٢) حزين؛ كئيب.

dol·phin [dŏlʹfĭn] *(n.)* (١) الدُّلفين (٢) *cap*: كوكبة الدُّلفين (را. Delphinus) (٣) المِرْبَط: عمود رَبْط في مرفأ.

dolphin *1.*

dolt [dōlt] *(n.)* الأحمق؛ الغَبِيّ؛ المخبول.

dolt·ish [dōlʹtĭsh] *(adj.)* أحمق؛ غَبِيّ؛ مخبول.

-dom لاحقة معناها: «أ» منصب؛ مقام <duke*dom*>. «ب» عالَم <Christen*dom*>. «ج» حالة عامة <free*dom*>. «د» جماعة؛ طبقة <official*dom*>.

do·main [dō mānʹ] *(n.)* (١) «أ» مِلْكية تامّة [للأرض]. «ب» مِلْك (٢) منطقة [خاضعة لسلطانِ حاكم أو حكومة] (٣) عالَم؛ حَقْل؛ ميدان <the ~ of commerce> (٤) المجال؛ الحيِّز (ر).

dome [dōm] *(n.; vt.; i.)* (١) قُبّة § (٢) يُقبِّب: «أ» يغطّي بقُبّة. «ب» يجعله على شكل قبّة x (٣) يتقبّب.

do·mes·tic [də mĕsʹ-] *(adj.; n.)* (١) منزليّ؛ عائليّ (٢) «أ» أهليّ؛ وطني. «ب» محلّيّ؛ داخليّ (٣) بلديّ (٤) أليف؛ داجن (٥) مكرِّس نفسَهُ للحياة العائلية <a ~ sort of woman> § (٦) خادم [في منزل] (٧) *pl.*: بياضات؛ شراشف إلخ.

do·mes·ti·cate [1] [-ʹtə kātʹ] *(vt.)* (١) يتبنّى؛ يُؤهِّل؛ يجعل الشيء الأجنبيّ أهليًا (٢) يُدجِّن؛ يُروِّض (٣) يُوْلِعُهُ بالحياة العائليّة (٤) يبسِّط <~ a classic>.

do·mes·ti·cate [2] [-kət; -kātʹ] *(n.)* (١) حيوان داجن (٢) نبات داجن.

do·mes·tic·i·ty [dō mĕs tĭsʹ-] *(n.)* (١) الألفة؛ التدجُّن (٢) الحياة العائلية [أو الوَلَع بها] (٣) *pl.*: الشؤون المنزلية.

domestic science *(n.)* تدبير المنزل؛ التدبير المنزليّ.

dom·i·cal [-kəl] *(adj.)* (١) قُبّيّ (٢) قُبّاني؛ قُبّيّ الشَّكل (٣) مقبّب.

dom·i·cile [dŏmʹə sīl; -səl] *(n.; vt.; i.)* (١) منزل (٢) محلّ الإقامة الدائم (٣) مقرّ الشركة الرسميّ (٤) مكان الدَّفع: مكان محدَّد يتمّ فيه دفع الكمبيالة (تج) § (٥) يُنزِل؛ يُسْكِن (٦) يحدِّد مكانَ الدفع: يحدِّد المكان الذي سيتمّ فيه دفع الكمبيالة (تج) x (٧) يَسْكُن؛ يُقيم. **— dom·i·cil·i·ar·y** *(adj.)*

dom·i·cil·i·ate [-sĭlʹ-] *(vt.; i.)* (١) يُنزِل؛ يُسْكِن (٢) يُدَجِّن؛ يروِّض (٣) يبسِّط x (٤) يَسْكُن؛ يُقيم.

dom·i·nance *also* **dom·i·nan·cy** *(n.)* سَيطرة؛ هَيْمَنَة.

dom·i·nant [dŏmʹə-] *(adj.; n.)* (١) مُسَيطِر؛ مُهَيْمِن (٢) مُشْرِف؛ مُطلّ على (٣) رئيسيّ (٤) سائد؛ غالب؛ نافر (أح) § (٥) الصِّفة السائدة.

dom·i·nate [dŏmʹə nātʹ] *(vt.; i.)* (١) يَحْكم (٢) يُسيطر؛ يهيمن (٣) يُشرف؛ يُطلّ على (٤) يَسُود. **— dom·i·na·tor** *(n.)*

dom·i·na·tion [dŏm ə nāʹ-] *(n.)* (١) سيطرة؛ هَيمنة (٢) سيادة.

dom·i·na·tive [-ʹə nāʹ-] *(adj.)* (١) مُسَيْطِر؛ مُهَيْمِن (٢) سائد.

dom·i·neer [dŏmʹə nērʹ] *(vi.; t.)* يَسْتبدّ؛ يَسْتبدّ بـ.

dom·i·neer·ing [-ʹĭng] *(adj.)* مُسْتبِدّ؛ نزّاع إلى الاستبداد.

do·min·i·cal [-ʹə kəl] *(adj.)* (١) ربّانيّ: ذو علاقة بالمسيح بوصفه ربًّا (نص) (٢) أحديّ: منسوب إلى يوم الأحد.

Do·min·i·can [-ʹə kən] *(n.; adj.)* (١) راهب دومينيكانيّ § (٢) دومينيكيّ.

dom·i·nie [dŏmʹə nĭ] *(n.)* (١) المعلِّم (إسك) (٢) الكاهن (إسك).

do·min·ion [də mĭnʹyən] *(n.)* (١) منطقة [خاضعة لسلطة حاكم أو سيِّد إقطاعيّ] (٢) سيادة؛ سلطان (٣) *pl.* طبقة من الملائكة (٤) الدومينيون: كل دولة مستقلّة من دول الكومنولث البريطاني [باستثناء المملكة المتّحدة] تعترف بالعاهل البريطاني رئيسًا للدولة (٥) مِلْكية تامة.

dom·i·no [dŏmʹə nōʹ] *(n.)* (١) الدّومينيّ: «أ» بُرْنُس يُرْتَدَى، مع قناع نصفيّ، في الكرنافالات. «ب» قناع نصفيّ يُتنكّر به في الكرنافالات. «ج» المرتدي بُرْنسًا تنكّريًا (٢) «أ» حجر الدومينو. «ب» *pl.*: لعبة الدومينو.

domino effect *(n.)* مفعول الدّومينو: مفعولٌ أو أثرٌ تراكميّ.

don [1] [dŏn] *(vt.)* (١) يرتدي [ثوبًا] (٢) يتَّخذ [شخصيّةً إلخ].

don [2] [dŏn] *(n.)* الدّون: «أ» سيِّد أو نبيل إسباني. «ب» رئيس كلية إنكليزية أو مدرِّس فيها.

do·na [dôʹnä] *(n.)* الدّونا: سيِّدة برتغالية أو برازيلية.

Do·nar [dōʹnär] دونار: إلّه الرَّعد عند الجرمان.

do·nate [dōʹnāt] *(vt.; i.)* (١) يَمْنح؛ يَهَب x (٢) يتبرَّع بِـ.

do·na·tion [dō nāʹ-] *(n.)* (١) مَنْح؛ تبرُّع (٢) هِبَة.

don·a·tive [dŏnʹ-] *(n.; adj.)* (١) هِبة § (٢) وَهْبيّ.

do·na·tor [dōʹnāʹtər] *(n.)* المانح؛ الواهب.

done [dŭn] *past part. of* do.

done [dŭn] *(adj.)* (١) منجزٌ [مُهِمَّةٌ] (٢) مُنجَز؛ مَقضيّ (٣) محكوم عليه بالإخفاق (٤) منقضٍ (٥) مُرْهَق (٦) مَطْهُوٌّ إلى حدّ كافٍ (٧) لائق؛ مقبول: متفق مع العرف الاجتماعي أو الذوق السليم <It isn't ~.>.

do·nee [dō nēʹ] *(n.)* (١) الموهوب له (٢) المفوَّض: من يُخوَّل حقَّ تحويل مِلكيّة ما (ق) (٣) المتلقّي: من يتلقّى مقدارًا من الدم [في عملية نقل الدم] أو نسيجًا حيًا [في عمليات المعاوضة الجراحية].

dong [dông] *(n.)* القضيب: آلة الذكر التناسلية.

don·jon [dŭnʹjən] *(n.)* برج داخليّ [في قلعة من قلاع القرون الوسطى].

donjon

don·key [dŏngʹkĭ] *(n.)* (١) حمار (٢) شخصٌ غَبِيّ أو عنيد.

donkey engine *(n.)* المحرِّك الخادم: محرِّك إضافيّ صغير نقّال.

donkey's years *(n. pl.)* الدَّهر: فترة طويلة جدًا.

don·key·work [-wûrk] *(n.)* (١) كَدْح (٢) عملٌ شاقّ.

don·na [dŏnʹə] *(n.)* pl. **don·ne** [dŏnʹā] الدونّا: سيدة إيطاليّة.

don·nish [dŏnʹ-] *(adj.)* (١) أستاذيّ: متعلّق بأستاذ جامعيّ (٢) متحذلق.

do·nor [dōʹnər] *(n.)* (١) المانح؛ الواهب (٢) المعطي: من يعطي دمه [في عملية نقل الدم] أو نسيجًا من أنسجة جسمه الحيّة [في عمليات المعاوضة الجراحية] (٣) المانح (فز).

do–nothing *(n.; adj.)* (١) الكسلان؛ البليد § (٢) كسلان؛ بليد.

don·sie *or* **don·sy** [dŏnʹsĭ] *(adj.)* = unlucky.

don't [dōnt] = do not.

doo·dad [do͞oʹ-] *(n.)* (١) شيء؛ شيء ما (٢) حلية؛ زينة [تافهة].

doo·dle [do͞oʹdəl] *(vt.; i.; n.)* (١) يُخَرْبِش: يرسم بطريقة نصف واعية [أثناء الإصغاء أو التفكير في شيء آخر] (٢) يعبث: ينهمك في نشاط عابث أو لا هادف § (٣) الخَرْبَشَة: رسمٌ عابث يتسلّى به المرء أثناء تفكيره في شيء آخر.

doo·fus [do͞oʹ-] *(n.)* شخص أحمق [أو غير كُفُؤ] (ع).

doom [do͞om] *(n.; vt.)* (١) قانون (٢) حُكْم؛ قرار. وبخاصة: حُكْمٌ قضائيّ (٣) يوم الحساب أو الدَّينونة (٤) قَدَر. وبخاصة: قَدَرٌ مشؤوم (٥) موت؛ هلاك § (٦) يُدين؛ يحكم على (٧) يحكمُ عليه بالإخفاق إلخ.

doom·ful [do͞omʹ-] *(adj.)* مشؤوم: مُنذِر بشرّ.

doom·say·er *(n.)* رسول الشُّؤم: الكثير التّنبؤ بالكوارث.

dooms·day [do͞omzʹdāʹ] *(n.)* يوم الحساب؛ يوم الدَّيْنُونة.

door [dōr] *(n.)* (١) باب (٢) مَدْخل (٣) منزل؛ مَبنًى.

- out of ~s في الخارج؛ في الهواء الطلق.
- to lay something at a person's ~, يحمّله مسؤولية ذلك.
- to turn someone from the ~, يرفض استقباله.
- within ~s في البيت.

do–or–die *(adj.)* (١) يائس <a ~ attempt> (٢) مَحفوف بالمخاطر.

door·jamb [dōrʹjămʹ] *(n.)* عِضادة الباب.

door·keep·er [-ʹkēʹpər] *(n.)* البوّاب؛ الحاجب.

door·knob [-ʹnŏb] *(n.)* مَسْكة الباب؛ مَقْبِض الباب.

door·man [-ʹmăn] *(n.)* البوّاب؛ الحاجب.

door·mat [-ʹmăt] *(n.)* (١) مِمْسَحة الأرجل (٢) الخانِعُ: القابلُ للمهانة.

door·nail [-ʹnālʹ] *(n.)* المِسْمار البابيّ: مسمار كبير الرأس.

door·plate [-ʹplātʹ] *(n.)* اللوحة البابيّة: لوحة معدنيّة تعلّق على باب منزل أو حجرة حاملةً اسمًا أو رقمًا إلخ.

door·post [-ʹpōstʹ] *(n.)* = doorjamb.

door·sill [-ʹsĭl] *(n.)* الأُسكُفّة: عَتَبَة الباب.

door·step [-ʹstĕpʹ] *(n.)* دَرَجة الباب: دَرَجة أمام باب خارجيّ.

door·way [dōrʹwāʹ] *(n.)* (١) مَدْخل (٢) وسيلة؛ سبيل.

door·yard [-ʹyärd] *(n.)* فِناء الباب: فِناء يحيط بباب منزل.

doo·zer [do͞oʹzər] *(n.)* الخارق: شيء ممتاز جدًا.

dope [dōp] *(n.; vt.; i.)* (١) معجون (٢) الدِّمام: مُسْتَحْضَر تعالج به مادة أو سطح. وبخاصة مادة مانعة للخَبْط antiknock تضاف إلى البنزين (٣) مادة مُخدِّرة وبخاصة الأفيون والهيروين (٤) البَلْعة: مُستحضَر يُعطَى لجواد

ă at; ā date; â care; ä car; ĕ egg; ē me; ĭ in; ī bite; ŏ lot; ō bone; ô orphan; oi boil; o͝o good; o͞o boot; ou out; ŭ under; û urgent; ə = *a* in alone, *e* in system, *i* in easily, *o* in gallop, *u* in circus.

السباق لجعله أسرَعَ عَدْوًا (٥) شراب غازيّ. وبخاصة: الكوكا كولا (٦) «أ» مُدْمن المخدِّرات. «ب» الغَبيّ؛ المُغفَّل (٧) معلومات. وبخاصة: معلومات مُستقاة من مصدر موثوق § (٨) يَدِمّ: يعالج بِدِمام (٩) يخدِّر (١٠) يستنتج [من معلومات مُعْطاة] x (١١) يتعاطى المخدِّرات.

dope·ster [-'stər] *(n.)* المُتَنَبِّئ [بنتائج المباريات الرياضية أو الانتخابات].

dop·ey; do·py [dō'pĭ] *(adj.)* (١) مُخَدَّر (٢) بليد (٣) غَبِيّ.

dop·pel·gäng·er [dŏp'əl găng'gər] *(n.)* = double *9.*

Doppler effect *(n.)* ظاهرة دوبلر (فز).

dor [dôr] *(n.)* الدُّورة: خنفساء روث أوروبية.

dor·hawk [dôr'hôk] *(n.)* الدُّرْهوك: السُّبَد الأوروبيّ (طا).

Do·ri·an [dōr'-] *(n.; adj.)* (١) الدُّوريّ: أحد أبناء شعب إغريقي قديم غزا اليونان حوالى عام ١١٠٠ ق.م § (٢) دُوريّ.

Dor·ic [dôr'-] *(adj.; n.)* (١) دُوريّ: «أ» ذو علاقة بالدُّوريين أو باللهجة الدُّوريّة. «ب» خاصّ بالطراز الدُّوريّ Doric order [في العمارة الإغريقيّة] § (٢) الدُّوريّة؛ اللهجة الدُّوريّة: إحدى لهجات اللغة اليونانية القديمة.

Doric order

dork [dôrk] *(n.)* = nerd.

dorky [dôr'kĭ] *(adj.)* أحمق؛ أبله (ع).

dorm [dôrm] *(n.)* = dormitory.

dor·man·cy [dôr'-] *(n.)* (١) سُكون (٢) هُجوع (٣) السُّبات (أح).

dor·mant [dôr'-] *(adj.)* (١) ساكن <a ~ volcano> (٢) مُعَلَّق <a ~ judgment> (٣) هاجع؛ راقد؛ وَسْنان (٤) مُسْبِت (أح).

dormant stage *(n.)* طَوْر السُّبات (أح).

dor·mer [dôr'-] *(n.)* (١) الرَّوْشَن: نافذة ناتئة من سقف مائل (٢) سقف مُرَوْشَن.

dormer *1.*

dormer window *(n.)* = dormer *1.*

dor·mi·to·ry [-'mə tōr'ĭ] *(n.)* (١) المَهجَع: حجرة نوم تتسع لأسِرَّة كثيرة (٢) المبنى المهجعيّ: مبنًى مؤلف من مهاجع للطلبة الداخليين.

dor·mouse [dôr'mous'] *(n.)* الزُّغْبَة: حيوان من القوارض شبيه بالسِّنجاب.

dormouse

dor·nick [dôr'nĭk] *(n.)* حَجَرٌ صغير.

dorp [dôrp] *(n.)* قَرْية.

dors- *or* **dorsi-** *or* **dorso-** بادئة معناها: «أ» ظَهر. «ب» ظَهريّ و...

dor·sad [dôr'săd] *(adv.)* نحو الظَّهر (ت).

dor·sal[1] [dôr'səl] *(n.)* = dossal.

dor·sal[2] [dôr'-] *(adj.)* (١) ظَهْرِيّ (ت) (٢) بَعيد عن المحور (نب).

dor·so·lat·er·al [-lăt'ər əl] *(adj.)* ظَهْرِيْجانبيّ؛ ظَهْريّ جانبيّ (ت).

dor·sum [-'səm] *(n.)* pl. **-sa** [sə] ظَهْر. وبخاصة: ظَهر الحيوان.

do·ry [dôr'ĭ] *(n.)* الضَّوريّ: «أ» زورق مُسطَّح القَعْر ضيِّقُهُ. «ب» سمك بحريّ مُفَلْطَح.

dory *a.*

dos·age [dō'sĭj] *(n.)* (١) التَّجريع: «أ» تقدير الجرعات أو إعطاؤها. «ب» إضافة مادة ما [إلى الخمر مثلًا] لإعطائها نكهة أو قوة إلخ (٢) الجَرْعة (ط).

dose [dōs] *(n.; vt.)* (١) الجَرْعة (٢) إصابة بالتعقيبة (ع) § (٣) يُجرِّع: «أ» يجزِّئ الدواء، بخاصة، إلى جَرَعات. «ب» يعطي جَرْعةً من دواء. «ج» يضيف مادةً إلى الخمر إلخ لإعطائها نكهةً أو قوة.

do·sim·e·ter [dō sĭm'-] *(n.)* المِجراع: مقياس يبيِّن مقدار الإشعاع.

doss [dŏs] *(vi.; n.)* (١) ينام § (٢) سرير مرتجلٌ أو بديلٌ.

dos·sal *or* **dos·sel** *(n.)* الظِّهارة: قماش زينيّ لظهر العرش أو الكرسي.

dos·ser [dŏs'ər] *(n.)* السَّلّ: سلّة كبيرة تُحمل على الظهر.

dos·si·er [dŏs'ĭ ā'] *(n.)* إضبارة؛ ملَفّ.

dot [dŏt] *(n.; vt.; i.)* (١) نُقطة (٢) ذَرّة؛ مقدار ضئيل (٣) البائنة؛ «الدوطة» § (٤) ينقِّط.

on the ~, تمامًا؛ في الوقت المحدَّد تمامًا.

to ~ the i's and cross the t's يضع النقاط على الحروف: يكون واضحًا أو دقيقًا إلى أبعد الحدود.

dot·age [dō'tĭj] *(n.)* خَرَف.

dot·ard [dō'tərd] *(n.)* الخَرِف: شخص مصابٌ بالخَرَف.

dote [dōt] *(vi.)* (١) يَخْرَف (٢) يُشْغَف بـ.

dotted swiss *(n.)* السّويسريّ المنقَّط: موصلين مزدانٌ بنُقَطٍ نافرة.

dot·ter·el [dŏt'-] *(n.)* (١) الزَّقزاق (را. plover) (٢) المُغفَّل.

dot·ty [dŏt'ĭ] *(adj.)* (١) مَخبول (٢) مشغوفٌ بـ (٣) مضطرب المِشية (٤) سخيف (٥) مُنَقَّط.

dou·ble [dŭb'əl] *(adj.; n.; vt.; i.; adv.)* (١) مزدَوج (٢) ثُنائيّ (٣) مضاعَف (٤) مُخادِع؛ مُنافِق <a ~ tongue> (٥) مَطويّ (٦) غامض؛ ملتبس <a ~ meaning> § (٧) ضِعف (٨) النظير؛ المثيل (٩) القَسيم؛ الصِّنْو. وبخاصة: «أ» خيال؛ طيف. «ب» البديل الجاهز: شخص جاهز لأداء دورِ ممثلٍ آخر [أو للقيام بمهامِّه]. «ج» البديل: شخص يشبه ممثلًا مُعيَّنًا فهو يحلّ محلّه في الأدوار التي تتطلب مهاراتٍ خاصةً (١٠) «أ» ارتداد أو انعطاف مفاجئ. «ب» تملُّصٌ من (١١) ثَنْية؛ طيّة (١٢) .pl: المباراة الزَّوجية: مباراة بين زوجين من اللاعبين § (١٣) يضاعِف (١٤) «أ» يطوي. «ب» يقبضُ [كفّه]. «ج» يَحْني (١٥) «أ» يتجنّب [بالمراوغة إلخ]. «ب» يُبحر حولَ <to ~ Cape Horn> (١٦) «أ» يحلّ محلّ ممثل آخر في دور سينمائي. «ب» يمثّل [أدوارًا سينمائية] بالحلول محلّ ممثل آخر x (١٧) يتضاعف (١٨) «أ» ينعطف فجأةً؛ وبخاصة: ينقلب أو يرتدّ على عقبيه. «ب» يلتفّ أو يتّخذ سبيلًا التفافيًا (١٩) يلتوي؛ ينحني <~*d* up in pain> (٢٠) «أ» يؤدي عَرَضًا إضافيًا أو يقوم بدور إضافيّ. «ب» يمثّل بوصفه بديلًا سينمائيًا § (٢١) على نحو مضاعَف (٢٢) زَوْجيًّا [ضدّ: إفراديًا].

to ~ up يُشاطر غيره غرفةً [أو منزلًا] معدَّةً في الأصل لشخص واحد [أو لأسرة واحدة].

double-acting *(adj.)* مُزْدوِج الفعل: عاملٌ باتجاهين (مك).

double agent *(n.)* العميل المزدوِج.

dou·ble-bar·reled *(adj.)* ذات أنبوبتَيْن أو ماسورتَيْن <a ~ gun>.

double bass *(n.)* = contrabass.

double boiler *(n.)* القِدر المزدوِجة : قِدْر مؤلفة من وعاءين بحيث يستطاع طهو محتويات الوعاء الأعلى بغلي الماء في الوعاء الأسفل .

double boiler

double bond *(n.)* التّرابُط الثُّنائيّ : شكلٌ من الترابط الكيميائيّ بين الذَّرّات قِوامُهُ التشارُك بزوجَيْن من الألكترونات على نحو متساوٍ (ك) .

dou·ble–breast·ed *(adj.)* ثُنائيّة الصَّدر <a ~ jacket> .

double-breasted jacket

double chin *(n.)* اللُّغْد ؛ الغَبَب : لحمٌ متدلٍّ تحت الذقن .

dou·ble–con·cave [-kāv′] *(adj.)* ثُنائيّ التّقَعُّر <a ~ lens> .

dou·ble–con·vex [-vĕks′] *(adj.)* ثُنائيّ التّحدُّب <a ~ lens> .

dou·ble–cross *(vt.)* (١) يخون (٢) يَخْدع .

double cross *(n.)* (١) الكَسْب الخِداعيّ : كَسْبُ ، أو محاولة كَسْبِ ، مباراةٍ بعد اتفاق سابقٍ يقضي بخسارتها (٢) خيانة [لرفيق إلخ] .

double dagger *(n.)* الخنجر المزدوج : علامة طباعية (‡) .

dou·ble–dealer *(n.)* المُنافِق ؛ المُخاتِل ؛ المخادِع .

dou·ble–deal·ing *(n.; adj.)* (١) نِفاق ؛ خَتْل § (٢) مُنافِق ؛ مُخاتِل .

dou·ble–deck *or* **dou·ble–decked** *(adj.)* ذو طابقَيْن .

dou·ble–deck·er *(n.)* سيارة أو سفينة إلخ ذات طابقين .

dou·ble–dig·it *(n.)* ثُنائيّ الرَّقْم <~ inflation> .

dou·ble–edged *(adj.)* ثُنائيّ الحدّ <a ~ razor *or* mission> .

dou·ble en·ten·dre [do͞o blän tän′dr] *(n.)* تَوْرِية .

double entry *(n.)* القَيْد المُزْدَوِج ؛ «الدوبيا» (تج) .

dou·ble–faced *(adj.)* (١) ثُنائيّ الوجه : ذو وجهَيْن ، أو سطحَين ، صالحَيْن للاستعمال (٢) غامض ؛ مُلتبس (٣) مُراءٍ ؛ ذو وجهَيْن .

dou·ble·gang·er [dŭb′əl-] *(n.)* = doppelgänger.

dou·ble·head·er [-hĕd′ər] *(n.)* (١) ثُنائيّ القاطرة : قطار تجرّه قاطرتان (٢) المتعاقبتان : مُباراتان تُجْريان على التعاقب في حفلة أو برنامج واحد .

double jeopardy *(n.)* المحاكمة المضاعَفة [على الجرم الواحد] (ق) .

dou·ble–joint·ed [-join′tĭd] *(adj.)* مُضاعَفُ التَّمَفْصُل .

dou·ble–mind·ed *(adj.)* مُتَرَدِّد ؛ متقلِّب الرأي .

dou·ble·ness [dŭb′-] *(n.)* (١) ازدواجية ؛ ثُنائيّة (٢) مُخادَعة ؛ نِفاق .

double pneumonia *(n.)* ذات الرئة المزدوجة (مض) .

dou·ble–quick [dŭb′əl kwĭk′] *(adj.; n.)* (١) مضاعَفُ السّرعة § (٢) double time .

double quotes *(n. pl.)* المزدوجان ؛ علامة الاقتباس المزدوجة (" ") .

double refraction *(n.)* الانكسار المزدوج (فز) .

double salt *(n.)* المِلحُ المضاعَف (ك) .

dou·ble–space *(vt.; i.)* يُضاعِف الفُسحة : يُضاعِف المسافة بين السطور .

double standard *(n.)* نظام المَعْدِنَيْن (را . bimetallism) .

double star *(n.)* النجم المزدوج : نجمان متقاربان بحيث يَبْدُوان ، بالعين المجرَّدة ، وكأنهما نجم واحد (فل) .

dou·blet [dŭb′lĭt] *(n.)* (١) الدَّبْليّة : سِترة أو صُدْرة ضيّقة (٢) الثُّنائيّ : شيء مؤلف من جزأين متماثلَيْن أو متشابهَيْن (٣) الثُّنائيّة : عَدَسة مؤلَّفة من مُرَكَّبَتَيْن اثنتين (بص) (٤) الصِّنْو : إحدى لفظتين [أو أكثر] ، في اللغة الواحدة ، مستمدَّتين من أصل واحد (مثل *ward* و *guard*) .

double take *(n.)* الرَّجْع المتأخِّر : ردّ فعل متأخِّر لنكتة أو ملاحظة إلخ .

double–talk *(n.)* الكلام الخادع : «أ» كلام يبدو ذا معنًى ولكنه فارغ في الواقع . «ب» كلام مراوغ أو غامض .

double taxation *(n.)* الازدواج الضَّريبيّ ؛ ازدواجية الضَّريبة .

dou·ble·think *(n.)* ثُنائية الإيمان : الإيمان بفكرتين متناقضتين معًا .

double time *(n.)* (١) خُطًى سريعة (جن) (٢) الزمن المضاعَف : دفع أجرة العامل على أساس مرتَّبه المعتاد مضروبًا بأثنين .

dou·ble–tongued *(adj.)* مُراءٍ ؛ مُنافِق ؛ مُخادِع .

dou·ble·tree *(n.)* الصِّلاب : عمود العَرَبة الذي يَفْصِل ما بين جَوادَيْها .

dou·bling *(n.)* (١) مُضاعَفَة (٢) ازدواجيّة (٣) طَيَّة ؛ ثَنْيَة (٤) نِفاق .

dou·bloon [dŭ blo͞on′] *(n.)* الدَّبلون : عملة إسبانية ذهبية قديمة .

dou·blure [do͞o blo͞or′] *(n.)* البِطانة : بِطانة زينيّة لغلاف الكتاب .

dou·bly [dŭb′lĭ] *(adv.)* على نحوٍ مضاعَف <~ cautious> .

doubt [dout] *(vt.; i.; n.)* (١) يَشُكُّ ؛ يرتاب في § (٢) شكٌّ ؛ ارتياب .

doubt·ful [-′fəl] *(adj.)* (١) «أ» مشكوكٌ فيه . «ب» مُبْهَم ؛ ملتبِس . «ج» غير مؤكَّد ؛ غير مضمون النتائج (٢) شاكٌّ ؛ مترددّ (٣) مُريب .

doubt·ing Thom·as *(n.)* توما : الكثير الشُّكوك ؛ الشاكّ في كل شيء .

doubt·less [dout′-] *(adv.; adj.)* (١) من غير ريب (٢) في أغلب الظنّ § (٣) واثق (٤) موثوق .

douce [do͞os] *(adj.)* رصين ؛ رزين .

dou·ceur [do͞o sûr′] *(n.)* (١) بقشيش ؛ راشن (٢) رشوة .

douche [do͞osh] *(n.)* (١) نَضْح (٢) المِنْضَحَة ؛ «الدُّش» .

dough [dō] *(n.)* (١) عجين (٢) عجينة (٣) نقود (٤) جنديّ .

dough·boy [dō′boi] *(n.)* جنديّ [من المشاة] .

dough·face [dō′fās′] *(n.)* عجينيّ الوجه : عضوُ كونغرس من أبناء الشمال غير معارض للاسترقاق في الولايات الجنوبية الأميركية .

dough·foot [-′fo͝ot′] *(n.)* pl. **-feet** *or* **-foots** = doughboy.

dough·nut [dō′-] *(n.)* المبرومة : كعكة مُحلّاة مَقْليّة بالدهن .

dough·ti·ly [dou′tĭ lĭ] *(adv.)* ببسالة ؛ بشجاعة .

dough·ty [dou′tĭ] *(adj.)* باسِل ؛ شجاع ؛ قويّ .

dough·y [dō′ĭ] *(adj.)* عجينيّ ؛ عجينيّ القَوام ؛ فَطير .

Doug·las fir [dŭg′-] *(n.)* تَنُّوب دوغلاس : شجر من رتبة الصَّنوبريات .

dour [do͞or; dour] *(adj.)* (١) قاسٍ ؛ صارم (٢) عنيد (٣) كالح .

douse [dous] *(vt.; i.; n.)* (١) يغطِّس [في الماء] (٢) يَنْضَح [بالماء]

(٣) يُطفئ [النُّور] (٤) يُنزِل [شراعًا] (٥) يُرخي [حبلًا] (٦) يَخلَع ؛ يَنزِع ؛ يَرفع [قُبَّعَتَهُ] x (٧) يَغْطُس § (٨) ضربة (بر) .

doux [doo] *(adj.)* حُلْو ؛ عَذْب .

dove¹ [dŭv] *(n.)* (١) اليمامة (طا) . وتوسّعًا : حمامة (٢) شخص لطيف (٣) الحمامة : عدوّ الحرب .

dove¹ *1.*

dove² [dōv] *past of* dive.

dove·cote [dŭv'kōt'] *(n.)* (١) بُرج الحَمام (٢) منظَّمة ؛ هيئة .

Dover's powder *(n.)* دَرُور دوفر : مسحوق محتوٍ على أفيون كان يُتَّخذ مُسَكِّنًا ومعرِّقًا .

dove·tail [dŭv'tāl'] *(n.; vt.; i.)* (١) تعشيقة § (٢) يُعَشِّق x (٣) يتعاشق .

dovetail *1.*

dow·a·ger [dou'ə jər] *(n.)* (١) أرملة رجل من النبلاء (٢) عجوز مَهيبَة .

dow·dy [dou'dĭ] *(adj.; n.)* (١) زَرِيّ الملبس (٢) تُعْوِزه الأناقة أو الذوق السليم (٣) عتيق الزِّيّ ؛ مُبْطَلُ الزِّيّ § (٤) امرأة زريّة الملبس (٥) pandowdy .

dow·el [dou'əl] *(n.; vt.)*, **-eled** *or* **-elled** (١) دِسار (٢) وتِدٌ [في جدار] § (٣) يُدَسِّر (٤) يُوَتِّد .

dowels *1.*

dow·er [dou'-] *(n.; vt.)* (١) نصيب الأرملة [من إرث زوجها] (٢) البائنة ؛ «الدوطة» (٣) مَوهبة ؛ مَوهبة طبيعية § (٤) تقدِّم بائنةً (٥) يمنحُهُ موهبةً .

dow·itch·er [dou'ĭ chər] *(n.)* الدُّنْشَر : طائر طويل المنقار .

down¹ [doun] *(n.)* (١) تلّ (٢) الدَّونة : مرتفعٌ من الأرض متموّج السّطح مَكْسُوّ بالعُشب (٣) الدَّوْنيَّة : *.cap* عد : خروف من خراف المرتفعات في جنوبي إنكلترا (٤) زَغَبٌ ؛ وَبَرٌ .

down² *(adv.; prep.; adj.; n.; vt.; i.)* (١) «أ» تحت . «ب» إلى أدنى . «ج» على أو نحو الأرض (٢) حتّى <the history of Iraq~to 1939> (٣) نقدًا <paid $20 ~> (٤) تمامًا ؛ كليّةً <wash ~ the car> (٥) نحو الهزيمة <voted the motion ~> § (٦) نزولًا (٧) نزولًا إلى <went ~ town> (٨) مَعَ <clouds blowing ~ the wind> § (٩) «أ» مُنْخفِض ؛ مُنْحَدِر <Sales are ~.> «ب» مُلقًى على الأرض (١٠) أرخص (١١) كئيب ؛ منقبض الصَّدر (١٢) مُبْغِض ؛ كارِه (١٣) نقديّ <a ~ payment> (١٤) مُغْلَق [بسبب الإصلاح أو إعادة التجهيز] § (١٥) «أ» هبوط ؛ انحدار . «ب» ركود (١٦) حِقد ؛ غِلّ (١٧) حفيظة § downer (١٨) يَزْدَرِد ؛ يَبْتلِع (١٩) يَكْبَح ؛ يَكبِت (٢٠) يَهْزِم (٢١) «أ» يَقْتُل . «ب» يُسقط طائرة (٢٢) يُنزِل (٢٣) يخفّض السرعة x (٢٤) يُزدَرَد (٢٥) يَخمد .

~ in the mouth كئيب ؛ محزون .
~ with! فَلْيَسْقُط !
to ~ tools يُضرب عن العمل .

down–and–out *(adj.)* (١) مُعْوِز ؛ مُعْدِم (٢) يائس (٣) مُعْتَلّ الصِّحّة .

down·beat *(n.; adj.)* (١) الإيعاز الاستهلاليّ (مو) (٢) رُكود ؛ انكماش § (٣) كئيب .

down·cast [doun'kăst; -'käst] *(adj.)* (١) مُسْدَل ؛ مُسْبَل ؛ مُنَكَّس ؛ مخفوض (٢) مكتئب .

down·er *(n.)* (١) عقّار مهدِّئ (٢) المُكْئِب : شيء باعث على الكآبة .

down·fall *(n.)* (١) سقوط مفاجئ [من مرتبة أو منزلة رفيعة] (٢) وابلٌ [من المطر أو الثلج] (٣) سبب السّقوط <Drink was his ~.> .

down·field *(adv.; adj.)* في المُعْتَرَك ؛ نحو المعترَك (رب) .

down·grade *(n.; vt.)* (١) مُنْحَدَر (٢) انحدار [إلى منزلة أدنى] § (٣) يَسْتخِفّ بِـ (٤) يخفّض [المنزلة أو القيمة أو الدَّرجة] .

down·haul [-'hôl'] *(n.)* المِنْكاس : حبلٌ لإنزال الشراع .

down·heart·ed [-här'tĭd] *(adj.)* محزون ؛ مكتئب ؛ مُثَبَّط الهمّة .

down·hill [-'hĭl'] *(adv.; n.; adj.)* (١) نحوَ سفح التلّة (٢) نحو وضع أو مستوًى أدنى § (٣) انحدار (٤) سباق تزلُّج انحداريّ § (٥) مُنحدِر (٦) تزلُّجيّ انحداريّ (٧) سُفْليّ (٨) سَهْل ؛ هيّن .

down·load [-'lōd'] *(vt.; n.)* (١) يَنْقُل : يحوّل [المعلومات] من كومبيوتر كبير إلى ذاكرةِ كومبيوتر أصغر منه § (٢) عمليّة النَّقْل هذه .

down·pour [-'pōr'] *(n.)* (١) انهمار (٢) الوابل : مطرٌ غزير .

down·right [-'rīt'] *(adv.; adj.)* (١) بكلّ ما في الكلمة من معنًى <He is ~ angry.> (٢) بصراحة (٣) مباشرةً <went ~ to her task> § (٤) صِرْف ؛ مَحْض <a ~ lie> (٥) تامّ (٦) صريح ؛ مباشر <a ~ answer> .

down·side [-'sīd'] *(n.)* أسفلُ الشيء .

down·size *(vt.)* يُصاغِر : يُصَمِّم أو يُنْتِج في حجمٍ أصغر .

down·spout [-'spout'] *(n.)* مَثْعَب ؛ ميزاب ؛ «مِزراب» .

down·stage [-'stāj'] *(adv.)* عند [أو نحوَ] مقدَّم المسرح إلخ .

down·stairs [*adv.; n.* -'stârz'; *adj.* -'stârz'] *(adv.; adj.; n.)* (١) تحت ؛ في [أو نحو] طابق أسفَل § (٢) سفليّ : واقع في الدَّور الأسْفَل من مبنًى § (٣) الدَّور الأسفل [من مبنًى] .

down·state [-'stāt'] *(n.)* الجزء الجنوبيّ من ولاية .

down·stream [-'strēm'] *(adv.; adj.)* في اتجاه مجرى النهر .

down·swing *(n.)* (١) فتور (٢) انكماش [في النشاط الاقتصاديّ] .

down–the–line *(adj.)* متحمِّس ؛ مندفع <~ supporters> .

down–to–earth *(adj.)* واقعي ؛ عملي .

down·town [-'toun'] *(adv.; adj.; n.)* (١) إلى [أو نحوَ أو في] الجزء الأدنى أو المركزِ التجاري من مدينة § (٢) واقع في ذلك الجزء أو المركزِ (٣) متعلق بالمركز التجاري من مدينة § (٤) قلب المدينة التجاري .

down·trend [-'trĕnd'] *(n.)* = downturn.

down·trod·den *(adj.)* (١) مَدُوسٌ بالأقدام (٢) مُضْطَهَد ؛ مظلوم .

down·turn [-'tûrn'] *(n.)* (١) انخفاض (٢) انكماش في النشاط التجاريّ .

down·ward¹ [-'wərd] *or* **down·wards** *(adv.)* (١) نزولًا إلى أسفل (٢) «أ» من عهد سحيق أو سابق . «ب» فنازلًا .

down·ward² *(adj.)* (١) نازل ؛ منحدِر (٢) مُتَحدِّر من مَصْدرٍ أو أصل .

down·wind [-'wĭnd] *(adv.; adj.)* باتّجاه الريح .

down·y *(adj.)* (١) أزغب (٢) زَغَبيّ (٣) أملس .

downy mildew *(n.)* (١) فُطر العُفونة : فُطرٌ يُلِمّ بكثير من النباتات فيُحدث

في السطوح السُّفلية من أوراقها بُقَعًا زَغَبيّةً بيضاء (٢) الازْمِداد: أيّ من عدة أمراض يُنزلها فُطرُ العفونة بضروب النباتات.

dow·ry [dou'rĭ] *(n.)* (١) البائنة؛ «الدوطة» (٢) مَهْر (٣) مَوْهِبة.

dowse[1] [dous] *(vt.; i.; n.)* = douse.

dowse[2] [douz] *(vi.; t.)* (١) يَسْتَنبِئ: يبحث مستعينًا بعصا الاستنباء (را. divining rod) x (٢) يجد بالاستنباء. — **dows·er** *(n.)*

dox·ol·o·gy [dŏk sŏl'ə jĭ] *(n.)* تسبيحة شكر [للّه تعالى] (نص).

dox·y [dŏk'sĭ] *(n.)* (١) بغيّ؛ مومس (٢) خليلة.

doy·en [doi ĕn'] *(n.)* (١) عميد [هيئةٍ أو سِلْكٍ] (٢) المُتَضَلِّع [من علمٍ أو فنّ] (٣) السيِّد: المقدَّم بين أفراد صنف أو نوع. — **doy·enne** *(n. fem.)*

doy·ley *or* **doy·ly** [doi'lĭ] *(n.)* = doily.

doze [dōz] *(vt.; i.; n.)* (١) يُضيع بالتكاسل x (٢) «أ» ينام نومًا خفيفًا. «ب» يغلبه النعاس (٣) يَنْعس § (٤) نوم خفيف.

doz·en [dŭz'-] *(n.)* (١) دزّينة؛ ١٢ (٢) عددٌ كبير <a ~ things>.

doz·er [dō'-] *(n.)* (١) فا doze (٢) bulldozer.

do·zy [dō'zĭ] *(adj.)* ناعس؛ نعسان؛ نصف نائم.

drab[1] [drăb] *(n.; vi.)* (١) امرأة قذرة (٢) بَغيّ؛ مومس § (٣) يُعاشر البغايا.

drab[2] [drăb] *(n.; adj.)* (١) الدّراب: قماش رماديّ مُسْمَرّ (٢) لونٌ أسمر فاتح § (٣) أسمرُ فاتح (٤) «أ» رتيب. «ب» كئيب.

drab·bet [-'ĭt] *(n.)* الدّرابيت: قماش كتّاني غليظ مُسْمَرّ.

drab·ble [-'əl] *(vt.; i.)* (١) يُوَحِّل [بالجرّ على الأرض] x (٢) يتوحَّل.

dra·cae·na [drə sē'nə] *(n.)* التّنّينيّة؛ شجرة التّنّين (نب).

drachm [drăm] *(n.)* (١) drachma (٢) dram.

drach·ma [drăk'mə] *(n.)* pl. **-s** *or* **-i** *or* **-e** (١) الدِّرهم: وحدة وزن يونانية قديمة (٢) الدّراخمة: وحدة النقد في اليونان [قبل اليورو].

Dra·co [drā'kō] *also* **Drag·on** [drăg'-] *(n.)* كوكبة التّنّين (فل).

Dra·co·ni·an [drā kō'-] *(adj.)* وحشيّ؛ شديد القسوة.

dra·con·ic [drā kŏn'-] *(adj.)* تِنّينيّ: ذو علاقةٍ بتنّينٍ أو شبيهٌ به.

draff [drăf] *(n.)* ثُفْل؛ عُكارة؛ رواسب.

draft [drăft] *(n.; adj.; vt.; i.)* (١) «أ» سَحْب الشَّبكة. «ب» السُّحابة: مقدار السمك المَصيد بسَحْبة واحدة (٢) «أ» شُرْب. «ب» تنشُّق. «ج» جَرْعة. «د» نَشْقة (٣) القدرة على جرّ الأثقال (٤) حيوانات الجرّ: مجموعة حيوانات الجرّ مع الأثقال التي تنقلها (٥) «أ» رسم؛ تصميم؛ خريطة. وبخاصة: خريطة بناء. «ب» مُخطَّط تمهيديّ؛ مُسَوَّدة (٦) مَدٌّ؛ مطٌّ؛ سَحْب (٧) النَّزح: «أ» السَّحب من برميل. «ب» النُّزاحة: مقدار السائل المنزوح (٨) القُرْعة [للخدمة العسكرية] أو من تقع عليهم القرعة (٩) تجنيد (١٠) «أ» حوالة؛ تحويل. «ب» طلبٌ (١١) «أ» تيار هوائيّ. «ب» معدِّلة التيّار: أداة لتعديل تدفُّق التيّار في مَوْقد إلخ (١٢) استدقاق: كَوْن طَرَف الشّيء مُسْتَدِقًّا § (١٣) جَرّيّ: مُسْتَخدَم لجرّ الأثقال <~ horse> (١٤) تمهيديّ <a ~ treaty> أي مشروع معاهدة § (١٥) «أ» يُجري القرعة. «ب» يُجَنِّد (١٦) «أ» يَرْسم مخططًا تمهيديًا؛ يضع مسوَّدة. «ب» يُعِدّ (١٧) يَسْحَب x (١٨) يصمِّم: يضع التصاميم. **on ~**, سَحْبيّ: جاهز للسَّحب من وعاء [كالجعَة إلخ].

draft·ee [drăf tē'] *(n.)* المُجنَّد: المُخْضَع للخدمة العسكرية.

draft horse *(n.)* حصان الجرّ: حصان مُستخدَم لجرّ الأثقال.

drafts·man *(n.)* (١) المُصَمِّم؛ المُخَطِّط: واضع التصاميم والمخطَّطات (٢) الصائغ: من يصوغ البيانات أو المقرَّرات إلخ (٣) الرَّسّام.

drag [drăg] *(n.; vt.; i.; adv.)* (١) المِجَرّ: أداة لجرّ الأشياء من تحت الماء (٢) شبكة [لصيد السمك أو لسحب جُثث الغَرْقى] (٣) «أ» مِسْلَفَة [لتسوية التربة]. «ب» مِزْلَقَة [للنقل الأثقال على الجليد] (٤) «أ» جَرٌّ؛ سَحْب. «ب» حركة بطيئة أو مُعَوَّقة. «ج» مَجّة دُخانٍ من بيبة أو سيكارة إلخ. «د» نفوذ يُستخدم لتأمين مصالح شخصية (٥) «أ» عائق. «ب» المقاومة؛ السَّحب (طي). «ج» احتكاك [بين أجزاء الآلة]. «د» قطار شحن بطيء. «هـ» عبء؛ ثِقل (٦) السَّحّابة: شيء يُسحب أو يُجَرّ على الأرض لكي يترك أثرًا مثل أثر الحيوان أو رائحته (٧) شارع؛ طريق (٨) الرَّفيقة: الفتاة التي يصطحبها المرء (ع) (٩) سباق السُّرعة [بين السيّارات] § (١٠) «أ» يَجُرّ؛ يَسْحب. «ب» يُجَرْجِر. «ج» يقطِّع: يُمضي [أيامه] في ألم أو ضَجَر أو شقاء (١١) يَمُطّ؛ يُطيل (١٢) يبحث [عن غريق إلخ] x (١٣) يتخلّف [عن رفاقه إلخ] (١٤) يَصِيد [بشبكة أو نحوها] (١٥) يَنْجَرّ؛ يَتَجَرْجَر: ينسحب على الأرض (١٦) يَجْري ببطء أو بإملال (١٧) يأخذ مَجّةً [من سيكارة] (١٨) يُشارك في سباق السرعة § (١٩) مصطحبًا فتاةً.

dra·gée [drā zhä'] *(n.)* (١) مُلَبَّسة (٢) حبة دواء ملبَّسة.

drag·ger [drăg'-] *(n.)* (١) فا drag (٢) مَرْكب صَيْد.

drag·gle [drăg'əl] *(vt.; i.)* (١) يُوَحِّل [بالجَرْجَرة على الأرض] x (٢) يَتَوَحَّل [بالجَرْجَرة على الأرض] (٣) يَذْلِف: يمشي متثاقلًا.

drag·gle–tail *(n.)* (١) امرأة قَذِرة (٢) بَغِيّ؛ مومس.

drag·gy [drăg'ĭ] *(adj.)* بطيء؛ بليد.

drag·line [drăg'-] *(n.)* (١) حَبْل للجرّ (٢) حفّارة للأرض.

drag·man *(n.)* (١) الساحب؛ الجارّ (٢) الصائد بشبكة.

drag·net [-'nĕt'] *(n.)* (١) شبكة [للصَّيْد] (٢) شَرَكٌ <a police ~>.

drag·o·man [drăg'ə-] *(n.)* التَّرجُمان؛ دليل السيّاح.

drag·on [drăg'ən] *(n.)* (١) تِنّين (٢) شخص عنيف أو صارم (٣) «أ» التِّنّينيّة: بندقية قصيرة قديمة أو حاملُها. «ب» حاملة الدبّابات (٤) التِّنّين: عَظاءة صغيرة طيّارة (٥) *cap.* Draco (٦) شيء رهيب أو مُهْلِك.

drag·on·ess [-'ə nĭs] *(n.)* التِّنّينة: أنثى التِّنّين.

drag·on·et [-'ə nĕt'] *(n.)* (١) تِنّين صغير (٢) السُّمَيْكة الصَّيداء.

dragonet *2.*

drag·on·fly [-'ən flī'] *(n.)* اليَعْسُوب؛ السُّرمان: حشرة نحيلة الجسم.

dragonfly

drag·on·head *(n.)* رأس التِّنّين: نبات من الفصيلة الشَّفويّة.

ă at; ā date; â care; ä car; ĕ egg; ē me; ĭ in; ī bite; ŏ lot; ō bone; ô orphan; oi boil; o͝o good; o͞o boot; ou out; ŭ under; û urgent; ə = *a* in alone, *e* in system, *i* in easily, *o* in gallop, *u* in circus.

drag·on·ish [drăg′-] *(adj.)* تِنّينيّ ؛ شبيه بالتِّنّين .

dragon lady *(n.)* المرأة التِّنّينيّة : امرأة قوية ، عدوانيّة الطّبع .

dragon lizard *(n.)* العَظاءة التِّنّينيّة : عَظاءة إندونيسيّة ضخمة .

dragon's blood *(n.)* دَمُ التِّنّين : مادة راتينجية حمراء .

dragon's teeth *(n. pl.)* (١) بُذور النزاع (٢) حواجز معوِّقة للدّبّابات .

dra·goon [drə gōōn′] *(n.; vt.)* (١) الفارس : جنديّ في سلاح الفرسان § (٢) يُخْضِع ؛ يَضْطَهِد (٣) يُكرِه ؛ يُجبِر .

drag·rope [-′rōp′] *(n.)* حَبْل السَّحب : حَبْلٌ تُسْحَبُ به الأشياء .

drail [drāl] *(n.)* الصِّنارة الثقيلة [لصَيْد الأسماك بالقَصَبة] .

drain [drān] *(vt.; i.; n.)* (١) «أ» يَنْزَح ؛ يُفرِّغ ؛ يُصَرِّف . «ب» يَسْتَنْزِف (٢) «أ» يُجفِّف [تدريجيًا] . «ب» يَكْرَع x (٣) «أ» يَسيل تدريجيًا . «ب» يتلاشى (٤) يَجِفّ بالارتشاح § (٥) مَصْرِف [للمياه] (٦) المياه المُصَرَّفة (٧) نَزْف ؛ ارتشاح ؛ استِنزاف (٨) عِبْء (٩) جَرْعة [من شراب مُسْكِر] (١٠) مَصْرِف [للقيح أو لإفرازات الجراح] .

drain·age [drā′nĭj] *(n.)* (١) مص drain (٢) المياه المصرَّفة ؛ القَيْح المُصرَّف (٣) «أ» مَصْرِفٌ [للمياه] . «ب» شبكة لتصريف المياه .

drain·pipe [drān′-] *(n.)* أنبوب التصريف .

drake [drāk] *(n.)* (١) العُلْجوم : ذكَرُ البطّ (٢) مدفع (٣) mayfly .

dram [drăm] *(n.)* (١) الدرهم : وحدة وزن صغيرة (٢) «أ» جرعة من شراب مسكر . «ب» مقدار ضئيل .

dra·ma [drä′mə] *(n.)* الدّراما : «أ» مسرحية . «ب» الفنّ أو الأدبُ المسرحي . «ج» حالة ، أو سلسلة أحداث ، تنطوي على تضارب عنيف أو مشوّق بين قوًى مختلفة .

dra·mat·ic *(adj.)* (١) دراميّ ؛ مَسْرحيّ (٢) مفاجئ ؛ مثير ؛ دراماتيكيّ .

dra·mat·ics *(n.)* (١) الدّراميّات : «أ» فن التمثيل أو الإخراج المسرحيّ . «ب» مسرحيات يقدّمها هواة (٢) سلوك مسرحيّ ؛ تعبير مسرحيّ .

dram·a·tis per·so·nae [-′nē] *(n. pl.)* شخصيات المسرحية أو ممثِّلوها .

dram·a·tist [drăm′ə-] *(n.)* الكاتب المسرحيّ .

dram·a·tize [drăm′ə-] *(vt.; i.)* (١) يُمَسْرِح : «أ» يُفرغ في قالب مسرحيّ . «ب» يصوِّر ، أو يعبِّر عن ، بطريقة مسرحية <He ~s his woes.> x (٢) تَصْلُحُ [الروايةُ] للتمثيل .

— dram·a·ti·za·tion *(n.)*

dram·a·tur·gy [-′ə tûr′jĭ] *(n.)* الفنّ المَسرحي [تأليفًا وتمثيلًا] .

dram·shop [drăm′-] *(n.)* حانة ؛ خمّارة .

drank [drăngk] *past and past part. of* drink.

drape [drāp] *(n.; vt.; i.)* (١) ستارة ؛ سِجْف (٢) تجعُّد ؛ تَثَنٍّ § (٣) يكسو أو يزيِّن على نحو فضفاض (٤) يُسْدِل x (٥) يَنْسَدِل ؛ ينتظم في ثَنْيات .

drap·er [drā′pər] *(n.)* تاجر الأجواخ أو الألبسة .

drap·er·y [-′pə rĭ] *(n.)* (١) أجواخ وألبسة جاهزة (٢) تجارة الأجواخ والألبسة (٣) ستائر ؛ سُجُف (٤) غطاء زينيّ فضفاض .

dras·tic [drăs′-] *(adj.)* (١) فعّال (٢) صارم ؛ عنيف ؛ متطرّف ؛ قاسٍ .

drat [drăt] *(vt.)* يَلْعَن .

draught [drăft; dräft] = draft.

draughts [drăfts; dräfts] *(n.)* = checkers.

draw [drô] *(vt.; i.; n.)* (١) يجرّ ؛ يسحب (٢) «أ» يُزيح . «ب» ينتزع [الإعجابَ] ؛ يلفت [الانتباهَ] ؛ يستدرّ (٣) «أ» يجتذب ؛ يغري . «ب» يثير (٤) يتنشّق (٥) «أ» يستلّ [سيفًا] . «ب» ينتزع الأحشاء . «ج» يَنْقَع (٦) «أ» يكسب ؛ يربح . «ب» يسحب مالًا [من مصرف] (٧) يتقاضى [راتبًا] ؛ يتلقّى [جرايةً] (٨) يسحب ورقة لعبٍ أو يانصيب (٩) يلوي القوس (١٠) يجعّد ؛ يغضّن (١١) «أ» يرسم . «ب» يحرّر وصية . «ج» يعقد [المقارنات] (١٢) يستنتج <to ~ a conclusion> (١٣) يسحب أو يطوّل معدنًا x (١٤) يتقدّم تدريجيًا وباطّراد <Night ~s.> (١٥) يجتذب المشاهدين إلخ <The play still ~s.> (١٦) تَشْرُق الدخانَ (١٧) ينتفخ الشراع (١٨) يتجعّد (١٩) يتغيّر شكله بالسحب (٢٠) يَنْتَقِع <Give the tea time to ~.> (٢١) يتعادل [مع فريق آخر] في مباراة (٢٢) يَسْحب حوالةً على (٢٣) يستمدّ [معلوماته] § (٢٤) سَحْب (٢٥) نَشْقة ؛ مَجّة (٢٦) استلال : شَهْرٌ للمسدّس (٢٧) ورقة لعب أو يانصيب (٢٨) الجزء المرن من جسر متحرِّك (٢٩) مباراة يتعادل فيها الفريقان (٣٠) شيء جذاب لافتٌ للانتباه .

to ~ a blank يَرْجِع بخُفَّيْ حُنَيْن .

to ~ a distinction between يبيِّن وجوه الاختلاف بين .

to ~ away (١) ينأى (٢) يتقدّم على خصم في سباق .

to ~ back (١) يردّ أو يرتدّ إلى الوراء (٢) يتردّد .

to ~ blood (١) يجرح شخصًا (٢) يسيل الدم (٣) يُغضِب شخصًا .

to ~ breath يأخذ نَفَسًا : يتوقف طلبًا للراحة .

to ~ down the curtain (١) يُسدل الستار [مُنهيًا مسرحيةً] (٢) يكفّ عن متابعة الكلام في مسألة .

to ~ first blood يقوم بالهجوم الأول .

to ~ in (١) يغريه بالمشاركة [في أمر] (٢) يقترب من النهاية (٣) يتقاصر ؛ يُصبح قصيرًا (٤) يقتصد .

to ~ it mild يجتنب المبالغة .

to ~ off (١) ينسحب ؛ يتراجع (٢) «أ» يسحب . «ب» يستخلص بالتقطير (٣) يَخْلَع ؛ يَنْزِع [ثيابَهُ] .

to ~ on (١) يُؤدّي إلى ؛ يُسبِّب (٢) يُغري ؛ يستَدْرِج (٣) يدنو (٤) يَشْهَر مسدّسه .

to ~ on *or* upon (١) يعتمد على (٢) يُفيد من .

to ~ out (١) يتطاول ؛ يصبح طويلًا (٢) يستمرّ طويلًا (٣) ينطلق [القطار إلخ] من المحطة (٤) يطيل (٥) يُغريه بالكلام بحرية (٦) يَسْحب [من حسابه المَصْرِفيّ] .

to ~ round (١) يقترب ؛ يدنو (٢) يتجمع حول .

to ~ tea يَنْقَع : يستصفي خلاصة أوراق الشاي بعد صبّ الماء الغالي عليه .

to ~ tears يَسْتدرّ الدموعَ .

to ~ the line يرسم خطًا فاصلًا بين أمرين .

to ~ the longbow يبالغ ؛ يروي قصصًا لا تصدَّق .

to ~ the teeth of يقلّم أظفاره ؛ يجعله غير مؤذٍ .

to ~ up (١) يَرْفَع ؛ يَسْحَب (٢) يُقرِّب (٣) يُرتِّب أو يَصُفّ الجندَ (٤) يصوغ (٥) ينتصب (٦) يُوقِف (٧) يتوقّف .

to ~ the winner ينجح ؛ يسحب الورقة الرابحة .

draw·back [drô′-] *(n.)* (١) المتدارَك: مالٌ يُرَدّ بعد دفعه. وبخاصة: رسوم جمركية تعاد إلى دافعها عند تصدير السلع ثانية (٢) عائق (٣) علّة.

draw·bar [drô′-] *(n.)* المِقْطَرة: قضيب للقَطْر أو الجرّ أو السَّحب.

drawbridge

draw·bridge [-′brĭj′] *(n.)* جِسر متحرِّك.

draw·down [drô′doun′] *(n.)* (١) استنزاف (٢) انخفاض؛ نقص.

draw·ee [drô ē′] *(n.)* المسحوب عليه؛ المحوَّل عليه (تج).

draw·er [-′ər] *(n.)* (١) النّادِل؛ السّاقي [في حانة] (٢) الرَّسّام (٣) ساحب الحَوالة (٤) *pl.*: سِروال تحتانيّ (٥) دُرْج؛ جارور.

draw·ing [drô′-] *(n.)* (١) سَحْب. وبخاصة: إجراء القُرْعة (٢) الرَّسم التَّخطيطيّ (٣) المبلغ المسحوب [من مَصْرِف] (٤) صورة.

drawing card *(n.)* الورقة الجاذبة: كل ما يستحوذ على الانتباه. وبخاصة: ممثل محبوب يجتذب عددًا كبيرًا من النظّارة.

drawing room *(n.)* (١) «أ» قاعة استقبال. «ب» مقصورة في قطار (٢) حفلة استقبال رسمية.

drawknife

draw·knife [drô′nīf′] *(n.)* سِكّين الجَبْد [يستخدمُها النّجّارون لكَشْط السُّطوح].

drawl [drôl] *(vi.; t.; n.)* (١) يَتَشَدَّق [في الكلام] **x** (٢) يَتْلو بتشدُّق § (٣) تَشَدُّق.

drawn [drôn] *past part. of* draw.

drawn·work [drôn′wûrk′] *(n.)* الرَّسْم السَّحْبيّ: زخرفة بسحب الخيوط من نسيج ما وفقًا لرسم معيّن.

draw·plate *(n.)* صفيحة السَّحب: قالب مُثقَّب لسحب الأسلاك (مك).

draw·shave [drô′shāv′] *(n.)* = drawknife.

draw·string [drô′-] *(n.)* التِّكّة: رباطٌ لكيس أو سِروال إلخ.

draw·tube [drô′-] *(n.)* الأنبوب المُنْزَلِق [في مجهر].

dray [drā] *(n.; vt.)* (١) الكَرّاجة: عربة أثقال خفيفة § (٢) يَنْقُلُ بكَرّاجة.

dray·age [-′ĭj] *(n.)* (١) التَّكريج: النَّقل بكَرّاجة (٢) أجرة التَّكريج.

dray·man [drā′măn] *(n.)* الكَرّاج: سائقُ أو جارُّ الكَرّاجة.

dread [drĕd] *(vt.; i.; n.; adj.)* (١) يَرْهَب؛ يَخْشَى **x** (٢) يَخاف؛ يَفْزَع § (٣) فزع (٤) شيء مُرَوِّع § (٥) مُفْزِع؛ مُرَوِّع (٦) مُوْقِعٌ الرهبةَ في النفوس.

dread·ful *(adj.; n.)* (١) «أ» مُفزِع؛ مروِّع. «ب» مُوْقِعٌ الرهبة في النفس (٢) بغيض أو كَرِيهٌ جدًّا (٣) شديد <~ disorder> § (٤) قصة أو مجلة مثيرة أو «رخيصة».

dread·nought [-′nôt′] *(n.)* (١) الدَّرَدْنَت: «أ» مِعْطَفٌ صوفيّ ثقيل. «ب» نسيج صوفيّ غليظ (٢) الجَسُور (٣) بارجة ثقيلة.

dream [drēm] *(n.; vi.; t.; adj.)* (١) حُلْم (٢) شيء رائع الجمال أو المُتعة <My holiday was a ~.> § (٣) يَحْلُم § (٤) مِثاليّ <a ~ trip>.

dream·er *(n.)* (١) الحالم (٢) العائش أو السابح في دنيا الخيال.

dream·i·ly [drēm′-] *(adv.)* على نحو حالم أو غامض إلخ.

dream·land [drēm′-] *(n.)* أرض الأحلام: بلاد وهمية سعيدة لا وجود لها إلا في الخيال والأحلام.

dream·like *(adj.)* حُلْمانيّ: شبيه بالحُلْم؛ وهميّ؛ غامض.

dreamt [drĕmt] *past and past part. of* dream.

dream·world *(n.)* (١) dreamland (٢) عالم الأحلام أو الأوهام.

dream·y [drē′mĭ] *(adj.)* (١) حالم؛ ذاهل (٢) كثير الأحلام أو الأوهام (٣) غامض (٤) بهيج؛ سارّ؛ مثاليّ.

drear [drēr]; **drear·y** *(adj.)* (١) حزين (٢) كئيب؛ مُوْحِش.

dreck *also* **drek** [drĕk] *(n.)* = trash; rubbish.

dredge[1] 4b.

dredge[1] [drĕj] *(vt.; i.; n.)* (١) يَكْرو: يلتقط [السمَكَ والمحارَ] أو يعمِّق [مجرًى مائيًا] أو يرفَعُ [الطينَ والأتربة] بواسطة كرّاءة (٢) يَسْتخرج؛ يَسْتخلص **x** (٣) يُستخدم كرّاءةً § (٤) الكرّاءة: «أ» شبكة لالتقاط السمك والمحار من قاع البحر. «ب» ماكينةٌ مُعَدّة لتعميق مجرًى مائيّ أو لرفع الطين والأتربة من قاع نهر إلخ (٥) مركب لالتقاط السمك والمحار.

dredge[2] *(vt.)* يكسو بالدقيق أو السكّر.

dree [drē] *(vt.)* يُقاسي؛ يُعاني؛ يُكابد (إسك).

dreg [drĕg] *(n.)* (١) *pl.*: ثُفْل (٢) *pl.*: حُثالة (٣) بقيةٌ باقية.

dreich [drēkh] *(adj.)* = dreary.

drench [drĕnch] *(n.; vt.)* (١) جَرعة [من شراب أو دواء أو مادة سامّة] (٢) البُلالة: ما يبلِّل أو ينقع <a ~ of rain> § (٣) يجرِّع [الحيوانَ] دواءً (٤) يبلّل؛ ينقع؛ يُشْبِع (٥) يَغْمر؛ يُغرِق.

dress [drĕs] *(vt.; i.; n.; adj.)* (١) «أ» يُقوِّم؛ يُسدِّد؛ «يُجَلِّس». «ب» يَرْصُف [الجندَ] (٢) يُهَيِّئ؛ يُعِدّ [المائدةَ] (٣) يُزَيِّن (٤) يَكْسو (٥) «أ» يضمِّد [الجراحَ]. «ب» يُمشِّط [الشَّعرَ] (٦) يَقْصِب: يقطِّع القَصّابُ الذبيحة (٧) «أ» يَدْبُغ [الجلدَ]. «ب» يُسَمِّد [التُّربةَ] (٨) يسوِّي؛ يهذِّب **x** (٩) «أ» يرتدي. «ب» يأخذ زينتَه: يرتدي أحسنَ ما عنده (١٠) يزِنُ بعد القَصْب: يبلغ وزنُ الخروف إلخ كذا بعدَ القَصْب (١١) يُراصف: يتراصف مع الجنديِّ الآخر لكي يجعل الصفَّ مستقيمًا (جن) § (١٢) رداء؛ كِساء؛ ثوب (١٣) فُستان § (١٤) كسائيّ: متعلق بالكِساء (١٥) رسميّ <~ clothes> (١٦) متطلبٌ ارتداء ملابس رسمية <The graduation will be a ~ affair.>.

- **to ~ down** (١) يوبِّخ؛ يعنِّف (٢) يَجْلد؛ يَسُوط.
- **to ~ ship** يرفع أعلام السفينة.
- **to ~ up** (١) يرتدي أبهى حُلَّة (٢) يكسوه بأبهى حُلّة أو بثياب رسمية (٣) يُظهره بمظهر مُعيَّن.

dress circle *(n.)* الحَلْقة الرسمية: جزء دائريّ من مقاعد المسرح أو دار الأوبرا كان يُخصَّص لمُرْتَدي الملابس الرسمية.

dress·er [drĕs′ər] *(n.)* (١) فا dress (٢) المُلْبِس: من يساعد الممثلين المسرحيين على ارتداء ملابسهم (٣) مُساعد الجرّاح (بر) (٤) dressing table (٥) الأطْباقِيّة: خزانة للأطباق إلخ.

dresser 5.

dress·ing *(n.)* (١) مص dress (٢) التّابليّة: «أ» مرق توابل يُضاف إلى الطعام. «ب» مزيج متبَّل تُحشَى به الدجاجة إلخ قبل طهوها (٣) ضِمادة (٤) سَماد.

dressing bag *or* **case** *(n.)* حقيبة أدوات الزينة.

dress·ing–down *(n.)* (١) توبيخ (ع) (٢) جَلْد؛ ضَرْب بالسِّياط.

dressing gown *(n.)* المِبْذَل؛ المِفْضَل؛ «الروب دو شامبر».

dressing room *(n.)* حُجرة اللُّبْس. وبخاصة لتغيير الملابس [في مسرح].

dressing station *(n.)* مركز الإسعاف.

dressing table *(n.)* المِزْيَنَة: مِنضدة خفيضة، ذات أدراج ومرآة، يجلس إليها المرء حين يتّخذ زينته.

dress·mak·er [-′mā′kər] *(n.)* خيّاط أو خيّاطة للسيدات.

dress·mak·ing *(n.)* الخِياطة النسائية: خِياطة ملابس النساء.

dress parade *(n.)* عَرْض عسكريّ.

dress rehearsal *(n.)* الإعادة النهائية: آخر إعادة تُجرى لمسرحية ما بالملابس الكاملة [قبل يوم واحد من تقديمها إلى الجمهور].

dress shirt *(n.)* القميص الرسميّ: قميص رجاليّ أبيض يُرتدى مع بذلة السهرة.

dress suit *(n.)* البذلة الرسمية: بذلة يرتديها الرجال في السهرات.

dress·y [drĕs′ĭ] *(adj.)* (١) متأنّق (٢) أنيق (٣) رسميّ.

drew [dro͞o] *past of* draw.

drib [drĭb] *(n.)* مقدار ضئيل.

drib·ble [drĭb′əl] *(vi.; t.; n.)* (١) يَقْطُر: يَسْقط أو يسيل قَطْرةً قطرةً (٢) يَريل: يَسِيلُ لُعابُهُ (٣) يتقطّر: يبرز تدريجيًا (٤) يُدَهْدِهُ: يوجّه الكرةَ نحو الهدف بتربيتات أو رفسات قصيرة سريعة x (٥) يُقَطِّر (٦) يَنْثُر على نحو متقطّع؛ يُوزِّع بمقاديرَ صغيرة § (٧) «أ» التَّقَطُّر: سقوط على شكل قَطَرات. «ب» رَذاذ. «ج» تدفُّق ضئيل؛ تدفُّق متقطّع (٨) مقدار ضئيل (٩) الدَّهْدَهة: توجيه الكرة نحو الهدف بتربيتات أو رفسات قصيرة سريعة.

drib·let [drĭb′lĭt] *(n.)* (١) مقدار ضئيل (٢) قَطْرة؛ نُقْطة.

dried [drīd] *past and past part. of* dry.

dried–up *(adj.)* (١) جافّ؛ مُجَفَّف (٢) ذابلٌ؛ ذاوٍ.

dri·er *also* **dry·er** *(n.)* المجفِّف: «أ» مَنْ يُجَفِّف. «ب» أداة تجفيف.

drift [drĭft] *(n.; vi.; t.)* (١) سَوْق؛ جَرْفٌ (٢) «أ» اندفاعُ [تيارِ النهر أو المحيط]. «ب» سرعة التيّار (٣) السَّفَى: «أ» ثلج أو مطر أو سحاب أو غبار أو دخان تذروه الرياح عن سطح الأرض أو قربَهُ. «ب» كتلة رمل إلخ تركُمُها الرياح أو المياه (٤) ركامٌ مختلِط (٥) قَطيع (٦) الحَمِيل؛ المجروف: «أ» خشب إلخ تجرفه المياه نحو الشاطئ. «ب» رواسب أو قُرارات مجروفة (٧) «أ» نَزْعة؛ اتجاه. «ب» مَعنًى؛ مَغْزًى (٨) المِخْرَز: أداة لتوسيع الثقوب في المعادن (٩) الانسياق: انحراف السفينة أو الطائرة عن خط سيرها بسبب التيارات المائية أو الهوائية (١٠) تدفُّق (١١) التحوُّل: تبدُّلٌ تدريجيّ في الرأي أو الموقف (١٢) سيرٌ على غير هدى (١٣) «أ» انجراف. «ب» انحراف (١٤) السَّرَب: سردابٌ أو نَفَق في منجم § (١٥) ينساق؛ ينجرف [مع التيار] (١٦) يَعُوم؛ يطفو؛ يتحرّك برفق (١٧) يَسير على غير هدى؛ يهيم على وجهه (١٨) يتشقّق؛ يتنقّل بغير ضابط أو نظام (١٩) يتراكم [بفعل المياه أو الرياح] (٢٠) يعلوه رُكام مُختلِط (٢١) يَنجرف x (٢٢) تَذْرو: تسوقُهُ الريح أو تَرْكُمُهُ أو تفرِّقُهُ (٢٣) يَرْكُمُ (٢٤) يغطّي برُكامٍ مختلط. — **drift·y** *(adj.)*

drift·age [-′tĭj] *(n.)* (١) السَّفَى: كلّ ما تذروه الريح (٢) الحَمِيل: كلّ ما تجرُفه المياه (٣) انجراف؛ انسياق (٤) انحراف.

drift·er *(n.)* (١) الهائم على وجهه (٢) مَرْكَبُ صَيْد [ذو شِباك يجرفها التيار].

drifter 2.

drift·wood *(n.)* (١) خشب طافٍ [على سطح المياه] (٢) حُثالة المجتمع.

drill[1] [drĭl] *(n.; vt.; i.)* (١) مِثقب؛ مِثقاب (٢) تدريب عسكريّ أو بدنيّ أو عقليّ (٣) الثَّقّاب: ضرب من الحلازين يثقب قشور المحار (٤) صوت ثاقب § (٥) «أ» يدرِّب؛ يعلِّم. «ب» يلقِّن (٦) يَثْقُب x (٧) يتدرّب.

drill[1] 1.

drill[2] *(n.)* الدَّريل: بابون baboon غربإفريقيّ.

drill[3] [drĭl] *(n.; vt.)* (١) التَّلَم: ما تَشُقُّهُ سِكّة الفلّاح من الأرض (٢) المُتَلِّمةُ البذّارةُ: أداة زراعيّة تشقّ الأتلام وتَبْذُر الحَبّ، وتَنْثر السَّماد أحيانًا، ثم تغطيهما بالتراب § (٣) يَبْذُر [الحَبّ] (٤) يَزرع.

drill[4] *or* **dril·ling** *(n.)* الدَّريل: نسيج قطنيّ متين.

drill·ing *(n.; adj.)* (١) مص drill § (٢) ثاقب (٣) لاذع.

drill·master *(n.)* (١) المدرِّب العسكريّ (٢) المُدَرِّس أو المدير الصارم.

drill press *(n.)* الثَّقّابة الضَّغْطيّة (مك).

drill press

dri·ly [drī′lĭ] *(adv.)* = dryly.

drink [drĭngk] *(vt.; i.; n.)* (١) «أ» يَشْرب. «ب» يتشرَّب؛ يمتصّ (٢) يَشرب نَخْبَهُ (٣) «أ» يُنفق [المالَ أو الوقتَ] على الشراب أو فيه. «ب» يجعله في حالةٍ معيَّنة من طريق الشُّرب <Don't ~ that fountain dry.> x (٤) يُدمن الشرابَ § (٥) «أ» شَراب. «ب» شَراب مُسْكِر (٦) جَرعة (٧) «أ» إدمان. «ب» إسراف في معاقرة الخمر (٨) المحيط؛ الأوقيانوس.

in ~, مخمور؛ ثمل؛ سكران.

to ~ deep (١) يأخذ جرعة طويلة من الشراب (٢) يسرف في الشراب.

to ~ in (١) يمتصّ (٢) يلتهم (٣) يحدّق أو يستمع إلى شيء بابتهاج.

to ~ off *or* up *or* down يزدرد بجرعة واحدة.

to ~ to يشرب نَخْبَهُ.

drink·a·ble *(adj.; n.)* (١) صالحٌ للشُّرب § (٢) شراب.

drink·er *(n.)* (١) «أ» الشارب. «ب» السِّكّير (٢) السِّقاء: وعاءٌ لتزويد الماشية والطيور الداجنة بالماء.

drink money *(n.)* بقشيش؛ حُلوان؛ راشن.

drip [drĭp] *(vt.; i.; n.)* (١) يُقَطِّر؛ يستقطر (٢) يَبُثّ؛ يَنْشُر x (٣) يَقْطُر؛ يتصبَّب (٤) يفيض § (٥) تقطُّر؛ تصبُّب (٦) القُطارة: القَطْر السائل من

مائع ما (٧) صوت القطرات المتساقطة (٨) الحاجِب: «أ» جزء من إفريز أو كورنيش المبنى يردّ المطر عنه. «ب» رَفْرَفٌ مَعدِنيّ للغرض نفسه (٩) «أ» مِحْقَنة [للأوردة]. «ب» الحَقِين: سائل يُحقَن في الوريد (١٠) شخصٌ مُضْجِر أو غبيّ.

drip–dry *(vi.)* يَجِفّ الثوبُ [من غير تغضُّن عند نَشره].

drip·less [drĭp′-] *(adj.)* عديم التَّقَطُّر <~ candles>.

drip·o·la·tor [drĭp′ə lā′-] *(n.)* مِقْطَرة القهوة.

drip·ping *(n.; adv.)* (١) التقطُّر (٢) *pl.* عد: drip 6 (٣) *pl.* عد: عَرَق الشِّواء: ما يتقطّر من اللحم عند شَيِّه § (٤) إلى حدّ بعيد <~ wet>.

drip·py *(adj.)* (١) مُتَقطِّر (٢) ماطر (٣) عاطفيّ إلى حدّ صبيانيّ.

drive [drīv] *(vt.; i.; n.)* (١) «أ» يدفع إلى أمام. «ب» يُسَيِّر؛ يُشَغِّل [ماكينةً] (٢) «أ» يَسُوق [حيوانًا]. «ب» يقود [عربةً أو سيارةً]. «ج» يَنْقُل بعربة. «د» يُدحرِج [الأخشابَ] في مجرى النهر (٣) يُجْري بنشاط <to ~ a bargain> (٤) «أ» يُكرِه؛ يُجْبِر. «ب» يحثّ. «ج» يدفع (٥) «أ» يدفع [الطرائدَ] نحو اتجاه معيّن. «ب» يرود [منطقةً] بحثًا عن الطرائد (٦) يشقّ؛ يحفر (٧) يضرب أو يقذف الكرة بسرعة أو قوة x (٨) يندفع بسرعة أو عنف (٩) يناضل لبلوغ هدف (١٠) يقود سيارة أو ينتقلُ بها § (١١) «أ» سَوْق؛ قيادة. «ب» نزهة في سيارة أو مَرْكبة. «ج» الحيوانات المَسُوقة. «د» دحرجة الأخشاب [عبرَ النهر إلى جهة معيّنة]. «هـ» الأخشاب المُدَحْرَجَة. «و» ضرب الكرة [أو طريقةُ ضربها]. «ز» الضَّربة نفسُها (١٢) الدَّرْب: «أ» طريق خاصة [تمتدّ من الطريق العامة إلى مبنًى]. «ب» طريق للمركبات [في حديقة عامة إلخ] (١٣) حملة <a ~ to raise funds> (١٤) هجوم عسكري عنيف (١٥) دافع؛ حافز <a sexual ~> (١٦) نَشاطيّة؛ ديناميّة (١٧) وسيلة إدارة [الماكينة] (١٨) التَّنزيل: عرض السِّلَع بأسعار رخيصة (ع) (١٩) disk drive.

to ~ at يرمي إلى؛ يقصد من كلامه.

to ~ away (١) يُقصي (٢) يُشتِّت (٣) يمضي راكبًا عربة.

to ~ away at ينكبّ على عمل شيء.

to ~ back يَرُدّ؛ يصدّ.

to ~ in يدقّ [مسمارًا].

drive–in *(n.; adj.)* (١) الدَّرفين: مسرح أو دار للسينما أو مطعم إلخ يستطيع الناس أن يشهدوا ما يُعرَض فيه أو يشتروا ما يريدون منه وهم في سياراتهم. § (٢) دَرْفينيّ <a ~ cinema>.

driv·el [drĭv′əl] *(vi.; t.; n.)* (١) يَريل: يسيلُ لُعابُهُ (٢) يتكلم أو يقول بحماقة أو ببلاهة § (٣) لُعاب سائل (٤) هُراء؛ كلام فارغ.

driv·el·er *or* **driv·el·ler** [drĭv′-] *(n.)* المُخَرِّف: الناطق بالهُراء.

driv·en [drĭv′ən] *past part. of* drive.

driv·er *(n.)* (١) سائق (٢) مِطرقة (٣) ناقلُ الحركة (مك) (٤) مِضرب.

driver ant *(n.)* نملة زحّافة.

driver's license *(n.)* إجازة السَّوق.

driver's seat *(n.)* مركز السَّيطرة أو السّلطة العليا.

drive shaft *(n.)* عمود الإدارة (مك).

drive·way [drīv′-] *(n.)* الدَّرْب: «أ» طريق تُساق فيها الماشية. «ب» طريق خاصة تمتدّ من الطريق العامة إلى مبنًى.

driv·ing[1] *(n.)* مص drive. وبخاصة: سَوْق؛ قيادة؛ تشغيل إلخ.

driv·ing[2] *(adj.)* (١) مُسِيق: مُمِدّ بالقُدْرة المُدِيرة <a ~ wheel> (٢) ضاغط (٣) شديد (٤) عاتٍ <a ~ storm> (٥) نشيط <a ~ young executive> (٦) قاسٍ؛ صارم <a ~ supervisor>.

driving belt *(n.)* سَيْر التدوير (مك).

driving wheel *(n.)* عجلة القيادة؛ تُرس الإدارة (مك).

driz·zle [drĭz′-] *(n.; vi.; t.)* (١) رَذاذ § (٢) تَرُذُّ السّماءُ: تُمطِر رَذاذًا x (٣) يُرِذّ: «أ» يجعله يسيل قطرةً قطرةً. «ب» يُبلِّل بقَطَراتٍ.

driz·zly [drĭz′lĭ] *(adj.)* مُرِذّ؛ كثير الرَّذاذ.

drogue [drōg] *(n.)* مِرْساة عائمة.

droit [droit; drwä] *(n.)* الحقّ؛ الحقّ الشرعيّ.

droll [drōl] *(adj.; n.)* (١) مُضْحِك § (٢) المهرِّج.

droll·er·y [-′lə rĭ] *(n.)* (١) «أ» رَسْم هزليّ؛ صورة هزلية. «ب» مشهد هزلي قصير. «ج» نادرة (٢) «أ» هَزْل؛ مُزاح. «ب» مَزْحة.

-drome لاحقة معناها: «أ» حَلْبة؛ ميدان. «ب» ساحة.

drom·e·dar·y [drŏm′ə dĕr′ĭ] *(n.)* جمل الجمل العربي: أُحاديّ السَّنام.

dromedary

drom·ond [drŏm′-] *(n.)* الدَّرْمَنْد: مَرْكب شراعيّ ضخم سريع.

drone[1] [drōn] *(n.)* (١) اليَعْسوب: ذَكَرُ النحل (٢) الطُّفَيْليّ (٣) المُسَيَّرة: طائرة أو سفينة من غير رُبّان يُتحكَّم في سيرها بإشارات لاسلكية (٤) drudge.

drone[1] *1.*

drone[2] *(n.; vi.; t.)* (١) دَندنة؛ أزيز (٢) لحن رتيب (٣) الرَّتيب الكلام (٤) bagpipe § (٥) «أ» يُدَنْدِن؛ يئزّ. «ب» يتحدث بطريقة رتيبة (٦) ينقضي على نحوٍ رتيب (٧) يتبطَّل: يحيا حياة كسلٍ وتبطُّل (٨) يعمل بطريقة روتينية أو لامبالية x (٩) يلفظ بنبرة رتيبة (١٠) يُضيِّع [وقته] بالتكاسل.

drool [dro͞ol] *(vi.; t.; n.)* (١) يَريل: يَسيل لُعابُهُ (٢) يتحمَّس لِـ (٣) يهذي x (٤) يُعبِّر بعاطفيّة مفرطة § (٥) الرِّيال: اللُّعاب السائل (٦) هُراء.

droop [dro͞op] *(vi.; t.; n.)* (١) يتدلّى (٢) يَغْرُب (٣) يَهِنُ؛ يبتئس؛ يَقْنَط x (٤) يَخفِض [الرأسَ أو العينين أو الجناح] § (٥) تَدَلٍّ إلخ.

droop·y [dro͞o′pĭ] *(adj.)* (١) مُتَدَلٍّ؛ منحنٍ (٢) كئيب؛ مبتئس.

drop [drŏp] *(n.; vi.; t.)* (١) «أ» قَطرة. «ب» *pl.*: جرعة دواء تقاس بالقطرات؛ وبخاصة: قطرة للعين. «ج» جرعة شراب (٢) «أ» المُدَلّاة: حِلْية مُدَلّاة من إحدى المجوهرات. «ب» قُرط ذو مُدَلّاة. «ج» حبّة بُنبون (٣) «أ» سقوط. «ب» هبوط. «ج» هبوط بالباراشوت [أو المِظلّة]. «د» الهابطون بالمِظلّة. «هـ» الأشياء المُنْزَلة بالمِظلّة (٤) المَسْقَط: «أ» المسافة من مستوًى أعلى إلى مستوًى أدنى. «ب» المسافة التي يجتازها شيءٌ في سقوطه (٥) هبوط [الجهد الكهربائي] (٦) الثَّقْب: شِقّ صغير ضيّق

ă at; ā date; â care; ä car; ĕ egg; ē me; ĭ in; ī bite; ŏ lot; ō bone; ô orphan; oi boil; o͝o good; o͞o boot; ou out; ŭ under; û urgent; ə = *a* in alone, *e* in system, *i* in easily, *o* in gallop, *u* in circus.

[في ماكينة إلخ] يُسقط فيه شيء (٧) الحِجاب: غِطاء ثَقْب المفتاح [في قُفل] (٨) السَّدِيل: ستار مسرحيّ يُنزَّل تنزيلًا (٩) مِشنقة (١٠) ثمرة ساقطة (١١) تفوُّق؛ ميزة § (١٢) يَقْطُر (١٣) «أ» يسقط فجأةً. «ب» يَهْبِط؛ ينحدر. «ج» ينهار. «د» يموت. «هـ» يقع؛ يَسْقط (١٤) يغلبه النعاس (١٥) يترجَّل [من عَرَبة] (١٦) يَهْبِطُ النهرَ [مع التيار أو مع ريح مُؤاتية] (١٧) ينسحب (١٨) يتأخَّر؛ يتخلَّف (١٩) يزول؛ يتلاشى (٢٠) ينخفض؛ يتناقص x (٢١) يُسْقِط (٢٢) يتخلَّى عن (٢٣) يَصْرِف؛ يطرُد (٢٤) يدوِّن (٢٥) «أ» يَخْفِض. «ب» يُنزل عجلات الطائرة [استعدادًا للهبوط]. «ج» يُخفِّف أو يُخفِّض [السرعةَ] (٢٦) تلِدُ [أنثى الحيوان] (٢٧) يَخْسَر (٢٨) يُنفق (٢٩) يَصْرع [برصاصةٍ أو ضربة] (٣٠) يُسقط الكرةَ [في سَلّة أو ثَقب] (٣١) «أ» يُنزِل [من السفينة أو السيارة]. «ب» يُنزل بالمظلّات [مُؤنًا أو جُندًا] (٣٢) يَذْرِف [عَبْرَةً] (٣٣) يَخْفِض [الصوتَ] (٣٤) يقطع [الجملةَ] فلا يُتمّها (٣٥) يُبرِد؛ يبعث بالبريد <*Drop* me a line.> (٣٦) يبتلع.

to ~ across (a person) يلتقي به مصادفةً.
to ~ behind يتخلّف [عن غيره أثناء المسير].
to ~ by يقوم بزيارة قصيرة عَرَضية.
to ~ in يقوم بزيارة غير متوقعة.
to ~ off (١) يتضاءل (٢) يغلبه النعاس؛ يغفو (٣) يموت.
to ~ on يوبّخ؛ يعنّف.
to ~ out (١) يزول (٢) ينسحب من (٣) يتخلى [عن فكرة].
to ~ through ينهار؛ يُخفق.

drop curtain *(n.)* السَّدِيل: ستارٌ مسرحيّ يُنزَّل تنزيلًا.
drop–dead *(adj.)* آسِر؛ فاتن؛ ساحر <a ~ watch>.
drop–forge *(vt.)* يُشكِّل [المعادن] بمطرقةٍ ساقطةٍ.
drop hammer *(n.)* المِطْرَقة الساقطة (مك).
drop–in *(n.)* (١) زائر طارئ (٢) لقاء اجتماعيّ [غير رسميّ].
drop·kick *(n.)* الرَّفْسَة الإسقاطيّة: رفسة لكرة القدم عند ارتفاعها عن الأرض بعد إسقاطها عليها.
drop leaf *(n.)* جناح المائدة: امتدادٌ للمائدة قابلٌ للطوي.
droplet [drŏp′lĭt] *(n.)* القُطَيرة: قَطرة صغيرة جدًا.
droplet infection *(n.)* العَدْوى الرَّذاذيّة (ط).
drop letter *(n.)* الرسالة المحليَّة: رسالة تُسلَّم إلى المرسل إليه في نفس المركز البريدي الذي وُضعت فيه.
drop·light [-′līt] *(n.)* المِصْباح المُدَلَّى: مصباح كهربائيّ مُدَلَّى بسلك.

droplight

drop–off *(n.)* (١) مُنحدَر عموديّ أو شبه عموديّ (٢) تناقُص.
drop·page [-′ĭj] *(n.)* السَّقْط: ما تساقط من الثمر قبل النُّضج.
dropped egg *(n.)* البيضة المسلوقة [بفقصها في الماء الغالي].
drop·per [drŏp′ər] *(n.)* (١) فا drop (٢) قطّارة.
drop·ping *(n.)* (١) مص drop (٢) القُطارة؛ القَطْر: ما يتساقط قَطَراتٍ (٣) *pl.*: رَوْث.
drop press *(n.)* (١) مِكبَس التخريم (مك) (٢) المِطرقة السّاقطة.
drop·si·cal *(adj.)* (١) استسقائيّ (٢) مصاب بالاستسقاء (٣) منتفخ.

drop·sy [drŏp′sĭ] *(n.)* الاستسقاء؛ الوَذَمة (مض).
dros·er·a [drŏs′-] *(n.)* النَّدِيّة: نبات يُفرز عصارةً لزِجة تَعْلَق بها الحشرات.
drosh·ky [drŏsh′kĭ] *(n.)* الدَّرْشكيّة: مَرْكبة روسية.

droshky

dro·so·ph·i·la [drō sŏf′ə lə] *(n.)* pl. **-s** *or* **-e** ذُبابة النَّدى.
dross [drôs] *(n.)* (١) الطُّفاوة: زَبَد المعدِن المُذاب (٢) خَبَث؛ نُفاية.
drought [drout] *also* **drouth** [drouth] *(n.)* (١) جفاف؛ قَحْط (٢) ظمأ (٣) نُدرة: قلة؛ نَقْص؛ عجز.
drove [1] [drōv] *past of* drive.
drove [2] *(n.; vt.; i.)* (١) قطيع (٢) جماعة؛ حَشد (٣) «أ» إزميل البنّاء. «ب» وجه الحجر المنحوت § (٤) يسوق الماشية (٥) ينحت الحجارة.
dro·ver [drō′-] *(n.)* (١) الراعي: سائق الماشية (٢) تاجر الماشية.
drown [droun] *(vi.; t.)* (١) يَغْرَق x (٢) يُغْرِق (٣) يَغْمُر [بالماء] (٤) يحجُبُ [الصوتُ القويُّ صوتًا ضعيفًا] (٥) يُذهِل (٦) يتخلّص من.
drowse [drouz] *(vi.; t.; n.)* (١) يَنعَس (٢) يتكاسل x (٣) ينعِّس أو يكسِّل (٤) يُمضي [الوقتَ] بالنعاس أو الكسل § (٥) نُعاس.
drow·si·ness [drou′zĭ-] *(n.)* (١) نُعاس (٢) كسَل؛ خمول.
drow·sy [-′zĭ] *(adj.)* (١) نعسان (٢) مُنعِّس (٣) ناشئ عن النُّعاس.
drub [drŭb] *(vt.; i.)* (١) يضرِب؛ يَجلِد (٢) يَهزِم هزيمةً مُنكَرَة x (٣) يَقْرَع.
drudge [drŭj] *(vi.; t.; n.)* (١) يَكْدَح x (٢) يُكرِهُهُ على الكَدْح § (٣) الكادح.
drudg·er·y [-′ə rĭ] *(n.)* كَدْح؛ كَدّ؛ عملٌ شاقّ أو حقير.
drudg·ing [drŭj′-] *(adj.)* (١) مُرْهِق (٢) رتيب؛ مُمِلّ.
drug [drŭg] *(n.; vt.; i.)* (١) عَقّار (٢) سِلْعَة كاسدة (٣) مخدِّر § (٤) يُخدِّر [بمخدِّر] x (٥) يتعاطَى المخدِّرات؛ يُدْمن المخدِّرات.
drug·get [drŭg′ĭt] *(n.)* (١) لُبّاد (٢) بِساط.
drug·gie [drŭg′ĭ] *(n.)* مُدمنُ المخدِّرات.
drug·gist [drŭg′ĭst] *(n.)* (١) تاجر الأدوية (٢) الصَّيْدليّ.
drug·store [-′stōr′] *(n.)* الدَّرَغْستور: صيدلية تباع فيها أيضًا أدوات التجميل والكتابة والسندويشات والسكاير إلخ.
Dru·id [droo′ĭd] *(n.)* الدَّرْويد: كاهن سَلْتيّ Celtic قديم.
drum [drŭm] *(n.; vi.; t.)* (١) طَبْل؛ طَبْلة (٢) طَبْلة الأُذُن (ت) (٣) صوت الطَّبْل ونحوِهِ (٤) «أ» أسطوانة (مك). «ب» برميل (٥) الطاحونة؛ البَكَرَة: مخزن قرصيّ الشكل في سلاح أوتوماتيكي (٦) الطَّبول: سمك يُحدث صوتًا كصوت الطّبل § (٧) يَنْقُر إيقاعيًا (٨) يُطَبِّل؛ يَقْرع طبلًا (٩) يُطلق صوتًا إيقاعيًا (١٠) يدعو إلى <to ~ for war> x (١١) يدعو بقرع الطُّبول (١٢) يَطْرُد [تتبعها *out*] (١٣) يَطبَع في الذِّهن [بالترديد المتواصل].

drum 6.

to ~ up (١) يدعو إلى الاجتماع (٢) ينال بالجهد المتواصل.

drum·beat [-′bēt′] *(n.)* (١) نَقرة على الطَّبل (٢) صوت الطَّبل.
drum·beat·er *(n.)* (١) قارع الطَّبل (٢) المُناصر الصَّخّاب [لقضيةٍ].
drum·fire [-′fīr′] *(n.)* (١) القذف الطبليّ: إطلاق نيران المدفعية بشكل

متواصل بحيث تُحدث صوتًا كقرع الطبول (٢) وابل .

drum·head *(n.; adj.)* (١) جِلْدة الطبل (٢) أعلى الرَّحَوية (را . capstan) § (٣) فوريّ ؛ عاجل <a ~ trial> .

drumhead court–martial *(n.)* محكمة المَيْدان العسكرية .

drum·lin [-′lĭn] *(n.)* الدُّوَيْرة : كَثيب جليديّ بيضاويّ الشَّكل (جي) .

drum major *(n.)* رئيس الطَّبّالين (جن) .

drum majorette [mā′jə rĕt′] *(n.)* قائدةُ الفرقة الموسيقية .

drum·mer [-′ər] *(n.)* (١) الطبّال (٢) بائع متجوّل .

drum·stick [-′stĭk] *(n.)* النَّقّارة ؛ مِقرعة الطبل : «أ» عصا النقر على الطبل . «ب» جزء من الدجاجة إلخ واقع بين الفَخِذ والكاحل .

drunk[1] [drŭngk] *past part. of* drink.

drunk[2] *(adj.; n.)* (١) سكران § (٢) حفلة سُكْر وعربدة (٣) سِكّير .

drunk·ard [drŭng′kərd] *(n.)* السِّكّير : مُدمن الخمر .

drunk·en [-′kən] *(adj.)* (١) سَكْران ؛ ثَمِل ؛ مَخْمور (٢) سِكّير (٣) سُكْريّ <a ~ party> (٤) مُتَرنِّح [كالسُّكارى] .

drunk·om·e·ter [-kŏm′ə tər] *(n.)* مقياس الثَّمَل .

dru·pa·ceous [dro͞o pā′shəs] *(adj.)* حَسَلِيّة : «أ» صفة للثمرة الوحيدة النَّواة . «ب» صفة للشجرة التي تحمل ثمرًا وحيد النّواة .

drupe [dro͞op] *(n.)* الحَسَلة ؛ النَّوَوية : ثمرة وحيدة النواة .

drupe·let [-′lĭt] *(n.)* الحُسَيْلَة : حَسَلة صغيرة .

Druze *or* **Druse** [dro͞oz] *(n.)* الدُّرْزيّ : واحد الدّروز .

dry [drī] *(adj.; vt.; i.; n.)* (١) جافّ : «أ» خالٍ من الرطوبة . «ب» ذابل ؛ ذاوٍ . «ج» قليل الأمطار أو عديمها <a ~ season> . «د» جافّة الضَّرْع : غير مُدِرَّةٍ لبنًا <a ~ cow> . «هـ» خِلْوٌ من الأشربة الكحولية . «و» مُقدَّم أو مأكول من غير زبدة <~ toast> . «ز» جامد؛ غير سائل <~ groceries> . «ح» مجفَّف <~ milk> . «ط» عاملٌ من غير تزييت إلخ <a ~ clutch> . «ي» من غير ذخيرة حيّة <~ firing> (٢) «أ» ظامئ . «ب» مسبِّب للظّمأ <~ work> (٣) مُمِلّ (٤) بسيط؛ صريح <~ facts> (٥) مُجدِب (٦) موضوعيّ <~ light of reason> (٧) مُتَحفِّظ (٨) ساخر؛ لاذع <~ humor> § (٩) يجفِّف x (١٠) يَجِفّ § (١١) جفاف (١٢) شيء جافّ . وبخاصة : مكان جافّ (١٣) prohibitionist .

dry·ad [drī′əd] *(n.)* pl. **-s** *or* **-es** حورية الغابات (مث) .

dry·as·dust [drī′əz-] *(adj.)* مُمِلّ ؛ مُضجر <a ~ lecturer> .

dry cell *(n.)* الخليّة الجافّة (كب) .

dry–clean *(vt.)* يُنَظْجِف : ينظِّف بطريقة التنظيف الجافّ .

dry cleaning *(n.)* النَّظْجَفَة : التنظيف الجافّ بمذيبات عُضوية غير مائية .

dry–dock *(vt.; i.)* يُحَوْجِف : يضع في [أو يُدخل إلى] حوضٍ جافّ .

dry dock *(n.)* الحوض الجافّ [لبناء السُّفن أو إصلاحها] .

dry·er [drī′ər] *(n.)* = drier.

dry–eyed [drī′īd] *(adj.)* عَصِيّ الدَّمع <~ mourners> .

dry fly *(n.)* الذبابة الجافّة : ذبابة اصطناعية تطفو على سطح الماء ويُستعان بها على صيد الأسماك بالقصبة .

dry goods *(n. pl.)* السِّلَع الجافّة : الأقمشة والألبسة الجاهزة إلخ .

dry ice *(n.)* الجليد الجافّ : ثاني أكسيد الكربون المجمَّد .

drying oil *(n.)* الزيت الجَفُوف : زيت يجفّ بسرعة عند تعريض طبقة رقيقة منه للهواء .

dry kiln *(n.)* الأتّون الجاف : حجرة مُحَمّاة لتجفيف الأخشاب .

dry·ly [drī′lĭ] *(adv.)* بجفاف ؛ بطريقة جافة .

dry measure *(n.)* المكاييل الجافّة : مكاييل لوزن الحبوب ونحوها .

dry·ness [drī′nəs] *(n.)* جَفاف .

dry–nurse *(vt.)* تَحْضن [الحاضنةُ] وليدًا .

dry nurse *(n.)* الحاضنة : امرأة تربّي الوليد لكنها لا ترضعُه .

dry pleurisy *(n.)* ذات الجَنْب الجافّة (مض) .

dry·point *(n.)* (١) الحفر الإبَري : حفرٌ بالإبرة على صفيحة معدنية من غير استخدام للأحماض (٢) الصفيحة المحفورة بهذه الطريقة أو الإبرة المستخدمة لذلك .

dry rot *(n.)* (١) النَّخَر الجافّ : تعفُّن يصيب الخشب أو النبات (٢) الناخر : الفُطر المسبِّب للنَّخَر الجافّ (٣) فساد؛ نَخَرٌ؛ تعفُّن .

dry–rot [-′rŏt′] *(vt.; i.)* يُصيب أو يُصاب بالنَّخَر الجافّ .

dry run *(n.)* (١) التدريب الجافّ [من غير ذخيرة حية] (٢) تجربة .

dry·salt·er *(n.)* (١) بائع الأصباغ (٢) بائع المأكولات المملّحة (بر) .

dry–shod [-′shŏd] *(adj.)* جافّ الحذاء أو القدمين .

dry wash *(n.)* الغسيل الجافّ : غسيل جُفِّف ولم يُكْوَ .

du·ad [do͞o′ăd; dyo͞o′-] *(n.)* زوج؛ اثنان .

du·al [do͞o′əl] *(adj.; n.)* (١) مُثَنًّى (٢) ثُنائيّ ؛ مزدوج § (٣) المثنَّى (ل) .

du·al·ism *(n.)* (١) الاثْنَيْنِيَّة : نظرية تقول بأن ثمة مبدأين أساسين ليس غير، كالعقل والجسد (فف) (٢) الثُّنائية : كون الشيء ثُنائيًا (٣) الثَّنَوية : «أ» مذهب يقول بأن الكون خاضع لمبدأين متعارضين أحدهما خير والآخر شرّ . «ب» الإيمان بأن الإنسان ذو جسد وروح .
— **du·al·ist** *(n.)* — **du·al·is·tic** *(adj.)*

du·al·i·ty [do͞o ăl′ə tĭ] *(n.)* ثنائيّة ؛ ازدواجية .

du·al·ize [do͞o′ə līz′] *(vt.)* يُثَنّي : يجعله ثُنائيًا .

du·al–pur·pose *(adj.)* ثُنائي الغرض أو الوظيفة .

dub[1] [dŭb] *(vt.; i.)* (١) «أ» يمنحه رتبة أو لقبًا . «ب» يدعو ؛ يلقِّب (٢) يَجْلو ؛ ينعِّم ؛ يملِّس (٣) «أ» يضرب بغير براعة [في الغولف] . «ب» يقوم بعمل ما من غير براعة x (٤) يَكِز ؛ يَنْخَس .

dub[2] *(n.)* الأخرق : شخص غير بارع .

dub[3] *(vt.)* (١) يُضيف مؤثراتٍ صوتية أو حوارًا جديدًا [إلى فيلم سينمائيّ إلخ] .

(٢) يُدَبلِج : يزوِّد بمَدْرَج صوتيّ sound track جديد.

dub·ber [dŭb′ər] *(n.)* فا dub بمختلف معانيها.

du·bi·e·ty [do͞o bī′-]; **du·bi·os·i·ty** *(n.)* (١) شَكٌّ (٢) مسألة فيها شكّ.

du·bi·ous [-′bĭ əs] *(adj.)* (١) مُلْتَبِس ؛ مشكوك فيه (٢) متردِّد ؛ شاكّ (٣) مشكوك في نتيجته <in ~ battle> (٤) مُريب <a ~ transaction>.

du·bi·ta·ble [do͞o′-] *(adj.)* موضع شكّ ؛ مشكوك فيه.

du·cal [do͞o′kəl] *(adj.)* دُوقيّ : ذو علاقة بدُوقٍ أو دُوقيّة.

duc·at [dŭk′ət] *(n.)* الدوكاتيّة : عملة ذهبية أوروبية قديمة.

du·ce [do͞o′chā; -chĕ] *(n.)* الدّوتشي : الزعيم.

duch·ess [dŭch′ĭs] *(n.)* الدّوقة : «أ» زوجة الدُّوق. «ب» امرأة تحمل رتبةً مساوية لرتبة الدُّوق.

duch·y [dŭch′ĭ] *(n.)* الدُّوقيّة : إمارة يحكمُها دُوق.

duck[1] [dŭk] *(n.)* (١) بَطّ (٢) لحم البطّ (٣) بطّة (٤) «أ» المحبوب. «ب» شيء أو شخص فاتن أو ساحر <a ~ of a car> (٥) شخص ؛ مخلوق (ع).

duck[2] *(vt.; i.; n.)* (١) يغطِّس (٢) يحني رأسه [بسرعة] (٣) يتجنَّب ؛ يتفادى x (٤) يَغْطِس (٥) «أ» ينطلق بسرعة [فرارًا من خطر]. «ب» يتوارى [خشيةَ أن يراه أحد] (٦) يَروغ ؛ يتملَّص § (٧) تغطيس ؛ انحناء إلخ.

duck[3] *(n.)* الدَّقّ : نسيج قطني متين.

duck·bill [dŭk′bĭl′] *(n.)* = platypus.

duck·board *(n.)* المِعْبَرَة : لوحة [أو مجموعة ألواح] خشبية، توضع فوق أرض مُوحِلة لتسهيل عبور الجند خاصةً.

duck call *(n.)* البَطّيّة : أداة ينفخ فيها الصائد لمحاكاة صوت البط.

duck·foot·ed [-′fo͝ot′-] *(adj.)* (١) بَطّيّ القدمين (٢) flat–footed.

duck·ing stool *(n.)* كرسيّ التغطيس : كرسيّ كانوا يشدّون إليه المجرمين ويغطسونهم في الماء.

ducking stool

duck·ling [dŭk′lĭng] *(n.)* البُطَيْطَة : بطّة صغيرة.

duck·pin [-′pĭn] *(n.)* (١) القارورة البطّيّة : ضربٌ قصير من قوارير لعبة البولنغ (٢) البولنغ البَطّيّ : لعبة بولنغ تُستخدم فيها القوارير البطّية.

ducks and drakes *or* **duck and drake** *(n.)* لعبة البطّ والعلاجيم : التسلية بإلقاء الأصداف أو الحجارة المسطحة فوق سطح الماء الساكن. to play ~ with one's money يبدِّد مالَهُ [وكأنه يلقي به في البحر].

duck soup *(n.)* شيء هَيِّن ؛ مُهِمّة يسيرة.

duck·weed [-′wēd] *(n.)* عَدَس الماء : نبات صغير يطفو على سطح الماء.

duck·y [dŭk′ĭ] *(adj.)* (١) رائع ؛ ممتاز <a ~ time> (٢) جذّاب ؛ ساحر ؛ مفضَّل <a ~ restaurant>.

duct [dŭkt] *(n.; vt.)* (١) قناة ؛ مجرًى (ت) (٢) أنبوب § (٣) يَنْقل [الغاز] بأنبوب.

duc·tile [-′təl; -′tĭl] *(adj.)* (١) «أ» مَطيل : قابلٌ للمَطْل أو السَّحب. «ب» طَرُوق : قابل للتطريق <~ metals> (٢) سهل الانقياد (٣) ليِّن العريكة.

duc·til·i·ty *(n.)* المَطِيليّة ؛ الطَّروقيّة : قابلية المَطْل أو التطريق.

duct·less gland *(n.)* الغُدّة الصَّمّاء ؛ الغُدّة اللاقَنَوية (ت).

duct·ule [dŭk′tyo͞ol] *(n.)* القُنَيَّة : قناة صغيرة (ت).

dud [dŭd] *(n.; adj.)* (١) *pl.* : «أ» ملابس. «ب» أسمال بالية. «ج» حوائج شخصية (٢) شخص أو شيء مخفق (٣) قنبلة لم تنفجر § (٤) باطل ؛ عديم القيمة <~ checks>.

dud·die *or* **dud·dy** [dŭd′ĭ] *(adj.)* رثّ ؛ بالٍ.

dude [d(y)o͞od] *(n.)* (١) الغَنْدور ؛ المتأنِّق (٢) المَدِينيّ : أحد أبناء المُدُن.

du·deen [do͞o dēn′] *(n.)* الدُّودين : غليون أو بيبة تبغ فخارية قصيرة.

dude ranch *(n.)* مزرعة الترفيه : مزرعة مخصصة لركوب الخيل إلخ.

dudg·eon [dŭj′ən] *(n.)* حَنَق ؛ غيظ ؛ غضب.

due [do͞o; dyo͞o] *(adj.; n.; adv.)* (١) «أ» مطلوب [بوصفه دَينًا]. «ب» واجب الأداء [بوصفه حقًا] (٢) «أ» واجب ؛ ضروري. «ب» مطابق للعُرف أو للإجراءات الواجبة (٣) «أ» وافٍ. «ب» مناسب (٤) شرعيّ ؛ قانونيّ (٥) ناجمٌ عن ؛ راجعٌ إلى (٦) مُستحقٌّ الدفعَ أو الأداءَ (٧) متوقَّعٌ حضورُه أو وصوله إلخ <The train is ~ at noon.> § (٨) حقّ (٩) دَين (١٠) *pl.* : رسوم § (١١) مباشرةً ؛ على خط مستقيم <~ north>.

due date *(n.)* موعد الاستحقاق ؛ تاريخ الاستحقاق (تج).

du·el [do͞o′əl] *(n.; vi.; t.)* (١) مُبارَزة (٢) نزاع § (٣) يُبارِز ؛ يُنازِل.

du·el·ist *or* **du·el·list** [do͞o′ə-] *(n.)* المُبارِز ؛ المُنازِل ؛ المُناجِز.

du·el·lo [do͞o ĕl′ō] *(n.)* (١) «أ» التّبارُز. «ب» قواعد التبارُز (٢) مبارزة.

du·en·de [do͞o ĕn′dā] *(n.)* سِحر ؛ فِتنة ؛ جاذبية.

du·en·na [do͞o ĕn′ə] *(n.)* القَهْرَمانة : وصيفة مُسِنّة.

due process *(n.)* الطُّرق القانونية (ق).

du·et [do͞o ĕt′] *(n.)* الثُّنائيّ : «أ» لحن يؤديه مُغنّيان أو عازفان. «ب» مُغنّيان أو عازفان يُنشدان أو يَعزفان معًا.

duff [dŭf] *(n.)* (١) الضَّف : ضربٌ من الحلوى (٢) البِساط العضويّ : نثارٌ من موادَّ عضوية يكسو أرض الغابة (نب) (٣) الدُّقاق : فُتات الفحم.

duf·fel *or* **duf·fle** [dŭf′əl] *(n.)* الدَّفيل : نسيج صوفيّ غليظ الزِّئبر.

duffel bag *(n.)* الكيس الدَّفيليّ : كيسٌ قُماشيّ ضخم، أسطوانيّ الشكل، يضع فيه المرء حوائجه الشخصية.

duffel bag

duf·fer [dŭf′ər] *(n.)* (١) البائعُ المُتَجوّل. وبخاصة : بائع متجوّل يبيع سِلَعًا رخيصة (٢) شيء زائف أو تافه (٣) الأخرق ؛ الغبيّ إلخ.

dug[1] [dŭg] *past and past part. of* dig.

dug[2] [dŭg] *(n.)* (١) ثَدْي (٢) حَلَمة الثدي.

du·gong [do͞o′gŏng] *(n.)* الأطوم ؛ بقرة البحر : حيوان بحري ثديّ ضخم.

dugong

dug·out [dŭg′-] *(n.)* (١) النَّقِيرة ؛ الزَّورق الشَّجريّ : زورق يُصْنَع بتجويف جذع شجرة (٢) مخبأ.

dui·ker [dī′kər] *(n.)* الدَّيْكَر : ظبي إفريقي صغير.

duke [do͞ok] *(n.)* (١) دُوق (٢) *pl.* عد : جُمْع اليد ؛ يد (٣) كَرَز.

duke·dom *(n.)* الدُّوقيّة : «أ» مقاطعة يحكمها دوق. «ب» منصب الدوق.

dul·cet [dŭl′sĭt] *(adj.)* (١) لذيذ (٢) مُطرِب (٣) عَذْب ؛ سائغ.

dul·ci·fy [-′sə fī′] *(vt.)* (١) يُحلّي (٢) يهدِّئ ؛ يلطِّف.

dul·ci·mer [dŭl′sə mər] *(n.)* القانون: آلة موسيقية وتريّة.

dul·cin·e·a [dŭl sĭn′ĭ ə] *(n.)* المحبوبة؛ المعشوقة.

dull [dŭl] *(adj.; vt.; i.)* (١) غبيّ (٢) «أ» مَتَبلِّد الحسّ. «ب» متوانٍ (٣) كسلان؛ بليد؛ بطيء (٤) فاتر: قليل النشاط التجاري <~ season> (٥) كَليل: غير ماضٍ أو مُستدِقّ الطَّرَف (٦) باهت: يُعوِزُهُ البريق (٧) ضعيف؛ غير واضح (٨) خافت؛ غير رنّان (٩) أَرْبَد؛ مُعتِم <a ~ color> (١٠) غائم <~ weather> (١١) كئيب § (١٢) يُبلِّد؛ يُضْعِف؛ يجعله كليلًا إلخ x (١٣) يَتَبلّد؛ يَضْعُف إلخ.

dull·ard [dŭl′ərd] *(n.)* الغبيّ؛ الأبله؛ المُغَفَّل.

dull·ish [dŭl′-] *(adj.)* غبيّ [أو متبلِّد الحسّ أو متوانٍ إلخ] قليلًا.

dulse [dŭls] *(n.)* الدَّلْسِيّ: ضرب من الحشائش البحرية.

du·ly [do͞o′-] *(adv.)* (١) كما ينبغي؛ على نحوٍ وافٍ إلخ (٢) في حينه.

du·ma [do͞o′-] *(n.)* الدّوما: المجلس التشريعي في روسيا.

dumb [dŭm] *(adj.; vi.; t.)* (١) أبكم؛ أخرس (٢) أعجم <~ animals> (٣) صامت <a ~ desire> (٤) غبيّ؛ مُغَفَّل § (٥) يَخْرَس x (٦) يُخرِس.
— **dumb·ness** *(n.)*

dumb·bell [dŭm′bĕl′] *(n.)* (١) الدَّمْبَل: كُرَتان حديديّتان، يربط بينهما قضيب، تُمرَّن بهما العضلات (٢) الغبيّ؛ المغفَّل.

dumbbell

dumb·found *or* **dum·found** [dŭm′found′] *(vt.)* يَصْعَق؛ يَشْدَهُ.

dumb·head [dŭm′hĕd] *(n.)* الغبيّ؛ الأحمق؛ المغفَّل.

dumb show *(n.)* (١) المشهد الصامت: جزء من مسرحيّة يُؤدَّى بالإيماءات والإشارات (٢) التمثيل الإيمائيّ.

dumb·struck [dŭm′strŭk′] *(adj.)* مصعوق؛ مشدوه.

dumb·wait·er [dŭm′-] *(n.)* النّادل الأبكم: «أ» حاملة نقّالة، ذات رفوف دوّارة [توضع قرب المائدة]. «ب» مِصْعد صغير [لنقل الأطعمة إلخ].

dum·dum [dŭm′dŭm′] *(n.)* رصاص دَمْدَم (جن).

dum–dum [dŭm′dŭm] *(n.)* الغبيّ؛ الأحمق؛ المغفَّل.

dum·my [1] [dŭm′ĭ] *(n.)* (١) «أ» الأبكم؛ الأخرس. «ب» الصَّموت (٢) الغبيّ (٣) الدُّمكِين: تمثال لعرض الملابس في واجهات المتاجر (٤) الدُّمية: شخص يعمل لحسابه ظاهرًا ولكنه في الواقع يعمل لحساب غيره أو بتوجيه منه (٥) النموذج الطِّباعيّ: صفحات مطويّة يُقْصَد بها تبيانُ شكل المجلة أو شكلِ الكتاب المُعَدّ للطبع وحجمِهِ وتسلسل موضوعاته إلخ.

dum·my [2] *(adj.)* (١) كاذب؛ زائف؛ صُنْعيّ (٢) وهميّ.

dump [dŭmp] *(vt.; i.; n.)* (١) «أ» يُلقي [مُشكِّلًا رُكامًا]. «ب» يُفرِغ العربة بإمالتها. «ج» يَصْرِف؛ يتخلّص من (٢) يَهْزِم؛ يَصْرَع (٣) يُغرِق: يبيع بكمّيّات كبيرة وبثمن منخفض جدًا. وبخاصة: يبيع في الخارج بسعر أدنى من سعر السّوق في الوطن x (٤) يَسْقط فجأة § (٥) «أ» نُفاية. «ب» مَقْلَب النُّفايات: مكان تُلْقَى فيه النُّفايات (٦) «أ» مخزون؛ ذخيرة. «ب» المَخْزَن: مستودع لحفظ المخزون أو الذخيرة (٧) مكان قذِر أو خَرِب أو عديم الترتيب.

dump·ing [dŭmp′-] *(n.)* الإغراق (را dump 3).

dump·ish [dŭmp′ĭsh] *(adj.)* حزين؛ كئيب.

dump·ling [-′lĭng] *(n.)* (١) زَلابيَة (٢) شخص أو حيوان قصيرٌ بدينٌ.

dumps [dŭmps] *(n. pl.)* كآبة؛ انقباض؛ قنوط.

dump·y [dŭm′pĭ] *(adj.)* (١) قصيرٌ وبدين (٢) رثّ؛ قَذِر.

dun [1] [dŭn] *(adj.; n.)* (١) كُمَيْت (٢) مُظْلم؛ قاتم § (٣) فَرَسٌ كُمَيْت (٤) الكُمْتة (٥) mayfly.

dun [2] *(n.; vt.)* (١) المُلِحّ في المطالبة بِدَيْن (٢) الإلحاف: مطالبة مُلِحّة. وبخاصةٍ بِدَيْن § (٣) يُلْحِف (٤) يضايق؛ يزعج باستمرار.

dunce [dŭns]; **dun·der·head** [dŭn′-] *(n.)* الغَبِيّ؛ المُغفَّل؛ الأحمق.

dune [dyo͞on] *(n.)* الكثيب: رابية رملية تشكّلت بفعل الرياح.

dung [dŭng] *(n.; vt.)* (١) رَوْث (٢) سماد § (٣) يُرَوِّث: يُسمِّد بالرَّوث.

dun·ga·ree [-gə rē′] *(n.)* (١) الدَّنْغَريّ: قماش قطنيّ خَشِن متين (٢) *pl.* الدَّنْغَرِيّات: ملابس مَخِيطة منه.

dung beetle *(n.)* خُنْفُساء الرَّوث.

dun·geon [-′jən] *(n.)* (١) donjon (٢) الدَّيماس: سجن تحت الأرض.

dung·hill [dŭng′-] *(n.)* (١) المَرْوَثة: ركامٌ من رَوْث (٢) حَمْأة.

dunk [dŭngk] *(vt.; i.)* (١) يَغمِس [في قهوة أو حليب إلخ] (٢) يَغْمُر؛ يُغَطِّس x (٣) يَغْطِس.

dun·lin [dŭn′lĭn] *(n.)* الدُّرَيْجَة: طائر أبيض الصدر.

dunlin

dun·nage [dŭn′ĭj] *(n.)* (١) الحَشْوة: مادة ليّنة تقي السِّلَع المعبّأة في الصناديق من التلف (٢) أمتعة؛ ملابس.

du·o [do͞o′ō] *(n.)* (١) duet (٢) زوج؛ اثنان.

duo- بادئة معناها: اثنان <*duo*logue>.

du·o·dec·i·mal [do͞o′ə dĕs′-] *(adj.; n.)* (١) اثنا عَشَريّ § (٢) النظام الاثنا عَشَريّ: نظام في العَدّ قاعدتُهُ اثنا عَشَر.

du·o·dec·i·mo [-′ə mō′] *(n.)* القَطْع الاثنا عَشَريّ أو كتاب من هذا القَطْع.

duoden- *or* **duodeno-** بادئة معناها: المِعَى الاثنا عَشَريّ.

du·o·de·nal [do͞o′ə dē′-] *(adj.)* عَفَجِيّ: متعلّق بالمِعَى الاثنَيْ عَشَريّ.

du·o·de·ni·tis [-dĭ nī′tĭs] *(n.)* التهاب العَفَج (ط).

du·o·de·num *(n.)* pl. **-de·na** *or* **-nums** العَفَج: المِعَى الاثنا عَشَريّ.

du·o·logue [do͞o′ə lôg′] *(n.)* الحوار الثنائيّ: حوار بين شخصين.

duo·mo [dwô′mō] *(n.)* pl. **-mi** كاتدرائية.

dupe [1] [do͞op] *(n.; vt.)* (١) السّاذَج؛ المُغَفَّل § (٢) يَخْدَع.

dupe [2] *(n.; vt.)* = duplicate.

dup·er·y [do͞o′pə rĭ] *(n.)* (١) خداع (٢) انخداع.

du·ple [do͞o′pəl] *(adj.)* ثُنائيّ؛ مُزْدَوِج.

du·plex [do͞o′-] *(adj.; n.)* (١) مُزْدوِج § (٢) شيء مُزْدَوِج. وبخاصة: الشُّقّة المزدوِجة.

ă at; **ā** date; **â** care; **ä** car; **ĕ** egg; **ē** me; **ĭ** in; **ī** bite; **ŏ** lot; **ō** bone; **ô** orphan; **oi** boil; **o͝o** good; **o͞o** boot; **ou** out; **ŭ** under; **û** urgent; **ə** = *a* in alone, *e* in system, *i* in easily, *o* in gallop, *u* in circus.

duplex apartment *(n.)* الشِّقَّة المزدوجة : شِقّة ذات غرف في طابقين .

du·pli·cate¹ [dōō'plə kĭt] *(adj.; n.)* (١) مُزدَوج <~ invoices> (٢) مُطابِق ؛ مُتَطابِق § (٣) نسخة مطابقةٌ أو طبق الأصل .

in ~, من نسختين؛ من صورتين .

du·pli·cate² [-kāt'] *(vt.)* (١) يُضاعِف (٢) يَنسَخ : يستخرج نسخةً مطابِقةً .

duplicate ratio *(n.)* النِّسبة التربيعية (ر) .

du·pli·ca·tion *(n.)* (١) مص ducplicate (٢) نسخةٌ طبق الأصل .

du·pli·ca·tor [dōō'-] *(n.)* الناسخة : آلة لاستخراج النسخ المطابِقة .

du·plic·i·ty [dōō plĭs'ə tĭ] *(n.)* (١) نِفاق ؛ رِياء (٢) ازدواج .

du·ra·bil·i·ty; du·ra·ble·ness *(n.)* التَّحمُّليّة ؛ المتانة ؛ طول البقاء .

du·ra·ble [dōōr'ə-] *(adj.)* مُتَحمِّل ؛ متين ؛ مُعَمِّر .

du·ral·u·min *(n.)* الدُّورالُيومين : مزيج من ألومنيوم ونحاس ومنغنيز إلخ .

du·ra ma·ter [dōōr'ə mā'tər] *(n.)* الأُمّ الجافِيَة : الغِشاء اللِّيفيّ المُغَلِّف للدِّماغ والحبل الشَّوكيّ (ت) .

du·ra·men [-'mĭn] *(n.)* الجِلْب : خشب القلبِ الصُّلبُ في جذع الشجرة .

du·rance [dōōr'əns] *(n.)* سَجْنٌ ؛ حَبْسٌ ؛ احتجاز .

du·ra·tion [dōō rā'-] *(n.)* (١) دوام؛ بقاء (٢) أَمَد؛ مُدّة .

dur·bar [dûr'bär] *(n.)* الدُّربار : «أ» مجلس يَعْقِدُه أمير هندي . «ب» حفلة رسمية . وبخاصة : حفلة رسمية يقدِّم فيها الرعايا عهد الولاء لأمير هندي . «ج» قاعة استقبال .

du·ress [dōō rĕs'] *(n.)* (١) حَبْس ؛ احتجاز (٢) إكراه بالتهديد .

Dur·ham [dûr'əm] *(n.)* الدُّرهام : بقرٌ قصير القرون .

du·ri·an [dōōr'ĭ-] *(n.)* الدُّريان : شجر ذو ثمر بيضويّ .

durian

dur·ing [dōōr'ĭng] *(prep.)* (١) طَوالَ (٢) خلالَ ؛ أثناءَ .

dur·mast oak [dûr'măst] *(n.)* البلُّوط اللاطئ الزَّهر (نب) .

du·ro [dōōr'ō] *(n.)* الدُّورو : دولار إسباني وجنوبأميركي فضيّ .

du·roc [dōōr'ŏk] *(n.)* الدَّرُوك : خنزير أميركي أحمر .

du·rom·e·ter [dyōō rŏm'-] *(n.)* مقياس التحمُّل أو الصَّلادة .

dur·ra *also* **du·ra** [dōōr'ə] *(n.)* الذُّرة (نب) .

du·rum wheat [dōōr'əm] *(n.)* الحِنْطة القاسية أو الصَّلدة .

dusk [dŭsk] *(adj.; vi.; t.; n.)* (١) قاتم ؛ مُعْتِم § (٢) يُصبح [أو يجعله] قاتمًا أو مُعتمًا § (٣) الغَسَق : ظلمة أوّل الليل (٤) عَتمة .

dusk·y [dŭs'kĭ] *(adj.)* (١) قاتم . وبخاصة : داكن البَشرة (٢) مُعْتِم .

dust [dŭst] *(n.; vt.; i.)* (١) غُبار (٢) «أ» رماد . «ب» جُثّة (٣) «أ» شيء تافه . «ب» ضَعَة (٤) الثَّرى (٥) ذَرَّة ؛ مقدار ضئيل (٦) «أ» سحابة غبار . «ب» اضطراب (٧) نُفاية (٨) نقود (ع) § (٩) «أ» يَنْفُض الغُبارَ عن . «ب» يجدِّد : يُعِدّ للاستعمال من جديد (١٠) يُغَبِّر ؛ يَرُذّ ؛ يَرُشّ ؛ يَنْضَح x (١١) يَغْبَر .

in the ~, في حال من الذلّ أو الهوان .

to bite *or* lick the ~, يَسْقط جريحًا أو قتيلًا .

to make *or* raise *or* kick up a ~, يثير اضطرابًا .

to throw ~ in a person's eyes يذرّ الرماد في عينيه : يخدعه .

dust·bin [-'bĭn] *(n.)* صندوق القُمامة أو الزُّبالة .

dust bowl *(n.)* قَصْعة الغبار : منطقة كثيرة الجفاف والعواصف الغبارية .

dust cart *(n.)* عربة القُمامة أو الزُّبالة .

dust·er *(n.)* (١) «أ» نافضُ الغبار . «ب» مِنْفَضَة (٢) مِئزَرٌ (٣) المِذْرار : أداة لرشّ الملح إلخ على الطعام أو لرشّ النباتات بالمبيدات .

dust jacket *(n.)* القميص : غلاف ورقيّ لكتابٍ مجلَّد .

dust·man [dŭst'măn] *(n.)* الزَّبّال : جامعُ القُمامة .

dust·pan [dŭst'păn'] *(n.)* اللَّقّاطة : لَقّاطة الكُناسة .

dust storm *(n.)* العاصفة الغُبارية : عاصفة مُثْقَلة بالغُبار .

dust·up [dŭst'ŭp'] *(n.)* نِزاع ؛ شِجار ؛ عِراك (ع) .

dust wrapper *(n.)* = dust jacket.

dust·y [dŭs'tĭ] *(adj.)* (١) مُغبَّر (٢) غُباريّ ؛ متفتّت <~ ground> (٣) يُعْوِزُهُ البريق <~ pearls> (٤) خامل ؛ غير منتج <a ~ life> .

not so ~, لا بأس به .

Dutch [dŭch] *(adj.; n.)* (١) هولنديّ (٢) ألمانيّ § (٣) اللغة الهولندية (٤) الشعب الهولندي (٥) غضب (ع) (٦) خلاف ؛ خصام ؛ لاحظوة .

to beat the ~, يفوق [في غرابته] كلّ ما رُئي أو سُمِع .

to go ~, يدفع كلٌّ عن نفسه [على طريقة «العِشرة الحلبية»] .

Dutch auction *(n.)* المزاد الهولندي : مزاد علني يعيّن فيه الدلّال سعرًا مرتفعًا ثمّ يخفضه تدريجيًا إلى أن يقع على مشترٍ .

Dutch clover *(n.)* النَّفَل الأبيض ؛ النَّفَل الهولنديّ (نب) .

Dutch courage *(n.)* الشَّجاعة الهولندية : شجاعةٌ مَرَدُّها إلى السُّكْر .

Dutch door *(n.)* الباب الهولنديّ : بابٌ مقسوم أفقيًا بحيث يمكن إغلاق جزئه الأدنى بينما يظلّ جزؤه الأعلى مفتوحًا .

Dutch door

dutch·man *(n.)* (١) *cap.* «أ» الهولنديّ . «ب» الألمانيّ (ع) (٢) الهولنديّ : وتدٌ تُخْفَى به علّة معمارية .

Dutch·man's–breech·es *(n.)* سِروال الهولنديّ ؛ الهِمازية المُقَبَّعة : نبات ذو زهرات بيضاء شبيهة بالسراويل الفضفاضة .

Dutch oven *(n.)* (١) التَّنُّور الهولنديّ : وعاء معدنيّ ذو فتحة أمامية يُستخدم لِشَيّ اللحم أمام نار مكشوفة (٢) المخباز الهولنديّ : فرن آجُرّيّ يتمّ فيه الخَبْزُ بواسطة الجدران المُحمّاة سبقيًا .

Dutch treat *(n.)* الدَّعوة الهولنديّة : طعام يدفع كلّ امرئ حصّته من نفقاته .

Dutch uncle *(n.)* العمّ الهولندي : المنتقِد أو المؤنِّب بقسوة وصراحة .

du·te·ous [dōō'tĭ əs] *(adj.)* مُطيع ؛ مُذْعِن .

du·ti·a·ble [dōō'tĭ-] *(adj.)* خاضع للرسوم أو للمُكوس .

du·ti·ful *(adj.)* (١) مُطيع <a ~ daughter> (٢) مُفْعَم بروح المسؤوليّة (٣) منبعث من التحسُّس بالواجب <a ~ citizen> .

du·ty [dōō'tĭ; dyōō'-] *(n.)* (١) احترام (٢) «أ» واجب . «ب» مهمّة . «ج» خدمة عسكرية فعلية (٣) التزام [أخلاقيّ أو قانونيّ] (٤) رَسْم ؛ مَكْس [على السِّلع المستورَدة] (٥) الشُّغل المؤدَّى (مك) (٦) قياس الفعالية (مك) .

duty-free غير خاضع للرسوم أو المكوس .

off ~, خارج الخدمة ؛ غير منهمك في أداء وظيفة ما .

on ~, في الخدمة ؛ منهمك في أداء وظيفة ما .

to do ~ for يقومُ مقامَ كذا .

du·um·vir [do͞o ŭm′vər] *(n.)* الدَّمفير : «أ» أحد الحاكمين في حكومة الاثنين الرومانية . «ب» أحد شخصَين يتشاركان في السُّلطة .

du·um·vi·rate [-′vər ĭt] *(n.)* الدَّمفيرية : حكومة الاثنين عند الرومان .

du·vet [do͞o vā′] *(n.)* اللِّحاف : ما يُلتَحَف به في الفراش .

du·ve·tyn [do͞o′vĭ tēn′] *(n.)* الدُّفتين : نسيج مخمليّ لمَّاع .

dwarf [dwôrf] *(n.; vt.; i.)* (١) قَزَم (٢) نبات أو حيوان أو نجم صغير نسبيًّا § (٣) يُقزِّم (٤) يعوق النموّ العقليّ إلخ (٥) يجعله يبدو أصغر **x** (٦) يتقزَّم ؛ يَصْغُر . **— dwarf·ism** *(n.)*

dwarf·ish [dwôr′-] *(adj.)* قَزَمانيّ : شبيه بقَزَم ؛ صغير جدًّا .

dwell [dwĕl] *(vi.)* (١) يُقيم [فترةً ما] (٢) يقْطُن ؛ يَسْكُن (٣) يُوْجَد (٤) يَكْمُن ؛ يَقَع (٥) يَبْقى ؛ يظلّ [في حالة معيّنة] (٦) يركِّز على (٧) يُسْهِب .

dwell·ing [dwĕl′ĭng] *(n.)* مَنزِل ؛ دار .

dwelt [dwĕlt] *past and past part. of* dwell.

dwin·dle [dwĭn′-] *(vi.; t.)* (١) يتضاءل ؛ يتقلّص **x** (٢) يُضائل ؛ يُقلِّص .

dwine [dwīn] *(vi.)* (١) يَهْزُل ؛ يَنْحُل (٢) يهِنُ ؛ يَضْعُف .

dy- *or* **dyo-** بادئة معناها : اثنان <*dy*archy> .

dy·ad [dī′ăd] *(n.; adj.)* (١) زوج ؛ اثنان § (٢) ثُنائيّ .

dy·ar·chy [dī′är kĭ] *(n.)* الحكومة الثُّنائية [يتولّاها حاكمان أو سلطتان] .

dye [dī] *(n.; vt.; i.)* (١) الصِّبغة : لون ناشئ عن صِبغ ما (٢) صِبغ ؛ صِباغ § (٣) يَصْبِغ **x** (٤) يَنْصَبِغ <Wool ~*s* readily.> .

dyed–in–the–wool *(adj.)* (١) مصبوغ قبل الغَزْل (٢) مخلص ؛ ثابت على المبدأ <a ~ Republican> .

dy·er's–weed *(n.)* النبات الصِّبغيّ : كل نبات يُستخرج منه صِبغ .

dye·stuff [dī′stŭf′] *(n.)* صِبْغ ؛ صِباغ .

dye·weed [dī′wēd′] *(n.)* جِنِبْتا الصَّبّاغين (نب) .

dye·wood [dī′-] *(n.)* الخشب الصِّبغيّ : كلُّ خشب يُتَّخَذُ منه صِبغ .

dy·ing[1] [dī′ĭng] *pres. part. of* die.

dy·ing[2] *(adj.)* (١) مُحْتَضَر : مُشرِف على الموت (٢) احتضاريّ .

dyke[1] [dīk] *(n.; vt.)* = dike.

dyke[2] *(n.)* المُساحِقة ؛ ممارِسة السِّحاق .

dyna- *also* **dynam-** *or* **dynamo-** بادئة معناها : قوّة .

dy·nam·ic; -al [dī năm′-] *(adj.)* (١) «أ» ديناميّ ؛ ديناميكي : ذو علاقة بالقوة أو الطاقة الطبيعية . «ب» متعلق بالديناميكا (٢) «أ» متميِّز بفعّاليةٍ متواصلة أو بتغيّرٍ مستمرّ <a ~ economy> . «ب» فعّال : مُفْعَم بالقوة والنشاط .

dy·nam·ics *(n.)* الديناميكا : «أ» الحَرَكيّات ؛ علم الحِيَل (فز) . «ب» القوى المحرِّكة ، طبيعيةً كانت أو أخلاقية أو فكرية ، في أي حقل ، أو النواميسُ الخاصة بها .

dy·na·mism *(n.)* (١) الدِّيناميّة : نظريّة تفسِّر الكون بلغة القوة أو الطاقة (٢) ديناميَّة ؛ نشاطيَّة . **— dy·na·mist** *(n.)* **— dy·na·mis·tic** *(adj.)*

dy·na·mite [-′nə mīt′] *(n.; vt.)* (١) ديناميت § (٢) يَنسِف بالديناميت .

dy·na·mit·ic [-mĭt′ĭk] *(adj.)* (١) ديناميتيّ (٢) شبيه بالديناميت .

dy·na·mo [dī′nə mō′] *(n.)* (١) الدِّنام ؛ الدينامو ؛ المولِّد (كب) (٢) شخص شديد الفعّالية والنشاط .

dy·na·mo·e·lec·tric *(adj.)* ديناميكهربائيّ : ذو علاقة بتحويل الطاقة الميكانيكية إلى طاقة كهربائية والعكس بالعكس .

dy·na·mom·e·ter *(n.)* المِقْوَى (مج) : أداة لقياس القوة الميكانيكيّة .

dy·na·mo·met·ric *(adj.)* مِقْوَويّ (مج) : ذو علاقة بالمِقْوَى .

dy·na·mom·e·try *(n.)* المِقوانيّة : قياس القوة بالمِقْوَى .

dy·na·mo·tor [dī′-] *(n.)* الدِّنامتر ؛ المحرِّك المولِّد (كب) .

dy·nast [dī′năst; -nəst] *(n.)* حاكم ؛ أمير .

dy·nas·tic [dī năs′-] *(adj.)* سُلاليّ : ذو علاقة بسُلالة .

dy·nas·ty [dī′nəs tĭ] *(n.)* سُلالة ؛ سُلالة حاكمة .

dy·na·tron *(n.)* الدَّيناترون : صِمام ألكتروني ذو مُنْحَنٍ سالبِ المَيْل .

dyne [dīn] *(n.)* الداين : وحدة لقياس القوّة (فز) .

dy·node [dī′nōd′] *(n.)* الدَّينود : ألكترود في الصِّمام الألكترونيّ يقوم بإصدار ثانويّ للألكترونات (فز) .

dys- بادئة معناها : «أ» شاذّ . «ب» عسير . «ج» فاسد . «د» رديء .

dys·ar·thria [dĭs är′thrĭ ə] *(n.)* الرُّتّة : عُسْر التلفُّظ (ط) .

dys·cra·sia [-krā′zhĭ ə] *(n.)* الخَثْل : حالة غير سويّة من حالات الجسم .

dys·en·ter·ic [dĭs′ən tĕr′-] *(adj.)* (١) زُحاريّ ؛ ديزنطاريّ (٢) إسهاليّ .

dys·en·ter·y [dĭs′ən-] *(n.)* (١) الزُّحار ؛ الديزنطاريا (ط) (٢) إسهال .

dys·func·tion [dĭs fŭngk′-] *(n.)* الخَلَل الوظيفيّ (ط) .

dys·gen·e·sis [dĭs jĕn′-] *(n.)* خَلَلُ التكوُّن (ط) .

dys·gen·ic [dĭs jĕn′-] *(adj.)* مُفسِد السُّلالة : مُفْسِد للصفات الوراثيّة .

dys·gen·ics [-′ĭks] *(n.)* دراسة التفسُّخ العِرقيّ (أح) .

dys·ki·ne·sia [dĭs kə nē′zhə] *(n.)* عُسْر الحركة (ط) .

dys·lex·i·a [dĭs lĕk′sĭ ə] *(n.)* عُسْر القراءة (ط) .

dys·lo·gia [-lōj′ĭ ə] *(n.)* العِيّ : صعوبة في التعبير عن الفكرات من طريق الكلام ناشئة عن خلل في القدرة على التفكير (ط) .

dys·lo·gis·tic [-jĭs′-] *(adj.)* انتقاديّ ؛ مُجَرِّح ؛ ازدرائيّ ؛ منتقِصٌ من القَدْر .

dys·men·or·rhea [-mĕn′ə rĭ′ə] *(n.)* عُسْر الطَّمث (ط) .

dys·pep·sia [-pĕp′shə; -sĭ ə] *(n.)* الهُضام : سوء الهضم (ط) .

dys·pep·tic *(adj.; n.)* (١) هُضاميّ : ذو علاقة بالهُضام أو سوء الهضم (٢) مصابٌ بالهُضام (٣) كئيب ؛ نكِد ؛ متشائم § (٤) المصاب بالهُضام .

dys·pha·gia [-fā′jə; -jĭ ə] *(n.)* عُسْر الازدراد أو البلع (ط) .

dys·pha·sia [-fā′zhə-] *(n.)* عُسر الكلام أو عُسر فهمه (ط) .

dys·pho·ni·a [dĭs fō′nĭ ə] *(n.)* البُحَّة : ضَعْف في الصوت ناشئ عن

أسباب عضويّة أو وظيفيّة أو نفسيّة (ط).

dys·pho·ri·a [-fōr′ĭ ə] *(n.)* التّقلقُل؛ التموُّر؛ عدم الارتياح (ط).

dysp·ne·a [dĭsp nē′ə] *(n.)* عُسْر التنفُّس (مض).

dys·pro·si·um [-prō′sĭ-; -shĭ-] *(n.)* الديسبروزيوم: عنصر فِلِزّي نادر.

dys·rhyth·mi·a [-rĭth′mĭ ə] *(n.)* اختلال الإيقاع (ط).

dys·tro·phy [dĭs′trə fĭ] *(n.)* الحَثَل؛ سوء التغذية.

dys·u·ri·a [dĭs yo͞or′ĭ ə] *(n.)* عُسْر البول (ط).

e [ē] *(n. often cap.)* (١) الحرف الخامس من الأبجدية الإنكليزية (٢) شيء معتبَرٌ خامسًا من حيث الترتيب أو الطبقة (٣) «أ» درجة أو علامة مدرسية تُشْعِر بأن عمل الطالب رديء. «ب» طالب يُعطَى هذه الدرجة (٤) شيء على صورة حرف **E**.

each [ēch] *(adj.; pron.; adv.)* (١) كلُّ § (٢) كلُّ امرئ § (٣) لكلٍّ واحدٍ (٤) لكلِّ قطعةٍ <gave them three ~>.

each other *(pron.)* بَعْضهم بَعْضًا؛ بَعْضكم بَعْضًا؛ بَعْضنا بعْضًا إلخ.

ea·ger [ēʹgər] *(adj.)* (١) توّاق إلى؛ مُتَلَهِّف على <~ to leave> (٢) حَثِيث <an ~ search>. **— ea·ger·ly** *(adv.)* **— ea·ger·ness** *(n.)*

eager beaver *(n.)* المتحمِّس؛ المندفع [للقيام بواجباته أو أكثر منها].

ea·gle [ēʹgəl] *(n.)* (١) العُقاب: «أ» طائر كبير. «ب» صورة لعُقاب تُتَّخذ شعارًا أو رمزًا. «ج» قطعة نقدية ذهبية أميركية، قيمتها عشرة دولارات (٢) *cap.* العُقاب: كوكبة شمالية.

ea·gle–eyed *(adj.)* (١) حادّ البَصَر (٢) سريع الإدراك أو التمييز.

eagle owl *(n.)* البُوْم العُقابيّ (ح).

ea·glet [ēʹglĭt] *(n.)* العُقَيْب: فرخ العُقاب.

ea·gre [ēʹgər] *(n.)* الموجة العالية (را. bore[3]).

ear[1] [ēr] *(n.)* (١) الأُذُن (ت) (٢) الصِّوان: الجزء الخارجيّ من الأذن (٣) «أ» حاسّة السَّمع؛ السَّمع. «ب» حدّة السَّمع (٤) الأُذُن الموسيقية: حساسية بالغة للأنغام الموسيقية (٥) الأُذُن؛ شيء مماثل للأُذُن: «أ» مَقبِض. «ب» إحدى خُصلتين من الريش المتطاول على رؤوس بعض الطيور (٦) انتباهٌ أو إصغاءٌ عاطفٌ مؤيِّد <to gain a person's ~>.

- over head and ~*s* — حتى الأذنين؛ مستغرق أو غارق في...
- to be by the ~*s* — يختلفون؛ يتخاصمون.
- to fall on deaf ~*s* — يَلْقَى آذانًا صمّاء.
- to fall together by the ~*s* — يَختلفون؛ يتخاصمون.
- to give *or* lend an ~, — يُصغي.
- to set (persons) by the ~*s* — يَبْذُر الشِّقاقَ بينهم.

ear[2] *(n.; vi.)* (١) «أ» سُنبُلة [قمح]. «ب» كوز؛ عِرْناس [ذُرة] § (٢) يُسَنبِل: يَخْرُج سُنْبُلُهُ.

ear·ache [ērʹākʹ] *(n.)* الأُذاذ: ألَمٌ في الأذن.

ear·drop [ērʹ-] *(n.)* القُرْط. وبخاصة إذا تدلّت منه لؤلؤة أو جوهرة.

ear·drops *(n. pl.)* قَطرة الأُذن.

ear·drum [ērʹdrŭm] *(n.)* طبلة الأُذن (ت).

eared [ērd] *(adj.)* (١) ذو أُذُنَيْن (٢) ذو مَقبِض (٣) ذو عرانيس.

ear·ful [ērʹ-] *(n.)* (١) فَيْض من أخبار أو قيل وقالٍ (٢) توبيخ قاسٍ.

ear·ing [ērʹ-] *(n.)* حَبْل الأُذن [تُشَدّ به زاوية الشراع العليا].

earl [ûrl] *(n.)* الإيرل: لقب إنكليزي أدنى من مركيز وأرفع من فيكونت.

ear·lap [ērʹlăpʹ] *(n.)* (١) شَحْمة الأُذُن (٢) الأُذُن الخارجية (ت).

earl·dom [ûrlʹdəm] *(n.)* الإيرلية: رتبة الإيرل أو لقبُهُ.

ear·li·ness [ûrʹlĭ nəs] *(n.)* بُكور؛ تبكير.

earl marshal *(n.)* الإيرل مارشال: موظف بريطانيّ كبير ينظّم حفلات التتويج والزواج الملكيّ وما إليها.

ear·lobe [ērʹlōbʹ] *(n.)* شَحمة الأُذُن (ت).

ear·ly [ûrʹlĭ] *(adv.; adj.; n.)* (١) مبكرًا؛ باكرًا (٢) في أوائل <~ in the year> (٣) منذ القدم § (٤) مبكِّر (٥) عتيق؛ ممعِن في القِدَم (٦) بِدائيّ § (٧) البكير؛ الباكورة: كل ما يأتي باكرًا.

- as ~ as possible — بأبكر أو بأسرع ما يمكن.

early bird *(n.)* المُبكِّر: مَنْ ينهض باكرًا في الصباح.

ear·mark [ērʹ-] *(n.; vt.)* (١) الأُذانة: سِمَةٌ أُذُنيّة لتمييز حيوان (٢) علامة مميِّزة § (٣) يَسِمُ بأُذانة (٤) يُميِّز (٥) يُخصِّص: يُفرِد لغرض مخصوص <to ~ goods for export>.

ear·muff *(n.)* وِقاء الأُذن: أحد غطاءَيْن يقيان الأُذُنين من البرد إلخ.

earn [ûrn] *(vt.)* (١) يجني (٢) يَكْسِب رِزْقَهُ <to ~ one's living> (٣) ينال <~*ed* his degree> (٤) يستحقّ؛ يستأهل. **— earn·er** *(n.)*

ear·nest[1] [ûrʹnəst] *(n.; adj.)* (١) جِدّ § (٢) جادّ؛ جِدّي (٣) هامّ.

- in ~, — (١) جادّ؛ غير هازل (٢) جدّيًا.

ear·nest[2] *(n.)* (١) عُرْبُون [يُدْفَع عند عقد الصفقة] (٢) علامة؛ أمارَة.

ear·nest·ly [-lĭ] *(adv.)* جِدّيًا؛ بِجِدّ.

earnest money *(n.)* = earnest[2] *1.*

ear·nest·ness [ûrʹnəst-] *(n.)* جِدّ؛ جِدِّيّة.

earn·ings *(n. pl.)* المكسوبات: الأموال المكسوبة من ربح أو أجر إلخ.

ear·phone [ērʹfōnʹ] *(n.)* المِسماع: أداة تحوِّل الطاقة الكهربائية إلى

ă at; ā date; â care; ä car; ĕ egg; ē me; ĭ in; ī bite; ŏ lot; ō bone; ô orphan; oi boil; o͝o good; o͞o boot; ou out; ŭ under; û urgent; ə = *a* in alone, *e* in system, *i* in easily, *o* in gallop, *u* in circus.

موجات صوتيّة وتُحمَل فوق الأُذن أو تُقْحَم فيها .

ear pick *(n.)* عُوْد الأُذُن : أداة معدنية عادةً يُزال بها الصِّملاخ من الأُذن .

ear·piece [ēr′pēs′] *(n.)* المِسماع (را . earphone) .

ear·plug [-′plŭg] *(n.)* سِدادة الأُذُن [للوقاية من الماء أو الضجيج] .

ear·ring [ēr′rĭng] *(n.)* قُرْط .

ear shell *(n.)* = abalone.

ear·shot [ēr′shŏt] *(n.)* مَرْمَى السَّمع ؛ مدى السَّمع .

ear·split·ting [-′splĭt′-] *(adj.)* مُصِمٌّ للأذنين <an ~ roar> .

earth [ûrth] *(n.; vt.; i.)* (١) تُراب ؛ ثَرَى ؛ وبخاصة : التربة الصالحة للزراعة (٢) الدّنيا : عالَمُ الحياةِ الفانية [تمييزًا له عن عالم الحياة الروحية] (٣) اليابسة (٤) *cap.* عد : الأرض ؛ الكرة الأرضية (٥) «أ» أهل الأرض . «ب» طين ؛ جسد الإنسان الفاني (٦) وِجار ؛ جُحْر (٧) العنصر الأرضيّ : أكسيد بعض الفلزّات (ك) § (٨) يدفن : «أ» يخبّئ في التراب . «ب» يُغطّي البذور بالتراب (٩) يُوْجِر : يحمل حيوانًا على الاختباء في وِجاره (١٠) يؤرِّض : يكمِّل دورة التيار الكهربائي بربط السلك بالأرض **x** (١١) يَسْتَوْجِر : يلجأ الحيوان إلى وِجاره .

to come back to ~, يكفّ عن الاستغراق في الأحلام ويرجع إلى الحقائق الواقعية .

to run (a thing) to ~, يكتشفه بعد بحث وتنقيب .

earth·born [ûrth′-] *(adj.)* (١) فانٍ (٢) أرضيّ <~ cares> .

earth·bound *(adj.)* (١) «أ» راسخ ؛ متجذِّر . «ب» أرضيّ (٢) دُنْيَويّ (٣) عاديّ ؛ مُبْتَذَل <an ~ style> .

earth·en [ûr′thən] *(adj.)* (١) تُرابيّ (٢) خَزَفيّ (٣) أرضيّ ؛ دنيويّ .

earth·en·ware [-wâr′] *(n.)* الخَزَفيّات : الآنية الخَزَفية أو الفَخّارية .

earth·i·ly [ûr′thə lĭ] *(adv.)* بفظاظة ؛ بطريقة فظّة .

earth·i·ness *(n.)* (١) الأرْضانيّة : كون الشيء أرضيًّا (٢) فظاظة .

earth·light [-′līt′] *(n.)* الضوء الأرضيّ ؛ الوهج الأرضيّ (فل) .

earth·li·ness *(n.)* (١) الدُّنْيَوية : كون الشيء دُنيويًا (٢) المعقوليّة ؛ المُحْتَمَليّة .

earth·ling *(n.)* (١) earthman (٢) المنغمس في شؤون الدنيا ومباهجها .

earth·ly *(adj.)* (١) أرضيّ (٢) دُنْيَويّ (٣) معقول ؛ ممكِن .

earth·man [ûrth′măn] *(n.)* الإنسان : أحد أبناء الأرض .

earth plate *(n.)* لوح التأريض : صفيحة معدنية تُدفن في التربة لربط الدارة الكهربائية بالأرض (كب) .

earth·quake [ûrth′kwāk′] *(n.)* زلزال .

earth science *(n.)* العِلم الأرضيّ : كلّ علم يُعنى بالأرض أو بجزء منها .

earth·shak·ing *(adj.)* مُزَلزِل : ذو أهمية أساسية <an ~ event> .

earth–shat·ter·ing *(adj.)* = earthshaking.

earth·shine [ûrth′shīn] *(n.)* = earthlight.

earth·star *(n.)* نجم الأرض : فُطر نجميّ الشكل .

earth·ward [-′wərd] *or* **earth·wards** *(adv.)* نَحْوَ الأرض .

earth·work *(n.)* (١) متراس ؛ ساتر ترابيّ (٢) أعمال الحَفر الهندسية إلخ .

earth·worm [-′wûrm′] *(n.)* الخُرْطون ؛ دودة الأرض .

earth·y [ûr′thĭ] *(adj.)* (١) تُرابيّ أو شبيه بالتراب <an ~ flavor> (٢) مُسْتهتِر (٣) عمليّ (٤) خَشِن ؛ فظّ ؛ غير مصقول .

ear·wax [ēr′wăks′] *(n.)* الصِّملاخ (را . cerumen) .

ear·wig[1] [ēr′-] *(n.)* أبو مِقَصّ : حشرة صغيرة تتميز بالكلاليب المتّصلة بالجزء الخلفيّ من بطنها .

earwig[1]

ear·wig[2] *(vt.)* يزعج شخصًا [أو يحاول التأثير فيه] بالحديث الشخصيّ .

ear·wit·ness *(n.)* شاهدُ سَماع : شاهد يُدلي بما قد سَمِعَهُ .

ease [ēz] *(n.; vt.; i.)* (١) راحة (٢) طُمأنينة ؛ راحة بالٍ (٣) الطَّبَعيّة : تحرُّرٌ من الارتباك أو التكلّف <~ of manner> (٤) سهولة ؛ يُسْر (٥) تراجع الأسعار § (٦) يُريح (٧) يُطَمْئِن : يحرِّر من الهمّ والقلق <to ~ one's mind> (٨) يُهَدِّئ ؛ يُسكِّن ؛ يُلَطِّف <to ~ pain> (٩) يُرْخي <to ~ off a rope> (١٠) يبطِّئ (١١) يُيَسِّر ؛ يُسهِّل **x** (١٢) يَخِفّ ؛ يَسْكُن ؛ يُصبح أقلّ إيلامًا .

~ her! خفِّف [سرعة محرِّكات السفينة] .

at (one's) ~, باطمئنان ؛ من غير قلق أو انزعاج أو ارتباك .

ill at ~, قلِق ؛ منزعج ؛ مرتبك .

stand at ~ ! استرِح ! (جن) .

to ~ oneself (١) يتغوَّط (٢) يَبول .

eased–up [ēzd′ŭp] *(adj.)* مرتاح ؛ مُسْترخٍ .

ease·ful [ēz′fəl] *(adj.)* (١) مُريح <an ~ corner> (٢) هادئ .

ea·sel [ē′zəl] *(n.)* الحامل : مِسْند للّوح الأسود أو لقماشة الرّسّام .

easel

ease·ment [ēz′-] *(n.)* (١) إراحة (٢) تسكين [الألم] (٣) تخفيف [التوتر الدوليّ إلخ] (٤) المُريح ؛ المسكِّن (٥) حق الارتفاق (ق) .

eas·i·ly [ē′zə lĭ] *(adv.)* (١) بسهولة ؛ بيُسْر (٢) بلا جدال ؛ من غير ريب (٣) على الأقل <~ cost $1500> .

eas·i·ness *(n.)* (١) سهولة ؛ يُسر إلخ (را . easy) (٢) إهمال ؛ لامبالاة .

east [ēst] *(adv.; adj.; n.)* (١) «أ» شرقًا . «ب» شرقيّ [كذا] § (٢) شرقيّ <the ~ gate> § (٣) الشّرق (٤) *cap.* : المَشْرِق : البلدان الواقعة شرقيّ البحر الأبيض المتوسّط (٥) الريح الشرقية .

east·bound [-′bound] *(adj.)* مُشرِّق : متّجه نحو الشرق .

East·er [ē′stər] *(n.)* الفِصْح ؛ عيد الفِصْح (نص) .

Easter egg *(n.)* بيضة الفِصْح .

east·er·ly [ē′stər lĭ] *(adj.; adv.; n.)* (١) شرقيّ § (٢) «أ» من الشرق . «ب» شرقًا ؛ نحو الشرق § (٣) ريحٌ شرقية .

east·ern [ē′stərn] *(adj.)* (١) شرقيّ (٢) *cap.* : مَشْرِقيّ .

East·ern·er [ē′stər-] *(n.)* الشرقيّ : أحد أبناء الشرق .

Eastern Hemisphere *(n.)* نصف الكرة الشرقي .

east·ern·most [ē′stərn-] *(adj.)* واقع في أقصى الشرق .

Eastern Orthodox *(adj.)* أرثوذكسيّ : متعلّق بالكنيسة الشرقية .

East·er·tide [ē′stər tīd′] *(n.)* (١) أسبوع الفِصْح (نص) (٢) موسم الفِصْح : الأيام الخمسون الواقعة ما بين عيد الفِصْح وعيد العَنْصَرة (نص) .

east·ing [ē'stĭng] *(n.)* التَّشريق: الإبحار أو الاتجاه شرقًا.

east·ward [ēst'wərd] *(adj.; adv.; n.)* (١) شرقيّ § (٢) شرقًا <turned ~> § (٣) الشرق <sailing to the ~>.

east·wards *(adv.)* شرقًا؛ نحو الشرق <turned ~>.

eas·y [ē'zĭ] *(adj.; adv.)* (١) سَهْل؛ هيِّن (٢) ليِّن (٣) غير شديد الانحدار <~ slopes> (٤) خفيف: مُحتَمَلٌ بغير مشقّة <~ penalty> (٥) متيسِّر بفائدة ضئيلة <~ money> (٦) متراجع [في السِّعر] (٧) رَخِيّ <an ~ life> (٨) مُتَمَهِّل (٩) مرتاح؛ مطمئنّ (١٠) طَبَعيّ؛ غير مرتبك <~ and familiar manners> (١١) «أ» مُريح <an ~ chair>. «ب» سَلِس <an ~ style.> «ج» عَفْوي <~ emotions> § (١٢) بسهولة إلخ (١٣) مطمئنًّا <Rest ~.> (١٤) ببطء؛ بحذر.

~ ahead! تقدَّم بسرعة معتدلة!

~ all! كُفَّ عن التَّجذيف!

take it ~! هوِّنْ عليك!

to go ~, يتكاسل؛ يعمل غير مُجْهِدٍ نَفْسَه.

eas·y·go·ing [ē zĭ gō'-] *(adj.)* (١) هادئ (٢) مُهْمِل؛ لامبالٍ (٣) مستهتر [أخلاقيًا] (٤) مُتَمهِّل <an ~ pace>.

easy virtue *(n.)* فُسوق؛ فُجور؛ انحلال أخلاقيّ.

eat [ēt] *(vt.; i.)* (١) يأكل (٢) يلتهم (٣) يتآكَّل <The acid *ate* away the metal.> (٤) يُزعج.

to ~ away (١) يواصل الأكل (٢) يتآكَّل [الحَمْضُ أطرافَ الوعاء].

to ~ crow يَلْقَى الهوانَ؛ يُكْرَهُ على قولٍ أو فِعلٍ.

to ~ one's head off (١) يستهلك [الفرسُ] من الطعام أكثرَ مما يستحقّ (٢) يأكل بنَهَم.

to ~ one's terms يدرس الحقوق أو المحاماة.

to ~ one's words يعتذر؛ يسحب كلامه.

eat·a·ble *(adj.; n.)* (١) يُؤْكل؛ صالحٌ للأكل § (٢) *pl.*: طعام؛ مأكول.

eat·er·y [ē'tə rĭ] *(n.)* مطعم (ع).

eat·ing [ē'tĭng] *(n.; adj.)* (١) أكل (٢) طعام § (٣) مستخدَم في الأكل <~ utensils> (٤) صالح للأكل نيئًا.

eating house *(n.)* مطعم [رخيصٌ أو وضيع].

eau de co·logne [ō'də kə lōn'] *(n.)* = cologne.

eau–de–vie [ō' də vē'] *(n.)* ماء الحياة: شراب مُسْكِر.

eaves [ēvz] *(n. pl.)* (١) طُنُف؛ إفريز (عم) (٢) حافة ناتئة.

eaves·drop [ēvz'drŏp'] *(vi.)* يَسْترِق أو يَختلِس السَّمع.

ebb [ĕb] *(n.; vi.)* (١) جَزْر (٢) «أ» انحطاط. «ب» الدَّرْك: درجة من الانحطاط § (٣) يَغيض؛ يَنحسر [المدُّ] (٤) يَضْعُف؛ يَضمحلّ.

ebb tide *(n.)* (١) جَزْر (٢) حالة [أو فترة] انحطاط.

eb·on [ĕb'ən] *(adj.)* (١) أبَنُوسيّ (٢) «أ» أسود. «ب» داكن.

eb·on·ite [-'ə nīt'] *(n.)* الأبونيت: مطاط صَلْد [أسْوَد أو أجوف].

eb·on·ize [ĕb'ə nīz] *(vt.)* يُؤَبْنِس: يجعله أسود كالأَبَنُوس.

eb·on·y [ĕb'-] *(n.; adj.)* (١) خشب الأَبَنُوس أو شجره § (٢) أَبَنُوسيّ (٣) أسود.

e·bul·lience [ĭ bŭl'yəns] *(n.)* (١) غَلَيان (٢) اهتياج؛ حماسة شديدة.

e·bul·lient [-'yənt] *(adj.)* (١) غالٍ؛ فائر (٢) مُهتاج؛ شديد الحماسة.

eb·ul·li·tion [ĕb ə lĭsh'-] *(n.)* (١) فَوْرة؛ فَوَران (٢) غَلْي أو غَلَيان.

e·bur·na·tion [ē'bər nā'-] *(n.)* التَّعَجُّج: صيرورة العظم قاسيًا كالعاج.

e·cau·date [ē kō'dāt] *(adj.)* عديم الذَّيل.

ec·cen·tric [ĭk sĕn'-] *(adj.; n.)* (١) لامتراكز؛ مختلف المركز <~ circles> (٢) شاذّ؛ غريب الأطوار (٣) خارج المركز: «أ» منحرف عن المسار الدائري (فل). «ب» منحرف عن المركز الهندسي (مك) § (٤) القرص اللامتراكز (مك) (٥) الغريب الأطوار: شخص غريب الأطوار.

ec·cen·tric·i·ty [ĕk'sən trĭs'-] *(n.)* (١) شذوذ. وبخاصة: غرابة الأطوار (٢) اللّاتمركز؛ اختلاف المركز («ر» و«مك»).

ec·chy·mo·sis [ĕk'ə mō'-] *(n.)* (١) القَرَت: تَسَرُّب الدّم إلى الأنسجة من أثر الضَّرب (٢) الكَدْمة: تغيُّر في لون الجلد ناشئ عن القَرَت.

ecclesi- *or* **ecclesio-** بادئة معناها: كنيسة.

ec·cle·si·al [ĭ klē'zĭ əl] *(adj.)* كَنَسِيّ: ذو علاقة بالكنيسة.

ec·cle·si·as·tic [ĭ klē'zĭ ăs'-] *(adj.; n.)* (١) كَنَسيّ § (٢) كاهن.

ec·cle·si·as·ti·cal [-'tĭ kəl] *(adj.)* كَنَسيّ؛ إكليركيّ.

ec·cle·si·as·ti·cism *(n.)* الكنائسانيّة: التعلُّق المتطرِّف بالمبادئ الكنسية.

ec·crine [ĕk'rĭn; -'rēn] *(adj.)* ناتح: خارجيّ الإفراز (فس).

ec·dys·i·ast [ĕk dĭz'-] *(n.)* المُتَجَرِّدة (را. stripteaser).

ec·dy·sis [ĕk'də-] *(n.)* الانسلاخ: اطِّراح الحشرات والأفاعي لجلدها.

e·ce·sis [ĭ sē'sĭs] *(n.)* التوطُّن: استقرار نبتة أو حيوان في موطن جديد.

ech·e·lon [ĕsh'ə lŏn'] *(n.; vt.; i.)* (١) القَفَل؛ النَّسَق: «أ» تشكيلٌ من الجند أو السُّفن أو الطائرات في صفوف متوازية كلّ منها إلى يمين أو يسار الصفّ الذي يتقدّمه بحيث يتّخذ المجموع شكلَ درجات سُلّم. «ب» إحدى وحدات هذا التشكيل. «ج» مستوًى من مستويات السلطة أو الإدارة § (٢) يصفِّف: يشكِّل قَفَلًا أو نَسَقًا x (٣) يصطفّ: يتخذ شكلَ قَفَلٍ أو نَسَقٍ.

echelon 1a.

e·chid·na [ĭ kĭd'nə] *(n.)* النَّضناض؛ قُنْفُذ النَّمل (ح).

echidna

echin- *or* **echino-** بادئة معناها: شوكة؛ قُنفُذ البحر.

ech·i·nate [ĕk'ə nāt']; **-d** *(adj.)* شوكيّ؛ شائك.

e·chi·no·derm [ĭ kī'nə dûrm] *(n.)* القُنفُذِيّ الجلد: واحد من قُنْفُذيّات الجلد **Echinodermata** وهي شُعبة من اللافقاريات البحرية تشمل نجم البحر وقُنْفُذ البحر إلخ.

e·chi·noid [ĭ kī'noid] *(n.)* قُنفُذ البحر (ح).

e·chi·nus [ĭ kī'-] *(n.)* pl. **-ni** [nī] (١) قُنْفُذ البحر (٢) القُنْفُذِية: حِلْية

ec·o·type [ē′kə tīp′] (n.) النَّمط البِيئيّ.

ec·ru [ĕk′roo; ā′kroo] (n.) البَيْج : اللون البَيْجيّ (را. beige).

ec·sta·sy [-′stə sĭ] (n.) (١) الغَشْية : حالةُ فَقْدِ المرء تفكيرَه العقلانيّ (٢) نشوة ؛ ابتهاج غامرٌ (٣) وَجْدٌ ؛ انجذابٌ صُوفيّ. — ec·stat·ic (adj.)

ect- or ecto- بادئة معناها : خارجيّ <ectoderm>.

ec·to·blast [ĕk′tə blăst′] (n.) = ectoderm.

ec·to·derm [-dûrm′] (n.) الوُرَيقة الخارجية ؛ الغشاء الخَلَويّ (أح).

ec·to·mere [-mēr′] (n.) القُسيمة الخارجيّة (أح).

-ectomy لاحقة معناها : استئصال جراحيّ.

ec·to·par·a·site (n.) الطُّفَيْليّ الخارجيّ : طُفَيْليّ يعيش خارج جسم الحيوان.

ec·to·plasm [ĕk′tə plăz′əm] (n.) الجِبْلَة [أو البلازما] الخارجية (أح).

ec·to·tro·phic [ĕk′tə trō′-] (adj.) خارجيّ التَّغَذّي (أح).

ec·type [ĕk′tīp] (n.) النُّسْخة : نسخةٌ عن أصل.

ec·u·men·i·cal [ĕk′yoo mĕn′ə-] (adj.) (١) عالميّ (٢) مَسْكُونيّ (نص).

ecumenical council (n.) المجمع المَسْكُونيّ (نص).

ec·ze·ma [ĕk′sə mə; ĕg′zē-] (n.) النَّمْلة ؛ الأكزِما : التهاب جلديّ (مض).

ec·zem·a·tous [ĕg zĕm′ə təs] (adj.) نَمْليّ ؛ أكزِماويّ.

eda·cious [ĭ dā′shəs] (adj.) نَهِمٌ ؛ شَرِهٌ.

e·dac·i·ty [ĭ dăs′ə tĭ] (n.) نَهَمٌ ؛ شَرَهٌ.

E·dam [ē′dəm] (n.) الإدام : جبن أصفر غير حِرِّيف.

Edam cheese (n.) = Edam.

e·daph·ic [ĭ dăf′ĭk] (adj.) تُرْبيّ : ذو علاقة بالتُّرْبة.

ed·dy [ĕd′ĭ] (n.; vt.; i.) (١) دُوّامة ؛ دُردور (٢) تيار معاكس [وبخاصة في السياسة أو الفكر] § (٣) يُدوِّم : يجري أو يجعله يجري كالدُّوّامة.

e·del·weiss [ād′əl vīs] (n.) البَرْسيّة الألبيّة : عشبة من المُرَكَّبات.

e·de·ma [ĭ dē′mə] (n.) pl. -ta الاستسقاء ؛ الوَذَمة ؛ التَّوذُّم (مض).

E·den [ē′dən] (n.) (١) جَنّة (٢) جنّة عَدْن.

e·den·tate [ē dĕn′tāt] (adj.; n.) (١) أدْرَد ؛ أهْتَم ؛ بلا أسنان § (٢) الأدْرَد : واحد الدَّرداوات Edentata وهي رتبة من الثديّيات عديمة الأسنان.

edge [ĕj] (n.; vt.; i.) (١) شَفرة [السَّيفِ إلخ] (٢) مَضاء ؛ حِدّة (٣) «أ» حَدّ ؛ حَرْف ؛ جنْب. «ب» حافَة ؛ شَفير. «ج» حاشية § (٤) يجعل له حدًّا أو حرفًا أو حاشيةً (٥) يحرّك أو يدفع تدريجيًا x (٦) يتقدم تدريجيًا.

- on ~, (١) مُنْفعِل ؛ مُنَرْفِز (٢) مُتَلهِّف (٣) قَلِق.
- to ~ away from يُبحر مبتعدًا تدريجيًا [عن نقطةٍ ما].
- to ~ oneself into a conversation يُقحم نفسَهُ في محادثة.
- to have the ~ on somebody تكون له الأفضلية عليه.

edge city (n.) المدينة المُجانِبة : ضاحية مكتظّة بالسكّان والعمران.

edged [ĕjd′] (adj.) (١) ماضٍ ؛ قاطع <~ knives> (٢) لاذع ؛ قارس.

edge tool (n.) الأداة الماضية : أداة ذات حدٍّ ماضٍ أو قاطع.

edg·er [ĕj′ər] (n.) (١) فا edge (٢) المُحَفِّفة : أداة تُستخدم لتشذيب الأعشاب النابتة على حوافّ الطُّرق إلخ.

edger

مدوَّرة في أعلى العمود (عم).

ech·o [ĕk′ō] (n.; vi.; t.) (١) الصَّدى (فز) (٢) «أ» محاكاة. «ب» نتيجة. «ج» أثر. «د» استجابة (٣) المحاكي ؛ المقلِّد (٤) الترديد (مو) § (٥) يُصْدِي : يُرجع الصَّدى أو يُحْدِث صَدًى (٦) يتكرّر x (٧) يُكرِّر ؛ يُقلِّد.

ech·o·car·di·og·ra·phy [ĕk′ō kär′-] (n.) تخطيط القلب بالصَّدى.

e·cho·ic [ĕ kō′-] (adj.) (١) صَدَويّ (٢) صَدَوانيّ : شبيهٌ بالصَّدَى.

ech·o·la·li·a [-lā′-] (n.) المصاداة : الترديد المَرَضيّ لما يقوله الآخرون.

echo sounder (n.) مِسْبار الصَّدى : أداة لتحديد عمق البحر أو المحيط أو عمق شيء تحت الماء بواسطة الموجات الصّوتية.

echo sounder

éclair [ā klâr′] (n.) الإصبعيّة : ضرب من الحلوى إصبعيّ الشكل.

é·clair·cisse·ment [ā klâr sēs män′] (n.) تنوير.

ec·lamp·si·a [ĭ klămp′-] (n.) الإرجاج : تشنُّج أثناء الحمل أو المخاض.

é·clat [ā klä′] (n.) (١) شُهرة ؛ مجد (٢) قوة ؛ نشاط (٣) بهاء (٤) نجاح باهر (٥) استحسان عظيم.

ec·lec·tic [ĭ klĕk′-] (adj.; n.) (١) انتقائيّ ؛ اصطفائيّ (٢) مؤلَّف من عناصر مستمدّة من مصادرَ مختلفة § (٣) الانتقائيّ ؛ الاصطفائيّ : من لا يتّبع نظامًا واحدًا في الفلسفة إلخ بل يتخيَّر كلَّ ما يعتبره الأفضل في مختلف الأنظمة. — ec·lec·ti·cism (n.)

e·clipse [ĭ klĭps′] (n.; vt.) (١) «أ» كُسُوف. «ب» خُسُوف § (٢) يَكسِف ؛ يَحْجُب (٣) يَبُزّ ؛ يتفوَّق على.

e·clip·tic [ĭ klĭp′-] (n.; adj.) (١) دائرة الكُسوف : مَسار الشمس الظاهريّ السنويّ بين النجوم § (٢) دائريكُسُوفيّ (٣) كُسوفيّ ؛ خُسوفيّ.

ec·logue [ĕk′lôg] (n.) نشيد الرعاة : قصيدة يتحاور فيها الرعاة.

e·clo·sion [ĭ klō′zhen] (n.) النَّقْف : خروج الفَرْخ من البيضة.

e·col·o·gist [ĭ kŏl′ə jĭst] (n.) البِيئيّاتي : العالِم بالبِيئيّات.

e·col·o·gy [-′ə jĭ] (n.) (١) البِيئيّات ؛ علم البِيئة : فرع من علم الأحياء يُعْنَى بالعلاقة بين المتعضِّيات وبيئتها (٢) الحِفاظ على البيئة. — ec·o·log·i·cal (adj.)

e·con·o·met·rics [ĭ kŏn′ə mĕ′-] (n.) الاقتصاد القياسيّ.

e·co·nom·ic (adj.) (١) اقتصاديّ (٢) مادّيّ (٣) قابل للاستثمار الرابح.

e·co·nom·i·cal [ē′kə nŏm′-] (adj.) (١) اقتصاديّ (ا. ق) (٢) مقتصد.

e·co·nom·i·cal·ly (adv.) (١) اقتصاديًا (٢) مادّيًا (٣) باقتصاد ؛ بتوفير.

e·co·nom·ics [ē′kə nŏm′ĭks; ĕk′-] (n.) علم الاقتصاد.

e·con·o·mist [ĭ kŏn′ə-] (n.) العالِم الاقتصاديّ.

e·con·o·mize [ĭ kŏn′ə mīz′] (vi.; t.) يقتصد ؛ يوفِّر.

e·con·o·my¹ [-′ə mĭ] (n.) (١) اقتصاد ؛ توفير (٢) تنظيم (٣) تدبير <domestic ~> (٤) الاقتصاد <the national ~>.

e·con·o·my² (adj.) اقتصاديّ <~ cars>.

economy class (n.) الدَّرجة الاقتصادية أو السياحيّة [في الطائرة].

eco·sys·tem [ē′kō sĭs-] (n.) النظام البِيئيّ.

ec·o·tone [ē′kə tōn′] (n.) التداخل البِيئيّ [بين مجتمعين نباتيَّين].

edge·ways; edge·wise *(adv.)* مُجانَبَةً : من الجَنْب أو نحو الجَنْب .
not to be able to get a word in ~, يُحرَم من الكلام لأن الآخرين يتكلّمون باستمرار .

ed·gi·ly [ĕj′ə lĭ] *(adv.)* (١) بِمَضاء (٢) بِحدّة (٣) بانفعال .

edg·ing [ĕj′ĭng] *(n.)* (١) مص edge (٢) هُدْب ؛ حاشية .

edg·y [ĕj′ĭ] *(adj.)* (١) ماضٍ ؛ قاطع (٢) مُنْفَعِل ؛ مُنرفِز .

ed·i·ble [ĕd′-] *(adj.; n.)* (١) صالح للأكل § (٢) *pl.* عد : مأكولات .

e·dict [ē′dĭkt] *(n.)* مرسوم ؛ قرار ؛ أمر عالٍ ؛ إرادة ملكية .

ed·i·fi·ca·tion [ĕd′ə fə kā′-] *(n.)* تهذيب ؛ تثقيف ؛ تنوير .

ed·i·fice [ĕd′ə fĭs] *(n.)* الصَّرح : قَصْر ؛ مبنًى ضخم .

ed·i·fy [ĕd′ə fī] *(vt.)* يُهَذِّب ؛ يُثَقِّف ؛ يُنَوِّر ؛ يَرْفَع .

ed·it [ĕd′ĭt] *(vt.)* (١) يحرِّر : «أ» يُعِدّ كتابات الآخرين للنشر . «ب» يُشرف على تحرير صحيفة أو مجلة (٢) يَحْذِف ؛ يَشْطُب [تتبعها out] .

e·di·tion [ĭ dĭsh′ən] *(n.)* (١) «أ» طبعة [من كتاب] . «ب» مجموع النُّسَخ المطبوعة دفعةً واحدة (٢) نسخة .

ed·i·tor [ĕd′ĭ tər] *(n.)* المحرِّر : «أ» من يُعدّ كتابات الآخرين للنشر . «ب» رئيس التحرير في صحيفة . «ج» كاتب الافتتاحيات (صح) .

ed·i·to·ri·al[1] [ĕd′ə tōr′-] *(adj.)* تحريريّ : «أ» خاصّ برئيس التحرير <an ~ office> . «ب» مكتوب بقلم رئيس التحرير أو مصدَّق عليه منه .

ed·i·to·ri·al[2] *(n.)* الافتتاحية : مقالة رئيسية في صحيفة .

ed·i·to·ri·al·ist [-′ĭ ə lĭst] *(n.)* الافتتاحيّ : كاتب افتتاحيات في الصحف .

ed·i·to·ri·al·ize [-′ĭ ə līz′] *(vi.)* يَفْتَتِح : «أ» يعبِّر عن رأيه بكتابةِ افتتاحيةٍ في صحيفة . «ب» يحرِّف الوقائع أو يقدّمها ملوَّنة برأيه الشخصي .

editor in chief *(n.)* رئيس التحرير [في صحيفة إلخ] .

ed·i·tor·ship [ĕd′ə tər-] *(n.)* مَنصِب المحرِّر أو وظيفته (صح) .

ed·u·ca·ble [ĕj′o͝o-] *also* **ed·u·cat·a·ble** *(adj.)* قابلٌ للتربية .

ed·u·cate [ĕj′o͞o kāt′; ĕd′yo͞o-] *(vt.; i.)* يُرَبِّي ؛ يُثَقِّف ؛ يُعَلِّم .

ed·u·cat·ed [-kā′tĭd] *(adj.)* (١) مثقَّف (٢) بارع (٣) دالٌّ على ثقافة .

ed·u·ca·tion [-′shən] *(n.)* (١) «أ» تربية . «ب» ثقافة (٢) علم التربية .

ed·u·ca·tion·al [-′shən əl] *(adj.)* تَرْبَويّ .

ed·u·ca·tion·ist *also* **ed·u·ca·tion·al·ist** *(n.)* العالِم التَّربويّ .

ed·u·ca·tive [ĕj′o͞o kā′-] *(adj.)* (١) مُثَقِّف (٢) تربويّ .

ed·u·ca·tor *(n.)* (١) المعلِّم ؛ المُرَبّي (٢) العالِم التربويّ .

e·duce [ĭ do͞os′; ĭ dyo͞os′] *(vt.)* (١) يستنبط ؛ يستخرج (٢) يستنتج .
— **e·duc·i·ble** *(adj.)* — **e·duc·tion** *(n.)*

e·duc·tor [ĭ dŭk′-] *(n.)* (١) المُستنبِط ؛ المُستخرِج (٢) المُستنتِج (٣) القاذفة ؛ اللافظة : مضخة نافورية لاستخراج الغازات والسّوائل .

e·dul·co·rate [ĭ dŭl′kə rāt′] *(vt.)* (١) يَصْقُل (٢) ينقّي ؛ يصفّي (ك) .

-ee لاحقة معناها : «أ» المتلقي ؛ المستفيد من عمل ما <appoint*ee*> . «ب» المزوَّد بـ . . . <patent*ee*> . «ج» القائم بعمل ما <absent*ee*> .

eel [ēl] *(n.)* الأَنْقَلَيس ؛ الإنْكَلِيس ؛ ثعبان الماء (سمك) .

eel·grass [ēl′-] *(n.)* حشيشة الأنقليس : عشب بحري مُعَمِّر .

eel·pout [-′pout′] *(n.)* الإلبوت : سمك بحري صغير يشبه الأنقليس .

eel·worm [ēl′wûrm] *(n.)* = nematode.

-een لاحقة معناها : تقليد ؛ تزييف <velvet*een*> .

e'en [ēn] *(adv.)* = even.

-eer لاحقة معناها : «أ» المحترِف . «ب» المُنْتِج . «ج» جديرٌ بالازدراء .

e'er [âr] *(adv.)* = ever.

ee·rie *also* **ee·ry** [ēr′ĭ] *(adj.)* (١) مُخيف (٢) غريب ؛ خَفِيّ ؛ مُحَيِّر .

ef·face [ĭ fās′] *(vt.)* (١) يطمس ؛ يمحو ؛ يُعَفّي على (٢) ينزوي .
— **ef·face·a·ble** *(adj.)* — **ef·face·ment; ef·fac·er** *(n.)*

ef·fect [ĭ fĕkt′] *(n.; vt.)* (١) نتيجة ؛ أثر (٢) «أ» فحوى ؛ مضمون . «ب» جوهر (٣) مَظْهَر (٤) حقيقة ؛ واقع (٥) تأثير ؛ مفعول (٦) *pl.* : أمتعة ؛ ممتلكات شخصية منقولة (٧) انطباعة ؛ وَقْع (٨) § يُحْدِث (٩) يُنجِز ؛ يحقّق (١٠) يُنَفِّذ .
for ~, للتباهي ؛ للتأثير في الآخرين .
in ~, في الواقع ؛ نافذ المفعول .
no ~s (N/E) عبارة تُكتب على شيك من غير مؤونة .
of no ~, (١) عقيم ؛ غير مُجْدٍ ؛ غير ذي جدوى (٢) باطل .
to bring (*or* carry *or* put) into ~, ينفِّذ ؛ يضع موضع التنفيذ .
to give ~ to يُنَفِّذ [رغبةً أو أمرًا] .
to take ~, (١) يُؤثِّر : يعطي النتيجة المطلوبة (٢) يَسْري : يُصبح نافذ المفعول .

ef·fec·tive [ĭ fĕk′tĭv] *(adj.; n.)* (١) فعّال (٢) مُؤثِّر ؛ رائع <an ~ picture> (٣) صالح للخدمة (٤) فِعليّ ؛ حقيقيّ (٥) سارٍ ؛ نافذ المفعول § (٦) جندي صالح أو مجهَّز للخدمة الفعلية .
— **ef·fec·tive·ly** *(adv.)* — **ef·fec·tive·ness** *(n.)*

effective temperature *(n.)* درجة الحرارة الفعّالة (أر) .

ef·fec·tor [ĭ fĕk′-] *(n.)* المُسْتجيب : عضو [كعضلة] يستجيب لمنبِّهٍ ما .

ef·fec·tu·al [-′cho͞o əl] *(adj.)* (١) فعّال ؛ ناجع (٢) فعليّ (٣) مُلْزِم .

ef·fec·tu·al·ly *(adv.)* (١) بفعّالية (٢) في الواقع (٣) تمامًا ؛ بالكلّية .

ef·fec·tu·ate [ĭ fĕk′cho͞o āt′] *(vt.)* يُجري ؛ يُحدث .

ef·fem·i·na·cy [ĭ fĕm′ə nə sĭ] *(n.)* تَخَنُّث ؛ تأنُّث .

ef·fem·i·nate [-nĭt] *(adj.; n.)* مُتخنِّث ؛ مُتأنِّث .
— **ef·fem·i·nate·ly** *(adv.)* — **ef·fem·i·nate·ness** *(n.)*

ef·fem·i·nize [ĭ fĕm′ə nīz′] *(vt.)* يُخَنِّث : يجعله مُخَنَّثًا .

ef·fen·di [ĭ fĕn′dē] *(n.)* الأفندي : لقب احترام تركي .

ef·fer·ent [ĕf′-] *(adj.; n.)* (١) مُصْدِر : ناقلٌ إلى خارج جزءٍ أو عضوٍ (فس) § (٢) عضوٌ أو عصبٌ مُصْدِر .

ef·fer·vesce [ĕf′ ər vĕs′] *(vi.)* (١) يفور ؛ يُرْغي (٢) ينفعل ؛ يهتاج .

ă at; **ā** date; **â** care; **ä** car; **ĕ** egg; **ē** me; **ĭ** in; **ī** bite; **ŏ** lot; **ō** bone; **ô** orphan; **oi** boil; **o͝o** good; **o͞o** boot; **ou** out; **ŭ** under; **û** urgent; **ə** = *a* in alone, *e* in system, *i* in easily, *o* in gallop, *u* in circus.

— **ef·fer·ves·cence** *(n.)* — **ef·fer·ves·cent** *(adj.)*

ef·fete [ĭ fēt′] *(adj.)* (١) مُجدِب؛ عقيم (٢) عاجز؛ واهن (٣) مُخنَّث.

ef·fi·ca·cious [ĕf′ə kā′shəs] *(adj.)* فعّال؛ ناجع.

ef·fi·cac·i·ty; ef·fi·ca·cy *(n.)* فعّالية؛ نجاعة.

ef·fi·cien·cy [ĭ fĭsh′ən sĭ] *(n.)* (١) فعّالية (٢) الكفاية (فز).

efficiency engineer *(n.)* مهندس الفعّالية؛ مهندس الإنتاجية.

ef·fi·cient [ĭ fĭsh′ənt] *(adj.)* (١) فعّال <~ methods> (٢) مُقتدِر؛ كُفُؤ <an ~ secretary> (٣) كَفِيّ <~ machines>.

ef·fi·gy [ĕf′ĭ jĭ] *(n.)* (١) تمثال (٢) صورة.

ef·flo·resce [ĕf′lə rĕs′] *(vi.)* (١) يُزْهِر: يُطلع زَهْرًا (٢) يَتَزَهَّر: يتفتّت الملحُ المتبلِّر أو يتحوَّل إلى مسحوق (ك) (٣) يتذرَّى: يكوّن قشرة ذَرُوريّة أو يكتسي بها.

ef·flo·res·cence [-′əns] *(n.)* (١) مص effloresce (٢) نُشوء؛ تطوُّر (٣) أَوْج؛ ذِرْوة (٤) النُّفاط: طَفْحٌ جلديّ.

ef·flo·res·cent [-′ənt] *(adj.)* (١) مُزْهِر (٢) مُتَزَهِّر (٣) مُتَذَرٍّ.

ef·flu·ence [ĕf′lōō əns] *(n.)* (١) دَفْق؛ شيء متدفّق (٢) تدفُّق.

ef·flu·ent [-ənt] *(adj.; n.)* (١) مُتَدَفِّق § (٢) دَفْق (٣) فَرْع نهر.

ef·flu·vi·um [ĭ flōō′-] *(n.)* pl. **-via** *or* **-ums** (١) تبخُّرٌ خفيّ. وبخاصة: رائحة كريهة (٢) الفائض: حصيلة ثانية [في العمليات الكيميائية إلخ].

ef·flux [ĕf′lŭks] *(n.)* (١) تَدَفُّق (٢) دَفْقٌ (٣) انقضاء [الوقتِ إلخ].

ef·fort [ĕf′ərt] *(n.)* (١) جُهْد (٢) «أ» مَسْعًى. «ب» محاولة.

ef·fort·ful [-fəl] *(adj.)* مُتكلَّف <an ~ smile>.

ef·fort·less *(adj.)* (١) هيِّن (٢) عَفْويّ: بادٍ وكأنه مُنْجَز من غير جهد.

ef·fron·ter·y [ĭ frŭn′tə rĭ] *(n.)* وقاحة؛ صَفاقة.

ef·ful·gence [ĭ fŭl′jəns] *(n.)* سطوع؛ تألُّق.

ef·ful·gent [ĭ fŭl′jənt] *(adj.)* ساطع؛ متألِّق.

ef·fuse [*v.* ĭ fyōōz′; *adj.* ĭ fyōōs′] *(vt.; i.; adj.)* (١) يُريق (٢) يَنْشُر؛ يُطلق **x** (٣) ينسكب (٤) ينتشر؛ يندفق § (٥) مُنْسَكِب؛ مُراقٌ (٦) مُنتشِر؛ مُنْدَفِق.

ef·fu·sion [-′zhən] *(n.)* (١) إراقة (٢) المُراق؛ الصَّبيب؛ المَسْكوب (٣) «أ» اندفاق. «ب» سَيْل؛ دَفْق (٤) إفاضة [في التعبير عن العاطفة] (٥) الانبجاس («فز» و«ط»).

ef·fu·sive *(adj.)* (١) مُتَدفِّق (٢) مُفِيض: مُسرف في التعبير عن العاطفة (٣) انبجاسيّ <~ rocks> (جي).

eft [ĕft] *(n.)* سَمَنْدل الماء.

e·g· <L. *exempli gratia*> مِثال ذلك؛ مثلًا.

e·gal·i·tar·i·an [ĭ găl′ĭ târ′-] *(adj.; n.)* مُساواتيّ (را. المادة التالية).

e·gal·i·tar·i·an·ism *(n.)* المُساواتيّة: الإيمان بالمساواة بين البشر.

e·ges·tion [ē jĕs′chən] *(n.)* (١) التَّبرُّز؛ التَّغوُّط (٢) بِراز؛ غائط.

egg[1] [ĕg; āg] *(vt.)* يحثّ؛ يحرِّض.

egg[2] [ĕg] *(n.; vt.; i.)* (١) «أ» بَيْضة. «ب» بُيَيضة (٢) شخص § (٣) يكسو أو يمزج بالبيض (٤) يقذف بالبيض الفاسد **x** (٥) يَجْمع البَيْض.

bad ~, شخص لا قيمة له.

~ and spoon race سباق البيض والملاعق: سباق يحمل فيه العدّاءون بيضًا في ملاعق.

good ~! ممتاز!

in the ~, في مرحلة مبكِّرة أو جنينيّة.

to put all one's ~s in one basket يغامر فيوظف كل ما يملك في شركة واحدة أو نوع من العملة واحد.

to teach one's grandmother to suck ~s ينصح شخصًا أكثر منه خبرةً.

egg and dart *(n.)* البَيْضة والسَّهم [حِلية معمارية].

egg and dart

egg·beat·er [-bē′tər] *(n.)* (١) مِخفقة البَيْض (٢) helicopter.

egg·cup [ĕg′kŭp] *(n.)* كأس البيضة.

egg·head [ĕg′hĕd′] *(n.)* الرفيع الثقافة؛ الواسع العلم.

eggbeater *1.*

egg·nog [-′nŏg′] *(n.)* شراب البيض: بيض مخفوق مع السُّكّر والحليب والخمر.

eggcup

egg·plant *(n.)* (١) باذنجان (٢) لون الباذنجان [أرجوانيّ داكن].

egg roll *(n.)* لُفافة البَيْض: ضربٌ من الطعام الصينيّ قوامُه لفافةٌ من عجين وبيض تُحْشَى باللحم المفروم والخُضر إلخ ثم تُقلى بالدهن.

egg–shaped *(adj.)* بيضويّ: شبيهٌ شكلُهُ بشكل البيضة.

egg·shell [ĕg′-] *(n.; adj.)* (١) قِشرة البيضة أو لونها § (٢) قِشريّ: «أ» رقيق وقَصِم. «ب» قليل اللمعان <~ white paint>.

egg timer *(n.)* مؤقِّتة البيضة: أداة لقياس الوقت يُستعان بها عند سَلْق البيض.

egg timer

eg·lan·tine [ĕg′lən tīn; -tēn] *(n.)* = sweetbrier.

e·go [ē′gō] *(n.)* (١) النفس؛ الذات (٢) غرور (٣) الأنا (نف).

e·go·cen·tric [ē′gō sĕn′-] *(adj.)* (١) فرديّ: معنيّ بالفرد لا بالمجتمع (٢) أَنَوِيّ: معتبرٌ «الأنا» نقطة الانطلاق في الفلسفة (٣) أنانيّ؛ أَثِر.

— **e·go·cen·tric·i·ty; e·go·cen·trism** *(n.)*

ego ideal *(n.)* مَثَل الأنا الأعلى (نف).

e·go·ism [ē′gō-] *(n.)* (١) الأَنَوِيّة: المذهب القائل بأن على كلّ فرد أن يجعل من مصلحته الذاتية أساسًا لسلوكه (٢) الأنانيّة؛ الأَثَرة (٣) غرور.

e·go·ist [ē′gō ĭst] *(n.)* (١) الأَنَوِيّ (را. المادة السابقة) (٢) الأنانيّ؛ الأَثِر (٣) المغرور.

— **e·go·is·tic; -al** *(adj.)*

e·go·tism [ē′gə-] *(n.)* (١) غرور؛ تبجُّح؛ إفراط في التحدُّث عن النفس (٢) أنانيّة؛ أَثَرَة.

e·go·tist *(n.)* (١) المغرور؛ المُتَبَجِّح (٢) الأنانيّ؛ الأَثِر.

e·gre·gious [ĭ grē′jəs; -jĭ əs] *(adj.)* فاضح؛ شنيع؛ فظيع.

e·gress [ē′grĕs] *(n.; vi.)* (١) خروج؛ انبثاق (٢) الجلاء: انبثاق الجِرم السماويّ بعد خسوف أو كسوف (٣) مَخْرَج § (٤) يَخْرُج؛ يَنْبَثِق.

e·gres·sion [ĭ grĕsh′ən] *(n.)* خروج؛ انبثاق.

e·gret [ē′grĭt; ĕg′rĭt] *(n.)* ابن الماء؛ البَلَشون الأبيض (طا).

egret

E·gyp·tian [ĭ jĭp′-] *(adj.; n.)* (١) مِصْريّ § (٢) المِصريّ (٣) اللغة المِصْرية.

Egypto- بادئة معناها : مِصْر <*Egypto*logy> .

E·gyp·tol·o·gist [ē′jĭp tŏl′-] *(n.)* العالم بالآثار المصرية .

E·gyp·tol·o·gy [ē′jĭp tŏl′ə jĭ] *(n.)* علم الآثار المِصرية .

eh [ā; ĕ] *(interj.)* إيه! : صوت يُعبَّر به عن الدَّهَش أو الشَّكّ إلخ .

ei·der [ī′dər] *(n.)* العَيْدَر : «أ» بطّ ذو زَغَب ناعم . «ب» زَغَب العَيْدَر .

eider *a.*

ei·der·down [ī′dər-] *(n.)* (١) زَغَب العَيْدَر (٢) لحاف مَحْشُوّ به .

ei·do·lon [ī dō′-] *(n.)* pl. **-s** *or* **-la** (١) طَيْف ؛ شَبَح (٢) مَثَلٌ أعلى .

eight [āt] *(n.)* (١) ثمانية (٢) الثامن (٣) شيء ثُماني الوَحَدات .

eight ball *(n.)* اللامُتهايِئ : العاجز عن التكيُّف مع مجتمعه .

eight·een [ā′tēn′] *(n.)* ثمانيةَ عَشَرَ ؛ ثماني عَشْرَةَ .

eight·eenth [ā′tēnth′] *(adj.; n.)* (١) الثامن عشر § (٢) جزء من ١٨ .

eight·fold [āt′fōld] *(adj.; adv.)* (١) ثُمانيّ (٢) أكبر بثمانية أضعاف § (٣) ثَمانيَةَ أضعاف <Profits increased ~.> .

eighth [ātth; āth] *(adj.; n.)* (١) الثامن ؛ الثامنة § (٢) ثُمن .

800 number *(n.)* رقم الثمانمائة : رقم تلفونيّ مجّاني للاتصالات البعيدة .

eight·y [ā′tĭ] *(n.)* (١) ثمانون (٢) *pl.* : العقد التاسع من العمر أو القرن .

ein·korn [īn′kôrn] *(n.)* القمح وحيد الحبّة (نب) .

ein·stein·i·um [īn stī′-] *(n.)* الآينشتاينيوم : عنصر إشعاعيّ النشاط يُنتَج صُنعيًّا .

ei·ther [ē′t͟hər; ī′-] *(adj.; pron.; conj.; adv.)* (١) كلٌّ مِن <There are trees on ~ side of the river.> (٢) أيّ من <Take ~ road.> § (٣) أحد الأمرين <*Either* will do.> § (٤) إمّا <The assertion must be ~ true or false.> § (٥) أيضًا <He is not fond of parties and I am not ~.> (٦) فوق ذلك <There was a time, and not so long ago ~, when she could walk ten miles a day.>.

e·jac·u·late [*v.* ĭ jăk′yə lāt; *n.* -lĭt] *(vt.; i.; n.)* (١) يقذِف . وبخاصة : يَقذِف المَنيّ (٢) يَهْتِف : يقول فجأةً وبقوّة واختصار § (٣) مَنِيّ .

e·jac·u·la·tion *(n.)* (١) قَذْف . وبخاصة : الإمناء (٢) الهُتاف : شيء مَقُولٌ فجأةً وبقوّةٍ واختصار .

e·jac·u·la·to·ry [-′yə lə tōr′ĭ] *(adj.)* (١) قَذْفيّ (٢) هُتافيّ .

ejaculatory duct *(n.)* قَناة القَذْف ؛ قناة الإنزال (فس) .

e·ject [ĭ jĕkt′] *(vt.; i.)* (١) يَقذِف ؛ يَلفِظ (٢) يَطْرُد ؛ يُخرِج x (٣) يقفز [من الطائرة عند الخطر] .

e·jec·ta [ĭ jĕk′tə] *(n. pl.)* المقذوفات : ملفوظات البراكين .

e·jec·tion [ĭ jĕk′-] *(n.)* (١) قذفٌ ؛ لفظ ؛ طَرْد (٢) المقذوف ؛ الملفوظ .

ejection seat *(n.)* المَقْعَد القَذْفيّ [للنجاة من الطائرة] .

e·ject·ment [ĭ jĕkt′-] *(n.)* (١) قذفٌ ؛ لفظ ؛ طرْد (٢) دعوى الاسترداد : دعوى لاسترداد عقار ما والمطالبة بالعطل والضرر (ق) .

e·jec·tor [ĭ jĕk′-] *(n.)* (١) القاذف ؛ اللافظ ؛ الطارد (٢) eductor 3 .

eke [ēk] *(vt.; adv.)* (١) يزيد ؛ يوسِّع ؛ يُطوِّل § (٢) أيضًا .

to ~ out (١) يزيد ؛ يكمِّل ؛ يضيف إلى (٢) يكسب رزقه بشقّ النفس (٣) يقتصد في .

e·kis·tics [ĭ kĭs′tĭks] *(n.)* علم العُمران .

e·lab·o·rate [*adj.* ĭ lăb′ə rĭt; *v.* -rāt′] *(adj.; vt.; i.)* (١) مُحْكَم ؛ مُتْقَن (٢) مفصَّل ؛ مدروس ؛ مُعقَّد (٣) مجتهِد ؛ باذلٌ غايةَ الجهد § (٤) يُحكِم ؛ يُتقِن (٥) يُطوِّر ؛ يوسِّع (٦) يَتوسّع في ؛ يُفصِّل .

— **e·lab·o·rate·ness; e·lab·o·ra·tion** *(n.)* — **e·lab·o·ra·tive** *(adj.)*

é·lan [ā län′] *(n.)* حماسة ؛ حَيَوية ؛ اندفاع .

e·land [ē′lənd] *(n.)* العَلَنْد : ظبي إفريقي ضخم (ح) .

eland

e·lapse [ĭ lăps′] *(vi.; n.)* (١) ينقضي § (٢) انقضاء [الوقت] .

e·las·mo·branch [ĭ lăs′mə brăngk′] *(adj.; n.)* (١) صَفيحيّ الخَيْشوم [كالأقراش إلخ] § (٢) سمكة صفيحيّة الخَيْشوم .

e·las·tic [ĭ lăs′tĭk] *(adj.; n.)* (١) متمغِّط (٢) مُتمدِّد <~ gas> (٣) مَرِن § (٤) المَطُوط : «أ» نسيج مُتمغِّط ممزوج بالمطّاط . «ب» شيء مصنوع منه . «ج» مطاطٌ شديد التمغّط .

elastic fiber *(n.)* اللِّيف المَرِن (أح) .

e·las·tic·i·ty [ĭ lăs′tĭs′-] *(n.)* المُرُونة ؛ التَّمَغُّط ؛ المَطُوطيّة .

e·las·ti·cized *(adj.)* مُمَغَّط : مصنوع من خيوط مُتَمَغِّطة .

elastic limit *(n.)* الحدُّ المَرِن (فز) .

e·las·tin *(n.)* المَرَنين : بروتين يشكّل المادة الأساسية للألياف المرنة (كح) .

e·late [1] [ĭ lāt′] *(adj.)* = elated.

e·late [2] *(vt.)* (١) يُبْهِج (٢) يَزْهو : يملأه زهوًا أو تيهًا أو فخرًا .

e·lat·ed [ĭ lā′tĭd] *(adj.)* (١) مُبْتهِج ؛ جَذِل (٢) مَزْهُوّ ؛ تيّاه .

el·a·ter [ĕl′ə-] *(n.)* (١) click beetle (٢) المِنْثار : عضوٌ خيطيّ ناثرٌ للأبواغ (نب) .

e·lat·er·ite [ĭ lăt′ə rīt′] *(n.)* الإلَتْريت : أسفلت طبيعيّ مطّاطيّ .

e·la·tion [ĭ lā′-] *(n.)* (١) ابتهاج ؛ جَذَل (٢) زَهْو ؛ تيه ؛ عُجْب .

el·bow [ĕl′bō] *(n.; vt.; i.)* (١) المِرْفَق (ت) (٢) الكُوع ؛ الوُصلة المِرْفَقيّة [للأنابيب] (٣) منعطَف حادّ § (٤) يَدْفع بمِرْفَقِه (٥) يَشُقّ طريقَهُ بالمِرْفَق (٦) ينثني ؛ ينعطف .

elbow 2.

at one's ~, على مَقْرُبة ؛ في المتناول .

out at ~*s* (١) رثّ الملابس (٢) مُعْوِز .

to bend *or* crook *or* lift an ~, يعاقر الخمر .

up to the ~*s* مُنهمِكٌ جدًّا في . . .

elbow chair *(n.)* الكُرْسيّ المُرَفَّق : كرسيّ ذو ذراعين .

elbow grease *(n.)* الكَدْح : عملٌ يدويّ شاقّ متواصل .

el·bow·room *(n.)* (١) مُتَّسَع (٢) مجال واسع للحركة (٣) حُرّيّة .

eld [ĕld] *(n.)* شيخوخة .

ă at; ā date; â care; ä car; ĕ egg; ē me; ĭ in; ī bite; ŏ lot; ō bone; ô orphan; oi boil; o͝o good; o͞o boot; ou out; ŭ under; û urgent; ə = *a* in alone, *e* in system, *i* in easily, *o* in gallop, *u* in circus.

el·der[1] [ĕl'dər]; **el·der·ber·ry** *(n.)* الخَمان؛ البَلَسان (نب).

eld·er[2] *(adj.; n.)* (١) أسَنّ <~ brother> (٢) سابق؛ سالف <in ~ times> (٣) أعلَى رتبةً <an ~ title> § (٤) السَّلَف (٥) الأرشد؛ الأسنّ (٦) زعيم؛ رئيس [بِحُكم السنّ والخبرة] (٧) شيخ الكنيسة.

eld·er·ly [ĕl'-] *(adj.)* (١) «أ» كَهْل. «ب» عتيق الطراز (٢) كُهوليّ.

elder statesman *(n.)* رَجُل الدولة الأرشد: رجل دولة متقاعد يقدم النصيحة، على نحو غير رسمي، إلى الزعماء الفعليين.

eld·est [ĕl'dĭst] *(adj.)* الأرشد؛ الأكبر سنًا.

eldest hand *(n.)* اليد الأولى: لاعب الورق الذي يتلقى التوزيعة الأولى.

El Do·ra·do [ĕl də rä'dō] *(n.)* موطنٌ أُسطوريّ الثروة.

el·dritch [ĕl'drĭch] *(adj.)* = eerie.

el·e·cam·pane [ĕl'ĭ kăm pān'] *(n.)* الرّاسَن؛ القُسْط الشاميّ (نب).

elecampane

e·lect [ĭ lĕkt'] *(adj.; n.; vt.; i.)* (١) مُنْتَخَب؛ مُختار؛ مُصْطَفًى § (٢) الشخص المنتخب § (٣) ينتخب [بالاقتراع عادةً] (٤) يختار؛ يصطفي.

e·lec·tion [ĭ lĕk'-] *(n.)* (١) انتخاب (٢) اختيار؛ اصطفاء.

e·lec·tion·eer [ĭ lĕk'shə nēr'] *(vi.)* يُناخب: يناصر انتخابيًا.

e·lec·tive [ĭ lĕk'tĭv] *(adj.; n.)* (١) مُنْتَخَب (٢) انتخابيّ (٣) اختياريّ (٤) انتقائيّ: ميّال إلى الاتحاد مع مادة ما أكثر من غيرها <~ affinity> § (٥) درسٌ أو موضوع اختياريّ <~s in humanities>.

e·lec·tor [-'tər] *(n.)* (١) الناخب؛ المقترع (٢) المنتخِب: أحد أفراد الهيئة الانتخابية في الولايات المتحدة الأميركية.

e·lec·tor·al [-'tər əl] *(adj.)* (١) مُنْتَخِبيّ <the ~ vote> (٢) انتخابيّ.

electoral college *(n.)* الهيئة الانتخابيّة. وبخاصة: الهيئة التي تنتخب رئيس الولايات المتحدة الأميركية ونائبه.

e·lec·tor·ate [ĭ lĕk'tər ĭt] *(n.)* (١) المُنْتَخِبيّة: منصب [أو مقاطعة] أحد منتخِبي رأس الأمبراطورية الرومانية المقدسة (٢) جمهور النّاخبين.

electr- *or* **electro-** بادئة معناها: «أ» كهرباء <*electro*meter>. «ب» كهربائيّ <*electro*magnet>. «ج» كهربائيّ و ... <*electro*chemical>. «د» كهربائيًا <*electro*positive>. «هـ» ألكترون.

Electra complex *(n.)* عُقدة إلِكترا: تعلُّق البنت بأبيها جنسيًا (نف).

e·lec·tress [ĭ lĕk'-] *(n.)* المُنْتَخِبة: زوجة، أو أرملة، مُنتخِب جرمانيّ.

e·lec·tric [ĭ lĕk'trĭk] *(adj.; n.)* (١) كهربائي (٢) مُكَهْرِب؛ مثير <an ~ performance> (٣) مُكَهْرَب § (٤) أداة كهربائية.

— e·lec·tri·cal *(adj.)* **— e·lec·tri·cal·ly** *(adv.)*

electrical engineering *(n.)* الهندسة الكهربائية.

electrical storm *(n.)* العاصفة الكهربائية [مصحوبة ببرق ورعد].

electrical transcription *(n.)* (١) الأسطوانة الإذاعية: أسطوانة معدَّة للإذاعة بالراديو (٢) البَثّ الأسطوانيّ: بَثٌّ إذاعيّ قوامُهُ أسطوانة كهذه.

electric chair *(n.)* (١) الكرسيّ الكهربائيّ (٢) عقوبة الإعدام بالكهرباء.

electric eel *(n.)* الرَّعّاد؛ الرعّاش؛ الأنقليس الكهربائيّ.

electric eel

electric eye *(n.)* العين الكهربائية؛ الخليّة الكَهْرضوئية.

electric field *(n.)* المجال الكهربائيّ.

e·lec·tri·cian [-trĭsh'-] *(n.)* الكَهْرَبائيّ: الاختصاصيّ بالكهرباء.

e·lec·tric·i·ty [ĭ lĕk trĭs'-] *(n.)* (١) «أ» الكهرباء. «ب» تيار كهربائي (٢) عِلْمُ الكهرباء (٣) حماسة؛ اهتياج شديدٌ مُعْدٍ.

electric ray *(n.)* الرَّعّادة؛ الرعّاد الكهربائي (سمك).

electric ray

e·lec·tri·fi·ca·tion *(n.)* (١) كَهْرَبة (٢) تَكَهْرُب.

e·lec·tri·fy [ĭ lĕk'-] *(vt.)* يُكَهْرِب: «أ» يَشْحَن بالكهرباء. «ب» يزوِّد بالطاقة الكهربائية. «ج» يثير بقوة أو بصورة مفاجئة [وكأنّما بصدمة كهربائية].

electro- = electr-.

e·lec·tro·a·nal·y·sis [-năl'-] *(n.)* التحليل الألكتروليتيّ: تحليل كيميائيّ بوسائل كَهْرَليّة electrolytic.

— e·lec·tro·an·a·lyt·ic; -al *(adj.)*

e·lec·tro·car·di·o·gram *(n.)* مخطَّط القلب الكهربائيّ.

e·lec·tro·car·di·o·graph *(n.)* مِرْسمة القلب الكهربائية.

e·lec·tro·chem·i·cal *(adj.)* كَهْركيميائيّ؛ كيميْكَهْرَبيّ.

e·lec·tro·chem·is·try *(n.)* الكَهْركيمياء؛ الكيمياء الكهربائية: علم يبحث في العلاقة بين الكهرباء والتغيّرات الكيميائية.

e·lec·tro·cute [-kyōōt'] *(vt.)* (١) يُعْدِم بالكهرباء (٢) يقتل بالصدمة الكهربائية.

e·lec·trode [-'trōd] *(n.)* القُطْب؛ اللاّحِب (كب).

e·lec·tro·de·pos·it *(n.; vt.)* (١) القُرارة المُكَهْرَلة: قُرارةٌ تُرسَّب بالكَهْرلة electrolysis § (٢) يُرسِّب كَهْرَليًّا: يرسِّب مَعْدِنًا إلخ بالكَهْرَلة.

e·lec·tro·dep·o·si·tion [-zĭsh'ən] *(n.)* التَّرسيب الكَهْرَليّ.

e·lec·tro·dy·nam·ic [-dī năm'ĭk] *(adj.)* ديناميكَهْربيّ؛ ألكْترودِيناميّ.

e·lec·tro·dy·nam·ics *(n.)* الديناميكا الكهربائية: مَبْحَث الآثار النّاشئة عن تفاعلات التيارات الكهربائية مع المغنطيس أو مع تيارات أخرى أو مع نفسها.

e·lec·tro·dy·na·mom·e·ter *(n.)* الدينامومتر الكهربائيّ.

e·lec·tro·en·ceph·a·lo·gram *(n.)* مخطَّط موجات الدماغ.

e·lec·tro·en·ceph·a·lo·graph *(n.)* مِرسَمَة موجات الدِّماغ.

e·lec·tro·form *(vt.)* يشكِّل بالترسيب الكَهْرَليّ [على قالب].

e·lec·tro·gram *(n.)* المخطَّط الكهربائيّ.

e·lec·tro·graph *(n.)* (١) المِرْسَمة الكهربائية (٢) الصورة الكهربائية.

e·lec·tro·ki·net·ics *(n.)* الكَهْرَحَرَكِيّات؛ الكِيْنَتيكا الكهربائية: فرع من الفيزياء يُعنى بدراسات حركة التيارات الكهربائية.

e·lec·tro·lier [-lēr'] *(n.)* الثُّريّا الكهربائية: ثُرَيّا ذات مصابيح كهربائية.

e·lec·trol·y·sis [ĭ lĕk trŏl'ə-] *(n.)* الكَهْرَلة: «أ» الحلّ الكهربائيّ؛ التحليل الكهربائيّ (كف). «ب» القضاء على جذور الشعر بتيّار كهربائيّ.

e·lec·tro·lyte [-'trə līt'] *(n.)* الكَهْرَل؛ الألَكْتروليت: المُنْحَلّ بالكهرباء.

e·lec·tro·lyt·ic [ĭ lĕk'trə lĭt'-] *(adj.)* كَهْرَليّ.

e·lec·tro·lyze [-ˊtrə līz′] *(vt.)* يُكَهْرِل : يَحُلّ بالكَهْرَلة .

e·lec·tro·mag·net [-ˊnĭt] *(n.)* الكَهْرَطيس ؛ الكَهْرَمغنطيس (كب) .

e·lec·tro·mag·net·ic *(adj.)* كَهْرَطيسيّ ؛ كَهْرَمغنطيسيّ .

electromagnetic spectrum *(n.)* الطَّيف الكَهْرَطيسيّ أو الكهرَمغنطيسيّ .

electromagnetic wave *(n.)* الموجة الكَهْرَطيسيّة أو الكَهْرَمغنطيسية .

e·lec·tro·mag·net·ism *(n.)* الكَهْرَطيسية ؛ الكَهْرَمغنطيسية .

e·lec·tro·met·al·lur·gy [-ˊə lûr′jĭ] *(n.)* العِدانة الكهربائية .

e·lec·trom·e·ter *(n.)* المِكْهار : أداة لتعيين فَرْق الجُهد بين جسمَيْن مشحونَيْن .

e·lec·tro·mo·tive *(adj.)* حَرَكِيْكَهْرَبائيّ ؛ دَفْعِيكهربائيّ : «أ» مُحْدِثٌ سَرَيانًا كهربائيًا . «ب» ذو علاقة بالقوة المحرِّكة الكهربائية .

electromotive force *(n.)* القُوّة المحرِّكة الكهربائية .

e·lec·tro·my·o·graph [-mīˊə-] *(n.)* مِرسمة العَضَل الكهربائية .

e·lec·tron [ĭ lĕkˊtrŏn] *(n.)* الألكترون ؛ الكُهَيْرِب : الجُسَيمة ذات الشِّحنة السّالبة في الذرّة (فز) .

e·lec·tro·neg·a·tive [ĭ lĕk′trō nĕgˊə tĭv] *(adj.)* كَهْرَسالب ؛ كَهْرَسَلْبيّ : «أ» حاملٌ شِحنةً كهربائية سالبة . «ب» لافِلزّيّ . «ج» حَمْضيّ .

electron gun *(n.)* مِدفعة الألكترونات (مج) .

e·lec·tron·ic [ĭ lĕk trŏnˊĭk] *(adj.)* ألكترونيّ ؛ كُهَيْربيّ .

electronic mail *(n.)* البريد الألكترونيّ .

e·lec·tron·ics *(n.)* الألكترونيات : فرع من الفيزياء يبحث في ابتعاث الألكترونات ، أو سلوكها أو آثارها ، في الخواءات والغازات .

electron lens *(n.)* العَدَسة الألكترونية (ألك) .

electron microscope *(n.)* المِجهر الألكترونيّ (ألك) .

electron multiplier *(n.)* المضاعِفة الألكترونية (ألك) .

electron optics *(n.)* البَصَريات الألكترونية : فرع من الألكترونيات يبحث في خصائص الحُزَم الألكترونية المجانسة لخصائص أشعة الضوء .

electron tube *(n.)* الصِّمام الألكترونيّ .

electron volt *(n.)* الألكترون فُلط : وحدة من وحدات الطاقة (فز) .

e·lec·tro·pho·re·sis [-fə rēˊsĭs] *(n.)* = cataphoresis *1.*

e·lec·troph·o·rus [-trŏfˊər əs] *(n.)* حامل الكهرباء ؛ الألكتروفور : أداة لإحداث الشّحنات الكهربائية بواسطة الحتّ (كب) .

e·lec·tro·plate [ĭ lĕkˊtrə plāt′] *(vt.; n.)* (١) يُكَهْطِل : يطلي أو يغشّي كهربائيًا § (٢) المُكَهْطَلات : الأدوات المطليّة بالكهرباء .

e·lec·tro·pos·i·tive *(adj.)* كَهْرَمُوجَب ؛ كَهْرَإيجابيّ : «أ» حاملٌ شحنةً كهربائية موجَبة . «ب» فلزّيّ . «ج» قاعديّ .

e·lec·tro·scope *(n.)* المِكْشاف الكهربائيّ : أداة للكَشْف عن وجود شحنة كهربائية على جسم ما ، ولتقرير ما إذا كانت الشحنة موجَبة أو سالبة .

electroshock therapy *(n.)* المعالجة بالصَّدمة الكهربائية (ط) .

e·lec·tro·stat·ic [-stătˊĭk] *(adj.)* كَهْرَسُكونيّ ؛ ألكتروستاتيّ .

electrostatic generator *(n.)* المولِّد الكَهْرَسُكونيّ (كب) .

e·lec·tro·stat·ics *(n.)* الكَهْرَسُكونيات : علم الشِّحنات السّاكنة (كب) .

e·lec·tro·sur·ger·y [-sûrˊjə rĭ] *(n.)* الجراحة الكهربائية (ط) .

e·lec·tro·ther·a·py [-thĕrˊə pĭ] *(n.)* المعالجة بالكهرباء (ط) .

e·lec·tro·ther·mal *or* **e·lec·tro·ther·mic** *(adj.)* كَهْرَحراريّ ؛ كهربائيّ حراريّ : ذو علاقة بتوليد الحرارة بواسطة الكهرباء .

e·lec·tro·ton·ic [-tŏnˊĭk] *(adj.)* كَهْرَتَوَتُّريّ : ذو علاقة بالكَهْرَتَوَتُّر .

e·lec·trot·o·nus [-trŏtˊə nəs] *(n.)* الكَهْرَتَوَتُّر : حالة العَصَب المعدَّلة عندما يَنْفذ فيه تيار كهربائيّ مطَّرد (فس) .

e·lec·tro·type [-tīp′] *(n.; vt.)* (١) الصَّفيحة الكَهْرَلِيّة : نسخة طبق الأصل [عن حروف منضَّدة إلخ يُراد طبعُها] تتألف من طبقة رقيقة من النحاس أو النيكل تُرسَّب بطريقة الكَهْرَلة electrolysis على قالب شمعيّ أو رصاصيّ أو لدائنيّ (٢) الطَّبعة الكَهْرَلية § (٣) يَسْتَصْفح كَهْرَليًا : يَسْتخرج صفيحةً كَهْرَليّة عن .

e·lec·tro·va·lence; e·lec·tro·va·len·cy *(n.)* التّكافؤ الكهربائيّ .

e·lec·trum [ĭ lĕkˊ-] *(n.)* الألكْتروم : أُشابة alloy ذهبية .

e·lec·tu·ar·y [-ˊchōō ĕr ĭ] *(n.)* = confection *3b.*

el·ee·mos·y·nar·y [ĕl′ə mŏsˊə nĕr′ĭ] *(adj.)* (١) تَصَدُّقيّ ؛ إحسانيّ (٢) مُعتمِدٌ أو قائمٌ على الصدقات (٣) مَجّانيّ .

el·e·gance [ĕlˊə gəns]; **el·e·gan·cy** *(n.)* (١) أناقة (٢) رشاقة (٣) بساطة ؛ دقة علميّة (٤) شيء أنيق إلخ .

el·e·gant [-gənt] *(adj.)* (١) أنيق (٢) رشيق (٣) رائع ؛ ممتاز (٤) بسيط .

el·e·gi·ac [ĕl′ə jīˊək] *(adj.)* (١) رِثائيّ (٢) حزين ؛ كئيب .

el·e·gist [ĕlˊə jĭst] *(n.)* شاعر المراثي : شاعر اشتهر بالرثاء .

e·le·git [ĭ lēˊjĭt] *(n.)* التنفيذ على أموال المَدِين (ق) .

el·e·gize [ĕlˊə jīz′] *(vt.; i.)* يرثي .

el·e·gy [ĕlˊə jĭ] *(n.)* (١) مَرْثاة [شعريّة أو غنائيّة] (٢) التأمُّلية : «أ» قصيدة تأملية تغلب عليها الكآبة . «ب» مقطوعة موسيقية تأمّلية قصيرة .

el·e·ment [ĕlˊə-] *(n.)* (١) العُنْصُر : «أ» أحد العناصر الأربعة ، الهواء والماء والنار والتراب . «ب» *pl.* : العوامل والقوى الجوية <exposed to the ~*s*> (٢) المجال : الجوّ أو المحيط الملائم لشخص أو شيء <to be in one's ~.> (٣) العُنصر : جزء مُكوِّن أو أساسيّ . وبخاصة : «أ» *pl.* : مبادئ علم ما <the ~*s* of astronomy> . «ب» إحدى النقاط أو الخطوط أو السطوح إلخ التي يتكون منها شكلٌ هندسي . «ج» أحد العوامل التي تقرِّر نتيجةَ عملٍ ما . «د» جزء متميِّز من أداة مُركَّبة . «هـ» جزء من وحدة عسكرية (٤) أثر ؛ مقدار ضئيل (٥) العُنْصُر (ك) (٦) *pl.* : خبز القُربان وخمرُهُ (نص) .

el·e·men·tal [ĕl′ə mĕnˊtəl] *(adj.)* (١) «أ» عنصريّ . «ب» جوهريّ . «ج» أوّليّ . «د» أساسيّ (٢) عناصريّ : متعلّق أو شبيه بقوة عظمى من قوى

poverty> (٢) يُهمِل ؛ يتجاهل (٣) يَطْرُد [من الجسم الحيّ] (٤) يَحْذِف (ر).
— e·lim·i·na·tion *(n.)*

e·li·sion [ĭ lĭzh′ən] *(n.)* (١) الترخيم (ل) (٢) حَذْفٌ.

e·lite [ĭ lēt′; ā-] *(n.; adj.)* (١) نُخْبة ؛ صَفوة ؛ زَهرة (٢) المختار : حرف طباعيّ مقداره ١٠ بُنُوط § (٣) نُخْبَويّ (٤) ممتاز ؛ مختار.

e·lit·ism [-lē′-] *(n.)* النُّخْبَويّة : «أ» حُكم النُّخبة . «ب» الإيمان بحكم النُّخبة أو الدعوةُ إليه . «ج» وعيُ المرء أنه ينتمي إلى النُّخبة .

e·lix·ir [ĭ lĭk′sər] *(n.)* الإكسير : «أ» مادة زعم أصحاب الكيمياء القديمة أنها تحوِّل المعادن الخسيسة إلى ذهب ؛ حَجَرُ الفلاسفة . «ب» مادة زعموا أنها تُطيل الحياة إلى ما لا نهاية . «ج» cure–all . «د» سائل مُحَلًّى ، يحتوي عادةً على كحول ، يُضَمَّن بعض المواد الطبية . «هـ» جوهر الشيء أو روحُهُ .

E·liz·a·be·than [ĭ lĭz′ə bē′thən] *(adj.)* أليصاباتيّ : ذو علاقة بأليصابات [أليزابيث] الأولى ملكة إنكلترا أو بعصرها .

elk [ĕlk] *(n.)* (١) الإلْكة : حيوان مُجْترّ يُعتبر أكبر الأيائل (٢) الإلكيّ : جلد مدبوغ ناعم .

elk 1.

ell [ĕl] *(n.)* (١) الذِّراع : وحدة لقياس الطول ، وبخاصة طول القماش (٢) اللّام ؛ الجناح اللّاميّ : امتداد لمبنًى على زوايا قائمة من أحد أطرافه .

el·lipse [ĭ lĭps′] *(n.)* (١) القَطْع الناقص ؛ الإهْلِيلَج (هن) (٢) ellipsis.

el·lip·sis [-sĭs] *(n.)* pl. **-ses** (١) الحذف الإيجازيّ : حذف كلمة أو أكثر يستطيع القارئ تقديرها بسهولة (٢) الاستطراد : انتقالٌ مفاجئ ، من غير رابط منطقيّ ، من موضوع إلى آخر (٣) علامات أو علامة الحذف في الكتابة والطباعة (. . .) أو (***) أو (—).

el·lip·soid [-′soid] *(n.)* المجسَّم الناقص ؛ مُجَسَّم القَطْع الناقص (هن).

el·lip·tic; -al [ĭ lĭp′-] *(adj.)* (١) ناقِصيّ ؛ إهْلِيلَجيّ ؛ بَيْضيّ الشكل (٢) «أ» حَذْفيّ (ل) . «ب» إيجازيّ . «ج» مُوْجَز (٣) مُبْهَم .

el·lip·tic·i·ty [ĭ lĭp tĭs′-] *(n.)* الناقِصيّة ؛ الإهْلِيلَجيّة (هن).

elm [ĕlm] *(n.)* (١) الدَّردار ؛ البُوقيصا ؛ شجرة البقّ (٢) خشب الدَّردار .

el·o·cu·tion [ĕl′ə kyōō′-] *(n.)* (١) فنّ الخَطابة (٢) طريقة الإلقاء .
— el·o·cu·tion·ar·y *(adj.)* — el·o·cu·tion·ist *(n.)*

e·loign [ĭ loin′] *(vt.)* يخفي [بضاعةً معرَّضة للحجز].

e·lon·gate [ĭ lông′gāt] *(vt.; i.; adj.)* (١) يَمُدّ ؛ يُطيل x (٢) يمتدّ ؛ يَستطيل § (٣) ممدود ؛ مُطوَّل (٤) نحيل .
— e·lon·ga·tion *(n.)*

e·lope [ĭ lōp′] *(vi.)* (١) تأبَق : «أ» تفرّ المرأة من بيت زوجها مع عشيق لها . «ب» تَفِرّ الفتاة بقصد الزواج من غير موافقة أبويها (٢) يفرّ ؛ يَهْرب .
— e·lope·ment; e·lop·er *(n.)*

el·o·quence [ĕl′ə kwəns] *(n.)* فصاحة ؛ بلاغة .

el·o·quent [ĕl′ə kwənt] *(adj.)* (١) فصيح ؛ بليغ (٢) معبِّر .

el·o·quent·ly [ĕl′ə kwənt lĭ] *(adv.)* بفصاحة ؛ ببلاغة .

else [ĕls] *(adv.; adj.)* (١) بطريقة أخرى <How ~ could he act?> (٢) في مكان أو زمانٍ آخر (٣) أيضًا <What ~ shall I do?> (٤) وإلّا <Run, ~ you will be late.> § (٥) آخَر <somebody ~>.

الطبيعة <~ forces>.

el·e·men·ta·ri·ly [-tĕr′ə lĭ] *(adv.)* بطريقة أوَّليّة أو ابتدائيّة .

el·e·men·ta·ry [-′tə rĭ] *(adj.)* (١) أوّليّ ؛ ابتدائيّ (٢) «أ» عنصريّ . «ب» أُحاديّ العنصر ، بسيط <an ~ substance> (٣) عناصريّ : متعلق أو شبيه بقوة طبيعية عظمى <~ powers>.

elementary particle *(n.)* الجُسَيْم الأوَّليّ [كالألكترون والبروتون].

e·len·chus [ĭ lĕng′kəs] *(n.)* (١) دَحْض ؛ تفنيد (٢) حجّة داحضة .

el·e·phant [ĕl′ə fənt] *(n.)* الفيل (ح).
to see *or* show the ~, يرى [أو يُري] الحياةَ ؛ يرى [أو يُري] معالم مدينة كبيرة .

elephant beetle *(n.)* الخُنفُساء الفِيْليّة : خنفساء استوائية ضخمة جدًّا .

el·e·phan·ti·a·sis [ĕl′ə fən tī′ə-] *(n.)* (١) الفُيال : تضخُّمٌ وتصلُّب يُصيبان بعض أعضاء الجسم (مض) (٢) تضخُّم <~ of industry>.

el·e·phan·tine [ĕl′ə făn′tĭn; -tīn] *(adj.)* (١) «أ» ضَخْم . «ب» أخرق ؛ تُعْوِزُهُ الرشاقة (٢) فِيْليّ : ذو علاقة بالفيل .

el·e·vate [ĕl′ə vāt′] *(vt.)* (١) يَرْفع (٢) يُشيِّد (٣) يُهذِّب (٤) يُنعش ؛ ينشّط ؛ يرفع المعنويات .

el·e·vat·ed *(adj.)* (١) مرتفع أو مرفوع (٢) رفيع ؛ سامٍ .

el·e·va·tion [-vā′-] *(n.)* (١) ارتفاع (٢) رَفْع (٣) شيء مرتفع مثل : «أ» تلّ ؛ رابية إلخ . «ب» انتفاخ في الجلد (٤) سموّ ؛ نُبل (٥) المَسْقَط الرأسيّ (رم).

el·e·va·tor [-′ə vā′-] *(n.)* (١) الرافِع . مثل : «أ» رافعة أثقال . «ب» مِصْعَد (٢) الهُرْي : مَبْنًى لخزن الحنطة مُزوَّد برافعات أثقال (٣) السَّطح الرافع (طي).

el·e·va·to·ry [ĕl′ə vā-] *(adj.)* رافِع <~ forces>.

e·lev·en [ĭ lĕv′-] *(n.)* (١) أحدَ عَشَرَ (٢) الحادي عشر في مجموعة أو سلسلة (٣) الأَحَدَ عَشَريّ : شيء مؤلف من ١١ عضوًا . وبخاصة : فريق كرة القدم .

e·lev·enth *(n.; adj.)* (١) جُزء من أحد عشر (٢) الحادي عشر § (٣) حادي عشر (٤) أَحَدَ عَشَريّ <an ~ share of the money>.

eleventh hour *(n.)* آخر لحظة .

elf [ĕlf] *(n.)* (١) جِنّي صغير [ومؤذٍ عادةً] (٢) «أ» قَزَم . وبخاصة : طفل مؤذٍ . «ب» شخص خبيث .
— elf·ish *(adj.)*

elf·in [ĕl′fĭn] *(adj.)* (١) عِفريتيّ ؛ جِنّيّ (٢) صغير ؛ قَزَم ومؤذٍ (٣) سريع ؛ رشيق (٤) ساحر ؛ فاتن <an ~ smile>.

elf·lock [ĕlf′lŏk′] *(n.)* المُشَبَّكة : خُصلة شعر متشابكة .

e·lic·it [ĭ lĭs′ĭt] *(vt.)* (١) يستنبط ؛ يستخرج (٢) يُظهر للعِيان (٣) يثير ؛ يُحدث ؛ ينتزع .
— e·lic·i·ta·tion; e·lic·i·tor *(n.)*

e·lide [ĭ līd′] *(vt.)* (١) يُرَخِّم : يحذف حرفَ علةٍ أو مقطعًا (ل) (٢) يَحْذِف (٣) «أ» يتجاهل . «ب» يُسْقِط من الحساب أو الاعتبار (٤) «أ» يُوجِز . «ب» يُنقِص .

el·i·gi·bil·i·ty [-jə bĭl′-] *(n.)* أهليّة ؛ جدارةٌ [للانتخاب أو الاختيار].

el·i·gi·ble [ĕl′ə jə-] *(adj.; n.)* (١) مُؤهَّل للانتخاب (٢) جديرٌ بالاختيار ؛ مرغوبٌ فيه § (٣) المؤهَّل للانتخاب (٤) الجدير بالاختيار .

e·lim·i·nate [ĭ lĭm′ə nāt′] *(vt.)* (١) يُزيل ؛ يَستأصل ؛ يتخلّص من <~

else·where [ĕls'hwâr] *(adv.)* في [أو إلى] مكانٍ آخر .

e·lu·ci·date [ĭ lōō'sə dāt'] *(vt.; i.)* يوضح ؛ يَشْرح ؛ يفسِّر .

— e·lu·ci·da·tion; el·u·ci·da·tor *(n.)* **— e·lu·ci·da·tive** *(adj.)*

e·lude [ĭ lōōd'] *(vt.)* (١) يتملّص ؛ يروغ (٢) يتفادى (٣) يغيب عن الذاكرة إلخ (٤) يمتنع على الفَهْم أو التعريف .

e·lu·sion [ĭ lōō'zhən] *(n.)* تملُّص ؛ رَوَغان ؛ تهرُّب ؛ تجنُّب إلخ .

e·lu·sive [ĭ lōō'sĭv] *(adj.)* (١) مُتملِّص ؛ مُراوغ ؛ مُتهرِّب (٢) مُحيِّر .

e·lute [ē lōōt'] *(vt.)* يَشْطُف : يَستخلص مادةً من أخرى (ك) .

e·lu·tri·ate [ĭ lōō'trĭ āt'] *(vt.)* يروِّق ؛ ينقّي .

e·lu·vi·um [ĭ lōō'vĭ əm] *(n.)* النُّحاتة ؛ القُرارة التَّفَتُّتِيّة : رُكامٌ من التراب ناشئ عن تفتُّت الصخور (جي) .

el·ver [ĕl'vər] *(n.)* فَرْخ الأنقَلَيْس (سمك) .

elves [ĕlvz] *pl. of* elf.

el·vish [ĕl'vĭsh] *(adj.)* = elfish.

E·ly·sian [ĭ lĭzh'ən] *(adj.)* (١) فِردَوسيّ (٢) «أ» سعيد . «ب» مُبْهِج .

E·ly·si·um [ĭ lĭzh'ĭ əm; ĭ lĭz'-] *(n.)* الفِردَوْس ؛ الجَنّة .

el·y·tron *also* **el·y·trum** *(n.)* pl. **-tra** الجُنَيِّح الغِمديّ (حش) .

em- = en-.

e·ma·ci·ate [ĭ mā'shĭ āt'] *(vt.; i.)* (١) يُنْحِل ؛ يُهْزِل (٢) يُضعِف x (٣) يَنْحُل ؛ يَهْزُل .

— e·ma·ci·a·tion *(n.)*

E-mail *(n.; vt.)* (١) البريد الألكتروني § (٢) *not cap.* : يُرْسِل ألكترونيًّا .

em·a·nate [ĕm'ə nāt'] *(vi.; t.)* (١) ينبثق ؛ ينبعث x (٢) يُطْلِق .

em·a·na·tion [ĕm'ə nā'-] *(n.)* (١) صُدور ؛ انبثاق (٢) نظرية الفيض [في خلق العالم] (٣) فَيْض (٤) نتيجة ؛ ثمرة (٥) القُتار : عنصر غازيّ ثقيل ناشئ عن الانحلال الإشعاعي (كف) .

e·man·ci·pate [ĭ măn'sə pāt'] *(vt.)* (١) يُعتِق : يحرِّر من العبودية (٢) يُحرِّر القاصر (ق) (٣) يُحرِّر .

— e·man·ci·pa·tion *(n.)*

e·mar·gi·nate [ĭ mär'jə nāt']; **-d** *(adj.)* مُفَلَّج ؛ مُسَنَّن الحاشية .

emarginate leaves

e·mas·cu·late [*v.* ĭ măs'kyə lāt'; *adj.* -lĭt; -lāt'] *(vt.; adj.)* (١) يَخْصي (٢) يُضْعِف ؛ يُوهِن (٣) يُخنِّث § (٤) مَخْصِيّ ؛ عاجز ؛ مُخَنَّث .

— e·mas·cu·la·tion; e·mas·cu·la·tor *(n.)*

em·balm [ĕm bäm'] *(vt.)* (١) يُحَنِّط (٢) يُعطِّر ؛ يُضَمِّخ (٣) يَصون ؛ يحفظ (٤) يبرِّد <~*ed* beef> .

— em·balm·ment *(n.)*

em·bank [ĕm băngk'] *(vt.)* يُطَوِّق أو يَحْصُر بِسَدّ .

em·bank·ment *(n.)* (١) سَدّ ؛ ساترٌ ترابيّ (٢) إقامة سدّ .

em·bar·go [ĕm bär'gō] *(n.; vt.)* (١) الحَظْر : «أ» أمرٌ حكوميّ لمنع إقلاع السّفن التجارية . «ب» أمر بفَرْض قيود على التجارة الخارجية . «ج» أمرٌ بمنع شحن السِّلع أو تقييدِهِ (٢) مَنْع ؛ حَظْر ؛ تحريم § (٣) يَفرِض حظرًا على .

em·bark [-bärk'] *(vt.; i.)* (١) يُرْكِب : يجعله يَرْكب مَتْنَ السفينة أو الطائرة (٢) يوظِّف <to ~ in trade> x (٣) يَرْكب [متنَ السفينة أو الطائرة] (٤) يبدأ ؛ يباشر .

— em·bar·ka·tion; em·bark·ment *(n.)*

em·bar·rass [ĕm băr'əs] *(vt.; i.)* (١) «أ» يُرْبِك . «ب» يورِّط في متاعبَ مالية . «ج» يُحْرِج ؛ يُخجِل (٢) يَعُوق (٣) يُعَقِّد x (٤) يرتبك ؛ يَخْجَل .

em·bar·rass·ing·ly *(adv.)* إلى حدٍّ مُرْبِك .

em·bar·rass·ment [ĕm băr'-] *(n.)* (١) «أ» ارتباك . «ب» ارتباك ماليّ (٢) إرباك (٣) اختلال ؛ اعتلال <cardiac ~> (٤) عائق (٥) وفرة [يتعيَّن على المرء أن يختار منها] <~ of riches> .

em·bas·sa·dor [ĕm băs'ə-] *(n.)* = ambassador.

em·bas·sage [ĕm'bə sĭj] *(n.)* = embassy.

em·bas·sy [ĕm'bə sĭ] *(n.)* السِّفارة : «أ» منصب السفير أو مهمته . «ب» هيئة من الممثلين الديبلوماسيين يرئسها سفير . «ج» مقرّ السفير .

em·bat·tle [ĕm băt'əl] *(vt.)* (١) يُعِدّ للمعركة (٢) يحصِّن [مدينةً إلخ] (٣) يزوِّد بشرفاتٍ مفرَّجة (را . battlement) .

em·bat·tle·ment *(n.)* = battlement.

em·bay [ĕm bā'] *(vt.)* (١) يؤوي أو يَحْصُر في خليج (٢) يُطَوِّق .

em·bed [-bĕd'] *(vt.; i.)* (١) «أ» يُكِنّ في : يجعله مكنونًا في . «ب» يَطْمُر ؛ يَدْفِن ؛ يَغرِس ؛ يضمِّن (٢) يطوِّق بإحكام x (٣) يَسْتكِنّ ؛ يَنْطمر .

em·bel·lish [ĕm bĕl'-] *(vt.)* (١) يُزيِّن ؛ يُزخرف ؛ يُجمِّل (٢) يُزَوِّق ؛ يُنمِّق <to ~ a narrative>.

— em·bel·lish·ment *(n.)*

em·ber [ĕm'bər] *(n.)* جَمْرة ؛ جُذْوَة .

em·bez·zle [ĕm bĕz'əl] *(vt.)* يختلس .

em·bez·zle·ment *(n.)* اختلاس .

em·bit·ter [ĕm bĭt'ər] *(vt.)* (١) يُمِرّ الشيء أو يزيده مرارةً (٢) يَغيظ ؛ يُمِضّ ؛ ينغِّص (٣) يُوغِر [الصَّدرَ] .

em·blaze [ĕm blāz'] *(vt.)* (١) يُزخرف بِبَذَخ (٢) يُشْعِل .

em·bla·zon [ĕm blā'zən] *(vt.)* (١) يُزيِّن [بشعارات النبالة إلخ] (٢) يُزخرف بألوان زاهية (٣) يُمَجِّد ؛ يتغنّى بِـ ؛ يُشيد بذِكْرِه .

— em·bla·zon·ment; em·bla·zon·ry *(n.)*

em·blem [ĕm'bləm] *(n.; vt.)* (١) شِعار ؛ شارة (٢) رمز § (٣) يُرَمِّز : يمثِّل برمز أو شِعار .

— em·blem·at·ic; -al *(adj.)*

em·blem·a·tize [-ə tīz] *(vt.)* يُرَمِّز : يمثِّل أو يصوِّر برمزٍ .

em·ble·ments *(n. pl.)* غَلّة الأرض [العائدةُ شرعًا إلى مستأجرها] .

em·bod·i·ment [ĕm bŏd'ĭ-] *(n.)* (١) تجسيد ؛ تجسُّد (٢) تضمين ؛ تضمّن (٣) مثال ؛ عنوان [الشجاعة أو الإخلاص] .

em·bod·y [-'ĭ] *(vt.)* (١) يُجسِّد (٢) يشمل ؛ ينتظم ؛ يجمع (٣) يضمِّن ؛ يُدْمِج في (٤) يشخِّص : يصوِّر على شكل إنسان أو حيوان .

em·bold·en [ĕm bōl'-] *(vt.)* يُجَرِّئ ؛ يُشجِّع .

ă at; ā date; â care; ä car; ĕ egg; ē me; ĭ in; ī bite; ŏ lot; ō bone; ô orphan; **oi** boil; ŏŏ good; ōō boot; **ou** out; ŭ under; û urgent; ə = *a* in alone, *e* in system, *i* in easily, *o* in gallop, *u* in circus.

em·bo·lec·to·my [-lĕk′-] *(n.)* نَزْعُ الصِّمَّة embolus (ط).
em·bo·lism [ĕm′-] *(n.)* (١) الإلحاق: «أ» إضافة الأيام أو الشّهور أو السّنوات إلى حسابٍ زمنيّ. «ب» الزمنُ المُضاف (٢) «أ» الانصمام: انسداد الوعاء الدمويّ بجسمٍ غريب (ط). «ب» embolus.
em·bo·lus [-′bə ləs] *(n.)* pl. **-li** الصِّمَّة: جلطة دموية.
em·bon·point [än bôn pwăn′] *(n.)* بدانة؛ امتلاء [في الجسم].
em·bosk [ĕm bŏsk′] *(vt.)* يُخَبِّئ. وبخاصة: يُخَبِّئ خلف الأغصان إلخ.
em·bos·om [-bo͞oz′əm] *(vt.)* (١) يَحْتَضِن (٢) cherish (٣) يطوّق.
em·boss [ĕm bôs′; ĕm bŏs′] *(vt.)* (١) يُزَيِّن بنقوش بارزة (٢) يُنتِئ (٣) يزخرف؛ يزيِّن.
— **em·boss·ment** *(n.)*
em·bou·chure [äm′bo͞o sho͞or′] *(n.)* (١) مَصَبّ النهر (٢) التَّفَمُّم: وَضْعُ الشفتين عند النَّفخ في آلة موسيقية (٣) فمُ الآلة الموسيقية.
em·bowed [ĕm bōd′] *(adj.)* مُنْحنٍ؛ مُقَوَّس؛ مُقَبَّب.
em·bow·el [ĕm bou′əl] *(vt.)* = disembowel.
em·bow·er [-bou′ər] *(vt.)* يُظَلِّل؛ يُعَرِّش.
em·brace [-brās′] *(vt.; i.; n.)* (١) «أ» يعانق. «ب» يُحِبّ (٢) يطوّق (٣) «أ» يعتنق [فكرةً أو دينًا]. «ب» يتقبَّل بسرور. «ج» يغتنم [فرصةً] (٤) «أ» يضمن؛ يشمل. «ب» يساوي؛ يعادل **x** (٥) يتعانق § (٦) عناق إلخ (٧) قبضة (٨) قبول؛ اعتناق.
em·brac·er·y [-brā′sə-] *(n.)* الاستمالة: محاولة استمالة قاضٍ أو مُحَلَّف من طريق الترغيب أو الترهيب (ق).
em·brac·ive [-brā′sĭv] *(adj.)* (١) مُولَع بالعناق (٢) شامل.
em·branch·ment [ĕm brănch′-] *(n.)* (١) تفرُّع (٢) فَرْع.
em·bran·gle [ĕm brăng′gəl] *(vt.)* = embroil.
em·bra·sure [-brā′zhər] *(n.)* الكُوَّة: «أ» فتحة داخلُها أوسع من خارجها في باب أو نافذة. «ب» فتحة في جدار حصن [لإطلاق نيران المدافع].
em·brit·tle [-brĭt′-] *(vt.; i.)* (١) يُهشِّ: يجعله هشًّا **x** (٢) يَهِشّ.
em·bro·cate [ĕm′brō kāt′] *(vt.)* يُمَرْهِم: يَدْلُك بمَرْهم.
em·bro·ca·tion *(n.)* (١) المَرْهمة: دَلْكٌ بمَرْهم (٢) الدَّلُوك؛ المَرْهم.
em·broi·der [-broi′-] *(vt.; i.)* (١) يُطرِّز (٢) يُزَخْرِف (٣) embellish *2*.
em·broi·der·y [-′də rĭ] *(n.)* (١) «أ» تطريز. «ب» شيء مطرَّز (٢) زخرفة (٣) تزويق (٤) البَهْرَج: شيء مُعجِب ولكنه تافه.
em·broil [-broil′] *(vt.)* (١) يُشوِّش: يُفسِد نظام شيء (٢) يُوَرِّط.
em·brown [-broun′] *(vt.)* (١) يُدكِّن: يجعله داكنَ اللون (٢) يُسَمِّر.
em·brue [ĕm bro͞o′] *(vt.)* = imbrue.
embry- *or* **embryo-** بادئة معناها: مُضْغة؛ جنين.
em·bry·ec·to·my [ĕm′brĭ ĕk′-] *(n.)* نزع الجنين (ط).
em·bry·o [-′brĭ ō′] *(n.)* (١) مُضْغَة (٢) جنين (٣) حالة جنينيّة.
em·bry·og·e·ny [-ŏj′ə nĭ] *(n.)* التَّمَضُّغ: تكَوُّن المُضْغة وتطوّرها (أج).
em·bry·ol·o·gist *(n.)* المُضْغِيَاتيّ: الاختصاصيّ بعلم الأجِنَّة.
em·bry·ol·o·gy [-ŏl′ə jĭ] *(n.)* المُضْغِيّات؛ علم الأجِنَّة.
em·bry·o·nal [-′brĭ ən əl] *(adj.)* مُضْغِيّ؛ جَنِينيّ.
em·bry·o·nat·ed *(adj.)* مُمَضَّغ: ذو مُضْغَةٍ أو جَنين.
em·bry·on·ic [-ŏn′-] *(adj.)* (١) مُضْغِيّ؛ جَنِينيّ (٢) بدائيّ؛ غير ناضج.
embryo sac *(n.)* كيس الجَنِين؛ الكيس الجَنِينيّ (نب).
em·bry·ot·ic [-ŏt′ĭk] *(adj.)* بدائيّ؛ أوّليّ؛ غير ناضج.
em·cee [ĕm′sē′] *(n.; vi.; t.)* (١) مدير المراسم أو التشريفات § (٢) يعمل مديرَ مراسم أو تشريفات.
e·meer [ə mēr′] *(n.)* = emir.
e·mend [ĭ mĕnd′] *(vt.)* (١) يُصَحِّح (٢) يُنَقِّح [نَصًّا].
e·men·da·te [ē′mən dāt′] *(vt.)* يُصَحِّح؛ يُنَقِّح.
— **e·men·da·tion** *(n.)* — **e·men·da·to·ry** *(adj.)*
em·er·ald [ĕm′ər əld] *(n.; adj.)* (١) زُمُرُّد § (٢) زُمرُّدي اللون.
emerald green *(n.)* الأخضر الزُّمُرُّدي (لون).
e·merge [ĭ mûrj′] *(vi.)* (١) يَنبثِق؛ يَظْهر للعيان (٢) يَبْزُغ (٣) ينشأ.
e·mer·gence [-′jəns] *(n.)* انبثاق؛ بزوغ؛ نُشوء.
e·mer·gen·cy [-′jən sĭ] *(n.)* (١) طارئ (٢) ضرورة؛ حاجة مُلِحّة.
state of ~, حالة الطوارئ.
emergency exit *(n.)* مَخْرج الطوارئ [في مسرح أو قاعة إلخ].
emergency landing *(n.)* الحطّ الاضطراريّ (طي).
e·mer·gent [-′jənt] *(adj.; n.)* (١) «أ» طارئ. «ب» مُلِحّ (٢) منبثق [من الماء ونحوه] (٣) ناشئ [بوصفه نتيجةً طبيعية أو منطقية] § (٤) شيء طارئ (٥) البازغة: نبتةٌ نامية في ماء ضَحْل معظمُها بادٍ للعيان فوقه.
e·merg·ing *(adj.)* حديث النشأة <the ~ nations>.
e·mer·i·tus [ĭ mĕr′ĭ-] *(adj.; n.)* pl. **-ti** (١) فخريّ: حاملٌ بعد التقاعد لقبَ شرفٍ مطابقًا للذي كان يحمله عند التقاعد (٢) متقاعِد <professor ~> § (٣) أستاذ فخريّ.
e·mersed [ĭ mûrst′] *(adj.)* بازغ: بارز فوق سطح الماء.
e·mer·sion [ĭ mûr′zhən; -shən] *(n.)* انبثاق؛ بزوغ؛ نشوء.
em·er·y [ĕm′ə rĭ; ĕm′rĭ] *(n.)* الصَّنفَرة؛ السُّنْباذَج: مادة حُبَيْبيّة صَلدة.
emery paper *(n.)* ورق الصَّنفرة؛ «ورق الزّجاج».
emery wheel *(n.)* عجلة الصَّنفرة: دولاب الصَّقل أو الجَلْخ.
em·e·sis [ĕm′ə sĭs] *(n.)* pl. **-ses** قُياء؛ تقيُّؤ.
e·met·ic [ə mĕt′ĭk] *(adj.; n.)* (١) مُقَيِّئ § (٢) دواء مُقَيِّئ.
em·e·tine [ĕm′ə tēn; -tĭn] *(n.)* الأميتين: مادة مُقَيِّئة.
é·meute [ā mœt′] *(n.)* ثورة؛ هياج شعبيّ.
-emia لاحقة معناها: حالة الدم <leuk*emia*>.
em·i·grant [ĕm′ə grənt] *(n.; adj.)* مُهاجِر؛ نازح.
em·i·grate [ĕm′ə grāt′] *(vi.)* يُهاجر؛ يَنْزَح.
em·i·gra·tion [-grā′-] *(n.)* هِجرة؛ نُزوح.
é·mi·gré [ĕ′mĭ grā′] *(n.)* اللاجئ: المُكْرَه على الهجرة لظروف سياسية ...
em·i·nence; em·i·nen·cy [ĕm′ə-] *(n.)* (١) «أ» سُمُوّ؛ علاء. «ب» نيافة: لقب الكردينال. «ج» شخص رفيع المقام (٢) مُرْتَفَع؛ رَبْوة؛ بروز

(٣) البروز: نتوء، وبخاصّة في عظْم (ت).

é·mi·nence grise [ā mē näns grēz] *(n.)* الصَّفيّ؛ التابع الموثوق. وبخاصة: المتسلِّط الخفيّ: من يُمارِس السلطة من وراء الستار.

em·i·nent [ĕm′ə-] *(adj.)* (١) بارز (٢) «أ» ناتئ. «ب» شاهق (٣) مُتفوِّق.

eminent domain *(n.)* حقّ الحكومة [في مصادرة المِلكية الشخصية].

e·mir [ə mēr′] *(n.)* الأمير: حاكمٌ عربيّ.

e·mir·ate [ə mēr′ĭt; -āt] *(n.)* الإمارة: منصب الأمير أو منطقة سلطته.

em·is·sar·y [ĕm′ĭ-] *(n.)* (١) رسول؛ مبعوث (٢) جاسوس أو بوليس سرّيّ.

e·mis·sion [ĭ mĭsh′ən] *(n.)* (١) «أ» إطلاق. «ب» إصدار (٢) الانبعاث (فز) (٣) شيء مُنْبَعِث (٤) effluvium.

— e·mis·sive *(adj.)*

em·is·siv·i·ty [ĕm′ə sĭv′ə tĭ] *(n.)* الانبعاثية؛ الإصدارية: قدرة السّطح النسبية على إطلاق الحرارة بالإشعاع (فز).

e·mit [ĭ mĭt′] *(vt.)* (١) يَبعث؛ يُرسل؛ يُصْدِر (٢) يَقذِف [دخانًا إلخ] (٣) يُطلق [صوتًا إلخ].

em·men·a·gogue [-ə gôg′] *(n.)* المَطْمَث: دواء مُدِرّ للطَّمث.

em·mer [ĕm′ər] *(n.)* الحنطة النَّشَوية (نب).

em·met [ĕm′ĭt] *(n.)* نملة (ع).

e·mol·lient [ĭ mŏl′-] *(adj.; n.)* (١) مُطَرٍّ أو مُرَطِّب للبشرة (٢) مُهَدِّئ.

e·mol·u·ment [-yə mənt] *(n.)* أجر؛ راتب؛ تعويض.

e·mote [ĭ mōt′] *(vi.)* (١) يُطلق العِنان للعاطفة (٢) يتكلّف عاطفةً.

e·mo·tion [-′shən] *(n.)* (١) إحساس؛ عاطفة (٢) الانفعال (نف).

e·mo·tion·al *(adj.)* (١) عاطفيّ؛ انفعاليّ (٢) سريع الانفعال.

e·mo·tion·al·ism *(n.)* العاطفيّة: «أ» الاسترسال مع العاطفة. «ب» نزعة إلى النظر للأشياء عاطفيًا.

e·mo·tion·al·ist *(n.)* العاطفي: النَّزّاع إلى العاطفة دون العقل.

e·mo·tion·al·i·ty [ĭ mō′shə năl′-] *(n.)* العاطفيّة؛ الانفعاليّة.

e·mo·tion·al·ize *(vt.)* (١) يخلع صفةً عاطفيةً على (٢) يستثير العاطفة.

e·mo·tion·less [ĭ mō′-] *(adj.)* عديم العاطفة أو التأثّر.

e·mo·tive [ĭ mō′tĭv] *(adj.)* عاطفيّ؛ انفعاليّ.

em·pan·el [ĕm păn′əl] *(vt.)* (١) «أ» يُدرج في جدول المحلَّفين. «ب» يُدرج في لائحة أو قائمة (٢) يختار مُحَلَّفًا من الجدول.

em·pa·thy [ĕm′pə thĭ] *(n.)* الاعتناق؛ التقمُّص العاطفيّ (نف).

em·pen·nage [än pĕ näzh′] *(n.)* مجموعة الذَّيل (طي).

em·per·or [ĕm′pər ər] *(n.)* أمبراطور.

em·per·y [ĕm′pə rĭ] *(n.)* = empire.

em·pha·sis [ĕm′fə-] *(n.)* (١) توكيد؛ تأكيد (٢) تشديد [على كلمة أو مقطع].

em·pha·size [-sīz′] *(vt.)* يُؤكِّد؛ يُشدِّد (را. المادة السابقة).

em·phat·ic [-făt′ĭk]; **-al** *(adj.)* (١) مؤكَّد؛ مشدَّد (٢) حازم: معبِّر عن نفسه بأسلوب توكيديّ؛ نزّاع إلى الحسم (٣) جازم؛ باتّ (٤) رائع؛ لافت للنظر (٥) راسخ؛ وطيد <an ~ opinion>.

em·phy·se·ma [ĕm′fĭ sē′mə] *(n.)* النُّفاخ؛ انتفاخ الرئة (مض).

em·pire [ĕm′pīr] *(n.; adj.)* (١) الأمبراطورية (٢) سلطة أمبراطورية (٣) سيطرة تامّة § (٤) أمبراطوريّ.

em·pir·ic [ĕm pĭr′ĭk] *(n.)* (١) الدَّجّال (٢) ابن التجربة: شخص تُعْوِزُهُ الثقافة النظرية، فهو لذلك يعتمد كلَّ الاعتماد على الخبرة العملية.

em·pir·i·cal *also* **em·pir·ic** *(adj.)* تجريبيّ: «أ» معتمد على التجربة العملية من غير اعتبار للعلم أو النظريات. «ب» مَبنيّ على الملاحظة والاختبار.

empirical formula *(n.)* الصِّيغة البدائية أو التجريبية.

em·pir·i·cism [ĕm pĭr′-] *(n.)* (١) «أ» الطِّبّ التجريبيّ [من غير استعانة بالعلم أو النظريات]. «ب» تدجيل (٢) التَّجريبيّة: الاعتماد على الملاحظة والتجريب وبخاصة في العلوم الطبيعية (٣) التَّجرِبانية؛ المذهب الحسِّيّ.

em·place [ĕm plās′] *(vt.)* يَضَع؛ يَنْصُب.

em·place·ment *(n.)* (١) مَوْضِع؛ مَوْقِعُ [الشيء] (٢) المَرْبَض: مَوْضع المِدفع (جن) (٣) وَضْع؛ نَصْب.

em·plane [ĕm plān′] *(vi.)* = enplane.

em·ploy [ĕm ploi′] *(vt.; n.)* (١) يَسْتعمل (٢) يُوظِّف؛ يستخدم بأجرٍ (٣) يَقِفُ؛ يكرِّس § (٤) خدمة <in the government's ~>.

em·ploy·ee *or* **em·ploy·e** [ĕm ploi′ē] *(n.)* المُسْتَخْدَم؛ الأجير.

em·ploy·er [-′ər] *(n.)* المُستخدِم؛ صاحب العمل.

em·ploy·ment [-′mənt] *(n.)* (١) «أ» استعمال. «ب» استخدام؛ توظيف (٢) عمل؛ وظيفة (٣) خِدمة (٤) العِمالة: العَمَل كَسْبًا للرزق.

employment agency *(n.)* وكالة الاستخدام.

em·poi·son [-poi′zən] *(vt.)* (١) يُسَمِّم (ا. ق) (٢) يُفْسِد؛ يُنغِّص.

em·po·ri·um [-pōr′ĭ əm] *(n.)* pl. **-s** *also* **-ri·a** [ĭ ə] (١) سُوق؛ مركز تجاريّ (٢) مَتْجَر ضَخْم [تباع فيه مختلف السِّلع].

em·pow·er [ĕm-] *(vt.)* (١) يُفوِّض؛ يمنح سلطةً (٢) يُمكِّن؛ يساعد على.

em·press [ĕm′prəs] *(n.)* (١) أمبراطورة (٢) زوجة أمبراطور.

em·presse·ment [än prĕs män′] *(n.)* (١) حماسة (٢) حرارة؛ مَوَدّة.

em·prise [ĕm prīz′] *(n.)* (١) مشروع جريء (٢) إقدام؛ جرأة.

emp·ti·ness [ĕmp′tĭ-] *(n.)* فراغ؛ خَلاء؛ حماقة؛ جوع إلخ.

emp·ty[1] [ĕmp′tĭ] *(adj.)* (١) «أ» فارغ. «ب» خالٍ. «ج» غير آهل. «د» غير حُبْلَى (٢) «أ» أجوف. «ب» باطل. «ج» أحمق (٣) جائع (٤) «أ» متبطِّل <~ hours>. «ب» عقيم؛ عديم الجدوى (٥) خاوٍ: لا حياةَ فيه.

emp·ty[2] *(vt.; i.)* x (١) «أ» يُفرغ. «ب» يُجرِّد من (٢) يَسْكُب (٣) يُخلي (٤) يَفْرَغ (٥) يَصُبّ [النهرُ] (٦) يَبول؛ يتغوَّط.

emp·ty[3] *(n.)* شيء فارغ [كعَرَبة أو زُجاجة].

empty–handed *(adj.; adv.)* صِفْر اليدين؛ فارغ اليدين.

empty–headed *(adj.)* أحمق؛ غبيّ.

em·pur·ple [-pûr′-] *(vt.; i.)* (١) يحمِّر أو يَصْبغ بالأُرْجُوان x (٢) يَحْمَرّ.

em·py·e·ma [ĕm′pĭ ē′mə] *(n.)* التقيُّح (ط).

em·pyr·e·al [ĕm pĭr′ĭ əl] *(adj.)* (١) سماويّ (٢) سامٍ؛ رفيع.

em·py·re·an [ĕm′pə rē′ən] *(adj.; n.)* (١) سماويّ (٢) سامٍ؛ رفيع § (٣) عِلِّيُّون: السماء العليا (٤) السَّماء.

e·mu [ē′myōō] *(n.)* الأَمُو: طائر أسترالي كالنعامة ولكنه أصغر منها.

em·u·late [ĕm′yə-] *(vt.)* (١) «أ» يُنافس؛ يُباري. «ب» يُحاكي (٢) يُضاهي.

em·u·la·tion [ĕm′yə lā′-] *(n.)* (١) مُنافسة (٢) مُحاكاة (٣) مُضاهاة.

em·u·la·tive [ĕm′yə lāt-] *(adj.)* (١) مُنافس؛ مُحاكٍ (٢) تنافُسيّ.

em·u·la·tor [-lāt′ ər] *(n.)* المُنافِس؛ المُحاكي؛ المُضاهي.

em·u·lous [-′yə ləs] *(adj.)* (١) متنافس <~ suitors> (٢) تنافسيّ.

e·mul·si·ble [ĭ mŭl′sə-] *(adj.)* قابلٌ للاستحلاب.

e·mul·si·fi·ca·tion [ĭ mŭl′sə fĭ kā′-] *(n.)* الاستحلاب (ك).

e·mul·si·fi·er [ĭ mŭl′-] *(n.)* المستحلِب. وبخاصة عاملٌ مستحلِبٌ (ك).

e·mul·si·fy [ĭ mŭl′sə fī′] *(vt.)* يستحلِب: يحوِّل إلى مستحلَب (ك).

e·mul·sion [ĭ mŭl′shən] *(n.)* (١) المُستَحْلَب (ك) (٢) الطبقة الحسّاسة للضوء (فو).
— **e·mul·sive** *(adj.)*

e·munc·to·ry [ĭ mŭngk′-] *(n.)* المُصرِّف: عضو يصرِّف الفضلات (ت).

en- *also* **em-** بادئة معناها: «أ» يضع على أو في <*en*throne>. «ب» يَرْكب <*en*train>. «ج» يجعله كذا <*en*slave>. «د» يُزوِّد بِـ <*em*power>.

-en لاحقة معناها: «أ» مصنوع من <wool*en*>. «ب» يجعله كذا <bright*en*>. «ج» يصبح كذا <soft*en*>.

en·a·ble [ĕn ā′bəl] *(vt.)* (١) يُمكِّن (٢) يُخوِّل؛ يُجيز.

en·act [-ăkt′] *(vt.)* (١) يسنّ [قانونًا] (٢) يمثّل دور كذا <to ~ Hamlet> (٣) يَحْدث <the scene where the murder was ~*ed*>.

en·act·ment [-′mənt] *(n.)* (١) التّشريع: سنّ القوانين (٢) قانون.

e·nam·el [ĭ năm′əl] *(vt.; n.)* (١) يَطلي بالمينا (٢) يُزخرف بسطح ملوَّن (٣) يَصْقُل؛ يلمِّع § (٤) مِينا [الأسنان] (٥) طلاء.

e·nam·el·ware [-wâr′] *(n.)* آنية مطليّة بالمِينا.

en·amor *or* **en·am·our** [ĕn ăm′ər] *(vt.)* يَفْتِن؛ يَسْحَر؛ يُتيِّم.

en·ar·gite [ĕn är′jīt] *(n.)* الإينارجيت: زرنيخات النحاس الكبريتية.

en·ar·thro·sis [ĕn′är thrō′-] *(n.)* المَفصِل الحُقّيّ (ت).

e·na·tion [ē nā′shən] *(n.)* النَّماء الخارجيّ (أح).

en bloc [än blŏk′] *(adv. or adj.)* (١) ككلٍّ؛ جملةً (٢) كتلةً واحدةً.

en·cage [ĕn kāj′] *(vt.)* يحبس في قفص.

en·camp [ĕn kămp′] *(vt.; i.)* (١) «أ» يقيم مخيّمًا. «ب» يضع في مُخَيّم x (٢) يخيِّم؛ يُعسكِر.

en·camp·ment [-′mənt] *(n.)* (١) تخييم؛ عَسْكَرَة (٢) مُخَيَّم.

en·cap·su·late *(vt.; i.)* (١) يُكَبْسِل؛ يُغَلِّف x (٢) يتكَبْسَل؛ يتغلَّف.

en·case [ĕn kās′] *(vt.)* (١) «أ» يُصَنْدِق؛ يُعلِّب: يضع في صندوق أو علبة. «ب» يُغلِّف (٢) يُغطّي؛ يكسو.

en·cash [ĭn kăsh′] *(vt.)* = cash.

en·caus·tic [ĕn kô′stĭk] *(n.; adj.)* (١) الرَّسم بالشَّمع: رسم بألوان شَمعيّة مُثَبَّتة بالحرارة (٢) لوحة شَمعيّة § (٣) شمعيّ: مرسوم بألوان شمعيّة كهذه.

en·ceinte[1] [ĕn sănt′] *(adj.)* حامل؛ حُبلى.

en·ceinte[2] *(n.)* (١) سُور الحِصْن إلخ (٢) حِصْنٌ مُسَوَّر.

encephal- *or* **encephalo-** بادئة معناها: الدِّماغ.

en·ce·phal·ic [ĕn sə făl′ĭk] *(adj.)* دِماغيّ.

en·ceph·a·li·tis [ĕn sĕf′ə lī′-] *(n.)* التهاب الدماغ (ط).

en·ceph·a·log·ra·phy [-lŏg′rə fĭ] *(n.)* تخطيط الدِّماغ (ط).

en·ceph·a·lon [ĕn sĕf′ə lŏn′] *(n.)* pl. **-la** الدّماغ (ت).

en·ceph·a·lop·a·thy [ĕn sĕf′ə lŏp′-] *(n.)* الاعتلال الدِّماغيّ (مض).

en·chain [-chān′] *(vt.)* (١) يُصَفِّد؛ يُكبِّل (٢) يأسر [الانتباه].

en·chant [-chănt′] *(vt.)* (١) يَسْحَر (٢) يَفتِن؛ يَسْبي.

en·chant·er [-chăn′-] *(n.)* (١) فا enchant (٢) الساحر؛ العرّاف.

en·chant·ment [-chănt′-] *(n.)* (١) سِحْر (٢) افتتان (٣) شيء ساحر.

en·chant·ress [-chăn′-] *(n.)* (١) الساحرة؛ العرّافة (٢) امرأة فاتنة.

en·chase [ĕn chās′] *(vt.)* (١) يَنقُش (٢) يُزخرف؛ يُرَصِّع (٣) يُفصِّص: يجعل الجوهرة في موضعها من الخاتم.

en·chi·la·da [ĕn′chə lä′də] *(n.)* الأنشيلادة: كعكة مَحْشُوَّة باللحم أو الجبن ومَكْسُوَّة بصلصة طماطم مُنَكَّهة بالفلفل.

en·chi·rid·i·on [ĕn′kī rĭd′-] *(n.)* pl. **-rid·i·a** كُتَيِّب؛ كتاب.

en·ci·pher [-sī′-] *(vt.)* يُجَفِّر؛ يُشَفِّر: يحوِّل رسالة إلى جِفرة أو شيفرة.

en·cir·cle [-sûr′kəl] *(vt.)* يُطوِّق؛ يُحيط بِـ.

en·clasp [-klăsp′] *(vt.)* يطوِّق <~*ed* her in his arms>.

en·clave [-′klāv] *(n.)* المَحْصورة: بلاد أو مقاطعة مُحاطة بأرضٍ أجنبية.

en·clit·ic [-klĭt′-] *(adj.)* انضوائيّ: غير ذي نبرة مستقلة (ل).

en·close [-klōz′] *(vt.)* (١) «أ» يُطوِّق. «ب» يُسيِّج (٢) يَحْبِس؛ يَحْصُر (٣) يُضمِّن: يضع طيَّ غلاف أو طَرْد (٤) يتضمَّن: ينطوي على.

en·clo·sure [-klō′zhər] *(n.)* (١) تطويق؛ تسييج (٢) انحباس (٣) سِياج (٤) حظيرة مُسَيَّجة (٥) المتضمَّن؛ المحتوَى.

en·code [-kōd′] *(vt.)* يُكَوِّد: يحوِّل رسالةً إلخ إلى كَوْد code.

en·co·mi·ast [ĕn kō′-] *(n.)* المدّاح؛ المادح.

en·co·mi·um [ĕn kō′mĭ əm] *(n.)* pl. **-s;** *or* **-mi·a** مديح.

en·com·pass [-kŭm′-] *(vt.)* (١) يطوِّق (٢) يَشْمَل (٣) يُنجز؛ يقوم بِـ.

en·core [än′kōr] *(interj.; n.; vt.)* (١) ثانيةً؛ مرَّةً ثانيةً § (٢) استعادة § (٣) يستعيد [أغنيةً إلخ].

en·coun·ter [-koun′-] *(vt.; n.)* (١) «أ» يواجه [عدوًّا]. «ب» يصادم؛ يناوش (٢) يلاقي؛ يقابل (٣) يصادف؛ يَلْقى من غير توقّع § (٤) «أ» صِدام. «ب» مناوشة (٥) لقاء غير متوقع (٦) الاقتراب [من جِرم سماويّ].

en·cour·age [-kûr′ij] *(vt.)* (١) يشجِّع (٢) يستحثّ (٣) يساعد؛ يرعى.

en·cour·age·ment [-mənt] *(n.)* (١) تشجيع إلخ (٢) مُشَجِّع.

en·cour·ag·ing *(adj.)* مُشجِّع <~ words>.

en·crim·son [-krĭm′zən] *(vt.)* يُقَرْمِز: يصبغ بلونٍ قِرمزيّ.

en·croach [-krōch′] *(vi.)* (١) يَعتدي. وبخاصة على حقوق الآخرين أو ممتلكاتهم تدريجيًا أو خِلسةً (٢) يتجاوز؛ يتخطّى؛ ينتهك حُرمة كذا. — **en·croach·ment** *(n.)*

en·crust [-krŭst′] *(vt.; i.)* (١) يُلبِّس بقشرة (٢) يُرَصِّع x (٣) يُشَكِّل قشرةً.

en·crypt [ĕn krĭpt′] *(vt.)* (١) encipher (٢) encode.

en·cum·ber [-kŭm′-] *(vt.)* (١) يُثْقِل (٢) يُرهق بالديون (٣) يَعُوْق.

en·cum·brance *(n.)* (١) عائق (٢) رَهْن أو دَيْن [على عقار] (٣) طفل.

-ency لاحقة معناها: حالة <depend*ency*>.

en·cyc·li·cal [-sĭk′-] *(adj.; n.)* (١) عامّ § (٢) المنشور البابويّ (كن).

en·cy·clo·pe·dia *also* **-pae·di·a** [ĕn sī′klə pē′dĭ ə] *(n.)* الموسوعة؛ المَعْلَمة؛ دائرة المعارف.

en·cy·clo·pe·dic; -al [-pē′-] *(adj.)* (١) موسوعيّ؛ مَعْلَميّ (٢) شامل.

en·cy·clo·pe·dism *(n.)* الموسوعية: الثقافة الموسوعية العريضة.

en·cy·clo·pe·dist [-pē′-] *(n.)* الموسوعيّ: «أ» المشارك في وضع موسوعة. «ب» *cap.*: أحد واضعي الموسوعة الفرنسية (١٧٥١-١٧٧٢).

en·cyst [ĕn sĭst′] *(vt.; i.)* (١) يُكيِّس x (٢) يتكيَّس.

en·cyst·ment [ĕn sĭst′-] *(n.)* (١) تكييس (٢) تكيُّس.

end [ĕnd] *(n.; vt.; i.; adj.)* (١) «أ» حدّ. «ب» طَرَف. «ج» نهاية؛ خاتمة؛ آخِر. «د» الطَّرَفيّ: أحد اللاعبَيْن عند طَرَفَي الخطّ الأماميّ [في كرة القدم] (٢) «أ» توقُّف؛ انتهاء. «ب» موت؛ هلاك. «ج» دمار. «د» نتيجة. «هـ» بقية. «و» غرض؛ هدف؛ غاية (٣) حصّة (٤) جانب؛ ناحية § (٥) يُنهي (٦) يَقْتل؛ يدمِّر (٧) يُشَكِّل نهايةً لـ x (٨) ينتهي (٩) يموت § (١٠) نهائيّ <~ results>.

- at a loose ~; at loose ~s — عاطلٌ عن العمل مؤقتًا.
- at one's wits' ~, — مشدوه؛ مرتبك جدًا.
- at the ~ of his tether — عاجز عن فعل أي شيء إضافيّ.
- no ~, — إلى حدّ بعيد (ع).
- no ~ of — مقدارٌ وافر من.
- on ~, — (١) من غير انقطاع (٢) على نحوٍ منتصب.
- to come to an ~, — ينتهي؛ يُشرف على النهاية.
- to get the wrong ~ of the stick — يُسيء الفهم تمامًا.
- to make an ~ of — يوقف؛ يضع حدًّا لِـ؛ يقضي على.
- to make both ~s meet — يقتصد في الإنفاق لئلّا يتخطّى حدود دخله.
- to put an ~ to = to make an ~ of.

end- *or* **endo-** بادئة معناها: «أ» داخلَ؛ داخليّ. «ب» ممتصّ لِـ.

en·dam·age [ĕn dăm′ĭj] *(vt.)* يؤذي؛ يَضُرّ.

end·amoe·ba [ĕn′də mē′-] *(n.)* الأندميبة: طفيليّ مُسَبِّب للزُّحار.

en·dan·ger [ĕn dān′-] *(vt.)* يعرِّض للخطر.

en·dan·gered *(adj.)* مُهدَّد بالخطر أو بالانقراض <~ species>.

end·brain [-′brān′] *(n.)* الدِّماغ الخلفيّ أو الانتهائيّ (ت).

en·dear [-dēr′] *(vt.)* يُحبِّب <~*ed* himself to her.>

en·dear·ment [-dēr′-] *(n.)* (١) مص endear (٢) تَرْبيتة تحبُّب.

en·deav·or [ĕn dĕv′ər] *(vt.; i.; n.)* (١) يحاول؛ يسعى § (٢) محاولة؛ مَسْعًى.

en·dem·ic [-dĕm′ĭk] *(adj.; n.)* (١) متوطِّن؛ مُستوطِن <~ diseases> § (٢) نبات أو حيوان أو داء متوطّن. — **en·dem·i·cal** *(adj.)*

en·der·mic [-dûr′mĭk] *(adj.)* جلديّ <~ medications>.

end·ing *(n.)* (١) إنهاء (٢) انتهاء (٣) نهاية (٤) موت (٥) لاحقة (ل).

en·dive [ĕn′dīv] *(n.)* الهِنْدِباء: بقلٌ من الفصيلة المركَّبة.

end·less *(adj.)* (١) لانهائيّ (٢) مُتواصل (٣) مُتَّصل <~ chain>.

end·long [-′lông′] *(adv.)* = lengthwise.

end man *(n.)* الرَّجل الأخير: الأخير في صفّ. وبخاصة: أحد رَجلين في طَرَفَيْ صفّ من المسرحيين المشاركين في حوار هزلي.

end·most [ĕnd′mōst] *(adj.)* الأمضى؛ الأبعد.

endo- = end-.

en·do·blast *(n.)* الأرُومة الباطنة: طبقة الجنين الجرثومية الداخلية (أج).

en·do·car·di·al [-kär′dĭ-] *(adj.)* (١) واقعٌ ضمنَ القلب (٢) شَغافيّ.

en·do·car·di·tis [-dī′tĭs] *(n.)* الشُّغاف: التهاب الشَّغاف (مض).

en·do·car·di·um [-kär′dĭ əm] *(n.)* الشَّغاف؛ بطانة القلب (ت).

en·do·carp [ĕn′də kärp′] *(n.)* غلاف الثمرة الباطني.

en·do·chon·dral [-kŏn′-] *(adj.)* غُضروفيّ باطنٌ <~ ossification>.

en·do·crine [-krĭn; -krīn′] *(adj.; n.)* (١) أصمّ؛ باطنيّ الإفراز <~ glands> (٢) صَمّاويّ (٣) هُرمونيّ § (٤) هُرمون (٥) غُدّة صمّاء.

en·do·cri·nol·o·gist *(n.)* الاختصاصي بالغُدَد الصُّمّ.

en·do·cri·nol·o·gy [-′ə jĭ] *(n.)* علم الغُدَد الصُّمّ.

en·do·derm [ĕn′də dûrm′] *(n.)* = endoblast.

en·do·der·mis *(n.)* الأدَمة الباطنيّة: نسيجُ القِشرةِ الأعمقُ (نب).

en·do·don·tia [-dŏn′shə] *(n.)* مَبحث لُبّ الأسنان.

en·do·en·zyme *(n.)* الأنزيمة الباطنية: أنزيمة تعمل داخلَ الخليّة (كح).

en·dog·a·my [-dŏg′-] *(n.)* (١) «أ» التَّزاوُج اللُّحميّ [بين أفراد القبيلة الواحدة]. «ب» تناسل بين الأقارب الأدنَيْن (٢) التلقيح الداخليّ: تلقيح زهرة بلَقْحٍ من زهرة أخرى من النبات نفسه (نب). — **en·dog·a·mous** *(adj.)*

en·do·gen [ĕn′də jĕn′] *(n.)* الباطنيّ النموّ (نب).

en·dog·e·nous [ĕn′dŏj′-] *(adj.)* باطنيّ المنشأ («نب» و«نف» و«فس»).

en·dog·e·ny [-dŏj′ə nĭ] *(n.)* النّماء الباطنيّ: نماء من الداخل (أح).

en·do·lymph [-′də lĭmf′] *(n.)* السّائل المائيّ [في الأذن الباطنية].

en·do·me·tri·tis [-mĭ trī′tĭs] *(n.)* التهاب بِطانة الرَّحِم (ط).

en·do·me·tri·um [-mē′trĭ əm] *(n.)* pl. **-tria** بِطانة الرَّحِم (ت).

en·do·morph [ĕn′-] *(n.)* المُتَبالِرة: بلّورة متضمَّنَةٌ في بلّورة من نوع آخر.

en·do·par·a·site [-păr′ə sīt′] *(n.)* الطُّفَيل الباطنيّ: حيوان طُفَيليّ يحيا على أنسجةِ مُضيفِه أو أعضائه الباطنية.

en·doph·a·gous [-dŏf′ə gəs] *(adj.)* باطنيّ الاغتذاء: متغذٍّ من الداخل.

en·do·phyte [-′də fīt′] *(n.)* المُتَنابتة: نبتة تحيا داخلَ نبتةٍ أخرى.

en·do·plasm [-′də plăz′əm] *(n.)* الجِبْلة الباطنيّة (أح).

en·dorse [ĕn dôrs′] *(vt.)* (١) يُظَهِّر: يُوَقِّع على ظهر الشيك ليقبض قيمته (٢) يُوَقِّع [على شيك أو سَنَد] (٣) يُسَجِّل مخالفةً [على رخصة قيادة السيارة] (٤) يُجَيِّر: يُحوِّل قيمةَ شيك إلى شخص آخر [بالتوقيع على ظهره] (٥) يُقِرّ بتسلّم مبلغ [مُوَقِّعًا على وثيقة] (٦) يُقِرّ؛ يُصادق على <to ~ a plan>.

en·dor·see [-sē′] *(n.)* المُجَيَّر له؛ مَنْ يجيَّر الشيك لمصلحته.

en·dorse·ment [-′mənt] *(n.)* (١) تظهير؛ تجيير؛ توقيع سَنَد إلخ (٢) المُلْحَق: شرط مضافٌ إلى عقد التأمين مُعَدِّلٌ لِنطاقِه أو وجوه تطبيقه (٣) إقرار؛ موافقة؛ مصادقةٌ على.

en·do·scope [ĕn′də-] *(n.)* المِجْواف؛ المنظار الباطنيّ (ط).

en·dos·co·py [-dŏs′kə pĭ] *(n.)* المِجوافيّة؛ التنظير الباطنيّ.

en·do·skel·e·ton [-skĕl′ə-] *(n.)* الهيكل الداخليّ [لجسم الحيوان].

en·dos·mo·sis [-dŏs mō′-; -dŏz-] *(n.)* الانتضاح؛ التَّنافذ الباطنيّ (ك).

en·do·some [ĕn′də sōm′] *(n.)* الجُسَيْم الباطنيّ (أح).

en·do·sperm [-spûrm′] *(n.)* السُّوَيداء: نسيجٌ مُغَذٍّ في بزور النباتات يتشكّل ضمنَ الكيس الجنينيّ.

en·do·spore [-spōr′] *(n.)* البَوْغَة الباطنيّة: بَوْغة تتكوّن داخلَ الخليّة.

end·os·te·al [ĕn dŏs′-] *(adj.)* واقعٌ ضمن عظم أو غُضروف (ت).

en·do·ster·nite *(n.)* الفِلْقَة الباطنيّة: فِلقة من الهيكل الداخليّ للحشرة.

en·dos·te·um [-′tĭ əm] *(n.)* pl. **-te·a** السِّمحاق الباطنيّ: الغشاء الوعائيّ المبطِّن للتجويف النُّخاعيّ للعظم (ت).

en·dos·to·sis [-tō′sĭs] *(n.)* التَّعظُّم الباطنيّ [في الغُضروف].

en·do·the·ci·um [-thē′shē əm] *(n.)* القميص الداخليّ (نب).

endotheli- *or* **endothelio-** بادئة معناها: بِطانة؛ بطانيّ.

en·do·the·li·um [ĕn′dō thē′-] *(n.)* البِطانة: «أ» غشاء يبطِّن القلبَ والأوعيةَ الدموية إلخ (ت). «ب» الطبقة الداخلية لغلاف البزرة (نب).

en·do·therm [ĕn′-] *(n.)* الثابت الحرارة: حيوان ثابت الحرارة.

en·do·ther·mic *also* **en·do·ther·mal** *(adj.)* ماصّ للحرارة.

en·do·ther·my *(n.)* (١) الاستحرار الباطن (أح) (٢) ثبات الحرارة.

en·do·tox·in [-tŏk′sĭn] *(n.)* الذِّيفان الباطنيّ: سُمّ داخليّ المنشأ (كح).

en·dow [-dou′] *(vt.)* (١) يقف مالًا على <to ~ a college> (٢) يَهَبُ؛ يمنح.

en·dow·ment [-dou′-] *(n.)* (١) مَنْح (٢) وَقْف (٣) موهبة طبيعية.

en·do·zo·ic [-zō′ĭk] *(adj.)* ضِمْحَيَوانيّ: عائشٌ ضمن حيوان (نب).

end·pa·per *(n.)* الورقة الانتهائية: ورقة مطوية طيّة واحدة يُلصَق جانبٌ منها على باطن الغلاف الأمامي أو الخلفي من كتاب ويلصق الجانب الآخر عند قاعدة صفحته الأولى أو الأخيرة.

end product *(n.)* الحصيلة النّهائية؛ الناتج النهائيّ.

end run *(n.)* حيلة [أو حركة] يُراد بها التملُّص.

end table *(n.)* الطاولة الجَنبيّة: طاولة صغيرة توضع بجانب مَقْعد إلخ.

en·due [ĕn dōō′; -dyōō′] *(vt.)* (١) يَهَبُ؛ يمنح (٢) don (٣) يكسو.

en·dur·a·ble [ĕn dōōr′-] *(adj.)* مُحْتَمَل؛ يُطاق.

en·dur·ance *(n.)* (١) ثبات؛ بقاء (٢) احتمال؛ جَلَد؛ إطاقة (٣) مِحنة.

en·dure [-dōōr′] *(vi.; t.)* (١) يَثْبُت؛ يَبْقَى؛ يدوم (٢) يتحمَّل x (٣) يُطيق.

en·dur·ing *(adj.)* (١) ثابت؛ باقٍ؛ دائم (٢) حليم؛ طويل الأناة.

end·ways *or* **end·wise** *(adv.)* (١) في وضع تكون فيه مؤخرة الشيء أمام الناظر (٢) طُوليًّا؛ بالطّول (٣) منتصِبًا؛ قائمًا (٤) جنبًا إلى جنب.

-ene لاحقة معناها: مُرَكَّب فحميّ غير مُشْبَع <benzene>.

en·e·ma [ĕn′ə mə] *(n.)* (١) الرَّحْض: إدخال سائلٍ ما، عَبْرَ الشَّرَج إلى المستقيم (٢) حقنة شَرَجيّة.

en·e·my [ĕn′ə mĭ] *(n.)* (١) خَصْم (٢) عَدُوّ.

en·er·get·ic [-jĕt′-] *(adj.)* (١) نشيط (٢) فعّال (٣) طاقيّ: متعلّق بالطاقة.

en·er·get·ics *(n.)* (١) علم الطّاقة: فرع من الميكانيكا يُعنى بدراسة الطاقة وتحوُّلاتها (٢) تحوُّلات.

en·er·gize [ĕn′ər jīz′] *(vi.; t.)* (١) يَنشَط؛ يعمل بنشاط x (٢) يُنشِّط؛ يَستحثّ (٣) يُزوِّد بالطاقة.
— **en·er·giz·er** *(n.)*

en·er·gy [-jĭ] *(n.)* (١) نشاط (٢) مقدرة (٣) قوة (٤) طاقة (فز).

en·er·vate [*v.* ĕn′ər vāt′; *adj.* ĭ nûr′vĭt] *(vt.; adj.)* (١) يُوْهِن؛ يُضعِف § (٢) واهن؛ ضعيف.
— **en·er·vat·ed** *(adj.)*

en·face [-fās′] *(vt.)* يكتب على وجه سندٍ أو شيكٍ إلخ.

en fa·mille [än fȧ mē′yᵊ] *(adv.)* في البيت؛ بصورة غير رسمية.

en·fant ter·ri·ble [än fän tə rē′blᵊ] *(n.)* الولد الرّهيب: ولدٌ مزعج؛ ولدٌ يُربك بسلوكه وأسئلته من هم أكبر منه سنًا.

en·fee·ble [ĕn fē′bəl] *(vt.)* يُضعِف؛ يُوْهِن. **– ment** *(n.)*

en·feoff [ĕn fĕf′] *(vt.)* يُقْطِع: يمنحه إقطاعةً أو نحوها.

en·fet·ter [-fĕt′ər] *(vt.)* (١) يُصَفِّد: يُكَبِّل بالسَّلاسل (٢) يَسْتعبد.

en·fi·lade [-′fə lād′] *(n.; vt.)* (١) المصفوفة: منظومة من صفوف متقابلة متوازية (٢) رمي الانتظام: نار تُطْلَق على طول خندق أو صفٍّ من الجند § (٣) يَرْمي رَمْيَ الانتظام (جن).

en·fin [än făn′] *(adv.)* أخيرًا؛ وأخيرًا.

en·flame [ĕn flām′] *(vt.; i.)* = inflame.

en·fleu·rage [än flœ rȧzh′] *(n.)* نَقْع الزَّهر [لاستخراج عطره].

en·fold [-fōld′] *(vt.)* (١) «أ» يُغَلِّف ؛ يَلُفّ . «ب» يَضُمّ ؛ يشتمل أو ينطوي على (٢) يُطوِّق .

en·force [ĕn fōrs′] *(vt.)* (١) يقوّي (٢) يؤكّد على (٣) يَفرض بالقوة (٤) يُنفِّذ ؛ يُطبِّق ؛ يَضع موضعَ التنفيذ .
— en·force·ment *(n.)*

en·fran·chise [-′chīz] *(vt.)* (١) يُعتق ؛ يحرّر (٢) يمنحه حق الاقتراع .

en·gage [-gāj′] *(vt.; i.)* (١) يَعِدُ ؛ يتعهّد بـِ (٢) «أ» يجذب ؛ يلفت . «ب» يُعشِّق [التروس] (٣) يخطب فتاة (٤) «أ» يستخدم [رجلًا] . «ب» يستأجر [غرفة] (٥) «أ» يَشغَل <The puzzle ~*d* him all evening.> . «ب» يغريه بالمشاركة [في الحديث] (٦) ينازل ؛ يقاتل x (٧) يكفُل (٨) «أ» يتعاطى عملًا ؛ ينهمك في . «ب» يشارك في (٩) تتعشّق [التروسُ] .

en·ga·gé [än gȧ zhā′] *(adj.)* مُلتزِم [بقضية سياسية إلخ] .

en·gaged [-gājd′] *(adj.)* (١) مشغول (٢) خاطب ؛ مخطوبة (٣) مُلتزِم [بقضية إلخ] (٤) متورِّط [وبخاصةٍ في قتال مع عدوّ] (٥) غائر جزئيًا في جدار <an ~ column> (٦) مُعَشَّق <~ gears>.

engaged columns

en·gage·ment *(n.)* (١) «أ» موعد [للِّقاء] . «ب» عملٌ [وبخاصة بعَقْدٍ ولأجَلٍ مُعيَّن] (٢) «أ» تعهُّد ؛ ارتباط . «ب» وَعْدٌ ؛ عَهْد ؛ ميثاق . «ج» خِطبة . «د» *pl.*: التزامات مالية (تج) (٣) تَعَشُّق [التروسِ] (٤) اشتباك ؛ معركة .

en·gag·ing [-gā′jĭng] *(n.)* فاتن ؛ ساحر ؛ جذّاب <her ~ smile> .

en·gar·land [ĕn gär′lənd] *(vt.)* يُكلِّل : يطوّق أو يزيِّن بإكليل .

en·gen·der [-jĕn′-] *(vt.; i.)* (١) يُحْدِث (٢) يولِّد x (٣) يتولد ؛ ينشأ .

en·gine[1] [ĕn′jən] *(n.)* (١) عامل ؛ أداة (٢) أداة ميكانيكية . وبخاصة : آلة حَرْبية (٣) أداة تعذيب (ا م) (٤) محرِّك (مك) (٥) قاطرة .

en·gine[2] *(vt.)* يُزوِّد بمُحرِّك [أو مُحرِّكات] .

en·gi·neer [ĕn′jə nēr′] *(n.; vt.)* (١) مهندس § (٢) يُهندس (٣) يُدَبِّر (٤) يوجّه ببراعة ؛ يقود إلى شاطئ النجاح .
— en·gi·neer·ing *(n.)*

en·gine·ry [ĕn′jən rĭ] *(n.)* (١) آلات الحرب (٢) آلات .

en·gird [-gûrd′] *(vt.)* يُطوِّق .

en·gir·dle [-gûr′dəl] *(vt.)* يطوِّق بحزام ؛ يطوِّق بِنطاق .

en·gla·cial [-glā′shəl] *(adj.)* ضِمْمَجْلديّ : مطمور ضمنَ نهر جليديّ .

Eng·land [ĭng′glənd] إنكِلْترا .

Eng·lish [ĭng′glĭsh] *(adj.; n.; vt.)* (١) إنكليزي § (٢) اللغة الإنكليزية (٣) الإنكليز (٤) «أ» ترجمة إنكليزية . «ب» المقابل الإنكليزي [لكلمة أجنبية] § (٥) يترجم إلى الإنكليزية (٦) يُنَكْلِز : يجعله إنكليزيًا .

English daisy *(n.)* = daisy.

English horn *(n.)* المزمار الإنكليزيّ .

English horn

Eng·lish·man *(n.)* الإنكليزيّ : رجل إنكليزيّ الجنسية أو الأصل .

English setter *(n.)* السّاطر الإنكليزيّ : كلب من كلاب الصيد .

English shepherd *(n.)* الراعي الإنكليزيّ : كلبٌ قويّ البنية طويل الوبر .

English sparrow *(n.)* العُصفور الدّوري .

Eng·lish·wom·an *(n.)* الإنكليزية : امرأة إنكليزية الجنسية أو الأصل .

en·gorge [ĕn gôrj′] *(vt.; i.)* (١) يلتهم x (٢) يحتقن بالدّم .

en·graft [-grăft′; -gräft′] *(vt.)* (١) يُطعِّم [شجرةً إلخ] (٢) يَغرِس .

en·grail [-grāl′] *(vt.)* يزيِّن بحاشية مسنّنة أو مُشَرْشرة .

en·grain [ĕn grān′] *(vt.)* = ingrain.

en·gram [-′grăm] *(n.)* الوَسْم ؛ الأثر الثابت [في الدماغ من خبرة ما] .

en·grave [-grāv′] *(vt.)* (١) يَنقش [على الخشب أو المعدن] (٢) يَطبَع [في الذهن] (٣) يَحْفِر كليشيه أو يطبعها .

en·grav·ing *(n.)* (١) نَقْش ؛ حَفْر (٢) كليشيه أو طبعة مأخوذة عنها .

en·gross [-grōs′] *(vt.)* (١) يَنسخ ؛ يكتب [بأحرف كبيرة] (٢) يَصُوغ : يُعِدّ النصّ النهائي المكتوب أو المطبوع [لوثيقة رسمية] (٣) يحتكر : يشتري بمقادير ضخمة [للمضاربة] (٤) «أ» يستغرق . «ب» يستحوذ أو يسيطر على .

en·grossed [-′grōst] *(adj.)* مستغرِق ؛ منهمك في .

en·gross·ing [ĕn grō′-] *(adj.)* فاتن ؛ ساحر ؛ مُسْتَحْوِذٌ على الانتباه .

en·gross·ment [-grōs′-] *(n.)* (١) مص engross (٢) انهماك .

en·gulf [-gŭlf′] *(vt.)* (١) يَغْمُر (٢) يبتلع ؛ يلتهم (٣) ينغمس في .

en·ha·lo [-hā′lō] *(vt.)* يُحيط بهالة [أو نحوها] .

en·hance [-hăns′] *(vt.)* (١) يُعزِّز ؛ يُقوِّي (٢) يَزيد (٣) يُجَمِّل ؛ يُزيِّن .

en·hance·ment [ĕn hăns′-] *(n.)* تعزيز ؛ تقوية إلخ .

enharmonic scale *(n.)* السُّلَّم الرِّخو (مو) .

e·nig·ma [ə nĭg′mə] *(n.)* (١) لُغْز ؛ أُحجية (٢) شخص غامض .

en·ig·mat·ic [-măt′ĭk] *also* **-al** *(adj.)* مُلْغَز ؛ مُبْهَم .

en·isle [ĕn īl′] *(vt.)* (١) يَعْزِل (٢) يُجزِّر : يجعل منه جزيرة .

en·join [-join′] *(vt.)* (١) يَفرِض عليه ؛ يأمرُهُ بـِ (٢) يَمْنَع ؛ يُحظِّر .

en·join·der [ĕn join′-] *(n.)* (١) أمرٌ ؛ أمرٌ مفروض (٢) منع ؛ تحظير .

en·joy [ĕn joi′] *(vt.; i.)* (١) يستمتع بـِ (٢) يَنْعَم بـِ .
to ~ oneself يَستمتع ؛ يُسَرّ ؛ يقضي وقتًا طيّبًا .

en·joy·a·ble [-′ə bəl] *(adj.)* مُمتع ؛ مُبْهِج ؛ سارّ .

en·joy·ment [ĕn joi′-] *(n.)* (١) استمتاع (٢) تمتُّع (٣) مُتْعة .

en·kin·dle [-kĭn′dəl] *(vt.; i.)* (١) يُشْعِل ؛ يُضرِم x (٢) يَشْتعل .

en·lace [-lās′] *(vt.)* (١) يطوِّق (٢) يَضْفِر (٣) يُزَرْكِش بالمُخَرّمات .

en·lace·ment [ĕn lās′-] *(n.)* (١) تطويق (٢) ضَفْر .

en·large [ĕn lärj′] *(vt.; i.)* (١) يُكبِّر (٢) يوسِّع (٣) يُطلق [سراحَ أسيرٍ] x (٤) يَكْبُر (٥) يَتَّسِع (٦) يُسْهِب ؛ يُطْنِب .

en·large·ment *(n.)* (١) مص enlarge (٢) إضافة (٣) صورة مُكبَّرة .

en·light·en [ĕn līt′ən] *(vt.)* ينوِّر [ثقافيًا أو روحيًا] .

en·light·ened *(adj.)* (١) مُتَنوِّر (٢) مستنير <an ~ judgment> .

en·light·en·ment *(n.)* (١) «أ» تَنْوير . «ب» تنوُّر (٢) حركة التنوير

ă at; ā date; â care; ä car; ĕ egg; ē me; ĭ in; ī bite; ŏ lot; ō bone; ô orphan; oi boil; o͝o good; o͞o boot; ou out; ŭ under; û urgent; ə = *a* in alone, *e* in system, *i* in easily, *o* in gallop, *u* in circus.

الفلسفية [في القرن الثامن عشر].

en·list [-lĭst′] *(vt.; i.)* (١) يُجنِّد؛ يُطوِّع (٢) يَحْشُد [القوى]: «أ» يَحُثّ على خدمة قضية. «ب» يستخدم لنُصْرة قضية (٣) يستميل **x** (٤) يتجنَّد؛ يتطوَّع.

— **en·list·ment** *(n.)*

en·list·ed [ĕn lĭs′tĭd] *(adj.)* مُجنَّد [رتبتُهُ دون رتبة الضباط].

en·list·ee [ĕn lĭs tē′] *(n.)* المُجنَّد؛ المُجنَّدة.

en·liv·en [ĕn lī′-] *(vt.)* (١) يُحْيي؛ يُنعِش؛ يُنشِّط (٢) يُبْهِج.

en masse [ĕn măs′; än más′] *(adv.)* جُمْلَةً؛ ككلّ.

en·mesh [-mĕsh′] *(vt.)* (١) يصطاد بشبكة (٢) يَحْتَبِل: يُوقِع في شَرَك.

en·mi·ty [ĕn′mĭ tĭ] *(n.)* عداوة؛ خصومة.

en·ne·ad [ĕn′ĭ ăd′] *(n.)* التُّساعيّ: تسعة أشخاص أو أشياء.

en·no·ble [-nō′bəl] *(vt.)* (١) يُشرِّف؛ يُعظِّم (٢) يسمو [بالروح] (٣) يُنْبِل؛ يُنَبِّل: يرفع إلى مرتبة النبلاء.

— **en·no·ble·ment** *(n.)*

en·nui [än wē′] *(n.)* مَلَلٌ؛ ضَجَرٌ؛ سأمٌ؛ بَرَمٌ.

e·nol·o·gist [-′ə jĭst] *(n.)* العالِم الخَمْريّ: الخبير بعلم الخمر.

e·nol·o·gy [ĭ nŏl′ə jĭ] *(n.)* الخمريات: علم الخمر وطريقة صنعها.

e·nor·mi·ty [ĭ nôr′mə tĭ] *(n.)* (١) فداحة؛ شناعة؛ قباحة (٢) عملٌ شائن؛ جريمة منكَرة (٣) ضخامة.

e·nor·mous [-′məs] *(adj.)* (١) شنيع؛ مُنْكَر (ا. ق) (٢) ضخم؛ هائل.

e·nough [ĭ nŭf′] *(adj.; adv.; n.; interj.)* (١) كافٍ؛ وافٍ § (٢) إلى حدٍّ كافٍ (٣) «أ» تمامًا <ready ~>. «ب» جدًا (٤) إلى حدّ مقبول <He sings well ~.> § (٥) مقدارٌ كافٍ § (٦) كفى!

e·nounce [ĭ nouns′] *(vt.)* (١) يقترح (٢) يَلْفِظ [بوضوح]؛ يُعلن.

e·now [ĭ nou′] *(adj.; adv.)* = enough.

en pas·sant [än′ pà sän′] *(adv.)* عَرَضًا؛ مصادفةً؛ اتّفاقًا.

en·plane [ĕn plān′] *(vi.)* يستقلّ الطائرة.

en·quire [ĕn kwīr′]; **en·quir·y** = inquire; inquiry.

en·rage [ĕn rāj′] *(vt.)* يُسْخِط؛ يُحْنِق؛ يُغضِب.

en rap·port [än rà pôr′] *(adj.)* مُنسجِم؛ مُتناغِم؛ مُتَّفِقٌ مع.

en·rapt [ĕn răpt′] *(adj.)* جَذْلان: مُفْعَم بابتهاجٍ غامر.

en·rap·ture [-răp′chər] *(vt.)* يُجْذِل: يُفْعِم بابتهاج غامر.

en·rav·ish [-răv′ĭsh] *(vt.)* = enrapture.

en·reg·is·ter [ĕn rĕj′ĭ-] *(vt.)* يدوِّن؛ يُسجِّل.

en·rich *(vt.)* (١) يُغْني (٢) يُزخرف (٣) يُدَسِّم؛ يقوّي النَّكْهَة (٤) يُخَصِّب [الأرض] <Fertilizers ~ the soil.>.

— **en·rich·ment** *(n.)*

en·robe [ĕn rōb′] *(vt.)* يُلْبِس؛ يكسو.

en·roll *or* **en·rol** [ĕn rōl′] *(vt.; i.)* (١) يُسجِّل: يُدْرِج اسمًا في سجلّ أو قائمة (٢) يَصوغ: يُعِدّ بشكل كتابيّ أو طباعيّ النسخةَ النهائية الكاملة لمشروع قانون أقرّه البرلمان] (٣) يَلُفّ **x** (٤) يتسجَّل؛ يسجِّل نفسه.

— **en·roll·ment** *or* **en·rol·ment** *(n.)*

en·roll·ee [-rō lē′] *(n.)* المُنتسِب إلى؛ المُنخرِط في.

en·root [-ro͞ot′] *(vt.; i.)* (١) يُجذِّر؛ يُؤصِّل؛ يَغْرِس **x** (٢) يتجذَّر إلخ.

en route [än ro͞ot′] *(adv.; adj.)* (١) في الطريق § (٢) متعلّق بالطُّرق.

en·sam·ple [ĕn săm′pəl] *(n.)* مَثَلٌ؛ نموذَج.

en·san·guine [ĕn săng′gwĭn] *(vt.)* يُضَرِّج: يُلطِّخ بالدَّم.

en·sconce [-skŏns′] *(vt.)* (١) يَحْجُب؛ يُخفي (٢) يستقرّ؛ يَسْتَكِنّ.

en·scroll [ĕn skrōl′] *(vt.)* يُسَجِّل؛ يدوِّن.

en·sem·ble [än säm′bəl] *(n.)* المنظومة؛ الطاقم: مجموعة تؤلف كُلًّا عضويًا واحدًا أو تُحدث أثرًا مُفْرَدًا. مثل: «أ» طاقم أوانٍ أو أدواتٍ. «ب» أداء موحَّد من قِبَل مجموعة تامة من المغنّين والموسيقيين إلخ. «ج» مجموعة هؤلاء المغنّين والموسيقيين. «د» ثوب مؤلف من عدة أجزاء متناسقة أو متتامّة.

en·serf [-sûrf′] *(vt.)* يستعبد؛ يَسْترِقّ.

en·sheathe [-shēth′] *(vt.)* يُغْمِد: يُولِج في غِمْد.

en·shrine [-shrīn′] *(vt.)* يَدَّخِر: «أ» يُودِع في وعاءٍ خاصّ بحفظ المقدَّسات. «ب» يحتفظ بشيء وكأنه مقدَّس.

en·shroud [-shroud′] *(vt.)* (١) يُكَفِّن (٢) يَسْتُر؛ يَحْجُب؛ يَلُفّ.

en·si·form [ĕn′sə-] *(adj.)* سَيْفانيّ: شبيه بالسَّيف (أح).

en·sign [-′sīn] *(n.)* (١) راية (٢) «أ» شارة. «ب» رمز (٣) مُلازم [في البحرية].

en·si·lage [ĕn′sə lĭj] *(n.; vt.)* (١) السَّلْوَجة: حِفظ العلَف في سَلْوَة (را silo) (٢) عَلَفٌ مُسَلْوَج § (٣) يُسَلْوِج.

en·sky [-skī′] *(vt.)* (١) يَرْفع إلى السَّماء (٢) يُمجِّد؛ يُبَجِّل.

en·slave [-slāv′] *(vt.)* (١) يَسْتعبد؛ يَسْترِقّ (٢) يُخْضِع.

en·slave·ment *(n.)* (١) استعباد؛ استرقاق (٢) إخضاع.

en·snare [-snâr′] *(vt.)* يَحْتبل: يُوقِع في شَرَك. **– ment** *(n.)*

en·sor·cell [-sôr′səl] *(vt.)* يَسْحَر؛ يَفْتِن؛ يَخْلُب اللُّبّ.

en·soul [ĕn sōl′] *(vt.)* يَنفخ فيه روحًا.

en·sphere [ĕn sfēr′] *(vt.)* (١) يُطوِّق؛ يحوِّط (٢) يجعله كُرَويَّ الشكل.

en·sue [ĕn so͞o′] *(vi.)* (١) يَسْعى؛ يُناضِل (٢) يَنْتُج؛ ينشأ عن.

en suite [än swēt′] *(adv.)* على نحوٍ متسلسل.

en·sure [ĕn sho͞or′] *(vt.)* (١) يَضْمَن؛ يَكْفُل (٢) يقي؛ يصون.

en·swathe [ĕn swōth′] *(vt.)* يَلُفّ؛ يَعْصِب.

ent- *or* **ento-** بادئة معناها: داخليّ؛ باطنيّ؛ جُوّانيّ.

en·tab·la·ture [-′lə chər] *(n.)* المُعمَّد: سطح قائمٌ على أعمدة.

entablature

en·tail [-tāl′] *(vt.; n.)* (١) يَقِف: يجعَل المِلْكَ وَقفًا على ورثةٍ معيَّنين (٢) يُلحِق به [عارًا إلخ] (٣) يستلزم؛ يستتبع § (٤) وَقْف الأملاك أو حَبْسها (ق) (٥) وَقْف؛ مِلكٌ موقوف (٦) ميراث (٧) نتيجة.

en·tan·gle [-tăng′gəl] *(vt.)* (١) يُشابك؛ يُناسج (٢) يَحْتَبل: يُوقِع في حِبالة أو شَرَك (٣) يعقِّد (٤) يُرْبك (٥) يورِّط.

en·tan·gled *(adj.)* (١) متشابك <~ ropes> (٢) مُحْتَبَل: واقعٌ في حِبالة أو شَرَك (٣) معقَّد (٤) متورِّط.

en·tan·gle·ment *(n.)* (١) مص entangle (٢) شَرَكٌ ؛ حِبالة (٣) وَرْطة .

en·tente [än tänt′] *(n.)* حِلْف ؛ اتفاق دولي .

en·ter [ĕn′tər] *(vi.; t.)* (١) يَدْخُل (٢) ينضمّ إلى ؛ يلتحق بـ (٣) «أ» يباشر [عملًا إلخ] . «ب» يَطْرُق [موضوعًا] (٤) يتدخّل ؛ يلعب دورًا في (٥) يتدخّل ؛ يلعب دورًا في **x** (٦) يُسَجِّل (٧) «أ» يُدْخِل . «ب» يُقْحِم (٨) يقدِّم بيانًا [عن السفينة أو محمولها إلى السلطات الجمركية] (٩) يُقدّم [شكوى أو احتجاجًا] .

enter- *or* **entero-** بادئة معناها : مِعًى <*entero*itis> .

en·ter·al; en·ter·ic *(adj.)* مِعَوِيّ .

enteric fever *(n.)* = typhoid.

en·ter·i·tis [ĕn′tə rī′tĭs] *(n.)* التهاب الأمعاء (ط) .

en·ter·o·coc·cus *(n.)* pl. **-coc·ci** المُكوَّر المِعَوِيّ أو العِقْدِيّ (أح) .

en·ter·o·co·li·tis [-lī′tĭs] *(n.)* الالتهاب المِعَوِيّ القولونيّ (ط) .

en·ter·on [-′tə rŏn′] *(n.)* pl. **-ter·a** = alimentary canal.

en·ter·op·a·thy [-′ə thĭ] *(n.)* الاعتلال المِعَوِيّ .

en·ter·os·to·my *(n.)* فَغْر الأمعاء [بإحداث فتحةٍ عَبْرَ الجدار البطنيّ] .

en·ter·o·vi·rus [-vī′rəs] *(n.)* الفَيروس المِعَوِيّ (أح) .

en·ter·prise [ĕn′tər prīz′] *(n.)* (١) «أ» مشروع . «ب» مغامرة (٢) الإقدام ؛ روح المبادرة (٣) مؤسسة تجارية (٤) عمل ؛ نشاط .

en·ter·pris·er *(n.)* (١) القائم بمشروع (٢) المقاوِل ؛ المُلْتزِم .

en·ter·pris·ing [ĕn′tər prī′-] *(adj.)* مُغامِر ؛ مِقدام .

en·ter·tain [-tān′] *(vt.; i.)* (١) يستضيف ؛ يُضيف ؛ يُكرم الوِفادة (٢) «أ» يُضْمِر [عاطفةً] . «ب» يخامرهُ [الشّكُّ] . «ج» يعلّل النفسَ بالآمال (٣) يدرس ؛ يفكّر في (٤) يُسَلّي .

en·ter·tain·er *(n.)* (١) المُضيف ؛ المِضياف (٢) المُغَنّي ؛ الموسيقيّ إلخ .

en·ter·tain·ing *(adj.)* مُسَلٍّ ؛ مُمْتِع <an ~ novel> .

en·ter·tain·ment *(n.)* (١) مص entertain (٢) ضيافة ؛ طعام ومنامة (٣) تَسْلية (٤) «أ» حفلة [في مسرح أو سِيرْكٍ إلخ] . «ب» رواية هزلية .

en·thal·py [ĕn′thăl′pĭ] *(n.)* المحتوَى الحراريّ (فز) .

en·thrall *or* **en·thral** [-thrôl′] *(vt.)* (١) يَفْتِن ؛ يَسْبي ؛ يَسْحَر ؛ يأسِر (٢) يستعبد ؛ يَسْترِق .

en·throne [-thrōn′] *(vt.)* (١) يُتوِّج (٢) يُمَجِّد ؛ يُعظِّم ؛ يُبَجِّل .

en·throne·ment *(n.)* (١) تتويج (٢) تمجيد ؛ تعظيم ؛ تبجيل .

en·thuse [ĕn thōōz′] *(vt.; i.)* (١) يحمِّس **x** (٢) يتحمّس .

en·thu·si·asm [-zĭ ăz′əm] *(n.)* (١) تعصُّب ديني (٢) حماسة .

en·thu·si·ast [-′zĭ-] *(n.)* المُتحمِّس ؛ المُفْعَم بالحماسة لِـ ؛ الشَّغوف بِـ .

en·thu·si·as·tic [-zĭ ăs′tĭk] *(adj.)* (١) مُتحمِّس (٢) حَماسيّ .

en·thy·meme [ĕn′thə mēm′] *(n.)* القياس الإضماري (مق) .

en·tice [ĕn tīs′] *(vt.)* (١) يُغري ؛ يُغوي (٢) يَجْذِب ؛ يَلْفِت [الانتباهَ] .

en·tice·ment [-′mənt] *(n.)* (١) إغراء ؛ إغواء (٢) شيء مُغرٍ .

en·tire [ĕn tīr′] *(adj.; n.)* (١) تامّ ؛ كامل (٢) كُلّيّ (٣) سالم ؛ صحيح ؛ غير منقوص (٤) صِرْف ؛ خالص ؛ مَحْض (٥) غير مَخْصيّ <an ~ horse> (٦) صحيحة ؛ غير مُسَنَّنة الحاشية <an ~ leaf> § (٧) جواد غير مخصيّ .

en·tire·ly *(adv.)* (١) بالكُلّيّة ؛ بأَسْرِهِ (٢) تمامًا ؛ بكل معنى الكلمة .

en·tire·ty *(n.)* (١) الكُلّية : كون الشيء كُلًّا كاملًا (٢) كُلّ ؛ مجموع .

en·ti·tle [-tī′təl] *(vt.)* (١) يلقِّب (٢) «أ» يخوِّل . «ب» يُؤَهِّله لكذا .

en·ti·ty [ĕn′tə tĭ] *(n.)* (١) وجود (٢) كيان ؛ كينونة .

ento- = ent-.

en·to·blast [ĕn′tə-] *(n.)* = endoblast.

en·to·derm [-dûrm′] *(n.)* = endoderm.

en·toil [ĕn toil′] *(vt.)* يَحْتَبِل : يُوْقِع في شَرَك .

entom- *or* **entomo-** بادئة معناها : حشرة <*entomo*logy> .

en·tomb [ĕn tōōm′] *(vt.)* (١) يَدْفِن ؛ يَلْحَد (٢) يقوم مَقامَ القبرِ لِـ . . .

en·to·mo·fau·na [ĕn′tə mō fô′-] *(n.)* حشرات منطقةٍ ما .

en·to·mo·log·i·cal [-lŏj′ĭ-] *(adj.)* حَشَراتيّ : ذو علاقة بعلم الحشرات .

en·to·mol·o·gist [-mŏl′-] *(n.)* الحَشَراتيّ : المتخصّص بعلم الحشرات .

en·to·mol·o·gize *(vi.)* (١) يَدْرُس الحشرات (٢) يَجْمَع الحشرات .

en·to·mol·o·gy [ĕn′tə mŏl′ə jĭ] *(n.)* الحَشَريّات ؛ علم الحشرات .

en·to·moph·a·gous [-mŏf′ə gəs] *(adj.)* حاشر : مقتاتٌ بالحشرات .

en·to·moph·i·lous *(adj.)* أليف الحشرات ؛ حَشَريّ التلقيح (نب) .

en·to·mos·tra·can *(n.; adj.)* حَشَرِيُّ الصَّدَفة (ح) .

en·to·phyte [ĕn′tə fīt′] *(n.)* = endophyte.

en·tou·rage [än′tōō räzh′] *(n.)* (١) حاشية ؛ بِطانة (٢) مُحيط .

en·to·zo·a *(n. pl.)* الحيوانات الطُّفَيْليّة . وبخاصة : الدِّيدان المِعَوِية .

en·tr'acte [än trăkt′] *(n.)* الفاصل : «أ» رقصة أو قطعة موسيقية تقدَّم بين فَصْلَيْ مسرحية . «ب» استراحة بين فَصْلَيْ مسرحية .

en·trails [ĕn′trălz′; -trəlz] *(n. pl.)* الأحشاء ؛ الأمعاء .

en·train[1] [ĕn trān′] *(vt.)* (١) يَجُرّ ؛ يَسْحَب (٢) يُفضي إلى .

en·train[2] *(vt.; i.)* (١) يُقِلّ (٢) يَضَع على مَتْن القطار **x** (٣) يَستقلّ القطارَ .

en·trance[1] [ĕn′trəns] *(n.)* (١) مَدْخَل (٢) دُخول (٣) حقّ الدخول (٤) الدُّخول : ظهور الممثّل ، للمرة الأولى ، في مَشْهَد .

en·trance[2] [-trăns′; -träns′] *(vt.)* (١) يُنْشي ؛ يُبهِج (٢) يَفْتِن ؛ يَسْحَر .

en·trance·way [ĕn′trəns wā] *(n.)* مَدْخَل [إلى مكان] .

en·trant [-′trənt] *(n.)* الدّاخل . وبخاصّة : المُتَباري ؛ المشترك في مباراة .

en·trap [-trăp′] *(vt.)* (١) يَحْتَبِل : يوقع في حِبالة أو شَرَك (٢) يَخْدَع ؛ يُورِّط ؛ يُغَرِّر بِـ .

— **en·trap·ment** *(n.)*

en·treat [ĕn trēt′] *(vi.; t.)* يَتوسَّل ؛ يتضرَّع ؛ يَسْتعطِف .

en·treat·y; en·treat·ment *(n.)* تَوسُّل ؛ تَضرُّع ؛ استِعطاف .

en·tre·chat [än trə shä′] *(n.)* الوثبة التصالبية : وثبة يصالب فيها راقص

ă at; ā date; â care; ä car; ĕ egg; ē me; ĭ in; ī bite; ŏ lot; ō bone; ô orphan; **oi** boil; ŏŏ good; ōō boot; **ou** out; ŭ under; û urgent; ə = *a* in alone, *e* in system, *i* in easily, *o* in gallop, *u* in circus.

الباليه رجليه تكرارًا وأحيانًا يقرع إحداهما بالأخرى.

en·tre·cote [än′trə-] *(n.)* الضِلْعيَّة: شريحة لحم من بين الأضلاع.

en·trée *or* **en·tree** [än′trā] *(n.)* (١) المَدْخَل: لون من ألوان الطعام يُقدَّم قبل الطبق الرئيسيّ مباشرةً [أو بين الطبقين الرئيسيين] في إنكلترا (٢) الطبق الرئيسيّ [في وجبة الطعام بالولايات المتحدة الأميركية] (٣) دُخول.

en·tre·mets [än′trə mā′] *(n.)* المُشَهِّيات؛ المُقَبِّلات [من الطعام].

en·trench [ĕn trĕnch′] *(vt.; i.)* (١) «أ» يُخَنْدِق: يُطوِّق مَوْقِعًا بِخندق. «ب» يتحصَّن. «ج» يُحصِّن. «د» يُرَسِّخ x (٢) يُخَنْدِق: يَحْفِر خندقًا للدفاع (٣) يتعدّى [على حقوق الآخرين].

en·trench·ment *(n.)* (١) خَنْدَقة؛ تحصين إلخ (٢) خَنْدَق؛ مِتراس.

entre nous [än′trə noo′] في ما بيننا: على غير مَسْمع من أحد.

en·tre·pôt [-′trə pō] *(n.)* (١) مَخْزن (٢) مركز تجاريّ [لتوزيع السِّلَع].

en·tre·pre·neur [än′trə prə nûr′] *(n.)* (١) المُقاوِل؛ المُلتزِم (٢) المُنتِج؛ مدير الإنتاج الفنّيّ.

en·tre·sol [ĕn′tər-] *(n.)* الدَّور المسروق: طابقٌ منخفض بين طابقين.

en·tro·py [ĕn′trə pĭ] *(n.)* الأنتروبيا؛ الأنطروب: مقياس للطّاقة غير المُتاحة في نظام ديناميّ حراريّ (فز).

en·trust [-trŭst′] *(vt.)* يُودِع؛ يأتمن على؛ يُوْكِل إلى؛ يَعْهَد به إلى.

en·try [ĕn′trĭ] *(n.)* (١) حقّ الدُّخول (٢) دُخول (٣) مَدْخَل؛ باب (٤) تدوين؛ قَيْد [في كتاب أو قائمة] (٥) مادة [في مُعجم] (٦) المتباري (٧) وَضْع اليد (ق).

en·try·way [-wā′] *(n.)* مَدْخل [إلى مكان].

en·twine [ĕn twīn′] *(vt.; i.)* (١) يَضْفِر؛ يَجْدُل x (٢) يَنْضفر.

en·twist [ĕn twĭst′] *(vt.)* = entwine.

e·nu·cle·ate [ĭ noo′klĭ āt′] *(vt.)* (١) يُفسِّر (ا. ق)(٢) يَفْصَع: «أ» يستخرج النَّواة من خليّتها (أح). «ب» يستخرج عضوًا [كحَدَقة العَيْن] أو وَرَمًا بلا شقّ.

e·nu·mer·a·ble *(adj.)* = denumerable.

e·nu·mer·ate [-′mə rāt] *(vt.)* (١) يَعُدّ؛ يُحصي (٢) يعدِّد؛ يَسْرُد.

e·nu·mer·a·tion *(n.)* (١) عَدٌّ؛ تَعْداد؛ سَرْد (٢) قائمة؛ لائحة.

e·nu·mer·a·tive *(adj.)* عَدِّيّ؛ إحصائيّ؛ تَعْداديّ.

e·nun·ci·ate [ĭ nŭn′sĭ āt′; -shĭ-] *(vt.; i.)* (١) يُعلن (٢) يَلْفِظ؛ يَنْطِق.

e·nun·ci·a·tion [-sĭ ā′-; -shĭ-] *(n.)* (١) إعلان؛ بيان (٢) لَفْظ؛ نُطْق.

en·ure [ĕn yoor′] *(vt.; i.)* = inure.

en·u·re·sis [ĕn′yə rē′-] *(n.)* سَلَسُ البَوْل: تدفّقه لاإراديًّا (مض).

en·vel·op [ĕn vĕl′əp] *(vt.)* (١) يُغلِّف؛ يَلُفّ؛ يَحْجُب (٢) يُطوِّق.

en·ve·lope [ĕn′və lōp′] *(n.)* (١) غِلاف؛ غطاء (٢) ظرف (٣) كيس الغاز في مُنطاد (٤) غلاف طبيعيّ؛ غِشاء؛ إهاب.

en·ven·om [-vĕn′-] *(vt.)* (١) يُسَمِّم [الطعامَ أو السِّلاح] (٢) يُوغِر صدرَهُ.

en·ver·dure [ĕn vûr′jər] *(vt.)* يكسو بالخضرة.

en·vi·a·ble [-′vĭ-] *(adj.)* يُحسَدُ عليه؛ مُستحَبّ جدًّا <an ~ post>.

en·vi·er [ĕn′vĭ ər] *(n.)* الحاسد؛ الحَسُود.

en·vi·ous [-′vĭ əs] *(adj.)* حَسود؛ مُفْعَم بالحَسَد. **— ness** *(n.)*

en·vi·ron [ĕn vī′rən] *(vt.)* يَكْتَنِف؛ يُطوِّق؛ يُحيط بِـ.

en·vi·ron·ment [ĕn vī′rən-] *(n.)* بيئة؛ محيط؛ وَسَط.

en·vi·ron·men·tal *(adj.)* بيئيّ: ذو علاقة بالبيئة.

en·vi·ron·men·tal·ist *(n.)* البِيئيّ؛ عالِم البيئة؛ المحافِظ على البيئة.

en·vi·rons [-vī′rənz; -′və-] *(n. pl.)* (١) ضواحي المدينة (٢) جِوار.

en·vis·age [-vĭz′ĭj]; **en·vi·sion** [-vĭzh′-] *(vt.)* يتصوَّر؛ يتخيَّل.

en·voi *or* **en·voy** [ĕn′voi′] *(n.)* المقطع الأخير [من قصيدة إلخ].

en·voy [ĕn′voi] *(n.)* (١) مبعوث فوق العادة [إلى دولة أجنبية] (٢) ممثل دولة [في مفاوضاتها مع دولة أخرى] (٣) رسول؛ مندوب.

en·vy [ĕn′vĭ] *(n.; vt.)* (١) حَسَدٌ (٢) موضع حَسَد § (٣) يَحْسُد.

en·wind [ĕn wīnd′] *(vt.)* = enfold.

en·womb [ĕn woom′] *(vt.)* يُخفيه أو يحتويه [وكأنه في رَحِم].

en·wrap [-răp′] *(vt.)* (١) يَلُفّ (٢) يُغلِّف (٣) يستغرق [ذهنيًّا].

en·wreathe [-rēth′] *(vt.)* يُكلِّل: يُطوِّق [بإكليل أو نحوه].

en·zo·ot·ic [-zō ŏt′ĭk] *(adj.; n.)* (١) مُتوطِّن <~ animal diseases> § (٢) داء حيوانيّ متوطِّن.

en·zy·got·ic [ĕn zī gŏt′ĭk] *(adj.)* متماثل <~ twins>.

en·zy·mat·ic [ĕn′zī măt′ĭk; -zĭ-] *(adj.)* أنزيميّ؛ خَميريّ.

en·zyme [ĕn′zīm] *(n.)* الأنزيمة؛ الخميرة (كح).

en·zy·mol·o·gy [ĕn zī mŏl′-] *(n.)* علم الأنزيمات أو الخمائر.

eo- بادئة معناها: فَجْر؛ فَجْريّ؛ أسبق <*Eo*cene>.

E·o·cene [ē′ə sēn′] *(adj.; n.)* (١) إيوسينيّ؛ فَجريّ (جي) § (٢) الحِين الإيوسينيّ أو الفَجْريّ؛ العصر الحديث السابق.

e·o·hip·pus [ē′ō hĭp′əs] *(n.)* الجِبّوس: حصان بدائيّ منقرض.

eohippus

e·o·li·an [ē ō′lĭ ən] *(adj.)* رِيحيّ؛ هَوائيّ.

e·o·lith [ē′ə lĭth] *(n.)* أداة ظِرّانية [على شكل إزميل أو حربة].

E·o·lith·ic [-′ĭk] *(adj.)* ظِرّانيّ: متعلّق بالفترة الأولى من العصر الحجري.

e·on [ē′ən; ē′ŏn] *(n.)* = aeon.

E·os [ē′ŏs] إيوس: إلاهة الفجر في الميثولوجيا اليونانية.

e·o·sin [ē′ə sĭn] *(n.)* الإيوسين: صِبغ وَرْديّ اللون (ك).

e·o·sin·o·phil [ē′ə sĭn′ə fĭl] *(n.)* أليف الإيوسين: كُرَيّة دم بيضاء سريعة الانصباغ بالإيوسين.
— e·o·sin·o·phil·ic *(adj.)*

-eous لاحقة معناها: مِثل؛ شبيه بِـ <aqu*eous*>.

ep- = epi-.

e·pact [ē′păkt] *(n.)* الضَّميمة: فترة تُضَمّ إلى السنة القمرية ليطابق عددُ أيامها عددَ أيام السنة الشمسية.

ep·arch·y [ĕp′är kĭ] *(n.)* أبْرَشيّة [في الكنائس الشرقية].

ep·au·let *also* **ep·au·lette** [ĕp′ə lĕt′; -lĭt] *(n.)* الكَتِفيّة: نسيج مقصَّب على كَتِف السُّترة العسكرية خاصةً.

epaulet

é·pée [ā pā′] *(n.)* (١) الشِّيش : سَيْف المُبارَزة (٢) المبارزة بالشِّيش .

é·pée·ist [ā pā′ ĭst] *(n.)* لاعب الشِّيش .

ep·ei·rog·e·ny [ĕp ī rŏj′-] *(n.)* التَّمعاج : تمعُّج في قشرة الأرض يُحْدث القارّاتِ وأحواضَ المحيطات إلخ . **— e·pei·ro·gen·ic** *(adj.)*

ep·en·ceph·a·lon [-sĕf′ə lŏn′] *(n.)* = hindbrain.

ep·en·the·sis [ĕp ĕn′thə-] *(n.)* الإقحام : إقحام صوت إلخ في صُلْب كلمة .

e·pergne [ĭ pûrn′] *(n.)* الإناء المركَّب : إناء فضّي أو زجاجيّ مزخرف يوضع وسط المائدة ويشتمل على عدة أقسام للفاكهة والزهور إلخ .

ep·ex·e·ge·sis [ĕp′ĕk′sə jē′-] *(n.)* الإضافة البيانية : «أ» إضافة كلمة أو كلمات لشرح كلمة أو جملة سابقة . «ب» تلك الكلمة أو الكلمات .

e·phebe [ĭ fēb′]; **e·phe·bus** *(n.)* الأفيب : شابّ إغريقي . وبخاصة : أثيني في الثامنة عشرة أو التاسعة عشرة يتلقى تدريبًا عسكريًا يؤهّله للمواطِنية .

e·phed·rine [ĭ fĕd′ rĭn] *(n.)* الإيفَدْرين : مادّة متبلّرة منبِّهة للأعصاب .

e·phem·er·a [ĭ fĕm′ər ə] *(n.)* (١) شيء سريع الزّوال (٢) mayfly .

e·phem·er·al [-′ər əl] *(adj.; n.)* (١) يوميّ البقاء <an ~ fever> (٢) سريع الزَّوال <~ pleasures> § (٣) نبتة قصيرة الأجل .

e·phem·er·id [ĭ fĕm′ər ĭd] *(n.)* = mayfly.

e·phem·er·is [-′ər ĭs] *(n.)* pl. **-i·des** زيج ؛ تقويمٌ فلكيّ .

e·phem·er·on [ĭ fĕm′ə rŏn′] *(n.)* pl. **-er·a** *or* **-er·ons** القصير الأَجَل ؛ السَّريع الزَّوال .

eph·od [ĕf′ŏd; ē′fŏd] *(n.)* الإيفود : ثوب أحبار اليهود .

eph·or [ĕf′ôr; -ər] *(n.)* pl. **-s** *or* **-i** الإيفور : أحد قضاةٍ خمسة منتخَبين كانت لهم سلطة الرقابة على ملوك إسبارطة .

epi- [ĕp′ə] بادئة معناها : «أ» على . «ب» إضافيّ . «ج» قريب من . «د» فوق . «هـ» خارجيّ . «و» تالٍ . «ز» أماميّ . «ح» حَوْلَ . «ط» بين .

ep·i·blast [ĕp′ə blăst′] *(n.)* = ectoderm.

e·pib·o·ly [ĭ pĭb′-] *(n.)* الاكتِناف : نموّ جزء فوقَ آخَرَ أو حولَهُ (أج) .

ep·ic[1] [ĕp′ĭk]; **ep·i·cal** *(adj.)* (١) مَلْحَميّ (٢) «أ» ضَخْم ؛ فَخْم ؛ طويل . «ب» بُطوليّ .

ep·ic[2] *(n.)* المَلْحَمَة : «أ» قصيدة قصصية طويلة تصوّر حياة الأبطال إلخ . «ب» أثرٌ فنيّ يشبه الملحمةَ أو يُذكِّر بها . «ج» سلسلة أحداثٍ أو مجموعةُ أساطيرَ أو تقاليدَ جديرة بأن تكون موضوعًا لملحمة .

ep·i·ca·lyx [ĕp′ĭ kā′lĭks] *(n.)* كأس الزَّهرة الخارجيّ (نب) .

ep·i·car·di·um *(n.)* النِّخاب : طبقة التَّأمور المَصْلِيّة فوق القلب .

ep·i·carp [ĕp′ə-] *(n.)* قِشرة الثمرة : غلاف الثمرة الخارجيّ (نب) .

ep·i·ce·di·um [ĕp′ə sē′-] *(n.)* pl. **-di·a** ترنيمة جنائزية .

ep·i·cene [ĕp′ə sēn] *(adj.; n.)* (١) خُنْثَويّ : مُشْتَرَكُ الجنس § (٢) خُنْثَى .

ep·i·cen·ter [ĕp′ə sĕn′-] *(n.)* (١) المركز السَّطحيّ : ذلك الجزء من سطح الأرض الواقعُ فوق بؤرة الزلزال مباشرةً (٢) مركز .

ep·i·con·ti·nen·tal *(adj.)* فَوْقاريّ ؛ فَوْقَقاريّ <~ seas> .

ep·i·cot·yl [-kŏt′əl] *(n.)* الفَوْفِلْقِيّ ؛ الفَوْقَفِلقيّ : ذلك الجزء من محور جنين النبات الواقعُ فوق الفلقات cotyledons (نب) .

epic poetry *(n.)* الشِّعر المَلْحميّ .

ep·i·cra·nial [-krā′-] *(adj.)* فَوْقِحْفيّ ؛ فَوْقِقِحْفيّ : واقع فوق القِحف .

e·pic·ri·sis [ĭ pĭk′rĭ-] *(n.)* الدراسة النقدية [لأثر أدبي] .

ep·i·crit·ic [-krĭt′-] *(adj.)* مميِّز [صفة لبعض الألياف العصبية] .

ep·i·cure [-′ə kyoor] *(n.)* (١) الأبيقوري : المنغمس في الملذات الحسيّة (ا . ق) (٢) الذَّوّاقة : ذو الذوق المرهف في الطعام أو الشراب .

e·pi·cu·re·an [-rē′-] *(adj.; n.)* (١) أبيقوري : «أ» *cap.* : منسوب إلى أبيقور أو فلسفته . «ب» منغمس في الملذّات الحسيّة . «ج» مرهف الذوق في الطعام والشراب § (٢) *cap.* : الأبيقوري : أحد أتباع أبيقور (٣) epicure 2 .

ep·i·cu·re·an·ism *(n.)* (١) *cap.* : المذهب الأبيقوري : القول بأن المتعة هي الخير الأسمى (٢) epicurism .

ep·i·cur·ism *(n.)* الأبيقورية : الانغماس في الملذات الحسيّة .

ep·i·cy·cle [ĕp′ə sī′kəl] *(n.)* (١) فَلَك التدوير : دائرة صغيرة يدور مركزها على محيط دائرة أكبر منها (فل) (٢) التداويرية : عمليةٌ جارية ضمنَ عملية أوسعَ منها . **— ep·i·cy·clic** *(adj.)*

epicyclic train *(n.)* نظام التُّروس التداويريّ : سلسلة من التروس تدور محاورها حول مركز مشترك (مك) .

epicyclic train

ep·i·cy·cloid [-sī′ kloid] *(n.)* الدُّوَيْرِيّ أو الدُّحْروج الخارجيّ (ر) .

ep·i·cy·cloid·al *(adj.)* دُوَيْرِيّ خارجيّ ؛ دُحْروجيّ خارجيّ .

ep·i·dem·ic [-dĕm′-] *(adj.; n.)* (١) وَبائيّ (٢) سائد ؛ شائع (٣) مُعْدٍ <~ laughter> § (٤) وباء . **— ep·i·dem·i·cal** *(adj.)*

ep·i·de·mi·ol·o·gy [-′ə dē mĭ ŏl′ə jĭ] *(n.)* الوبائيات ؛ علم الأوبئة .

epiderm- *or* **epidermo-** بادئة معناها : بَشَرة ؛ أَدَمة .

ep·i·der·mal *or* **ep·i·der·mic** *(adj.)* بَشَريّ : ذو علاقة بالبَشَرة .

ep·i·der·mis [-dûr′mĭs] *(n.)* البَشَرة ؛ الأَدَمَة («ح» و«نب») .

ep·i·der·moid; ep·i·der·moid·al *(adj.)* بَشَرانيّ : شبيه بالبَشَرة .

ep·i·di·a·scope [-dī′-] *(n.)* المِخْيال (مج) : ضرب من الفانوس السِّحريّ .

ep·i·did·y·mis [ĕp′ə dĭd′ə-] *(n.)* البَرْبَخ (ت) .

ep·i·dote [ĕp′ə dōt′] *(n.)* الأبيدوت : معدن أخضر مُصْفَرّ .

ep·i·du·ral [-dyoor′-] *(adj.)* فَوْجافيّ ؛ فَوْقْجافيّ <an ~ abscess> .

ep·i·gas·tric [-găs′trĭk] *(adj.)* شُرْسوفيّ : «أ» واقع فوق المَعِدة . «ب» خاصّ بجدران البطن الأمامية (ت) .

ep·i·gas·tri·um *(n.)* pl. **-tri·a** الشُّرْسوف : ذلك الجزءُ من البطن الواقعُ فوق المعدة (ت) .

ep·i·ge·al [-jē′əl] *or* **ep·i·ge·ous** [-jē′əs] *(adj.)* فَوْثَرَويّ : نامٍ أو عائشٌ فوق سطح الأَرض أو قُرْبَه (نب) .

ă at; ā date; â care; ä car; ĕ egg; ē me; ĭ in; ī bite; ŏ lot; ō bone; ô orphan; oi boil; oo good; oo boot; ou out; ŭ under; û urgent; ə = *a* in alone, *e* in system, *i* in easily, *o* in gallop, *u* in circus.

ep·i·gene [ĕp′ə jēn′] *(adj.)* فَوْسَطْحِيّ ؛ فَوْقْسَطْحِيّ : ناشئ أو حادث فوق سطح الأرض أو تُحَيْتَهُ .

ep·i·gen·e·sis [-jĕn′ə-] *(n.)* (١) التخلّق المتعاقب : نظرية تقول بأن الجنين يتكون بسلسلة من التشكلات المتعاقبة (٢) التَّمَعْدُن الخارجيّ : تَغَيُّر في صفة الصخر المعدنية بفعل العوامل الخارجية .

e·pig·e·nous; ep·i·ge·ous *(adj.)* = epigeal.

ep·i·glot·tal *also* **ep·i·glot·tic** *(adj.)* فَلْكِيّ : ذو علاقة بالفَلْكة .

ep·i·glot·tis [-glŏt′-] *(n.)* الفَلْكة ؛ لسان المزمار (ت) .

ep·i·gone [ĕp′ə gōn′] *(n.)* التابع المُقَلِّد [لمفكِّر أو مُبدِع] .

ep·i·gram [ĕp′-] *(n.)* الأبيغرام : «أ» قصيدة قصيرة مختتَمة بفكرة بارعة أو ساخرة . «ب» حكمة معبِّرة عن فكرةٍ ما بطريقة مشتملة على مُفارقة .

ep·i·gram·mat·ic *(adj.)* (١) أبيغراميّ (٢) مُحْكَمٌ ؛ لاذع ؛ ساخر .

ep·i·graph *(n.)* الأبيغراف : «أ» كتابة منقوشة على مَبْنًى أو تمثال . «ب» عبارة مقتبَسة يُصَدَّر بها كتاب أو فصلٌ منه لتوحي بفكرته العامة .

e·pig·ra·pher; e·pig·ra·phist *(n.)* الاختصاصي بالأبيغرافيا .

e·pig·ra·phy [ĭ pĭg′-] *(n.)* (١) نقوش (٢) الأبيغرافيا : دراسة النقوش .
— **e·pi·graph·ic; -al** *(adj.)*

e·pig·y·nous [ĭ pĭj′ə nəs] *(adj.)* فَوْمَبِيْضِيّ : «أ» مندمج بسطح مَبِيْض النبات . «ب» ذو أعضاء زهرية فَوْمَبِيْضِيّة (نب) .

epigynous stamens

ep·i·la·tion [ĕp ə lā′-] *(n.)* النَّتْف : اقتلاع الشَّعر من جذوره .

ep·i·lep·sy [ĕp′ə lĕp′sĭ] *(n.)* الصَّرْع : داء عصبيّ مزمن .

epilept- *or* **epilepti-** *or* **epilepto-** بادئة معناها : الصَّرْع .

ep·i·lep·tic [ĕp′ə lĕp′-] *(adj.; n.)* (١) صَرْعيّ (٢) مصروع : مصابٌ بالصَّرْع § (٣) المصروع : المصاب بداء الصَّرْع .

ep·i·lep·ti·form *(adj.)* صَرْعانيّ : شبيه بالصَّرْع <~ convulsion> .

ep·i·lep·to·gen·ic *(adj.)* مُحْدِث للصَّرْع <~ drugs> .

ep·i·lep·toid *(adj.)* صَرْعانيّ : «أ» شبيه بالصَّرْع <~ symptoms> . «ب» متكشِّف عن أعراضٍ شبيهة بأعراض داء الصَّرْع <an ~ criminal> .

ep·i·logue *or* **ep·i·log** [ĕp′ə lôg′] *(n.)* (١) خاتمة الكتاب أو القصيدة إلخ (٢) الأبيلوج : خطاب ، شِعريّ عادةً ، يُوَجَّه إلى النظّارة من قِبَل ممثّل أو أكثرَ عند انتهاء المسرحية (٣) الأبيلوجيّ : الممثِّل الذي يُلقي هذا الخطاب .

ep·i·neph·rine *also* **ep·i·neph·rin** *(n.)* = adrenalin.

ep·i·neu·ri·um [ĕp′ə nŏŏr′-] *(n.)* غِمْد العَصَب (ت) .

ep·i·phan·ic; e·piph·a·nous *(adj.)* غِطاسيّ ؛ ظُهوريّ (نص) .

e·piph·a·ny [ĭ pĭf′-] *(n.)* (١) *cap.* عيد الغِطاس أو الظُّهور (٢) تَجَلٍّ .

ep·i·phe·nom·e·nal·ism *(n.)* الظاهراتية المصاحِبيّة : مذهب يقول بأن العمليات العقلية هي ظواهر تصاحب العمليات الدّماغية الآلية (فف) .

ep·i·phe·nom·e·non [ĕp′ĭ fə nŏm′ə nŏn′] *(n.)* pl. **-na** [nə] الظاهرة المصاحِبة : ظاهرة ثانوية تصاحب ظاهرة أخرى وتنشأ عنها .

ep·i·phragm [-′ə frăm′] *(n.)* الوصّاد : «أ» إفراز تُغْلِق به الحلازين أصدافَها أثناء سُباتِ الشتاء . «ب» غشاء يكسو فتحة المحفظة في النباتات الفُطرية .

e·piph·y·sis [ĭ pĭf′ə sĭs] *(n.)* pl. **-ses** (١) المُشاش ؛ الكُرْدُوس : جزء عَظْميّ يتكوَّن بصورة مستقلة ثم يلتحم بالعظم الرئيسيّ (٢) pineal body .

ep·i·phyte [ĕp′ə fīt] *(n.)* = air plant.

ep·i·phyt·ic [ĕp′ə fĭt′-] *(adj.)* (١) نباتِيهوائي : خاصّ بالنبات الهوائي (٢) سطحِينباتي : عائش على سطح النباتات .

ep·i·phy·tol·o·gy [-fī tŏl′-] *(n.)* علم أمراض النبات .

ep·i·phy·tot·ic [-tŏt′-] *(adj.)* وَبائِنْباتيّ ؛ وبائيّ نباتيّ <~ diseases> .

e·pis·co·pa·cy [-′kə pə sĭ] *(n.)* (١) حكومة الأساقفة (٢) episcopate .

e·pis·co·pal [ĭ pĭs′kə-] *(adj.; n.)* (١) أُسقفيّ § (٢) Episcopalian .

E·pis·co·pa·lian [-pāl′-] *(n.; adj.)* (١) الأسقُفيّ : عضوٌ في الكنيسة الأسقفيّة § (٢) أُسْقُفيّ : خاصّ بالكنيسة الأُسقفية .

e·pis·co·pate [ĭ pĭs′kə pĭt; -pāt′] *(n.)* (١) الأسقفيّة : منصب الأسقف أو مدة ولايته أو المنطقة الخاضعة لسُلطته (٢) هيئة الأساقفة [في بلدٍ ما] .

ep·i·scope [ĕp′ə-] *(n.)* المِخْيال : ضرْب من الفانوس السِّحْري .

ep·i·si·ot·o·my [ə pē′zē ŏt′-] *(n.)* بَضْعُ الفَرْج ؛ شَقّ الفَرْج (ط) .

ep·i·sode [ĕp′ə sōd′; -zōd′] *(n.)* الأبيزود : «أ» ذلك الجزء ، من تراجيديا إغريقية قديمة ، الواقعُ بين أُغنيَّتين كورَسيَّتين . «ب» حادثة عَرَضيّة في سياق قصة أو قصيدة إلخ . «ج» حَدَث أو سلسلة أحداث مترابطة في الحياة الواقعية . «د» جزء استطراديّ في مقطوعة موسيقية .

ep·i·sod·ic *also* **ep·i·sod·i·cal** *(adj.)* أبيزوديّ ؛ عَرَضيّ .

ep·i·stax·is [ĕp′ĭ stăk′-] *(n.)* الرُّعاف : نَزْف الدَّم من الأنف .

ep·i·ste·mic [ĕp′ə stē′-] *(adj.)* مَعْرِفيّ ؛ إدراكيّ .

e·pis·te·mol·o·gy [ĭ pĭs tə mŏl′-] *(n.)* نظرية المعرفة (فف) .

ep·i·ster·num [ĕp ĭ stûr′-] *(n.)* النَّحْر : نِصاب القَصّ (ت) .

e·pis·tle [ĭ pĭs′əl] *(n.)* الرسالة : «أ» *cap.* : الرِّسالة الإنجيليّة (نص) . «ب» رسالة عادية أو رسمية أو تعليمية أنيقة .

e·pis·tler [ĭ pĭs′lər] *(n.)* مُنشئ الرِّسالة ؛ كاتب الرِّسالة .

e·pis·to·lar·y [-′tə lĕr′ĭ] *(adj.)* (١) رِساليّ ؛ رَسائليّ (٢) مُتضَمَّن في رسائل (٣) مكتوب بشكل سلسلة رسائل <~ novels> .

epis·tro·phe [-′trə fē] *(n.)* تكرار النِّهاية [لغرضٍ بلاغيّ] .

ep·i·style [ĕp′ĭ stīl′] *(n.)* = architrave.

ep·i·taph [-′ə tăf′] *(n.)* (١) القَبْرية : نقش على ضريح تكريمًا للرّاقد فيه (٢) التَّذكارية : كلمة قصيرة [إحياءً لذكرى شخص أو شيء ماضٍ] .

e·pit·a·sis [ĭ pĭt′ə sĭs] *(n.)* الصُّلب : جزء من الدراما الإغريقية يُطَوَّر فيه الحَدَثُ الرئيسيّ ويُؤَزَّم ، ثمّ يُؤدِّي إلى حُلول الكارثة .

ep·i·tha·la·mi·on *(n.)* pl. **-mi·a** = epithalamium.

ep·i·tha·la·mi·um *(n.)* pl. **-s** *or* **-mi·a** [mĭ ə] قصيدة [أو أُغنيَة] الزِّفاف .

ep·i·the·li·al [ĕp′ə thē′lĭ əl] *(adj.)* ظِهاريّ .

ep·i·the·li·o·ma [-ō′mə] *(n.)* السَّرطان الظِّهاري .

ep·i·the·li·um *(n.)* الظِّهارة : نسيجٌ يكسو سطحًا أو يبطِّن تجويفًا (أح) .

ep·i·the·lize *(vt.)* يُظَهِّر : «أ» يكسو بظِهارة . «ب» يحوِّل إلى ظِهارة .

ep·i·thet [ĕp′ə thĕt′] *(n.)* (١) صفة؛ نعت (٢) كُنْيَة؛ لقب.

ep·i·thet·ic *or* **ep·i·thet·i·cal** *(adj.)* وَصْفيّ؛ نَعْتيّ.

e·pi·tome [ĭ pĭt′ə mĭ] *(n.)* (١) خلاصة (٢) مثال؛ صورة مُصَغَّرة عن.

e·pit·o·mize *(vt.)* (١) يُلَخِّص (٢) يُجَسِّد؛ يُمثِّل بصورة مصغَّرة.

ep·i·zo·ic [-zō′ĭk] *(adj.)* متطفِّل على جسم حيوان <~ plants>.

ep·i·zo·ot·ic [-zō ŏt′ĭk] *(adj.; n.)* (١) وَبائيّ § (٢) المَوْتان: مرض وبائيّ يُصيب الحيوانات.

ep·och [ĕp′ək; ē′pŏk] *(n.)* (١) العَهْد؛ الدَّور: فترة من الزمان تتميّز بِسِمات خاصة أو أحداث بارزة (٢) الحِيْن (جي).

epoch–making *(adj.)* تاريخيّ؛ صانعٌ لعهد جديد: هامّ جدًا بحيث يُعَدّ مَطْلَعَ عهد جديد من عهود التاريخ والفكر <an ~ discovery>.

ep·ode [ĕp′ōd] *(n.)* الإيبودة: قصيدة من الشعر الغنائيّ يَعْقُبُ فيها بيتٌ قصيرٌ بيتًا أطولَ منه.

ep·o·nym [-′ə nĭm] *(n.)* (١) مُعْطِي الاسم: الشخص الذي تُسَمَّى بِاسْمِهِ القبيلةُ أو المؤسسة أو البلاد إلخ (٢) الرَّمز: من كان اسمه وثيقَ الصلةِ بشيءٍ ما بحيث يصبح رمزًا على ذلك الشيء. — **ep·on·y·mous** *(adj.)*

ep·o·pee [ĕp′ə pē; ĕp′ə pē′] *(n.)* المَلْحمة أو الشِّعر المَلْحَميّ.

ep·os [ĕp′ŏs′] *(n.)* = epopee.

ep·si·lon [ĕp′sə-] *(n.)* الأبسيلون: الحرف الخامس من الأبجدية اليونانية.

Ep·som salts *(n. pl.)* أملاح أبسوم: كبريتات المغنسيوم المائية.

eq·ua·bil·i·ty [ĕk′wə bĭl′-] *(n.)* (١) استواء؛ اطِّراد (٢) هدوء؛ رصانة.

eq·ua·ble [ĕk′wə-; ē′kwə-] *(adj.)* (١) مُسْتوٍ؛ مُطَّرِد <~ temperature> (٢) هادئ؛ رصين <an ~ temper>.

e·qual [ē′kwəl] *(adj.; n.; vt.)* (١) «أ» مساوٍ؛ معادل. «ب» متساوٍ. «ج» متماثل. «د» مطَّرد؛ مُسْتوٍ (٢) عادل (٣) «أ» رصين. «ب» متعادل؛ متوازن (٤) كُفْؤ (٥) ملائم § (٦) «أ» نِدّ؛ نظير. «ب» عِدْل؛ كمية معادلة § (٧) يساوي (٨) يضاهي.

e·qual·i·tar·i·an [ĭ kwŏl′ĭ târ′-] *(adj.; n.)* = egalitarian.

e·qual·i·ty *(n.)* (١) مساواة؛ تكافؤ (٢) اطِّراد؛ استواء (٣) توازُن.

e·qual·i·za·tion [ē′kwəl ĭ zā′-] *(n.)* تَسْوية؛ مساواة؛ استواء؛ توازن.

e·qual·ize [ē′kwə līz′] *(vt.)* (١) يُسَوّي؛ يُساوي بين (٢) يُوازِن.

e·qual·iz·er *(n.)* (١) المُسوِّي إلخ (٢) المُوازِن (٣) النقطة المُعادِلة (رب).

e·qual·ly [ē′-] *(adv.)* (١) بالتّساوي؛ بصورة متساوية (٢) على حدٍّ سواء.

e·qua·nim·i·ty [ē kwə nĭm′-] *(n.)* اتِّزان؛ رَباطة جَأش.

e·quan·i·mous [ĭ kwăn′ə-] *(adj.)* مُتَّزِن؛ رابط الجأش.

e·quate [ĭ kwāt′] *(vt.; i.)* (١) يسوِّي بين: يجعله مساويًا لـ (٢) يُعَدِّل؛ يُنزِل إلى المعدَّل **x** (٣) يتطابق؛ يتوافق.

e·qua·tion [ĭ kwā′zhən; -shən] *(n.)* (١) تسوية (٢) معادَلة؛ توازن (٣) المعادَلة («ر» و«ك»). — **e·qua·tion·al** *(adj.)*

e·qua·tor [ĭ kwā′-] *(n.)* (١) خَطّ الاستواء السماوي (٢) خَطّ الاستواء.

e·qua·to·ri·al [ē′kwə tōr′-] *(adj.)* (١) استوائيّ (٢) قائظ؛ لاهب.

e·qua·tor·ward [ĭ kwā′-] *(adv.)* نَحْوَ خط الاستواء.

eq·uer·ry [ĕk′wə rĭ] *(n.)* (١) قَيِّم الإسطبل [الملكيّ أو الأميريّ] (٢) الوصيف: موظف في البلاط البريطانيّ يسهر على راحة الملك أو غيره من أعضاء الأسرة الملكية.

e·ques·tri·an [ĭ kwĕs′-] *(adj.; n.)* (١) فُروسيّ: «أ» خاصّ بركوب الخيل. «ب» ممثِّلٌ شخصًا على متن جوادٍ <an ~ statue>. «ج» ذو علاقة بالفرسان أو مُؤلَّف منهم § (٢) فارس.

e·ques·tri·enne [-ĕn′] *(n.)* الفارسة: امرأة تجيد ركوب الخيل.

equi- بادئة معناها: «أ» مُتَساوٍ. «ب» بصورة متساوية.

e·qui·an·gu·lar [ē′kwē ăng′-] *(adj.)* متساوي الزوايا (ر).

e·qui·ca·lor·ic [-lôr′ĭk] *(adj.)* متساوي السُّعَر <~ diets>.

e·qui·dis·tance [ē kwə dĭs′-] *(n.)* تساوي البُعْد.

e·qui·dis·tant [-′tənt] *(adj.)* متساوي البُعد [عن نقطة معيّنة].

e·qui·lat·er·al [-lăt′ər əl] *(adj.; n.)* متساوي الأضلاع (ر).

e·quil·i·brant [ĭ kwĭl′ə-] *(n.)* القوة الموازِنة (فز).

e·qui·li·brate [ĭ kwĭl′ə brāt′] *(vt.; i.)* (١) يُوازِن **x** (٢) يتوازن.

e·quil·i·brist *(n.)* البَهْلوان. — **e·quil·i·bris·tic** *(adj.)*

e·qui·lib·ri·um [-lĭb′rĭ-] *(n.)* pl. **-s** *or* **-ri·a** (١) توازُن (٢) رباطة جأش.

e·qui·mo·lec·u·lar [ē kwə mə lĕk′-] *(adj.)* مُتساوي الجُزَيئات (فز).

e·quine [ē′kwīn] *(adj.; n.)* (١) فَرَسيّ؛ خَيْليّ § (٢) فَرَس.

e·qui·noc·tial [-nŏk′shəl] *(adj.; n.)* (١) اعتداليّ: متعلّق باعتدال الليل والنهار (٢) استوائيّ: متعلّق بمناطق، أو بمناخ، خطّ الاستواء § (٣) خطّ الاستواء السَّماويّ (فل).

equinoctial storm *(n.)* العاصفة الاعتدالية (أر).

e·qui·nox [ē′kwə nŏks′] *(n.)* الاعتدال الربيعيّ (حوالى ٢١ مارس) أو الاعتدال الخريفيّ (حوالى ٢٣ سبتمبر).

e·quip [ĭ kwĭp′] *(vt.)* (١) يُزَوِّد أو يُجهِّز بـ (٢) يكسو.

eq·ui·page [ĕk′wə pĭj] *(n.)* (١) جهاز؛ عُدّة (٢) بطانة؛ حاشية (ا. ق) (٣) «أ» عربة. «ب» العربة مع خيلها وسائقها وخدمها.

e·quip·ment [ĭ kwĭp′-] *(n.)* (١) «أ» تجهيز. «ب» تجهُّز (٢) «أ» تجهيزات؛ مُعَدّات. «ب» حافلات سكة الحديد وقاطراتها (٣) مؤهلات عقلية إلخ.

e·qui·poise [ē′kwə poiz′] *(n.; vt.)* (١) توازُن (٢) قوةٌ موازِنةٌ § (٣) يُوازِن.

e·qui·pol·lence *or* **e·qui·pol·len·cy** *(n.)* تكافؤ (را. المادة التالية).

e·qui·pol·lent [ē′kwə pŏl′-] *(adj.)* مُتكافئ: متعادل في القوة أو التأثير.

ă at; **ā** date; **â** care; **ä** car; **ĕ** egg; **ē** me; **ĭ** in; **ī** bite; **ŏ** lot; **ō** bone; **ô** orphan; **oi** boil; **o͝o** good; **o͞o** boot; **ou** out; **ŭ** under; **û** urgent; ə = *a* in alone, *e* in system, *i* in easily, *o* in gallop, *u* in circus.

e·qui·pon·der·ant [ē′kwə pŏn′-] *(adj.)* متوازن: متعادل في الوزن.

e·qui·pon·der·ate [-rāt′] *(vi.; t.)* (١) يتوازن x (٢) يُوازِن؛ يُعادِل.

e·qui·po·tent [-pōt′-] *(adj.)* مُتكافئ الفعالية؛ متساوي التأثير.

e·qui·po·ten·tial [-pô tĕn′-] *(adj.)* مُتساوي الجَهْد. <an ~ surface>

e·qui·prob·a·ble *(adj.)* متساوي الاحتمال <~ alternatives>.

eq·ui·se·tum [ĕk′wĭ sē′-] *(n.)* pl. **-s** *or* **-ta** الكُنْبات؛ ذَنَبُ الخيل (نب).

e·qui·ta·ble [ĕk′wĭ tə bəl] *(adj.)* عادل؛ مُنصِف.

eq·ui·tant [-′wĭ tənt] *(adj.)* مُتراكِب القاعدة (نب).

equitant leaves

eq·ui·ta·tion [ĕk′wĭ tā′-] *(n.)* الفُروسية؛ ركوب الخيل.

eq·ui·ty [ĕk′wə tĭ] *(n.)* (١) عدالة؛ إنصاف (٢) الإنصاف: «أ» تطبيق أمالي الضمير ومبادئ العدل الطبيعي على النزاعات. «ب» مجموعة من المبادئ والأحكام نشأت في إنكلترا واقتُبست في الولايات المتحدة لسدّ مَواطن النقص في القانون العادي (ق) (٣) حقّ (٤) *pl.*: الأسهم العاديّة (اد).

equity of redemption *(n.)* حَقّ استرداد المرهون (ق).

e·quiv·a·lence [ĭ kwĭv′ə-] *(n.)* تساوٍ؛ تكافؤ.

e·quiv·a·lent [-lənt] *(adj.; n.)* (١) مُساوٍ (٢) مُرادِف (٣) مُكافئ؛ متكافئ مع § (٤) المساوي؛ المرادِف؛ المُكافئ.

equivalent weight *(n.)* الوزن المُكافئ (ك).

e·quiv·o·cal [ĭ kwĭv′ə-] *(adj.)* (١) مُلْتبِس؛ ذو معنيَيْن أو أكثر (٢) مائع؛ محيِّر: غير قابل للتحديد أو التصنيف (٣) غير قاطع أو حاسم <an ~ result> (٤) مُريب؛ مشبوه <~ behavior>.

e·quiv·o·cate [-kāt′] *(vt.)* (١) يُوارِب: يَستخدم كلامًا ذا معنيين (٢) يُراوِغ.

e·quiv·o·ca·tion *(n.)* (١) التباس؛ غموض (٢) مُوارَبة؛ مُراوَغة.

eq·ui·voque *also* **eq·ui·voke** [ĕk′wə vōk′] *(n.)* (١) تعبير مُلْتَبِس؛ عبارة غامضة (٢) التِباس؛ غموض (٣) تَوْرية؛ تلاعب لفظيّ.

e·ra [ēr′ə; ĕr′ə] *(n.)* (١) التاريخ؛ التقويم: نظام كرونولوجي يبدأ من نقطة زمنية محددة تميزت بحادثة هامة <the Christian ~> (٢) المَعْلَم: حَدَثٌ أو تاريخ هامّ يُستَهلّ به عهدٌ ما (٣) عَهْد؛ عَصْر (٤) الدَّهر (جي).

e·ra·di·ate [ĭ rā′dĭ āt′] *(vi.; t.)* = radiate.

e·ra·di·a·tion [ĭ rā′dĭ ā′-] *(n.)* إشعاع.

e·rad·i·ca·ble [ĭ răd′ə-] *(adj.)* يُسْتَأْصَل؛ ممكنٌ استئصالُهُ.

e·rad·i·cate [-kāt] *(vt.)* (١) يستأصل (٢) يُبيد؛ يمحو؛ يجتثّ.

e·rad·i·ca·tion [-kā′-] *(n.)* (١) استئصال (٢) إبادة؛ مَحْو؛ اجتثاث.

e·rase [ĭ rās′] *(vt.; i.)* (١) يمحو (٢) يَقْتل؛ يَغْتال x (٣) يَمَّحِي.

e·ras·er [ĭ rā′sər] *(n.)* (١) الماحي (٢) مِمْحاة.

E·ras·tian [ĭ răs′chən] *(adj.)* إيراستوسيّ: قائلٌ بأن للدولة السيادة على الكنيسة في الشؤون الإكليركية.

e·ras·ure [ĭ rā′shər] *(n.)* (١) مَحْو (٢) امِّحاء (٣) الكلمة المَمْحُوَّة أو موضعها.

er·bi·um [ûr′bĭ əm] *(n.)* الأربيوم: عنصرٌ فِلِزّيّ (ك).

ere [âr] *(prep.; conj.)* (١) قَبْلَ § (٢) قَبْلَ أن.

e·rect [ĭ rĕkt′] *(adj.; vt.; i.)* (١) مُنتصِب؛ قائم § (٢) يبني؛ يشيِّد (٣) يُقيم؛ يَرْكُز؛ يَنْصِب <to ~ a telegraph pole> (٤) يَعْدِل: يُعيد الصورة المقلوبة إلى وضعها السويّ (بص) (٥) يُؤَسِّس x (٦) ينتصب.

e·rec·tile [ĭ rĕk′təl; -′tīl] *(adj.)* (١) يُنْصَب: ممكنٌ رفعُهُ إلى وضع منتصب (٢) نَعُوظ؛ انتصابيّ: قابلٌ للانتصاب (فس).

e·rec·tion [ĭ rĕk′-] *(n.)* (١) انتصاب (٢) «أ» بناء؛ تشييد. «ب» إقامة؛ نَصْب. «ج» إنشاء؛ تأسيس (٣) مَبْنًى.

e·rec·tor [-′tər] *(n.)* (١) الباني؛ المُشَيِّد إلخ (٢) عَضَلة مُنْعِظة.

ere·long [âr lông′] *(adv.)* سُرعان؛ سُرعانَ ما.

er·e·mite [ĕr′ə mīt′] *(n.)* الناسك؛ الزاهد؛ الرّاهب.

er·e·mit·ic; -al [-mĭt′-] *(adj.)* نُسْكيّ؛ زُهْديّ؛ رهبانيّ.

er·em·urus [ĕr ə myŏŏr′-] *(n.)* الذَّنَبِيّة: نبات من الفصيلة الزنبقية.

ere·now [âr nou′] *(adv.)* (١) قبل الآن (٢) حتى الآن.

er·e·thism [ĕr′ə thĭz′əm] *(n.)* الاهتياج (فس).

ere·while [âr′hwīl′] *(adv.)* قبل قليل؛ قبل فترة وجيزة.

erg [ûrg] *(n.)* الأَرْغ؛ الإرْكة: وحدة شُغلٍ أو طاقة (فز).

erg- *or* **ergo-** بادئة معناها: شُغل <*ergo*meter>.

er·go [ûr′gō] *(adv.)* إذن؛ وهكذا؛ وبالتّالي.

er·go·graph [ûr′-] *(n.)* المِغْضال: جهاز لقياس قدرة العضلة على الشُّغل.

er·gom·e·ter [-gŏm′-] *(n.)* المِشغال: جهاز لقياس الجهد العضلي.

er·go·nom·ics *(n.)* الهندسة البشرية: دراسة خصائص الإنسان الفيسيولوجية والنفسية ومراعاتها في صنع الأدوات إلخ.

er·gos·te·rol [ûr gŏs′-] *(n.)* الأرغوسترول: إستَرول sterol يتحوّل عند تعريضه للأشعة فوق البنفسجية إلى ڤيتامين «د٢» (كح).

er·got [ûr′gət; -gŏt] *(n.)* الأرغوت: «أ» الكتلة الصُّلبة التي تحلّ محلَّ الحبّة عند الإصابة بالأرغوت أو مرض الدابرة. «ب» الفُطر الذي يحمل هذه الكتلة. «ج» مرض الدابرة: مرض فُطريّ يصيب الحبوب. «د» عقّار لوقف النزف.

er·got·ism [ûr′gə-] *(n.)* التّسمم الدابريّ: تسمّم ناشئ عن أكل حبوب مصابة بالأرغوت أو مرض الدابرة.

er·i·ca [ĕr′ə kə] *(n.)* الخَلَنْج: شجر من الفصيلة الخلنجية (نب).

er·i·ca·ceous [ĕr′ə kā′shəs] *(adj.)* خَلَنْجيّ: متعلّق بالفصيلة الخَلَنْجية.

er·i·coid [ĕr′ə koid] *(adj.)* خَلَنجانيّ: شبيه بالخَلَنْج (نب).

e·rig·er·on [ĭ rĭj′ə-] *(n.)* شيخ الربيع: عشب من الفصيلة المركّبة.

Er·in [âr′ĭn; ĭr′ĭn] *(n.)* إيرلندا.

E·ris [ēr′ĭs; ĕr′-] إيريس: إلاهة الشّقاق عند اليونان.

er·is·tic [ĕ rĭs′tĭk] *(adj.; n.)* جِداليّ: متَّسِم بالجدال أو مولعٌ به.

Erlenmeyer flask

Er·len·mey·er flask *(n.)* قارورة أرلَنْماير.

er·mine [ûr′mĭn] *(n.)* القاقُم؛ القاقوم: «أ» حيوان من الفصيلة السَّمّورية. «ب» فروُ القاقُم الأبيض.

ermine *a.*

er·mined [-ˈmĭnd] *(adj.)* مُقَوْقَم: مكسُوٌّ أو مزيَّن بفرو القاقُم.

erne *or* **ern** [ûrn] *(n.)* الأرْن: عُقاب بحريّ أبيض الذيل.

e·rode [ĭ rōdˈ] *(vt.; i.)* (١) يتآكّل؛ يَحُتّ (٢) يُحْدِث بالتآكُل؛ يشكّل بالحَتّ x (٣) يتآكل؛ يَنْحَتّ؛ يتحاتّ.

e·rod·ent [ĭ rōˈdənt] *(adj.)* = erosive.

e·rog·e·nous; er·o·gen·ic *(adj.)* (١) حسّاس جنسيًّا <~ zones of the human skin> (٢) مُثير جنسيًّا <~ pleasure>.

E·ros [ērˈŏs] إيروس: إله الحبّ في الميثولوجيا اليونانية.

e·ros [ērˈŏs] *(n.)* (١) *cap.* (٢) libido الشَّهوة الجنسية.

e·rose [ĭ rōsˈ] *(adj.)* مُحَتَّت؛ مُقَضَّم <an ~ leaf>.

erose leaf

e·ro·si·ble [ĭ rōˈzə-] *(adj.)* قابل للتآكل أو للتّحات.

e·ro·sion [ĭ rōˈzhən] *(n.)* (١) التَّعْرِيَة؛ التّحاتّ (٢) تأكُّل؛ تآكلٌ.

e·ro·sive [ĭ rōˈsĭv] *(adj.)* أكّال؛ حاتّ <an ~ acid>.

e·rot·ic [ĭ rŏtˈ-] *(adj.; n.)* (١) جنسيّ: مصوِّر للحبّ الجنسيّ. «ب» مثير للشهوة الجنسية (٢) شَهوانيّ؛ شَبِق <an ~ person> § (٣) الشَّبِق.

e·rot·i·ca [-ˈĭ kə] *(n.)* الأدب المكشوف؛ الفنّ الماجِن.

e·rot·i·cism *also* **er·o·tism** *(n.)* (١) الصِّفة الجنسية (٢) الإثارة الجنسية (٣) الشَّهوة الجنسية (٤) الشَّبَق.

e·rot·i·cize [-sīzˈ] *(vt.)* يُشَهْوِن: يَخلَع عليه الصفةَ الجنسية.

e·ro·to·ma·ni·a [ĭ rōˈtə māˈ-] *(n.)* المَسّ أو الهَوَس الشَّبَقيّ.

err [ûr] *(vi.)* (١) يَضِلّ (ا.ق) (٢) يُخطِئ (٣) يَأثَم؛ يُذنِب؛ يَزِلّ.

er·ran·cy [ûrˈən sĭ] *(n.)* الضَّلال؛ الخطأ؛ الإثم.

er·rand [ĕrˈənd] *(n.)* (١) «أ» رسالة شفهيّة [يكلَّف شخص بنقلها]. «ب» مُهِمّة (٢) «أ» رحلة قصيرة [لأداءِ رسالة أو للقيام بمهمة]. «ب» الغرض من مثل هذه الرحلة.

er·rand–boy *(n.)* الساعي: غلامٌ ينقل الرسائل ويحمل السلع للزبائن.

er·rant [ĕrˈənt] *(adj.)* (١) رحّالة؛ مولع بالرحلات (٢) «أ» شارد؛ تائه. «ب» هائم على وجهه لغير ما غرض (٣) ضالّ: منحرف عن الصراط المستقيم (٤) غير معصوم؛ عُرْضة للخطأ <an ~ child>.

er·rant·ry [-ˈən trĭ] *(n.)* الترحُّل؛ التجوال [التماسًا للمغامرات الفروسية].

er·ra·ta [ĭ räˈtə] *(n.)* جدول الخطأ والصواب [في كتاب].

er·rat·ic; -al [ĭ rătˈ-] *(adj.; n.)* (١) شارد؛ ضالّ (٢) مجروف [بفعل نهر جليديّ] (٣) شاذّ؛ غريب الأطوار § (٤) شخص شاذّ أو غريب الأطوار (٥) الشّذّان؛ القُلاعة: صخر مجروف بفعل نهر جليدي (جي).

er·ra·tum [ĭ răˈtəm; ĭ räˈ-] *(n.)* pl. **-ta** (١) خَطَأ (٢) خَطَأ مَطبعي.

er·ro·ne·ous [ə rōˈnĭ əs] *(adj.)* خاطئ؛ غير صحيح.

er·ror [ĕrˈər] *(n.)* (١) غَلَطٌ؛ خطأ (٢) غلطة (٣) إثم.

er·satz [-ˈsäts] *(adj.; n.)* (١) صُنعيّ؛ بديلٌ § (٢) شيء صُنعيّ أو بديل.

Erse [ûrs] *(n.)* اللغة الغَيْليّة الإسكتلندية أو الغَيْليّة الإيرلندية.

erst [ûrst] *(adv.)* سابقًا؛ في ما مضى (ا.ق).

erst·while [-ˈhwīlˈ] *(adv.; adj.)* (١) سابقًا § (٢) سابق.

e·ruct; e·ruc·tate *(vi.; t.)* (١) يتجشّأ (٢) يقذف [البركانُ حِمَمَه].

e·ruc·ta·tion *(n.)* (١) تَجَشُّؤ (٢) قذفٌ [للحِمَم] (٣) ما يُتَجشّأ أو يُقْذَف.

er·u·di·te [ĕrˈyoo dītˈ; -oo-] *(adj.)* واسع الاطّلاع.

er·u·di·tion [-dĭshˈ-] *(n.)* سَعَة اطّلاع. وبخاصة: معرفة واسعة [مكتَسَبةٌ من الكتب غالبًا].

e·rupt [ĭ rŭptˈ] *(vi.; t.)* (١) «أ» يثور [البركان]. «ب» ينفجر (٢) يتنفّط [الجلدُ] x (٣) ينفثُ [الحِمم] (٤) يُطلق [الأوامر].

e·rup·tion [ĭ rŭpˈ-] *(n.)* (١) ثوران [بركانٍ]؛ هَيَجان؛ انفجار (٢) تنفُّط (٣) طَفْح جلديّ.

e·rup·tive [ĭ rŭpˈ-] *(adj.)* (١) ثائر؛ هائج (٢) ثَورانيّ؛ هَيَجانيّ (٣) بُركانيّ (٤) طَفْحيّ: مصحوبٌ بطَفْح جلديّ (٥) مُنَفِّط [للجِلد].

-ery لاحقة معناها: «أ» صفة <snobbery>. «ب» فنّ؛ صناعة <archery>. «ج» مكان الصنع أو الإنتاج أو البيع <bakery>. «د» مجموعة <machinery>. «هـ» حالة؛ وضع <slavery>.

e·ryn·go [ĭ rĭngˈgō] *(n.)* القَرْصَعْنة؛ شُوَيكة إبراهيم: نبات عشبيّ.

er·y·sip·e·las [ĕrˈə sĭpˈ-] *(n.)* الحُمْرَة: مرض جلديّ مُعْدٍ (ط).

er·y·the·ma [ĕrˈə thēˈmə] *(n.)* الحُمامَى؛ الطَّفْح الوَرْديّ (ط).

erythr- *or* **erythro-** بادئة معناها: «أ» أحمر. «ب» كريّة دم حمراء.

e·ryth·rism [ĭ rĭthˈrĭz əm] *(n.)* الاحمرارية: احمرار البشرة أو الشَّعر.

e·ryth·ro·blast [ĭ rĭthˈ-] *(n.)* الحمراوية: خليّة مُنَوّاة في مُخّ العظم تنشأ منها خلايا الدم الحمر (ت).

e·ryth·ro·blas·to·sis *(n.)* داء الحمراويّات [في الدم] (ط).

e·ryth·ro·cyte [-ˈrə sītˈ] *(n.)* الخليّة الحمراء: كريّة دم حمراء.

e·ryth·ro·cy·tom·e·ter *(n.)* المِحْمار؛ مقياس الكُريّات الحمر (ط).

e·ryth·roid [ĭ rĭthˈ-] *(adj.)* كُرَيْريّ: خاصّ بالكُرَيّات الحُمْر (فس).

e·ryth·ro·my·cin [-mīˈ-] *(n.)* الأريترومايسين: عقّار من المُرديات.

e·ryth·ro·poi·e·sis [-poi ēˈsĭs] *(n.)* التَّكَوُّر: تكوُّن الكُرَيّات الحُمر.

es·ca·drille [ĕsˈkə drĭl] *(n.)* الأُسَيْطيل: أسطول صغير من الطائرات أو السفن الحربية.

es·ca·lade [-ˈkə lādˈ] *(n.; vt.)* (١) تَسلُّق الأسوار § (٢) يتسلّق الأسوار.

es·ca·late [-ˈkə lātˈ] *(vt.; i.)* (١) يُصَعِّد: يزيد الشيء حِدّةً x (٢) يتصاعد.

es·ca·la·tor [-ˈkə lāˈ-] *(n.)* السُّلَّم الدوّار أو الكهربائيّ.

escalator clause *(n.)* الفِقرة المتحرّكة: فقرة في عَقْدٍ بين ربّ العمل ونقابة العمال تتيح رفع الأجور أو خفضها في أحوال معيّنة.

escalator

es·cal·lop [ĕs kŏlˈəp; ĕs kălˈ-] *(n.; vt.)* = scallop.

es·cap·a·ble [ĕs kāˈ-] *(adj.)* ممكنٌ اجتنابُهُ أو الفرارُ منه.

ă at; ā date; â care; ä car; ĕ egg; ē me; ĭ in; ī bite; ŏ lot; ō bone; ô orphan; oi boil; oo good; oo boot; ou out; ŭ under; û urgent; ə = *a* in alone, *e* in system, *i* in easily, *o* in gallop, *u* in circus.

es·ca·pade [-ˈkə pādˈ] *(n.)* (١) فرار (ا. ق) (٢) عملٌ طائش (٣) مغامرة.

es·cape [ĕs kāpˈ] *(vi.; t.; n.; adj.)* (١) يفِرّ؛ يهرب (٢) «أ» يُفلت من. «ب» يرتشح (٣) ينجو [من مطاردة أو عقوبة أو شرٍّ مُحْدِق] **x** (٤) يتجنَّب؛ يَتَفادى (٥) «أ» يَفُوت؛ يغيب عن الذاكرة <His name ~s me.>. «ب» يفوتُهُ فهمُ المراد من <Your meaning ~s me.> (٦) «أ» ينبعث من. «ب» يَنِدّ من <A cry ~d her lips.> § (٧) فرار (٨) «أ» نجاة. «ب» تفادٍ (٩) ارتشاح (١٠) تهرّب من الرُّوتين أو الواقع (١١) مَفَرّ؛ وسيلة فرار § (١٢) تهرُّبيّ: مساعد على التهرُّب من الواقع إلخ <~ literature> (١٣) تَمَلُّصيّ: مُتيحٌ وسيلة للتملُّص <an ~ clause>.

es·cap·ee [-kā pēˈ] *(n.)* الهارب؛ الآبق. وبخاصة: الفارّ من سجن.

escape hatch *(n.)* كُوّة النجاة [من الطائرة أو الغواصة].

escape mechanism *(n.)* سبيل الهروب: عملٌ واعٍ أو لاواعٍ يقوم به المرء بُغْيَةَ التّهرُّب من الحقائق أو المسؤوليات البغيضة (نف).

es·cape·ment [ĕs kāpˈ-] *(n.)* (١) المُفْلِتة: «أ» ميزان أو شاكوش السّاعة. «ب» أداة تساعد على الحركة في اتّجاهٍ واحد بِنِسَب مُتساوية [كجهاز المسافاتِ في آلةٍ كاتبة] (٢) «أ» فِرار؛ إفلات. «ب» مَنْفَذ.

escapement 1a.

escape valve *(n.)* = safety valve.

escape velocity *(n.)* سرعة الانفلات الصغرى: الحد الأدنى من السرعة الذي يحتاج إليه الصاروخ إلخ للانفلات من الجاذبية الأرضية والانطلاق إلى الفضاء الخارجي.

es·cap·ism *(n.)* التهرّبيّة: التهرّب من الواقع بالاستغراق في الخيال إلخ.

es·car·got [-kärˈgōˈ] *(n.)* حَلَزُون. وبخاصة: حَلَزُون صغير يؤكل.

es·carp [ĕs kärpˈ] *(n.; vt.)* = scarp.

es·carp·ment *(n.)* (١) المَهْوَى: مُنْحَدَر أمام حِصن (٢) جُرُف.

-escent لاحقة معناها: «أ» آخذٌ في؛ آيلٌ إلى <obsol*escent*>. «ب» عاكس أو مرسل للضوء <fluor*escent*>.

es·char [-ˈkär; -ˈkər] *(n.)* (١) الخُشارة؛ النَّدَبة؛ أثَرُ الحَرْق (٢) esker.

es·cha·rot·ic [ĕsˈkə rŏtˈĭk] *(adj.; n.)* (١) «أ» مُخشِّر؛ مُندِّب. «ب» كاوٍ § (٢) عقّار كاوٍ.

es·cha·tol·o·gy [ĕsˈkə tŏlˈ-] *(n.)* الأُخْرَوِيّات: فرع من علم اللاهوت يُعنى بدراسة الموت والبعث والحساب.

es·cheat [ĕs chētˈ] *(n.; vi.; t.)* (١) المُسْتَوْرَث: ميراث يؤول إلى الدولة لعدم وجود وارث (٢) الاستيراث: أيلولة ميراث إلى الدولة لانعدام الوارث (٣) حق الاستيراث § (٤) يُسْتَوْرَث: يؤول إلى الدولة لانعدام الوارث **x** (٥) تَسْتَوْرِث: تصادر الدولة ميراثًا لا وارثَ له.

es·chew [ĕs chōōˈ] *(vt.)* يتجنّب؛ يتحاشى؛ يُحاذر <to ~ evil>.

es·chew·al [-chōōˈəl] *(n.)* تجنُّب؛ تحاشٍ؛ محاذَرة.

es·cort [*n.* ĕsˈkôrt; *v.* ĕs kôrtˈ] *(n.; vt.)* (١) «أ» مُرافِق. «ب» حاشية. «ج» حَرَسٌ (٢) حاميةٌ [من السُّفن الحربية أو الطائرات المقاتلة إلخ] (٣) مُرافَقَة؛ مُواكَبَة § (٤) يُواكِب؛ يُرافِق [للحماية أو التكريم].

escort carrier *(n.)* حاملة طائرات صغيرة.

escort fighter *(n.)* المُقاتِلة المُواكِبة: طائرة تواكِب القاذفات الثقيلة.

escribed circle [ēˈskrībd] *(n.)* الدائرة الخارِجَة (ر).

es·cri·toire [-krĭ twärˈ] *(n.)* مَكْتب. وبخاصة: مَكتب مُزوَّد بجزء أعلى خاصٍّ بالكُتب.

escritoire

es·crow [ĕsˈkrō] *(n.)* عهد التنفيذ: صكّ أو سَنَدٌ يودع لدى شخص ثالث ليسلِّمه إلى المستفيد عند تنفيذ شرط معيَّن (ق).

es·cu·do [-kōōˈ-] *(n.)* الأسكود: وحدة النقد في البرتغال [قبل اليورو].

es·cu·lent [-ˈkyə-] *(adj.; n.)* (١) صالح للأكل § (٢) شيء صالح للأكل.

es·cutch·eon [ĕs kŭchˈən] *(n.)* (١) دِرْع النّبالة (٢) الزِّيانة: غطاء ثقب المفتاح (٣) الدِّرع: جزء من مؤخر السفينة يحمل اسمها.

-ese لاحقة معناها: «أ» خاصّ ببلدٍ أو موطنٍ ما. «ب» أحد أبناء بلدٍ ما. «ج» لغة بلدٍ ما. «د» أسلوب خاصّ بجماعةٍ ما.

es·ker [ĕsˈkər] *(n.)* الضِّلَع: حَيْد طويل يخلِّفه نهر جليديّ (جي).

Es·ki·mo [ĕsˈkə mōˈ] *(n.)* (١) الأَسْكيمو: مجموعة قبائل تقطن كندا الشمالية وغرينلندا وآلاسكا إلخ (٢) شخص من الأسكيمو (٣) لغة الأسكيمو.

— Es·ki·mo·an *(adj.)*

esophag- *or* **esophago-** بادئة معناها: مَريء؛ مَريئيّ.

e·soph·a·ge·al [ē sō făjˈĭ əl] *(adj.)* مَريئيّ: ذو علاقة بالمَريء.

e·soph·a·gus [ē sŏfˈə gəs] *(n.)* pl. **-gi** [gī; jī] المَريء (ت).

es·o·ter·ic [ĕsˈə tĕrˈ-] *(adj.)* (١) باطنيّ: «أ» مُعَدّ لفئة قليلة أو مفهومٌ من قِبلها وحدها. «ب» مُؤمِن بعقائد باطنية <~ sects> (٢) حَصْريّ: مقصورٌ على فئة قليلة <~ pursuits> (٣) سِرّي؛ خَفيّ <~ reasons>.

— es·o·ter·i·cism *(n.)*

es·o·tro·pia [ĕsˈə trōˈpĭ ə] *(n.)* حَوَل.

es·pa·drille [ĕsˈpə drĭlˈ] *(n.)* الإسْبَدريل: حذاء خفيض قماشيّ الفرعة مَرِنُ النعل.

es·pal·ier [-pălˈyər] *(n.; vt.)* (١) المُعَرَّشة: شجرة تُعَرَّش أو تُسنَّد إلى حائط (٢) تعريشة [للنبات] § (٣) يُعرِّش النباتات (٤) يزوِّد بتعريشة.

es·par·to [-pärˈtō] *(n.)* الحَلْفاء: نبات عُشبيّ من الفصيلة النَّجيلية.

es·pe·cial [ĕs pĕshˈəl] *(adj.)* (١) خاصّ؛ خصوصيّ (٢) استثنائيّ.

es·pe·cial·ly *(adv.)* (١) خصوصًا (٢) لا سيّما (٣) على نحوٍ استثنائيّ.

Es·pe·ran·to [-pə ränˈtō] *(n.)* الأسبيرانتو: لغة صُنعيّة بُنِيت على أساس الكلمات المشتركة في اللغات الأوروبية الرئيسية.

es·pi·al [-pīˈəl] *(adj.)* (١) تجسُّس (٢) «أ» ملاحظة. «ب» اكتشاف.

es·pi·o·nage [-ˈpĭ ə nĭj; -ˈpē ə näzh] *(n.)* تجسُّس؛ جاسوسيّة.

es·pla·nade [-ˈplə nādˈ; -nädˈ] *(n.)* المُسْتوية؛ المُتَنَزَّهة: أرض مستوية يتنزّه فيها المشاة وراكبو الدراجات.

es·pous·al [-pouˈzəl] *(n.)* (١) «أ» خِطبة. «ب» زِفاف. «ج» زواج (٢) اعتناق معتقَد؛ مناصَرة قضية.

es·pouse [-pouzˈ] *(vt.)* (١) يتزوّج (٢) يزوِّج (٣) يَعْتنِق؛ يناصر قضيةً.

es·pres·so [-prĕs′ō] *(n.)* الأسبريسّة : ضربٌ من القهوة .

es·prit [-prē′] *(n.)* (١) ظَرْف ؛ مَرَح ؛ ذكاء متوقّد (٢) عصبيّة .

es·prit de corps [də kôr′] *(n.)* العصبيّة ؛ روح الجماعة ؛ روح التضامن .

es·py [ĕs pī′] *(vt.)* يَلْمَح ؛ يرى من بعيد .

-esque لاحقة معناها : مِثل ؛ شبيهٌ بـ <statuesque> .

Es·qui·mau [ĕs′kə mō′] *(n.)* pl. **-mau** *or* **-x** = Eskimo.

es·quire [-kwīr′] *(n.)* (١) الإسكواير : «أ» رجلٌ إنكليزي تلي مرتبتُهُ مرتبةَ الفارس مباشرةً . «ب» مرشّح لرتبة فارس (٢) المُبَجَّل ؛ المحترم : لقب يُلْحَق باسم الأسرة عادةً <John Smith, *Esq.*> .

-ess لاحقة معناها : أنثى <count*ess;* lion*ess*> .

es·say [*n.* ĕs′ā; *v.* ĕ sā′] *(n.; vt.)* (١) اختبار ؛ تجربة (٢) مقال ؛ مقالة (٣) محاولة § (٤) يختبر (٥) يحاول .

— **es·say·er** *(n.)*

es·say·ist [ĕs′ā ĭst] *(n.)* المُنْشِئ : كاتب المقالات .

es·say·is·tic *(adj.)* مَقاليّ : شبيه بالمقالة صفةً أو أسلوبًا .

es·sence [ĕs′əns] *(n.)* (١) جوهر الشَّيء أو كُنْهُهُ (٢) الماهيّة ؛ الذات (فف) (٣) الرُّوح : «أ» مادة مستخلصة من نبات أو مخدِّر بطريق التقطير . «ب» محلول هذه المادة في الكحول (٤) عِطْر .

es·sen·tial [ə sĕn′shəl] *(adj.; n.)* (١) جوهريّ (٢) أساسيّ (٣) كامل ؛ مُطْلَق (٤) عِطْريّ ؛ طيّار <~ oils> § (٥) *pl.*: <~ foods> أصول ؛ مبادئ <the ~*s* of chemistry> (٦) عنصر أساسيّ .

essential character *(n.)* الصِّفة المميِّزة (أح) .

es·sen·tial·ism *(n.)* الماهِيَّوية ؛ الجَوْهريّة : نظرية تقدّم الماهيّة أو الجوهر على الوجود [فهي بذلك نقيض الوجودية] (نف) .

es·sen·tial·ly [-′shəl ĭ] *(adv.)* (١) جوهريًا ؛ أساسيًا (٢) بالضرورة .

es·so·nite [ĕs′ə nīt′] *(n.)* الأسّونيت : ضرب من الغارنيت garnet (مع) .

es·tab·lish [ĕs tăb′-] *(vt.)* (١) يُثبِّت ؛ يُرَسِّخ ؛ يُوطِّد (٢) «أ» يُعيِّن [الموظَّفين] . «ب» يشترع [القوانينَ] (٣) «أ» يُؤسِّس ؛ يُنشئ . «ب» يُقيم [علاقاتِ صداقةٍ إلخ] (٤) يُرَسِّم : يجعل إحدى الكنائس مؤسسة رسميةً (٥) يُثبت ؛ يُبرهن <to ~ a fact> .

established church *(n.)* الكنيسة الرسمية : كنيسة معترَفٌ بها قانونيًا بوصفها كنيسة الدولة الرسمية ، فهي تَنْعم بتأييد السلطة المدنية .

es·tab·lish·ment *(n.)* (١) «أ» المُدَوَّنة : مجموعة قوانين . «ب» كنيسة رسمية . «ج» مُنْشأة [مدنية أو عسكرية] . «د» مُؤسَّسة [تجارية أو عامّة أو خاصّة] (٢) *cap.* : المؤسَّسة : جماعة مُهَيْمنة <the literary ~> (٣) تَوْطيد ؛ تَرْسيخ ؛ إقامة ؛ تأسيس إلخ (٤) تَوَطُّد ؛ تَرَسُّخ ؛ استِقرار .

es·ta·mi·net [ĕs tȧ mē nĕ′] *(n.)* مقهًى صغير .

es·tate [ĕs tāt′] *(n.)* (١) حالة ؛ وضع (٢) منزلة ؛ وبخاصة : منزلة رفيعة (٣) طبقة اجتماعية . وبخاصة : إحدى الطبقات الثلاث التي تمتعت في ما مضى بسلطات سياسية متميِّزة [النبلاء ، ورجال الدين ، والعوامّ] (٤) «أ» مِلكية ؛ ممتلكات ؛ وبخاصة : ما يملكه المرء من أرض وأطيان . «ب» جُماع ما يخلّفه المرء عند وفاته من موجودات وديون . «ج» عِزبة .

the fourth ~, السلطة الرابعة : الصّحافة .

estate agent *(n.)* (١) قيِّم العِزْبة (٢) سمسار العقارات .

Estates General *(n.)* = States General.

estate tax *(n.)* ضريبة أيلولة التَّرِكة (ق) .

es·teem [ĕs tēm′] *(n.; vt.)* (١) قيمة (ا . ق) (٢) تقدير (ا . ق) (٣) احترام ؛ اعتبار § (٤) يُثمِّن ؛ يُقدِّر (ا . ق) (٥) «أ» يعتبر <to ~ it a privilege> . «ب» يظنّ ؛ يَحْسِب (٦) يحترم ؛ يُجِلّ .

es·ter [ĕs′tər] *(n.)* الإسْتَر : مركَّب عضويّ (ك) .

es·ter·ase [-′tə rās′] *(n.)* الإستراز : أنزيمة تسرِّع حَلْمأة الإسترات (كح) .

es·ter·i·fy [ĕs tĕr′-] *(vt.; i.)* (١) يُؤَسْتِر : يحوِّل إلى إسْتَر x (٢) يتأسْتر .

es·the·sia [-thē′zhə; -′zhĭ ə] *(n.)* إحساس ؛ حساسية .

esthesio- بادئة معناها : إحساس .

es·the·sis [ĕs thē′sĭs] *(n.)* حِسّ ؛ إحساس .

es·thete; es·thet·ic = aesthete; aesthetic.

es·ti·ma·ble [-′tə mə bəl] *(adj.)* (١) ممكنٌ تثمينُهُ (٢) جديرٌ بالاحترام أو الإجلال .

es·ti·mate [*v.* ĕs′tə māt′; *n.* -mĭt, -māt′] *(vt.; n.)* (١) يُجِلّ ؛ يُقدِّر ؛ يحترم (٢) يُثمِّن ؛ يقيِّم (٣) يُقدِّر ؛ يُخمِّن (٤) يستنتج § (٥) تثمين ؛ تقييم (٦) تقدير ؛ تخمين .

es·ti·ma·tion [-mā′-] *(n.)* (١) رأي ؛ ظنّ ؛ وجهة نظر (٢) تثمين ؛ تقييم (٣) تقدير ؛ تخمين (٤) احترام ؛ اعتبار <to hold in high ~> .

es·ti·ma·tive [-′tə mā-] *(adj.)* (١) مثمِّن ؛ مقيِّم (٢) تقديريّ ؛ تقريبيّ .

es·ti·val; es·ti·vate *(adj.)* = aestival; aestivate.

Es·to·ni·an [ĕs tō′-] *(n.; adj.)* (١) الأستونيّ : أحد أبناء أستونيا (٢) اللغة الأستونية § (٣) أستونيّ .

es·top [ĕs tŏp′] *(vt.)* (١) يَصُدّ ؛ يمنع ؛ يَعُوق (٢) يُغْلِق ؛ يُوصِد .

es·top·pel [-′əl] *(n.)* (١) مَنْع ؛ صَدّ ؛ إعاقة (٢) الإغلاق ؛ الإيصاد (ق) .

es·tra·di·ol [-dī′-] *(n.)* الإستراديول : هرمون مُوْدِق تنتجُهُ خلايا المبيض .

es·trange [ĕs trānj′] *(vt.)* (١) يُبعِد ؛ يُقصي (٢) يُنفِّر ؛ يُحدِث جَفوةً [بين فريقين] (٣) يجعله غريبًا عن .

— **es·trange·ment** *(n.)*

es·tray [ĕs trā′] *(n.)* (١) الضالّ : حيوان داجن تائه أو ضائع (٢) ضالَّة .

es·treat [-trēt′] *(n.; vt.)* (١) نسخة طبق الأصل [عن حكم جزائي] § (٢) يستخرج نسخة [من سجلات مَحْكمة] (٣) يغرِّم .

es·tro·gen [ĕs′trə jən] *(n.)* المُوْدِق ؛ الأستروجين (كح) .

es·trous [ĕs′trəs] *(adj.)* وِداقيّ : منسوب إلى الوِداق estrus .

estrous cycle *(n.)* الدَّورة الوِداقيّة (فس) .

es·trus *or* **es·trum** *(n.)* (١) الوِداق : فترة الإباضة (٢) estrous cycle .

es·tu·ar·y [-ˈchōō ĕrˈĭ] *(n.)* الخَوْر : مَصَبّ النهر .

e·su·ri·ence [ĭ so͝orˈĭ əns] *(n.)* جوع ؛ نَهَمٌ .

e·su·ri·ent [-ənt] *(adj.)* جائع ؛ نَهِم .

-et لاحقة معناها : «أ» صغير <islet> . «ب» مجموعة <octet> .

é·ta·gère [ā tȧ zhârˈ] *(n.)* الرَّفِّيَّة : خزانة مفتوحة الرُّفوف .

et·a·mine [ĕtˈə mēnˈ] *(n.)* الإيتامين : قماش قطنيّ رقيق .

etat·ism [ā tätˈĭz əm] *(n.)* = state socialism.

et cet·er·a[1]; **etc·** [ĕt sĕtˈər ə] وَهَلُمَّ جَرًّا ؛ إلى آخره .

et·cet·er·a[2] *(n.)* (١) عدد مختلف من . . . *pl.* (٢) : أشياء إضافية أو مختلفة .

etch [ĕch] *(vt.; i.; n.)* (١) يُرَوْسِم : يَحْفِر الرُّسوم أو التّصاميم إلخ على سُطوح الصفائح النُّحاسيَّة وغيرها مستعينًا بالأحماض (٢) يرسم الخطوط الكبرى لـ . . . (٣) يَطْبَع [في الذهن أو الذّاكرة] § (٤) الرَّوْسَمة (٥) المُرَوْسِمة : مادة كيميائية تُستخدم في الرَّوسمة .

etch·ing *(n.)* (١) رَوْسَمة (٢) المُرَوْسَمَة : طبعة عن صفيحة مُرَوْسَمة .

e·ter·nal [ĭ tûrˈ-] *(adj.; n.)* (١) أبديّ ؛ سَرْمَديّ ؛ لانهائيّ ؛ خالد § (٢) الأبديّ إلخ (٣) *cap.* with *the* : الله . **— e·ter·nal·ly** *(adv.)*

e·terne [ĭ tûrnˈ] *(adj.)* = eternal.

e·ter·ni·ty [ĭ tûrˈ-] *(n.)* الأَبَدية ؛ السَّرمَدية ؛ اللّانهائية ؛ الخلود .

e·ter·nize [-ˈnīz] *(vt.)* (١) يُؤَبِّد ؛ يُسَرْمِد (٢) يُخلِّد .

e·te·sian [ĭ tēˈzhən] *(adj.; n.)* (١) مَوْسِمِيّ § (٢) *cap.* : الرِّيح الموسمية .

eth·ane [ĕthˈān] *(n.)* الإِثّين ؛ الإيثان : هيدروكربون غازيّ عديم اللون والرائحة يكون في الغاز الطبيعيّ ويُتَّخذ وقودًا (ك) .

eth·a·nol [-ˈə nōl] *(n.)* الإيثانول : الكحول الأثيليّ (ك) .

eth·ene [ĕthˈēn] *(n.)* = ethylene.

e·ther [ēˈthər] *(n.)* (١) السَّماء ؛ السَّماء الصافية (٢) الأثير (فز) (٣) الإثير ؛ الإتْير : سائل طيار يُستخدم مُخدِّرًا (ك) .

e·the·re·al [ĭ thērˈĭ əl] *(adj.)* (١) سَماويّ (٢) «أ» أثيريّ ؛ غير ماديّ . «ب» بالغ الرقة (٣) إثيريّ ؛ إتْيَريّ .

e·the·re·al·ize [-ˈĭ ə līzˈ] *(vt.)* يُؤَثْيِر : يجعله أثيريًا أو بالغ الرقة .

e·the·ric [ĭ thĕrˈĭk] *(adj.)* = ethereal.

e·ther·ize [ēˈthə rīzˈ] *(vt.)* (١) يُؤَتْيِر : يعالج بالإتير (٢) يُخدِّر .

eth·ic [ĕthˈĭk] *(adj.; n.)* (١) أخلاقيّ § (٢) علم الأخلاق (ا . ن) .

eth·i·cal *(adj.; n.)* (١) أخلاقيّ (٢) وَصْفيّ : محظورٌ بَيْعُهُ إلّا بناءً على وصفة طبيب <an ~ drug> § (٣) العَقّار الوصفيّ .

eth·i·cist [ĕthˈə sĭst] *(n.)* الأخلاقيّ : الاختصاصيّ بعلم الأخلاق .

eth·ics *(n. pl.)* (١) علم الأخلاق (٢) الأخلاق (٣) الآداب : آداب مهنة ما .

E·thi·o·pi·an [ēˈthĭ ōˈ-] *(n.; adj.)* (١) حَبَشيّ (٢) زنجيّ .

E·thi·op·ic [-ŏpˈĭk] *(adj.; n.)* (١) حَبَشي § (٢) اللغة الحبشيّة .

eth·moid [ĕthˈmoid] *(adj.; n.)* (١) مُنْخُليّ ؛ مِصْفَويّ : خاصّ بعظام جدران التجويف الأنفي § (٢) العَظم المُنْخُليّ (ت) .

eth·moi·dal [-ˈmoid əl] *(adj.)* = ethmoid.

eth·nic; -al *(adj.)* (١) وَثَنيّ (٢) عِرْقيّ .

ethnic cleansing *(n.)* التطهير العرقيّ .

eth·nic·i·ty [ĕth nĭsˈ-] *(n.)* الصِّفة [أو الرابطة] العرقية أو الأَثْنيّة .

ethno- بادئة معناها : عِرق <*ethno*logy> .

eth·no·cen·tric *(adj.)* مُسْتَعرِق : «أ» مُتمركز حول العِرق بوصفه غاية الغايات . «ب» مؤمن بأن عِرقه أسمى من سائر الأعراق .

eth·nog·e·ny [ĕth nŏjˈ-] *(n.)* الأثنوجينيا : علم نشوء الأعراق .

eth·nog·ra·phy *(n.)* الأثنوغرافيا : دراسة أصول الأعراق والثقافات .

eth·no·his·to·ry [ĕthˈnō hĭsˈ-] *(n.)* تأريخ الثقافات : دراسة نشوء الثقافات وتطوّرها . وبخاصة : تأويل المكتشَفات الآثارية بواسطة موادّ توثيقيّة .

eth·no·log·ic; -al *(adj.)* أثنولوجيّ : ذو علاقة بالأثنولوجيا .

eth·nol·o·gy [ĕth nŏlˈə jĭ] *(n.)* الأَثنولوجيا ؛ عِلْم الأعراق .

eth·no·mu·si·col·o·gy *(n.)* علم الموسيقى الأعراقيّ .

e·thol·o·gy [ē thŏlˈə jĭ] *(n.)* الإيثولوجيا : دراسة السلوك الحيوانيّ .

e·thos [ēˈthŏs] *(n.)* (١) روح الجماعة : المعتقَدات والمُثُل العليا وأنماط السلوك التي تميِّز جماعة إلخ (٢) روح الفرد : مزاج الفرد وقِيَمُه إلخ .

eth·yl [ĕthˈəl] *(n.)* الإثيل (ك) .

ethyl alcohol *(n.)* الكحول الإثيلي ؛ الإيثانول (ك) .

eth·yl·ate [ĕthˈə lātˈ] *(vt.)* يُؤَثْيِل (ك) .

eth·yl·ene [-ˈə lēnˈ] *(n.)* الإثيلين : غاز عديم اللون سريع الالتهاب (ك) .

ethylene glycol *(n.)* غليكول الإثيلين (ك) .

etio- بادئة معناها : سببٌ <*etio*logy> .

e·ti·o·late [ēˈtĭ ə lāt] *(vt.)* (١) يُقصِّر : يُبَيِّض نبتةً خضراء بحجب النور عنها (٢) يُشْحِب : يجعله شاحبًا (٣) يَسْلُبُهُ العافية [أو نحوها] .

e·ti·ol·o·gy *(n.)* (١) سَبَب ؛ أصل (٢) السَّبَبِيّات : دراسة أسباب الأمراض .

et·i·quette [ĕtˈə kĕtˈ] *(n.)* (١) آداب المعاشرة أو السلوك (٢) مراسِم ؛ تشريفات <court ~> (٣) آدابُ [مهنةٍ ما] <medical ~> .

Eton jacket *(n.)* سِترة إيتون : سِترة سوداء قصيرة مفتوحة الصَّدر .

Eton jacket

E·trus·can [ĭ trŭsˈkən] *(adj.)* إتروريّ : منسوب إلى الإتروريين أو لغتهم أو حضارتهم [في إيطاليا في القرن ٦ ق . م] .

-ette لاحقة معناها : «أ» صغير <statu*ette*> . «ب» أنثى <farmer*ette*> . «ج» بديلٌ عن ؛ تقليدٌ لِـ <flannel*ette*> .

étude [āˈto͞od; āˈtyo͞od] *(n.)* (١) دراسة (٢) الدراسة : مقطوعة مُعَدّة في المقام الأول للتمكّن من ناحية من نواحي التقنية الموسيقية .

e·tui [ā twēˈ] *(n.)* المَثْبَنَة : علبة صغيرة لأدوات الزينة إلخ .

et·y·mol·o·gist *(n.)* الأتيمولوجيّ : لغويّ متخصّص بالأتيمولوجيا .

et·y·mol·o·gy [ĕtˈə mŏlˈə jĭ] *(n.)* الأتيمولوجيا ؛ عِلم التّأثيل أو التَّرْسيس : «أ» بَسْط أو تعليل لأصل لفظة ما وتاريخها . «ب» دراسة تعنى بأصل الكلمات وتاريخها (ل) . **— et·y·mo·log·i·cal** *(adj.)*

et·y·mon [ĕt′ə mŏn′] *(n.)* pl. **-ma** *also* **-mons** الأَثَلَة: الشَّكل اللغويّ الذي اشتُقَّ منه، تاريخيًا، شكلٌ لغويّ آخر.

eu- بادئة معناها: «أ» حَسَن ‎<*eu*pepsia>‎. «ب» حقيقيّ.

eu·ca·lyptol *also* **eu·ca·lyp·tole** [yo͞o′kə lĭp′tōl] *(n.)* الأوكالبتول؛ السِّينيول (را. cineole).

eu·ca·lypt [yo͞o′kə lĭpt′]; **eu·ca·lyp·tus** [yo͞o′kə lĭp′-] *(n.)* الأوكالبتوس: شجر ضخم دائم الخضرة من الفصيلة الآسيَّة.

Eu·cha·rist [yo͞o′kə-] *(n.)* الأفخارستيا: سرّ القُربان المقدَّس (نص).

eu·chre [-′kər] *(n.; vt.)* (١) اليُوكر: ضربٌ من لَعِب الورق § (٢) يَخدع.

eu·clase [yo͞o′klās] *(n.)* الأُكلاز: معدن نادرٌ يُعَدّ من الحجارة الكريمة.

Eu·clid·e·an *also* **Eu·clid·i·an** [yo͞o klĭd′ĭ ən] *(adj.)* أُقليدسيّ؛ أُقليديّ: منسوب إلى أُقليدُس أو هندستِهِ ‎<~ geometry>‎.

eu·crite [yo͞o′krīt] *(n.)* الأوكريت: حجر نَيْزَكيّ.

eu·dae·mo·nism [yo͞o dē′-] *or* **eu·dai·mo·nism** [-dī′-] *(n.)* فلسفة السَّعادة: كل فلسفة أخلاقية مبنيّة على فكرة السعادة بوصفها الخيرَ الأسمى.

eu·de·mon [yo͞o dē′mən] *(n.)* روحٌ صالحةٌ أو خيِّرة.

eudiometer

eu·di·om·e·ter [yo͞o dĭ ŏm′-] *(n.)* المِغواز: أنبوب مدرَّج لتحليل الغازات.

eu·gen·ic [yo͞o jĕn′ĭk] *(adj.)* يُوجينيّ: محسِّن للنَّسل أو ذو علاقة بتحسينه.

eu·gen·ics [-′ĭks] *(n.)* اليوجينيا؛ علم النَّسل أو الإنسال.

eu·ge·nol [yo͞o′jə-] *(n.)* اليوجينول: سائل عِطريّ في زيت كبش القَرَنْفُل.

eu·gle·na [yo͞o glē′nə] *(n.)* العُيَيْنيّة: مُتَعَضٍ نهريّ أحاديّ الخليّة.

eu·he·mer·ism [yo͞o hē′-] *(n.)* الأوهيمرية: نظرية أوهيميروس [حوالى ٣٠٠ ق. م] القائلة بأن الآلهة الكلاسيكية ليست غير ملوك وأبطالٍ وطنيّين أَلَّهَهم أقوامُهم.

eu·lo·gist [yo͞o′lə jĭst] *(n.)* (١) المادح (٢) المُؤَبِّن؛ الرّاثي.

eu·lo·gis·tic *or* **eu·lo·gis·ti·cal** *(adj.)* (١) مَدْحيّ (٢) تأبينيّ.

eu·lo·gi·um [-′jĭ-] *(n.)* pl. **-gia** *or* **-gi·ums** = eulogy.

eu·lo·gize [yo͞o′lə jīz′] *(vt.)* (١) يَمدح (٢) يُؤبِّن؛ يرثي.

eu·lo·gy [yo͞o′lə jĭ] *(n.)* (١) مديح (٢) تأبين؛ رثاء.

eu·nuch [yo͞o′nək] *(n.)* الخَصِيّ.

eu·on·y·mus [yo͞o ŏn′ə məs] *(n.)* الأويونيموس: نبات دائم الخضرة.

eu·pat·rid [yo͞o păt′-] *(n.)* البَتْريد: أحد أرستوقراطيي أثينا الوراثيين.

eu·pep·sia [yo͞o pĕp′shə; -sĭ ə] *(n.)* حُسْن الهضم.

eu·pep·tic *(adj.)* (١) حُسْنَهَضْميّ: خاصّ بحُسن الهضم (٢) حَسَن الهضم: مُتمتِّع بحُسْن الهضم (٣) مُهَضِّم؛ هاضوم (٤) مَرِح؛ متفائل.

eu·phe·mism [yo͞o′fə-] *(n.)* (١) التهوين؛ لطف التعبير: استعمال الألفاظ أو العبارات المُلَطِّفة للتعبير عن شيء بغيض (٢) تعبير مُلَطِّف.
— **eu·phe·mis·tic** *(adj.)* — **eu·phe·mize** *(vt.; i.)*

eu·phon·ic; eu·pho·ni·ous *(adj.)* رخيم: حَسَن الوقع في الأذن.

euphonium

eu·pho·ni·um [yo͞o fō′-] *(n.)* الأوفونيوم: آلة نفخٍ نحاسية.

eu·pho·nize [yo͞o′fə nīz′] *(vt.)* يُرخِّم؛ يجعل الصوتَ رخيمًا.

eu·pho·ny [yo͞o′fə nĭ] *(n.)* (١) صوت رخيم أو عذب (٢) الرَّخامة: عذوبة الصوت (٣) الترخيم: نزعة إلى تعديل الأصوات الكلامية تسهيلًا للنطق أو اقتصادًا فيه.

eu·phor·bi·a [yo͞o fôr′-] *(n.)* الفَرْبِيُون؛ التَّيْتُوع: نبات شبيه بالصَّبّار.

eu·pho·ri·a [yo͞o fôr′ĭ ə] *(n.)* ارتياح؛ مَرَح؛ جَذَل؛ نَشْوة.

eu·pho·ri·ant [-′ĭ ənt] *(adj.)* مُرَوِّح؛ مُمْرِح.

eu·phu·ism [yo͞o′fyo͞o ĭz′əm] *(n.)* التأنُّق اللفظيّ أو البديعيّ.

eu·plas·tic [-plăs′-] *(adj.)* استنساجيّ: قابل للتحوُّل إلى نسيج عضويّ.

eup·ne·a *also* **eup·noe·a** [yo͞op nē′ə] *(n.)* يُسْر التَّنَفُّس.

Eur- *or* **Euro-** بادئة معناها: أوروبيّ؛ أوروبيّ و....

Eur·a·sian [yo͞o rā′zhən] *(adj.; n.)* (١) أوراسيّ؛ أوروبيّ آسيويّ (٢) أوراسيّ الدم § (٢) الأوراسيّ: شخص أحد أبويه أوروبيّ والآخر آسيويّ.

eu·re·ka [yo͞o rē′kə] *(interj.)* وَجَدْتُ!؛ اكتشفتُ!

eu·ro [1] [yo͞or′ō] *(n.)* = wallaroo.

eu·ro [2] *(n.)* اليورو: وحدة النقد المشتركة في أوروبا.

Eu·rope [yo͞or′əp] أوروبا؛ قارة أوروبا.

Eu·ro·pe·an [-pē′ən] *(adj.; n.)* (١) أوروبيّ § (٢) شخصٌ أوروبيّ.

Eu·ro·pe·an·ize *(vt.)* يُؤَوْرِب: يجعله أوروبيَّ المظهر أو العادات إلخ.

European plan *(n.)* الخطة الأوروبية: نظام متبع في بعض الفنادق يُتقاضى بموجبه من النزلاء مبلغٌ محدَّد لقاء المبيت والخدمة فقط.

Eu·ro·pi·um [yo͞o rō′-] *(n.)* اليوروبيوم: عنصر كيميائي ليِّن.

Eu·ro·po·cen·tric *(adj.)* أوروبيّ التّمركز أو التَّمَحْوُر.

eury- بادئة معناها: واسع؛ عريض.

eu·ry·bath·ic *(adj.)* قِيعانيّ: قادر على العيش في أيّما عمق من الماء.

eu·ryth·mic [yo͞o rĭth′-] *(adj.)* (١) متناغم؛ متساوق (٢) إيقاعيّ.

eu·ryth·mics *or* **eurhythmics** *(n.)* الرقص الإيقاعيّ.

eu·ryth·my [yo͞o rĭth′mĭ] *(n.)* الحَراك الإيقاعيّ.

Eu·sta·chian tube [-stā′shən; -kĭ-] *(n.)* قناة أستاخيو؛ القناة السمعيّة.

eu·tec·tic [yo͞o tĕk′-] *(adj.)* أَصْهَرِيّ؛ يوتكتيّ: «أ» ذو نقطة انصهارٍ بالغةٍ أدنى حدٍّ ممكن ‎<a ~ alloy>‎. «ب» ذو علاقة بمزيجٍ أَصْهَرِيّ أو بخصائصه ‎<a ~ melting point>‎.

eu·tha·na·sia [yo͞o′thə nā′zhə] *(n.)* القتل الرَّحيم؛ تهوين الموت.

eu·than·a·tize *(vt.)* يهوِّن موته: يُخضِعهُ للقتل الرحيم.

eu·then·ics [yo͞o thĕn′-] *(n.)* علم الرفاهية: علم يُعنى بتعزيز الرفاهية البشرية من طريق تحسين الأحوال المعيشية والبيئيّة.

eu·thy·roid [yōō´thī´roid] *(adj.)* سَوِيُّ الدَّرَقيّة (ط).

eux·e·nite [yōōk´sə nīt´] *(n.)* الأوكسينيت: معدن لمّاع.

e·vac·u·ant [ĭ văk´yōō-] *(adj.; n.)* (١) مُسْهِل § (٢) دواء مُسْهِل.

e·vac·u·ate [ĭ văk´yōō āt´] *(vt.; i.)* (١) يُفرغ (٢) يبول؛ يتغوّط (٣) يَنْزَح؛ يُفرغ بمضخّة (٤) «أ» يُجْلي [عن منطقة]. «ب» يجلو [عن موقع حربي]. «ج» يخلي [مَسكنًا إلخ].

e·vac·u·a·tion *(n.)* (١) تفريغ (٢) تبوّل؛ تغوّط (٣) إجلاء (٤) جلاء (٥) إخلاء (٦) بول؛ غائط.

e·vac·u·ee [-´yōō ē´] *(n.)* المُجلَى [عن منطقة خطرة].

e·vad·a·ble [ĭ vād´ə-] *(adj.)* يُجْتَنَب: ممكنٌ اجتنابُهُ.

e·vade [ĭ vād´] *(vi.; t.)* (١) يَرُوغ؛ يتملّص؛ يُفلِت من x (٢) يتجنّب <to ~ a blow> (٣) يتهرّب من (٤) يَفُوتُهُ إدراكُ شيء.

e·vag·i·nate [ĭ văj´-] *(vt.)* (١) يَسْتلّ [من غِمْد] (٢) يَقلبُه ظهرًا لبطن.

e·val·u·ate [ĭ văl´yōō āt´] *(vt.)* يثمّن؛ يقيّم؛ يقدّر؛ يخمّن.

e·val·u·a·tion [ĭ văl´yōō ā´-] *(n.)* تثمين؛ تقييم؛ تقدير؛ تخمين.

ev·a·nesce [ĕv´ə nĕs´] *(vi.)* يتلاشى؛ يضمحلّ؛ يزول.

ev·a·nes·cence [-´əns] *(n.)* (١) تلاشٍ؛ اضمحلال (٢) سرعة الزَّوال.

ev·a·nes·cent [-´ənt] *(adj.)* زائل؛ سريع الزَّوال.

e·van·gel [ĭ văn´jəl] *(n.)* (١) إنجيل (٢) evangelist.

e·van·gel·ic; -al [ē´văn jĕl´-] *(adj.)* (١) بروتستانتيّ (٢) إنجيليّ.

e·van·ge·lism *(n.)* (١) الكِرازة: التبشير بالإنجيل (٢) حماسة تبشيرية.

e·van·ge·list [ĭ văn´jə lĭst] *(n.)* (١) .cap عد: الأناجيليّ: أحد مؤلّفي الأناجيل (٢) المبشّر. وبخاصة: مبشّر بروتستانتي.

e·van·ge·lize *(vt.; i.)* (١) يَكْرِز: يبشّر بالإنجيل (٢) ينصّر.

e·van·ish [ĭ văn´ĭsh] *(vi.)* = vanish.

e·vap·o·rate [ĭ văp´ə rāt´] *(vi.; t.)* (١) «أ» يتبخّر. «ب» يزول. «ج» يتلاشى x (٢) يُبَخِّر (٣) يجفف بالحرارة <to ~ fruit> (٤) يطرد <to ~ electrons>.

evaporated milk *(n.)* الحليب المكثّف.

e·vap·o·ra·tion [-rā´-] *(n.)* (١) تبخُّر (٢) تبخير (فز).

e·vap·o·ra·tive [-rā´-] *(adj.)* تبخُّريّ؛ تبخيريّ؛ مُبَخِّر؛ مُنْجَزٌ بالتبخّر.

e·vap·o·ra·tor [ĭ văp´-] *(n.)* (١) المُبَخِّر (٢) المِبخار: جهاز التبخير.

e·va·sion [ĭ vā´zhən] *(n.)* (١) مُراوغة؛ تملُّص؛ تجنُّب؛ تهرُّب (٢) عُذْر أو حيلة [للتجنُّب أو التهرُّب].

e·va·sive [ĭ vā´sĭv] *(adj.)* (١) «أ» تملّصيّ؛ تخلّصيّ. «ب» مُلْتَبِس (٢) مراوغ؛ متملّص (٣) غامض.

eve [ēv] *(n.)* (١) المساء (٢) العَشيّة: «أ» ليلة: المساء، أو اليوم، السابق ليوم معيَّن. «ب» الفترة التي تسبق، مباشرةً، حَدَثًا ما <the ~ of war>.

Eve [ēv] حوّاء: أمّ البَشر.

e·vec·tion [ĭ vĕk´-] *(n.)* التّفاوت: اضطرابُ حركة القمر المَدارية.

e·ven[1] [ē´vən] *(n.)* المساء [بلغة الشِّعر].

e·ven[2] [ē´vən] *(adj.; adv.; vt.; i.)* (١) «أ» مستوٍ؛ سهل؛ مطمئنّ <The ~ ground>. «ب» أملس. «ج» متوازٍ مع؛ على مستوى كذا <~ snow is ~ with the window.> (٢) «أ» متساوٍ؛ متماثل <~ shares>. «ب» مطّرِد؛ منتظم <the ~ beat of raindrops on the roof> (٣) هادئ <an ~ temper> (٤) «أ» عادل؛ لامتحيّز <~ treatment>. «ب» متعادل؛ متكافئ؛ متوازن <The scales hang ~.> (٥) «أ» متحرّر من الدَّين؛ لا له ولا عليه. «ب» آخذ بثأره أخذًا كاملًا (٦) شفعيّ: منقسم على ٢ من غير باقٍ (٧) كامل؛ تامّ؛ من غير زيادة أو نقصان <an ~ mile *or* dozen> § (٨) على نحو متساوٍ أو مطّرد أو متكافئ إلخ (٩) تمامًا؛ بالضبط <It was ~ so.> (١٠) مباشرةً؛ في نفس اللحظة <They left ~ as you came.> (١١) بل <She is willing, ~ eager, to do it.> (١٢) حتى <~ in July; ~ a child can understand that.> (١٣) أيضًا؛ كذلك <~ more suitable> (١٤) حتى لو... § (١٥) يسوّي؛ يمهّد؛ يملّس (١٦) يجعله مطّردًا أو منتظمًا (١٧) يعادل؛ يوازن: يجعله متعادلًا أو متوازنًا (١٨) يعزو؛ ينسب (عب) x (١٩) يستوي؛ يتساوى؛ يتعادل؛ يتوازن.

of ~ date في اليوم نفسه؛ في نفس التاريخ.

to break ~, يتعادل ربحُهُ وخسارته.

e·ven·fall [ē´vən fôl´] *(n.)* الغَسَق: ظُلمة أوّل الليل.

e·ven·hand·ed [ē´vən hăn´-] *(adj.)* مُنصِف؛ عادل؛ غير مُتَحَيِّز.

eve·ning [ēv´-] *(n.; adj.)* (١) مساء (٢) أصيل (٣) ليلة (٤) «أ» مغيب؛ غروب؛ أرذل [العمر] <in the ~ of life>. «ب» أُفُول <the ~ of his country's glory> (٥) سهرة § (٦) مسائي <an ~ prayer>.

evening dress *(n.)* ثوب السَّهرة الرسميّ.

evening primrose *(n.)* الأَخْدَرية المُحْولة: نبات أصفر الزهر.

eve·nings [ēv´-] *(adv.)* كلَّ ليلة؛ ليلةً بعدَ ليلة.

evening star *(n.)* نجم المساء. وبخاصة: الزُّهَرة (فل).

e·ven·ly [ē´vən-] *(adv.)* (١) بالتساوي (٢) بالعدل؛ بغير تحيّز (٣) على قدم المساواة (٤) باستواء أو اطراد أو انتظام أو توازن (٥) بهدوء.

e·ven·ness [ē´vən nəs] *(n.)* (١) عدل؛ لاتحيّز (٢) توازن؛ تكافؤ (٣) استواء؛ اطّراد؛ انتظام (٤) هدوء <~ of temper>.

e·ven·song [ē´vən-] *(n.)* (١) المساء (ا.ق) (٢) صلاة المساء (نص).

e·vent [ĭ vĕnt´] *(n.)* (١) «أ» نتيجة (ا.ق). «ب» نتيجة النزاع (ق) (٢) «أ» حادثة. «ب» حَدَث؛ حادثة هامة. «ج» مناسبة اجتماعية (٣) الواقعة: إحدى الفقرات أو المسابقات في برنامج رياضيّ (٤) الحَدَث (فز).

at all ~*s;* in any~, على أية حال؛ مهما يحدث.

in the ~ of إذا؛ في حالة حدوث كذا.

even–tem·pered *(adj.)* رصين؛ هادئ الطبع.

e·vent·ful [-´fəl] *(adj.)* (١) زاخرٌ بالأحداث (٢) خطير <~ decisions>.

e·ven·tide [ē´vən tīd´] *(n.)* المساء.

e·ven·tu·al [ĭ vĕn´chōō-] *(adj.)* نهائيّ <~ success>.

e·ven·tu·al·i·ty *(n.)* احتمال <ready for all *eventualities*>.

e·ven·tu·al·ly [ĭ vĕn´chōō-] *(adv.)* أخيرًا؛ في آخر الأمر.

e·ven·tu·ate [-ˈchoo͞ āt′] *(vi.)* ينتهي بـ ؛ يتكشّف عن نتيجة ما .

ev·er [ĕv′ər] *(adv.)* (١) دائمًا ؛ أبدًا <~ ready to> (٢) في أي وقت
<Have you ~ been في زمانك ؛ (٣) عُمْرَكَ <If you ~ visit Beirut>
<It is raining harder than من أيّما وقت مضى (٤) up in a balloon?>
<This is the best novel you have ~ في أيّما وقت مضى (٥) ~.>
written.> (٦) بأية طريقة <How could I ~ thank you?> .

~ and soon بين الفينة والفينة ؛ من وقت إلى آخر .
~ since منذ ذلك الحين .
~ so جدًا ؛ إلى أبعد حدّ .
~ such كثيرًا ؛ جدًا .
yours~, لك إلى الأبد [ختامًا لرسالة إلى صديق أو حبيب] .

ev·er·bear·ing *(adj.)* مُستمِرُ الحَمْل <~ trees> .

ev·er·green [ĕv′-] *(adj.; n.)* (١) دائمُ الخُضرة § (٢) نبات دائم الخُضرة (٣) *pl.*: أغصان نباتات دائمة الخضرة [تُتَّخذ للتزيين] .

ev·er·last·ing [-lăs′-] *(adj.; n.)* (١) أبديّ : «أ» مستمرّ إلى الأبد <~ life> . «ب» دائم ؛ غير منقطع <~ snow> . «ج» سَرمَديّ : مُحتفِظ بشكله أو لونه فترةً طويلة بعد تجفيفه <~ flowers> (٢) مُضْجِر ؛ مُبْرِم <his ~ whimpering> (٣) متين ؛ لا يَبْلَى بسهولة <~ cotton homespun> § (٤) *cap. with the*: الله (٥) الأزَل <from ~ thou!> (٦) زهرة سَرْمدية .

ev·er·more [-mōr′] *(adv.)* (١) دائمًا ؛ إلى الأبد (٢) في المستقبل .

e·ver·si·ble [ĭ vûr′-] *(adj.)* يُقْلَب : ممكنٌ قَلْبُهُ بطنًا لظَهْر .

e·ver·sion [-′zhən; -shən] *(n.)* قَلْبُ الشيء بطنًا لظهر .

e·vert [ĭ vûrt′] *(vt.)* (١) يَقْلِب (٢) يَقْلِب ظهرًا لبطن .

eve·ry [ĕv′rĭ] *(adj.)* (١) كلُّ ؛ كلّ واحد (٢) تامّ ؛ كامل ؛ كلّ <had ~ confidence in him>.

~ bit as تمامًا ؛ من جميع النواحي .
~ now and then; ~ now and again بين حين وآخر .
Write only on ~ other line. أُكْتُبْ على سطر دون سطر .

eve·ry·bod·y [ĕv′-] *(pron.)* كلُّ امرئٍ ؛ كلُّ شخص .

eve·ry·day [ĕv′-] *(adj.)* يوميّ ؛ عاديّ <his ~ clothes> .

eve·ry·man [ĕv′-] *(pron.)* كلُّ امرئ ؛ كل شخص .

eve·ry·one [ĕv′rĭ wŭn] *(pron.)* كلّ امرئ ؛ كلّ شخص .

eve·ry·thing *(pron.; n.)* (١) كل شيء § (٢) الشّيء الأهمّ .

eve·ry·where [-hwâr′] *(adv.)* (١) في كل مكان (٢) حيثُما .

every which way *(adv.)* (١) في كلّ اتجاه (٢) في غير نظام .

e·vict [ĭ vĭkt′] *(vt.)* (١) يَنزِع أو يستردّ المِلْكية [بدعوى يكسبها] (٢) يُجبر [مستأجِرًا] على إخلاء المأجور (٣) يَطرُد ؛ يُخرِج .

e·vict·ee [-tē′] *(n.)* (١) المنزوع المِلكية (٢) المُكْرَه على الإخلاء .

e·vic·tion [-′shən] *(n.)* نَزْع المِلْكيّة ؛ استردادُ المِلْكيّة إلخ .

e·vic·tor [-′tər] *(n.)* النازع للمِلْكيَّة ؛ المستردّ للمِلْكيّة إلخ .

ev·i·dence [ĕv′ə dəns] *(n.; vt.)* (١) «أ» أمارة ؛ علامة . «ب» بيِّنة ؛ دليل (ق) (٢) الشاهد . وبخاصة : من يعترف طَوْعًا بجريمته ويَشْهَد ضدَّ شركائه فيها § (٣) يُثبت (٤) يُظهر ؛ يَدُلّ على .

in ~, ظاهر ؛ جليّ ؛ بادٍ للعيان .

ev·i·dent [ĕv′ə dənt] *(adj.)* واضح ؛ بيِّن ؛ جليّ .

ev·i·den·tial [-dĕn′shəl] *(adj.)* (١) إثباتيّ ؛ بُرهانيّ (٢) مُثبِت .

ev·i·dent·ly *(adv.)* (١) بجلاء ؛ بوضوح (٢) من الجليّ ؛ من البيِّن .

e·vil [ē′vəl] *(adj.; n.)* (١) «أ» شرير ؛ فاسد [أخلاقيًا] . «ب» رديء ؛ ذميم (٢) بغيض ؛ كريه (٣) غاضب (٤) مؤذٍ ؛ ضارّ (٥) مشؤوم § (٦) شرّ (٧) إثم (٨) كارثة ؛ مصيبة (٩) آفة (١٠) عاقبة وخيمة (١١) مرض ؛ داء .

e·vil·do·er [-doo͞′ər] *(n.)* الشِّرّير ؛ فاعل الشَّرّ .

evil eye *(n.)* اللاّمّة : العَين المُصيبةُ بسوء .

e·vil–eyed [-īd] *(adj.)* لامِّيّ : ذو عينٍ لامّة .

e·vil–mind·ed *(adj.)* خبيث : سيّئ الطَّوِيّة أو النِّيّة .

e·vince [ĭ vĭns′] *(vt.)* (١) يُثبت ؛ يُبرهن (٢) يُظهر ؛ يُبْدي .

e·vin·cive [-′sĭv] *(adj.)* إثباتيّ ؛ دالّ على .

e·vis·cer·ate [ĭ vĭs′ə rāt′] *(vt.)* (١) يَنزِع الأحشاء (٢) يُوْهن : يَسلبه القوةَ (٣) يَنْقُف : يستخرج عضوًا أو محتوياته من مريض .

ev·i·ta·ble [ĕv′ĭ-] *(adj.)* يُجْتَنَب : ممكنٌ اجتنابُهُ .

ev·o·ca·ble [ĕv′ə kə-] *(adj.)* ممكنٌ استدعاؤهُ أو استحضارُهُ إلخ .

ev·o·ca·tion [ĕv′ə kā′-] *(n.)* (١) مص evoke (٢) استغاثة .

e·voc·a·tive [ĭ vŏk′-] *(adj.)* مثيرٌ للذكريات أو للعواطف .

e·voke [ĭ vōk′] *(vt.)* (١) «أ» يستدعي . «ب» يستحضر [الأرواح] (٢) يثير (٣) «أ» يصور بطريقة نابضة بالحياة . «ب» ينفخ الحياة فيه [من طريق البَيان أو النحت إلخ] .

ev·o·lute [ĕv′-] *(n.)* مُنشِئ المنحني : المحلُّ الهندسي لمركز الانحناء (ر) .

ev·o·lu·tion [ĕv′ə loo͞′shən; ē′və-] *(n.)* (١) «أ» تحوّل . «ب» نموّ . «ج» تقدّم . «د» تطوّر (٢) ثمرة [تطوّرٍ ما] (٣) «أ» الحركة : إحدى الحركات التي تؤلف جزءًا من خطة . «ب» مناورة [عسكرية إلخ] (٤) «أ» نشوء . «ب» النُّشوء (أح) . «ج» نظرية النُّشوء (أح) (٥) التجذير : استخراج الجذور (ر) .

ev·o·lu·tion·al; ev·o·lu·tion·ar·y *(adj.)* (١) تطوُّريّ (٢) نُشوئيّ .

ev·o·lu·tion·ism *(n.)* النُّشوئيّة : نظرية النُّشوء والارتقاء (أح) .

ev·o·lu·tion·ist *(n.)* النُّشوئيّ : المؤمن بنظرية النُّشوء والارتقاء .

e·volve [ĭ vŏlv′] *(vt.; i.)* (١) يَستخرج ؛ يَستنبط (٢) يُنشِئ أو يضع [خطةً أو نظرية] (٣) يُطوِّر أو يُحدث [نشوئيًا] (٤) يُطلق [عبيرًا أو بُخارًا إلخ] x (٥) ينشأ ؛ يتطوّر .

e·von·y·mus [ĕ vŏn′ə məs] *(n.)* = euonymus.

e·vul·sion [ĭ vŭl′shən] *(n.)* اقتلاع ؛ استئصال .

ewe [yoo͞; yō] *(n.)* نَعْجة ؛ شاة إلخ .

ew·er [yoo͞ʹər] *(n.)* كوز؛ إبريق.

ex[1] [ĕks] *(prep.)* (١) مِن مكان أو مصدرٍ معيَّن (٢) بِلا؛ من غير.

ex[2] *(n.)* السابق؛ السابقة. وبخاصة: زوجة سابقة؛ زوج سابق.

ex- بادئة معناها: «أ» خارجَ كذا <*ex*port>. «ب» غير؛ بلا <*ex*stipulate>. «ج» سابق <*ex*-president>.

ex·ac·er·bate [ĭg zăsʹər bātʹ] *(vt.)* (١) يُفاقِم: يزيد [الألمَ أو الداءَ أو الغضبَ إلخ] خطورةً وحدّة (٢) يثير [مشاعرَ المرء].

ex·ac·er·ba·tion *(n.)* (١) «أ» مُفاقمة. «ب» تفاقُم؛ استفحال (٢) إثارة.

ex·act [ĭg zăktʹ] *(vt.; adj.)* (١) ينتزع؛ يغتصب؛ يبتزّ (٢) يتطلّب؛ يقتضي § (٣) صحيح؛ مضبوط (٤) «أ» دقيق. «ب» مدقِّق (٥) صارم <~ discipline>.

— **ex·act·ness** *(n.)*

ex·act·ing *(adj.)* (١) قاسٍ؛ كثير المطالب <an ~ master> (٢) متطلّب براعة أو عناية فائقة <an ~ piece of work>.

ex·ac·tion [ĭg zăkʹ-] *(n.)* (١) انتزاع؛ اغتصاب؛ ابتزاز (٢) المنتزَع؛ المغتصَب؛ المُبتزّ: شيء يُؤخَذ عَنْوَةً أو اغتصابًا.

ex·act·i·tude [-ʹtĭ to͞odʹ] *(n.)* (١) صحّة؛ ضَبْط (٢) دِقة.

ex·act·ly [-ʹlĭ] *(adv.)* (١) على نحو صحيح أو دقيق (٢) تمامًا.

exact sciences *(n. pl.)* العلوم الدقيقة [كالفيزياء والرياضيّات].

ex·ag·ger·ate [ĭg zăjʹə rātʹ] *(vt.; i.)* يُبالغ؛ يُغالي؛ يُضخِّم.

ex·ag·ger·at·ed *(adj.)* (١) مبالَغٌ فيه (٢) مُتَضَخِّم [كالقلب المريض إلخ].

ex·ag·ger·a·tion [ĭg zăjʹə rāʹ-] *(n.)* مُبالغة؛ مغالاة؛ غُلُوّ.

ex·alt [ĭg zôltʹ] *(vt.)* (١) يُعْلي؛ يَرْفع (٢) يرفِّع (٣) يمجِّد (٤) يثير [الخيالَ] (٥) يكثِّف؛ يقوّي (٦) يكرّر؛ يصَفّي (ك).

ex·al·ta·tion [ĕgʹzôl tāʹ-] *(n.)* (١) مص exalt (٢) الغُلُوّ: «أ» شدّة، أو فَرْطٌ، في حالةٍ نفسية أو في نشاطيّة عضوٍ أو وظيفة عضوية. «ب» شعور غير سويّ بالقوة أو الأهميّة (٣) سَوْرة؛ اشتداد؛ تعاظم (٤) انتشاء [روحيّ].

ex·al·ted *(adj.)* (١) سامٍ؛ رفيع <an ~ style> (٢) نَشْوان.

ex·am [ĭg zămʹ] *(n.)* = examination.

ex·a·men [-zāʹmən] *(n.)* (١) امتحان (٢) دراسة نقدية.

ex·am·i·nant [-zămʹə nənt] *(n.)* (١) الفاحص؛ (٢) examinee (١) الممتحِن (٣) المستنطِق.

ex·am·i·na·tion *(n.)* (١) فَحص (٢) تفتيش (٣) استنطاق؛ استجواب.

ex·am·ine [-zămʹĭn] *(vt.; i.)* (١) يفحص [مريضًا] (٢) يفتّش [الأمتعةَ] (٣) يبحث؛ يَدْرس (٤) يستنطق؛ يستجوب (ق) (٥) يمتحن [الطَّلَبَةَ].

— **ex·am·in·er** *(n.)*

ex·am·i·nee *(n.)* المفحوص؛ الممتحَن؛ المستنطَق.

ex·am·ple [-zămʹpəl; -zämʹ-] *(n.)* (١) قُدْوة (٢) «أ» عِبرة؛ أمثولة. «ب» تحذير <an action without ~> (٣) مَثَل؛ مثال (٤) سابقة؛ نظير (٥) مسألة (ر).

to make an ~ of — يجعله عِبرةً لغيره.

to set a good ~ to — يكون قدوةً صالحةً لِـ.

ex·an·i·mate [-ʹə mĭt] *(adj.)* (١) خامل؛ تُعْوِزهُ الحيوية (٢) مَيّت.

ex·an·them *also* **ex·an·the·ma** *(n.)* النُّفاط: طَفْح جلديّ.

ex·arch [ĕkʹsärk] *(n.)* الأكْسَرْخوس: «أ» نائب الأمبراطور البيزنطي. «ب» نائب البَطْريَرْك. «ج» بَطْريَرْك (نص).

ex·ar·chate [-ʹsär kātʹ] *(n.)* الأكْسَرْخوسيّة: منصب الأكسَرْخوس.

ex·as·per·ate [*v.* ĭg zăsʹpə rātʹ; *adj.* -rət] *(vt.; adj.)* (١) يُسْخِط؛ يُغضِب § (٢) مُسْخَط؛ مُغْضَب.

— **ex·as·per·at·ing** *(adj.)*

ex·as·per·a·tion *(n.)* (١) سُخط (٢) «أ» إسخاط. «ب» مَدْعاةُ سُخْط.

ex ca·the·dra [-kə thēʹ-] *(adv.; adj.)* (١) «أ» بمقتضى السلطة أو المركز. «ب» بِسُلْطة <~ speaking> § (٢) سُلْطويّ: صادرٌ عن سلطة.

ex·ca·vate [ĕksʹkə vātʹ] *(vt.; i.)* (١) يَحْفِر (٢) يَشُقّ [نَفَقًا إلخ] (٣) يَستخرج بالحَفْر [ترابًا أو خاماتٍ إلخ] (٤) يَكْشِف بالحفر [عن مدينة أثرية إلخ] x (٥) يُنَقِّب عن الآثار.

ex·ca·va·tion *(n.)* (١) حَفْر؛ تنقيب؛ كشف عن الآثار (٢) حُفرة؛ حَفيرة.

ex·ca·va·tor [ĕksʹ-] *(n.)* (١) المُنقِّب [عن الآثار] (٢) حفّارة ميكانيكيّة.

ex·ceed [ĭk sēdʹ] *(vt.; i.)* (١) يتجاوز؛ يتخطى (٢) يَفوق؛ يَبُزّ x (٣) يتفوّق أو يُنيف على.

ex·ceed·ing [ĭk sēʹ-] *(adj.)* مُفرِط؛ استثنائيّ؛ فائقٌ العادةَ.

ex·ceed·ing·ly *(adv.)* جدًا؛ بإفراط؛ إلى أبعد حدّ.

ex·cel [ĭk sĕlʹ] *(vt.; i.)* (١) يفوق؛ يَبُزّ x (٢) يتفوّق.

ex·cel·lence [ĕkʹ-] *(n.)* (١) تفوُّق؛ امتياز (٢) مِيزة؛ فضيلة.

ex·cel·len·cy *(n.)* (١) مِيزة (٢) *cap.* عد: سعادة [لقب سفير إلخ].

ex·cel·lent [ĕkʹsə lənt] *(adj.)* ممتاز؛ من الطِّراز الأول.

ex·cel·lent·ly *(adv.)* (١) على نحو ممتاز (٢) بإفراط.

ex·cel·si·or [ĭk sĕlʹsĭ-] *(n.)* النُّجارة: قُشارة خشبية [لتعبئة الصناديق].

ex·cept[1] [ĭk sĕptʹ] *also* **ex·cept·ing** *(prep.; conj.)* (١) ما عدا (٢) إلّا § (٣) ما لَمْ؛ إن لم (٤) لولا.

ex·cept[2] *(vt.; i.)* (١) يستثني x (٢) يعترض على.

except for *(prep.)* لولا.

ex·cep·tion [ĭk sĕpʹ-] *(n.)* (١) استثناء (٢) مستثنًى (٣) شذوذ (٤) «أ» اعتراض. «ب» الدَّفْع؛ الطَّعْن؛ الاعتراض (ق).

to take ~ to — يعترض على؛ يحتجّ.

with the ~ of — باستثناء؛ ما عدا.

ex·cep·tion·a·ble [ĭk sĕpʹ-] *(adj.)* (١) موضع اعتراض (٢) استثنائيّ.

ex·cep·tion·al *(adj.)* (١) نادر؛ غير اعتياديّ (٢) رائع (٣) استثنائيّ.

ex·cep·tion·al·ly *(adv.)* بصورة استثنائية إلخ.

ex·cep·tive [ĭk sĕpʹ-] *(adj.)* استثنائيّ: ذو علاقة بالاستثناء أو منطوٍ عليه.

ex·cerpt [*v.* ĭk sûrptʹ; *n.* ĕkʹsûrpt] *(vt.; n.)* (١) يقتطف؛ يقتبس § (٢) المقتطَف؛ المقتبَس.

— **ex·cerp·tion** *(n.)*

ex·cess[1] [ĭk sĕsʹ] *(n.; adj.)* (١) «أ» فَرْط؛ زيادة <to have an ~ of energy>. «ب» فائض (٢) إفراط؛ إسراف (٣) تجاوُز (٤) انغماس [في الترف]؛ إسراف في الطعام أو الشراب § (٥) زائد؛ فائض.

ex·cess[2] [ĭkʹsĕs; ĕkʹsĕs] *(vt.)* يُلغي وظيفتَهُ.

ex·ces·sive [ĭk sĕs′ĭv] *(adj.)* مُفْرِط ؛ زائد .

ex·ces·sive·ly [-lĭ] *(adv.)* بإفراط ؛ إلى حدٍّ بعيد .

ex·change [ĭks chānj′] *(n.; vt.; i.)* (١) مقايضة (٢) «أ» استبدال . «ب» تبادل (٣) «أ» بَدَلٌ ؛ شيء مقايَضٌ به . «ب» المستعاد : مقالٌ يعاد نشره نقلًا عن جريدة (٤) «أ» قَطْع ؛ كمبيو . «ب» صَرْف . «ج» فرق العملة . «د» تحويل ؛ حوالة . «هـ» الحوالات المتبادلة في دار المُعاوَضة أو المُقاصَّة (٥) «أ» بورصة ؛ مَصْفق . «ب» مخزن تجاري [متخصص ببيع سلع من نوع معيّن]. «ج» مخزن تعاوني ؛ جمعية تعاونية . «د» مركز تلفون : سنترال تلفون (٦) *pl.* : تبادل التُّهم § (٧) يبادل (٨) يستبدل ؛ يصرف (٩) يقايض (١٠) يتبادل x <to ~ blows> (١١) يُستبدَل بـ <when the pound ~s for two dollars> .

ex·change·a·ble [-chān′jə-] *(adj.)* قابلٌ للمبادلة أو الاستبدال .

exchange professor *(n.)* الأستاذ التبادليّ : أستاذ يقوم بالتدريس في غير جامعته على سبيل المبادلة .

ex·chang·er [-′ər] *(n.)* (١) المُبادِل ؛ المقايِض (٢) الصرّاف (ا . ق) .

exchange rate *(n.)* سِعر الصَّرف أو التبادل (تج) .

exchange student *(n.)* الطالب التبادليّ : طالب من بلد أجنبيّ يتلقى العلم في معهد مقابلَ طالب آخر يرسل للدراسة في ذلك البلد .

ex·cheq·uer [ĕks′chĕk ər] *(n.)* (١) *cap.* : الخزانة : دائرة من دوائر الحكومة البريطانية تتولى شؤون الدولة المالية (٢) دَخْل ؛ موارد مالية .

ex·cide [ĭk sīd′] *(vt.)* = excise.

ex·cip·i·ent [-sĭp′ĭ-] *(n.)* السِّواغ : ما يضاف إلى الدواء ليصبح سائغًا .

ex·cis·a·ble [ĭk sī′zə bəl] *(adj.)* خاضعٌ للضريبة .

ex·cise[1] [*n.* ĕk′sīz, -sīs; *v.* ĭk sīz′] *(n.; vt.)* (١) ضريبة (٢) رَسْم § (٣) يفرض ضريبة أو رسمًا على .

ex·cise[2] *(vt.)* (١) يُزيل ؛ يَستأصل (٢) يَشْطُب ؛ يَحْذِف .

ex·cise·man [ĕk′sīz-] *(n.)* (١) مُقدِّر الضرائب (٢) مُحصِّل الضرائب .

ex·ci·sion [ĕk sĭzh′-] *(n.)* (١) إزالة ؛ استئصال (٢) خِتان الأنثى .

ex·cit·a·ble [ĭk sī′tə-] *(adj.)* اهتياجيّ : سريع الاهتياج .

ex·cit·a·bil·i·ty [ĭk sī′tə bĭl′-] *(n.)* الاهتياجية : سرعة الاهتياج .

ex·ci·tant [ĭk sī′-] *(adj.; n.)* (١) منبِّه <~ drugs> § (٢) عقّار منبِّه .

ex·cit·a·tive; ex·cit·a·to·ry [ĭk sī′-] *(adj.)* مُثير ؛ مُهَيِّج إلخ .

ex·cite [ĭk sīt′] *(vt.)* (١) يثير (٢) يهيج ؛ يستفزّ (٣) ينبّه <to ~ a nerve> (٤) يستثير : «أ» يُحدِث نشاطًا كهربائيًا أو حقلًا مغنطيسيًا في . «ب» ينشّط الذرّات .

— ex·ci·ta·tion *(n.)*

ex·cit·ed [ĭk sī′-] *(adj.)* مُثار ؛ مُهاج .

ex·cite·ment [-sīt′-] *(n.)* (١) شيء مُثير (٢) إثارة ؛ إهاجة (٣) اهتياج .

ex·cit·er [-sī′-] *(n.)* (١) المُثير (٢) المُسْتثير : مُولِّد يُزوِّد مُولِّدًا أو مُحرِّكًا آخر بالتيار الكهربائيّ الضروريّ لإحداث الحقل المغنطيسيّ فيه .

ex·cit·ing [-′tĭng] *(adj.)* مُثير <~ novels> .

ex·ci·tor [ĭk sī′tər] *(n.)* العَصَب المُنَبِّه (ت) .

ex·claim [ĭk sklām′] *(vi.; t.)* (١) يَهْتِف ؛ يَصْرُخ x (٢) يُعلن بقوّة .

ex·cla·ma·tion [-mā′-] *(n.)* (١) هُتاف ؛ شكوى صارخة (٢) علامة تعجُّب .

exclamation mark *or* **point** *(n.)* علامة الهُتاف أو التعجُّب .

ex·clam·a·to·ry [ĭk sklăm′ə tōr′ĭ] *(adj.)* هُتافيّ ؛ تعجُّبيّ .

ex·clave [ĕks′-] *(n.)* المفصولة : جزء من البلاد تفصله عنها أراضٍ أجنبية .

ex·clude [ĭk sklōōd′] *(vt.)* (١) يمنع [من الدخول إلخ] ؛ يَحْجُب ؛ يَصُدّ عن (٢) يستبعد ؛ يستثني (٣) يُقصِي ؛ يُبعِد (٤) يَحْظُر .

ex·clu·sion [-′zhən] *(n.)* مَنْع ؛ حَجْب ؛ صدٌّ ؛ استبعاد إلخ .

exclusion principle *(n.)* مبدأ الاستبعاد (فز) .

ex·clu·sive [ĭk sklōō′-] *(adj.; n.)* (١) مانع ؛ مَنْعِيّ (٢) «أ» حَصْريّ <~ rights> . «ب» صَدِّيّ : مُتشَدِّدٌ في قبول الأعضاء الجُدُد <an ~ club> . «ج» مُتَنفِّج : نزّاع إلى عدم الاختلاط بمن يحسبهم دونه منزلةً أو ثروةً . «د» أنيق <~ styles> . «هـ» غالٍ (٣) وحيد <the ~ means of communication> (٤) كلّيّ <~ attention> (٥) باستثناء ؛ ما عدا <a crew of 65 ~ of officers> (٦) مَنْعًا [ضدّ : ضمنًا] : مُسْقِط من الاعتبار أو الحساب <from 200 to 231 ~> § (٧) المخصوص : مقال مخصَّص للنشر في جريدة أو مجلة واحدة (٨) الحقّ الحَصْريّ : حقّ مقصور على مؤسسة ما [لبيع سلعةٍ معيّنة في منطقة معيّنة] .

— ex·clu·sive·ness *(n.)*

exclusive agent *(n.)* الوكيل الحَصْريّ .

ex·clu·sive·ly [-lĭ] *(adv.)* حَصْريًّا : على وجه الحَصْر أو القَصْر .

ex·clu·siv·i·ty *(n.)* (١) المَقْصورية ؛ الاقتصارية (٢) الحقوق الحَصْريّة [لشخص أو جماعة أو شركة] .

ex·cog·i·tate [-kŏj′-] *(vt.)* (١) يَدْرُس ؛ يتفكّر في (٢) يَبتكر ؛ يَسْتَنبِط .

ex·com·mu·ni·cate [*v.* ĕks′kə myōō′nə kāt′; *n., adj.* -kĭt, -kāt′] *(vt.; n.; adj.)* (١) يَحْرِم كَنَسيًّا § (٢) المحروم كَنَسيًّا § (٣) محروم : مُعاقَب بالحَرْم الكنسيّ .

ex·com·mu·ni·ca·tion *(n.)* (١) الحَرْم الكَنَسيّ : حرمان امرئٍ من «شركة المؤمنين» (٢) العَزْل : حرمان امرئ من عضوية جماعةٍ إلخ .

ex·co·ri·ate [ĭk skōr′ĭ-] *(vt.)* (١) يَكْشِط ؛ يَسْحَج (٢) يَشْجُب بقوة .

ex·co·ri·a·tion [-ā′-] *(n.)* (١) «أ» كَشْط . «ب» انكِشاط (٢) شَجْبٌ عنيف .

ex·cre·ment [ĕk′skrə-] *(n.)* البِراز ؛ الغائط (فس) .

— ex·cre·men·tal *or* **ex·cre·men·ti·tious** *(adj.)*

ex·cres·cence [ĭk skrĕs′-] *(n.)* (١) النامية ؛ الزائدة («ح» و«نب») (٢) زيادة مُشَوِّهة .

ex·cres·cent [-′ənt] *(adj.)* زائد : نامٍ على نحوٍ غير سَوِيّ .

ex·cre·ta [-skrē′tə] *(n. pl.)* مُفْرَغات الجسم [من بول وغائط إلخ] .

ex·crete [ĭk skrēt′] *(vt.)* يُفْرِغ : يُفرِز ؛ يُبْرِز ؛ يَطْرح (فس) .

ă at; ā date; â care; ä car; ĕ egg; ē me; ĭ in; ī bite; ŏ lot; ō bone; ô orphan; oi boil; ŏŏ good; ōō boot; ou out; ŭ under; û urgent; ə = *a* in alone, *e* in system, *i* in easily, *o* in gallop, *u* in circus.

ex·cre·tion *(n.)* (١) الإفراغ : إفراز ؛ إبراز ؛ طَرْح (٢) المُفْرَز ؛ المُبْرَز .

ex·cre·to·ry [ĕk'skrĭ-] *(adj.)* إفراغيّ ؛ مُفْرِغ <~ organs> .

ex·cru·ci·ate [ĭk skrōō'shĭ-] *(vt.)* (١) يُعَذِّب (٢) يُمِضّ ؛ يُوْجِع .

ex·cru·ci·at·ing *(adj.)* (١) مبرِّح ؛ معذِّب ؛ موجِع جدًّا (٢) شديد ؛ مُفْرِط .

ex·cru·ci·a·tion [ĭk skrōō'shĭ ā'-] *(n.)* (١) تعذيب (٢) عذاب شديد .

ex·cul·pate [ĕks'-] *(vt.)* يُبَرِّئ . **— ex·cul·pa·tion** *(n.)*

ex·cul·pa·to·ry [-kŭl'pə tōr ĭ'] *(adj.)* مبرِّئ <~ testimony> .

ex·cur·rent [ĕks kûr'-] *(adj.)* (١) مُتسامِق : «أ» ذو محور متطاول بحيث يشكِّل ساقًا أو جِذعًا رئيسيًا غير متفرِّع (نب) . «ب» مُمْتَدّ إلى ما وراء الذِّروة (نب) (٢) مُنْدَفِق : «أ» مندفع أو جارٍ إلى الخارج . «ب» مُفْضٍ إلى الخارج <the ~ canal of certain sponges>.

ex·cur·sion [ĭk skûr'zhən] *(n.)* (١) نزهة ؛ رحلة قصيرة (٢) «أ» المُخَفَّضة : رحلة سياحية بأسعار خاصة مخفّضة . «ب» المُتَسَيِّحون : المشاركون في رحلة سياحية كهذه (٣) «أ» انحراف ؛ زيَغان ؛ شرود . «ب» استطراد (٤) الشَّوط ؛ سَعة الشَّوط (ماك) (٥) الدَّورة : حركة كاملة من حركات انبساط الرئتين وانقباضهما (فس) .

ex·cur·sion·ist *(n.)* المُتَسَيِّح : المُشارِك في رحلة سياحية .

excursion ticket *(n.)* التذكرة السياحية : تذكرة سفرٍ مخفَّضة السعر .

ex·cur·sive [-'sĭv] *(adj.)* (١) استطراديّ <~ remarks> (٢) متقطِّع ؛ مُفكَّك ؛ يُعْوِزه الترابط <~ reading habits> .

ex·cur·sus [-'səs] *(n.)* (١) تذييل [لشرح نقطة في كتاب] (٢) استطراد .

ex·cus·a·ble *(adj.)* يُغْتَفَر : ممكنٌ اغتفارُه <an ~ mistake> .

ex·cus·a·to·ry [-'zə tōr'ĭ] *(adj.)* اعتذاريّ .

ex·cuse [*v.* ĭk skyōōz'; *n.* -skyōōs'] *(vt.; n.)* (١) يعتذر [عن تأخُّره إلخ] (٢) يَعْذُر (٣) يَغتفِر ؛ يَصْفَح ؛ يتغاضَى (٤) يُعفي من (٥) يصرِف <Class is ~*d*.> (٦) يُبرِّر § (٧) مص excuse (٨) عُذْر (٩) *pl.* : اعتذار (١٠) مبرِّر (١١) نموذج رديء <He is a poor ~ for a poet.> .

ex·e·at [ĕks'ē ət] *(n.)* إذن بالتغيُّب الموقت [عن الكلية أو الدير] .

ex·e·cra·ble [ĕk'sə krə-] *(adj.)* (١) لعين ؛ مَقِيت ؛ مُرَوِّع (٢) رديء جدًّا .

ex·e·crate [ĕk'sə-] *(vt.)* (١) يلعن (١. ق) (٢) يشجب (٣) يمقت .

ex·e·cra·tion [-krā'-] *(n.)* (١) لَعْنٌ (٢) لَعْنة (٣) شيء لعينٌ أو بغيض .

ex·e·cut·a·ble [ĕk'sə-] *(adj.)* قابلٌ للإنجاز أو التنفيذ إلخ .

ex·ec·u·tant [ĭg zĕk'yə tənt] *(n.)* (١) المُنْجِز ؛ المُنفِّذ (٢) البارع في فنّ [وبخاصة في الموسيقى] .

ex·e·cute [ĕk'sə kyōōt'] *(vt.)* (١) يُنْجِز (٢) يُنَفِّذ ؛ يُجري (٣) يُعْدِم [تنفيذًا لحكم قضائي] (٤) يُنفِّذ : ينحت تمثالًا أو يرسم صورة [وفقًا لتصميم موضوع] (٥) ينظِّم : يُجري أو يَستوفي ما هو ضروريّ لجعل الوصيّة إلخ قانونيّة [كالتوقيع عليها وخَتْمها إلخ] (٦) يُؤدّي ؛ يعزف . **— ex·e·cut·er** *(n.)*

ex·e·cu·tion [ĕk'sə kyōō'-] *(n.)* (١) إنجاز ؛ تنفيذ ؛ إجراء (٢) تنفيذ حكم الإعدام (٣) أمر الإجراء : تفويض قضائيّ يخوِّل الموظف المختص حقّ تنفيذ حكم ما (ق) (٤) الأداء (مو) (٥) عملٌ حاسمٌ أو مدمِّر .

ex·e·cu·tion·er *(n.)* فا execute . وبخاصة : الجلّاد .

ex·ec·u·tive [ĭg zĕk'yə-] *(adj.; n.)* (١) تنفيذيّ ؛ إجرائيّ § (٢) السُّلطة التنفيذية أو أعضاؤها (٣) مدير المؤسسة أو رئيس هيئتها الإدارية (٤) موظَّف إداري كبير .

executive council *(n.)* المجلس التنفيذيّ .

executive officer *(n.)* الضّابط التَّنفيذيّ (جن) .

executive secretary *(n.)* الأمين التنفيذيّ : أمين سرٍّ ذو مَهامَّ إدارية .

ex·ec·u·tor [-'yə-] *(n.)* (١) المنجِز إلخ (٢) مُنفِّذ الوصية (ق) .

ex·ec·u·to·ry [ĭg zĕk'yə-] *(adj.)* (١) إداريّ ؛ تنفيذيّ (٢) مُعَدّ للتنفيذ لاحقًا <An agreement to sell is an ~ contract.> .

ex·ec·u·trix [ĭg zĕk'yə-] *(n.)* pl. **-tri·ces** مُنفِّذَة الوصية (ق) .

ex·e·ge·sis [ĕk'sə jē'sĭs] *(n.)* pl. **-ses** تفسير ؛ تأويل .

ex·e·gete [ĕk'sə jēt'] *(n.)* المُفسِّر ؛ المُؤوِّل [للكتاب المقدَّس بخاصة] .

ex·e·get·ic *or* **-al** [ĕk'sə jĕt'-] *(adj.)* تفسيريّ ؛ تأويليّ .

ex·e·get·ics [-ĭks] *(n.)* علم التفسير ؛ علم التأويل .

ex·e·get·ist [ĕk'sə jĕt'-] *(n.)* = exegete.

ex·em·plar [ĭg zĕm'plər] *(n.)* (١) مِثال ؛ نموذج (٢) نسخة [من كتاب أو نَصّ] (٣) نموذجٌ أمٌّ ؛ نموذجٌ أصليّ .

ex·em·pla·ry [-'plə rĭ] *(adj.)* (١) يُقْتَدَى به (٢) تحذيريّ : مقصودٌ به أخذُ العِبرة <an ~ penalty> (٣) نَموذجيّ ؛ تمثيليّ <~ passages> .

ex·em·pli·fi·ca·tion [-plə fə kā'-] *(n.)* (١) نسخة مُصَدّقة عن وثيقة (ق) (٢) التمثيل : ضَرْبُ المَثَل (٣) مَثَلٌ .

ex·em·pli·fy [-'plə fī'] *(vt.)* (١) يمثِّل : يُظهر أو يصوِّر بالمَثَل (٢) يستخرج نسخة مصدَّقةً [عن وثيقة] (٣) يجسِّد ؛ يمثِّل .

ex·em·pli gra·ti·a [ĕk zĕm'plī grā'shĭ ə] *(adv.)* مثلًا .

ex·em·plum [ĭg zĕm'-] *(n.)* pl. **-pla** مِثال ؛ نَموذَج .

ex·empt [ĭg zĕmpt'] *(adj.; n.; vt.)* (١) مُعْفًى ؛ مُستثنًى <~ from taxes> § (٢) المُعْفَى [من واجب إلخ] § (٣) يُعْفِي من .

ex·emp·tion [-zĕmp'-] *(n.)* (١) إعفاء ؛ استثناء (٢) حَصانة .

ex·en·ter·ate *(vt.)* (١) يَنْزِع الأحشاء (١. ن) (٢) يَستأصِل [عضوًا] (جر) .

ex·e·quies [ĕk'sə kwēz] *(n. pl.)* (١) مأتم (٢) جنازة .

ex·er·cis·a·ble [ĕk'-] *(adj.)* قابلٌ للممارسة إلخ <~ rights> .

ex·er·cise [ĕk'sər sīz'] *(n.; vt.; i.)* (١) ممارسة ؛ استعمال (٢) تمرين ؛ تدريب [جسمانيّ أو عقليّ] (٣) مناورة [عسكرية] (٤) *pl.* : حفلة <gradu- ating ~s> § (٥) يمارس <to ~ one's rights> (٦) يستعمل ؛ يستخدم <to ~ one's strength> (٧) يمرِّن ؛ يدرِّب (٨) يصطنع ؛ يُبدي ؛ يُظهر ؛ يعتصم بِـ <to ~ caution *or* patience> (٩) يؤدي <~*d* the duties of his office> (١٠) يُقلِق <~*d* about his health> x (١١) يتدرَّب ؛ يتمرَّن .

ex·er·ci·ta·tion [ĭg zûr'sĭ tā'-] *(n.)* تمرين ؛ تدريب .

ex·er·gon·ic [-sər gŏn'-] *(adj.)* مُطْلِقٌ للطاقة <an ~ reaction> .

ex·ert [ĭg zûrt'] *(vt.)* (١) يَبْذُل (٢) يُجهِد نَفْسَهُ (٣) يُمارس .

ex·er·tion [ĭg zûr′-] *(n.)* (١) جَهْد. وبخاصة: جهدٌ جهيد (٢) ممارسة.

ex·fa·ci·e [ĕks fā′shē ē′] *(adv.)* ظاهريًا؛ في الظاهر (ق).

ex·fo·li·ate [ĕks fō′lĭ āt′] *(vt.; i.)* (١) يَقْشُر x (٢) يتقشَّر.

ex·fo·li·a·tion [-fō′lĭ ā′-] *(n.)* (١) قَشر (٢) تَقَشُّر (٣) قُشارة.

ex gra·tia [ĕks grā′shē ə] *(adv.)* تكرُّمًا؛ على سبيل التفضُّل.

ex·hal·ant *or* **ex·hal·ent** [ĕks hā′-] *(adj.; n.)* (١) زافر: قادرٌ على الزَّفير § (٢) الزّافر: مَجرًى مُعَدّ للزَّفير [في بعض الحيوانات القِشريّة].

ex·ha·la·tion *(n.)* (١) شيء مَزفور [هواء، دخان، رائحة] (٢) زَفير.

ex·hale [ĕks hāl′] *(vt.; i.)* (١) «أ» يَزْفِر. «ب» يُرسِل زفرةً أو تنهُّدةً (٢) يُطلق [بُخارًا أو رائحةً] x (٣) ينطلق؛ ينبعث <a bad smell *exhaling* from the kitchen> (٤) يتبخّر.

ex·haust [ĭg zôst′] *(vt.; i.; n.)* (١) «أ» يَسْتنفِد. «ب» يَسْتهلِك (٢) «أ» يَسْتنزف. «ب» يُنْهِك؛ يُضني؛ يُرهِق. «ج» يُوْهِن: يُفْقِد التُّربة خُصوبتها (٣) يَتَقصّى: يُعالج موضوعًا معالجةً كاملة [فلا يُبقي منه بقيّةً] (٤) يُفرِغ كُلّيًا x (٥) يَنْفُث (٦) ينطلق [البخارُ المُسْتهلَك من أسطوانة محرِّك إلخ] § (٧) العادم: «أ» البخار المُسْتَهلَك المنطلِق من أسطوانة مُحرِّك. «ب» مرحلة من مراحل دورة المحرِّك ينطلق فيها هذا البخار (مك) (٨) العادمة: ترتيبة لسحب الغبار والروائح إلخ (مك) (٩) استنفاد إلخ.
— **ex·haust·er** *(n.)* — **ex·haust·i·ble** *(adj.)*

ex·haust·ed *(adj.)* (١) مُسْتَنْفَد؛ مُسْتَهلَك؛ مُسْتَنْزَف (٢) مُنْهَك؛ مُضْنًى.

ex·haus·tion [-′chən] *(n.)* (١) استنفاد؛ استنزاف؛ إنهاك (٢) إعياء.

ex·haus·tive [-′tĭv] *(adj.)* (١) شامل؛ مُسْتَقْصًى <an ~ investigation> (٢) مُستنفِد؛ مُستنزِف؛ مُرهِق؛ مُضْنٍ إلخ.

ex·haust·less *(adj.)* لا يَنْفَد؛ غير قابل للنَّفاد <~ wealth>.

exhaust pipe *(n.)* أنبوبة العادم (مك).

ex·hib·it [ĭg zĭb′ĭt] *(vt.; i.; n.)* (١) «أ» يُظهِر؛ يُبْدي <~ *ed* no fear>. «ب» يصوّر؛ يرسم <to ~ an orbit by a series of dots.>. «ج» يَعْرِض <to ~ paintings> (٢) يُبرِز: يقدِّم مستندًا إلى محكمة؛ يرفع عريضة إلخ (٣) يعطي دواء x (٤) يعرض [رسومًا] في معرض § (٥) المُسْتَنَد المُبْرَز (ق) (٦) شيء معروض (٧) إظهار؛ عَرْض (٨) معرِض صغير؛ جناح في مَعْرِض.
— **ex·hib·i·ter** *or* **ex·hib·i·tor** *(n.)*

ex·hi·bi·tion [ĕk′sə bĭsh′-] *(n.)* (١) إظهار؛ عَرْض إلخ (٢) المِنحة: إعانة تعليمية تقدّمها الجامعة إلى طالب (٣) مَعْرِض.

ex·hi·bi·tion·er [-bĭsh′-] *(n.)* الممنوح: طالب جامعة يتلقى منحةً تعليمية.

ex·hi·bi·tion·ism *(n.)* (١) الاستعرائيّة؛ الافتضاحيّة: انحراف يتميّز بنزوعٍ إلى إظهار العورة (نف) (٢) الإظهارية: نزعة المرء إلى إظهار مقدراته أو إلى السلوك بطريقة تلفت الأنظار إليه.
— **ex·hi·bi·tion·ist** *(n.)*

ex·hi·bi·tion·ist; -ic *(adj.)* (١) افتضاحيّ (٢) إظهاريّ.

ex·hib·i·tive [ĭg zĭb′ə-] *(adj.)* مُظْهِر؛ مُبدٍ.

ex·hib·i·to·ry [-′ə tōr′ĭ] *(adj.)* (١) مَعْرِضيّ (٢) مُعَدّ للعَرْض.

ex·hil·a·rant [ĭg zĭl′ə rənt] *(adj.)* (١) مُبهِج (٢) منعِش (٣) مُنبِّه.

ex·hil·a·rate [-′ə rāt′] *(vt.)* (١) يُبهج (٢) يُنعِش (٣) ينبِّه (٤) يُنشِي.

ex·hil·a·ra·tion *(n.)* (١) إبهاج؛ إنعاش (٢) ابتهاج؛ انتعاش؛ نشوة.

ex·hort [ĭg zôrt′] *(vt.; i.)* يَحُضّ؛ يَنْصَح؛ يحذِّر.

ex·hor·ta·tion *(n.)* (١) حَضّ؛ نُصْح؛ تحذير (٢) عِظة؛ نصيحة.

ex·hor·ta·tive; -tory *(adj.)* حَضّيّ؛ نُصْحيّ؛ تحذيريّ.

ex·hu·ma·tion *(n.)* النَّبْش؛ الانتباش؛ الإحياء (را. المادة التالية).

ex·hume [ĭg zo͞om′; ĕks hyo͞om′] *(vt.)* (١) يَنْبُش [القبرَ]؛ ينتبش: يُخرج جثةً من القبر (٢) يُحْيي: يُخرج من ظلمة الإهمال أو النسيان.

ex·i·gence *also* **ex·i·gen·cy** [ĕk′sĭ-] *(n.)* (١) ضرورة؛ طارئ (٢) *pl.*: مَطالب؛ مُقْتَضَيات.

ex·i·gent [-jənt] *(adj.)* (١) مُلِحّ: مُتطلِّب معالجةً سريعةً أو عملًا عاجلًا (٢) متطلِّب؛ يَصْعب إرضاؤه <an ~ manager>.

ex·i·gi·ble [ĕk′sə jə-] *(adj.)* ممكنٌ انتزاعُهُ أو المطالبةُ به.

ex·i·gu·i·ty [ĕk′sə gyo͞o′ə tĭ] *(n.)* ضآلة؛ هُزال.

ex·ig·u·ous [ĭg zĭg′yo͞o-] *(adj.)* ضئيل؛ هزيل <~ funds>.

ex·ile [ĕg′zīl; ĕk′sīl] *(n.; vt.)* (١) «أ» نَفْي؛ إبعاد [عن الوطن]. «ب» اغتراب (٢) المَنْفيّ؛ المُبْعَد (٣) المُغترِب § (٤) يَنفي؛ يُبعِد.
— **ex·il·ic** *(adj.)*

ex·ist [ĭg zĭst′] *(vi.)* (١) «أ» يَكون. «ب» يوجَد (٢) «أ» يحتفظ ببقائه. «ب» يحيا.

ex·ist·ence *(n.)* (١) كينونة؛ وجود (٢) الكائنات مجتمعةً (٣) كائن (٤) حياة؛ بقاء <struggle for ~> (٥) أسلوبُ حياةٍ.

ex·is·tent [-′tənt] *(adj.; n.)* (١) كائن؛ موجود (٢) حاليّ؛ موجود الآن (٣) باقٍ § (٤) الكائن؛ الموجود.

ex·is·ten·tial [-tĕn′-] *(adj.)* وُجوديّ: خاصّ بالوجود أو بالوجودية.

ex·is·ten·tial·ism *(n.)* الوجودية: فلسفة تقول بأن الوجود الإنساني يجب أن يكون محور التفكير الفلسفيّ كلّه.

ex·is·ten·tial·ist *(n.; adj.)* (١) الوجوديّ: القائل بالوجودية أو المنادي بها § (٢) وجوديّ.

ex·it[1] [ĕg′zĭt] يَنْصرِف: صيغة تستخدم في نصّ مسرحيّ للدلالة على مغادرة أحد الممثلين خشبةَ المَسْرح.

ex·it[2] *(n.; vi.; t.)* (١) مغادرةُ الممثل خشبةَ المسرح (٢) «أ» خروج؛ رحيل. «ب» موت (٣) مَخْرج § (٤) يَخْرُج (٥) يموت x (٦) يغادر.

ex li·bris [ĕks lī′brĭs] *(n.)* = bookplate.

ex ni·hi·lo [-nē′ hə lō′] *(adv.; adj.)* من العَدَم <creation ~>.

exo- *or* **ex-** بادئة معناها: «أ» خارجَ. «ب» خارجيّ.

ex·o·bi·ol·o·gy *(n.)* البيولوجيا الفضائية (را. astrobiology).

ex·o·carp [ĕk′sō kärp] *(n.)* = epicarp.

ex·o·crine [ĕk′sə krĭn] *(adj.)* قَنَويّ؛ خارجيّ الإفراز <~ glands> .

ex·o·der·mis [ĕk′sō dûr′-] *(n.)* الأَدَمَة الخارجية: طبقة خَلَويةٌ مؤقتةٌ، واقيةٌ، في بعض جذور النباتات.

ex·o·don·tia [ĕk′sō dŏn′shə] *(n.)* مَبحث قلع الأسنان (ط).

ex·o·dus [ĕk′sə dəs] *(n.)* (١) *cap.*: الخروج؛ سِفر الخروج: ثاني أسفار «العهد القديم» (٢) خروج؛ رحيل؛ هجرة جَماعيّة.

ex·o·en·zyme *(n.)* الأنزيمة الخارجية: أنزيمة تعمل خارج الخلية (كح).

ex·o·er·gic [ĕk′sō ûr′jĭk] *(adj.)* مُطلِقٌ للطاقة <~ reaction> .

ex of·fi·ci·o [-ə fĭsh′ĭ ō′] *(adv.; adj.)* بِحُكم المنصِب.

ex·og·a·mous *or* **ex·o·gam·ic** *(adj.)* أباعديّ: خاصّ بزواج الأباعد.

ex·og·a·my [ĕks ŏg′ə mĭ] *(n.)* الأباعديّة: «أ» الزواج من الأباعد أو من خارج مجموعة بعينها. «ب» الاتحاد بين أمشاج متباعدة النَّسَب (أح).

ex·og·e·nous [ĕks ŏj′ə nəs] *(adj.)* (١) خارجيّ النموّ <~ spores> (٢) خارجيّ المنشأ <~ diseases> .

ex·on·er·ate [ĭg zŏn′ə-] *(vt.)* (١) يُحِلّ؛ يُعتِق (٢) يُبرِّئ.

ex·oph·thal·mos *also* **ex·oph·thal·mus** *(n.)* جُحوظ [العَيْن].

ex·o·ra·ble [ĕk′sə-] *(adj.)* ليِّن العريكة: ممكنٌ إقناعُهُ أو استعطافُه.

ex·or·bi·tance [ĭg zôr′-] *(n.)* إفراط؛ بَهْظ؛ فداحة.

ex·or·bi·tant [-′bə tənt] *(adj.)* مُفْرِط؛ باهظ؛ فادح.

ex·or·cise *also* **ex·or·cize** [ĕk′sôr sīz′] *(vt.)* (١) يَرْقي؛ يُعوِّذ: يطرد الأرواح الشريرة بالرُّقَى والتعاويذ (٢) «أ» يتخلَّص من. «ب» يُطهِّر.

ex·or·cis·er [-sīz′ər] *or* **ex·or·cist** [-sĭst] *(n.)* الرّاقي؛ المعوِّذ.

ex·or·cism [ĕk′sôr-] *(n.)* (١) الرُّقْيُ؛ التعويذ (٢) رُقْيَة؛ تَعْوِيذَة.

ex·or·di·al [ĭg zôr′dĭ əl] *(adj.)* تصديريّ؛ استهلاليّ.

ex·or·di·um [ĭg zôr′-] *(n.)* pl. **-s** *or* **-dia** تصدير؛ استهلال.

ex·o·skel·e·tal *(adj.)* هَيْكَليخارجيّ: منسوب إلى الهيكل الخارجيّ (ت).

ex·o·skel·e·ton [ĕk′sō skĕl′-] *(n.)* الهيكل الخارجيّ (ح).

ex·os·mo·sis [ĕk′sŏz mō′-] *(n.)* النَّضْح؛ التَّنافذ الخارجيّ (ك).

ex·o·sphere [-′sō-] *(n.)* الغلاف الخارجيّ: أعلى طبقات الغلاف الجوّيّ.

ex·os·to·sis [-sŏs tō′-] *(n.)* العَرَن: نامية عَظْميّة فوق عَظْم (مض).

ex·o·ter·ic [ĕk′sə tĕr′-] *(adj.)* (١) بسيط؛ ممكنٌ إفهامُهُ للجمهور <an ~ doctrine> (٢) شائع (٣) معروف؛ مألوف (٤) خارجيّ.

ex·o·ther·mic *or* **ex·o·ther·mal** *(adj.)* إكسوثَرْمِيّ: «أ» مصحوب أو مُتَّسِمٌ بإطلاق الحرارة. «ب» مُكوَّن بإطلاق الحرارة (فز).

ex·o·tic [ĭg zŏt′-] *(adj.; n.)* (١) مجلوب؛ دخيل؛ غريب <~ plants> (٢) مُغرِب: استثنائي أو غير اعتياديّ إلى حدّ مُثير (٣) تَجَرُّديّ: ذو علاقة بالتَّجرُّد <~ dancing> striptease § (٤) المجلوب؛ الدخيل إلخ.

ex·ot·i·ca *(n. pl.)* الغرائب: الأشياء الغريبة أو غير الاعتيادية.

ex·ot·i·cism *also* **ex·o·tism** *(n.)* (١) المجلوبيَّة: كونُ الشيء مجلوبًا أو دخيلًا (٢) المُغْرِبيّة: كون الشيء مُغْرِبًا (را. exotic 2).

ex·o·tox·in [ĕk′sō tŏk′-] *(n.)* الذِّيفان [أو السُّمّ] الخارجيّ (أح).

ex·pand [ĭk spănd′] *(vt.; i.)* (١) يمدِّد؛ يُوسِّع (٢) يَنْشُر؛ يَبْسُط (٣) يَفُكّ (ر) x (٤) «أ» يتمدَّد؛ يتوسَّع. «ب» يمتدّ؛ يتّسع (٥) يتكلَّم أو يكتب بتفصيل (٦) يفصِّل الكلام (٧) تتفتّح [البراعم] (٨) يَسْتشعر الارتياح إلخ.

ex·pand·er [-′dər] *(n.)* (١) المُوَسِّع؛ المُمَدِّد (٢) المُوَسِّعة: مادة شبه غَرَوية تُتَّخذ بديلًا للدّم أو البلازما ابتغاءَ زيادة حجم الدم.

ex·panse [ĭk spăns′] *(n.)* الامتداد؛ المُنْفَسَح: شيء ممتدّ على مدى واسع، مثل: «أ» القُبّة الزرقاء. «ب» رقعة مُنفسِحة من أرض أو بحر.

ex·pan·si·bil·i·ty [-spăn′sə bĭl′-] *(n.)* التَّمديديّة؛ التَّوسيعيّة.

ex·pan·si·ble [ĭk spăn′-] *(adj.)* قابلٌ للتمديد أو التَّوسيع.

ex·pan·sile [-′sĭl; -′sīl] *(adj.)* (١) قابلٌ للتمدُّد أو التوسُّع (٢) تمدُّديّ؛ توسُّعيّ <~ movements> .

ex·pan·sion [-′shən] *(n.)* (١) espanse (٢) توسيع؛ تمديد (٣) توسُّع؛ تمدُّد (٤) اتّساع (٥) تضخُّم [في النقد المتداوَل إلخ] (٦) «أ» الفكّ (ر). «ب» المفكوك (ر).

ex·pan·sion·ar·y [ĭk spăn′shə-] *(adj.)* توسُّعيّ: نزّاع إلى التوسُّع.

expansion engine *(n.)* المحرِّك التمدُّديّ: محرِّك يعمل بتمدُّد البخار.

ex·pan·sion·ism [ĭk spăn′-] *(n.)* التَّوسُّعيّة: سياسة التَّوسُّع الإقليميّ.

ex·pan·sion·ist *or* **ex·pan·sion·is·tic** *(adj.)* تَوَسُّعيّ.

ex·pan·sive [-spăn′-] *(adj.)* (١) متمدِّد: قابلٌ للتمدُّد (٢) مُمدِّد؛ مُوسِّع (٣) «أ» صريح؛ غير مُتحفِّظ. «ب» مَرِح. «ج» كريم. «د» متَّسِم بوهم العَظَمة أو دالّ عليه (نف) (٤) فسيح؛ رَحْب؛ شامل (٥) رخيّ؛ مُتْرَف <~ living> (٦) تمدُّدي: عاملٌ بتمدُّد البخار <an ~ engine> .

ex par·te [ĕks pär′tĭ] *(adv.; adj.)* (١) من طرف واحد فقط (٢) «أ» متحيِّز. «ب» من وجهة نظر متحيِّزة.

ex·pa·ti·ate [ĕk spā′shĭ āt′] *(vi.)* (١) يطوف؛ يهيم؛ يمضي على غير هدًى (٢) يُسْهِب؛ يُطنب.
— **ex·pa·ti·a·tion** *(n.)*

ex·pa·tri·ate [*v.* ĕks pā′trĭ āt′; *adj., n.* -ĭt, -āt′] *(vt.; i.; adj.; n.)* (١) ينفي؛ يُبعِد [عن الوطن] x (٢) يَغترب؛ يهجر وطنه § (٣) «أ» مَنفيّ؛ مُبْعَد. «ب» مُغترِب § (٤) «أ» المنفيّ؛ المُبْعَد. «ب» المُغترب.

ex·pa·tri·a·tion [-pā′trĭ ā′-] *(n.)* (١) نفي؛ إبعاد (٢) اغتراب.

ex·pect [ĭk spĕkt′] *(vt.; i.)* (١) يحسَب؛ يَظُنّ (٢) يتوقّع؛ يترقَّب؛ ينتظر (٣) يأمُل <to ~ a bribe> x (٤) تنتظر [الحاملُ] مولودًا.

ex·pec·tan·cy *or* **ex·pec·tance** *(n.)* (١) توقُّع؛ ترقُّب؛ انتظار (٢) «أ» شيء متوقَّع. «ب» أمل (٣) expectation of life.

ex·pec·tant [-′tənt] *(adj.; n.)* (١) مُتوقِّع؛ مُترقِّب (٢) منتظرةٌ أو منتظرٌ مولودًا <an ~ mother or father> (٣) مُتوقَّع؛ مرتقَب <an ~ fortune> § (٤) المُتوقِّع؛ المُرْتقِب. وبخاصة: المُرَشَّح لمنصب.

ex·pec·ta·tion [ĕk spĕk tā′-] *(n.)* (١) توقُّع؛ ترقُّب (٢) شيء متوقَّع (٣) احتمال (٤) *pl.* عد: أمل في الفوز بإرث.

expectation of life *(n.)* متوسط العمر المتوقَّع.

ex·pec·ta·tive [ĭk spĕk′tə-] *(adj.)* تَوَقُّعيّ؛ ترقُّبيّ.

ex·pec·to·rant [-ˊtə rənt] *(adj.; n.)* (١) مُقَشِّع ؛ مُنَخِّم : مساعدٌ على التخلّص من المُخاط والبَلْغم § (٢) دواء مقشِّع أو مُنخِّم .

ex·pec·to·rate *(vt.; i.)* (١) يتقشَّع ؛ يتنخَّم : يتخلّص من البلغم (٢) يَبْصُق .

ex·pe·di·ence *or* **ex·pe·di·en·cy** [ĭk spēˊ-] *(n.)* (١) ملاءمة ؛ مناسَبَة (٢) النفعية : النزوع إلى جرّ المغانم من غير اعتبار لأخلاقية الوسيلة (٣) وسيلة ؛ ذريعة ؛ حيلة .

ex·pe·di·ent [-ˊdĭ ənt] *(adj.; n.)* (١) ملائم ؛ مناسب (٢) نفعيّ ؛ تغلب عليه المصلحة الذاتية § (٣) وسيلة ؛ ذريعة ؛ حيلة .

ex·pe·dite [-ˊpə dīt] *(vt.)* (١) يَنفِّذ [أمرًا] ؛ يُنجز ؛ يفعل بسرعة (٢) يُسَهِّل ؛ يُسَرِّع <to ~ matters> (٣) يُرْسِل ؛ يبعث .

ex·pe·dit·er *also* **ex·pe·di·tor** *(n.)* فا expedite .

ex·pe·di·tion [ĕksˊpə dĭshˊ-] *(n.)* (١) حملة <a military ~> (٢) بِعثة (٣) سرعة ؛ عجلة (٤) إرسال .

ex·pe·di·tion·ar·y *(adj.)* حَمْلَويّ : خاصّ بحملةٍ أو مؤلّفٌ حملةً .

ex·pe·di·tious [-ˊəs] *(adj.)* (١) سريع ؛ ناشط (٢) مُنجَزٌ بعجلة .

ex·pel [ĭk spĕlˊ] *(vt.)* (١) «أ» ينفث ؛ يَزْفِر . «ب» يقذف (٢) يطرد ؛ يرحّل من البلاد (٣) يفصل [طالبًا من جامعة إلخ] .

ex·pel·lant [-ˊənt] *(adj.; n.)* (١) نافث ؛ قاذف ؛ طاردٌ § (٢) دواء مُسْهِل .

ex·pel·lee [-ˊē] *(n.)* المطرود ؛ المفصول ؛ المُرَحَّل [إلى وطنه الأمّ] .

ex·pend [ĭk spĕndˊ] *(vt.)* (١) يُنفق (٢) يستهلك ؛ يستنفد .

ex·pend·a·ble *(adj.)* (١) معدٌّ للاستهلاك (٢) ممكنٌ التضحية به .

ex·pen·di·ture [-ˊdĭ chər] *(n.)* (١) إنفاق (٢) نَفَقة .

ex·pense [ĭk spĕnsˊ] *(n.)* (١) نفقة <traveled at my brother's ~> (٢) مَدْعاة إنفاق <Owning a car is a great ~.> (٣) حساب <at the ~ of his health>.

ex·pen·sive [ĭk spĕnˊ-] *(adj.)* غالٍ ؛ غير رخيص .

ex·pe·ri·ence [ĭk spērˊĭ əns] *(n.; vt.)* (١) تَجرِبة (٢) حُنكة ؛ اختبار (٣) خِبرة § (٤) يختبر ؛ يجرّب (ا . ق) (٥) يتعلّم بالاختبار : يكتشف (٦) يَخْبُر ؛ يلاقي ؛ يعاني ؛ يستشعر .

ex·pe·ri·enced *(adj.)* (١) خبير ؛ متمرِّس ؛ ذو تجربة (٢) مُعانًى بالتجربة .

ex·pe·ri·en·tial [-ĭ ĕnˊshəl] *(adj.)* تجريبيّ ؛ اختباريّ .

ex·per·i·ment [*n.* ĭk spĕrˊə mənt; *v.* ĕk spĕrˊə mĕntˊ] *(n.; vi.)* (١) تجربة ؛ اختبار (٢) تجريب § (٣) يقوم بتجارب .

ex·per·i·men·tal *(adj.)* تجريبيّ ؛ اختباري <an ~ science.> .

ex·per·i·men·tal·ism *(n.)* (١) التَّجريبيَّة : الاعتمادُ على مبدأ التجريب في البحث أو الدعوةُ إلى هذا المبدأ (٢) instrumentalism .

ex·per·i·men·tal·ist *(adj.)* التجريبيّ : عالِم يقوم بتجاربَ علمية .

experimental psychology *(n.)* علم النفس التجريبيّ .

ex·per·i·men·ta·tion [-mĕn tāˊ-] *(n.)* التجريب : الاختبار العلميّ .

experiment station *(n.)* مركز البحوث التجريبية .

ex·pert [-ˊspûrt] *(adj.; n.; vi.)* (١) خبير § (٢) الخبير § (٣) يَعْمل خبيرًا .

ex·per·tise [ĕkˊspər tēzˊ] *(n.)* خبرة ؛ معرفة ؛ اطّلاع واسع .

ex·pi·a·ble [ĕksˊpĭ-] *(adj.)* يُكَفَّر عنه : ممكنٌ التكفيرُ عنه .

ex·pi·ate [ĕksˊpĭ ātˊ] *(vt.; i.)* يُكفِّر عن .

ex·pi·a·tion [ĕksˊpĭ āˊ-] *(n.)* (١) تكفيرٌ [عن ذنب] (٢) كَفّارة .

ex·pi·a·to·ry *(adj.)* (١) مُكفِّر (٢) تكفيريّ : مقدَّم على سبيل التكفير .

ex·pi·ra·tion [-spə rāˊ-] *(n.)* (١) «أ» الموت (ا . ق) . «ب» الزّفير (٢) انتهاء ؛ انقضاء .

ex·pi·ra·to·ry [ĭk spīrˊə-] *(adj.)* زَفيريّ : متعلّق بإخراج الهواء من الرئتين .

ex·pire [ĭk spīrˊ; ĕk spīrˊ] *(vi.; t.)* (١) يموت : يلفِظ النَّفَسَ الأخير (٢) يَخْمُد (٣) ينقضي ؛ ينتهي x (٤) يَزْفِر .

ex·pi·ry [ĭk spīˊrĭ] *(n.)* (١) زفير (٢) موت (٣) انقضاء ؛ انتهاء . وبخاصة : انقضاء الأجَل المحدَّد في قانون أو عقد أو اتفاقية .

ex·plain [ĭk splānˊ] *(vt.; i.)* (١) يُوضح ؛ يَشْرح ؛ يفسِّر (٢) يُعلِّل .

ex·pla·na·tion [ĕkˊsplə nāˊ-] *(n.)* (١) إيضاح ؛ شرح ؛ تفسير ؛ تعليل (٢) نقاش يهدف إلى إزالة الخلاف . وبالتالي : تفاهم ؛ مصالحة .

ex·plan·a·tive; ex·plan·a·to·ry *(adj.)* إيضاحيّ ؛ تفسيريّ ؛ تعليليّ .

ex·plant [*v.* ĕks plăntˊ; *n.* ĕksˊplăntˊ] *(vt.; n.)* (١) يَزْدَرِع : ينقل نسيجًا حيًا إلى غير بيئتِهِ § (٢) نسيج مُزْدَرَع .

— **ex·plan·ta·tion** *(n.)*

ex·ple·tive [ĕksˊplə-] *(n.; adj.)* (١) صيغة لَعْنٍ أو تجديفٍ (٢) الحَشْوة : شيء أو شخص يُستخدم لمجرَّد ملء الفراغ § (٣) حَشْويّ <~ phrases> (٤) تعويضيّ .

ex·ple·to·ry [-tōrˊĭ] *(adj.)* = expletive.

ex·pli·ca·ble [ĕksˊplĭ-] *(adj.)* يُفَسَّر : قابل للتَّفسير .

ex·pli·cate [ĕksˊplə kātˊ] *(vt.)* (١) يَشْرح مُطوَّلًا (٢) يُفسِّر ؛ يُوَضِّح (٣) يُحلِّل منطقيًا .

— **ex·pli·ca·tive; ex·pli·ca·to·ry** *(adj.)*

ex·pli·ca·tion [ĕksˊplə kāˊ-] *(n.)* شرح ؛ تفسير ؛ توضيح ؛ تحليل .

ex·pli·ca·tion de texte [ĕk splē kä syôn də tĕkstˊ] *(n.)* تحليل النَّصّ : طريقة في النقد الأدبيّ قِوامُها دراسة مفصَّلة لكلّ جزء من الأثر .

ex·plic·it [ĭk splĭsˊĭt] *(adj.)* (١) جليّ ؛ واضح ؛ بيِّن <an ~ statement> (٢) محدَّد <an ~ notion of...> (٣) صريح ؛ غير مُتحفِّظ <He was quite ~ on that point.> (٤) نقديّ <~ costs> .

explicit function *(n.)* الدالّة الصريحة (ر) .

ex·plic·it·ly [ĭk splĭsˊ-] *(adv.)* (١) بجلاء ؛ بوضوح (٢) بصراحة .

ex·plode [ĭk splōdˊ] *(vt.; i.)* (١) يُسَفِّه [رأيًا إلخ] (٢) يفجِّر x (٣) يتفجّر .

ex·plod·ed *(adj.)* مُمَدَّد ؛ مُفَصَّص : مُظْهِرُ الأجزاءَ منفصلةً مع الاحتفاظ بالعلاقة الصحيحة فيما بينها <an ~ view of a carburetor> .

ex·ploit [*n.* -ˊsploit; *v.* -sploitˊ] *(n.; vt.)* (١) مأثَرة ؛ عملٌ جريء أو بطوليّ

ă at; ā date; â care; ä car; ĕ egg; ē me; ĭ in; ī bite; ŏ lot; ō bone; ô orphan; oi boil; o͝o good; o͞o boot; ou out; ŭ under; û urgent; ə = *a* in alone, *e* in system, *i* in easily, *o* in gallop, *u* in circus.

§ (٢) يستثمر <to ~ a mine> (٣) يُسَخِّر؛ يَستخدم؛ يُفيد من <~ *ed* her talents> (٤) يَستغلّ <to ~ one's friends>.

ex·ploi·ta·tion [ĕk'sploi tā'-] *(n.)* (١) استثمار [الموردِ طبيعيّ] (٢) استغلال [لشخص آخر] (٣) دعاية؛ إعلان <an ~ campaign>.

ex·ploit·a·tive; ex·ploit·ive [-sploit'-] *(adj.)* استثماريّ؛ استغلاليّ.

ex·plo·ra·tion [ĕks'plə rā'-] *(n.)* (١) استكشاف؛ رِيادة (٢) فحص؛ تَحَرٍّ (٣) سَبْر؛ فحص (ط).

ex·plor·a·tive; ex·plor·a·to·ry *(adj.)* (١) استكشافيّ (٢) تمهيديّ.

ex·plore [ĭk splōr'] *(vt.; i.)* (١) يستكشف؛ يَرُود (٢) يتحرّى: يقوم بدراسة أولية أو تمهيدية (٣) يَسْبُر <to ~ a wound>.

ex·plor·er [-ər] *(n.)* (١) المُسْتكشِف؛ الرائد (٢) المِسبار (ط).

ex·plo·si·ble [ĭk splō'zə-] *(adj.)* متفجِّر؛ ممكنٌ تفجيرُهُ.

ex·plo·sion [-'zhən] *(n.)* (١) انفجار (٢) الانفجار: إطلاق مفاجئ للنَّفَس.

ex·plo·sive [-'sĭv] *(adj.; n.)* (١) انفجاريّ: عامل بالانفجار <an ~ engine> (٢) مُتَفجِّر (٣) سريع الانفعال <an ~ temper> (٤) انفجاريّ: مصحوب بإطلاق مفاجئ للنَّفَس § (٥) مادة متفجّرة (٦) الحرف الانفجاريّ [مثل *p* في *top*] (ل).

ex·po [ĕk'spō] *(n.)* = exposition.

ex·po·nent [ĭk spō'nənt] *(n.)* (١) الأُسّ؛ الدليل (ر) (٢) الشارح؛ المفسِّر (٣) الممثِّل أو النّصير [لفكرة أو مبدأ].

exponential function *(n.)* الدالّة الأُسِّيّة (ر).

ex·po·nen·ti·a·tion *(n.)* التأسيس (ر).

ex·port [*v.* ĭk spōrt', ĕk'spōrt; *n.; adj.* ĕk'-] *(vt.; i.; n.; adj.)* (١) يصدِّر [السِّلَع إلى بلدٍ آخر] § (٢) الصّادرة: سلعةٌ مصدَّرة (٣) تصدير § (٤) تصديريّ.
— **ex·port·a·ble** *(adj.)*

ex·por·ta·tion [-tā'-] *(n.)* (١) تصدير (٢) الصّادرة: سلعة مصدَّرة.

ex·port·er [ĕk spōrt'-] *(n.)* المصدِّر: التّاجر المصدِّر.

ex·pose [ĭk spōz'] *(vt.)* (١) يعرِّض لـ (٢) يهجر: يتخلّى عن طفلٍ بتركه في العراء (٣) «أ» يكشف عن. «ب» يعرض [للبيع في محلّ تجاري] (٤) «أ» يُفشي [سرًّا]. «ب» يفضح [جريمةً].

ex·po·sé [ĕk spō zā'] *(n.)* (١) بيان؛ عَرْض (٢) كَشْف؛ فَضْح.

ex·posed *(adj.)* (١) مكشوف (٢) معرَّض [للخطر أو الهجوم إلخ].

ex·pos·it [ĭk spŏz'ət] *(vt.)* = expound.

ex·po·si·tion [ĕk spə zĭsh'ən] *(n.)* (١) شَرْح؛ إيضاح (٢) بيان تفسيريّ (٣) المقدِّمة؛ الاستهلال: الجزء الأول من بعض المقطوعات الموسيقية (٤) عَرْض؛ تعريض؛ تخلٍّ عن طفل إلخ (٥) مَعْرِض.

ex·pos·i·tor [ĕk spŏz'-] *(n.)* الشارح؛ المفسِّر.

ex·pos·i·tive; ex·pos·i·to·ry [ĕk spŏz'-] *(adj.)* تفسيريّ؛ إيضاحيّ.

ex post fac·to [ĕks' pōst' făk'tō] *(adj.; adv.)* (١) متأخِّر <an ~ approval> (٢) ارتجاعيّ: ذو مفعول رجعي <~ laws> § (٣) ارتجاعيًّا.

ex·pos·tu·late [ĭk spŏs'chə-] *(vi.)* يتجادل؛ يحتجّ؛ يعترض على.

ex·pos·tu·la·tion [-spŏs'chə lā'-] *(n.)* مجادلة؛ احتجاج؛ اعتراض.

ex·po·sure [ĭk spō'zhər] *(n.)* (١) كَشْف: إظهار؛ إبداء للعِيان (٢) عَرْض (٣) تخلٍّ عن طفل [بتركه في العراء] (٤) تعريض [للعوامل الجوية أو الأخطار أو الهزء أو الأشعة إلخ] (٥) تعرُّضٌ [للعوامل الجوية إلخ] (٦) هَتْك؛ فَضْح (٧) الواجهة: موقع المنزل بالنسبة إلى أشعّة الشّمس أو الرياح <a house with a southern ~>.

ex·pound [ĭk spound'] *(vt.; i.)* (١) يَبْسُط؛ يُقَدِّم <to ~ a theory> (٢) يؤيِّد؛ يُدافع بالحُجَّة عن (٣) يَشْرح؛ يُفسِّر x (٤) يبدي رأيًا في.

ex–pres·i·dent [ĕks'prĕz'ə-] *(n.)* الرئيس السابق.

ex·press [ĭk sprĕs'] *(adj.; adv.; n.; vt.)* (١) واضح؛ محدَّد (٢) دقيق؛ طبق الأصل (٣) خاصّ <an ~ purpose> (٤) سريع <an ~ train; an ~ highway> (٥) عاجل <~ mail> § (٦) بالقطار السريع <to travel ~> § (٧) رسول مكلَّف بمهمّة خاصة (٨) المُسَرَّعة: رسالة عاجلة يحملها رسول خاص (٩) المُسَرَّع: نظام لإرسال السِّلع والطرود والمال بسرعة استثنائية (١٠) المُسَرِّعة: شركة تقوم بهذه الخدمات (١١) المُسَرَّعات: سلعٌ مشحونة بهذه الطريقة (١٢) القطار السَّريع § (١٣) يرسم؛ يصوِّر (١٤) يعبِّر عن (١٥) يُظهِر؛ يعكِس؛ يجسِّد (١٦) يرمز إلى (١٧) يَعْصِر (١٨) يُسرِّع <to ~ a package>.

ex·press·age [-'ĭj] *(n.)* (١) التَّسريع: نقل السِّلع أو الطرود بالقطار السريع (٢) رسم التَّسريع.

express delivery *(n.)* = special delivery.

ex·press·i·ble [ĭk sprĕs'-] *(adj.)* يُعَبَّر عنه: ممكنٌ التعبيرُ عنه.

ex·pres·sion [ĭk sprĕsh'-] *(n.)* (١) تعبير (٢) العبارة؛ المقدار (ر) (٣) التعبير: «أ» القدرة النّسبية لإحدى الجينات على تعديل المتعضّي (أح). «ب» أسلوب التعبير أو وسيلته؛ صياغة. «ج» سيماء <a sad ~>. «د» تعبير عن المشاعر أو القدرة على ذلك <a face that lacks ~> (٤) العَصْر: استخراج السوائل بالعصر.

ex·pres·sion·ism *(n.)* التعبيرية؛ المذهب التعبيري: مذهب في الفن يستهدف التعبير عن المشاعر أو العواطف أو الحالات الذهنية التي تثيرها الأشياء أو الأحداث في نفس الفنان.
— **ex·pres·sion·ist** *(n.)* — **ex·pres·sion·is·tic** *(adj.)*

ex·pres·sion·less *(adj.)* جامد: خِلْوٌ من أيّ تعبير عن المشاعر.

ex·press·ive [-'ĭv] *(adj.)* (١) معبِّر <an ~ glance> (٢) تعبيريّ.

ex·pres·siv·i·ty *(n.)* (١) التعبير: قدرة إحدى الجينات على تعديل المُتَعضّي (أح) (٢) المُعَبِّرية: كون الشيء مُعَبِّرًا.

ex·press·ly *(adv.)* (١) بوضوح؛ بجلاء (٢) خِصِّيصًا.

ex·press·man *(n.)* التسريعيّ: مُسْتخدَم في شركة للنقل السريع.

ex·pres·so [ĭk sprĕs'ō] *(n.)* = espresso.

express train *(n.)* القطار السريع؛ الأكسبريس.

ex·press·way [ĭk sprĕs'wā] *(n.)* الطريق السريعة.

ex·pro·pri·ate [ĕks prō'prĭ-] *(vt.)* (١) يُجرِّد من المِلْكية (٢) يُصادِر.

ex·pro·pri·a·tion [ĕks prō prĭ ā′-] *(n.)* (١) التجريد من المِلكيّة (٢) مصادرةُ المِلكيّة [للمصلحة العامة].

ex·pugn·a·ble [ĕk spyōō′-] *(adj.)* ممكنٌ التغلُّب أو الاستيلاء عليه.

ex·pulse [ĭk spŭls′] *(vt.)* = expel.

ex·pul·sion [-′shən] *(n.)* (١) نَفْث؛ زَفْر (٢) طَرْد (٣) ترحيل.

ex·punc·tion [ĭk spŭngk′-] *(n.)* (١) شَطْبٌ؛ حَذْف (٢) إبادة.

ex·punge [ĭk spŭnj′] *(vt.)* (١) يشطب؛ يحذف؛ يمحو (٢) يُبيد؛ يقضي على.

ex·pur·gate [ĕks′pər gāt] *(vt.)* يهذِّب [كتابًا]: يحذف منه، قبل نشره، كلّ ما يُعتبر ماسًّا بالفضيلة إلخ. — **ex·pur·ga·tion** *(n.)*

ex·pur·ga·to·ri·al; ex·pur·ga·to·ry *(adj.)* (١) تهذيبيّ (٢) مُهذِّب.

ex·qui·site [ĕks′kwĭ zĭt] *(adj.; n.)* (١) مُصْطَفًى: مختار بعناية (٢) «أ» فاتن؛ رائع؛ مُتْقَن. «ب» مُرْهَف [الحسّ] <an ~ ear for music>. «ج» رفيع التهذيب <~ manners>. «د» متأنِّق <an ~ person> (٣) حادّ؛ شديد <~ pain; ~ joy> § (٤) المتأنِّق؛ شخص مُسْرِف في التأنّق. — **ex·qui·site·ness** *(n.)* — **ex·qui·site·ly** *(adv.)*

ex·san·gui·nate [ĕks săng′gwə nāt′] *(vt.)* يستنزف الدَّم.

ex·san·guine [-′gwĭn] *(adj.)* فَقْرَميّ: مصاب بفقر الدم.

ex·scind [ĕk sĭnd′]; **ex·sect** [-sĕkt′] *(vt.)* يَستأصِل؛ يَحْذِف.

ex·sert [-sûrt′] *(vt.; adj.)* (١) يُنتئ؛ يُبْرِز؛ يُطلِع § (٢) ناتئ إلخ.

ex·sert·ed [ĕk sûr′-] *(adj.)* ناتئ؛ بارز <~ stamens>.

ex·ser·tile [-′təl] *(adj.)* يُنْتَأ: قابل للإنتاء أو الإبراز.

ex–ser·vice·man [ĕks′sûr′-] *(n.)* المحارب القديم.

ex·sic·cate [-′sə kāt′] *(vt.; i.)* (١) يُجَفِّف؛ يُنَشِّف x (٢) يجفّ؛ يَنْشَف.

ex·stip·u·late [ĕk stĭp′yə lāt′] *(adj.)* لامُؤَذَّن؛ لامُزَنَّم: غير ذي أذنات أو زَنَمات stipules (نب).

ex·tant [ĕks′tənt] *(adj.)* (١) حيّ؛ موجود؛ غير منقرض <~ species> (٢) باقٍ؛ غير ضائع <an ~ manuscript>.

ex·tem·po·ra·ne·ous [ĭk stĕm′pə rā′-]; **ex·tem·po·rar·y** *(adj.)* (١) مُرْتَجَل <an ~ speech> (٢) مُرْتجِل: بارع في الارتجال.

ex·tem·po·re [-stĕm′pə rĭ] *(adv.; adj.)* (١) ارتجالًا § (٢) مُرْتَجَل.

ex·tem·po·ri·za·tion [-pə rĭ zā′-] *(n.)* (١) ارتجال (٢) شيء مُرتَجَل.

ex·tem·po·rize [-′pə rīz′] *(vi.; t.)* يرتجل.

ex·tend [ĭk stĕnd′] *(vt.; i.)* (١) يَمُدّ؛ يَبْسُط؛ يَنْشُر (٢) «أ» يُجري فرسًا بأقصى سرعته. «ب» يُجهد نفسَهُ إلى أبعد مدًى. «ج» يَمْذُق: يَغُشّ بإضافة مادة أرخص (٣) «أ» يقدِّم <~*ing* their greetings>. «ب» يمنح [قرضًا أو مساعدةً مالية إلخ] (٤) «أ» يُطيل؛ يُطوِّل. «ب» يمدِّد [الإقامة أو موعد الدفع]. «ج» يعزِّز؛ يحسِّن (٥) يوسِّع؛ يُضخِّم (٦) يُرَحِّل الحسابات (تج) (٧) يقيِّم؛ يثمِّن؛ يخمِّن x (٨) «أ» يمتدّ؛ ينتشر. «ب» يصل إلى (٩) يتّسع (١٠) يَبْرُز؛ ينتأ.

ex·tend·ed *(adj.)* (١) جَهيد؛ قويّ <~ efforts> (٢) طويل؛ متطاول <an ~ visit> (٣) مطوَّل؛ مُوَسَّع <an ~ family> (٤) «أ» ممتدّ. «ب» ممدود؛ مبسوط <~ hands> (٥) واسع <an ~ empire>.

extended family *(n.)* الأسرة الموسَّعة: أسرة مؤلفة من أب وأم وأولاد يشاطرهم المَسْكنَ الواحدَ عددٌ من الأقارب الأدنين.

ex·tend·er [ĭk stĕn′-] *(n.)* الباسطة؛ المأذقة؛ المُعَدِّلة: مادة تُضاف بغيةَ البَسْط أو المَذْق أو تعديل الخصائص (ك).

ex·ten·si·bil·i·ty *or* **ex·ten·si·ble·ness** *(n.)* المَدودية (مج): قابلية المدّ أو البَسْط.

ex·ten·si·ble [ĭk stĕn′-] *(adj.)* مَدُوْد: قابل للمدّ أو البَسْط.

ex·ten·sile [ĭk stĕn′səl] *(adj.)* = extensible.

ex·ten·sion [ĭk stĕn′shən] *(n.)* (١) مص extend، مثل: «أ» مدّ؛ بَسْط؛ إطالة؛ تمديد؛ توسيع. «ب» امتداد؛ تمدّد؛ اتّساع. «ج» شيءٌ مُمدَّد أو مُوسَّع (٢) «أ» مدًى؛ نطاق. «ب» مدلول اللفظة (٣) حَجْم (٤) التمديد: «أ» تقويم اليد أو الرِّجل، المكسورة أو المخلوعة، بِجذبها لإعادتها إلى موضعها الطبيعيّ. «ب» مُهلة إضافية لدفع دَيْن. «ج» توسيع مدى الخدمات التعليمية، في جامعة، لتَشْمل غير الجامعيين وذلك بإحداث دروس ليلية أو فرع للمراسلة إلخ (٥) إضافة؛ شيء مضاف <an ~ to a house> (٦) الامتداديّ: تلفون إضافيّ موصولٌ بالخط الأصليّ.

ex·ten·sion·al *(adj.)* (١) تمديديّ؛ توسيعيّ إلخ (٢) واقعيّ؛ عمليّ.

ex·ten·si·ty [-′sĭ tĭ] *(n.)* (١) الامتدادية (٢) مدًى؛ نطاق.

ex·ten·sive [-′sĭv] *(adj.)* (١) واسع <an ~ area> (٢) شامل <~ inquiries> (٣) طويل <an ~ preface> (٤) انتشاريّ؛ مُتَّسِع: قائم على استغلال مساحات واسعة من الأرض بأقلّ جهد أو نفقة <~ agriculture>. — **ex·ten·sive·ness** *(n.)*

ex·ten·som·e·ter *(n.)* المِمداد؛ المِلْواء: مقياس التمدُّد أو الالتواء.

ex·ten·sor [ĭk stĕn′sər] *(n.)* العضلة الباسطة (ت).

ex·tent [ĭk stĕnt′] *(n.)* (١) «أ» وَضْع اليد [على الممتلكات]. «ب» الأمر بوَضْع اليد (ق) (٢) مدًى؛ نطاق (٣) «أ» امتداد. «ب» طول؛ مساحة؛ حجم (٤) المُنْبَسَط: رقعة مُمتدَّة أو مترامية الأطراف.

ex·ten·u·ate [ĭk stĕn′yōō āt′] *(vt.)* (١) «أ» يلطِّف: يصور بطريقة تهدف إلى التقليل من خطورة شيء <to ~ a crime>. «ب» يخفف: يساعد على التلطيف من خطورة جريمة <*extenuating* circumstances> (٢) «أ» يُهزل [الجسمَ إلخ]. «ب» يُوهِن؛ يُضْعِف.

ex·ten·u·at·ing *(adj.)* مخفِّف؛ مُلطِّف <~ circumstances>.

ex·ten·u·a·tion *(n.)* (١) تلطيف. وبخاصة: تبرير جزئيّ (٢) مبرِّر جزئيّ.

ex·te·ri·or [ĭk stēr′ĭ-] *(adj.; n.)* (١) خارجيّ § (٢) الخارج: جزء أو سطح خارجي (٣) مَظْهر خارجي <a friendly ~> (٤) مَشْهَد خارجيّ

[يُصَوَّر للسينما أو التلفزيون].

exterior angle *(n.)* الزاوية الخارجيّة (ر).

ex·te·ri·or·i·ty [ĭk stēr'ĭ ôr'-] *(n.)* الخارجانيّة: كونُ الشيء خارجيًّا.

ex·te·ri·or·ize *(vt.)* = externalize.

ex·ter·mi·nate [ĭk stûr'mə nāt'] *(vt.)* يُفني؛ يُبيد.

ex·ter·mi·na·tion [-nā'-] *(n.)* إفناء؛ إبادة. **– to·ry** *(adj.)*

ex·ter·mine [ĭk stûr'mĭn] *(vt.)* = exterminate.

ex·tern *also* **ex·terne** [ĕk'stûrn] *(n.)* الرِّدْء: شخص يعمل في مؤسسة ولكنه لا يبيت أو لا يتناول طعامه فيها. وبخاصة: طبيب، أو طالب طبّ، غير مقيم في المستشفى.

ex·ter·nal [ĭk stûr'nəl] *(adj.; n.)* (١) خارجيّ (٢) سطحيّ؛ ظاهريّ <~ acts of worship> (٣) عَرَضيّ؛ غير جوهريّ <~ circumstances> (٤) خارجيّ: مُعَدّ للاستعمال على ظاهر الجسد <an ~ lotion> § (٥) سطحٌ إلخ خارجيّ (٦) *pl.* عد: مَظْهرٌ خارجي <judge people by ~*s*>.

external–combustion engine *(n.)* المحرِّك الخارجيّ الاحتراق.

external ear *(n.)* الأُذُن الخارجية: الجزء الخارجي من الأُذن.

ex·ter·nal·ism *(n.)* (١) الخارجانية؛ الظّاهرانية: كون الشيء خارجيًا أو ظاهريًا (٢) المَظاهرية: الإفراط في التعلُّق بالمظاهر الخارجية.

ex·ter·nal·i·ty *(n.)* (١) الخارجانيّة: كون الشيء خارجيًا. وبخاصة: الموضوعيّة <the ~ of some writers> (٢) شيء أو مظهرٌ خارجيّ.

ex·ter·nal·i·za·tion [-zā'shən] *(n.)* (١) تجسيد (٢) تبرير.

ex·ter·nal·ize *(vt.)* (١) يُجسِّد <Language ~*s* thought.> (٢) يبرِّر: يخترع تفسيرًا يبرّر به إخفاقًا إلخ [بأن ينسبه إلى عوامل خارجيةٍ عن الذات] (٣) يُمَظْهِر: يعتبر [الدِّينَ إلخ] مجرَّدَ مظاهر خارجية.

ex·ter·o·cep·tive [-sĕp'-] *(adj.)* استنباهيّ خارجيّ: متعلّق بالمستنبَهات الخارجية أو بالمنبِّهات المؤثِّرة فيها أو بمفاعيلها العصبية.

ex·ter·o·cep·tor [-sĕp'-] *(n.)* المُسْتَنْبَه الخارجيّ: عضو من أعضاء الحسّ [كالأنف أو العين أو الجلد] يتأثّر بمنبِّهات ناشئة خارج الجسد.

ex·ter·ri·to·ri·al [ĕks'tĕr ə tōr'-] *(adj.)* = extraterritorial.

ex·tinct [ĭk stĭngkt'] *(adj.)* (١) هامد؛ مُنطفِئ <an ~ volcano> (٢) مُنقرِض <an ~ species> (٣) لاغٍ؛ مُنْدَرِس؛ بائد <an ~ institution> (٤) مُهْمَل؛ مهجور <an ~ custom>.

ex·tinc·tion *(n.)* (١) مص extinguish (٢) انطفاء؛ انقراض؛ اندراس.

ex·tinc·tive [-tĭv] *(adj.)* مطفِئ؛ مُخْمِد؛ مُبطِل إلخ.

ex·tin·guish [ĭk stĭng'gwĭsh] *(vt.)* (١) «أ» يُطفِئ؛ يُخمِد. «ب» يُحطِّم؛ يَقضي على <to ~ a hope *or* a life>. «ج» يُسْكِت؛ يُفحِم. «د» يُكْسِف نورَه (٢) يُبْطِل <to ~ a claim> (٣) يسدِّد <to ~ a debt>.

ex·tin·guish·er *(n.)* (١) المُطفِئ؛ المُخمِد (٢) مُطفِئة الحريق أو الشموع.

ex·tir·pate [ĕk'stər pāt'] *(vt.)* (١) يقتلع؛ يَجْتَثّ (٢) يمحو؛ يُزيل (٣) يستأصل (جر).

ex·tir·pa·tion *(n.)* (١) اقتلاع (٢) مَحْو؛ إزالة (٣) استئصال.

ex·tol *also* **extoll** [ĭk stōl'] *(vt.)* يُمجِّد؛ يُعظِّم؛ يُطري.

ex·tor·sion [-'shən] *(n.)* التَّمَحْوُر: دوران خارجيّ حول مِحْوَر.

ex·tort [ĭk stôrt'] *(vt.)* يبتزّ؛ يغتصب؛ ينتزع.

ex·tor·tion *(n.)* (١) ابتزاز؛ اغتصاب؛ انتزاع (٢) شيء مُبْتَزّ.

ex·tor·tion·ate [ĭk stôr'shə nĭt] *(adj.)* (١) ابتزازيّ (٢) باهظ <~ prices> (٣) ميّال إلى الابتزاز <an ~ usurer>.

ex·tra [ĕk'strə] *(adj.; n.; adv.)* (١) «أ» إضافي <~ work>. «ب» خاضع لرسم إضافي <Room service is ~.> (٢) ممتاز <~ quality> § (٣) شيء إضافيّ؛ مثل: «أ» رسم أو ثمن إضافي. «ب» طبعة خاصة من جريدة. «ج» مستخدم إضافي وبخاصة: شخص يُستأجر للتمثيل في مشهد جماعي بفيلم أو مسرحية (٤) شيء ممتاز § (٥) على نحوٍ إضافيّ؛ إلى حدّ بعيد.

extra- بادئة معناها: خارج؛ وراء <*extra*curricular>.

ex·tra·cel·lu·lar *(adj.)* خارجَ الخلية <~ enzymes>.

ex·tract [*v.* ĭk străkt'; *n.* ĕk'-] *(vt.; n.)* (١) يقتلع؛ يقلع [ضِرسًا] (٢) ينتزع [اعترافًا] (٣) يستخلص؛ يستقطر (ك) (٤) يستخرج المعدن من أحد خاماتِهِ (ك) (٥) يستخرج الجذرَ (ر) (٦) يقتطف؛ يقتبس [كلامًا من كتاب] § (٧) المقتطَف؛ المقتبَس؛ الفِضْلة (٨) عُصارة؛ خُلاصة. **— ex·trac·tive** *(adj.)*

ex·trac·tion [ĭk străk'-] *(n.)* (١) اقتلاع؛ استخلاص؛ استخراج؛ اقتباس (٢) أصل؛ نَسَب <~ of German> (٣) عصارة؛ خُلاصة.

ex·tra·cur·ric·u·lar [-kə rĭk'-] *(adj.)* (١) لامنهاجيّ؛ لاصفّيّ: صفة لكل نشاط يقوم به الطلاب خارج حجرات الدرس ويشكّل جزءًا من حياتهم الطلّابية (٢) لاروتينيّ: خارج نطاق واجبات المرء النظامية أو روتين عمله.

ex·tra·dit·a·ble [ĕk'strə dīt'-] *(adj.)* (١) عُرْضَةٌ للاسترداد <an ~ criminal> (٢) مُعَرِّض للاسترداد <an ~ offense>.

ex·tra·dite [-dīt] *(vt.)* (١) يَرُدّ: يُسَلِّم مُجْرِمًا [أو لاجئًا] إلى حكومته (٢) يستردّ: يتسلَّم بالاسترداد (را. المادة التالية).

ex·tra·di·tion [ĕk'strə dĭsh'ən] *(n.)* الاسترداد: تسليم إحدى الدول شخصًا إلى دولة أخرى بموجب معاهدة (ق).

extrados

ex·tra·dos *(n.)* المنحَنَى الخارجيّ للعَقْد (عم).

ex·tra·he·pat·ic *(adj.)* وراء كبِديّ؛ خارجَ الكَبِد.

ex·tra·ju·di·cial [-jōō dĭsh'əl] *(adj.)* (١) وراء قضائيّ: خارجَ نطاق القضاء (٢) متعارض مع الإجراءات القانونية <an ~ execution>.

ex·tra·le·gal [-lē'gəl] *(adj.)* غير قانونيّ.

ex·tra·mar·i·tal [-măr'ə təl] *(adj.)* زِناويّ؛ خارجَ الزواج.

ex·tra·mun·dane [-'dān] *(adj.)* ما ورائيّ: خاصّ بما وراء العالم الماديّ.

ex·tra·mur·al [-myŏŏr'-] *(adj.)* خارج أسوار مدينة أو جامعة إلخ.

ex·tra·ne·ous [ĭk strā'-] *(adj.)* (١) غريب؛ دخيل؛ خارجيّ (٢) عَرَضيّ؛ غير جوهريّ (٣) مُتفرِّق: يُعْوِزُهُ الترابط <~ events>.

ex·traor·di·nar·y [ĭk strôr'-; ĕks'trə ôr'-] *(adj.)* (١) استثنائيّ

(٢) رائع (٣) فوق العادة: مُكلَّف بمهمة خاصّة <an ambassador ~> .

ex·trap·o·late [ĕks'trə pə lāt'] *(vt.; i.)* (١) يستوفي (ر) (٢) يَبْسُط؛ يقدِّر استقرائيًّا: يستنتج من سلسلة من الملاحظات أحوالًا أو تطوّرات محتملة الوقوع ولكنها غيرُ ملاحَظة (٣) يقدِّر <to ~ public sentiment> .

ex·tra·sen·so·ry *(adj.)* وراء حِسّيّ: خارج عن نطاق الحواسّ العادية.

extrasensory perception (ESP) *(n.)* الإدراك وراء الحسّيّ.

ex·tra·sys·to·le [-sĭs'tə lē] *(n.)* طليعة الانقباض [في القلب] (ط).

ex·tra·ter·res·tri·al *(adj.)* وراء أرضيّ؛ خارجَ الأرض <~ life> .

ex·tra·ter·ri·to·ri·al *(adj.)* وراء إقليميّ: «أ» واقع خارج الحدود الإقليمية. «ب» خارج عن سلطة القانون المحلّي [كوضع السفراء إلخ].

ex·tra·u·ter·ine [-yo͞o'tər ĭn] *(adj.)* واقعٌ أو حادثٌ خارجَ الرَّحِم.

ex·trav·a·gance [ĭk străv'ə gəns] *or* **ex·trav·a·gan·cy** *(n.)* (١) تبذير (٢) تهوُّر؛ غُلُوّ (٣) إسراف؛ إفراط إلخ.

ex·trav·a·gant [-gənt] *(adj.)* (١) متطرِّف؛ متهور <~ claims; ~ behavior> (٢) مُحكَم [أو متقن أو نابض بالحياة] إلى حد بعيد <~ dialogue> (٣) مُسْرِف؛ مُفرط <~ enthusiasm> (٤) مبذِّر <~ in everything she bought> (٥) باهظ <~ prices> .

ex·trav·a·gan·za [-ə găn'zə] *(n.)* (١) الغُلْواء: «أ» أثرٌ أدبيّ أو موسيقيّ يتميز بالإسراف في الخروج عن المألوف من حيث البِنية والأسلوب. «ب» شيء استثنائيّ إلى حدٍّ بعيد (٢) فَوْرة؛ دَفْق؛ سَيْلٌ <another ~ of fun> .

ex·trav·a·sate [-'ə sāt'] *(vt.; i.; n.)* (١) يُرْشِح: يجعل الدَّم يرتشح من أوعيته الطبيعية إلى الأنسجة المجاورة (ط) **x** (٢) يرتشح؛ يَنْضَح: يتسرَّب من أوعيته الطبيعية إلى الأنسجة المجاورة (٣) يَنْدَفق؛ يندفع [كحمَم البراكين إلخ] § (٤) سائل مُرتشِح أو مُندفق.

ex·trav·a·sa·tion *(n.)* الارتشاح؛ التَّنضاح؛ الاندفاق إلخ.

ex·tra·vas·cu·lar *(adj.)* واقعٌ خارجَ الأوعية <~ tissue fluids> .

ex·tra·ver·sion; ex·tra·vert *(n.)* = extroversion; extrovert.

ex·treme [ĭk strēm'] *(adj.; n.)* (١) «أ» شديد؛ بالغٌ؛ مُفرِط. «ب» صارم <~ measures> . «ج» متطرِّف (٢) نهائيّ (ا.ق) (٣) أقصى؛ أبعد § (٤) نهاية؛ طَرَف (٥) طَرَف التناسُب (ر) (٦) «أ» درجة قُصوى. «ب» إفراط. «ج» حدّ أقصى (٧) إجراء متطرِّف.

extreme and mean ratio القِسمة ذات الوسط والطَّرفين (ر).

ex·treme·ly [-'lĭ] *(adv.)* جدًّا؛ بإفراط؛ إلى أبعد حدّ.

extremely high frequency *(n.)* التردّد البالغ العُلوّ (رد).

extremely low frequency *(n.)* التردُّد البالغ الانخفاض (رد).

extreme penalty *(n.)* العقوبة القصوى. وبخاصة: عقوبة الإعدام.

extreme unction *(n.)* المَسْح الأخير: مَسْحُ المحتضَر بالزيت المقدَّس.

ex·trem·ism [ĭk strē-] *(n.)* التَّطرُّفيّة؛ النَّزعة إلى التَّطرُّف.

ex·trem·ist *(n.; adj.)* (١) المتطرِّف § (٢) «أ» متطرِّف. «ب» تطرُّفيّ.

ex·trem·i·ty [ĭk strĕm'-] *(n.)* (١) «أ» طَرَف. «ب» يَد؛ قَدَم (٢) ضَرَّاء؛ شِدّة؛ خطرٌ عظيم <People on a sinking ship are in ~.> (٣) أقصى الدرجات <the ~ of joy> (٤) عملٌ يائس؛ إجراء قاسٍ جدًّا.

ex·tre·mum [-'məm] *(n.)* pl. **-ma** القيمة القُصوى (ر).

ex·tri·cate [ĕks'trə kāt'] *(vt.)* (١) يميِّز؛ يفرِّق (٢) يُنقِذ؛ يُخلِّص <~*d* him from danger> (٣) يُحرِّر [غازًا إلخ].

ex·trin·sic [-'sĭk] *(adj.)* (١) عَرَضيّ؛ غير جوهريّ (٢) خارجيّ.

extro- بادئة معناها: خارجيّ <*extro*vert> .

ex·trorse [ĕks trôrs'] *(adj.)* خارجيّ الاتجاه <~ anthers> .

ex·tro·ver·sion [ĕks'trō vûr'zhən] *(n.)* الانبساط: اتجاه اهتمامات المرء إلى كل ما هو خارجٌ عن الذّات (نف).

ex·tro·vert [-trō vûrt] *(n.; adj.)* (١) المنبسِط: شخص تتجه اهتماماتُه إلى كلّ ما هو خارجٌ عن الذّات (نف) § (٢) انبساطيّ (نف).

ex·tro·vert·ed [-vûr'tĭd] *(adj.)* = extrovert.

ex·trude [ĭk stro͞od'] *(vt.; i.)* (١) «أ» يَبْثُق؛ يَنْبُط؛ يَقْذِف. «ب» يَطرُد؛ يَلْفِظ؛ يَنْبِذ (٢) يَبْثُق: يعطي المعادن أو اللدائن شكلًا معيّنًا بإمرارها في قالب تشكيل **x** (٣) يَنبثِق (٤) يَنْتَأ.

ex·tru·sion [ĭk stro͞o'zhən] *(n.)* (١) بَثْق؛ نَبط؛ قَذْف (٢) انبثاق (٣) البَثْق: كلُّ ما يُشكَّل بالبَثْق.

ex·tru·sive *(adj.)* (١) مُنبثِق؛ ناتئ (٢) نابط: مُشكَّل بتَبَلْوُر الحِمَم فوق سطح الأرض <~ rocks> .

ex·u·ber·ance [ĭg zo͞o'bər əns] *(n.)* (١) امتلاء بالحيوية أو الحماسة أو المَرَح (٢) ضخامة (٣) وَفْرة؛ غَزارة.

ex·u·ber·ant [-ənt] *(adj.)* (١) مليء بالحيوية أو الحماسة أو المرح <an ~ personality> (٢) ضخم (٣) غزير؛ وافر؛ فيّاض.

ex·u·ber·ate [-'bə rāt'] *(vi.)* (١) يفيض بِـ (٢) يمتلئ حيويةً أو مَرَحًا.

ex·u·date [ĕks'yo͞o dāt] *(n.)* النُّضاحة: كل مادة تُنْضَح أو تُفْرَز.

ex·u·da·tion [ĕks'yo͞o dā'-] *(n.)* نَضْح؛ تفصُّد؛ تحلُّب؛ نَزّ.

ex·ude [ĭg zo͞od'] *(vi.; t.)* (١) يَنْضَح؛ يَتَفَصَّد؛ يَتحلَّب؛ يَنِزّ <Sweat ~s through the pores.> **x** (٢) يُفْرِز <to ~ sweat> (٣) يُطلِق؛ ينشر في كل اتجاه <~*d* a delicious aroma> (٤) يَنفُث [رائحة].

ex·ult [ĭg zŭlt'] *(vi.)* يَجْذَل؛ يتهلَّل؛ يبتهج ابتهاجًا شديدًا.

ex·ul·tance *or* **ex·ul·tan·cy** [ĭg zŭl'-] *(n.)* = exultation.

ex·ul·tant [-'tənt] *(adj.)* جَذِل؛ مُتهلِّل؛ مُبتهج.

ex·ul·ta·tion [ĕg'zŭl tā'-] *(n.)* جَذَلٌ؛ تَهَلُّل؛ ابتهاج [بالنصر إلخ].

ex·urb [ĕk'sərb; ĕg'-] *(n.)* الضاحية الخارجية: منطقة سَكَنيّة شبه ريفيّة تقع وراء ضواحي المدينة وتقطنها الأُسَر الموسِرة.

ex·ur·ban·ite [ĕks ûr'bə nīt'] *(n.)* ساكن الضاحية الخارجية.

ex·ur·bi·a [ĕks ûr'bĭ ə] *(n.)* = exurb.

ex·u·vi·ae [ĭg zoo͞′vĭ ē′; ĭk soo͞′-] *(n. pl.)* السُّلاخة؛ السِّلْخ: جلدُ الحيّة وغيرها المنسلِخ عن جسدها.

ex·u·vi·ate [ĭg zoo͞′vĭ āt′] *(vt.; i.)* = molt.

ex·u·vi·a·tion [ĭg zoo͞′vĭ ā′shən] *(n.)* الاطّراح: طَرْحُ الحيّةِ جلدها أو طَرْحُ الطائرِ ريشَهُ.

ex–vo·to [-vō′tō] *(n.; adj.)* (١) تَقْدِمة [يُوفى بها نَذْر] § (٢) نَذْريّ.

-ey = -y[1].

ey·as [ī′əs] *(n.)* الفَرْخ: صغير الطائر.

eye [ī] *(n.; vt.)* (١) «أ» عين. «ب» بَصَر. «ج» نفاذ نَظَرٍ؛ حُسْن تمييز <an ~ for beauty>. «د» نظرة. «هـ» انتباه. «و» مراقَبة (٢) العين: شيء كالعين؛ مثل: «أ» ثقب الإبرة. «ب» بقعة مستديرة على ذيل طاووس. «ج» عُروة. «د» منطقة كالثقب في جوف إعصار [تتميز بسكينة كاملة أو ريح خفيفة]. «هـ» وَسَطُ الزهرة أو قرصها (٣) مركز (٤) مَهَبّ الريح (٥) بوليس سري (ع) § (٦) «أ» يُحدِّق إلى. «ب» يراقب بدِقة (٧) يجعل [للإبرة] ثقبًا.

~ for an ~, عينٌ بعين؛ انتقام عادل.
~ of day الشمس.
if you had half an ~, إذا لم تكن أعمى أو أبلَه.
in the ~ of law في نظر القانون.
in the wind's ~, في وجه الريح.
Mind your ~! انتبه؛ احذرْ.
my ~! يا عيني! يا سلام! الله الله!
to give the glad ~, يرنو بعين الغرام (ع).
to have an ~ to يلتفت إلى؛ يعتبر [شيئًا] همّهُ الأول.
to keep an ~ on يراقب بعناية.
to open one's ~*s* يصاب بدَهَش شديد.
to pipe the ~, يبكي (ع).
to run one's ~*s* over *or* through يُلقي نظرة عجلى على.
to see ~ to ~, يتفق [في وجهة النظر] اتفاقًا تامًا مع ...
to see something with half an ~, يراه بسهولة أو بنظرة عجلى [لشدّة وضوحه].
to set *or* lay *or* clap ~*s* on يرى.
with an ~ to تطلّعًا إلى؛ أملًا في؛ بغيةَ كذا.

eye·ball[1] [ī′bôl′] *(n.)* (١) المُقْلة: كُرَة العين (٢) العَيْن.

eye·ball[2] *(vt.)* يحدِّق؛ يُمْعِن النظر إلى <He was ~*ing* me.>.

eyeball–to–eyeball *(adv.; adj.)* وجهًا لوجه.

eye bank *(n.)* بنك العيون (ط).

eye bath *(n.)* = eyecup.

eye·bolt [ī′bōlt′] *(n.)* المِسمار العُرْويّ: مسمار رأسُهُ كالعُروة.

eyebolt

eye·brow [ī′brou′] *(n.)* (١) حاجب العين (٢) شَعر الحاجب.

eye–catch·er *(n.)* اللافت: شيء يلفت النظرَ بشدّة.

eye–catch·ing *(adj.)* لافت؛ لافتٌ للنظر.

eye·cup [ī′kŭp′] *(n.)* كأس العين: كأس صغيرة لغسل العين.

eyed [īd] *(adj.)* ذو عين [من نوع معيَّن] <blue-*eyed*>.

eye·drop [ī′drŏp] *(n.)* دمعة [في لغة الشِّعر].

eye·drop·per [ī′drŏp′ər] *(n.)* قَطّارة [للعين].

eye·ful *(n.)* (١) ملء عينٍ <an ~ of dust> (٢) نظرة كاملة (٣) مَشْهد جميل. وبخاصة: امرأة فاتنة.

eye·glass *(n.)* (١) «أ» العَيْنيّة: عدسة المجهر. «ب» المونوكل: نظّارة أُحادية الزجاجة أو العدسة. «ج» *pl.*: النظّارة؛ النظّارتان (٢) eyecup.

eye ground *(n.)* قاع العين؛ قعر العين (ت).

eye·hole [ī′hōl′] *(n.)* (١) مَحْجِر [العين]؛ الحَجاج (ت) (٢) الوَصْواص: ثقبٌ في السّتارة إلخ يُنظَر منه (٣) ثقب [لإدخال مسمار إلخ].

eye·lash [ī′lăsh] *(n.)* (١) *pl.* عد: أهداب الجفن (٢) هُدب.

eye·less *(adj.)* (١) بلا ثقب <an ~ needle> (٢) ضرير.

eye·let [ī′lət] *(n.; vt.)* (١) العُيَيْنَة: «أ» ثقب صغير في طرف ثوب أو حذاء يُدخل فيه الشريط. «ب» عُيَيْنة للزينة [كما في التطريز] (٢) حلقةٌ معدنية لتقوية العُيَيْنة (٣) eyehole 2 (٤) عين صغيرة § (٥) يزوِّد بعُيَيْنة.

eye·lid [ī′lĭd] *(n.)* الجَفْن (ت).

eye·lin·er *(n.)* مخطِّط العين: مستحضَر تجميليّ لمحيط العين.

eye–open·er *(n.)* (١) مُفتِّح العيون: «أ» شراب مسكر يؤخذ صباحًا لطرد النُّعاس من العيون. «ب» حَدَثٌ مثيرٌ؛ نبأ مُذْهِل (٢) شيء أو شخص بارع الجمال <She was a real ~.>.

eye·piece [ī′pēs′] *(n.)* العيْنيّة؛ عدسة المِجْهَر (بص).

eye·pop·per [ī′pŏp′ər] *(n.)* شيء مثير أو مُدهش.

eye shadow *(n.)* ظِلّ العين: مُستحضَر تجميليّ لظاهر الجفن.

eye·shot [ī′shŏt′] *(n.)* مَرْمَى النَّظَر أو مداه <within ~>.

eye·sight [ī′sīt′] *(n.)* (١) بَصَر (٢) إبصار (٣) مدى البصر.

eye socket *(n.)* مَحْجِر [العين]؛ الحَجاج (ت).

eye·some [ī′səm] *(adj.)* جميل؛ فاتن؛ ساحر (ا. ق).

eye·sore [ī′sōr′] *(n.)* شيء قبيح [تُزعج العينَ رؤيتُهُ].

eye·spot [ī′spŏt′] *(n.)* (١) الزِّنْم: عضوٌ بدائيّ للبصر عند الحيوانات الدنيا (٢) العُيَيْنَة: عين ذيل الطاووس أو نحوُها.

eye·strain [ī′strān′] *(n.)* حُسور العين؛ إجهاد العين (ط).

eye·tooth [ī′tooth′] *(n.)* الناب العَيْنيّ: ناب في الفكّ الأعلى.

eye·wash [ī′-] *(n.)* (١) غِسْل العَيْن: محلولٌ يُتّخذ غَسولًا للعين (٢) «أ» تضليل؛ خداع؛ دَجَل. «ب» تملُّق؛ تزلُّف (٣) هُراء؛ كلام فارغ.

eye·wink *(n.)* (١) غَمْزة [بالعين]؛ طَرْفة عَيْن (٢) لحظة (٣) نَظْرة.

eye·wit·ness *(n.; vt.)* (١) المُشاهِد؛ شاهِد العِيان § (٢) يَشْهد بأمِّ العين.

eyre [âr] *(n.)* (١) جولة [في منطقة] (٢) الجولة القضائية: جولة كان يقوم بها القضاة الإنكليز للحكم بين الناس في أقاليم مختلفة من البلاد (٣) المحكمة الجوّالة: محكمة متجولة على هذا النحو.

ey·rir [ā′rēr′] *(n.)* pl. **au·rar** الآيرير: عملة إيسلندية صغيرة.

ey·ry; ey·rie [âr′ĭ; ēr′ĭ] *(n.)* = aerie.

f [ĕf] *(n. often cap.)* (١) الحرف السادس من الأبجدية الإنكليزية (٢) شيء مُعتبرٌ سادسًا من حيث الترتيب أو الطبقة (٣) «أ» درجة أو علامة مدرسية تُشْعِر بأن الطالب راسب في مادة ما. «ب» طالب يعطى هذه الدرجة (٤) شيء على صورة حرف **F**.

fa [fä] *(n.)* فا: المقام الرابع من السُّلَّم الموسيقي.

fa·ba·ceous [fə bā′shəs] *(adj.)* بَقْليّ؛ قَرْنيّ: من الفصيلة البَقْلية أو القَرْنية التي تشمل الفول والحمّص إلخ (نب).

Fa·bi·an [fā′bĭ ən] *(adj.; n.)* (١) فابيّ: «أ» حذِر؛ متأنٍّ؛ متجنّب الاشتباكَ في معركة. «ب» ذو علاقة بالجمعية الفابيّة، وهي جمعية إنكليزية [أُنشئت عام ١٨٨٤] سعى أعضاؤها إلى نشر الاشتراكية سلميًّا § (٢) الفابيّ: عضو في الجمعية الفابيّة.

fa·ble [fā′bəl] *(n.; vt.; i.)* (١) «أ» خُرافة. «ب» حكاية رمزية؛ مَثَل. «ج» كذِب؛ بهتان § (٢) يُلفِّق؛ يَختلِق **x** (٣) يُخرِّف: يروي الخرافات.

fa·bled [fā′bəld] *(adj.)* (١) خُرافيّ؛ أسطوريّ (٢) مُخرَّف: مَرْويّ في خرافة على لسان الحيوان (٣) مشهور.

fab·ric [făb′rĭk] *(n.)* (١) «أ» مَبْنًى. «ب» بِنية <the ~ of society> (٢) بناء. وبخاصة: تشييد الكنائس (٣) «أ» طراز البناء. «ب» نسيج القماش أو نوعيَّتُهُ (٤) قُماش؛ نسيج.

fab·ri·cant [făb′rə kənt] *(n.)* الصانع؛ صاحب المصنع.

fab·ri·cate [-kāt′] *(vt.)* (١) ينشئ؛ يصنع؛ يركِّب (٢) يخترع؛ يبتدع (٣) يُلفِّق؛ يختلق.
— **fab·ri·ca·tion** *(n.)*

fab·ri·ca·tor [-kā′tər] *(n.)* (١) المنشئ؛ الصانع (٢) المُلفِّق؛ المُختلِق.

fab·u·list [făb′yə lĭst] *(n.)* (١) المخرِّف: واضع الخرافات على ألسنة الحيوانات (٢) الكذّاب.

fab·u·lous [-ləs] *(adj.)* (١) خُرافيّ (٢) غير قابل للتصديق (٣) رائع.

fa·cade *also* **fa·çade** [fə säd′] *(n.)* (١) واجهة المبنى (٢) مظهر كاذب.

face [fās] *(n.; vt.; i.)* (١) وجه (٢) «أ» سيماء الوجه. «ب» تعبير وجهيّ يدلّ على السخرية أو الاشمئزاز إلخ <to make ~s> (٣) «أ» مظهر خارجيّ. «ب» تظاهرٌ بِـ. «ج» ثقة. «د» جرأة؛ قِحة. «هـ» كرامة؛ اعتبار <to save one's ~> (٤) «أ» سطح. «ب» واجهة مبنًى. «ج» سطح الحرف المطبعي أو نوعُهُ (٥) نهاية نفق المنجم إلخ أو جدارُهُ (٦) شخص؛ وجه <new ~s> § (٧) يُواجه بجرأة أو عزم (٨) «أ» يُوَشِّح: يُغطِّي حاشيةَ شيء بمادة مختلفة. «ب» يُلبِّس: يكسو واجهة المبنى بالرُّخام إلخ (٩) يُواجه؛ يُقابل <She stood *facing* the window.> (١٠) يوجِّه: يقلب ورقة اللعب بحيث يبدو وجهها (١١) يُشذِّب: يسطِّح وجه الحجر أو يجعله أملس (١٢) يوجِّه: يطلب إلى الجنود أن يتّجهوا يمينًا أو شمالًا **x** (١٣) يتّجه <The house ~*d* south.> (١٤) يدير وجهه <quickly ~*d* to her left>.

~ to ~, وجهًا لوجه.
in the ~ of تجاه؛ إزاءَ؛ على الرغم من.
on the ~ of it تَبَعًا للظواهر؛ بحسب الظواهر.
to ~ down يواجه بجسارة.
to ~ out يقاوم بجرأة؛ يأبى الاستسلام.
to ~ up to يواجه ببسالة.
to one's ~, في وجهه أو حضوره.
to pull *or* make a long ~, يبدو مكتئبًا أو غير موافق.
to put a new ~ on يغيِّر وجه كذا؛ يجعله يبدو على نحوٍ مختلفٍ جدًا.
to show one's ~, يظهر؛ يبرز.

face card *(n.)* ملك أو ملكة أو ولد [في ورق اللعب].

face·down [fās′doun′] *(adv.)* على وجهه؛ مُكِبًّا على وجهه.

face–har·den *(vt.)* يُصَلِّد السطح. وبخاصة: سطح الفولاذ.

face–lift·ing [fās′lĭf′tĭng] *(n.)* (١) شَدُّ الوجه [جراحيًا] (٢) التَّحديث: تعديل يُراد به إظهار شيء بمظهر عصري.

face–off [fās′ôf′] *(n.)* مجابهة؛ مواجهة.

face·plate [fās′plāt′] *(n.)* الصّينيّة؛ صينية المِخْرطة (مك).

fac·er [fā′sər] *(n.)* (١) صدمة قاسية (٢) صَفْعة (٣) أداة صَقْل.

face–sav·ing [fās′sā-] *(adj.)* صائنٌ للكرامة؛ حافظٌ لماء الوجه.

fac·et [făs′ĭt] *(n.)* (١) السُّطَيْح؛ الوُجَيْه: سطح صغير كسطح الجوهرة إلخ (٢) مَظْهر؛ وجه (٣) السُّطَيْح: «أ» إحدى العدسات القَرنية في عين الحيوان المَفْصِليّ المركَّبة (ح). «ب» نتوء مسطَّح بين اثنين من حزوز العمود (عم).

fa·ce·ti·ae [fə sē′shĭ ē′] *(n. pl.)* طرائف؛ فكاهات.

fa·ce·tious [fə sē′shəs] *(adj.)* (١) فكِه؛ مَزُوح <~ persons> (٢) طريف؛ ظريف <a ~ remark>.

face value *(n.)* (١) القيمة الاسميّة [للطابع أو السَّند إلخ] (٢) القيمة

ă at; **ā** date; **â** care; **ä** car; **ĕ** egg; **ē** me; **ĭ** in; **ī** bite; **ŏ** lot; **ō** bone; **ô** orphan; **oi** boil; **o͝o** good; **o͞o** boot; **ou** out; **ŭ** under; **û** urgent; **ə** = *a* in alone, *e* in system, *i* in easily, *o* in gallop, *u* in circus.

الظاهريّة؛ المعنى الظاهريّ <Do not accept promises at ~.> .

fa·cial [fā'shəl] *(adj.; n.)* (١) وَجهيّ <~ expression> (٢) مجمِّل للوجه <~ cream> § (٣) تدليكٌ إلخ للوجه.

facial index *(n.)* الدليل الوجهيّ: نسبة عرض الوجه إلى طوله مضروبةً بمئة.

-facient لاحقة معناها: مُحْدِث؛ مسبِّب <somni*facient*>.

fa·ci·es [fā'shĭ ēz'] *(n.)* سَحْنة؛ سيماء؛ هيئة.

fac·ile [făs'ĭl] *(adj.)* (١) هَيِّن (٢) سَطحيّ (٣) طَيِّع؛ سهل القِياد (٤) وديع (٥) رشيق؛ بارع (٦) فصيح (٧) واثق من نفسه.

fa·cil·i·tate [fə sĭl'ə tāt'] *(vt.)* يُسَهِّل؛ يُيَسِّر.

fa·cil·i·ta·tion [fə sĭl'ə tā'shən] *(n.)* تسهيل؛ تيسير.

fa·cil·i·ty [-'ə tĭ] *(n.)* (١) سهولة (٢) طَواعِية (٣) وداعة (٤) براعة (٥) تسهيل؛ تسهيلات <*facilities* for graduate study> (٦) وسيلة [نقل إلخ].

fac·ing [fā'sĭng] *(n.)* (١) «أ» التخريج: مادة تُخاط على حاشية ثوب للزينة أو الوقاية. «ب» *pl.* قَبّة البذلة العسكرية وأردنها (٢) طِلاء؛ تلبيس؛ ظِهارة (٣) دوران؛ تبديل الاتجاه (جن).

fac·sim·i·le [făk sĭm'ə lĭ; -lē] *(n.; vt.)* (١) الفاكس: «أ» صورة طِبق الأصل. «ب» إرسال المواد المطبوعة أو الصّور السّاكنة سلكيًا أو بالراديو. «ج» الفاكس (را. fax) § (٢) يُفَكِّس: يستخرج صورةً طبقَ الأصل.

facsimile 1c.

fact [făkt] *(n.)* (١) صنيع؛ عمل. وبخاصة: جريمة (٢) الواقع <in ~> (٣) «أ» واقعة. «ب» حادِثة. «ج» حقيقة.

as a matter of ~, في الواقع.

in ~; in point of ~, في الواقع.

fact-finding *(n.)* تَقَصّي الوقائع؛ تَقَصّي الحقائق.

fac·tion [făk'shən] *(n.)* (١) حِزب؛ طائفة؛ عُصبة؛ زُمرة؛ فِرقة؛ جناح (٢) شِقاق أو نزاع حزبيّ.

fac·tion·al [făk'shən əl] *(adj.)* حزبيّ؛ طائفيّ؛ عُصْبَوِيّ.

fac·tion·al·ism [-ĭz əm] *(n.)* (١) حزبية إلخ (٢) شِقاق حزبيّ.

fac·tious [făk'shəs] *(adj.)* (١) حزبيّ (٢) مُشاغِب؛ مُثير للشِّقاق.

fac·ti·tious [făk tĭsh'əs] *(adj.)* (١) صُنعيّ (٢) متكلَّف؛ مُصْطَنَع.

fac·ti·tive [făk'tə tĭv] *(adj.)* مُتَعدٍّ إلى مفعولَين (ل).

-factive لاحقة معناها: مُحدِث؛ مُسبِّب <petri*factive*>.

fac·tor [făk'tər] *(n.; vt.)* (١) وسيط تجاريّ بالعمولة (٢) وكيل تجاريّ (٣) عامل (٤) المُوَرِّثة؛ الجِيْنة (أح) (٥) العامل: المضروب أو المضروب فيه (ر) § (٦) يُحَلِّل إلى عوامل.

fac·tor·age [-ĭj] *(n.)* (١) عُمولة (٢) العِمالة: صناعة الوسيط.

fac·to·ri·al [făk tōr'ĭ əl] *(n.; adj.)* (١) العامليّ (ر) § (٢) عامليّ.

fac·tor·ize [făk'tə rīz'] *(vt.)* يحلِّل إلى عوامل (ر).

fac·to·ry [făk'tə rĭ] *(n.)* (١) محطة تجارية [ببلد أجنبيّ] (٢) مَصْنَع.

fac·to·tum [-tō'-] *(n.)* المُستخدَم الكلّيّ: مُستخدَم يؤدي مختلف المهامّ.

fac·tu·al [făk'chōō əl] *(adj.)* واقعيّ؛ حقيقيّ.

fac·tu·al·ism *(n.)* الوقائعية: التمسُّك بالوقائع أو الاعتماد المفرِط عليها.

fac·ture [făk'chər] *(n.)* (١) صُنْع (٢) طريقة الصنع أو الأداء.

fac·u·la [-'yə lə] *(n.)* pl. **-lae** الصَّيْخَد: بقعة لامعة على سطح الشمس.

fac·ul·ta·tive [făk'əl tā'tĭv] *(adj.)* (١) «أ» تفويضيّ. «ب» اختياريّ (٢) مَلَكيّ: ذو علاقة بمَلَكَة عقلية (٣) مخيَّر: قادر على العيش في ظلّ نوعين أو أكثر من الأحوال البيئية.

fac·ul·ty [făk'əl tĭ] *(n.)* (١) قدرة؛ قوة؛ مثل: «أ» مقدرة شخصية. «ب» استعداد طبيعي. «ج» قوة أو وظيفة جسدية. «د» مَلَكة عقلية (٢) الكليّة: فرع من جامعة <the ~ of medicine> (٣) الجسم: أعضاء مهنة ما <The medical ~ is made up of doctors, surgeons, etc.> (٤) العمدة: هيئة التدريس والإدارة في كلية (٥) سلطة؛ صلاحية.

fad [făd] *(n.)* (١) زِيّ؛ بِدعة؛ موضة؛ وَلَعٌ مهووس يستحوذ على الناس فترة قصيرة <Crossword puzzles were the ~ of the year.> (٢) هواية.

fade [fād] *(vi.; t.; n.; adj.)* (١) يَذْوي؛ يَذْبل (٢) يَبْهَت لونُهُ (٣) يتلاشى؛ يضمحلّ (٤) يخبو: يتضاءل تدريجيًا، صوتًا أو وضوحًا (سن) x (٥) يُذْبِل إلخ § (٦) الخُبُوّ: تضاؤل تدريجي في الصوت أو الصورة عند الانتقال من مشهدٍ إلى آخر في عرض سينمائيّ أو تلفزيونيّ § (٧) مُبْتَذَل؛ تَفِه.

fae·cal [fē'kəl] *(adj.)* = fecal.

fae·ces [fē'sēz] *(n. pl.)* = feces.

fa·er·ie *also* **fa·er·y** [fā'ə rĭ; fâr'ĭ] *(n.)* = fairyland.

fag[1] [făg] *(vi.; t.; n.)* (١) يَكْدح (٢) يُسَخَّر [لخدمة طالب أكبرَ منه سِنًّا] x (٣) يُنهِك § (٤) «أ» المُسَخَّر: تلميذ صغير مكلَّف بخدمة طالب أكبر منه سِنًّا. «ب» الكادح [لقاءَ أجر ضئيل].

fag[2] *(n.)* سيكارة.

fag[3] *(n.)* = faggot.

fag end *(n.)* (١) «أ» هُدْب الثَّوب. «ب» هُدبُ الحَبْل: الطرف غير المجدول منه (٢) بقيّة؛ حُثالة.

fag·got [făg'ət] *(n.)* اللُّوطي؛ مشتهي المماثل.

fag·got·ry [făg'ə trĭ] *(n.)* اللِّواط؛ اشتهاء المُماثل.

fag·ot *or* **fag·got** [făg'ət] *(n.; vt.)* (١) الحُزْمة: «أ» حُزمة عِصِيّ. «ب» حُزمة قضبان حديدية تُعالَج بالتطريق تحت حرارة مرتفعة § (٢) يَحْزِم.

fag·ot·ing *or* **fag·got·ing** *(n.)* التَّحْزيم: ضرب من التطريز يتمّ بسَحْب الخيوط الأفقية من القماش وحَزْم الخيوط العمودية الباقية.

fagoting

Fahr·en·heit [făr'ən hīt'; fär'-] *(adj.)* فارنْهايتيّ: خاصّ بمقياس حرارة تكون نقطة تجمُّد الماء فيه ٣٢ درجة فوق الصفر.

fa·ience [fī äns'] *(n.)* الفيانزيّ: خزف مزخرف إيطالي الأصل.

fail [fāl] *(vi.; t.)* (١) «أ» يَضْعُف؛ يَهِن. «ب» ينقرض. «ج» يتوقَّف عن أداء وظيفته. «د» يَكُفّ؛ ينقطع. «هـ» يَبْهَت: يصبح من العسير أو من المتعذّر تبيُّنُهُ. «و» يَذْوي (٢) «أ» يقصِّر عن إتمام شيء. «ب» يُهمِل أمرًا أو لا يقوم به <~*ed* to call the fire department> «ج» يَشِحّ؛ يتضاءل (٣) «أ» يُخفِق. «ب» يعجز عن (٤) «أ» يُفلِس. «ب» يَسْقط [في امتحان] x (٥) يَخْذُل؛

يتخلّى عن؛ يخون <His friends ~*ed* him.> (٦) يُسْقِط [المُدرِّس طالبًا] في امتحان.

without ~, حتمًا؛ على وجه التأكيد.

fail·ing[1] [fā'lĭng] *(n.)* عَيْب؛ نَقْص؛ نقطة ضَعْف.

fail·ing[2] *(prep.)* في حال عدم حدوث أو وجود كذا <~ payment, we shall sue.>.

fail·ure [fāl'yər] *(n.)* (١) تخلُّف [عن القيام بما هو واجب أو مطلوب] <a ~ to appear> (٢) قُصور <heart ~> (٣) انهيار؛ إجهاد <~ of his bodily vigor> (٤) إفلاس (٥) نَقْص؛ شُحّ؛ نُضوب <~ of supplies> (٦) شخص أو شيء مُخْفِق.

fain [fān] *(adj.; adv.)* (١) مسرور (٢) مُكْرَه § (٣) بسرور.

fai·né·ant [fā'nĭ ənt] *(n.; adj.)* مُتَبَطِّل؛ خامل؛ كَسْلان.

faint [fānt] *(adj.; vi.; n.)* (١) جبان (٢) مُصاب بدُوار (٣) «أ» ضعيف. «ب» متردِّد <a ~ effort> (٤) يُحْدِث شعورًا بالإغماء؛ ثقيل الوطأة <~ atmosphere> (٥) باهت <~ light> § (٦) يُصاب بإغماء (٧) يَبْهت § (٨) إغماء.

faint·heart·ed [fānt'här'tĭd] *(adj.)* جبان؛ خَوّار؛ مخلوع الفؤاد.

fair[1] [fâr] *(adj.; adv.; vi.; t.; n.)* (١) جميل؛ وسيم (٢) مُمَوَّه؛ معسول؛ حَسَن الظاهر <~ words> (٣) «أ» طاهر؛ صافٍ <~ water>. «ب» حَسَن؛ عَطِر <a woman of ~ fame>. «ج» نظيف: خلوٌ من العيوب أو الأخطاء <a ~ copy>. «د» واضح؛ مقروء <~ handwriting> (٤) «أ» صافٍ <~ skies>. «ب» رائق؛ رائع؛ ممتاز <~ weather> (٥) واسع؛ عريض؛ كبير <a ~ estate> (٦) «أ» عادل. «ب» نزيه. «ج» قانونيّ؛ مشروع؛ منسجم مع القواعد المتَّبَعة <a ~ game> (٧) «أ» مُبشِّر بالنجاح <in a ~ way to realize a profit>. «ب» مؤاتٍ: موافق لاتجاه السفينة <a ~ wind> (٨) مُستوٍ <a ~ surface> (٩) كيِّس؛ لطيف؛ مُهَذَّب <~ manners> (١٠) أشقر؛ شقراء <a ~ complexion> (١١) مقبول؛ مناسب؛ متوسّط؛ جيِّد بعضَ الشيء <a ~ income> (١٢) تامّ؛ كُلِّيّ؛ مُطلَق § (١٣) بطريقة قانونيّة <He doesn't play ~.> (١٤) مباشرةً؛ تمامًا <to strike ~ on the chin> (١٥) بوضوح <to copy a letter out ~> (١٦) بكياسة؛ بلطف <to speak a person ~> § (١٧) يصفو الجوّ <It ~*ed* as the night went on.> **x** (١٨) يُسوّي السّطوح: يربط ما بينها على نحوٍ مستوٍ § (١٩) حسناء.

~ and square (١) أمين؛ مستقيم (٢) بأمانة؛ باستقامة.

fair[2] *(n.)* (١) مَعْرِض (٢) سوق خيرية أو موسمية.

fair·ground [fâr'ground'] *(n.)* أرض المعارض [أو الأسواق الموسمية].

fair·ing[1] [fâr'ĭng] *(n.)* (١) هدية (٢) جزاءٌ مُسْتَحَقّ.

fair·ing[2] *(n.)* البِنْية الانسيابية (طي).

fair·ish [fâr'ĭsh] *(adj.)* حسن قليلًا؛ كبير بعض الشيء.

fair·lead [fâr'lēd'] *(n.)* دليلُ الحبال: بكرة أو حَلْقة لإمرار الحبال وتثبيتها (مل).

fairlead

fair·ly *(adv.)* (١) على نحوٍ جميل أو حَسَن إلخ (٢) تمامًا؛ بكل ما في الكلمة من معنًى (٣) «أ» بطريقة شرعية. «ب» بإنصاف (٤) بوضوح (٥) باعتدال؛ بعضَ الشيء؛ إلى حدّ ما.

fair–mind·ed [fâr'mīn'dĭd] *(adj.)* عادل؛ مُنصِف؛ غير متحيِّز.

fair play *(n.)* عَدْل؛ إنصاف.

fair sex *(n.)* الجنس اللطيف: جماعة النساء.

fair–spo·ken [fâr'-] *(adj.)* كَيِّس؛ لطيف؛ مهذَّب.

fair trade *(n.)* الاتجار الأَدْنَويّ: بيع السِّلع وفقًا لاتفاقية السعر الأدنى.

fair·way [fâr'wā'] *(n.)* (١) الطريق المِلاحيّ: الجزء الصالح للملاحة من نهر أو خليج أو مرفأ (٢) ممرّ سالك.

fair–weath·er *(adj.)* (١) سرّائيّ؛ رخائيّ: مخلص في السَّرّاء فقط <~ friends> (٢) صَحْويّ: ملائمٌ لحالات الصَّحو <~ sails>.

fair·y [fâr'ĭ] *(n.; adj.)* (١) جِنّيّ؛ جِنّيّة (٢) لُوطيّ § (٣) جِنّيّ: «أ» خاص بالجنّ. «ب» شبيه بالجنّ.

fair·y·land [-lănd'] *(n.)* (١) عَبْقَر: أرض الجن (٢) موطِنٌ ساحر.

fairy tale *(n.)* (١) حكاية من حكايات الجنّ (٢) حكاية مُلَفَّقة [يُراد بها التضليل].

fairy–tale *(adj.)* جِنّانيّ: مميَّز أو ملائم لحكاية من حكايات الجن. وبخاصة: فائق الرقّة؛ ساحر الجمال.

fait ac·com·pli [fĕ tà kôn plē'] *(n.)* الأمر المَقْضِيّ أو المُنْجَز.

faith [fāth] *(n.)* (١) «أ» إخلاص؛ ولاء. «ب» وفاء بالوعد أو العهد (٢) «أ» إيمان. «ب» ثقة تامة (٣) دِين.

bad ~, سوء نيّة أو قَصْد.

in ~, حقًا؛ في الواقع؛ من غير ريب.

in good ~, بإخلاص؛ بحسن نيّة.

on the ~ of استنادًا إلى.

to keep ~, يفي بوعده أو عهده.

faith·ful [fāth'fəl] *(adj.; n.)* (١) مُخلِص <a ~ friend> (٢) وَفِيّ <~ to his promises> (٣) موثوق (٤) مُلْزِم <a ~ promise> (٥) أمين؛ صحيح؛ مطابق للأصل <a ~ account *or* copy> § (٦) «أ» المؤمن. «ب» جماعة المؤمنين. «ج» تابع أو عضوٌ مخلص <party ~*s*>.

— faith·ful·ness *(n.)*

faith·less [-'ləs] *(adj.)* (١) كافر (٢) خائن (٣) غير جدير بالثقة.

fake[1] [fāk] *(n.; vt.)* (١) الحَلْقة: إحدى حلقات حَبْلٍ مُلتفّ § (٢) يَلُفّ: يَلُفّ الحَبْل أو الكَبْل حَلَقاتٍ.

fake[2] *(adj.; vt.; i.; n.)* (١) زائف؛ كاذب <~ patriotism> § (٢) يُزَيِّف (٣) يُلفِّق (٤) يَرْتجِل (٥) يتظاهر بِـ § (٦) شيء زائف (٧) الدَّجّال

— fak·er·y *(n.)* (٨) المُوهِمة : أداة يستعملها الساحر للإيهام .

fa·kir [fə kēr′; fā′kər] *(n.)* (١) الدَّرويش : واحد من جماعة الدراويش المسلمين (٢) الفقير : ناسك هندي (٣) دجّال .

Fa·lan·gist [fə lăn′jĭst] *(n.)* الكتائبيّ : عضو في الحزب الفاشستي الذي حكم إسبانيا بعد حرب ١٩٣٦-١٩٣٩ الأهلية .

fal·cate [făl′kāt]; **fal·cat·ed** [făl′-] *(adj.)* أعقَف : معقوف كالمِنجل .

fal·chion [fôl′chən; -shən] *(n.)* المِنْجَلِيّ : سيف معقوف عريض الشفرة .

falchion

fal·ci·form [făl′sə-] *(adj.)* معقوف؛ مِنجليّ الشكل .

fal·con [făl′kən; fôl′-] *(n.)* (١) البازي؛ الصَّقر (٢) مدفع خفيف قديم .

falcon *1.*

fal·con·er [-′kə nər] *(n.)* البازدار؛ البَيْزار : «أ» صياد يستعين بالبُزاة . «ب» مُرَبّي البزاة أو مُدَرِّبها .

fal·con·et [-nĕt′; fôl′-] *(n.)* (١) مدفع صغير جدًا (٢) البُوَيز : بازٍ صغير .

fal·co·nine [făl′kə nīn] *(adj.)* بازيّ؛ صقريّ .

fal·con·ry [făl′kən rĭ; fôl′-] *(n.)* البَزْدَرة : «أ» تدريب البزاة . «ب» الصيد بالاستعانة بالبزاة .

fald·stool [fôld′stōōl′] *(n.)* الطِّويّ : كرسيّ خفيف يُطْوَى .

faldstool

fall [fôl] *(vi.; t.; n.; adj.)* (١) «أ» يَسْقط . «ب» يتدلّى <Her hair ~*s* loosely.> «ج» يخِرُّ على (٢) يُولَد [الحَمَلُ] (٣) «أ» ينخفض . «ب» يَصْدُر؛ يخرج <Not a word *fell* from her lips.> (٤) «أ» يَقَع . «ب» يَسْقط : يُجْرح أو يُقتل في المعركة . «ج» يُخفق؛ ينهزم؛ ينهار (٥) تَسْقُط : تفقد المرأةُ عفافها (٦) «أ» ينحدر . «ب» يَخْمُد؛ يَسْكُن؛ يتلاشى . «ج» يهبط؛ يتدنّى . «د» يَضْمُر؛ يَهْزُل . «هـ» يَغيم : تبدو عليه أمارات الخَيْبة أو الخِزْي أو الكآبة <Her face *fell*.> (٧) يَحدث؛ يُصادف (٨) يخطر في البال (٩) يؤول [بالإرث أو بالقرعة] (١٠) ينقسم <The novel ~*s* into four parts.> (١١) يُصبح <She *fell* heir to the estate.> (١٢) ينكبّ على <*fell* to work> x (١٣) يَذْرِف [دمعًا] (١٤) ينال [حصّةً] (١٥) يَقْطع [شجرةً] § (١٦) «أ» سقوط . «ب» سقطة . «ج» تساقط . «د» مقدار متساقط (١٧) «أ» الخريف . «ب» الأوراق المتساقطة في الخريف . «ج» ولادة . «د» عدد الحُملان المولودة (١٨) «أ» حجاب امرأة [يتدلى من قبعة] . «ب» قَبّة قميص (١٩) حبل؛ سلسلة (مل) (٢٠) «أ» انهيار . «ب» انحراف [عن سبيل الفضيلة] (٢١) «أ» منحدَر . «ب» *pl.* عد : شلّال . «ج» خفوت [الصوت] (٢٢) انخفاض أو تدنٍّ [في السعر أو القيمة] (٢٣) انحدار (٢٤) «أ» قَطْع الأشجار . «ب» عدد الأشجار المقطوعة (٢٥) «أ» جندلة؛ إسقاط على الظهر [في المصارعة] . «ب» مباراة [في المصارعة] (٢٦) الموضع الصحيح <the ~ of an accent> § (٢٧) خريفيّ <~ clothes> .

to ~ aboard of يصطدم بمركب آخر .
to ~ asleep يغفو؛ يغلبه النعاس؛ ينام .
to ~ astern يتباطأ؛ يتلكّأ (مل) .
to ~ away (١) يَخْذُل (٢) يثور (٣) يرتدّ [عن عقيدة]؛ ينشقّ [عن حزب] (٤) يزلّ [أخلاقيًا] (٥) يَفْسُد (٦) يَضْمُر؛ يَهْزُل .
to ~ back يتراجع؛ يتقهقر .
to ~ back on *or* upon يرتدّ إلى؛ يلجأ إلى .
to ~ behind يتخلّف [عن غيره] .
to ~ down (١) يسقط (٢) يخرّ ساجدًا .
to ~ down on (a job) يُهْمِل مهمّة أو لا يقوم بها .
to ~ flat يخفق؛ يعجز عن إحداث أثر في النفس .
to ~ for (١) يُعجَب بـ؛ يقع في غرامها (٢) يُخْدَع بـ .
to ~ foul of (١) يصطدم بـ (٢) يهاجم (٣) يعنّف (٤) يتشاجر مع .
to ~ from يهجر؛ يتخلّى عن .
to ~ from grace يقع في الخطيئة .
to ~ in (١) ينهار (٢) يصطفّ؛ يتراصف [عسكريًا] (٣) ينتهي [أجلُ الإيجار]؛ يستحق [الدَّين] .
to ~ into line (with) يوافق على ما يفعله الآخرون أو يرغبون في فعله .
to ~ in with (١) يُصادف؛ يلتقي مصادفةً (٢) يوافق .
to ~ off (١) ينسحب؛ يرتدّ (٢) يخون (٣) ينقص؛ يتضاءل (٤) يثور (٥) يتساقط [الثمر] .
to ~ on (١) يهاجم (٢) يخوض غمار المعركة (٣) يبدأ العملَ بنشاط .
to ~ out (١) يَحْدُث (٢) ينتهي [إلى نتيجة معيَّنة] (٣) يتشاجر (٤) يتنحّى الجنديّ [عن صفّ التراصف] .
to ~ short (١) ينقص (٢) يقصِّر [عن بلوغ الهدف] .
to ~ through يُخفِق .
to ~ to يبدأ [عملًا]؛ يشرع في .
to ~ under يقع ضمن أو تحت كذا .
to ~ upon (١) يقع أو يستقرّ على (٢) يهاجم .

fal·la·cious [fə lā′shəs] *(adj.)* (١) مُنطوٍ على مغالطة (٢) خادع؛ مُضَلِّل <~ evidence> (٣) وَهْمِيّ؛ مُخيِّب للآمال .

fal·la·cy [făl′ə sĭ] *(n.)* (١) مَظهر خادع (٢) فكرة خاطئة (٣) مغالَطة .

fall·back [fôl′băk] *(n.)* (١) احتياطيّ (٢) تراجُع؛ تقهقُر؛ انكفاء .

fall·en [fô′lən] *(adj.)* (١) ساقط؛ هابط (٢) طريح الأرض (٣) منحلّ الأخلاق (٤) متهدِّم؛ خَرِب (٥) صريع <~ in battle> .

fall guy *(n.)* (١) السّاذج (٢) ضَحيّة الخداع (٣) كَبْش الفِداء .

fal·li·bil·i·ty [făl′ə bĭl′-] *(n.)* اللّاعِصْمة : القابلية للخطأ .

fal·li·ble [făl′ə bəl] *(adj.)* لامعصوم : عُرضة للخطأ .

fall·ing–out *(n.)* شِجار؛ مشاجرة .

falling sickness *(n.)* = epilepsy.

falling star *(n.)* شِهاب؛ نَيْزَك (فل) .

fall–off [fôl′-] *(n.)* نَقْص؛ انخفاض؛ تضاؤل .

fal·lo·pi·an tube [fə lō′pĭ ən] *(n.)* قناة فالوب : إحدى قناتَيْن تنتقل البُيَيْضات عَبْرهُما من المبيضين إلى الرَّحم (ت) .

fall·out [fôl′out] *(n.)* السَّقْط : الغبار النوويّ المتساقط .

fal·low [1] [făl′ō] *(adj.)* آدم : أسمر مُصْفَرّ .

fal·low [2] *(n.; vt.; adj.)* (١) الأرضُ المُراحة : أرضٌ تُحرَث ثم تُترك موسمًا كاملًا من غير زَرْع رغبةً في إراحتها (٢) إراحة الأرض أو مدة ذلك § (٣) يُريح الأرضَ § (٤) راقد؛ هاجع .

fallow deer

fallow deer *(n.)* الأيِّل الآدَم؛ الأيِّل الأسمر .

false [fôls] *(adj.; adv.)* (١) زائف <~ diamonds> (٢) «أ» كاذب <~ testimony> . «ب» خادع؛ مُعَدّ لِيَخدع <~ scales> . «ج» مضلِّل <a ~ promise> (٣) خاطئ؛ غير صحيح <a ~ statement> (٤) غادر؛ خائن <a ~ friend> (٥) «أ» شكليّ؛ صُوَريّ؛ مُؤَقَّت <a ~ roof> . «ب» إضافيّ: مضاف بقصد التقوية أو الوقاية أو التمويه <a ~ post> (٦) ناشزٌ موسيقيًّا <a ~ note> § (٧) على نحوٍ خائن أو غادر <Salim's wife played him ~.> .

false alarm *(n.)* إنذار كاذب [بنُشوب حريق أو وجود قنبلة إلخ] .

false face *(n.)* القِناع؛ الوجه الكاذب .

false·hood *(n.)* (١) «أ» كِذْبةٌ . «ب» شيء كاذب (٢) كَذِبٌ؛ بهتان .

false imprisonment *(n.)* السَّجن التعسُّفيّ؛ السَّجن الباطل (ق) .

false pregnancy *(n.)* الحَمْل الكاذب .

false teeth *(n. pl.)* الأسنان الكاذبة: طقم أسنان صُنعيّة .

fal·set·to [fôl sĕt′ō] *(n.; adj.; adv.)* (١) الكاذب: «أ» صوت عالي الطبقة بصورة مُصطَنَعة . «ب» المغنّي بهذا الصوت § (٢) «أ» كاذب: عالي الطبقة بصورة مُصطَنَعة . «ب» مُتكَلَّف؛ مُصْطنَع § (٣) بصوت كاذب .

fal·si·fi·ca·tion *(n.)* (١) دَحْض (٢) تزييف؛ تحريف؛ تشويه .

fal·si·fy [fôl′sə fī′] *(vt.; i.)* (١) يَدْحَض (٢) «أ» يُزَيِّف؛ يَغُشّ . «ب» يُحرِّف؛ يُشوِّه x (٣) يَكْذِب .

fal·si·ty [fôl′sĭ tĭ] *(n.)* (١) «أ» كذِبٌ . «ب» أُكذوبة (٢) زَيْف (٣) غَدْر؛ خيانة (٤) شيء كاذبٌ أو زائفٌ .

falt·boat [fält′bōt′] *(n.)* الفَلْبوت: مَرْكَب قابلٌ للطَّيّ .

fal·ter [fôl′tər] *(vi.; t.; n.)* (١) «أ» يتهادى: يمشي مضطربًا . «ب» يتداعى . «ج» يترنَّح (٢) يتلعثم (٣) يتردَّد x (٤) يلفظ متلعثمًا § (٥) تهادٍ؛ ترنُّح (٦) تَلَعْثُم (٧) تردُّد .

fame [fām] *(n.; vt.)* (١) سُمعة (٢) شُهْرة § (٣) يجعله شهيرًا .

famed [fāmd] *(adj.)* شهير؛ مشهور؛ واسع الشُّهرة .

fa·mil·ial [fə mĭl′yəl] *(adj.)* (١) عائليّ (٢) وراثيّ .

fa·mil·iar [fə mĭl′yər] *(n.; adj.)* (١) الحسيب: أحد أفراد أسرة رَبِّها موظف كبير (٢) العشير؛ الرفيق؛ الخِدْن (٣) الجنّيّ النّصير: شيطان يُفترض أنه يَنصر المرء (٤) الخبير؛ الضليع (٥) الإلف: من يألَفُ مكانًا <~ s of the embassy> § (٦) حميم <~ friends> (٧) عائليّ (٨) غير رسميّ؛ رافعٌ للكُلفة (٩) داجن <a ~ animal> (١٠) مألوف .

fa·mil·i·ar·i·ty [fə mĭl′ĭ ăr′ə tĭ] *(n.)* (١) حميميّة (٢) «أ» عدم كلفة؛ دالّة . «ب» قلة لياقة أو احتشام . «ج» حرية جنسية (٣) ألفة؛ اعتياد .

fa·mil·iar·ize [fə mĭl′yə rīz′] *(vt.)* (١) يجعله مألوفًا (٢) «أ» يُعَوِّدُهُ أمرًا . «ب» يجعله حَسَن الاطلاع على .

fa·mil·iar·ly [-′yər lĭ] *(adv.)* بطريقة حميمية أو غير رسمية إلخ .

fam·i·ly [făm′ə lĭ] *(n.; adj.)* (١) عَشِيرة (٢) أُسرة؛ عائلة (٣) مَحْتِد؛ نَسَبٌ كريم <a man of ~> (٤) الفصيلة («ك» و«أح») § (٥) عائليّ <~ life> .

- in a ~ way — بطريقة عائلية؛ بعدم كُلفة .
- in the ~ way — حُبْلى؛ حامل .

family Bible *(n.)* التوراة العائلية: نسخة كبيرة من الكتاب المقدس تحتوي على صفحات خاصة لتسجيل أحداث الولادة والزواج والوفاة .

family circle *(n.)* الشُّرفة العائلية: شُرفة في مسرح تكون عادةً فوق شرفةٍ ذات مقاعدَ أغلى ثمنًا، أو خلفَها .

family leave *(n.)* الإجازة العائليّة: إجازة بلا راتب تُمنح للموظّف [أو الموظّفة] ليتفرّغ للاعتناء بطفله أو بمريض في عائلته .

family man *(n.)* (١) رَبّ الأسرة (٢) رجل مولعٌ بالحياة العائلية .

family name *(n.)* اسم الأسرة؛ اسم العائلة .

family tree *(n.)* (١) النَّسَب (٢) شجرة النَّسب .

fam·ine [făm′ĭn] *(n.)* (١) مجاعة (٢) نُدْرة؛ نَقْص؛ عجز .

fam·ish [făm′ĭsh] *(vt.; i.)* (١) يُجوِّع x (٢) يَجُوع (ا. ق) .

fa·mous [fā′məs] *(adj.)* (١) شهير (٢) ممتاز <a ~ dinner> .

fam·u·lus [făm′yə ləs] *(n.)* pl. **-li** سكرتير أو مرافق خاص .

fan[1] [făn] *(n.; vt.; i.)* (١) مِذراة (٢) مِرْوَحة § (٣) يُذَرّي (٤) يُهَوّي؛ يُرَوِّح (٥) يَهُبّ على (٦) ينفخ على (٧) يثير (٨) يَضْرِب؛ يَصْفع (ع) (٩) ينشر على شكل مِرْوَحة x (١٠) يتحرَّك كالمروحة (١١) ينتشر على شكل مِرْوَحة .

fan[2] *(n.)* (١) المُعجَب؛ النصير (٢) المولَع بِـ .

fa·nat·ic [fə năt′ĭk] *(adj.; n.)* (١) مُتَعَصِّب § (٢) شخص مُتَعَصِّب .

fa·nat·i·cal [-′ə kəl] *(adj.)* (١) مُتَعَصِّب (٢) تَعَصُّبيّ .

fa·nat·i·cism [-′ə sĭz əm] *(n.)* تَعَصُّب .

fa·nat·i·cize [-′ə sīz] *(vt.; i.)* (١) يجعله متعصِّبًا x (٢) يتعصَّب .

fan·cied [făn′sĭd] *(adj.)* خياليّ؛ وهميّ <~ grievances> .

fan·ci·er [făn′sĭ ər] *(n.)* الهاوي [وبخاصة تربيةَ حيوان أو نباتٍ ما] .

fan·ci·ful [făn′sĭ fəl] *(adj.)* (١) «أ» توهّميّ . «ب» كثير الأوهام <a ~ mind> (٢) وهميّ؛ خياليّ <~ secret treaties> (٣) غريب؛ عجيب؛ مُزخرَف بإسراف <a ~ design> .

fan·ci·ness [făn′sĭ nəs] *(n.)* (١) توهّم؛ تخيُّل (٢) غرابة .

fan·cy[1] [făn′sĭ] *(n.)* (١) «أ» مَيْل؛ هوًى؛ وَلَع . «ب» حبّ؛ رغبة (٢) «أ» صورة ذهنية . «ب» شيء [كاختراع إلخ] من مبتكرات الخيال (٣) «أ» وهم؛ هَلْوَسَة . «ب» خيال (٤) ذوق «في الفن أو اللباس» <a man of delicate ~> (٥) «أ» هواة . «ب» هواية . وبخاصة: الملاكمة .

fan·cy[2] *(vt.)* (١) يُحِبّ؛ يولَعُ بِـ (٢) يتخيَّل (٣) يَظُنّ؛ يتوهّم (٤) يتصوَّر .

- to ~ oneself — يَغترّ بنفسه .
- to take *or* catch a person's ~, — يستحوذ على إعجابه .
- to take a ~ to — يُولَع بِـ .

fan·cy[3] *(adj.)* (١) نَزْوانيّ: متوقف على الهوى أو النَّزوة (٢) مُزخرَف

ă at; ā date; â care; ä car; ĕ egg; ē me; ĭ in; ī bite; ŏ lot; ō bone; ô orphan; oi boil; o͝o good; o͞o boot; ou out; ŭ under; û urgent; ə = *a* in alone, *e* in system, *i* in easily, *o* in gallop, *u* in circus.

(٣) فاخر؛ ممتاز؛ مختار <~ fruits> (٤) مُسْتَطْرَف: منشأً [كبعض الحيوانات أو النباتات] لجماله أو طرافته (٥) خياليّ؛ وهميّ <~ notions> (٦) مُتَّجِر بالسِّلع الفاخرة <a ~ department> (٧) باهظ <~ prices> (٨) بارع؛ مُتْقَن <~ diving> (٩) مُلَوَّن.

fancy dress (n.) الثوب التَّزَوّيّ: ثوب تنكّري غريب يُرتدى في حفلة راقصة أو كرنفال إلخ.

fancy–free (adj.) خالي البال. وبخاصة: خليّ؛ غير عاشق.

fancy goods (n. pl.) الطُّرَف: سِلعٌ زينيّة صغيرة.

fancy man (n.) (١) الخليل؛ العشيق (٢) القَوّاد.

fancy woman (n.) المُرِيْبَة: امرأة مشبوهة السيرة؛ بغيّ.

fan·cy·work (n.) التطريز؛ شُغل الإبرة الزِّينيّ.

fan·dan·go [făn dăng′gō] (n.) (١) الفَنْدانغو: رقصة إسبانية أو أميركية – إسبانية أو موسيقاها (٢) هُراء؛ سخافة.

fane [fān] (n.) (١) هيكل (٢) كنيسة.

fan·fare [făn′fâr] (n.) (١) التَّبويق: نفخٌ بالأبواق (٢) المُبَوَّق: لحن قصير يُعْزَف على الأبواق (٣) جَعْجعة؛ صَخَب.

fan·fa·ron [făn′fə rŏn′] (n.) المُدَّعي؛ المُتَبَجِّح؛ المتفاخر.

fan·fa·ron·ade [făn′fə rə nād′] (n.) ادّعاء؛ تَبَجُّح؛ تفاخُر.

fang [făng] (n.) (١) ناب (٢) السِّنْخ: جِذر السِّن (٣) مِخلب (٤) شوكة؛ كُلّاب.

fan·ion [făn′yən] (n.) العُلَيْم: عَلَم صغير يستخدمه الجند والمسّاحون لتعيين المواقع.

fan·light [făn′līt′] (n.) النافذة المِرْوَحيّة: نافذة نصف دائرية فوق بابٍ أو نافذة (عم).

fanlight

fan·ner [făn′ər] (n.) (١) المُرَوِّح: حامل المِروحة (٢) مِرْوَحة.

fan·tail [făn′tāl′] (n.) (١) الذَّيل المِرْوَحيّ: ذيل مِرْوَحيّ الشكل (٢) الحمام المِرْوَحيّ: حمام ذيله على شكل مِرْوَحة.

fantail 2.

fan–tan [făn′tăn′] (n.) الفَنْتان: «أ» لعبة قمار صينية. «ب» ضرب من لعب الورق.

fan·ta·sia [făn tā′zhə] (n.) الفَنْتازيّة: لحن [أو أثر أدبيّ] متحرِّر من قيود الشَّكل التقليديّة.

fan·ta·size (vt.; i.) (١) يَتخيَّل x (٢) يَستغرق في أحلام اليقظة.

fan·tasm [făn′tăz əm] (n.) = phantasm.

fan·tast [făn′tăst] (n.) = visionary.

fan·tas·tic [făn tăs′tĭk] (adj.; n.) (١) «أ» خياليّ؛ وَهميّ <~ fears>. «ب» أحمق؛ غير واقعيّ <a ~ idea of his own importance>. «ج» هائل؛ ضخم (٢) غريب (٣) غريب الأطوار <a strange ~ mind> § (٤) الغريب الأطوار: شخص غريب الأطوار.

fan·tas·ti·cal [-tăs′-] (adj.) = fantastic.

fan·ta·sy¹ [făn′tə sĭ; -zĭ] (n.) (١) خيال جامح (٢) «أ» اختراع؛ ثمرة من ثمرات الخيال. «ب» وهم. «ج» الفنتازية: لحن [أو أثر أدبيّ] متحرر من قيود الشكل التقليدية (٣) نزوة؛ هوًى.

fan·ta·sy² (vt.; i.) (١) يتخيَّل؛ يتصوَّر x (٢) يستغرق في أحلام اليقظة.

fan·ta·sy·land [făn′tə sĭ lănd; -zĭ-] (n.) مكان أو وضع خياليّ أو مثاليّ.

fan·toc·ci·ni [făn′tə chē′nĭ] (n. pl.) (١) عرض الدُّمى المتحركة (٢) دُمًى متحركة.

fan·tom [făn′tə m] (n.; adj.) = phantom.

fan tracery (n.) التشجير المِرْوَحيّ (عم).

fan window (n.) = fanlight.

far [fär] (adv.; adj.) (١) بعيدًا (٢) جدًّا؛ بكثير <~ richer> (٣) إلى ساعة متأخرة <works ~ into the night> § (٤) «أ» بعيد. «ب» مختلف جدًّا عن (٥) طويل <a ~ journey> (٦) أقصى؛ أبعد <the ~ side>.

as ~ as I know بِقَدْر ما أعلم.
by ~, بكثير؛ إلى حدّ بعيد.
~ and away بكثير؛ بمراحل؛ بما لا يُقاس.
~ and wide في كل مكان؛ في كلّ اتجاه.
~ be it from me حاشا لي [أن أفعل ذلك].
~ forth إلى درجة بعيدة؛ إلى حد [معين].
from ~ and near من كل مكان.
in so ~ as بِقَدْر ما.
so ~ so good كل شيء حَسَن حتى الآن.

far·ad [făr′əd] (n.) الفاراد: وحدة سعة كهربائية (فز).

far·a·day [făr′ə dā] (n.) الفاراداي: وحدة الكمية الكهربائية (فز).

fa·rad·ic [fə răd′ĭk] (adj.) فاراديّ (كب).

far·a·dism [făr′ə dĭz′əm] (n.) المُفارَدَة؛ الفَرْدَلة: استخدام التيار الفاراديّ في المعالجة الطبيّة.

far·a·di·za·tion [făr′ə dĭ zā′shən] (n.) = faradism.

far·a·dize [făr′ə dīz′] (vt.) يُفارِد: يعالج بالتيار الفاراديّ (ط).

far·an·dole [făr′ən dōl′] (n.) الفَرَنْدَل: «أ» رقصة فرنسية يُشابك فيها الراقصون والراقصات أيديهم. «ب» موسيقى هذه الرقصة.

far·a·way [făr′ə wā′] (adj.) (١) بعيد؛ ناءٍ (٢) حالم؛ ذاهل.

farce [färs] (vt.; n.) (١) يحشو (٢) يُمَلِّح: يضمِّن الخطاب أو المقالَ بعضَ المُلَح والنكات § (٣) حشوة [من لحم مفروم وتوابل] (٤) الفَرْصة: مسرحية هزلية (٥) مهزلة.

far·ceur [fär sœr′] (n.) (١) المزّاح (٢) الفَرْصيّ: مولِّف الفَرْصة (را. *farce 4*) أو ممثّلها.

far·ci *or* **far·cie** [fär sē′] (adj.) مَحْشُوّ [باللحم المفروم والتوابل].

far·ci·cal [fär′sə kəl] (adj.) (١) هَزْليّ (٢) سخيف؛ مُضحك.

far·cy [fär′sĭ] (n.) = glanders.

fare [fâr] (vt.; n.) (١) يرتحل؛ يسافر (٢) «أ» يَحْدث لِـ؛ تصير حالُه إلى <We shall see how it will ~ with him.>. «ب» يصيب نجاحًا أو إخفاقًا <It ~d ill with him; He ~d well.> (٣) يأكل § (٤) النَّول: أجرة السفر أو الركوب (٥) طعام (٦) زادٌ.

far·er [fâr′-] (n.) المسافر <sea*farer*>.

fare·well [fâr′wĕl′] *(interj.; n.; adj.; vt.)* (١) وداعًا § (٢) وَداعٌ (٣) «أ» فراق. «ب» الوداعيّة: حفلة تكريم امرئ على وشك الرحيل أو التقاعد § (٤) وَداعيّ؛ أخير <a ~ concert> § (٥) يودِّع [فلانًا].

far·fetched [fär′fĕcht′] *(adj.)* (١) مجلوبٌ من بعيد (٢) مُتَكلَّف؛ مُتَمَحَّل؛ بعيد الاحتمال.

far–flung [fär′flŭng′] *(adj.)* (١) مُترام: موزَّع أو منتشر على نحو واسع <our ~ battle line> (٢) بعيد؛ ناءٍ؛ قَصِيّ.

far–gone [-′gŏn′] *(adj.; adv.)* (١) ناءٍ؛ بعيد <~ places> (٢) مُوشِك على الانقضاء <sitting in the ~ night> (٣) شبه بالٍ <~ shoes> § (٤) بلا خلاف؛ غيرَ منازَع <known to be ~ the best novel>.

fa·ri·na [fə rē′nə] *(n.)* (١) دقيق؛ طحين (٢) نَشاء.

far·i·na·ceous [făr′ə nā′shəs] *(adj.)* (١) نَشويّ (٢) دقيقيّ.

farm [färm] *(n.; vt.; i.)* (١) التلزيم: جَعْلُ العائدات أو الضرائب حقًّا لشخص معيَّن يلتزم جبايتها لقاء مبلغ محدَّد يدفعه (٢) الملتزَم: كلّ ما يُلزَّم بهذه الطريقة (٣) مَزْرَعة § (٤) يلتزم أرضًا (٥) يلزِّم أرضًا إلخ (٦) يحرث؛ يفلح؛ يزرع x (٧) يشتغل بالزراعة والمَزارع.

farm·er [fär′mər] *(n.)* (١) الملتزِم (٢) المُزارع (٣) الفلّاح.

farm·er·ette [fär′mə rĕt′] *(n.)* المُزارِعة أو العاملة في مزرعة.

farm·hand [färm′hănd′] *(n.)* العامل الزراعي؛ عامل المزرعة.

farm·house [-′hous′] *(n.)* بيت المزرعة: بيت في مزرعة.

farm·ing [fär′mĭng] *(n.)* الزراعة: العمل في الزراعة.

farm·land [färm′lănd′] *(n.)* مزرعة أو أرض صالحة للزراعة.

farm·stead [-′stĕd′] *(n.)* المزرعة ومبانيها.

farm·yard [-′yärd′] *(n.)* فِناء المزرعة.

far·o [fâr′ō] *(n.)* الفرعونية: لعبة قمار بورق اللعب.

far–off [fär′ôf′] *(adj.; adv.)* (١) بعيد؛ ناءٍ § (٢) بعيدًا.

far–out [fär′out′] *(adj.)* (١) غريب (٢) متطرِّف.

far point *(n.)* النقطة القصوى؛ نقطة المدى (بص).

far·rag·i·nous [fə răj′-] *(adj.)* خليط؛ مؤلَّف من موادّ مختلفة.

far·ra·go [fə rä′gō] *(n.)* الخليط؛ المزيج.

far–reach·ing [fär′rē′-] *(adj.)* واسع المدى؛ بعيد المدى؛ بعيد الأثر.

far·ri·er [făr′ĭ ər] *(n.)* (١) بَيْطار (٢) الطبيب البَيْطريّ.

far·row [făr′ō] *(vt.; i.; n.; adj.)* (١) تُخنِص: تلِد الخنزيرةُ خِنَّوصًا § (٢) بطنٌ من الخنانيص (٣) الإخناص: ولادة الخنانيص § (٤) غير حامل [صفة للبقرة].

far·see·ing [fär′sē′-] *(adj.)* = farsighted 1.

far·sight·ed [-′sī′tĭd] *(adj.)* (١) «أ» بعيدُ مَرْمَى البصر. «ب» حكيم؛ بعيد النظر (٢) أطمس: مديد أو بعيد البصر.

— **far·sight·ed·ness** *(n.)*

fart [färt] *(vi.; n.)* (١) يفسو؛ يَضْرِط § (٢) فَسْو؛ ضُراط.

far·ther [fär′thər] *(adv.; adj.)* (١) في أو إلى مكان أو نقطة أو درجة أبعد (٢) على نحو إضافي أو أتمّ § (٣) أبْعَدُ (٤) إضافيّ.

far·ther·most [-mōst′] *(adj.)* الأبعد؛ الأقصى.

far·thest [fär′thəst] *(adj; adv.)* (١) الأبعد؛ الأقصى § (٢) أبعدَ أو أقصى ما يكون (٣) أشدّ أو أكثر ما يكون.

far·thing [fär′thĭng] *(n.)* (١) الفارْذِنغ: قطعة نقد بريطانية سابقة تساوي ربع بنس (٢) شيء تافه أو ضئيل القيمة.

fas·ces [făs′ēz] *(n.)* الحَزيمة: مجموعة قضبان محزومة على فأس [من شعارات السّلطة عند الرومان].

fasces

fas·ci·a [făsh′ĭ ə] *(n.)* (١) عِصابة مسطَّحة بين حليتَيْن معماريتين (عم) (٢) لافتة (٣) رِباط؛ لِفافة (جر) (٤) dashboard *2*.

fas·ci·ate [făsh′ĭ āt′] *(adj.)* = fasciated.

fas·ci·at·ed [făsh′ĭ ā′ tĭd] *(adj.)* (١) مُخَطَّط؛ مقلَّم. وبخاصة: عريض الخطوط أو الأقلام (٢) مُشَمْعَل (را. المادة التالية)؛ مرقَّق؛ مسطَّح (نب).

fas·ci·a·tion [făsh′ĭ ā′shən] *(n.)* الشَّمْعَلَة: تشوُّه السّاق بحيث يبدو مرقَّقًا أو مسطَّحًا (نب).

fas·ci·cle [făs′ə kəl] *(n.)* (١) الحُزَيمة: حزمة صغيرة (٢) عُنقود (نب) (٣) مَلْزمة؛ كُرّاسة.

— **fas·cic·u·lar** *(adj.)*

fas·cic·u·late [fə sĭk′yə-] *(adj.)* حُزَيميّ: مؤلف من حُزَيمات.

fas·ci·cule [făs′ə kyo͞ol′] *(n.)* مَلْزَمة؛ كُرّاسة.

fas·cic·u·lus [fə sĭk′yə ləs] *(n.)* pl. **-li** [lī] (١) الحُزَيمة: حزمة ألياف عصبية أو عضليّة (ت) (٢) مَلزمة؛ كُرّاسة.

fas·ci·nate [făs′ə nāt′] *(vt.; i.)* (١) يَشُلّ: يَسْلبه القدرة على الحركة أو الهرب <Snakes ~ small birds.> (٢) يَفتِن؛ يَسْحَر.

fas·ci·nat·ing [făs′ə nā′tĭng] *(adj.)* فاتن؛ ساحر؛ آسر.

fas·ci·na·tion [făs′ə nā′-] *(n.)* (١) فِتنة؛ سِحر (٢) افتتان.

fas·ci·na·tor [făs′ə nā′-] *(n.)* (١) الفاتن (٢) شالٌ رقيق لرأس المرأة.

fas·cine [fă sēn′] *(n.)* الصَّنّاعة: حزمة طويلة من العيدان.

fas·cism [făsh′ĭz əm] *(n. often cap.)* (١) الفاشيّة؛ الفاشستيّة (٢) طُغيان؛ ديكتاتورية.

— **fas·cist** *(n.; adj.)*

fa·scis·tic [fə shĭs′-] *(adj.)* فاشِيّ؛ فاشِستيّ.

fash·ion [făsh′ən] *(n.; vt.)* (١) شكل (٢) طريقة؛ نمط (٣) «أ» زِيّ؛ طِراز. «ب» الزِّيّ السّائد [في الخياطة]. «ج» ثوب أنيق [مَخيط وَفقًا للزِّيّ السّائد]. «د» منزلة اجتماعية رفيعة § (٤) «أ» يُشَكِّل؛ يَصُوغ؛ يَصْنع. «ب» يُعَدِّل؛ يُغيِّر (٥) يكيِّف.

after the ~ of — على غِرار كذا.

in ~, — دارج؛ مطابق للزيّ الحديث.

man *or* woman of ~, — رجل [أو امرأة] من الطبقات العليا يتبع قواعد اللباس والسلوك السائدة في تلك الطبقات.

out of ~, — مُبْطَل الزيّ؛ لم يعد مطابقًا للزيّ السائد.

ă at; ā date; â care; ä car; ĕ egg; ē me; ĭ in; ī bite; ŏ lot; ō bone; ô orphan; oi boil; o͝o good; o͞o boot; ou out; ŭ under; û urgent; ə = *a* in alone, *e* in system, *i* in easily, *o* in gallop, *u* in circus.

fash·ion·a·ble [făsh'ə-] *(adj.; n.)* (١) مُطابق للطِّراز الحديث (٢) دارج (٣) مُتَنوِّق: حريص على اتِّباع الزي الحديث (٤) أنيق <~ hotels> § (٥) المُتَنوِّق.

fashion plate *(n.)* (١) الطِّرازية: صورة تمثِّل زيًا حديثًا (٢) المُتَنوِّق: شخص أنيق لا يرتدي إلا الملابسَ المنطبقة على الزيّ الحديث.

fast[1] [făst; fäst] *(adj.; adv.)* (١) «أ» راسِخ؛ مُتَجذِّر؛ مُثبَّت بإحكام. «ب» مُحكَم الإغلاق. «ج» متماسك؛ وثيق. «د» ثابت؛ غير قابل للتغيير <hard and ~ rules> (٢) وفيّ <~ friends> (٣) «أ» سريع <a ~ car; a ~ race>. «ب» متوقّد الذهن <~ students>. «ج» مساعد على سرعة الحركة أو العمل <a ~ track>. «د» متقدِّم في الدلالة على الوقت إلخ <a ~ clock> (٤) مُحكَم <a ~ grip> (٥) عميق <a ~ sleep> (٦) «أ» ثابت؛ لا يَنْصُل <a ~ color>. «ب» صامدٌ للنصول من أثر معيَّن <sun*fast*>. «ج» مقاوم <acid-*fast*> (٧) متهتِّك؛ منغمس في الملذات § (٨) على نحو راسخ أو متماسك أو مُحكَم إلخ (٩) بإخلاص؛ بوفاء (١٠) بسرعة <ran ~> (١١) بتهتّك؛ باستهتار <living too ~ for his health> (١٢) على نحوٍ متقدّم [بالنسبة إلى الوقت الصحيح].

~ asleep مستغرق في نوم عميق.

fast[2] *(vi.; n.)* (١) يصوم § (٢) صيام (٣) وقت الصِّيام.

fast[3] *(n.)* حَبْل؛ سلسلة (مل).

fast and loose *(adv.)* على نحوٍ ماكر أو خادع أو طائش.

fas·ten [făs'ən; fäs'ən] *(vt.; i.)* (١) «أ» يُثبِّت؛ يُوَثِّق؛ يُمكِّن. «ب» يُزرِّر. «ج» يَرْبط؛ يُحكم الإغلاقَ. «د» يحتجز (٢) يركِّز <to ~ the eyes *or* hopes on something> (٣) يُلقي؛ يُلصِق <~*ed* the blame on the servant> x (٤) «أ» يصبح مثبَّتًا أو مُحكَمًا. «ب» ينغلق بإحكام. «ج» يتزرَّر <Ladies' dresses sometimes ~ down the back.> (٥) يُمْسِك [أو يتمسّك] بإحكام.

fas·ten·er [făs'ən ər] *(n.)* (١) المُثبِّت؛ المُوَثِّق؛ الممكِّن؛ المزرِّر؛ المُوْصِد إلخ (٢) المِرْبَطَة (را. المادة التالية).

fas·ten·ing *(n.)* المِرْبَطَة: أداة ربط أو تثبيت [كإبزيم أو قُفل إلخ].

fast–food *(adj.)* سريعُ الإعداد [للطعام] <~ restaurants>.

fas·tid·i·ous [fă stĭd'ĭ əs] *(adj.)* (١) نَيِّق؛ صعبُ إرضاؤه <a ~ taste> (٢) مُتَنوِّق: مبالغٌ في التأنق (٣) مُوَسْوَس.

fas·tig·i·ate [făs tĭj'ĭ ĭt] *(adj.)* (١) هَرَميّ (٢) «أ» هَرَمانيّ: منتصب وشبه متوازٍ <~ branches>. «ب» ذو أغصان مُنتصبة وشبه متوازية (٣) مخروطيّ: مُتَّحد في حزمة مخروطيّة (ح).

fas·ting [făs'-] *(n.; adj.)* (١) صيام § (٢) صائم (٣) صِيامِيّ: «أ» مأخوذ من صائم <~ urine>. «ب» خاصّ بصائم <~ blood–sugar level>.

fast·ness [făst'nəs] *(n.)* (١) «أ» رسوخ؛ ثبات. «ب» سرعة. «ج» ثبات اللون. «د» مقاومة السُّمِّيّة [عند المُتَعضِّي] (٢) مَعْقِل؛ حِصْن (٣) المُعْتَكَف؛ المُعْتَزَل: موضع يعتكف فيه المرء.

fat [făt] *(adj.; n.; vt.; i.)* (١) «أ» بدين؛ سمين. «ب» مُسَمَّن للبيع في السوق <a ~ meat animal>. «ج» دُهنيّ <~ food> (٢) «أ» ممتلئ؛ ضخم <a ~ purse>. «ب» غنيّ؛ سخيّ؛ متّسم بالوفرة <a ~ feast>. «ج» ثريّ <grew ~ on the war> (٣) «أ» مُرْبح <a ~ job>. «ب» كسلان (٤) خِصْب <~ land> (٥) أحمق <a ~ head> (٦) متورِّم § (٧) دُهن؛ سَمْن؛ شحْم (٨) صَفْوة؛ زُبدة (٩) بَدانة؛ سِمَن (١٠) عمل مُرْبح (١١) الدَّور المُسْعِف: دور يُتيح للممثل أن يُظهر كفاءته (١٢) احتياطيّ؛ مُدَّخرات § (١٣) يُسمِّن x (١٤) يَسْمَن؛ يُصبح بدينًا.

The *fat's* in the fire إن ما فُعِل سوف يثير الغضب أو يُحدث متاعب جسيمة إلخ.

to live on the ~ of the land ينعم بالأفضل من كل شيء؛ يحيا بترف.

fa·tal [fā'təl] *(adj.)* (١) حاسم (٢) «أ» قَدَريّ؛ جَبْريّ. «ب» نُبُوئيّ. «ج» مُقدَّر أو مَحتوم. «د» مُقرِّر لمصير المرء <this ~ gift of enthusiasm> (٣) «أ» مميت؛ مُهلِك <a ~ accident>. «ب» فاجع؛ مسبِّب كارثةً. «ج» مشؤوم <a ~ prophecy> (٤) مُغْوٍ: لا سبيل إلى مقاومته.

fa·tal·ism [fā'tə lĭz əm] *(n.)* الجَبْرية: القول بالقضاء والقَدَر.

fa·tal·ist [-'təl ĭst] *(n.)* الجَبْريّ: المؤمن بالقضاء والقَدَر.

fa·tal·i·ty [fā tăl'ə tĭ] *(n.)* (١) «أ» الإهلاكية: كون الشيء مُسبِّبًا للهلاك أو الموت. «ب» شؤم؛ نحس (٢) شيء مُقدَّر أو محتوم (٣) «أ» القضاء والقَدَر. «ب» الجَبْرية (٤) مُصيبة؛ نكبة (٥) فاجعة. وبخاصة: موت ناشئ عن كارثة (٦) ضحيّة فاجعة.

fa·tal·ly *(adv.)* على نحو مقدَّر أو مُهلِك أو لا يقاوَم.

fa·ta mor·ga·na [fä'tä môr gä'nä] *(n.)* سَراب.

fat cat *(n.)* (١) المتبرِّع بمبلغ ضخم (٢) المُوْسِر؛ الثَّريّ.

fate [fāt] *(n.)* (١) القضاء والقدر (٢) «أ» قسمة؛ نصيب؛ قَدَر. «ب» كارثة. وبخاصة: موت (٣) نهاية؛ مصير.

fat·ed [fā'tĭd] *(adj.)* (١) محتوم؛ مقدَّر (٢) محكوم عليه بالهلاك.

fate·ful [fāt'fəl] *(adj.)* (١) مشؤوم؛ مُنْذِرٌ بسوء (٢) «أ» حاسم. «ب» فاجع؛ مُهلِك (٣) محتوم؛ مقدَّر.

fat·head [făt'hĕd'] *(n.)* الأحمق؛ المُغفَّل؛ الغليظ الذهن.

fa·ther [fä'thər] *(n.; vt.; i.)* (١) أب؛ والد (٢) *cap.*: «أ» الله. «ب» الآب: أول الأقانيم الثلاثة (نص) (٣) جدّ؛ سَلَف (٤) أبو الكنيسة: أحد آباء الكنيسة النصرانية (٥) مبتدِع؛ مبتكِر (٦) مَصْدر (٧) prototype (٨) أب؛ كاهن (٩) العَيْن؛ الوجيه: أحد رجال المدينة البارزين § (١٠) «أ» يُنجِب؛ يَلِد. «ب» يتبنّى. «ج» يُنشِئ؛ يؤسِّس؛ يبتدع (١١) يُحدِّد أبوّة طفل أو أصل شيء (١٢) يتّهمه [بجريمة] x (١٣) يعامله معاملة الوالد لابنه.

Father Christmas *(n.)* = Santa Claus.

fa·ther·hood [fä'thər hŏŏd'] *(n.)* الأُبُوّة.

fa·ther–in–law *(n.)* الحَمُو: أبو الزوجة أو الزوج.

fa·ther·land [fä'thər-] *(n.)* (١) الوطن (٢) وطن أسلاف المرء.

fa·ther·less [fä'thər ləs] *(adj.)* (١) يتيم (٢) مجهول المؤلف.

fa·ther·like [fä'thər līk'] *(adj.; adv.)* = fatherly.

fa·ther·ly [fä'thər lĭ] *(adj.; adv.)* (١) أبويّ § (٢) بصورة أبوية.

fath·om [făth'əm] *(n.; vt.; i.)* (١) القامة : مقياس لعمق المياه يساوي ٦ أقدام (٢) فَهْم ؛ إدراك § (٣) يَسْبُر الغَوْرَ (٤) يفهم جيدًا .

fa·thom·less [-ləs] *(adj.)* لا يُسْبَر غَوْرُه .

fa·tid·ic [fā tĭd'ĭk] *or* **fa·tid·i·cal** *(adj.)* تَنَبُّؤِيّ .

fat·i·ga·ble [făt'ə gə bəl] *(adj.)* سريع التعب ؛ عُرضةٌ للتعب .

fa·tigue [fə tēg'] *(n.; vt.; i.; adj.)* (١) «أ» كَدْح . «ب» السُّخرة : عمل يدويّ غير عسكريّ يُكَلَّف به الجند كشقّ الطُّرق إلخ . «ج» التَّسَخُّر : حالة الانهماك في السُّخرة <on ~> . «د» *pl.* : ثوب أو بزّة السُّخرة (٢) «أ» تَعَب ؛ إعياء . «ب» إجهاد عصبيّ § (٣) يُتعب ؛ يُرهِق **x** (٤) يَتْعَب § (٥) سُخريّ .

fa·tigued [fə tēgd'] *(adj.)* مُتْعَب ؛ مُرْهَق .

fatigue party *(n.)* مُفْرَزة السُّخرة (جن) .

Fat·i·mid [făt'ə mĭd] *(n.; adj.)* (١) الفاطميّ § (٢) فاطميّ .

fat·ling [făt'lĭng] *(n.)* المُسَمَّن : حيوان يُسَمَّن للذَّبح .

fat·ness [făt'nəs] *(n.)* (١) بدانة ؛ سِمَنٌ (٢) غنًى ؛ خِصب .

fats [făts] *(n. pl.)* الدُّهنيات ؛ المواد الدُّهنية .

fat·ten [făt'ən] *(vt.; i.)* (١) يُسَمِّن (٢) يُخصِّب **x** (٣) يَسْمن .

fat·ti·ness [făt'ĭ nəs] *(n.)* (١) بدانة (٢) دُهنيّة (٣) دسامة .

fat·tish [făt'-] *(adj.)* بدينٌ بعضَ الشيء .

fat·ty [făt'ĭ] *(adj.)* (١) بدين ؛ سمين (٢) دُهنيّ (٣) دَسِم (٤) دَبِق .

fatty acid *(n.)* الحَمْض الدُّهنيّ (ك) .

fa·tu·i·ty [fə too'ə tĭ; -tyoo'-] *(n.)* (١) حماقة (٢) عمل أحمق .

fat·u·ous [făch'oo əs] *(adj.)* (١) أحمق ؛ سخيف (٢) وهميّ ؛ خادع .

fat·wit·ted [făt'wĭt'-] *(adj.)* أحمق ؛ مغفَّل .

fau·bourg [fō'boor; -boorg] *(n.)* (١) ضاحية (٢) حيّ .

fau·cal [fô'kəl] *(adj.)* حَلْقيّ : منسوب إلى الحَلْق أو الحُلْقوم .

fau·ces [fô'sēz] *(n.)* الحَلْق ؛ الحُلْقوم (ت) . — **fau·cal** *(adj.)*

fau·cet [fô'sĭt] *(n.)* حَنَفيّة ؛ صُنبور .

fau·cial [fô'shəl] *(adj.)* = faucal.

faugh [fô] *(interj.)* فو : صوت ازدراء أو اشمئزاز .

fault [fôlt] *(n.; vi.; t.)* (١) «أ» عَيْب . «ب» نَقيصة (٢) «أ» ذَنْب ؛ جُنْحَة . «ب» غلطة ؛ زَلَّة (٣) الصَّدْع : شقّ ينشأ عن انفلاق قشرة الأرض (جي) (٤) الخَلَل ؛ العَطَل (كب) § (٥) يُخطئ ؛ يَزِلّ (٦) يَنْصَدِع (جي) **x** (٧) يَعِيب <to ~ a novel> (٨) يَصْدَع : يُحدِث صَدْعًا جيولوجيًا في (٩) يلوم .

at ~, (١) غير قادر على اكتشاف رائحة الطريدة ومواصلة القنص . وبالتالي : مرتبك ؛ متحيِّر (٢) مذنب ؛ مَلُوم ؛ مسؤول (ع) .

in ~, مذنب ؛ مَلُوم ؛ مسؤول .

to a ~, بإفراط ؛ إلى حد بعيد <gentle~> .

fault·find·er [fôlt'fīn'dər] *(n.)* (١) العيّاب (٢) الشَّكّاء .

fault·find·ing *(adj.; n.)* (١) عيّاب (٢) شكّاء § (٣) التعييب : حبّ الانتقاد أو البحث عن العيوب .

fault·less [fôlt'ləs] *(adj.)* كامل ؛ لا عَيْب فيه .

fault·y [fôl'tĭ] *(adj.)* مَعِيب ؛ مَعْيوب ؛ ذو عيوب أو نقائص أو أخطاء .

faun [fôn] *(n.)* فون : أحد آلهة الحقول والقطعان عند الرومان .

fau·na [fô'nə] *(n.)* pl. **-nas; -nae** حيوانات منطقة أو حقبة ما .

Fau·nus [fô'nəs] فونوس : إلّه الحيوانات عند الرومان .

fau·teuil [fō'tĭl; *F.* fō tœ'y'] *(n.)* أريكة ؛ كَنَبة .

Fau·vism [fō'vĭz'əm] *(n.)* الفوفيّة : مذهب في الرسم متحرّر من التقاليد .

faux pas [fō pä'] *(n.)* زَلَّة ؛ غَلطة [وبخاصة في السلوك الاجتماعي] .

fava bean [fä'və] *(n.)* = broad bean.

fa·vo·ni·an [fə vō'-] *(adj.)* (١) متعلّق بالرِّيح الغربية (٢) معتدل .

fa·vor *also* **fa·vour** [fā'vər] *(n.; vt.)* (١) «أ» عطف ؛ تأييد . «ب» استحسان . «ج» محاباة ؛ تحيُّز . «د» شعبية (٢) «أ» خدمة ؛ مِنّة ؛ معروف ؛ فضل . «ب» رعاية ؛ حَظْوة (٣) «أ» عربون حبّ . «ب» هديّة . «ج» شارة (٤) «أ» امتياز . «ب» *pl.* عد : وِصال ؛ وَصْل ؛ اتصال جنسيّ <had been granting her ~s to policemen> (٥) صالح ؛ مصلحة § (٦) «أ» يعطف على . «ب» يمنَح ؛ يمنّ على . «ج» يُداري . «د» يُحابي (٧) «أ» يدعم ؛ يساند . «ب» يسهّل <The weather ~ed my voyage.> (٨) يُشبه <كقولك The child ~s its father. أي يشبه أباه أكثر من أمه> .

in ~ of (١) لصالح فلان (٢) لأمر فلان (تج) (٣) مؤيِّد .

in one's ~, في صالحه أو مصلحته .

out of ~, بغيض ؛ مكروه ؛ مُهْمَل ؛ غير شعبي .

with *or* by your ~, بإذنك .

fa·vor·a·ble *also* **fa·vour·a·ble** [fā'vər ə bəl] *(adj.)* (١) «أ» مُحابٍ أو مُؤيِّد . «ب» مَدْحيّ ؛ إطرائي . «ج» في صالح شخص ما <a ~ comparison> . «د» إيجابيّ <a ~ answer> . «هـ» مُرْضٍ <a ~ impression> (٢) «أ» مُؤاتٍ <a ~ wind> . «ب» واعد ؛ مبشِّر بالنجاح <The signs are ~.>.

fa·vored *also* **fa·voured** [fā'vərd] *(adj.)* (١) مُفَضَّل ؛ أثير (٢) محظوظ ؛ متمتّع بامتيازات خاصة <~ classes> (٣) ذو مظهر معيَّن <ill-*favored*> (٤) تفضيليّ ؛ تمييزيّ <~ rates of credit> .

fa·vor·ite *also* **fa·vour·ite** [fā'vər ĭt] *(n.; adj.)* (١) «أ» الأثير ؛ المفضَّل ؛ المَحْظيّ . «ب» المحبوب . «ج» المحسوب [على رجل ذي سلطان] (٢) المُرَجَّح : فرس تُجمع الآراء على أنه سيفوز بقَصَب السَّبْق § (٣) أثير ؛ مفضَّل ؛ مَحْظيّ .

fa·vor·it·ism [fā'vər ĭ tĭz'əm] *(n.)* (١) مُحاباة ؛ تحيُّز (٢) محسوبية .

fa·vour [fā'vər] *(n.; vt.)* = favor.

fa·vus [fā'vəs] *(n.)* القَرَعة ؛ القُراع : مرض جلديّ مُعْدٍ .

fawn[1] *1.*

fawn[1] [fôn] *(n.)* (١) الخِشْف : ولد الظَّبي (٢) صغير الماعز .

fawn[2] *(vi.)* (١) يتودَّد. وبخاصة: يُبَصْبِصُ الكلبُ؛ يحرِّك الكلب ذَنَبَهُ تودّدًا (٢) يتزلَّف؛ يتملَّق.

fax [făks] *(n.)* الفاكس: جهاز تلكس مُتطوِّر يبعث بصُورٍ طبقِ الأصل عن الرسائل التي استُخدم في إبراقها (را. facsimile). — **fax** *(vt.)*

fay[1] [fā] *(vt.; i.)* (١) يَصِل أو يَرْبِط بإحكام. وبخاصة: يَشُدّ أخشاب السفينة بإحكام x (٢) يتصل أو يترابط بإحكام.

fay[2] *(n.; adj.)* (١) الجِنِّيَّة § (٢) جِنِّيّ.

faze [fāz] *(vt.)* يُزعج؛ يُقْلِق.

feal [fēl] *(adj.)* مخلص؛ صادق الولاء (ا. ق).

fe·al·ty [fē'əl tĭ] *(n.)* إخلاص؛ ولاء [وبخاصة للأمير الإقطاعيّ].

fear [fēr] *(n.; vt.; i.)* (١) خوف (٢) خَشْية. وبخاصة: مخافة الله (٣) خطَر § (٤) يخشى الله (٥) يخاف.

fear·ful [fēr'fəl] *(adj.)* (١) مُخيف (٢) خائف (٣) ناشئ من خوف؛ دالّ على خوف (٤) جبان (٥) رهيب: رديء جدًا.

fear·less [fēr'ləs] *(adj.)* جَسور؛ شجاع؛ لا يعرف الخوف.

fear·less·ly *(adv.)* بجسارة؛ بشجاعة.

fear·nought *or* **fear·naught** [fēr'nôt'] *(n.)* (١) الشجاع؛ الجسور (٢) الفيرنوت: نسيجٌ صوفيّ غليظ.

fear·some [fēr'səm] *(adj.)* (١) مُخيف (٢) خائف؛ جبان.

fea·si·ble [fē'zə bəl] *(adj.)* (١) عمليّ <a ~ plan> (٢) ملائم <a road ~ for travel> (٣) معقول؛ محتمل <a ~ theory>.
— **fea·si·bil·i·ty** *(n.)*

feast [fēst] *(n.; vi.; t.)* (١) «أ» وليمة؛ مأدبة. «ب» مُتعة بالغة <a ~ for the eyes> (٢) عيد دينيّ § (٣) يتناول طيِّب الطعام (٤) يستمتع استمتاعًا بالغًا بـ x (٥) يُولم (٦) يُمتِّع (٧) يُعَيِّد: يحتفل بعيد ديني.

feat [fēt] *(n.)* (١) عملٌ (٢) مأثُرة: عمل فذّ أو بطوليّ.

feath·er [fĕth'ər] *(n.; vt.; i.)* (١) «أ» ريشة. «ب» ريشة السَّهم (٢) «أ» الرِّيش: مجموع ريشات الطائر. «ب» نوع <of the same ~>. «ج» كسوة؛ لباس. «د» مزاج؛ حالة؛ صحّة <in fine ~> (٣) الخُصَيْلة: خُصلة شعر كتلك التي تكون على رِجل كلب (٤) إسفين: لسان تعشيق إلخ (نج) (٥) التأفيق: إدارة نَصْل المجذاف أُفقيًا § (٦) «أ» يَرِيشُ السَّهمَ. «ب» يُرَيِّش: يكسو أو يُزيِّن بالريش (٧) يُوَفِّق: يدير نصلَ المجذاف أفقيًا (٨) يُجنِّب المروحة (طي) (٩) يُعَشِّق (نج) x (١٠) يتريَّش: «أ» يكتسي الطائرُ بالريش. «ب» ينتشر [الخبرُ].

- a ~ in one's cap — شارةُ امتياز؛ مَفْخرة؛ مأثرة.
- birds of a ~, — أُناسٌ من ضرب أو مزاج أو ذوق واحد؛ إن الطيور على أشكالها تقع.
- to cut a ~, — (١) تُحْدِث [السفينةُ] تموّجًا مزبدًا عند انطلاقها بسرعة (٢) ينطلق برشاقة (٣) يلفت الأنظار إلى نفسه.
- to ~ one's nest — يتريَّش: يجمع ثروةً وبخاصة من ممتلكات شخص آخر عَهِدَ إليه بالإشراف عليها.
- to show the white ~, — تبدو عليه أمارات الخوف.

feath·er·bed [fĕth'ər bĕd] *(vi.; t.)* (١) يَسْتَرِيش: يُكره ربَّ العمل على توظيف عددٍ من المستخدَمين زيادة عن حاجته، أو على إنقاص ساعات العمل كوسيلة لاستيعاب هؤلاء الموظفين x (٢) يُمِدّ [صناعةً ما] بمساعدة حكومية.
— **feath·er·bed·ding** *(n.)*

feath·er·brain [-brān'] *(n.)* المُغَفَّل؛ الخفيف العقل.

feath·ered [fĕth'-] *(adj.)* (١) مَريش: مكسوٌّ بالريش (٢) سريع.

feath·er·edge [fĕth'ər ĕj'] *(n.)* حدّ رقيق إلى أبعد الحدود.

feath·er·edged [fĕth'ər ĕjd'] *(adj.)* ريشيّ الحدّ: ذو حدّ بالغ الرقّة.

feath·er·head [fĕth'ər hĕd'] *(n.)* المُغَفَّل؛ الخفيف العقل.

feath·er·stitch [-stĭch'] *(n.; vt.)* (١) الغُرزة الريشية: غُرزة تطريز تُحْدِث خطوطًا متعرّجة على شكل ريشة § (٢) يُطرِّز ريشيًّا.

feath·er·weight [-wāt'] *(n.; adj.)* (١) وزن خفيف جدًا. وبخاصة: وزن الريشة: أخفّ وزن يُحَمَّلُهُ فرسٌ في سباق (٢) شخص خفيف جدًا. وبخاصة: مُلاكم أو مصارع من وزن الريشة (١١٨-١٢٦ باوندًا) § (٣) من وزن الريشة.

feath·er·y [fĕth'ə rĭ] *(adj.)* (١) مَريش: مكسوٌّ بالريش (٢) رِيشانيّ: شبيهٌ بالريش (٣) «أ» خفيف. «ب» تافه؛ غير هامّ.

feat·ly [fēt'lĭ] *(adv.; n.)* (١) بِرَشاقة؛ بأناقة؛ بِبَراعة § (٢) رشيق.

fea·ture [fē'chər] *(n.; vt.; i.)* (١) هيئة؛ صورة (٢) «أ» قَسَمة [من قسمات الوجه]. «ب» *pl.*: الوجه (٣) «أ» مِيزة بارزة؛ مقوِّم. «ب» *pl.*: معالم [منطقة ما، كالبحيرات والأنهار والجبال] (٤) الفيلم الرئيسي [في حفلة سينمائية] (٥) المَجْلوّ: «أ» مقال أو باب أو عمود، ذو أهمية خاصة، في جريدة أو مجلة. «ب» شيء يقدَّم إلى الجمهور أو يُعْلَن عنه بوصفه فاتنًا أو أخّاذًا § (٦) يُشْبه (٧) يصوِّر [الملامحَ] (٨) يتخيَّل (٩) يَجلو؛ يُبرز؛ يُظهِر: ينشر في موضع بارز <to ~ a story in a newspaper> (١٠) يعلن عن شيء [بوصفه فاتنًا أو أخّاذًا] (١١) يميِّز: يشكِّل ميزةً لِـ x (١٢) «أ» يمثِّل دورًا مُهِمًّا. «ب» يَبْرز.

fea·tured *(adj.)* (١) ذو قسمات وجهيّة خاصة <a hard-*featured* man> (٢) مَجْلوّ: «أ» مُبْرَز أو مُظهَّر في جريدة أو مجلّة. «ب» مُقدَّم إلى الجمهور أو مُعْلَن عنه بوصفه شيئًا فاتنًا أو أخّاذًا. «ج» مقدَّم إلى الجمهور بوصفه بطل الفيلم أو نَجْمَهُ <a ~ actor>.

fea·ture·less *(adj.)* رتيب؛ غير مشوِّق؛ خامل؛ ساكن؛ مستقرّ.

feaze [fēz; fāz] *(vt.)* = faze.

febri- بادئة معناها: حُمَّى <*febri*fuge>.

fe·bri·fu·gal [fĭ brĭf'yə gəl] *(adj.)* ملطِّف للحُمَّى.

feb·ri·fuge [fĕb'rə fyōōj'] *(n.; adj.)* ملطِّف للحُمَّى.

fe·brile [fē'brəl] *(adj.)* = feverish.

Feb·ru·ar·y [fĕb'rōō ĕr'ĭ] *(n.)* فبراير؛ شباط.

fe·cal [fē'kəl] *(adj.)* بِرازيّ؛ غائطيّ.

fe·ces [fē'sēz] *(n. pl.)* بِراز؛ غائط.

feck·less [fĕk'ləs] *(adj.)* (١) «أ» ضعيف؛ واهن؛ عاجز. «ب» غير فعّال (٢) فارغ؛ عقيم (٣) لا مبالٍ (٤) غير بارع.

fe·cu·lence [fĕk'yə-] *(n.)* (١) راسب؛ ثُفْل (٢) تعكُّر؛ توحُّل.

fe·cu·lent [fĕk'yə-] *(adj.)* عَكِر؛ موحِل؛ قذِر؛ وسِخ.

fe·cund [fē′kŭnd; fĕk′-] *(adj.)* (١) «أ» وَلُود. «ب» كثير الثمر (٢) «أ» مُنتِج؛ وافر الإنتاج العقلي. «ب» خصِب؛ مبدِع.

fe·cun·date [fē′kən dāt′] *(vt.)* (١) يجعله مثمرًا أو منتجًا (٢) يُلقِّح.

fe·cun·di·ty [fĭ kŭn′dĭ tĭ] *(n.)* إثمار؛ إنتاجية؛ خِصْب.

fed[1] [fĕd] *past and past part. of* feed.

fe·da·yee [fĭ dă′yē′; fĭ dä′yē′] *(n.)* pl. **-yeen** الفِدائيّ.

fed·er·al [fĕd′ər əl] *(adj.; n.)* (١) فيديراليّ؛ اتحاديّ: «أ» مؤلف من اتحاد بين وحدات سياسية تحتفظ بسلطات حكومية محدودة. «ب» خاصّ بحكومة تتوزع الحكمَ فيها سلطةٌ مركزية وعددٌ من الوحدات الإقليمية. «ج» خاصّ بحكومة اتحاد مركزية. «د» *.cap*: مؤيد للمذهب الداعي إلى إقامة حكومة ذات سلطات مركزية قوية. «هـ» *.cap*: خاص بالحكومة الفيديرالية للولايات المتحدة الأميركية خلال الحرب الأهلية الأميركية أو موالٍ لها § (٢) *.cap*: الفيديراليّ؛ الاتحاديّ: المُؤيِّد لحكومة الولايات المتحدة الأميركية خلالَ الحرب الأهلية. وبخاصة: جنديّ في القوات الفيديرالية (٣) *.cap*: موظف فيديراليّ.

fed·er·al·ism [fĕd′-] *(n.)* الفيديرالية: «أ» *.cap* عد: النظام الفيديراليّ. «ب» *.cap*: مبادئ الحزب الفيديراليّ الأميركيّ.

fed·er·al·ist [fĕd′-] *(n.; adj.)* (١) الفيديراليّ؛ الاتحاديّ: «أ» المؤيِّد للنظام الفيديراليّ أو الاتحاديّ. «ب» *.cap*: عضوٌ في الحزب الذي دعا، في السنوات الأولى من تاريخ الولايات المتحدة الأميركية، إلى إنشاء حكومة مركزية قوية § (٢) فيديراليّ؛ اتحاديّ.

fed·er·al·ize [fĕd′ər ə līz′] *(vt.)* يُفَدْرِل: «أ» يوحِّد في ظل نظام فيديراليّ. «ب» يُخْضِع لسلطة الحكومة الفيديرالية.

fed·er·ate[1] [fĕd′ər ĭt] *(adj.)* مُفَدْرَل: متّحد في نظام فيديراليّ.

fed·er·ate[2] [fĕd′ə rāt′] *(vt.; i.)* (١) يُفَدْرِل: يوحِّد في نظام فيديراليّ x (٢) يَتَفَدْرَل: يتّحد في نظام فيديراليّ.

fed·er·a·tion [fĕd′ə rā′-] *(n.)* (١) الفَدْرَلة: إنشاء اتحاد فيديراليّ (٢) اتّحاد. وبخاصة: «أ» حكومة فيديرالية. «ب» اتحاد منظّمات.

fed·er·a·tive [fĕd′ə rā′tĭv] *(adj.)* (١) فيديراليّ؛ اتحاديّ (٢) فيديراليّ: خاصّ بالشؤون الخارجية والسلامة القومية.

fed up *(adj.)* (١) مُتْخَم (٢) ضجِر؛ سَئِم؛ بَرِم.

fee [fē] *(n.; vt.)* (١) «أ» إقطاعة. «ب» ميراث؛ ملكيّة موروثة (ق) (٢) أجْر؛ جُعْل <a doctor's ~> (٣) رسم <school ~s> (٤) بقشيش؛ راشن § (٥) يدفع الأجر إلى <to ~ a lawyer> (٦) يستغلّ؛ يستخدم؛ يُفيد من (٧) يمنحه بقشيشًا.

to hold in ~, يَمْتلِك [أرضًا] ملكية تامة.

fee·ble [fē′bəl] *(adj.)* ضعيف؛ واهنٌ.

fee·ble·mind·ed [fē′bəl mīn′dĭd] *(adj.)* (١) أبله (٢) أحمق.

fee·blish [fē′-] *(adj.)* ضعيف بعضَ الشيء.

feed [fēd] *(vt.; i.; n.)* (١) «أ» يُطعِم. «ب» يُمِدّ بما يشبه القُوت (٢) يُغَذِّي (٣) «أ» يُرضي؛ يُشبع. «ب» يشجِّع (٤) يُلْقِم: يغذّي ماكينةً إلخ x (٥) يأكل (٦) يقتات بـِ § (٧) «أ» أكلُ الطعام. «ب» وَجْبة (٨) «أ» عَلَفٌ. «ب» عَلْفة (٩) الإلقام: تغذية الماكينة (١٠) اللُّقمة: المادّة التي تُلْقَم بها الماكينة (١١) المِلقم: جهاز التغذية في ماكينة.

at ~, في المرعى.
off one's ~, فاقدٌ شهيَّتَهُ للطعام.

feed·back [fēd′băk] *(n.)* التّغذية المرتدّة («ألك» و«نف»).

feed·er [fē′dər] *(n.)* (١) «أ» المُطْعِم؛ المُغذِّي. «ب» الآكل؛ المغتذي (٢) المِلقَم: أداة للتزويد بالطعام (٣) جدول؛ رافد (٤) المُلقِّم: شخصٌ أو جهازٌ مُلقِّم لماكينة أو آلة طباعة إلخ (٥) «أ» خطّ التغذية (كب). «ب» خطّ مواصلات فرعيّ (٦) المُسَمَّن: حيوان يُسَمَّن للذبح.

feeding bottle *(n.)* زجاجة الإرضاع [للأطفال].

feeding cup *(n.)* كوب التغذية: كوب لتغذية طريحي الفراش.

feed·stuff [fēd′stŭf′] *(n.)* العَلَف: طعام الحيوان.

feel [fēl] *(vt.; i.; n.)* (١) «أ» يلمس. «ب» يَجُسّ (٢) يُحِسّ؛ يَشْعر (٣) يتلمّس [طريقَهُ] (٤) يؤمن؛ يعتقد x (٥) يبدو عند اللمس <Velvet ~s smooth.> (٦) يشفق على؛ يرقّ لِـ (تتبعها for أو with) § (٧) حاسة اللمس (٨) إحساس (٩) مَلْمَس <a greasy ~> (١٠) جوّ أو صفة خاصة (١١) حَدْس. <The place had the ~ of a home.>

to ~ like a walk يرغب في القيام بنزهة على القدمين.

feel·er [fē′lər] *(n.)* اللّامس؛ الحاسّ؛ المتلمِّس. وبخاصة: «أ» المِجَسّ: قرن الحشرة. «ب» مِجَسّ النَّبْض: ملاحظة أو اقتراح يُلْقَى رغبةً في جسّ نبض الآخرين أو استطلاع آرائهم وأهدافهم.

feel·ing [fē′lĭng] *(n.; adj.)* (١) «أ» حاسّة اللمس. «ب» إحساس (٢) «أ» عاطفة. «ب» *.pl*: مشاعر <to hurt one's ~s> (٣) الوجدان (نف) (٤) «أ» رأي؛ اعتقاد. «ب» شعور. «ج» presentiment (٥) إشفاق؛ حنوّ (٦) جوّ عامّ <The ~ of the meeting was hostile.> (٧) حَدْس § (٨) حاسّ؛ حسّاس (٩) حَنون <a ~ heart> (١٠) عاطفي؛ انفعاليّ <wrote in passionate ~ language>.

fee simple *(n.)* الميراث الحرّ [غير مقصور على طبقة معيَّنة من الورثة].

fee splitting *(n.)* انقسام الرَّسم: دفع الطبيب أو المحامي إلخ جزءًا ممّا تقاضاه إلى الزميل الذي حوَّل المريض، أو الموكِّل، إليه.

feet [fēt] *pl. of* foot.

fee tail *(n.)* الميراث المقيَّد: ميراث مقصور على طبقة معيَّنة من الورثة.

feeze [fēz; fāz] *(n.)* (١) rush (٢) اهتياج؛ قلق؛ ذعر.

feign [fān] *(vt.; i.)* (١) يتظاهر بـِ (٢) يدَّعي؛ يزعم (٣) يختلق؛ يُلَفِّق <to ~ an excuse> (٤) يقلِّد؛ يحاكي.

feigned [fānd] *(adj.)* (١) مُخْتَلَق؛ مُلَفَّق (٢) زائف؛ غير حقيقيّ.

feint [fānt] *(n.; vi.; t.)* (١) «أ» خُدعة. «ب» هجوم مخادع § (٢) يخدع؛

يَمْكُرُ بـ (٣) يتظاهر بـ.

feist [fīst] *(n.)* الكُلَيْب: كلب صغير.

feld·spar [fĕld′spär; fĕl′spär] *(n.)* الفَلْسْبار؛ الفَلْدْسبار (مع).

fe·lic·i·tate [fĭ lĭs′ə tāt′] *(vt.)* (١) يُسْعِد (ا. ق) (٢) يُهَنِّئ.

fe·lic·i·ta·tion [fĭ lĭs′ĭ tā′shən] *(n.)* تهنئة.

fe·lic·i·tous [fĭ lĭs′ə təs] *(adj.)* (١) مُناسِب؛ مُوَفَّق <a ~ remark> (٢) لَبِق <a ~ speaker> (٣) رائع؛ فاتن <a ~ journey>.

fe·lic·i·ty [fĭ lĭs′ə tĭ] *(n.)* (١) هناءة. وبخاصة: سعادة عظيمة (٢) مصدر سعادة (٣) لباقة في التعبير (٤) تعبيرٌ لَبِق.

fe·lid [fē′lĭd] *(n.)* السِّنَّوريّ: حيوان من فصيلة السِّنَّوريات.

Fe·li·dae [-′lə dē] *(n. pl.)* فصيلة السِّنَّوريات [الهررة والأسود والنمور إلخ].

fe·line [fē′līn] *(adj.)* (١) سِنَّوْريّ (٢) غادر؛ ماكر.

fell[1] [fĕl] *(n.)* (١) جلد الحيوان (٢) شَعْر؛ صوف.

fell[2] *(vt.)* (١) يقطع <to ~ a tree> (٢) يَصْرع؛ يَقتل (٣) يَدْرُز على موازاة الحاشية.

fell[3] [fĕl] *past of* fall.

fell[4] [fĕl] *(adj.)* (١) وحشيّ؛ ضارٍ (٢) شرِّير؛ فاسد (٣) مُهلك؛ مميت (٤) فظيع؛ رهيب (٥) بارع.

fel·lah [fĕl′ə] *(n.)* pl. **fel·la·hin** *or* **fel·la·heen** الفَلّاح.

fel·late [fĕl′āt′] *(vt.; i.)* يَلْعق القضيب أو الذَّكَر.

fel·la·ti·o [fə lā′shĭ ō] *also* **fel·la·tion** *(n.)* لَعْقُ القضيب أو الذَّكَر.

fell·mon·ger [fĕl′mŭng′gər] *(n.)* الجلّاد: تاجر الجلود.

fel·loe [fĕl′ō] *(n.)* الحَوْق: إطار العجلة أو الدولاب.

fel·low [fĕl′ō] *(n.; adj.)* (١) رفيق (٢) «أ» صِنْو؛ نِدّ. «ب» أحد زوجين <the ~ of a shoe *or* glove> (٣) الزَّميل: عضو في جمعية أدبية أو علمية (٤) «أ» رجل أو ولد تافه أو وضيع. «ب» شخص (٥) الأمين: عضو مجلس أمناء كلية أو جامعة (٦) الخرّيج المساعَد: خرّيج جامعة يُعطى منحة للقيام بدراسات خاصة § (٧) مُماثِل؛ مُرافِق؛ مُشارِك؛ مُزامِل <~ workers>.

fellow·man [fĕl′ō măn′] *(n.)* أخٌ في الإنسانية.

fel·low·ship [fĕl′ō-] *(n.)* (١) رِفقة؛ صُحبة (٢) «أ» اشتراك في المصلحة أو الشعور أو العمل أو الخبرة. «ب» زمالة (٣) جماعة مؤلفة من أصدقاء أو أنداد (٤) أُلفة؛ مودّة؛ صداقة (٥) «أ» عضوية [وبخاصة في جمعية أدبية أو علمية إلخ]. «ب» منحة جامعيّة. «ج» المِنَحيّة: مؤسسة لتقديم المِنَح الجامعية.

fellow traveler *(n.)* رفيق الطريق: مَنْ يعطف على برنامج حزب أو مبادئه أو يروّج لها من غير أن يكون عضوًا فيه.

fel·ly [fĕl′ĭ] *(n.)* = felloe.

fe·lo–de–se [fē′lō də sē′] *(n.)* (١) المنتحِر (٢) انتحار.

fel·on[1] [fĕl′ən] *(n.; adj.)* (١) المجرم؛ الجاني § (٢) شرِّير.

fel·on[2] [fĕl′ən] *(n.)* الدّاحس؛ الدّاحوس [في الإصبع] (مض).

fe·lo·ni·ous [fə lō′-] *(adj.)* (١) شرِّير جدًّا (ا. ق) (٢) إجراميّ.

fel·on·ry [fĕl′ən rĭ] *(n.)* جماعة المجرمين [وبخاصة في منفًى لهم].

fel·o·ny [-′ə nĭ] *(n.)* جريمة؛ جناية.

fel·spar [fĕl′spär] *(n.)* = feldspar.

felt[1] [fĕlt] *(n.; vt.)* (١) «أ» اللِّبَد؛ اللُّبّاد. «ب» شيء مصنوع من لَبَدٍ [كالقُبَّعة إلخ.] § (٢) يُلبِّد: «أ» يُحوِّله إلى لَبَدٍ. «ب» يكسو باللَّبَد.

felt[2] [fĕlt] *past and past part. of* feel.

felt·ing [fĕl′tĭng] *(n.)* (١) التلبيد: صُنْع اللَّبَد (٢) لَبَدٌ.

fe·luc·ca [fĕ lŭk′ə] *(n.)* الفَلوكة: سفينة شراعية سريعة.

felucca

fe·male [fē′māl] *(n.; adj.)* (١) أنثى (٢) نَباتٌ مِدَقّي § (٣) أُنْثويّ؛ نِسْويّ (٤) مِدَقّيّ (نب) (٥) غائر؛ أنثويّ؛ داخليّ (مك).

fem·i·nie [fĕm′ə nē] *(n.)* جماعة النِّساء؛ الجنس اللطيف.

fem·i·nine [-nĭn] *(adj.; n.)* (١) أُنثويّ؛ نِسويّ (٢) لطيف؛ رقيق (٣) مخنَّث (٤) مؤنَّث (ل) § (٥) كلمة مؤنَّثة (٦) المؤنَّث (ل).

fem·i·nin·i·ty [-nĭn′-] *(n.)* (١) أنوثة (٢) تَخنُّث (٣) الجنس اللطيف.

fem·i·nism [fĕm′ə nĭz′əm] *(n.)* تساوي الجنسين: نظرية تَساوي الجنسين سياسيًّا واقتصاديًّا واجتماعيًّا.

fem·i·nist [fĕm′ə nĭst] *(n.)* القائل بالمساواة بين الجنسين.

fe·min·i·ty [fĭ mĭn′-] *(n.)* = femininity.

fem·i·nize [fĕm′ə nīz′] *(vt.)* يؤنِّث؛ يُخنِّث.

femme de chambre [fàm də shän′br] *(n.)* وصيفة.

femme fatale [fàm fà tàl′] *(n.)* المرأة المُغْوِية أو الفاتنة.

fem·o·ral [fĕm′ər əl] *(adj.)* فَخِذيّ: خاصّ بالفَخِذ أو عظم الفخذ.

fe·mur [fē′mər] *(n.)* pl. **-s** *or* **fem·o·ra** العظم الفَخِذيّ (ت).

fen[1] [fĕn] *(n.)* مُستنقَع.

fen[2] [fən] *(n.)* الفَنّ: عملة صينية صغيرة.

fence [fĕns] *(n.; vt.; i.)* (١) سِياج (٢) المُسايفة: مبارزة بالسَّيف (٣) «أ» متلقّي المسروقات. «ب» مَتْجر المسروقات: مكان تُشْتَرى منه السِّلع المسروقة § (٤) يسيِّج (٥) يحبس؛ يزرب [الماشية] (٦) يَطرد؛ يُبعِد (٧) يحمي؛ يصون (٨) يبيع [المسروقاتِ] x (٩) يُسايف: يبارز بالسيف (١٠) يتجنَّب؛ يتملَّص [من الإجابة عن سؤال مُحرج].

fencer 2.

fenc·er [fĕn′sər] *(n.)* (١) فا fence (٢) المُسايِف: المُبارِز بالسيف.

to mend one's ~*s* يَعْقِد صلحًا.

to sit on the ~, يتردَّد أو يقف على الحياد.

fence–mend·ing [fĕns′mĕn′dĭng] *(n.)* ترميم العلاقة: إصلاح العلاقات السِّياسية المتدهورة أو تصحيحها.

fenc·ing [fĕn′sĭng] *(n.)* (١) مُسايفة (٢) «أ» سياج. «ب» أسْيجةُ [منطقةٍ أو ممتلكاتٍ]. «ج» كلُّ ما يُستعمَلُ لإقامة الأسيجة.

fend [fĕnd] *(vt.; i.)* (١) «أ» يَصون؛ يقي. «ب» يردّ أو يتّقي [خطرًا] (٢) يَعُوْل؛ يُعيل x (٣) يناضل؛ يكافح.

fend·er [fĕn′dər] *(n.)* الوِقاء: وسيلةٌ واقية؛ مثل: «أ» درابزون. «ب» حاجز الاصطدام: أداة في مقدَّم القاطرة أو الترام لتخفيف الأذى عند الاصطدام بالحيوانات أو المارّة. «ج» رفرف العجلة أو الدولاب. «د» سياج المدفأة.

fe·nes·tra [fĭ nĕs′trə] *(n.)* الكُوَّة: «أ» ثقب في العظم. «ب» نقطة شفّافة في

جناح الفراشة إلخ . «ج» فُتْحة (عم) .

fe·nes·trate [fĭ nĕs′-] *(adj.)* = fenestrated 2.

fe·nes·trat·ed [fĭ nĕs′trā tĭd] *(adj.)* (١) منفَّذ : ذو نوافذ (٢) مُكَوًّى : ذو كُوًى أو مَسامّ <~ blood capillaries> .

fen·es·tra·tion *(n.)* (١) نَسَق النوافذ والأبواب (٢) ثقب ؛ فتحة .

fen·nec [fĕn′ĕk] *(n.)* الفَنَك : ثعلب صغير كثيف الوبر .

fen·nel [fĕn′əl] *(n.)* الشُّمْرة ؛ الشَّمار (نب) .

fen·ny [fĕn′ĭ] *(adj.)* مُسْتَنْقَعِيّ ؛ سَبْخيّ .

fen·u·greek [fĕn′yŏŏ grēk′] *(n.)* الحُلبة (نب) .

feoff [fĕf; fēf] *(vt.)* يُقْطِع : يمنحه إقطاعةً .

feoff·ee [fĕf′ē] *(n.)* المُقْطَع : الممنوح إقطاعةً .

feoff·ment [fĕf′-; fēf′-] *(n.)* الإقطاع : منحُ الإقطاعات .

feof·for [fĕf′ər; fē′fər] *(n.)* المُقطِع : مانحُ الإقطاعة .

fe·ral [fēr′əl] *(adj.)* (١) وَحْشيّ (٢) ضارٍ ؛ آبد .

fer·bam [fûr′-] *(n.)* الفَربام : مُبيدٌ زراعيّ للفطور أو الفُطريات .

fer–de–lance [fĕr də läns′] *(n.)* السِّنان : أفعى سامّة ضخمة .

fe·ria [fĕr′ē ä] *(n.)* سوق ؛ معرِض .

fe·rine [fēr′ĭn; fēr′īn] *(adj.)* = feral.

fer·i·ty [fĕr′-] *(n.)* (١) وحشيّة (٢) ضراوة ؛ تأبُّد .

fer·ment [*v.* fər mĕnt′; *n.* fûr′mĕnt] *(vi.; t.; n.)* (١) يتخمَّر ؛ يختمر (٢) يهتاج ؛ يثور x (٣) يخمِّر (٤) يَهيج ؛ يُثير § (٥) خميرة (٦) تخمّر ؛ اختمار (٧) اهتياج ؛ قلق <political ~> .

fer·men·ta·tion *(n.)* (١) تخمُّر ؛ اختمار (٢) اهتياج ؛ قلق .

fer·ment·a·tive *(adj.)* (١) مخمِّر (٢) اختماريّ (٣) قابل للاختمار .

fer·mi·um [fûr′mē-] *(n.)* الفيرميوم : عنصر فِلِزّيّ إشعاعيّ النشاط .

fern [fûrn] *(n.)* السَّرْخَس (نب) .

fern·er·y [fûr′-] *(n.)* (١) موضع تُزْرع فيه السَّراخس للتزيين (٢) سَراخس .

fern seed *(n.)* بَوْغ السَّرخس : أبواغ السَّرْخس التي حَسِبها القدماء بزورًا وزعموا أن لها قدرة على إخفاء من يَحْملها عن العيان .

fe·ro·cious [fə rō′shəs] *(adj.)* (١) ضارٍ ؛ وَحشيّ (٢) شديدٌ جدًا .

fe·ro·cious·ness [fə rō′shəs-] *(n.)* = ferocity.

fe·roc·i·ty [fə rŏs′ə tĭ] *(n.)* (١) ضَراوة ؛ وحشية (٢) شِدّة .

-ferous لاحقة معناها : مُنتِج أو متضمِّن .

fer·rate [fĕr′āt′] *(n.)* الحَدِيدات : ملح الحَمض الحديدي (ك) .

fer·ret[1] [fĕr′ĭt] *(n.; vi.; t.)* (١) ابنُ مِقْرَض : «أ» حيوان شبيه بابن عِرس يُستخدم لتصيُّد القوارض . «ب» من يبحث عن الأدلة الجنائية بنشاط § (٢) يصيد مستعينًا بابن مِقرَض (٣) يبحث عن ؛ يستكشف <to ~ out the facts> x (٤) يُجيش : يحمل الطرائد على الخروج من مكامنها (٥) «أ» يُقلق . «ب» يُضايق ؛ يُنهك بهجمات متكررة .

ferret[1] *1a.*

fer·ret[2] [fĕr′ĭt] *(n.)* العِصاب : شريط حريريّ أو صوفيّ .

ferri- بادئة معناها : حديد <*ferri*ferous> .

fer·ri·age [fĕr′ĭ ĭj] *(n.)* (١) أجرة العبور : أجرة العبور بمركب أو مُعَدِّية (٢) الإعبار : النقل عَبْرَ النهر بمركب أو مُعَدِّية .

fer·ric [-ĭk] *(adj.)* حديديّ : ذو علاقة بالحديد أو محتوٍ عليه .

fer·rif·er·ous [fĕ rĭf′-] *(adj.)* حاملٌ للحديد : متضمِّن أو مُنتج حديدًا .

fer·rite [fĕr′īt] *(n.)* الفَرّيت ؛ الحديديت (ك) .

ferro- بادئة معناها : «أ» حديد . «ب» حديد و . . .

fer·ro·al·loy [fĕr′ō ăl′oi] *(n.)* الأُشابة أو السبيكة الحديدية .

fer·ro·con·crete [fĕr′ō kŏn′-] *(n.)* الخَرَسانة الحديدية أو المسلَّحة .

fer·ro·e·lec·tric [fĕr′ō ĭ lĕk′trĭk] *(adj.; n.)* (١) كَهْرَحَديديّ : خاصّ بموادّ متبلِّرة ذاتِ استقطاب كهربائي عفويّ § (٢) مادة كَهْرَحديدية .

fer·ro·mag·ne·sian *(adj.)* حَديديمَغْنيسيوميّ : متضمِّن حديدًا ومغنسيومًا .

fer·ro·mag·net·ic [fĕr′ō măg nĕt′ĭk] *(adj.)* حديديّ المغنطيسية : ذو إنفاذية مغنطيسية عالية .

fer·rous [fĕr′əs] *(adj.)* (١) حديديّ (٢) حديدوز : متضمِّن حديدًا ثُنائيّ التَّكافؤ .

ferrous sulfate *(n.)* كبريتات الحديدوز .

fer·ru·gi·nous [fĕ rōō′-] *(adj.)* (١) حديديّ (٢) بلون صَدأ الحديد .

fer·rule [fĕr′əl; -ōōl] *(n.; vt.)* (١) الطُّوَيْق : «أ» حلقة معدنية حول طرف عصًا أو مقبض آلة . «ب» حُلَيْقة لوصل أنبوبين وصلًا مُحْكَمًا § (٢) يطوِّق أو يزوِّد بطُوَيْق إلخ .

fer·ry [fĕr′ĭ] *(vt.; i.; n.)* (١) يُعْبِر : يَنقل عَبْرَ جسم مائيّ بمَركبٍ أو مُعَدِّية (٢) يَعْبُر : يَنتقل على هذا النحو (٣) ينقل (٤) يُوْصِل : يقود طائرة من المصنع إلى مكان التسليم أو من قاعدة جوية إلى أخرى (٥) يَنْقُل جوًا § (٦) المَعْبَر : مكان عبور النهر بمركب (٧) ferryboat (٨) حقّ النَّقل [عَبْرَ جسم مائيّ] (٩) خطّ الإيصال : خط منظَّم لقيادة الطائرات عبر بحر أو قارّة بُغية تسليمها إلى مستعمليها .

fer·ry·boat [fĕr′ĭ bōt′] *(n.)* المُعَدِّية ؛ العَبّارة : مَرْكب يُعْبَر أو يُنْقَل به من شاطئ إلى شاطئ .

fer·tile [fûr′təl; -tīl] *(adj.)* (١) خصيب : «أ» مثمِر أو منتج بوفرة <~ soil> . «ب» مُولِّد ؛ مُبدِع <a ~ mind> . «ج» قابل للنموّ أو التطوّر <a ~ egg> . «د» مشتمل على لقاح <a ~ anther> (٢) مُخْصِب : ذو قدرة على الإخصاب أو الإنجاب (٣) خِصْب : قابل للتحويل إلى مادة مُنشطرة <~ uranium> .

fer·til·i·ty [fər tĭl′ə tĭ] *(n.)* (١) خِصْب (٢) نسبة المواليد [في بلدٍ] .

fer·ti·lize [fûr′tə līz′] *(vt.)* (١) يُلقِّح (٢) يُخَصِّب ؛ يُسمِّد .

— fer·ti·li·za·tion *(n.)*

fer·ti·liz·er [-′tə lī′zər] *(n.)* السَّماد : مادة تزيد التربة خصوبةً .

fer·u·la [fĕr′(y)o͞o lə] *(n.)* الأَنْجُذان؛ القِنَّة: نباتٌ عُشبيّ.

fer·ule [fĕr′əl; fĕr′o͞ol] *(n.; vt.)* (١) المِقْرَعة: عصًا يُؤدَّب بها الأولاد (٢) الانضباط المدرسيّ § (٣) يَقْرَع: يعاقب بالمقرعة.

fer·ven·cy [fûr′vən sĭ] *(n.)* = fervor.

fer·vent [-′vənt] *(adj.)* (١) مُتوهِّج؛ شديد الحرارة (٢) مُتَّقِد؛ متحمِّس.

fer·vid [fûr′vĭd] *(adj.)* = fervent.

fer·vor; fer·vour [fûr′-] *(n.)* (١) توهُّج (٢) اتِّقاد؛ حماسة.

fes·cue [fĕs′kyo͞o] *(n.)* (١) المِدَلّ: عَصًا يُشار بها (٢) الفَسْتوكة [عُشب].

fess; fesse [fĕs] *(n.)* العِصابة: عِصابة أفقية وسط درع النبالة.

fes·tal [fĕs′təl] *(adj.)* (١) عِيْديّ؛ مِهْرَجانيّ (٢) بهيج؛ مَرِح.

fes·ter [fĕs′-] *(n.; vi.; t.)* (١) دُمَّل؛ قَرْح § (٢) يتقيَّح (٣) يَفْسُد (٤) rankle **x** (٥) «أ» يقيِّح. «ب» يُفسد أو يُحْدِث التهابًا [في ناحية من الجسم].

fes·ti·val [fĕs′tə vəl] *(adj.; n.)* (١) عِيْديّ؛ مِهْرَجانيّ § (٢) «أ» عيد. «ب» مِهرَجان (٣) ابتهاج؛ بهجة.

fes·tive [fĕs′tĭv] *(adj.)* (١) عِيْديّ؛ مِهرَجانيّ (٢) بهيج؛ مرح.

fes·tiv·i·ty [fĕs tĭv′-] *(n.)* (١) عيد؛ مِهرَجان (٢) ابتهاج (٣) قَصْف؛ لهو.

fes·toon [fĕs to͞on′] *(n.; vt.)* (١) الفَسْطُون: «أ» حبل من زهور أو أشرطة أو أعلام متدلٍّ بين نقطتين على سبيل الزينة. «ب» نقش يمثِّل حبلًا زينيًا (عم) § (٢) يُفَسْطِن: «أ» يزين بفساطين. «ب» يجعله على شكل فساطين.

festoon *1a.*

fes·toon·er·y [-to͞o′nə rĭ] *(n.)* مجموعة فساطين (را. المادة السابقة).

Fest·schrift [fĕst′shrĭft′] *(n.)* الكتاب التَّذكاريّ.

fe·ta [fĕt′ə; fĕ′tä] *(n.)* الفِيْتة: جبن يونانيّ أبيض.

fe·tal [fē′təl] *(adj.)* جنينيّ: منسوب إلى الجنين.

fe·ta·tion [fē tā′shən] *(n.)* الحَمْل: تكوُّن الجنين في الرَّحِم.

fetch[1] [fĕch] *(vt.; i.; n.)* (١) «أ» يجلب؛ يأتي بـ <to ~ a book from another room>. «ب» يستخرج <to ~ analogies from nature> (٢) «أ» يُحْضِر <to ~ a doctor>. «ب» يعود على صاحبه بثمن معيَّن <These old books won't ~ you much.>. «ج» يفتن؛ يسحر (٣) «أ» يُوَجِّه ضربةً إلى. «ب» يُحْدِث؛ يصنع (ع). «ج» يأخذ [نَفَسًا]. «د» يُرْسِل [تنهّدةً]. «هـ» يقتُل (٤) «أ» يبلغ: يصل إلى [وبخاصة بالإبحار ضدّ الريح أو التيار]. «ب» يبلغ؛ يصل إلى <to ~ port> **x** (٥) يسلك طريقًا غير مباشرة؛ يدور حول § (٦) حيلة (٧) جَلْب؛ استخراج؛ إحضار إلخ (٨) مَهَبّ الرِّيح (٩) تنهُّدة (١٠) جَهْد قويّ.

- to ~ and carry يقوم بمهام ثانوية جدًا.
- to ~ out يُظْهِر؛ يُبرز.
- to ~ to ينعش؛ يوقظ من إغماء إلخ.
- to ~ up (١) يعوِّض [ما فات من الوقت إلخ] (٢) يُوْقِف (٣) يُحْدِث (٤) يربِّي (٥) يقف؛ يتوقَّف (٦) يتقيَّأ (٧) يصل.

fetch[2] *(n.)* (١) doppelgänger (٢) شَبَح.

fete *or* **fête** [fāt; fĕt] *(n.; vt.)* (١) «أ» عيد. «ب» مِهْرَجان [وبخاصة في الهواء الطلق]. «ج» حفلة § (٢) يكرِّم؛ يُحيي الذكرى [بِمِهرَجان].

fête cham·pê·tre [fĕt shän pĕtr′] *(n.)* المِهرجان الخَلَويّ: مهرجان يُقام في الهواء الطَّلْق.

feti- *or* **feto-** بادئة معناها: جنين <*feti*cide>.

fe·ti·cide [fē′tĭ sīd′] *(n.)* قَتْلُ الجنين.

fet·id [fĕt′ĭd; fē′tĭd] *(adj.)* نَتِن؛ زَنِخ؛ كريه الرائحة.

fet·ish [fĕt′ĭsh; fē′-] *(n.)* (١) «أ» الفَتْش؛ البُدّ: شيء كانت الشعوب تنسب إليه قدرة سحرية على حماية صاحبه أو مساعدته. «ب» صنم؛ معبود. «ج» شيء أو جزء من أجزاء الجسد غير ذي صلة بالرغبة الجنسية يستثير تلك الرغبة عند بعض المنحرفين (٢) الطقس الفَتْشيّ: طقس دينيّ عند عَبَدة الأفتاش والبُدود.

fet·ish·ism [fĕt′ĭsh ĭz′əm] *(n.)* الفَتْشيّة؛ البُدِّية (را. المادّة السابقة).

fet·lock [fĕt′lŏk′] *(n.)* الثُّنَّة: «أ» نتوء يحمل خصلة شعر في مؤخَّر قائمة الفَرَس ونحوِهِ فوق الحافر مباشرةً. «ب» شعر هذا الجزء من قائمة الفَرَس.

fe·tol·o·gist [fē tŏl′ə jĭst] *(n.)* العالِم بالجَنينيّات.

fe·tor [fē′tər] *(n.)* نَتَن؛ رائحة كريهة.

fet·ter [fĕt′ər] *(n.; vt.)* (١) قَيْد؛ غُلّ § (٢) يقيِّد؛ يُغلِّل.

fet·tle [fĕt′əl] *(n.; vt.)* (١) حالة؛ وضع (٢) الفَرْشة: رملٌ أو خاماتٌ تُفرش بها أرض الفرن وقايةً لها § (٣) يَفْرُش.

fet·tling [fĕt′-] *(n.)* الفَرْشة (را. المادة السابقة).

fet·tuc·ci·ne *or* **fet·tu·ci·ne** [fĕt′ə chē′nē] *(n.)* الفَتُّوشيني: رقائق عجينية على شكل عصائب ضيقة.

fe·tus [fē′təs] *(n.)* الجنين [من الشهر الثالث حتى الولادة].

feud[1] [fyo͞od] *(n.; vi.)* (١) عِداء؛ حَزازة؛ ضغينة § (٢) يتعادى.

feud[2] [fyo͞od] *(n.)* إقطاعة.

feu·dal [fyo͞o′dəl] *(adj.)* (١) إقطاعيّ (٢) عِدائيّ؛ حَزازيّ؛ ضَغَنيّ.

feu·dal·ism [-′də lĭz′əm] *(n.)* الإقطاعية: النظام الإقطاعيّ.

feu·dal·i·ty [fyo͞o dăl′ə tĭ] *(n.)* الإقطاعية: «أ» الصفة الإقطاعية. «ب» النظام الإقطاعيّ.

feu·dal·ize [fyo͞o′də-] *(vt.)* يجعله إقطاعيًّا: يخضعه للنظام الإقطاعيّ.

feu·da·to·ry [fyo͞o′də tōr′ĭ] *(adj.; n.)* (١) إقطاعيّ (٢) مُستعمَر: خاضع لسلطان دولة أجنبية § (٣) المُقْطَع: صاحب الإقطاعة (٤) إقطاعة.

feuil·le·ton [fœ′yə tôn′] *(n.)* (١) صفحة التَّسْلية [في جريدةٍ أو مجلّةٍ] (٢) الحَلْقة: شيء، كحَلْقةٍ من رواية مسلسلة، منشور في هذه الصفحة (٣) المُسَلْسَلة: رواية منشورة في حلقات.

fe·ver [fē′vər] *(n.; vt.; i.)* (١) حُمّى (٢) انفعال أو نشاط بالغ § (٣) يُحِمّ: يصيبه بالحمّى **x** (٤) يُحَمّ: يصاب بالحمّى.

fever blister *(n.)* القَرْح البارد: بُثور حول الفم.

fe·ver·few [fē′vər fyo͞o′] *(n.)* الفَرْثانيون: أُقحوانٌ ذو زهرات بيضاء.

feverfew

fe·ver·ish [fē′vər ĭsh] *(adj.)* (١) محموم (٢) حُمِّيّ (٣) شديد الانفعال أو النشاط أو القلق.

fe·ver·ous [-əs] *(adj.)* = feverish.

fever pitch *(n.)* انفعال شديد؛ اهتياج بالغ.

fever tree *(n.)* شجرة الحُمَّى: أيّ من أشجار أو شُجيرات متعدِّدة تنتج أو يُظَنّ أنها تنتج علاجًا ملطِّفًا للحُمَّى.

few [fyoo͞] *(adj.; n.)* (١) قليل <~ friends> § (٢) بعض <sold a ~> (٣) قِلّة <the discriminating~ of his books>.

~ and far between قليلٌ ومتباعد.

quite a ~, كثير؛ عددٌ وافر.

fey [fā] *(adj.)* (١) مشؤوم: مُنذر بموت أو كارثة (٢) مستبصر: ذو بصيرة تخترق حجاب الغَيْب (٣) مُخَبَّل: به مَسّ.

fez [fĕz] *(n.)* pl. **fez·zes** *also* **fez·es** طَربوش.

fi·a·cre [fĭ äkr′] *(n.)* الفاكِرة: عربة أجرة صغيرة.

fi·an·cé [fē′än sā′] *(n.)* الخاطب: خطيب فلانة.

fi·an·cée [fē′än sā′] *(n.)* المخطوبة: خطيبة فلان.

fi·as·co [fē ăs′kō] *(n.)* إخفاق تامّ؛ فشل ذريع.

fi·at [fī′ət; fī′ăt] *(n.)* (١) لِيَكُنْ: صيغة يُجيز بها صاحبُ سلطةٍ أمْرًا (٢) أمْرٌ (٣) مرسوم؛ إرادة؛ مشيئة.

fiat money *(n.)* العُملة المرسومية [تصدرها الحكومة بلا تغطية].

fib[1] [fĭb] *(n.; vi.)* (١) أُكذوبة § (٢) يكذب.

fib[2] *(vt.; i.)* يَضْرِب.

fib·ber [fĭb′ər] *(n.)* الكذّاب؛ ملفِّق الأكاذيب.

fi·ber *or* **fi·bre** [fī′bər] *(n.)* (١) «أ» خيط. «ب» شيء شبيه بالخيط (٢) اللِّيف: «أ» لُيَيْفة نباتٍ أو نسيج عضليّ. «ب» عِرق <a ~ of gold>. «ج» الفِبْر: مادة مصنوعة من ألياف (٣) نسيج <cloth of coarse ~> (٤) خُلُق؛ طبيعة (٥) جوهر؛ قِوام.

fi·ber·board *or* **fi·bre·board** [fī′bər bōrd] *(n.)* اللَّوح اللِّيفيّ: لوح يُصْنَع بضغط ألياف الخشب وغيره إلى رقاقات قاسية.

fiber glass *(n.)* الزُّجاج المغزول: زجاج ليفيّ الشكل يتميّز بخصائصه العازلة للحرارة والكهرباء والصوت. يُدعى أيضًا: spun glass.

fi·ber·ize [fī′bə rīz′] *(vt.)* (١) يَفْصِل إلى ألياف (٢) يُفَبِّر: يمزج المطاط بفِبْر مُفَلْكَن (را. vulcanized).

fi·ber–op·tic *(adj.)* بَصَرياتيّ أليافيّ: خاصّ بِبَصَريات الألياف.

fiber optics *(n. pl.)* بَصَريات الألياف.

fi·bri·form [fī′brə fôrm′] *(adj.)* لِيفانيّ: شبيه باللِّيف.

fi·bril [fī′brəl] *(n.)* لُيَيْفة. وبخاصة: جِذرٌ شَعْريّ (نب).

fi·bril·lar [fī′brə lər] *(adj.)* لُيَيْفيّ: منسوب إلى اللُّيَيْفة.

fi·bril·la·tion *(n.)* (١) التلييف: تكوين الألياف أو اللُّيَيْفات (٢) التليُّف (٣) «أ» اختلاج ألياف العضلة. «ب» الانقباض اللُّيَيْفيّ (فس).

fi·brin [fī′brĭn] *(n.)* اللِّيفين: بروتين ليفيّ مرِن (كح).

fi·brin·o·gen [fī brĭn′ə jən] *(n.)* مُوَلِّد اللِّيفين (كح).

fi·brin·ous [fī′brə nəs] *(adj.)* لِيفِينيّ: مؤلَّف من لِيفِين.

fibro- = fibr-.

fi·bro·cys·tic [fī′brə sĭs′tĭk] *(adj.)* ليفيّ كيسيّ (ت).

fi·broid [fī′broid] *(adj.; n.)* (١) ليفانيّ: شبيه باللِّيف (٢) ليفيّ § (٣) اللِّيفوم: ورم غير خبيث [في جدار الرَّحِم بخاصة].

fi·bro·in [fī′brō ĭn] *(n.)* الفيبروين: مادة بروتينية تشكّل العنصرَ الأساسيَّ في نسيج العنكبوت وحرير دود القَزّ (كح).

fi·bro·ma [fī brō′mə] *(n.)* pl. **-mas; -ma·ta** اللِّيفوم؛ الورم اللِّيفي: ورم غير خبيث مؤلف من نسيج ليفيّ (ط).

fi·bro·sis [fī brō′sĭs] *(n.)* اللِّياف؛ التَّلَيُّف (ط).

fi·brous [fī′brəs] *(adj.)* (١) ليفيّ (٢) ليفانيّ: شبيه باللِّيف (٣) تليُّفي (٤) مُسْتَلِيف: ممكنٌ فَصْلُهُ إلى ألياف (٥) متين.

fi·bro·vas·cu·lar [fī brō văs′-] *(adj.)* لِيفِيوعائيّ؛ لِيفيّ وِعائيّ (نب).

fib·u·la [fĭb′yə lə] *(n.)* pl. **-lae** *or* **-las** (١) مِشبَك؛ إبزيم (٢) الشَّظِيّة؛ القصبة الصّغرى: العظم الخارجيُّ من عَظْمَي الساق (ت).

-fic لاحقة معناها: مُحْدِث؛ مسبِّب <paci*fic*>.

-fication لاحقة معناها: إحداث <paci*fication*>.

fice [fīs] *(n.)* = feist.

fich·u [fĭsh′o͞o] *(n.)* الفِيشَة: شال رقيق لِعُنُق المرأة.

fick·le [fĭk′əl] *(adj.)* مُتَقَلِّب <a ~ lover>.

fi·co [fē′kō] *(n.)* مثقال ذرّة: شيء تافه أو ضئيل.

fic·tile [fĭk′təl; fĭk′tīl] *(adj.)* (١) «أ» لَدْن؛ قابلٌ للقَوْلبة أو التشكيل. «ب» مُقَوْلَب؛ مُشكَّل (٢) فَخّاريّ.

fic·tion [fĭk′shən] *(n.)* (١) «أ» قصة؛ رواية. «ب» التخييل؛ الأدَب التخييليّ (٢) تَخَيُّل (٣) خيال <Fact is stranger than ~.>.

fic·tion·al [fĭk′shə nəl] *(adj.)* قَصَصيّ؛ روائيّ؛ خياليّ؛ تَخْييليّ.

fic·tion·al·ize [-īz′] *(vt.)* يُرَوْئي: يُفرغ في قالب روائيّ.

fic·tion·eer [fĭk′ shə nēr′] *(n.)* القصّاص؛ الرِّوائيّ [وبخاصة إذا كان كثير الإنتاج، غير حريص على بلوغ المستوى الفني الرفيع].

fic·tion·ist [fĭk′shə nĭst] *(n.)* القاصّ؛ الرِّوائيّ.

fic·ti·tious [fĭk tĭsh′-] *(adj.)* (١) خياليّ (٢) مُفْتَرَض (٣) زائف.

fic·tive [fĭk′tĭv] *(adj.)* (١) «أ» زائف. «ب» خياليّ (٢) «أ» تخيُّليّ. «ب» قادر على التخيُّل.

fi·cus [fī′kəs] *(n.)* التِّينة؛ شجرة التين.

fid [fĭd] *(n.)* (١) المِفَجّ: شبه وَتد يُستخدم للمباعدة بين جدائل الحَبْل (٢) سِناد الدَّقَل المتوسِّط topmast (مل).

-fid لاحقة معناها: ذو عددٍ معيَّن من الأجزاء <bi*fid*>.

fid·dle [fĭd′əl] *(n.; vi.; t.)* (١) كَمان؛ كَمَنْجة (٢) السّاندة: أداة لوقاية الصحون من الانزلاق عن موائد السَّفينة (٣) هُراء؛ كلام فارغ § (٤) يعزف على

x «ب» يَعْبَث. الكمان (٥) يُحرِّك يديه أو أصابعه بقلق (٦) «أ» يُضيع الوقتَ. (٧) يَعْزِف [لحنًا] على الكمان (٨) يَغُشّ؛ يَخْدَع.

(as) fit as a ~, (١) بصحة جيدة (٢) مُبتهج.

to play first (*or* second) ~, يقوم بدور رئيسيّ (أو ثانويّ).

fid·dle·back [fĭd′əl băk′] *(n.)* الكَمانيُّ الشكل: كلُّ ما يُشْبه الكمان. وبخاصة: ضرب من أردية الكهّان أثناء القدّاس.

fid·dle–fad·dle [fĭd′əl făd′əl] *(n.)* هُراء؛ كلام فارغ.

fid·dle·head [-hĕd′] *(n.)* المَلْويّ: حِلْية مُتقوّسة في مقدَّم السفينة.

fid·dler [fĭd′lər] *(n.)* (١) عازف الكَمان (٢) العابث؛ اللاّهي.

fiddler crab *(n.)* السَّرطان الكمانيّ (ح).

fiddler crab

fid·dle·stick [fĭd′əl stĭk′] *(n.)* (١) قوس الكمان (٢) مثقال ذَرّة؛ مقدار ضئيل؛ ألبتّة (٣) *pl.*: هُراء؛ كلام فارغ.

fid·dling [fĭd′-] *(adj.)* تافه؛ حقير.

fi·de·ism [fēd′ā-] *(n.)* الإيمانيّة: الاعتماد على الإيمان، بدلًا من العقل.

fi·del·i·ty [fĭ dĕl′ə tĭ] *(n.)* (١) إخلاص؛ وفاء؛ أمانة (٢) دِقّة؛ صِحّة (٣) الأمانة: مدى دِقة الجهاز الألكتروني [كالراديو] في استقبال الأصوات المرسلة ونقلها <a high-*fidelity* receiver>.

fidg·et [fĭj′ĭt] *(n.; vi.; t.)* (١) *pl.* عد: تململ؛ قلقٌ [متميِّز بحركات عصبية] (٢) المتململ § (٣) يتململ [بعصبية] x (٤) يثير عصبيّته.

fidg·et·y [fĭj′ə tĭ] *(adj.)* (١) «أ» قلِق؛ متململ. «ب» عصبيّ (٢) «أ» نيّق؛ صعب الإرضاء. «ب» مُسْرِف في العناية بالتفاصيل <~ ornamentation>.

fi·du·cial [fĭ doo′shəl; -dyoo′-] *(adj.)* (١) إسناديّ؛ مُعْتَمَد <a ~ point> (٢) إيمانيّ؛ تصديقيّ؛ ثِقَويّ؛ مَبْنيّ على الثِّقة <~ dependence upon God>.

fi·du·ci·ar·y [fĭ doo′shĭ ĕr′ĭ] *(n.; adj.)* (١) الوكيل: شخص يُعْهد إليه بالإشراف على ممتلكات شخص آخر § (٢) ائتمانيّ (٣) ثِقَويّ: معتمِدٌ في قيمته على ثقة الجمهور <~ currency>.

fie [fī] *(interj.)* تبًّا؛ تَعْسًا؛ «إخْس»!؛ يا للعار!

fief [fēf] *(n.)* (١) إقطاعة (٢) منطقة نفوذ.

field [fēld] *(n.; vt.; adj.)* (١) «أ» حقل. «ب» ساحَة [أو ميدان] القتال. «ج» معركة. «د» رقعة واسعة (٢) «أ» مجال؛ نطاق؛ حقل من حقول النشاط. «ب» ميدان [التمرينات والمناورات العسكرية]. «ج» ملعب. «د» الميدان: ذلك الجزء من الملعب الواقع ضمن المِضْمار أو مَجاز العَدْو. «هـ» الحَقْل: أرضيّة كل جزء من أجزاء الراية (٣) جماعة اللاعبين: جميع اللاعبين المشتركين في مباراة وبخاصة في كرة القدم (٤) «أ» المجال المغنطيسي. «ب» field of view § (٥) يُوقف ويَرُدّ [الكرة]؛ يُمسك بالكرة ويردّها [في الكريكيت والبيسبول] (٦) يُحْسن الإجابة عن: يجيب عن سؤال إجابةً موفَّقة <to ~ a tough question> (٧) يُنزل إلى الملعب أو ميدان القتال § (٨) حقليّ (٩) ميدانيّ.

to hold the ~, (١) يردّ الغزاة عن أرضه (٢) يتفوَّق على جميع منافسيه.

to take the ~, (١) يباشر القتال (٢) ينزل إلى ميدان المعركة أو الملعب.

field artillery *(n.)* مدفعيّة المَيْدان (جن).

field corn *(n.)* ذُرَة الحقل: ذُرَة تُزرع لعلف الدوابّ.

field day *(n.)* (١) «أ» يوم الرياضة: يوم مخصص للمباريات الرياضية أو التمارين والمناورات العسكرية. «ب» اجتماع في الهواء الطلق (٢) اليوم المشهود: يوم متعةٍ استثنائية أو نجاحٍ غير متوقَّع.

field·er [fēl′dər] *(n.)* المَلْعبيّ: لاعب يُوقف الكرة أو يَرُدّها.

field events *(n. pl.)* ألعاب الميدان.

fieldfare

field·fare [fēld′fâr′] *(n.)* الدُّجّ الصغير (ط).

field glasses *(n. pl.)* مِنظار الميدان.

field gun *(n.)* مِدفع الميدان [المحمول على عَرَبة].

field gun

field hospital *(n.)* مستشفى الميدان.

field house *(n.)* بيت الملعب: مبنًى في ملعب تُحفظ فيه أدوات اللعب أو يبدِّل فيه اللاعبون ملابسهم.

field magnet *(n.)* مغنطيس الحقل (فز).

field marshal *(n.)* المشير؛ المارشال.

field mouse *(n.)* فأر الحقل؛ فأر الأحراج.

field officer *(n.)* ضابط الميدان: ضابط كبير من رتبة رائد أو مقدَّم أو عقيد.

field of force *(n.)* حقل القوة (فز).

field of honor *(n.)* ساحة الشرف: ميدان المبارزة أو القتال.

field of view *(n.)* حقل الرؤية: المساحة المَرْئيّة عَبْر عدسةٍ.

field·piece [fēld′pēs′] *(n.)* = field gun.

field–test [fēld′tĕst] *(vt.)* يختبر مَيْدانيًا: يختبر إجراءً أو مُنْتَجًا في بيئةٍ طبيعية، لا في مُختبر.

field·work [fēld′wûrk′] *(n.)* العملُ المَيدانيّ.

fiend [fēnd] *(n.)* (١) «أ» شيطان، عِفريت. «ب» الشيطان: شخص شِرِّير جدًّا أو خبيث جدًّا (٢) المُوْلَع [بدراسةٍ ما]؛ المنقطع [لرياضةٍ ما] (٣) المُدْمِن <an opium ~> (٤) المُتَضَلِّع؛ البارع في <a ~ at physics>.

fiend·ish [fēn′dĭsh] *(adj.)* (١) شَيْطانيّ (٢) «أ» شديد الوحشيّة. «ب» شِرِّير جدًّا (٣) رديء أو بغيض جدًّا.

fierce [fērs] *(adj.)* (١) ضارٍ؛ مفترس (٢) عنيف (٣) شديد؛ مُبَرِّح <~ pain> (٤) قويّ؛ جبّار <~ efforts> (٥) مُفْرِط؛ مُتطرِّف <~ loyalty> (٦) عسير <a ~ exam>.

fier·y [fīr′ĭ; fī′ə rĭ] *(adj.)* (١) «أ» ناريّ. «ب» مُتَّقِد؛ مُتوهِّج. «ج» قابل للالتهاب <a ~ vapor> (٢) «أ» حرّيف؛ حارّ كالنار. «ب» مُلْتهِب <a ~ tumor>. «ج» مَحْموم؛ متضرِّج اللون (٣) «أ» أحمر؛ بلون النار <a ~ sunset>. «ب» شديد الاحمرار <~ lips> (٤) مُضْطرِم؛ مُنفعِل؛ عنيف؛ مُلتهِب <a ~ speech>.

fi·es·ta [fĭ ĕs′tə] *(n.)* (١) مِهْرَجان (٢) الفِييَسْتا: عيد قدّيسٍ يُحتفل فيه في إسبانيا وأميركا اللاتينية بالمواكب والرقص.

fife [fīf] *(n.)* النّاي: آلة نفخ موسيقية.

fif·teen [fĭf′tēn′] *(n.)* خَمْسةَ عَشَرَ؛ خَمْسَ عَشْرَة.

fif·teenth [fĭf'tēnth'] *(adj.; n.)* (١) الخامس عَشَر <the ~ day> (٢) بالغ جزءًا من ١٥ <a ~ share of the money> § (٣) الخامس عشر (٤) جزء من ١٥ <the ~ of April>.

fifth [fĭfth] *(adj.; n.)* (١) خامس <the ~ day> (٢) خُمْسيّ: بالغٌ خُمس شيء ما <a ~ share of the money> § (٣) الخامس <the ~ of May> (٤) الخُمْس.

fifth column *(n.)* الرَّتَل أو الطابور الخامس: جماعة من أنصار العدوّ السرّيين يقومون بالتجسّس أو التخريب ضمن خطوط الدفاع أو حدود البلاد.

fifth wheel *(n.)* العَجَلة الخامسة: «أ» دولاب أو جزء من دولاب يوضع أُفقيًا فوق جُزْع axle العربة الأماميّ تدعيمًا لها، وتفاديًا لانقلابها، عند الانعطاف. «ب» دولاب سيارةٍ إضافيّ يُستعان به عند الاقتضاء. «ج» شيء أو شخص زائدٌ أو غير ضروريّ.

fif·ti·eth [fĭf'-] *(adj.; n.)* (١) الخمسون § (٢) جزء من خمسين.

fif·ty [fĭf'tĭ] *(n.)* (١) خمسون (٢) *pl.*: الخمسونات؛ الخمسينات: العقد السادس من العمر أو القرن.

fif·ty–fif·ty *(adv.; adj.)* (١) مناصفةً § (٢) تناصُفيّ: مُقْتَسَمٌ مناصفةً (٣) بينَ بين.

fig[1] [fĭg] *(n.)* (١) «أ» ثمر التين. «ب» شجر التين (٢) مثقال ذَرّة؛ شيء تافه أو ضئيل <not worth a ~>.

fig[2] *(n.; vt.)* (١) كِساء؛ لباس § (٢) يكسو.
- in full ~, في أتمّ حُلية أو أكمل عُدّة.
- in good ~, في مظهر حسن أو حالة حسنة.

fight [fīt] *(vi.; t.; n.)* (١) يتقاتل؛ يتحارب؛ يتشاجر (٢) يكافح؛ يناضل x (٣) يُقاتل (٤) يُلاكم (٥) يقاوِم؛ يحارب (٦) «أ» يَشُنّ. «ب» يخوض <to ~ a battle>. «ج» يشترك [في مباراة ملاكمة] (٧) يَشُقّ طريقَهُ بالكفاح (٨) يحمله على القتال § (٩) «أ» قتال. «ب» معركة. «ج» عراك؛ شجار. «د» مباراة ملاكمة (١٠) كفاح؛ نضال <a ~ for freedom> (١١) ميل إلى القتال؛ قدرةٌ على القتال <There was no ~ left in him.>.
- sham ~, قتالٌ صُوريّ.
- to ~ it out يحسم الأمر أو الخلاف بالقتال.
- to ~ off يطرد [العدوّ أو المرض] بمقاتلته أو مقاومته.
- to ~ on يواصل القتال.
- to ~ one's way in life يشقّ طريقَهُ في الحياة بالنضال والكفاح.
- to ~ shy of يتجنّب؛ يبتعد عن.

fight·er [fī'tər] *(n.)* (١) المقاتل (٢) الملاكم (٣) طائرة مقاتِلة.

fig leaf *(n.)* ورقة التين: «أ» إحدى أوراق شجرة تين. «ب» شيء يستر أو يموِّه على نحوٍ غير وافٍ أو على نحوٍ خادع.

fig marigold *(n.)* المُلّاح: نبات ذو زهرٍ أبيضَ أو قَرَنْفُليّ.

fig·ment [fĭg'mənt] *(n.)* شيء من نَسْج الخيال.

fig·u·ra·tion [fĭg'yə rā'-] *(n.)* (١) صورة؛ شكل (٢) تصوير؛ تشكيل (٣) مَجاز؛ تشبيه (٤) تزيين بالصُّوَر والأشكال.

fig·ur·a·tive [fĭg'yər ə tĭv] *(adj.)* (١) رمزيّ (٢) مَجازيّ.

fig·ure [fĭg'yər; fĭg'ər] *(n.; vt.; i.)* (١) «أ» رقم؛ عدد. «ب» *pl.*: الحساب <She was poor at ~s.>. «ج» حَرْف [أبجديّ]. «د» مقدار؛ قيمة؛ سِعر (٢) «أ» شكل هندسي <geometrical ~s.>. «ب» شكل البِنْية <had a slender ~>. «ج» شكل؛ شكل خارجيّ <square in ~>. «د» شكل بشريّ إلخ <I see a ~ approaching in the darkness.> (٣) «أ» صورة؛ تمثال. «ب» شكل؛ رسم توضيحيّ [في كتاب] (٤) رمز <The dove is a ~ of peace.> (٥) مَجاز؛ تشبيه؛ استعارة (بل) (٦) رَسْم؛ شكل؛ صورة (٧) المَظْهر؛ الانطباع: مظهر المرء أو الشيء أو الانطباعة التي يخلّفها في النفس <presented a sorry ~> (٨) اللَّوحة؛ الصّورة: سلسلة حركات في الرقص أو التزلج إلخ (٩) شخصية بارزة <one of the great ~s of this age> § (١٠) يصوِّر؛ يُمثِّل (١١) يُزَيِّن بالرسوم والأشكال (١٢) يُظهر أو يمثِّل بالأرقام (١٣) «أ» يَحْسُب؛ يُقدِّر. «ب» يستنتج؛ يقرِّر. «ج» يَعْتبر؛ يَحْسَب. «د» يَفْهم؛ يُدرك x (١٤) يَبْرُز: يَظْهر بوصفه ذا شأن أو أهمية <His name ~s in the report.> (١٥) يرسم لوحة [في الرقص أو التزلج إلخ].
- to ~ on (١) يأخذ بعين الاعتبار (٢) يتّكل على (٣) يعتزم؛ يقرر.
- to ~ out (١) يكتشف؛ يُقرِّر (٢) يَحْسِب؛ يستخرج حسابيًا (٣) يَحُلّ؛ يَفْهَم [أُحجيةً أو لغزًا].

fig·ured [fĭg'yərd] *(adj.)* (١) مصوَّر (٢) مزيَّن بالرسوم؛ مُشَجَّر (٣) مَجازيّ (٤) منحوت.

figure eight *(n.)* الثَّمانية: شيء على شكل رقم 8. مثل: «أ» عقدة صغيرة. «ب» غُرزة؛ قطبة تطريز. «ج» لوحة؛ صورة: سلسلة حركات بارعة في الرقص أو التزلج.

fig·ure·head [fĭg'yər hĕd] *(n.)* (١) التمثال الحَيْزُوميّ: تمثال في مقدّم السفينة (٢) رئيس صُوريّ [لا يملك أية سلطة حقيقية].

figure of speech *(n.)* صُورة بلاغية (بل).

fig·u·rine [fĭg'yə rēn'] *(n.)* التُّمَيْثيل: تمثال صغير.

fig·wort [fĭg'wûrt'] *(n.)* الخنازيريّة: عشبة كريهة الرائحة.

fi·la [fī'lə] *pl. of* filum.

fil·a·ment [fĭl'ə mənt] *(n.)* (١) خيط (٢) سُلَيْك؛ شُعَيْرة (كب) (٣) فتيلة <~ s of gold> (٤) الخُيَيْط: ذلك الجزء من السَّداة stamen الحاملُ المِئْبَرَ أو مستودع اللقاح (نب). — **fil·a·men·ta·ry; fil·a·men·tous** *(adj.)*

fi·lar [fī'lər] *(adj.)* (١) خيطيّ (٢) ذو خيوط.

fil·a·ri·a·sis [fĭl'ə rī'ə sĭs] *(n.)* داء الخيطيّات (مض).

fil·a·ture [fĭl'ə chər] *(n.)* (١) المَحْلَلَة: مصنع لحلّ الحرير من فيالجه (٢) حلُّ الحرير من فيالجه (٣) المِحلال: أداة لحلّ الحرير من فيالجه.

fil·bert [fĭl'bərt] *(n.)* (١) شجر البُنْدق (٢) بُنْدق.

ă at; ā date; â care; ä car; ĕ egg; ē me; ĭ in; ī bite; ŏ lot; ō bone; ô orphan; oi boil; o͝o good; o͞o boot; ou out; ŭ under; û urgent; ə = *a* in alone, *e* in system, *i* in easily, *o* in gallop, *u* in circus.

fill·er¹ [fĭl′ər] *(n.)* (١) فا fill (٢) الحشوة؛ مثل: «أ» معجونة لملء الفجوات في سطح خشبيّ قبل دهنه أو صقله. «ب» التبغ المؤلّف للجزء الداخلي من السيجار. «ج» مادة ثانوية يُملأ بها فراغ (صح).

fil·ler² [fē′lâr; fĭl′âr] *(n.)* الفِلّر: وحدة نقدٍ هنغارية.

fil·let [fĭl′ĭt] *(n.; vt.)* (١) عِصابة للرأس (٢) الخَصِيلة: حزمة ألياف عصبية (ت) (٣) الفتيلة: شريحة طرية من لحم الخاصرة (٤) السُّطَيْح: حِلية ضيِّقة مُسَطَّحة (عم) (٥) العِصابة: خطّ زينيّ على غلاف كتابٍ § (٦) يُعَصِّب: يَربط أو يُزيّن بعِصابة (٧) يُشرِّح: يُقطِّع إلى شرائح.

fill·ing [fĭl′ĭng] *(n.)* (١) مَلْء؛ تعبئة؛ حَشْو (٢) كل ما يُملأ أو يُحشى به شيء؛ مثل: «أ» حشوة الضّرس. «ب» حشوة الفطيرة أو السندويشة.

filling station *(n.)* مَحطة المَلء؛ محطة البنزين.

fil·lip [fĭl′əp] *(n.; vt.)* (١) «أ» نَقْف؛ نَقرٌ بطرف الإصبع. «ب» ضربة باليد (٢) «أ» المُنبِّه؛ المُثير. «ب» إضافة تافهة؛ حِلية ثانوية § (٣) يَنْقُف؛ يَنْقُر (٤) يُنبِّه؛ يُثير <to ~ his spirits>.

fil·lis·ter [fĭl′ĭ stər] *(n.)* مِسحاج التخديد (نج).

fil·ly [fĭl′ĭ] *(n.)* (١) فِلْوة؛ مُهْرة (٢) فتاة.

film [fĭlm] *(n.; vt.; i.)* (١) «أ» غِشاء. «ب» الغِشاوة: كُمْدة تُصيب العين (٢) «أ» السَّديم: ضباب رقيق. «ب» القِشْرة: طبقة رقيقة (٣) الرُّقاقة: قطعة من السّلوفان ونحوهِ يُلَفّ بها (٤) فيلم سينمائيّ § (٥) يُغَشّي (٦) يصوِّر أو يُخرج سينمائيًا <to ~ a novel> x (٧) يتغشّى: تعلوه غشاوة (٨) «أ» يصلح للتصوير الفوتوغرافيّ والسينمائيّ <She ~s well.>. «ب» يُصوِّر للسّينما.

film·dom [fĭlm′dəm] *(n.)* صناعة السينما [أو المشتغلون فيها].

film festival *(n.)* المهرجان السينمائي.

film·go·er [fĭlm′gō′ər] *(n.)* إلْف السينما؛ عاشق السينما.

film·ic [fĭl′-] *(adj.)* سينمائيّ: متعلّق بالأفلام السينمائية أو شبيهٌ بها.

film·mak·er [fĭlm′mā′kər] *(n.)* المُنتِج السينمائيّ.

film pre·mière *(n.)* العَرْض الأول [لفيلم سينمائي].

film·strip [fĭlm′strĭp′] *(n.)* شريط الصّوَر: فيلم مؤلف من صور ساكنة مذيّلة بشروح [يستخدم كوسيلة إيضاح تعليمية].

film·y [fĭl′mĭ] *(adj.)* (١) «أ» غشائي. «ب» رقيق؛ شفّاف <~ curtain> (٢) «أ» مُغَشّى. «ب» غائم <a ~ sky>.

fi·lose [fī′lōs] *(adj.)* خَيْطانيّ: شبيه بخَيْط.

fils [fĭls] *(n.)* الفَلْس: وحدة نقد عراقية أو أردنية إلخ صغيرة.

fil·ter [fĭl′tər] *(n.; vt.; i.)* (١) «أ» مِصفاة. «ب» «فِلْتر» [السيكارة] (٢) المِرْشَحة: أداة أو مادة لكَبْت بعض الموجات الكهربائية والصوتية إلخ أو تخفيفها إلى أقصى حدّ § (٣) يُصَفّي؛ يُرَشِّح x (٤) يَرْشَح؛ يَرْتشِح.

filter bed *(n.)* مِهاد الترشيح: مِهاد من رمل أو حصًى لتصفية الماء.

filter paper *(n.)* ورق الترشيح: ورق لترشيح السوائل.

filter tip *(n.)* (١) مِرْشَح؛ فِلتر (٢) سيكارة مُفَلْتَرَة.

filth [fĭlth] *(n.)* (١) قَذَر؛ قَذارة (٢) فُحْش (٣) بذاءة.

filth·y [fĭl′thĭ] *(adj.)* (١) قَذِر (٢) فاحش (٣) بذيء.

filch [fĭlch] *(vt.)* يَسْرِق. وبخاصة: يسرق شيئًا ضئيل القيمة.

file¹ [fīl] *(n.; vt.)* (١) مِبْرَد (٢) شخص ماكر § (٣) يَبْرُد؛ يُنعِّم؛ يَصْقُل (٤) يُنقِّح؛ يُهذِّب (٥) يلوّث؛ يُفْسِد (ع).

file¹ *1*

file² *(n.; vt.; i.)* (١) مَلَفّ؛ إضبارة (٢) مجموعة أوراق أو منشورات مرتّبة أو مصنّفة § (٣) يُضَبِّر: يَحْفظ في إضبارة أو مَلَفّ (٤) يُرسِل للنَّشر [في صحيفة] x (٥) يترشَّح [للانتخابات].

file³ *(n.; vi.)* (١) رَتَل؛ طابور؛ صَفّ طويل § (٢) يَتراتَل: يسير [الجندُ إلخ] أرتالًا.

file·fish [fīl′fĭsh] *(n.)* (١) السَّمك المِبْرَدِيّ (٢) triggerfish.

fi·let [fĭ lā′] *(n.)* المُشَبَّك: تخريم ذو عيون مربّعة وأشكال هندسية.

fi·let mi·gnon [fĭ lā′ mēn yŏn′] *(n.)* شريحة طريّة من لحم البقر.

fili- بادئة معناها: خيط.

fil·i·al [fĭl′ĭ əl] *(adj.)* بَنَويّ <~ obedience>.

fil·i·a·tion [fĭl ĭ ā′shən] *(n.)* (١) بُنُوَّة (٢) تعيين البُنُوّة: تحديد أبوّة ولد مجهول الأب (ق) (٣) فرع. وبخاصة: فرع من ثقافة أو لغة (٤) علاقة قرابةٍ أو نَسَبٍ (٥) تحدُّر من أُبوّةٍ أو أصلٍ ما.

fil·i·bus·ter [fĭl′ə bŭs′tər] *(n.; vi.; t.)* (١) «أ» القُرصان. «ب» المغامر العسكريّ غير النظاميّ (٢) التعطيل: اللجوء إلى الأساليب التعويقية لتأخير عملٍ أو منعِهِ، وبخاصة في البرلمان § (٣) «أ» يتَقَرْصَن. «ب» يقوم بإثارة الفتن في بلدٍ أجنبيّ x (٤) يُعطِّل: يَعُوق التصديقَ على مشروع قانونٍ بأن يعمَدَ إلى إلقاء الخطب الطويلة إلخ.

fi·li·form [fĭl′ə fôrm] *(adj.)* خَيْطانيّ: شبيه بالخيط.

fil·i·gree [fĭl′ə grē′] *(n.; vt.)* (١) صِياغة تَخريميّة (٢) تثقيب أو تخريم زينيّ (٣) زَرْكشة دقيقة § (٤) يُزَركش بالتخريم أو التثقيب.

fil·ing [fī′lĭng] *(n.)* (١) البَرْد: صَقْل بالمِبْرَد (٢) البُرادة: ما سَقَط من الحديد عند بَرْدِهِ <iron ~s> (٣) الإضبارُ: حفظ الأوراق في إضْبارة أو ملفّ <a ~ system>.

Fil·i·pi·no [fĭl ′ə pē′nō] *(n.)* الفيليبينيّ: أحد أبناء الفيليبين.

fill [fĭl] *(vt.; i.; n.)* (١) «أ» يملأ. «ب» يَصُبّ <to ~ wine into bottles>. «ج» يضع <to ~ coal into bins>. «د» يسدّ. «هـ» يردم؛ يطمر. «و» يحشو [الأسنان] بحشوة معدنية (٢) «أ» يُطعم؛ يُتخم. «ب» يحشو [الطعام] بحشوة ما. «ج» يفي بِـ <~s all requirements>. «د» يسدّ حاجة أو نقصًا (٣) «أ» يَشْغَل <to ~ an office>. «ب» يتربَّع على العرش (٤) يركّب دواء [حسب وصفة طبية] (٥) يطلي بالذهب إلخ x (٦) يمتلئ (٧) ينسدّ (٨) ينتفخ [الشراع] عند هبوب الريح § (٩) كفاية؛ شِبَع (١٠) الحَشْوة: كل ما تُملأ به حُفرة أو ثغرة أو فراغ.

to ~ in (١) يزوِّد بالمعلومات الضرورية (٢) يُضيف إلى الصورة إلخ مختلف التفاصيل الضرورية (٣) يَشْغَل [مؤقتًا] مركزًا شاغرًا.

to ~ out (١) يملأ الفراغ [في وثيقة أو بيان] (٢) يُضخِّم؛ يتضخَّم (٣) تنفُخ [الريحُ] الشراعَ (٤) يصبّ الشراب.

to ~ the bill يفي بالمراد.

to ~ up (١) يملأ تمامًا (٢) يمتلئ (٣) يُكمِّل؛ يَسُدّ النَّقص.

fil·trate [1] [fĭl′trāt] (vt.; i.) (١) يُصَفّي ؛ يُرَشِّح x (٢) يَرْشَح ؛ يترَشِّح .
— **fil·tra·tion** (n.)

fil·trate [2] [fĭl′trāt] (n.) الرُّشاحة : ما يترشح من السائل .

fi·lum [fī′ləm] (n.) pl. **fi·la** [fī′lə] خَيْط ؛ خُيَيْط .

fim·bri·a [fĭm′brĭ ə] (n.) هُدْب ؛ خَمَلٌ (ت) .

fim·bri·at·ed [fĭm′-] *also* **fim·bri·ate** (adj.) مُهَدَّب ؛ مُخَمَّل ؛ مُشَرْشَر .

fin [1] [fĭn] (n.; vt.; i.) (١) زِعْنِفَة [السمك] (٢) شيء كالزِّعنِفَة ؛ مثل : «أ» يد ؛ ذراع . «ب» زِعْنِفَة الطائرة أو السفينة أو الغواصة . «ج» الجنيِّح : أحد امتدادَيْن تجميليَّين في مؤخَّر السيارة § (٣) يُزَعْنِف : يزوِّد بما يُشبه الزعانف (٤) يُنَزْعِف : ينزع الزعانف [من سمكة] x (٥) يحرِّك زعانفه ؛ يضرب الماء بزعانفه [كالحوت الذي يلفظ أنفاسه] .

fin [2] (n.) ورقة الخمسة دولارات (ع) .

fi·na·gle [fĭ nā′gəl] (vt.; i.) (١) يَخدع (٢) يدبِّر أو ينال بالحيلة x (٣) يناور : يستخدم أساليب ملتوية لتحقيق أغراضه .

fi·nal [fī′nəl] (adj.; n.) (١) حاسم ؛ نهائيّ (٢) ختامي ؛ أخير (٣) غائيّ : مشكِّلٌ غايةً § (٤) .pl عد : مباراة نهائية (٥) .pl عد : امتحان نهائيّ [في مادة دراسية] .

fi·nal·e [fĭ nä′lĭ] (n.) الخاتمة ، مثل : «أ» الجزء الأخير من لحن موسيقي . «ب» الفقرة الأخيرة من برنامج حفلة . «ج» الحلقة الأخيرة من سلسلة أو عمل .

fi·nal·ist [fī′nə-] (n.) اللاعب النهائيّ [المشترِك في مباراة نهائيّة] .

fi·nal·i·ty [fī năl′ə tĭ] (n.) (١) النِّهائية ؛ الحَسْميَّة ؛ الغائيَّة (٢) شيء نهائيّ . وبخاصة : حقيقةٌ مُطْلَقَةٌ .

fi·na·lize (vt.) يُنجز ؛ يُبَلْوِر ؛ يصوغ في شكل نهائيّ .

fi·nal·ly [fī′-] (adv.) (١) أخيرًا ؛ في النهاية (٢) على نحوٍ حاسم .

fi·nance [fĭ năns′; fī′-] (n.; vt.) (١) .pl : الموارد المالية [لدولةٍ أو شركة أو فرد] (٢) تدبير الموارد المالية أو استخدامُها (٣) المالية : علم أو دراسة تدبير الموارد المالية (٤) تمويل § (٥) يُمَوِّل (٦) يبيع [أو يمدّ بالسِّلَع] بالدَّين .

fi·nan·cial [fĭ năn′shəl; fī-] (adj.) ماليّ .

fi·nan·cier [fĭn′ən sēr′] (n.; vt.; i.) (١) الخبير الماليّ (٢) الرأسماليّ § (٣) يُمَوِّل x (٤) يدير عملياتٍ مالية [بطرق متهوِّرة أو ملتوية غالبًا] .

fi·nanc·ing (n.) (١) التمويل [أو جمع الاعتمادات اللازمة له] (٢) الاعتمادات المجموعة للتمويل أو المخصصة له .

fin·back [fĭn′băk′] (n.) الهركول ؛ المنارة ؛ الحوت المُزَعْنَف : حوت يتميّز بزعنفته الظَّهرية البارزة .

finch

finch [fĭnch] (n.) الشُّرشور ؛ البِرْقِش ؛ العُصْفور .

find [fīnd] (vt.; i.; n.) (١) «أ» يَعْثُر على . «ب» يَلْقَى <hoped to ~ favor> (٢) «أ» يجد . «ب» يكتشف . «ج» يُوجِد . «د» يبتدع [طريقة إلخ] . «هـ» يبلغ ؛ يصل إلى <The bullet *found* its mark.> . «و» يحسّ ؛ يَشْعر بِـ <to ~ pain> (٣) «أ» يستردّ القدرة على استعمال كذا <trying to ~ her tongue> . «ب» يكتشف نفسه أو كفاءاته (٤) يزوِّد ؛ يقدِّم (٥) يقضي بِـ ؛ يحكم بِـ <to ~ a person guilty> x (٦) يُصدر حكمًا قضائيًا لمصلحة فلان <to ~ for the defendant> § (٧) اكتشاف <the ~ of an important manuscript> (٨) اللُّقية : شيء نفيس يُكتشف <Our cook was a ~.>.

to ~ fault (with) يَعيب ؛ ينتقد ؛ يعترض على .

to ~ out (١) يكتشف (٢) يلقي عليه القبض لجرمٍ اقترفه (٣) يتحقّق من (٤) يبتدع .

find·er [fīn′dər] (n.) (١) فا find (٢) المعيِّن : تلسكوب صغير عريض المجال موضوع إلى جانب تلسكوب أكبر منه لتعيين موقع الجِرم السماوي (فل) (٣) المعيِّنة : عدسة إضافية في آلة التصوير تمكّن المرء من معرفة ما ستشتمل عليه الصورة (فو) .

fine [1] [fīn] (n.; vt.) (١) نهاية (٢) غرامة § (٣) يُغَرِّم .

in ~, بالاختصار ؛ وبكلمة ؛ وقُصارى القول .

fine [2] (adj.; adv.; vt.; i.) (١) صافٍ <~ gold> (٢) رقيق ؛ رفيع <~ linen> (٣) ناعم <~ sand> (٤) صغير جدًّا <~ print> (٥) حادّ ؛ ماضٍ <a blade with a ~ edge> (٦) حَسَن التدريب <a ~ athlete> (٧) عظيم البراعة <a ~ musician> (٨) مُرْهَف ؛ حسّاس <a ~ ear> (٩) دقيق <a ~ distinction> (١٠) ممتاز ؛ رائع <a ~ work of art> (١١) جميل <~ birds> (١٢) أنيق <a ~ lady> § (١٣) على نحو ممتاز أو رائع إلخ <She did it ~.> § (١٤) يُصَفّي ؛ يُرَوِّق [الخمرَ إلخ] (١٥) يُنَعِّم ؛ يُرقِّق إلخ x (١٦) يصفو ؛ يَرُوق (١٩) يتضاءل .

fine [3] [fē′nā] (n.) نهاية : إيعاز موسيقي يشير إلى انتهاء مقطع مكرَّر (مو) .

fine art (n.) (١) الفنّ الجميل (٢) أعمال أو آثار فنية .

fine–cut [fīn′kŭt′] (adj.) رقيق القَطْع <a ~ tobacco> .

fine·ly [fīn′lĭ] (adv.) على نحو ممتاز أو رائع أو أنيق أو ناعم .

fine·ness [fīn′nəs] (n.) (١) صفاء ؛ رِقّة ؛ دِقّة ؛ أناقة إلخ (٢) درجة نقاوة الذهب إلخ .

fin·er·y [1] [fī′nə rĭ] (n.) = refinery.

fin·er·y [2] (n.) ملابس مُزركشة ؛ حلًى مُبَهْرَجة .

fines [fīnz] (n. pl.) دقيق الخامات المعدنية .

fine·spun [fīn′spŭn′] (adj.) (١) «أ» رقيق النَّسْج . «ب» وهميّ (٢) بارع <a ~ story> (٣) بالغُ الدِّقّة .

fi·nesse [fĭ nĕs′] (n.; vi.; t.) (١) «أ» دِقّة . «ب» رِقّة . «ج» براعة (٢) «أ» دهاء . «ب» حيلة § (٣) يصطنع الحيلة أو الدهاء x (٤) ينجز بالحيلة أو الدهاء .

fin·est [fī′nəst] (n. pl.) الشُّرطة ؛ رجال الشّرطة .

fine–tune [fīn′tyōōn′] (vt.) يُحْكِم ؛ «يُدَوْزِن» ؛ يُصلح ؛ يضبط .

fin·ger [fĭng′gər] (n.; vt.; i.) (١) إصبع (٢) كلّ ما يُشبه الإصبع أو يعمل عملَهُ (٣) مُؤَشِّر ؛ مُؤَشِّرة (٤) جزء ناتئ من آلة (٥) عَرْض أو طول إصبع

§ (٦) يعزف مستعينًا بأصابعه (٧) يمسّ بأصابعه (٨) يخترق على صورة إصبع (٩) يشير إلى . <searchlights ~*ing* the sky>

to burn one's ~*s* يُحرِق أصابعه : يصيبه الأذى .

to have a ~ in (the pie) (١) له ضلع في المسألة (٢) يتدخَّل .

to lay a ~ on يلمَسُه ؛ يمسُّهُ بسوء .

to slip through one's ~*s* تُفلت [الفرصةُ] من يده .

fin·ger·board [-bōrd′] *(n.)* مَلعب الأصابع : «أ» ذلك الموضع من عنق العود أو الكمان حيث يضغط العازف بأصابعه على الأوتار بغية التلاعب بالنغم . «ب» لوحة المفاتيح في بِيان أو أُرْغُن .

finger bowl *(n.)* قَدَح الأنامل [لغسلها على المائدة] .

fin·ger·breadth [-brĕdth′] *(n.)* عَرْض إصبع .

fin·gered [fĭng′gərd] *(adj.)* (١) مُصَبَّع ؛ ذو أصابع (٢) إصبعانيّ : شبيه بإصبع ؛ وبخاصة : ذو أجزاء أو وريقات شبيهة بأصابع اليد .

fin·ger·ing *(n.)* (١) اللَّمس بالأصابع (٢) التَّصبيع : العزف بالأصابع .

fin·ger·ling [fĭng′gər lĭng] *(n.)* الإصبعيّ : كل شيء بالغ الصِّغر . وبخاصة : سمكة صغيرة .

fin·ger·nail [fĭng′gər nāl] *(n.)* ظُفْر .

finger painting *(n.)* (١) الرسم الإصبعي : طريقة في الرسم قِوامُها نشر الأصباغ ، بالأصابع ، على ورق رطب (٢) الصورة الإصبعية : صورة مرسومة بهذه الطريقة .

fin·ger·post [fĭng′gər pōst′] *(n.)* المُشيرة الإصبعيّة [على مفرق طرق] .

fingerpost

fin·ger·print [-prĭnt′] *(n.; vt.)* (١) بَصْمة الإصبع § (٢) يُبَصِّم : يأخذ بصمات فلان .

fin·ger·tip [-tĭp′] *(n.; adj.)* (١) البنانة : رأس الإصبع (٢) البَنانيّة : غطاء واقٍ للبَنانة § (٣) جاهز ؛ في المتناول <~ information> .

to have at one's ~*s or finger*-ends يعرف [شيئًا] معرفة جيدة .

to one's ~*s* بكل ما في الكلمة من معنًى .

finger wave *(n.)* التمويج أو التجعيد الإصبعيّ [للشَّعر] .

fin·i·al [fĭn′ĭ əl; fī′nĭ-] *(n.)* النهائية : قمة البرج أو السطح المزخرفة (عم) .

finial

fin·i·cal [fĭn′ə kəl] *(adj.)* (١) نَيِّق ؛ صعب الإرضاء (٢) مُثْقَل بالتفاصيل الثانوية .

fin·ick·ing [fĭn′ə kĭng]; **fin·ick·y** *(adj.)* = finical.

fin·is [fĭn′ĭs; fīn′ĭs] *(n.)* نهاية ؛ خاتمة .

fin·ish [fĭn′ĭsh] *(vt.; i.; n.)* (١) «أ» يُنْهي . «ب» يأتي على <to ~ a plate of food> (٢) «أ» يُكمل ؛ يُنجز . «ب» يَصْقُل . «ج» يُضفي اللمسات الأخيرة على (٣) يهزم ؛ يقتل إلخ x (٤) ينتهي (٥) يحتلّ مَرْتبةً ما في سباق § (٦) «أ» نهاية . «ب» موت (٧) المتمِّم ؛ المكمِّل . مثل : «أ» زخارف المبنى . «ب» مادة لإضفاء اللمسات الأخيرة . «ج» اللمسات الأخيرة (٨) كمال (٩) كياسة اجتماعية .

to ~ somebody off يقتل ؛ يقضي على ؛ يُجهز على .

to ~ something off *or* up يلتهم ؛ يأتي على .

fin·ished [fĭn′ĭsht] *(adj.)* (١) مُنْهًى ؛ مُنْجَز (٢) مُكَمَّل ؛ كامل (٣) مصقول إلى حدّ الكمال (٤) هالك ؛ مهزوم ؛ معطَّل الفعالية .

fin·ish·ing school *(n.)* مدرسة الكياسة : مدرسة للبنات تؤكد على الدراسات الثقافية وتُعِدّ طالباتها للحياة الاجتماعية الراقية .

fin·ish·ing touches *(n. pl.)* اللمسات الأخيرة [في عمل فنيّ] .

fi·nite [fī′nīt] *(adj.; n.)* (١) محدود ؛ مُتناهٍ (٢) زائلٌ ؛ غير دائم § (٣) شيء محدود أو متناهٍ إلخ .

fi·nite·ness [fī′nīt nəs] *(n.)* = finitude.

fi·ni·tude [fī′nə tyo͞od′] *(n.)* المحدوديّة ؛ التّناهي .

fink [fĭngk] *(n.; vi.)* (١) شخص حقير أو بغيض (٢) strikebreaker (٣) المُخْبِر ؛ الواشي § (٤) يُخبر عن ؛ يشي بِـ (٥) يُخفق .

Finn [fĭn] *(n.)* الفِنْلنديّ : أحد أبناء فِنلندا .

fin·nan had·die [fĭn′ən hăd′ē] *(n.)* حَدّوق مُدَخَّن haddock .

fin·nan had·dock *(n.)* = finnan haddie.

Fin·nic [fĭn′ĭk] *(adj.; n.)* (١) فِنلنديّ أو فينيّ § (٢) الفينيّة : الفرع الفينيّ من أسرة اللغات الأوراليّة .

Finn·ish [fĭn′ĭsh] *(adj.; n.)* (١) فِنلنديّ § (٢) اللغة الفِنلنديّة .

fin·ny [fĭn′ĭ] *(adj.)* (١) زِعنفيّ ؛ مُزَعْنَف (٢) سَمَكيّ .

fiord [fyōrd; fyôrd] *(n.)* = fjord.

fir [fûr] *(n.)* التَّنُّوب أو خَشَبُه (نب) .

fir

fire [fī(ə)r] *(n.; vt.; i.)* (١) «أ» نار . «ب» انفعال ؛ اتّقاد ؛ حماسة ؛ غضب . «ج» اتّقاد الخيال ؛ إلهام (٢) وقود (٣) «أ» حريق . «ب» إحراق أو تعذيب بالنار . «ج» محنة (٤) بريق ؛ لمعان (٥) حمّى ؛ التهاب (٦) «أ» إطلاق النار . «ب» حملة كلامية عنيفة . «ج» سلسلة [ملاحظاتٍ] متلاحقة بسرعة § (٧) «أ» يُشْعِل . «ب» يُلهِب [الخيالَ] ؛ يثير [المشاعرَ] . «ج» يُنير (٨) «أ» يطرد . «ب» يُقيل ؛ يفصل من الخدمة (٩) «أ» يُفجِّر . «ب» يُطلق [النارَ] . «ج» يرشق بسرعة . «د» يتلفّظ بقوة وعجلة (١٠) «أ» يسخّن قليلًا ؛ يخبز . «ب» يغذّي بالوقود x (١١) يشتعل ؛ يضطرم (١٢) يَسْخُنُ ؛ يتوهّج (١٣) يثور ؛ يَغْضب (١٤) يلفظ [المدفعُ إلخ] نيرانه .

on ~, (١) مشتعل (٢) منفعل ؛ متلهّف .

to catch *or* take ~, يشتعل ؛ يحترق .

to set ~ to; to set on ~, يضرم النار في .

to set the Thames on ~, يأتي بعمل بارع أو رائع .

under ~, (١) معرَّض لنيران العدو (٢) مهاجَم ؛ مَلوم .

fire alarm *(n.)* نذير النار : أداة تُنذر أو تُعلم بنشوب النار في موضع ما .

fire alarm

fire·arm [-′ärm] *(n.)* سلاح ناري [صغير عادةً] .

fire·ball [-′bôl′] *(n.)* كرة النار : «أ» كتلة مشتعلة بتوهُّج . «ب» شِهاب وهّاج (أر) . «ج» سحابة دخان وغبار نيِّرة ناشئةٌ عن انفجار نوويّ .

fire·bird [-′bûrd′] *(n.)* طير النار : طائر صغير برّاق الريش .

fire·boat [-′bōt′] *(n.)* زورق الإطفاء : زورق لمكافحة الحرائق .

fire·bomb [-ˈbŏm] *(n.)* القنبلة النارية أو المُحْرِقة .

fire·box [-ˈbŏks] *(n.)* خزانة الاحتراق : حجرة الوقود في مِرجل أو قاطرة .

fire·brand [-ˈbrănd′] *(n.)* (١) جَمرة (٢) المهيِّج : مثير الفتن أو القلاقل .

fire·break [-ˈbrāk′] *(n.)* حاجز النيران : أرض محروثة أو مقطوعة الأشجار لمنع حرائق الغابات من الانتشار .

fire·brick [-ˈbrĭk] *(n.)* الآجرّ الحراري : آجرّ صامد للحرارة .

fire·bug [-ˈbŭg′] *(n.)* بقّة النار (را incendiary) .

fire·clay [-ˈklā] *(n.)* الطَّفَل الحراري : صلصال صامدٌ للحرارة .

fire·crack·er [-ˈkrăk′ər] *(n.)* مُفَرْقِعة نارية .

fire–cure [-ˈkyoor′] *(vt.)* يعالج [التبغ] بدخان نارٍ مكشوفة .

fire·damp [-ˈdămp′] *(n.)* غاز المناجم .

fire·drake [-ˈdrāk′] *(n.)* التنّين النّاريّ : تِنّين خرافيّ نافث للنار .

fire drill *(n.)* التمرين الناريّ : تمرين على مكافحة النيران أو على الخروج من الأماكن التي شبَّت فيها النيران .

fire–eat·er [-ˈē′tər] *(n.)* مُلْتهِم النار : «أ» مشعوذ يتظاهر بالتهام النار . «ب» مُحِبّ للقتال أو الخصام .

fire engine *(n.)* سيارة الإطفاء .

fire escape *(n.)* سُلَّم النجاة ؛ سُلَّم الحريق .

fire extinguisher *(n.)* مُطفِئة النيران .

fire extinguisher

fire fighter *(n.)* الإطفائي : عضو في فرقة من فرق الإطفاء .

fire fighting *(n.)* مكافحة الحرائق ؛ مكافحة النيران .

fire·fly [-ˈflī′] *(n.)* اليَراعة ؛ الحُباحِب .

firefly

fire·guard [-ˈgärd′] *(n.)* (١) الإطفائيّ (٢) firebreak (٣) حاجزة النار : حاجز من أسلاك للوقاية من نار المِدفأة إلخ .

fireguard 3.

fire·house [-ˈhous] *(n.)* = fire station.

fire irons *(n. pl.)* مُذكيات النار : أدوات إذكاء النار [في مَوقد] .

fire·less [-ˈləs] *(adj.)* (١) بلا نار (٢) بلا حياة أو حيوية .

fire·light [-ˈlīt′] *(n.)* ضوء النار [المنبعث من مَوْقد إلخ] .

fire·lock [-ˈlŏk′] *(n.)* = flintlock.

fire·man [-ˈmăn] *(n.)* (١) الإطفائيّ (٢) الوَقّاد [في قاطرة إلخ] .

fire·place [-ˈplās′] *(n.)* مُصْطَلًى ؛ مُسْتَوْقَد .

fire·plug [-ˈplŭg′] *(n.)* خرطوم النار : أنبوب ماء لإطفاء الحرائق .

fire·pow·er [-ˈpou′ər] *(n.)* القدرة النّاريّة (جن) .

fire·proof *(adj.; vt.)* (١) صامِدٌ للنار § (٢) يجعله صامدًا للنار .

fire·room [-ˈrōōm] *(n.)* حجرة النار : غرفة المراجل في سفينة .

fire sale *(n.)* مزاد الحرائق : مزاد لبيع السِّلع المتأذّية بالحريق .

fire screen *(n.)* حاجبة النار [في مدفئة] .

fire ship *(n.)* الحرّاقة : سفينة مزوَّدة بالمتفجرات تَعْمل وسطَ السفن العَدُوّة لإضرام النار فيها .

fire·side [-ˈsīd′] *(n.; adj.)* (١) جانبُ المُصْطَلَى : موضع قرب المَوْقد (٢) البيت ؛ الحياة البيتية § (٣) حميم <a ~ chat> .

fire station *(n.)* مَخفر الإطفاء ؛ مركز الإطفائية .

fire·stone [-ˈstōn] *(n.)* (١) حجر النار ؛ صَوّان (٢) حجرٌ صامدٌ للحرارة .

fire tower *(n.)* برج مقاومة الحرائق .

fire·trap [-ˈtrăp] *(n.)* شَرَكُ النّار : مبنًى أو مكان معرَّض للحريق أو الفرار منه عند حدوث حريق .

fire wall *(n.)* جدار النّار : جدار يُقامُ منعًا لانتشار الحريق .

fire·wa·ter [-ˈwô′tər] *(n.)* الشّراب الناريّ : شراب كحوليّ قويّ .

fire·wood [-ˈwood′] *(n.)* حَطَبُ الوقود .

fire·works [-ˈwûrks′] *(n. pl.)* (١) الألعاب النارية (٢) مُشادّة ؛ مُشاحنة .

fir·ing [fī(ə)rˈĭng] *(n.)* (١) مص fire (٢) إنضاج الخَزَف : «خَبْز» الخَزَف بالنار (٣) حطب ؛ وقود .

firing line *(n.)* خطّ النّار (جن) .

firing pin *(n.)* القادح : إبرة القَدْح في سلاح ناريّ .

firing squad *(n.)* زمرة الرَّمي ؛ زمرة الإطلاق : «أ» زمرة من الجند تُطلق النار تحيّةً أمام قبر شخص يُدفَن بمراسم عسكرية . «ب» زمرة مكلفة بتنفيذ حكم الإعدام رميًا بالرصاص .

fir·kin [fûrˈkĭn] *(n.)* الفَرْكَن : «أ» برميل خشبي صغير للزبدة إلخ . «ب» وحدة بريطانية للسَّعة تعادل ربع برميل .

firm[1] [fûrm] *(adj.; vt.; i.)* (١) «أ» ثابت . «ب» راسخ . «ج» قويّ . «د» صلب ؛ مكتنز <~ flesh> (٢) «أ» نهائيّ <a ~ offer> . «ب» محدَّد <a ~ price.> . «ج» متين <~ nerves> . «د» راسخ الإيمان <a ~ believer> . «هـ» وطيد <~ confidence> . «و» وفيّ <a ~ friend> . «ز» حازم <a ~ diplomacy> . «ح» صارم <~ discipline> . «ط» تامّ ؛ كامل <a ~ knowledge> (٣) دالّ على العزم أو التصميم <a ~ voice> § (٤) يُرسِّخ ؛ يُوطِّد ؛ يُثبِّت ؛ يدعم x (٧) يترسَّخ ؛ يتوطَّد إلخ (٨) يستردّ عافيته .

firm[2] *(n.)* (١) اسم الشركة (٢) شركة تجارية .

fir·ma·ment [fûrˈmə mənt] *(n.)* الجَلَد : السَّماء ؛ القُبّة الزّرقاء .

first [fûrst] *(adj.; adv.; n.)* (١) أول ؛ أُولى § (٢) «أ» أولًا . «ب» للمرة الأولى <We ~ met at a formal party.> § (٣) الأول (٤) البداية <from the ~> (٥) الأول : ناقل السرعة الأول (سي) (٦) «أ» الأُولى : الآلة الرئيسية في مجموعة . «ب» الأوّل : الصوت الأعلى أو الرئيسي في مجموعة (٧) سلعة من الطراز الأول <shoes graded as ~s> (٨) الأوّليّة : الدرجة الأولى أو المقام الأول في مسابقة <took a ~ in literature> .

at (the) ~, في بادئ الأمر .
at ~ blush لأوّل وهلة .
at ~ hand مباشرةً ؛ من المصدر الأصلي .
at ~ sight من النظرة الأولى .
~ and last على الجملة ؛ جملةً .

first aid *(n.)* الإسعاف الأوليّ.

first·born [fûrst′bôrn′] *(adj.; n.)* (١) أكبر؛ بِكْر § (٢) البِكْر.

first cause *(n.)* العِلّة الأولى: الله.

first class *(n.)* الدَّرجة الأولى؛ الدرجة الممتازة.

first–class *(adj.; adv.)* (١) ممتاز؛ من الدرجة الأولى <a ~ hotel> (٢) راكبٌ بالدرجة الأولى § (٣) في الدرجة الأولى <~ to travel>.

first finger *(n.)* السَّبّابة: الإصبع التي تلي الإبهام.

first floor *(n.)* (١) الطابق الأرضيّ (٢) الدور الأول (بر).

first·fruits [fûrst′froots′] *(n. pl.)* البواكير: «أ» أول ما ينضج من ثمار الموسم. «ب» النتائج أو المُنْتَجات الأولى.

first·hand [fûrst′hănd′] *(adj.; adv.)* (١) مُباشِر: مُسْتَقًى من المصدر الأول <~ information> § (٢) مباشرةً.

first lady *(n. often cap.)* السيدة الأولى: «أ» زوجة رئيس البلاد. «ب» المرأة المتفوقة في فنّ أو مهنة.

first lieutenant *(n.)* ملازم أول (جن).

first·ling [fûrst′lĭng] *(n.)* (١) الأول من نوعه (٢) باكورة.

first·ly [fûrst′lĭ] *(adv.)* أوّلًا؛ في المقام الأوّل.

first mortgage *(n.)* الرَّهن الأول أو المقدَّم.

first off *(adv.)* (١) أولًا (٢) على الفور.

first offender *(n.)* المُذنب الغِرّ: مذنب لا سوابقَ له.

first person *(n.)* صيغة المتكلم (ل).

first–rate *(adv.; adj.)* (١) جيّدًا جدًّا § (٢) ممتاز؛ من الطراز الأول.

first sergeant *(n.)* رقيب أول (جن).

first–string *(adj.)* (١) أصيل؛ غير بديل (٢) من الطراز الأول.

first water *(n.)* الدرجة الأولى؛ الطّراز الأول.

firth [fûrth] *(n.)* = estuary.

fisc [fĭsk] *(n.)* خزانة الدولة؛ بيت المال.

fis·cal[1] [fĭs′kəl] *(adj.)* (١) أميريّ: خاصّ بخزانة الدولة (٢) ماليّ <~ year>.

fis·cal[2] *(n.)* طابع أميريّ.

fish [fĭsh] *(n.; vi.; t.)* (١) «أ» سمكة. «ب» سمك (٢) لحم السمك (٣) شخص <a queer ~; a poor ~> (٤) السَّمكة: عارضة خشبية أو حديدية يُدَعَّم بها الصّاري إلخ (مل) § (٥) يصطاد [السمكَ أو اللؤلؤ إلخ] (٦) يتصيّد: يلتمس شيئًا مداورةً <~ing for compliments> (٧) يصلح للصيد فيه <This stream ~es well.> (٨) يبحث؛ ينقّب x (٩) يحاول الصيد في <~ed the stream all morning> (١٠) يَنْتُر؛ يسحب وكأنّه يصطاد <~ed some cigarettes out of his pocket>.

other ~ to fry — مسائل أخرى [أو أهمّ] تحتاج إلى اهتمام المرء.
to drink like ~, — يُسْرِف في شرب الخمر.
to feed the ~es — يُصاب بدوار البحر.
to ~ in troubled waters — يصطاد في الماء العكر.
to ~ or cut bait — يختار من بين عدة بدائل.

to ~ out (١) يستنفد أسماك بقعة بالصيد فيها (٢) ينال بالمكر أو البحث الدقيق.

fish·a·ble [fĭsh′-] *(adj.)* (١) صالح للصيد فيه (٢) مباحٌ الصيدُ فيه.

fish–and–chips *(n. pl.)* سمك مقليّ وبطاطا مقليّة.

fish·bone [fĭsh′bōn] *(n.)* الحَسَك؛ حَسَك السّمك.

fish cake *(n.)* فطيرة السمك.

fish·er [fĭsh′ər] *(n.)* (١) صياد سمك (٢) الصيّاد: كلّ حيوان يتصيَّد الأسماك (٣) الدَّلَق: «أ» حيوان وثيقُ الصلة بابن عِرس. «ب» فرو الدَّلَق.

fisher 3a.

fish·er·man [fĭsh′ər-] *(n.)* (١) صيّادالسمك (٢) سفينةصيد.

fisherman's bend *(n.)* عقدة الصيّاد: عقدة لتثبيت طرف الحبل إلى حَلْقة أو نحوها وذلك بلفِّهِ حولها لفّتين ثم إمراره تحتهما (مل).

fisherman's bend

fish·er·y [fĭsh′ə rĭ] *(n.)* (١) السِّماكة: صيد السمك (٢) المَسْمَك: موطن يُصاد فيه السمك (٣) المَسْمكة: مؤسسة مختصة بصيد السمك (٤) حقّ السِّماكة: حقّ صيد السمك في مياهٍ بعينها (٥) *pl.* عد: فنّ السِّماكة.

fish–farm·ing *(n.)* تربية الأسماك [لأغراض تجارية].

fish·hook [fĭsh′hook] *(n.)* الشِّصّ: حديدة معقوفة لصيد السمك.

fish·ing [fĭsh′ĭng] *(n.)* (١) السِّماكة: صيد السمك (٢) المَسْمَك: موضع يُصاد فيه السمك.

fish joint *(n.)* الوُصلة التراكبية: وُصلة قِوامُها ألواحُ وَصْلٍ متراكبة.

fish joint

fish·mon·ger [-′mŭng′gər] *(n.)* السَّمّاك: تاجر السَّمك أو بائعُهُ.

fish·net [-′nĕt′] *(n.)* الشَّبَكة: شبكة صيد السَّمك.

fish·plate [-′plāt′] *(n.)* لوحُ وصلٍ تراكبيّ [في السكّة الحديدية].

fishplate

fish story *(n.)* قصة غير قابلة للتصديق.

fish·tail [-′tāl′] *(vi.)* يُسامك الذَّيلَ: يجعل ذيل الطائرة يتحرك بسرعة من جانب إلى جانب تخفيفًا لسرعتها.

fish·wife [-′wīf′] *(n.)* (١) بائعة السَّمك (٢) امرأة سليطة.

fish·y [fĭsh′ĭ] *(adj.)* (١) سَمَكيّ (٢) سَمَكانيّ: شبيه بالسَّمَك (٣) كثير الأسماك (٤) مشكوك فيه أو في صِحّتِهِ <a ~ story> (٥) فاتر؛ بارد (٦) خِلْوٌ من التعبير أو البريق <~ eyes>.

fis·sile [fĭs′əl] *(adj.)* قابل للانفلاق أو للانشطار.

fis·sion [fĭsh′ən] *(n.; vt.; i.)* (١) انفلاق؛ انشقاق (٢) انقسام (أح) (٣) انشطار نوويّ § (٤) يَفْلِق؛ يَشْطُر x (٥) يَنْفَلِق؛ ينشطر.
— fis·sion·al *(adj.)*

fis·sion·a·ble *(adj.)* شَطُور: قابل للانشطار (فزن).

fission bomb *(n.)* = atom bomb.

fis·sip·a·rous [fĭ sĭp′-] *(adj.)* انقساميّ: متكاثرٌ أو متوالدٌ بالانقسام.

fis·si·ped [fĭs′ə pĕd] *(adj.; n.)* (١) مشقوق القَدَم § (٢) المشقوق القدم: حيوان من مشقوقات القدم (ح).

fis·sure [fĭsh'ər] *(n.; vt.; i.)* (١) شَقّ؛ صَدْع؛ فُرْجَة (٢) انشقاق [في الرأي] § (٣) يَشُقّ x (٤) ينشقّ.

fist [fĭst] *(n.; vt.)* (١) القَبْضَة: جُمْع الكفّ § (٢) يضرب أو يُمسك بِجُمع الكفّ.

fist·fight [fĭst'fīt] *(n.)* التّلاكم: الشِّجار بقبضات الأيدي.

fist·ful [fĭst'fo͝ol] *(n.)* حفنة <a ~ of nuts>.

fist·ic [fĭs'tĭk] *(adj.)* مُلاكَمِيّ: ذو علاقة بالملاكمة.

fist·i·cuffs [fĭs'tə kŭfs'] *(n. pl.)* التلاكم: شجار بقبضات الأيدي.

fis·tu·la [fĭs'cho͞o lə] *(n.)* pl. -s *or* -e ناسور (مض).

fis·tu·lous [-ləs] *(adj.)* (١) ناسوريّ (٢) أجوف كأنبوب أو قصبة.

fit[1] [fĭt] *(adj.)* (١) ملائم؛ موافق؛ مطابق؛ مناسب (٢) لائق (٣) «أ» مُهَيّأ؛ مُعَدّ. «ب» مستعدّ (٤) صالح؛ كُفُؤ؛ أهلٌ لِـ (٥) سليم [جسميًا وعقليًا].

~ to kill بإسراف؛ إلى حدّ بعيد.

fit[2] *(vt.; i.)* (١) يلائم؛ يوافق (٢) يليق بِـ (٣) يُحْكِم: يجعله منطبقًا على مقاييس الجسم إلخ <to ~ a coat> (٤) يفسح مكانًا أو مجالًا لِـ (٥) يتفق أو ينسجم مع <The theory ~s all the facts.> (٦) يُهَيِّئ؛ يُعِدّ؛ يُكَيِّف (٧) يزوّد بِـ x (٨) ينطبق على شكلٍ أو حجم ما <His coat ~s beautifully> (٩) يتّسع لِـ.

fit[3] *(n.)* (١) تلاؤم؛ توافُق؛ تطابُق (٢) شيء ملائم أو موافِق أو مطابِق. وبخاصة: ثوب منطبق على مقاييس الجسم <The gown was an excellent ~.>.

fit[4] *(n.)* (١) دَوْر؛ نوبة مرض (٢) انفجار عاطفيّ.

by ~s; by ~s and starts على نحوٍ متقطّع أو لامنتظم.

fitch [fĭch] *or* **fitch·ew** [-'o͞o] *(n.)* ابن عِرس المُنْتِن أو فَرْوه.

fitch

fitch·et [fĭch'ət] *(n.)* ابن عِرس المُنْتِن (را. polecat).

fit·ful [fĭt'fəl] *(adj.)* تَشَنُّجِيّ؛ مُتَقَطِّع.

fit·ment [-'mənt] *(n.)* (١) *pl.*: لوازم؛ تجهيزات؛ تركيبات (٢) أثاث.

fit·ting [fĭt'-] *(adj.; n.)* (١) ملائم؛ مناسِب (٢) لائق § (٣) شخص أو شيء ملائم أو مناسب (٤) إحكام. وبخاصة: تجربة الثوب لجعله مطابقًا لمقاييس الجسم (٥) *pl.* عد: لوازم؛ تجهيزات؛ تركيبات <the ~s of a room>.

five [fīv] *(n.)* (١) خَمْسة؛ خَمْس (٢) الخامس من مجموعة أو سلسلة (٣) الخماسيّ: شيء مؤلف من خمس وحدات أو خمسة أعضاء؛ وبخاصة: فريق كرة السلة (٤) ورقة الخمسة دولارات.

five–and–dime [fīv'ən dīm'] *(n.)* = five–and–ten.

five–and–ten [fīv'ən tĕn'] *(n.)* محلّ لبيع السِّلع الرخيصة.

five–fin·ger *(n.)* (١) cinquefoil *1* (٢) قرن الغزال (نب).

five–fold *(adj.; adv.)* (١) خماسيّ § (٢) أكبر بخمسة أضعاف.

fiv·er [fī'vər] *(n.)* الخَمْسِيّة: ورقة الخمسة دولارات أو جنيهات.

fives [fīvz] *(n. pl.)* الفايْفس: لعبة شبيهة بكرة اليد (رب).

five–star *(adj.)* خُماسيّ النجوم <a ~ hotel>.

fix [fĭks] *(vt.; i.; n.)* (١) يثبّت؛ يرسّخ (٢) يعطي الشيء شكلًا ثابتًا أو أخيرًا؛ مثل: «أ» يحوّل من السيولة أو حالة التبخّر إلى حال أكثر ثباتًا (ك). «ب» يقتل أو يحفظ [الميكروبات] لأغراضٍ دراسية. «ج» يجعل صورة الفيلم الفوتوغرافي ثابتةً (٣) يحدّد <to ~ a price> (٤) يُعلّق؛ يُلصق (٥) يركّز <~ed his eyes on the horizon> (٦) يلقي المسؤولية على شخص (٧) يعدّل [وضع شيء إلخ] (٨) «أ» يُعِدّ؛ يُهَيِّئ <to ~ lunch>. «ب» يُرتّب <Fix your room!> (٩) «أ» يُصلح؛ يقوّم. «ب» يُعالج أو يَشْفي. «ج» يَخْصِي (١٠) «أ» ينتقم من. «ب» يتواطأ: يَسْتخدم الأساليبَ غير المشروعة للتأثير في نتيجة أو قرار <to ~ a game *or* a jury> x (١١) يثبُت؛ يَرْسَخ (١٢) يستعدّ لِـ (١٣) يُقرِّر § (١٤) ورطة؛ مأزق (١٥) موقع السفينة [كما تحدّده الطرائق الفلكية أو اللاسلكيّة] (١٦) «أ» التهرُّب من موجبات القانون [بواسطة الرشوة إلخ]. «ب» رشوة (١٧) جرعةٌ من مخدِّر.

to ~ on *or* upon يقرِّر؛ يقرّ رأيه على؛ يختار.

to ~ up (١) يتخذ الترتيبات أو الاستعدادات لِـ (٢) ينظِّم؛ يُرتِّب (٣) يؤوي (٤) يوجد عملًا لفلان (٥) يسوّي نزاعًا (٦) يُصلح؛ يُهندم.

fix·ate [fĭk'sāt] *(vt.; i.)* (١) يثبِّت؛ يرسّخ (٢) يركِّز بَصَره أو انتباهَهُ (٣) يثبِّت: يوجّه الرغبة الجنسية نحو شكلٍ طِفْليّ من أشكال الإشباع x (٤) يتوقّف: يُمْنَى بتوقّف النمو في مرحلة من مراحله (نف).

fix·a·tion [fĭk sā'-] *(n.)* (١) «أ» تثبيت؛ ترسيخ. «ب» ثبات؛ رسوخ (٢) التَّعوُّد: تكوين العادات (٣) التعلُّق: الولوع المَرَضيّ بشيءٍ ما (٤) «أ» التَّثبيت: تركيز الرغبة الجنسية على شيء ما. «ب» التوقف: توقف المرء عند مرحلة معيَّنة من مراحل النمو (نف).

fix·a·tive [fĭk'sə tĭv] *(n.; adj.)* (١) المثبِّت: «أ» مادة تضاف إلى العطر لمنع التبخّر السريع. «ب» مادة تستعمل لوقاية الصور المرسومة بأقلام الطباشير الملونة من التلطخ. «ج» مادة تستعمل لحفظ الأنسجة الحية لأغراض دراسية § (٢) مثبِّت.

fixed [fĭkst] *(adj.)* (١) ثابت: «أ» مثبَّت؛ غير قابل للتحريك. «ب» غير متطاير أو متبخّر <~ oils>. «ج» محدَّد <a ~ salary>. «د» راسخ في الذهن <a ~ idea>. «هـ» مُتَبلور؛ جامد. «و» ثابت الموعد؛ متكرِّر في التاريخ نفسه <a ~ feast>. «ز» شاخِص؛ مُرَكَّز <a ~ stare> (٢) مُكْتَفٍ: مُزَوَّد بمقدار معيّن من شيء ضروريّ أو مرغوبٍ فيه. وبخاصة: مُزَوَّد بالمال <I am well ~.>.

fixed charge *(n.)* النَّفَقة الثّابتة [التي لا تتغير تبعًا لحجم الإنتاج].

fixed idea *(n.)* الفكرة الثابتة أو المُلازِمة: «أ» فكرة، وهمية عادة، لا يستطيع المرء الخلاص منها. «ب» فكرة تسيطر على العقل في بعض أشكال العُتْه أو الجنون (نف).

fixed star *(n.)* النجم الثابت (فل).

fix·er [fĭk'sər] *(n.)* (١) فا fix (٢) المُتَواطِئ: من يتدخّل لمساعدة

شخص على التهرّب من موجبات القانون (٣) المُسوّي؛ المُصْلح.

fix·ing [fĭk′sĭng] *(n.)* (١) تثبيت؛ ترسيخ إلخ (٢) *pl.*: زَرْكشات؛ إضافات زينيّة.

fix·i·ty [fĭk′sə tĭ] *(n.)* (١) ثبات؛ استقرار (٢) شيء ثابت.

fix·ture [fĭks′chər] *(n.)* (١) «أ» تثبيت؛ ترسيخ. «ب» ثبات؛ رسوخ (٢) التثبيتة: شيء مثبّت في مكان من المنزل <an electric–light ~> (٣) المُثَبِّتة: أداة تثبيت (مك) (٤) المَظهر الثابت؛ العنصر الدائم. وبخاصة: الآبد: شخص تطاول اتصاله أو ارتباطه بمكانٍ ما أو عملٍ ما (٥) «أ» الموعد المحدَّد [لمهرجان أو حدث رياضي إلخ]. «ب» المهرجان أو الحدث الرياضي إلخ نفسُهما.

fizz [fĭz] *(vi.; n.)* (١) يفور؛ يئزّ (٢) يجيش بـ؛ يمور بـ § (٣) «أ» أزيز؛ صوت الفَوَران. «ب» حيوية (٤) شراب فوّار.

fiz·zle [fĭz′əl] *(vi.; n.)* (١) fizz (٢) يُخفِق. وبخاصة: يُخفِق بعد بداية تبشّر بالنجاح § (٣) إخفاق.

fjord [fyōrd] *(n.)* الفِيُورد: زُقاق بحريّ [تكتنفه الأَجْرُف] (جغ).

flab·ber·gast [flăb′ər găst′] *(vt.)* يُذهِل؛ يَشْدَه؛ يَصْعَق.

flab·bi·ness [flăb′-] *(n.)* (١) تَرَهُّل (٢) رخاوة؛ ضَعْف.

flab·by [flăb′ĭ] *(adj.)* (١) مترهّل (٢) رخو؛ ضعيف.

fla·bel·late [flə bĕl′ĭt; -āt] *(adj.)* مِرْوحانيّ: مِرْوحيّ الشَّكل.

flabelli- بادئة معناها: مِرْوحة <*flabelli*form>.

fla·bel·li·form [flə bĕl′ə fôrm] *(adj.)* = flabellate.

fla·bel·lum [flə bĕl′əm] *(n.)* pl. **-bel·la** (١) مِروحة (٢) المِروحة: عضوٌ من الجسم شكلُهُ كشكل المِروحة (أح).

flac·cid [flăk′sĭd] *(adj.)* مترهّل؛ رِخو <~ muscles>.

flack [flăk] *(n.)* (١) وكيل الدعاية (٢) دعاية.

fla·con [flăk′ən] *(n.)* قارورة؛ قِنّينة صغيرة.

flag[1] [flăg] *(n.)* السَّوسَن: نبات من الزّنبقيّات. وبخاصة: «أ» سوسن بريّ. «ب» sweet flag. «ج» التّيفا؛ عُشبة البِرَك (نب).

flag[2] *(n.; vt.)* (١) عَلَم؛ راية (٢) ذَنَب الكلب (٣) «أ» بارجة الأميرال. «ب» الأميرال نفسه (٤) «أ» جنسية. «ب» جنسية السفينة أو الطائرة § (٥) «أ» يرفع علمًا على. «ب» يزيّن بأعلام (٦) يشير بعَلَم أو نحوه. وبخاصة: يشير إليه ليقف <~ her a taxi>.

to hang the ~ half–mast high ينكّس الراية حِدادًا.

flag[3] *(vi.)* (١) «أ» يتدلّى مُسترخيًا. «ب» يَذْبُل؛ يَذْوِي (٢) يَفْتُر <Her interest ~*ged*.>.

flag[4] *(n.)* الفَلَج: صخر ذو صفائح صالحة لرَصْف الشوارع.

fla·gel·lant [flăj′ə-] *(n.; adj.)* (١) السّائط: الضاربُ بالسَّوط (٢) المتسوِّط: الضارب نفسَهُ بالسَّوط تَقرُّبًا إلى الله § (٣) مُتسوِّط (٤) لاذع.

flag·el·late[1] [flăj′ə lāt′] *(vt.)* يَجْلِد؛ يضرب بالسَّوط.

fla·gel·late[2] [flăj′ə lĭt; -lāt′] *(adj.)* مُسَوَّط: ذو سَوْط؛ ذو زائدة شبيهة بالسَّوط (أح).

fla·gel·late[3] [flăj′ə lĭt; -lāt′] *(n.)* السَّوطيّ: واحدٌ من السَّوطيّات وهي طائفة من الأوّليّات أو الحُيَيْونات وحيدةِ الخليّة.

fla·gel·lum [flə jĕl′-] *(n.)* pl. **-gel·la** السَّوْط: زائدة شبيهة بالسَّوط (أح).

fla·geo·let [flăj′ə lĕt′] *(n.)* الصّافرة: آلة موسيقية شبيهةٌ بالفلوت.

flageolets

flag·ging [flăg′ĭng] *(adj.; n.)* (١) «أ» واهن؛ ضعيف. «ب» متدلٍّ؛ مترهّل (٢) متناقص؛ متضائل <~ demands> § (٣) flagstone.

flag·gy[1] [flăg′ĭ] *(adj.)* (١) ضعيف؛ واهن؛ متردّد (٢) متدلٍّ؛ مترهّل.

flag·gy[2] *(adj.)* سَوْسَنيّ: حافلٌ بالسَّوسن أو مؤلَّف منه.

fla·gi·tious [flə jĭsh′əs] *(adj.)* (١) أثيم (٢) شائن؛ فاضح.

flag·man [flăg′măn] *(n.)* المُشَوِّر: مُرْسِل الإشارات بالراية.

flag of truce *(n.)* راية الصلح؛ الراية البيضاء.

flag·on [flăg′ən] *(n.)* (١) إبريق (٢) قِنّينة كبيرة.

flag·pole [flăg′pōl′] *(n.)* سارية العَلَم.

fla·gran·cy [flā′grən sĭ] *(n.)* افتضاح؛ شناعة؛ فظاعة؛ قباحة.

flag rank *(n.)* رتبة الراية: كل رتبة في البحرية تخوّل صاحبها حقّ رفع الراية على سفينته.

fla·grant [flā′-] *(adj.)* فاضح؛ شنيع؛ فظيع؛ مُشَهَّر؛ أثيم.

fla·gran·te de·lic·to [flə grăn′tĭ dĭ lĭk′tō] *(adv.)* بالجرم المشهود.

flag·ship [flăg′shĭp] *(n.)* بارجة الأميرال.

flag·staff [flăg′stăf′] *(n.)* = flagpole.

flag·stone [flăg′stōn′] *(n.)* الفَلَج: صخر ينفلق بسهولة إلى صفائحَ صالحةٍ لرَصْف الشَّوارع إلخ.

flag stop *or* **station** *(n.)* محطة الإشارة: محطة لا يتوقف فيها القطار إلا إذا أُعطيت له الإشارة بذلك.

flag–wav·ing *(n.)* الشُّوفينيّة: المغالاة في الوطنية.

flail [flāl] *(n.; vt.)* (١) المِخباط: مِدْرَس يدويّ للحِنطة § (٢) يَخْبِط: يَضْرب بالمخباط أو نحوه.

flail *1.*

flair [flâr] *(n.)* (١) مَوهِبة (٢) فِطنة (٣) مَيْل؛ نزعة.

flak [flăk] *(n.)* (١) المدفعية المضادة للطائرات، أو نيرانُها (٢) انتقاد.

flake[1] [flāk] *(n.; vi.; t.)* (١) رُقاقة؛ قُشَيرة (٢) شخص غريب الأطوار § (٣) يتقشَّر: ينفصل إلى قُشَيْرات x (٤) يقطِّع إلى رقائق (٥) يكسو برقائق.

flake[2] *(n.)* مِنصّة [لتجفيف السمك والمحاصيل].

flak·y *also* **flak·ey** [flā′kĭ] *(adj.)* (١) رُقاقيّ؛ قُشَيْريّ: مؤلَّف من رقائقَ أو قُشَيرات (٢) غريب الأطوار.

flam [flăm] *(n.; vt.; i.)* (١) قَرْعة مزدوجة [على الطَّبل] (٢) «أ» كِذبة. «ب» خدعة؛ حيلة (٣) هُراء § (٤) يَخْدع؛ يغشّ.

flam·beau [flăm′bō] *(n.)* pl. **-x** *or* **-s** مِشْعَل.

flambeau

flam·boy·ance *or* **-an·cy** [flăm boi′-] *(n.)* تَسَعُّر؛ توهّج؛ تموّج إلخ.

flam·boy·ant [-boi′ənt] *(adj.)* (١) مُمَوَّج؛ مُسَعَّر: ذو خطوط متموّجة أو ملتوية كألسنة السَّعير <~ designs> (٢) متوهِّج <~ colors> (٣) مُزَخرَف بإسراف <~ rhetoric>.

flame [flām] *(n.; vi.; t.)* (١) لَهَب؛ سَعير (٢) «أ» اضطرام؛ اتِّقاد. «ب» توهّج؛ بريق (٣) شعور ملتهب (٤) المحبوب؛ المحبوبة § (٥) يلتهب؛ يضطرم؛ يتلظى (٦) يثور؛ يتميّز غيظًا إلخ (٧) يتوهَّج x (٨) يُرسل باللّهب <to ~ a message by signal fires> (٩) يُطهِّر أو يعقّم أو يحرق بالنار (١٠) يضيء باللهب أو نحوه (١١) يوهّج؛ يجعله متوهجًا.

flame cultivator *(n.)* قاذفة اللهب: أداة تطلق من خطمها رشاشًا من الزيت الملتهب لقتل الحشرات أو الأعشاب الضارة.

fla·men [flā′mən] *(n.)* الكاهن. وبخاصة: كاهن إلَهٍ رومانيّ.

fla·men·co [flə mĕng′kō] *(n.)* الفلامنكو: رقصة إسبانيّة.

flame·out [flām′out′] *(n.)* توقُّف محرِّك الطائرة النفّاثة عن العمل.

flame·proof *(adj.; vt.)* (١) صامدٌ للّهَب § (٢) يجعله صامدًا للّهب.

flame·throw·er [-′thrō′ər] *(n.)* قاذفة اللّهب: أداة تطلق من خطمها رشاشًا من سائل ملتهب.

flam·ing [flā′mĭng] *(adj.)* (١) مُلتهِب؛ مُشتعِل؛ مُضطرِم (٢) متوهِّج؛ برّاق (٣) مُتّقِد.

flamingo

fla·min·go [flə mĭng′gō] *(n.)* النُّحام؛ البَشَروس: طائر طويل العنق والسّاقين.

flam·ma·ble [flăm′ə bəl] *(adj.)* لَهُوب؛ سريع الالتهاب.

flâ·ne·rie [flän′rē′] *(n.)* تبطُّل؛ تسكُّع؛ لاهَدَفيّة.

flâ·neur [flȧ nœr′] *(n.)* المتبطِّل؛ المتسكِّع.

flange *1*

flange [flănj] *(n.; vt.)* (١) الشَّفة؛ الشَّفير: حافة بارزة، أو طوق، لتثبيت شيء في مكانه أو لوصله بشيء آخر § (٢) يُشفِّهُ؛ يشفِّر: يزوِّد بشفة أو شفير.

flank [flăngk] *(n.; vt.)* (١) «أ» كَشْح؛ جَنْب؛ خاصرة. «ب» قطعة من لحم الخاصرة (٢) «أ» جانب. «ب» الجناح: جناح الجيش الأيمن أو الأيسر § (٣) يجانح: يحمي جناح الجيش (٤) يهاجم أو يطوِّق جناح الجيش (٥) «أ» يحيط بالشيء [من جانبيه بخاصة]. «ب» يضع على جانبي شيء.

flan·nel [flăn′əl] *(n.; adj.)* (١) الفلانيلّة: نسيج خفيف ناعم (٢) *pl.*: ملابس تحتيّة أو فوقية فلانيلّيّة. وبخاصة: بنطلون § (٣) فلانيلّيّ.

flan·nel·ette [flăn′ə lĕt′] *(n.)* الفلانيلّيت: فلانيلّة قطنية رقيقة.

flaps *2.*

flap [flăp] *(n.; vt.; i.)* (١) ضربة بشيء عريض؛ خَفْقة؛ صَفْعَة (٢) شيء عريض أو لَدْن أو مسطّح يتدلى بحرّية. مثل: «أ» حاشية الجيب أو القبّعة. «ب» مصراع المنضدة [القابل للطيّ]. «ج» السَّديلة: قطعة من أنسجة الجسم تُفصل من موضعها جزئيًّا (جر). «د» لسانُ ظرف الرِّسالة. «هـ» جُنَيْح إضافي متحرِّك (طي) (٣) رفرفة (٤) هَرْج ومَرْج؛ صَخَبٌ § (٥) يضرب؛ يخفق (٦) يقذف بعنف (٧) يجعله يرفرف x (٨) يصطفق [الستارُ إلخ]: يتحرَّك متلاطمًا من أثر الريح خاصةً (٩) يصفّق [الطائر] بجناحيه (١٠) ترفرف؛ تَخفق [الرايةُ] (١١) يثرثر؛ يلغو.

flap·doo·dle [flăp′do͞o′dəl] *(n.)* هُراء؛ كلام فارغ.

flap·jack [flăp′jăk′] *(n.)* = pancake.

flap·per *(n.)* (١) فا flap (٢) مِضربٌ عريض (٣) flap *2* (٤) فرخ الطائر (٥) امرأة شابة. وبخاصّة: فتاة لا تراعي العُرف في اللباس والمسلك.

flap·py [flăp′ĭ] *(adj.)* مُسترخٍ؛ مُترَهِّل؛ مُتهدِّل.

flare [flâr] *(vi.; t.; n.)* (١) «أ» يتماوج. «ب» ينير [كالشمعة] بضوء خافق (٢) «أ» يتوهج فجأة. «ب» يتألق: يطلق ضوءًا يَبْهَرُ الأبصار. «ج» يَحْنَق؛ ينفجر بالغضب <She ~*d* up.>. «د» يندلع <Fighting ~*d* up after a two–week lull.> (٣) يتقمَّع؛ يتبوَّق: يتّسع تدريجيًا نحو الخارج، كنهاية قمع أو بوق <The skirt ~*s* at the knees.> x (٤) يَعْرِض، متباهيًا، للعيان (٥) يجعله يَخْفُق (٦) يُعطي إشارةً بنارٍ أو ضوء § (٧) نور ساطع خافق <the ~ of torches in the wind> (٨) نار أو نور يُتَّخذان للإشارة أو الإضاءة أو لفت النظر (٩) «أ» انفجار؛ اندلاع. «ب» لَهَبٌ. «ج» غضب شديد مفاجئ (١٠) تقمُّع؛ تبوُّق <the ~ of a skirt>.

flare–up *(n.)* (١) انفجار الغضب (٢) اندلاع النار أو العنف.

flar·ing [flâr′ĭng] *(adj.)* (١) باهرٌ للبَصَر (٢) خافق: مشتعل على نحو خافض كاشتعال الشمعة (٣) gaudy (٤) مُتَقمِّع؛ متبوِّق <a ~ skirt>.

flash [flăsh] *(vi.; t.; n.; adj.)* (١) يندفع [الموجُ] (٢) يتوهج (٣) يلتمع؛ يبرز فجأة <The answer ~*ed* into his mind.> (٤) ينفجر غضبًا (٥) يُوْمِض؛ يَلْمع (٦) يَتَبَخَّر فجأةً x (٧) يغمر فجأةً بالماء (٨) «أ» يضيء أو يرسل ضوءًا. «ب» يفجِّر. «ج» يعكس النور أو يجعل المرآة تعكس النور. «د» يبعث بإشارات ضوء متقطعة. «هـ» يوهج على نحو مفاجئ (٩) ينشر خبرًا بسرعة البرق (١٠) «أ» يَعْرِض متباهيًا <to ~ one's diamonds>. «ب» يُبدي أو يُري فجأةً ولفترة قصيرة <The detective ~*ed* his badge.> (١١) يغطّي بطبقة رقيقة (١٢) يعرِّض للنور § (١٣) «أ» لَمْع؛ وميض. «ب» حركة العَلَم عند الإشارة به (١٤) التماعة <a ~ of hope, wit *or* inspiration> (١٥) لحظة؛ برهة قصيرة <in a ~> (١٦) «أ» تباهٍ رخيص أو مبتذل. «ب» لاعب رياضي لامع (١٧) «أ» لمحة؛ نظرة. «ب» ابتسامة. «ج» برقية موجزة تحمل خبرًا هامًّا [تُرسَل تفاصيله في ما بعد]. «د» flashlight *1b; 2; 3*. «هـ» وهج؛ وهيج (١٨) تبخّر مفاجئ § (١٩) «أ» مُبَهْرَج. «ب» زائف. «ج» عاميّ. «د» خاص باللصوص والمتشردين إلخ <~ language> (٢٠) خاطف: مفاجئ وقصير الأجل <a ~ fire>
a ~ in the pan إخفاق؛ جُهْدٌ مُخْفِق.

flash·back [flăsh′băk′] *(n.)* الارتجاع الفنيّ: قطعٌ للتسلسل الزّمنيّ في أثرٍ أدبيّ بإيراد أحداث أو مشاهد وقعت في زمن سابق.

flash·board [flăsh′bōrd′] *(n.)* اللّوح الامتداديّ: لوح أو أكثر ناتئ من أعلى السَّدّ يُستخدم لتعليتِهِ مؤقَّتًا بحيث يتّسع لمزيد من المياه.

flash·bulb [flăsh′bŭlb′] *(n.)* = flash lamp.

flashcube

flash·cube [flăsh′kyo͞ob′] *(n.)* المُكعَّب الوَمْضيّ: أداةٌ مكعَّبة الشكل، مُلحَقة بالكاميرا، تشتمل على أربعة مصابيح

ă at; ā date; â care; ä car; ĕ egg; ē me; ĭ in; ī bite; ŏ lot; ō bone; ô orphan; oi boil; o͝o good; o͞o boot; ou out; ŭ under; û urgent; ə = *a* in alone, *e* in system, *i* in easily, *o* in gallop, *u* in circus.

flat·car *(n.)* شاحنة مُسَطَّحة مكشوفة [من شاحنات السِّكّة الحديدية].

flat·fish [flăt'-] *(n.)* السَّمك المُفَلْطَح.

flatfish

flat·foot [flăt'-] *(n.)* pl. **-feet** (١) الانمساح؛ الارتحاء: حالة يكون فيها قوس القدم مسطَّحًا بحيث يمسّ باطنُها كُلُّه الأرضَ (٢) قَدَم مَسْحاء أو رَحّاء (٣) الأمْسَح؛ الأرَحّ (٤) *or* pl. **-foots**: شرطي (٥) بَحّار؛ نوتيّ (ع).

flat–foot·ed [flăt'fŏŏt'ĭd] *(adj.)* (١) أمْسَح؛ أرَحّ (٢) مُطْلَق؛ غير متحفّظ <~ support for an idea>.

flat–hat [flăt'-] *(vi.)* يُسِفّ: يقود طائرته على نحو منخفض ومتهوّر.

flat·head [flăt'-] *(n.)* الرّاقود: سَمك مُسَطَّح الرأس.

Flat·head *(n.)* مُفَلْطَح الرأس: هنديّ أحمر.

flat·iron [flăt'ī'ərn] *(n.)* مِكواة.

flatiron

flat knot *(n.)* = reef knot.

flat·ling [flăt'lĭng] *(adv.)* أُفقيًّا.

flat·out [flăt'out'] *(adj.)* (١) أقصى <~ speed> (٢) صِرْف؛ مَحْض.

flat silver *(n.)* فِضّيّات المائدة.

flat·ten [flăt'ən] *(vt.; i.)* (١) يُسَطِّح: يجعله مُسطَّحًا، مثل: «أ» يُمهِّد؛ يُسَوّي. «ب» يُدمِّر؛ يَدُكّ؛ يُسَوّي بالأرض (٢) يُتَفِّه: يجعله تَفِهًا أو عديم النكهة (٣) يطفئ اللمعةَ: يجعل الدهان مُطفأ اللّمعة x (٤) يَتَسطَّح: يُصبح مُسَطَّحًا (٥) يُوَفِّق: يطير أفقيًّا [تتبعها *out*].

flat·ter[1] [flăt'ər] *(vt.; i.)* (١) يُطري [متملِّقًا] (٢) يُشبع غرور امرئ أو كبرياءه <I feel greatly ~*ed* by your invitation.> (٣) يزيده حسنًا: يُظْهِره أكثر جمالًا أو جاذبية <This photograph ~*s* him.> x (٤) يتملّق؛ يُداهن.

flat·ter[2] *(n.)* (١) فا flat (٢) مِطرقة مُسَطَّحة [يستعملها الحدّادون].

flat·ter·y [flăt'ə rĭ] *(n.)* إطراء؛ تملُّق؛ تزلُّف؛ مُداهَنة.

flat·tish [flăt'ĭsh] *(adj.)* مُسَطَّح قليلًا.

flat·top [flăt'-] *(n.)* (١) مستوي السَّطح (٢) حاملة طائرات.

flat·u·lence [flăch'ə ləns] *or* **flat·u·len·cy** *(n.)* (١) التَّطبُّل: امتلاء البطن بالغازات (٢) غرور؛ ادعاء فارغ.

flat·u·lent [-ə lənt] *(adj.)* (١) متطبِّل البطن (٢) مطبِّل للبطن (٣) مُدَّعٍ؛ فارغ.

flat·us [flā'təs] *(n.)* الأرياح: غازات البطن.

flat·ware [flăt'wâr'] *(n.)* = flat silver.

flat·wise [-'wīz'] *or* **flat·ways** [-'wāz'] *(adv.)* انبطاحًا.

flaunt [flônt] *(vi.; t.; n.)* (١) يَزْدهي؛ يَتَطَوَّس: يتباهى بزينته كالطاووس (٢) يتماوج؛ يرفرف باعتزاز <flags ~*ing* in the breeze> (٣) يَعْرِض متباهيًا § (٤) ازدهاء؛ تماوُج.

flau·tist [flô'tĭst] *(n.)* = flutist.

fla·vin; fla·vine [flā'vĭn] *(n.)* الفلافِن: صِبْغ أصفر (كح).

fla·vor *or* **fla·vour** [flā'vər] *(n.; vt.)* (١) «أ» نَكْهة. «ب» مَذاق (٢) المُنَكِّه: مادة تضيف إلى غيرها نكهة معيَّنة § (٣) يُنَكِّه: يعطي نكهةً لِـ.

وَمْضِيّ وفي الإمكان إدارتُها للحصول على أربع صورٍ في تعاقُب خاطِف.

flash·er [flăsh'ər] *(n.)* (١) فا flash (٢) الضوء الوَمْضيّ: ضوء في الطريق أو في السَّيارة يُرسِل ومضاتٍ يُراد بها التنبيه.

flash flood *(n.)* فيضان خاطف [بسبب أمطار غزيرة في الجوار المباشر].

flash·ing [flăsh'ĭng] *(n.)* (١) إيماض؛ وَمْض (٢) الكُسْوة: صفيحة معدنية لتغطية أو وقاية بعض زوايا المبنى. وبخاصة حيث يتصل السقف بحائط أو مدخنة.

flash lamp *(n.)* المصباح الوَمْضيّ: مصباح كهربائي يرسل نورًا خاطفًا ساطعًا للتصوير الفوتوغرافي.

flash lamp

flash·light [flăsh'līt'] *(n.)* (١) الضوء الومضيّ: «أ» ضوء ذو لمعان متفاوت بصورة نظامية تزوَّد به المنارات. «ب» نورٌ صُنْعيّ ساطع خاطف للتصوير الفوتوغرافي (٢) الصورة الومضية: صورة فوتوغرافية مأخوذة بهذا النور (٣) المِشْعل الكهربائيّ: بطارية صغيرة تُرسل نورًا كشافًا.

flash·o·ver [flăsh'ō'vər] *(n.)* الأنوماض (كب).

flash point *(n.)* نقطة الوميض (ك).

flash·tube [flăsh'tyōōb'] *(n.)* الصاعق؛ الأنبوب الصاعق (ألك).

flash·y [flăsh'ĭ] *(adj.)* (١) insipid (٢) خاطف للبصر (٣) «أ» برّاق. «ب» مُبَهْرَج؛ مُزَوَّق.

flask [flăsk; fläsk] *(n.)* قارورة؛ قِنينة: «بَطْحة».

flat[1] [flăt] *(n.)* (١) سَهل؛ منبسِط (٢) مُسَطَّح (٣) «أ» الخفيضة: نغمة منخفضة. «ب» الخافضة: علامة انخفاض النّغمة (٤) شيء مُسَطَّح. مثل: «أ» مَرْكب مُسطَّح القاع. «ب» حذاء من غير كعب (٥) شِقّة [في طابق] (٦) المُنْسَطِح: دولاب مُفَرَّغ الهواء.

flat[2] *(adj.)* (١) «أ» مسطَّح؛ منبسِط. «ب» ضَحْل؛ خفيض (٢) «أ» منبطح: منطرح على وجهه. «ب» مُستنِد بطوله إلى <a ladder ~ against the wall> (٣) مُستوٍ؛ ممهَّد (٤) «أ» صريح؛ تامّ؛ جازم <a ~ denial>. «ب» مُحدَّد؛ ثابت <a ~ price>. «ج» من غير زيادة أو نقصان <in five minutes ~> (٥) «أ» فاتر؛ بارد <a ~ joke>. «ب» تفِهٌ؛ عديم النَّكهة <The stew is ~ too.>. «ج» عديم الفَوَران <~ beer>. «د» راكد؛ كاسد <a ~ market>. «هـ» مُنْسطِح: مُفَرَّغ الهواء <a ~ tire> (٦) «أ» خفيض <a ~ tone>. «ب» أجشّ. «ج» رتيب؛ مُمِلّ (٧) «أ» لامتغاير: تُعْوِزُهُ المغايرة contrast (رم). «ب» مُطْفأ اللَّمعة؛ غير لامع (رم).

flat[3] *(adv.)* (١) مباشرةً (٢) انبطاحًا؛ استلقاءً [على الظهر] (٣) تمامًا؛ بالكُلّيّة <~ broke> (٤) بانخفاض [في النغم] (٥) بلا فائدة: من غير فائدة تؤخذ أو تعطى على المال.

flat[4] *(vt.; i.)* (١) يُسَطِّح: يجعله مسطَّحًا (٢) يُخفض [النَّغمةَ] x (٣) يتسطَّح: يُصبح مُسَطَّحًا.

flatbed press *(n.)* الطابعة المُسَطَّحة أو المُسْتَوية (طع).

flat·cap [flăt'căp'] *(n.)* (١) القَلَنْسُوَة المُسَطَّحة: قَلَنْسُوَة مستديرة شبه مُسَطَّحة (٢) المُعتمر بقَلَنْسُوَةٍ مُسَطَّحة. وبخاصة: اللَّندنيّ.

fla·vor·ful [flā′vər-] *(adj.)* = savory.

fla·vor·ing [flā′-] *(n.)* = flavor 2.

fla·vor·less [flā′-] *(adj.)* تَفِهٌ ؛ عديم النكهة.

fla·vor·ous; fla·vor·some [flā′-] *(adj.)* = flavorful.

flaw[1] [flô] *(n.)* (١) هَبَّة ريح (٢) جَوٌّ عاصف [قصيرُ الأمَد].

flaw[2] *(n.; vt.; i.)* (١) صَدْع ؛ شَقّ [في زهرية أو جوهرة إلخ] (٢) خطأ ؛ خَلَل ؛ نَقْص ؛ عَيْب § (٣) يَصْدَع ؛ يَشُقّ (٤) يَخرِق ؛ ينتهك <to ~ an x agreement> (٥) يَنْصَدِع.

flaw·less [flô′ləs] *(adj.)* كامل ؛ لا تشوبُهُ شائبة.

flax [flăks] *(n.)* (١) الكَتّان (نب) (٢) أَلياف الكَتّان. flax *1.*

flax·en [flăk′sən] *(adj.)* (١) كَتّانيّ : مصنوع من كَتّان (٢) كَتّانانيّ : شبيه بالكَتّان.

flax·seed [flăks′sēd′] *(n.)* بزر الكَتّان.

flax·y [flăks′ĭ] *(adj.)* = flaxen 2.

flay [flā] *(vt.)* (١) «أ» يَسْلُخ [الجلدَ]. «ب» يَخْدِش [البَشَرَةَ] (٢) يَسْلُب ؛ يَنْهَب (٣) «أ» ينتقد بقسوة. «ب» يَصْفَع.

flea

flea [flē] *(n.)* البُرغوث.

~in one's ear (١) تحذير (٢) توبيخ.

flea·bane [-′bān′] *(n.)* شَيْخ الرَّبيع : نبات من الفصيلة المركَّبة.

flea·bite [-′bīt′] *(n.)* (١) قَرْصة البُرغوث (٢) ألمٌ طفيف ؛ جرح أو انزعاج طفيف (٣) مقدار ضئيل.

flea–bit·ten [-′bĭt′ən] *(adj.)* (١) أرقط : أبيض أو رماديّ اللون مرقَّط بنُقَط ضاربة إلى الحمرة (٢) ملسوع بالبراغيث.

fleam [flēm] *(n.)* المِفْصَد : مِبْضَع لفَصْد الأوردة (ط).

flea market *(n.)* (antique سوق البُرغوث : سوق تباع فيه العادِيّات (را والسِّلَع المستعملة.

flea·wort [flē′wûrt′] *(n.)* عُشْبة البراغيث (نب).

flèche [flāsh; flĕsh] *(n.)* السَّهم : برج صغير مُستَدِقّ (عم).

fleck [flĕk] *(vt.; n.)* (١) يُنقِّط ؛ يُرقِّط ؛ يُرَقِّش § (٢) نقطة ؛ رقطة.

flec·tion [flĕk′shən] *(n.)* (١) ثَنْي ؛ لَيّ (٢) انثناء ؛ التواء (٣) ثَنْيَة ؛ لَيّة (٤) الثَّنْي : ثَنْيُ المَفْصِل أو انثناؤه.

fled [flĕd] *past and past part. of* flee.

fledge [flĕj] *(vi.; t.)* (١) يرتاش ؛ ينبت ريشُهُ (٢) تُجَنِّح : تَبْلُغ الحشرةُ طور التجنيح x (٣) يُرايِش : يتعهَّد الطائرُ فرخَهُ حتى يصبح قادرًا على الطيران (٤) يُرَيِّش : يكسو بريشٍ أو زَغَب (٥) يَرِيش : يزوِّد سَهمًا بالريش.

fledg·ling [flĕj′lĭng] *(n.)* (١) الفَرْخ : طائر صغير نَبَتَ ريشُهُ منذ عهد قريب (٢) الغِرّ : شخص قليل الاختبار.

flee [flē] *(vt.; i.)* (١) يَفِرّ ؛ يَهْرُب (٢) يتلاشى x (٣) يتفادى ؛ يتجنّب (٤) يَهْجُر <~*ing* the city>.

fleece [flēs] *(n.; vt.)* (١) «أ» صوف الخِراف. «ب» جَزَّةُ صوفٍ (٢) كتلة ناعمة من شيء كالصوف، مثل : «أ» سحابة بيضاء. «ب» نَدْف ثلج (٣) الفَلِيس : «أ» نسيج ذو زِئبَر ناعم تُبطَّن به الملابس الشَّتوية. «ب» زِئبَر هذا النسيج § (٤) يَجُزّ (٥) «أ» يَسْلُب. «ب» يُبْهِظ الثمنَ (٦) يُصَوِّف : ينقّط أو يكسو بكُتَل شبيهة بالصُّوف.

fleeced [flēst] *(adj.)* (١) مُصَوَّف : مَكْسُوٌّ بالصوف (٢) ناعم الزِّئبر.

fleech [flēch] *(vt.; i.)* يتملّق ؛ يداهِن ؛ يُصانع (ع).

fleec·y [flē′sĭ] *(adj.)* (١) صوفيّ (٢) صُوْفانيّ : شبيه بالصُّوف (٣) مُصَوَّف : مَكْسُوّ بالصُّوف.

fleer [flēr] *(vi.; t.; n.)* (١) يَضحك ساخرًا (٢) يَسْخَر من ؛ يهزأ بِـ § (٣) كلمة [أو نظرة] ساخرة.

fleet[1] [flēt] *(vi.; t.)* (١) يتلاشى (٢) ينطلق بسرعة : يطير x (٣) يُمضي الوقتَ (٤) يغيّر وضع شيء.

fleet[2] *(n.)* (١) أسطول [بحريّ أو جويّ] (٢) قافلة سيارات.

fleet[3] *(adj.)* (١) سريع ؛ رشيق (٢) زائل ؛ سريع الزوال.

fleet[4] *(n.)* جدول ؛ غدير.

fleet admiral *(n.)* أمير الأسطول ؛ أميرال الأسطول.

fleet·ing *(adj.)* زائل ؛ سريع الزَّوال. **— fleet·ness** *(n.)*

fleet·ly [flēt′lĭ] *(adv.)* بسرعة ؛ برشاقة.

Fleet Street *(n.)* (١) شارع الصّحافة بلندن (٢) الصّحافة اللّندنية.

Flem·ing [flĕm′ĭng] *(n.)* (١) الفلاندريّ : أحد أبناء الفلاندر (٢) الفَلَمَنْكيّ : مواطن بلجيكيّ ناطق بالفَلَمَنْكيّة.

Flem·ish [flĕm′ĭsh] *(adj.; n.)* (١) فَلَمَنْكيّ § (٢) الفَلَمَنْكيّ : واحد الفَلَمَنْكيين (٣) اللُّغة الفَلَمَنْكيّة (٤) الفَلَمَنْكيّون.

Flemish giant *(n.)* العِملاق الفَلَمَنْكيّ : أرنب ضخم قويّ.

flense [flĕns] *(vt.)* يَسلُخ [جلدَ الحوت] أو ينزع دهنه.

flesh [flĕsh] *(n.; vt.; i.)* (١) «أ» لَحْم. «ب» سِمَن ؛ بدانة <to put on ~>. «ج» بَشَرة <sun–tanned ~> (٢) «أ» الجسد. «ب» الطبيعة البَشَرية (٣) «أ» الجنس البشريّ. «ب» الكائنات الحيّة. «ج» أسرة المرء وأنسباؤه (٤) لُبّ النباتات والأثمار (٥) قَلْب ؛ صُلْب § (٦) «أ» يُغري كلبًا إلخ بالقنص [بإطعامه لحمًا] (٧) يدرِّب على القتال ؛ يُحرِّض على سفك الدماء (٨) يُنشِب أنيابه في (٩) «أ» يكسو [هيكلًا عظميًا] باللحم. «ب» يستكمل (١٠) ينزع اللحم عن x (١١) يكتسي باللحم [تتبعها up أو on].

to go the way of all ~, يموت.

to lose ~, يَهْزُل ؛ يُصبح ناحلًا.

flesh and blood *(n.)* (١) الجسد ؛ الطبيعة البشرية (٢) أبناء المرء أو أقرباؤه الأدْنَوْن.

flesh fly *(n.)* ذُبابة اللحم.

flesh·i·ness [flĕsh′-] *(n.)* بدانة ؛ سِمَن ؛ امتلاء الجسم.

ă at; ā date; â care; ä car; ĕ egg; ē me; ĭ in; ī bite; ŏ lot; ō bone; ô orphan; oi boil; o͝o good; o͞o boot; ou out; ŭ under; û urgent; ə = *a* in alone, *e* in system, *i* in easily, *o* in gallop, *u* in circus.

flesh·ings [flĕsh'-] *(n. pl.)* (١) ثوب ضيّق [يرتديه الراقص أو البهلوان] (٢) الكُشاطة اللحميّة [تُكشط عن جلد الحيوان عند دبغِهِ].

flesh·ly [flĕsh'lĭ] *(adj.)* (١) جَسَديّ (٢) «أ» دُنيَويّ. «ب» شَهْوِيّ (٣) بدين؛ سمين (٤) حِسّيّ <~ art>.

flesh·pots [flĕsh'pŏts'] *(n. pl.)* (١) تَرَف (٢) مَلْهًى مُتْرَف.

flesh·y [flĕsh'ĭ] *(adj.)* (١) «أ» لحميّ. «ب» لَحْمانيّ: شبيه باللّحم (٢) بدين؛ سمين (٣) لُبّيّ؛ لَحِيمٌ.

fletch [flĕch] *(vt.)* يَريش: يُزوِّد بالرِّيش.

fletch·er [-'ər] *(n.)* السَّهّام: صانع السِّهام.

fleur-de-lis *or* **fleur-de-lys** [flœr'də lē'] *(n.)* (١) iris (٢) زهرة السَّوسن: شعار ملوك فرنسا السّابقين.

fleur-de-lis 2.

flew [flōō] *past of* fly.

flews [flōōz] *(n. pl.)* الجزءان المتدلّيان من شفة الكلب العليا.

flex [flĕks] *(vt.; i.; n.)* (١) يَثْني؛ يَلْوي x (٢) ينثني § (٣) ثَنْيٌ.

flex·i·bil·i·ty [flĕk'sə bĭl'ə tĭ] *(n.)* اللَّدانة؛ الانثنائية؛ المرونة.

flex·i·ble [flĕk'sə bəl] *(adj.)* (١) لَدْن؛ طَوِيّ؛ قابل للانثناء (٢) ليّن العريكة (٣) مرن: قابلٌ التكييف.

flex·ile [flĕk'sĭl; -sīl] *(adj.)* = flexible.

flex·ion [flĕk'shən] *(n.)* = flection.

flex·or [flĕk'sər] *(n.)* العضلة العاطفة (ت).

flex·u·ous [flĕk'shōō əs] *(adj.)* متمعّج؛ متعرّج؛ مَرِن.

flex·ure [flĕk'shər] *(n.)* (١) انثناء؛ التواء (٢) ثَنْيَة؛ لَيّة.

flic [flēk; flĭk] *(n.)* شُرْطيّ فرنسيّ.

flick [flĭk] *(n.; vt.; i.)* (١) «أ» ضربة سريعة خفيفة [بالسّوط]. «ب» نقرة [بالإصبع] (٢) صوت الضربة أو النقرة (٣) حركة سريعة خفيفة (٤) فيلم سينمائيّ § (٥) يَضرب بسرعة وخِفّة (٦) يَنْقُر بالإصبع (٧) «أ» ينفض الغبار عن. «ب» ينفض رماد السيجارة (٨) يطفئ؛ يُوْقِف <*~ed* off the radio> x (٩) يمرّ بسرعة خاطفة.

flick·er[1] [flĭk'ər] *(vi.; t.; n.)* (١) «أ» يترجرج؛ يضطرب. «ب» يرفرف بجناحيه (٢) «أ» تخفق: تشتعل الشمعة بصورة متقطعة. «ب» يتردَّد: يُومض ثم يخبو <A faint hope still *~ed* in his breast.> x (٣) يُرجرج الخ § (٤) ترجرُج؛ اضطراب (٥) «أ» خَفْق؛ اشتعال متقطع. «ب» بصيص؛ ومضة خاطفة <a ~ of hope> (٦) فيلم سينمائيّ.

flicker²

flick·er[2] *(n.)* النَّقّار: طائر أميركيّ.

flied *past of* fly.

fli·er *also* **fly·er** [flī'ər] *(n.)* (١) فا fly، وبخاصة: الطيّار؛ الملّاح الجويّ (٢) «أ» مغامَرَة [في السياسة أو توظيف الأموال]. «ب» وثبة كبيرة (٣) النَّشْرة الطيّارة: نَشْرة إعلانية توزَّع على نطاق واسع (٤) درجةٌ في سُلَّم.

flight[1] [flīt] *(n.; vi.; t.)* (١) «أ» طيران. «ب» القدرة على الطيران (٢) «أ» الانطلاق إلى خارج جوّ الأرض. «ب» المسافة التي تُقطع في هذا الانطلاق. «ج» حركة سريعة (٣) رحلة بالطائرة (٤) سِرْب [من الطيور أو الطائرات] (٥) تحليق <a ~ of the imagination> (٦) القَلْبة: مجموعة من درجات السُّلّم تنتهي عند منبسط يُفضي إلى مجموعة مُماثلة § (٧) يَطير أسرابًا x (٨) يُجفِّل طائرًا.

flight[2] *(n.)* (١) فرار؛ هروب (٢) هجرة الرساميل [من بلدٍ إلى آخر].

to take (to) ~, يلوذ بالفرار؛ يُطلق ساقيْه للريح.

flight deck *(n.)* سطح الطيران [في حاملة الطائرات].

flight engineer *(n.)* مهندس الطيران.

flight·less [flīt'ləs] *(adj.)* عاجز عن الطيران [كالنّعام وما إليه].

flight line *(n.)* موقف الطائرات.

flight path *(n.)* مَسار الطيران؛ الممرّ الجويّ.

flight-test [flīt'tĕst'] *(vt.)* يختبر طيرانيًّا.

flight-wor·thy [flīt'wûr'thĭ] *(adj.)* صالح للطيران.

flight·y [flī'tĭ] *(adj.)* (١) سريع الزّوال (٢) مُتقلّب (٣) سريع الاهتياج (٤) طائش؛ متهوّر؛ أحمق.

flim·flam [flĭm'flăm'] *(n.; vt.)* (١) خِداع (٢) هُراء § (٣) يَخدَع.

flim·si·ness [flĭm'zĭ-] *(n.)* رِقّة؛ تَهَلْهُل؛ ضَعْف.

flim·sy[1] [flĭm'zĭ] *(adj.)* (١) رقيق؛ مُهَلْهَل <a soft ~ silk> (٢) رديء النوع (٣) واهٍ؛ ضعيف <a ~ excuse; a ~ argument>.

flim·sy[2] *(n.)* (١) المُرَقَّق: ورق رقيق تُستخرَج عليه النّسخ الكربونية (٢) المُرَقَّقَة: وثيقة مطبوعة على هذا الورق.

flinch [flĭnch] *(vi.; n.)* (١) يُجْفِل (٢) يُحجم § (٣) إجفال (٤) إحجام.

flin·ders [flĭn'dərz] *(n. pl.)* شظايا؛ قِطع صغيرة.

fling [flĭng] *(vi.; t.; n.)* (١) يندفع بقوة أو بعجلة (٢) يرفُس؛ يَثِب باهتياج [تُقال في فَرَس الخ] (٣) يَلْعَن؛ يَشْتِم (٤) يَسْخَر من x (٥) يَقْذِف؛ يُلقي [بقوّة] (٦) يَطْرح جانبًا (٧) يَزُجّ به في <to ~ somebody into jail> § (٨) اندفاع؛ رَفْس؛ وَثْب؛ لَعْن؛ قَذْف؛ طَرْح الخ (٩) «أ» محاولة. «ب» علاقة غرامية قصيرة الأمَد؛ علاقة جنسية غير شرعيّة (١٠) فترة انغماسٍ في الملذات.

in full ~, في تقدّم ناشط.

to ~ away يَطْرح؛ يَطّرِح.

to ~ down (١) يَرْمي؛ يطرح (٢) يدمّر.

to ~ off (١) يَرُوغ [من مطارديه] (٢) يندفع خارجًا.

to ~ one's clothes on يرتدي ثيابَه بعجلة.

to ~ open يفتح فجأة أو بعنف.

to ~ out (١) يرفسُ [الفرسُ] أو يثب باهتياج (٢) يلقي ملاحظات قاسية أو مُهينة (٣) يندفع خارجًا.

to ~ up يَهْجر.

to have a ~ at (١) يحاول [محاولة عابرة] (٢) يَسخر من.

to have one's ~, ينغمس في الملذات؛ يطلق لشهواته العنان.

flint [flĭnt] *(n.)* (١) الصَّوّان؛ الظِّرّ؛ الظِّرّان (٢) حَجَر القَدح.

flint corn *(n.)* الذُّرَة الفولاذية: ضرب من الذُّرة صَلْد الحبوب.

flint glass *(n.)* الزُّجاج الصَّوّاني.

flint·lock [flĭnt'lŏk'] *(n.)* (١) الزّند المصوَّن: زندٌ ذو صوّانة [في بندقية قديمة] (٢) المصوَّنة: بندقية ذات زند مصوَّن.

flint·y [flĭn′tĭ] *(adj.)* (١) صَوّانيّ؛ ظِرّانيّ: شبيه بالصَّوّان أو الظِّرّان (٢) صَلْد؛ صُلْب.

flip [flĭp] *(vt.; i.; n.; adj.)* (١) يَنْقُف: يَنْقُر قطعةً نقديةً بالظُّفر بحيث تنقلب في الهواء (٢) «أ» يَقْلِب [سيارةً]. «ب» يقلّب [صفحاتِ كتاب] x (٣) يتخلّج؛ ينتفض (٤) ينقلب [رأسًا على عقب] (٥) يتصفّح [كتابًا] § (٦) «أ» نَقْف؛ نَقْر. «ب» نَقْفة؛ نَقْرة (٧) شَقْلبة (را. somersault) وبخاصة في الهواء (٨) رحلة قصيرة؛ رحلة [للمتعة] بالطائرة (٩) الفْلِيب: شراب مُسْكِر § (١٠) flippant.

flip–flop [flĭp′flŏp′] *(n.; vi.)* (١) تَرَجْرُج؛ تَقَلْقُل (٢) قَرْقَعة (٣) تغيُّر مفاجئ [في الاتجاه أو وجهة النظر] § (٤) يَتَرَجْرَج؛ يَتَقَلْقَل.

flip·pan·cy [-′ən sĭ] *(n.)* (١) ذلاقة لسان (ا. ق) (٢) وقاحة؛ صفاقة.

flip·pant [flĭp′ənt] *(adj.)* (١) ثَرثار (ا. ق) (٢) وَقِح؛ صفيق.

flip·per [flĭp′ər] *(n.)* (١) زِعْنِفَة الحوت (٢) فا flip (٣) اليد (ع).

flirt [flûrt] *(vt.; i.; n.)* (١) يَقْذِف بقوّة (٢) يُحرِّك بطريقة ارتجاجية x (٣) يتحرّك بعصبية أو على نحو مُتقطِّع (٤) «أ» يُغازِل. «ب» يَعْبَث § (٥) مص flirt (٦) ضربة سريعة (٧) حركة سريعة (٨) «أ» المُغازِل؛ العابث. «ب» المِغْناج (را. coquette).
— flir·ta·tion *(n.)*

flir·ta·tious [flûr tā′shəs] *(adj.)* (١) غَزِل (٢) غَزَليّ.

flit [flĭt] *(vi.; n.)* (١) يطير أو ينتقل بسرعة [من مكان إلى مكان] (٢) يُرفرف بجناحَيْه (٣) تَمُرّ [الفكرةُ] في الخاطر (٤) ينقضي [الوقتُ] (٥) يتضاءل ضوء الشّمعة؛ يَخْفُق وكأنه يلفظ أنفاسَه § (٦) حركة سريعة أو خفيفة.

flitch [flĭch] *(n.)* (١) المملوحة: قطعة مملَّحة ومدخَّنة من خاصرة الخنزير (٢) الطُّولانيّة: قطعة خشبٍ طُولانيّة.

flit·ter [flĭt′ər] *(vi.; t.)* = flutter.

fliv·ver [flĭv′ər] *(n.)* الفَلْفَر: سيارة صغيرة رخيصة [عتيقةٌ عادةً].

float [flōt] *(n.; vi.; t.)* (١) عَوْم؛ طَفْو (٢) شيء عائم أو طافٍ؛ مثل: «أ» فلّينة؛ قصبة الصيد. «ب» الطَّوْف؛ المنصة العائمة: منصة عائمة قرب الشاطئ يستخدمها السباحون أو تُتَّخَذ لتسهيل الصعود إلى المراكب أو النزول منها (٣) العَوّامة: كُرة جوفاء في أعلى البرميل (٤) المِصْقَلة: أداة لصَقْل سطح أو تنعيمه (٥) المِنصّة السيّارة: عربة ذات مِنصّةٍ يُعْرَض عليها شيء في موكب (٦) شيكات برَسْم التحصيل (اد) (٧) المُعَوَّم: شراب تطفو على سطحه قِطَع من المثلوجات § (٨) يعوم؛ يطفو (٩) يجري برفق على سطح الماء [أو وكأنه على سطح الماء] (١٠) يَخْفُق؛ يُرفرف (١١) ينتشر (١٢) «أ» يَهيمُ [شاردًا]. «ب» يتردَّد؛ يتقلَّب؛ يُكثِر من تغيير مَقَرِّه أو مهنته x (١٣) يُعَوِّم (١٤) يَغْمُر (١٥) يَصْقُل؛ يُنَعِّم (١٦) «أ» يُرَوِّج [لفكرة أو مشروع]؛ يدعو الناس إلى مناصرة فكرة أو تمويل مشروع. «ب» يَطْرَح الأسهمَ الماليةَ في السّوق. «ج» يُؤسِّس شركةً [بطَرْح أسهُمها في السّوق].

float·age [flō′tĭj] *(n.)* = flotage.

float·a·tion [flō tā′-] *(n.)* = flotation.

float·er [flō′tər] *(n.)* (١) العائم: شيء أو شخص عائم (٢) المعوِّم: شخص يعوِّم شيئًا (٣) العَوّام: «أ» شخص يصوِّت بطريقة غير شرعية في مراكز اقتراع متعدِّدة. «ب» شخص ليس له سَكَن أو عَمَلٌ دائم. «ج» مستخدَم ليس له عمل معيَّن [فهو يُدعى إلى إسداء يد العون حيث تقْضي الحاجة].

float·ing [flō′tĭng] *(adj.)* (١) طافٍ؛ عائم (٢) «أ» سائب؛ طليق: غير متصل بالقصّ <a ~ rib>. «ب» عائم: منحرف عن موضعه الطبيعي <a ~ kidney> (٣) «أ» مترحّل: مغيِّرٌ مسكنَه أو عمله باستمرار <~ population>. «ب» حرّ: غير موظَّف <~ capital>. «ج» قصير الأجل <a ~ debt> (٤) عائم: مَرِنٌ أو عاملٌ بسلاسة <a ~ axle>.

floating bridge *(n.)* الجسر العائم: جسر مؤقَّت مؤلف من مراكب أو أطواف.

floating dock

floating dock *(n.)* حوض عائم [لإصلاح السُّفُن].

floating island *(n.)* الجزيرة الطافية: حلوى مؤلفة من قَسْتَر custard وكتلٍ عائمة من بياض البيض المخفوق.

float·plane [flōt′plān′] *(n.)* الطائرة الطّافية أو العائمة.

floc [flŏk] *(n.; vi.; t.)* (١) اللُّبادة: كتلة متلبّدة من دخان أو ثُفْلٍ إلخ (٢) flock² *1-2* § (٣) يتلبّد x (٤) يُلبِّد.

floc·cose [flŏk′ōs′] *(adj.)* مُخصَّل: ذو خُصَل شَعْريّة <~ plants>.

floc·cu·late¹ [flŏk′yə lāt′] *(vt.; i.)* (١) يُلبِّد x (٢) يتلبَّد.

floc·cu·late² [flŏk′yə lət; flŏk′yə lāt′] *(n.)* شيء متلبِّد.

floc·cule [flŏk′yo͞ol] *(n.)* النُّدْفة: شيء شبيه بكتلة صوف.

floc·cu·lent [flŏk′yə lənt] *(adj.)* (١) صوفانيّ: شبيه بالصوف (٢) أزغب أو مكسوّ بمادة صوفية (٣) شمعيّ الغلاف أملَسُه.

floc·cu·lus [-ləs] *(n.)* pl. **-li** [lī; lē] (١) floccule (٢) اللَّطْخة: رقعة على سطح الشمس (فل).

flock¹ [flŏk] *(n.; vi.)* (١) قطيع؛ سِرْب (٢) جُمهور. وبخاصةٍ: رَعِيّة الكاهن (٣) جَمْهَرَة؛ مجموعة كبيرة § (٤) «أ» يحتشد. «ب» يندفع أفواجًا.

flock² *(n.; vt.)* (١) كتلة صوف أو قطن (٢) نُفاية صوفٍ أو قطن [يُحشَى بها فراش أو أثاث] § (٣) يحشو بنُفاية الصوف إلخ.

floe [flō] *(n.)* الطَّوْف الجليديّ: جليد طافٍ على سطح جسم مائيّ.

flog [flŏg] *(vt.)* (١) يَجْلِد؛ يَسُوط؛ يَضْرِب بالسِّياط (٢) ينتقد بقسوة (٣) يَسُوق؛ يَدْفَع (٤) يُرْهِق.

flood [flŭd] *(n.; vt.; i.)* (١) فَيَضان؛ طُوفان (٢) مَدٌّ [ضدّ: جَزْر] (٣) فَيْض [من الكلام أو الدموع أو الضَّوء إلخ] (٤) floodlight § (٥) يَغْمُر (٦) يُشْبِع، وبخاصةٍ بالوقود x (٧) يَفيض.

flood·gate *(n.)* مَسْرَب الفَيَضان: بوّابة في قناة أو نهر للتحكّم بتدفّق المياه.

flood·light [-′līt′] *(n.; vt.)* (١) الضوء الغامر: ضوء صُنعيّ مُوَجَّهٌ بطريقة تؤدي إلى إنارة مساحة ما على نحو متناسق (٢) مصباح [أو مِسلاط] الضوء الغامر § (٣) يَغْمُرُ بالضِّياء.

flood·plain [-′plān′] *(n.)* الرِّقّة: «أ» سَهْل مُعَرَّض للانغمار بمياه

الفيضان. «ب» سَهْل ناشئ عن الأتربة التي تخلّفها مياه الفيضان.

flood tide *(n.)* (١) مَدٌّ [ضدّ: جَزْر] (٢) فَيْض غامر (٣) أوج؛ قِمّة.

flood·water [flŭd′wô′tər] *(n.)* مياه الفَيَضان.

floor [flōr] *(n.; vt.)* (١) الأَرْضِيَّة: أرض الحجرة (٢) قاع؛ قعر (٣) «أ» دور؛ طابق [في مبنًى من المباني]. «ب» باحة الرقص (٤) سَطْح <the ~ of a bridge> (٥) النظّارة؛ جمهور المستمعين إلخ <questions from the ~> (٦) الرَّدْهة: «أ» مقاعد الأعضاء في برلمان أو قاعة اجتماع. «ب» أعضاء مجلس أو جمعية. «ج» حق الكلام: حق النائب إلخ في مخاطبة المجلس من مقعده <The senator from Maine has the ~.> (٧) الحدّ الأدنى <a price *or* wage ~> § (٨) يُؤَرِّض: يُبلِّط أو يُخشِّب أرضَ الحجرة (٩) «أ» يَصْرَع؛ يطرحُهُ أرضًا. «ب» يُفحِم. «ج» يَهزِم. «د» يُرْبِك.
to take the ~, يقف خطيبًا [في مناظرة إلخ].

floor·board [flōr′bōrd′] *(n.)* (١) لوح في أرضيّة (٢) أرضيّة السيارة.

floor·ing *(n.)* (١) أرضيَّة الحجرة (٢) أرضيّات (٣) موادّ التأريض.

floor lamp *(n.)* مصباح الأرضية: مصباح طويل يوضع على أرضية الحجرة.

floor leader *(n.)* زعيم الرَّدْهة: عضو في البرلمان مكلّف بإدارة نشاطات حزبه تحت قبة البرلمان.

floor show *(n.)* برنامج ترفيهيّ [في مَرْبع ليليّ].

floor·walk·er [flōr′wô′kər] *(n.)* مَشّاء المَتْجَر: موظف في مَتْجرٍ مهمّتُهُ مساعدةُ الزبائن ومراقبةُ البائعين والبائعات.

floo·zy [flōō′zĭ] *(n.)* امرأة فاسقة. وبخاصة: بغيّ؛ مومس.

flop [flŏp] *(vi.; t.; n.; adv.)* (١) «أ» تتخبط [السمكةُ ضاربةً بذيلها]. «ب» يصطفق؛ يرفّ؛ يرتفع وينخفض <The brim of a hat ~s.> (٢) يرتمي بتثاقل أو استرخاء (٣) يتحوّل أو ينتقل فجأة [من اتجاه إلى آخر] (٤) يأوي إلى الفراش (٥) يخفق إخفاقًا تامًا <The show ~*ped*.> x (٦) يضرب بقوة (ع) (٧) يقلّب [الصفحات] فجأة وبجلبة (٨) يلقي أو يطرح فجأة وبعنف § (٩) تخبُّط؛ ارتماء بتثاقل إلخ (١٠) تغيُّر مفاجئ [في السياسة] (١١) هبوط مفاجئ [في الأسعار] (١٢) شخص أو شيء مخفق (١٣) فندق رخيص أو سرير فيه (ع) § (١٤) تمامًا <fell ~ on her face>.

flop·house [flŏp′hous′] *(n.)* فندق رخيص.

flop·py[1] [-ĭ] *(adj.)* (١) متخبِّط إلخ (٢) عريض ليِّن [كحاشية القبّعة].

flop·py[2] *or* **floppy disk** *(n.)* القُرَيْص: قرص لدائنيّ تُخزَن عليه المُعْطَيات المرادُ إدخالها إلى الكومبيوتر (ألك).

flo·ra [flōr′ə] *(n.)* pl. **-ras** *also* **-rae** (١) الفُلورَة: «أ» بحثٌ في نباتات إقليم أو حِقبة. «ب» لائحة بنباتات إقليم أو حِقبة. «ج» الحياة النباتية: نَباتات إقليم أو حِقبةٍ ما (٢) *cap.* فُلورا: إلاهة الزهور عند الرومان.

flo·ral [-əl] *(adj.)* خاصٌّ بالأزهار أو بنباتات إقليم أو حِقبةٍ ما.

flo·res·cence [flō rĕs′-] *(n.)* الإزهار: تَفَتُّح الزُّهور أو زمانُهُ.

flo·res·cent [flō rĕs′-] *(adj.)* مُزْهِر؛ مُتَفَتِّح؛ مُنَوِّر.

flo·ret [flōr′ĭt] *(n.)* الزُّهَيْرة: زهرة صغيرة.

flori- بادئة معناها: «أ» زهرة أو أزهار. «ب» شيء يُشبه الزهرةَ.

flo·ri·at·ed [flōr′ĭ ā′tĭd] *(adj.)* (١) زَهْريّ الزَّخرفة <~ china> (٢) زَهْرانيّ: زهريّ الشَّكل.

flo·ri·cul·tur·al [flōr′ə kŭl′chə-] *(adj.)* زِهاريّ: خاصٌّ بالزِّهارة.

flo·ri·cul·ture [flōr′ə kŭl′-] *(n.)* الزِّهارة: زراعة النباتات المُزْهِرة.

flor·id [flōr′ĭd] *(adj.)* (١) مُزَخرَف؛ مُنَمَّق (٢) وَرْديّ؛ مُتَوَرِّد.

flo·rif·er·ous [flō rĭf′ər əs] *(adj.)* مُزْهِر؛ مُنَوِّر.

flor·in [flôr′ĭn] *(n.)* الفلورين: عملة فلورنسيّة أو أوروبية قديمة.

flo·rist [flōr′ĭst] *(n.)* الزَّهّار: بائع الزُّهور أو زارعها.

flo·ris·tic [flō rĭs′tĭk] *(adj.)* = floral.

flo·rist·ry [flōr′ə strĭ] *(n.)* الزِّهارة: صناعة الزَّهّار.

-florous لاحقة معناها: ذو زَهْر، أو عَدَدٍ من الأزهار، مُعَيَّن.

floss[1] [flôs; flŏs] *(n.)* (١) مُشاقة الحرير (٢) dental floss.

floss[2] *(vt.; i.)* (١) يُنَظِّف الأسنانَ بخيط أسنانيّ (را. dental floss) x (٢) يَسْتعمل خيطًا أسنانيًا.

floss[3] *(n.)* جَدْوَل؛ غدير (بر).

floss·y [flôs′ĭ; flŏs′ĭ] *(adj.)* (١) مُشاقيّ (را. floss) (٢) زَغِب؛ ذو زَغَب (٣) «أ» أنيق. «ب» مُبَهْرَج؛ مُزَوَّق.

flo·ta [flōt′ə] *(n.)* الفلوتة: أسطول من السُّفُن الإسبانية.

flo·tage [flō′tĭj] *(n.)* (١) flotation *1* (٢) مادة عائمة؛ حُطامٌ طافٍ.

flo·ta·tion [flō tā′shən] *(n.)* (١) «أ» طَفْو؛ عَوْم. «ب» تعويم (٢) «أ» طَرْح المستندات المالية [في السّوق]. «ب» تأسيس شركة (٣) التعويم (مع).

flo·til·la [flō tĭl′ə] *(n.)* الأُسَيْطيل: أسطول بحريّ صغير.

flot·sam [flŏt′səm] *(n.)* (١) حُطام السفينة [أو حمولتها] الطافي على سطح الماء (٢) الحُثالة: جمهرة من أناس متشردين أو تافهين (٣) السَّفاسف: أشياء مختلفة ضئيلة القيمة.

flot·sam and jet·sam *(n.)* = flotsam.

flounce[1] [flouns] *(vi.; n.)* (١) «أ» ينتفِض. «ب» يندفع بعَزْم مفاجئ (٢) يتخبَّط؛ يتقدَّم متعثِّرًا § (٣) انتفاض؛ اندفاع (٤) تَخَبُّط.

flounce[2] *(n.; vt.)* (١) هُدْب؛ حاشية؛ كَشْكَش § (٢) يُهَدِّب؛ يُحَشّي؛ يُكشكِش: يجعل للثوب أهدابًا إلخ.

floun·der [floun′dər] *(n.; vi.)* (١) flatfish § (٢) يتخبّط؛ يتقدّم متعثّرًا.

flour [flour; flou′ər] *(n.; vt.; i.)* (١) طَحين؛ دَقيق (٢) ذَرور؛ مسحوق § (٣) يَطْحن (٤) يكسو بطبقة من الطحين أو نحوهِ x (٥) يَتَفَتَّت.

flour·ish [flûr′ĭsh] *(vi.; t.; n.)* (١) «أ» يزدهر. «ب» ينجح؛ يَسْطَع نجمُهُ: يكون في حالة نشاط أو إنتاج <~*ed* around 1730> (٢) يتباهى؛ يتبجّح (٣) يتأنق في الكتابة (٤) يومئ متباهيًا أو متظاهرًا بالشجاعة (٥) يَخْفُق؛ يرفرف x (٦) يُزخرِف (٧) يلوّح [بسيف أو عصًا] § (٨) فترة ازدهار (٩) تباهٍ (١٠) «أ» تأنُّق بيانيّ. «ب» تعبير يُصطنع لغرض بلاغيّ صِرف (١١) مَقْطَع منمّق (مو) (١٢) «أ» زخرف. «ب» ذيل زخرفيّ في أعلى الحرف أو أدناه (را. swash letters) (١٣) تلويح [بالسيف إلخ] (١٤) حركة شبه مسرحية.

flour mill *(n.)* المِطْحَنة: ماكينة لطحن القمح.

flout [flout] *(vt.; i.; n.)* (١) يُهين؛ يَهْزأ بِـ § (٢) هُزء؛ سُخْرِية.

flow [flō] *(vi.; t.; n.)* (١) «أ» يجري. «ب» يسيل (٢) يرتفع [المَدُّ] (٣) «أ» يحفل أو يزخر بِـ <rivers ~*ing* with fish>. «ب» يفيض بِـ (٤) «أ» يَتَدَفّق. «ب» يَنْساب. «ج» يَسْتَرْسِل (٥) يتدلّى؛ يَتَهدَّل (٦) ينشأ؛ يَنْبُع (٧) يتشوَّه [بفعل الضَّغط أو الإجهاد] (٨) تحيض [المرأة] وبخاصة بغزارة x (٩) يُجري؛ يُسيل؛ يصبّ (١٠) يَغْمر § (١١) جريان؛ سَيَلان (١٢) «أ» فيضان. «ب» ارتفاع المَدّ (١٣) «أ» تدفّق. «ب» فيض؛ سَيْل؛ جَدْول (١٤) الدَّفْق: المقدار المتدفق في فترة ما (١٥) حَيْض؛ طَمث (١٦) محصول؛ إنتاج <a good ~ of honey>.

flow·age [flō'ĭj] *(n.)* (١) تدفُّق؛ فيضان (٢) سَيْل.

flow·chart [flō'chärt'] *(n.)* مخطَّط السِّياق: رسم بيانيّ يُظهر سِياق العمليات في برنامج الكومبيوتر (ألك).

flow·er [flou'ər] *(n.; vi.; t.)* (١) «أ» إزهار <plants in ~>. «ب» زهرة. «ج» نبتة مُزْهِرة (٢) «أ» صَفْوة؛ نُخبة. «ب» رَيْعان؛ أوج. «ج» ازدهار (٣) *pl.*: زَهْر؛ ذَرور <~*s* of sulfur> § (٤) «أ» ينمو. «ب» يَزْدهر (٥) يُزْهِر x (٦) يُزهِّر: «أ» يجعله يُزْهِرُ أو يُطلِع أزهارًا. «ب» يُزَيِّن برسوم زهرية الشَّكل.

flow·er·age [flou'ər ĭj] *(n.)* الإزهار؛ حالة الإزهار.

flow·ered [flou'ərd] *(adj.)* مُزْهِر: ذو أزهار.

flow·er·et [flou'ər ĭt] *(n.)* الزُّهَيْرة: زهرة صغيرة.

flower girl *(n.)* فتاة الأزهار: «أ» فتاة صغيرة تحمل الأزهار في زفاف. «ب» بائعةُ أزهار في الشوارع (بر).

flower head *(n.)* = capitulum *b*.

flow·er·ing *(adj.; n.)* (١) مُزْهِر: حاملٌ أزهارًا § (٢) الإزهار؛ التنوير.

flow·er·less [flou'ər ləs] *(adj.)* لازَهْريّ: عديم الزهر (نب).

flow·er·pot [flou'ər pŏt'] *(n.)* الأَصِيص: وعاء تُزْرَع فيه الرياحين.

flow·er·y [flou'ə rĭ] *(adj.)* (١) زَهْرِيّ (٢) متأنّق [بلاغيًّا].

flow·ing [flō'ĭng] *(adj.)* (١) جارٍ؛ مُتَدفِّق؛ منساب (٢) فَضْفاض.

flown [flōn] *past part. of* fly.

flow sheet *(n.)* = flowchart.

flu [flōō] *(n.)* = influenza.

flub [flŭb] *(vt.; i.; n.)* (١) يُلَهْوِج: يعمل بغير إتقان x (٢) يخطئ خطأً فاضحًا § (٣) عملٌ غير مُتْقَن أو خطأ فاضح.

flub·dub [flŭb'dŭb'] *(n.)* هُراء؛ ادّعاء فارغ؛ كبرياء مُصْطَنَعة.

fluc·tu·ant [flŭk'chōō-] *(adj.)* (١) مُتَموِّج (٢) مُتقلِّب؛ غير مستقرّ.

fluc·tu·ate [flŭk'chōō āt'] *(vi.; t.)* (١) يتموَّج (٢) يَتَقلَّب؛ يَتَذَبْذَب؛ يتردَّد x (٣) يُمَوِّج.

— fluc·tu·a·tion *(n.)*

flue[1] [flōō] *(n.)* (١) «أ» مِدْخَنة. «ب» أنبوب المِدْخَنة (٢) مَسْرَب للَّهَب والغازات الحارّة في مِرْجَلٍ بخاريّ (٣) قناة هوائية [في آلة نفخ موسيقية].

flue[2] *(n.)* (١) زَغَب (٢) ريشة ناعمة.

flue[3] [flōō] *(n.)* شبكة [لصَيْد السمك].

flu·en·cy [flōō'-] *(n.)* (١) تدفّق؛ طلاقة؛ سلاسة (٢) فصاحة (٣) رشاقة.

flu·ent [flōō'ənt] *(adj.)* (١) «أ» متدفّق <a ~ stream>. «ب» سَلِس (٢) فصيح؛ ذَرِب اللسان <a ~ speaker> <speaks ~ French> (٣) رشيق <~ motion>.

flu·ent·ly *(adv.)* (١) بتدفّق؛ بطلاقة؛ بِسلاسة (٢) بفصاحة (٣) برشاقة.

flu·er·ic [flōō ĕr'ĭk] *(adj.)* = fluidic.

fluff [flŭf] *(n.; vi.; t.)* (١) زَغَب (٢) شيء زَغِب [ريش؛ فرو؛ صوف إلخ] (٣) شيء تافه (٤) غلطة فاضحة. وبخاصة: سهو [في أداء دور على المسرح] § (٥) «أ» يزغابّ: يصبح زَغِبًا. «ب» يرقّ؛ يخفّ؛ ينتفش؛ ينتفخ <The omelet ~*ed* beautifully.> (٦) يخطئ. وبخاصة: ينسى سطورًا من دوره المسرحي x (٧) يزغّب؛ ينفُش: يجعله زغِبًا أو منفوشًا <~*ing* up the pillows> (٨) يُسيء أداءَ دوره.

fluff·y [flŭf'ĭ] *(adj.)* (١) زَغِب (٢) منفوش: رقيق وخفيف <a ~ cake> (٣) لَعُوب؛ عابث <a ~ woman>.

flü·gel·horn *or* **flue·gel·horn** [flōō'gəl hôrn'] *(n.)* البوق الجناحيّ: آلة نفخ موسيقية نحاسية شبيهة بالبوق تُستخدم في عزف الموسيقى العسكرية بخاصة (مو).

flügelhorn

flu·id [flōō'ĭd] *(adj.; n.)* (١) «أ» مائع؛ سائل. «ب» مَرِن؛ غير ثابت <~ boundaries> (٢) سَلِس؛ رشيق <~ style> (٣) سائل: يسهل تحويله إلى نقد (اد) § (٤) المائع: مادّة مائعة.

flu·id·al [flōō'ĭd əl] *(adj.)* مائعيّ.

fluid dram *(n.)* الدِّرهم المائع: وحدة سعة للسوائل.

fluid drive *(n.)* الإدارة المائعيّة [بالزيت] (سي).

flu·id·ex·tract [flōō'ĭd ĕk'străkt] *(n.)* الخلاصة السائلة: محلول كحوليّ لعَقّار نباتي (صي).

flu·id·i·ty [-ə tĭ] *(n.)* (١) مُيوعة؛ سُيولة (٢) مُرونة (٣) سَلاسة؛ رَشاقة.

flu·id·ize [flōō'ĭ dīz'] *(vt.)* يُمَيِّع؛ يُسَيِّل.

fluid mechanics *(n.)* ميكانيكا الموائع.

fluid ounce *(n.)* الأونصة المائعة: وحدة سعةٍ للسوائل.

flu·i·dram [flōō'ə (d) drăm'] *(n.)* = fluid dram.

fluke[1] [flōōk] *(n.)* (١) flatfish (٢) المُثَقَّبة: دودة عريضة.

fluke[2] *(n.)* (١) الشُّعبة: مِخلب مِرساة السَّفينة (٢) الشَّوكة: رأسُ الحَرْبون (را. harpoon) (٣) الفَلْكَة: أيّ من شَطْرَيْ أو فَصَّيْ ذيل الحوت.

fluke[3] *(n.)* (١) رمية من غير رام [في البليارد] (٢) حظ سعيد <He won by a ~.> (٣) حظّ سيّئ <That fall was a pure ~.>.

fluk·y *also* **fluk·ey** [flōō'kĭ] *(adj.)* (١) حَظّيّ: مكسوبٌ بالمصادفة لا بالبراعة (٢) مُتقلِّب <a ~ wind>.

flume [flo͞om] *(n.)* (١) المَسِيل : قناة صُنعيّة لجرّ المياه (٢) الشِّعب : وادٍ ضيّق يجري فيه نهر .

flum·mer·y [flŭm′ə rĭ] *(n.)* (١) خَبيصة؛ حلوى (٢) «أ» هُراء . «ب» مجاملة فارغة .

flum·mox [flŭm′əks] *(vt.; i.)* (١) يُذْهِل؛ يُحيِّر x (٢) يُخفق .

flump [flŭmp] *(n.)* صوت الارتماء أو الرَّمي .

flung [flŭng] *past and past part. of* fling.

flunk [flŭngk] *(vi.; t.; n.)* (١) يَسْقط في امتحان x (٢) يُسقِط في امتحان § (٣) إخفاق . وبخاصة : سقوط في امتحان .

to ~ out يُطْرَد أو يَطْرد طالبًا من الكلية لسقوطه في الامتحانات .

flun·ky [flŭng′kĭ] *(n.)* (١) خادم (٢) إمَّعَة (را . yes–man) .

flu·or [flo͞o′ôr] *(n.)* = fluorite.

flu·o·resce [flo͞o′ə rĕs′] *(vi.)* يَلْصِف؛ يَتَفَلْوَر؛ يَستَشْعِع .

flu·o·res·cence [-rĕs′əns] *(n.)* (١) اللَّصَف؛ التَّفَلْوُر؛ الاستشعاع : خاصية في بعض الموادّ تجعلها تُرسل الضوء عند تعرُّضها لإشعاع خارجي (٢) الضوء اللَّصَفيّ .

flu·o·res·cent [-rĕs′ənt] *(adj.)* (١) لاصف؛ فَلْوَريّ؛ مُسْتَشْعِع <~ tube> (٢) ساطع .

fluorescent tube

fluorescent lamp *(n.)* المصباح اللّاصف أو الفَلْوَريّ .

fluori- بادئة معناها : التَّفَلْوُر؛ اللَّصَف .

flu·o·ride [flo͞o′ə rīd′] *(n.)* الفلوريد (ك) .

flu·o·ri·na·tion [flo͝or′ə nā′-] *(n.)* الفَلْوَرة : المعالجة بالفلور (ك) .

flu·o·rine [flo͞o′ə rēn′; -rĭn] *(n.)* الفلور؛ الفلورين (ك) .

flu·o·rite [-′ə rīt′] *(n.)* الفلوريت : معدن متبلّر شفّاف (ك) .

flu·o·rom·e·ter [flo͞o′ə rŏm′-] *(n.)* مقياس اللَّصَف أو التَّفَلْوُر .

flu·o·ro·scope [flo͝or′ə skōp′] *(n.)* المِلْصاف : أداة للكشف عن البِنية الباطنية للجسم الحيّ بواسطة أشعة أكس .

fluoroscope

flu·o·ro·sis [flo͞o rō′sĭs] *(n.)* التسمُّم بالفُلُور أو مركَّباته .

flu·or·spar [flo͞o′ôr spär] *(n.)* الفلورسبار؛ الفلوريت (را . fluorite) .

flur·ry[1] [flûr′ĭ] *(n.)* (١) «أ» هبَّة ريح . «ب» تساقط ثلج خفيف [ولفترة قصيرة] (٢) اضطراب؛ اهتياج (٣) تقلّب قصير الأجل في الأسعار؛ فورة قصيرة الأجل في البورصة .

flur·ry[2] *(vt.; i.)* (١) يَهيج؛ يُثير x (٢) يهتاج؛ يضطرب .

flush[1] [flŭsh] *(vi.; t.)* (١) يطير مُجفِلًا x (٢) يُجفِّل طائرًا .

flush[2] *(n.)* الفلوش : أوراق من نقش واحد [في البوكر] .

flush[3] *(n.; vi.; t.; adj.; adv.)* (١) تدفُّق مفاجئ (٢) زيادةٌ أو توسُّعٌ مفاجئ (٣) فَوْرة؛ حُمَيّا <~ of anger> (٤) «أ» تورُّد . «ب» نَضارة؛ غَضارة <the ~ of youth> «ج» سَوْرة الحُمَّى § (٥) يتدفَّق فجأةً (٦) يتوهَّج (٧) يتورَّد [خجلًا] x (٨) «أ» يُجري؛ يُسيل . «ب» يَغْسِل؛ يُنَظِّف (٩) يُلهب؛ يُثير؛ يُفعِم بالحيوية والنشاط § (١٠) «أ» ناضر؛ مَليء بالحياة . «ب» مُتورِّدٌ صحة (١١) «أ» مُتْرَع؛ طافح؛ فائض . «ب» غزير؛ وافر (١٢) «أ» مُستوي السطح . «ب» محاذٍ مباشرةً لـ . «ج» مُتَساطِح : مستوٍ مع السطح المحاذي § (١٣) باستواء (١٤) مُباشرةً .

flus·ter [flŭs′tər] *(vt.; i.; n.)* (١) يُسْكِر أو يُخبِّل [بالشراب] (٢) يُربِك؛ يَهيج x (٣) يرتبك؛ يهتاج § (٤) ارتباك؛ اهتياج .

flute [flo͞ot] *(n.; vi.; t.)* (١) الفُلُوت : آلة نفخ موسيقية (٢) المُحَزَّزة : ثَنْيَة مُحَزَّزة في ثوب امرأة (٣) الخُدَّة : واحد من الأخاديد الطولانية المتوازية في عمود معماريّ كلاسيكيّ (عم) § (٤) يُفَلْوِت : «أ» يَعزِف على الفُلُوت . «ب» يُحدِث صوتًا كصوت الفلوت x (٥) يُحزِّز؛ يُخدِّد .

flute *1.*

flut·ed [flo͞o′tĭd] *(adj.)* مُحزَّز؛ مُخدَّد .

flut·ing [flo͞o′tĭng] *(n.)* (١) العزف على الفُلُوت (٢) التَّحزيز : إحداث الثَّنيات المُحَزَّزة في ثوب المرأة .

flut·ist [flo͞o′-] *(n.)* عازف الفُلُوت .

flut·ter [flŭt′ər] *(vi.; t.; n.)* (١) يصفق بجناحيه (٢) «أ» يرفرف [العَلَمُ] . «ب» يرتعش؛ يرتعد (٣) يهتاج أو يذرع المكان مهتاجًا x (٤) يجعله يرفرف (٥) يُرْبِك؛ يَهيج (٦) يقول بارتباك أو اهتياج § (٧) «أ» اهتياج عَصَبيّ . «ب» اضطراب؛ اهتياج (٨) الدَّفيف : «أ» خَلَلٌ في الصوت المسجَّل ينخفض معه ويعلو (صو) . «ب» تفاوُت في جلاء الصورة التلفزيونية (تلفز) . «ج» ارتجاج الجسر بفعل العوامل الطبيعية (مك) (٩) مُراهَنَة .

flut·y [flo͞ot′ĭ] *(adj.)* فُلُوتانيّ : شبيه بالفُلُوت flute .

flu·vi·al [flo͞o′vĭ əl]; **flu·vi·a·tile** [-ə tīl′] *(adj.)* نَهْريّ .

flux [flŭks] *(n.; vt.; i.)* (١) جَرَيان . وبخاصة : إسهال (٢) «أ» تدفق؛ دفق . «ب» تغيّر متواصل؛ تقلّب (٣) الصَّهُور : مادة مساعدة على صَهْر المعادن § (٤) يُذيب (٥) يُصَهِّر : يُعالج بالصَّهُور x (٦) «أ» يَسيل . «ب» يذوب .

flux gate *(n.)* بوّابة التّدفّق : أداة تُستخدم لتبيان اتجاه المجال المغنطيسيّ وشدّته .

flux·ion [flŭk′-] *(n.)* (١) جَرَيان (٢) تدفُّق (٣) تغيُّر مستمرّ .

fly[1] [flī] *(vi.; t.; n.)* (١) «أ» يَطير . «ب» يجري أو يطفو أو يرفرف في الهواء (٢) «أ» يفِرّ . «ب» يتلاشى؛ يتبدَّد (٣) ينطلق أو ينقضي بسرعة (٤) يتبدَّد [المالُ] بسرعة (٥) يطارد (٦) يُسافر بالطائرة (٧) ينجح؛ يعمل بنجاح x (٨) «أ» يُطيِّر . «ب» يقود طائرةً (٩) «أ» يَهرب من . «ب» يتفادى (١٠) ينقل بطائرة § (١١) طيران (١٢) flywheel (١٣) مَرْكَبة خفيفة (١٤) .pl : عُلْويّة الخشبة : الفسحة الواقعة فوق خشبة المسرح مباشرةً (١٥) اللِّسان : طيّةٌ في الثوب تُغطَّى بها أزراره (١٦) الذُّؤابة : طَرَف الراية المُرَفرِفة (١٧) flyleaf (١٨) اللِّسان : سَدِيلة تُشكِّل بابًا لِخَيْمَة .

on the ~, (١) ناشط : مشغول جدًا (٢) وهو لا يزال في الجو؛ قبل أن يمس الأرض (٣) عند المغادرة .

to ~ at يهاجم بعنف .

to ~ high *or* at high game يغلب عليه الطموح أو الابتهاج .

to ~ in the face *or* teeth of يتحدّى .

to ~ into a rage *or* a temper يغضب فجأة .

to ~ open يُفتح [الباب] فجأة .

to ~ out ينفجر منفعلًا .

to let ~, (١) يطلق؛ يقذف (٢) يسدِّد ضربة عنيفة إلى (٣) يهاجم

بكلمات غاضبة .

to make the feathers *or* dust ~, يُسبّب النزاع أو الاهتياج .

fly[2] *(n.)* (١) ذُبابة (٢) الذُّبابة الصُّنعيّة [التي تُتّخذ طُعمًا للسّمك] .

no *flies* on him غيرُ مُغفَّل ؛ لا سبيل إلى خداعه .

fly[3] *(adj.)* بارع ؛ داهية ؛ مُتوقِّد الذكاء (بر) .

fly·a·ble [flī′ə-] *(adj.)* صالحٌ للطيران .

fly·a·way [flī′ə wā′] *(adj.)* (١) طائش ؛ مُتهوِّر (٢) جاهزٌ للطيران <a ~ aircraft> (٣) خاصّ بطائرة جاهزةٍ للطيران <~ delivery> .

fly·blow [flī′blō′] *(vt.; n.)* (١) تَسْرأ : تضع الذبابة بيضها على اللحم (٢) يلوِّث § (٣) السَّرء : بيض الذبابة الملقى على اللحم .

fly·blown [flī′blōn′] *(adj.)* (١) فاسد (٢) رثّ ؛ بالٍ (٣) مُبْتَذَل (٤) «أ» مَسْروء : مُلوَّث بالسَّرء أو بيض الذُّباب .

fly·boat [flī′bōt′] *(n.)* مَرْكب سريع .

fly–boy [flī′boi] *(n.)* الطيّار : عضو في سلاح الطيران (ع) .

fly·by [flī′bī′] *(n.)* الطيران المنخفض [فوق هدفٍ معيَّن سَبْقيًّا] .

fly–by–night *(n.; adj.)* (١) فرّار الليل : الهارب ليلًا اجتنابًا لدائنيه (٢) المُريب : كلُّ ما يثير الرِّيبة § (٣) مُستهْدِفٌ ربحًا عاجلًا <a ~ merchant> (٤) عابر ؛ زائل <~ fashion> .

fly casting *(n.)* الطَّرحُ الذُّبابيّ : طَرْح الذُّباب الصُّنعيّ في الماء تَصيُّدًا للأسماك بالقَصَبة .

flycatcher

fly·catch·er [flī′kăch′ər] *(n.)* صائد الذُّباب (طا) .

fly dope *(n.)* طارد الحشرات .

fly·er [flī′ər] *(n.)* = flier.

fly·ing [flī′ĭng] *(adj.; n.)* (١) «أ» طائر . «ب» منطلق بسرعة . «ج» عاجل <a ~ start> (٢) وجيز ؛ قصير ؛ خاطف ؛ سريع الزَّوال <a ~ visit; a ~ impression> (٣) سريع <a ~ coach> (٤) مُرفرِف <~ banners> (٥) طيرانيّ § (٦) الطَّيران .

with ~ colors بنجاحٍ عظيم .

flying boat *(n.)* طائرة مائية .

flying bomb *(n.)* القنبلة الطائرة ؛ القذيفة الموجَّهة : طائرة صغيرة من غير طيّار محمَّلة بالقذائف ومُنْقَضَّة على هَدَفها مثل قنبلة جوّيّة .

flying bridge *(n.)* المِنَصّة المِلاحيّة (مل) .

flying buttress *(n.)* الزّافرة : نصف قنطرة يُدَعَّم بها جدار (عم) .

flying colors *(n. pl.)* نجاح ؛ انتصار ؛ فوز .

flying disk *(n.)* = flying saucer.

Flying Dutchman *(n.)* الهولنديّ الطائر : «أ» بحّار هولنديّ خرافيّ حُكِم عليه بمواصلة الإبحار حتى يوم القيامة . «ب» مَرْكب شَبَحيّ يزعم البحارة أنه يرود المياه قرب رأس الرجاء الصالح عندما تسوء الأحوال الجوية .

flying field *(n.)* المطار ؛ الميناء الجويّ .

flying fish

flying fish *(n.)* السمك الطيّار .

flying fox *(n.)* الثّعلب الطيّار ؛ خُفّاشُ الفاكهة .

flying gurnard *(n.)* الغُرنار الطائر : سمك ذو زعانفَ شبيهةٍ بالأجنحة تُمكِّنه من الانطلاق مسافةً قصيرةً فوق سطح الماء .

flying fox

flying lemur *(n.)* اللِّيمور الطائر .

flying machine *(n.)* الآلة الطائرة : اسم آخر للطائرة .

flying officer *(n.)* الضابط الطيّار (جن) .

flying saucer *also* **flying disk** *(n.)* الصَّحن الطائر ؛ القرص الطائر .

flying squad *(n.)* شرطة النجدة .

flying squirrel *(n.)* السِّنجاب الطائر .

flying squirrel

fly·leaf [flī′lēf′] *(n.)* الورقةُ الغُفْل : ورقة بيضاء في أوّل الكتاب أو آخره .

fly·o·ver [flī′ō′vər] *(n.)* (١) طيران منخفِض [فوق هدف معيَّن سَبْقيًّا] (٢) overpass .

fly·pa·per [flī′-] *(n.)* ورق الذباب : ورق مصمَّغ أو مسمَّم لقتل الذباب .

fly·past [flī′păst] *(n.)* = flyover *1*.

fly sheet *(n.)* = handbill.

fly·speck [flī′spĕk′] *(n.)* الونيم : «أ» خُرْء الذباب أو وَسَخُهُ . «ب» شيء صغير تافه .

flyt·ing [flīt′ĭng] *(n.)* الهِجاء : التَّهاجي شِعرًا .

fly·way [flī′-] *(n.)* مَجاز الطيران : طريق جوي تسلكه الطيور المهاجرة .

fly·weight [flī′-] *(n.)* وزن الذُّبابة : ملاكم يبلغ وزنه ١١٢ باوندًا أو أقلّ .

fly·wheel [flī′hwēl′] *(n.)* الحَذّافَة ؛ دولاب الموازَنة (مك) .

fly whisk *(n.)* المِذَبّة : مِنفضة لطرد الذُّباب .

f–number [ĕf′-] *(n.)* عددُ «ب» ؛ العددُ البُؤريّ (فو) .

foal [fōl] *(n.; vi.)* (١) فِلْو ؛ مُهْر § (٢) تُفْلي : تلِدُ فِلوًا .

foam [fōm] *(n.; vi.; t.)* (١) «أ» رغوة ؛ زَبَد . «ب» الرغوة المطفئة : زبد يستخدم لمكافحة حرائق الزيت بخاصة (٢) البحر § (٣) «أ» يُرغي ؛ يُزْبِد . «ب» يَحْنَق ؛ يغتاظ ؛ يُرغي ويُزبِد x (٤) يُزَبِّد : يجعله ذا زَبَدٍ .

foam·less [fōm′ləs] *(adj.)* عديم الرَّغوة أو الزَّبَد .

foam rubber *(n.)* المطّاط الزَّبَديّ ؛ المطاط الإسفنجي .

foam·y [fō′mĭ] *(adj.)* (١) مُزبِد : مَكْسُوٌّ بالزَّبَد (٢) زَبَديّ ؛ رَغْويّ (٣) زَبَدانيّ ؛ رَغْوانيّ : شبيه بالزَّبَد أو الرَّغوة .

fob[1] [fŏb] *(vt.)* يَخْدَع ؛ يَغُشّ (ا . ق) .

fob[2] [fŏb] *(n.; vt.)* (١) جيب الساعة [في البنطلون] (٢) سلسلة الساعة [المُتّصلة بساعة الجيب] (٣) حِلْية السِّلسلة : حلية تنتهي بها سلسلة ساعة الجيب § (٤) يضع في جيب الساعة .

to ~ off (١) يماطل شخصًا أو يتخلص منه [بالوعود الكاذبة إلخ] (٢) يخدع شخصًا [بإعطائه أو بيعه شيئًا عديم القيمة] (٣) «أ» يردّ أو يصدّ . «ب» يَطْرح جانبًا .

ă at; ā date; â care; ä car; ĕ egg; ē me; ĭ in; ī bite; ŏ lot; ō bone; ô orphan; oi boil; o͝o good; o͞o boot; ou out; ŭ under; û urgent; ə = *a* in alone, *e* in system, *i* in easily, *o* in gallop, *u* in circus.

(عم) (٢) الرَّقيقة: «أ» رقاقة معدنية <aluminum ~>. «ب» طبقة رقيقة من القصدير أو الفضة يُطلى بها ظهر مرآة. «ج» طبقة معدنية إلخ رقيقة توضع تحت حجر كريم في خاتم إلخ لتقوية لونه أو لمعانه (٣) المُغاير: شيء يُظهر بالمغايرة حُسنَ شيء آخر § (٤) يُرَقِّق: «أ» يُغَلِّف [الحلوى إلخ] بالرَّقائق. «ب» يَطْلي ظهرَ المرآة إلخ بطبقة رقيقة (٥) يغاير: يُبرز من طريق المغايرة.

foils[2] *1b.*

foils·man [foilz′-] *(n.)* المُغاوِل: المبارز بالمِغْوَل (را. foil[1] *2*).

foist [foist] *(vt.)* (١) يَدُسّ: يُقحِم شيئًا غير مرغوب فيه (٢) يُخادِع: يَفْرِض بالحيلة أو الخداع (٣) يَغُشّ: يقدّم إلى الناس شيئًا زائفًا أو رديئًا مُوْهِمًا إياهم أنه حقيقيّ أو جيّد.

fold[1] [fōld] *(n.; vt.)* (١) حَظِيرة الخِراف (٢) القطيع: «أ» مجموعة خِراف. «ب» جماعة تؤمن بِقِيَم أو معتقدات مشتركة § (٣) يَزْرُب [في حَظِيرة].

fold[2] [fōld] *(vt.; i.; n.)* (١) يطوي؛ يَثْني (٢) يُشابك؛ يُصالب (٣) يعانق؛ يُطَوِّق (٤) يَلُفّ؛ يُغلِّف (٥) يوقف؛ يضع حدًّا لِـ؛ يحجب <After a few months he decided to ~ the magazine.> x (٦) ينطوي؛ ينثني (٧) «أ» ينهار. «ب» يُخفق إخفاقًا تامًّا. «ج» يُفلس § (٨) طيّ؛ ثَنْي (٩) طيّة؛ ثَنْيَة (١٠) الطَّيَّة: ثَنْية في طبقة صخرية (جي).

-fold [fōld] لاحقة معناها: «أ» ضِعْف <ten*fold*>. «ب» ذو عدد معيّن من الأجزاء <three*fold* aspect of the question>.

fold·a·way [fōld′ə wā′] *(adj.)* طَوِيّ؛ قابل للطَّيّ: ممكنٌ طيّه بحيث يُزاح من الطريق أو يُحجَب عن العِيان <~ doors *or* beds>.

fold·boat [fōld′bōt′] *(n.)* = faltboat.

fold·er [fōl′dər] *(n.)* (١) فا fold (٢) المَطْوِيّة: نشرةٌ مطبوعة مَطْوِيّة (٣) المَلَفّ: «دوسييه» أو حافظة أوراق.

fol·de·rol [fŏl′də rŏl′] *(n.)* (١) شيء تافه؛ حلية تافهة (٢) هراء.

fold·ing door *(n.)* الباب المُصَرَّع: باب ذو مصاريعَ قابلة للطَّيّ على نحوٍ يُذَكِّر بالأكورديون.

fold·ing money *(n.)* العُملة الطَّوِيّة: العُملة الورقية أو البنكنوت.

fold·out [fōld′out′] *(n.)* المَطْوِيّة: خريطة أو صورة مَطْوِيّة في كتاب أو مجلّة إلخ.

fo·li·a·ceous [fō′lə ā′shəs] *(adj.)* (١) وَرَقيّ: منسوب إلى ورق الشجر (٢) رُقاقيّ: مؤلَّف من رقائق أو صفائح.

fo·li·age [fō′lĭ ĭj] *(n.)* (١) التوريق: الزَّخرفة المعمارية بنقوش تمثّل أوراقًا وأزهارًا وأغصانًا (عم) (٢) أوراق الشجرة (نب).

foliage plant *(n.)* النّبات الورقيّ: نبات يُزرع لأوراقه الزِّينيّة.

fo·li·ar [fō′lĭ ər] *(adj.)* وَرَقيّ: خاصّ بورق النبات <~ sprays>.

fo·li·ate[1] [fō′lĭ ĭt; fō′lĭ āt′] *(adj.)* (١) وَرَقانيّ: شبيه بورقةٍ من أوراق الشجر <a ~ sponge> (٢) مُوْرِق (نب) (٣) «أ» مُوَرَّق: مَكْسوّ بأوراق النبات. «ب» مزخرف بنقوش تمثّل أوراق النبات <a ~ capital>.

fo·li·ate[2] [fō′lĭ āt′] *(vi.; t.)* (١) يُورِق [النباتُ] (٢) يتورَّق: يتقشّر أو ينفلق إلى رقائق x (٣) يُوَرِّق: «أ» يزخرف بنقوش تمثّل أوراقَ نباتٍ ما (عم).

f·o·b *also* **F·O·B.** فوب: التسليم على ظهر السفينة.

fo·cal [fō′kəl] *(adj.)* بُؤْرِيّ؛ مِحْرَقِيّ (را. focus).

fo·cal·i·za·tion [fō′kə lə zā′-] *(n.)* (١) التَّبئير (٢) التَّبَؤُّر.

fo·ca·lize [fō′kə līz′] *(vt.; i.)* (١) يُبَئِّر: «أ» يَجْمع في بُؤرة. «ب» يُعدِّل البؤرة (بص) (٢) يُمَرْكِز: يَحْصُر في مركز x (٣) يَتَبَأَّر؛ يَتَمَرْكز.

focal length *(n.)* الطُّول البُؤْرِيّ؛ البُعد البُؤْرِيّ (بص).

fo·ci [fō′sī; fō′kī] pl. of *focus*.

fo·cus[1] [fō′kəs] *(n.)* (١) بُؤرة؛ مِحْرَق (فز) (٢) الطُّول البُؤْرِيّ (٣) التعديل البُؤْرِيّ: تعديل من أجل الحصول على رؤية واضحة (٤) المساحة الممكن رؤيتها بوضوح أو الممكن تحويلها إلى صورة <wide-*focus* lens camera> (٥) مركز المرض أو العدوى (٦) مركز النشاط أو الاهتمام <the ~ of our discussion> (٧) البُؤْرة: مَنبع الموجات الزِّلزالية (٨) توكيد.

fo·cus[2] *(vt.; i.)*, **fo·cused** *also* **fo·cussed** (١) يُبَئِّر؛ يُركِّز (٢) يُعَدِّل البُؤْرة (را. المادة السابقة) x (٣) يَتَبَأَّر؛ يتركَّز (٤) يُعدِّل [العينَ أو آلةَ التصوير] وفقًا لمستوًى مُعيَّن.

fod·der [fŏd′ər] *(n.; vt.)* (١) عَلَفٌ § (٢) يَعْلِف [الماشيةَ].

fod·gel [fŏj′əl] *(adj.)* = buxom.

foe [fō] *(n.)* عَدُوّ؛ خَصْمٌ.

foehn [fān; fœn] *(n.)* الفُوْنة: ريح حارّة جافّة تَهُبّ من ناحية جبل.

foe·man [fō′măn] *(n.)* العَدُوّ [في الحرب].

foe·tal [fē′təl] *(adj.)* = fetal.

foeti- *or* **foeto-** = feti-.

foet·id [fĕt′ĭd; fē′tĭd] *(adj.)* = fetid.

foe·tus [fē′tŭs] *(n.)* = fetus.

fog [fŏg] *(n.; vt.; i.)* (١) ضَباب (٢) فترة ضباب <London has bad ~s in winter.> (٣) الضَّباب: رَذاذ أو زَبَدٌ يُستخدم في إطفاء الحرائق (٤) تشوُّش؛ ارتباك § (٥) يُضَبِّب: «أ» يكسو أو يَلُفُّ بالضَّباب. «ب» يجعله غامضًا أو مُحيِّرًا (٦) يُشَوِّش؛ يُربك x (٧) يَتَضَبَّب: يكتسي بالضَّباب.

fog·bound [fŏg′bound′] *(adj.)* (١) مُضَبَّب: مَكْسُوٌّ أو مُكْتَنَفٌ بالضَّباب <a ~ coast> (٢) عاجز عن الحركة بسبب الضَّباب <a ~ ship>.

fog·gy [fŏg′ĭ] *(adj.)* (١) مُضِبٌّ: كثير الضباب (٢) مُغَبَّش (٣) ضبابيّ؛ غير واضح <a ~ idea> (٤) مرتبك؛ متحيِّر.

fog light *(n.)* ضوء الضَّباب (سي).

fo·gy [fō′gĭ] *(n.)* المحافِظ؛ الرَّجْعيّ.

föhn [fān; fœn] *(n.)* = foehn.

foi·ble [foi′bəl] *(n.)* (١) الضَّعوف: الجزء الأضعف من السَّيف [ما بين منتصفه ورأسه المُسْتَدِق] (٢) الغَميزة: نقطة ضعفٍ في الخُلق أو السلوك.

foie gras [fwä grä′] *(n.)* الفِوَجْرة: طعام من أكباد الإوزّ المُسَمَّن.

foil[1] [foil] *(vt.; n.)* (١) «أ» يَهْزِم. «ب» يُحْبِط § (٢) «أ» المِغْوَل: سيف طويل مُسْتَدِقّ خاصّ بالمبارزة. «ب» *pl.*: المبارزة بالمِغْوَل.

foil[2] *(n.; vt.)* (١) «أ» ورقة نبات. «ب» حِلْية معمارية شبيهة بورقة النبات

«ب» يُرَقِّم ورقات المخطوطة [لا صفحاتها].

fo·li·a·tion [fō'lĭ ā'shən] *(n.)* (١) إيراق (٢) الترتيب البُرعُميّ: ترتيب الورقات في البرعم (نب) (٣) «أ» التَّوريق: ترقيم ورقات المخطوطة [لا صفحاتها]. «ب» الأرقام المُوَرَّقة (٤) التوريق: «أ» تزيين بنقوش تمثّل أوراق نبات. «ب» زخرفٌ شبيه بورقة نبات (٥) الترقيق: ترقيق المعادن أو تطريقُها لتصبح رقائقَ أو صفائح (٦) التَّوَرُّق: التَّقشُّر أو الانفلاق إلى رقائق.

fo·lic acid [fō'lĭk] *(n.)* الحمض الفَوْلي؛ حمض الفَوليك (كح).

fo·li·o [fō'lĭ ō'] *(n.; vt.)* (١) «أ» ورقة [من كتاب أو مخطوطة]. «ب» رقم الورقة أو الصفحة. «ج» صفحة من سجل تجاري [أو صفحتان متقابلتان منه تحملان نفس الرقم المتسلسل] (٢) «أ» ورقة مطويّة مرةً واحدة [لتؤلّف أربع صفحات]. «ب» ملفّ أو حافظة أوراق (٣) كتاب من القطع الأعظم [مؤلّف من صفحات يزيد طولها على ٣٠ سم] § (٤) يرقّم ورقات الكتاب أو صفحاته.

fo·lio·late [fō'lĭ ə lāt'] *(adj.)* وُرَيقيّ: مؤلَّف من وُرَيْقات (نب).

fo·li·ose [fō'lĭ ōs'] *(adj.)* (١) leafy (٢) ورقانيّ: شبيه بورقة النبات.

fo·li·ous [fō'lĭ əs] *(adj.)* = leafy.

fo·li·um [fō'lĭ əm] *(n.)* pl. **-lia** الوُرَيْقة: طبقة رقيقة (جي).

folk [fōk] *(n.; adj.)* (١) قَوْم (ا. ق) (٢) *pl.* عد: طبقة من الناس <poor ~s> (٣) *pl.* عد: الناس كافةً (٤) *pl.*: أنسباء المرء § (٥) شعبيّ <~ music>.

folk dance *(n.)* الرقص الشَّعبيّ.

folk·ish [fō'kĭsh]; **folk·like** [fō'k līk'] *(adj.)* شعبيّ.

folk·lore [fōk'lōr'] *(n.)* الفولكلور؛ المأثورات الشَّعبية: «أ» عاداتُ شعبٍ ما وتقاليدُهُ وحكاياتُه المتحدّرة عبرَ العصور. «ب» دراسة هذه المأثورات الشعبية وتحليلها على نحوٍ مقارِنٍ أو غير مقارِن. **— folk·lor·ist** *(n.)*

folk medicine *(n.)* الطِّبّ الشَّعبيّ.

folk·moot [fōk'mōōt'] *or* **folk·mote** [-'mōt'] *(n.)* مجلس الشَّعب.

folk music *(n.)* الموسيقى الشَّعبيّة.

folk song *(n.)* الأغنية الشَّعبية.

folk·sy [fōk'sĭ] *(adj.)* (١) أنيس؛ وَدُود؛ حُلْو العِشرة (٢) غير رسميّ <a ~ little talk> (٣) شَعبيّ.

folk tale *(n.)* الحكاية الشَّعبية.

folk·way [fō'kwā'] *(n.)* (١) أسلوب الجماعة: طريقة التفكير أو الشعور أو السلوك عند جماعةٍ ما أو شعبٍ ما (٢) عادة اجتماعية تقليدية.

fol·li·cle [fŏl'ə kəl] *(n.)* (١) الجُرَيْب: كيس أو تجويف صغير (ت) (٢) الثمرة الجرابية: ثمرة يابسة متفتحة كثيرة البزور وحيدة الكربلة أو الخباء (نب). **— fol·lic·u·lar; fol·lic·u·late** *(adj.)*

follicle 2.

fol·low [fŏl'ō] *(vt.; i.; n.)* (١) «أ» يَتْبَع. «ب» يتتبّع <~*ed* her guide>. «ج» يسعى وراء <to ~ knowledge; to ~ an ideal> <to ~ the news> (٢) يلاحق؛ يتعقّب (٣) «أ» يَتبع؛ يشايع. «ب» يطيع (٤) يحذو حذوَ (٥) «أ» يسلك <to ~ a path>. «ب» يزاول؛ يمارس؛ يتّخذه حرفةً <to ~ the law *or* the sea> (٦) «أ» يتلو؛ يَعْقُب. «ب» يُتْبِع <~*ed* supper with a liqueur> (٧) «أ» يراقب على نحو موصول. «ب» يتابع بانتباه. «ج» يفهم <Do you ~ my argument?> x (٨) يلي؛ يتبع (٩) يَنتج أو يَلْزَم [منطقيًّا]؛ يصحّ بالضرورة <It ~*s* from what you say that...> § (١٠) اتّباع؛ ملاحقة إلخ.

as ~s كما يلي.

to ~ out (١) يتابع حتى النهاية (٢) ينفّذ [التعليمات].

to ~ suit يحذو حذو فلان.

to ~ the sea يشتغل نوتيًّا؛ يَعْمل بحّارًا.

to ~ through يتابع: يواصل عملًا حتى الإنجاز.

to ~ up (١) يتعقّب: يلاحق من غير انقطاع (٢) يستغلّ [النصر إلخ] (٣) يستطلع أو يبعث بتفاصيل جديدة عن نبأ صحفي (٤) يتابع الاتصال بمريض بعد التشخيص أو المعالجة (٥) يُتْبِع.

fol·low·er [fŏl'ō ər] *(n.)* (١) «أ» المُرافق؛ الخادم. «ب» التابع؛ المُريد. «ج» المُقلِّد لغيره (٢) المعجبُ بخادمة (عب) (٣) الرادف؛ التابع: جزء من ماكينة يتلقى الحركة من جزء آخر (مك) (٤) المُعْجَب؛ النصير.

fol·low·ing [1] [fŏl'ō ĭng] *(adj.; n.)* (١) تالٍ § (٢) أتباع؛ أنصار.

fol·low·ing [2] *(prep.)* إثرَ؛ عَقِب.

fol·low–on [fŏl'ō ŏn] *(adj.)* تابع؛ لاحق؛ تالٍ.

fol·low–through [-thrōō'] *(n.)* المتابعة: مواصلة عملٍ حتّى إنجازه.

fol·low–up [fŏl'ō ŭp] *(n.)* (١) الإتْباع: إتْباع جهدٍ مبدئي [في حقل الإعلان إلخ] بعمل إضافيّ (٢) المتابعة: إعادة فحص المريض أو الاتصال به بعد التشخيص أو المعالجة (٣) المُتْبَع: نبأ يحمل تفصيلات جديدة عن حَدَث سَبَق نشره (صح).

fol·ly [fŏl'ĭ] *(n.)* (١) حماقة (٢) عمل أحمق؛ فكرة حمقاء (٣) عمل باهظ النفقة أو غير مُرْبِح؛ وبخاصة: مَبْنًى باهظ النفقات يتعذَّر على صاحبه إتمامه.

fo·ment [fō'-] *(vt.)* (١) يكمِّد: يضع الكمادات على (٢) يُثير [الفِتَنَ إلخ].

fo·men·ta·tion [-tā'-] *(n.)* (١) تكميد (٢) كِمادة (٣) إثارة [الفِتَن].

fond [1] [fŏnd] *(adj.)* (١) أحمق <~ schemes> (٢) مُولَع بِـ؛ مُغْرَم بِـ (٣) مُحِبّ؛ حنون (٤) عزيز؛ أثير <her ~*est* hopes>.

fond [2] [fŏnd; *F.* fôn] *(n.)* أساس؛ خَلْفيّة.

fon·dant [fŏn'dənt; *F.* fôn dän'] *(n.)* الفُنْدان: «أ» عجينة سكّرية لصنع الحلوى. «ب» أقراص سكّرية تذوب في الفم.

fon·dle [fŏn'dəl] *(vt.; i.)* يُلاطف؛ يُدَلِّل؛ يربِّت على.

fond·ling [fŏnd'lĭng] *(n.)* المُدَلَّل؛ العزيز.

fond·ly [fŏnd'lĭ] *(adv.)* (١) بحماقة (ا. ق) (٢) بحنان (٣) «أ» بإعزاز. «ب» بوَلَع. «ج» بسذاجة.

fond·ness [fŏnd'-] *(n.)* (١) حماقة (ا. ق) (٢) حنان (٣) إعزاز (٤) وَلَع.

fon·due *also* **fon·du** [fŏn'dōō] *(n.)* المُذَوَّبة: طعام من جبن مُذوَّب وزبدة

وبيض إلخ.

font[1] [fŏnt] *(n.)* (١) جُرْن المَعْمودية (كن) (٢) وعاء [للسوائل].

font[2] *(n.)* طَقْم الأحرُف [الطباعية].

font[1] 1.

fon·ta·nel *or* **fon·ta·nelle** [fŏn′tĕ nĕl′] *(n.)* اليافوخ (ت).

food [fōōd] *(n.)* (١) طعام (٢) غذاء؛ قوت.

food chain *(n.)* السلسلة الغذائيّة (اح).

food poisoning *(n.)* التسمُّم الغذائي.

food processor *(n.)* الجهّازة: أداة كهربائية تُستخدَم في أداء العمليات التي تَدْخل في تجهيز الطعام كالعَصْر والفَرْم إلخ.

food·stuff [fōōd′stŭf′] *(n.)* المأكول؛ المادة الغذائية.

foo·fa·raw [fōō′fə rō′] *(n.)* (١) بَهارِج؛ زخارف (٢) هَرْج ومَرْج.

fool [fōōl] *(n.; adj.; vi.; t.)* (١) المجنون؛ المغفَّل (٢) «أ» مهرِّج البلاط. «ب» الساذج المخدوع (٣) «أ» المولع بِـ <a ~ for candy>. «ب» ذو ميل أو موهبة في حقل معيّن <a letter-writing ~> (٤) الفَوْل: ضرب من الحلوى قوامُهُ الفاكهةُ والكريما المخفوقة إلخ § (٥) أحمق؛ أبله § (٦) «أ» يلهو. «ب» يعبث بِـ (٧) «أ» يهرِّج. «ب» يمزح <I was only ~*ing.*> (٨) يقاتل أو يصارع بصورة غير جدّية **x** (٩) يخدع (١٠) يبدِّد؛ ينفق وقته أو ماله بحماقة <~*ed* the whole afternoon away>.

to ~ around يلهو؛ يُضيع الوقتَ بحماقة.

to make a ~ of يَخْدَع؛ يحتال على.

fool·er·y [fōō′lə rĭ] *(n.)* (١) حماقة (٢) عمل أو سلوك أحمق.

fool·har·dy [-′här′dĭ] *(adj.)* متهوِّر؛ طائش؛ مجازف بحُمْق.

fool·ish [fōōl′ĭsh] *(adj.)* (١) أحمق (٢) سَخيف (٣) مُضحك (٤) مخجول (٥) تافه.

— fool·ish·ness *(n.)*

fool·proof [-′prōōf′] *(adj.)* (١) سهل جدًا [بحيث يستطيع حتى الأبله أن يفهمه] (٢) غير خطر [ولو استعمله شخص أبله] (٣) مضمون؛ مكفول؛ لا يخفق أو يتعطل بأية حال <a ~ elevator>.

fools·cap [fōōlz′kăp′] *(n.)* الفولسكاب: ورق قياسه ١٦ × ١٣ إنشًا.

fool's cap *(n.)* (١) طُرْطور المُهرِّج: قبّعة متعدّدة الألوان يعتمر بها المهرّجون (٢) طُرطور الكُسالى: قُبَّعة مخروطيّة الشَّكل كان يُفْرَض على التلاميذ الكُسالى أن يعتمروا بها.

fool's errand *(n.)* مُهِمَّة أو مغامَرة سخيفة لا طائلَ تحتها.

fool's paradise *(n.)* فردوس الحمقى: سعادة وهمية.

foot [fo͝ot] *(n.; vi.; t.)* (١) قَدَم (٢) القَدَم: وحدة للطول تساوي ثُلُثَ ياردة (٣) تفعيلة (عر) (٤) «أ» سَيْر؛ عَدْوٌ. «ب» خَطْو. «ج» سُرعة (٥) شيء كالقَدَم، مثل: «أ» قَدَمُ الكرسي أو الطاولة: الجزء الأدنى من قائمة الكرسيّ أو الطاولة. «ب» قَدَمُ الجَوْرَب: جزء من الجَوْرَب يكسو القدم (٦) المشاة (جن) (٧) «أ» كَعْب؛ قَعْر؛ أسفل. «ب» سَفْح <the ~ of the mountain> (٨) **foots** عد: ثُفْل؛ رواسب § (٩) يرقص (١٠) يمشي؛ يجتاز سيرًا على القدمين (١١) ينطلق [المَرْكب] **x** (١٢) يجمع [عمودًا من الأرقام] (١٣) يصنع أو يجدِّد قَدَم الجورب.

on ~, (١) سيرًا على القدمين (٢) جارٍ؛ قَيْدَ العمل أو التنفيذ.

on one's *feet* (١) واقفًا؛ قائمًا (٢) في صحة جيدة (٣) في تقدم أو ازدهار.

to ~ a bill يدفع الفاتورة؛ يدفع الثمن بكامله (ع).

to ~ it يذهب ماشيًا.

to ~ up to يبلغ في مجموعه كذا.

to put one's best ~ forward (١) يبذل قصارى جهده (٢) يمشي بأقصى سرعة ممكنة.

to put one's ~ in it يرتكب خطأً مضحكًا.

to set (something) on ~, يُدير؛ يُعمِل.

foot·age [fo͝ot′ĭj] *(n.)* (١) القَدَمية: الطُول أو الكمّية مقدَّرَيْن بالأقدام (٢) مشهد سينمائيّ <jungle ~>.

foot–and–mouth disease *(n.)* الحُمَّى القُلاعِيَّة: مرضٌ مُعدٍ من أمراض الماشية يُحدث قروحًا في أفواهها وحول أظلافها.

foot·ball [fo͝ot′bôl′] *(n.)* (١) «أ» كرة القدم (رب). «ب» الكرة نفسها (٢) أُلعوبة <The issue became a ~ of party politics.>.

foot·ball·er [-′bô lər] *(n.)* لاعبُ كرة القدم.

foot·bath [-′băth] *(n.)* (١) وعاء لغَسْل القدمين (٢) غَسْلُ القدمين.

foot·board [-′bōrd′] *(n.)* (١) موطئ القدم. وبخاصة: موطئ القدم الذي يُصْعَد بواسطته إلى العربة أو يُنزل منها (٢) مَسْند لقَدَمَي الحوذيّ إلخ (٣) لوح القَدَم: لوح قائم يَسْنُد قائمتي السرير الخلفيّتين (٤) مِدْوَسة.

foot·boy [-′boi′] *(n.)* خادم أو ساعٍ [يرتدي بزّةً خاصة].

foot brake *(n.)* المِكْبَحُ القَدَميّ؛ الفَرْمَلة القَدَميَّة.

foot·bridge [-′brĭj′] *(n.)* جسر السّابلة: جسرٌ مخصَّص للمشاة.

foot·can·dle [-′kăn′dəl] *(n.)* قَدَم - شمعة: وحدة إضاءة.

foot·cloth [-′klŏth′] *(n.)* سجّادة؛ بِساط.

foot–drag·ging [-′drăg′ĭng] *(n.)* توانٍ؛ تباطُؤ؛ تثاقُل.

foot·ed [fo͝ot′ĭd] *(adj.)* ذو قدم أو أكثر.

foot·er [fo͝ot′ər] *(n.)* الماشي؛ السائر على قدميه (ا. ق).

-footer لاحقة معناها: شخص أو شيء يبلغ طوله أو ارتفاعه أو عرضه كذا قَدَمًا <a six-*footer*>.

foot·fall [-′fôl′] *(n.)* (١) خُطوة (٢) وَقْعُ قَدَم.

foot·gear [-′gēr′] *(n.)* حِذاء؛ نعل؛ خُفّ.

foot·hill [-′hĭl] *(n.)* التّلّ السَّفْحِيّ: تلٌّ واقعٌ عند سَفح جبل.

foot·hold [-′hōld′] *(n.)* (١) موطئ قدم (٢) مَوْضعٌ مَكِين (٣) المَوْثَبَة: موقع تتخذ منه القواتُ العسكرية قاعدةً لتقدُّم إضافيّ.

foot·ing [-′ĭng] *(n.)* (١) «أ» رسوخ القدمين. «ب» توازن (٢) «أ» مَشْي؛ خَطْو. «ب» رقص (٣) «أ» موطئ قدم. «ب» مَنزلة وطيدة <achieved a ~ at court> (٤) عَلاقة متبادلة (٥) أساس <put the enterprise on a firm ~> (٦) المَسْنَد: قاعدة عريضة، في أساس جدار أو عمود، لتوزيع الثِّقل (٧) جَمْعُ أو مجموع عمودٍ من الأرقام.

on a friendly ~ with people على علاقة طيبة أو ودية مع النّاس.

on an equal ~, على قَدَم المساواة.

on a war ~, على قدم الاستعداد للحرب.

foo·tle [fōōt'əl] *(vi.; n.)* (١) يتحدَّث أو يتصرَّف بحماقة (٢) يَعْبَث؛ يَلْهو § (٣) «أ» هُراء؛ كلام فارغ. «ب» حماقة؛ سَخافة.

foot·less [-'ləs] *(adj.)* (١) لاقَدَميّ (٢) بلا أساس (٣) أحمق؛ عقيم.

foot·lights [-'līts'] *(n. pl.)* (١) المَضاوِئ: صفّ من الأضواء في مُقَدَّم خشبة المَسْرح (٢) التمثيل المسرحيّ.

foot·ling [-'lĭng] *(adj.)* (١) أحمق (٢) تافه؛ عديمُ النَّفع.

foot·loose [-'lōōs'] *(adj.)* (١) حُرّ؛ طليق (٢) مُترحِّل.

foot·man [-'măn] *(n.)* (١) جُنديّ [من المُشاة] (٢) خادم؛ ساعٍ.

foot·mark [-'märk'] *(n.)* = footprint.

foot·note [-'nōt'] *(n.)* (١) حاشية؛ هامش [في كتاب] (٢) تعليق.

foot·pace [-'pās'] *(n.)* (١) خُطوة (٢) مِنَصَّة (٣) مُنبَسَط الدَّرج أو السُّلَّم.

foot·pad [-'păd'] *(n.)* قاطعُ طريق.

foot·path [-'păth'] *(n.)* (١) مَمَرّ المشاة (٢) رصيف (بر).

foot–pound [-'pound'] *(n.)* قدم - باوند: وحدة شُغل (مك).

foot–pound·al [-əl] *(n.)* قَدَم - پاوندال: وحدة شُغل (مك).

foot–pound–second system *(n.)* نظام القدم - باوند-ثانية.

foot·print [-'prĭnt'] *(n.)* أثرُ القدم؛ طَبْعة القدم.

foot·race [-'rās'] *(n.)* سباق العَدْو: سباق في العَدْو.

foot·rest [-'rĕst'] *(n.)* مَسْنَد القدمَيْن.

foots [fōōts] *(n. pl.)* ثُفْل؛ رواسب.

foot·slog [-'slŏg] *(vi.)* يمشي أو يخوِّض في الوحل.

foot soldier *(n.)* جنديّ من المشاة.

foot·sore [-'sōr'] *(adj.)* مُتَقَرِّح القدمين [من كثْرة المشي إلخ].

foot·stalk [-'stôk'] *(n.)* = pedicel.

foot·stall [-'stôl'] *(n.)* قاعدة العَمود (عم).

foot·step [-'stĕp'] *(n.)* (١) أثر القَدَم (٢) «أ» خَطو. «ب» خُطوة.

foot–ton [-'tŭn'] *(n.)* قَدَم - طن: وحدة شُغْل (مك).

foot·way [-'wā'] *(n.)* = footpath.

foot·wear [-'wâr'] *(n.)* لباس القَدَم: حذاء أو نَعْل إلخ.

foot·work [-'wûrk] *(n.)* (١) جُهْد القَدَم: حركة القدمين في الملاكمة أو الرقص (٢) التَّرَحُّل: الانتقال من مكانٍ إلى مكان، وبخاصة بغيَةَ القيام بتحقيق صحفيّ (٣) مناورة؛ تكتيك.

foot·worn [-'wōrn'] *(adj.)* بالٍ [من كثرة الوطء عليه].

foo·ty [fōō'tĭ] *(adj.)* (١) تافه؛ حقير (٢) رَثّ؛ بالٍ.

foo·zle [fōō'zəl] *(vt.; n.)* (١) يعمل أو يلعب بغير إتقان § (٢) عمل أو لعب بغير إتقان. وبخاصة: ضربة رديئة في الغولف.

fop [fŏp] *(n.)* الغَنْدور: رجل شديد التأنُّق في مَلْبَسِه.

fop·per·y [fŏp'ə rĭ] *(n.)* (١) حماقة (٢) غَنْدَرة؛ تأنُّق.

fop·pish [fŏp'ĭsh] *(adj.)* غَنْدوريّ: مُسْرِف في التأنّق.

for [fôr] *(prep.; conj.)* (١) «أ» لِـ؛ لأجل. «ب» إلى؛ نحو <to start ~ London> (٢) وكأنّه؛ متوهَّمًا أنّه <He was left on the battlefield ~ dead.> (٣) بسبب [كقولك cried ~ joy أي بكى فرحًا] (٤) «أ» إنقاذًا لِـ <to flee ~ one's life>. «ب» في سبيل؛ دفاعًا عن <fighting ~ his country>. «ج» مع؛ مؤيّد لِـ <Some people were ~ the war.> (٥) «أ» عن؛ عِوَضًا عن <a substitute ~ butter>. «ب» مقابل <~ one enemy he has a hundred friends.>. «ج» نيابةً عن <His lawyer will act ~ him in this affair.> (٦) على الرغم من <~ all that> (٧) في ما يتعلق بِـ <so much ~ that> (٨) بالنسبة أو بالقياس إلى <tall ~ his age> (٩) «أ» طوالَ. «ب» إلى مسافة معينة (١٠) «أ» تكريمًا لِـ <to give a dinner ~ a person>. «ب» تيمّنًا بِـ <named ~ his grandfather> § (١١) لأنّه؛ نظرًا لِـ <I can't go, ~ it is raining.>.

fo·ra [fŏr'ə] *n. pl. of* forum.

for·age [fôr'ĭj] *(n.; vt.; i.)* (١) كَلأ؛ عَلَفٌ (٢) التماسٌ لِلْكَلأ أو لِلْمُؤن § (٣) «أ» يجمع الكَلأ من. «ب» ينهب (ا.ق) x (٤) يطوف بحثًا عن الكَلأ أو الطعام (٥) يغزو؛ يُغير على (٦) يبحث عن.

fo·ra·men [fō rā'-] *(n.)* pl. **-s** *or* **-ram·i·na** الثُّقْبة: فتحة صغيرة (أح).

fo·ra·men mag·num [măg'nəm] *(n.)* الثُّقْبة الكبرى [في الجمجمة].

for·a·min·i·fer [fôr'ə mĭn'ə fər] *(n.)* المُنَخْرَب: واحد من المُنَخْرَبات **Foraminifera** وهي حيوانات بحرية مُثَقَّبة الأصداف.

for·as·much as [fôr'əz mŭch'] *(conj.)* نظرًا لِـ؛ لمّا كان...

for·ay [fôr'ā] *(vi.; t.; n.)* (١) يغزو § (٢) غَزْوَة؛ غارة.

for·bade *or* **for·bad** [fər băd'] *past of* forbid.

for·bear[1] [fôr bâr'] *(vt.; i.; n.)* (١) يُمسِك أو يمتنع عن x (٢) يُحجِم (٣) يتجمَّل؛ يَتَصبَّر؛ يَحْلُم § (٤) جَدّ؛ سَلَف.
— **for·bear·ance** *(n.)*

for·bear[2] [fôr'bâr'] *(n.)* = forebear.

for·bid [fôr bĭd'] *(vt.)* (١) يُحظِّر؛ يُحرِّم (٢) يَمْنع.
God *forbid!* لا سَمَح الله!

for·bid·dance [fər bĭd'-] *(n.)* (١) حَظْر؛ تحريم (٢) مَنْع.

for·bid·den [-bĭd'ən] *(adj.)* محظور؛ مُحَرَّم؛ ممنوع.

for·bid·ding [-bĭd'ĭng] *(adj.)* (١) وعر (٢) مَقِيت؛ بغيض (٣) كالح؛ مُتَجهِّم (٤) مُوحِش.

for·bode [fôr bōd'] *(vt.; i.)* = forebode.

for·bore [fôr bōr'] *past of* forbear.

for·borne [fôr bōrn'] *past part. of* forbear.

for·by *or* **for·bye** [fôr bī'] *(adv.)* علاوةً على (إسك).

force [fōrs; fôrs] *(n.; vt.)* (١) «أ» قوة. «ب» قوة خُلُقيّة أو عقلية. «ج» نفاذ؛ سريان المفعول <That law is still in ~.> (٢) «أ» قوة عسكرية. «ب» *pl.*: جيش. «ج» قوةٌ منظمة <a police ~> (٣) عنف؛ إكراه؛ قَسْر

(٤) القوّة (فز) § (٥) «أ» يغتصب [فتاةً]. «ب» يُكره؛ يُجبر (٦) «أ» يشقّ طريقه بالقوة. «ب» يدفع بالقوة <...oil is ~*d* to the surface> . «ج» يفرض <~*d* his personality upon his little world> . «د» ينتزع عنوةً <to ~ a confession> (٧) «أ» يقتحم <to ~ a hostile country> . «ب» يكسر ابتغاء الدخول <to ~ a lock> (٨) «أ» يُغِذّ الخطى. «ب» يتكلف، يغتصب <to ~ a smile> (٩) «أ» يسرّع <a ~*d* march> . «ب» يسرّع النماء أو النضج <to ~ lilies for the Easter trade> .

by ~, عَنوةً؛ قَسْرًا.

the *Force* الشرطة؛ البوليس.

to ~ out يُخرج عنوةً أو بالقوة.

forced [fōrst] *(adj.)* (١) اضطراريّ <a ~ landing> (٢) قَسْريّ <~ labor> (٣) متكلَّف؛ مُغْتَصَب <a ~ smile> .

force feed *(n.)* التَّزقيم؛ التَّزييت القَسْريّ: تزييت المحركاتِ داخليةِ الاحتراق بمضخّة ضغط (سي).

force–feed [fōrs'fēd'] *(vt.)* يُزَقِّم: يَعلِف أو يلقِّن قَسْرًا.

force·ful [fōrs'-] *(adj.)* قويّ؛ نشيط؛ فعّال.

force majeure [fōrs mȧ zhœr'] *(n.)* قوة قاهرة؛ سبب قاهر.

force·meat [fōrs'mēt'] *(n.)* الحَشْوَة: لحمٌ مفروم للحشو.

for·ceps [fôr'səps] *(n.)* كُلّاب [الصّائغ أو الجرّاح].

forceps

force pump *(n.)* المِضَخَّة الدافعة.

for·ci·ble [fōr'-] *(adj.)* (١) قَسْريّ؛ قَهْريّ (٢) قويّ؛ مُؤثِّر؛ فعّال.

force pump

ford [fōrd] *(n.; vt.)* (١) المَخاضَة: موضعٌ من النهر ضَحْلٌ يَسْهُلُ خَوْضُه § (٢) يَخُوض [النَّهرَ].

for·do *or* **fore·do** [fôr doo'] *(vt.)* يُنْهِك؛ يُرْهِق.

fore [fōr; fôr] *(adv.; prep.; adj.; n.)* (١) أمامَ؛ إلى الأمام § (٢) قَبْلَ (ع) (٣) في حَضْرة... § (٤) أماميّ (٥) سابق؛ أوّل <the ~ years of...> § (٦) مقدِّمة: جزء أماميّ.

to the ~, (١) إلى المقدِّمة؛ إلى مركز مرموق (٢) في المتناوَل (٣) على قيد الحياة.

fore- بادئة معناها: «أ» سَلَفًا؛ مقدَّمًا <*fore*know> . «ب» مسبَّق <*fore*payment> . «ج» أماميّ؛ مقدَّم <*fore*mast> . «د» جزء أمامي من كذا <*fore*arm> .

fore and aft *(adv.)* (١) من مقدّم المركب إلى مؤخّره (٢) في أو نحو أو عند طَرَفي المركب.

fore–and–aft *(adj.)* طُولانيّ.

fore–and–after *(n.)* = schooner *1*.

fore·arm[1] [fōr ärm'] *(vt.)* يُعِدّ؛ يستعدّ.

fore·arm[2] [fōr'ärm'] *(n.)* السّاعد (ت).

fore·bear [fōr'bâr'] *(n.)* جَدّ؛ سَلَفٌ [تردُ بصيغة الجمع عادةً].

fore·bode [fōr bōd'] *(vt.; i.)* (١) يُنبئ أو يُنذِر بـ <clouds ~ a storm> (٢) يتوجّس: يتوقع شرًّا أو مصيبة x (٣) يتنبّأ بـ.

fore·bod·ing [-bō'dĭng] *(n.; adj.)* (١) إنذار؛ تحذير؛ تَوَجُّس؛ تَنَبُّؤ بـ § (٢) نذيرٌ أو هاجسٌ بِشَرّ (٣) مُنْذِر بِشَرّ.

fore·brain [fōr'brān'] *(n.)* مقدَّم الدِّماغ (ت).

fore·cast [-'kăst'; -'käst'] *(vt.; i.; n.)* (١) يَتَكَهَّن [بحالة الجوّ إلخ] (٢) يُؤذِن بـ (٣) يتنبأ بـ § (٤) خطّة (٥) نُبوءة (٦) نَشرة جوّيّة.

fore·cas·tle [fōk'səl; fōr'kăs'əl] *(n.)* السَّلوقيّة: «أ» أعلى مقدَّم المركب. «ب» جزء من مُقدَّم السفينة التجارية يبيت فيه النوتية.

fore·cit·ed [fōr'sī'tĭd] *(adj.)* مذكورٌ آنفًا.

fore·close [fōr klōz'] *(vt.; i.)* (١) يَصُدّ؛ يَمنَع؛ يَعُوق (٢) يَسْتأثر [بمِلْكية شيء] (٣) يَحْبِس الرَّهْنَ: يَحْرِم الراهنَ حقَّ استرجاع العقار المرهون (ق).

— fore·clo·sure *(n.)*

fore·date [fōr'dāt'] *(vt.)* = antedate.

fore·deck [fōr'dĕk'] *(n.)* السَّطح الأماميّ: سطحُ مقدَّمِ المركب (مل).

fore·do [fōr doo'] *(vt.)* = fordo.

fore·doom [fōr dōōm'] *(vt.)* يُقَدِّر: يَحْكُم بقضاءٍ وقَدَر.

fore·face [fōr'fās'] *(n.)* مُقَدَّم الوجه.

fore·fa·ther [fōr'fä'thər] *(n.)* جَدٌّ؛ سَلَفٌ.

fore·feel [fōr fēl'] *(vt.)* يتوقّع [شرًّا إلخ]؛ يُحَدِّثُهُ قلبُهُ بأنّ...

fore·fend [fōr fĕnd'] *(vt.)* = forfend.

fore·fin·ger [fōr'-] *(n.)* السَّبّابة: الإصبع التي بين الإبهام والوُسطى.

fore·foot [fōr'-] *(n.)* (١) القائمة الأمامية: إحدى قائمَتَي الحيوان الأماميتين (٢) الحِجْر الأماميّ: الطرف الأماميّ لرافدة القَصّ (را. keel[3]).

fore·front [fōr'frŭnt'] *(n.)* صَدْر؛ مُقَدَّم؛ طليعة.

fore·gath·er [fōr găth'ər] *(vi.)* = forgather.

fore·go [fōr gō'] *(vt.)* (١) يَسْبِق؛ يَتقدّم (٢) forgo.

fore·go·ing [-'ĭng] *(adj.)* سابق <the ~ passage> .

fore·gone [fōr gôn'] *(adj.)* سابق؛ ماضٍ؛ منصرم.

foregone conclusion *(n.)* (١) قرار مُتَّخَذ سَلَفًا (٢) نتيجة محتومة.

fore·ground [fōr'ground'] *(n.)* (١) الأماميّة: أماميّةُ الصورةِ أو صَدْرُها (٢) الطَّليعة؛ الواجِهَة.

fore·gut [fōr'gŭt] *(n.)* المِعَى الأماميّ (أج).

fore·hand [fōr'hănd'] *(n.; adj.)* (١) مُقدَّم الفَرَس: جزؤهُ الواقعُ أمام الفارس (٢) الضَّربة الرّاحيّة: ضربة في التّنِس تكون فيها راحةُ اليد مُمالةً في اتجاه حركة اليد § (٣) راحيّ: مُنجَزٌ على نحوٍ تكون فيه راحةُ اليد مُمالةً في اتجاه حركة اليد <a ~ tennis stroke> .

fore·hand·ed [-hăn'dĭd] *(adj.)* (١) «أ» حصيف؛ مُتَبصِّر؛ مُحتاط للمستقبل. «ب» مُقْتَصِد (٢) ثَريّ (٣) forehand.

fore·head [fôr'ĭd; -hĕd'; fōr'hĕd] *(n.)* (١) جبهة؛ جبين (٢) مقدِّمة؛ صَدر.

for·eign [fôr'ĭn] *(adj.)* (١) أجنبيّ (٢) غريب؛ دَخيل؛ غير ملائم؛ خارجٌ عن الغرض (٣) خارجيّ <~ trade; ~ policy> .

foreign affairs *(n. pl.)* الشُّؤون الخارجية.

foreign bill *(n.)* الحوالة الخارجيّة (تج).

for·eign·er [fôr′ĭn ər] *(n.)* (١) الأجنبيّ (٢) الغريب (ع).

foreign exchange *(n.)* (١) المبادلة الخارجية: عملية تسوية الحسابات أو الديون بين أشخاص مقيمين في بلدين مختلفين (٢) نقد أجنبيّ؛ تحويلات تُدفع بالعملة الأجنبية.

for·eign·ism [fôr′ə-] *(n.)* (١) مصطلح أجنبي (ل) (٢) عادةٌ أجنبيّة.

foreign minister *(n.)* وزير الخارجية.

foreign office *(n.)* وزارة الخارجية.

foreign policy *(n.)* السياسة الخارجية.

foreign secretary *(n.)* = foreign minister.

foreign service *(n.)* السِّلك الخارجيّ.

fore·judge [fōr jŭj′] *(vt.)* (١) يَحْرِم أو يُجرِّد [بقرار من محكمة] (٢) prejudge.

fore·know [fōr nō′] *(vt.)* يَعْرِف سَبقيًّا: يَعْرف الأمرَ قبل حدوثه.

fore·la·dy [fōr′lā′dĭ] *(n.)* (١) رئيسة المُحَلَّفين (٢) كبيرة العاملات.

fore·land [fōr′lănd′] *(n.)* (١) الرأس: لسان من اليابسة داخلٌ في البحر (٢) أرض أماميّة.

fore·leg [fōr′lĕg′] *(n.)* القائمة الأمامية [من حيوان أو كرسي].

fore·lock [fōr′lŏk′] *(n.)* الناصية: شَعر مقدَّم الرأس.

fore·man [fōr′măn′] *(n.)* الرَّجل المُقدَّم. مثل: «أ» رئيس هيئة مُحلَّفين. «ب» كبير العمال.

fore·mast [fōr′măst′] *(n.)* الصّاري الأماميّ [في المركب].

fore·most [fōr′mōst′] *(adj.; adv.)* (١) أول؛ رئيسي؛ بارز § (٢) أوّلًا؛ في المقام الأول.

fore·moth·er [fōr′mŭth′ər] *(n.)* جَدَّة؛ سَلَفٌ [من النساء].

fore·name [fōr′-] *(n.)* الاسم الأول [الذي يسبق اسمَ الأسرة].

fore·named [fōr′nāmd′] *(adj.)* مذكورٌ آنفًا.

fore·noon [fōr′-] *(n.)* صَدْر النهار [من الصباح إلى الظهيرة].

fo·ren·sic [fə rĕn′sĭk] *(adj.; n.)* (١) قضائيّ؛ شرعي (٢) جدليّ؛ بلاغي § (٣) تمرين جدَليّ (٤) *pl.*: «أ» التّناظُر الجَدَليّ [فنًا أو دراسةً]. «ب» مُناظَرة.

forensic medicine *(n.)* الطِّبّ الشَّرعيّ.

fore·or·dain [fōr′ôr dān′] *(vt.)* يَقْضي؛ يقدِّر [بقضاء وقَدَر].

fore·part [fōr′pärt′] *(n.)* (١) مقدَّم الشيء (٢) صَدْر فترة ما.

fore·passed *or* **fore·past** [fōr păst′] *(adj.)* ماضٍ؛ سالف.

fore·peak [-′pēk′] *(n.)* مَخزن المُقدَّم [في أقصى طرف السفينة الأماميّ].

fore·play [fōr′plā′] *(n.)* المُداعَبة السَّبْقيّة [قبل الجِماع].

fore·quar·ter [-′kwôr′tər] *(n.)* الرُّبع الأماميّ [من الذبيحة].

fore·ran [fōr răn′] *past of* forerun.

fore·reach [fōr rēch′] *(vi.; t.)* يَسْبِق؛ يتقدَّم على [وبخاصةٍ في سباق].

fore·run [fōr rŭn′] *(vt.)* (١) يَسْبِق؛ يتقدّم (٢) يُؤذِن بـ؛ يكون بشيرًا أو نذيرًا بـ.

fore·run·ner [fōr′rŭn′ər] *(n.)* (١) «أ» السابق؛ الرائد. «ب» البشير؛ النذير (٢) جدّ؛ سَلَف.

fore·said [fōr′sĕd′] *(adj.)* مذكورٌ آنفًا (ا. ق).

fore·sail [fōr′sāl′] *(n.)* الشِّراع الأماميّ (مل).

fore·see [fōr sē′] *(vt.)* يتنبّأ بـ؛ يتوقّع؛ يُدرك أمرًا قبل حدوثه.

fore·see·a·ble [-′ə bəl] *(adj.)* (١) متوقَّع (٢) منظور؛ قريب.

fore·seen [fōr sēn′] *past part. of* foresee.

fore·shad·ow [-shăd′ō] *(vt.)* يُؤذِن بـ: يُلمع إلى قُرب حدوث أمرٍ ما.

fore·shore [fōr′shōr′] *(n.)* صَدْرُ الشّاطئ؛ مقدَّم الشاطئ.

fore·short·en [fōr shôr′tən] *(vt.)* (١) يُقصِّر: يُقَصِّر الخطوط، في الرسم، بغية إبراز الصورة للعين (٢) يختصر؛ يوجز.

fore·show [fōr shō′] *(vt.)* = foreshadow.

fore·side [fōr′sīd′] *(n.)* مُقَدَّم؛ صَدْر؛ جبهة.

fore·sight [fōr′sīt′] *(n.)* (١) بصيرة (٢) حكمة؛ نظرٌ في العواقب.

fore·sight·ed *(adj.)* (١) ذو بصيرة (٢) حكيم؛ بعيد النظر.

fore·skin [fōr′-] *(n.)* القُلْفَة؛ الغُرْلة: جِلدة رأس الذَّكَر التي تُقطع في الخِتان.

fore·speak [-spēk′] *(vt.)* (١) يتنبّأ بـ (٢) يحجز مقدَّمًا [حجرةً في فندق إلخ].

for·est [fôr′ĭst] *(n.; vt.)* (١) غابة؛ حَرَجَة § (٢) يُحَرِّج.

fore·stall [fōr stôl′] *(vt.)* (١) «أ» يُحبط. «ب» يتخذ إجراءات وقائية (٢) يُدرِك مُقدَّمًا (٣) يُبادِر: يَسْبق غيرَهُ إلى عملٍ ما (٤) يحتكر.

for·est·a·tion [fôr′ĭ stā′shən] *(n.)* حِراجة.

for·est·er [fôr′ĭs tər] *(n.)* (١) الحِراجيّ: الخبير بعلم الحِراجة (٢) الحرّاج: مراقب الأحراج (٣) ساكنُ الأحراج (٤) الحِراجيّة: ضربٌ من الفراشات الحرجيّة.

forest ranger *(n.)* حارس الأحراج.

for·est·ry [fôr′ĭs trĭ] *(n.)* (١) الأرضُ الحَرَجِيّة (٢) عِلْم الحِراجة.

fore·taste [*n.* fōr′tāst′; *v.* fōr tāst′] *(n.; vt.)* (١) دلالة؛ نذير <The air held a ~ of rain.> (٢) «أ» تَوَقُّع. «ب» تذوُّقٌ مبدئيّ؛ تجربة سَبْقيّة؛ عيِّنة تعطي فكرة عما سيجيء § (٣) يتوقَّع.

fore·tell [fōr tĕl′] *(vt.; i.)* يَتَنبَّأ؛ يتكهَّن بـ.

fore·tell·er [fōr tĕl′ər] *(n.)* المُتنبِّئ؛ المُتكهِّن.

fore·thought [fōr′thôt′] *(n.; adj.)* (١) تَعَمُّد؛ (٢) تَرَوٍّ (٣) تَدَبُّر؛ نظرٌ في العواقب § (٤) متعمَّد؛ مُدَبَّر؛ مُرَوًّا فيه.

fore·time [fōr′tīm′] *(n.)* الماضي؛ الزمن الماضي.

fore·to·ken [*n.* fōr′tō′kən; *v.* fōr tō′kən] *(n.; vt.)* (١) دلالة؛ نذير؛ بشيرٌ بـ § (٢) يُنذر بـ؛ يبشِّر بـ.

ă at; ā date; â care; ä car; ĕ egg; ē me; ĭ in; ī bite; ŏ lot; ō bone; ô orphan; oi boil; o͝o good; o͞o boot; ou out; ŭ under; û urgent; ə = *a* in alone, *e* in system, *i* in easily, *o* in gallop, *u* in circus.

fore·told [fōr tōld′] *past and past part. of* foretell.

fore·top [fōr′tŏp′] *(n.)* (١) ناصية. وبخاصة: ناصية الفرس (٢) مِنصّة الصّاري الأماميّ (مل).

fore–top·mast [fōr′tŏp′-] *(n.)* الصاري الأماميّ الأعلى (مل).

fore–top·sail [fōr′tŏp′səl] *(n.)* الشراع الأماميّ الأعلى (مل).

for·ev·er [fôr ĕv′ər] *(adv.; n.)* (١) إلى الأبد (٢) دائمًا؛ باستمرار § (٣) دهر؛ زمن طويل.

for·ev·er·more [fôr ĕv′ər mōr′] *(adv.)* = forever.

for·ev·er·ness [fôr ĕv′ər nəs] *(n.)* = eternity.

fore·warn [fōr wôrn′] *(vt.)* (١) يُخطِر؛ يُشْعِر مُقَدَّمًا (٢) يُحَذِّر.

fore·went [fōr wĕnt′] *past of* forego.

fore·wing [fōr′wĭng′] *(n.)* الجناح الأماميّ (حش).

fore·wom·an [fōr′wo͝om′ən] *(n.)* = forelady.

fore·word [fōr′wûrd′] *(n.)* كلمة أُولى؛ تصدير؛ مقدِّمة [كتاب].

for·feit [fôr′fĭt] *(n.; vt.; adj.)* (١) غَرامة؛ عُقوبة (٢) «أ» فُقدان؛ خُسْران. «ب» مُصادَرَة (٣) الرَّهن: «أ» شيء يُقَدَّم ثم يُعاد عند دفع الغرامة. «ب» *pl.*: التغريميّة: لعبة تُدفع فيها غرامات § (٤) يَغْرَم: يخسر بسبب خطأ أو جريمة (٥) يُصادِر [على سبيل التغريم] § (٦) مُصادَر أو عرضة للمصادَرَة.

for·fei·ture [fôr′fĭ chər] *(n.)* (١) خُسران؛ فقدان [بسبب خطأ أو جريمة] (٢) مصادرة [بقصد التغريم] (٣) غرامة.

for·fend [fôr fĕnd′] *(vt.)* (١) يمنع (٢) يحمي؛ يَصُون.

for·gath·er [-găth′ər] *(vi.)* (١) يجتمع (٢) يلتقي به مصادفةً.

for·gave [fər gāv′] *past of* forgive.

forge [1] [fōrj] *(n.; vt.; i.)* (١) الكُور: مَوْقِد يُحمِّي فيه الحدّاد الحديد (٢) المَحْدَدَة: دُكّان الحدّاد § (٣) يُطَرِّق [الحديدَ] (٤) «أ» يُشَكِّل؛ يَصُوغ؛ يُحقِّق. «ب» يُلفِّق (٥) يُزوِّر؛ يُزيِّف **x** (٦) يعمل في دُكّان حدّاد (٧) يقوم بعملية تزوير.

forge [2] *(vi.)* (١) يجري ببطء واطّراد (٢) يندفع: يجري بقوة وسرعة متزايدتين فجأة.

forged [fōrjd] *(adj.)* مُزَوَّر؛ مُزَيَّف؛ مُلَفَّق.

forg·er [fōr′jər] *(n.)* (١) الملفِّق؛ وبخاصة للحكايات (٢) المزوِّر؛ المزيِّف؛ المقلِّد (٣) الحدّاد.

forg·er·y [fōrj′ə rĭ] *(n.)* (١) تزوير؛ تزييف (٢) شيء مزوَّر.

for·get [fər gĕt′] *(vt.; i.)* (١) يَنْسَى (٢) يتغاضى عن.

for·get·ful [-′fəl] *(adj.)* (١) كثير النسيان (٢) مُهمِل (٣) مُنْسٍ: باعثٌ على النِّسيان.

for·get–me–not [fər gĕt′mē nŏt′] *(n.)* لا تَنْسَني؛ أُذن الفأر: نبات يُعتبر رمزًا للصداقة والوفاء.

forget-me-not

for·get·ta·ble [-ə bəl] *(adj.)* يُنْسَى؛ عُرضة للنسيان.

forg·ing [fōr′jĭng] *(n.)* (١) «أ» تطريق المعادن. «ب» تشكيل؛ صياغة (٢) تلفيق؛ تزوير (٣) شيء مطرَّق إلخ.

for·giv·a·ble [-′ə bəl] *(adj.)* يُغْتَفَر: ممكنٌ الصَّفحُ عنه.

for·give [fər gĭv′] *(vt.; i.)* (١) يَغْفِر؛ يَصْفَح؛ يعفو (٢) يُعفي من دَيْن.

for·give·ness *(n.)* (١) مَغْفِرَة؛ صَفْح؛ عَفْو (٢) إعفاء [من دَيْن].

for·giv·ing *(adj.)* (١) غَفُور؛ صَفوح؛ عَفُوّ (٢) مُتَّسِم بالغفران.

for·go [fôr gō′] *(vt.)* (١) يُمْسِك عن؛ يمتنع عن (٢) يُضيع [فرصةً].

for good *(adv.)* إلى الأبد.

for·got [fər gŏt′] *past and past part. of* forget.

for·got·ten [fər gŏt′ən] *past part. of* forget.

fo·rint [fôr′ĭnt] *(n.)* الفورينت: وحدة النقد في هنغاريا.

for·judge [fôr jŭj′] *(vt.)* = forejudge.

fork [fôrk] *(n.; vi.; t.)* (١) شَوكة الطعام (٢) مِذْراة (٣) tuning fork (٤) «أ» تفرُّع؛ تشعُّب. «ب» مَفرِق طريق. «ج» ملتقى نهرين (٥) فرع؛ شعبة § (٦) يتفرّع؛ يتشعّب (٧) ينعطف (٨) يذرّي بمذراة (٩) يدفع.

forked [fôrkt] *(adj.)* مُشَعَّب؛ مُنْشعِب؛ مُتفرِّع.

fork·lift [fôrk′lĭft′] *(n.)* الرافعة المشعَّبة: رافعة ذات أصابع فولاذية تُقحم تحت الحِمْل.

fork–tailed *(adj.)* مُنشعِب الذيل <~ birds>.

for·lorn [fôr lôrn′] *(adj.)* (١) فاقد؛ محروم من (٢) كئيب (٣) مهجور (٤) شبه يائس <one final ~ attempt>.

forlorn hope *(n.)* (١) السَّرِيَّة الفدائية: جماعة تُختار لأداء مهمّة خطِرة (٢) محاولة أو مهمة يائسة.

form [fôrm] *(n.; vt.; i.)* (١) «أ» شكل. «ب» هيئة (٢) صورة (٣) «أ» مصطلح؛ عُرْف؛ تقليد. «ب» التزام للعرف والتقليد. «ج» صيغة <the ~ of the marriage service in the prayer book> (٤) الأنموذج؛ الاستمارة: وثيقة مطبوعة يُملأ فيها الفراغ بالمعلومات المطلوبة <tax ~> (٥) «أ» التمسُّك بالشكليات [الفارغة]. «ب» طريقة أو أسلوب في الأداء وفقًا لمقاييس تِقنيّة مقرّرة (٦) «أ» وجار الأرنب إلخ. «ب» مقعد خشبي طويل (٧) قالب (٨) أحرف معدَّة للطبع ضمن طوق (٩) ضَرْب؛ نوع (١٠) «أ» أسلوب؛ منوال. «ب» شكل أدبي أو فنيّ <The sonnet is a poetical ~.> «ج» نمط. «د» الشكل [خلاف «المضمون»] (١١) صفّ مدرسيّ (١٢) اللِّياقة: سلامة الجسم والعقل؛ قدرة على العمل؛ حالة جسدية أو عقلية ملائمة لأداء عمل ما (١٣) صيغة لغوية § (١٤) يُشكِّل (١٥) يُكوِّن [فكرةً أو عادةً أو صداقة] (١٦) يؤلف [عنصرًا أساسيًا من شيء] (١٧) «أ» يصوغ [في اللغة]. «ب» ينشئ [جملةً إلخ] (١٨) يُرَتِّب **x** (١٩) يتشكَّل؛ يتّخذ شكلًا (٢٠) ينتظم (٢١) ينشأ؛ يتكوَّن.

form- *or* **formo-** بادئة معناها: حَمْض النَّمليك <*form*ate>.

-form لاحقة معناها: على شكل كذا <cruci*form*>.

for·mal [fôr′məl] *(adj.; n.)* (١) أساسيّ؛ جَوهريّ <a ~ cause> (٢) شكليّ (٣) تقليديّ؛ اصطلاحيّ؛ عُرفيّ (٤) رسميّ (٥) مَنْهَجِيّ: مُتَمَيِّز باحترام شديد للشَّكل (٦) مُتَرَسِّم: محافظ على الرسميّات (٧) اسميّ؛ صُوْريّ § (٨) مُناسبة رسمية.

form·al·de·hyde [fôr măl′də hīd′] *(n.)* الفورمالديهايد: غاز سامّ

سريع الالتهاب (ك).

for·ma·lin [fôr′mə-] *(n.)* الفورمالين: محلولُ الفورمالديهايد المائيُّ.

for·mal·ism [fôr′mə lĭz′əm] *(n.)* الشَّكليَّة: التمسُّك الشديد بالأشكال الخارجية في الدين والأدب والفن وما إليها.

for·mal·ist [fôr′mə lĭst] *(n.)* الشَّكليّ: الميّال إلى الشَّكلية.

for·mal·i·ty [fôr măl′ə tĭ] *(n.)* (١) الشَّكليَّة: كونُ الشيء شكليًّا (٢) الشَّكلانيَّة؛ الرَّسمانيَّة: التزام بالشكليّات أو الرسميّات أو احتفالٌ شديد بها (٣) الشَّكلي [والجمع: الشَّكليّات]: إجراء أو تصرُّفٌ شكليّ في القانون أو الحياة الاجتماعية.

for·mal·ize [fôr′mə līz′] *(vt.)* (١) يشكِّل: يعطي الشيء شكلًا معيَّنًا (٢) يُرَسِّم: «أ» يجعله رسميًا. «ب» يضفي عليه الصفة الرسمية.

formal logic *(n.)* المَنْطِق الصُّوْري؛ المنطِق الشَّكليّ.

for·mat[1] [fôr′măt] *(n.)* (١) قَطْعُ المطبوعة وشكلها العام (٢) بِنْيَة؛ تصميم (٣) شكل؛ حجم (٤) النَّسَق: ترتيب الرُّموز ترتيبًا يتّفق ومُتَطَلَّبات الكومبيوتر.

for·mat[2] *(vt.)* يُنَسِّق: يُنتج في نَسَقٍ مُعيَّن <~*ted* output of a computer>.

for·ma·tion [fôr mā′shən] *(n.)* (١) «أ» تشكيل؛ تكوين. «ب» تشكُّل؛ تكوُّن (٢) شكْل (٣) بِنْيَة.

form·a·tive [fôr′mə tĭv] *(adj.; n.)* (١) مُشَكِّل؛ مُكَوِّن (٢) توليديّ؛ تصريفيّ: مُستخدَمٌ في توليد الألفاظ أو صياغتها (ل) (٣) مُوَلِّد: قادر على إنشاء خلايا أو أنسجة جديدة من طريق الانقسام إلخ (أح) (٤) «أ» تكوينيّ <~ stage>. «ب» تقويميّ: ذو أثرٍ فعّال في التكوين <~ years> § (٥) المُشَكِّلة: مَقْطع مَزِيد (ل).

formed [fôrmd] *(adj.)* (١) مُشَكَّل؛ مُكَوَّن؛ مُحَدَّد (٢) ناضج.

for·mer [fôr′mər] *(adj.; n.)* (١) سالف؛ ماضٍ؛ سابق؛ آنف (٢) أوَّل؛ مذكورٌ أولًا <Of the two men, I prefer the ~.> § (٣) المشكِّل؛ المكوِّن؛ الخالق <Discipline is a ~ of character.>.

for·mer·ly [fôr′mər lĭ] *(adv.)* سابقًا؛ في ما مضى.

form·fit·ting [fôrm′-] *(adj.)* مُتَشاكِل؛ مُتَقايِس: مُطابق لشكل الجسم.

for·mic [fôr′mĭk] *(adj.)* نَمْليّ؛ نَمْليك (ك).

For·mi·ca [fôr mī′kə] *(n.)* الفورمَيْكا: مادة لدائنية تُكْسَى بها الموائد والجدران وتُصْنَع منها ضروب من الأثاث.

formic acid *(n.)* حَمْضُ النَّمليك؛ حَمْض الفورميك (ك).

for·mi·car·y [fôr′mə kĕr′ĭ] *(n.)* بيت النمل؛ قرية النمل.

for·mi·da·ble [fôr′mĭ də bəl] *(adj.)* (١) مُرْعِب (٢) هائل.

form·less [fôrm′-] *(adj.)* لاشَكْليّ؛ لاصُوْريّ: عديم الشَّكل أو الصورة.

for·mu·la [fôr′myə lə] *(n.)* pl. **-las; -lae** (١) صِيغة (٢) «أ» وَصْفة طَهْوية. «ب» وصفة طبية (٣) غذاء بَديلٌ عن اللبن [لتغذية الأطفال] (٤) الصيغة («ر» و«ك») (٥) صيغة مبتذلة؛ عُرْف.

for·mu·la·rize [fôr′myə lə rīz′] *(vt.)* = formulate.

for·mu·lar·y [fôr′myə lĕr′ĭ] *(n.; adj.)* (١) كتاب الصِّيَغ: كتاب يَشتمل على مجموعة من الصِّيَغ الدينية بخاصة (٢) صِيغة (٣) كتاب الوَصَفات [الطبية] § (٤) صِيغَوِيّ: ذو علاقة بِصِيغة أو صِيَغ.

for·mu·late [fôr′myə lāt′] *(vt.)* (١) «أ» يَصُوغ: يُفْرِغ في صِيغة. «ب» يَسْتَنبط (٢) يُصَيِّغ: «أ» يَسْتنبِط صيغةً لإعداد مادةٍ ما [كالصّابون إلخ]. «ب» يُعِدّ وَفْقًا لِصيغة.

for·mu·la·tion [fôr′myə lā′-] *(n.)* (١) الصِّياغة: إفراغٌ في صِيغة (٢) استنباط (٣) صِيغة <a new varnish ~>.

for·mu·lism [fôr′-] *(n.)* الصِّيَغوِيّة: التَّعلُّق بالصِّيَغ أو الاعتمادُ عليها.

for·mu·li·za·tion [fôr′myə lə zā′-] *(n.)* = formulation.

for·mu·lize [fôr′myə līz′] *(vt.)* = formulate *1*.

for·myl [-′mĭl′] *(n.)* النَّمْليل؛ الفورمِيل: جِذر حَمضِ النَّمليك (ك).

for·ni·cate[1] [fôr′nə kāt′] *(vi.; t.)* (١) يَزْني x (٢) يرتكب الزِّنى مع.

for·ni·cate[2] [fôr′nə kĭt; -kāt′] *(adj.)* مُقَوَّس <~ leaves>.

for·ni·ca·tion [fôr′nə kā′-] *(n.)* زِنًى؛ سِفاح.

for·nix [fôr′nĭks] *(n.)* pl. **-ni·ces** القَبْوة: تَقَوُّسٌ أو طَيَّة (ت).

for·sake [-sāk′] *(vt.)* (١) «أ» يتخلَّى عن. «ب» يُقلع عن (٢) يَهْجُر؛ يَنْبِذ.

for·sa·ken [fôr sā′kən] *(adj.)* مُتَخَلًّى عنه؛ مهجور؛ منبوذ.

for·sook [fôr so͝ok′] *past of* forsake.

for·sooth [fôr so͞oth′] *(adv.)* حقًّا؛ في الواقع.

for·spent [fôr spĕnt′] *(adj.)* (١) مُرْهَق؛ مُنْهَك (٢) رَثّ؛ بالٍ.

for·swear [fôr swâr′] *(vt.; i.)* (١) يُنكر بقَسَم أو بِجِدِّيّة x (٢) يُقسِم كاذبًا.

for·sworn [-swōrn′] *(adj.)* = perjured.

for·syth·i·a [fôr sĭth′ĭ ə] *(n.)* الفُرْسيثيَّة: شجيرة من الفصيلة الزيتونية ذات زهرات جَرَسيّة الشكل.

fort [fōrt] *(n.; vt.; i.)* (١) حِصْن؛ قَلْعة؛ مَعْقِل § (٢) يُحصِّن.

for·ta·lice [fôr′tə lĭs] *(n.)* الحُصَيْن: حِصْن صغير.

forte[1] [fōrt] *(n.)* (١) مَوْطِن قُوَّة (٢) الشَّديد: الجزء الأقوى من السيف.

forte[2] *(n.; adv.; adj.)* (١) الشَّديد: نغمٌ يُعزَف بِشِدّة § (٢) بِشِدّة (مو) § (٣) شديد؛ مرتفِع؛ عالٍ (مو).

forth [fōrth] *(adv.)* (١) فَصاعدًا <from this day ~> (٢) خارجًا <A stranger came ~ from the crowd.>.

and so ~, وهلمّ جَرًّا؛ وهكذا دَوالَيْك.

forth·com·ing [-′kŭm′ĭng] *(adj.; n.)* (١) وشيك؛ آتٍ قريبًا (٢) مُتَيَسِّر؛ في المُتناوَل (٣) وَدود؛ مُستجيب؛ مُتعاوِن <The girl at the reception desk was not ~.> § (٤) اقتراب؛ دنوّ.

forth·right [-′rīt′] *(adj.; adv.)* (١) مُباشِر؛ صريح § (٢) بِصراحة.

forth·with [fōrth′wĭth′] *(adv.)* حالًا؛ تَوًّا؛ على الفَوْر.

for·ti·eth [fôr′tĭ ĕth] *(adj.; n.)* (١) الأربعون <the ~ day> (٢) بالغٌ جزءًا من أربعين <a ~ share of the money> § (٣) جزء من أربعين <one ~ of the total> (٤) العضو الأربعون في سلسلة.

for·ti·fi·ca·tion [fôr′tə fə kā′-] *(n.)* (١) تحصين (٢) حِصْن.

for·ti·fy [fôr′tə fī′] *(vt.; i.)* (١) يُحصِّن (٢) يُقوِّي؛ يُعزِّز (٣) يُشجِّع x (٤) يُقيم حصونًا؛ يُنشئ تحصينات.

for·tis [fôr′tĭs] *(adj.)* شديد <~ consonants>.

for·tis·si·mo [fôr tĭs′ə mō] *(adj.; adv.; n.)* (١) صارخ؛ عالٍ جدًا (مو) § (٢) على نحو صارخ (مو) § (٣) الصّارِخ: نغمٌ صارخ (مو).

for·ti·tude [fôr′tə to͞od′; -tyo͞od′] *(n.)* ثبات؛ جَلَدٌ؛ صَبْر.

for·ti·tu·di·nous [-to͞od′ə-] *(adj.)* ثَبْت؛ جَلْد؛ صَبُور؛ شُجاع.

fort·night [fôrt′nīt′] *(n.)* أسبوعان: أربعة عشر يومًا.

fort·night·ly [-lĭ] *(adj.; adv.; n.)* (١) نصف شهريّ § (٢) مَرّةً كلَّ أسبوعَيْن § (٣) مجلة أو نشرة نصف شهرية.

for·tress [fôr′trəs] *(n.; vt.)* (١) حِصْن؛ قَلْعة § (٢) يُحصِّن.

for·tu·i·tous [fôr to͞o′ə təs; -tyo͞o′ə-] *(adj.)* (١) اتّفاقيّ؛ تصادُفيّ (٢) سعيد؛ محظوظ.

for·tu·i·tous·ly *(adv.)* اتّفاقًا؛ مُصادفةً؛ بالمصادفة.

for·tu·i·ty [fôr to͞o′ə tĭ; -tyo͞o′ə-] *(n.)* (١) الاتفاقية؛ المُصادَفية: كون الشيء اتفاقيًا أو حادثًا بالمصادفة (٢) مصادفة.

for·tu·nate [fôr′chə nĭt] *(adj.)* (١) سعيد <a ~ event> (٢) محظوظ.

for·tu·nate·ly *(adv.)* لحُسْن الحظّ؛ مِن يُمْن الطّالع.

for·tune [fôr′chən] *(n.)* (١) الحظ (٢) حظ سعيد؛ نجاح (٣) أ. *cap.* ك: الحظ (٣) *pl.* عد: المَصاير: ما يصيب المرءَ في حياته من سعود ونحوس أو من حظ سعيد وحظ عاثر <His ~s varied.> (٤) نصيب؛ قَدَر؛ بخت (٥) ثَرْوَة.

fortune hunter *(n.)* مُتَصَيِّد الثَّراء [وبخاصة من طريق الزواج].

for·tune–tell·er *(n.)* العَرّاف: قارئ البخت.

for·tune–tell·ing *(n.; adj.)* (١) العِرافة؛ الكِهانة؛ قراءة البَخْت § (٢) «أ» عرّاف. «ب» عِرافيّ.

for·ty [fôr′tĭ] *(n.)* (١) أربعون (٢) *pl.*: الأربعونات؛ الأربعينات: العَقْد الخامس من العُمر أو القرن.

for·ty–five [-fīv′] *(n.)* (١) خمسةٌ وأربعون (٢) مسدَّس من عيار ٤٥مم (٣) ذات الخَمْس والأربعين دورة: أسطوانة فونوغرافية تدور ٤٥ دورة في الدقيقة.

forty winks *(n. pl.)* السِّنَة: نومٌ قصير وبخاصة في النهار.

fo·rum [fôr′əm] *(n.)* pl. **-s** *also* **-ra** (١) الفوروم: «أ» ساحة عامة في رومة القديمة. «ب» منتدًى عامّ للمناظرة والنقاش. «ج» منبرٌ للمناقشة [كجريدة أو مجلة] (٢) مَحْكَمة (٣) النَّدوة: «أ» اجتماع أو مُحاضرة يتميَّزان بمناقشة عامة لقضيةٍ ما. «ب» برنامج إذاعيّ أو تلفزيونيّ يناقش فيه عددٌ من الخبراء قضيةً ما.

for·ward[1] [fôr′wərd] *(adj.; adv.; vt.)* (١) أماميّ (٢) «أ» تَوّاق؛ نزّاع إلى؛ مُستعدّ. «ب» وقح (٣) «أ» مبكِّر النُّضج. «ب» مُبكِّر: آتٍ قبل الأوان (٤) أماميّ: مُتَّجِهٌ أو مُندفع إلى الأمام <a ~ motion> (٥) «أ» تَقَدُّميّ <a ~ philosophy>. «ب» مُتطرِّف؛ راديكاليّ <~ statesmen> (٦) مُقَدَّم: مقصودٌ به الاستعداد للمستقبل <~ buying> § (٧) إلى الأمام؛ نحو المُقَدَّمة § (٨) يُعزِّز؛ يُقوِّي؛ يُسَرِّع (٩) «أ» يُرسل؛ يَبعث. «ب» يَشْحَن.

for·ward[2] *(n.)* لاعب هجوم [في كرة السلّة إلخ].

for·ward·er [fôr′wər-] *(n.)* (١) فا forward (٢) وكيل شحن.

for·ward·ing [fôr′wər-] *(n.)* (١) مص forward (٢) الشِّحانة: صناعة شاحن السِّلع.

forward pass *(n.)* التمريرة الأمامية [في كرة القدم].

for·wards [-′wərdz] *(adv.)* = forward.

for·went [fôr wĕnt′] *past of* forgo.

for·zan·do [fôr tsän′dô] *(adj.; adv.)* = sforzando.

fos·sa [fŏs′ə] *(n.)* pl. **-e** حُفْرة؛ نُقْرة؛ ثُقْبة (ت).

fosse *or* **foss** [fŏs] *(n.)* حُفْرة؛ خندق؛ قناة.

fos·sil [fŏs′əl] *(n.; adj.)* (١) الأُحفور [والجمع أحافير]؛ المُسْتَحاث [والجمع مستحاثات]: بقايا حيوان أو نبات من عصر جيولوجي سالف متحجِّرة في الصخور أو مطبوعة عليها (٢) المُسْتحجِر: «أ» شخص ذو آراء باليَة أو عتيقة. «ب» شيء متحجّر § (٣) حَفريّ: مستخرج من الأرض بالحَفْر <~ fuels> (٤) أُحفوريّ <~ insects> (٥) متحجّر؛ بالٍ؛ عتيق الزيّ.

fossil 1.

fos·sil·if·er·ous [fŏs′ə lĭf′-] *(adj.)* أحافيريّ: مُحْتوٍ على أحافير.

fos·sil·i·za·tion *(n.)* (١) تحفير؛ تحجير (٢) استحفار؛ استحجار؛ تحجّر.

fos·sil·ize [fŏs′ə-] *(vt.; i.)* (١) يُحفِّر؛ يُحجِّر x (٢) يَسْتَحْفِر؛ يَتحجَّر.

fos·ter [fô′stər; fŏs′tər] *(vt.)* (١) «أ» يُرضع؛ يُنشِّئ؛ يربّي. «ب» يَرْعى (٢) «أ» يعزِّز؛ يشجِّع. «ب» cherish.

fos·ter·age [fô′stər ĭj; fŏs′tər ĭj] *(n.)* (١) إرضاع؛ تربية إلخ (٢) تعزيز؛ تشجيع إلخ.

foster brother *(n.)* أخٌ بالرَّضاع أو التربية.

foster child *(n.)* الرَّبيب: ابنٌ بالرَّضاع أو التربية.

foster father *(n.)* المُستَرِب: أبٌ بالتربية أو التنشئة.

foster mother *(n.)* المُسْتَرْبِية: أمّ بالإرضاع أو التنشئة.

foster sister *(n.)* أختٌ بالرَّضاع أو التربية.

foster son *(n.)* = foster child.

fou [fo͞o] *(adj.)* سَكران؛ ثمِل؛ مخمور (إسك).

fought [fôt] *past and past part. of* fight.

foul [foul] *(adj.; n.; adv.; vi.; t.)* (١) «أ» كريه؛ بغيض. «ب» قذِر. «ج» فاسد؛ عفِن (٢) مُوْحِل (٣) شنيع؛ فظيع؛ شِرِّير؛ مُثير للاشمئزاز (٤) فاحش؛ داعر؛ بذيء <~ language> (٥) «أ» ممطر؛ عاصف <~ weather>. «ب» معاكس؛ غير مؤاتٍ <~ wind>. «ج» قاسٍ؛ خشِن؛ عنيف <War is a ~ game.> (٦) بشِع (عب) (٧) «أ» غادِر؛ غير

شريف <~ means>. «ب» مخالف لقواعد اللعبة (٨) «أ» مثقل بالتعديلات <a ~ manuscript>. «ب» مشحون بالأخطاء المطبعية <a ~ proof> (٩) شبه مسدود بموادّ غريبة <a ~ chimney> (١٠) ملوَّث <~ water> (١١) متشابك؛ معقّد؛ مَعُوق عن الحركة <a ~ fishline> § (١٢) تشابكٌ؛ تعقُّد إلخ (مل) (١٣) «أ» مخالفة لقواعد اللعبة. «ب» ضربة أو رمية غير قانونية (رب) § (١٤) على نحو كَريه أو قذر أو غادر أو مُخالف لقواعد اللعبة إلخ § (١٥) يُفسِد؛ يُنتِن؛ يتلوَّث (١٦) ينسدّ بموادّ غريبة (١٧) يتشابك؛ يتعقّد؛ يُعاق عن الحركة (١٨) يخالف قواعد اللعبة x (١٩) يُفسِد؛ يلوِّث (٢٠) يَسُدّ [بموادّ غريبة] (٢١) يُعوق (٢٢) يلطّخ السمعة.

fou·lard [fo͞o lärd′] *(n.)* الفُولار: «أ» نسيج حريريّ مطبَّع. «ب» وشاح أو رداء إلخ مصنوع منه.

foul ball *(n.)* رَمْية غير قانونية (رب).

foul·mouthed [foul′mouthd′; -′moutht′] *(adj.)* بذيء اللسان.

foul·ness [-′nəs] *(n.)* (١) نَتَن؛ قذارة؛ تلوّث؛ بذاءة إلخ (٢) قَذَر.

foul play *(n.)* (١) مُخادَعة؛ غَدْر (٢) عُنْف؛ اغتيال.

found[1] [found] *past and past part. of* find.

found[2] *(adj.)* (١) مُجهَّز (٢) مجّانيّ.

found[3] *(n.)* طعام ومَبيتٌ بالمجّان [بالإضافة إلى الراتب].

found[4] *(vt.)* (١) يؤسِّس؛ يُنشئ (٢) يَسْبِك [المعادن].

foun·da·tion [foun dā′-] *(n.)* (١) تأسيس (٢) أساس؛ قاعدة (٣) «أ» مالٌ موقوف لتأمين نفقات مُؤسَّسةٍ بشكل دائم. «ب» مؤسَّسة وَقْفية (٤) مِشَدّ؛ «كورسيه».

foundation stone *(n.)* حجر الأساس.

found·er[1] [foun′dər] *(n.)* المؤسِّس؛ المُنشِئ.

found·er[2] *(vi.; t.; n.)* (١) يُصاب [الفَرَس] بالعَرَج (٢) ينهار؛ يَسْقُط (٣) يَغْرَق (٤) يُخفِق x (٥) يُعرِج: يُصيبُ الفرسَ بالعَرَج (٦) يُغرِق § (٧) عَرَج [للفَرَس خاصةً].

found·er[3] *(n.)* سَبّاك المعادن أو الأحرف المطبعية.

foun·der·ous [foun′dər əs] *(adj.)* سَبِخ؛ مُسْتَنْقِعِيّ.

founding father *(n.)* المُؤسِّس؛ المُنشِئ [لحركة أو مؤسَّسةٍ ما].

found·ling [found′lĭng] *(n.)* طفلٌ لقيط [لا يُعْرَف أبواهُ].

foun·drous [foun′-] *(adj.)* = founderous.

found·ry [foun′drĭ] *(n.)* (١) «أ» سَبْك المعادن. «ب» مَسْبوكات (٢) المَسْبَك: مؤسَّسة يَتِمُّ فيها سَبْكُ المعادن.

fount[1] [fount] *(n.)* (١) ينبوع؛ مَعِين (٢) مَصْدَر؛ أصل.

fount[2] [fount; fŏnt] *(n.)* طقم الأحرف (را. font[2]).

foun·tain [foun′tən] *(n.)* (١) ينبوع؛ مَعين (٢) مَصْدر؛ أصل (٣) «أ» نافورة. «ب» سبيل. «ج» الفِسْقِيّة: حوض ينبجسُ منه ماءُ النافورة أو السبيل (٤) خَزّان.

foun·tain·head [-hĕd′] *(n.)* (١) مَنْبَع (٢) مصدر رئيسي.

fountain pen *(n.)* المَدّاد: قلم الحبر.

four [fōr] *(n.)* (١) أربعة؛ أربع (٢) الرابع [في سلسلة أو مجموعة].

to be, go, *or* run on all ~s يَحْبو على الأربع.

four–cy·cle [fōr′sī′-] *(adj.)* رباعيّ الدَّورة <a ~ engine>.

four·di·men·sion·al [fōr′dī mĕn′shən əl] *(adj.)* رُباعيّ الأبعاد.

four–flush [-′flŭsh] *(vi.)* يَخْدَع؛ «يَبْلف» [وبخاصة في البوكر].

four flush *(n.)* الرّباعية: أربع ورقات من منظومة واحدة [في البوكر].

four·fold [-′fōld′] *(adj.; adv.)* (١) رباعيّ (٢) أكبر بأربعة أضعاف <a ~ increase> § (٣) أربعةَ أضعاف <increased ~>.

four–foot·ed [-′fo͝ot ĭd] *(adj.)* رُباعيُّ الأقدام: من ذَوات الأَرْبَع.

four·gon [fo͝or gôn′] *(n.)* الفُرْجون: عربة لنقل الأمتعة.

four–hand·ed [fōr′hăn′dĭd] *(adj.)* (١) رُباعيّ الأيدي (٢) مُعَدّ لأربع أيدٍ أي لعازِفَيْن اثنَيْن [كقطعة موسيقية على البِيان] (٣) مُعَدّ لأربعة لاعبين [كبعض ألعاب الورق].

four–in–hand [fōr′-] *(n.)* (١) رباطُ رقبةٍ طويلٌ [يُعقَد عُقْدَةً مُنْزَلِقَة] (٢) الرُّباعيّة: «أ» أربعة أفراس يسوقها شخص واحد. «ب» عربة ذات أفراس أربعة.

four–letter [fōr′lĕt′ər] *(adj.)* بَذيء؛ سَفيه؛ فاحش.

four- o'clock [fōr′ə-] *(n.)* شَبُّ اللَّيل: نبات تتفتّح أزهاره قبل المغيب.

four-poster

four–post·er [fōr′pōs′tər] *(n.)* عالي القوائم: سرير ذو أربع قوائم عالية مُعَدَّة لتحمل ظُلّةً أو ستائر.

four·score [fōr′skōr′] *(adj.; n.)* (١) بالغٌ ثمانين § (٢) ثمانون.

four·some [-′səm] *(n.)* (١) الرُّباعيّ: مجموعة من أربعة أشخاص أو أشياء (٢) الرُّباعية: مباراة بين أربعة يؤلِّف كلُّ اثنين منهم فريقًا.

four·square [fōr′skwâr′] *(adj.; adv.; n.)* (١) مُرَبَّع (٢) صُلْب؛ عنيد (٣) صريح § (٤) بِعِناد (٥) بِصَراحة § (٦) شيء مُرَبَّع.

four–star [-′stär′] *(adj.)* رُباعيّ النجوم <a ~ hotel>.

four·teen [fōr′tēn′] *(n.; adj.)* أربعةَ عَشَرَ؛ أربَعَ عَشْرَةَ.

four·teenth [fōr′tēnth′] *(adj.; n.)* (١) الرابع عشر <the ~ day> (٢) بالغ جزءًا من ١٤ من كذا <a ~ share of the money> § (٣) الرابع عشر من كذا <the ~ of the month> (٤) جزء من أربعة عشر <a ~ of the total>.

fourth [fōrth] *(adj.; n.; adv.)* (١) رابع <the ~ day> (٢) بالغٌ رُبْعَ كذا <a ~ share of the money> § (٣) الرابع من كذا <the ~ of the month> (٤) رُبْع <one ~ of the total> § (٥) رابعًا.

fourth dimension *(n.)* البُعدُ الرابع [في النِّسبيّة].

fourth estate *(n.)* السُّلطة الرابعة: الصِّحافة.

fourth·ly [fōrth′lĭ] *(adv.)* رابعًا؛ في المقام الرابع.

ă at; ā date; â care; ä car; ĕ egg; ē me; ĭ in; ī bite; ŏ lot; ō bone; ô orphan; oi boil; o͝o good; o͞o boot; ou out; ŭ under; û urgent; ə = *a* in alone, *e* in system, *i* in easily, *o* in gallop, *u* in circus.

four–wheel [fôr′hwēl′] *(adj.)* رُباعيّ العَجَلات أو الدواليب .

four–wheel·er *(n.)* رُباعيَّة العَجَلات : عربة ذات أربعة دواليب .

fo·ve·a [fō′vĭ ə] *(n.)* pl. **-e** النُّقرة ؛ الحُفَيْرة [في عَظْم أو بِنية] (أح) .

fowl[1] [foul] *(n.)* (١) طائرٌ من أيّ نوع (٢) ديك ؛ دجاجة .

fowl[2] [foul] *(vi.)* يَصيد الطيرَ .

fowl·ing [fou′lĭng] *(n.)* صَيْد الطُّيور .

fowling piece *(n.)* بندقية الطير : بندقية لصيد الطُّيور .

fox [fŏks] *(n.; vt.)* (١) ثَعْلَب (٢) جِلْد الثَّعلَب (٣) الماكِر ؛ المُراوِغ (٤) *cap.* : هنديّ أحمر (٥) حبلٌ قصير (٦) الحسناء § (٧) «أ» يَخْدَع ؛ يَمْكُر بِـ . «ب» يُرْبِك (٨) يُفَرِّع : يصلح حذاءً بتجديد فَرْعَتِهِ أو جُزئه الأعلى .

fox 1.

foxed [fŏkst] *(adj.)* أبْقَع : مُلَطَّخ ببُقَع سمراء مُصْفَرَّة .

fox·glove [fŏks′glŭv′] *(n.)* قُفّاز الثَّعلب : نبات عُشبيّ .

foxglove

fox grape *(n.)* عِنَبُ الثَّعلب (نب) .

fox·hole [-′hōl] *(n.)* حُفرة المُناوِش : حفرة يتَّقي بها الجنديّ نارَ العدوّ .

fox·hound [-′hound] *(n.)* صائدُ الثَّعالب : كلب ضخم سريع العَدْو يُصْطَنَعُ في صَيْد الثَّعالب .

foxhound

fox·i·ness [fŏk′sĭ nəs] *(n.)* مَكْر ؛ مُراوَغة .

foxtail lily *(n.)* = eremurus.

fox terrier *(n.)* تَرْيَر الثعالب : كلب صغير من كلاب الصيد .

fox–trot [fŏks′trŏt] *(n.; vi.)* (١) خُطوةُ الثَّعلَب : «أ» ضرب بطيء من عَدْو الفرس . «ب» الفوكستروت : رقصة زنجيَّة الأصل § (٢) يرقص الفوكستروت .

foxy [fŏk′sĭ] *(adj.)* (١) ثَعْلبانيّ : شبيهٌ بالثعلب (٢) «أ» ماكر ؛ مُراوِغ . «ب» بارع (٣) ثَعْلَبِيّ اللون (٤) أبقع (را . foxed) .

foy·er [foi′ər; *F.* fwȧ yā′] *(n.)* رَدْهة ؛ بَهْو .

Fra [frä] *(n.)* الأخ : لقبٌ لراهب إيطاليّ بخاصة .

fra·cas [frā′kəs; frăk′ä] *(n.)* مشاجرة ؛ شِجار .

frac·tion [frăk′-] *(n.)* (١) الكَسْر (ر) (٢) كِسْرة ؛ جزء .

frac·tion·al [frăk′-] *(adj.)* (١) «أ» كَسْرِيّ . «ب» جُزئيّ (٢) ضئيل ؛ تافه (٣) تَجزيئيّ ؛ تفاضُليّ <~ distillation> .

fractional currency *(n.)* النَّقد الكَسْريّ : قطعة نقدية قيمتُها أقلّ من الوحدة النقدية الأساسية .

fractional distillation *(n.)* التَّقطير التجزيئيّ أو التَّفاضُلي (ك) .

frac·tion·al·ize [frăk′-] *(vt.)* يُجَزِّئ : يقسِّم إلى أجزاء .

frac·tion·ate [-′shə nāt′] *(vt.)* (١) يُجَزِّئ (٢) يقطِّر تفاضليًّا (ك) .

frac·tious [-′shəs] *(adj.)* (١) عنيد ؛ شَموس (٢) نَكِد ؛ شكِس .

frac·ture [frăk′chər] *(n.; vt.; i.)* (١) «أ» كَسْر أو انكسار [العظم خاصةً] . «ب» تمزُّق [النَّسيج الليِّن كنسيج الكُلْية] (٢) نتيجة الكَسْر أو التمزُّق : كَسْرٌ ؛ مَزْقٌ (٣) شَدْخ ؛ شَقّ [في سطح معدِن] § (٤) يَكْسِر (٥) يُمزِّق (٦) يُفْسِد ؛ يُعطِّل (٧) يخالف ؛ يَنْتَهِك x (٨) ينكسِر ؛ يتمزَّق إلخ .

frag·ile [frăj′əl] *(adj.)* (١) قَصِمٌ ؛ قَصِفٌ ؛ هَشّ ؛ سَهْل المَكْسَر (٢) ضعيف ؛ واهن (٣) قصير ؛ سريع الزَّوال <~ moments> .

frag·ment [*n.* frăg′mənt; *v.* frăg′ mənt′] *(n.; vt.; i.)* (١) شظيّة ؛ كِسْرة ؛ جزء § (٢) يُشظِّي x (٣) يَتَشَظَّى .

frag·men·tal [frăg mĕn′təl] *(adj.)* = fragmentary.

frag·men·tar·y [frăg′mən tĕr′ĭ] *(adj.)* شَظَوِيّ ؛ كِسَرِيّ : مؤلَّف من شظايا أو كِسَر .

frag·men·ta·tion *(n.)* (١) تَشْظِيَة (٢) تَشَظٍّ (٣) انهيار .

frag·men·tize; frag·men·tate *(vt.; i.)* (١) يُشَظِّي ؛ يُفتِّت ؛ يُجزِّئ x (٢) يَتَشَظَّى ؛ يتفتَّت ؛ يتجزَّأ .

fra·grance [frā′grəns] *(n.)* شَذا ؛ أَرَج ؛ عَبير .

fra·grant [frā′grənt] *(adj.)* أرِج ؛ عَطِر ؛ ذو عبير .

frail[1] [frāl] *(adj.)* (١) سَهْل الانقياد [نحو الإثم] (٢) قَصِم ؛ قَصِف ؛ هشّ (٣) سريع الذُّبول (٤) واهِن ؛ ضعيف (٥) ضئيل ؛ هزيل <a ~ hope> .

frail[2] *(n.)* سَلَّة ؛ زَنبيل .

frail·ty [-′tĭ] *(n.)* (١) سهولة الانقياد [نحو الإثم] (٢) قَصامَة ؛ قَصافَة ؛ هَشاشَة (٣) ضَعْف (٤) ضَآلة (٥) زَلّة . وبخاصة : زلّة خُلقيّة .

fraise [frāz] *(n.)* الحَسِيكة : أوتاد مستدقة الأطراف تُغْرَز في المتاريس على نحو أفقيّ أو مائل .

fram·be·sia [frăm bē′zhə] *(n.)* = yaws.

frame [frām] *(vt.; n.; adj.)* (١) «أ» يضع ؛ يستنبط . «ب» يصوغ ؛ يُفرِغ في قالب . «ج» يشكِّل ؛ يصنع ؛ ينشئ . «د» يبتدع ؛ يبتكر . «هـ» يضع مسوَّدة [قانون أو دستور] . «و» يتخيَّل ؛ يتصوَّر (٢) يكيِّف ؛ يعدِّل ؛ ينظِّم (٣) يركِّب [أجزاء هيكل ما] (٤) يؤطِّر : يحيط بإطار (٥) «أ» يلفق [تهمةً ضد فلان] . «ب» يزيِّف : يرتِّب مقدَّمًا [مسابقةً ما] بحيث تجيء نتائجها وفق رغباته <The wrestling matches were ~d.> § (٦) «أ» جسد . «ب» هيكل . «ج» قفص ؛ حاضن ؛ مِنْصَب ؛ قاعدة . «د» ماكينة محاطة بقفص أو قائمةٌ على مِنْصَب أو قاعدة <a spinning ~> (٧) مزاج ؛ حالة نفسية <an unhappy ~ of mind> (٨) إطار (٩) المادة أو المساحة المطوَّقة بإطار ، مثل : «أ» الإطار : نبذة صحفية منشورة ضمن إطار . «ب» الصورة : صورة من صُوَر فيلم سينمائي . «ج» اللوحة : صورة كاملة مُرسلة تلفزيونيًا . «د» الإطار : حادثة أو أحداث تشكّل خلفيّة «العمل» (را . action) في رواية أو مسرحية § (١٠) خشبيّ الهيكل <~ houses> .

frame–up [-′ŭp′] *(n.)* مَكيْدة . وبخاصة : لاتِّهام شخص بريء .

frame·work [-′wûrk′] *(n.)* (١) هيكل <~ of a ship> (٢) بِنية ؛ نظام (٣) نطاق ؛ إطار (٤) أغصانُ الشجرةِ الكبيرةُ .

fram·ing [frā′mĭng] *(n.)* = frame; framework.

franc [frăngk] *(n.)* الفَرَنْك : عملة فرنسا إلخ [قبل اليورو] .

fran·chise [frăn′chīz′] *(n.)* (١) إعفاء [من عبء أو تكليف معيّن] (٢) امتياز [تمنحه الحكومة لشخص أو شركة] (٣) حقّ دستوريّ . وبخاصة : حق الانتخاب (٤) التَّرخيص : إجازة تمنحها الشركة لتسويق منتجاتها إلخ .

fran·chi·see [frăn′chī zē′] *(n.)* صاحب الامتياز أو الترخيص .

Fran·cis·can [frăn sĭs′kən] *(n.; adj.)* (١) الفرنسيسكانيّ : أحد أفراد الرَّهبنة الفرنسيسكانية § (٢) فرنسيسكانيّ .

fran·ci·um [frăn′sē əm] *(n.)* الفَرَنْسيوم ؛ الفَرانسيوم (ك) .

franco- بادئة معناها : فرنسيّ <*Franco*phobe> .

fran·co·lin [frăng′kə lĭn] *(n.)* الدُّرّاج : طائر شبيهٌ بالحَجَل .

francolin

Fran·co·phile [-fīl′] *also* **Fran·co·phil** [-fĭl′] *(adj.; n.)* (١) مُحِبٌّ لفرنسا والثقافة الفرنسية § (٢) شخص مُحبّ لفرنسا إلخ .

Fran·co·phobe [-fōb′] *(adj.; n.)* مُبغضٌ للفرنسيين .

fran·co·phone [-fōn′] *(adj.; n.)* ناطقٌ بالفرنسية .

franc–ti·reur [frän tē rœr′] *(n.)* قنّاص أو مقاتل مَدَنيّ .

fran·gi·ble [frăn′ jə bəl] *(adj.)* قَصِمٌ ؛ قصِفٌ ؛ هَشّ ؛ سَهلُ المَكْسَر .

frank[1] [frăngk] *(adj.)* (١) صريح (٢) واضح ؛ غير خافٍ (٣) واضحٌ سَريريًّا <~ anemia> .

frank[2] *(vt.; n.)* (١) يَدْمُغ : «أ» يدمغ رسالةً بتوقيع [أو علامة رسمية] يُشير إلى حقّ المُرسِل في الإفادة من خدمات البريد مجانًا . «ب» يُرسِل بالبريد مجّانًا . «ج» يُلصِق طابعًا [أو علامة] يُفيد أن أجر البريد مدفوع (٢) يُجيز له المرورَ [بحُرّيّة أو سُهولة] (٣) يُعفي من § (٤) الدّمغة : توقيع [أو علامة] على الرسالة إلخ يقوم مقام طابع البريد (٥) المدموغة : رسالة إلخ موقّعة أو معلّمة على هذا النحو (٦) حقّ الإرسال المجاني بالبريد .

Frank [frăngk] *(n.)* (١) الفَرَنكيّ : واحد الفَرَنكيين [وهي قبائل جرمانية احتلّت فرنسا بعد القرن السادس ب . م] (٢) الفَرَنجيّ : واحد الفرنجة ، أي من أبناء أوروبا الغربية [عند الإغريق والعرب] .

Fran·ken·stein [frăng′kən stīn′] *(n.)* فرانكِنْشتاين : «أ» بطل رواية يُلِمّ به الخراب على يد مارد خَلَقَهُ هو بنفسه . «ب» عملٌ أو وسيلة يسبّبان هلاكَ مبدعهما . «ج» ماردٌ في صورة إنسان .

frank·furt·er [frăngk′fər tər] *or* **frank·fort·er** *or* **frank·furt** *or* **frank·fort** *(n.)* سُجُق [أو مقانق] فرانكفورت .

frank·in·cense [frăng′kĭn sĕns′] *(n.)* لُبان ؛ بَخُور .

Frank·ish [frăngk′ĭsh] *(adj.; n.)* (١) فَرَنكيّ ؛ فرنجيّ : منسوب إلى الفرنكيين أو الفرنجة (را . Frank) § (٢) الفَرَنكية : لغة الفرنكيين .

frank·lin [frăngk′lĭn] *(n.)* الفرانكلين : مالك أرض إنكليزيّ ، في العصر الوسيط ، غيرُ نبيل المحتِد .

frank·lin·ite [frăngk′lĭ nīt] *(n.)* الفرانكلينيت (مع) .

Franklin stove *(n.)* مَوقِد فرانكلِن .

Franklin stove

frank·ly [-′lĭ] *(adv.)* (١) بصراحة (٢) حقًّا ؛ في الواقع ؛ بلا ريب .

fran·tic [frăn′tĭk] *(adj.)* مَسْعور ؛ شديد الاهتياج .

frap [frăp] *(vt.)* (١) يُوَثِّق ؛ يُحْكِم الربط (٢) يضرب (ع) .

frap·pé [fră pā′] *(adj.; n.)* (١) مَثلوج § (٢) شراب أو مزيج مَثلوج .

fra·ter·nal [frə tûr′nəl] *(adj.)* (١) أَخَويّ (٢) وُدّيّ .

fra·ter·ni·ty [-′nĭ tĭ] *(n.)* (١) الأخَويّة : جماعة منظَّمة لغرض مشترك (٢) جمعية (٣) إخاء ؛ أخوّة .

frat·er·nize [frăt′ər nīz′] *(vi.)* (١) يتآخَى أو يتصادق مع (٢) يُخالِط : يختلط اختلاطًا وديًّا [مع جماعة معادية وبخاصة إذا كان في ذلك مخالفة للأوامر العسكرية] (٣) يتحلّى بروح ودية .

frat·ri·cide [-′trĭ sīd′] *(n.)* (١) قاتلُ أخيه أو أخته (٢) قتلُ الأخ أو الأخت .

Frau [frou] *(n.)* pl. **-en** (١) سيِّدة (٢) زوجة .

fraud [frôd] *(n.)* (١) «أ» خِداع ؛ احتيال . «ب» حيلة (٢) «أ» الدَّجّال . «ب» المُخادع ؛ المحتال .

fraud·u·lence [frô′jə ləns] *(n.)* خداع ؛ احتيال .

fraud·u·len·cy [frô′jə-] *(n.)* = fraudulence.

fraud·u·lent [frô′jə-] *(adj.)* (١) مُخادِع ؛ محتال (٢) احتياليّ .

fraught [frôt] *(adj.)* مملوء ؛ مشحون ؛ مُفْعَم ؛ محفوفٌ بـِ .

fräu·lein [froi′līn] *(n.)* (١) آنسة (٢) مُرَبّية خصوصيّة .

frax·i·nel·la [frăk′sə nĕl′ə] *(n.)* الدُّرَيدار : عشب مُزْهِر .

fray[1] [frā] *(n.)* (١) مشاجرة (٢) نزاع (٣) مناظرة .

fray[2] *(vt.; i.)* (١) «أ» يُبلي بالحكّ [حاشيةَ ثوب إلخ] . «ب» يَنْسُل الخيوطَ [من حاشية ثوب] (٢) يُنْهِك ؛ يُثير x (٣) يَبْلَى ؛ يَتَهَرّأ .

fraz·zle [frăz′əl] *(vt.; i.; n.)* (١) «أ» يُبلي بالحكّ [حاشيةَ ثوبٍ إلخ] . «ب» يُنْسِل الخيوطَ [من حاشية ثوب] (٢) يُنهِك ؛ يُثير x (٣) يَبْلَى ؛ يَتَهَرّأ § (٤) بِلًى ، تَهَرُّؤ (٥) «أ» حاشية ثوب مُتَهرِّئة . «ب» إرهاق عصبيّ .

freak[1] [frēk] *(n.)* (١) نَزْوة ؛ هوًى (٢) «أ» الفَلْتة : شيء استثنائي أو غير سويّ إلى أبعد الحدود . «ب» العجيبة : شخص أو حيوان عجيب الخلقة يُعْرَض على الأنظار في سِيرْك (٣) مُدْمِن المخدِّرات .

freak[2] *(adj.)* استثنائي ؛ عجيب ؛ غريب .

freak[3] *(vi.; t.)* (١) يُهَلْوِس [نتيجةً لتعاطي المخدِّرات] x (٢) يجعلُهُ يُهَلْوِس [نتيجةً للتَّخدير] (٣) يَصْعَق ؛ يُذْهِل .

freak[4] *(vt.; n.)* (١) يُقلِّم ؛ يُخطِّط § (٢) قَلَم ؛ خط .

freaked [frēkt] *(adj.)* مُقَلَّم ؛ مُخطَّط .

freak·ish [frē′kĭsh] *(adj.)* (١) ذو نزوات (٢) غريب ؛ عجيب .

freak·y [frē′kĭ] *(adj.)* = freakish.

freck·le [frĕk′əl] *(n.; vt.; i.)* (١) نَمْشة ؛ كُلْفة § (٢) يُنمِّش ؛ يُبَقِّع x (٣) يَتَنَمَّش ؛ يَتَبَقَّع .

free[1] [frē] *(adj.)* (١) حرّ : «أ» متمتّع بحقوق المواطن الشرعية والسياسية . «ب» مستقلّ ؛ متمتّع بالاستقلال السياسي . «ج» معتمد على نفسه ؛ متمتّع بالحرية الشخصيّة (٢) «أ» حرّ الإرادة . «ب» إراديّ ؛ اختياريّ <~ actions> . «ج» تلقائي <~ consent> (٣) «أ» متحرِّر من . «ب» مُطلَق السَّراح (٤) حُرّ : «أ» غير خاضع لقيود تجارية <~ port> . «ب» غير خاضع لرقابة حكومية <~ economy> (٥) «أ» غير مشغول بعمل ما . «ب» مُعْفًى من

§ (٢) ترميحيّ § (٣) ترميحيًا <.~ She works> .

free liver *(n.)* المُسْتَهْتِر: المسرف في إشباع شهواته.

free–liv·ing *(adj.)* مُسْتَهْتِر: مُسْرِف في إشباع الشَّهوات.

free·load [frē'lōd'] *(vi.)* يتطفّل: يعيش عالةً على غيره.

free love *(n.)* الحبّ الطَّليق: الاتصال الجنسيّ أو العيش عيشَ الأزواج من غير عَقْد شرعيّ.

free lunch *(n.)* شيء مَجّانيّ <.~ In politics there is no> .

free·man [frē'măn] *(n.)* الرجل الحرّ: «أ» شخص مُتمتّع بالحرّية المَدَنيّة أو السّياسيّة. «ب» شخص مُتمتّع بحقوق المُواطن كلّها.

free market *(n.)* السُّوق الحرَّة.

Free·ma·son [frē'mā'sən] *(n.)* البنّاء الحرّ؛ الماسونيّ.

free·ma·son·ry *(n.)* (١) *cap.*: الماسونية (٢) تعاطُف؛ مشارَكة وجدانية.

free·ness [frē'nəs] *(n.)* = freedom.

free on board *(adv.; adj.)* مُسَلَّمًا أو مُسَلَّم على ظهر السفينة (تج).

free port *(n.)* الميناء الحرّ: مرفأ لا تُتقاضى فيه رسوم جمركية.

fre·er [frē'ər] *(n.)* المُحَرِّر؛ المُعْتِق [للأرِقّاء].

free·si·a [frē'zhĭ ə; -zhə] *(n.)* الفِريزيّة: نبات مُزْهِر.

free soil *(n.)* الأرض الحرة: منطقة محرَّم فيها الاسترقاق.

free–soil *(adj.)* حُرّ: لا استرقاق فيه <~ states> .

free–spo·ken *(adj.)* صريح؛ مُصارِح: مُفْضٍ بآرائه بحُرِّية.

fre·est [frē'əst] *(adj.)* الأكثرُ حُرِّيَّةً.

free·stone [frē'stōn'] *(n.)* (١) الحجر السَّلْس: حجرٌ يمكن تشذيبُهُ بسهولة (٢) ثمرة مُتحرِّرة النَّواة.

free–swing·ing *(adj.)* جَسور؛ جَريء؛ مِقدام.

free·think·er [frē'thĭng'kər] *(n.)* حُرُّ الفكر. وبخاصة: المُلْحِد.

free trade *(n.)* حُرِّية التجارة.

free university *(n.)* الجامعة الحرّة.

free verse *(n.)* الشِّعر الحُرّ.

free·ware [frē' wâr'] *(n.)* المناهج المجّانيّة: المناهج [أو البرامج] software التي يمكن استخدامها بدون مقابل (ألك).

free·way [frē'wā'] *(n.)* الطَّريق الحُرّة؛ الطَّريق اللاّحِب.

free·wheel [frē'hwēl'] *(n.; vi.)* (١) العَجلة المُطْلَقة (مك) (٢) ينطلق: يحيا أو يندفع بِحُرِّية أو لامُبالاة.

free·will [frē'wĭl'] *(adj.)* طَوْعيّ؛ اختياريّ؛ إراديّ.

free will *(n.)* (١) الإرادة الحرة (٢) حرّية الإرادة (فف).

free world *(n.)* العالَم الحرّ.

freeze [frēz] *(vi.; t.; n.)* (١) يتجمّد؛ يتجلّد؛ يصبح جليدًا (٢) «أ» يستشعر بردًا شديدًا. «ب» يُبارِد: يسلك مع الآخرين سلوكًا رسميًا باردًا (٣) ينسَدّ بالجليد (٤) يَجْمُد؛ ينقطع عن الحركة؛ وبخاصة: يصبح غير قادر على العمل أو الكلام x (٥) «أ» يجمِّد. «ب» يجلِّد (٦) «أ» يبرِّد تبريدًا شديدًا. «ب» يُبارِد:

الضريبة (٦) مُطلَق؛ غير مقيّد (٧) سالك <a ~ highway> (٨) طليق <to ~ get one's arm> (٩) «أ» سخيّ <~ spending>. «ب» صريح. «ج» غير متحفّظ. «د» خليع؛ فاسق (١٠) مجاني <a ~ gift> (١١) رشيق <a ~ step> (١٢) «أ» حرّ؛ طليق: غير متّصل أو متماسّ مع شيء آخر <a ~ surface>. «ب» غير مُتَّحد كيميائيًا <~ oxygen>. «ج» غير حَرْفيّ أو دقيق؛ بتصرف <~ translation> (١٣) حرّ: غير مقيّد بالأشكال التقليدية <~ verse> (١٤) ملائم؛ مؤاتٍ <~ wind> (١٥) حرّ: غير مُبيح للاسترقاق <a ~ state> (١٦) خِلْوٌ من <a night ~ from terrors> .

~ and easy متميّز برَفْع الكُلْفة [مع الآخرين].

to set ~, يحرِّر؛ يُعْتِق؛ يُطلقُ سراحَهُ.

free² *(vt.)* (١) يُحَرِّر؛ يُطلِق (٢) يُعفي من (٣) يَحُلّ؛ يَفُكّ.

free³ *(adv.)* (١) بحرّيّة (٢) مجانًا <admitted ~> .

free alongside ship *or* **vessel** *(adj.; adv.)* مُسَلَّمٌ أو مُسَلَّمًا في رصيف ميناء التصدير (تج).

free association *(n.)* التّداعي الحُرّ: تداعِي المعاني الحرّ (نف).

free·board [frē'bōrd] *(n.)* (١) الجزء الطافي من السفينة (٢) المسافة ما بين سطح الأرض ومَحْمِل undercarriage السيّارة.

free·boot [-'bōōt'] *(vi.)* (١) يَقْطع الطريق (٢) يَتَقَرْصَن.

free·boot·er [-'bōō'tər] *(n.)* (١) قاطع الطريق (٢) القُرصان.

free·born [-'bōrn'] *(adj.)* حُرّ المَوْلد: مولودٌ حرًا.

freed·man [frēd'măn] *(n.)* العَتيق: العبد المُعْتَق أو المُحَرَّر.

free·dom [frē'dəm] *(n.)* (١) «أ» حرية. «ب» استقلال. «ج» تحرّر من. «د» سهولة؛ طلاقة <able to speak French with ~>. «هـ» صراحة. «و» رفع الكلفة [مع الآخرين]. «ز» حق الاستخدام غير المقيّد <gave his friend the ~ of the house> (٢) «أ» حق سياسي. «ب» حق.

free electron *(n.)* الألكترون الحُرّ (فز).

free enterprise *(n.)* الاقتصاد الحرّ.

free–float·ing *(adj.)* مُتَرَدِّد: غيرُ مُتَّخذٍ مَوْقفًا.

free–for–all [frē'fər ôl'] *(n.; adj.)* (١) مناقشة أو مسابقة عامة § (٢) عامٌّ أو مفتوح في وجه الجميع <a ~ discussion> .

free·hand [frē'-] *(adj.; adv.)* (١) يَدَويّ <~ maps> § (٢) يَدَويًّا.

free hand *(n.)* حُرِّية التَّصرُّف.

free·hand·ed [-'hăn'dĭd] *(adj.)* سَخِيّ؛ كريم؛ جواد.

free·heart·ed [-'här'tĭd] *(adj.)* (١) صريح؛ غير مُتحفِّظ (٢) سَخِيّ.

free·hold [frē'hōld'] *(n.)* (١) التَّمَلُّك الحُرّ: امتلاكٌ مُطلَق لأرض أو عقار (٢) المِلْك الحُرّ: أرضٌ أو عقاراتٌ مُمْتَلَكَةٌ امتلاكًا مُطلَقًا.

free kick *(n.)* الرَّمية الحرّة (رب).

free–lance¹ *(adj.)* رمّاح؛ طليق؛ مُستقلّ <a ~ writer> .

free–lance² *(vi.; t.; adj.; adv.)* (١) يُرَمِّح: «أ» يعمل بوصفه رمّاحًا أو «رمحًا طليقًا»: يستقلّ <spent 5 years on the *Times*, until 1950, when he left to ~>. «ب» يعرض أو يكتب للنشر على طريقة المحرِّرين غير الرسميين <She *free–lanced* pieces for British publications.>

يعامل شخصًا ببرودة أو جفاء (٧) «أ» يُفسِد [شيئًا] بالصَّقيع. «ب» يخدِّر بالبرد (٨) يُجمِّد [الفائدة المَصْرِفيّة] § (٩) صقيع (١٠) تجميد (١١) تَجمُّد.

freeze–dry [frēz′drī′] *(vt.)* يُجَفِّد: يُجفف [الأغذية إلخ] بالتجميد.

freez·er [frē′zər] *(n.)* (١) المُجمِّد؛ المجلِّد (٢) الثَّلاجة.

freezing point *(n.)* نُقطة التجمُّد (كف).

free zone *(n.)* المنطقة الحُرَّة.

freight [frāt] *(n.; vt.)* (١) رَسْم أو أُجرة الشَّحْن (٢) «أ» شحنة؛ حمولة. «ب» حِمْل؛ عِبْء (٣) «أ» شَحْنُ [البضائع]. «ب» قطار مخصَّص لشحن البضائع § (٤) يحمِّل بالبضائع المُعَدّة للشَّحن (٥) يُثقِل (٦) يُثْري؛ يُغني (٧) يَشْحن.

freight·age [frā′tĭj] *(n.)* = freight.

freight car *(n.)* الشّاحنة: عربة من عربات قطار الشحن.

freight·er [frā′-] *(n.)* (١) الشّاحن (٢) الشّاحنة [سفينة كانت أو طائرة].

frem·i·tus [frĕm′ĭ-] *(n.)* الرَّفيف: خفقان الصدر أثناء الكلام.

french [frĕnch] *(vt.)* يُقطِّع طُوليًّا [قبل الطَّهْو].

French [frĕnch] *(adj.; n.)* (١) فَرَنْسيّ § (٢) اللغة الفرنسيّة (٣) الشعب الفرنسي.

— **French·man; French·wom·an** *(n.)*

French Canadian *(n.)* الكنديّ الفرنسيّ: كنديّ فرنسيّ الأصل.

French chalk *(n.)* الطبشور الفرنسيّ: مسحوق يُستخدم لرسم الخطوط على القُماش وإزالة البُقَع الدُّهنيّة.

French dressing *(n.)* المَرَق الفرنسي: مَرَق للسَّلَطة مؤلف من زيت وخلّ وملح وتوابل وخردل إلخ.

French fry[1] *(n.)* شريحة بَطاطس مَقليّة بالدُّهن.

French fry[2] *(vt.)* يقلي شرائحَ البطاطس بالدُّهن.

French heel *(n.)* العَقِب الفرنسيّ: عَقِبٌ عالٍ، معقوفٌ عادةً، لحذاءٍ نِسوي.

French horn

French horn *(n.)* البوق الفرنسي (مو).

French·i·fi·ca·tion *(n.)* (١) فَرْنَسَة (٢) تَفَرْنُس.

French·i·fy [frĕn′chə fī] *(vt.)* يُفرنِس: يجعله فرنسيًّا.

French kiss *(n.)* القُبْلة الفرنسية: قبلة يُقحَم فيها لسانُ أحد المقبِّلَيْن في فم الآخر.

French leave *(n.)* مُضِيٌّ من غير استئذان؛ انصراف سِرّي أو عاجل.

French letter *(n.) chiefly Brit.* = condom.

French telephone *(n.)* = handset.

fre·net·ic [frə nĕt′ĭk] *(adj.)* مَسعور؛ شديد الاهتياج.

fre·num [frē′nəm] *(n.)* pl. **-s** *or* **-na** اللُّجَيْم (ت).

fren·zied [frĕn′zĭd] *(adj.)* مسعور؛ شديد الاهتياج.

fren·zy [frĕn′zĭ] *(n.; vt.)* (١) جنون مُؤقَّت؛ سُعْر شديد (٢) نَوْبة <a ~ of grief, despair, *or* joy> § (٣) يُسعِر؛ يُخَبِّل.

fre·quence [frē′kwəns] *(n.)* = frequency.

fre·quen·cy [-′kwən sĭ] *(n.)* (١) تكرُّر (٢) التواتر (ر) (٣) التَّردُّد (فز).

frequency distribution *(n.)* توزيع التِّكرار أو التَّواتُر (ر).

frequency modulation *(n.)* تضمين التَّردُّد («ألك» و«رد»).

fre·quent [*adj.* frē′kwənt; *v.* frĭ kwĕnt′, frē′kwənt] *(adj.; vt.)* (١) مألوف <a ~ practice> (٢) متعاقب: «أ» متكرر الحدوث [في فتراتٍ قصيرة] <~ trips>. «ب» متكرر الوجود [على مسافات صغيرة] <a coast with ~ lighthouses> (٣) دائم؛ معتاد <a ~ guest> § (٤) «أ» يألَف [مكانًا]. «ب» يتردد أو يختلف إلى مكانٍ ما.

fre·quen·ta·tion *(n.)* التَّردُّدُ [أو الاختلافُ] إلى مكانٍ.

fre·quen·ta·tive [-′tə tĭv] *(adj.; n.)* (١) تكرُّريّ: دالّ على تكرّر حدوث العمل <Waggle is a ~ verb from wag.> § (٢) فعل تكرّري (ل).

fre·quent·ly *(adv.)* كثيرًا؛ تكرارًا؛ في فتراتٍ قصيرة.

fres·co [frĕs′kō] *(n.; vt.)* (١) الرسم الجِصّيّ [على الجدران والسُّقوف] § (٢) يرسم بطريقة الرّسم الجدرانيّ.

fresh [frĕsh] *(adj.; adv.; n.)* (١) «أ» عَذْب؛ غير مالح <~ water>. «ب» نقيّ؛ طَلْق؛ بَليل؛ منعش <~ air>. «ج» قويّ <~ wind> (٢) «أ» طازج <~ fish>. «ب» مُفْعَم بالنشاط؛ مستعيدٌ نشاطَهُ <Next morning he was ~ and gay.>. «ج» ناضر <a ~ complexion>. «د» طريّ؛ حيّ <His memory is still ~ in the hearts of his people.>. «هـ» أنيق <kept his clothes ~> (٣) «أ» جديد <a ~ start; ~ news>. «ب» قادم حديثًا؛ غِرّ؛ قليل الخبرة <men ~ from the country>. «ج» منتجةٌ عِجلًا منذ فترة قريبة <a ~ cow> (٤) وقح؛ جِلف؛ مشاكس <~ with the nurses> (٥) ثمِل؛ سكران (ع) § (٦) حديثًا؛ مُنْذُ لحظات <The sheepskin was ~ dried.> § (٧) سَيْل؛ فَيْض (٨) العَذْب: جدول عَذْب يَصُبّ في البحر.

— **fresh·ness** *(n.)*

fresh·en [-′ən] *(vi.; t.)* (١) «أ» تَقوَى [الريحُ]؛ تَشْتدّ. «ب» يَنْضُر؛ يُصْبح ناضرًا إلخ. «ج» يَعْذُب [الماءُ] (٢) تُنتِج؛ تلد [البقرةُ] عجلًا x (٣) يزيل الملوحة من الماء (٤) يقوّي؛ ينعِش؛ يُنْضِر؛ يجدِّد.

fresh·et [frĕsh′ĭt] *(n.)* فيض؛ سَيْل.

fresh gale *(n.)* الريح الهوجاء.

fresh·man [frĕsh′-] *(n.; adj.)* (١) المبتدئ (٢) الفتى الغَضّ: طالب في السَّنة الأولى من الجامعة § (٣) فَتَويّ جامعيّ <~ courses>.

fresh water *(n.)* الماء العَذْب؛ الماء القَراح.

fresh·water [-wô′tər] *(adj.)* (١) نهريّ <~ fish> (٢) «أ» متعوِّدٌ الملاحة في المياه العذبة فقط <a ~ sailor>. «ب» غير بارع (٣) ريفيّ.

fret[1] [frĕt] *(vt.; i.; n.)* (١) يُغيظ (٢) «أ» يحتّ؛ يبري؛ يتآكل. «ب» يُبْلي أو يقرِّح بالحكّ. «ج» يُنْقِص؛ يضائل. «د» يشقّ أو يصنع بالتآكل أو الحتّ <The stream ~*ted* a channel.> (٣) يضيِّع؛ يبدِّد (٤) يثير؛ يغضِّب؛

ă at; ā date; â care; ä car; ĕ egg; ē me; ĭ in; ī bite; ŏ lot; ō bone; ô orphan; oi boil; o͝o good; o͞o boot; ou out; ŭ under; û urgent; ə = *a* in alone, *e* in system, *i* in easily, *o* in gallop, *u* in circus.

friend·ly [-ʹlĭ] *(adj.; adv.)* (١) «أ» ودود؛ مُحِبّ؛ صديق. «ب» مُشَجِّع؛ مُناصِر: نزّاع إلى التأييد والمساعدة (٢) دافئ: مُوْقِعٌ في النفس شعورًا بالرضا والارتياح (٣) مُؤاتٍ (٤) وُدّي؛ حُبّيّ § (٥) على نحوٍ وُدّيّ أو حُبّيّ.

friend·ship [frĕndʹ-] *(n.)* صَداقة؛ مَوَدّة.

fri·er [frīʹər] *(n.)* = fryer.

frieze[1] [frēz] *(n.)* الفَريز: نسيج صوفيّ غليظ.

frieze[2] *(n.)* إفريز؛ طُنُف (عم).

frieze[2]

frig·ate [frĭgʹĭt] *(n.)* (١) الحَرّاقة: سفينة حربية شراعية (٢) الفِرغاطة: بارجة بين الطرّاد والمُدمِّرة.

frigate *1.*

frigate bird *(n.)* الفِرقاط: طائر بحريّ.

fright [frīt] *(n.; vt.)* (١) رُعْب (٢) شيء مخيف أو غريب أو بشع <Salim's beard was a ~.> § (٣) يُرْعِب.

fright·en [frīʹtən] *(vt.; i.)* (١) يُرْعِب؛ يُرَوِّع (٢) ينتزع [أو يُكرِه على أمر] بالترهيب x (٣) يَرْتَعِب؛ يُرَوَّع.

fright·ened [-ʹənd] *(adj.)* مروَّع؛ خائف؛ مذعور.

fright·ful [-ʹfəl] *(adj.)* (١) مُرعِب (٢) بغيض؛ كريه (٣) مفرط.

frig·id [frĭjʹĭd] *(adj.)* (١) «أ» قارس <~ weather>. «ب» جافٍ؛ بارد العاطفة؛ لامبالٍ؛ مُعادٍ (٢) تَفِهٌ؛ عديم الطَّعْم (٣) باردة جنسيًّا <a ~ woman>.

Frig·i·daire [frĭjʹĭ dârʹ] *(n.)* الثَّلّاجة: برّاد كهربائيّ.

fri·gid·i·ty [frĭ jĭdʹĭ tĭ] *(n.)* (١) برودة (٢) البرودة الجنسيّة.

frigid zone *(n.)* المنطقة القطبيّة المُنْجمِدة.

frig·o·rif·ic [frĭgʹə rĭfʹĭk] *(adj.)* مُبرِّد: مُحْدِثٌ بَرْدًا.

fri·jol [frēʹhōl] *(n.)* الفاصوليا (را . kidney bean).

frill [frĭl] *(vt.; n.)* (١) يُزوِّد أو يُزركِش بِهُدْب أو كَشْكَش § (٢) الهُدْب؛ كَشْكَشُ الثوب (٣) الطَّوق: «أ» ريش أو شَعْر طويل حول عنق طائر أو حَيَوان. «ب» تكلُّف؛ كبرياء مصطنعة. «ج» التَّرَف: شيء زخرفي ولكنه غير أساسيّ.

fringe [frĭnj] *(n.; vt.)* (١) الهُدّاب: شراريب القُماش (٢) شيء كالهُدّاب: حافَة؛ حاشية إلخ (٣) شيء إضافيّ أو ثانوي (٤) الغُلاة: جماعة متطرِّفة § (٥) يُهَدِّب.

fringe area *(n.)* المنطقة الهُدّابيّة: منطقة يكون فيها استقبالُ البرامج التي تُبَثّ من محطة إرسال معيَّنة ضعيفًا أو مُشَوَّهًا.

fringe benefits *(n. pl.)* الفوائد الهُدّابية: ميزات مضافة للأجور.

fring·y [frĭnʹjĭ] *(adj.)* (١) هُدّابيّ (٢) مُهَدَّب: مُزيَّن بهُدّاب.

frip·per·y [frĭpʹə rĭ] *(n.)* (١) البهارج: ملابس أو حلًى رخيصة مبهرجة (٢) «أ» تباهٍ أحمق. «ب» أناقة متكلَّفة.

Frise aileron [frēz] *(n.)* جُنَيْح فْرِيز (طي).

fri·seur [frē zœrʹ] *(n.)* الحلّاق؛ المزيِّن.

frisk [frĭsk] *(vi.; t.; n.)* (١) يَطفِر أو يرقص مرحًا x (٢) يفتّش [شخصًا]؛ وبخاصة بأن يجسّ جيوبه بكفّيه بحثًا عن سلاح مخبوء § (٣) «أ» مَرَح. «ب» قَصْف؛ مَرَحٌ صاخب (٤) تفتيش [عن السلاح].

يموّج [سطحَ الماء] x (٥) يتآكل؛ يَبْلى بالحكّ (٦) يغتاظ؛ يَقْلَق (٧) يضطرب؛ يتموّج [الماءُ] § (٨) «أ» تأكُّل. «ب» تآكل. «ج» موضعٌ متأكّل (٩) قَلَق؛ اهتياج.

fret[2] *(vt.; n.)* (١) يُشابك: «أ» يُزَخرف بنقوش متشابكة. «ب» يُطَرِّز بالفضة أو الذّهب. «ج» يُزَيِّن سَقفًا بنقوش نافرةٍ مُتعرِّجة § (٢) المُتَشابكة: نقشٌ شَبَكيّ.

fret(s)[2] *2.*

fret[3] [frĕt] *(n.)* العَتَب: مرتفعٌ عاجيّ إلخ في آلة وترية (مو).

fret·ful [-ʹfəl] *(adj.)* (١) نكِد؛ شكِس (٢) قَلِق (٣) غاضب (٤) عَكِر؛ مضطرب <~ waters> (٥) متقطِّع <~ wind>.

fret·saw [frĕtʹsô] *(n.)* منشار الزخرفة: منشار دقيق الأسنان لزخرفة الخشب.

fretsaw

fret·ty [frĕtʹĭ] *(adj.)* = fretful.

fret·work [frĕtʹwûrkʹ] *(n.)* (١) حِلْية شَبَكيّة (٢) زخرفةٌ بمنشار زخرفة.

Freud·i·an [froiʹdĭ ən] *(adj.)* فْرُوَيْديّ: منسوب إلى سيغموند فرُوَيْد (١٨٥٦–١٩٣٩) أو إلى طريقة التحليل النفسيّ التي ابتدعها <~ slip>.

fri·a·ble [frīʹə-] *(adj.)* فَتُوت: سَهل التفتيت إلى ذَرور.

fri·ar [frīʹər] *(n.)* الأخ؛ الراهب: عضوٌ في أخوية دينية.

fri·ar·ly *(adj.)* (١) راهِبانيّ: شبيهٌ براهب (٢) رُهبانيّ: خاصّ بالرُّهبان.

fri·ar·y [frīʹə rĭ] *(n.)* (١) دَيْر (٢) رَهْبَنة؛ رَهبانية.

frib·ble [frĭbʹəl] *(vi.; t.; n.; adj.)* (١) يَعْبث؛ يَسْتَهْتِر x (٢) يُبَدِّد [الوقتَ أو المال] § (٣) شخص أو فكرة أو شيء عابث § (٤) عابث.

fric·as·see [frĭkʹə sēʹ] *(n.; vt.)* (١) الفَرْكاس: لحم يُفرَم ثم يُقلَى أو يُطهَى بالغلي § (٢) يُفَركِس: يقلي أو يطهو على هذا النحو.

fric·a·tive [frĭkʹə tĭv] *(adj.; n.)* (١) احتكاكيّ: ملفوظ بدَفْع النَّفَس عَبْرَ فُرْجة ضيِّقة § (٢) حرفٌ احتكاكيّ (ل).

fric·tion [frĭkʹshən] *(n.)* (١) حكّ. وبخاصة: فَرْك الجلد أو البشرة (٢) احتكاك (٣) خلاف.

fric·tion·al *(adj.)* (١) احتكاكيّ (٢) مُوَلَّد أو مُشَغَّل بالاحتكاك.

friction clutch *(n.)* القابض الاحتكاكيّ (مك).

friction drive *(n.)* الإدارة الاحتكاكيّة (مك).

friction match *(n.)* الثِّقاب الاحتكاكي.

friction tape *(n.)* العازِل: شريطٌ قماشيّ دَبِق عازل (كب).

Fri·day [frīʹdĭ; frīʹdā] *(n.)* الجُمْعَة؛ يوم الجُمُعَة.

fridge *also* **frig** [frĭj] *(n.)* = refrigerator.

fried[1] [frīd] *(adj.)* مَقْليّ: مَقْليّ بالزيت أو بالدُّهن.

fried[2] *past and past part. of* fry.

friend [frĕnd] *(n.; vt.)* (١) صديق (٢) نَصير (٣) *cap.*: الصّاحبيّ: واحد من جماعة الأصحاب أو المهتزّين Quakers § (٤) «أ» يصادق. «ب» يؤازر.

to make ~s again — يتصالح [بعد خصام].

to make ~s with — يصادق [فلانًا].

friend·less [-ʹləs] *(adj.)* عديم الأصدقاء: لا أصدقاء له.

friend·li·ness [-ʹlĭ nəs] *(n.)* مَودّة؛ صداقة.

frisk·y [frĭs′kĭ] *(adj.)* مَرِح ؛ لعوب .

fris·son [frē sōn′] *(n.)* رِعدة ؛ رَعْشة ؛ قُشَعْريرة .

frit [frĭt] *(n.; vt.)* (١) الفَرِيتَة : الموادّ المتكلّسة أو شبه المنصهرة التي يُصنع منها الزجاج § (٢) يُفرِّت : يَصْهر الفريتة .

frith [frĭth] *(n.)* = firth.

frit·il·lar·y [frĭt′ə lêr′ĭ] *(n.)* الفْريتيلّاريّة : «أ» نبات من الفصيلة الزنبقية ذو زهرات مُرَقَّشة أو ذات ترابيع لَونيّة كترابيع الشطرنج . «ب» ضربٌ من الفَراش ذو أجنحة مرقّشة بنقط سوداء أو فضيّة .

fritillary *b.*

frit·ted [frĭt′ĭd] *(adj.)* مُفَرَّت : ضرب من الزُّجاج ذي المَسامّ .

frit·ter[1] [frĭt′ər] *(n.)* الفَرِطَّر : فطيرة مَقليّة [من فاكهة أو خُضَر إلخ] .

frit·ter[2] *(vt.; i.; n.)* (١) يبدِّد ؛ يضيّع <~*ed* away his time> (٢) يجزّئ ؛ يفتّت x (٣) يتكسّر (٤) يتبدّد أو يتضاءل § (٥) كِسْرة .

fritz [frĭtz] *(n.)* خَلَل ؛ عُطْل ؛ عَطَب .

friv·ol [frĭv′əl] *(vi.; t.)* (١) يَعْبث ؛ يَسْتَهْتِر x (٢) يُبدِّد .

fri·vol·i·ty [frĭ vŏl′-] *(n.)* (١) عَبَثٌ ؛ طَيْش (٢) عمل أو شيء تافه .

friv·o·lous [frĭv′-] *(adj.)* (١) تافه (٢) عابث ؛ طائش ؛ لعوب .

frizz [frĭz] *(vt.; i.; n.)* (١) يُجعّد [الشعرَ] x (٢) يتجعّد § (٣) جَعْدة [من الشعر] (٤) شعرٌ جَعْد .

friz·zle[1] [frĭz′əl] *(vt.; i.; n.)* = frizz *1-3.*

friz·zle[2] [frĭz′əl] *(vt.; i.)* (١) يقلي . وبخاصة : يقلي شيئًا حتى يُصبحَ هَشًّا مُتجعّدًا (٢) يُحرِق ؛ يَسْفَع x (٣) يَئزّ عندَ الطَّهو .

friz·zly *or* **friz·zy** [frĭz′ĭ] *(adj.)* جَعْد ؛ متجعّد <~ hair> .

fro [frō] *(prep.; adv.)* (١) مِنْ § (٢) ارتدادًا ؛ إيابًا .

to and ~, جَيئةً وذهابًا ؛ ذهابًا وإيابًا .

frock[1] [frŏk] *(n.)* (١) رداء الراهب (٢) «أ» عَباءة . «ب» smock frock (٣) الفَرُوكة : «أ» كنزة صوفيّة يرتديها البَحّارة بخاصّة . «ب» ثوب نسائيّ .

frock[2] *(vt.)* (١) يُلْبِسُهُ عَباءةً إلخ (٢) يَجعل منه راهبًا .

frock coat *(n.)* الفْراك : سِترة رِجاليّة ضيّقة طويلة تبلغ الرُّكبتين .

froe [frō] *(n.)* المِفْلَعَة : أداة فَلْعٍ أو شَقّ .

frog [frŏg; frôg] *(n.; vi.)* (١) ضِفْدِع ؛ ضِفْدِعة (٢) النَّسْر : طبقة قَرْنيّة مَرِنة مُثلَّثيّة الشكل في باطن حافر الفرس (٣) الحَمّالة : عُروة في الحزام يُعَلَّق بها سلاحٌ أو أداة (٤) جَديلة زينيّة [في مُقدَّم السّترة مؤلفة من زرّ وعُروة] (٥) رجلٌ فرنسيّ (٦) المِفْرَق ؛ المِقَصّ [في السّكة الحديدية] (٧) بُحّة في الصوت § (٨) يصيد الضفادعَ .

frog *4.*

frog·eye [frŏg′ī′] *(n.)* عَيْنُ الضِّفْدِع : مرضٌ فُطْريّ يُصيب أوراق التبغ .

frog·hop·per [frŏg′hŏp′ər] *(n.)* المُزْبِدة ؛ الباصوق (حش) .

frog·man [-′măn] *(n.)* الرَّجُل الضِّفْدِع ؛ الضِّفْدِع البشري : غاطس مجهّز بما يمكّنه من السباحة تحت الماء مدة طويلة .

frog·spawn [-′spôn] *(n.)* بيضُ الضِّفدِعة ؛ سَرْءُ الضِّفدع .

frol·ic [frŏl′ĭk] *(adj.; vi.; n.)* (١) مَرِحٌ § (٢) يَمْرَح § (٣) مُزاح (٤) «أ» مَرَح . «ب» المَأْنُسَة : حفلة أُنس وسَمَر .

frol·ic·some [-′ĭk səm] *(adj.)* (١) مَرِح (٢) مَزُوح (٣) عابث .

from [frŭm; frŏm] *(prep.)* (١) من (٢) مُنْذُ (٣) عن .

frond [frŏnd] *(n.)* السَّعْفَة : ورقة النخل أو ورقة السَّرْخس .

fron·deur [frŏn′dər] *(n.)* الثّائر ؛ المُتَمَرِّد .

fron·dose [-′dōs′] *(adj.)* (١) حاملٌ سَعَفًا (٢) سَعَفِيّ الشكل .

front [frŭnt] *(n.; vi.; t.; adj.)* (١) «أ» جبين ؛ وأيضًا : الوجه كله . «ب» سيماء ؛ وِقفة ؛ مِشية ؛ مسلك ؛ تصرُّف ؛ وبخاصة في الشدائد . «ج» مَظهر خارجي [متكلّف عادةً] (٢) «أ» طليعة الجيش . «ب» جبهة ؛ خط النار . «ج» موقف من قضية ما : سياسة <~ to change> . «د» حقل نشاط . «هـ» جبهة ؛ تكتّل سياسي (٣) واجهة مبنًى (٤) «أ» مقدَّم الشيء أو صدره . «ب» متنزَّه على شاطئ البحر . «ج» صدر القميص . «د» رباط عنق (٥) صَدارة ؛ مركز تفوّق أو زعامة (٦) الواجهة : «أ» شخص أو شيء يُتّخَذ وسيلة لإخفاء حقيقة شيء ما . «ب» شخص مرموق يُوَلّى الرئاسة الاسمية لمشروع أو جماعة لكي يُكسبهما اعتبارًا أو احترامًا (٧) الجَبْهة (أر) § (٨) يُواجِه <The house ~*s* toward the east.> (٩) يقوم بدور الواجهة (را. رقم ٦) x (١٠) يُجابِه ؛ يُواجِه ؛ يُقابِل (١١) يُقاوِم ؛ يَتَحدّى § (١٢) أماميّ <~ teeth> .

front·age [frŭn′tĭj] *(n.)* (١) «أ» قطعة أرضٍ مواجهة . «ب» الأرض الواقعة ما بين المبنى والشّارع (٢) «أ» مُقَدَّم المبنى أو واجهتُهُ . «ب» موقع المبنى بالنسبة إلى الرياح وأشعة الشمس .

fron·tal[1] [frŭn′təl] *(n.)* (١) سِتارة المذبح (كن) (٢) واجهة مبنًى .

fron·tal[2] *(adj.)* (١) «أ» أماميّ . «ب» مباشِر <~ assault> (٢) جَبْهِيّ : خاصّ بالجبهة أو بالعظم الجَبْهِيّ .

frontal bone *(n.)* العَظْم الجَبْهِيّ (ت) .

frontal lobe *(n.)* الفَصّ الجَبْهِيّ (ت) .

front·court [frŭnt′kōrt′] *(n.)* مقدَّم الملعب (رب) .

fron·tier [frŭn tēr′] *(n.; adj.)* (١) حدّ ؛ تَخْم (٢) المُسْتَحْدَث : آخِر ما انتهى إليه العلم والبحث (٣) الحقل الجديد : مَيْدان مُسْتَحْدَث يُتيح مجالًا واسعًا لنشاط الرُّوّاد والباحثين § (٤) حُدوديّ ؛ تُخوميّ <a ~ town> (٥) رائد ؛ كشّاف <~ research> .

fron·tiers·man [-tērz′-] *(n.)* التُّخوميّ : ساكن الحدود أو التُّخوم .

fron·tis·piece [frŭn′tĭs pēs′] *(n.)* (١) مُقدَّم المبنى أو واجهتُهُ (٢) المُوَجَّهَة : مثلث مزخرف فوق نافذة أو رواق معمَّد (عم) (٣) المواجِهة : صورة مواجهة لصفحة العنوان من كتاب أو مجلة .

front·let [frŭnt′lət] *(n.)* (١) عِصابة للجبهة (٢) جَبْهة الطائر .

front·line [-′līn′] *(adj.)* (١) جَبْهِيّ <~ soldiers> (٢) طَلِيعيّ .

ă at; ā date; â care; ä car; ĕ egg; ē me; ĭ in; ī bite; ŏ lot; ō bone; ô orphan; **oi** boil; **o͝o** good; **o͞o** boot; **ou** out; **ŭ** under; **û** urgent; ə = *a* in alone, *e* in system, *i* in easily, *o* in gallop, *u* in circus.

front man *(n.)* رئيس صُوريّ أو اسميّ.

front matter *(n.)* الصَّدر: المادة التي تتقدَّم النص الرئيسي لكتابٍ ما.

front office *(n.)* المكتب التنفيذيّ [الذي يَرْسُمُ سياسةَ مُنظَّمةٍ ما].

front–page *(adj.; vt.)* (١) مُصدَّر؛ خطير؛ مُثير: عظيم القِيمة الصَّحَفية <~ news> § (٢) يُصَدِّر: يَنْشُر في صدر الجريدة.

front room *(n.)* = living room.

frosh [frŏsh] *(n.)* = freshman.

frost [frôst] *(n.; vt.; i.)* (١) «أ» تجمُّد. «ب» درجة التَّجمُّد. «ج» الصَّقيع؛ الجَمَد (٢) «أ» برودة [في السلوك أو المزاج]. «ب» إخفاق § (٣) «أ» يُصْقِع: يكسو بالصقيع أو نحوه. «ب» يُبَرْغِل: يجعل للزُّجاج أو للمعدن سطحًا مُبَرْغَلًا خشِنًا بعضَ الشيء (٤) يُصَقِّع: يُؤذي النباتاتِ أو يقتلها بالصقيع x (٥) يتجمَّد.

frost·bite[1] [-ˈbītˈ] *(vt.)* يُصَقِّع: يُؤذي بالصَّقيع.

frost·bite[2] *(n.)* قَضْمة الصَّقيع: أثَرُه في الجسم.

frost·ed *(adj.)* (١) مُسَرَّع التثليج <~ fruits> (٢) مكسوٌّ بالصقيع (٣) مُجَلَّد <a ~ cake> (٤) مُبَرْغَل <~ glass>.

frost·ing *(n.)* (١) «أ» icing 2. «ب» خَرج أو زَرْكش للثوب (٢) الطَّلْية المُطْفَأة (را. mat[4] 2).

frost·work [-ˈwûrkˈ] *(n.)* (١) الرسوم الصقيعية: رسوم يحدثها الصقيع على زجاج النوافذ (٢) الزخرفة الصقيعية: زخرفة تحاكي هذه الرسوم.

frost·y [frôsˈtĭ] *(adj.)* (١) صَقيعيّ <~ weather> (٢) مَكْسُوّ بالصَّقيع (٣) أشْيَب (٤) بارد: مُتحفِّظ إلى حدّ بعيد.

froth [frôth] *(n.; vt.; i.)* (١) زَبَدٌ؛ رَغوة (٢) شيء تافه § (٣) يجعلُهُ يُزْبِد (٤) يكسُو بالزَّبَد x (٥) يُزْبِد؛ يُرْغي.

froth·y *(adj.)* (١) مُزبِد (٢) خفيف؛ سطحيّ؛ تافه (٣) رقيق.

frou·frou [frōōˈfrōōˈ] *(n.)* (١) حَفيف ملابس النساء الحريريَّة (٢) أهداب أو كَشاكِش الملابس النسائية المُحْدِثة حفيفًا.

frow [frō] *(n.)* = froe.

fro·ward [frōˈwərd] *(adj.)* شكِس؛ متمرِّد؛ حَرون؛ شَمُوس.

frown [froun] *(vi.; t.; n.)* (١) يَعْبِس؛ يُقَطِّب x (٢) يُعبِّر بالعبوس § (٣) عُبوس؛ تَقْطيب؛ تَجَهُّم.

frowst·y [frouˈ-] *(adj.)* عفِن؛ كريه الرائحة؛ فاسد الهواء.

frow·sy *or* **frow·zy** [frouˈzĭ] *(adj.)* (١) زريّ؛ حقير؛ أشعث؛ يُعْوِزه الترتيب (٢) تَفِهُ [المذاق] لِقِدَمِهِ؛ كريه الرائحة.

froze [frōz] *past of* freeze.

fro·zen [frōˈzən] *(adj.)* (١) مُنْجَمِد (٢) مُبرَّد؛ مُثلَّج (٣) بارد <a ~ look> (٤) مُجَمَّد <~ prices>.

fruc·ti·fy [frŭkˈtə fī] *(vi.; t.)* (١) يُثْمِر x (٢) يجعله مُثمِرًا.

fruc·tose [frŭkˈtōs] *(n.)* الفِرْكتوز؛ سكَّر الفاكهة (كح).

fruc·tu·ous [-ˈchōō əs] *(adj.)* مُثمِر؛ مُنتِج؛ مُربح.

fru·gal [frōōˈgəl] *(adj.)* (١) مُقتصِد (٢) اقتصاديّ؛ رخيص.

fru·gal·i·ty [frōō gălˈ-] *(n.)* اقتصاد [في الإنفاق].

fru·giv·o·rous [frōō jĭvˈər əs] *(adj.)* ثامر: مُقتات بالثِّمار.

fruit [frōōt] *(n.; vi.; t.)* (١) *pl.* عد: غَلّة؛ محصول (٢) «أ» ثمرة. «ب» فاكهة (٣) نتيجة؛ حصيلة؛ ثمرة (٤) مُشْتَهي المُماثِل: الشاذّ جنسيًّا § (٥) يُثمر x (٦) يجعله مثمرًا.

fruit·age [-tĭj] *(n.)* (١) إثمار (٢) ثمار (٣) ثمرة [عملٍ ما].

fruit bat *(n.)* = flying fox.

fruit·cake [frōōtˈkākˈ] *(n.)* كعكة الفاكهة.

fruit cup *(n.)* كأس الفاكهة: «أ» مزيج من الفاكهة الطازجة أو المجفَّفة يقطَّع ويقدَّم في كأس. «ب» شراب من عصير الفاكهة.

fruit·er [frōōˈ-] *(n.)* (١) شجرة مُثمرة (٢) الفاكهانيّ: بائع الفاكهة.

fruit fly *(n.)* ذُبابة الفاكهة (حش).

fruit·ful [-ˈfəl] *(adj.)* (١) مُثمِر (٢) مُساعِدٌ على الإثمار <a ~ climate> (٣) خِصْب.

frui·tion [frōō ĭshˈən] *(n.)* (١) تمتّع؛ استمتاع (٢) «أ» إثمار. «ب» تحقّقُ [أملٍ أو هدف].

fruit·less [frōōtˈ-] *(adj.)* (١) مُخْفِق؛ فاشل (٢) عقيم؛ غير مُثمر.

fruit·let [-ˈlət] *(n.)* الثُّمَيْرَة: ثمرة صغيرة.

fruity [frōōˈtĭ] *(adj.)* (١) «أ» فاكهيّ. «ب» فاكهانيّ: شبيهٌ بالفاكهة (٢) قويّ النَّكهَة <~wine> (٣) فَعّال؛ جَذّاب؛ مُمتِعٌ جدًا (٤) عاطفيّ حتى الإفراط (٥) «أ» مُخَبَّل؛ مضطرب العقل (ع). «ب» شاذٌ جنسيًا (ع).

fru·men·ta·ceous [frōōˈmən tāˈshəs] *(adj.)* حِنطيّ.

fru·men·ty [frōōˈmən tĭ] *(n.)* القَمْحيّة: قمح يُسْلَق بالحليب.

frump [frŭmp] *(n.)* (١) امرأة رثَّة الملابس (٢) شخص محافظ.

frus·trate [frŭsˈtrāt] *(vt.; adj.)* (١) «أ» يُحبِط. «ب» يُثبِّط العَزْم (٢) يُبْطِل § (٣) مُخَيَّب الآمال (٤) باطل؛ عديم الجدوى.

frus·trat·ed *(adj.)* (١) مُخيَّب الآمال (٢) مُحبَط: مُصاب بالإحباط.

frus·trat·ing *(adj.)* مُحبِط؛ مثبِّط للعزم <~ developments>.

frus·tra·tion *(n.)* (١) «أ» إحباط. «ب» تثبيط. «ج» إبطال (٢) خيبة؛ فَشَل؛ إخفاق (٣) المُثبِّط؛ المُخيِّب: شيء مُثَبِّطٌ أو مُخَيِّب.

frus·tum [frŭsˈtəm] *(n.)* pl. **-s** *or* **-ta** المخروط النّاقص: مخروطٌ مقطوع الرأس (هن).

F. frustum

fru·tes·cent [frōō tĕsˈənt] *(adj.)* شُجَيْريّ (نب).

fry[1] [frī] *(vt.; i.)* (١) يَقْلي x (٢) يَنْقلي؛ يُقْلَى.

fry[2] [frī] *(n.)* (١) المَقْليّ: طبقٌ من طعام مَقْليّ (٢) المَقْلِيَّة: مناسبة اجتماعية، أو نزهة، يُقْلى فيها الطعام ويؤكل.

fry[3] [frī] *(n.)* (١) صغيرُ السَّمك إلخ (٢) فئة؛ زُمرة؛ جماعة.

fry·er [frīˈər] *(n.)* (١) القالي: مَنْ يقلي الطعام (٢) شيء مُعَدّ أو مستعمل للقلي، مثل: «أ» فرّوج. «ب» مقلاة.

fry·ing pan [frīˈĭng] *(n.)* المِقْلاة: وعاء مَعْدِنيّ ضَحْل، ذو مَقْبِض، مُعَدٌّ لقَلْي الأطعمة.

frying pan

fuch·sia [fyōōˈshə] *(n.)* (١) الفُوشِيَّة: شُجَيْرة استوائية (٢) الفُوشيّ: لون

أرجوانيٌّ ضاربٌ إلى الحمرة.

fuch·sin or **fuch·sine** [fo͝ok'sĭn] (n.) الفُوشِين: صبغ أحمر مزرق.

fuck [fŭk] (vi.; t.; n.) (١) يُجامِع؛ يُضاجع (ع) (٢) يتدخّل [في شؤون غيره] x (٣) يَظلِم؛ يَخدع § (٤) مُضاجعة (ع) (٥) المُضاجِع.

fu·cus [fyo͞o'kəs] (n.) الفَوْقس؛ طُحْلُب الصُّخور (نب).

fud·dle [fŭd'əl] (vi.; t.; n.) (١) يَسْكَر: يُسْرِف في الشّراب x (٢) يُسكِر (٣) يُشَوِّش § (٤) تَشَوُّش؛ اختلاط.

fudge¹ [fŭj] (vi.; t.) (١) يتخطّى؛ يتجاوز (٢) يَغُشّ [في الامتحان إلخ] (٣) يَحْنَث [بقَسَمِهِ]؛ يَنكُث [بوعدِهِ]؛ يَنقُض [وَعْدَه] (٤) ينشر في آخر لحظة [نبأً أو خبرًا] (٥) يمشي ببطء أو حَذَر (٦) يَرُوغ: يتجنّب إعطاء جواب قاطع، محتفظًا لنفسه بخطّ الرَّجْعة x (٧) يُلَفِّق حكايةً (٨) يتلاعب [بالحسابات] (٩) يتفادَى؛ يَتجنّب.

fudge² (n.) (١) هُراء (٢) نبأ اللحظة الأخيرة [في صحيفة] (٣) الفَدْج: ضربٌ من الحلوى.

fu·el [fyo͞o'əl] (n.; vt.; i.), **-eled** or **-elled** (١) وَقود (٢) غِذاء (٣) حافِز § (٤) «أ» يُزَوِّد بالوَقود. «ب» يَدْعَم؛ يُعزِّز x (٥) يَتَوَقَّد: يَتَزَوَّد بالوقود.

fuel oil (n.) زيت الوَقود.

fug [fŭg] (n.) الهواء الحبيس [في حجرة رديئة التَّهوية].

fu·ga·cious [fyo͞o gā'shəs] (adj.) (١) سريع الزَّوال (٢) مُبكِّر السُّقوط أو الذُّبول (نب).

— **fu·gac·i·ty** (n.)

-fuge لاحقة معناها: طاردٌ لِـ <insecti*fuge*>.

fu·gi·tive [fyo͞o'jə tĭv] (n.; adj.) (١) اللاجئ؛ الآبِق؛ الهارب (٢) الزِّئبقيّ؛ الفَرّار: شيء يصعُب الإمساك به أو العثور عليه § (٣) لاجئ؛ آبِق؛ هارب (٤) هائم؛ شارد (٥) سريع الزَّوال: قصير الأجَل أو العُمر (٦) زِئبقيّ؛ فرّار؛ مُتملِّص؛ انفلاتيّ (٧) سريع التَّبخُّرِ [أو التَّغيُّر أو الذُّبول].

fu·gle·man [fyo͞o'gəl-] (n.) (١) الجنديّ القُدْوة: جندي مدرَّب كانوا يُوقفونه أمام الجند أثناء التمرينات العسكرية ليتخذوا منه مثلًا يُحتَذَى (٢) المِثال: نموذَجٌ يُحتَذَى (٣) زعيم.

füh·rer or **fueh·rer** [fyo͝or'ər] (n.) (١) زعيم (٢) ديكتاتور.

fu·ji [fo͞o'jē] (n.) الفُوجيّ: نسيج حريريّ يابانيّ الأصل.

-ful لاحقة معناها: «أ» مليء؛ حافل <event*ful*>. «ب» مُتّسِمٌ بِـ <beauti*ful*>. «ج» ميّال إلى أو قادر على <harm*ful*>. «د» مِلء <spoon*ful*>.

ful·crum [fo͝ol'krəm; fŭl'-] (n.) pl. **-s** or **-cra** المُرتكَز: نقطة الارتكاز. وبخاصة: مُرتكز المُخْل.

ful·fill or **ful·fil** [fo͝ol fĭl'] (vt.) (١) «أ» يُنجِز؛ ينفّذ [وعدًا إلخ]. «ب» يُنهي؛ يُتِمّ؛ يُؤدّي. «ج» يفي بِـ؛ يجيء موافقًا لمتطلبات معيّنة (٢) يحقّق.

— **ful·fill·ment** (n.)

ful·gent [fŭl'jənt] (adj.) مُتألِّق؛ ساطع؛ باهر.

ful·gu·rant [-'gyər ənt] (adj.) (١) بارق: مُومِض كالبرق (٢) باهر.

ful·gu·rate [-'gyə rāt'] (vi.; t.) (١) يُومِض: يلمع كالبرق (٢) يَصْعَق: يجفّف [نامية غير سَوِيّة] بالكهرباء (ط).

— **ful·gu·ra·tion** (n.)

ful·gu·rous [-'gyər əs] (adj.) (١) مُومِض (٢) بَرْقانيّ: شبيهٌ بالبرق.

fu·lig·i·nous [fyo͞o lĭj'ə nəs] (adj.) (١) سُخاميّ: كثير السُّخام (٢) غائم؛ غامض (٣) قاتم.

full¹ [fo͝ol] (adj.; adv.; n.; vi.; t.) (١) مَليء <a ~ cup> (٢) «أ» كامل <at ~ speed>. «ب» بَدْر <~ moon>. «ج» متمتع بجميع الخصائص المميّزة: كامل <~ member> (٣) «أ» ممتلئ؛ لَحِيم. «ب» منتفخ <~ sails>. «ج» فضفاض <a ~ skirt> (٤) «أ» حافل؛ خصب <a ~ life>. «ب» مفصَّل <a ~ report> (٥) شبعان؛ وأيضًا: متخَم <I am ~ up.> (٦) شقيق؛ من نفس الأبوين <~ sisters> (٧) جهوري <a ~ voice> (٨) غارق أو مستغرق <~ of work> (٩) غنيّ بِـ <~ of flavor> § (١٠) جدًّا؛ إلى حدّ بعيد <She knows it ~ well.> (١١) تمامًا <~ dark> (١٢) مباشرةً <The blow hit him ~ in the face.> § (١٣) الحدّ الأقصى <enjoyed the book to the ~> § (١٤) يكتمل [القمرُ]: يصبح بدرًا كاملًا x (١٥) يُفَضْفِض: يجعله فضفاضًا.

in ~, بالتَّمام؛ بالكامل: من غير حذف أو نَقْص.

of ~ age راشد: بالغٌ سنَّ الرُّشد.

full² (vt.) يُقَصِّر: يُقلِّص أو يُغلِّظ النسيجَ الصوفيّ بالنَّقع والإحماء إلخ.

full–blood (n.) (١) نَسَبٌ صريح أو خالص <a Negro of ~> (٢) قرابة من جهة الأبوين.

full–blood·ed [fo͝ol'blŭd'ĭd] (adj.) (١) صريح النَّسَب خالصُهُ <~ Indians> (٢) متورِّد <a ~ face> (٣) قويّ؛ مُفعَم <a ~ argument> (٤) حقيقيّ؛ بكل ما في الكلمة من معنى <a ~ war> (٥) دقيق جدًّا <a ~ analysis>.

full–blown [-'blōn'] (adj.) (١) «أ» في أوج التفتّح <a ~ rose>. «ب» تام النضج <~ charms> (٢) كامل؛ تامّ <a ~ scandal>.

full–bod·ied [-'bŏd'ĭd] (adj.) (١) ضخم الجسم (٢) «أ» غنيّ النكهة <~ wine>. «ب» كامل القَوام <~ ink> (٣) غنيّ <a ~ novel> (٤) هامّ <a ~ role>.

full dress (n.) اللباس الرسميّ.

full·er [fo͝ol'ər] (n.) (١) القَصّار: مَنْ يُقلِّص النسيجَ الصوفيّ أو يُغلِّظه (٢) المِحزاز: مِطرقة لتحزيز الحديد.

fuller's earth (n.) تُراب القصّار [استُخدم قديمًا لإزالة البقع الدهنية].

full–faced [fo͝ol'fāst'] (adj.) مُمتلئ الوجه؛ رَيّان الوجه.

full–fledged [-'flĕjd'] (adj.) (١) ناضج (٢) تامُّ الرِّيش (٣) مُكتمِل التَّدريب (٤) كامل الرُّتبة <a ~ professor>.

full house (n.) فُول: ثلاث ورقات من نوع واثنتان من غيره، كثلاثة ملوك وعَشْرَتَين [في البوكر].

full–length [-ˈlĕngkthˈ] *(adj.)* كامل الطُّول الطبيعيّ <a ~ painting> .

full moon *(n.)* البَدْر: قمرٌ كاملٌ أو ممتلئ.

full·ness [fo͞olˈnəs] *(n.)* (١) امتلاء؛ اكتمال إلخ (٢) تُخَمة.

full–rigged [-ˈrĭgdˈ] *(adj.)* كامل التجهيز: مُجهَّز بالعُدّة الكاملة.

full sail *(n.)* الأشرِعة: أشرِعة السَّفينة بكاملها.

full–scale [-ˈskālˈ] *(adj.)* (١) كامل القياس <a ~ drawing> (٢) كُلّيّ؛ كامل؛ شامل <a ~ war> .

full–size *(adj.)* كامل الحجم <a ~ bed> .

full stop *(n.)* النُّقطة: علامة الوقف الكامل في الكتابة.

full swing *(n.)* (١) قِمّة النَّشاط (٢) أقصى السُّرعة.

full–time [-ˈtīmˈ] *(adj.)* كامل: «أ» مشتغِلٌ طوال ساعات الدوام <~ clerks> . «ب» مستغرقٌ كاملَ ساعات الدوام <~ teaching> .

ful·ly [fo͞olˈĭ] *(adv.)* (١) «أ» تمامًا؛ بكلّ ما في الكلمة من معنًى. «ب» بالكامل؛ مئةً بالمئة (٢) على الأقلّ <~ nine tenths of them> .

ful·mar [fo͞olˈmər] *(n.)* الفُلمار: طائر بحريّ من طيور القطب الشماليّ.

ful·mi·nant [fŭlˈmə nənt] *(adj.)* مفاجئ <~ plague> .

ful·mi·nate[1] [fŭlˈmə nātˈ] *(vt.; i.)* (١) يَشْجُب؛ يَسْتَنكِر (٢) يُفجِّر **x** (٣) يَنفجر (٤) يتفشّى [المرضُ] فجأةً وبعنف.

ful·mi·nate[2] *(n.)* الفُلمينات: مُركَّب مشتق من الحمض الفُلميني.

ful·mi·nat·ing *(adj.)* (١) قاصف؛ شديد الانفجار (٢) شاجب؛ مستنكر؛ متوعِّد (٣) مُداهِم <a ~ disease> .

ful·min·ic [fŭl mĭnˈĭk] *(adj.)* متفجِّر؛ غير مستقرّ.

fulminic acid *(n.)* الحَمْض الفُلْميني (ك).

ful·some [fo͞olˈsəm] *(adj.)* (١) وافر <in ~ detail> (٢) مُغْثٍ: باعث على الغثيان (٣) مُثيرٌ للاشمئزاز <~ prejudices> (٤) بغيض؛ مُتملِّق؛ مُراءٍ <~ praise> .

ful·vous [fŭlˈvəs] *(adj.)* أغبر: أسمَر مُصْفَرّ.

fu·mar·ic acid [fyo͞o mărˈĭk] *(n.)* حَمْض الفوماريك (ك).

fu·ma·role [fyo͞oˈmə rōlˈ] *(n.)* الدّاخنة: مَنْفَذ بركانيّ (جي).

fu·ma·to·ri·um [-tôrˈĭ əm] *(n.)* المِبْخار: حُجَيرة سَدودة للهواء تُستخدم فيها الأبخرة الكيميائية للقضاء على الحشرات والفُطور إلخ.

fum·ble [fŭmˈbəl] *(vi.; t.; n.)* (١) «أ» يتحسّس أو يتلمّس بارتباك أو لغير ما هدف <~*d* nervously with her necklace before she answered> . «ب» يحاول البحث عن شيء [أو القيام به] في ارتباك <~*d* in his pocket for a coin> . «ج» يبحث بطريقة التجربة والخطأ. «د» يخطئ. «هـ» يتلعثم (٢) يتلمّس طريقه (٣) يفقد السيطرة على كرة القدم عند عَدْوه بها **x** (٤) يُلَهْوِج: يعمل شيئًا بغير إتقان (٥) يشق طريقه بارتباك أو تلمّس § (٦) تحسُّس؛ تلمُّس إلخ.

fume [fyo͞om] *(n.; vt.; i.)* (١) دُخان (٢) غضبٌ؛ اهتياج § (٣) يُدَخِّن: يُعرِّض شيئًا للدُّخان أو يُعالجه به (٤) يَنْفُث [دُخانًا إلخ] (٥) يقول [في حالة غضب] **x** (٦) يُطلق دُخانًا (٧) يَستشيط غضبًا (٨) «أ» يتصاعد كالدُّخان. «ب» يتبخّر.

fu·mi·gate [fyo͞oˈmə gātˈ] *(vt.)* يُبخِّر؛ يُدَخِّن: يطهِّر بالتعريض للبخار أو الدّخان أو الغاز.

— **fu·mi·ga·tion** *(n.)*

fu·mi·ga·tor [-gāˈtər] *(n.)* (١) المُبَخِّر؛ المُدَخِّن (٢) مِبْخار؛ مِدْخان.

fu·mi·to·ry [-tôrˈĭ] *(n.)* الشّاهْتَرَج؛ بَقْلة المَلِك (نب).

fum·y [fyo͞oˈmĭ] *(adj.)* (١) مُطلِقٌ دُخانًا (٢) كثير الدُّخان.

fun [fŭn] *(n.; vi.; adj.)* (١) مُزاح؛ هَزْل (٢) لهو (٣) مُتعة (٤) هُزء؛ سخرية § (٥) يَمْزح؛ يهزل § (٦) مُسَلٍّ؛ مُمْتِع.

for ~; in ~, بصورة مازحة أو غير جدّية.

to make ~ of; to poke ~ at يهزأ به؛ يَسْخَرُ منه.

fu·nam·bu·list [fyo͞o nămˈ-] *(n.)* البَهْلَوان: الماشي أو الراقص على الحبل.

func·tion [fŭngkˈshən] *(n.; vi.)* (١) مِهنة؛ عملٌ (٢) وظيفة (٣) حفلة رسمية؛ مناسَبة اجتماعية؛ وليمة إلخ (٤) الدّالّة (ر) § (٥) «أ» يؤدّي [عملًا معيَّنًا]. «ب» يعمل؛ يؤدي وظيفته.

func·tion·al *(adj.)* (١) وظيفيّ (٢) عمليّ (٣) فعّال.

func·tion·al·ism *(n.)* الوظائفية: كلُّ مذهب يؤكد على الغرض والمنفعة والسِّمة العمليّة [وبخاصّة في العمارة].

func·tion·ar·y [fŭngkˈshə nĕrˈĭ] *(n.)* الموظَّف.

fund [fŭnd] *(n.; vt.)* (١) ذخيرة <a ~ of knowledge> (٢) «أ» اعتماد ماليّ [يخصَّص لغرضٍ معيَّن]. «ب» *pl.* عد: الودائع: ودائع مصرفية تُسْحَب عليها الشيكات. «ج» رأسمال. «د» *pl.*: سندات الدَّين الوطني البريطاني (٣) *pl.*: موارد ماليّة (٤) الصندوق: منظمة تتولى إنفاق اعتماد مالي معيّن <the International Monetary *Fund*> § (٥) يرصد مبلغًا لدفع فائدة الدَّين إلخ (٦) يَجمع؛ يَدَّخر (٧) يَستبدل: يحوِّل دينًا قصيرَ الأجل إلى دَيْن طويل الأجل.

fun·da·ment [fŭnˈ-] *(n.)* (١) أساس؛ مبدأ (٢) «أ» أستّ. «ب» شَرَجٌ.

fun·da·men·tal [fŭnˈdə mĕnˈ-] *(adj.; n.)* (١) أصليّ؛ أوَّلي (٢) أساسيّ <~ principles> (٣) جوهريّ <a ~ change> (٤) رئيسيّ <a ~ purpose> (٥) متجذِّر § (٦) الأساس: مبدأ أو قاعدة أو جزء أساسيّ (٧) النَّغمة الأساسيّة (مو) (٨) التوافقيَّة الأساسيّة (فز).

fun·da·men·tal·ism *(n.)* (١) «أ» مذهب العِصمة الحَرْفية: حركة عرفتها البروتستانتية في القرن العشرين تؤكد على عصمة الكتاب المقدس عن الخطأ. «ب» الإيمان بهذا المذهب (٢) الأُصوليّة: أيُّ حركة تُشدِّد على الالتزام الدقيق والحرفي بمبادئ مَذْهَب أو أصوله.

fun·da·men·tal·ist *(n.; adj.)* أصوليّ؛ متعصِّب؛ متشدِّد؛ متزمِّت.

fundamental law *(n.)* الدُّستور؛ القانون الأساسيّ.

fundamental particle *(n.)* = elementary particle.

fund–rai·ser *(n.)* الاكتتابية: حفلة تُقام لجمع الاكتتابات أو التبرُّعات.

fun·dus [fŭnˈdəs] *(n.)* القاع: قعرُ عضوٍ أجوفَ (ت).

fu·ne·ral [fyo͞oˈnər əl] *(adj.; n.)* (١) جنازيّ (٢) مأتميّ؛ كئيب

§ (٣) مأتم (٤) عِظة جنائزية (٥) جَنازة (٦) نهاية؛ موت (٧) مشكلة خاصّة: مشكلة [يتعيّن على المرء أن يحلّها].

fu·ner·ar·y [-ˈnə rĕrˈĭ] *(adj.)* دَفْنِيّ: خاصّ بالدفن <a ~ urn>.

fu·ne·re·al [-nērˈĭ əl] *(adj.)* (١) جَنازيّ (٢) مأتميّ؛ كئيب.

fun·fair [fŭnˈfâr] *(n.)* = amusement park.

fun·gal [fŭngˈgəl] *(adj.; n.)* (١) فُطْريّ § (٢) النبات الفُطْريّ.

fun·gi [fŭnˈjī] *pl. of* fungus.

fungi- بادئة معناها: فُطر <*fungi*form>.

fun·gi·ble [fŭnˈjə bəl] *(n.; adj.)* (١) *pl.* عد: المِثْلِيّات: المنقولات [كالأثاث إلخ] § (٢) مِثْليّ: ممكنٌ استبدالُهُ بشيء آخرَ مُساوٍ له في الكمية أو القيمة (ق).

fun·gi·cid·al [fŭnˈjə sīdˈəl] *(adj.)* مُبيدٌ للفُطْر.

fun·gi·cide [fŭnˈjə sīdˈ] *(n.)* مُبيد الفُطر: مادة مُبيدةٌ للفُطر.

fun·gi·form [fŭnˈjə fôrmˈ] *(adj.)* فُطرانيّ: فُطريّ الشكل.

fun·giv·or·ous [fŭn jĭvˈər əs] *(adj.)* فاطر: مقتاتٌ بالفطور.

fun·goid [fŭngˈgoid] *(adj.; n.)* (١) فُطريّ (٢) فُطْرانيّ: شبيه بالفُطر.

fun·gous [fŭngˈgəs] *(adj.)* = fungal.

fun·gus [fŭngˈgəs] *(n.; adj.)* pl. **fun·gi** [fŭnˈjī] *also* **-gus·es** (١) الفُطر (نب) (٢) النامية الفُطْرية (مض) § (٣) فُطريّ.

fungi *1.*

fun house *(n.)* المَسْلَى: مبنًى في حديقة ملاهٍ محتوٍ على ضروب التسلية.

fu·nic·u·lar [fyoo nĭkˈyə lər] *(adj.; n.)* (١) حَبْليّ؛ توتُّريّ § (٢) سكّة حديد معلّقة.

fu·nic·u·lus [fyoo nĭkˈyə ləs] *(n.)* pl. **-li** [lī; lē] (١) «أ» الحَبْل السُّرّيّ (ت). «ب» الحَبْل العصبيّ (ت). «ج» الحَبْل المَنَويّ (ت) (٢) السُّرّ: الحبل السُّرّيّ الذي يصل البُيَيْضة بمشيمة المبيض (نب).

funk [fŭngk] *(vi.; t.; n.)* (١) يَرتاع؛ يَجْبُن **x** (٢) يَخشى (٣) يُحجم عن § (٤) ذُعر (٥) انقباض؛ اكتئاب (٦) الجبان (٧) موسيقى عاطفية أو كئيبة.

funk·y [fŭngˈkĭ] *(adj.)* (١) مذعور (٢) كئيب (٣) فاسد؛ عفِنٌ (٤) عاطفيّ؛ كئيب <~ music> (٥) غريب؛ شاذّ (٦) رائع.

fun·nel[1] [fŭnˈəl] *(n.)* (١) قِمع (٢) مِدخنة؛ أنبوب.

fun·nel[2] [fŭnˈəl] *(vi.; t.)*, **-neled** *also* **-nelled** (١) يتقمّع: «أ» يتّخذ شكلَ قِمْع. «ب» يجري في قِمع أو نحوه **x** (٢) يُقمِّع: «أ» يجعله على شكل قِمْع. «ب» يُجري نحو نقطة بُؤرية أو قناة مركزية.

fun·nel·form [-fôrm] *(adj.)* قِمعانيّ: قمعيّ الشكل.

fun·ny [fŭnˈĭ] *(adj.; n.)* (١) مُسَلٍّ؛ مضحك؛ هزليّ (٢) غريب؛ عجيب (٣) خادع § (٤) *pl.* عد: comic strip (٥) صفحة الهَزْليّات [في صحيفة أو مجلة].

funny bone *(n.)* (١) عَظْم المِرْفَق (٢) حِسّ الدُّعابة أو النُّكتة.

funny business *(n.)* خِداع؛ غِشّ.

funny farm *(n.)* البيمارستان: مستشفى المجاذيب (ع).

fur[1] [fûr] *(vt.; i.)* (١) يُفَرّي: «أ» يكسو أو يبطّن بالفرو. «ب» يكسو بطبقة مَرَضيّة كأنها الفرو **x** (٢) يتفرّى: يكتسي بطبقة كهذه.

fur[2] *(n.)* (١) فَرْو (٢) ثوب مُفَرًّى (٣) «أ» الطَّلاء: مادّة بيضاء مَرَضيّة تكسو اللّسان. «ب» وَبَر أو خَمْل النسيج.

fu·ran [fyoorˈăn] *(n.)* الفُوران: سائل مُلتهب عديم اللون (ك).

fur·bear·er [fûrˈbârˈər] *(n.)* المُفَرّى: حيوان ذو فَرْو.

fur·be·low [fûrˈbə lōˈ] *(n.; vt.)* (١) الزِّركاش؛ الكَشْكَش: هُدْبُ ثوب نسائيّ § (٢) يُزَرْكِش؛ يُكَشْكِش؛ يُهَدِّب.

fur·bish [fûrˈ-] *(vt.)* (١) يَصْقُل؛ يلمّع (٢) يجدّد؛ يُحيي.

fur·cate [fûrˈkāt] *(adj.; vi.)* (١) مُشعَّب؛ ذو شُعَب § (٢) يتشعّب.

fur·cu·la [fûrˈkyə lə] *(n.)* pl. **-lae** الشُّوَيْكَة: عَظْم التَّرْقُوَة.

fur·cu·lum [-ləm] *(n.)* pl. **-la** = furcula.

fur·fu·ra·ceous [fûrˈfyə rāˈshəs] *(n.)* نُخالانيّ: شبيه بالنُّخالة.

fur·fu·ral [fûrˈfə rălˈ] *(n.)* الفورفورال: ألدِيهِيدٌ سائلٌ (ك).

fu·ri·ous [fyoorˈĭ əs] *(adj.)* (١) «أ» غاضب؛ مهتاج؛ متميّز غيظًا. «ب» صاخب؛ ناشط (٢) «أ» شديد؛ قويّ؛ كثيف. «ب» ضخم <lost such ~ sums>.
— **fu·ri·ous·ly** *(adv.)*

fu·ri·ous·ness *(n.)* غضب؛ اهتياج؛ صَخَبٌ إلخ.

furl [fûrl] *(vt.; i.; n.)* (١) يَلُفّ **x** (٢) يَلْتَفّ § (٣) لَفَّة؛ لَفّ.

fur·long [fûrˈ-] *(n.)* الفَرْلُنغ: مقياس للطول يساوي ثُمن ميل.

fur·lough [fûrˈlō] *(n.; vt.)* (١) الإجازة: إذنٌ بالتَّغيُّب عن العمل § (٢) يمنحُهُ إجازةً.

fur·me·ty [fûrˈmə tĭ] *or* **fur·men·ty** *(n.)* = frumenty.

fur·nace [fûrˈnəs] *(n.)* (١) فُرْن (٢) اختبار قاسٍ.

fur·nish [fûrˈ-] *(vt.)* (١) يُجَهِّز؛ يُؤثِّث؛ يَفْرُش (٢) يُمِدّ؛ يُزَوِّد؛ يُقَدِّم.

fur·nished *(adj.)* (١) مُجَهَّز (٢) مفروش <~ apartments>.

fur·nish·ing *(n.)* (١) *pl.*: «أ» ملابس. «ب» قمصان؛ قبعات؛ قفافيز (٢) *pl.* عد: أثاث.

fur·ni·ture [fûrˈnə chər] *(n.)* (١) أثاث (٢) التَّساكير: قِطَعٌ معدنيّة أقلّ انخفاضًا من الحروف المطبعيّة تُستخدم لملء الفراغ في السطور المنضَّدة (طع).

fu·ror [fyoorˈôr] *(n.)* (١) غضب (٢) جنون (٣) ضجّة.

fu·rore [fyoorˈôr] *(n.)* (١) fad (٢) «أ» ضجّة [حول شأن من الشؤون العامة]. «ب» إعجاب حماسي [يثيره كتاب إلخ].

furred [fûrd] *(adj.)* مُفَرًّى: مَكْسُوّ أو مُبَطَّن بفَرْو.

fur·ri·er [fûrˈĭ ər] *(n.)* الفَرّاء: «أ» تاجر الفِراء أو دابغها. «ب» صانع الملابس الفرائية أو مُصلحها أو مُنظفها.

fur·ri·er·y [-ə rĭ] *(n.)* الفِراءة: صناعة الفِراء أو تجارتها.

fur·rin·er [fûr′ə nər] *(n.)* الغريب؛ الدخيل؛ الأجنبي (ع).

fur·row [fûr′ō] *(n.; vt.; i.)* (١) «أ» التَّلَم: ما تَشُقُّهُ سِكَّة الفلاح في الأرض. «ب» حَقْل (٢) شيء كالتَّلَم. مثل: «أ» تَلَم؛ أُخدود. «ب» جَعْدة عميقة؛ غَضْنة عميقة [في الوجه] § (٣) يُتَلِّم؛ يُثَلِّم؛ يُخدِّد؛ يُجَعِّد؛ يُغَضِّن x (٤) يَتَثلَّم؛ يتجعَّد؛ يتغضَّن.

fur·ry [fûr′ĭ] *(adj.)* (١) فَرْوِيّ (٢) فَرْوانيّ: شبيهٌ بالفَرْو (٣) مُفَرًّى: مَكْسُوٌّ أو مُبَطَّن بالفراء.

fur seal

fur seal *(n.)* فُقْمة الفِراء.

fur·ther [fûr′t͟hər] *(adv.; adj.; vt.)* (١) إلى [أو عند] مسافةٍ أبعد <It is not safe to go any ~.> (٢) أيضًا؛ علاوة على ذلك <Let me ~ remark that...> (٣) إلى حدّ أو مدًى أبعد § (٤) أبعد <the ~ side of the hill> (٥) «أ» إضافي <a ~ volume>. «ب» آخَر <till ~ notice> § (٦) يعزِّز؛ يؤيِّد <to ~ the cause of peace>.
~ to عطفًا على <~ to my remarks...>.

fur·ther·ance [fûr′t͟hər əns] *(n.)* تعزيز؛ تأييد.

fur·ther·more [-mōr′] *(adv.)* علاوةً على ذلك؛ وإلى هذا.

fur·ther·most [-mōst′] *(adj.)* الأبْعَد؛ الأشدّ بُعْدًا.

fur·thest [fûr′t͟həst] *(adj.; adv.)* = farthest.

fur·tive [fûr′tĭv] *(adj.)* (١) «أ» مُخْتَلَس؛ مُسْتَرَق. «ب» ماكر (٢) مسروق.

fu·run·cle [fyo͝or′ŭng kəl] *(n.)* الدُّمَّل (ط).

fu·ry [fyo͝or′ĭ] *(n.)* (١) الحَنَق: شِدّة الغضب (٢) «أ» *cap.*: روحٌ مُنْتَقِمة (مث). «ب» امرأة حَقود (٣) ضَراوة؛ عُنفٌ بالغ.

furze

furze [fûrz] *(n.)* الجَوْلَق: شُجيرة شائكة دائمة الخضرة.

fus·cous [fŭs′kəs] *(adj.)* داكن؛ قاتم.

fuse[1] [fyo͞oz] *(n.; vt.)* (١) الصِّمامة: فتيلٌ أو أيةُ أداةٍ أخرى مُعَدَّة لتفجير المفرقعة أو القنبلة § (٢) يزوِّد بصِمامة.

fuse[2] [fyo͞oz] *(vt.; i.)* (١) يَصْهَر؛ يُذيب (٢) يَدمُج؛ يمزِج ما بين (٣) يَلْحم [بالإذابة] x (٤) يَنْصهر (٥) يَنْدمج.

fu·see [fyo͞o zē′] *(n.)* (١) الفُوزيّة: بَكَرةُ نابضٍ [أو زُنبركِ] السّاعة (٢) فتيل المفرقعة (٣) الفُوزيّ: «أ» ضرب من الثِّقاب الاحتكاكيّ ضخم الرأس. «ب» ضوء أحمر للتحذير [في السِّكك الحديدية].

fu·se·lage [fyo͞o′sə lĭj] *(n.)* بَدَنُ الطائرة [المُخصَّصُ لطاقمها وللمسافرين وللمشحونات عليها].

fu·sel oil [fyo͞o′zəl] *(n.)* الزيت الكُحولي.

fusi- بادئة معناها: مِغْزَل؛ مِغزَليّ <*fusi*form>.

fu·si·bil·i·ty [fyo͞o′zə bĭl′-] *(n.)* الانصِهارية: قابليّةُ الانصِهار.

fu·si·ble [-′zə bəl] *(adj.)* صَهُور؛ مُنصَهِر: قابلٌ للانصِهار.

fu·si·form [-′zə fôrm′] *(adj.)* مِغْزَلانيّ: مِغْزَليّ الشكل.

fu·sil[1] [fyo͞o′zəl] *(adj.)* (١) مُذَوَّب (٢) قابلٌ للانصهار.

fu·sil[2] *(n.)* الغَدّارة: بُندقيّةٌ عتيقة الطِّراز.

fu·sil·ier *or* **fu·sil·eer** [fyo͞o′zə lēr′] *(n.)* الغَدّاريّ: جنديّ مسلَّح بغدّارة.

fu·sil·lade[1] [fyo͞o′sə lād′] *(n.)* (١) وابلٌ [من طَلَقاتٍ نارية] (٢) سيل [من الأسئلة والانتقادات].

fu·sil·lade[2] *(vt.)* يُهاجِم أو يَصرع [بوابلٍ من طلقاتٍ نارية].

fu·sion [fyo͞o′zhən] *(n.)* (١) «أ» صَهْر. «ب» انصهار (٢) «أ» اندماج. «ب» تكتّل سياسي (٣) nuclear fusion.

fusion bomb *(n.)* = hydrogen bomb.

fu·sion·ist [fyo͞o′zhən-] *(n.)* التَّكَتُّليّ: المروِّج لتكتّل الأحزاب السياسيّة أو المشترك في تكتّل سياسي.

fuss [fŭs] *(n.; vi.; t.)* (١) «أ» جَلَبَة لا داعي لها: هَرْج ومرج. «ب» إطراء مفرط (٢) «أ» اهتياج، وبخاصة حول مسألة تافهة. «ب» اعتراض؛ احتجاج. «ج» شِجار § (٣) «أ» يهتاج أو يُحْدِث حالة اهتياج. «ب» يدلِّل؛ يلاطف؛ يُجامل. «ج» يهتمّ أكثر ممّا ينبغي بالتفاصيل الصغيرة (٤) «أ» يَقلق. «ب» يشكو؛ يجادل x (٥) يُثير؛ يُقلق.

fuss·y [fŭs′ĭ] *(adj.)* (١) سريع الاهتياج (٢) «أ» مزخرَف؛ منمَّق. «ب» متطلِّب عنايةً بالتفاصيل. «ج» شديد العناية بالتفاصيل. «د» نيِّق؛ صعب الإرضاء.

fus·tian [fŭs′chən] *(n.; adj.)* (١) الفُسْتيان: قماش قطنيّ غليظ (٢) كلام طنّان أو حافل بالادِّعاء § (٣) فُسْتيانيّ (٤) طنّان (٥) تافه؛ رخيص.

fus·tic [fŭs′tĭk] *(n.)* (١) الفُسْتيق: خشب شجرة أميركيّة استوائية يُستخرج منها صبغ أصفر (٢) شجرة الفُستيق.

fus·ti·gate [-′tə gāt′] *(vt.)* (١) يَضرِب بهراوة (٢) يَنتقد بقَسْوة.

fus·ty [fŭs′tĭ] *(adj.)* (١) عَفِن (٢) رَجْعيّ؛ مُحافظ.

fu·tile [fyo͞o′təl; -tīl] *(adj.)* (١) تافه <a ~ talk> (٢) عابث: لا طائلَ تحته <~ attempts> (٣) منشغل بالتوافه <He's a ~ sort of person.>.

fu·til·i·tar·i·an [-tĭl′ĭ târ′-] *(n.; adj.)* (١) العَبَثيّ: المؤمن بأن الكفاح الإنسانيّ عَبَثٌ لا طائل تحته § (٢) عبثيّ: مؤمنٌ بعبثية الكفاح الإنسانيّ.

fu·til·i·ty [fyo͞o tĭl′ĭ tĭ] *(n.)* (١) عَبَث؛ لاجَدْوَى (٢) شيء تافه.

fu·ture [fyo͞o′chər] *(adj.; n.)* (١) «أ» مُقْبِل؛ آتٍ. «ب» أُخْرَوِيّ: كائنٌ بعدَ الموت (٢) استقباليّ: خاصّ بصيغة من صِيَغ الاستقبال أو مكوِّن لها (٣) مُؤَجَّل <~ contracts> § (٤) المستقبَل (٥) مُستقبَلُ [الشخصِ أو الشيءِ]: ما يُتَوَقَّع له من تقدُّم أو نجاح (٦) *pl.* عد: المؤجَّلات: كلُّ ما يُشتَرَى أو يُباع على أن يجري تسليمُهُ في المستقبل (تج) (٧) صيغة الاستقبال (ل) (٨) الفعل المضارع (ل).

fu·ture·less *(adj.)* لا مُسْتَقْبَلَ له: غير مأمولٍ تحسُّنُهُ أو ازدهارُهُ.

future tense *(n.)* صيغة الاستقبال (ل).

fu·tur·ism [-′chə rĭz′əm] *(n.)* المُسْتَقْبَلِيَّة: حركة في الفن والموسيقى والأدب نشأت في إيطاليا عام ١٩٠٩ وتميَّزت بالدعوة إلى اطِّراح التَّقليد.
— **fu·tur·ist** *(n.)*

fu·tur·is·tic *(adj.)* (١) مُسْتَقْبَليّ (٢) عصريّ جدًا.

fu·tu·ri·ty [-to͝or′-; -cho͝or′-] *(n.)* (١) المُستقبَل (٢) الاستقبالية: كونُ الشيء حادثًا في المستقبَل (٣) *pl.*: أحداث المستقبَل (٤) الآخرة؛ الحياة بعد الموت.

futurity race *(n.)* (١) السباق الاستقبالي: سباق يُجْرَى بين أمهار لا تزيد سنّها عادةً على سنتين شرطَ أن يُسجَّل اشتراكها فيه عند ولادتها أو قبل ذلك (٢) المسابقة الاستقبالية: مسابقة يسجّل راغبو الاشتراك فيها أنفسَهم قبل فترة طويلة من إجرائها.

fu·tu·rol·o·gy [fyōō′chə rŏl′ə jĭ] *(n.)* عِلم المستقبَل: دراسة التطوّرات المُحتَمَلة، في العلم والتكنولوجيا بخاصة.

fuze; fu·zee = fuse; fusee.

fuzz [fŭz] *(n.; vi.; t.)* (١) زَغَب؛ زِئبَر (٢) غَبَش § (٣) يَزْغابّ: يصبح زغِبًا (٤) يتغبَّش x (٥) يُزَغِّب: «أ» يكسو بالزَّغَب. «ب» يجعلُهُ زَغِبًا (٦) يُغبِّش: يجعله أغبشَ [أو ضبابيًا أو مشوَّشًا أو غير واضح].

fuzz·y [fŭz′ĭ] *(adj.)* (١) زَغِب (٢) مُغبَّش (٣) غامض (٤) مُشَوَّش (٥) مخمور (٦) جَعْد؛ أجْعَد <~ wigs>.

-fy لاحقة معناها: «أ» يجعله <simpli*fy*>. «ب» يطبعه بطابع كذا <citi*fy*>.

fyce [fīs] *(n.)* = feist.

fyke [fīk] *(n.)* الفَيْكَة: شبكة صَيْد طويلة كيسيّة الشَّكل.

fyl·fot [fĭl′fŏt] *(n.)* = swastika.

g [jē] *(n. often cap.)* (١) الحرف السابع من الأبجدية الإنكليزية (٢) شيء معتبرٌ سابعًا من حيث الترتيب أو الطبقة (٣) ألف دولار (ع) (٤) شيء على صورة حرف **G**.

gab [găb] *(vi.; n.)* (١) يُثرثر؛ يَهْذِر § (٢) ثرثرة؛ هَذَر.

gab·ar·dine [găb′ər dēn′] *(n.)* (١) gaberdine (٢) الغَبَرْدين: نسيج متين أو ثوبٌ مَخيطٌ منه.

gab·ber [găb′ər] *(n.)* الثَّرثار؛ المِهذار.

gab·ble [găb′əl] *(vi.; t.; n.)* (١) يَهْذِر؛ يَهْرِف (٢) «أ» يُبَرْبِر: ينطق بكلام غير مفهوم. «ب» تصوِّت [الطيور] x (٣) يقول بسرعة مِهذارة § (٤) هَذَر؛ بربرة؛ ثرثرة.

gab·bro [găb′rō] *(n.)* الغابرو: صخر ناريّ خشن.

gab·by [găb′ĭ] *(adj.)* مِهذار؛ ثرثار.

ga·belle [gə bĕl′] *(n.)* القَبالة: ضريبة الملح [في فرنسا قديمًا].

gab·er·dine [găb′ər dēn′] *(n.)* (١) الغَبَرْدِينيّة: سِترة طويلة كان اليهود يرتدونها في القرون الوسطى (٢) «أ» السَّمَق: ثوب خارجيّ فضفاض يرتديه العمال. «ب» ثوب؛ رداء (٣) gabardine.

gab·fest [găb′fĕst′] *(n.)* (١) اجتماع غير رسمي (٢) محادثة طويلة.

ga·bi·on [gā′bĭ ən] *(n.)* الصِّماد: سلّة تُملأ بالأتربة وِقاءً للجند.

ga·ble [gā′bəl] *(n.)* الجَملون: الجزء الأعلى، المثلَّث الزوايا، من جدارٍ مُكتنَفٍ بسطحَيْن مُتحدِّرَيْن (عم).

gable

ga·bled [gā′bəld] *(adj.)* مُجَمْلَن: ذو جَملون أو أكثر.

gable roof *(n.)* السَّقف المُجَمْلَن (را. gable).

ga·by [gā′bĭ] *(n.)* الغَبيّ؛ المُغَفَّل؛ السّاذَج (عب).

gad[1] [găd] *(n.)* (١) إزميل (٢) مِنْخَس (٣) عصًا؛ قضيب.

gad[2] *(vi.)* يَتَسَكَّع؛ يَهيم.

gad·about [găd′-] *(n.; adj.)* (١) المُتَسَكِّع § (٢) مُتَسَكِّع.

gad·a·rene [găd′ə rēn′] *(adj.)* مُتَهَوِّر؛ طائش؛ عاجِل.

gad·fly [găd′flī] *(n.)* النُّعَرَة: «أ» ذبابة ماصّة للدم. «ب» شخص مُزعِج.

gadfly a.

gad·get [găj′ĭt] *(n.)* الأُوَيْلَة: أداة ألكترونية صغيرة رائعة الابتكار.

gadg·e·teer [găj′ə tēr′] *(n.)* الأُوَيْليّ: المُولَع باستخدام الأُوَيْلات.

ga·doid [gā′doid] *(adj.; n.)* (١) قُدِّيّ: منسوب إلى سمك القُدّ (٢) قُدّانيّ: شبيهٌ بسمك القُدّ § (٣) القُدِّيّة: سمكة من فصيلة القُدِّيّات.

gad·o·lin·i·um [găd ə lĭn′-] *(n.)* الغادولينيوم (ك).

ga·droon [gə drōōn′] *(n.)* الغَدْرُونة: حِلْية معمارية مُحَدَّبة.

gad·wall [găd′wôl′] *(n.)* السَّمارِيّة: بطّة نهرية.

Gael [gāl] *(n.)* الغَيْليّ: «أ» أسكتلنديّ من سكّان المرتفعات. «ب» سَلْتيّ من سكّان إيرلندا أو أسكتلندا.

Gael·ic [gā′lĭk] *(adj.; n.)* (١) غَيْليّ: منسوب إلى الغَيْليّين أو إلى لُغتِهم § (٢) الغَيْلِيّة: لغة الغَيْليّين.

gaff[1] [găf] *(n.; vt.)* (١) الغاف: «أ» رمح لطعن الأسماك أو السلاحف. «ب» خُطّاف لرفع الأسماك الثقيلة. «ج» مهماز لديك المصارعة. «د» كُلّاب الجزّار (٢) القَرِيّة: عارضة يمدَّد عليها رأس الشراع (٣) «أ» خِداع. «ب» حيلة (٤) معاملة خشنة (٥) غلطة أو زلّة [في السلوك الاجتماعيّ أو العمل الديبلوماسيّ] § (٦) يحتال؛ يتحايل؛ يتلاعبُ بِـ.

to blow the ~, يفشي السرّ إلخ؛ يبلِّغ عن.

to stand the ~, يتحمّل المشاقّ إلخ.

gaff[2] *(n.)* مسرح رخيص؛ ملهًى رخيص.

gaffe [găf] *(n.)* غلطة أو زلة [في السلوك الاجتماعيّ].

gaf·fer [găf′ər] *(n.)* (١) عجوز؛ شيخ (٢) «أ» المُسْتَخْدِم: رَبُّ العمل (بر). «ب» كبير [أو ناظر] العُمّال (بر) (٣) أبٌ (ع).

gag [găg] *(vt.; i.; n.)* (١) يَكْعَم: يَسُدّ الفمَ بالكِعام (٢) يُسْكِت: يحول دون حرية الكلام (٣) يَخْنُق (٤) يُقَيِّئ: يحمله على التَّقَيُّؤ x (٥) يختنق؛ يَغَصّ (٦) يتقيّأ (٧) يشمئزّ من (٨) يتبادل النُّكات § (٩) الكِعام: شيء يُقحَم في الفم لإبقائه مفتوحًا أو لمنعِهِ من الكلام أو الصُّراخ (١٠) cloture (١١) القَيْد: وسيلة أو عملٌ لتقييد حريّة الرأي (١٢) الأُفكوهة: ملاحظة أو عملٌ مُثيرانِ للضحك (١٣) حيلة؛ خدعة؛ مزحة خادعة.

ga·ga [gä′gä′] *(adj.)* (١) معتوه؛ مخبول (٢) متيَّم؛ مفتون.

gage[1] [gāj] *(n.)* (١) رمز التَّحدّي. وبخاصة: قُفّاز [أو قُبَّعة] يُقْذَف به على الأرض طلبًا للمبارزة (٢) رهن؛ ضمان.

gage[2] *(n.)* = gauge.

gag·gle [găg′əl] *(n.)* (١) قطيع (٢) جماعة (٣) مجموعة.

gag rule *(n.)* القاعدة المُقَيِّدة: أيُّ قاعدةٍ موضوعة لتقييد حرية المناقشة أو التعبير وبخاصة في هيئة تشريعية.

gahn·i·te [gä′nīt] *(n.)* الغانيت: معدن أخضر داكن.

gai·e·ty [gā′ə tĭ] *(n.)* (١) عد *pl.*: مَسَرّات؛ مباهج <the *gaieties* of the New Year season> (٢) ابتهاج؛ مَرَح (٣) أناقة.

gail·lar·di·a [gä lärʹdĭ ə] *(n.)* الغَيْرَدِيَّة؛ النّاعورة: نبات أميركي من الفصيلة المركَّبة.

gai·ly [gāʹlĭ] *(adv.)* بابتهاج؛ بِمَرَح.

gain [gān] *(n.; vt.; i.)* (١) كَسْبٌ؛ رِبح (٢) ازدياد؛ تعاظم [في المقدار أو الحجم أو الدرجة] (٣) الكَسْب (ألك) § (٤) «أ» يكسب؛ يربح. «ب» ينال؛ يفوز بِـ. «ج» يُكْسِب. «د» يبلغ؛ يصل إلى <The swimmer ~*ed* the shore.> (٥) يَلفِت <to ~ attention> (٦) يكتسِب؛ يزداد <to ~ speed> (٧) «تقدّم» الساعةُ <~*s* a minute a day> **x** (٨) «أ» يزداد؛ يتعاظم. «ب» يَسْمن. «ج» تتحسَّن صحتُهُ.

to ~ ground (١) يُحرز تقدّمًا (٢) يصبح أكثر شيوعًا.

to ~ on *or* upon (١) يزداد قربًا منه حتى يَلْحق به (٢) ينطلق بسرعة أعظم؛ يزداد بعدًا عن (٣) يتقدَّم تدريجيًا غامرًا جزءًا من اليابسة.

to ~ the upper hand يفوز؛ ينتصر.

gain·er [gāʹ-] *(n.)* (١) الكاسب؛ الرابح (٢) ضرب من الغوص.

gain·ful [-ʹfəl] *(adj.)* مُربح <a ~ occupation>.

gain·less [-ʹləs] *(adj.)* خاسر <a ~ enterprise>.

gain·ly [-ʹlĭ] *(adj.)* (١) رشيق (٢) بَهِيّ؛ وسيم.

gain·say [-ʹsā] *(vt.)* (١) يُنْكِر (٢) يخالف؛ يناقض (٣) يقاوم.

gait [gāt] *(n.; vt.)* (١) «أ» مِشْية. «ب» طريقة العَدْو (٢) سرعة الإنتاج أو نسبتُهُ § (٣) يُدرِّب على مِشية خاصةٍ أو طريقةِ عَدْوٍ خاصةٍ.

gait·ed [gāʹtĭd] *(adj.)* ذو مشية [أو طريقة عَدْوٍ] خاصّة <slow-*gaited*>.

gait·er [gāʹtər] *(n.)* الغَيْتَر: «أ» المِسْماة؛ الطِّماق: كساء للسّاق. «ب» حذاء نِصفيّ مطّاط الجانبين، لا يتجاوز أعلاه الكاحلَ. «ج» وقاء يُلْبَس فوق الحذاء مصنوعٌ جزؤه الأعلى من نسيج.

gal [găl] *(n.)* فتاة؛ امرأة.

ga·la [gāʹlə; găʹlə; gäʹlə] *(n.)* مِهرَجان؛ احتفال.

galact- *or* **galacto-** بادئة معناها: حليب؛ لبن.

ga·lac·tic [gə lăkʹ-] *(adj.)* (١) مَجَرّيّ (را. galaxy) (٢) ضخم جدًا.

ga·lac·to·poi·e·sis [gə lăkʹtə poi ēʹ-] *(n.)* تكوُّن اللّبن وَدَرُّه.

ga·lac·tose [gə lăkʹtōsʹ; -tōzʹ] *(n.)* الغلاكتوز؛ سكّر اللَّبن (كح).

ga·lac·to·syl [-ʹtə sĭlʹ] *(n.)* الغلاكتوسيل (كح).

ga·la·go [gə lāʹgō] *(n.)* = bush baby.

gal·ant·ine [găʹən tēnʹ] *(n.)* الغَلَنتين: طبق من سمك أو لحم بارد.

ga·lan·ty show [gə lănʹtĭ] *(n.)* = shadow play.

gal·a·vant [găʹə vănt ʹ] *(vi.)* = gallivant.

ga·lax [gāʹlăks] *(n.)* الغَلَكْس (نب).

gal·ax·y [găʹək sĭ] *(n.)* (١) *cap.* ك: المجَرَّة (فل) (٢) الكوكبة: حشدٌ من أشخاص [أو أشياء] لامعين أو بارزين.

gal·ba·num [găʹbə nəm] *(n.)* الجِلْبِينة: راتينج صَمغيّ.

gale [gāl] *(n.)* (١) عاصفة (٢) ريح هوجاء (٣) نوبة؛ انفجار <a ~ of laughter> (٤) الأُجرة الدَّوريّة: أُجْرة مَسْكَن تُدفع دوريًّا.

ga·le·a [gāʹlĭ ə] *(n.)* (١) القَلَنْسُوة: جزء من التُّويج شبيهٌ بالقبَّعة (نب) (٢) الخُوذة: جزء من الفكّ عند بعض الحشرات.

ga·le·na [gə lēʹnə] *(n.)* الغالِيْنة: كبريتيد الرَّصاص.

Ga·len·ic [gā lĕnʹ-] *(adj.)* جالينوسي: خاصّ بجالينوس أو مذهبه الطبّيّ.

ga·len·i·cal [-ʹĭ kəl] *(adj.)* الجالينوسيّ: كل علاج مُعَدٍّ من أعشاب.

Ga·len·ism [gāʹlə-] *(n.)* الجالينوسيّة: مذهب جالينوس الطبّيّ.

ga·lère [gă lârʹ] *(n.)* الطَّبقة: مجموعة من نوع واحد.

gal·i·le·an [gălʹə lēʹən] *(adj.)* غاليليّ: منسوب إلى غاليليو Galileo.

gal·i·lee [gălʹə lēʹ] *(n.)* مُصَلًّى [عند مدخل كنيسةٍ إنكليزية].

gal·i·ma·ti·as [gălʹə māʹshĭ əs; -mătʹĭ əs] *(n.)* هُراء.

gal·in·gale [gălʹin gālʹ] *(n.)* الخُولَنجان: نبات عطِر الجذر.

gal·i·ot [gălʹĭ ət] *(n.)* = galliot.

gal·i·pot [gălʹə pŏtʹ] *(n.)* القَلَفونيّة: صَمْغ الصَّنوبر.

gall[1] [gôl] *(n.)* (١) «أ» المِرَّة؛ الصَّفراء. «ب» المُرّ: شيء مرير يَصْعب احتمالُه. «ج» حِقْد؛ ضَغينة؛ سخط؛ غضب (٢) وَقاحة.

gall[2] *(n.)* (١) قَرْحٌ جلديّ (٢) السُّخط؛ الغضب.

gall[3] *(vt.; i.)* (١) يُقَرِّح أو يُبلي بالحَكّ (٢) يَغيظ؛ يُسْخط؛ يثير (٣) harass **x** (٤) يتقرَّح أو يَبْلَى بالحَك.

gall[4] *(n.)* العَفصة: انتفاخ في نسيج النبات ناشئ عن الفُطور أو الطُّفَيْليّات.

gal·lant[1] [gə lăntʹ] *(n.)* (١) شاب أنيق (٢) «أ» الزِّير (را. ladies' man). «ب» طالبُ يد المرأة. «ج» paramour.

gal·lant[2] [gălʹənt] *(adj.)* (١) أنيق: حَسَن البِزّة (٢) فَخْم (٣) شُجاع (٤) شَهْم؛ نبيل (٥) متودِّدٌ إلى النساء.

gal·lant[3] [gə lăntʹ] *(vt.; i.)* (١) يُغازل (٢) يتودَّد إلى النِّساء.

gal·lant·ry [gălʹ-] *(n.)* (١) كياسةٌ بالغة (٢) تودُّد إلى النساء (٣) جُرأة.

gall·blad·der [gôlʹ-] *(n.)* المرارة؛ الحُوَيْصلة الصَّفراوية (ت).

gal·le·ass [gălʹĭ ăs] *(n.)* الغَلْياس: سفينة حربية شِراعيّة ضخمة ذات مجاذيف [القرن ١٦ و١٧].

gal·le·on [gălʹĭ ən] *(n.)* الغَلْيون: سفينة شراعية ضخمة [حربيّة وتجاريّة].

galleon

gal·le·ry [gălʹə rĭ; gălʹrĭ] *(n.)* (١) «أ» بهوٌ معمَّد. «ب» رواق (٢) «أ» شرفة خارجية. «ب» منصَّة [في مؤخَّر السفينة إلخ] (٣) دِهليز [في منجم] (٤) السَّرَب: ممرّ تحتفرهُ الحشرة في الخشب (٥) «أ» صالة عَرض [للأعمال الفنّية]. «ب» دار العرض: مؤسسة تَعرِض أو تَتّجِر بالأعمال الفنّية (٦) شُرفة المسرح. وبخاصة: الشرفة العليا ذات المقاعد الأكثر رُخصًا (٧) جمهور النظّارة في هذه الشُّرفة (٨) الجمهور غير المُميِّز (٩) إسْتديو المصوِّر الفوتوغرافيّ.

gal·ley [găl′ĭ] *(n.)* (١) القادِس : سفينة شِراعية كبيرة ذات مجاذيف (٢) مطبخ السَّفينة أو الطائرة (٣) «أ» لوح الطِّباعة : صينيّة فولاذية مُستطيلة تُحمَل عليها الأحرُف الطِّباعية المُنَضَّدة . «ب» galley proof.

galley 1.

galley 3a.

galley proof *(n.)* التَّجربة اللوحية : «بروفة» تُسحب عن الأحرف الطِّباعية المنضَّدة على لوح طباعي قبل تقطيعها إلى صفحات .

galley slave *(n.)* (١) عَبْد القادِس ؛ رقيق القادس : شخص يُحكم عليه بالتجذيف في قادِس (را . galley *1*) (٢) الكادح : الكاسبُ رِزقَهُ بعرق جبينِه .

galley–west [găl′ĭ wĕst′] *(adv.)* تمامًا ؛ كليةً ؛ بصورة مهلِكة أو مؤدية إلى فوضى شاملة <Trade was knocked ~.> .

gall·fly [gôl′flī′] *(n.)* الآبرة ؛ القِنْفِشة ؛ ذُبابة العَفْص .

gal·liard [găl′yərd] *(n.)* الغَلْيارة : رقصة قديمة مَرِحة .

Gal·lic [găl′ĭk] *(adj.)* غاليّ : خاصّ ببلاد الغال أو فرنسا .

Gal·li·can [-′ə kən] *(adj.)* (١) Gallic (٢) غاليكانيّ (را . المادة التالية) .

Gal·li·can·ism *(n.)* الغاليكانيّة : حركة نشأت في فرنسا ودعت إلى استقلال الكنيسة الإداريّ عن سيطرة البابا .

gal·li·cism [găl′ə sĭz′əm] *(n. often cap.)* (١) مصطلح أو تعبير فرنسيّ [مُستخدم في لغة أُخرى] (٢) سِمة فرنسية .

gal·li·cize [găl′ə sīz′] *(vt.; i.)* (١) يُفَرْنِس x (٢) يَتَفَرْنَس .

Gal·li·for·mes [găl ĭ fôr′mēz] *(n. pl.)* رُتبة الدجاج .

gal·li·gas·kins [găl′ə găs′-] *(n. pl.)* (١) السِّروال : بنطلون قصير فضفاض (٢) الطِّماق : كساءٌ للسّاق من جلدٍ أو قماش .

gal·li·na·ceous [găl′ə nā′-] *(adj.)* دَجاجيّ : خاصّ برُتبة الدَّجاج .

gall·ing [gôl′lĭng] *(adj.)* مُزعِج ؛ مُسْخِط ؛ مثيرٌ للحُنق .

gal·li·nip·per [găl′ə-] *(n.)* الغَلْنِبْرِيّة : بعوضة أميركية ضخمة .

gal·li·nule [găl′ə nōōl′] *(n.)* الفُرْفُر ؛ السُّحنون : طائرٌ مُخوِّض .

gal·li·ot [găl′-] *(n.)* الغاليوت : سفينة شِراعيّة صغيرة ذات مجاذيف .

gal·li·um [găl′-] *(n.)* الغاليوم : عنصر فِلِزّيّ فضيّ البياض (ك) .

gal·li·vant [găl′ə vănt′] *(vi.)* (١) يُرافق الجنسَ الآخَرَ [وبخاصةٍ في تباهٍ وطيش] (٢) يسافر أو يتجوَّل [طلبًا للمتعة] .

gall midge *(n.)* ذُبابة العَفْص .

gall mite *(n.)* عُثّة العَفْص .

gall·nut [gôl′nŭt′] *(n.)* العَفْصة الجَوزيّة : عَفْصة شبيهة بالجوز .

gal·lon [găl′ən] *(n.)* الغالون : مقياس للسوائل يساوي ٢٣١ إنشًا مكعبًا .

gal·lon·age [-′ə nĭj] *(n.)* الغالونيّة : المقدار مَقِيسًا بالغالونات .

gal·loon [gə lōōn′] *(n.)* الخَرْج ؛ الزَّرْكَش : شريط زينيّ لأطراف الثياب مصنوعٌ من مُخرَّمات أو مطرَّزات إلخ .

gal·lop [găl′əp] *(vi.; t.; n.)* (١) يجري بالجواد عَدْوًا (٢) يعدو بسرعة x (٣) يجعله يعدو بسرعة (٤) يَنقُل بسرعة § (٥) العَدْو : جَرْيُ الجواد بسرعة (٦) جَرْيٌ سريع (٧) اندفاع .

gal·lo·pade [găl′ə pād′] *(n.)* = galop.

gal·lop·ing *(adj.)* مُتسارع : مُتنامٍ بسرعة <~inflation> .

Gal·lo·way [găl′ə wā] *(n.)* الغَلَويّة : بَقَرة أُسكتلنديّة الأصل .

gal·lows [găl′ōz] *(n.; adj.)* (١) مِشنقة (٢) كلّ هيكلٍ قائم ذي قطعة متعارضة (٣) gallus § (٤) مستحِقٌّ الإعدامَ شنقًا .

gallows bird *(n.)* مُستحِقُّ الشَّنق : شخص يستحقّ الإعدام شنقًا .

gallows tree *(n.)* مِشْنقة .

gall·stone [gôl′stōn′] *(n.)* = bilestone.

gal·lus [găl′əs] *(n.)* حِمالة البِنطال : حِمالة تُطرَح على الكتِف ويُشَدّ طرفاها إلى أزراره .

gall wasp *(n.)* زُنبور العَفْص : حشرة تُحْدِث عَفْصةً (را . gall [4]) في أنسجة النَّبات .

gal·ly [găl′ĭ] *(vt.)* يُفزِع ؛ يُروِّع .

ga·loot [gə lōōt′] *(n.)* شخص . وبخاصةٍ : شخص غريب أو أحمق (ع) .

ga·lop [găl′əp] *(n.)* الغُلُبّ : رقصة مرحةٌ أو موسيقاها .

ga·lore [gə lōr′] *(adj.; adv.; n.)* (١) وافر § (٢) بوَفْرة § (٣) وَفْرة .

ga·losh [gə lŏsh′] *(n.)* الجُرْموق ؛ الكَلُوش : حذاء فوقيّ مطّاطيّ يُلبس فوق الحذاء العاديّ .

ga·lumph [gə lŭmf′] *(vi.)* يمشي بتثاقل .

gal·van·ic [găl văn′ĭk] *(adj.)* (١) كَلْفانيّ ؛ غلوانيّ : «أ» مُحْدِثٌ تيارًا كهربائيًا بالتفاعل الكيميائيّ . «ب» خاص بالتيار الكهربائيّ أو ناشئ عنه (٢) مُثير (٣) صاعِق (٤) عَصَبيّ .

gal·va·nise [găl′və nīz′] *(vt.)* = galvanize.

gal·va·nism [-nĭz′əm] *(n.)* (١) الكَلْفانية ؛ الغلوانية : «أ» كهرباء مُحْدَثَة بالتفاعل الكيميائي . «ب» فرع من الفيزياء يُعنى بهذا الضرب من الكهرباء . «ج» استخدام هذا الضرب من الكهرباء في الأغراض الطبية (٢) نشاط حَيَويّ .

gal·va·ni·za·tion [-nĭ zā′shən] *(n.)* الكَلْفَنَة ؛ الغَلْوَنة .

gal·va·nize [-′və nīz′] *(vt.; i.)* (١) يُكَلْفِن ؛ يُغَلْوِن : يُخضع لفعل تيارٍ كهربائيّ (٢) يثير ؛ يُكَهْرِب ؛ يَصْعَق (٣) يَطلي بالزِّنك x (٤) يَتَكَهْرَب .

galvanized iron *(n.)* الحديد المُكَلْفَن أو المُغَلْوَن .

galvano- بادئة معناها : تيّار كَلْفانيّ أو غَلْوانيّ .

gal·va·nom·e·ter [găl′və nŏm′ə tər] *(n.)* المِقياس الكَلْفانيّ .

galvanometer

gal·va·nom·e·try *(n.)* المِقياسيّة الكَلْفانيّة .

gal·va·no·scope [găl′və nə-] *(n.)* المِكشاف الكَلْفانيّ .

gal·yak [găl′yăk] *(n.)* الغَلْياك : فرو الحَمَل .

gam [1] [găm] *(n.)* (١) رِجل (ع) (٢) «أ» زيارة . «ب» حديث وُدّيّ على شاطئ البحر (٣) رَعيل الحيتان : مجموعة من الحيتان .

gam [2] [găm] *(vi.; t.)* (١) يتحادث (٢) يتزاوَر x (٣) يزور (٤) يُحدِّث (٥) يُنفق [الوقتَ] مُتحدِّثًا .

gam- *or* **gamo-** بادئة معناها : «أ» مُتَّحد . «ب» تناسليّ .

gam·ba·do[1] [găm bā'dō] *(n.)* الرِّكاب الجلديّ: حذاء، أو طِماق، طويل يُعلَّق بجانبي السَّرج لوقاية قدَمَي الفارس ورجلَيْه من البَلَل أو البرد.

gam·ba·do[2] *(n.)* (١) وَثْبة فَرَسٍ (٢) وَثْب؛ طَفْر؛ مَرَح.

gam·bit [găm'bĭt] *(n.)* (١) الافتتاحية: «أ» افتتاح لَعِب الشَّطرنج بالمغامرة بِبَيْدق ثانويّ أو أكثر تحسينًا لمركز اللاعب. «ب» ملاحظة يُراد بها استهلال المحادثة (٢) خِدعة؛ مُناوَرة.

gam·ble [găm'bəl] *(vi.; t.; n.)* (١) «أ» يقامر. «ب» يراهن. «ج» يضارب (٢) يغامر بـ **x** (٣) مُقامَرة (٤) «أ» مُغامرة. «ب» شيء غير مضمون النتائج. § — **gam·bler** *(n.)*

gam·bling [găm'blĭng] *(n.)* القِمار؛ المَيْسِر.

gam·boge [găm bōj'] *(n.)* (١) الصَّمغ الكامبودي: صمغ يُستخرج من بعض أشجار كمبوديا وتايلند (٢) لون أصفر فاقع.

gam·bol [găm'bəl] *(n.; vi.)* (١) وثبٌ؛ طَفْرٌ § (٢) يَطْفِر مَرَحًا.

gam·brel [găm'brəl] *(n.)* (١) المِعلاق: عصًا أو قَضيب حديديّ لتعليق الذَّبيحة (٢) عُرقوب الفرس وغيره.

gambrel roof *(n.)* السَّقْف المنكسِر: سقفٌ كلُّ جانب من جانبيه ثُنائيّ الانحدار (عم).

game[1] [gām] *(n.; vi.)* (١) لَهْو؛ لَعِبٌ (٢) «أ» لُعْبة. «ب» أداة لَعِب (٣) مَزْحة (٤) «أ» خطّة؛ طريقة. «ب» خدعة؛ حيلة. «ج» مهنة؛ صناعة (٥) «أ» مباراة. «ب» جزء من مباراة. «ج» عدد النقط الضروري للفوز. «د» طريقة اللعب في مباراة. «هـ» قواعد لعبة ما (٦) «أ» الطرائد أو لحمها. «ب» الصَّيْد: حيوانات مَصِيدة (٧) موضوع سخرية أو نقد § (٨) يُقامر.

The ~ is up. لقد أخفقت الخطة.
to die ~, يَثْبت أو يصمد حتى النهاية.
to have the ~ in one's hands يكون واثقًا من الفوز.
to make~of يهزأ به؛ يجعله موضوع سخرية.
to play the ~, (١) يلتزم القواعد أو القوانين (٢) يتصرَّف بطريقة مشرِّفة.

game[2] *(adj.)* (١) مصمِّم؛ ثابت العزم <He was ~ to the end.> (٢) طَرَديّ: خاصّ بالصيد <~laws>.

game[3] *(adj.)* أعرج؛ عرجاء <a ~ leg>.

game bird *(n.)* الطريدة: طائر يصاد لِلَحْمِهِ أو على سبيل الرياضة.

game·cock [gām'kŏk'] *(n.)* ديك المصارعة.

game·keeper [-'kē'pər] *(n.)* حارس الطرائد: شخص مكلَّف بحماية الطَّرائد ومَنْع الناس من اصطيادها في عِزبة أو أملاك ريفيّة.

game·ly [gām'lĭ] *(adv.)* بشجاعة؛ ببسالة.

game·ness [gām'nəs] *(n.)* شجاعة؛ بسالة.

game point *(n.)* النُّقطة الحاسمة [المؤدّية لكسب المباراة].

games·man·ship [gāmz'-] *(n.)* الألْعُبانيَّة: فنّ الفوز بالمباريات الرياضيّة بأساليب مُريبة من غَيْر خَرْق فعْليّ لقواعدها.

game·some [gām'səm] *(adj.)* مَرِح؛ لَعُوب.

game·ster [gām'stər] *(n.)* المقامِر.

gamet- *or* **gameto-** بادئة معناها: مَشِيج.

gam·e·tan·gi·um [găm'ə tăn'jĭ əm] *(n.)* pl. **-gi·a** خَلِيَّة الأمشاج: خليَّة أو عضوٌ تتكوَّن فيهما الأمشاج (أح).

gam·ete [găm'ēt] *(n.)* المشيج: خلية جرثومية ناضجة إذا اتحدت بخليَّة جرثومية أخرى كوَّنت فردًا جديدًا (أح).

ga·met·ic [gə mĕt'ĭk] *(adj.)* مَشيجيّ (أح).

ga·me·to·cyte [gə mē'tə sīt'] *(n.)* الخليّة المشيجيّة: خلية تنقسم لتُحدِث أمشاجًا (أح).

gam·e·to·gen·e·sis [găm'ə tō jĕn'-] *(n.)* تكوُّن الأمشاج (أح).

ga·me·to·phore [gə mē'tə fōr'] *(n.)* حامل الأمشاج (نب).

ga·me·to·phyte [gə mē'tə fīt'] *(n.)* النابت المَشِيجيّ: جزء النبات الذي تكون فيه الأمشاج (نب).

gam·ic [găm'ĭk] *(adj.)* تناسليّ؛ مُتطلِّبٌ إلقاحًا.

gam·i·ly [gām'ĭ lĭ] *(adv.)* ببسالة؛ بِشجاعة إلخ.

gam·in [găm'ĭn; gȧ măn'] *(n.)* ولدٌ مُتشرِّد.

gam·ing [gā'mĭng] *(n.; adj.)* (١) القِمار § (٢) قِماريّ؛ مَيْسِريّ.

gam·ma[1] [găm'ə] *(n.)* (١) الجيم؛ جَمّا؛ غامّا: الحرف الثّالث من حروف الأبجدية اليونانية (٢) درجة المُغايَرَة [في صورة فوتوغرافية مظهَّرة أو في صورة تلفزيونية] (٣) الغامّا: وحدة الشِّدّة المغنطيسية (٤) microgram.

gam·ma[2] *(adj.)* جيميّ: ثالثٌ من حيث ترتيبُهُ.

gamma rays *(n. pl.)* الأشعّة الجيميّة؛ أشعّة جَمّا (فزن).

gam·mer [găm'ər] *(n.)* امرأة عجوز (ا. ق).

gam·mon[1] [găm'ən] *(n.)* الجَمُّون: فَخذ خِنزير مقدَّدٌ أو مُدَخَّن.

gam·mon[2] *(n.; vt.)* (١) النَّرْد: لعبة الطاولة (٢) «المَرْس» [في لعب النرد] § (٣) يَغْلِبُه «مَرْسًا».

gam·mon[3] *(n.; vi.; t.)* (١) هُراء؛ كلام خادع § (٢) يَهْذِر؛ يلغو؛ ينطق بهُراء خادع (٣) يتظاهر بـ **x** (٤) يَخْدع.

gam·mon[4] *(vt.)* يَشُدّ الدَّقَل المائل bowsprit إلى مقدّم السَّفينة.

gam·o·gen·e·sis [găm'ə jĕn'ə sĭs] *(n.)* التَّناسل.

gam·o·ge·net·ic [găm'ō jə nĕt'ĭk] *(adj.)* تناسُليّ.

gam·o·pet·al·ous [găm'ə pĕt'ə ləs] *(adj.)* مُتَّحِد البَتَلات (نب).

gamopetalous flower

gam·o·phyl·lous [găm'ə fĭl'əs] *(adj.)* مُتَّحد الأوراق (نب).

gam·o·sep·al·ous [-sĕp'ə-] *(adj.)* مُتَّحد السَّبَلات (نب).

gamp [gămp] *(n.)* مِظلَّة كبيرة.

gam·ut [găm'ət] *(n.)* (١) سُلَّم النَّغَم (مو) (٢) السُّلَّم: المدى الكامل.

gam·y *or* **gam·ey** [gā'mĭ] *(adj.)* (١) جسور؛ شُجاع (٢) «أ» فاسد: ذو

ă at; ā date; â care; ä car; ĕ egg; ē me; ĭ in; ī bite; ŏ lot; ō bone; ô orphan; oi boil; o͝o good; o͞o boot; ou out; ŭ under; û urgent; ə = *a* in alone, *e* in system, *i* in easily, *o* in gallop, *u* in circus.

طعم كطعم لحم الطيور الموشِك على الفساد. «ب» نتِن (٣) مُريب؛ فاسد؛ سيِّئ السُّمعة (٤) مكشوف؛ مثير؛ غير مُحتشم.

-gamy لاحقة معناها: زواج <poly*gamy*>.

gan·der[1] [găn′dər] *(n.)* (١) ذَكَر الإوز (٢) السّاذَج؛ المغفَّل.

gan·der[2] *(vi.)* يتسكَّع؛ يَهيم على وجهه.

gan·der[3] *(n.)* نظرة؛ نظرة خاطفة.

gang[1] [găng] *(n.; vt.; i.)* (١) «أ» عُدَّة. «ب» مجموعة؛ طاقم؛ «طقم» <a ~ of saws> (٢) «أ» جماعة [من العمال إلخ]. «ب» عصابة § (٣) يهاجم [على طريقة العصابات] (٤) يطقِّم: يركِّب أو يُعمل [أجزاء ميكانيكية أو ألكترونية] على نحو جماعي <circuits *~ed* together by gears> **x** (٥) يشكِّل جماعة أو عصابة [أو يعمل على هذا النحو].

gang[2] [găng] *(vi.)* يمضي؛ يذهب؛ يَرْحل (إسك).

gang·bust·er [găng′bŭs′tər] *(n.; adj.)* (١) مُهَشِّم العصابات: من يستخدم العنف ضد العصابات الإجراميّة § (٢) متفوِّق؛ متميِّز؛ كبير النجاح.

gang·er [găng′ər] *(n.)* كبير العُمّال؛ مقدَّم العُمّال [أو ناظرهم].

gang hook *(n.)* الصِّنّارة المركَّبة [من عدّة صنانير ملتحمة].

gang·land [găng′lănd′] *(n.)* عالَمُ الجريمة.

gan·gling *(adj.)* فارع الطُّول [على نحو غير مُستَحبّ].

gan·gli·on [găng′glĭ-] *(n.)* pl. **-gli·a** *also* **-gli·ons** (١) «أ» عُقْدة. «ب» عُقْدة أو كتلة عصبيّة (ت) (٢) القلب: مركز قوةٍ أو نشاط.

gang·plank [găng′plăngk′] *(n.)* المِعْبَر: لوح خشبيّ يُستخدم للعبور من المركب إلى البرّ.

gan·grene [găng′grēn] *(n.; vt.; i.)* (١) الغَنْغَرينا؛ الأُكال؛ المَوات (٢) شرّ مُهْلِك § (٣) يُغَنْغِر: يجعله غنغرينيًّا **x** (٤) يتغَنْغَر.

— gan·gre·nous *(adj.)*

gang·ster [găng′stər] *(n.)* قاطع الطريق: عضو في عصابة.

gangue [găng] *(n.)* السَّقَط؛ الشَّوائب المعدِنية: صخور عديمة القيمة متضمّنة معادن ثمينة (جي).

gang·way [-wā′] *(n.)* (١) مَجاز. وبخاصة: ممرّ مؤقَّت مؤلّف من ألواح خشبية (٢) «أ» أيّ من جانبي سطح السفينة الأعلى. «ب» gangplank (٣) المَمَرّ: «أ» مَمْشًى بين كراسي كنيسة أو قاعة أو قطار. «ب» مدخلٌ رئيسيّ إلى مَنْجم. «ج» مجاز يفصل المقاعد الأمامية عن المقاعد الخلفية في مجلس العموم البريطانيّ. «د» ممرّ سالكٌ [وسطَ حشدٍ].

gan·is·ter [găn′ĭs tər] *(n.)* الحَيْدار؛ الغَنْسَطر: صخر سِليكونيّ.

gan·net [găn′ĭt] *(n.)* الأَطَيْش: طائر بحريّ يقتات بالأسماك.

gannet

gant·let[1] [gănt′lət; gônt′lət] *(n.)* = gauntlet.

gant·let[2] *(n.)* الاعتوار: قصاص عسكري سابق كان يحكم فيه على الجندي بأن يمرَّ بين صفَّين متقابلين من الجند الذين يضربونه أثناء ذلك بالعصيّ وما إليها.

gant·let[3] *(n.; vt.)* (١) المتداخل: جزء من السّكّة الحديدية، في نَفَقٍ أو فوق جسر، يتّحد فيه الخطّان في خطٍّ واحد § (٢) يُداخِل: يُوحِّد خطَّين من خطوط السّكّة الحديدية في خطٍّ واحد.

gantlet[3] *1.*

gan·try [găn′trĭ] *(n.)* (١) مِسْنَد خشبيّ للبراميل (٢) القَنْطَرة: «أ» إطار شبيه بالجسر تتحرَّك فوقَهُ الرافعة المُتَنقِّلة. «ب» إطار مماثلٌ مُزَوَّدٌ بمجموعة من الإشارات الخاصّة بالسِّكّة الحديدية.

gantry *2b.*

Gan·y·mede[1] [găn′ə mēd′] *(n.)* (١) غانيميد: ساقي الآلهة (مث) (٢) السّاقي: ساقي الخمر (٣) أحد أقمار المشتري الأربعة الكبرى.

gaol [jāl] *(n.; vt.) chiefly Brit.* = jail.

gap [găp] *(n.; vt.; i.)* (١) فَجْوة؛ ثُغْرة؛ فُرْجة (٢) «أ» الشِّعب: ممرّ في جبل. «ب» ravine (٣) فُرجة الشّرارة (كب) (٤) انقطاع في التسلسل (٥) تفاوُت؛ لاتكافؤ (٦) هُوَّة؛ فَجْوَة § (٧) يُحدِث ثغرةً في... **x** (٨) يَنشَق. to bridge the ~, يَجْسُر: يسدّ الثغرة أو النقص.

gape [gāp] *(vi.; n.)* (١) «أ» يَفْغر فمه. «ب» ينفرج؛ ينشقّ (٢) يحدِّق فاغرًا فاه (٣) يتثاءَب § (٤) «أ» تثاؤب. «ب» تحديق مع فتح الفم: انشداه (٥) ثغرة؛ فجوة (٦) الفَغْر: «أ» عَرْض الفم المفتوح. «ب» عَرْض فتحةٍ ما (٧) *pl.*: «أ» الشُّهاق: مرض يُصيب الدجاج. «ب» نوبة تثاؤب.

gape·seed [gāp′sēd′] *(n.)* (١) الشّادِه: كلّ ما يبعث على التَّحديق المشدوه (عب) (٢) المشدوه: شخص يُحدِّق وهو فاغرٌ فَمَهُ (عب).

gape·worm [-′wûrm′] *(n.)* الدودة الحمراء: دودة سِلْكية تُصيب الدَّجاج بالشُّهاق (را. gape 7).

gap·ing [gā′pĭng] *(adj.)* بليغ؛ مُنْفَغِر: عميق وواسع.

gap·py [găp′ĭ] *(adj.)* مُنْثَغِر: مَليء بالثَّغرات؛ يُعْوِزُهُ التَّرابط أو التَّسلسل.

gap·y [gā′pĭ] *(adj.)* مَشْهوق: مُصاب بالشُّهاق.

gar [gär] *(n.)* الخَرْمان؛ أبو مِنقار؛ الشَّكْب (سمك).

gar

ga·rage [gə räzh′] *(n.; vt.)* (١) مَرْأَب § (٢) يؤوي في مَرْأَب.

garb [gärb] *(n.; vt.)* (١) زِيّ (٢) كِساء؛ لباس § (٣) يكسو.

gar·bage [gär′bĭj] *(n.)* (١) نُفاية (٢) هُراء؛ كلام تافه.

gar·bage·man [-măn] *(n.)* الزَّبّال.

gar·ble [gär′bəl] *(vt.; n.)* (١) يُغَرْبِل (٢) يُحرِّف؛ يُشَوِّه؛ يُشَوِّش (٣) نفاية التَّوابل الناشئة عن الغربلة § (٤) غَرْبلة (٥) التحريف: خطأ في استقبال رسالةٍ لاسلكية إلخ.

gar·çon [gär sôn′] *(n.)* النّادل: خادم في مطعم.

gar·den [gär′dən] *(n.; vi.; t.; adj.)* (١) حديقة؛ جُنينة؛ بُستان (٢) جنَّة (٣) «أ» حديقة عامة. «ب» مطعم أو حانة في الهواء الطَّلْق § (٤) يُبَسْتِن: ينشئ بُستانًا أو يعمل في بُستان **x** (٥) يُزَيِّن بالجنائن § (٦) بُستانيّ؛ حَديقيّ <~ plants> (٧) عاديّ؛ مُبْتَذَل.

garden city *(n.)* المدينة الجنائنية: منطقة سَكنية ذات جنائن.

gar·den·er [gärd′nər] *(n.)* البُستانيّ؛ الجنائنيّ.

gar·de·nia [gär dē′nyə] *(n.)* الغَرْدينيا: شجر ذو زهرٍ أرِج.

garde·robe [gärd′rōb′] *(n.)* (١) خِزانة الملابس أو محتوياتُها (٢) حُجرة خصوصية؛ حُجرة نوم (٣) مِرحاض؛ كَنيف.

gar·fish [gär′fĭsh] *(n.)* = gar.

gar·gan·tu·an [gär găn′cho͞o ən] *(adj.)* ضخم؛ هائل.

gar·get [gär′gĭt] *(n.)* = mastitis.

gar·gle [gär′gəl] *(vt.; i.; n.)* (١) يَتَغَرْغَر بالماء (٢) يُغَرْغِر: يقول مُحْدِثًا صوتًا كالغَرْغرة **x** (٣) يُغَرْغِر: يُحْدِث صوتًا كالغَرْغرة § (٤) الغَرْغار: السائل المستخدَم في الغَرْغرة (٥) صوت الغَرْغرة ونحوها.

gar·goyle [gär′goil] *(n.)* الكَرْغَل: «أ» ميزاب على صورة إنسان أو حيوان، ناتئٌ من جانب السَّطح. «ب» تمثال غريب؛ شخص بشع الوجه.

gargoyle *a.*

gar·i·bal·di [găr′ə bôl′dĭ] *(n.)* الغاريبالدية: بلوزة نِسْوية.

gar·ish [gâr′ĭsh] *(adj.)* (١) صارخ المَلْبَس: مكسُوّ بملابسَ صارخة الألوان (٢) «أ» مُبَهْرَج. «ب» متوهِّج. وبخاصّة: مُتَوهِّج حتى الإزعاج (٣) مُزَوَّق: مزخرَف على نحو يُعْوِزُهُ الذَّوق.

gar·land [gär′lənd] *(n.; vt.)* (١) الإكليل: ضفيرةٌ من أغصان وأوراق وأزهار (٢) حلقة معدنية، أو حَلْقة حَبْل، تُستخدم للرَّفع إلخ (٣) مجموعة مختارات؛ مُنتخَبات § (٤) يُكلِّل: يَضْفِر الأكاليلَ أو يزيِّن بها.

gar·lic [gär′lĭk] *(n.)* الثُّوم (نب). **— gar·lick·y** *(adj.)*

gar·lick·ed [gär′lĭkt] *(adj.)* مُثَوَّم: مُنكَّهٌ بالثُّوم.

gar·ment [gär′mənt] *(n.; vt.)* (١) ثوب؛ كساء § (٢) يكسو.

gar·ner [gär′nər] *(n.; vt.; i.)* (١) الهُرْي: مَخْزن الحبوب (٢) مجموعة § (٣) «أ» يُهَرّي: يَجْمع في هُرْي. «ب» يدَّخر؛ يَكْنِز (٤) «أ» يكسب؛ يفوز بـ. «ب» يُكدِّس؛ يجمع **x** (٥) يتراكم.

gar·net [gär′nĭt] *(n.)* (١) الغارنيت؛ البِجاديّ؛ العَقيق الأحمر (٢) لونٌ أحمر داكن.

gar·net paper *(n.)* ورق الغارنيت؛ ورق الزّجاج.

gar·nish [gär′nĭsh] *(vt.; n.)* (١) يُزخرف؛ يزيِّن (٢) يزوِّد بـ (٣) garnishee § (٤) زُخرُف (٥) تابل [للنكهة أو الزينة].

gar·nish·ee[1] [gär′nĭ shē′] *(n.)* (١) المحجوزُ لَدَيْه: من كان في حوزته أموال للمدَّعى عليه وأُنْذِر بضرورة الاحتفاظ بها ريثما يفصل القضاء في دعوى المدَّعي (ق) (٢) المُسْتَدْعى: المَدْعُوّ للمثول أمامَ القضاء أثناء سماع دعوى بين فريقين آخرين.

gar·nish·ee[2] *(vt.)* يحجز لدى الغير: «أ» يُشعر شخصًا بأن لا يُسَلِّم ما في حوزته من أموال المُدَّعَى عليه إليه حتى يفصل القضاء في دعوى المدَّعي. «ب» يحجز جزءًا من راتب المَدِين بموجب حُكم قضائيّ (ق).

gar·nish·ment [gär′nĭsh-] *(n.)* (١) زَخْرَفة (٢) الحجز لدى الغير: «أ» إشعار رسمي ينذر شخصًا بضرورة الاحتفاظ بما لديه من أموال المدَّعى عليه ريثما يفصل القضاء في دعوى المدَّعي (ق). «ب» حَجْز جزء معيَّن من راتب شخص حفاظًا على حقوق الدائنين (ق) (٣) الاستدعاء (را. 2 .garnishee[1]).

gar·ni·ture [gär′nĭ chər] *(n.)* زُخرُف؛ زينة.

gar·pike [gär′pīk′] *(n.)* = gar.

gar·ret [găr′ĭt] *(n.)* العِلّيّة: حُجرة تحت السَّقف الأعلى مباشرة.

gar·ri·son [găr′ə sən] *(n.; vt.)* (١) «أ» موقع عسكريّ. «ب» حامِية § (٢) يُقيم حاميةً [في موقع] (٣) يَحتلّ [موقعًا أو حصنًا].

garrison house *(n.)* بيت مُحَصَّن [ضدّ غزوات الهنود الحمر].

garrison state *(n.)* الدَّوْلة العسكرية: دولة مُنظَّمة على أساس عسكريّ.

gar·ron [găr′ən] *(n.)* الغَرّون: حصانٌ شُغْلٍ قويُّ البنية.

gar·rote *or* **ga·rotte** [gə rŏt′; -rōt′] *(n.; vt.)* (١) التخنيق: الإعدام من طريق الخَنْق بطَوْق حديديّ (٢) المِخْنَق: الطوق الحديديّ المستخدم في التَّخنيق (٣) «أ» خَنْقٌ بدافع السَّرقة. «ب» الخانقة: الأداة المستعملة في ذلك § (٤) يُعدم بالمِخْنَق ونحوه (٥) يَخْنُقُ ويَسْرِق.

gar·ru·li·ty [gə ro͞o′lə tĭ] *(n.)* (١) ثرثرة؛ هَذَر (٢) إطناب.

gar·ru·lous [găr′ə ləs; -yə-] *(adj.)* (١) ثرثار (٢) مُطْنِب.

gar·ter [gär′-] *(n.; vt.)* (١) رِباط للجَوْرَب إلخ (٢) *cap.*: رباط السّاق: وسام بريطاني رفيع § (٣) يُثبِّت [بِحِمالة جَوْرب].

garter snake *(n.)* الغَرْطَر: أفعى أميركية غير سامّة.

garter spring *(n.)* النّابض أو الزُّنبرك الطَّوقيّ.

garth [gärth] *(n.)* فِناء؛ وبخاصة: حَظيرة مُسَيَّجة.

gas[1] [găs] *(n.)* (١) غاز (٢) «أ» غازٌ مُخدِّر. «ب» غازٌ للوقود. «ج» غاز خانق (٣) تبجُّح؛ كلام فارغ (ع) (٤) بنزين (٥) شيء أو شخص ممتع أو ناجح (ع) <The tea party was a ~.>.

gas[2] [găs] *(vt.; i.)* (١) يُغَوِّز: يزوِّد أو يعالج كيميائيًا أو يُسَمِّم بالغاز **x** (٢) يُطلق غازًا (٣) يُثرثر (٤) يَتَغَوَّز: يتزوَّد بالبنزين <Stop and ~ up.>.

gas·bag [găs′băg′] *(n.)* (١) كيس الغاز [في مُنطاد أو للاستعمال في طبّ الأسنان] (٢) مُنطاد (٣) الثرثار؛ المِهذار.

gas·boat [găs′bōt′] *(n.)* الزَّوْرَق الغازيّ: زورق مزوَّد بمحرِّك سيارةٍ مُحَوَّل.

gas chamber *(n.)* حجرة الغاز [لإعدام المعتقلين].

gas·con [găs′kən] *(n.; adj.)* (١) *cap.*: الغاسكونيّ: أحد أبناء غاسكونيا بجنوب غرب فرنسا (٢) المتبجِّح؛ الكثير التبجُّح § (٣) غاسكونيّ.

gas·con·ade [găs′kə nād′] *(n.; vi.)* (١) تَبَجُّح § (٢) يتبجَّح.

gas cooker *(n.)* المَوْقِد الغازيّ.

gas·e·lier [găs′ə lēr′] *(n.)* = gasolier.

gas engine *(n.)* المحرِّك الغازيّ: محرِّك داخليّ الاحتراق يُشَغَّل بمزيج من الهواء والغاز (مك).

gas·e·ous [găs′ĭ əs; găsh′əs] *(adj.)* (١) غازيّ (٢) مُحَمًّى <~ steam> (٣) واهٍ؛ مُهَلْهَل.

gas fitter *(n.)* مركِّب أنابيب الغاز أو مُصلِحها.

gas furnace *(n.)* الفرن الغازيّ: فرن يُشَغَّل بوقودٍ غازيّ.

gas–guz·zler *(n.)* السَّيّارة العابّة [كثيرة استهلاك الوقود].

gash[1] [găsh] *(n.; vt.; i.)* (١) جُرحٌ بليغ § (٢) يَجْرَح؛ يَقْطع.

gash [2] *(adj.)* (١) ذكيّ؛ بارع (إسك) (٢) أنيق (إسك).

gas·hold·er [găs′-] *(n.)* وعاء الغاز؛ خزّان الغاز.

gas·house [găs′-] *(n.)* مَصْنع الغاز: مصنع لإنتاج الغاز.

gas·i·fi·ca·tion [găs′ə fĭ kā′shən] *(n.)* (١) التغويز: التحويل إلى غاز (٢) التغوُّز: التحول إلى غاز.

gas·i·form [găs′ə fôrm] *(adj.)* = gaseous.

gas·i·fy [găs′ə fī′] *(vt.; i.)* (١) يُغوِّز **x** (٢) يتغوَّز.

gas·ket [găs′kĭt] *(n.)* الخَشْتَق: طوق لإحكام لفّ الشِّراع.

gas·kin [găs′kĭn] *(n.)* فَخِذ الحصان.

gas·light [găs′līt′] *(n.)* (١) نور الغاز (٢) مِصْباح غاز.

gas·lit [găs′lĭt] *(adj.)* مُضاء بالغاز.

gas·man [găs′măn′] *(n.)* قارئ عدّاد الغاز.

gas mask *(n.)* قِناع الغاز: كمامة للوقاية من الغازات السّامّة.

gas meter *(n.)* عدّاد الغاز.

gas oil *(n.)* الزَّيت الغازيّ.

gas·o·lier [găs′ə lēr′] *(n.)* الثُّريّا الغازيَّة: ثُريّا تضاء بالغاز.

gas·o·line *also* **gas·o·lene** [găs′ə lēn′] *(n.)* الغازولين؛ البنزين.

gas·om·e·ter [găs ŏm′ə tər] *(n.)* (١) المِغْواز: أداة مَخْبرية لحمل الغاز وقياسِهِ (٢) وعاء غاز؛ خزّان غاز.

gas oven *(n.)* = gas cooker.

gasp [găsp; gäsp] *(vi.; t.; n.)* (١) «أ» يلهث. «ب» يتلهّف؛ يتوق إلى **x** (٢) يلفظ أو يُطلق لاهثًا § (٣) لُهاث.

gasp·er [găs′-; gäs′-] *(n.)* (١) اللاهث (٢) سيكارة رخيصة (عب).

gas plant *(n.)* = fraxinella.

gas·ser [găs′ər] *(n.)* (١) البئر الغازية: بئر بترول تنتج غازًا طبيعيًا (٢) الثّرثار (ع) (٣) شيء رائع <The show is a real ~.>.

gas·si·ness [găs′ĭ nəs] *(n.)* (١) الحالة الغازِيَّة (٢) تبجُّح.

gas·sing [găs′-] *(n.)* (١) مص gas (٢) تسميم بالغاز [أو بالدُّخان].

gas station *(n.)* = filling station.

gas stove *(n.)* = gas cooker.

gas·sy [găs′ĭ] *(adj.)* (١) غازيّ (٢) مُتبجِّح.

gas·tight [găs′tīt′] *(adj.)* كَتيمٌ أو كاظمٌ للغاز.

gastr- *or* **gastro-** *also* **gastri-** بادئة معناها: مَعِدة؛ مَعِديٌّ و...

gas·tral [găs′-] *(adj.)* مَعِديّ: خاصّ بالمعدة أو بالقناة الهضميّة.

gas·tral·gi·a [gă străl′jĭ ə] *(n.)* ألمُ المعِدة (ط).

gas·trec·to·my [gă strĕk′-] *(n.)* استئصال المَعِدة أو جزءٍ منها (جر).

gas·tric [găs′trĭk] *(adj.)* مَعِديّ: خاصّ بالمعِدة.

gastric gland *(n.)* الغُدّة المِعَويّة (ت).

gastric juice *(n.)* العُصارة المَعِديّة (كح).

gastric ulcer *(n.)* القَرْحة المَعِديّة (مض).

gas·trin [găs′trĭn] *(n.)* المَعِدين: هرمون مساعدٌ على إفراز العصارة المَعِدية (كح).

gas·tri·tis [gă strī′tĭs] *(n.)* التهاب المَعِدة. وبخاصة: التهاب غشاء المعِدة المخاطيّ (مض).

gas·tro·en·ter·i·tis [găs′trō ĕn′tə rī′-] *(n.)* الالتهاب المَعِديّ المِعَويّ.

gas·tro·en·te·rol·o·gist *(n.)* طبيب الجهاز الهضميّ.

gas·tro·en·ter·ol·o·gy [-rŏl′ə jĭ] *(n.)* مَبْحث الجهاز الهضميّ.

gas·tro·gen·ic *or* **gas·trog·e·nous** [-′trō jən′] *(adj.)* مَعِديّ الأصل.

gas·tro·in·tes·ti·nal *(adj.)* مَعِديْمِعَويّ: ذو علاقة بالمَعِدة والأمعاء معًا.

gas·trol·o·gy [gă strŏl′ə jĭ] *(n.)* علم المَعِدة.

gas·tro·nome [găs′trə nōm′] *(n.)* الذَّوّاقة: شخص ذو ذوق مُرْهَف مميِّز في الطعام والشراب.

gas·tron·o·mist [găs trŏn′ə mĭst] *(n.)* = gastronome.

gas·tron·o·my *(n.)* (١) فنّ حُسْن الأكل (٢) أسلوب الطَّهو.

gas·tro·pod [găs′trə pŏd′] *(n.; adj.)* (١) البطنيّ الأقدام: واحدٌ من بطنيّات الأقدام **Gastropoda** (ح) § (٢) بطنيّ الأقدام.

— gas·trop·o·dan; gas·trop·o·dous *(adj.)*

gas·tro·scope [găs′trə skōp′] *(n.)* مِنظار المِعدة (ط).

gas·tros·co·py [gă strŏs′kə pĭ] *(n.)* تنظير المَعِدة (ط).

gas·tro·vas·cu·lar [găs trō văs′-] *(adj.)* هَضْمِيْوِعائيّ: قائم بوظيفتَي المعدة والوعاء الدموي معًا <a ~ cavity>.

gas·tru·la [găs′trōō lə] *(n.)* pl. **-s** *or* **-e** المُعَيْدَة؛ الجسترولة: جنين يتميّز بشكله الشبيه بالكيس وبتكوّنه من طبقتين من الخلايا (أح).

gas turbine *(n.)* العَنَفة أو التُّربينة الغازيَّة (مك).

gas·works [găs′wûrks′] *(n.)* = gashouse.

gat [găt] *(n.)* (١) قناة؛ مجرًى (٢) مُسدَّس (ع).

gate [1] [gāt] *(n.)* (١) باب (٢) البوّابة: مَدْخل إلى مدينة أو قلعة (٣) «أ» مَدْخل. «ب» مَخْرَج. «ج» الشِّعْب: ممرّ ضيِّق في جبل (٤) صِمام (٥) المَصَبّ [في قالب سَبْك] (٦) «أ» الدَّخل الإجماليّ لمباراة رياضية. «ب» النَّظّارة: مجموع عدد مشاهدي المباراة الذين دفعوا رسم الدخول عند الباب الخارجيّ (٧) صَرْف؛ طَرْد <He gave her the ~.>.

gate [2] *(vt.)* يُبَوِّب: «أ» يجعل له بابًا أو بوّابة. «ب» يعاقب طالبًا بحَجْزه داخلَ جدران الجامعة. «ج» يتحكّم في تدفُّق المياه إلخ.

gate [3] *(n.)* (١) ممرّ (ا. ق) (٢) أسلوب؛ طريقة (ع).

gate–crash [gāt′krăsh] *(vi.)* يتطفَّل: يَدْخل من غير أن يدفع رسمًا أو يتلقّى دعوة.

— gate–crash·er *(n.)*

gate·fold [gāt′fōld′] *(n.)* = foldout.

gate·house [gāt′hous′] *(n.)* بيت البوّاب.

gate·keep·er [gāt′kē′pər] *(n.)* البوّاب.

gate·leg table *(n.)* المائدة الطَّوِيّة: مائدة ذات جانبين مُسْدَلَين يُرفعان عند الحاجة بتثبيتهما على قوائمَ مُتحرّكة.

gateleg table

gate·man [gāt′măn] *(n.)* = gatekeeper.

gate money *(n.)* دَخْل حفلة رياضية أو نحوها .

gate·post [gāt′pōst] *(n.)* قائمة البوّابة .

gate·way [gāt′wā′] *(n.)* (١) إطار البوّابة أو قوسُها (٢) «أ» مَدْخَل . «ب» مَخْرَج .

gath·er [găth′ər] *(vt.; i.; n.)* (١) يَجْمع (٢) يَجْني ؛ يحصُد (٣) يُوَضِّب : يجمعُ مُرَتِّبًا <He ~*ed* up his tools.> (٤) يَستقْطِب : يكون مركز انجذاب لأشياء معيَّنة (٥) يَجبي [ضريبةً] (٦) «أ» يَحْشُد . «ب» يستجمع قواه أو شجاعته (٧) يكتسب تدريجيًا <The car ~*ed* speed.> (٨) يَلُمّ : يضمّ أجزاء شيء بعضَها إلى بعض (٩) يستنتج ؛ يحسب ؛ يعتقد <I ~ that the x meeting was not a success.> (١٠) «أ» يجتمع ؛ يلتئم . «ب» يتجمَّع ؛ يحتشد (١١) «أ» يتقيَّح <The boil is ~*ing*.> . «ب» يتنامى ؛ يزداد § (١٢) طَيَّة ؛ ثَنْية [في ثوب] (١٣) جَمْع أو تجمُّع .

gath·er·ing [-′ər ĭng] *(n.)* (١) «أ» جَمْع ؛ تجميع . «ب» تجمُّع (٢) «أ» اجتماع . «ب» حَشْد . «ج» خُرّاج (٣) مجموعة (٤) طَيَّةٌ [في ثوب] .

gauche [gōsh] *(adj.)* أخرق <Her answer was ~.> .

gau·che·rie [gō′shə rē′] *(n.)* خُرْق ؛ عدم لباقة .

gaud [gôd] *(n.)* حِلْية ؛ زينة [رخيصة ومُبَهْرَجة عادةً] .

gaud·er·y [gô′də rĭ] *(n.)* البهارج : حِلًى أو ملابسُ مُبَهْرَجة .

gau·dy[1] [gô′dĭ] *(adj.)* مُبَهْرَج : مُزَوَّق بطريقة تنمّ عن تباهٍ أو ذوق سقيم .

gau·dy[2] *(n.)* المأدُبة السَّنوية [في جامعة بريطانية] .

gauf·fer [gô′fər; gŏf′ər] *(vt.; n.)* = goffer.

gauge[1] [gāj] *(n.)* (١) «أ» قِياس . «ب» سَعة ؛ مدى ؛ حجم (٢) مِعيار ؛ مِقياس (٣) موقع السفينة النِّسبيّ [بالقياس إلى سفينة أخرى وإلى الريح] (٤) الاتِّساع ؛ العَرْض : «أ» المسافة بين قَضيبَي السِّكة الحديدية . «ب» المسافة بين دولابين على مِحور (٥) قُطر السِّلك أو الإبرة إلخ .

gauges[1] *2.*

gauge[2] [gāj] *(vt.)* (١) «أ» يقيس ؛ يُعاير . «ب» يعيِّن السَّعة (٢) يقدِّر ؛ يخمِّن (٣) يُمازج : يمزج الجِصَّ بِنِسَبٍ مُعيَّنة .

gaug·er [gā′jər] *(n.)* (١) القائس ؛ المُعايِر (٢) موظف يقيس سعة براميل الخمور الخاضعة للضريبة (٣) مخمِّن الضَّرائب .

Gaul [gôl] *(n.)* (١) الغاليّ : سَلْتيّ من بلاد الغال (٢) الفرنسيّ .

Gaul·ish [gô′lĭsh] *(adj.; n.)* (١) غاليّ : خاصّ بالغاليّين أو لغتهم أو بلادهم § (٢) الغاليّة : لغة الغاليين القدماء السَّلتية .

Gaull·ism [gô′lĭz əm] *(n.)* الديغولية : «أ» الحركة السياسيّة المؤيِّدة لشارل ديغول . «ب» فلسفة ديغول السياسية .

gault [gôlt] *(n.)* الغُلْت : تربة صلصالية سميكة .

gaum [gôm] *(vt.)* (١) يُلوِّث (ع) (٢) يُلطِّخ (ع) .

gaunt [gônt] *(adj.)* (١) هزيل ؛ نحيل (٢) مُضْنًى (٣) كئيب ؛ كالح .

gaunt·let[1] [gônt′lət; gänt′-] *(n.)* (١) القُفّاز : «أ» قُفّاز كان الدارع في القرون الوسطى يقي به يديه من الجراح . «ب» قُفّاز واقٍ يُستخدم في الصِّناعة بخاصة (٢) تَحَدٍّ ؛ طَلَبُ نِزال (٣) القُفّاز الطويل : قُفّاز يمتدّ إلى ما فوق الرُّسْغ .

gauntlet[1] *1a.*

gaunt·let[2] *(n.)* (١) gantlet[3] *1* (٢) مِحْنَة .

gaur [gour; gou′ər] *(n.)* الغَوْر : ثورٌ برّيّ ضخم .

gauss [gous] *(n.)* الغاوْس : وحدة الحَثّ المغنطيسيّ .

gauze [gôz] *(n.)* (١) الغَزِّيّ ؛ الشّاش (٢) نسيج مماثل مصنوع من معدن أو من لدائن <plastic ~*s*> (٣) السَّديم : ضباب رقيق .

gauz·y [gô′zĭ] *(adj.)* شاشِيّ : رقيق شفّاف كالشّاش .

ga·vage [gə väzh′] *(n.)* التَّرقيم ؛ التغذية الأنبوبية : إدخال الطعام إلى المعِدة بأنبوب .

gave [gāv] *past of* give.

gav·el[1] [găv′əl] *(n.)* مِطرقة البنّاء أو الدلّال أو رئيس الجلسة .

gav·el[2] *(vt.)* يَفْرِض ؛ يُسْكِت [باستعمال المِطرقة] .

ga·vi·al [gā′vĭ əl] *(n.)* الجَفْيَل ؛ الغَرْيال (ح) .

gavial

ga·votte [gə vŏt′] *(n.)* الغافوتيّة : «أ» رقصة ذات أصل فرنسيّ ريفيّ تتميَّز برفع القدمين . «ب» موسيقى هذه الرقصة .

gawk [gôk] *(n.; vi.)* (١) المُغَفَّل ؛ الأخرق § (٢) يُحدِّق ببلاهة .

gawk·ish [gô′kĭsh] *(adj.)* = gawky.

gawk·y [gô′kĭ] *(adj.; n.)* (١) أخرق ؛ غير لبِق § (٢) الأخرق .

gay [gā] *(adj.)* (١) مَرِح ؛ مُبتهج (٢) زاهٍ <~ colors, flowers, ornaments etc.> (٣) «أ» مولع بالمُتَع الاجتماعية . «ب» مستهتر ؛ خليع <to lead a ~ life> (٤) مُشتهي المماثل ؛ شاذٌّ جنسيًّا .

gay·e·ty [gā′ə tĭ] *(n.)* = gaiety.

gay·ly [gā′lĭ] *(adv.)* = gaily.

gaze [gāz] *(vi.; n.)* (١) يُحدِّق ؛ يتفرَّس في § (٢) نظرة محدِّقة .

ga·ze·bo [gə zē′bō] *(n.)* الغَزيب : «أ» مبنًى مُطِلّ على منظر رائع . «ب» سَقيفَة مفتوحةٌ من جميع جوانبها يُستَظَلُّ بها أو يُستراح .

ga·zelle [gə zĕl′] *(n.)* الغزال (ح) .

gazelle

ga·zette [gə zĕt′] *(n.; vt.)* (١) جريدة ؛ صحيفة (٢) جريدة رسمية (٣) إعلان رسميّ [في جريدة رسمية] (بر) § (٤) يَنْشُر أو يُعلن في جريدة رسمية .

gaz·et·teer [găz′ə tēr′] *(n.)* (١) مُعجم جغرافيّ (٢) دليلُ المطاعم إلخ .

ge- *or* **geo-** بادئة معناها : «أ» أرض . «ب» جغرافيّ ؛ جغرافيّ و . . .

ge·an·ti·cli·nal [gē′ăn tĭ klīn′əl] *(n.; adj.)* (١) الاستِحْداب : ارتفاع ضخم متماثل الجانبين في قِشرة الأرض (جي) § (٢) استحدابيّ .

ge·an·ti·cline [gē ăn′tĭ klīn′] *(n.)* = geanticlinal *1.*

gear [gēr] *(n.; vt.; i.)* (١) «أ» ملابِس . «ب» أموال منقولة (٢) عُدَّة (٣) هُراء (ع) (٤) «أ» جهاز <steering ~> . «ب» ترس ؛ مُسنَّنَة ؛ دولاب مسنّن . «ج» تعشُّق التروس <out

gear *4b*

ă at; ā date; â care; ä car; ĕ egg; ē me; ĭ in; ī bite; ŏ lot; ō bone; ô orphan; oi boil; o͝o good; o͞o boot; ou out; ŭ under; û urgent; ə = *a* in alone, *e* in system, *i* in easily, *o* in gallop, *u* in circus.

<~ of (٥) تعشيقة (مج)؛ ناقل الحركة؛ جهاز تعشيق التروس (سي) § (٦) «أ» يكسو؛ يجهّز. «ب» يعشّق بالتروس أو المسنّنات (٧) «أ» يُعِدّ؛ يهيّئ للعمل الفعّال. «ب» يعدّل؛ يكيّف <production ~*ed* to war> x needs> (٨) «أ» يتعشّق (ملك). «ب» يتكيَّف «بحيث يلائم غرضًا معيّنًا» <industry ~*ing* with consumer needs>.

in ~, (١) مُعَشّق التُّروس أو المسنَّنات (٢) جاهز للعمل.

out of ~, (١) في نقطة العطالة (سي) (٢) غير عامل بسلاسة أو انسجام.

to ~ down a car يخفّف سرعة سيارة.

to ~ up a car يقود سيارةً بسرعة أعظم.

to ~ up production يزيد سرعة الإنتاج.

to throw out of ~, (١) يَحُلّ التعشيق (مك) (٢) يعطّل (٣) يزعج؛ يقلق.

gear·box [gēr′-] *(n.)* عُلبة التُّروس أو المُسَنَّنات (سي).

gear·ing [gēr′-] *(n.)* (١) التتريس: تزويد بالتروس (٢) «أ» جهاز التعشيق (مك). «ب» مجموعة تروس أو مُسَنَّنات (مك).

gear lever *(n.)* ذراع التُّروس أو المسنَّنات (سي).

gear·shift [gēr′-] *(n.)* مُزَحْزِح التُّروس؛ ناقل الحركة (سي).

gear wheel *(n.)* = cogwheel.

geck·o [gĕk′ō] *(n.)* الوَزَغَة؛ سامُّ أَبْرَصَ؛ أبو بُرَيْص (ح).

gee [jē] *(interj.; vi.; t.)* (١) جِيّ: لفظة تُؤمَرُ بها الجيادُ بالإسراع أو بالاتجاه نحو اليمين (٢) ألف دولار (ع) (٣) رجل؛ شخص (ع) § (٤) يتَّجه يَمْنَةً x (٥) يُديرُ يَمْنَةً.

gee·gaw [jē′gō; gē′gō] *(n.)* = gewgaw.

geek [gēk] *(n.)* رَجُل؛ شخص.

geese [gēs] *pl. of* goose.

gee–whiz [jē′hwĭz; -′wĭz] *(adj.)* (١) مُثير؛ مُذهِل (٢) مَشْدوه.

gee·zer [gē′zər] *(n.)* الغريب الأطوار (ع).

Ge·hen·na [gĭ hĕn′ə] *(n.)* (١) مَوْطن [أو حالة] بؤس (٢) جَهَنَّم.

Gei·ger counter [gī′gər] *(n.)* عدّاد غايْجَر: أداة لاكتشاف الإشعاعات وتسجيلها وتبيان كثافتها.

gei·sha [gā′shə] *(n.)* الغايشا: امرأة يابانيّة مهمَّتها الترفيه عن الرجال، وبخاصة في الحفلات.

gel [jĕl] *(n.; vi.)* (١) الجَلّ: مادة هُلامية القوام أو جامدة تتشكّل من محلولٍ غَرَوانيّ (٢) هُلام؛ جيلاتين § (٣) يتجلّد؛ يتحوّل إلى جَلّ.

ge·lant [jĕl′ənt] *(n.)* = gellant.

gel·a·tin *also* **gel·a·tine** [jĕl′ə tĭn] *(n.)* (١) الهُلام؛ الجيلاتين (٢) الهُلاميّة: «أ» حلوى هُلاميّة. «ب» ورقة رقيقة شَفّافة مُلوَّنة تُستخدَم لتلوين مصباح كهربائيّ على خشبة المسرح.

ge·lat·i·nize [jə lăt′ə nīz′] *(vt.; i.)* (١) يُهَلِّم: «أ» يُحوِّل إلى هُلام. «ب» يطلي الورقَ أو يعالِجه بالهُلام x (٢) يَتَهَلَّم: يتحوَّل إلى هُلام.

ge·lat·i·noid [jə lăt′ə noid′] *(adj.)* هُلامانيّ: شبيه بالهُلام.

ge·lat·i·nous [jə lăt′ə nəs] *(adj.)* (١) لَزِج؛ دَبِق (٢) هُلاميّ.

gel·a·tion [jĕ lā′shən] *(n.)* (١) تثليج؛ تجليد (٢) تثلُّج؛ تجلُّد (٣) التَّجلُّل: تحوُّل المادة الغَرَوانية إلى جَلّ (را. gel).

geld[1] [gĕld] *(n.)* ضريبة التاج [في تاريخ إنكلترا القديم].

geld[2] *(vt.)* (١) يَخْصِي (٢) يَحْرِم (٣) يُضْعِف (٤) يُهذِّب [كتابًا].

geld·ing [gĕl′-] *(n.)* (١) حيوان، وبخاصة حصانٌ، مَخْصِيّ (٢) خَصِيّ.

ge·lée [zhə lā′] *(n.)* الهُلاميّ: مستَحْضَر تجميليّ هُلاميّ.

gel·id [jĕl′ĭd] *(adj.)* ثالج؛ بارد جدًا <~ waters>.

gel·ig·nite [jĕl′ĭg nīt′] *(n.)* الجَلِيْغْنيت؛ الديناميت الهُلاميّ.

gel·lant [jĕl′ənt] *(n.)* المُهَلِّمة: مادة تُحدِث التَّهَلُّم.

gelt [gĕlt] *(n.)* مال؛ نقود (ع).

gem [jĕm] *(n.; vt.)* (١) «أ» جوهرة. «ب» حجر كريم (٢) «أ» شيء بالغ الجمال أو كامل. «ب» محبوب (٣) muffin § (٤) يرصِّع بالجواهر ونحوها.

gem·i·nate[1] [jĕm′ə nĭt; -nāt′] *(adj.)* مُضاعَف؛ مُزْدَوِج.

gem·i·nate[2] [-nāt′] *(vt.; i.)* (١) يُضاعِف؛ يُزاوِج x (٢) يتضاعف؛ يَزْدوِج.

Gem·i·ni [jĕm′ə nē] *(n. pl.)* (١) التوأمان (فل) (٢) برج «التوأمان»؛ برج الجوزاء [في التنجيم] (٣) مولود هذا البرج.

gem·ma [jĕm′ə] *(n.)* بُرعم؛ زِرّ (نب).

gem·mate [-āt] *(adj.)* (١) مُبَرْعَم: ذو براعم (٢) مُتكاثِرٌ بالتَّبرعُم.

gem·ma·tion [jə mā′shən] *(n.)* التَّبَرْعُم (نب).

gem·mip·a·rous [jĕ mĭp′-] *(adj.)* مُوَلِّدٌ براعمَ؛ مُتكاثِرٌ بالتَّبَرْعُم.

gem·mule [jĕm′yo͞ol] *(n.)* البُرَيْعِم: «أ» برعم صغير. «ب» كتلة من الخلايا المتولدة بطريقة لاتناسلية والمتطوِّرة، بعدُ، إلى حيوان. «ج» ناقلة الصفات الوراثية [عند داروين] (أح).

gem·my [jĕm′ĭ] *(adj.)* (١) جَوهَرانيّ: شبيه بالجوهرة (٢) متألِّق؛ ساطع.

gem·ol·o·gist; gem·mol·o·gist [jĕ mŏl′-] *(n.)* الخبير بالجواهر.

gem·ol·o·gy; gem·mol·o·gy [jĕ mŏl′-] *(n.)* عِلم الجواهر.

ge·mot *or* **gemote** [gə mōt′] *(n.)* الجَيْموت: مجلس قضائي أو تشريعيّ إنكليزي قديم.

gemsbok

gems·bok [gĕmz′bŏk′] *(n.)* الجَمْزْبوكة: مَهاة جنوبإفريقية.

gem·stone [jĕm′stōn] *(n.)* جَوْهَرة.

gen- *or* **geno-** بادئة معناها: «أ» عِرق؛ جنس؛ نوعٌ؛ ضَرْب. «ب» الجِيْنة؛ المورِّثة (أح).

-gen لاحقة معناها: مُحْدِث؛ مُوَلِّد؛ مُنتِج.

gen·darme [zhän′därm] *(n.)* (١) دَرَكيّ (٢) شُرْطيّ (ع).

gen·dar·mer·ie *or* **gen·dar·mer·y** [zhän därm′ə rē] *(n.)* الدَّرَك: قوّة من رجال الدَّرك.

gen·der[1] [jĕn′dər] *(n.)* (١) الجنس [من حيث الذكورة والأنوثة] (٢) الجنس [من حيث التذكير والتأنيث في اللغة].

gen·der[2] *(vt.; i.)* = engender.

gene [jēn] *(n.)* الجِيْنة؛ المُوَرِّثة؛ الوِرْثة (أح).

-gene [jēn] = -gen.

ge·ne·a·log·i·cal [jē nǐ ə lŏj′ə kəl] *(adj.)* نَسَبيّ : خاصّ بسلسلة النَّسَب .

genealogical tree *(n.)* = family tree.

ge·ne·al·o·gist *(n.)* الأنسابيّ : الاختصاصيّ بعلم الأنساب .

ge·ne·al·o·gy [jē′nǐ ăl′ə jǐ] *(n.)* (١) سلسلة نَسَب (٢) سُلالة ؛ أصل (٣) علم الأنساب .

gene conversion *(n.)* التحوُّل الجِيْنيّ أو المُوَرِّثيّ (أح) .

gen·er·a [jĕn′ər ə] *pl. of* genus.

gen·er·al[1] [jĕn′ər əl] *(adj.)* (١) عامّ (٢) شامل (٣) سائد ؛ شائع (٤) كُلِّيّ (٥) عامّ ؛ غير مُحَدَّد (٦) كبير ؛ رفيع المنزلة <a ~ officer> .

gen·er·al[2] *(n.)* (١) فكرة عامّة ؛ مفهوم أو مبدأ عامّ (٢) الرئيس العام [لرهبانيّة إلخ] (٣) لواء ؛ جنرال (جن) .

in ~, عمومًا ؛ بوجهٍ عامّ .

general anesthetic *(n.)* المُخَدِّر العموميّ .

general assembly *(n.)* (١) المجلس الأعلى [في بعض الكنائس] (٢) مجلس تشريعيّ (٣) *cap. G; A* : الجمعية العامة [في منظمة الأمم المتحدة] .

gen·er·al·cy [jĕn′ər əl sǐ] *(n.)* الجنراليَّة : منصب الجنرال أو مُدّته .

general delivery *(n.)* شُبّاك البريد : دائرة في مركز للبريد تَحتفظ بالرسائل حتى يطلبها أصحابُها .

general election *(n.)* الانتخاب العامّ .

gen·er·al·is·si·mo [jĕn′ər ə lĭs′ə mō] *(n.)* القائد العامّ (جن) .

gen·er·al·ist [jĕn′ər-] *(n.)* اللااختصاصيّ : شخص متعدد البراعات أو المواهب أو الكفاءات .

gen·er·al·i·ty [jĕn′ə răl′ə tǐ] *(n.)* (١) العُمومية : كونُ الشيء عامًّا (٢) عبارة عامّة (٣) قانون أو مبدأ عامّ (٤) الأغلبيّة ؛ الأكثريّة ؛ الكثرة الكبيرة .

gen·er·al·i·za·tion [-ə zā′shən] *(n.)* (١) التَّعميم : إطلاق الأحكام العامة (٢) عبارة عامّة (٣) قانون أو مبدأ عامّ .

gen·er·al·ize [jĕn′ər ə līz′] *(vt.; i.)* (١) يُعَمِّم (٢) يَسْتَقْري : يَستخلِص فكرةً عامّةً أو مبدأً عامًّا من تفاصيل مختلفة (٣) يُعمِّم <to ~ the use of a new invention> (٤) يُبْهِم : يجعله مُبْهَمًا x (٥) يُعمِّم ؛ يُطلق تعميماتٍ أو أحكامًا عامة (٦) يَتَعَمَّم : ينتشر في جميع أنحاء الجسم .

gen·er·al·ly *(adv.)* (١) «أ» عمومًا . «ب» على وجه التعميم <~ speaking> (٢) عادةً <He ~ comes at noon.> .

general officer *(n.)* الضابط الكبير [فوق المقدَّم أو الكولونيل] .

general pa·re·sis *(n.)* الخَذَل العامّ ؛ شَلَلُ المعتوهين (ط) .

general practitioner *(n.)* المُمارِس العامّ : طبيب غير متخصص في شُعبة واحدة من شُعَب الطبّ .

general–purpose *(adj.)* متعدِّد الاستعمالات ؛ كثير الاستعمالات .

gen·er·al·ship *(n.)* (١) الجنراليّة : «أ» منصب الجنرال أو مُدّتُهُ (جن) . «ب» البراعة العسكرية كما تتجلّى عند جنرالٍ ما (٢) قيادة ؛ زعامة .

general staff *(n.)* الأركان العامّة (جن) .

general store *(n.)* المَتْجَر العامّ : محلّ تجاري يبيع بالتجزئة ضروبًا مختلفة من السِّلع ولكنه غير مقسَّم إلى دوائر أو شُعَب .

gen·er·ate [jĕn′ə rāt′] *(vt.)* (١) يَلِد (٢) يولِّد ؛ يُحدِث ؛ يُنتِج .

generating function *(n.)* الدالَّة المُوَلِّدة (ر) .

gen·er·a·tion [jĕn′ə rā′shən] *(n.)* (١) «أ» نَسْل ؛ ذُرِّيّة . «ب» جِيل (٢) «أ» توليد . «ب» تولُّد . «ج» نُشوء .

gen·er·a·tive [′jĕ nə rə-; -rā-] *(adj.)* (١) مولِّد ؛ مُنتِج (٢) تولُّديّ ؛ توليديّ .

generative cell *(n.)* = gamete.

generative grammar *(n.)* النحو التَّوليديّ (ل) .

gen·er·a·tor [jĕn′ə rā′tər] *(n.)* (١) فا generate (٢) مِرْجَل (٣) المولِّد (٤) generatrix (كب) .

gen·er·a·trix [jĕn′ə rā′-] *(n.)* الرّاسِم ؛ راسمُ السَّطح الأسطوانيّ (ر) .

ge·ner·ic [jə nĕr′ĭk] *(adj.)* (١) «أ» عامّ ؛ شامل . «ب» سائب : غير مَصُون من طريق التسجيل في دائرة العلامات التجارية (٢) جنسيّ : ذو علاقة بجنس أحيائي <~ name> .

gen·er·os·i·ty [jĕn′ə rŏs′ə tǐ] *(n.)* (١) سماحة في النفس . وبخاصة : كرم ؛ سخاء ؛ جُود (٢) المَكْرُمة : عملٌ يَنِمّ عن سماحة في النفس أو عن كرم (٣) اتِّساع ؛ وَفْرة ؛ ضخامة .

gen·er·ous [jĕn′ər əs] *(adj.)* (١) «أ» سَمْح ؛ شَهْم ؛ نبيل . «ب» كريم ؛ سَخِيّ ؛ جواد (٢) واسع <~ verandas> (٣) وافر ؛ سَخِيّ ؛ ضَخْم (٤) خِصب <~ fields> (٥) قويّ ؛ غنيّ بالنكهة <~ wine> .

gen·e·sis [jĕn′ə sĭs] *(n.)* تكوُّن ؛ نُشوء ؛ تولُّد ؛ أصل .

Gen·e·sis [jĕn′ə sĭs] *(n.)* سِفر التكوين .

gen·et [jĕn′ĭt] *(n.)* الرَّباح ؛ الزُّرَيْقاء (ح) .

genet

ge·net·ic; -al [jə nĕt′-] *(adj.)* (١) تكوُّنيّ ؛ نُشوئيّ ؛ أصليّ (٢) «أ» عِلْمِيْوِراثي : خاصّ بعلم الوراثة . «ب» جِيْنيّ ؛ مُوَرِّثيّ (أح) .

genetic code *(n.)* الكَوْد الوراثيّ : كَوْد يُعتَبَر الأساسَ الكيميحَيَويّ [الكيميائيّ الحيويّ] للوراثة .

genetic engineering *(n.)* الهندسة الوراثية ؛ الجَدْل الجِيْنيّ .

ge·net·i·cist [jə nĕt′ĭ-] *(n.)* الوِراثيّاتيّ : الاختصاصيّ في علم الوراثة .

genetic map *(n.)* الخريطة الوراثيّة (أح) .

ge·net·ics [jə nĕt′ĭks] *(n.)* (١) الوراثيات ؛ علم الوراثة (٢) كتاب أو بحث في علم الوراثة (٣) التركيب الوراثيّ : الخصائص الموروثة لكائن حي أو لمجموعة من الكائنات الحية (٤) أصل شيء أو تكوُّنه .

ge·ne·va [jə nē′və] *(n.)* الجَنِيْف : شراب مُسْكِر مرُّ المذاق .

Geneva convention *(n.)* ميثاق جنيف : اتّفاقية دولية خاصّة بمعاملة

أسرى [أو جرحى] الحرب.

Geneva cross *(n.)* الصليب الأحمر.

Geneva gown *(n.)* الجَنيفيّة: رداء القساوسة البروتستانتيّين.

Ge·ne·van [-′vən] *(adj.; n.)* (١) جنيفيّ § (٢) الجنيفيّ: أحد أبناء جنيف.

gen·ial[1] [jēn′yəl] *(adj.)* (١) لطيف؛ معتدل؛ مُحْيٍ <~ sunshine> (٢) كريم؛ أنيس <a ~ disposition> (٣) عبقري.

ge·ni·al[2] *(adj.)* ذَقَنيّ: خاصٌّ بالذقن («ت» و«ح»).

ge·ni·al·i·ty [jē′nĭ ăl′ə tĭ] *(n.)* لطف؛ اعتدال إلخ.

gen·ic [jĕn′ĭk] *(adj.)* جِينيّ؛ مُورِّثيّ: خاصّ بالجِينات أو المورِّثات genes (أح).

-genic لاحقة معناها: «أ» مُحْدِث؛ مُسبِّب <carcino*genic*>. «ب» ناشئ عن <phyto*genic*>. «ج» صالح أو ملائم لِـ <tele*genic*>.

ge·nie [jē′nē] *(n.)* الجِنّيّ: واحد الجِنّ.

ge·ni·i [jē′nē ī′] *pl. of* genius.

gen·i·tal [jĕn′ə təl] *(adj.)* تناسُليّ: خاصّ بالأعضاء التناسلية.

gen·i·ta·lia [jĕn ə tāl′yə] *(n. pl.)* أعضاء التناسل (ت).

gen·i·tals [jĕn′ə təlz] *(n. pl.)* = genitalia.

gen·i·tive [jĕn′ə tĭv] *(n.; adj.)* (١) حالة المضاف إليه؛ حالة الجرّ (ل) § (٢) إضافيّ؛ جَرّيّ.

—gen·i·ti·val *(adj.)*

genito- بادئة معناها: تناسليّ و...

gen·i·to·u·ri·nar·y [jĕn′ə tō yo͞o-] *(adj.)* = urogenital.

gen·i·ture [jĕn′ə chər] *(n.)* ولادة.

gen·ius [jēn′yəs] *(n.)* pl. **-es** *or* **gen·i·i** [-nē ī′] (١) «أ» الروح الحارسة [لشخصٍ أو مكانٍ]. «ب» القَرين: شخص يُؤثِّر في غيره تأثيرًا صالحًا أو طالحًا <He was the evil ~ of that unhappy prince.> (٢) نَزْعة؛ مَيْل (٣) سَجِيّة؛ صفة مُميِّزة؛ روح مُمَيِّزة (٤) جِنّيّ؛ عِفريت (٥) عَبقرية؛ نُبوغ (٦) عَبقريّ؛ نابغة.

geno- = gen-.

gen·o·cide [jĕn′ə sīd′] *(n.)* الإبادة الجَماعيّة [لشعب أو طائفة ما].

—gen·o·cid·al *(adj.)*

genome map [jē′nōm′] *(n.)* الخريطة الجِينيّة: مجموع الخصائص الجِينيّة التي تنتقل بالوراثة.

gen·o·type [jĕn′ə-] *(n.)* الطراز العِرْقيّ: «أ» البِنْية الوراثية لفرد أو جماعة. «ب» طبقة أو مجموعة من الأفراد تشترك في تركيب وراثيّ مخصوص.

-genous لاحقة معناها: «أ» مولِّد؛ مسبِّب <pyro*genous*>. «ب» ذو أصل معيَّن؛ ناشئ عن كذا <neuro*genous*>.

gen·re [zhän′r] *(n.)* (١) نَوْع؛ ضَرْب (٢) النَّوع الأدبي [كالرواية والمسرحية والمقالة] (٣) اللَّوحات اليوميّة: رسوم تصوِّر مشاهدَ وأحداثًا من الحياة اليومية (٤) المذهب اليوميّ: مذهب في الرسم يَتَّخذ من الحياة اليومية مادةً له.

gens [jĕnz] *(n.)* pl. **gen·tes** جماعة؛ عشيرة.

gent [jĕnt] *(n.)* شخص؛ رَجُل.

gen·teel [jĕn tēl′] *(adj.)* (١) «أ» أنيق. «ب» أرستوقراطيّ. «ج» ظريف؛ لطيف؛ حسن المظهر. «د» مهذَّب؛ دمث؛ رقيق (٢) «أ» مُتَشَبِّهٌ بالأثرياء. «ب» مُتكلِّف.

gen·tian [jĕn′shən] *(n.)* الجَنْطِيانا: نبات مُزهِر.

gen·tile [jĕn′tīl] *(n.; adj.)* (١) *cap.* عد: اللّايهوديّ: شخص من غير اليهود. وبخاصة: المسيحيّ (٢) الوَثَنيّ § (٣) *cap.* عد: «أ» لايهوديّ؛ غير يهوديّ. «ب» مسيحي (٤) وثنيّ (٥) قَبَليّ: خاصّ بقبيلة أو عشيرة (٦) دالّ على شعب أو بلاد <*Iranian* and *Canadian* are ~ nouns.>.

gen·til·ism [jĕn′tə lĭz′əm] *(n.)* الوثنية؛ عبادة الأصنام.

gen·til·i·ty [jĕn tĭl′-] *(n.)* (١) «أ» نبالة المحتِد. «ب» الطبقة الأرستوقراطية (٢) «أ» كياسة؛ رقة؛ دماثة. «ب» تكلُّف (٣) «أ» منزلة اجتماعية رفيعة. «ب» التشبُّه بالأثرياء: التعلُّق بمظاهر الحياة الأرستوقراطية [وبخاصة إذا كان المتعلق أفقر من أن يقوى على ذلك].

gen·tis·ic acid [jĕn tĭs′ĭk] *(n.)* حَمْض الجنتيسيك (كح).

gen·tle[1] [jĕn′təl] *(adj.; n.)* (١) «أ» نبيل المحتِد. «ب» كريم <~ reader> (٢) «أ» وديع؛ سهل الانقياد <a ~ horse>. «ب» لطيف؛ دَمِث <a ~ nature> (٣) رفيق؛ رقيق؛ خفيف <a ~ knock on the door> (٤) معتدل <~ heat> § (٥) شخص نبيل المَحْتِد.

gen·tle[2] *(vt.)* (١) يُنَبِّل: يرفع إلى مرتبة النبلاء (٢) «أ» يُلطِّف؛ يُدمِّث. «ب» يُروِّض [فرَسًا]. «ج» يسكِّن؛ يهدِّئ. «د» يُربِّت [على الكتف إلخ].

gen·tle·folk *also* **gen·tle·folks** *(n. pl.)* النبلاء؛ الأشراف.

gen·tle·man [jĕn′təl-] *(n.)* (١) السَّيِّد؛ الماجد؛ الجنتلمان: «أ» رجل نبيل المحتِد. «ب» رجل يجمع إلى نبالة المحتِد شهامة ومروءة. «ج» رجل ينسجم سلوكه مع مقياس رفيع من مقاييس السلوك الحسن. «د» رجل صاحب ثروة تغنيه عن العمل (٢) وَصِيف؛ خادم (٣) السَّيِّد: رجل من أيّة طبقة اجتماعيّة.

gen·tle·man-at-arms *(n.)* حارس مَلَكيّ (بر).

gen·tle·man·like; gen·tle·man·ly [jĕn′-] *(adj.)* جَنتلمانيّ.

gentleman of fortune *(n.)* المُغامِر.

gentleman's agreement *or* **gentlemen's agreement** *(n.)* اتفاقية الجنتلمان؛ اتفاقية الشرف: اتفاقية لا ضامن لتنفيذها غير شرف المشتركين فيها.

gen·tle·ness [jĕn′təl-] *(n.)* رقة؛ دماثة؛ لطف.

gen·tle·per·son *(n.)* (١) سيِّد (٢) سيِّدة.

gentle sex *(n.)* الجنس اللَّطيف: النِّساء.

gen·tle·wom·an *(n.)* (١) «أ» النَّبيلة: سيِّدة نبيلة المَحْتِد. «ب» وَصِيفة (٢) الماجدة: سيِّدة فاضلة حُلوة الشَّمائل.

gen·try [jĕn′trĭ] *(n.)* (١) شرف المحتِد (٢) الطبقة العليا أو الحاكمة: الأرستوقراطية (٣) أهل؛ جماعة؛ أبناء طبقة ما.

gen·u·flect [jĕn′yo͞o flĕkt′] *(vi.)* (١) يَرْكَع؛ يَسْجد (٢) يَخْنَع.

gen·u·flec·tion *also* **gen·u·flex·ion** [jĕn′yo͞o flĕk′-] *(n.)* (١) رُكوع؛ سُجود (٢) خُنوع؛ تذلُّل.

gen·u·ine [jĕn′yo͞o ĭn] *(adj.)* (١) حقيقيّ؛ غير زائف (٢) أصيل: خالصٌ

النَّسَب (٣) صادق: خالٍ من الرِّياء أو التكلُّف.

ge·nus [jēʹnəs] *(n.)* pl. **gen·e·ra** (١) الجنس (أح) (٢) طبقة؛ نوع.

-geny لاحقة معناها: نشوء؛ تكوُّن؛ تطوُّر.

geo- = ge-.

ge·o·cen·tric [jēʹō sĕnʹ-] *(adj.)* مَرْكزيأرضيّ: «أ» ذو علاقة بمركز الأرض أو مَقِيسٌ منه أو كأنه ملاحَظٌ منه. «ب» ذو علاقة بالأرض بوصفها مركزًا.

geocentric system *(n.)* النِّظام المَرْكزيأرضي.

ge·o·chem·i·cal [jēʹ ō kĕmʹ-] *(adj.)* جيوكيميائيّ؛ كيميائيّ أرضيّ.

ge·o·chem·is·try *(n.)* الجيوكيمياء؛ الكيمياء الأرضية.

ge·ode [jēʹōd] *(n.)* (١) الجَيُود: حجرٌ ذو تجويف مبطَّن بلورات أو بمادة معدنية (جي) (٢) تجويف في جَيُود.

geode *1.*

ge·o·des·ic [jē'ə dĕsʹĭk] *(adj.; n.)* جيوديسي.

geodesic line *(n.)* الخطّ الجيوديسيّ: أقصر خط بين نقطتين على سطح مُعَيَّن (ر).

ge·od·e·sist [jē ŏdʹ-] *(n.)* الجيوديسيّ: العالِم بالجيوديسيا.

ge·od·e·sy [jē ŏdʹə sĭ] *(n.)* الجيوديسيا: فرعٌ من الرياضيات التطبيقية يُعنى بدراسة شكل الأرض وبقياس سطحها.

ge·o·det·ic [jē ə dĕtʹĭk] *(adj.)* = geodesic.

ge·o–e·co·nom·ic *(adj.)* جُغرافيإقتصادي؛ جُغرافيّ اقتصاديّ.

ge·og·no·sy [jē ŏgʹnə sĭ] *(n.)* الجُغْنوسيا: فرع من الجيولوجيا يبحث في البِنية العامة، الداخلية والخارجية، للأرض.

ge·og·ra·pher [jē ŏgʹrə fər] *(n.)* الجُغرافيّ: العالِم بالجغرافيا.

ge·o·graph·ic; -al [jē'ə grăfʹ-] *(adj.)* جُغرافيّ.

ge·og·ra·phy [jē ŏgʹrə fĭ] *(n.)* (١) الجغرافيا؛ علم الجغرافيا (٢) الجغرافيّة: السِّمات الجغرافيّة لمنطقة ما <the ~ of Syria> (٣) رسالة أو بحث في الجغرافيا (٤) صورة؛ هيئة.

ge·o·hy·drol·o·gy *(n.)* الجيوهيدرولوجيا؛ الجيولوجيا المائية.

ge·o·log·ic; -al [jē ə lŏjʹ-] *(adj.)* جيولوجيّ: خاصّ أو متعلق بالجيولوجيا أو علم طبقات الأرض.

ge·ol·o·gist *(n.)* الجيولوجيّ: الاختصاصيّ بعلم طبقات الأرض.

ge·ol·o·gy [jē ŏlʹə jĭ] *(n.)* (١) الجيولوجيا؛ الإراضَة؛ علم طبقات الأرض (٢) دراسة المادة الصلبة من جرم سماوي [كالقمر] (٣) سِمات جيولوجية (٤) رسالة أو بحث في الجيولوجيا.

ge·o·mag·net·ic *(adj.)* مَغْنَطِيأرضيّ: متعلّق بالمغنطيسيّة الأرضيّة.

ge·o·man·cer [jēʹ ə măn'sər] *(n.)* الضارب بالرمل.

ge·o·man·cy *(n.)* الضَّرب بالرَّمل [بغية التكهُّن بالمستقبل].

ge·om·e·ter [jĭ ŏmʹə tər] *(n.)* الاختصاصي بعلم الهندسة.

ge·o·met·ric; -al [jē'ə mĕtʹ-] *(adj.)* هَنْدَسِيّ.

ge·om·e·tri·cian [jĭ ŏm'ə trĭshʹən] *(n.)* = geometer.

geometric mean *(n.)* الوَسَط الهندسيّ (ر).

geometric [*or* **geometrical**] **progression** *(n.)* المتوالية الهندسية (ر).

geometric series *(n.)* المُتَسَلْسِلة الهندسيَّة (ر).

ge·om·e·trid [jĭ ŏmʹə trĭd] *(n.; adj.)* (١) الأُرفيَّة؛ الذّارعة: حشرة كبيرة الأجنحة § (٢) أُرْفيّ.

ge·om·e·trize [jĭ ŏmʹə trīz] *(vi.; t.)* (١) يُهندِس: يعمل بالطرائق أو القوانين الهندسية x (٢) يُهَنْدِس: «أ» يعبّر أو يمثّل بأشكال هندسية. «ب» يجعله منسجمًا مع المبادئ والقوانين الهندسية.

ge·om·e·try [jĭ ŏmʹə trĭ] *(n.)* (١) علم الهندسة (٢) رسالة أو بحث في الهندسة (٣) صورة؛ هيئة.

ge·o·mor·phic [jē'ə môrʹfĭk] *(adj.)* جيومورفيّ: خاصّ بشكل الأرض أو سِمات سَطْحها.

ge·o·mor·phol·o·gy [-môr fŏlʹə jĭ] *(n.)* الجيومورفولوجيا: دراسة شكل الأرض وتضاريسها وتوزُّع اليابسة والبحار على سطحها.

ge·oph·a·gous [jē ŏfʹə gəs] *(adj.)* آكِلٌ للتراب؛ مُغْتَذٍ بالتراب.

ge·oph·a·gy [-ʹə jĭ] *(n.)* أكلُ التراب [وبخاصة عند الشعوب البدائية].

ge·o·phys·ics [jē'ō fĭzʹĭks] *(n.)* الجيوفيزياء: علم طبيعة الأرض.

— ge·o·phys·i·cal *(adj.)*

ge·o·phyte [jēʹə fīt] *(n.)* النبات الأرضيّ: كل نبات ذي براعمَ نامية تحت سطح الأرض.

ge·o·pol·i·ti·cian *(n.)* الجيوبوليتيكيّ (را المادّة التالية).

ge·o·pol·i·tics [jē'ō pŏlʹə tĭks] *(n.)* الجيوبوليتيكا: «أ» علم السياسة الجغرافية [أو الطبيعية]: دراسة الظواهر الجغرافية والاقتصادية والبشرية، من حيث كثافةُ السُّكان وتوزُّعهم إلخ، بوصفها عواملَ مؤثِّرة في السياسة الخارجية للدولة. «ب» سياسة حكومية مبنيَّة على أساسٍ من هذا العلم.

ge·o·pon·ic [jē'ə pŏnʹĭk] *(adj.)* (١) زراعيّ (٢) ريفيّ.

ge·o·pon·ics *(n.)* علم الزِّراعة؛ فنّ الزِّراعة.

George [jôrj] *(n.)* الجورجية: «أ» أحد شعارَيْ وسام ربطة الساق البريطانيّ. «ب» قطعة نقدية بريطانية تحمل صورة القديس جورج.

geor·gette [jôr jĕtʹ] *(n.)* الكريب جورجيت: قماش حريريّ.

Geor·gian [jôrʹjən] *(n.; adj.)* (١) الجورجيّ: أحد سكان جمهورية جورجيا أو ولاية جورجيا الأميركيّة (٢) اللغة الجورجية § (٣) جورجيّ.

geor·gic [jôrʹjĭk] *(n.; adj.)* (١) الزّراعية: قصيدة زراعية الموضوع § (٢) زراعيّ.

ge·o·sci·ence [jēʹō sī-] *(n.)* علم الأرض: علم يُعنى بدراسة الأرض.

ge·o·sphere [jēʹō sphēr] *(n.)* الجيوسفير؛ المحيط الأرضيّ.

ge·o·strat·e·gy [jē'ō strătʹ-] *(n.)* الاستراتيجيّة الطَّبيعيّة: فرع من الجيوبوليتيكا geopolitics يبحث في الاستراتيجية.

ge·o·syn·cline [-sĭnʹklīn] *(n.)* الاستقعار: انخفاض عظيم في قشرة

ă at; ā date; â care; ä car; ĕ egg; ē me; ĭ in; ī bite; ŏ lot; ō bone; ô orphan; oi boil; o͝o good; o͞o boot; ou out; ŭ under; û urgent; ə = *a* in alone, *e* in system, *i* in easily, *o* in gallop, *u* in circus.

الأرض.

ge·o·ther·mal *(adj.)* حراريْجَوْفي <~ steam>.

ge·o·tro·pism [jĭ ŏt′rə pĭz′əm] *(n.)* الاستراض؛ الاستراضية؛ الانتحاء الأرضيّ: نزعة جذور النبات إلى الامتداد نحو مركز الأرض.

ge·ra·ni·um [jĭ rā′nĭ əm] *(n.)* (١) الغُرنوقيّ؛ إبرة الرّاعي (نب) (٢) لون أحمر قانٍ.

ger·ber·a [gûr′-] *(n.)* الجَرْبارة: نبات زهريّ من الفصيلة المركّبة.

ger·bil *also* **ger·bille** [jûr′bəl] *(n.)* العَضَل؛ الجَرْبيل: حيوان يُشبه الجُرَذ.

ge·rent [jēr′ənt] *(n.)* الحاكم؛ المدير.

ge·re·nuk [gĕr′ə no͝ok′] *(n.)* الجَرْنوق: ظبي طويل العُنق.

ger·fal·con [jûr′făl′kən] *(n.)* = gyrfalcon.

ger·i·at·ric [jĕr′ĭ ăt′rĭk] *(adj.; n.)* (١) شيخوخيّ: خاصّ بالشيخوخة أو بالشيوخ أو بطبّ الشيخوخة § (٢) الشيخ؛ العجوز.

ger·i·a·tri·cian; ger·i·at·rist *(n.)* طبيب الشيخوخة.

ger·i·at·rics *(n.)* طبّ الشيوخ؛ طبّ الشيخوخة.

germ [jûrm] *(n.)* (١) جرثومة؛ بزرة (٢) أصل (٣) ميكروب.

ger·man [jûr′mən] *(adj.)* (١) شقيق: من نفس الأبوين <brother-german> (٢) قريب لَحًّا؛ من الدرجة الأولى <cousin-*german*>.

Ger·man [jûr′mən] *(n.; adj.)* (١) الألمانيّ؛ الجرمانيّ (٢) اللغة الألمانية (٣) *not cap.* أ. ك. : الألمانيّة: ضربٌ من الرقص § (٤) ألمانيّ؛ جرمانيّ.

ger·man·der [jər măn′dər] *(n.)* الجَعْدة؛ الطّوقَريون: نبات من الفصيلة الشّفوية.

ger·mane [jər mān′] *(adj.)* مناسب؛ وثيق الصلة بِـ.

Ger·man·ic [jər măn′ĭk] *(adj.; n.)* (١) ألمانيّ؛ جرمانيّ § (٢) الجرمانية: فرع من أسرة اللغات الهندية الأوروبية.

Ger·man·ism [jûr′mə nĭz′əm] *(n.)* (١) مُصْطَلَح ألمانيّ [واردٌ في لغة أخرى] (٢) التّألُمن: التعصُّب لألمانيا أو للعادات الألمانية (٣) الألمانيّات: طرائق الألمان في التفكير والعمل إلخ.

Ger·man·ist *(n.)* المُتَألِمن: العالم بلغة الألمان أو أدبهم.

ger·ma·ni·um [jər mā′-] *(n.)* الجرمانيوم: عنصر فِلزّيّ نادرٌ (ك).

ger·man·ize [jûr′mə nīz′] *(vt.; i.)* (١) يُؤَلْمِن: يكسبُهُ الخصائص الألمانية x (٢) يتألْمن: يكسب الخصائصَ الألمانية.

German measles *(n.)* الحَصْبة الألمانيّة؛ الحَصْبة الجرمانيّة.

Germano- بادئة معناها: «أ» ألمانيّ. «ب» ألمانيّ و...

Ger·man·o·phile [jər măn′ə fīl′] *(adj.)* مُحِبٌّ للألمان.

Ger·man·o·phobe [-fōb′] *(n.)* المُبغض للألمان [أو الخائف منهم].

German shepherd *(n.)* الراعي الألمانيّ: كلب ذكيّ كثيرًا ما يستعمل لأغراض بوليسية ولقيادة العميان.

German silver *(n.)* الفِضّة الألمانية: أُشابة أو سبيكة فِضّية البياض تتألف من نحاس وزنك ونيكل.

germ cell *(n.)* الخليّة الجُرثوميّة (أح).

ger·mi·cid·al [jûr′mə sīd′əl] *(adj.)* مبيدٌ للجراثيم.

ger·mi·cide [jûr′mə sīd] *(n.)* مُبيدُ الجراثيم: مادة مُبيدة للجراثيم.

ger·mi·nal [jûr′-] *(adj.)* (١) جَنينيّ: في أول مراحل التّطوّر <~ ideas> (٢) مبدع؛ خلّاق <a highly original and ~ critic> (٣) جرثوميّ.

germinal disk *(n.)* = blastodisc.

germinal ves·icle *(n.)* الحُوَيْصلة الجرثومية [في البُيَيْضة] (أح).

ger·mi·nant [jûr′-] *(adj.)* نابت؛ مُفْرِخ؛ قابل للنموّ أو التطوّر.

ger·mi·nate [jûr′mə nāt′] *(vt.; i.)* (١) «أ» يُنْبِت. «ب» ينشئ؛ يُحْدِث x (٢) «أ» يَنْبُتُ؛ يُفرخ. «ب» ينشأ.

ger·mi·na·tive [jûr′mə nā′-] *(adj.)* (١) مُفْرِخ (٢) قابل للتطوّر.

germ layer *(n.)* الطبقة الجُرْثومية (أج).

germ plasm *(n.)* (١) الجِبْلة الجُرثومية: بروتوبلازما الخلايا الجرثومية الناقلة للوراثة (أح) (٢) الجِيْنات؛ المُوَرِّثات (أح).

germ theory *(n.)* النظرية الجُرثومية: نظرية تقول بأن الأمراض المُعْدِية تنتقل من طريق الجراثيم أو المُتَعَضِّيات المجهرية (ط).

germ warfare *(n.)* الحرب الجُرثومية.

germ·y [jûr′mĭ] *(adj.)* حافلٌ بالجراثيم <~ river water>.

ger·o·don·tics [jĕr′ə dŏn′-] *(n.)* طبّ أسنان الشُّيوخ.

geront- *or* **geronto-** بادئة معناها: شيخوخة.

ge·ron·tic [jə rŏn′tĭk] *(adj.)* شَيْخوخيّ.

ger·on·toc·racy [jĕr′ən tŏk′-] *(n.)* حكومة الشُّيوخ [أو المسنّين].

ger·on·tol·o·gy [-tŏl′ə jĭ] *(n.)* الجيرونتولوجيا؛ علم الشيخوخة: علم يبحث في الشيخوخة ومُشكلات الشُّيوخ. **— ger·on·tol·o·gist** *(n.)*

-gerous لاحقة معناها: مُحدِث؛ مُوَلِّد.

ger·ry·man·der [jĕr′ĭ măn′dər] *(vt.)* يُجَرْمَنْدِر: «أ» يقسّم [وحدةً إقليمية] إلى مناطق انتخابية ليعطي حزبًا معيّنًا أغلبية انتخابية في عدد كبير من المناطق في حين يركّز القوة الاقتراعية للمعارضة في أقلّ عدد ممكن من المناطق. «ب» يقسم منطقةً إلى وحدات سياسية لمصلحة جماعة معيّنة. «ج» يشكّل أو يكيّف [وفقًا لمصلحته الشّخصية].

ger·und [jĕr′ənd] *(n.)* صيغة المَصْدَر المنتهيةُ بِـ *ing*.

ges·so [jĕs′ō] *(n.)* pl. **ges·soes** الجَيْس: جِصّ ممزوج بالغِراء يُتّخذُ سطحًا للرّسم أو أساسًا للنقش الضئيل البروز.

gest *or* **geste** [jĕst] *(n.)* (١) مغامرة (٢) حكاية مغامرات [مفرغةٌ في قالب شعريّ خاصّة].

ge·stalt [gə shtält′] *(n.)* pl. **-en** *or* **-s** (١) شكل؛ صورة (٢) الجِشْتالت: بِنْية أو صورة من الظواهر الطبيعية أو البيولوجية أو السيكولوجية متكاملةٌ بحيث تؤلف وحدة وظيفية ذات خصائص لا يمكن استمدادها من أجزائها بمجرَّد ضمّ بعضها إلى بعض. **— ge·stalt·ist** *(n.)*

Gestalt psychology *(n.)* : سيكولوجيا الجِشْتالت؛ سيكولوجيا «الكلّ»: دراسة الإدراك والسلوك من زاوية استجابة الكائن الحيّ لوحدات أو صور

متكاملة مع التأكيد على تطابق الأحداث السيكولوجية والفيسيولوجية (نف).

Ge·sta·po [gə stä′pō; -shtä′-] *(n.)* الغِستابو: البوليس السِّرِّيّ النازيّ.

ges·tate [jĕs′tāt] *(vt.; i.)* (١) تَحْمِل [الأنثى] (٢) يتصوَّر ويطوِّر [خطةً أو فكرةً] **x** (٣) يكون في مرحلة التصوُّر.

ges·ta·tion [jĕs tā′-] *(n.)* (١) حَمْل؛ حَبَل (٢) تصوُّر؛ تطوير.

ges·tic [jĕs′tĭk] *(adj.)* إيمائيّ: خاصّ بحركات الجسم وإيماءاته.

ges·tic·u·late [jĕs tĭk′yə lāt′] *(vi.)* يُومئ. وبخاصة: يومئ أو يُشير في أثناء الكلام.

— **ges·tic·u·la·tion** *(n.)*

ges·ture [jĕs′chər] *(n.; vi.; t.)* (١) إيماء (٢) إيماءة (٣) مبادرة <a political ~> § (٤) يُومئ **x** (٥) يعبِّر بالإيماء.

gesture language *(n.)* لغة الإشارة؛ لغة الصُّمّ.

get [gĕt] *(vt.; i.; n.)* (١) «أ» ينال. «ب» يكسب (٢) «أ» يفوز بـ. «ب» يستولي على. «ج» يلتقط؛ يُصاب بمرض (٣) يُنجب؛ يَلِد (٤) «أ» يَجْلِب. «ب» يُخْرِج <*got* him out of the house>. «ج» يجعل؛ يصيِّر في حالة ما <*got* her feet wet> (٥) يُعِدّ؛ يُهيِّئ <promised to ~ breakfast by seven o'clock> (٦) «أ» يقبض على. «ب» يتغلب على. «ج» يحيِّر <That ~*s* me.>. «د» يثير؛ يضايق. «هـ» ينتقم من. وبخاصة: يقتل. «و» يصيب <The bullet *got* him in the leg.> (٧) «أ» يُمْنَى بـ. «ب» يتلقّى على سبيل العقاب (٨) «أ» يستظهر؛ يحفظ عن ظهر قلب. «ب» يتوصل إلى نتيجة [من طريق الحساب]. «ج» يسمع. «د» يفهم <I ~ you> (٩) يُقنع <*got* him to bring out a new edition> (١٠) «أ» يملك <She has *got* five dollars.>. «ب» يجب؛ يتعين على <You've *got* to eat more meat.> (١١) يتصل بـ <tried to *get* them on the telephone> **x** (١٢) «أ» يصل <to ~ home>. «ب» يبلغ حالةً ما <finally *got* to sleep after midnight> (١٣) يكسب ثروة <Whilst he was minister... he had *gotten* vastly.> (١٤) يستطيع؛ يقدر (١٥) يتورَّط؛ يقع في <He *got* into trouble.> (١٦) يصبح <*got* tired> (١٧) ينصرف أو يرحل في الحال <told him to ~> § (١٨) وَلَد؛ نَسْل؛ ذرِّيّة.

Get along with you! إذهب! أُغرُب عن وجهي!

to ~ about (١) يصبح قادرًا على الحركة والمشي بعد مرض (٢) يذيع؛ ينتشر (٣) يرحل من مكان إلى مكان.

to ~ across (١) يَعْبر (٢) يجعله يعبر (٣) يوضح؛ يتوضّح.

to ~ ahead (١) يفوز (٢) يسبق.

to ~ along (١) «أ» يتقدَّم. «ب» يدنو من الشيخوخة (٢) يَسْلك (٣) يُفْلح في تدبّر أمر (٤) ينسجم مع (٥) يذهب؛ يرحل.

to ~ among يصبح فردًا من.

to ~ around (١) يخدع (٢) يتجنّب (٣) يتنقل من مكان إلى مكان (٤) ينتشر؛ يذيع (٥) يتفكّر في؛ ينتبه إلى.

to ~ at (١) يَبْلُغ؛ يُدْرك (٢) يرشو (٣) يلفت انتباهه إلى (٤) يقصد؛ يحاول أن يثبت أو يوضح.

to ~ away (١) ينطلق (٢) ينصرف (٣) يرتحل [لقضاء العطلة] (٤) يفرّ (٥) يُفلت من.

to ~ away with يفعل أمرًا منكرًا من غير أن يتعرَّض لعواقب وخيمة.

to ~ back (١) يعود؛ يرجع (٢) يستردّ (٣) ينتقم.

to ~ before يَسْبق.

to ~ behind (١) يتخلّف (٢) ينفذ إلى؛ يكشف سرًا أو لغزًا.

to ~ behind the scenes يكتشف دخيلة أمرٍ ما.

to ~ by (١) يتجنَّب إخفاقًا أو كارثة (٢) يتدبَّر أمرَهُ (٣) يتقدّم من غير أن يُكتشف أو يُنتقد أو يُعاقَب (٤) يَمُرّ (٥) يكون مقبولًا.

to ~ clear يُفلت؛ ينجو؛ يتحرّر من.

to ~ down (١) يترجَّل (٢) يَنْزِل (٢) يُرْهق (٣) يدوِّن.

to ~ down to يركِّز التفكير على.

to ~ down with يُنهي؛ يَخْتُم.

to ~ even ينتقم؛ يثأر.

to ~ going (١) يبدأ؛ يعمل (٢) يستعجل.

to ~ in (١) يَدْخل (٢) يَصِل (٣) يجمع الغِلال (٤) يُنْتَخَب (٥) يتورَّط (٦) يزرع؛ يَبْذُر [الحَبّ] (٧) يورِّط (٨) يُفسح مجالًا لِـ.

to ~ into (١) يرتدي؛ يلبس (٢) يعتاد (٣) يتورَّط في.

to ~ into one's head يقتنع بِـ.

to ~ loose *or* free يُفلت؛ يتحرر من.

to ~ off (١) ينصرف (٢) ينجو من عقوبة (٣) يترجَّل [عن فرس أو عن قطار] (٤) يُطلق [نكتةً] (٥) يبدأ (٦) يبلغ هِزّة الجِماع.

to ~ on (١) يتقدَّم (٢) يتابع عمله (٣) ينجح (٤) يكتسب معرفةً أو فهمًا (٥) يمتطي؛ يَرْكب (٦) يرتدي (٧) يتدبّر أمره (٨) يتفق أو ينسجم [مع شخص].

to ~ one's goat (١) يُغضب (٢) يُزعج.

to ~ on one's feet ينهض على قدميه؛ يتوطَّد أو يترسَّخ.

to ~ on one's nerves يُثير؛ يُزعج؛ يُنرفز.

to ~ out (١) يَخْرُج؛ يَفِرّ (٢) يغادر [الاجتماع إلخ] (٣) يُقْلِع عن (٤) يستخرج؛ ينتزع.

to ~ over (١) يتغلَّب على؛ يُذَلِّل (٢) يَنْسَى؛ يَسْلو (٣) يتعافى من (٤) يُقنع (٥) يَقطع؛ يجتاز (٦) يتسلَّق.

to ~ quit *or* rid of يتخلَّص من.

to ~ round = to get around.

to ~ somewhere ينجح؛ يفوز.

to ~ the best of it ينتصر؛ يفوز.

to ~ there ينجح.

to ~ the worst of it يُهْزَم.

to ~ through (١) يُنْجز (٢) يتصل بـ[هاتفيًا بخاصة] (٣) يقنِعُهُ بكذا (٤) يجتاز امتحانًا (٥) يُمرِّر (٦) يصل إلى المكان الذي يقصِده.

to ~ to (١) يبدأ؛ يشرع في (٢) يصل (٣) يؤثّر في.

to ~ together (١) يَجْمع؛ يَحْشُد؛ يَرْكُم (٢) يجتمع (٣) يصل إلى تفاهم أو اتفاق (٤) ينظّم.

to ~ told off يُوَبَّخ؛ يُؤَنَّب؛ يُعَنَّف.

to ~ under (control) يُخضع؛ يُسيطر على.

to ~ up (١) ينهض من فراشه (٢) ينتصب واقفًا (٣) يتسلّق (٤) يتقدَّم؛

يسرع [تُستعمل كأمر للخيل] (٥) يُعِدّ؛ يهيّئ؛ ينظّم (٦) يكتسب معرفةً بموضوع ما (٧) يأخذ في الاشتداد [كالريح] (٨) يتزيَّن؛ يتجمَّل (٩) يَصْعد (١٠) يُفرغ في أسلوبٍ ما.

to ~ wind of — را. مادة wind[1].

to ~ with child — يحبِّل المرأة؛ يجعلها حاملًا.

get·at·a·ble [gĕt ăt′ə bəl] *(adj.)* ممكنٌ نَيْلُهُ أو بلوغُهُ.

get·a·way *(n.)* (١) انطلاق (٢) فرار (٣) موضعٌ ملائم [لقضاء العطلة].

Geth·sem·a·ne [gĕth sĕm′ə nĭ] *(n.)* (١) الجُثْمانية: بستان شرقيَّ بيت المقدس صلّى فيه السيد المسيح ليلةَ اعتقاله (٢) «أ» مَوْطن عذاب [روحيّ أو عقليّ]. «ب» عذاب [روحي أو عقليّ].

get·ter [gĕt′-] *(n.)* (١) النائل؛ المدرِك؛ الفائز بـ إلخ (٢) المستأصِلة: مادة تُدخَل في صِمام مفرَّغ إلخ لإزالة آثار الغاز منه (كف).

get–to·geth·er *(n.)* اجتماع؛ لقاء؛ حفلة أُنس متواضعة.

get·up [gĕt′ŭp′] *(n.)* (١) شكل؛ مَظْهَر <~ of a book> (٢) زِيّ؛ لباس <going to the party in that ~>.

get–up–and–go *(n.)* جُرأة؛ عَزْم؛ نشاط؛ حَيَوية.

gew·gaw [gyōō′gô] *(n.)* (١) شيء تافه (٢) البَهْرَج: حِلْيَة رخيصة.

gey·ser [gī′zər] *(n.)* (١) الحَمَّة: نبع ماء حارّ (٢) المسخِّن: جهاز لتسخين الماء.

ghast·ful [găst′fəl] *(adj.)* رهيب؛ مروِّع (ا. ق).

ghast·ly [găst′lĭ] *(adj.)* (١) مروِّع <a ~ crime> (٢) شنيع <a ~ failure> (٣) شَبَحيّ؛ شاحب كالموتى <a ~ look> (٤) فاضح؛ ضخم <a ~ mistake>.

ghat [gôt] *(n.)* الغَوْط: دَرَجٌ يُنزَل بواسطته إلى نهر في الهند.

ghat

ghee *or* **ghi** [gē] *(n.)* الجِيّة: ضربٌ من الزبدة.

gher·kin [gûr′kĭn] *(n.)* الجَرْكين: ضربٌ من الخيار يخلَّل.

ghet·to [gĕt′ō] *(n.)* الغَيْت: حيّ اليهود [أو الأقلّيّات] في مدينة.

ghet·to·ize [gĕt′ō īz′] *(vt.)* يُغَيِّت: يَعْزِل في غَيْت ghetto.

ghib·li [gĭb′lē] *(n.)* القِبْلِيّة: ريح صحراوية في شمال إفريقيا.

ghost [gōst] *(n.; vt.; i.)* (١) روح (٢) «أ» شَبَح. «ب» طَيْف (٣) روح شريرة (٤) «أ» ظِلّ؛ أثر ضعيف وباهت. «ب» ذرَّة؛ مثقال ذرّة (٥) المُشَبِّح؛ الكاتب الشَّبحيّ: كاتب يؤلّف لشخص آخر § (٦) ينتاب [كما ينتاب الشبحُ محلًّا] (٧) يُشَبِّح: يؤلّف لشخص آخر x (٨) يَتَشَبَّح: يتحرّك بصمت وكأنه شبح.

ghost dance *(n.)* رَقصة الأرواح: رقص جَماعيّ يراد به الاتصال بأرواح الموتى [عند الهنود الحمر].

ghost·ly [-lĭ] *(adj.)* (١) روحيّ (٢) «أ» شَبَحيّ. «ب» طَيْفيّ.

ghost town *(n.)* مدينة الأشباح: مدينة هُجرت بعد ازدهار.

ghost writer *(n.)* المُشَبِّح (را. ghost 5). — **ghost·write** *(vi.; t.)*

ghoul [gōōl] *(n.)* الغُول: «أ» كائن خُرافيّ شرير ينبش القبور ويقتات بالجثث. «ب» شخص يُشبه الغولَ أو يُذكِّر به.

ghoul·ish [-ĭsh] *(adj.)* غُولانيّ: «أ» شبيه بالغُول. «ب» رهيب؛ وحشيّ.

gi·ant [jī′ənt] *(n.; adj.)* (١) المارد: كائن خرافي ضخم جبّار (٢) العِملاق: شخص أو شيء ضخم أو قويّ على نحوٍ استثنائيّ § (٣) جبّار.

gi·ant·ess [jī′ənt əs] *(n.)* (١) الماردة (٢) العِملاقة.

giant star *(n.)* النجم العِملاق: نجمٌ ضخم شديد التألّق (فل).

giaour [jour] *(n.)* الكافر؛ غير المسلم.

gib[1] [gĭb] *(n.)* (١) هِرّ (٢) هِرّ مَخْصِيّ.

gib[2] [gĭb] *(n.; vt.)* (١) المِثبات: صفيحة معدنية إلخ تُستخدم لتثبيت أجزاء أخرى في مواضعها § (٢) يُمَثْبِت: يُثبِّت بمِثْبات.

gib·ber [jĭb′-] *(vi.; n.)* (١) يُبَرْبر؛ يثرثر؛ يَهْذِر § (٢) بَرْبرة.

gib·ber·ish [jĭb′ər ĭsh] *(n.)* البَرْبرة: «أ» كلام غير مفهوم أو خِلْوٌ من المعنى. «ب» لغة تِقنيَّة أو سِرِّية. «ج» كلام غامض لغير ما ضرورة.

gib·bet [jĭb′ĭt] *(n.; vt.)* (١) مِشْنَقة § (٢) يَشْنق (٣) يُشَهِّر به؛ يُعرِّضه لسُخرية الناس.

gib·bon [gĭb′ən] *(n.)* الجِبُّون؛ الشِّقّ: قرد رشيق الحركة.

gibbon

gib·bos·i·ty [gĭ bŏs′-] *(n.)* (١) تحدُّب؛ احديداب (٢) وَرَمٌ؛ انتفاخ.

gib·bous [gĭb′əs] *(adj.)* (١) «أ» مُحدَّب. «ب» مُتورِّم (٢) أحدب.

gibe [jīb] *(vi.; t.; n.)* (١) يهزأ بـ؛ يُعيِّر § (٢) هزء؛ تعيير.

gib·lets [jĭb′ləts] *(n. pl.)* أحشاء الطير [من قلب وكبد إلخ].

Gib·ral·tar [jĭ brôl′tər] *(n.)* (١) جبل طارق (٢) حصنٌ منيعٌ.

gid [gĭd] *(n.)* الجِدّ: داء يُصيب الخِراف.

gid·dap [gĭd ăp′] *(v. imper.)* هيّا! أسرِع! عجِّل!

gid·dy [gĭd′ĭ] *(adj.; vt.; i.)* (١) «أ» دائخ: مصاب بدُوار. «ب» مُدوِّخ: مُسبِّبٌ للدُّوار. «ج» مُدوِّم: دائرٌ بسرعة مُذهلة (٢) طائش؛ مُستهتر § (٣) يُدوِّخ x (٤) يَدُوخ.

gift [gĭft] *(n.; vt.)* (١) مَوْهِبة (٢) هِبَة؛ مِنْحة (٣) هَدِيّة (٤) مَنْح؛ إنعام § (٥) يَهَبُ؛ يُنعِم على (٦) يُهدي.

gift·ed [gĭf′tĭd] *(adj.)* موهوب: ذو موهبة <a ~ artist>.

gift–wrap [gĭft′răp′] *(vt.)* يَلُفّ للإهداء.

gig[1] [gĭg] *(n.; vi.)* (١) المُدَوِّم: شيء يَلُفّ أو يدور (٢) «أ» شخص ذو مظهر غريب. «ب» أبله؛ معتوه (٣) الجُيْغ: «أ» قارب محفوظ لربّان السفينة. «ب» قارب بمجاذيف مُعَدّ للسّرعة في المقام الأول. «ج» عربة خفيفة، ذات عجلتين، يجرُّها جواد واحد § (٤) يَرْكَب جَيْغًا.

gig[1] 3c.

gig[2] *(n.; vt.; i.)* (١) الجِيْغ: «أ» رمح تُصاد به الأسماك. «ب» مجموعة صنانير متلاحمة مُعَدَّة لصيد الأسماك من أجسادها § (٢) يُجَيِّغ: يصيد بجِيْغ (٣) يَنخس؛ يَحُثّ؛ يُحرِّض.

giga- بادئة معناها: بليون؛ ألف مليون.

gi·ga·bit [jĭ′gə bĭt] *(n.)* الجِيْغابِتَّة: وحدة تعادل بليون بِتَّة.

gi·ga·cy·cle [jĭ′gə sī′kəl] *(n.)* = gigahertz.

gi·ga·hertz [-hûrts′] *(n.)* الجِيغاهيرتز: وحدة تساوي بليون هيرتز.

gi·gan·tesque [jī găn tĕsk′] *(adj.)* عِملاق؛ هائل.

gi·gan·tic [jī găn′tĭk] *(adj.)* عملاق؛ هائل؛ ضخم جدًّا.

gig·gle [gĭg′əl] *(vi.; t.; n.)* (١) يُقَهْقِه x (٢) يقول مقهقهًا § (٣) قَهْقَهَة.

gig·o·lo [jĭg′ə lō′] *(n.)* (١) الجيغولو: رجلٌ تُعيله امرأة مقابلَ مرافقتها ومعاشرتها (٢) الرّاقص المستأجَر: راقص محترف تستأجره النِّسوةُ لمراقصتهنّ في الحانات.

gi·got [jĭg′ət] *(n.)* فخِذُ الخروف [وبخاصة حين يُطهَى].

Gila monster

Gi·la mon·ster [hē′lə] *(n.)* الهِيْلِيّة: عَظاية أميركية ضخمة.

gil·bert [gĭl′bərt] *(n.)* الجِلبَرْت: وحدة لقياس القوة الدّافعة المغنطيسيّة (كب).

gild [gĭld] *(vt.; n.)* (١) يُذَهِّب: يَطْلي بالذهب (٢) يُزوِّدُه بالمال (٣) يُموِّه: يُعطي الشيءَ مظهرًا جذابًا خادعًا <to ~ a lie> § (٤) guild.

to ~ the lily يضيف زُخرفًا غير ضروري إلى شيء جميل في ذاته.

to ~ the pill يجعل للشيء الكريه [أو للضرورة البغيضة] مظهرًا سائغًا.

gild·ed *(adj.)* (١) مُذَهَّب؛ مَطْليّ بالذهب (٢) مُمَوَّه.

gill[1] [jĭl] *(n.)* الجِلّ: مقياس للسوائل [ربع باينت pint].

gill[2] [gĭl] *(n.; vt.; i.)* (١) خَيْشوم (٢) .pl عد: الغَبَب؛ اللُّغْد: لحم مُتَدَلٍّ تحت الذَّقن أو حوله § (٣) يُخَيشِم: يَصيد السَّمَك من خياشيمه (را. gill net) x (٤) يتخَيْشَم: يَعْلَقُ السمكُ في هذه الشبكة.

gill[3] [gĭl] *(n.)* (١) الوَهْد: وادٍ ضيِّق (بر) (٢) جَدْوَل؛ نُهَير.

gill[4] [jĭl] *(n. often cap.)* فتاة؛ حبيبة؛ مَعشوقة.

gil·lie *also* **gil·li** [gĭl′ĭ] *(n.)* الجِيْلِيّ: «أ» التّابع؛ المرافق؛ الخادم. «ب» مُرْشِد الصَّيّاد. «ج» حذاء ذو شريط زِينيّ.

gill net *(n.)* الغِلّ: شبكة ذات عيون تجيز لرأس السمكة أن ينفذ إليها ولكنها تحجزه عندما تحاول الانسحاب.

gil·ly·flow·er [jĭl′ĭ-] *(n.)* المنثور؛ الخِيْرِيّ؛ القَرَنفُل (نب).

gilt[1] [gĭlt] *(adj.; n.)* (١) «أ» مُذَهَّب: مَطليّ بالذّهب. «ب» ذهبيّ اللون § (٢) «أ» ذهبٌ. «ب» شيء كالذّهب يُطلَى به (٣) مال؛ دراهم؛ نقود (ع) (٤) بريقٌ ظاهريّ.

gilt[2] *(n.)* الخِنَّوْصَة: أنثى الخِنزير الصَّغيرة.

gilt–edged [gĭlt′ĕjd′] *(adj.)* (١) مُذَهَّب الأطراف <~ paper> (٢) من الطِّراز الأول <~ securities>.

gilthead

gilt·head [gĭlt′hĕd] *(n.)* السَّرْب؛ العَرِيض؛ الحفّار: سمك شبيه بالمرجان أو الفرِّيدي.

gim·bals [jĭm′bəlz] *(n.)* الجَمْبَل: أداة لإبقاء شيء ما [كبوصلة السفينة] في وضع أفقيّ.

gim·crack [jĭm′krăk′] *(n.)* البَهْرَج: حِلْية تافهة قليلة النفع.

gim·crack·er·y [-ə rĭ] *(n.)* البَهارِج: حِلًى أو زخارفُ تافهة.

gimlet *1.*

gim·let [gĭm′lət] *(n.; adj.; vt.)* (١) مِثقاب؛ مِخرز § (٢) ثاقب؛ نفّاذ § (٣) يثقب.

gim·let–eyed *(adj.)* ثاقب النَّظر؛ حديد البَصَر.

gim·mal [gĭm′əl] *(n.)* المتشابكة: حلقة ذات حُلَيْقَتَيْن مُتشابكتين.

gim·me [gĭ′ mē] *(n.)* الغنيمة: شيء يسهل إنجازه [وبخاصة في مباراة].

gim·mick [gĭm′ĭk] *(n.; vt.)* (١) وسيلة التحايل: «أ» أداة ميكانيكية للتلاعب أو التحكم بجهاز للمقامرة. «ب» أية أداة صغيرة يستعين بها الساحر، سرًّا، على أداء ألعابه. «ج» وسيلة جديدة أو فكرة بارعة لحلّ مشكلة أو تحقيق هدف (٢) أُحبولة؛ شَرَك؛ خدعة § (٣) يتحايل على.

gim·mick·ry [-rĭ] *(n.)* (١) وسائل تحايُل (٢) تحايُل.

gim·mick·y [gĭm′ə kĭ] *(adj.)* تحايُليّ؛ احتياليّ.

gimp[1] [gĭmp] *(n.)* القِيطان: بَرِيمٌ أو شريط حريريّ.

gimp[2] *(n.)* حيوية؛ نشاط.

gimp[3] *(n.; vi.)* (١) الأعرج (٢) عَرْجة؛ عَرَجٌ § (٣) يَعْرُج.

gin[1] [jĭn] *(n.)* (١) أُحبولة؛ شَرَكٌ (٢) مِرفاع؛ رافعة أثقال (٣) المِحلاج؛ المِحْلَجة (را. cotton gin).

gin[2] [jĭn] *(vt.)* (١) يَحْتبل: يُوْقع في شَرَك (٢) يَحْلُج [القطن].

gin[3] *(n.)* الجِنّ: شراب كحوليّ مُسْكِر.

gin·ger [jĭn′jər] *(n.; adj.)* (١) زَنْجَبيل (٢) نشاط؛ حَيَوية (٣) الزَّنجبيليّ: لون بُنّيّ داكن § (٤) يُنْعِش؛ يُنشِّط.

ginger ale; ginger beer *(n.)* مِزْرُ الزَّنجبيل: شراب غازيّ.

gin·ger·bread [jĭn′jər brĕd′] *(n.; adj.)* (١) كعكة الزَّنجبيل (٢) بَهْرَجَة؛ زَخرفَة رخيصة § (٣) مُبَهْرَج؛ مُزَوَّق.

gin·ger·ly [-lĭ] *(adj.; adv.)* (١) شديد الحَذَر § (٢) بحذرٍ شديد.

gin·ger·root [-rōōt′] *(n.)* جُذْمور الزَّنجبيل؛ جذر الزَّنجبيل.

gin·ger·snap [-snăp′] *(n.)* بَسْكَويتة الزَّنجبيل.

gin·ger·y *(adj.)* (١) زَنجبيليّ (٢) حِرِّيف (٣) مُفْعَمٌ بالحيوية.

ging·ham [gĭng′əm] *(n.)* الجِنْهام: نسيج قطنيّ مخطَّط.

gingiv- *or* **gingivo-** بادئة معناها: لِثَة <*gingiv*itis>.

gin·gi·va [jĭn jī′və] *(n.)* pl. **-vae** اللِّثَة (ت).

gin·gi·vi·tis [jĭn jə vī′tĭs] *(n.)* التهاب اللِّثَة (مض).

ginkgo

gink [gĭngk] *(n.)* شخص؛ رجل؛ فَتًى (ع).

gink·go *also* **ging·ko** [gĭngk′gō] *(n.)* الجِنْكَة: شجر صينيّ مِروحيّ الورق.

gin mill [jĭn] *(n.)* حانة. وبخاصة: حانة رخيصة أو سيئة السُّمعة.

gin rummy [jĭn] *(n.)* روميّ الجِنّ: ضرب من لَعِب الورق.

giraffe

gin·seng [jĭn′sĕng] *(n.)* الجِنْسة؛ الجِنْسينغ: نبتة صينيّة.

Gip·sy [jĭp′sĭ] *(n.)* = Gypsy.

gi·raffe [jə răf′] *(n.)* الزَّرافة (ح).

gir·an·dole [jĭr′ən dōl′] *(n.)* (١) الثُّريا النارية: صاروخ يتفجر عند إطلاقه عن أنوار على شكل عنقود أو ثريا (٢) شَمْعدان مزخرف ذو شُعَبٍ

ă at; ā date; â care; ä car; ĕ egg; ē me; ĭ in; ī bite; ŏ lot; ō bone; ô orphan; oi boil; ŏŏ good; ōō boot; ou out; ŭ under; û urgent; ə = *a* in alone, *e* in system, *i* in easily, *o* in gallop, *u* in circus.

(٣) نافورة ماء دوّارة .

gir·a·sole *or* **gir·a·sol** [jĭr′ə sôl] *(n.; adj.)* (١) الطَّرطوفة ؛ حَرْشَفُ القُدْس (نب) (٢) الأوبال الناريّ (مع) § (٣) متلألئ ؛ برّاق .

gird[1] [gûrd] *(vt.; i.)* (١) «أ» يطوِّق [بحزام] . «ب» يثبّت (٢) يزوّد بـ . وبخاصة : يقلّده سيف الفروسية (٣) يستعدّ للعمل .

to ~ up one's loins — يشمّر عن ساعديه ؛ يتأهّب للعمل .

gird[2] *(vi.; t.; n.)* (١) يهزأ ؛ يَسْخر § (٢) سُخرية ؛ ملاحظة ساخرة .

gird·er [gûr′dər] *(n.)* عارضة [خشبية أو معدنية] .

girder bridge *(n.)* الجِسْر المُعَرَّض : جسر قائمٌ على عوارض .

gir·dle [gûr′dəl] *(n.; vt.)* (١) حزام ؛ مِنْطَقة (٢) مِشدّ [للمرأة] (٣) الزُّنّار : أيّ من الحلقات العَظْميَّة التي تحمل الذراعين والرِّجلين عند الفقاريات (ت) (٤) الطَّوْق : حلقة تُحْدَث حول جذع شجرةٍ بنزع اللّحاء عنه (٥) الإطار : مُحيط الجوهرة أو الحجر الكريم § (٦) «أ» يُطوِّق بحزام . «ب» يُحيط بـ . «ج» يدور حول (٧) يُحلِّق : يُحدث حلقةً حولَ جذع الشَّجرة لإماتتها بقطع الغذاء عنها .

gir·dler *(n.)* (١) الحزّام : صانع الأحزمة (٢) اللّحائيّة : حشرة تعيش على لحاء الشَّجرة مُحدثةً أخاديدَ حول ساقها وأغصانها .

girl [gûrl] *(n.)* (١) فتاة (٢) امرأة [متزوجة أو عازبة مهما كانت سنّها] (٣) «أ» خادمة أو مستخدَمة . «ب» محبوبة ؛ معشوقة . «ج» بنت ؛ ابنة .

girl·friend [gûrl′-] *(n.)* (١) صديقة (٢) حبيبة (٣) خليلة ؛ عشيقة .

girl·hood *(n.)* (١) البُنُوّة (٢) زمن الصِّبا عند المرأة .

girl·ish [gûr′lĭsh] *(adj.)* بَناتيّ : منسوب إلى البنات أو مُميِّز لهنّ .

girt [gûrt] *(vt.; i.)* (١) يطوِّق بحزام (٢) يثبّت السرجَ بحزام **x** (٣) يقيس محيط الجسم .

girth [gûrth] *(n.; vt.)* (١) حِزام السَّرج (٢) مَقاس الخصرِ أو محيطِ الجسم (٣) حَجْم ؛ قياس § (٤) يُطَوِّق (٥) يُثبِّت السَّرجَ بحزام (٦) يقيسُ محيطَ الجسم .

gist [jĭst] *(n.)* (١) أساس القضية : الأساس الذي تقوم عليه دعوى قضائية (٢) جوهر ؛ لُبّ ؛ زبدة ؛ فَحْوى .

git·tern [gĭt′ərn] *(n.)* الغِيْتَرْن : غِيتارٌ بدائيّ قديم .

give [gĭv] *(vt.; i.; n.)* (١) يعطي (٢) يمنح ؛ يَهَب (٣) تستسلم للرجل [في اتصال جنسي] (٤) يقدِّم <to ~ a concert> (٥) يقيم <to ~ a party> (٦) يشرب نخب فلان (٧) يَخصّه بحصَّة أو نصيب (٨) يُنتج (٩) «أ» يدفع . «ب» يبيع (١٠) يُطلق [صوتًا] (١١) يحكم عليه بكذا <The judge *gave* him six years.> (١٢) يُبدي [سببًا أو عُذرًا] (١٣) «أ» يَفْقِد ؛ يُضحِّي بـ . «ب» يقِف : يكرِّس (١٤) يُعْدِي ؛ يُصيب بـ (١٥) يبالي **x** (١٦) «أ» يخضع [لضغط أو قوة] . «ب» ينهار <The rail of the fence *gave* suddenly under his weight.> (١٧) يعتدل [الجوّ] (١٨) يؤدّي إلى (١٩) يتحدّث § (٢٠) مُرونة ؛ لُيونة .

to ~ and take — يأخذ ويُعطي ؛ يقدِّم تنازلات متبادلة .

to ~ away — (١) يَهَب (٢) يَزُفّ العروسَ إلى عريسها (٣) يخون (٤) يُفْشي ؛ يفضح (٥) يوزِّع [الجوائزَ] .

to ~ back — (١) يُعيد ؛ يُرجِع (٢) ينسَحب ؛ يتراجع .

to ~ birth to — (١) تلِد ؛ تضع (٢) يُحْدِث ؛ يسبِّب .

to ~ chase to — يُطارد ؛ يُلاحق .

to ~ currency to — يَنْشُر : يُروِّج [الإشاعاتِ إلخ] .

to ~ forth — يَنْشُر ؛ يذيع .

to ~ ground — ينسحب ؛ يتراجع [في وجه العدوّ] .

to ~ in — (١) يقدِّم [أوراقه أو استقالته] (٢) يستسلم .

to ~ into custody *or* charge — يسلّم [مجرمًا] إلى الشرطة .

to ~ off — (١) يُطلع غُصنًا (٢) يُخرج ؛ يُطلق [رائحةً] (٣) يتشعَّب .

to ~ on to — (١) يُطِلّ ؛ يُشْرف على (٢) يُفضي ؛ يؤدّي إلى .

to ~ out — (١) يُصرِّح ؛ ينشر (٢) يُطلق ؛ يُخرِج (٣) يُوَزِّع (٤) يتوقَّف عن العمل (٥) ينهار ؛ يُصاب بالإجهاد .

to ~ over — (١) يكفُّ عن (٢) يستسلم لِـ (٣) يتخلّى عن (٤) يكرِّس ؛ يخصِّص لغرضٍ ما (٥) يَعْهَد به إلى فلان .

to ~ rise to — يسبِّب ؛ يكُون باعثًا على .

to ~ the sack *or* the boot — يَصْرِفُهُ بطريقة غير لائقة .

to ~ tongue — تنبح [الكلابُ] عندما تَسْتَرْوِح الطريدةَ .

to ~ up — (١) يتخلَّى عن (٢) يكفّ عن ؛ يتوقّف عن (٣) ينقطع لعملٍ ما أو يستسلم لشعورٍ ما (٤) يُخصِّص شيئًا لغرضٍ ما (٥) يُعلِن أن شيئًا غير قابل للشفاء أو الحلّ (٦) ييأس (٧) يُقِرّ بعَجْزه (٨) ينسحب من عملٍ ما (٩) يُسْلِم أو يستسلم [إلى الشرطة] .

to ~ way — (١) يتراجع (٢) ينهار (٣) يُفسِح مجالًا لِـ (٤) يستسلم [للحُزن إلخ] (٥) يوافق [على مطالب تُقدَّم إليه] (٦) يبدأ في التجذيف .

give–and–take *(n.)* (١) أخذٌ وعطاء ؛ تسوية ؛ إجراء تنازلات متبادلة (٢) تبادل آراء ؛ أخذٌ وردّ .

give·a·way [gĭv′-] *(n.)* (١) إفشاء غير مُتعمَّد (٢) الهديَّة : شيء يُقدَّم مجانًا [ترغيبًا للزبائن في الشراء] (٣) برنامج الجوائز [في الراديو أو التلفزيون إلخ] .

giv·en [gĭv′ən] *(adj.; n.)* (١) مقدَّم ؛ موهوب (٢) مولَع بـ ؛ مدمن ؛ ميّالٌ إلى <~ to drink> (٣) «أ» محدَّد ؛ معيَّن <at a ~ time> . «ب» مُفْتَرَض ؛ مُسَلَّم به § (٤) حقيقة مقرَّرة (٥) مرونة .

given name *(n.)* = Christian name.

giv·er [gĭv′ər] *(n.)* المُعْطي ؛ المانح ؛ الواهب .

giz·zard [gĭz′ərd] *(n.)* القانصة : معدة الطير الثانية (أح) .

gla·bel·la [glə bĕl′ə] *(n.)* pl. **-e** البُلْجة ؛ مفرق الحاجبين .

gla·brous [glā′brəs] *(adj.)* أملس ؛ أجرد : خالٍ من النتوء أو الشَّعر .

gla·cé [glă sā′] *(adj.)* (١) مُثلَّج (٢) مصقول (٣) مُغَلَّف بالسُّكَّر .

gla·cial [glā′shəl] *(adj.)* (١) قارس : باردٌ جدًا (٢) فاتر : تُعْوِزُهُ حرارة المودَّة <a ~ welcome> (٣) هادئ ؛ رابط الجأش (٤) جليديّ : ذو علاقة بأنهار الجليد (٥) جليدانيّ : شبيهٌ بالجليد <~ acetic acid> .

glacial acetic acid *(n.)* حَمْض الخلّ الجليدانيّ (ك) .

glacial drift *(n.)* الطَّرْح الجليديّ : الصخور والأتربة التي تتخلّف عن تحرّك المَجْلدة glacier وذوبانها .

glacial epoch *(n.)* العصر الجليديّ .

gla·ci·ate [glā′shĭ āt′] *(vt.; i.)* (١) يُجلِّد : يُحوِّل إلى جليد **x** (٢) يتجلّد .

glacier

gla·cier [glā′shər] *(n.)* المَجْلَدة ؛ المَثْلَجة ؛ نهر الجليد .

gla·ci·ol·o·gy [glā'shĭ ŏl'ə jĭ] *(n.)* الجَليديات: علم الجليد.

gla·cis [glā'sĭs; glăs'ĭs] *(n.)* (١) الأحدور: مُنحدَرٌ خفيف (٢) «أ» buffer state. «ب» ميدان؛ مُعتَرَك.

glad[1] [glăd] *(adj.)* (١) مبتهج؛ مسرور (٢) مُبهِج؛ سارّ <~ tidings> (٣) زاهٍ؛ بهيج <~ colors>.

glad[2] [glăd] *(vt.; i.)* = gladden.

glad·den [glăd'ən] *(vt.)* يُبهج؛ يَسُرّ.

glade [glād] *(n.)* الفُرجة: أرضٌ فضاء في غابة.

glad hand *(n.)* ترحيب حارّ. وبخاصة: ترحيب حارّ يَرْشح بالرياء.

gladiate leaves

glad·i·ate [glad'ĭ ĭt] *(adj.)* سَيْفانيّ: سَيْفيّ الشَّكل <a ~ leaf>.

glad·i·a·tor [glăd'ĭ ā'tər] *(n.)* المُجالِد: عبدٌ أو أسيرٌ يُقاتل حتى الموت لإمتاع الناس في رومة القديمة.

glad·i·o·la [glăd'ĭ ō'lə] *(n.)* = gladiolus.

glad·i·o·lus [glăd'ĭ ō'ləs] *(n.)* الدَّلبُوث؛ سَيْف الغُراب (نب).

glad·ly [glăd'lĭ] *(adv.)* بابتهاج؛ بسرور.

glad·ness [glăd'nəs] *(n.)* ابتهاج؛ سرور.

glad·some [glăd'səm] *(adj.)* (١) مُبهِج؛ سارّ (٢) مُبتهج؛ مسرور.

glad·stone [glăd'stōn'] *(n.)* الغلادستونية: حقيبة سفر تنفتح من وسطها إلى قسمين متساويين.

gladstone

glair *or* **glaire** [glâr] *(n.)* (١) الآح: بياض البَيْضة (٢) الآحيّة: مادة لَزِجة كالآح.

glaive [glāv] *(n.)* سيف. وبخاصة: السَّيف العريض.

glam·or·ize [glăm'-] *(vt.)* (١) يُضفي عليه سِحرًا (٢) يمجّد؛ يعظّم.

glam·or·ous *also* **glam·our·ous** *(adj.)* فاتن؛ ساحر.

glam·our *or* **glam·or** [glăm'ər] *(n.; vt.; adj.)* (١) فتنة؛ سِحر § (٢) يفتِن؛ يَسْحَر § (٣) فاتن؛ ساحر.

glance [glăns; gläns] *(vi.; t.; n.)* (١) يزيغ؛ يطيش؛ ينحرف عن الرميَة (٢) «أ» يبرق؛ يومض. «ب» يقوم بحركات سريعة مفاجئة (٣) «أ» يلمِّح إلى. «ب» يغمز [من قناة شيء] x (٤) «أ» يَلْمح. «ب» يَرْمُق: يلقي نظرة عَجْلى على § (٥) ومضة (٦) لمحة؛ نظرة عجلى (٧) تلميح؛ إلماع؛ إشارة عابرة (٨) حركة سريعة منحرفة.

at first ~, لأوّلِ وهلة؛ عند النظرة الأولى.

glanc·ing [glăn'sĭng] *(adj.)* (١) عَرَضيّ؛ غير مباشر (٢) مُرْتَجَل.

gland [glănd] *(n.)* (١) غُدّة (٢) سِدادة.

glan·dered [glăn'dərd] *(adj.)* مَرْعوم: مُصاب بالرُّعام.

glan·ders [-'dərz] *(n.)* الرُّعام: مرض يصيب الخيل فيسيل مخاطها.

glan·du·la [glăn'jə lə] *(n.)* الغُدَيْدَة: غُدّة صغيرة.

glan·du·lar [-'jə lər] *(adj.)* (١) غُدّيّ (٢) مُغَدَّد: ذو غُدَد (٣) فِطريّ <~ hatred> (٤) جسديّ؛ تناسليّ.

glandular fever *(n.)* الحُمَّى الغُدّية (مض).

glans [glănz] *(n.)* الحَشَفة: الطرف الأقصى للقضيب أو للبظر.

glare [glâr] *(vi.; t.; n.)* (١) يَسْطَع [إلى حدّ يَبهر البَصَر] (٢) يَبرُز؛ يَنتأ (٣) يُحَمْلق [مُغْضَبًا] x (٤) يُعبِّر بالحَمْلقة § (٥) وَهج (٦) بَهْرَجة؛ زَخرفة رخيصة (٧) حَمْلَقَة (٨) الوهّاج: سطحٌ أملسُ زلِقٌ. وبخاصة: الجليد الوهّاج.

glar·ing *(adj.)* (١) ساطع (٢) مُبَهرَج؛ صارخ <~ colors> (٣) غاضب (٤) فاضح <~ errors>.

glar·y [glâr'ĭ] *(adj.)* ساطع [إلى حدّ يَبْهَرُ البَصَر].

glass [glăs; gläs] *(n.; vt.; i.)* (١) «أ» زجاج. «ب» مادة كالزجاج (٢) شيء مصنوع من زجاج. مثل: «أ» كأس؛ قدح. «ب» مرآة. «ج» بارومتر. «د» مِنْظار. «هـ» العَدَسة (ض). «و» .pl: نظارتان؛ «عُوَيْنات»؛ نظّارة طبّيّة (٣) مِلء كأس أو إناء زجاجيّ (٤) آنية زجاجيّة § (٥) «أ» يزجّج؛ يزوِّد بالزجاج. «ب» يضع في إناء زجاجيّ (٦) يجعله زجاجيًا أو كالزجاج (٧) «أ» يعكس [كالمرآة]. «ب» يرى انعكاس كذا (٨) يشاهد أو يراقب [من خلال منظار] x (٩) يصبح زجاجيًّا <The river is ~*ing* in a breathless calm.>.

glass blow·er *(n.)* نافخ الزجاج.

glass blowing *(n.)* نفخُ الزجاج.

glass eye *(n.)* العين الزجاجية: «أ» عين صُنعية [من زجاج]. «ب» عين ذات حدقة شاحبة أو ضاربة إلى البياض.

glass·ful [glăs'fool] *(n.)* مِلء كأسٍ؛ مِلء قَدَح.

glass·house [-'hous] *(n.)* (١) مصنع زجاج (٢) الدفيئة: بيت زجاجيّ لزراعة النباتات الرَّخصة أو وقايتها (٣) سِجنٌ عسكريّ.

glass·ine [glă sēn'] *(n.)* الزُّجاجين: ورق مقاوم لنفاذ الهواء والدُّهن.

glass·mak·er *(n.)* الزَّجّاج: صانع الزُّجاج.

glass·mak·ing *(n.)* الزِّجاجة: صناعة الزُّجاج.

glass·man *(n.)* الزَّجّاج: بائع الزّجاج أو تاجرُه أو صانعُه.

glass snake *(n.)* الأفعى الزجاجية: ضرب من العظاء الأميركية.

glass sponge *(n.)* الإسْفنْج الزُّجاجيّ.

glass·ware [glăs'wâr'] *(n.)* الزُّجاجيّة؛ الآنية الزُّجاجية.

glass wool *(n.)* الصُّوف الزُّجاجي.

glass·work [-'wûrk'] *(n.)* (١) الزِّجاجة: «أ» صناعة الزُّجاج. «ب» عَمَلُ الزّجّاجِ أو مُرَكِّبِ الزُّجاج (٢) .pl: مَصْنع زُجاج (٣) الآنية الزُّجاجيّة.

glass·wort [-wûrt] *(n.)* الأُشنان؛ الحُرْض: عشب بحريّ.

glass·y *(adj.)* (١) زُجاجيّ (٢) زُجاجانيّ: شبيه بالزُّجاج (٣) كامد.

glau·co·ma [glô kō'mə] *(n.)* الزَّرَق: مرض من أمراض العين.

glau·co·nite [glô'kə nīt'] *(n.)* الغلوكونيت (مع).

glau·cous [glô'kəs] *(adj.)* (١) أخضر شاحب (٢) رماديّ مُزْرقّ؛ أبيض مُزرقّ (٣) ذو زَغَب ذروريّ أو شمعيّ [كبعض الثمار].

glaze [glāz] *(vt.; i.; n.)* (١) يُزجِّج: «أ» يضع للشيء زجاجًا. «ب» يكسو أو يَطْلي بطبقة رقيقة صقيلة أو لامعة (٢) يَصْقُل x (٣) يتزجَّج: يُصبح شبهَ زُجاجيّ (٤) ينصقل: يصبح صقيلًا § (٥) طبقة ملساء زَلِقةٌ [من جليد رقيق] (٦) المينا: طلاء لتلميع الخزف والرسوم والأطعمة (٧) المُزَجَّج: سطحٌ أملسُ صقيل أو لامع (٨) غشاوة شبه زجاجية <the ~ of death over his eyes>.

glazed *(adj.)* (١) مُزَجَّج (٢) صقيل <~ paper>.

gla·zier [glā′zhər] *(n.)* الزَّجّاج: مركِّب الزُّجاج.

gla·zier·y [-′zhə rĭ] *(n.)* الزِّجاجة: صناعة الزَّجّاج أو مركِّب الزُّجاج.

glaz·ing *(n.)* (١) التزجيج: طلي أو صَقل بمادّة رقيقة لامعة (٢) الزِّجاجة: صناعة الزَّجّاج (٣) glaze (٤) زُجاج [مُعَدّ للتركيب في أُطُر].

gleam [glēm] *(n.; vi.; t.)* (١) وميض (٢) وَمْضة (٣) بارقة؛ بصيص <a ~ of hope> § (٤) يُوْمِض x (٥) يُوَمِّض.

gleam·y [glē′mĭ] *(adj.)* مُوْمِض؛ بارق.

glean [glēn] *(vi.; t.)* (١) يَلْقُط: يجمع فَضَلات الحصاد (٢) «أ» يَستَجمع [موادّ الموضوع]. «ب» يتسقَّط [الأخبارَ] (٣) يكتشف؛ يُدرك؛ يَفْهم.

glean·ings [glē′nĭngz] *(n. pl.)* اللُّقاطة: كلّ ما يُلتقَط أو يُجمَع.

glebe [glēb] *(n.)* الأرض الكَنَسيّة: أرض منزرعة تملكها كنيسة.

glede [glēd] *(n.)* = kite *1.*

glee [glē] *(n.)* (١) مَرَح؛ طَرَب (٢) الغِلْية: أُغنيةٌ لثلاثة أصواتٍ رِجالية، عادةً، غيرُ مصحوبة بموسيقى (مو).

glee club *(n.)* الغِليانية: جوقة لأداء الأغنيات الجَماعية الصغيرة.

gleed [glēd] *(n.)* (١) جَمْرة (عب) (٢) نار (عب).

glee·ful [glē′fəl] *(adj.)* مَرِح؛ طَرِب؛ جَذْلان.

glee·man [glē′măn] *(n.)* المُغنّي أو الشاعر المُتَرَحِّل.

gleet [glēt] *(n.)* (١) السَّيَلان: التهاب مزمن في الأنف (٢) داء التعقيبة المزمن gonorrhea.

gleg [glĕg] *(adj.)* سريع؛ حادّ [في الإدراك الحسّيّ].

glen [glĕn] *(n.)* الوَهْدة: وادٍ ضيِّق منعزل.

glen·gar·ry [glĕn găr′ĭ] *(n.)* الجيلنجارية: قَلَنْسُوة صوفية أسكتلندية الأصل.

glengarry

glen·oid [glĕn′oid] *(adj.)* حُقّيّ: صفة لِما يُشبه الحُقّ أو الحفرة.

glib [glĭb] *(adj.)* (١) عفويّ؛ طَبَعيّ؛ غير متكلَّف <~ manners> (٢) مرتجَل؛ غير مُرَوًّأ فيه <~ answers> (٣) سطحيّ <~ generalizations> (٤) ذَرِب <a ~ tongue> (٥) ذَلِق اللسان؛ سَلِس البيان <a ~ lawyer>.

glide [glīd] *(vi.; t.; n.)* (١) «أ» ينزلق. «ب» يَنْسَلّ؛ يتسلّل (٢) ينقضي؛ يمرّ [الوقتُ] (٣) تَنزلق: تَنحدر [الطائرةُ] تدريجيًا، من غير الاستعانة بقوة المحرِّك x (٤) يُزَلِّق: يجعله ينزلق § (٥) انزلاق (٦) المَسِيل: ماء ضَحْل يجري بسلاسة (٧) portamento (٨) صوت الوصل [يُسمع عند النطق بصوتين متجاورين] (ل) (٩) الزَّلّاقة: أداة لتسهيل تحريك شيء.

glide path *(n.)* مَسار الانحدار (طي).

glid·er *(n.)* (١) المنزلِق (٢) المُنزلِقة؛ الطائرة الشراعية: طائرة غير ذات محرِّك (طي) (٣) الزَّلّاقة: كلّ ما يساعد على الانزلاق.

glide slope *(n.)* = glide path.

glim [glĭm] *(n.)* (١) «أ» مِصباح؛ شمعة. «ب» ضوء (٢) نظرة خاطفة (ع) (٣) عَيْن (٤) بَصيص؛ بارقة.

glim·mer [glĭm′ər] *(vi.; n.)* (١) يُومض؛ يُضيء بوَهَنٍ (٢) يلوح: يبدو على نحوٍ غير واضح § (٣) وميض (٤) فكرة غامضة (٥) تلميح؛ إشارة عابرة <a ~ of her plans> (٦) بارقة؛ بَصيص <a ~ of hope> (٧) مِثقال ذرّة.

glim·mer·ing[1] *(adj.)* (١) مُوْمِض؛ مُضيء بوَهَن (٢) لائح.

glim·mer·ing[2] *(n.)* = glimmer.

glimpse [glĭmps] *(vi.; t.; n.)* (١) يَرْمُق: يُلقي نظرة خاطفة على x (٢) يَلْمَح § (٣) glimmer (٤) لمحة؛ نظرة خاطفة.

glint [glĭnt] *(vi.; t.; n.)* (١) يُوْمِض (٢) يتلألأ؛ يتألّق (٣) يختلِس النظرَ (٤) يَلُوح x (٥) يُلألئ؛ يُؤلِّق § (٦) وَمْضة؛ وَميض (٧) شُعاع (٨) مقدار ضئيل.

glis·sade [glĭ säd′; -sād′] *(vi.; n.)* (١) ينزلق على الجليد [من غير استعانةٍ بمِزْلَقَيْن] § (٢) انزلاق (٣) حركة مُنْزَلِقة [في الرقص].

glis·ten [glĭs′ən] *(vi.; n.)* (١) يتلألأ § (٢) تلألؤ.

glis·ter [glĭs′tər] *(vi.; n.)* = glisten; glitter.

glitch [glĭch] *(n.)* (١) إشارة خاطئة (ألك) (٢) عُطلٌ (٣) عَقَبة خفيّة.

glit·ter [glĭt′ər] *(vi.; t.; n.)* (١) يتألّق (٢) يتوقّد <Her little eyes ~*ed.*> (٣) يتألّق [جمالًا إلخ] (٤) يَتَبَهْرَج: يتبدّى على نحو باهر، مُبتَذَلٍ أو رخيص عادة x (٥) يُؤلِّق: يجعله يتألّق § (٦) تألُّق؛ بَهاء (٧) البَهارِج: حُلًى صغيرة متألقة.

glit·te·ra·ti [glĭt ə rät′ē] *(n. pl.)* الكواكب الساطعة.

glitz [glĭts] *(n.)* تفاخُر؛ تَبهرُج [رخيصٌ أو مُبتذَل].

gloam·ing [glō′mĭng] *(n.)* = dusk.

gloat [glōt] *(vi.; n.)* (١) يَرْمُق [بإعجاب ومَحَبّة] (٢) يتأمّل في رضًا أو حبور <was ~*ing* over his gold> (٣) يَشْمَت بـ <to ~ over another's misfortunes> § (٤) تحديقٌ مُعْجَب (٥) تأمُّلٌ مَحْبور (٦) الشَّماتة: شعور بالارتياح الظافر الخبيث.

glob [glŏb] *(n.)* (١) قَطْرة؛ نقطة (٢) كتلةٌ مدوَّرة كبيرة.

glob·al [glō′bəl] *(adj.)* (١) كُرَويّ (٢) عالميّ (٣) شامل؛ كلّيّ.

glob·al·iza·tion; glob·al·ism *(n.)* العَوْلَمة؛ الكُرَويّانيّة: سياسة تعتبر العالَم كلّه، أو الكرة الأرضيّة كلّها، ميدانًا صالحًا للنفوذ السياسيّ، وتسعى إلى توحيد المعايير الحضاريّة والاقتصاديّة بين مختلف الدول.

glob·al·ize *(vt.)* (١) يجعله كُرَويًا (٢) يُعَوْلِم: يجعله عالميَّ النطاق.

glo·bal·ly *(adv.)* (١) إجماليًّا: على وجه الإجمال (٢) شُموليًّا.

global village *(n.)* القرية العالميّة: العالَم باعتباره مجتمعًا واحدًا اختصرت التكنولوجيا مسافاته.

glo·bate [glō′bāt] *(adj.)* كُرَوانيّ: شبيهٌ شكلُهُ بشكل الكرة.

globe [glōb] *(n.; vi.; t.)* (١) كُرَة (٢) كُرَة جغرافيّة (٣) الكُرَة الأرضية

(٤) الكرة السُّلطانية: كُرَة، يعلوها صليب، ترمز إلى سلطة الملك وعدالته § (٥) يتكوَّر x (٦) يُكرِّي: يجعله كُرَويًّا.

glob·fish [glōb′fĭsh′] *(n.)* الفَهْقة؛ الفَهْكة؛ السَّمكة الكُرَوية.

globefish

globe·flow·er [-′flou′ər] *(n.)* الطُّرُلْيُوس؛ الزهرة الكُرَوية.

globe–trot·ter [glōb′trŏt′ər] *(n.)* الجوّاب: شخص كثير الأسفار.

glo·bin [glō′bĭn] *(n.)* الغلوبين: بروتين موجود في الهيموغلوبين (كح).

glo·boid [glō′boid] *(adj.)* كُرَوانيّ: شبيهٌ شكله بشكل الكرة.

glo·bose [glō′bōs] *(adj.)* كُرَويّ.

glob·u·lar [glŏb′yə lər] *(adj.)* (١) كُرَويّ (٢) عالميّ.

glob·u·lin [glŏb′yə lĭn] *(n.)* الكُرَيّن؛ الغلوبيولين (كح).

glock·en·spiel [glŏk′ən spēl′] *(n.)* الغلوكِنْسْبيل: آلة نقر موسيقية مؤلفة من قضبان معدنية تُضْرَب بمطرقتين خفيفتين (مو).

glockenspiel

glom [glŏm] *(vt.)* (١) يأخذ؛ يَسْرِق (ع) (٢) يُمْسك؛ يقبض على.

glom·er·ate [glŏm′ər ĭt] *(adj.)* مُكوَّر؛ مُكتَّل؛ مُكبَّب.

glom·er·a·tion *(n.)* (١) تكتيل؛ تكبيب (٢) تكتُّل؛ تكبُّب (٣) كتلة مكبَّبة.

glo·mer·u·lus [glō mĕr′yə ləs] *(n.)* الكُبَيْبة (ت).

gloom [glo͞om] *(vi.; t.; n.)* (١) يَغْتمّ؛ يكتئب؛ يعبس (٢) يُظلِم؛ يصبح قاتمًا أو متوعدًا [كالسماء] (٣) يبدو داكنًا أو كئيبًا x (٤) يُحزن (ا.ق) (٥) يجعله مظلمًا أو كئيبًا § (٦) «أ» ظلام. «ب» مكان مظلم (٧) كآبة؛ غمّ.

gloom·i·ness *(n.)* (١) ظلام (٢) كآبة؛ غمّ (٣) تشاؤم.

gloom·y [glo͞o′mĭ] *(adj.)* (١) «أ» مُظلم. «ب» مُكْفهِرّ. «ج» عابس (٢) كئيب (٣) «أ» مُورِثٌ كآبةً <~ stories>. «ب» مُوحِش <a ~ landscape>. «ج» قاتم <a ~ future>. «د» متشائم.

glo·ri·a [glōr′ĭ ə] *(n.)* (١) هالة (٢) الغُلور: قماش رقيق من حرير ومادة أخرى [كالقطن أو الصّوف] (٣) *cap.*: المُمَجِّدة: أيٌّ من ترنيمتَيْن نصرانيَّتين تُسْتهلّ كلٌّ منهما بـ «المجد لله».

Glo·ri·a in Ex·cel·sis De·o *(n.)* المجد لله في الأعالي (نص).

glo·ri·fi·ca·tion *(n.)* (١) تمجيد (٢) تَمَجُّد.

glo·ri·fy *(vt.)* (١) يُمَجِّد؛ يُعظِّم (٣) يضيء (٤) يُجَمِّل.

glo·ri·ole [glōr′ĭ ōl] *(n.)* هالة.

glo·ri·ous [glōr′ĭ əs] *(adj.)* (١) مَجيد (٢) متألّق (٣) رائع؛ بَهِيّ.

glo·ry [glōr′ĭ] *(n.; vi.)* (١) «أ» شهرة. «ب» تمجيد؛ تسبيح (٢) مَفْخَرة؛ موضع اعتزاز (٣) «أ» تألّق؛ بهاء. «ب» شيء متّسم بالجمال أو البهاء. «ج» السعادة السماوية (٤) مجد (٥) هالة § (٦) يفاخر؛ يتبجّح (ا.م) (٧) يبتهج أو يتهلل [بغرورٍ وتباهٍ].

to go to~; to go to one's~, يموت؛ يقضي نَحْبَه.

gloss [1] [glŏs; glôs] *(n.; vt.)* (١) لمعان؛ بريق (٢) مظهر جذابٌ خادع (٣) الصِّقال: مُستحضَر تجميليّ لإضفاء البريق وبعض اللون على شفاه النِّساء § (٤) يُموِّه: يُعطي الشيءَ مظهرًا خادعًا (٥) يَصْقُل: يجعله لمّاعًا أو صقيلًا.

gloss [2] *(n.; vt.)* (١) تعليق؛ تَحْشِيَة [في هوامش كتاب] (٢) تفسير خاطئ (٣) مَسْرَد المصطلحات [مع شرح لها] (٤) شرح؛ تفسير [النصّ كتاب] § (٥) «أ» يُعلِّق؛ يُحشّي. «ب» يَشْرح؛ يُفسِّر (٦) يُمَسْرِد: يزوّد كتابًا بمَسْرد مصطلحات (٧) يفسّر تفسيرًا خاطئًا أو محرَّفًا.

gloss- *or* **glosso-** بادئة معناها: «أ» لسان. «ب» لُغة.

glos·sal [glŏs′əl] *(adj.)* لسانيّ: ذو علاقة باللِّسان.

glos·sa·rist; glos·sa·tor [glŏs′-] *(n.)* (١) الشارح؛ المفسِّر (٢) المَسْرَدِيّ: واضعُ مساردِ المصطلحات (را. المادة التالية).

glos·sa·ry [glŏs′ə rĭ] *(n.)* مَسْرد المصطلحات [مع شرح لها].

glos·sec·to·my [glŏ sĕk′ tə mĭ] *(n.)* استئصال اللسان (جر).

glos·si·tis [glŏ sī′tĭs] *(n.)* اللُّسان: التهاب اللسان (مض).

glos·sog·ra·pher [glŏ sŏg′rə fər] *(n.)* = glossarist.

glos·sol·o·gy [glŏ sŏl′ə jĭ] *(n.)* = linguistics.

gloss·y [glŏs′ĭ] *(adj.)* (١) صقيل؛ لامع (٢) مموَّه؛ حسن الظاهر.

glott- *or* **glotto-** بادئة معناها: لُغة <*glotto*logy>.

glot·tal [glŏt′əl] *(adj.)* زَرْدَميّ؛ مِزماريّ (را. glottis).

glottal stop *(n.)* الهمزة (ل).

glot·tic [glŏt′ĭk] *(adj.)* = glottal.

glot·tis [glŏt′ĭs] *(n.)* الزَّرْدَمة؛ المِزمار: الفُسْحة عِندَ أعلى الحَنْجَرة.

glot·tol·o·gy [glŏ tŏl′ə jĭ] *(n.)* = linguistics.

glove [glŭv] *(n.; vt.)* (١) قُفّاز § (٢) يُقفِّز: يكسو بقُفّاز.

to take up the ~, يقبل التحدّي؛ يوافق على المبارزة.

to throw down the ~, يتحدَّى؛ يدعو إلى المبارزة.

glove compartment *(n.)* صندوقة القُفّاز: عُلبة في لوحة أجهزة القياس (را. dashboard) في سيّارة.

glov·er [glŭv′ər] *(n.)* القفافيزيّ: صانع القفافيز أو بائعها.

glow [glō] *(vi.; n.)* (١) «أ» يتوهج؛ يتوقّد. «ب» يتورَّد. «ج» يحمرّ خجلًا (٢) يتّقد؛ يحتدم بالانفعال § (٣) توهُّج؛ تورُّد (٤) «أ» اتّقاد؛ احتدام. «ب» حرارة (٥) وَهَج.

glow discharge *(n.)* التفريغ التَّوهُّجي (ألك).

glow·er [glou′ər] *(vi.; n.)* (١) يحدِّق بانشداه (عب) (٢) يحملق غاضبًا § (٣) تحديق بانشداه (عب) (٤) حملقة.

glow·ing *(adj.)* متوهِّج؛ مُتَوقِّد؛ مُتورِّد إلخ.

glowing plug *(n.)* الشمعة التوهُّجيّة: أداة تسخين صغيرة تُوْضع داخل أسطوانة محرِّك ديزل لتسهيل الانطلاق.

glow·worm [glō′wûrm′] *(n.)* اليراعة؛ الحُباحِب (حش).

glox·i·n·i·a [glŏk sĭn′ĭ ə] *(n.)* الغُلُكْسينيّة؛ سلطان الزهور (نب).

gloze [glōz] *(vt.)* يُموِّه: يعطي الشيءَ مظهرًا خادعًا.

glu·co·nate [glōō'kō-] *(n.)* الغلوكونات: ملح حمض الغلوكونيك (ك).

glu·cose [-'kōs; -kōz] *(n.)* (١) الغلوكوز؛ سكّر العنب (٢) شراب النّشا.

glu·co·side [-'kə sīd; -zīd] *(n.)* الغلوكوسيد: مركّب منتجٌ للغلوكوز.

glue [glōō] *(n.; vt.; i.)* (١) غِراء § (٢) يُلصِق أو يتلاصق بالغراء.

glue·y [glōō'ī] *(adj.)* (١) مُغَرَّى (٢) لزج؛ دَبِق؛ غَرَوِيّ.

glum [glŭm] *(adj.)* كئيب؛ مُكتئب؛ مُتجهِّم؛ كالح الوجه.

glu·ma·ceous [glōō mā'-] *(adj.)* ذو عَصَفات (را. المادة التالية).

glume [glōōm] *(n.)* العَصْفة؛ العُصافة؛ القُنْبُع: إحدى قِنابتين (را. bract) تحيطان خارجيًّا بقاعدة السُّنَيبلة (نب).

glut [glŭt] *(vt.; i.; n.)* (١) يُتْخِم (٢) يُغرق [الأسواقَ بالسِّلَع] x (٣) يأكل بنَهَم أو بشَرَهٍ § (٤) إتخام؛ تُخَمة (ا. ق) (٥) وفرة؛ فيض.

glu·ta·mate [glōō'tə-] *(n.)* الغلوتامات: ملح حمض الغلوتاميك (كح).

glu·ta·mine [glōō'tə mēn] *(n.)* الغلوتامين: حمض أمينيّ متبلّر.

glu·te·al [glōō tē'əl] *(adj.)* أَلْيِيّ؛ عَجُزيّ.

glu·ten [glōō'tən] *(n.)* الغلوتين؛ الدّابوق؛ الزُّلال النباتيّ (كح).

glu·te·us [glōō'tē əs] *(n.)* المَأكَمَة: إحدى عضلات الألية (ت).

glu·ti·nous [glōō'tə nəs] *(adj.)* غَرَوِيّ؛ دبِق؛ لزج؛ لَزِق.

glut·ton [glŭt'ən] *(n.)* (١) «أ» النَّهِم؛ الشَّرِه. «ب» الحمّال: ذو القُدرة العظيمة على التحمُّل (٢) اللَّقّام؛ الشَّرِه: حيوان ثدييّ لاحم.

glutton 2

glut·ton·ous [glŭt'ən əs] *(adj.)* نَهِمٌ؛ شَرِهٌ.

glut·ton·y [glŭt'ə nī] *(n.)* نَهَمٌ؛ شَرَهٌ.

glyc- *or* **glyco-** بادئة معناها: «أ» سُكَّر. «ب» غليسين.

glycer- *or* **glycero-** بادئة معناها: غليسيرول؛ غليسيرين.

glyc·er·ic acid [glĭ sĕr'ĭk] *(n.)* حَمض الغليسيريك (كح).

glyc·er·ide [glĭs'ə rīd'] *(n.)* الغليسيريد (ك).

glyc·er·in [glĭs'ər ĭn] *or* **glyc·er·ine** *(n.)* الغليسيرين؛ الغليسيرول.

glyc·er·in·ate [glĭs'ər ə nāt'] *(vt.)* يُغَسْرِن: يُعالج أو يحفظ بالغليسيرين.

glyc·er·ol [glĭs'ə rōl'] *(n.)* الغليسيرول؛ الغليسيرين (ك).

glyc·er·yl [glĭs'ər ĭl] *(n.)* الغليسيريل (ك).

gly·co·gen [glī'kə jən] *(n.)* الغليكوجين (كح).

gly·col [glī'kōl] *(n.)* غليكول الإيثيلين (ك).

gly·col·ic acid [glī kŏl'ĭk] *(n.)* حَمْض الغليكوليك (ك).

gly·co·pro·tein [glī'kō prō'-] *(n.)* الغليكوبروتين (كح).

gly·co·side [glī'kə sīd'] *(n.)* = glucoside.

gly·cos·u·ria [glī'kōs yōō rī'ə] *(n.)* البِيلَة السُّكَّرية: وجود مقادير غير سويّة من السُّكَّر في البول (ط).

gly·co·syl [glī'kə sĭl'] *(n.)* الغليكوسيل: جذرٌ أحاديّ التكافؤ مُشتقّ من شكلٍ حَلْقيّ من الغلوكوز (ك).

glyph [glĭf] *(n.)* (١) الخُشْخان: حِلية مِعْمارية على شكل قناة (عم) (٢) نقش: حفرٌ نافر (٣) المنقوشة: صورة رمزية منقوشة نافرة.

glyp·tic [glĭp'tĭk] *(n.; adj.)* (١) فن النّقش. وبخاصة: النقش على الجواهر § (٢) نَقْشيّ؛ نَقْشِيجواهري.

G-man [jē'măn] *(n.)* شرطيّ مباحث [في الولايات المتحدة الأميركية].

gnar *or* **gnarr** [när] *(vi.)* يَهِرّ؛ يَنبح؛ يَعْوي.

gnarl[1] [närl] *(vi.)* يَهِرّ؛ يَنبح؛ يَعوي.

gnarl[2] *(vt.; n.)* (١) يَلوي؛ يُشوِّه § (٢) العُجْرة: عُقدة في شجرة.

gnarled [närld] *(adj.)* (١) كثير العُقَد (٢) نَكِدُ المزاج.

gnash [năsh] *(vt.; n.)* (١) يَصِرّ بأسنانه؛ يَحْرُق الأُرَّم § (٢) صرير الأسنان.

gnat [năt] *(n.)* (١) السُّكَّيتة؛ الجِرجِسة: بَعُوضة صغيرةٌ (٢) بَعُوضة.

gnat·catch·er [năt'kăch'ər] *(n.)* صائد البَعُوض (طا).

gnath- *or* **gnatho-** بادئة معناها: فكٌّ؛ لَحْيٌ <*gnath*ic>.

gnath·ic [năth'ĭk] *(adj.)* فَكِّيّ؛ لَحْيِيّ: خاصّ بالفَكّ أو اللَّحْي.

-gnathous لاحقة معناها: ذو فكٍّ من نوع معيَّن.

gnaw [nô] *(vt.; i.)* (١) «أ» يَقْرِض؛ يَقْضِم. «ب» يحفر بالقرض <Rats *~ed* a hole in the floor.> (٢) يضايق (٣) ينخر؛ يتآكل؛ يَحُتّ x (٤) يعَضّ باستمرار.

gneiss [nīs] *(n.)* النّايس: صخرٌ مُشكَّل من أشرطة مختلفة.

gnome[1] [nōm] *(n.)* حِكْمة؛ قولٌ مأثور؛ مَثَلٌ سائر.

gnome[2] *(n.)* النُّوم: قزم خرافيّ يحرس كنوز باطن الأرض.

gno·mic [nō'-] *(adj.)* (١) حِكَميّ <~ poetry> (٢) حكيم.

gno·mon [nō'mŏn] *(n.)* (١) المِيْل: عقرب المِزوَلة أو الساعةِ الشمسية (٢) بقيّة المتوازي: ذلك الجزء من متوازي الأضلاع الذي يتبقّى بعد أن يُقتطَع من إحدى زواياه متوازي أضلاع آخر.

gnomon 2.

gno·mon·ic [nō mŏn'ĭk] *(adj.)* مِيْليّ: خاص بعقرب المِزْوَلة.

-gnomy لاحقة معناها: علم؛ معرفة.

gno·sis [nō'sĭs] *(n.)* المعرفة الصُّوفيّة: معرفةُ الحقيقة الروحية.

gnos·tic [nŏs'tĭk] *(adj.; n.)* (١) صُوفيّ؛ روحيّ (٢) *.cap*: غنوسطيّ § (٣) *.cap*: الغنوسطيّ: أحد القائلين بالغنوسطية.

Gnos·ti·cism [nŏs'-] *(n.)* الغنوسطية؛ مذهب العرفان: مذهب مسيحيّ أكّد أصحابه على المعرفة أكثر من الإيمان.

gnu [nōō; nyōō] *(n.)* النُّو: ظبي إفريقيّ ضخم.

gnu

go [gō] *(vi.; t.; n.; adj.)* (١) يذهب؛ يمضي (٢) يرحل؛ يسافر (٣) «أ» يسلك نهجًا معيّنًا. «ب» يمتدّ إلى. «ج» يؤدّي؛ يُفضي إلى (٤) يكون عادةً في حالةٍ ما <to ~ in rags> (٥) «أ» يُستهلَك؛ يُنفَق. «ب» يموت. «ج» ينقضي؛ يمرّ <trip *went* quickly>. «د» يباع <*went* for less than their true value>. «هـ» يضعُف <My sight is *~ing.*>. «و» يتمزّق؛ يتحطّم؛ ينهار <Sails *went* in the gale.> (٦) «أ» يَحْدث <What's *~ing* on here?>. «ب» يجري؛ يسير <I only keep my eyes open and see how life *~es.*>. «ج» يُسفر عن؛ تكون نتيجته كذا <How did the game *~?*>. «د» ينجح <His first plays failed to *~.*> (٧) يلجأ <to ~ to

court> (٨) يدور: يعمل بالطريقة الملائمة أو المتوقعة <finally
succeeded in getting the motor to~> (٩) «أ» يُعرَف بِـ <It now ~es
by another name.> . «ب» ينتشر؛ يشيع؛ تقول الإشاعة <The report
~es that the campaign was a failure.> (١٠) يساعد على <qualities
that ~ to make a leader> (١١) يعتزم أو يوشك أن <She is ~ing to
write.> (١٢) يصبح؛ يصاب بِـ <to ~ mad> (١٣) «أ» يقول: تجري
كلماته على نَسق معيّن <The third clause ~es thus.> . «ب» يُغَنّى
أو يُعزف بطريقة ما <The tune ~es like this.> (١٤) ينسجم <the sort
of person who can ~ with any group> (١٥) يفضي؛ ينزع إلى <This
only ~es to prove the point.> (١٦) يَنفُذ؛ يَسْري؛ يصبح نافذَ المفعول
<What the manager said *went*.> (١٧) «أ» يُقبَل؛ يكون موضع القبول
<Anything ~es in this town.> . «ب» يَصِحّ في؛ ينطبق على <The old
saying that it takes all kinds of people to make a world ~es for our
train.> . «ج» يخصّ؛ يتعلّق بِـ؛ يتّصل بِـ <As far as her speech ~es, my
point is...> (١٨) يَبُول؛ يتغوّط؛ يتبرّز x (١٩) يَتْبع؛ يجري على نهجه
(٢٠) يجتاز [مسافةً إلخ] (٢١) يَشْرع في؛ يبدأ رحلةً (٢٢) «أ» يراهن
أو يخاطر بِـ <willing to ~ dollar on the outcome of the game> . «ب»
يعرض ثمنًا <to ~ 2800 dollars for the car> (٢٣) يأخذ على عاتقه <He
promised to ~ bail for his friend.> (٢٤) يتقاسم بنسبة كذا <decided
to ~ halves if either of them found the treasure> (٢٥) يقرع؛ يدقّ؛
يعلن <clock *went* nine> (٢٦) يُنتج؛ يَزِن <*went* a considerable
amount> (٢٧) «أ» يُطيق؛ يتحمّل <I can't ~ his preaching.> . «ب»
يقوى على دفع ثمن معيّن <She couldn't ~ $80.000 for a house.> .
«ج» يستمتع بِـ <I could ~ a soda.> § (٢٨) ذهاب <the come and ~
of the seasons> (٢٩) الزيّ الأخير؛ «آخر موضة» <elegant shawls
labeled... «quite the ~»> (٣٠) حادثة <funniest ~ you ever did
see> (٣١) جرعة <a ~ of brandy> (٣٢) نشاط؛ حيوية <full of ~>
(٣٣) محاولة <to have a ~ at something> (٣٤) نجاح؛ شيء ناجح
<She made a ~ of the business.> (٣٥) صفقة رابحة <It's a *go*!>
(٣٦) مباراة. وبخاصة في الملاكمة (٣٧) الضوء الأخضر: إشارة الإذن
بالانطلاق (٣٨) الجُوّ: لعبة يابانيّة لشخصين تُلعب بحجارة على رقعة ذات
٣٦١ مربّعًا § (٣٩) حَسَن؛ في حالة صالحة <All instruments are ~.> .

as far as it *~es* (١) إلى حدٍّ ما (٢) وَفقًا للمعلومات المتوفِّرة.

no ~, غير مُجْدٍ؛ عقيم.

on the ~, ناشطٌ في غير كلال.

to ~, (١) باقٍ <three minutes to ~ before the train leaves> (٢) للأكل أو للاستهلاك في الخارج <Coffee to ~> .

to ~ about (١) يَعمل (٢) يَشرع في (٣) يَجُول (٤) ينتشِر.

to ~ abroad (١) يسافر إلى بلد أجنبي (٢) يغادر المنزل.

to ~ after يطلب؛ يسعى وراء كذا.

to ~ against يقاوم؛ يعارض؛ يخالف.

to ~ ahead (١) ينطلق (٢) يتقدّم؛ يُحرز نجاحًا [سريعًا] (٣) يَبُزّ أقرانه.

to ~ along (١) يتقدّم (٢) يُرافِق [شخصًا] (٣) يُقِرُّهُ على رأيه (٤) يتعاون.

to ~ around (١) ينتشر [الخبرُ] (٢) يرتحل؛ يسافر.

to ~ aside (١) يتنحّى؛ يبتعد عن الآخرين (٢) يخطئ.

to ~ at (١) يهجم على (٢) يُقْدِم على (٣) يعمل بنشاط.

to ~ back from *or* upon يحنث بوعده.

to ~ back on (١) يتخلّى عن؛ يخون؛ يخذل (٢) يحنث بوعده.

to ~ begging يقلّ الطلب عليه؛ يُصبح غير مرغوب فيه.

to ~ behind يستطلع خبايا الأمر.

to ~ between يتوسط [بين شخصين].

to ~ beyond يتخطّى؛ يتجاوز.

to ~ by (١) ينقضي [الوقتُ] (٢) يَمُرُّ به أو بجانبه (٣) يهتدي به (٤) يقوم بزيارة قصيرة.

to ~ down (١) يَهْبِط (٢) يَغْرُب (٣) يَغْرَق (٤) يُزْدَرَد (٥) يُهْزَم (٦) يَلْقَى قَبولًا (٧) يَدخل التاريخَ (٨) تنخفض قيمتُهُ (٩) يغادر الجامعة (١٠) يَحْدُث (١١) يمتدّ إلى.

to ~ down the line يؤيد بكلّ قواه؛ يؤيّد من كل قلبه.

to ~ dry يُقلع عن الشراب.

to ~ far (١) ينجح نجاحًا عظيمًا (٢) يكفي؛ يفي بالحاجة.

to ~ for (١) يحاول أن يحصل على (٢) يُولَع بِـ (٣) يهاجم (٤) يؤيد.

to ~ for broke يسخّر كلّ موارده أو طاقاته.

to ~ forth (١) ينطلق؛ يرحل (٢) يَصْدُر (٣) ينتشر.

to ~ great guns يحقّق نجاحًا عظيمًا.

to ~ hard with تعاكس [الظروفُ] فلانًا.

to ~ in (١) يَدْخل (٢) يهاجم (٣) يشترك في مباراة (٤) يحتجب خلف السُّحب (٥) ينضمّ إلى (٦) يبدأ؛ يبدأ العملَ.

to ~ in for (١) يؤيّد؛ يناصر (٢) يُعْنَى بِـ؛ يهتمّ بِـ (٣) يدرس؛ يتخصّص في (٤) يُولَع بِـ (٥) يشترك في.

to ~ into (١) يَدْخُل (٢) يشترك في (٣) يبحث؛ يناقش.

to ~ it (١) يتهوّر؛ يندفع (٢) يصرّف أموره الخاصّة.

to~long يضارب على الصعود [في البورصة].

to~off (١) ينفجر (٢) ينطلق أو يرنّ بقوة (٣) يرحل (٤) يفرّ (٥) يغادر خشبة المسرح (٦) يفقد الوعيَ (٧) يموت (٨) يتلاشى (٩) ينام (١٠) يَفْسُد [الطعام] (١١) يتّخذ مجرًى معيّنًا (١٢) يَمَلّ (١٣) ينطفئ.

to ~ off one's head يُجَنّ؛ يُصاب بالجنون.

to ~ on (١) يبقى؛ يدوم (٢) يتابع؛ يواصل (٣) يَحْدث؛ يجري (٤) ينقضي (٥) يظهر على خشبة المسرح (٦) يستنير بِـ (٧) يُحِبّ (٨) يتصرَّف (٩) يتذمَّر.

to ~ one better يَبُزّه؛ يتفوّق عليه.

to ~ out (١) يغادر منزله (٢) يخوض غمار المعركة (٣) يرحل؛ يهاجر (٤) ينقضي؛ يَمُرّ [الزّمنُ] (٥) يتوقّف؛ ينطفئ (٦) يَستقيل (٧) يَبْطُل؛ يُصْبح لاغيًا (٨) يُضْرب عن العمل (٩) يتقوّض؛ ينهار (١٠) يرشّح نفسه لِـ (١١) يتعاطف مع.

to ~ over (١) يفحص (٢) يعيد؛ يكرّر (٣) يدرس؛ يراجع (٤) يقوم برحلة (٥) ينجح؛ يَلْقى قبولًا (٦) يغيّر مذهبه أو حزبه (٧) تنقلب [السيارةُ] (٨) يُجري تحسيناتٍ على؛ يضفي اللمسات الأخيرة على.

to ~ places يكون في طريقه إلى النجاح أو الإنجاز.

to ~ short يضارب على الهبوط [في البورصة].

to ~ through (١) يفحص أو يدرس بدقة (٢) يكابد؛ يُعاني (٣) يقوم بـ؛ يؤدي (٤) ينجح (٥) تتمّ الموافقة على الصفقة (٦) يستهلك.

to ~ through with يُتِمّ؛ يُنجز؛ يُنهي.

to ~ to (١) يذهب إلى (٢) يساوي؛ يعادل.

to ~ to bed (١) يأوي إلى الفراش (٢) يُضاجع.

to ~ to one's head (١) يخبّل شخصًا أو يثيره أو يدوّخه (٢) يُدخل الغرور في نفس فلان.

to ~ to pieces يتحطّم؛ تنهار [أعصابهُ أو صحته].

to ~ to town (١) يعمل بسرعة أو فعالية (٢) ينجح نجاحًا ملحوظًا.

to ~ under (١) يَغْرق (٢) يَهْلك (٣) يُفلِس (٤) يموت (٥) يشتهر [بأسم أو لقب].

to ~ up (١) يَصْعد (٢) يرتقي (٣) يُشَيَّد (٤) تنفجر [القنبلةُ] (٥) يُفلس (٦) يدخل الجامعةَ.

to ~ upon يعمل وَفْقَه [بوصفه مبدأ].

to ~ west يموت (ع).

to ~ with (١) يُرافق (٢) يَحْدُث لـ (٣) ينسجم مع (٤) يُعاشر [فتاةً] (٥) تَحمِل [المرأةُ] (٦) ينحاز إلى.

to ~ without يستغني عن.

to ~ without saying يكون بديهيًّا أو في غنًى عن البرهان.

goa

go·a [gō'ə] *(n.)* الغُوَّة: غزال التِّبِتّ (ح).

goad [gōd] *(n.; vt.)* (١) «أ» شوكة. «ب» دافعٌ؛ حافز (٢) مِنخَس؛ مِهْماز § (٣) يَنْخَس بمهماز (٤) يَدْفع؛ يحفِز.

go–a·head *(adj.; n.)* (١) ناشط؛ مغامر (٢) انطلاقيّ: دالّ على الإذن بالانطلاق <a ~ signal> § (٣) حيوية؛ نشاط (٤) الضوء الأخضر: إشارة الإذن بالانطلاق.

goal [gōl] *(n.; vi.)* (١) الأمَد: منتهَى الشوط أو السباق (٢) هدف؛ غاية (٣) مرمى [في كرة القدم إلخ] (٤) إصابة [في كرة القدم إلخ] § (٥) يسجل إصابة أو يحاول ذلك [في كرة القدم].

goal·ie [gō'lĭ] *(n.)* = goalkeeper.

goal·keep·er [gōl'kē'pər] *(n.)* حارس المَرْمَى [في كرة القدم].

goal line *(n.)* خط المَرْمَى [في كرة القدم].

goal·tend·er [-'tĕn'dər] *(n.)* = goalkeeper.

go·an·na [gō ăn'ə] *(n.)* الغُوانة: وَرَلٌ monitor كبير.

go–a·round *(n.)* (١) جولة [من المباحثات إلخ] (٢) مُراوغة.

goat [gōt] *(n.)* (١) ماعز؛ مِعْزاة (٢) *cap.*: Capricornus (٣) الخليع: شخص منغمس في الملذّات (٤) كَبْشُ الفداء أو المَحْرَقة.

goat antelope *(n.)* الظَّبْي الماعزيّ: ظبيٌ شبيهٌ بالماعز.

goat·ee [gō tē'] *(n.)* العُثْنونيّة: لحية صغيرة مُشَذَّبة.

goat·fish [gōt'-] *(n.)* الطُّرَسْتوج: سمك السلطان إبراهيم.

goat·herd [-'hûrd'] *(n.)* المَعّاز: راعي المِعْزَى.

goat·ish [gō'tĭsh] *(adj.)* (١) مِعْزانيّ: شبيه بالمعزاة (٢) شهوانيّ.

goats·beard [-'bērd'] *(n.)* عُثْنون التَّيس؛ لحية التَّيس (نب).

goat·skin [-'skĭn] *(n.)* جِلْدُ الماعز [أو مصنوع منه].

goatsucker

goat·suck·er [-'sŭk'ər] *(n.)* السُّبَد؛ الضُّوَع: طائر شبيهٌ بالبوم.

gob [gŏb] *(n.)* (١) كتلة (٢) مقدار كبير (٣) بحّار؛ مَلّاح.

gob·bet [gŏb'ĭt] *(n.)* (١) قطعة لحم (٢) كتلة (٣) قَطْرة.

gob·ble[1] [gŏb'əl] *(vt.)* (١) يَلْتهم؛ يَزْدَرِد (٢) يَخْطَف (٣) يقرأ بسرعة أو نَهَم [تتبعها *up* عادةً].

gob·ble[2] *(vi.; n.)* (١) يُكَرْكِر [الديكُ الرُّوميّ] § (٢) الكَرْكَرة: صوت الديك الروميّ.

gob·bler [gŏb'lər] *(n.)* الديك الرُّوميّ.

Gob·e·lin [gŏb'ə lĭn] *(n.; adj.)* (١) الغوبلين: نسيج صوفيّ فرنسيّ § (٢) غوبلينيّ.

go–be·tween *(n.)* الوسيط. وبخاصة: السِّمسار.

gob·let [gŏb'lĭt] *(n.)* كأس؛ قدَح.

gob·lin [gŏb'lĭn] *(n.)* عِفريت؛ جنّيّ؛ غُول.

goby

go·by [gō'bĭ] *(n.)* القوبيون: سمك صغير لاحم.

go–cart [gō'kärt'] *(n.)* الجَوْكَرْت: «أ» المِمشاة: هيكل على عجلات مُعَدٌّ لمساعدة الطفل على المَشي. «ب» عربة صغيرة للأطفال. «ج» عَرَبة يد. «د» عربة خفيفة مكشوفة.

god [gŏd] *(n.; vt.)* (١) *cap.*: الله (٢) إلّه؛ رَبّ؛ معبود (٣) حاكم قويّ § (٤) يُؤَلِّه.

god·aw·ful [gŏd'ô'fəl] *(adj.)* شنيع؛ فظيع؛ مُرَوِّع؛ بغيض.

god·child [gŏd'chīld'] *(n.)* ابن أو ابنة بالمعمودية (نص).

god·damn [-dăm']; **-damned** *(adj.; adv.)* (١) لعين § (٢) إلى حدٍّ بعيد.

god·daugh·ter [gŏd'dô'tər] *(n.)* ابنةٌ بالمعمودية (نص).

god·dess [gŏd'əs] *(n.)* (١) إلاهة (٢) معبودة؛ امرأةٌ فاتنة.

go–dev·il [-'dĕv'əl] *(n.)* (١) المفجِّر: ثِقل يُلقَى في بئر بترول إلخ لتفجير ديناميت موضوع فيها (٢) الأنابيبيّة: مِكشط يُدخَل في أنابيب الزيت لتنظيفها (٣) العِفريتة: عربة صغيرة تُجرَى على سكة حديدية لنقل العمال والمؤن.

god·fa·ther [gŏd'-] *(n.; vt.)* (١) العَرّاب: أبٌ بالمعمودية (نص) § (٢) يَكْفُل المعمَّد: يقوم بمهمّة العَرّاب.

God–fear·ing *(adj.)* تقيّ؛ وَرِع؛ يخافُ الله.

god·for·sak·en [-'fər sā'-] *(adj.)* (١) ناءٍ؛ قَصِيّ (٢) معزول (٣) تعيس.

god·head [-'hĕd'] *(n.)* (١) الألوهية؛ الربوبيّة (٢) *cap.*: الله.

god·hood [-'hood] *(n.)* الألوهية؛ الربوبيّة.

god·less [gŏd'ləs] *(adj.)* مُلحِد؛ كافر.

god·like [gŏd'līk'] *(adj.)* إلّهيّ: شبيه بإلّه؛ له صفات إلّه.

god·li·ness [gŏd'lĭ nəs] *(n.)* تُقى؛ وَرَع؛ صلاح.

god·ling [gŏd'lĭng] *(n.)* إلّه صغير؛ إلّه محلّيّ.

god·ly [gŏd′lĭ] *(adj.)* (١) إلَهيّ (٢) تقيّ ؛ وَرِع .

god·moth·er [gŏd′-] *(n.)* العَرّابة : أمّ بالمعمودية (نص) .

go·down [gō doun′] *(n.)* الغَوْدَنغ : مستودع بضائع في بلدٍ شرقيّ .

god·par·ent [gŏd′-] *(n.)* العَرّاب ؛ العَرّابة : أبٌ أو أمٌّ بالمعمودية .

God's a·cre *(n.)* مقبرة ؛ مدفن ؛ جبّانة ؛ قرافة .

god·send [gŏd′sĕnd′] *(n.)* المِنحة السّماوية : لُقْيَة أو مُصادفة سعيدة غير منتظرة [فكأنها مُرسلة من عند الله] .

god·ship [gŏd′shĭp] *(n.)* الأُلوهيّة ؛ الرُّبوبيّة .

god·son [gŏd′sŭn′] *(n.)* الفَلْيون : ابنٌ بالمعمودية (نص) .

God·speed [gŏd′spēd′] *(n.)* (١) رحلة موفقة ؛ توفيق ؛ نجاح <wished ~ and a safe return> (٢) دعاء بالتوفيق [لمناسبة السفر] <received a hearty ~>.

god·wit [gŏd′wĭt] *(n.)* اللّيموزية ، البُقَويقة السُّلطانيّة : طائر كبير مُخَوِّض .

godwit

go·er [gō′ər] *(n.)* (١) الذاهب ؛ الكثير الذهاب إلى . . . (٢) فَرَس ؛ عربة .

goe·thite [gō′thīt′] *(n.)* الغوتيت : معدن بُنّي اللون .

go·fer [gō′fər] *(n.)* السّاعي ؛ الرّسول ؛ المِرسال .

gof·fer [gŏf′ər] *(vt.; n.)* (١) يُثَنّي : يجعل له ثنايا § (٢) ثَنْيَة ؛ ثَنْيَة زينيّة .

go·get·ter [gō′-] *(n.)* الجَسُور : المصمِّمُ على الفوز مهما كلَّف الأمر .

gog·gle [gŏg′əl] *(vi.; adj.)* (١) يُحملِق § (٢) مُحملِق ؛ جاحظ .

gog·gle–eyed *(adj; adv.)* (١) جاحظ العينين § (٢) بعينين جاحظتين .

gog·gles *(n. pl.)* مناظر الوقاية : نظارتان واقيتان من الشمس أو الغبار .

goggles

go–go [gō′gō] *(adj.)* يأجوجي ؛ مأجوجيّ : خاصّ باليأجوجة أو المأجوجة (را . a–go–go) <~ dancers> .

go–go girl *(n.)* راقصة الحانة .

go·ing [gō′ĭng] *(n.; adj.)* (١) «أ» ذهاب . «ب» انطلاق (٢) *pl.* : سلوك ؛ أعمال (٣) حالة الطريق (٤) تقدُّم § (٥) «أ» ذاهب . «ب» دائر ؛ عامل (٦) حيّ ؛ موجود <the finest novelist ~> (٧) مُتيسِّر ؛ مُتوفِّر (٨) جارٍ ؛ سائد <~ price *or* rate> .

go·ing–o·ver *(n.)* (١) توبيخ (٢) ضَرْب (٣) فحص دقيق .

go·ings–on *(n. pl.)* (١) أعمال ؛ أحداث ؛ ماجَريات (٢) سلوك .

goi·ter; goi·tre [goi′tər] *(n.)* الدُّراق : تضخّم في الغُدّة الدَّرَقية .

goi·trous [goi′trəs] *(adj.)* (١) دُراقيّ ؛ خاصّ بتضخّم الغُدّة الدَّرَقية (٢) دُراقانيّ : شبيه بالدُّراق (٣) مُدَرَّق : مصاب بالدُّراق .

Gol·con·da [gŏl kŏn′də] *(n.)* (١) منجم غنيّ (٢) مصدر ثروة عظيمة .

gold [gōld] *(n.; adj.)* (١) الذهب (ك) (٢) «أ» قطعة أو قِطَع نقدٍ ذهبيّة . «ب» مالٌ (٣) لون ذهبيّ (٤) شيء شبيه بالذهب § (٥) ذهبيّ .

gold·beat·er [gōld′bē tər] *(n.)* مُطرِّق الذهب .

gold·beat·ing *(n.)* تطريق الذهب : ترقيق الذهب إلى وُرَيْقات .

gold·brick [-′brĭk] *(n.; vt.)* (١) شيء زائف يبدو وكأنه ذهب (٢) شخص ، وبخاصة جنديّ ، يتهرَّب من المهامِّ الموكولة إليه § (٣) يَخْدَع ؛ يَغُشّ .

gold digger *(n.)* (١) المنقِّب عن الذهب (٢) الباحثة عن الذهب : امرأة تستغلّ جمالها لانتزاع الأموال أو الهدايا من الرجال .

gold·en [gōl′dən] *(adj.)* (١) ذَهَبيّ (٢) أشقر (٣) لامع (٤) ممتاز (٥) موهوب <a ~ boy> (٦) شعبيّ ؛ محبوب (٧) نادر ؛ استثنائي .

golden age *(n.)* العصر الذهبي : عصر الازدهار الأعظم .

gold·en–ag·er [gōl′dən āj′ər] *(n.)* المتقاعد .

golden eagle *(n.)* العُقاب الذَّهبيّ : طائر من الكواسر .

gold·en·eye [gōl′dən ī′] *(n.)* ذَهَبيّ العين : ضرب من البط أصفر العينين .

goldeneye

golden glow *(n.)* الوَهج الذهبيّ : نبتة ذات رؤوس زهرية صفراء .

golden goal *(n.)* الهَدَف الذهبيّ : الهَدَف الأول الذي يُحرَز في الوقت الإضافيّ فيحسم نتيجة المباراة (رب) .

golden mean *(n.)* الاعتدال ؛ اللّاتطرُّف .

gold·en·rod [-rŏd′] *(n.)* عصا الذهب : نبات عشبيّ مُعَمَّر .

Golden rule *(n.)* (١) القاعدة الذهبية [التي تقول : «عاملوا الآخرين كما تريدون أن يعاملوكم»] (٢) مبدأ هادٍ .

golden yellow *(n.)* الأصفر الذهبي (لون) .

gold·field [-′fēld′] *(n.)* حقل الذهب : منطقة فيها مناجم ذهب .

gold–filled *(adj.)* مُمَوَّه : مصنوع من فِلِزّ رخيص مَكْسُوّ بطبقة من الذهب .

goldfinch

gold·finch [-′fĭnch′] *(n.)* الحَسّون : طائر مغرِّد .

gold·fish [-′fĭsh] *(n.)* السَّمك الذهبيّ : سمَك صغير ذهبيّ اللون .

goldfish

gold foil *(n.)* رقائق الذهب .

gold leaf *(n.)* رُقاقة الذهب .

gold mine *(n.)* (١) مَنْجَم الذهب (٢) مَصْدر ثروة أو ربح عظيم .

gold of pleasure *(n.)* النُّضار : عشب ذو زهرات صغيرة صفراء .

gold reserve *(n.)* احتياطيّ الذهب [لدولةٍ ما] (اد) .

gold·smith [-′smĭth′] *(n.)* الصائغ : صانعُ الحلى والمجوهرات .

gold standard *(n.)* قاعدة الذهب [في أنظمة النقد] .

gold·stone [-′stōn′] *(n.)* الحجر الذهبيّ : زجاج أسمر يحتوي على جُسَيْمات ذهبية اللون .

golf [gŏlf; gôf] *(n.; vi.)* (١) الغولف ؛ لعبة الغولف § (٢) يلعب الغولف .

golf ball *(n.)* كُرة الغولف : «أ» الكرة الصغيرة الصُّلبة الخاصة بلعبة الغولف . «ب» عنصرُ الطباعة الكُرَويُّ في آلةٍ كاتبة كهربائية .

golf ball *a.*

golf club *(n.)* (١) مِضرب الغولف (٢) نادي الغولف .

ă at; **ā** date; **â** care; **ä** car; **ĕ** egg; **ē** me; **ĭ** in; **ī** bite; **ŏ** lot; **ō** bone; **ô** orphan; **oi** boil; **o͝o** good; **o͞o** boot; **ou** out; **ŭ** under; **û** urgent; ə = *a* in alone, *e* in system, *i* in easily, *o* in gallop, *u* in circus.

golf course *(n.)* ملعب الغولف .

golf·er [gŏl′fər] *(n.)* لاعبُ الغولف .

golfer

gol·go·tha [gŏl′gə-] *(n.)* (١) مقبرة (٢) موطن عذاب أو تضحية .

go·li·wog *or* **gol·li·wogg** [gŏl′ē wŏg′] *(n.)* الغَلْوَغ : «أ» دمية تمثّل رجلًا قصيرًا ذا شَعر فاحم كثّ . «ب» شخص غريب أو مُضْحك المظهر .

go·losh [gə lŏsh′] *(n.)* = galosh.

gon- *or* **gono-** بادئة معناها : تناسليّ ؛ مَنِيّ ؛ بزرة .

-gon لاحقة معناها : ذو عدد معيَّن من الزوايا .

go·nad [gō′năd; gŏn′ăd] *(n.)* المَنْسَل ؛ الغُدَّة التناسلية .

go·nad·al [gō năd′əl] *(adj.)* مَنْسَليّ ؛ قُنْدِيّ .

gon·do·la [gŏn′də lə] *(n.)* الغُنْدول : «أ» زورق البندقية [ڤينيسيا] . «ب» عربة سِكّة حديد لا غطاء لها [لنقل السّلع الضّخمة] . «ج» عربة مستطيلة تعلَّق بالجانب الأدنى من الطائرة . «د» عربة تُستخدَم بوصفها مِصعَدًا في مناطق التزلُّج . «هـ» كرسيّ مُنجَّد ينحرف ظهره إلى الأمام، عند الجانبين، ليُشكِّل ذراعَيْه . «و» شاحنة لنقل الإسمنت الممزوج .

gondola *a.*

gon·do·lier [gŏn′də lēr′] *(n.)* الغناديليّ : مُجدِّف الغندول .

gone [1] [gôn] *past part. of* go.

gone [2] *(adj.)* (١) «أ» مَيْت . «ب» هالك . «ج» ضعيف ؛ واهن <a ~ feeling> . «د» مُرْهَق <a poor ~ body> (٢) «أ» مُستَغْرِق في . «ب» مفتون ؛ مُتيَّم <was real ~ on that man> . «ج» حُبْلى <a woman ~ six months> (٣) ماضٍ ؛ غابر (٤) عظيم <a real ~ reporter> .

gon·er [gô′nər] *(n.)* الهالك ؛ الميئوس منه .

gong [gông] *(n.)* (١) القُرْص : آلة نقرٍ قُرصية الشكل (مو) (٢) الجرس القُرْصيّ : جرسٌ قُرصيّ الشكل يُقرَع ابتغاءَ التنبيه .

gongs *2.*

Gon·go·rism [gŏng′gə-] *(n.)* الغُنغورية : أسلوب أدبيّ يتّسم بالغموض والزخرفة اللفظية .

goni- *or* **gonio-** بادئة معناها : زاوية <*goniometer*> .

go·nid·i·um [gə nĭd′ĭ əm] *(n.)* pl. **-nid·i·a** الجونيد؛ النّاسِل : خليّة تكاثُرية لاجنسيّة في بعض الطحالب (نب) .

go·ni·om·e·ter [gō′nĭ ŏm′ə-] *(n.)* المِنْقَل (مج) : مقياس الزوايا .

gon·o·coc·cus [gŏn′ə kŏk′əs] *(n.)* pl. **-coc·ci** [kŏk′sī] جرثومة السَّيَلان أو التَّعقيبة .

gon·o·cyte [gŏn′ə sīt′] *(n.)* = gametocyte.

gon·o·phore [gŏn′ə fôr′] *(n.)* حامل المَنْسَل أو القُنْد (أح) .

gon·or·rhe·a [gŏn′ə rē′ə] *(n.)* السَّيَلان ؛ التعقيبة (ط) .

-gony لاحقة معناها : نشوء؛ تكوُّن <cosmo*gony*> .

gon·zo [gŏn′zō] *(adj.)* ملتزِم <~ journalism> .

goo [go͞o] *(n.)* (١) مادة لزِجَة (٢) عاطفيّة مفرطة .

goo·ber [go͞o′bər] *(n.)* = peanut.

good [good] *(adj.; n.; adv.)* (١) «أ» حَسَن <~ health> . «ب» خِصْب <~ land> . «ج» وسيم ؛ جذاب <had a ~ face> . «د» ملائم <This light is ~ for reading.> . «هـ» صالحٌ <fruit ~ to eat> . «و» سليم <Your hearing is ~.> . «ز» مفيد أو رابح <making a ~ thing out of it> . «ح» موفّق ؛ بارع <a ~ joke> . «ط» ضخم ؛ عريض <~ profit> . «ي» كامل ؛ تام <a ~ day's journey> . «ك» وجيه ؛ مُقْنِع ؛ مفحم <~ reasons *or* arguments> . «ل» حقيقيّ ؛ واقعيّ ؛ محقَّق <has made his promises ~> . «م» رفيع <in ~ standing> . «ن» صحيح أو سليم [من الوجهة القانونية] <a ~ deed> (٢) «أ» صالح ؛ فاضل <a truly ~ man> . «ب» طيّب <my ~ wishes> . «ج» نبيل ؛ كريم <~ families> . «د» بارع ؛ كفؤ <a ~ manager> . «هـ» مخلص ؛ صادق الولاء <a ~ party man> § (٣) «أ» الخير <to know ~ from evil> . «ب» العنصر الخيِّر <cherished the ~ in him> (٤) مصلحة ؛ نفع ؛ فائدة <for the ~ of the whole community> (٥) *pl.*: سِلَع ؛ بضائع ؛ موادّ <canned ~*s*> (٦) الأخيار <The ~ die young.> (٧) بيّنة مثبتة للجريمة <didn't have the ~*s* on him> § (٨) جيدًا <going ~> (٩) تمامًا ؛ بكل ما في الكلمة من معنًى <when it got ~ dark> .

as ~ as في الواقع ؛ عمليًا .

as ~ as dead في حُكْم المَيْت .

as ~ as his word صادق الوعد ؛ مُوفٍ بالعهد .

for ~, إلى الأبد .

~ and تمامًا ؛ بكلّ ما في الكلمة من معنًى .

in ~ time باكرًا ؛ في وقت مبكّر .

Good Book *(n.)* الكتاب المقدّس (نص) .

good–bye *or* **good–by** *(interj.; n.)* (١) وداعًا ! § (٢) وداع .

good faith *(n.)* إخلاص ؛ حُسْن نيّة .

good fellow *(n.)* الدَّمِث ؛ الحَسَن العِشرة .

good–for–nothing *(adj.; n.)* تافه ؛ عديم القيمة .

Good Friday *(n.)* الجُمُعة الحزينة [السابقة لعيد الفصح] .

good–heart·ed *(adj.)* طيّب ؛ كريم ؛ سَمْح الطبع .

good–hu·mored *(adj.)* (١) بهيج ؛ طَلْق المحيا (٢) وُدِّي .

good–look·ing *(adj.)* وسيم ؛ جميل .

good looks *(n.)* وسامة ؛ جمال .

good·ly [good′lĭ] *(adj.)* (١) وسيم ؛ مليح (٢) كبير ؛ ضخم .

good–na·tured *(adj.)* لطيف ؛ دَمِث ؛ طَلْق المحيّا ؛ طيِّب النفس .

good·ness *(n.)* (١) طِيْبة ؛ صلاح (٢) فضيلة (٣) كَرَم (٤) جَوْدة .

good offices *(n. pl.)* مساعٍ حميدة ؛ وساطة خيِّرة .

good–sized *(adj.)* ضخمٌ ؛ كبير الحجم .

good speed *(n.)* حظّ سعيد <to wish a person ~> .

good–tem·pered *(adj.)* رضيّ النفس ؛ دَمِث الخُلُق .

good·wife [-wīf′] *(n.)* (١) ربّة البَيْت (ا . ق) (٢) سيِّدة (ا . ق) .

good·will [good′wĭl′] *(n.)* (١) المودّة ؛ حُسْن النيّة : شعور وُدّيّ نحو الآخرين (٢) شهرة المحلّ : القيمة المعنويّة التي تكتسبها المؤسَّسة على مرّ

الزمن (اد) (٣) «أ» رضًا ؛ ارتياح . «ب» حماسة ؛ اندفاع .

good·y[1] [good'ĭ] *(n.)* الطيِّبة : عجوز من أسرة متواضعة .

good·y[2] *(n.)* الطَّيِّب : شيء لذيذ المذاق أو جذّاب .

good·y–good·y *(adj.; n.)* (١) فاضل [على نحو متكلَّف] § (٢) شخص فاضل [على نحو متكلَّف] .

goof[1] [gōōf] *(n.)* (١) السّاذَج ؛ الأبله ؛ الأحمق (٢) غلطة ؛ زلّة .

goof[2] *(vi.; t.)* (١) يُخطِئ x (٢) يُفسِد [أمرًا . - تتبعها *up* عادة] .

goof·ball [gōōf'bôl'] *(n.)* المنوِّم : قُرْص من عقّار منوِّم .

goof·y [gōō'fĭ] *(adj.)* (١) أبله ؛ أحمق (٢) سخيف ؛ مُضْحِك .

goo–goo [gōō'gōō'] *(adj.)* مُحِبّ ؛ مُغْوٍ ؛ غراميّ .

goon [gōōn] *(n.)* (١) الأبله ؛ الأحمق (٢) السَّفّاح المستأجَر : شخص يُستأجَر لترويع الخصوم أو للتخلُّص منهم .

goo·ney *also* **goo·ny** [gōō'nĭ] *(n.)* (١) goon (٢) albatross .

goop [gōōp] *(n.)* مادة لَزِجَة أو دَبِقَة .

goose [gōōs] *(n.; vt.)* pl. **geese** (١) إوزّة ؛ وَزّة (٢) السّاذَج ؛ المُغفَّل (٣) *pl.* **gooses** : المكواة الإوَزّيّة : مكواة يستخدمها الخياطون ذات مقبض شبيه بعنق الإوزة § (٤) يَستحِثّ ؛ يَحفِز .

goose·ber·ry [-'bĕr'ĭ] *(n.)* الكِشمِش : شُجيرة صغيرة الثمار حامضتُها .

goose bumps *(n. pl.)* = gooseflesh.

goose egg *(n.)* صِفْر ؛ لا شيء [وبخاصّة في تعيين نتيجة اللَّعب] .

goose·flesh *(n.)* القُشَعْرِيرة : انكماش الجلد من بَرْدٍ أو خوف .

goose·foot [-'foot] *(n.)* رِجل الإوَزّ : نبات من السَّرْمَقيّات .

goose·herd [gōōs'hûrd'] *(n.)* راعي الإوَزّ .

goose·neck *(n.)* عُنُق الإوَزّة : شيء معقوف على شكل عُنُق الإوزّة .

goose step *(n.)* مِشْية الإوَزّة [في الاستعراضات العسكرية] .

goos·ey [-'sĭ] *(adj.)* (١) إوَزّاني : شبيه بالإوزّة (٢) أحمق (٣) خائف .

go·pher [gō'fər] *(n.)* الغَوْفَر : «أ» سُلحفاة أميركية . «ب» الغَوْفَر الجرابيّ : حيوان ثدييّ من رتبة القوارض . «ج» سنجاب أميركي .

gopher *b.*

Gor·di·an knot *(n.)* (١) العُقْدة الغُوردية : عُقدة أحكم شدّها غورديوس Gordius ملك فريجيا Phrygia . وقد زعموا أنه لن يحلّها إلا سيِّد آسيا المُقبل ، فقطعها الإسكندر الكبير بسيفه (٢) مُعضلة ؛ مشكلة عويصة .

Gor·don setter *(n.)* السّاطِر الغوردونيّ : كلب صيدٍ طويل الشَّعر .

gore[1] [gōr] *(n.)* دم . وبخاصة : دمٌ مُتخثِّر .

gore[2] *(n.; vt.)* (١) المُثَلَّثة : قطعة أرض أو قماش مُثَلَّثيّة الشَّكل § (٢) يُثَلِّث : «أ» يقطع على شكلٍ مُثَلَّثٍ . «ب» يُزوِّد بمثلَّثةٍ أو مُثلَّثات .

gore[2] *1.*

gore[3] *(vt.)* يَخْرِق أو يَجرح [بقرن أو سِكّين] .

gorge [gôrj] *(n.; vi.; t.)* (١) حَلْق ؛ بُلعوم (٢) مَعِدة ؛ بطن (٣) الوِلاج : مدخل إلى حصن (٤) الفَلْج : ممرّ ضيِّق بين الجبال (٥) العَرِمة : كتلة تَسُدّ مجرى النهر ونحوه § (٦) يلتهم ؛ يأكل بنَهَم x (٧) يُتْخِم .

gor·geous [gôr'jəs] *(adj.)* (١) بَهِيّ ؛ فائق الجمال (٢) شَهِيّ (٣) رائع .

gor·get [gôr'jət] *(n.)* العُنُقيّة : «أ» درع للعُنُق . «ب» طَوْق زينيّ للعُنُق . «ج» غطاء للنَّحر والكتِفين . «د» شامة على العُنُق .

gor·gon [gôr'gən] *(n.)* الغَرْغونة : *cap.* «أ» إحدى أخوات ثلاث ، في الميثولوجيا اليونانية ، كانت رؤوسهن مَكْسُوَّةً بالأفاعي ، وكانت لهنّ عيون إذا نظر إليها المرء تحوَّلَ إلى حجر . «ب» امرأة بشعة جدًّا .

gorgon *a.*

gor·gon·ize [gôr'gə nīz'] *(vt.)* يَصْعَق ؛ يَشْدَه ؛ يَشُلّ ؛ يُحجِّر .

Gor·gon·zo·la [gôr'gən zō'-] *(n.)* الغُرْغُنْزولة : جبن أزرق حرّيف .

go·ril·la [gə rĭl'ə] *(n.)* (١) الغِرَلّى ؛ الغوريلّا (ح) (٢) «أ» شخص بشع أو وحشيّ . «ب» سفّاح .

gorilla *1.*

gor·man·dize [-'mən dīz'] *(vi.; t.)* (١) يأكل بنَهَم x (٢) يلتهم .

gorm·less [gôrm'ləs] *(adj.)* أبله ؛ مُغَفَّل .

gorse [gôrs] *(n.)* = furze.

gor·y [gōr'ĭ] *(adj.)* (١) دامٍ ؛ مُلَطَّخ بالدّم (٢) ضارٍ ؛ دَمَويّ (٣) مُجَمِّدٌ للدَّم في العروق : مثير <a ~ novel> (٤) بغيض .

gosh [gŏsh] *(interj.)* يا اللّه! يا لَلْعجب!

goshawk

gos·hawk [gŏs'hôk'] *(n.)* الباز ؛ البازي : طائر يُصاد به .

gos·ling [gŏz'-] *(n.)* (١) فَرْخ الإوزّ (٢) الغِرّ ؛ الأحمق .

gos·pel [gŏs'pəl] *(n.; adj.)* (١) *cap.* عد : البشارة : أنباء سارّة عن المسيح ومملكة الربّ والخلاص (٢) *cap.* : الإنجيل : أحد الكتب الأربعة الأولى من «العهد الجديد» (٣) *cap.* : مُختار من أحد الأناجيل الأربعة يُتْلَى في قدّاس (٤) الإنجيل : «أ» رسالة معلّم دينيّ أو تعاليمُهُ . «ب» شيء مُعتبَرٌ حقيقةً لا ريب فيها <to take his report as ~> § (٥) إنجيليّ .

gos·pel·er *or* **gos·pel·ler** [gŏs'pə lər] *(n.)* (١) المُبشِّر بالإنجيل (٢) قارئ الإنجيل أو مُرَتِّلُهُ .

gos·sa·mer [gŏs'ə mər] *(n.)* (١) السَّهام ؛ لُعاب الشمس ؛ مُخاط الشيطان : غشاء كنسج العَنكَبوت يطفو في الهواء عندما يصفو الجوّ (٢) الغِلالة : قماش أو ثوب رقيق .

gos·sip [gŏs'əp] *(n.; vi.)* (١) «أ» العَرّاب ؛ العَرّابة : أبٌ أو أمّ بالمعمودية . «ب» رفيق . «ج» ناقل الأقاويل : المُولَع بالقيل والقال (٢) القيلُ والقال § (٣) ينهمك في القيلِ والقال ؛ ينشر الإشاعاتِ .

gos·sip·mon·ger [-mŭng-] *(n.)* ناقل الأقاويل : المُولَع بالقيلِ والقال .

gos·soon [gŏ sōōn'] *(n.)* (١) غلام ؛ ولد ؛ فتًى (٢) خادم .

got [gŏt] *past and past part. of* get.

Goth [gŏth] *(n.)* (١) القُوطيّ : أحد القوطيين ، وهم شعب جرماني اجتاح الأمبراطورية الرومانية في القرون الأولى للميلاد (٢) الفظّ ؛ الهمجيّ .

Goth·ic [gŏth'ĭk] *(adj.; n.)* (١) «أ» قُوطيّ : خاصّ بالقوطيّين .

«ب» جرماني . «ج» فظّ ؛ همجيّ (٢) قوطيّ : خاصّ أو متّسم بخصائص الطراز القوطي [في فن العمارة] (٣) قُوطيّ : صفة لضرب من الرواية يتميّز بأجواء الرُّعب والغموض § (٤) القُوطيّ : حرف طباعيّ قديم (٥) القُوطيّة : لغة القُوط الجرمانية الشرقية (٦) الطِّراز القُوطيّ (عم).

Gothic arch *(n.)* العَقْد القُوطيّ : عَقْدٌ مُسْتَدِقّ الرأس.

Gothic arch

gö·thite [gō′tīt; gœ′-] *(n.)* = goethite.

got·ten [gŏt′ən] *past part. of* get.

gouache [gwäsh] *(n.)* (١) الغُواش : طريقة في الرسم بالألوان المائيّة (٢) الغُواشيّة : لوحة مرسومة بهذه الطريقة (٣) الغُواشيّ : صبغ مُستخدَم في الغُواش.

Gou·da [gou′də] *(n.)* غاودا : جُبن أصفر غير حِرّيف.

gouge [gouj] *(n.; vt.)* (١) المِظفار : إزميل مُقعَّر (٢) «أ» التظفير : حفرٌ بإزميلٍ مقعَّر. «ب» المظفَّر : ثقب أو أخدود مُحدَث بالمظفار (٣) ابتزاز § (٤) يُظفِّر : يحفر بمِظفار (٥) يفقأ ؛ يَسْمُل : يقلع العين بالإصبع (٦) يبْتزّ [مالَ فلان].

gouges *1.*

gou·lash [gōō′läsh] *(n.)* الغولاش : طعام من لحم وخُضَر.

gourd [gôrd; gōrd; gŏŏrd] *(n.)* يَقْطين (نب).

gour·mand [gŏŏr′mənd; *F.* gōōr män′] *(n.)* (١) النَّهِم ؛ الشَّرِه (٢) الذَّوَّاقة : المولَع بالطيِّب من الطعام والشراب.

gour·man·dize [-′mən dīz′] *(vi.)* يأكل بنَهَم ؛ يلتهم بشَرَه.

gour·met [-′mā] *(n.)* المِذْواق : الخبير في اختيار المآكل والخمور والحكم عليها.

gout [gout] *(n.)* (١) النِّقْرِس ؛ داء المفاصل (٢) قطرة أو لطخة دم إلخ.

gout·y [gou′tĭ] *(adj.)* (١) نِقْرِسيّ (٢) متورِّم.

gov·ern [gŭv′ərn] *(vt.; i.)* (١) يحكم ؛ يسوس (٢) يتحكم في السرعة بوسائل آلية (٣) «أ» يوجّه أو يؤثّر تأثيرًا شديدًا في . «ب» يقرِّر ؛ يعيِّن ؛ يحدِّد. «ج» يكبح **x** (٤) يهيمن ؛ يسيطر ؛ يكون ذا نفوذ حاسم (٥) يمارس السلطة.

gov·ern·ance [gŭv′ər nəns] *(n.)* = government.

gov·ern·ess [gŭv′ər nəs] *(n.)* (١) «أ» الحاكمة . «ب» زوجة الحاكم (٢) مربية الأطفال [وبخاصة في منزل].

gov·ern·ment [gŭv′ərn mənt] *(n.)* (١) حكم ؛ توجيه ؛ سيطرة (٢) حكومة (٣) عِلم السياسة.

— gov·ern·men·tal *(adj.)*

gov·ern·men·tal·ism *(n.)* الحكومانيّة : «أ» نظرية تدعو إلى توسيع نطاق النشاط الحكومي . «ب» نزعة إلى توسيع دور الحكومة.

gov·ern·men·tal·ize *(vt.)* يُخضِع لسيطرة الحكومة أو إشرافها.

gov·er·nor [gŭv′ər nər] *(n.)* (١) «أ» الحاكم . «ب» المدير [المؤسسة أو منظمة] (٢) المعلّم الخصوصي (٣) الحاكم : «أ» أداة ملحقةٌ بماكينة لضبطها أوتوماتيكيًا أو للحدّ من سرعتها . «ب» أداة لضبط الضغط أو الحرارة أوتوماتيكيًا (مك).

governor *3.*

gov·er·nor·ship *(n.)* الحاكمية : منصب الحاكم أو مدة ولايته.

gow·an [gou′ən] *(n.)* زهرة الربيع (نب).

gown [goun] *(n.; vt.; i.)* (١) «أ» عَباءة . «ب» البُرْد : الرِّداء الجامعيّ أو المِهْنيّ . «ج» ثوب نسائيّ . «د» وَزْرَة العمل (٢) «أ» منصب أو مهنة مرموزٌ إليهما برداء مميَّز . «ب» جماعة الطلاب والأساتذة [في كلّية] § (٣) يُلبِس [بُرْدًا إلخ] **x** (٤) يَلْبَس [بُرْدًا إلخ].

gowns·man [gounz′-] *(n.)* المُبَرَّد : مَنْ يرتدي بُرْدًا مميّزًا يرمز إلى مهنته أو يدلّ على صفته الجامعية.

goy·ish [goi′ĭsh] *(adj.)* لا يهوديّ ؛ غير يهوديّ.

grab[1] [grăb] *(vt.; i.; adj.; n.)* (١) «أ» ينتزع ؛ يختطف . «ب» يُمسِك بـ ؛ يقبض على . «ج» ينتهز [فرصةً] (٢) يغتصب [أرضًا] (٣) يأخذ بسرعة <to ~ a bite to eat> (٤) يَسْتَحْوِذ [على الانتباه] **x** (٥) تَصْطَكّ قائمتاه : تمسّ قائمة الفرس الخلفيةُ قائمته الأمامية أثناء العَدْو § (٦) مُعَدّ للتمسُّك <a ~ rail by the door of the bus> (٧) عشوائيّ : مأخوذٌ كيفما اتفق <a ~ sample> § (٨) «أ» انتزاع ؛ اختطاف . «ب» اغتصاب . «ج» شيء مختطَفٌ أو مغتَصَبٌ (٩) خُطّاف ؛ كُلّاب (١٠) clamshell.

grab[2] *(n.)* الغُرابة : ضربٌ من المراكب الشراعيّة.

grab·ble [grăb′əl] *(vi.)* (١) يتلمّس [طريقَهُ] (٢) ينبطح.

grab·by [grăb′ĭ] *(adj.)* جَشِعٌ ؛ طمّاع.

grace [grās] *(n.; vt.)* (١) نِعمة إلٰهيّة (٢) صلاة المائدة (نص) (٣) «أ» لطف ؛ شفقة . «ب» رحمة ؛ غُفران (ا . ق) . «ج» امتياز . «د» إمهال ؛ مُهلة . «هـ» حَظْوة ؛ رضًا ؛ قبول (٤) «أ» جمال ؛ حُسْن . «ب» فتنة . «ج» تناسق . «د» رشاقة ؛ كياسة (٥) الداعمة : نغمة إضافية تجميليّة (٦) «أ» سموّ : لقب شرف لدوق أو دوقة . «ب» نيافة : لقب شرف لرئيس أساقفة (٧) «أ» فضيلة . «ب» قوة أخلاقية (٨) *pl., cap.* إلاهات الحُسْن : ثلاث إلاهات شقيقات كان الإغريق يعتبرونهن مانحاتٍ للفتنة والجمال (مث) § (٩) يُشرِّف : يُضفي شَرَفًا على <to ~ an occasion with one's presence> (١٠) يزيِّن ؛ يزخرف ؛ يجمِّل.

Act of ~, عفو عام [يصدر بقانون من البرلمان].
by the ~ of God بنعمة الله.
to be in the good ~*s* of يَلْقى حظوة عند فلان.
with (a) bad ~, بتأفُّف ؛ على كره أو مَضَض.
with (a) good ~, عن طيب خاطر.

grace·ful [-′fəl] *(adj.)* (١) جميل ؛ رشيق ؛ حلو الشمائل (٢) لبق.

grace·less [grās′ləs] *(adj.)* (١) فاسد : قليل التهذيب (٢) سمج : تعوزه اللباقة أو الرشاقة أو الجمال.

grac·ile [grăs′ĭl] *(adj.)* (١) نحيل ؛ هزيل (٢) graceful.

gra·cious [grā′shəs] *(adj.)* (١) «أ» كريم ؛ لطيف ؛ كيّس . «ب» مهذَّب ؛ لبق ؛ مصقول الحواشي . «ج» فاتن . «د» مُتّسِم بحسن الذوق أو سماحة النفس (٢) شفوق ؛ رؤوف.

grack·le [grăk′əl] *(n.)* السَّوادِيّة : طائر أسود الريش لمّاعُه.

gra·date [grā′dāt] *(vi.; t.)* (١) «أ» يتدرّج . «ب» يتداخلُ [اللونُ] باللون أو النغم بالنغم تداخلًا غير ملحوظ] **x** (٢) يُدَرِّج : يجعله يتدرّج.

gra·da·tion [grā dā′-] *(n.)* (١) «أ» تسلسل ؛ تعاقب . «ب» مرحلة ؛ درجة (٢) تدرّج (٣) تداخل اللون باللون [أو النغم بالنغم] تدريجيًّا.

grade[1] [grād] *(n.; vt.; i.)* (١) «أ» مرحلة ؛ درجة . «ب» مرتبة ؛ منزلة .

«ج» صفّ مدرسيّ. «د» رتبة عسكرية. «هـ» مرحلة من مراحل مَرَضٍ (٢) «أ» الطبقة: مجموعة أشخاص أو أشياء من منزلة أو درجة واحدة. «ب» علامة مدرسيّة [تمنح للطالب تبيانًا لمدى نجاحه في التحصيل] (٣) «أ» درجة الانحدار: درجة تحدُّر الطريق. «ب» طريق متحدّر. «ج» الارتفاع [عن سطح البحر] (٤) المُحَسَّن: حيوان مستولد من أبوين أحدهما أصيل والآخر غير أصيل § (٥) «أ» يصنّف؛ يفرز؛ يبوّب. «ب» يدرّج؛ يُسَلسل (٦) «أ» يمهّد [طريقًا]. «ب» يُحَدِّر: يجعله متحدّرًا تحدّرًا تدريجيًا (٧) يحسّن: يحسّن نَسْل الحيوان بالمزاوجة بين إناثه غير الأصيلة وذكوره الأصيلة [تتبعُها *up*] **x** (٨) يتدرّج (٩) يتداخل اللون باللون [أو النغم بالنغم] تدريجيًا (١٠) يحتلّ درجة أو منزلة معيّنة <a novel which ~*s* too low>.

the ~*s* (١) مدرسة ابتدائية (٢) التعليم الابتدائي.

up ~, (١) صاعِد (٢) متحسّن؛ آخذٌ في التحسّن.

grade[2] *(adj.)* (١) صَفّيّ: خاصّ بصفّ مدرسيّ <a ~ room> (٢) ابتدائيّ <a ~ teacher> (٣) محسّن؛ تحسينيّ <~ breeding>.

Grade A *(adj.)* ممتاز؛ من الطراز الأوّل <a ~ movie>.

grade crossing *(n.)* التقاطع المستوي: تقاطع الطرق أو السكك الحديدية [أو تقاطع طريق مع سكة حديدية] على مستوًى واحد.

grade crossing

grad·er [grā′dər] *(n.)* (١) المُصَنِّف؛ المبوِّب؛ المُدَرِّج (٢) الممهِّدة: آلة لتمهيد التربة (٣) التلميذ. وبخاصة: تلميذ في صف معيَّن من صفوف مدرسة <a fourth ~>.

grade school *(n.)* مدرسة ابتدائية.

gra·di·ent [grā′dĭ-] *(n.)* (١) «أ» درجة المَيْل أو التَّحدُّر. «ب» مُنْحَدَر (٢) المَمال (مج): نسبة الزيادة أو النقص في الحرارة إلخ أو المنحني الذي يمثّلها.

gra·din [grā′dĭn] *also* **gra·dine** [grə dēn′] *(n.)* دَرَجة؛ مَقْعد [من مقاعِد مُدَرَّج من المُدَرّجات].

grad·u·al[1] [grăj′o͞o əl] *(n.)* (١) ترنيمة (كن) (٢) كتاب الترانيم (كن).

grad·u·al[2] *(adj.)* تدريجيّ؛ تدرُّجيّ.

grad·u·al·ly *(adv.)* تدريجيًا؛ شيئًا فشيئًا.

grad·u·ate[1] [grăj′o͞o ĭt; -āt′] *(n.)* (١) خرِّيج جامعة أو كلية (٢) أنبوبة مُدَرَّجة.

graduates[1] 2.

grad·u·ate[2] [grăj′o͞o ĭt; -āt′] *(adj.)* (١) مُتَخَرِّج: حاملٌ شهادةً علميّة (٢) تخرُّجي: ذو علاقة بالدراسات العُليا التي تتلو درجة البكالوريوس <~ courses> (٣) مُدَرَّج: مقسَّم إلى درجات.

grad·u·ate[3] [grăj′o͞o āt′] *(vt.; i.)* (١) يُخَرِّج: يمنح طالبًا شهادة التخرُّج من كلية أو جامعة (٢) يُدَرِّج: «أ» يقسِّم أنبوبةً إلخ إلى درجات. «ب» يقسِم إلى مراحل أو فترات **x** (٣) يتخرَّج [من جامعة] (٤) يتغيَّر تدريجيًا.

— **grad·u·a·tor** *(n.)*

grad·u·a·tion [grăj′o͞o ā′-] *(n.)* (١) «أ» تخريج؛ تخرّج. «ب» حفلة توزيع الشهادات [في كلية أو جامعة] (٢) تدريج؛ تدرّج.

gra·dus [grā′dəs] *(n.)* القاموس العَروضي: قاموس مُعَدٌّ لمساعدة الطلاب على النظم باليونانية أو اللاتينية.

Graeco- = Greco-.

graf·fi·to [grə fē′tō] *(n.)* pl. **-ti** [tē] (١) نقش أو رسم [على صخر أو جدار] (٢) الشِّعار: كلمات أو عبارات مكتوبة على الجدران إلخ.

graft [grăft; gräft] *(vt.; i.; n.)* (١) يطعّم [النبات] (٢) يلحُم؛ يوحّد (٣) يطعّم [النسيجَ الحيّ] جراحيًّا (٤) يبتزّ المال [بطرق غير مشروعة] **x** (٥) يتطعّم [النبات إلخ] § (٦) «أ» نبتة مطعَّمة. «ب» الطُّعْم: عُسْلوج التطعيم. «ج» المَطْعَم: موضع إقحام عُسلوج التطعيم (٧) «أ» تطعيم. «ب» شيء مُطعَّم. «ج» الزَّرْعة؛ الطُّعْم: جزء من نسيج حيّ يُزْرَع في عضو أو جسم آخر (ط) (٨) «أ» ابتزاز المال. «ب» كَسْبٌ غير مشروع.

a b c

grafting 6.

graft·age [grăf′tĭj] *(n.)* (١) تطعيم النبات (٢) أصول تَطعيم النبات.

grail [grāl] *(n.)* (١) *cap.*: الكأس المقدَّسة: كأسٌ شرِبَ منها المسيح في العَشاء المقدَّس وراح المسيحيون في ما بعدُ يجدّون في البحث عنها (٢) الضّالّة المنشودة: كلُّ ما يُبحث عنه بحثًا طويلًا جاهدًا.

grain [grān] *(n.; vt.; i.)* (١) «أ» حَبّة. «ب» حبوب. «ج» النباتات المنتِجة للحبوب (٢) «أ» حُبَيْبة؛ بلّورة [الرملِ أو الملحِ]. «ب» مِثقال ذَرَّة؛ مقدارٌ ضئيل. «ج» التحبُّب: تبلُّرٌ دقيقٌ (٣) القِرمِز [أو صِبْغ مُستخرَج منه] (٤) «أ» سطح أو مظهر مُحبَّب [أو مُبَلَّر]. «ب» الجانب الخارجيّ [الذي عليه الشَّعر] من جلد الحيوان (٥) القَمحة: وحدة وزن صغيرة (٦) التَّجزُّع: بِنْية الخشب كما يُحَدِّدها تعرُّقُ أليافِهِ أو اتّجاهُها (٧) المَلْمَس: خشونة الشَّيء أو نعومتُهُ (٨) «أ» طَبْع؛ مزاج. «ب» ضَرْب؛ نوع § (٩) يُشَرِّب؛ يَغْرِس في النفس (١٠) يُحبِّب؛ يُبَلِّر (١١) يَنْتِف [الشعرَ] (١٢) يجزِّع؛ يعرِّق **x** (١٣) يتحبَّب؛ يتبلَّر.

against the ~, ضد مزاج المرء أو ميله الفطري.

with a ~ of salt بشكّ؛ بارتياب؛ بتحفّظ؛ بحَذَر.

grain alcohol *(n.)* = ethyl alcohol.

grained [grānd] *(adj.)* (١) «أ» ذو حَبٍّ. «ب» مُنْتِجٌ حُبوبًا (٢) حُبَيْبيّ؛ متبلِّر (٣) مُجَزَّع؛ مُعَرَّق.

grain of salt *(n.)* شكّ؛ ارتياب؛ حَذَر.

grain·y [grā′nĭ] *(adj.)* (١) حَبِّيّ (٢) محبَّب؛ مبلَّر (٣) مُجَزَّع.

gram[1] [grăm] *(n.)* الحِمَّص (را . chick-pea).

gram[2] *or* **gramme** [grăm] *(n.)* الغْرام: $\frac{1}{1000}$ من الكيلوغرام.

-gram لاحقة معناها: شيء مرسوم أو مكتوب <dia*gram*>.

gra·ma [grä′-] *(n.)* الجَرامة: ضربٌ من عُشب المراعي بالولايات المتّحدة.

gram atom *(n.)* الذَّرّة الغْراميّة: الوزن الذَّرّيّ بالغرام (ك).

gram calorie *(n.)* السُّعْرَة الغْراميّة؛ السُّعْرَة الصُّغْرَى (فز).

gra·min·e·ous [grə mĭn′ĭ əs] *(adj.)* نَجِيليّ؛ عُشبيّ.

ă at; **ā** date; **â** care; **ä** car; **ĕ** egg; **ē** me; **ĭ** in; **ī** bite; **ŏ** lot; **ō** bone; **ô** orphan; **oi** boil; **o͝o** good; **o͞o** boot; **ou** out; **ŭ** under; **û** urgent; **ə** = *a* in alone, *e* in system, *i* in easily, *o* in gallop, *u* in circus.

gram·mar [grăm′ər] *(n.)* (١) علم الصَّرْف والنحو (٢) كتاب الصَّرْف والنحو (٣) قواعد علمٍ أو فنٍّ ما .

gram·mar·i·an [grə mâr′ĭ ən] *(n.)* النَّحْويّ : العالِم بالنَّحو والصَّرف .

grammar school *(n.)* (١) الثَّانويَّة : «أ» مدرسة ثانوية تؤكِّد على تدريس اللاتينية واليونانية . «ب» مدرسة ثانوية بريطانية (٢) المُتوسِّطة : مدرسة مُتوسِّطة بين الابتدائية والثانوية .

gram·mat·i·cal [grə măt′-] *(adj.)* (١) نَحْويّ ؛ صَرْفيّ (٢) سليم : متَّفِقٌ مع قواعد اللغة <~ sentence> .

gram molecular weight *(n.)* الوزن الجُزَيْئيّ الغْراميّ (ك) .

gram·o·phone [grăm′ə fōn′] *(n.)* الغراموفون ؛ الفونوغراف (را . phonograph) .

gramophone

gram·pus [grăm′pəs] *(n.)* الغَرَمْبَس : حيوان بحريّ من فصيلة الدّلافين .

grampus

Gram's method *(n.)* طريقة غْرام : طريقة في تلوين الجراثيم بغيةَ دراستها وتصنيفها (أح) .

gra·na·ry [grā′nə rĭ; grăn′-] *(n.)* (١) الهُرْي : «أ» مخزن قمح . «ب» منطقة تُنتج القمح بوفرة (٢) مصدرٌ رئيسيّ .

grand [grănd] *(adj.; n.)* (١) كبير : ذو رتبة أعلى من أمثاله الحاملين نفس اللقب العام <a ~ duke> (٢) «أ» كلّيّ ؛ إجماليّ <the ~ total> . «ب» حاسم ؛ مفحم <~ proof> (٣) رئيسي <~ staircase> (٤) ضخم <a ~ mistake> (٥) رفيع <~ ideas> (٦) «أ» فخم <a ~ palace> . «ب» جليل ؛ مَهيب <a ~ character> . «ج» رائع ؛ ممتاز ؛ من الطراز الأول <~ weather *or* time> (٧) مقصود به التأثير <~ gestures> (٨) متشامخ ؛ مغرور § (٩) grand piano (١٠) ألف دولار (ع) .

gran·dam [grăn′dəm] *or* **gran·dame** [-′dām] *(n.)* (١) جَدَّة (٢) امرأة عجوز .

grand·aunt [grăn′-; grand′-] *(n.)* عمّة [أو خالة] الأب [أو الأمّ] .

grand·baby [grăn′-; grand′-] *(n.)* حفيدٌ طفلٌ ؛ حفيدٌ صغير .

grand·child [grăn′-; grand′-] *(n.)* (١) حفيد (٢) حفيدة .

grand·daugh·ter [grăn′-; grand′-] *(n.)* حفيدة .

grand duchess *(n.)* الغْرانْدوقة : زوجةُ الغْرانْدوق أو أرملتُه .

grand duchy *(n.)* الغْرانْدوقيَّة : منطقة يحكمها غْرانْدوق أو غرانْدوقة .

grand duke *(n.)* الغْرانْدوق ؛ الدوق الأكبر .

grande dame [gränd dȧm′] *(n.)* السَّيدة الجليلة : سيدة مُتقدِّمة في السنّ ، عادةً ، تتمتع باحترام عظيم أو قدرة بالغة .

gran·dee [grăn dē′] *(n.)* الغْرانديّ : نبيل إسبانيّ أو برتغاليّ .

gran·deur [grăn′jər; -jŏŏr] *(n.)* جَلال ؛ فخامة ؛ عَظَمة .

grand·fa·ther [grăn′-; grănd′-] *(n.)* (١) جَدّ (٢) سَلَفٌ .

grandfather clock *(n.)* ساعةُ حائطٍ [قائمةٌ على الأرض مباشرةً] .

grandfather clock

grand finale [fĭ nä′lē] *(n.)* الدَّور النِّهائيّ [في مباراة رياضية إلخ] .

gran·dil·o·quence [grăn dĭl′ə kwəns] *(n.)* (١) التفخيم : اصطناع الكلام الفخم الطنّان (٢) الطنّانيّة : كون الكلام طنّانًا .

gran·dil·o·quent [-′ə kwənt] *(adj.)* (١) مُفخِّم : مصطنعٌ الكلامَ الفخم الطنّان <a ~ speaker> (٢) مُفخَّم ؛ طنّان <a ~ style> .

gran·di·ose [grăn′dĭ ōs′] *(adj.)* (١) «أ» متكلِّفُ العظمة أو الجلال . «ب» مُتَّسِم بالمبالغة الحمقاء (٢) فَخْم ؛ فخيم .

grand jury *(n.)* هيئة المحلَّفين الكبرى (ق) .

Grand Lama *(n.)* = Dalai Lama.

grand master *(n.)* الأستاذ الأعظم : رئيس المحفل الماسونيّ .

grand·moth·er [grăn′-; grănd′-] *(n.)* جَدَّة .

grand·neph·ew [grăn′-; grănd′-] *(n.)* حفيد الأخ أو الأخت .

grand·niece [grăn′-; grănd′-] *(n.)* حفيدة الأخ أو الأخت .

grand·par·ent [grăn′-; grănd′-] *(n.)* (١) جَدّ (٢) جَدَّة .

grand piano *(n.)* البِيان الكبير : بيانو ذو أوتار أفقيّة (مو) .

Grand Prix [grän prē′] *(n.)* سباق الجائزة الكبرى .

grand·sire [grăn(d)′sīr′] *or* **grand·sir** *(n.)* (١) جَدٌّ (٢) سَلَفٌ (ا . ق) .

grand slam *(n.)* انتصار تامّ ؛ نجاحٌ كامل .

grand·son [grăn′-; grănd′-] *(n.)* حفيد .

grand·stand [-′stănd] *(n.; vi.)* (١) المدرَّج المسقوف [في ملعب للرياضة أو نادٍ للسِّباق] (٢) النَّظّارة : جمهور المشاهدين § (٣) يَتَنَفَّج : يلعب أو يعمل هادفًا إلى التأثير في نفوس المشاهدين .

grandstand *1.*

grand touring car *(n.)* سيارة الرحلات البعيدة [تتّسع لراكبَيْن] .

grand·un·cle [grănd′ŭng′kəl] *(n.)* عمّ [أو خال] الأب [أو الأمّ] .

grange [grānj] *(n.)* (١) مزرعة . وبخاصة : بيت ريفيّ [مُلحَقَةٌ به مبانٍ ثانوية أخرى] (٢) *cap.* المَحْفِل : «أ» أحد فروع جمعية زراعية تعاونية . «ب» الجمعية الزراعية التعاونية نفسها .

grang·er [grān′jər] *(n.)* (١) عضوٌ في جمعية زراعية تعاونية (٢) فلّاح .

grang·er·ize [grān′jə rīz′] *(vt.)* يُغَرْنِج : يُزيِّن كتابًا برسوم مُنْتَزَعَةٍ من كتب أخرى .

grani- بادئة معناها : حَبّ ؛ حُبوب <*grani*vorous> .

gran·ite [grăn′ĭt] *(n.)* (١) الغرانيت (٢) صلابة ؛ ثباتٌ عنيد .

gran·ite·ware [-wâr′] *(n.)* الآنية الغرانيتية [المَكْسُوّة بالمينا] .

gra·nit·ic [gră nĭt′ĭk] *(adj.)* غرانيتيّ .

gra·niv·o·rous [grā nĭv′ər əs] *(adj.)* آكلٌ للحَبّ ؛ مُقتات بالحبوب .

gran·ny *or* **gran·nie** [grăn′ĭ] *(n.)* (١) جَدَّة (٢) عجوز ؛ امرأة مُسِنَّة (٣) النَّيِّق : شخص صعب الإرضاء (٤) قابلة أو ممرِّضة .

granny knot *(n.)* عُقْدة العجائز : عُقدة غير مُحْكَمة يَسْهل فكُّها .

granny knot

grano- بادئة معناها : غرانيت ؛ غرانيتيّ <*grano*lith> .

grant [grănt; gränt] *(vt.; n.)* (١) «أ» يوافقُهُ [على طلب]. «ب» يخوّله [حقًا أو امتيازًا] (٢) يمنح؛ يَهَب (٣) يتفرّغ [عن ملكيّة] (٤) يُسلّم بِـ § (٥) تخويل؛ مَنْح؛ تسليمٌ بـ (٦) هِبَة؛ مِنحة (٧) الهِبة: «أ» تحويل قانونيّ للملكيّة [إلى شخص ما]. «ب» المِلْكيّة الموهوبة (٨) سَنَد الهِبَة؛ صَكُّ الهِبَة.

~*ed* أجل؛ نعم؛ صحيح [ولكنْ...]

to take for ~*ed* (١) يفترض؛ يسلّم جَدَلًا؛ يعتبره صحيحًا أو محتّم الحدوث (٢) يستخفّ بـ؛ يستهين بـ.

grant·ee [grănt'ē; gränt'ē] *(n.)* الموهوب له؛ الممنوحُ هِبَةً.

grant·er *or* **grant·or** [grănt'ər; gränt'-] *(n.)* الواهب؛ المانح.

grant–in–aid *(n.)* هِبَةُ المساعدة: «أ» مِنحة تقدّمها حكومة مركزية إلى حكومة محلية. «ب» مِنحة تُقدَّم إلى مدرسة أو فرد.

gran·u·lar [grăn'yə lər] *(adj.)* حُبَيْبيّ؛ مُحَبَّب؛ مُبَرْغَل.

gran·u·late [-lāt'] *(vt.; i.)* (١) يُحَبِّب؛ يُبَرْغِل x (٢) يتحبَّب؛ يتبرغَل.

gran·u·la·tion *(n.)* (١) تَحبيب؛ بَرْغلة (٢) تحبُّب؛ تَبَرْغُل (٣) الحَثْرة: إحدى الحُبَيْبات الحمراء المتكوِّنة على سطح الجرح عند التئامه.

gran·ule [grăn'yōōl] *(n.)* (١) حُبَيْبة؛ حبّة صغيرة (٢) الحُبَيْبة (فل).

gran·u·lite [grăn'yə līt'] *(n.)* الغرانوليت: صخر حُبيبيّ متحوِّل.

gran·u·lo·ma [grăn'yə lō'mə] *(n.)* الوَرَم الحُبَيْبيّ (مض).

gran·u·lose [grăn'yə lōs'] *(adj.)* حُبَيْبيّ؛ مُحَبَّب؛ مُبَرْغَل.

grape [grāp] *(n.)* (١) العِنَب (٢) الكَرْمة (٣) القنبلة العنقودية.

grape·fruit [-'frōōt'] *(n.)* ليمون الجنّة؛ الليمون الهنديّ (نب).

grape hyacinth

grape hyacinth *(n.)* البُلْبوس: نبات من الفصيلة الزنبقية.

grape·shot [grāp'shŏt'] *(n.)* قنبلة عنقودية؛ قنبلة شظايا.

grape sugar *(n.)* سُكّر العنب؛ الدَّكْسْتروز (را. dextrose).

grape·vine [grāp'vīn'] *(n.)* (١) الكَرْمة (٢) وسيلة لترويج الإشاعات (٣) مصدر سرّي للمعلومات.

grap·ey *or* **grap·y** [grā'pĭ] *(adj.)* عِنَبيّ؛ كَرْميّ.

graph 1.

graph [grăf; gräf] *(n.; vt.)* (١) رسم بيانيّ (٢) خطّ بيانيّ (٣) البيان (ر) (٤) تهجئة كلمة § (٥) يُمَثِّل بِرَسْمٍ بيانيّ.

-graph لاحقة معناها: «أ» شيء مكتوب أو مرسوم <mono*graph*>. «ب» أداة تسجيل <chrono*graph*>. «ج» يكتب أو يرسم أو يصور <photo*graph*>.

graph·ic[1] [grăf'ĭk] *also* **-cal** *(adj.)* (١) «أ» مكتوب. «ب» مرسوم. «ج» منقوش (٢) «أ» حيّ؛ نابض بالحياة <a ~ description of a scene>. «ب» محدَّد؛ واضح المعالم (٣) «أ» تصويريّ: خاص بالفنون التصويرية. «ب» نقشيّ؛ فوتوغرافي. «ج» حَفْريّ: خاصّ بالحفر على المعدن أو الحجر أو الخشب. «د» طباعي: متعلق بفن الطباعة (٤) بيانيّ: متعلّق بالرسوم أو الخطوط البيانية وما إليها (٥) كتابيّ: متعلق بالكتابة <~ symbols>.

graph·ic[2] *(n.)* (١) البيانيّة: ثمرة من ثمرات الرسم البيانيّ [صورة، مخطَّط، خريطة إلخ] (٢) *pl.*: الوسائل البيانية [كالرسم والتخطيط إلخ].

graphic arts *(n. pl.)* الفنون التخطيطية: فنون تشمل الرسمَ والزخرفةَ والحفرَ والكتابةَ والطباعةَ إلخ.

graphics [grăf'ĭks] *(n. pl.)* را. مادة graphic.

graph·ite [grăf'īt] *(n.)* الغْرافيت (مع).

grapho- بادئة معناها: كتابة <*grapho*logy>.

gra·phol·o·gy [gră fŏl'ə jĭ] *(n.)* الغْرافولوجيا: دراسة الخطّ بوصفه تعبيرًا عن شخصية الكاتب.

graph·o·phone [grăf'ə fōn'] *(n.)* = phonograph.

graph paper *(n.)* الورق البيانيّ: ورق ذو مُربَّعات للرسوم البيانية.

-graphy لاحقة معناها: «أ» الكتابة أو التصوير بطريقة ما أو بوسيلة معينة <photo*graphy*>. «ب» عِلْم <oceano*graphy*>.

grapnel 1.

grap·nel [grăp'nəl] *(n.)* (١) كُلّاب؛ خُطّاف (٢) مِرساة.

grap·pa [grä'pä] *(n.)* الغرابّا: شراب مُسْكِر إيطاليّ الأصل.

grap·ple [grăp'əl] *(n.; vt.; i.)* (١) «أ» كُلّاب؛ خُطّاف. «ب» مِرساة (٢) «أ» تماسك بالأيدي [في المصارعة]. «ب» مَسْكة؛ قَبْضة مُحْكَمَة (٣) نزاع § (٤) يُمْسك بـ؛ يتشبَّث بـ (٥) يُصارع (٦) يُوْثِق: يُحكم ربطَ شيء x (٧) يُمَرْسي: يُثبِّت مَرْكبًا بِمِرساة (٨) يتصارع [الرجلان].

grap·pling [grăp'lĭng] *(n.)* (١) كُلّاب (٢) مِرساة.

grappling iron *(n.)* (١) مِرساة (٢) كُلّاب؛ خُطّاف.

grasp [grăsp; gräsp] *(vi.; t.; n.)* (١) يمسك بـ؛ يقبض على x (٢) يتمسّك؛ يتعلق <A drowning man ~s at a straw.> (٣) يعانق (٤) يفهم؛ يدرك § (٥) «أ» مِقبض؛ مسكة. «ب» شُعبة [المِرساة]؛ مِخلب [المِرساة]. «ج» عناق (٦) حَوْزة؛ سيطرة (٧) «أ» متناوَلُ الذراعين. «ب» القدرة على الإمساك بشيء (٨) فهم؛ إدراك <a subject beyond one's ~>.

grasp·ing [grăs'pĭng] *(adj.)* جَشِع؛ طمّاع.

grass [grăs; gräs] *(n.; vt.; i.)* (١) عشب؛ كَلأ؛ نَجيل (نب) (٢) مَرْعًى (٣) أرض مُعْشَوشِبة (٤) تقاعُد؛ عُزْلة (٥) الجَلَبَة: جلبة ناشئة عن ضجيج الدارات (ألك) (٦) marijuana § (٧) يرعى [الماشيةَ] (٨) يكسو بالعشب. وبخاصة: يزرع الأرض عُشبًا x (٩) يَعْشَوْشب.

grasshopper

grass·hop·per [-'hŏp'ər] *(n.)* الجُنْدُب؛ القَبّوط؛ الجراد النَّطّاط.

grass·land [grăs'lănd] *(n.)* مَرْج؛ مرعًى.

grass roots *(n. pl.; adj.)* (١) التُّربة السَّطحيّة (٢) الرِّيف (٣) الأساس؛ القاعدة؛ الجذور § (٤) أساسيّ؛ قاعديّ <~ political support>.

grass snake *(n.)* حيّة العُشْب.

grass widow *(n.)* (١) «أ» خليلة مهجورة. «ب» امرأة وضعت ولدًا غير شرعيّ. «ج» المُطَلَّقة (٢) المُغِيب؛ المُغِيبة: امرأة زوجها غائبٌ عنها مؤقتًا.

grass widower *(n.)* (١) المطلَّق : رجل مطلَّق من زوجته أو مفصولٌ عنها (٢) المُغيب : رجل زوجتُهُ غائبة عنه مؤقتًا .

grass·y [grăs′ĭ; gräs′ĭ] *(adj.)* (١) «أ» مُعْشِب ؛ كثير العشب . «ب» عشبيّ . «ج» عشبي النكهة أو الرائحة (٢) أخضر .

grate[1] [grāt] *(vt.; i.)* (١) يَبْشُر ؛ يَبْرُش : يَقْشُر بالحكّ على سطح خشِن <to ~ cheese> (٢) يُثير (٣) يَصِرّ بِـ <to ~ the teeth> x (٤) يزعج ؛ يضايق .

grate[2] *(n.; vt.)* (١) «أ» المُقَضَّب : حاجز ذو قضبان متوازية . «ب» الشَّعريّة : وِقاء مُشَبَّك ذو قضبان متصالبة تُزوَّد به النافذة (٢) «أ» المُصَبَّعة : مِنصب ذو قضبان حديدية لحمل نار الموقد . «ب» مَوْقِد ؛ مُصْطَلًى § (٣) يزوِّد بمُقضب أو بشَعْرِيّة أو بمُصَبَّعة .

grate·ful [grāt′-] *(adj.)* (١) شاكر ؛ مُقِرّ بالفَضْل (٢) مُعَبِّر عن شكر <a ~ letter> (٣) سائغ ؛ مُسْتَحَبّ <~ coolness> .

grater

grat·er [grāt′ər] *(n.)* المِبْشَرة ؛ المِبْرَشة : أداة البَشْر أو البَرْش .

grat·i·cule [grăt′ə kyōōl′] *(n.)* سُلَّم العَيْنيّة (بص) .

grat·i·fi·ca·tion [grăt′ə fə kā′-] *(n.)* (١) «أ» إرضاء ؛ إبهاج ؛ إشباع . «ب» رضًا ؛ مَسَرّة ؛ شِبَع (٢) مصدر رضًا أو مَسَرّة .

grat·i·fy [grăt′ə fī] *(vt.)* (١) يكافئ (ا . ق) (٢) يُرْضي ؛ يَسُرّ (٣) يُشْبِع <to ~ desires *or* appetites>.

gra·ti·fy·ing [grăt′ə fī′-] *(adj.)* مُرْضٍ ؛ سارّ ؛ مُشْبِع .

gra·tin [grăt′ăn; *F.* grȧ tăn′] *(n.)* الغَرْتَن : «أ» قِشرة سمراء تتكوَّن، عند الطَّهو، على سطح الطعام المكسوّ بطبقة من كِسَر الخبز المزبَّدة أو من الجبن المبروش . «ب» الطعام الذي تعلوه قِشرةٌ كهذه .

grat·ing [grā′tĭng] *(n.)* (١) المُقَضَّب : حاجز ذو قضبان متوازية (٢) grate[2] *2a* (٣) grate[2] *1b* (٤) diffraction grating .

gra·tis [grăt′ĭs; grā′tĭs] *(adv.; adj.)* (١) مجّانًا § (٢) مَجّانيّ .

grat·i·tude [grăt′ə tōōd′] *(n.)* الإقرار بالفَضْل ؛ عِرفان الجميل .

gra·tu·i·tous [grə tōō′ə təs; -tyōō′-] *(adj.)* (١) مجّانيّ <~service> (٢) بلا مُسَوِّغ ؛ بلا مُبَرِّر <a ~ insult> .

gra·tu·i·ty [grə tōō′ə tĭ] *(n.)* عَطِيّة . وبخاصة : نَفحة ؛ راشن ؛ بقشيش .

grat·u·late [grăch′ə lāt′] *(vt.; i.)* يُهَنِّئ (ا . ق) .

grat·u·la·tion [grăch′ə lā′-] *(n.)* (١) تهنئة (٢) ابتهاج ؛ سرور .

gra·va·men [grə vā′mən] *(n.)* جوهر التُّهمة ؛ مَدار الشَّكوى .

grave[1] [grāv] *(n.)* (١) قبر ؛ لَحْد (٢) الموت ؛ الهلاك .

grave[2] *(vt.)* (١) يَحْفِر (ا . ق) (٢) يَنحت ؛ يَنْقُش (٣) يَغْرِس [فكرةً في الذهن] .

grave[3] *(vt.)* ينظِّف قعرَ السفينة ويَطْليه بالقار (مل) .

grave[4] [grāv] *(adj.)* (١) خطير ؛ هامّ (٢) مُهلِك ؛ مُميت (٣) وقور ؛ رزين (٤) قاتم (٥) خفيض (مو) .

grave[5] [grā′vā] *(adv.)* ببطء ووقار (مو) .

grave·clothes [grāv′klōz′; grāv′klōt͟hz′] *(n. pl.)* كَفَنٌ .

grave·dig·ger [grāv′dĭg′ər] *(n.)* حَفّار القبور .

grav·el [grăv′əl] *(n.; vt.)* (١) حَصًى ؛ حَصْباء (٢) سطح مفروش بالحَصْباء (٣) حَصَوات [في الكُلْية أو المثانة] § (٤) يُحَصِّب : يَفْرُش طريقًا بالحصباء (٥) «أ» يُربِك ؛ يُشَوِّش . «ب» يُثير ؛ يَغيظ .

grav·el–blind *(adj.)* أعشى : كليلُ البصر إلى حدّ بعيد .

grave·less *(adj.)* (١) غير مدفون (٢) خالد ؛ سَرْمديّ .

grav·el·ly [grăv′ə lĭ] *(adj.)* (١) حَصْبائيّ (٢) مُحَصَّب : مفروش بالحَصْباء (٣) أجشّ ؛ خشن .

grav·er [grā′vər] *(n.)* (١) النقّاش ؛ النحّات (٢) إزميل ؛ مِنقاش .

grave·stone *(n.)* الشّاهد : بلاطة الضَّريح أو القبر .

grave·yard [grāv′yärd′] *(n.)* مقبرة ؛ مَدْفَن ؛ جبّانة ؛ قَرافة .

gravi- بادئة معناها : ثقيل <*gravi*meter> .

grav·id [grăv′ĭd] *(adj.)* حامل ؛ حُبْلَى .

gra·vid·i·ty [grə vĭd′ə tĭ] *(n.)* حَمْلٌ ؛ حَبَلٌ .

gra·vim·e·ter [grə vĭm′-] *(n.)* مقياس الثِّقل النَّوعيّ .

grav·i·tate [grăv′ə tāt′] *(vi.; t.)* (١) ينجذب : «أ» يتحرك بفعل الجاذبية . «ب» يستشعر انجذابًا [نحو زعيم إلخ] x (٢) يَجْذِب .

grav·i·ta·tion *(n.)* (١) التَّجاذُب (فز) (٢) «أ» سقوط ؛ وقوع . «ب» نزعة عامة . وبخاصة : نزعة إلى السُّقوط (٣) انجذاب .

grav·i·ta·tion·al *(adj.)* تجاذُبيّ ؛ انجذابيّ .

grav·i·ty [grăv′ə tĭ] *(n.)* (١) «أ» وقار ؛ رَزانة ؛ رصانة . «ب» خطورة ؛ أهميّة (٢) ثِقْل [وبخاصة في عبارة *center of gravity*] (٣) الجاذبية الأرضية (فز) (٤) الثِّقل النَّوعيّ (فز) .

gra·vure [grə vyōōr′; grā′vyər] *(n.)* (١) الحفر الزنكوغرافيّ (٢) «أ» رَوْسَم ؛ «كليشيه» . «ب» طبعة برَوْسم أو كليشيه .

gra·vy [grā′vĭ] *(n.)* (١) مَرَق اللحم (٢) كَسْبٌ غير مشروع .

gray [grā] *(adj.; n.; vt.; i.)* (١) رَماديّ (٢) أشْيَب (٣) «أ» كئيب . «ب» قاتم ؛ مُظلِم . «ج» مُمِلّ (٤) رَماديّ : متوسِّط من حيث الموقع أو الحالة أو الصِّفة § (٥) شيء رَماديّ اللون (٦) اللون الرَّماديّ § (٧) يُرَمِّد : يجعله رماديًا x (٨) يَرْمَدّ : يصبح رَماديًّا .

gray·beard [grā′bērd′] *(n.)* شيخ ؛ رجلٌ عجوز .

gray eminence *(n.)* = éminence grise.

gray·fish [grā′fĭsh′] *(n.)* = dogfish.

gray·ish [grā′ĭsh] *(adj.)* مُرْمَدّ : ضارب إلى الرَّماديّ .

grayling

gray·ling [grā′lĭng] *(n.)* التِّيمالوس : سمك نهري .

gray matter *(n.)* (١) المادة السِّنجابيّة أو السَّمراء (ت) (٢) عقل ؛ تفكير .

graze[1] [grāz] *(vi.; t.; n.)* (١) تَرْعى [الماشيةُ] x (٢) يُسِيم : يُخرج الماشيةَ إلى المرعى (٣) يزوِّد بالكَلأ § (٤) «أ» رَعْي . «ب» إسامة (٥) عشب المراعي .

graze[2] *(vt.; i.; n.)* (١) يَمَسّ بِرِفق (٢) يَكْشِط ؛ يَسْحَج ؛ يَخْدِش § (٣) كَشْط ؛ سَحْج ؛ خَدْش .

gra·zier [grā′zhər] *(n.)* الراعي : راعي الماشية .

grease [*n.* grēs; *v.* grēs, grēz] *(n.; vt.)* (١) «أ» شَحْم . «ب» مادة زيتيّة .

«ج» مُزَلِّقٌ غليظ (٢) صوف الخِرافِ المجزوزُ § (٣) يلوِّث بالشَّحم (٤) يُزيِّت ؛ يُشَحِّم (٥) يُعجِّل ؛ يُيَسِّر .

grease·paint [grēs′pānt′] *(n.)* صِبغ الممثلين ؛ الماكياج المسرحيّ .

greas·y [grē′sĭ; grē′zĭ] *(adj.)* (١) «أ» مُشَحَّم : ملوَّث بالشَّحم . «ب» زيتيّ المظهر أو المَلْمَس . «ج» زلِق (٢) «أ» أملس ؛ ناعم . «ب» مُداهِن ؛ مُتزلِّف (٣) دُهنيّ <~ food> .

great [grāt] *(adj.; adv.)* (١) «أ» ضخم . «ب» وافر . «ج» واسع <in ~ detail> (٢) ساحق <the ~ majority> (٣) شديد على نحو استثنائي <~ pain *or* winds> (٤) مفعَم بِـ <~ with pride> (٥) «أ» كبير ؛ عظيم ؛ شهير <Alexander the ~> . «ب» أرستوقراطي <~ ladies> (٦) مديد ؛ طويل <a ~ while> (٧) رئيسيّ <in the ~ hall> (٨) رفيع ؛ نبيل <~ thoughts> (٩) «أ» بارع إلى حدّ بعيد <~ at chess> . «ب» مولعٌ بِـ ؛ متحمّس لِـ <~ on science fiction> (١٠) رائع <We had a ~ time.> (١١) حُبْلى § (١٢) على نحوٍ حسن ؛ بنجاح <Things are going ~.> .

great ape *(n.)* القِرد الأعلى : أحد القِردة الحديثة الشبيهة بالإنسان .

great–aunt *(n.)* = grandaunt.

Great Bear *(n.)* الدُّب الأكبر (فل) .

Great Britain بريطانيا العظمى .

great circle *(n.)* الدائرة الكبرى (ر) .

great·coat [grāt′kōt′] *(n.)* معطف ثقيل أو سميك .

Great Dane *(n.)* الدّانيّ الكبير : كلب قويّ ناعم الشَّعر قصيرُه .

Great Dane

great·en [grā′tən] *(vt.; i.)* (١) يُكبِّر ؛ يُوسِّع **x** (٢) يَكبُر ؛ يَتَّسع .

greatest common divisor *(n.)* القاسم المشترك الأعظم (ر) .

great–grand·child *(n.)* (١) ابن الحفيد (٢) ابن الحفيدة .

great–grand·daugh·ter *(n.)* (١) حفيدة الابن (٢) حفيدة البنت .

great–grand·fa·ther *(n.)* (١) جَدُّ الأب (٢) جَدُّ الأُمّ .

great–grand·moth·er *(n.)* (١) جَدّة الأب (٢) جَدّة الأم .

great–grand·son *(n.)* (١) حفيد الابن (٢) حفيد البنت .

great–heart·ed *(adj.)* (١) شجاع (٢) رَحْب الصدر ؛ كبير القلب .

great·ly [grāt′lĭ] *(adv.)* (١) كثيرًا ؛ جدًا (٢) بعظَمة ؛ بنُبل إلخ .

great–neph·ew *(n.)* = grandnephew.

great–niece *(n.)* = grandniece.

Great Power *(n.)* الدولة العظمى .

great–uncle *(n.)* = granduncle.

greave [grēv] *(n.)* دِرعُ السّاق [تردُ بصيغة الجمع عادةً] .

grebe

grebe [grēb] *(n.)* الغَطّاس ؛ الغَوّاص : طائر مائيّ .

Gre·cian [grē′shən] *(n.; adj.)* = Greek.

Greco- بادئة معناها : «أ» الإغريق . «ب» إغريقي و . . .

greed [grēd]; **greed·i·ness** *(n.)* جَشَع ؛ طَمَعٌ ؛ شَرَهٌ .

greed·y [grē′dĭ] *(adj.)* (١) شَرِه (٢) جَشِع ؛ طمّاع (٣) توّاق إلى ؛ متلهّفٌ على <~ of praise> .

Greek [grēk] *(n.; adj.)* (١) الإغريقيّ ؛ اليونانيّ (٢) اللغة اليونانية (٣) *not cap.* : شيء غير مفهوم § (٤) إغريقيّ ؛ يونانيّ (٥) روميّ ؛ أرثوذكسيّ : خاصّ بالكنيسة الشرقية الأرثوذكسية .

Greek Catholic *(n.)* (١) الأرثوذكسيّ : عضوٌ في كنيسة شرقية (٢) الكاثوليكيّ الروميّ : عضو في طائفة شرقية تابعة للكنيسة الرومانية الكاثوليكية .

Greek fire *(n.)* النّار الإغريقية : نار تشتعل في الماء .

Greek Orthodox *(adj.)* = Greek 5.

green [grēn] *(adj.; n.; vi.; t.)* (١) أخضر (٢) «أ» خَضِر ؛ مَكْسُوّ بالعشب . «ب» معتدل <a ~ winter> . «ج» أخضر : مؤلَّف من أعشاب أو خُضَر <a ~ salad> (٣) فاتن ؛ مُغْوٍ (٤) مفعم بالحياة والقوة <~ memories> (٥) فجّ <~ apples> (٦) «أ» غضّ ؛ نضير <~ grasses> . «ب» طازج <~ meat> . «ج» جديد <a ~ wound> (٧) شاحب <~ with fear> (٨) أخضر : «أ» لم يَدْخل النار <~ bricks> . «ب» غير مدبوغ <~ hides> (٩) «أ» أخرق : تعوزه البراعة <a ~ hand> . «ب» ساذج ؛ مغفَّل ؛ يُخْدع بسهولة <wasn't so ~ as to expect...> (١٠) على ما يُرام ؛ عاملٌ كما ينبغي <All systems are ~.> § (١١) اللون الأخضر (١٢) شيء أخضر . وبخاصة : صِبْغ أو ثوب أو قماش أخضر (١٣) *pl.* : «أ» أوراق نبات يُزَيَّن بها . «ب» خُضَر ؛ خُضار (١٤) مَرْج (١٥) putting green § (١٦) يَخْضَرّ **x** (١٧) يُخَضِّر : يجعله أخضر (١٨) يجدِّد ؛ يُحيي ؛ ينعش .

green·back [grēn′-] *(n.)* خضراء الظَّهر : ورقة نقد أميركية .

green·belt [grēn′bĕlt′] *(n.)* الحزام الأخضر : طوق من الميادين المشجَّرة والحدائق العامة يحيط بحيّ من أحياء السَّكن .

green·er·y [grē′nə rĭ] *(n.)* خُضرة ؛ خُضَر : نباتات خضراء .

green–eyed [grēn′īd′] *(adj.)* حَسود .

green–eyed monster *(n.)* الحَسَد .

green·finch [grēn′fĭnch] *(n.)* الأخْضَر ؛ الخُضَيْري (طا) .

green·gage [grēn′gāj] *(n.)* البُرقوق الأخضر (نب) .

green·gro·cer [grēn′grō′sər] *(n.)* الخُضَريّ : بائع الخُضَر والفاكهة .

green·horn [grēn′hōrn′] *(n.)* الغِرّ ؛ القليل الخبرة .

green·house [grēn′hous′] *(n.)* المَخْضَرة ؛ الدَّفيئة ؛ الصُّوبة ؛ المُسْتَنْبَت : بيت زجاجيّ لزراعة النباتات الرَّخْصَة أو لوقايتها .

green·ing [grē′nĭng] *(n.)* التُّفاح الأخضر .

green·ish [grē′nĭsh] *(adj.)* مُخْضَرّ : ضاربٌ إلى الخُضرة .

green light *(n.)* الضوء الأخضر : إذنٌ بالانطلاق في خُطَّةٍ إلخ .

green·ling [grēn′lĭng] *(n.)* الخُضَيْريّ : سمك شائك .

green·ness [grēn′nəs] *(n.)* (١) اخضرار (٢) نضارة (٣) «أ» غرارة ؛ قلة

اختبار . «ب» سذاجة (٤) حيوية ؛ نشاط .

green·room [grēn′rōōm′] *(n.)* الحجرة الخضراء : غرفة يستريح فيها الممثلون والممثلات في مسرح .

green·shank *(n.)* الأخضر السّاق : طِيطَوى أخضر الساقين (طا) .

green·sick·ness [grēn′sĭk′-] *(n.)* = chlorosis.

green soap *(n.)* الصابون الأخضر [لمعالجة أمراض الجلد] .

green·stone *(n.)* الحجر الأخضر : حجر بازلتيّ أخضر داكن .

green·stuff [grēn′stŭf′] *(n.)* خُضَر ؛ خضار .

green·sward [grēn′swôrd′] *(n.)* مَرْج ؛ مَرْجة .

green–thumbed *(adj.)* أخضر الأصابع : ذو براعة استثنائية في البَسْتَنَة .

green vitriol *(n.)* الزاج الأخضر (ك) .

green·wood [grēn′wōōd′] *(n.)* الغابة الخضراء : غابة مخضرّة الأوراق .

greet [grēt] *(vt.)* (١) يُرَحِّب بـ ؛ يُحَيّي (٢) يَسْتقبل <speech ~*ed* with cheers> (٣) يَتَبَدَّى [للعين] <A surprising sight ~*ed* her eyes.> .

greet·ing [grē′tĭng] *(n.)* (١) ترحيب (٢) *pl.* : معايدة ؛ تهنئة ؛ تمنّيات .

gre·gar·i·ous [grĭ gâr′ĭ-] *(adj.)* (١) اجتماعيّ : نَزّاع إلى العيش مع غيره من أبناء جنسه (٢) تَجَمُّعيّ ؛ قَطِيعيّ ؛ سِرْبيّ : عائش على شكل جماعات أو قُطعان أو أسراب .

Gregorian calendar [grĭ gōr′ĭ ən] *(n.)* التقويم الغْريغوريّ .

grem·lin [grĕm′lĭn] *(n.)* المؤذي ؛ المُفسِد ؛ المعطِّل .

gre·nade [grĭ nād′] *(n.)* الرُّمّانة : «أ» قنبلة يدوية . «ب» زجاجة محتويةٌ على مواد كيميائية طيارة يُقذف بها [لإطفاء حريق إلخ] .

gren·a·dier [grĕn′ə dēr′] *(n.)* (١) المُرَمِّن : رامي الرُّمّانات [أو القنابل اليدوية] (٢) الغِرْناد : سمك بحريّ .

gren·a·dine [grĕn ə dēn′] *(n.)* الغرينادين : «أ» نسيجٌ رقيق . «ب» لون برتقاليّ مُحْمَرّ . «ج» شراب يُصْنع من عصير الرمان .

Gresham's law قانون غريشام : «قانون» اقتصاديّ يقول «إن العملة الرديئة تطرد العُملة الجيدة من التداول» (اد) .

grew [grōō] *past of* grow.

grew·some [grōō′səm] *(adj.)* = gruesome.

grey [grā] *(adj.; n.; vt.; i.)* = gray.

grey friar *(n. often cap.)* راهب فرانسيسكانيّ .

grey·hound [grā′hound] *(n.)* السَّلوقي : كلب صيد طويل القامة .

greyhound

grey·lag [grā′lăg] *(n.)* الإِوَزّة الرَّمداء أو الرَّبداء (طا) .

grid [grĭd] *(n.)* (١) المُصَبَّعة : شبكة قضبان متصالبة (٢) الشُّبَيْكة : «أ» صفيحة معدنية مُثقَّبة تُصْطَنع كمُوَصِّل في بطارية مختزنة . «ب» لاحبٌ أو قطب كهربائيّ ، مؤلف من أسلاك متوازية ، في صِمام ألكترونيّ (٣) شبكة [من محطّات الراديو أو التلفزيون] (٤) الشبكة المتسامِتة : شبكة ذات خطوط أفقية وعمودية متساوية الأبعاد (٥) شبكة طرق (٦) ملعب كرة القدم .

grid circuit *(n.)* دارة الشُّبَيكة (ألك) .

grid condenser *(n.)* مُكثِّف الشُّبَيكة (ألك) .

grid current *(n.)* تيار الشُّبَيكة (ألك) .

grid·dle [grĭd′əl] *(n.)* صينية أو صاج [لخَبز الكعك المحلّى إلخ] .

griddle cake *(n.)* = pancake.

grid·iron [grĭd′ī′ərn] *(n.)* (١) مِشواة (٢) شبكة ؛ مُصَبَّعة (٣) ملعب كُرة القدم .

gridiron *1.*

grid·lock [grĭd′lŏk′] *(n.)* ازدحام خانق [يتوقّف خلاله السير كليًّا] .

grief [grēf] *(n.)* (١) «أ» أسًى ؛ حزن . «ب» مصدر أسًى أو حزن <He is a ~ to his parents.> (٢) «أ» بليّة ؛ بلاء ؛ نازلة . «ب» عَناء . «ج» إخفاق ؛ كارثة <The expedition came to ~.> .

griev·ance [grē′vəns] *(n.)* (١) ضَيْم ؛ مَظْلَمَة (٢) شكوى .

griev·ant [grē′vənt] *(n.)* المُتَظَلِّم ؛ المُتَشَكّي .

grieve [grēv] *(vt.; i.)* (١) يُحْزِن ؛ يُؤسِي x (٢) يَحْزَن ؛ يأسَى .

griev·ous [grē′vəs] *(adj.)* (١) باهظ ؛ مُرهِق <the ~ cost of war> (٢) «أ» مؤلِم ؛ موجِع . «ب» مُحْزِن . «ج» مبرِّح <~ pain> (٣) خطير ؛ فاحش <his most ~ fault> .

grif·fin *or* **grif·fon** [grĭf′ən] *(n.)* الغِرفين : كائن خرافيّ نصفه نسرٌ ونصفه أسدٌ .

griffin

grif·fon [grĭf′ən] *(n.)* الغَريف : كلبٌ صغير بلجيكيّ الأصل .

grift [grĭft] *(vt.; n.)* (١) يَكْسِب بالغِش أو الاحتيال (ع) § (٢) كَسبُ المال بالغشّ (ع) (٣) مال حرام (ع) .

grift·er [grĭf′tər] *(n.)* المحتال ؛ الغشّاش .

grig [grĭg] *(n.)* شخص مرِحٌ أو مُفْعَمٌ بالحيوية .

gri·gri [grē′grē] *(n.)* = gris–gris.

grill [grĭl] *(vt.; n.)* (١) يشوي (٢) «أ» يعذّب . «ب» يستجوب بقسوة § (٣) مِشواة (٤) شِواء (٥) مطعم شِواء .

gril·lage [-′ĭj] *(n.)* الشُّبيكة : شبكة من العوارض الخشبية أو الفولاذية المتصالبة تشكّل أساسًا في التربة السَّبِخة أو القابلة للانخساف .

grille *or* **grill** [grĭl] *(n.)* (١) المُصَبَّعة : حاجز من قضبان متصالبة (٢) المُدَرَّأة : نافذة إلخ مزوّدة بمُصبَّعة .

grill·room [-′rōōm′] *(n.)* (١) مطعم شِواء (٢) قاعة شِواء .

grilse [grĭls] *(n.)* سُمَيْكة سَلمون : سمكة سَلمون صغيرة .

grim [grĭm] *(adj.)* (١) ضارٍ ؛ شرس (٢) صارم (٣) مُتَجَهِّم ؛ كالح (٤) مُرَوِّع (٥) مَقِيت ؛ مثير للاشمئزاز (٦) وطيد ؛ راسخ .

grim·ace [grĭm′əs; grĭ mās′] *(n.; vi.)* (١) الشَّمْزة : تعبير وجهيّ يتّسم بالتقبّض والالتواء § (٢) يُشَمِّز : «أ» يُقَبِّض وجهه ويلوي قسماته تألُّمًا أو اشمئزازًا أو ازدراءً . «ب» يَلْوي قسمات وجهه لإضحاك الآخرين .

gri·mal·kin [grĭ măl′kĭn; -môl′-] *(n.)* هِرّة . وبخاصة : هِرّة عجوز .

grime [grīm] *(n.; vt.)* (١) السُّخام : مادة سوداء تنشأ عن الاحتراق (٢) قذارة § (٣) يُسَخِّم ؛ يُلَوِّث .

grim·y [grī′mĭ] *(adj.)* (١) مُسَخَّم ؛ مَكْسُوٌّ بالسُّخام (٢) وَسِخ .

grin [grĭn] *(vi.; n.)* (١) يَبتسِم ابتسامةً عريضة. وتوسعًا: يَبتسِم (٢) يُكشِّر [غضبًا أو ألمًا أو استهزاءً] § (٣) ابتسامة عريضة (٤) تكشير.

grind [grīnd] *(vt.; i.; n.)* (١) يَطحَن؛ يَسْحَن؛ يَجرِش (٢) يَشْحَذ؛ يَسُنّ؛ يَصْقُل (٣) «أ» يَسْحَق. «ب» يَصِرّ بأسنانه (٤) يَظلِم؛ يَضْطَهِد x (٥) يَنْطَحِن؛ يَنْسَحِن (٦) يَنْشَحِذ؛ يَنْصَقِل (٧) يتحرَّك بعُسْر أو احتكاك (٨) يَكدَح. وبخاصة: يَدْرُس بإجهاد § (٩) طَحْن؛ شَحْذ؛ صَرير إلخ (١٠) «أ» كَدْح. وبخاصة: درس بإجهاد. «ب» الكادح (١١) طِحْن؛ طحين؛ مَسحوق.

grind·er [grīn′-] *(n.)* (١) «أ» ضِرس. «ب» *pl.*: أسنان (٢) الطّاحن؛ الجارش؛ الشّاحذ إلخ (٣) مِطحَنَة؛ مِجرَشَة؛ مِجلَخَة (٤) شَطيرة؛ سندويشة.

grind·stone [grīnd′-] *(n.)* (١) حَجَرُ الرَّحَى (٢) حَجَرُ الشَّحذ أو التَّجليخ.

grindstone 2.

grip [grĭp] *(vt.; n.)* (١) يُمسك [بإحكام وتشبُّث] (٢) يَسْتَحْوِذ على <to ~ the mind> § (٣) مَسْكة؛ قَبضة (٤) طريقةُ مصافحة <The members of the club use a secret ~.> (٥) سَيطرة (٦) فَهْم (٧) مَقْبِض؛ يد (٨) حقيبة المسافر (٩) ألمٌ حادٌّ مفاجئ.

gripe [grīp] *(vt.; i.; n.)* (١) يُمسِك [بإحكام وتَشَبُّث] (٢) «أ» يوجع؛ يُحزن. «ب» يثير؛ يضايق (٣) يُمغص؛ يُحْدِث مغصًا x (٤) يُصاب بمغص (٥) يشكو؛ يتذمر § (٦) «أ» إمساك بتشبّث. «ب» سيطرة (٧) مَظْلَمة؛ شكوى (٨) *pl.* عد: المَغْص: ألمٌ معويّ حادّ (٩) مَسْكة؛ قبضة (١٠) مِكْبح.

grippe [grĭp] *(n.)* الخَبْطة؛ الإنفلُوَنزا؛ النَّزلة الوافدة.

grip·y [grī′pĭ] *(adj.)* (١) مَغْصيّ (٢) مَغْصانيّ: شبيه بالمَغْص.

gri·saille [grĭ zī′; -zāl′] *(n.)* التَّرميد: رسم زُخرفيّ بظلال رماديّة.

gris·e·ous [grĭs′ĭ əs; grĭz′-] *(adj.)* رماديّ؛ رماديّ لؤلؤيّ.

gri·sette [grĭ zĕt′] *(n.)* عاملة فرنسية شابة.

gris–gris [grē′grē] *(n.)* تَميمة؛ تَعْويذة [عند زنوج إفريقيا بخاصة].

gris·ly [grĭz′lĭ] *(adj.)* (١) رهيب؛ مروِّع (٢) مُتجهِّم؛ مُكْفَهِرّ.

grist [grĭst] *(n.)* (١) «أ» قمحٌ للطَّحن. «ب» كَمّيّة قمح [معدّة للطحن] (٢) طِحْن؛ طحين (٣) عدد؛ كميّة؛ جَمْهَرَة <a ~ of bees> (٤) المادة الخام: مادة ذات قيمة أو إمتاع تُشَكِّل أساسًا لدراسة أو مقالة أو قصة.

All is ~ that comes to his mill. إنّه يفيد من [أو يحوِّل لمصلحته] كل شيء.

to bring ~ to the mill يشكِّل فائدة؛ يعود بربح.

gris·tle [grĭs′əl] *(n.)* غُضروف.

gris·tly [grĭs′lĭ] *(adj.)* غُضروفيّ <~ steak>.

grist·mill [grĭst′mĭl] *(n.)* مِطحنة؛ طاحونة قمح.

grit [grĭt] *(n.; vi.; t.)* (١) «أ» حُبَيبة رمل خشنة. «ب» مادة كاشطة [مؤلفة من حُبَيبات رملية خشنة] (٢) صخر رمليّ (٣) ثبات؛ عزم (٤) *pl.*: بُرغل؛ جَريش § (٥) يَصِرّ؛ يُحدِث صريرًا x (٦) يصقل الرخام [بمادة كاشطة خشنة] (٧) يجعل الأسنان تَصِرّ.

grit·ty [grĭt′ĭ] *(adj.)* (١) رمليّ (٢) حازم؛ شجاع.

gri·vet [grĭv′ət] *(n.)* الهِجْرِس: سَعدان إثيوبيّ صغير.

griz·zle [grĭz′əl] *(n.; vt.; i.)* (١) «أ» اللون الرّماديّ. «ب» حيوان رَماديّ § (٢) يُرَمِّد: يجعله ضاربًا إلى الرَّماديّ x (٣) يَرْمَدّ.

griz·zled [-′əld] *(adj.)* (١) مُنقَّط أو مُخطَّط بالرَّماديّ (٢) أشْيَب.

griz·zly [grĭz′lĭ] *(adj.)* مُرْمَدّ: ضارب إلى الرَّماديّ.

grizzly bear *(n.)* الدُّب الأشْهَب: دبّ ضخم مُسَنَّم الكتفين.

grizzly bear

groan [grōn] *(vi.; t.; n.)* (١) يئنّ؛ يتأوّه (٢) يئطّ؛ يَصْرِف؛ يصِرّ <The ship's timbers ~ed during the storm.> x (٣) يعبّر أو يروي متأوّهًا <She ~ed out a story.> § (٤) أنين؛ تأوّهٌ (٥) أطيط؛ صريف؛ صرير (٦) همهمات سُخرية أو استنكار.

groat [grōt] *(n.)* الغُروت: قطعة نقد بريطانية قديمة.

groats [grōts] *(n. pl.)* بُرْغُلٌ خشِن؛ جَريشٌ خشِن.

gro·cer [grō′sər] *(n.)* البقّال؛ البدّال؛ السَّمّان.

gro·cer·y [-′sə rĭ] *(n.)* (١) البِقالة: ما يَبيعهُ البقّال (٢) دُكّان البقّال.

grog [grŏg] *(n.)* الگروغ: شرابٌ مُسْكِر.

grog·gy [grŏg′ĭ] *(adj.)* (١) مترنّح [من أثر لكمة إلخ] (٢) سَكران.

gro·gram [-′rəm] *(n.)* الغُرْغَم: نسيج من حرير أو من حرير وصوف.

grog·shop [-′shŏp] *(n.)* حانة رخيصة.

groin [groin] *(n.; vt.)* (١) الأُرْبِيّة: أصل الفَخِذ (٢) الحَنِيّة: ملتقى عَقْدَيْن مُتقاطِعَيْن (عم) § (٣) يُحَنّي: يبني الحنايا أو يزوِّد بها.

AA. groins 2.

grom·met [grŏm′ət] *(n.)* (١) حَلْقة مُثبِّتة (٢) عُروة معدنية.

grommets

groom [groo͞m] *(n.; vt.; i.)* (١) سائس الخيل (٢) عريس § (٣) يَسوس الخيلَ: يُطعم الخيل وينظِّفها ويُدرِّبها (٤) يُهندِم؛ يَصْقُل (٥) يُعِدّ؛ يُهيِّئ <to ~ a candidate for office> x (٦) يستعدّ؛ يُعِدّ نفسَهُ.

groom·er *(n.)* السائس: من يُعنى بإطعام الحيوانات وتدريبها إلخ.

grooms·man [-′măn] *(n.)* الإشبين؛ إشبين العريس (نص).

groove [groo͞v] *(n.; vt.; i.)* (١) أخدود؛ تَلَمٌ (٢) «أ» الرُّوتين: عمل نمطيّ رتيب. «ب» عادةٌ. «ج» وضعٌ أو عملٌ مُلائم لمَقْدُرات المرء أو أشواقه (٣) أحسَنُ أحوال المرء <found his ~ in advertising> (٤) وقت مُمْتِع § (٥) يُخدِّد؛ يُتلِّم في (٦) يَرْبِط بالتخديد (٧) يَغْرِس [عادةً في نفس امرئ] (٨) يُمْتِع؛ يُثير x (٩) يَتخدَّد: يُشكِّل أخدودًا.

groov·y [groo͞′vĭ] *(adj.)* رائع؛ ممتاز <a ~ car>.

grope [grōp] *(vi.; t.)* يتلمَّس طريقه.

gros·beak [grōs′bēk′] *(n.)* غليظ المِنقار (طا).

gross [1] [grōs] *(adj.; n.; vt.)* (١) «أ» فادح؛ فاضح؛ جسيم <~ in–>

ă at; ā date; â care; ä car; ĕ egg; ē me; ĭ in; ī bite; ŏ lot; ō bone; ô orphan; oi boil; o͝o good; o͞o boot; ou out; ŭ under; û urgent; ə = *a* in alone, *e* in system, *i* in easily, *o* in gallop, *u* in circus.

justice>. «ب» مئة بالمئة؛ بكل ما في الكلمة من معنًى <a ~ traitor>. «ج» عِياني: يُرى بالعين المجرَّدة (٢) ضَخْم. وبخاصة: بَدين جدًا <a ~ girl> (٣) «أ» عامّ؛ عريض <the ~ outlines of the matter>. «ب» إجمالي؛ غير صافٍ <~ profits *or* weight> (٤) جسدي؛ غريزي <~*er* part of human nature> (٥) جاهل؛ غير مثقَّف <~ farmers> (٦) «أ» بدائيّ؛ فظّ؛ غير مهذَّب <~ tastes>. «ب» رخيص؛ عاديّ <fish and oil and such ~ commodities>. «ج» بذيء <~ language> (٧) كثيف <~ vapors> § (٨) المجموع الإجمالي [غير الصافي] § (٩) يربح [أو يَغُلّ] ربحًا غير صافٍ.

gross^{2} *(n.)* الغُروس: اثنتا عشرة دزينة.

gross national product *(n.)* الناتج الوطنيّ الإجماليّ (اد).

gross profit *(n.)* الرِّبح الإجمالي: الرِّبح غير الصافي.

grot [grŏt] *(n.)* = grotto.

gro·tesque [grō tĕsk′] *(n.; adj.)* (١) الغَرْتَسْك: «أ» فن زخرفيّ يتميّز بأشكال بشرية وحيوانية غريبة أو خيالية متناسجة عادةً مع رسوم أوراق نباتية. «ب» شيء غريب على نحوٍ بشِع أو مضحك § (٢) «أ» خياليّ، غريب. «ب» متنافر على نحو متّسِم بالإحالة أو البشاعة. «ج» مغاير لكلّ ما هو طبيعي أو متوقَّع أو نموذجيّ.

grotesque *1a.*

gro·tes·que·rie [-tĕs′ kə rĭ] *(n.)* (١) الغَرْتَسْكيّ: شيء غريب على نحوٍ بشِع أو مضحك (٢) الغرْتسكيَّة: الغرابة؛ المفارَقة المضحِكة.

grot·to [grŏt′ō] *(n.)* مغارة؛ غار؛ كهف [طبيعي أو صُنعيّ].

grouch [grouch] *(n.; vi.)* (١) «أ» نوبة نَكَدٍ [أو ضِيق خُلق]. «ب» ضغينة؛ حقد (٢) السَّريع الاهتياج؛ الكثيرُ التَّذمُّر § (٣) «أ» يغلب عليه النَّكد؛ يَستبدّ به ضِيق الخُلق. «ب» يتذمَّر؛ يشكو.

grouch·y [grou′chĭ] *(adj.)* نكِد؛ ضيّق الخُلُق؛ رديء الطبع.

ground^{1} [ground] *(n.; vt.; i.; adj.)* (١) «أ» قاع. «ب» *pl.*: ثُفْل؛ رواسب <coffee ~*s*> (٢) أساسُ معتقَدٍ أو عملٍ أو حجةٍ: دافع؛ سبب (٣) «أ» خَلْفيّة. «ب» أساس (٤) «أ» سطح الأرض. «ب» *pl.* عد: أرض مخصَّصة لغرضٍ بعينه <baseball ~*s*>. «ج» *pl.*: المساحة المحيطة بمنزل إلخ والتابعة له. «د» الأرض المراد انتزاعها أو الدفاع عنها في معركة أو نحوها. «هـ» موضوع دراسة ما (٥) تربة (٦) «أ» الأرضيّ: شيء يقيم اتصالًا كهربائيًا مع الأرض. «ب» جسم ضخم [كالأرض] يُتَّخذ كمُوَصِّل كهربائي. «ج» اتصال كهربائي مع جسم كهذا § (٧) يضع على الأرض (٨) يقدم سببًا أو مبررًا لـ (٩) يعلّم مبادئ علمٍ ما (١٠) يؤرِّض: «أ» يصل كهربائيًا بمُوَصِّل ضخم [كالأرض]. «ب» يمنع الطائرةَ من الطيران x (١١) يعتمد (١٢) يرتطم بالقاع (١٣) يقع على الأرض § (١٤) أرضيّ.

above ~, حيّ؛ على قيد الحياة.

forbidden ~, المنطقة الحرام؛ الموضوع الحرام: منطقة أو موضوع يتعيّن على المرء أن لا يَقْرَبهما.

on the ~, على الأرض؛ في موقع النفوذ الفعليّ.

to hold one's ~, يَصْمُد؛ يَثْبُتُ في موقعه؛ لا يتراجع.

ground^{2} [ground] *past and past part. of* grind.

ground cherry *(n.)* الكاكَنْج: نبات من الفصيلة الباذنجانيّة.

ground cover *(n.)* كِساء الأرض: النباتات الصغيرة في غابة.

ground crew *(n.)* الرَّكْب الأرضيّ: ميكانيكيّو الطائرة وهي على الأرض.

ground floor *(n.)* الدَّور الأرضي؛ الطابق الأرضي.

ground·ing *(n.)* التأسيس: تلقينٌ لمبادئ علمٍ ما.

ground·less *(adj.)* لا أساس له؛ لا مبرِّر له <~ fears>.

ground·ling [-′lĭng] *(n.)* (١) المُسْتَرْخِص: مشاهد في المقاعد الأكثر رخصًا [في مسرح] (٢) السقيم الذوق (٣) المستأرِض: حيوان أو نبات يلازم سطح الأرض (٤) القاعيّ: سمك يحيا في قاع البحر أو النهر.

ground loop *(n.)* الالتفاف الأرضيّ: التفاف حادّ على الأرض، لا سبيل إلى السيطرة عليه، عند الإقلاع أو الهبوط (طي).

ground·nut [ground′nŭt′] *(n.)* = peanut.

ground plan *(n.)* (١) المُخطَّط الأرضيّ: مخطَّط الدور الأول من مبنًى وكأنَّهُ يُرى من عَلُ (٢) مُخطَّط أوّلُ أو أساسيّ.

ground plate *(n.)* (١) earth plate (٢) اللوح الأرضيّ (عم).

ground rent *(n.)* أجرة الأرض.

ground rule *(n.)* القاعدة الإجرائية: قاعدة من قواعد الإجراء [أو مبدأ من مبادئ العمل] معدَّة لتناسب وضعًا معيّنًا أو حالة معيّنة.

ground·sel [-′səl] *(n.)* (١) الشَّيخة؛ زهرة الشَّيخ (٢) ground plate.

ground squirrel *(n.)* = gopher.

ground state *(n.)* الحالة الدَّرْكيّة؛ الحالة الحضيضيّة (فزن).

ground swell *(n.)* (١) موجة القَعْر: تموّج عميق عريض تحدثه [في مياه المحيط] عاصفة بعيدة أو زلزال (٢) التفجُّر: نموّ تلقائيّ سريع [لرأيٍ عامٍّ أو اتجاهٍ سياسيّ].

ground·water [ground′-] *(n.)* المياه الجوفيّة.

ground wave *(n.)* الموجة السَّطحيّة؛ الموجة الأرضيّة (رد).

ground·work [-′wûrk′] *(n.)* أساس؛ قاعدة.

group [groop] *(n.; vt.; i.)* (١) جماعة (٢) زُمْرة (٣) مُفْرَزة؛ وحدة عسكرية (٤) المجموعة [في تصنيف النبات أو الحيوان أو الأجناس البشرية أو الصخور إلخ] § (٥) «أ» يضمّ. «ب» يصنِّف x (٦) يتجمّع؛ يشكّل جماعة أو مجموعة (٧) يؤلِّف جزءًا من جماعة أو مجموعة.

group·er [groo′pər] *(n.)* القُشْر؛ اللُّوز؛ الأَخْفَس: سمك كبير يألف قِيعان البحار.

group·ie [groo′pĭ] *(n.)* المُريد؛ المُعْجَب.

group·think *(n.)* التناغم الجَماعيّ: التوافُق مع قِيَم الجماعة وعاداتها.

grouse^{1}

grouse^{1} [grous] *(n.)* الطَّيْهُوج: طائر من رتبة الدَّجاجيّات.

grouse^{2} *(vi.; n.)* (١) يشكو؛ يتذمَّر § (٢) شكوَى.

grout [grout] *(n.; vt.)* (١) ثُفل؛ رواسب (٢) «أ» الحقِين: مِلاط رقيق. «ب» جصّ § (٣) يَحْقُن؛ يُملِّط؛ يُجصِّص.

grout·y [grou′tĭ] *(adj.)* نكِد؛ نزِق؛ رديء الطبع.

grove [grōv] *(n.)* (١) أيكة؛ غَيْضة (٢) بُسْتان.

grov·el [grŭv′əl] *(vi.)* (١) «أ» يحبو؛ يدِبّ. «ب» ينبطح على الأرض (٢) يتذلّل؛ يعفّر وجهه بالتراب (٣) ينغمس في؛ يَسْتمتع بما يَشين.
— **grov·e(l)·ler** *(n.)*

grow [grō] *(vi.; t.)* (١) «أ» ينمو. «ب» ينبت (٢) «أ» يكبر؛ يقوى إلخ. «ب» يزداد [حكمةً إلخ] (٣) «أ» ينشأ؛ ينتج عن. «ب» يبرز؛ يظهر إلى حيّز الوجود (٤) «أ» يصبح تدريجيًا <to ~ old *or* pale>. «ب» يستحوذ؛ يتملّك <a habit that ~*s* on one> x (٥) يُنبت؛ يَزْرع (٦) يُربّي؛ يُطلق <to ~ a beard> (٧) يكتسب تدريجيًا.

growl [groul] *(vi.; t.; n.)* (١) «أ» يَهْدِر؛ يُدَمدِم. «ب» يَهِرّ [الكَلْبُ] (٢) يتذمّر x (٣) يعبِّر بالدَّمدمة إلخ § (٤) هدير؛ دَمْدَمة؛ هَرير؛ تذمُّر.

growl·er [grou′lər] *(n.)* (١) الهادر؛ المُتذمِّر إلخ (٢) الجُبَيْل الجليديّ: جبل جليديّ صغير iceberg (٣) النّعّارة: أداة كهرطيسية تستخدَم للمغنطة ولإزالة الخصائص المغنطيسية إلخ (كب).

growl·ing; growl·y [grou′-] *(adj.)* هادر؛ مُدَمْدِم.

grown [grōn] *(adj.)* (١) ناضج؛ مكتمل النموّ <a ~ maiden> (٢) مُنْتَجٌ بطريقة خاصة <a home*grown* wine>.

grown–up *(adj.; n.)* (١) بالغ؛ راشد (٢) رُشْديّ: خاصّ بالراشدين أو البالغين <~ clothes> § (٣) البالغ؛ الراشد.

growth [grōth] *(n.)* (١) «أ» نماء؛ نموّ. «ب» تطوّر. «ج» نشوء. «د» ازدياد (٢) «أ» نامية؛ شيء نامٍ. «ب» ورم؛ ورم خبيث (٣) ثمرة؛ نِتاج (٤) إنتاج؛ أصل <goods of foreign ~>.

growth factor *(n.)* عامل النّماء: مادة [كالفيتامين] تُعجّل نمو الجسم الحيّ (فس).

grub [grŭb] *(vt.; i.; n.)* (١) يعزق؛ ينكش (٢) يستأصل x (٣) «أ» ينبش [الأرضَ بحثًا عن شيء]. «ب» ينقّب عن (٤) يكدح § (٥) دُوَيْدة؛ يرقانة دودية (٦) «أ» الكادح. «ب» شخص زريّ المظهر. «ج» شخص يعوزه التهذيب (٧) طعام <time for ~>.

grub·by [grŭb′ĭ] *(adj.)* (١) مُدَوَّد: مبتلًى بالدُّويدات أو اليرقانات الدُّودية (٢) قَذِر (٣) حقير؛ وضيع <~ motives>.

grub·stake *(n.; vt.)* (١) «أ» سُلفة. «ب» قَرْض § (٢) يُسَلِّف؛ يُقْرِض.

Grub Street *(n.)* حيّ غراب: «أ» حيّ لندنيّ يقطنه الشعراء والكتّاب المتكسّبون. «ب» جماعة الكُتّاب المتكسِّبين أو المستأجَرين.

grudge [grŭj] *(vi.; t.; n.)* (١) يشكو؛ يتذمّر x (٢) «أ» يَحْسُد. «ب» يُنكر عليه أمرًا <I do not ~ him his superiority.> (٣) يضنّ عليه بـ <Her master ~*d* her even the food she ate.> § (٤) حقد؛ حفيظة؛ ضغينة <held no ~ against any... who had misused him>.

grudg·ing *(adj.)* (١) بخيل؛ ضَنين (٢) مقبولٌ على مَضَض.

gru·el [grōō′-] *(n.; vt.)* (١) السَّخينة: حساء يُعَدّ بغَلْي الدّقيق مع الماء أو الحليب (٢) عُقوبة؛ قِصاص § (٣) يُعاقِب (٤) يُرهِق؛ يُضْني؛ يُنْهك.

gru·el·ing [-ə lĭng] *(adj.; n.)* (١) مُرهِق؛ مُضْنٍ § (٢) عِقابٌ قاسٍ.

grue·some [grōō′səm] *(adj.)* رهيب؛ مخيف <~ scenes of battle and death>.

gruff [grŭf] *(adj.; vt.)* (١) فظّ (٢) أجشّ § (٣) يقول بصوتٍ أجشّ.

grum [grŭm] *(adj.)* نَكِد؛ متجهّم؛ مُكْفَهِرّ؛ كالح.

grum·ble [grŭm′bəl] *(vi.; t.; n.)* (١) يُدمدِم؛ يَهْدِر؛ يَهِرّ (٢) يتذمّر x (٣) يعبِّر عن كذا بالدَّمدمة § (٤) دَمْدَمَة؛ هَدير؛ هَرير (٥) تذمُّر.

grum·met [grŭm′ət] *(n.)* = grommet.

grump [grŭmp] *(n.; vi.; t.)* (١) *pl.* عد: نَكَدٌ؛ رداءة طبع (٢) شخص كثير التشكّي والتَّظلُّم § (٣) يَعْبِس (٤) يتشكّى x (٥) يقول بنكَدٍ أو نَزَق.

grump·y [grŭm′pĭ] *(adj.)* نَكِدٌ؛ نزِقٌ؛ رديء الطبع.

grun·gy [-′jĭ] *(adj.)* قذِر؛ رثّ؛ بالٍ <~ old jeans>.

grunt [grŭnt] *(vi.; t.; n.)* (١) يَقْبَعُ [الخِنْزيرُ]؛ يَنْخُر x (٢) يقول بصوت كالقُباع § (٣) القُباع: صوت الخِنزير (٤) النّاخِر: سمك بحريّ.

Gru·yère [grōō yâr′] *(n.)* الغرويير: جبن أصفر ذو ثقوب صغيرة.

G suit [jē′sōōt′] *(n.)* <g(*ravity*) *suit*> رداء الجاذبية: ثوب يرتديه الطيّار مُعَدٌّ لمقاومة الآثار الفيسيولوجية الناشئة عن التعاجُل.

guai·a·cum [gwī′ə kəm] *(n.)* الغُوَيقَم: شجر أميركي استوائيّ.

guan [gwän] *(n.)* الغُوان: طائر أميركيّ شبيه بالديك الروميّ.

gua·na·co [gwä nä′kō] *(n.)* الغُوْناق: حيوان مجترّ وثيق الصلة بالجمل.

guanaco

gua·no [gwä′nō] *(n.)* الذُّراق (مج)؛ الغُوانو: «أ» سمادٌ طبيعيّ من ذَرَق الطيور البحرية. «ب» سماد صُنعيّ من فضلات مصانع تعليب الأسماك.

gua·ra·ni [gwär′ə nē′] *(n.)* الغُوارانيّ: وحدة النقد في باراغواي.

guar·an·tee [găr′ən tē′] *(n.; vt.)* (١) الضامن؛ الكفيل (٢) آخذ الضمانة (٣) ضمانة؛ كفالة (٤) رَهْن § (٥) يَضْمَن؛ يَكْفُل.

guar·an·tor [găr′ən tôr′; -tər] *(n.)* الضامن؛ الكفيل.

guar·an·ty [găr′ən tĭ] *(n.; vt.)* (١) ضمانة؛ كفالة (٢) رَهْن (٣) الضامن؛ الكفيل § (٤) يَضْمَنُ؛ يَكْفُل.

guard [gärd] *(n.; vt.; i.)* (١) «أ» حارس. «ب» حُرّاس. «ج» *pl.* حَرَسٌ مَلَكيّ إلخ. «د» كَمْساري قطار (٢) وضعٌ دفاعيّ [في الملاكمة إلخ] (٣) حماية؛ دفاع (٤) حَذَر (ا. ق) (٥) لاعب الوسط: لاعب يتّخذ موقفَهُ في وسط الملعب [كرة القدم] (٦) لاعب المؤخَّرة: أحد لاعبَيْن دفاعيَّين يتّخذان موقفهما في مؤخرة الملعب [كرة السلة] (٧) الوِقاء: كلُّ ما يَقي. وبخاصة: أداة لحماية جزء من ماكينة أو لحماية مُشغِّل الماكينة § (٨) يقي حافة شيء بحاشية زِينيّة (٩) «أ» يحمي؛ يصون؛ يدافع عن. «ب» يحرس (١٠) يحافظ على (١١) يحاول أن يمنع [خصمًا] من تسجيل إصابة x (١٢) يحاذر <to ~ against errors>.

ă at; ā date; â care; ä car; ĕ egg; ē me; ĭ in; ī bite; ŏ lot; ō bone; ô orphan; oi boil; o͝o good; ōō boot; ou out; ŭ under; û urgent; ə = *a* in alone, *e* in system, *i* in easily, *o* in gallop, *u* in circus.

to be on one's ~, يكون متيقّظًا لكل هجوم قد يُشَنّ عليه، أو مباغتةٍ يُفاجَأ بها.

to mount ~, يحرس؛ يقوم بمهمة الحراسة.

guard·ed *(adj.)* (١) حَذِر؛ مُتَّسِم بالحذر (٢) مَصون (٣) مُخْضَع للمراقبة.

guard hair *(n.)* الشَّعرة الحارسة: أيّ من الشعرات الخارجية، الطويلة، القاسية التي تصون الفروةَ التحتيةَ underfur عند بعض الثدييات (ح).

guard·house [-'hous'] *(n.)* (١) بيتُ الحَرَس (٢) سِجن عسكريّ.

guard·i·an [gär'dĭ ən] *(n.)* (١) حارس (٢) رئيس دير (٣) وصيّ.

guard of honor *(n.)* حَرَس الشرف.

guards·man [gärdz'-] *(n.)* الحَرَسيّ: أحد رجال الحرس.

gua·va [gwä'və] *(n.)* شجرة الغُوافة أو ثَمَرُها.

gu·ber·na·to·ri·al [gōō'bər nə tōr'-] *(adj.)* حاكميّ: خاصّ بحاكم.

guck [gŭk; gŏŏk] *(n.)* مادة قذرة أو لزجة أو زلقة.

gudg·eon[1] [gŭj'ən] *(n.)* الرُّسْغ: مرتكَزٌ أو مِحورٌ مَفْصِليّ (مك).

gudg·eon[2] *(n.; vt.)* (١) القوبيون النهري: سمك صغير (٢) السّاذَج: سَهْلُ الانخداع (٣) طُعْم § (٤) يَخْدع.

gudgeon[2] *1.*

gudgeon pin *(n.)* المِسمار الرُّسغيّ أو المِعْصَميّ: مسمار يَصِلُ الكَبّاسَ أو البِستونَ بذراع التوصيل (مك).

gue·non [gə nôn'] *(n.)* الغَيْنون: سعدان إفريقيّ رشيق طويل الذيل.

guer·don [gûr'dən] *(n.; vt.)* (١) مكافأة؛ تعويض § (٢) يُكافئ.

guer·ril·la *or* **gue·ril·la** [gə rĭl'ə] *(n.)* الدّاغر: المُشارك في حرب عصابات.

guerrilla warfare *(n.)* المَدْغَرة؛ حرب العصابات.

guess [gĕs] *(vt.; i.; n.)* (١) يخمّن: يكوّن رأيًا من غير بيّنة كافية (٢) يَحْزِر (٣) يظنّ؛ يحسب § (٤) تخمين؛ حَزْر؛ ظنّ.

guess·ti·mate [*n.* gĕs'tə mət; *v.* -māt'] *(n.; vt.)* (١) التَّخمين: تقدير من غير معلومات كافية § (٢) يخمِّن؛ يقدِّر [من غير معلومات كافية].

guest [gĕst] *(n.; vt.; i.)* (١) «أ» ضيف؛ زائر. «ب» نزيل [بفندق إلخ] (٢) الطُّفَيْلي: كائن حيّ [كحشرة إلخ] يقاسم كائنًا حيًّا آخر مسكنَهُ § (٣) يُضِيف: يُنزله ضيفًا x (٤) يَنزِل ضيفًا على.

guest of honor *(n.)* ضيف الشرف.

guff [gŭf] *(n.)* هُراء؛ كلام فارغ.

guf·faw [gŭ fô'] *(n.; vi.)* (١) قَهْقَهَة § (٢) يُقَهْقِه.

gug·gle [gŭg'əl] *(vt.; n.)* = gurgle.

guid·ance [gī'dəns] *(n.)* توجيه؛ إرشاد؛ هَدْي؛ هداية.

guide [gīd] *(n.; vt.; i.)* (١) «أ» المرشِد؛ الدَّليل. «ب» الموجِّه؛ الهادي (٢) المَعْلَم: لوحة تُنْصَب على مفرق طريق لهداية المسافرين (٣) الموجِّهَة: أداة لتوجيه حركة شيء ما § (٤) يُرْشِد؛ يَهْدي (٥) «أ» يقود؛ يسوس. «ب» يوجّه.

guide·book [gīd'-] *(n.)* الدليل: كتاب لهداية السُّياح بخاصة.

guided missile *(n.)* القذيفة المُوَجَّهة (جن).

guide·line *(n.)* (١) الدَّليل؛ الخط الهادي (٢) موجَز [النهج أو سياسة].

gui·don [gīd'ən] *(n.)* (١) راية صغيرة [تُميِّز بها وحدةٌ عسكرية] (٢) حامل الراية الصغيرة.

guild [gĭld] *(n.)* (١) النقابة. وبخاصة: النقابة القُروسْطيّة (٢) مجموعة [من النباتات].

guil·der [gĭl'dər] *(n.)* الجِيلْدَر: وحدة النَّقد في هولندا [قبل اليورو].

guild·hall [gĭld'hôl'] *(n.)* (١) دار النّقابة (٢) دار البلدية.

guile [gīl] *(n.)* (١) مَكْر؛ خِداع (٢) رِياء؛ نِفاق.

guile·ful [gīl'fəl] *(adj.)* ماكر؛ خادع.

guile·less [gīl'ləs] *(adj.)* بريء؛ ساذَج؛ صادق؛ صريح.

guil·le·mot [gĭl'ə-] *(n.)* الغِلموت: طائر من طيور البحار الشَّماليَّة.

guil·loche [gĭ lōsh'] *(n.)* الضَّفِيْرة: حلْيَة تتألف من عصائب أو خطوط متشابكة على شكل ضفيرة (عم).

guil·lo·tine [*n.* gĭl'ə tēn'; *v.* gĭl'ə tēn'] *(n.; vt.)* (١) مِقْصَلَة (٢) مِقْطع (٣) آلة لاستئصال اللَّوزتَيْن (٤) تحديد وقت معيَّن [لأخذ الأصوات منعًا لإعاقة إقرار مشروع ما من طريق إطالة المناقشات، على نحوٍ متعمَّد، في البرلمان] § (٥) يَقْصِل: «أ» يُعدم بالمِقصلة. «ب» يُحدِّد وقتًا معيّنًا لأخذ الأصوات منعًا لإعاقة إقرار مشروع برلماني.

guillotine *1.*

guilt [gĭlt] *(n.)* (١) إثم؛ معصية <a life of ~ and shame> (٢) شعور بالإثم أو الذَّنب.

guilt·less [-'ləs] *(adj.)* (١) بريء (٢) غِرّ؛ عديم الخبرة.

guilt·y [gĭl'tĭ] *(adj.)* (١) مذنب؛ مجرم؛ جانٍ (٢) إجرامي <~ acts> (٣) شاعرٌ بالإثم <a ~ conscience>.

guin·ea [gĭn'ĭ] *(n.)* جُنَيْه [إنكليزي].

guin·ea fowl; guin·ea hen [gĭn'ĭ] *(n.)* الغِرْغِر؛ الدجاج الحبشي.

guinea fowl

guin·ea pig [gĭn'ĭ] *(n.)* (١) خِنزير غينيا؛ خِنزير الهند (٢) حقل التجارب: كلّ ما يُتَّخَذُ موضوعًا أو وسيلةً لإجراء البحوث والدراسات العلمية.

guinea pig *1.*

gui·pure [gĭ pyŏŏr'] *(n.)* الغِيبور: تخريم زُخرُفيّ.

guise [gīz] *(n.)* (١) زِيّ (٢) هيئة؛ مَظهر (٣) ذَريعَة؛ سِتار.

gui·tar [gĭ tär'] *(n.)* الغيتار (مو).

guitar

gui·tar·fish *(n.)* السَّمَكة الغيتارية: سمكة شبيهٌ شكلُها بشكل الغيتار.

gul [gōōl] *(n.)* وَرْد؛ وَرْدة.

gu·lar [gōō'lər; gyōō'-] *(adj.)* حَلْقيّ؛ بُلعوميّ (ت).

gulch [gŭlch] *(n.)* العَقيق: وادٍ عميق ضيّق؛ مَسيل ماء.

gul·den [gŭl'dən] *(n.)* = guilder.

gules [gyōōlz] *(n.; adj.)* (١) اللون الأحمر § (٢) أحمر.

gulf [gŭlf] *(n.; vt.)* (١) خليج (٢) هاوية (٣) دُرْدُور؛ دُوّامة (٤) ثَغرة؛ فَجْوَة واسعة § (٥) يَغْمُر؛ يَبْتلع.

gulf·weed [gŭlf'wēd'] *(n.)* عشبُ الخليج: طحلب بحريّ.

gull[1] [gŭl] *(n.)* النَّوْرَس ؛ زُمَّج الماء (طا).

gull[2] *(vt.; n.)* (١) يخدع ؛ يحتال على § (٢) السَّاذَج ؛ السَّهل الانخداع.

gull[1]

gul·let [gŭl′ĭt] *(n.)* (١) المَرِيء. وتوسّعًا : الحلْق أو البُلعوم (٢) الوَقْب : المسافة بين سِنَّين متحاذيتين من أسنان المنشار (٣) قناة [للماء].

gul·li·ble *also* **gul·la·ble** [gŭl′ə-] *(adj.)* ساذج ؛ سهل الانخداع.

gul·ly[1] [gŭl′ĭ] *(n.)* المُدْيَة : سِكّين كبيرة.

gul·ly[2] [gŭl′ĭ] *(n.; vt.; i.)* (١) أُخدود [من أثر المياه الجارية بعد الأمطار] § (٢) يخدّد : يَشُقّ [بفعل المياه الجارية] x (٣) يتخدّد.

gu·los·i·ty [gyoo lŏs′ə tĭ] *(n.)* (١) جَشَعٌ (٢) نَهَمٌ ؛ شَرَهٌ.

gulp [gŭlp] *(vt.; i.; n.)* (١) يَزْدَرِد ؛ يلتهم ؛ يتجرَّع (٢) يَكبِت x (٣) يَغُصّ [وكأنه يتناول جرعةً كبيرة] § (٤) ازدراد ؛ تجرُّع (٥) كَبْت (٦) بَلْعَة ؛ جَرْعة.

gum[1] [gŭm] *(n.; vt.)* (١) اللِّثَة (ت) § (٢) يُغَوِّر : يوسِّع المسافات ما بين أسنان المنشار (٣) يمضغ.

gum[2] *(n.; vt.; i.)* (١) صَمْغ (٢) مادة صَمغيَّة (٣) الصَّمغيَّة : شجرة تُعطي صَمْغًا § (٤) يُصَمِّغ : يطلي أو يختم أو يُلصِق بالصَّمغ x (٥) يُفرز أو يشكِّل صَمْغًا (٦) يَتَدبَّق : يُصبح دَبِقًا.

gum ammoniac *(n.)* = ammoniac.

gum arabic *(n.)* الصَّمغ العَرَبي.

gum·bo [gŭm′bō] *(n.)* (١) البامية (٢) حساء البامية (٣) تُربة الوَرْطة : تُربة إذا ابتلّت تحوّلت إلى وَحْلٍ دَبِقٍ جدًا (٤) مزيج ؛ خليط.

gum·boil [-′boil] *(n.)* الخُرّاج اللِّثويّ : خرّاج في اللِّثة.

gum boot *(n.)* حذاء مَطّاطيّ.

gum·drop *(n.)* القُرص الصَّمغيّ : قرص مُسَكَّر محتوٍ على صَمغ عربيّ.

gum·ma [gŭm′ə] *(n.)* pl. **-s** *also* **-ta** الصَّمْغة ؛ الورم الصَّمغي : ورم صَمغيّ القوام يميّز المرحلة الثالثة من السّفلس (ط).

gum·mous [gŭm′-] *(adj.)* (١) صَمْغيّ (٢) صَمْغانيّ : شبيه بالصَّمغ.

gum·my [gŭm′ĭ] *(adj.)* (١) لَزِج ؛ دَبِق (٢) صَمغيّ (٣) مُصَمَّغ.

gum plant *(n.)* نبتة الصَّمغ : نبتة أميركية تكسوها مُفرزات صَمغيّة.

gump·tion [gŭmp′shən] *(n.)* (١) نباهة ؛ ذكاء (٢) روح المبادرة.

gum resin *(n.)* الراتينج الصَّمغيّ.

gum·shoe [gŭm′shoo′] *(n.)* شُرطيّ سِرّيّ ؛ شُرطيُّ مَباحث.

gum tree *(n.)* الصَّمغيَّة ؛ شجرة الصَّمغ.

gun [gŭn] *(n.; vi.; t.)* (١) «أ» مِدفع. «ب» بندقية. «ج» مُسدَّس (٢) المِدْفَعَة : أداة لقذف شيء تحت الضغط <a paint ~> (٣) نارُ مدفع أو بندقيّة إلخ (٤) إشارة البدء ؛ إشارة الخِتام (٥) «أ» صيّاد. «ب» gunman (٦) المِدْفع : شيء كالمِدفع شكلًا أو وظيفةً (٧) المِخْنَق : صِمام خانق (مك) § (٨) يصيد ببندقية x (٩) يُطلق النار (١٠) يزيد سرعة الطائرة فجأة (١١) يُلقِم بالبنزين فجأةً وبسرعة <to ~ an engine>.

gun·boat [-′bōt′] *(n.)* الزَّورق الحربيّ : سفينة صغيرة مزوَّدة بمدافع.

gun·cot·ton [-′kŏt′ən] *(n.)* القطن المُتفجِّر : مُركَّب شديد التفجُّر.

gun·dog [gŭn′dŏg′] *(n.)* كلبُ الصَّيد.

gun·fire [gŭn′fīr] *(n.)* (١) إطلاق المدافع [أو مَوْعِدُهُ] (٢) فنجان شاي صباحيّ [في لغة الجُند].

gun·flint [-′flĭnt′] *(n.)* الوارية : صوّانة البندقية القديمة.

gunk [gŭngk] *(n.)* مادّة قذرة أو لَزِجة أو زَلِقة.

gun·lock [-′lŏk′] *(n.)* زَنْد البندقية [المفجِّرُ للقذيفة].

gun·man [gŭn′măn] *(n.)* البُنْدُقيّ : «أ» المسلَّح ببندقية. «ب» القاتل المحترف. «ج» البارع في استعمال البندقية.

gun moll *(n.)* رفيقة القاتل أو قاطع الطُّرق.

gun·nel [gŭn′əl] *(n.)* (١) الغَنَل : سمك ذو زِعنِفة ظَهْرية (٢) gunwale.

gun·ner [gŭn′-] *(n.)* (١) المِدْفعيّ (٢) الصّائد بالبندقية (٣) المَدافعيّ : نائبُ ضابط مكلَّفٌ بالإشراف على المدافع إلخ ومستودعاتها.

gun·ner·y [-′ə rĭ] *(n.)* (١) رَمْي المِدفعية (٢) القِذافة : عِلم المِدفعية.

gun·ny [gŭn′ĭ] *(n.)* (١) خيش (٢) كيس خيش.

gun·point [gŭn′point′] *(n.)* فُوَّهة البندقية.

gun·pow·der [gŭn′pou′dər] *(n.)* بارود.

gun room *(n.)* حجرة صغار الضباط [في بارجة].

gun·run·ner [gŭn′rŭn′-] *(n.)* مُهرِّب الأسلحة والذخيرة.

gun·run·ning *(n.)* تهريب الأسلحة والذخيرة.

gun·shot [gŭn′shŏt′] *(n.)* (١) طَلْق ناريّ (٢) مدى البندقية أو المدفع (٣) إطلاق النار [من بندقية أو مدفع].

gun–shy *(adj.)* (١) مُرَوَّع بطَلَقات النار <a ~ dog> (٢) مذعور.

gun·wale *also* **gun·nel** [gŭn′əl] *(n.)* الشَّفير : الحافة العليا من جانب المركب.

gup·py [gŭp′ĭ] *(n.)* الغَبّيّ : سمك نهريّ صغير.

guppy

gur·gle [gûr′gəl] *(vi.; n.)* (١) يُقَرْقِر : يتدفق في تيّار متقطّع ضاجّ § (٢) قَرْقَرة. <Water ~*s* from a bottle.>

gur·nard [gûr′nərd] *(n.)* الغُرنار ؛ الطَّريغْلا : سمك بحري صغير.

gurnard

gur·ry [gûr′ĭ] *(n.)* فَضَلات السمك ؛ نُفايات السمك.

gu·ru [goo′roo] *(n.)* الغورو : «أ» المُرْشد الروحي [عند الهندوس]. «ب» معلِّم ؛ مرشد. «ج» زعيم <the ~ of modern jazz>.

gush [gŭsh] *(vi.; t.; n.)* (١) يتدفق ؛ يتفجّر x (٢) يَدْفُق § (٣) تدفُّق.

gush·er *(n.)* (١) فا gush (٢) المتدفّقة : بئر نفطٍ غزيرة الدَّفق.

gush·y [gŭsh′ĭ] *(adj.)* متدفق العاطفة ؛ فيّاض الشعور.

gus·set [gŭs′ət] *(n.; vt.)* (١) البَنيقة : وُصلة مُثَلَّثيّة تُزاد على الثوب أو الحذاء لتوسيعه أو تقويته § (٢) يُبَنِّق : يزوِّد ببنيقة.

gus·sy [gŭs'ĭ] *(vt.)* يكسو؛ يُزخرف؛ يُزوِّق [تتبعها *up*].

gust [gŭst] *(n.; vi.)* (١) عَصْفة ريح (٢) تفجُّر ماءٍ أو نار أو دخان أو صوت إلخ (٣) ثورة نفْس؛ انفجار عاطفي (٤) استمتاع؛ تقدير § (٥) يهبّ؛ يعصف.

gus·ta·tion [gŭs tā'-] *(n.)* (١) الذوق (٢) حاسة الذوق.

gus·ta·tive; gus·ta·to·ri·al; gus·ta·to·ry *(adj.)* ذَوْقيّ.

gus·to [gŭs'tō] *(n.)* (١) ذوق؛ ميل؛ وَلَع (٢) استمتاع أو تقدير شديد (٣) حيوية بالغة.

gust·y *(adj.)* (١) عاصف؛ قاصف؛ راعد (٢) صاخب (٣) متبجِّح.

gut [1] [gŭt] *(n.; vt.)* (١) «أ» *pl.* عد: أحشاء. «ب» القناة الهضمية، أو جزء منها [كالمعى أو المعدة]. «ج» بطن. «د» وَتَر [مصنوع من أمعاء الخراف] (٢) «أ» ممرّ ضيّق. «ب» جدول؛ مَسِيل ماء (٣) شَرْنَقة حرير (٤) *pl.*: شجاعة § (٥) يجوِّف: يُخْرِج أحشاء شيء (٦) يُتلف الجزء الداخليّ من Fire ~*ted* <the building.> (٧) يُنْهك؛ يستنزف.

gut [2] *(adj.)* (١) قلبيّ؛ من صميم الفؤاد (٢) مثير (٣) هيِّن.

gut·less [gŭt'-] *(adj.)* (١) جبان؛ مخلوع الفؤاد (٢) عديم الحيوية.

guts·y [gŭt'sĭ] *(adj.)* (١) جريء؛ شجاع (٢) قويّ؛ مثير.

gut·ta [gŭt'ə] *(n.)* pl. **-e** (١) قَطْرة؛ نقطة (٢) القَطْرية: حلية معمارية شبيهة بالقطرة (عم).

gut·ta–per·cha [-pûr'chə] *(n.)* الغاتابَرْشا: مادة شبيهة بالمطاط.

gut·ted [gŭt'ĭd] *(adj.)* مُحْبَط؛ يائس (عب).

gut·ter [gŭt'ər] *(n.; vt.; i.; adj.)* (١) «أ» ميزاب؛ مزراب. «ب» قناة؛ بالوعة [في جانب الطريق]. «ج» أخدود؛ مجاز؛ مجرًى (٢) النَّهر: الفُسحة البيضاء بين الهامشين الداخليَّين من صفحتي كتاب متقابلتين (٣) الحَمْأة: الدَّرْك الأسفل من حضارة المدن § (٤) يُمَيْزِب: يزوِّدُ المبنى بميازيب أو بواليع x (٥) «أ» يَجري سيولًا. «ب» يَذوب: يسيل عبر قناة من جانب الحفرة التي أحدثتها الفتيلة المشتعلة في رأس الشمعة <Candles ~*ed* down.> (٦) ينحني § (٧) مُبْتَذَل؛ رخيص <~ journalism>.

gut·ter·snipe [-snīp'] *(n.)* الزُّقاقي: غلام من غلمان الأزقة.

gut·tle [gŭt'əl] *(vi.; t.)* يأكل بنَهَم. — **gut·tler** *(n.)*

gut·tur·al [gŭt'ər əl] *(adj.; n.)* (١) حَلقيّ (٢) أجشّ.

gut·tur·al·ize [-'ər ə līz'] *(vt.; i.)* يَلْفِظ حَلْقيًّا (ل).

gut·ty [gŭt'ĭ] *(adj.)* جريء؛ مُتحدٍّ <a ~ little kid>.

guy [1] [gī] *(n.; vt.)* (١) الشَّدّادة: حبل أو سلسلة تثبيت § (٢) يثبِّت بشدّادة.

guy [2] *(n.; vt.)* (١) الأضحوكة: شخص غريب المظهر أو مُضْحِكُهُ (٢) شخص؛ فتًى <a nice ~> § (٣) يَسْخَر مِن.

guz·zle [gŭz'əl] *(vi.; t.)* يُسْرِف في الشراب.

gym [jĭm] *(n.)* (١) gymnasium (٢) رياضة بَدَنيّة (٣) دعامة.

gym·kha·na [-kä'-] *(n.)* (١) سباق سيارات (٢) مباراة في ركوب الخيل.

gymn- or gymno- بادئة معناها: عارٍ؛ مجرَّد.

gym·na·si·um [jĭm nā'zĭ əm] *(n.)* pl. **-s; -si·a** الجِمْنازيوم: «أ» حجرة أو مبنًى للألعاب الرياضية. «ب» مدرسة ثانوية ألمانية.

gym·nast [jĭm'-] *(n.)* الجِمنازيّ: الاختصاصيّ بالرياضة الجِمنازية.

gym·nas·tics [jĭm năs'-] *(n.)* (١) الرياضة الجِمنازية: رياضة بدنية يُقْصَد بها تَقْوية الأجسام (٢) تدريب فكري أو فنّي.

gym·no·sperm [jĭm'nə spûrm'] *(n.)* العاري البزور (نب).

gyn- or gyno- بادئة معناها: «أ» امرأة. «ب» مَبيض.

gy·nan·dro·morph [jĭ năn'drə môrf'] *(n.)* الخُنثى (أح).

gy·nan·dro·morph·ism *(n.)* الخُنْثيّة؛ الخُنْثويّة؛ ثُنائية الجنس.

-gyne لاحقة معناها: «أ» امرأة؛ أنثى. «ب» مَبيض.

gynec- or gyneco- بادئة معناها: امرأة <*gynec*ology>.

gy·ne·coc·ra·cy [jī'nə kŏk'-] *(n.)* حكومة النّساء.

gy·ne·col·o·gist *(n.)* الطبيب النِّسائي: الطبيب الاختصاصيّ بأمراض النساء.

gy·ne·col·o·gy [jī nə kŏl'ə jĭ] *(n.)* طِبّ النّساء.

gy·noe·ci·um [jī nē'sĭ-] *(n.)* pl. **-cia** الوَزِيم؛ المِدقَّة: عضو التأنيث في الزهرة.

gy·no·phore [jī'nə fôr'] *(n.)* حامل الوزيم أو المِدقّة (نب).

gyp [jĭp] *(n.; vt.; i.)* (١) خادم في كلّية (٢) «أ» المخادع؛ المحتال. «ب» خداع؛ احتيال § (٣) يخدع؛ يحتال على.

gyp·se·ous [jĭp'sĭ əs] *(adj.)* جِصّي؛ جِبْسيّ.

gyp·soph·i·la [jĭp sŏf'-] *(n.)* الجِصِّيّة: نبات من الفصيلة القرنفلية.

gyp·sum [jĭp'səm] *(n.)* الجصّ؛ الجِبْس.

Gyp·sy [jĭp'sĭ] *(n.)* (١) الغَجَريّ (٢) لغة الغَجَر.

gyr- or gyro- بادئة معناها: «أ» حلقة؛ دائرة؛ لولبيّ. «ب» جيروسكوب.

gy·rate [*adj.* jī'rāt; *v.* -'rāt, jī rāt'] *(adj.; vi.)* (١) مُلْتَفّ؛ ذو تلافيف حَلزونية § (٢) يُدَوِّم: يدور حول نقطة أو محور (٣) يتذبذب [بحركة دائرية أو لولبية]. — **gy·ra·tor** *(n.)*

gy·ra·tion *(n.)* (١) تدويم (٢) تذبذب (٣) شيء مُلْتَفّ.

gy·ra·to·ry [jī'rə tōr'ĭ] *(adj.)* مُدَوِّم؛ دوّار؛ لفّاف.

gyre [jīr] *(n.)* (١) حركة دائرية أو حَلزونية (٢) حَلْقة؛ دائرة.

gy·rene [jī rēn'] *(n.)* = marine.

gyr·fal·con [jûr'făl'-] *(n.)* السُّنقُر؛ السُّنْقُور: بازٌ كبير.

gy·ro [1] [jī'rō] *(n.)* (١) gyrocompass (٢) gyroscope.

gy·ro [2] *(n.)* الجَرْوِيَّة: سندويشة قوامها لحم غنم وطماطم وبَصَل.

gy·ro·com·pass [jī'rō kŭm'-] *(n.)* البوصلة الجيروسكوبيّة أو الدَّوّارة.

gyro horizon *(n.)* = artificial horizon.

gy·ro·mag·net·ic [jī'rō măg nĕt'ĭk] *(adj.)* مغنطيسيّ دَوَرانيّ: ذو علاقة بالخصائص المغنطيسية لجُسَيْم كهربائيّ دوّار (مغ).

gy·ro·pi·lot [jī'rə pī'lət] *(n.)* = automatic pilot.

gy·ro·plane [-plān'] *(n.)* الطائرة الدوّارة [حول محورٍ شبه عموديّ].

gy·ro·scope [-skōp'] *(n.)* الجيروسكوب: جهاز يُستعان به

gyroscope

على حفظ توازن السَّفينة أو الطائرة وعلى تحديد اتجاهها .

gy·ro·sta·bi·liz·er [jī′rə stā′bə lī′-] *(n.)* المُقِرّ الجيروسكوبيّ : أداة لحفظ توازن السفينة أو الطائرة إلخ .

gy·ro·stat [jī′rə stăt] *(n.)* = gyrostabilizer.

gy·rus [jī′rəs] *(n.)* pl. **gy·ri** التّلفيف : أحد تلافيف الدّماغ .

gyte [gīt] *(n.)* مُخَبَّل ؛ معتوه ؛ مجنون (إسك) .

gyve [gīv] *(n.; vt.)* (١) *pl.* عد : قَيْد ؛ صِفاد ؛ غُلّ § (٢) يُقيِّد ؛ يُصَفِّد ؛ يُكَبِّل .

ă at; **ā** date; **â** care; **ä** car; **ĕ** egg; **ē** me; **ĭ** in; **ī** bite; **ŏ** lot; **ō** bone; **ô** orphan; **oi** boil; **o͝o** good; **o͞o** boot; **ou** out; **ŭ** under; **û** urgent; ə = *a* in alone, *e* in system, *i* in easily, *o* in gallop, *u* in circus.

h [āch] *(n. often cap.)* (١) الحرف الثامن من الأبجدية الإنكليزية (٢) شيء مُعْتَبَر ثامنًا من حيث الترتيب أو الطبقة (٣) شيء على صورة حرف **H**.

ha [hä] *(interj.)* ها!: صوت يُعبِّر عن العجب أو الفرح أو الحزن وأحيانًا عن الشكّ أو التردد.

ha·ba·ne·ra [hä′bə nā′rä] *(n.)* الهافانيّة: رقصة كوبيّة أو موسيقاها.

ha·be·as cor·pus [hā′bĭ əs kôr′-] *(n.)* الأمر بالمثول (ق).

ha·be·as cor·pus ad sub·ji·ci·en·dum [ăd sŭb jĭs ē ĕn′-] *(n.)* الأمر بالإحضار (ق).

hab·er·dash·er [hăb′ər dăsh′ər] *(n.)* (١) الخُردجي: بائع السِّلع الصغيرة كالأزرار والإبر إلخ (٢) بائع السِّلع الرجالية.

hab·er·dash·er·y *(n.)* (١) الخُرْدوات أو السِّلع الرجالية (٢) دكان بيعها.

hab·ile [hăb′ĭl] *(adj.)* ماهر؛ بارع.

ha·bil·i·ments [hə bĭl′ə-] *(n. pl.)* (١) تجهيزات (٢) ملابس؛ ثياب.

ha·bil·i·tate [-tāt′] *(vt.; i.)* (١) يُلْبِس x (٢) يُؤَهِّل نفسه [لمنصب إلخ].

hab·it [hăb′ĭt] *(n.; vt.)* (١) «أ» رداء. وبخاصة: رداء الراهب. «ب» رداء الفروسية (٢) سلوك (٣) بِنْيَة؛ مظهر أو تركيب جسماني (٤) خُلق؛ طَبْع (٥) «أ» عادة. «ب» عُرْف. «ج» دأب (٦) طريقة مميَّزة في النمو أو الحدوث <Elms have a spreading ~.> (٧) إدمان § (٨) يكسو.

hab·it·a·bil·i·ty [hăb′ə tə bĭl′-] *(n.)* الصّلاحية لِلسُّكْنَى.

hab·it·a·ble [hăb′ə tə bəl] *(adj.)* يُسْكَن؛ صالحٌ للسُّكْنَى.

hab·it·ant [hăb′ə tənt] *(n.)* السّاكن؛ المُقيم؛ المُسْتوطِن.

hab·i·tat [hăb′ə tăt′] *(n.)* (١) المَثْوَى؛ المَوْطِن: بيئة الحيوان أو النبات (٢) مَظِنّة الشيء أو مألفه: المكان الذي يوجد فيه عادةً.

hab·i·ta·tion [-tā′-] *(n.)* (١) سُكْنَى (٢) مَسْكن (٣) مُسْتَوطَن؛ مُستعمرة.

ha·bit·u·al [hə bĭch′o͞o əl] *(adj.)* (١) معتاد؛ اعتياديّ؛ ناشئ عن العادة <~ courtesy> (٢) مدمن <a ~ drunkard> (٣) مألوف <~ topics> (٤) فطري <~ faith>.

ha·bit·u·ate [-āt′] *(vt.; i.)* (١) يُعَوِّد؛ يُرَوِّض على x (٢) يُسَبِّب الإدمان.

ha·bit·u·a·tion [hə bĭch′o͞o ā′-] *(n.)* (١) تعويد؛ ترويض (٢) التعوّد: انعدام التأثّر بمخدِّر ما بحكم الإدمان <narcotic ~> (٣) إدمان.

hab·i·tude [hăb′ə to͞od′] *(n.)* (١) دَأْب؛ دَيْدَن (٢) عادةٌ.

ha·bit·u·é [hə bĭch′o͞o ā′] *(n.)* المرتاد <a ~ of bars>.

ha·chure [hă sho͝or′] *(n.; vt.)* (١) الرَّقْن: خط قصير يُستخدَم في الرسم والحفر للتظليل وللدلالة على اختلاف السطوح § (٢) يُرَقِّن.

ha·ci·en·da [hä′sĭ ĕn′də] *(n.)* مَزْرعة أو المبنى الرئيسيّ فيها.

hack[1] [hăk] *(vt.; i.; n.)* (١) «أ» يقطِّع إرْبًا إرْبًا. «ب» يفرِّض؛ يُثَلِّم؛ يَفُلّ. «ج» يقطّع بضربات متوالية <~*ed* off a branch with his knife> (٢) يعزق الأرضَ (٣) يُشوِّه [مقالًا بالحذف والتّشذيب] (٤) يتحمَّل (٥) يَرْفس قصبة رِجل اللّاعب [في كرة القدم] x (٦) يقتحم: يقوم بدور المقتحِم (را. *hacker 3*) (كم) (٧) يَسْعُل سُعالًا مُتَقَطِّعًا جافًا § (٨) «أ» فأس. «ب» مِعْزقة (٩) حَزّة؛ جُرْح [وبخاصة في شَجَرة] (١٠) سُعال مُتقطِّع جافّ (١١) رفسة على قصبة الرِّجل [في كرة القدم].

hack[2] *(n.; vt.; i.; adj.)* (١) «أ» حصان أجرة. «ب» كَديش [يُسَخَّر لمختلف الأغراض]. «ج» حصان رشيق للركوب (٢) «أ» عربة أجرة. «ب» تاكسي؛ سيارة أجرة. «ج» سائق عربة أو تاكسي (٣) كاتب مستأجر أو مأجور § (٤) يبتذل شيئًا [بالإكثار من استعماله] (٥) يسخِّر: يستخدم لمختلف الأغراض x (٦) ينطلق في الطُّرق بخطًى عاديّة (٧) يقود سيارة أجرة § (٨) مستأجَر؛ مأجور <~ critic> (٩) مبتَذَل.

hack·a·more [hăk′ə mōr′] *(n.)* عِنان؛ رَسَنٌ.

hack·ber·ry [hăk′bĕr′ĭ] *(n.)* المَيْس: «أ» شجر ذو ثمرات عِنَبيّة صغيرة. «ب» ثمر المَيْس. «ج» خشب المَيْس.

hack·but [hăk′bŭt] *(n.)* = harquebus.

hack·er [hăk′ər] *(n.)* (١) فا hack (٢) الغِرّ؛ المبتدئ (٣) المقتحِم: من يقتحم نظامًا للكومبيوتر، على نحو غير شرعيّ.

hack·ie [hăk′ĭ] *(n.)* = hackman.

hack·le[1] [hăk′əl] *(n.; vt.)* (١) المِمْشَقة: مُشْط الكتّان والقِنَّب (٢) «أ» ريشة [من ريشات عُنق الطائر أو مؤخَّر ظهره]. «ب» ريشُ عُنق الديك [جملةً] (٣) *pl.*: شعر عُنق الكلب أو ظَهره (٤) *pl.*: غضب (٥) ذُبابة صُنْعية [يُستعان بها في صيد السمك بالقصبة وتُصْنَع عادةً من ريش عنق الديك] § (٦) يَمْشُق: يُمشِّط الكتّان أو القِنَّب (٧) يَريشُ الذبابةَ: يزوِّد ذبابةً صُنعيةً بالرِّيش.

hack·le[2] *(vt.)* (١) يقطِّع إرْبًا إرْبًا (٢) يفرِّض؛ يُثَلِّم؛ يَفُلّ.

hack·ly [hăk′lĭ] *(adj.)* مُفَرَّض؛ مُثَلَّم؛ مفلول.

hack·man [hăk′măn] *(n.)* = cabdriver.

hack·ney [-′nĭ] *(n.; adj.; vt.)* (١) الهَكْنيّ: حصانُ ركوبٍ أو جرّ (٢) عربة أو سيارة أُجرة § (٣) مُعَدّ للأجرة <~ carriages> (٤) مُبْتَذَل § (٥) يُكثِر استعمالَه (٦) يَبتذل [بكثرة الاستعمال].

hack·neyed [hăk′nēd] *(adj.)* مُبْتَذَل ؛ مُكَرَّر حتى الابتذال .

hacksaw

hack·saw [hăk′sô′] *(n.)* المِفْراض ؛ منشار المعادن .

hack·work [hăk′-] *(n.)* أثرٌ أدبيّ أو فنّي تجاريّ الطّابع .

had [hăd] *past and past part. of* have.

haddock

had·dock [hăd′ək] *(n.)* الحَدُّوق : سمك يُشبه سمك القُدّ .

hade [hād] *(n.; vi.)* (١) المَيْل الرأسيّ : زاوية الصَّدْع الرأسيّة (جي) § (٢) ينحرف عن الوضع العموديّ .

Ha·des [hā′dēz] *(n.)* (١) حادِس : مَثْوى الأموات في الميثولوجيا اليونانية (٢) *often not cap.* : الجحيم .

hadj [hăj] *(n.)* = hajj.

hadj·i [hăj′ē] *(n.)* = hajji.

had·n't [hăd′ənt] = had not.

haem- *or* **haemo-** = hem-.

haemat- *or* **haemato-** = hemat-.

-haemia = -emia.

hae·mo·glo·bin [hē′mə glō′bĭn] *(n.)* = hemoglobin.

haf·ni·um [hăf′nĭ əm] *(n.)* الهَفْنيوم : عنصر فِلزّيّ (ك) .

haft [hăft; häft] *(n.; vt.)* (١) مَقْبِض ؛ نِصاب § (٢) يجعل للشيء مَقْبِضًا .

hag[1] [hăg] *(n.)* (١) عجوز ؛ عجوز شمطاء (٢) «أ» شيطانة ؛ عِفريتة (ا. ق) . «ب» جِنّيّة شرّيرة (ا. ق) (٣) ساحرة .

hag[2] *(n.)* (١) مُستنقع ؛ سَبْخة (٢) بُقعة متماسكة [في مُسْتنقَع] .

hagfish

hag·fish [hăg′-] *(n.)* الجِرِّيث : حيوان بحري شبيه بالسَّمَك .

Hag·ga·dah [hə gä′də] *(n.)* الهَغّادة : قصص التلمود وأساطيره .

hag·gard [hăg′ərd] *(adj.; n.)* (١) جَموح ؛ شرس [صفة للصقر] (٢) مضنًى [من القلق أو الأرق] ؛ مهزول ؛ مُنهَك § (٣) صقر شرس .

hag·gis [hăg′ĭs] *(n.)* الهاجِس : طعام أسكتلنديّ قِوامُهُ قلبُ الخَروف أو العجل وكَبِدُهُ مفرومَيْن وممزوجَيْن بالبصل وغيره .

hag·gish [hăg′ĭsh] *(adj.)* شَمطاويّ : هرِم وبشِعٌ كالعجوز الشَّمطاء .

hag·gle [hăg′əl] *(vt.; i.; n.)* (١) يقطع بخشونة أو بغير براعة <to ~ a x branch off> (٢) يساوم ؛ يماحك § (٣) قَطْع بخشونة (٤) مساومة ؛ مماحكة .

hagi- *or* **hagio-** بادئة معناها : مقدَّس أو قدّيسون .

hag·i·oc·ra·cy [hăg′ĭ ŏk′rə sĭ] *(n.)* حكومة القِدِّيسين .

Hag·i·og·ra·pha [hăg′ĭ ŏg′rə fə] *(n.)* الجزء الثالث من التوراة .

hag·i·og·ra·pher [-fər] *(n.)* كاتبُ سِيَر القِدِّيسين .

hag·i·og·ra·phy [-fĭ] *(n.)* (١) سِيَر القِدِّيسين (٢) السِّيرة التقديسيّة : سيرة تَتَّسِمُ بتقديس الكاتب للمترجَم له أو بإظهاره بمظهر مثاليّ .

hag·i·ol·a·try [-ĭ ŏl′ə trĭ] *(n.)* عِبادة القِدِّيسين .

hag·i·ol·o·gy [-′ə jĭ] *(n.)* (١) أدب القداسة : شعبة من الأدب تُعنى بسِيَر القِدِّيسين (٢) كتاب عن سِيَر القدِّيسين (٣) مجموعة من هذه السِّيَر .

hag·rid·den [hăg′rĭd′ən] *(adj.)* مضايَق ؛ مُنْهَك ؛ مُعَذَّب .

hag·ride [hăg′rīd′] *(vt.)* يُضايِق ؛ يُنهِك ؛ يُعَذِّب .

hag·seed [hăg′sēd] *(n.)* وَلَد الساحرة ؛ وَلَدُ العَرّافة .

ha–ha [hä′hä′] *(n.)* = sunk fence.

hahn·i·um [hän′ĭ əm] *(n.)* الهانيوم : عنصر إشعاعيّ النشاط (ك) .

haik

haik [hīk; häk] *(n.)* الحَيْك : ثوب أبيض خارجيّ يرتديه أبناء شمالي إفريقيا .

hail[1] [hāl] *(n.; vi.; t.)* (١) بَرَد (٢) وابلٌ كالبَرَد <a ~ of bullets> § (٣) تُبرِدُ السَّماء : تُمطِر بَرَدًا (٤) ينهمر كالبَرد x (٥) يُمْطِرُهُ بوابل من . . . <~*ed* curses on him>.

hail[2] *(interj.; vt.; i.; n.)* (١) مرحبًا § (٢) يُحيِّي ؛ يرحِّب بـ (٣) يُنادي بـ x <~*ed* him king> (٤) يُنادي . وبخاصة : يُحيِّي سفينةً عابرة § (٥) تحيّة ؛ ترحيب (٦) هُتاف ؛ نداء .

to ~ a taxi — يُنادي مستوقفًا سيارة أجرة .

to ~ from — يُقْبِل من ؛ يأتي من .

within ~, — ضمن مدى الصوت .

hail–fellow *or* **hail–fel·low–well–met** *(adj.; n.)* (١) وُدِّيّ ؛ إخوانيّ § (٢) صديق ؛ خدين (٣) صداقة .

Hail Mar·y *(n.)* = Ave Maria.

hail·stone [hāl′stōn′] *(n.)* البَرَدة : حَبّة من حبّات البَرَد .

hail·storm [hāl′-] *(n.)* عاصفة البَرَد : عاصفة مصحوبة ببَرَد .

hair [hâr] *(n.)* (١) «أ» شَعْر . «ب» شعرة (٢) «أ» وَبَر . «ب» نسيج من وبر (٣) «أ» مسافة ضئيلة أو مقدار ضئيل <She lost the race by a ~.> . «ب» دِقة بالغة <You've described her to a ~.> .

not to turn a ~, — يتجلّد : لا يُظهِر علامات التعب أو القلق .

to keep one's ~ on — يحتفظ بهدوئه أو رباطة جأشه .

to split ~*s* — يتماحكون ؛ يشُقُّون الشعرةَ طولًا .

to tear one's ~, — يَقْلَق أو يَحْزن أو يَغْضب بشِدة .

hair·breadth [-′brĕdth] *(n.; adj.)* (١) عَرْض شعرة : مسافة ضيقة § (٢) بشقّ النفس ؛ بمعجزة <a ~ escape> .

hair·brush [-′brŭsh] *(n.)* فُرشاة الشَّعر .

hair·cloth [-′klôth] *(n.)* نسيج من وبر الجمل ونحوه .

hair·cut [-′kŭt] *(n.)* الحِلاقة : قَصُّ الشَّعْر أو أسلوبه .

hair·do [-′do͞o] *(n.)* pl. **-dos** التَّسريحة [لشعر المرأة] .

hair·dress·er [-′drĕs′ər] *(n.)* (١) المزيِّن [لشعر النساء] (٢) الحلّاق .

haired [hârd] *(adj.)* ذو شَعر [من نوع معيَّن] .

hair·i·ness [hâr′ĭ nəs] *(n.)* التَّشَعُّر : كثرة الشَّعر وطولُهُ .

hair·less [hâr′ləs] *(adj.)* أصلع ؛ أجرد ؛ أمرد ؛ عديم الشعر .

hair·line [-′līn′] *(n.)* (١) الخطّ الشَّعريّ : خط رفيع جدًا . مثل : «أ» صدع

ă at; ā date; â care; ä car; ĕ egg; ē me; ĭ in; ī bite; ŏ lot; ō bone; ô orphan; oi boil; o͝o good; o͞o boot; ou out; ŭ under; û urgent; ə = *a* in alone, *e* in system, *i* in easily, *o* in gallop, *u* in circus.

طفيف في سطح شيء. «ب» خط رفيع جدًا على وجه حرف طباعيّ (٢) عَرْض شَعرة: مسافة ضئيلة (٣) الخطّ الشَّعريّ: «أ» نقش في النسيج مؤلف من خطوط عمودية أو أفقية بعَرْض خيط عادةً. «ب» النسيج المزوَّد بمثل هذا النقش (٤) الخط الشَّعري: حَدّ الشَّعْر [في فروة الرأس].

hair·piece [hâr′pēs′] *(n.)* قِطعة الشَّعر: شعر مُستعار.

hair·pin [hâr′-] *(n.; adj.)* (١) دبُّوس شَعر (٢) منعطَف حادّ [في طريق] § (٣) دَبُّوسِيّ: على شكل دبوس <a ~ curve>.

hair–rais·er *(n.)* شيء مثير. وبخاصة: رواية أو مسرحية مثيرة.

hair–rais·ing *(adj.)* مُرعب؛ مثير؛ مُدهش.

hair seal *(n.)* الفُقمة الشَّعْراء؛ عِجل البحر الأشعر.

hair slide *(n.)* = hairpin.

hair space *(n.)* مجال الشعرة: فاصل ضيق جدًا بين كلمة وأخرى (طع).

hair·split·ter [-′splĭt′ər] *(n.)* المُماحِك: المجادل في أمور لفظية أو صغيرة.
— **hair·split·ting** *(adj.; n.)*

hair·spring [-′sprĭng′] *(n.)* النابض الشَّعريّ: نابض أو زنبرك لولبيّ رفيع ينظِّم حركة عجلة الموازنة في ساعةٍ ما.

hair·style [-′stīl′] *(n.)* تَسريحة [شَعْر]؛ تصفيفة [شَعْر].

hair–trig·ger [-′trĭg′ər] *(adj.)* حادّ؛ نزِق <a ~ temper>.

hair trigger *(n.)* الزِّناد الشَّعْريّ: زِنادٌ أو مقداحٌ مُعَدّ لإطلاق النار، من بندقيةٍ، بأقلّ ضغط.

hair·y [hâr′ĭ] *(adj.)* (١) «أ» مكسوّ بالشَّعْر <~ legs>. «ب» أشْعر؛ شَعِر: كثير الشَّعر <~ ape> (٢) زغِب؛ أزغَبُ الساق والورق (نب) (٣) شعريّ: مصنوع من شعر <~ gown> (٤) «أ» وعر <~ country>. «ب» فظّ <~ bodyguard>. «ج» رهيب <~ moments>. «د» خطِر <a ~ trip>.

hajj [hăj] *(n.)* الحجّ (إس).

haj·ji [hăj′ĭ] *(n.)* الحاجّ: من أدّى فريضة الحجّ (إس).

hake [hāk] *(n.)* النازلي: سمك بحريّ كبير.

hal- *or* **halo-** بادئة معناها: «أ» ملح. «ب» هالوجين.

ha·la·tion [hā lā′shən] *(n.)* (١) التَّهَلُّل: انتشار الضوء إلى ما وراء حدوده الصحيحة [في صورة فوتوغرافية مُظهَّرة] (٢) الهالة: حلقة مشرقة تطوِّق أحيانًا شيئًا نيِّرًا على شاشة التلفزيون.

head of halberd

hal·berd *or* **hal·bert** [hăl′-] *(n.)* المِطْرَد: سلاح قديم مؤلف من رمح وفأس حرب.

hal·cy·on [hăl′sĭ ən] *(n.; adj.)* (١) «أ» القاوَنْد: طائر تزعم الأسطورة أنه يُهَدّئ، في دور حضانته، أمواجَ البحر. «ب» kingfisher § (٢) «أ» هادئ؛ رائق <~ days of youth>. «ب» سعيد؛ طليق <a ~ atmosphere>. «ج» مزدهر؛ ذهبيّ <a ~ era>.

hale[1] [hāl] *(adj.)* سليم؛ صحيح؛ مُعافًى.

hale[2] *(vt.)* (١) يجذب؛ يسحب (٢) يسوق؛ يُكرِه على الذهاب.

half [hăf; häf] *(n.; adj.; adv.)* (١) «أ» نصف. «ب» نصف ساعة <~ past seven> (٢) «أ» شطر. «ب» أحد زوجين. «ج» فصل [من فصول السنة المدرسيّة] (٣) نصف دولار (٤) ظهير مساعد [كرة القدم] § (٥) «أ» نصفيّ <a ~ share>. «ب» جزئيّ؛ غير كامل <~ knowledge of a subject> § (٦) نصفيًا؛ بمقدار النصف <a bucket ~ full of water> (٧) جزئيًا <~ cooked> (٨) أبدًا؛ على الإطلاق.
- by ~, إلى حدّ بعيد.
- by *halves* جزئيًا؛ بفتور؛ بغير حماسة.
- in ~, نصفين؛ إلى نصفين؛ مناصفةً.
- not ~ bad حَسَنٌ جدًا (ع).
- one's better ~, زوجة المرء؛ نصفُهُ الأفضل.

half–and–half [hăf′ən hăf′] *(adj.; adv.; n.)* (١) متناصف: نصفُهُ الأول من شيء ما ونصفه الآخر من شيء مختلف <a ~ mixture> (٢) متساوٍ <~ success> (٣) جزئي <a job demanding ~ cooperation> § (٤) مناصفةً <divided ~> (٥) بالتساوي <a duty shared ~ by husband and wife> § (٦) شيء متناصف [كمزيج من شَرابَيْن مُسْكِرَين].

half–assed [hăf′ăst′] *(adj.)* (١) ناقص؛ غير وافٍ (ع) (٢) غِرّ؛ جاهل.

half·back [hăf′băk′] *(n.)* الظَّهير المُساعد [في كرة القدم].

half–baked [hăf′bākt′] *(adj.)* (١) فَطِير؛ نصف مخبوز (٢) «أ» غير مدروس أو مُهَيَّأ جيدًا. «ب» غِرّ؛ جاهل.

half·beak [hăf′bēk′] *(n.)* أبو منقار: سمك بحريّ ذو منقار.

half binding *(n.)* التجليد النِّصفيّ: تجليد الكتب «نصف جلد».

half blood *(n.)* (١) الخَيَف: القرابة الجامعة بين أشخاص أمهم واحدة وآباؤهم شتّى أو العكس (٢) الأخْيَف؛ الخيفاء (٣) المولَّد؛ الهجين.

half–blood *or* **half–blood·ed** *(adj.)* مُوَلَّد؛ هَجِيْن.

half boot *(n.)* الجَزْمة النِّصفية: جَزْمة خفيفة تتجاوز الكاحل بقليل.

half–bound *(adj.)* نصف مُجَلَّد (را. half binding).

half–bred; half–breed *(n.; adj.)* مُوَلَّد؛ هَجِين.

half brother *(n.)* أخٌ غيرُ شَقيق.

half–caste [hăf′kăst′] *(n.; adj.)* = half–bred.

half–cell *(n.)* الخَلِيَّة النِّصفيّة: بطارية وحيدة القُطب.

half cock *(n.)* (١) الصَّلْي النصفيّ: وضع يكون فيه زَنْد البندقية نصف مَصْليّ (٢) تشوُّش؛ ارتجال؛ عدم استعداد.

half–cocked *(adj.)* (١) نصف مَصْليّ [صفة لزَند البندقية] (٢) مرتَجَل.

half–crazed [-′krāzd′] *(adj.)* مجنون؛ مَسعور؛ شديد الاهتياج.

half eagle *(n.)* قطعة نقدية ذهبية أميركية [خمسة دولارات].

half–ev·er·green [hăf′ĕv′-] *(adj.)* نصف دائم الخضرة (نب).

half gainer *(n.)* ضرب من الغَطْس.

half–heart·ed [-′här′tĭd] *(adj.)* فاتر؛ تُعْوِزه الحماسة.

half hitch *(n.)* العُقْدَة النصفيّة: عقدة بسيطة سهلة الفكّ.

half hour *(n.)* (١) نصف ساعة: ثلاثون دقيقة (٢) منتصَف السّاعة.

half·hour·ly *(adj.; adv.)* (١) نصف ساعيّ: «أ» خاصّ بنصف ساعة. «ب» دائمٌ نصفَ ساعةٍ. «ج» حادثٌ مرةً كلَّ نصف ساعة § (٢) طوالَ نصفِ

ساعة (٣) مرةً كلَّ نصفِ ساعة .

half leather *(n.)* = half binding.

half–length *(n.)* الصُّورة النِّصْفِيَّة [تمثِّل نصفَ الطولِ الكاملِ] .

half–life *(n.)* عُمْر النِّصف : الزَّمن الضروري لتفكّك نصف ذرات مادة ذات نشاط إشعاعيّ (كف) .

half–light *(n.)* (١) العَتَمَة (٢) القَتَمَة : جزء من الصورة الفنية يمثّل العتمة .

half line *(n.)* الخط النصفيّ : خط مستقيم يمتدّ من نقطة في اتجاه واحد فقط .

half–long *(adj.)* مُتوسِّط الطُّول : لا بالطويل ولا بالقصير .

half–mast [hăf′măst′] *(n.; vt.)* (١) منتصف السارية [حيث ينكّس العَلَم حِداداً] § (٢) ينكِّس العَلَمَ [حِدادًا] .

half–moon *(n.)* (١) هِلال (٢) شيء هِلاليّ الشَّكل .

half note *(n.)* نصف النَّغمة (مو) .

half·pen·ny [hā′pə nĭ] *(n.)* pl. **-pence** *or* **-pen·nies** (١) نصف بنس (٢) مقدار ضئيل .

half plane *(n.)* نصف المستوي (ر) .

half sister *(n.)* أخت غيرُ شقيقة .

half sole *(n.)* نِصف النَّعل [الممتدُّ من مقدَّم الحذاء إلى خصره] .

half sovereign *(n.)* قطعة نقدية ذهبيّة بريطانية قديمة [عشرة شلنات] .

half–staff [hăf′ stăf′] *(n.)* = half–mast.

half step *(n.)* (١) نصف خطوة (جن) (٢) نصف نغمة (مو) .

half tide *(n.)* المدّ النصفيّ : الزمن أو الحالة المتوسطة بين المدّ والجزر .

half–tim·ber *or* **half–tim·bered** *(adj.)* نِصف خشبيّ : مؤلَّف من هيكل خشبيّ وأقسام مكسوّة بالآجُرّ أو الجصّ إلخ .

half time *(n.)* (١) الفاصل الانتصافيّ : فترة بين الشطرين الأول والثاني من مباراة في كرة القدم إلخ (٢) العمل النصفيّ : الشُّغل نصف ساعات النهار فقط وبنصف راتب .

half title *(n.)* العُنوان النِّصفيّ : اسم الكتاب المُدوَّن منفردًا في الصفحة التي تَسبِق مباشرةً صفحةَ العنوان أو في أعلى الصفحة الأولى من النصّ .

half·tone [hăf′tōn′] *(n.; adj.)* (١) نصف نغمة (مو) (٢) اللون النِّصفيّ : لون في الرَّسم الزَّيتيّ أو التَّصوير الفوتوغرافيّ إلخ ليس بالداكن جدًا ولا بالفاتح جدًا § (٣) تَدَرُّجِيلَوْنيّ .

half–track [-′trăk′] *(n.)* سيّارة [أو مدرّعة] نصف مُزَنْجَرة .

half–truth *(n.)* نصف الحقيقة : «أ» بيان أو إفادة صحيحة جزئيًا فقط . «ب» بيان أو إفادة تختلط فيها الحقيقة بالكذب مع قصدٍ إلى الغش والخداع .

half·way [hăf′wā′] *(adj.; adv.)* (١) مُتوسِّط بين نقطتين (٢) جزئي <~ measures> § (٣) إلى منتصف المسافة <The rope reaches only ~.> (٤) جزئيًا ؛ تقريبًا <The fighter ~ yielded.> .

half–wit [hăf′wĭt′] *(n.)* (١) الأبله ؛ المعتوه (٢) الأحمق .

half·wit·ted *(adj.)* (١) أبله ؛ معتوه (٢) أحمق .

half–world [hăf′-] *(n.)* = demimonde.

hal·i·but [hăl′ə bət] *(n.)* الهَلْبوت : أضخم الأسماك المُفَلْطَحة .

halibut

hal·i·dom *or* **hal·i·dome** [hăl′ə-] *(n.)* شيء مقدَّس (ا . ق) .

hal·ite [hăl′īt′] *(n.)* الهاليت ؛ ملح الصخور .

hal·i·to·sis [hăl ə tō′sĭs] *(n.)* البَخَر : رائحة النَّفَس الكريهة .

hall [hôl] *(n.)* (١) «أ» قصر ملك أو نبيل [في القرون الوسطى] . «ب» حجرة الجلوس الرئيسية فيه (٢) البيت الريفيّ [لصاحب أطيان] (٣) القَصْر : مبنًى فخم مُعَدّ لأغراض عامّة أو شبه عامّة (٤) الصَّرْح : «أ» مبنًى في جامعة مخصَّص لغرضٍ بعينه . «ب» dormitory (٥) كلّيةٌ أو جزء من كليّة في بعض الجامعات (٦) «أ» قاعة الطعام [العامة في كلية إنكليزية] . «ب» وجبة طعام [تقدَّم هناك] (٧) «أ» رَدْهة . «ب» رواق (٨) قاعة اجتماع (٩) مَلْهًى .

hal·le·lu·jah [hăl′ə lōō′yə] *(interj.; n.)* (١) هَلِّلويا : الشكر لله § (٢) ترنيمة شكر .

hall·mark [hôl′märk′] *(n.; vt.)* (١) الدَّمغة : «أ» دمغة المَصوغات . «ب» دمغة السِّلع [لبيان أصلها أو أصالتها وجودتها] (٢) صفة ؛ سِمة مُميِّزة § (٣) يَدْمَغ [المصوغاتِ أو السِّلع] .

hal·lo [hə lō′] *or* **hal·loo** [hə lōō′] = hollo.

hal·low [hăl′ō] *(vt.)* (١) يقدِّس ؛ يكرِّس (٢) يُبَجِّل .

hal·lowed [hăl′ōd] *(adj.)* (١) مقدَّس ؛ مكرَّس (٢) مُبَجَّل .

Hal·low·een [hăl′ō ēn′] *(n.)* عَشِيَّة عيد جميع القِدِّيسين .

Hal·low·mass [hăl′ō məs] *(n.)* عيد جميع القدِّيسين [أول نوفمبر] .

hal·lu·ci·nate [hə lōō′sə nāt′] *(vt.; i.)* x (١) يُهَلْوِس : يُصيب بالهَلْوَسة (٢) يُهَلْوِس ؛ يَهْتَلِس : يُصاب بالهَلْوَسة .

hal·lu·ci·na·tion [-nā′-] *(n.)* (١) الهَلْوَسة ؛ الاهتلاس (نف) (٢) توهُّم .

hal·lu·cin·o·gen [-′sə nə jĕn′] *(n.)* العقّار المُهَلْوِس .

hal·lu·ci·no·sis [hə lōō′sə nō′sĭs] *(n.)* الهُلاس : حالة عقلية مَرَضية متّسِمة بالهَلْوَسة (نف) .

hal·lux [hăl′əks] *(n.)* pl. **hal·lu·ces** إبهام الرِّجل (ت) .

hall·way [hôl′wā′] *(n.)* (١) مَدْخَل (٢) رِواق .

halo [hā′lō] *(n.; vt.)* (١) الهالة ؛ دارة القمر ؛ طُفاوة الشمس (٢) هالة القداسة : «أ» إشعاع نورانيّ يطوِّق الرأس [في صورة قِدِّيس] . «ب» هالة تقديس يُحاط بها شخص أو شيء § (٣) يُشَكِّل هالةً ؛ يُطوِّق بهالة .

halo effect *(n.)* أثر الهالة : الانطلاق في تقييم شخصية المرء من إحدى خصاله الصّالحة وتعميمُها على كامل الشخصية (نف) .

hal·o·gen [hăl′ə jən] *(n.)* الهالوجين ؛ مولِّد الملح (ك) .

hal·o·gen·ate [-jə nāt′] *(vt.)* يُهَلْجِن : يعالج أو يمزج بالهالوجين .

hal·o·phile [-′ə fīl′] *(n.)* إلْفُ المِلح : متعضٍّ يحيا في بيئة مِلحة .

hal·o·phyte [-′ə fīt′] *(n.)* النبات المِلْحيّ : نبات ينمو في تربة مِلحة .

ă at; ā date; â care; ä car; ĕ egg; ē me; ĭ in; ī bite; ŏ lot; ō bone; ô orphan; oi boil; ŏŏ good; ōō boot; ou out; ŭ under; û urgent; ə = *a* in alone, *e* in system, *i* in easily, *o* in gallop, *u* in circus.

halt [1] [hôlt] *(adj.; vi.)* (١) أعرج § (٢) يَعْرُج (٣) يتردَّد (٤) يتلعثم؛ يتعثّر؛ يترنّح؛ يُظهِر ضعفًا.

halt [2] *(vi.; t.; n.)* (١) يقف؛ يتوقف (٢) ينقطـع؛ ينتهي x (٣) يُوقِف (٤) يُنْهِي § (٥) وقوف؛ توقُّف (٦) مَوْقِف؛ محطّة.

hal·ter [1] [hôl′tər] *(n.; vt.)* (١) فا halt. وبخاصة: الأعرج؛ المتردِّد إلخ (٢) رَسَن؛ مِقْوَد (٣) «أ» حبل المِشْنقة. «ب» الموت شنقًا (٤) صُدَيرة نسائية § (٥) «أ» يُرْسِنُ دابةً. «ب» يَشْنُق (٦) يَعُوق؛ يُقيِّد؛ يُكبِّل.

hal·ter [2] *(n.)* المُوازِن: أحد عُضْوَيْن في حشرة يساعدانها على حفظ التوازن في الطيران.

hal·ting [hôl′-] *(adj.)* (١) أعرج (٢) ناقص (٣) متردِّد؛ مُتَلَعْثِم.

halve [hăv; häv] *(vt.)* (١) ينصِّف: يَشْطُر إلى نصفين (٢) يُنزِل إلى النصف (٣) يقتسم بالتساوي <to ~ the cost>.

halves [hăvz; hävz] *pl. of* half.

hal·yard *or* **hal·liard** [hăl′-] *(n.)* الكَرّ: حبل لرفع راية أو شراع وخفضهما.

ham [hăm] *(n.)* (١) المَأْبِض: باطن الرُّكبة (٢) مُؤخَّر الفَخِذ (٣) فَخِذ الخِنزير (٤) «أ» ممثّل غير بارع. «ب» هاوٍ <a radio ~>.

Ham [hăm] *(n.)* حام: ثاني أبناء نوح الثلاثة.

ham·a·dry·ad [hăm ə drī′əd] *(n.)* (١) حُورِية الغابات (٢) الصِّلّ: أفعى كبيرة سامّة.

ha·ma·dry·as baboon *(n.)* الرُّبّاح المقدَّس [عند قدماء المصريين].

ha·mal *also* **ham·mal** *(n.)* الحمّال؛ العتّال.

ha·mate [hā′māt] *(adj.)* أعقف؛ معقوف.

ham·burg·er [hăm′bûr′gər] *or* **ham·burg** [-′bûrg] *(n.)* (١) لحم بقرٍ مفروم (٢) الهَمْبورْغيّة: سندويشة أو شَطِيرة مدوَّرة من لحم بقرٍ مفروم.

hame [hām] *(n.)* السِّمْط: جزء من رِقابيّة الفَرَس يُشَدّ إليه سيرُ اللّجام.

Ham·ite [hăm′īt] *(n.)* الحاميّ: المتحدِّر من نسل حام بن نوح.

Ham·it·ic [hă mĭt′ĭk] *(adj.; n.)* (١) حاميّ § (٢) اللغات الحاميّة.

Hamitic languages *(n. pl.)* اللغات الحاميّة [كالبربريّة والقبطيّة].

ham·let [hăm′lĭt] *(n.)* القُرَيّة: قرية صغيرة.

ham·mal [hə mäl′; hä mâl′] *(n.)* = hamal.

hammers *1.*

ham·mer [hăm′ər] *(n.; vi.; t.)* (١) مِطْرقة (٢) شيء يشبه المطرقة شكلًا أو عملًا، مثل: «أ» زند البندقية. «ب» العظم المِطْرَقيّ [في الأذن الباطنة]. «ج» مطرقة رئيس الجلسة أو الدلّال في مزاد علني § (٣) يطرُق؛ يدقّ (٤) «أ» يقوم بمحاولات متكررة. «ب» يكرّر رأيًا أو مسلكًا x (٥) «أ» يطرِّق. «ب» يشكِّل بمطرقة (٦) يُحدث بمثل الطرقات المتكرِّرة <to ~ out a policy>.

to come *or* go under the ~, يباع بالمزاد العلني.

to ~ out (١) يُشكِّل بمطرقة (٢) يدرس أمرًا بتفصيل.

hammer and sickle *(n.)* المِطرقة والمِنجل [شعار الشيوعية].

hammer and tongs *(adv.)* بعُنْف؛ بقوّة بالغة.

ham·mered *(adj.)* مُطرَّق <~ copper>.

ham·mer·head [-′ər hĕd′] *(n.)* (١) رأس المِطرقة: الجزء الضارب منها (٢) الغبيّ؛ الأحمق (٣) أبو مِطرقة [سمك].

hammerhead *3.*

ham·mer·less *(adj.)* محجوب [أو مَخْفيّ] الزِّند <a ~ gun>.

ham·mer·lock [-′ər lŏk′] *(n.)* المسكة المِطرقيّة: مسكة في المصارعة تُلْوَى فيها ذراع الخصم وتثبّت خلف ظهره.

hammerlock

ham·mock [hăm′ək] *(n.)* الأُرجوحة الشَّبكيّة.

ham·my [hăm′ĭ] *(adj.)* مبالغٌ فيه؛ مُغالًى فيه.

ham·per [hăm′pər] *(vt.; n.)* (١) يعوق (٢) يعرقل؛ يشوِّش (٣) يكبح؛ يقيِّد § (٤) عائق؛ عقبة (٥) السَّبَت: سلّة كبيرة ذات غطاء.

Hamp·shire [hăm(p)′shēr] *(n.)* الهامبشيريّ: «أ» ضربٌ من الخنازير أسود اللون. «ب» ضرب من الخراف الإنكليزية الأصل.

hamster

ham·ster [hăm′stər] *(n.)* الهَمْسْتَر: حيوان من القوارض.

ham·string [hăm′-] *(n.; vt.)* (١) أوتار المأبِض: إحدى مجموعتي أوتار المأبِض أو باطن الرُّكبة (٢) عضلة مَأبضيّة § (٣) يُقعِد بقطع أوتار الرِّجل (٤) يجعله عاجزًا؛ يسلبه الفعالية أو القوة.

ham·u·lus [hăm′yə ləs] *(n.)* pl. **-li** (١) صِنارة؛ خُطّاف صغير (٢) شُوَيْكة خُطّافيّة (نب) (٣) نامية أو زائدة كُلّابيّة (ت) (٤) الكُلّاب: أداة لانتزاع الجنين (جر).

ham·za *or* **ham·zah** *(n.)* الهمزة: علامة الهَمْز في العربية.

hand [hănd] *(n.; vt.; adv.)* (١) يد (٢) شيء كاليد. مثل: «أ» مؤشِّر. «ب» عقرب ساعة. «ج» قرط موز. «د» حزمة من أوراق شجر عريضة (٣) «أ» *pl.* عد: حَوْزة؛ يَد؛ أيدي <The documents fell into the ~s of the enemy.>. «ب» سيطرة؛ إشراف (٤) جانب؛ جهة؛ ناحية (٥) «أ» خط؛ كتابة. «ب» إمضاء؛ توقيع <Some writs require a judge's ~.> (٦) «أ» براعة؛ حذق؛ لَمْسَة <a painting that shows a master's ~>. «ب» ضلع؛ دور؛ يدٌ <She had a ~ in the crime.> (٧) مصدر؛ مصدر معلومات إلخ <at first ~> (٨) القَبْضة: وحدةٌ تساوي أربعة إنشات لقياس ارتفاع الخيل خاصةً (٩) «أ» عون؛ مساعدة <to lend a ~>. «ب» مشاركة؛ اهتمام. «ج» عاصفة تصفيق <won a good ~ for his acting> (١٠) «أ» لاعب [في لعبة ورق]. «ب» الأوراق في يد اللاعب. «ج» دورة أو «دَقّ» [في لعب الورق]. «د» قوة الموقف؛ صلابة الموقف [في مفاوضاتٍ إلخ] (١١) «أ» الصانع؛ المنتج؛ الكاتب إلخ <a book by several ~s>. «ب» العامل؛ المستخدَم <a factory ~>. «ج» أحد نوتيّة المركب <all ~s on deck>. «د» البارع في عمل ما <a good ~ at writing letters> (١٢) «أ» عملٌ يدوي. «ب» أسلوب § (١٣) يطوي شراعًا أو رايةً (١٤) يقود أو يساعد باليد <to ~ a lady into a carriage> (١٥) «أ» يسلِّم إلى باليد <to ~ a person a letter>. «ب» يعطي؛ يُنْزِل بِـ <~ed him a terrible beating> § (١٦) يَدَويًا: باليد لا بالآلة.

a heavy ~, قسوة؛ ظلم.

a high ~, استبداد؛ تحكّم.

at all ~s من قِبَل جميع الفرقاء؛ من كل مكان.

at ~, (١) قريب [زمانًا أو مكانًا] (٢) في المتناول (٣) جاهز للاستعمال

(٤) على وشك الحدوث .

at the ~ *or* ~*s* of على يد فلان ؛ بواسطة كذا .

by ~, باليدين [لا بالأدوات أو الآلات] .

clean ~*s* براءة [من إثم أو جرم] .

for one's own ~, [يعمل أو يلعب] لمصلحته الشخصية .

from ~ to ~, من شخص إلى آخر .

from ~ to mouth من غير تزوّد للمستقبل ؛ عيشة الكفاف .

~ and glove *or* ~ in glove على أتمّ الودّ مع فلان .

~ in ~, (١) يدًا بيد (٢) بتعاون ؛ باتحاد .

~ over ~, بتقدّم سريع متواصل .

~*s* off ! إرفعْ يدك عن . . . ! لا تتدخل ! لا تمسّ !

~*s* up! إرفعْ يديك ! استسلِم !

~ to ~, باشتباك متلاحم [في شجار أو معركة] .

in ~, (١) تحت سيطرة المرء أو إشرافه أو تصرّفه (٢) في المتناول (٣) قَيْدَ التحضير أو الإعداد .

on all ~*s* *or* on every ~, في كل مكان .

on ~, (١) تحت اليد [مجازًا] (٢) على وشك الظهور (٣) حاضر ؛ موجود .

on *or* upon one's ~*s* تحت يد المرء أو إشرافه أو مسؤوليته .

on the one ~, من ناحية ؛ من وجهة النظر هذه .

out of ~, (١) حالًا (٢) متمَّم ؛ مُنْجَزٌ (٣) خارج عن سيطرة المرء أو إشرافه المسؤول .

to ask the ~ of يطلب يدها [للزواج] .

to change ~*s* تنتقل ملكيته إلى شخص آخر .

to come to ~, يُسْتَلَم ؛ يَصِل .

to ~ over يتخلّى عن ؛ يسلّم إلى .

to have one's ~*s* full مشغول إلى أبعد حدّ .

to join ~ in ~, يتعاونون ؛ يعقدون الخناصر .

to lay ~*s* on يضع يده على ؛ يضبط ؛ يصادر .

to put *or* set one's ~ to يشرع ؛ يبدأ في العمل .

to shake ~*s* with يصافح فلانًا .

to take a ~, يشترك في اللعب [وبخاصة لعب الورق] .

to take in ~, يشرع في ؛ يحاول .

to wash one's ~*s* of يغسل يده من ؛ يتبرّأ من .

hand and foot *(adv.)* تمامًا ؛ كُلِّيَّةً ؛ بكلّ ما في الكلمة من معنًى .

hand·bag [hănd′băg′] *(n.)* (١) حقيبة يدوية (٢) حقيبة يد نسائيّة .

hand·ball [hănd′bôl′] *(n.)* (١) كرة اليد (٢) لعبة كرة اليد (رب) .

hand·bar·row [-′băr′ō] *(n.)* مِحَفَّة ؛ حمّالة .

hand·bill [hănd′bĭl′] *(n.)* الإعلان أو البيان اليدويّ [يُوزَّع باليد] .

hand·book *(n.)* (١) كُتَيِّب (٢) دليل السُّيّاح (٣) سِجلّ المراهنات .

hand brake *(n.)* المِكبح اليدويّ .

hand·breadth [-′brĕdth′] *also* **hands·breadth** *(n.)* عَرْض الكَفّ : مقياس للطول [٢,٥-٤ إنشات] .

handcar

hand·car [-′kär′] *(n.)* العَرَبة الخفيفة : عربة خفيفة تُدْفَع باليد [على سكة حديدية] أو بمحرِّك صغير .

hand·cart [-′kärt] *(n.)* عربة اليد : عربة تُدفَع باليد .

hand·clasp [-′klăsp′] *(n.)* = handshake.

hand·craft [-′krăft′] *(n.; vt.)* (١) صَنْعة ؛ حِرفة § (٢) يَصنع يَدَويًا .

hand·cuff [-′kŭf′] *(n.; vt.)* (١) *pl.* عد : قَيْد ؛ صَفَد ؛ غُلّ § (٢) يُقيِّد ؛ يُصَفِّد ؛ يُكبِّل .

handcuffs *1.*

hand·ed [hăn′dĭd] *(adj.)* (١) ذو يد ؛ ذو يدين (٢) مستعمِل يدًا معيَّنة <a left-*handed* person> .

hand·fast [-′făst] *(n.)* عَقْد ؛ وبخاصة عقد خِطبة أو زواج (ا . ق) .

hand–feed *(vt.)* يَعْلِف [بمواعيدَ نظامية] .

hand·ful [-′fo͝ol′] *(n.)* (١) حفنة ؛ قبضة (٢) مقدار ضئيل .

hand glass *(n.)* المرآة اليدوية : مرآة صغيرة ذات مقبض .

hand grenade *(n.)* القنبلة اليدوية .

hand·grip [-′grĭp′] *(n.)* (١) إمساك باليد (٢) مَقْبِض (٣) *pl.* : شِجار ؛ اشتباك بالأيدي .

hand·hold *(n.)* سَنَد ؛ دِعامة ؛ عاصم ؛ مُتَمَسَّك [يقي من السقوط] .

hand·i·cap [hăn′dĭ kăp′] *(n.; vt.)* (١) سباق العَدَل : سباق يُتساهل فيه مع العنصر الضعيف أو يُفرض على العنصر القوي عبء إضافيّ بحيث تصبح فُرَص الكسب متكافئة (٢) العَدَل : الأفضلية الممنوحة للضعيف أو العبء الإضافي المفروض على القويّ (٣) عاهة ؛ عائقٌ بَدَنيّ § (٤) يُقيمُ العَدَلَ أو التكافؤ في سباق (٥) يَعوق ؛ يشكّل عائقًا لِـ <His age ~*s* him.> .

hand·i·capped *(adj.)* (١) مُعاق ؛ عاجز (٢) متخلِّف عقليًا .

hand·i·cap·per *(n.)* المُرَجِّح : من يتنبّأ بنتائج سباقات الخيل .

hand·i·craft [hăn′dĭ-] *(n.)* (١) البراعة اليدوية (٢) حِرفة أو صنعة يدويّة .

hand·i·craft·er; hand·i·crafts·man *(n.)* الحِرَفيّ ؛ الصانع اليدويّ .

hand·i·ly [hăn′-] *(adv.)* (١) ببراعة ؛ بإتقان (٢) بسهولة ؛ بيُسْر .

hand·i·ness [hăn′dĭ-] *(n.)* قُرْب ؛ سهولة ؛ براعة إلخ .

hand·i·work [hăn′dĭ-] *(n.)* (١) عمل يدويّ (٢) صنع اليدين : مُنْجَزٌ شخصيّ أو فرديّ <His fortune is his own ~.> .

hand·ker·chief [hăng′kər chĭf] *(n.)* (١) مِنْديل ؛ مَحْرَمة (٢) مِنديل [لرأس المرأة] ؛ وشاح [لعُنق المرأة] .

hand·knit [-′nĭt′] *(adj.; vt.)* (١) محبوك باليد § (٢) يَحْبُك باليد .

hand·launder [hănd′lôn′dər] *(vt.)* يغسل [الملابس] يدويًا .

han·dle [hăn′dəl] *(n.; vt.; i.)* (١) مَقْبِض ؛ مَسْكة (٢) شيء يمكن أن يُمْسَك به ويُسْتغلّ : مَمْسَك <Your behavior may give a ~ to your enemies.> (٣) اسم ؛ لقب <bore an odd ~> (٤) مَلْمَس النسيج <has a soft ~> (٥) قيمة المال الإجمالية المراهَن بها في سباق أو لعبة § (٦) «أ» يَمَسّ ؛ يَلْمس ؛ يُمسك . «ب» يستعمل <to ~ one's fists well in a fight> . «ج» يسوس فَرَسًا (٧) «أ» يعالج موضوعًا . «ب» يقود ؛ يوجِّه ؛

يدبِّر (٨) يعامل بطريقة خاصة <to ~ a person with tact> (٩) يتاجر بِـ <handling new and used cars> x (١٠) يعمل <This car ~s well.> .

han·dle·bar [-ˈdəl bärˈ] *(n.)* مِقْوَد الدَّرّاجة [الهوائية].

hand lens *(n.)* العَدَسة اليدوية: عَدَسة مُكبِّرة تُحمل باليد.

han·dler [hăndˈlər] *(n.)* (١) فا handle (٢) من يسوس أو يحرِّض كلبًا أثناء مباراة (٣) «أ» مدرِّب الملاكم. «ب» البديل: من يحلّ محل الملاكم حين يستبدّ به التعب في مباراة.

hand·less [hăndˈləs] *(adj.)* (١) بلا يَدَيْن (٢) أخرق؛ غير بارع في الأعمال اليدوية.

han·dling *(n.)* (١) معالجة (٢) معاملة (٣) «أ» تدبير. «ب» طريقة المعالجة أو التناول (٤) تعبئة أو شحن السِّلَع [إلى عميل أو وكيل] (٥) طريقة السير أو العمل <The ~ of the car was smooth.> .

hand·loom [-ˈlo͞omˈ] *(n.)* النَّوْل اليدويّ: نَوْل يُشَغَّل يدويًا.

hand·made [-ˈmādˈ] *(adj.)* يدويّ: مصنوع باليد لا بالآلة.

hand·maid *or* **hand·maid·en** *(n.)* (١) وصيفة (٢) خادمة.

hand–me–down *(adj.; n.)* (١) جاهز ورخيص (٢) مستعمَل <~ garments> § (٣) شيء جاهز أو مستعمل [كالملابس إلخ].

hand organ *(n.)* = barrel organ.

hand·out [-ˈoutˈ] *(n.)* (١) الحَسَنة: ما يُعطى للشحّاذ من طعام أو لباس أو مال (٢) نشرة مُعَدَّة للتوزيع المجانيّ (٣) بيان صُحُفيّ.

hand over fist *(adv.)* بسرعة وبمقاديرَ كبيرة.

hand·pick [-ˈpĭkˈ] *(vt.)* (١) يقطِف باليد (٢) يختار بعناية.

hand·press [-ˈprĕsˈ] *(n.)* المِطبعة اليدويّة: آلة طابعة تشغَّل باليد.

hand·rail [-ˈrālˈ] *(n.)* دَرابْزون؛ دَرابْزين.

hand running *(adv.)* على التعاقب؛ على التوالي.

handsaw

hand·saw [hăndˈsôˈ] *(n.)* المنشار اليدويّ.

hands–down *(adj.; adv.)* (١) هيِّن؛ يسير § (٢) بسهولة؛ بيُسر.

hand·sel [hănˈsəl] *(n.; vt.)* (١) هدية. وبخاصة: في رأس السنة (٢) صَفقة أولى؛ «استفتاحة مباركة» (٣) عُرْبون؛ قسطٌ أول § (٤) يُهدِي [وبخاصة في رأس السنة] (٥) يُدشِّن (٦) يستعمل أو يعمل للمرة الأولى.

hand·set [-ˈsĕtˈ] *(n.)* الهاتف المُدْمَج أو المركَّب: جهاز تلفوني يشتمل على أداتَي الإرسال والاستقبال مجموعتين في قطعة واحدة يمكن إسنادها إلى وجه المتكلم.

hand·sewn [-ˈsōnˈ] *(adj.)* مَخيطٌ باليد.

hand·shake [-ˈshākˈ] *(n.)* مصافحة.

hands–off *(adj.)* حِياديّ؛ مُحايد <a new ~ policy> .

hand·some [hănˈsəm] *(adj.)* (١) ملائم (ع) (٢) كبير؛ ضخم <a ~ fortune> (٣) بارع <a ~ speech> (٤) كريم؛ سخيّ <~ contributions to charities> (٥) وسيم؛ مليح.

hand·spike [-ˈspīkˈ] *(n.)* مُخْل؛ عَتَلة.

hand·spring [-ˈsprĭngˈ] *(n.)* الشَّقْلَبَة اليدوية: قَلْبة هوائية يلف فيها المرء عقبيه على رأسه بينما يحتفظ بتوازنه على إحدى يديه أو كلتيهما.

hand to hand *(adv.)* التحاميًّا: على نحو ملتحم [في القتال].

hand–to–hand *(adj.)* (١) التحاميّ؛ مُلْتحِم بالسِّلاح الأبيض <a ~ fight> (٢) يدًا بِيَد <~ delivery of registered mail> .

hand–to–mouth *(adj.)* كَفافيّ: لا يكاد يفي بحاجات العيش الضرورية.

hand·wheel [-ˈhwēlˈ] *(n.)* العجلة اليدويّة؛ الدولاب اليدويّ.

hand·work [-ˈwûrkˈ] *(n.)* العمل اليدويّ.

hand·wo·ven [-ˈwōˈvən] *(adj.)* يدويّ النَّسج <~ carpets> .

hand·write [hăndˈrītˈ] *(vt.)* يكتب [باليد].

hand·writ·ing [-ˈrīˈtĭng] *(n.)* (١) الخطّ؛ الكتابة (٢) مخطوطة.

hand·wrought [-ˈrôtˈ] *(adj.)* مشغول باليد <~ silver> .

hand·y [hănˈdĭ] *(adj.)* (١) قريب؛ في المتناول <a ~ restaurant> (٢) «أ» ملائم للاستعمال أو المراجعة <a ~ volume> . «ب» ملائم أو مُعَدّ لاستعمالات مختلفة <a ~ tool> . «ج» هيِّنٌ استعمالُهُ أو تسييره <a ~ ship> (٣) صَناع: بارع في استعمال اليدين.

hand·y·man *(n.)* المستأجَر: رجلٌ يُستأجر لأداء أعمال مختلفة.

hang [hăng] *(vt.; i.; n.)* (١) «أ» يُدَلّي؛ يُعلِّق. «ب» يشنق. «ج» يُركِّب <to ~ a door> (٢) يُزيِّن [بتعليق صور أو ستائر إلخ] (٣) يُنكِّس (٤) يُلصِق على جدار (٥) يَشُلّ: يجعل هيئة المحلّفين عاجزةً عن اتخاذ قرار وذلك بأن يرفض الموافقة على إجماعها x (٦) «أ» يتدلَّى. «ب» يموت شنقًا (٧) يخيِّم <punishment ~ing over a wrongdoer> (٨) يتعلّق [بحبال الهواء] (٩) يهدِّد؛ يكون كالسيف المُصْلت (١٠) يتوقف على <Election ~s on one vote.> (١١) «أ» يتشبَّث؛ يتمسَّك بِـ <She seemed faint and hung on his arm.> . «ب» يتّكئ (١٢) يبقى معلَّقًا أو غير منجَز <The decision is still ~ing.> (١٣) يتسكَّع § (١٤) التَّدَلّي: طريقة تدلّي الشيء <the ~ of a drape> (١٥) منحَدَر (١٦) «أ» مدار؛ مغزًى <got the ~ of a subject> . «ب» طريقة العمل أو الاستعمال <to get the ~ of a tool> (١٧) تردّد أو تباطؤ في الحركة.

- to give *or* care a ~, — يبالي؛ يهتمّ.
- to ~ about *or* around — يتسكّع؛ يُضيع وقته سُدًى.
- to ~ back *or* off — (١) يتخلّف عن الآخرين (٢) يتردّد؛ يُحْجِم.
- to ~ down — (١) يتدلّى (٢) ينحني؛ يميل إلى أمام.
- to ~ fire — (١) تستطيل [نار البندقية] في الرمي؛ يتأخر انطلاقها (٢) يتأخر (٣) يتردّد.
- to ~ heavy — يتطاول؛ يمرّ [الوقتُ] ببطء.
- to ~ on — (١) يتمسَّك بكذا (٢) يستمرّ بقوّة (٣) يرفض التخلّي عن (٤) ينتظر (٥) يُصغي بإعجاب.
- to ~ one on — (١) يُسدِّد إليه ضربة عنيفة (٢) يشرب حتى الثَّمَل.
- to ~ out — (١) يتدلّى (٢) يَبْرُز؛ ينتأ (٣) يتسكّع.
- to ~ together — (١) يتساندون؛ يتّحِدون (٢) يتماسك؛ يشكِّل وحدةً متماسكة.
- to ~ up — (١) يُعلِّق الثوب إلخ (٢) يُنهي مكالمة تلفونية [بإعادة السمّاعة إلى موضعها] (٣) يُعلِّق [المفاوضات إلخ].

han·gar [hăngˈər] *(n.)* حظيرة. وبخاصة: حظيرة الطائرات.

hang·dog [-′dôg′] *(adj.; n.)* (١) مخجول؛ مذنب (٢) مروَّع؛ ذليل؛ مثيرٌ للشفقة § (٣) شخص حقير أو بائس.

hang·er *(n.)* (١) الجلّاد؛ الشانق (٢) قطعة قماش زِينيّة (٣) سَيف البحّار: سيف صغير كان يستعمله البحّارة (٤) غابة [في أرض متحدّرة] (٥) العُروة: «أ» عُروة في حِمالة السَّيف يُعلَّق [السيفُ] بواسطتها. «ب» عُروة في الثَّوب يُعلَّق بواسطتها (٦) المِشْجَب: العَلّاقة؛ تعليقة الثِّياب.

hang·er–on *(n.)* العالة؛ الطُّفيليّ: من يلازم شخصًا أو مؤسسة طمعًا في الربح الشخصيّ.

hang glider

hang glider *(n.)* الطائرة الشِّراعية.

hang·ing[1] [hăng′-] *(adj.)* (١) مائل؛ مُتحدِّر (٢) مُهدِّد؛ مُصْلَت <punishment ~ over a wrongdoer> (٣) مستحقّ أو مُوْجِب للإعدام شنقًا <a ~ crime> (٤) معلّق <a ~ garden>.

hang·ing[2] *(n.)* (١) شَنْق (٢) «أ» سِتارة. «ب» سجادة إلخ [تعلَّق على جدار] (٣) مُنْحَدَر.

Hanging Gardens الجنائن المُعلَّقة [في بابل قديمًا].

hang·man [-′măn] *(n.)* الجلّاد؛ الشانق.

hang·nail [-′nāl′] *(n.)* السَّأف: قطعة صغيرة من الجلد المَيْت تكون بجانب الظُّفر أو عند جِذره.

hang·out *(n.)* المألَف: مكان مفضَّل يُكثر المرء من التردّد عليه.

hang·o·ver *(n.)* (١) الأثر؛ المخلَّف: عادةٌ أو أثرٌ مُتخلِّف من الماضي (٢) الخُمار: الأثر البغيض الذي يخلّفه في المرء إسرافه في الشراب إلخ.

hang·up *(n.)* (١) مشكلة نفسيّة (٢) عَقَبة؛ عائق.

hank [hăngk] *(n.)* (١) لَفيفة؛ كُبّة؛ شِلّة (٢) حَلْقة حديدية أو خشبية يُعلَّق بها الشِّراع (٣) سُلطة؛ سيطرة.

han·ker [hăng′kər] *(vi.)* يَتوق [تَوْقًا شديدًا].

han·ker·ing [-ĭng] *(n.)* تَوْق [شديدٌ أو مُلِحّ].

han·kie *or* **han·ky** [hăng′kĭ] *(n.)* = handkerchief.

han·ky–pan·ky *(n.)* (١) خِداع؛ احتيال (٢) شَعْوَذة؛ دَجَل (٣) مداعبة جنسية.

Han·sard [hăn′sərd] *(n.)* وقائع البرلمان البريطانيّ.

han·sel [hăn′səl] *(n.; vt.)* = handsel.

Han·sen's disease *(n.)* = leprosy.

hansom

han·som [hăn′səm] *(n.)* الهَنْسوميّة: مركبة ذات عجلتين وجوادٍ واحد مقعدُ الحوذيّ فيها خلفيّ.

hant [hănt] *(vt.; i.; n.)* = haunt.

Ha·nuk·kah [hä′nə kə] *(n.)* الهنوكة: أحد أعياد اليهود.

hap[1] [hăp] *(n.; vi.)* (١) حَدَثٌ؛ حادثٌ (٢) حظّ § (٣) يَحْدُث؛ يتّفق (٤) يَعثُر مصادفةً [على شيء].

hap[2] *(vt.; n.)* (١) يكسو؛ يُغطّي § (٢) كِساء؛ غِطاء.

ha′·pen·ny [hāp′ə nĭ] *(n.)* = halfpenny.

hap·haz·ard [hăp hăz′ərd] *(n.; adj.; adv.)* (١) مصادفةٌ؛ اتّفاق § (٢) اتّفاقيّ § (٣) «أ» مصادفةً. «ب» كيفما اتّفق.

hap·haz·ard·ly *(adv.)* (١) مُصادفةً (٢) كيفَما اتّفق.

hap·haz·ard·ry [-rĭ] *(n.)* الاتفاقية؛ المُصادَفِيَّة.

hapl- *or* **haplo-** بادئة معناها: مُفرد؛ أُحاديّ؛ بسيط.

hap·less [hăp′ləs] *(adj.)* قليل الحظّ؛ سيّئ الطالع.

hap·lol·o·gy [hăp lŏl′ə jĭ] *(n.)* التَّرخيم اللَّفظيّ (ل).

hap·ly [hăp′lĭ] *(adv.)* مصادفةً؛ بالمُصادفة؛ اتفاقًا.

hap·pen [hăp′ən] *(vi.)* (١) يَحْدُث بالمصادفة (٢) يقع؛ يحدث (٣) يصادف؛ يتفق أن يكون <I ~*ed* to be out when she called.> (٤) يعثر مصادفةً [على شيء] (٥) يَبْرُز أو يَظهر بالمصادفة.

hap·pen·ing [-′ə nĭng] *(n.)* (١) حُدوث (٢) حَدَثٌ؛ حادثة.

hap·pen·stance [-′ən stăns′] *(n.)* مُصادَفة.

hap·pi·ly *(adv.)* (١) لحُسْن الحظ (٢) بسعادة؛ بهناءة (٣) بنجاح.

hap·pi·ness *(n.)* (١) سعادة؛ هَناءة (٢) لباقة؛ مناسَبة؛ ملاءمة.

hap·py [hăp′ĭ] *(adj.)* (١) محظوظ؛ مُؤاتٍ (٢) لبِق؛ مُناسِب؛ مُلائم؛ مُوافق لمقتضى الحال (٣) «أ» سعيد. «ب» مبتهج؛ بهيج <a ~ mood> (٤) وُدّيّ.

hap·py–go–luck·y *(adj.)* (١) تَوَكُّليّ؛ مُتّكِلٌ على الحظّ (٢) لامبالٍ.

Haps·burg [hăps′bûrg] *(n.)* الهابْسبورغيّ: أحد أفراد آل هابسبورغ. وبخاصة: عاهلٌ من آل هابسبورغ.

hap·tic [hăp′tĭk] *(adj.)* لَمْسِيّ: ذو علاقة بحاسّة اللَّمس.

ha·ra–ki·ri [här′ə kēr′ē] *(n.)* الهراكيري: طريقة يابانية في الانتحار ببقر البطن بخنجرٍ تخلُّصًا من العار.

ha·rangue [hə răng′] *(n.; vi.; t.)* (١) خُطبة (٢) خطاب رنّان؛ كتابة رنّانة (٣) محاضرة (٤) توبيخ § (٥) يخطُب؛ يحاضر x (٦) يُوبِّخ.

har·ass [hăr′əs; hə răs′] *(vt.)* (١) يُزعج بغارات متكرِّرة (٢) «أ» يُرهِق؛ يُنهِك. «ب» يضايق باستمرار.

har·bin·ger [här′bĭn jər] *(n.; vt.)* (١) الرائد (٢) النذير؛ البشير § (٣) يُنذر أو يبشِّر [بقرب حدوث شيء].

har·bor [här′bər] *(n.; vt.; i.)* (١) ملاذ؛ مَلْجأ؛ مَفْزَع (٢) ميناء؛ مرفأ § (٣) يُؤوي (٤) يُخْفي <to ~ smuggled goods> (٥) يُضْمِر؛ يُكِنّ <~*ed* evil thoughts> x (٦) يلجأ؛ يأوي إلى (٧) يقيم؛ يعيش.

har·bor·age [-ĭj] *(n.)* (١) إيواء؛ ضيافة (٢) «أ» ملجأ. «ب» مرفأ.

harbor master *(n.)* رئيس الميناء؛ مدير المرفأ.

harbor seal *(n.)* فُقمة الموانئ (ح).

har·bour [här′bər] *(n.)* = harbor.

hard [härd] *(adj.; adv.; n.)* (١) صُلْب؛ قاسٍ (٢) «أ» ثقيل؛ مُسْكِر جدًا.

«ب» عَسِر: محتوٍ على أملاح تجعل الصابون لا يرغو بسهولة <~ water> (٣) نفّاذ؛ شديد النفاذية <~ X rays> (٤) «أ» معدنيّ <a shortage of ~ money>. «ب» صعب: قابل للتحويل إلى ذهب <~ currency>. «ج» عالٍ وثابت <~ prices> (٥) مُحْكَم <~ knot> (٦) «أ» شديد القدرة على الاحتمال أو على مقاومة المرض. «ب» خالٍ من الضعف. «ج» محدَّد؛ واضح <a ~ agreement> (٧) «أ» قاسٍ: لا سبيل إلى إنكاره <~ facts>. «ب» واقعيّ <the ~ modern mind>. «ج» متحجّر <~ heart> (٨) «أ» عاثر؛ سيّئ <had very ~ luck>. «ب» صعب الاحتمال <~ times followed>. «ج» ظالم؛ قاسٍ <a ~ master>. «د» موجع؛ جارح <~ words>. «هـ» غير ودّي <no ~ feelings>. «و» صارم <~ religious system>. «ز» شديد؛ غزير <a ~ rain>. «ح» قاسٍ؛ عاصف <a ~ winter>. «ط» عنيف؛ قاسٍ <a very ~ blow>. «ي» شاقّ <got where she is by ~ work>. «ك» مثابر؛ لا يعرف الكَلَل <one of the ~*est* workers> (٩) «أ» عويص <a very ~ problem>. «ب» عسير <The birth was ~.>. «ج» جافٍ؛ لا تأنس إليه العين أو الأذن إلخ (١٠) ثقيل السمع إلخ <~ of hearing> (١١) مُهلِك <~ drugs> § (١٢) بكدّ؛ باجتهاد بالغ <to work ~> (١٣) «أ» بعنف؛ بقسوة <laws which bore ~ on national prosperity>. «ب» بإمعان؛ بتفحُّص؛ بتحديق <looked ~ at her>. «ج» بأسًى؛ بغمّ <He took his defeat ~.> (١٤) بإحكام <to hold on ~> (١٥) مَلِيًّا؛ طويلًا <to think ~> § (١٦) أشغال شاقة (عب) (١٧) انتصاب القضيب (ع).

~ up (١) مُعْسِر؛ في عَوَز شديد (٢) محروم حرمانًا شديدًا من كذا أو محتاج احتياجًا شديدًا إلى كذا.

hard–and–fast *(adj.; adv.)* (١) مُلزِم؛ صارم؛ لا سبيلَ إلى إغفالِهِ <~ rules> (٢) بيِّن؛ واضح المعالم § (٣) بإحكام <bound ~>.

hard·back *(adj.)* مجلَّد: كرتونيّ الغلاف [صفة للكتاب].

hard·ball [-'bôl'] *(n.; adj.)* (١) كُرة البَيْسبول § (٢) عنيف؛ عُدواني <~ politics> (٣) صعب؛ عويص.

hard–bit·ten *(adj.)* (١) عنيد؛ صعب المراس (٢) قاسٍ؛ متحجّر الفؤاد (٣) عمليّ.

hard–boiled *(adj.)* (١) مسلوق جيدًا <~ eggs> (٢) مُنَشًّى بإسراف <~ collars> (٣) مُتحجِّر الفؤاد <a ~ dictator> (٤) عمليّ؛ واقعيّ <on a friendly but ~ business basis>.

hard·boot [-'bo͞ot'] *(n.)* = horseman.

hard·bound [-'bound'] *(adj.)* = hardcover.

hard–case [-'kās'] *(adj.)* صُلب؛ عنيد؛ صَعْب المِراس.

hard copy *(n.)* النسخة الوَرَقيّة: نسخة مطبوعة على الورق.

hard–core *(adj.)* (١) متطرِّف؛ عنيد (٢) فاضح <~ pornography>.

hard·cov·er *(adj.)* مجلَّد: كرتونيّ الغلاف <~ books>.

hard disk *(n.)* القُرص القاسي [في الكومبيوتر].

hard·en [här'dən] *(vt.; i.)* (١) يُقَسّي؛ يُصَلِّد (٢) يُحجِّر [الفؤادَ] (٣) يمرِّس؛ يعوِّده احتمالَ المشاقّ <to ~ troops by long marches> x (٤) يقْسو؛ يَصْلِد: يصبح قاسيًا أو أشدّ قسوةً (٥) يتجهَّم؛ يَكْفَهِرّ (٦) يَخْشَوشِن: يتعوَّد احتمال المشاقّ (٧) ترتفع [الأسعار]؛ تصبح أقلّ تعرُّضًا للهبوط.

hard·en·er [-ər] *(n.)* (١) فا harden (٢) المُصلِّد: مادة تُضاف إلى دهان أو ورنيش لجعله أقلّ رخاوة.

hard·en·ing *(n.)* (١) تَقْسية؛ تصليد (٢) تصلُّب <~ of the arteries> (٣) المُصلِّدة: مادة مُقَسِّية.

hard·fist·ed [-'fis'tĭd] *(adj.)* (١) بخيل؛ منقبض الكف (٢) قوي اليدين أو قاسيهما <~ laborers> (٣) غليظ القلب؛ لا يرحم.

hard·hack [-'hăk'] *(n.)* الإكليل الزَّغِب؛ الإسبيرية الزَّغِبَة (نب).

hard·hand·ed [härd'hăn'dĭd] *(adj.)* (١) خشن اليَدَيْن [من أثر الكدح] (٢) قاسٍ؛ صارم؛ لا يرحم.

hard hat *(n.)* (١) عامل بناء (٢) المُتَزَمِّت؛ الرَّجعيّ؛ المحافظ.

hard·head [-'hĕd'] *(n.)* (١) الأحمق؛ العنيد (٢) شخص يتميّز بذكاء عمليّ (٣) ضرب من السَّمك أو البطّ.

hard·head·ed *(adj.)* (١) عنيد (٢) لا يُخدع بسهولة (٣) عمليّ؛ واقعيّ.

hard·heart·ed [-'här'tĭd] *(adj.)* متحجّر الفؤاد؛ عديم الرحمة.

har·di·hood [här'dĭ-] *(n.)* (١) بسالة؛ جراءة (٢) وقاحة (٣) قوة؛ عزم.

har·di·ment [här'dĭ mənt] *(n.)* = hardihood.

har·di·ness *(n.)* (١) جراءة؛ شجاعة (٢) قِحة؛ وقاحة؛ صفاقة (٣) شدّة القدرة على الاحتمال.

hard labor *(n.)* الأشغال الشاقّة (ق).

hard landing *(n.)* الهبوط العسير؛ الحَطُّ الخشِن (طي).

hard–line [-'līn'] *(adj.)* مُتشدِّد؛ متطرِّف؛ متعَصِّب <a ~ communist>.

hard–lin·er [-'lī'nər] *(n.)* المتشدِّد؛ المتطرِّف؛ المتعصِّب.

hard lines *(n. pl.)* حظّ عاثر؛ حظّ سيّئ.

hard·ly [härd'lĭ] *(adv.)* (١) بقوّة (٢) بقسوة (٣) بصعوبة؛ بجهد، بشقّ النفس؛ «بالكاد» (٤) نادرًا ما؛ قليلًا ما (٥) من غير المُحْتَمَل.

hardly ever *(adv.)* نادرًا جدًّا؛ قليلًا جدًّا.

hard maple *(n.)* = sugar maple.

hard·mouthed *(adj.)* (١) حَرون <a ~ horse> (٢) عنيد.

hard·ness *(n.)* صَلابة؛ قَسْوة (را. hard).

hard–nosed *(adj.)* (١) عنيد (٢) واقعيّ؛ عمليّ.

hard–on [härd'ŏn'] *(n.)* انتصاب القضيب (ع).

hard palate *(n.)* الحَنَكُ الصُّلب (ت).

hard·pan [-'păn'] *(n.)* (١) الطبقة الصَّمّاء: طبقة من التُّربة صلصاليّةٌ صَلْدة (٢) أساس؛ جوهر؛ أعماق.

hard–pressed *(adj.)* (١) مُرْهَق (٢) مُعْوِز؛ ضيِّق ذات اليد.

hard put *(adj.)* (١) مرتبك (٢) شبه عاجز عن.

hard rubber *(n.)* المطّاط الصَّلْد.

hard–set *(adj.)* (١) ثابت؛ مُحْكم (٢) عنيد (٣) في مركزٍ حَرِج.

hard–shell *(adj.)* (١) صُلْب القِشْرة (٢) مُتصلِّب؛ مُتشدِّد؛ عنيد.

hard·ship *(n.)* (١) شِدَّة؛ ضِيق؛ مشقّة (٢) جَوْر؛ حرمان؛ أذًى.

hard–sur·face [-ˈsûrˈfĭs] *(vt.)* يُمَهِّد؛ يُسَوِّي: يُزوِّد بسطحٍ مُمَهَّد.

hard·tack [-ˈtăkˈ] *(n.)* بسكويت البحر: بسكويتٌ قاسٍ خاصٌّ بالبحّارة.

hard·ware [-ˈwârˈ] *(n.)* (١) الخُرْدوات (٢) العَتاد: التجهيزات العسكرية أو الكهربائيّة أو الألكترونيّة.

hard water *(n.)* الماء العَسِر [المشتمل على أملاح معدنية].

hard·work·ing *(adj.)* كادٌّ؛ مُجِدّ؛ كادح.

har·dy [härˈdĭ] *(adj.)* (١) جَريء؛ شُجاع؛ جَسور (٢) صفيق؛ وَقِح (٣) شديد القُدرة على الاحتمال.

hare[1] [hâr] *(n.)* الأرنب الوحشية (ح).

hare[2] *(vi.)* يَعْدو؛ يركض.

hare and hounds *(n.)* الأرانب والكلاب: لعبة في الهواء الطَّلق.

hare·bell [-ˈbĕlˈ] *(n.)* الجُرَيْس المستديرُ الورق: عُشبة نحيلة خفيضة.

hare·brained [-ˈbrāndˈ] *(adj.)* طائش؛ أرْعَن؛ خفيف العقل.

hare·lip [-ˈlĭpˈ] *(n.)* (١) العَلَم؛ العُلمة: شَقّ خلقيّ في الشفة العُليا (٢) الشفة الأرنبية أو الشّرماء.

har·em [hârˈəm] *(n.)* الحريم: «أ» جناح النساء في قصر إسلاميّ قديم. «ب» الزوجات والسّراري والخادمات اللواتي يشتمل عليهنّ هذا الجناح.

har·i·cot [hărˈə kō] *(n.)* (١) الفاصوليا (نب) (٢) يخنة الفاصوليا.

hark [härk] *(vi.)* يُصغي؛ يُصيخ.

to ~ back يرجع إلى نقطة سابقة أو إلى موضوع سابق.

hark·en [härˈkən] *(vi.; t.)* = hearken.

har·le·quin [härˈlə kwĭn] *(n.)* (١) المهرِّج؛ المضحِّك (٢) نَقْش مُرَقَّط [في نسيج] (٣) الترقيشة: مجموعة نقوش مُرَقَّشة.

har·le·quin·ade [härˈlə kwĭ nādˈ] *(n.)* الهَرْلَكوينيّة؛ التّهريجيّة: كوميديا أو مسرحية إيمائية يُؤدِّي فيها المُهرِّج دورًا رئيسيًا.

har·le·quin duck *(n.)* البطّ المرقَّش: بطّ بحريّ صغير مُرَقَّط.

har·lot [härˈlət] *(n.)* بَغِيّ؛ مومس؛ بنت هوًى.

har·lot·ry [-ˈlə trĭ] *(n.)* (١) بِغاء (٢) بغيّ؛ مومس؛ بنت هوًى.

harm [härm] *(n.; vt.)* (١) أذًى؛ ضرر؛ مَساءة § (٢) يُؤذي؛ يَضُرّ؛ يُسيء إلى.

har·mat·tan [härˈmə tănˈ] *(n.)* الحَرْمَتان: ريحٌ جافة مُثْقَلة بالغبار.

harm·ful [härmˈfəl] *(adj.)* مُؤذٍ؛ ضارّ.

harm·less [-ˈləs] *(adj.)* (١) غير مُصاب بأذًى (ا. ن) (٢) غير مؤذٍ.

har·mon·ic [här mŏnˈĭk] *(adj.; n.)* (١) موسيقي (٢) إيقاعيّ؛ تناغميّ؛ تآلفيّ (مو) (٣) متآلف؛ متناسق؛ مُطرب (٤) توافقيّ («ر» و«فز») § (٥) النغمة التوافُقيّة (مو).

har·mon·i·ca [-ˈə kə] *(n.)* الهَرْمونيكا: آلة موسيقية.

harmonica

harmonic analysis *(n.)* التّحليل التّوافقيّ (ر).

harmonic mean *(n.)* الوَسَط التوافُقيّ (إحص).

harmonic motion *(n.)* الحركة التّوافُقيّة (فز).

harmonic progression *(n.)* المتوالية التوافُقيّة (ر).

har·mon·ics *(n.)* الهرمونيقا؛ التوافُقيات: علم الأصوات الموسيقية.

har·mo·ni·ous [här mōˈnĭ əs] *(adj.)* (١) متناغم؛ متآلف الألحان (٢) متناسق [الأجزاء] (٣) منسجم [مع غيره في الشعور أو العمل].

har·mo·ni·um [-ˈnĭ əm] *(n.)* القَدَمية: آلة كالأرغن يُعزف عليها بالقَدَمين.

harmonium

har·mo·nize *(vi.; t.)* (١) يُغنّي بإيقاع؛ يعزف بطريقة إيقاعية (٢) يتناغم؛ يتوافق؛ يتساوق؛ ينسجم مع x (٣) يُوَفِّق بين <to ~ the views> (٤) يزوِّد بإيقاع (مو).

— **har·mo·niz·er** *(n.)*

har·mo·ny [härˈmə nĭ] *(n.)* (١) إيقاع؛ تناغم؛ تآلف الألحان (٢) علم الإيقاع؛ «هارموني» (٣) تناغُم؛ توافُق؛ تساوُق؛ تناسُق [في الأجزاء] (٤) انسجام [في المشاعر أو المصالح أو الآراء إلخ] (٥) هدوء باطني.

har·mo·tome [härˈmə tōmˈ] *(n.)* الهَرْموتوم (مع).

har·ness [härˈnəs] *(n.; vt.)* (١) «أ» طَقْم الفَرَس. «ب» عُدّة؛ جِهاز. «ج» عُدّة الحرب [للفَرَس أو الإنسان] (٢) العَمَل. وبخاصة: الروتين اليوميّ المعتاد (٣) تناغُم؛ توافُق (٤) إطار النَّول § (٥) يُطقِّم الفَرَس: يَشُدّ على الفرس عُدَّتها (٦) يَشُدّ إلى نِيْر؛ يَربط ما بين (٧) يَستخدم؛ يُسخِّر.

harp [härp] *(n.; vi.)* (١) القِيثار (مو) (٢) harmonica § (٣) يعزف على القيثار (٤) يضرب على وترٍ واحد <continually ~*ing* on his misfortunes>.

harp *1.*

harp·er; harp·ist *(n.)* القيثاريّ: العازف على القيثار.

har·poon [här pōōnˈ] *(n.; vt.)* (١) الحَرْبون: رمح لصَيْد الحيتان § (٢) يُحَرْبِن: يطعن بالحَرْبون.

harp·si·chord [-ˈsĭ kôrdˈ] *(n.)* البيان القيثاري: آلة شبيهة بالبيانو.

har·py [härˈpĭ] *(n.)* (١) *cap.* الخَطّاف: مخلوق خرافيّ خبيث نصفُهُ امرأةٌ ونصفه طير (٢) «أ» العالة؛ الطُّفيلي. «ب» السلّاب؛ النهّاب. «ج» المحتال (٣) المُسْتهترة: امرأة مستهترة رديئة الطَّبع.

har·que·bus [härˈkwə bəs] *(n.)* الهَرْكُوبة: سلاح ناريّ قديم.

harquebus

har·ri·dan [hărˈə-] *(n.)* الحَيْزَبون: عجوز شكِسةٌ مُحبّة للخصام.

har·ried [hărˈĭd] *(adj.)* مُرْهَق؛ قلِق؛ فريسة للهموم أو المتاعب.

har·ri·er[1] [hărˈĭ ər] *(n.)* (١) الهرّار: كلب صيد. وبخاصة لصَيْد الأرانب (٢) عدّاء الضاحية: العدّاء في سباق اجتياز الضاحية.

har·ri·er[2] *(n.)* الهارّ؛ الصَّقر السّلّاب (طا).

har·ri·er[3] *(n.)* السّلّاب؛ المُغير؛ المُضايِق بهجماتٍ متكرّرة أو نحوها.

har·row[1] [hăr′ō] *(vt.)* يَسْلُب؛ يَنْهَب (ا. ق).

har·row[2] *(n.; vt.)* (١) المِسْلَفة؛ المِسْحاة: أداة لتمهيد التُّربة وتَسْويتها § (٢) يَسْلُف؛ يَسْحو [التُّربة] (٣) يعذِّب؛ يَغيظ.

har·rumph [hə rŭmf′] *(vi.)* (١) يَتَنحنح (٢) يُعلِّق مستنكرًا.

har·ry [hăr′ĭ] *(vt.)* (١) يغزو؛ يُغير على (٢) يسوقه بالقوّة (٣) يضايق أو يُنهك بهجمات متكررة [حقيقةً أو مجازًا].

harsh [härsh] *(adj.)* (١) «أ» خشِن [الملمس]. «ب» أجشّ [الصوت] (٢) مزعج؛ مؤلم (٣) قاسٍ <~ treatment> (٤) جافٍ: غير سائغ فنيًّا أو جماليًّا.

harsh·en [här′shən] *(vt.; i.)* (١) يخشِّن x (٢) يَخْشَوْشِن.

hart [härt] *(n.)* ذَكَرُ الأيّل. وبخاصّة إذا تجاوز الخامسة.

harte·beest [här′tə bēst′] *(n.)* الهَرْتبيس: ظبيٌ إفريقيّ ضخم.

hartebeest

harts·horn [härts′hôrn′] *(n.)* (١) ماء النُّشادِر (٢) أملاح الشَّمّ.

har·um–scar·um [hâr′əm skâr′əm] *(adj.; adv.; n.)* (١) متهوّر؛ طائش § (٢) بتهوُّر؛ بطيش § (٣) المتهور؛ الطائش.

ha·rus·pex [hə rŭs′-] *(n.)* pl. **-pi·ces** العَرّاف [في روما القديمة].

har·vest [här′vəst] *(n.; vt.; i.)* (١) موسم الحَصاد (٢) الحَصاد: عملية الحَصْد (٣) غلّة؛ محصول (٤) ثمرة جَهْدٍ ما § (٥) يَحْصُد؛ يجني.

harvest fly *(n.)* = cicada.

harvest home *(n.)* (١) الحَصاد أو موسمه (٢) مِهرجان الحَصاد: مهرجان يقام عند انتهاء الحصاد (٣) أغنية الحَصاد: أغنية ينشدها الحصّادون في ختام موسم الحصاد.

har·vest·man *(n.)* (١) الحاصد؛ الحصّاد (٢) الحصّاد: حيوان كالعنكبوت ذو أرجل نحيلة طويلة جدًّا.

har·vest·time *(n.)* موسم الحصاد.

has [hăz] *pres. 3d sing. of* have.

has–been [hăz′bĭn] *(n.)* الآفِل: كلُّ ما أفَلَ نجمُه.

ha·sen·pfef·fer [hä′zĕn (p)fĕf ər] *(n.)* الأرانبية: طعام غنيّ بالتوابل يُعَدّ من لحم الأرانب المنقوع بالخلّ.

hash[1] [hăsh] *(vt.; n.)* (١) يَفْرُم؛ يُهَرِّم (٢) يشوِّش؛ يُربك (٣) يتحدَّث عن § (٤) لحم مفروم (٥) الإعادة: تكرير لشيء معروف من قبل (٦) مزيج؛ خليط (٧) اختلاط؛ «الخبطة».

hash[2] *(n.)* = hashish.

hash·head [hăsh′hĕd′] *(n.)* الحشّاش: مُدمِن الحشيش (ع).

hash house *(n.)* مطعم رخيص.

hash·ish [hăsh′ēsh; -′ĭsh] *(n.)* الحشيش؛ القِنَّب الهنديّ.

has·n't [hăz′ənt] = has not.

hasp [hăsp; häsp] *(n.; vt.)* (١) مِشْبك [للباب أو غِطاء صندوق] § (٢) يُغلق بمِشبك أو نحوه.

hasp *1.*

has·sle [hăs′əl] *(vi.; t.; n.)* (١) يتشاحن؛ يتشاجر x (٢) يُزعج § (٣) مُشاحنة؛ شِجار (٤) فوضى (٥) هَمّ.

has·sock [hăs′ək] *(n.)* (١) حزمةُ عشب (٢) وِسادة الصَّلاة (٣) مَسْنَد القَدَم.

hastate leaf

has·tate [hăs′tāt] *(adj.)* سِنانيّ الشكل.

haste [hāst] *(n.; vi.)* (١) عَجَلة؛ سرعة (٢) تهوّر (٣) تعجّل اضطراري <to be in great ~> § (٤) يعجِّل؛ يعمل بعجلة.

has·ten [hā′sən] *(vt.; i.)* (١) يستعجله؛ يحثّه على العجلة (٢) يُسرِّع؛ يُعاجل x (٣) يُعجِّل؛ يعمل بعجلة.

hast·i·ly [hā′stə lĭ] *(adv.)* بعَجَلة؛ بسُرعة؛ بتهوُّر.

hast·y [hā′stĭ] *(adj.)* (١) «أ» سريع. «ب» مُنْجَزٌ بعجلة. «ج» مستعجل؛ متعجِّل (٢) متلهِّف (٣) متهوِّر؛ طائش (٤) سريع الغضب.

hat [hăt] *(n.; vt.)* (١) قبّعة (٢) مَنصِب؛ وظيفة § (٣) يُزوِّد بقبّعة.

~ in the ring — اشتراك [أو استعداد للاشتراك] في مسابقة.

to hang up one's ~, — (١) «يأخذ راحته» في منزل شخص آخر (٢) يتقاعد.

to pass *or* send the ~ round — يجمع الصدقات في اجتماع عامّ.

hat·box [hăt′-] *(n.)* صندوق القُبَّعة: صندوق تُحفظ فيه القُبَّعة.

hatch[1] [hăch] *(n.)* (١) بُوَيْب؛ فُتحة صغيرة (٢) «أ» كُوّة. «ب» باب أرضيّ [للهبوط إلى حجرة وبخاصة في سفينة] (٣) باب الخزّان أو السَّدّ.

hatch[2] *(vi.; t.; n.)* (١) يُفقِس؛ يُفرِّخ (٢) يَنْقُف البيضةَ: يَنْقُب الفَرْخُ البيضةَ ويَبرز منها (٣) تَحْضُن [الدَّجاجةُ] البَيْض x (٤) يُفَقِّس: يُفقِّس البيض مستخدمًا حرارة طبيعية أو صُنعيّة (٥) يُحدِث؛ يُبرز إلى الوجود. وبخاصة: يُدبِّر [مؤامرة إلخ] § (٦) تفقيس [البيض] (٧) النِّتاج: مجموع الفراخ المُفقَّسة.

hatch[3] *(vt.)* (١) يُطعِّم [بالفِضَّة أو الذَّهب] (٢) يُرقِّن؛ يُظلِّل.

hatch·back *(n.)* خلفيّةُ الباب: سيارة ذاتُ بابٍ خَلْفيّ يُفتح صُعُدًا.

hatchback

hatch·er·y [hăch′-] *(n.)* المَفْقَس؛ المَفْرَخ: مكان التفقيس أو التفريخ.

hatch·et [hăch′ĭt] *(n.)* البُلَيْطة: فأس قصيرة اليد أو النِّصاب.

to bury the ~, — يَعقد صُلحًا؛ يَفُضّ نزاعًا.

to dig up *or* take up the~, — يشنّ حربًا؛ يبدأ القتال.

to throw the ~, — يختلق الأكاذيب.

hatchet face *(n.)* وَجْهٌ طويل؛ وَجْهٌ نحيل.

hatch·et–faced *(adj.)* طويل الوجه؛ نحيل الوجه.

hatchet job *(n.)* حملة [كلاميّة]؛ نقد لاذع.

hatchet man *(n.)* (١) القاتل المحترف أو المستأجَر (٢) كاتبٌ هجّاء.

hatch·ing [hăch′-] *(n.)* (١) الفَقْس؛ التفقيس؛ الإفراخ (٢) الترقين: رسم خطوط دقيقة مُتلازّة بقَصْد التظليل (٣) المُرقَّن: رسمٌ مرقَّن.

hatch·ling *(n.)* الفُرَيخ: فَرْخ حديث العهد بالخروج من البيضة.

hatch·way *(n.)* الباب المسحور: باب أرضيّ يُفضي إلى قبوٍ أو عنبر.

hate [hāt] *(n.; vt.; i.)* (١) كُرْه؛ بُغض؛ بَغضاء (٢) شيء مكروه أو بَغيض § (٣) يَكْرَه؛ يُبغِض.

hate·a·ble [-ˈtə bəl] *(adj.)* جديرٌ بالبغض ؛ مستحقّ للبغض .

hate·ful [-ˈfəl] *(adj.)* (١) مُفْعَم بالكُره (٢) كريه ؛ بَغيض .

hate·mon·ger [-ˈmŭngˈgər] *(n.)* مُثير البغضاء : مَنْ يثير البغض [في نفوس الآخرين] .

hat·er [hātˈər] *(n.)* الكاره ؛ المُبْغِض .

hat·less [hătˈləs] *(adj.)* حاسِر الرأس : غير مُعتمرٍ بقُبَّعة .

hat·mak·er [-ˈmāˈkər] *(n.)* القُبَّعاتيّ : صانع القُبّعات .

hat·red [hāˈtrĭd] *(n.)* (١) كُرْه ؛ بُغض (٢) ضَغينة ؛ حَزازة .

hat·ter [hătˈ-] *(n.)* القُبَّعاتيّ : صانع أو بائع أو مصلح القُبَّعات .

hau·berk [hôˈbûrk] *(n.)* الهَبَرْكيَّة : درع قديمة .

haugh·ti·ness [hôˈtĭ nəs] *(n.)* غَطْرَسة ؛ عَجْرَفة .

haugh·ty [hôˈtĭ] *(adj.)* مُتَغَطْرِس ؛ مُتَعَجْرِف .

haul [hôl] *(vt.; i.; n.)* (١) يغيِّر اتجاه السفينة [وبخاصة بحيث يزداد قربًا من الريح] (٢) «أ» يجذب ؛ يسحب . «ب» ينقل في عربة (٣) يسوقه إلى x (٤) تغيَّر [الريح] اتجاهها § (٥) جَذبٌ ؛ سحبٌ (٦) أداة جذب أو سحب (٧) غنيمة ؛ صيد (٨) «أ» نقلٌ بالعربات . «ب» المسافة التي يُنْقَل عَبْرَها حِملٌ ما . «ج» حِمْل .

haul·age [hôˈlĭj] *(n.)* (١) النَّقل بالعَربات (٢) رَسْم النَّقل بالعربات .

haul·er [hôˈ-] *(n.)* (١) النّاقل بالعربات (٢) النّاقلة : إحدى عربات النَّقل .

haulm [hôm] *(n.)* (١) قشّ ؛ تِبْن (٢) قَشَّة .

haunch [hônch; hänch] *(n.)* (١) وَرِك (٢) *pl.* : كَفَل ؛ عَجُز (٣) فخِذ الحيوان (٤) كتِف العَقْد (عم) .

haunt [hônt; hänt] *(vt.; i.; n.)* (١) «أ» يُكثر التردد على . «ب» يلازم شخصًا (٢) «أ» تنتابه أفكار ما [على نحو مستمرّ مزعج] . «ب» ينتاب : يبرز على نحوٍ موصولٍ في مكان ما (٣) ينتاب الشَّبحُ مَحَلًّا ؛ تَسْكُن الأشباحُ مكانًا x (٤) يتلكأ § (٥) مَثْوًى ؛ مأوًى (٦) شبحٌ .

haunt·ed *(adj.)* (١) مسكون (٢) مُلتاع ؛ مُعذَّب ؛ مُضْنًى ؛ قلِق .

haus·frau [housˈfrouˈ] *(n.)* = housewife.

haus·tel·lum [hô stĕlˈəm] *(n.)* خُرْطوم الحَشرة أو مِمَصُّها .

haus·to·ri·al [hô stôrˈĭ əl] *(adj.)* ماصِّيّ : ذو ماصّة أو مِمصّ .

haut·bois *or* **haut·boy** [hōˈboi; ōˈboi] *(n.)* = oboe.

haute [ōt] *also* **haut** [ōt; ō] *(adj.)* أنيق ؛ رفيع ؛ عالي المستوى .

haute cou·ture [ōt ko͞o tʏrˈ] *(n.)* (١) مؤسَّسات الأزياء النسائية (٢) مبتدعو الأزياء (٣) الأزياء المبتدَعة .

haute cui·sine [ōt kwĭ zēnˈ] *(n.)* المطبخ الراقي ؛ وبخاصة الفرنسيّ .

hau·teur [hō tûrˈ; ō tœrˈ] *(n.)* غَطْرسة ؛ عَجْرَفة .

haut monde [ō môndˈ] *(n.)* المجتمع الرّاقي أو المُخْمَليّ .

Ha·van·a [hə vănˈə] *(n.)* الهافانيّ : «أ» سيكار كوبيّ . «ب» تبغٌ كوبيّ .

have [hăv] *(vt.; n.)* (١) «أ» يملك ؛ يحوز . «ب» يتضمَّن ؛ يشتمل أو يحتوي على <The book *has* an index.> (٢) يُضطرّ إلى كذا ؛ يكون ملزمًا بكذا ؛ يتعيَّن عليه كذا <He *had* to leave.> (٣) يتلقّى <She *had* no news.> (٤) «أ» يعاني من <*had* a cold> . «ب» يُجري ؛ يقوم بـ <to ~ a talk> . «ج» يُلقي <Let me ~ a look at it.> (٥) يطلب إليه أو يحمله على عمل شيء <~ him come here at four> (٦) يتحمّل ؛ يوافق على ؛ يسمح بـ <I'll not ~ it so.> (٧) يعرف أو يفهم <to ~ neither Latin nor Greek> (٨) «أ» يُحرجه أو يضعه في موضع لا بدّ أن يؤدّي إلى هزيمته <They ~ him now.> . «ب» يخدع <a person not easily *had*> (٩) تلِد ؛ تضع <to ~ a baby> (١٠) «أ» يتناول <to ~ dinner at 8 o'clock> . «ب» يدخّن ؛ يأخذ <to ~ a cigarette> (١١) يرشو <as long as judges can be *had* for a price> § (١٢) الغنيّ ؛ الموسِر <war between the ~*s* and the have–nots>.

- I *had* rather — أوثر ؛ أرى من الأفضل .
- The newspapers ~ it that... — تزعم الصحف أن . . .
- to ~ a care — يَحْذر ؛ يحترس .
- to ~ at — يهاجم ؛ يهجم على .
- to ~ it in for — يُضمر الأذى لفُلان .
- to ~ it out — يحسم نزاعًا [إما بالمناقشة أو بالقتال] .
- to ~ nothing for it — ليس له في الأمر خِيار .
- to ~ on — يرتدي ؛ يلبس .
- to ~ somebody on — يخدعُه ؛ يحتال عليه .

have·lock [hăvˈlŏk] *(n.)* الهَفْلَك : غطاء للقبّعة يتدلى على العنق للوقاية من الشمس أو المطر .

ha·ven [hāˈvən] *(n.; vt.)* (١) مرفأ ؛ ميناء (٢) مَلاذ ؛ مأوًى ؛ حِمًى (٣) مُنْتَجَع § (٤) يحمي ؛ يُؤوي .

have–not [hăvˈnŏtˈ] *(n.)* الفقير ؛ المُعْوِز ؛ المُعْدِم .

have·n't [hăvˈənt] = have not.

hav·er·sack [hăvˈər săkˈ] *(n.)* جراب الجراية : جراب للمؤونة يحمله الجندي على إحدى كتفيه .

hav·oc [hăvˈək] *(n.; vt.; i.)* (١) خراب ؛ دمار (٢) فوضى شديدة § (٣) يخرِّب ؛ يدمر .

haw[1] [hô] *(n.)* (١) الزُّعرورة : حَبّة الزُّعرور (٢) الزُّعرور .

haw[2] *(n.)* = nictitating membrane.

haw[3] *(vi.; n.)* (١) يتلَعْثم ؛ يتردّد [في الكلام] (٢) يُراوغ أو يقول كلامًا يحتمل مَعْنَيَيْن § (٣) تلَعْثُم ؛ تردّد [في الكلام] .

haw[4] *(vi.)* يدور إلى اليسار .

haw·finch [hôˈfĭnchˈ] *(n.)* البُلبُل الزَّيتونيّ ؛ شُرْشور الكرز (طا) .

hawfinch

hawk[1] [hôk] *(n.; vi.; t.)* (١) الصَّقْر ؛ البازي (falcon .را) (٢) المِسْيَعَة ؛ المالج : لوحة يحمل عليها الطيّانُ المِلاطَ

hawk[1] *1.*

hawk[1] 2.

(٣) الصَّقْر: المُتَصلِّب؛ المُتَشدِّد. وبخاصة: داعيةُ الحرب § (٤) يصيد مستعينًا بالصَّقر (٥) يُحلِّق كالصَّقر x (٦) يصيده كالصَّقر أثناء الطَّيران.

— **hawk·ish** *(adj.)*

hawk[2] *(vi.; t.; n.)* (١) يَتَنَحَّع: يحاول أن يُخرج البلغَم من صدره x (٢) يُخرج البلغَم [بالتنخُّع] § (٣) تَنَخُّع.

hawk[3] *(vt.)* يبيع [مناديًا على بضاعته في الشوارع].

hawk·er[1] [hô'kər] *(n.)* البَيْزار: مُدرِّب الصُّقور أو المُتَصَيِّد بواسطتها.

hawk·er[2] *(n.)* البائع المتجوِّل.

hawk–eyed *(adj.)* صَقْرِيّ العَيْن: حادّ البصر.

hawk·moth [-'mŏth] *(n.)* الفَراش الصَّقري: فَراش سريع الطيران.

hawks·bill [hôks'bĭl] *(n.)* السُّلَحْفاة الصَّقرية؛ صَقْرية المنقار.

hawk·shaw [hôk'shō'] *(n.)* بوليس سرّيّ؛ شرطيّ مباحث.

hawk·weed [hôk'wēd'] *(n.)* العُشبة الصَّقرية (نب).

hawse [hôz; hôs] *(n.)* (١) بَيْت القَلْس: ثقب في مقدَّم المركب يُدْخل فيه الحبل (٢) الهَوْس: «أ» ذلك الجزء من مقدَّم السفينة المشتمل على ثقوب الحبال. «ب» المسافة بين مقدَّم سفينةٍ راسيةٍ وبين مراسيها.

hawse·hole [hôz'hōl'] *(n.)* بَيْت القَلْس (را. hawse *1*).

haw·ser [-'zər] *(n.)* القَلْس؛ الهَوْسَر: حبلٌ ضخمٌ تشدّ به السفينة إلى البرّ.

haw·thorn [hô'thôrn'] *(n.)* الزُّعرور (نب).

hay [hā] *(n.; vi.; t.)* (١) قشّ؛ تِبن؛ حشيش مجفَّف للعلف (٢) مكافأة (٣) سرير؛ فراش (ع) (٤) مقدار قليل من المال § (٥) يُتَبِّن: يقطع الحشيش ويجفِّفه ويخزنه كعلف للدواب x (٦) يُتَبِّن: يعلف الدوابّ بالتِّبْن.

hay·cock [hā'kŏk] *(n.)* كَومة التِّبن.

hay fever *(n.)* حُمّى القَشّ؛ حُمّى الهشيم (مض).

hay·loft [hā'lôft'] *(n.)* المَتْبَن: مخزن التِّبن.

hay·mak·er [hā'mā'-] *(n.)* (١) التَّبّان: من يقطع التِّبنَ ثم ينشره (٢) التَّبّانة: آلة تقطع التِّبنَ وتنشرُهُ (٣) ضربة عنيفة.

hay·mow [hā'mou'] *(n.)* (١) المَتْبَن: مخزن التِّبن (٢) كومة تِبْن.

hay·rack [hā'răk'] *(n.)* المَتْبَنة: حاملة يُقدَّم عليها التبن إلى الماشية أو الخيل أو توضع على عربة لنقل التبن.

hay·stack [hā'stăk'] *(n.)* كَدْسة التِّبْن [في الهواء الطلق].

hay·wire [hā'wīr'] *(adj.)* مجنون؛ مختلّ العقل.

haz·ard [hăz'ərd] *(n.; vt.)* (١) الهَزْرَد: ضرب من لعب النرد (٢) «أ» مصدرُ خَطَر. «ب» مخاطرة؛ مجازفة (٣) «أ» تصادُفٌ. «ب» مصادفة § (٤) يخاطر؛ يجازف.

haz·ard·ous [hăz'ər dəs] *(adj.)* (١) رهنٌ بالتقادير؛ متوقِّف على المُصادفة (٢) خطِر؛ مُنطوٍ على مخاطرة.

haze[1] [hāz] *(n.; vi.; t.)* (١) السَّديم؛ الشّابورة: ضباب رقيق (٢) غموض [في الذِّهن أو الإدراك العقليّ] § (٣) يَغيم x (٤) يغيِّم: يجعله غائمًا.

haze[2] *(vt.)* (١) يُنهِك. وبخاصة: يُعاقِبُ بأن يفرض عليه عملًا مُرهقًا أو غير ضروريّ (٢) يُلوِّع: يُضايق تلميذًا إلخ بمواصلة السُّخرية منه.

hazel *1.*

ha·zel [hā'zəl] *(n.; adj.)* (١) البُنْدق (نب) (٢) لون البُنْدق § (٣) بُنْدقيّ: مصنوع من خشب البُنْدق (٤) بُندقيّ اللون: بُنّيّ.

ha·zel·nut [-nŭt'] *(n.)* البُنْدُقة: ثمرة البُنْدُق.

ha·zi·ly [hā'zĭ-] *(adv.)* على نحوٍ ضبابيّ أو غامض أو غائم.

ha·zi·ness *(n.)* (١) ضبابيّة (٢) غموض (٣) اكفهرار الجوّ بالغيوم.

ha·zy [hā'zĭ] *(adj.)* (١) ضبابيّ (٢) غائم (٣) غامض (٤) غير متأكِّد.

H-bomb [āch'bŏm'] *(n.)* = hydrogen bomb.

he [hē] *(pron.; n.)* (١) هُوَ (٢) مَنْ <~ who hesitates is lost.> § (٣) ذَكَرٌ من الإنسان أو الحيوان <The ~*s* would quarrel and fight with the females.>.

head [hĕd] *(n.; adj.; vt.; i.)* (١) رأس (٢) «أ» عقل. «ب» موهبة طبيعية. «ج» اتزان؛ رباطة جأش. «د» صُداع (٣) وجه القطعة النقديّة (٤) «أ» فرد. «ب» «رأس» من الحيوانات الداجنة (٥) «أ» صدْر الشيء أو مقدّمه. «ب» منبع. «ج» ممرّ أفقي [في منجم] (٦) رئيس؛ مدير مدرسة أو دائرة في مكتب أو مؤسسة (٧) «أ» قمة؛ أعلى الشيء. «ب» الجزء الضارب [من سلاح] (٨) «أ» مقدَّم السفينة. «ب» مرحاض (٩) مقام الزعامة أو الشرف أو القيادة (١٠) «أ» الرأسيّة: كلمة مدوَّنة بحرف كبير نسبيًا يصدَّر بها جزء من البحث. «ب» جزء أو موضوع مستقلّ. «ج» جزء من الصفحة يعلو أولَ سطورها المطبوعة (١١) الطرف الأعلى من كتاب أو شراع (١٢) رغوة (١٣) «أ» الرأس: الجزء الموشك على الانفجار من بثرة أو خرّاج. «ب» ذروة؛ قمة؛ أوج (١٤) الرأس: جزء من الآلة يؤدّي مهمتها الرئيسية (١٥) المُدْمِن [على المخدِّرات] § (١٦) رأسيّ: «أ» خاصّ بالرأس. «ب» واقعٌ أو قائم عند الرأس (١٧) رئيسيّ <~ cook> (١٨) أماميّ <~ sails> § (١٩) «أ» يحتزّ الرأس أو يقطعه. «ب» يحصد. «ج» يجعل له رأسًا <to ~ an arrow> (٢٠) يتزعَّم؛ يَرْئَس <to ~ a revolution> (٢١) «أ» يُواجِه؛ يُقاوِم <~*ing* the waves>. «ب» يتقدَّم أو يتفوَّق على (٢٢) «أ» يضع في رأس لائحة. «ب» يتوِّج برأسية «ج» يتصدَّر. <a page ~*ed* with the writer's name>. يحتلّ المقام الأول في <~*ed* the list of national heroes> (٢٣) يقود؛ يوجِّه <~*ing* his horse toward home> (٢٤) يسدِّد [كرةَ القدم] برأسِهِ x (٢٥) يشكِّل رأسًا؛ يصبح ذا رأس <The pimple ~*ed*.> (٢٦) يتجه؛ ينطلق نحو <Hounds ~*ed* for the woods.> (٢٧) «أ» ينبع [النهرُ إلخ]. «ب» يتدفق [النفط من آباره] بغير انقطاع.

~ and ears برُمَّته؛ بكامله.

~ over heels (١) رأسًا على عقب (٢) متيَّم بالحب.

off one's ~, (١) مخبول (٢) ذاهل (٣) في حالة اهتياج شديد.

out of one's ~, هاذٍ؛ هارف.

to come to a ~, (١) يُصبح للدمّل رأسٌ مليء بالصديد (٢) ينضج (٣) يبلغ مرحلة الأزمة أو الأوج.

to give someone his ~, يُطلق له الحرية؛ يُلقي له الحبلَ على الغارب.

to keep one's ~, يحتفظ بهدوئه أو رباطة جأشه.

to lay ~*s* together يجتمعون للتشاور أو التآمر.

to lose one's ~, يَفقد رباطة جأشِهِ أو السيطرة على أعصابه.

head·ache [hĕd′āk′] *(n.)* (١) صُداع (٢) مُشكلة؛ ورطة؛ مأزق.

head and shoulders *(adv.)* بما لا يُقاس؛ إلى أبعد حدّ.

head·band [hĕd′-] *(n.)* (١) عِصابة للرأس (٢) العِصابة الرأسية: عصابة زخرفية مطبوعة على رأس صفحة أو فصل (٣) العصابة الظَّهرية: قُماشة ضيِّقة تخاط أو تُلصق باليد على الجزءين الأعلى والأسفل من ظهر الكتاب.

head·board *(n.)* اللَّوح الرأسيّ: لوح خشبيّ يُشَكِّل مقدَّم سريرٍ إلخ.

head·cheese *(n.)* الهَدْشيز: لحم رأس الخنزير إلخ أو قوائمه [وأحيانًا لسانه وقلبه] يُقَطَّع ويُغْلَى ويُضغط بعضه على بعض.

head·dress [hĕd′drĕs] *(n.)* العَمْرة: غطاء [زينيّ عادةً] للرأس.

head·ed [-′ĭd] *(adj.)* (١) ذو رأس <a ~ bolt> (٢) «أ» ذو رأس من نوع خاص <long-*headed*>. «ب» ذو عدد معيَّن من الرؤوس <two-*headed*>.

head·er [hĕd′-] *(n.)* (١) الحصّادة الرافعة: آلةٌ حاصدة تقطع السَّنابل وترفعها إلى العربة (٢) اللَّبِنة أو الآجُرّة الرأسيّة: لَبِنة أو آجُرّة مُرَكَّبةٌ عَبْرَ لَبِنات الجدار لا بموازاتها (٣) الغطسة الرأسية: غطسة يكون فيها الرأس في المقدمة.

head·first *also* **head·fore·most** [hĕd′-] *(adv.)* (١) رأسيًا: بوضعٍ يكون فيه الرأس في المقدمة [كما في الغطس] (٢) باندفاع؛ بتهوُّر.

head·gear *(n.)* (١) غطاء للرأس (٢) خُوذة (٣) طَقْم رأس الفرس.

head·hunt [-′hŭnt′] *(vt.; n.)* (١) يتصيَّد الرؤوس: يغزو ابتغاءَ احتزاز رؤوس الأعداء والاحتفاظ بها § (٢) غزوة الرؤوس: غزوة لاحتزاز رؤوس الأعداء والاحتفاظ بها. **— head·hunt·er** *(n.)*

head–hunt·ing *(n.)* تصيُّد الرؤوس: استقطاب الكفاءات أو تجنيدها لمصلحة شركة ما.

head·i·ly *(adv.)* (١) بعنادٍ؛ بتهوُّر؛ بعنف (٢) على نحوٍ مُسْكِرٍ.

head·i·ness [hĕd′ĭ-] *(n.)* (١) العناد؛ التَّهَوُّر؛ العُنف إلخ (٢) الإسكاريّة: كون الشيء مُسْكِرًا.

head·ing [hĕd′ĭng] *(n.)* (١) «أ» وجهة السفينة أو الطائرة. «ب» اتّجاه (٢) رأسيّة؛ «ترويسة»؛ عنوان.

head·lamp [-′lămp] *(n.)* = headlight.

head·land *(n.)* (١) الأرض الرأسيّة: أرض غير محروثة محاذية لأطراف الأتلام أو قريبةٌ من سياج (٢) الرأس: لسان من الأرض داخلٌ في البحر.

head·less [hĕd′ləs] *(adj.)* (١) «أ» بلا رأس. «ب» مقطوع الرأس (٢) بلا زعيم؛ من غير قائد (٣) أحمق؛ بلا عقل.

head·light [-′līt′] *(n.)* المصباح الأماميّ [لسيّارة أو ترام إلخ].

head·line [-′līn′] *(n.; vt.)* (١) الرأسية؛ «الترويسة»: عنوان مقالٍ في جريدة (٢) الخط الرأسيّ: كلمات توضع في رأس مقطع أو صفحة على سبيل التقديم أو التصدير § (٣) يجعل للمقال أو للصفحة رأسيةً (٤) يُبرز [في الصفحات الأولى] (٥) يقوم بدور البطولة [في عمل فنّيّ].

head·lin·er *(n.)* النَّجم: ممثّل لامع يُبرَز اسمُهُ في الإعلانات.

head·lock [-′lŏk′] *(n.)* مَسْكة الطَّوق: مَسْكة يُطوِّق بها المصارع رأس خصمه بذراعٍ واحدة.

head·long *(adv.; adj.)* (١) رأسيًا: بوضعٍ يكون فيه الرأس في المقدَّمة (٢) بتهوّر؛ بطيش (٣) بغير تردّد أو توانٍ § (٤) متهوِّر؛ طائش (٥) مُسْترئس: غاطسٌ في الماء ورأسُهُ في المقدَّمة (٦) شديد التحدُّر (ا. ق).

head·man *(n.)* (١) «أ» رئيس العمال. «ب» الزعيم (٢) الجَلّاد.

head·mas·ter [hĕd′măs′tər; -mäs′-] *(n.)* المدير: مدير المدرسة.

head·mis·tress [hĕd′mĭs′trəs] *(n.)* المديرة: مديرة المدرسة.

head·most [hĕd′mōst′] *(adj.)* الأوّل: الأكثر تقدُّمًا.

head·note [-′nōt′] *(n.)* الفَذْلَكَة: توضيح يتصدَّر بيانًا أو تقريرًا.

head–on *(adv.; adj.)* (١) رأسيًّا <The cars collided ~.> § (٢) رأسيّ <a ~ collision>.

head·phone [hĕd′fōn′] *(n.)* سمّاعة الرَّأس: سمّاعة تثبَّت على الأذن بعصابة مشدودة إلى الرأس.

headphone

head·piece [-′pēs′] *(n.)* (١) خوذة (٢) عقل؛ ذكاء (٣) الزخرف الرأسيّ: زخرف في مطلع فصل من فصول الكتاب بخاصة.

head·pin [hĕd′pĭn′] *(n.)* القارورة الأمامية: القارورة التي تتصدر سائر القوارير في لعبة البولنغ.

head·quar·ters [hĕd′kwôr′tərz] *(n. pl. or sing.)* (١) مركز القيادة (٢) المَقَرّ؛ المركز الرئيسي [لمؤسسة].

head·race [hĕd′rās′] *(n.)* المجرى الرأسي: مجرًى يوصّل الماء إلى ناعورة أو تُربينة أو نحوهما.

head resistance *(n.)* المقاومة الرأسيّة أو الأمامية [للطائرة].

head·rest [hĕd′rĕst′] *(n.)* مَسْنَد الرأس.

head·sail [hĕd′sāl′] *(n.)* الشراع الأماميّ: شراع يكون في مكان متقدم على الصاري الأمامي.

head·set [hĕd′sĕt′] *(n.)* سمّاعتا الرأس: سمّاعتان تُثبَّتان على الأذنين بعصابة مشدودة إلى الرأس.

head·ship [hĕd′shĭp′] *(n.)* الرئاسة: منصِب الرئيس.

heads·man [hĕdz′măn] *(n.)* الجلّاد: قاطع الرؤوس.

head·spring [hĕd′-] *(n.)* (١) يَنْبوع؛ مَعِين (٢) مَصْدر.

head·stall [-′stôl′] *(n.)* العِذار: ما سال من اللجام على خدّ الفرس.

head·stand *(n.)* الوقفة الرأسية [في بعض الألعاب الجمنازية].

head·stock [hĕd′stŏk′] *(n.)* غُراب الرأس: مَحْمِل للجزء الدوّار أو المتحرِّك من آلة (مك).

head·stone [-′stōn′] *(n.)* الشّاهد: الحجر التذكاريّ للضريح.

head·strong *(adj.)* (١) عنيد؛ راكبٌ رأسه (٢) متهوِّر؛ جَموح؛ جامح.

heads–up *(adj.)* يَقِظ؛ واعٍ؛ سريعٌ إلى انتهاز الفُرَص.

head–to–head *(adv.; adj.)* (١) وجهًا لوجه § (٢) مواجِه؛ مباشِر.

head·waiter [-′wāt′ər] *(n.)* رئيس النُّدُل [في مطعم أو فندق].

head·wa·ters *(n. pl.)* مَنْبع النهر أو مصدَرُه.

head·way [hĕd′wā′] *(n.)* (١) «أ» حركة إلى الأمام. «ب» تقدُّم (٢) الفضاء: فسحة خالية تحت قنطرة إلخ (٣) الفاصل: الفترة الفاصلة بين قطارين منطلقين في اتجاه واحد وعلى السِّكَّة نفسِها.

head wind *(n.)* الريح الرأسية: الريح المعاكسة لاتجاه سفينة أو طائرة.

head·work *(n.)* العمل العقليّ. وبخاصة: تفكيرٌ بارع.

head·y [hĕd′ĭ] *(adj.)* (١) عنيد؛ متهوِّر (٢) عنيف؛ مندفع (٣) مُسْكِر (٤) نشوان (٥) لافت للنظر (٦) بارع؛ ذكيّ.

heal [hēl] *(vt.; i.)* (١) يُبْرِئ؛ يَشْفي (٢) «أ» يعالج؛ يداوي. «ب» يسدّ ثُلْمَةً؛ يرأب صدعًا **x** (٣) يبرأ؛ يَشْفَى؛ يندمل؛ يلتئم.

heal·er [hē′lər] *(n.)* المعالِج؛ المداوي. وبخاصة: الطبيب.

health [hĕlth] *(n.)* (١) صِحّة (٢) ازدهار؛ رخاء (٣) نخب.

health·ful [hĕlth′fəl] *(adj.)* (١) صِحّيّ: مفيد لصحة الجسد أو العقل (٢) معافًى؛ متمتع بالصحة.

health insurance *(n.)* الضَّمان الصِّحّيّ.

health·y [hĕl′thĭ] *(adj.)* (١) معافًى: متمتِّع بالصحة (٢) دالٌّ على الصحة <a ~ color in her cheeks> (٣) صحّيّ؛ نافع للصِّحّة <~ exercise> (٤) «أ» سليم؛ مزدهر <a ~ economy>. «ب» ضخم <a ~ bit of income>. «ج» قويّ <a ~ appetite>.

heap [hēp] *(n.; vt.)* (١) كومة؛ رُكام (٢) كمية كبيرة § (٣) يكوِّم؛ يكدِّس (٤) يُغْدِق <~*ed* praise upon her> (٥) يُثقِل؛ يملأ؛ يُفْعِم <dishes ~*ed* with food>.

hear [hēr] *(vt.; i.)* (١) يَسْمع (٢) يعلم من طريق السماع (٣) «أ» يصغي. «ب» يشهد حفلةً أو صلاةً <to ~ an opera> (٤) يسمع [القاضي] الدعوى أو أقوال الشهود **x** (٥) يتلقّى رِسالةً <haven't *heard* from Salma lately>.

hear·ing [hēr′ĭng] *(n.)* (١) «أ» سَمْع؛ سَماع. وبخاصة: حاسة السمع. «ب» مدى السَّمْع أو الصوت (٢) «أ» فرصة الاستماع: فرصة تتاح للمرء للإدلاء بوجهة نظره. «ب» استماع للحجج. «ج» تحقيق أوّليّ [في قضية جنائية]. «د» جلسة الاستماع: جلسة تعقدها لجنة برلمانية إلخ لسماع مختلف الشهادات (٣) إشاعة.

hearing aid *(n.)* مُعينة السَّمع: أداة لزيادة مقدار الطاقة الصوتية التي تصل إلى الأذن.

hearing dog *(n.)* الكلب السامع: كلبٌ مدرَّب على مساعدة الطُّرْش.

hearken [här′kən] *(vi.; t.)* (١) يُصغي (٢) يُوْلي أذنًا صاغية.

hear·say [hēr′sā′] *(n.)* شيء يُسمع من شخص آخر: إشاعة.

hearsay evidence *(n.)* شهادة السَّماع (ق).

hearse [hûrs] *(n.; vt.)* (١) شَمعدان (٢) نَعْش (ا. ق) (٣) عربة الموتى § (٤) «أ» يُكفِّن؛ يضع في نعش. «ب» ينقل بعربة الموتى (٥) يدفن.

heart [härt] *(n.)* (١) القلب؛ الفؤاد (ت) (٢) «أ» صدر. «ب» القلب: صورة تمثِّل قلبًا (٣) الكوبة: ورقة لعب تحمل صورة قلب (٤) «أ» شخصية المرء [بما تشتمل عليه من سمات عقلية وعاطفية]. «ب» ذاكرة. «ج» رأي؛ موقف. «د» طبيعة المرء العاطفية أو الأخلاقية. «هـ» حنان. «و» مِزاج. «ز» حُبّ؛ عواطف. «ح» شجاعة. «ط» مَيْل؛ رغبة <likes music but has no ~ for grand opera>. «ي» وَكْد؛ همّ؛ رغبة ثابتة (٥) شخص؛ مخلوق <Poor *heart!* Who would relieve her wants now?> (٦) مركز (٧) لُبّ؛ لُباب.

- after his own ~, كما يرغب أو يحلو له تمامًا.
- at ~, (١) في أعماق القلب أو النفس (٢) في الواقع.
- by ~, غَيْبًا؛ عن ظهر قلب.
- ~ and soul بتفانٍ؛ قلبًا ونفسًا.
- in one's ~ of ~s في أعماق أعماقه؛ في أعماق قلبه.
- to break a person's ~, يسحق قلب فلان حزنًا وغمًّا.
- to get *or* learn by ~, يستظهر؛ يحفظ عن ظهر قلب.
- to give *or* lose one's ~ to يقع في حب فلانة.
- to have one's ~ in one's boots يُرَوَّع؛ يُذْعَر إلخ.
- to have one's ~ in one's mouth يُروَّع بشِدَّة.
- to have one's ~ in the right place يتَّسم بالحنان ورقّة الشعور.
- to have something at ~, ينصرف بكلّيته إلى.
- to lose ~, يقنط؛ يَهِنُ عزمه.
- to pluck up ~, يستردّ شجاعته.
- to set one's ~ on (١) يعقد العزم على (٢) يتوق توقًا شديدًا إلى.
- to speak to one's ~, يعزّي؛ يشجِّع.
- to take ~, يتشجَّع؛ يتشدَّد؛ «يُقَوّي قلبَه».
- to take to ~, (١) يفكِّر جدّيًا في (٢) يتأثر تأثرًا عميقًا؛ يأْسَى لِـ.
- to wear one's ~ upon one's sleeve يُفضي بسريرة نفسه؛ يعمد إلى الصراحة الشديدة من غير تحفّظ.

heart·ache [härt′āk′] *(n.)* غمٌّ؛ أسًى.

heart attack *(n.)* النَّوبة القلبية (ط).

heart·beat [härt′bēt′] *(n.)* (١) دَقَّة القلب (فس) (٢) القلب: مركزٌ حيويّ أو قوةٌ دافعة <The school is the ~ of our society.>.

heart·break [-′brāk′] *(n.)* الحَسْرة: أسًى ساحق للقلب.

heart·break·ing *(adj.)* (١) فاجع: مُوْرِثٌ حزنًا يَسْحق القلب (٢) فاتن.

heart·bro·ken [-′brō kən] *(adj.)* منسحق القلب [من شدة الحزن].

heart·burn [-′bûrn′] *(n.)* الوَغْر؛ الحُرقة في المعدة.

heart·burn·ing *(n.)* (١) حَسَدٌ (٢) امتعاض شديد.

heart disease *(n.)* القُلاب: مرض القلب.

heart·ed [här′-] *(adj.)* (١) ذو قلب <hard*hearted*> (٢) ماثل في القلب؛ راسخٌ في القلب.

heart·en [här′tən] *(vt.)* يشجِّع؛ يُشَدِّد العزمَ.

heart failure *(n.)* (١) قصور القلب (٢) توقُّف النَّبْض: موت.

heart·felt [härt′-] *(adj.)* قلبيّ؛ مخلص؛ صادرٌ من القلب.

heart·free [härt′frē′] *(adj.)* خَليّ القَلْب: غير عاشق.

hearth [härth] *(n.)* (١) مَوْقد؛ مِدفأة (٢) المَجْمَرة: أرض المِدفأة (٣) مُصْطَلًى؛ جانب الموقد.

hearth·stone [-′stōn′] *(n.)* (١) مُصْطَلًى؛ جانب الموقد (٢) بيت.

heart·i·ly [här′tə lĭ] *(adv.)* (١) قلبيًا؛ بإخلاص (٢) بحماسة (٣) تمامًا؛

ميكانيكية.

heat·er *(n.)* (١) المُحمّي؛ المُسخِّن (٢) السَّخّانة: جهاز التسخين (٣) مسدَّس.

heath [hēth] *(n.)* (١) الخَلَنْج (نب) (٢) البَراح: أرض واسعة مُهْمَلة.

heath·bird [hēth'bûrd'] *(n.)* الطَّيْهوج الأسود (طا).

heath cock *(n.)* ذكر الطَّيْهوج الأسود.

hea·then [hē'thən] *(adj.; n.)* (١) وَثنيّ (٢) غير متمدِّن § (٣) الوثنيّ (٤) الهمجيّ.

hea·then·dom *(n.)* (١) الوثنية؛ عبادة الأوثان (٢) العالَم الوثنيّ.

hea·then·ish [hē'thə-] *(adj.)* (١) وَثَنيّ (٢) هَمَجيّ.

hea·then·ism [hē'thə-] *(n.)* (١) الوثنية؛ عبادة الأوثان (٢) الهمجيّة.

hea·then·ize [hē'thə-] *(vt.; i.)* (١) يُوَثِّن: يجعله وَثنيًا x (٢) يَسْتَوْثِن.

heath·er [hĕth'ər] *(n.; adj.)* (١) الخَلَنْج (نب) § (٢) خَلَنْجيّ (٣) مُرقَّط؛ منقَّط بألوان مختلفة.

heath hen [hēth] *(n.)* أنثى الطَّيْهوج الأسود.

heath hen

heat·ing [hēt'ing] *(n.)* (١) تسخين (٢) تدفئة.

heat pump *(n.)* المِضَخَّة الحرارية.

heat·stroke [hēt'strōk'] *(n.)* الرَّعْن؛ ضربة الحرارة أو الشمس.

heat unit *(n.)* السُّعْر؛ الوحدة الحرارية (را. calorie).

heat wave *(n.)* الموجة الحراريّة: موجة من الحرّ الشديد.

heave [hēv] *(vt.; i.; n.)* (١) يرفع (٢) يطرح؛ يرمي (٣) يُطلق تنهُّدة؛ يتنهّد (٤) يجعله ينتفخ أو يعلو (٥) يسحب؛ يَجُرّ x (٦) يرتفع أو ينتفخ (٧) يناضل؛ يبذل جهدًا (٨) «أ» يَجيش: يعلو وينخفض على نحو إيقاعي. «ب» يلهث (٩) يتقيّأ (١٠) «أ» يدفع؛ يسحب. «ب» يوجّه سفينةً. «ج» تَتَّخِذُ [السفينة] اتجاهًا معيَّنًا § (١١) رفعٌ؛ طرحٌ؛ سحبٌ؛ غثيان إلخ (١٢) تنهُّدة (١٣) جَيَشان؛ ارتفاع. وبخاصة على نحو إيقاعيّ (١٤) *pl.*: رَبْو الخيل.

heave–ho [hēv'hō] *(n.)* صَرْف؛ طَرْد.

heav·en [hĕv'ən] *(n.)* (١) *pl.* عد: السَّماء (٢) *cap.* عد: الجنَّة (٣) *cap.*: الله (٤) «أ» فردوس. «ب» نعيم؛ سعادة قصوى.

good ~*s*! يا للسماء!

in the seventh ~, في نعيم؛ في سعادة قصوى.

heav·en·ly *(adj.)* (١) سماويّ (٢) مقدَّس (٣) مُبْهج (٤) فاتن.

heav·en–sent *(adj.)* في وقتِهِ؛ مُرْسَلٌ من عند الله.

heav·en·ward *(adv.; adj.)* (١) نحو السَّماء أو الأعالي § (٢) مُوَجَّه نحو السَّماء.

heaven·wards [hĕv'ən wərdz] *(adv.)* نحو السَّماء أو الأعالي.

heav·i·ness [hĕv'ĭ-] *(n.)* ثِقَل إلخ (را. المادة التالية).

heav·y [hĕv'ĭ] *(adj.; adv.; n.)* (١) ثقيل: «أ» كبير الوزن. «ب» ذو ثقل نوعيّ عالٍ. «ج» مؤلف من ذرّات ذات كتلة أكبر من المألوف <a ~

بكل معنى الكلمة <~ sick of that idle debate>.

heart·i·ness [här'tĭ-] *(n.)* إخلاص؛ حماسة؛ ودّ؛ قوّة؛ شدّة إلخ.

heart·less *(adj.)* متحجّر القلب؛ عديم الرحمة أو الشفقة.

heart–rend·ing *(adj.)* فاجع؛ مفطِّر للقلب؛ ممزِّق للفؤاد.

hearts·ease [härts'ēz'] *(n.)* (١) طُمأنينة؛ راحة بال (٢) زهرة الثالوث: ضرب من البنفسج.

heart–search·ing *(n.)* محاسَبَة النَّفس؛ مراجَعَة الضمير.

heart·sick [härt'sĭk'] *(adj.)* قانط؛ محزون الفؤاد.

heart·some [härt'səm] *(adj.)* مُنعِش؛ مُنشِّط (إسك).

heart·sore [härt'sōr'] *(adj.)* = heartsick.

heart–strick·en; heart–struck *(adj.)* (١) محزون القلب (٢) مروَّع الفؤاد.

heart·strings *(n. pl.)* أعمق المشاعر؛ أوتار القلب؛ نِياط الفؤاد <could touch the ~ of the audience>.

heart–to–heart *(adj.)* صريح؛ من القلب إلى القلب <a ~ talk>.

heart–warm·ing *(adj.)* (١) مؤثِّر؛ مثير للمشاعر (٢) مُرْضٍ؛ سارّ.

heart–whole *(adj.)* (١) خَلِيّ؛ غير عاشق (٢) مخلص؛ صادق.

heart·wood *(n.)* الجِلْب: خشب القلب الصُّلب في جذع الشجرة.

heart·worm [härt'wûrm'] *(n.)* دودة القلب: دودة خيطيّة تتطفَّل على قلوب الكلاب.

hear·ty[1] [här'tĭ] *(adj.)* (١) «أ» حماسيّ. «ب» ودّي. «ج» قلبيّ؛ صادر من القلب (٢) «أ» مُعافًى؛ متمتِّع بصحة جيدة <as ~ as a young lion>. «ب» حسَن الشهيّة: مستهلكٌ الطعامَ بوفرة أو تلذُّذ <He is a ~ eater.>. «ج» كافٍ؛ وافٍ؛ مُشْبِع <a ~ meal>. «د» مُغَذٍّ؛ مقوٍّ (٣) عارم؛ قويّ؛ عنيف <~ waves>.

hear·ty[2] *(n.)* (١) رفيق؛ فتًى شجاع (٢) بحّار؛ نوتيّ.

heat [hēt] *(vi.; t.; n.)* (١) يَسخن؛ يحمى (٢) يغضب؛ يَثور x (٣) يُسخِّن؛ يحمّي (٤) يثير § (٥) «أ» احترار؛ حماوة. «ب» حرارة. «ج» حَرّ. «د» موضع حارّ. «هـ» فصل أو طقس حارّ. «و» إحماء. «ز» كميّة المادة المحمّاة. «ح» توقّد؛ تأجّج (٦) اهتياج؛ انفعال؛ حدَّة <answered with ~> (٧) ذروة؛ معمعان؛ وطيس <in the ~ of battle> (٨) النَّزاء: الاهتياج الجنسي عند أنثى الحيوان بخاصة <was like a bitch in ~> (٩) الحرافة: حدّة في المذاق أو النكهة (١٠) جهد مفردٌ متصل، مثل: «أ» شوط من سباق. «ب» التمهيديّ: أحد السباقات التمهيدية التي تُجْرَى لغربلة المتسابقين وإبعاد العناصر الضعيفة نسبيًا. «ج» تشدّد في تطبيق القانون [أو في ملاحقة الخارجين عليه] (١١) ضغط [يُقْصَد به التأثير في مجرى الأحداث إلخ] (١٢) نَقْد؛ تأنيب.

heat·ed *(adj.)* (١) مُحَمًّى؛ مسخَّن (٢) حادّ؛ حامٍ؛ غاضب.

heat engine *(n.)* المحرِّك الحراريّ: آلة تحوِّلُ الطاقةَ الحرارية إلى طاقة

<~ ammonia> «د» متضمِّنٌ نظائر ثقيلة <~ isotope>. (٢) ثقيل الوطأة <~ taxes> (٣) خطير <a ~ offense> (٤) عميق <~ silence> (٥) «أ» مُثقَل أو مرهق [بالهمّ أو الأسى] <a ~ husband>. «ب» حُبلى. وبخاصة: على وشك الوضع <~ with child> (٦) «أ» بطيء؛ بليد. «ب» كئيب <a ~ heart>. «ج» آخذةٌ أسعاره في الهبوط <a ~ market> (٧) نعسان أو مُجْهَد <Her eyes were ~ from study.> (٨) «أ» ضخم؛ وافر <~ crops>. «ب» كثيف <~ traffic>. «ج» هائج <sea was ~>. «د» منذِر بالمطر <~ clouds; a ~ sky>. «هـ» موحل؛ عائق للحركة <a ~ road>. «و» عالٍ وعميق <a ~ sound>. «ز» حادّ؛ شديد التحدّر. «ح» شاقّ؛ عسير <a ~ task>. «ط» مُسْرِف <a ~ buyer; a ~ drinker> (٩) «أ» عسير الهضم؛ ثقيل على المعدة <~ food>. «ب» فطير <~ bread> (١٠) ثقيل: منتجٌ سلعًا [كالفحم الحجري والفولاذ] تُستعمل في صنع سلعٍ أخرى <~ industries> (١١) «أ» مزوَّد بمدافع ضخمة: ثقيل. «ب» مدرَّع تدريعًا ثقيلًا (١٢) جِدّيّ؛ رصين؛ وبخاصة في ما يتصل بالتمثيل المسرحي <a ~ part> (١٣) هامّ؛ بارز؛ ذو شأن § (١٤) على نحو ثقيل إلخ § (١٥) مدفع ثقيل (١٦) ملاكم من الوزن الثقيل (١٧) «أ» ممثل يؤدي دورًا رصينًا. «ب» دور مسرحي رصين (١٨) «أ» ممثل يؤدي دورًا شرّيرًا أو خبيثًا. «ب» دور شرير (١٩) شيء هامّ؛ شخص ذو شأن.

heavy artillery *(n.)* المِدفعيَّة الثقيلة (جن).

heav·y–du·ty *(adj.)* متين؛ قويّ الاحتمال؛ لا يَبْلَى بسرعة.

heav·y–foot·ed *(adj.)* (١) بطيء؛ ثقيل الحركة (٢) حبلى (ع).

heav·y–hand·ed *(adj.)* (١) أخرق؛ تعوزه البراعة (٢) جائر؛ ظالم؛ باطش؛ ثقيل الوطأة <~ tyranny>.

heav·y–heart·ed *(adj.)* محزون؛ كئيب؛ منقبض الصَّدر.

heav·y–lad·en *(adj.)* (١) مُثقَل بالأحمال <a ~ cart> (٢) مُرْهَق.

heavy metal *(n.)* ضربٌ عنيف من موسيقى «الروك أند رول».

heav·y–set *(adj.)* ممتلئ الجسم؛ وأحيانًا: أقرب الى البدانة.

heavy water *(n.)* الماء الثقيل (ك).

heav·y·weight [hĕv′ĭ wāt′] *(adj.; n.)* (١) ثقيل الوزن § (٢) شخص بَدين (٣) الملاكم الثقيل [أي لا يقلّ وزنه عن ١٧٥ باوندًا] (٤) شخص ذو شأن.

heb·do·mad [hĕb′də măd′] *(n.)* (١) سبعة (٢) أسبوع؛ سبعة أيام.

heb·dom·a·dal *(adj.)* أُسبوعيّ <~ journals>.

he·be·phre·ni·a [hē′bə frē′-] *(n.)* خَبَل البلوغ؛ إسفاف المراهقة (نف).

heb·e·tate [hĕb′ə tāt′] *(vt.; i.)* (١) يبلِّد: يجعله بليدًا أو ضئيل الحساسية **x** (٢) يتبلَّد.

heb·e·tude [hĕb′ə to͞od′] *(n.)* تبلُّد؛ بلادة؛ كَسَلٌ.

He·bra·ic [hĭ brā′-] *(adj.)* عبريّ؛ عبرانيّ: خاصّ بالعبرانيين.

He·bra·ist [hē′brā ĭst] *(n.)* العالم باللغة والدراسات العبرية.

He·bra·ize [hē′brā īz′] *(vt.; i.)* (١) يُهَوِّد **x** (٢) يتهوَّد.

He·brew [hē′bro͞o] *(n.; adj.)* (١) اللغة العِبْرية (٢) اليهوديّ § (٣) يهوديّ؛ عِبريّ؛ عِبرانيّ.

hec·a·tomb [hĕk′ə tōm′; -to͞om′] *(n.)* (١) ذبيحة مئة ثور [عند قُدماء اليونان والرومان] (٢) مَجْزَرة؛ مذبحة.

heck [hĕk] *(n.)* = hell.

heck·le *(vt.)* يَنْحَض: يضايق بالإكثار من الأسئلة والتحدِّيات.

hect- *or* **hecto-** بادئة معناها: مئة <*hecto*meter>.

hec·tare [hĕk′târ] *(n.)* الهَكْتار: عشرة آلاف متر مربع.

hec·tic [hĕk′tĭk] *(adj.)* (١) دِقّيّ: ذو علاقة بحمّى الدِّق (٢) مدقوق: مصابٌ بحمّى الدِّق (٣) مُحْمَرّ أو متورِّد الخدّين (٤) محموم؛ قلِق <the ~ years after oil was discovered>.

hectic fever *(n.)* حُمَّى الدِّقّ: حُمّى غير مستقرّة ولكنها متواصلة.

hecto- = hect-.

hec·to·gram *or* **hec·to·gramme** *(n.)* الهَكتوغرام: مئة غرام.

hec·to·graph [hĕk′tə-] *(n.; vt.)* (١) المِنضحَة (مج): مطبعة هُلاميّة لاستخراج نُسَخٍ من شيء مكتوبٍ أو مَرْسوم § (٢) يَسْتَنضح: يستخرج نُسخًا بمنضحة.

hec·to·li·ter *or* **hec·to·li·tre** [hĕk′tə lē′-] *(n.)* الهَكتولِتْر: مئة لِتْر.

hec·to·me·ter *or* **hec·to·me·tre** *(n.)* الهكتومَتر: مئة متر.

hec·tor [hĕk′tər] *(n.; vi.; t.)* (١) المستبدّ؛ المتغطرس؛ المتوعّد § (٢) يتغطرس **x** (٣) يُرهبه بالوعيد أو الضغط.

he'd [hēd] = he had; he would.

hedge [hĕj] *(n.; vt.; i.; adj.)* (١) «أ» الوشيع: سياج من شجيرات أو أشجار خفيضة. «ب» حاجز؛ حَدّ (٢) وِقاء [وبخاصة من الخسارة المالية] (٣) كلام مطّاط [مقصودٌ به أن يكون غير ملزم] § (٤) «أ» يُوَشِّع: يطوّق بوشيع. «ب» يطوّق (٥) يعوق (٦) يقي نفسه من الخسارة [بأن يعقد صفقة تعويضية مقابلة] **x** (٧) يُسيِّج (٨) يتجنّب إعطاء جواب قاطع [محتفظًا لنفسه بخط الرجعة] (٩) يخفِّف من خَطَر مراهنةٍ ما § (١٠) «أ» مولود أو عائش أو مصنوع قرب الوشائع. «ب» سرّيّ <a ~ marriage>. «ج» وضيع؛ رديء النوع؛ من الدرجة الثالثة <a ~ tavern>.

hedge fund *(n.)* صندوق المضاربات (تج).

hedge·hog [hĕj′hŏg′] *(n.)* (١) القُنْفُذ (٢) الحاجز القنفذيّ: حاجز دفاعي كالأسلاك الشائكة.

hedgehog *1.*

hedge·hop [hĕj′-] *(vi.)* يُسِفّ: يقود طائرَتَهُ على ارتفاع منخفض.

hedge·pig [hĕj′pĭg′] *(n.)* = hedgehog.

hedge·row [-′rō′] *(n.)* الوَشيع: سياج من شجيرات أو أشجار.

he·don·ic [hē dŏn′-] *(adj.)* مُتْعيّ: «أ» متعلق بالمتعة أو اللذة. «ب» قائل بأن اللذة أو السعادة هي الخير الأوحد أو الرئيسي في الحياة.

he·don·ism [hē′də nĭz′əm] *(n.)* المُتْعِيَّة: مذهب المُتْعة («فف» و«نف»).

hee·bie–jee·bies [hē′bē jē′bēz] *(n.)* نرفزة شديدة.

heed [hēd] *(vi.; t.; n.)* (١) ينتبه أو يلتفت إلى **x** (٢) يبالي § (٣) انتباه؛ اهتمام؛ التفات.

to take *or* give *or* pay ~ to يلتفت إلى؛ يبالي بِ.

heed·ful [hēd′fəl] *(adj.)* مُنْتَبِه؛ حَذِر؛ محترس.

heed·less [hēd′ləs] *(adj.)* مُهْمِل ؛ غافل ؛ طائش .

hee·haw [hē′hô′] *(n.; vi.)* (١) نهيق (٢) قهقهة § (٣) يَنْهَق [الحمارُ] (٤) يُقَهْقِه .

heel[1] [hēl] *(n.; vt.; i.)* (١) العَقِب : «أ» عَقِب القَدَم . «ب» حافة الرغيف أو قالب الجبن الصلبة . «ج» كعب الحذاء أو الجورب . «د» مؤخَّر المركب . «هـ» أسفل الصاري أو السلّم (٢) شخص حقير § (٣) يُعَقِّب : يجعل له عَقِبًا (٤) يُزوِّد . وبخاصة : بالمال (٥) يدوس [أو يُدير أو يَضرِب] بكعب الحذاء x (٦) يتعقَّب : يجري في أعقاب شخصٍ ما (٧) يعدو ؛ يفرّ .

- down *or* out at ~*s* (١) بالي الكعبين (٢) رَثّ الملابس (٣) مُعْسِر .
- ~*s* over head *or* head over ~*s* رأسًا على عَقِب .
- to be at ~ *or* upon one's ~*s* يتبعه على الأثر .
- to lay *or* clap by the ~*s* يعتقل ؛ يَسجن .
- to show the ~*s* / to take to one's ~*s* يهرب ؛ يلوذ بالفرار .
- to tread upon one's ~*s* يجري في أثره .
- to turn on one's ~*s* يستدير ؛ ينقلب على عَقِبَيْه .
- under ~, مُخْضَع ؛ واقع تحت السيطرة .

heel[2] *(vi.; t.; n.)* (١) يَميل x (٢) يُميل [المَرْكَب] § (٣) مَيَلان .

heel·piece [-′pēs] *(n.)* الكَعْبِيّة : كعب الحذاء أو الجورب .

heel·tap [hēl′tăp′] *(n.)* الثُّمالة ؛ السُّؤْر : بقيّة الشراب في الكأس .

heft [hĕft] *(n.; vt.)* (١) «أ» ثِقَل . «ب» أهميّة § (٢) يَرْفع (٣) يَزُوز .

heft·y [hĕf′tĭ] *(adj.)* (١) ثقيل جدًا (٢) ضخم (٣) قويّ ؛ جبّار (٤) كبير ؛ ضخم <~ portions> .

He·ge·li·an [hā gā′lĭ ən] *(adj.)* هيغلي : منسوب إلى هيغل .

He·ge·li·an·ism [-ə nĭz′əm] *(n.)* الهيغليّة : منطق هيغل الجَدَليّ .

he·gem·o·ny [-jĕm′-] *(n.)* سيطرة . وبخاصة : سيطرة دولة على دُوَلٍ أخرى .

he·gi·ra *also* **he·ji·ra** [hĭ jī′rə; hĕj′ər ə] *(n.)* (١) *cap.* : الهجرة ؛ الهجرة النبوية (إس) (٢) هجرة ؛ نزوح ؛ اغتراب .

he–goat [hē′gōt] *(n.)* التَّيْس : ذَكَر الماعز .

heif·er [hĕf′ər] *(n.)* العِجلة : بقرة صغيرة .

heigh [hā; hī] *(interj.)* هاي : هُتاف للتشجيع أو للَفْت الانتباه .

heigh–ho [hī′hō′; hā′-] *(interj.)* (١) أُفّ (٢) وا أسفاه (٣) صَيْحة تشجيع .

height [hīt] *(n.)* (١) قمّة : ذِروة ؛ أوج (٢) ارتفاع ؛ عُلوّ (٣) «أ» طول القامة . «ب» الشُّهُوق : كون الشيء شاهقًا (٤) «أ» مرتفَع ؛ أرض مرتفعة . «ب» أعلى [والجمع : أعالٍ] .

height·en [hīt′ən] *(vt.; i.)* (١) «أ» يزيد ؛ يضاعف . «ب» يعمِّق ؛ يقوّي . «ج» يُبْرِز ؛ يوضح بقوة . «د» يجعله أكثر حدَّة (٢) يرفع ؛ يُعلي x (٣) يزداد ؛ يَقْوَى .

heil [hīl] *(interj.)* فليَحْيَ ! ؛ فَلْيَعِش !

hei·nous [hā′nəs] *(adj.)* شائن ؛ شنيع .

heir [âr] *(n; vt.)* (١) وريث § (٢) يَرِث .

heir apparent *(n.)* الوريث الشرعي : وريث لا ينازعه حقه الشرعي أيما شخص آخر شرط أن يمتدَّ به الأجل إلى ما بعد وفاة المورِّث (ق) .

heir·dom [âr′dəm] *(n.)* (١) وراثة ؛ خلافة (٢) إرث .

heir·ess [âr′əs] *(n.)* وريثة . وبخاصة : وريثة ثروة ضخمة .

heir·loom [âr′lōōm′] *(n.)* الموروث : «أ» متاع ، كلوحة زيتية تمثّل أحد الأسلاف إلخ ، ينتقل إلى الوريث كجزء لا يتجزأ من الإرث . «ب» شيء ذو قيمة خاصة يورثُهُ جيلٌ إلى جيل .

heir presumptive *(n.)* الوريث الحاليّ : وريث قد يسقط حقُّهُ في الإرث بولادة وارث أقرب نَسَبًا إلخ .

heir·ship [âr′-] *(n.)* (١) مركز الوريث أو حقوقه (٢) حقّ الوراثة (٣) وراثة .

heist [hīst] *(vt.; n.)* (١) يَسْرِق § (٢) سَرِقة .

held [hĕld] *past and past part. of* hold.

heli- *or* **helio-** بادئة معناها : شمس <*helio*latry> .

he·li·a·cal [hĭ lī′ə kəl] *(adj.)* (١) شمسيّ (٢) قريب من الشمس .

helic- *or* **helico-** بادئة معناها : حلزونيّ ، لولبيّ .

hel·i·cal [hĕl′ə kəl] *(adj.)* حَلَزونيّ ؛ لَوْلَبيّ .

hel·i·coid [hĕl′ə koid′] *(adj.; n.)* (١) أو **hel·i·coi·dal** : حَلَزونيّ ؛ لَوْلَبيّ § (٢) السَّطح اللَّولَبيّ أو الحَلَزونيّ (هن) .

helicon

hel·i·con [hĕl′ə kŏn′] *(n.)* الهليكون : ضرب من الأبواق كبير .

hel·i·cop·ter [hĕl′ə kŏp′-] *(n.; vi.; t.)* (١) المِرْوحيّة ؛ الحوّامة ؛ الطائرة العمودية ؛ الهليكوبتر § (٢) يرتحل بمِرْوحية x (٣) ينقل بمروحية .

helio- = heli-.

he·li·o·cen·tric [hē′lĭ ō sĕn′-] *(adj.)* (١) شمسيّ المركز : مَقِيسٌ من مركز الشمس أو بادٍ وكأنّه منظور من هذا المركز (٢) شَمْسِيْمَرْكَزيّ : خاصّ بالشمس باعتبارها مركزًا .

he·li·o·chrome [hē′-] *(n.)* صورة فوتوغرافية بالألوان الطبيعية .

he·li·o·graph [hē′lĭ ə-] *(n.; vt.)* (١) الهِلْيوغراف : تلسكوب مُعَدّ لتصوير الشمس (٢) المِشماس ؛ المُبْرِقة الشمسية : أداة لإرسال الإشارات التلغرافية ، بواسطة أشعة الشمس منعكسةً على مرآة § (٣) يُمَشْمِس : يُبرق بالمِشماس .
— **he·li·og·ra·phy** *(n.)*

he·li·ol·a·try [hē′lĭ ŏl′ə trĭ] *(n.)* عبادة الشَّمس .

he·li·om·e·ter [hē′lĭ ŏm′-] *(n.)* الهليومتر : تلسكوب أُعِدَّ أصلًا لقياس قُطر الشمس الظاهريّ .

He·li·os [hē′lē ŏs′] هِلْيوس : إلّه الشمس في الميثولوجيا اليونانية .

he·li·o·stat [hē′lĭ ō stăt′] *(n.)* الهليوستات : أداة ذات مرآة تعكس أشعة

hel·lo [hĕ lō'; hĕl'ō] *(n.)* هالو: هتاف للترحيب أو لفت النظر أو التعجُّب أو للإجابة على التلفون.

hell–rais·er *(n.)* الصَّخّاب: مُقيم الدُّنيا ومُقعِدها.

helm[1] [hĕlm] *(n.; vt.)* (١) «أ» ذراع الدَّفَّة. «ب» دَفَّة السفينة بكاملها (٢) رئاسة؛ إدارة § (٣) يُدَفِّف: يدير دفّة المركب.

helm[2] *(n.; vt.)* (١) خُوذة § (٢) يُخَوِّذ: يكسو أو يغطّي بخُوذة.

hel·met [hĕl'mĭt] *(n.)* (١) خُوذة (٢) الخُوذيَّة: السبَلة أو البتلة العليا لبعض الأزهار.

helmet *1.*

hel·minth [hĕl'mĭnth] *(n.)* دودة. وبخاصة: دودة مِعَويّة.

hel·min·thi·a·sis [-thī'ə sĭs] *(n.)* الدَّوَد: داء الديدان الطفيلية.

hel·min·thol·o·gy *(n.)* الديدانيّات؛ علم الدِّيدان الطُّفيليّة.

helms·man [hĕlmz'-] *(n.)* المُدفِّف: مدير الدَّفَّة في مركب أو سفينة.

hel·ot [hĕl'ət] *(n.)* (١) *cap.*: الهَلُوت: أحد الأقنان بإسبارطة القديمة (٢) القِنّ؛ العبد.

hel·ot·ry [-'ə trĭ] *(n.)* (١) القِنانة؛ العُبودية (٢) جماعةُ الأقنان.

help [hĕlp] *(vt.; i.; n.)* (١) يساعد؛ يعاون (٢) «أ» يحسِّن؛ يُجَمِّل. «ب» يُداوي؛ يَشْفي (٣) «أ» يفيد. «ب» يعزِّز؛ يقوّي (٤) «أ» يُصْلح. «ب» يتمالك نفسَه عن <I couldn't ~ laughing at him.>. «ج» يمنع؛ يحول دون x (٥) يكون ذا جدوى <Every little bit ~s.> § (٦) مساعدة؛ عون (٧) مصدر عون (٨) علاج (٩) «أ» المُساعد؛ العامل؛ المستخدَم. «ب» خدمات العامل المستأجَر <They were without ~ again and she had all the work to do.> (١٠) حصَّة من الطعام [على المائدة].
Help yourself! تفضَّل؛ اخدم نفسَك بنفسك على المائدة.

help·er *(n.)* المعاوِن؛ المساعِد [وبخاصة في عملٍ يدويّ].

help·ful [hĕlp'fəl] *(adj.)* مساعد؛ مفيد؛ نافع.

help·ing *(n.)* (١) مص help (٢) حِصَّة من الطعام [على المائدة].

help·less *(adj.)* (١) بائس؛ لا عونَ له (٢) عاجز؛ ضعيف (٣) مَشلول.

help·mate *or* **help·meet** *(n.)* الرفيق المساعد. وبخاصة: زوجة.

hel·ter–skel·ter [hĕl'tər skĕl'-] *(adv.; n.; adj.)* (١) شَذَر مَذَر (٢) كيفما اتفق § (٣) فوضى؛ اختلاط § (٤) مندفع؛ مستعجل [باختلاط واضطراب] (٥) تصادفيّ؛ متوقف على المصادفة.

helve [hĕlv] *(n.)* النِّصاب: مَقبِض أداة أو سلاح.

Hel·ve·tian [-vē'shən] *(adj.; n.)* (١) سويسريّ § (٢) السّويسريّ.

hem[1] [hĕm] *(n.; vt.)* (١) هُدْب؛ حاشية (٢) حافة § (٣) يُهدِّب: يجعل للشيء هدبًا أو حاشية (٤) يُحَفّي: يجعل للشيء حافةً (٥) يَحْصُر؛ يطوِّق [أعداءه إلخ].

hem[2] *(vi.; n.)* (١) «أ» يتنحنح. «ب» يتردّد في الكلام § (٢) تَنَحْنُح.

hem- *or* **hemo-** بادئة معناها: دَم.

hema- *or* **haema-** = hem-.

he·ma·cy·tom·e·ter [hē mə sī tŏm'-] *(n.)* = erythrocytometer.

he·mal [hē'-] *(adj.)* (١) دمويّ (٢) وعائيدمويّ: خاصّ بالأوعية الدموية.

he–man *(n.)* الفَحْل: رجُلٌ قويّ أو مفتول العَضَل.

الشمس في اتجاه واحد.

he·li·o·tax·is [hē'lĭ ō tăk'-] *(n.)* الانتظام الشمسيّ (أح).

he·li·o·ther·a·py *(n.)* الاستشماس (مج): المعالجة بأشعة الشمس.

he·li·o·trope [hē'lĭ ə trōp'] *(n.)* (١) رقيب الشمس (نب) (٢) bloodstone (٣) الأرجوانيّ المعتدل (لون).

he·li·ot·ro·pism *(n.)* الانتحاء الشمسي: مواجهة النباتات للشمس.

hel·i·port [hĕl'ə-] *(n.)* الهَلْبُرْت: مَهْبِط الهليكوبتر أو موضعُ إقلاعها.

hel·i·stop [hĕl'ə stŏp'] *(n.)* = heliport.

he·li·um [hē'lĭ əm] *(n.)* الهِلْيوم: عنصر غازيّ خفيف خامل (ك).

he·lix [hē'lĭks] *(n.)* اللَّولَب: شيء لولبيّ الشكل، مثل: «أ» حلية معمارية حَلَزونيّة (عم). «ب» ملفّ سلكيّ أسطوانيّ (فز). «ج» المَحارة: حافة الأُذن الخارجية (ت).

H. helix *a.*

hell [hĕl] *(n.)* (١) جهنَّم؛ سَقَر (٢) «أ» الجحيم: حالة عذاب أو اضطراب أو خراب. «ب» المَقمَرة: مكان للعب القمار. «ج» توبيخ قاسٍ. «د» مَرَح؛ حيوية بالغة (٣) hellbox.

he'll [hēl] = he will; he shall.

Hel·las [hĕl'əs] هيلاس: الاسم اليوناني القديم لبلاد اليونان.

hell·ben·der [hĕl'bĕn-] *(n.)* الهَلْبَنْدَر: سَمَنْدر أو سَمَنْدَل مائيّ ضخم (را. salamander).

hellbender

hell–bent *(adj.)* عازم بعناد؛ مصمِّم بحزم.

hell·box *(n.)* صندوق الجحيم: وعاء يلقي فيه الطابعُ الحروفَ التالفة.

hell·broth [hĕl'-] *(n.)* الحَساء الجهنَّميّ: حساء يُستخدَم في السِّحر.

hell·cat [hĕl'-] *(n.)* (١) العرّافة؛ الساحرة (٢) امرأة مُشاكسة.

hel·le·bore [hĕl'ə bōr'] *(n.)* الخَرْبَق: عشب جميل الزهر (نب).

Hel·lene [hĕl'ēn] *(n.)* الإغريقيّ؛ اليونانيّ.

Hel·len·ic [hĕ lĕn'-] *(adj.; n.)* (١) إغريقيّ؛ يونانيّ § (٢) اللغة اليونانية.

Hel·len·ism [hĕl'ə-] *(n.)* (١) الهِلّينيّة: ولاء أو محاكاة للفكر الإغريقيّ والعادات والأساليب الإغريقية القديمة (٢) الحضارة الإغريقية.

Hel·len·ist [hĕl'-] *(n.)* (١) الهِلّينيّ: كل شخص من أصل غير إغريقيّ عاش في العصر الهِلّيني وتبنّى لغة الإغريق وأسلوبهم في الحياة. وبخاصة: يهوديّ مُتهلِّن (٢) العالِم باللغة أو الحضارة اليونانية القديمة.

Hel·len·is·tic *(adj.)* هِلّينيّ: «أ» خاصّ بتاريخ الإغريق أو ثقافتهم أو فنّهم بعد الإسكندر المقدوني. «ب» خاصّ بالهِلّينيين.

hel·len·ize [hĕl'ə nīz] *(vi.; t.)* (١) يَتَهلَّن: يُصبح إغريقيًا أو هِلّينيًّا x (٢) يُهَلِّن: يجعله إغريقيًا أو هِلّينيًّا.

hell·er [hĕl'ər] *(n.)* = hellion.

hell·hole [hĕl'hōl'] *(n.)* موطن شقاء؛ بؤرة قذارة.

hell·hound [hĕl'hound'] *(n.)* كلب الجحيم: «أ» كلب تصوِّره الميثولوجيا حارسًا للجحيم. «ب» شخص شِرِّير.

hel·lion [hĕl'yən] *(n.)* المزعج؛ المؤذي: شخص مزعج أو مؤذٍ.

hell·ish [hĕl'-] *(adj.)* (١) جَهنَّميّ (٢) بغيض (٣) شيطانيّ؛ شِرِّير.

hemat- *or* **haemat-** بادئة معناها : دَم .

hem·a·tal [hĕm′ə təl; hē′-] *(adj.)* = hemal.

he·mat·ic *(adj.)* (١) دَمَوِيّ (٢) مؤثر في الدم <a ~ medicine> .

hem·a·tin *(n.)* الهيماتين : صِبْغ ينشأ عن انحلال الهيموغلوبين .

hem·a·tin·ic *(n.)* الهيماتينيّ : علاج يزيد الهيموغلوبين في الدم .

hem·a·tite [-′ə tīt′] *(n.)* الهيماتيت : معدنٌ ذُرُورُهُ أحمر اللون .

hem·a·to·crit *(n.)* فارزة الدَّم : أداة لفصل خلايا الدم عن البلازما .

hem·a·tog·e·nous [-′ə nəs] *(adj.)* (١) مُوَلِّدٌ دمًا (٢) ناشئ في الدم .

hem·a·tol·o·gy [-′ə jĭ] *(n.)* الدَّمِّيّات ؛ مَبْحث الدم .

hem·a·to·ma [-tō′mə] *(n.)* الورم الدَّمِّيّ : ورمٌ متضمِّن دمًا .

hem·a·toph·a·gous [hē′mə tŏf′ə gəs] *(adj.)* مُقتاتٌ بالدَّم .

hem·a·to·poi·e·sis [hĕm′ə tō poi ē′-] *(n.)* تكوُّن الدَّم .

hem·a·to·zo·on [-zō′ŏn] *(n.)* الحُيَيْوين الدَّمويّ : طُفيليّ حيواني يعيش في الدم .

he·ma·tu·ri·a [hē′-] *(n.)* البِيلة الدموية : وجود الدم في البول (مض) .

heme [hēm] *(n.)* = hematin.

hemi- بادئة معناها : نِصْف <*hemi*sphere> .

-hemia = -emia.

he·mic [hē′mĭk] *(adj.)* دَمِّي ؛ دمويّ : ذو علاقة بالدم .

hem·i·cel·lu·lose [-sĕl′yə lōs′] *(n.)* السَّلولوز النِّصفيّ (كح) .

hem·i·cy·cle [hĕm′ĭ sī′kəl] *(n.)* نصف دائرة (ر) .

hem·i·hy·drate [-hī′drāt] *(n.)* النِّصف هيدرات (ك) .

hem·i·mor·phic *(adj.)* نصفيّ التَّشَكّل <~ crystals> .

hem·i·ple·gi·a [-plē′jĭ ə] *(n.)* الفالج ؛ الشَّلل الشِّقّي أو النِّصفيّ .

he·mip·ter·an *also* **he·mip·ter·on** [hĭ mĭp′-] *(n.)* نصفيّة الجناح : حشرة من رتبة نصفيّات الأجنحة **Hemiptera** وهي حشرات تتميّز بأجزائها الفميّة المُعَدّة للعقص والمصّ .
— he·mip·ter·ous *(adj.)*

hem·i·sphere [-′ĭ sphēr′] *(n.)* (١) نِصف الكُرَة (جغ) (٢) عالَم (٣) خريطة تمثِّل نصف الكرة الأرضية أو السماوية (٤) أيٌّ من نِصْفَي المخّ الجانبيَّيْن .

hem·i·spher·ic *or* **hem·i·spher·i·cal** *(adj.)* نِصف كُرَويّ .

hem·i·stich [-′ĭ stĭk′] *(n.)* الشَّطر ؛ المصراع : أحد نِصْفَي بيت الشِّعر .

hem·lock [hĕm′lŏk′] *(n.)* (١) الشَّوكران : شجرٌ يستخرج من ثمره شراب سامّ (نب) (٢) شراب الشَّوكران .

hemo- = hem-.

he·mo·cyte [hē′mə sīt′] *(n.)* الخليَّة الدموية (ح) .

he·mo·glo·bin [hē′mə-] *(n.)* اليَحْمور ؛ الهيموغلوبين ؛ خِضاب الدم .

he·mo·glo·bi·nu·ri·a *(n.)* البِيلة اليحمورية : وجود اليحمور في البول .

he·mo·ly·sis [hĭ mŏl′ə-] *(n.)* التَّحَلْدُم ؛ انحلال الدَّم .

he·mo·phile [hē′mə fīl′] *(adj.; n.)* (١) مُحبّ للدّم (٢) نَعُور : مصاب بالناعورية § (٣) بكتير مُحبٌّ للدَّم (٤) النَّعُور .

he·mo·phil·i·a [hē′mə fĭl′ĭ ə] *(n.)* الناعورية ؛ النُّزاف ؛ المزاج النَّزفيّ : نزعة وراثيّة إلى النزف الدموي (مض) .

he·mo·phil·i·ac *(n.)* النَّعُور : ذو النزعة الوراثية إلى النزف الدموي .

he·mo·phil·ic [hē′ mə fĭl′ĭk] *(n.)* = hemophiliac.

he·mop·ty·sis [hĭ mŏp′tə-] *(n.)* نَفْث الدَّم من الحنجرة أو الرئتين .

hem·or·rhage [hĕm′ər ĭj] *(n.; vi.)* (١) نَزْف § (٢) يَنْزِف .

hem·or·rhoids [hĕm′ə roidz′] *(n.)* داء البواسير .

he·mo·sta·sis [hē′mə stā′-] *(n.)* الإرقاء : وقْف النزف الدموي .

he·mo·stat [hē′mə-′] *(n.)* (١) المَرْقأة : القاطع للنزف (٢) المِرقأة : أداة لضغط الأوعية الدموية النازفة .
— he·mo·stat·ic *(adj.)*

hemp [hĕmp] *(n.)* (١) القِنَّب ؛ القِنَّب الهنديّ (٢) ألياف القِنَّب التي تُصنع منها الحبال وأكياس الخيش (٢) العقّار القِنَّبي : عقّار مخدِّر، كالحشيش، مستخرَج من القِنَّب الهنديّ .

hemp 1.

hemp·en *(adj.)* قِنَّبي : «أ» مصنوع من قِنَّب . «ب» شبيه بالقِنَّب .

hem·stitch [hĕm′stĭch′] *(vt.; n.)* (١) يُطرِّز تنسيليًّا : يُطرِّز النسيج بسحب خيوط متوازية منه وجَمْع الخيوط الباقية في زُمَر تُحْبَك على أنماط مختلفة § (٢) التطريز التنسيليّ : ضرب من شغل الإبرة الزّينيّ .

hemstitch 2.

hen [hĕn] *(n.)* (١) دجاجة (٢) أنثى الطير أو السمك (٣) امرأة . وبخاصة : امرأة نكدةٌ في خريف العمر .

hen·bane [-′bān′] *(n.)* البَنْج ؛ سُمّ الدجاج : نبات عشبي كريه الرائحة .

hence [hĕns] *(adv.)* (١) «أ» بعيدًا ؛ من هنا ؛ من هذا المكان <Get thee *hence!*> . «ب» من هذا العالم أو هذه الحياة <before I go ~ and be no more> (٢) من الآن <a week ~> (٣) إذن ؛ من ثَمَّ ؛ لهذا السبب <of the best quality and ~ satisfactory>.

hence·forth; hence·for·ward *(adv.)* من الآن فصاعدًا .

hench·man [hĕnch′-] *(n.)* (١) تابعٌ أمين أو موثوق (٢) التابع النفعيّ : تابع سياسي تحدوه المصلحة الشخصية في المقام الأول .

hendeca- بادئة معناها : أَحَدَ عَشَرَ ؛ إحْدى عَشْرَةَ .

hen·house [-′hous′] *(n.)* الخُمّ ؛ القُنّ : بيت الدَّجاج .

hen·na [hĕn′ə] *(n.; vt.)* (١) الحِنّاء : «أ» شُجيرة الحِنّاء . «ب» خِضاب الحِنّاء § (٢) يُحَنّي : يُخَضِّب الشَّعرَ بالحِنّاء .

hen·ner·y [hĕn′ə rĭ] *(n.)* (١) مَزرعة الدَّجاج (٢) خُمّ ؛ قُنّ .

hen·o·the·ism [hĕn′ə thē ĭz əm] *(n.)* الوحدانية المَشُوبة : عبادة إلَه واحد ولكن من غير إنكار لوجود آلهة أخرى .

hen·peck [-′pĕk] *(vt.)* تهيمن : تسيطر المرأة على زوجها .

hen·ry [hĕn′rĭ] *(n.)* هنري : وحدة المُحاثّة الكهربائية (كب) .

hep [hĕp] *(adj.)* حَسَن الإلمام بـ؛ مطّلع على أحدث التطورات أو مهتمّ بها <~ to swing music>.

hep·a·rin [hĕp′ə rĭn] *(n.)* الكِبْدِين: مادّة في الكبد والرئتين بخاصة، تعيق تخثّر الدم أو تمنعه.

hep·a·rin·ize [hĕp′-] *(vt.)* يُكبْدِن: يعالج بالكِبْدِين.

hepat- *or* **hepato-** بادئة معناها: كَبِدٌ.

hep·a·tec·to·my [hĕp′ə tĕk′-] *(n.)* قَطع الكَبِد (جر).

he·pat·ic [hĭ păt′ĭk] *(adj.; n.)* (١) كَبِديّ § (٢) بقلة الكِبد (نب).

hep·a·ti·tis [hĕp′ə tī′tĭs] *(n.)* الكُباد؛ التهاب الكَبِد.

hep·a·to·ma [-tō′mə] *(n.)* الوَرَم الكَبِديّ (ط).

hep·cat [-′kăt′] *(n.)* المُستجيز: الشديد الحماسة لموسيقى الجاز.

hepped–up [hĕp′tŭp′] *(adj.)* متحمّس؛ شديد الحماسة.

hepta- *or* **hept-** بادئة معناها: «أ» سبعة. «ب» مُتضمِّن سبعَ ذرات إلخ.

hep·tad [hĕp′tăd] *(n.)* (١) سبعة (٢) مجموعة من سبعة.

hep·ta·gon [-′tə gŏn] *(n.)* المُسَبَّع: شكل سباعي الزوايا والأضلاع.

hep·tag·o·nal [hĕp tăg′-] *(adj.)* سُباعيّ الزوايا أو الأضلاع (هن).

hep·ta·he·dral [hĕp′tə hē′drəl] *(adj.)* سُباعيّ السّطوح: ذو سبعة سطوح (هن).

hep·ta·he·dron [hĕp′tə hē′-] *(n.)* السُّباعي السّطوح (هن).

hep·tam·e·ter [hĕp tăm′ə tər] *(n.)* سُباعيّ التفاعيل: بَيْت مِنَ الشّعر مكوَّن من سبع تفعيلات (عر).

hep·tan·gu·lar [hĕp tăng′yə-] *(adj.)* سُباعيّ الزّوايا (هن).

hep·tar·chy [-′tär kĭ] *(n.)* (١) الحكومة السُّباعيّة (٢) الدولة السُّباعية: مجموعة من سبع مقاطعات أو ممالك متحالفة لكلٍّ منها حاكمها الخاص.

Hep·ta·teuch [-′tə to͝ok′] *(n.)* السّابوع: الأسفار السبعة الأولى من التوراة.

hep·tose [hĕp′tōs′] *(n.)* الهبتوز؛ السُّكّر السُّباعيّ (كح).

her [hûr] *(adj.; pron.)* (١) خاصّ بالمفردة الغائبة بوصفها مالكةً <~ book> أو فاعلًا <~ paintings> أو مفعولًا <~ rescuer> § (٢) ضمير الغائبة المتصل الواقع في محل نصب <Give ~ the novel.>.

He·ra [hēr′ə] حيرا: ملكة السَّماء في الميثولوجيا اليونانية.

Hera

Her·a·cles *also* **Her·a·kles** [hĕr′ə klēz′] = Hercules.

her·ald [hĕr′əld] *(n.; vt.)* (١) «أ» حَكَمٌ [في مبارَيات التطاعن بالسلاح]. «ب» رسول أو سفير بين الزعماء، وبخاصة في الحرب. «ج» الشِّعاريّ: موظّف مسؤول عن ابتكار شعارات النبالة ومَنْحِها (٢) المنادي أو الرسول الرسمي (٣) الرائد؛ البشير؛ النذير (٤) المذيع؛ المعلن؛ الناطق بلسان شخص أو جماعة § (٥) يُذيع (٦) «أ» يُعلن. «ب» يرحّب بـ (٧) يُؤذِن بـ. **—he·ral·dic** *(adj.)*

her·ald·ry [-′əl drĭ] *(n.)* (١) الشِّعارة: «أ» عِلْم شعارات النبالة. «ب» ابتكار شعارات النبالة وصُنْعها ومَنْحُها وتحقيق الأنساب وتدوينها (٢) «أ» شعار النبالة [منقوشًا على درع]. «ب» رمز؛ شعار (٣) أُبّهة.

herb [ûrb; hûrb] *(n.)* (١) العُشب (٢) عشبة طبّية أو عطِرة.

her·ba·ceous [(h)ûr bā′shəs] *(adj.)* (١) عُشبيّ (٢) عُشبانيّ: شبيه بالعُشب.

herb·age [(h)ûr′bĭj] *(n.)* (١) عشب. وبخاصة: الكلأ أو عُشب المراعي (٢) الغَضْراء: الأجزاء الرَّيّا، أو الكثيرة الماء، من الأعشاب.

herb·al [(h)ûr′bəl] *(n.; adj.)* (١) كتاب الأعشاب: كتاب يبحث في الأعشاب خاصةً وبالنباتات عامةً § (٢) عُشْبيّ.

herb·al·ist [(h)ûr′bə lĭst] *(n.)* (١) العَشّاب: جامعُ الأعشاب أو زارعُها (٢) الأعشابيّ: طبيب يداوي بالأعشاب.

her·bar·i·um [(h)ûr bâr′-] *(n.)* pl. **-s** *or* **-bar·i·a** المَعْشَبَة: «أ» مجموعة من نماذج الأعشاب المجفّفة مرتّبةً ترتيبًا نظاميًّا. «ب» مكان حفظ هذه المجموعة.

herb doctor *(n.)* الأعشابيّ: الطبيب المُداوي بالأعشاب.

herbed [(h)ûrbd] *(adj.)* مُعَشَّب: مُنَكَّهٌ أو مطيَّب بالأعشاب.

herb·i·cide [-′bĭ sīd′] *(n.)* مبيد الأعشاب: مادة مبيدة للأعشاب الضارّة.

her·biv·ore [-′bə vōr′] *(n.)* العاشب: حيوان مُقْتات بالأعشاب.

her·biv·o·rous [-bĭv′ər əs] *(adj.)* عاشب: مُقتات بالأعشاب.

her·cu·le·an [hûr′kyə lē′-; hûr kyo͞o′-] *(adj.)* هَرْكوليّ؛ هِرَقليّ: «أ» *cap.*: منسوب إلى هَرْكول أو هِرَقْل أو مميِّز له. «ب» ذو قوة أو حجم أو صعوبة استثنائية.

Her·cu·les [hûr′kyə lēz′] *(n.)* (١) هَرْكول؛ هِرَقْل: بطلٌ جبّار من أبطال الميثولوجيا اليونانية (٢) كوكبة الجاثي؛ هِرَقْل (فل).

Hercules'–club *(n.)* عصا هِرَقْل: شجرة شمالأميركية فارعة الطول.

herd [hûrd] *(n.; vi.; t.)* (١) قطيع؛ سِرب (٢) «أ» الجماعة: مجموعة من الناس تنتظمها رابطة مشتركة. «ب» الجمهور؛ الدهماء § (٣) يجتمع أو يسير على شكل قطيع (٤) يأتلف؛ يمتزج في جماعة x (٥) «أ» يرعى القطعان. «ب» يجمع؛ يقود؛ يسوق (٦) يضع ضمنَ جماعة.

herd·er [hûr′dər] *(n.)* الراعي؛ راعي القطيع.

herd instinct *(n.)* غريزة القطيع؛ غريزة التجمّع (نف).

herds·man *(n.)* (١) راعي القطيع (٢) *cap.*: العوّاء (را. Boötes).

here [hēr] *(adv.; n.)* (١) «أ» هنا. «ب» الآن <*Here* it's August and summer's nearly over.> (٢) في هذه النقطة أو الموقع (٣) في الحياة الحاضرة أو الوضع الحاضر (٤) إلى هنا <Bring the table ~.> § (٥) هذا المكان: هنا <From ~ on, the novel gets more interesting.>.

neither ~ nor there لا في العير ولا في النَّفير.

here·a·bouts [hēr′ə-] *or* **here·a·bout** *(adv.)* في هذا الجوار.

here·af·ter [hēr ăf′tər] *(adv.; n.)* (١) بعدُ؛ بعدئذ؛ في ما بعد (٢) *cap.* عد: المُستقبل (٣) الآخرة؛ الحياة الأخروية.

here·at [hēr ăt′] *(adv.)* (١) في هذا الوقت (٢) بسبب من هذا.

here·a·way *or* **here·a·ways** [hēr′ə-] *(adv.)* في هذا الجوار (ع).

here·by [hēr bī′] *(adv.)* بهذا؛ بهذه الوسيلة؛ بهذه الطريقة. وبخاصة: بموجب هذا القانون أو الوثيقة.

he·red·i·ta·ble [hə rĕd′-] *(adj.)* يُوْرَث؛ قابلٌ للتوريث.

her·e·dit·a·ment *(n.)* الموروث: كلُّ ما يُورَث أو يَقْبل الوراثة.

he·red·i·tar·y [-′ə tĕr′ĭ] *(adj.)* (١) وراثيّ (٢) موروث (٣) «أ» ذو لقب أو ممتلكاتٍ بفضل الوراثة <a ~ proprietor>. «ب» تقليديّ.

he·red·i·ty [hə rĕd′ə tĭ] *(n.)* الوراثة: «أ» انتقال الصفات بالوراثة. «ب» مجموع الصفات الموروثة.

here·in [hēr ĭn′] *(adv.)* هنا؛ في هذا؛ في هذا الموضع أو الوثيقة.

here·in·a·bove *(adv.)* آنفًا؛ أعلاه <as ~ described>.

here·in·af·ter [hēr′ĭn ăf′tər] *(adv.)* في ما يلي.

here·in·be·fore [-bĭ fōr′] *(adv.)* آنفًا؛ أعلاه؛ في ما تقدَّم.

here·in·be·low [-lō′] *(adv.)* في ما يلي؛ في موضع تالٍ من هذا الكلام.

here·of [hēr ŏv′] *(adv.)* (١) لكذا <upon the receipt ~> (٢) عن كذا؛ بخصوص كذا <more ~ later>.

here·on [hēr ŏn′] *(adv.)* على هذه الوثيقة <endorsed ~>.

he·re·si·arch [hə rē′zĭ ärk′] *(n.)* المبتدِع: منشئ بِدْعة أو هرطقة.

her·e·sy [hĕr′ə sĭ] *(n.)* هَرْطقة؛ بِدعة.

her·e·tic [hĕr′-] *(n.)* المُهَرْطِق؛ الهَرْطوقي: المنشقّ عن عقيدةٍ ما.

he·ret·i·cal [hə rĕt′ə kəl] *(adj.)* هَرْطقيّ؛ ابتداعيّ.

here·to [hēr to͞o′] *(adv.)* بهذه الوثيقة <attached ~>.

here·to·fore [hēr′tə fōr′] *(adv.)* سابقًا؛ حتى الآن.

here·un·der [hēr ŭn′dər] *(adv.)* (١) أدناه؛ في ما يلي (٢) وفقًا لهذه الوثيقة أو لأحكام هذا الاتفاق.

here·un·to [hēr ŭn′to͞o] *(adv.)* إلى أو على هذه الوثيقة إلخ.

here·up·on [-′ə pŏn′] *(adv.)* وعلى هذا؛ عند هذا؛ بعد هذا مباشرةً.

here·with [-wĭth′] *(adv.)* (١) مرفقًا بهذا؛ طيَّه (٢) hereby.

her·it·a·ble *(adj.)* (١) يورَث؛ قابلٌ للتوريث (٢) وراثيّ؛ موروث.

her·i·tage [hĕr′ə tĭj] *(n.)* (١) إرث؛ ميراث؛ تَرِكة (٢) تُراث.

her·i·tor [hĕr′ə tər] *(n.)* الوريث؛ الوارث.

her·i·tress [hĕr′ə trəs] *(n.)* الوريثة؛ الوارثة.

herky–jerkey [hûr′kĭ] *(adj.)* مُتشنِّج؛ مُرْتَجّ؛ مُتَشَنِّج.

her·maph·ro·dite [-′rə dīt] *(n.; adj.)* (١) خُنثى § (٢) خُنثويّ.

hermaphrodite brig *(n.)* الشّراعيّة الخُنثى: مركب شراعي ذو صاريين مختلفَي الطراز.

hermaphrodite brig

her·me·neu·tic; -al [hûr′mə no͞o′-] *(adj.)* تفسيريّ؛ تأويليّ.

her·me·neu·tics *(n.)* علم التفسير. وبخاصة: تفسير الكتب المقدّسة.

Her·mes [hûr′mēz] هَرْمِس؛ هَرميز: إلّه المسافرين والطُرق والتجارة والمكر واللصوصية.

her·met·ic [hər mĕt′-] *(adj.)* (١) «أ» سِحريّ. «ب» خيميائيّ: ذو علاقة بالكيمياء القديمة (٢) «أ» كَتيم: مُحْكَم السَّدّ. «ب» مَنيع: لا يتأثر بالنفوذ الأجنبيّ (٣) مُعْتَزِل؛ مُتنسِّك؛ مُتوحِّد <leading a ~ life>.

her·mit [hûr′mĭt] *(n.)* (١) ناسك (٢) الهَرْميت: كعك محلًّى.

her·mit·age [-′mə tĭj] *(n.)* (١) «أ» صومعة. «ب» مَلاذ. «ج» دير (٢) تنسُّك.

Her·mit·age [-′mə täzh] *(n.)* الهَرْميتَج: نبيذ فرنسيّ.

hern [hûrn] *(n.)* = heron.

her·ni·a [hûr′nĭ ə] *(n.)* الفَتْق (ط). — **her·ni·al** *(adj.)*

he·ro [hēr′ō] *(n.)* البطل: «أ» المتفوّق على أقرانه في مجال ما. «ب» بطل أسطوريّ. «ج» محارب بارز. «د» شخص مَحُوطٌ بالإعجاب لمنجزاته أو صفاته. «هـ» الشخصية الرئيسية في حادثة أو حقبة أو أثر أدبيّ.

he·ro·ic[1] [hĭ rō′ĭk] *also* **-al** *(adj.)* (١) بطوليّ (٢) «أ» نبيل. «ب» عملاق؛ ضخم جدًا. «ج» جبّار؛ عظيم القوة.

he·ro·ic[2] *(n.)* (١) مَلْحمة (٢) heroic verse (٣) اللغة الطَّنّانة أو الرَّنّانة (٤) سلوك بطوليّ (٥) سلوك متكلَّف.

he·roi·com·ic [hĭ rō′ĭ kŏm′ĭk] *(adj.)* مَلحميّ هزليّ.

heroic verse *(n.)* الوزن الملحمي: وزن ملائم للملاحم الشعرية (عر).

her·o·in [hĕr′ō ĭn] *(n.)* الهيرويين: مخدّر يُصنع من المورفين.

her·o·ine [hĕr′ō ĭn] *(n.)* البَطَلة: مؤنث hero بجميع معانيها.

her·o·ism [hĕr′ō-] *(n.)* البطولة: صفات البطل وشمائله.

he·ro·ize [hē′rō′īz] *(vt.)* يجعله بُطوليًا.

her·on [hĕr′ən] *(n.)* البَلَشون؛ مالك الحزين.

heron

hero worship *(n.)* تمجيد البطولة؛ عبادة البطل.

her·pes [hûr′pēz] *(n.)* الحَلأ: مرضٌ التهابيّ جلديّ.

her·pes zos·ter [zŏs′tər] *(n.)* الحَلأُ المِنْطقيّ؛ الزُّونا (مض).

herpet- *or* **herpeto-** بادئة معناها: «أ» زحّافة؛ زواحف. «ب» حَلأ.

her·pet·ic *(adj.)* حَلَئيّ: منسوب إلى الحَلأ herpes.

her·pet·i·form *(adj.)* حَلائي: حَلَئيّ الشكل؛ شبيهٌ بالحَلأ.

her·pe·to·log·ic [hûr′pə tŏl′ə jĭk] *(adj.)* زواحِفِيّ.

her·pe·tol·o·gy [-′ə jĭ] *(n.)* الزَّواحِفِيّات: مبحث الزواحف والبرمائيات.

Herr [hĕr] *(n.)* pl. **Her·ren** الهَرّ؛ السَّيِّد [عند الألمان].

her·ring [hĕr′ĭng] *(n.)* الرَّنكة: سمك صغير يُملَّح ويُدَخَّن.

herring

hers [hûrz] *(pron.)* خاصَّتُها <Is that his or ~?>.

her·self [-sĕlf′] *(pron.)* (١) نفسُها <She ~ told me the news.> (٢) حالتُها السوية أو الحقيقية أو المعافاة صحيًا أو عقليًا <She came to ~.>.

her·sto·ry [hûr′-] *(n.)* التاريخ النِّسْويّ [المكتوب من وجهة نظر نسائيّة].

hertz [hûrts; hûrtz] *(n.)* الهيرتز: وحدة تردُّدٍ تعادل دورةً في الثانية.

hertz·i·an wave [hĕrt′sĭ ən] *(n.)* الموجة الهيرتزية (فز).

he's [hēz] = he is; he has.

hes·i·tance; hes·i·tan·cy [hĕz′ə-] *(n.)* تردُّد؛ حَيْرة.

hes·i·tant [hĕz′ə tənt] *(adj.)* مُتَرَدِّد؛ مُتحيِّر.

hes·i·tate [hĕz′ə tāt] *(vi.)* (١) يتردَّد (٢) يتمهّل (٣) يتأتئ؛ يُفَأفِئ.

hes·i·ta·tion [hĕz′ə tā′-] *(n.)* (١) تردّد؛ حَيْرة (٢) تأتأة؛ فأفأة.

hes·i·ta·tive [hĕz′ə tā′-] *(adj.)* مُتَرَدِّد. **– ly** *(adv.)*

Hes·pe·ri·an [hĕ spēr′ĭ ən] *(adj.)* غَرْبيّ.

Hes·per·i·des [-′ə dēz′] (١) حارسات التُّفّاح؛ بنات المساء: بنات أطلس Atlas الجبّار الثلاثُ اللواتي كُنَّ يحرُسْن شجرةَ التفاح الذهبية التي أُهديت إلى حيرا Hera غداة زواجها من زيوس (٢) حديقة التفاح الذهبي: حديقة أسطورية في الطرف الغربي من العالم تنتج تفاحًا ذهبيًا.

hes·per·i·din [-′ə dĭn] *(n.)* الهسبيريدين: غلوكوسيد متبلّر يتواجد في معظم الثمار الحمضية وبخاصة في قشر البرتقال (كح).

Hes·per·us [hĕs′pər əs] *(n.)* نجمة المساء. وبخاصة: الزُّهَرة (فل).

hes·sian [hĕsh′ən] *(n.; adj.)* (١) *cap.* الهسّي: «أ» أحد مواطني هَسّ [ولاية في ألمانيا]. «ب» ألماني من المرتزقة العاملين في القوات البريطانية خلال الثورة الأميركية. «ج» جندي من المرتزقة (٢) خَيْش § (٣) *cap.* هَسّيّ.

Hessian fly

Hessian fly *(n.)* الذُّبابة الهَسِّية: ذبابة ضارّة بالقمح والشّعير.

hest [hĕst] *(n.)* أمر؛ وصيّة (ا. ق).

he·tae·ra [hĭ tēr′ə] *(n.)* pl. **-e** (١) مَحْظِيّة إغريقية (٢) امرأة مشبوهة.

he·tai·ra [hĭ tī′rə] *(n.)* pl. **-i** = hetaera.

heter- *or* **hetero-** بادئة معناها: مُختلِف؛ مُغايِر؛ مُتبايِن.

het·er·o·at·om [hĕt′ə rō-] *(n.)* الذَّرّة المغايرة (ك).

het·er·o·cer·cal [hĕt′ər ə sûr′-] *(adj.)* متغاير الذيل: ذو ذيل [أو زعنفة ذيلية] غير متساوي الفَصّين (قا. homocercal).

heterocercal tail

het·er·o·chro·mat·ic [-krō măt′ĭk] *(adj.)* (١) «أ» متغاير الألوان: مؤلف من ألوان مختلفة. «ب» متعلق بألوان مختلفة (٢) متغاير الأطوال أو الترددات (رد).

het·er·o·chro·mo·some *(n.)* الكروموسوم المغاير (أح).

het·e·ro·chro·mous [-krō′məs] *(adj.)* متغاير الألوان.

het·er·och·tho·nous [-rŏk′thə nəs] *(adj.)* أجنبيّ؛ غير وطني.

het·er·o·clite [hĕt′ər ə klīt] *(n.; adj.)* (١) لفظة غير قياسية (٢) الشاذّ؛ الخارج على المألوف § (٣) شاذّ؛ غير قياسي.

het·er·o·dox [hĕt′ər-] *(adj.)* (١) هَرْطقيّ؛ ابتداعي (٢) مُهَرْطِق؛ مبتدِع.

het·er·o·dox·y *(n.)* (١) هَرْطقة؛ ابتداع؛ خروج على الإجماع (٢) بِدعة.

het·er·o·dyne [-′ər ə dīn] *(adj.)* مغاير: متعلّق باقتران تردُّدين (رد).

het·er·o·gam·ete [hĕt′ər ə gə mēt′] *(n.)* المَشيج المُغايِر (أح).

het·er·og·a·mous [-rŏg′ə məs] *(adj.)* مُتغاير الأمشاج (أح).

het·er·o·ge·ne·i·ty [-jə nē′ə tĭ] *(n.)* تبايُن؛ تغايُر؛ لاتجانُس.

het·er·o·ge·ne·ous [-jē′nĭ əs] *(adj.)* مُغايِر؛ مخالِف؛ غير متجانس.

het·er·o·gen·e·sis [-jĕn′ə sĭs] *(n.)* (١) النُّشوء المتبايِن: تناوُب أجيال متباينة خلال دورة نموٍّ كاملة (٢) التولُّد التِّلقائيّ.

het·er·og·e·nous [hĕt′ə rŏj′ə nəs] *(adj.)* (١) غريب المَنْشأ (٢) heterogeneous. <~ bone graft>

het·ero·graft [hĕt′ə rō-] *(n.)* الطُّعم المغاير (أح).

het·er·ol·o·gous [-′ə gəs] *(adj.)* مختلِف الأصل <a ~ graft>.

het·er·ol·y·sis [hĕt′ə rŏl′ə-] *(n.)* الانحلال المتغاير: انحلال خلايا متعضٍّ ما، بفعل العوامل الخارجيّة (أح).

het·er·om·er·ous [hĕt′ə rŏm′-] *(adj.)* متغاير الأجزاء: مؤلف من أجزاء متباينة من حيث النوع وعدد العناصر إلخ <a ~ flower>.

het·er·o·mor·phic [hĕt′ər ə môr′-] *(adj.)* (١) مُغاير الشكل: مُغايرٌ شكلُهُ للمألوف (٢) متغاير الأشكال [في مختلف مراحل النموّ] (أح).

het·er·on·o·mous [hĕt′ə rŏn′ə-] *(adj.)* تابع؛ خاضع.

het·er·on·o·my *(n.)* التّبَعِيّة. وبخاصة: فقدان حرية تقرير المصير.

het·er·o·pet·al·ous [-pĕt′əl əs] *(adj.)* متغاير البَتَلات (نب).

het·er·o·phyl·lous [hĕt′ ər ə fĭl′əs] *(adj.)* متغاير الأوراق: ذو أوراق مختلفة الأشكال [في نفس النبتة أو الساق].

het·er·o·phyte [-′ər ə fīt′] *(n.)* النبات المُغايِر: نبات طُفيلي يعتمد في غذائه على نباتات أو حيوانات أخرى أو على نتاجها (نب).

het·er·op·ter·ous [hĕt′ə rŏp′-] *(adj.)* متغاير الأجنحة: متعلّق بمتغايرات الأجنحة **Heteroptera** وهي حشرات من رتبة نصفيات الأجنحة.

het·er·o·sex·u·al [-sĕk′shoo əl] *(adj.)* (١) مُشْتهٍ للمغاير: مُشْتهٍ أفرادَ الجنس الآخر (٢) متغاير أو متباين الجنس <~ twins>.

het·er·o·sex·u·al·i·ty *(n.)* اشتهاء المغاير.

het·er·o·sis [hĕt′ə rō′-] *(n.)* تباين القُدْرة: ازدياد أو تعاظمٌ في القدرة على النمو عند النباتات أو الحيوانات المهجّنة.

het·er·os·po·rous [hĕt′ə rŏs′-] *(adj.)* متباين الأبواغ (نب).

het·er·o·troph·ic [-trŏf′ĭk] *(adj.)* عُضويّ التغذية: متطلّبٌ مركّباتٍ عضوية معقّدة من النتروجين والكربون للتأليف الأيضيّ.

het·er·o·typ·ic [-tĭp′ĭk] *(adj.)* (١) متباين الطراز (٢) عُزْويّ: دالّ على انقسام مُنَصِّف تنشطر فيه الصِّبغيات [الكروموسومات] في فترة مبكرة مع بقاء الأنصاف متحدةً عند أطرافها ومتفتّحة إلى حلقات تمثّل كل منها صِبْغيّين.

het·er·o·zy·gous [-zī′gəs] *(adj.)* متغاير اللواقح (أح).

het·man [hĕt′măn] *(n.)* الهَتْمان: زعيم قوقازيّ.

het up *(adj.)* مهتاج؛ غاضب جدًا (ع).

heu·ris·tic [hyoo rĭs′-] *(adj.; n.)* استكشافيّ: «أ» مساعدٌ على الاكتشاف أو التعلّم. «ب» مشجِّعٌ الطالبَ على اكتشاف الأشياء بنفسه [صفة لبعض أساليب التعليم].

hew [hyoo] *(vt.; i.)* (١) يقطع بفأس إلخ (٢) «أ» ينحت؛ يَنْجُر. «ب» يشقّ؛ يحفر <to ~ a passage> x (٣) يلتزم أو يعمل وفق كذا.

hex[1] [hĕks] *(vi.; t.; n.)* (١) يمارس السحر أو العِرافة x (٢) يعلّق تعويذة

على (٣) يَنْحَس § (٤) ساحرة ؛ عرّافة (٥) تعويذة ؛ رُقية .

hex[2] *(adj.)* = hexagonal.

hexa- *or* **hex-** بادئة معناها : «أ» ستّة . «ب» سُداسيّ الذرّات إلخ .

hex·ad [-ˈsăd] *or* **hex·ade** [-ˈsād] *(n.)* مجموعة أو سلسلة سُداسيّة .

hex·a·gon [hĕkˈsə-] *(n.)* المُسَدَّس : مُضَلَّع مسدَّس الزوايا والأضلاع (ر) .

hexagon

hex·ag·o·nal *(adj.)* مُسَدَّس الشكل ؛ مُسَدَّس الزوايا والأضلاع .

hexagonal system *(n.)* النظام السُّداسيّ (بلو) .

hex·a·gram [hĕkˈ-] *(n.)* الشّكل السُّداسيّ : شكلٌ شبيه بنجمة سداسية .

hex·a·he·dron [hĕkˈsə hēˈdrən] *(n.)* pl. **-drons** *also* **-dra** السُّداسيّ السُّطوح : شكل مُجَسَّم ذو سطوح أو وجوه ستة (ر) .

hex·a·hy·drate [-hīˈdrāt] *(n.)* السُّداسيّ الجُزَيْئات : مركّب كيميائيّ مؤلف من ستة جُزَيئات من الماء (ك) .

hex·am·er·ous [hĕk sămˈ-] *(adj.)* سُداسيّ الأجزاء (نب) .

hex·am·e·ter [hĕk sămˈ-] *(n.)* السُّداسيّ التفاعيل (عر) .

hex·ane [hĕkˈsān] *(n.)* الهَكْسين ؛ الهَكسان (ك) .

hex·an·gu·lar [hĕk săngˈ-] *(adj.)* سُداسيّ الزوايا .

hex·a·pod [-ˈsə pŏdˈ] *(n.; adj.)* (١) سُداسيّة الأرجل : حشرة ذات أرجلٍ ستٍّ § (٢) سُداسيّ الأرجُل (٣) حَشَريّ : متعلّق بالحشرات .

hex·ap·o·dous [hĕks ăpˈə dəs] *(adj.)* = hexapod.

Hex·a·teuch [-ˈsə to͝okˈ] *(n.)* السّادوس : أسفارُ التوراة الستّةُ الأولى .

hex·a·va·lent [hĕkˈsə vāˈ-] *(adj.)* سُداسيّ التّكافؤ (ك) .

hex·ose [hĕkˈsōs] *(n.)* الهَكْسوز : سُكّر أحاديّ متضمِّنٌ ستّ ذرّات كربون في الجُزَيء الواحد (كح) .

hex·yl [hĕkˈsĭl] *(n.)* الهَكْسيل : جذر هيدروكربونيّ أحاديّ التكافؤ .

hey [hā] *(interj.)* هاي : هتاف للفت الانتباه أو للتساؤل والتعجب .

hey·day [hāˈ-] *(n.)* ذروة ؛ أوج .

hi [hī] *(interj.)* هاي : هُتاف للترحيب .

hi·a·tus [hī āˈtəs] *(n.)* (١) ثغرة ؛ فجوة ؛ انقطاع (٢) التقاء الصائتين (ل) .

hi·ba·chi [hē bäˈchē] *(n.)* كانون ؛ مَجْمَرة .

hi·ber·nac·u·lum [hīˈbər năkˈyə ləm] *(n.)* pl. **-la** [lə] (١) الغلاف الشتويّ [في نَبْتة] (٢) الملجأ الشتوي [لحيوان أو حشرة] .

hi·ber·nal [hī bûrˈnəl] *(adj.)* شَتْويّ ؛ شَتَويّ .

hi·ber·nate [hīˈbər nātˈ] *(vi.)* يُسْبِت : يُنفق فصل الشتاء في الإسبات .

hi·ber·na·tion [hīˈbər nāˈ-] *(n.)* الأُرُوز ؛ الإسبات ؛ سُبات الشتاء (ح) .

Hi·ber·ni·an [hī bûrˈnĭ ən] *(adj.; n.)* (١) إيرلنديّ § (٢) الإيرلنديّ .

hi·bis·cus [hī bĭsˈ-] *(n.)* التِّيل ؛ الخِطميّ : عشبة من الفصيلة الخُبّازية .

hic·cup *also* **hic·cough** [hĭkˈŭp] *(n.; vi.)* (١) فُواق ؛ حازوقة § (٢) يَفُوق ؛ «يُحَوْزِق» : يُصاب بالفُواق أو الحازوقة .

hic ja·cet [hēkˈ yäˈkət; hĭk jāˈsət] *(n.)* = epitaph.

hick [hĭk] *(n.; adj.)* (١) شخص ريفيّ أخرق § (٢) ريفيّ .

hick·ey[1] [hĭkˈĭ] *(n.)* (١) الوَصِيلة (كب) (٢) حانية المواسير (٣) أداة .

hick·ey[2] *(n.)* (١) بثرة ؛ نفطة (٢) أثر القُبلة [على البشرة] .

hick·o·ry [hĭkˈə rĭ] *(n.)* (١) القاريَة ؛ الجَوْزية : شجر فارعُ الطول (٢) خشب القارِية (٣) عصًا [لتأديب الأولاد] .

hid[1] [hĭd] *past and past part. of* hide.

hid[2]**; hid·den** [hĭdˈən] *(adj.)* مَخْفيّ ؛ مخبوء ؛ مستور .

hi·dal·go [hĭ dălˈgō] *(n.)* الهَيْدَلْج : إسبانيّ من طبقة النبلاء الدنيا .

hid·den [hĭdˈən] *past part. of* hide.

hid·den·ite [hĭdˈən īt′] *(n.)* الهيدِّينيت : معدن نادر شفّاف .

hide[1] [hīd] *(n.)* الهَيْد : مقياس إنكليزي قديم للأراضي .

hide[2] *(vt.; i.; n.)*, **hid; hid·den** *or* **hid·ing** (١) يُخْفي ؛ يخبّئ (٢) يكتم (٣) يحجب (٤) يشيح بوجهه [خجلًا أو غضبًا] (٥) يجلد [بالسَّوْط] x (٦) يختبئ ؛ يحتجب (٧) يتوارى ؛ يتجنّب المسؤوليّة § (٨) مَكْمَنُ الصيّاد .

hide[3] [hīd] *(n.; vt.)*, **hid·ed; hid·ing** (١) جلد الحيوان [مدبوغًا كان أو غيرَ مدبوغ] § (٢) يَجْلِد ؛ يَسُوط : يضرب بالسَّوط .

hide–and–seek [hīdˈən sēkˈ] *(n.)* الغَمْضيّة : لعبة أطفال يُغمِض فيها أحدهم عَيْنَيْه فيختبئ الآخرون ثم يبحث عنهم .

hide·a·way [hīdˈə wāˈ] *(n.; adj.)* (١) مُعتَزَل ؛ مَلاذ ؛ ملجأ ؛ مخبأ (٢) فندق أو ملهًى صغير منعزل § (٣) «أ» مَخْفِيّ ؛ محجوب <~ beds> . «ب» منعزل <~ restaurant> .

hide·bound [-ˈboundˈ] *(adj.)* (١) جافّ الجلد ؛ ملتصق الجلد باللّحم <a ~ horse> (٢) مُتزمّت ؛ ضيّق التفكير ؛ محافظ بعناد .

hid·e·ous [hĭdˈĭ əs] *(adj.)* (١) بَشِع (٢) شنيع ؛ شائن .

hide·out [hīdˈoutˈ] *(n.)* ملجأ ؛ مخبأ .

hid·ey–hole [hīdˈē hōlˈ] *(n.)* مُعْتَزَل ؛ ملاذ ؛ ملجأ ؛ مخبأ .

hid·ing *(n.)* (١) اختباء (٢) مخبأ (٣) جَلْد ؛ ضرب بالسِّياط .

hi·dro·sis [hĭ drōˈsĭs] *(n.)* التعرُّق : إفراز العَرَق من الجسم .

hie [hī] *(vi.; t.)*, **hy·ing** *or* **hie·ing** يُعجِّل ؛ يستعجل .

hi·e·mal [hīˈə məl] *(adj.)* شَتْويّ ؛ شَتَويّ .

hier- *or* **hiero-** بادئة معناها : مُقَدَّس <*hierocracy*> .

hi·er·arch [hīˈə rärkˈ; hīˈrärkˈ] *(n.)* (١) زعيم دينيّ (٢) كاهنٌ أكبر .
— **hi·er·ar·chal** *(adj.)*

hi·er·ar·chy [hīˈə rärˈkĭ; hīˈrärˈkĭ] *(n.)* (١) مرتبةٌ أو طبقة من الملائكة (٢) المَرْتَبيّة : «أ» هيئة كهنوت منظَّمة في مراتب متدرِّجة . «ب» أساقفة مقاطعة أو دولة (٣) السُّلطة : هيئة من عدة أشخاص يتولّون سلطةً ما (٤) «أ» الهَرَمية : التسلسُل الهَرَميّ . «ب» سلسلة [أشخاص أو أشياء] .
— **hi·er·ar·chic; -al** *(adj.)*

hi·er·at·ic [hī′ə răt′-] *(adj.)* (١) هِيريّ: متعلّق بشكل مبسَّط من أشكال الهيروغليفية المصرية (٢) كهنوتيّ (٣) رسميّ جدًا.

hi·er·oc·ra·cy [hī′ ə rŏk′rə sĭ] *(n.)* حكومة الأساقفة.

hi·er·o·dule [hī′ər ə dōōl′; hī′ər ə dyōōl′] *(n.)* عَبْد في خدمة الهيكل.

hi·er·o·glyph [hī′ər ə glĭf′] *(n.)* حرف هيروغليفيّ.

hi·er·o·glyph·ic [-′ĭk] *(adj.; n.)* (١) هيروغليفيّ (٢) مُبْهَم؛ غامض § (٣) حرف هيروغليفيّ (٤) *pl.* عد: طريقة في الكتابة استعملها المصريون بخاصّة (٥) شكل مُبْهم؛ رمز غامض.

hieroglyphic

hi·er·o·phant [hī′ər ə fănt′] *(n.)* (١) الهَيْرَفَنت: كاهن إغريقي قديم (٢) «أ» المفسِّر؛ الشارح. «ب» النصير.

hi–fi [hī′fī′] *(n.)* (١) high fidelity (٢) الأمينة: أداة لإعادة إصدار الصوتِ المستقبَلِ، في جهاز للراديو إلخ، بأمانة بالغة.

hig·gle [hĭg′əl] *(vi.)* يُساوِم؛ يُفرط في المساومة [على الثمن].

hig·gle·dy–pig·gle·dy [hĭg′əl dĭ pĭg′əl dĭ] *(adv.; adj.)* (١) بفوضَى؛ على نحو يختلط فيه الحابل بالنابل § (٢) مُشَوَّش؛ خِلْطٌ مِلْط.

high [hī] *(adj.; adv.; n.)* (١) «أ» عالٍ؛ مرتفع. «ب» بالغٌ ارتفاعًا معيّنًا <seven feet ~> (٢) «أ» بالغٌ ذروته أو أشدّه <~ season>. «ب» بعيد؛ سحيق <goes back to a ~ antiquity> (٣) سامٍ؛ نبيل (٤) غالٍ؛ مرتفع السِّعر (٥) رفيع <~ officials> (٦) خطير <~ crimes> (٧) غنيّ بِـ <food ~ in iron> (٨) مُتكبِّر (٩) مُثير (١٠) «أ» عنيف <A ~ wind came up.>. «ب» متلاطم الأمواج <a ~ sea>. «ج» شديد؛ بالغ <~ anxiety> (١١) «أ» متبجّح. «ب» مرح؛ بهيج؛ سعيد. «ج» مبتهج؛ محبور <Her heart was ~.>. «د» ثمِل؛ مخمور <~ as a kite> (١٢) حرِج؛ حاسم <at this ~ hour of England's history> § (١٣) عاليًا؛ نحو العلاء إلخ (١٤) بتَرَف § (١٥) مكان مرتفع، مثل: «أ» تلّ؛ كثيب. «ب» سماء (١٦) «أ» مرتفَع. «ب» قِمّة (١٧) الأعلى: ناقل الحركة الأعلى [الذي يجعل السيارة تنطلق بأقصى سرعتها] (١٨) شرود ذهن.

- ~ and dry (١) خارجَ الماء؛ على اليابسة (٢) مُتخلًّى عنه؛ في بؤس؛ من غير ملجأ.
- ~ and low مختلف الطبقات [من الناس].
- *high*-and–mighty مُتَعجرِف؛ مُتَغطرِس؛ مُتكبِّر.
- ~ time الوقت المناسب؛ آخر لحظة قبل فوات الأوان.
- on ~, (١) عاليًا؛ فوق (٢) في السّماء.
- on the ~ horse متكبِّر؛ متعجرف.
- to play ~, يقامر بمبالغ كبيرة.
- to run ~, (١) يَهيجُ البحرُ (٢) ينفعل؛ يهتاج.

high·ball [hī′bôl′] *(n.; vi.)* (١) الكُرَة العالية: «أ» إشارة السرعة القصوى تُعطى لقطار. «ب» قطار سريع (٢) الكأس العالية: قَدْر من شراب مُسْكِر أو غازيّ يقدَّم في كأس طويلة § (٣) ينطلق بأقصى السرعة.

high beam *(n.)* الضوء الأماميّ البعيد المدى (سي).

high·bind·er [hī′bīn′dər] *(n.)* (١) السَّفّاك المحترِف: سفّاح مُحترِف يعمل في الحيّ الصينيّ من مدينة أميركية (٢) سياسيّ فاسد.

high·born [hī′bôrn′] *(adj.)* كريم المَحْتِد؛ شريف النَّسَب.

high·boy [hī′boi′] *(n.)* الصِّوان العالي: خزانة ذات أدراج مُثبَّتة على قاعدة عالية القوائم.

highboy

high·bred [-′brĕd′] *(adj.)* عريق؛ كريم المحتِد؛ شريف الأصل.

high·brow [-′brou′] *(n.; adj.)* (١) الرفيع الثقافة؛ الواسع العلم [على سبيل التهكّم عادةً] § (٢) خاص بذوي الثقافة الرفيعة (٣) رفيع الثقافة.

high chair *(n.)* الكرسيّ العالي: كرسيّ للأطفال طويل القوائم مزوَّد بصينية للأكل ومسند للقدمين.

High Church *(adj.)* مُتَزَمِّت: مؤكِّد على الطقوس التقليدية (كن).

high–class *(adj.)* رفيع المستوى؛ من الطراز الأول.

high command *(n.)* (١) القيادة العليا (جن) (٢) كبار المسؤولين [في منظّمة].

high commissioner *(n.)* المفوَّض السّامي؛ المندوب السّامي.

high–concept *(adj.)* رَواجيّ: معتمدٌ الإثارة تشويقًا للجمهور.

high court *(n.)* المحكمة العُليا (ق).

high–energy physics *(n.)* = particle physics.

higher criticism *(n.)* النقد الأعلى: دراسة أسفار التوراة لتقرير تاريخها الأدبيّ وأغراض كتّابها.

higher education *(n.)* التعليم العالي. وبخاصة: التعليم الجامعيّ.

high·er–up [hī′ər ŭp′] *(n.)* ضابط أو موظف كبير.

high explosive *(n.)* المتفجِّر الشديد.

high·fa·lu·tin [hī′fə lōō′tən] *(adj.)* (١) مُدَّعٍ (٢) طنّان؛ رنّان الألفاظ.

high fidelity *(n.)* الأمانة البالغة: إعادة إصدار الصوت المستقبَل [في جهاز للراديو إلخ] بدرجة عالية من الأمانة للأصل (ألك).

high·fli·er [hī′flī′ər] *(n.)* (١) المحلِّق [في الجوّ] (٢) الطَّمّاح؛ الطَّموح.

high–flown [-′flōn′] *(adj.)* (١) رفيع؛ سامٍ (٢) «أ» مدَّعٍ. «ب» طنّان.

high–flying *(adj.)* (١) محلِّق (٢) طَموح (٣) طنّان؛ رنّان.

high frequency *(n.)* التردُّد العالي (رد).

high gear *(n.)* أقصى النشاط أو الفعالية.

high–grade *(adj.)* ممتاز؛ من الطراز الأول؛ عالي الدرجة.

high–hand·ed *(adj.)* (١) طاغٍ؛ مستبدّ (٢) اعتباطيّ؛ تحكّميّ.

high hat *(n.)* القُبّعة العالية: قبّعة رِجاليّة حريرية، سوداء، عالية.

high–hat *(adj.)* مُتكبِّر؛ مُترفِّع [مع محاكاة لمن هم أعلى منه مقامًا].

high horse *(n.)* تكبُّر؛ عَجْرفة؛ غَطْرسة.

high–jack [hī′jăk′] *(vt.)* = hijack.

high jump *(n.)* القفز العالي (رب).

high·land [hī′lənd] *(n.; adj.)* (١) نَجْد؛ أرض جبلية § (٢) نجديّ.

high–land·er [hī′lən dər] *(n.)* النَّجْديّ: «أ» ساكنُ النِّجاد أو الهضاب. «ب» *cap.*: أحد سكان نِجاد أسكتلندا.

high life *(n.)* بَذْخ؛ تَرَف.

high·light [hī′līt′] *(n.; vt.)* (١) المُنْبلِجة: البقعة الأشدُّ إشراقًا في لوحة زيتية (٢) الضوء: جزء أو حدث ذو أهمية خاصة § (٣) يُسلِّط الأضواء على

(٤) يُرَكِّز الانتباه على : يؤكّد (٥) يؤلف [الشيءُ] جزءًا ذا أهمية خاصة .

high–mind·ed *(adj.)* سامي المبادئ؛ نبيل المشاعر .

high–necked [-'nĕkt'] *(adj.)* عالي القَبّة <a ~ garment> .

high·ness *(n.)* (١) ارتفاع؛ عُلُوّ (٢) سُمُوّ <Her Royal *Highness*> .

high noon *(n.)* (١) الهاجرة؛ الظهيرة (٢) أوج؛ ذِروة؛ قِمّة .

high–octane [-'ŏk'tān] *(adj.)* عالي الأوكتينية <~ gasoline> .

high–pow·ered *(adj.)* ديناميّ : عظيم النشاط أو الفعّالية .

high–pres·sure *(adj.; vt.)* (١) عالي الضَّغط <~ steam> (٢) مِقحام؛ مِلحاح <a ~ salesman> (٣) مُجْهِد <~ occupations> § (٤) يبيع [أو يؤثّر في] بأساليب مِلحاحة .

high priest *(n.)* الكاهن الأكبر .

high priestess *(n.)* الكاهنة الكبرى .

high–proof [hī'pro͞of'] *(adj.)* عالي الكحولية <~ spirits> .

high relief *(n.)* = alto–relievo.

high–rise *(adj.)* شاهق؛ مُتعدِّد الأدوار <a ~ building> .

high–road [hī'rōd'] *(n.)* (١) جادّة؛ طريق رئيسية (٢) أيْسَر الطُّرق .

high roller *(n.)* (١) المُبذِّر (٢) المقامر المتهوّر .

high school *(n.)* المدرسة العالية؛ المدرسة الثانوية .

high seas *(n. pl.)* أعالي البحار؛ عُرْض البحر .

high–sound·ing *(adj.)* طنّان؛ رنّان <~ titles> .

high–spir·it·ed *(adj.)* جريء؛ مقدام؛ شجاع .

high street *(n.)* شارع رئيسيّ .

high–strung [hī'strŭng'] *(adj.)* عصبيّ المزاج؛ شديد الحساسية .

high·tail [-'tāl'] *(vt.)* يُوَلّي الأدبار : ينطلق أو يفرّ بأقصى السُّرعة .

high tech [tĕk]; **high technology** *(n.)* التِّكنولوجيا العالية (ألك) .

high–ten·sion [hī tĕn'shən] *(adj.)* عالي التوتّر : ذو فُلْطية عالية .

high–test *(adj.)* (١) عالي المتانة (٢) سريع التطاير <~ gasoline> .

high tide *(n.)* (١) ذِروة المَدّ (٢) أوج؛ ذِروة؛ قِمّة .

high time *(n.)* الوقت المناسب : آخر لحظة قبل فوات الأوان .

high–toned *(adj.)* (١) عالي النغمة (٢) «أ» رفيع المنزلة أو الأخلاق أو التفكير . «ب» أرستوقراطي (٣) «أ» مدّعٍ؛ متعجرف . «ب» أنيق (ع) .

high treason *(n.)* الخِيانة العظمى (ق) .

high–up *(adj.; n.)* (١) رفيع المنزلة § (٢) شخص رفيع المنزلة .

high–water *(adj.)* شديد القِصَر <an ancient ~ suit> .

high·way [hī'wā'] *(n.)* طريق رئيسية [تربط المدن بعضها إلى بعض] .

high·way·man [hī'wā'măn] *(n.)* قاطعُ الطُّرُق .

high–wrought [hī'rôt'] *(adj.)* شديد الاهتياج أو الانفعال .

hi·jack [hī'jăk'] *(vt.)* (١) يختطف أو يسطو [على عربة أو طائرة] (٢) يسرق (٣) يُكْرِه؛ يقْسِر .
— **hi·jack·ing** *(n.)*

hike [hīk] *(vt.; i.; n.)* (١) يحرّك؛ يسحب؛ يرفع [وبخاصةٍ بحركة مفاجئة] (٢) يزيده زيادةً كبيرة أو مفاجئة <~ rents> (٣) يُنَزِّه : يأخذُهُ في نزهة x (٤) «أ» يتنزّه . «ب» يُسافر (٥) يرتفع § (٦) نُزهة . وبخاصة : نزهة طويلة سيرًا على القدمين (٧) ارتفاع؛ صعود .

hi·lar·i·ous [hĭ lâr'ĭ əs] *(adj.)* مَرِحٌ؛ جَذِلٌ [مع صَخَب] .

hi·lar·i·ty [hĭ lăr'ə tĭ; hī-] *(n.)* قَصْفٌ؛ مَرَحٌ صاخب .

hill [hĭl] *(n.; vt.)* (١) تلّ؛ رابية (٢) كَومة (٣) التّلّ : بذورٌ أو نباتات مزروعة في مجموعة أو في صفّ § (٤) يُكوِّم (٥) يُحيط بكَوْمة تراب <to ~ potatoes> (٦) يُخفي .

hill·bil·ly [hĭl'bĭl'ĭ] *(adj.)* جَبَليّ؛ ريفيّ .

hill·ock [hĭl'ək] *(n.)* الأكَمَة : تلّ صغير أو رابية صغيرة .

hill·side [hĭl'sīd'] *(n.)* جانب التلّ : منحَدَر التلّ بين قِمّته وسفحِه .

hill·y [hĭl'ĭ] *(adj.)* (١) كثير التلال (٢) شديد التحدّر .

hilt [hĭlt] *(n.)* مَقْبِض [السّيف أو الخِنجر خاصةً] .
to the ~, تمامًا؛ كليّةً <armed to the ~> .

hi·lum [hī'ləm] *(n.)* pl. **hi·la** [hī'lə] (١) «أ» النُّقير؛ الأُنقور؛ السُّرّة (نب) . «ب» النواة : نواة حبّة نشوية (٢) سُرَّة (ت) .

him [hĭm] *(pron.)* ضمير النصب والجرّ للمفرد الغائب (ل) .

hi·mat·i·on [hĭ măt'ĭ ŏn] *(n.)* الهيماتيون : شَمْلة كان الإغريق يطرحونها على الكتف وحول الجسم .

him·self [hĭm sĕlf'] *(pron.)* (١) نفسُه (٢) حالتُهُ السويّة أو المعافاة جسديًا وعقليًا <He came to ~.> .

Him·yar·ite [hĭm'yə rīt'] *(n.; adj.)* الحِمْيَريّ : واحد الحِمْيَريِّين [عرب اليَمن القُدامى] (٢) حِمْيَريّ .

hind[1] [hīnd] *(n.)* (١) الأيِّلة : أنثى الأَيِّل (٢) الهايِنْد : سَمَك مُنَقَّط .

hind[2] *(n.)* (١) عامل في مزرعة [بريطانية] (٢) الفلّاح؛ الرِّيفيّ .

hind[3] *(adj.)* خَلْفيّ <the ~ legs of an animal> .

hind·brain [hīnd'brān'] *(n.)* الدّماغ المؤخَّر أو الخلفيّ (ت) .

hin·der[1] [hĭn'dər] *(vt.; i.)* (١) يَعُوق (٢) يَمْنع؛ يُوقِف .

hin·der[2] [hīn'dər] *(adj.)* خَلْفيّ <the ~ part of a ship> .

hind·gut [hīnd'gŭt'] *(n.)* المِعى الخلفيّ (ت) .

Hin·di [hĭn'dē] *(n.)* الهندية : لغة الهند القومية .

hind·most [hīnd'-] *or* **hind·er·most** [hīn'-] *(adj.)* الأخير .

hind·quar·ter [-'kwôr'-] *(n.)* الخَلْفيّة : جزء خلفيّ من جسد الذبيحة .

hin·drance [hĭn'drəns] *(n.)* (١) إعاقة؛ عرقلة (٢) عائق .

hind·sight [hīnd'sīt'] *(n.)* الإدراك المؤخَّر : إدراك طبيعة الحادثة بعد وقوعها <~ is easier than foresight.> .

Hin·du [hĭn'do͞o] *also* **Hin·doo** *(n.; adj.)* (١) الهندوسيّ : أحد أتباع الديانة الهندوسية (٢) مواطن هندي § (٣) هندوسيّ .

ă at; ā date; â care; ä car; ĕ egg; ē me; ĭ in; ī bite; ŏ lot; ō bone; ô orphan; oi boil; o͝o good; o͞o boot; ou out; ŭ under; û urgent; ə = *a* in alone, *e* in system, *i* in easily, *o* in gallop, *u* in circus.

Hin·du·ism [-ˈdōō-] *(n.)* الهِندوسية؛ الهندوكيّة: ديانة الهند الرئيسيّة.

Hin·du·sta·ni *or* **Hin·doo·sta·ni** [-ˈdōō stäˈnĭ] *(n.; adj.)* (١) الهِندُستانيّة: مجموعة من لهجات شمالي الهند § (٢) هِنْدُستانيّ.

hinge [hĭnj] *(n.; vt.; i.)* (١) المَفْصَلَة؛ المُفَصَّلة (٢) لاصقة الطوابع: قُصاصة من ورق رقيق مُصَمَّغ لِلَصْق طابع بريد في «ألبوم» (٣) العامل المقرِّر أو الحاسم § (٤) يُمَفصِل: «أ» يُركِّب للشيء مَفصَلة. «ب» يُعَلِّقُهُ بمَفْصَلة x (٥) يتوقّف على <Everything ~s on her decision.>.

hinges *1.*

hinge joint *(n.)* المَفْصِل الرَّزّي: مَفْصِلٌ متحرِّك [كمِرفق اليد].

hin·ny [hĭnˈĭ] *(n.)* النَّغْل: حيوان هجينٌ أبوه الحصان وأمّه الأتان.

hint [hĭnt] *(n.; vt.; i.)* (١) إلماع؛ تلميح؛ إشارة خفيّة (٢) ذرّة؛ أثر؛ مقدار ضئيل § (٣) يُلْمِع إلى؛ يلمِّح.

hin·ter·land [hĭnˈ-] *(n.)* المنطقة الخلفيّة: «أ» منطقة واقعة خلف ساحل. «ب» منطقة تزوِّد غيرها بالمؤن إلخ. «ج» منطقة نائية عن المدن.

hip[1] [hĭp] *(n.)* ثمر الورد البرّيّ (نب).

hip[2] *(n.; vt.)* (١) الوَرِك؛ مَفصِل الوَرِك (ت) (٢) السَّنام: زاوية تنشأ عن التقاء سطحَيْ سقف متحدّرين § (٣) يسنِّم: يجعل للسقف سنامًا.

hip[3] *(vt.)* يُعلِم؛ يُخبر؛ يُحيطه علمًا بِـ.

hip and thigh *(adv.)* بقسوة؛ من غير رحمة؛ بلا استبقاء.

hip·bone [hĭpˈbōnˈ] *(n.)* عَظْم الوَرِك (ت).

hip joint *(n.)* مَفْصِل الوَرِك (ت).

hipp- *or* **hippo-** بادئة معناها: فَرَس؛ حصان.

hipped [hĭpt] *(adj.)* (١) «أ» ذو وَرِكَين <large-*hipped*>. «ب» مسنَّم: ذو سَنام <a ~ roof> (٢) محزون؛ مكتئب (٣) شديد الولع أو الافتتان بِـ <~ on playing a tuba>.

hip·pie *or* **hip·py** [hĭpˈē] *(n.)* الهِبّيّ؛ الخُنفوس.

hip·po·cam·pus [hĭpˈə kămˈ-] *(n.)* pl. **-pi** [pī] (١) مارد البحر: حصان خرافيّ ذو قائمتين أماميتين وجَسدٍ منتهٍ بذيل دلفين أو سمكة (٢) قرن آمون؛ قُرَيْن آمون [في الدماغ] (ت).

hip·po·cras [hĭpˈə krăsˈ] *(n.)* الهِبْكَرَس: خمر ممزوجة بالتوابل.

hippocampus *1.*

Hippocratic oath *(n.)* يمين أبُقراط [التي يُقسمها الأطبّاء].

hip·po·drome [hĭpˈə drōmˈ] *(n.)* المضمار: ميدان لسباق الخيل.

hip·po·griff [hĭpˈə grĭfˈ] *(n.)* الهِبُغريف: حيوان خرافي يشبه الغِرفين (را. griffin) ولكنّ له جسدًا وقائمتين خلفيتين كالتي للفَرَس.

hippogriff

hip·po·pot·a·mus [hĭp ə pŏtˈə məs] *(n.)* pl. **-mus·es** *or* **-mi** البِرنيق؛ فَرَس النهر (ح).

-hippus لاحقة معناها: فَرَس.

hippopotamus

hip·py [hĭpˈē] *(n.)* = hippie.

hip roof *(n.)* السقف المُسَنَّم [ذو سطوح وأطراف متحدِّرة].

hire [hīrˈ; hīˈər] *(n.; vt.; i.)* (١) أجْر؛ أجرة § (٢) يستخدم <~*d* a clerk> (٣) يستأجر <to ~ a car> (٤) يؤجِّر <~*d* out most of his slaves> (٥) يرشو أو يكافئ x (٦) يقبل العمل عند؛ يعمل كمستخدم <asked me if I would ~ with him>.

for ~, للتأجير؛ برسم التأجير.

hire·ling [hīrˈlĭng] *(n.)* المأجور؛ المرتزق: من يخدم لقاء أجر، وبخاصة بدافع من أغراض نفعيّة خالصة.

hire purchase *(n.)* الشراء بالتقسيط.

hir·ing hall *(n.)* مكتب التشغيل: مكتب تديره نقابةٌ مهمّته تأمين العمل لطالبيه من العمال العاطلين.

hir·sute [hûrˈsōōt] *(adj.)* أهْلب؛ قاسي الشَّعر.

hir·su·tu·lous [-sōōˈchə-] *(adj.)* أُهَيلب: أهلب بعضَ الشيء.

his [hĭz] *(adj.; pron.)* (١) ضمير الغائب المتصل <~ book> § (٢) خاصَّته؛ له <The child is ~; a friend of ~>.

His·pan·ic *(adj.)* إسبانيّ أو خاصّ بإسبانيا والبرتغال أو أميركا اللاتينية.

his·pid [hĭsˈpĭd] *(adj.)* شائك؛ شوكيّ <~ leaves>.

hiss [hĭs] *(vi.; t.; n.)* (١) يُهَسْهِس؛ يَهُسّ: يطلق صوتًا كصوت حرف s استهجانًا أو ازدراءً x (٢) يستهجن بالهَسْهَسَة § (٣) هَسْهسة؛ هَسيس.

hist [hĭst] *(interj.)* (١) صَهْ؛ اسكُتْ (٢) هسّ [هتاف للفت الانتباه].

hist- *or* **histo-** بادئة معناها: نسيج <*histo*chemistry>.

his·ta·mine [hĭsˈtə mēnˈ] *(n.)* الهِسْتَمين: مركَّب أبيض متبلّر يوجد في أنسجة النبات والحيوان (كح).

his·ti·dine [hĭsˈtə dēnˈ] *(n.)* الهستِيدين: حمض أمينيّ (كح).

his·to·chem·is·try *(n.)* كيمياء النُّسُج: مبحث التركيب الكيميائي للأنسجة والخلايا.

his·to·gen·e·sis *(n.)* التَّنَسُّج: تكوّن الأنسجة العضوية (أح).

his·to·gram [hĭsˈtə-] *(n.)* الهِستوغرام؛ المخطَّط الدَّرَجي: رسم بياني لتوزيع الترَدُّد قِوامُهُ أعمدةٌ متجاورةٌ («ر» و«إحص»).

his·tol·o·gy [-tŏlˈə jĭ] *(n.)* (١) النُّسُجيّات: علم النُّسج الحيوانية والنباتية (٢) مؤلَّف في النُّسُجيّات (٣) البِنْيَة النَّسيجية <the ~ of the liver>.

his·tol·y·sis [-ˈə sĭs] *(n.)* انحلال النُّسُج؛ تَلَف الأنسجة (أح).

his·tone [hĭsˈtōn] *(n.)* الهِستون: مادّة بروتينيّة ذوّابة في الماء.

his·to·pa·thol·o·gy *(n.)* (١) علم أمراض النُّسُج (٢) التغيُّرات [التي تصيب عضوًا أو ترافق مرضًا].

his·to·phys·i·ol·o·gy *(n.)* الفيسيولوجيا النُّسُجيّة: علم وظائف النُّسُج.

his·to·ri·an [hĭs tōrˈ-] *(n.)* المؤرِّخ: المؤلِّف في التاريخ أو العالِمُ به.

his·tor·ic [hĭs tôrˈ-] *(adj.)* تاريخيّ؛ هامّ <a ~ occasion>.

his·tor·i·cal [hĭs tôrˈ-] *(adj.)* تاريخيّ؛ ذو أهمية تاريخية.

historical materialism *(n.)* المادية التاريخية: نظرية ماركس في التاريخ والمجتمع القائلة بأن الفكرات والمؤسّسات الاجتماعية لا تعدو أن تكون بِنيةً فَوْقيةً لأساس اقتصاديّ ماديّ.

historical present *(n.)* المضارع التاريخي: «الزمن» الحاضر

المستعمل في رواية الحوادث الماضية وكأنها تحدث في الزمن الذي تُرْوَى فيه .

his·tor·i·cism *(n.)* التاريخانيّة : «أ» نظرية تقول بأن التاريخ ثمرة قوانين ثابتة لا ثمرة المشيئة الإنسانية . «ب» الاحترام المفرط للمؤسسات التاريخية كالقوانين والأعراف .

his·to·ric·i·ty *(n.)* التّاريخية : كون الشيء تاريخيًّا غير أسطوريّ .

his·to·ri·og·ra·pher [hĭs tôr′ĭ ŏg′-] *(n.)* (١) مؤرِّخ (٢) مؤرِّخ رسميّ .

his·to·ri·og·ra·phy [-′rə fĭ] *(n.)* تدوين التاريخ؛ كتابة التاريخ .

his·to·ry [hĭs′tə rĭ] *(n.)* (١) قِصّة؛ حكاية (٢) «أ» تاريخ : سجلّ كرونولوجيّ للأحداث الهامة . «ب» مؤلَّف في التاريخ . «ج» بيان بِـ«الماضي» الطبّي لمريض (٣) علم التاريخ (٤) التاريخ : الأحداث الماضية .

his·tri·on·ic [hĭs′trĭ ŏn′-] *(adj.)* (١) متكلِّف؛ مُصْطَنَع (٢) مَسْرحيّ .

his·tri·on·ics *(n.)* (١) التمثيل المسرحي (٢) تكلّف في السلوك أو الكلام .

hit [hĭt] *(vt.; i.; n.)* (١) «أ» يضرب . «ب» يصدم؛ يرتطم بِـ (٢) يُهلِك؛ يزعج بشدّة؛ ينتقد بقسوة (٣) يَطْلب مِن (٤) يكتشف أو يعثر على شيء وبخاصة بالمصادفة؛ يحزر <to ~ the answer to a riddle> (٥) «أ» يلائم؛ يطابق <This ~*s* my fancy.> . «ب» يصل؛ يبلغ <to ~ town> . «ج» تعضّ [السمكةُ] على . «د» يجد أو يهتدي إلى <to ~ the right road> . «هـ» يجيد التصوير أو الأداء <to ~ a likeness in a portrait> (٦) يسرف في الشراب <had been ~*ting* the bottle for days> **x** (٧) يهاجم (٨) يقع؛ يحدث؛ يصيب (٩) يوفق إلى إحراز شيء § (١٠) «أ» ضربة . «ب» ارتطام (١١) نجاح؛ عملٌ ناجح بشكل واضح <The play is a ~.> (١٢) ملاحظة ساخرة إلخ (١٣) محصول وافر [من الفاكهة بخاصة] (ع) (١٤) جرعة من عقّار مخدِّر (١٥) اغتيال .

- to ~ off يصوِّر أو يصِف بسرعة أو براعة .
- to ~ on *or* upon يعثر على أو يكتشف بالمصادفة .

hit–and–miss *(adj.)* اتفاقيّ؛ يُصيب حينًا ويُخطئ حينًا .

hitch [hĭch] *(vt.; i.; n.)* (١) يحرِّك [بالنَّخْع أو بطريقة ناخعة] <~*ing* her chair closer to the table> (٢) «أ» يعقد؛ يربط بإحكام . «ب» يشدّ إلى عربة إلخ (٣) يركب مُتطفِّلًا [بأن يوقف السيارات ليركبها مجانًا] **x** (٤) يتقدم على نحو متقطّع أو بتعثّر وتوقّف : يَعْرج <~*ing* slowly along on his cane> (٥) يَعْلَق؛ يتداخل؛ يتشابك (٦) يتزوّج (٧) يسافر متطفّلًا [بأن يوقف السيارات ليركبها مجانًا] § (٨) عَرَج (٩) نَخْعة؛ حركة مفاجئة (١٠) توقُّف مفاجئ (١١) إمساكٌ بِـ (١٢) شَدُّ فَرَسٍ إلى عَرَبة إلخ (١٣) فترة . وبخاصة : مُدة الخدمة العسكرية (ع) (١٤) عُقْدة؛ أُنشوطة (١٥) lift *15b* .

hitches *14.*

hitch·hike [hĭch′hīk] *(vi.)* يسافر مُتطفّلًا [بأن يوقف السيارات ليركبها مجانًا] .
— **hitch·hik·er** *(n.)*

hith·er [hĭth′ər] *(adv.; adj.)* (١) إلى هنا <Come ~.> § (٢) قريب <the ~ side of the mountain> .

hith·er·most [-mōst′] *(adj.)* الأقرب؛ الأشدّ قُرْبًا .

hith·er·to [hĭth′ər too′] *(adv.)* حتى الآن؛ حتى اليوم .

hith·er·ward [-wərd] *also* **hith·er·wards** *(adv.)* إلى هنا .

Hit·ler·ism [hĭt′lə-] *(n.)* (١) المبادئ الهتلرية (٢) الحركة الهتلرية .

hit man *(n.)* (١) السَّفّاح المحترف [في عصابة] (٢) hatchet man .

hit or miss *(adv.)* كَيْفما اتّفق .

hit–or–miss *(adj.)* (١) اتّفاقيّ؛ تصادُفيّ (٢) اتفاقيّ التصميم : غير محدَّد التصميم؛ غير ذي تصميم محدَّد سَبْقيًا <a ~ carpet> .

Hit·tite [hĭt′īt] *(n.; adj.)* (١) الحِثّيّ : واحد الحِثّيين [فاتحي آسيا الصغرى وسوريا في الألف الثاني ق . م] (٢) الحِثّيّة : لغة الحِثّيين § (٣) حِثّيّ .

HIV [āch′ ī′ vē′] *(n.)* آيتش آي ڤي : ڤيروس نقص المناعة في الإنسان .

hive [hīv] *(n.; vt.; i.)* (١) قفير؛ خليّة نَحْل § (٢) يجمع في قفير (٣) يخزن في قفير أو نحوه : يدَّخر **x** (٤) يحتلّ [النحلُ] قفيرًا (٥) يقيمون أو يحتشدون كالنحل .

hives [hīvz] *(n.)* الشَّرى : طَفْح جلديّ يتميّز ببثور حمراء مستحكّة .

ho [hō] *(interj.)* هو! : هتاف لِلَفْت الانتباه إلى شيء معيّن .

hoar[1] [hōr] *(adj.)* أشيب .

hoar[2] *(n.)* الصقيع؛ الجَمَد (را . frost) .

hoard [hōrd] *(n.; vt.; i.)* (١) ذخيرة؛ مَؤونة § (٢) يَدَّخِر؛ يختزن .

hoard·ing[1] [hōr′dĭng] *(n.)* (١) ادّخار؛ اختزان (٢) مخزون .

hoard·ing[2] *(n.)* (١) سياج خشبيّ [يُقام حول مبنًى يُنشأ أو يُرمَّم] (٢) لوحة إعلانات ضخمة [تعلَّق على الجدران الخارجية] .

hoar·frost [hōr′frôst] *(n.)* الصَّقيع؛ الجَمَد .

hoar·i·ness [hōr′ĭ nəs] *(n.)* (١) شَيْب (٢) قِدَم؛ عِتْق؛ وقار .

hoarse [hōrs] *(adj.)* (١) أجشّ <a ~ voice> (٢) أجشّ الصوت .

hoars·en [hōr′sən] *(vt.; i.)* (١) يُبِحّ **x** (٢) يَبَحّ .

hoarse·ness [hōrs′nəs] *(n.)* بُحّة [في الصوت] .

hoar·y [hōr′ĭ] *(adj.)* (١) أشْيَب (٢) أَخْثَر : ذو أوراقٍ زَغِبة ضاربٍ لونها إلى البياض (٣) «أ» قديم؛ عتيق . «ب» وقور؛ جليل .

hoax [hōks] *(vt.; n.)* (١) يخدع § (٢) خُدعة .

hob[1] [hŏb] *(n.)* غُول؛ عِفريت؛ جِنّيّ مؤذٍ .
- to play *or* raise ~, يُثير المتاعب إلخ .

hob[2] *(n.; vt.)* (١) الحاجب الحديديّ : نتوء في مؤخَّر المَوْقد أو في جانبه لتسخين شيء (٢) المُخَدِّدة : مِقْطَع مُسَنَّنات مُخدِّد (مك) § (٣) يُسَمِّر : يزوِّد النعل بمساميرَ قصيرةٍ غليظةِ الرؤوس (٤) يُخدِّد : يَقْطع بالمخدِّدة .

hob·ble [hŏb′əl] *(vi.; t.; n.)* (١) يَعْرج **x** (٢) يصيبه بالعرج (٣) «أ» يقيّد؛ يشدّ قوائمَ [الفرس إلخ] بالشِّكال . «ب» يَعُوق § (٤) عَرَج (٥) ورطة؛ موقف حَرِج (ا . ق) (٦) قَيْد؛ شِكال .

hob·ble·de·hoy [hŏb′əl dĭ hoi′] *(n.)* (١) المُراهِق (٢) فتًى أخرق .

hobble skirt *(n.)* التنّورة المقيِّدة: تنورة ضيّقة الطرف الأدنى إلى درجة تعوق القدرة على المشي بصورة طبيعية.

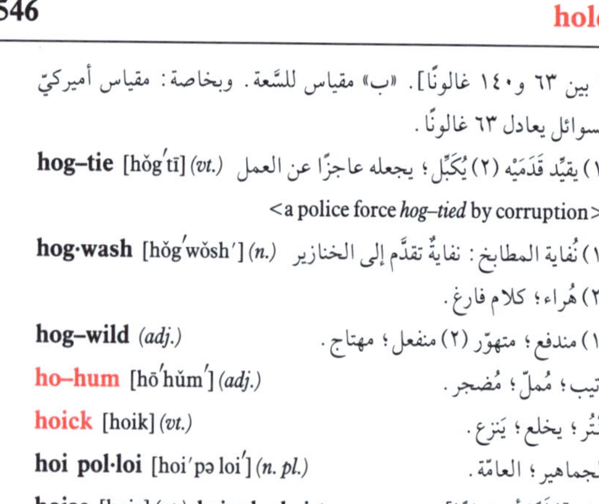

hobby¹

hob·by¹ [hŏb′ĭ] *(n.)* الهُوْبِيّ: صقر أو باز صغير.

hob·by² *(n.)* (١) هِواية (٢) فَرَس صغير.

hob·by·horse [hŏb′ĭ hôrs] *(n.)* (١) الصُورة الفَرَسِيّة: صورة فَرَس تُعلَّق على الخصر في إحدى الرقصات الإنكليزية (٢) المُسْتَفْرِس: راقص على خصره صورة فَرَس (٣) «أ» العصا الفَرَسية: عصًا ذات رأس شبيه برأس الفرس يتظاهر الطفل بركوبها. «ب» حصان خشبيّ للأطفال (٤) «أ» موضوع محبَّب [يُكثر المرء من العودة إليه]. «ب» هواية.

hobbyhorse *3a.*

hob·by·ist [hŏb′ĭ ĭst] *(n.)* صاحب الهواية: المولَع بهواية ما.

hob·gob·lin [hŏb′gŏb′lĭn] *(n.)* (١) غول؛ جنّيّ بَشِع مؤذٍ (٢) بُعبع.

hob·nail [hŏb′nāl′] *(n.)* مسمار النعل: مسمار للنَّعل قصير غليظ الرأس.

hob·nob [hŏb′nŏb′] *(vi.)* (١) يشربون معًا بمودّة (ا. ق) (٢) يخادن؛ يعاشر أو يتحدث [رافعًا الكلفة].

ho·bo [hō′bō] *(n.; vi.)* (١) العامل المتنقّل أو المهاجر (٢) «أ» المتشرِّد؛ الأفّاق. «ب» العالة § (٣) يَتَسَكَّع.

Hob·son's choice [hŏb′sənz] *(n.)* اختيارٌ قَهْرِيّ أو اضطراريّ.

hock¹ [hŏk] *(n.)* عُرْقوب [رِجْلِ الفرسِ والطير].

hock² *(n.)* الهوك: نبيذ ألماني أبيض.

hock³ *(vt.; n.)* (١) يَرْهَن § (٢) رَهْن (٣) دَين (٤) سِجن.

hock·ey [hŏk′ĭ] *(n.)* الهوكي: لعبة من ألعاب الكرة.

ho·cus [hō′kəs] *(vt.)*, **-cussed** *or* **-cused** (١) يخدع (٢) «أ» يغشّ؛ يَمْذُق؛ يمزج بالماء. «ب» يخدِّر أو يحتال لإعطاء امرئ مخدِّرًا.

ho·cus–po·cus [hō′kəs pō′kəs] *(n.; vt.)* (١) sleight of hand (٢) هراء أو تمويه يُصطنع لتغطية الخداع § (٣) يخدع؛ يحتال على.

hod [hŏd] *(n.)* (١) صينية لنقل المِلاط والآجرّ (٢) دلوٌ لنقل الفحم.

hod carrier *(n.)* بنّاء مساعدٌ [ينقل المِلاط والآجرّ].

hodge·podge [hŏj′pŏj′] *(n.)* خليط؛ مزيج.

hoe [hō] *(n.; vt.; i.)* (١) مِعْزَقَة؛ مِجرَفة § (٢) يَعْزِق الأرضَ.

hoe *1.*

hoe·cake [hō′kāk′] *(n.)* كعكة الذُّرة؛ فطيرة الذّرة.

hog [hŏg] *(n.; vt.; i.)* (١) خِنزير (٢) الهَوْغ: **hogg** عد: «أ» حَمَلٌ غير مجزوز الصوف (بر). «ب» صوف مجزوز من حَمَلٍ (٣) شخص أنانيّ أو شرِهٌ أو قذِر § (٤) يقوّس الظَّهر [جاعلًا إياه كظهر الخِنزير] (٥) يأخذ أكثر من نصيبه أو حقه (٦) يَجُزّ [شعرَ عُنقِ الفَرَس] **x** (٧) يتقوّس [قاع السفينة].

hog·back *(n.)* الظَّهر المُحَدَّب: مُرتَفَع حادُّ القمة شديدُ تحدُّر الجَنَبات.

hog cholera *(n.)* كوليرا الخنازير.

hog·fish [hŏg′fĭsh] *(n.)* السَّمك الخِنزيريّ: سمك شبيه بالخنزير.

hogfish

hog·gish [hŏg′ĭsh] *(adj.)* (١) أنانيّ (٢) شَرِهٌ (٣) قذِر.

hogs·head [hŏgz′hĕd′] *(n.)* رأس الخنزير: «أ» برميل كبير [تتراوح سعته ما بين ٦٣ و١٤٠ غالونًا]. «ب» مقياس للسَّعة. وبخاصة: مقياس أميركيّ للسوائل يعادل ٦٣ غالونًا.

hog–tie [hŏg′tī] *(vt.)* (١) يقيِّد قَدَمَيْه (٢) يُكبِّل؛ يجعله عاجزًا عن العمل <a police force *hog–tied* by corruption>.

hog·wash [hŏg′wŏsh′] *(n.)* (١) نُفاية المطابخ: نفايةٌ تقدَّم إلى الخنازير (٢) هُراء؛ كلام فارغ.

hog–wild *(adj.)* (١) مندفع؛ متهوّر (٢) منفعل؛ مهتاج.

ho–hum [hō′hŭm′] *(adj.)* رتيب؛ مُملّ؛ مُضجِر.

hoick [hoik] *(vt.)* يَنْتُر؛ يخلع؛ يَنزِع.

hoi pol·loi [hoi′pə loi′] *(n. pl.)* الجماهير؛ العامّة.

hoise [hoiz] *(vt.)*, **hoised** *or* **hoist** يرفع [عَلَمًا أو شراعًا].
hoist with one's own petard يُنْسَف أو يُقتَل بقنبلته هو؛ يَحيق به مكرُهُ؛ يقع في الشرك الذي نصبه لغيره.

hoist [hoist] *(vt.; i.; n.)* (١) يرفع [علمًا أو شراعًا] **x** (٢) يرتفع § (٣) رَفْعٌ (٤) الرّافعة: آلة رافعة (٥) ارتفاع العَلَم [كما يُرَى وهو منشور على ساريته].

hoi·ty–toi·ty [hoi′tĭ toi′tĭ] *(n.; adj.)* (١) استهتار؛ طيش (٢) غطرسة؛ عجرفة § (٣) مستهتر؛ طائش (٤) مُتغطرِس؛ مُتعجرِف.

ho·key [hō′kĭ] *(adj.)* (١) سخيف؛ مبتذل (٢) زائف.

ho·key–po·key [hō′kĭ pō′kĭ] *(n.)* (١) hocus–pocus *2* (٢) مثلَّجات [يطوف بها الباعة المتجوّلون].

ho·kum [hō′kəm] *(n.)* (١) المُضَحِّك: أحد عوامل الإضحاك التي يُدخلها المخرج على المسرحية (٢) هراء؛ كلام فارغ.

hol- *or* **holo-** بادئة معناها: «أ» تامّ؛ كامل. «ب» تمامًا؛ كلّيّةً.

hold¹ [hōld] *(vt.; i.; n.)* (١) «أ» يملك؛ يقتني. «ب» يضبط؛ يحتجز. «ج» يحتفظ بـ (٢) «أ» يكبح؛ يوقف. «ب» يؤخِّر؛ يعوق. «ج» يصدّ. «د» يقيِّد. «هـ» يُلزِم (٣) «أ» يحمل؛ يُمسك؛ يقبض. «ب» يُبقي <to ~ an emotion under rigid control>. «ج» يدعم. «د» يحبس؛ يعتقل. «هـ» يحجز [غرفة في فندق إلخ] (٤) «أ» يَلْزَم <to ~ silence>. «ب» يواصل <to ~ one's course due south>. (٥) «أ» يتّسع لِـ <This hotel ~*s* 250 guests.> «ب» يغيّب؛ يخبّئ <would like to know what the future ~*s*> (٦) «أ» يؤمن أو يعتقد بـ <to ~ a theory>. «ب» يقبل <to ~ a point of view>. «ج» يعتبر <to ~ a person responsible>. «د» يقدِّر؛ يُعِزّ <to ~ one dear> (٧) «أ» يعقد <to ~ a meeting>. «ب» يُجري <to ~ a conversation> (٨) «أ» يَشْغَل أو يتولى <*held* the presidency for two terms>. «ب» يحمل <~*s* a medal of honor> **x** (٩) «أ» يصمد <troops *held* in the face of repeated attacks>. «ب» يستمرّ؛ يدوم <Her anger *held* for several days.> (١٠) يظلّ عالقًا بشيء أو مشدودًا إليه <The anchor *held* in the rough sea.> (١١) يبقى <to ~ aloof from strangers> (١٢) يَصحّ <The rule ~*s* only in special cases.> (١٣) يواصل تقدّمه <travelers *held* on their way> (١٤) يتوقف؛ يتمهّل <wished that she might ~ a while and stop her chatter> (١٥) يجري؛ يحدث <Annual show and sale of highland ponies ~*s*

on Monday.> § (١٦) مَعْقِلٌ؛ حِصْن (١٧) «أ» اعتقال؛ احتجاز. «ب» سِجْن (١٨) «أ» إمساك. «ب» طريقة الإمساك بالخصم [في المصارعة]. «ج» فَهْم أو إدراك تامّ. «د» سُلطة؛ سيطرة (١٩) سند؛ دعامة (٢٠) وقفة مفاجئة في نهاية رقصة (٢١) أمر أو إيعاز بالتمهّل أو الإرجاء.

to ~ back (١) يُعَرقِل؛ يكبح (٢) يحتفظ بِـ.

to ~ by (١) يلزم؛ يتشبَّث بِـ (٢) يقرُّه أو يوافقه على.

to ~ forth (١) يبدي رأيًا؛ يقترح (٢) يتحدث بإسهاب.

to ~ good *or* true يصحّ؛ يَصْدُق؛ يسري مفعوله.

to ~ in (١) يكبح (٢) يكبح نفسه، يلزم الصمتَ أو الهدوء.

to ~ off (١) يبتعد؛ ينأى بنفسه (٢) يُبْعِد؛ يَصُدّ.

to ~ on (١) يستمرّ؛ يواصل التقدم بغير انقطاع (٢) يقف؛ ينتظر (ع) (٣) يدوم.

to ~ one's ground يَصْمد؛ يَثْبُت؛ لا يتراجع.

to ~ one's own (١) يصمد؛ يحتفظ بمركزه أو وضعه (٢) يحتفظ برباطة جأشه أثناء المناقشة إلخ (٣) يحتفظ بقوّته العامة [أثناء مرض].

to ~ one's tongue *or* one's peace يلزم الصمتَ.

to ~ on one's way يواصل سيره باطراد.

to ~ out (١) يَعْرِض؛ يقدّم (٢) يصمد؛ يتحمّل (٣) يرفض التفاهم أو الإذعان.

to ~ over (١) يحتفظ بمنصبه [إلى ما بعد انقضاء المدة القانونية] (٢) يؤجّل (٣) يحتفظ بِـ (٤) يُبقي في منصب.

to ~ the bag (١) يُترك صِفْرَ اليدين (٢) يتحمّل وحده مسؤولية كان ينبغي أن يقاسمه إياها آخرون.

to ~ to (١) يبقى أمينًا على (٢) يؤمن بِـ (٣) يبقى على مقربة من.

to ~ to account يحمّله المسؤولية.

to ~ together (١) يوحّد؛ يجعله يتماسك (٢) يتّحد.

to ~ up (١) يَعْرِض (٢) يَعُوق؛ يؤخّر (٣) يوقف بالقوة بُغيةَ السَّلب (٤) يستمرّ في السرعة نفسها (٥) يكفّ (٦) يَدعم.

to ~ water (١) يصدّ الماء (٢) يَصْمد للنقد أو التحليل.

to ~ with يُقرّ أو يوافق على.

hold[2] *(n.)* العَنْبر: مخزن السفينة أو الطائرة.

hold·all [hōld′ôl′] *(n.)* جِراب؛ حقيبة [سَفَر إلخ].

hold·back [hōld′băk′] *(n.)* (١) العائق؛ الكابح (٢) «أ» إعاقة؛ كبح. «ب» شيء مَعُوق؛ شيء مكبوح.

hold·er [hōl′dər] *(n.)* (١) «أ» المالك. «ب» مستأجِر أرض. «ج» حامل السند أو الشيك (٢) الحاملة؛ المِمسك: أداة لحمل شيء أو الإمساك به <a pen ~; a cigarette ~>.

hold·fast [hōld′făst′; -fäst′] *(n.)* (١) قبضة أو مَسكة شديدة (٢) المُثَبِّت؛ المُمَكِّن [كالمسمار الطويل المسطَّح الرأس].

hold·ing [hōl′dĭng] *(n.)* (١) «أ» أرضٌ مستأجَرة؛ وبخاصة من شخص أعلى مقامًا. «ب» *pl.* عد: ممتلكات [كالسندات وأسهم الشركات] (٢) حكم [في مسألة قضائية].

holding company *(n.)* الشركة المهيمنة أو القابضة: شركة تملك جزءًا من أسهم شركة أخرى أو جميع أسهمها لكي تسيطر عليها.

hold·o·ver [-ō′vər] *(n.)* المُحتفِظ بمنصِبِهِ [بعد المدة القانونية].

hole [hōl] *(n.; vt.; i.)* (١) ثَقْب (٢) نقيصة؛ عَيب؛ نقطة ضَعف <~s in his logic> (٣) «أ» حُفرة. «ب» موضع عميق [في نهر إلخ] (٤) جُحْر؛ وِجار (٥) مَسْكن حقير أو قذر (٦) وَرْطة؛ مأزِق § (٧) يثقب (٨) يُدخل في ثقب إلخ (٩) يشقّ [نَفَقًا إلخ] **x** (١٠) «أ» يَدْخل جُحْرًا أو وجارًا. «ب» يستكنّ [الحيوانُ] فترةَ الشتاء [تتبعها ***up*** عادةً].

in the ~, (١) تحت الصفر [في بعض الألعاب] (٢) مَدين.

hole–in–the–wall *(n.)* ثُقب في جدار: صرّاف آليّ (بر).

hol·ey [hō′lĭ] *(adj.)* مُثَقَّب؛ ذو ثقوب.

hol·i·day [hŏl′ə dā′] *(n.; adj.; vi.)* (١) عيد دينيّ (٢) يوم العُطلة (٣) *pl.* عد: عُطلة § (٤) مَرِح <a ~ mood> § (٥) يقضي عطلة.

ho·li·ly [hō′lə lĭ] *(adv.)* (١) بقداسة (٢) بتقوى.

ho·li·ness [hō′lĭ nəs] *(n.)* قَداسة.

ho·lis·tic [hō lĭs′tĭk] *(adj.)* كامِليّ: مَعْنيّ بالوحدات الكُلّية.

hol·land [hŏl′ənd] *(n.)* النسيج الهولنديّ: نسيج قُطنيّ أو كتّانيّ.

hol·lan·daise sauce [hŏl′ən dāz′] *(n.)* الصَّلْصَة الهولندية: صَلْصَة مؤلفة من زبدة وصَفار بَيض وخلّ إلخ.

Hol·lands [hŏl′əndz] *(n.)* الجِنّ الهولنديّ: شراب مُسْكِر.

hol·ler [hŏl′ər] *(vi.; t.; n.)* (١) يصيح (٢) يشكو؛ يتذمّر **x** (٣) يعبّر [عن شيء] بالصياح <to ~ encouragement> § (٤) صيحة (٥) شكوى (٦) أغنية زنجية أميركية.

hol·lo [hŏl′ō] *or* **hol·la** [hŏl′ə] *(interj.)* هالو: هتاف للَفْت الانتباه أو للتشجيع أو الابتهاج.

hol·low [hŏl′ō] *(adj.; n.; vt.; i.; adv.)* (١) «أ» مجوَّف. «ب» غائر <~ cheeks> (٢) «أ» فارغ <a ~ ball>. «ب» أجوف <a ~ victory> (٣) عميق؛ مكتوم؛ غير رنان <a ~ voice> (٤) كاذب؛ خادع <a ~ truce> (٥) جائع § (٦) وادٍ صغير (٧) حفرة (٨) تجويف؛ ثَقب؛ غَوْر § (٩) يجوّف **x** (١٠) يتجوّف § (١١) تمامًا؛ بكل ما في الكلمة من معنًى <to beat someone all ~>.

hol·low–eyed [hŏl′ō īd′] *(adj.)* غائر العينين.

hol·low·ware [-wâr′] *(n.)* المجوَّفات؛ الآنية المجوَّفة.

hol·ly [hŏl′ĭ] *(n.)* البَهْشِيّة؛ الإيلكس: نبات ذو ورق صقيل شائك الأطراف.

holly

hol·ly·hock [hŏl′ĭ hŏk′] *(n.)* الخِطْمِيّ؛ الخِطميّ الورديّ: نبات عشبيّ.

Hol·ly·wood [hŏl′ĭ wood′] *(n.)* صناعة السينما الأميركية.

holm [hōm; hōlm] *(n.)* الهُلْم: «أ» أرض منخفضة منبسطة بجانب نهر. «ب» جزيرة صغيرة في نهر أو بحيرة.

hol·mi·um [hōl′mĭ əm] *(n.)* الهولميوم (ك).

ă at; ā date; â care; ä car; ĕ egg; ē me; ĭ in; ī bite; ŏ lot; ō bone; ô orphan; oi boil; o͝o good; o͞o boot; ou out; ŭ under; û urgent; ə = *a* in alone, *e* in system, *i* in easily, *o* in gallop, *u* in circus.

holo- = hol-.

holo·blas·tic [hŏl′ə blăs′-] *(adj.)* كاملة الانفلاق <~ eggs> .

hol·o·caust [hŏl′ə kôst′] *(n.)* (١) المُحْرَقة : الذبيحة التي تُحْرَق تعبّدًا لله (٢) المَحْرَقة : الإبادة الكاملة، وبخاصة بالإحراق .

hol·o·graph [1] [hŏl′ə grăf′; -gräf′] *(n.)* السَّنَدُ الخطّيّ : سند أو وصية أو رسالة مكتوبة بأكملها بخط واضعها .

hol·o·graph [2] *also* **hol·o·graph·ic** *(adj.)* بخطّ الواضع <a ~ letter> .

hol·o·he·dral [hŏl′ə hē′drəl] *(adj.)* كاملة السطوح : مشتملةٌ على جميع السطوح التي يقتضيها التناظر التامّ <a ~ crystal> .

hol·o·me·tab·o·lous [-mə tăb′-] *(adj.)* كاملة التحوّل <~ insects> .

hol·o·thu·ri·an [-thoor′ĭ ən] *(n.)* خِيار البحر ؛ قِثّاء البحر : حيوان بحريّ من قُنفُذيّات الجلد .

hol·ster [hōl′stər] *(n.)* قِراب المُسَدّس .

holt [hōlt] *(n.)* أَجَمَة ؛ دَغَلٌ ؛ غابةٌ صغيرة (ا . ق) .

ho·lus–bo·lus [hō′ləs bō′ləs] *(adv.)* دفعةً واحدةً .

ho·ly [hō′lĭ] *(adj.; n.)* (١) مقدَّس (٢) تقيّ أو واقفٌ نفسَه لخدمة الله والدين <was a ~ man> (٣) دينيّ <~ rites> (٤) رهيب ؛ لا يصدَّق <a ~ terror> (٥) مُفعَم بقوة خفية أو خارقة مُهْلِكَة <Some words are considered so ~ they must never be spoken aloud.> § (٦) القُدس [والجمع : أقداس] : مَعْبَد ؛ مكان مقدَّس .

Holy Communion *(n.)* = communion 2.

holy day *(n.)* (١) عيد ديني (٢) يوم صيام ديني .

Holy Father *(n.)* الأب الأقدس : البابا (نص) .

Holy Ghost *(n.)* الرُّوح القُدُس (نص) .

Holy Land *(n.)* الأرض المقدَّسة : فلسطين .

Holy Office *(n.)* المكتب المقدَّس : هيئة كهنوتية عُليا مهمَّتُها حماية الدين والأخلاق (نص) .

holy of holies *(n.)* قُدْس الأقداس : «أ» الحجرة الأكثر قداسةً في هيكل يهودي . «ب» موضع يتمتع بقُدْسية خاصة .

Holy Order *(n.)* (١) المرتبة الكهنوتية (٢) *.pl* : رِسامة الكهنوت .

Holy Roman Empire *(n.)* الأمبراطورية الرومانية المقدسة .

Holy Saturday *(n.)* سَبْت النُّور [الذي يسبق الفصح] .

Holy Spirit *(n.)* = Holy Ghost.

ho·ly·stone [hō′lĭ stōn′] *(n.; vt.; i.)* (١) الرَّخْفَة ؛ حجر الخُفّان : حجر رقيق خفيف § (٢) يُرْخِف : يحكّ ظهر السفينة بحجر الخُفّان .

Holy Synod *(n.)* المَجْمَع المقدَّس ؛ السِّنودُس المقدَّس (نص) .

Holy Thursday *(n.)* خميس الصُّعود (نص) .

holy water *(n.)* الماء المقدَّس (نص) .

Holy Week *(n.)* أُسبوع الآلام [الذي يسبق الفصح] .

Holy Writ *(n.)* الكتاب المقدَّس (نص) .

hom- *or* **homo-** بادئة معناها : متجانس ؛ متماثل .

hom·age [hŏm′ĭj; ŏm′-] *(n.)* (١) «أ» البَيْعة : حفلة يعلن فيها المرء أنّه من أتباع أمير إقطاعي . «ب» العلاقة بين الأمير الإقطاعي وتابعه . «ج» عملٌ يُعمَل أو مالٌ يُدفَع وفاءً بالتزامات التبعية الإقطاعية (٢) «أ» إجلال ؛ ولاء . «ب» ثناء ؛ تقدير .

hom·bre [ŏm′brĕ] *(n.)* رَجُل ؛ فتًى ؛ شخص .

hom·burg [hŏm′bûrg] *(n.)* الهومبورغيَّة : قبّعة للرِّجال .

home [hōm] *(n.; adv.; adj.; vi.; t.)* (١) «أ» بيت . «ب» مَنزل (٢) الموطن : المكان أو الموطن الذي يكثر فيه وجود الحيوان أو النبات أكثر ما يكون (٣) «أ» وطن ؛ مسقط الرأس . «ب» المقرّ الرئيسي (٤) ملجأ ؛ مأوًى (٥) الهدف [في مختلف الألعاب] § (٦) نحو أو في البيت أو الوطن (٧) بإحكام ؛ إلى النهاية <drove the nail ~> § (٨) مَنزليّ <~ furnishings> (٩) رئيسي <a ~ office> § (١٠) «أ» يعود إلى البيت أو الوطن . «ب» يعود [الحيوانُ] إلى موطنه من مسافة ما (١١) يتخذ لنفسه مقرًا <~d in that city.> (١٢) يَهتمّ x (١٣) «أ» يبعث به إلى البيت أو الوطن أو الهدف . «ب» يؤوي .

- last *or* long ~, القبر .
- to be at ~, (١) يكون مطّلعًا على (٢) يستقبل الزائرين .
- to bring ~ to one يقنعه بأمرٍ ما .
- to come ~ to one يؤثّر فيه ؛ ينفُذ إلى قلبه أو وجدانه .
- to feel (make oneself) at ~, يأخذ حرّيته في بيت شخص آخر [وكأنّه بيتُهُ هو] .

home- *or* **homeo-** بادئة معناها : مِثْل ؛ شبيه .

home·bred [-′brĕd] *(adj.)* (١) وطنيّ ؛ أهليّ (٢) فظّ .

home brew *(n.)* المُسْكِر البَيْتيّ : شراب كحوليّ بيتيّ الصنع .

home economics *(n.)* تدبير المنزل ؛ التدبير المنزلي .

home·grown [-′grōn′] *(adj.)* مَحَلّيّ <~ films> .

home·land [-′lănd′] *(n.)* الوطن .

home·less [-′ləs] *(adj.)* شريد : لا وَطنَ أو مَسْكنَ له .

home·like [-′līk′] *(adj.)* عائليّ : بهيج ؛ مُريح ؛ بسيط إلخ .

home·ly [-′lĭ] *(adj.)* (١) homelike (٢) مألوف ؛ عاديّ <into ~ terms> (٣) عطوف <a ~ nurse> (٤) «أ» طبيعي ؛ غير متكلِّف <~ courtesy> . «ب» بسيط <~ food> . «ج» غير مزخرَف <written in ~ prose> (٥) بشع ؛ قبيح .

home·made [-′mād′] *(adj.)* (١) «أ» بيتيّ الصّنع . «ب» مُنجَز بجهد المرء الشخصيّ (٢) وطنيّ الصنع .

home·mak·er [-′mā′kər] *(n.)* مدبّرة المنزل [كالزوجة أو الأم] .

homeo- = home-.

Home Office *(n.)* وزارة الداخلية [في بريطانيا] .

ho·me·o·mor·phism [hō mĭ ə môr′fĭz əm] *(n.)* التَّشاكُل البلّوريّ [بين مُركّبات كيميائيّة متباينة] (ك) .

ho·me·op·a·thy [-ŏp′ə thĭ] *(n.)* المعالجة المِثْليّة : معالجة الداء بإعطاء المصاب جرعات صغيرة جدًا من دواء لو أُعطي لشخص سليم لأحدث عنده مثل أعراض المرض المعالَج .

ho·me·o·sta·sis [-ə stā′sĭs] *(n.)* تجانس الاتِّزان: اتزان [أو نزعة إلى هذا الاتزان] بين عناصر الكائن الحيّ المختلفة.

home page *(n.)* الصفحة الأساسيّة؛ الصفحة البَيْتيّة (كم).

ho·mer[1] [hō′mər] *(n.)* الهَوْمَر: وحدةُ سعةٍ عِبريةٌ قديمة.

ho·mer[2] *(n.)* حَمامُ الزاجل.

Ho·mer·ic [hō mĕr′ĭk] *(adj.)* (١) هوميريّ: منسوب إلى هوميروس الشاعر الإغريقي القديم (٢) ملحميّ؛ بطوليّ.

home rule *(n.)* الحُكْم المحلّيّ؛ الحُكمُ الذاتيّ.

home secretary *(n.)* وزير الداخلية [في بريطانيا].

home·sick [hōm′sĭk] *(adj.)* مَشُوق للوطن.

home·sick·ness [-′sĭk′nəs] *(n.)* الشُّواق: الحنين إلى الوطن أو الأسرة.

home·spun [-′spŭn′] *(adj.; n.)* (١) «أ» بَيْتيّ النسج أو الصُّنْع. «ب» مصنوع من نسيج صوفيّ أو كتانيّ بيتي (٢) «أ» شعبيّ؛ عاميّ <~ tastes>. «ب» بسيط؛ غير متكلَّف <dresses up her thoughts in ~ garments> (٣) عمليّ § (٤) نسيج صوفيّ أو كتّانيّ [من غَزْل بيتيّ].

home·stead [-′stĕd; -′stĭd] *(n.)* (١) «أ» المسكَن وما حوله من أرض. «ب» منزل الأسرة؛ بيت الآباء والأجداد (٢) منزل.

home·stretch [-′strĕch′] *(n.)* (١) نهاية المطاف [في سباق] (٢) مرحلة نهائية؛ مرحلة أخيرة.

home·town [-′toun′] *(n.)* (١) مَسْقَط الرأس (٢) مركز الإقامة.

home·work [-′wûrk′] *(n.)* (١) العمل المنزليّ: كلّ عملٍ يُؤدّى في المنازل (٢) الفَرْض المنزليّ: فرضٌ مدرسيّ يُعَدّ في البيت.

hom·ey; hom·y [hō′mĭ] *(adj.)* = homelike.

hom·i·ci·dal [hŏm′ə sī′dəl] *(adj.)* (١) قتليّ (٢) نزّاع إلى القتل.

hom·i·cide [hŏm′ə sīd′] *(n.)* (١) القاتل (٢) القَتْل.

hom·i·ly [hŏm′ə lĭ] *(n.)* (١) عظة دينية (٢) محاضرة أخلاقية.

homing grits *(n.)* بُرْغل؛ جَرِيش.

hom·ing pigeon [hō′mĭng] *(n.)* حَمام الزّاجل.

hom·i·noid [hŏm′ə noid′] *(adj.; n.)* (١) بَشَرانيّ: شبيه بالإنسان (٢) إنسانيّ: ذو علاقة بالإنسان § (٣) كائن شبيه بالإنسان.

ho·mo[1] [hō′mō] *(n.)* (١) إنسان (٢) الإنسان؛ الجنس البشريّ.

homo[2] *(n.)* = homosexual.

homo- = hom-.

ho·mo·cer·cal [hō′mə sûr′kəl] *(adj.)* (١) متجانس الذيل: ذو ذيل [أو زعنفة ذيلية] متساوي الفَصّين (قا. heterocercal) (٢) متساوي الفَصّين <~ tail>.

homocercal tail

ho·mo·chro·mat·ic [-krō măt′ĭk] *(adj.)* (١) خاصّ بلونٍ واحد (٢) متماثل اللون؛ وحيد اللون.

ho·mo·e·rot·ic [hō′mō ĭ rŏt′ĭk] *(adj.)* = homosexual.

ho·mog·a·mous [hō mŏg′ə məs] *(adj.)* (١) متجانس الزهر (نب) (٢) متجانس النُّضج: أَسْدِيَتُهُ ومِدقّاته بالغةٌ نضجَها في آنٍ معًا (نب).

— ho·mog·a·my *(n.)*

ho·mo·ge·ne·i·ty [hō′mə jə nē′-] *(n.)* تجانُس؛ تماثل.

ho·mo·ge·ne·ous [-jē′nĭ əs] *(adj.)* متجانس؛ متماثل: من جنس واحد أو طبيعة واحدة أو تكوين واحد.

ho·mog·e·nize *(vt.)* يُجانِس: يجعله متجانسًا.

ho·mog·e·nous [hō mŏj′ə nəs] *(adj.)* (١) متجانس التكوين [بسبب من نشوئه عن أصل مشترك] <~ organs> (٢) homogeneous.

ho·mog·e·ny [-nĭ] *(n.)* تجانُس الأعضاء (أح).

ho·mog·o·nous [hō mŏg′ə-] *(adj.)* ذو أَسْدية ومِدَقّات متجانسة الطول النسبيّ.

— ho·mog·o·ny *(n.)*

ho·mo·graft [hō′mə grăft′] *(n.)* النسيج المتجانس: نسيج عضوي للتطعيم مأخوذ من مُعْطٍ ينتسب إلى نفس نوع species المتلقّي.

hom·o·graph [-grăf′] *(n.)* اللفظة المجانِسة: لفظةٌ بينها وبين لفظة أخرى جِناس، أي تماثلٌ في الرّسم [الإملاء] واختلاف في الاشتقاق أو المعنى أو اللفظ [مثل *lead* بمعنى «يقود»؛ و *lead* بمعنى «رصاص»].

homoi- *or* **homoio-** = home-.

ho·moi·o·ther·mic [hō moi′ə thûr′mĭk] *(adj.)* ثابت الحرارة: ذو حرارة جسمانية عاليةٍ نسبيًا وثابتةٍ لا تتأثّر بتغيُّر حرارة البيئة.

ho·mol·o·gate [hō mŏl′ə gāt′] *(vt.)* يُقِرّ؛ يجيز؛ يصدّق على.

ho·mo·log·i·cal [hō′mə lŏj′ə kəl] *(adj.)* = homologous.

ho·mol·o·gize [hō mŏl′ə jīz′] *(vt.)* (١) يماثل؛ يشاكل متماثلًا أو متشاكلًا (٢) يُظهر التماثل أو التشاكل.

ho·mol·o·gous [-gəs] *(adj.)* متماثل؛ متشاكل: «أ» متماثل في الوضع أو القيمة أو التكوين أو الوظيفة. «ب» مستمَدّ من مُتعضِّيات متماثلة النوع.

homologous series *(n.)* السِّلسلة المتشاكلة (ك).

homologous sides *(n. pl.)* الأضلاع المتشاكلة (ر).

hom·o·logue *or* **hom·o·log** [hōm′ə lôg′] *(n.)* المتماثِل؛ المتشاكِل.

ho·mol·o·gy [hō mŏl′ə jĭ] *(n.)* (١) تماثل؛ تشاكل؛ تناظر (٢) التماثل؛ التشاكل: تشابه في التكوين أو الوظيفة بين أعضاء كائنات حيّة مختلفة نتيجةً لنشوئها عن أصل واحد (أح).

ho·mol·y·sis [hō mŏl′ə sĭs] *(n.)* الانحلال المتجانس: انحلال المركّب الكيميائيّ إلى ذرّتين غير مشحونتين.

ho·mo·mor·phic [hō′mə môr′fĭk]; **-phous** *(adj.)* متماثل الشكل.

ho·mo·mor·phism *(n.)* تماثُل الشّكل: تطابق في الشكل مع اختلاف في البِنْية والأصل (أح).

hom·o·nym [hŏm′ə nĭm] *(n.)* (١) اللفظة المجانسة (را. homophone و homograph) (٢) المجانِسة جناسًا تامًّا: إحدى لفظتين متماثلتين في

ă at; ā date; â care; ä car; ĕ egg; ē me; ĭ in; ī bite; ŏ lot; ō bone; ô orphan; oi boil; o͝o good; o͞o boot; ou out; ŭ under; û urgent; ə = *a* in alone, *e* in system, *i* in easily, *o* in gallop, *u* in circus.

الرسم [الإملاء] واللفظ مختلفتين في المعنى [مثل *pool* بمعنى البركة، و *pool* بمعنى نوع من البليارد] (٣) السَّمِيّ: من يحمل نفس الاسم الذي يحمله غيره.
— hom·o·nym·ic *(adj.)*

ho·mon·y·mous [hō mŏn′ə məs] *(adj.)* (١) غامض (٢) حامل نفس الاسم (٣) جِناسيّ: متماثل في اللفظ أو الرسم مختلِف في المعنى.

ho·mon·y·my [-′ə mĭ] *(n.)* جِناس؛ مُجانَسَة.

ho·mo·phile [hō′mə fīl′] *(n.)* اللُّوطي؛ مشتهي المماثل.

ho·mo·phone [hōm′ə fōn] *(n.)* اللفظة المُجانِسة: إحدى لفظتين أو أكثر متماثلة في اللفظ مختلفة في المعنى أو الاشتقاق أو الرَّسْم (مثل *write* و *rite* و *wright*).
— hom·o·phon·ic *(adj.)*

ho·mo·phy·ly [hō′mə fī′lĭ] *(n.)* تشابه ناشئ عن النَّسَب المشترك.

ho·mop·ter·ous [hō mŏp′tər əs] *(adj.)* متجانس الأجنحة: خاصّ بمتجانسات الأجنحة **Homoptera** وهي رُتَيْبَة من الحشرات نصفيّة الجناح.

Ho·mo sa·pi·ens [hō′mō sā pĭ ənz] *(n.)* (١) الإنسان الحديث: الإنسان الحديث بوصفه نوعًا بيولوجيًا (٢) الجنس البشريّ.

ho·mo·sex·u·al [hō′mə sĕk′shōō əl] *(adj.; n.)* (١) لوطيّ؛ مشتهٍ للمماثِل؛ مِثْليّ الجنس § (٢) اللُّوطيّ.

ho·mo·sex·u·al·i·ty [-ăl′ə tĭ] *(n.)* اللِّواطة؛ اشتهاء المُماثِل.

ho·mos·po·rous [hō mŏs′pə rəs] *(adj.)* متجانس الأبواغ (نب).

ho·mo·tax·is [hō′mə tăk′sĭs] *(n.)* تماثل التنضيد. وبخاصة: تشابه في الأحافير **fossils** وفي ترتيب الطبقات الجيولوجية.

ho·mo·trans·plant [hō′mō trăns′-] *(n.)* = homograft.

ho·mun·cu·lus [hō mŭng′kyə ləs] *(n.)* pl. **-li** [lī] قَزَمٌ.

hom·y [hō′mĭ] *(adj.)* = homey.

hon·cho [hŏn′chō] *(n.)* pl. **-chos** رئيس؛ زعيم.

hone [1] [hōn] *(n.; vt.)* (١) حجر الشَّحْذ: حجر السَّنّ أو التجليخ (٢) مُوَسِّعة الثقوب: أداة لتوسيع الثقوب § (٣) يَشْحَذ؛ يَسُنّ <to ~ a razor>.

hone [2] *(vi.)* (١) يتذمَّر (ع) (٢) يتوق (ع).

hon·est [ŏn′əst] *(adj.; adv.)* (١) «أ» صادق؛ صحيح. «ب» أصلي؛ غير مغشوش <~ commodities>. «ج» متواضع <apprenticed to some ~ trade>. «د» بسيط <~ food> (٢) محترم أو فاضل [في نظر المجتمع] (٣) «أ» أمين؛ مستقيم. «ب» صريح؛ مخلص (٤) ساذج؛ بسيط؛ بريء <the ~ average playgoer> § (٥) بصِدق؛ بأمانة إلخ.

honest broker *(n.)* الوسيط المحايد.

hon·es·ty [ŏn′əs tĭ] *(n.)* صِدق؛ أمانة؛ استقامة؛ إخلاص إلخ.

hon·ey [hŭn′ĭ] *(n.; vt.; i.; adj.)* (١) «أ» عسل؛ شَهْد. «ب» رحيق الأزهار (٢) الحبيب؛ العزيز (٣) حلاوة § (٤) يعسّل: يُحلّي بالعسل أو نحوه (٥) يتملّق § (٦) عسلي (٧) حبيب؛ عزيز؛ أثير.

hon·ey·bee [-bē′] *(n.)* العَسّالة: نحلةٌ تعطي عسلًا.

hon·ey·comb [-kōm′] *(n.; vt.; i.)* (١) قُرص العسل أو الشَّهد (٢) شيء شبيه بقرص العسل § (٣) يُنخِّرِب: يجعله مليئًا بالثقوب كقرص العسل (٤) يقوّض؛ يُضْعِف x (٥) يتنخرب.

honeycomb *1.*

hon·ey·dew [-dōō′] *(n.)* المَنّ: مادة سُكّرية تفرزها الأرْقة aphid على الشجر.

honey eater *(n.)* آكل العَسَل: طائر مغرِّد يتميز بلسانه الطويل المُعَدّ لامتصاص رحيق الأزهار.

hon·eyed [hŭn′ĭd] *(adj.)* معسول؛ حلوٌ كالعَسَل؛ متملِّق.

honey guide *(n.)* دليل المَناحل: طائر يُرشد الناس وبعض الحيوانات إلى أوكار النَّحل البرّيّ.

honey guide

honey locust *(n.)* الغلاديشيّة: شجر شمالأميركيّ شائك.

hon·ey·moon [-mōōn′] *(n.; vi.)* (١) شهر العسل § (٢) يُعَسِّل: يقضي شهرَ العسل.

hon·ey·moon·er *(n.)* المُعَسِّل: مَن يقضي شهرَ العسل.

hon·ey·suck·er [-sŭk′ər] *(n.)* = honey eater.

hon·ey·suck·le [-sŭk′əl] *(n.)* صَريمة الجَدْي: نبتة معترشة.

hon·ey–sweet [-swēt′] *(adj.)* عَسَليّ الحلاوة.

hong [hŏng] *(n.)* الهُنْغ: مؤسسة تجارية [أو مركز من مراكز التجارة الخارجية] في الصين.

honk [hŏngk] *(n.)* صياح الإوزّ أو صوتٌ شبيهٌ به.

honk·y–tonk [hŏng′kĭ tŏngk′] *(n.)* حانة أو ملهًى ليليّ تافه.

hon·or *also* **hon·our** [ŏn′ər] *(n.; vt.)* (١) «أ» سمعة حسنة. «ب» إجلال؛ احترام <treated the clergy with ~> (٢) فخر؛ مصدر شرف <to be an ~ to one's family> (٣) دليل أو رمز على امتياز، مثل: «أ» لقبٌ أو مقام رفيع. «ب» وسام. «ج» *pl.*: مظاهر الحفاوة والتكريم. «د» *pl.*: درجة شرف: درجة امتياز تمنح لطالب متفوق. «هـ» *pl.*: سلك الشرف: نهج دراسيّ مخصَّص للطلاب المتفوقين بدلًا من النهج العادي أو علاوةً عليه. «و» جائزة (٤) عفاف؛ طهارة (٥) «أ» شرفٌ. «ب» كلمة شرف [تعطى كضمان لعملِ شيء] (٦) إحدى الأوراق الرئيسية [في ورق اللعب] § (٧) «أ» يُجِلّ؛ يعامل باحترام. «ب» يعبد [الله] (٨) يشرِّف: يُضفي شرفًا على (٩) «أ» ينفِّذ؛ يفي بأحكام كذا <to ~ a treaty>. «ب» يقبل ويدفع عند الاستحقاق <to ~ a draft>.

~ bright — شرفًا؛ قسمًا بالشرف (ع).
funeral *or* last ~*s* — مَجالِي الاحترام التي يُشيَّع بها راحلٌ إلى قبره.
maid of ~, — وصيفة شرف.
military ~*s* — المراسم العسكرية: مراسم احترام يؤديها الجند عند دفن جندي أو عند استقبال كبار الزائرين [كرؤساء الجمهوريات إلخ].
on *or* upon my ~, — بشرفي؛ أقسم بشرفي.
to do the ~*s* (of the table, house, etc.) — يقوم بواجب الضيف؛ يُحْسِن وفادته.
Your *Honor* — فضيلتكم [لقب احترام يخاطب به القاضي].

hon·or·a·ble *also* **hon·our·a·ble** [ŏn′ər ə bəl] *(adj.; n.)* (١) جديرٌ بالاحترام (٢) تبجيليّ: مُرْفَق بأمارات الاحترام (٣) «أ» شهير. «ب» محترم [صفةٌ تُستعمل لقبًا لأولاد بعض النبلاء البريطانيين ولمختلف موظفي الدولة] (٤) «أ» مشرِّف؛ مُكْسِب صاحبه شرفًا <~ wounds>. «ب» شريف

<~ peace terms> § (٥) الشريف: أحد أعضاء الأسر البريطانيّة النبيلة (٦) المحترم: أحد الموظفين الذين يخاطَبون بلقب *Honorable*.

hon·o·rar·i·um [ŏn′ə râr′ĭ əm] *(n.)* pl. **-i·a** *also* **-i·ums** المكافأة الشرفيّة: مكافأة على خدمات يُحظّر العُرف أو اللياقة وَضْع ثمن لها.

hon·or·ar·y [ŏn′ə rĕr ĭ] *(adj.; n.)* (١) «أ» شَرَفي. «ب» تذكاريّ (٢) فخريّ «أ»: ممنوح للتشريف من غير أن يكون منطويًا على الواجبات والامتيازات والرواتب المألوفة <an ~ title>. «ب» حامل لقبًا أو شاغلٌ وظيفةً على سبيل التشريف <an ~ president> (٣) غير مأجور؛ تطوّعي § (٤) «أ» شهادة فخرية. «ب» حامل الشهادة الفخرية.

hon·or·ee [ŏn′ə rē′] *(n.)* المُجاز: الممنوح جائزةً أو تقديرًا.

hon·or·if·ic [ŏn′ə rĭf′ĭk] *(adj.; n.)* (١) «أ» مشرِّف؛ مُضفٍ شرَفًا. «ب» تشريفي؛ تبجيلي § (٢) لقب أو عبارة تشريف أو تبجيل.

honors of war *(n.)* مَراسِم الحرب: امتيازات تُمنح، على سبيل المجاملة، للعدوّ المغلوب [كالسماح له بمغادرة المعسكر أو المدينة مسلّحًا أو رافعًا عَلَمَ بلاده].

hooch [hōōch] *(n.)* الخمرة. وبخاصة الخمرة الرديئة أو المقطَّرة أو الموزَّعة بطريقة غير شرعية.

hood [hŏŏd] *(n.; vt.)* (١) «أ» قَلَنْسوة البرنس: غطاء للرأس والعنق معًا. «ب» غطاء واقٍ للرأس والوجه. «ج» غِماء الصقر [يغطي رأسه وعينيه]. «د» غِماء الفرس [للحؤول بينه وبين رؤية ما على يمينه أو شماله] (٢) وشاح زينيّ [خاصّ بالرداء الجامعي أو القضائي] (٣) «أ» غطاء أو كَبّوت العربة أو السيّارة. «ب» غطاء السيارة المعدني § (٤) يزوّد بغطاء أو غِماء (٥) يستر؛ يحجب.

-hood لاحقة معناها: «أ» حالة؛ صفة <hardi*hood*>. «ب» عهد؛ زمن <child*hood*>. «ج» جماعة <priest*hood*>.

hood·ed *(adj.)* (١) ذو غطاء أو غِماء أو قبعة برنس (٢) على شكل غطاء أو غِماء إلخ (٣) مُقبَّع: ذو رأس مختلف اللون بوضوح عن بقية الجسد <~ birds> (٤) مُقَلْنَس: ذو عُرْف شبيه بالغطاء <~ seals>.

hood·lum [hŏŏd′ləm] *(n.)* (١) السفّاح: عضو في عصابة إجرامية (٢) الأفّاق الحَدَث: مُتسكّع أو متبطّل حديث السنّ.

hoo·doo [hōō′dōō] *(n.; vt.)* (١) المُشعوِذ؛ السّاحر (٢) الجالب للنحس (٣) حظّ عاثر § (٤) يجلب أو يسبّب النحس لِـ.

hood·wink [hŏŏd′wĭngk′] *(vt.)* يخدع [بمظهره الكاذب].

hoo·ey [hōō′ĭ] *(n.)* هُراء؛ كلام فارغ.

hoof[1] [hŏŏf; hōōf] *(n.)* pl. **-s** *or* **hooves** (١) حافر [الفرس]؛ ظِلف [البقَر]؛ خُفّ [الجمل] (٢) حيوان من ذوات الحافر إلخ (٣) قَدَم الإنسان (ع).

on the ~, حيًّا؛ غيرَ مذبوح أو مقتول.

hoof[2] *(vt.; i.)* (١) يمشي (٢) يرفس؛ يدوس x (٣) يرقص.

hoofed [hŏŏft] *(adj.)* ذو حوافر أو أظلاف أو أخفاف.

hoof·er [hŏŏf′ər] *(n.)* (١) المسافر ماشيًا (٢) الراقص المحترف.

hook [hŏŏk] *(n.; vt.; i.)* (١) كُلّاب؛ خُطّاف؛ عَقِيفَة (٢) صنّارة صيد (٣) شرَك (٤) أصابع (٥) مِرساة (٦) مِنجل § (٧) يَعْقف (٨) يُكلّب: يُمسك أو يثبّت بكُلّاب (٩) يَصيد بالقَصَبة x (١٠) ينعقف (١١) يتكلّب: يَثْبُت في مكانه بواسطة كُلّاب أو كأنّه مثبّت بكُلّاب.

by ~ or by crook بأية وسيلة.

on one's own ~, بنفسه؛ بالاستقلال عن غيره؛ بجهوده الخاصة.

to drop off the ~*s* يموت.

to ~ it *or* to sling one's ~, (١) يتحمّل: يرفع الخيام ويرحل عن المكان (٢) يفرّ.

hook·ah [hŏŏk′ə] *(n.)* الحُقَّة: نارجيلة؛ شيشة.

hook–bill [hŏŏk′bĭl] *(n.)* ببغاء أو نحوه. وبخاصة: ببغاء مدجَّن.

hooked [hŏŏkt] *(adj.)* (١) أعقف؛ معقوف؛ أحْجن (٢) مكلَّب: مزوّد بكُلّاب إلخ (٣) مُدمنٌ المخدِّرات (ع) (٤) مُولَعٌ بِـ <~ on swimming>.

hook·er[1] [hŏŏk′ər] *(n.)* (١) فا hook (٢) بغيّ؛ مومس.

hook·er[2] *(n.)* الهَوْكر: مَرْكب عتيق أو ثقيل الحركة.

hook·let [hŏŏk′lət] *(n.)* شِصّ؛ كُلّاب صغير.

hook·up [hŏŏk′ŭp′] *(n.)* (١) المُقْرَنة: «أ» مجموعة دارات كهربائية إلخ تُستخدم لغرضٍ بعينِهِ [كالإرسال الإذاعي]. «ب» التصميم العام لهذه المجموعة. «ج» مجموعة أجزاء ميكانيكية (٢) تحالف.

hook·worm [-′wûrm] *(n.)* الدّودة الشِّصّية؛ دودة الأنسيلوستوما.

hookworm disease *(n.)* داء الأنسيلوستوما؛ داء الدودة الشِّصّية.

hoo·li·gan [hōō′lə gən] *(n.)* = hoodlum.

hoop [hōōp; hŏŏp] *(n.; vt.)* (١) طَوق؛ طارة (٢) حَلْقة (٣) خاتم (٤) الطوق المُوَسِّع: دائرة أو سلسلة دوائر من مادة مَرِنة تُستعمل لتوسيع التنورة § (٥) يطوّق أو يثبّت بطوق إلخ.

hoop·la [hōōp′lä] *(n.)* لَغَط؛ ضجّة؛ صخَب؛ اهتياج.

hoopoe

hoo·poe [hōō′pōō] *(n.)* الهُدْهُد (طا).

hoop skirt *(n.)* التنّورة المطوَّقة: تنّورة ذات أطواق موسَّعة.

hoo·ray [hōō rā′] *(interj.)* = hurrah.

hoose·gow [hōōs′gou] *(n.)* سِجْن.

hoot[1] [hōōt] *(vi.; t.; n.)* (١) يصيح مستهزئًا أو مستهجنًا (٢) ينعب أو يطلق صوتًا كنعيب البوم (٣) يُحدث صوتًا ميكانيكيًا صاخبًا x (٤) يقاطع بصيحات الاستهزاء أو الاستهجان § (٥) النَّعيب: صوت البُوم (٦) مِثقال ذَرَّة.

hoot[2] *(interj.)* هتاف يعبَّر به عن الاستهجان أو الاستهزاء.

hop[1] [hŏp] *(vi.; t.; n.)* (١) يثِب. وبخاصة: يثب على قدم واحدة: يَحْجُل (٢) يقوم برحلة سريعة. وبخاصة في الجوّ x (٣) يثب [فوق شيء مرتفع] (٤) يركب. وبخاصة بالمجّان § (٥) «أ» وثبة. وبخاصة على قدم واحدة. «ب» وَثْب؛ قَفْز (٦) رَقْص (٧) «أ» طيران بطائرة. «ب» رحلة قصيرة. «ج» ركوب مجاني.

~ it!; ~ off! اذهب! اغرُبْ! (ع).

to catch somebody on the ~, — يفاجئه؛ يأخذه على حين غِرّة.

to ~ off — تنطلق [الطائرة].

to ~ the twig — (١) يموت (ع) (٢) يَرْحَل.

hop² 1.

hop[2] *(n.; vt.)* (١) الجُنْجُل؛ حشيشة الدينار: نبات معترش (٢) مخدِّر. وبخاصة: أفيون § (٣) يُجَنْجِل: يعالج أو يُنكِّه بالجُنْجُل أو حشيشة الدينار (٤) يخدِّره؛ يعطيه مخدِّرًا (٥) يزيد قوةَ محرِّكٍ إلخ.

hope [hōp] *(n.; vi.; t.)* (١) أمَل؛ رجاء § (٢) يأمُل؛ يرجو.

hope chest *(n.)* صندوق الرجاء: صندوق تجمع فيه الفتاة بعض الملابس أو الأدوات على أمل الاستفادة منها في حال زواجها.

hope·ful [hōp'fəl] *(adj.; n.)* (١) مُفعَم بالأمل (٢) مُشجِّع؛ مُوحٍ بالأمل <The future seems very ~.> § (٣) الطامح <presidential ~*s*> (٤) الواعد: شخص يُتَوقَّع له في مستقبله نجاح ملحوظ.

hope·less [hōp'ləs] *(adj.)* (١) «أ» يائس. «ب» عُضال (٢) «أ» ميئوس منه <The situation looked ~.>. «ب» مستحيل؛ متعذِّر <a ~ task>.

hop·head [hŏp'hĕd'] *(n.)* مُدمِن المخدِّرات (ع).

hop·lite [hŏp'līt] *(n.)* الهَبْلِيْت: محارب أثينيّ من المشاة مُدَجّج بالسلاح.

hop–o'–my–thumb [hŏp'ə mī thŭm'] *(n.)* قَزَم.

hop·per [hŏp'ər] *(n.)* (١) الواثب؛ القافز. وبخاصة: الحشرة النطّاطة (٢) القادوس: وعاء قمعي الشكل لتلقيم الطاحون أو الآلة بالقمح أو الفحم إلخ (٣) الشّاحنة القادوسيَّة: سيارة شحن ذات أرضية متحدِّرة على نحوٍ يُسَهِّل عملية تفريغها من حمولتها (٤) صندوق المشروعات: صندوق تُلْقى فيه مشروعات القوانين التي يُراد من الهيئة التشريعية النظرُ فيها (٥) الصفيحة المصرِّفة: صفيحة للسوائل ذات أداة تمكّنها من تفريغ محتوياتها عبر أنبوب.

hop·ping [hŏp'ĭng] *(adj.)* (١) مشغول (٢) شديد الغضب.

hop·scotch [hŏp'skŏch'] *(n.)* الحَجْلة: لعبةٌ قِوامُها أن يقفز الصبيّ على قدم واحدة فوق مربّعات مرسومة على الأرض من غير أن تمسّ قدمُهُ أضلاع المربّعات.

ho·ra·ry [hōr'ə rĭ] *(adj.)* ساعيّ: «أ» متعلق بساعة؛ دالّ على الساعات. «ب» حادثٌ كل ساعة. «ج» دائمٌ ساعةً.

horde [hōrd] *(n.)* (١) قبيلة [من البدو الرُّحَّل] (٢) حَشْد؛ جماعة.

hore·hound [hōr'hound'] *(n.)* الفَراسْيون: «أ» عشب يُستخدم لتنكيه الأشربة. «ب» حلوى قَصِمة مُنَكَّهة بعُصارة الفَراسْيون.

ho·ri·zon [hə rī'zən] *(n.)* (١) الأُفق (٢) أفق المرء العقليّ إلخ.

hor·i·zon·tal [hôr'ə zŏn'təl] *(adj.)* (١) أُفُقيّ (٢) مؤلف من أعضاء من طراز واحد أو ذوي وضع اجتماعي واحد <~ labor unions>.

hor·mone [hôr'mōn] *(n.)* الهُرْمون: «أ» مادة عضوية تُفرزها في الدم الغُدَدُ الصُّمّ. «ب» مركَّب صُنعيّ يعمل عمل الهرمون. — **hor·mo·nal** *(adj.)*

horn [hôrn] *(n.; vt.; i.)* (١) قرن (٢) «أ» المادة القرنية التي تتشكّل منها الأظلاف والحوافر والأظفار إلخ. «ب» بلاستيك؛ لدائن (٣) قرنٌ مجوَّف يُحمل فيه شيء (٤) شيء كالقرن، مثل: «أ» أحد طرفي الهلال. «ب» قمة جبل مستدقة. «ج» جزء من السِّندان مستدقّ الرأس. «د» قربوس السَّرج (٥) «أ» بوق؛ صُوْر. «ب» النَّفير: أداة لإطلاق إشارة تحذير <automobile ~> (٦) قوة؛ سلطة؛ مجد؛ اعتبار <to elevate the ~ of the church> § (٧) يزوِّد بقرن؛ ينطح بقرن x (٨) يتطفل: يشارك في أمر من غير دعوة <~*ed* in with some advice>.

hornbill

horn·bill [-'bĭl'] *(n.)* البُوقير؛ الخُتَّوّ؛ أبو قرن: طائر ضخم المنقار.

horn·blende [-'blĕnd'] *(n.)* الهورنْبْلَنْد: معدن من الأمفيبولات.

horn·book [-'bo͝ok'] *(n.)* (١) كتاب أوّليّ لتعليم القراءة (٢) رسالة علمية بدائية.

horned [hôrnd] *(adj.)* (١) أقرن <a ~ beast> (٢) «أ» ذو قرون من نوع معيّن <broad-*horned*>. «ب» ذو عدد معيّن من القرون <four-*horned*>.

horned owl *(n.)* البُوم الأقرن.

horned pout *(n.)* = bullhead.

horned toad

horned toad *(n.)* العُلْجوم الأقرن: عظاية أميركية صغيرة كثيرة الأشواك.

hor·net [hôr'nət] *(n.)* (١) زُنْبور؛ دبّور (٢) الزُّنبور: شخصٌ يجعل نفسه [بتصرفاته] بغيضًا إلى الناس.

horn·ist [hôr'nĭst] *(n.)* عازف البوق (مو).

horn·less [hôrn'ləs] *(adj.)* أجْلَح: عديم القرن أو القرون.

horn–mad [hôrn'măd'] *(adj.)* مُهتاج؛ مسعور؛ شديد الغضب.

horn of plenty *(n.)* = cornucopia.

horn·pipe [-'pīp'] *(n.)* (١) المزمار القَرْني: آلة نفخ موسيقية قديمة (٢) الرقصة المزمارية: رقصة إنكليزية شعبية مرحة كانت تؤدى في الأصل على أنغام المزمار القرني (٣) موسيقى الرقصة المزمارية.

horn·stone [-'stōn'] *(n.)* الحجر القَرْنيّ: ضرب من الكوارتز.

horn·tail [-'tāl'] *(n.)* القَرْنيّة الذيل: حشرة شبيهة بالزُّنبور.

horn·y [hôr'nĭ] *(adj.)* (١) قَرْني (٢) صُلْب؛ خشِن (٣) أقرن: ذو قرون أو ما يشبهها (٤) متهيِّج جنسيًا.

hor·o·loge [hôr'ə lōj'] *(n.)* السّاعة: أداة لقياس الوقت.

ho·rol·o·ger [hô rŏl'ə jər] *(n.)* الساعاتيّ: صانعُ السّاعات.

ho·rol·o·gist [hô rŏl'ə jĭst] *(n.)* الساعاتيّ: صانع السّاعات.

ho·rol·o·gy [hô rŏl'ə jĭ] *(n.)* (١) قياس الوقت (٢) صُنْع السّاعات.

hor·o·scope [hôr'ə skōp'] *(n.)* (١) خريطة البروج: رسم للسماء يستخدمه المنجّمون في كشف الطّوالع (٢) كَشْف الطالع.

hor·ren·dous [hô rĕn'dəs] *(adj.)* رهيب؛ فظيع؛ مُروِّع.

hor·rent [hôr'ənt] *(adj.)* (١) أهلب (٢) خشِن؛ منتصب.

hor·ri·ble [hôr'ə bəl] *(adj.)* (١) رهيب (٢) كريه إلى أقصى حدّ.

hor·rid [hôr'ĭd] *(adj.)* (١) رهيب؛ مُرَوِّع (٢) مَقيت؛ كريه؛ بغيض؛ رديء جدًا <~ weather>.

hor·rif·ic [hô rĭf'ĭk] *(adj.)* مُرَوِّع؛ رهيب.

hor·ri·fy [hôr'ə fī] *(vt.)* يُرَوِّع؛ يُرْهِب.

hor·ror [hôr'ər] *(n.)* (١) «أ» رُعْب. «ب» اشمئزاز شديد (٢) شيء مرعب.

horrors انقباض أو رعب شديد.

hors de com·bat [ôr də kôn bä′] *(adj.; adv.)* معطَّل؛ عاجز [عن مواصلة القتال أو الكفاح].

hors d'oeuvre [ôr dœ′vr] *(n.)* المشهّي؛ المُقَبِّل: طعام يفتح الشهيّة.

horse [hôrs] *(n.; vt.; i.; adj.)* (١) فَرَس؛ حصان؛ جواد (٢) الحصان: هيكل ذو قوائم يُحمَل عليه أو يُسْنَد إليه شيء (٣) حصان الوثب: «جَحْش» أو حصان خشبيّ يُقفز فوقه في سباق (٤) فرسان؛ خيّالة <a thousand ~> (٥) القدرة الحصانية (را. horsepower) § (٦) يزوّد بجواد (٧) يرفع أو يجرّ أو يدفع بالقوة البدنية x (٨) تَوَدَّق [الفرسُ]: تطلب العِشار أو تريد الفحلَ (٩) يَهْزِل أو يمزح بخشونة § (١٠) فَرَسيّ: ذو علاقة بفَرَس (١١) مجرور بفَرَس (١٢) ضخم (١٣) ممتطٍ صَهَوات الخيل <~ archers>.

from the ~'s mouth من المصدر الأصلي؛ من مصدر موثوق.

horse–and–buggy *(adj.)* (١) عَرَباتيّ: منسوب إلى عهد العربات والأفراس (٢) «أ» عتيق الطراز. «ب» مُتمسِّك بالقديم.

horse·back[1] [hôrs′băk′] *(adv.)* على صَهْوة الجواد.

horse·back[2] *(n.)* (١) صهوة الجواد (٢) السَّنام: مرتَفَعٌ طبيعيّ (جي).

horse·car *(n.)* عَرَبة الخيل: «أ» عربة تجرّها جياد. «ب» عربة لنقل الجياد.

horse chestnut *(n.)* كَستناء الحصان؛ قَسْطَلَة الهند (نب).

horse·flesh [-′flĕsh′] *(n.)* (١) لحم الخيل (٢) الخيل. وبخاصة: خيل الرُّكوب وخيل السباق.

horsefly

horse·fly [-′flī′] *(n.)* النُّعَرة: ذُبابة تمتصّ دم الخيل.

horse·hair [-′hâr′] *(n.)* (١) السَّبيب: شعر ذيل الفرس أو عُرْفِهِ (٢) السَّبيبيّ: قماش من السَّبيب.

horse·hide [-′hīd′] *(n.)* (١) جلد الفَرَس (٢) كرة البيسبول.

horse·laugh [-′lăf′; -′läf′] *(n.)* القَهْقَهة: ضحِكٌ صاخب.

horse mackerel *(n.)* التنّ الكبير: سمك التُّنّ الكبير.

horse·man [-′măn] *(n.)* (١) الفارِس (٢) سائس الخيل (٣) مربّي الخيل.

horse·man·ship [-shĭp′] *(n.)* الفُروسية: ركوب الخيل أو البراعةُ فيه.

horse opera *(n.)* أوبرا الخيل: فيلم سينمائي أو تمثيلية إذاعية أو تلفزيونية عن رعاة البقر عادةً.

horse·play [-′plā′] *(n.)* مُزاحٌ خشِن أو سَمِج.

horse·power [-′pou′ər] *(n.)* القدرة الحصانية: وحدة لقياس القُدرة تساوي الشُّغل الذي يُحتاج إليه لرفع ٥٥٠ باوندًا إلى ارتفاع قدم واحد في ثانية واحدة (مك).

horse racing *(n.)* سِباق الخيل.

horse·rad·ish [-′răd′ĭsh] *(n.)* فِجْل الخيل: نبات حِرّيف.

horse sense *(n.)* = common sense.

horse·shoe [-′shōō′] *(n.; vt.)* (١) الحَذْوة؛ نعل الفرس (٢) *pl.*: لعبة الحَدَوات: لعبة قوامها رمي حَذْوة أو نحوها بحيث تطوّق مسمارًا معدنيًا مغروسًا على مسافة ٣٠ أو ٤٠ قدمًا § (٣) يُنْعِل الفرسَ حدوةً.

horseshoe crab *(n.)* = king crab.

horse·sho·er [-′shōō′ər] *(n.)* مُنْعِل الأفراس؛ مُبَيْطر الخيل.

horse·tail [-′tāl′] *(n.)* الكُنباث؛ ذَنَب الخيل: نبات لازهريّ.

horse trade *(n.)* المفاوَضة التَّساومية: مفاوضة مُرْفَقَة بمساومات بارعة وتنازلات متبادلة.

— **horse–trade** *(vi.)*

horse·whip [-′hwĭp′] *(n.; vt.)* (١) سَوْط § (٢) يَسُوط: يَجلد بالسَّوْط.

hors·ey *or* **hors·y** [hôr′sĭ] *(adj.)* (١) فَرَسيّ (٢) خيليّ: ذو علاقة بالخيل أو بسباق الخيل.

hor·ta·tive [hôr′tə tĭv] *(adj.)* (١) وَعْظيّ؛ نُصْحِيّ (٢) مُشَجِّع.

hor·ta·to·ry [-tōr′ĭ] *(adj.)* = hortative.

hor·ti·cul·tur·al [hôr′tə kŭl′-] *(adj.)* بَسْتَنِيّ؛ جِنانيّ.

hor·ti·cul·ture [hôr′tə kŭl′chər] *(n.)* البَسْتَنَة؛ الجِنانة: علم [أو فن] زراعة الأشجار المثمرة والخضر والزهور والنباتات الزِّينيّة.

ho·san·na [hō zăn′ə] *(interj.; n.)* (١) أوْصانا: صيحة تهليل § (٢) تهليل؛ تمجيد.

hose [hōz] *(n.; vt.)* (١) جورب (٢) «أ» بنطلون ضيق. «ب» بنطلون قصير (٣) خرطوم مياه إلخ § (٤) يسقي أو يغسل بخرطوم.

ho·sier·y [hō′zhə rĭ] *(n.)* (١) جورب (٢) ملابس محبوكة.

hos·pice [hŏs′pĭs] *(n.)* (١) التَّكِيَّة: نُزُل للمسافرين أو الفقراء تُنفِق عليه منظّمة دينية (٢) مأوًى؛ ملجأ [للعجزة].

hos·pi·ta·ble *(adj.)* (١) «أ» مِضياف. «ب» كريم؛ حَسَن الوِفادة. «ج» ملائم <a soil sufficiently ~ for forest growth> (٢) منفتح؛ حَسَن التقبّل <a mind ~ to new ideas>.

hos·pi·tal [hŏs′pĭ təl] *(n.)* (١) مأوًى؛ مَلجأ (٢) مُسْتَشْفًى (٣) المَصْلَح: محلّ لإصلاح بعض الأدوات <a fountain pen ~>.

Hos·pi·tal·er *or* **Hos·pi·tal·ler** [-ər] *(n.)* الإسبتاريّ: عضوٌ في منظمة دينية عسكرية أُنشئت في بيت المقدس ونشطت خلال الحروب الصليبية.

hos·pi·tal·i·ty [hŏs′pĭ tăl′ə tĭ] *(n.)* حُسْن الضيافة أو الوِفادة.

hospitality suite *(n.)* جَناح الضيافة [في فندق].

hos·pi·tal·ize [hŏs′pĭ tə līz′] *(vt.)* يُدخِلُهُ المستشفى للمعالجة.

hospital ship *(n.)* السَّفينة المستشفى.

host[1] [hōst] *(n.; vi.)* (١) جيش (ا. ق) (٢) جمهرة؛ جَمْع؛ حَشْد § (٣) يَتجَمْهَر؛ يَحتشِد.

host[2] *(n.; vt.)* (١) المُضيف: «أ» مَنْ يَنزِل الضيفُ عنده. «ب» حيوان أو نبات يقدّم الغذاء أو المأوى لأحد الطفيليات. «ج» فردٌ يُزدَرع في جسمه نسيج حيّ مأخوذٌ من فرد آخر § (٢) يُضيف؛ يُنزِل في ضيافته.

to reckon without one's ~, يُغفِل المصاعب أو الاعتبارات المهمّة؛ يخطّط من غير أن يستشير صاحب الشأن.

ă at; ā date; â care; ä car; ĕ egg; ē me; ĭ in; ī bite; ŏ lot; ō bone; ô orphan; oi boil; o͝o good; o͞o boot; ou out; ŭ under; û urgent; ə = *a* in alone, *e* in system, *i* in easily, *o* in gallop, *u* in circus.

host[3] *(n.)* خبز القربان المقدَّس (نص).

hos·tage [hŏs′tĭj] *(n.)* الرَّهينة: شخص يُحْتَجَز كضمان.

hos·tel [hŏs′təl] *(n.)* (١) نُزُل؛ فندق (٢) بيت الشباب: دار يبيت فيها الشبان وبخاصة أثناء الرحلات على الدراجات الهوائية.

hos·tel·er [hŏs′təl ər] *(n.)* (١) صاحب النُّزُل أو الفندق (ا. ق) (٢) النزيل: فتًى يبيت ليلةً في بيت من بيوت الشباب أثناء رحلة يقوم بها.

host·ess [hō′stəs] *(n.)* المُضيفة.

hos·tile [hŏs′təl; -tīl′] *(adj.)* (١) مُعادٍ؛ خاصّ بالعدوّ <~ ground> (٢) عِدائي؛ غير وِدّي <~ criticism>.

hos·til·i·ty [hŏs tĭl′-] *(n.)* (١) «أ» عِداء. «ب» عملٌ عدائي. «ج» :pl. حرب (٢) خصومة؛ ضَغينة؛ حقد.

hos·tler [hŏs′lər; ŏs′lər] *(n.)* السائس: «أ» سائس الخيل. «ب» من يتولى تنظيف أو ترتيب أو صيانة قاطرة أو شاحنة أو آلة.

hot [hŏt] *(adj.; adv.)* (١) «أ» حارّ. «ب» ساخن؛ حامٍ (٢) «أ» حادّ؛ سريع الاهتياج <a ~ temper>. «ب» عنيف؛ ضارٍ <the ~test battle>. «ج» شَهْواني. «د» متهيِّج جنسيًّا. «ه» متحمِّس؛ توّاق <~ for reform> (٣) «أ» طازج؛ جديد <~ from the press>. «ب» ماضٍ في إثره؛ متعقِّب إياه على الأثر <~on the trail of the murderer> (٤) متّقد؛ متوهِّج (٥) «أ» حِرّيف؛ لاذع <~ sauce>. «ب» مثير <~ scandal> (٦) «أ» محظوظ جدًّا؛ ملائم <The dice are ~ for him tonight.>. «ب» رائج <~ items in women's wear>. «ج» ممتاز <He's ~ in physics.>. «د» سخيف؛ لا يُصدَّق (٧) «أ» إشعاعي النشاط <~ material>. «ب» مَعْنيّ بالمواد ذات النشاط الإشعاعي <~ laboratories> (٨) «أ» مسروق حديثًا <~ jewels>. «ب» مهرَّب. «ج» هارب من وجه العدالة. «د» غير آمن بالنسبة إلى لاجئ أو هارب (٩) سريع. وبخاصة: ذو سرعة هبوطٍ عالية <a ~ airplane> (١٠) مُثقَل بالتفاصيل § (١١) بحرارة؛ بحدّة؛ بعنف إلخ.

hot air *(n.)* هُراء؛ هَذَر؛ كلام فارغ.

hot·bed [hŏt′bĕd′] *(n.)* (١) المُسْتَنْبَت: طبقة من التراب مطوَّقة بالزجاج ومزوّدة بالسماد لإنتاج النباتات في غير مواسمها (٢) المَرْتَع: موضعٌ أو محيط ملائمٌ لنموّ شيء أو تطوّره بسرعة <~ of crime>.

hot–blood·ed *(adj.)* (١) حادّ الطبع؛ سريع الغضب (٢) أصيل <a ~ horse>.

hot–button *(adj.)* مثيرٌ للمشاعر؛ مسبِّب للاهتياج.

hotch·pot [hŏch′pŏt′] *(n.)* المَزْج: مَزْجُ مختلف الممتلكات لقسمتها بالتساوي وبخاصة بين أولاد شخص متوفًّى لم يترك وصية (ق).

hotch·potch [hŏch′pŏch′] *(n.)* (١) «أ» مسبحة الدرويش: طعام مؤلف من لحم وصنوفٍ مختلفة من الخضر. «ب» خليط؛ مزيج (٢) hotchpot.

hot dog *(n.)* (١) الهوتْدوغ: سندويشة سُجق ساخن (٢) البهلوان.

ho·tel [hō tĕl′] *(n.)* فُنْدُق؛ نُزُل؛ أوتيل.

ho·tel·ier [ô tĕl yā′] *(n.)* الفُنْدُقي: صاحب الفُنْدُق أو مديره.

hot·foot[1] [hŏt′fŏŏt′] *(adv.; vi.; t.)* (١) بعَجَلَة؛ بغير إبطاء § (٢) يستعجل؛ يُغِذّ السير [تتبعها *it*] x (٣) يزعج؛ ينخس بمهماز.

hot·foot[2] *(n.)* (١) المداعبة الثِّقابية: مداعبة سمجة قِوامها إقحام عود ثقاب، خلسةً، في حذاء امرئ ما وإشعاله (٢) توبيخ؛ إهانة.

hot·head [-′hĕd′] *(n.)* العَجول؛ المُتهوِّر؛ الحادّ الطبع.

hot·head·ed [-′hĕd′ĭd] *(adj.)* عَجول؛ متهوِّر؛ حادُّ الطَّبع.

hot·house [-′hous′] *(n.; adj.)* (١) الدَّفيئة: مُسْتَنْبَتٌ زجاجيّ عالي الحرارة وبخاصة لإنتاج النباتات الاستوائية § (٢) مُسْتَنْبَتٌ في دفيئة (٣) رقيق؛ رَخْص؛ سريع التلف.

hot pepper *(n.)* الفُلْفل الحِرّيف: فُلفل شديد الحرافة.

hot plate *(n.)* لوح التسخين: مَوْقد كهربائي أو غازيّ للطهو.

hot plate

hot pot *(n.)* القِدر الحارّة: طعام مُعَدّ من لحم وخُضَر.

hot rod *(n.)* السيارة المُجَدَّدة: سيارة عتيقةٌ عادةً عُدِّل مُحرِّكها لتصبح ذات سرعة أكبر.

hot seat *(n.)* =electric chair.

hot·shot [-′shŏt′] *(n.; adj.)* (١) «أ» قطار شحن سريع. «ب» طائرة [أو سيارة] سريعة جدًّا (٢) «أ» عامل بارع. «ب» لاعب [وبخاصة في الغولف وكرة السلّة إلخ] (٣) إطفائي § (٤) ناجح (٥) بارع (٦) سريع.

hot spring *(n.)* الحَمَّة: عَيْن حارّة الماء.

Hot·ten·tot [hŏt′ən tŏt′] *(n.; adj.)* (١) الهوتنتوت: شعب جنوبإفريقي ذو بشرة داكنة ضاربة إلى الصفرة (٢) الهوتنتوتيّ: واحد الهوتنتوت (٣) الهوتنتوتية: لغة الهوتنتوت § (٤) هوتنتوتيّ.

hot war *(n.)* الحرب الساخنة: نزاع منطوٍ على قتالٍ فعليّ.

hot water *(n.)* مأزِق؛ ورطة.

hound [hound] *(n.; vt.)* (١) «أ» كلب. «ب» كلب صيد (٢) شخص جدير بالازدراء (٣) dogfish (٤) المولع بكذا <a coffee ~> § (٥) يتعقّب؛ يطارد (٦) يُغري [كلبًا] بالمطاردة (٧) يحثّ على.

hour [our; ou′ər] *(n.)* (١) ساعة؛ ستون دقيقة (٢) الساعة: الزمن الذي تشير إليه أداة لقياس الوقت <The ~ is half past nine.> (٣) :pl. موعد الإيواء إلى الفراش <Late ~s ruined his health.> (٤) ساعة كذا <in the ~ of danger> (٥) حصة تعليمية <a fifty–minute ~> (٦) :pl. ساعات العمل.
at the eleventh ~, في اللحظة الأخيرة.

hourglass

hour·glass [our′glăs′] *(n.)* السّاعة الرمليّة.

hou·ri [hoor′ĭ] *(n.)* الحُوريَّة: إحدى حُوْر الجنة (إس).

hour·ly [our′lĭ] *(adv.; adj.)* (١) في كل ساعة؛ باستمرار § (٢) مستمرّ؛ متواصل <in ~ expectation of the rain's stopping> (٣) ساعيّ: محسوبٌ أو مقدَّر بالساعات <engaged and paid on an ~ basis>.

house[1] [hous] *(n.; adj.)* (١) منزل؛ بيت (٢) «أ» زريبة. «ب» مرأب (٣) أسرة؛ عائلة (٤) «أ» بيت للطلاب. «ب» الطلاب النازلون فيه. «ج» مقرّ أخوية دينية (٥) «أ» مجلس تشريعي. «ب» دار المجلس التشريعي (٦) «أ» بيت تجاري؛ مؤسسة تجارية <printing ~>. «ب» دار <publishing ~>.

«ج» إدارة نادٍ للقمار <A percentage of each pot goes to the ~.> . «د» نادٍ للقمار؛ كازينو (٧) «أ» فندق؛ مطعم؛ حانة. «ب» ماخور؛ مَبْغًى (٨) «أ» مسرح. «ب» النظّارة: جماعة المشاهدين في مسرح إلخ <a good ~ at the opening> § (٩) منزليّ؛ بيتيّ.

on the ~, مجانيّ؛ مقدَّم من إدارة المطعم إلخ.

house² [houz] *(vt.; i.)* (١) يؤوي؛ يُسْكِن (٢) يضع في مكان آمن (٣) يشتمل على <His library ~*s* thousands of volumes.> x (٤) يَسْكن؛ يقيم.

house agent *(n.)* السِّمسار؛ سِمسار المنزل.

house arrest *(n.)* الإقامة الجبرية: عقوبة تَفْرِض على شخصٍ الإقامة في منزلِهِ بدلًا من السجن (ق).

house·boat [hous'bōt'] *(n.)* المركب البيت: مركبٌ مُعَدّ للسكنَى [وبخاصة في نهر].

houseboat

house·break¹ [-'brāk'] *(vi.)* يسطو على المنازل.

house·break² *(vt.)* (١) يُكنِّن: يَرُوْض كلبًا على الحياة ضمن جدران المنازل (٢) يُرَوِّض؛ يُخضِع.

house·break·er [-'brā'kər] *(n.)* (١) لصّ المنازل (٢) هادم المنازل.

house·break·ing [hous'brā'kĭng] *(n.)* السَّطْوُ على البيوت.

house·bro·ken [-'brō'kən] *(adj.)* (١) كَنُون: مدرَّب على العيش في المنازل [صفة للكلب بخاصةٍ] (٢) مُرَوَّض؛ مهذَّب.

house cat *(n.)* الهِرّة المنزلية: هِرّة البيوت والمنازل.

house·clean [-'klēn'] *(vi.; t.)* (١) يُنظِّف المنزل [وأثاثَهُ] (٢) يتخلّص [من الأشياء أو الأشخاص غير المرغوب فيهم] x (٣) يطهِّر: يُصلح [إدارةً] بالتخلص من كل ما هو غير مرغوب فيه من أشخاص أو أساليب في العمل.

house·coat [-'kōt'] *(n.)* المِبْذَل: ثوب نسائي طويل تلبسه المرأة في بيتها.

house·fly [-'flī'] *(n.)* ذُبابة المنازل (حش).

house·ful [-'fool] *(n.)* مِلء منزلٍ <a ~ of guests> .

house·guest [-'gĕst'] *(n.)* الزائر؛ الضَّيف.

house·hold [-'hōld'] *(n.; adj.)* (١) أسرة؛ أهل البيت § (٢) منزليّ (٣) مألوف؛ عاديّ.

household art *(n.)* الفنّ المنزليّ: فنّ تدبير المنزل.

house·hold·er *(n.)* ربّ البيت [سواء أكان ساكنًا وحده أم رأسًا لأسرة].

household troops *(n. pl.)* الحرس الملكيّ.

house·keep·er [-'kē'pər] *(n.)* (١) مدبِّرة المنزل: امرأة تُستَخدم للقيام بتدبير شؤون المنزل (٢) رَبّة المنزل.

house·keep·ing [-'kē'pĭng] *(n.)* (١) تدبير شؤون المنزل (٢) إدارة الممتلكات وتأمين التجهيزات والخدمات لمؤسسة صناعية إلخ.

house·less [-'ləs] *(adj.)* شريد: لا منزل أو مأوى له.

house·lights [-'līts'] *(n. pl.)* أضواء المسرح: الأضواء التي تنير أجزاء المسرح التي يحتلّها النظّارة.

house·maid [-'mād'] *(n.)* خادمة [في منزل].

house·moth·er [-'mŭth'ər] *(n.)* مدبّرة منزل [من منازل الطلّاب].

house of assembly *(n.)* مجلس تشريعيّ؛ وبخاصة: مجلس النواب.

house of cards *(n.)* بيت كرتونيّ؛ بيت واهٍ.

House of Commons *(n.)* مجلس العموم؛ مجلس العوامّ.

house of correction *(n.)* الإصلاحية؛ إصلاحية الأحداث.

house of God *(n.)* المَعْبد؛ بيت الله.

House of Lords *(n.)* مجلس اللوردات أو الأعيان [في إنكلترة].

house of representatives *(n.)* مجلس النواب الأميركيّ.

house organ *(n.)* لسانُ المؤسسة: نشرة دورية تصدرها مؤسسة تجارية لتوزَّع على مستخدَميها وزبائنها.

house party *(n.)* (١) استقبالٌ للضيوف بضعة أيام في منزل (٢) الضَّيْف: جماعة الضيوف.

house physician *(n.)* الطبيب المقيم [في مستشفًى إلخ].

house·room [-'room'] *(n.)* حجرة أو مُتَّسع في منزل؛ مبيتٌ في منزل <to give anyone ~>.

house·top [-'tŏp'] *(n.)* السطح: سطح المنزل إلخ.

house·wares [-'wârz'] *(n. pl.)* الأدوات المنزلية.

house·warm·ing [-'wôr'mĭng] *(n.)* حفلة النُّقْلة: حفلة تقام لمناسبة الانتقال إلى منزل جديد.

house·wife *(n.)* (١) ربّة المنزل (٢) علبة الخياطة [للإبر والخيوط].

hous·ing¹ [hou'zĭng] *(n.)* (١) «أ» إيواء؛ إسكان. «ب» سُكْنى. «ج» مأوى؛ مسكن. «د» مساكن (٢) «أ» غطاء؛ وقاء. «ب» علبة [لآلة أو أجزاء آلة إلخ] (٣) مِحراب [يوضع فيه تمثال].

hous·ing² *(n.)* (١) الرَّخْت: كُسْوة زينية للسَّرْج (٢) *pl.* حُلًى؛ زخارف.

hove [hōv] *past and past part. of* heave.

hov·el [hŭv'əl] *(n.)* (١) زريبة مكشوفة (٢) خيمة (٣) كوخ.

hov·er [hŭv'ər; hŏv'ər] *(vi.; t.; n.)* (١) يرفرف (٢) «أ» يحوم [حول مكان]. «ب» يتأرجح؛ يتردّد <~*ing* between life and death> x (٣) تحضن بجناحيها <A hen ~*s* her chicks.> § (٤) رفرفة؛ حَوْم؛ تأرجُح إلخ.

how [hou] *(adv.; conj.; n.)* (١) «أ» كيف؟. «ب» لماذا؟ <~ is it you are late?> (٢) كم؛ إلى أيّ مدى أو درجة؟ <~ much?> (٣) بكم؛ بأيّ ثمن؟ <~ do you sell these apples?> § (٤) كيفما <A reader can shift his attention ~ he likes.> (٥) سؤال عن الطريقة <the eternal whys and ~*s* of children> (٦) طريقة <Teach me the ~ of it.>.

~ about? ما رأيك أو قولك في؟

how·be·it [-bē'ĭt] *(adv.; conj.)* (١) ومع ذلك § (٢) على الرغم.

how·dah [hou′də] *(n.)* هَوْدَج.

how·ev·er [hou ĕv′ər] *(conj.; adv.)* (١) كيفما <can go ~ she likes> § (٢) مهما <He will never succeed, ~ hard he works.> (٣) ومع ذلك؛ من ناحية ثانية؛ ولكن <I shall not oppose your design; I cannot, ~, approve of it.> (٤) كيف: بأية طريقة أو وسيلة؟ <~ did she manage to do it?>.

howitzer

how·it·zer [hou′it sər] *(n.)* الهاوِزَر: مِدفع قذّاف.

howl [houl] *(vi.; t.; n.)* (١) يعوي؛ ينبح (٢) «أ» يصرخ؛ يولول. «ب» تعصف [الريحُ] (٣) ينفجر بـِ <They ~*ed* with laughter.> x (٤) يُسْكته بالصياح المُعادي <to ~ down a speaker> § (٥) عُواء؛ نُباح (٦) «أ» ولولة. «ب» عزيف الريح (٧) ضحكة ساخرة.

howl·er [hou′lər] *(n.)* (١) النابح؛ المُوَلوِل إلخ (٢) العَوّاء: قرد أميركي (٣) غلطة بلهاء أو مُضحكة.

howl·ing [hou′lĭng] *(adj.)* (١) زاعِق؛ نابح (٢) مُوْحش؛ مُقفِر.

hoy [hoi] *(interj.; n.)* (١) هُوْيْ: هتاف يُستعمل للفت الانتباه أو في سَوْق الحيوانات § (٢) الهُوْي: «أ» سفينة صغيرة. «ب» مركب مسطّح القعر لنقل الأحمال الضخمة.

hoy·den [hoi′dən] *(n.)* السَّليطة: امرأة أو فتاة وقحة أو صخّابة أو مستهترة.

— **hoy·den·ish** *(adj.)*

hub [hŭb] *(n.)* (١) الصُّرّة؛ القَبّ: محور العجلة أو المروحة (٢) محور <the ~ of the universe>.

hub·ble–bub·ble *(n.)* (١) نارجيلة (٢) جَلَبة؛ ضجيج.

hub·bub [hŭb′ŭb] *(n.)* (١) ضجيج (٢) صَخَب؛ هَرْج ومَرْج.

hu·bris [hyōō′brĭs] *(n.)* عَجْرَفة؛ غَطْرَسة؛ غرور شديد.

huck·a·back [hŭk′ə băk′] *(n.)* الهَقْبَك: نسيج تُصنع منه المناشف.

huck·ster [hŭk′stər] *(n.; vi.; t.)* (١) البائع المتجوّل (٢) واضع الإعلانات [في الراديو والتلفزيون] § (٣) يُساوم x (٤) يبيع بالتجزئة.

hud·dle [hŭd′əl] *(vt.; i.; n.)* (١) يعمل بإهمال وعجلة (٢) يجمع أو يركم بعجلة (٣) يرتدي بعجلة x (٤) «أ» يجتمع؛ يحتشد. «ب» يجثم؛ يربض (٥) يتشاورون؛ يتداولون § (٦) حَشْد؛ جَمهرة (٧) اجتماع؛ مؤتمر.

hue [hyōō] *(n.)* (١) شكل؛ مظهر (٢) لون. وبخاصة: تدرّج اللون.

hue and cry *(n.)* (١) صيحة المطاردة [تُطلَق في إثر مجرم] (٢) مطاردة مجرم (٣) احتجاج شعبي صاخب (٤) جلبة؛ ضجيج.

hued [hyōōd] *(adj.)* ذو لون مُعيّن <golden-*hued*>.

huff [hŭf] *(vi.; t.; n.)* (١) يُطلِق هَبّات [من هواء أو بخار]: ينفخ (٢) «أ» «يهوِّش»: يطلق تهديدات فارغة. «ب» يتصرّف بسخط وحنق x (٣) ينفخ (٤) يعامل بازدراء (١. ق) (٥) يُغضب § (٦) نوبة غضب.

huff·ish [hŭf′ĭsh] *(adj.)* (١) مُتعجرِف؛ مُتغطرِس (٢) نَزِق؛ نَكِد.

huff·y [hŭf′ĭ] *(adj.)* (١) مُتعجرِف؛ مُتغطرِس (٢) ساخط (٣) نزِق؛ نكِد.

hug [hŭg] *(vt.; n.)* (١) يعانق (٢) «أ» يهنّئ. «ب» يتشبّث أو يتعلق [بمعتقد إلخ] (٣) يَلْزَم: يظلّ محاذيًا لِـ <The road ~*s* the river> § (٤) عناق.

huge [hyōōj] *(adj.)* ضخم؛ هائل.

huge·ous [hyōō′jəs] *(adj.)* = huge.

hug·ger–mug·ger *(n.; adj.; vt.; i.)* (١) سِرِّيّة؛ كتمان (٢) فوضى § (٣) سرّيّ؛ مكتوم (٤) مشوَّش؛ مضطرب § (٥) يكتم؛ يطمس؛ يمنع من الانتشار x (٦) يعمل أو يتشاور خلسة.

hug–me–tight [hŭg′mē tīt′] *(n.)* المُضَيِّقة: سترة صوفية نسوية، قصيرة، ضيّقة، غير ذات ردنين.

Hu·gue·not [hyōō′gə nŏt′] *(n.)* الهوغونوتيّ: البروتستانتيّ الفرنسيّ.

hu·la [hōō′lə] *also* **hu·la–hu·la** [hōō′lə hōō′lə] *(n.)* الهولا؛ الهولا هولا: رقصة وطنية في جُزر هاوايي.

hulk [hŭlk] *(n.; vi.)* (١) الهُلْك: «أ» سفينة ثقيلة بطيئة. «ب» هيكل سفينة عتيقة غير صالحة للعمل. «ج» *pl.* عد: سفينة تُستخدم كسجن (٢) شيء أو شخص ضخم ثقيل الحركة § (٣) يتحرّك بتثاقل (٤) يبدو ضخمًا.

hulk·ing [hŭl′-] *(adj.)* ضخم؛ ثقيل <~ battleships>.

hull [hŭl] *(n.; vt.)* (١) قشرة [البذرةِ أو الثمرةِ] (٢) بَدَن السفينة؛ هيكل السفينة [أو الطائرةِ المائيةِ أو المُنطاد] (٣) غطاء؛ غلاف § (٤) يَقْشُر (٥) يثقب بدن السفينة إلخ؛ يضرب بدن السفينة إلخ.

hul·la·ba·loo [hŭl′ə bə lōō′] *(n.)* ضجّة؛ جَلَبة؛ ضوضاء.

hul·lo [hə lō′] *(n.)* = hello.

hum [hŭm] *(vi.; t.; n.)* (١) «أ» يهمهم. «ب» يدندن؛ يطِنّ (٢) يَنشط نشاطًا بالغًا x (٣) يترنّم بكذا [من غير إفصاح وشفتاه مغلقتان] § (٤) همهمة؛ دندنة؛ طنين (٥) ترنّم.

hu·man [hyōō′mən] *(adj.; n.)* (١) آدمي؛ بشريّ؛ إنساني § (٢) إنسان <two thousand million ~*s*>.

human being *(n.)* الكائن البشري: أحد أفراد الجنس البشري.

hu·mane [hyōō mān′] *(adj.)* (١) إنسانيّ: شفوق؛ عَطوف (٢) إنساني: مَعْنيّ بالإنسان وثمرات عقله <~ studies>.

human engineering *(n.)* الهندسة البشرية: «أ» إدارة الناس وشؤون الناس وبخاصة في الصناعة. «ب» ergonomics.

hu·man·ism *(n.)* (١) الثقافة الأدبية (٢) *cap.*: الحركة الإنسانية: إحياء الدراسات الكلاسيكية وتعزيزُ النزعة الفردية وروح النقد [كما تجلّى ذلك في عصر النهضة الأوروبية] (٣) الخَيْرِيّة: محبّة الخير العام (٤) الفلسفة الإنسانية: فلسفة تؤكّد على قيمة الإنسان وقدرته على تحقيق الذات من طريق العقل.

hu·man·i·tar·i·an *(adj.; n.)* (١) خيِّر: محبّ للخير العام والإصلاح الاجتماعي § (٢) «أ» الخيِّر. «ب» المحسِن.

— **hu·man·i·tar·i·an·ism** *(n.)*

hu·man·i·ties *(n. pl.)* الإنسانيات؛ العلوم الإنسانيّة.

hu·man·i·ty [hyōō măn′ə tĭ] *(n.)* (١) الإنسانية: الشفقة؛ الحنوّ (٢) «أ» البشرية؛ الطبيعة البشرية. «ب» *pl.*: الصفات البشرية (٣) *pl.*: الإنسانيات (را. humanities) (٤) الجنس البشري.

hu·man·ize *(vt.)* (١) يُؤَنْسِن: «أ» يخلع عليه صفة بشرية؛ يمثّله في صورة

بشرية. «ب» يعدّله ليلائم الطبيعة البشريّة أو ليصلح لاستعمال البشر له (٢) يلطّف؛ يهذّب؛ يمدّن.

hu·man·kind [hyōō'mən kīnd'] *(n.)* الجنس البَشريّ.

hu·man·ly *(adv.)* (١) «أ» بشريًا؛ من الوجهة البشرية. «ب» ضمن نطاق القدرة البشرية (٢) بطريقة بشرية.

hum·ble[1] [hŭm'bəl] *(adj.)* (١) متواضع (٢) ذليل (٣) وضيع؛ حقير.

hum·ble[2] *(vt.)* (١) يُذِلّ (٢) يَقْهَر: يهزم على نحو حاسم.

humble pie *(n.)* إذعان؛ خضوع؛ ذُلّ.

hum·bly *(adv.)* (١) بتواضع (٢) بتذلُّل (٣) بِضَعَةٍ.

hum·bug [hŭm'bŭg'] *(n.; vt.)* (١) «أ» خدعة. «ب» دجّال (٢) مخادعة؛ احتيال (٣) هُراء § (٤) يخدع.

hum·ding·er [-'dĭng'ər] *(n.)* شخص أو شيء ممتاز إلى حدّ رائع.

hum·drum [-'drŭm'] *(adj.; n.)* (١) رتيب؛ مملّ § (٢) رتابة (٣) حديث مملّ (٤) شخص مُضجر.

hu·mer·al [hyōō'-] *(adj.)* (١) عَضُديّ: ذو علاقة بالعَضُد (٢) كَتِفيّ.

humeral veil *(n.)* الحجاب العَضُديّ: حجاب حريريّ يغطّي الكتفين يرتديه الكاهن أثناء القدّاس.

hu·mer·us [hyōō'mər əs] *(n.)* pl. **-mer·i** [mə rī'] (١) عظم العَضُد (ت) (٢) العَضُد (ت).

hu·mic [hyōō'-] *(adj.)* دُباليّ: ذو علاقة بالدُّبال humus.

hu·mid [hyōō'mĭd] *(adj.)* رَطْب <~ air>.

hu·mid·i·fi·er [-mĭd'ə fī'ər] *(n.)* المرطِّب؛ وبخاصة: المرطِّبة: أداة للتزويد بالرطوبة أو للاحتفاظ بها.

hu·mid·i·fy *(vt.)* يُرَطِّب: يجعله رطبًا.

hu·mid·i·ty [hyōō mĭd'ə tĭ] *(n.)* رُطوبة.

hu·mi·dor [hyōō'mə dôr'] *(n.)* المِرطاب: صندوق لخزن السيجار مجهّز بوسيلة تُبقي التبغ رطبًا.

hu·mil·i·ate [hyōō mĭl'ĭ āt'] *(vt.)* يُذِلّ؛ يُخزي.

hu·mil·i·at·ing [-'ĭ āt'ĭng] *(adj.)* مُذِلّ؛ مُخْزٍ.

hu·mil·i·a·tion [-mĭl' ĭ ā'shən] *(n.)* (١) إذلال؛ إخزاء (٢) ذُلّ؛ خِزْي.

hu·mil·i·ty [-mĭl'ə tĭ] *(n.)* تواضُع؛ اتِّضاع.

hum·mer [hŭm'ər] *(n.)* (١) فا hum (٢) hummingbird.

hum·ming·bird [hŭm'ĭng-] *(n.)* الطنّان؛ الطائر الطنّان أو الذّبابيّ.

hum·mock [-'ək] *(n.)* (١) أكمَة؛ رابية (٢) الأكَمة: نتوء في حقل جليديّ.

hu·mor [hyōō'mər] *(n.; vt.)* (١) رُطوبة؛ بخار (ا. ق) (٢) الخِلْط: أحد «الأخلاط» الأربعة [الدم والبلغم والصفراء والسوداء] التي زعم القدامى أنّها تقرّر مزاج المرء وصحته العامة (٣) «أ» عادة؛ مزاج. «ب» حالة ذهنية مؤقتة. «ج» نزوة (٤) «أ» الدعابة؛ الفكاهة؛ الظَّرف. «ب» حِسُّ الدُّعابة والفكاهة أو روحُها: ملكة عقلية تمكّن المرء من اكتشاف المضحكات أو تقديرها وتذوُّقها أو التعبير عنها. «ج» كلامٌ منطوٍ على دعابة أو فكاهة § (٥) يلاطف؛ يداري؛ يساير (٦) يتكيّف مع؛ يكيّف نفسه وفقًا لِـ. — **hu·mor·al** *(adj.)* out of ~, مستاء؛ ساخط؛ متعكّر المزاج.

hu·mor·esque [hyōō'mə rĕsk'] *(n.)* لحن خفيف أو ظريف (مو).

hu·mor·ist [hyōō'mər ĭst] *(n.)* الظريف: شخص منصرفٌ إلى الفكاهة أو معروفٌ بها.

hu·mor·is·tic [hyōō'mə rĭs'tĭk] *(adj.)* = humorous.

hu·mor·less *(adj.)* (١) يُعْوِزُهُ حسُّ الدُّعابة (٢) جِدّيّ.

hu·mor·ous [hyōō'mə rəs] *(adj.)* فَكِه؛ ظريف؛ هَزْليّ.

hu·mour [hyōō'mər] *(n.; vt.)* = humor.

hump [hŭmp] *(n.; vt.; i.)* (١) «أ» حَدَبَة؛ سَنام. «ب» رابية؛ أكمة. «ج» جبل؛ سلسلة جبال (٢) نوبة غمّ أو تعكُّر مزاج (٣) مرحلة حرجة أو عسيرة § (٤) يُجهِد نفسه (٥) يُحدِّب: يجعله أحدبَ أو ذا سنام (٦) يضع أو يحمل على ظهره. وبخاصة: ينقل (٧) يُضاجع (ع) x (٨) ينطلق بسرعة أو بأقصى السرعة.

hump·back [hŭmp'băk'] *(n.)* (١) ظهرٌ مُسَنَّم (٢) الأحدب: شخص ذو حَدَبة (٣) humpback whale.

hump·backed [-'băkt'] *(adj.)* مُسَنَّم؛ محدَّب.

humpback whale *(n.)* الحُوت الأحدب: حُوت محدَّب الظّهر.

humped [hŭmpt] *(adj.)* مُسَنَّم؛ مُحَدَّب: ذو سنام أو حَدَبَة.

humph [hŭmf] *(interj.)* هَمْف: صوت يُعَبَّر به عن الشك أو الازدراء.

hump·y [hŭm'pĭ] *(adj.)* (١) كثير الحدبات أو النتوءات (٢) مُسنَّم.

hu·mus [hyōō'məs] *(n.)* الدُّبال: مادة سمراء أو سوداء تنشأ من تحلّل المواد النباتية والحيوانية وتشكِّل الجزء العضوي من التربة.

Hun [hŭn] *(n.)* (١) الهُونيّ: واحد الهُوْن وهم شعب مغوليّ مترحِّل سيطر في منتصف القرن الخامس للميلاد على جزء كبير من أوروبا (٢) «أ» عد not cap.: المُخَرِّب: شخص محبّ للتخريب. «ب» الألمانيّ. وبخاصة: جنديّ ألمانيّ.

hunch [hŭnch] *(vi.; t.; n.)* (١) يندفع إلى أمام (٢) ينحني؛ يحني ظهرَه (٣) يتكوّر (٤) يجثم؛ يربض x (٥) يدفع إلى الأمام (٦) يحدّب <to ~ one's back> § (٧) دَفْعٌ إلى الأمام (٨) «أ» حَدَبَة؛ سنام. «ب» كتلة صلبة (٩) الحِسّ الباطنيّ: شعور حدسيّ قويّ بأنّ شيئًا سوف يَحْدث.

hunch·back [hŭnch'băk'] *(n.)* الأحدب: ذو الحَدَبة.

hunch·backed [-'băkt'] *(adj.)* أحدب: ذو حَدَبة.

hun·dred [hŭn'drəd] *(n.)* (١) مئة (٢) ورقة المئة دولار.

hun·dred·fold [-fōld'] *(adv.; adj.)* (١) مئةَ ضِعف § (٢) أكبر بمئة مرّة (٣) ضخم جدًا.

hun·dred–per·cent·er [-pər sĕnt'ər] *(n.)* الوطنيّ المتحمّس.

hun·dredth *(adj.; n.)* (١) المئة <the ~ day> (٢) بالغ جزءًا من مئة <a ~ share of the money> § (٣) العضو المئة في سلسلة (٤) جزء من مئة.

ă at; ā date; â care; ä car; ĕ egg; ē me; ĭ in; ī bite; ŏ lot; ō bone; ô orphan; oi boil; ŏŏ good; ōō boot; ou out; ŭ under; û urgent; ə = *a* in alone, *e* in system, *i* in easily, *o* in gallop, *u* in circus.

hun·dred·weight *(n.)* القِنطار؛ الهَنْدِرِدْوَيْت: وحدة وزن تساوي مئة باوند [في الولايات المتحدة الأميركية] أو ١١٢ باوندًا [في إنكلترا].

hung [hŭng] *past and past part. of* hang.

Hun·gar·i·an [hŭng gâr′ĭ ən] *(n.; adj.)* (١) الهَنغاريّ؛ المَجَريّ: أحد أبناء هَنغاريا (٢) اللغة الهَنغاريّة § (٣) هنغاريّ؛ مجريّ.

hun·ger [hŭng′gər] *(n.; vi.; t.)* (١) جُوع؛ سَغَب (٢) تَوْق؛ اشتهاء § (٣) يجوع (٤) يتوق؛ يشتهي x (٥) يجوِّع.

hunger strike *(n.)* إضراب عن الطعام.

hung jury *(n.)* هيئة المحلَّفين المنقسمة (ق).

hung over *(adj.)* مخمور.

hun·gry [hŭng′grĭ] *(adj.)* (١) جائع (٢) توّاق (٣) قاحلة <~ land>.

hunk [hŭngk] *(n.)* كتلة كبيرة؛ قطعة ضخمة.

hun·ker [hŭng′kər] *(vi.)* يَرْبِض؛ يَجْثُم.

hun·kers [hŭng′kərz] *(n. pl.)* عَجُزٌ؛ كَفَلٌ.

hunks [hŭngks] *(n. pl.)* السَّيِّئ الطبع. وبخاصة: البخيل.

hun·ky–do·ry [hŭng′kĭ dōr′ĭ] *(adj.)* حَسَن؛ رائع (ع).

Hun·nish [hŭn′ĭsh] *(adj.)* (١) هُونيّ: منسوب إلى الهُوْن (را. Hun) (٢) همجيّ.

hunt [hŭnt] *(vt.; i.; n.)* (١) «أ» يصيد؛ يصطاد. «ب» يستخدم في الصَّيْد <~s a pack of hounds> (٢) «أ» يطارد. «ب» يفتِّش عن <Missing persons are ~ed by the police.> (٣) يطرد؛ وبخاصة بالاضطهاد وضروب الإزعاج <He was ~ed from the parish.> (٤) يجوس خلال المكان التماسًا للطرائد <He ~s the woods.> (٥) يفتش تفتيشًا دقيقًا <~ed the house for the papers> § (٦) «أ» صَيْد. «ب» مطاردة (٧) جماعة من الصيادين.

hunt·er *(n.)* (١) «أ» الصيّاد. «ب» كلب أو فرس صيد (٢) الباحث عن كذا <a fortune ~>.

hunt·ing *(n.; adj.)* (١) صَيْد؛ قَنْص (٢) الشَّطَط (كب) § (٣) طَرَديّ: خاص بالصيد <a ~ cap>.

hunt·ress [hŭn′trəs] *(n.)* الصيّادة؛ الصّائدة.

hunts·man [hŭnts′măn] *(n.)* (١) الصيّاد (٢) مدير الصيد.

hur·dies [hûrd′ēz] *(n. pl.)* عَجُزٌ؛ كَفَلٌ (عب).

hur·dle [hûr′dəl] *(n.; vt.)* (١) الوشيع النقّال: سياج نقّال أو مؤقَّت (٢) الحاجز: حاجز خشبي يقفز الرياضيون [أو الخيل] فوقه (٣) عقبة § (٤) يثب فوق حاجز [أثناء العَدْو] (٥) يتغلّب على صعوبة إلخ.

hurdle 2.

hur·dy–gur·dy [hûr′dĭ gûr′dĭ] *(n.)* = barrel organ.

hurl [hûrl] *(vi.; t.; n.)* (١) يندفع؛ ينطلق بقوة x (٢) يقذف؛ يرشق؛ يرمي بعنف (٣) يَنْطِق بعنف (٤) يخلع [عن العرش] § (٥) قَذْف؛ رَشْق.

hurl·ing [hûr′lĭng] *(n.)* قَذْف؛ رَشْق.

hur·ly [hûr′lĭ] *(n.)* = hurly–burly.

hur·ly–bur·ly [hûr′lĭ bûr′lĭ] *(n.)* ضجيج؛ جَلَبة؛ هَرْج ومَرْج.

hur·rah[1] [hōō rä′] *(n.)* (١) جعجعة؛ هَرْج ومَرْج (٢) حماسة (٣) اهتياج؛ وبخاصة حول مسألة تافهة (٤) مزاح.

hur·rah[2] *also* **hur·ray** [hōō rā′] *(interj.)* هوراه!: هتاف ابتهاج أو استحسان أو تشجيع.

hur·ri·cane [hûr′ĭ kān] *(n.)* الهُرْكين: إعصار استوائي.

hurricane deck *(n.)* = promenade deck.

hurricane lamp *(n.)* المصباح الإعصاريّ: شمعدان، أو مصباح كهربائي، مزوَّد بِـ«مدخنة» زجاجية.

hur·ried [hûr′ĭd] *(adj.)* (١) مُسْرِع؛ سريع <~ rush of a locomotive> (٢) مستعجِل؛ مُنجَز على عجل (٣) صاخب <~ life of a city>.

hur·ry [hûr′ĭ] *(vt.; i.; n.)* (١) ينقل بعجلة؛ يجعلُه يذهب بعجلة <An ambulance *hurried* him to the hospital.> (٢) يستعجل: ينخس أو يحثّ على الإسراع (٣) expedite (٤) يُنجِز باستعجال x (٥) يُسْرِع <~ up or you'll miss the train.> § (٦) عجلة؛ سرعة.

hur·ry–scur·ry *or* **hur·ry–skur·ry** [skûr′ĭ] *(n.; adv.; adj.)* (١) اندفاع مضطرب؛ عجلة مضطربة § (٢) باندفاع مضطرب § (٣) متّسِم باندفاع أو فرار مضطرب.

hur·ry–up *(adj.)* مُسَرَّع؛ مُعَجَّل <a ~ dinner>.

hurt [hûrt] *(vt.; i.; n.)* (١) «أ» يجرح. «ب» يؤذي؛ يَضُرّ (٢) «أ» يؤلم؛ يوجع. «ب» يسيء إلى. «ج» يُضعف. «د» يعوق x (٣) يُقاسي؛ يُعاني (٤) يسبّب ألمًا جسديًا أو عقليًا <My finger still ~s.> § (٥) أذًى؛ ضرر: «أ» جُرح. «ب» استياء. «ج» ضربة؛ طعنة؛ إساءة <a severe ~ to her pride>.

hurt·ful [hûrt′fəl] *(adj.)* مؤذٍ؛ ضارّ؛ مُوْجِع؛ مؤلم.

hur·tle [hûr′təl] *(vi.; t.)* (١) يندفع بعنف أو سرعة x (٢) يسوق أو يقذِف بعنف.

hurt·less [hûrt′ləs] *(adj.)* = harmless.

hus·band [hŭz′bənd] *(n.; vt.)* (١) زَوْج؛ بَعْل (٢) مدير؛ خازن (بر) § (٣) يُسَخِّر [للمصلحة العامة إلخ] (٤) يدّخر؛ يوفّر؛ يقتصد في <to ~ one's strength *or* resources> (٥) يزوِّج: يوجد زوجًا لـ (ا. ق).

hus·band·man [-măn] *(n.)* (١) المُزارِع (٢) الخبير بالزراعة.

hus·band·ry [hŭz′bən drĭ] *(n.)* (١) اقتصادٌ [في النفقة] (٢) الزراعة؛ الفلاحة. وبخاصة: العناية العلمية بالحيوانات الداجنة.

hush [hŭsh] *(vt.; i.; adj.; n.; interj.)* (١) يهدِّئ؛ يسكِّن (٢) يُخمِد؛ يقمع (٣) يطمس؛ يمنع من الانتشار <The story of her disgrace was ~ed up.> x (٤) يَهْدأ؛ يَسْكُن § (٥) طَمْسِيّ: مقصودٌ به طمس بعض المعلومات أو الحؤول دون انتشارها <a ~ policy concerning any faults in the American economy> § (٦) سكوت أو سكون، بعد ضجة § (٧) صَهْ! أُسْكُتْ!

hush–hush [hŭsh′hŭsh] *(adj.)* سِرّيّ؛ مكتوم.

hush money *(n.)* رشوة [تُعطى للسكوت عن فضيحةٍ أو نحوها].

husk [hŭsk] *(n.; vt.)* (١) قِشرة الثمرة أو البزرة (٢) قِشرة خارجية (٣) سِناد؛ دعامة § (٤) يَقْشُر؛ يُقَشِّر.
— **husk·er** *(n.)*

husk·ing *(n.)* (١) قَشْر؛ تقشير. وبخاصة: نزع قشور عرانيس الذّرة (٢) husking bee.

husking bee *(n.)* التقشيريّة: لقاء جماعيّ، في مزرعة، لنزع القشور عن عرانيس الذّرة.

husk tomato *(n.)* = ground cherry.

husk·y[1] [hŭs′kĭ] *(adj.)* (١) قِشريّ (٢) قِشرانيّ: شبيه بالقِشْر (٣) قَشِرٌ: كثير القشور (٤) أجشّ؛ أبَحُّ الصوت.

hus·ky[2] *(n.)* كلب الأسكيمو.

hus·ky[3] *(adj.; n.)* (١) قويّ؛ ضخم § (٢) شخص قوي أو ضخم.

hus·sar [hōō zär′] *(n.)* الهَوْصار: جندي في وحدة من الوحدات العسكرية الأوروبية المنظمة على طريقة سلاح الفرسان الهنغاري الخفيف في القرن الخامس عشر.

hus·sy [hŭs′ĭ; hŭz′ĭ] *(n.)* (١) امرأة فاجرة (٢) فتاة وقحة أو مؤذية.

hus·tings [hŭs′tĭngz] *(n. pl. or sing.)* (١) محكمة محلّية (٢) منبر المرشحين: منبر لتسمية المرشحين للانتخابات أو لإلقاء الخطب الانتخابيّة (٣) إجراءات حملة انتخابية.

hus·tle [hŭs′əl] *(vt.; i.; n.)* (١) يُخْرِج بخشونة أو بسرعة <They ~*d* him out of the city.> (٢) يهزّ أو يدفع بخشونة (٣) «أ» يحصل على شيء ببذل نشاط ملحوظ؛ يجمع؛ يكسب <~*d* new customers>. «ب» يبيعه شيئًا [بالمكر والخداع]. «ج» يسلبه مالَهُ بالقوة أو الخداع <~*s* schoolboys out of their lunch money> x (٤) يشقّ طريقَهُ (٥) يعجّل؛ يُسْرِع (٦) يبذل جهودًا قوية للحصول على كسب غير مشروع [عادةً] (٧) ينغمس في الدعارة (٨) يلعب بنَشاط § (٩) دَفْع بقوة (١٠) نشاط بالغ <the ~ and bustle in construction of motels> (١١) عمل؛ وظيفة (١٢) خداع؛ احتيال.

hut [hŭt] *(n.; vt.; i.)* (١) كوخ (٢) سقيفة § (٣) يُسْكِن في كوخ x (٤) يَسْكُن في كوخ.

hutch [hŭch] *(n.)* (١) «أ» صندوق. «ب» خزانة منخفضة (٢) زريبة صغيرة (٣) كوخ (٤) قفص.

hut·ment [hŭt′mənt] *(n.)* مُعَسْكَر؛ مخيَّم؛ مجموعة أكواخ.

huz·zah *or* **huz·za** [hə zä′] *(interj.)* هتاف ابتهاج أو استحسان.

hy·a·cinth [hī′ə sĭnth] *(n.)* (١) الهايكينثوس: حجر كريم كالصَّفِّير sapphire أو الجَمَشْت amethyst (٢) المُكَحَّلة؛ الحَدَقِيَّة؛ الياقوتيَّة (نب) (٣) لون يُراوح بين البنفسجي الخفيف والأرجواني المعتدل.

hyacinth 2.

Hy·a·des [hī′ə dēz] القِلاص؛ القلائص (فل).

hy·ae·na [hī ē′nə] *(n.)* = hyena.

hyal- *or* **hyalo-** بادئة معناها: زجاج أو زجاجيّ.

hy·a·line[1] [hī′ə lən] *(adj.)* (١) زجاجيّ (٢) شفّاف.

hy·a·line[2] *(n.)* (١) شيء شفّاف [كالجوّ الصافي إلخ] (٢) أو **hyalin**: الهيالين: مادّة قرنية شبيهة بالكيتين (را. chitin).

hy·a·lite [hī′ə līt′] *(n.)* الهياليت: أوبال opal عديم اللون.

hy·a·loid [hī′ə loid′] *(adj.)* (١) زجاجيّ (٢) شفّاف.

hy·a·lo·plasm [hī ăl′ə plăz′əm] *(n.)* الجِبلة الزجاجيّة: الجزء الرائق أو الصافي من بروتوبلازما الخليّة (أح).

hy·brid [hī′brĭd] *(n.; adj.)* هجين؛ نغل؛ مُوَلَّد.

hy·brid·i·za·tion [-ə zā′shən] *(n.)* (١) تهجين (٢) هُجنة.

hy·brid·ize [hī′brə dīz] *(vt.; i.)* يُهجِّن: يخلط بين الأجناس.

hy·bris [hī′brĭs] *(n.)* = hubris.

hydr- *or* **hydro-** [hī′drō] بادئة معناها: «أ» ماء <*hydro*electric>. «ب» مائع؛ سائل <*hydro*dynamics>. «ج» هيدروجين؛ متضمّن هيدروجينًا أو متّحد مع الهيدروجين <*hydr*iodic acid>.

Hy·dra [hī′drə] *(n.)* (١) العُدار: أفعوان خرافي (مث) (٢) *not cap.*: شرّ متعدد العناصر لا يمكن التغلب عليه بجهد مُفرد (٣) كوكبة الشُّجاع (فل) (٤) العُدار؛ الهِدْرة: حيوان نهريّ بدائيّ صغير.

hy·dran·gea [hī drān′jə] *(n.)* الكُوبيَّة؛ كوب الماء: شجيرة للتزيين.

hy·drant [hī′drənt] *(n.)* (١) fireplug (٢) حنفية؛ صُنبور.

hy·drate [hī′drāt] *(n.; vt.; i.)* (١) الهِيْدرات؛ الإيدرات؛ الماءات (ك) § (٢) يُمَيِّه: يجعله يتَّحد بالماء x (٣) يَتَمَيَّه.

hy·dra·tion [hī drā′shən] *(n.)* التَّميُّه (ك).

hy·drau·lic [hī drô′lĭk] *(adj.)* هيدروليكيّ: «أ» مُدارٌ أو محرَّك بواسطة الماء. «ب» ذو علاقة بالهيدروليات أو علم حركة السوائل <~ engineers>. «ج» متعلق بالمياه أو السوائل المتحركة <~ erosion of shore reef fronts>. «د» مكتسِبٌ صلابةً تحت الماء <~ lime>.

hydraulic brake *(n.)* المِكْبح الهيدروليكي (سي).

hydraulic ram *(n.)* المِكْباس الهيدروليكي (مك).

hy·drau·lics *(n.)* الهيدروليات؛ علم حركة السوائل.

hy·dra·zine [hī′drə zīn] *(n.)* الهيدرازين: سائل عديم اللون (ك).

hy·dric [hī′drĭk] *(adj.)* (١) رَطْب؛ وافر الرطوبة (٢) رُطوبيّ: ذو علاقة بوفرة الرطوبة أو متطلِّب إيّاها.

hy·dride [hī′drīd] *(n.)* الهيدريد (ك).

hy·dri·od·ic acid [hī drē ŏd′ĭk] *(n.)* حمض الهيدريُوديك (ك).

hy·dro[1] [hī′drō] *(n.)* المُنْتَجَع المائي؛ المُنْتَجَع المعدِنيّ.

hy·dro[2] *(adj.)* كهربيمائي؛ كهربائي مائي <~ power>.

hydro- = hydr-.

hy·dro·air·plane *(n.)* = hydroplane.

hy·dro·bi·ol·o·gy *(n.)* = limnology.

hy·dro·bro·mic acid [hī´drə brō´-] *(n.)* حَمْض الهيدروبروميك (ك).

hy·dro·car·bon [-kär´-] *(n.)* الهيدروكربون (ك).

hy·dro·cele [hī´drə sēl´] *(n.)* الأُدْرة؛ القِيْلة: تجمُّع سائلٍ مصليّ حول الخصيتين عادةً (مض).

hy·dro·ceph·a·lus [hī´drə sĕf´ə ləs] *also* **-a·ly** *(n.)* استسقاء الرأس؛ مَوَهُ الرأس (مض).

hy·dro·chlo·ric acid *(n.)* حَمْض الهيدروكلوريك (ك).

hy·dro·chlo·ride [hī´drə klōr´īd] *(n.)* الهيدروكلوريد (ك).

hy·dro·dy·nam·ic [hī´drō-] *also* **-i·cal** *(adj.)* هيدروديناميّ: ذو علاقة بالهيدروديناميكا.

hy·dro·dy·nam·ics *(n.)* الهيدروديناميكا؛ علم قوة الموائع.

hy·dro·e·lec·tric [hī´drō ĭ lĕk´-] *(adj.)* كهربيمائي؛ كهربائيّ مائيّ: ذو علاقة بتوليد الكهرباء بواسطة القوة المائية.

hy·dro·flu·or·ic acid *(n.)* حَمْض الهيدروفلوريك (ك).

hy·dro·gen [hī´drə jən] *(n.)* الهيدروجين (ك).

hy·drog·e·nase [hī drŏj´ə nās´] *(n.)* الهيدروجيناز (كح).

hy·dro·ge·nate [hī´drə jə nāt´] *(vt.)* يُهَدْرِج؛ يُدَرْجِن: يعالج بالهيدروجين أو يوحِّد مع الهيدروجين.

hy·dro·ge·na·tion [hī drə jə nā´-] *(n.)* الهَدْرجَة؛ الدَّرْجنة (ك).

hydrogen bomb *(n.)* القنبلة الهيدروجينية.

hydrogen bond *(n.)* الرابطة الهيدروجينية (كف).

hydrogen bromide *(n.)* بروميد الهيدروجين (ك).

hydrogen ion *(n.)* أيون الهيدروجين (ك).

hy·dro·gen·ize [hī´drə jə nīz´] *(vt.)* = hydrogenate.

hy·drog·e·nous [hī drŏj´ə nəs] *(adj.)* هيدروجينيّ.

hydrogen sulfide *(n.)* كبريتيد الهيدروجين (ك).

hy·drog·ra·phy [hī drŏg´rə fī] *(n.)* الهيدروغرافيا: دراسة الجغرافيا الطبيعية لمياه الأرض.

hy·droid [hī´droid] *(n.; adj.)* (١) الهِدْريّ؛ العُداري: واحد الهِدْريات أو العُداريات وهي طُوَيئفة من شعبة المجوَّفات (ح) § (٢) هِدْريّ؛ عُداريّ.

hy·dro·ki·net·ics [hī´drō kĭ nĕt´ĭks] *(n.)* علم حركة الموائع.

hy·dro·lase [hī´drə lās] *(n.)* الهيدرولاز (كح).

hy·dro·log·ic [hī´drə lŏj´ĭk] *(adj.)* هيدرولوجيّ: ذو علاقة بالهيدرولوجيا أو المائيّات.

hydrologic cycle *(n.)* الدّورة الهيدرولوجية أو المائية.

hy·drol·o·gist [hī drŏl´ə-] *(n.)* العالِم بالهيدرولوجيا أو المائيات.

hy·drol·o·gy [hī drŏl´ə jī] *(n.)* الهيدرولوجيا؛ المائيّات؛ علم المياه.

hy·drol·y·sis [hī drŏl´ə sĭs] *(n.)* (١) الحَلْمأة؛ الإماهة: التحليل بالماء (ك) (٢) التَّحَلْمُؤ؛ التَّمَيُّه: التحلّل بالماء (ك).

— **hy·dro·lyte** *(n.)* — **hy·dro·lyt·ic** *(adj.)*

hy·dro·lyze [hī´drə-] *(vt.; i.)* (١) يُحَلْمئ؛ يُمَيِّه (ك) x (٢) يَتَحَلْمأ؛ يَتَمَيَّه.

hy·dro·man·cer [-măn´sər] *(n.)* المنجِّم بالماء [أو غيره من السوائل].

hy·dro·man·cy [-sĭ] *(n.)* التنجيم بالماء [أو غيره من السوائل].

hy·dro·me·chan·ics [hī´drō mə kăn´ĭks] *(n.)* ميكانيكا الموائع.

hy·dro·mel [hī´drə mĕl´] *(n.)* الماسَل: شرابٌ من ماءٍ وعسل.

hy·dro·met·al·lur·gy [hī´drə mĕt´ə lûr´jī] *(n.)* التّعدين الرَّطب: استخلاص الفلزّات من خاماتها بترشيحها في المحاليل.

hy·dro·me·te·or [hī´drə mē´tĭ ər] *(n.)* الماء الجوّيّ: كلّ ناتج ينشأ عن تكثُّف بخار الماء الجوّيّ [كالضباب أو المطر].

hy·drom·e·ter [hī drŏm´ə tər] *(n.)* المِسْيَل (مج): مقياس الثقل النوعي للسوائل.

hydrometer

hy·drop·a·thy [hī drŏp´ə-] *(n.)* المداواة المائية: معالجة الأمراض باستخدام الماء.

— **hy·dro·path·ic** *(adj.)*

hy·dro·phane [hī´drə fān´] *(n.)* الهيدروفين: أوبال opal نصف شفاف إذا غُمِس في الماء أصبح شفافًا (مع).

hy·dro·phil·ic [hī´drə fĭl´ĭk] *(adj.)* أليفٌ للماء (ك).

hy·dro·pho·bi·a [hī´drə fō´bĭ ə] *(n.)* (١) رُهاب الماء: الخوف المَرضي من الماء (٢) داء الكَلَب.

hy·dro·phone [hī´drə fōn´] *(n.)* المِسماع المائي: أداة للإصغاء إلى الصوت المرسَل عَبْرَ الماء.

hy·dro·phyte [hī´drə fīt´] *(n.)* النبات المائيّ: نبات ينمو عادةً في الماء.

hy·dro·plane [hī´drə plān´] *(n.; vi.)* (١) الزَّورق الزَّلّاق: زورق بخاريّ سريع (٢) ساعِدُ الغوص: دفّة على محور أفقي من الغواصة لتوجيهها إلى أعلى أو أدنى (٣) الطائرة المائية § (٤) ينزلق: «أ» ينزلق الزورقُ فوق الماء وقد انفصل جزء من بدنه عن سطح المياه. «ب» تنزلق عجلات السيارة (٥) يقود زورقًا زلّاقًا [أو طائرة مائية].

hy·dro·pon·ics [hī drə pŏn´ĭks] *(n.)* الزراعة المائية: زراعة النباتات في ماء أُذيبَت فيه بعض الموادّ المُغذّية.

hy·dro·pow·er [hī´drə-] *(n.)* القوة الكهربيمائية: قوة كهربائية مائية.

hy·dro·qui·none [hī´drə kwĭ nōn´] *(n.)* الكينون المائيّ: مُرَكَّب أبيض متبلّر يُستخدم في الطبّ وفي تظهير الصور الفوتوغرافية (ك).

hy·dro·scope [hī´drə skōp´] *(n.)* منظار الأعماق: أداة بصرية تمكّن المرء من رؤية شيء على مسافة بعيدة تحت سطح الماء.

hy·dro·space [hī´drə spās´] *(n.)* الفضاء المائيّ.

hy·dro·sphere [-sfēr´] *(n.)* المحيط المائيّ: غلاف الأرض المائي.

hy·dro·stat [hī´drə stăt] *(n.)* مكشاف الماء: أداة كهربائية لاكتشاف وجود الماء [نتيجة لارتشاح أو فيض إلخ].

hy·dro·stat·ic [hī´drə stăt´ĭk] *(adj.)* هيدروستاتيّ: ذو علاقة بالهيدروستاتيكا.

hy·dro·stat·ics *(n.)* الهيدروستاتيكا: علم توازن الموائع.

hy·dro·ther·a·py [-thĕr´ə pĭ] *(n.)* المعالجة المائية: معالجة الأمراض والإصابات من طريق الاستخدام الخارجي للماء.

hy·dro·ther·mal [-thûr′məl] *(adj.)* ماحارّيّ: متعلّق بالمياه الحارّة وبخاصة من حيث أثرها في تكوين المعادن.

hy·dro·tho·rax [-thōr′ăks] *(n.)* مَوَهُ الصَّدْر (مض).

hy·dro·trop·ic [-trŏp′ĭk] *(adj.)* مائيّ الانتحاء (را. المادة التالية).

hy·drot·ro·pism [hī drŏt′rə pĭz′əm] *(n.)* الانتحاء المائيّ: حركة المتعضّي [كجذور النبات] استجابةً لوجود الماء (أح).

hy·drous [hī′drəs] *(adj.)* مائيّ: مشتمل على ماء.

hy·drox·ide [hī drŏk′sīd] *(n.)* الهيدروكسيد (ك).

hydroxy- *or* **hydrox-** بادئة معناها: هيدروكسيل أو متضمِّن هيدروكسيلًا.

hy·drox·yl [hī drŏk′sĭl] *(n.)* الهيدروكسيل (ك).

hy·drox·yl·ate [-′sə lāt′] *(vt.)* يُهَدْرِكْسِل: يضيف الهيدروكسيل إلى.

hy·dro·zo·an [hī′drə zō′ən] *(n.; adj.)* (١) الأبابيّ: واحد الأبابيّات وهي طائفة من شعبة اللّاحشويات **Hydrozoa** *Coelenterata* (ح) § (٢) أبابيّ.

hy·e·na [hī ē′nə] *(n.)* الضَّبُع (ح).

hyena

hyet- *or* **hyeto-** بادئة معناها: مطر.

hy·e·tol·o·gy [hī ĭ tŏl′ə jĭ] *(n.)* علم الأمطار.

Hy·ge·ia [hī jē′ə] هَيْجيا: إلاهة الصحة عند الإغريق.

hy·giene [hī′jēn] *(n.)* (١) التّصَحُّح؛ علم الصحة (٢) آداب التَّصَحُّح: القواعد والعادات التي تساعد على الاحتفاظ بسلامة الجسم.

hy·gi·en·ic [hī′jĭ ĕn′ĭk] *(adj.)* (١) تَصَحُّحيّ: ذو علاقة بالتصحُّح أو علم الصحة (٢) صِحّيّ.

hy·gi·en·ics [hī′jĭ ĕn′ĭks] *(n.)* = hygiene *1.*

hygr- *also* **hygro-** بادئة معناها: رطوبة <*hygro*scope>.

hy·gro·graph [hī′grə grăf′] *(n.)* الهيغروغراف: أداة لتسجيل تقلّبات الرطوبة الجوية أوتوماتيكيًا.

hy·grom·e·ter [hī grŏm′ə-] *(n.)* المِرطاب: أداة لقياس الرطوبة الجوية.

hygrometer

hy·grom·e·try [hī grŏm′ə-] *(n.)* المِرطابية: قياس الرطوبة الجوية.

hy·gro·phyte [hī′grə fīt′] *(n.)* = hydrophyte.

hy·gro·scope [hī′grə skōp′] *(n.)* مِنظار الرطوبة: أداة تُظهر التغيّر الطارئ على الرطوبة الجوية.

hy·gro·scop·ic [hī′grə skŏp′ĭk] *(adj.)* مسترطِب؛ استرطابيّ: ماصّ للرطوبة ومحتفِظ بها.

hy·gro·ther·mo·graph [-thûr′mə grăf′] *(n.)* المِرطابُ المِحرارُ: أداة لتسجيل الرطوبة والحرارة معًا على رسم بيانيّ واحد.

hyl- *or* **hylo-** بادئة معناها: «أ» خشب. «ب» مادة؛ ماديّ.

hy·la [hī′lə] *(n.)* عُلجوم صغير يسكن الأشجار (ح).

hy·lo·zo·ism [hī lə zō′ĭz əm] *(n.)* مذهب حيوية المادة: المذهب القائل بأن المادة كلّها ذاتُ روح.

hy·men [hī′mən] *(n.)* غِشاء البَكارة (ت).

Hy·men هَيْمان: إلَه الزواج عند اليونان (مث).

hy·me·ne·al [hī′mə nē′əl] *(adj.; n.)* (١) زواجيّ؛ قِرانيّ § (٢) أنشودة الزفاف.

hy·me·ni·um [-mē′-] *(n.)* الغُشَيّ: غشاء يجتمع فيه البَوْغ في بعض الفطور.

hy·me·nop·ter·an [hī mə nŏp′-] *(n.; adj.)* (١) الغشائية الأجنحة: إحدى غشائيات الأجنحة **Hymenoptera** وهي رتبة من الحشرات تشمل النمل والنحل والزنابير وغيرها § (٢) غشائية الأجنحة.

hy·me·nop·ter·on [hī′mə nŏp′-] *(n.)* = hymenopteran *1.*

hy·me·nop·ter·ous [hī′mə nŏp′-] *(adj.)* غشائية الأجنحة.

hymn[1] [hĭm] *(n.)* ترتيلة؛ ترنيمة.

hymn[2] *(vt.; i.)* (١) يُسَبِّح الله [بالتراتيل] x (٢) يُرَتِّل.

hym·nal; hym·na·ry [hĭm′-] *(n.)* مجموعة تراتيل (كن).

hymn·book [hĭm′bo͝ok′] *(n.)* كتاب التراتيل.

hym·nist [hĭm′nĭst] *(n.)* مؤلف التراتيل؛ ناظم التراتيل.

hym·no·dy [hĭm′nə dĭ] *(n.)* (١) إنشادُ التراتيل (٢) نظم التراتيل (٣) تراتيل عصر أو بلد أو كنيسة.

hym·nol·o·gy [hĭm nŏl′-] *(n.)* (١) hymnody (٢) دراسة التراتيل.

hy·oid [hī′oid] *(adj.)* لاميّ: ذو علاقة بالعظم اللّاميّ (ت).

hyoid bone *(n.)* العظم اللاميّ: عظم في قاعدة اللسان (ت).

hyp- = hypo-.

hyp·a·byss·al rocks [hĭp′ə bĭs′əl] *(n. pl.)* صخور الأغوار: صخور نارية تكون عادةً على عمق معتدل تحت سطح الأرض.

hy·pae·thral [hī pē′thrəl] *(adj.)* مكشوف: «أ» ذو باحة مركزية غير مسقوفة <~ temples>. «ب» غير مسقوف.

hype [hīp] *(vt.; n.)* (١) يخدع (٢) ينبّه؛ يثير (٣) يزيد § (٤) hypodermic (٥) خِداع.

hy·per [hī′pər] *(adj.)* عصبيّ المزاج؛ سريع الاهتياج.

hyper- بادئة معناها: «أ» فوق <*hyper*physical>. «ب» بإفراط <*hyper*critical>. «ج» فَرْط؛ مفرِط <*hyper*esthesia>.

hy·per·ac·id [hī′pər ăs′ĭd] *(adj.)* مُفرِط [أو زائد] الحموضة.

hy·per·a·cid·i·ty [-ə sĭd′ə tĭ] *(n.)* فَرْط الحموضة.

hy·per·ac·tive [-ăk′tĭv] *(adj.)* ناشط على نحوٍ مُفرِط أو مَرَضيّ.

hy·per·bo·la [hī pûr′bə lə] *(n.)* القَطْع الزائد (هن).

hy·per·bole [hī pûr′bə lē] *(n.)* الإغراق؛ الغُلُوّ (بل).

hy·per·bol·ic [hī pər bŏl′ĭk]; **-i·cal** *(adj.)* (١) مُغْرِق: مُتّسِمٌ بالغُلُوّ (بل) (٢) زائديّ المَقْطع (هن).

hyperbolic function *(n.)* الدّالّة الزائدية (هن).

hy·per·bo·lize [hī pûr′-] *(vi.; t.)* (١) يُغرق؛ يغالي x (٢) يبالغ في.

hy·per·bo·re·an [hī′pər bōr′ĭ ən] *(adj.; n.)* (١) فَوْبوريّ: ذو علاقة بأحد الأصقاع الشمالية القصوى: مُتْجمد؛ متجمِّد (٢) شماليّ: ذو علاقة بأحد شعوب القطب الشمالي § (٣) *cap.*: الفَوْبوريّ: أحد أفراد شعب سعيد اعتقد الإغريق أنه يقيم في منطقة شمالية تنعم بأشعة الشمس على نحو سرمديّ (٤) الشماليّ: المقيم في إقليم شمالي بارد.

hy·per·cal·ce·mia [-kăl′sē′ mĭ ə] *(n.)* فَرْط الكِلْسَميّة (ط).

hy·per·cor·rect [-kə rĕkt′] *(adj.)* نيِّق؛ صعبٌ إرضاؤه.

hy·per·crit·ic [-krĭt′ĭk] *(n.)* الناقد المتعنّت أو المتطرّف.

hy·per·crit·i·cal [-krĭt′ĭ kəl] *(adj.)* متعنّت أو متطرّف في النقد.

hy·per·e·mi·a [-ē′mĭ ə] *(n.)* التَّبيُّغ؛ الاحتقان؛ فرط الدم (ط).

hy·per·es·the·sia [-əs thē′zhə; -zhĭ ə] *(n.)* فَرْط الحِسّ (ط).

hy·per·fo·cal distance [-fō′kəl] *(n.)* المسافة فوق البؤرية (فو).

hy·per·geo·met·ric *(adj.)* فَوْهندسي: متعلّق بالهندسة الفوقية.

hy·per·gly·ce·mi·a [-glī sē′mĭ ə] *(n.)* فَرْط السُّكَّر [في الدم].

hy·per·ir·ri·ta·bil·i·ty [-ĭr′ĭ tə bĭl′-] *(n.)* فَرْط الاهتياج.

hy·per·ki·ne·sia [-kĭ nē′zhə] *(n.)* فَرْط الحَراك (ط).

hy·per·mar·ket [hī′pər mär′kət] *(n.)* المَتْجَر الضَّخم: مَتْجَرٌ كبير جدًا ومشتملٌ على «سوبرماركت».

hy·perm·ne·sia [-nē′zhə] *(n.)* فَرْط الذاكرة [لأحداث الماضي].

hy·per·ope [hī′pə rōp′] *(n.)* الطامس: المُصاب بالطَّمَس.

hy·per·o·pi·a [hī′pər ō′pĭ ə] *(n.)* الطَّمَس: مَدُّ البَصَر.

hy·per·op·ic [hī′pər ŏp′ĭk] *(adj.)* أطْمَس: مديدُ البَصَر.

hy·per·os·to·sis [hī′pər ŏs tō′sĭs] *(n.)* pl. **-to·ses** [tō′sēz] فَرْط التعظُّم: إفراط في نموّ النسيج العظمي.

hy·per·phys·i·cal [hī′pər fĭz′ə kəl] *(adj.)* (١) فوق الماديّ؛ وراء الماديّ (٢) لاماديّ؛ خارق.

hy·per·pi·tu·i·ta·rism [hī′pər pĭ tyōō′ə tə rĭz′əm] *(n.)* فَرْط النُّخامية: فَرْط نشاط الغدّة النُّخامية.

hy·per·pla·sia [hī′pər plā′zhə; -zhĭ ə] *(n.)* فَرْط التَنَسُّج: تكاثر الخلايا في نسيج أو عضو على نحوٍ غير سويّ.

hy·perp·ne·a [hī′pərp nē′ə] *(n.)* اللَّهَث؛ فَرط التنفُّس.

hy·per·py·rex·i·a [hī′pər pī rĕk′sĭ ə] *(n.)* فَرْط الحُمَّى.

hy·per·sen·si·tive [hī′pər sĕn′sə tĭv] *(adj.)* مُفْرِط الحساسية.

hy·per·sen·si·tiv·i·ty [-sĕn sə tĭv′ə tĭ] *(n.)* فَرْط الحساسية.

hy·per·son·ic [-sŏn′ĭk] *(adj.)* فَرْصَوْتيّ؛ فَرْط صوتي: متعلق بالسرعة البالغة خمسة أضعاف سرعة الصوت في الهواء أو أكثر.

hy·per·ten·sion [-tĕn′shən] *(n.)* فرط ضغط الدّم.

hy·per·text [hī′pər tĕkst′] *(n.)* الهايْبَرْتِكْسْت؛ النصّ الفوقيّ: طريقة لتخزين المعلومات في الكومبيوتر.

hy·per·ther·mi·a [-thûr′mĭ ə] *(n.)* فَرْط الحرارة.

hy·per·thy·roid·ism [-thī′roi dĭz′əm] *(n.)* فَرْط الدَّرَقيّة.

hy·per·ton·ic [-tŏn′ĭk] *(adj.)* مُفْرط التوتّر؛ زائد التوتّر.

hy·per·tro·phy [hī pûr′trə fĭ] *(n.; vt.; i.)* (١) الضَّخم؛ التَّضَخُّم؛ العَنْبلة (ط) § (٢) يُضخِّم x (٣) يتضخَّم.

hy·phen [hī′fən] *(n.; vt.)* (١) الواصلة: خط قصير (-) بين جزئي الكلمة المركّبة، أو أجزاء كلمة مقسّمة لغرض من الأغراض § (٢) يَصِلُ بواصلةٍ.

hy·phen·ate [hī′fə nāt′]; **hy·phen·ize** *(vt.)* يَصِل بواصلة.

hypn- *or* **hypno-** بادئة معناها: نوم أو تنويم مغنطيسي.

hyp·na·gog·ic *or* **hyp·no-** [hĭp′ nə gŏj′ĭk] *(adj.)* نُعاسيّ.

hyp·no·a·nal·y·sis [hĭp′nō ə năl′ə-] *(n.)* التحليل التنويمي: معالجة المرض العقلي بالتنويم المغنطيسي وبطرائق التحليل النفسي (نف).

hyp·no·gen·e·sis [-jĕn′-] *(n.)* التنويم: إحداث حالة تنويم مغنطيسي.

hyp·noid [hĭp′noid′] *or* **hyp·noid·al** *(adj.)* (١) نوميّ (٢) تنويمي: ذو علاقة بالتنويم المغنطيسي.

hyp·nol·o·gy [hĭp nŏl′ə jĭ] *(n.)* مَبْحث النَّوم.

hyp·no·sis [hĭp nō′sĭs] *(n.)* (١) النوم المغنطيسي (٢) حالة شبيهة بالنوم (٣) التنويم المغنطيسي.

hyp·no·ther·a·py [hĭp′nō thĕr′-] *(n.)* المعالجة بالتنويم.

hyp·not·ic [hĭp nŏt′ĭk] *(adj.; n.)* (١) منوِّم (٢) تنويميّ § (٣) المنوِّم: عقّار منوِّم (٤) شخص منوَّم أو قابلٌ للتنويم مغنطيسيًا.

hyp·no·tism [hĭp′nə tĭz′-] *(n.)* التنويم أو النوم المغنطيسي.

— **hyp·no·tist** *(n.)*

hyp·no·tize [hĭp′nə tīz′] *(vt.)* (١) ينوِّم [مغنطيسيًا] (٢) يَسْحَر؛ يفتن؛ يسيطر على.

hy·po[1] [hī′pō] *(n.)* = hypochondria.

hy·po[2] *(n.)* ملح الهيبو: ثيو سلفات الصوديوم.

hy·po[3] *(n.; vt.)* (١) المِحْقنة التَّحْجِلْدية: مِحْقنة الزَّرق تحت الجلد (٢) الزَّرقة التَّحجلْدية (٣) المنبّه؛ المثير § (٤) ينبّه؛ يثير (٥) يُضاعِف؛ يزيد.

hypo- *or* **hyp-** بادئة معناها: «أ» تحت <*hypo*dermic>. «ب» أقلّ من السويّ <*hypo*tension>.

hy·po·blast [hī′pə blăst′] *(n.)* = endoblast.

hy·po·branchial [hī′pō brăng′kĭ əl] *(adj.)* تَحْخَيْشوميّ: واقعٌ تحت الخياشيم (ح).

hy·po·cal·ce·mi·a [-kăl sē′-] *(n.)* نقص الكلسيوم [في الدم].

hy·po·caust [hī′pə kôst] *(n.)* التدفئة المركزية [عند الرومان].

hy·po·cen·ter [hī′pō sĕn′-] *(n.)* المركز التحتاني: تلك النقطة من سطح الأرض الواقعة مباشرةً تحت مركز انفجار قنبلة نووية.

hy·po·chlo·rous acid [hī′pə klōr′-] *(n.)* حَمض هيبوكلوروز (ك).

hy·po·chon·dri·a [-kŏn′drĭ ə] *(n.)* = hypochondriasis.

hy·po·chon·dri·ac [-′drĭ ăk] *(adj.; n.)* (١) مَراقيّ: ذو علاقة بمراق البطن أي ما رقَّ منه ولان في أسافلِهِ ونحوها (٢) ممروق؛ مُوَسْوَس: مصابٌ بالمُراق أو بوسواس المرض (٣) مُراقيّ؛ وَسْواسيّ § (٤) الممروق؛

المُوَسْوَس .

hy·po·chon·dri·a·sis [-drī′-] *(n.)* المُراق؛ وسواس المرض .

hy·po·co·rism [hī pŏk′ ə rĭz′əm] *(n.)* (١) «أ» اسم التحبّب . «ب» استعمال أسماء التحبّب (٢) euphemism .

hy·poc·ri·sy [hĭ pŏk′rə sī] *(n.)* الرِّياء؛ النِّفاق . وبخاصة : التظاهر الكاذب بالفضيلة والدين .

hyp·o·crite [hĭp′ə krĭt] *(n.; adj.)* مُراءٍ؛ منافق .

hyp·o·crit·i·cal [-krĭt′ĭ kəl] *(adj.)* ريائيّ؛ نفاقيّ؛ كاذب؛ زائف .

hy·po·derm [hī′pə-] *(n.)* اللُّحْميّ : نسيج ضامّ تحت الجلد .

hy·po·der·mal [-dûr′məl] *(adj.)* (١) لُحْميّ : ذو علاقة بالنسيج الضامّ تحت الجلد (٢) تَحْبَشْريّ : واقعٌ تحت البشرة .

hy·po·der·mic [-dûr′mĭk] *(adj.; n.)* (١) تَحْجِلْديّ : «أ» متعلق بما تحت الجلد . «ب» مُعَدّ للاستعمال في الزَّرق تحت الجلد . «ج» معطًى بطريقة الزَّرق تحت الجلد (٢) شبيهٌ في تأثيره بالزَّرق تحت الجلد: مثير § (٣) الزَّرقة التَّحجلدية : زرقة بالإبرة تحت الجلد (٤) المِحقنة التَّحجلدية .

hypodermic injection *(n.)* الزَّرقة التَّحجلدية .

hypodermic needle *(n.)* الإبرة التَّحْجِلديّة .

hypodermic syringe *(n.)* المِحْقَنة التَّحْجِلْدية .

hy·po·der·mis [-dûr′-] *(n.)* (١) الأَدَمة التَّحْتيّة (نب) (٢) وِطاءُ الأدمة (ح) .

hy·po·gas·tric [hī′pə găs′trĭk] *(adj.)* خَثْليّ .

hy·po·gas·tri·um [-′trĭ əm] *(n.)* خَثْلة البطن : ما بين السُّرة والعانة (ت) .

hy·po·ge·al [hī′pə jē′əl] *or* **hy·po·ge·an** *or* **hy·po·ge·ous** [-jē′əs] *(adj.)* طَمْريّ : نامٍ أو عائشٌ تحت سطح الأرض .

hy·po·gene [hĭp′ə jēn′; hī′pə-] *(adj.)* = plutonic.

hy·pog·e·nous [hī pŏj′ə nəs] *(adj.)* سُفليّ : نامٍ على الجانب الأسفل من الورقة <fungi ~> .

hy·po·ge·um [hī′pə jē′əm] *(n.)* pl. **-ge·a** [jē′ə] (١) قبو (٢) سرداب الموتى : مقبرة تحت الأرض .

hy·po·glos·sal [-glŏs′əl] *(adj.)* تَحْلِساني : واقع تحت اللسان .

hy·po·gly·ce·mi·a [hī′pō glī sē′mĭ ə] *(n.)* نقص السكّر [في الدم] (ط) .

hy·pog·na·thous [hĭ pŏg′-] *(adj.)* أكَسّ : فكّهُ الأسفل أطول من الأعلى .

hy·po·ma·ni·a [hī′pə mā′-] *(n.)* مَسٌّ أو هَوَسٌ معتدل .

hy·po·phar·ynx [-făr′ĭngks] *(n.)* وِطاء البُلعوم : زائدة شبيهة باللسان في أفواه كثير من الحشرات .

hy·po·phos·phate [-fŏs′fāt] *(n.)* الهيبوفوسفات (ك) .

hy·po·phos·phite [-fŏs′fīt] *(n.)* الهيبوفوسفيت (ك) .

hy·poph·y·sis [hī pŏf′ə sĭs; hĭ-] *(n.)* الغُدّة النُّخاميّة (ت) .

hy·po·pi·tu·i·ta·rism [hī′pō pĭ tyōō′ə tə rĭz′əm] *(n.)* قصور النُّخاميّة : قصور في نشاط الغدّة النُّخامية (ط) .

hy·po·pla·si·a [hī′pə plā′zhə; -zhĭ ə] *(n.)* الضَّوَى؛ نقص التَّنَشُّج : توقُّف نموّ عضوٍ أو جزء بحيث يظلّ أصغرَ من الحجم السَّويّ (ط) .

hy·po·sen·si·tiv·i·ty [hī′pō sĕn′sə tĭv′ə tĭ] *(n.)* نقص الحساسية .

hy·po·sen·si·tize [-sĕn′sə tīz′] *(vt.)* يُنقص أو يُضعف الحساسية .

hy·pos·ta·sis [hī pŏs′tə sĭs] *(n.)* (١) «أ» الراسب : ما يَرْسُب في قعر سائلٍ ما . «ب» رُكود الدم (ط) (٢) «أ» أُقنوم . «ب» شخصية المسيح التي تجمع الطبيعتين الإلّهية والبشرية (٣) طبيعة الفرد الأساسية .

hy·pos·ta·tize [-′tə tīz] *(vt.)* يُمَدّي : يعتبر الشيء المجرَّد شيئًا ماديًا .

hy·po·style [hī′pə stīl′] *(adj.)* مُعَمَّد : مرتكِز السَّقف على صفوف من الأعمدة (عم) .

hy·po·sul·fite [hī′pə sŭl′fīt] *(n.)* الهيبوسلفيت (ك) .

hy·po·sul·fur·ous acid [-sŭl fyōōr′-] *(n.)* حمض الهيبوسلفوروز (ك) .

hy·po·tax·is [hī′pə tăk′sĭs] *(n.)* رَبْط أداتيّ؛ تبعية بالأدوات (ل) .

hy·po·ten·sion [hī pō tĕn′shən] *(n.)* نقص التوتّر : هبوط غير سويّ في ضغط الدم (ط) .

— hy·po·ten·sive *(adj.; n.)*

hy·pot·e·nuse [hī pŏt′ə nyōōs] *(n.)* وترُ المثلّث [ذي الزاوية القائمة] .

hy·po·thal·a·mus [hī′pə thăl′ə məs] *(n.)* pl. **-mi** [mī] الهايبوثلاموس؛ ما تحت المِهاد البصري (ت) .

hy·poth·e·cate [hī pŏth′ə kāt′] *(vt.)* يرهن [عقارًا أو سندات] .

hy·po·ther·mal [hī pə thûr′-] *(adj.)* فاتر؛ معتدل السخونة .

— hy·po·ther·mi·a *(n.)*

hy·poth·e·sis [hī pŏth′ə sĭs; hĭ-] *(n.)* pl. **-e·ses** (١) الفَرْضيّة؛ الظَّنّية : رأي علميّ لمّا يثبُتْ بعدُ (٢) افتراض على سبيل الجَدَل .

hy·poth·e·size [-′ə sīz′] *(vi.; t.)* (١) يَضَعُ فَرْضيةً x (٢) يفترض .

hy·po·thet·i·cal [hī′pə thĕt′-] *(adj.)* افتراضيّ : قائم على الافتراض .

hy·po·thy·roid·ism [hī′pō thī′roi dĭz′əm] *(n.)* قُصور الدَّرَقية : قصور في نشاط الغُدّة الدَّرقية (ط) .

hy·po·ton·ic [hī pə tŏn′ĭk] *(adj.)* ناقص التوتّر (فس) .

hy·pot·ro·phy [hī pŏt′rə fī] *(n.)* الضُّمور : نقص النموّ .

hy·po·xan·thine [hī pə zăn′thēn] *(n.)* الهيبوزَنْثين (كح) .

hy·pox·e·mi·a [hī pŏk′sē mĭ ə] *(n.)* نَقْصُ التأكْسُج (ط) .

hy·pox·i·a [-′sĭ ə] *(n.)* نقص وصول الأكسجين [إلى أنسجة الجسم] .

hyps- *or* **hypsi-** *or* **hypso-** بادئة معناها : ارتفاع .

hyp·sog·ra·phy [hĭp sŏg′rə fī] *(n.)* الهِبْسوغرافيا : علم قياس مرتفعات سطح الأرض ووضع الخرائط لها .

hyp·som·e·ter [-sŏm′ə tər] *(n.)* الهِبْسومتر؛ مقياس الارتفاع .

hyp·som·e·try [-′ə trĭ] *(n.)* قياس الارتفاع .

hy·rax [hī′răks] *(n.)* pl. **hy·rax·es** *also* **hy·ra·ces** الوَبْر؛ الزَّلَم (ح) .

hyrax

hy·son [hī′sən] *(n.)* الهَيْسون : شاي صينيّ أخضر .

hys·sop [hĭs′əp] *(n.)* الزُّوفا ؛ أُشنان داود (نب) .

hyster- *or* **hystero-** بادئة معناها : «أ» رَحِم . «ب» هِستيريا .

hys·ter·ec·to·mize [hĭs′tə rĕk′tə-] *(vt.)* يستأصل الرَّحِم (جر) .

hys·ter·ec·to·my [hĭs′tə rĕk′tə mĭ] *(n.)* استئصال الرَّحِم (جر) .

hys·ter·e·sis [hĭs′tə rē′sĭs] *(n.)* التخلُّفيّة : تخلُّف الأثر عند تغيُّر العوامل المؤثّرة في جسم ما . وبخاصة : تخلُّف الآثار المغنطيسية بعد زوال أسبابها .

hys·ter·et·ic [hĭs tə rĕt′ĭk] *(adj.)* تخلُّفيّ (را . المادّة السابقة) .

hys·te·ri·a [hĭs tēr′ĭ ə] *(n.)* الهِسْتيريا ؛ الهَرَع : «أ» حالة عُصابية تتحوَّل فيها الأزمات النفسية إلى اضطرابات جسدية . «ب» خوف أو اهتياج عاطفي لا سبيل إلى كبحِه .

hys·ter·ic [hĭs tĕr′ĭk] *(n.; adj.)* (١) الهِستيريا ؛ الهَرَع (٢) المُهَسْتَر ؛ المَهْروع : المصاب بالهستيريا أو الهَرَع § (٣) هِستيريّ ؛ هَرَعيّ .

hys·ter·i·cal *(adj.)* (١) هِستيري ؛ هَرَعي (٢) مُهَسْتَر ؛ مَهْروع (٣) مُضْحِك .

hys·ter·ics *(n.)* هِستيريا : نوبة ضحك أو بكاء لا سبيل إلى كبحها .

hystero- = hyster-.

hys·ter·o·gen·ic [hĭs′tər ə jĕn′ĭk] *(adj.)* مُهَسْتِر : مسبِّب للهستيريا .

hys·ter·oid [hĭs′tə roid′] *(adj.)* هِسْتِيراني ؛ هَرَعاني : شبيهٌ بالهستيريا أو الهَرَع .

hys·ter·on prot·er·on [hĭs′tə rŏn′ prŏt′ə rŏn′] *(n.)* القَلْب : «أ» كلام ينطوي على قلب للترتيب الطبيعي أو العقلاني كقولك <Then came the thunder and the lightning.> . «ب» مغالطة قِوامُها اعتبارُ شيء [لازم عمّا يراد إثباتُهُ] مقدّمةً منطقية .

hys·ter·ot·o·my [hĭs′tə rŏt′ə mĭ] *(n.)* بَضْع الرَّحِم : شقّ الرَّحِم جراحيًا . وبخاصة : العملية القيصرية .

Hys·tric·i·dae [hĭs trĭs′ĭ dē] *(n. pl.)* الشياهم ؛ فصيلة الشياهم : فصيلة من القوارض ذات أشواك طويلة كأنها المَسالّ (ح) .

hys·trix [hĭs′trĭks] *(n.)* الشَّيْهَم ؛ النَّيْص ؛ الضَّرْب : حيوان من القوارض ذو شوك طويل كأنّه المَسالّ .

hyte [hīt] *(adj.)* مجنون ؛ مخبَّل ؛ مضطرب العقل (إسك) .

i [ī] *(n. often cap.)* (١) الحرف التاسع من الأبجدية الإنكليزية (٢) شيء مُعتَبَرٌ تاسعًا من حيث الترتيب أو الطبقة (٣) شيء على صورة حرف I.

I[1] [ī] *(pron.)* أنا؛ تُ: ضمير المفرد المتكلم.

I[2] [ī] *(n.)* pl. **I's** *or* **Is** الأَنَوِيّ: «أ» شخص شاعرٌ بفرديته المتميِّزة. «ب» شخص يُكثِر من التحدث عن نفسه <just a big ~>.

-ia لاحقة معناها: «أ» حالة مَرَضيّة <pneumon*ia*>. «ب» جنس من النبات أو الحيوان <Dahl*ia*>.

-ial لاحقة معناها: منسوبٌ إلى شيء؛ ذو علاقة بشيء؛ مُتَّسِمٌ أو متميِّزٌ بشيء <baron*ial*>.

i·amb [ī'ăm; ī'ămb] *(n.)* اليامب؛ العَمْبَق: تفعيلة شعرية ذات مَقطعين: مَقْطع قصير يتبعه مقطع طويل [مثل *above*]، أو مقطع غير منبور [أي غير مشدَّد النطق] يتبعه مقطع منبور [مثل *invent*].

i·am·bic [ī ăm'bĭk] *(n.; adj.)* (١) اليامب (را. المادة السابقة) (٢) الشعر اليامبيّ؛ القصيدة اليامبيّة § (٣) يامبيّ؛ عَمْبقيّ.

i·am·bus [ī ăm'bəs] *(n.)* pl. **-bus·es** *or* **-bi** [bī] = iamb.

-iasis لاحقة معناها: «أ» مرض متميِّز بشيء معيّن <satyr*iasis*>. «ب» مرض ناشئ عن شيء معيّن <ancylostom*iasis*>.

i·at·ric [ī ăt'rĭk] *also* **-cal** *(adj.)* طِبّيّ.

-iatrics لاحقة معناها: معالجة طبية <ped*iatrics*>.

-iatry لاحقة معناها: معالَجة طِبِّيّة <psych*iatry*>.

I·be·ri·an [ī bēr'ĭ ən] *(n.; adj.)* (١) الأَيْبيري § (٢) أيبيري؛ قوقازيّ.

ibex

i·bex [ī'bĕks] *(n.)* pl. **i·bex** *or* **-es** الوَعْل؛ البَدَن؛ تيس الجبل.

ibid· [ĭb'ĭd] *(n.)* = ibidem.

i·bi·dem [ĭ bē'dĕm; ĭb'ĭ dəm] *(adv.)* في نفس المكان أو نفس الكتاب أو الفصل أو الصفحة أو الفقرة.

i·bis [ī'bĭs] *(n.)* pl. **i·bis** *or* **-es** أبو مِنجل؛ الحارس: طائر ذو منقار معقوف.

ibis

-ible = -able.

I·car·i·an [ĭ kâr'ĭ ən] *(adj.)* إيكاروسيّ: منسوب إلى إيكاروس [في الميثولوجيا اليونانية] الذي أسرف في التحليق. وبخاصة: «أ» مسرف في التحليق على نحو يعرِّض سلامته للخطر <~ flight>. «ب» غير ملائم لمشروعٍ طموحٍ أو عاجزٌ عن القيام به <~ methods>.

ice [īs] *(n.; vt.; i.)* (١) «أ» جليد؛ جَمَد؛ ثلج. «ب» رُقاقة أو امتداد من جليد (٢) برود [ناشئ عن التحفّظ أو التزام الأعراف والشكليات] (٣) icing 2 (٤) الحلوى الجليدية: حلوى متجلدة تحتوي على عصير فاكهة. وبخاصة: حلوى متجلدة لا تشتمل على حليب أو قشدة (٥) ماسات [جمع ماسة] أو جواهر (ع) (٦) رشوة § (٧) «أ» يكسو بالثلج أو يحوِّل إلى جليد: يجلِّد. «ب» يبرِّد أو يزوِّد بالثلج (٨) يكسو بعض المآكل المخبوزة بغطاء مؤلَّف من سكر وزبدة وحليب وبيض x (٩) يصبح باردًا جدًا (١٠) يتجمّد (١١) يكتسي بالجليد أو الثلج.

on ~, (١) موضوع جانبًا (٢) شبه مضمون.

on thin ~, في وضع محفوف بالمخاطر أو المصاعب.

ice age *(n.)* (١) عصر جليدي (٢) *cap. I and A*: عصر الجليد (جي).

ice ax *(n.)* فأس الجليد: فأس يستخدمها مُتسلِّقو الجبال.

ice ax

ice bag *(n.)* كيس الثلج: كيس ثلج صامدٌ للماء يوضع على ناحية من الجسم.

ice·berg [īs'bûrg'] *(n.)* (١) الجبل الجليدي: جبل جليد عائم انفصل عن مَجْلَدة glacier وَطَفا على سطح المحيط (٢) البارد: شخص باردٌ عاطفيًا.

ice·blink [īs'blĭngk'] *(n.)* الوميض الجليدي: بريق في السماء مردّه إلى انعكاس الضوء عن الجليد.

ice·boat [īs'bōt'] *(n.)* (١) مركب الجَمَد: مركبة شبيهة بمركب شراعي تستخدم للانزلاق على الجليد (٢) icebreaker 2.

iceboat *1.*

ice·boat·ing *(n.)* رُكوب الجَمَد: رياضة الانزلاق بمراكب الجَمَد.

ice·bound [īs'bound'] *(adj.)* مُحاط أو محصور بالجليد.

ice·box [īs'bŏks'] *(n.)* ثلّاجة.

ice·break·er [īs'brā'kər] *(n.)* (١) كاسرة الجليد: «أ» أداة لتكسير الجليد. «ب» بِنية حجرية أو خشبية لحماية جسر من الجليد الزاحف (٢) كسّارة الجَمَد: سفينة لشق طريق وسط الجليد (٣) حاطمُ الجليد: شيء يُتَّخذ وسيلة للتغلب على التحفظ والبدء في الحديث [في حفلة أو مناسبة اجتماعية].

ice cap *(n.)* قلنسوة الجليد: «أ» كيس ثلج على شكل قلنسوة [بحيث يلائم

ă at; ā date; â care; ä car; ĕ egg; ē me; ĭ in; ī bite; ŏ lot; ō bone; ô orphan; oi boil; o͝o good; o͞o boot; ou out; ŭ under; û urgent; ə = *a* in alone, *e* in system, *i* in easily, *o* in gallop, *u* in circus.

الرأس]. «ب» نهر جليديّ متدفق من وَسَطه في جميع الاتجاهات.

ice–cold [īs′kōld′] *(adj.)* مثلوج؛ بارد إلى حد أقصى.

ice cream *(n.)* مثلوجات؛ مثلَّجات؛ «بوظة»؛ «جيلاتي».

ice crystal *(n.)* = ice needle.

iced [īst] *(adj.)* مُجَلَّد: مكسوٌّ بالجليد أو بغطاء جليديّ (را. icing 2).

ice field *(n.)* حقل الجليد: طَوْفٌ جليدي (را. المادة التالية) ضخم.

ice floe *(n.)* الطَّوف الجليديّ: رُقاقة كبيرة من جليد عائم.

ice fog *(n.)* الضَّباب الجليديّ: ضباب مؤلف من جُسيمات جليدية.

ice hockey *(n.)* هوكي الجليد (رب).

ice·house [īs′hous′] *(n.)* مبنى الجليد: مبنًى لخَزْن الجليد.

Ice·lan·dic [īs lăn′-] *(adj.; n.)* (١) إيسْلَنْدي § (٢) اللغة الإيسلنديّة.

Iceland poppy *(n.)* الخَشْخاش الإيسلنديّ (نب).

Iceland spar *(n.)* السَّبَار (را. spar 3) الإيسلنديّ.

ice·man [īs′măn′] *(n.)* الثلّاج: بائع الثلج.

ice needle *(n.)* إبرة الجليد: إحدى الدقائق أو الجُسَيْمات الجليدية الرفيعة التي تطفو في الهواء حين يكون الجو باردًا صافيًا.

ice pack *(n.)* الرَّصيف الجليديّ: مساحة واسعة من جليد عائم.

ice pick *(n.)* مِعْول الثَّلج: أداة يدوية لتكسير الثلج.

ice plant *(n.)* المُلّاح البِلّوري؛ عشبة الجليد (نب).

ice sheet *(n.)* = ice cap.

ice–skate [īs′skāt′] *(vi.)* يتزلج [على الجليد].

ice storm *(n.)* العاصفة الجليدية (أر).

ice water *(n.)* الماء المثلوج: ماء مبرَّد للشرب بخاصّة.

ichn- *or* **ichno-** بادئة معناها: أثر القَدَم؛ طبعة القَدَم.

ich·neu·mon [ĭk noo′mən; -nyoo′-] *(n.)* النِّمس (ح).

ichneumon fly *(n.)* النِّمسية؛ ذبابة النِّمس.

ichneumon fly

ich·nite [ĭk′nīt] *or* **ich·no·lite** [-′nə līt] *(n.)* أثرُ قدمٍ مستحجرٌ.

ich·nol·o·gy [ĭk nŏl′-] *(n.)* دراسة آثار الأقدام المستحجرة.

i·chor [ī′kôr; ī′kər] *(n.)* (١) المُهْل: سائل رقيق ينبعث من قرحة أو جرح (مض) (٢) دم الآلهة (مث).

ichthy- *or* **ichthyo-** بادئة معناها: سمك.

ich·thy·oid [ĭk′thĭ oid′] *(adj.; n.)* (١) سَمَكانيّ: شبيه بسمكة § (٢) السَّمَكانيّ: حيوان فقاريّ شبيه بسمكة.

ich·thy·oi·dal *(adj.)* = ichthyoid.

ich·thy·ol·o·gy [ĭk′thĭ ŏl′ə jĭ] *(n.)* (١) السِّماكة؛ علم الأسماك (٢) بحث في الأسماك.

ich·thy·oph·a·gous [-ŏf′ə gəs] *(adj.)* آكلٌ أو مُقتات بالأسماك.

ich·thy·or·nis [ĭk thĭ ôr′nĭs] *(n.)* الإكثور: طير منقرض.

ich·thy·o·saur [ĭk′thĭ ə sôr′] *(n.)* الإكْصور: زحّافة بحرية منقرضة سمكيّة الشكل.

ichthyosaur

ich·thy·o·sis [ĭk′thĭ ō′sĭs] *(n.)* السُّماك؛ داء السمك: مرض خِلْقيّ تَخْشَوْشن فيه البشرة وتتقشّر باستمرار.

-ician لاحقة معناها: اختصاصيّ في <mus*ician*>.

i·ci·cle [ī′sĭ kəl] *(n.)* (١) الدَّلاة الجليدية: كتلة جليدية مدلّاة ناشئة عن تجمّد الماء أثناء تقطّره (٢) البارد: شخص عديم الاستجابة عاطفيًا.

i·ci·ly [ī′sə lĭ] *(adv.)* (١) على نحو جليديّ (٢) ببرود شديد.

i·ci·ness [ī′sə-] *(n.)* (١) الجليدية: كون الشيء جليديًا (٢) برود شديد.

ic·ing [ī′sĭng] *(n.)* (١) تثليج؛ تجليد (٢) الغطاء الجليديّ: غطاء للمآكل المخبوزة مؤلف من سُكّر وزبدة وحليب وبيض إلخ.

icing sugar *(n.)* سكّر ذَرُوري [ناعم].

ick·y [ĭk′ĭ] *(adj.)* (١) دبق؛ لزج (٢) بغيض.

i·con [ī′kŏn] *(n.)* (١) صورة (٢) تمثال (٣) أيْقونة (نص) (٤) معبودٌ (٥) الأيقونة: رمز على شاشة الكومبيوتر.

i·con·ic [ī kŏn′ĭk] *(adj.)* (١) أيقونيّ (٢) أيقونانيّ: شبيه بأيقونة.

i·con·o·clasm [ī kŏn′ə klăz′əm] *(n.)* (١) تحطيم الأصنام (٢) الثورة على المعتقدات أو المؤسسات التقليدية.

i·con·o·clast [ī kŏn′ə klăst] *(n.)* (١) محطِّم الأصنام أو المقاوم لتقديسها (٢) الثائر على المعتقدات أو المؤسّسات التقليدية.

i·co·nog·ra·pher [ī′kə nŏg′-] *(n.)* المُصمِّم: واضع الأشكال والرسوم.

i·co·nog·ra·phy *(n.)* (١) الأيقَنة: صنع الأيقونات (٢) موضوع الأيقونة أو الصورة (٣) iconology.

i·co·nol·a·ter [ī′kə nŏl′-] *(n.)* عابد التماثيل أو الأيقونات.

i·co·nol·a·try [ī kə nŏl′ə trĭ] *(n.)* عبادة التماثيل أو الأيقونات.

i·co·nol·o·gy [ī′kə nŏl′-] *(n.)* دراسة الأيقونات أو الرمزية الفنيّة.

i·con·o·scope [ī kŏn′ə skōp′] *(n.)* الأيقونوسكوب: صِمام كاميرا تلفزيونية يمسح سطحًا فسيفسائيًا مُصْدِرًا للضوء (ألك).

i·co·nos·ta·sis [ī kə nŏs′-] *(n.)* pl. **-ses** الفاصل الأيقونيّ: حاجز مزدان بالأيقونات يفصل المذبح عن الجزء الأساسيّ من كنيسة شرقيّة.

i·co·sa·he·dral [ī kō sə hē′-] *(adj.)* عِشرونيّ الوجوه (ر).

i·co·sa·he·dron [ī kō sə hē′drən] *(n.)* العشرونيّ الوجوه: مُجَسَّم ذو عشرين وجهًا (ر).

-ics لاحقة معناها: «أ» دراسة؛ معرفة؛ براعة <opt*ics*>. «ب» أعمال أو نشاطات مميِّزة <gymnast*ics*>. «ج» خصائص أو عمليات أو ظواهر مميِّزة <acoust*ics*>.

ic·ter·ic [ĭk tĕr′ĭk] *(adj.)* (١) يَرَقانيّ (٢) مصاب باليرقان.

ic·ter·us [ĭk′tər əs] *(n.)* اليَرَقان (را. jaundice).

i·cy [ī′sĭ] *(adj.)* (١) «أ» جليديّ: كثير الجليد أو مكسوٌّ به أو مؤلَّف منه. «ب» بارد إلى حد بعيد (٢) بارد <got an ~ stare from the stranger>.

id [ĭd] *(n.)* (١) ألْهَذا؛ ألْهُوَ: ذلك الجانب اللاشعوريّ من النفس الذي يُعتبر مصدر الطاقة الغريزية في الإنسان (نف) (٢) الطَّفْحة: طَفْحٌ جلدي (مض).

I'd [īd] = I had; I should; I would.

-idae لاحقة معناها: فصيلة من الحيوان <Fel*idae*>.

ID card [ī'dē'] *(n.)* <*id(entity) card*> بطاقة الهُوِيّة.

-ide <brom*ide*> لاحقة تستخدم في صياغة المركّبات الكيميائية.

i·de·a [ī dē'ə] *(n.)* (١) «أ» صورة؛ مِثال [عند أفلاطون]. «ب» مثل أعلى. «ج» خطة؛ تصميم؛ مشروع (٢) فكرة.

i·de·al [ī dē'əl; ī dēl'] *(adj.; n.)* (١) «أ» تصوّريّ؛ خيالي. «ب» ذهنيّ؛ فكريّ؛ مفهوميّ (٢) مِثاليّ § (٣) مثلٌ أعلى (٤) هدف؛ غاية.

i·de·al·ise [ī dē'ə līz'] *(vt.; i.)* = idealize.

i·de·al·ism [ī dē'ə lĭz'əm] *(n.)* المثالية؛ المذهب المثالي: «أ» القول بأن الحقيقة المطلقة كامنةٌ في عالم يتعدى عالم الظواهر. «ب» القول بأن الطبيعة الأساسية للحقيقة كامنةٌ في الوعي أو العقل. «ج» التعلّق بالمُثُل العليا. «د» نظرية في الأدب والفنّ تعطي مظاهر الجمال المثالية أو الذاتيّة قيمة أعظم من تلك التي تعطيها الصفات الشكلية أو المُحَسَّة.

i·de·al·ist [ī dē'əl ĭst] *(n.; adj.)* (١) المثاليّ: «أ» المشايع لمذهب فلسفيّ مثاليّ. «ب» فنان أو كاتب يناصر أو يمارس المثالية في الفن أو الكتابة. «ج» شخص يستهدي في سيرته بالمُثُل العليا. وبخاصة: من يقدّم المثل العليا على الاعتبارات العملية § (٢) مثاليّ.

i·de·al·is·tic [ī dē'ə lĭs'tĭk] *(adj.)* مثاليّ.

i·de·al·i·ty [ī dĭ ăl'ə tĭ] *(n.)* (١) المثالية: «أ» كون الشيء مثاليًا. «ب» وجود في الفكرة فحسب (٢) شيء خياليّ: مفهوم غير واقعي.

i·de·al·ize [ī dē'ə līz] *(vt.; i.)* (١) يمثّل: «أ» يجعله مثاليًا؛ يعطيه شكلًا مثاليًا أو قيمة مثالية؛ ينسب إليه صفات مثالية <She tended to ~ her friends.>. «ب» يعالج موضوعًا أدبيًا أو فنيًا على الطريقة المثالية (را. idealism) x (٢) يَسْتَمْثِل: «أ» يُكوِّن مُثُلًا. «ب» يَعْمل على نحو مثاليّ.

i·de·al·ly [ī dē'ə lĭ] *(adv.)* (١) ذهنيًا (٢) مثاليًا (٣) كلاسيكيًا.

i·de·ate [ī dē'āt] *(vt.; i.)* (١) يتصوَّر؛ يتخيَّل x (٢) يكوِّن فكرة.

i·de·a·tion [ī'dē ā'shən] *(n.)* التصوُّر؛ التخيُّل؛ تكوين الأفكار.

i·de·a·tion·al [-əl] *(adj.)* تصوّري؛ تخيُّلي؛ متعلّق بتكوين الأفكار.

i·de·a·tive [ī dē'ə tĭv] *(adj.)* = ideational.

i·dée fixe [ē dā fēks'] *(n.)* = fixed idea.

i·dem [ī'dĕm; ĭd'ĕm] *(pron.)* مِثْلُهُ؛ شَرْحُهُ: كالشيء المذكور سابقًا.

i·den·tic [ī dĕn'tĭk] *(adj.)* = identical.

i·den·ti·cal [ī dĕn'tə kəl] *(adj.)* (١) نفسُهُ؛ ذاتُهُ؛ عَيْنُهُ (٢) «أ» مماثِل؛ مطابق. «ب» متماثل؛ متطابق.

identical equation *(n.)* المعادلة المتطابقة (ر).

i·den·ti·cal·ly *(adv.)* بالتماثل؛ بالتطابق؛ على نحوٍ متطابق.

identical twins *(n. pl.)* التوأمان المتماثلان.

i·den·ti·fi·ca·tion [ī dĕn'tə fə kā'-] *(n.)* (١) «أ» مماثَلة؛ مطابَقة. «ب» تماثلٌ؛ تطابق (٢) معيِّن الهُوِيّة: كل ما يعيّن هوية المرء أو يثبتها <Experienced travelers always carry some ~.> (٣) التَّشبُّه: دمجُ المرء نفسَهُ في شخص أو جماعة دمجًا ينشأ عنه ارتباط عاطفي وثيق (نف).

i·den·ti·fy [ī dĕn'tə fī] *(vt.; i.)* (١) «أ» يماثل؛ يطابق. «ب» يعتبر [الشيئين] شيئًا واحدًا <to ~ the interests of subjects and their sovereigns> (٢) يعيِّن الهوية أو الشخصية (٣) يعيِّن النوع [الذي ينتسب إليه حيوان ما إلخ] x (٤) يتماثل؛ يتطابق؛ يندمج (نف).

i·den·ti·ty [ī dĕn'tə tĭ] *(n.)* (١) تماثُل؛ تطابُق؛ وَحدة (٢) هُوِيّة؛ ذاتية (٣) المعادلة المتطابقة (ر).

identity card *(n.)* = ID card.

identity crisis *(n.)* أزمة الهُوِيّة: حالة عُصابية من حالات المراهقة عادةً تنشأ عن تعارض الضغوط والتوقّعات أو الآمال وتتميز بما يستشعره «المأزوم» من ضياع وتخبُّط وبخاصة في ما يتصل بدوره الاجتماعي (نف).

ideo- <*ideo*graph> بادئة معناها: فكرة.

id·e·o·gram; id·e·o·graph [ĭd'ĭ ə-] *(n.)* (١) الإيديوغرام: صورة [أو رمز] تُستعمل في نظام كتابيّ ما [كالهيروغليفية والصينية] وتمثّل شيئًا أو فكرةً لا كلمةً خاصة بذلك الشيء أو تلك الفكرة (٢) اللوغوغرام: حرف أو رمز أو علامة تمثّل كلمة كاملة.

id·e·og·ra·phy [ĭd'ĭ ŏg'rə fĭ] *(n.)* الإيديوغرافيا: الكتابة بالرموز الإيديوغرامية أو اللّوغوغرامية (را. ideogram).

i·de·o·log·i·cal *also* **-log·ic** [ī'dĭ ə lŏj'-] *(adj.)* (١) فكريّ؛ تصوّري (٢) إيديولوجيّ.

i·de·ol·o·gist [ī'dĭ ŏl'ə jĭst] *(n.)* = ideologue.

i·de·o·logue [ī'dĭ ə lôg'] *(n.)* (١) «أ» المنظِّر؛ واضع النظريات. «ب» الحالم (٢) الإيديولوجيّ: مناصرُ معتقَدٍ إيديولوجيّ معيَّن.

i·de·ol·o·gy [ī'dĭ ŏl'ə jĭ; ĭd'ĭ-] *(n.)* (١) التنظير الحالم: وضع النظريات بطريقة غير عملية (٢) الإيديولوجية: «أ» مجموعة نظاميّة من المفاهيم في موضوع الحياة أو الثقافة البشرية. «ب» طريقة [أو محتوى] التفكير المميِّز لفرد أو جماعة أو ثقافة. «ج» النظريات والأهداف المتكاملة التي تشكّل قِوام برنامج سياسي اجتماعي: مذهب.

ides [īdz] *(n.)* العَيْدَس: اليوم الخامس عشر من مارس أو مايو أو يوليو أو أكتوبر، أو اليوم الثالث عشر من أيّ شهر آخر في التقويم الروماني القديم. وتوسّعًا: هذا اليوم والأيام السبعة التي تسبقه.

idio- <*idio*blast> بادئة معناها: شخصي؛ منفصل؛ متميِّز.

id·i·o·blast [ĭd'ĭ ə blăst'] *(n.)* (١) الخليّة المتميِّزة: خليّة نباتيّة معزولة مختلفة اختلافًا بارزًا عن الخلايا المجاورة (٢) الوحدة المُفْتَرَضة: وحدة بِنْيَويّة مفترضة [في الخلايا الحيّة].

id·i·o·cy [ĭd'ĭ ə sĭ] *(n.)* (١) بلاهة (٢) حماقة بالغة.

id·i·o·graph·ic [ĭd'ĭ ə grăf'ĭk] *(adj.)* فرديّ: ذو علاقة بالدراسة المركّزة لحالة فردية، كالشخصية أو الوضع الاجتماعيّ (نف).

id·i·o·lect [ĭd'ĭ ə lĕkt'] *(n.)* لهجة الفرد.

i·dol·a·try [-ʹə trĭ] *(n.)* (١) الوثنيّة (٢) حبّ أو إعجاب أعمى.

i·dol·ize [īʹ də līz] *(vt.; i.)* (١) «أ» يَعْبُد [على نحو وثنيّ]. «ب» يؤلّه؛ يحبّه حتى العبادة x (٢) يَتَوَثّن: يمارس عبادة الأوثان.

i·dyll *or* **i·dyl** *(n.)* [īʹdəl] (١) الإديل؛ الأنشودة الرَّعَوية: «أ» قصيدة بسيطة، منظومة أو منثورة، تصف الحياة الريفيّة أو توحي بجوّ من الرضا والطمأنينة. «ب» قصيدة قصصية تعالج موضوعًا ملحميًا أو رومانتيكيًا أو مأساويًا (٢) الموضوع الإديليّ: موضوع ملائم للإديل أو الأنشودة الرَّعَوية (٣) اللحن الإديلي أو الرَّعويّ: قطعة موسيقية ذات طابع رَعويّ أو رومانتيكي. **— i·dyl·lic** *(adj.)*

i·dyl·list [-ĭst] *(n.)* الأدّال: ناظم الإديلات أو الأناشيد الرَّعوية.

if [ĭf] *(conj.; n.)* (١) إذا؛ إنْ (٢) ما إذا <I wonder ~ he is at home.> (٣) لو؛ ليت <Oh, ~ she could only come!> (٤) ولو أنّه؛ برغم أنّه <an interesting ~ untenable argument> § (٥) شرطٌ <an argument with too many ~s> (٦) افتراض <a theory full of ~s>.

-iferous = -ferous.

if·fy [ĭfʹĭ] *(adj.)* مشروط؛ غير محدَّد؛ مشكوك فيه (ع).

-iform = -form.

-ify = -fy.

ig·loo *also* **ig·lu** [ĭgʹlōō] *(n.)* (١) الكوخ القُبّي: كوخ يقيمه الأسكيمو من ألواح الثلج على شكل قُبّة (٢) المبنى القُبّانيّ: مبنًى على شكل قُبّة.

igloo *1.*

ig·ne·ous [ĭgʹ nĭ əs] *(adj.)* (١) ناريّ (٢) بركانيّ.

ig·nes·cent [ĭg nĕsʹənt] *(adj.)* (١) شَرَريّ: مُطلِقٌ، عند قدحه، شررًا <~ stone> (٢) ملتهب <~ hate>.

igni- بادئة معناها: نار؛ ملتهب <*igni*tron>.

ig·nis fat·u·us [ĭgʹnĭs făchʹōō əs] *(n.)* pl. **ig·nes fat·u·i** (١) الوَهْج المُسْتَنْقَعيّ؛ النار الحمقاء: ضوء يبدو في الليل، أحيانًا، فوق الأراضي السَّبخة (٢) وهم؛ سراب: أملٌ أو هدف خادع.

ig·nit·a·ble *also* **ig·nit·i·ble** [ĭg nītʹ-] *(adj.)* قابل للاشتعال.

ig·nite [ĭg nītʹ] *(vt.; i.)* (١) يُشعل؛ يُلهِب x (٢) يشتعل؛ يلتهب.

ig·ni·tion [ĭg nĭshʹən] *(n.)* (١) «أ» إشعال. «ب» اشتعال (٢) المُشْعِلة: أداة الإشعال [كالشرارة الكهربائية إلخ].

ig·no·ble [ĭg nōʹbəl] *(adj.)* (١) وضيع المولد (٢) حقير؛ خسيس.

ig·no·min·i·ous [ĭg nə mĭnʹ-] *(adj.)* (١) شائن؛ مُخْزٍ (٢) حقير (٣) مُذِلّ.

ig·no·min·y [ĭgʹnə mĭnʹĭ] *(n.)* (١) خِزْي؛ عارٌ (٢) عملٌ أو سلوك مُخْزٍ.

ig·no·ra·mus [ĭg nə rāʹməs] *(n.)* الجَهُول: شخص تامّ الجهل.

ig·no·rance [ĭgʹnə rəns] *(n.)* جَهْلٌ؛ جهالة.

ig·no·rant *(adj.)* (١) جاهل (٢) ناشئ عن الجهل أو دالّ عليه.

ig·nore [ĭg nōrʹ] *(vt.)* (١) يتجاهل (٢) يرفض [مذكّرة الاتهام إلخ].

id·i·om [ĭdʹĭ əm] *(n.)* (١) «أ» لهجة؛ لغة. «ب» طبيعة اللغة أو «عبقريتها» الخاصة (٢) العبارة الاصطلاحية: عبارة ذات معنًى لا يمكن أن يُدْرَك من مجرد فهم معاني مفرداتها منفصلةً (٣) الأسلوب: أسلوب التعبير الفنّي المميِّز لفَرْد أو حقبةٍ إلخ (٤) طريقة؛ طراز <~ surrealist>.

id·i·o·mat·ic [ĭdʹĭ ə mătʹĭk] *(adj.)* (١) اصطلاحيّ: ذو علاقة بعبارة اصطلاحية (٢) فرديّ: مميِّز لفرد معيَّن أو جماعةٍ بعينها إلخ.

id·i·o·mor·phic [ĭdʹĭ ə môrʹfĭk] *(adj.)* كامل الشكل؛ مكتمل الشَّكل: صفةٌ للمعدن الذي لم يؤثّر أيُّما شيء في نموّه البلّوري (جي).

id·i·o·path·ic [ĭdʹĭ ə păthʹĭk] *(adj.)* (١) تلقائيّ العِلّة: ناشئ تلقائيًا أو من علة غامضة أو مجهولة <~ epilepsy> (٢) فرديّ؛ شخصيّ.

id·i·op·a·thy [ĭdʹĭ ŏpʹə thĭ] *(n.)* العلة التلقائية: العلّة الناشئة تلقائيًا أو من سبب مجهول (ط).

id·i·o·phone [ĭdʹĭ ə fōn] *(n.)* الإيديوفون: آلة موسيقية تُصَوِّت بارتجاج [أو تذبذب] المادّةِ المكوِّنة لها.

id·i·o·plasm [ĭdʹĭ ə plăzʹəm] *(n.)* = germ plasm.

id·i·o·syn·cra·sy [ĭdʹĭə sĭngʹkrə sĭ] *(n.)* (١) خُصوصيّة [في البنية أو المزاج] (٢) فرط الحساسية [لطعام أو عقّار] (٣) خاصّيّة.

id·i·ot [ĭdʹĭ ət] *(n.)* (١) المُغفَّل؛ الأبله؛ المعتوه (٢) الأحمق.

idiot box *(n.)* التلفزيون (ع).

id·i·ot·ic [ĭdʹĭ ŏtʹĭk] *also* **-i·cal** *(adj.)* (١) مغفَّل؛ أبله (٢) أحمق.

id·i·ot·ism [ĭdʹĭ ə tĭzʹəm] *(n.)* (١) *idiom 2* (٢) حماقة بالغة.

-idium لاحقة معناها: صغير <anther*idium*>.

i·dle [īʹdəl] *(adj.; vi.; t.)* (١) «أ» تافه؛ لا قيمة أو أساس له <~ rumor>. «ب» عديم الجدوى (٢) «أ» عاطلٌ عن العمل. «ب» سائب: غير مستخدَم استخدامًا ملائمًا أو مفيدًا <~ capital> (٣) «أ» كسلان؛ مهمِل <a careless ~ worker>. «ب» غير ذي مهنة أو موارد شرعية واضحة § (٤) «أ» يتبطّل؛ ينفق وقته في البطالة. «ب» يتكاسل (٥) يتسَيَّب: يدور على نحو غير ناقل للطاقة <The engine is *idling.*> x (٦) ينفق [الوقتَ] بالتراخي والكسل (٧) «أ» يعطِّل [عن العمل]. «ب» يُسَيِّب: يجعله يدور على نحو غير ناقل للطاقة إلخ <to ~ a motor>.

i·dle·ness [īʹdəl nəs] *(n.)* تَبَطُّل؛ تعطُّل؛ كَسَل.

i·dler [īdʹlər] *(n.)* المتبطِّل؛ المتعطّل؛ الكسلان إلخ.

idler pulley *(n.)* البَكَرة السائبة أو الوسيطة (مك).

idler wheel *(n.)* (١) العجلة السائبة أو الوسيطة (مك) (٢) البكرة السائبة.

idler wheel *1.*

i·dlesse [īʹdlĕs] *(n.)* = idleness.

i·dol [īʹdəl] *(n.)* (١) وَثَنٌ؛ صَنَم؛ إلٰه زائف (٢) صورة [في مرآة إلخ] (٣) شبح؛ طيف (٤) المعبود؛ المحبوب (٥) وهم؛ فكرة خاطئة.

i·dol·a·ter *or* **-tor** [ī dŏlʹə-] *(n.)* (١) عابد الأوثان (٢) المحبّ حبًّا أعمى.

i·dol·a·trize [ī dŏlʹə trīzʹ] *(vt.; i.)* (١) يُؤَلِّه x (٢) يعبد الأوثان.

i·dol·a·trous [-ʹə trəs] *(adj.)* (١) وَثَنيّ (٢) محبٌّ حُبًّا أعمى.

i·gua·na [ĭ gwä′nə] *(n.)* الإغوانة: عظاية أميركية استوائية ضخمة.

i·guan·o·don [ĭ gwä′nə dŏn′] *(n.)* الإغواندون: دينوصور ضخم.

IHS [ī′ āch′ ĕs′] يسوع المسيح [اختصارًا].

i·kon [ī′kŏn] *(n.)* = icon.

il- [ĭl] = in-.

i·lang–i·lang [ē′läng ē′läng] *(n.)* = ylang–ylang.

-ile لاحقة معناها: قابل لِـ؛ قادرٌ على <volat*ile*>.

il·e·ac [ĭl′ĭ ăk] *(adj.)* لَفيفيّ؛ لفائفيّ: ذو علاقة بالمِعَى اللَّفيفيّ.

il·e·al [ĭl′ĭ əl] *(adj.)* = ileac.

il·e·i·tis [ĭl ĭ ī′təs] *(n.)* التهاب اللفيفي: التهاب المِعَى اللفيفي (مض).

il·e·um [ĭl′ĭ əm] *(n.)* pl. **il·e·a** اللَّفيفيّ؛ اللَّفائفي: الجزء الأخير من المِعَى الدقيق (ت).

il·e·us [ĭl′ĭ əs] *(n.)* العِلَّوْص (مج): مغص شديد يسبّبه انسداد معوي.

i·lex [ī′lĕks] *(n.)* (١) البلوط الأخضر (نب) (٢) holly.

il·i·ac [ĭl′ĭ ăk′] *also* **il·i·al** *(adj.)* حَرْقَفيّ: ذو علاقة بالحَرْقفة.

Il·i·ad [ĭl′ĭ əd] *(n.)* الإلياذة: «أ» ملحمة الإلياذة لهوميروس. «ب» سلسلة أعمال باهرة جديرة بأن تؤلف موضوع ملحمة. «ج» سلسلة من البلايا والمصائب.
— **Il·i·ad·ic** *(adj.)*

il·i·um [ĭl′ĭ əm] *(n.)* pl. **il·i·a** [ĭl′ĭ ə] الحَرْقَفَة؛ العَظْم الحَرْقَفيّ (ت).

Il·i·um [ĭl′ĭ əm] إيليوم: الاسم اللاتيني لمدينة طَرْوادة Troy.

ilk [ĭlk] *(n.)* أسرة؛ طبقة؛ نوع <he and all his~>.

ill [ĭl] *(adj.; adv.; n.)* (١) شرير <~ deeds> (٢) «أ» سقيم <~health>. «ب» مريض؛ عليل <~ with cancer>. «ج» مصاب بالغثيان (٣) «أ» سيِّئ؛ عاثر؛ منحوس <~ luck>. «ب» صعب <~ to be defined> (٤) «أ» رديء <~ management>. «ب» فظّ؛ غير مصقول <~ behavior> (٥) «أ» معادٍ؛ غير ودّي <~ feeling>. «ب» قاسٍ؛ وحشيّ <~ treatment of minorities> § (٦) «أ» باستياء أو بعدم ارتياح <were ~ treated>. «ب» بفظاظة <His remarks were ~ received.> (٧) على نحو جدير باللوم أو الشّجب <an *ill*-spent youth> (٨) بصعوبة <can ~ afford further expense> (٩) على نحوٍ سيِّئ أو منحوس <warned them that it would go ~ with them> (١٠) على نحو ناقص أو غير فعّال <~ equipped> § (١١) شرّ (١٢) محنة (١٣) علّة؛ مرض (١٤) بلاء؛ اضطراب؛ صعوبة.

~ at ease مضطرِب؛ قلِق.

I'll [īl] = I will; I shall.

ill–ad·vised [ĭl′əd vīzd′] *(adj.)* طائش؛ غير حكيم.

il·la·tion [ĭ lā′shən] *(n.)* استنتاج.

il·la·tive [ĭl′ə tĭv] *(n.; adj.)* (١) كلمة استنتاجية؛ عبارة استنتاجيّة (٢) الاستنتاج: شيء مستنتَج § (٣) استنتاجيّ <an ~ word such as *therefore*>.

il·laud·a·ble [ĭ lô′də bəl] *(adj.)* ذميم؛ غير مستحقّ للثناء.

ill–be·ing [ĭl′bē′-] *(n.)* (١) شقاء؛ ضِيق؛ اعتلال (٢) رداءة.

ill–bod·ing [ĭl′bō′-] *(adj.)* مشؤوم؛ منذِرٌ بشرّ <~ stars>.

ill–bred [ĭl′brĕd′] *(adj.)* سيِّئ التنشئة؛ غير مهذَّب.

ill·dis·posed [-dĭs pōzd′] *(adj.)* (١) مُعادٍ (٢) غيرُ ميّال [إلى].

il·le·gal [ĭ lē′gəl] *(adj.)* غير شرعي؛ غير قانوني.
— **il·le·gal·i·ty** *(n.)* — **il·le·gal·ize** *(vt.)*

il·leg·i·ble [ĭ lĕj′ə bəl] *(adj.)* مُسْتغلِق؛ غير مقروء.

il·le·git·i·ma·cy [ĭl′ĭ jĭt′ə-] *(n.)* (١) اللاشرعية (٢) النُّغولة: فساد النَّسَب (٣) الإنغال: إنجاب ولدٍ غير شرعيّ.

il·le·git·i·mate [ĭl′ĭ jĭt′ə mĭt] *(adj.; n.)* (١) نَغِل: مولود من أبوين لا تربط بينهما رابطة الزواج (٢) غير منطقي <an ~ influence> (٣) خارج عن المألوف؛ شاذّ (٤) غير شرعيّ <an ~ government> § (٥) النَّغِل.

ill–fat·ed *(adj.)* (١) منحوس: سيِّئ الطالع؛ قليل الحظّ (٢) مشؤوم: جالبٌ للنحس أو سوء الطالع <an ~ hour>.

ill–fa·vored *(adj.)* (١) بشِع <an ~ child> (٢) بغيض؛ ذميم؛ مُستهجَن <~ behavior>.

ill–found·ed *(adj.)* واهٍ: قائم على أساس ضعيف.

ill–got·ten *(adj.)* حَرام: مكسوب بطرائق غير شرعيّة <~ gains>.

ill humor *(n.)* شكاسة؛ رداءة طبع؛ سرعة غضب.

ill–hu·mored *(adj.)* شكِس؛ رديء الطبع؛ سريع الغضب.

il·lib·er·al [ĭ lĭb′ər əl] *(adj.)* (١) «أ» غير مثقّف. «ب» جِلْف (٢) بخيل (٣) متعصِّب؛ ضيِّق أفق التفكير (٤) مُعادٍ للتحرّر؛ مقاومٌ للتحرّر.

il·lic·it [ĭ lĭs′ĭt] *(adj.)* محظور؛ محرَّم؛ غير مشروع.

il·lim·it·a·ble [ĭ lĭm′ĭt ə bəl] *(adj.)* لامتناهٍ؛ لامحدود.

il·lin·i·um [ĭ lĭn′ĭ əm] *(n.)* = promethium.

il·liq·uid [ĭ lĭk′wĭd] *(adj.)* غير سائل: غير نقديّ أو غير قابل للتحويل، بسهولة، إلى نقد (اد).

il·lit·er·a·cy [ĭ lĭt′ər ə sĭ] *(n.)* (١) الأُمّيّة (٢) خطأ فاضح.

il·lit·er·ate [-ĭt] *(adj.; n.)* (١) أُمّيّ § (٢) شخصٌ أُمّيّ.

ill–judged [ĭl′jŭjd′] *(adj.)* أحمق؛ غير حكيم.

ill–man·nered *(adj.)* جِلْف؛ فظّ؛ خشِن الأخلاق.

ill–na·tured *(adj.)* مُشاكِس؛ رديء الطبع.

ill·ness [ĭl′nəs] *(n.)* (١) اعتلال؛ سُقم (٢) مرض.

il·log·ic [ĭl lŏj′ĭk] *(n.)* اللامنطقية: كون الشيء غيرَ منطقيّ.

il·log·i·cal [-′ə kəl] *(adj.)* غير منطقيّ؛ مخالف للمنطق.

ill–o·mened *(adj.)* = ill–starred.

ă at; ā date; â care; ä car; ĕ egg; ē me; ĭ in; ī bite; ŏ lot; ō bone; ô orphan; oi boil; o͝o good; o͞o boot; ou out; ŭ under; û urgent; ə = *a* in alone, *e* in system, *i* in easily, *o* in gallop, *u* in circus.

ill–sort·ed *(adj.)* متنافر؛ غير متجانس <an ~ couple> .

ill–spent *(adj.)* مُبَدَّد؛ مُضيَّعٌ سُدًى .

ill–starred *(adj.)* منحوس؛ سيِّئ الطالع .

ill–suit·ed *(adj.)* غير ملائم؛ غير مناسب .

ill temper *(n.)* نَزَق؛ مُشاكسة؛ رداءة طبع .

ill–timed *(adj.)* في غير أوانه؛ في غير محلِّه .

ill–treat *(vt.)* يعامل بقسوة؛ يسيء المعاملة .

il·lume [ĭ lo͞om′] *(vt.)* = illuminate.

il·lu·mi·nant [ĭ lo͞o′-] *(n.)* المُضيئة: أداة أو مادةٌ مضيئة .

il·lu·mi·nate [ĭ lo͞o′mə nāt′] *(vt.)* (١) «أ» يضيء؛ ينير . «ب» ينوِّر [بالعلم أو المعرفة] (٢) يوضح؛ يلقي ضوءًا على (٣) يُشهِره أو يصيِّره شهيرًا (٤) يُحَلِّي: يزخرف مخطوطةً بالذهب أو الفضة أو بالألوان الساطعة .

il·lu·mi·na·ti [ĭ lo͞o′mə nä′tī; -nä′tē] *(n. pl.)* الطبقة المستنيرة [أو التي تدّعي أنها مستنيرة] .

il·lu·mi·nat·ing *(adj.)* (١) منير؛ مُضيء (٢) منوِّر؛ هادٍ .

illuminating gas *(n.)* غاز الاستصباح [لإنارة البيوت والمكاتب إلخ] .

il·lu·mi·na·tion [ĭ lo͞o′mə nā′-] *(n.)* (١) إضاءة؛ إنارة؛ تنوير (٢) استنارة [عقلية أو روحية] (٣) إضاءة زِينيّة (٤) التَّحلية: تزيين المخطوطات بالرسوم أو بالحروف إلخ (٥) الاستضاءة: درجة الضوء الواقع على سطحٍ ما (فز) (٦) الإشراق [عند الصوفية] .

il·lu·mi·na·tive [ĭ lo͞o′mə nā′tĭv] *(adj.)* مُضيء؛ منير .

il·lu·mine [ĭ lo͞o′mĭn] *(vt.)* = illuminate.

ill–us·age *(n.)* معاملة قاسية أو جائرة .

ill–use [ĭl′yo͞oz′] *(vt.)* يُسيء المعاملة: يعاملُهُ بقسوة أو جَوْر .

il·lu·sion [ĭ lo͞o′zhən] *(n.)* (١) انخداع (٢) الأُخدوعة: «أ» صورة خادعة أو مضلِّلة للبصر . «ب» شيء خادع أو مضلِّل عقليًا (٣) وهم؛ توهّم (٤) النسيج الكاذب: نسيج شبكيّ رقيق جدًا يصنع من حرير ويُتَّخذ منه حجاب المرأة .

il·lu·sion·al *(adj.)* وهميّ؛ توهُّمي .

il·lu·sion·ar·y *(adj.)* (١) وَهْميّ (٢) خادع؛ مُوْهِم .

il·lu·sion·ism *(n.)* الخِداعيّة: محاولة خلق الانطباعات الخادعة للبصر وبخاصة في الفن .

il·lu·sion·ist *(n.)* المخادع؛ المضلِّل؛ وبخاصة: «أ» فنّان تتميَّز آثاره بالخِداعيّة [أي بخلق الانطباعات المضلِّلة] . «ب» المشعوذ؛ الساحر .

il·lu·so·ry; il·lu·sive [ĭ lo͞o′-] *(adj.)* وهميّ؛ خادع؛ مُوْهِم .

il·lus·trate [ĭl′ə strāt′] *(vt.; i.)* (١) يُزَيِّن (٢) «أ» يُوْضِح . «ب» يوضح بإعطاء مَثَل إلخ (٣) يُرَسِّم: يزوِّد كتابًا أو مجلّة بالرسوم والصُّور المُعَدّة لتوضيح النصّ حينًا ولتزيينه حينًا آخر (٤) يُظهر بوضوح x (٥) يُمثِّل: يعطي مثلًا أو أمثلة .

— **il·lus·tra·tor** *(n.)*

il·lus·trat·ed *(adj.; n.)* (١) مصوَّر § (٢) مجلة مصوَّرة .

il·lus·tra·tion *(n.)* (١) تزيين (٢) توضيح [بإعطاء مثَل إلخ] (٣) «أ» مَثَلٌ مُوْضِح . «ب» صورة إيضاحية أو تزيينية .

il·lus·tra·tive [ĭ lŭs′trə-; ĭl′ə strā′-] *(adj.)* (١) تزيينيّ (٢) توضيحي .

il·lus·tri·ous [ĭ lŭs′trĭ əs] *(adj.)* شهير؛ لامع .

il·lus·tri·ous·ness *(n.)* شهرة؛ ذيوع صيت .

il·lu·vi·a·tion [ĭ lo͞o′vĭ ā′-] *(n.)* الارتشاح: ترسُّب الموادّ والجُسَيمات المعدنية في بقعةٍ ما، نتيجة لانتقالها إليها من بقعة أخرى بفعل المياه الجارية (جي) .

ill will *(n.)* بغض؛ حِقد؛ ضغينة .

ill–wish·er *(n.)* الحسود؛ الحقود؛ المضطغن .

il·ly [ĭl′ĭ; ĭl′lĭ] *(adv.)* بطريقة رديئة إلخ <~ chosen> .

il·men·ite [ĭl′mə nīt′] *(n.)* الألمنيت (مع) .

im- = in-.

I'm [īm] = I am.

im·age [ĭm′ĭj] *(n.; vt.)* (١) «أ» تمثال . «ب» صَنَم؛ وَثَن . «ج» أيقونة (٢) صورة (٣) صورةٌ طبق الأصل <a son who is the ~ of his father> (٤) مثال؛ عنوان؛ رمز <He is the ~ of honesty.> (٥) «أ» صورة أو انطباعة ذهنية . «ب» فكرة؛ مفهوم (٦) وصفٌ أو تصويرٌ حيّ (٧) تشبيهٌ؛ استعارة؛ صورة بلاغية § (٨) يتخيّل (٩) يَصِف . وبخاصة: يصف بطريقة نابضة بالحياة (١٠) يعكس الصورة [في مرآة] (١١) يُبرز أو يُظهِر [فيلمًا على الشاشة] (١٢) يصوِّر؛ يمثِّل؛ يجسِّد في تمثال إلخ (١٣) يرمز إلى <acres of headstones *imaging* the losses of war>.

im·age·ry [ĭm′ĭj rĭ] *(n.)* (١) «أ» تمثال؛ صنم؛ أيقونة . «ب» تماثيل؛ أصنام؛ أيقونات (٢) فنّ صنع التماثيل أو الأصنام أو الأيقونات (٣) المَجاز؛ اللغة المجازية (٤) تخيُّلات .

im·ag·i·na·ble *(adj.)* ممكنٌ تخيُّلُهُ؛ ممكنٌ تَصَوُّرُهُ .

im·ag·i·nal[1] [ĭ măj′ə-] *(adj.)* خياليّ؛ تخيُّليّ .

im·ag·i·nal[2] *(adj.)* يافعيّ: منسوبٌ إلى اليافعة (را . imago) .

im·ag·i·nar·y [ĭ măj′ə-] *(adj.)* خياليّ؛ تخيُّليّ؛ متخيَّل .

imaginary number *(n.)* = imaginary quantity.

imaginary quantity *(n.)* الكميّة التَّخَيُّليّة (ر) .

im·ag·i·na·tion [ĭ măj′ə nā′-] *(n.)* (١) «أ» تخيُّل . «ب» خيال . «ج» مَلَكة الخيال (٢) «أ» قدرة مُبْدِعة . «ب» حنكة؛ دهاء . «ج» اهتمام (٣) «أ» ثمرة من ثمرات الخيال . وبخاصة: أثرٌ شعريّ . «ب» وَهم (٤) مُعتقَد شعبي أو تقليدي .

im·ag·i·na·tive [ĭ măj′ə nā′-; -nə-] *(adj.)* (١) خياليّ (٢) تخيّليّ (٣) «أ» ميّال إلى التخيُّل . «ب» واسع الخيال (٤) بارع التصوير المجازي .

im·ag·ine [ĭ măj′ĭn] *(vt.; i.)* (١) يتخيَّل؛ يتصوَّر (٢) يظنّ؛ يعتقد <I ~ it will rain.>.

im·ag·ism *(n.)* الصُّوَرية: حركة أدبية (١٩١٠-١٩٢٠) أكّدت على الشعر الحرّ والصُّوَر الشعرية الدقيقة الواضحة إلى حدّ الجفاف .

— **im·ag·ist** *(n.; adj.)* — **im·ag·is·tic** *(adj.)*

i·ma·go [ĭ mā′gō] *(n.)* (١) اليافعة: حشرة في أتم نضجها الجنسي (٢) الأَمَجيّة: صورة ذهنية متميِّزة بالتقديس والإعجاب عن شخص ما، وعن

النفس أحيانًا (نف).

i·mam [ĭ mäm′] *(n.)* الإمام: «أ» مَنْ يؤمّ المسلمين في الصلاة. «ب» أحد الأئمة الاثني عشر. «ج» حاكم متحدّر من الدَّوحة النبوية يمارس السلطة الروحية والزمنية في بلد إسلامي.

i·mam·ate [ĭ mä′-] *(n.)* (١) الإمامة (٢) الإماميّة: بلدٌ يحكمه إمام.

i·ma·ret [ĭ mä′rĕt] *(n.)* خان؛ تكيّة [في تركيا].

im·bal·ance [ĭm băl′-] *(n.)* اللّاتوازن، مثل: «أ» اختلال التوازن الوظيفي بين أعضاء الجسم. «ب» التفاوت العددي بين الذكور والإناث [في بلدٍ ما].

im·be·cile [ĭm′bə sĭl] *(n.; adj.)* أبله؛ مُغَفَّل؛ معتوه.

im·be·cil·i·ty [ĭm′bə sĭl′ə tĭ] *(n.)* (١) بلاهة (٢) حماقة تامّة.

im·bed [ĭm bĕd′] *(vt.; i.)* = embed.

im·bibe [ĭm bīb′] *(vt.; i.)* (١) يتشرَّب (٢) «أ» يمتصّ. «ب» يَشرب **x** (٣) يشرب نخب فلان.

im·bi·bi·tion [ĭm′bĭ bĭsh′ən] *(n.)* تَشرُّب؛ امتصاص إلخ.

im·bit·ter [ĭm bĭt′ər] *(vt.)* = embitter.

im·bos·om [ĭm bo͝oz′əm] *(vt.)* = embosom.

im·bri·cate [*adj.* ĭm′brə kĭt; *v.* -kāt′] *(adj.; vt.; i.)* (١) مُتراكِب؛ متداخل الحواشي § (٢) يُراكِب **x** (٣) يتراكب.

imbrication *1.*

im·bri·ca·tion *(n.)* (١) التَّراكُب: تَراكب الحواشي [كتداخل القرميد] (٢) زخرفة تراكبيّة.

im·bro·glio [ĭm brōl′yō] *(n.)* (١) كتلة مختلِطة أو مشوَّشة (٢) وَضعٌ مُعقَّد (٣) سوء تفاهُمٍ مُربك (٤) مُشادّة.

im·brown [ĭm broun′] *(vt.)* = embrown.

im·brue [ĭm bro͞o′] *(vt.)* يُضَرِّج؛ يُخَضِّب [بالدماء].

im·brute [ĭm bro͞ot′] *(vi.; t.)* (١) يتبهَّم: ينحدر إلى درجة البهائم **x** (٢) يُبَهِّم: يُنزِل إلى درجة البهائم.

im·bue [ĭm byo͞o′] *(vt.)* (١) يَصْبغ (٢) يُشْرِب [بفكرةٍ أو عاطفة].

im·burse [ĭm bûrs′] *(vt.)* يضع في كيس نقود (ا. ن).

im·id·az·ole [ĭm′ə dăz′-] *(n.)* الإيميدازول: مركَّب عضوي أبيض متبلّر.

im·ide [ĭm′īd; ĭm′ĭd] *(n.)* الإيميد (ك).

im·i·do [ĭm′ĭ dō′] *(adj.)* إيميديّ (ك).

i·mine [ĭ mēn′; ĭm′ĭn] *(n.)* الإيمين (ك).

im·i·ta·ble [ĭm′ə tə bəl] *(adj.)* (١) قابل للمحاكاة (٢) جديرٌ بالمحاكاة.

im·i·tate [ĭm′ə tāt] *(vt.)* (١) يحاكي؛ يقلّد (٢) يُشبه؛ يبدو مثل <paper finished to ~ leather> (٣) يزيِّف.

im·i·ta·tion *(n.; adj.)* (١) «أ» محاكاة؛ تقليد. «ب» تزييف (٢) شيء زائف (٣) شَبَهٌ قويّ (أح) § (٤) زائف <~ leather>.

im·i·ta·tive [-′ə tā′tĭv] *(adj.)* (١) تقليديّ: قائم على المحاكاة والتقليد أو متّسِمٌ بهما <Acting is an ~ art.> (٢) مُحاكٍ (٣) مقلِّد: ميّال إلى المحاكاة والتقليد <Man is an ~ animal.> (٤) زائف.

im·mac·u·la·cy; im·mac·u·late·ness *(n.)* نقاء؛ طهارة.

im·mac·u·late [ĭ măk′yə lĭt] *(adj.)* (١) نقيّ؛ طاهر (٢) خِلْو من الأخطاء أو العيوب (٣) نظيف (٤) غير مُنقَّط أو مُرَقَّط («نب» و«ح»).

Immaculate Conception *(n.)* الحَبَل بلا دَنَس (نص).

im·mane [ĭm ān′] *(adj.)* هائل؛ ضخم (ا. ق).

im·ma·nence; im·ma·nen·cy [ĭm′ə-] *(n.)* الملازَمة؛ التأصّل؛ الحلول؛ الذاتية (را. المادة التالية).

im·ma·nent [ĭm′ə nənt] *(adj.)* (١) ملازم؛ متأصل؛ جوهري؛ باطنيّ <both ~ and external factors> (٢) حالّ في <the belief that God is ~ in nature> (٣) ذاتيّ: مقصورٌ على الوعي أو على العقل <Cognition is an ~ act of mind.>.

im·ma·nent·ism *(n.)* الحُلوليّة؛ مذهب الحلول: مذهب يقول بأن الله حالٌّ في الكون أو في النفس البشرية (فف).

im·ma·te·ri·al [ĭm′ə tēr′-] *(adj.)* (١) لاماديّ؛ روحيّ (٢) غير هامّ.

im·ma·te·ri·al·ism *(n.)* المذهب اللاماديّ: مذهب يقول بأن الأشياء المادية ليس لها وجود مستقلّ، وأنها مُجَرَّد مُدْرَكاتٍ أو فكرات (فف).

im·ma·te·ri·al·i·ty *(n.)* (١) اللّاماديّة (٢) شيء لاماديّ.

im·ma·te·ri·al·ize *(vt.)* يُرَوْحِن: يجعله روحيًا أو لاماديًّا.

im·ma·ture [ĭm′ə to͝or′] *(adj.)* (١) فِجّ؛ غير ناضج (٢) خام.

im·meas·ur·a·ble [ĭ mĕzh′ər-] *(adj.)* مُتعذِّرٌ قياسُهُ؛ لا حدَّ له.

im·me·di·a·cy [ĭ mē′dĭ ə sĭ] *(n.)* (١) المباشِريّة؛ الفوريّة إلخ: كون الشيء مباشرًا أو فوريًّا إلخ (٢) *pl.* عد: شيء عاجل ملحّ (٣) البداهة: كون الشيء مُدْرَكًا بالحَدْس أو واضحًا بذاته من غير حاجة إلى برهان.

im·me·di·ate [ĭ mē′dĭ ĭt] *(adj.)* (١) مباشر <the ~ heir to the throne> (٢) عاجل؛ فوريّ <an ~ reply> (٣) حاليّ؛ خاصّ بالزمن الحاضر <our ~ plans> (٤) قريب <the ~ future> (٥) بَدَهيّ؛ حَدْسيّ <~ knowledge>.

im·me·di·ate·ly [-lĭ] *(adv.)* (١) مباشرةً (٢) توًّا؛ فورًا.

im·me·di·ate·ness *(n.)* = immediacy *1.*

im·med·i·ca·ble [ĭ mĕd′ə kə-] *(adj.)* عُضال: لا سبيلَ إلى شفائه.

im·me·mo·ri·al [ĭm′ə mōr′ĭ əl] *(adj.)* سحيق: مُمْعِن في القِدَم.

im·mense [ĭ mĕns′] *(adj.)* (١) هائل؛ ضخم (٢) ممتاز.

im·men·si·ty *(n.)* (١) «أ» ضخامة. «ب» اتساع (٢) شيء ضخم.

im·men·su·ra·ble [ĭ mĕn′sho͞o-] *(adj.)* = immeasurable.

im·merge [ĭ mûrj′] *(vt.; i.)* (١) يَغْمُر؛ يغطِّس **x** (٢) يَغْطِس.

im·mer·gence [-′əns] *(n.)* (١) غَمْر؛ تغطيس (٢) غَطْس.

im·merse [ĭ mûrs′] *(vt.)* (١) يَغْمُر؛ يُغَطِّس (٢) ينهمك أو يستغرق في (٣) يُعَمِّد (نص).

im·mersed [ĭ mûrst′] *(adj.)* (١) مغمور بالماء إلخ (٢) مستغرق [في المطالعة إلخ] <~ in a book> (٣) معمَّد (نص) (٤) مغمور: نامٍ كله تحت الماء <an ~ plant>.

im·mer·sion [-′shən] *(n.)* (١) غَمْر أو انغمار (٢) تعميد (نص) (٣) التواري؛ الاحتجاب: احتجاب جِرم سماويّ خلفَ أو في ظلّ جِرم آخر.

im·mesh [ĭm mĕsh′] *(vt.)* = enmesh.

im·me·thod·i·cal [ĭm′mə thŏd′ə kəl] *(adj.)* غير منهجي: يُعْوِزه المنهج أو النظام.

im·mi·grant [ĭm′ə grənt] *(n.; adj.)* (١) المهاجِر (٢) النبات المهاجِر؛ الحيوان المهاجر: نبات أو حيوان متوطِّن في منطقة لم يكن معروفًا فيها من قبل § (٣) مُهاجِر.

im·mi·grate [ĭm′ə grāt′] *(vi.; t.)* (١) يهاجر **x** (٢) يُهجِّر.

im·mi·gra·tion *(n.)* (١) هجرة (٢) المهاجرون: جماعة من المهاجرين.

im·mi·nence [ĭm′ə nəns] *or* **im·mi·nen·cy** *(n.)* (١) وَشْك؛ قربُ حدوث (٢) شيء وشيكُ الحدوث. وبخاصة: شرّ أو خطرٌ مُحْدِق.

im·mi·nent [ĭm′ə nənt] *(adj.)* وشيك؛ قريب الحدوث. وبخاصة: مُصْلَتٌ فوق رأس المرء.

im·min·gle [ĭm mĭng′-] *(vt.; i.)* (١) يَمْزُج؛ يَدْمُج **x** (٢) ينمزج؛ يندمج.

im·mis·ci·ble [ĭ mĭs′ə bəl] *(adj.)* غير قابلٍ للامتزاج.

im·mit·i·ga·ble [ĭ mĭt′ə gə-] *(adj.)* غير قابل للتهدئة أو للتسكين.

im·mix [ĭm mĭks′] *(vt.)* يَمْزُج [مزجًا وثيقًا].

im·mix·ture [-′chər] *(n.)* (١) مَزْج (٢) امتزاج.

im·mo·bile [ĭ mō′bĭl] *(adj.)* ثابت؛ جامد؛ لامتحرّك.

im·mo·bil·i·ty *(n.)* ثبات؛ جمود؛ لاتحرّكية.

im·mo·bi·lize *(vt.)* (١) يُجمِّده في مكانه؛ يَشُلّ حركتَه (٢) يُجمِّد الأموال (اد).

im·mod·er·a·cy [ĭ mŏd′-] *(n.)* إفراط؛ تطرّف؛ لااعتدال.

im·mod·er·ate [ĭ mŏd′ər ĭt] *(adj.)* مُفْرِط؛ مُتطرِّف؛ غير معتدل.
— **im·mod·er·ate·ness; im·mod·er·a·tion** *(n.)*

im·mod·est [ĭ mŏd′əst] *(adj.)* (١) مُدَّعٍ؛ غير متواضع (٢) وقح؛ بذيء (٣) غير محتشم.
— **im·mod·es·ty** *(n.)*

im·mo·late [ĭm′ə lāt′] *(vt.)* (١) يضحّي بـِ؛ يقدِّمه قربانًا (٢) يقتل؛ يدمِّر.

im·mo·la·tion *(n.)* (١) تضحية (٢) أُضحية؛ قربان.

im·mor·al [ĭ môr′əl] *(adj.)* (١) لاأخلاقي (٢) فاسق؛ خليع.

im·mo·ral·i·ty *(n.)* (١) فُسوق؛ فُجور (٢) عمل لاأخلاقيّ.

im·mor·tal [ĭ môr′təl] *(adj.; n.)* (١) خالد؛ لا يموت (٢) خلوديّ: ذو علاقة بالخلود (٣) خالد الذِّكر § (٤) «أ» شخص خالد. «ب» *pl. often cap.*: آلهة الإغريق والرومان (٥) الخالد: «أ» شخصٌ خالد الذكر. «ب» *cap.*: أحد أعضاء الأكاديمية الفرنسية الأربعين الملقَّبين بالخالدين.

im·mor·tal·i·ty *(n.)* (١) خلود؛ بقاء (٢) شهرة دائمة.

im·mor·tal·ize *(vt.)* يخلِّده؛ يجعله خالدًا.

im·mo·tile [ĭ mō′təl] *(adj.)* غير متحرِّك؛ غير قادر على الحركة.

im·mov·a·ble [ĭ mo͞o′və bəl] *(adj.; n.)* (١) راسخ؛ ثابت (٢) صامد (٣) جامد الشعور؛ عديم التأثُّر [عاطفيًا] § (٤) شيء راسخ إلخ (٥) *pl.*: أموال غير منقولة.

im·mune [ĭ myo͞on′] *(adj.; n.)* (١) مُعْفًى؛ مُستثنًى [من الضرائب إلخ] (٢) منيع؛ حصين؛ ذو مناعة أو حصانة [من مرض أو ضغط سياسي إلخ] (٣) مَناعيّ: خاصّ بالمناعة § (٤) المُعْفَى؛ المُسْتَثْنَى (٥) المنيع؛ الحصين.

immune serum *(n.)* المَصْل المُمَنِّع (ط).

im·mu·ni·ty [ĭ myo͞o′-] *(n.)* (١) مناعة؛ حصانة (٢) إعفاء؛ استثناء.

im·mu·nize *(vt.)* يمنِّع؛ يحصِّن: يجعله ذا مناعة أو حصانة.

immuno- بادئة معناها: مناعة؛ حصانة.

im·mu·no·chem·is·try *(n.)* كيمياء المناعة.

im·mu·no·de·fi·cien·cy *(n.)* العَوَز المناعيّ: نَقْصُ المناعة.

im·mu·nol·o·gy [ĭm′yə nŏl′ə jĭ] *(n.)* المناعيّات؛ علم المناعة.
— **im·mu·nol·o·gist** *(n.)*

im·mu·no·ther·a·py *(n.)* المداواة المَناعية.

im·mure [ĭ myo͝or′] *(vt.)* (١) «أ» يسوِّر؛ يحصر ضمن أسوار. «ب» يسجن (٢) يدفن في جدار.

im·mu·si·cal [ĭ myo͞o′zə kəl] *(adj.)* غير موسيقيّ؛ لاموسيقيّ.

im·mu·ta·ble [ĭ myo͞o′tə bəl] *(adj.)* ثابت؛ غير قابل للتغير.

imp [ĭmp] *(n.)* (١) العُفَيْريت: عِفريت صغير (٢) ولدٌ مؤذٍ.

im·pact [*v.* ĭm păkt′; *n.* ĭm′păkt] *(vt.; i.; n.)* (١) «أ» يرصّ؛ يَحْشُر؛ يَغْرُز؛ يثبِّت؛ يوتِّد. «ب» يَدْمُج. «ج» يملأ؛ يُفعِم؛ يسُدّ (٢) يَصْدم (٣) يؤثّر في **x** (٤) يُحدث أثرًا § (٥) تصادم؛ صدمة (٦) أثرٌ؛ تأثير.

im·pact·ed *(adj.)* (١) مرصوص (٢) مُنحشِر: مغروز بين عظم الفكّ وسنٍّ أخرى <an ~ tooth>.

im·pair [ĭm pâr′] *(vt.)* يُفْسِد؛ يُتلِف؛ يُضعِف.

im·pa·la [ĭm păl′ə] *(n.)* الإمبالة: ظبيٌ لذكره قرنان طويلان.

im·pale [ĭm pāl′] *(vt.)* (١) يطوّق؛ يسيِّج (ا. ق) (٢) يُخوزق: يُميت على الخازوق.

im·pal·pa·ble *(adj.)* (١) غير محسوس <an ~ pulse> (٢) دقيق جدًّا <~ powder; ~ distinctions>.

im·pan·el [ĭm păn′əl] *(n.)* = empanel.

im·par·a·dise [ĭm păr′ə dīs′] *(vt.)* (١) يُدخِلُهُ الجنّة [أو شِبْهها] (٢) يُسْعِد إسعادًا عظيمًا.

im·par·i·ty [ĭm păr′ə tĭ] *(n.)* اختلاف؛ تفاوت؛ لاتكافؤ.

im·part [ĭm pärt′] *(vt.)* (١) «أ» يمنح. «ب» يُضفي على (٢) «أ» ينقل. «ب» ينقل المعرفة (٣) يُفشي؛ يُفصح عن.

im·par·tial [ĭm pär′shəl] *(adj.)* نزيه؛ متجرِّد؛ غير متحيِّز.

im·par·ti·al·i·ty *(n.)* نزاهة؛ تجرّد؛ لاتحيّز.

im·part·i·ble [ĭm pär′-] *(adj.)* غير قابل للتجزئة أو التقسيم.

im·pass·a·ble [ĭm păs′ə bəl] *(adj.)* غير سالك: متعذّرٌ اجتيازُه.

im·passe [ĭm păs′] *(n.)* (١) طريق مسدود أو غير نافذ (٢) مأزِق.

im·pas·si·ble [ĭm păs′ə bəl] *(adj.)* (١) ممتنع على الألم؛ غير قابل للشعور بالألم (٢) ممتنع على الضرر: لا سبيل إلى إنزال الضرر فيه (٣) بليد الحس؛ عديم التأثُّر.

im·pas·sion [ĭm păsh′ən] *(vt.)* يُثير؛ يحرّك العواطف.

im·pas·sioned *(adj.)* مُتَّقِد؛ مُلتهِب <an ~ speech>.

im·pas·sive [ĭm păs′ĭv] *(adj.)* (١) فاقدٌ الحسَّ أو الوعي (٢) جامد الشعور؛ عديم العاطفة (٣) هادئ؛ رائق (٤) جامد؛ غير متحرّك.

im·paste [ĭm pāst′] *(vt.)* يُعجِّن: «أ» يحوِّل إلى معجونة. «ب» يطلي بطبقة كثيفة من المعجونة.

im·pas·to [ĭm păs′tō] *(n.)* (١) التَّصبيغ: الطَّلْي بصبغ كثيف [في الرسم الزيتي] (٢) الصِّبغ المستعمل في ذلك.

im·pa·tience [ĭm pā′ shəns] *(n.)* (١) نفاد صبر؛ فراغ صبر (٢) تَوْق متململٌ أو متلهِّف.

im·pa·tient [-′shənt] *(adj.)* (١) بَرِمٌ؛ نافد الصبر (٢) ضيِّق الصدر بِـ؛ قليل الاحتمال لِـ <~ of any interruptions> (٣) شديد التوق إلى <was ~ to see his sweetheart>.

im·pawn [ĭm pôn′] *(vt.)* يَرْهَن: يُودِع على سبيل الرَّهْن (ا. ق).

im·peach [ĭm pēch′] *(vt.)* (١) يتّهم؛ وبخاصة: يتّهم أمام القضاء رجلًا من رجال الدولة بالتقصير أو الفساد أو الخيانة <to ~ the president> (٢) يُجرِّح: يشكّك في صحة شيء أو جدارته بالاعتبار <to ~ the testimony of a witness>. **— im·peach·ment** *(n.)*

im·pearl [ĭm pûrl′] *(vt.)* يُلألئ: «أ» يصوغ على شكل لآلئ. «ب» يرصِّع باللآلئ. «ج» يصنع من اللآلئ.

im·pec·ca·ble [ĭm pĕk′-] *(adj.)* (١) معصوم: منزَّهٌ عن الخطأ أو الإثم (٢) كامل: خِلْوٌ من الأخطاء أو العيوب. **— im·pec·ca·bil·i·ty** *(n.)*

im·pe·cu·ni·ous [ĭm′pə ko͞o′nĭ əs] *(adj.)* مُعْدِم؛ مُفْلِس.

im·ped·ance [ĭm pē′dəns] *(n.)* (١) عائق (٢) المعاوَقة: المقاومة الظاهرية، في دارةٍ كهربائية، لتيار متردِّد (كب).

im·pede [ĭm pēd′] *(vt.)* يَعُوق؛ يعترض السبيل.

im·ped·i·ment [ĭm pĕd′ə mənt] *(n.)* (١) إعاقة (٢) عائق (٣) مانع شرعي [من الزواج].

im·ped·i·men·ta [-ə mĕn′tə] *(n. pl.)* المعوِّقات [كالأمتعة والمؤن].

im·ped·i·tive [ĭm pĕd′ə tĭv] *(adj.)* معوِّق؛ عائق.

im·pel [ĭm pĕl′] *(vt.)* (١) «أ» يُكرِه؛ يدفعه إلى كذا؛ يحمله على كذا. «ب» يفرض أو يسبِّب عنوةً (٢) يسيِّر.

im·pel·lent [-′ənt] *(adj.; n.)* (١) مُكْرِه؛ دافع إلخ § (٢) المُكرِه؛ الدافع.

im·pel·ler [-ər] *(n.)* (١) المُكْرِه؛ الدافع (٢) الدَّفّاعة؛ الدوّارة (مك).

im·pel·ling *(adj.)* قويّ؛ مؤثّر <an ~ personality>.

im·pend [-pĕnd′] *(vi.)* (١) يتوعّد؛ يهدّد (٢) يوشك أن يَحْدث.

im·pend·ent; im·pend·ing *(adj.)* وشيك؛ مهدِّدٌ بوَشْك الحدوث.

im·pen·e·tra·bil·i·ty [ĭm pĕn′ə trə bĭl′ə tĭ] *(n.)* (١) اللاتحايزية: خاصِّية في المادة تجعل من المتعذر على جسمين اثنين أن يحتلّا الحيِّز نفسه في وقت واحد (فز) (٢) اللّااختراقية؛ اللّانفاذية.

im·pen·e·tra·ble [ĭm pĕn′-] *(adj.)* (١) «أ» لا يُخترق؛ لا يُنْفذ إليه. «ب» متحجّر؛ عديم التأثُّر <~ hearts> (٢) مستغلق؛ لا سبيل إلى فهمه <an ~ mystery> (٣) لاتحايزيّ (را. المادة السابقة).

im·pen·i·tent [ĭm pĕn′ə-] *(adj.)* سادِرٌ: غير نادم أو تائب.

im·per·a·tive [ĭm pĕr′ə tĭv] *(adj.; n.)* (١) أمريّ: «أ» ذو علاقة بصيغة الأمر <the ~ mood>. «ب» دالّ على أمر <an ~ gesture> (٢) إلزاميّ <an ~ duty> (٣) مُلِحّ؛ أساسيّ؛ لا سبيل إلى اجتنابه <It is ~ that we should have a strong army.> § (٤) «أ» صيغة الأمر (ل). «ب» جملة أمرية (ل) (٥) أمرٌ؛ طلب (٦) قاعدة <lives by certain simple ~*s*> (٧) واجب <social ~*s* of our age> (٨) حاجة؛ ضرورة <the sheer ~ of survival> (٩) حقيقةٌ ملحّة أو لا سبيل إلى تجاهلها <economic ~*s*>.

im·pe·ra·tor [ĭm′pə rā′tər] *(n.)* (١) حاكم أعلى أو مطلق (٢) أمبراطور.

im·per·ceiv·a·ble [ĭm pər sē′-] *(adj.)* = imperceptible.

im·per·cep·ti·ble [ĭm′pər sĕp′-] *(adj.)* (١) غير مُدْرَك [بالحسّ أو العقل] (٢) ضئيل أو تدريجي أو دقيق إلى حدّ بعيد.

im·per·cep·tion [-sĕp′shən] *(n.)* اللّاإدراك: عدم الإدراك.

im·per·cep·tive [-sĕp′tĭv] *(adj.)* غير مُدْرِك؛ يُعْوِزه الإدراك.

im·per·fect [ĭm pûr′-] *(adj.; n.)* (١) ناقص؛ غير تامّ (٢) ماضٍ ناقصٌ: دالّ على حالة مستمرّة أو عمل غير تامّ وبخاصة في الماضي (ل) (٣) منقوص؛ مطفَّف (٤) «أ» ناقص من الوجهة القانونيّة. «ب» غير مُلْزِم شرعًا <~ obligations> § (٥) «أ» صيغة الماضي الناقص. «ب» فعل ماضٍ ناقص (ل).

im·per·fec·tion *(n.)* (١) نَقْص؛ عدم اكتمال (٢) عيب؛ شائبة.

im·per·fect·ly *(adv.)* على نحوٍ ناقص؛ على نحو غير تامّ.

im·per·fect·ness *(n.)* نَقْص؛ عدم اكتمال.

im·per·fo·rate [ĭm pûr′fə rĭt; -rāt′] *(adj.; n.)* (١) غير مثقوب. وبخاصة: مسدود؛ يعوزه الثقب الطبيعي <an ~ anus> (٢) غير مُثَقَّب <~ stamps> § (٣) الطابع اللامُثَقَّب: طابع بريدي غير مثقَّب.

im·pe·ri·al [ĭm pēr′ĭ əl] *(adj.; n.)* (١) أمبراطوري (٢) ملوكي؛ فخيم (٣) استبدادي (٤) بالغ الضخامة أو الامتياز (٥) أمبراطوريّ: متعلق بالموازين والمقاييس البريطانية الرسمية § (٦) *cap.*: أحد جنود أو أتباع الدولة الرومانيّة المقدّسة (٧) أمبراطور (٨) القَطْع الأمبراطوري: قِطَعٌ من الورق (٩) اللحية الأمبراطورية: لحية صغيرة مستدقة نامية تحت الشفة السفلى كتلك التي كانت

للأمبراطور نابوليون الثالث (١٠) شيء ضخم أو ممتاز إلى حدّ قصيّ.

im·pe·ri·al·ism *(n.)* (١) النظام أو الحكم الأمبراطوري (٢) الإمبريالية.

im·pe·ri·al·ist *(n.; adj.)* (١) المؤيِّد للحكم الأمبراطوري أو للإمبريالية § (٢) imperialistic.

im·pe·ri·al·is·tic *(adj.)* (١) أمبراطوريّ (٢) إمبرياليّ.

im·per·il [ĭm pĕr′əl] *(vt.)* يُعرِّض للخطر؛ يُوقع في خطر.

im·pe·ri·ous [ĭm pēr′ĭ əs] *(adj.)* (١) ملوكي؛ مَهيب (٢) «أ» متعجرف؛ متغطرس. «ب» مستبدّ <an ~ tyrant> (٣) ملحّ؛ لا سبيل إلى تجاهله <~ needs>.

im·per·ish·a·bil·i·ty [ĭm pĕr′ĭsh-] *(n.)* البقائية؛ اللّافنائية؛ الخلود.

im·per·ish·a·ble [-ə bəl] *(adj.)* باقٍ؛ غير فانٍ؛ خالد.

im·pe·ri·um [ĭm pēr′ĭ əm] *(n.)* (١) «أ» سلطة. «ب» أمبراطورية (٢) سيادةُ [الدولة].

im·per·ma·nence; im·per·ma·nen·cy *(n.)* المُؤقَّتيّة؛ اللّادوامية.

im·per·ma·nent *(adj.)* مؤقت؛ زائل؛ غير دائم.

im·per·me·a·bil·i·ty [ĭm pûr′mĭ ə bĭl′-] *(n.)* الكِتامة؛ اللامُنفذية.

im·per·me·a·ble [ĭm pûr′mĭ-] *(adj.)* كَتيم؛ غير مُنفِذ للماء إلخ.

im·per·mis·si·ble [ĭm′pər mĭs′-] *(adj.)* مَحظور؛ غير جائز.

im·per·son·al [ĭm pûr′sən əl] *(adj.)* (١) مجهول؛ مبني للمجهول <methinks> (ل) (٢) لاشخصي: صفة للفعل الذي لا يَرِدُ إلا في صيغة المفرد الغائب من غير ذكر للفاعل <It's raining.> (٣) موضوعي؛ مجرَّد؛ غير متأثر بالشعور الشخصي <~ criticism> (٤) لامشخَّص؛ لامجسَّم <an ~ deity>.

im·per·son·al·i·ty *(n.)* اللّاشخصية؛ الموضوعية؛ التجرّد إلخ.

im·per·son·al·ize *(vt.)* يجعله لاشخصيًا؛ يجعله موضوعيًا إلخ.

im·per·son·ate [ĭm pûr′sə nāt′] *(vt.)* يتخذ أو يمثّل شخصية فلان.

— **im·per·son·a·tion; im·per·son·a·tor** *(n.)*

im·per·ti·nence; im·per·ti·nen·cy [ĭm pûr′-] *(n.)* (١) عدم ارتباط [بموضوع البحث] (٢) وقاحة (٣) «أ» شيء غير مرتبط [بموضوع البحث]. «ب» شيء أو شخص وقح.

im·per·ti·nent *(adj.)* (١) غير مرتبط بموضوع البحث؛ خارج عن موضوع البحث <~ details> (٢) وقح <~ boys>.

im·per·turb·a·ble [ĭm′pər tûr′-] *(adj.)* هادئ؛ رابط الجأش.

im·per·vi·ous [ĭm pûr′vĭ əs] *(adj.)* (١) كتيم: غير مُنفِذ للماء أو للأشعة (٢) منيع: لا يتأثر بكذا أو ينزعج منه <looked at her, ~ to her tears> (٣) مغلَق: غير منفتح أو متقبِّل للوقائع أو الحجج المنطقية <~ to reason>.

im·pe·tig·i·nous [ĭm′pə tĭj′-] *(adj.)* حَصَفيّ (را. المادة التالية).

im·pe·ti·go [ĭm′pə tī′gō] *(n.)* الحَصَف: داء جلديّ مُعْدٍ (مض).

im·pe·trate [ĭm′pə trāt′] *(vt.)* (١) ينال بالطلب أو التوسّل (٢) يطلب؛ يلتمس.

im·pet·u·os·i·ty [ĭm pĕch′o͞o ŏs′ə tĭ] *(n.)* (١) تهوّر؛ طيش (٢) عنف؛ اندفاع.

im·pet·u·ous [ĭm pĕch′o͞o əs] *(adj.)* (١) متهوِّر؛ طائش <an ~ boy> (٢) عنيف؛ مندفع بعنف <~ winds>.

im·pe·tus [ĭm′pə-] *(n.)* (١) قوة دافعة (٢) دافع؛ منبِّه؛ مثير (٣) الزَّخْم (فز).

im·pi·e·ty [ĭm pī′ə tĭ] *(n.)* (١) لاتقوى؛ عدم تقوى (٢) عُقوق (٣) عملٌ متَّسِم باللاتقوى أو بالعقوق.

im·pinge [ĭm pĭnj′] *(vi.; t.)* (١) يصطدم بـ؛ يرتطم بـ (٢) يَمَسّ مسًّا وثيقًا (٣) يُحدث أثرًا (٤) يعتدي [على حَقٍّ ما] x (٥) يُضرِم [النّار]؛ يفجّر [الغاز].

im·pi·ous [ĭm′pĭ əs] *(adj.)* (١) غير تقيّ أو ورع (٢) عاقّ.

imp·ish [ĭmp′ĭsh] *(adj.)* (١) شيطانيّ؛ عِفريتي (٢) مُؤذٍ.

im·pla·ca·ble [ĭm plā′kə bəl] *(adj.)* (١) عنيد؛ حقود؛ لا يعرف الصفح <an ~ enemy> (٢) لا سبيل إلى تهدئته أو تسكينه <an ~ resentment; an ~ disease> (٣) لا سبيل إلى تغييره.

im·plant [v. ĭm plănt′; n. ĭm′plănt′] *(vt.; n.)* (١) يَغْرِس؛ يَغْرِز (٢) يُشرِب؛ يرسِّخ في الذهن (٣) يَزْدرِع؛ يزرع [نسيجًا حيًّا] § (٤) المُزدَرَع: نسيج حيّ مُزْدَرَع.

im·plan·ta·tion *(n.)* (١) غرس؛ انغراس (٢) إشراب؛ تَشَرُّب (٣) ازدراع.

im·plau·si·ble [ĭm plô′zə bəl] *(adj.)* غير مُحْتمل: غير قابل للتصديق <~ adventures>.

im·plead [ĭm plēd′] *(vt.)* يقاضي: يشكو [شخصًا] أمام القضاء.

im·ple·ment [n. ĭm′plə mənt; v. -mĕnt′] *(n.; vt.)* (١) أداة؛ آلة؛ وسيلة § (٢) يُنجز؛ يحقّق؛ يُنفِّذ (٣) يزوِّد بأدوات إلخ.

im·pli·cate [ĭm′plə kāt′] *(vt.)* (١) imply (٢) يُوَرِّط.

im·pli·ca·tion *(n.)* (١) «أ» تضمين. «ب» تضمُّن. «ج» المتضمَّن: معنًى متضمَّن <was aware of the ~ to be found in her remarks> (٢) «أ» توريط. «ب» تورّط.

im·plic·it [ĭm plĭs′ĭt] *(adj.)* (١) «أ» ضِمنيّ؛ مفهومٌ ضمنًا <~ consent>. «ب» كامنٌ في <The oak is ~ in the acorn.> (٢) مُطْلَق؛ تامّ <~ obedience>.

implicit function *(n.)* الدّالّة الضّمنية (ر).

im·plied [ĭm plīd′] *(adj.)* ضِمنيّ؛ مفهومٌ ضمنًا.

im·plode [ĭm plōd′] *(vi.; t.)* ينفجر [أو يفجِّر] ضمنًا أو داخليًا.

im·plore [ĭm plōr′] *(vt.)* (١) يُناشد؛ يتوسّل إلى (٢) يلتمس.

im·plo·sion [-plō′zhən] *(n.)* (١) انفجار ضمنيّ أو داخليّ (٢) اندماج.

im·ply [ĭm plī′] *(vt.)* (١) يتضمَّن: «أ» يدلّ ضمنًا على <Silence *implies* consent.>. «ب» يقتضي ضمنًا؛ ينطوي بداهةً أو بالقوة على <War *implies* fighting.> (٢) يُلمِع إلى.

im·po·lite [ĭm′pə līt′] *(adj.)* فَظّ؛ جِلف؛ غير مُهذَّب.

im·pol·i·tic [ĭm pŏl′ə tĭk] *(adj.)* أخرق؛ أحمق؛ غير حكيم.

im·pon·der·a·ble [ĭm pŏn′-] *(adj.)* لاموزون: غير قابل للوزن بدقّة.

im·port [*v.* ĭm pōrt′; *n.* ĭm′pōrt] *(vt.; i.; n.)* (١) «أ» يعني؛ يفيد [معنًى]. «ب» يُفيد ضمنًا (٢) يستورد x (٣) يَهُمُّ؛ يكون ذا أهمية § (٤) معنًى؛ فحوى؛ مضمون (٥) أهمية؛ شأن (٦) سلعة مستورَدة (٧) استيراد.

im·por·tance [ĭm pôr′təns] *(n.)* أهميّة؛ شأن.

im·por·tant [-′tənt] *(adj.)* (١) هامّ (٢) ذو شأن أو سلطة.

im·por·ta·tion *(n.)* (١) استيراد (٢) شيء مستورَد.

im·por·tu·nate [-pôr′chə nĭt] *(adj.)* (١) مُلِحّ؛ مُلْحِف (٢) مزعج.

im·por·tune [ĭm pôr to͞on′; ĭm pôr′chən] *(adj.; vt.; i.)* (١) مُلِحّ؛ مُلْحِف (٢) مُزْعِج § (٣) يُلِحّ على؛ يُلْحِف (٤) يُزعج.

im·por·tu·ni·ty *(n.)* (١) إلحاح؛ إلحاف (٢) *pl.*: مطالب مُلِحّة.

im·pose [ĭm pōz′] *(vt.; i.)* (١) يفرض <to ~ taxes> (٢) يَضَع (٣) يرتِّب صفحات المَلزمة [على الآلة الطابعة إلخ] (٤) يفرض عليه سلعة بالحيلة أو بالخِداع (٥) يتطفَّل على x (٦) يستغلّ <You have ~*d* on her good nature.> (٧) يَخْدع <was clever enough to ~ on the public>.

im·pos·ing *(adj.)* جليل؛ مَهيب.

im·po·si·tion *(n.)* (١) مص impose (٢) «أ» ضريبة. «ب» عبء ثقيل (٣) حيلة؛ خدعة.

im·pos·si·bil·i·ty *(n.)* (١) استحالة؛ تعذّر (٢) شيء مستحيل أو متعذّر.

im·pos·si·ble [ĭm pŏs′ə bəl] *(adj.)* (١) مستحيل؛ متعذّر (٢) «أ» بغيض؛ يصعب التعامل معه <an ~ person>. «ب» لا يطاق <an ~ situation>.

im·post [ĭm′pōst] *(n.)* (١) ضريبة؛ رسم (٢) الثِّقَل: ما يحمله فرس السباق من ثِقل [بما في ذلك ثِقل الفارس] (٣) المُسْتَقَرّ: موضع من الجدار أو العمود يستقرّ عليه طرف القوس (عم).

im·pos·tor *or* **im·pos·ter** [ĭm pŏs′tər] *(n.)* الدَّجّال؛ المدَّعي؛ الأفّاك؛ المحتال.

im·pos·ture [-chər] *(n.)* دَجَل؛ خداع؛ انتحال شخصية.

im·po·tence; im·po·ten·cy *(n.)* العُنّة؛ العجز الجنسيّ.

im·po·tent [ĭm′pə tənt] *(adj.)* (١) ضعيف؛ واهن (٢) عِنِّين: عاجز جنسيًا (٣) عقيم: لا ينجب أولادًا [صفة للذكور عادةً].

im·pound [ĭm pound′] *(vt.)* (١) «أ» يزرب: يحجز في زريبة. «ب» يسجن (٢) يجمع [الماءَ] في سدّ أو خزان.

im·pound·ment *(n.)* (١) «أ» زَرْب؛ حَجْز. «ب» جَمْعٌ للماء في خزان إلخ (٢) انزراب؛ احتجاز (٣) ماء مجمَّع في سدّ أو خزّان.

im·pov·er·ish [ĭm pŏv′ər ĭsh] *(vt.)* (١) يُفقر (٢) يُوْهِن.

im·pov·er·ished *(adj.)* (١) مُفْقَر (٢) مُوْهَن (٣) محدود («نب» و «ح»).

im·prac·ti·ca·ble *(adj.)* (١) غير عمليّ؛ غير قابل للتطبيق؛ متعذّر التنفيذ <~ plans> (٢) غير سالك <an ~ road>.

im·prac·ti·ca·bil·i·ty; im·prac·ti·ca·ble·ness *(n.)* (١) اللّاعملية؛ اللاتطبيقية (٢) اللّاسالكيّة.

im·prac·ti·cal *(adj.)* (١) غير عمليّ؛ لاعمليّ (٢) مثاليّ.

— im·prac·ti·cal·i·ty; im·prac·ti·cal·ness *(n.)*

im·pre·cate [ĭm′prə kāt′] *(vt.; i.)* يَلْعَن؛ يستنزل اللَّعَنات.

im·pre·ca·tion [ĭm′prə kā′-] *(n.)* (١) لَعْن (٢) لَعْنة.

im·pre·cise [ĭm′prĭ sīs′] *(adj.)* (١) غير دقيق (٢) غامض.

im·preg·na·ble[1] [ĭm prĕg′nə bəl] *(adj.)* (١) منيع؛ حصين (٢) فوق النقد أو الشك أو الطَّعن <an ~ reputation>.

im·preg·na·ble[2] *(adj.)* قابل للتلقيح أو الإخصاب <an ~ egg>.

im·preg·nate [*v.* ĭm prĕg′nāt; *adj.* ĭm prĕg′nĭt] *(vt.; adj.)* (١) يُشْرِب؛ يَنْقَع؛ يُشْبِع بِـ (٢) يُلقِح؛ يُخْصِب § (٣) مُشْرَب؛ منقوع؛ مُشْبَع بِـ (٤) مُلْقَح؛ مُخْصَب.

im·pre·sa·ri·o [ĭm prə sär′ĭ ō′] *(n.)* (١) مدير الفرقة (مو) (٢) الراعي: مَنْ يَرْعَى حفلة أو برنامجًا تلفزيونيًا (٣) المدير أو المنتج.

im·pre·scrip·ti·ble [ĭm′prĭ skrĭp′-] *(adj.)* أساسيّ: قائم بمعزل عن القانون أو العادة؛ لا يجوز انتزاعه أو انتهاكه <the ~ rights of man>.

im·press[1] [*v.* ĭm prĕs′; *n.* ĭm′prĕs′] *(vt.; i.; n.)* (١) يَدْمغ؛ يبصم؛ يختم؛ يطبع (٢) يطبع [في الذهن] (٣) يؤثّر في؛ يخلّف [في نفس المرء] أثرًا أو انطباعًا قويًّا (٤) يحوِّل؛ ينقل [الحركة إلخ] (٥) يُسَلِّط الفُلْطيّة (كب) x (٦) يُحْدِث أثرًا § (٧) طابَع؛ علامة مميِّزة <The work bore the ~ of a great artist.> (٨) أثر؛ تأثير (٩) دَمْغ؛ بَصْم؛ خَتْم؛ طَبْع (١٠) دَمْغَة؛ بَصْمة؛ طَبعة.

im·press[2] *(vt.; n.)* (١) يصادر [للمصلحة العامة]. وبخاصة: يُكرِه على الخدمة العسكرية (٢) يُكرِه؛ يُجبر § (٣) مصادرة (٤) إكراه؛ إجبار.

im·press·i·ble [-′ə bəl] *(adj.)* حسّاس؛ قابل للتأثُّر.

im·pres·sion [ĭm prĕsh′ən] *(n.)* (١) دَمْغ؛ بَصْم؛ خَتْم؛ طبع (٢) «أ» دمغة؛ بَصْمة؛ طَبْعة. «ب» انطباع؛ انطباعة أولى [في الذهن أو النفس] (٣) صورة منطبعة في الذهن (٤) «أ» مدَى الكبس: مقدار ضغط السطح المحبَّر على ورقة مُعَدّة للطبع. «ب» ورقة مطبوعة [نتيجةً لالتقاء السطح المحبَّر والمادة المعدّة للطبع]. «ج» الطبعة: كامل النسخ المطبوعة من كتاب (٥) فكرة [أو ذكرى] غامضة (٦) «أ» الطَّلْيَة الأولى: طبقة الدهان الأولى. «ب» طَلْية من الدهان للزينة أو الصيانة.

im·pres·sion·a·ble *(adj.)* (١) حسّاس؛ سريع التأثر <had an ~ heart> (٢) لَدْن: سهل القولبة <an ~ plastic material>.

im·pres·sion·ism *(n.)* الانطباعية [في الرسم والموسيقى].

im·pres·sion·ist *(n.; adj.)* (١) الانطباعيّ: القائل بالانطباعية § (٢) انطباعيّ.

im·pres·sion·is·tic *(adj.)* انطباعيّ.

im·pres·sive *(adj.)* مؤثِّر: مثير للعاطفة وبخاصة للخشية أو الإعجاب.

im·press·ment [ĭm prĕs′-] (n.) (١) مصادرة [من أجل المصلحة العامة] (٢) إكراه [على الخدمة العسكرية].

im·prest [ĭm prĕst′] (n.) سُلْفة؛ قَرْض.

im·pri·ma·tur [ĭm′prĭ mä′tər; -prī-] (n.) (١) رُخصة بالطبع أو النشر (٢) موافقة على النشر [في ظل رقابة رسمية] (٣) «أ» موافقة. «ب» imprint. «ج» علامة الموافقة.

im·pri·mis [ĭm prī′mĭs] (adv.) أولًا؛ في المقام الأول.

im·print [v. ĭm prĭnt′; n. ĭm′prĭnt] (vt.; n.) (١) يَدمَغ؛ يبصُم؛ يختم (٢) يَطبَع [في الذهن أو الذاكرة] § (٣) «أ» دمغة؛ بصمة. «ب» دمغة الناشر: اسم الناشر [مع عنوانه وتاريخ الطبع عادةً] مطبوعًا في أسفل الصفحة الحاملة اسم الكتاب. «ج» السِّمة: أثرٌ مميَّز لا سبيل إلى محوه أو إزالته.

im·pris·on [ĭm prĭz′ən] (vt.) يَسْجُن؛ يحبِس.

im·pris·on·ment (n.) سَجْن؛ حَبْس.

im·prob·a·bil·i·ty (n.) اللّااحتمالية: بُعْدُ احتمال الحدوث أو الصحّة.

im·prob·a·ble [ĭm prŏb′ə bəl] (adj.) غير محتمل؛ بعيد الاحتمال؛ غير مرجَّح الحدوث أو الصحّة.

im·pro·bi·ty [ĭm prō′bə tĭ] (n.) اللااستقامة: عدم الاستقامة أو الأمانة.

im·promp·tu [ĭm prŏmp′too; -tyoo] (n.; adj.; adv.) (١) المُرْتَجَل: خطاب أو أداء مُرْتجل § (٢) مُرْتَجَل § (٣) ارتجالًا.

im·prop·er [ĭm prŏp′ər] (adj.) (١) خاطئ <an ~ conclusion> (٢) غير ملائم؛ غير مناسب للظرف أو الغرض <an ~ dress to the tea> (٣) غير مهذَّب أو لائق <~ conduct> (٤) بذيء <~ language> (٥) غير محتشم <~ dress>.

im·proper fraction (n.) الكَسْر المعتلّ (ر).

improper integral (n.) التكامل المعتلّ (ر).

im·pro·pri·e·ty [ĭm′prə prī′ə tĭ] (n.) (١) خطأ؛ عدم صِحَّة (٢) لاملاءمة؛ عدم مناسبة (٣) قلّة احتشام أو لياقة (٤) شيء أو عمل غير لائق؛ ملاحظة غير لائقة؛ وبخاصة: بذاءة.

im·prov·a·ble [ĭm proov′-] (adj.) (١) قابل للتحسُّن (٢) قابل للتَّحسين.

im·prove [ĭm proov′] (vt.; i.) (١) يُحسِّن (٢) يغتنم؛ يفيد من؛ يُحسن استغلال شيء x <to ~ an opportunity; to ~ the occasion> (٣) يتحسّن (٤) يُدخل تحسينات على <to ~ on the carburetor>.

im·prove·ment (n.) (١) تحسين (٢) تحسُّن (٣) التحسين: تغيير أو إضافة يتحسَّن بهما شيء <noticed a number of ~s in the town>.

im·prov·i·dence [ĭm prŏv′ə-] (n.) (١) إسراف؛ تبذير (٢) قِصَرُ نَظَر.

im·prov·i·dent [ĭm prŏv′ə-] (adj.) (١) مُسْرِف؛ مُبَذِّر (٢) قصير النَّظَر.

im·pro·vi·sa·tion [ĭm′prə vĭ zā′-] (n.) (١) ارتجال (٢) شيء مُرْتَجَل.

im·prov·i·sa·tor [ĭm prŏv′ə zā′tər] (n.) المُرْتجِل.

im·prov·i·sa·to·ri·al; im·pro·vi·sa·to·ry (adj.) ارتجاليّ؛ مُرْتَجَل.

im·pro·vise [ĭm′prə vīz′] (vt.; i.) يرتجل.

im·pro·vised (adj.) مُرْتَجَل.

im·pro·vis·er *or* **im·pro·vi·sor** [ĭm′prə vī′zər] (n.) المُرْتجِل.

im·pru·dence [ĭm proo′-] (n.) (١) حماقة؛ طَيْش (٢) عملٌ أحمق.

im·pru·dent [ĭm proo′-] (adj.) أحمق؛ طائش؛ غير حكيم.

im·pu·dence [ĭm′pyə dəns] (n.) وقاحة؛ صفاقة.

im·pu·dent [ĭm′pyə dənt] (adj.) وَقِح؛ صفيق.

im·pu·dic·i·ty [ĭm′pyoo dĭs′ə tĭ] (n.) قِلّة حياء.

im·pugn [ĭm pyoon′] (vt.) يُفنِّد؛ يكذِّب؛ يَطعن في.

im·pu·is·sance [ĭm pyoo′ə-] (n.) عَجْز؛ ضَعْف.

im·pu·is·sant [ĭm pyoo′ə sənt] (adj.) عاجز؛ ضعيف.

im·pulse [ĭm′pŭls] (n.) (١) «أ» دَفْع. «ب» الاندفاعة: الحركة الناشئة عن قوةٍ دافعة (مك) (٢) الاندفاع: موجةٌ من اهتياج تُنقل عبر الأنسجة وبخاصة عَبْر الأعصاب والعضلات وينشأ عنها نشاط فيسيولوجي (فس) (٣) دافع؛ حافز؛ باعث (٤) نزوة (٥) النَّبضة (كب).

im·pul·sion [ĭm pŭl′shən] (n.) (١) «أ» دَفْع؛ اندفاع. «ب» دافع؛ حافز. «ج» زخم (٢) دافع لا يقاوَم.

im·pul·sive [-′sĭv] (adj.) (١) دَفْعيّ؛ دافع <an ~ force> (٢) مندفع؛ متهوِّر (٣) نابض (كب).

im·pu·ni·ty [ĭm pyoo′nə tĭ] (n.) اللّاعقاب: حَصانة أو إفلات من عقوبة أو عاقبة <If laws are not enforced, crimes are committed with ~.>.

im·pure [ĭm pyoor′] (adj.) غير طاهر. مثل: «أ» قذِر؛ بذيء <~ ideas; ~ language>. «ب» ملوَّث <~ water>. «ج» نَجِس. «د» ملحونٌ فيه؛ غير صحيح نحويًا <~ Latin>. «هـ» مدخول؛ مغشوش <~ food>. «و» مهجَّن؛ ممزوج بشيء آخر <an ~ style of architecture>.

— im·pure·ness (n.)

im·pu·ri·ty [-ə tĭ] (n.) (١) لاطهارة؛ بذاءة؛ تلوُّث؛ نَجَسٌ؛ لَحْنٌ [في اللغة] (٢) مادة قذرة؛ لغة بذيئة إلخ.

im·put·a·ble [ĭm pyoo′-] (adj.) يُعْزَى: ممكنٌ عَزْوُهُ إلى كذا.

im·pute [ĭm pyoot′] (vt.) (١) يتَّهم: يُلصق به تهمةً إلخ (٢) يعزو؛ يَنْسِب إلى.

— im·pu·ta·tion (n.)

in [ĭn] (prep.; adv.; adj.; n.) (١) في <~ the city> (٢) إلى داخل <went ~ the house> (٣) بِـ؛ بواسطة <was written ~ pencil> (٤) إلى <broke ~ two> § (٥) إلى أو نحو داخل غرفة أو بيت <climbed ~> (٦) نحو مكان معيَّن <He flew ~ on the first plane.> (٧) على مقربة دانية <played close ~> § (٨) داخليّ <the ~ part> (٩) حاكم؛ متمتّع بالسلطة أو القوة <the ~ party> (١٠) آتٍ؛ وافد؛ قادم <the ~ train> § (١١) صاحب السلطة أو المنصب إلخ <wanted to be an ~> (١٢) نفوذ <enjoyed some sort of ~ with the colonel>.

~ any case بأية حال؛ مهما يحدث.

~ itself بذاته؛ بمعزل عن الأشياء أو الاعتبارات الأخرى.

~ the name of باسم فلان أو نيابةً عنه.

the ~s and the outs (١) الحكومة والمعارضة (٢) تفاصيل؛ بَواطنُ الأمور وظواهرُها.

to be ~ for (١) يتورَّط [في متاعب] (٢) يسجِّل [في مسابقة].
to be ~ with يكون على علاقة ودّية مع.

in-[1] بادئة معناها: في؛ داخل؛ ضمنَ <*in*doors>.

in-[2] بادئة معناها: غير؛ لا <*in*organic>.

-in لاحقة معناها: «أ» مركّب كيميائي محايد <insul*in*>. «ب» أنزيمة؛ خميرة <pancreat*in*>. «ج» مضادٌّ للجراثيم <streptomyc*in*>. «د» مستحضَر صيدليّ <aspir*in*>.

in·a·bil·i·ty [ĭn′ə bĭl′ə tĭ] *(n.)* عَجْز؛ قصور؛ عدم قدرة.

in ab·sen·ti·a [ĭn ăb sĕn′shĭ ə] *(adv.)* غيابيًّا.

in·ac·ces·si·ble [ĭn′ăk sĕs′-] *(adj.)* (١) متعذِّر بلوغُهُ أو دخولُه (٢) متعذِّرٌ الحصولُ عليه (٣) متعذِّرٌ التأثير فيه.

in·ac·cu·ra·cy [ĭn ăk′yə rə sĭ] *(n.)* (١) عدم صحة؛ عدم دقة (٢) خطأ؛ غلطة.

in·ac·cu·rate [-rĭt] *(adj.)* (١) خاطئ؛ غير دقيق (٢) مَعْيوب: فيه عيب.

in·ac·tion [ĭn ăk′shən] *(n.)* تبطُّل؛ كَسل؛ تراخٍ؛ لاعمل.

in·ac·ti·vate [ĭn ăk′tə vāt′] *(vt.)* يُخْمِل؛ يُهْمِد.

in·ac·tive [-tĭv] *(adj.)* ساكنٌ؛ غير ناشط. مثل: «أ» غير فعّال أو نشيط <an ~ police chief>. «ب» غير مستخدَم أو غير صالح للاستخدام <an ~ machine>. «ج» غير عامل (جن). «د» هامد: غير مسبِّب آلامًا أو أعراضًا <an ~ disease>. «هـ» خاملٌ («ك» و«فز»).

in·ac·tiv·i·ty [ĭn ăk tĭv′-] *(n.)* سكون؛ لافعّالية؛ لانشاط.

in·ad·e·qua·cy *(n.)* (١) لاملاءمة (٢) نَقْص؛ عدم كفاية.

in·ad·e·quate [ĭn ăd′ə kwĭt] *(adj.)* غير ملائم؛ غير وافٍ.

in·ad·mis·si·ble *(adj.)* غير مقبول <an ~ evidence>.

in·ad·ver·tence [-vûr′-] *(n.)* (١) إهمال (٢) خطأ ناشئ عن إهمال.

in·ad·ver·ten·cy *(n.)* = inadvertence.

in·ad·ver·tent *(adj.)* (١) مُهْمِل؛ غافل (٢) دالٌّ على إهمال أو غفلة (٣) غير متعمَّد أو مقصود.

in·ad·vis·a·ble [ĭn′əd vī′-] *(adj.)* غير مُسْتحسَن أو مُسْتَصْوَب.

in·al·ien·a·ble [ĭn āl′yən ə bəl] *(adj.)* غير قابل للتحويل: غير قابل لأن تحوَّل مِلكيَّته إلى شخص آخر <~ rights>.

in·al·ter·a·ble [ĭn ôl′tər-] *(adj.)* غير قابل للتغيير أو للتبديل.

in·am·o·ra·ta [-rä′tə] *(n.)* المحبوبة؛ المعشوقة. وبخاصة: الخليلة.

in–and–in *(adv.)* على نحو متكرِّر في الأسرة أو العشيرة نفسها <to breed stock ~>.

in·ane [ĭn ān′] *(adj.; n.)* (١) فارغ؛ تافه؛ سخيف § (٢) فراغ.

in·an·i·mate [ĭn ăn′ə mĭt] *(adj.)* (١) لاحَيّ؛ غير ذي حياة (٢) فاقد الوعي أو القدرة على الحركة (٣) بليد؛ تعوزه الحيوية.

in·a·ni·tion [ĭn′ə nĭsh′-] *(n.)* (١) فراغ (٢) جوع (٣) لانشاط؛ لاحيوية.

in·an·i·ty [ĭn ăn′-] *(n.)* (١) فراغ؛ تفاهة (٢) شيء فارغ أو تافه.

in·ap·par·ent [ĭn ə pâr′ənt] *(adj.)* غير واضح أو ظاهر.

in·ap·peas·a·ble [ĭn′ə pē′zə-] *(adj.)* غير قابل للتهدئة أو للاسترضاء.

in·ap·pe·tence [ĭn ăp′ə təns] *(n.)* فَقْد الشَّهوة [إلى الطعام].

in·ap·pli·ca·ble *(adj.)* (١) غير قابل للتطبيق (٢) غير ملائم.

in·ap·po·site [ĭn ăp′ə zĭt] *(adj.)* غير ملائم: غير سديد أو صائب.

in·ap·pre·ci·a·ble [ĭn′ə prē′shĭ ə-] *(adj.)* دقيق؛ أصغر من أن يُرى.

in·ap·proach·a·ble [ĭn′ə prō′chə bəl] *(adj.)* (١) متعذِّرٌ بلوغُهُ أو الحصول عليه (٢) لا يُنافَس.

in·ap·pro·pri·ate [ĭn′ə prō′prĭ ĭt] *(adj.)* غير ملائم.

in·apt [ĭn ăpt′] *(adj.)* (١) غير ملائم (٢) غير بارع.

in·ap·ti·tude [ĭn ăp′-] *(n.)* (١) عدم ملاءمة (٢) عدم براعة.

in·ar·gu·a·ble *(adj.)* لا جدالَ فيه <an ~ fact>.

in·ar·tic·u·late [ĭn′är tĭk′yə lĭt] *(adj.; n.)* (١) «أ» مُجَمْجَم: غير ملفوظ بوضوح. «ب» عييّ أو أخرس. «ج» ممتنع على التعبير: متعذِّرٌ التعبير عنه بالكلام <~ pain> (٢) عاجز عن الإفصاح عن آرائه أو مشاعره (٣) لامَفْصِليّ: غير ذي مفاصل (ح) § (٤) اللامَفْصِليّ (ح).

in·ar·tis·tic *(adj.)* (١) لافنّيّ؛ غير فنّيّ (٢) غير مقدِّر للفن.

in·as·much as *(conj.)* (١) بقَدْرِ ما... (٢) لأن؛ بسبب؛ نظرًا لأن...

in·at·ten·tion [ĭn ə tĕn′shən] *(n.)* غفلة؛ قلة انتباه؛ إهمال.

in·at·ten·tive [ĭn′ə tĕn′tĭv] *(adj.)* غافل؛ غير منتبه؛ مهمِل.

in·au·di·ble [ĭn ô′-] *(adj.)* غير مسموع؛ متعذِّرٌ سماعُه.

in·au·gu·ral [ĭn ô′gyə rəl] *(adj.; n.)* (١) تدشينيّ (٢) افتتاحيّ § (٣) خطاب التولية: خطاب يلقيه رئيس الجمهورية إلخ عند بدء ولايته (٤) تدشين؛ حفلة تدشين.

in·au·gu·rate [ĭn ô′gyə rāt′] *(vt.)* (١) يولّي: يقلّده السلطة بالمراسم المألوفة (٢) «أ» يدشِّن. «ب» يفتتح.

— in·au·gu·ra·tion *(n.)*

in·aus·pi·cious [ĭn′ô spĭsh′əs] *(adj.)* منحوس؛ مشؤوم.

in·au·then·tic [ĭn ô thĕn′tĭk] *(adj.)* غير موثوقٍ به.

in between *(adv.; prep.)* بين؛ بين شيئين أو حدَّين إلخ.

in–bet·ween *(adj.)* متوسِّط: واقع في الوسط.

in·board [ĭn′bōrd′] *(adv.; adj.)* (١) في داخل السفينة؛ نحو وسط السفينة (٢) نحو الداخل § (٣) جَوّانيّ؛ داخليّ.

in·born [ĭn′bôrn′] *(adj.)* (١) فطريّ؛ طبيعيّ (٢) موروث؛ وراثيّ.

in·bound [ĭn′bound′] *(adj.)* مُتَّجِهٌ أو مُبحِرٌ نحو الداخل.

in·breathe [ĭn brēth′] *(vt.)* يتنشَّق؛ يستنشق.

in·bred [ĭn′brĕd′] *(adj.)* (١) فِطريّ؛ طبيعيّ (٢) داخليّ الاستيلاد: مُنْتَجٌ بالاستيلاد الداخلي (را. inbreeding).

in·breed [ĭn brēd′] *(vt.)* يستولد أو يتوالد داخليًّا.

in·breed·ing *(n.)* (١) الاستيلاد الداخليّ: استيلاد يتمّ بين حيوانات، أو نباتات، تجمعها قرابةٌ وثيقة حفظًا أو تثبيتًا لبعض الصفات المرغوب فيها (٢) القَصْر: قَصْر الأمر [كتعيين أساتذة الجامعة] على نطاقٍ ضيّق أو محلّيّ.

in·built [ĭn′bĭlt′] *(adj.)* = built–in.

in·cal·cu·la·ble [ĭn kăl′kyə-] *(adj.)* (١) كثير جدًا؛ لا يُحصى (٢) لا يمكن التنبّؤ به (٣) متقلّب <a lady of ~ moods>.

in·ca·les·cence [ĭn′kə lĕs′-] *(n.)* الاتّقاد: تعاظمٌ في الحرارة.

in camera *(adv.)* (١) سِرًّا (٢) في مكتب القاضي (ق).

in·can·desce [ĭn′kən dĕs′] *(vi.; t.)* (١) يتوهّج x (٢) يُوَهِّج.

in·can·des·cence [ĭn′kən dĕs′əns] *(n.)* التوهُّج الحراري.

in·can·des·cent [-′ənt] *(adj.)* (١) متوهّج (٢) ساطع (٣) لامع.

incandescent lamp *(n.)* المصباح المُتَوَهِّج (كب).

in·cant [ĭn kănt′] *(vi.)* يتلو [وبخاصة على سبيل التعويذ].

in·can·ta·tion [ĭn′kăn tā′shən] *(n.)* (١) التعزيم؛ التعويذ (٢) عزيمة؛ رُقْية؛ تعويذة.

in·ca·pa·ble [ĭn kā′pə bəl] *(adj.)* (١) عاجز؛ غير قادر (٢) غير قابل لِـ <~ of exact measurement> (٣) غير كُفُؤ (٤) غير مؤهَّل لِـ (ق).

— in·ca·pa·bil·i·ty *(n.)*

in·ca·pac·i·tate [ĭn′kə păs′ə tāt′] *(vt.)* (١) يجعله غير مُؤهَّل لـ؛ يجعله غيرَ أهلٍ لـ (٢) يُضْعِف؛ يُعْجِز؛ يجعله عاجزًا.

in·ca·pac·i·ty *(n.)* (١) عَجْز؛ عدم قدرة (٢) لاأهلية (ق).

in·car·cer·ate [ĭn kär′sə rāt′] *(vt.)* (١) يسجن (٢) يحجز؛ يحتجز؛ يحصر.

— in·car·cer·a·tion *(n.)*

in·car·na·dine [ĭn kär′nə dīn′; -dĭn] *(adj.; vt.)* (١) قِرْمِزيّ (٢) أحمر. وبخاصة: بلون الدم § (٣) يجعله بلون الدم أو اللحم: يحمِّر.

in·car·nate [*adj.* ĭn kär′nĭt, -nāt; *v.* -nāt] *(adj.; vt.)* (١) «أ» ذو طبيعة وشكل جسديين. وبخاصة: بشريَّين. «ب» مجسَّد؛ مجسَّم (٢) بلون اللحم أو الدم § (٣) «أ» يجسِّد؛ يجسِّم. «ب» يعطيه شكلًا واقعيًا: يحقّق.

in·car·na·tion *(n.)* (١) «أ» تجسيد. «ب» تجسُّد (٢) «أ» تجسيد إلَهٍ [في شكل أرضيّ]. «ب» التجسُّد؛ تجسُّد المسيح: اتحاد الألوهية والناسوتية فيه (٣) مثال؛ عنوان <He was the very ~ of deceit>.

in·case [ĭn kās′] *(vt.)* = encase.

in·cau·tion [ĭn kô′shən] *(n.)* غَفْلة؛ إهمال؛ قِلّة حَذَر.

in·cau·tious [-′shəs] *(adj.)* غافل؛ مُهمِل؛ قليل الحَذَر.

in·cen·di·a·rism [ĭn sĕn′-] *(n.)* الإحراقيّة: إضرام النار عمدًا.

in·cen·di·ar·y [-dĭ ĕr′ ĭ] *(n.; adj.)* (١) «أ» الإحراقيّ: شخص يضرم النار عمدًا في مبنًى إلخ. «ب» أداة إحراق [كالقنبلة المحرقة إلخ] (٢) المهيِّج: مثير الفتنة أو القلاقل § (٣) إحراقيّ: «أ» مُتَّسِم بالإحراق عمدًا <an ~ crime>. «ب» قائم على استخدام القنابل المحرقة <~ warfare> (٤) محرق <~ bombs> (٥) «أ» مُلهِب؛ مثير <~ speeches>. «ب» مثير جنسيًا <an ~ blonde>.

incendiary bomb *(n.)* = firebomb.

in·cense [ĭn′sĕns′] *(n.; vt.)* (١) بَخُور (٢) «أ» عَبَق البَخور [عند إحراقه]. «ب» رائحة زكية (٣) تملُّق؛ تزلُّف؛ مُداهنة § (٤) يُبَخِّر: يُحْرِق أو يقدِّم البخور إلى (٥) يُحْنِق: يثير غضَبَهُ الشديد <Such careless waste ~*d* him.>.

in·cen·tive [ĭn sĕn′-] *(n.; adj.)* باعث؛ مثير؛ محرِّك؛ حافز.

incentive award *(n.)* جائزة تشجيعية.

in·cept [ĭn sĕpt′] *(vi.)* (١) يبدأ؛ يستهلّ عملًا (ا. ق) (٢) ينال درجة الماجستير أو الدكتوراه.

— in·cep·tor *(n.)*

in·cep·tion *(n.)* (١) ابتداء؛ استهلال (٢) حفلة التخرُّج.

in·cep·tive *(n.; adj.)* (١) فعل الشُّروع (ل) § (٢) شُروعيّ: دالّ على الشروع (ل) (٣) استهلاليّ.

in·cer·ti·tude [ĭn sûr′tə to͞od′] *(n.)* (١) شك؛ لا يقين (٢) لاأمن؛ عدم استقرار.

in·ces·sant [ĭn sĕs′ənt] *(adj.)* مُتوالٍ؛ مُتواصل؛ مُستمرّ.

in·ces·sant·ly *(adv.)* باستمرار: على نحوٍ متواصل أو متوالٍ.

in·cest [ĭn′sĕst] *(n.)* غِشيان المَحارم (مج)؛ سِفاح القُرْبَى: الاتصال الجنسي بين من تحرِّم الشريعة الزواج بينهم من ذوي القربَى.

in·ces·tu·ous [ĭn sĕs′cho͞o əs] *(adj.)* (١) خاصّ بغشيان المحارم (٢) مُضاجِع المحارم: مُتَّهَم بغشيان المحارم أو سفاح القربى.

inch[1] [ĭnch] *(n.; vi.; t.)* (١) الإنش؛ البوصة: واحد من اثني عشر جزءًا من القدم أو ٢,٥٤ سم § (٢) يتحرَّك ببطء x (٣) يحرِّك ببطء.

inch[2] [ĭnch] *(n.)* جزيرة (اسك).

inch·meal [-′mēl′] *(adv.)* إنشًا فإنشًا؛ شيئًا فشيئًا؛ تدريجيًا.

in·cho·ate [ĭn kō′ĭt] *(adj.)* (١) مبدوء به حديثًا (٢) ناقص؛ بدائي.

in·cho·a·tive [-′ə tĭv] *(adj.)* (١) استهلاليّ؛ أوّلي (٢) شروعيّ؛ دالّ على الشروع <~ verbs>.

in·ci·dence [ĭn′sə dəns] *(n.)* (١) «أ» حدوث؛ وقوع. «ب» مدى الحدوث أو التأثير <the ~ of a disease> (٢) «أ» السقوط: سقوط الضوء إلخ على سطحٍ ما (فز). «ب» زاوية السقوط (فز).

in·ci·dent [ĭn′sə dənt] *(n.; adj.)* (١) شيء تابعٌ لآخر أو متوقِّف عليه (ق) (٢) حادثٌ؛ حَدَث (٣) حَدَثٌ عَرَضيّ؛ مسألة طفيفة § (٤) عَرَضيّ (٥) تابع؛ لاحق (ق) (٦) ساقط <~ light rays> (٧) خارجيّ <~ forces>.

in·ci·den·tal *(adv.; n.)* (١) «أ» اتفاقيّ؛ تصادُفيّ. «ب» عَرَضيّ؛ ثانوي (٢) طارئ <~ expenses> § (٣) *pl.*: نفقات طارئة (٤) الطارئ: حادثٌ عَرَضيّ.

— in·ci·den·tal·ly *(adv.)*

in·cin·er·ate [ĭn sĭn′ə rāt′] *(vt.)* يُرمِّد: يُحرق محوِّلًا إلى رماد.

in·cin·er·a·tor *(n.)* المِرْمَدة: مَوْقِد لإحراق النُّفايات.

in·cip·i·ence; in·cip·i·en·cy [ĭn sĭp′-] *(n.)* بدء؛ ابتداء.

in·cip·i·ent [ĭn sĭp′ĭ ənt] *(adj.)* أوّليّ؛ ابتدائيّ.

in·cise [ĭn sīz′] *(vt.)* (١) يَحُزّ؛ يَشُقّ (٢) يَنحت؛ ينقش.

in·cised *(adj.)* (١) مُحَزَّز؛ منقوش (٢) مبضوع: مُحْدَث بمُدية قاطعة <an ~ wound> (٣) مُثَلَّم الأطراف <~ leaves>.

incised leaf

in·ci·sion [ĭn sĭzh′ən] *(n.)* (١) «أ» تثلّم [في أطراف ورق النبات]. «ب» جُرْح (٢) حَزّ؛ شَقّ؛ نَقْش (٣) حدّة؛ مضاء.

in·ci·sive [ĭn sī′sĭv] *(adj.)* (١) قاطع؛ ماضٍ (٢) «أ» حادّ. «ب» واضح المعالم (٣) لاذع <~ criticism>.

in·ci·sor [ĭn sī′zər] *(n.)* القاطعة: إحدى الأسنان القواطع (ت).

in·ci·ta·tion [ĭn sī tā′-] *(n.)* (١) تحريض؛ حَثّ (٢) المحرِّض؛ الدافع.

in·cite [ĭn sīt′] *(vt.)* يحرِّض؛ يَحُثّ.

in·cite·ment *(n.)* (١) تحريض (٢) الدافع؛ المحرِّض.

in·ci·vil·i·ty [ĭn′sə vĭl′ə tĭ] *(n.)* (١) فظاظة (٢) عمل فظّ.

in·clem·ent [ĭn klĕm′ənt] *(adj.)* (١) عاصف (٢) صارم؛ قاسٍ؛ عديم الرحمة <an ~ judge>.
— **in·clem·en·cy** *(n.)*

in·clin·a·ble [ĭn klī′-] *(adj.)* (١) ميّال إلى (٢) مؤيِّد؛ مساعد.

in·cli·na·tion [ĭn klə nā′-] *(n.)* (١) رغبة؛ هوًى؛ مَيْل (٢) انحناءة [في السّلام] (٣) «أ» مَيْل؛ انحراف. «ب» درجة المَيْل. «ج» سطح مائل: منحدَرٌ. «د» زاوية المَيْل (ر) (٤) نزعة.

in·cline [*v.* ĭn klīn′; *n.* ĭn′klīn, ĭn klīn′] *(vi.; t.; n.)* (١) ينحني (٢) ينزع؛ يميل إلى (٣) يميل؛ ينحرف **x** (٤) يحني (٥) يُقنع (٦) يُمِيل؛ يُحدِّر § (٧) مُنْحَدَر؛ حُدور؛ مُسْتَوٍ مائل.

in·clined *(adj.)* (١) ميّال إلى؛ نزّاعٌ إلى (٢) مائل؛ منحدِر (٣) مائل: مُشَكِّلٌ زاويةً مع خطٍّ أو سطح.

inclined plane *(n.)* المستوي المائل («ر» و«مك»).

in·clin·ing [ĭn klī′nĭng] *(n.)* مَيْل؛ رغبة.

in·cli·nom·e·ter [ĭn′klə nŏm′ə-] *(n.)* المِمْيَلة؛ مقياس المَيْل أو الانحراف.

inclinometer

in·close [ĭn klōz′] *(vt.)* = enclose.

in·clo·sure [ĭn klō′zhər] *(n.)* = enclosure.

in·clude [ĭn klo͞od′] *(vt.)* (١) يَحْصُر؛ يطوّق (٢) يتضمّن؛ يشتمل على.

included angle *(n.)* الزاوية المحصورة (ر).

in·clu·sion [ĭn klo͞o′zhən] *(n.)* (١) «أ» تضمين. «ب» تَضَمُّن (٢) الضَّمين: شيء متضمَّن.

inclusion body *(n.)* الجسم الضَّمين [في خليّة مصابة بفيروس].

in·clu·sive [ĭn klo͞o′sĭv] *(adj.)* (١) شامل (٢) مشتملٌ [جميعَ النفقات أو الخدمات إلخ من غير رسوم إضافية] (٣) متضمِّن؛ بما فيه <a household of nine persons, ~ of the servants>.
from Monday to Saturday ~, من الإثنين إلى السبت ضمنًا.

in·clu·sive·ly *(adv.)* (١) على نحو شامل أو مشتمِل (٢) ضِمْنًا.

in·co·er·ci·ble [ĭn′kō ûr′-] *(adj.)* لا يُضبَط؛ لا يُكبَح؛ لا يُحْصَر.

in·cog·i·tant [ĭn kŏj′ə tənt] *(adj.)* مُهْمِل؛ طائش.

in·cog·ni·ta [ĭn′ kŏg nē′ tə] *(adj.)* مستخفية أو متستّرة باسم مستعار.

in·cog·ni·to [ĭn kŏg′nə tō′] *(adj.; adv.; n.)* (١) مُسْتَخْفٍ: متستّر باْسم مستعار § (٢) مُسْتَخْفيًا: بصفة غير صفة المرء الرسمية أو باسم مستعار <to travel ~> § (٣) المستخفي: شخص متستّر باسمٍ مستعار (٤) الاستخفاء: التستّر باسم مستعار.

in·cog·ni·zant [ĭn kŏg′nə zənt] *(adj.)* غير عارف أو شاعر بِـ.

in·co·her·ence; in·co·her·en·cy [ĭn kō hēr′-] *(n.)* (١) تفكّك (٢) «أ» تشوّش. «ب» لاتماسك أو ترابط (٣) تنافر (٤) شيء مشوَّش أو متنافر إلخ.

in·co·her·ent [ĭn kō hēr′ənt] *(adj.)* (١) متفكّك (٢) «أ» مُشوَّش. «ب» غير متماسك أو مترابط (٣) متنافر.

in·com·bus·ti·bil·i·ty [ĭn′kəm bŭs′tə bĭl′-] *(n.)* اللااحتراقية.

in·com·bus·ti·ble [-bŭs′tə bəl] *(adj.)* لا يحترق؛ غير قابل للاحتراق.

in·come [ĭn′kŭm] *(n.)* دَخْل؛ إيراد.

in·com·er *(n.)* (١) القادم؛ الوافد (٢) النازح (٣) المتطفِّل.

income tax *(n.)* ضريبة الدَّخل.

in·com·ing[1] [ĭn′kŭm′ĭng] *(n.)* (١) مجيء؛ ورود؛ قدوم؛ حلول <the ~ of spring> (٢) *pl.* عد: دَخْل؛ إيراد.

in·com·ing[2] *(adj.)* (١) آتٍ؛ قادم؛ وارد <~ mail> (٢) وافِد: محتلّ منصبًا جديدًا <the ~ president> (٣) مُسْتهِلّ؛ جديد <the ~ year>.

in·com·men·su·ra·bil·i·ty [ĭn′kə mĕn′shə rə bĭl′ĭ tĭ] *(n.)* (١) اللامَقِيسيّة: عدم القابليّة للقَيْس المشترَك (٢) اللاتناسب؛ اللاتكافؤ.

in·com·men·su·ra·ble [ĭn′ kə mĕn′shə rə-] *(adj.)* (١) غير مَقِيس: غير قابل للقَيْس المشترك (٢) غير متناسب؛ غير متكافئ مع.

in·com·men·su·rate [ĭn′kə mĕn′shə rĭt] *(adj.)* غير متساوٍ أو متعادل. مثل: «أ» غير مَقِيس: غير قابل للقَيْس المشترَك. «ب» غير ملائم. «ج» غير متكافئ أو متناسب.

in·com·mode [ĭn′kə mōd′] *(vt.)* يُزعج؛ يُضايق.

in·com·mo·di·ous [ĭn′kə mō′dĭ əs] *(adj.)* (١) غير ملائم أو وافٍ بالمرام (٢) ضيّق؛ غير مريح.

in·com·mod·i·ty [-mŏd′ə-] *(n.)* (١) انزعاج (٢) مصدر انزعاج.

in·com·mu·ni·ca·ble [ĭn′kə myo͞o′nə kə bəl] *(adj.)* (١) مُتعذِّر إبلاغُهُ أو قوله للآخرين (٢) متحفِّظ في الكلام.

in·com·mu·ni·ca·do [ĭn kə myo͞o′nə kä′dō] *(adv.; adj.)* من غير اتّصال بالآخرين؛ في السجن الانفرادي <held ~ for 20 days>.

in·com·mu·ni·ca·tive [ĭn′kə myo͞o′nə kā′tĭv] *(adj.)* كتوم؛ متحفّظ.

in·com·mut·a·ble [ĭn′kə myo͞o′-] *(adj.)* (١) غير قابل للتبادل (٢) غير قابل للتغيُّر.

in·com·pa·ra·ble [ĭn kŏm′pə rə bəl] *(adj.)* (١) لا يُضاهى؛ لا يُضارَع

<~ beauty> (٢) غير صالح للمقارنة <This report is ~ with the earlier reports.>.

in·com·pat·i·ble [ĭn′kəm păt′ə bəl] *(adj.)* (١) مُتنافٍ: متعذِّرٌ حملُهُ أو شَغْلُه من جانب شخص واحد في وقت واحد <~ indignities *or* offices> (٢) «أ» متنافر <~ colors>. «ب» متضارب؛ متعارض <~ medicaments>. «ج» لاتمازج: غير قابل للامتزاج مع غيره في خليط متجانس <an ~ solution>.

in·com·pe·tence; in·com·pe·ten·cy [ĭn kŏm′-] *(n.)* (١) لاأهليّة؛ لاصلاحية (٢) عدم وفاء بالمراد (٣) عجز؛ لاكفاءة.

in·com·pe·tent [ĭn kŏm′pə tənt] *(adj.)* (١) غير مؤهَّل؛ غير صالح قانونيًا (٢) غير وافٍ بالمراد (٣) غير كفؤ.

in·com·plete [ĭn′kəm plēt′] *(adj.)* ناقص؛ غير تامّ؛ غير كامل.

in·com·pli·ant [ĭn′kəm plī′ənt] *(adj.)* (١) متصلّب؛ عنيد (٢) غير مطاوع أو لَدْن.
— in·com·pli·ance *(n.)*

in·com·pre·hen·si·ble [ĭn′kŏm prĭ hĕn′sə bəl] *(adj.)* (١) مُبْهَم (٢) لا يُسْبَر غَوْرُه.

in·com·pre·hen·sion [ĭn′kŏm prĭ hĕn′-] *(n.)* لافَهْم؛ لاإدراك.

in·com·press·i·ble [ĭn′kəm prĕs′ə bəl] *(adj.)* لاانضغاطيّ: غير منضغط؛ غير قابل للانضغاط.

in·com·put·a·ble [-pyōō′-] *(adj.)* لا يُحْصَى؛ ضخم جدًا.

in·con·ceiv·a·ble [ĭn′kən sē′-] *(adj.)* لا يُتَخَيَّل؛ لا يُتَصوَّر؛ لا يُصَدَّق.

in·con·clu·sive [-klōō′sĭv] *(adj.)* غير حاسم <~ evidence>.

in·con·den·sa·ble [-dĕn′sə-] *(adj.)* لا يُكثَّف؛ غير قابل للتكثيف.

in·con·dite [ĭn kŏn′dĭt] *(adj.)* (١) سقيم؛ ركيك (٢) فظّ.

in·con·form·i·ty [ĭn′kən fôr′mə tĭ] *(n.)* = nonconformity.

in·con·gru·ence *(n.)* = incongruity.

in·con·gru·ent *(adj.)* غير متطابق <~ triangles>.

in·con·gru·i·ty [ĭn′kŏng grōō′ə tĭ] *(n.)* (١) تنافر؛ تعارض إلخ (را. المادة التالية) (٢) شيء متنافر أو متعارض إلخ.

in·con·gru·ous [-′grōō əs] *(adj.)* (١) متنافر؛ متضارب <~ desires> (٢) متعارض مع <acts ~ with their principles> (٣) متناقض مع نفسه (٤) غير مناسب أو لائق <an ~ story> <~ manners>.

in·con·sec·u·tive [ĭn′kən sĕk′-] *(adj.)* متقطّع؛ غير مترابط منطقيًّا.

in·con·se·quence *(n.)* (١) اللّامنطقيّة (٢) اللّاتساوق؛ اللّاترابط إلخ.

in·con·se·quent [ĭn kŏn′sə-] *(adj.)* (١) «أ» غير منطقيّ. «ب» غير متساوق أو مترابط منطقيًا (٢) غير ذي صلة بالموضوع (٣) غير هامّ.

in·con·se·quen·tial [ĭn kŏn sə kwĕn′shəl] *(adj.)* (١) «أ» غير منطقي. «ب» غير ذي صلة بالموضوع (٢) غير هامّ.

in·con·sid·er·a·ble [ĭn′kən sĭd′ər ə bəl] *(adj.)* طفيف؛ تافه.

in·con·sid·er·ate [ĭn′kən sĭd′ər ĭt] *(adj.)* (١) غير مُرَوًّأ فيه (٢) طائش؛ متهوِّر (٣) غير مراعٍ لحقوق الآخرين أو مشاعرهم.

— in·con·sid·er·ate·ness; in·con·sid·er·a·tion *(n.)*

in·con·sis·tence; in·con·sis·ten·cy [ĭn′kən sĭs′-] *(n.)* (١) تضارُب (٢) تناقض ذاتي (٣) تنافُر؛ لاتناغم (٤) لاترابط منطقيّ (٥) تقلّب.

in·con·sis·tent *(adj.)* (١) متضارب <~ statements> (٢) متناقض مع نفسه <an ~ argument> (٣) متنافر؛ غير منسجم؛ غير مشكِّل كلًّا متناغمًا <an ~ composition> (٤) «أ» غير متساوق أو مترابط منطقيًّا. «ب» عامل على نحو متعارض مع ما يعلنه من آراء. «ج» متقلب (٥) متعارض مع <Wisdom is not ~ with mirth.>.

in·con·sol·a·ble [ĭn′kən sō′-] *(adj.)* (١) لا عزاء له <an ~ person> (٢) لا يُتَعَزَّى عنه <an ~ grief>.

in·con·so·nance [ĭn kŏn′sə-] *(n.)* تنافر؛ لاتناغم.

in·con·so·nant [ĭn kŏn′sə-] *(adj.)* متنافر؛ غير متناغم.

in·con·spic·u·ous [ĭn′kən spĭk′-] *(adj.)* غير واضح أو جليّ.

in·con·stan·cy [ĭn kŏn′stən sĭ] *(n.)* تَقَلُّب؛ تحوُّل.

in·con·stant [-′stənt] *(adj.)* متقلّب <~ winds>.

in·con·sum·a·ble [ĭn′kən sōō′mə bəl] *(adj.)* غير قابل للاستهلاك أو الإتلاف أو الإحراق.

in·con·test·a·ble [ĭn′kən tĕs′-] *(adj.)* محقَّق؛ مقرَّر؛ لا يقبل الجدل.

in·con·ti·nence; in·con·ti·nen·cy [ĭn kŏn′-] *(n.)* (١) «أ» غُلْمَة؛ انقياد للشهوة الجنسية. «ب» فجور؛ فُسوق (٢) سَلَس البول أو الغائط: عجز الجسم عن ضبط البول أو الغائط.

in·con·ti·nent[1] [ĭn kŏn′tə nənt] *(adj.)* (١) عاجز عن ضبط النَّفْس؛ وبخاصة: غِلِّيم؛ منقاد للشهوة الجنسية (٢) عاجز عن الاحتفاظ بِـ <~ of secrets> (٣) فيّاض؛ غير مكبوح <an ~ flow of talk> (٤) مصاب بسَلَس البول أو الغائط.

in·con·ti·nent[2] *(adv.)* حالًا؛ توًّا؛ من غير إبطاء.

in·con·trol·la·ble [-lə bəl] *(adj.)* لا سبيل إلى ضبطه أو السيطرة عليه.

in·con·tro·vert·i·ble [ĭn′kŏn trə vûr′tə bəl] *(adj.)* لا جدال فيه؛ لا يقبل الجَدَل <~ truth *or* evidence>.

in·con·ven·ience; in·con·ven·ien·cy [ĭn′kən vēn′-] *(n.; vt.)* (١) لامُلاءَمة؛ إزعاج؛ كون الشيء غير مريح (٢) عائق؛ عقبة؛ شيء مزعج أو مربك <loss of that extra income was a serious ~> § (٣) يزعج؛ يضايق.

in·con·ven·ient *(n.)* (١) غير ملائم أو لائق (٢) مزعج؛ مضايق.

in·con·vert·i·ble [ĭn′kən vûr′-] *(adj.)* (١) غير قابل للتحويل إلى عملة معدنية <~ paper money> (٢) غير قابل للتحويل إلى عملةٍ أجنبية <~ currency>.

in·con·vin·ci·ble [ĭn′kən vĭn′-] *(adj.)* لا يُقْنَع؛ متعذِّرٌ إقناعُه.

in·cor·po·rate [*v.* ĭn kôr′pə rāt′; *adj.* -rĭt] *(vt.; i.; adj.)* (١) «أ» يَدْمُج. «ب» يُدخِل في نقابة أو شركة (٢) ينشئ نقابة أو شركة (٣) يُجَسِّد (٤) يندمج § (٥) مندمج؛ متَّحِد.

in·cor·po·rat·ed *(adj.)* مندمج؛ مُتَّحِد .

in·cor·po·ra·tion *(n.)* (١) دمج؛ اندماج (٢) تأسيس شركة أو نقابة أو قبولٌ فيهما (٣) تجسيد (٤) شركة أو نقابة .

in·cor·po·re·al [ĭn'kôr pōr'ĭ əl] *(adj.)* (١) روحيّ؛ غير جَسَدي؛ غير ماديّ (٢) مَعْنَويّ <~ rights> .

in·cor·po·re·i·ty [-pə rē'ə tĭ] *(n.)* اللاّجَسَديّة؛ اللاماديّة؛ المَعْنويّة .

in·cor·rect [ĭn'kə rĕkt'] *(adj.)* (١) غير دقيق؛ ناقص؛ فيه شوائب <an ~ copy> (٢) غير صحيح؛ خاطئ <an ~ statement> (٣) غير لائق <~ behavior>.

in·cor·ri·gi·ble [ĭn kôr'ĭ jə bəl] *(adj.)* (١) لا سبيل إلى تقويمه أو إصلاحه <an ~ liar> (٢) فاسد: لا ينفع فيه عقاب <an ~ child> (٣) راسخ: لا سبيل إلى تغييره <an ~ habit> (٤) حَرون؛ شَموس <~ hair> (٥) عنيد: غير راغب في الإقلاع عن شيء <an ~ amateur mechanic> (٦) قويّ؛ شديد <an ~ optimism> .

in·cor·rupt [ĭn'kə rŭpt'] *(adj.)* (١) مستقيم؛ قويم الخلق (٢) خِلْوٌ من الخطأ .

in·cor·rupt·i·ble [ĭn'kə rŭp'tə bəl] *(adj.)* (١) غير قابل للفساد <Gold is ~ by chemical agents.> (٢) غير قابل للرشوة .

in·crease [*v.* ĭn krēs'; *n.* ĭn'krēs] *(vi.; t.; n.)* (١) يزداد؛ ينمو (٢) يتكاثر [بالتوالد] x (٣) يزيد؛ يُنَمّي § (٤) ازدياد؛ نموّ؛ تكاثر (٥) «أ» زيادة . «ب» ذرّية . «ج» غلّة؛ محصول . «د» ربح؛ فائدة [على مال] .

in·creas·ing·ly *(adv.)* على نحوٍ متزايد؛ أكثرَ فأكثرَ .

in·cre·ate [ĭn'krĭ āt'] *(adj.)* غير مخلوق؛ ذاتيّ الوجود .

in·cred·i·ble [ĭn krĕd'-] *(adj.)* لا يُصدَّق <an ~ story> .

in·cre·du·li·ty [ĭn'krə dyōō'lə tĭ] *(n.)* الشكوكيّة: الميْل إلى الشكّ .

in·cred·u·lous [ĭn krĕj'ə ləs] *(adj.)* (١) شُكوكي: ميّال إلى الشكّ أو مفطورٌ عليه (٢) معبِّر عن الشكّ <an ~ smile> .

in·cre·ment [ĭn'krə-] *(n.)* (١) «أ» زيادة [في المقدار أو القيمة] . «ب» مقدار الزيادة (٢) ربح؛ إضافة (٣) الفَضْل؛ الزيادة (ر) .

in·cre·men·tal [ĭn'krə mĕn'təl] *(adj.)* تزايُديّ .

in·cre·men·tal·ism *(n.)* التّدرُّجيّة: سياسة تدعو إلى الإصلاح التدريجي .

in·cres·cent [-krĕs'-] *(adj.)* مُتنامٍ؛ آخذ في النموّ <~ moon> .

in·cre·tion [ĭn krē'-] *(n.)* (١) الإفراز الداخلي (٢) ثمرة ذلك: هرمون .

in·crim·i·nate [ĭn krĭm'ə nāt'] *(vt.)* (١) يجرّم؛ يتّهم بجريمة (٢) يورِّط في جريمة .
— **in·crim·i·na·tion** *(n.)*

in·crust [ĭn krŭst'] *(vt.; i.)* = encrust.

in·crus·ta·tion [ĭn'krŭs tā'-] *(n.)* (١) «أ» تلبيس بقشرة . «ب» تلبُّس بقشرة (٢) قِشرة؛ طبقة خارجيّة (٣) قشرة خشبية زِينيّة (٤) الترصيع: كلّ ما يُرصَّع به [كالماس ونحوه] .

in·cu·bate [ĭn'kyə bāt'] *(vt.; i.)* (١) «أ» تَحضن [الدجاجةُ] بيضها؛ تَرْخُم . «ب» يُفقِّس البيضَ بالحرارة الصنعية . «ج» يحضُن البكتيريا أو المواليد الذين وضعتهم أمهاتهم قبل الأوان (٢) يطوِّر x (٣) يُحْضَنُ البيض (٤) يتطوَّر؛ ينمو؛ يتّخذ شكلًا .

in·cu·ba·tion *(n.)* (١) حضانة؛ رَخْم (٢) دور الحضانة: الفترة بين الإصابة بالمرض وظهور أماراته وأعراضه (ط) .

in·cu·ba·tor *(n.)* (١) الحاضن: القائم بعمل الحضانة (٢) المِحْضَن: «أ» جهاز لحضانة البيض أو تفقيسه صُنعيًّا . «ب» جهاز لحضانة البكتيريا أو المواليد الذين تضعهم أمهاتهم قبل الأوان .

incubator 2a.

incubator baby *(n.)* طِفل المِحْضَن .

in·cu·bus [ĭn'kyə bəs] *(n.)* pl. **-bi** (١) الحَضُون: روح شريرة يزعمون أنها تُلِمّ بالنيام وأنها، بخاصة، تُجامع النساء ليلًا (قا. succubus) (٢) كابوس؛ جاثوم؛ جُثام (٣) شخص أو شيء مرهق كالكابوس .

in·cul·cate [ĭn kŭl'kāt] *(vt.)* يَطْبع أو يَغْرس في الذهن .

in·cul·pa·ble [ĭn kŭl'pə bəl] *(adj.)* بريء؛ غير مُذنب .

in·cul·pate [ĭn kŭl'pāt'] *(vt.)* = incriminate.

in·cul·pa·tion *(n.)* (١) تجريم؛ اتهام بجريمة (٢) توريط بجريمة .

in·cult [ĭn kŭlt'] *(adj.)* فظّ؛ خشِن؛ غير مهذَّب .

in·cum·ben·cy [ĭn kŭm'bən sĭ] *(n.)* (١) تولّي منصب ما (٢) واجب؛ مسؤولية (٣) نطاق عمل صاحب المنصب أو مدةُ ولايته .

in·cum·bent [-'bənt] *(n.; adj.)* (١) صاحب منصب (٢) الشاغل . وبخاصة: المستأجر؛ السّاكن؛ المقيم § (٣) إلزاميّ؛ إجباريّ (٤) محتلٌّ منصبًا معيّنًا (٥) مستنِد؛ متّكئ .

in·cum·ber [ĭn kŭm'bər] *(vt.)* = encumber.

in·cur [-kûr'] *(vt.)* (١) يتعرض أو يستهدف لِـ (٢) يجلب على نفسه كذا .

in·cur·a·ble [ĭn kyŏŏr'ə bəl] *(adj.; n.)* (١) عُضال: غير قابل للشفاء § (٢) المعضول: المصاب بداءٍ عُضال .

in·cu·ri·ous [ĭn kyŏŏr'ĭ əs] *(adj.)* غير مبالٍ؛ غير مهتمّ بِـ؛ غافلٌ عن .

in·cur·rence [ĭn kûr'əns] *(n.)* تعريض؛ تعرّض؛ استهداف إلخ .

in·cur·rent [ĭn kûr'-] *(adj.)* شَهيقيّ: متيحٌ لتيار ما أن يتدفّق إلى الداخل <an ~ pore on a sponge>.

in·cur·sion [ĭn kûr'zhən; -shən] *(n.)* غزوة؛ غارة .

in·cur·sive [ĭn kûr'sĭv] *(adj.)* غازٍ؛ مُغير؛ عدْوانيّ .

in·cur·vate [*v.* ĭn kûr'vāt; *adj.* -vĭt] *(vt.; adj.)* (١) يلوي [إلى الداخل] § (٢) مَلْويّ [إلى الداخل] .

in·curve [*v.* ĭn kûrv'; *n.* ĭn'kûrv'] *(vt.; i.; n.)* (١) يلوي [إلى الداخل] x (٢) يلتوي [إلى الداخل] § (٣) التواء إلخ .

in·cus [ĭng'kəs] *(n.)* السِّندان: العُظَيْمة الوسطى في الأذن .

ind- *or* **indi-** *or* **indo-** بادئة معناها: نِيلة أو شبيهٌ بها .

Ind- *or* **Indo-** بادئة معناها: «أ» الهند. «ب» هنديّ أوروبيّ.

in·da·ba [ĭn dä′bä] *(n.)* محادثة أو تشاور [عند قبائل جنوب إفريقيا].

in·da·mine [ĭn′də mēn; -mĭn] *(n.)* الإندمين (ك).

in·debt·ed [ĭn dĕt′ĭd] *(adj.)* مَدِين [بمالٍ أو فَضْل].

in·debt·ed·ness [-dĕt′ĭd-] *(n.)* (١) المَدِينيّة؛ المديونيّة (٢) دَيْن.

in·de·cen·cy [ĭn dē′sən sĭ] *(n.)* (١) «أ» قلّة احتشام أو لياقة. «ب» بذاءة (٢) «أ» عمل غير محتشم أو لائق. «ب» كلمة بذيئة.

in·de·cent [ĭn dē′sənt] *(adj.)* غير محتشم: «أ» غير لائق. «ب» بذيء.

indecent assault *(n.)* هَتْك العِرض (ق).

indecent exposure *(n.)* إظهار العورة (ق).

in·de·ci·pher·a·ble [ĭn′dĭ sī′fər ə bəl] *(adj.)* مُطَلْسَم: متعذّرٌ فكُّ مغالقه أو حلُّ رموزه.

in·de·ci·sion [ĭn′dĭ sĭzh′ən] *(n.)* حَيْرة؛ تردُّد.

in·de·ci·sive [ĭn′dĭ sī′sĭv] *(adj.)* (١) غير حاسم (٢) متردّد (٣) غامض؛ غير محدَّد بوضوح <~ boundaries>.

in·de·clin·a·ble [ĭn′dĭ klī′nə-] *(adj.)* جامد: غير متصرِّف (ل).

in·de·com·pos·a·ble [-kəm pō′-] *(adj.)* لا ينحلّ [إلى عناصر أساسية].

in·de·co·rous [ĭn dĕk′ə rəs] *(adj.)* غير محتشم؛ غير لائق.

in·de·co·rum [ĭn dĭ kōr′əm] *(n.)* (١) شيء غير محتشم أو لائق (٢) قلة احتشام أو لياقة.

in·deed [ĭn dēd′] *(interj.; adv.)* (١) «أ» صحيح؟. «ب» غريب!. «ج» عجبًا! § (٢) حقًا؛ في الواقع؛ بالفعل.

in·de·fat·i·ga·ble [ĭn′dĭ făt′ə gə-] *(adj.)* لا يتعب؛ لا يعرف التعب.

in·de·fea·si·ble [ĭn dĭ fē′zə bəl] *(adj.)* غير قابل للإلغاء أو الإبطال.

in·de·fec·ti·ble [ĭn′dĭ fĕk′tə bəl] *(adj.)* (١) باقٍ؛ دائم؛ سرمديّ <~ friendship> (٢) خِلوٌ من الشوائب أو النقائص <~ wisdom>.

in·de·fen·si·ble [ĭn dĭ fĕn′-] *(adj.)* متعذّرٌ تبريرُهُ أو الدفاع عنه.

in·de·fin·a·ble [ĭn′dĭ fī′nə bəl] *(adj.)* متعذّرٌ تعريفُهُ أو تحديدُه.

in·def·i·nite [ĭn dĕf′ə nĭt] *(adj.)* (١) تنكيريّ <~ article> (٢) غامض؛ غير دقيق؛ غير محدَّد (٣) غير محدود.

indefinite article *(n.)* أداة التنكير (ل).

indefinite integral *(n.)* التكامل غير المحدَّد (ر).

in·de·his·cent [ĭn′dĭ hĭs′ənt] *(adj.)* مُطْبَق: غير منفتح عند النضج <~ fruits>.

in·del·i·ble [ĭn dĕl′ə-] *(adj.)* (١) لا يُمْحَى: متعذّرٌ محوُهُ أو إزالتُهُ <an ~ impression> (٢) لامَحْويّ: مُثبِتٌ علاماتٍ لا تُمْحَى أو تُزال بسهولة <an ~ pencil> (٣) باقٍ؛ دائم.

in·del·i·ca·cy [ĭn dĕl′ə kə sĭ] *(n.)* (١) «أ» قلّة احتشام. «ب» فظاظة (٢) شيء فظّ؛ شيء غير محتشم.

in·del·i·cate [ĭn dĕl′ə kĭt] *(adj.)* (١) غير محتشِم (٢) «أ» فظّ؛ خَشِن. «ب» غير مراعٍ لشعور الآخرين.

in·dem·ni·fi·ca·tion [ĭn dĕm′nə fə kā′-] *(n.)* (١) تأمين [ضدّ خطر أو خسارة] (٢) تعويضٌ [عن ضرر إلخ] (٣) التعويض المدفوع.

in·dem·ni·fy [ĭn dĕm′nə fī′] *(vt.)* (١) يؤمِّن [ضدّ خطر أو خسارة] (٢) يعوِّض [عن ضرر أو خسارة].

in·dem·ni·ty [-tĭ] *(n.)* (١) «أ» وقاية أو أمان [من الأذى أو الخسارة أو الضرر]. «ب» عفو [عن جرائم] (٢) «أ» تأمين ضد خطر أو خسارة. «ب» تعويض عن ضرر.

in·de·mon·stra·ble [-′dĭ mŏn′-] *(adj.)* متعذّرٌ إثباتُهُ أو إقامة الدليل عليه.

in·dene [ĭn′dēn] *(n.)* الإندين (ك).

in·dent [*v.* ĭn dĕnt′; *n.* ĭn′dĕnt, ĭn dĕnt′] *(vt.; i.; n.)* (١) يشْرِم: يَمْزق طرف وثيقة [ذات نسختين أو أكثر] ابتغاءَ التثبّت والاستيثاق عند المقابلة (٢) يُضاعِف: يحرِّر نسختين متماثلتين [أو أكثر] من اتفاقية أو نحوها (٣) يفرِض؛ يَفُلّ؛ يسنّن (٤) يُمَهِّن: يستخدم [غلامًا ممهَّنًا أو صانعًا متمرِّنًا] بعقد رسمي لمدة معيَّنة (٥) يَفُلّ؛ يُفَلِّل: يكتب تاركًا بياضًا مشيرًا إلى ابتداء الفقرة (٦) يطلب بضاعة [مُرسِلًا طلبَ شراء] (٧) يَنْبَعِج x (٨) يتفرَّض؛ يتثلّم؛ يتسنّن؛ ينبعج (٩) يقدِّم طلب شراء § (١٠) «أ» وثيقة أو جزء من وثيقة مُزّق طرفها ابتغاء التثبت والاستيثاق عند المقابلة. «ب» وثيقة رسمية ذات نسختين أو أكثر. «ج» عقدٌ لاستخدام غلام ممهَّن (١١) «أ» طلب رسمي. «ب» طلب شراء (١٢) indention (١٣) indentation.

in·den·ta·tion [ĭn′dĕn tā′shən] *(n.)* (١) «أ» ثُلْمَة؛ فَلّ. «ب» فجوة عميقة [في شاطئ] (٢) «أ» تثليم؛ تسنين؛ تضريس. «ب» تثلُّم؛ تسنّن (٣) بَعْجة؛ انبعاج (٤) الفَلّ؛ التفليل: فراغ يُترك في أول الفقرة.

in·den·tion [ĭn dĕn′shən] *(n.)* (١) «أ» تثليم؛ تسنين؛ تضريس. «ب» تثلُّم؛ تسنُّن (٢) الفَلّ؛ التفليل: فراغ يُترك في أول الفقرة.

in·den·ture [-′chər] *(n.; vt.)* (١) المشرومة: وثيقة أو جزء من وثيقة مُزّق طَرَفُها ابتغاء التثبُّت والاستيثاق عند المقابلة (٢) المضاعَفة: وثيقة رسمية ذات نسختين أو أكثر (٣) عقد التمهين: عقدٌ لاستخدام غلام ممهَّن أو صانع متمرِّن [لأجل معيَّن] (٤) «أ» ثُلْمَة؛ فَلّ. «ب» فجوة عميقة في شاطئ (٥) بَعْجَة؛ انبعاج § (٦) يمهِّن: يُلزم [غلامًا ممهَّنًا أو صانعًا متمرِّنًا] بعقد رسمي لمدة معيَّنة.

in·de·pend·ence [ĭn′dĭ pĕn′dəns] *(n.)* استقلال؛ حرية.

in·de·pend·en·cy *(n.)* (١) استقلال (٢) دولة مستقلّة.

in·de·pend·ent [-′dənt] *(adj.; n.)* (١) مستقلّ: «أ» متمتع بالحكم الذاتي. «ب» حرّ؛ مستقلّ في رأيه أو سلوكه. «ج» غير حزبي؛ غير منضوٍ تحت راية حزب. «د» غير معتمد في معاشه على أبويه. «هـ» ميّال إلى الحرية واطّراح القيود § (٢) الاستقلاليّ: أحد أنصار الحركة الدينيّة الإنكليكانيّة الداعية إلى الاستقلال الكنسيّ (٣) شخص مستقلّ. وبخاصة: شخص غير حزبي.
~ of بمَعْزِلٍ عن؛ بالاستقلال عن؛ من غير اعتبارٍ لِـ.

in·de·pend·ent·ly *(adv.)* على نحوٍ مستقلّ.

independent variable *(n.)* المتغيّر المستقلّ (ر).

in·de·scrib·a·ble [ĭn′dĭ skrī′bə bəl] *(adj.)* (١) لا يمكن وصفه <an ~ feeling> (٢) يفوق الوصف <~ horror>.

in·de·struct·i·ble [-strŭk′-] *(adj.)* غير قابل للتخريب أو للإتلاف .

in·de·ter·mi·na·ble [-tûr′mə nə bəl] *(adj.)* (١) متعذِّرٌ الجَزْمُ أو الفصلُ فيه (٢) متعذر تحديدُه أو تقريره .

in·de·ter·mi·na·cy *(n.)* اللامُحَدَّدِيّة؛ اللانهائية .

in·de·ter·mi·nate [-tûr′mə nĭt] *(adj.)* (١) «أ» غير محدَّد؛ غامض . «ب» غير معروف سلفًا . «ج» غير نهائي؛ غير مؤدٍّ إلى نتيجة معيّنة (٢) لامحدود: ذو نموّ غير محدود (نب) .

in·de·ter·mi·na·tion [-nā′shən] *(n.)* حيرة؛ تردُّد .

in·de·ter·min·ism [ĭn′dĭ tûr′mə nĭz′əm] *(n.)* اللاّحتميّة: مذهب يقول بحرية الإرادة والاختيار .

in·dex [ĭn′dĕks] *(n.; vt.)* pl. **-dex·es; -di·ces** (١) فِهرست (٢) مؤشِّر (٣) علامة؛ دلالة (٤) قائمة الكتب المحرَّمة [من قِبَل السلطة البابوية] (٥) الأُسّ؛ الدليل (ر) (٦) السبّابة: رمز ☛ لتوجيه النظر إلى صورة إلخ (طع) § (٧) يفهرس: «أ» يجعل للكتاب فهرسًا . «ب» يُدْخل [كلمةً] في فهرس (٨) يؤشِّر: يعدِّل الأجور إلخ تبعًا لمؤشِّر نفقة المعيشة .

index finger *(n.)* السَّبّابة: الإصبع التي بين الإبهام والوسطى .

index number *(n.)* العَدَد الدَّليلي (إحص) .

index of refraction دليل أو مُعامِل الانكسار (ض) .

indi- = ind-.

In·di·a [ĭn′dĭ ə] الهند؛ بلاد الهند .

India ink *(n.)* الحبر الهندي: «أ» صبغ أسود يُستخدم في الرسم والكتابة . «ب» حبر يُصنَع من هذا الصِّبغ .

In·di·a·man *(n.)* سفينة شراعية ضخمة [للتجارة مع الهند] .

In·di·an [ĭn′dĭ ən] *(n.; adj.)* (١) الهندي: أحد أبناء الهند أو جزائر الهند الشرقية (٢) الهندي الأميركي (٣) إحدى لغات هنود أميركا § (٤) هنديّ .

Indian club *(n.)* الهراوة الهندية: أداة خشبيّة قاروريّة الشكل يُتَرَيَّض بها .

Indian clubs

Indian corn *(n.)* الذُّرَة (را . corn) .

Indian file *(n.)* الرَّتَل الهندي أو الإفرادي: رتَل أو طابور مؤلَّف من أشخاصٍ أحدُهم خلفَ الآخر .

Indian giver *(n.)* المانح الهنديّ: من يعطي شيئًا ثم يستردّه [أو يتوقع أن ينال لقاءَه شيئًا مكافئًا] .

Indian corn

Indian hemp *(n.)* (١) القِنَّب الأميركي أو الكندي (٢) القِنَّب الهندي .

Indian licorice *(n.)* عَصْبة السُّوس؛ البِسِلَّى الأميركية (نب) .

Indian meal *(n.)* دقيق الذُّرة .

Indian pipe *(n.)* البِيبة الهندية: عشب مُعمِّر شبيه بِبيبة التَّبغ .

Indian pipe

Indian pudding *(n.)* الحلوى الهندية: حلوى تُصْنع من دقيق الذرة .

Indian red *(n.)* الأحمر الهندي: «أ» تراب أحمر ضاربٌ إلى الصُّفرة يُتَّخذ صِبْغًا . «ب» لون أو صبغ أحمر ضاربٌ إلى الصُّفرة .

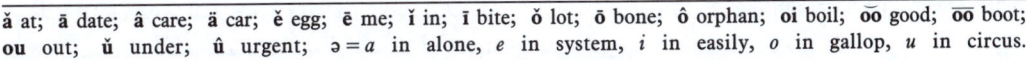

Indian sign *(n.)* تميمة؛ تعويذة؛ حجاب .

Indian summer *(n.)* الصيف الهندي: «أ» فترة تتميّز بدفء الجو أو اعتداله في أواخر الخريف أو أوائل الشتاء . «ب» فترة هدوء أو سعادة أو ازدهار تقع قُبيل انتهاء شيء ما <the ~ of Czarist Russia> .

India paper *(n.)* الورق الهندي: ورق رقيق للطباعة .

India rubber *(n.)* (١) المطّاط (٢) «أ» شيء مصنوع من مطاط . «ب» ممحاة .

In·dic [ĭn′dĭk] *(adj.; n.)* (١) هندي: «أ» منسوب إلى الهند . «ب» متعلّق بالفرع الهنديّ من اللّغات الهنديَّة الأوروبيّة § (٢) اللغات الهندية: الفرع الهندي من اللغات الهندية الأوروبيّة .

in·di·can [ĭn′də kən] *(n.)* الإنديكان (ك) .

in·di·cant [ĭn′də kənt] *(n.)* المشير؛ الدالّ؛ المُظْهِر؛ المعبِّر إلخ .

in·di·cate [ĭn′də kāt′] *(vt.)* (١) «أ» يشير إلى <to ~ a place on a map> . «ب» يدلّ على <Her hesitation ~*s* unwillingness.> . «ج» يُظهِر؛ يبيّن <The thermometer ~*s* temperature.> . «د» يوحي بضرورة شيء <Some illnesses ~ severe treatment.> (٢) يعبّر باختصار عن كذا <to ~ one's intentions> .

in·di·ca·tion [ĭn′də kā′-] *(n.)* (١) تبيين؛ إظهار إلخ (٢) «أ» دلالة؛ إشارة؛ علامة . «ب» عَرَض (ط) . «ج» كل ما يُوحي بأنّه ضروري أو مستصوب <In case of collapse the immediate ~ is artificial respiration.> (٣) الدرجة: الدرجة التي تشير إليها آلة مدرَّجة [كميزان حرارة إلخ] (٤) *pl.*: الاستطبابات: دواعي الاستعمال لدواء معيَّن (ط) .

in·dic·a·tive [ĭn dĭk′ə-] *(n.; adj.)* (١) الصيغة الدِّلالية: صيغة تظهر العمل أو الحالة بوصفهما حقيقة موضوعية لا مجرد شيء في الذهن (٢) الفعل الدِّلاليّ: فعلٌ بالصيغة الدلاليّة، مثل: *plays* في قولنا <Dick *plays* football> § (٣) دلاليّ: متعلق بالصيغة الدلاليّة <the ~ mood> (٤) دالّ على <actions ~ of fear> .

in·di·ca·tor [ĭn′də kā′-] *(n.)* (١) المُؤشِّر: «أ» عقرب الساعة . «ب» مقياس الضغط . «ج» أداة تشير أوتوماتيكيًّا إلى حالة آلة ما . «د» لوحة تسجِّل حركة المِصعد إلخ (٢) الدليل: مادةٌ تكشف عن طبيعة محلولٍ ما، من طريق تغيُّر اللون (ك) .

in·di·ca·to·ry [ĭn′də kə tōr′ĭ] *(adj.)* دَلاليّ؛ إشاريّ؛ بيانيّ .

in·di·ces [ĭn′də sēz′] *pl. of* index.

in·di·ci·a [ĭn dĭsh′ĭ ə] *(n. pl.)* sing. **-di·ci·um** (١) دلائل؛ علامات (٢) الإشارات البريدية: إشارات تُطبع على الطرود الضخمة بدلًا من الطوابع .

in·dict [ĭn dīt′] *(vt.)* (١) يتّهم (٢) يقاضي بتهمةٍ ما .

in·dict·a·ble [ĭn dī′tə bəl] *(adj.)* (١) عُرْضةٌ للاتهام والمقاضاة (٢) مُعرِّضٌ للاتهام والمقاضاة <an ~ offense> .

in·dic·tion [ĭn dĭk′shən] *(n.)* الخَمْسْعَشْريّة : وحدة زمنيّة مؤلّفة من ١٥ سنة كانت تُصطَنَع، في الأمبراطورية الرومانيّة وغيرها، لتأريخ الأحداث العادية.

in·dict·ment [ĭn dīt′mənt] *(n.)* (١) اتّهام (٢) لائحة الاتّهام (ق) (٣) المُتَّهَمِيّة : كون المرء مُتَّهَمًا بجريمة.

in·dif·fer·ence [-dĭf′-] *(n.)* (١) لاتحيّز (٢) عدم أهمية (٣) لامبالاة.

in·dif·fer·ent *(adj.)* (١) غير متحيّز أو متغرِّض (٢) غير هامّ؛ لا يقدِّم ولا يؤخّر (٣) غير مبالٍ أو مكترث (٤) معتدل : غير مُتّسِم بإفراط أو تفريط (٥) «أ» وسط : ليس بالجيد ولا بالرديء. «ب» ليس صوابًا ولا خطأ (٦) حياديّ (٧) غير متخلّق [صفة للخلايا أو الأنسجة].

in·dif·fer·ent·ism *(n.)* اللاتفريقية : القول بأن كل الأديان متساوية صِحَّةً.

in·di·gence [ĭn′də jəns] *(n.)* فَقْر؛ عَوَز.

in·di·gene [ĭn′də jēn′] *or* **in·di·gin** [-jən] *(n.)* حيوان أو نبات أهليّ.

in·dig·e·nous [ĭn dĭj′-] *(adj.)* (١) أهليّ؛ بلديّ (٢) فِطريّ؛ طبيعيّ.

in·di·gent [ĭn′də jənt] *(adj.; n.)* فقير؛ مُعْوِز.

in·di·gest·ed [ĭn′də jĕs′tĭd; -dī jĕs′-] *(adj.)* (١) غير مهضوم (٢) غير مُرَوًّا فيه (٣) غير مرتّب (٤) لا شكلَ له.

in·di·gest·i·ble [ĭn′də jĕs′tə bəl; -dī-] *(adj.)* عَسِر الهضم.

in·di·ges·tion [ĭn′də jĕs′-; -dī-] *(n.)* (١) عُسْر الهَضْم (٢) سوء الهَضم.

in·di·ges·tive *(adj.)* معسور الهَضْم : مصاب بعُسْر الهضم.

in·dig·nant [ĭn dĭg′nənt] *(adj.)* ساخط؛ ناقم.

in·dig·na·tion [ĭn′dĭg nā′shən] *(n.)* سُخْطٌ؛ نقمة.

in·dig·ni·ty [ĭn dĭg′nə tĭ] *(n.)* (١) إهانة (٢) معاملة مُهينة.

in·di·go [ĭn′də gō] *(n.)* (١) النِّيلة : صِبْغ أزرق (٢) اللون النّيلي.

indigo plant *(n.)* شجرة النِّيلة.

in·di·go·tin [ĭn dĭg′ə-] *(n.)* النِّيلين : المادّة الملوِّنة الرئيسية في النِّيلة.

in·di·rect [ĭn′də rĕkt′; -dī-] *(adj.)* (١) لامباشر؛ غير مباشر (٢) مخادِع؛ موارِب (٣) مداوَر؛ مَرْوِيّ : ناصّ على ما قاله متكلمٌ أصليّ مع تغيير في الصياغة بجعل الكلام منسجمًا، من الوجهة اللغوية، مع الجملة التي تتضمنه <~ discourse>.

in·di·rec·tion [ĭn′də rĕk′-; -dī-] *(n.)* (١) مخادَعة؛ موارَبة (٢) عملٌ أو إجراءٌ غير مباشِر (٣) لاهدفية؛ انعدام الهدف.

indirect lighting *(n.)* الإضاءة المداوِرة : إضاءة يكون فيها النور المنبعث من مصدر ما منعكسًا انعكاسًا انتشاريًا [بواسطة السقف مثلًا].

in·di·rect·ly *(adj.)* مداوَرَةً؛ على نحوٍ غير مباشر.

indirect object *(n.)* المفعول غير المباشر (ل).

indirect proof *(n.)* قياسُ الخُلْف : قياسٌ أساسُه البرهنة على صحة المطلوب بإبطال نقيضه أو على فساد المطلوب بإثبات نقيضه (مق).

indirect speech *(n.)* = indirect discourse.

indirect tax *(n.)* الضريبة غير المباشرة.

in·dis·cern·i·ble [ĭn dĭ sûr′nə bəl] *(adj.)* متعذِّرٌ تمييزه؛ غير مُدْرَك كشيء متميّز.

in·dis·ci·pline [ĭn dĭs′-] *(n.)* اللاانضباط : عدم الخضوع للنظام.

in·dis·cov·er·a·ble *(adj.)* متعذّرٌ اكتشافه؛ غير قابل للاكتشاف.

in·dis·creet [ĭn′dĭs krēt′] *(adj.)* طائش؛ أحمق؛ غير حكيم.

in·dis·crete [ĭn′dĭs krēt′] *(adj.)* غير منفصل : غير مفصول إلى أجزاء متمايزة <an ~ mass of material>.

in·dis·cre·tion [ĭn dĭs krĕsh′ən] *(n.)* (١) طيش؛ حماقة (٢) عملٌ طائش أو أحمق.

in·dis·crim·i·nate [-krĭm′ə nĭt] *(adj.)* (١) «أ» غير مميِّز <~ viewing of television programs>. «ب» عَشْوائيّ (٢) غير مقيَّد؛ غير شرعي أو غير مقصور على امرأة واحدة <~ sexual intercourse> (٣) مختلِط؛ مشوَّش (٤) غير متجانس.

in·dis·crim·i·nat·ing [ĭn′dĭs krĭm′ə nā′-] *(adj.)* غير مميِّز.

in·dis·crim·i·na·tion *(n.)* اللاتمييز : عدم التمييز أو التفريق.

in·dis·cuss·i·ble [ĭn dĭs kŭs′-] *(adj.)* غير قابل للمناقشة.

in·dis·pen·sa·ble [ĭn′dĭs pĕn′-] *(adj.)* (١) لازِب؛ لا مَفرّ منه <an ~ duty> (٢) أساسيّ؛ لا غنى عنه <~ books in this field>.

in·dis·pose [ĭn′dĭs pōz′] *(vt.)* (١) يجعله غير قابلٍ أو صالح لِـ (٢) يُنفِّر (٣) يُوْعِك الصحّة (ا.ق).

in·dis·posed *(adj.)* (١) متوعّك؛ منحرف الصحة (٢) نافرٌ من.

in·dis·po·si·tion [ĭn′dĭs pə zĭsh′ən] *(n.)* (١) نُفُور (٢) توعّكٌ.

in·dis·put·a·ble [ĭn dĭs pyōō′-] *(adj.)* لا يقبل الجَدَل <~ facts>.

in·dis·sol·u·ble [ĭn′dĭ sŏl′yə bəl] *(adj.)* (١) سرمديّ؛ لا فِكاكَ منه <~ vows> (٢) غير قابل للذوبان أو الانحلال <~ in water>.

in·dis·tinct [ĭn′dĭs tĭngkt′] *(adj.)* (١) غير متميّز أو واضح <~ in the fog> (٢) باهت <~ light of a lantern> (٣) غامض.

in·dis·tinc·tive [ĭn′dĭs tĭngk′tĭv] *(adj.)* (١) عديم الخصائص المميِّزة (٢) غير مميِّز.

in·dis·tin·guish·a·ble [-′gwĭsh-] *(adj.)* متعذِّرٌ تمييزه، مثل : «أ» غير محدَّد الشكل أو البِنْيَة. «ب» غامض؛ مُبهَم. «ج» تعوزه الخصائص المميِّزة.

in·dite [ĭn dīt′] *(vt.)* (١) ينظِم <to ~ a poem> (٢) يُفْرِغ في قالب كتابيّ أو رسميّ.

in·di·um [ĭn′dĭ əm] *(n.)* الإنديوم : عنصر فلزّيّ نادر (ك).

in·di·vid·u·al [ĭn′də vĭj′ōō əl] *(adj.; n.)* (١) فرديّ؛ شخصيّ؛ خاصّ <~ traits> (٢) إفراديّ : مُعَدّ لشخص واحد <She served the pudding in ~ portions.> (٣) مستقلّ؛ قائم بذاته (٤) فذّ؛ ذو شخصية متميّزة <an ~ style of writing> § (٥) فرد؛ شخص.

in·di·vid·u·al·ism *(n.)* (١) الفردانية : «أ» مذهب يقول بأن مصالح الفرد هي أو يجب أن تكون، أخلاقيًا، فوق كل اعتبار؛ أيضًا : سلوكٌ يسترشد بهذا المذهب. «ب» القول بأن جميع القيَم والحقوق والواجبات تنبثق من الأفراد. «ج» فلسفة تقول بأن الفرد هو غاية في ذاته وذو قيمة عُليا وبأن المبادرة والمصالح الفردية يجب أن لا تُخْضَع لسيطرة الحكومة أو المجتمع أو رقابتهما

(٢) «أ» الشخصية الفردية. «ب» مزاج فردي.

in·di·vid·u·al·ist *(n.; adj.)* (١) الفرداني: «أ» من ينهج في الفكر أو العمل نهجًا مستقلًا إلى حدّ بارز. «ب» الداعي إلى الفردانية أو ممارسُها § (٢) فردانيّ.

in·di·vid·u·al·is·tic *(adj.)* فَرْدانيّ: منسوب إلى الفَردانية.

in·di·vid·u·al·i·ty *(n.)* (١) الشخصية الفردية (٢) شخصية.

in·di·vid·u·al·ize [-līz′] *(vt.)* (١) يميّز؛ يضفي عليه صفة فردية مميِّزة (٢) يخصِّص: يذكر أو يعيّن أو يعالج بتخصيص وتفصيل (٣) يكيِّف وفقًا لحاجات فردٍ معيّن أو ظروفه الخاصة.

in·di·vid·u·al·ly *(adv.)* على انفراد؛ كلٌّ بمفرده.

in·di·vid·u·ate [-vĭj′o͞o āt′] *(vt.)* (١) يشخِّص؛ يميّز: يجعل له شخصيّة مميِّزة (٢) يُفرِّد: يعطيه شكلًا فرديًّا.

in·di·vid·u·a·tion *(n.)* (١) التشخيص: إضفاء شخصية مميِّزة على كذا (٢) التشخُّص: العملية التي بها يطوِّر الفرد شخصيته الخاصة (٣) الوجود الشخصيّ أو الفرديّ.

in·di·vis·i·ble [ĭn′də vĭz′-] *(adj.; n.)* (١) لا يتجزّأ؛ غير قابل للانقسام <Reality is one and ~.> § (٢) كلٌّ لا يتجزأ.

Indo- = Ind-

In·do–Ar·y·an *(adj.;n.)* (١) هندي آريّ؛ هندوآري: متعلق بالهندوآريين أو باللغات الهندية الآرية § (٢) الهنديّ الآريّ.

In·do–Chi·nese *(adj.; n.)* (١) هنديّ صيني؛ هندوصينيّ؛ منسوب إلى الهند الصينية § (٢) اللغات الصينيّة التيبتيّة.

in·doc·ile [ĭn dŏs′ĭl] *(adj.)* (١) مستعصٍ على التعلم والانقياد (٢) صعب المراس.

in·doc·tri·nate [ĭn dŏk′trĭ nāt′] *(vt.)* (١) يعلّم [وبخاصة مبادئ المعرفة أو مبادئَ فرع من المعرفة] (٢) يُلقِّن: يُشْرِب شخصًا فكرةً [أو مبدأ أو وجهة نظر] حزبيةً عادةً.

in·doc·tri·na·tion [ĭn dŏk′trĭ nā′shən] *(n.)* تعليم؛ تلقين؛ تشريب.

In·do–Eu·ro·pe·an *(adj.; n.)* (١) هندي أوروبي: متعلق باللغات الهنديّة الأوروبيّة § (٢) أسرة اللّغات الهنديّة الأوروبيّة (٣) الهندي الأوروبيّ: شخص من الأعراق الناطقة باللغات الهندية الأوروبيّة.

In·do–Ger·man·ic *(adj.; n.)* = Indo–European.

In·do–Hit·tite [ĭn′dō hĭt′īt] *(n.)* (١) الهندية الحيثيّة: لغةٌ أمٌّ افتراضية نشأت عنها اللغات الهندية الأوروبية والأناضوليّة (٢) اللغات الهندية الحيثيّة.

In·do–I·ra·ni·an *(adj.)* هنديّ إيراني: ذو علاقة باللغات الهندية الإيرانية.

in·dole [ĭn′dōl] *(n.)* الإندول: مركّب أبيض متبلّر (ك).

in·do·lence *(n.)* (١) لا إيلام؛ لا إيجاع (٢) تراخٍ؛ كسل.

in·do·lent [ĭn′də lənt] *(adj.)* (١) «أ» غير مؤلم؛ غير مُوجِع <an ~ tumor>. «ب» بطيء النموّ <an ~ disease>. «ج» بطيء الشفاء <an ~ ulcer> (٢) «أ» متراخٍ؛ كسلان <an ~ writer>. «ب» مُكسِّل: مُفْضٍ إلى الكسل أو مشجِّع عليه <~ heat of the afternoon>. «ج» دالّ على الكسل <~ sighs>.

in·dom·i·ta·ble [ĭn dŏm′ə-] *(adj.)* لا يُقْهَر؛ لا يُغْلَب.

In·do·ne·sian [ĭn′dō nē′zhən] *(n.; adj.)* (١) الملايي: أحد أبناء أرخبيل الملايو (٢) الإندونيسي: أحد أبناء جمهورية إندونيسيا (٣) الإندونيسية: لغة الإندونيسيين § (٤) ملاييّ (٥) إندونيسيّ.

in·door [ĭn′dōr′] *(adj.)* داخليّ: حادثٌ أو مستعمَل في بيت أو مبنًى لا خارج الجدران أو في الهواء الطلق <~ games>.

in·doors [ĭn′dōrz′] *(adv.)* (١) في البيت أو المبنى <to stay ~> (٢) إلى البيت أو المبنى <to go ~>.

in·do·phe·nol [-dō fē′nōl] *(n.)* الإندوفينول: صِبْغ أزرق أو أخضر.

in·dorse [ĭn dôrs′] *(vt.)* = endorse.

in·dox·yl [ĭn dŏk′sĭl] *(n.)* الإندوكسيل: مركّب متبلّر (ك).

in·draft *or* **in·draught** [ĭn′drăft] *(n.)* (١) جَذْبٌ نحو الداخل (٢) تيار مندفع نحو الداخل.

in·drawn [ĭn′drôn′] *(adj.)* (١) متحفّظ (٢) مجذوب نحو الداخل.

in·du·bi·ta·ble [ĭn dyo͞o′-] *(adj.)* ثابت: لا سبيل إلى الشكّ فيه.

in·duce [ĭn do͞os′] *(vt.)* (١) يُقْنِع؛ يُغري؛ يستميل (٢) يُحدِث؛ يسبّب <Opium ~*s* sleep.> (٣) يَحُثّ؛ يستحثّ (٤) يستقري: يتتبّع الجزئيات ليتوصل منها إلى حكم كلّيّ.

induced charge *(n.)* الشِّحنة المُسْتَحَثّة (كب).

induced current *(n.)* التيّار المُسْتَحَثّ (كب).

induced magnetism *(n.)* المغنطيسية المستَحَثّة (مغ).

in·duce·ment *(n.)* (١) دافع؛ باعث؛ حافز (٢) مص induce (٣) المقدِّمة التفسيرية: شرحٌ للحجج الرئيسية في دعوى أو دفاع.

in·duct [ĭn dŭkt′] *(vt.)* (١) ينصِّب: يقلّده منصبًا (٢) «أ» يُدخِلُه عضوًا في. «ب» يعلّم [مبادئَ علم أو عقيدة]. «ج» يجنِّد: يُدخِل في الخِدمة العسكرية (٣) يقود؛ يُفضي.

in·duc·tance [ĭn dŭk′-] *(n.)* (١) المُحاثّة (كب) (٢) مَلَفّ المُحاثّة (كب).

in·duc·tee [ĭn′dŭk tē′] *(n.)* المُجَنَّد: المُخْضَع للخدمة العسكرية.

in·duc·tile [ĭn dŭk′tĭl] *(adj.)* (١) غير مَطِيل: غير قابل للسَّحب والتطريق <~ metals> (٢) صعب المراس أو الانقياد.

in·duc·tion [-′shən] *(n.)* (١) «أ» تنصيب؛ تقليدٌ لمنصب. «ب» تجنيد: إخضاع المواطن المدنيّ للخدمة العسكرية (٢) الاستقراء: تتبُّع الجزئيّات للتوصّل منها إلى حكم كليّ، أو نتيجةُ هذه العملية (٣) مقدّمة أو مشهد استهلالي [وبخاصة في المسرحيات الإنكليزية القديمة] (٤) إحداث <~ of the hypnotic state> (٥) الحَثّ؛ التأثير: «أ» العملية التي بها يتكهرب مُوَصِّلٌ كهربائي عندما يقرَّب من جسم مشحون (كب). «ب» العملية التي يتمغنط بها

ă at; ā date; â care; ä car; ĕ egg; ē me; ĭ in; ī bite; ŏ lot; ō bone; ô orphan; oi boil; o͝o good; o͞o boot; ou out; ŭ under; û urgent; ə = *a* in alone, *e* in system, *i* in easily, *o* in gallop, *u* in circus.

جسم قابل للتّمغنط عندما يوضع في مجال مغنطيسي (مغ) (٦) التخليق: مجموعة العمليات التي يتقرر بها مصير الخلايا الجنينية والتي يَحْدث التخلّق التّشكّليّ بواسطتها (أح).

induction coil *(n.)* مَلَفّ الحَثّ أو المُحاثّة (كب).

induction heating *(n.)* التّسخين الحَثّيّ: إحماء المادة بواسطة تيار كهربائيّ يُجْرَى خلالها أو خلال وعائها بالحثّ الكهرطيسي.

in·duc·tive [ĭn dŭk′tĭv] *(adj.)* (١) مُغْرٍ؛ مُغْوٍ؛ مؤثّر (٢) استقرائيّ (٣) حَثّيّ، حاثّ (كب) (٤) افتتاحي؛ استهلاليّ (٥) تخليقيّ: مُحدِث للتخليق الجنيني (را. induction 6).

in·duc·tor [ĭn dŭk′tər] *(n.)* (١) فا induct. وبخاصة: المُنَصِّب (٢) المِحَثّ: أداة غرضها الأساسي إحداث المُحاثّة في دارة كهربائيّة (٣) المخلِّقة: مادة قادرة على إحداث التخليق الجنيني (را. induction 6).

in·due [ĭn do͞o′; -dyo͞o′] *(vt.)* = endue.

in·dulge [ĭn dŭlj′] *(vt.; i.)* (١) يُطلِق العِنان لِـ (٢) ينغمس في (٣) «أ» يدلِّل <to ~ a child>. «ب» يتساهل مع **x** (٤) يُشبع رغباتِه [بإطلاق العِنان لها].

in·dul·gence [ĭn dŭl′jəns]; **in·dul·gen·cy** *(n.)* (١) غفران [تمنحه الكنيسة الكاثوليكية] (كن) (٢) «أ» تدليل. «ب» تساهل (٣) مهلة [تُمنَح لدفع دَيْن إلخ] (٤) «أ» انغماس في. «ب» الشيء المنغَمَس فيه. «ج» الانغماس الذاتي: إطلاق المرء العِنانَ لأهوائه ورغباتِه وشهواتِه.

in·dul·gent [ĭn dŭl′jənt] *(adj.)* متساهل؛ متسامح <~ parents>.

in·du·line [ĭn′dyə lēn′] *(n.)* الإندولين: صِبغ أزرق أو بنفسجي.

in·dult [ĭn dŭlt′] *(n.)* التّحليلة؛ الرُّخصة الكَنَسيّة: امتياز مؤقّت أو شخصيّ تمنحه الكنيسة الكاثوليكية (كن).

in·du·pli·cate [ĭn do͞o′plə kĭt] *(adj.)* (١) مَثْنِيّ الحوافي (نب) (٢) مُلَفَّف الحوافي (نب).

in·du·rate [*adj.* -′do͞o rĭt; *v.* -rāt′] *(adj.; vt.; i.)* (١) قاسٍ أو مُقَسًّى § (٢) يُقسِّي العاطفةَ؛ يجعله عنيدًا (٣) يمرِّس؛ يُعوِّد (٤) «أ» يقسِّي. «ب» يزيد العناصر الليفية في <~*d* tissue> (٥) يرسَخ؛ يثبت **x** (٦) يَقْسو (٧) يَرْسَخ؛ يَقوَى.

in·du·si·um [ĭn do͞o′zĭ əm] *(n.)* pl. **-sia** (١) طبقة مُغلِّفة؛ غشاء مُغَلِّف («ت» و«ح») (٢) القميص: غشاء يكتنف الضامّات في السراخس (نب) (را. sorus).

indusium 1.

in·dus·tri·al [ĭn dŭs′trĭ əl] *(adj.; n.)* (١) صناعي § (٢) عامل [في مصنع] (٣) شركة صناعية (٤) *pl.*: سندات صناعيّة إلخ.

industrial arts *(n. pl.)* الفنون الصناعيّة: موضوع تعليمي في مدرسة ابتدائية أو ثانوية يهدف إلى تنمية البراعة اليدوية عند الطلاب.

industrial engineering *(n.)* الهندسة الصناعية.

in·dus·tri·al·ism *(n.)* الصناعيّة: تنظيم اقتصادي للمجتمع يعتمد في المقام الأول على الصناعة الآلية [لا على الزراعة أو التجارة أو الحِرَف اليدوية].

in·dus·tri·al·ist *(n.)* الصّناعي؛ المنتِج الصناعي؛ صاحب المصنع.

in·dus·tri·al·i·za·tion *(n.)* (١) التصنيع (٢) التّصنُّع: كون المجتمع صناعيًا.

in·dus·tri·al·ize *(vt.; i.)* (١) يُصَنِّع: يحوِّل المجتمع الزراعي إلى مجتمع صناعي **x** (٢) يتصنَّع: يتحوَّل إلى مجتمع صناعي.

industrial school *(n.)* المدرسة الصناعية (تر).

in·dus·tri·ous [ĭn dŭs′trĭ əs] *(adj.)* كادٌّ؛ مُجِدٌّ؛ كادح.

in·dus·try [ĭn′dəs trĭ] *(n.)* (١) كدٌّ؛ مثابرة (٢) الصِّناعة: «أ» صناعة تستخدم عددًا كبيرًا من العمال ورساميل ضخمة. «ب» النشاط الصناعيّ ككلّ.

in·dwell [ĭn′dwĕl′] *(vi.; t.)* (١) يقيم؛ يسكن؛ يقطن (٢) يكمن. وبخاصة: يكمن بوصفه روحًا أو قوةً محرِّكة <a creative power ~*ing* in the world>.

in·dwell·er *(n.)* (١) المقيم؛ السّاكن؛ القاطن (٢) روح محرِّكة: قوة باطنية محرِّكة.

-ine لاحقة معناها: «أ» منسوب إلى <Levant*ine*>. «ب» مؤلف من؛ شبيهٌ بِـ <crystall*ine*>. «ج» مادة كيميائية <chlor*ine*>. «د» مركّب كربونيّ قاعدي <quin*ine*>.

in·e·bri·ant [ĭn ē′brĭ-] *(adj.; n.)* (١) مُسْكِر § (٢) شرابٌ مُسْكِر.

in·e·bri·ate [*v.* ĭn ē′brĭ āt′; *adj., n.* ĭn ē′brĭ ĭt] *(vt.; adj.; n.)* (١) يُبهج؛ يُخَبِّل؛ يُذهل [وكأنما بشراب مُسْكِر] (٢) يُسْكِر § (٣) سَكران؛ ثمِل؛ مخمور (٤) سِكّير § (٥) السَّكران. وبخاصة: السِّكّير.

in·e·bri·at·ed [ĭn ē′brĭ āt′ĭd] *(adj.)* سكران؛ ثمِلٌ؛ مخمور.

in·e·bri·e·ty [ĭn′ĭ brī′ə tĭ] *(n.)* (١) سُكْر (٢) إدمان الشَّراب.

in·ed·i·ble [ĭn ĕd′ə bəl] *(adj.)* لا يُؤْكَل؛ غير صالح للأكل.

in·ed·it·ed [ĭn ĕd′ĭt ĭd] *(adj.)* لم يُنْشَر؛ غير منشور أو مطبوع.

in·ed·u·ca·ble [ĭn ĕj′o͞o-] *(adj.)* مُتعذِّرٌ تثقيفه؛ غير قابل للتعليم.

in·ef·fa·ble [ĭn ĕf′ə bəl] *(adj.)* (١) لا يوصف؛ يفوق الوصف <~ anguish *or* joy> (٢) لا يُنْطَق به [لأنّه أقدسُ من أن يُذْكَر] <the ~ name>.

in·ef·face·a·ble [ĭn ĭ fā′sə bəl] *(adj.)* لا يُمْحَى؛ مُتعَذِّرٌ مَحوُهُ <an ~ impression>.

in·ef·fec·tive [ĭn′ĭ fĕk′tĭv] *(adj.)* (١) باطل؛ عقيم؛ غير مُجْدٍ <~ efforts> (٢) غير وافٍ بالمُراد <~ troops>.

in·ef·fec·tu·al [ĭn′ĭ fĕk′cho͞o əl] *(adj.)* (١) عقيم؛ غير مُجدٍ <Our efforts were ~.> (٢) غير فعّال أو ناجع <an ~ remedy>.

in·ef·fi·ca·cious [ĭn′ĕf ə kā′shəs] *(adj.)* غير فعّال: عاجز عن إحداث الأثر المطلوب <The precaution is quite ~.>.

in·ef·fi·ca·cy [ĭn ĕf′ə kə sĭ] *(n.)* اللافعّاليّة: العجز عن إحداث الأثر المطلوب <~ of laws in preventing crime>.

in·ef·fi·cien·cy [ĭn′ĭ fĭsh′-] *(n.)* (١) لافعّاليّة (٢) لاكفاءة.

in·ef·fi·cient [ĭn′ĭ fĭsh′ənt] *(adj.)* (١) غير فعّال: عاجز عن إحداث الأثر المطلوب <~ measures> (٢) غير كفؤ <an ~ workman>.

in·e·las·tic [ĭn′ĭ lăs′-] *(adj.)* (١) غير مرن (٢) عنيد؛ غير مذعن.

in·el·e·gance [ĭn ĕl′-] *(n.)* لا أناقة؛ لاانصقال؛ لا رقّة.

in·el·e·gant [ĭn ĕl′ə gənt] *(adj.)* غير أنيق أو مصقول أو رقيق.

in·el·i·gi·ble [ĭn ĕl′ĭ jə bəl] *(adj.;n.)* (١) غير مُؤهَّل [لأن يُختار لمنصب] (٢) غير جدير بأن يُختار [أو يُفضَّل] § (٣) عديم الجدارة: شخص غير جدير بأن يُختار زوجًا أو عضوًا في فريق رياضي إلخ.

in·el·o·quent [ĭn ĕl′ə kwənt] *(adj.)* غير فصيح أو بليغ.

in·e·luc·ta·ble [ĭn′ĭ lŭk′tə bəl] *(adj.)* متعذّرٌ اجتنابُهُ أو تغييره أو مقاومته <~ facts of human existence>.

in·e·lud·i·ble [ĭn ĭ lōō′də bəl] *(adj.)* لا مَفَرَّ منه.

in·e·nar·ra·ble [ĭn ĭ năr′-] *(adj.)* = indescribable.

in·ept [ĭn ĕpt′] *(adj.)* (١) غير ملائم؛ في غير محلّه (٢) أحمق؛ سخيف <~ remarks> (٣) غير كفؤ أو بارع <an ~ farmer>.

— **in·ept·ly** *(adv.)* — **in·ept·ness; in·ep·ti·tude** *(n.)*

in·e·qual·i·ty [ĭn ĭ kwŏl′ə tĭ] *(n.)* (١) تفاوت؛ تباين؛ لاتساوٍ. مثل: «أ» عدم استواء [في سطح شيء]. «ب» تفاوت اجتماعي. «ج» ظلم؛ تحيّز. «د» لاتكافؤ في التوزيع أو الفُرَص. «هـ» تقلّب [في الأحوال الجويّة إلخ]. «و» عدم أهليّة أو صلاحيّة لمنصب أو غرض (٢) المتباينة (ر).

inequi- بادئة معناها: «أ» متفاوت؛ غير متساوٍ. «ب» على نحوٍ متفاوت.

in·eq·ui·ta·ble [ĭn ĕk′wə-] *(adj.)* جائر؛ ظالم؛ غير مُنْصِف.

in·eq·ui·ty [ĭn ĕk′wə tĭ] *(n.)* جَوْر؛ ظُلم؛ لاإنصاف.

in·eq·ui·valve *(adj.)* متفاوت المصراعين [صفة لبعض الرخويات].

in·e·rad·i·ca·ble [ĭn ĭ răd′ə-] *(adj.)* متعذّرٌ استئصالُه.

in·er·ran·cy [ĭn ĕr′ən sĭ] *(n.)* العِصْمة: التنزُّه عن الخطأ.

in·er·rant [ĭn ĕr′ənt] *(adj.)* معصوم: مُنَزَّهٌ عن الخطأ.

in·ert [ĭn ûrt′] *(adj.)* (١) جامد؛ غير مزوَّد بالقدرة على الحركة؛ ذو عطالة أو قصور ذاتي <Matter is ~.> (٢) كسلان؛ بطيء (٣) غير فعّال: عاجز عن إحداث الأثر المطلوب <an ~ drug> (٤) خامل: فاقد النشاط الكيميائي أو البيولوجي.

inert gas *(n.)* الغاز الخامل: غاز فاقد النشاط كيميائيًا.

in·er·tia [ĭn ûr′shə] *(n.)* (١) القُصور الذاتي؛ قوة الاستمرار (فز) (٢) جمود؛ كسَل.

— **in·er·tial** *(adj.)*

in·es·cap·a·ble [ĭn ĕs kā′pə bəl] *(adj.)* لا مفرَّ منه.

in·es·sen·tial [ĭn′ĭ sĕn′shəl] *(adj.; n.)* (١) غير ذي جوهر أو كينونة (٢) غير جوهري § (٣) شيء غير جوهري.

in·es·ti·ma·ble [ĭn ĕs′tə mə bəl] *(adj.)* (١) متعذّرٌ تقديره أو إحصاؤه (٢) نفيسٌ جدًا؛ لا يُثَمَّن.

in·ev·i·ta·ble [ĭn ĕv′ə tə bəl] *(adj.)* محتوم؛ متعذّرٌ اجتنابُه.

in·ex·act [ĭn′ĭg zăkt′] *(adj.)* (١) غير صحيح؛ غير مضبوط (٢) غير دقيق.

— **in·ex·act·i·tude** *(n.)*

in ex·cel·sis [ĭn ĭk sĕl′sĭs] *(adv.)* إلى أبعد مدًى أو درجة.

in·ex·cus·a·ble [ĭn ĭk skyōō′-] *(adj.)* متعذّرٌ اغتفارُه أو تبريره.

in·ex·haust·i·ble [ĭn′ĭg zôs′tə-] *(adj.)* (١) لا يَنْضَب أو يَنْفَد (٢) لا يتعَب أو يكِلّ.

— **in·ex·haust·i·bil·i·ty** *(n.)*

in·ex·is·tence [ĭn′ĭg zĭs′təns] *(n.)* العَدَم؛ اللّاوجود.

in·ex·is·tent [ĭn′ĭg zĭs′tənt] *(adj.)* غير ذي وجود؛ غير موجود.

in·ex·o·ra·ble [ĭn ĕk′sə rə bəl] *(adj.)* عنيد؛ متصلّب؛ متعذّرٌ إقناعُهُ أو استعطافه؛ لا يرحم.

— **in·ex·o·ra·bil·i·ty** *(n.)*

in·ex·pe·di·ent [ĭn′ĭk spē′dĭ ənt] *(adj.)* (١) غير ملائم (٢) غير مستحسَن أو مستصوَب.

— **in·ex·pe·di·ence; -di·en·cy** *(n.)*

in·ex·pen·sive [ĭn′ĭk spĕn′-] *(adj.)* رخيص؛ غير غالٍ.

in·ex·pe·ri·ence [ĭn′ĭk spēr′-] *(n.)* الغَرارة: قلة التجربة أو التمرّس.

in·ex·pe·ri·enced *(adj.)* غِرّ: قليل التجربة.

in·ex·pert [ĭn′ĭk spûrt′] *(adj.)* غير خبير؛ غير حاذق.

in·ex·pi·a·ble [ĭn ĕk′spĭ ə bəl] *(adj.)* متعذّرٌ التكفير عنه؛ لا يُغْتَفَر <an ~ crime; an ~ offense>.

in·ex·plain·a·ble [ĭn′ĭk splā′nə bəl] *(adj.)* = inexplicable.

in·ex·pli·ca·ble [ĭn ĕks′plə kə bəl] *(adj.)* متعذّرٌ تفسيرُهُ أو تعليلُهُ.

in·ex·plic·it [ĭn′ĭk splĭs′ĭt] *(adj.)* غير بيِّن أو جليّ أو صريح.

in·ex·press·i·ble [ĭn′ĭk sprĕs′ə bəl] *(adj.)* = indescribable.

in·ex·pres·sive [ĭn′ĭk sprĕs′ĭv] *(adj.)* غير معبِّر؛ خِلوٌ من المعنى.

in·ex·pug·na·ble [ĭn ĭk spŭg′nə bəl] *(adj.)* منيع؛ حصين؛ لا يؤخَذ عنوةً <an ~ fort>.

in·ex·pung·i·ble [ĭn′ĭk spŭn′jə bəl] *(adj.)* لا يُمْحَى أو يُلْغَى.

in·ex·ten·si·ble [ĭn′ĭk stĕn′-] *(adj.)* غير قابل للمدّ أو البَسْط.

in ex·ten·so [ĭn ĭk stĕn′sō] *(adv.)* بإسْهاب؛ بتفصيل؛ بغير اختصار أو إيجاز <The details of these observations will be reported ~ elsewhere.>.

in·ex·tin·guish·a·ble [ĭn′ĭk stĭng′-] *(adj.)* متعذّرٌ إطفاؤه أو إخماده.

in ex·tre·mis [ĭn ĭk strē′-] *(adv.)* في النزع الأخير؛ على عتبة الموت.

in·ex·tri·ca·ble [ĭn ĕks′trə kə bəl] *(adj.)* (١) لا سبيل إلى الخلاص أو الخروج منه <an ~ maze> (٢) «أ» لا يُفَكّ أو يُحَلّ أو ينفصم <an ~ knot; ~ unity>. «ب» مُعقَّد <~ designs>.

in·fal·li·ble [ĭn făl′ə bəl] *(adj.)* (١) معصوم؛ لا يُخطئ؛ مُنَزَّهٌ عن الخطأ (٢) ناجع؛ مؤكَّد النجاح <~ marksmen> <an ~ remedy>.

— **in·fal·li·bil·i·ty** *(n.)*

in·fa·mous [ĭn′fə məs] *(adj.)* (١) سيِّئ السمعة <an ~ city> (٢) شائن؛ مُوْرِثٌ أو جالبٌ لسوء السمعة <~ conduct> (٣) مُدان بجريمة شائنة <an ~ person>.

in·fa·my [ĭn′fə mĭ] *(n.)* (١) عار؛ شَنار؛ سوء سمعة (٢) سلوكٌ شرِّير أو لاأخلاقيّ (٣) عمل شائن (٤) الخِزْي: فقدان المرء اعتباره أو حقوقه المدنية نتيجةً لإدانته بجرم شائن.

in·fan·cy [ĭn′fən sĭ] *(n.)* (١) طفولة (٢) بداءة؛ مستَهَلّ؛ المرحلة الأولى من نشوء شيء أو نموّهِ (٣) القصور؛ سِنّ القصور [ما دون الحادية والعشرين].

in·fant [ĭn′fənt] *(n.; adj.)* (١) طفل (٢) القاصر: شخص لم يبلغ الحادية والعشرين من العمر § (٣) مُعَدٌّ للأطفال (٤) ناشئ: في مراحل النمو الأولى <an ~ industry> (٥) طِفليّ: ذو علاقة بالأطفال.

in·fan·ta [ĭn făn′tə] *(n.)* الأميرة: ابنة ملك إسباني أو برتغالي.

in·fan·te [ĭn făn′tā] *(n.)* الأمير: أيّ من أبناء ملكٍ إسباني أو برتغالي باستثناء وليّ العهد.

in·fan·ti·cide [ĭn făn′tə sīd′] *(n.)* (١) قَتْلُ الوليد (٢) قاتل الوليد.

in·fan·tile [ĭn′fən tīl′; -tĭl] *(adj.)* (١) طِفْليّ؛ طفوليّ <~ diseases> (٢) صبيانيّ <~ behavior> (٣) ناشئ: في مراحل نشوئه الأولى.

infantile paralysis *(n.)* شلل الأطفال.

in·fan·ti·lism *(n.)* (١) الطِّفالة: الاحتفاظ بخصائص الطفولة الجسمانيّة أو العقلية أو العاطفية إلى ما بعد سنّ البلوغ. وبخاصة: القَصاعة؛ إبطاء الشباب؛ تأخّر البلوغ (٢) عمل صبيانيّ.

in·fan·tine [ĭn′fən tīn′; -tĭn] *(adj.)* = infantile.

in·fan·try [ĭn′fən trĭ] *(n.)* (١) المُشاة؛ جند المُشاة (٢) كتيبة مُشاة.

in·fan·try·man *(n.)* جنديُّ مشاة؛ جنديّ من المشاة.

infant school *(n.)* روضة الأطفال.

in·farct [ĭn′färkt′]; **in·farc·tion** *(n.)* الاحتشاء؛ السُّداد (ط).

in·fare [ĭn′fâr] *(n.)* العَروسية: حفلة تقام على شرف عروسين.

in·fat·u·ate [*adj.* ĭn făch′o͞o ĭt, -āt′; *v.* -āt′] *(adj.; vt.)* (١) مفتون؛ متيَّم § (٢) يُخَبِّل (٣) يفتِن؛ يتيِّم.

in·fat·u·at·ed [-făch′o͞o āt′ĭd] *(adj.)* مفتون؛ متيَّم؛ عميد.

in·fea·si·ble [ĭn fē′zə bəl] *(adj.)* غير قابل للتطبيق؛ متعذِّر التنفيذ.

in·fect [ĭn fĕkt′] *(vt.)* (١) يلوِّث [بالجراثيم أو البكتيريا] (٢) «أ» يُعْدِي [بمرضٍ]. «ب» يصيب أو يغزو [الميكروبُ] شخصًا أو عضوًا (٣) «أ» يُفْسِد <~ed with greediness>. «ب» يُعدِي [مجازيًا] <Her courage ~ed others.>.

infected computer *(n.)* الكومبيوتر الملوَّث [ببرنامج فيه ڤيروس].

in·fec·tion [ĭn fĕk′-] *(n.)* (١) «أ» تلويث؛ تلوُّث. «ب» إفساد؛ فساد. «ج» الإنتان؛ الخَمَج: غزو المتعضّيات المجهرية الطُّفيليّة الجسمَ (٢) «أ» إعداء [بمرض]. «ب» عدوى (٣) «أ» إصابة. «ب» مرض مُعْدٍ (٤) ميكروب مُعْدٍ إلخ (٥) إعداء الآخرين مجازيًا [بجعلهم يحذون حذو المرء في عواطفه أو صفاته من طريق الاحتكاك أو الاقتداء].

in·fec·tious [-′shəs] *(adj.)* (١) مُعْدٍ: «أ» مسبِّب للعدوى. «ب» منتقل بالعدوى (٢) مُفْسِد؛ ملوِّث (٣) مُعْدٍ: ممكنٌ بثُّه أو نشره بسهولة.

in·fec·tive [ĭn fĕk′tĭv] *(adj.)* = infectious.

in·fe·lic·i·tous [ĭn′fə lĭs′ə təs] *(adj.)* (١) غير مناسب أو موفَّق؛ في غير محلّه <an ~ remark> (٢) فيه علة أو نقص <~ typesetting>.

in·fe·lic·i·ty [-′ə tĭ] *(n.)* (١) اللامناسبيّة: كون الشيء غير مناسب أو غير موفق (٢) ملاحظة غير موفقة؛ شيء غير مناسب (٣) سوء حظّ.

in·fer [ĭn fûr′] *(vt.; i.)* (١) يستدلّ؛ يستنتج (٢) يخمِّن؛ يحدس؛ يحزر (ع) (٣) يُظهِر؛ يدلّ على (٤) يُلمع؛ يلمّح إلى x (٥) يَعْقِدُ استدلالاتٍ.

in·fer·ence [ĭn′fər-] *(n.)* (١) الاستدلال؛ الاستنتاج (مق) (٢) ما يُستَدَلّ عليه أو يُستنتَج: استدلال؛ استنتاج <made rash ~s>.

in·fer·en·tial [ĭn′fə rĕn′shəl] *(adj.)* استدلاليّ؛ استنتاجيّ.

in·fe·ri·or [ĭn fēr′ĭ ər] *(adj.; n.)* (١) أسفل؛ سفليّ؛ أدنى <~ rock strata> (٢) «أ» أدنى درجةً أو منزلة من <A major is ~ to a colonel.>. «ب» وضيع <a member of an ~ caste> (٣) رديء؛ من نوع رديء <an ~ brand> (٤) «أ» دون؛ أقلّ شأنًا أو قيمة <considers himself ~ to his brother>. «ب» ثانوي؛ غير بارع <an ~ violinist> (٥) سفليّ: واقع تحت حرف أو رقم آخر § (٦) المرؤوس؛ التابع: شخص أدنى من غيره منزلة أو مقامًا <was disdainful of his social ~s> (٧) حرف أو رقم سفليّ.

in·fe·ri·or·i·ty *(n.)* الدّونيّة: كون الشيء دون غيره درجةً أو منزلة إلخ.

inferiority complex *(n.)* عُقدة النَّقص؛ مُركَّب الدُّونية (نف).

in·fer·nal [ĭn fûr′nəl] *(adj.)* (١) جهنّمي (٢) شيطانيّ (٣) لعين.

infernal machine *(n.)* (١) الآلة الجهنّمية: آلة مُعَدّة بطريقة شيطانية بحيث تنفجر وتقضي على الأنفس والممتلكات (٢) قنبلة مخبوءة.

in·fer·no [ĭn fûr′nō] *(n.)* (١) الجحيم؛ جَهَنَّم (٢) حرارة شديدة.

infero- بادئة معناها: «أ» في الجهة السفلى. «ب» سُفليّ و . . .

in·fer·tile [ĭn fûr′tĭl] *(adj.)* (١) مجدب؛ ماحل <~ soil> (٢) غير مخصب <~ egg>.
— **in·fer·til·i·ty** *(n.)*

in·fest [ĭn fĕst′] *(vt.)* (١) يبتلي: يزعج أو يُقلق كثيرًا بحضوره المتواصل أو بكثرة عدده <mountains ~ed with robbers> (٢) يغزو باستمرار وبأعداد كبيرة <Fleas ~ dogs.>.

in·fi·del [ĭn′fə dəl] *(n.; adj.)* (١) اللاّنصرانيّ: غير النصرانيّ أو المقاوم للنصرانية (٢) الكافر: غير المؤمن بالنسبة إلى دين معيّن (٣) الملحد؛ المعطِّل (٤) الشكوكيّ: المنكِر شيئًا معيّنًا أو مقرّرًا § (٥) لانصرانيّ: غير نصرانيّ؛ مقاوم للنصرانية (٦) «أ» كافر؛ ملحِد. «ب» كُفريّ.

in·fi·del·i·ty [ĭn′fə dĕl′ə tĭ] *(n.)* (١) كفر؛ إلحاد (٢) «أ» خيانة عهدٍ أو التزام أخلاقي. «ب» خيانة زوجية.

in·field [ĭn′fēld′] *(n.)* (١) حقل قرب بيت ريفيّ (٢) الميدان: رقعة الأرض المطوَّقة بمضمار العَدْو أو السباق إلخ.

in·fight·ing [ĭn′-] *(n.)* (١) ملاكمة تلاحميّة؛ شجار تلاحميّ [يكون فيه كلٌّ من الفريقين المتنازعين على مقربة شديدة من الآخر] (٢) ملاكمة وحشية؛ شجار وحشي (٣) الصراع الداخليّ [بين أعضاء جماعةٍ إلخ].

in·fil·trate [ĭn fĭl′trāt′] *(vt.; i.)* (١) يُرَشِّح [سائلًا من السوائل] (٢) يُسَلِّل [الجندَ فردًا فردًا أو بمجموعات صغيرة خلال ثغرات في خطوط العدوّ] x

(٣) يرتشح ؛ يتخلّل ؛ يتسرّب (٤) يتسلّل (جن).

in·fil·tra·tion *(n.)* (١) ترشيح ؛ تخليل ؛ تسريب (٢) ارتشاح ؛ تخلُّل ؛ تسرُّب (٣) الراشح ؛ الرَّشِيْح (٤) تسلُّل (جن).

in·fi·nite [ĭn′fə nĭt] *(adj.; n.)* (١) مطلق ؛ غير محدود <the ~ wisdom of God> (٢) لامتناهٍ ؛ لانهائي [وبخاصة في الرياضيات] (٣) «أ» ضخم إلى أبعد الحدود <a truth of ~ importance>. «ب» لا ينضب ؛ لا ينفد § (٤) «أ» شيء غير محدود أو لانهائي. «ب» لانهاية (٥) عددٌ لا يُحْصَى <an ~ of possibilities>.

infinite series *(n.)* المتسلسلة اللّانهائية (ر).

in·fin·i·tes·i·mal [ĭn′fĭn ə tĕs′ə məl] *(adj.;n.)* (١) دقيق أو صغير إلى أبعد الحدود <the ~ vessels of the nervous system> (٢) متناهي الصِّغَر ؛ لانهائيّ الصِّغَر (ر) § (٣) كمّية متناهية الصِّغَر.

in·fin·i·ti·val [ĭn′fĭn ə tī′-] *(adj.)* مَصْدريّ : متعلّق بالمصدر (ل).

in·fin·i·tive [ĭn fĭn′-] *(n.; adj.)* (١) صيغة المَصْدَر § (٢) مَصْدريّ (ل).

in·fin·i·tude [-′ĭ to͞od′] *(n.)* (١) اللاتناهي ؛ عدم التناهي (٢) اللامتناهي : شيء لامتناهٍ (٣) العدد اللامتناهي ؛ الكمية اللامتناهية.

in·fin·i·ty [ĭn fĭn′ə tĭ] *(n.)* (١) اللاتناهي (٢) اللّامحدودية (٣) العدد اللامتناهي ؛ الكمية اللامتناهية (٤) اللانهاية (ر).

in·firm [ĭn fûrm′] *(adj.)* (١) عاجز ؛ واهن [وبخاصة بسبب الشيخوخة] (٢) متردّد ؛ غير حازم (٣) متقلقل ؛ غير مستقرّ.

in·fir·ma·ry [ĭn fûr′mə rĭ] *(n.)* المَشْفَى : مكان مخصّص للعناية بالمرضى أو المصابين بحادثٍ ما ، وخاصّة في مدرسة أو مؤسسة أو ملجأ.

in·fir·mi·ty [ĭn fûr′mə tĭ] *(n.)* (١) عجز ؛ وَهَن ؛ ضَعف (٢) مَرَض ؛ سقم (٣) نقيصة ؛ عيب [في الخُلق أو السلوك].

in·fix [*v.* ĭn fĭks′; *n.* ĭn′fĭks′] *(vt.; n.)* (١) يَغْرِز ؛ يُقحم ؛ يثبّت <~*ed* the fatal spear> (٢) يطبع أو يغرس في النفس أو الذهن (٣) يوسّط ؛ يُدْخِل : يزيد حرفًا في وسط الكلمة § (٤) الواسطة ؛ الداخلة : حرف مزيدٌ في وسط كلمة.

in·flame [ĭn flām′] *(vt.; i.)* (١) يُشْعِل ، يُضْرِم النار في (٢) «أ» يُلهِب ؛ يثير . «ب» يؤجّج ؛ يُذْكي (٣) يَهيج ؛ يُغضِب (٤) يسبّب التهابًا [في نسيج من أنسجة الجسم] x (٥) يشتعل (٦) يهتاج ؛ يَغضَب (٧) يلتهب [النسيج الجسدي] ؛ يصاب بالتهاب.

in·flam·ma·bil·i·ty [ĭn flăm′ə bĭl′-] *(n.)* اللَّهوبية : سرعةُ الالتهاب.

in·flam·ma·ble [-flăm′ə-] *(adj.; n.)* (١) لَهُوب : سريع الالتهاب (٢) سريع الاهتياج أو الغضب § (٣) اللَّهوبة : مادة سريعة الالتهاب.

in·flam·ma·tion *(n.)* (١) «أ» إشعال ؛ تأجيج . «ب» اشتعال ؛ تأجُّج (٢) الالتهاب («فز» و«ط»).

in·flam·ma·to·ry [ĭn flăm′ə tōr′ĭ] *(adj.)* (١) مُلْهِب ؛ مثير (٢) شَغَبِيّ : مثيرٌ للفوضى أو العصيان (٣) التهابيّ (مض).

in·flat·a·ble [ĭn flāt′ə-] *(adj.)* قابل للنفخ أو الازدهاء أو التضخيم.

in·flate [ĭn flāt′] *(vt.; i.)* (١) ينفخ ؛ يملأ بالهواء (٢) يزدهيه ؛ يملأه ابتهاجًا أو غرورًا (٣) يضخّم [إلى حدّ غير سويّ] x (٤) «أ» ينتفخ . «ب» يزهو . «ج» يتضخّم.

in·flat·ed *(adj.)* (١) منفوخ ؛ منتفخ (٢) طنّان ؛ مبالَغٌ فيه (٣) مزهوّ ؛ مغرور (٤) مضخَّم ؛ متضخّم.

in·fla·tion [ĭn flā′-] *(n.)* (١) نفخ ؛ انتفاخ (٢) غرور ؛ ادّعاء فارغ (٣) «أ» التضخُّم ؛ التضخّم المالي : ازدياد في حجم العملة المتداولة لا تصاحبه زيادةٌ مماثلة في حجم الإنتاج مما يؤدّي إلى ضعف في قوة العملة الشرائية. «ب» ارتفاع كبير في الأسعار ناشئ عن التضخُّم المالي (اد).

in·fla·tion·ar·y [-′shə nĕr′ĭ] *(adj.)* تضخُّميّ (اد).

in·fla·tion·ism *(n.)* التّضخُّميّة : الدعوة إلى التضخّم الاقتصادي.

in·fla·tion·ist *(n.)* التضخُّمي : المؤيّد للتضخُّم الاقتصادي.

in·flect [ĭn flĕkt′] *(vt.; i.)* (١) يَثْني ؛ يلوي ؛ يَعْطِف (٢) يُصرِّف فعلًا (ل) (٣) يغيّر مقام الصوت أو درجته (مو) x (٤) يتصرّف [الفعلُ].

in·flec·tion [ĭn flĕk′-] *(n.)* (١) «أ» ثَني ؛ لَيّ ؛ عَطْف . «ب» انثناء ؛ التواء ؛ انعطاف (٢) تغيّر في مقام الصوت أو درجته (مو) (٣) «أ» تصريف (ل). «ب» بادئة أو لاحقة أو حرف من حروف الزيادة. «ج» علم الصَّرف (٤) الانعطاف ؛ الانقلاب (ر).

in·flec·tion·al *(adj.)* تصريفيّ أو متميّز بالتصريف <~ languages>.

in·flexed [ĭn flĕkst′] *(adj.)* منكوس : مَلْويّ <~ leaves>.

in·flex·i·ble [ĭn flĕk′-] *(adj.)* (١) عنيد <an ~ will> (٢) صُلب ؛ لا ينثني ؛ غير قابل للثَّني <an ~ rod> (٣) جامد ؛ متعذّرٌ تغييرُهُ <The law is ~.>.

in·flex·ion [ĭn flĕk′shən] *(n.)* = inflection.

in·flict [ĭn flĭkt′] *(vt.)* (١) «أ» يوجّه ؛ يسدّد [ضربة]. «ب» يُنْزِل به عقوبة إلخ (٢) يبتلي ؛ يصيب بـِ.

in·flic·tion *(n.)* (١) توجيه ضربة ؛ إنزال عقوبة (٢) ضربة ؛ بلاء (٣) عقوبة.

in–flight *(adj.)* جوّيّ : معروض أثناء الطيران <an ~ movie>.

in·flo·res·cence [ĭn′flō rĕs′əns] *(n.)* (١) الازهرار : «أ» كيفية انتظام الزهرات على غصن أو ساق. «ب» الجزء المُزْهِر من النبتة. «ج» عنقود زهريّ. وأحيانًا : زهرة مُفْرَدة (٢) الإزهار : تفتُّح الأزهار.

types of inflorescence

in·flo·res·cent [ĭn′flō rĕs′ənt] *(adj.)* مُزْهِر.

in·flow [ĭn′flō′] *(n.)* تَدَفُّق أو دَفْق [نحو الداخل].

in·flu·ence [ĭn′flo͞o əns] *(n.; vt.)* (١) الفيض : «أ» سائل أثيريّ كان القدماء يعتقدون أنه يفيض من النجوم ويؤثّر في أفعال الناس وأقدارهم. «ب» فيض من قوة خفيّة زُعم أنها منبثقة من النجوم (٢) «أ» نفوذ ؛ تأثير. «ب» تدخُّل غير مشروع يقوم به شخص لدى سلطة ما التماسًا لكسب شخصي

in·fre·quen·cy; in·fre·quence *(n.)* نُدْرة؛ قِلّة حدوث.

in·fre·quent [-′kwənt] *(adj.)* (١) نادر ‎<~ visits>‎ (٢) غير نظاميّ؛ غير مواظب ‎<an ~ visitor>‎.
— **in·fre·quent·ly** *(adv.)*

in·fringe [ĭn frĭnj′] *(vt.; i.)* (١) يخرق؛ يخالف [معاهدةً أو عقدًا] x (٢) ينتهك حرمة كذا ‎<Don't ~ on her privacy.>‎.

in·fringe·ment *(n.)* خَرْق؛ مخالفة؛ انتهاك؛ تَعَدٍّ.

in·fun·dib·u·lar [ĭn′fŭn dĭb′-] *(adj.)* قِمْعانيّ: قِمْعيّ الشكل.

in·fun·dib·u·li·form [-′yə lə fôrm′] *(adj.)* = infundibular.

in·fun·dib·u·lum [-′yə ləm] *(n.)* pl. **-la** القِمْع؛ القِمَع (ت).

in·fu·ri·ate [*v.* ĭn fyoor′ĭ āt′; *adj.* -ĭt] *(vt.; adj.)* (١) يَغيظ؛ يُحْنِق § (٢) مَغيظ؛ مُحْنَق.

in·fuse [ĭn fyooz′] *(vt.)* (١) يَصُبّ؛ يَسْكُب (٢) «أ» يُشْرِب؛ يغرس في. «ب» يُدخِل على؛ يُسَرِّب إلى. «ج» ينفخ في ‎<~d fresh courage into soldiers>‎ (٣) ينقع. وبخاصة من غير غلي لاستخراج الخواصّ المفيدة.

in·fu·si·bil·i·ty *(n.)* اللّاانصهارية: تعذُّر الانصهار أو صعوبته.

in·fu·si·ble [ĭn fyoo′zə bəl] *(adj.)* لا ينصهر؛ صعب الانصهار.

in·fu·sion [-′zhən] *(n.)* (١) صَبّ؛ سَكْب (٢) «أ» إشراب؛ غرسٌ في. «ب» إدخال؛ تَسْريب. «ج» نفخٌ في (٣) نقع [بالماء غير المغليّ لاستخراج الخواصّ المفيدة] (٤) نَقيع (٥) التَّسْريب: إدخال سائلٍ ما في الوريد (ط).

In·fu·so·ri·a [ĭn′ fyoo sōr′ĭ ə] *(n. pl.)* النُّقاعيات: متعضيات مجهرية تكثر في المياه الراكدة (أح).

in·fu·so·ri·al [ĭn′ fyoo sōr′ĭ əl] *(adj.)* نُقاعيّ.

in·fu·so·ri·an [-′ĭ ən] *(n.; adj.)* (١) النُّقاعيّ: واحد النُّقاعيّات § (٢) نُقاعيّ.

-ing[1] لاحقة تُستعمل لصياغة اسم الفاعل ‎<going>‎.

-ing[2] لاحقة معناها: «أ» عمل؛ عملية ‎<washing>‎. «ب» نتيجة عمل أو عملية ‎<a painting>‎. «ج» شيء يستعمل في عمل أو عملية ‎<the lining of a coat>‎. «د» عمل [أو عملية] له اتصال بشيء معيّن ‎<iceboating>‎.

in·gath·er [ĭn′găth ər] *(vt.; i.)* (١) يجمع؛ يحصد x (٢) يجتمع.

in·gem·i·nate [ĭn jĕm′ə nāt′] *(vt.)* يكرّر؛ يعيد.

in·gen·ious [ĭn jēn′yəs] *(adj.)* (١) مُبْدِع؛ حاذق ‎<an ~ mechanic>‎ (٢) بارع: دالٌّ على براعة الاختراع ‎<an ~ machine>‎.

in·ge·nue *or* **in·gé·nue** [ăn′zhə noo′; -nyoo′-] *(n.)* فتاة ساذجة. وبخاصة: ممثلة تؤدي دور فتاة ساذجة.

in·ge·nu·i·ty [ĭn′jə noo′ə-; -nyoo′-] *(n.)* (١) إبداع (٢) براعة (٣) أداة أو آلة بارعة.

in·gen·u·ous [-jĕn′yoo-] *(adj.)* (١) ساذج؛ بريء (٢) صريح؛ مخلص.

in·gest [ĭn jĕst′] *(vt.)* (١) يتناول طعامًا [أو شرابًا] (٢) يستوعب.

in·ges·ta [ĭn jĕs′tə] *(n. pl.)* طعام؛ قوت؛ غذاء.

in·gle [ĭng′gəl] *(n.)* (١) لظًى؛ لهب (٢) مستوقَد؛ مُصْطَلًى.

(٣) سطوة؛ سلطة (٤) عاملٌ مؤثّر ‎<Heredity and environment are ~s on character.>‎ (٥) شخص ذو نفوذ (٦) الحثّ؛ التأثير (را. induction 5) § (٧) يؤثّر في.

in·flu·ent [-ənt] *(adj.; n.)* (١) متدفّق § (٢) رافد؛ نُهَيْر.

in·flu·en·tial [-ĕn′shəl] *(adj.)* (١) مُؤَثِّر (٢) متنفّذ: ذو سلطةٍ أو نفوذ.

in·flu·en·za [ĭn′floo ĕn′zə] *(n.)* الإنْفْلُوَنْزا؛ النزلة الوافدة (مض).

in·flux [ĭn′flŭks′] *(n.)* (١) تدفُّق؛ دَفْق (٢) المَصَبّ: مَصَبّ النهر.

in·fo [ĭn′fō] = information.

in·fold [ĭn fōld′] *(vt.; i.)* (١) x enfold (٢) يلتفّ.

in·form [ĭn fôrm′] *(vt.; i.)* (١) «أ» يعطيه شكلًا أو جوهرًا. «ب» يكوّن. «ج» ينفخ فيه حياةً أو نشاطًا (٢) يُعلِم؛ يُخبِر x (٣) يَشي بـ؛ يبلّغ عن.

in·for·mal *(adj.)* (١) غير رسميّ ‎<~ visit>‎ (٢) عامّيّ ‎<~ French>‎.

in·form·ant [ĭn fôr′mənt] *(n.)* (١) informer (٢) الراوية: مَن يقدّم معلومات لغوية أو ثقافيّة للدراسة العلمية.

in·for·ma pau·pe·ris [ĭn fôr′mȧ pô′pĕ rĭs] *(adj.; adv.)* مثل رَجل فقير، وبالتالي: مُعْفًى من رسوم المحاكمة لفقره.

in·for·mat·ics [ĭn′fər măt′ĭks] *(n.)* المعلوماتية؛ علم المعلومات.

in·for·ma·tion [ĭn′fər mā′-] *(n.)* (١) «أ» إعلام؛ إخبار. «ب» عِلْم؛ اطّلاع. «ج» معرفة (٢) «أ» أخبار؛ أنباء. «ب» حقائق؛ معلومات (٣) اتهام رسميّ [صادر عن النيابة العامة].

information media *(n. pl.)* وسائل الإعلام [كالصحف والتلفزيون].

in·form·a·tive *(adj.)* مُثَقِّف ‎<~ books>‎.

in·formed *(adj.)* (١) مُطّلِع؛ حَسَن الاطّلاع (٢) مثقّف؛ واسع المعرفة.

in·form·er *(n.)* (١) المُعْلِم؛ المُخْبِر (٢) الواشي؛ المبلِّغ؛ وبخاصة: المبلِّغ المحترف.

in·fra [ĭn′frə] *(adv.)* أدناه: في الجزء الأدنى من هذا النصّ.

infra- بادئة معناها: تحت؛ دون ‎<*infra*red>‎.

in·fract [ĭn frăkt′] *(vt.)* يَخرُق؛ يخالف.

in·frac·tion [ĭn frăk′-] *(n.)* خَرْق؛ مخالفة [المعاهدةِ أو قانون].

in·fra dig [ĭn′frə dĭg′] *(adj.)* حاطّ من قَدْر المرء (ع).

in·fra dig·ni·ta·tem [-dĭg′ nə tā′ təm] *(adj.)* حاطّ من قَدْر المرء.

in·fra·hu·man *(adj.)* (١) دُوبَشَريّ: دون مستوى البشر (٢) مشابه للبَشَر.

in·fran·gi·ble [ĭn frăn′jə bəl] *(adj.)* (١) لا يُكْسَر أو يُجزّأ (٢) لا يُخْرَق أو يُنتهك.

in·fra·red [ĭn′frə rĕd′] *(adj.; n.)* (١) دُوأحمر؛ دون الأحمر؛ تحت الأحمر § (٢) الإشعاع الدّوأحمر أو تحت الأحمر (فز).

in·fra·son·ic [-sŏn′-] *(adj.)* دُوسمعيّ؛ دون السَّمعيّ؛ تحت السّمعيّ: «أ» ذو تردّد أدنى من مدى مسموعية الأذن البشرية. «ب» مصطنِعٌ موجاتٍ أو ذبذباتٍ أدنى من مدى السمع، أو مُحْدَثٌ بهذه الموجات أو الذبذبات.

in·fra·spe·cif·ic *(adj.)* ضِمْنَوْعيّ: داخلٌ ضمن نوع من الأنواع.

in·fra·struc·ture *(n.)* البنية التحتية؛ الخفيضة.

in·gle·nook [-nŏŏk′] *(n.)* رُكْن المُصْطَلَى: زاوية قرب المستوقَد.

in·glo·ri·ous [ĭn glōr′ĭ əs] *(adj.)* (١) مُخْزٍ؛ شائن <~ retreat> (٢) مغمور؛ غير مشهور.

in·go·ing [ĭn′-] *(adj.)* داخِل. وبالتالي: جديد <the ~ mayor>.

in·got [ĭng′gət] *(n.)* (١) القالب: قالب لصبّ المعادن (٢) الصُّبَّة: كتلة معدنيّة مصبوبة مُعَدَّة للتشكيل.

ingot iron *(n.)* حديد الصُّبَب: حديدٌ يشتمل على نِسب صغيرة جدًا من الشوائب ولا يزيد مقدار الكربون فيه على عُشْر في المئة.

in·graft [ĭn grăft′; -gräft′] *(vt.)* = engraft.

in·grain [*v.* ĭn grān′; *adj., n.* ĭn′grān′] *(vt.; adj.; n.)* (١) يُشرِب؛ يغرس في النفس § (٢) مصبوغٌ سَبْقيًا: مصنوع من خيوط صُبِغت قبل النَّسْج <an ~ carpet> (٣) متأصِّل؛ مغروس في النفس § (٤) المصبوغ سَبْقيًّا [كسجّادة إلخ] (٥) صفة متأصلة.

in·grained [ĭn grānd′] *(adj.)* متأصل؛ راسخ <~ habits>.

in·grate [ĭn′grāt] *(n.)* العاقّ: الجاحد للجميل أو الفضل.

in·gra·ti·ate [ĭn grā′shĭ āt′] *(vt.)* يفوز بالحظوة عند فلان [بعد جهد يُبْذَل في سبيل ذلك].

in·gra·ti·at·ing [-ā′tĭng] *(adj.)* (١) مُرْضٍ؛ سارّ (٢) متملّق؛ مُداهن.

in·grat·i·tude [ĭn grăt′ə tōōd′] *(n.)* العُقوق؛ الكُفْران: جُحود الجميل.

in·gre·di·ent [ĭn grē′dĭ ənt] *(n.)* المكوِّن؛ المقوِّم.

in·gress [ĭn′grĕs] *(n.)* (١) دخول (٢) حقّ الدخول (٣) مَدْخَل.

in·gres·sion [ĭn grĕsh′ən] *(n.)* دُخول.

in·gres·sive [-grĕs′-] *(adj.)* (١) دُخوليّ (٢) inchoative *2*.

in–group [ĭn′grōōp′] *(n.)* (١) الجماعة التفضيلية: جماعة متماسكة تُؤْثِر أعضاءها بمعاملة خاصة (٢) زُمرة؛ عصبة.

in·grow·ing *(adj.)* نامٍ نحو الداخل؛ غارز في اللحم <~ nails>.

in·grown *(adj.)* (١) غارز في اللحم <an ~ toenail> (٢) منعزل.

in·growth [ĭn′grōth′] *(n.)* (١) نموّ نحو الداخل [وكأنما ليملأ فراغًا] (٢) النامية: شيء نامٍ نحو الداخل.

in·gui·nal [ĭng′gwə nəl] *(adj.)* أُرْبِيّ: ذو علاقة بالأُرْبيَّة [أصل الفَخِذ] أو واقعٌ عندها.

in·gulf [ĭn gŭlf′] *(vt.)* = engulf.

in·gur·gi·tate [ĭn gûr′jə tāt′] *(vt.)* يزدرد بنَهَم؛ يبتلع بِشَرَه.

in·hab·it [ĭn hăb′ĭt] *(vt.; i.)* يَقْطُن؛ يَسْكُن؛ يُقيم في.

in·hab·it·an·cy [-ə tən sĭ]; **in·hab·i·ta·tion** *(n.)* (١) سُكْنَى؛ إقامة (٢) المأهوليّة: كون المكان مسكونًا أو مأهولًا.

in·hab·it·ant [ĭn hăb′ə tənt] *(n.)* القاطن؛ الساكن؛ المقيم في.

in·hab·it·ed *(adj.)* مسكون؛ مأهول؛ آهل.

in·hal·ant [ĭn hā′lənt] *(n.)* المُسْتَنْشَق: علاجٌ يُسْتَنْشَق.

in·ha·la·tion [-lā′-] *(n.)* (١) استنشاق (٢) المُسْتَنْشَق: علاجٌ يُسْتَنْشَق.

in·ha·la·tor *(n.)* المِشْهاق: جهاز يسهِّل عملية التنفُّس.

in·hale [ĭn hāl′] *(vt.; i.)* (١) يشهق؛ يستنشق [الهواء إلخ] (٢) يلتهم [طعامًا] (٣) يُدَخِّن <Do you ~?>.

in·hal·er *(n.)* (١) المُسْتَنْشِق: من يستنشق الهواء (٢) المِنشاق: جهاز لاستنشاق البنج إلخ (٣) كأس شراب [أسفلها عريض وأعلاها ضيّق].

in·har·mon·ic *(adj.)* (١) لامتناغم: غير متآلف النغمات (٢) متنافر.

in·har·mo·ni·ous [ĭn′här mō′nĭ əs] *(adj.)* = inharmonic.

in·har·mo·ny [ĭn′här′-] *(n.)* تنافُر؛ لاتناغُم؛ لاانسجام.

in·haul [ĭn′hôl′] *(n.)* حبل الطيّ: حَبْل يُسْحَب به شراع المركب تمهيدًا لطيّه (مل).

in·here [ĭn hēr′] *(vt.)* يلازم شيئًا [بوصفه جزءًا لا يتجزأ منه].

in·her·ence; in·her·en·cy [ĭn hēr′-] *(n.)* ملازمة؛ تَضَمُّنٌ صُلْبيّ.

in·her·ent [ĭn hēr′-] *(adj.)* (١) ملازم؛ متأصل؛ صُلْبيّ: مُتضمَّن في صُلْب الشيء أو طبيعته الأساسيّة <Weight is an ~ property of matter.> (٢) فِطريّ <an ~ love of beauty>.

in·her·it [ĭn hĕr′ĭt] *(vt.; i.)* يَرِث.

in·her·it·a·ble [ĭn hĕr′ə-] *(adj.)* يُورَث: قابلٌ لأن يُورَث.

in·her·it·ance [ĭn hĕr′ə-] *(n.)* (١) وراثة (٢) إرث؛ ميراث (٣) تُراث (٤) النعمة: منحة مشتركة من مِنَح الطبيعة.

in·hib·it [ĭn hĭb′ĭt] *(vt.)* (١) «أ» يمنع؛ يَرْدَع؛ يَصُدّ. «ب» يَنْهَى؛ يَكُفّ (٢) «أ» يَكبح. «ب» يثبِّط. «ج» يَكبِت.

in·hi·bi·tion [ĭn′ĭ bĭsh′ən; ĭn′hĭ-] *(n.)* (١) مَنْع؛ كَبْح (٢) شيء مانعٌ أو كابح (٣) النَّهْي: إعاقة باطنية لحرية النشاط أو التعبير أو العمل. مثل: «أ» نشاط نفسيّ كابح لنشاط آخر. «ب» كبح لعمل عضو من أعضاء الجسم أو أنزيمة من الأنزيمات.

in·hib·i·tor *or* **in·hib·it·er** [ĭn hĭb′ĭt ər] *(n.)* (١) المانع؛ الكابح إلخ (٢) الصّادّ؛ المثبِّط: عاملٌ يُبطِئ النشاط الكيميائي أو يعوقُهُ (ك).

in·hos·pi·ta·ble [ĭn hŏs′pĭ-] *(adj.)* (١) غير مضياف (٢) قاسٍ؛ ماحل؛ لاضيافيّ: متّسم بصفات لا تساعد على العيش أو التماس المأوى [صفة لمناخ أو منطقة]. **— in·hos·pi·tal·i·ty** *(n.)*

in–house *(adj.)* داخليّ؛ غير خارجيّ <~ training>.

in·hu·man [ĭn hyōō′mən] *(adj.)* (١) «أ» قاسٍ؛ وحشيّ؛ همجيّ؛ غير إنساني <an ~ tyrant>. «ب» بارد؛ ميكانيكي <~ courtesy> (٢) غير جدير بالبشر أو ملائم لحاجاتهم <living in conditions that are ~> (٣) «أ» غير بشري <There is something ~ about them.>. «ب» فَوْبَشَرِيّ؛ فوق مستوى البشر أو الطاقة البشرية <some models of ~ perfection>.

in·hu·mane [ĭn′hyōō mān′] *(adj.)* غير إنساني؛ قاسٍ؛ وحشيّ.

in·hu·man·i·ty [-măn′-] *(n.)* (١) وحشية؛ بربرية (٢) عمل وحشي

أو بربري .

in·hu·ma·tion [ĭn′hyōō mā′shən] *(n.)* دَفْن ؛ لَحْد .

in·hume [ĭn hyōōm′] *(vt.)* يَدْفِن ؛ يَلْحَد .

in·im·i·cal [ĭn ĭm′ə kəl] *(adj.)* (١) «أ» مُعادٍ . «ب» غير وِدّي (٢) ضارّ بـِ ؛ غير ملائم لـ <to our interests ~> .

in·im·i·ta·ble [ĭn ĭm′ə tə bəl] *(adj.)* فذّ ؛ فريد ؛ لا يُضاهَى .

in·iq·ui·tous [ĭ nĭk′wə təs] *(adj.)* ظالم ؛ جائر ؛ شرّير ؛ آثم .

in·iq·ui·ty [-wə tĭ] *(n.)* (١) ظُلْم ؛ جَوْر ؛ شرّ (٢) إثم ؛ خطيئة .

in·i·tial [ĭ nĭsh′əl] *(adj.; n.; vt.)*, **-tialed** *or* **-tialled** (١) ابتدائيّ ؛ أوّليّ (٢) أوّل § (٣) الحرف الاستهلالي : «أ» الحرف الأوّل من كلمة أو اسم علَم . «ب» حرف كبير يُستَهَلّ به نصٌّ أو فصل أو فقرة (٤) البُداءة (مج) : مجموعة من الخلايا يبدأ فيها تكوّن عضو النبات أو الحيوان § (٥) يوقِّع بالحرف الأول من اسمه .

in·i·ti·ate [*v.* ĭ nĭsh′ĭ āt′; *adj., n.* -ĭ ĭt; -ĭ āt′] *(vt.; adj.; n.)* (١) يبدأ ؛ يستهلّ <to ~ reforms> (٢) يُكرِّس : يُدخل شخصًا في عضوية جمعية ما [مع أداء شعائر خاصّة] (٣) يُلقِّن [مبادئ فنٍّ أو موضوع ما] § (٤) مبدوء ؛ مُسْتَهَلّ (٥) مُكرَّس : مُدْخَل في عضوية جمعية سرّية عادةً (٦) مُلقَّن [بسائطَ فنّ أو موضوع ما] § (٧) المُكرَّس : المُدْخَل في عضوية جمعية سرية عادةً (٨) المُلقَّن : مَن لُقِّن مبادئ فن أو موضوع ما (٩) المطَّلع ؛ الخبير .

in·i·ti·a·tion *(n.)* (١) بدءٌ [بعملٍ ما] ؛ استهلال (٢) التكريس ؛ التكرُّس : إدخال شخص أو دخولُهُ في عضوية جمعية مع أداء شعائر خاصة (٣) شعائر التكريس : الشعائر أو الطقوس التي يتمّ بها إدخالُ شخص ما في عضوية جمعية [أو تقليدُهُ منصبًا معيّنًا] (٤) التلقين ؛ التلقُّن : تعليم أو تعلُّم بسائط فنّ أو موضوع ما (٥) اطِّلاع ؛ معرفة .

in·i·tia·tive [ĭ nĭsh′ĭ ə-] *(adj.; n.)* (١) تمهيدي ؛ أوّليّ § (٢) خطوة أولى أو تمهيدية : مبادرة <A new French ~ must now be anticipated.> (٣) روح المبادرة <A leader should have ~.> (٤) حقّ المبادرة : «أ» حق التقدم على الآخرين في أداء عمل ما أو سنّ تشريع ما . «ب» حق يجيز للناخبين اقتراح سنّ قانون أو تعديله ويكفل لهم عرضه على البرلمان لإقراره .

in·i·ti·a·to·ry [ĭ nĭsh′ĭ ə tōr′ĭ] *(adj.)* (١) افتتاحي ؛ أوّلي ؛ أوّل (٢) ابتدائي ؛ تكريسيّ : مستعمَل في الحفلات الخاصة بإدخال الأعضاء الجدد إلى جمعية ما <~ rites> .

in·ject [ĭn jĕkt′] *(vt.)* (١) يُدْخِل ؛ يُقحِم (٢) يَحْقُن ؛ يَزْرُق .

in·jec·tant [-jĕk′tənt] *(n.)* المُقْحَمة ؛ المزروقة : مادة تُقْحَم أو تُحْقَن .

in·jec·tion [ĭn jĕk′-] *(n.)* (١) «أ» إدخال . «ب» حَقْن ؛ زَرْق (٢) الحَقْنة ؛ الزَّرقة : سائل يُحْقَن في الجسم لأغراض طبّية .

in·ju·di·cious [ĭn′jōō dĭsh′əs] *(adj.)* طائش ؛ أحمق ؛ غير حكيم .

in·junc·tion [-jŭngk′-] *(n.)* (١) أمر ؛ وصية ؛ تحذير (٢) الأمر الزَّجريّ : أمرٌ قضائيّ بالامتناع عن القيام بعمل غير قانونيّ .

in·jure [ĭn′jər] *(vt.)* (١) «أ» يظلم . «ب» يلطِّخ سمعة فلان . «ج» يجرح [كبرياء امرئ إلخ] (٢) «أ» يؤذي جسديًا . «ب» يُفسد . «ج» يُنزل به ضررًا أو خسارة .

in·jured *(adj.)* مجروح ؛ مصاب بأذًى أو ضرر إلخ .

in·ju·ri·ous [ĭn jōōr′ĭ əs] *(adj.)* (١) مؤذٍ ؛ ضارّ (٢) مُهين .

in·ju·ry [ĭn′jə-] *(n.)* (١) أذًى ؛ ضرر (٢) إصابة (٣) حَيْف ؛ ظُلْم .

in·jus·tice [ĭn jŭs′-] *(n.)* (١) حَيْف ؛ ظُلم ؛ جَوْر (٢) عملٌ ظالم .

ink [ĭngk] *(n.; vt.)* (١) حِبْر ؛ مِداد (٢) مِداد الحَبّار : السّائل الداكن ، الواقي ، الذي يُفرزه الحبّار (را . cuttlefish) § (٣) يحبِّر (٤) يوقِّع <to ~ a contract>. **— ink·y** *(adj.)*

ink·ber·ry [-′bĕr′ĭ] *(n.)* (١) العُلَّيق الحِبْري أو ثمره (٢) pokeweed .

ink·horn [-′hôrn′] *(n.; adj.)* (١) مَحْبرة أو دواة § (٢) متحذلق .

in·kle [ĭng′kəl] *(n.)* شريط كَتّاني ملوّن [أو الخيط الذي يُصْنَع منه] .

ink·ling [ĭngk′lĭng] *(n.)* (١) إلماعة ؛ تلميح (٢) «أ» معرفة طفيفة . «ب» فكرة غامضة .

ink·stand [ĭngk′stănd] *(n.)* المَحبرة المِنْضَديَّة : مَحْبرة مزوَّدة بدواةٍ أو أكثر وبشبه صينيّة توضع عليها الأقلام .

ink·well [ĭngk′wĕl′] *(n.)* مَحْبرة ؛ دواة .

inky cap *(n.)* القَلَنْسُوَة الحِبرية : ضرب من الفُطر (نب) .

in·laid [ĭn′lād; ĭn lād′] *(adj.)* (١) منزَّل ؛ حَفْريتنزيليّ : منجَزٌ بطريقة الزخرفة المعروفة بِـ«الحفر والتنزيل» <an ~ design in wood> (٢) مطعَّم ؛ مرصَّع <an ~ table> .

in·land [ĭn′-] *(n.; adj.; adv.)* (١) داخلية البلاد : الجزء الداخلي من بلاد § (٢) وطني : غير أجنبي (٣) داخلي : متعلق بداخلية البلاد § (٤) في الداخل ؛ نحو الداخل .

in·land·er *(n.)* المقيم الداخليّ : القاطن في داخلية البلاد .

in–law [ĭn′lô′] *(n.)* النسيب أو القريب بحكم الزَّواج .

in·lay [*v.* ĭn′lā′, ĭn′lā′; *n.* ĭn′lā′] *(vt.; n.)* (١) يُطعِّم ؛ يُرَصِّع [بطريقة الزخرفة المعروفة بِـ«الحَفْر والتنزيل»] § (٢) «أ» عملية الزخرفة بالتطعيم والترصيع . «ب» الزخرف الناشئ عن هذه العملية (٣) شيء مُزَخرف بهذه العملية (٤) حَشْوة ضرس .

in·let [ĭn′lĕt] *(n.)* (١) «أ» جُون ؛ خليج صغير . «ب» جدول ؛ نُهَيْر (٢) المَسْرب : ممرّ ضيّق بين الجُزر (٣) مَدْخل (٤) المُنزَّل : شيء مُثبَّت بطريقة الحفر والتنزيل (٥) الوُصلة : شيء مُقحَم .

in·li·er [ĭn′lī′ər] *(n.)* المُكْتَنَفة : طبقة صخرية يكتنف الجزءَ البارزَ منها على سطح الأرض صخورٌ أحدث عهدًا (جي) .

in·ly [ĭn′lĭ] *(adv.)* (١) داخليًا ؛ باطنيًا (٢) تمامًا ؛ بعُمق .

in·mate [ĭn′māt′] *(n.)* (١) المُساكن : مَنْ يُشاطرك المسكن (٢) النزيل [في مصحّة أو سجن أو مأوًى] .

in me·di·as res [ĭn mē′dĭ ăs′ rēz′] *(adv.)* في أو نحو صميم الموضوع . وبخاصة : في ، أو نحو ، صُلْب القصة أو الحبكة القصصيّة من غير تمهيد أو مقدِّمات <plunged the reader ~> .

in me·mo·ri·am [ĭn mə mōr′ĭ ăm′] *(prep.)* إحياءً لذكرى . .

in–mi·grant [ĭn′ mī′grənt] *(n.)* النّازح .

in·most [ĭn′mōst′] *(adj.)* (١) الأوْغَل : الأشدّ إيغالًا نحو باطن الشيء (٢) الأعمق : الواقع في أعمق أعماق الشخص <the ~ recesses of the forest> <her ~ thoughts> .

inn [ĭn] *(n.; vi.)* (١) «أ» خان ؛ نُزُل ؛ فندق صغير . «ب» حانة (٢) بيت للطلبة البريطانيين في لندن § (٣) يَنْزِلُ في خانٍ إلخ .

in·nards [ĭn′ərdz] *(n. pl.)* (١) أحشاء (٢) الأجزاء الداخلية من .

in·nate [ĭ nāt′; ĭn′āt] *(adj.)* (١) فِطْريّ ؛ جِبِلّيّ <~ modesty> (٢) ملازم ؛ متأصّل ؛ صُلْبي : متضمَّن في صُلب الشيء أو طبيعته الأساسية <an ~ defect in a plan> (٣) سَلِيقيّ : ناشئ بالسّلِيقة ؛ غير مكتَسَب بالتجربة <~ knowledge> .

in·ner [ĭn′ər] *(adj.)* (١) «أ» داخليّ <an ~ door> . «ب» قريب من المركز . وبخاصة : قريب من مركز السلطة أو النفوذ <~ circles> (٢) روحيّ أو عقليّ <the ~ life of man> (٣) باطنيّ ؛ غير ظاهريّ <the ~ meaning of a poem>.

inner city *(n.)* المدينة الداخلية ؛ قلبُ المدينة .

inner ear *(n.)* الأُذُن الباطنيّة (ت) .

in·ner·most [ĭn′ər mōst′] *(adj.; n.)* (١) الأوْغَل أو الأعمق (را . inmost *1-2*) § (٢) الجزء الأوغل أو الأعمق .

in·ner·sole [ĭn′ər sōl′] *(n.)* = insole.

inner tube *(n.)* الإطار الداخلي [في عجلة السيّارة] .

in·ner·vate [ĭ nûr′vāt] *(vt.)* يُعْصِب : «أ» يزوِّد بأعصاب . «ب» يُنبِّه عصبًا أو عضوًا .

in·ner·va·tion *(n.)* (١) الإعصاب (را . المادة السابقة) (٢) التعصيب : توزّع الأعصاب في عضوٍ أو جزء (ت) .

in·nerve [ĭ nûrv′] *(vt.)* يقوّي ؛ ينشّط ؛ يمنحه قوةً عصبية .

inn·hold·er [ĭn′hōl′dər] *(n.)* = innkeeper.

in·ning [ĭn′ĭng] *(n.)* (١) استصلاح الأرض أو استردادها [وبخاصة من البحر] (٢) نوبة ؛ جولة [في البيسبول] (٣) دَوْر ؛ فرصة للعمل أو لإظهار البراعة <Now the opposition will have its ~.> .

inn·keep·er [ĭn′kē′pər] *(n.)* النُّزُليّ ؛ الخانيّ : صاحب الخان أو النُّزُل .

in·no·cence [ĭn′ə səns] *(n.)* (١) «أ» طهارة [من الإثم] . «ب» براءة [من جريمة] . «ج» سذاجة . «د» جهل (٢) شخص طاهر أو بريء أو ساذج أو جاهل (٣) «أ» الهُصطونية (را . bluet) . «ب» الكُلَنْسِيّة الربيعية : عشبة أميركية .

in·no·cen·cy [ĭn′ə sən sĭ] *(n.)* (١) طهارة ؛ براءة ؛ سذاجة إلخ (٢) عملٌ مُتَّسِمٌ بالطهارة أو البراءة أو السّذاجة إلخ .

in·no·cent [ĭn′ə sənt] *(adj.; n.)* (١) بريء : «أ» غير مذنب . «ب» طاهر <~ children> . «ج» خالٍ من سوء النيّة <an ~ misrepresentation> (٢) غير مؤذٍ <~ fun> (٣) «أ» ساذج ؛ بسيط . «ب» جاهل . «ج» غافل عن (٤) خِلْوٌ أو محرومٌ من <windows ~ of glass> § (٥) البريء ؛ السّاذَج .

in·noc·u·ous [ĭ nŏk′yoo-] *(adj.)* (١) حميد : غير ضارٍّ أو مؤذٍ (٢) تافه .

in·nom·i·nate [-′ə nĭt] *(adj.)* (١) لااسميّ ؛ غير ذي اسم (٢) غُفْل .

innominate bone *(n.)* العظم اللّااسميّ : نصف الحزام الحوضي .

in·no·vate [ĭn′ə vāt′] *(vt.; i.)* (١) يبتدع ؛ يبتكر x (٢) يجدّد .

in·no·va·tion *(n.)* (١) ابتداع ؛ ابتكار ؛ تجديد (٢) فكرة أو طريقة أو أداة جديدة .

in·no·va·tive [ĭn′ə vāt′ĭv] *(adj.)* ابتداعيّ ؛ ابتكاريّ ؛ تجديدي .

in·nu·en·do [ĭn′yoo ĕn′dō] *(n.; vi.; t.)* (١) تلميح ؛ إلماع ؛ وبخاصة : تعريض ؛ غمز من قناة شخص (٢) إشارة تفسيرية [تُدْخَل بين هلالين في نصّ وثيقة قانونية] § (٣) يعرّض ؛ يغمز إلخ .

in·nu·mer·a·ble; in·nu·mer·ous *(adj.)* لا يُعَدّ أو يُحْصَى .

in·nu·tri·tion [ĭn′noo trĭsh′ən] *(n.)* لاتغذية ؛ عدم تغذية .

in·nu·tri·tious [ĭn′noo trĭsh′əs] *(adj.)* غير مُغَذٍّ .

in·ob·serv·ance *(n.)* (١) عدم انتباه (٢) لااحترام [لأحكام معاهدة أو قانون إلخ] .

— **in·ob·serv·ant** *(adj.)*

in·oc·u·lant [ĭ nŏk′yə lənt] *(n.)* = inoculum.

in·oc·u·late [ĭ nŏk′yə lāt′] *(vt.)* (١) يُلَقِّح ؛ يُطعِّم (٢) يُدخل شيئًا في ذهن شخص : يُشْرِب <~*d* him with their own ideas of revolution> .

in·oc·u·la·tion [ĭ nŏk′yə lā′-] *(n.)* (١) تلقيح ؛ تطعيم (٢) لَقاح .

in·oc·u·lum [ĭ nŏk′yə ləm] *(n.)* pl. **-la** اللِّقاح : مادة التلقيح .

in·o·dor·ous [ĭn ō′dər əs] *(adj.)* عديم الرائحة ؛ لا رائحةَ له .

in·op·er·a·ble [-ŏp′-] *(adj.)* (١) عَصِيّ الجراحة : متعذرٌ إجراءُ الجراحة عليه من غير خطر <an advanced and ~ cancer> (٢) متعذّر التطبيق .

in·op·er·a·tive [-′ə rā′tĭv] *(adj.)* (١) معطَّل : غير موضوع موضعَ التنفيذ <an ~ law> (٢) غير فعّال ؛ عديم التأثير <~ remedies> .

in·op·por·tune [ĭn ŏp′ər toon′; -tyoon′] *(adj.)* في غير محله أو وقته <an ~ visit>.

in·or·di·nate [ĭn ôr′də nĭt] *(adj.)* (١) جامح : غير مكبوح أو مُلْجَم <~ passions> (٢) متطرف أو مغالًى فيه <~ demands> .

in·or·gan·ic *(adj.)* (١) لاعُضْويّ ؛ غير عضويّ (٢) «أ» اصطناعي ؛ صُنْعيّ : غير ناشئ بالنمو الطبيعي <an ~ form of society> . «ب» تعوزه الشخصية أو الحيوية <dull ~ things> .

inorganic chemistry *(n.)* الكيمياء اللّاعضوية .

in·os·cu·late [ĭn ŏs′kyə lāt′] *(vi.; t.)* (١) يتفمّم : يتّصل بعضه ببعض كاتصال أطراف الأنابيب (٢) يمتزج ؛ يلتحم ؛ يتّحد x (٣) يفمّم (٤) يمزج ؛ يلحم ؛ يوحّد .

— **in·os·cu·la·tion** *(n.)*

in·o·si·tol [ĭ nō′sə tōl′] *(n.)* الإينوسيتول : مادة متبلّرة حلوة توجد في

ă at; ā date; â care; ä car; ĕ egg; ē me; ĭ in; ī bite; ŏ lot; ō bone; ô orphan; oi boil; oo good; oo boot; ou out; ŭ under; û urgent; ə = *a* in alone, *e* in system, *i* in easily, *o* in gallop, *u* in circus.

النباتات والبزور وفي البول والأنسجة الحيوانية (ك).

in·pa·tient [ĭn'pā'shənt] *(n.)* المريض المقيم [في مستشفى].

in per·so·nam [ĭn pər sō'năm] *(adv.; adj.)* ضدَّ شخص معيَّن [صفة لدعوى تقام أمام القضاء].

in pet·to [ĭn pĕt'ō] *(adv.; adj.)* (١) سرًّا (٢) على نحو مصغَّر § (٣) سِرّيّ (٤) مصغَّر.

in·pour [ĭn pōr'] *(vi.)* يتدفَّق.

in–print *(adj.)* متوفِّر: مطبوع ومعروض للبيع في المكتبات.

in pro·pri·a per·so·na *(adv.)* شخصيًّا: من غير مساعدة محامٍ.

in·put [ĭn'pŏŏt'] *(n.; vt.)* (١) الدَّخْل: «أ» كلّ ما يُدْخَل إلى شيء أو يزوَّد به شيء. «ب» الطاقة التي تُزَوَّد بها آلةٌ ما. «ج» المُعْطيات التي يُغَذَّى بها الكومبيوتر (٢) التغذية: تزويد الكومبيوتر بالمعطَيات § (٣) يُغَذّي: يزوِّد الكومبيوتر بالمعطَيات.

in·quest [ĭn'kwĕst] *(n.)* (١) استنطاق؛ استجواب [وبخاصة أمام هيئة محلَّفين] (٢) هيئة التحقيق: هيئة من المحلَّفين إلخ تجتمع لاستجواب شخص (٣) حصيلة هذا الاستجواب أو الوثيقة التي يدوَّن فيها (٤) تحقيق؛ بحثٌ.

in·qui·e·tude [ĭn kwī'ə tōōd'; -tyōōd'] *(n.)* قلق؛ اضطراب.

in·qui·line [ĭn'kwə līn'; -lĭn] *(n.; adj.)* (١) الطُّفَيْلي: حيوان يحيا عادة في مسكن حيوان من نوع آخر § (٢) طُفَيْليّ.

in·quire [ĭn kwīr'] *(vt.; i.)* **x** (١) يسأل أو يستعلم عن (٢) يبحث؛ يحقق (٣) يلقي سؤالًا (٤) يقوم بتحقيق [في مسألة تهمّ الرأي العام].
to ~ after يسأل عن صحة فلان.

in·quir·ing *(adj.)* (١) مُلْتمِس للحقائق (٢) فضوليّ (٣) متفحِّص.

in·quir·y [ĭn kwīr'ĭ; ĭn'kwə rĭ] *(n.)* (١) استعلام (٢) تحقيق [في مسألة تهمّ الرأي العام] (٣) سؤال.

in·qui·si·tion [ĭn'kwə zĭsh'ən] *(n.)* (١) استعلام؛ بحث؛ تحقيق (٢) «أ» تحقيق قضائي أو رسمي؛ استجواب أمام هيئة محلَّفين عادة. «ب» نتيجة هذا التحقيق أو الاستجواب (٣) «أ» *cap.*: ديوان التفتيش؛ محكمة التفتيش: محكمة كاثوليكية، نشطت بخاصة في القرنين ١٥ و١٦، مهمّتها اكتشاف الهرطقة ومعاقبة الهراطقة. «ب» تحقيق تعسّفي [لا يقيم اعتبارًا للحقوق الفردية]. «ج» استجواب قاسٍ.

in·quis·i·tive [ĭn kwĭz'ə tĭv] *(adj.)* (١) توّاق إلى المعرفة <an ~ mind> (٢) فُضوليّ؛ مُحبّ للاستطلاع.

in·quis·i·tor [-'ə tər] *(n.)* (١) المحقِّق؛ الباحث (٢) المستنطق؛ قاضي التحقيق (٣) عضو بمحكمة التفتيش.

in re [ĭn rā'; ĭn rē'] *(prep.)* في ما يتعلّق بِـ.

in rem [ĭn rĕm'] *(adv.; adj.)* ضدَّ شيء (قا. in personam).

in·road [ĭn'rōd'] *(n.)* (١) غارة؛ غزوة (٢) اعتداء؛ انتهاك <another ~ on the principle of free speech>.

in·rush [ĭn'rŭsh'] *(n.)* (١) تَدَفُّق؛ دَفْق (٢) غَزْو.

in·sal·i·vate [ĭn săl'ə vāt'] *(vt.)* يُرَضِّب: يمزج الطعام بالرُّضاب أو اللُّعاب عند المضغ.

in·sa·lu·bri·ous [-lōō'brĭ-] *(adj.)* وبيل؛ غير صحي؛ غير ملائم للصحة.

in·sane [ĭn sān'] *(adj.)* (١) مخبول؛ مجنون (٢) مُعَدّ أو مخصص للمجانين <an ~ asylum> (٣) جنوني <an ~ attempt>.

in·san·i·tar·y [ĭn săn'ə-] *(adj.)* غير صحيّ <~ houses>.

in·san·i·ty [ĭn săn'ə-] *(n.)* (١) خَبَل؛ جنون (٢) حماقة قصوى.

in·sa·tia·ble [ĭn sā'shə-] *(adj.)* نهِم؛ لا يشبع <~ desire>.

in·sa·ti·ate [ĭn sā'shĭ ĭt] *(adj.)* نهِم؛ لا يشبع <~ greed>.

in·scribe [ĭn skrīb'] *(vt.)* (١) «أ» يَنْقُش [كلامًا]. «ب» يُدْرج [اسم شخص في قائمة] (٢) يكتب؛ يحفر؛ يطبع (٣) يُهدي الكتاب: يضع صيغة الإهداء على كتاب أو أثر فنّي يقدّمه إلى شخص تقديرًا له أو اعترافًا بفضله (٤) يرسم [دائرةً مماسّةً] داخل مُضَلَّع (ر) (٥) يُسجّل اسمَ حامل السّهم [أو السَّند إلخ].

inscribed circle *(n.)* الدائرة المَحُوطة: الدائرة التي تَمَسّ أضلاعَ المضلّع من الداخل (ر).

in·scrip·tion [ĭn skrĭp'-] *(n.)* (١) «أ» نقش؛ كلام منقوش. «ب» التتويج: عبارة مُقْتَبَسة يُصَدَّر بها كتاب أو فصلٌ لتوحي بفكرته العامة. «ج» النقش: الكلام المنقوش على قطعة نقدية أو مدالية إلخ (٢) إهداء الكتب أو الأثر الفني إلى شخص ما تقديرًا له أو اعترافًا بفضله (٣) «أ» الكتابة؛ الحَفْر؛ الطَّبْع. «ب» الإدراج: إدراج اسم شخص في قائمة (٤) رسم دائرة مماسّة من الداخل (ر) (٥) تسجيل أسماء حَمَلَة الأسهم (٦) *pl.*: الأسهم المسجَّلة [بأسماء حَمَلتِها].

in·scrip·tive [-'tĭv] *(adj.)* نقشيّ؛ حَفْريّ؛ كتابيّ إلخ.

in·scroll [ĭn skrōl'] *(vt.)* = enscroll.

in·scru·ta·ble [ĭn skrōō'tə bəl] *(adj.)* غامض؛ مُبْهَم؛ مُلْغَز.

in·seam [ĭn'sēm] *(n.)* الدَّرْزة أو اللِّفقة الداخلية [في ثوب إلخ].

in·sect [ĭn'sĕkt] *(n.; adj.)* (١) حَشَرة (٢) دودة؛ سُلحفاة؛ عنكبوت إلخ (٣) شخص تافه أو حقير § (٤) حَشَريّ: «أ» خاص بحَشَرة <~ eggs>. «ب» مستخدَم في مكافحة الحشرات <~ powder>.

in·sec·tar·i·um [ĭn'sĕk târ'ĭ əm] *(n.)* pl. **-s** *or* **-tar·i·a** المَحْشَرة: موضع تُحفظ فيه مجموعة من الحشرات [في حديقة للحيوانات].

in·sec·tar·y [ĭn'sĕk tĕr'ĭ] *(n.)* المَحْشَر: مختبر لدراسة الحشرات الحية.

in·sec·ti·ci·dal [ĭn sĕk'tə sīd'əl] *(adj.)* مُبيد للحشرات.

in·sec·ti·cide [-'tə sīd'] *(n.)* مُبيدة الحشرات: مادةٌ مبيدة للحشرات.

in·sec·ti·fuge [-fyōōj'] *(n.)* طاردة الحشرات: مادة طاردة للحشرات.

in·sec·tile [ĭn sĕk'tĭl] *(adj.)* حَشَريّ أو شبيه بالحشرة. وبخاصّة: مؤلّف من حشرات <~ mixture for feeding songbirds>.

in·sec·ti·vore [-tə vōr'] *(n.)* (١) آكل الحشرات: حيوان من آكلات الحشرات **Insectivora** وهي رتبة من الثدييّات تشمل القُنفُذ والخُلْد (٢) الحاشر: حيوان أو نبات مقتات بالحشرات.

in·sec·tiv·o·rous [-tĭv'ə rəs] *(adj.)* حاشِر: مقتات بالحَشَرات.

in·se·cure [ĭn'sĭ kyŏŏr'] *(adj.)* (١) غير واثق أو متأكّد (٢) غير آمن؛ معرَّض للخطر (٣) متزعزع (٤) متقلقل؛ غير مستقرّ (٥) قَلِق.

in·sem·i·nate [ĭn sĕm'ə nāt'] *(vt.)* (١) «أ» يَبْذُر؛ يلقي الحَبّ أو البِذار.

«ب» يغرس في الذهن (٢) يُخْبِل ؛ يُخْصِب ؛ يُعَشِّر .

— **in·sem·i·na·tion** *(n.)*

in·sem·i·na·tor *(n.)* المُعَشِّر : من يُعَشِّر المواشي صُنْعيًّا .

in·sen·sate [ĭn sĕn′sāt; -sĭt] *(adj.)* (١) عادم الحِسّ (٢) خِلْوٌ من الإدراك أو التمييز . أيضًا : أحمق (٣) وحشيّ ؛ بربريّ .

in·sen·si·ble [-′sə bəl] *(adj.)* (١) «أ» غير مُدْرَك . وتوسُّعًا : طفيف ؛ تدريجيّ <~ transitions> . «ب» عادم الحِسّ ؛ عديم الشّعور <was ~ to pain> . «ج» جامد ؛ غير ذي حياة <~ earth> . «د» فاقد الوعي <to fall ~> (٢) «أ» لامبالٍ <~ to fear> . «ب» غافل عن ؛ غير شاعر بِـ <We are not ~ of his kindness.> (٣) خِلْوٌ من المعنى (٤) غير مصقول ؛ تُعْوِزُهُ الرقة .

— **in·sen·si·bil·i·ty** *(n.)*

in·sen·si·tive [ĭn sĕn′sə-] *(adj.)* (١) غير مستجيب لِـ ؛ غير مكترث بِـ (٢) متبلّد الشّعور ؛ عديم الإحساس <an ~ nature> (٣) غير حسّاس ؛ تُعْوِزُهُ الحساسية <~ to light> .

in·sen·ti·ent [-′shĭ ənt] *(adj.)* عادم الحسّ أو الوعي أو الإدراك .

in·sep·a·ra·ble [ĭn sĕp′-] *(adj.; n.)* (١) متلازم ؛ غير منفصل ؛ متعذّر فصلُهُ <~ companions> (٢) ملازِم § (٣) *pl.* عد : المتلازم . وبخاصة : الرفيق الملازم .

in·sert [*v.* ĭn sûrt′; *n.* ĭn′sûrt] *(vt.; i.; n.)* (١) يُدخل ؛ يُولج ؛ يُقحم (٢) يُدْرِج <~ an ad in a newspaper> **x** (٣) تَندرج : تتصل [العضلة] بالعضو المراد تحريكه § (٤) المُقْحَمة : ورقة مطبوعة تُقْحَم بين صفحات كتاب أو مجلّة .

in·ser·tion [ĭn sûr′shən] *(n.)* (١) إدخال ؛ إيلاج ؛ إقحام ؛ إدراج (٢) «أ» المندرِج : الجزء المندرج من عضلة . «ب» المندَرَج : موضع اندراج العَضلة أو كيفيّته . «ج» المُقْحَم : تطريز إلخ مُقْحَم على سبيل التزيين بين قطعتي نسيج . «د» النشرة : نشرة واحدة من إعلان يُدْرَج في صحيفة .

in–ser·vice *(adj.)* كامل الدَّوام <~ teachers> .

in·ses·so·ri·al [ĭn′sĕ sōr′ĭ əl] *(adj.)* جَثُوم ؛ جُثُوميّ أو مُعَدّ للجُثوم <an ~ bird>.

in·set [*n.* ĭn′sĕt′; *v.* ĭn sĕt′] *(n.; vt.)* (١) «أ» قناة . «ب» تدفّق (٢) المُدْرَج : شيء مُدْرَج في آخَرَ ، مثل : «أ» صورة أو خريطة صغيرة مُدْرَجة في نطاق صورة أو خريطة أكبر منها . «ب» قطعة من قماش مثبَّتة على ثوب ابتغاءَ الزينة § (٣) يُدْرِج ؛ يُقحم .

in·shore [ĭn′shōr′] *(adj.; adv.)* (١) واقع قرب الشاطئ (٢) مباشَرٌ أو مُنْجَز قرب الشاطئ <~ fishing> (٣) متجهٌ نحو الشاطئ <~ wind> § (٤) نحو الشاطئ <went closer ~> .

in·side [*n., adj.* -′sīd′; *adv., prep.* -′sīd′] *(n.; adj.; adv.; prep.)* (١) باطن <the ~ of the house> (٢) الجزء الداخلي من <the ~ of the hand> (٣) «أ» طبيعة أو أفكار أو مشاعر باطنية . «ب» *pl.* عد : أحشاء (٤) «أ» مركز متميز بسلطة أو ثقة . «ب» معلومات سرية <has the ~ on what happened> § (٥) داخليّ <an ~ wall> (٦) مستمَدّ من مصدر موثوق أو مطّلع <~ information> § (٧) داخلًا ؛ داخليًا <was clean both ~ and outside> (٨) في أو نحو الداخل § (٩) داخل ؛ ضمن <~ the circle>.

in·sid·er *(n.)* (١) الأقرب : عضوٌ من أهل البيت أو الزمرة إلخ (٢) المطّلع : شخص متيسّرةٌ له أسبابُ الاطّلاع على بواطن الأمور .

inside track *(n.)* باطن المضمار : «أ» الجانب الداخلي من مضمار منحنٍ من مضامير السباق . «ب» ميزة ؛ وضع يتيح لصاحبه أن يكون في مركز أفضل ، بالنسبة إلى منافسيه <the candidate who has the ~> .

in·sid·i·ous [ĭn sĭd′ĭ əs] *(adj.)* (١) «أ» ماكر ؛ غادر . «ب» مُغْرٍ ؛ مُغْوٍ (٢) خبيث ؛ ماكر (٣) غادر : نامٍ على نحوٍ تدريجيّ إلى حدّ يمكّنه من الرسوخ قبل أن يُكْتَشَف <an ~ disease> .

in·sight [ĭn′sīt] *(n.)* التبصُّر : نفاذ البصيرة .

in·sight·ful *(adj.)* متبصِّر ؛ نافذ البصيرة ؛ دالّ على تبصّر .

in·sig·ni·a [ĭn sĭg′-] *(n.)* (١) شارة السلطة أو الشرف (٢) علامة مميِّزة .

in·sig·nif·i·cance [ĭn′sĭg nĭf′ə kəns] *(n.)* تفاهة ؛ حقارة ؛ ضآلة .

in·sig·nif·i·can·cy *(n.)* (١) تفاهة ؛ حقارة إلخ (٢) شيء أو شخص تافه .

in·sig·nif·i·cant *(adj.)* (١) تافه ؛ غير هامّ (٢) حقير (٣) ضئيل .

in·sin·cere [ĭn′sĭn sēr′] *(adj.)* (١) غير مخلص (٢) منافق ؛ مُراءٍ .

in·sin·u·ate [ĭn sĭn′yo͞o āt′] *(vt.)* (١) «أ» يدسّ : يُدخِل في الذهن بطريقة لبقة أو غير مباشرة أو مبطّنة <to ~ doubt> . «ب» يُلْمع ؛ يُلمِّح (٢) يتملّق [ابتغاءَ الفوز بالحظوة عند فلان] .

in·sin·u·at·ing [ĭn sĭn′-] *(adj.)* (١) دَسّيّ : مقصودٌ به أن يثير الشك أو عدم الثقة تدريجيًا <~ remarks> (٢) متملّق .

in·sin·u·a·tion *(n.)* (١) تلميح . وبخاصة غَمزٌ ؛ تعريض (٢) تملُّق .

in·sip·id [ĭn sĭp′ĭd] *(adj.)* تَفِهٌ : «أ» خِلْوٌ من الطَّعم أو النكهة <~ fruit> . «ب» غير مشوِّق أو ممتع ؛ «بايخ» <an ~ tale> .

in·sip·i·ence [ĭn sĭp′ĭ əns] *(n.)* بلاهة ؛ حماقة .

in·sip·i·ent [ĭn sĭp′ĭ ənt] *(adj.)* أبله ؛ أحمق .

in·sist [ĭn sĭst′] *(vi.; t.)* يُصِرّ ؛ يُلِحّ بإصرار .

in·sis·tence; in·sis·ten·cy *(n.)* إصرار ؛ إلحاح .

in·sis·tent [ĭn sĭs′tənt] *(adj.)* (١) مُلِحّ ؛ مِلحاح (٢) شديد أو لافت للنظر <~ heat>.

in si·tu [ĭn sī′to͞o] *(adv.; adj.)* في موضعه الطبيعي أو الأصلي .

in·snare [ĭn snâr′] *(vt.)* = ensnare.

in·so·bri·e·ty [ĭn′sə brī′-] *(n.)* السُّكر : الإسراف في الشراب .

in·so·cia·ble [ĭn sō′shə bəl] *(adj.)* = unsociable.

in·so·far [ĭn′sə fär′] *(adv.)* بِقَدْرِ ما . . .

in·so·late [ĭn′sō lāt′] *(vt.)* يشمِّس: يعرِّض لأشعة الشمس.

in·so·la·tion *(n.)* (١) تشميس؛ تشمُّس (٢) الرَّعْن: ضربة الشمس (٣) طاقة التشميس: الإشعاع الشمسيّ المنصبّ على جسم ما أو فوق منطقة معيَّنة.

in·sole [ĭn′sōl′] *(n.)* (١) النعل الباطن (٢) ضَبان.

in·so·lence [ĭn′sə-] *(n.)* (١) غطرسة؛ عَجْرفة (٢) وقاحة (٣) إهانة.

in·so·lent [ĭn′sə lənt] *(adj.; n.)* (١) متغطرس (٢) وقح § (٣) شخص متغطرس أو وقح.

in·sol·u·ble [ĭn sŏl′yə bəl] *(adj.)* (١) لا يُفسَّر؛ لا يُحَلّ <~ problems> (٢) غير ذوّاب؛ غير قابل للذوبان <an ~salt>.

in·solv·a·ble [-′və bəl] *(adj.)* لا يُحَلّ؛ مُستعصٍ على الحلّ.

in·sol·ven·cy [ĭn sŏl′-] *(n.)* الإعسار: عجز عن تسديد الديون.

in·sol·vent [-′vənt] *(adj.; n.)* (١) مُعْسِر: «أ» عاجز عن دفع ديونه. «ب» غير كافٍ لوفاء جميع الديون المقابلة له <an ~ estate> (٢) مُعْوِز؛ مُفلس (٣) إعساريّ؛ إفلاسي <~ laws> § (٤) المُعْسِر: العاجز عن دفع ديونه.

in·som·ni·a [ĭn sŏm′nĭ ə] *(n.)* الأرَق: امتناع النوم امتناعًا مزمنًا.

in·som·ni·ac [ĭn sŏm′nĭ ăk′] *(adj.)* المؤرَّق: المصاب بالأرَق.

in·so·much [ĭn′sō mŭch′] *(adv.)* حتّى إنه؛ إلى درجة أنه...

insomuch as *(conj.)* = inasmuch as.

in·sou·ci·ance [ĭn so͞o′sĭ əns] *(n.)* لامبالاة؛ عدم اكتراث.

in·sou·ci·ant [ĭn so͞o′sĭ ənt] *(adj.)* لامبالٍ؛ عديم الاكتراث.

in·soul [ĭn sōl′] *(vt.)* = ensoul.

in·spect [ĭn spĕkt′] *(vt.; i.)* (١) يفحص؛ يراقب؛ يعاين (٢) يفتش رسميًّا <to ~ troops>.

— **in·spec·tion** *(n.)*

in·spec·tive *(adj.)* (١) يَقِظ؛ واعٍ (٢) متفحِّص؛ مراقِب.

in·spec·tor [-′tər] *(n.)* (١) المفتِّش؛ المراقب (٢) ضابط الشرطة.

in·sphere [ĭn sfēr′] *(vt.)* = ensphere.

in·spi·ra·tion [ĭn′spə rā′-] *(n.)* (١) نَفخ حياةٍ؛ نفخُ روح (٢) وَحْيٌ [إلّهي] (٣) إثارة؛ خَلْق (٤) الشهيق: إدخال الهواء إلى الرئتين (٥) «أ» إلهام؛ إيحاء. «ب» وَحي؛ أفكار مُوْحاة (٦) عامل أو تأثير مُلْهِم.

in·spi·ra·tor [ĭn′spə rā′-] *(n.)* (١) المُلْهِم (٢) respirator.

in·spire [ĭn spīr′] *(vt.; i.)* (١) يُلْهِم [بوحي إلّهي] (٢) يُلهِب: يؤثّر فيه تأثيرًا مُحْيِيًا <His courage ~*d* his followers.> (٣) يَحُثّ؛ يَدْفع؛ يَحْفز <Opposition ~*d* her to a greater effort.> (٤) يثير؛ يخلق؛ يُحْدِث؛ يسبِّب (٥) ينفخ فيه حياةً أو روحًا (١.ق) (٦) يستنشق [الهواء] (٧) يَنْشر إشاعةً [بطرق غير مباشرة أو بواسطة شخص آخر] x (٨) يَشْهَق [ضدّ يَزْفِر].

in·spired *(adj.)* (١) مُلْهَم <an ~ poet> (٢) مُسْتَنْشَق.

in·spir·it [ĭn spĭr′ĭt] *(vt.)* يُحْيي؛ يشجِّع؛ ينفخ فيه روحًا جديدة.

in·spis·sate[1] [ĭn spĭs′āt] *(vt.; i.)* (١) يُكثِّف x (٢) يتكثَّف.

in·spis·sate[2] [ĭn spĭs′ət] *(adj.)* مكثَّف.

in·sta·bil·i·ty *(n.)* تقلُّب؛ لاثبات؛ عدم استقرار.

in·sta·ble [ĭn stā′bəl] *(adj.)* = unstable.

in·stall *or* **in·stal** [ĭn stôl′] *(vt.)* (١) ينصِّب؛ يقلِّده منصبًا [باحتفال رسميّ] (٢) يَضع؛ يُجْلس؛ يعيّن (٣) يركِّب <to ~ a system of electric lighting>.

in·stal·la·tion [ĭn′stə lā′-] *(n.)* (١) «أ» تنصيب أو تقلّد منصب. «ب» تعيين. «ج» تركيب (٢) تجهيزات أو تمديدات [كهربائية إلخ] (٣) معسكر أو حصن أو قاعدة عسكرية.

in·stall·ment *or* **in·stal·ment** [ĭn stôl′-] *(n.)* (١) installation *1* (٢) القِسْط: جزءٌ مقسَّط من دَيْن (٣) الحَلْقة: إحدى حلقات كتاب متسلسل أو قصة متسلسلة.

installment plan *(n.)* نظام الدفع بالتقسيط.

in·stance [ĭn′stəns] *(n.; vt.)* (١) اقتراح؛ طلب <written at the ~ of the publishers> (٢) مَثَل؛ شاهد (٣) محاكمة [وهي تستعمل اليوم في عبارات معيّنة كقولك a court of the first ~ أي في المحكمة الابتدائية] (٤) مرحلة <in the first ~> § (٥) يشرح بمَثَل (٦) يضرب مثلًا. for ~, مثلًا.

in·stan·cy [ĭn′stən sĭ] *(n.)* (١) «أ» إلحاح. «ب» الإلحاحيّة: كون الشيء مُلِحًّا أو متطلبًا عملًا عاجلًا (٢) وَشْك؛ قرْب حدوث <the ~ of peril> (٣) تَوِّيّة؛ فَوريّة <the ~ of his response>.

in·stant [ĭn′stənt] *(n.; adj.)* (١) لحظة (٢) الشهر الحاليّ أو الجاري <received your letter of the 10th ~> § (٣) مُلِحّ <~ need> (٤) حاليّ؛ جارٍ <the 10th of this ~ May> (٥) عاجل؛ مباشر <~ relief> (٦) «أ» جاهز: ممزوج أو مطهوّ مُسبقًا بحيث يَسْهل إعداده النهائي <~ cake mix>. «ب» فَوْريّ الذوبان: متميّز بالذوبان الفوري في الماء <some ~ coffee>.

in·stan·ta·ne·ous [-stən tā′-] *(adj.)* (١) تَوِّيّ؛ فَوْريّ <an ~ explosion> (٢) لَحْظيّ: حادثٌ أو موجود في لحظة معيّنة <the ~ value>.

in·stan·ter [ĭn stăn′tər] *(adv.)* حالًا؛ توًّا؛ على الفور.

in·stant·ly [ĭn′stənt lĭ] *(adv.)* (١) بإلحاح (١.ق) (٢) حالًا؛ توًّا.

in·star[1] [ĭn′stär] *(n.)* (١) الطَّوْر: مرحلة في حياة الحشرة وغيرها من المَفْصِليات (٢) فَرْد في طور معيَّن.

in·star[2] [ĭn stär′] *(vt.)* يُرصِّع بالنّجوم.

in·state [ĭn stāt′] *(vt.)* يُنصِّب؛ يعيِّن؛ يُوَلّي.

in sta·tu quo [ĭn stā′tyo͞o kwō′] *(adv.)* في الوضع الراهن.

in·stau·ra·tion [ĭn′stô rā′shən] *(n.)* تجديد؛ ترميم؛ إصلاح.

in·stead [ĭn stĕd′] *(adv.)* بدلًا [من]؛ عِوَضًا [عن].

instead of *(prep.)* بدلًا من؛ عِوَضًا عن.

in·step [ĭn′stĕp′] *(n.)* (١) مُشْط القَدَم أو سطحُها الأعلى (٢) مشط الحذاء أو الجورب: ذلك الجزءُ من الحذاء أو الجورب المُماسُّ لمُشط القدم.

instep *1.*

in·sti·gate [ĭn′stə gāt′] *(vt.)* (١) يحرِّض [على القيام بعمل ما] (٢) يثير <to ~ a quarrel>.

in·still *also* **in·stil** *(vt.)* (١) يَقْطُر: يُدْخل [السائلَ] قطرةً قطرةً (٢) يغرس؛

يطبع في النفس أو الذهن ببطء وتدريج <Courtesy must be ~*ed* in childhood.>.

in·stinct[1] [ĭn′stĭngkt] *(n.)* (١) موهبة؛ مقدرة طبيعية <an ~ for music> (٢) غريزة (نف).

in·stinct[2] *(adj.)* مُفْعَم؛ مشحون بـ <a poem ~ with passion>.

in·stinc·tive [ĭn stĭngk′tĭv] *(adj.)* غَرَزي؛ غريزي.

in·sti·tute [ĭn′stĭ to͞ot′; -tyo͞ot′] *(vt.; n.)* (١) ينصِّب: يعيِّن في منصب إلخ (٢) يقيم؛ يؤسس؛ يُنشئ <to ~ a government> (٣) يبدأ؛ يستهلّ؛ يُدشّن <~*d* a new course> § (٤) «أ» مبدأ؛ قانون. «ب» *pl.*: مجموعة مبادئ أو قوانين. وبخاصة: موجَز في القانون. «ج» جمعية؛ مَجْمع. «د» معهد تعليمي. «هـ» برنامج تعليمي مُوْجز [مخصَّص لفئة خاصة مَعْنيّة بنوع من أنواع النشاط أو المعرفة].

in·sti·tu·tion [ĭn′stĭ to͞o′-] *(n.)* (١) إقامة؛ تأسيس؛ إنشاء (٢) المؤسّسة: نمط منظَّم من سلوك الجماعة راسخ الجذور ومعدود جزءًا أساسيًا من حضارة أو ثقافة، كالزواج والرّقّ (٣) عُرف؛ عادة؛ قانون (٤) معهد؛ مؤسسة؛ مُنشأة (٥) مؤسسة الرعاية [الاجتماعية]. **–tion·al** *(adj.)*.

in·sti·tu·tion·al·ism *(n.)* المؤسّساتيّة: «أ» التوكيد على التنظيم [وبخاصة في الدِّين] على حساب العوامل الأخرى. «ب» العناية بالمُعْوزين وذوي العاهات من طريق المنظَّمات والجمعيات.

in·sti·tu·tion·al·ize *(vt.)* (١) يجعله مؤسَّسيًّا (٢) يُدخله المؤسسة.

in·struct [ĭn strŭkt′] *(vt.)* (١) يعلِّم؛ يدرِّس (٢) «أ» يُرْشد؛ يعطي تعليمات. «ب» يأمر.

in·struc·tion [ĭn strŭk′-] *(n.)* (١) «أ» درس؛ وصيّة. «ب» أمر. «ج» *pl.*: تعليمات (٢) تعليم؛ تدريس.

in·struc·tive [-′tĭv] *(adj.)* مُثقِّف؛ منوِّر <an ~ book>.

in·struc·tor [-′tər] *(n.)* (١) المعلِّم؛ المدرِّس (٢) المدرِّس: معلِّم في جامعةٍ لم يبلغ بعدُ مرتبة الأُستاذية.

in·struc·tress [-′trəs] *(n.)* المعلِّمة؛ المدرِّسة.

in·stru·ment[1] [ĭn′strə mənt] *(n.)* (١) آلة موسيقية (٢) وسيلة؛ واسطة (٣) آلة؛ أداة (٤) عريضة؛ مُسْتَنَد؛ صَكّ؛ حُجّة؛ عَقْد.

in·stru·ment[2] *(vt.)* (١) يوجِّهُ عريضةً إلى (٢) يُوَرْكِس: يؤلف الألحان للأوركسترا أو يوزِّعها عليها (٣) يزوِّد بالآلات أو الأدوات.

in·stru·men·tal *(adj.)* (١) «أ» مساعد؛ مفيد؛ ذو أثر <~ in finding work for a friend>. «ب» وسيليّ؛ واسطيّ. «ج» مصنوع بأداةٍ ما (٢) آلاتيّ: ملحَّن لآلة موسيقية أو معزوف عليها <~ music> (٣) واسطيّ: خاصّ بصيغة لغوية تَدُلّ على الواسطة أو الوسيلة (ل) (٤) وسائليّ (را. المادة التالية).

in·stru·men·tal·ism [ĭn′strə mĕn′tə lĭz′əm] *(n.)* الوسائلية: مذهب يقول بأن أهمّ ما في الأشياء أو الفكرات هو قيمتُها كوسائل للعمل (نف).

in·stru·men·tal·ist *(n.)* (١) الآلاتيّ: العازف على آلة موسيقية (٢) الوسائليّ: القائل بالفلسفة الوسائلية.

in·stru·men·tal·i·ty *(n.)* (١) فائدة؛ نفع (٢) وسيلة؛ واسطة.

in·stru·men·ta·tion *(n.)* (١) الأَرْكَسَة: تأليف الألحان للأوركسترا أو توزيعُها عليها (مو) (٢) التَّآلي: استخدام الآلات (٣) الآليّات: علم تطوير الآلات وصُنعها (٤) آلات [لغرض معيَّن].

instrument flying *(n.)* الطيران الآليّ.

instrument panel *(n.)* لوحة أجهزة القياس [في السيارة أو الطائرة].

in·sub·or·di·nate [ĭn′sə bôr′də nĭt] *(adj.; n.)* (١) عاصٍ؛ متمرِّد (٢) لاأدونيّ: غير محتلٍّ منزلةً أدنى § (٣) العاصي؛ المتمرّد إلخ.

in·sub·stan·tial [-′shəl] *(adj.)* (١) خياليّ؛ وهميّ (٢) واهٍ؛ ضعيف.

in·suf·fer·a·ble [ĭn sŭf′-] *(adj.)* لا يُطاق؛ لا يُحتَمَل.

in·suf·fi·cience; in·suf·fi·cien·cy [ĭn′sə fĭsh′-] *(n.)* (١) «أ» عدم كفاية [أخلاقية أو عقلية]. «ب» اللاّكفاءة: عدم الأهلية لمنصب (٢) نَقْص؛ قصور [في المؤن إلخ] (٣) القصور: عجز عضوٍ من أعضاء الجسد عن أداء وظيفته بصورة سَوِيّة (ط).

in·suf·fi·cient [-′ənt] *(adj.)* (١) ناقص؛ غير كافٍ (٢) غير كفؤ.

in·suf·flate [ĭn sŭf′lāt] *(vt.)* (١) ينفخ على أو في (٢) يَزْفِر؛ يَنْضح؛ يَرُشّ؛ يُشبع الجوّ <to ~ a room with an insecticide>.

in·suf·fla·tion [ĭn′sə flā′-] *(n.)* (١) النفخ: النفخ على ماء المعمودية أو على الطفل المُعَمَّد (نص) (٢) زَفْر؛ نَضْح؛ رَشّ.

in·suf·fla·tor *(n.)* المِزْفار: أداة لزَفْر شيء أو نفخِهِ أو رشِّه.

in·su·lant [ĭn′sə lənt] *(n.)* العازِل: مادة عازلة.

in·su·lar [ĭn′sə lər] *(adj.; n.)* (١) «أ» جَزَري؛ جزيريّ: ذو علاقة بجزيرة. «ب» مُشكِّل جزيرةً. «ج» ساكنٌ جزيرةً (٢) معزول؛ منفصل (٣) متعصِّب؛ ضيّق أُفق التفكير (٤) جَزَريّ: ذو علاقة بجزيرة [أي مجموعة منعزلة] من الخلايا والنُّسُج (ت) § (٥) أحد سكان الجُزُر.

in·su·late [ĭn′sə lāt′] *(vt.)* يَعْزِل. وبخاصة: يَعْزِل بمانعٍ لانتقال الكهرباء أو الحرارة أو الصوت.

in·su·la·tion *(n.)* (١) «أ» عَزْل. «ب» انعزال (٢) العازل: مادة عازلة.

in·su·la·tor *(n.)* العازِل. وبخاصة: العازل الكهربائي.

in·su·lin [ĭn′sə lĭn] *(n.)* الإنسولين: «أ» هرمون بروتينيّ تفرزه غدّة البنكرياس. «ب» مستحضر تجاريّ من هذا الهرمون.

in·sult [*v.* ĭn sŭlt′; *n.* ĭn′sŭlt] *(vt.; n.)* (١) يُهين؛ يحقِّر § (٢) إهانة (٣) أذى [يصيب الجسد أو أحد أعضائه].

in·sult·ing [ĭn sŭl′tĭng] *(adj.)* مُهين؛ مُحَقِّر.

in·su·per·a·ble [ĭn so͞o′-] *(adj.)* (١) لا يُقهَر <~ heroes> (٢) لا يُذلَّل <an ~ difficulty> (٣) لا يُتخطّى أو يُرتقى <~ barriers>.

in·sup·port·a·ble [-pôr′-] *(adj.)* (١) لا يُطاق؛ لا يُحتمل (٢) غير مبرَّر.

in·sup·press·i·ble [ĭn′sə prĕs′-] *(adj.)* متعذِّرٌ قمعُهُ أو كبحُهُ أو السيطرة عليه .

in·sur·a·ble [ĭn shoor′ ə bəl] *(adj.)* قابلٌ للتأمين عليه .

in·sur·ance [ĭn shoor′əns] *(n.)* التأمين : «أ» التأمين على شيء . «ب» كون الشيء مُؤَمَّنًا عليه . «ج» وسيلة التأمين . «د» صناعة التأمين على الأشخاص والممتلكات . «هـ» ضمانٌ بعَقْد يتعهّد فيه أحد الفريقين بأن يعوّض على الآخر [أو يكفله] عند إصابته بأذًى معيَّن . «و» المبلغ الذي يؤمَّن شيء عليه .

in·sur·ant [ĭn shoor′ənt] *(n.)* = insured.

in·sure [ĭn shoor′] *(vt.; i.)* (١) يؤمِّن : يُصْدِر أو يَسْتصدر صكّ تأمين (٢) يكفل ؛ يضمن (٣) يتأكّد من ؛ يستوثق من (٤) يقي ؛ يصون .

in·sured *(n.)* المؤمَّن [عليه] : شخص مؤمّن على حياته أو ممتلكاته .

in·sur·er *(n.)* المؤمِّن : مَنْ يؤمِّن شخصًا ضد خطر ما .

in·sur·gence; in·sur·gen·cy [ĭn sûr′-] *(n.)* عِصيان ؛ تمرُّد .

in·sur·gent [ĭn sûr′jənt] *(n.; adj.)* (١) العاصي ؛ المتمرِّد [على السلطة المدنية أو الحكومة القائمة] (٢) الخارج : العامل ضد سياسة أو قرارات حزبه السياسي § (٣) عاصٍ ؛ متمرّد .

in·sur·mount·a·ble [ĭn′sər moun′-] *(adj.)* = insuperable *2-3.*

in·sur·rec·tion [ĭn′sə rĕk′shən] *(n.)* ثورة ؛ عصيان مسلَّح .

in·sus·cep·ti·ble [ĭn′sə sĕp′tə bəl] *(adj.)* (١) لا يتأثّر بـ <is ~ of flattery> (٢) ذو مناعة <was ~ to infection> .

in·tact [ĭn tăkt′] *(adj.)* (١) سليم ؛ لم يُمَسّ ؛ غير مصاب بأذًى (٢) «أ» بِكْر ؛ محتفظةٌ ببكارتها . «ب» غير مخصيّ .

in·ta·glio [ĭn tăl′yō; -täl′-] *(n.)* (١) النَّقش الغائر : «أ» نقش [في حجر أو أية مادة صلبة] مُعمَّق تحت سطح المادة [كنقوش بعض الأختام] . «ب» فنّ أو عملية إحداث النقوش الغائرة (٢) الطباعة الغائرة : طباعة بواسطة صفيحة نُقِش الرسم تحت سطحها (٣) غائر النقش ؛ غائرة النقش : شيء [كجوهرة إلخ] مزدانٌ بنقوش غائرة .

in·take [ĭn′tāk′] *(n.)* (١) المَسْرَب : فتحة يدخل منها السائل إلى قناة أو أنبوب (٢) «أ» أخْذ ؛ امتصاص ؛ استنشاق إلخ . «ب» تضيُّق ؛ تقلُّص (٣) المقدار المأخوذ أو الممتَصّ أو المستنشَق (٤) عدد المنضمّين ؛ عدد الملتحقين (٥) الدَّخْل : الطاقة التي تزوِّد بها آلة ما .

in·tan·gi·ble [ĭn tăn′jə bəl] *(adj.; n.)* (١) «أ» غير ملموس . «ب» لا يُدْرَك : دقيق بحيث لا يُلْحَظ أو يُدْرَك . «ج» غامض § (٢) شيء غير ملموس أو لا يُدْرَك . وبخاصة : شهرة المحلّ (را . goodwill) .

in·tar·si·a [ĭn tär′sĭ ə] *(n.)* التّرصيع : «أ» فُسَيفساء خشبية . «ب» التلبيس بفُسَيفساء خشبية .

in·te·ger [ĭn′tə jər] *(n.)* (١) العدد الصحيح (ر) (٢) كلٌّ تامّ .

in·te·gral [ĭn′tə grəl] *(adj.; n.)* (١) «أ» متمِّم ؛ مكمِّل <an ~part> . «ب» صحيح ؛ غير كسريّ (ر) . «ج» تكامليّ (ر) . «د» مُتتامّ : مؤلَّف مع غيره وحدةً تامة (٢) متكامل : مؤلَّف من أجزاء مُتتامّة <an ~ whole> (٣) كامل ؛ تامّ <~ repentance> § (٤) كلٌّ متكامل (٥) التكامل (ر) .

integral calculus *(n.)* حساب التكامل (ر) .

integral equation *(n.)* المعادلة التكاملية (ر) .

integral stress *(n.)* الإجهاد الكُلّيّ (مك) .

in·te·grand [ĭn′tə-] *(n.)* التَّكامُليّة : الدالّة المراد إيجاد تكاملها (ر) .

in·te·grant [ĭn′tə grənt] *(adj.; n.)* متمِّم ؛ مكمِّل ؛ مقوِّم .

in·te·grate [ĭn′tə grāt′] *(vt.; i.)* (١) يُوحِّد (٢) يَدْمُج (٣) يُكامِل : يُوْجِد التكامل (ر) x (٤) يتّحد (٥) يندمج .

integrated circuit *(n.)* الدّارة المتكاملة (ألك) .

in·te·gra·tion [ĭn′tə grā′-] *(n.)* (١) توحيد ، مثل : «أ» الدمج العنصري : دمج أفراد العناصر أو الأعراق المختلفة [كالبيض والزنوج] في المجتمع ، على قدم المساواة . «ب» التكامل : تساوق العمليات العقلية في شخصية سويّة فعّالة أو تساوقها مع بيئة الفرد (نف) (٢) التكامل (ر) .

in·te·gra·tion·ist *(n.)* الدَّمجيّ : المؤيِّد للدمج العنصري أو المطبِّق له .

in·te·gra·tive [ĭn′tə grā′tĭv] *(adj.)* دَمجيّ .

in·te·gra·tor [ĭn′tə grā′tər] *(n.)* (١) المُوحِّد ؛ الدامج (٢) المكامِلة : أداة لإجراء عمليات التكامل (ر) .

in·teg·ri·ty [ĭn tĕg′-] *(n.)* (١) سلامة ؛ كمال <Personality function depends upon the ~ of brain function.> (٢) استقامة ؛ أمانة (٣) التَّمامية ؛ الوحدة التمامية : وحدة أراضي بلد نتيجةً لعدم تجزئتها أو ضياع شيء منها <preserved the ~ of the empire> .

in·teg·u·ment [ĭn tĕg′yə-] *(n.)* (١) إهاب ؛ جلد ؛ غشاء (٢) غلاف .

in·tel·lect [ĭn′tə lĕkt′] *(n.)* (١) الفكر ؛ العقل (٢) ذكاء ؛ فطنة (٣) الألمعيّ : شخص ذو ذكاء متوقّد .

in·tel·lec·tion [ĭn′tə lĕk′shən] *(n.)* (١) تفكير (٢) فكرة .

in·tel·lec·tive [ĭn′tə lĕk′tĭv] *(adj.)* (١) فكريّ ؛ عقليّ (٢) ذكيّ .

in·tel·lec·tu·al [ĭn′tə lĕk′choo əl] *(adj.; n.)* (١) «أ» فكريّ ؛ عقليّ . «ب» عقلانيّ : نابع من العقل لا من العاطفة أو الخبرة (٢) مفكِّر : «أ» ميّال إلى الدرس والتفكير والتأمل . «ب» منهمك في نشاط يتطلب اصطناع العقل على نحو إبداعي § (٣) المفكر : شخص مفكر .

in·tel·lec·tu·al·ism *(n.)* (١) التعقُّليّة : التعبّد للعقل أو الانصراف إلى النشاطات العقلية (٢) المذهب الفِكرانيّ : المذهب القائل بأن المعرفة مستمدة من العقل المحض (فف) .

in·tel·lec·tu·al·ize *(vt.)* يُعَقْلِنُ : يعطي الشيء شكلًا أو مضمونًا عقليًا .

in·tel·li·gence [ĭn tĕl′ə jəns] *(n.)* (١) «أ» عقل ؛ فكر . «ب» تفكير ، وبخاصة تفكير بارع . «ج» ذكاء (٢) مخلوق ذكيّ . وبخاصة : مَلَكٌ ؛ مَلاك (٣) فهم ؛ إدراك (٤) «أ» نبأ . «ب» اتصال ؛ تبادل معلومات . «ج» استخبارات ؛ معلومات متعلقة بعدوّ أو بعدوّ محتمل أو بمنطقة ما . «د» دائرة استخبارات .

intelligence quotient *(n.)* حاصلُ الذكاء : رقم يمثّل ذكاء المرء بقسمة عمره العقليّ على عمره الزمنيّ وضربِ حاصل القسمة بمئة .

in·tel·li·genc·er [ĭn tĕl′ə jən sər] *(n.)* (١) الجاسوس (٢) المُخبِر ؛ ناقل الأخبار (٣) جريدة ؛ صحيفة .

intelligence test *(n.)* اختبار الذكاء (تر).

in·tel·li·gent [ĭn tĕl′ə jənt] *(adj.)* (١) «أ» عاقل <an ~ being>. «ب» عقلانيّ: مُوَجَّه بالعقل (٢) «أ» ذكيّ؛ متّقد الذهن. «ب» بارع؛ دالّ على ذكاء <~ answers>.

in·tel·li·gent·si·a [ĭn tĕl′ə jĕnt′sĭ ə] *(n.)* أهل الفكر [المشكِّلون نخبةً أو طليعة اجتماعية أو سياسية أو فكرية].

in·tel·li·gi·bil·i·ty *(n.)* (١) وضوح؛ جلاء (٢) شيء واضح.

in·tel·li·gi·ble [ĭn tĕl′ə jə-] *(adj.)* (١) مُدرَك بالعقل فقط (فف) (٢) مفهوم؛ واضح؛ جليّ.
— **in·tel·li·gi·ble·ness** *(n.)*

in·tem·per·ance [ĭn tĕm′pər əns] *(n.)* (١) إفراط؛ إسراف [وبخاصة في إشباع شهوة أو هوًى] (٢) إدمان المُسْكِرات.

in·tem·per·ate [ĭn tĕm′pər ĭt] *(adj.)* (١) مُفْرِط؛ مُسْرِف (٢) مُدمِنٌ [معاقرةَ المُسْكِرات].

in·tend [ĭn tĕnd′] *(vt.)* (١) ينوي؛ يعتزم (٢) يُعِدّ [لغرض أو استعمال خاص] <books ~*ed* for reference> (٣) يعني؛ يقصد؛ يريد.

in·ten·dance [ĭn tĕn′dəns] *(n.)* (١) إدارة؛ إشراف (٢) مصلحة إدارية.

in·ten·dant [ĭn tĕn′dənt] *(n.)* الحاكم؛ المحافظ [وبخاصة في ظل الأنظمة الملكية الفرنسية أو الإسبانية أو البرتغالية].

in·tend·ed [ĭn tĕn′dĭd] *(adj.; n.)* (١) مقصود؛ مُراد؛ مطلوب <produced the ~ effect> (٢) مُعَدّ لِكذا <a book ~ for reference> (٣) «عتيد»؛ مرتقَب. وبخاصة: مخطوب أو مخطوبة <his ~ bride> (٤) متعمَّد <~ insults> § (٥) الخطيب أو المخطوبة <He went to the residence of his ~.>.

in·tend·ment *(n.)* معنًى؛ مراد. وبخاصة: فحوى قانونٍ ما.

in·ten·er·ate [ĭn tĕn′ə rāt′] *(vt.)* يُليِّن؛ يُطرّي.

in·tense [ĭn tĕns′] *(adj.)* (١) شديد؛ حادّ <~ light> (٢) قويّ؛ كثيف <~ heat> (٣) جاهد؛ مجهِد <~ study *or* thought> (٤) عاطفيّ؛ انفعاليّ <an ~ person>.

in·ten·si·fy [ĭn tĕn′sə fī′] *(vt.; i.)* (١) يقوّي؛ يشدِّد؛ يكثِّف؛ يجعله أكثر حِدّةً (٢) يغمِّق: يزيد الصورة وضوحًا من طريق المعالجة الكيميائية (فو) x (٣) يقوَى؛ يشتدّ؛ يتكثّف؛ يزداد حدّةً.
— **in·ten·si·fi·ca·tion** *(n.)*

in·ten·sion [-′shən] *(n.)* (١) «أ» قوة؛ كثافة؛ شدة. «ب» تعاظم؛ تكاثف؛ اشتداد (٢) عزم؛ تصميم (٣) المفهوم (مق).

in·ten·si·ty [-′sə tĭ] *(n.)* (١) قوة؛ كثافة؛ حدّة (٢) الشِّدّة (فز).

in·ten·sive [ĭn tĕn′sĭv] *(adj.; n.)* (١) كثيف؛ شديد؛ مُرَكَّز <~ fire from machine guns> (٢) مقوٍّ؛ مشدِّد. وبخاصة: مؤكِّد <*Certainly* is an ~ adverb.> (٣) تكثيفي: متعلّق بطريقة في الزراعة تهدف إلى زيادة إنتاجية أرض ما من طريق زيادة رأس المال واليد العاملة المخصَّصَيْن لها [وضدها *extensive*] § (٤) المؤكِّد: عنصر لغويّ دالّ على التوكيد (ل).

intensive care *(n.)* العناية المكثَّفة أو الفائقة [في مستشفًى].

in·tent [ĭn tĕnt′] *(n.; adj.)* (١) قَصْد؛ نيّة <with ~ to kill> (٢) غرض؛ هدف <used her leisure time to good ~> (٣) معنًى؛ فحوى § (٤) مركّز <an ~ gaze> (٥) مُنكَبّ على <~ on his job> (٦) مصمِّم على <was ~ on revenge>.

in·ten·tion [ĭn tĕn′-] *(n.)* (١) عَزْم؛ تصميم؛ قَصْد (٢) معنًى؛ مغزًى (٣) هدف؛ غرض <Complete and final victory was her ~.> (٤) نيّة (٥) النَّدْب: التئام الجرح (٦) مفهوم؛ فكرة (٧) *pl.*: نيّات. وبخاصة في موضوع الزواج <inquired concerning the young man's ~*s* toward his daughter>.

in·ten·tion·al [ĭn tĕn′shən əl] *(adj.)* مقصودٌ؛ متعمَّد.

in·ten·tion·al·ly *(adv.)* قصدًا؛ عمدًا؛ عن سابق تصوّر وتصميم.

in·ter [ĭn tûr′] *(vt.)* يَدْفِن؛ يَقْبُر.

inter- بادئة معناها: «أ» بَيْن؛ وسط <*inter*stellar>. «ب» متبادَل <*inter*relation>. «ج» على نحوٍ متبادل <*inter*marry>. «د» قائم بين <*inter*cultural>. «هـ» متخلِّل؛ حادث بين <*inter*glacial>.

in·ter·act *(vi.)* يتفاعل. — **in·ter·ac·tive** *(adj.)*

in·ter·ac·tant [ĭn′tər ăk′tənt] *(n.)* المتفاعِل.

in·ter·ac·tion *(n.)* تفاعُل. — **al** *(adj.)*

in·ter a·li·a [ĭn′tər ā′lĭ ə] *(adv.)* بين أشياء أخرى.

in·ter·brain [ĭn′tər brān′] *(n.)* = diencephalon.

in·ter·breed [-brēd′] *(vt.; i.)* (١) يهجِّن: يزاوج بين ذكر وأنثى من ضربَين أو سلالتين مختلفتين من النوع الأحيائي نفسه x (٢) يتهاجن.

in·ter·ca·lar·y [ĭn tûr′kə lĕr′ĭ] *(adj.)* (١) كبيس: مضافٌ إلى التقويم <an ~ day> (٢) كبيسة: مضافٌ إليها يوم <an ~ year> (٣) مُقْحَمٌ [بين عناصر أخرى] <~ matter in a text>.

in·ter·ca·late [ĭn tûr′kə lāt′] *(vt.)* (١) يكبِسُ السنةَ: يزيد فيها يومًا (٢) يُدخل؛ يُقحِم [بين عناصر موجودة أو قائمة].

in·ter·cede [ĭn′tər sēd′] *(vi.)* (١) يتوسّط [بين فريقين رغبةً في تسوية خلاف] (٢) يتشفّع؛ يلتمس الرحمة [لمجرم إلخ].

in·ter·cel·lu·lar [-sĕl′yə lər] *(adj.)* بَيْخَلَويّ: واقعٌ بين الخلايا.

in·ter·cept [*v.* ĭn′tər sĕpt′; *n.* ĭn′tər sĕpt′] *(vt.; n.)* (١) يوقفه؛ يعترض سبيله (٢) يَحْصِر [بين خطين أو سطحين] (ر) § (٣) الجزء المحصور: جزءُ المستقيم الواقعُ بين خطين أو سطحين (ر). — **in·ter·cep·tion** *(n.)*

in·ter·cep·tor; in·ter·cept·er [ĭn′tər sĕp′-] *(n.)* (١) المُوْقِف؛ المعترِض (٢) طائرة الاعتراض؛ طائرة التّصدّي: طائرة سريعة مُعَدّة لملاقاة القاذفات المغيرة.

in·ter·ces·sion [ĭn′tər sĕsh′ən] *(n.)* (١) توسُّطٌ [بين فريقين رغبةً في تسوية خلاف] (٢) شفاعة؛ تشفّع.

in·ter·ces·sor [ĭn′tər sĕs′ər] *(n.)* (١) الوسيط (٢) الشفيع .

in·ter·change [*v.* ĭn′tər chānj′; *n.* ĭn′-] *(vt.; i.; n.)* (١) يواضع : يضع أحد شيئين مكان الآخر <~*d* the two front tires> (٢) يتبادل <~*d* x blows> (٣) يتواضعان؛ يتبادلان [المكانَ] § (٤) تبادُل (٥) التقاطع الحُرّ : تقاطع [أو التقاء] طريقين بنظام من المستويات المختلفة يتيح للسيارات أن تنتقل من إحداهما إلى الأخرى من غير أن تَشُقّ سَيْل المواصلات .

in·ter·change·a·ble [ĭn′tər chān′jə bəl] *(adj.)* قابلٌ للتبادل . وبخاصة : متعاوض : ممكنٌ وضعُ أحدهما أو استعماله مكان الآخر .

in·ter·col·le·gi·ate [-kə lē′jĭ ĭt] *(adj.)* جارٍ بين الكلّيات .

in·ter·co·lum·ni·a·tion [-kə lŭm′ nĭ ā′-] *(n.)* (١) الفُرجة العمودية : المسافة بين عمودين [من صفّ أعمدة] (٢) التفريج العموديّ : نظام توزيع المسافات بين الأعمدة (عم) .

in·ter·com [ĭn′tər kŏm′] *(n.)* = intercommunication system.

in·ter·com·mu·ni·cate [ĭn′tər kə myōō′-] *(vi.; t.)* (١) يتشاور؛ يتبادل الاتصال (٢) يصل بين حُجْرتين x (٣) يتبادل [الرسائل إلخ] .

intercommunication system *(n.)* نظام الاتصال البَيْنيّ؛ نظام المواصلة الداخلية [في باخرة أو طائرة أو مبنًى] .

in·ter·com·mun·ion [-myōōn′yən] *(n.)* (١) اتصال متبادَل؛ علاقات متبادَلة (٢) القُربان المشترَك (نص) .

in·ter·con·nect *(vt.; i.)* (١) يرابط : يربط شيئًا بآخر . وبخاصة : يصل بحيث تسبّب حركةُ أيما جزء حركةَ الأجزاء الباقية (مك) x (٢) يترابط .

in·ter·con·nect·ed *(adj.)* مترابط <~ political issues> .

in·ter·con·ti·nen·tal *(adj.)* بَيْقارّيّ : جارٍ بين القارّات <~ trade> .

in·ter·cool·er [-kōō′lər] *(n.)* المبرِّد البَيْنيّ : جهاز لتبريد مائعٍ ما بين عمليات متعاقبة مولِّدةٍ للحرارة .

in·ter·cos·tal [ĭn′tər kŏs′təl] *(adj.; n.)* (١) بَيْضِلْعيّ : «أ» واقع بين الضلوع . «ب» متعلق بالعضلات إلخ الواقعة بين الضلوع § (٢) عضوٌ بَيْضِلْعي؛ عضلة بَيْضِلْعية .

in·ter·course [-′tər kōrs′] *(n.)* (١) اتصال؛ تعامُل؛ علاقات (٢) جِماع .

in·ter·crop [ĭn′tər krŏp′] *(vt.; i.)* (١) يُحاصل : يزرع محصولًا بين صفوف محصولٍ آخر x (٢) يزرع محصولين أو أكثر في حقل واحد .

in·ter·cross [ĭn′tər krôs′; ĭn′tər krŏs′] *(vt.; i.; n.)* (١) cross § (٢) التهجين (٣) نتيجة التهجين أو ثمرته .

in·ter·cul·tur·al [ĭn′tər kŭl′-] *(adj.)* بَيْثقافي : قائم بين ثقافتين أو أكثر أو متعلق بثقافتين أو أكثر <~ contact *or* education> .

in·ter·cur·rent *(adj.)* مُقاطِع؛ معترِض : حادِث وسط عمليّة ما .

in·ter·de·nom·i·na·tion·al *(adj.)* بَيْطائفيّ : بين الطوائف الدينية .

in·ter·den·tal [ĭn′tər dĕn′təl] *(adj.)* بَيْنِيّ : «أ» واقع بين الأسنان . «ب» منطوقٌ به ورأسُ اللسان مُخْرَجٌ بين الثنيّتَيْن .

in·ter·de·part·men·tal *(adj.)* بَيْدائريّ : جارٍ بين دائرتين .

in·ter·de·pend [ĭn′tər dĭ pĕnd′] *(vi.)* (١) يتواقف : يتوقف بعضه على بعض (٢) يتكافل : يتكل بعضهم على بعض .

in·ter·de·pend·ence *(n.)* (١) التواقف : توقف شيء على آخر (٢) التّكافُل؛ الاتكال المتبادَل <~ of members of a family> .

in·ter·dict [*n.* ĭn′tər dĭkt′; *v.* ĭn′tər dĭkt′] *(n.; vt.)* (١) الحِرْم : حِرْم من شركة المؤمنين (نص) (٢) مَنْع؛ تحريم § (٣) يحرِم [من شركة المؤمنين] (٤) يمنع؛ يحرِّم (٥) يدمّر أو يقطع [خطّ تموين العدوّ إلخ] بقذفه بالنيران .
— **in·ter·dic·tion** *(n.)*

in·ter·est [ĭn′tər əst] *(n.; vt.)* (١) «أ» حصة؛ أسهم . «ب» مشاركة [في الربح والمسؤولية] (٢) «أ» فائدة؛ رِبا (اد) . «ب» زيادة؛ علاوة (٣) مصلحة <an arbitrator having no ~ in the result> (٤) خير؛ صلاح؛ مصلحة . وبخاصة : منفعة ذاتية (٥) الوَلوع : شيء يولع به المرء <Her two great ~*s* in life are music and painting.> (٦) شوق؛ عناية؛ اهتمام <had little ~ in that subject> (٧) تشويق؛ عنصر التشويق <Suspense adds ~ to a novel.> (٨) أهمية؛ شأن <a question of primary ~> (٩) تأثير؛ نفوذ شخصي <~ with the boss> (١٠) أصحاب النفوذ § (١١) يُرغِّب؛ يَحُثّ على الاشتراك <to ~ a banker in a loan> (١٢) يثير انتباه شخص أو فضوله <The movies did not ~ him.> .

in·ter·est·ed *(adj.)* (١) راغب؛ مهتمّ (٢) مشارِك؛ ذو حصة أو أسهم <one ~ in the funds> (٣) مستثار الانتباه <~ spectators> (٤) متأثر بدوافع شخصية أو أنانية <an ~ witness> .

in·ter·est·ing *(adj.)* (١) مُمْتِع؛ ماتع؛ مُشوِّق (٢) مثير للاهتمام .

interest rate *(n.)* معدَّل الفائدة (اد) .

in·ter·face [ĭn′tər fās] *(n.)* السطح البَيْني : سطح يشكّل حدودًا مشتركة بين جسمين أو حيّزين .

in·ter·fa·cial [ĭn′tər fā′-] *(adj.)* بَيْسَطْحيّ : واقعٌ بين سطحين .

in·ter·faith [ĭn′tər fāth′] *(adj.)* بَيْأديانيّ؛ بين الأديان .

in·ter·fere [ĭn′tər fēr′] *(vi.)* (١) يتضارب؛ يتعارض؛ يتصادم <*interfering* claims> (٢) تصطكّ قدماه أو ركبتاه [عند الجري أو العَدْو] (٣) يتدخل [أو يشارك] في شؤون الآخرين (٤) يتداخل : تلتقي [موجات الضوء أو الصوت إلخ] فيقوّي أو يُضعف بعضُها بعضًا (فز) (٥) يدّعي [كلّ من فريقين أو أكثر] السَّبْق إلى اختراع ما .

in·ter·fer·ence [ĭn′tər fēr′əns] *(n.)* (١) تضارُب؛ تعارض؛ تصادُم إلخ (٢) تدخُّل (٣) عقبة؛ عائق (٤) التّداخُل؛ تداخُل الموجات (٥) «أ» التشوّش : اضطراب في الإشارات اللاسلكية المستقبَلة . «ب» المشوِّش : شيء يُحْدِث هذا الاضطراب .

in·ter·fer·om·e·ter [-fə rŏm′-] *(n.)* المِدخال؛ مقياس التداخل : أداة تستخدم ظواهر التداخل الضوئي لتحديد طول الموجة ومُعامِل الانكسار (فز) .

in·ter·fer·tile [-fûr′təl] *(adj.)* قابل للتهاجُن أو للتهجين («نب» و«ح») .

in·ter·fluve [ĭn′tər flōōv′] *(n.)* ما بين النهرين .

in·ter·fruit·ful *(adj.)* قابل للإلقاح التهجيني المتبادَل (نب) .

in·ter·fuse [ĭn′tər fyōōz′] *(vt.; i.)* (١) يَلْحُم؛ يَدْمُج (٢) يبثّ؛ يُشْرِب؛

يَغرس في (٣) يتخلَّل x (٤) يلتحم ؛ يندمج .

in·ter·ga·lac·tic *(adj.)* بَيْمَجَرّيّ : قائمٌ أو حادث بين المجرّات (فل) .

in·ter·ge·ner·ic *(adj.)* بَيْجِنسِيّ : واقع أو حادث بين الأجناس .

in·ter·gla·cial *(adj.)* بَيْجليديّ : حادثٌ بين دورين جليديين (جي) .

in·ter·grade [*v.* ĭn′tər grād′; *n.* ĭn′tər grād′] *(vi.; n.)* (١) يتدارج : يندمج [أحد شيئين بالآخر] تدريجيًّا من طريق سلسلة متصلة من «الصُوَر» أو الأشكال أو الأنماط المتوسّطة § (٢) المتدارجة : الصورة المتوسطة أو الانتقالية .

in·ter·graft [ĭn′tər grăft′] *(vi.)* يتطاعم : يكون قابلًا للتطعيم المتبادل ؛ يتّحد بالتطعيم <Most plums ~ freely.> .

in·ter·group *(adj.)* بَيْجَماعيّ : حادثٌ بين الجماعات .

in·ter·im [ĭn′tər ĭm] *(n.; adj.)* (١) فترة ؛ فاصل <~ between arrival and departure> § (٢) مؤقّت <~ committee> .

in the ~, في أثناء أو غضون ذلك .

in·te·ri·or [ĭn tēr′ĭ ər] *(adj.; n.)* (١) داخليّ (٢) باطنيّ : ذو علاقة بالحياة العقلية (٣) خصوصيّ ؛ سرّيّ (٤) بعيد عن الشاطئ § (٥) صفة الشيء أو طبيعتُهُ الداخلية (٦) الداخل : الجزء الداخليّ من شيء (٧) داخليّة البلاد (٨) الداخلية : الشؤون الداخلية لبلد أو دولة <Department of the *Interior*> (٩) الصورة الداخلية [لمبنًى أو حجرة] .

interior decoration *(n.)* الزَّخرفة الداخلية .

interior design *(n.)* التّصميم الداخلي ؛ التخطيط الداخلي .

in·te·ri·or·ize [ĭn tēr′ĭ-] *(vt.)* يُدَخْلِن : يجعله داخليًّا .

in·ter·ject [ĭn′tər jĕkt′] *(vt.)* يُقْحِم <to ~ a remark> .

— **in·ter·jec·tor** *(n.)* — **in·ter·jec·to·ry** *(adj.)*

in·ter·jec·tion *(n.)* (١) «أ» التعجّب : إطلاق صوت خاطف دالّ على انفعال أو استغراب إلخ . «ب» إقحام (٢) «أ» صيغة تعجّب *(O! Alas!)* . «ب» صوت تعجب *(hem! bah!)* (٣) شيء معترِض ؛ ملاحظة مُقحَمة .

in·ter·jec·tion·al *(adj.)* (١) تعجُّبي (ل) (٢) اعتراضي ؛ مُقْحَم .

in·ter·lace [ĭn′tər lās′] *(vt.; i.)* (١) يُحابك ؛ يُشابك ؛ يَضْفِر (٢) يمزج ؛ يوشِّح ؛ يوشّي x (٣) يتحابك ؛ يتشابك ؛ يَنْضفِر .

interlacing arches

interlacing arches *(n. pl.)* الأقواس المتحابكة (عم) .

in·ter·lard [ĭn′tər lärd′] *(vt.)* يَمزج بـ ؛ يوشّح .

in·ter·lay [ĭn′tər lā′] *(vt.)* يُوْلِج أو يُقحم [بين طبقتين] .

in·ter·lay·er *(n.)* الطبقة البَيْنيّة : طبقة موضوعة بين طبقات أخرى .

in·ter·leaf[1] [ĭn′tər lēf′] *(vt.)* = interleave.

in·ter·leaf[2] *(n.)* الورقة البَيْنيّة : «أ» ورقة بيضاء تُقْحَم بين ورقتين من كتاب . «ب» ورقة بيضاء توضع بين ورقتين مطبوعتين حديثًا [خشيةَ أن يشوّه الحبر النديّ إحداهما] .

in·ter·leave [ĭn′tər lēv′] *(vt.)* يورِّق بَيْنيًّا : «أ» يضع ورقة بيضاء بين ورقتي كتاب . «ب» يضع ورقة بيضاء بين ورقتين مطبوعتين حديثًا .

in·ter·line[1] [ĭn′tər līn′] *(vt.)* يُساطِر : يكتب أو يُقحم بين السطور .

in·ter·line[2] *(vt.)* يبطّن بَيْنيًّا : يزوّد ثوبًا ببطانة بينيّة (را . interlining) .

in·ter·lin·e·ar [-lĭn′ĭ ər] *(adj.)* (١) بَيْسَطْريّ : مُقْحَم بين السطور (٢) مُراوَح : مكتوب أو مطبوع بلغات مختلفة في سطور متناوبة أو متراوحة <the ~ Bible>.

in·ter·lin·ing [ĭn′tər lī′nĭng] *(n.)* البطانة البَيْنية : بطانة مَخِيطة بين البطانة العادية وقماش الثوب .

in·ter·link *(vt.)* يُحالق : يربط بحلقة أو حلقات .

in·ter·lock [*v.* ĭn′tər lŏk′; *n.* ĭn′-] *(vi.; t.; n.)* (١) يتشابكُ <~*ing* branches> (٢) تتعشّق [تروسُ الآلة] x (٣) يُشابك ؛ يوشِّج (٤) يُعشِّق [تروسَ الآلة] (٥) ينظِّم [إشارات السكة الحديدية] لتأمين حركة القُطُر على النحو المطلوب § (٦) تشابكٌ ؛ تواشُج ؛ تعشُّق (٧) مشابكة ؛ توشيج ؛ تعشيق .

in·ter·lo·cu·tion [ĭn′tər lə kyo͞o′shən] *(n.)* محادثة ؛ حِوار .

in·ter·loc·u·tor [-lŏk′yə tər] *(n.)* المحادِث ؛ المحاوِر ؛ المشترك في حديث أو حوار .

in·ter·loc·u·to·ry [-tōr′ĭ] *(adj.)* (١) حِواريّ (٢) مؤقّت ؛ غير نهائيّ .

in·ter·lope [ĭn′tər lōp′] *(vi.)* (١) يتطفّل على تجارة (٢) يتدخَّل .

in·ter·lude [ĭn′tər lo͞od′] *(n.)* (١) الفصل الإضافيّ : فصل صغير يتخلّل فصولَ مسرحية (٢) فترة فاصلة (٣) اللحن الإضافيّ : لحن يُعزف بين أجزاء مسرحية أو قدّاس أو قطعة موسيقية .

in·ter·lu·nar [ĭn′tər lo͞o′-] *(adj.)* مُحاقيّ : متعلّق بفترة اختفاء القمر .

in·ter·mar·riage *(n.)* (١) الزواج المختلط [بين أسرتين أو قبيلتين إلخ] (٢) الزّواج اللُّحْميّ (را . endogamy) .

in·ter·mar·ry *(vi.)* (١) «أ» يتزاوج . «ب» تتزاوج [أسرتان أو قبيلتان] (٢) يتزاوج لُحميًّا (را . endogamy) .

in·ter·med·dle [-mĕd′əl] *(vi.)* يتطفَّل : يتدخّل في ما لا يعنيه .

in·ter·med·dler *(n.)* المُتَطفِّل : المتدخِّل في ما لا يعنيه .

in·ter·me·di·a·cy [-mē′dĭ ə sĭ] *(n.)* = intermediateness.

in·ter·me·di·ar·y [-mē′dĭ ĕr′ĭ] *(adj.; n.)* (١) متوسط : واقع في الوسط (٢) وسيط : قائم بمهمة الوساطة بين فريقين § (٣) «أ» الوسيط . «ب» واسطة ؛ وسيلة (٤) مرحلة [أو صورة] وسطى .

in·ter·me·di·ate [*adj., n.* ĭn′tər mē′dĭ ĭt; *v.* -āt′] *(adj.; n.; vi.)* (١) متوسط ؛ واقع في الوسط § (٢) شيء متوسط (٣) الوسيط [بين فريقين] (٤) المركَّب الوسيط : مركَّب كيميائي متشكّل كخطوة وسطى بين المادة الأصلية والناتج النهائيّ § (٥) يتدخّل ؛ يتوسّط .

in·ter·me·di·ate·ness *(n.)* التوسطيّة : كون الشيء واقعًا في الوسط .

intermediate school *(n.)* المدرسة المتوسطة .

in·ter·me·di·a·tion [-mē′dĭ ā′shən] *(n.)* تَدَخُّل ؛ توسُّط .

in·ter·ment [ĭn tûr′mənt] *(n.)* دَفْن .

in·ter·mez·zo [ĭn′tər mĕt′sō; -mĕd′zō] *(n.)* (١) فاصل مسرحي أو موسيقي خفيف [بين فصلَيْ تمثيلية أو مُغَنّاة] (٢) اللحن الفاصل : لحن قصير يُعزَف بين أجزاء أثر موسيقي كبير (مو) .

in·ter·mi·na·ble [ĭn tûr′mə-] *(adj.)* (١) لامتناهٍ (٢) مطوَّل أو متطاول حتى السأم <~ debates> .

in·ter·min·gle [ĭn′tər mĭng′gəl] *(vt.; i.)* = intermix.

in·ter·mis·sion [-mĭsh′ən] *(n.)* (١) «أ» قَطْع مؤقّت . «ب» تقطُّع (٢) فترة استراحة، وبخاصة في حفلة عامة أو بين فصول المسرحية .

in·ter·mit [ĭn′tər mĭt′] *(vt.; i.)* (١) يَقْطع [مؤقّتًا] x (٢) يتقطّع .

in·ter·mit·tence; in·ter·mit·ten·cy [ĭn′tər mĭt′əns] *(n.)* تَقَطُّع .

in·ter·mit·tent *(adj.)* (١) متقطِّع <~ rain> (٢) حِينيّ <~ trips> .

intermittent current *(n.)* التيار المتقطِّع (كب) .

in·ter·mit·tent·ly [ĭn′tər mĭt′ənt lĭ] *(adv.)* بِتَقَطُّع ؛ على نحو متقطِّع .

in·ter·mix [ĭn′tər mĭks′] *(vt.; i.)* (١) يُمازِج x (٢) يتمازَج .

in·ter·mix·ture *(n.)* (١) تمازُج ؛ تخالُط (٢) مزيج ؛ خليط .

in·ter·mo·lec·u·lar [ĭn′tər mə lĕk′yə lər] *(adj.)* بَيْجُزَيْئيّ : موجود أو عاملٌ بين الجُزَيْئات <~ forces> .

in·tern[1] *or* **in·terne** [ĭn tûrn′] *(adj.)* داخليّ (ا. ق) .

in·tern[2] [*v.* ĭn tûrn′; *n.* ĭn′tûrn] *(vi.; n.)* (١) يعتقِل . وبخاصة : يعتقل خلال الحرب § (٢) المعتقَل ؛ السّجين .

in·tern[3] *or* **in·terne** [ĭn′tûrn] *(n.)* الطبيب المقيم : طبيب، متخرّج منذ عهد قريب عادةً، يقيم في المستشفى على سبيل اكتساب الخبرة والمران .

in·tern[4] [ĭn′tûrn] *(vi.)* يَعْمل كطبيب مقيم .

in·ter·nal [ĭn tûr′nəl] *(adj.)* (١) داخليّ (٢) inherent *1* (٣) باطنيّ (٤) ذاتيّ [ضدّ: موضوعيّ] <~ stimulus> (٥) داخليّ : مُعَدّ للاستعمال من طريق المعدة <an ~ remedy> .

internal–combustion engine *(n.)* المحرِّك الداخليّ الاحتراق .

internal ear *(n.)* = inner ear.

in·ter·nal·ize [ĭn tûr′nəl īz′] *(vt.)* يُذَوِّت : يضفي عليه صفةً ذاتية . وبخاصة : يدمجه في النفس بحيث يصبح مبدأً هاديًا .

internal medicine *(n.)* الطب الباطني .

internal respiration *(n.)* التَّنفُّس الباطني : تبادُل الغازات بين الدم وخلايا الجسم .

internal rhyme *(n.)* الإيقاع الداخلي : إيقاع بين لفظة في بيت شِعر ولفظة أخرى في نهاية ذلك البيت أو في بيت آخر .

internal secretion *(n.)* = hormone.

in·ter·na·tion·al [ĭn′tər năsh′-] *(adj.; n.)* (١) دُوَليّ : قائم بين دولتين أو أكثر <~ trade> § (٢) الدّولية : جماعة منظمة تتخطّى الحدود القومية، مثل : «أ» إحدى المنظمات الاشتراكية أو الشيوعية ذات النطاق الدُّوَلي [وقد تُرْسم بهذا المعنى بزيادة e في آخرها] . «ب» اتحاد عمالي ذو فروع في أكثر من بلد واحد .

in·ter·na·tion·al·ism *(n.)* الدُّوَلية : «أ» الاستشراف أو الصفة أو المبادئ أو المصالح الدولية . «ب» سياسة التعاون بين الدول وبخاصة في الحقلين السياسي والاقتصادي .

in·ter·na·tion·al·ize *(vt.)* يُدَوِّل . وبخاصّة : يُخضع لإشراف دُوَليّ .

international law *(n.)* القانون الدُّوَليّ .

international unit *(n.)* الوحدة الدُّوَلية .

in·ter·ne·cine [ĭn′tər nē′sĭn; -sīn] *(adj.)* (١) مُميت . وبخاصة مُهلِك على نحو متبادَل <~ duels> (٢) ضَرُوس <~ wars> (٣) داخليّ : دالٌّ أو منطوٍ على نزاع ضمن جماعةٍ .

in·tern·ee [ĭn tûr nē′] *(n.)* مُعْتقَل ؛ أسير حرب .

In·ter·net [ĭn′tər nĕt′] *(n.)* الإنترنت : شبكة الاتصالات العالميّة .

in·ter·nist [ĭn′tûr-] *(n.)* الطبيب الباطني : طبيب الأمراض الباطنية .

in·tern·ment [ĭn tûrn′mənt] *(n.)* اعتقال . وبخاصة : خلالَ الحرب .

in·ter·node [ĭn′tər nōd′] *(n.)* البَيْعُقْدي : الجزء الواقع بين عُقْدتين من عُقَد السّاق (نب) .

in·ter·nun·cial [ĭn′tər nŭn′shəl] *(adj.)* (١) قاصديّ : ذو علاقة بقاصد رسوليّ (٢) بَيْعَصَبيّ : رابطٌ بين الخلايا العصبية الحسيّة والحركية (ت) .

in·ter·nun·ci·o [-nŭn′shĭ ō] *(n.)* (١) الوسيط [بين فريقين] (٢) القاصد الرسولي : سفير بابوي في بلد صغير .

in·ter·o·cep·tive [-sĕp′-] *(adj.)* استنباهيّ باطنيّ : متعلق بالمستَنْبَهات الباطنية أو بالمنبِّهات المؤثرة فيها أو بمفاعيلها العصبية .

in·ter·o·cep·tor [-sĕp′-] *(n.)* المُسْتَنْبَهُ الباطني : طَرَف عصبيّ يستجيب للمنبِّهات الناشئة داخلَ الجسم وبخاصة في الأحشاء .

in·ter·of·fice *(adj.)* بَيْمكتبيّ : عاملٌ بين مكاتبِ مؤسسةٍ ما .

in·ter·pel·late [-pĕl′āt] *(vt.)* يستجوب [وزيرًا في مجلس النواب] .

in·ter·pen·e·trate *(vt.; i.)* (١) يتخلَّل ؛ يتغلغل في x (٢) يتداخل [بعضُهُ ببعض] .

in·ter·per·son·al *(adj.)* بَيْشخصيّ : خاص بالعلاقات بين الأشخاص .

in·ter·phone [ĭn′tər fōn′] *(n.)* الهاتف البَيْنيّ : هاتف داخلي للاتصال بين المكاتب في مبنًى .

in·ter·plan·e·tar·y [ĭn′tər plăn′ə tĕr′ĭ] *(adj.)* بَيْكوْكبيّ : واقع أو مُجْرًى أو عاملٌ بين الكواكب السيارة <~ travel> .

in·ter·plant [-plănt′] *(vt.)* (١) يُحاصِل : يزرع محصولًا بين نباتات من نوع آخر (٢) يُغارِس : يغرس شُجيراتٍ بين شُجيراتٍ قائمة .

in·ter·play [*n.* ĭn′tər plā′; *v.* -plā′] *(n.; vi.)* (١) تفاعُل § (٢) يتفاعل .

in·ter·plead [-plēd′] *(vi.)* يتقاضى فرعيًا [للفَصْل في قضية جانبية] .

in·ter·plead·er *(n.)* (١) الدعوى الفرعية : دعوى يُفْصل فيها في ادعاءات فريقين مُطالِبَيْن بالحق في مال أو ممتلكات لكي يستطيع الفريق الثالث أن يعرف إلى أيهما يتعين عليه أن يدفع المال (ق) (٢) المتقاضي في دعوى فرعية .

in·ter·po·late [ĭn tûr′pə lāt′] *(vt.; i.)* (١) «أ» يحرِّف نصًّا . «ب» يدسّ

[كلماتٍ] في نصٍّ أو محادثة (٢) يُقحم [بين عناصر موجودة أو قائمة] (٣) يستكمل؛ يستوفي (ر).

in·ter·po·la·tion *(n.)* (١) تحريف؛ دسّ؛ إقحام (٢) الاستكمال؛ الاستيفاء (ر).

in·ter·pose [ĭn′tər pōz′] *(vt.; i.)* (١) «أ» يجعله أو يُدخله بين: يوسّط <to ~ a paper between a light and the eye>. «ب» يتطفّل (٢) يلقي بملاحظة [أثناء حديث أو جدل] **x** (٣) يعترض [بين شيئين] (٤) يتوسّط؛ يتدخل (٥) يقاطع [في الكلام].

in·ter·pret [ĭn tûr′prĭt] *(vt.; i.)* (١) يفسّر (٢) يؤوّل (٣) يؤدّي: يُبرز معنى القطعة الموسيقية أو الدور المسرحي من طريق العزف أو التمثيل <~*ed* the role of Hamlet> **x** (٤) يترجم؛ يقوم بدور المترجم [بين متحدّثين بلغتين مختلفتين]. — **in·ter·pre·ta·tion** *(n.)*

in·ter·pre·ta·tive [-′prə tā′ tĭv] *(adj.)* تفسيريّ؛ تأويليّ إلخ.

interpretative dance *(n.)* الرقص التصويريّ: ضرب من الرقص الحديث تصوِّر فيه حركات الراقص أو الراقصة عاطفةً أو قصةً أو فكرةً.

in·ter·pret·er *(n.)* (١) المفسِّر؛ الشارح؛ المؤوِّل (٢) المترجم.

in·ter·pu·pil·lar·y [-pyōō′-] *(adj.)* بَيْبُؤبؤيّ: ممتدّ بين بؤبؤي العين.

in·ter·ra·cial *(adj.)* بَيْعِرْقيّ: متعلّق بأفراد من أجناس مختلفة.

in·terred [ĭn tûrd′] *past and past part. of* inter.

in·ter·reg·num [ĭn′tər rĕg′nəm] *(n.)* pl. **-nums** *or* **-na** (١) فترة الفراغ: «أ» الفترة الفاصلة بين وفاة ملك وتولّي آخر. «ب» فترة تعلَّق خلالها وظائفُ الحكومةِ السّويّةُ (٢) انقطاع [في أيّما شيء متّصل].

in·ter·re·late [-rĭ lāt′] *(vt.; i.)* (١) يقيم علاقة متبادَلة بين **x** (٢) يكون على علاقة متبادَلة مع. — **in·ter·re·lat·ed** *(adj.)*

in·ter·re·la·tion *or* **in·ter·re·la·tion·ship** *(n.)* علاقة متبادَلة.

in·ter·ro·gate [ĭn tĕr′ə gāt′] *(vt.)* يستجوب؛ يستنطق.

in·ter·ro·ga·tion *(n.)* (١) استجواب؛ استنطاق (٢) سؤال (٣) علامة استفهام.

interrogation point *(n.)* علامة الاستفهام.

in·ter·rog·a·tive [ĭn′tə rŏg′ə tĭv] *(adj.; n.)* (١) استفهاميّ (٢) فضوليّ § (٣) استفهام (٤) أداة استفهام (ل).

in·ter·ro·ga·tor [ĭn tĕr′ə-] *(n.)* (١) المستجوِب؛ المستنطِق (٢) المُرْسَقْبِل: جهاز للإرسال والاستقبال في آنٍ معًا (رد).

in·ter·rog·a·to·ry [ĭn′tə rŏg′ə tōr′ĭ] *(n.; adj.)* (١) استجواب (٢) «أ» استفهام. «ب» علامة استفهام § (٣) استفهاميّ.

in·ter·rupt [ĭn′tə rŭpt′] *(vt.; i.)* (١) يعوق؛ يعترض (٢) يقطع اطّراد شيء **x** (٣) يقاطع [أثناء الكلام].

in·ter·rupt·er *(n.)* (١) فا interrupt (٢) المقطِّع: أداة لقطع التيار الكهربائي أوتوماتيكيًا على نحو دَوْريّ (كب). — **in·ter·rup·tion** *(n.)*

in·ter·scho·las·tic *(adj.)* بَيْمَدْرسيّ: قائم أو مُجْرًى بين المدارس <~ competition>.

in·ter se [ĭn′tər sē′] *(adv.; adj.)* بين بعضها بعضًا؛ بين بعضهم بعضًا <All species will breed ~.>.

in·ter·sect [-sĕkt′] *(vt.; i.)* (١) يَشْطر؛ يَقْطع <One road ~*s* another.> **x** (٢) تتقاطع [الخطوطُ أو الطرق] (٣) يتداخل؛ يتشابك <where positive law and morals ~>.

in·ter·sec·tion [-sĕk′-] *(n.)* (١) مص intersect (٢) نقطة التقاطع.

in·ter·sex [ĭn′tər sĕks′] *(n.)* بَيْنيّ الجنس: فَرْد يتكشّف عن خصائص الذكورة والأنوثة معًا (أح).

in·ter·sex·u·al *(adj.)* بَيْجِنْسيّ: «أ» قائم بين الجنسين <~ hostility>. «ب» متكشّف عن خصائص الذكورة والأنوثة معًا.

in·ter·space [*n.* ĭn′tər spās′; *v.* ĭn′ tər spās′] *(n.; vt.)* (١) فُرجة؛ فسحة [بين شيئين] (٢) فترة فاصلة § (٣) يَفْصِل.

in·ter·spe·cif·ic *(adj.)* بَيْنَوْعيّ: قائم أو ناشئ بين الأنواع (أح).

in·ter·sperse [ĭn′tər spûrs′] *(vt.)* (١) يَنثُر [هنا وهناك] (٢) يوشّي؛ يرصّع <Her speech was ~*d* with long quotations.>.

in·ter·state [ĭn′tər stāt′] *(adj.)* بَيْولاياتيّ: متعلق بولايتين أو أكثر، وبخاصة من الولايات المتحدة الأميركية <~ commerce>.

in·ter·stel·lar *(adj.)* بَيْنَجْميّ: واقعٌ أو حادثٌ بين النجوم <~ space>.

in·ter·stice [ĭn tûr′stĭs] *(n.)* (١) فُرْجة؛ خِلال (٢) فترة فاصلة.

in·ter·sti·tial [ĭn′tər stĭsh′əl] *(adj.)* بَيْفُرْجيّ: واقع بين فُرْجتين. وبخاصة: واقع بين العناصر الخَلَوية في بنية أو جزء.

in·ter·tes·ta·men·tal *(adj.)* بَيْعَهْديّ: متعلّق بفترة القرنين الفاصلة بين إنشاء آخر سِفر من أسفار العهد القديم وبين إنشاء أسفار العهد الجديد (نص).

in·ter·till [-tĭl′] *(vt.)* يُحارث: يحرث أو يزرع بين صفوفِ محصولٍ ما.

in·ter·trib·al *(adj.)* قَبَليّ؛ بَيْقَبَليّ: واقع أو حادث بين القبائل.

in·ter·trop·i·cal [-trŏp′ə kəl] *(adj.)* (١) بَيْمَداريّ: واقع بين مدارَي السرطان والجَدْي (٢) استوائي.

in·ter·twine [-twīn′] *(vt.; i.)* (١) يَضْفِر؛ يَجْدُل **x** (٢) يَنضفر؛ ينجدل.

in·ter·twist [ĭn′tər twĭst′] *(vt.; i.; n.)* (١) يَضْفِر **x** (٢) ينضفر § (٣) ضَفْرٌ؛ جَدْلٌ (٤) انضفار؛ انجدال.

in·ter·ur·ban *(adj.)* بَيْمَدِينيّ: واقع أو رابطٌ بين المدن.

in·ter·val [ĭn′tər vəl] *(n.)* (١) فاصل؛ فترة فاصلة (٢) فُرجة؛ فسحة [بين شيئين] (٣) الفاصلة (مو) (٤) الفَتْرة؛ الفاصل (ر).

in·ter·vale [ĭn′tər vāl] *(n.)* مُنْخَفَض؛ أرض منخفضة [في محاذاة نهر].

in·ter·vene [ĭn′tər vēn′] *(vi.)* (١) يتخلّل؛ يقع بين فترتين <the years that ~*d*> (٢) يطرأ؛ يعترض؛ يحدث بحيث يغيّر نتيجةً أو يؤثّر فيها <I shall start on Monday if nothing ~*s*.> (٣) «أ» يتدخّل [لتسوية نزاع

إلخ]. «ب» يتدخل بالقوة أو بالتهديد بالقوة في الشؤون الداخلية لدولة أخرى.

— **in·ter·ven·tion** *(n.)*

in·ter·ven·tion·ism *(n.)* التّدخُلية؛ سياسة التّدخُل: سياسةٌ قِوامُها التدخُل الحكومي في الشؤون الاقتصادية داخلَ الوطن أو في الشؤون السياسية لبلد آخر.

— **in·ter·ven·tion·ist** *(adj.; n.)*

in·ter·ver·te·bral *(adj.)* بَيْفَقاريّ: واقع بين الفَقارات (ت).

intervertebral disk *(n.)* الطبق البَيْفقاريّ (ت).

in·ter·view [ĭn′tər vyōō′] *(n.; vt.)* (١) مقابلة. وبخاصة: مقابلة يجريها مندوب جريدة أو مجلة مع شخص لأخذ حديث صحفي (٢) حديث صحفيّ § (٣) يُجري مقابلة مع <to ~ the king>.

in·ter·view·ee [-vyōō′ē] *(n.)* المقابَل: مَنْ تُجرى معه مقابلةٌ.

in·ter vi·vos [ĭn′tər vī′vōs] *(adv.; adj.)* (١) بين الأحياء (٢) من شخص حيّ إلى آخر <property transferred ~>.

in·ter·weave [-wēv′] *(vt.; i.)* (١) يُناسج؛ يُحابك (٢) يَمْزُج <~*d* truth with fiction> x (٣) يتناسج؛ يتحابك؛ يتمازج.

in·tes·tate [ĭn tĕs′tāt; -tĭt] *(adj.; n.)* (١) غير مُوْصٍ: مائتٌ من غير أن يترك وصية <to die ~> (٢) غير مورَّث بوصية <~ estates> § (٣) اللاّمُوصي: شخص يموت من غير أن يترك وصية.

in·tes·ti·nal [ĭn tĕs′tə-; ĭn′tĕs tī′-] *(adj.)* مِعَويّ.

intestinal fortitude *(n.)* شجاعة؛ قدرة على الاحتمال.

in·tes·tine [-tĕs′tĭn] *(adj.; n.)* (١) داخليّ. وبخاصة: أهليّ؛ متعلق بالشؤون الداخلية لدولة أو بلد <~ strife> § (٢) مِعًى؛ مَصِير (ت).

in·ti·fa·da [ĭn′tə fä′də] *(n.)* الانتفاضة [الفلسطينية ضد الاحتِلال].

in·ti·ma [ĭn′tə mə] *(n.)* pl. **-mae** [mē; mī] *or* **-mas** الباطنة: الغشاء الباطني لوريد أو شريان (ت).

in·ti·ma·cy [ĭn′tə mə sĭ] *(n.)* (١) أُلفة؛ مودّة؛ صداقة حميمة (٢) عمل مُتَّسِم بالأُلفة [كقبلة أو عناق] (٣) معرفة دقيقة (٤) خصوصيّة (٥) علاقات جنسية غير مشروعة.

in·ti·mate[1] [ĭn′tə māt] *(vt.)* (١) يُعلن؛ يُصَرِّح (٢) يُلمع؛ يُلمّح.

in·ti·mate[2] [-mĭt] *(adj.; n.)* (١) «أ» أساسيّ؛ جوهريّ <the ~ structure of organisms>. «ب» صميميّ؛ متعلق بصميم طبيعة المرء (٢) «أ» حميم <his ~ friend>. «ب» حميميّ: مُوْحٍ بالألفة والدفء <~ clubs> (٣) خصوصي أو شخصيّ جدًا <one's ~ affairs> (٤) مفصَّل؛ عميق <a more ~ analysis> § (٥) صديق حميم.

in·tim·i·date [-′ə dāt′] *(vt.)* يُخوِّف؛ يُرعب؛ يُهوِّل على؛ يُكره بالتهديد.

in·tinc·tion [ĭn tĭngk′shən] *(n.)* الغَمْس: غَمْس الخبز في الخمر ثمّ تقديمهما معًا إلى المتناوِل (نص).

in·to [ĭn′tōō; ĭn′tōō] *(prep.)* (١) إلى (٢) في (٣) نَحْوَ.

in·tol·er·a·ble [ĭn tŏl′-] *(adj.)* (١) لا يُطاق؛ لا يُحتمل (٢) مُفْرِط.

in·tol·er·ance [ĭn tŏl′ər əns] *(n.)* (١) عدم احتمال أو تحمُّل (٢) تعصّب (٣) حساسية مُفرطة [لبعض المآكل أو العقاقير].

in·tol·er·ant *(adj.)* (١) قليل الاحتمال أو التحمّل لِـ (٢) متعصِّب.

in·tomb [ĭn tōōm′] *(vt.)* = entomb.

in·to·nate [ĭn′tō nāt′] *(vt.)* يُرنِّم؛ يُنغِّم؛ يُنشد.

in·to·na·tion [-nā′-] *(n.)* (١) ترنيم؛ تنغيم؛ تجويد. وبخاصة: ترتيل (٢) شيء مُرَتَّل، وبخاصة: مطلع ترتيلة غريغورية (٣) الأداء: طريقة الغناء أو العزف أو الترنّم (٤) ارتفاع وانخفاض طبقة الصوت في الكلام.

in·tone [ĭn tōn′] *(vt.; i.)* (١) يُرنِّم؛ يُنغِّم؛ يُرَتِّل x (٢) يترنَّم.

in·tor·sion; in·tor·tion [ĭn tôr′-] *(n.)* التواء؛ انعطاف [في ساق النبتة].

in to·to [ĭn tō′tō] *(adv.)* جُملةً؛ كليّةً؛ بأسرِهِ؛ بكامله.

in·tox·i·cant [ĭn tŏk′-] *(adj.; n.)* (١) مُسْكِر § (٢) شرابٌ مُسْكِر.

in·tox·i·cate [ĭn tŏk′sə kāt′] *(vt.)* (١) يُسَمِّم (٢) يُسْكِر.

in·tox·i·cat·ed *(adj.)* (١) سكران (٢) ثَمِلٌ [بالنصر إلخ].

in·tox·i·ca·tion *(n.)* (١) تسميم (٢) سُكْر (٣) ثَمَلٌ [عاطفيّ].

intra- بادئة معناها: «أ» ضِمن <*intra*cellular>. «ب» خلال <*intra*natal>. «ج» واقع بين طبقات كذا <*intra*dermal>. «د» نُشْبِيّ؛ في داخل <*intra*muscular>.

in·tra·cel·lu·lar *(adj.)* ضِمْخَلَويّ: واقعٌ ضمن خلية بروتوبلازمية.

in·tra·ce·re·bral *(adj.)* ضِمْمُخّيّ: واقع ضمنَ المخّ.

in·trac·ta·ble [ĭn trăk′-] *(adj.)* (١) شَموس؛ عنيد (٢) غير طَروق: يصعب تطريقه أو ترقيقه <~ metals> (٣) عسيرٌ تسكينُهُ أو معالجته <~ pain>.

in·tra·cu·ta·ne·ous *(adj.)* ضِمْجِلديّ: واقع أو مُجرًى تحت الجلد.

in·tra·der·mal *(adj.)* ضِمْبَشَرِيّ: واقع ضمنَ أو بين طبقات البشرة.

in·tra·dos [ĭn′trə dŏs′] *(n.)* المنحنَى الداخليّ [من عَقْد أو قنطرة].

in·tra·mo·lec·u·lar [-lĕk′-] *(adj.)* ضِمْجُزَيْئيّ: «أ» موجود أو عامل ضمنَ الجُزَيء. «ب» متشكّل بالتفاعل بين مختلف أقسام الجُزَيء الواحد.

in·tra·mu·ral [-myōōr′əl] *(adj.)* ضِمْجداريّ: «أ» قائم أو حادثٌ ضمن نطاق جماعة أو مؤسسة <~ competition>. «ب» دائرٌ أو متنافَس فيه ضمن الجسم الطُّلّابي فحسب <~ sports>. «ج» قائم أو جارٍ ضمن مادة جدران عضوٍ ما <~ circulation>.

in·tra·mus·cu·lar [-mŭs′kyə-] *(adj.)* (١) ضِمْعَضَليّ: قائمٌ ضمن عضلة <~ fat> (٢) نُشْبِيْعَضَليّ: مُدْخَل أو مُنْشَب في عضلة <~ injection>.

in·tra·na·tal [-nā′təl] *(adj.)* خِلاوِلاديّ: حادث خلال الولادة.

in·tra·net *(n.)* الإنترانت: شبكة كومبيوترات محصور عددُ مستخدِميها.

in·tran·si·geance; in·tran·si·gence [-′sə jəns] *(n.)* عناد؛ تصلُّب.

in·tran·si·gent [-′sə jənt] *(adj.; n.)* (١) عنيد؛ متصلِّب [وبخاصة في السياسة] § (٢) العنيد؛ المتصلّب [وبخاصة في السياسة].

in·tran·si·tive [ĭn trăn′sə tĭv] *(adj.)* لازم: غير مُتَعَدٍّ (ل).

in·trant [ĭn′trənt] *(n.)* الداخل [وبخاصة في مؤسسة ثقافية أو رهبنة].

in·tra·psy·chic [ĭn′trə sī′kĭk] *(adj.)* ضِمْنَفْسيّ: واقع ضمن النفس أو العقل أو الشخصية <~ conflicts>.

in·tra·spe·cif·ic [-spĭ sĭf′ĭk] *(adj.)* ضِمْنَوْعيّ : واقعٌ ضمن نوعٍ أحيائيّ أو شاملٌ أعضاءً من نوعٍ أحيائيّ واحد .

in·tra·state *(adj.)* ضِمْوِلاييّ : قائمٌ أو حادثٌ ضمن ولاية .

in·tra·tho·rac·ic [-thō răs′ĭk] *(adj.)* ضِمْصَدْريّ <~ pressure> .

in·tra·u·ter·ine [-yo͞o′-] *(adj.)* ضِمْرَحِميّ : قائمٌ أو حادثٌ ضمن الرَّحِم .

intrauterine device *(n.)* الوسيلة الضِّمْرَحِميّة : وسيلة تُقْحَم في الرَّحِم وتُترك فيه منعًا للحَمْل .

in·tra·ve·nous [ĭn′trə vē′nəs] *(adj.)* (١) ضِمْوَريديّ : قائم ضمن الأوردة <an ~ inflammation> (٢) نُشْبِيْوَريديّ : مُنْشَبٌ في الأوردة أو مُدْخَلٌ من طريقها <~ feeding> .

in·tra·vi·tal; in·tra·vi·tam [-vī′-] *(adj.)* ضِمْحياتيّ : «أ» مُجْرًى على الكائن الحيّ أو موجود فيه <~ diagnosis; ~ blood clotting> . «ب» قادرٌ على صبغ الخلايا الحية من غير أن يقتلها .

in·treat [ĭn trēt′] *(vt.) archaic* = entreat.

in·trench [ĭn trĕnch′] *(vt.; i.)* = entrench.

in·trep·id [ĭn trĕp′ĭd] *(adj.)* جريء؛ جَسور؛ باسل .

in·tri·ca·cy [ĭn′trə kə sĭ] *(n.)* (١) تعقيد (٢) شيء مُعَقَّد .

in·tri·cate [ĭn′trə kĭt] *(adj.)* (١) مُعَقَّد (٢) صَعْبٌ حَلُّه أو تحليله .

in·tri·gant *or* **in·tri·guant** [ĭn′trə gənt; ăn trē gän′] *(n.)* المُخادِع؛ الكائد؛ المتآمر .

in·trigue [*v.* ĭn trēg′; *n.* ĭn trēg′, ĭn′trēg] *(vt.; i.; n.)* (١) يَخْدع (٢) يكيد (٣) ينال بالمكيدة أو الخداع (٤) يأسر : يثير اهتمام شخص أو رغبته أو فضوله <a novel that ~*s* the reader> **x** (٥) يتآمر § (٦) «أ» خداع؛ مكيدة. «ب» مخادعة؛ كَيْد (٧) علاقة غرامية [سرّيّة أو غير شرعية] .
— **in·tri·guer; in·tri·guing** *(n.)*

in·trin·sic; -al [ĭn trĭn′-] *(adj.)* (١) جوهريّ (٢) حقيقيّ؛ فعليّ (٣) داخليّ : ناشئ أو واقع ضمن الجسم أو ضمن عضوٍ من أعضائه .

intro- بادئة معناها : «أ» في؛ إلى . «ب» ضمنَ؛ نحو الباطن .

in·tro·duce [ĭn′trə dyo͞os′] *(vt.)* (١) «أ» يقود [إلى حُجرة إلخ] . «ب» يُدْخِل . وبخاصة : يُدخل نباتًا أو حيوانًا إلى بلدٍ ما للمرة الأولى (٢) يضع موضع الاستعمال (٣) «أ» يعرّف [شخصًا إلى آخر] . «ب» يقدّم شخصًا، بصورة رسمية، إلى بلاد أو مجتمع . «ج» يقدّم مشروع قانون إلخ . «د» يصدّر؛ يضع مقدمة لبحثٍ إلخ . «هـ» يقدّم [ممثلًا أو مغنيًا] إلى الجمهور للمرة الأولى (٤) يُدْخِل؛ يُولِج (٥) يُطْلع على مبادئ فنٍ ما <He ~*d* him to chess.> .

in·tro·duc·tion *(n.)* (١) «أ» مقدِّمة . «ب» مَدْخل؛ رسالة أو دراسة تمهيدية في موضوع ما <an ~ to astronomy> . «ج» مقدّمة موسيقية (٢) تقديم؛ تعريف (٣) إدخال؛ إيلاج (٤) الطّارف : شيء يُدخَل للمرة الأولى . وبخاصةٍ : نبتة جديدة أو حيوان جديد .

in·tro·duc·to·ry [-dŭk′tə rĭ] *(adj.)* تمهيديّ؛ استهلاليّ؛ تقديميّ .

in·tro·gres·sion [-grĕsh′ən] *(n.)* الاستبطان : دخول أو إدخال إحدى المورِّثات أو الجينات من مُرَكّب مُوَرِّثي إلى آخر (أح) .

in·troit [ĭn′trō ĭt] *(n.)* الافتتاحية : «أ» صلاة القدّاس الافتتاحية . «ب» لحن يُعزف أو يُنْشَد عند افتتاح الصلاة (نص) .

in·tro·ject [-jĕkt′] *(vt.)* يُشْرِب : يغرس فيه فكرة بطريقة لا واعية .

in·tro·jec·tion *(n.)* الإشراب : غَرْسُ فكرةٍ ما بطريقة لا واعية .

in·tro·mit [ĭn′trə mĭt′] *(vt.)* يُدْخِل؛ يُولِج؛ يُقحِم .

in·trorse [ĭn trôrs′] *(adj.)* مُباطِن : متّجهٌ نحو الباطن أو نحو محور النموّ (نب) .

in·tro·spect [ĭn′trə spĕkt′] *(vt.; i.)* يستبطن : يفحص [المرءُ] أفكاره ودوافعه ومشاعره (نف) .
— **in·tro·spec·tive** *(adj.)*

in·tro·spec·tion *(n.)* الاستبطان (را . المادة السابقة) .

in·tro·ver·sion [-′shən] *(n.)* الانطواء الذاتيّ؛ الانكفاء على الذات .

in·tro·vert [*v.* ĭn′trə vûrt′; *n., adj.* ĭn′trə vûrt′] *(vt.; n.; adj.)* (١) يدير أو يلوي نحو الباطن (٢) يطوي : يركّز [أفكاره] على ذاته على نحو انطوائي (نف) (٣) يجعله انطوائيًا § (٤) المنطوي : شخص منطوٍ على ذاته § (٥) انطوائيّ .

in·trude [ĭn tro͞od′] *(vi.; t.)* (١) يتطفَّل (٢) يقتحم؛ يَدْخل عَنْوةً **x** (٣) يُقحم؛ يُدخِل عنوةً .

in·tru·sion [-tro͞o′zhən] *(n.)* (١) تطفُّل؛ اقتحام . وبخاصة : تعدٍّ على ممتلكات الآخرين (٢) التّدخُّل : اندساس الصُّهارة أو الصخر الذائب في طبقات صخر آخرَ أو في تجاويفه (جي) .

in·tru·sive [-′sĭv] *(adj.)* (١) «أ» تطفّلي؛ اقتحاميّ . «ب» متطفّل؛ مقتحم (٢) «أ» متدخِّل : مندسّ، وهو في الحالة العجينية، في طبقات صخر آخر أو في تجاويفه (جي) . «ب» platonic (٣) مُقْحَم : صفة للحرف أو للصوت يُقْحَم من غير مبرِّر صَرْفي أو نحويّ أو تاريخيّ (ل) .

in·trust [ĭn trŭst′] *(vt.)* = entrust.

in·tu·bate [ĭn′tyo͝o bāt′] *(vt.)* يُؤَنْبب (را . المادة التالية) .

in·tu·ba·tion *(n.)* الأنْبَبَة : إدخال أنبوب في عضوٍ أجوف [كقصبة الرئة] لإبقائه مفتوحًا (ط) .

in·tu·it [ĭn to͝o′ĭt; -tyo͝o′-] *(vt.)* يَحْدِس؛ يَعرف بالحَدس .

in·tu·i·tion [ĭn to͝o ĭsh′-; -tyo͝o-] *(n.)* (١) حَدْس (٢) بديهة .

in·tu·i·tion·ism *(n.)* الحَدْسيّة : «أ» نظرية تقول بأن الحقائق الأساسية تُدْرَك بالحَدْس . «ب» نظرية تقول بأن القِيَم والواجبات الأخلاقية يمكن إدراكها بالبداهة .

in·tu·i·tive [ĭn to͝o′ə tĭv] *(adj.)* (١) حَدْسي؛ بَدَهيّ (٢) مُدْرَك بالحدس أو البديهة (٣) نَزّاع إلى الحدس .

in·tu·mesce [ĭn′to͝o mĕs′; -tyo͝o-] *(vi.)* ينتفخ؛ يتضخّم .

in·tu·mes·cence [-′əns] *(n.)* (١) انتفاخ؛ تضخُّم (٢) شيء منتفخ .

in·tus·sus·cept [ĭn′tə sə sĕpt′] *(vt.; i.)* (١) يُغمِد x (٢) يَنْغَمِد .

in·tus·sus·cep·tion [-′shən] *(n.)* (١) الانغماد المعويّ (ط) (٢) التَّغمُّد: تمثُّل أو هضم مادة جديدة وبثُّها في ثنايا مادة موجودةٍ من قبل (فس).

in·twine [ĭn twīn′] *(vt.; i.)* = entwine.

in·twist [ĭn twĭst′] *(vt.)* = entwist.

Inuk·ti·tut *(n.)* الإينُكتيتُوت: مجموعة من لهجات الأسكيمو .

in·u·lin [ĭn′yə lĭn] *(n.)* الإينولين: سُكّر عُدادي يُستخرج من جذور بعض النباتات (ك).

in·unc·tion [ĭn ŭngk′-] *(n.)* المَسْح: دَهْنٌ بزيت أو مَرْهم.

in·un·date [ĭn′ən dāt; ĭn ŭn′-] *(vt.)* يَغْمُر؛ يُغْرِق.

in·un·da·tion [ĭn′ən dā′-] *(n.)* غَمْر؛ إغراق.

in·ure [ĭn yoor′] *(vt.; i.)* (١) يُمَرِّس؛ يعوِّد [على المَكارِه] x (٢) يتراكم (٣) يُصبح ذا فائدة أو نافذ المفعول.

in·urn [ĭn ûrn′] *(vt.)* (١) يدفن (٢) يُقَوْرِر: يضع في قارورة.

in ute·ro [ĭn yoot′ə rō] *(adv.; adj.)* في الرَّحم؛ قبل الولادة.

in·u·tile [ĭn yoo′tĭl] *(adj.)* عديم الجدوى؛ لا غَناء فيه.

in va·cu·o [ĭn văk′yoo ō] *(adv.)* في الخَواء؛ في الفراغ.

in·vade [ĭn vād′] *(vt.)* (١) يغزو؛ يجتاح (٢) يعتدي على؛ ينتهك حُرمة كذا <~*d* the rights of citizens>.

in·vag·i·nate [ĭn văj′ə nāt′] *(vt.; i.)* (١) يُغمد (٢) يطويه ظهرًا لبطن x (٣) «أ» ينغمد. «ب» ينطوي ظهرًا لبطن.

in·vag·i·na·tion *(n.)* (١) إغماد (٢) انغماد (٣) الانغماد المعويّ (ط).

in·val·id[1] [ĭn văl′ĭd] *(adj.)* (١) باطل؛ لا أساس له من الصحة (٢) لاغٍ؛ لا سِناد له من القانون.

in·va·lid[2] [ĭn′və lĭd] *(adj.; n.; vt.)* (١) معتلّ؛ مريض؛ عاجز (٢) مَرَضيّ؛ عَجزيّ: خاصّ بمريض أو عاجز <~ diets> § (٣) المريض؛ العاجز. وبخاصة: جندي أو بحّار غير صالح للخدمة العسكرية § (٤) يُخرجه من الخدمة العسكرية [بسبب من مرض أو عجز] (٥) يُمرض؛ يجعله عاجزًا <was ~*ed* for life>.

in·val·i·date [ĭn văl′-] *(vt.)* (١) يُضْعف؛ يوهن (٢) يُبْطل؛ يَنْسَخ.

in·va·lid·ism [ĭn′və-] *(n.)* السَّقام: اعتلال صحّيّ متطاول أو مزمن.

in·val·u·a·ble [ĭn văl′yoo-] *(adj.)* نفيس؛ لا يُثمَّن؛ لا يقوَّم بمال.

in·var·i·a·bil·i·ty [ĭn vâr′ĭ ə bĭl′ĭ-] *(n.)* الثابتيّة؛ اللامتغيِّرية.

in·var·i·a·ble [ĭn vâr′ĭ ə bəl] *(adj.; n.)* (١) ثابت؛ لا متغيّر § (٢) شيء ثابت أو غير متغيِّر.

in·var·i·ance [ĭn vâr′ĭ əns] *(n.)* = invariability.

in·var·i·ant [-ənt] *(adj.; n.)* (١) ثابت؛ لا متغيّر § (٢) الكمية الثابتة (ر).

in·va·sion [ĭn vā′zhən] *(n.)* (١) غزو؛ اجتياح (٢) تعدٍّ؛ انتهاك.

in·va·sive [ĭn vā′sĭv] *(adj.)* (١) غَزويّ؛ اجتياحيّ؛ عدوانيّ <~ wars> (٢) توسّعي، وبخاصة: نزّاع إلى غزو الأنسجة السليمة <~ cancer cells> (٣) عُدوانيّ: نزّاع إلى التعدّي والانتهاك.

in·vec·tive [ĭn vĕk′tĭv] *(adj.; n.)* (١) قَدْحيّ؛ ذَمّيّ؛ طَعْنيّ § (٢) قَدْح؛ ذمّ؛ طعن.

in·veigh [ĭn vā′] *(vi.)* يندِّد بـ؛ يهاجم بعنف.

in·vei·gle [ĭn vē′gəl; -vā′-] *(vt.)* يُغري؛ يُغوي [وبخاصة بالتملّق].

in·vent [ĭn vĕnt′] *(vt.)* (١) يُلَفِّق (٢) يخترع.

in·ven·tion [ĭn vĕn′-] *(n.)* (١) كَشْف؛ اكتشاف (٢) الابتكارية؛ الإبداعية؛ الخيال المبدِع (٣) شيء مُبْتَدَع، مثل: «أ» تلفيق؛ كلام ملفَّق. «ب» مُختَرَع؛ أداةٌ مُختَرَعة (٤) الاختراع؛ عملية الاختراع.

in·ven·tive [ĭn vĕn′-] *(adj.)* (١) مُبْدِع؛ خلّاق (٢) إبداعيّ.

in·ven·tive·ness *(n.)* الإبداعية؛ الابتكارية؛ القدرة على الابتداع.

in·ven·tor [ĭn vĕn′tər] *(n.)* (١) الملفِّق (٢) المخترِع.

in·ven·to·ry [ĭn′vən tōr′ĭ] *(n.; vt.)* (١) الجَرْد: «أ» قائمة مفصّلة بالسِّلع أو الموجودات. «ب» مَسْحٌ للموارد الطبيعية. «ج» بيان مفصَّل [بالصفات والاهتمامات والقدرات يُستخدم لتقدير الخصائص أو البراعات الشخصية] (٢) المخزون: الموجود في المخزن من البضائع (٣) الجَرْد: عملية الجَرْد § (٤) يَجْرُد. — **in·ven·to·ri·al** *(adj.)*

in·ven·tress *also* **in·ven·trix** [ĭn vĕn′-] *(n.)* (١) الملفِّقة (٢) المخترِعة.

in·ver·ness [-nĕs′] *(n.)* الإنفرناسية: سترة ذات حزام ودِثارٍ للكتفين.

in·verse [ĭn vûrs′; ĭn′vûrs] *(adj.; n.)* (١) معكوس (٢) عكسيّ؛ معاكس (٣) مقلوب رأسًا على عقب § (٤) عَكْس؛ ضدّ (٥) انقلاب؛ ارتكاس.

inverse figure *(n.)* الشَّكل العكسيّ (ر).

inverse function *(n.)* الدّالّة العكسية (ر).

in·verse·ly [ĭn vûrs′lĭ] *(adv.)* عكسًا؛ عكسيًّا.

inversely proportional متناسبٌ عكسيًّا.

inverse ratio *(n.)* النِّسبة العكسية: نسبة مقلوبة (ر).

inverse–square law *(n.)* قانون التربيع العكسي (فز).

inverse variation *(n.)* التغيُّر العكسيّ (ر).

inver·sion [ĭn vûr′zhən; -shən] *(n.)* (١) قَلْبٌ؛ عكس (٢) انقلاب؛ ارتكاس (٣) العَكْس: تغيير في الوضع السويّ للكلمة. وبخاصة: تقديم الفعل على فاعله (ل) (٤) القَلْب: تغيير أو قلبٌ لمواضع النغمات الموسيقية (٥) التعاكُس (ر) (٦) العكس: تحويل مادة متميِّزة بالميامَنة إلى مادة متميِّزة بالمياسَرة والعكسُ بالعكس (ك) (٧) اللِّواطة: اشتهاء المماثِل (٨) الانقلاب: ازدياد في حرارة الهواء نتيجةً للارتفاع فوق سطح الأرض [بدلًا من انخفاضها] (٩) العَكْس: تحويل تيار مطّرِد إلى تيار متردِّد (كب).

in·ver·sive [ĭn vûr′sĭv] *(adj.)* قلبيّ؛ عَكْسيّ.

in·vert [*v.* ĭn vûrt′; *n.; adj.* ĭn′vûrt] *(vt.; n.; adj.)* (١) يقلب [بطنًا لظهر أو رأسًا على عقب] (٢) «أ» يعكس [الوضعَ أو الترتيبَ أو العلاقةَ]. «ب» يقلب (مو). «ج» يعكس («ك» و«ل») § (٣) المقلوب؛ المعكوس: شيء مقلوب أو معكوس (٤) اللّواطيّ: مشتهي المماثل § (٥) معكوس: محوَّل من مادة متميزة بالميامنة إلى مادة متميِّزة بالمياسرة والعكس بالعكس (ك).

in·ver·tase [ĭn vûr′tās] *(n.)* الإنفرتاز: أنزيمة قادرة على تحويل سكّر

القصب إلى سكَّر منقلب (را. invert sugar).

in·ver·te·brate [ĭn vûr′tə brĭt; -brāt′] *(adj.; n.)* (١) لافَقاريّ (٢) ضعيف: تعوزه القوة أو الحيوية § (٣) اللافقاريّ: حيوان لافقاريّ (٤) الضعيف: شخص تعوزه القوة أو الحيوية.

inverted commas *(n. pl.)* علامتا الاقتباس (« ») أو (" ").

in·vert·er *(n.)* (١) العاكس؛ القالب؛ المحوِّل (٢) المحوِّلة: أداة لتحويل التيار المطَّرد إلى تيار متردِّد [بوسائل ميكانيكية أو الكترونية].

in·vert·i·ble [ĭn vûrt′-] *(adj.)* عَكُوس: قابلٌ لأن يُعْكَس أو يُقلب.

invert sugar *(n.)* السُّكَّر المنقلِب: «أ» مزيج من سكَّر العنب وسكَّر الفاكهة. «ب» سكّر عنبٍ مستخرجٌ من النشا.

in·vest [-vĕst′] *(vt.; i.)* (١) «أ» يقلِّده منصبًا أو رتبة. «ب» يمنحه سُلطة (٢) يغطي؛ يغلِّف (٣) يكسو؛ يزيِّن (٤) يطوِّق؛ يحاصر (٥) يُشرب؛ يغرس في (٦) يُنْفِق <~*ed* large sums on books> (٧) يشتري **x** (٨) يُثَمِّر: يوظِّف مالًا.

in·ves·ti·gate [ĭn vĕs′tə gāt′] *(vt.; i.)* يبحث؛ يحقِّق في؛ يستقصي [الأسباب إلخ].

— **in·ves·ti·ga·tion; in·ves·ti·ga·tor** *(n.)* — **in·ves·ti·ga·tive** *(adj.)*

in·ves·ti·ture [-′tə chər] *(n.)* (١) تقليد منصب أو رتبة (٢) كِساء؛ حِلية.

in·vest·ment [ĭn vĕst′mənt] *(n.)* (١) غلاف (٢) تقليد منصبٍ أو رتبة (٣) تطويق؛ حصار (٤) تثمير: توظيف مال.

in·vet·er·ate [ĭn vĕt′ər ĭt] *(adj.)* (١) متأصِّل؛ متمكِّن؛ راسخ الجذور <an ~ tendency> (٢) مدمن <an ~ smoker> (٣) عنيد؛ ملحّ <~ demands> (٤) مستمرّ؛ متواصل <~ smell>.

in·vi·a·ble [ĭn vī′ə bəl] *(adj.)* غير قابل للحياة.

in·vid·i·ous [ĭn vĭd′ĭ əs] *(adj.)* (١) مثير للاستياء أو البغض أو الحسد (٢) حسود (٣) مؤذٍ (٤) متحيِّز.

in·vig·o·rate [ĭn vĭg′ə rāt′] *(vt.)* يقوّي؛ ينعش؛ ينشِّط.

in·vin·ci·ble [ĭn vĭn′sə bəl] *(adj.)* (١) لا يُغْلَب؛ لا يُقهَر <an ~ army> (٢) كؤود؛ لا يُذَلَّل <an ~ difficulty>.

in·vi·o·la·ble [ĭn vī′ə-] *(adj.)* (١) حَرام: لا تُنْتهك حرمتُهُ (٢) منيع.

in·vi·o·late [ĭn vī′ə lĭt; -lāt′] *(adj.)* غير مُنْتَهَك. وبخاصة: «أ» طاهر؛ صافٍ. «ب» سليم؛ لم يُمَسّ. «ج» لا تُنتهك حرمتُهُ.

in·vis·i·ble [ĭn vĭz′-] *(adj.)* خفيّ؛ محجوب؛ غير منظور.

in·vi·ta·tion [ĭn′və tā′-] *(n.)* (١) «أ» دعوة. «ب» اقتراح (٢) إغراء.

in·vi·ta·tor·y [ĭn vī′tə tōr′ĭ] *(adj.; n.)* (١) دَعْوي: متضمِّن دعوةً § (٢) مزمور دَعْويّ [كالذي مطلعه «تعالوا نرتّل»].

in·vite [*v.* ĭn vīt′; *n.* ĭn′vīt] *(vt.; n.)* (١) «أ» يشجِّع؛ يغري <The cool water of the lake ~*s* us to swim.> «ب» يستدرج: يتصرَّف على نحو يفضي إلى كذا أو يزيد في احتمال حدوثه <to ~ danger> (٢) «أ» يدعو [إلى وليمة إلخ]. «ب» يطلب بكياسة؛ يعلن ترحيبه بِـ <to ~ questions *or* opinions> (٣) يستدرج [عروضًا لتنفيذ مشروع ما] § (٤) دعوة (ع).

in·vi·tee [ĭn vī tē′] *(n.)* المَدْعُوّ [إلى حفلة أو مأدبة إلخ].

in·vit·ing [ĭn vī′-] *(adj.)* جذّاب؛ مُغْرٍ <~ offers>.

in vi·tro [ĭn vē′trō] *(adv.; adj.)* في الزجاج؛ خارج الجسم الحيّ؛ في أنبوب اختبار أو نحوه <~ cultivation of tissues>.

in vi·vo [ĭn vē′vō] *(adv.; adj.)* في الجسم الحيّ [لنبات أو حيوان] <~ synthesis of vitamin D>.

in·vo·cate [ĭn′və kāt′] *(vt.)* = invoke.

in·vo·ca·tion [ĭn′və kā′-] *(n.)* (١) «أ» توسُّل؛ تضرُّع، وبخاصة: ابتهال؛ دعاء [ديني]. «ب» استرحام (٢) «أ» تعزيم؛ تعويذ. «ب» رُقية؛ تعويذة (٣) الإنفاذ: وضعُ [قانونٍ إلخ] موضعَ التنفيذ.

in·voice [ĭn′vois] *(n.; vt.; i.)* (١) الفاتورة: قائمة بالحساب أو المبيعات (٢) السّلع المرسَلة أو المُستَلَمَة § (٣) يُعدّ فاتورة؛ يُقدِّم فاتورةً إلى.

in·voke [ĭn vōk′] *(vt.)* (١) «أ» يتوسل أو يتضرَّع إلى. «ب» يستشهد بِـ <to ~ Plato> (٢) يستحضر [روحًا] (٣) يُناشد (٤) يُنْفِذ: يضع موضع التنفيذ (٥) يُحدِث؛ يسبِّب.

in·vol·u·cel [ĭn vŏl′yə sĕl] *(n.)* القُنَيْب: قُناب صغير (نب).

in·vo·lu·cral [ĭn′və lo͞o′krəl] *(adj.)* (١) قُنابيّ: منسوب إلى القُناب (را. involucre) (٢) قُنابانيّ: شبيهٌ بالقُناب.

A. involucel
B. involucre

in·vo·lu·crate [-′krĭt] *(adj.)* مُقَنَّب: ذو قُناب (نب).

in·vo·lu·cre [ĭn′və lo͞o′kər] *(n.)* القُناب: مجموعة من القِنابات (را. bract) حول الزهرة.

in·vo·lu·cred [-kərd] *(adj.)* = involucrate.

in·vo·lu·crum [ĭn′və lo͞o′krəm] *(n.)* pl. **-cra** = involucre.

in·vol·un·tar·i·ly *(adv.)* (١) كَرْهًا؛ لاطَوْعيًا (٢) إلزاميًا (٣) لاإراديًا.

in·vol·un·tar·y [ĭn vŏl′ən tĕr′ĭ] *(adj.)* (١) كَرْهيّ؛ لاطَوْعيّ (٢) إلزاميّ (٣) لاإراديّ.

in·vo·lute [ĭn′və lo͞ot′] *(adj.; n.; vi.)* (١) «أ» ملتفّ [لولبيًا]. «ب» متلفِّف: مُلَوْلَب إلى الدّاخل (٢) معقَّد § (٣) المنحني المُنْشَأ (هن) § (٤) يلتفّ (٥) «أ» ينكمش: يرجع إلى وضع سابق. «ب» يزول؛ يختفي.

in·vo·lu·tion [ĭn′və lo͞o′-] *(n.)* (١) «أ» لَفّ؛ التفاف. «ب» تركيب مُعَقَّد [يُفْصَل فيه بين المُسْنَد والمُسْنَد إليه بجملة معترضة] (ل). «ج» تعقيد؛ تعقُّد (٢) التّرقية (مج)؛ الرَّفع إلى القُوى (ر) (٣) انحناء نحو الداخل (٤) انكماش أو عودة إلى الحجم السابق (٥) التغيُّرات الارتداديّة: تغيُّرات تصيب الجسد بحكم التقدم في السنّ فتُضعف من حيويّته [كانقطاع الحيض عند النساء].

in·volve [ĭn vŏlv′] *(vt.)* (١) «أ» يستخدم. «ب» يورِّط. «ج» يستغرق؛ ينهمك في (٢) يحيط بِـ؛ يغلِّف (٣) يربط؛ يصل (٤) «أ» يشمل؛ يتضمَّن. «ب» يستلزم؛ يقتضي ضمنًا. «ج» يؤثِّر في.

— **in·volve·ment** *(n.)*

in·volved [ĭn vŏlvd′] *(adj.)* (١) مُلْتَفّ أو مُلْتَوٍ (٢) «أ» معقَّد. «ب» مشوَّش؛ متشابك؛ «مُشَرْبَك» (٣) متورِّط في.

in·vul·ner·a·ble [ĭn vŭl′-] *(adj.)* (١) متعذِّر جَرْحُهُ أو إيذاؤه أو إنزال الضرر فيه (٢) منيع؛ حصين (٣) دامغ؛ مُفحِم.

in·ward [ĭn′wərd] *(adj.; adv.; n.)* (١) داخليّ (٢) «أ» عقليّ. «ب» روحيّ؛ باطنيّ. «ج» جوهريّ؛ أساسيّ (٣) متّجه نحو الداخل § (٤) إلى الداخل: نحوَ الداخل أو المركز (٥) إلى الباطن: نحوَ العقل والروح § (٦) جوهر؛ روح (٧) جزء داخليّ.

in·ward·ly [-lĭ] *(adv.)* (١) عقليًّا؛ روحيًّا (٢) «أ» داخليًّا <has bled ~>. «ب» بين المرء وبين نفسه: سرًّا <laughed ~>.

in·ward·ness [-nəs] *(n.)* (١) الداخلية: الصفة أو المادة الداخلية <became aware of the ~ of my body>. (٢) الجوهر؛ جوهر الشيء (٣) الاستبطانيّة: استغراق المرء في حياته العقليّة أو الروحيّة.

in·wards [ĭn′wərdz] *(adv.; n. pl.)* (١) inward 4-5 § (٢) الأجزاء الداخلية من (٣) أحشاء.

in·weave [ĭn wēv′] *(vt.)* = interweave.

in–wrought [ĭn rôt′] *(adj.)* (١) مُزَخْرَف (٢) مطرَّز (ا. ق).

iod- *or* **iodo-** بادئة معناها: يُود <*iod*ize; *iodo*form>.

i·o·date [ī′ə dāt′] *(n.; vt.)* (١) اليودات: ملح الحَمْض اليُوديّ (ك) § (٢) يُيَوِّد: يشبع باليود أو يعالج به (ك).

—i·o·da·tion *(n.)*

i·od·ic [ī ŏd′ĭk] *(adj.)* يوديّ: ذو علاقةٍ باليُود أو محتوٍ عليه (ك).

iodic acid *(n.)* الحَمْض اليُوديّ (ك).

i·o·dide [ī′ə dīd′; -dĭd] *(n.)* اليُوديد: مُرَكَّب مشتملٌ على يود (ك).

i·o·din·a·tion [ī′ə də nā′-] *(n.)* التَّيْويد: المعالجة باليود أو المزجُ به.

i·o·dine [ī′ə dīn′; -dĭn] *also* **i·o·din** [ī′ə dĭn] *(n.)* اليود (ك).

i·o·dize [ī′ə dīz′] *(vt.)* يُيَوِّد: يعالج باليُود أو باليُوديد (ك).

iodo- = iod-.

i·o·do·form [ī ō′də-; ī ŏd′ə-] *(n.)* اليودوفورم: مركَّب متبلّر (ك).

i·o·dous [ī ō′dəs; ī ŏd′əs] *(adj.)* يوديّ: منسوب إلى اليود (ك).

i·on [ī′ən; ī′ŏn] *(n.)* الأيون؛ الدّالف؛ الشاردة («فز» و«ك»).

-ion لاحقة معناها: «أ» عمل أو عملية <rebell*ion*>. «ب» نتيجة عمل أو عملية <solu*tion*>. «ج» وضع أو حالة <subjec*tion*>.

ion exchange *(n.)* التبادل الأيوني؛ تبادل الأيونات (ك).

i·on·ic [ī ŏn′ĭk] *(adj.)* أيونيّ؛ دالفيّ؛ شارديّ (را. ion).

I·on·ic [ī ŏn′ĭk] *(adj.; n.)* (١) أيونيّ: «أ» خاصّ بالطراز الأيونيّ. «ب» منسوب إلى أيونيا أو إلى الأيونيين § (٢) الأيونية: إحدى لهجات اللغة اليونانية القديمة.

Ionic capital

i·o·ni·um [ī ō′nĭ əm] *(n.)* الأيونيوم: نظير طبيعيٌّ للثوريوم (ك).

i·on·i·za·tion [ī′ə nə zā′-] *(n.)* (١) التأيُّن: التحوُّل إلى أيونات (٢) التأيين: تحويلٌ إلى أيونات.

ionization chamber *(n.)* حجرة التأيُّن.

i·on·ize [ī′ə-] *(vt.; i.)* (١) يُؤيِّن: يحوِّل إلى أيونات x (٢) يتأيَّن.

ionizing agent *(n.)* العامل المؤيِّن.

i·on·o·sphere [ī ŏn′ə sfēr′] *(n.)* الأيونوسفير؛ الغلاف الأيوني: جزء من الغلاف الجوّي [ابتداءً من ٥٠ كلم فوق سطح البحر].

i·o·ta [ī ō′tə] *(n.)* (١) إيوتا: الحرف التاسع في الأبجديّة اليونانيّة (٢) ذرّة؛ مقدار ذرّة؛ شيء ضئيل جدًّا.

IOU [ī′ō yōō′] *(n.)* (١) إني مدينٌ لك: ورقة اعتراف بدَيْن تحمل هذه الحروف الثلاثة [وهي مختصر I owe you] (٢) دَيْن.

ip·e·cac [ĭp′ə kăk] *or* **ip·e·cac·u·an·ha** [ĭp′ə kăk′yōō ăn′ə] *(n.)* عِرْق الذهب: شجيرة استوائية معترشة.

ip·sis·si·ma ver·ba [ĭp sĭs′ĭ mȧ vûr′bȧ] *(n. pl.)* الحرف الواحد: الكلمات نفسها المستعملة من قِبَل شخص مُسْتَشْهَدٍ بكلامه.

ip·so fac·to [ĭp′sō făk′tō] *(adv.)* في ذات نفسه؛ بحكم الطبع؛ بحكم طبيعة الحالة نفسها <Training in speech is ~ training in personality.>.

IQ *also* **I·Q·** [ī′kyōō′] *(n.)* = intelligence quotient.

ir- بادئة معناها: غير؛ لا <*ir*regular>.

I·ra·ni·an [ī rā′nĭ ən] *(n.; adj.)* (١) الإيراني: أحد أبناء إيران (٢) اللغات الإيرانية § (٣) إيرانيّ.

Iranian languages *(n. pl.)* اللغات الإيرانية: فرع من أسرة اللغات الهندية الإيرانية يشمل اللغة الفارسية واللغة الكردية ولغة الباشتو.

I·ra·qi [ĭ răk′ē; ē răk′ē] *(n.; adj.)* (١) العراقيّ: أحد أبناء العراق (٢) العامية العراقية § (٣) عراقيّ.

i·ras·ci·ble [ĭ răs′ə bəl] *(adj.)* غَضُوب؛ سريع الغضب.

i·rate [ī′rāt] *(adj.)* (١) غاضب (٢) غَضُوب؛ سريع الغضب.

ire [īr] *(n.)* غَضَبٌ؛ غَيْظٌ؛ حَنَقٌ.

ire·ful [īr′fəl] *(adj.)* (١) غاضب <an ~ look> (٢) غضوب.

i·ren·ic [ī rĕn′ĭk] *(adj.)* سِلْمِيّ: مُفْضٍ إلى السلام أو مُعِينٌ عليه.

irid- *or* **irido-** بادئة معناها: «أ» قوس قُزَح <*irid*escent>. «ب» قُزَحية العين. «ج» إريديوم؛ إريديوم و... <*irid*osmine>.

i·ri·da·ceous [ĭr′ə dā′shəs; ī′rĭ-] *(adj.)* سَوْسَنيّ (نب).

ir·i·des·cence [ĭr′ə dĕs′əns] *(n.)* التَّقزُّح: تلوُّن قُزَحيّ وبخاصة في فقاقيع الصابون.

ir·i·des·cent [ĭr′ə dĕs′ənt] *(adj.)* متقزِّح اللون.

i·rid·ic *(adj.)* (١) إريديوميّ (٢) قُزَحيّ: ذو علاقة بقُزَحيّة العين.

i·rid·i·um [ī rĭd′ĭ əm] *(n.)* الإريديوم: عنصر فلزّي نادر (ك).

ir·i·dos·mine [ĭr′ə dŏz′mĭn] *(n.)* الإريدوسمين: أُشابةٌ تشتمل على إريديوم وأوزميوم.

i·ris [ī′rĭs] *(n.)* pl. **i·ris·es** *or* **ir·i·des** (١) قوس قُزَح (٢) القُزَحية؛ قُزَحية العين (ت) (٣) السَّوسن؛ الرفيف (نب).

I·ris [ī′rĭs] إيريس: إلاهة قوس قُزَح ورسولة الآلهة عند الإغريق.

iris diaphragm *(n.)* الحجاب القُزَحي: أداة لتعديل مقدار

iris diaphragm

الضوء النافذ عبر عدسة ما .

I·rish [ī′rĭsh] *(n.; adj.)* (١) الإيرلنديون (٢) اللغة الإيرلندية (٣) الويسكي الإيرلندية § (٤) إيرلندي .

Irish coffee *(n.)* القهوة الإيرلندية : قهوة حارّة مُحَلّاة ممزوجة بالويسكي الإيرلنديّة والكريما المخفوقة .

Irish Gaelic *(n.)* الغيليّة الإيرلندية : لغةُ إيرلندا السَّلْتية .

I·rish·ism *(n.)* المصطلَح الإيرلنديّ : لفظ أو تعبير مميِّز للإيرلنديين .

I·rish·man [ī′rĭsh măn] *(n.)* الإيرلنديّ : أحد أبناء إيرلندا .

Irish setter *(n.)* السّاطِر الإيرلنديّ : ضرب من كلاب الصيد .

Irish terrier *(n.)* التَّرْيَر الإيرلندي : ضرب من كلاب الصيد .

Irish wolfhound *(n.)* الكلب الذئبيّ الإيرلنديّ .

Irish wolfhound

I·rish·wom·an [ī′rĭsh-] *(n.)* الإيرلندية : امرأة إيرلندية .

i·ri·tis [ī rī′tĭs] *(n.)* التهاب القُزَحيّة (ط) .

irk [ûrk] *(vt.)* يُضْجِر ؛ يضايق .

irk·some [ûrk′səm] *(adj.)* مُضْجِر ؛ مضايِق .

i·ron [ī′ərn] *(n.; adj.; vt.; i.)* (١) الحديد (٢) شيء مصنوع من حديد . مثل «أ» *pl.*عد : أصفاد ؛ أغلال . «ب» المِيْسَم : حديدة الوسم . «ج» الحَرْبون : رمح لصيد الحيتان . «د» مِكواة . «هـ» صولجان للغولف [حديديّ الرأس] (٣) قوة ؛ صلابة § (٤) حديديّ (٥) شبيه بالحديد (٦) «أ» قويّ ومعافى : مَكين . «ب» لا يلين § (٧) يزوّد أو يكسو بالحديد (٨) يقيّد بالأصفاد (٩) يزيل [التجاعيد إلخ] بالكيّ x (١٠) يكوي [الملابس] .

to ~ out يُمهِّد ؛ يسوّي ؛ يزيل النتوءات أو الخلافات .

iron age *(n.)* عصر الحديد : آخر وأسوأ عصر من عصور العالم ويتميّز - في اعتقاد القدامى - بالكدح والأنانية والتفسّخ .

Iron Age *(n.)* عصر الحديد : عصر تلا العصرَ الحجريّ وعصرَ البرونز .

i·ron·bound [ī′ərn bound′] *(adj.)* (١) مُطوَّق بالحديد ؛ مُكبَّل بالحديد <an ~ prisoner> (٢) وعر ؛ تكتنفه الصخور <an ~ coast> (٣) صارم ؛ قاسٍ <~ traditions> .

i·ron·clad [*adj.* ī′ərn klăd′; *n.* -klăd′] *(adj.; n.)* (١) مُدَرَّع بالحديد (٢) «أ» صارم ؛ قاسٍ . «ب» مُلزِم § (٣) المدرَّعة : سفينة حربية مدرَّعة .

iron curtain *(n.)* السّتار الحديدي : حاجز سياسي أو عسكري أو إيديولوجي يَعْزِل منطقةً ما عن سائر مناطق العالم .

i·ron·er [ī′ər nər] *(n.)* (١) الكوّاء (٢) mangle .

i·ron·fist·ed *(adj.)* (١) بخيل ؛ منقبض الكفّ (٢) قاسٍ ؛ صارم .

iron gray *(n.)* الرماديّ الحديدي (لون) .

i·ron·heart·ed *(adj.)* حديديّ الفؤاد : قاسٍ ؛ متحجّر القلب .

iron horse *(n.)* الجواد الحديديّ : «أ» قاطرة . «ب» درّاجة هوائية .

i·ron·ic *or* **-al** [ī rŏn′-] *(adj.)* (١) سُخْرِيّ ؛ تهكّميّ <an ~ compliment> (٢) ساخر : ميّال إلى السخرية <an ~ writer> .

ironing board *or* **table** *(n.)* لوحُ الكيّ ؛ طاولة الكيّ .

i·ro·nist [ī′rə nĭst] *(n.)* الساخر : الميّال إلى السخرية أو البارع فيها .

iron lung *(n.)* الرِّئة الحديدية : أداة للتنفّس الاصطناعي .

i·ron·mas·ter *(n.)* صانع الحديد ؛ صاحب مصنع الحديد .

i·ron·mon·ger [ī′ərn mŭng′gər] *(n.)* الخُردواتي : تاجر الخردوات .

i·ron·mon·ger·y [-gə rĭ] *(n.)* الخُردوات [أو تجارتها أو محلّ بيعها] .

iron pyrites *or* **iron pyrite** *(n.)* = pyrite.

i·ron·side *(n.)* الرجل الحديديّ : رجل عظيم القوة أو الشجاعة .

i·ron·smith [ī′ərn smĭth′] *(n.)* الحدّاد .

i·ron·stone [ī′ərn stōn′] *(n.)* حجر الحديد .

i·ron·ware [ī′ərn wâr′] *(n.)* الأدوات الحديدية .

i·ron·wood [-wŏŏd′] *(n.)* (١) الخشب الحديديّ : أيّ من أشجار أو شجيرات ذات خشب شديد الصّلادة (٢) خشب الخشب الحديديّ .

i·ron·work [-wûrk′] *(n.)* (١) أجزاء أو أدوات حديديّة <ornamental ~> (٢) *pl.* : مصنع الحديد .

i·ro·ny [ī′rə nĭ] *(n.)* (١) التجاهُل : تظاهر بالجهل أثناء المناقشة (٢) «أ» سخرية ؛ تهكُّم . «ب» تعبير ساخر (٣) سخرية الأقدار .

ir·ra·di·ance [ĭ rā′dĭ-] *(n.)* إشعاع ؛ تألُّق ؛ سطوع .

ir·ra·di·an·cy [ĭ rā′dĭ ən sĭ] *(n.)* الإشعاعية ؛ التألُّقية ؛ السُّطوعية .

ir·ra·di·ant [ĭ rā′dĭ ənt] *(adj.)* مُشِعّ ؛ متألّق ؛ ساطع .

ir·ra·di·ate [ĭ rā′dĭ āt′] *(vt.; i.)* (١) «أ» يُنير . «ب» يُنوِّر [عقليًا أو روحيًا] (٢) يُشعِّع : يعالج بالتعريض للإشعاع (٣) «أ» يُشرق <a face ~*d* with happiness> . «ب» يُفيض ؛ ينشر <to ~ joy> .

ir·ra·di·a·tion [ĭ rā′dĭ ā′-] *(n.)* (١) إشعاع (٢) التَّشعيع ؛ التَّشعّع : التعريض أو التعرّض لأشعة إكس أو نحوها .

ir·rad·i·ca·ble [ĭ răd′-] *(adj.)* متعذِّرٌ استئصاله ؛ عميق الجذور .

ir·ra·tion·al [ĭ răsh′-] *(adj.; n.)* (١) «أ» غير عاقل <~ animals> . «ب» يُعوِزهُ التفكير السليم <was ~ for several days after the accident> . «ج» لاعقلانيّ ؛ غير منطقيّ ألبتّة <~ fears> (٢) أصمّ (ر) § (٣) كائن غير عاقل أو لاعقلانيّ (٤) العدد الأصمّ (ر) .

ir·ra·tion·al·ism *(n.)* اللاعقلانية : فلسفة تؤكّد على الحَدْس أو الغريزة أو الشعور أو الإيمان أكثر من تأكيدها على العقل ، أو تقول بأن الكون تسيِّره قوًى غير عاقلة .

ir·ra·tion·al·i·ty *(n.)* (١) اللاعقلانية (٢) عمل لاعقلانيّ أو لامنطقي .

irrational number *(n.)* العدد الأصَمّ (ر) .

ir·re·al [ĭr′rē′əl] *(adj.)* غير حقيقي ؛ غير واقعي .

ir·re·claim·a·ble [ĭr′ĭ klā′-] *(adj.)* مُتَعَذِّرٌ إصلاحهُ أو استصلاحُه .

ir·rec·on·cil·a·ble [ĭ rĕk′ən sī′-] *(adj.; n.)* (١) متناقض ؛ متضارب ؛ متضادّ <~ statements> (٢) لدود ؛ لا يقبل المصالحة <~ enemies>

ir·re·press·i·ble [ĭr'ĭ prĕs'-] *(adj.)* متعذّرٌ كَبْتُهُ أو كبحه أو السيطرة عليه <~ joy>.

ir·re·proach·a·ble [-prō'chə-] *(adj.)* لا عَيْبَ فيه <~ manners> .

ir·re·sist·i·ble [ĭr'ĭ zĭs'-] *(adj.)* لا يُقاوَم <an ~ impulse> .

ir·re·so·lu·ble [-zŏl'-] *(adj.)* متعذّرٌ حَلُّهُ أو تفسيرُه .

ir·res·o·lute [ĭ rĕz'ə lo͞ot'] *(adj.)* مُتَرَدِّد ؛ متحيِّر .

ir·res·o·lu·tion [ĭ rĕz'ə lo͞o'-] *(n.)* تردُّد ؛ حَيْرة .

ir·re·solv·a·ble [ĭr'ĭ zŏl'-] *(adj.)* متعذرٌ حلُّه أو تحليلُه .

ir·re·spec·tive of [ĭr'ĭ spĕk'tĭv] *(prep.)* بصَرْف النظر عن .

ir·re·spir·a·ble [ĭr'ĭ spīr'ə-] *(adj.)* غير صالحٍ للتَّنفُّس .

ir·re·spon·si·ble [ĭr ĭ spŏn'sə-] *(adj.; n.)* (١) لا مسؤول . مثل : «أ» غير مسؤول تجاه سلطة أعلى . «ب» مَقُولٌ أو مصنوعٌ من غير شعور بالمسؤوليّة . «ج» يُعْوِزه حِسُّ المسؤوليّة . «د» غير قادر [وبخاصة عقليًا أو ماليًا] على تحمّل المسؤوليّة § (٢) شخص غير مسؤول .

ir·re·spon·sive [-spŏn'-] *(adj.)* غير مستجيب . وبخاصة : غير مستعدّ أو ميّال للاستجابة أو غير قادر عليها <~ to treatment.> .

ir·re·triev·a·ble [ĭr'ĭ trē'və bəl] *(adj.)* = irrecoverable.

ir·rev·er·ence [ĭ rĕv'ər əns] *(n.)* (١) لاتوقير ؛ عدم توقير (٢) عمل أو كلام ينمّ عن عدم توقير .

ir·rev·er·ent [ĭ rĕv'ər ənt] *(adj.)* (١) لامُوَقِّر ؛ غير مُوَقِّر (٢) وَقِح : غير مُتَّسِم بالاحترام <an ~ reply> .

ir·re·vers·i·ble [ĭr'ĭ vûr'sə-] *(adj.)* (١) لا يُلْغَى ؛ متعذِّر إلغاؤه <an ~ decree> (٢) غير عَكوس : لا يُقْلب أو يُعكَس <~ cushions> .

ir·re·vo·ca·ble [ĭ rĕv'ə kə-] *(adj.)* (١) لا يُلْغَى أو يُنْسَخ <~ decrees> (٢) نهائيّ ؛ متعذِّر تغييره <an ~ decision> .

ir·ri·gate [ĭr'ə gāt'] *(vt.)* (١) يروي ؛ يسقي (٢) يَغْسِل ؛ يَرْحَض : يغسل جرحًا إلخ بدفقٍ من سائلٍ ما (ط) (٣) يُنْعِش .

ir·ri·ga·tion [-gā'-] *(n.)* (١) رَيّ ؛ سَقْي (٢) رَحْض (ط) (٣) إنعاش .

ir·ri·ta·bil·i·ty [ĭr'ə tə bĭl'-] *(n.)* (١) التأثّرية : قَبول الإثارة أو الاستجابة للمؤثرات (أح) (٢) نَزَق ؛ حدة طبع (٣) التَّهيُّجية : تهيُّج مفرط أو غير سويّ يتكشّف عنه عضوٌ من أعضاء الجسم (ط) .

ir·ri·ta·ble [ĭr'ə tə-] *(adj.)* (١) نزق ؛ سريع الغضب أو الانفعال (٢) سريع التهيّج (ط) (٣) قابلٌ للإثارة ؛ مستجيب للمُنَبِّهات (أح) .

ir·ri·tant *(adj.; n.)* (١) مثير ؛ مهيِّج § (٢) المثير ؛ المهيِّج .

ir·ri·tate [ĭr'ə tāt] *(vt.; i.)* (١) يُغضِب ؛ يُسْخِط (٢) يُثير ؛ يَهيج .

ir·ri·tat·ed *(adj.)* (١) مُغْضَب <an ~ father> (٢) مُثار ؛ مُهاج .

ir·ri·tat·ing *(adj.)* (١) مغضِب ؛ مُسْخِط (٢) مثير ؛ مهيِّج .

ir·ri·ta·tion *(n.)* (١) «أ» إثارة . «ب» شيء مثير . «ج» غضب ؛ سُخط (٢) تهيّج [عضوٍ من أعضاء الجسم] .

ir·ri·ta·tive [ĭr'ə tā'-] *(adj.)* (١) مثير ؛ مُهيِّج (٢) تهيُّجيّ <an ~ fever> .

ir·rupt [ĭ rŭpt'] *(vi.)* (١) يقتحم ؛ يُغير على (٢) يزدادُ [عددُ السكان] ازديادًا

§ (٣) المُعاند : من يقاوم التسوية أو التعاون .

ir·re·cov·er·a·ble [ĭr'ĭ kŭv'-] *(adj.)* (١) متعذّر استردادُهُ <an ~ debt> (٢) متعذّرٌ إصلاحُهُ أو معالجتُه .

ir·re·cu·sa·ble [ĭr'ĭ kyo͞o'zə-] *(adj.)* متعذّرٌ رفضُهُ أو الاعتراضُ عليه .

ir·re·deem·a·ble [ĭr'ĭ dē'-] *(adj.)* (١) غير قابل للاستهلاك : لا تُسْتَرَدّ قيمتُهُ قبل الأجل المحدَّد <~ bonds> (٢) غير قابل للتحويل إلى ذهب أو فضة [كبعض العملة الورقيّة] (٣) مُطْلَق ؛ غير قابل للتغيير <~ gloom> (٤) ممعن في الضلال (٥) لا سبيل إلى إصلاحه أو تعويضه .

ir·re·den·ta [ĭr'ĭ dĕn'tə] *(n.)* المسلوخة : مقاطعة متصلة تاريخيًا أو عِرقيًا بوحدة سياسيّةٍ ما ولكنها خاضعة حاليًا لوحدة أخرى .

ir·re·den·tism [-'tĭz əm] *(n.)* التحريرية الوحدويّة : مبدأ سياسي ينادي بتحرير المقاطعات المتصلة تاريخيًا أو عِرقيًا بوحدة سياسيّة ما [والخاضعة حاليًا لوحدة أخرى] وجمعها في نطاق هذه الوحدة الطبيعية .

— ir·re·den·tist *(n.; adj.)*

ir·re·duc·i·ble [-do͞o'-] *(adj.)* (١) متعذّرٌ إنقاصُهُ <~ minimum> (٢) متعذّرٌ تحويله إلى وضع مطلوب، أو سويّ أو أبسط <~ equations> .

ir·ref·ra·ga·ble [ĭ rĕf'rə gə-] *(adj.)* متعذّرٌ دَحْضُهُ أو خرقُهُ .

ir·re·fran·gi·ble [ĭr'ĭ frăn'jə-] *(adj.)* (١) محظورٌ خَرْقُه (٢) غير قابل للانكسار <X-rays are ~.> .

ir·ref·u·ta·ble [ĭ rĕf'yə-] *(adj.)* دامغ ؛ لا يُدْحَض ؛ لا يقبل الجدل .

ir·re·gard·less [ĭr ĭ gärd'ləs] *(adv.)* = regardless.

ir·reg·u·lar [ĭ rĕg'yə lər] *(adj.; n.)* (١) شاذّ (٢) «أ» مخالفٌ للقواعد أو الأصول <an ~ proceeding> . «ب» غير قياسيّ <~ verbs> . «ج» سرّي <~ marriage> . «د» غير نظاميّ <~ troops> (٣) «أ» وعر <a rough ~ terrain> . «ب» غير متناسق <~ teeth> (٤) غير منتظم ؛ تعوزه الاستمرارية أو نظاميّة الحدوث <~ intervals> § (٥) جندي غير نظاميّ (٦) *pl.* : بضاعة تشوبها شوائب .

ir·reg·u·lar·i·ty [ĭ rĕg'yə lăr'-] *(n.)* (١) الشّذوذية ؛ اللّاقياسية (٢) شيء شاذّ (٣) قَبْض ؛ إمساك .

ir·rel·a·tive [ĭ rĕl'ə tĭv] *(adj.)* = irrelevant.

ir·rel·e·vance *or* **ir·rel·e·van·cy** [ĭ rĕl'-] *(n.)* (١) اللّاعَلاقيّة : كون الشيء غير متصل بالموضوع (٢) شيء لاعلاقيّ .

ir·rel·e·vant [ĭ rĕl'ə vənt] *(adj.)* لاعَلاقيّ : غير متصل بالموضوع .

ir·re·li·gion [ĭr'ĭ lĭj'ən] *(n.)* زَنْدَقة ؛ مُروق ؛ لادِين .

ir·re·li·gious *(adj.)* (١) زنديق ؛ مارق (٢) تجديفيّ <~ speech> .

ir·re·me·di·a·ble [ĭr'ĭ mē'-] *(adj.)* عُضال : لا سبيل إلى معالجته .

ir·re·mov·a·ble [ĭr'ĭ mo͞o'-] *(adj.)* متعذّر نقلُهُ أو إزالتُه .

ir·rep·a·ra·ble [ĭ rĕp'ə-] *(adj.)* متعذِّرٌ إصلاحُهُ أو ترميمُهُ أو تعويضُهُ .

ir·re·peal·a·ble [ĭr'ĭ pē'-] *(adj.)* متعذِّرٌ إبطالُهُ أو إلغاؤُهُ أو نسخُهُ .

ir·re·place·a·ble [ĭr'ĭ plā'sə bəl] *(adj.)* لا يُسْتَبْدَل : متعذِّرٌ إحلال شيء محلّهُ أو الاستعاضة بغيره عنه .

مفاجئًا : يتفجّر (٣) ينفجر . **— ir·rup·tion** *(n.)*

ir·rup·tive [ĭ rŭp′tĭv] *(adj.)* (١) مقتحِم ؛ مُغير (٢) مُتَدَخِّل : مُنْدَسّ، وهو في الحالة العجينية، في طبقات صخر آخر أو في تجاويفه (جي) (٣) «أ» متزايدٌ فجأةً . «ب» متميز بازدياد فجائي .

is [ĭz] صيغة الغائب المفرد من فعل be في الزمن الحاضر .

is- *or* **iso-** بادئة معناها : «أ» متساوٍ . «ب» إيسومريّ ؛ متجازئ .

is·al·lo·bar [ī săl′ə bär′] *(n.)* خطّ تساوي التغيّر الضّغطيّ : خط مرسوم على خريطة من خرائط الأحوال الجوية يربط المَواطن المتساوية من حيث تغيّرات الضغط الجوي .

is·che·mi·a [ĭ skē′mĭ ə] *(n.)* الإفقار : فقرُ [أو احتباس] دم موضعيّ ناشئ عن عقبات تعترض تدفق الدم في الشرايين . **— is·che·mic** *(adj.)*

is·chi·al [ĭs′kĭ əl] *(adj.)* وَرِكيّ : ذو علاقة بعَظْم الوَرِك .

is·chi·um [ĭs′kĭ əm] *(n.)* pl. **-chi·a** عَظْم الوَرِك (ت) .

-ish لاحقة معناها : «أ» ذو علاقة بشعب أو بلد <Span*ish*> . «ب» مِثل ؛ على طريقة كذا <boy*ish*> . «ج» ضارب إلى <purpl*ish*> . «د» مدمن على ؛ ميّال إلى <book*ish*> . «هـ» مناهزٌ سنًّا معيّنة <forty*ish*> .

i·sin·glass [ī′zĭn glăs′] *(n.)* (١) غراء السَّمك (٢) mica .

I·sis [ī′sĭs] إيزيس : إلاهة مصرية . زوجة «أوزيريس» وأمّ «حُورَس» (مث) .

Isis

Is·lam [ĭs′lăm; ĭs lăm′] *(n.)* (١) الإسلام (٢) الحضارة الإسلامية (٣) العالم الإسلامي . **— Is·lam·ic** *(adj.)*

Is·lam·ism [ĭs′lə mĭz′əm] *(n.)* الإسلام .

Is·lam·ize *(vt.)* يُؤَسْلِم : «أ» يجعله إسلاميًا . «ب» يُدخله في الإسلام .

is·land [ī′lənd] *(n.; vt.)* (١) جزيرة : «أ» أرض أصغر من القارة يحيط بها الماء من كل جهة . «ب» شيء كالجزيرة في الانعزال . «ج» بقعة في شارع مزدحم يُحظَر فيها مرور السيارات [حرصًا على سلامة المشاة] . «د» بناء فوقيّ على ظهر حاملة الطائرات إلخ . «هـ» جماعة أو بقعة معزولة ؛ وبخاصة : جماعةٌ عرقيّة معزولة . «و» مجموعة خلايا معزولة (فس) § (٢) يجزّر : «أ» يحوّل إلى جزيرة أو شِبْهها . «ب» يُنقِّط بجُزُر أو بمجموعات معزولة (٣) يَعْزِل .

is·land·er [ī′lən dər] *(n.)* الجَزَريّ : أحد سكان جزيرة ما .

island universe *(n.)* العالَم الجَزَريّ : كل مَجَرَّة غير «الطريق اللبنية» .

isle [īl] *(n.; vt.)* (١) جزيرة . وبخاصة : جُزَيِّرة ؛ جزيرة صغيرة § (٢) يُجزّر : يحوّله إلى جزيرة أو جُزَيِّرة (٣) يضع على جُزَيِّرة أو شيء شبيهٍ بها .

is·let [ī′lət] *(n.)* الجُزَيِّرة : جَزيرة صغيرة .

ism [ĭz′əm] *(n.)* الإيزم؛ الإيزمية : نظام أو نظرية أو مذهبٌ مميَّز <This is the age of ~*s.*>.

-ism لاحقة معناها : «أ» عمل <critic*ism*> أو عملية <hypnot*ism*> . «ب» طريقة في العمل أو السلوك مميِّزة لشخص معيّن <despot*ism*> . «ج» حالة ؛ خاصّيّة <barbar*ism*> . «د» حالة غير سويّة ناشئة عن الإفراط في شيء معيّن <morphin*ism*> . «هـ» مذهب <social*ism*> . «و» عقيدة <Calvin*ism*> . «ز» صفة مميِّزة <colloquial*ism*> .

isn't [ĭz′ənt] = is not.

iso- [ī′sō] = is-.

i·so·bar [ī′sə bär′] *(n.)* (١) خطّ تساوي الضغط : خط مرسوم على خريطة من خرائط الأحوال الجوية يربط أو يحدّد تلك المواطن من سطح الأرض التي يتساوى فيها الضغط البارومتري في فترةٍ معيّنة أو طوال فترةٍ بعينها (أر) (٢) المُتكاتلة : واحدة المتكاتلات، وهي ذرات متساوية في العدد الكتليّ أو في الوزن الذريّ ولكنها مختلفة في العدد الذري («فز» و«ك») .

isobars *1.*

i·so·bar·ic [-băr′ĭk] *(adj.)* (١) متساوي الضغط الجوّيّ (٢) متكاتل .

i·so·chro·mat·ic [ī′sō krō măt′-] *(adj.)* (١) متلاوِن : متساوٍ في اللون (بص) (٢) أورثوكروماتيّ (را . orthochromatic) .

i·so·chro·nal; i·so·chro·nous [ī sŏk′-] *(adj.)* (١) متساوي الزمن (٢) متساوي الديمومة : متساوٍ من حيث مدة استمراره (٣) ثابت الدورة : متكرّر في فترات منتظمة .

i·so·chro·ous [ī sŏk′rō əs] *(adj.)* متصابغ : مصطبغ كلّه بلون واحد .

i·so·cli·nal [ī′sə klī′-] *(adj.; n.)* (١) متماثل المَيْل : متساوي المَيْل المغنطيسي § (٢) خط تساوي المَيْل (جغ) .

isoclinal lines

i·so·cline [ī′sə klīn′] *(n.)* الطيّة المتماثلة المَيْل (جي) .

isocline line *(n.)* خطّ تساوي المَيْل (جي) .

i·so·di·a·met·ric [ī′sō dī′ə mĕt′-] *(adj.)* متقاطر : متساوي الأقطار .

i·so·di·mor·phism [-dī môr′-] *(n.)* التشاكل الثنائيّ : تماثُلٌ بين شَكْلَيْ مادَّتين ثنائيَّتي الصورة . **— i·so·di·mor·phous** *(adj.)*

i·so·dose [ī′sə dōs] *(adj.)* تَجارُعيّ : متعلّق بالنقاط أو الأصقاع التي تتلقّى مقادير أو جرعات إشعاعيّة متساوية .

i·so·dy·nam·ic; -al [ī′sō dī năm′-] *(adj.)* مُتَقاوٍ : متساوي القوة .

isodynamic line *(n.)* خطّ التّقاوي؛ خطّ تساوي القوى : خطّ على الخريطة يربط النقاط التي تكون فيها شدة المجال المغنطيسي للأرض واحدةً (مغ) .

i·so·e·lec·tric [ī′sō-] *(adj.)* مُتَكاهِر : متساوي الجُهْد الكهربائيّ (فز) .

i·so·e·lec·tron·ic [ī′sō-] *(adj.)* مُتكارِن : متساوٍ في عدد الألكترونات .

i·so·en·zyme [ī′sō ĕn′zīm] *(n.)* الأنزيمة المتماثلة (كح) .

i·so·ga·mete [-gə mēt′] *(n.)* المَشيج المتماثل : مَشيج لا يختلف من حيث الشكل أو الحجم أو السلوك عن مَشيجٍ آخر (أح) .

i·sog·a·mous *(adj.)* متماشج : متميّز باتحاد مَشيجَيْن متماثلين .

i·sog·a·my [ī sŏg′ə mĭ] *(n.)* التّماشُج : اتحاد مَشيجَيْن متماثلين (أح) .

i·so·gloss [ī′sə glôs′] *(n.)* الفاصل اللغوي : خط فاصل بين منطقتين مختلفتين في بعض السِّمات اللغويّة .

i·so·go·nal [ī sŏg′ə nəl] *or* **i·so·gon·ic** [ī sə gŏn′ĭk] *(adj.)* : (١) متزاوٍ : متساوي الزوايا (٢) تزاويّ : متعلق بالزوايا المتساوية .

i·so·gon·ic *(adj.)* متكافئ التنامي (را . isogony) .

isogonic line *(n.)* خطّ التحارف ؛ خط تساوي الانحراف : خط على خريطة يربط المواضع التي يكون فيها الانحراف المغنطيسيّ واحدًا .

i·sog·o·ny [ī sŏg′ə nĭ] *(n.)* التنامي المتكافئ : نموّ الأعضاء نموًّا نسبيًّا متكافئًا بحيث تظلّ صِلاتها الحجميّة ثابتة .

i·so·gram [ī′sə-] *(n.)* خطّ التّساوي : خط على خريطة يربط النقاط المتساوية في ظاهرةٍ ما ، كالحرارة أو الضغط الجوي إلخ (أر) .

i·so·hel [-hĕl′] *(n.)* خط التشارق : خطّ على خريطة يربط المَواطن التي تتساوى فيها مدةُ استمرار إشراقيةِ ضياء الشمس (أر) .

i·so·hy·et [-hī′ət] *(n.)* خط التماطر : خط على خريطة يربط المَواطن التي يتساوى فيها هطول المطر في زمن معيَّن أو فترةٍ ما (أر) .

i·so·hy·et·al [-hī′-] *(adj.)* تماطُريّ : ذو علاقة بتساوي المطر أو دالٌّ عليه .

i·so·late [*v.* ī′sə lāt′; *adj.* ī′sə lĭt] *(vt.; adj.)* (١) يُفرِد ؛ يَعزِل (٢) يَفرِز : يفصل [مركّبًا كيميائيًّا] عن سائر المواد الأخرى (٣) يَعْزِل [بمانع لانتقال الكهرباء أو الحرارة أو الصوت] § (٤) isolated .

i·so·lat·ed *(adj.)* (١) معزول ؛ منفصل ؛ متوحِّد (٢) sporadic .

i·so·la·tion [ī′sə lā′-] *(n.)* (١) عَزْل (٢) عُزْلة ؛ انعزال .

i·so·la·tion·ism *(n.)* الانعزالية : سياسة قِوامها الانعزالُ القومي .

i·so·la·tion·ist *(n.; adj.)* (١) الانعزاليّ : القائل بالانعزالية § (٢) انعزاليّ .

i·so·line [ī′sə līn′] *(n.)* = isogram.

i·so·mag·net·ic [ī′sō măg nĕt′-] *(adj.)* متساوي المغنطيسية : «أ» دالّ على تساوي الشدّة المغنطيسية أو ذو علاقة به . «ب» رابطٌ للمَواطن التي تتساوى فيها الشدّة المغنطيسية <an ~ line on a map> .

i·so·mer [ī′sə mər] *(n.)* الأيسومر ؛ المتجازئ : مركّب كيميائي أيسومريّ أو متجازئ (را . المادة التالية) .

i·so·mer·ic [ī′sə mĕr′ĭk] *(adj.)* أيسومريّ ؛ متجازئ : مؤلف من ذرات متماثلة النوع والعدد ولكنّها مختلفة من حيث الترتيب والخصائص (ك) .

i·so·mer·ism *(n.)* الأيسومرية ؛ التجازُئية (را . المادة السابقة) .

i·som·er·ous [ī sŏm′-] *(adj.)* مُتَعادِد : متساوٍ في عدد الأجزاء .

i·so·met·ric [ī′sə mĕt′-] *(adj.)* أيسومتريّ ؛ متقايس : متساوي القياس .

isometric drawing *(n.)* رسم المجسّمات المنظوريّة .

isometric line *(n.)* خطّ تساوي الحجم : خطّ يمثّل تغيّر الضغط أو درجة الحرارة في الأحوال التي يكون فيها الحجم ثابتًا .

isometric projection *(n.)* الإسقاط الأيسومتريّ (رم) .

i·so·me·tro·pi·a [ī′sō mə trō′pĭ ə] *(n.)* التكاسر : حالة يكون فيها انكسار الضوء متساويًا في كلتا العينين .

i·som·e·try [ī sŏm′ə trĭ] *(n.)* (١) التقايس : تساوي القياس (٢) التشاهق : تساوٍ في الارتفاع عن سطح البحر (جغ) .

i·so·morph [ī′sə môrf′] *(n.)* (١) المُشاكِل : كائن حيّ مماثل لآخر رغم الاختلاف في الأسلاف (٢) المتبالر : مادة مماثلة لأخرى في البِنية التبلّرية [رغم الاختلاف في التكوين الكيميائي أحيانًا] .

i·so·mor·phic *(adj.)* (١) متشاكل : متماثل في الشكل ؛ مختلف في الأسلاف ولكنه متساوٍ في الشكل (٢) isomorphous .

i·so·mor·phism *(n.)* (١) التشاكل : التماثل في الشكل (٢) التبالر : التماثل في البنية التبلّريّة .

i·so·mor·phous [ī sə môr′fəs] *(adj.)* متبالر : متماثل في البِنية التبلّرية [رغم الاختلاف في التكوين الكيميائي أحيانًا] .

i·son·o·my [ī sŏn′ə mĭ] *(n.)* التساوي في الحقوق السياسية .

i·so·pi·es·tic [ī′sō pī ĕs′tĭk] *(adj.)* متساوي الضَّغط .

i·so·pod [ī′sə pŏd′] *(n.; adj.)* (١) المتساوي الأقدام : واحد من متساويات الأقدام **Isopoda** وهي رتبة من القشريات لها سبعة أزواج من الأرجل § (٢) متساوي الأقدام . — **i·sop·o·dan** *(n.; adj.)*

isopod *1.*

i·so·prene [ī′sə-] *(n.)* الإيزوبرين : سائل ملتهب طيّار .

i·so·pro·pyl [ī′sə prō′pĭl] *(n.)* الإيزوبروبيل (ك) .

i·sos·ce·les [ī sŏs′ə lēz′] *(adj.)* متساوي الضّلعين <an ~ triangle>.

isosceles triangle

i·so·seis·mal [ī′sə sīz′-] *(adj.)* (١) متساوي الرَّجْفَة (مج)؛ متراجف : متساوٍ في شدة الصدمة الزلزاليّة (٢) تراجفيّ : متعلق بتساوي الرَّجْفَة .

i·sos·mot·ic [ī′sŏz mŏt′-] *(adj.)* متساوي الأزموزية (مج) : «أ» متساوي الضغط الأزموزي . «ب» ذو علاقة بتساوي الضغط الأزموزي .

i·so·spo·rous [ī sə spōr′əs] *(adj.)* متباوغ : منتج أبواغًا جنسيّة أو لا جنسيّة من نوع واحد فقط (أح) .

i·sos·ta·sy [ī sŏs′tə-] *(n.)* (١) التضاغطيّة : الخضوع لضغط متساوٍ من جميع الجهات (فز) (٢) توازن القشرة الأرضية (جي) . — **i·so·stat·ic** *(adj.)*

i·so·therm [ī sə thûrm′] *(n.)* خطّ التحارُر : «أ» خط على خريطة لسطح الأرض يربط المَواطن التي تكون فيها الحرارة واحدة في وقت معيّن أو يكون فيها متوسط الحرارة واحدًا طوال فترة معيّنة . «ب» خطّ على خريطة يمثّل تغيّرات الحجم أو الضغط في الأحوال التي تكون فيها الحرارة ثابتة .

i·so·ther·mal [ī′sə thûr′-] *(adj.)* (١) مُتحارر : متساوي الحرارة (٢) تحارُريّ : «أ» متعلق بالتحارر أو تساوي الحرارة . «ب» متعلق أو متّسم بتغيّرات الحجم أو الضغط في الأحوال التي تكون فيها الحرارة ثابتة .

i·so·ton·ic [ī′sə tŏn′ĭk] *(adj.)* (١) isosmotic (٢) «أ» متواتر : متساوي التوتُّر . «ب» تواتريّ : ذو علاقة بتساوي التوتر .

i·so·tope [ī′sə tōp′] *(n.)* النَّظير : واحد النظائر (ك) .

i·so·top·ic [ī′sə tŏp′-] *(adj.)* نظيريّ : ذو علاقة بالنظير .

i·so·trop·ic [-trŏp′-] *(adj.)* مُتَناحٍ : ذو خصائص متطابقة في جميع الاتجاهات (فز) . — **i·sot·ro·py** *(n.)*

Is·rae·li [ĭz rā′lĭ] *(adj.; n.)* (١) إسرائيلي § (٢) مواطن إسرائيلي .

is·su·a·ble [ĭsh′ōō ə-] *(adj.)* (١) عرضةٌ للنزاع أو المقاضاة أمام المحاكم

(٢) مرخَّص بإصداره (٣) ممكنٌ نشوؤه [كنتيجة عن شيء ما].

is·su·ance [ĭsh′o͞o əns] *(n.)* = issue.

is·sue [ĭsh′o͞o] *(n.; vi.; t.)* (١) *pl.*: رَيْع؛ عائدات (٢) صدور؛ انبثاق (٣) مَخْرَج؛ مَنْفَذ (٤) ذرّية؛ عَقِب (٥) نتيجة؛ عاقبة (٦) «أ» قضيّة؛ مسألة. «ب» نقطة تصبح فيها القضية جاهزة لاتخاذ قرار حاسم بشأنها <to bring a case to an ~> (٧) نزيف (٨) ثمرة؛ نِتاج <~s of disordered imagination> (٩) «أ» إصدارُ أمْرٍ أو كتابٍ أو طابع بَريديّ أو عملة جديدة إلخ. «ب» الإصدار: الشيء المصدَر أو كامل الكمية المصدَرة. «ج» العدد [من مجلة إلخ] § (١٠) «أ» يتدفّق. «ب» ينبعث؛ ينبثق (١١) ينتج كربح أو رَيْع (١٢) يتحدّر من أب أو سلف معيّن (١٣) ينشأ؛ يتولّد عن (١٤) يَصْدر [من طريق النشر أو الطبع] (١٥) ينتهي؛ ينقضي x (١٦) يُرْسل؛ يُطلق؛ يقذف (١٧) «أ» يُصْدر [أمرًا أو كتابًا أو طابعًا بريديًا إلخ]. «ب» يوزع [طعامًا أو ملابس أو أسلحة] على الجند.

in ~, تحت البحث أو النظر؛ موضع النزاع.
the point (matter) at ~, نقطة التناقش أو الخلاف؛ النقطة المتجادَل فيها.
to join (take) ~, يتجادلان؛ يختلفان؛ يتخذان موقفَين متعارضَين من نُقطةٍ مُختلَفٍ عليها.

-ist لاحقة معناها: «أ» القائم بعمل معيّن <duel*ist*>. «ب» المنتج لأثر ما <novel*ist*>. «ج» العازف على آلة موسيقية معيّنة <violin*ist*>. «د» المشغِّل لآلة ما <telegraph*ist*>. «هـ» المتخصص في علم أو فنّ معيّن <geolog*ist*>. «و» المناصر لمذهب أو مسلك معيّن <social*ist*>.

isth·mi·an [ĭs′mĭ ən] *(adj.; n.)* (١) بَرْزَخِيّ: متعلق ببرزخ أو واقع قرب برزخ. مثل: «أ» *cap.* عد: متعلق ببرزخ كورنث في اليونان أو بالألعاب التي كانت تقام فيه. «ب» *cap.* عد: متعلق ببرزخ باناما § (٢) البرزخيّ: «أ» المقيم في برزخ. «ب» *cap.*: أحد أبناء برزخ باناما.

isth·mic [ĭs′mĭk] *(adj.)* بَرْزَخيّ: ذو علاقة ببرزخ تشريحيّ.

isth·mus [ĭs′məs] *(n.)* pl. **-es** *or* **-mi** البَرْزَخ («جغ» و«ت»).

-istic لاحقة معناها: ذو علاقة بـِ؛ مُتَّسِمٌ بـِ <pur*istic*>.

is·tle [ĭst′lē; -lĭ] *(n.)* الإستلّ: ليف يُستخرج من نباتات أميركيّة استوائيّة.

it [ĭt] *(pron.; n.)* (١) ضمير الغائب المفرد لجماد أو حيوان أو طفل صغير: هو؛ هي؛ ه؛ ها (٢) ضمير الغائب المجهول <*It* is raining.> § (٣) اللاعب المكلّف بالقيام بعمل ما [كالإمساك باللاعبين الآخرين إلخ في بعض ألعاب الأطفال].

it·a·col·u·mite [-kŏl′yə mīt′] *(n.)* الإيتاكولميت: حجر رمليّ مَرِن.

I·tal·ian [ĭ tăl′yən] *(n.; adj.)* (١) الإيطاليّ: «أ» أحد أبناء إيطاليا. «ب» شخص إيطاليّ الأصل (٢) اللغة الإيطاليّة § (٣) إيطاليّ.

i·tal·ian·ate [ĭ tăl′yə nāt′] *(vt.)* يُطَلْيِن: يجعله إيطاليًّا.

I·tal·ian·ate [-nāt′; -nĭt] *(adj.)* إيطاليّ الصفة أو الخصائص.

I·tal·ian·ism *(n.)* الإيطاليانيّة: «أ» صفة مميِّزة لإيطاليا أو الشعب الإيطالي. «ب» تلفّظ أو تعبير اصطلاحيّ يذكّر باللغة الإيطاليّة. «ج» حبّ للسياسات أو المُثُل الإيطالية أو ترويج لها.

I·tal·ian·i·za·tion [ĭ tăl′yə nə zā′-] *(n.)* الطَّلْيَنَة أو التَّطَلْيُن.

i·tal·ian·ize [ĭ tăl′yə nīz′] *(vi.; t.)* (١) يَتَطَلْيَنُ: يسلك مسلك الإيطاليّين؛ وبخاصة: يتبعُ الأسلوب أو التقنية المأثورَيْن عن كبار الرسامين الإيطاليين x (٢) يُطَلْيِن: يجعله إيطاليًّا.

i·tal·ic [ĭ tăl′ĭk; ī-] *(adj.; n.)* (١) مائليّ: ذو علاقة بالحرف الطباعي المائل <*These words are italic.*> (٢) *cap.*: إيطاليقيّ: ذو علاقة بإيطاليا القديمة أو شعوبها أو لغاتها § (٣) الحرف المائل: حرف طباعي مائل <*This sentence is in ~s.*> (٤) اللغات الإيطاليقيّة [كاللاتينية].

I·tal·i·cism [ĭ tăl′ə sĭz′əm] *(n.)* = Italianism *b*.

i·tal·i·cize [ĭ tăl′ə sīz′] *(vt.)* (١) يُمَيِّل: «أ» يطبع بالحرف المائل. «ب» يضع خطًّا مفردًا تحت الكلمات (٢) يؤكّد.

Italo- بادئة معناها: «أ» إيطاليّ. «ب» إيطاليّ و...

I·tal·o·phile [ĭ tăl′ə fīl′] *(adj.; n.)* مُحِب للإيطاليين.

itch [ĭch] *(vi.; t.; n.)* (١) يستحكّه جلدُه [يدعوه إلى الحكّ] (٢) يتلهّف x (٣) يجعل الجلدَ متطلبًا للحك (٤) يُغضِب؛ يُثير § (٥) «أ» الحِكّة: علّة تُوجب الحكّ. «ب» أُكال (٦) تلهّف؛ شهوة إلى.

itch·y [ĭch′ĭ] *(adj.)* (١) مصاب بالحِكّة (٢) مُسَبِّب للحِكّة.

it'd [ĭt′ĭd] = it had; it would.

-ite لاحقة معناها: «أ» المُواطن؛ المقيم <New Hampshir*ite*>. «ب» التابع؛ المشايع؛ المؤيّد؛ النصير <Jacob*ite*>. «ج» نِتاج <metabol*ite*>. «د» مُنتَج مصنوع تجاريًّا <ebon*ite*>. «هـ» أحفور؛ مستحجر <ammon*ite*>. «و» معدن؛ صخر <syen*ite*>. «ز» جزء من جسد أو عضو <som*ite*>. «ح» ملح أو إستر حمضٍ ما <phosph*ite*>.

i·tem [ī′təm] *(n.)* (١) «أ» مادة؛ بَنْد؛ مُفْرَدة. «ب» موضوع (٢) نبأ قصير <column of local ~s>.

i·tem·i·za·tion *(n.)* (١) جَدْوَلة (٢) جدول؛ قائمة.

i·tem·ize [ī′tə mīz′] *(vt.)* يُعَدِّد؛ يُفصِّل المفرَدات؛ يُجَدْوِل؛ يضع جدولًا أو قائمةً بـِ.

it·er·ance [ĭt′ər əns] *(n.)* إعادة؛ تكرار [حتى الإملال].

it·er·ant [ĭt′ər ənt] *(adj.)* مُعِيد؛ مكرِّر <~ echoes>.

it·er·ate [ĭt′ə rāt′] *(vt.)* يُعيد؛ يُكرِّر. **—it·er·a·tion** *(n.)*

ith·y·phal·lic [ĭth′ə făl′-] *(adj.)* (١) فالوسيّ: متعلق برمز الاستيلاد أو صورة عضو التناسل التي كانوا يحملونها في أعياد باخوس (٢) فاحش؛ فاسق.

i·tin·er·a·cy; i·tin·er·an·cy [ī tĭn′ər ən sĭ] *(n.)* (١) تَجْوال؛ تَطْواف (٢) جماعة متجوِّلة أو مطوِّفة.

i·tin·er·ant [-′ər ənt] *(adj.; n.)* (١) متجوِّل؛ متطوِّف؛ متنقِّل من مكان إلى مكان § (٢) المتجوِّل؛ المتطوِّف.

ă at; ā date; â care; ä car; ĕ egg; ē me; ĭ in; ī bite; ŏ lot; ō bone; ô orphan; oi boil; o͝o good; o͞o boot; ou out; ŭ under; û urgent; ə = *a* in alone, *e* in system, *i* in easily, *o* in gallop, *u* in circus.

i·tin·er·ar·y [ī tĭn′ə rĕr′ĭ; ĭ tĭn′-] *(n.; adj.)* (١) خطّ سير الرحلة (٢) يوميّاتُ المتطوِّف أو الرحّالة (٣) الدليل: كتيّب مرشد للرحالة أو السائح § (٤) تجواليّ؛ تطوافيّ (٥) متجوِّل؛ متطوِّف.

i·tin·er·ate [ī tĭn′ə rāt′; ĭ-] *(vi.)* يتطوَّف: يقوم برحلة تبشيريّة أو قضائيّة.

-itious لاحقة معناها: متعلق بخصائص شيء ما <cement*itious*>.

-itis لاحقة معناها: مرض؛ التهاب في عضو معيّن <bronch*itis*>.

it'll [ĭt′əl] = it will; it shall.

its [ĭts] *(adj.)* صيغة المِلكية من *it* <كقولك: The fox broke ~ leg>.

it's [ĭts] = it is; it has.

it·self [ĭt sĕlf′] *(pron.)* نفسُه؛ نفسُها.

-ity لاحقة معناها: صفة؛ حالة؛ درجة <exterior*ity*>.

IUD [ī′ yo͞o′ dē′] *(n.)* = intrauterine device.

-ium لاحقة معناها: «أ» عنصر كيميائي <uran*ium*>. «ب» كتلة.

-ive لاحقة معناها: «أ» ذو طبيعة أو صفة معيّنة <affirmat*ive*>. «ب» ميّال إلى <destruct*ive*>.

I've [īv] = I have.

i·vied [ī′vĭd] *(adj.)* (١) مُلَبْلَب: مَكْسُوّ باللبلاب <~ walls> (٢) أكاديميّ؛ جامعيّ.

i·vo·ry [ī′və rĭ; ī′vrĭ] *(n.; adj.)* (١) عاج (٢) ناب الفيل (٣) اللون العاجيّ: لونٌ أصفر شاحب (٤) سِنّ؛ ضِرْس (ع) (٥) شيء [كزَهر النَّرْد أو أصابع البِيان] مصنوع من عاج أو مادةٍ تُشبهُهُ § (٦) عاجيّ؛ مصنوع من عاج (٧) عاجيّ اللون.

ivory black *(n.)* أسود العاج: صِبْغ يُصْنع بتكليس العاج.

ivory tower *(n.)* البُرج العاجيّ: مكان منعزل للتأمّل أو العمل.

i·vy [1] [ī′vĭ] *(n.)* اللَّبلاب؛ العَشَقة: نبات معترش.

i·vy [2] *(adj.)* أكاديميّ؛ جامعيّ؛ نظريّ.

ivy vine *(n.)* الكَرْميّة؛ الشُّبْكَرْمَة: نبات معترش.

ix·tle [ĭks′tlē; ĭks′tlĭ; ĭs′tlĭ] *(n.)* = istle.

-ization لاحقة معناها: عمل؛ عملية؛ حالة <steril*ization*>.

-ize لاحقة معناها: (١) «أ» يجعله أو يصيّره مثل كذا <liquid*ize*>. «ب» يُخضعه لعمل معيَّن <memor*ize*>. «ج» يُشبعه أو يعالجه أو يمزجه بِـ <hydrogen*ize*>. «د» يعامله مثل... <idol*ize*> (٢) «أ» يصبح؛ يصبح مثلَ <crystall*ize*>. «ب» ينهمك في نشاط معيَّن <philosoph*ize*>. «ج» يتبنّى أو ينشر طريقة شخص ما في العمل والتعليم <calvin*ize*>.

iz·zard [ĭz′ərd] *(n.)* الحرف z: الياء.

from A to ~, من الألف إلى الياء؛ من البداية إلى النهاية.

j [jā] *(n. often cap.)* (١) الحرف العاشر من الأبجدية الإنكليزية (٢) واحد (٣) شيء معتبرٌ عاشرًا من حيث الترتيب أو الطبقة (٤) شيء على صورة حرف **J**.

jab [jăb] *(vt.; i.; n.)* (١) يَخِزُ ؛ يَكِزُ ؛ يطعن (٢) يلطم ؛ يلكم § (٣) «أ» وَخْز ؛ طَعْن ؛ لَطْم . «ب» لكمة .

jab·ber [jăb′ər] *(vi.; t.; n.)* (١) يُهَذْرِم ؛ يُبَرْبِر ؛ يثرثر **x** (٢) يقول بغير وضوح § (٣) هَذْرَمَة ؛ بربرة ؛ ثرثرة .

jabiru

jab·i·ru [jăb′ə roo′] *(n.)* الجَبير : ضربٌ من اللَّقالق .

jab·o·ran·di [jăb′ə răn′-] *(n.)* الجابورَنْدي : «أ» الأوراق المجفَّفة لنبتة جنوبأميركية تعرف بالبيلوقَرْبوس . «ب» جذر ضرب من الفلفل البرازيلي .

ja·bot [zhă bō′; zhăb′ō] *(n.)* الجابوط : قطعة من قماش أو وشي تتّخذ منها المرأة [وقديمًا الرجل] زينة للعنق أو لصدر الثوب .

ja·bo·ti·ca·ba *(n.)* الطَّرْفاويّة ؛ الميريقاريَة : شجيرة أميركية استوائية .

ja·cal [hə käl′] *(n.)* كوخ [في المكسيك وغربي الولايات المتحدة] .

jacamar

jac·a·mar [jăk′ə mär′] *(n.)* اليَقْمَر : طائرٌ مقتاتٌ بالحشرات يكثر في الغابات الأميركيّة الاستوائية .

jaçana

ja·ça·na [zhä′sə nä′] *(n.)* اليَقَنة : طائرٌ مخوِّضٌ طويل الساقين .

jac·a·ran·da [jăk′ə răn′də] *(n.)* الجَكَرَنْدة : شجرة أميركيّة استوائيّة (نب) .

ja·cinth [jā′sĭnth] *(n.)* = hyacinth *1*.

jack [jăk] *(n.; vi.; t.)* (١) «أ» *cap.* : رَجُل ؛ وبخاصة : رجل يمثِّل العامّة . «ب» *cap.* ا .ك : بحّار ؛ نوتيّ . «ج» عامل ؛ خادم . «د» حطّاب (٢) أداة ميكانيكيّة ، مثل : «أ» المِدوار : أداة لتدوير السيخ أو السفّود . «ب» رافعة ؛ «عفريت» السيّارة (٣) الجاك : عمود أفقيّ لتدعيم صاري السفينة (٤) «أ» الذكَر الصغير السنّ من سمك سليمان . «ب» حمار . «ج» زاغٌ زَرْعيّ (طا) (٥) الجاكيّ ؛ الجاكيّة : «أ» شيء أصغر من القياس السويّ لنوعه . «ب» كرة صغيرة بيضاء تُتَّخذ هدفًا في بعض الألعاب . «ج» علم وطني صغير ترفعه سفينة . «د» *pl.* : لعبةٌ قوامُها مجموعة حصًى أو قطع حديديّة يُقْذَف بها إلى أعلى ثُمّ يتلقّاها اللاّعِب . «هـ» إحدى هذه الحصوات أو القطع الحديدية (٦) «الولد» [في ورق اللعب] (٧) مال ؛ دراهم (ع) (٨) المَقْبِس : أداة وصلٍ بين دارَتين كهربائيتين (٩) الجاك : ضرب من البراندي [شراب مُسْكر] (١٠) مِطواة كبيرة ؛ مُدية جيب § (١١) يصيد السمك ليلًا [مستعينًا بمصباح خاصّ] **x** (١٢) يحرِّك أو يرفع بعفريت أو رافعة صغيرة (١٣) «أ» يزيد . «ب» يرفع مستوى شيء أو نوعيَّته . «ج» يوبِّخ ؛ يعنِّف .

jackal *a.*

jack·al [jăk′əl; -ôl] *(n.)* ابن آوى : «أ» حيوان من فصيلة الكلبيّات . «ب» شخص يقوم ، لمصلحة شخص آخر ، بعملٍ روتينيّ أو حقير .

Jack–a–Lent *(n.)* (١) دُمْية مَحْشُوّة (٢) شخص بسيط أو تافه .

jack·a·napes [jăk′ə nāps′] *(n.)* (١) قرد (٢) «أ» شخص وقح أو مغرور . «ب» طفلٌ مؤذٍ .

jackboot

jack·ass [jăk′ăs′] *(n.)* (١) حمار (٢) الغبيّ ؛ المُغَفَّل .

jack·ass·er·y [-′ăs′ər ĭ] *(n.)* (١) حماقة (٢) عملٌ أحمق .

jack·boot [jăk′bo͞ot′] *(n.)* الجَكْبوت : جزمة عسكرية ثقيلة .

jack·daw [jăk′dô′] *(n.)* الزّاغ الزَّرعي ؛ غراب الزيتون (طا) .

jack·et [jăk′ət] *(n.; vt.)* (١) سِتْرة ؛ جاكيت (٢) «أ» الغلاف الطبيعي لحيوان . «ب» صوف حيوان ثديي . «ج» قشرة البطاطس (٣) الدِّثار ؛ الغلاف الخارجيّ ؛ مثل : «أ» غلاف من مادة غير مُوَصِّلة [للحؤول دون الإشعاع الحراري] . «ب» غلاف خارجيّ يُمَرَّر خلاله سائل [للاحتفاظ بحرارة معيَّنة] . «ج» غلاف معدني لقنبلة أو قذيفة . «د» غلاف أو ظرف لوثيقة رسمية . «هـ» القميص : غلاف ورقيّ لكتاب مجلَّد . «و» ظرف أو غلاف لأسطوانة فونوغرافيّة § (٤) يكسو بسِترة (٥) يُدَثِّر .

jack-in-the-box

Jack Frost *(n.)* صقيع أو برد شديد .

jack·ham·mer *(n.)* الثَّقّابة الضغطيّة : ثقّابة يدويّة ، عادةً ، مُعَدَّة لثقب الصخور بالهواء المضغوط .

jack–in–the–box *(n.)* عِفريت العُلبة : لعبة من لُعَب الأطفال .

jack–in–the–pul·pit *(n.)* اللِّفت الهنديّ ؛ الأريسيمة ثلاثية الأوراق .

jack·knife [jăk′nīf′] *(n.; vt.; i.)* (١) مطواة كبيرة ؛ مدية جيب (٢) الغطس المَطْويّ : ضربٌ من الغطس يتَّخذ فيه المرء ، خلال حركته في الهواء ، وضعًا جسديًّا مطويًّا ثُمَّ يستقيم قبيل بلوغه سطح الماء § (٣) يقطع بمطواة كبيرة **x** (٤) ينحني أو ينطوي مثل مدية جيب .

jack·leg [-′lĕg′] *(adj.)* (١) هاوٍ ؛ تُعْوِزُهُ الخبرة <~ editor> (٢) غير مستقيم <~ lawyers> (٣) مؤقَّت <a ~ system of landing lights> .

jac·u·late [jăk′yə lāt′] *(vt.)* يَقْذِف ؛ يَرمي [سهمًا إلخ].

Ja·cuz·zi [jə ko͞o′zē] *(n.)* الجاكوزي: حوض استحمام تُحَرَّك فيه المياه على نحو دُوّاميّ.

jade[1] [jād] *(n.; vt.; i.)* (١) فرسٌ منهوك القوى أو غير أصيل (٢) «أ» امرأة رديئة السُّمعة. «ب» فتاة مِغناج [تحاول انتزاع إعجاب الرجال] § (٣) يُنْهِك x (٤) يَكِلّ ؛ يُجْهَد.

jade[2] *(n.)* اليَشْم ؛ الجاد: حجر كريم.

jad·ed [jā′dĭd] *(adj.)* (١) مُنْهَك ؛ مُرْهَق (٢) مُتْخَم.

jade green *(n.)* الأخضر اليَشْميّ: لونٌ أخضر مُزْرَق.

jade·ite [jād′īt] *(n.)* الجاديت: معدن من البيروكسينات.

jae·ger [yā′gər] *(n.)* (١) «أ» الصيّاد ؛ القنّاص. «ب» مرافقٌ [مُرْتدٍ بزّة قنّاص] (٢) الكَرْكَر: طائر بحريّ شبيه بالنَّوْرَس.

jaeger 2.

jag[1] [jăg] *(vt.; i.; n.)* (١) يَحُز ؛ يطعن (ع) (٢) «أ» يشقِّق ؛ يَشُقّ ثوبًا بحيث يُبدي ما تحته من نسيج أو لون. «ب» يَفُلّ ؛ يُثلِّم ؛ يُسَنِّن x (٣) يتحرَّك مُرْتجًا أو ناخعًا § (٤) نتوء حادّ.

jag[2] *(n.)* (١) حِمل صغير [من تبنٍ أو خشب] (٢) نشوة ؛ طرب [بعد معاقرة الخمر] (٣) spree.

jag·ged [-ĭd] *(adj.)* (١) مُثلَّم ؛ مُفرَّض ؛ مَفْلُول (٢) خشن.

jag·ger·y [-ər ĭ] *(n.)* الجَكَر: سكّر أسمر مصنوع من نُسْغ النَّخْل.

jag·gy [jăg′ĭ] *(adj.)* مُثلَّم ؛ مَفْلُول ؛ مُفَرَّض.

jag·uar [jăg′wär] *(n.)* اليَغْوَر: نَمِر أميركي مرقَّط.

jaguar

ja·gua·run·di [jä′gwə rŭn′-] *(n.)* اليَغْوَرَندي: سِنَّور أميركي.

Jah·veh [yä′vĕ] = Yahweh.

jail [jāl] *(n.; vt.)* (١) سِجْن § (٢) يَسْجُن.

jail·bird [-′bûrd′] *(n.)* (١) السجين (٢) المجرم المزمن ؛ أليف السجون.

jail·break [-′brāk′] *(n.)* هروب من السجن ؛ فرار من السجن.

jail delivery *(n.)* تفريغ السِّجن: «أ» إخلاء السجن بسَوْق السُّجناء إلى المحاكمة. «ب» تحرير السُّجناء بالقوّة.

jail·er *or* **jail·or** [jā′lər] *(n.)* السَّجّان: المسؤول عن السِّجن.

Jain [jīn] *or* **Jai·na** [jī′nə] *(n.)* اليانيّ: المؤمن باليانيّة.

Jain·ism [jī′nĭz əm] *(n.)* اليانيّة: دين هنديّ نشأ في القرن السادس ق. م. قوامُهُ تحرير الروح بالمعرفة والإيمان وحسن السلوك.

jake [jāk] *(adj.)* حَسَن ؛ جيِّد ؛ لا بأسَ به (ع).

jake leg *(n.)* شلل الإدمان: شلل ينشأ عن معاقرة المُسْكرات الرديئة.

jakes [jāks] *(n.)* مِرحاض.

jal·ap [jăl′əp] *(n.)* الجَلَبة: نبات مكسيكيّ أو مُسْهل مستحضر منه.

ja·lop·y [jə lŏp′ĭ] *(n.)* سيارة أو طائرة عتيقة بالية.

jal·ou·sie [zhăl′o͞o zē′; zhăl′o͞o zē′] *(n.)* (١) حصيرة النافذة: شبه حصيرة تسمح للنور والهواء بدخول الحجرة وتردّ عنها أذى الشمس والمطر (٢) النافذة المحصَّرة: نافذة ذات حصيرة.

jam[1] [jăm] *(vt.; i.; n.)* (١) «أ» يضغط ؛ يثبِّت بإحكام <~*med* his hat

jack·light [-′līt′] *(n.)* مصباح الصيد: مصباح يُستخدم في الصيد ليلًا.

jack–of–all–trades *(n.)* صاحب الصنائع السبع: شخص يُحسن مختلف الصنائع إلى درجة مقبولة.

jack off *(vi.)* يستمني باليد ؛ يمارس العادة السرية.

jack–o'–lan·tern [jăk′ə lăn′tərn] *(n.)* (١) الوَهَج المستنقعيّ (را. ignis fatuus) (٢) المصباح اليَقْطينيّ: مصباح يُصنع من يقطينةٍ تُحْفَر بحيث تبدو على صورة وجهٍ بشريّ.

jack·pot [-′pŏt′] *(n.)* (١) الكَنْز: مجموع متراكم من مراهنات سابقة (٢) الجائزة الكبرى [في يانصيب أو نحوه] (٣) نجاح باهر [غير متوقَّع عادةً].

jack·rab·bit [-′răb′ĭt] *(n.)* الأرنب الحِمارية: أرنبٌ وحشية ذات أذنين طويلتين جدًا.

jackscrew

jack·screw [-′skro͞o′] *(n.)* المِرفاع اللولبيّ.

jack·shaft [-′shăft] *(n.)* عمود الإدارة الوسيط (سي).

jack·snipe [-′snīp′] *(n.)* الشُّنَيْقِب: شُنْقُب (را. snipe) صغير (طا).

jack·stay [-′stā′] *(n.)* السِّناد الجاكيّ: قضيب حديدي أو خشبيّ تشدّ إليه الأشرعة (مل).

jack·straw [-′strô′] *(n.)* (١) عُود [في لعبة «العيدانية»] (٢) العيدانية: لعبة تُطرَح فيها مجموعة عيدان رفيعة وعلى كل لاعب أن يحاول استلالها واحدًا بعد آخر من غير أن يحرِّك العيدان الأخرى.

jack–tar [jăk′tär′] *(n. often cap.)* البحّار ؛ النُّوتيّ.

Jac·o·be·an [jăk′ə bē′ən] *(adj.; n.)* (١) جَيْمْسِيّ: ذو علاقة بجَيْمس الأول ملك إنكلترا أو عصره § (٢) الجَيْمسيّ: كاتب من كتّاب عصر جيمس الأول أو شخصية من شخصياته إلخ.

jacobean lily *(n.)* الزنبقة اليعقوبيّة: نبتة مكسيكية حمراء الزهر.

Jac·o·bin [jăk′ə bĭn] *(n.)* (١) راهب دومينيكانيّ (٢) اليعقوبيّ: واحد اليعاقبة، وهم جماعة سياسية متطرفة عُرفت بنشاطها الإرهابي خلال الثورة الفرنسية. **—Jac·o·bin·i·cal** *(adj.)*

Jac·o·bite [-bīt′] *(n.)* اليعقوبيّ: أحد أنصار جَيْمس الثاني ملك إنكلترا وأفراد ذُرِّيَّتِهِ بعد ثورة ١٦٨٨. **—Jac·o·bit·i·cal** *(adj.)*

Ja·cob's–lad·der *(n.)* سُلَّم يعقوب: «أ» سُلَّم يقود إلى السماء رآه يعقوب في حُلم. «ب» نبتة ذات زهرات زرقاء وأوراق تتميَّز بترتيبها السُّلَّمي. «ج» مِرقاة حَبْليّة ذات درجات خشبية.

Ja·co·bus [jə kō′bəs] *(n.)* الجُنيه الجَيمسيّ: جنيهٌ ذهبيّ بريطانيّ قديم سُكَّ في عهد جيمس الأول.

jac·o·net [jăk′ə nĕt′] *(n.)* الجاكونيت: قماش قطنيّ رقيق.

jac·quard [jə kärd′] *(n.)* الجاكار: «أ» نَوْل جاكار لحياكة الأقمشة المصوَّرة. «ب» قماش قطني حِيْكَ على نَوْل جاكار.

Jac·que·rie [zhäk rē′] *(n.)* (١) *cap.* الثورة الجاكيّة: ثورة قام بها الفلاحون الفرنسيون عام ١٣٥٨ (٢) ثورة فلاحين.

jac·ta·tion [jăk tā′-] *(n.)* تباهٍ ؛ تبجُّح.

jac·ti·ta·tion *(n.)* (١) تبجُّح (٢) تَمَلْمُل ؛ انتفاض ؛ قلق شديد.

on>. «ب» يُلْصِب: يجعله يَعْلَق أو يتوتّد بحيث يتعطّل عن العمل <Your child ~*med* the typewriter keys.> . «ج» يصدّ؛ يعترض سبيل كذا. «د» يملأ [حتى الإفراط عادةً] (٢) «أ» يدفع بقوة. «ب» يكبح السيارة فجأة وبقوة تامّة (٣) يسحق؛ يهرس (٤) «أ» يشوِّش [على برنامج إذاعي إلخ]: يجعله غير مفهوم بإطلاق إشارات أو رسائل معترضة. «ب» يجعل [الرادار] غير فعّال بإقحام إشارات معترِضة أو مشوِّشة إلخ x (٥) «أ» ينسدّ أو يَعْلَق. «ب» يَلْصَب: يتعطّل نتيجة لتوتُّد جزء متحرك منه (٦) يشقّ طريقه [إلى مكان مزدحم] (٧) يشترك في حفلة يحييها عازفو موسيقى الجاز لمتعتهم الشخصية § (٨) «أ» ضغط؛ تثبيت؛ صَدّ؛ رصّ؛ دفعٌ بقوّة؛ كَبْحٌ؛ سحق؛ تشويش إلخ. «ب» عقبة؛ عائق (٩) «أ» انضغاط؛ امتلاء؛ انهراس؛ انسداد؛ لَصَبٌ إلخ. «ب» ازدحام <traffic ~> (١٠) ورطة (١١) jam session.

jam² *(n.)* المُرَبّى؛ مُرَبّى الفاكهة.

J. jamb *1.*

jamb [jăm] *(n.)* (١) عِضادة [الباب أو النافذة] (٢) دِرْع الرِّجل.

jam·ba·lay·a [jəm′bə lī′ə] *(n.)* (١) الجمبالايا: أرزٌ مطهوٌّ مع اللحم أو المَحار (٢) مزيج [من عناصر مختلفة].

jam·beau [jăm′bō] *(n.)* pl. -x [bōz] دِرْع الرِّجل.

jam·bo·ree [jăm′bə rē′] *(n.)* (١) احتفالٌ صاخبٌ مخمور (٢) «أ» مِهْرَجان. «ب» الجمبوري: مهرجان قومي أو دُوَليّ للكشّافة (٣) برنامج لهوٍ طويلٌ منوَّع.

jam–pack [jăm′păk′] *(vt.)* يَكُظّ؛ يملأ حتى الاكتظاظ.

jam session *(n.)* مأنُسَة الجاز: حفلة يحييها عازفو الجاز لمتعتهم الشخصية.

jam–up *(n.)* (١) اكتظاظ؛ ازدحام؛ امتلاء؛ انسداد (٢) عقبة؛ عائق.

jan·gle [jăng′gəl] *(vi.; t.; n.)* (١) يُثرثر (ا.ق) (٢) يتشاحن؛ يتشاجر [بالكلام] (٣) يُخَشخش؛ يُصَلْصِل: يُحدِث أو يُطلق صوتًا غير سائغ في الأذن x (٤) يُثير § (٥) ثرثرة (٦) مُشادّة؛ مشاحنة (٧) صوت متنافر.

jan·is·sar·y [jăn′ə sĕr′ĭ] *or* **jan·i·zar·y** [-zĕr′ĭ] *(n.)* الإنكشاري: «أ» *cap.* عد: واحد الإنكشارية [في الجيش العثماني]. «ب» عضو في جماعة من القوات أو الأتباع تتميّز بشدّة الولاء.

jan·i·tor [jăn′ə tər] *(n.)* (١) الحاجب؛ البوّاب (٢) حارس المبنى.

Jan·sen·ism [jăn′sə nĭz′-] *(n.)* اليانسينيّة: «أ» مذهب لاهوتي يُنكر حرية الإرادة، ويقول بأن الطبيعة الإنسانية لا تقوى على فعل الخير. «ب» موقف أخلاقيّ سلبيّ صارم.

Jan·u·ar·y [jăn′yo͞o ĕr′ĭ] *(n.)* يناير؛ كانون الثاني.

Ja·nus [jā′nəs] يانوس: إلٰه الأبواب والبدايات الزمنية عند الرومان.

Janus–faced *(adj.)* مراءٍ؛ منافق؛ ذو وجهَيْن.

ja·pan [jə păn′] *(n.; adj.; vt.)* (١) الجُبّان: ضرب من الورنيش (٢) المُجَبَّن: «أ» شيء مُوَرنش أو مصوَّر على الطريقة اليابانية. «ب» خزف أو حرير ياباني § (٣) جُبّانيّ: ذو علاقة بالجُبّان (٤) مُجَبَّن: مَطْليّ بالجُبّان § (٥) يُجَبِّن: يطلي بالجُبّان (٦) يُلمِّع بقوّة.

Jap·a·nese [jăp′ə nēz′] *(n.; adj.)* (١) اليابانيّ: أحد أبناء اليابان Japan (٢) اللغة اليابانية § (٣) يابانيّ.

Japanese beetle

Japanese beetle *(n.)* الخُنفُساء اليابانيّة (حش).

Japanese lantern *(n.)* المصباح الياباني: مصباح ورقيّ للزينة.

Japanese quince *(n.)* السَّفَرْجل الياباني: شُجيرة زِينيّة.

Jap·a·nize [jăp′-] *(vt.)* (١) يجعله يابانيًا (٢) يخضعه للنفوذ الياباني.

jape [jāp] *(vi.; t.; n.)* (١) يَمْزح x (٢) يَسْخَر من § (٣) مسرحية هزلية؛ أثر أدبي هزلي (٤) مَزْحة (٥) نكتة.

Ja·pon·i·ca [jə pŏn′ə kə] *(n.)* = Japanese quince.

jar¹ [jär] *(vi.; t.; n.)* (١) «أ» يَصِرّ؛ يَصْرِف: يُحدث صوتًا لا تسيغه الأذن. «ب» يتنافر؛ يتصادم؛ يتضارب. «ج» يضايق: يترك أثرًا مؤذيًا للأعصاب أو المشاعر (٢) يرتجّ x (٣) «أ» يجعله يَصِرّ أو يَصْرِف. «ب» يَرُجّ § (٤) «أ» صرير؛ صريف. «ب» تصادم؛ تضارب (٥) «أ» ارتجاج مفاجئ أو غير متوقَّع. «ب» صدمة [للنفس].

on the ~, مفتوح فتحًا جزئيًا [صفة لبابٍ إلخ].

jar² *(n.)* جَرَّة؛ مَرْطَبان.

jar·di·niere [jär′də nēr′; zhȧr dē nyâr′] *(n.)* (١) الرَّيحانيّة: «أ» منضدة زينية توضع عليها الأزهار إلخ. «ب» أصيص خزفيّ كبير (٢) الخُضَرية: حِلْية للّحم مؤلَّفة من قطع مربَّعة من الخُضَر المطهوّة.

jar·ful [jär′fo͝ol′] *(n.)* مِلء جرّة أو مَرْطَبان.

jar·gon [jär′gŏn] *(n.; vi.)* (١) الرَّطانة: «أ» لغة مضطربة غير مفهومة. «ب» لغة أو لهجة غريبة. «ج» لغة أو لهجة هجينة مبسَّطة تستعمل للتفاهم بين الناطقين بلغات مختلفة (٢) اللغة الاصطلاحية لجماعة ما <medical ~> (٣) الجعجعة: كلام مُبْهَم موسومٌ بالتباهي والإطناب § (٤) يُغرِّد (٥) يَرْطُن.

jar·gon·ize *(vi.; t.)* (١) يَرْطُن x (٢) يُرَطِّن: يحوِّل إلى رطانة.

jar·goon [jär go͞on′] *(n.)* اليَرْغُن: ضرب من الزِّركون.

jarl [yärl] *(n.)* اليَرْل: نبيل إسكندينافيّ يلي الملك في الرتبة مباشرةً.

ja·sey [jā′zĭ] *(n.)* الجُمَّة: شعر مستعار.

jas·mine [jăs′mĭn; jăz′-] *(n.)* (١) ياسَمِين (٢) لون أصفر فاتح.

jas·per [jăs′pər] *(n.)* (١) اليَشْب: حجر كريم (٢) اليَشْبيّ: لون أخضر ضارب إلى السَّواد.

—jas·per·y *(adj.)*

Jat [jät; jôt] *(n.)* الجاتيّ: أحد أبناء شعب هندي أوروبيّ مقيم في البنجاب.

ja·to unit [jā′tō] *(n.)* وحدة الإقلاع: جهاز يتألف من محرِّك صاروخيّ أو أكثر، يستخدم لمساعدة الطائرة على الإقلاع.

jaun·dice [jôn′dĭs; jän′-] *(n.; vt.)* (١) اليَرَقان (ط) (٢) شعور بالكراهية أو العداء § (٣) يُرَيْقن: يُصيبه باليرقان (٤) يُغرِّض: يجعله يتحامل على أو يتحيَّز لِـ . . .

jaunt [jônt; jänt] *(vi.; n.)* (١) يرتحل: يقوم برحلة قصيرة لمجرّد المُتْعة § (٢) رحلة للمتعة.

jaunt·ing car [jônt′-] *(n.)* الجَوْنْتَغ: عربة إيرلندية ذات دولابين ومقعدين طولانيّين جانبيّين.

jaunting car

jaun·ty [jôn′tĭ; jän′-] *(adj.)* (١) أنيق <~ dress> (٢) طروب؛ مَرِح.

—jaun·ti·ness *(n.)*

Ja·va [jä′və] *(n.)* (١) جاوه: جزيرة في إندونيسيا (٢) *often not cap.*: قهوة (٣) الجاويّ: طير داجن.

Jav·a·nese [jăv′ə nēz′] *(n.; adj.)* (١) «أ» الجاويّون: شعب جزيرة جاوه. «ب» الجاويّ: واحد الجاويّين (٢) اللغة الجاويّة § (٣) جاويّ.

Java sparrow *(n.)* دُوريّ جاوه؛ عُصفور جاوه (طا).

jave·lin [jăv′lĭn; jăv′ə-] *(n.)* (١) رمح (٢) الرمح؛ الجريد: عصًا حديدية الرأس تُقْذَف في رياضة رمي الرمح أو الجريد.

ja·velle water [zhə vĕl′] *(n.)* ماء جافيلّ: محلول مطهِّر.

jaw [jô] *(n.; vt.; i.)* (١) الفكّ (ت) (٢) شيء كالفكّ؛ مثل: «أ» أحد جانبي ممرّ أو نفق ضيّق. «ب» فَكّ الكمّاشة ونحوها (٣) «أ» توبيخ؛ تأنيب (ع). «ب» حديث ودّي (ع) § (٤) يتحدّث [إلى امرئ] بلهجة معنِّفة أو مملّة (ع) (٥) يُفحِش في الكلام (٦) يثرثر؛ «يطقّ حَنَك».

jaw·bone [-′bōn′] *(n.)* عظم الفكّ. وبخاصة: الفكّ الأسفل (ت).

jaw·break·er [jô′brā′kər] *(n.)* كاسرة الفكّ: «أ» كلمة يصعب التلفّظ بها. «ب» حلوى مستديرة قاسية.

jawed [jôd] *(adj.)* ذو فكّين <~ fishes>.

jay [jā] *(n.)* (١) القِيْق؛ الزِّرياب؛ أبو زُريق: طائر كالغُراب (٢) «أ» الثرثار الوقح. «ب» الغندور؛ المتأنّق بإفراط. «ج» الغِرّ؛ القليل الخبرة (٣) لون أزرق معتدل.

jay *1.*

jay·hawk·er [jā′hô′kər] *(n.)* (١) الجَيْهَك: «أ» *cap.* عد: عضو في إحدى العصابات المناوئة للاسترقاق في كانساس وميسّوري قبل الحرب الأهليّة وخلالها. «ب» قاطع طرق؛ قرصان (٢) *cap.*: الكانساسيّ: أحد أبناء ولاية كانساس الأميركية.

jay·vee [jā′vē′] *(n.)* <*j(unior) v(arsity)*> فريق رياضي جامعي [من الدرجة الثانية] أو أحد أعضائه.

jay·walk [-′wôk′] *(vi.)* يتهوّر [في عبور الطريق].

jazz [jăz] *(n.; adj.; vt.; i.)* (١) الجاز: «أ» موسيقى شعبية أميركية. «ب» رقصة شعبية تؤدّى على أنغام موسيقى الجاز (٢) نشاط؛ حيوية (٣) هُراء؛ كلام فارغ § (٤) جازيّ § (٥) «أ» ينعش؛ ينشّط [تتبعها *up* عادةً]. «ب» يسرّع؛ يعاجل (٦) يعزف على طريقة الجاز x (٧) يهيم: يتنقّل من مكان إلى آخر (٨) يرقص على موسيقى الجاز.

jazz·man [jăz′măn′] *(n.)* الجازيّ: عازف الجاز.

jazz·y [jăz′ĭ] *(adj.)* جازيّ: «أ» متّسِم بخصائص موسيقى الجاز. «ب» ناشط أو مفعم بالحياة [على نحو غير مكبوح].

jeal·ous [jĕl′əs] *(adj.)* (١) غَيور <a ~ husband> (٢) حَسود <~ of his rich brother> (٣) ضنين؛ حريص على الاحتفاظ بـ <~ of one's rights *or* reputation> (٤) يقِظ؛ حَذِر <kept a ~ eye on me>.

jeal·ous·y [-′ə sĭ] *(n.)* (١) غَيْرة؛ حسد؛ حِرْص (٢) يقظة شديدة.

jean [jēn] *(n.)* (١) الجِيْن: قماش قطني متين (٢) *pl.* عد: الجينيّ؛ الجِينز: بنطلون مَخيط من الجِيْن.

jeep [jēp] *(n.; vi.)* (١) الجِيْب: سيارة عسكرية أو مدنيّة صغيرة تتميّز بالبساطة والقدرة على الاحتمال § (٢) يُجَيِّب: يركب سيارة «جِيْب».

jeer [jēr] *(vi.; t.; n.)* (١) يَسْخَر من § (٢) ملاحظة ساخرة.

je·had [jĭ häd′] *(n.)* = jihad.

Je·ho·vah [jĭ hō′və] *(n.)* يَهْوَه: الربّ؛ الله.

je·hu [jē′hyōō] *(n.)* (١) سائق عربة (٢) سائق متهوّر.

je·june [jĭ jōōn′] *(adj.)* (١) تُعْوِزُه القيمة الغذائية <~ diets> (٢) تافه؛ تعوزه المتعة أو القيمة <His lectures seemed ~.> (٣) صِبيانيّ <~ behavior>.

je·ju·num [jĭ jōō′nəm] *(n.)* الصائم: الجزء الأوسط من المعى الدقيق.

Je·kyll and Hyde [-jĕk′əl; hīd] *(n.)* «جيكل» و«هايد»؛ المزدوج الشخصية: شخص ذو شخصية مزدوجة، جانبٌ منها خيِّر والآخر شرّير.

jell [jĕl] *(vi.; t.)* (١) يَتَهَلَّم: يصبح هُلاميّ القوام (٢) يَتبلْوَر x (٣) يُهَلِّم: يجعله هُلاميّ القَوام (٤) يُبَلْوِر.

jel·li·fy [jĕl′ə fī] *(vt.; i.)* (١) يُهلِّم: يجعله هُلاميّ القَوام (٢) يُضْعِف x (٣) يتهلّم: يصبح هُلاميّ القوام.

jel·ly [jĕl′ĭ] *(n.; vi.; t.)* (١) الهُلاميّة: «أ» حلوى رجراجة القَوام تُعَدّ بغلي السُّكَّر وعصير الفاكهة. «ب» بديلٌ للهُلاميّة شبيهٌ بها من حيث القوام أو الكثافة (٢) خوف؛ تردُّد (٣) اللّامُتَشكِّلة: كتلة عديمة الشكل § (٤) يتهلّم: يُصبح هُلاميًّا x (٥) يُهَلِّم: يجعله هلاميَّ القوام.

jelly bean *(n.)* الجَلْبين: «أ» حلوى مغلّفةٌ بالسُّكَّر [على شكل حبّات الفول أو الفاصوليا]. «ب» شخص مُخنَّث أو ضعيف الشخصية.

jel·ly·fish [jĕl′ĭ fĭsh] *(n.)* (١) رئة البحر؛ قنديل البحر؛ السمكة الهُلامية (٢) شخص ضعيف الشخصية.

jellyfish *1.*

jelly roll *(n.)* الفطيرة الهُلامية؛ فطيرة الهُلام.

jen·net [jĕn′ət] *(n.)* (١) الزّناتيّ: جواد إسباني صغير (٢) أتان (٣) hinny.

jen·ny [-′ĭ] *(n.)* (١) «أ» أنثى الطائر. «ب» أتان (٢) المِغْزَلة: مِغزَل آليّ قديم.

jeop·ard; jeop·ard·ize [jĕp′-] *(vt.)* يعرِّض للخطر.

jeop·ard·ous [jĕp′ər dəs] *(adj.)* خَطِر؛ محفوف بالمخاطر.

jeop·ard·y [-dĭ] *(n.)* (١) خَطَرٌ (٢) الخَطَر المحيق بمتّهم [أمام المحكمة].

jer·bo·a [jər bō′ə] *(n.)* اليَرْبوع: حيوان صغير وثّاب.

jerboa

jer·e·mi·ad [jĕr′ə mī′ăd] *(n.)* نُواحٌ متطاول؛ تَشَكٍّ متواصل.

Jer·e·mi·ah [jĕr′ə mī′ə] *(n.)* (١) إرميا النبيّ (٢) المتشائم؛ المتوقّع كوارث مقبلة.

jerk[1] [jûrk] *(vt.; i.; n.)* (١) يَنْخَع؛ يرجّ؛ يهزّ هزًّا عنيفًا (٢) يقذف بحركة

سريعة تُكبح فجأةً (٣) ينطق بطريقة متقطعة متشنِّجة (٤) يُعِدّ <to ~ sodas> x (٥) ينتخع؛ يرتجّ؛ يهتزّ § (٦) نَخْعَة؛ رجّة؛ هزّة (٧) رعشة؛ ارتعاش عصبي (٨) شخص غبيّ أو أحمق.

to ~ off يستمني؛ يمارس العادة السّرّيّة.

jerkin

jerk[2] (*vt.*) يقدِّد اللحم.

jer·kin [jûrʹkĭn] (*n.*) الجَرْكينة: سترة طويلة ضيِّقة لا كُمَّيْن لها.

jerk·wa·ter [jûrkʹ-] (*adj.*) (١) ناءٍ وغير هامّ <~ towns> (٢) تافه.

jerk·y [jûrʹkĭ] (*n.; adj.*) (١) لحمٌ مقدَّد § (٢) مُنْتَخِعٌ؛ مرتجّ؛ متشنِّج (٣) متقلِّب؛ متَّسم بتغيّرات مفاجئة (٤) أحمق؛ مجنون.

jer·ry [jĕrʹĭ] (*n.*) الألمانيّ: أحد أبناء ألمانيا (عب).

jer·ry–build [jĕrʹĭ bĭldʹ] (*vt.*) يسترخص البناء: يبني على نحو رخيص تُعْوِزُه المتانة.
— jer·ry–built (*adj.*)

jer·sey [jûrʹzĭ] (*n.*) (١) الجُرْسِيّ: «أ» نسيج صوفيّ أو قطني أو حريري. «ب» قميص صوفيّ مُحكَم الحبك يرتديه البحّارة والرياضيون. «ج» ثوب مماثل محبوك من الصوف أو الحرير ترتديه النساء (٢) الجُرْسِيّة: واحدة من سلالة من الأبقار الحلوبة ذات لبن غنيّ بالدَّسم.

Je·ru·sa·lem [jə ro͞oʹsə ləm] القُدس؛ بيت المَقْدس.

Jerusalem artichoke (*n.*) الطَّرْطوفة؛ القُلقاس الرومي (نب).

jess [jĕs] (*n.*) قَيْد البازي أو الصَّقر [تُطوَّق به رِجْلُهُ].

jes·sa·mine [jĕsʹə mĭn] (*n.*) = jasmine.

jesse [jĕsʹĭ] (*n.*) (١) توبيخ قاسٍ (٢) ضَرْبٌ مُبرِّح.

jest [jĕst] (*n.; vi.; t.*) (١) «أ» نكتة. «ب» حادثة مضحكة (٢) «أ» ملاحظة ساخرة. «ب» دُعابة (٣) «أ» مُزاح <done in ~>. «ب» مَرَح (٤) الأضحوكة: موضع سخرية الناس § (٥) يَسْخر (٦) يَمْزَح (٧) ينكِّت x (٨) يهزأ بِ.

jest·er (*n.*) (١) المهرِّج؛ المضحِّك (٢) المزّاح؛ المولَع بالمُزاح.

jest·ing (*n.; adj.*) (١) مُزاح § (٢) مَزُوح (٣) تافه.

Jes·u·it [jĕzʹyo͞o ĭt] (*n.*) اليسوعيّ: «أ» عضو في رهبانية كاثوليكية أنشأها عام ١٥٣٤ القدّيس إغناطيوس لويولا Loyola. «ب» شخصٌ ماكر أو مدبِّر للمكائد.
— Jes·u·it·ism (*n.*)

Je·sus [jēʹzəs] *also* **Jesus Christ** يَسُوع؛ المسيح.

jet[1] [jĕt] (*n.; adj.*) (١) السَّبَج؛ الكَهْرَمان الأسود (٢) لون أسود فاحم § (٣) سَبَجيّ.

jet[2] [jĕt] (*vi.; t.; n.*) (١) ينبثق؛ يتدفَّق؛ يتفجَّر x (٢) يَدْفُق [الماءَ إلخ]؛ يَنْفُث § (٣) «أ» التفجُّر: انبثاق الماء أو الغاز أو البخار من فتحة ضيِّقة. «ب» أنبوب؛ خُرطوم؛ نافورة؛ مِنْفَث (٤) دَفْق؛ فيض (٥) «أ» محرِّكٌ نفّاث. «ب» طائرة نفّاثة.

jet airplane (*n.*) الطائرة النَّفّاثة.

jet–black (*adj.*) فاحم؛ حالك <~ hair>.

jet engine (*n.*) المحرِّك النفّاث.

jet·lin·er [jĕtʹlīʹnər] (*n.*) = jet airplane.

jet–pro·pelled [jĕtʹprə pĕldʹ] (*adj.*) نافوريّ: «أ» مُسَيَّر بمحرِّك نفّاث. «ب» مُوحٍ أو مذكِّر بسرعة طائرةٍ نفّاثة وقوّتها.

jet propulsion (*n.*) الدَّفع النفثيّ أو النافوريّ. وبخاصة: دفع الطائرة بواسطة محرِّكات نفّاثة.

jet pump (*n.*) المِضَخَّة النفّاثة أو النافورية (مك).

jet·sam [jĕtʹsəm] (*n.*) (١) المطروحات: كل ما يُطْرَح من عُدَد المركب وحُمولته تخفيفًا لثقله عند الشدائد فتغرق أو يقذفها الموج إلى الشاطئ (٢) flotsam *2*.

jet·ti·son [jĕtʹə sən; -zən] (*n.; vt.*) (١) الطَّرْح: طَرْحُ حمولة المركب في البحر تخفيفًا لثقله عند الشدائد (٢) هَجْر؛ تخلٍّ عن § (٣) يطرح [حمولةَ المركب في البحر عند خوف الغرق] (٤) ينبذ؛ يتخلّص من؛ يتخلّى عن (٥) يلقي من الطائرة أثناء طيرانها.

jet·ty[1] [jĕtʹĭ] (*n.*) (١) المَرْطَم: حاجز يحمي الشاطئ من التَّعرية أو تحرّكات الرمال إلخ (٢) الفُرْضة: مَحطّ السُّفن في البحر.

jet·ty[2] (*vi.*) ينتأ؛ يَبْرُز.

jet·ty[3] (*adj.*) سَبَجيّ: أسود فاحم كأنه الكهرمان الأسود.

jeu d'esprit [zhœ dĕs prēʹ] (*n.*) مُلْحة؛ نكتة؛ فكاهة.

jew [jo͞o] (*n.*) اليهوديّ: واحد اليهود.

jew·el [jo͞oʹəl] (*n.; vt.*), **-eled** *or* **-elled** (١) حِلْيَة [من معدن نفيس مرصَّع بالحجارة الكريمة إلخ] (٢) الدُّرَّة: شيء ثمين أو نفيس <Her servant is a ~.> (٣) جوهرة؛ حجر كريم (٤) الرَّكيزة؛ الحَجَر: مَحْمِل للمِحْوَر [في صناعة الساعات] § (٥) يُرَصِّع بالجواهر (٦) يُزَيِّن وكأنما بالجواهر.

jew·el·er *or* **jew·el·ler** [jo͞oʹə lər] (*n.*) الجوهريّ: «أ» صائغ الجواهر والحِلَى. «ب» تاجر الجَواهر والحجارة الكريمة والساعات، وعادةً الآنية الفضية والخزفيّة.

jew·el·ly [jo͞oʹ-] (*adj.*) (١) ذو جواهر أو مُتَحَلٍّ بها (٢) كالجوهرة.

jew·el·ry [jo͞oʹəl rĭ] (*n.*) الحُليّ؛ المجوهرات.

jew·el·weed [jo͞oʹəl wēdʹ] (*n.*) المِجزاعة؛ الزهرة المجزاعة (نب).

Jew·ess [jo͞oʹəs] (*n.*) اليهوديّة: فتاة أو امرأة يهودية.

jew·fish [jo͞oʹfĭsh] (*n.*) السَّمكة اليهودية: سمكة بحرية ضخمة.

Jew·ish [jo͞oʹĭsh] (*adj.*) يهوديّ؛ عِبْريّ.

Jew·ry [-ʹrĭ] (*n.*) (١) الجالية اليهودية [في بلدٍ ما] (٢) الشعب اليهوديّ.

Jew's harp *or* **Jews' harp** [jo͞ozʹhärp] (*n.*) قيثار اليهودي: آلة موسيقية.

Jew's harp

jez·e·bel [jĕzʹə bĕlʹ] (*n.*) امرأة وقحة أو خليعة.

jib [jĭb] (*n.; vt.; i.*) (١) الجِبّ: شراع صغير مُثَلَّثيّ الشكل (مل) (٢) ذراع المِرفاع أو الرافعة (مك) § (٣) يَحْرِف [الشراعَ] من أحد جوانب السفينة إلى

آخر x (٤) ينحرف [الشراع] من جانب إلى آخر (٥) يَحْرُن: يأبى المسير.

jib·boom [jĭb′bo͞om′] *(n.)* الجِبُّوم: سارية تشكّل امتدادًا للدَّقل المائل (را. bowsprit).

jibe [jīb] *(vi.; t.)* (١) ينحرف: ينحرف الشراع فجأةً من جانب إلى آخر (٢) يغيِّر الاتجاه: يغيِّر اتجاه المركب بحيث ينحرف الشراع (٣) يتفق مع؛ ينسجم مع x (٤) يَحْرِف: يجعل الشراع ينحرف.

jiff [jĭf]; **jif·fy** [jĭf′ĭ] *(n.)* لحظة <in a ~>.

jig [jĭg] *(n.; vt.; i.)* (١) الجِيغ: «أ» رقصة سريعة أو رشيقة مُفعَمة بالحيوية. «ب» موسيقى هذه الرقصة (٢) حيلة؛ لعبة <the ~ is up.> (٣) الجِيْغة: أداة صيد شبيهة بالقَصَبة والصّنارة (٤) المُوَجِّهة (مك) (٥) الخضخاضة: أداة يُركَّز فيها مسحوق المعدن الخام أو ينظَّف بها الفحم الحجري من طريق الخضخضة في الماء § (٦) يُجيِّغ: يرقص بمثل سرعة رقصة الجيغ وحيويتها (٧) يُهَزْهِز (٨) يجتاغ: يصيد بالجِيغة x (٩) «أ» يرقص الجيغ. «ب» يتهزهز (١٠) يتجيَّغ: يتصيَّد بالجيغة (١١) يستوجه: يستعين بالموجِّهة في عمل ميكانيكي.

jig·ger [jĭg′ər] *(n.)* (١) فا jig (٢) شراع (٣) «أ» الجِغْرة: عُدَّة تُستعمل على ظهر المركب. «ب» الجِيغة: أداة صيد شبيهة بالقصبة والصّنارة (٤) الجِغْر: «أ» مركب صغير. «ب» صارٍ صغير في مؤخَّر المركب. «ج» الصاري الخلفيّ في مركب رباعيّ الصواري (٥) الجغرة: «أ» أداة ميكانيكية، وبخاصة إذا كانت ذات حركة تردّدية. «ب» أداة مُعقّدة أو تافهة بحيث لا يستطيع المرء أن يسمّيها على نحو أدقّ <What is that little ~ on your pistol?> (٦) الجِغْر: معيار لمزج المُسكِرات (٧) بُرغوث.

jig·gle [jĭg′əl] *(vi.; t.; n.)* (١) يتهزهز x (٢) يهزهز § (٣) تَهزهُز.

jig·gly [jĭg′lĭ; jĭg′ə lĭ] *(adj.)* متهزهز؛ متقلقل.

jig·saw [jĭg′sô′] *(n.; vt.; adj.)* (١) منشار المُنْحَنَيات § (٢) يَنْشُر [بمنشار مُنْحَنَيات] (٣) يرتِّب بطريقة معقَّدة أو متشابكة § (٤) مُعقَّد.

jigsaw puzzle *(n.)* أُحجية الصُّوَر المقطوعة: أحجية مؤلَّفة من قطع خشبية صغيرة يتعيَّن على المرء أن يرتِّبها بحيث تشكّل صورة ما.

ji·had [jĭ häd′] *(n.)* الجِهاد: «أ» حرب مقدَّسة تُشَنّ في سبيل الله. «ب» حملة أو حرب في سبيل مبدأ أو عقيدة.

jil·lion [jĭl′yən] *(n.)* الجِلْيون: عدد ضخمٌ غير محدود.

jilt [jĭlt] *(n.; vt.)* (١) الناكثة: المرأة التي تنكث بعهدها فتنبذ رجلًا كانت من قبلُ تبادله الحب § (٢) تنبذ [المرأةُ] محبًّا.

jim crow [jĭm krō′] *(n.)* (١) الزنجيُّ [بمعنًى ازدرائيّ] (٢) التمييز العنصري ضدّ الزنوج [سواء بحكم العُرف أو بحكم القانون].

jim–dan·dy [jĭm′dăn′dĭ] *(n.; adj.)* (١) شيء ممتاز أو رائع § (٢) رائع؛ ممتاز <She had a ~ voice.>.

jim·jams *(n. pl.)* (١) delirium tremens (٢) نرفزة شديدة.

jim·my [jĭm′ĭ] *(n.; vt.)* (١) مُخْلٌ قصير؛ عَتَلة قصيرة § (٢) يخلع بمُخْلٍ قصير <The thief *jimmied* the window.>.

jin·gle [jĭng′gəl] *(vi.; t.; n.)* (١) يُجلجل؛ يُصَلْصِل؛ يخشخش (٢) تتناغم القوافي x (٣) يجعله يجلجل أو يُصَلصل إلخ § (٤) «أ» جلجلة؛ صلصلة؛ خشخشة. «ب» تناغم القوافي (٥) «أ» شيء مُجَلجِل أو مُصَلصِل [كالصَّنج مثلًا]. «ب» أُغنية مُقفّاة (٦) الجِنْكِل: عربة مغطاة ذات دولابين [تستعمل بخاصة في إيرلندا وأستراليا].

jin·go[1] [jĭng′gō] *(interj.)* وحقِّ المسيح <by ~>.

jin·go[2] *(n.)* الشوفينيّ: المغالي في الوطنية.

jin·go·ism [-ĭz əm] *(n.)* الشوفينية: المغالاة في الوطنية.

jink [jĭngk] *(vi.; n.)* (١) يَرُوغ؛ يتفادى؛ يفرّ منعطفًا بسرعة § (٢) رَوَغان؛ تفادٍ؛ فرار (٣) *pl.* نكات؛ عَبَثٌ؛ مُزاح.

jin·ni [jĭn′ē; jĭ nē′] *or* **jinn** [jĭn] *(n.)* الجنّيّ.

jin·rik·i·sha [jĭn rĭk′shô; -shä] *(n.)* الجِنْرِكْشة: عربة صغيرة تتَّسع لشخص واحد عادةً ويجرّها رجل واحد [تُستعمل في اليابان].

jinrikisha

jinx [jĭngks] *(n.; vt.)* (١) الجالب للنحس (٢) نَحْس § (٣) يُنْحِس.

ji·pi·ja·pa [hē′pē hä′pä] *(n.)* (١) الهِبهاب: نبات استوائي يشبه النخيل (٢) الهِبْهابية: قبعة مصنوعة من سَعَف الهِبْهاب.

jit·ney [jĭt′nĭ] *(n.)* الجِتْنيّ: «أ» قطعة نقد أميركية من فئة الخمسة سنتات (ع). «ب» أوتوبوس صغير.

jit·ter [jĭt′ər] *(n.; vi.)* (١) *pl.* نرفزة شديدة (٢) ارتعاش § (٣) يُنَرْفِز.

jit·ter·bug [-bŭg′] *(n.; vi.)* (١) الجِتَرْبَغ: رقصة سريعة تتميَّز ببعض الحركات البهلوانية § (٢) يرقص الجِتَرْبَغ.

jit·ter·y [jĭt′ə rĭ] *(adj.)* (١) شديد النرفزة أو العَصَبية (٢) مرتعِش.

jiu·jit·su *or* **jiu·jut·su** [jo͞o jĭt′so͞o] *(n.)* = jujitsu.

jive [jīv] *(n.; vi.; t.; adj.)* (١) السّوينغ: موسيقى السّوينغ أو الرقص المؤدّى على أنغامها (٢) كلام خادع أو أحمق (٣) الجَيْف: «أ» لغة موسيقيّي الجاز والسّوينغ أو المتحمِّسين لهذه الموسيقى. «ب» لغة خاصة ذات تعابير صعبة أو عامية § (٤) يَمْزح (٥) يرقص على موسيقى السّوينغ أو يعزفها x (٦) tease § (٧) phony.

jo [jō] *(n.)* الحبيب؛ العزيز [بلغة أسكتلندا].

job [jŏb] *(n; vi.; t.)* (١) «أ» عمل؛ شغل لقاء أجر محدَّد. «ب» نتاج أو ثمرة عمل ما (٢) «أ» شيء يُعمل لمنفعة خاصة. «ب» عمل إجراميّ، وبخاصة: سرقة. «ج» عملٌ ضارّ <did a ~ on her> (٣) «أ» مهمّة [بما في ذلك المهمّة التي يكلَّف الكومبيوتر القيام بها (ألك)]. «ب» عملٌ يتطلب جهدًا استثنائيًا. «ج» واجب أو دور أو وظيفة خاصة. «د» منصب. «هـ» وضع؛ حالة؛ مسألة <to make the best of a bad ~> § (٤) يشتغل بين فترة وأخرى أعمالًا متقطعة لقاء أجر (٥) يستغلّ وظيفته الرسمية لتحقيق كسب شخصي (٦) يسمسر؛ يقوم بعمل الوسيط x (٧) يتاجر بالجملة؛ يضارب بِـ (٨) يستأجر [عربة إلخ] لفترة معيَّنة (٩) ينال [أو يحقّق كسبًا] من طريق استغلال الوظيفة (١٠) يخدع.

by the ~, بالقطعة؛ بالمقاولة.

to do the ~ for one يقتله؛ يقضي عليه.

job·ber [jŏb′ər] *(n.)* (١) «أ» سمسار الأوراق الماليّة. «ب» سمسار؛ وسيط

§ (٣) اهتزاز.

jog·gle[2] *(vt.; n.)* (١) يُعَشِّق؛ يُوثِّق بالتَّعشيق § (٢) نَقْب التعشيق (نج).

jog trot *(n.)* (١) العَدْوُ الوئيد: عَدْوُ الفَرَس في غير إسراع (٢) عادةٌ متأصّلة أو عمل روتينيّ.

jo·han·nes [jō hăn′ēz] *(n.)* الجوهانس: عملة ذهبية برتغالية قديمة.

john [jŏn] *(n.)* (١) مِرحاض (ع) (٢) زبون المومس (ع).

John Bar·ley·corn *(n.)* المُسْكِرات؛ المشروبات الروحيّة.

john·boat [jŏn′-] *(n.)* الجَنْبُوْت: مَرْكب ضيّق مُسطَّح القعر مربّع المؤخّرة.

John Bull [bo͝ol] *(n.)* (١) الشعب الإنكليزي (٢) الإنكليزي النموذجي.

John Doe [dō] *(n.)* (١) فريق مجهول الاسم [في دعوى قضائيّة] (٢) شخص عاديّ.

John Do·ry [dōr′ĭ] *(n.)* الجُنْدُوْرِيّ: ضَرْبٌ من السَّمك الأوروبيّ.

John Han·cock; John Henry *(n.)* توقيع المرء أو إمضاؤه.

john·ny [jŏn′ĭ] *(n.)* (١) .cap أ. ك: فتًى؛ رَجُل (٢) الجَوْنيَّة: سترة قصيرة الكمَّين لا قبّة لها يرتديها المرضى في المستشفيات.

john·ny·cake [jŏn′ĭ kāk′] *(n.)* الجونكَيْك: خبز يصنع من دقيق الذرة والماء أو الحليب مضافًا إليهما البيض أحيانًا.

John·ny–jump–up *(n.)* البَنْصة؛ زهرة الثالوث: بنفسج مثلَّث الألوان.

John·ny–on–the–spot *(n.)* الحاضر المترقِّب: شخص حاضرٌ دائمًا ومستعدّ في كلّ لحظة لأداء مهمّة أو انتهاز فرصة إلخ.

John·son·ese [jŏn′sə nēz′; -nēs′] *(n.)* الجونسونيّ: أسلوب أدبيّ يتميَّز بأناقة الصياغة واستعمال كثير من الكلمات اللاتينيّة الأصل.

joie de vi·vre [zhwȧ də vē′vr] *(n.)* الاستمتاع المرح بمباهج الحياة.

join [join] *(vt.; i.; n.)* (١) يُلْصِق؛ يَصِل؛ يربط؛ يضمّ (٢) يزاوج؛ يزوِّج (٣) يشتبك في قتال (٤) «أ» يَلحق بـ <I'll ~ you later.>. «ب» يلتحق بـ؛ يصبح عضوًا في <to ~ a faculty> x (٥) «أ» يتّصل؛ يتّحد. «ب» يتجاور؛ يتلاصق <At this point the two estates ~.> (٦) «أ» يتحالف <~*ed* to combat crime>. «ب» ينخرط في سلك جماعة. «ج» يشترك في نشاط جَماعيّ <~*ed* in singing the national anthem> § (٧) joint.

join·der [join′-] *(n.)* (١) conjunction *1-2* (٢) اتحاد فريق أو أكثر [بحيث يشكّلون مدّعيًا واحدًا أو مُدَّعًى عليه واحدًا في قضية] (ق).

join·er [joi′nər] *(n.)* (١) فا join (٢) نجّار (٣) الانضماميّ: شخص اجتماعي النزعة منضمّ إلى عدة منظمات أو نوادٍ.

join·er·y *(n.)* (١) النِّجارة (٢) مصنوعات النجّار.

joint [joint] *(n.; adj.; vt.; i.)* (١) «أ» مَفْصِل. «ب» العُجْرة؛ العُقْدة: موضع انبثاق الأوراق من ساق النبتة. «ج» البَيْمفصِلي؛ البَيْعُجْريّ: ذلك الجزء المتضمَّن بين مَفْصِلين أو عُجْرتين. «د» قطعة لحم كبيرة للشَّيّ (٢) «أ» الوُصلة: نقطة الاتصال بين شيئين <a ~ in a pine>. «ب» المُلتَقى: موضع التقاء طرفين أو حافتين إلخ. «ج» الفُسحة: فُسحة بين سطحَيْ آجرّتين إلخ مُلْحَمَيْن

(٢) «أ» تاجر الجملة. «ب» المشتغل بالقطعة أو المقاولة (٣) المستغلّ وظيفتَهُ الرسميّة [لتحقيق كسب شخصيّ].

job·ber·y [jŏb′ə rĭ] *(n.)* (١) استغلال الوظيفة: استغلال المرء وظيفتَهُ لتحقيق كسب شخصيّ (٢) الفساد الإداري أو السياسي.

job·hold·er [jŏb′-] *(n.)* الموظَّف. وبخاصة: الموظف الحكومي.

job·less [jŏb′-] *(adj.; n.)* (١) عاطل عن العمل (٢) خاصّ بالعاطلين عن العمل <~ insurance> § (٣) العاطلون عن العمل.

job lot *(n.)* (١) الصَّفقة المتنوّعة: سلع مختلفة تباعُ بالجملة لأحد باعة التجزئة عادةً (٢) سَقَط المتاع: أشياء من صنفٍ دونٍ عادةً.

Job's comforter [jōbz] *(n.)* مُعَزِّي أيوب: من يحاول تعزية المرء ومؤاساته فلا يزيده إلا لوعةً وأسًى.

Job's news *(n.)* خبرٌ شؤم.

Job's post *(n.)* نذير الشؤم؛ رسول الشؤم.

Job's tears *(n. pl.)* دمع أيوب: «أ» بزور بيضاء لؤلؤية قاسية تُتَّخذ بديلًا للخَرَز. «ب» عشبة آسيوية حاملةٌ لهذه البزور (نب).

job work *(n.)* المطبوعات الصغيرة [كالبطاقات والمناشير والإعلانات].

jock [jŏk] *(n.)* (١) jockey (٢) disc jockey (٣) athletic supporter.

jock·ey [jŏk′ĭ] *(n.; vt.; i.)* (١) الجُوْكِيّ: فارس يمتهن ركوب الخيل في السِّباق (٢) السائق؛ القائد؛ المُشَغِّل § (٣) يخدع؛ يحتال على (٤) «أ» يركب جوادًا [في سباق]. «ب» يسوق؛ يقود؛ يُشَغِّل x (٥) يمتهن ركوب الخيل [في سباق] (٦) يُناور [تحقيقًا لمنفعة شخصية].

jockey club *(n.)* نادي السِّباق؛ نادي الفرسان: هيئة تنتظم المعنيّين بسباق الخيل وتنظّم سباقاتِهِ، عادةً، في منطقةٍ ما.

jock·strap [jŏk′străp] *(n.)* = athletic supporter.

jo·cose [jō kōs′] *(adj.)* (١) «أ» ظريف؛ ميّال إلى الهَزْل أو التنكيت. «ب» مَرِح (٢) فَكِهٌ؛ فكاهيّ.

jo·cos·i·ty *(n.)* (١) ظَرْف؛ هَزْل؛ مَرَح (٢) نُكْتة؛ عملٌ هازل.

joc·u·lar [jŏk′yə lər] *(adj.)* (١) مَزوح (٢) مازح.

joc·u·lar·i·ty [-lăr′ə tĭ] *(n.)* (١) مُزاح؛ هَزْل (٢) مَزْحة.

joc·und [jŏk′ənd; jō′kənd] *(adj.)* مَرِح؛ جَذِل.

jo·cun·di·ty [jō kŭn′-] *(n.)* (١) مَرَح؛ جَذَل (٢) مُزاح.

jodh·pur [jŏd′pər; jōd′-] *(n.)* بنطلون [لركوب الخيل].

jo·ey [jō′ĭ] *(n.)* صغير الحيوان. وبخاصة: صغير الكَنْغر.

jog[1] [jŏg] *(vt.; i.; n.)* (١) يَهزّ أو يدفع برفق (٢) ينبِّه؛ يثير <to ~ a person's memory> (٣) يحمل [الفرسَ] على العَدْو في تؤدةٍ x (٤) يهتزّ؛ يتذبذب (٥) «أ» يعدو [الفرسُ] في غير إسراع. «ب» يمشي الهوينا § (٦) هزة أو دفعة رفيقة (٧) عَدْوٌ وئيد.

jog[2] *(n.; vi.)* (١) الانعطاف: تغيُّر مفاجئ في الاتجاه § (٢) ينعطف.

jog·gle[1] [jŏg′əl] *(vt.; i.; n.)* (١) يهزّ برِفق x (٢) يهتزّ؛ يتمايل؛ يترنَّح

بإسمنت أو مِلاط <a thin ~> . «د» الفاصل: صَدْعٌ طَفيفٌ في صخر (٣) «أ» ملهى وضيع أو رديء السمعة [لتدخين الأفيون أو بيع المُسكرات]. «ب» مؤسسة؛ مسكن؛ مكان (٤) سيكارة مَرْهُوانة § (٥) مُتَّحد؛ مُتَّصل (٦) مُشْتَرَك <~ ownership> (٧) متشارك [في العلاقة أو المصلحة أو العمل] <~ owners> § (٨) «أ» يوصِّل؛ يقرِن؛ يضمّ <to ~ boards>. «ب» يُمفصِل؛ يزوِّد بِمَفْصِل. «ج» يَسْحَج: يسوّي بالفأرة حافة لوح خشبيّ [تمهيدًا لوصلِهِ بغيره] (٩) يقطّع [اللحمَ] **x** (١٠) يتَّصِل؛ يقترن [وكأنما بوُصَل] <The stones ~ neatly.>.

out of ~, (١) «أ» مخلوع؛ مفكوك. «ب» مضطرِب؛ مختلِط؛ مشوَّش (٢) «أ» متنافر؛ غير منسجم مع. «ب» ساخط؛ ممتعض؛ متبرِّم.

to put someone's nose out of ~, (١) يُقلق أو يزعج شخصًا (٢) يحلّ محله [في الحظوة أو في استقطاب إعجاب الناس].

joint account *(n.)* الحساب المُشْترك [بين شخصين أو أكثر] (تج).

Joint Chiefs of Staff هيئة رؤساء الأركان المشتركة (جن).

joint·ed [-′tĭd] *(adj.)* مُمَفْصَل؛ ذو مفاصل <a ~ doll>.

joint·er [join′tər] *(n.)* (١) فا joint (٢) المِسْحَج؛ فأرة النَّجّار (٣) ملعقة البنّاء.

joint grass *(n.)* العُشب المُعَجَّر: عشب معترش يُتَّخذ علفًا للحيوان.

joint·ly [joint′lĭ] *(adv.)* معًا؛ بالاشتراك أو بالتعاون مع.

joint resolution *(n.)* القرار المشترك: قرار يتبنّاه مجلسا البرلمان معًا.

joint·ress [join′trəs] *(n.)* المعقورة: المرأة التي يهبها زوجها مهرًا عقاريًا أو هِبةً عقارية.

joint stock *(n.)* رأس مال مشترك (اد).

joint–stock company *(n.)* شركةُ مُساهَمَةٍ؛ شركةُ مُحاصَّةٍ.

join·ture [join′chər] *(n.)* المَهْر العقاري: عقار يهبه الزّوج زوجتَهُ بدلًا من المَهْر.

joist [joist] *(n.; vi.)* (١) الجائز: عارضة تدعِّم أرضية الحجرة أو سقفها § (٢) يزوِّد بجيزان.

joke [jōk] *(n.; vi.; t.)* (١) «أ» نُكتة؛ دُعابة. «ب» العنصر المضحك في شيء ما. «ج» مُزاح؛ هَزْل. «د» المَزْحَة العملية؛ المداعبة السمجة (را. practical joke). «هـ» الأضحوكة: ما يُضْحَك أو يُسْخَر منه (٢) «أ» شيء تافه. «ب» شيء هيّن ميسور § (٣) يَمْزَح؛ يَهْزِل **x** (٤) يداعب؛ يمازح.

jok·er [jō′kər] *(n.)* (١) «أ» المزّاح؛ المُنَكِّت: الكثير المزاح أو التنكيت. «ب» فتّى؛ شخص (٢) الجوكَر [في ورق اللعب] (٣) المعطِّلة: «أ» جملة غامضة تُقْحم في وثيقة تشريعية بُغية جعلها غير فعّالة إلخ. «ب» جملة أو كلمة مضلِّلة أو مُساءٌ فهمُها، في وثيقة ما، تُبطِل هذه الوثيقة أو تحرِّفها تحريفًا كبيرًا (٤) الذُّخر: شيء يُحتفَظ به لتحقيق هدف أو اجتناب مأزق (٥) المُعَطِّل: عاملٌ غير متوقَّع يُحبِط أو يعطِّل فائدةً مرتقبةً.

jol·li·fi·ca·tion [jŏl′ə fə kā′-] *(n.)* (١) ابتهاج صاخب؛ «تهييص» (٢) المَصْخَبَة: حفلة يُطلَق فيها العنان للابتهاج الصاخب.

jol·li·fy [jŏl′ə fī′] *(vt.; i.)* يُبْهِج أو يبتهج بصخب.

jol·li·ty *(n.)* (١) ابتهاجٌ صاخب (٢) المَصْخَبَة: حفلة للابتهاج الصاخب.

jol·ly[1] [jŏl′ĭ] *(adj.)* (١) «أ» مبتهج. «ب» مرح. «ج» بهيج أو مُبْهِج (٢) ثمِلٌ قليلًا (٣) رائع؛ ممتاز.

jol·ly[2] *(adv.)* جدًا؛ إلى حدّ بعيد <a ~ good cook>.

jol·ly[3] *(vi.; t.)* (١) يَمْزَح **x** (٢) يلاطف شخصًا [وبخاصة لتحقيق هدف ما].

jol·ly boat *(n.)* القارب المُلْحَق: زورق مُلحَق بسفينة [لأداء بعض المهامّ اليسيرة].

jolly boat

Jol·ly Rog·er [rŏj′ər] *(n.)* راية القرصان: راية سوداء تمثِّل جمجمة بيضاء وعَظْمَيْن متصالبين.

jolt [jōlt] *(vt.; i.; n.)* (١) يَنْخَع: يجعله يسير بحركة مفاجئة مرتجّة (٢) يسدِّد إليه ضربة عنيفة [في الملاكمة] (٣) يُضايق؛ يزعج؛ يُربك (٤) يعترض [سَبيلَ شيء]؛ يَقطع [اطّراد شيء] **x** (٥) ينتخع؛ يرتجّ [مثلَ عربة في أرض وعِرة] § (٦) «أ» نخعة؛ رجّة. «ب» ضربة شديدة [في الملاكمة] (٧) صدمة؛ خيبة أمل (٨) نَكْسة (٩) جرعة؛ مقدار ضئيل <a ~ of whiskey>.

Jo·nah [jō′nə] *(n.)* شخص جالبٌ للنَّحس.

Jon·a·than [jŏn′ə thən] *(n.)* (١) الأميركيّ. وبخاصة: أميركيّ من أبناء نيو إنغلند (٢) اليوناثان: ضرب من التفاح الأحمر.

jon·gleur [jŏng′glər] *(n.)* المغنّي أو الشاعر المتجوِّل.

jon·quil [jŏng′kwĭl; jŏn′-] *(n.)* النَّرجِس (نب).

Jordan almond [jôr′dən] *(n.)* (١) لوز الجنائن: لوز فاخر يستعمل في إعداد الحلويات خاصّةً (٢) الملبَّسة: لوزة مكسوَّة بالسكّر.

Jor·da·ni·an [jôr dā′-] *(n.; adj.)* (١) مواطن أُرْدُنيّ § (٢) أُرْدُنيّ.

jo·rum [jōr′əm] *(n.)* طاس؛ طاسة.

jo·seph [jō′zəf] *(n.)* اليوسُفيّة: عباءة نسائية [في القرن ١٨].

Joseph's coat *(n.)* قميص يوسف: نبات استوائيّ.

josh [jŏsh] *(vt.; i.; n.)* (١) يُمازح **x** (٢) يَمْزَح § (٣) مَزْحة.

Joshua tree *(n.)* شجرة يَشُوع: ضرب من نبات اليُكَّة.

joss [jŏs] *(n.)* الجُسّ: وثن أو صنم صينيّ.

joss house *(n.)* بيت الأجساس: هيكل أو معبد صينيّ.

jos·tle [jŏs′əl] *(vi.; t.; n.)* (١) «أ» يحتكّ أو يصطدم بِـ. «ب» يشقّ طريقه دافعًا الناس بِمنكِبَيْه. «ج» يحتشد؛ يتدافع بالمناكب (٢) يتنافس **x** (٣) «أ» يَصْدِم. «ب» يَدْفع بالمنكب. «ج» يحرِّك؛ يثير § (٤) تصادُم؛ تدافعٌ بالمناكب إلخ.

jot [jŏt] *(n.; vt.)* (١) ذرَّة؛ مثقال ذرَّة <I don't care a ~.> § (٢) يدوِّن باختصار وعلى عجل <The policeman ~*ted* down my address.>.

jot·ting [jŏt′ĭng] *(n.)* مذكِّرة موجزة.

joule [joul; jo͞ol] *(n.)* الجُول: وحدة دولية للطاقة (فز).

jounce [jouns] *(vi.; t.; n.)* (١) يثب. وبخاصة: ترتجّ العربة أو تنتخع في سيرها على طريق وعرة **x** (٢) يجعله يرتجّ أو ينتخع § (٣) رَجّة؛ نَخْعة.

jour·nal [jûr′nəl] *(n.)* (١) «أ» دفتر اليوميّة (تج). «ب» يوميّات. «ج» سجلّ محاضر [لهيئة تشريعية إلخ]. «د» سجلّ سرعة السفينة [أو تقدّمها اليوميّ].

«هـ» سجلّ الاتصالات بين الكومبيوتر الشخصيّ والكومبيوتر المركزيّ (ألك) (٢) «أ» جريدة؛ صحيفة يومية. «ب» صحيفة دورية؛ مجلّة (٣) المَقْعَدة؛ المِبْرَم: ذلك الجزءُ من عمود الإدارة المتصلُ بالمَحْمِل (مك).

journal box *(n.)* صندوق المَقعَدة؛ صندوق المِبْرَم (مك).

jour·nal·ese [jûr′nə lēz′; -lēs′] *(n.)* الأسلوب الصُّحفيّ.

jour·nal·ism [jûr′nə lĭz′əm] *(n.)* (١) «أ» الصِّحافة. «ب» الصحف والمجلات. «ج» علم الصِّحافة (٢) الكتابة الصحفية: «أ» كتابة مُعَدَّة للنشر في الصحف. «ب» كتابة متَّسمة بالعرض المباشر للوقائع من غير محاولة تعليلها. «ج» كتابة مقصود بها أن تروق لأذواق الجماهير.

jour·na·list *(n.)* (١) الصِّحافيّ (٢) كاتبُ اليوميّات.

jour·nal·is·tic [jûr′nə lĭs′tĭk] *(adj.)* صِحافيّ؛ صُحُفيّ.

jour·nal·ize [jûr′nə līz′] *(vt.; i.)* (١) يقيّد في دفتر يوميّة أو مذكراتٍ يوميّة x (٣) يُمْسِك دفتر يوميّة أو يوميّات.

jour·ney [jûr′nĭ] *(n.; vi.)* (١) «أ» سَفَر. «ب» رحلة (٢) «أ» المسافة التي يقطعها المسافر في يوم. «ب» عَمَلُ يوم (ع) § (٣) يسافر؛ يقوم برحلة.

jour·ney·man [-măn] *(n.)* (١) عاملٌ مياومٌ (٢) عامل بارع.

jour·ney·work *(n.)* (١) عَمَلُ العامل المياوِم (٢) hackwork.

joust [jŭst; joust] *(vi.; n.)* (١) «أ» يُثاقف: يُقارِع [أحدُ الفرسان] بسيفه فارسًا آخر. «ب» يتثاقف [الفارسان]؛ يتقارعان بسيفيهما (٢) يتنافس؛ يتصارع § (٣) المثاقفة: مقارعة بالسيف بين فارسين (٤) شيء يشبه المثاقفة: صراع.

Jove [jōv] جوبيتر: كبير آلهة الرومان.

by ~! وحق جوبيتر! [هتاف معبِّر عن الدَّهَش أو التوكيد].

jo·vi·al [jō′vĭ əl] *(adj.)* (١) *cap.* جوبيتريّ: ذو علاقة بجوبيتر كبير آلهة الرومان (٢) مرح؛ جَذِل.

— **jo·vi·al·i·ty** *(n.)*

Jo·vi·an [jō′vĭ′ən] *(adj.)* جوبيتريّ: متعلّق بجوبيتر كبير آلهة الرومان.

jowl[1] [joul; jōl] *(n.)* (١) الفكّ. وبخاصة: الفكّ الأسفل (٢) «أ» الخدّ. «ب» لحم خدّ الخنزير.

jowl[2] *(n.)* الغَبَب؛ اللُّغد (را. dewlap).

jowl[3] *(n.)* الرأسيّة: قطعة سمك مؤلفة من الرأس وما حوله.

joy [joi] *(n.; vi.)* (١) ابتهاج؛ فَرَح شديد (٢) سعادة (٣) مصدر الابتهاج أو سببه § (٤) يبتهج؛ يفرح فرحًا شديدًا.

joy·ance [joi′əns] *(n.)* ابتهاج (ا. ق).

joy·ful [joi′fəl] *(adj.)* (١) مبتهج؛ فرح (٢) بهيج؛ دالّ على البهجة <~ actions> (٣) مُبهِج؛ سارّ <~ news>.

joy·less [joi′ləs] *(adj.)* (١) كئيب؛ مكتئب (٢) مكدِّر؛ مُغِمّ.

joy·ous [joi′əs] *(adj.)* = joyful.

joy·ride [-′rīd′] *(n.)* (١) نزهة بالسيارة [تتميَّز بتهوّر في قيادتها] (٢) شيء مثل هذه النزهة من حيث اللامبالاة بالنفقات أو النتائج: مغامرة.

joy·stick [joi′stĭk′] *(n.)* عصا القيادة؛ عصا التحكّم («ألك» و«طي»).

ju·ba [jo͞o′bə] *(n.)* الجُوْبَة: رقصة زنجية أميركية.

ju·bi·lance [jo͞o′bə ləns] *(n.)* تهلُّل؛ ابتهاج.

ju·bi·lant [-lənt] *(adj.)* متهلِّل؛ شديد الابتهاج.

ju·bi·late [-lāt′] *(vi.)* يتهلَّل؛ يبتهج بشدة.

Ju·bi·la·te [-′bə lä′tĭ; -lā′tĭ] *(n.)* (١) «أ» المزمور المئة. «ب» *not cap.*: أغنية متهلّلة؛ انفعال متهلّل (٢) الأحد الثالث بعد عيد الفصح (نص).

ju·bi·la·tion [jo͞o′bə lā′-] *(n.)* (١) تهلُّل؛ ابتهاج (٢) تعبير عن ابتهاج شديد؛ هتاف الانتصار.

ju·bi·lee [jo͞o′bə lē′] *(n.)* (١) اليوبيل: الاحتفال بانقضاء ٢٥ سنة على حدثٍ بعينِهِ <silver ~>، أو بانقضاء ٥٠ سنة على الحدث <golden ~>، أو بانقضاء ٦٠ أو ٧٥ سنة عليه <diamond ~> (٢) اليوبيل؛ فترة الغفران: سنة يعلنها البابا كلَّ ٢٥ عامًا، عادةً، يُمْنَحُ فيها الغفرانَ كلُّ من يتوب عن المعاصي أو يحج إلى رومة (٣) «أ» تهلُّل؛ ابتهاج. «ب» موسم [أو مناسبة] ابتهاج عام (٤) التهلّلية: أغنية زنجيّة شعبية [تشتمل على إشارات إلى أيام سعيدة قادمة].

Ju·da·ic [jo͞o dā′ĭk] *also* **Ju·da·i·cal** *(adj.)* يهوديّ.

Ju·da·ism [jo͞o′dĭ ĭz′əm] *(n.)* اليهودية: ديانة اليهود.

Ju·da·ist [-ĭst] *(n.)* اليهوديّ. — **Ju·da·is·tic** *(adj.)*

Ju·da·ize [jo͞o′dĭ īz′] *(vi.; t.)* (١) يَتَهَوَّد x (٢) يُهَوِّد.

Ju·das [jo͞o′dəs] *(n.)* (١) يَهُوذا الإسْخَرْيوطيّ [الذي خان المسيح] (٢) الخائن. وبخاصّة: الخائن تحت ستار من التظاهر بالصَّداقة (٣) *not cap.*: الخَصاص: ثَقب الباب.

Judas tree *(n.)* الأُرْجُوان؛ الزَّمزريق: شجرٌ جميل الزهر.

judge [jŭj] *(vt.; i.; n.)* (١) يحكم على (٢) يُحاكم (٣) يُقدِّر (٤) يعتبر؛ يرتئي x (٥) يكوِّن رأيًا (٦) يقضي؛ يُصْدِر [القاضي] حكمًا § (٧) «أ» قاضٍ. «ب» حَكَمٌ. «ج» الخبير: شخص مؤهَّل لإصدار حكم نقديّ <a ~ of horses>.

judge advocate *(n.)* ممثِّل النيابة العامة [في محكمة عسكرية].

judge·ship [jŭj′shĭp] *(n.)* القضاء أو منصب القاضي.

judg·mat·ic; -al [jŭj măt′-] *(adj.)* = judicious.

judg·ment *or* **judge·ment** [jŭj′mənt] *(n.)* (١) قضاء؛ إصدار حُكم (٢) «أ» حُكْم؛ قرار محكمة <The ~ was against her.> «ب» دَيْن أو التزام ناشئ عن حكم محكمة (٣) «أ» *cap.*: يوم الحساب أو الدينونة. «ب» حكم إلَهي. وبخاصة: مصيبة يمكن اعتبارها عقابًا إلَهيًّا <Your failure is a ~ on you for being so lazy.> (٤) «أ» محاكمة عقلية: عملية تكوين رأي من طريق التمييز والمقارنة. «ب» اجتهاد أو تقدير مكوَّن بهذه الطريقة (٥) «أ» مَلَكة التمييز. «ب» استخدام هذه المَلَكة (٦) رأي <in my ~>.

judgment day *(n.)* (١) *cap. J; D*: يوم الحساب [أو الدينونة]؛ يوم البعث (٢) يوم حساب أخير.

ă at; ā date; â care; ä car; ĕ egg; ē me; ĭ in; ī bite; ŏ lot; ō bone; ô orphan; oi boil; o͝o good; o͞o boot; ou out; ŭ under; û urgent; ə = *a* in alone, *e* in system, *i* in easily, *o* in gallop, *u* in circus.

ju·di·ca·ble [jo͞o′də kə bəl] *(adj.)* قابلٌ أو عرضة للمحاكمة.

ju·di·ca·tive [jo͞o′də kā′tĭv] *(adj.)* مميِّز؛ مؤهَّل للحكم على الأشياء <the ~ faculty>.

ju·di·ca·to·ry [jo͞o′də kə tôr′ĭ] *(n.; adj.)* (١) النظام القضائيّ (٢) محكمة § (٣) قضائيّ <~ power>.

ju·di·ca·ture [jo͞o′də kə chər] *(n.)* (١) القضاء: إقامة العدل بين الناس (٢) محكمة (٣) «أ» النظام القضائي. «ب» القضاة.

ju·di·cial [jo͞o dĭsh′əl] *(adj.)* (١) «أ» شرعيّ؛ قضائيّ <~ proceedings>. «ب» قضائيّ؛ خاصّ بالسّلطة القضائية (٢) مَحْكَمِيّ؛ صادر عن محكمة <a ~ separation> (٣) حصيف؛ متَّصِف بحسن التمييز أو التقدير <a ~ mind> (٤) ناشئ عن قضاء إلّهي؛ مُنْزَل بوصفه عقوبةً إلّهية <a ~ pestilence> (٥) قاضَوِيّ؛ متعلّق بقاضٍ؛ لائق بقاضٍ <with stern ~ frame of mind>.

ju·di·ci·ar·y [jo͞o dĭsh′ĭ ĕr′ĭ; -′ə rĭ] *(adj.; n.)* (١) قضائيّ؛ شرعيّ § (٢) «أ» النظام القضائي. «ب» القضاة (٣) السلطة القضائية.

ju·di·cious [jo͞o dĭsh′əs] *(adj.)* حكيم؛ مُتَّسِم بحسن التمييز.

ju·do [jo͞o′dō] *(n.)* الجودو: ضرب من المصارعة اليابانية.

jug [jŭg] *(n.; vt.)* (١) إبريق (٢) سِجن § (٣) يطهو [أرنبًا وحشيةً] في وعاء فخّاري (٤) يَسْجُن.

ju·gate [jo͞o′-] *(adj.)* زَوْجيّ: ذو أوراق مرتَّبة زوجًا زوجًا (نب).

jug·ful [jŭg′-] *(n.)* (١) مِلء إبريق (٢) كميّة وافرة.

jug·ger·naut [jŭg′ər nôt′] *(n.)* (١) القوة الماحقة: قوة هائلة عنيدة تمحق كل ما يعترض سبيلها <the ~ of war> (٢) شاحنة ضخمة.

jug·gle [jŭg′əl] *(vi.; t.; n.)* (١) يُشَعْوِذ؛ يقوم بألعاب المشعوذين [قاذفًا الكُرات والمُدى في الهواء] (٢) يتلاعب بِـ x (٣) يَخْدع؛ يحتال على (٤) «أ» يَقْذِف على طريقة المشعوذين <to ~ knives>. «ب» يوازن بدقّة § (٥) شَعْوذة؛ خداع: حيلة (٦) تلاعب.

jug·gler [jŭg′lər] *(n.)* (١) المشعوذ (٢) المحتال (٣) المتلاعب بِـ.

jug·gler·y [-′lə rĭ] *(n.)* (١) شعوذة (٢) احتيال؛ خداع (٣) تلاعُب.

jug·u·lar [jŭg′yə lər; jo͞o′gyə-] *(adj.)* وِداجيّ (ت).

jugular vein *(n.)* الوريد الوِداجيّ (ت).

jug·u·lum [jŭg′yə-] *(n.)* pl. **-la** النَّحر: أعلى الصَّدر.

juice [jo͞os] *(n.; vt.)* (١) «أ» عُصارة. «ب» نُسْغ (٢) «أ» جوهر [الشيء]. «ب» فحولة (٣) «أ» القوة الكهربائية. «ب» نفط؛ وقود (٤) شراب مُسْكر (ع) (٥) رِبًا فاحش § (٦) يُضيف عصارةً إلى (٧) يستخرج عصارة شيء.

to ~ up يُمِدُّهُ بالحياة أو القوة.

juiced *(adj.)* (١) عُصاريّ: مشتملٌ على عُصارة (٢) سكران.

juice·less *(adj.)* (١) جافّ (٢) خِلوٌ من المتعة أو الإثارة أو الحياة.

juic·er [jo͞o′-] *(n.)* (١) العصّارة: أداة لعصر الفاكهة إلخ (٢) السِّكّير.

juic·i·ness [jo͞o′sĭ-] *(n.)* العُصاريّة؛ المائيّة؛ الطَّراءة.

juic·y [jo͞o′sĭ] *(adj.)* (١) كثير العُصارة (٢) مثمر؛ رابحٌ: عائدٌ على صاحبه بربح ماليّ (٣) «أ» مُمتع. «ب» مثير <a ~ scandal>. «ج» مُفْعَم بالحيوية. «د» قويّ (٤) ممطر؛ رطب.

ju·jit·su *or* **ju·jut·su** [jo͞o jĭt′so͞o] *(n.)* الجوجتسو: اسم جامع يُطلق على مختلف ضروب المصارعة اليابانية القديمة.

ju·ju [jo͞o′jo͞o] *(n.)* الجوجو: «أ» تعويذة أو فَتَش fetish عند قبائل إفريقيا الغربية. «ب» القوة السحرية المنسوبة إلى هذه التعويذة.

ju·jube [jo͞o′jo͞ob] *(n.)* (١) «أ» عُنّاب. «ب» شجرة عُنّاب (٢) عِلكة [أو قُرْص مُحَلّى] لها نكهة الفاكهة.

juke·box [jo͞ok′-] *(n.)* الجُكْبُكْس: خزانة مشتملة على فونوغراف تتيح للمرء سماع الأغنية المسجلة التي يختارها بمجرد وضع قطعة نقدية في ثقب خاص.

ju·lep [jo͞o′lĭp] *(n.)* الجُلاَب؛ الجُلّاب: «أ» شراب حلوٌ مُنَكَّهٌ ببعض الأعشاب العطِرة. «ب» شراب مُسْكِر يُعَدّ من البراندي أو الويسكي مع شيء من السكّر والثلج والنعناع.

Jul·ian calendar *(n.)* التقويم اليوليوسي: تقويم شمسيّ يقسم السنة ٣٦٥ يومًا وستّ ساعات ويضيف إلى سنة رابعةٍ يومًا بحيث تصبح كبيسةً مؤلفة من ٣٦٦ يومًا.

ju·li·enne [jo͞o′lĭ ĕn′] *(n.; adj.)* (١) الجوليانية: حساءٌ محتوٍ على رُقاقات من الخُضَر § (٢) جوليانيّ: مقطَّع إلى رقاقات طويلة <~ potatoes>.

Ju·ly [jo͞o lī′] *(n.)* يوليو؛ تموز: الشهر السابع في التقويم الغريغوري.

Ju·ma·da [jo͞o mä′dä] *(n.)* جُمادى الأولى أو جُمادى الآخرة.

jum·ble[1] [jŭm′bəl] *(vi.; t.; n.)* (١) يختلط بغير انتظام؛ «يتلخبط» x (٢) يخلط؛ «يُلخبط» § (٣) «أ» خليط؛ مجموعة أشياء مختلطة بغير انتظام. «ب» اختلاط؛ «لخبطة» (٤) «أ» أشياء للبيع في سوق خيرية. «ب» سوقٌ خيرية.

jum·ble[2] *(n.)* الجَمْبَل: كُعَيْكة رقيقة مُسكَّرة [على شكل حلقة عادة].

jum·bo [jŭm′bō] *(n.; adj.)* (١) شيء ضخم جدًا [بالنسبة إلى نظائره التي من نوعه] § (٢) ضخم جدًّا.

jump [jŭmp] *(vi.; t.; n.)* (١) «أ» يثب؛ يقفز. «ب» ينطلق؛ يبدأ. «ج» يندفع [بهمّة ونشاط] (٢) يوافق؛ يتفق مع <It ~*s* with my humor.> (٣) «أ» ينتقل كيفما اتفق أو على غير هدًى. «ب» يغيّر عمله خارقًا شروط عقد. «ج» يعلو [مقامُهُ أو منزلتُهُ] فجأة. «د» يسارع إلى تكوين رأي وكأنه يثب إليه وثبًا <to ~ to conclusions>. «هـ» يقبل بلهفة <to ~ at an offer> (٤) يهاجم فجأة [بدنيًا أو لسانيًا] (٥) يعجّ؛ يضجّ؛ يمور بالحيوية والنشاط <The restaurant was ~*ing* with young people.> x (٦) يتخطّى بوثبة <to ~ a stream> (٧) يُغفل؛ يقفز عن <to ~ a chapter> (٨) «أ» يفرّ من. «ب» يغادر؛ وبخاصة على عجل أو خِلسة <~*ed* town without paying their bills>. «ج» يترك فجأة [عملًا أو حفلة] (٩) ينحرف [القطار إلخ] عن الخط (١٠) يغتصب: يستولي بصورة غير شرعيّة على (١١) «أ» يجعله يثب. «ب» يرفع منزلته أو مقامه. «ج» يزيد [السِّعْرَ] فَجْأةً زيادةً كبيرةً § (١٢) «أ» وثبٌ؛ قفزٌ. «ب» وثبة؛ قفزة. «ج» حاجز؛ عقبة يُقفَز من فوقها <a racecourse with ~*s*>. «د» إجفال؛ حركة مفاجئة لاإرادية (١٣) «أ» طفرة؛ ارتفاع شديد مفاجئ <a ~ in prices>. «ب» تغيُّر مفاجئ. «ج» رحلة قصيرة أو عاجلة، وبخاصة جوًا <a convenient one–

night ~ from either Beirut *or* Cairo> (١٤) أفضلية؛ تقدُّم؛ ميزة [تكون للمرء عند بدء سباق أو مسابقة].

jump·er[1] [jŭmp′ər] *(n.)* (١) فا jump (٢) «أ» الوثّابة: أداة تعمل بحركة واثبة أو قافزة. «ب» مِزلجة؛ مركبة جليد. «ج» وُصلة التخطّي؛ وصلة العبور: سلك قصير يستعمل موقتًا لسدّ ثغرة في دارة كهربائيّة (٣) الوَثوب: فَرَس مدرَّب على القفز من فوق الحاجز.

jump·er[2] *(n.)* الجُوبيّة: «أ» سترة يرتديها العمّال أو البحّارة. «ب» ثوب من قطعة واحدة لا كُمَّين له. «ج» *pl.* عد: مريَلة طفل. «د» كنزة للنساء أو الفتيات.

jump·i·ness [jŭmp′ĭ-] *(n.)* نرفزة؛ عصبية؛ اهتياج عصبيّ.

jumping jack *(n.)* الدُّمية الوثّابة: دمية تمثّل رجلًا مُمفصلًا إذا جذب المرء سلكًا مشدودًا إلى أوصاله أخَذَ في الوثب والرقص.

jump·ing–off place *(n.)* (١) موضع ناءٍ أو منعزل (٢) نقطة الانطلاق؛ المنطَلَق <a ~ for the conquest>.

jump–off *(n.)* (١) الانطلاق: بدء سباق أو هجوم (٢) نقطة الانطلاق.

jump seat *(n.)* المقعد المتحرِّك: «أ» مقعد عربة متحرك. «ب» مقعدٌ قابلٌ للطيّ بين المقاعد الأماميّة والمقاعد الخلفيّة من سيّارة ركّاب.

jump–start *(vt.)* (١) يسيِّر بالوَثْب: يسيِّر محرِّك السيّارة إلخ بوَصْل بطّاريّتها ببطّاريّة سيّارة أخرى، أو بدفع السيّارة إلى الأمام (٢) يُطلِق: يدفع إلى الأمام <to ~ a campaign> (٣) ينشِّط؛ يستحثّ.

jump·y [jŭm′pĭ] *(adj.)* (١) قفّاز؛ وثّاب (٢) متقلِّب؛ متميِّز بتغيّرات مفاجئة (٣) عصبيّ؛ سريع الاهتياج.

junco

jun·co [jŭng′kō] *(n.)* الجنْك: عصفور من رتبة الجواثم.

junc·tion [jŭngk′-] *(n.)* (١) «أ» وَصْلٌ. «ب» اتّصالٌ (٢) «أ» نقطة اتصال. «ب» مُلتقى طُرُق (٣) وُصلة؛ وَصلة (٤) صلة؛ رِباط.

junc·ture [jŭngk′chər] *(n.)* (١) «أ» وَصْل. «ب» اتّصال (٢) «أ» نقطة اتّصال. «ب» مَفصِل. «ج» الدَّرْز: خط ناشئ عن الجمع بين قطعتي قماش بالخياطة (٣) صلة؛ رِباط (٤) ظَرف؛ وقت. وبخاصة: فترة أو مرحلة حاسمة <at this ~ in history>.

June [jo͞on] *(n.)* يونيو؛ حَزيران: الشهر السادس في التقويم الغريغوري.

June·ber·ry [jo͞on′-] *(n.)* الزُّعرورية: شجر أميركي أحمر الثمر.

June bug *(n.)* خُنفساء يونيو: أيٌّ من عدة خنافس كبيرة، متلفة للمحاصيل وبخاصة في أواخر الربيع وأوائل الصيف.

June bug

jun·gle [jŭng′gəl] *(n.)* (١) دَغَلٌ؛ أَجَمَة (٢) معسكر المتشرِّدين (٣) مجموعة أشياء مختلطة بغير انتظام (٤) الغاب: موطنٌ يُتنازَع فيه البقاء بقسوة ووحشية <turned international economy into a ~>.

jungle fowl *(n.)* دجاجة الأدغال أو الآجام.

jungle gym *(n.)* أَجَمَة اللَّعِب: هيكل من قضبان أفقيّة وعموديّة [يستعمله الأطفال في اللعب].

jun·gly [jŭng′glĭ] *(adj.)* دَغَلانيّ؛ أَجَمانيّ: شبيه بِدَغَلٍ أو أَجَمة.

jun·ior [jo͞on′yər] *(adj.; n.)* (١) «أ» أصغر؛ أحدث سنًا [تستعمل عادةً لتمييز ابنٍ يحمل نفس اسم أبيه، كقولك John Smith, *Junior*]. «ب» ناشئ؛ فتيّ؛ طريّ العود. «ج» مُعَدّ خصّيصًا للمراهقين <a ~ novel>. «د» أحدث عهدًا. «هـ» أحدث عهدًا وبالتالي ثانوي أو أقلّ أهمية <a ~ lien> (٢) أدنى منزلة أو مرتبةً <~ partners> (٣) خاصّ بطلاب الصف قبل الأخير من كليّة أو مؤلَّف منهم <the ~ class> § (٤) «أ» الأصغر: شخص أصغر سنًا من آخر. «ب» وَلد؛ ابن. «ج» شابٌ؛ حَدَث (٥) الأدنى: شخص ذو مرتبة أدنى [في هيئة منظّمة في مراتب متسلسلة] (٦) طالب في الصف قبل الأخير [من كُلّيّةٍ مدّةُ الدراسة فيها أربع سنوات أو ثلاث].

junior college *(n.)* كلّيّة الراشدين أو الراشدات: معهدٌ عالٍ مدّة الدراسة فيه سنتان ويشتمل على صفّين معادلين للصفّين الأول والثاني في كلية تكوّن فيها الدراسة من أربع سنوات.

junior high school *(n.)* مدرسة الأحداث العالية: مدرسة تشتمل على الصفين السابع والثامن الابتدائيّين وعلى السنة الثانوية الأولى.

Junior Leaguer *(n.)* العُصْبيّة الشابّة: شابّةٌ عضوٌ في عُصْبة مهمّتها العمل التطوّعي في حقل الإصلاح الاجتماعي.

junior miss *(n.)* المراهقة: فتاة مراهقة.

junior varsity *(n.)* فريق رياضي جامعي [من الدرجة الثانية].

ju·ni·per [jo͞o′nə pər] *(n.)* العَرْعَر: شجرٌ من الفصيلة الصنوبرية.

junk[1] [jŭngk] *(n.; vt.)* (١) الرُّمَم: قطع من حبال بالية تستعمل في صنع الحُصُر إلخ (٢) القديد: لحمٌ بقريّ صُلْب مملَّح تتزوَّد به السفن (٣) «أ» الخُرْدة: حديد [أو زجاج أو ورق إلخ] عتيقٌ ممكنٌ استعماله من جديد في شكلٍ ما. «ب» سلع مستعملة أو بالية. «ج» سَقَط؛ رُذالة؛ نِتاجٌ دُونٌ. «د» شيء تافه (٤) مخدِّرات. وبخاصة: هيرويين (ع) § (٥) يَطْرح شيئًا [بوصفه تافهًا أو باليًا].

junk[2]

junk[2] *(n.)* اليَنْك: سفينة شراعية صينية.

Jun·ker [yo͝ong′kər] *(n.)* اليُونْكَر: عضوٌ من أعضاء الطبقة الأرستوقراطية الإقطاعيّة البروسيّة.

jun·ket [jŭng′kĭt] *(n.; vi.)* (١) الجَنْكَت: «أ» جُبْن معالَجٌ بالقشدة أو طبقٌ من القشدة وخثارة اللبن. «ب» حلوى هلاميّة من حليب مُحَلًّى (٢) «أ» وليمة؛ مأدبة؛ حَفْلة. «ب» رحلة للمتعة. «ج» رحلة [على نفقة الدولة] يقوم بها موظف § (٣) يولم؛ يقيم وليمة (٤) يقوم برحلة للمتعة أو برحلة على نفقة الدولة.

junk food *(n.)* الغذاء التافه: طعام [كرُقاقات البطاطس إلخ] غنيّ بالسُّعرات أو الحُرَيرات ولكنه ذو قيمة غذائية ضئيلة.

junk·ie *or* **junk·y** [jŭng′kĭ] *(n.)* (١) تاجر الخردة أو السلع المستعملة إلخ (٢) بائع المخدرات المتجول أو مُدمِنُها (ع) (٣) المُولَع بِـ <a sports ~>.

junk mail *(n.)* البريد التافه [كالإعلانات الموزَّعة بكميّات كبيرة].

junk·man [jŭngk′măn] *(n.)* تاجر الخردة أو السِّلع المستعملة.

Ju·no [jo͞o′nō] جونو: كبرى الإلاهات في الميثولوجيا الرومانية.

Ju·no·esque [jōō′nō ĕsk′] *(adj.)* جونويّة الجَمال: ذات جمال مَهِيب.

Jun·ta [jŭn′tə] *(n.)* (١) مجلس سياسيّ؛ لجنة سياسيّة؛ وبخاصة عصبة مسيطرة على حكومة إثر انقلاب ثوريّ (٢) junto.

jun·to [jŭn′tō] *(n.)* الزُّمرة: مجموعة أشخاص يجمعهم هدفٌ مشترك.

Ju·pi·ter [jōō′pə tər] *(n.)* (١) جوبيتر: كبير الآلهة في الميثولوجيا الرومانية (٢) المشتري: أكبر الكواكب السيارة (فل).

Ju·ra [jōōr′ə] *(n.)* العصر الجوراسي (را. Jurassic).

ju·ral [jōōr′əl] *(adj.)* (١) قانونيّ؛ شرعيّ (٢) حقوقيّ: خاص بالحقوق أو الالتزامات.

Ju·ras·sic [jōō răs′ĭk] *(adj.; n.)* (١) جوراسيّ؛ جوريّ § (٢) العصر الجوراسيّ أو الجوريّ: العصر الثاني من الدهر الوسيط (جي).

ju·rat [jōōr′ăt] *(n.)* الإشهاد على قَسَم: شهادة تضاف إلى إقرار معزَّز بقَسَم وتنصُّ على زمان الإقرار ومكانه والمأمور الذي حُرِّر أمامه.

ju·ra·to·ry [-′ə tōr′ĭ] *(adj.)* قَسَميّ: متعلّق بقَسَم أو معبَّر عنه بقَسَم.

ju·rel [hōō rĕl′] *(n.)* الهوريل: ضرب من أسماك البحار الدافئة.

ju·rid·i·cal [jōō rĭd′ə kəl] *(adj.)* (١) عَدْليّ؛ قضائيّ: متعلق بالعدالة أو بمنصب قاضٍ (٢) شرعيّ؛ قانونيّ.

ju·ris·con·sult [jōōr′ĭs kŏn′sŭlt′] *(n.)* = jurist.

ju·ris·dic·tion [-dĭk′shən] *(n.)* (١) الاختصاص؛ الصَّلاحية؛ السُّلطان القضائي: حقّ أو سلطة النظر في الدعاوى والفصل فيها (٢) حق الدولة ذات السيادة في الحكم والتشريع (٣) نطاقُ سلطةٍ ما أو مداها.

ju·ris·pru·dence [-prōō′dəns] *(n.)* (١) «أ» القانون؛ مجموعة قوانين. «ب» قرارات أو اجتهادات محاكم الاستئناف وغيرها من المحاكم العليا (٢) الفِقْه؛ فلسفة التشريع (٣) القانون: شعبة أو فرع من القانون <medical ~>.

ju·rist [jōōr′ĭst] *or* **ju·ris·pru·dent** [jōōr′ĭs prōō′dənt] *(n.)* القانونيّ؛ الضليع في القانون: «أ» المحامي. «ب» القاضي.

ju·ris·tic [jōō rĭs′tĭk] *(adj.)* (١) حقوقيّ: ذو علاقة بمحامٍ أو قاضٍ (٢) فقهيّ: ذو علاقة بفلسفة التشريع (٣) شرعيّ؛ قانونيّ.

ju·ror [jōōr′ər] *(n.)* (١) «أ» المحلَّف: عضوٌ في هيئة محلَّفين. «ب» شخص يُدْعَى للقيام بمهمة المحلَّف (٢) المُقْسِم: من يُقْسِم اليمينَ، وبخاصة يمينَ الولاء (٣) الحَكَم: عضوٌ في هيئة محكَّمين [في مباراة أو معرض].

ju·ry[1] [jōōr′ĭ] *(n.)* (١) المحلَّفون؛ هيئة المحلَّفين (٢) المحكَّمون: هيئة المحكَّمين في مباراة أو مَعْرِض.

ju·ry[2] *(adj.)* مؤقَّت: مُرْتَجَل لأداء غرضٍ طارئ <a ~ rig>.

jus gen·ti·um [jŭs′jĕn′shĭ əm] *(n.)* القانون الدُّوَليّ.

jus san·gui·nis [jŭs′săng′gwə nĭs] *(n.)* حقّ الدم: قاعدة تقول بأنّ مواطنيّة الطفل تقرّرها مواطنيّة أبَوَيْه (ق).

jus·sive [jŭs′ĭv] *(n.; adj.)* (١) صيغة الأمر (ل) § (٢) أمريّ.

jus so·li [jŭs′sō′lī] *(n.)* حقّ التراب: قاعدة تقول بأن مواطنيّة الطفل يقرّرها مكانُ ولادته (ق).

just[1] [jŭst] *(vi.; n.)* = joust.

just[2] [jŭst] *(adj.; adv.)* (١) «أ» صحيح؛ صائب. «ب» مضبوط؛ دقيق <~ proportions> (٢) «أ» منصف؛ عادل؛ غير متحيِّز <to be ~ in one's dealings>. «ب» مستقيم <a ~ man or conduct> (٣) «أ» مشروع؛ مبنيّ على الحقّ <~ claims>. «ب» عادل؛ مُسْتَحَقّ <~ punishment> § (٤) «أ» تمامًا؛ على وجه الضبط <This is ~ what I wanted.> «ب» منذ لحظات <The bell ~ rang.> (٥) «أ» بصعوبة؛ بشِقّ النفس <We only ~ caught the train.>. «ب» مباشرةً <~ north of here> (٦) «أ» مجرَّد <He is ~ an ordinary man.>. «ب» جدًّا؛ بكل ما في الكلمة من معنًى <The weather is ~ glorious>.

jus·tice [jŭs′tĭs] *(n.)* (١) عَدْل؛ عدالة؛ إنصاف (٢) قاضٍ (٣) عدالةُ [قضيةٍ أو موقفٍ] (٤) استقامة (٥) حقّ <to complain with ~>.

to bring to ~, يُحيله إلى المحاكمة.

to do ~, (١) يُنْصِف (٢) يَقْدُر [شيئًا] حقّ قدره.

to do oneself ~, يعمل أو يسلك بطريقة جديرة بكفاءاته.

justice of the peace *(n.)* قاضي الصلح.

jus·ti·ci·a·ble [jŭs tĭsh′-] *(adj.)* صالح للمحاكمة <a ~ offense>.

jus·ti·ci·ar·y [jŭs tĭsh′ĭ ĕr′ĭ] *(adj.)* عَدْليّ؛ قضائيّ.

jus·ti·fi·a·ble [jŭs′tə fī′ə bəl] *(adj.)* ممكنٌ تبريرُهُ.

jus·ti·fi·ca·tion [jŭs′tə fə kā′-] *(n.)* (١) تبرئة [أو براءة] إلَهية من الإثم يُعتَبَر المرء بفضلها صالحًا وجديرًا بأن ينعم بالخلاص (نص) (٢) تبرير؛ تسويغ (٣) مبرِّر؛ مسوِّغ؛ عُذر (٤) مَلْءُ السطور (را. justify).

jus·ti·fi·ca·tive; jus·tif·i·ca·to·ry *(adj.)* تبريريّ؛ تسويغيّ.

jus·ti·fi·er [jŭs′tə fī′ər] *(n.)* المبرِّر؛ المسوِّغ.

jus·ti·fy [jŭs′tə fī′] *(vt.; i.)* (١) يُبرِّر؛ يُسوِّغ (٢) يُثبت أهليّته ككفيل [بأن يقسم على أنه يملك قَدْرًا كافيًا من الممتلكات] (٣) يبرّئ من الإثم (٤) يملأ السطر: يُحسن توزيع الفسحات بين كلماته (طع).

jut [jŭt] *(vi.; t.; n.)* (١) يَنْتأ x (٢) يُنْتِئ § (٣) نتوء.

jute [jōōt] *(n.)* الجوتة؛ قِنَّب كَلْكُتّا: «أ» ألياف الجوتة أو قِنَّب كَلْكُتّا. «ب» أحد نباتين هنديين يُستخرج منهما ألياف متينة تُستعمل في صنع الحبال والحُصُر وأكياس الخيش.

Jute [jōōt] *(n.)* الجُوتيّ: واحد الجُوت وهم شعب جرمانيّ غزا إنكلترا في القرن الخامس للميلاد.

jut·ty [jŭt′ĭ] *(n.)* جزء ناتئ [من مَبْنًى].

ju·ve·nal [jōō′və nəl] *(adj.)* = juvenile.

ju·ve·nes·cence [jōō′və nĕs′-] *(n.)* (١) الشباب (٢) تجدُّد الشَّباب.

ju·ve·nes·cent [-′ənt] *(adj.)* (١) شابّ؛ فتيّ (٢) مجدِّد الشباب.

ju·ve·nile [jōō′və nəl; -nĭl; -nīl] *(adj.; n.)* (١) حَدَثٌ؛ يافع (٢) أحداثيّ: خاصّ بالأحداث أو اليافعين <a ~ book> (٣) صبيانيّ: دالّ على عدم نضج نفسيّ أو عقليّ <~ behavior> § (٤) «أ» الحَدَث؛ اليافع. «ب» كتابٌ للأحداث (٥) اليافع: «أ» طائر غير مكتمل الريش. «ب» فرس سباق في الثانية من عمره (٦) ممثّل [أو ممثّلة] أدوار الأحداث أو اليافعين

ju·ve·nil·i·ty [-ˊə tĭ] *(n.)* (١) الحداثة؛ الصِّبا (٢) سِمات أو تصرُّفات الحداثة (٣) الأحداث؛ اليافعون.

juxta- بادئة معناها: مقارِب؛ واقعٌ قربَ.

jux·ta·pose [jŭks'tə pōz'] *(vt.)* يُجانِب: يضع شيئًا بجانب آخر.

jux·ta·posed *(adj.)* مجانَب: موضوعٌ جنبًا إلى جنب.

jux·ta·po·si·tion [-zĭsh'ən] *(n.)* (١) المُجانَبَة: وضعُ شيءٍ بجانب آخر [على سبيل المقارنة أو المغايرة] (٢) التجانُب: الحالة الناشئة عن المجانبة.

[في المسرح والسينما].

juvenile court *(n.)* محكمة الأحداث.

juvenile delinquent *(n.)* الجانح: مُجرم حدثٌ أو يافع.

juvenile officer *(n.)* ضابط الجانحين: ضابط شرطة مكلَّف بشؤون الجانحين.

ju·ve·nil·i·a [jo͞o'və nĭl'ĭ ə] *(n. pl.)* (١) آثار الصِّبا: ما ينتجه الكاتب أو الفنّان من آثار أدبيّة أو فنيّة في عهد الصِّبا (٢) أدب الصِّبا: الآثار الأدبيّة [أو الفنية] المعدَّة خصِّيصًا للأحداث أو اليافعين.

k [kā] *(n. often cap.)* (١) الحرف الحادي عشر من الأبجديّة الإنكليزية (٢) شيء مُعْتَبرٌ حاديَ عشر من حيث الترتيب أو الطبقة (٣) شيء على صورة حرف **K**.

kaa·ba [kä′bə; kä′ə bə] *(n.)* = Caaba.

kab·a·la *or* **kab·ba·la** *or* **kab·ba·lah** [kăb′-] *(n.)* = cabala.

ka·bob [kə bŏb′] *(n.)* الكَباب: اللحم المَشويّ.

Ka·bu·ki [kä bōō′-] *(n.)* الكابوكية: مسرحيّة يابانيّة شعبيّة يصحبها غناء ورقص.

Ka·byle [kə bīl′] *(n.)* (١) القبيليّ: بربريّ من «القبيليّين» وهم بربر المنطقة الساحلية الجبلية بشرقيّ الجزائر (٢) القبلية: لغة «القبيليّين» البربريّة.

ka·di [kä′dē] *(n.)* = cadi.

Kaf·fir *or* **Kaf·ir** [kăf′ər; kä′fər] *(n.)* الكَفيريّ: عضو في مجموعة الشعوب الناطقة بلغة الـ«بانتو» في جنوب إفريقيا.

Ka·fir [kăf′ər; kä′fər] *(n.)* الكَفِريّ: أحد أبناء كَفرستان، وهي منطقة جبليّة في شمال شرقي أفغانستان.

Kail·yard school *(n.)* [kāl′yärd′] المدرسة الكِلْياردية: جماعة من الروائيين الأسكتلنديين اتّسمت آثارها بالتصوير الرومانتيكي للحياة الريفية وبالإسراف في استعمال اللهجة العاميّة.

kai·nite [kī′nīt; kä′-] *also* **kai·nit** [kī nēt′] *(n.)* الكينيت: ملحٌ طبيعيّ يُتَّخذ سمادًا ومصدرًا من مصادر البوتاسيوم والمغنسيوم.

kai·ser [kī′zər] *(n.)* القَيْصر: لقب أباطرة الأمبراطورية الرومانية المقدَّسة، والنمسا (١٨٠٤–١٩١٨)، وألمانيا (١٨٧١–١٩١٨).

kaka

ka·ka [kä′kə] *(n.)* الكاكة: ببّغاء نيوزيلندي.

ka·ka·po [kä′kä pō′] *(n.)* الكاكاب: ببّغاء نيوزيلندي.

ka·ke·mo·no [kä′kə mô′nô] *(n.)* الكاكامونيّة: صورة أو كتابة يابانيّة على حرير أو ورق تعلّق على الجدران.

kale [kāl] *(n.)* (١) اللّفت الحَرَجيّ (را. cole) (٢) كَرَنْب؛ ملفوف (٣) مال؛ دراهم (ع).

ka·lei·do·scope [kə lī′də skōp] *(n.)* (١) المِشْكال: أداة تحتوي على قطع متحرّكة من الزجاج الملوّن ما إن تتغيّر أوضاعها حتى تعكس مجموعة لا نهاية لها من الأشكال الهندسية المختلفة الألوان (٢) المِشكاليّ: رسم أو مشهد متغيّر مختلف الألوان.

kal·ends [kăl′əndz] *(n.)* = calends.

ka·lim·ba [kə lĭm′bə] *(n.)* الكاليمبة: آلة موسيقية إفريقيّة.

Kal·muck *or* **Kal·muk** [kăl′mŭk] *or* **Kal·myk** [kăl mĭk′] *(n.)* (١) القَلْموقيّ: واحد القَلْموق، وهم شعب مغولي بوذيّ (٢) القَلْموقية: لغة القلموق.

kal·so·mine [kăl′sə mīn; -mĭn] *(n.)* = calcimine.

ka·ma·la [kə mā′lə; kăm′ə lə] *(n.)* الكَمَلة: «أ» شجر آسيويّ ذو ثمارٍ عُلَيْبيّة. «ب» مسحوق من عُليبات الكَمَلة، أحمر اللون برتقاليُّه، يستعمل في صباغة الحرير والصوف ويُتَّخذ علاجًا طاردًا للديدان.

kame [kām] *(n.)* الكَيْم؛ الكامة: كثيب مخروطيّ صغير يخلّفه نهرٌ جليدي.

ka·mi·ka·ze [kä′mĭ kä′zē] *(n.)* (١) الطيّار الانتحاريّ: أحد أفراد فرقة طيران يابانيّة مهمّتها القيام بهجوم انتحاري على هدف عسكري (٢) الطائرة الانتحارية: طائرة تحتوي على متفجرات مهمّتها أن تنقضّ على هدفٍ عسكريّ انقضاضًا انتحاريًا.

kangaroo

kan·ga·roo [kăng′gə rōō′] *(n.)* الكَنْغَر: حيوان أسترالي من ذوات الجِراب أو الكيس.

kangaroo court *(n.)* المحكمة الكَنْغَرية: محكمة لا تُراعى فيها مبادئ القانون والعدالة.

Kant·i·an [kăn′tĭ ən] *(adj.; n.)* (١) كَنْتيّ: ذو علاقة بعمانوئيل كَنْت § (٢) الكَنْتيّ: أحد أتباع فلسفة كَنْت.

ka·o·lin [kā′ə lĭn] *(n.)* الكاولين؛ الطَّفَل الصينيّ: صلصال أبيض نقيّ يستخدم في صنع الخزف الصيني.

ka·o·lin·ite [-′ə lĭ nīt′] *(n.)* الكاولنيت: المكوِّن الأساسي في الكاولين.

Ka·pell·meis·ter [kä pĕl′mī′-] *(n.)* قائد أوركسترا أو جوقة منشدين.

ka·pok [kā′pŏk; käp′ək] *(n.)* القَبُك: كتلة ألياف حريريّة تكتنف بزور شجرة السِّيبة (را. ceiba) وتستعمل لملء الحشايا والفُرُش والوسائد.

ka·put *also* **ka·putt** [kä pōōt′] *(adj.)* (١) مهزوم [أو مدمَّر] تمامًا (٢) معطَّل [بحيث يصبح غير صالح للعمل] (٣) مهجور [لأن زيَّهُ قد بطُل نهائيًا].

Kara·ism [kăr′ə ĭz əm] *(n.)* القَرّائيّة: مذهب يهودي نشأ في بغداد في القرن الثامن للميلاد وقِوامُهُ رفضُ التمسّك بسُنَّة التّلمود.

kar·a·kul [-′ə kəl] *(n.)* القَرَكول: «أ» أحد خراف بُخارى التي يُتَّخذ من جلدها فراءٌ نفيسة. «ب» جلدُ حَمَل من حملان هذه الخراف [يُتَّخذُ منه فروٌ نفيس].

kar·a·o·ke [kăr′ ē ō′ kē] *(n.)* الكاريُوكي: جهاز يُصْدِر موسيقى مسجَّلة سلفًا بحيث يستطيع مستخدمُه أن يغنّي على أنغامها.

kar·at [kăr′ət] (n.) القيراط: وحدة لقياس نقاوة الذهب تُقْسَم إلى أربعة وعشرين جزءًا يتكوَّن منها الذهب الخالص.

ka·ra·te [kə răt′ĭ; kä rä′tā] (n.) الكاريت؛ الكاراتيه: طريقة يابانية في الدفاع عن النفس من غير سلاح.

kar·ma [kär′mə] (n. often cap.) (١) الكَرْما: في البوذية والهندوسية، الحصيلة الأخلاقية الكاملة لأفعال المرء (٢) قَدَرٌ.

ka·roo [kə ro͞o′] (n.) القَرْو: هضبة قاحلة في جنوب إفريقيا.

ka·ross [kə rŏs′] (n.) الكاروس: ثوب بدائيّ [في جنوب إفريقيا].

kar·roo [kə ro͞o′] (n.) = karoo.

kary- *or* **karyo-** بادئة معناها: نواة الخليّة.

kar·y·o·ki·ne·sis [kăr′ĭ ō kĭ nē′sĭs] (n.) = mitosis.

kar·y·ol·o·gy [kăr′ĭ ŏl′-] (n.) مبحث النوى الخَلَوية: مبحث يُعْنَى بدراسة طبيعة نوى الخلايا وطبيعة الصِّبغيات.

kar·y·o·lymph [kăr′ĭ ə lĭmf′] (n.) اللِّنف النَّووي: السائل الشفّاف أو شبه الشفّاف في نواة الخليّة (نب).

kar·y·o·plasm [kăr′ĭ ə-] (n.) الجِبلة النوويّة؛ جِبلة النّواة (أح).

kar·y·o·some [-sōm′] (n.) (١) الجسم النَّووي: كتلة من الكروماتين في نواة الخلية (أح) (٢) نواةُ الخليّة (٣) الصِّبغيّ؛ الكروموسوم (أح).

kar·y·o·type (n.) النَّمط النَّووي: مجموع خصائص نواة الخليّة.

Kash·mir·i [kăsh mēr′ĭ] (n.) (١) الكَشْميريّ: أحد أبناء كشمير (٢) الكشميرية: لغة الكَشْميريّين.

ka·thar·sis [kə thär′sĭs] (n.) = catharsis.

katydid

ka·ty·did [kā′tĭ dĭd] (n.) الكَتِيد: جُنْدبٌ أميركي.

kau·ri [kour′ĭ] (n.) الكَوْريّ: «أ» شجر من الفصيلة الصنوبرية. «ب» خَشَب الكَوْري. «ج» صمغ الكَوْري [يُستعمل في صنع الورنيش].

ka·va [kä′və] (n.) (١) فُلفل كاوة (٢) مُسْكِرٌ مصنوعٌ منه.

kay·ak [kī′ăk] (n.) الكَيَاك: «أ» زورق جلديّ من زوارق الأسكيمو. «ب» زورق قابلٌ للنقل مكسوّ بالخيش [يكثر استعماله في الولايات المتحدة الأميركية].

kayak a.

kay·o [kā′ō′] (n.; vt.) (١) ضربة قاضية [في الملاكمة] § (٢) يصرع بضربة قاضية.

kea

ke·a [kā′ə; kē′ə] (n.) الكاي: ببّغاء نيوزيلندي ضخم.

kedge [kĕj] (vt.; n.) (١) يَكْدُجُ: يَجُرّ مركبًا [بواسطة حَبْلٍ مشدود إلى مرساةٍ] § (٢) الكَدْجة: مرساة صغيرة تستعمل بخاصةٍ لهذا الغرض.

keek [kēk] (vi.; n.) (١) يسترق النَّظَر § (٢) نظرَةٌ مسترَقة.

keel[1] [kēl] (vt.; i.) (١) يُبَرِّد (ع) x (٢) يَبْرُد (ع).

keel[2] (n.) (١) الكِيْلة: «أ» سفينة مسطَّحة القعر [لنقل الفحم الحجري]. «ب» حِمل سفينة من الفحم الحجريّ (٢) الكِيْل: وحدةُ وَزْن بريطانية للفحم الحجري.

keel[3] (n.; vt.; i.) (١) الصّالب؛ رافِدَة القصّ: «أ» عارضة رئيسية أو قطعة فولاذيّة تمتدّ على طول قعر المركب. «ب» جزء مماثل لهذه العارضة في طائرة (٢) سفينة (٣) carina § (٤) يَقْلِب x (٥) ينقلب (٦) يقع مَغْشِيًّا عليه [أو وكأنه قد أُغمي عليه].

keel[4] (n.) (١) ocher (٢) قلم تلوين [يستخدمه المهندسون والمسّاحون].

keel·boat [kēl′-] (n.) الكَلْبَت: زورق نَقْل نهريّ مُغَطًّى ضَحْل.

keel·haul [kēl′hôl′] (vt.) (١) يُصالب؛ يُرَفْقِص: يَجُرّ شخصًا تحت الصالب (را. keel[3] 1) من سفينةٍ ما، على سبيل القصاص أو التعذيب (٢) يوبِّخ بقسوة.

keel·son [kĕl′sən; kēl′-] (n.) الكَلْسُون: مجموعة عوارض طُوْلانيّة تُثبَّت فوق الصّالب (را. keel[3] 1) تدعيمًا لهيكل السفينة.

keen[1] [kēn] (adj.) (١) «أ» ماضٍ؛ قاطع؛ باتر <~ blades>. «ب» لاذع <~ satire>. «ج» حادّ؛ قويّ <a ~ eyesight> (٢) «أ» متحمّس؛ شديد التوق <to go on a picnic ~>. «ب» شديد؛ عارم <a ~ delight; a ~ desire> (٣) «أ» متوقّد ذكاءً <a ~ mind>. «ب» عنيف <~ competition> (٤) رائع؛ ممتاز (ع).

keen[2] (vi.; t.; n.) (١) يَنْدُب؛ يُعْوِل x (٢) يعبِّر [عن أساه إلخ] بالنَّدْب والعويل § (٣) نَدْب؛ عويل.

keep[1] [kēp] (vt.; i.) (١) «أ» يفي [بوعد إلخ]. «ب» يقيم: يعمل وفق عُرفٍ ما كأن يقضي السبت في الاستجمام والعبادة <to ~ the Sabbath>. «ج» يأخذ نفسه بعادة أو مسلك ما، كأن يعتاد العودة إلى منزله باكرًا أو في ساعة متأخرة من الليل <to ~ early *or* late hours>. «د» يواصل أداء حركات توقيعيّة وفق نغمٍ ما <to ~ time> (٢) «أ» يصون؛ يحمي؛ يقي <prayed God to ~ and help her family>. «ب» يتعهّد؛ يُعْنَى بِـ <*kept* a garden for his sister>. «ج» يَعُول <to ~ a wife>. «د» يُبْقي في حالة جيِّدة <objected to ~*ing* the house>. «هـ» يَلْزَم <to ~ silence>. «و» يبقي في مكان أو وضع معيّن <to ~ a light burning>. «ز» يحفظ [الطّعَامَ] بحالة غير فاسدة. «ح» يستبقي في خدمته أو تحت تصرّفه <to ~ a cook, a mistress *or* a horse>. «ط» يؤوي أو يُطعم بأجر <to ~ boarders>. «ي» يمسك حسابات <to ~ books for a business firm>. «ك» يدوِّن يوميّاتٍ إلخ <to ~ a diary>. «ل» يحتفظ باستمرار بمقادير وافرة للبيع (٣) «أ» يحجز <He *kept* the children after school for disobedience.>. «ب» يمنع؛ يكبت <*kept* her from going; *kept* his feelings in>. «ج» يَحْفَظ؛ يبقي؛ يدَّخر. «د» يكتم <to ~ a secret> (٤) «أ» يحتفظ بِـ <found the money and figured she could ~ it>. «ب» يخفي <*kept* the sad news from his parents>. «ج» يضبط أو يسيطر على <*kept* his temper> (٥) يعتكف في <He ~s his room.> (٦) يلازم؛ يبقى في <~ your seat> (٧) يَصْمُدُ؛ يواصل القِتال <to ~ the field under fire> (٨) يدير؛ يملك <to ~ a shop> x (٩) يسكن؛

يُقيم؛ يبيت (١٠) «أ» يَلْزم مسلكًا أو اتّجاهًا معيّنًا <*kept* to the north all day>. «ب» يواصل؛ يستمرّ في <*kept* talking>. «ج» يواظب على <He *kept* on smoking in spite of warnings.> (١١) يظلّ؛ يبقى؛ مثل: «أ» يتجنّب؛ يظلّ بعيدًا عن <*kept* off the grass>. «ب» يجاري: يظلّ على مستوى واحد مع الآخرين بحيث لا يتخلّف عنهم <to ~ with the faster boys>. «ج» يظلّ بحالة جيّدة؛ لا يَفْسُد <Meat will ~ in the freezer.>. «د» يَبْقَى مصونًا فلا يُذاع <Her secret would ~.> (١٢) يُمسِك عن <She can't ~ from talking.> (١٣) ينعقد؛ يفتح أبوابه <Our school ~*s* six days a week.>.

~ your hair on! — لا تَفْقِد السَّيْطرة على أعصابك!

to ~ a person going — يبقيه حيًّا؛ يساعده بالمال.

to ~ at — يواظب على.

to ~ a term — يقيم في كليّة إلخ خلال فصل دراسيّ.

to ~ back — (١) ينأى بنفسه عن؛ يتجنّب الاقتراب من (٢) يصدّ؛ يُبعِد (٣) يَكتم؛ يُخفي.

to ~ company with — يصاحب؛ يخادن؛ يغازل.

to ~ down — (١) يُبقي [النفقات إلخ] منخفضة (٢) يقمع: يَحول بينه وبين النموّ أو التقدم أو النجاح.

to ~ in touch with — يبقى على اتّصال بِ.

to ~ in with — يظلّ على علاقة وُدّية مع.

to ~ off — (١) يصدّ؛ يُبْعِد (٢) يتجنّب؛ يبتعد عن.

to ~ on at a person — (١) يزعجه بالمطالب المتكرّرة (٢) يوبّخه باستمرار.

to ~ one's hand in — يتمرّس؛ يواصل ممارسة شيء.

to ~ out — يتجنّب؛ يبتعد عن.

to ~ pace (with) — يجاريه [بحيث لا يتخلّف عنه].

to ~ step — يجاري [العصر أو خطوات الآخرين].

to ~ the fire in — يبقي النار متأجّجة أو لا يدعها تخمد.

to ~ to — (١) يلازم [الفراش إلخ] (٢) يلتزم [خطةً أو اتّفاقًا إلخ].

to ~ to oneself — (١) يكتم (٢) يعتزل [الناسَ].

to ~ under — يسيطر على [كما يسيطر الإطفائيّون على حريق ويحولون بينه وبين الامتداد].

to ~ up — (١) يبقيه في حالة جيدة (٢) يحول بينه وبين السقوط أو التناقص (٣) يُبْقي على اطّلاع حَسَنٍ (٤) يستمرّ؛ يتواصل بغير انقطاع.

to ~ up appearances — يحافظ على المظاهر؛ يجعل الأشياء تبدو مُرْضية على الرغم من أنها ليست كذلك.

to ~ up with — يجاري؛ يظلّ على مستوى واحد مع الآخرين بحيث لا يتخلف عنهم.

keep[2] *(n.)* (١) مص keep (٢) الصائن؛ الحامي؛ الواقي؛ الحافظ إلخ (٣) قلعة؛ حِصْن (٤) سجن (٥) قوت؛ طعام <The horse was hardly worth its ~.>.

for ~*s* — (١) بجدّية بالغة (٢) إلى الأبد.

keep·er [kē′pər] *(n.)* (١) فا keep، مثل: «أ» الحامي؛ الصائن؛ الحافظ إلخ. «ب» gamekeeper. «ج» القيّم على. «د» السجّان (٢) الحافظة: أداة تحفظ شيئًا في موضعه (٣) شيء صالح للحفظ [كالفاكهة التي لا تفسد بسرعة] (٤) سمكة كبيرة.

keep·ing [kē′pĭng] *(n.)* (١) مص keep. مثل: «أ» عناية؛ تعهُّد. «ب» إعالة. «ج» التزامٌ لعُرْف إلخ. «د» حِفظ؛ ادّخار (٢) قوت؛ طعام <provided good ~ for the cattle> (٣) تطابق؛ انسجام <Her deeds are not in ~ with her words.>.

keep·sake *(n.)* التّذكار: شيء يُحتفظ به [أو هديّة تقدَّم] للذكرى.

kef [kēf; kĕf; kāf] *(n.)* (١) الكَيْف: حالة السكون الحالم الناشئ عن تعاطي المخدِّرات (٢) مخدِّر.

ke·fir [kĕ fēr′] *(n.)* الكَفِير: شراب فوّار يُصنع من اللبن المختمر.

keg [kĕg] *(n.)* الكَيْغ: برميل صغير سَعَتُهُ ٣٠ غالونًا أو أقل.

keg·ler [kĕg′lər] *(n.)* لاعبُ البولنغ.

ke·loid [kē′loid] *(n.)* الجُدَرة؛ الجَدَرة: ندبة غليظة ناشئة عن إفراط في نموّ النسيج الليفي (مض).

kelp [kĕlp] *(n.)* الكِلْب: «أ» عشب البحر الأسمر. «ب» رماد عشب البحر وهو يُعتبر مصدرًا من مصادر اليُود.

kel·pie[1] [kĕl′pē] *(n.)* الكالِب: جانّ بحريّ تزعم الأساطير الأسكتلندية أنّه يُغْرق المسافرين أو يبتهج بغرقهم.

kel·pie[2] *(n.)* الكالِب: كلب أستراليّ من كلاب الرُّعاة.

Kelt; Kelt·ic *(n.)* = Celt; Celtic.

kel·vin [kĕl′vĭn] *(n.)* الكَلْفين: وحدة الحرارة المطلقة (فز).

Kelvin scale *(n.)* مقياس كَلْفين: مقياس للحرارة المطلقة تعادل درجة الصِّفر فيه ٢٧٣,١٦° مئوية.

kemp [kĕmp] *(n.)* = champion.

kempt [kĕmpt] *(adj.)* نظيف؛ أنيق؛ حَسَن الترتيب.

ken [kĕn] *(vt.; i.; n.)* (١) يرى (ا. ق) (٢) يُدرك (ع) **x** (٣) يعرف § (٤) «أ» مدى البَصَر. «ب» مشهد؛ مَرْأى (٥) مدى الإدراك أو الفهم أو المعرفة.

ke·naf [kə năf′] *(n.)* التِّيل؛ الجُلْجُل: «أ» نباتٌ يُزْرَع لأليافِه. «ب» ألياف التِّيل [تستخدم في صنع الحبال].

Ken·dal green *(n.)* الكَنْدل الأخضر: نسيج صوفيّ أخضر.

ken·nel[1] [kĕn′əl] *(n.; vi.; t.)*, **-neled** *or* **-nelled** (١) «أ» وِجار الكلب. «ب» مَرْبَى الكلاب: مؤسسة لتربية الكلاب (٢) شرذمة كلاب § (٣) يأوي إلى وجار أو شبيه به **x** (٤) يؤوي في وجار أو نحوه.

ken·nel[2] *(n.)* قناة؛ بالوعة [في جانب الطريق].

ken·ning [kĕn′ĭng] *(n.)* كِناية.

ke·no [kē′nō] *(n.)* الكينو: لعبة شبيهة بالبِنغو bingo.

kent·ledge [kĕnt′lĭj] *(n.)* = ballast *1*.

Kentucky coffee tree *(n.)* شجرة بُنّ كَنْتاكي: شجرة شمالأميركية كانت بُذورها تُتَّخذ بديلًا من البُنّ.

kep·i [kā′pĭ; kĕp′ĭ] *(n.)* الكَيْبَة: قبعة عسكرية فرنسية.

kept [kĕpt] *past and past part. of* keep.

kerat- *or* **kerato-** بادئة معناها: قَرْن أو قرنيّ.

ker·a·tin [kĕr′ə tĭn] *(n.)* القَرَتين؛ المادة القَرْنية: بروتين ليفيّ يشكِّل

الأساس الكيميائي لأنسجة الجسم القرنية كالأظفار والقرون إلخ .

ker·a·tin·ize *(vt.; i.)* (١) يقرِّن: يجعله قَرْنيًا **x** (٢) يتقرَّن .

ker·a·ti·tis [kĕr′ə tī′tĭs] *(n.)* التهاب القَرْنية (ط) .

ker·a·to·sis *(n.)* التقرُّن: موضع من الجلد متميِّز بنموّ نسيج قرنيّ .

kerb [kûrb] *(n.)* حاجز حجريّ [عند حافة الطريق] .

ker·chief [kûr′chĭf] *(n.)* (١) «أ» حجاب المرأة . «ب» وشاح نسويّ للعنق (٢) مِنديل ؛ محرمة .

kerf [kûrf] *(n.)* الحَزّة: ثلم أو شَقّ ناشئ عن القطع بمنشار .

Ker·man [kər män′] *(n.)* = Kirman.

ker·mes [kûr′mēz] *(n.)* القِرمِز: صبغ أحمر كان يُحضَّر في ما مضى من أجساد حشرة «القِرمزية» المجفَّفة .

ker·mis *or* **ker·mess** [kûr′mĭs] *(n.)* (١) مهرجان [في الهواء الطلق، وبخاصة في بلجيكا وهولندا] (٢) سوق خيريّة .

kern [1] *or* **kerne** [kûrn] *(n.)* (١) جنديُّ مُشاةٍ [في إيرلندا وإسكتلندا في العصور الوسطى] (٢) الفلاح ؛ الريفيّ ؛ الجِلْف .

kern [2] *(n.)* النّاتئ: الجزء الناتئ من حرفٍ طباعيّ .

ker·nel [kûr′nəl] *(n.)* (١) النواة: بزرة الفاكهة (ع) (٢) لبّ النواة (٣) حبة القمح إلخ (٤) جوهر الشيء أو لُبابه .

kern·ite [-′nīt] *(n.)* الكَرْنيت: مركَّب قوامُه بورات الصوديوم المُمَهّاة .

ker·o·sene *or* **ker·o·sine** [kĕr′ə sēn′] *(n.)* الكيروسين ؛ الكاز .

ker·ry [kĕr′ĭ] *(n.)* الكَرْية: بقرة إيرلنديّة سوداءُ حلوبٌ .

ker·sey [kûr′zĭ] *(n.)* الكِرْزيّ: «أ» قماش صوفيّ خشن . «ب» ثوب أو بنطلون مصنوع منه .

ker·sey·mere [kûr′zĭ mēr′] *(n.)* الكَشْمير: نسيج صوفيّ ناعم .

kes·trel [kĕs′-] *(n.)* العَوْسَق ؛ العاسوق: صقر أوروبي صغير .

ket- *or* **keto-** بادئة معناها: كيتون <*keto*sis> .

ketch [kĕch] *(n.)* الكَتْش: سفينة شراعيّة ذات صاريين .

ketch

ketch·up [kĕch′əp] *(n.)* = catsup.

ke·tene [kē′tēn] *(n.)* الكِيتِين: غاز سامّ عديم اللون (ك) .

ke·to [kē′tō] *(adj.)* كيتونيّ: منسوب إلى الكيتين أو مشتقّ منه (ك) .

keto- = ket-.

ke·to·gen·e·sis [kēt′ō jĕn′ə sĭs] *(n.)* التَّكَيْتُن: تكوُّن الأجسام الكيتونيّة [كما في الديابيتس أو الداء السكَّري] .

ke·tone [kē′tōn] *(n.)* الكيتون: مركَّب عضويّ (ك) .

ke·to·sis [kē tō′sĭs] *(n.)* الكِيتوزيّة: زيادةٌ غير سويّة في مقدار الكيتون في الجسم [كما في الداء السكّري] .

ket·tle [kĕt′əl] *(n.)* (١) غلّاية . وبخاصة: غلّاية الشاي (٢) الفجوة الدُّردوريّة: ثقب دائري في حوض النهر الصخري ناشئ عن دوران الحجارة والحصى التي يعصف بها الدُّردور .

kettle *1.*

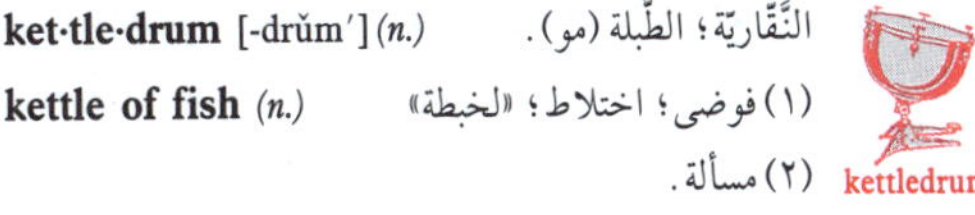

ket·tle·drum [-drŭm′] *(n.)* النَّقّاريّة ؛ الطَّبلة (مو) .

kettledrum

kettle of fish *(n.)* (١) فوضى ؛ اختلاط ؛ «الخبطة» (٢) مسألة .

Kew·pie [kyōō′pē] *(n.)* الكيوبيّة: دمية صغيرة ممتلئة الجسم .

key [1] [kē] *(n.; adj.; vt.; i.)* (١) مفتاح (٢) «أ» مفتاح الرموز: قائمة بكلمات أو جمل تفسّر رموزًا أو مختصرات . «ب» بيان المصطلحات [في خريطة (٣) «أ» cotter pin . «ب» cotter (٤) keystone (٥) مفتاح أو إصبع البيان أو الأرغن أو الآلة الكاتبة إلخ (٦) شخص أو مبدأ رئيسي (٧) samara (٨) المقام الموسيقي (٩) «أ» أسلوب أو نغمة مميِّزة <writings all in the same ~> . «ب» طبقة الصوت <spoke in a high ~> (١٠) زينة أو تعويذة على شكل مفتاح (١١) المفتاح: مِحْوَل صغير لوصل دارة كهربائيّة أو فصلها § (١٢) رئيسيّ ؛ أساسيّ <the ~ industries of France> (١٣) يغلق بمفتاح (١٤) يزوِّد [القنطرةَ] بحجر العقد (١٥) يعدِّل المقام أو طبقة الصوت (مو) (١٦) يناغم بين شيئين (١٧) ينرفز ؛ يثير (١٨) *2* keyboard **x** (١٩) «أ» يستعمل مفتاحًا . «ب» يستعمل مفتاحًا تلغرافيًّا .

key [2] [kē] *(n.)* جزيرة منخفضة .

key·board [-′bōrd′] *(n.; vt.; i.)* (١) لوحة المفاتيح: «أ» لوحة المفاتيح في أُرغن أو آلة كاتبة أو كومبيوتر . «ب» لوحة خشبية تعلّق عليها مفاتيح الأبواب § (٢) ينضِّد الحروف .

key·board·ist *(n.)* المُصَبِّع: العازف على آلة موسيقية ذات مفاتيح .

keyed [kēd] *(adj.)* (١) مُزَوَّد بمفاتيح (٢) مُقَوًّى بحَجَر عَقْد (عم) (٣) مُناغَم (مو) (٤) مُعَدَّل أو مكيَّف وفقَ كذا <~ to this situation> .

key·hole [1] [kē′hōl′] *(n.)* ثَقب المفتاح: موضع المفتاح من القُفل .

key·hole [2] *(adj.)* (١) كاشف عن الدخائل والأسرار <a ~ report> (٢) شديد الاهتمام بالكشف عن الدخائل والأسرار <a ~ reporter> .

key money *(n.)* الخُلُوّ ؛ خُلُوّ الرِّجل .

key·note [kē′nōt′] *(n.; vt.)* (١) القرار ؛ الأراضي (مو) (٢) الحقيقة أو الفكرة الأساسيّة § (٣) يلقي خطابًا رئيسًا في (را . المادة التالية) .

keynote address *or* **speech** *(n.)* الخطاب الرئيسُ: خطاب في مؤتمر سياسي إلخ يستعرض القضايا الأساسيّة ويهدف عادةً إلى إثارة الحماسة وتوحيد الصفوف .

key·pad *(n.)* لُويحة المفاتيح: لوحة مفاتيح keyboard صغيرة .

key·stone [kē′stōn′] *(n.)* (١) حَجَر العَقْد ؛ إقليد العَقْد (عم) (٢) المُرْتَكَز: عمادٌ ترتكز عليه سائر العناصر [في خطّةٍ أو سياسة] .

keystone *1.*

key·tain·er [-tān′ər] *(n.)* حافظة المفاتيح .

key·way [kē′wā′] *(n.)* (١) مجرى الخابور (مك) (٢) مجرى المفتاح: ثَقْبُهُ أو موضعُهُ من قفل ذي مفتاح فولاذيّ .

key word *(n.)* الكلمة المفتاح ؛ الكلمة الدَّليليّة: كلمة تساعد على تفسير أو

حلّ شيء مجهول أو صعب. وبخاصة: كلمة تقدَّم كمثَلٍ لتعيين صوت حرف أو رمز <ككلمة *man* في قولك *a* as in *man*>.

khad·dar [käd′ər] *or* **kha·di** [käd′ē] *(n.)* القادَر أو القاديّ: قماش قطنيّ منزليّ النسج [في الهند].

kha·ki [kăk′ĭ; kä′kĭ] *(n.; adj.)* (١) الغُباريّ: لون أسمر ضارب إلى الصُّفرة. (٢) الغباريّ؛ الكاكيّ: «أ» قماش غباريّ اللون منسوج من قطن أو صوف [تتّخذ منه ملابس الجند عادةً]. «ب» ثوبٌ من الكاكيّ. وبخاصة: بذلة عسكرية § (٣) غباريّ؛ كاكيّ.

kha·ki Camp·bell [-kăm′əl] *(n.)* بطّ كامبل: بطّ إنكليزي صغير.

kham·sin [kăm′sĭn; kăm sēn′] *(n.)* ريح الخمسين: ريح حارّة تهبّ على مصر طوال خمسين يومًا تقريبًا خلال الربيع.

khan[1] [kän; kăn] *(n.)* الخان: «أ» لقب رؤساء القبائل المغولية أو التتاريّة. «ب» زعيم محلّي في بعض بلدان آسيا الوسطى.

khan[2] *(n.)* خان؛ نُزُل؛ فندق [في بعض البلدان الآسيوية].

khat [kät] *(n.)* القات: شُجيرة تُزرع لأوراقها المخدِّرة.

khe·dive [kə dēv′] *(n.)* الخُدَيْويّ: لقب حكام مصر الخاضعين للسيادة العثمانيّة من عام ١٨٦٧ إلى عام ١٩١٤.

khoum [ko͞om; kho͞om] *(n.)* الخُمْس: عُملة موريتانيّة.

ki·ang [kĭ ăng′] *(n.)* فَرَأُ التيبت: حمار وحشي آسيوي.

kib·ble [kĭb′əl] *(vt.; n.)* (١) يَجْرُش § (٢) الجريش: طحين خشِن.

kib·butz [kĭ bo͞ots′] *(n.)* الكيبوتز: مستوطنة جماعية إسرائيلية زراعية.

kibe [kīb] *(n.)* تورّم القدمين [من البرد].

ki·bitz [kĭb′ĭts] *(vi.)* يتطفّل. وبخاصة: أثناء لعب الورق.

ki·bitz·er [kĭb′ĭt sər] *(n.)* الفضوليّ: المتدخّل، وبخاصة في لعب الورق، بتقديم نصيحة أو إبداء رأي.

ki·bosh [kī′bŏsh; kĭ bŏsh′] *(n.)* (١) هُراء (٢) عائق.

to put the ~ on يعطّل؛ يعرقل.

kick [kĭk] *(vi.; t.; n.)* (١) يرفس (٢) «أ» يقاوم. «ب» يبدي معارضة أو عدم ارتياح. «ج» يحتجّ بقوّة (٣) يرتدّ: يتراجع [السّلاحُ الناريّ عند إطلاقه] (٤) يجول؛ يطوف؛ يضرب في الأرض **x** (٥) يَطْرُد (٦) يصيب الهدف [في كرة القدم] (٧) يتحرّر من الإدمان (ع) § (٨) «أ» رفسة. «ب» القدرة على الرفس. «ج» رمية [في كرة القدم]. «د» حركة القدمين التوقيعيّة [في السباحة]. «هـ» تعاظم مفاجئ في السرعة [أثناء سباق] (٩) ارتداد أو تراجع [السلاح الناري] (١٠) «أ» اعتراض؛ شكوى؛ مقاومة. «ب» سبب الاعتراض (١١) «أ» الصفة المنبِّهة أو المُسْكِرَة في مشروب كحوليّ. «ب» قوة. «ج» نشاط؛ حيوية. «د» هِزّة ابتهاج أو طرب. «هـ» *pl.* مُتْعة (١٢) المفاجأة: تطوّر مفاجئ في الأحداث.

to ~ against the pricks يقاوم على غير طائل [بحيث لا يضرّ إلا نفسه].

to ~ around (١) يعامله باستبداد أو من غير مراعاة لمشاعره (٢) يدرس أو يناقش من زوايا مختلفة (٣) يتسكّع.

to ~ in (١) يُسهِم؛ يكتتب (٢) يموت (ع).

to ~ off (١) يستهلّ أو يستأنف اللعب في كرة القدم برفس الكرة للمرة الأولى (٢) يبدأ (٣) يموت (ع) (٤) يَطْرُد.

to ~ one's heels يُضيع الوقت في الانتظار على غير طائل.

to ~ out يطرد.

to ~ over the traces يَحْرُن؛ يتمرّد.

to ~ the bucket يموت (ع).

to ~ up one's heels (١) يُظهِر ابتهاجًا مفاجئًا (٢) يستمتع بوقته.

kick·back [kĭk′băk′] *(n.)* (١) ردّ فعل عنيف (٢) الاسترداد الابتزازيّ: استرداد صاحب العمل أو مُناظر العمّال جزءًا من رواتب عمّاله [على سبيل الابتزاز أو بناءً على اتفاق سرّيّ سابق].

kick·er *(n.)* (١) فا kick (٢) تطوّر مفاجئ في الأحداث.

kick·off [kĭk′ôf′] *(n.)* (١) الرفسة الأولى [يُستهلّ أو يُستأنف بها اللعب في كرة القدم] (٢) بداية.

kick·shaw [-′shô′] *(n.)* (١) طعام شهيّ أو مترف (٢) شيء تافهٌ غرّار.

kick·up [kĭk′ŭp′] *(n.)* شجار؛ عراك.

kick·y [kĭk′ĭ] *(adj.)* مثير؛ فاتن؛ ساحر.

kid[1] [kĭd] *(n.; vi.)* (١) «أ» الجَدْي: صغير الماعز. «ب» كلّ صغير من الحيوانات الشقيقة للماعز (٢) «أ» لحم [أو جلد] الجدي. «ب» شيء مصنوع من جلد الجدي (٣) طفل؛ ولد § (٤) تلِد [المعزاةُ] جَدْيًا.

kid[2] *(vt.; i.)* (١) يَخْدع (٢) يَسْخَر؛ يضحك من **x** (٣) يَمْزَح.

Kid·der·min·ster [kĭd′ər mĭn′-] *(n.)* السجّادة الكِدَرمِنْستريّة: سجّادة مصنوعة من خيوط صُبغت قبل النسج.

kid·die *or* **kid·dy** [kĭd′ĭ] *(n.)* طفل صغير.

kid glove *(n.)* القُفّاز الجَدْيِيّ: قُفّاز نفيس مصنوع من جلد الجَدْي.

kid–glove *(adj.)* (١) لابسٌ قفّازًا جَدْييًا، وبالتالي: أنيق (٢) مترفّق؛ متّسمٌ باللين والهوادة <~ methods; ~ treatment>.

kid·nap [kĭd′-] *(vt.)*, **-napped** *or* **-naped** يَخْطَف [وبخاصة طلبًا لفِدْية].

kid·ney [-′nĭ] *(n.)* (١) كُلْية (ت) (٢) «أ» مزاج. «ب» ضَرْب؛ نوع.

kidney bean *(n.)* الفاصوليا (نب).

kid·skin [kĭd′-] *(n.)* جلد الجَدْي [يُستعمل في صنع السلع الجلديّة].

kier [kēr] *(n.)* الكَرّ: مِرْجَلٌ لصبغ الأقمشة أو قَصْرها.

kie·ser·ite [kē′zə rīt′] *(n.)* الكيزيريت: معدن أبيض.

kif [kĭf] *(n.)* = kef.

kike [kīk] *(n.)* اليهوديّ [بمعنًى ازدرائيّ].

kil·der·kin [kĭl′dər kĭn] *(n.)* الكِلْدَرْك: «أ» وحدة سعة تساوي عادةً ١٨ غالونًا. «ب» برميل.

kill [kĭl] *(vt.; i.; n.)* (١) «أ» يقتل. «ب» يذبح [خروفًا إلخ] (٢) «أ» يقضي على؛ يضع حدًّا لِـ. «ب» يهزم أو يردّ <The bill was *~ed* on the first vote.>. «ج» يحذف كلمة أو فقرة إلخ (٣) «أ» يسكّن <*~ed* the pain with drugs>. «ب» يوقف <to ~ the motor>. «ج» يقطع تدفّق التيّار الكهربائي. «د» يُفسِد؛ يُتلِف <to ~ a computer file>. «هـ» يخفّض السرعة (٤) يترك أثرًا طيّبًا لدى. (٥) يَقْتل [الوقتَ] (٦) «أ» يوجع [شخصًا] إيجاعًا شديدًا. «ب» يُرْهِق حتى الإجهاد (٧) يضرب الكرة بعنف يجعل

رجعتها مستحيلة [في التنس] (٨) يستنفد [مشروبًا] أو يأتي عليه تمامًا x (٩) يرتكب جريمة قتل § (١٠) قَتْل؛ ذَبْح (١١) «أ» قتيل؛ ذَبيح. «ب» القَنيص: حيوان مقنوص أو مَصِيد. «ج» عدد الحيوانات المقنوصة في صيد أو فترة معيَّنة <There was a plentiful ~.>. «د» طائرة [أو غواصة إلخ] عدوّة تدمَّر بعمل حربيّ (١٢) ضربة كرة [في التنس] قوية بحيث يتعذر على الخصم ردّها (١٣) قناة؛ جدول؛ نهر.

to ~ off — يقتل؛ يُبيد؛ يستأصل.

to ~ the sea — يجعل البحر أقلّ هياجًا.

kill·dee [kĭl′dē] *or* **kill·deer** [-′dēr′] *(n.)* الكِلْدِيّ؛ الزَّقزاق الأميركي.

killdee

kill·er [kĭl′-] *(n.)* (١) القاتل؛ السَّفّاك (٢) killer whale.

killer whale *(n.)* السَّفّاح: حوت أسْوَد ضخم ضارٍ.

kil·lick [kĭl′ĭk] *(n.)* مِرساة صغيرة (مل).

kil·li·fish [kĭl′ĭ-] *(n.)* الكَلْفَش؛ سَمك الجداول.

kil·ling [kĭl′ĭng] *(n.; adj.)* (١) قَتْل (٢) kill *11 b, c* (٣) ربح كبير مفاجئ § (٤) قاتل (٥) آسِر: مؤثِّر في النفس إلى حد لا يقاوَم <a ~ humor>.

killing field *(n.)* المَجْزَرة: مكانٌ تمّ فيه قتلٌ جماعيّ.

kill·joy *(n.)* مُفْسِد البهجة: شخص أو شيءٌ يُفْسِد على القوم متعتهم.

kiln [kĭl; kĭln] *(n.; vt.)* (١) أتّون؛ فرن § (٢) يُحْرِق أو يَخْبِز في أتّون أو فرن.

kil·o [kĭl′ō; kē′lō] *(n.)* (١) كيلوغرام (٢) كيلومتر.

kilo- بادئة معناها: ألف <*kilo*watt>.

kil·o·bar *(n.)* الكيلوبار: وحدة ضغط تساوي ألف بار.

kil·o·bit [kĭl′ə bĭt′] *(n.)* الكيلوبِتّة: ألف بِتّة (را. bit[3]).

kil·o·byte [-bīt′] *(n.)* الكيلوبَيْتة: ألف بَيْتة (را. byte).

kil·o·cal·o·rie [-kăl′ə rĭ] *(n.)* السُّعرة الألفيّة: مقدار الحرارة الضروريّ لرفع حرارة كيلوغرام من الماء درجة مئوية واحدة (فز).

kil·o·cy·cle [-sī′kəl] *(n.)* الكيلوسَيْكل: ألف دورة (رد).

kil·o·gram [kĭl′ə grăm′] *(n.)* الكيلوغرام.

kilogram–meter *(n.)* الكيلوغرامتر: وحدة طاقة وشغل تساوي الطاقة المطلوبة لرفع كيلوغرام واحد مترًا واحدًا (فز).

kil·o·hertz [kĭl′ə hûrts′] *(n.)* الكيلوهيرتز: ألف هيرتز (فز).

kil·o·li·ter [kĭl′ə-] *(n.)* الكيلولتر: ألف لتر؛ متر مكعَّب.

ki·lom·e·ter [kĭ lŏm′-] *(n.)* الكيلومتر: ألف متر (٠٫٦٢١ ميلًا).

kil·o·ton [kĭl′ə tŭn′] *(n.)* الكيلوطن: «أ» ألف طن. «ب» قوة انفجاريّة تعادل تلك التي لألف طن من ثالث نتريت التُّولُيووين.

kil·o·volt [kĭl′ə vōlt′] *(n.)* الكيلوفُلْط: ألف فُلط (كب).

kil·o·volt–am·pere *(n.)* الكيلوفُلْط أمبير: وحدة كهربائية تساوي ألف فُلط–أمبير (كب).

kil·o·watt [kĭl′ə wŏt′] *(n.)* الكيلوواط: ألف واط (كب).

kil·o·watt–hour *(n.)* الكيلوواط الساعيّ: وحدة شغل أو طاقة تعادل تلك التي يؤدّيها كيلوواط واحد في ساعة واحدة (كب).

kilt [kĭlt] *(vt.; i.; n.)* (١) يُثَنِّي التنّورة أو القُماش (٢) يزوِّد بتنّورة x (٣) ينطلق بخفة ورشاقة § (٤) الكِلْتيّة: تنّورة ذات ثَنْيات طُوْليّة [يرتديها الرجال في أسكتلندا وأفراد الفرق الأسكتلندية في الجيش البريطاني].

kil·ter [kĭl′tər] *(n.)* حالة جيّدة؛ انتظام [في العمل].

ki·mo·no [kə mō′nə; -′nō] *(n.)* الكَيْمُون: «أ» ثوب فضفاض واسع الرُّدْنين يرتديه اليابانيّون. «ب» ثوب نسويّ فضفاض.

kin [kĭn] *(n.; adj.)* (١) عشيرة (٢) «أ» أنسباء المرء. «ب» النسيب؛ القريب § (٣) «أ» نسيب؛ قريب. «ب» متماثل: من طبيعة واحدة أو نوع واحد.

of ~, — نسيب؛ قريب؛ من أسرة واحدة.

ki·na·se [kī′nās] *(n.)* الكيناز: ضرب من الخمائر (كح).

kind [kīnd] *(n.; adj.)* (١) طبيعة؛ صفة أساسية (٢) نوع؛ صنف § (٣) مُحِبّ (٤) حنون؛ شفوق (٥) «أ» ودّيّ. «ب» لطيف؛ كريم.

nothing of the ~, — لا؛ أبدًا.

of a ~, — من نوع واحد؛ مميَّز.

The room was ~ of dark. — كانت الحجرة مظلمةً بعض الشيء.

to pay in ~, — يدفع الثمن سِلَعًا [لا نقدًا].

to repay insolence in ~, — يردّ على الإهانة بمثلها.

kin·der·gar·ten [kĭn′dər gär′tən] *(n.)* روضة الأطفال.

kin·der·gart·ner [-gärt nər] *(n.)* معلِّم أو طفل في روضة أطفال.

kind·heart·ed [kīnd′här′tĭd] *(adj.)* شفوق؛ رقيق الفؤاد.

kin·dle[1] [kĭn′dəl] *(vt.; i.)* (١) يُشعل؛ يُضرم؛ يُوقد (٢) يُثير؛ يَهيج (٣) يُوَهِّج؛ يضيء x (٤) يشتعل؛ يضطرم (٥) «أ» يتّقد. «ب» يُصبح مُفعمًا بالحيوية (٦) يتوهَّج.

kin·dle[2] *(vt.; i.)* تحمِل [الأرنبُ] أو تلِد.

kind·less [kīnd′ləs] *(adj.)* فَظّ؛ قاسٍ؛ غليظ.

kind·li·ness [kīnd′lĭ nəs] *(n.)* (١) عَطْف؛ رقّة في الفؤاد (٢) عملٌ متَّسِمٌ بالعطف أو الوُدّ.

kin·dling [kĭn′dlĭng] *(n.)* الضِّرَم: مادة ملتهبة تُضْرَم بها النار.

kind·ly [kīnd′-] *(adj.; adv.)* (١) ملائم؛ مؤاتٍ؛ جيّد <~ climate> (٢) عطوف؛ كريم؛ رقيق الفؤاد <~ people> § (٣) على نحوٍ سويّ أو طبيعيّ أو تلقائيّ (٤) بعطف (٥) بقبولٍ حَسَن؛ بصدرٍ رحب؛ بارتياح (٦) بكرم؛ بتعطّف (٧) لطفًا؛ كَرَمًا (٨) من صميم القلب <I thank you ~.>.

kind·ness [kīnd′nəs] *(n.)* (١) مِنّة؛ فَضْل؛ معروف (٢) «أ» حنان؛ شفقة. «ب» لطف؛ كرم إلخ.

kin·dred [kĭn′drĭd] *(n.; adj.)* (١) «أ» أسرة؛ عشيرة؛ شعب. «ب» أنسباء المرء § (٢) شقيق: من أصل واحد أو طبيعة واحدة <~ languages>.

kin·e·ma [kĭn′ə mə] *(n.)* = cinema.

ă at; **ā** date; **â** care; **ä** car; **ĕ** egg; **ē** me; **ĭ** in; **ī** bite; **ŏ** lot; **ō** bone; **ô** orphan; **oi** boil; **o͝o** good; **o͞o** boot; **ou** out; **ŭ** under; **û** urgent; **ə** = *a* in alone, *e* in system, *i* in easily, *o* in gallop, *u* in circus.

kin·e·mat·ics [kĭn′ə măt′-] *(n.)* الكيناماتيكا ؛ علم الحركة المجرَّدة : فرع من الديناميكا يُعنى بالحركة بصرف النظر عن اعتبارات الكتلة والقوة.
— **kin·e·mat·ic** *(adj.)*

kin·e·scope [kĭn′ə skōp′] *(n.)* الكينيسكوب : «أ» أنبوبة أشعّة كاثود ذاتُ ستارة تُحْدَث عليها صُوَر مرئيّة (تلفز). «ب» شريط سينمائي مؤلَّف من أمثال هذه الصور التلفزيونيّة.

-kinesis لاحقة معناها : «أ» انقسام. «ب» حركة.

kin·es·the·sia [kĭn′əs thē′zhə] *or* **kin·es·the·sis** [-′sĭs] *(n.)* الإحساس بالحركة : الإحساس بالحركة في العضلات والأوتار العضلية.

ki·net·ic [kĭ nĕt′ĭk; kī-] *(adj.)* (١) حَرَكيّ (٢) «أ» ناشط ؛ مفعم بالحياة. «ب» منشِّط ؛ ديناميّ. <a ~ world>

kinetic energy *(n.)* الطاقة الحَرَكية : الطاقة الناشئة عن الحركة.

ki·net·ics [kĭ nĕt′-; kī-] *(n.)* الكَيْنتيكا ؛ الحركيّات ؛ علم الحركة.

ki·ne·tin [kī′nə tən] *(n.)* الكينيتين : مادة تسرِّع الانقسام الخَلَوي (نب).

ki·net·o·graph *(n.)* الكَيْنَتوغراف : كاميرا لتصوير الأشياء المتحركة.

ki·net·o·scope [kĭ nĕt′ə skōp′] *(n.)* الكَيْنَتوسكوب : أداة لعرض الصور المأخوذة بالكَيْنَتوغراف (را. المادة السابقة).

kin·folk [kĭn′fōk′] *or* **kin·folks** *(n. pl.)* أنسباء ؛ أقارب.

king [kĭng] *(n.)* (١) مَلِك ؛ عاهل (٢) *cap.* : المسيح (٣) الشاه [في الشطرنج] (٤) الملك [في ورق اللعب].
~ of terrors ملك الأهوال : الموت.

king·bird *(n.)* ملك العصافير : طائر أميركي صغير.

king·bolt [kĭng′bōlt′] *(n.)* المِسمار الرئيسي : أداة تربط محور العربة الأمامي وعجلاتها الأمامية بالأجزاء الأخرى.

king cobra *(n.)* مِلك الصِّلال : أكبر الأفاعي السامّة.

king crab *(n.)* مَلِك السَّراطين : حيوان بحريّ من المَفصليّات.

king crab

king·craft *(n.)* سياسة المُلْك : فنّ حُكم الممالك وإدارتها.

king·cup [kĭng′kŭp′] *(n.)* = buttercup.

king·dom [kĭng′dəm] *(n.)* (١) المملكة : دولة ذات نظام ملكيّ (٢) *cap.* عد : ملكوت الله ؛ ملكوت السماوات (٣) عالم ؛ دُنيا <the ~ of thought> (٤) المملكة : أحد أقسام العالم الطبيعي الرئيسية الثلاثة، وهي مملكة الجماد <mineral ~>، ومملكة النبات <plant ~>، ومملكة الحيوان <animal ~>.

kingdom come *(n.)* الآخرة ؛ العالَم الآخر.

king·fish [-′fĭsh] *(n.)* (١) ملك السَّمك : سمك يتميّز بضخامته (٢) سيِّد غير مُنازَع [في منطقة أو جماعة].

king·fish·er *(n.)* القِرلّى ؛ الرَّفراف ؛ القاوَنْد ؛ مُلاعب ظِلّه.

kingfisher

king·let [kĭng′lət] *(n.)* (١) المُلَيْك : ملكٌ ضعيف أو صغير الشأن (٢) الصَّعْو ؛ الوَصَع : طائر صغير جدًا.

king·ly *(adj.; adv.)* (١) مَلَكِيّ (٢) «أ» ملوكيّ ؛ لائق بمَلِك. «ب» جليل ؛ فخيم § (٣) على نحوٍ مَلَكِيّ أو ملوكيّ.
— **king·li·ness** *(n.)*

king·mak·er [kĭng′-] *(n.)* صانع الملوك : شخص يتمتّع بنفوذ عظيم في اختيار المرشحين للمناصب السياسية.

king·pin [-′pĭn] *(n.)* (١) القارورة الخشبية : إحدى القطع الخشبيّة الشبيهة بالقناني والتي تُتَّخذ هدفًا في لعبة البولنغ ؛ وبخاصة : القارورة الأماميّة أو الوسطى (٢) المقدَّم : الشخص الرئيسي في جماعة أو مشروع (٣) kingbolt.

king post *(n.)* العَضُد الرئيسي [في سقفٍ مُسنَّم] (عم).

A. king post

King's Counsel *(n.)* محامي الملك : مستشار قانوني للتاج البريطاني.

King's English *(n.)* الإنكليزية الفصحى [المتميِّزة بالصَّفاء والصحة].

king's *or* **queen's evidence** *(n.)* شاهد الملِك [أو الملكة] : من يشهد ضدّ شركائه في الجريمة مقابلَ الوعد بإطلاق سراحه.

king's evil *(n.)* الغُدَب ؛ الخنازيريّ ؛ داء الملِك : سُلّ الغُدَد اللِّنفاوية وبخاصة في أعناق الأطفال.

king·ship [-′shĭp] *(n.)* (١) المَلَكيّة : منصب الملِك أو مقامه (٢) شخصيّة الملك (٣) حكومة مَلَكية.

king–size [-′sīz′] *or* **king–sized** *(adj.)* (١) ملكيّ الطول : أطوَل من المعتاد أو القياسيّ <~ cigarettes> (٢) ضخم ؛ كبير <~ beds> (٣) استثنائي ؛ فذّ ؛ غير اعتياديّ <a ~ movie>.

king snake *(n.)* ملكة الأفاعي : أفعى أميركية غير سامّة.

king snake

kink [kĭngk] *(n.; vt.; i.)* (١) لَيّة أو فَتْلَة [في خيط أو حبل أو شَعرة] (٢) «أ» غرابة أطوار. «ب» نزوة (٣) طريقة بارعة غير مألوفة في عمل شيء (٤) اللَّوْية : تشنّج في الرقبة أو الظهر (٥) خَلَل ؛ عِلّة § (٦) يلوي ؛ يفتل x (٧) يلتوي ؛ ينفتل.

kin·ka·jou [kĭng′kə jo͞o′] *(n.)* الكِنْكاج : حيوان أميركي ثدييّ.

kinkajou

kink·y [kĭngk′ĭ] *(adj.)* (١) حُلَيْقِيّ ؛ مُفَتَّل (٢) غريب الأطوار.

kin·ni·kin·nick *also* **kin·ni·ki·nic** [kĭn′ĭ kĭ nĭk′] *(n.)* الكِنِكِنِك : مزيج من ورق الشجر ولحائه [وأحيانًا من تبغ] يدخّنه الهنود الأميركيون.

kins·folk [kĭnz′fōk′] *(n. pl.)* أنسباء ؛ أقرباء.

kin·ship [kĭn′shĭp] *(n.)* قرابة ؛ نَسَب.

kins·man [kĭnz′mən] *(n.)* القريب ؛ النسيب ؛ أحد الأقارب.

kins·wom·an [kĭnz′-] *(n.)* القريبة ؛ النسيبة ؛ إحدى القريبات.

ki·osk [kĭ ŏsk′; kī′ŏsk] *(n.)* كُشْك [في شارع أو حديقة].

kip [1] [kĭp] *(n.)* الكِبّ : «أ» حزمة من جلود صغار الحيوان أو الحيوانات الصغيرة. «ب» أحد هذه الجلود.

kip [2] *(n.; vi.)* (١) فراش ؛ سرير (٢) نوم § (٣) ينام.

kip [3] *(n.)* الكِبّ : وحدة وزن تساوي ألف رطل إنكليزي.

kip [4] [kĭp] *(n.)* الكِبّ : وحدة النقد في لاوُس.

kip·per *(n.; vt.)* (١) الكِبَر : «أ» ذَكَر سمك السَّلمون. «ب» سمكة سلمون [أو رنكة] مملَّحة ومُدَخَّنة § (٢) يكبِّر : يعالج السمكة بالشقّ والتنظيف والتمليح والتدخين.

Kir·ghiz [kĭr gēz′] *(n.)* pl. **-ghiz** *or* **-ghizes** (١) القيرغيز : شعب مغوليّ

الأصل يقطن سهوبَ آسيا الوسطى (٢) القيرغيزيّ (٣) اللغة القيرغيزية .

kirk [kûrk] *(n.)* (١) كنيسة (٢) .cap: كنيسة إسكتلندا الوطنية .

Kir·man [kər mänʹ] *(n.)* الكِرمانية : سجّادة من صنع كِرمان في إيران .

kir·mess [kûrʹmĭs] *(n.)* = kermis.

kirsch [kērsh] *(n.)* ماء الكرز : شراب مُسْكِر من عصير الكرز .

kir·tle [kûrʹtəl] *(n.)* الكَرْتَل : «أ» سترة كان يرتديها الرجال في القرون الوسطى . «ب» رداء نسويّ طويل .

kish·ke [kĭshʹkə] *(n.)* الكِشْك : ضرب من النقانق أو السُّجق .

kis·met [kĭzʹmət; kĭsʹ-] *(n.)* قِسْمة ؛ نصيب .

kiss [kĭs] *(vt.; i.; n.)* (١) يقبّل ؛ يلثم (٢) يلمس برفق x (٣) يتبادلان القُبَل (٤) يمسّ أو يرتدّ برفق [في البليارد] § (٥) قُبلة (٦) لمسةٌ رفيقةٌ (٧) القُبَليّة : «أ» حلوى مصنوعة من بياض البيض ومسحوق السُّكّر . «ب» قطعة من الكراميل أو الشوكولا .

to ~ the book — يلثم الكتاب المقدّس عند أداء اليمين .
to ~ the dust — يُهْزَم ؛ يستسلم ؛ يموت ؛ يُقْتَل .
to ~ the ground *or* earth — (١) ينحني أو ينبطح [احترامًا] (٢) يُهْزَم .
to ~ the rod — يقبل العقوبة صاغرًا .

kiss·er *(n.)* (١) المُقبِّل ؛ اللاّثم (٢) الفم (ع) (٣) الوجه (ع) .

kissing bug *(n.)* البقّة اللاثمة : حشرة سامّة تَعَضُّ الشفتَين أحيانًا .

kissing cousin *(n.)* النسيب القريب ؛ الصديق الحميم .

kissing disease *(n.)* = glandular fever.

kit¹ [kĭt] *(n.; vt.)* (١) دلوٌ خشبيّة (٢) «أ» الطقم : مجموعة أدوات للاستعمال الشخصي <a travel ~> . «ب» عُدَّة <a plumber's ~> . «ج» صندوق الأدوات أو العدَّة . «د» مجموعة للتركيب <model–airplane ~> (٣) زمرة ؛ مجموعة أشخاص أو أشياء § (٤) يُزَوِّد بـ .

kit² *(n.)* الكِتّة : كمانٌ أو كمنجة صغيرة ضيّقة .

kit³ *(n.)* (١) هُرَيْرة ؛ هرّة صغيرة (٢) «أ» حيوان صغير من ذوات الفِراء . «ب» جلد هذا الحيوان غير المدبوغ .

kitch·en [kĭchʹən] *(n.)* (١) مَطْبَخ (٢) جماعة الطُّهاة والنُّدُل .

kitchen cabinet *(n.)* (١) وزارة المطبخ : مجموعة غير رسمية من المستشارين المحيطين برئيس حكومة أو دولة (٢) خزانة المطبخ .

kitch·en·ette [kĭch'ə nĕtʹ] *(n.)* مطبخ صغير .

kitchen garden *(n.)* حديقة لزراعة الخُضَر .

kitchen midden *(n.)* الدِّمنة : رُكام نفايات . وبخاصة : رابية كانت موقعًا سكنه الإنسان البدائي .

kitchen police *(n.)* (١) مجنّدو المطبخ : مجنّدون مكلّفون بمساعدة الطهاة (جن) (٢) العمل الذي يؤدّيه مجنّدو المطبخ .

kitch·en·ware [-wârʹ] *(n.)* آنية المطبخ ؛ أدوات المطبخ .

kite *1.*

kite [kīt] *(n.; vi.; t.)* (١) الحَدَأة ؛ الحِدّاية ؛ الشُّوحة : طائر من الجوارح (٢) المحتال ؛ الوغد (٣) طائرة ورقية (٤) «أ» كمبيالة إسعاف ؛ كمبيالة صورية . «ب» شيك من غير مؤونة (٥) .pl الكَيْت : أخفّ الأشرعة في مركب [وأعلاها عادةً] § (٦) يطير أو يعدو بخفة وسرعة (٧) يرتفع فجأةً <Tin prices ~d in world markets.> (٨) يحصل على المال بكمبيالة إسعاف إلخ x (٩) يستخدم كمبيالة إسعاف للحصول على المال (١٠) يرفع [الأسعار إلخ] .

kith [kĭth] *(n.)* أصدقاء أو جيران أو أنسباء <~ and kin> .

kith·a·ra [kĭthʹər ə] *(n.)* = cithara.

kitsch [kĭch] *(n.)* سَقَط المتاع : مادة فنية أو أدبيّة من صِنفٍ دُوْنٍ .

kit·ten [kĭtʹən] *(n.; vi.; t.)* (١) هُرَيْرَة ؛ هِرَّة صغيرة (٢) صغير بعض الحيوانات الثدييّة الصغيرة الأخرى § (٣) تحمِل [الهِرّة] x (٤) تلِدُ [الهِرّة] .

kit·ten·ish *(adj.)* هُرَيْرانيّ ؛ كالهِرّة الصغيرة . وبخاصة : مَرِح ؛ لَعُوب .

kit·ti·wake [kĭtʹĭ wāk'] *(n.)* النَّورس ؛ زُمَّج الماء (را . gull[1]) .

kit·ty¹ [kĭtʹĭ] *(n.)* هِرّة . وبخاصة : هُرَيرة ؛ هِرة صغيرة .

kit·ty² *(n.)* الصندوق : «أ» صندوق يضع فيه كلّ لاعب [في البوكر إلخ] مبلغًا معيّنًا من مكاسبه تحقيقًا لغرض مشترك [كشراء المرطبات إلخ] . «ب» مبلغ من المال [أو مجموعة من السلع] يُجمع من تبرعات صغيرة .

ki·va [kēʹ-] *(n.)* الكِيفة : حجرة واسعة واقعةٌ كلّها أو جزء منها تحت الأرض ، في قرية من قرى الهنود الأميركيين ، تؤدّى فيها الطقوس الدينيّة وغيرها .

kiwi[1] *1.*

ki·wi¹ [kēʹwē] *(n.)* (١) الكِيوي ؛ اللاّجناحيّ : طائر لاجناحيّ نيوزيلنديّ صغير (٢) .cap عد : النيوزيلنديّ : مواطنٌ نيوزيلنديّ .

ki·wi² [kēʹwē] *(n.)* الكيوي : نبات آسيوي بيضويّ الشكل .

Klan [klăn] *(n.)* = Ku Klux Klan.

klatch *or* **klatsch** [klăch] *(n.)* اللِّقاء : اجتماع يُعْقَد لتبادل الأحاديث غير الرسمية .

klax·on [klăkʹ-] *(n.)* الكلاكسون : زَمّور كهربائي للسيّارات .

Klee·nex [klēʹnĕks] *(n.)* <*trademark*> النَّظِيفيّ : منديل ورقيّ ناعم .

Klein bottle [klīn] *(n.)* قارورة كلاين (ر) .

klept- *or* **klepto-** بادئة معناها : سرقة <*klepto*mania> .

klep·to·ma·ni·a [-māʹnĭ ə] *(n.)* الدَّغَر ؛ جِنَّة الاختلاس ؛ هَوَسُ السَّرِقة .

klep·to·ma·ni·ac [-māʹ-] *(n.)* المدغور : المُصاب بهَوَس السَّرقة .

klieg (*or* **kleig**) **eyes** [klēg] *(n. pl.)* الكليغليّة : التهاب وتدمُّع العينين الناشئُ عن طول التعرّض للأضواء في صناعة السينما إلخ .

klieg (*or* **kleig**) **light** *(n.)* مصباح كليغل : مصباح ينبعث فيه النورُ القويّ من قوسٍ كهربائيّ [ويُستعمل في التصوير السينمائي] .

kloof [klōōf] *(n.)* الكُلْف : وادٍ صغير ضيّق شديد الانحدار .

klutz [klŭts] *(n.)* (١) الأخرق : شخص غير بارع (٢) الغبيّ .

klys·tron [klĭsʹtrŏn] *(n.)* الكليسترون : أنبوبة مُفْرَغة لتوليد أو تقوية التيارات المتذبذبة ذات التردّد العالي .

knack [năk] *(n.)* (١) «أ» مهمّة تتطلّب لباقة وبراعة. «ب» براعة في أداء عملٍ ما. «ج» حيلة؛ خدعة (٢) موهبة أو مقدرة خاصة.

knack·er [năk'-] *(n.)* (١) مشتري المهازيل: مشتري الحيوانات الأليفة المهزولة أو جثثها [لاستعمالها كطعام للحيوان أو كسماد] (٢) الأنقاضيّ: مُشتري المباني أو السّفن القديمة للاستفادة من أنقاضها.

knap [1] [năp] *(n.)* (١) قمة (ع) (٢) أكمة؛ رابية (ع).

knap [2] *(vt.; i.)* (١) يكسر بضربة عاجلة (٢) يشذّب أو يُهندم الصوّان (٣) يعضّ x (٤) يثرثر.

knap·sack [năp'săk'] *(n.)* حقيبة الظهر: حقيبة من جلد أو خيش توضع فيها الملابس إلخ ويشدّها الجندي إلى ظهره.

knap·weed [năp'wēd'] *(n.)* القَنْطريون الأسود (نب).

knave [nāv] *(n.)* (١) «أ» خادم (ا. ق). «ب» رجل وضيع المولد (ا. ق) (٢) المخادع؛ المحتال؛ الوغد (٣) الولد [في ورق اللعب].

knav·er·y [nā'və rĭ] *(n.)* خداع؛ احتيال؛ مكر؛ لُؤم.

knav·ish [nā'vĭsh] *(adj.)* خادع؛ ماكر؛ لئيم.

knead [nēd] *(vt.)* (١) يَعْجِن؛ يَجْبُل (٢) يُدَلِّك [الجسمَ].

knee [nē] *(n.; vt.)* (١) الرُّكبة (ت) (٢) رُكبة البنطلون: جزؤه الذي يكسو الرُّكبة (٣) ضربة بالرُّكبة المطويّة § (٤) يضرب بالرُّكبة.

knee·cap [nē'kăp'] *(n.)* الرَّضْفة: العظم المتحرّك في رأس الرُّكبة.

knee–deep *(adj.)* (١) knee–high (٢) مغمورٌ إلى الرُّكبتين (٣) منهمك؛ مشغول جدًا <in work.~>.

knee–high [nē'hī'] *(adj.)* مرتفعٌ إلى الرُّكبتين؛ بالغٌ الرُّكبتين.

knee·hole *(n.)* فجوة الرُّكبة: فسحة لوضع الركبتين [تحت منضدة مثلًا].

knee jerk *(n.)* نَفْضة الرّكبة؛ نبرة الرُّكبة: انتفاضة ناشئة عن ضربة خفيفة على الوتر العضلي تحت الرَّضْفَة.

kneel [nēl] *(vi.; n.)* (١) يركع؛ يسجد؛ يجثو § (٢) ركوع.

knee·pad [nē'păd'] *(n.)* (١) وِقاء الرُّكبة (٢) وقاء للجورب عند الرُّكبة.

knee·pan [nē'păn'] *(n.)* = kneecap.

knell [nĕl] *(vi.; t.; n.)* (١) يُقْرَعُ الناقوس [لمناسبة وفاة أو جنازة أو كارثة] (٢) يُطلِق صوتًا فاجعًا أو محذّرًا أو منذرًا بشؤم x (٣) يدعو أو يعلن بقَرْع النواقيس أو نحوه § (٤) قرعة الناقوس [إيذانًا بوفاة أو جنازة أو كارثة] (٥) النَّعِيّ: صوتٌ [أو إشارة أخرى] يعلن وفاة شخص أو نهاية شيء أو إخفاقه.

knelt [nĕlt] *past and past part. of* kneel.

Knes·set [knĕs'ĕt] *(n.)* الكنيست: مجلس النوّاب الإسرائيلي.

knew [noo; nyoo] *past of* know.

Knick·er·bock·er [nĭk'ər bŏk'-] *(n.)* (١) النِّكَربوكر: «أ» شخص متحدِّر من سلالة المهاجرين الهولنديين الأوّلين الذين نزلوا في نيويورك. «ب» النيويوركيّ: أحد مواطني مدينة أو ولاية نيويورك (٢) *pl.*: knickers *a*.

knick·ers [nĭk'ərz] *(n. pl.)* النِّكَرز: «أ» بنطلون قصير واسع مزموم عند الركبة. «ب» لباس نسويّ تحتانيّ شبيه بهذا البنطلون.

knick·knack [nĭk'năk'] *(n.)* حلية صغيرة تافهة.

knife [nīf] *(n.; vt.; i.)* pl. **knives** (١) مُدْية؛ سكّين (٢) النَّصْل: شفرة أو أداةٌ ماضيةٌ في ماكينة § (٣) يطعن بمُدية (٤) يَقْطع [أو يعلِّم أو يَبْسُط] بمدية (٥) يحاول أن يهزم خصمه بأساليب ماكرة أو دنيئة [وبخاصة في السياسة] (٦) يشقّ؛ يخترق x (٧) يشقّ طريقَهُ.

before you can say ~, فجأة.
under the ~, تحت الجراحة؛ تحت المبضع.
war to the ~, حرب لا هوادة فيها.

knife edge *(n.)* حدّ السكّين: «أ» حدّ المدية. «ب» حدّ فولاذي يُتَّخذ مُرْتكزًا لميزان أو بندولٍ إلخ.

knight [nīt] *(n.; vt.)* (١) الفارس: رجلٌ، نبيل المحتد عادةً، كان الملك يرفعُهُ في القرون الوسطى إلى رتبة عسكريّة خاصّة، بعد أن يجتاز مرحلة تدريب معيَّنة (٢) الفَرَس [في الشطرنج] § (٣) يرفعه إلى رتبة فارس.

knight–er·rant [nīt'ĕr'ənt] *(n.)* الفارس المطوِّف: فارس يطوِّف بحثًا عن مغامرات يُظهر فيها براعته العسكريّة وشجاعته وسخاءه.

knight–er·rant·ry [nīt'ĕr'ən trĭ] *(n.)* (١) تجوّل الفارس المطوِّف أو مغامراتُهُ (٢) مسلك دونكشوتي أو مثاليّ إلى حدّ غير عمليّ.

knight·hood [nīt'hood] *(n.)* (١) الفروسيّة: مركز الفارس أو مهنته (٢) شهامة (٣) الفرسان [بوصفهم طبقةً أو جماعةً].

knight·ly [nīt'lĭ] *(adj.)* (١) فروسيّ (٢) فرسانيّ: مؤلف من فرسان.

Knight Templar *(n.)* الدّاويّ: «أ» أحد الدّاويّة أو فرسان الهيكل، وهم أعضاء منظّمة دينية عسكريّة أنشئت في القدس عام ١١١٨ لحماية الحجّاج والقبر المقدَّس. «ب» عضوٌ في منظمة ماسونيّة يُزعم أنها امتدادٌ لفُرسان الداويّة القدماء.

knit [nĭt] *(vt.; i.; n.)* (١) يَعْقِد؛ يَرْبِط (٢) يَجْبُر <to ~ the parts of a fractured bone> (٣) يُشابك (٤) يشدّ برباط اجتماعيّ أو شرعيّ <to ~ persons together by marriage> (٥) يقطِّب حاجبيه (٦) يَحْبك [بصنارة] x (٧) «أ» يتغضَّن. «ب» يتماسك؛ يتلازّ (٨) يلتئم؛ ينجبر؛ يلتحم § (٩) نسيج محبوك (١٠) ثوب محبوك.

knit·ting [nĭt'ĭng] *(n.)* (١) عَقْد؛ رَبْط إلخ (٢) حَبْكٌ.

knit·wear [-'wâr'] *(n.)* الملابس المحبوكة [بالصنارة].

knob [nŏb] *(n.)* (١) «أ» عُقْدة؛ عُجْرة [على جذع شجرة]؛ بثرة [في الجلد]. «ب» حِلية صغيرة مدوَّرة؛ زِرّ زينيّ. «ج» مَسْكة [أو مقبض] باب مزخرفة (٢) العُجرة: هضبة مدوَّرة [ومعزولة عادةً] (٣) قطعة؛ كتلة <a ~ of coal>.

knob·bly [nŏb'lĭ] *(adj.)* مُعقَّد؛ مُعجَّر: ذو عُقَد أو عُجرات.

knob·ker·rie [nŏb'kĕr ĭ] *(n.)* نَبُّوت [عند قبائل جنوب إفريقيا].

knobkerrie

knock [nŏk] *(vi.; t.; n.)* (١) يَقرع؛ يضرب شيئًا ضربةً مدوِّيةً (٢) يصطدم بشيء (٣) يطوف؛ يتجوَّل [تتبعها *about*] (٤) يخبِّط؛ يقرقع [كبعض أجزاء الآلة] (٥) يعيب؛ ينتقد x (٦) «أ» يضرب بعنف. «ب» يسيِّر أو يحرِّك بضربة (٧) يجعله يصطدم § (٨) «أ» ضربة عنيفة. «ب» مصيبة أو محنة قاسية. «ج» نَكْسة. «د» ضجّة (٩) الخَبْط: قرقعة ناشئة عن خلل في بعض أجزاء محرِّك داخليّ الاحتراق (١٠) نقدٌ لاذع.

to ~ down (١) يصرع؛ وبالتالي: يتغلب على (٢) يعلن أن سلعة قد رست على فلان [في مزاد علنيّ] (٣) يفكّك [أجزاء آلة لتسهيل نقلها] (٤) يتلقّى دخلًا أو راتبًا (٥) يخفّض [السعر] (٦) يَصْدِم.

to ~ off (١) يكفّ عن عمل شيء (٢) يعمل بعجلة أو بطريقة روتينيّة (٣) «أ» يقتل. «ب» يَهْزِم. «ج» يتغلب على. «د» يتخلّص من (٤) يسرق (٥) يُنقِص [من قيمة فاتورة إلخ].

to ~ out (١) يعمل بعجلة أو بغير إتقان (٢) «أ» يهزم. «ب» يصرع [خصمه في الملاكمة] بضربة لا يستطيع النهوض منها (٣) يُفقِده الوعي (٤) يعطّل: يجعله غير صالح للعمل (٥) يُرْهِق.

to ~ over (١) يَصْرَع؛ يَطْرح أرضًا (٢) يُرْبك؛ يَصْعَق.

to ~ under يستسلم؛ يُقرّ بأنه هُزم.

to ~ up (١) يوقظه [بالقرع على بابه] (٢) يُعِدّ بسرعة (٣) يُرهِق (٤) يُحبِّل [امرأةً].

knock·a·bout [nŏk′-] *(adj.; n.)* (١) صالح للاستعمال الخشن <~ suits for boys> (٢) عنيف؛ مؤلَّف من ضربات عنيفة <Clowns gave a ~ performance.> (٣) فظّ؛ صخّاب § (٤) ممثّل [أو مشهدٌ تمثيليّ] في كوميديا تكثر فيها الضربات العنيفة (٥) شيء صالح للاستعمال الخشن أو غير الرسمي <a secondhand car that will serve as a ~> (٦) مركب شراعيّ صغير.

knock·down [nŏk′-] *(adj.; n.)* (١) صارعٌ؛ طارحٌ أرضًا <a ~ blow> (٢) صاعق؛ مُذهِل (٣) سهلُ التركيب أو التفكيك § (٤) مص knock down (٥) الصارعة: الضربة الصارعة أو الحاسمة [في الملاكمة] (٦) ضربة قاضية <a bad ~ for both of us> (٧) شيء سهل التركيب أو التفكيك [كبعض الأثاث] (٨) تعريف شخص إلى آخر.

knocker 2.

knock·er [nŏk′ər] *(n.)* (١) فا knock (٢) مِقرَعة [أو مِطرَقة] الباب (٣) ثدي المرأة (ع).

knock–knee [nŏk′nē′] *(n.)* الصَّدَف؛ الصَّكَك: التواء الرجلين نحو الباطن بحيث تتدانى الرُّكبتان.

knock–kneed [-′nēd′] *(adj.)* أصْدف؛ أصكّ (را. المادة السابقة).

knock·out [nŏk′-] *(n.)* (١) مص knock out (٢) الضربة الصارعة أو الحاسمة [في الملاكمة] (٣) المُثير: شيء جذاب أو لافتٌ للنظر إلى حدّ الإثارة <has produced a new film that is a ~>.

knoll [nōl] *(n.)* الدَّكَّة: هضبة صغيرة مدوَّرة.

knop [nŏp] *(n.)* زرّ زينيّ؛ حِلية صغيرة مدوَّرة.

knot[1] [nŏt] *(n.; vt.; i.)* (١) عُقدة؛ أُنشوطة (٢) مشكلة (٣) رِباط. وبخاصة: رباط الزوجيّة (٤) «أ» عُجْرَة [في نسيج النبات]. «ب» عقدة في الخشب (٥) زمرة: مجموعة أشخاص أو أشياء (٦) وردة من حرير؛ عقدة شريط القبّعة (٧) «أ» العُقْدة: وحدة للسرعة تساوي ميلًا بحريًّا واحدًا في الساعة. «ب» nautical mile § (٨) «أ» يَعْقِد. «ب» يكوّن عقدةً أو عُقدًا في حبل إلخ (٩) يُحكم وثاق شيء x (١٠) يتعقّد: يصبح ذا عُقَد إلخ (١١) يحبك ورودًا صناعيّة.

to tie oneself (up) in(to) ~s يتورّط في متاعب أو مشاكل.

knot[2]

knot[2] *(n.)* الدُّرَيْجة: طائر من طيور الماء.

knot·grass [nŏt′-] *(n.)* البَطْباط؛ الجُنْجُر؛ عصا الراعي (نب).

knot·hole [nŏt′-] *(n.)* ثَقْب العُقْدة: ثقبٌ في لوح خشبيّ ناشئ عن سقوط عقدة كانت فيه.

knot·ted [nŏt′ĭd] *(adj.)* (١) معقود بأُنشوطة (٢) مليء بالعُقَد (٣) معقَّد؛ محيِّر (٤) مزيَّن بعُقَد؛ مرصَّع بأزرار زينيّة.

knot·ty [nŏt′ĭ] *(adj.)* (١) مليء بالعُقَد (٢) مُعقَّد؛ صعب؛ محيِّر.

knot·weed [nŏt′wēd′] *(n.)* عشبة العُقَد (نب).

knout [nout] *(n.; vt.)* (١) سَوْط لجَلْد المجرمين § (٢) يَجْلد.

know [nō] *(vt.; i.; n.)* (١) «أ» يَعلم؛ يَعرِف. «ب» يميِّز؛ يدرك طبيعة شيء. «ج» يعاني؛ يقاسي (٢) يدري بـ § (٣) معرفة.

in the ~, مُطَّلِعٌ على معلومات سريّة غير مُتاحة لغيره.

to ~ the ropes يَفْهَم تفاصيل أو طرائق عملٍ أو صناعة.

know–how [nō′hou′] *(n.)* خِبرة؛ براعة؛ مهارة؛ حِذق <needed the ~ of a good carpenter>.

know·ing [nō′ĭng] *(n.; adj.)* (١) معرفة؛ دراية § (٢) «أ» عارف؛ مطَّلع. «ب» فطن؛ ذَكيّ <a ~ fellow> (٣) متعمَّد؛ مُرَوًّا فيه.

know–it–all [nō′ĭt ôl′] *(n.)* المتعالم: مدَّعي العلم بكل شيء.

knowl·edge [nŏl′ĭj] *(n.)* (١) «أ» معرفة؛ علم. «ب» دراية أو عِلْمٌ بـ. «ج» مدى اطّلاع شخصٍ أو فهمِهِ. «د» إدراك. «هـ» اطّلاع (٢) مُجامعة (ا. ق) (٣) مجموع المعارف الإنسانية.

knowl·edge·a·ble [-ə bəl] *(adj.)* (١) حَسَن الاطّلاع (٢) ذكيّ؛ لبيب.

known[1] [nōn] *past part. of* know.

known[2] *(adj.)* معلوم؛ معروف.

know–noth·ing *(n.)* (١) «أ» الجهول: شخص تامّ الجَهْل. «ب» اللاأدْريّ (را. agnostic) (٢) *cap.* اللّاأدريّ: أحد أعضاء حزب سياسيّ أميركيّ [في القرن ١٩] عُرِف بمقاومته لهجرة الأجانب إلى الولايات المتحدة الأميركية وبخاصة الكاثوليك منهم.

knuck·le [nŭk′əl] *(n.; vi.; t.)* (١) البُرْجُمة: إحدى البراجم وهي مفاصل الأصابع أو العظام الصغار في اليد والرِّجل (ت) (٢) عظم رسغ الخروف إلخ واللحم المحيط به [يُضاف إلى الحساء خاصّةً] (٣) مَفصِل؛ محور مَفصِليّ (مك) (٤) زاوية [بين سَطْحيْن] (٥) *pl.* البُرجمية: قطعة معدنية تُكسَى بها البراجم في الملاكمة إلخ § (٦) يُبَرْجم: يضع براجمه على الأرض أثناء لعب «الكِلّة» أو «البِلية» (٧) يُخضع؛ يُذْعِن [تتبعها *under* عادةً] (٨) ينصرف إلى العمل باجتهاد وتصميم [تتبعها *down* عادةً] x (٩) يضغط ببراجمه؛ يفرك ببراجمه.

near the ~, شِبْهُ بذيء؛ بذيء بعض الشيء <His joke was a bit near the ~.>.

to rap over ~s (١) يعاقب تلميذًا بضربه على براجمه (٢) يهاجم؛ ينتقد.

بقسوة.

knuck·le·bone *(n.)* السُّلامَى: عظمة بين مَفْصِلين من مفاصل الأصابع.

knuck·le–dust·er [nŭk′əl-] *(n.)* = knuckle 5.

knuck·le·head [nŭk′əl hĕd] *(n.)* الغبيّ؛ المُغَفَّل.

knuckle joint *(n.)* الوُصلة المَفْصلية (مك).

knur [nûr] *(n.)* عُقدة؛ عُجرة [في جذع شجرة].

knurl [nûrl] *(n.)* (١) عُقدة [في خشب] (٢) عُجْرة.

ko·a·la [kō ä′lə] *(n.)* الكُوال: حيوان ثدييّ من الجرابيات.

koala

ko·bo [kō′bō] *(n.)* الكوبو: وحدة نقديّة صغيرة في نيجيريا.

ko·bold [kō′-] *(n.)* الكوبولد: قَزَم خرافيّ؛ روح شريرة [في الفولكلور الألماني].

Ko·dak [-′dăk] *(n.)* <*trademark*> الكوداك: آلة تصوير فوتوغرافي يدوية.

Koh·i·noor [kō′ĭ no͞or′] *(n.)* كوهينور؛ جبل النُّور: ماسة هنديّة ضخمة جُعلت إحدى جواهر التاج البريطاني.

kohl [kōl] *(n.)* الكُحْل: ذَرُور تكتحل به النساء.

kohl·ra·bi [kōl′rä′bĭ] *(n.)* الكُرُنبُ السّاقيّ؛ أبو رُكبة (نب).

koi·ne [koi nā′] *(n.)* السائدة: «أ» مزيج من اللهجات اليونانيّة حلَّ محلَّ اليونانية الفصحى وبلغ أوج ازدهاره في ظل الأمبراطورية الرومانية. «ب» لهجة [أو لغة] مقاطعة أمست هي اللغة السائدة في منطقة أكبر.

ko·la [kō′lə] *(n.)* = cola.

kola nut *(n.)* جوزة الكولة: جوزة شجرة الكولة.

kola tree *(n.)* شجرة الكولة: شجرة إفريقية استوائيّة يُستفاد من جوزها في صناعة الأشربة المُكَرْبَنة.

ko·lin·sky [kə lĭn′skĭ] *(n.)* الكَوْلَنْسك: «أ» مِنكٌ mink آسيَويّ (ح). «ب» فرو هذا الحيوان.

kol·khoz [kŏl kôz′] *(n.)* pl. **-y** *or* **-es** الكُلْخوز: مزرعة تعاونية في الاتحاد السوفياتي سابقًا.

ko·lo [kō′lō] *(n.)* الكولو: رقصة أوروبية شعبية.

ko·mat·ik [kō măt′-] *(n.)* الكُوماتة: مِزلجة يستخدمها الأسكيمو.

kom·man·da·tura [-to͝or′ə] *(n.)* مقرّ القيادة لحكومة عسكرية.

Kon·go [kŏng′gō] *(n.)* (١) شعب الكونغو أو أحد أفراده (٢) الكونغوية: لغة الكونغوويين.

koo·doo [ko͞o′do͞o] *(n.)* = kudu.

kook [ko͝ok] *(n.)* (١) الأحمق (٢) الغريب الأطوار (٣) المجنون.

kook·a·bur·ra [-bûr′ə] *(n.)* الكوكابورة: طائر أسترالي.

ko·peck *or* **ko·pek** [kō′pĕk] *(n.)* الكوبك: جزء من مئة من الروبل أي من وحدة النقد الروسي.

kop·je [kŏp′ē] *(n.)* الكُبّ: تلّ صغير في جنوب إفريقيا.

Ko·re·an [kō rē′ən] *(n.; adj.)* (١) الكوريّ: أحد أبناء كوريا (٢) الكوريّة: لغة الشعب الكوريّ § (٣) كوريّ.

ko·sher [kō′shər] *(adj.; n.)* (١) كاشير: مُباح في الشريعة اليهودية (٢) صحيح؛ شرعي؛ أصلي § (٣) الكاشير: طعامٌ مباحٌ أكلُهُ في الشريعة اليهودية (٤) دكان الكاشير: دكانٌ لبيع هذا الطعام.

ko·to [kō′tō] *(n.)* الكوتو: آلة موسيقية يابانية متعدّدة الأوتار.

kou·miss [ko͞o′mĭs] *(n.)* الكوميس: شراب مخمَّر كانت تصنعه في الأصل قبائل آسيا الوسطى من لَبَن الفَرَس.

kow·tow [kou′tou′] *(vi.; n.)* (١) يتذلّل؛ يتزلّف؛ يتملّق (٢) يَسْجد § (٣) تذلُّل؛ تزلُّف؛ تملُّق (٤) سجود.

KP [kā′pē] *(n.)* = kitchen police.

kraal [kräl] *(n.; vt.)* (١) الكَرَال: «أ» قرية من قرى أهالي جنوب إفريقيا الأصليين. «ب» الكَرال كوحدة اجتماعية. «ج» زريبة للحيوانات الأليفة [في جنوب إفريقيا] § (٢) يزربُ [الماشيةَ] في زريبة.

kraft [krăft] *(n.)* الكرافت: ورق قويّ يُصْنَع من لُبّ الشجر.

krait [krīt] *(n.)* الكُرَيْت: أفعى سامّة من أفاعي آسيا الشرقية.

kra·ken [krä′-; krā′-] *(n.)* الكَرْكَن: وحش بحريّ خرافيّ إسكنديناڤيّ.

K ration [kā′răsh′ən] *(n.)* جَراية الطوارئ: رزمة خفيفة تحتوي على جراية طعام توزَّع على الجنود المحاربين.

kraut [krout] *(n.)* الكَرَوْت: كُرُنب مفروم يُمَلَّح ويُخَمَّر.

krem·lin [krĕm′lĭn] *(n.)* الكِرَمْلين: «أ» حصن [مشرف على مدينة روسيّة]. «ب» *cap.*: حكومة الاتحاد السوفياتي السابق.

kreu·zer *also* **kreut·zer** [kroit′sər] *(n.)* الكروتزر: عملة معدنيّة صغيرة كانت متداولة في النمسا وألمانيا.

krim·mer [krĭm′ər] *(n.)* القِرْميّ: فرو رماديّ يُتّخذ من جلود حُمْلان شبه جزيرة القِرم.

kris [krēs] *(n.)* = creese.

Krish·na·ism [krĭsh′-] *(n.)* الكِرِشْناويّة: ضرب من العبادة الهندوسيّة.

Kriss Krin·gle [krĭs′krĭng′gəl] *(n.)* بابا نُويل؛ سانتا كلوز.

kro·na [1] [krō′nə] *(n.)* pl. **-nor** الكرونا: وحدة النقد في السويد.

kro·na [2] *(n.)* pl. **-nur** الكرونا: وحدة النقد في إيسلندا.

krone [1] [krō′nə] *(n.)* pl. **kro·ner** الكُرَوْن: وحدة النقد في الدانمرك ونروج.

krone [2] *(n.)* pl. **kro·nen** الكُرَوْن: «أ» قطعة نقدية ذهبية ألمانيّة قيمتها عشرة ماركات ألغيت عام ١٩٢٤. «ب» وحدة نقد سابقة في النمسا والمجر (١٨٩٢–١٩٢٥).

kroon [kro͞on] *(n.)* الكرُوْن: وحدة النقد في أستونيا من ١٩٢٨–١٩٤٠.

kryp·ton [krĭp′-] *(n.)* الكريبتون: عنصر كيميائي خاملٌ نسبيًا.

ku·do [ko͞o′dō] *(n.)* (١) جائزة؛ مكافأة (٢) ثناء؛ إطراء.

ku·dos [ko͞o′dōz] *(n.)* مَجْد؛ شُهرة.

ku·du [ko͞o′do͞o] *(n.)* الكُوْد: ظبي إفريقي كبير.

kudu

Ku Klux Klan [ko͞o′klŭks′] *(n.)* جمعية كوكلوكس: جمعية سرّيّة إرهابية أميركية أُنشئت حوالى ١٨٦٦ لترسيخ سيادة البيض على الزنوج.

Ku Klux·er *(n.)* الكوكلوكسيّ: عضو في جمعية كوكلوكس.

ku·lak [ko͞o läk′] *(n.)* الكولاكيّ: مزارع غنيّ في روسيا.

Kul·tur [kŏŏl tōōr′] *(n.)* الثقافة : «أ» الثقافة بوصفها قوّةً تطوّرية تفضي إلى بلوغ مراحل متقدمة في ميدان التنظيم الاجتماعي ؛ إحدى مراحل هذا التنظيم أو أحدُ أنماطه . «ب» الثقافة المؤكِّدة على الفعالية العملية وعلى إخضاع الفرد للدولة . «ج» الثقافة الألمانيّة التي ذهب النازيّون إلى أنها متفوقة على سائر الثقافات .

Kul·tur·kampf [-′kämpf′] *(n.)* النزاع الثقافي : نزاع بين الحكومة المدنيّة والسلطات الدينيّة [وبخاصة في ما يتعلّق بالسيطرة على التربية والتعليم وبتعيين رجال الدين] .

ku·miss [kōō′mĭs] *(n.)* = koumiss.

küm·mel [kĭm′əl] *(n.)* الكُومل : شراب مُسْكِر .

kum·quat [kŭm′kwŏt] *(n.)* البرتقال الذهبيّ (نب) .

ku·na [kōō′ nə] *(n.)* الكونا : وحدة النقد في كُرْواتيا .

kung fu [kŏŏng′-] *(n.)* الكونغ فو : ضرب صيني من الدفاع عن النفس .

kunz·ite [kŏŏnts′īt] *(n.)* الكونزيت : حجر كريم .

Kurd [kûrd] *(n.)* الكُرْديّ : واحد الأكراد .

Kurd·ish [kûr′dĭsh] *(adj.; n.)* (١) كُرْديّ § (٢) اللغة الكرديّة .

Kur·di·stan [kûr′dĭ stăn′] *(n.)* (١) كُرْدِستان ؛ بلاد الأكراد (٢) البساط الكرديّ : ضرب من البُسُط ينسجه الأكراد .

ku·ru [kōō′rōō] *(n.)* الكورو : مرض مُهْلك فيروسيّ المنشأ .

ku·rus [kŏŏ rōōsh′] *(n.)* قرش تركي .

kvass [kväs] *(n.)* الكُفّاس : جِعة تُصنع في أوروبا الشرقية .

ky·ack [kī′ăk] *(n.)* خُرْج [يوضع على ظهر الدابة] .

ky·mo·graph [kī′mə grăf′] *(n.)* الكيموغراف : آلة مُعدّةٌ لتسجيل الحركة أو الضغط .

Kym·ric [kĭm′rĭk] *(adj.; n.)* = Cymric.

ky·pho·sis [kī fō′sĭs] *(n.)* الحَدَب : خروج الظهر ودخول البطن والصدر .

ky·rie *or* **ky·rie e·le·i·son** [kēr′ĭ ā′ ə lā′ə sŏn′] *(n. often cap.)* كِرْيالَيْسون : صلاة مطلعُها : «يا ربُّ ٱرْحَمْنا» (نص) .

kyte [kīt] *(n.)* مَعِدة؛ بطن (إسك) .

ă at; ā date; â care; ä car; ĕ egg; ē me; ĭ in; ī bite; ŏ lot; ō bone; ô orphan; **oi** boil; ŏŏ good; ōō boot; **ou** out; ŭ under; û urgent; ə = *a* in alone, *e* in system, *i* in easily, *o* in gallop, *u* in circus.

l [ĕl] *(n. often cap.)* (١) الحرف الثاني عشر من الأبجدية الإنكليزية (٢) خمسون (٣) شيء معتَبرٌ ثانيَ عشر من حيث الترتيب أو الطبقة (٤) شيء على صورة حرف **L**.

la[1] [lô; lä] *(interj.)* لو ؛ لا : هُتاف للتوكيد أو التعجُّب .

la[2] [lä] *(n.)* لا : المقام السادس من السُّلَّم الموسيقي .

laa·ger [lä′gər] *(n.; vi.)* (١) مُعَسْكَر . وبخاصة : معسكر دفاعيّ يحميه سياج من عَرَبات [في جنوب إفريقيا] § (٢) «أ» يُعَسْكِر . «ب» يُقيم معسكرًا .

lab [lăb] *(n.)* = laboratory.

lab·a·rum [lăb′ə rəm] *(n.)* pl. **-a·ra** اللَّبرومة : راية الأباطرة الرومان المتأخرين . وبخاصة : راية الأمبراطور قسطنطين بعد تنصّره .

lab·da·num [lăb′də-] *(n.)* اللاّذَن : صمغ راتينجي يتفصّد من عدة نباتات من جنس «قَسْتوس» ويُستخدم في صنع العطور .

la·bel [lā′bəl] *(n.; vt.)*, **-beled** *or* **-belled** (١) «أ» رُقعة [من ورق أو قماش إلخ] تُثبّت على شيء ما ، لتدلّ على محتوياته أو مالِكِه أو الجهة المُرسَل إليها . «ب» مادة مكتوبة أو مطبوعة تُرفَق بشيء للتعريف أو التوضيح . «ج» نعت ؛ لقب . «د» كلمة أو عبارة تُضافُ إلى تعريفٍ قاموسيّ [لزيادة الإيضاح] (٢) حلية معمارية فوق باب أو نافذة أو على جوانبهما (٣) طابع [بريدي أو أميري] (٤) الرُّقعة : الاسم التجاري لمصمِّم الألبسة أو صانعها أو بائعها § (٥) «أ» يلصق رقعة على . «ب» يصف أو يميّز برقعة <The bottle was ~*ed* poison.> (٦) يصنّف شيئًا أو يضعه في زمرة كذا .

la·bel·lum *(n.)* pl. **-bel·la** الشُّفَيّة : «أ» الجزء الأوسط من تُوَيج زهرة من الفصيلة السَّحلبية . «ب» الجزء الانتهائي من خرطوم بعض الحشرات .

la·bi·a [lā′bĭ ə] *pl. of* labium.

la·bi·al [lā′bĭ əl] *(adj.; n.)* (١) شَفَوِيّ : «أ» متعلق بالشفة . «ب» ملفوظ [كبعض الحروف الصامتة] بواسطة الشفتين § (٢) الصامت الشَّفَوِي (ل) .

la·bi·al·ize [lā′bĭ ə līz′] *(vt.)* يُشَفِّه : يجعله شَفَوِيًّا .

la·bi·ate [lā′bĭ āt′; -ĭt] *(adj.; n.)* (١) مُشَفَّه : ذو أجزاء تشبه الشّفاه في شكلها أو ترتيبها (٢) شَفَويّ : ذو علاقة بالفصيلة الشَّفوية (نب) § (٣) الشَّفَوِيّ : نبات من الفصيلة الشَّفَوية .

la·bile [lā′bĭl] *(adj.)* (١) غير مستقرّ : خاضع باستمرار لتغيّر كيميائي أو فيزيائي أو بيولوجي <stable and ~ minerals> (٢) متغيّر : قابل للتغيُّر .

labio- بادئة معناها : شفويّ و . . . <*labio*dental>.

la·bi·o·den·tal [lā′bĭ ō dĕn′-] *(adj.; n.)* (١) شَفَوِيسِنّي : ملفوظ باشتراك الشفة والأسنان أو الشفتين والأسنان § (٢) حرف شَفَوِيسِنّي .

la·bi·um [lā′bĭ əm] *(n.)* pl. **-bi·a** (١) الشُّفْر : أحد أشفار فرج المرأة (ت) (٢) الشفة السفلى من تُوَيج ثنائي الشَّفة (نب) (٣) الشفة السفلى عند بعض الحشرات (٤) الشَّفة : جزء شبيه بالشفة في كثير من اللافقاريات (ح) .

la·bor [lā′bər] *(n.; vi.; t.; adj.)* (١) جُهد [جسدي أو عقليّ] وبخاصة حين يكون عسيرًا أو إلزاميًا (٢) العمل : «أ» النشاط البشري الذي يؤمّن السّلع والخدمات في مجتمع ما . «ب» الخدمات التي يؤدّيها العمّال لقاء أجور (٣) «أ» المخاض . «ب» مدّة المخاض (٤) مهمّة (٥) نِتاج جهدٍ أو عمل (٦) «أ» طبقة العمّال <the rights of ~> . «ب» العمال المستخدمون في مؤسسة ما أو المتيسِّر استخدامهم . «ج» المنظمات أو الهيئات الممثّلة لجماعات من العمال (٧) **Labour** عد : حزب العمال في بريطانيا أو إحدى دول الكومنولث البريطاني § (٨) يعمل ؛ يكدح (٩) يجري بتثاقل أو جَهْد (١٠) يجيئها المخاضُ (١١) يَرْزَح x (١٢) يعالج بتفصيل مفرط <Don't ~ the point.> (١٣) «أ» يُثقل ؛ يرهق . «ب» يُحزن ؛ يُقلق § (١٤) عُمّاليّ : متعلق بالعمل أو العمال .

lab·o·ra·to·ry [lăb′rə tōr′ĭ; lăb′ə rə-] *(n.)* (١) مَخْبَر ؛ مُخْتَبَر (٢) الحصّة المَخْبَرية : حصّة دراسيّة مخصَّصة للعمل في المختبر .

labor camp *(n.)* مُعَسْكر العمل الإلزامي .

Labor Day *(n.)* عيد العمال [أول مايو أو أول إثنين من سبتمبر] .

la·bored [lā′bərd] *(adj.)* (١) مُنْتَج أو مُنجَز بجهد (٢) تبدو عليه أمارات الجهد . وبخاصة : متكلّف ؛ غير عَفْويّ <a ~ style> .

la·bor·er [lā′bər ər] *(n.)* العامل ؛ الشَّغّيل ؛ الكادح .

labor force *(n.)* القوة العاملة .

la·bo·ri·ous [lə bōr′ĭ əs] *(adj.)* (١) كادّ ؛ مُجِدّ (٢) جاهِد : مُقْتَضٍ جهدًا وكدحًا أو مُتَّسِمٌ بهما <a ~ undertaking> .

la·bor·ite [lā′bə rīt′] *(n.)* العُمّالي : «أ» عضو في جماعة مناصرة للعُمّال . «ب» *cap.* : عضو في حزب سياسيّ يُعْنى ، في المقام الأول ، بالدفاع عن مصالح العمال . «ج» **Labourite** عد : عضو في حزب العمال البريطاني .

labor pains *(n. pl.)* المَخاض : الطَّلْق أو وَجَعُ الولادة .

la·bor·sav·ing *(adj.)* مُوَفِّر للعمل : مؤدٍّ إلى اقتصادٍ فيه <a ~ device> .

labor union *(n.)* نقابة العُمّال .

la·bour [lā′bər] *(n.; vi.; t.; adj.)* = labor.

lab·ra·dor·ite [-′rə dôr īt′] *(n.)* اللَّبرادوريت : ضرب من الفَلْسبار (مع) .

Labrador retriever *(n.)* كلب لابرادور: كلب صيد قويّ البنية.

la·bret [lā′brĕt] *(n.)* الشَّفِيهة: حلية تعلّق في الشفة بعد ثقبها.

la·brum [lā′-; lăb′-] *(n.)* الشفة العليا [لحيوان مَفْصِليّ].

la·bur·num [lə bûr′-] *(n.)* السِّيتوس؛ القُوطيسوس: نبات زينيّ.

lab·y·rinth [lăb′ə rĭnth] *(n.)* (١) «أ» المَتاهة: مكانٌ كثير الممرات والأزقّة غير النافذة. «ب» شبكة من الممرات والمجازات المعقّدة تفصل ما بينها وشائعُ مرتفعة [في حديقة] (٢) «أ» مشكلة؛ ورطة. «ب» مَتاهة؛ تعقيد (٣) التِّيه؛ الأذن الباطنية (ت).

lab·y·rin·thi·an [lăb′ə rĭn′thĭ ən]; **lab·y·rin·thine** [-′thĭn; -′thēn] *(adj.)* (١) «أ» مَتاهيّ. «ب» مُعَقَّد (٢) تِيهِيّ.

lac[1] [lăk] *(n.)* اللَّكّ؛ صَمغ اللَّكّ: مادة راتينجية دبقة تُفْرِزها حشرة اللَّكّ.

lac[2] [lăk] *(n.)* = lakh.

lac·co·lith [lăk′ə lĭth] *(n.)* اللاكوليت؛ الصَّخر المندسّ: كتلة من صخر ناريّ مُنْدَسّة بين الطبقات الصخرية الرسوبية (جي).

lace [lās] *(n.; vt.; i.)* (١) رباط الحذاء أو المِشدّ ونحوهما (٢) بريم؛ شريط زينيّ للسّترات العسكرية (٣) تخريم؛ مخرَّمات § (٤) يَعْقِد برباط (٥) يُدخل رباطًا في ثقوب حذاء (٦) يَشُدّ الخصرَ بعَقْد أربطة مِشَدّ عقدًا محكمًا (٧) يُبَرِّم: يزركش ببريم أو شريط زينيّ (٨) يرسم خطوطًا ملوَّنة على شيء (٩) يضرب؛ يجلد (١٠) «أ» يضيف مقدارًا طفيفًا من شراب مُسْكِر إلى شيء [كالقهوة]. «ب» يعطيه نكهة x (١١) يُشَدّ أو يُعْقَد برباط (١٢) يهاجم؛ ينتقد بقسوة <Reviewers ~*d* into the novel.>.

lace–curtain *(adj.)* مُتَبَرْجِز: مقلِّدٌ البورجوازية.

lac·er·ate[1] [lăs′ə rāt′] *(vt.)* (١) يمزِّق <to ~ the flesh> (٢) يَجْرح؛ يؤذي <~*d* her feelings>.

lac·er·ate[2] [-rāt′; -ĭt] *or* **lac·er·at·ed** *(adj.)* (١) مُمَزَّق (٢) معذَّب (٣) مُشَرْذَم: ممزَّق الأطراف <~ leaves>.

lac·er·a·tion *(n.)* (١) تمزيق (٢) تمزُّق (٣) جرحٌ مُمَزَّق.

lac·er·til·i·an [lăs′ər tĭl′ĭ ən] *(adj.; n.)* (١) عِظائيّ: ذو علاقة بالعِظائيات **Lacertilia** وهي رُتَيْبة من الزواحف تشمل العِظاء والحِرابيّ § (٢) العِظائيّ: حيوان من العِظائيات.

lace·wing [lās′-] *(n.)* شَبَكيّة الجناح: حشرة من شبكيّات الجناح.

lace·work [lās′wûrk′] *(n.)* تخريم؛ مخرَّمات.

lach·es [lăch′ĭz] *(n.)* الإهمال: إهمال في أداء واجب. وبخاصة: توانٍ في توكيد أو إثبات حقّ شرعيّ.

lach·ry·mal *or* **lac·ri·mal** [lăk′rə məl] *(adj.)* (١) دَمعيّ: ذو علاقة بالدمع أو بالغدد الدمعيّة <a ~ farewell> (٢) دامع.

lach·ry·ma·tor [-mā′ tər] *(n.)* مادة مُسيلة للدموع.

lach·ry·mose [lăk′ rə mōs′] *(adj.)* (١) بكّاء؛ كثير البكاء (٢) كئيب؛ مُحزِن؛ مُسِيل للدموع <~ songs>.

lac·ing [lā′sĭng] *(n.)* (١) مص lace (٢) رباط حذاء إلخ؛ بريم أو شريط زينيّ؛ مخرَّمات (٣) طوق من لون مغاير [على ريشة طائر] (٤) «أ» مقدار ضئيل من مُسْكِر [يضاف إلى طعام أو شراب]. «ب» «رَشّة» إلخ تُعطي الطعامَ [أو أي شيء آخر] نكهةً خاصّة (٥) جَلْد؛ ضرب بالسِّياط.

la·cin·i·ate [lə sĭn′ĭ āt′] *(adj.)* مُشَرْشَر: ذو أطراف متميِّزة بفصوص ضيِّقة غير منتظمة.

laciniate leaf

lack [lăk] *(vi.; t.; n.)* (١) يَعْوَز: يعِزّ الشيءُ فلا يوجد وأنت محتاجٌ إليه <Money was ~*ing* for the plan.> (٢) يفتقر إلى <The vote ~*s* five of being a majority.> (٣) يُعْوِزُهُ؛ ينقصه <to ~ wisdom> § (٤) فقدان؛ عدم وجود؛ احتياج أو افتقارٌ إلى <~ of money> (٥) نَقْص <Skilled labor is the chief ~.>.

lack·a·dai·si·cal [lăk′ə dā′zə-] *(adj.)* واهن؛ تُعْوِزُه الحيوية.

lack·ey [lăk′ĭ] *(n.; vt.)* (١) المُبَرَّز: الخادم المرتدي بزّة خاصّة بالخدم (٢) التابع الخانع أو المتزلف § (٣) يخدم بخنوع.

lack·lus·ter [lăk′lŭs′tər] *(adj.)* باهت: يُعْوِزُهُ البريقُ أو الإشراق أو الحيوية <~ eyes>.

la·con·ic [lə kŏn′ĭk] *(adj.)* مُوْجَز؛ مُقْتَضَب.

lac·o·nism [lăk′ə nĭz′-] *or* **la·con·i·cism** *(n.)* إيجاز؛ اقتضاب.

lac·quer [lăk′ər] *(n.; vt.)* (١) اللَّك؛ ورنيش اللَّكّ § (٢) يُلَكِّك: يطلي باللَّكّ (٣) يَصْقل.

lacrimal gland *(n.)* الغُدّة الدمعية (ت).

lac·ri·ma·tion *(n.)* إفراز الدمع [وبخاصة حين يكون مُفْرِطًا].

lac·ri·ma·tor [lăk′rə mā′-] *(n.)* = lachrymator.

la·crosse [lə krôs′] *(n.)* اللَّكْروس: لعبة يحاول المشتركون فيها تسديد الكرة، بمضارب طويلة المقابض، إلى مَرْمَى الخصم.

lact- *or* **lacti-** *or* **lacto-** بادئة معناها: «أ» لبن. «ب» الحمض اللَّبنيّ. «ج» سكّر اللَّبن أو اللَّكتوز.

lac·tal·bu·min [lăk′tăl byo͞o′mən] *(n.)* الزُّلال اللَّبني.

lac·tase [lăk′tās] *(n.)* اللَّكتاز؛ اللَّبَناز: أنزيمة أو خميرة تساعد على تحويل اللَّكتوز إلى غلوكوز (كح).

lac·tate[1] [lăk′tāt] *(n.)* اللَّكتات؛ اللَّبَنات: ملح الحمض اللَّبني (ك).

lac·tate[2] *(vi.)* يَدُرّ: يُفرز اللبن.

lac·ta·tion [lăk′tā′-] *(n.)* (١) الدَّرّ؛ الإلبان (٢) فترة الدَّرّ.

lac·te·al [lăk′tĭ əl] *(adj.; n.)* (١) لَبَنيّ: مؤلّف من لبن أو منتجٌ لبنًا أو شبيهٌ باللبن أو محتوٍ لبنًا (٢) مِرْبَضِيّ: متعلق بالمرابض § (٣) المِرْبَض: واحد المرابِض وهي الأوعية اللّنفاوية الناقلة للكَيْلوس chyle من المِعَى الدقيق إلى القناة الصدريّة.

lac·te·ous [lăk′tĭ əs] *(adj.)* لَبَنيّ؛ لَبَنيّ اللون.

lac·tes·cent [lăk tĕs′ənt] *(adj.)* (١) لَبَنيّ القَوام (٢) لابن: «أ» مُفْرِز لبنًا.

«ب» منتجٌ عُصارةً لبنية [كبعض النباتات].

lacti- = lact-.

lac·tic [lăk′tĭk] *(adj.)* لَبَنيّ: ذو علاقة باللبن أو مشتقّ منه.

lactic acid *(n.)* الحَمْض اللَّبَنيّ؛ حَمْض اللَّبنيك (كح).

lac·tif·er·ous [lăk tĭf′ər əs] *(adj.)* لابن: «أ» مُفرِزٌ أو ناقلٌ لبنًا. «ب» مُنتِجٌ عُصارةً لبنية <~ plants>.

lacto- = lact-.

lac·to·ba·cil·lus [lăk′tō bə sĭl′əs] *(n.)* pl. **-cil·li** [sĭl′ī] العُصَيّة اللَّبنية: بكتيريا مكوِّنةٌ للحمض اللَّبني (بك).

lac·to·gen·ic [-tə jĕn′ĭk] *(adj.)* مُدِرّ: مساعِدٌ على إفراز اللبن.

lac·tose [lăk′tōs; -′tōz] *(n.)* اللَّكتوز؛ اللَّبنوز؛ سُكّر اللبن (كح).

la·cu·na [lə kōō′nə] *(n.)* pl. **-e** *or* **-s** (١) ثُغْرة (٢) فَجْوَة (ت).
— **la·cu·nar** *also* **la·cu·nate** *(adj.)*

la·cu·nar [-′nər] *(n.)* pl. **-s** *or* **-i·a** (١) المُغَوَّر: سقف ذو أجزاء غائرة [على الطراز الروماني القديم] (٢) الغَوْر: أحد الأجزاء الغائرة في سقف.

lacunar *1.*

la·cus·trine [lə kŭs′trĭn] *(adj.)* بُحَيْرِيّ: ذو علاقة بالبُحيرات أو نامٍ أو متشكّلٌ فيها.

lac·y [lā′sĭ] *(adj.)* شريطيّ؛ تخريميّ: متعلّق أو شبيهٌ بالشريط الزينيّ أو بالمخرّمات.

lad [lăd] *(n.)* (١) صبيّ؛ غلام (٢) رَجُل.

lad·a·num [lăd′ə nəm] *(n.)* = labdanum.

lad·der [lăd′ər] *(n.)* (١) سُلّم [من خشب أو معدن أو حبال]؛ مِرقاة (٢) شيء يشبه السلّم. وبخاصة: نَسْلٌ في جورب.

lad·der–back *(adj.)* سُلَّمِيّ الظَّهر: ذو ظهر مؤلَّف من عِمادَيْن تربط بينهما وُصلاتٌ خشبية أفقيّة <a ~ chair>.

lad·die [lăd′ĭ] *(n.)* غلام أو صبيّ صغير.

lade [lād] *(vt.; i.)* (١) «أ» يُحمِّل؛ يَسِقُ. «ب» يشحن. «ج» يُثْقِل؛ يُرهِق (٢) يَغْرِف x (٣) يَنقل [المركب] شحنةً.

lad·en [lād′-] *(vt.; adj.)* (١) lade § (٢) مُحَمَّل؛ موسوق.

la–di–da [lä′dē dä′] *(adj.)* متكلِّف؛ مُدَّعٍ؛ شديد التأنّق.

ladies' man *(n.)* الزِّير: المولَع بمحادثة النساء وملاطفتهنّ.

ladies' room *(n.)* مرحاض للسيدات [في محلّ عام].

La·din [lə dēn′] *(n.)* (١) اللادِنيّة: إحدى اللهجات المنطوق بها في أجزاء من سويسرا والتيرول (٢) اللادنيّ: أحد الناطقين بهذه اللهجة.

lad·ing [lā′dĭng] *(n.)* (١) «أ» شَحْن؛ وَسْق. «ب» غَرْف؛ اغتراف (٢) شِحْنَة؛ حِمْل.
bill of ~, بوليصة الشَّحن.

La·di·no [lä dē′nō] *(n.)* (١) الإسباعِبْرِيّة: لهجةٌ مزيجٌ من الإسبانيّة والعبرية (٢) اللادينو: أميركيّ لاتينيّ ناطق بالإسبانيّة. وبخاصة: شخص يجري في عروقه دمٌ أوروبيّ وهندي أميركي.

la·dle [lā′dəl] *(n.; vt.)* (١) مِغْرَفة؛ كَبْشة § (٢) يَغرِف.

ladle

la·dle·ful [-fōōl′] *(n.)* مِلء مِغرفة: مقدار ما تستوعبه مِغرفة.

la·dy [lā′dĭ] *(n.)* (١) السيدة: «أ» امرأة ذات سُلْطة أو مِلْكيّة إقطاعيّة. «ب» امرأة تتلقّى ولاء فارس أو عاشق. «ج» *cap.*: مريم العذراء. «د» امرأة ذات مكانة اجتماعية عليا. «هـ» امرأة ذات كياسة أو تهذيب رفيع. «و» امرأة. «ز» زوجة. «ح» رفيقة؛ خليلة (٢) لايدي: لقب إنكليزي يُخلع على السيدة النبيلة.

lady beetle *(n.)* = ladybug.

la·dy·bird; la·dy·bug [lā′dĭ-] *(n.)* الدُّعسوقة: خُنفساء صغيرة مُرَقَّطة الجناحين.

ladybird

Lady Chapel *(n.)* كنيسة العذراء.

Lady Day *(n.)* عيد البشارة annunciation.

la·dy·fin·ger *(n.)* إصبع السيِّدة: حلوى على شكل إصبع.

la·dy–in–wait·ing *(n.)* الوصيفة: وصيفة الملكة أو الأميرة.

la·dy–kill·er *(n.)* فاتن النِّساء؛ ساحر النِّساء.

la·dy·kin [lā′dĭ kĭn] *(n.)* سيدة صغيرة.

la·dy·like [lā′dĭ-] *(adj.)* (١) لائق بسيّدة أو ملائمٌ لها (٢) شبيه بسيّدة: «أ» شبيه بسيّدة من حيث المظهر أو الكياسة. «ب» مهذَّب؛ مصقول الحواشي (٣) «أ» مُسرِف في التأنّق. «ب» مُخَنَّث: تُعْوِزهُ القوة أو الفحولة.

la·dy·love [-lŭv′] *(n.)* الحبيبة؛ المحبوبة؛ المعشوقة.

lady of the house ربّة البيت؛ سيّدة البيت.

la·dy·ship *(n.)* (١) مقام السيدة النبيلة (٢) صاحبة النبل أو العصمة.

lady's maid *(n.)* الماشطة: خادمة مكلّفة بالعناية بملابس السيدة وبمساعدتها على اتخاذ زينتها.

lady's man *(n.)* = ladies' man.

la·dy's slip·per *or* **la·dy slip·per** *(n.)* خُفّ السيِّدة: نبات ذو زهر شبيهٍ بالخُفّ.

lady's slipper

la·dy's–smock *(n.)* حُرْف الماء؛ حُرْف المروج (نب).

lady's thumb *(n.)* إبهام السيِّدة: نبات عشبيّ.

lag[1] [lăg] *(adj.; n.; vi.; t.)* (١) الأخير § (٢) المتخلِّف؛ المُتَلكِّئ؛ سُكَيْت؛ الحَلْبة (٣) «أ» تخلُّف؛ تلكُّؤ؛ تباطؤ؛ فتور. «ب» مقدار ذلك أو مُدَّته. «ج» فترة فاصلة (٤) القَذْف التقريري: قذف القطعة النقدية أو قذف الكِلّة [البِلية] لتقرير الأولوية في اللعب § (٥) «أ» يتخلّف؛ يتلكّأ. «ب» يتباطأ؛ يتوانى (٦) يَفْتُر؛ يضعف تدريجيًا x (٧) يقرّر بالقذف: يقذف بالقطعة النقدية أو بالكِلّة [البِلية] ليرى لمن الأولوية في اللعب.

lag[2] *(n.; vt.)* (١) الضِّلع: «أ» ضِلْع البرميل الخشبيّ. «ب» ضلع أو قِدّة تشكّل جزءًا من غطاء لشيء أسطواني § (٢) يُضَلِّع: يزوِّد بأضلاع (٣) يُغَلِّف: يُغطّي المرجل البخاري منعًا لتشعُّع الحرارة.

lag[3] *(vt.; n.)* (١) ينفي مجرمًا أو يَزُجّ به في السجن (ع) (٢) يعتقل (ع) § (٣) «أ» المَنْفيّ [لجريمة ارتكبها]. «ب» المحكوم عليه بالسجن [مدةً طويلة عادةً]. «ج» مُدّة المحكوميّة بالسجن.

lag·an [lăg′ən] *also* **lag·end** [-′ənd] *(n.)* المطروحات: سِلع تُطرَح في البحر، مشدودةً إلى طافيةٍ أو عوّامةٍ، لتُنتَشَل في ما بعد.

la·ger [lä′gər; lô′-] *(n.)* اللاغريّة: جعة أو بيرة مُعتّقة.

lag·gard [lăg′ərd] *(adj.; n.)* متلكّئ؛ متقاعس؛ بطيء.

lag·ging [lăg′ĭng] *(n.)* (١) «أ» ضلع برميل. «ب» ضلع أو قِدَّة تشكّل جزءًا من غطاء لشيء أسطوانيّ (٢) «أ» 3 lag [2]. «ب» موادّ التغليف (٣) مُثبِّتات العَقْد: ألواح خشبيّة لتثبيت العَقْد أثناء البناء.

la·gniappe [lăn yăp′; lăn′yăp] *(n.)* هدية صغيرة. وبخاصة: هدية صغيرة يقدّمها التاجر إلى الزبون.

lag·o·morph [lăg′ə môrf′] *(n.)* الأَرْنبيّ: واحد الأرنبيات **Lagomorpha** وهي رتبة من الثدييات تشمل الأرانب وغيرها.

la·goon [lə go͞on′] *(n.)* الهَوْر؛ اللاغون: قناة أو بحيرة، ضحلة نسبيًا، محاذية للبحر <the ~*s* of Venice>.

la·gu·na [lə go͞o′ nə] *(n.)* (١) lagoon (٢) بركة؛ بحيرة صغيرة.

la·ic [lā′ĭk] *(adj.; n.)* (١) كافّيّ: خاص بالكافّة أو بجمهور المؤمنين [بوصفهم طبقة متميّزة عن طبقة رجال الدين] (٢) علمانيّ؛ مدنيّ § (٣) الكافّيّ: شخص من غير رجال الدين. **—la·i·cal** *(adj.)*

la·i·cism [lā′ə sĭz′əm] *(n.)* النظام العلمانيّ: نظام سياسيّ متميّز بإقصاء النفوذ الكهنوتيّ عن الدولة إلخ.

la·i·cize [-sīz′] *(vt.)* يُعَلْمِن: يجعله علمانيًا؛ ينزع عنه الصفة الكهنوتيّة.

laid [lād] *past and past part. of* lay.

laid·back [lād′băk′] *(adj.)* (١) متمهّل (٢) خَلِيّ؛ خِلْوٌ من الهموم.

laid paper *(n.)* الورق المدموغ: ورقٌ في نسيجهِ علامات أو خطوط مائية.

lain [lān] *past part. of* lie.

lair [lâr] *(n.)* (١) سرير (٢) وِجار؛ عرين (٣) ملجأ؛ مخبأ.

laird [lârd] *(n.)* مالك عزبة؛ صاحب أطيان (إسك).

lais·sez–faire [lĕs′ā fâr′] *(n.)* سياسة دَعْهُ يَعْمل؛ سياسة عدم التدخّل: مبدأ يقاوم التدخل الحكومي في الشؤون الاقتصادية إلا بمقدار ما يكون هذا التدخّل ضروريًا لصيانة الأمن وحقوق المِلكية الشخصية.

lais·sez–pas·ser [lĕs′ā pä sā′] *(n.)* جواز مرور.

la·i·ty [lā′ə tĭ] *(n.)* (١) الكافّة: جمهور المؤمنين باستثناء رجال الدين (٢) سواد الناس [بوصفهم طبقة متميّزة عن أصحاب مهنة ما].

lake [1] [lāk] *(n.)* (١) بُحَيْرة (٢) بركة.

lake [2] *(n.; vi.; t.)* (١) اللَّيْك: «أ» صبغ أحمر ضاربٌ إلى الأرجواني مُعَدٌّ من اللَّكّ. «ب» صبغ مُعَدٌّ من مادة حيوانية أو نباتية ملوِّنة متّحدة مع بعض المركّبات الفلزّية (٢) اللون القِرمِزيّ § (٣) يتليَّك: يتغيَّر الدمُ بحيث ينحلّ اليحمور [الهيموغلوبين] في البلازما x (٤) يُلَيِّك: يغيِّر الدَّمَ بحيث ينحلّ اليحمور على هذا النحو.

lake dweller *(n.)* البُحَيْري؛ رَبيب البحيرات: مَنْ يسكن بيتًا بُحَيْريًا.

lake dwelling *(n.)* البيت البُحَيْريّ [وبخاصة قبل التاريخ].

lake·front *(n.)* جَبْهة البُحَيْرة: أرض ممتدّة على شاطئ البحيرة.

lake herring *(n.)* رَنكة البُحيرات. وبخاصة: السَّيْسَك (را. cisco).

lak·er [lā′kər] *(n.)* (١) البُحَيْري: من يعيش أو يشتغل في بحيرة (٢) السمكة البُحَيْريّة: سمكة تحيا في بحيرة أو تصاد منها (٣) المركب البُحَيْريّ: مركب للملاحة في البحيرات.

lakh [lăk] *(n.)* اللّاك: «أ» مئة ألف [في الهند]. «ب» عددٌ ضخم.

-lalia لاحقة معناها: عِلّة في النُّطق <echo*lalia*>.

lam [lăm] *(vt.; i.; n.)* (١) يضرب؛ يجلد (٢) يفِرّ مسرعًا § (٣) فرار مفاجئ أو عاجل، وبخاصة من وجه العدالة.

on the ~, فارّ؛ لائذٌ بالفرار.

to take it on the ~, يلوذ بالفرار.

la·ma [lä′mə] *(n.)* اللّاما: راهب بوذيّ لاميّ.

La·ma·ism [lä′mə ĭz′-] *(n.)* اللّاميّة: بوذيّة التيبت ومنغوليا.

La·marck·ism [lə mär′kĭz-] *(n.)* اللّاماركيّة: مذهب لامارك في التطوّر العضويّ، وهو يؤكد على أنّ التغيّرات البيئويّة تُحدث في الحيوانات والنباتات تغيّرات بِنْيَويّة تنتقل إلى الذرية (أح).

la·ma·ser·y [lä′mə-] *(n.)* الدَّير اللاميّ: ديرٌ للرهبان اللّاميين.

lamb [lăm] *(n.; vi.; t.)* (١) حَمَل (٢) «أ» الوديع؛ الضعيف [فكأنّه حَمَل]. «ب» العزيز؛ الحبيب. «ج» الساذج (٣) «أ» لحم الحَمَل. «ب» جلد الحمل § (٤) تلِد [النعجةُ] حَمَلًا x (٥) يُعْنَى بالنعاج في فترة الوضع.

lam·ba·da [läm bä′ də; -dä] *(n.)* اللّامبادا: رقصة برازيليّة سريعة.

lam·baste *or* **lam·bast** [-bāst′] *(vt.)* (١) يضرب؛ يجلد (٢) يلوم؛ يوبِّخ.

lamb·da [lăm′də] *(n.)* اللّامدة: الحرف الحادي عشر في الأبجدية اليونانية.

lam·ben·cy [lăm′bən sĭ] *(n.)* (١) خفقان (٢) لمعان (٣) رشاقة.

lam·bent [lăm′-] *(adj.)* (١) خافق <a ~ flame> (٢) لامع؛ بارق (٣) رشيق: متميّز بالرقة والإبداع وبخاصة في التعبير <~ eyes> <~ humor>.

lam·bert [lăm′bərt] *(n.)* اللّامْبَرْت: وحدة قياس إشراقية السّطوح.

lamb·kin [lăm′kĭn] *(n.)* الحُمَيْل: «أ» حَمَلٌ صغير. «ب» طفل.

Lamb of God *(n.)* حَمَلُ الله: يسوع المسيح.

lam·bre·quin [lăm′brə kĭn] *(n.)* (١) حجاب الخوذة: قماش يكسو خوذة الفارس [في القرون الوسطى] لوقايتها من الحرارة أو الصدأ إلخ (٢) الحجاب: ستارة زخرفيّة تكسو أعلى الباب أو النافذة أو تتدلى من رفّ.

lamb·skin [lăm′skĭn′] *(n.)* جِلد الحَمَل [أو الفَرْو المُتَّخَذُ منه].

lame [lām] *(adj.; vt.; n.)* (١) مُقْعَد؛ كسيح (٢) «أ» أعرج. «ب» معطوب إحدى الذراعين (٣) ضعيف؛ واهٍ <a ~ excuse> (٤) تقليديّ؛ محافظ (ع) § (٥) يجعله مُقْعَدًا أو أعرج (٦) يُضعِف § (٧) شخص محافظ (٨) صفيحة معدنيّة رقيقة.

la·mé [lă mā′] *(n.)* اللّاميّة: نسيج تتخلّله خيوط معدنيّة.

lame·brain [lām'brān'] *(n.)* المُغَفَّل ؛ الغبيّ .

lame duck *(n.)* البطّة العرجاء : «أ» الضعيف [في جسمه أو شخصيته أو عقله] . «ب» صاحب منصب [أو مجموعة من مثلِهِ] يواصل النهوض بأعباء منصبه فترةً مؤقتة تمتدّ بين هزيمته في انتخابات جديدة وبين تولّي الفائز في تلك الانتخابات منصبه رسميًّا .

la·mel·la [lə mĕl'ə] *(n.)* pl. **-e** *or* **-s** الرقيقة : طبقة أو قشرة أو صفيحة رقيقة («ح» و «نب») .

la·mel·lar [lə mĕl'-] *(adj.)* رقائقيّ : مؤلَّف من رقائق أو شبيهٌ بها .

lam·el·late; lam·el·lat·ed *(adj.)* = lamellar.

lam·el·la·tion [lăm'ə lā'-] *(n.)* (١) الترقّق : الانقسام إلى رقائق أو صفائح (٢) الرَّقيقة (را . lamella) .

la·mel·li·branch [lə mĕl'ə brăngk] *(n.; adj.)* (١) الرقيقيّ الخياشيم : واحد من رقيقيات الخياشيم **Lamellibranchia** وهي رتبة من الرخويات تشمل المحار والبطلينوس إلخ § (٢) رقيقيّ الخياشيم .

la·mel·li·corn [-'ə kôrn'] *(adj.; n.)* (١) رقيقيّ القرون : ذو قرون استشعاريّة منتهية برقائق أو صفائح § (٢) خنفساء رقيقية القرون .

la·mel·li·form [lə mĕl'-] *(adj.)* رقيقيّ : شبيهٌ بقشرة أو صفيحة رقيقة .

la·ment [lə mĕnt'] *(vi.; t.; n.)* (١) يُعْوِل ؛ ينوح **x** (٢) يندب ؛ يرثي أو يتفجّع على § (٣) عويل ؛ نُواح ؛ تفجّع (٤) مرثاة (٥) شكوى .

lam·en·ta·ble [lăm'ən tə-] *(adj.)* (١) مؤسف ؛ باعث على الأسى <a ~ misfortune *or* error> (٢) فاشل ؛ جدير بالرثاء <a ~ performance of a play> (٣) حزين <a ~ countenance> .

lam·en·ta·tion [lăm'ən tā'-] *(n.)* (١) عويل ؛ نُواح ؛ تَفَجُّع (٢) مَناحة .

la·ment·ed [lə mĕn'tĭd] *(adj.)* متفجَّع أو مُنْتَحَبٌ عليه .

la·mi·a [lā'mĭ ə] *(n.)* (١) مصّاص الدماء : وحش خرافيّ زعموا أنّه يغوي الأطفال والفتيان ليمتصّ دماءهم (٢) *vampire 1* (٣) السّاحرة ؛ العرّافة .

la·mi·a·ceous [-'shəs] *(adj.)* شَفَويّ : خاصّ بالفصيلة الشفَوية (نب) .

lamin- بادئة معناها : صفيحة ؛ صفيحة رقيقة (را . المادة التالية) .

lam·i·na [lăm'ə nə] *(n.)* pl. **-nae** *or* **-nas** (١) صفيحة رقيقة (٢) الصَّفيحة : «أ» نصل الورقة أو الجزء العريض المنبسط منها (نب) . «ب» إحدى الصفائح النسيجية الرقيقة التي تكسو اللحم ضمن جدار الحافر .

lam·i·nal; lam·i·nar [lăm'-] *(adj.)* صفائحيّ : مؤلف من صفائح رقيقة أو شبيهٌ بها أو مرتّب كتَرتيبها .

laminar flow *(n.)* الاندفاق الصَّفَحيّ [في علم السوائل المتحرّكة] .

lam·i·nate [1] [lăm'-] *(vt.; i.)* (١) يصفِّح : «أ» يرقّق على شكل صفائح . «ب» يفصل إلى صفائح رقيقة . «ج» يصنع بوضع صفيحة أو طبقة فوق أخرى **x** (٢) يتصفَّح : ينفصل إلى صفائح .

lam·i·nate [2] [-nāt'; -nĭt] *(adj.; n.)* (١) مُصَفَّح : «أ» مؤلف من صفائح . «ب» مكسوٌّ بصفائح § (٢) المُصَفَّح : أحد المُنْتَجات المصنوعة بالتصفيح .

lam·i·nat·ed *(adj.)* مصفَّح : مؤلف من صفائح رقيقة أو طبقات مضغوطة .

lam·i·na·tion [lăm'ə nā'-] *(n.)* (١) تصفيح (٢) تَصَفُّح (٣) المصفَّح : شيء مؤلف من صفائح رقيقة (٤) صفيحة رقيقة .

lamini- *or* **lamino-** = lamin-.

Lam·mas [lăm'əs] *(n.)* (١) أول أغسطس أو آب [ويُدعى أيضًا *Lammas Day*] (٢) الفترة الواقعة حوالى أول أغسطس أو آب [وتدعى أيضًا *Lammastide*] .

lam·mer·gei·er *or* **lam·mer·gey·er** [lăm'ər gī'ər] *(n.)* كاسر العظام : طائر كبير بين النَّسر والعُقاب .

lamp [lămp] *(n.)* (١) «أ» مصباح ؛ قنديل . «ب» مصباح كهربائي ؛ لمبة (٢) جِرْم سماويّ (٣) مصدر إشعاع فكريّ أو روحيّ .

lamp·black [lămp'blăk'] *(n.)* السِّناج : سُخام المصابيح .

lam·per eel [lăm'pər] *(n.)* = lamprey.

lamp·light [lămp'līt'] *(n.)* ضوء المصباح ؛ ضوء المصابيح .

lamp·light·er *(n.)* (١) مُشْعِل مصابيح الشوارع (٢) مُشْعِلة المصابيح : لُفافة ورقية أو رُقاقة خشبية لإشعال المصابيح .

lam·poon [lăm po͞on'] *(n.; vt.)* (١) أُهْجُوَّة لاذعة (٢) أُهْجُوَّة خفيفة ساخرة § (٣) يهجو ؛ يسخر من .

lam·prey [lăm'prĭ] *(n.)* الجَلَكَى ؛ الجُلْكا : سمكٌ كالأنقليس .

lamprey

lam·ster [lăm'stər] *(n.)* اللّاجئ ؛ الفارّ [من وجه العدالة] .

la·na·i [lä nä'ē] *(n.)* شُرفة ؛ «فَرَنْدَة» .

la·nate [lā'nāt] *(adj.)* أصْوَف ؛ أَوْبَر : وافر الصوف أو الوَبَر .

lance [lăns; läns] *(n.; vt.; i.)* (١) رمح ؛ مِزراق (٢) «أ» مِبضع ؛ مِشْرط . «ب» حربة لصيد الحيتان (٣) الرمّاح : حامل الرمح § (٤) «أ» يطعن بالرمح . «ب» يَبْضَع : يَشُقّ بمبضع أو نحوه (٥) يقذف ؛ يرشق **x** (٦) يندفع بسرعة .

lance corporal *(n.)* جنديّ أوّل (جن) .

lance·let [lăns'lĭt] *(n.)* الرُّمَيْح : حيوان بحريّ صغير .

lan·ce·o·late [lăn'sĭ ə lāt'; -lĭt] *(adj.)* رُمحانيّ : رمحيّ الشكل <~ leaves> .

lanceolate leaf

lanc·er [lăn'sər; län'-] *(n.)* (١) الرَّمّاح : حامل الرُّمح (٢) *pl.* : الرّقصة الخماسية : مجموعة من خمس رقصات أو موسيقاها .

lan·cet [lăn'sĭt; län'-] *(n.)* مِبْضَع ؛ مِشْرَط ؛ مِفصَد .

lancet arch *(n.)* العَقْد الرُّمحيّ : عَقْدٌ مُستدِقّ الطَّرَف (عم) .

lan·cet·ed [lăn'sə tĭd; län'-] *(adj.)* مُرَمَّح : «أ» ذو عَقْد مستدقّ الطرَف (عم) . «ب» ذو نوافذ رمحيّة .

lancet window *(n.)* النافذة الرُّمحية : نافذة عالية ضيّقة تنتهي بعَقْدٍ مستدقّ الطرف .

lan·ci·nate [lăn'sə nāt'] *(vt.)* يَطْعن ؛ يَجْرح ؛ يمزِّق .

land [lănd] *(n.; vt.; i.)* (١) اليابسة (٢) «أ» أرض ؛ تُربة [ذات طبيعة خاصة] . «ب» سطح الأرض (٣) بلد ؛ منطقة (٤) عالَم ؛ دُنيا (٥) شعب بلدٍ ما (٦) *pl.* : ممتلكات إقليمية (٧) عَقار ؛ قطعة أرض § (٨) يُنْزِل إلى اليابسة (٩) «أ» يوصله إلى مكان أو حالة ما . «ب» يجعل الطائرة تهبط في مكان ما

land office *(n.)* مصلحة الأراضي.

land–office business *(n.)* نشاط اقتصادي [مكثّف].

land·own·er [lănd'ō'nər] *(n.)* مالكُ الأرض؛ صاحب الأرض.

land–poor *(adj.)* مُعْسِر أرضٍ أو أطيان: مالكُ أراضيَ واسعة ولكنها مرهونة أو مثقلة بالديون بحيث يعوزه المال للعناية بها أو لدفع الديون المستحقة عليها.

land reform *(n.)* الإصلاح الزراعيّ: توزيع الأراضي الزراعية على المواطنين، بموجب قوانين خاصة، توزيعًا أكثرَ عدالةً وأقربَ إلى الإنصاف.

land·scape [-'skāp'] *(n.; vt.; i.)* (١) المنظر الطبيعيّ: «أ» لوحة تمثّل منظرًا طبيعيًّا. «ب» رَسْم المناظر؛ رسم المشاهد الطبيعية (٢) منظر طبيعي [ريفيّ ورائعٌ عادةً] (٣) المسرح: مجال نشاط أو عمل <political ~> § (٤) يُهندس المناظر: يحسّن أو يُزيّن من طريق هندسة المناظر الطبيعية.

landscape architect *(n.)* مهندس المناظر (را. المادة التالية).

landscape architecture *(n.)* هندسة المناظر: فنّ تعديل أو تحسين سمات المناظر الطبيعية والشوارع والمباني إلخ بحيث تخلّف في النفس أثرًا جماليًّا قويًّا.

landscape gardening *(n.)* البَسْتنة المَناظرية: فن تخطيط الحدائق وتنسيق الأشجار والينابيع بحيث تخلّف في النفس أثرًا مُستحبًّا.

— **landscape gardener** *(n.)*

landscape painting *(n.)* رسم المناظر؛ رسم المشاهد الطبيعية.

land·scap·ist *(n.)* رسّام الطبيعة: رسّام يُعْنَى بتصوير المناظر الطبيعية.

land·side [-'sīd'] *(n.)* عَظْم المحراث: الجانب العريض من المحراث.

land·slide [-'slīd'] *(n.; adj.; vi.)* (١) «أ» الانهيال: انهيار الصخور أو التربة عند منحدر. «ب» الهَيْل: ما انهال من صخر أو تراب (٢) «أ» أغلبية كبيرة [ينالها حزب ما في الانتخابات]. «ب» انتصار ساحق § (٣) ساحق؛ مُبين <a ~ victory> § (٤) ينتصر انتصارًا ساحقًا (٥) ينهال؛ ينهار.

land·slip [-'slĭp'] *(n.)* = landslide *1.*

lands·man [lăndz'mən] *(n.)* (١) الرّيفيّ (٢) ساكن اليابسة؛ الجاهل بشؤون البحر (٣) البحّار الغِرّ: بحّار قليل الخبرة.

land·ward [-'wərd] *(adv.; adj.)* (١) نحو اليابسة أو الشاطئ § (٢) «أ» مواجهٌ لليابسة. «ب» متّجهٌ نحو اليابسة.

land·wards [-'wərdz] *(adv.)* نحو اليابسة أو الشاطئ.

lane [lān] *(n.)* المَجاز: «أ» ممرّ ضيّق بين الأسيجة أو الوشائع. «ب» طريق محدّدة تسلكها البواخر أو الطائرات. «ج» زُقاق؛ مجاز ضيّق. «د» أحد المجازات المتوازية التي يتعيّن على المتبارين أن لا يغادروها أثناء سباقٍ في العَدْو. «هـ» مجاز لكُرات لعبة البولنغ.

lang·lauf [läng'louf] *(n.)* سباق التزلّج الطويل.

lang·ley [lăng'lĭ] *(n.)* اللانغلي: وحدة لقياس الإشعاع الشمسي.

lan·gouste [län gōōst'] *(n.)* = spiny lobster.

(١٠) «أ» يصيد <to ~ a fish>. «ب» يعتقل؛ يقبض على <The detective ~*ed* the criminal.> (١١) يُسَدِّد ضربةً إلى x (١٢) «أ» يهبط [إلى اليابسة]. «ب» ترسو [السفينة] عند الشاطئ (١٣) «أ» يصل [إلى فندق إلخ]. «ب» يترجل من طائرة أو قطار. «ج» يمسّ الأرض [عند السقوط أو الوثوب]. «د» تَهْبِط [الطائرةُ] أو تحطّ.

lan·dau [lăn'dô; -'dou] *(n.)* اللَّنْدَوِيّة: «أ» عربة بأربع عجلات ذاتُ غطاء مقسوم إلى قسمين بحيث يُستطاع طيّه أو إزالته. «ب» سيارة مقفلة ذات غطاء مماثل.

landau *a.*

lan·dau·let [lăn'dô lĕt'] *(n.)* (١) لَنْدوية (را. landau) صغيرة (٢) اللَّنْدوليت: سيّارة ذات غطاء للمقعد الخلفي قابل للطيّ في حين يكون المقعد الأمامي مكشوفًا أو غير مكشوف.

land·ed [lăn'dĭd] *(adj.)* (١) مالكٌ أرضًا <a ~ proprietor> (٢) مؤلّف من أراضٍ <~ property>.

land·er *(n.)* الهُبوطية: مركبة فضائية مُعَدّة للهبوط على سطح القمر.

land·fall *(n.)* (١) بلوغ اليابسة أو ظهورها [لعين المسافر، بعد رحلة بحرية أو جوية] (٢) اليابسة المترائية [أول مرة لعين المسافر بحرًا أو جوًّا].

land·form [-'fôrm'] *(n.)* شكل الأرض؛ تضاريس اليابسة.

land grant *(n.)* المنحة الأرضية: أرض تمنحها الحكومة لإنشاء كلّيةٍ، أو شقّ طريق إلخ.

land·grave [lănd'grāv'] *(n.)* اللَّنْغريف: نبيل أو «كونت» ألماني.

land·hold·er [lănd'hōl'-] *(n.)* مالك الأرض أو صاحبها.

land·ing [lăn'-] *(n.)* (١) «أ» إنزال أو نزول إلى اليابسة. «ب» رسوّ [السفينة]. «ج» حطّ؛ هبوط [الطائرة] (٢) رصيف المرفأ (٣) مُنْبَسَط الدرج أو سُلّم المبنى.

landing craft *(n.)* صَنْدل الإنزال: مركب لإنزال الجند أو العتاد إلى الشاطئ (جن).

landing field *(n.)* المَهْبِط؛ المطار.

landing gear *(n.)* المِهْبَطَة: جهاز الهبوط أو عجلاته (طي).

landing strip *(n.)* مَهْبِط الطائرات.

land·la·dy [lănd'-] *(n.)* (١) مالكة الأرض (٢) صاحبة الفندق إلخ.

land·less [lănd'ləs] *(adj.)* غير ذي أرضٍ؛ غير مالكٍ أرضًا.

land·locked [-'lŏkt'] *(adj.)* (١) مَحُوط بالأرض؛ مُكْتَنَفٌ باليابسة (٢) حَبِيس: محصور في المياه العذبة بحاجز ما <a ~ salmon>.

land·lord [-'lôrd'] *(n.)* (١) مالك الأرض (٢) صاحب الفندق إلخ.

land·lord·ism [lănd'lôr dĭz'əm] *(n.)* الامتلاكيّة: نظام اقتصادي يملك بموجبه الأرضَ شخصٌ واحدٌ يؤجّرها للمزارعين.

land·lub·ber [lănd'lŭb'ər] *(n.)* = landsman *2.*

land·mark [-'märk'] *(n.)* (١) المَعْلَم: «أ» علامة الحدود. «ب» حَدَث أو تطوّر يمثّل نقطة تحوّل <~*s* of human progress> (٢) مبنًى أثريّ.

land·mass [-'măs'] *(n.)* الكتلة الأرضية: مساحة واسعة من الأرض.

lan·gous·tine [lăng gə stēn′] *(n.)* إربيانٌ أو قُرَيدِس كبير.

lang syne [lăng′sīn′; -zīn′] *(adv.; n.)* (١) منذ عهد بعيد (إسك) § (٢) العهود الخالية (إسك).

lan·guage [lăng′gwĭj] *(n.)* (١) لغة (٢) لغة [الحيوانِ أو الموسيقى إلخ] (٣) أسلوب (٤) دراسة اللغة [وبخاصة كموضوع مدرسي].

language laboratory *(n.)* مُختبر اللغة.

langue [läng] *(n.)* لُغَة.

lan·guet [lăng′gwĕt] *(n.)* اللسان: كل ما يشبه اللسان شكلًا أو وظيفة.

lan·guid [lăng′gwĭd] *(adj.)* (١) واهن؛ ضعيف؛ مُضْنًى (٢) كسِل؛ فاتر الهِمّة (٣) بطيء.

lan·guish [lăng′gwĭsh] *(vi.)* (١) يَهِن؛ يَضْعُف؛ يَضْنَى (٢) «أ» تفتر همّته. «ب» يَهْزُل؛ يَذْبُل (٣) يشتاق إلى (٤) يُهْمَل (٥) يتخذ سِيْما من الأسى أو الانفعال التماسًا للعطف.

lan·guish·ing *(adj.)* (١) واهنٌ؛ مُضْنًى؛ فاتر الهِمّة (٢) بطيء؛ مُتَوانٍ (٣) كئيب؛ مُفْعَم بالأسى؛ زاخرٌ بالعاطفة.

lan·guor [lăng′gər] *(n.)* (١) وَهَن؛ ضَنًى (٢) تراخٍ؛ كسَل.

lan·guor·ous [lăng′gər əs] *(adj.)* (١) باعث على الوهن أو التراخي <a ~ climate> (٢) واهن؛ ضعيف؛ مُتراخٍ.

lan·gur [lŭng gŏŏr′] *(n.)* اللَّنغور: سعدان آسيوي طويل الذيل.

lank [lăngk] *(adj.)* (١) مهزول؛ نحيل <a ~ boy> (٢) هزيل؛ ضئيل <~ grass> (٣) سَبْط؛ غير جَعْد <~ hair>. **—lank·ly** *(adv.)*

lank·i·ly *(adv.)* على نحو طويل مع هزال أو ضمور.

lank·i·ness [lăngk′ĭ nəs] *(n.)* طُولٌ مع هزال أو ضمور.

lank·y [lăngk′ĭ] *(adj.)* طويلٌ مع هُزال أو ضُمور.

lan·ner [lăn′ər] *(n.)* (١) الحُرّ: ضربٌ من الصقور (٢) أنثى الحُرّ.

lan·ner·et [lăn′ə rĕt′] *(n.)* ذَكَرُ الحُرّ (را. المادة السابقة).

lan·o·lin [lăn′ə lĭn] *(n.)* اللانولين؛ دهن الصوف: مادة دهنيّة تستخرج من الصوف وتستعمل في إعداد المراهم.

lan·ta·na [lăn tā′nə; -tä′-] *(n.)* اللَّنْتانَة؛ الملتوية: جَنْبَة استوائيّة ذات زهر أصفر أو برتقاليّ عطِر (نب).

lan·tern [lăn′tərn] *(n.)* (١) المِشكاة: صندوق زجاجيّ يوضع فيه المصباح (٢) «أ» منارة؛ فَنار (ا م). «ب» حجرة الضوء في منارة. «ج» مَنْوَر السقف. «د» برج صغير؛ قُبّة صغيرة (٣) الفانوس السِّحري.

lantern fly *(n.)* الذبابة الفانوسية: حشرة استوائية اعتُقِد قديمًا أنها مُضيئة.

lantern fly

lantern jaws *(n. pl.)* الفكّان الفانوسيّان: فكّان طويلان هزيلان [مع خدّين غائرين]. **—lan·tern·jawed** *(adj.)*

lantern pinion

lantern pinion *or* **wheel** *(n.)* التُّرس الفَناريّ (مك).

lan·tha·num [lăn′thə nəm] *(n.)* اللَّنثانوم: عنصرٌ فِلزّيّ (ك).

la·nu·gi·nous *or* **la·nu·gi·nose** [lə nōō′jə-] *(adj.)* أزْغب: مَكْسُوٌّ بالزَّغَب.

la·nu·go [lə nōō′gō; -nyōō′-] *(n.)* زَغَبٌ. وبخاصة: زَغَب الجنين.

lan·yard [lăn′yərd] *(n.)* (١) حَبْل قصير (٢) الحَبْل العُنُقيّ: حبلٌ يطوّق به العُنُق [لحمل مدية أو صافرة أو كرمز على البسالة العسكرية] (٣) حبل الرَّمي؛ حَبْلة فتح النار [في بعض المدافع].

Lao [lou] *or* **La·o·tian** [lā ō′shən] *(n.; adj.)* (١) اللّاو؛ اللّاويون: شعب بوذي يقيم في لاوُس والأجزاء المتاخمة من شمال شرقي تايلند (٢) اللّاويّ: أحد اللّاويين (٣) اللاويّة: لغة اللاويين § (٤) لاويّ.

La·od·i·ce·an [lā ŏd′ə sē′ən] *(adj.)* مستهتر؛ لامبالٍ.

lap[1] [lăp] *(n.; vt.; i.)* (١) الطرف المتراكب: طرف الثوب الذي يمتدّ متراكبًا فوق طرفه الآخر <the front ~ of a coat> (٢) «أ» ذلك الجزء [من الثوب] الذي يغطي الركبتين والفخذين والجزء الأدنى من الجذع عند الجلوس. «ب» حُجر؛ حِضْن. «ج» مَهْد <the ~ of luxury> (٣) كَنَفٌ <in the ~ of the gods> (٤) «أ» مدى التراكب: مقدار تراكب شيء فوق آخر. «ب» الجزء المتراكب (٥) المِصقلة: أداة صقل (٦) ثُنْيَة؛ طيّة (٧) «أ» دورة مفردة [في سباق]. «ب» مرحلة من رحلة. «ج» لَفّة [من لفّات حبل] § (٨) يطوي؛ يلفّ (٩) يَثْني (١٠) يَحْضُن (١١) يُراكِب: يضع جزءًا من شيء فوق شيء آخر (١٢) يَصْقُل صقلًا شديدًا (١٣) يَسْبِق منافسه في السباق بدورة واحدة أو أكثر (١٤) يجتاز دورةً x (١٥) ينطوي؛ يلتفّ (١٦) «أ» يُطِفّ على. «ب» يتراكب جزئيًّا.

lap[2] *(vi.; t.; n.)* (١) يَلْعَق [الطعامَ أو الشرابَ] (٢) يرتطم الموجُ، برفقٍ، بالصخور x (٣) يستوعب [بشوقٍ أو سرعة] § (٤) «أ» لَعْق؛ لَحْس. «ب» لَعْقة؛ لَحْسة (٥) شَراب أو طعام غير مركّز (٦) ارتطام الموج، برفق، بالصخور إلخ.

lap·a·ro·scope [lăp′ə rə skōp′] *(n.)* منظار جوف البطن: أداة بَصَريّة رفيعة طويلة تُستخدم لفحص جوف البطن.

lap·a·ros·co·py [lăp′ə rŏs′-] *(n.)* تنظير جوف البطن.

lap·a·rot·o·my *(n.)* فَتْح البطن: شقّ الجدار البطني جراحيًا.

lap·board [lăp′bōrd′] *(n.)* لوح الحِضن أو الحُجْر: لوح رقيق يوضع على الحِضن ويُستعاض به عن المنضَدة.

lap dog *(n.)* كلب الحِضن: كلب صغير يوضع في الحضن.

la·pel [lə pĕl′] *(n.)* طيّة صَدر السُّترة [وهي تشكّل امتدادًا للقَبّة].

lap·ful [lăp′fōōl′] *(n.)* مِلء الحِضن أو الحُجْر.

lap·i·dar·i·an [lăp′ə dâr′-] *(adj.)* (١) منقوش على الحَجَر <~ records> (٢) بالغ الأناقة والدقّة <~ phrases>.

lap·i·dar·y [lăp′ə dĕr′ĭ] *(n.; adj.)* (١) مُهَنْدِم أو صاقل الحجارة الكريمة أو الناقش عليها (٢) فنّ قطع وهندمة الحجارة الكريمة § (٣) بالغ الأناقة والدقة (٤) «أ» منقوش على الحجر. «ب» متعلق بالحجارة الكريمة أو بفنّ قطعها وهندمتها.

la·pil·lus [lə pĭl′əs] *(n.)* pl. **-pil·li** اللُّوَيْبَة: فلذة حجريّة أو زجاجيّة من الحمم يلفظها بركانٌ ثائر.

lap·in [lăp′ĭn] *(n.)* (١) أرنب. وبخاصة: أرنب مَخصيّ (٢) فَرْوُ الأرنب.

lap·is laz·u·li [lăp′ĭs lăz′yo͞o lĭ; -lī′] *(n.)* اللازَوَرْد : حجر شبهُ كريمٍ سماويُّ الزُّرقة .

lap joint *(n.)* وُصلة التراكب؛ الوصلة التراكبية (مك) .

Lapp [lăp] *(n.)* (١) اللابيّ : أحد سكان لابلَنْد؛ وهم شعب مترحّل في شماليّ إسكندينافيا وفنلندا إلخ (٢) اللابيّة : لغة اللابيّين .

lap·pet [lăp′ĭt] *(n.)* (١) طيّة أو حاشية [في ثوب أو غطاء للرأس] (٢) جزء مسطّح متدلٍّ أو متراكب . مثل : «أ» شحمة الأذن . «ب» زَنَمة الطائر . «ج» آجرّة سطح .

lapse [lăps] *(n.; vi.; t.)* (١) «أ» زلّة؛ هَفْوة . «ب» سقوط [أو انحراف] مؤقّت إلى حالة أو وضع أدنى (٢) هبوط . وبخاصة : «أ» الهبوط؛ التناقص : هبوط في الحرارة أو الضغط بحكم ازدياد الارتفاع . «ب» انحطاط (٣) «أ» سقوط الحق [بحكم إهمال ممارسته ضمن مدة محدَّدة] . «ب» انقطاع (٤) ارتداد [عن دِين] (٥) مرور أو انقضاء الزمن . أيضًا : فترة زمنية § (٦) «أ» يَزِلّ . وبخاصة : يرتدّ عن السبيل القويم [أخلاقيًّا أو دينيًّا] . «ب» ينحدر تدريجيًّا <~*d* into bad habits> (٧) ينقطع؛ يزول (٨) ينتقل من مالك إلى آخر [بحكم الإهمال أو سقوط الحقّ] (٩) يمرّ [أو ينقضي] الزمن x (١٠) يُهْمِل أو يُبْطِل .

lapsed [lăpst] *(adj.)* (١) لاغٍ؛ مُبْطَل (٢) زائل (٣) مُرْتَدّ .

lap·strake [-′strāk′] *also* **lap·streak** [-′strēk′] *(adj.; n.)* (١) متراكب الألواح § (٢) متراكبةُ الألواح : سفينة ذات ألواحٍ متراكبة .

lap·top [lăp′tŏp] *(n.)* كومبيوتر الحِضْن؛ كومبيوتر الحُجْر : كومبيوتر يمكّن مستخدمَه من أن يعمل عليه وهو موضوعٌ على حِضنه .

lap·wing [lăp′-] *(n.)* الزَّقزاق الشاميّ؛ أبو طِيط : طائر مائي .

lapwing

Lar [lär] *(n.)* pl. **-es** اللار : إلهٌ أو روحٌ حارسٌ [عند الرومان] .

lar·board [lär′bōrd′] *(n.; adj.)* (١) المَيْسَرة : الجانب الأيسر من السفينة أو الطائرة [بالنسبة إلى راكب موجِّهٍ وَجْهَهُ نحو مقدَّمها] § (٢) أيْسَر <the ~ side of a boat>.

lar·ce·ner [lär′sə nər]; **lar·ce·nist** [lär′sə nĭst] *(n.)* لصّ .

lar·ce·nous *(adj.)* (١) لصوصيّ (٢) «أ» مرتكبُ سرقةً . «ب» ميّال للسرقة .

lar·ce·ny [lär′sə nĭ] *(n.)* سَرِقة؛ لُصوصيّة .

larch [lärch] *(n.)* (١) اللاّرَكس؛ الأَرْزيّة : شجر من الصنوبريات (٢) خشب اللاّرَكس .

larch

lard [lärd] *(n.; vt.)* (١) الشَّحْم؛ دُهن الخنزير § (٢) يُشَحِّم : «أ» يضيف شرائح من دهن الخنزير إلى اللحم قبل طهوه . «ب» يكسو أو يُلَوِّث بالشَّحم (٣) ينمّق؛ يزخرف؛ يُوَشّي .

lar·der [lär′-] *(n.)* (١) مَوضع لحفظ اللحوم إلخ (٢) مُؤَن؛ أطعمة .

lar·doon [lär do͞on′] *or* **lar·don** [lär′dən] *(n.)* الشَّريحة الخنزيرية : شريحة من لحم الخنزير تضاف إلى اللحم قبل طهوه .

lar·es and pe·na·tes [pə nā′tēz] *(n. pl.)* (١) الآلهة الحارسة للبيت (٢) متاع شخصيّ أو منزليّ .

large [lärj] *(adj.; adv.)* (١) واسع؛ عريض (٢) «أ» ضخم . «ب» كبير؛ مشتغل أو متعامل على نطاق واسع <a ~ exporter> (٣) مُؤاتٍ؛ ملائم <a ~ wind> (٤) متبجّح؛ متفاخر <~ talk> § (٥) والريحُ مؤاتيةٌ <to sail ~> (٦) بتبجّح <to talk ~> .

at ~, (١) حُرّ؛ مُطْلَق السَّراح <The murderer is *at large*.> (٢) بإسهاب <to discourse *at large* on a subject> (٣) «أ» بصورة عامة . «ب» كيفما اتّفق (٤) ككلّ؛ كمجموع <society *at large*> (٥) منتخَب ليمثّل منطقة كاملة لا جزءًا من أجزائها فحسب <congressman-*at-large*>.

on a ~ scale على نطاق واسع .

large·heart·ed [-′här′tĭd] *(adj.)* كبير القلب؛ سَمْح النفس .

large intestine *(n.)* المِعَى الغليظ .

large·ly *(adv.)* (١) إلى حدّ بعيد (٢) بِسَخاء؛ بوفرة .

large–mind·ed *(adj.)* واسع أفق التفكير؛ غير ضيِّق التفكير .

large–print *(adj.)* كبير الحروف <a ~ book> .

large–scale [lärj′skāl′] *(adj.)* (١) ضخم؛ واسع النطاق (٢) كبير المقياس : مرسوم على أساس مقياس كبير <a ~ map> .

lar·gess *or* **lar·gesse** [lär jĕs′; lär′jĭs] *(n.)* (١) سخاء (٢) هِبَة أو هِباتٌ سخيّة (٣) سماحة [في العقل أو الروح] .

large white *(n.)* الخنزير الأبيض الكبير : خنزيرٌ إنكليزي ضخمٌ .

lar·ghet·to [lär gĕt′ō] *(adj.; adv.; n.)* (١) ماهِل؛ بطيء بعض الشيء (مو) § (٢) على نحوٍ ماهل (مو) § (٣) حركةٌ ماهِلةٌ (مو) .

larg·ish [lär′jĭsh] *(adj.)* واسع أو عريض أو ضخمٌ قليلًا .

lar·go [lär′gō] *(adj.; adv.; n.)* (١) أرْيَث؛ بطيء جدًا (مو) § (٢) على نحوٍ أرْيَث (مو) § (٣) حركةٌ رَيْثاء (مو) .

lar·i·at [lăr′ĭ ət] *(n.)* (١) الوَهْق : حَبْلٌ في طرفه أنشوطة يُصْطَنَع لصيد الحيوان (٢) الطِّوَل : حَبْلٌ تُشَدّ به الماشية إلى وتِد لكي لا تبرح – وهي ترعى العشب – نطاقًا معيّنًا .

lark[1] [lärk] *(n.)* القُبَّرة؛ القُنْبَرة .

lark[1]

lark[2] *(n.; vi.)* (١) مُزاح؛ لَهْوٌ؛ مَرَحٌ § (٢) يلهو؛ يَمْرَح؛ يَعْبث .

lark·spur [lärk′spûr′] *(n.)* العائق؛ العايق : نبات عشبيّ .

lark·y [lär′kĭ] *(adj.)* (١) مَزُوح؛ مرح (٢) ناشئ عن المُزاح .

lar·ri·kin [lăr′ə kĭn] *(n.; adj.)* (١) المتسكّع المُشاكِس § (٢) مُشاكِس .

lar·rup [lăr′əp] *(n.; vt.; i.)* (١) ضربة؛ لكمة (ع) § (٢) يَضْرِب؛ يَجْلِد (ع) (٣) يهزم هزيمةً تامةً (ع) x (٤) يمشي بتراخٍ وتثاقل .

lar·um [lăr′əm] *(n.)* = alarm.

lar·va [lär′və] *(n.)* pl. **-e** [vē; vī] *also* **-s** اليَرَقانة؛ اليَرَقة؛ السَّرء .

lar·val [lär′vəl] *(adj.)* يَرَقانيّ؛ يَرَقيّ؛ سَرْئيّ .

larvi- بادئة معناها : يَرَقانة؛ يَرَقة؛ سَرْء .

lar·vi·cide [-′vĭ sīd′] *(n.)* مبيد [أو قاتل] اليَرَقات المؤذية .

laryng- *or* **laryngo-** بادئة معناها: «أ» حَنْجَريّ. «ب» حَنْجَريّ و . . .

la·ryn·ge·al [lə rĭn′jĭ əl] *(adj.; n.)* (١) حَنْجَريّ: ذو علاقة بالحَنْجَرة § (٢) عَصَبٌ أو شريانٌ حَنْجَريّ (٣) صوت حَنْجَريّ (ل).

lar·yn·gec·to·my [lăr′ən jĕk′-] *(n.)* استئصال الحَنْجَرة.

lar·yn·git·ic [-jĭt′-] *(adj.; n.)* (١) التهابِيحَنْجَرِيّ: ذو علاقة بالتهاب الحنجرة (٢) مصاب بالتهاب الحنجرة § (٣) المصاب بالتهاب الحنجرة.

lar·yn·gi·tis [-jī′tĭs] *(n.)* التهاب الحَنْجَرَة (مض).

laryngo- = laryng-.

lar·yn·gol·o·gy [lăr ĭng gŏl′ə jĭ] *(n.)* مَبْحَث الحَنْجَرة (ط).

la·ryn·go·scope [lə rĭng′gə skōp′] *(n.)* مِنظار الحَنْجَرة (ط).

la·ryn·go·to·my *(n.)* بَضْع الحَنْجرة: عملية شقّ الحَنْجرة (ط).

lar·ynx [lăr′ĭngks] *(n.)* pl. **la·ryn·ges** *or* **lar·ynx·es** الحَنْجَرَة (ت).

la·sa·gna [lə zän′yə] *(n.)* اللّازانيّة: معكرونة عريضة مسطّحة.

las·car [lăs′kər] *(n.)* اللَّسْكَرِيّ: بَحّار، أو خادمٌ عسكريّ، أو جنديّ مدفعيّة [في جزر الهند الشرقيّة].

las·civ·i·ous [lə sĭv′ĭ əs] *(adj.)* فاسق؛ داعر.

lase [lāz] *(vi.)* يَتَلَزَّر: يَعْمَل عملَ اللّازر؛ يُشِعّ بفعل اللّازر.

la·ser [lā′zər] *(n.)* اللّازر: جهاز ألكتروني لتوليد إشعاع كهرطيسيّ مُرَكَّزٍ قربَ، أو ضمنَ، منطقة النور المرئيّ.

laser disk *or* **disc** *(n.)* = optical disk.

laser printer *(n.)* طابعة اللّازر: طابعة يُستخدم فيها اللّازر (ألك).

laser printer

lash[1] [lăsh] *(vi.; t.; n.)* (١) يندفع فجأة أو بعنف (٢) يجلد؛ يضرب بالسياط x (٣) «أ» يهجو؛ يَسْلُق بألسِنةٍ حِدادٍ. «ب» يسوق؛ ينخس بمهماز (٤) يقذف فجأة وبسرعة § (٥) «أ» جَلْدة؛ ضربة بالسَّوط. «ب» الجزء المرن من السَّوط. «ج» سَوْط. «د» عقوبة بالجلد بالسِّياط (٦) جَلْد؛ ضَرْب (٧) ضربة عنيفة مفاجئة (٨) «أ» توبيخ قاسٍ. «ب» هجاء (٩) مِهماز (١٠) هُدْب العين.

lash[2] *(vt.)* يربط؛ يثبِّت [بحبل أو سلسلة].

lash·ing *(n.)* (١) مص lash (٢) رِباط؛ وِثاق.

lash·ings [lăsh′-] *also* **lash·ins** [-′ənz] *(n. pl.)* كثرة؛ وفرة؛ مقدار كبير.

lash–up *(n.)* (١) أداة (٢) نموذج بدائيّ (٣) جماعة؛ فريق.

lass [lăs] *(n.)* (١) فتاة (٢) حبيبة؛ معشوقة.

las·sie [lăs′ĭ] *(n.)* فتاة صغيرة.

las·si·tude [lăs′ə tōōd′] *(n.)* (١) كَلال؛ تعَب (٢) تراخٍ؛ كسل.

las·so [lăs′ō] *(n.; vt.)* (١) الوَهَق: حبل في طرفه أنشوطة يستعمل لاقتناص الخيل والأبقار § (٢) يَهِق: يصيد بالوَهَق.

last[1] [lăst; läst] *(vi.; t.)* (١) يدوم؛ يَبْقى <so long as the world ~*s*> (٢) «أ» يتحمّل؛ «يخدم»؛ «يضاين»؛ يظل جديدًا أو مصونًا من الفساد <This cloth ~*s* well.>. «ب» يَثْبُت؛ يستمر في قوة وفعالية <to ~ in a race> x (٣) يواصل حتى النهاية (٤) يكفي؛ يفي بالمراد.

last[2] *(n.; vt.)* (١) قالَبُ الأحذية § (٢) يُقَوْلب: يضع الحذاء في قالب.

last[3] *(adj.; adv.; n.)* (١) «أ» أخير. «ب» آخِر (٢) سابِق <~ week> (٣) الأدنى منزلةً أو رتبةً. أيضًا: أسوأ (٤) حاسم <the ~ word in an argument> (٥) أقصى؛ أعلى [درجات كذا] § (٦) في المؤخرة <Which horse came in ~?> (٧) آخرَ مرة قبل الزمن الحاضر <When did you ~ get a letter from John?> (٨) أخيرًا؛ ختامًا § (٩) نهاية؛ ختام <to the ~ of one's life>.

at long ~, أخيرًا؛ بعد لأْيٍ؛ بعد تأخر طويل.

on one's ~ legs على شفير الإفلاس أو الانهيار.

last[4] *(n.)* اللَّسْت: وحدة وزن تقدَّر غالبًا بـ ٤٠٠٠ باوند.

last–ditch *(adj.)* أخير؛ يائس؛ مستميت <a ~ attempt>.

last·ly [lăst′lĭ; läst′lĭ] *(adv.)* أخيرًا؛ في الختام.

last name *(n.)* الاسم الأخير: اسم أسرة المرء.

last straw *(n.)* القشّة الأخيرة؛ القشة التي قصمت ظهر البعير.

Last Supper *(n.)* العَشاء الأخير (نص).

last word *(n.)* (١) «أ» الكلمة الأخيرة. «ب» الكلمة الفَصْل [في أمرٍ أو خلاف] (٢) «أ» ذروة. «ب» آخر المبتكرات وأحدثها.

lat·a·ki·a [lăt′ə kē′ə] *(n.)* اللاذقاني: ضربٌ من التبغ عَطِرٌ.

latch[1] [lăch] *(vi.)* (١) يُمْسِك بِـ؛ يتمسَّك بِـ (٢) يكسِب؛ يمتلك (٣) يفهم؛ يُدرِك (٤) يتعلق أو يولَع بِـ <~ onto a girl like this>.

latch[2] *(n.; vt.; i.)* (١) المِزلاج؛ الرِّتاج؛ سَقّاطة الباب § (٢) يثبِّت بمزلاج <~*ed* the door> x (٣) يُثَبَّت بمزلاج <This door won't ~.>.

latch·et [lăch′ĭt] *(n.)* شريط الحذاء.

latch·key [lăch′kē′] *(n.)* مفتاح المِزلاج: مفتاح تُرْفَع به السَّقّاطة أو تُرَدّ جانبًا، وبخاصة في باب خارجي.

latch·string [lăch′-] *(n.)* حبل المِزلاج أو السَّقّاطة.

late [lāt] *(adj.; adv.)* (١) «أ» مُبْطِئ؛ متأخر في المجيء <~ frosts>. «ب» متطاول إلى ما بعد الميقات المألوف <a ~ session>. «ج» متأخر: متعلق بفترة أحدث أو مرحلة أكثر تطورًا <~ Latin>. «د» متأخِّر <a ~ hour> (٢) «أ» سابق؛ قديم <~ belligerents>. «ب» فقيد؛ راحل <the ~ king>. «ج» حديث <the ~*st* fashion> § (٣) متأخرًا <came ~> (٤) حتى ساعة متأخرة من الليل <to work ~> (٥) حديثًا؛ منذ مدة غير بعيدة.

~*r* on في ما بعد.

before it is too ~, قبل فوات الأوان.

It is too ~, سَبَقَ السَّيفُ العَذَلَ؛ لقد فات الأوان.

lat·ed [lā′tĭd] *(adj.)* = belated.

la·teen [lă tēn′; lə-] *(adj.; n.)* (١) «أ» ذو شراع مُثَلَّثيّ الشكل. «ب» ذو علاقة بشراع مُثَلَّثيّ الشكل § (٢) أو **la·teen·er** اللَّتينة: سفينة ذات شراع مُثَلَّثيّ الشكل (٣) شراع مُثَلَّثيّ الشكل.

lateen 2.

Late Greek *(n.)* اللغة اليونانية المتأخرة [من القرن ٣ إلى القرن ٦ ب . م].

Late Latin *(n.)* اللغة اللاتينية المتأخرة [من القرن ٣ إلى القرن ٦ ب . م].

late·ly [lāt′lĭ] *(adv.)* حديثًا؛ منذ عهد قريب.

lat·en [lāt′ən] *(vi.; t.)* (١) يتأخَّر؛ يَطُول x (٢) يؤخِّر.

la·ten·cy [lā′tən sĭ] *(n.)* (١) كُمون؛ استتار (٢) شيء كامن أو مستتر.

la·tent [lā′tənt] *(adj.)* كامن؛ مستتر <~ infection>.

latent heat *(n.)* الحرارة الكامنة (فز).

latent period *(n.)* (١) دَوْر الكمون: فترة الحضانة الخاصة بمرضٍ ما (٢) فترة الكمون: الفترة الفاصلة بين التنبيه والاستجابة (نف).

-later لاحقة معناها: عابد <icono*later*>.

lat·er·al [lăt′ər əl] *(adj.; n.)* (١) جانبيّ § (٢) شيء جانبيّ.

lateral bud *(n.)* البُرْعُم الجانبيّ: برعمٌ نامٍ على جانب السّاق (نب).

lat·er·ite [lăt′ə rīt′] *(n.)* اللَّطريط: تربةٌ رخوةٌ مساميّة (جي).

lat·er·i·za·tion [-zā′shən] *(n.)* اللَّطْرَطة: تحويل الصخر إلى لَطْريط.

la·tex [lā′tĕks] *(n.)* اللَّثَى؛ اللَّثَأ: عصارة أنسجة الأشجار.

lath [lăth; läth] *(n.; vt.)* (١) القِدّة؛ الشريحة الخشبية: لوح خشبي ضيّق رقيق يستخدم في إقامة قاعدة مستوية للمِلاط (٢) القِدَد: مجموعة شرائح خشبية § (٣) يقدِّد: يكسو بشرائح خشبية.

lathe [lāṯẖ] *(n.; vt.)* (١) مِخْرَطة [الخشب أو المعادن] § (٢) يَخْرُط.

lath·er [lăṯẖ′ər] *(n.; vt.; i.)* (١) «أ» رغوة الصابون. «ب» زَبَد (٢) اهتياج عصبيّ § (٣) يُزَبِّد: يكسو بالزَّبَد (٤) يجلد؛ يضرب بقسوة x (٥) يُرْغي؛ يُزْبِد: يُطلع رغوةً أو زَبَدًا.

lath·ing [lăṯẖ′ĭng] *(n.)* (١) التّقديد: استخدام القِدد أو الشرائح الخشبية (را. lath) (٢) قِدَد؛ مجموعة قِدَد.

lath·y [lăth′ĭ] *(adj.)* قِدّانيّ: شبيه بقِدّة (را. lath)؛ طويل ونحيل.

lat·i·ces [lăt′ə sēz′] *pl. of* latex.

lat·i·fun·di·um [-fŭn′-] *(n.)* pl. **-di·a** [dĭ ə] عِزبة كبيرة؛ مزرعة واسعة.

Lat·in [lăt′ən; lăt′ĭn] *(adj.; n.)* (١) لاتينيّ § (٢) اللاتينية؛ اللغة اللاتينيّة (٣) اللاتيوميّ: أحد أفراد شعب لاتيوم القديمة (٤) شخص كاثوليكيّ لاتينيّ الطقس (٥) اللاتينيّ: واحد من أبناء أحد الشعوب اللاتينيّة (٦) الأبجديّة اللاتينيّة.

Latin Americanist *(n.)* العالِم بحضارة أميركا اللاتينية.

Lat·in·ate [lăt′ən āt′] *(adj.)* لاتينيّ.

Latin cross *(n.)* الصليب اللاتينيّ: صليب ضلعُهُ الدُّنيا أطول من العُليا.

Lat·in·ism *(n.)* (١) اصطلاح [أو كلمة أو تعبير] مشتقّ من اللاتينيّة أو مُحاكٍ لها (٢) الطابع اللاتينيّ: الأسلوب اللاتينيّ في التفكير.

Lat·in·ist [lăt′ə nĭst] *(n.)* العالِم باللاتينية [أو بالثقافة الرومانية].

La·tin·i·ty *(n.)* (١) معرفة اللاتينية أو استخدامُها (٢) Latinism *2*.

Lat·in·ize [lăt′ə nīz] *(vt.; i.)* (١) يُلَتِّين: «أ» يترجم إلى اللاتينية (ا. م). «ب» يعطيه شكلًا لاتينيًا (٢) يُرَوْمِن: يجعله شبيهًا بالكنيسة الكاثوليكية الرومانيّة أو يبثّ الفكرات الكاثوليكيّة الرومانيّة فيه <to ~ the Church of England> x (٣) يَتَلَتَّن (٤) يَتَرَوْمَن.

La·ti·no [lə tē′nō] *(n.)* اللاتينو: أحد أبناء أميركا اللاتينية.

Latin Quarter *(n.)* الحيّ اللاتينيّ: حيّ الطلاب والفنانين في باريس.

lat·ish [lā′tĭsh] *(adj.)* متأخّر بعضَ الشيء.

lat·i·tude [lăt′ə tōōd′; -tyōōd′] *(n.)* (١) خطّ العَرْض (جغ) (٢) منطقة <كقولك *high ~s* أي مناطق بعيدة عن خط الاستواء؛ أو *low ~s* أي مناطق قريبة من خط الاستواء> (٣) مدًى؛ نطاق (٤) حريّة العمل أو الاختيار.

lat·i·tu·di·nal *(adj.)* خَطْعَرْضيّ: ذو علاقة بخطوط العَرْض.

lat·i·tu·di·nar·i·an *(adj.; n.)* (١) متحرّر أو متسامح أو واسع أفق التفكير [وبخاصة في ما يتصل بالمعتقدات الدينيّة إلخ] § (٢) المتحرّر؛ المتسامح.

la·trine [lə trēn′] *(n.)* مِرحاض [وبخاصة في ثكنة أو معسكر].

-latry لاحقة معناها: عبادة <helio*latry*>.

lat·ten *or* **lat·tin** [lăt′ən] *(n.)* (١) اللّاتِن: أُشابة شبيهة بالنحاس الأصفر تُطَرَّق لتصبح صفائح رقيقة (٢) صفيحة حديدية مكسوّة بالقصدير (٣) رُقاقة فِلِزّية <gold ~>.

lat·ter [lăt′ər] *(adj.)* (١) ثانٍ؛ أحدث عهدًا <the ~ half of the year> (٢) أخير؛ ختاميّ <the ~ years of her life> (٣) حديث؛ حاليّ (٤) الثاني من شيئين مذكورين <I prefer the ~ proposition.>.

latter–day [lăt′ər dā′] *(adj.)* حديث؛ عصريّ؛ معاصر.

lat·ter·ly [-lĭ] *(adv.)* حديثًا؛ مؤخَّرًا؛ منذ عهد قريب؛ في هذه الأيام.

lat·tice [lăt′ĭs] *(n.; vt.)* (١) شَعْريّة؛ شَبَكيّة (٢) المُشَعَّرة: نافذة [أو باب] مزوّدة بشَعْرية (٣) الشُّبيكة؛ الشبكة (ر) § (٤) يُشَعِّر: «أ» يزوّد النافذة أو الباب بشَعْرية. «ب» يعطيه شكلًا شبيهًا بالشَّعرية.

lattice *1.*

lat·ticed [-′ĭst] *(adj.)* (١) مُشَبَّك؛ متشابك (٢) مُشَعَّر: مُزَوَّد بشَعْرية.

lat·tice·work [lăt′ĭs-] *(n.)* شَعْريّة؛ شَبَكيّة؛ تعريشة.

Lat·vi·an [lăt′vĭ ən] *(n.; adj.)* (١) اللّاتفيّ: أحد أبناء لاتفيا (٢) اللاتفيّة: لغة اللاتفيّين § (٣) لاتفيّ: منسوب إلى لاتفيا.

laud [lôd] *(n.; vt.)* (١) *pl. often cap.*: تسبيحة الضحى: صلاة تقام في الأديرة عند الضحى (٢) ثناء؛ تمجيد § (٣) يسبّح [بحمده]؛ يمجّد.

laud·a·ble [lô′də bəl] *(adj.)* جدير بالثناء.

lau·da·num [lô′-] *(n.)* (١) اللَّودَنوم: مستحضَر أفيوني (٢) صبغة الأفيون.

lau·da·tion [lô dā′shən] *(n.)* مَدْح؛ ثناء؛ تمجيد.

laud·a·tive; laud·a·to·ry [lô′də-] *(adj.)* مَدْحيّ؛ تمجيديّ.

laugh [lăf; läf] *(vi.; t.; n.)* (١) يضحك x (٢) يعبّر عن كذا ضاحكًا أو بضحكة <~*ed* her consent> (٣) يجعله كذا [أو يدفعه إلى كذا] من طريق الضحك <eat and drink and ~ himself fat> § (٤) «أ» ضَحِك. «ب» ضحكة (٥) «أ» نكتة. «ب» سخرية (٦) *pl.*: لهو؛ تسلية <play football just for ~*s*>.

to ~ at يسخر من؛ يهزأ بِـ.

to ~ away a person's fears or doubts يبدِّد بالضحك مخاوف فلان أو شكوكه.

to ~ down يُسكِت بضحكة ساخرة.

to ~ in one's sleeve يضحك سرًّا [في حين يظلّ الجِدّ غالبًا على أساريره].

to ~ off يتجنّب الإحراج إلخ أو يتخلّص منه بالضحك.

to ~ on the wrong side (*or* on the other side) of one's mouth يستشعر الخيبة بعد الابتهاج والرضا.

to ~ out of court يعتبره، من طريق السخرية، غير جدير بالنظر أو الاهتمام.

to ~ to scorn يمتهن؛ يعامل بأقصى الازدراء.

laugh·a·ble [lăf′-; läf′-] *(adj.)* مضحِك: مثير للضحك أو الهزء.

laughing gas *(n.)* الغاز المُضحِّك: مخدِّر يُستعمل في طبّ الأسنان.

laughing jackass *(n.)* = kookaburra.

laugh·ing·stock [lăf′-; läf′-] *(n.)* الأُضحوكة: موضع سخرية النّاس.

laugh·ter [lăf′tər; läf′-] *(n.)* ضَحِكٌ.

launce [lăns; läns] *(n.)* = sand lance.

launch[1] [lônch; länch] *(vt.; i.; n.)* (١) «أ» يقذف بقوّة. «ب» يُطلق <~*ed* two rockets>. «ج» يستهلّ؛ يبدأ. «د» يشنّ هجومًا إلخ (٢) «أ» يعوِّم؛ يُنزل سفينة إلى الماء. «ب» يقدِّم فتاةً إلى المجتمع؛ يأخذ بيد شابٍّ [في مستهلّ حياته التجارية أو المهنية]. «ج» يَضَعُ [سياسةً]. «د» يطرح في الأسواق [سلعة جديدة]. «هـ» يروِّج [لكتاب جديد إلخ] **x** (٣) «أ» ينطلق. «ب» يندفع بجرأة [إلى الكلام أو العمل] § (٤) مص launch.

launch[2] *(n.)* اللَّنْش: زورق بُخاري.

launch·er *(n.)* (١) فا launch (٢) قاذفة الرُّمّانات (جن) (٣) «أ» مُطلقة الصواريخ: أداة لإطلاق الصواريخ. «ب» المِنْجَنيق.

launching pad *(n.)* منصّة الإطلاق [تُطْلَق منها الصواريخ إلخ].

laun·der [lôn′dər; län′-] *(vt.; i.; n.)* (١) يغسل [الملابسَ] (٢) يغسِل ويكوي [الملابسَ] (٣) يُبيِّض [الأموالَ] **x** (٤) ينغسل وينكوي: يحتمل الغسل والكيّ <This cloth ~*s* well.> § (٥) المِصْوَل المائي: مجرًى مائل تُفْصَل بواسطته الفلزّات الثمينة عن الأتربة المعدنية.

laun·der·ette [lôn′də rĕt′; län′-] *(n.)* المُصَيْبِغة: مصبغة عموميّة لغسل الثياب.

laun·dress [lôn′-; län′-] *(n.)* الغَسّالة: امرأة تحترف غَسْل الملابس وكيَّها.

Laun·dro·mat [lôn′-; län′-] *(n.)* (١) غسّالة كهربائية (٢) launderette.

laun·dry [lôn′drĭ; län′-] *(n.)* (١) المَغْسَل: حجرة غسل الملابس [في بيت] (٢) المَصْبَغة: مؤسسة لغسل الملابس وكيِّها (٣) المغسولات: ملابس مغسولة أو مُعَدَّةٌ للغسل.

laun·dry·man [lôn′-; län′-] *(n.)* (١) المَصْبَغيّ: مدير مصبغة لغسل الملابس وكيِّها، أو عامل فيها (٢) ساعي المصبغة: رجل يجمع الملابس المعدَّة للغسل والكيّ أو يسلِّمها إلى أصحابها.

laun·dry·wom·an [lôn′-; län′-] *(n.)* = laundress.

lau·ra [läv′rə] *(n.)* دير [من أديار الكنيسة الشرقيّة].

lau·ra·ceous [lô rā′shəs] *(adj.)* غاريّ: ذو علاقة بفصيلة الغاريّات.

lau·re·ate[1] [lôr′ĭ āt] *(vt.)* (١) يُكلِّل بالغار (٢) يجعله أو يُعَيِّنُهُ شاعرَ بَلاط.

lau·re·ate[2] [-ĭt] *(n.; adj.)* (١) المكلَّل بالغار: الحائز على تقدير أو تشريف خاصّ لنبوغه في فن أو علم. وبخاصة: شاعر البلاط الملكيّ § (٢) مُكلَّل بالغار (٣) ممتاز [وبخاصة من حيث الموهبة الشعرية].

lau·rel [lôr′əl; lŏr′-] *(n.; vt.)* (١) الغار (نب) (٢) إكليل غار (٣) *pl.* عد: مجد [يكتسبه المرء بنبوغه في فن أو علم] § (٤) يُكلِّل بالغار.

lau·ric acid [lôr′ĭk] *(n.)* حَمْض الغار؛ حمض اللوريك (ك).

lau·ryl alcohol [lôr′ĭl] *(n.)* كحول الغار؛ كحول اللّوريل (ك).

la·va [lä′və] *(n.)* الحُمَم؛ اللّابة: مقذوفات البراكين.

la·va·bo [lə vā′bō; lə vä′bō] *(n.)* (١) *cap.* أ ك: وُضوء الكاهن: وُضوء الكاهن القائم بالقدّاس بعد تقديم الذبيحة الإلهية (٢) المنديل أو الحوض المستعملان في هذا الوضوء (٣) مَغْسَلة [في جدار] (٤) حوض جداريّ [تُزرع فيه نباتات تزيينية].

lav·age [lăv′ĭj; là väzh′] *(n.)* غَسْل. وبخاصة: الرَّحْض: غَسْل عضوٍ من أعضاء الجسم [كالمعدة إلخ] طبِّيًّا.

lav·a·liere *or* **la·val·liere** [lăv′ə lēr′] *(n.)* قِلادة.

la·va·tion [lă vā′shən] *(n.)* غَسْل؛ تنظيف.

lav·a·to·ry [lăv′ə tōr′ĭ] *(n.)* (١) مَغْسَلة (٢) جُرن الماء الكَنَسيّ (٣) حجرة لغسل اليدين والوجه إلخ (٤) مرحاض.

lave[1] [lāv] *(n.)* ثُفْل؛ راسب؛ ثُمالة.

lave[2] [lāv] *(vt.; i.)* (١) «أ» يغسل. «ب» تغسل [أمواجُ البحر أو النهر] شيئًا (٢) يصبّ **x** (٣) يغتسل (ا.ق).

lav·en·der [lăv′ən dər] *(n.; vt.)* (١) الخُزامَى؛ خِيريّ البرّ (نب) § (٢) يُخزِّم: يُعطِّر بالخُزامَى.

la·ver[1] [lā′-] *(n.)* (١) حوض؛ جُرْن (ا.ق) (٢) مَغْسَلة الهيكل [عند اليهود].

la·ver[2] *(n.)* اللّافِر: أيّ من عدة أعشاب بحرية تؤكَل.

lav·ish [lăv′-] *(adj.; vt.)* (١) مُسرِف؛ مبذِّر (٢) سخيّ؛ مُنْفَق بسخاء <his ~ gifts> (٣) وافر؛ مُنْتَج بكثرة § (٤) يجود بـ؛ يبدِّد؛ ينفق بغير حساب.

law [lô] *(n.; vi.; t.)* (١) قانون؛ ناموس (٢) سلطان القانون [أو النظامُ والأمنُ الناشئان عن فَرْضه وتطبيقه] (٣) «أ» قضاء. «ب» مقاضاة أمام المحاكم. «ج» محاكمة (٤) قاعدة (٥) مجموعة القوانين المتعلقة بموضوع (٦) «أ» مهنة المحاماة. «ب» الفقه؛ الحقوق § (٧) يلجأ إلى القضاء **x** (٨) يقاضي؛ يقيم دعوى على.

to follow (go in for) the ~, يمارس المحاماة؛ يدرس الحقوق.

to go to ~ against a person
to have the ~ of a person } يقيم الدعوى على فلان.

to lay down the ~, يتكلم بثقة أو بطريقة ديكتاتوريّة.

to practice the ~, يمارس المحاماة.

to take the ~ into one's own hands يثأر لنفسه؛ يأخذ حقّه بالقوّة.

law–a·bid·ing [lô′ə bī′dĭng] *(adj.)* مطيع أو مراعٍ للقانون.

law·break·er [lô'brā'kər] *(n.)* الخارق أو المنتهك للقانون.

law·ful [lô'-] *(adj.)* (١) قانونيّ: مطابق للقانون أو مرخَّص به قانونًا <~ acts> (٢) شرعيّ <the ~ king> (٣) مطيع للقانون <~ citizens>.

law·giv·er [lô'-] *(n.)* (١) صاحب الشريعة (٢) الشارع؛ المشرِّع.

law–hand [lô'hănd] *(n.)* الخطّ الوثائقيّ: ضرب من الخطّ كانت تُكتب به الوثائق القانونية الإنكليزيّة.

law·less [lô'-] *(adj.)* (١) بلا قانون؛ غير خاضع لسيطرة القانون <the ~ desert> (٢) «أ» متمرّد [على قانونٍ ما] <~ traders>. «ب» جامح <~ passions> (٣) مخالف للقانون؛ غير شرعي <~ activity>.

law·mak·er [lô'mā'kər] *(n.)* الشارع؛ المُشرِّع؛ المُشْترِع.

law·man [lô'-] *(n.)* رجل القانون: شرطيّ مسؤول عن تنفيذ القانون.

law merchant *(n.)* pl. **laws merchant** القانون التجاري.

lawn [lôn; län] *(n.)* (١) مَرْجَة؛ مَخْضَرة (٢) شاشٌ؛ شَفّ.

lawn mower *(n.)* جزّازة العشب: آلة لجزّ العشب.

lawn tennis *(n.)* تَنِس المَخْضَرة: لعبة تَنِس تجري في ملعب معشوشب.

lawn·y [lôn'ĭ] *(adj.)* (١) شاشيّ (٢) مَرْجيّ؛ معشوشب.

law of nations القانون الدُّوَلي.

law·ren·ci·um [lô rĕn'sē-] *(n.)* اللورَنْسيوم: عنصر إشعاعي النشاط.

law·suit [lô'so͞ot'] *(n.)* قضيّة؛ دعوى قضائية (ق).

law·yer [lô'yər] *(n.)* المحامي.

law·yer·ing [lô'yə-] *(n.)* المحاماة؛ مهنة المحاماة.

lax [lăks] *(adj.)* (١) مُسْهَل؛ مصاب بإسهال (٢) «أ» غير صارم <~ discipline>. «ب» منحلّ؛ مُتَّسِم بالانحلال <~ morals>. «ج» مُهْمِل <~ habits> (٣) رِخو؛ مهلهَل النسج <~ cords> (٤) غامض؛ غير دقيق <~ ideas> (٥) متناثر أو متباعد الأجزاء <a ~ flower cluster> (٦) ليِّن؛ منطوق به باسترخاء نسبيّ <~ vowels>.
—lax·ly *(adv.)* **—lax·ness** *(n.)*

lax·a·tion [lăk sā'shən] *(n.)* (١) «أ» تليين. «ب» إرخاء (٢) «أ» انحلال. «ب» ارتخاء (٣) دواء مُسْهِل (٤) إسهال.

lax·a·tive [lăk'sə tĭv] *(adj.; n.)* (١) مُسْهِل؛ مليّن للأمعاء (٢) مُسْهَل؛ مصاب بإسهال (٣) «فالت»؛ غير مكبوح <~ tongues> § (٤) المُسْهِل: عقّار مُلَيِّن للأمعاء.

lax·i·ty [lăk'sə tĭ] *(n.)* لِيْن؛ انحلال؛ ارتخاء.

lay[1] [lā] *(vt.; i.; n.)* (١) يُلقي؛ يطرح على الأرض بقوّة (٢) «أ» يضع. «ب» يُهْجِع؛ وبخاصة: يدفن (٣) تبيض [الدجاجةُ] (٤) «أ» يُخمِد <*laid* the dust>. «ب» يُهَدِّئ (٥) يراهن (٦) يمهِّد؛ يسوِّي؛ يجعله أملس (٧) «أ» يمدّ؛ يبسط؛ يكسو بـ <to ~ plaster>. «ب» يُعِدّ؛ يرتّب <*laid* the table for dinner>. «ج» يصفّ؛ يرصُف <to ~ brick>. «د» يَفتِل؛ يُبرِم <to ~ up rope> (٨) «أ» يفرض [ضريبةً]. «ب» يلقي اللوم على فلان؛ يحمّله مسؤوليّة كذا (٩) يرسم؛ يدبّر <well-*laid* plots> (١٠) يسدّد مدفعًا (١١) يصيِّر؛ يجعل <~*s* him open to blackmail> (١٢) «أ» يدَّعي لنفسه حقًّا. «ب» يَعْرِض <*laid* her case before the commission> (١٣) يُضاجع؛ يُجامع (ع) x (١٤) ينكبّ على العمل <*laid* to their oars> § (١٥) مَخْبأ؛ مَكْمَن؛ وِجار (١٦) طبقة [من دهان أو جصّ إلخ] (١٧) «أ» خطّة. «ب» مهنة؛ عمل (١٨) «أ» سعر <sold it at a good ~>. «ب» حصة من الأرباح [تُدفع في رحلة صيد بدلًا من الراتب] (١٩) رصّة الجَدْل: مدى إحكام فَتْل الحبل (٢٠) موقع <the ~ of the land> (٢١) الإباضة <hens coming into ~> (٢٢) مضاجَعة؛ مجامَعة (ع).

to ~ about one يقاتل بضراوة.
to ~ apart يبعده أو يضعه جانبًا.
to ~ away يضع الشيء جانبًا [ليستعمله أو يسلّمه في المستقبل].
to ~ by (١) يُهمِل؛ يترك (٢) يدَّخر للمستقبل.
to ~ down (١) يستسلم؛ يلقي السلاح (٢) يضع؛ يرسم؛ يخطّط (٣) يعلن؛ يؤكّد (٤) يخزن؛ يحفظ (٥) يدفع (٦) يراهن (٧) يضحّي (٨) يصوِّب [النارَ].
to ~ fast يُمسك بـ؛ يمنعه من الهرب.
to ~ for يترصَّد؛ يكمن لـ.
to ~ heads together يتشاورون؛ يتذاكرون.
to ~ hold of *or* on يمسك؛ يقبض على.
to ~ in يدَّخر للمستقبل.
to ~ into (١) يهاجم (٢) ينتقد.
to ~ off (١) يسرِّح العاملَ مؤقتًا (٢) يغلق [مصنعًا] (٣) يجتنب؛ يُقلع عن (٤) يدعه وشأنه (٥) ينقطع عن العمل.
to ~ on (١) يهاجم؛ يضرب (٢) يمدّ [طبقةً من الدهان إلخ] على سطح ما (٣) يُعِدّ [الورقَ إلخ] للتلقيم أو يُلقِّم ماكينة الطباعة ورقًا (٤) يبالغ.
to ~ open (١) يفتح (٢) يكشف (٣) يفسّر.
to ~ out (١) يكفِّن (٢) يصرع بضربة قاضية؛ يقتل (٣) يخطِّط: يضع خطةً مفصّلة لـ (٤) يُنفق (٥) يَمُدّ؛ يَنْشر (٦) يفسِّر (٧) يجتهد؛ يكدّ.
to ~ over يؤجِّل؛ يُرجِئ.
to ~ siege to يحاصر؛ يضرب الحصار على.
to ~ to (١) يوقف المركب أو يثبّته في مكانه (٢) يضع المركب في حوض للسفن أو مكانٍ آخر آمن.
to ~ to heart (١) يتأثّر تأثّرًا شديدًا (٢) يفكّر في الأمر جدّيًّا.
to ~ to sleep *or* rest يدفن.
to ~ under يُخْضِعُهُ لـ.
to ~ up (١) يدَّخر للمستقبل (٢) يُقْعِده أو يُلزمه الفراش [لمرض أو غيره] (٣) يُخرجه من الخدمة الفعلية.

lay[2] *past of* lie.

lay[3] *(n.)* (١) قِصّة شِعرية بسيطة (٢) أنشودة؛ أغنية.

lay[4] *(adj.)* (١) علمانيّ؛ غير إكليركي (٢) عاديّ <~ citizen>.

lay·about [lā'ə bout'] *(n.)* المتبطِّل؛ المتعطِّل؛ الكسلان.

lay day *(n.)* (١) يوم التحميل أو التفريغ [لمركب] (٢) يوم التأخّر في المرفأ.

lay·er [lā′ər] *(n.; vt.; i.)* (١) فا lay، مثل: «أ» مركِّب القرميد على السطح. «ب» الدجاجة التي تضع بيضًا (٢) طبقة <a ~ of paint; a ~ of clay> (٣) «أ» الغُصَيْنُ المرقَّد: غُصَيْن يُطمر تحت الأرض بحيث يصبح له جذر جديد مع بقائه متصلًا بالنبتة الأمّ. «ب» النبتة المرقَّدة § (٤) يُرقِّد النباتَ x (٥) ينفصل إلى طبقات (٦) يترقَّد النباتُ.

layerage

lay·er·age [lā′ər ĭj] *(n.)* ترقيد النبات (را. المادة السابقة).

layer cake *(n.)* الكعكة المُطَبَّقة: كعكة مؤلفة من طبقتين أو أكثر يتخلّلها مُرَبّى أو شوكولا إلخ.

lay·ette [lā ĕt′] *(n.)* كُسْوَة الوليد: كسوة الطفل المولود ولوازمُهُ.

lay figure *(n.)* (١) الدُّمية النموذَج: قالب ذو مفاصل مُفْرَغٌ على هيئة البشر يتّخذه الفنانون نموذجًا عندما يُعوِزهم النموذج البشري أو يستعمله التجار لعرض الملابس الجاهزة (٢) شخصٌ تافهٌ أشبه بالدّمية.

lay·man [lā′-] *(n.)* (١) العلماني: شخص غير إكليركيّ (٢) الشخص العادي [غير المنتسب إلى مهنة أو صناعة مقصودةٍ بالكلام].

lay·off [lā′ôf′] *(n.)* (١) التّسريح المُؤَقَّت [للعُمّال] (٢) وقفُ العمل [في مصنع] (٣) فترة تبطُّل أو لاعمل.

lay·out [lā′out′] *(n.)* (١) تصميم؛ تخطيط (٢) «أ» النموذج الطباعي (را. dummy[1] 5). «ب» النسَق: طريقة ترتيب العمال والماكينات في مصنع (٣) «أ» المَجْلى: شيء مبسوط أو منشور أو معروض <The dinner was a fine ~.>. «ب» غطاء مخطّط تُكْسَى به موائد القمار (٤) مبنًى <lived in an elaborate ~> (٥) عُدّة؛ مجموعة أدوات.

lay·o·ver [lā′ō′vər] *(n.)* تَوَقُّف [أو مَوْقفٌ] في رحلة.

lay·per·son *(n.)* = layman.

lay reader *(n.)* واعظ بروتستانتي غير إكليركي.

lay–up *(n.)* (١) ادّخار (٢) ملازَمة الفراش (٣) إخراج من الخدمة.

lay·wom·an [lā′-] *(n.)* العِلمانية: امرأة غير إكليركية.

la·zar [lā′zər] *(n.)* المبتلى بمرض بغيض. وبخاصة: المجذوم.

laz·a·ret·to [lăz′ə rĕt′ō] *or* **laz·a·ret** [-rĕt′] *(n.)* (١) مستشفى الأمراض السارية (٢) مَحْجَر صحّي (٣) مخزن المؤن [في سفينة].

laze [lāz] *(vi.; t.)* (١) يتكاسل x (٢) يُنفق [الوقتَ] بالتّبطُّل أو الاسترخاء. — **la·zi·ness** *(n.)*

laz·u·li [lăz′yo͞o lī] *(n.)* اللازَوَرْد. — **laz·u·line** *(adj.)*

laz·u·lite [lăz′yə līt′] *(n.)* اللّازوليت: معدن لازَوَرديّ الزُّرقة.

la·zy [lā′zĭ] *(adj.; vi.)* (١) كسلان (٢) بطيء (٣) مشجِّع على الكسل أو ملائمٌ للكسل <a ~ afternoon> § (٤) يتكاسل.

la·zy·bones [lā′zĭ bōnz′] *(n.)* الكسلان؛ المُتَواني؛ القُعَدة.

la·zy·ish [lā′zĭ ĭsh] *(adj.)* كسلان قليلًا؛ كسلان بعضَ الشيء.

lazy Su·san [so͞o′zən] *(n.)* الصِّينيّة الدوّارة [توضع على المائدة وتزوَّد بالأطعمة والتوابل].

lazy Susan

lazy tongs *(n. pl.)* المِلْقَطَة الكَسُول: سلسلة من القضبان المُمَفْصَلَة، القابلة للمدّ، تُستخدم لالتقاط شيء عن بُعد.

lazy tongs

laz·za·ro·ne [läz′ȧ rō′nā] *(n.)* pl. **-ni** [nē] الهائم؛ المتشرّد. وبخاصة: أحد متشردي مدينة نابولي.

lea *or* **ley** [lē; lā] *(n.)* (١) مَرْجَة؛ مَخْضَرة (٢) مَرْعًى.

leach[1] [lēch] *(n.; vt.; i.)* = leech.

leach[2] [lēch] *(vt.; i.; n.)* (١) يرشِّح؛ يُصَفّي؛ يُرَوِّق x (٢) يرتشح § (٣) وعاء الترشيح (٤) حصيلة الترشيح (٥) عملية الترشيح.

leach·ate [lē′chāt′] *(n.)* المُرْتشِح: حصيلة الترشيح أو نِتاجُهُ.

lead[1] [lēd] *(vt.; i.; n.; adj.)*, **led; leading** (١) «أ» يَهْدي. «ب» يُرشد. «ج» يُوْصِل؛ يقود (٢) «أ» يحيا؛ يعيش <*led* a very peaceful life>. «ب» يجعله يحيا حياةً من نوع معيّن <She *led* him a dog's life.> (٣) «أ» يقود. «ب» يتزعّم؛ يتصدَّر <He ~*s* the world in the production of tin.> (٤) يستبق؛ يصحّح الهدف: يسدِّد ويطلق النار إلى نقطة أبعد من تلك التي بلغها هدف متحرك، لكي يكفل بذلك إصابة ذلك الهدف <to ~ an airplane> (٥) يسدِّد ضربة إلى خصمه في الملاكمة x (٦) يؤدي؛ يفضي إلى (٧) «أ» يتقدّم [غيره]. «ب» يلعب الورقة الأولى § (٨) «أ» طليعة؛ مركز أمامي. «ب» مبادرة. «ج» حق الابتداء باللعب [في ورق الشدَّة أو الكوتشينة]. «د» الورقة الأولى. «هـ» قيادة. «و» حَذْو؛ غِرار (٩) «أ» راسب تِبْريّ أو محتوٍ على ذهب [في حوض نهر]. «ب» قناة عبر حقل جليد. «ج» دليل؛ مفتاح لحلّ مشكلة أو لغز. «د» دور [أو ممثّل] رئيسيّ في مسرحيّة. «هـ» مِقود الحيوان. «و» مقدمة مقال أو خبر صحفيّ. «ز» مقال أو خبر صحفي ذو أهمية رئيسيّة. «ح» سلك التوصيل: سلك مكسوّ بمادة عازلة (كب) (١٠) طول الحبل من أقصاه إلى أقصاه (١١) الاستباق؛ تصحيح الهدف: تصويب إلى نقطة أبعد من تلك التي بلغها هدف متحرك (١٢) الضربة الأولى [في الملاكمة] § (١٣) متقدِّم؛ سائر في المقدّمة <the ~ horse> (١٤) رئيسيّ <~ editorials>.

- to ~ a person a (fine *or* pretty) dance يُعَنِّتُهُ أو يُرْهِقُهُ قبل أن يمكّنه من نيل ما يريد.
- to ~ astray يُضِلّ؛ يُغْوِي.
- to ~ away يحمله على أن يتبعه من غير تفكير.
- to ~ by the nose يسيطر [على شخص] سيطرة تامّة؛ يملك قياد شخص.
- to ~ captive يأسره.
- to ~ off يبدأ؛ يستهلّ.
- to ~ on يُضِلّ: يُغريه بسلوك سبيل الضلال.
- to ~ the way يتقدم غيره؛ يدل على الطريق؛ يقوم بالخطوة الأولى.
- to ~ up to (١) يوجّه الحديث [تدريجيًا أو بطريقة غير مباشرة] نحو موضوع معيَّن (٢) يؤدّي إلى (٣) يمهّد السبيل لـ (٤) يلعب بطريقة تحمل الخصم على إلقاء ورقة معيّنة [من ورق اللعب].

lead[2] [lĕd] *(n.; vt.)*, **lead·ed; lead·ing** (١) الرَّصاص (ك) (٢) «أ» المِرجاس؛ المِسبار: خيط لسَبْر غور البحر إلخ. «ب» *pl.*: سَقْف مسطَّح مَكْسُوّ بصفائح من الرصاص. «ج» *pl.*: إطار رصاصيّ لألواح زجاج النوافذ. «د» الرَّقيقة الفاصلة: صفيحة معدنية رقيقة تستعمل للفصل بين سطور الصفحة المعدَّة للطباعة (٣) إصبع الرصاص: إصبع الغرافيت الذي يشتمل عليه

قلم الرصاص (٤) رصاص؛ قذائف (٥) رابع إيثيل الرصاص (ك) § (٦) يرصِّص: يكسو أو يبطّن أو يثقّل بالرصاص (٧) يثبّت [زجاجَ النوافذ] بأُطُر رصاصيّة (٨) يفصل بين السطور [المعدَّة للطبع] برقائق معدنيّة (٩) يُرَصِّص: يمزج بالرصاص أو بمركّب رصاصيّ <~*ed* zinc>.

lead acetate *(n.)* أسيتات الرَّصاص؛ خلّات الرَّصاص (ك).

lead arsenate *(n.)* زِرْنيخات الرَّصاص (ك).

lead carbonate *(n.)* كربونات الرَّصاص (ك).

lead colic *(n.)* القُولَنْج الأُسْرُبيّ: مغصٌ مصحوبٌ بإمساكٍ شديد.

lead·en [lĕd′ən] *(adj.)* (١) رصاصيّ: «أ» مصنوع من رصاص. «ب» رَصاصيّ اللون (٢) «أ» ثقيل حتى الإرهاق. «ب» بطيء <~ pace> (٣) كئيب <~ mood> (٤) رديء النوع.

lead·er [lē′dər] *(n.)* (١) كلّ ما يقود، مثل: «أ» الشُّغْنُب؛ الشُّغْنوب: غصنٌ ينمو لِسَنتِهِ ويكون ذروة النبتة أو الشجرة (نب). «ب» الوَتَر: وترٌ عضلي (ت). «ج» *pl.*: الهوادي: نقاطٌ، في فهرست، تُصْطَنَع لتوجيه العين أفقيًّا إلى اللفظ أو الرقم المقصود. «د» افتتاحية [في صحيفة]. «هـ» الطُّعْم: شيء يقود السمك إلى شَرَك. «و» أنبوب. «ز» المُجْتَذِبة: سلعة تباع بخسارة اجتذابًا للزبائن. «ح» شيء يحتلّ مقام الطليعة (٢) القائد؛ كل من يقود، مثل: «أ» الهادي؛ المرشد. «ب» قائد وحدة عسكرية. «ج» زعيم. «د» زعيم حزب سياسي بريطانيّ. «هـ» زعيم برلمانيّ. «و» رئيس المجلس التشريعي. «ز» زعيمٌ فَرْدٌ [في بلد ديكتاتوري]. «ح» قائد فرقة موسيقيّة. «ط» الممثّل الأول في فرقة مسرحيّة (٣) الفرس المقدَّم [بين أفراس عربة إلخ] (٤) المدير؛ كبير العمّال إلخ.

leader of the opposition زعيم المعارضة [في البرلمان الإنكليزي].

lead·er·ship [-shĭp′] *(n.)* الزَّعامة؛ القيادة.

lead glass *(n.)* الزجاج الرصاصيّ: زجاج محتوٍ على أكسيد الرّصاص.

lead–in [lēd′ĭn] *(n.)* السِّلك المُوْصِل: سلك يُستخدم لوَصْل الهوائيّ بجهاز الراديو («رد» و«تلفز»).

lead·ing [lē′-] *(adj.)* (١) مُقَدَّم؛ أماميّ (٢) قياديّ <played a ~ part> (٣) مُوَجِّه؛ هادٍ (٤) مُؤَدٍّ؛ مُوْصِل (٥) رئيسيّ: منشور في مكان بارز <~ editorials>.

leading article *(n.)* (١) افتتاحيّة [صحيفةٍ] (٢) مقال رئيسي [بمجلة].

leading lady *(n.)* البَطَلة: صاحبة دور البطولة في مسرحية أو فيلم.

leading man *(n.)* البطل: صاحب دور البطولة في مسرحية أو فيلم.

leading note *(n.)* = leading tone.

leading question *(n.)* السؤال الإيحائي [المَصُوغ بألفاظ تُوْحي بالجواب].

leading strings *(n. pl.)* سُيور المشي: حبال يطوَّق بها الطفل أوّلَ مشيه. in ~, مُتَّكِل على الآخرين أو خاضع لوصايتهم؛ مَقُودٌ مثلَ طفلٍ صغير.

leading tone *(n.)* الحَسّاس: النغمة السابعة في سُلَّم موسيقيّ.

lead line [lĕd] *(n.)* المِرجاس؛ المِسبار (را. lead[2] *2a*).

lead·man [lēd′măn] *(n.)* مُناظر العُمّال.

lead·off [lēd′ôf] *(n.; adj.)* (١) بداية؛ عملٌ افتتاحيّ أو استهلالي (٢) المُفْتَتِح: اللاعب الذي يفتتح اللَّعِبَ § (٣) افتتاحيّ؛ أوَّل.

lead pencil *(n.)* قلم الرّصاص.

lead–pipe *(adj.)* أكيد؛ مضمون.

lead·plant [lĕd′-] *(n.)* الشاي البرّي؛ الناقِصة الشَّيباء (نب).

lead poisoning *(n.)* التسمّم الرصاصيّ: تسمّم يصيب العمّال المشتغلين بالرصاص أو مركّباته.

leads·man [lĕdz′-] *(n.)* السّابر: مستخدِم المِسبار (را. lead[2] *2a*).

lead–up [lēd′ŭp] *(n.)* تمهيد؛ مُمَهِّد.

lead·work [lĕd′-] *(n.)* الرَّصاصيّ: «أ» شيء مصنوع من الرَّصاص. «ب» عملٌ يَدْخُل الرَّصاص في إنتاجه.

lead·y [lĕd′ĭ] *(adj.)* رصاصيّ: مشتمل على رصاص أو شبيه بالرصاص.

leaf [lēf] *(n.; vi.; t.)* (١) ورقة نبات (٢) «أ» الوَرْق؛ الوَرَق: مجموع أوراق النّبتة. «ب» أوراق نباتٍ ما بوصفها سلعةً تجارية (٣) شيء كورقة النبات. مثل: «أ» ورقة كتاب. «ب» مصراع باب أو نافذة. «ج» جناحُ خُوانٍ متحرّكٌ. «د» رُقاقة؛ صفيحة رقيقة. «هـ» حافة القبّعة (عب) § (٤) يورق النباتُ x (٥) يتصفّح؛ يقلّب صفحات كتاب <~*ed* a new novel>.

to take a ~ out of a person's book يحذو حذوَه؛ يقلّده أو يحاكيه.

to turn over a new ~, يستهلّ صفحة جديدةً في حياته [كأن يُقلِع عن عاداته السيئة إلخ].

leaf·age [lē′fĭj] *(n.)* الوَرْق؛ الوَرَق: مجموع أوراق النبتة.

leaf bud *(n.)* البُرعم الورقيّ: برعمٌ مُنْتِجٌ وَرَقًا لا زهرًا (نب).

leafed [lēft] *(adj.)* مُوْرِق؛ ذو أوراق.

leaf fat *(n.)* الرُّقاقة الدُّهنية. وبخاصة: المُغَلِّفة لكُلْيَتَي الخنزير.

leaf·hop·per [lēf′hŏp′ər] *(n.)* الحشرة النطّاطة: حشرة نطّاطة تمتصّ عصارات النبات.

leaf lard *(n.)* الشَّحم الرُّقاقي: شحم يُنتج من كُلْيَتَي الخنزير.

leaf·less [lēf′-] *(adj.)* لاوَرَقيّ؛ عديم الورق <~ trees>.

leaf·let [lēf′lət] *(n.)* الوُرَيْقة: «أ» جزء من ورقة مركّبة. «ب» ورقة صغيرة أو غضّة. «ج» جزء أو عضو ورقيّ الشكل. «د» منشور؛ نشرة.

leaf·like [-′līk] *(adj.)* وَرَقانيّ؛ شبيه بورقة <~ gills>.

leaf mold *(n.)* العَفَن الورقيّ: عفن يصيب أوراق الشجر.

leaf spring *(n.)* النّابض الوَرَقي: زنبرك طويل ضيّق متعدّد الطبقات.

leaf·stalk [lēf′stôk] *(n.)* = petiole.

leaf·y [lē′fĭ] *(adj.)* ذو أوراق: (١) «أ» مُوْرِق؛ وَرِق. «ب» عريض الأوراق. عريضة النَّصل (٢) وَرَقيّ: مؤلف من أوراق (٣) وَرَقانيّ: شبيهٌ بورقة. وبخاصة: مؤلَّف من صفائحَ أو قشور رقيقة.

league[1] [lēg] *(n.)* (١) الفَرْسخ: وحدة للطول تتراوح ما بين ٣,٩ و٧,٤ من

الكيلومتر (٢) فرسخ مُرَبَّع .

league² [lēg] *(n.)* (١) العُصبة : «أ» عُصبة أُمَم . «ب» تجمُّع أفراد أو جماعات أو نوادٍ (٢) طبقة ؛ فئة .

league³ [lēg] *(vt.; i.)* يوحِّد أو يتّحد [في عصبة] .

lea·guer [lē′gər] *(n.)* (١) مُعسكَر حربيّ (٢) حِصار (٣) عضو عصبة .

leak [lēk] *(vi.; t.; n.)* (١) يَرْشح [السقفُ إلخ] (٢) يتسرَّب الغازُ أو الخبر إلخ **x** (٣) يُسرِّب : يجعله يتسرَّب § (٤) «أ» شَقّ ؛ خُرْق ؛ ثَقْب . «ب» التَّسَرُّب : ضياع في الطاقة الكهربائية [ناشئ عن عَزْل غير مُحْكَم] . «ج» موضع هذا التسرّب (٥) «أ» ارتشاح ؛ تسرّب . «ب» المادة المرتشِحة (٦) تَبَوُّل (ع) .

leak·age [lē′kĭj] *(n.)* (١) ارتشاح ؛ تسرُّب (٢) الشيء المرتشح ؛ الشيء المتسرِّب [أو مقدارُهُ] .

leak·y [lē′kĭ] *(adj.)* (١) راشح ؛ سَرِب : تنفذ السوائل منه أو إليه <a ~ boat> (٢) مِذياع : غير كتوم للسرّ .

leal [lēl] *(adj.)* وفيّ ؛ مخلص (إسك) .

lean¹ [lēn] *(vi.; t.; n.)* (١) «أ» يميل ؛ يتحدّر . «ب» يتّكئ على [جدارٍ إلخ] (٢) يستند إلى ؛ يتّكل على (٣) يميل ، برأيه أو عاطفته ، إلى <to ~ toward communism> **x** (٤) يَحْني [رأسه] (٥) يُسند [ذراعه] (٦) يضغط على § (٧) «أ» مَيْل . «ب» تحدُّر .

lean² *(adj.; vt.; n.)* (١) «أ» هزيل ؛ نحيل . «ب» هَبْر : قليل الدهن أو خالٍ منه <ate only ~ meat> (٢) «أ» أعجف ؛ عقيم <~ days> . «ب» قاحل <~ soil> . «ج» غثّ : مفتقر إلى الموادّ المغذّية <a ~ diet> (٣) مفتقر : محتوٍ على قليل من المعدن الثمين <~ ore> (٤) موجز <in ~ prose> § (٥) يُهْزِل ؛ يُنْحِل § (٦) اللحم الهَبْر : لحمٌ قليل الدهن أو لا دُهنَ فيه .

lean·ing [lē′nĭng] *(n.; adv.)* (١) نزعة ؛ مَيل § (٢) مائل .

leant [lĕnt] *chiefly Brit. past and past part. of* lean.

lean–to [lēn′tōō′] *(n.; adj.)* (١) جناح [أو امتدادٌ من مبنًى] مُنحدِرُ السطح (٢) كوخ منحدِر السطح § (٣) «أ» منحدِر <a ~ roof> . «ب» منحدِر السطح <a ~ shelter> .

leap [lēp] *(vi.; t.; n.)* (١) يثب ؛ يقفز **x** (٢) يتخطّى شيئًا بوثبة <to ~ a ditch> (٣) يحمله على الوثب <to ~ a horse across a ditch> § (٤) «أ» وثبة . «ب» الموضع الموثوب من فوقه . «ج» المسافة المقطوعة بوثبة (٥) انتقال مفاجئ .

leap·frog [lēp′-] *(n.; vi.; t.)* (١) القَفْزيّة : لعبة ينحني فيها أحد الأولاد فيقفز الآخر فوق ظهره § (٢) «أ» يقفز [كالأولاد في «القفزية»] . «ب» يتقدم بوثبات أو بالتجاوز **x** (٣) يتقدم أحدُهما الآخرَ كلٌّ بدوره .

leapfrog *1.*

leap year *(n.)* السَّنة الكبيسة : سنة تتألف من ٣٦٦ يومًا .

learn [lûrn] *(vt.; i.)* (١) «أ» يتعلّم ؛ يَدْرُس . «ب» يحفظ عن ظهر قلب (٢) يعلّم (ع) (٣) يكتشف (٤) يَعْلم <I ~ that she will arrive shortly.> .

learn·ed [lûr′nĭd] *(adj.)* (١) عالِم ؛ مثقَّف (٢) علميّ (٣) [لَفْظُها lûrnd] مكتسَب بالتعلّم .

learn·er [lûr′-] *(n.)* المتعلّم ؛ التلميذ ؛ الطالب المبتدئ .

learn·ing [lûr′-] *(n.)* (١) تَعَلُّم (٢) مَعرفة .

learnt [lûrnt] *past and past part. of* learn.

lease [lēs] *(n.; vt.)* (١) «أ» عقد الإيجار . «ب» التأجير أو مدّته (٢) العقار المؤجَّر § (٣) يؤجِّر (٤) يستأجر .

a new ~ of life — فرصة جديدة للعيش أو النشاط ناشئة عن استعادة الصحة أو زوال القلق .

lease·hold [lēs′-] *(n.; adj.)* (١) أرض مستأجَرة § (٢) مستأجَر .

lease·hold·er [lēs′hōl′dər] *(n.)* المستأجِر ؛ المؤجَّر له .

leash [lēsh] *(n.; vt.)* (١) «أ» مِقْوَد ؛ رَسَنٌ . «ب» قَيْد (٢) ثلاثة ؛ مجموعة من ثلاثة § (٣) يُوْثِق بمِقْوَدٍ أو نحوِهِ (٤) يكبح [العواطفَ] .

least [lēst] *(adj.; n.; adv.)* (١) الأدنى ؛ الأصغر ؛ الأقلّ § (٢) المقدار الأقلّ ؛ أقلّ § (٣) أقلّ ما يكون <worked ~ and was paid most> .

not in the ~, — ألبتّة ؛ على الإطلاق .

least common denominator *(n.)* المقام المشترَك الأصغر (ر) .

least common multiple *(n.)* المضاعَف المشترَك الأصغر (ر) .

least·ways; least·wise [lēst′-] *(adv.)* على الأقلّ .

leath·er [lĕth′ər] *(n.; vt.)* (١) جلدٌ مدبوغ (٢) الجِلْدة : الجزء المتدلّي من أُذن الكلب (٣) الجلديّ : شيء مصنوع ، كُلّيًا أو جزئيًا ، من جلد مدبوغ § (٤) يُجَلِّد : يكسو بالجِلد (٥) يَجْلِد : يَضْرِب بالسِّياط .

leath·er·back [lĕth′ər-] *(n.)* جِلْديّة الظَّهر : كبرى السّلاحف البحرية .

leatherback

leath·er–backed *(adj.)* جلديّ الكعب <~ books> .

Leath·er·ette [lĕth′ə rĕt′] *(n.)* قماش أو وَرَق جلديّ .

leath·ern [lĕth′-] *(adj.)* (١) جِلْديّ (٢) جِلْدانيّ : شبيهٌ بالجلد .

leath·er·neck [lĕth′ər nĕk′] *(n.)* = marine *4.*

Leath·er·oid [lĕth′ər oid′] *(n.)* الجِلدانيّ : جلدٌ صُنْعيّ .

leath·er·wood [-wood′] *(n.)* الخشب الجلديّ : شجيرة أميركية .

leath·er·y *(adj.)* (١) جِلْدانيّ : شبيه بالجلد (٢) متين ومَرِن .

leave¹ [lēv] *(vt.; i.; n.),* **left; leav·ing** (١) يورِّث بوصية (٢) يخلِّف [أثرًا إلخ] (٣) يترك (٤) يغادر (٥) يهجر (٦) يتخلى عن **x** (٧) يسافر § (٨) إذْن <He asked ~ to read a short statement.> (٩) إجازة <was on ~> (١٠) انصراف ؛ استئذان بالانصراف .

to ~ behind — (١) يخلّفه وراءه [فلا يصطحبه معه] (٢) يسبق ؛ يتفوّق على .

to ~ off — (١) يكفّ عن (٢) يُقْلِع عن لُبس ثياب معيَّنة .

to ~ (something) out — يُهمِل ؛ يُسْقِط .

to ~ (a matter) over — يرجئ التفكير في مسألة .

to ~ (a person) to himself *or* to his own devices — يترك له حرّيّة العمل أو السلوك .

to ~ word (with) — يترك رسالةً أو تعليمات [عند فلان] .

to take French ~, — ينصرف من غير استئذان أو وداع .

to take ~, — يستأذن بالانصراف ؛ يودّع .

to take ~ of one's senses — يُجَنّ .

leave[2] *(vi.)*, **leaved; leav·ing** — يُورق [النباتُ] : يُطْلِع أوراقًا .

leaved [lēvd] *(adj.)* — مُوْرِق ؛ ذو أوراق <~ branches> .

leav·en [lĕv′ən] *(n.; vt.)* — (١) خميرة § (٢) يُخَمِّر : يضيف خميرةً [إلى العجين] (٣) يمزجه بشيء ملطِّف أو منشِّط .

leav·en·ing [lĕv′-] *(n.)* — (١) تخمير (٢) خميرة (٣) عنصر ملطِّف أو منشِّط .

leaves [lēvz] *pl. of* leaf.

leave–tak·ing *(n.)* — توديع ؛ استئذان ؛ رحيل .

leav·ings [lē′vĭngz] *(n. pl.)* — رواسب ؛ بقايا ؛ فضلات .

Leb·a·nese [lĕb ə nēz′] *(n.; adj.)* — (١) اللُّبناني § (٢) لُبنانيّ .

le·bens·raum [lā′bəns roum′] *(n.)* — مجال حَيَويّ .

lech [lĕch] *(vi.)* = lust.

lech·er *or* **lech** [lĕch′-] *(n.)* — الفاسق ؛ المنغمس في الشهوات .

lech·er·ous [-′ər əs] *(adj.)* — (١) فاسق ؛ داعر (٢) باعثٌ على الفسق .

lech·er·y [-′ə rĭ] *(n.)* — فِسق ؛ انغماس في الشهوات .

lec·i·thin [lĕs′ə thĭn] *(n.)* — اللِّيسيتين : مادة دهنيّة في صَفار البيض وأنسجة الحيوان والنبات (كح) .

lec·tern [lĕk′-] *(n.)* — المِقْرَأ : منضدة لتلاوة الكتاب المقدَّس في الكنائس .

lec·tion [lĕk′shən] *(n.)* — (١) الفَصْل : فصل من الكتاب المقدَّس ، بخاصة ، يُتْلَى في قدّاس (٢) القراءة : إحدى قراءات كتابٍ مختلف النُّسَخ .

lec·tion·ar·y [lĕk′shə nĕr′ĭ] *(n.)* — كتاب الفصول : كتاب متضمّن فصولًا من التوراة للتلاوة في قدّاس إلخ .

lec·tor [lĕk′tər] *(n.)* — القارئ : شخص مهمّته تلاوة فصول من الكتاب المقدَّس في قدّاس .

lec·ture [lĕk′chər] *(n.; vi.; t.)* — (١) محاضرة (٢) توبيخ قاسٍ § (٣) يحاضر : يُلقي محاضرة أو سلسلة محاضرات x (٤) يوبّخ ؛ يعنِّف .

lec·tur·er [-ər] *(n.)* — (١) «أ» المُحاضِر . «ب» الموبِّخ (٢) المدرِّس المحاضر [في جامعة] .

led [lĕd] *past and past part. of* lead.

le·der·ho·sen [lā′dər hōz′-] *(n. pl.)* — بِنْطال جلدي قصير [في باڤاريا] .

ledge [lĕj] *(n.)* — (١) رَفّ (٢) سلسلة صخور [تحت الماء ، وبخاصة قرب الشاطئ] (٣) إفريز ؛ طُنُف ؛ حافَة ناتئة (٤) عِرق معدنيّ .

led·ger [lĕj′ər] *(n.)* — (١) الدفترُ الأستاذُ : دفتر يتضمَّن جميع حسابات المؤسَّسة (٢) الجِسر : الخشبة المستعرضة في سِقالة البناء .

ledger board *(n.)* — اللوحة المستعرضة : رافدة أفقيّة فوق أعلى السياج أو الدرابزون .

lee [lē] *(n.; adj.)* — (١) مأوًى ؛ مَلاذ ؛ حِمًى (٢) الذَّرَى : جانب السفينة المحجوب عن الريح § (٣) مُسْتَذْرًى : محجوب عن الريح .

leech[1] [lēch] *(n.; vt.; i.)* — (١) طبيب ؛ جرّاح (ا . ق) (٢) عَلَقة (٣) طُفَيْليّ § (٤) يَفْصِد : يستخرج الدم [بواسطة عَلَقة] (٥) يستنزف x (٦) يتطفَّل على .

leech[2] *(n.)* — اللَّيْش : أحد الضّلعين العموديَّيْن لشراعٍ رُباعيّ الأضلاع .

leek [lēk] *(n.)* — الكُرّاث : نبات بَصَليّ المذاق .

to eat the ~, — (١) يسحب كلامه ؛ يعتذر عن كلام قاسٍ صدَر عنه (٢) يُضطرّ إلى قبول الإهانة .

leer [lēr] *(vi.; n.)* — (١) ينظر شَزْرًا § (٢) نظرة شزْراء أو خبيثة .

leer·y [lēr′ĭ] *(adj.)* — حذِر ؛ ماكِر ؛ خبيث .

lees [lēz] *(n. pl.)* — ثُفْل ؛ عُكارة ؛ رواسب .

lee shore *(n.)* — الشاطئ المُراح : الشاطئ الذي تهبّ نحوه الريح .

lee·ward [lē′wərd] *(n.; adj.)* — (١) الجانب المحجوب عن الريح § (٢) محجوبٌ أو بعيد عن الريح (٣) باتجاه الريح .

lee·way [-′wā] *(n.)* — (١) المُجانَبة : انحراف السفينة مع الريح (٢) زاوية الانحراف (طي) (٣) متأخّرات عملٍ ؛ وقتٌ ضائع (٤) «أ» التفاوت المسموح (مك) . «ب» مهلة (٥) درجة من الحرية ؛ مجال للاختيار .

to make ~, — يعوِّض عمّا فاتَه ؛ يعوِّض عمّا أضاعه من وقت .

left[1] [lĕft] *(adj.; adv.; n.)* — (١) أيْسَر ؛ يُسْرى (٢) .cap عد : يساريّ [في السياسة] § (٣) يسارًا ؛ إلى اليسار § (٤) «أ» اليد اليُسرَى . «ب» اليسار ؛ الجهة اليُسْرى (٥) .cap عد : «أ» مقاعد اليسار : المقاعد الواقعة إلى يسار رئيس المجلس التشريعي وهي تخصّص عادةً للنوّاب الاشتراكيين والراديكاليين . «ب» حزب يساريّ (٦) .cap عد : اليساريّون : ذوو الآراء المتّسِمة عادة بالرغبة في الإصلاح أو في تقويض النظام القائم .

left[2] [lĕft] *past and past part. of* leave.

left field *(n.)* — الجناح الأيسر : الجانب الأيسر من الملعب .

left–hand *(adj.)* — (١) أعْسَر ؛ عاملٌ بيُسراه (٢) أيْسَر ؛ واقعٌ إلى اليسار .

left–hand·ed *(adj.; adv.)* — (١) أعسر ؛ «عسراويّ» ؛ عاملٌ بيسراه (٢) متعلق باليد اليسرى أو معمول بها أو مُعَدّ لها (٣) morganatic (٤) «أ» أخرق ؛ غير لبق ؛ غير مُتْقِن . «ب» غير صادق ؛ خبيث ؛ يحتمل معنيين <~ compliments> (٥) ذو اتجاه معاكس لحركة عقارب الساعة § (٦) باليد اليسرى (٧) نحو اليسار .

left–hand·ed·ness *(n.)* — الإعسار (را . المادة السابقة) .

left–hand·er *(n.)* — الأعْسَر : العامل بيُسْراه .

left heart *(n.)* — القلب الأيسر : نصفُ القلب المشتملُ على الأُذَين والبُطَيْن الأيسرَيْن .

left·ism [lĕf′tĭz əm] *(n.)* — اليساريّة : «أ» المبادئ اليساريّة . «ب» الحركة اليسارية . «ج» تأييد المبادئ اليساريّة أو التزامها .

left·ist *(n.; adj.)* — (١) اليساريّ : صاحب المبادئ اليسارية § (٢) يساريّ .

left·o·ver [-′ō′vər] *(n.; adj.)* — (١) «أ» بقيّة . «ب» .pl عد : بقايا . وبخاصة : بقايا الطعام تُقَدَّم في وجبةٍ تالية § (٢) مُتَبَقٍّ ؛ متخلِّف .

left wing *(n.)* (١) الجناح المتطرّف [من حزب] (٢) اليساريون .

left–wing [lĕft′wĭng′] *(adj.)* يساريّ .

left–wing·er *(n.)* (١) عضو في الجناح المتطرف [من حزب] (٢) اليساريّ .

left·y [lĕf′tĭ] *(n.)* (١) الأعسر : العامل بيُسْراه (٢) اليساريّ .

leg [lĕg] *(n.; vi.)* (١) «أ» رِجل . «ب» ساق . «ج» قائمة (٢) «أ» دِعامة . «ب» قائمة الكرسيّ إلخ . «ج» إحدى شُعْبَتَي الفرجار إلخ (٣) ذلك الجزء من الجورب أو البنطلون الذي يغطّي الرِّجل (٤) انحناءة احترام أو خضوع <made a ~> (٥) أحد ساقَي المثلّث (٦) دفعٌ إلى فوق ؛ عَوْن ؛ تشجيع <gave him a ~ up> (٧) مرحلة <another ~ of her continental journey> (٨) جزء ؛ فرع ؛ شعبة § (٩) يركض ؛ يعدو .

- ~ and ~, متعادل [في السباق أو لعب الورق] .
- not to have a ~ to stand on لا يجد عذرًا أو حجّةً يبرّر بها عمله .
- on one's last ~*s* على شفير الإفلاس أو الموت .
- to feel (find) one's ~*s* يصبح [الطفلُ] قادرًا على الوقوف أو المشي .
- to get on one's ~*s* يقف ؛ وبخاصة ليلقي خطابًا .
- to pull a person's ~, يخدع ؛ «يبلف» .
- to run a person off his ~*s* (١) يبقيه مشغولًا باستمرار (٢) يرهقه بمهامّ كثيرة .
- to shake a ~, يرقص (ع) .
- to show a ~, يغادر الفراش (ع) .
- to stand on one's own ~*s* يستقلّ ؛ «يقف على قدميه» .
- to stretch one's ~*s* يخرج في نزهة على القدمين .
- to walk a man off his ~*s* يُرهقُه بالمشي .

leg·a·cy [lĕg′ə sĭ] *(n.)* (١) ميراث بوصيّة (٢) تُراث .

le·gal [lē′gəl] *(adj.)* (١) قانونيّ : ذو علاقة بالقانون (٢) شَرْعيّ : مطابق للقانون ؛ جائز شرعًا (٣) حقوقيّ : ذو علاقة بمهنة المحاماة .

legal age *(n.)* السِّنّ القانونية : سنّ الرُّشد .

legal cap *(n.)* ورق المحامين : ورق كتابة مسطَّر يستعمله المحامون .

le·gal·ese [lē′gə lēz′] *(n.)* لغة القانون : لغة المحامين ورجال القانون .

le·gal·ism *(n.)* التَّعبُّد للقانون : التقيّد الحرفيّ أو المفرط بالقانون أو بشرع ديني أو أخلاقيّ . **— le·gal·ist** *(n.)*

le·gal·i·ty [lē găl′-] *(n.)* (١) التزام القانون [أو المحافظة عليه] (٢) قانونيّة ؛ شرعيّة <~ of an act> (٣) *pl.* : التزامات مفروضة قانونًا .

le·gal·ize [lē′gə līz′] *(vt.)* يُحَلِّل ؛ يُجيز ؛ يجعله قانونيًا .

legal medicine *(n.)* الطِّب الشَّرعي .

legal reserve *(n.)* الاحتياطيّ القانونيّ : حدٌّ أدنى من الودائع المصرفية يفرض القانون الاحتفاظ به كاحتياطيّ .

legal tender *(n.)* العملة القانونيّة : العملة التي يفرض القانون على الدائن أن يقبلها وفاءً لالتزام ما .

leg·ate [lĕg′ĭt] *(n.)* (١) مُوفَد رسمي (٢) الممثِّل البابوي .

leg·a·tee [lĕg′ə tē′] *(n.)* الوارث بوصيّة ؛ المُوْصَى له .

le·ga·tion [lĭ gā′-] *(n.)* (١) انتداب ؛ إيفاد مندوب رسميّ (٢) بِعثة ؛ وَفْد . وبخاصة : مفوضية [في بلد أجنبيّ] (٣) دار المفوضيّة .

le·ga·to [lĭ gä′tō] *(adj.; adv.)* (١) مُتَّسِق (مو) § (٢) باتّساق (مو) .

le·ga·tor [lĭ gā′tər] *(n.)* المُوْصي ؛ المورِّث بوصيّة .

leg·end [lĕj′ənd] *(n.)* (١) «أ» أسطورة ؛ خرافة . «ب» أساطير ؛ خرافات (٢) الأسطورة : شخص يشكِّل محورَ أسطورةٍ ما (٣) «أ» نقشٌ أو شعار [على مدالية أو قطعة نقدية] . «ب» عنوان أو تعليق تفسيريّ ملحق بصورة مطبوعة . «ج» المفتاح : قائمة تفسيرية بالمصطلحات المستعملة في خريطة أو رسم بيانيّ .

leg·end·ar·y [lĕj′ən dĕr′ĭ] *(adj.)* أُسطوريّ ؛ خُرافيّ .

leg·end·ry [lĕj′ən drĭ] *(n.)* أساطير ؛ خُرافات .

leg·er·de·main [lĕj′ər də mān′] *(n.)* (١) خفّة اليد ؛ شعوذة (٢) خداع (٣) حيلة .

le·ger·i·ty [lə jĕr′ĭ tĭ] *(n.)* خفّة ؛ رشاقة .

le·ges [lē′jēz] *pl. of* lex.

leg·ged [lĕg′ĭd; lĕgd] *(adj.)* ذو عدد أو نوع معيَّن من الأرجل .

leg·ging [lĕg′ĭng] *or* **leg·gin** [lĕg′ĭn] *(n.)* الطِّماق : كساء للساق من جلد أو قماش [ترد بصيغة الجمع عادة] .

leg·gy [lĕg′ĭ] *(adj.)* (١) طويل الساقين (٢) جميل الساقين (٣) طويل [مع نحول وهشاشة] <~ plants> .

leg·horn [lĕg′hôrn′; -′ərn] *(n.)* اللَّجْرَن : «أ» قشّ ناعم مجدول . «ب» قبعة مصنوعة منه . «ج» ضرب من الدجاج كثير البيض .

leg·i·ble [lĕj′ə-] *(adj.)* واضح ؛ مقروء . **— leg·i·bil·i·ty** *(n.)*

le·gion [lē′jən] *(n.; adj.)* (١) الفَيْلَق : الوحدة الرئيسية في الجيش الروماني (٢) جيش (٣) حَشْد ؛ جمع غفيرٌ ؛ عدد ضخم (٤) رابطة للمحاربين القدماء § (٥) كبير ؛ ضخم .

le·gion·ar·y [1] [lē′jə-] *(adj.)* فَيْلقيّ : متعلّق بفَيْلق أو مؤلّفٌ فَيْلقًا .

le·gion·ar·y [2] *(n.)* = legionnaire.

le·gion·naire [lē′jə nâr′] *(n.)* (١) الفَيْلَقيّ : عضو في فيلق (٢) عضو في رابطة المحاربين القدماء .

Legionnaires' disease *(n.)* داء الفَيْلقيّين : ضرب من ذات الرئة .

Legion of Honor وسام جوقة الشرف [وسام فرنسي] .

Legion of Merit وسام الاستحقاق : وسام عسكريّ أميركي .

leg·is·late [lĕj′ĭs lāt′] *(vi.)* يشترع ؛ يَسُنّ القوانين .

leg·is·la·tion [-lā′-] *(n.)* (١) التشريع (٢) «أ» شريعة ؛ قانون . «ب» شرائع ؛ قوانين .

leg·is·la·tive [lĕj′ĭs lā′-] *(n.; adj.)* (١) السُّلطة أو الهيئة التشريعية § (٢) تشريعيّ .

legislative assembly *(n.)* الجمعية التشريعية .

leg·is·la·tor [lĕj′ĭs lā′tər] *(n.)* المشرِّع ؛ المشترع . وبخاصة : العضو في هيئة تشريعيّة .

leg·is·la·to·ri·al [lĕj′ĭs lə tōr′ĭ əl] *(adj.)* اشتراعي .

leg·is·la·tress *or* **leg·is·la·trix** [lĕj′ĭs lā′-] *(n.)* المُشرِّعة ؛ المُشترِعة .

leg·is·la·ture [lĕj'ĭs lā'chər] *(n.)* الهيئة التشريعية.

le·gist [lē'jĭst] *(n.)* المتشرّع؛ المتضلّع من القانون.

le·git [lə jĭt'] *(adj.)* = legitimate.

le·git·i·ma·cy [lĭ jĭt'ə mə sĭ] *(n.)* (١) شرعية (٢) صحة.

le·git·i·mate [*adj.* lĭ jĭt'ə mĭt; *v.* -māt'] *(adj.; vt.)* (١) شرعيّ <a ~ child> (٢) صحيح؛ حقيقيّ <had ~ grievances> (٣) منطقيّ <~ conclusions> (٤) تقليديّ: «أ» صفة للمسرحية التي يمثلها ممثلون محترفون ولكنها لا تشتمل على غناء ورقص أو على عنصر كوميدي موسيقي إلخ <~ drama>. «ب» مشترِك في تمثيل مسرحيّة كهذه <~ actors> § (٥) يجعله شرعيًّا: «أ» يجيز؛ يحلّل. «ب» يعترف قانونيًّا ببنوّة ولد غير شرعيّ.
— **le·git·i·ma·tion** *(n.)*

le·git·i·ma·tize [lĭ jĭt'ə mə tīz'] *(vt.)* = legitimate.

le·git·i·mism *(n.)* نُصرة الشرعية: مناصرة السلطة الشرعية.

le·git·i·mist *(n.)* نصير الشَّرعية. وبخاصة: المناصر لشخص يدَّعي الحقَّ في العرش على أساس من التحدّر المباشر.

le·git·i·mize [lĭ jĭt'ə mīz] *(vt.)* = legitimate.

leg·man *(n.)* (١) المُخبِر الصُّحُفي (٢) مُساعد [يجمع المعلومات].

leg–of–mut·ton *(adj.)* مُثَلَّثيّ؛ مُثَلَّثيّ الشكل <~ sails>.

leg·room [lĕg'rōōm'] *(n.)* مُتَّسَعٌ للقَدَمين.

leg·ume [lĕg'yōōm'; lĭ gyōōm'] *(n.)* (١) البَقْل: نبات من البَقْليّات كالحمّص والفول (٢) القَرْن؛ السِّنفة: ثمرة النبات البقليّ.

le·gu·mi·nous [lĭ gyōō'-] *(adj.)* بَقْليّ؛ قَرْني (نب).

leg up *(n.)* عَوْن؛ تشجيع.

leg·work [lĕg'-] *(n.)* جَمْع المعلومات [تمهيدًا لتأليف كتابٍ أو نحوه].

le·hu·a [lā hōō'ä] *(n.)* اللَّهْوَع: «أ» شجرة حمراء الزهر، صُلبة الخشب، منتشرة في جزر المحيط الهادئ. «ب» زهر اللَّهْوَع.

lei[1] [lā'ĭ; lā] *(n.)* اللَّيّ: إكليل أو عقد من الزهور [في هاوايي].

lei[2] [lā] *pl. of* leu.

Leices·ter [lĕs'tər] *(n.)* اللَّسْتريّ: غنمٌ إنكليزي أبيض الوجه.

leis·ter [lē'stər] *(n.; vt.)* (١) الرُّمح الشائك: رمحٌ ذو ثلاث شُعَب تُطعَن به السمكة § (٢) يطعن السمكة برمح شائك.

lei·sure [lē'zhər] *(n.; adj.)* (١) فراغ؛ خلوّ من العمل. وبخاصة: وقت الفراغ (٢) راحة § (٣) فارغ؛ غير مستَخْدَم <~ hours>.
at ~, (١) عندما يَفْرغ المرء أو تتاح له الفرصة (٢) على مهل (٣) غير مشغول.
at one's ~, في أوقات فراغ المرء.

lei·sured [lē'zhərd] *(adj.)* مُرَفَّه؛ مُتْرَف؛ متنعّم بكثير من أوقات الفراغ <the ~ classes>.

lei·sure·li·ness [lē'zhər-] *(n.)* رَوِيّة؛ تمهُّل.

lei·sure·ly [-lĭ] *(adj.; adv.)* (١) مُتَرَوٍّ أو مُرَوًّأ فيه (٢) متمهِّل؛ غير متعجِّل <in a ~ manner> § (٣) برويّة؛ على مَهَل <working ~>.

leit·mo·tiv *or* **leit·mo·tif** [līt'mō tēf'] *(n.)* فكرة مُهَيْمِنة متكرّرة.

lek [lĕk] *(n.)* اللَّكّ: وحدة النقد في ألبانيا.

lem·ma [lĕm'ə] *(n.)* pl. **-s** *or* **-ta** [tə] (١) المأخوذ (مج)؛ القضية المساعِدة: قضيّة إضافيّة مفروضةٌ صحَّتُها يُؤْتَى بها لإقامة البرهان على قضيّة أخرى (٢) عنوان؛ رأسيّة؛ ترويسة (٣) القِنابة السُّفليّة (را. bract).

lem·ming [lĕm'-] *(n.)* اللاّموس: حيوان صغير من رتبة القوارض.

lemming

lem·nis·cus [lĕm nĭs'kəs] *(n.)* الفَتِيل: حزمة ألياف (ت).

lem·on [lĕm'ən] *(n.; adj.)* (١) «أ» ليمون؛ ليمون حامض (نب). «ب» شجرة الليمون (٢) شيء أو شخص فاشل § (٣) ليمونيّ.

lem·on·ade [lĕm'ə nād'] *(n.)* اللَّيموناضة: عصير الليمون المحلّى.

lemon balm *(n.)* التُّرُنْجان؛ الحَبَقُ التُّرُنجانيّ (نب).

lem·on·grass [lĕm'ən-] *(n.)* الإذْخِر؛ طِيْبُ العَرَب (نب).

lemon law *(n.)* قانون المَعْيوبات: قانون يُلزِم صانعي السيارات باسترداد السيارة الجديدة التي يثبت عدمُ صلاحها أو إعادة ثمنها إلى المشتري.

lemon yellow *(n.)* الأصفر اللّيموني [أصفر ضاربٌ إلى الخُضرة].

le·mur [lē'mər] *(n.)* اللَّيمور؛ الهَبّار؛ الهَوْبَر: حيوان ذو خطم مستدقّ وذيل طويل.

lemur

lem·u·res [lĕm'yə rēz'] *(n. pl.)* أرواح الموتى.

lend [lĕnd] *(vt.; i.)* (١) «أ» يُعير. «ب» يُقرض [مالًا] (٢) يزوِّد بـِ؛ يضفي على؛ يُضيف إلى <A becoming dress ~*s* charm to a girl.> (٣) يساعد؛ يقدِّم يد العون [لقضية إلخ] (٤) يسترسل في؛ يستسلم لِـ <He ~*s* himself to illusory hopes.> (٥) يعير نفسه لِـ؛ يكون ملائمًا لِـ <The book ~*s* itself to reading.> (٦) يوجّه إلى؛ يسدّد ضربةً إلى (ع) x (٧) يعقد قرضًا.

lending library *(n.)* مكتبة الإعارة والتأجير: مكتبة تجارية تُعير الكتب لقاءَ أجرٍ محدَّد للكتاب الواحد في اليوم الواحد.

length [lĕngkth] *(n.)* (١) طول (٢) مدّة (٣) مسافة؛ امتداد (٤) حدّ <went to the ~ of saying that...> (٥) قطعة من شيء؛ قطعة قماش كافية لتفصيل بِذلة إلخ (٦) الطول: طول الفرس أو المركب من أقصاه إلى أقصاه كوحدة لقياس المسافات في سباق <His horse won by two ~*s*.>.
at full ~, بأقصى امتداد جسمه.
at ~, (١) أخيرًا (٢) بتفصيل تامّ.
to go to all ~*s*, } لا يألو جهدًا؛ يبذل
to go to any ~, } كلّ جهد مستطاع.

length·en [-'thən] *(vt.; i.)* (١) يُطَوِّل؛ يَمُدّ x (٢) يَطول؛ يمتدّ.

length·i·ly [-'thĭ lĭ] *(adv.)* بتطويل؛ بإسهاب؛ بتفصيل تامّ.

length·ways [-'wāz'] *(adv.)* بالطُّول؛ طُولًا.

ă at; ā date; â care; ä car; ĕ egg; ē me; ĭ in; ī bite; ŏ lot; ō bone; ô orphan; oi boil; ŏŏ good; ōō boot; ou out; ŭ under; û urgent; ə = *a* in alone, *e* in system, *i* in easily, *o* in gallop, *u* in circus.

length·wise [-ˈwīzˈ] *(adv.; adj.)* (١) بالطُّول؛ طُولًا § (٢) طُوليّ: متحرِّك أو موضوع أو موجَّه بالطُّول.

length·y [-ˈthĭ] *(adj.)* (١) مطوَّل جدًا (٢) طويل؛ فارع الطّول.

le·ni·ence *or* **le·ni·en·cy** [lēˈ-] *(n.)* رِفْق؛ لِيْن؛ تساهُل.

le·ni·ent [lēˈnĭ ənt] *(adj.)* رفيق؛ لَيِّن؛ متساهل.

Len·in·ism [lĕnˈə nĭz əm] *(n.)* اللِّينينيّة: مذهب لينين في الشيوعية.
— **Len·in·ist** *(n.; adj.)*

len·i·tive [lĕnˈə tĭv] *(adj.)* مُسَكِّن؛ مُلَطِّف للألم.

len·i·ty [lĕnˈə tĭ] *(n.)* رِفق؛ لِين؛ تساهُل.

le·no [lēˈnō] *(n.)* اللِّينون: ضربٌ من النَّسج الشَّبكي.

lens *also* **lense** [lĕnz] *(n.; vt.)* (١) عَدَسة (٢) عَدَسة العين (ت) § (٣) يُصوِّر. وبخاصة للسينما.

A B C D E F
lenses *1.*

lent [lĕnt] *past and past part. of* lend.

Lent [lĕnt] *(n.)* (١) الصّوم الكبير (نص) (٢) فترة صوم دينيّ.

len·ta·men·te [lĕnˈtə mĕnˈtā] *(adj.; adv.)* = lento.

len·tan·do [-tänˈdô] *(adv.; adj.)* (١) بتمهّل (مو) § (٢) متمهّل.

Lent·en [lĕnˈtən] *(adj.)* (١) صَوْميّ؛ متعلّق بالصوم الكبير (نص) (٢) ملائم للصوم الكبير: ضئيل؛ هزيل (٣) قاتم؛ حِداديّ <~ color *or* ~ dress> (٤) خالٍ من اللّحم <~ soup>.

len·tic [lĕnˈ-] *(adj.)* ركوديّ: ذو علاقة بالمياه الراكدة أو عائش فيها.

len·ti·cel [lĕnˈtə sĕlˈ] *(n.)* العُدَيْسة؛ المَسامّة العَدَسية: مسامّة في سُوق بعض النباتات (نب).
— **len·ti·cel·late** *(adj.)*

len·tic·u·lar [lĕn tĭkˈ-] *(adj.)* (١) مُزْدوج التحدُّب (٢) عَدَسيّ.

len·ti·cule [lĕntˈə ky͞oolˈ] *(n.)* العَدَسة الدقيقة (فو).

len·til [lĕnˈtĭl] *(n.)* (١) نبات العَدَس (٢) عَدَس.

len·tis·si·mo [lĕn tĭsˈə mō] *(adj.; adv.)* (١) شديد البطء (مو) § (٢) ببطء شديد (مو).

len·to [lĕnˈtō] *(adj.; adv.)* (١) رائث؛ بطيء (مو) § (٢) بِرَيْث؛ ببطء.

Le·o [lēˈō] *(n.)* (١) الأسد (فل) (٢) برج الأسد [في التنجيم] (٣) مولود برج الأسد.

Le·o·nar·desque [lēˈə när dĕskˈ] *(adj.)* ليوناردِيّ: شبيه بطريقة ليوناردو دا ڤينشي في الرسم.

le·one [lē ōnˈ] *(n.)* اللِّيون: وحدة النقد في سيرا ليون.

Le·o·nids [-ˈə dēzˈ] *(n. pl.)* الأَسَديّات: شُهُب أو نيازك منهمرة (فل).

le·o·nine [lēˈə nīnˈ] *(adj.)* (١) أسديّ (٢) أَسَدانيّ: شبيه بالأسد.

leop·ard [lĕpˈərd] *(n.)* (١) النَّمِر (ح) (٢) الأسد المتقدِّم: رسمٌ يمثِّل أسدًا يتقدَّم نحو المُشاهِد.

le·o·tard [lēˈə tärdˈ] *(n.)* اللِّيُتارد: ثوبُ الراقص أو البهلوان.

lep·er [lĕpˈər] *(n.)* (١) المجذوم: المصاب بداء الجُذام (٢) المنبوذ.

lepid- *or* **lepido-** بادئة معناها: قِشرة؛ حَرْشفة.

le·pid·o·lite [lĭ pĭdˈə lītˈ; lĕpˈə də-] *(n.)* اللِّبيدوليت (مع).

lep·i·dop·ter; lep·i·dop·ter·an [lĕpˈə dŏpˈ-] *(n.; adj.)* (١) القِشرية الجناح: حشرة من قِشريات الأجنحة أو حَرْشفيات الأجنحة Lepidoptera وهي تشمل الفراشات وغيرها § (٢) قِشرية الجناح.

lep·i·dop·ter·ist [-ˈtər ĭst] *(n.)* العالِم بقشريات الأجنحة.

lep·i·dop·ter·on [-ˈtər ən] *(n.)* pl. **-ter·a** = lepidopter.

lep·i·dop·ter·ous [-ˈtər əs] *(adj.)* قشريّ الجناح.

lep·i·dote [lĕpˈə dōt] *(adj.)* مُحَرْشَف: مكسُوٌّ بالحراشف أو القشور.

lep·re·chaun [-ˈrə kônˈ] *(n.)* جِنّيّ خبيث [في الأساطير الإيرلندية].

lep·ro·sar·i·um [-sârˈĭ əm] *(n.)* مستشفى المجذومين.

lep·rose [lĕpˈrōs] *(adj.)* = leprous.

lep·ro·sy [lĕpˈrə sĭ] *(n.)* الجُذام (مض).

lep·rous [lĕpˈ-] *(adj.)* (١) «أ» مجذوم. «ب» جذاميّ (٢) قِشريّ؛ حَرْشفيّ.

-lepsy لاحقة معناها: نوبة عنيفة <narco*lepsy*>.

lepto- *or* **lept-** بادئة معناها: صغير؛ ضعيف؛ هزيل.

lep·ton [1] [lĕpˈtŏn] *(n.)* pl. **-ta** اللِّبتون: قطعة نقد يونانية صغيرة.

lep·ton [2] *(n.)* pl. **-s** اللِّبتون: جُسَيْم أوّلي (فز).

lep·tus [lĕpˈtəs] *(n.)* اللِّبتوس: سوسة يرقانية سُداسية الأرجل.

les·bi·an [lĕzˈbĭ ən] *(adj.; n.)* (١) سِحاقيّ § (٢) امرأة مُساحِقة.

les·bi·an·ism [-ˈbĭ ə nĭzˈəm] *(n.)* السِّحاق: مضاجعة المرأة للمرأة.

lèse–ma·jes·té *or* **lese maj·es·ty** [lēzˈmăjˈĭs tĭ] *(n.)* (١) العَيْب أو الطعن في الذات الملكيّة (ق) (٢) الطعن في معتقد أو عُرْف.

le·sion [lēˈzhən] *(n.)* (١) أذًى؛ ضرر (٢) جُرْح (٣) آفة (ط).

less [lĕs] *(adj.; adv.; prep.; n.)* (١) أقلّ (٢) أدنى مرتبةً <the ~*er* nobility> (٣) أصغر؛ أضأل § (٤) بدرجة أقلّ § (٥) ناقصًا أو مطروحًا منه كذا § (٦) جزء أو مقدار أصغر (٧) شيء أقلّ أهميّة.
in ~ than no time بمثل لمح البصر؛ ما بين طرفة عين وانتباهتها.
none the ~, ومع ذلك؛ برغم ذلك.

-less لاحقة معناها: «أ» بلا؛ بدون؛ محروم من <child*less*; home*less*>. «ب» غير قابل لِـ <fade*less*; count*less*>.

les·see [lĕ sēˈ] *(n.)* المستأجِر؛ المؤجَّر له.

less·en [lĕsˈən] *(vi.; t.)* (١) يَقِلّ؛ يَصْغُر x (٢) يُنقِص؛ يُخَفِّض (٣) يستهين بِـ؛ يقلِّل من شأن كذا.

less·er [lĕsˈər] *(adj.; adv.)* (١) أقلّ؛ أصغر (٢) أهْوَن؛ أقلّ شأنًا <~ evils> § (٣) بدرجة أقلّ <works of *lesser*-known poets>.

Lesser Bear *(n.)* الدبّ الأصغر (فل).

Lesser Dog *(n.)* الكلب الأصغر (فل).

les·son [lĕsˈən] *(n.; vt.)* (١) فَصْلٌ [من الكتاب المقدَّس يُتلى في قدّاس] (٢) «أ» دَرْس. «ب» عِبرة؛ أمثولة (٣) توبيخ § (٤) يُعلِّم (٥) يُوبِّخ.

les·sor [lĕsˈôr; lĕ sôrˈ] *(n.)* المؤجِّر؛ المؤجِّر بموجب عقد.

lest [lĕst] *(conj.)* خشيةَ أنْ؛ مخافةَ أن.

let [1] [lĕt] *(n.)* (١) عائق <without ~> (٢) اللامحسوبة: ضربة غير محسوبة أو غير معدودة؛ ضربة من الضروري إعادتها [في التنس] إلخ.

(٢) كسل؛ بلادة (٣) لامبالاة.

le·the [lē′thĭ] *(n.)* (١) *cap.*: نهر النسيان (مث) (٢) نسيان.

let's [lĕts] = let us.

let·ter [lĕt′ər] *(n.; vt.)* (١) حرف [أبجديّ] (٢) رسالة (٣) *pl.*: «أ» الأدب؛ الآداب. «ب» صناعة الأدب أو الكتابة. «ج» معرفة؛ ثقافة (٤) المعنى الحرفي (٥) «أ» حرف طباعيّ. «ب» نوع خاص من هذا الحرف. «ج» الحروف الطباعيّة جملةً (٦) المؤجِّر § (٧) يَطْبع (٨) يكتب؛ ينقش.

to the ~, (١) حرْفيًّا (٢) إلى أبعد مدًى.

letter box *(n.)* صندوق البريد.

letter carrier *(n.)* ساعي البريد.

let·tered [lĕt′ərd] *(adj.)* (١) «أ» عالِم. «ب» مثقَّف (٢) مكتوبٌ أو منقوش بأحرف.

let·ter·head *(n.)* (١) الورقة المُعْلَمَة: ورقة طُبع على رأسها اسم المؤسسة وعنوانُها (٢) رأسية هذه الورقة [أي اسم المؤسسة وعنوانها المطبوعان عليها].

let·ter·ing *(n.)* (١) كتابة؛ نَقْش (٢) الحروف المكتوبة أو المنقوشة.

letter missive *(n.)* الرّسالة السَّنيّة: رسالة من سلطة عليا تحمل أمرًا أو توصية أو إذنًا أو دعوةً.

letter(s) of credence أوراق الاعتماد [يقدّمها السفير أو الوزير المفوّض إلى رئيس الدولة في البلد الذي يمثّل حكومته فيه].

letter of credit كتاب الاعتماد [يُصْدره المصرِف إلى أحد مراسليه أو عملائه] (اد).

let·ter–per·fect [lĕt′ər pûr′fĭkt] *(adj.)* بالغ الدِّقّة؛ حَرْفيّ.

let·ter–press *(n.)* (١) الطباعة البارزة: الطباعة عن سطح بارز مؤلَّف من حروف منضَّدة محبَّرة (٢) النصّ: نصّ الكتاب تمييزًا له عن الرسوم المُزَيِّنة له.

letters of administration أوراق الإدارة: أوراق تُثبت حق شخص معيَّن في إدارة أموال أو أملاك مَيْت.

let·ter·spac·ing *(n.)* المباعَدة الحرفية (طع).

letters patent *(n.)* البراءة: رخصة خطّيّة رسمية.

letters testamentary *(n. pl.)* أمر تنفيذ الوصية (ق).

let·tre de ca·chet [lĕt′r də kȧ shĕ′] *(n.)* الرقيم المختوم: رسالة تحمل ختمًا رسميًّا كانت تُصْطَنَع في العهود الملكيّة بفرنسا للإلقاء بأيّ شخص في غياهب السجن من غير محاكمة.

let·tuce [lĕt′əs; -ĭs] *(n.)* الخَسّ (نب).

let·up [lĕt′ŭp′] *(n.)* (١) فتور (٢) انقطاع (٣) نقصان؛ تناقص.

leu [lĕ′o͞o] *(n.)* pl. **lei** اللِّيو: وحدة النقد في رومانيا.

leuc- *or* **leuco-** = leuk-.

leu·cine [lo͞o′sēn] *(n.)* اللّوسين: حَمض أمينيّ أساسي (كح).

leucocyt- *or* **leucocyto-** = leukocyt-.

leu·co·ma [lo͞o kō′mə] *(n.)* = leukoma.

let[2] [lĕt] *(vt.; i.; n.)* (١) يَدَع؛ يترك (٢) «أ» يؤجِّر. «ب» يُلزِّم [بعد مناقصة] x (٣) يؤجَّر <The flat ~s for $700 a month.> (٤) يُلَزَّم [بعد مناقصة] § (٥) تأجير (بر) (٦) بيت مؤجَّر؛ شقة مؤجَّرة (بر).

~ alone را. alone.

to ~ alone; to ~ be يتركه وشأنه.

to ~ blood يفصد؛ يستخرج الدم.

to ~ down (١) يُدَلّي؛ يدعه يغرق أو يسقط (٢) يُذِلّ (٣) يَخْذُل شخصًا أو يتخلّى عنه (٤) يخيِّب الآمال.

to ~ drive (١) يَضْرب بضراوة (٢) يسدِّد ضربةً إلى.

to ~ fall (١) يُسقِط (٢) يشير إلى شيء مصادفةً أو بطريقة تبدو وكأنّ الإشارة مجرد مصادفة.

to ~ fly (١) يقذف (٢) يسدّد ضربة إلى (٣) يَشْتُم.

to ~ go (١) يطلق سراحه (٢) يصرف من الذهن.

to ~ in (١) يُدْخِل (٢) يُقحم (٣) يخدع؛ يغشّ.

to ~ into (١) يُدخِل؛ يسمح بالدخول (٢) يُقْحِم (٣) يُطْلِعُهُ على سرّ (٤) يهاجم بعنف.

to ~ it all hang out يُفصح عمّا في ذات نفسه؛ يعبِّر عن حقيقة مشاعره.

to ~ loose يطلق سراحه.

to ~ off (١) يعفو عن (٢) يَعْذِر (٣) يُطلِق [قَوْسًا أو مدفعًا إلخ].

to ~ on (١) يُقِرّ؛ يعترف (٢) يُفشي سرًّا.

to ~ oneself go يطلق العنان لعواطفه.

to ~ out (١) يُخْرِج؛ يدعه يَخرج أو يسيل (٢) يمكّنه من الفرار (٣) يوسّع أو يطوّل ثوبًا (٤) يؤجِّر (٥) يضرب؛ يجلد (٦) يقذف؛ يرمي (٧) يصرِّح عن.

to ~ out at يهاجم بعنف [بدنيًّا أو كلاميًّا].

to ~ slip (١) يمكّنه من الفرار (٢) يخسر (٣) يُضيع أثرَهُ (٤) يُضيع فرصةً.

to ~ up (١) يَنْقُص أو يتباطأ (٢) يكفّ؛ يتوقّف (٣) يلين؛ يصبح أقلّ قسوةً.

-let لاحقة معناها: «أ» شيء صغير <stream*let*>. «ب» شيء يُلْبَس في كذا <ank*let*>.

letch [lĕch] *(n.)* توق شديد. وبخاصة: شهوة جنسية.

let·down *(n.)* (١) خيبة أملٍ (٢) هبوط؛ فتور <the ~ in steel production> (٣) هبوط الطائرة [استعدادًا للحطّ على أرض المطار].

le·thal [lē′thəl] *(adj.; n.)* (١) مُميت؛ مُهلك <a ~ dose> (٢) ماحِق؛ مُدَمِّر <a ~ attack> § (٣) المُهْلِكة: تَشَوُّهٌ أو شذوذ خِلْقيّ مُؤَدٍّ إلى موت الكائن المصاب به (٤) lethal gene.

lethal gene *(n.)* الجِينة المهلِكة: جينة أو مورِّثة قد تؤدي إلى موت الكائن الحيّ أو تَحول دون نموّه (أح).

le·thar·gic; -al [lĭ thär′-] *(adj.)* (١) «أ» نُواميّ؛ سُباتيّ. «ب» كسلان؛ بليد (٢) لامبالٍ.

leth·ar·gy [lĕth′ər jĭ] *(n.)* (١) نُوام (مج)؛ سُبات؛ نعاس أو نوم غير سويّ

leu·co·ma·ine [lo͞o kō′mə ēn′] *(n.)* اللّوكومين: مادة سامّة تَحْدُث في الجسم من طريق الأيض (را. metabolism).

leuk- *or* **leuko-** بادئة معناها: «أ» أبيض؛ عديم اللون أو ضعيفُهُ. «ب» كُرَيّة دم بيضاء <*leuk*emia> ، <*leuko*cyte>.

leu·ke·mi·a [lo͞o kē′mĭ ə] *(n.)* اللّوكيميا؛ ابيضاض الدم (مض).

leukocyt- *or* **leukocyto-** بادئة معناها: كُرَيّة دم بيضاء.

leu·ko·cyte [lo͞o′kə sīt′] *(n.)* الكُرَيْضَة: كُرَيّة دم بيضاء (فس).

leu·ko·cy·to·sis [lo͞o′kō sī tō′sĭs] *(n.)* كثرة الكُرَيْضات: تكاثر كُرَيّات الدم البيض. **— leu·ko·cy·tot·ic** *(adj.)*

leu·ko·ma [lo͞o kō′mə] *(n.)* البَياضة: كُمْدَة بيضاء كثيفة تصيب قرنيّة العين.

leu·ko·pe·ni·a [lo͞o′kə pē′nĭ ə] *(n.)* قِلّة الكُرَيْضات: نقص في كُرَيات الدم البيض (ط).

leu·ko·poi·e·sis [lo͞o′kō poi ē′-] *(n.)* تَكَوُّن الكُرَيضات البِيض (فس).

leu·kor·rhe·a [lo͞o′kə rē′ə] *(n.)* السَّيَلان الأبيض أو المَهبِليّ (ط).

leu·ko·sis [lo͞o kō′-] *(n.)* = leukemia.

lev [lĕf] *(n.)* pl. **lev·a** [lĕv′ə] اللَّيْف: وحدة النقد في بلغاريا.

lev- *or* **levo-** بادئة معناها: إلى اليسار؛ مياسر.

Le·vant [lə vănt′] *(n.)* المَشْرِق. وبخاصة: سوريا ولبنان.

le·vant *(vi.)* يَفِرّ [تخلُّصًا من دَيْن].

le·vant·er [-′ər] *(n.)* (١) *cap.*: المَشْرِقيّ: أحد أبناء المَشْرِق (٢) المَشْرِقيّة: ريحٌ شرقيّة متوسطيّة شديدة.

Le·van·tine [lĕv′ən tīn′; -tēn′] *(n.; adj.)* (١) *not cap.*: المَشْرِقيّ: ضرب من النسيج الحريريّ § (٢) مَشْرِقيّ § (٣) المَشْرِقيّ: أحد أبناء المَشْرِق.

le·va·tor [lĭ vā′tər] *(n.)* (١) الرافع (٢) العضلة الرافعة (ت).

le·vee [1] [lĕv′ĭ] *(n.)* (١) استقبال الصباح: استقبال الملك أو الأمير زائريه عند نهوضه من النوم (٢) استقبال الأصيل: حفلةٌ تقام بعد الظهر يستقبل فيها الملك البريطانيّ أو ممثّلهُ الرّجالَ فقط (٣) استقبال [يقام عادةً على شرف شخص].

lev·ee [2] *(n.; vt.)* (١) سدّ [لمنع الفيضان] (٢) رصيف الميناء (٣) الحاجز: إحدى الرُّبى الصغيرة المطوِّقة لحقل يُرادُ ريُّهُ § (٤) يزوِّد بسدٍّ أو حاجز.

lev·el [lĕv′əl] *(n.; vt.; i.; adj.)*, **-eled** *or* **-elled** (١) المِسْواة؛ ميزان البنّائين (٢) قياس التفاوت في الارتفاع [بين نقطتين] بواسطة مِسْواة المسّاح (٣) مُسْتَوًى (٤) سطح <1350 feet above sea ~> (٥) سَهْل؛ منبَسَط (٦) «أ» منزلة؛ مرتبة <to find one's ~>. «ب» درجة [من الشدّة أو الحدّة] § (٧) يسطّح: يجعله مسطّحًا أو أفقيًّا (٨) «أ» يسدّد أو يصوّب [البندقيّة]. «ب» يوجّه <to ~ an accusation at a person> (٩) يسوّي؛ يمهّد <to ~ ground> (١٠) «أ» يهدم؛ يسوّي بالأرض <Hiroshima was ~*ed* by one atomic bomb.>. «ب» يَصْرَع؛ يطرحه أرضًا (١١) يساوي بين <Death ~*s* all men.> (١٢) يحدّد ارتفاع نقاط مختلفة [في قطعة أرض] وبخاصة بمِسْواة المسّاح x (١٣) يبلغ ارتفاعًا معيّنًا (١٤) يتكلّم بصراحة ووضوح (١٥) يوجّه جهده إلخ إلى § (١٦) مسطّح؛ أفقيّ؛ منبسط (١٧) «أ» مستوٍ. «ب» متساوٍ في المنزلة إلخ. «ج» رتيب. «د» ثابت؛ مطّرد. «هـ» هادئ؛ رابط الجأش. «و» متكافئ (١٨) رصين؛ رزين (١٩) متساوي الجهد (كب) (٢٠) ملائم لمرتبة معيّنة أو مستوًى من المقدرة معيّن <the nature of top-*level* thinking> (٢١) صادق؛ مخلص؛ لا خداع فيه (٢٢) تقسيطيّ: متعلّق بتوزيع الثمن على أقساط متساوية تدفع خلال فترة من الزمن. **— lev·el·ness** *(n.)*

on the ~, صادق؛ مخلص؛ لا خداع فيه.

to do one's ~ best يبذل قُصارى جهده.

level crossing *(n.)* = grade crossing.

lev·el·er *or* **lev·el·ler** [lĕv′ə lər] *(n.)* (١) فا level (٢) المساواتيّ: «أ» المؤيّد للمساواة السياسيّة أو الاجتماعيّة إلخ. «ب» المسوّي؛ المساوي بين الناس: شيء ينزع إلى تخفيف الفروق بين الناس أو إزالتها <War has always been the great ~.>.

lev·el·head·ed [lĕv′əl-] *(adj.)* حصيف؛ متّزِن العقل.

leveling rod *(n.)* الشاخص؛ القامة [عند المهندسين والمسّاحين].

lev·er [lĕv′-] *(n.; vt.)* (١) الرافعة؛ العَتَلة؛ المُخْل § (٢) يرفع أو يحرّك [بعتلةٍ أو مُخْل] (٣) يدير أو يُشغِّل أداةً على طريقة المُخْل.

lev·er·age [lĕv′ər ĭj; lē′-] *(n.; vt.)* (١) «أ» فِعْل الرافعة أو المُخْل. «ب» الفائدة الميكانيكية المكتَسَبة من فعل الرافعة (٢) فعّالية؛ قوّة؛ نفوذ § (٣) يُسلِّف [شركةً إلخ].

lev·er·et [lĕv′ər ĭt] *(n.)* الخِرْنِق: الفتيّ من الأرانب الوحشية.

lev·i·a·ble [lĕv′ĭ ə bəl] *(adj.)* ممكنٌ فرضُهُ أو جبايتُهُ [كضريبة إلخ].

le·vi·a·than [lĭ vī′ə thən] *(n.; adj.)* (١) «أ» *cap.* عد: لوياثان: وحش بحريّ يرمز إلى الشر، في الكتاب المقدَّس. «ب» اللوياثان: حيوان بحريّ ضخم. «ج» باخرة أوقيانوسيّة ضخمة (٢) *cap.*: الدولة. وبخاصة: الدولة ذات النظام الديكتاتوريّ (٣) شيء ضخم ورهيب § (٤) ضخم؛ هائل.

lev·i·gate [lĕv′ə gāt′] *(vt.)* (١) يصقل؛ يجعله أملس (٢) «أ» يسحن؛ يسحق [شيئًا وهو رطب]. «ب» يفصل الذُّرور عن المواد الأكثر خشونة بتعليقها في الماء إلخ.

Le·vi's [lē′vīz′] *(n.)* اللِّفيز: بنطلون أزرق ضيّق تزوَّد أجزاؤه الأكثر تعرّضًا للبِلى بأشباه أزرار نحاسيّة مُقَوِّية.

lev·i·tate [lĕv′ə tāt′] *(vi.; t.)* (١) يرتفع [في الهواء]؛ يَسْبح في الهواء [لفَرْط خفّتِهِ] x (٢) يَرْفع؛ يُسَبِّح في الهواء.

Le·vite [lē′vīt] *(n.)* اللاويّ: فردٌ من قبيلة لاوي العبرانية.

lev·i·ty [lĕv′-] *(n.)* (١) «أ» خفّة؛ طيش. «ب» تقلّب (٢) خفّة في الوزن.

le·vo [lē′vō] *(adj.)* = levorotatory.

levo- = lev-.

le·vo·ro·ta·tion [lē′vō rō tā′-] *(n.)* المياسَرة («بص» و«بلو» و«ك»).

le·vo·ro·ta·to·ry *or* **le·vo·ro·ta·ry** [lē′vō rō′-] *(adj.)* مُياسِر: أيْسَر الدّوران؛ ذو دورانٍ يساري.

lev·u·lose [lĕv′yə lōs′] *(n.)* = fructose.

lev·y [lĕv′ĭ] *(n.; vt.; i.)* (١) «أ» فرض الضرائب أو جبايتُها. «ب» المبلغ

المفروض أو المَجْبِيّ (٢) «أ» تجنيد. «ب» القوات المجنَّدة § (٣) يَفرِض أو يجبي ضريبةً (٤) يجنّد (٥) يشنّ حربًا x (٦) يصادر.

lev·y en masse [lĕv'ĭ ĕn măs'; -än mas'] التجنيد العفويّ العام: لجوء الشعب بطريقة عَفْويّة وغير منظَّمة إلى حمل السلاح عند اقتراب عدوّ ما.

lewd [lo͞od] *(adj.)* (١) «أ» فاسق؛ فاجر؛ داعر. «ب» مثير للشهوة (٢) «أ» بذيء. «ب» خليع.
— **lewd·ness** *(n.)*

lew·is [lo͞o'ĭs] *(n.)* مُخْل الحجارة: أداة لرفع الحجارة الكبيرة.

lew·is·ite [lo͞o'ə sīt'] *(n.)* اللّويزيت: غازٌ حربيّ سامّ (ك).

lex [lĕks] *(n.)* pl. **le·ges** [lē'jēz] القانون.

lex·eme [lĕk'sēm'] *(n.)* المُفْرَدة: وحدة تُفيد معنًى (ل).

lex·i·cal [lĕk'sə kəl] *(adj.)* (١) مُفْرَداتيّ: ذو علاقة بمفردات اللغة بوصفها شيئًا متميّزًا عن النحو وتركيب الجملة (٢) معجميّ؛ قاموسيّ: ذو علاقة بمعجم أو بالصناعة المعجميّة.

lexical meaning *(n.)* المعنى الجَذْريّ: المعنى المشترك بين الكلمات المشتقّة من جَذْر واحد برغم اختلافها في الصورة.

lex·i·cog·ra·pher [lĕk'sə kŏg'-] *(n.)* المُعْجَميّ: مؤلف المعجَم.

lex·i·co·graph·ic; -al *(adj.)* معاجميّ: ذو علاقة بتأليف المعاجم.

lex·i·cog·ra·phy *(n.)* الصناعة المُعْجَمية: صناعة تأليف المعاجم.

lex·i·con [lĕk'sə kən] *(n.)* pl. **-i·ca** *or* **-s** معجم؛ قاموس.

ley [lē; lā] *(n.)* = lea.

Leyden jar [lī'dən] *(n.)* وعاء لايْدِن (كب).

Leyden jar

li [lē] *(n.)* اللّيّ: وحدة صينيّة للمسافات [ثلث ميل تقريبًا].

li·a·bil·i·ty [lī'ə bĭl'-] *(n.)* (١) «أ» مسؤولية قانونية. «ب» تَعَرُّض لِـ. «ج» احتمال حدوث (٢) *pl.* ديون (تج) (٣) عائق.

li·a·ble [lī'ə bəl] *(adj.)* (١) مسؤول قانونيًا <He is ~ for the debt.> (٢) عُرْضةٌ لِـ <~ to diseases>.

li·aise [lē āz'] *(vi.)* (١) يقيم صلة مع (٢) يعمل كضابط ارتباط.

li·ai·son [lē'ā zôn'] *(n.)* (١) «أ» صلة وثيقة؛ علاقة متبادَلة. «ب» علاقة جنسية غير شرعية [بين رجل وامرأة] (٢) الوَصْل (ل) (٣) «أ» الارتباط: ارتباط أو اتصال متبادَل، وبخاصة بين شُعَب قوّةٍ مسلّحة.

li·a·na [lĭ ä'nə] *or* **li·ane** [lĭ än'] *(n.)* العارشة: نبتة معترِشة أو متسلّقة.

li·ar [lī'ər] *(n.)* الكذّاب؛ الكَذوب؛ الأفّاك.

Li·as [lī'əs] *or* **Li·as·sic** [lī ăs'ĭk] *(adj.)* لياسيّ: ذو علاقة بقسم فرعيّ من العصر الجوراسيّ الأوروبي (جي).

lib [lĭb] *(n.)* حركة تحرير أو تحرُّر <women's ~>.

li·ba·tion [lī bā'-] *(n.)* (١) «أ» الإراقة: سكبُ سائلٍ ما، كالخمر، على الأرض أو على جَسَد الأُضحيّة، تكريمًا لإلَه. «ب» المُراق: السائلُ المُراق على هذا النحو (٢) «أ» شُرْب. «ب» شراب. وبخاصة: شرابٌ كحوليّ.

lib·ber [lĭb'-] *(n.)* الأحراريّ: نصير مجموعة معيَّنة، وبخاصة النساء.

li·bel [lī'bəl] *(n.; vi.; t.)*, **-beled** *or* **-belled** (١) المُذَكِّرة: بيان خطّيّ يقدّمه المدّعي (٢) طعن؛ قذف؛ تشهير (٣) «أ» نشر الكتابات أو الصور التجديفيّة أو البذيئة أو الباعثة على التمرّد إلخ. «ب» الجريمة الناشئة عن ذلك § (٤) يقذف؛ يطعن؛ يشهّر (٥) يقيم الدعوى على.
— **li·bel·er; li·bel·ist** *(n.)*

li·bel·ant *or* **li·bel·lant** [lī'bəl-] *(n.)* (١) المدّعي (ق) (٢) «أ» القاذف؛ الطاعن؛ المشهِّر. «ب» من ينشر كتابات أو صورًا تجديفيّة أو بذيئة إلخ.

li·bel·ee *or* **li·bel·lee** [lī'bə lē'] *(n.)* المدَّعَى عليه (ق).

li·bel·ous *or* **li·bel·lous** [lī'-] *(adj.)* قَذْفيّ؛ طَعْنيّ؛ تشهيريّ.

lib·er·al [lĭb'ər əl] *(adj.; n.)* (١) عقليّ: مُوَجَّهٌ نحو تنمية العقل لا نَحْو الحاجات المهنيّة أو التقنيّة <~ education> (٢) «أ» كريم؛ جواد <a ~ giver>. «ب» سخيّ؛ وافر <~ rewards>. «ج» كبير؛ ضخم <a ~ bosom> (٣) غير حرفيّ؛ متصرَّف فيه <a ~ translation of the Arabic text> (٤) متسامح؛ غير متعصّب. وبخاصة: متحرِّر [من التزام السُّنَن والأشكال التقليدية إلخ] (٥) «أ» تحرّريّ: مؤيّد للنظم الديموقراطيّة والإصلاحات الاجتماعية. «ب» ليبرالي: مؤيّد لمذهب الليبراليّة الاقتصادية أو مبنيّ عليه. «ج» *cap.*: أحراريّ: متعلق بحزب الأحرار البريطانيّ، المنادي بالحرية الفرديّة، وبخاصة الاقتصادية، وبالإصلاح الدستوريّ والإداريّ § (٦) المتسامح؛ المتحرّر: المتساهل في التزام السُّنَن والأشكال التقليديّة (٧) *cap.*: العضو في حزب الأحرار (٨) التحرّريّ: المنادي بالتحرّريّة [وبخاصة في ما يتّصل بحقوق الفرد].
— **lib·er·al·ly** *(adv.)* — **lib·er·al·ness** *(n.)*

liberal arts *(n. pl.)* الفنون العقلية أو الحرّة: منهج دراسيّ يهدف إلى تزويد الطالب بالثقافة الشاملة وتطوير مقدراته الفكرية.

lib·er·al·ism [lĭb'ər ə-] *(n.)* الليبراليّة: «أ» كون المرء متحرّرًا أو داعيًا إلى الحرية. «ب» *cap.* عد: حركة في البروتستانتيّة الحديثة تؤكّد على الحرية العقلية وعلى المحتوى الروحي والأخلاقي في النصرانيّة. «ج» نظرية في الاقتصاد تؤكّد على الحرية الفردية. «د» الليبراليّة السياسيّة: فلسفة سياسيّة تنادي بحماية الحريات السياسيّة والمدنيّة. «هـ» *cap.*: مبادئ حزب الأحرار.
— **lib·er·al·ist** *(n.; adj.)*

lib·er·al·i·ty [lĭb'ə răl'ə tĭ] *(n.)* (١) تحرّر (٢) «أ» سخاء. «ب» تسامح. «ج» سعة عقل (٣) هديةٌ سخيّة (٤) وفرة؛ اتساع.

lib·er·al·ize [lĭb'-] *(vt.; i.)* يجعله أو يصبح متسامحًا أو متحرِّرًا إلخ.

lib·er·ate [lĭb'ə rāt'] *(vt.)* (١) يحرِّر؛ يُطلق؛ يُعتق (٢) يَسْلب.

lib·er·at·ed *(adj.)* متحرِّر <a ~ woman>.

lib·er·a·tion *(n.)* (١) تحرير؛ إطلاق؛ إعتاق (٢) تحرُّر إلخ.

lib·er·tar·i·an [-târ'-] *(n.; adj.)* (١) القائل بحرّية الإرادة (٢) داعية الحريّة § (٣) مؤيد لمذهب حرية الإرادة أو لمبادئ الحرية المطلقة.

lib·er·tin·age [-'ər tē'nĭj] *(n.)* = libertinism.

lib·er·tine [lĭb'ər tēn'] *(n.; adj.)* (١) العتيق: عبدٌ رومانيّ مُعْتَق

ă at; ā date; â care; ä car; ĕ egg; ē me; ĭ in; ī bite; ŏ lot; ō bone; ô orphan; oi boil; o͝o good; o͞o boot; ou out; ŭ under; û urgent; ə = *a* in alone, *e* in system, *i* in easily, *o* in gallop, *u* in circus.

(٢) المتحرِّر: ذو الأفكار التحررية (٣) الخليع: شخص فاسقٌ أو فاجر § (٤) متحرِّر (٥) خليع؛ فاسق. —**lib·er·tin·ism** *(n.)*

lib·er·ty [lĭb'ər tĭ] *(n.)* (١) حرية (٢) خِيار (٣) امتياز (٤) تجاوز للحدود الطبيعية. مثل: «أ» اجتراء؛ تَخَطٍّ لآداب السلوك أو اللياقة؛ رفعٌ للكُلْفة <to take a ~>. «ب» مخاطَرة. «ج» انتهاك للقواعد أو الأصول. «د» تحريف للحقيقة (٥) إذن [للغياب عن العمل في الأسطول لأقلّ من ٤٨ ساعة عادةً].

to set at ~, يُطلِق؛ يُعْتِق.

liberty cap *(n.)* قَلَنْسُوَة الحرّيّة: قَلَنْسُوَة مخروطيّة ضيّقة تبنّاها رجال الثورة الفرنسيّة واعتُبرت رمزًا للحرية في الولايات المتحدة الأميركيّة قبل عام ١٨٠٠.

liberty cap

liberty pole *(n.)* سارية الحرية: سارية عَلَمٍ طويلة تعلوها «قلنسوة حرية» (را. liberty cap) أو رايةُ دولة جمهورية [تُنْصَب رمزًا للحرية].

li·bid·i·nal [lĭ bĭd'-] *(adj.)* لِبِيْديّ: ذو علاقة باللِّبيد أو اللِّبيدو.

li·bid·i·nous [lĭ bĭd'-] *(adj.)* (١) «أ» شهوانيّ؛ شَبِق. «ب» فاسق؛ داعر (٢) لِبيديّ: ذو علاقة باللِّبيد أو اللِّبيدو.

li·bi·do [lĭ bī'dō; -bē'dō] *(n.)* (١) اللِّبيد؛ اللِّبيدو: طاقة انفعاليّة أو نفسيّة مستمدّة من الدوافع البيولوجيّة الأوّليّة وذاتُ هدف (٢) الغريزة الجنسيّة.

li·bra[1] [lē'brə; lī'brə] *(n.)* اللِّيبرة: وحدة وزن رومانية قديمة تعادل ٣٢٧,٤٥ غرامًا.

li·bra[2] [lē'brə; lēv'rə] *(n.)* اللِّيبرة: وحدة وزن إسبانية أو برتغالية أو كولومبية أو فنزويليّة.

Li·bra [lē'brə; lī'brə] *(n.)* (١) الميزان (فل) (٢) برج الميزان [في التنجيم] (٣) مولود برج الميزان.

li·brar·i·an [lī brâr'-] *(n.)* أمين المكتبة؛ قيِّم المكتبة.

li·brar·i·an·ship [lī brâr'ĭ ən-] *(n.)* أمانة المكتبة.

li·brar·y [lī'brĕr'ĭ] *(n.)* المكتبة: «أ» المكتبة العامة؛ دار الكتب. «ب» مجموعة كتب أو مخطوطات للدراسة أو المراجعة. «ج» سلسلة كتب متماثلة الحجم أو التجليد إلخ تصدرها دارٌ للنشر.

library science *(n.)* الصناعة المكتبيّة: علم تنظيم دُور الكتب.

li·bra·tion [lī brā'shən] *(n.)* التَّرَجُّح؛ المَيَسان؛ النَّوَدان (فل).

li·bret·tist [lĭ brĕt'ĭst] *(n.)* واضع كلمات الأوبرا.

li·bret·to [lĭ brĕt'ō] *(n.)* (١) نَصّ الأوبرا [أو كلماتُها] (٢) كتاب الأوبرا: الكتاب المحتوي على هذا النصّ.

li·bri·form [lī'brə fôrm'] *(adj.)* ليفيّ: شبيه بألياف الشَّجر.

Lib·y·an [lĭb'ĭ ən] *(n.; adj.)* (١) الليبيّ: مواطن ليبيّ § (٢) ليبيّ.

lice [līs] *pl. of* louse.

li·cense *or* **li·cence** [lī'səns] *(n.; vt.)* (١) «أ» إذْن؛ رُخصة؛ ترخيص بعمل. «ب» حرية العمل (٢) الإجازة: رخصة رسمية [لمباشرة صناعة أو مهنة إلخ] (٣) «أ» حرية يُساء استعمالها. «ب» فسق؛ فجور (٤) الرُّخصة: انحراف عن الشكل أو القاعدة يقوم به الفنان أو الكاتب لِما يُحْدِثه ذلك من أثر مستحبّ في نفس الناظر أو القارئ <poetic ~> § (٥) يمنحه رُخصة رسمية (٦) يجيز. وبخاصة بترخيص رسمي. —**li·cens·er** *or* **li·cen·sor** *(n.)*

li·cens·ee [lī'sən sē'] *(n.)* المُرَخَّص له؛ صاحب الرُّخصة.

li·cen·sure [lī'sən shər] *(n.)* التَّرخيص. وبخاصة بممارسة مهنةٍ ما.

li·cen·ti·ate [lī sĕn'shĭ ĭt; -āt'] *(n.)* (١) المُجاز: شخص يحمل إجازة رسمية، وبخاصة من جامعة، لممارسة مهنة ما (٢) الليسانس: شهادة أدنى من الدكتوراه تمنحها بعض الجامعات الأوروبيّة.

li·cen·tious [lī sĕn'shəs] *(adj.)* (١) فاسق؛ فاجر (٢) متحرِّر: مُغْفِل أو غير ملتزم للقواعد المَرْعيّة.

li·chee [lē'chē'] *(n.)* = litchi.

li·chen [lī'kən] *(n.; vt.)* (١) الأُشْنة (نب) (٢) الحَزَاز: مرض جلديّ § (٣) يُؤَشِّن: يكسو بالأُشنة (٤) يُحزِّز: يكسو بالحَزاز.

lich gate [lĭch] *(n.)* السَّقيفَة: مَدْخَلٌ مسقوف إلى الكنيسة أو مدافنها.

lic·it [lĭs'ĭt] *(adj.)* مَشْروع (مج)؛ مُباح؛ جائز شرعًا.

lick [lĭk] *(vt.; i.; n.)* (١) يَلْعَق؛ يلحس (٢) «أ» يَجْلِد؛ يضرب بالسِّياط. «ب» يَهْزِم؛ يتفوّق على (٣) يمسّ [كالأمواج أو النار] مسًّا رفيقًا؛ يُحرق x (٤) ينطلق بأقصى السرعة § (٥) «أ» لَعْقٌ. «ب» لَعْقَة. «ج» مقدار ضئيل. «د» جهدٌ تعوزه الرويّة والإتقان (٦) «أ» ضربة عنيفة. «ب» فرصة (٧) المَلْحة: «أ» موطن [كينبوع ماء إلخ] تلعقه الحيوانات لِما فيه من ملح. «ب» مستحضر مَلِح يقدّم إلى الماشية كي تلعقَهُ.

to ~ into shape يمنحه الشكلَ الملائم؛ يجعله فعّالًا أو حسن المظهر.

to ~ one's lips يتلمَّظ: يُظهر تلهُّفًا أو رضًا.

to ~ one's shoes *or* boots يتملّق فلانًا أو يتذلّل له.

to ~ up *or* off ينظِّف باللعق أو باللحس.

lick·er·ish [lĭk'-] *(adj.)* (١) شَرِهٌ؛ نَهِمٌ (٢) شَبِقٌ؛ شَهوانيّ.

lick·e·ty–split *(adv.)* بسرعة عظيمة؛ بسرعة بالغة.

lick·ing *(n.)* (١) لَعْق؛ لَحْس (٢) «أ» جَلْد عنيف. «ب» هزيمة.

lick·spit·tle [lĭk'spĭt'əl] *(n.)* المتزلّف؛ المتملّق.

lic·o·rice [lĭk'ə rĭs] *(n.)* (١) السُّوس (نب) (٢) عِرْقُ السّوس.

lic·tor [lĭk'tər] *(n.)* اللِّكْتَر: موظف كان يرافق الحاكم الروماني في الاحتفالات العامة.

lid [lĭd] *(n.; vt.)* (١) غطاء [لصندوق أو إناء] (٢) جفن العين (ت) (٣) الغطاء؛ الصِّمّة (نب) (٤) «أ» قُبَّعة (ع). «ب» أحد غلافَي الكتاب (ع) (٥) حَظْر رسميّ (٦) أونصة مَرْهوانة § (٧) يغطي؛ يزوِّد بغطاء إلخ.

li·dar [lī'där] *(n.)* اللّادار: جهاز شبيه بالرادار.

lid·less [lĭd'-] *(adj.)* (١) بلا جفن أو غطاء (٢) يَقِظ؛ حذِر (ا. ق).

li·do [lē'dō] *(n.)* اللِّيْد: ملهًى أنيق في شاطئ رملي.

lie[1] [lī] *(vi.; n.)* (١) «أ» يتمدّد؛ يضطجع. «ب» يتربّص؛ يترصّد في كمين (٢) يكون في وضع صعب لا يستطيع معه الدفاع عن نفسه <The city *lay* at the mercy of the invader.> (٣) يكون موضوعًا <a book *lying* on the shelf> (٤) يتجه؛ يمتدّ <The road *lies* before you.> (٥) «أ» يقع <France ~*s* west of Germany.>. «ب» يكمن في <The real remedy *lies* in education.>. «ج» يُثْقِل؛ يُرهق <The crime *lay* heavy on her

conscience.> . «د» يحظى بالقبول <His appeal will not ~.> (٦) يظلّ [المركب] راسيًا أو ثابتًا في مكانه لانقطاع الريح § (٧) وَضْع ؛ مَوْقِع <the ~ of a golf ball> (٨) مكمن الطائر أو الحيوان أو السمكة (٩) اضطجاع ؛ استلقاء .

to find out how the land *lies* يستكشف حقيقة الوضع .

to let sleeping dogs ~, لا يتدخّل ؛ يتجنّب مناقشة المسائل التي قد تثير المتاعب .

to ~ at one's heart يكون مصدر قلق [أو تلهّف] لفلان .

to ~ back يستلقي [مستريحًا في كرسيّ إلخ] .

to ~ by (١) يكون أو يبقى على مقربة (٢) يوضع جانبًا (٣) يستريح (٤) يهدأ (٥) يظلّ غير مستعمل .

to ~ down (١) يستلقي في فراشه [ليستريح برهة قصيرة] (٢) يُغضي : يقبل الهزيمة أو الإهانة بذلّ (٣) يهمل أداء واجبه عمدًا .

to ~ in (١) يبقى في سريره إلى ما بعد الوقت المعتاد (٢) تلزم فراشها عند الولادة .

to ~ in one يكون في مستطاعه أو طاقته .

to ~ in the way يقف حجرَ عثرة في الطريق .

to ~ low (١) «أ» يستلقي على الأرض . «ب» يُهزَم . «ج» يُذَلّ أو يُخْزَى (٢) يظلّ مختبئًا ؛ يحاول اجتناب الأنظار (٣) يظلّ مستعدًّا، سرًّا، للعمل .

to ~ off (١) يَبْقى بعيدًا بعضَ الشيء عن الشاطئ أو عن مركب آخر (٢) يكفّ عن العمل فترة (٣) يكبح جماحه في المرحلة الأولى من سباق .

to ~ on *or* upon يتوقف على .

to ~ on one's hands (١) يبقى غير مَبيع (٢) يتطاول [الوقتُ] أو يمرّ ببطء .

to ~ on the head of تقع عليه مسؤوليّة حادث إلخ .

to ~ over (١) يتأجّل (٢) يظلّ غيرَ مدفوع .

to ~ to يظلّ المركبُ ثابتًا في مكانه .

to ~ up (١) يلزم الفراش لمرض أو التماسًا للراحة (٢) يَمْضي المركبُ إلى حوض السفن أو يظلّ فيه .

to ~ with (١) يبيت أو يسكن مع (٢) يضاجع ؛ يجامع امرأة (٣) يتوقف على .

lie[2] [lī] *(vi.; t.; n.)* (١) يَكْذِب x (٢) يُنْقِذ نفسه إلخ عن طريق الكذب <He *lied* himself out of trouble.> § (٣) «أ» كَذِبٌ . «ب» كِذْبة ؛ أُكذوبة (٤) شيء مضلِّل أو خادع (٥) اتّهام بالكَذِب .

to give a person the ~, يتّهمه بالكذب .

to give the ~ to something يدحض أو يكذّب شيئًا .

lied [lēd; lēt] *(n.)* pl. **lie·der** [lē′dər] اللِّيدة : أغنية ألمانية .

Lie·der·kranz [lē′dər kränts′] *(n.)* اللّدَرْكَس : ضرب من الجُبن .

lie detector *(n.)* مِكشاف الكَذِب : أداة تكشف عن أمارات التوتّر المصاحِبة للكذب .

lief [lēv; lēf] *(adv.)* بسرور ؛ عن طيب خاطر .

liege [lēj] *(adj.; n.)* (١) «أ» مُوالٍ : متمتّع بحقّ الولاء الإقطاعيّ يقدّمُهُ إليه أتباعه <responsibilities to his ~ lord> . «ب» مُوالٍ : مرتبط بعهد الولاء نحو سيّد إقطاعيّ <~ subjects> (٢) مخلص ؛ موالٍ § (٣) المُوالي : «أ» التابع المرتبط بعهد الولاء الإقطاعي . «ب» التابع المخلص (٤) المولى أو السيد الإقطاعي .

liege man [lēj] *(n.)* التابع المخلِص .

lien [lēn; lē′ən] *(n.)* (١) الامتياز : حقُّ إلقاء الحجز على ممتلكات شخصٍ استيفاءً لِدَيْن أو التزام قانوني (٢) رَهْن عقاريّ .

li·e·nal [lī ĕn′əl] *(adj.)* طِحاليّ : منسوب إلى الطِّحال .

li·erne [lĭ ûrn′] *(n.)* الضِّلْع المستعرِض : ضلعٌ يربط بين الأضلاع الرئيسية في العقود أو القناطر القوطية (عم) .

lieu [lo͞o] *(n.)* مكان ؛ بَدَل .

in ~ of بدلًا من .

lieu·ten·an·cy [lo͞o tĕn′-] *(n.)* الملازِمية : منصب المُلازِم أو وظيفتُهُ .

lieu·ten·ant [lo͞o tĕn′ənt; lĕf tĕn′-] *(n.)* (١) القائم مقام : موظّف ينوب مناب رئيسه في غيابه (٢) ملازم أول أو ثانٍ (جن) .

lieutenant colonel *(n.)* مُقَدَّم (جن) .

lieutenant commander *(n.)* رائد بحري (جن) .

lieutenant general *(n.)* فريق (جن) .

lieutenant governor *(n.)* نائب الحاكم [في ولاية أميركية] .

lieutenant junior grade *(n.)* ملازم ثانٍ [في البحرية] .

life [līf] *(n.; adj.)* (١) حياة (٢) عيشة (٣) سِيرة ؛ ترجمة حياة (٤) عُمر (٥) حكم بالسجن المؤبّد (٦) نمطُ حياة (٧) معيشة ؛ رزق (٨) كائن حيّ ؛ وبخاصة : شخص (٩) مبدأ أو قوة مُحْيِيَة (١٠) حيويّة (١١) روح <Adib was the ~ of the enterprise.> (١٢) الفرصة الجديدة [تُمنَح لشخص محتمَلٍ أن يخسر] § (١٣) ذو علاقة بكائن حيّ <~ instincts> (١٤) دائم مدى الحياة <a ~ member> (١٥) مستعمِلٌ نموذجًا حيًّا في تعليم الرسم <a ~ class> (١٦) متعلق بالتأمين على الحياة <a ~ policy> .

a bad ~, شخص من المرجّح أن لا يبلغ متوسط العمر المتوقَّع [في التأمين على الحياة] .

a good ~, شخص من المرَجّح أن يبلغ متوسط العمر المتوقّع [في التأمين على الحياة] .

for ~, مدى الحياة .

for the ~ of me برغم جميع محاولاتي .

to bring to ~, (١) يُحيي (٢) يُعيد شخصًا مَغْشِيًّا عليه إلى وعيِهِ (٣) يشفي مصابًا بمرضٍ خطير .

to come to ~, (١) يبدأ الحياة (٢) يفيق من إغماء ؛ يستعيد رُشْدَه .

to have the time of one's ~, يمتّع نفسه أكثر مما فعل في أيّما وقت مضى .

to run for one's ~ *or* for dear ~ *or* for very ~, يهرب طلبًا للنجاة من الموت .

ă at; ā date; â care; ä car; ĕ egg; ē me; ĭ in; ī bite; ŏ lot; ō bone; ô orphan; oi boil; o͝o good; o͞o boot; ou out; ŭ under; û urgent; ə = *a* in alone, *e* in system, *i* in easily, *o* in gallop, *u* in circus.

to take a person's ~, يقتل فلانًا .

to take one's own ~, ينتحر .

to the ~, بكثير من الدقّة والأمانة للأصل .

life belt *(n.)* (١) حِزام النّجاة [من الغرق] (٢) حزام الأمان .

life·blood [līf′-] *(n.)* (١) دمُ الحياة (٢) قِوام الحياة .

life·boat [līf′bōt′] *(n.)* قارب النجاة [من الغرق] .

life buoy *(n.)* طافِية النّجاة : عوّامة تُطرَح من القارب إلى شخص مُشرفٍ على الغرق .

life cycle *(n.)* (١) دورة الحياة : «أ» سلسلة من التطورات في الشكل والنشاط الوظيفي يمرّ بها الكائن الحيّ منذ نشأتِهِ الأولى حتى يصبح قادرًا على التناسل . «ب» سلسلة من المراحل التي يجتازها الفرد [أو الجماعة أو الثقافة] خلال الحياة .

life expectancy *(n.)* متوسّط العُمْر المتوقَّع .

life–form [līf′fôrm′] *(n.)* الشكل الحياتيّ : الشكل الجسدي المميِّز لنوعٍ من المتعضِّيات عند النُّضج (أح) .

life·ful *(adj.)* (١) مُفْعَم بالحيوية (٢) مُنْعِش ؛ مانحٌ للحيوية (ا . ق) .

life–giv·ing *(adj.)* (١) مُحْيٍ ؛ مُعْطٍ حياةً (٢) منشِّط .

life·guard [-′gärd′] *(n.)* (١) حَرَسٌ (ا . ن) (٢) عامل الإنقاذ : سبّاح محترفٌ مكلَّف بإنقاذ السابحين عند تعرُّضهم للغرَق .

life history *(n.)* (١) تاريخ الحياة : «أ» تاريخ التغيرات التي يمرّ بها كائن حيّ في تطوّره من مرحلة البيضة أو غيرها من مراحل الحياة الأوليّة إلى موته الطبيعيّ . «ب» سلسلة من هذه التغيرات (٢) تاريخ تطور فردٍ ما في بيئته الاجتماعية .

life insurance *(n.)* التأمين على الحياة .

life jacket *(n.)* صِدار النجاة : ثوب من فلّين للوقاية من الغرق .

life·less [līf′-] *(adj.)* غير ذي حياة : «أ» مَيْت . «ب» فاقد الوعي أو الحسّ . «ج» تُعْوِزُه الحيويّة أو الروح <a ~ novel> . «د» مقفر ؛ غير مأهول <~ planets>.

life·like [līf′-] *(adj.)* حيّ ؛ نابض بالحياة <a ~ portrait> .

life·line [līf′-] *(n.)* (١) حبل السلامة ، مثل : «أ» حبل لإنقاذ الحياة يُلقى من الشاطئ إلى سفينة . «ب» حبل مشدود إلى خوذة الغاطس كوسيلة لتنزيله أو رفعه . «ج» حبل يُدلّى به شخص من مكان عالٍ (٢) الطريق الحيويّة : طريق برية أو بحرية أو جوية تُعتبر ضروريّة للحياة .

life·long [līf′-] *(adj.)* مستمرّ مدى الحياة <~ study> .

life net *(n.)* شبكة الإنقاذ : شبكة يمسك بها الإطفائيّون فيقفز إليها الأشخاص من المباني المحترقة .

life office *(n.)* مكتب شركة تأمين .

life of Ri·ley [rī′lē] *(n.)* حياةُ رَغَدٍ ؛ عيشةٌ هانئة .

life peer *(n.)* النبيل العُمْريّ : نبيل بريطاني لا يَرِث أبناؤه لَقَبهُ .

life preserver *(n.)* (١) صِدار النَّجاة : ثوبٌ من فلّين للوقاية من الغرق (٢) الجِلدانيّة : هراوة مكسوّة بالجِلد .

lif·er [lī′fər] *(n.)* المؤبَّد : المحكوم عليه بالسجن المؤبَّد .

life raft *(n.)* رَمَث النَّجاة .

life ring *(n.)* = life buoy.

life·sav·er [līf′-] *(n.)* (١) مُنْقِذ الغرقى (٢) نعمة ؛ بركة .

life·sav·ing *(adj.; n.)* (١) منقذٌ للحياة <~ drugs> § (٢) إنقاذ الغَرْقى .

life sentence *(n.)* حُكم التأبيد : حكم بالسجن مدى الحياة (ق) .

life–size *or* **life–sized** *(adj.)* بالحجم الطبيعي ؛ بحجم الأصل <~ statues>.

life span *(n.)* بَسْطة الحياة : أطول امتداد لحياة أيّ نباتٍ أو حيوان .

life·time [līf′-] *(n.)* (١) العُمْر : «أ» حياة المرء أو مداها . «ب» عُمْر الأيون (٢) حَصيلة العمر <a ~ of regrets> .

life vest *(n.)* = life jacket.

life·way [līf′-] *(n.)* نمطُ الحياة : طريقة في العيش مُعَيَّنة .

life·work *(n.)* عَمَلُ العُمر : «أ» كامل ما يقوم به المرء في حياته من أعمال أو أهمّ ما يقوم به خلالها . «ب» عملٌ يستغرق عمرًا بكامله .

lift [lĭft] *(vt.; i.; n.)* (١) «أ» يرفع . «ب» يرقّي ؛ يعلّي . «ج» يزيد المعدّل أو المقدار (٢) يرفع [الحصار عن] (٣) يُبطل ؛ يلغي (٤) «أ» يسرق . «ب» ينتحل آراء غيره (٥) يقتلع [البطاطا ونحوها] من الأرض (٦) يفكّ رهنًا إلخ (٧) يَنْقل الرَّمْيَ [بنار المدافع من منطقة إلى أخرى] (٨) يَنْقل من مكان إلى آخر x (٩) «أ» يرتفع ؛ يصعد . «ب» يبدو مرتفعًا [عن الأشياء المحيطة به] (١٠) «أ» ينقشع [السحاب أو الضباب] . «ب» ينقطع [المطر] موقتًا § (١١) حمولة (١٢) حَمْل ؛ رَفْع ؛ رَفْعة (١٣) رافعة (١٤) سرقة (١٥) «أ» مساعدة ؛ عَوْن . «ب» نَقْلة الطريق : نقلُ المرء المنطلق بسيارته إلى جهة ما شخصًا آخر إلى موضع واقع على الخطّ نفسه (١٦) إحدى طبقات كعب الحذاء (١٧) تقدّم ؛ ارتفاع في المنزلة (١٨) «أ» ارتفاع بسيط . «ب» مدى الارتفاع (١٩) مجموعة مضخّات [تُستعمل في منجم] (٢٠) «أ» مِصعَد [في مبنًى] . «ب» جهاز لرفع السيارة [بغية إصلاحها] . «ج» مِصْعد [لنقل الناس في منحدر جبل] (٢١) «أ» قوّة منشِّطة . «ب» نشاط (٢٢) الرَّفع : قوة رفع الطائرة إلى أعلى (طي) .

to ~ the hand يسدّد ضربةً [إلى] .

to ~ up one's head (١) يرفع رأسه (٢) يستردّ صحّته .

lift·man [lĭft′-] *(n.)* عامل المِصعد [في مبنًى] .

lift pump *(n.)* مِضخَّة الرَّفع (مك) .

lift truck *(n.)* شاحنة الرفع : شاحنة صغيرة لرفع الأثقال ونقلها .

lig·a·ment [lĭg′ə-] *(n.)* (١) الرِّباط (ت) (٢) رابطة .

lig·a·men·ta·ry; lig·a·men·tous [-mĕn′-] *(adj.)* رِباطيّ ؛ رابطيّ .

li·gan [lī′gən] *(n.)* = lagan.

li·gate [lī′gāt] *(vt.)* (١) يربط (٢) يربط وعاءً دمويًّا (جر) .

li·ga·tion [lī gā′-] *(n.)* (١) رَبْط (جر) (٢) رِباط (را . المادة التالية) .

lig·a·ture [lĭg′ə cho͝or; -chər] *(n.)* (١) «أ» رباط ؛ وبخاصة : خيط لربط الأوعية الدموية (جر) . «ب» رابطة (٢) رَبْط (٣) علامة الربط الموسيقية (٤) الحرف المزدوج : حرف مؤلف من حرفين متصلين (مثل œ) .

light[1] [līt] *(n.; adj.; vi.; t.)* (١) الضوء ؛ النور (فز) (٢) «أ» ضياء النهار . «ب» فجر (٣) مصدر ضوء . مثل : «أ» جِرم سماويّ . «ب» شمعة . «ج» مصباح كهربائيّ (٤) «أ» نور باطني أو روحي . «ب» تَنَوُّر . «ج» الحقيقة (٥) المظهر

الذي يتبدّى [أو يُرَى] فيه شيء <This shows up in a favorable ~.> (٦) «أ» نافذة. «ب» مَنْوَر [في سقف مبنى أو على سطح مركب] (٧) *pl.*: فلسفة حياة <said that one should worship according to one's ~*s*> (٨) المَنار: شخصٌ بارز في منطقة أو حقل معيّن (٩) التماع أو وميض أو تعبير [في العين] (١٠) «أ» منارة. «ب» إشارة من إشارات السير (١١) الضوء: أثر الضوء الساقط على شيء أو مشهدٍ كما تمثّله صورةٌ فنيّة (١٢) وسيلة إشعال. مثل: شرارة؛ عود ثقاب § (١٣) مشرق؛ مُنير <the ~*est* room in the house> (١٤) فاتح اللون <She has ~ eyes.> (١٥) كثير الحليب أو الكريما <~ coffee> § (١٦) يُشرق <Sami's face *lit* up.> (١٧) يشتعل **x** (١٨) يُشْعِل (١٩) «أ» يَهْدي؛ يُرشد. «ب» ينير؛ يضيء. «ج» يملأه بالإشراق.

in the ~ of — على ضوء كذا.
the ~ of one's countenance — رِضا المرء أو موافقته.
to bring to ~, — يكشف؛ يُظهر؛ يُعلِن.
to come to ~, — يَظْهر؛ يبين؛ يصبح معروفًا.
to see (the) ~, — (١) يولد؛ يرى النور؛ يأتي إلى حيّز الوجود (٢) يَظْهر للعيان (٣) يُنْشَر [الكتابُ].

light[2] *(adj.)* (١) خفيف: «أ» غير ثقيل. «ب» مُعَدّ للسرعة أو لنقل الأحمال الخفيفة نسبيًّا <a ~ airplane>. «ج» ذو وزن أقلّ من الوزن الشرعيّ أو المألوف <~ coin> (٢) «أ» تافه. «ب» زهيد؛ هزيل. «ج» خفيف النوم <a ~ sleeper> (٣) لطيف؛ رفيق (٤) «أ» يسير؛ محتَمَل. «ب» هيّن (٥) رشيق <had ~ fingers> (٦) «أ» طائش؛ مستهتر <her ~ conduct>. «ب» متقلّب <a ~ man>. «ج» فاسق؛ داعر <~ women> (٧) مبتهج؛ خالٍ من الهموم <a ~ heart> (٨) خفيف: مُعَدّ للتسلية في الدرجة الأولى <~ ballet music> (٩) «أ» مخفَّف؛ غير مركّز <~ wine>. «ب» ذو نكهة معتدلة نسبيًّا (١٠) خفيف: سهل الهضم <~ soup> (١١) خفيف السّلاح <a fairly ~ cavalry> (١٢) سهل التفتّت <a ~ soil> (١٣) مصاب بدوار (١٤) «أ» مزوّد بحمولة ضئيلة أو غير مزوَّد بأية حمولة <Our ship returned ~.>. «ب» خفيف: بسيط الآلات نسبيًّا أو منتج سلعًا للاستهلاك المباشر <~ industry>.

to make ~ of — يُهْمِل؛ يستهين بـ؛ يستخفّ بـ؛ ينظر إليه نظرته إلى شيء يمكن اغتفارُه.

light[3] *(adv.)* (١) lightly (٢) بأمتعة قليلة <to travel ~>.

light[4] *(vi.)* (١) يترجّل [من عربة إلخ] (٢) يَحُطّ [الطائر] (٣) يقع أو ينقضّ [على نحوٍ غير متوقَّع] (٤) يجد أو يَعْثر [على الحلّ إلخ] مصادفةً.

to ~ into — (١) يهاجم بعُنف (٢) يُوبّخ.
to ~ out — ينصرف مسرعًا؛ يذهب بعجلة <She *lit* out for home at once.>.

light adaptation *(n.)* التكيُّف الضوئي: تكيُّف العَيْن مع الإنارة الساطعة.

light–a·dapt·ed *(adj.)* متكيِّف مع الضوء.

light air *(n.)* الريح الخفيفة.

light bread *(n.)* خبز القمح؛ خبز الحنطة.

light·en[1] [lī'tən] *(vt.; i.)* (١) يُضيء؛ يُنير (٢) يُفتِّح [اللونَ] **x** (٣) «أ» يسطع. «ب» يزداد إشراقًا (٤) يُوْمِض؛ يَبْرُق.

light·en[2] *(vt.; i.)* (١) يحرِّر من عبء (٢) يُخفِّف (٣) يُلطِّف (٤) يُبهج **x** (٥) يَخِفّ (٦) يُصبح أكثر ابتهاجًا.

ligh·ter[1] [līt'ər] *(n.; vt.)* (١) الصَّنْدَل: مَرْكبٌ مُسَطَّح القاع لتفريغ السُّفن أو تحميلها § (٢) يُصَنْدِل: يَنْقُل بالصَّنادل.

ligh·ter[2] *(n.)* (١) المُضيء؛ المُشْعِل إلخ (٢) قدّاحة.

ligh·ter·age [lī'tər ĭj] *(n.)* (١) الصَّنْدَلة: تحميل أو تفريغ أو نقل البضائع بالصَّنادل (٢) أجرة الصَّنْدَلة (٣) صنادل.

light·face *(n.)* الحرف الرقيق: حرف مطبعيّ رفيع الخطوط.

light–fin·gered *(adj.)* (١) خفيف اليد في السرقة. وبخاصة: نشّال (٢) رشيق.

light–foot·ed [līt'foot'ĭd] *also* **light–foot** [līt'foot'] *(adj.)* (١) رشيق الخطى <~ girls> (٢) رشيق الحركة <~ opera>.

light–hand·ed *(adj.)* رشيق؛ خفيف اليد.

light–head·ed *(adj.)* (١) دائخ؛ مُصاب بدُوار (٢) طائش.

light–heart·ed [līt'här'tĭd] *(adj.)* خَليّ؛ خالٍ من الهموم؛ جَذِل.

light heavyweight *also* **light heavy** *(n.)* ملاكم من الوزن الثقيل الخفيف [يبلغ وزنه الأقصى ١٧٥ باوندًا].

lighthouse

light·house [līt'-] *(n.)* المنارة؛ الفَنار.

light housekeeping *(n.)* تدبير المنزل الخفيف: «أ» عمل منزلي مقصورٌ على المهامّ الأقلّ اقتضاءً للجهد والعناء. «ب» تدبير المنزل في المَواطن التي لا تتوفر فيها وسائل الطهو.

light·ing [lī'tĭng] *(n.)* (١) «أ» إضاءة؛ إنارة. «ب» إشعال (٢) ضوء صُنعيّ [أو الجهاز الذي يُزَوِّد المرءَ به].

light·less [līt'-] *(adj.)* (١) مُظلم (٢) غير منير <~ stars>.

light·ly [līt'-] *(adv.)* (١) برِفْق (٢) بلامبالاة؛ باستخفاف (٣) بسهولة؛ بيُسْر (٤) بمرح؛ بطيش أو استهتار (٥) برشاقة (٦) قليلًا؛ بمقادير ضئيلة.

light–mind·ed [līt'mīn'dĭd] *(adj.)* طائش؛ مُستهتر.

light·ness [līt'-] *(n.)* (١) إضاءة؛ إشراق (٢) خفّة في اللون أو الوزن (٣) «أ» خفّة؛ طيش. «ب» مَرَح (٤) رشاقة (٥) رِفق؛ رقّة.

light·ning [līt'nĭng] *(n.; adj.; vi.)* (١) بَرْق (٢) حظّ سعيد مفاجئ § (٣) خاطف: سريع أو مفاجئ كالبرق § (٤) تَبْرُق؛ تَبْرُقُ السّماء.

lightning arrester *(n.)* دافع الصاعقة: أداة لوقاية الجهاز الكهربائيّ أو جهاز الراديو المستقبِل من أذى البرق.

lightning bug *or* **beetle** *(n.)* = firefly.

lightning rod *(n.)* مانعة الصواعق.

light–o'–love [lĭt'ə lŭv'] *(n.)* (١) مومس (٢) عشيق؛ عشيقة.

light opera *(n.)* = operetta.

light·plane [lĭt'plān'] *(n.)* الطائرة الخفيفة. وبخاصة: طائرة ركاب صغيرة يملكها فردٌ.

light·proof [lĭt'proof'] *(adj.)* صامد للضّوء: لا ينفذ إليه الضوء.

light quantum *(n.)* الفوتون (را. photon).

lights [līts] *(n. pl.)* الرئتان. وبخاصة: رئتا حيوانٍ ذبيح.

light·ship [lĭt'-] *(n.)* المنارة العائمة: مركبٌ مُنارٌ يُثبَّت بمَراسٍ في موضع من البحر خَطِرٍ على السفن المُبْحِرة [تحذيرًا لها منه].

light·some [lĭt'səm] *(adj.)* (١) مَرِح؛ خليّ؛ خالٍ من الهموم (٢) طائش؛ مستهتر (٣) متقلّب (٤) رشيق (٥) ساطع (٦) منير؛ وضّاء.

lights–out *(n.)* (١) أمرٌ أو إنذار بضرورة إطفاء الأنوار (٢) موعد الرُّقاد أو الإيواء إلى الفراش [بالنسبة للأشخاص الخاضعين لنظام معيَّن].

light–struck *(adj.)* مُضَبَّب: مُفْسَدٌ أو مُغَشًّى من جرّاء التعرّض غير المقصود للضوء [صفة لفيلم فوتوغرافيّ].

light·tight [lĭt'tīt'] *(adj.)* = lightproof.

light·weight [-'wāt'] *(n.; adj.)* (١) شخص دون المتوسط وزنًا. وبخاصة: ملاكم من الوزن الخفيف [وزنه الأقصى ١٣٥ رطلًا إنكليزيًا] (٢) التّافه: شخص ضئيل الشأن أو المقدرة § (٣) تافه؛ ضئيل الشأن (٤) دون المتوسّط وزنًا (٥) ذو علاقة بملاكم من الوزن الخفيف.

light·wood [lĭt'-] *(n.)* الخشب اللّهوب: خشب سريع الاشتعال.

light–year *(n.)* السَّنة الضَّوئية: «أ» وحدة تعادل المسافة التي يجتازها الضوء في عام واحد في خَواءٍ أي ٥,٨٧٨,٠٠٠,٠٠٠,٠٠٠ ميل. «ب» مسافة طويلة إلى أبعد الحدود.

lign- *or* **ligni-** *or* **ligno-** بادئة معناها: خشب.

lig·ne·ous [lĭg'nĭ əs] *(adj.)* (١) خشبيّ (٢) خَشبانيّ: كالخشب.

lig·ni·fy [lĭg'nə fī'] *(vt.; i.)* (١) يخشِّب: يُحوّل إلى خشب أو نسيج خشبيّ **x** (٢) يتخشّب: يصبح خَشَبًا أو خشبيًّا.

lig·nin [lĭg'nĭn] *(n.)* الخَشَبين؛ الليغنين: مادة عضوية تشكّل هي والسّلولوز قِوام النسيج الخشبيّ (نب).

lig·nite [-'nīt'] *(n.)* اللّيغنيت: ضرب من الفحم الحجري.

lig·no·cel·lu·lose [-sĕl'yə lōs'] *(n.)* السلولوز الخشبي (نب).

lig·ro·in [-'rō ĭn] *(n.)* اللّيغْرويين: مزيجٌ سريعُ الاشتعال.

lig·u·la [lĭg'yə lə] *(n.)* اللُّسَيْن: «أ» الزائدة الغشائية الناتئة من قمة غمد الورقة في كثير من الأعشاب (نب). «ب» الجزء المفصَّص: الجزء الأقصى من شفة الحشرة (ح).

lig·ule [lĭg'yool] *(n.)* = ligula *a.*

lig·ure [lĭg'yoor] *(n.)* اللِّيغور: حجر كريم.

lik·a·ble [lī'kə bəl] *(adj.)* جديرٌ بأن يُحَبّ. <a very ~ fellow>.

like[1] [līk] *(vt.; i.; n.)* (١) يلائم؛ يرضي <It ~s me not.> (٢) يميل إلى (٣) يودّ؛ يرغب في **x** (٤) يوافق على (٥) يشاء (٦) يُحبّ § (٧) ما يحبّه المرء <~s and dislikes>.

like[2] *(adj.; prep.; n.)* (١) مماثل؛ مشابه <suits of ~ design> (٢) ميّال إلى <to feel rather ~ taking a walk> (٣) «أ» مُرجَّح <They are ~ to meet again.> «ب» مشرفٌ على أو كأنّه مشرف على <~ to die> § (٤) «أ» كَ؛ مثل. «ب» من عاداته أو خصائصه المميِّزة <was ~ him to remember me at Christmas> § (٥) المثيل؛ النظير <No one has seen his ~.>.

like[3] *(adv.; conj.)* (١) على الأرجح <That was he, ~ enough.> (٢) إلى حدّ ما <a small-*like* car; shrunk up ~ and went away> (٣) تقريبًا § (٤) وكأنّه <acted ~ he felt sick> (٥) مِثْلما.

-like لاحقة معناها: شبيه بـِ؛ مميِّز لِـ.

like·a·ble [lī'kə bəl] *(adj.)* = likable.

like·li·hood [līk'lĭ-] *(n.)* احتمال؛ توقُّع؛ إمكانيّة؛ ترجُّح؛ أرجحيّة.

like·ly [līk'lĭ] *(adj.; adv.)* (١) مُحْتَمَل؛ مُتَوَقَّع؛ ممكِن <not ~ to happen> (٢) ملائم <a ~ place to fish> (٣) مُحْتَمَل؛ قابلٌ للتصديق <a ~ story> (٤) واعدٌ؛ مَرْجُوّ؛ منتظَرٌ نجاحُهُ <~ men> (٥) جذّاب؛ فاتن <a ~ girl> § (٦) على الأرجح.

like–mind·ed *(adj.)* من نفس المزاج أو الغرض أو الرأي أو التفكير.

lik·en [lī'kən] *(vt.; i.)* (١) يُشَبِّه **x** (٢) يُشْبِه.

like·ness [līk'nəs] *(n.)* (١) صورة؛ رسم زيتيّ أو فوتوغرافي (٢) شكل؛ مَظهر خارجي <assumed the ~ of a lion> (٣) شكلٌ.

The portrait is a good ~, [هذه] الصورة الزيتية [لشخص ما] تُشْبِه الأصل.

like·wise [līk'wīz'] *(adv.)* (١) بطريقة مماثلة (٢) أيضًا؛ فوق ذلك.

lik·ing [lī'-] *(n.)* مَيْل؛ وَلوع <a great ~ for cigars>.

li·lac [lī'lək] *(n.)* (١) اللَّيْلَج؛ اللَّيْلَك: جنبة عَطِرة الزهر (نب) (٢) اللَّيْلَجيّ؛ اللَّيلكيّ: لون أرجواني فاتح أو شاحب.

li·la·ceous [lī lā'shəs] *(adj.)* لَيْلَجيّ؛ ليلكيّ: ذو لون أرجوانيّ فاتح.

lil·i·a·ceous [-ā'shəs] *(adj.)* زَنْبقيّ: منسوب إلى الزنبقيات.

lil·ied [lĭl'ĭd] *(adj.)* (١) زنبقانيّ: شبيه بالزنبق (٢) «أ» مُزَنْبَق: مكسوّ أو مزيَّن بالزّنبق. «ب» حافل بالزنبق.

Lil·ith [lĭl'ĭth] *(n.)* ليليث: «أ» روح شريرة، في الميثولوجيا الساميّة، تقيم في المواطن المهجورة وتهاجم الأطفال. «ب» زوجة آدم الأولى [في الأساطير اليهودية]. «ج» عرّافة مشهورة [في المعتقدات الوسيطيّة].

Lil·li·put [lĭl'ĭ pŭt'] *(n.)* (١) ليليبوت: مملكة خياليّة يقطنها أقزام [وقد وصفها سْويفت في روايته «رحلات غاليفر»] (٢) القَزَم.

Lil·li·pu·tian [lĭl'ĭ pyoo'shən] *(adj.; n.)* (١) ليليبوتي: ذو علاقة بجزيرة ليليبوت الخياليّة وأقزامها (٢) «أ» قَزَم. «ب» تافه؛ صغير العقل § (٣) الليليبوتي: قَزَم من جزيرة ليليبوت الخياليّة يبلغ طوله خمسة عشر سنتيمترًا (٤) *not cap.* أ. ك: القَزَم.

lilt [lĭlt] *(vt.; i.; n.)* (١) يغنّي بجذَل **x** (٢) يغنّي أو يتكلّم على نحوٍ إيقاعيّ (٣) يتحرّك بخفة ونشاط § (٤) أغنية مرحة (٥) خفة؛ نشاط.

lilt·ing [lĭl′tĭng] *(adj.)* (١) إيقاعيّ (٢) مَرِح .

lil·y [lĭl′ĭ] *(n.; adj.)* (١) الزَّنبق (نب) (٢) النَّيلوفر ؛ زنبق الماء § (٣) زنبقانيّ : شبيه بالزنبق جمالًا أو نقاءً أو هشاشةً .

lil·y–liv·ered *(adj.)* جبان ؛ رِعديد ؛ مخلوع الفؤاد .

lily of the valley زنبق الوادي .

lily pad *(n.)* الطافية النَّيلوفرية : إحدى ورقات النَّيلوفر الكبيرة الطافية .

lil·y–white *(adj.; n.)* (١) ناصع البياض [كالزنبقة] (٢) عَزْليّ : مُتّسم بعزل الزنوج وبخاصة عن السياسة أو مؤيّدٌ لهذا العزل (٣) بريء ؛ طاهر § (٤) العَزْليّ : عضو في منظمة سياسية تنادي بعَزْل الزنوج .

lim·a·cine [lĭm′ə sīn′; -sĭn; lī′-] *(adj.)* حَلَزونيّ .

li·man [lĭ măn′] *(n.)* = lagoon.

limb[1] [lĭm] *(n.; vt.)* (١) الوُصْل : أحد أطراف الحيوان . وبخاصة : رِجل الإنسان أو ذراعه [والجمع أوصال] (٢) غُصنٌ كبير أو رئيسي (٣) عضوٌ أو عاملٌ فعّال (٤) فرع ؛ شعبة ؛ امتداد (٥) طفلٌ مؤذٍ § (٦) يؤرّب ؛ يقطّع الأعضاء أو الأوصال . وبخاصة : ينزع أغصان شجرةٍ مقطوعة .

a ~ of the law (١) محام (٢) شرطيّ .

limb[2] [lĭm] *(n.)* الحافَة : «أ» الحاشية المدرَّجة في أداة لقياس الزوايا (هن) . «ب» طُنُف الجِرم السماويّ أو الحافَة الخارجية لقُرْصِهِ الظاهريّ (فل) . «ج» الجزء المنتشر من بَتَلةٍ أو سَبَلةٍ أو ورقة (نب) .

lim·bate [lĭm′bāt] *(adj.)* ذو حاشية [كزهرةٍ يُكتَنَفُ فيها لونٌ بحاشيةٍ من لونٍ آخر] .

limbed [lĭmd] *(adj.)* ذو أوصال أو أطراف <strong-*limbed*> .

lim·ber[1] [lĭm′bər] *(n.)* القادمة : الجزء الأمامي من عربة المِدْفع .

lim·ber[2] *(adj.; vt.; i.)* (١) لَدْن ؛ سهلُ الانثناء (٢) رشيق § (٣) يُلَدِّن ؛ يُرَشِّق : يجعله لَدْنًا أو رشيقًا x (٤) يصبح لدنًا أو رشيقًا .

limb·less [lĭm′ləs] *(adj.)* عديم الأوصال أو الأطراف .

lim·bo [lĭm′bō′] *(n.)* (١) *cap.* أ . ك : اليَمْبوس ؛ الأعراف : موطن الأرواح التي تُحْرَم دخولَ الجنة لغير ذنب اقترفته [كأرواح الأطفال غير المعمَّدين إلخ] (٢) «أ» سِجن . «ب» كون المرء سجينًا (٣) «أ» إهمال ؛ نسيان . «ب» موطن إهمال أو نسيان (٤) التوسُّط : حالة متوسِّطة أو انتقالية ؛ موطنٌ متوسِّط أو انتقاليّ .

Lim·burg·er [lĭm′bûr′gər] *(n.)* اللِّمْبَرْج : جبن حِرّيف .

lim·bus [-′bəs] *(n.)* pl. **-bi** [bī] حاشية ؛ حافة ؛ طَرَف («ت» و«ح») .

lime [līm] *(n.; adj.; vt.)* (١) الدّابوق : مادة لزجة تُطْلَى بها الأغصان لالتقاط صغار الطير (٢) الكِلس ؛ الجِير (٣) كلسيوم (٤) الزَّيزفون (را . linden) (٥) اللَّيم : ضرب من الليمون الحامض § (٦) كِلْسِيّ § (٧) يُدَبِّق : يكسو أغصان الشجرة بالدابوق (٨) يأسِر [بالدّابوق] ؛ يُوقع في شَرَك (٩) يُكلِّس : يعالج أو يكسو بالكلس .

lime·ade [līm′ād′] *(n.)* اللَّيماد : شرابٌ قِوامُهُ عصير اللَّيم .

lime glass *(n.)* الزُّجاج الجيريّ [يتضمَّن نسبةً عاليةً من الجير] .

lime–juic·er *(n.)* (١) «أ» سفينة بريطانية (ع) . «ب» بحّار بريطانيّ (ع) (٢) شخص إنكليزيّ (ع) .

lime·kiln [līm′kĭl; -′kĭln′] *(n.)* الكلّاسة : أتّون لحرق حجر الكلس وتحويله إلى كلس .

lime·light [līm′līt′] *(n.; vt.)* (١) نور الكلس : «أ» وسيلة لإنارة المسرح قِوامُها نورٌ منبعث من كتلة كلسٍ مُحَمّاة . «ب» ضوء المسرح الناشئُ عن ذلك . «ج» ضوء يُسَلَّط على شخص أو شيء أو جماعةٍ فوق خشبة المسرح (٢) الأضواء ؛ بريق الشهرة <was fond of the ~> § (٣) يسلّط الأضواء على ؛ يجعله موضعَ اهتمام الجماهير .

li·men [lī′mən] *(n.)* عتبة الشُّعور (نف) .

lim·er·ick [lĭm′ər-] *(n.)* اللِّمريكيّة : قصيدة هزلية خماسية الأبيات .

lime·stone [līm′stōn′] *(n.)* حجر الكلس ؛ حجر الجير .

lime–twig *(n.)* (١) قضيب الدابوق [لتصيُّد العصافير] (٢) شَرَكٌ ؛ فخّ .

lime·wa·ter [līm′-] *(n.)* (١) ماء الكِلس : محلولٌ كلسيّ يُتَّخذ مضادًا للحموضة (٢) المياه الكلسية .

lim·ey [lī′mĭ] *(n.)* (١) بحّار إنكليزي (ع) (٢) رجل إنكليزي (ع) .

li·mic·o·line [lī mĭk′ə līn′; -lĭn] *(adj.)* (١) سَحُول : ساكن السواحل (٢) سَحُوليّ : ذو علاقة بالطيور السَّحولة .

lim·i·nal [lĭm′ə nəl; lī′mə-] *(adj.)* (١) عَتَبيّ : «أ» ذو علاقة بعتبة الشعور . «ب» واقعٌ على عتبة الشعور (٢) مُدْرَك بصعوبة .

lim·it [lĭm′ĭt] *(n.; vt.)* (١) حدّ (٢) التَّخْم : حدّ جغرافي أو سياسي (٣) «أ» قَيْد . «ب» المدى الأقصى (٤) الحدّ : الحدّ الأقصى أو الحدّ الأدنى من كمية (٥) النهاية ؛ الحدّ (ر) § (٦) يعيِّن ؛ يحدِّد (٧) «أ» يقيِّد ؛ يَحْصُر . «ب» يُنقص ؛ يختصر .

lim·i·tar·y [lĭm′-] *(adj.)* (١) محدود <~ authority> (ا . ق) (٢) «أ» حدّيّ ؛ تَخْميّ (ا . ق) . «ب» مطوِّق ؛ حاصر ؛ محدِّد .

lim·i·ta·tion [lĭm′ə tā′-] *(n.)* (١) تحديد ؛ تقييد (٢) عجز ؛ قُصور ؛ نقطة ضَعْف (٣) حدّ ؛ قَيْد (٤) المهلة القانونية .

lim·i·ta·tive [lĭm′ə tā′-] *(adj.)* (١) تحديدي ؛ تقييدي (٢) مُحدِّد ؛ مُقَيِّد .

lim·i·ted [lĭm′-] *(adj.)* (١) «أ» محدود ؛ محصور ضمن حدود . «ب» مقصور : مقصور على عدد محدّد من الركّاب ولا يقف إلا في عدد محدود من المحطّات <a ~ express> (٢) مقيَّد : مقيّد بدستور <~ monarchy> (٣) محدود : ضيّق أفق التفكير .

lim·it·ing [lĭm′-] *(adj.)* محدِّد ؛ مقيِّد ؛ نهائيّ .

limiting value *(n.)* القيمة الحدّية أو النهائية .

lim·it·less *(adj.)* لا حدَّ له ؛ لا يَعْرف حدًّا .

lim·mer [lĭm′-] *(n.)* (١) وَغْد (إسك) (٢) بغيّ ؛ مومس (إسك) .

limn [lĭm] *(vt.)* (١) «أ» يرسُم . «ب» يُخطِّط (٢) يصف .

lim·net·ic [-nĕt′-] *(adj.)* عُذوبي: ذو علاقة بالمياه العذبة أو عائش فيها.

lim·nol·o·gy [lĭm nŏl′ə jĭ] *(n.)* علم المياه العذبة.

lim·o·nene [-′ə nēn′] *(n.)* اللّيمونين: سائل عديم اللون.

li·mo·nite [lī′mə nīt′] *(n.)* اللّيمونيت: أكسيد الحديد.

lim·ou·sine [lĭm′ə zēn′] *(n.)* اللّيموزين: سيارة ركّاب مُتْرَفة.

limp [lĭmp] *(vi.; n.; adj.)* (١) «أ» يَعرج؛ يَظلع. «ب» يترنّح؛ يمشي مضطربًا (٢) يتقدَّم ببطء أو بصعوبة § (٣) عَرَجٌ؛ ظَلَعٌ § (٤) مُستَرْخٍ؛ متدلٍّ؛ مُهَلْهَل (٥) رِخو؛ ليّن (٦) «أ» مترهّل. «ب» مُنهَك؛ مُضْنًى. «ج» ضعيف <Her character is rather ~.>.

— **limp·ness** *(n.)*

lim·pet [lĭm′pət] *(n.)* (١) البَطْلينوس: حيوان من الرّخويات يلتصق بالصخور (٢) اللُّصَقة: شخص لا يفارق شخصًا أو شيئًا آخر (٣) المُلْتَصِقة: متفجرة مُعَدَّة للالتصاق ببدن السفينة.

limpet *1.*

lim·pid [lĭm′-] *(adj.)* (١) «أ» شفّاف. «ب» واضح (٢) رائق؛ صافٍ.

limp·kin [lĭmp′kĭn] *(n.)* الواق الأغرّ: طائر كبير، مُخَوِّض، بُنّي اللون، يشبه الواق (را. bittern) ولكنه يتميز بمنقار أطول من منقاره، وعُنق أطول من عنقه، وبعصائب أو خطوط بيضاء تزيّن رأسه وعُنقَه.

limp·sy [lĭm′sĭ; lĭmp′sĭ] *(adj.)* = limp.

limp–wrist·ed *(adj.)* (١) مُخَنَّث (٢) رِخو؛ ضعيف.

lim·u·lus [lĭm′yə ləs] *(n.)* pl. **-li** = king crab.

lim·y [lī′mĭ] *(adj.)* (١) دَبِق (٢) كلسيّ (٣) كِلْسانيّ: شبيه بالكِلْس.

lin·age [lī′nĭj] *(n.)* (١) عدد الأسطر [التي تتألف منها مادةٌ مطبوعة أو مكتوبة] (٢) الأجر السَّطريّ: أجرٌ يُدفَع للأديب على أساس السطر.

lin·al·o·ol [lĭ năl′ō ōl′] *(n.)* اللّينالوُول: سائل كحوليّ (ك).

linch·pin [lĭnch′-] *(n.)* مسمار المِحور [في عجلة أو دولاب].

Lin·coln [lĭng′kən] *(n.)* اللّنكون: ضرب من الخراف الإنكليزية.

lin·dane [lĭn′dān] *(n.)* اللّندين.

lin·den [lĭn′dən] *(n.)* (١) الزّيزفون (نب) (٢) خشب الزّيزفون.

lin·dy [lĭn′dĭ] *(n.)* اللّندي: رقصة أميركية تتميّز بالنشاط.

line [1] [līn] *(vt.)* (١) يُبطِّن [سترةً إلخ] (٢) يحشو؛ يملأ (٣) يكسو؛ يغطّي.

to ~ one's purse (*or* pockets) يُثري؛ يملأ كيسَه أو جيبه بالمال [وبخاصة بالمال المكسوب بطرق غير شرعية].

line [2] *(n.; vt.; i.)* (١) خيط؛ سِلك؛ حَبْل. مثل: «أ» حبل رفيع. «ب» حبل غسيل. «ج» قصبة [الصيد السَّمك]. «د» مقياس من حبل أو شريط. «هـ» شبكة أنابيب. «و» سلك تلغرافيّ أو تلفونيّ أو شبكة من هذه الأسلاك: خطّ (٢) «أ» سطر. «ب» بيت [من الشِّعر]. «ج» رسالة قصيرة <a ~ from a friend>. «د» *pl.*: وثيقة الزواج. «هـ» *pl.* عد: الكلمات التي تشكّل دور ممثّل في مسرحية (٣) «أ» سلسلة متصلة [من دَرْزٍ أو جبال إلخ]. «ب» صفّ [من أشجار إلخ]. «ج» غَضَنٌ [في الوجه]. «د» مسلك؛ مَجرًى؛ اتجاه شيء متحرّك. «هـ» انسجام؛ اتفاق. «و» *pl.* عد: تَخْم؛ حدّ، وبخاصة لقطعة أرض. «ز» خطّ السكّة الحديدية (٤) «أ» مجرى التفكير أو العمل أو السلوك. «ب» حقل نشاط المرء أو اهتمامِهِ. «ج» ذرابة لسان مقنَّعةٌ عادةً (٥) حدّ فاصل <tried to draw a ~ between right and wrong> (٦) «أ» أسرة. «ب» سلسلة نَسَب (٧) «أ» *pl.* عد: خطوط القتال. «ب» صفّ من الجند. «ج» سفن حربيّة في ترتيب نظاميّ. «د» القوّات المقاتلة من جيش [تمييزًا لها عن الأركان إلخ]؛ رجال الأسطول النظاميّ. «هـ» ضباط القوّات المقاتلة من جيش أو أسطول. «و» مجموعة أشياء من صنف واحد. «ز» مجموعة من وسائل النقل العامّة؛ وتوسّعًا: شبكة مواصلات أو الشركة التي تملكها أو تديرها (٨) خطّ. مثل: «أ» خطّ من خطوط الطول أو العرض على خريطة. «ب» خطّ الاستواء. «ج» خطّ [من خطوط رسم] (٩) «أ» الخطّ الكِفافيّ: خطّ يمثّل محيط الشكل المنحرف أو المتعرّج <a ship of fine ~s>. «ب» *pl.* عد: مخطّط؛ تصميم؛ خطّة عامّة (١٠) اللِّينة: وحدة تساوي سُدس إنش تستعمل في قياس الحروف المطبعيّة (١١) مخزون سِلَع من فئة عامّة واحدة (١٢) مصدر معلومات § (١٣) يُسطِّر (١٤) يرسم (١٥) «أ» يشكّل صفًّا على <shabby houses *lining* mean streets>. «ب» يُقيم أو ينشئ صفًّا على طول كذا <to ~ a coast with colonies> (١٦) «أ» يَصفّ؛ يُراصف <~*d* up the troops>. «ب» يجمع؛ يَحْشد؛ ينظّم؛ يؤمِّن <to ~ up support for the candidate> (١٧) يقذف الكرة بحيث تنطلق بسرعة من غير ارتفاع كبير x (١٨) «أ» يشكّل صفًّا. «ب» يصطفّ (١٩) يصطاد بالقصبة.

all along the ~, على طول الخطّ؛ من أول الأمر إلى آخره.

hard ~*s* حظّ عاثر؛ طالعٌ نَكِدٌ.

in ~ with بتوافق أو بانسجام أو بتراصف مع.

~ engaged! الخطّ [التلفوني] مشغول.

on the ~, (١) على مستوى عين الرائي (٢) مكشوفًا تمامًا (٣) على الحد الفاصل (٤) على الخط التلفوني (٥) حالًا؛ في الحال (٦) في خطر شديد.

to ~ up (١) يصطفّ؛ يتراصف (٢) يَصُفّ؛ يَرْصف.

to bring (a person) into ~, يقنعه بالتعاون؛ يجعله يتعاون معه.

to come into ~ with يتفق مع؛ يقبل وجهات نظر فلان؛ يتعاون.

to give one ~ enough يُملي له؛ يُمهله؛ يصبر عليه ليعود فيضرب على يده آخر الأمر.

to go up the ~, يغادر القاعدة إلى الخطوط الأماميّة.

to ~ out (١) يضع خطًّا تحت كلام يجب أن يُحذف (٢) يرسم؛ يخطط (٣) يندفع مسرعًا إلى.

to read between the ~*s* يقرأ بين السطور: يبحث عن المعنى المحجوب أو غير المعبّر عنه في رسالة أو خطبة إلخ.

to take (keep to) one's own ~, يعمل بالاستقلال عن الآخرين.

to toe the ~, يَخْضَع للنظام؛ يطيع الأوامر؛ يقبل برنامج حزبه أو آراءه.

lin·e·age [lĭn′ĭ ĭj] *(n.)* (١) نَسَبٌ (٢) نَسْل؛ ذُرّية.

lin·e·al [lĭn′ĭ əl] *(adj.)* (١) linear (٢) مؤلَّف من خطوط (٣) «أ» مباشر. «ب» وراثيّ <a ~ heir *or* descendant> (٤) «أ» متحدّر من سلالة واحدة. «ب» نَسَبيّ؛ سُلاليّ (٥) متعلق بالقوّات المقاتلة من جيش أو أسطول أو بضباط هذه القوّات.

lin·e·a·ment [lĭn′ĭ ə mənt] *(n.)* (١) *pl.* عد: أسارير؛ قَسَمات (٢) *pl.* عد: سِمَة مُمَيِّزة.

lin·e·ar [lĭn′ĭ ər] *(adj.)* (١) خَطِّيّ: مؤلَّفٌ من خطوط؛ شبيه بخطّ؛ مستقيمٌ (٢) تخطيطيّ: مُتَّسِمٌ بالتأكيد على الخطوط <~ art> (٣) خيطيّ؛ شبيه بالخيط؛ ضيّق وطويل <~ leaves> (٤) طوليّ <~ measures>.

linear leaf

linear accelerator *(n.)* المُسَرِّع الخطّي (فز).

linear algebra *(n.)* الجَبْر الخَطّي (ر).

linear equation *(n.)* المعادلة الخطّيّة (ر).

lin·e·ar·ize [lĭn′ĭ ə rīz′] *(vt.)* يخطِّط: يجعله خطّيّ الشكل.

linear measure *(n.)* (١) المقياس الطُّوليّ (٢) نظام مقاييس طُولية.

linear perspective *(n.)* المنظور الخطّي.

lin·e·ate [lĭn′ĭ ĭt; -āt′] *(adj.)* مخطَّط؛ مُقَلَّم.

lin·e·a·tion [lĭn′ĭ ā′-] *(n.)* (١) «أ» تخطيط. «ب» مُخطَّط (٢) خطوط.

line·back·er [-′băk′ər] *(n.)* الظَّهير الخطّيّ (رب).

line·breed·ing *(n.)* الإنسال السُّلاليّ: الإنسال بين أفراد من سلالة معيّنة ابتغاء الاحتفاظ ببعض المزايا والخصائص المستحبّة.

line drawing *(n.)* الرَّسم التخطيطيّ: رسمٌ قِوامُهُ الخطوطُ ليس غير.

line engraving *(n.)* (١) الحفر التخطيطيّ [على النحاس وأشباهه] (٢) التخطيطيّة: «أ» صفيحة محفورة تخطيطيًّا. «ب» صورة مطبوعة عن هذه الصفيحة.

line·man [līn′-] *(n.)* (١) عاملُ الأسلاك: مُرَكِّب أسلاك البرق أو الهاتف إلخ أو مُصلحها (٢) لاعب هجوم رئيسي (رب).

lin·en [lĭn′ən] *(adj.; n.)* (١) كَتّانيّ: «أ» مصنوع من كَتّان. «ب» شبيه بالكَتّان § (٢) «أ» الكَتّان. «ب» خيط من كَتّان (٣) «أ» ملابس كتّانيّة [كالملابس التحتية]. «ب» بياضات [كالمناديل وأغطية الأسرّة إلخ] (٤) الورق الكتّاني: «أ» ورق مصنوع من كَتّان. «ب» ورقٌ شبيهٌ بالكتّان.

to wash one's dirty ~ in public: ينشر غسيله القَذِر على السّطوح: يناقش خلافاته العائليّة على مسمع أو مرأًى من الناس.

line officer *(n.)* ضابط متخرّج من الصَّفّ (جن).

line of force خطّ القوة [في المجال الكهربائي أو المغنطيسي].

line of scrimmage خطّ المناوَشة (رب).

line of sight خطّ البَصَر («بص» و«رد»).

line of vision خطّ الرُّؤية (بص).

lin·e·o·late *also* **lin·e·o·lat·ed** [lĭn′-] *(adj.)* موسوم بخطوط رفيعة.

lin·er [lī′-] *(n.)* (١) المخطِّط؛ المسطِّر؛ الراسم (٢) الباخرة أو الطائرة الخطِّية: باخرة أو طائرة تعمل في خطّ مواصلات نظاميّ (٣) القلم: قلم خاص لتجميل العين (٤) المبطِّن (٥) بِطانة.

liner notes *(n. pl.)* تعليقات أو ملاحظات توضيحية تتعلّق بأسطوانة موسيقية أو غنائية وتُطبَع على قميصها.

lines·man *(n.)* (١) lineman *1* (٢) مساعد الحَكَم [في مختلف الألعاب].

line squall *(n.)* خطّ العَصْف (أر).

line–up *(n.)* (١) «أ» لائحة [بأسماء اللاعبين المشتركين في مباراة البيسبول إلخ]. «ب» اللاعبون المسجَّلون على هذه اللائحة (٢) الرَّتَل: صفّ من أشخاص يقفون، بخاصة، ليفتّشهم رجال الشرطة أو ليطّلعوا على هُوِيّاتهم (٣) التكتّل: تكتّل أشخاص أو شركات لغرض مشترَك أو مصلحة مشترَكة.

ling[1] [lĭng] *(n.)* اللِّنغ: سمك شبيه بالقُدّ.

ling[2] *(n.)* الخَلَنْج (را. heath).

ling[1]

-ling لاحقة معناها: «أ» شيء ذو علاقة بكذا أو له صفة كذا <nest*ling*>. «ب» الصغير؛ الفتيّ <prince*ling*>. «ج» في اتجاه كذا <side*ling*>.

lin·ger [lĭng′gər] *(vi.; t.)* (١) يتلبَّث؛ يتريّث؛ يبقى في مكان ما [بعد مغادرة الآخرين له] (٢) يتخلّف: يبقى [على قيد الحياة] برغم تلاشيه التدريجيّ <Old customs ~.> (٣) يتوانى؛ يتباطأ أكثر ممّا ينبغي؛ يتردّد (٤) يمشي الهُوَيْنَى؛ يتسكّع **x** (٥) يُمضي الوقتَ بطريقة متمهّلة أو مُضجرة.

lin·ge·rie [län′zhə rā′; lăn′zhə rē] *(n.)* ملابس النساء الداخلية.

lin·go [lĭng′gō] *(n.)* لغة غريبة. مثل: «أ» لغة أجنبية. «ب» مُعْجَميّة فنٍ ما: الألفاظ الخاصة بفنّ ما. «ج» لغة مميِّزة لشخصٍ ما.

lingu- *or* **lingui-** *or* **linguo-** بادئة معناها: «أ» لغة. «ب» لسان.

lin·gua [lĭng′gwə] *(n.)* pl. **-e** اللسان أو عضوٌ كاللّسان.

lin·gua fran·ca [frăng′kə] *(n.)* اللغة المشتركة: «أ» لغة مشتركة قوامها الإيطاليّة ممزوجةً بالفرنسيّة والإسبانيّة واليونانيّة والعربيّة [يُتكلّم بها في موانئ البحر الأبيض المتوسط]. «ب» إحدى اللغات المستخدمة كلسان مشترك أو تجاريّ بين أقوام مختلفي اللغة. «ج» شيء يُشبه اللغة الفرنكية.

lin·gual [lĭng′gwəl] *(adj.)* (١) لسانيّ (٢) لُغَويّ.

lin·gui·form *(adj.)* لسانيّ الشكل.

linguiform leaf

lin·guist [lĭng′gwĭst] *(n.)* (١) اللُّغويّ (٢) المتكلّم لغاتٍ متعدّدة.

lin·guis·tic; -al [-gwĭs′-] *(adj.)* لغويّ: ذو علاقة باللغة أو بعلم اللغة.

linguistic atlas *(n.)* الأطلس اللغويّ: أطلس تدوَّن على خرائطه الفروق المحليّة أو الإقليميّة الخاصة بلغةٍ ما.

linguistic form *(n.)* الشَّكل اللغويّ: الوحدة الكلاميّة المفيدة [كالجملة والكلمة والبادئة واللاحقة إلخ].

linguistic geography *(n.)* الجغرافيا اللّغوية: دراسة الفروق المحلّية أو الإقليميّة الخاصّة بلغةٍ ما.

lin·guis·ti·cian [lĭng′gwĭs tĭsh′ən] *(n.)* العالِم اللُّغويّ.

lin·guis·tics [lĭng gwĭs′-] *(n.)* الألْسُنيّة؛ علم اللُّغة.

lin·gu·late [lĭng′gyə lāt′] *(adj.)* لسانيّ الشكل.

lin·i·ment [lĭn′ə mənt] *(n.)* مَرْهَم؛ مَرُوخ.

li·nin [lī′nĭn] *(n.)* الكَتّانين (أح).

lin·ing [lī′nĭng] *(n.)* (١) بطانةُ الثوب إلخ (٢) تبطين.

Every cloud has a silver ~, لكلّ سحابة بِطانةٌ من فضّة : كثيرًا ما تنطوي الأزمة على بوادر انفراج .

link[1] [lĭngk] (n.; vt.; i.) (١) وُصْل ؛ حَلْقة ؛ أداة رَبْط ، مثل : «أ» حَلقة [من سلسلة معدنية] . «ب» العَقْلة : جزء من مئة من سلسلة المسّاح : ٧,٩٢ إنشًا . «ج» زرّ معدنيّ [لأكمام القمصان] . «د» الذَّؤوب : الجزء القابل للذوبان من صمامة كهربائية أو «فيوز» (٢) الحَلْقة : شيء يشبه الحلقة ، مثل : «أ» قطعة نقانق متصلة مع غيرها في حبل طويل . «ب» علاقة ؛ صلة ؛ رابط (٣) .pl : «أ» تعرُّج نهر . «ب» الأرض الممتدّة في محاذاة هذا التعرّج § (٤) يزاوج أو يربط [بحلْقة] x (٥) يرتبط [بحلْقة] .

link[2] (n.) مِشعل [لهداية السّاري في الشوارع] .

link·age [lĭng′kĭj] (n.) (١) الوُصْلية . وبخاصة : طريقة ترابُط الذرّات في جُزَيْء (٢) ترابط ؛ ارتباط . وبخاصة : الترابط الإسهاميّ : علاقة بين الجِينات أو المُورِّثات تجعلها تعبِّر عن نفسها معًا في الوراثة (أح) (٣) «أ» رَبْطٌ . «ب» ارتباط . «ج» مجموعة أوصال ؛ سلسلة من حلقات أو قضبان .

link·boy (n.) المِشعليّ : حامل المِشعل (را link[2]) .

linked [lĭngkt] (adj.) مترابط . وبخاصة : إسهاميّ الترابط (را . linkage 2) كبعض الجينات أو المورِّثات (أح) .

linking verb (n.) الفعل الرابط (ل) .

link·man (n.) (١) linkboy (٢) مدير المناقشة أو الندوة .

links [lĭngks] (n. pl.) (١) تلال [محاذية للشاطئ] (٢) ملعب الغولف .

links·man [lĭngks′-] (n.) لاعب الغولف .

link·up [lĭngk′ŭp′] (n.) (١) اجتماع ؛ اتصال (٢) صلة .

link·work [lĭngk′-] (n.) (١) سلسلة (٢) linkage .

linn [lĭn] (n.) (١) شلّال (إسك) (٢) جُرُف (إسك) .

lin·net [lĭn′ĭt] (n.) التُّفّاحيّ ؛ الزُّقَيْقيّة : طائر صغير مغرِّد .

li·no [lī′nō] (n.) = linoleum.

lin·o·le·ic acid [lĭn′ə lē′-] (n.) حَمْض اللينوليك : حمض زيت الكتّان .

li·no·le·um [lĭ nō′-] (n.) اللّينوليوم : مادة متينة تُغَطّى بها الأرضيّات .

Li·no·type [lī′nə-] (n.; vt.; i.) (١) اللّينوتيب ؛ المنضِّدة السَّطرية : ماكينة لسَبْك الأحرف المطبعية وتنضيدها في سطور كاملة (٢) «أ» السطور المنضَّدة باللّينوتيب . «ب» طباعة تُجرى بهذه السطور § (٣) يُنَضِّد سَطْريًا .

lin·sang [lĭn′săng] (n.) اللِّنْسَنْغ : حيوان ثديي شبيه بالهرّ .

lin·seed [lĭn′sēd′] (n.) = flaxseed.

lin·sey–wool·sey [lĭn′zĭ wool′zĭ] (n.) الكَتّصُوف : قماش خشنٌ متين من كتّان وصوف .

lin·stock [lĭn′stŏk′] (n.) مِضْرَم المدفع : قضيب في طرفه عود ثقاب [لإطلاق نيران المدافع القديمة] .

lint [lĭnt] (n.) (١) ضِمادة كتانية (٢) نَسِيل ؛ نُسالة .

lin·tel [lĭn′təl] (n.) الأُسْكُفَّة (مج) ؛ العَرَقة ؛ عَتَبة الباب [أو النافذة] العُليا .

L. lintel

lin·ter [lĭn′-] (n.) (١) مُزيلة النُّسالة (٢) .pl : نُسالة القطن بعد حَلْجِه .

lint·white [lĭnt′hwīt′] (n.) = linnet.

lint·y [lĭn′tĭ] (adj.) نُساليّ : شبيهٌ بالنُّسالة أو مَكْسُوّ بالنُّسالة .

li·on [lī′ən] (n.) (١) «أ» الأَسَد (ح) . «ب» cougar (٢) cap. : بُرج الأسد (فل) (٣) الأسد : «أ» شخص عظيم الشأن . «ب» الشِّعار الوطني البريطاني (٤) .pl المعالم : معالم المدينة التي ينبغي للزائرين أن يشاهدوها .

lion 1a.

a ~ in the path *or* way خطر أو عقبة [موهومةٌ بخاصة] .

the ~'s share حصة الأسد : النصيب الأكبر أو الأفضل .

to twist the ~'s tail يلوي ذيل الأسد : يثير أو يُهين الشعب الإنكليزي أو الحكومة الإنكليزية .

li·on·ess [lī′ən əs] (n.) اللَّبُؤة : أنثى الأسد .

li·on·heart·ed [lī′ən-] (adj.) شجاع ؛ جريء الفؤاد ؛ «قلب الأسد» .

li·on·ize [lī′ə nīz] (vt.) (١) يُكَرِّم ؛ يحتفي بـ (٢) يُريه معالمَ بلدٍ ما .

lion's mouth (n.) فم الأسد : موضع شديد الخطر .

lion's share (n.) حِصّة الأسد : النصيب الأكبر أو الأفضل .

lip [lĭp] (n.; adj.; vt.) (١) الشَّفَة (ت) (٢) جواب وَقح (ع) (٣) الشَّفة : «أ» حافة الجرح المفتوح . «ب» labium . «ج» حافَة وعاءٍ أو تجويف إلخ . «د» طَرَف ؛ حافَة ؛ حَرْف . «هـ» الجزء القاطع أو الماضي من طَرَف المِثقب ونحوه (٤) embouchure § (٥) كاذب : صادر من الشفتين لا من القلب ؛ غير مخلص <~ reverence> (٦) شفويّ : ملفوظ بواسطة الشفتين <~ consonants> § (٧) يُقبِّل (٨) يلفظ (٩) يَلعق ؛ يلحس (١٠) يُغنّي (ع) .

to bite one's ~ *or* ~s (١) يحرق الأُرَّم : يحكّ أضراسَهُ بعضها ببعض من الغيظ (٢) يحاول أن يكبت ضحكةً أو انفعالًا .

to curl one's ~, يُبدي أمارات ازدراء .

to hang on a person's ~s يُصغي بتلهّف إلى كلّ كلمة يقولها .

to make a ~, يُبرز أو يُثني شفتيه تجهّمًا أو ازدراءً .

lip- *or* **lipo-** بادئة معناها : دُهْن ؛ دُهنيّ <*lipo*lysis> .

li·pase [lī′pās; -pāz] (n.) اللّيباز : أنزيمة حالّةٌ للدُّهن (كح) .

lip–deep (adj.) من الشَّفتين [لا من القلب] : كاذب ؛ غير مُخلص .

li·pid [lī′pĭd; lĭp′ĭd] (n.) اللّبيد ؛ الشَّحْم (كح) .

lip·oid [lĭp′oid; lī′-] (adj.; n.) (١) دُهنيّ : شبيه بالدُّهن § (٢) lipid .

li·pol·y·sis [lĭ pŏl′ə sĭs] (n.) التحلّل الدُّهنيّ (ك) .

li·po·ma [lĭ pō′mə] (n.) pl. -s; -ta الوَرَم الدُّهنيّ (مض) .

lip·o·pro·tein [lĭp′ə prō′tēn] (n.) البروتين اللِّبيديّ (كح) .

lip·o·trop·ic [lĭp′ə trŏp′ĭk] (adj.) أليفُ اللِّبيد (كح) .

lipped [lĭpt] (adj.) (١) مُشَفَّه : ذو شفة (٢) شفويّ : ذو علاقة بالفصيلة الشفويّة أو خاصّ بها (نب) .

lip·py [lĭp′ĭ] (adj.) وَقِح ؛ سليط .

lip–read [lĭp′rēd′] (vt.; i.) يَسْتَشْفِه : «أ» يَفهم بالاستشفاه . x «ب» يستعمل الاستشفاه .

— **lip–read·er** (n.)

lip·read·ing (n.) الاستشفاه : فهمُ الأصمّ كلماتِ المتحدِّث ومعانيها وذلك بمراقبة حركات وجهه وشفتيه .

lip service (n.) التأييد الشَّفويّ : تأييد بالكلام دون الفعل .

lip·stick [lĭp′stĭk] (n.) أحمر الشِّفاه .

li·quate [lĭ'kwāt] *(vt.)* يَفْصِل بالصَّهْر : يفصل بالحرارة الأجزاءَ الأسهل إذابةً عن مادة متحدة مع هذه الأجزاء .

liq·ue·fa·cient [lĭk wə fā'shənt] *(n.)* المُمَيِّع ؛ المُسَيِّل ؛ المُذيب .

liq·ue·fac·tion [-făk'shən] *(n.)* (١) تمييع ؛ تسييل (٢) تميُّع ؛ سيولة .

liq·ue·fy *or* **liq·ui·fy** [lĭk'wə-] *(vt.; i.)* (١) يُميِّع ؛ يُسيِّل x (٢) يتميَّع .

li·ques·cent [lĭ kwĕs'ənt] *(adj.)* (١) ذائب (٢) مائل للذوبان .

li·queur [lĭ kûr'] *(n.)* اللّيكير : مُسْكِر مُعَطَّر [ومحلًّى عادةً] .

liq·uid [lĭk'wĭd] *(adj.; n.)* (١) سائل ؛ مائع (٢) صافٍ ؛ برّاق <~ eyes> (٣) «أ» رخيم ؛ عذب <~ notes *or* tones> . «ب» سَلِس ؛ رشيق <~ movements> . «ج» مائع : ملفوظ بلُطْف وقابلٌ للمدّ وكأنه حرفُ صائت أو حرفُ علّة <~ consonants> (٤) مائع ؛ متغيِّرٌ بسهولة <~ opinions> (٥) سائل : نقديّ أو ممكنٌ تحويلُهُ بسهولة إلى نقد <~ assets> § (٦) السائل ؛ المائع : مادة في حالة السّيولة (٧) المائع : حرف صامت ملفوظ بلُطف (كحرف *r* أو *l*) .

liquid air *(n.)* الهواء السائل : هواءٌ نُقِل من الحالة الغازيّة إلى السيولة .

liq·uid·am·bar [lĭk'-] *(n.)* المَيْعَة السائلة : «أ» شجرة أميركيّة تُفرز سائلًا بلسميًّا عطرًا يُستعمل في الأغراض الطبيّة . «ب» هذا السائل .

liq·ui·date [lĭk'wə dāt'] *(vt.; i.)* (١) يُصَفِّي : «أ» يُقدِّر بالاتفاق أو بالاحتكام إلى القانون القيمةَ الصحيحة [للدَّيْن أو خسائرَ أو حسابات] . «ب» يسدِّد دَيْنًا . «ج» يتخلّص من . وبخاصة : يقتل (٢) يُسَيِّل : يحوّل [الموجودات] إلى نقد . **— liq·ui·da·tion** *(n.)*

liq·ui·da·tor [lĭk'wə dā' tər] *(n.)* المُصَفّي . وبخاصةٍ : شخص يعيّنه القاضي لتصفية موجودات مؤسسة ما .

li·quid·i·ty [lĭ kwĭd'ə tĭ] *(n.)* سيولة ؛ ميوعة .

liq·uid·ize [lĭk'wĭ dīz'] *(vt.)* يُسَيِّل ؛ يُمَيِّع .

liquid measure *(n.)* مِكيال السَّوائل : وحدة لقياس أحجام السَّوائل .

liq·ui·fy [lĭk'wə fī'] *(vt.; i.)* = liquefy.

liq·uor [lĭk'ər] *(n.; vt.; i.)* (١) مادة سائلة . مثل : «أ» شراب كحوليّ مُقَطَّر . «ب» محلول مائيّ لمادة طبيّة § (٢) «أ» يعالج بمادة سائلة . «ب» يزيّت ؛ يشحّم (٣) يُسْكِر [شخصًا] بشراب كحوليّ x (٤) يُسْرِف في معاقرة الخمر [تتبعها *up* عادةً] .

liq·uo·rice [lĭk'ə rĭs] *(n.)* = licorice.

li·ra [lē'rä] *(n.)* pl. **li·re** [lē'rā] *also* **li·ras** الليرة : وحدة النقد في لبنان وسوريا وتركيا ، وفي إيطاليا قبل اليورو .

lir·i·pipe [lĭr'ĭ pīp'] *(n.)* لِفاع ؛ وشاح ؛ قبّعة بُرْنُس .

lisle [līl] *(n.)* اللّيليّ : خيط قطنيّ ناعمٌ مُبْرَم [مُحكَم الفتل] .

lisp [lĭsp] *(vi.; t.; n.)* (١) يَلْثَغ (٢) يتلعثم § (٣) لَثْغة .

lis pen·dens [lĭs pĕn'dĕnz] *(n.)* دعوى قائمة [لم يُفْصَل فيها بعد] .

lisp·er [lĭs'pər] *(n.)* الألثغ : مَنْ في نطقِهِ لثغة .

lis·some *also* **lis·som** [lĭs'əm] *(adj.)* (١) لَدْن ؛ مَرِن (٢) رشيق .

list[1] [lĭst] *(vt.; i.; n.)* (١) يُرْضي ؛ يلائم x (٢) يَوَدّ ؛ يشاء § (٣) نزعة ؛ مَيْل .

list[2] *(vi.; t.)* (١) يُصغي إلى x (٢) يَسْمع .

list[3] *(n.; vt.)* (١) «أ» العِصابة : حِلية مسطّحة ضيّقة (عم) . «ب» حاشية ؛ حرف ؛ حافة . «ج» قطعة مستطيلة ضيّقة من أيّ شيء [وبخاصة من خشب] (٢) *pl.* : «أ» الحَلْبَة ؛ المُجْتَلَد : الجزء المتوسّط الخاصّ بالمتصارعين من مدرَّج رومانيّ . «ب» ميدان نزاع أو تنافس (٣) «القلم» : خطّ بلون مختلف [في قماش إلخ] § (٤) ينزع قطعة طويلة ضيقة من حاشية شيء (٥) يحرث الأرض [أو يزرعها] أتلامًا .

list[4] *(n.; vt.; i.)* (١) «أ» جدول ؛ قائمة ؛ ثَبت ؛ كشْف . «ب فِهرس ؛ بيان § (٢) يعدِّد ؛ يضع قائمةً بِـ ؛ يُدْرِج في قائمة (٣) يُصَنِّف x (٤) يندرج في قائمة .

list[5] *(vi.; t.; n.)* (١) يَميل ؛ ينحرف x (٢) يُميل ؛ يجعله يَميل أو ينحرف § (٣) مَيَلان [السفينة] أو انحرافُها .

lis·tel [lĭs'təl] *(n.)* العِصابة : حِلية مسطّحة ضيّقة (عم) .

lis·ten [lĭs'ən] *(vi.; n.)* (١) يُصغي ؛ يُنْصت § (٢) إصغاء .

lis·ten·a·ble [-ə bəl] *(adj.)* عَذْب : سائغ الوَقْع في الأُذُن .

list·er [lĭs'tər] *(n.)* (١) المُجَدْوِل : واضع الجداول أو القوائم (٢) المُفَهْرِس : واضع الفهارس (٣) مِحراث .

list·ing *(n.)* (١) الجَدْوَلَة : «أ» إعداد الجداول أو القوائم . «ب» إدراج في جدول أو قائمة (٢) جدول ؛ قائمة (٣) بنْد [في جدول إلخ] .

list·less [lĭst'ləs] *(adj.)* كَسلان ؛ مُتَوانٍ ؛ فاتر الهِمّة .

lit[1] [lĭt] *past and past part. of* light.

lit[2] [lĭt] *(adj.)* ثَمِل ؛ مخمور ؛ سكران .

lit·a·ny [lĭt'ə nĭ] *(n.)* (١) الابتهالية : صلاة مؤلَّفة من سلسلة ابتهالات يرفعها الكاهن فيردّد المصلّون ، من بعده ، جملةً خاصةً (٢) سرْد مطوَّل .

li·tchi [lē'chē; lĭ'-] *(n.)* اللِّيْتْشِيّة : «أ» ثمرة شجر صينيّ ذات لبّ هُلاميّ حلوٍ وبزرة واحدة . «ب» الشجرة نفسُها .

-lite لاحقة معناها : معدن أو صَخْر أو أُحفور <ichno*lite*> .

li·ter [lē'tər] *(n.)* اللّتر : وحدة مكاييل تعادل حجم كيلوغرام من الماء .

lit·er·a·cy [lĭt'ər ə sĭ] *(n.)* معرفة القراءة والكتابة .

lit·er·al [lĭt'-] *(adj.)* (١) حَرْفيّ ؛ غير مجازيّ (٢) عارٍ ؛ مجرَّد <the ~ truth> (٣) موضوعيّ ؛ واقعيّ <a ~ mind> (٤) فِعْليّ <~ bankruptcy> (٥) أَحْرُفيّ : ذو علاقة بالأحرف أو مُعَبَّر عنه بها . **— lit·er·al·ly** *(adv.)*

lit·er·al·ism [lĭt'ər ə-] *(n.)* (١) الحَرْفية : التمسّك بالمعنى الحرفي (٢) الموضوعيّة ؛ الواقعية : التزام الحقائق بأمانة .

lit·er·al·i·ty [lĭt'ə răl'ə tĭ] *(n.)* (١) الحَرْفيّة : كون الشيء حرفيًّا (٢) تفسير أو معنًى حرفيّ .

lit·er·al·ize [lĭt'ər ə līz'] *(vt.)* يأخذ بالمعنى الحرفيّ : يفسّر أو يفهم أو

ă at; ā date; â care; ä car; ĕ egg; ē me; ĭ in; ī bite; ŏ lot; ō bone; ô orphan; **oi** boil; o͝o good; o͞o boot; ou out; ŭ under; û urgent; ə = *a* in alone, *e* in system, *i* in easily, *o* in gallop, *u* in circus.

يطبّق وفقًا للمعنى الحرفي.

lit·er·ar·y [lĭt'ə rĕr'ĭ] *(adj.)* (١) أدبيّ <~ magazines> (٢) واسع الاطلاع [على الأدب] (٣) أديب: منصرف إلى التأليف أو الأدب كصناعة <~ men>.

lit·er·ate [lĭt'ər ĭt] *(adj.; n.)* (١) «أ» مثقّف. «ب» متعلّم؛ غير أمّيّ (٢) متضلّع من الأدب (٣) أدبيّ (٤) مصقول؛ متقَن؛ بارع الصنعة (٥) خبيرٌ بِـ § (٦) المُثقَّف (٧) المتعلّم؛ غير الأمّي.

lit·e·ra·ti [lĭt'ə rä'tī] *(n. pl.)* (١) الطبقة المثقّفة (٢) رجال الأدب.

lit·e·ra·tim [lĭt'ə rā'tĭm] *(adj.; adv.)* (١) حَرْفيّ § (٢) حَرْفيًا.

lit·er·a·tor [lĭt'ə rāt-] *(n.)* = litterateur.

lit·er·a·ture [lĭt'ər ə chər] *(n.)* (١) الأدب: «أ» فنّ القول أو التعبير. «ب» مجموع الآثار النثرية والشعرية المتميّزة بجمال الشكل أو الصياغة والمعبّرة عن فكرات ذات قيمة باقية. «ج» مجموع ما كُتب في موضوع معيّن <medical ~> (٢) المواد المطبوعة [كالنشرات أو الدعايات].

lit·er·a·tus [-rät'əs] *(n.)* المثقّف: أحد أفراد الطبقة المثقّفة.

lith- *or* **litho-** بادئة معناها: «أ» حجر. «ب» ليثيوم.

-lith لاحقة معناها: «أ» مبنّى أو أداة من حجر. «ب» حصاة.

lith·arge [lĭth'ärj] *(n.)* المَرْتَك: أول أكسيد الرصاص (ك).

lithe [līth]; **lithe·some** *(adj.)* (١) لَدْن؛ مَرِن (٢) رشيق.

lith·i·a [lĭth'ĭ ə] *(n.)* اللِّيثية: أكسيدُ الليثيوم الأبيضُ (ك).

li·thi·a·sis [lĭ thī'ə-] *(n.)* التَّحَصّي: تكوُّن الحصاة في المرارة إلخ.

lithia water *(n.)* ماء اللِّيثية: مياه معدنيّة تحتوي على أملاح الليثيوم.

lith·ic [lĭth'ĭk] *(adj.)* (١) حجريّ (٢) ليثيومي.

-lithic لاحقة تدلّ على مرحلة معيّنة من مراحل استعمال الإنسان للأدوات الحجريّة <Neo*lithic*>.

lith·i·um [lĭth'ĭ-] *(n.)* اللِّيثيوم: عنصر فِلزّيّ فضّيّ البياض (ك).

litho- [lĭth'ō] = lith-.

lith·o·graph [lĭth'ə grăf; -ə gräf'] *(vt.; n.)* (١) يطبع ليثوغرافيًا: يطبع بطريقة الطباعة الحجرية § (٢) طبعةٌ بهذه الطريقة.

— **li·thog·ra·pher** *(n.)* — **lith·o·graph·ic** *(adj.)*

li·thog·ra·phy [lĭ thŏg'-] *(n.)* الطباعة الحجرية؛ الطباعة على الحجر.

li·thol·o·gy [lĭ thŏl'-] *(n.)* (١) علم الصخور (٢) طبيعة تكوُّنِ صخرٍ ما.

lith·o·marge [lĭth'ə märj'] *(n.)* اللِّثْمَرَج: صلصال صينيّ كثيف.

lith·o·phyte [-fīt'] *(n.)* (١) المتعضّي الحجري: متعضٍّ حجريّ التركيب [كالمرجان إلخ] (٢) النبات الصخري: نبات ينمو على سطح الصخور.

lith·o·print [lĭth'ə-] *(vt.; n.)* = lithograph.

lith·o·sphere [lĭth'ə-] *(n.)* اليابسة: الجزء اليابس من الأرض.

li·thot·o·my [lĭ thŏt'ə mĭ] *(n.)* استخراج حصاة المثانة (جر).

Lith·u·a·ni·an [lĭth o͞o ā'-] *(n.; adj.)* (١) اللّيثوانيّ: أحد أبناء ليثوانيا (٢) الليثوانية: لغة الليثوانيّين § (٣) ليثوانيّ.

lit·i·ga·ble [-'ə gə-] *(adj.)* يُقاضَى: ممكنٌ أن تقام من أجله دعوى قضائيّة.

lit·i·gant [lĭt'ə gənt] *(n.; adj.)* (١) المتقاضي: خَصْمٌ أو طرف في دعوى قضائية § (٢) متقاضٍ.

lit·i·gate [-'ə gāt'] *(vi.; t.)* (١) يرفع دعوى [أمام القضاء] **x** (٢) يقاضي.

lit·i·ga·tion *(n.)* (١) التقاضي؛ المقاضاة (٢) دعوى؛ قضية (ق).

li·ti·gious [lĭ tĭj'əs] *(adj.)* (١) «أ» مُشاكِس؛ محِبٌّ للخصام. «ب» ميّال إلى إقامة الدعاوى (٢) متنازَع فيه (٣) ذو علاقة بالمقاضاة.

lit·mus [lĭt'məs] *(n.)* عَبّاد الشمس.

litmus paper *(n.)* ورق عبّاد الشمس.

li·to·tes [lī'tə tēz'] *(n.)* الإثبات بالنّفي: صِيغة بَلاغيّة يُعبَّر فيها عن الموجَب بضدِّهِ المنفيّ <كقولك *not a bad novelist*>.

li·tre [lē'tər] *(n.)* = liter.

lit·ter [lĭt'ər] *(n.; vt.; i.)* (١) «أ» مِحَفّة [لنقل مسافر واحد]. «ب» حمّالة [لنقل مريض أو جريح] (٢) «أ» المِهاد: طبقة من قشّ يُفْرَش لترقد عليه الحيوانات. «ب» النُّثار: أوراق أو أغصان ميتة تكسو أرض الغابة (٣) البَطْن: مجموع الجِراء التي يلدها حيوانٌ دفعةً واحدة (٤) «أ» مُهْمَلات؛ فضلات مبعثرة. «ب» تشوّش؛ اختلاط؛ عدم ترتيب § (٥) يُمَهِّد: يفرش للحيوان مهادًا من قشّ (٦) يَلِد [الحيوان] (٧) «أ» يكسو بأشياء مبعثرة. «ب» يُبعثر **x** (٨) تلد [أنثى الحيوان] بطنًا [عدّة جِراء] (٩) ينثر المُهْمَلات [في شارع إلخ].

lit·te·rae hu·ma·ni·o·res [lĭt'ə rē' hyo͞o măn'ĭ ōr'ēz] *(n. pl.)* = humanities.

lit·te·ra·teur [lĭt'ə rə tûr'] *(n.)* الأديب. وبخاصة: الكاتب المحترِف.

lit·ter·bug [lĭt'ər-] *(n.)* ناثرُ الفضلات؛ مُلقِي المُهْمَلات.

lit·tle [lĭt'əl] *(adj.; adv.; n.)* (١) «أ» صغير. «ب» قليل العدد. «ج» واهن؛ ضعيف <a ~ voice>. «د» ضيّق؛ غير متحرّر <the pettiness of ~ minds> (٢) «أ» ضئيل <had ~ hope>. «ب» قصير؛ وجيز <~ sleep>. «ج» قزم؛ قصير القامة <a ~ man> (٣) تافه <~ things> § (٤) «أ» قليلًا <slept very ~ last night>. «ب» ألبتّة؛ على الإطلاق <I see ~> (٥) نادرًا <She ~ knows what awaits her.> § (٦) مقدار ضئيل (٧) «أ» فترة قصيرة. «ب» مسافة قصيرة. <Salim very ~.>

— **lit·tle·ness** *(n.)*

~ by ~, تدريجيًا؛ شيئًا فشيئًا.

in ~, على نطاق ضيّق؛ وبخاصة: على نحوٍ مصغَّر.

Little Bear *(n.)* الدبّ الأصغر (فل).

lit·tle bit·ty [-bĭt'ĭ] *(adj.)* صغير؛ دقيق؛ ضئيل.

little finger *(n.)* الخِنْصِر: أصغر أصابع اليد.

little man *(n.)* الرَّجُل العاديّ؛ رَجُل الشارع.

Little Office *(n.)* القُدّاس الصغير: قُدّاس يُقام تمجيدًا لمريم العذراء.

little toe *(n.)* الخِنْصِر: أصغر أصابع القدم.

little woman *(n.)* الزّوجة.

lit·to·ral [lĭt'ər əl] *(adj.; n.)* (١) ساحليّ § (٢) منطقة ساحلية.

lit up *(adj.)* ثَمِلٌ؛ مخمور؛ سكران.

li·tur·gi·cal [lĭ tûr'jə-] *(adj.)* ليتورجيّ؛ طَقْسيّ: «أ» ذو علاقة بالطقوس

الدينية. «ب» ممارسٌ أو محبِّذ لممارسة الطقوس الدينية.

li·tur·gics; li·tur·gi·ol·o·gy [lĭ tûr′-] *(n.)* دراسة الطقوس الدينية.

lit·ur·gist *(n.)* (١) المتمسك بالطقوس الدينيّة (٢) الكاهن الذي يقود المؤمنين في أداء الطقوس الدينية (٣) الاختصاصيّ في الطقوس الدينيّة.

lit·ur·gy [lĭt′ər jĭ] *(n.)* الليتورجيا: «أ» *cap.* عد: طَقْس القربان المقدَّس. «ب» طَقْس دينيّ؛ طقوس دينية.

liv·a·ble *also* **live·a·ble** [lĭv′ə-] *(adj.)* (١) ملائم للعيش: صالحٌ للعيش فيه أو معه (٢) مُحْتَمَل؛ يُطاق.
— **live·a·bil·i·ty** *(n.)*

live[1] [lĭv] *(vi.; t.)* (١) يحيا؛ يعيش (٢) يقتات بـ (٣) يسلك أو يقضي حياته وَفْقَ كذا <My father ~*d* up to his principles.> (٤) يقيم؛ يسكن (٥) يَخْلُد (٦) يحيا حياة غنيّة بالخبرات والتجارب (٧) x cohabit (٨) ينفق أو يقضي حياته (٩) يمارس؛ يطبّق؛ يعمل وفقًا لِـ <to ~ the Gospel>.
to ~ and let ~, يعيش ويترك غيره يعيش.
to ~ close يحيا ببُخْل أو شُحّ.
to ~ down يحيا بطريقة تُنْسَى أو تُغفر معها جريمة ارتكبها من قبل.
to ~ out يظلّ حيًّا خلال...

live[2] [līv] *(adj.)* (١) حيّ <~ cattle> (٢) مشتعل؛ متوهج <She tossed a ~ cigarette.> (٣) مشحون بتيار كهربائي (٤) حيّ؛ مُعَبّأ؛ مُعَمَّر <~ ammunition> (٥) «أ» مُوَلِّدٌ طاقةً. «ب» مُسَيَّر بالطاقة (٦) مفعَم أو نابض بالحياة (٧) نقيّ: في حالته النقيّة أو الطبيعية (٨) زاهي اللون (٩) حيّ: مثير للاهتمام الدائم؛ موضع نقاش؛ لم يُفْصَل فيه بعد <were ~ issues> (١٠) «أ» جديد؛ بِكر؛ لم يُطْبَع به بعد <~ type>. «ب» لم ينضَّد طباعيًا بعد <~ copy> (١١) حيّ: مذاعٌ مباشرةً عند إنتاجه لا نقلًا عن أسطوانة أو شريط <~ radio programs>.

live[3] [līv] *(adv.)* حيًّا؛ مباشرةً؛ على الهواء.

live–box [līv′bŏks] *(n.)* صندوق الحياة: صندوق يُعلَّق في المياه لإبقاء الحيوانات المائية التي فيه على قيد الحياة.

lived [līvd] *(adj.)* ذو حياة من نوع أو مدًى معيَّن.

live–in [lĭv′ĭn] *(adj.)* مُقيم: عائشٌ في مقرّ عملِهِ <a ~ maid>.

live·li·hood [līv′-] *(n.)* الرِّزق: أسباب العيش أو سبُلُه.

live·long [lĭv′-] *(adj.)* كلّ؛ طولَ؛ بكامله؛ بتمامه <The ~ day she studied.>.

live·ly [līv′lĭ] *(adj.; adv.)* (١) مُفْعَمٌ بالحياة (٢) نشيط؛ ناشط <a ~ trade> (٣) منعش <~ air> (٤) زاهٍ <~ colors> (٥) متألِّق (٦) رَجُوع؛ مَرِن؛ مطّاط (٧) رشيق <a ~ boat> (٨) مُثير <gave them a ~ time> (٩) قويّ؛ واضح <a ~ recollection> § (١٠) بحيويّة؛ بنشاط إلخ.
— **live·li·ly** *(adv.)*; — **live·li·ness** *(n.)*

liv·en [lī′vən] *(vt.; i.)* (١) يُفعِم بالحياة x (٢) يُفْعَم بالحياة.

live oak *(n.)* [līv] البَلُّوط الحيّ: شجرة بلّوط أميركية دائمة الخضرة.

liv·er [lĭv′ər] *(n.)* (١) الكَبِد (ت) (٢) العائش. وبخاصة: العائش بطريقة معيّنة <evil ~*s*> (٣) الساكن؛ المقيم <a ~ in New York>.
fast *or* loose ~, خليع: منغمس في الشهوات.

liver complaint *(n.)* الكُباد: اعتلال الكبد.

liver fluke *(n.)* المُثَقَّبة الكَبِدية: دودة تغزو أكباد الثدييات.

liv·er·ied [lĭv′ər ĭd; lĭv′rĭd] *(adj.)* مُبَزَّز: مُرْتَدٍ بِزَّةً مميَّزة.

liv·er·ish [lĭv′-] *(adj.)* (١) كبدانيّ: شبيه بالكبد وبخاصة من حيث اللون (٢) مكبود: مصاب باعتلال في الكبد (٣) «أ» نكِد؛ سيّئ الطبع. «ب» كئيب.

liver·wort [-wûrt′] *(n.)* حشيشة الكَبِد: نبات طُحْلُبيّ.

liv·er·wurst [-wûrst′] *(n.)* النَّقانق الكَبِديّة: نقانق محشوّة كَبِدًا.

liv·er·y[1] [lĭv′ə rĭ] *(n.)* (١) تسليم الحيازة: تسليم ملكية العقار الشرعية (ق) (٢) «أ» البِزّة: زيّ مميَّز للخدم إلخ. «ب» الحاشية؛ البطانة (٣) العَلَف؛ الإيواء: عَلَفُ الخيل أو إيواؤها في الإسطبلات لقاء أجر (٤) العَرَباتيّة: مؤسسة تزوّد الراغبين بالعربات على اختلافها لقاء أجر (٥) livery stable.

liv·er·y[2] *(adj.)* (١) كبدانيّ: شبيه بالكَبِد (٢) liverish.

livery company *(n.)* النِّقابة: نقابة صُنّاع أو حِرفيين لَنْدُنيّة.

liv·er·y·man *(n.)* (١) النقابيّ المبزَّز: لندنيّ مؤهَّل لارتداء الزيّ الخاصّ بنقابة الصُّنّاع التي ينتمي إليها (٢) العرباتيّ: صاحب مؤسّسة لتأجير العربات.

livery stable *(n.)* إسطبل العربات: إسطبل لتأجير الخيل والعربات [أو لإيوائها والعناية بها لقاء أجر].

lives [līvz] *pl. of* life.

live steam [līv] *(n.)* البخار الحيّ [المندفع من المِرجل مباشرةً].

live·stock [līv′-] *(n.)* المال الحيّ [من دواجن ومواشٍ ودوابّ].

live trap [līv] *(n.)* الشَّرَك الحَميد: شَرَك لتصيُّد الحيوان حيًّا.

live wire [līv] *(n.)* شخص يقِظ أو نشيط أو مقدام.

liv·id [[lĭv′ĭd] *(adj.)* (١) مُزْرقّ [من أثر لطمة] (٢) شاحب (٣) مهتاج.

liv·ing [lĭv′ĭng] *(adj.; n.)* (١) حيّ (٢) فعّال؛ قويّ (٣) مفعم بالحياة (٤) متّقد؛ مضطرم <~ coals> (٥) متعلق بالأحياء <within ~ memory> (٦) ملائم للحياة <the ~ area> § (٧) الحياة <*Living* is expensive these days.> (٨) رزق <to earn a ~ as a teacher> (٩) نَهْجُ حياة؛ أسلوب حياة.

living death *(n.)* حياة الموت [المفتقرة إلى ما يجعلها جديرةً بأن تُعاش].

living room *(n.)* (١) حجرة الجلوس (٢) lebensraum.

living space *(n.)* = living room *2*.

living unit *(n.)* الوحدة السَّكنية: شِقّة أو منزل لأسرة واحدة.

living wage *(n.)* الأجر الكافي: الأجر الذي يستطيع صاحبه العيش عليه والذي يفي بمطالبه الجسديّة والفكرية المعقولة (اد).

liv·re [lē′vr] *(n.)* اللِّيفْر: وحدة نقد فرنسية قديمة.

lix·iv·i·ate [lĭk sĭv′ĭ āt′] *(vt.)* يُرَشِّح؛ يُصَفّي.

ă at; ā date; â care; ä car; ĕ egg; ē me; ĭ in; ī bite; ŏ lot; ō bone; ô orphan; oi boil; o͝o good; o͞o boot; ou out; ŭ under; û urgent; ə = *a* in alone, *e* in system, *i* in easily, *o* in gallop, *u* in circus.

liz·ard [lĭz′ərd] *(n.)* العَظاءة؛ السّحليّة.

lla·ma [lä′mə] *(n.)* اللّامة: حيوان جنوبأميركيّ شبيهٌ بالجمل وليس له سَنام.

lla·no [lä′nō] *(n.)* اللّانة: سهل معشَوْشب في أميركا اللاتينية.

Lloyd's [loidz] *(n.)* شركة لُوِيد اللندنية للتأمين البحري.

lo [lō] *(interj.)* (١) أُنظر! (٢) عَجَبًا!

loach [lōch] *(n.)* اللّتش: سمك نهري صغير وثيق الصلة بالشَّبّوط.

load [lōd] *(n.; vt.; i.)* (١) «أ» حِمل. «ب» حُمولة. «ج» شِحنة (٢) «أ» ثِقل. «ب» عِبء؛ مسؤوليّة ثقيلة (٣) مقدارٌ مُسكِر [من شراب كحوليّ] (٤) *pl.* عد: عددٌ وافر <~s of people> (٥) حَشْوة [أو شِحنة] سلاح ناريّ (٦) الحِمْل؛ الحمولة («كب» و«مك») (٧) نظرة كاملة § (٨) يُحَمِّل؛ يَسِق (٩) «أ» يُثْقِل. «ب» يُرهق (١٠) يَضْبِن؛ يُمْسك الزَّهر: يحاول التحكّم بالنَّرد عند إلقائه (١١) يَغْمُر؛ يزوِّد بوفرة (١٢) «أ» يُلْقِم أو يحشو [سلاحًا ناريًّا]. «ب» يُقحمه في <to ~ film in a camera> (١٣) يَمْذُق؛ يغشّ <to ~ wine> (١٤) يحمّل: «أ» يضيف مبلغًا إلى قسط التأمين تغطيةً للنفقات الإدارية والطوارئ. «ب» يضيف إليه مبلغًا بعد حساب النفقات والأرباح <~*ed* prices> (١٥) ينقل [ملفًّا إلخ] من القُرص إلى ذاكرة الكومبيوتر الرئيسيّة **x** (١٦) يتلقى حملًا؛ يأخذ ركّابًا. **—load·er** *(n.)*

load·ed[1] [lō′-] *(adj.)* (١) مُحَمَّل؛ موسوق (٢) مُلْقَم؛ مَحْشُوّ [صفة لسلاح ناريّ] (٣) مَضْبون (را. load *10*).

load·ed[2] *(adj.)* (١) ثمِل؛ مخمور (ع) (٢) ثريّ؛ موسر.

load factor *(n.)* عامل الحِمْل (كب).

load·ing [lō′-] *(n.)* (١) مص load (٢) حِمْل؛ حمولة (٣) الحِمل؛ الحمولة؛ المُحَمَّل: مبلغ يضاف إلى قسط التأمين تغطية للنفقات الإدارية والطوارئ (٤) حَشو؛ حَشْوة.

load line *(n.)* خطّ الماء التحميليّ: خطٌّ على جانب سفينة يشير إلى العمق الذي تستطيع أن تهبط إليه في الماء عندما تكون محمّلة تحميلًا سويًّا.

load·star [lōd′stär′] *(n.)* = lodestar.

load·stone [lōd′stōn′] *(n.)* = lodestone.

loaf[1] [lōf] *(n.)* (١) رغيف (٢) كتلة مخروطية من السكّر (٣) الرّغيفيّ: طعامٌ من لحم أو سمك مخبوزٌ على شكل رغيف.

loaf[2] [lōf] *(vi.)* يتسكّع؛ يضيع الوقت في التبطّل.

loaf·er [lō′fər] *(n.)* (١) المُتَسَكِّع؛ المُتَبَطِّل (٢) حذاء شبيه بالموكاسّان.

loam [lōm] *(n.)* (١) الطُّفال الرمليّ: مزيج من طين ورمل وقشّ يستخدم في صنع قوالب السبك (٢) الطُّفالية: تربة خصبة مؤلّفة من طين ورمل ومادة عضوية إلخ. **—loam·y** *(adj.)*

loan [lōn] *(n.; vt.)* (١) «أ» قَرْض بفائدة. «ب» العاريَة: شيء مُعار (٢) إعارة (٣) loanword § (٤) يُقْرِض؛ يُعير.

lo and behold *(interj.)* عَجَبًا! يا للعجب!

loan shark *(n.)* المُرابي: من يُقْرِض المال بفوائد مرتفعة جدًّا.

loan translation *(n.)* النَّسخ؛ الاقتراض بالترجمة.

loan·word [lōn′-] *(n.)* الكلمة الدَّخيلة؛ الكلمة المُقْتَرَضة [من لغة أخرى].

loath *also* **loathe** [lōth; lōth] *(adj.)* كارهٌ لِـ؛ راغبٌ عن؛ مشمئزّ من.

loathe [lōth] *(vt.)* يَكْرَه؛ يَعاف؛ يشمئزّ من.

loath·ing [lō′thĭng] *(n.)* عِياف؛ اشمئزاز.

loath·ly [lōth′lĭ] *(adj.; adv.)* (١) كريه § (٢) كَرْهًا؛ على كُرْه.

loath·some [lōth′səm] *(adj.)* كريه؛ تعافُهُ النَّفس.

lob[1] [lŏb] *(n.)* شخص بليدٌ أخرق.

lob[2] [lŏb] *(vt.; i.; n.)* (١) «أ» يقذف كرة الكريكيت بحركة بطيئة. «ب» يقذف كرة التنس، ببطء، في خطّ أشبه بالقوس العالي **x** (٢) يتحرك ببطء وتثاقل § (٣) «أ» كرة كريكيت مقذوفة ببطء. «ب» كرة تنس مقذوفة ببطء في خطّ أشبه بالقوس العالي.

lob- *or* **lobo-** بادئة معناها: فَصّ؛ فِلْقة <*lob*ar>.

lo·bar [lō′bər] *(adj.)* (١) مفصَّص: ذو فصوص (٢) فَصّيّ.

lo·bate; -d [lō′-] *(adj.)* (١) مُفَصَّص (٢) فَصّانيّ: شبيه بفَصّ.

lo·ba·tion [lō bā′-] *(n.)* (١) تَفَصُّص (٢) «أ» فَصّ. «ب» فُصَيْص.

lob·by [lŏb′ĭ] *(n.; vi.; t.)* (١) رَدْهة؛ رواق؛ حجرة انتظار <the ~ of a hotel *or* theater> (٢) رَدهة المجلس [حيث يستطيع الأعضاء أن يقابلوا الناس] (٣) جماعة الضغط: جماعة تحاول التأثير في أعضاء هيئة تشريعية كمجلس الشيوخ § (٤) يَتَرَدّد: يؤثّر في أعضاء هيئة تشريعية **x** (٥) يُرَدِّد: يحاول أن يكسب التأييد لمشروع قانون من طريق التردّد **lob·by·ing** أي التحدُّث إلى أعضاء المجلس التشريعي في ردهته الكبرى <to ~ a bill>.

lobe [lōb] *(n.)* (١) فَصّ؛ فِلْقة (٢) شحمة [الأذن].

lo·bec·to·my [lō bĕk′-] *(n.)* استئصال الفَصّ: جراحة تُجرَى لاستئصال فَصٍّ عضو من أعضاء الجسم [كالرئة إلخ].

lobed [lōbd] *(adj.)* مُفَصَّص؛ ذو فُصوص <~ leaves>.

lob·lol·ly [lŏb′lŏl′ĭ] *(n.)* (١) عصيدة كثيفة (٢) مستنقع (٣) شخص أخرق.

lo·bo [lō′bō] *(n.)* اللُّبُس: ذئب أميركيّ كبير.

lo·bot·o·my [lō bŏt′ə mĭ] *(n.)* بَضْعُ الفَصّ: شق فصوص المخّ الجبهيّة جراحيًّا (ط).

lob·scouse [lŏb′skous] *(n.)* اللُّبْسْكُس: طبقٌ من لحم وخُضَر.

lob·ster [lŏb′-] *(n.)* (١) «أ» الكَرْكَنْد؛ سَرَطان البحر. «ب» الكَرْكَنْد الشّائك (٢) شخص مُغَفَّل أو أخرق.

lob·ster·man *(n.)* صائد الكَرْكَنْد.

lobster pot *(n.)* شَرَك لصيد الكَرْكَنْد أو سرطان البحر.

lob·u·lar [lŏb′-] *(adj.)* (١) فُصَيْصيّ (٢) فُصَيْصاني: شبيه بفُصَيْص.

lob·u·lat·ed [lŏb′-] *(adj.)* فُصَيْصيّ: مؤلَّف من فُصَيْصات.

lob·ule [-′yōōl] *(n.)* (١) الفُصَيْص: فَصٌّ صغير (٢) جزء من فَصّ.

lo·cal [lō′kəl] *(adj.; n.)* (١) موضعيّ (٢) محلّيّ (٣) متوقّف في جميع المحطات <a ~ train> § (٤) قطار يتوقف في جميع المحطات (٥) نبأ محلّيّ [في صحيفة] (٦) فرع محلّيّ من منظمة إلخ.

local color *(n.)* اللون المحلّي: طابع في الكتابة، أو الفنّ، قِوامُهُ تصوير السّمات المميِّزة لإقليم من البلاد أو لأبناء ذلك الإقليم.

lo·cale [lō kăl′; -käl′] *(n.)* موضع؛ موقع؛ مكان.

local government *(n.)* الحكومة المحلّية.

lo·cal·ism [lō′kə-] *(n.)* (١) «أ» عبارة اصطلاحية محلية. «ب» خاصيّة إقليمية (٢) الإقليميّة: التعصُّب لإقليم معيَّن.

lo·cal·i·ty [lō kăl′-] *(n.)* (١) المحلّية: كون الشيء محلّيًا أو ذا مَحَلٍّ (٢) مركز؛ موقع؛ موضع (٣) محلّة.

lo·cal·i·za·tion *(n.)* (١) جَعْلُ الشيء محليًا (٢) مَرْكَزة (٣) تَمَرْكُز.

lo·cal·ize [lō′-] *(vt.; i.)* (١) يجعله محليًا (٢) يُمَرْكِز **x** (٣) يتمركز.

local option *(n.)* الخيار المحلّي: حقُّ الإقليم [أو الولاية] في أن يقرِّر باستفتاء شعبيّ مدى قابلية قانونٍ ما للتطبيق المحلّي.

local time *(n.)* التوقيت المحلّي [لبلدٍ من البلدان].

lo·cate [lō′kāt; lō kāt′] *(vi.; t.)* (١) يستقرّ في مكان ما **x** (٢) يحدّد: يعيّن موضع شيء أو حدوده (٣) يقيم أو ينشئ في مكان معيّن (٤) يكتشف موضع شيء (٥) يُصنِّف. **— lo·cat·er; lo·ca·tor** *(n.)*

lo·ca·tion [-kā′-] *(n.)* (١) مَقَرّ (٢) موقع؛ مركز (٣) المركز: قطعة أرض مُفْرَدَةٌ لغرضٍ معيّن <a mining ~> (٤) الموقع الخارجي: مكان خارج الإستديو يُصَوَّر فيه الفيلم السينمائي (٥) مص locate.

loc·a·tive [lŏk′ə-] *(adj.; n.)* (١) ظَرْفيّ؛ مكانيّ (ل) § (٢) الظَّرفية (ل) (٣) ظرف مكان (ل).

loch [lŏk; lŏkh] *(n.)* (١) بُحيرة (إسك) (٢) خليج (إسك).

lo·ci [lō′sī] *pl. of* locus.

lock[1] [lŏk] *(n.)* (١) «أ» خصلة شعر. «ب» *pl.*: شعر الرأس (٢) خصلة صوف أو قطن إلخ.

lock[2] [lŏk] *(n.; vt.; i.)* (١) قُفْل؛ غَلَق (٢) رِتاج القَدْح: الآليّة المفجِّرة لشحنة السّلاح الناريّ (٣) الهَوِيس: سَدٌّ لرفع السُّفن أو خفضها عند انتقالها من أحد مستويات القناة إلى آخر (٤) air lock (٥) مِكبح العربة (٦) تثبيت؛ إحكام (٧) ازدحام [معطِّل للسّير] (٨) «أ» مَسْكة [في المصارعة]. وبخاصة: مَسْكةٌ تُضْفَر بها يدُ المصارع أو رِجلُهُ حول يد خصمه أو رجله. «ب» سَيْطرة § (٩) يُقفِل؛ يُغلق (١٠) «أ» يحبس؛ يحجز. «ب» يثبّت (١١) «أ» يشبِّك؛ يشابك. «ب» يمسك بِـ [في المصارعة]. «ج» يثبِّت [بالمِغْلق أو الطوق] أحرفَ الملزمة المعدَّة للطبع (١٢) يحبس رأس المال: يوظفه من غير أن يتأكّد من سهولة تحويله، بعد ذلك، إلى نقد (١٣) يهوِّس: «أ» يسمح [للباخرة] بالمرور بالاستعانة بهَويس القناة. «ب» يزوّد بهَويس **x** (١٤) ينْقفل <This door ~s easily.> (١٥) يتثبَّت؛ يتشابك (١٦) ينشئ هَوِيسًا (١٧) تجتاز [السفينةُ قناةً] بواسطة هَوِيس.

to ~ away يضع [شيئًا] في صندوق أو دُرْج مُقْفَل.

to ~ in يحبس شخصًا إلخ في غرفة.

to ~ out (١) يحرم شخصًا من الدخول بإقفال الباب من الداخل (٢) يُقفِل [ربّ العمل] مصنعه كليًا أو جزئيًا لإكراه العمّال على الرضا بشروطه.

lock·age [-′ĭj] *(n.)* (١) رسم التهويس: رسم المرور عَبْرَ هَوِيس (٢) سلسلة هَوِيسات [في قناة] (٣) التهوُّس: مرور الباخرة في هَويس القناة.

lock·box [lŏk′bŏks′] *(n.)* الصُّندوق المُقفَّل: صندوق مزوَّد بقُفْل.

lock·er [lŏk′-] *(n.)* (١) خزانة أو دُرْج أو صندوق يُقفل (٢) حُجَيْرة لخزن الأطعمة المثلّجة إلخ (٣) «أ» المُقْفِل؛ المُغْلِق. «ب» مِكبح العربة.

not a shot in one's ~, فارغ الجيب؛ لا مالَ في جيبه.

locker paper *(n.)* ورق المثلّجات [للفّ الأطعمة المثلَّجة المخزونة].

locker room *(n.)* حجرة الأدراج المُقْفَلَة. وبخاصة: حجرة يكون فيها لكلّ رياضيّ دُرْجُهُ الخاصّ يضع فيه ملابسه وأدواته.

locker–room *(adj.)* بذيء؛ غير محتشِم <~ jokes>.

lock·et [lŏk′ət] *(n.)* المُدَلّاة: عُلَيْبَة معدنيّة نفيسة [تحتوي على تذكار كرسم شخص أو خصلة شعر] يُدَلّيها المرء من قلادة أو سلسلة.

locket

lock·jaw [lŏk′jô′] *(n.)* الكُزاز (را. tetanus).

lock·nut *(n.)* حَزْقَة التثبيت: «عَزْقَة» تُشَدّ فوق أخرى تثبيتًا لها.

lock·out [lŏk′out′] *(n.)* الإغلاق التعجيزيّ: إغلاق ربّ العمل مصنَعَهُ كليًّا أو جزئيًا لإكراه العمال على الرضا بشروطه.

lock·ram [lŏk′rəm] *(n.)* اللَّكْرَم: نسيج كتّاني خشن.

lock·smith [lŏk′-] *(n.)* القَفّال: صانع الأقفال أو مُصْلِحها.

lock·smith·ing *(n.)* القِفالة: صناعة القَفّال.

lock·stitch [-′stĭch] *(n.)* الدَّرزة المتشابكة.

lock, stock, and barrel *(adv.)* بِرُمَّتِهِ؛ بكامله؛ بقَضِّهِ وقضيضِهِ.

lock·up [lŏk′ŭp′] *(n.)* (١) سِجن. وبخاصة: سجن محلّيّ يُحتَجَز فيه المتَّهمون قبل محاكمتهم (٢) «أ» إقفال. «ب» انقفال.

lo·co [lō′kō] *(n.; vt.; adj.)* (١) locoweed (٢) locoism § (٣) يُسمِّم بنبتة الجنون (٤) يُخَبِّل؛ يُجِنّ § (٥) مُخَبَّل؛ مجنون.

lo·co·fo·co [lō′kō fō′kō] *(n.)* اللَّكفوك: «أ» عودُ ثقاب أو سيكارٌ قابل لأن يُشْعَل من طريق الاحتكاك بأيّ سطح خشنٍ جافّ. «ب» *cap.*: عضو في الحزب الديموقراطي الأميركي.

lo·co·ism [lō′kō-] *(n.)* جنون الماشية: داء عصبيّ يصيب الخيل والماشية من جرّاء أكلها نبتةَ الجنون (را. locoweed).

lo·co·mote [lō′kə mōt′] *(vi.)* يتحرّك؛ يتنقّل؛ يسير.

lo·co·mo·tion [lō′kə mō′-] *(n.)* (١) تحرُّك؛ تنقُّل (٢) سَفَرٌ.

lo·co·mo·tive [-′tĭv] *(adj.; n.)* (١) «أ» تَحَرُّكيّ؛ تَنَقُّليّ. «ب» قادرٌ على التحرّك المستقلّ من مكان إلى آخر (٢) سَفَريّ (٣) سَيّار: ذو قدرة على السّير أو الانتقال بمجرد إعمال آليّته <~ cranes> § (٤) قاطرة.

lo·co·mo·tor [lō′kə mō′-] *(adj.)* تحرُّكيّ؛ حَرَكيّ.

locomotor ataxia (n.) الخُلاع: اختلال في الجهاز العصبي يتميّز باضطراب المشية وصعوبة الوقوف على نحوٍ منتصب.

locomotor organs (n. pl.) أعضاء الحركة (مج).

lo·co·weed [lō'kō wēd'] (n.) نبتة الجنون: نبتة سامّة إذا أكلتها الماشية أصيبت بالداء العصبيّ المعروف بـ«جنون الماشية».

locoweed

loc·u·lar; loc·u·late; -d [lŏk'-] (adj.) غُرَيْفيّ: ذو غُرَيْفات.

loc·ule [lŏk'yōōl] (n.) = loculus.

loc·u·lus [lŏk'-] (n.) pl. -li [lī; lē] الغُرَيْفة: غرفة صغيرة أو تجويف صغير. وبخاصة: «أ» خليّة المبيض (نب). «ب» تجويف كيس اللَّقْح (نب).

lo·cum te·nens [lō'kəm tē'nĕnz] (n.) القائم مقام: من يقوم مقام غيره، مؤقّتًا، في وظيفة [تقال بخاصةٍ في طبيب أو كاهن].

lo·cus [lō'kəs] (n.) pl. **lo·ci** [-'sī; -'kī] (١) مكان؛ موضع؛ محلّ (٢) مركز ثِقَل أو نشاط (٣) المحلّ الهندسي (ر).

lo·cus clas·si·cus [lō'kəs klăs'-] (n.) الشاهد الكلاسيكيّ: جملة أو عبارة مأثورة تُوْرَد للتمثيل على معنى كلمة أو لشرح موضوع.

lo·cust [lō'kəst] (n.) (١) جراد (٢) شخص نهِم مُخَرِّب (٣) زيز الحصاد (را. cicada) (٤) شجر الخُرْنوب أو خشبه.

locust 1.

locust bean (n.) = carob.

lo·cu·tion [lō kyōō'-] (n.) (١) تعبير؛ عبارة (٢) أسلوب الكلام.

lode [lōd] (n.) (١) قناة؛ مجرًى مائي (عب) (٢) العِرق المعدنيّ: شقّ في الصخر مليء بخامات المعادن (٣) ذخيرة وافرة.

lode·star (n.) (١) نجم هادٍ. وبخاصة: نجم القطب (٢) الهادي؛ المنار.

lode·stone (n.) (١) حجر المغْنَطيس (٢) الجَذوب: ما يجذب بقوة.

lodge [lŏj] (vt.; i.; n.) (١) «أ» يُؤوي. «ب» يؤجره غرفة في منزله (٢) يحنيه حتى يلامس الأرض <oats ~d by the rain> (٣) يَغْرُز؛ يُقِرّ في؛ يغيّب <~d his money in the bank> (٤) يُودِع <to ~ a sword in one> (٥) يخوّل؛ يُنيط <to ~ powers in a commission> (٦) يقدّم شكوى إلخ [إلى السلطة المختصّة] x (٧) «أ» يَبيت. «ب» يقطن؛ يقيم. «ج» يَسْكُن [بالأجرة] غرفةً في منزل شخص آخر (٨) يستقرّ في <The bullet ~d in his leg.> (٩) يسقط؛ ينحني على الأرض § (١٠) مأوًى (١١) بيت مؤقّت [يُنْزَل فيه خلال موسم الصيد إلخ] (١٢) المُسْتَجَمّ: فندق للاستجمام (١٣) كوخ البوّاب إلخ (١٤) وِجار <a beaver's ~> (١٥) «أ» فرع [من منظمة]. «ب» مقرّ هذا الفرع. «ج» محفل ماسوني (١٦) الوَغَم: كوخ بيضويّ الشكل [عند هنود أميركا الحمر] (١٧) أسرة من هنود أميركا الحمر.

lodg·er [lŏj'ər] (n.) النزيل: المستأجر غرفةً في منزل شخص آخر.

lodg·ing [lŏj'-] (n.) (١) «أ» منزِل؛ مسكن. «ب» مُستقَرّ؛ مستودَع (٢) «أ» أسباب الراحة الخاصة بالمبيت والنوم. «ب» مثوًى مؤقّت. «ج» pl.: غرفة أو غرف مستأجرة [في منزل شخص آخر] (٣) إقامة؛ سُكنى.

lodging house (n.) النُّزُل: بيت ذو غُرَف مفروشة للإيجار.

lodg·ment or **lodge·ment** [lŏj'-] (n.) (١) «أ» مسكن؛ مثوًى. «ب» حجرة في منزل شخص آخر يحتلّها مستأجر (٢) «أ» إيواء. «ب» انتواء (٣) «أ» وَضْع؛ إيداع. «ب» تقديم الشكوى إلخ [إلى السلطة المختصة]. «ج» استقرارٌ على (٤) «أ» شيء متراكم. «ب» مُسْتَقَرّ.

lo·ess [lō'ĕs; lĕs] (n.) الطَّيْس؛ اللُّوس؛ الراسب الطُّفالي (را. loam).

loft [lŏft] (n.; vt.; i.) (١) عِلِّيّة (٢) «أ» شرفة في كنيسة أو قاعة. «ب» دَوْر علويّ [وبخاصة إذا كان غير مجزّأ إلى غرف] في مستودع أو مَبْنى مؤسّسة. «ج» مَتْبَن؛ مخزن تبن (٣) ضَرْب الكرة عاليًا في الهواء § (٤) يضع أو يخزن في عِلِّيّة أو دور علويّ من مستودع أو مبنى مؤسّسة (٥) يرمي عاليًا؛ يقذف إلى أعلى x (٦) يرتفع عاليًا.

loft·y [lôf'tĭ] (adj.) (١) «أ» رفيع؛ نبيل. «ب» عالي المقام (٢) متغطرس؛ متعجرف؛ متكبّر (٣) شاهق؛ شامخ؛ سامق (٤) ضئيل القيمة العملية.

log[1] [lôg; lŏg] (n.; vt.; i.) (١) الحَطَبة؛ زَنْد الخشب: جزء من جذع الشجرة [يزيد طوله على ستة أقدام] مُعَدّ للنشر (٢) اللُّوك: جهاز لقياس سرعة السفينة (٣) «أ» سِجلُّ سرعة السفينة أو تقدّمها اليوميّ. «ب» سِجلّ الطائرة (٤) سِجلّ الأداء: سِجلّ لأيّ عمل يؤدَّى § (٥) «أ» يقطع [الأشجار] ليتخذ منها أخشابًا. «ب» يجرّد [أرضًا بقطع أشجارها] (٦) يسجّل: يدوّن تفاصيل الرحلة في سجلّ الباخرة أو الطائرة (٧) يجتاز مسافة معيّنة أو يبلغ سرعة معيّنة يسجّلهما اللُّوك.

log[2] [lŏg] (n.) = logarithm.

log- or **logo-**. <*logo*graph> بادئة معناها: كلمة؛ كلام؛ فكر.

lo·gan·ber·ry [lō'gən-] (n.) توت لوغان: ضرب من العُلَّيق البرّيّ (نب).

loganberry

log·a·oe·dic [lŏg'ə ē'-] (adj.) مختلِط الأوزان أو متعدّدها (عر).

log·a·rithm [lôg'ə rĭth'əm] (n.) اللوغارِتْم (ر).

log·a·rith·mic; -al [lôg'ə rĭth'-] (adj.) لوغارتميّ (ر).

log·book [lôg'-] (n.) (١) «أ» سجلّ السفينة: سجلّ سرعة السفينة أو تقدّمها اليوميّ. «ب» سجلّ الطائرة (٢) سجلّ الأداء: سجلّ لأيّ عمل يؤدَّى.

loge [lōzh] (n.) (١) حُجَيْرة (٢) اللَّوج: مقصورة في مسرح أو دار للسينما.

logged [lŏgd] (adj.) (١) ثقيل؛ بطيء: مُثْقَل إلى حدّ يعوق حركته جزئيًا أو كليًّا (٢) مُخْضَل؛ مُشْبَع بالماء.

log·ger [lôg'-] (n.) (١) الحطّاب؛ الخشّاب (٢) حمّالة الحطب؛ حَمّالة الخشب: آلة أو رافعة لتحميل الحطب أو الخشب.

log·ger·head [lôg'ər-] (n.) (١) الأبله؛ المغفّل (٢) رأس ضخم (٣) ضخمة الرأس: سلحفاة بحرية كبيرة ضخمة الرأس (٤) كرة التذويب؛ كُرة الإحماء: كرة حديديّة ذات مقبض طويل تستعمل، بعد إحمائها، لإذابة القطران أو لإحماء السوائل.

loggerhead 3.

at ~s (with) في حالة خلاف أو خصام مع.

log·gia [lŏj'ə] (n.) اللّوجيّ: رواق مسقوف في مقدَّم المبنى (عم).

log·ic [lŏj'ĭk] (n.) (١) علم المَنْطِق (٢) مَنْطِق [الأحداث إلخ].

log·i·cal [lŏj'ə kəl] (adj.) (١) مَنْطِقيّ (٢) مَنْطِقيّ التفكير.

lo·gi·cian [lō jĭsh'ən] (n.) المِنطيق: العالِم بالمنطق.

log·i·on [lŏg'ĭ ŏn'] (n.) قول مأثور.

lo·gis·tic; -al [lō jĭs'-] (adj.; n.) (١) مَنْطِقيْرَمزي: ذو علاقة بالمنطق

الرمزي (٢) سَوْقيّ؛ لوجيستيّ: ذو علاقة بنقل الجنود وإيوائهم وتموينهم وبتأمين الأعتدة وتوزيعها وصيانتها واستبدالها (جن) § (٣) symbolic logic .

lo·gis·ti·cian [lō′jĭs tĭsh′-] *(n.)* السَّوْقيّ: الاختصاصي في السَّوقيات .

lo·gis·tics [lō jĭs′-] *(n.)* السَّوقيّات: فن نقل الجنود وإيوائهم وتموينهم إلخ .

log·jam [lŏg′jăm′] *(n.)* (١) الطُّفاوة المتشابكة: أخشاب طافية متشابكة بحيث يتعذّر تحريكها (٢) مأزِق؛ طريق مسدود .

lo·go [lô′gō; lŏg′ō] *(n.)* (١) logotype (٢) شِعار .

log·o·gram; log·o·graph [lô′gə-] *(n.)* اللوغوغرام؛ اللوغوغراف: حرف أو رمز أو علامة تمثّل كلمة كاملة .

log·o·griph [lô′gə grĭf] *(n.)* لُغْزٌ لفظيّ؛ أُحجية لفظية .

lo·gom·a·chy [lō gŏm′ə kĭ] *(n.)* الجدل اللفظيّ: نزاع على الألفاظ .

log·or·rhe·a [lô′gə rē′ə] *(n.)* لَغْو؛ هَذَر؛ ثرثرة .

Lo·gos [lō′gŏs] *(n.)* (١) المسيح؛ كلمة الله (نص) (٢) اللّوجوس: العقل الكونيّ والمبدأ المهيمِن في الكون [في الفلسفة اليونانية القديمة] .

log·o·type [lô′gə-] *(n.)* المجمَّعة: «أ» مسبوكة مطبعية تحمل حرفين أو أكثر . «ب» صفيحة طباعية تحمل اسم جريدة أو علامة تجارية مسجّلة .

log·roll·ing [lôg′rō′-] *(n.)* (١) تبادُل المعونة والخدمات . وبخاصة: مقايضة في الأصوات تُجْرَى بين فريقَين من أعضاء مجلس تشريعيّ ليتمكّن كلّ فريق من إقرار مشروعات القوانين التي تهمّه (٢) دحرجة الأخشاب [الطافية على وجه الماء بالدَّوس عليها] .

-logue *or* **-log** لاحقة معناها: «أ» حوار؛ حديث <dia*logue*> . «ب» اختصاصيّ أو عالِمٌ في <sino*logue*> .

log·wood [lôg′-] *(n.)* البَقَّم: شجر أميركي استوائي أو خَشَبُه .

lo·gy [lō′gĭ] *(adj.)* (١) بليد (٢) متبلِّد التفكير .

-logy لاحقة معناها: «أ» تعبير شفهيّ أو كتابيّ <phraseo*logy*> . «ب» مذهب؛ نظرية؛ علم <bio*logy*> .

loin [loin] *(n.)* (١) خاصرة؛ حَقْوٌ (٢) *pl.*: «أ» عَوْرة؛ منطقة العانة . «ب» الأعضاء التناسليّة .

sprung from the ~*s* of — متحدّر من صُلْب فلان .

loin·cloth [loin′-] *(n.)* المِئزر: قطعة قماش لسَتْر العورة في البلدان الحارّة .

loi·ter [loi′-] *(vi.)* (١) يتوانى؛ يتلكأ (٢) «أ» يتسكّع . «ب» يتخلّف؛ يتأخّر .

loll [lŏl] *(vi.; t.)* (١) يتدلّى (٢) يتراخى؛ يتكاسل x (٣) يُدلّي .

Lol·lard [lŏl′ərd] *(n.)* الويكلفيّ: أحد أتباع المصلح الديني جون ويكْلِف .

lol·li·pop; lol·ly·pop [lŏl′-] *(n.)* الحلوى العُودِيّة: قطعة كراميل في طرَف عُود .

lol·lop [lŏl′əp] *(vi.)* (١) يتراخى؛ يتكاسل (عب) (٢) يمشي وَثْبًا .

lol·ly [-′ĭ] *(n.)* (١) قطعة حلوى . وبخاصة: قطعة كراميل (بر) (٢) نقود .

lol·ly·gag [-găg′] *(vi.)* (١) يتوانى؛ يتسكّع (٢) ينغمس في الملذات .

Lom·bard [lŏm′-] *(n.)* (١) اللُّمبارديّ: واحد اللُّمبارديين وهم شعب جرماني غزا إيطاليا عام ٥٦٨ للميلاد (٢) المُرابي؛ المَصْرِفي .

Lom·bard Street شارع لُمْبارد: حيّ المال والمصارف في لندن .

Lon·don·er [lŭn′dən ər] *(n.)* اللّندني: أحد أبناء لندن .

lone [lōn] *(adj.)* (١) «أ» متوحّد؛ من غير رفيق . «ب» أعزب . «ج» أرمل . «د» مُؤْثِر للعزلة (٢) مُفْرد؛ وحيد (٣) منعزل .

lone·ly [lōn′lĭ] *(adj.)* (١) «أ» متوحّد؛ من غير رفيق <a ~ traveler> . «ب» منعزل <a ~ town> (٢) مهجور؛ غير مطروق <a ~ road> (٣) مُوْحَش: شاعر بالوحشة أو بوطأة التوحّد <~ hearts> (٤) مُوْحِش: مُوْقِعٌ في النفس حِسَّ التوحّد <a ~ sky> . — **lone·li·ness** *(n.)*

lon·er [lō′-] *(n.)* الانعزالي؛ الانطوائيّ؛ المنكمش على نفسه .

lone·some [lōn′-] *(adj.)* (١) «أ» مُوْحَش: شاعر بالوحشة أو بوطأة التوحد <felt ~> . «ب» موحِش: مُوقِع في النفس حِسَّ التوحّد <a ~ house> (٢) «أ» مهجور؛ غير مطروق <~ roads> . «ب» منعزل <a ~ railroad line> .

lone wolf *(n.)* الذئب المتوحّد: مَن يُؤْثِر العمل أو العيش منفردًا .

long[1] [lông; lŏng] *(adj.; adv.; n.)* (١) «أ» طويل . «ب» مستطيل (٢) ذو طولٍ معيَّن <six meters ~> (٣) مَديد؛ غير وجيز (٤) طويل: أكبر أو أطول من المألوف <a ~ dozen *or* mile> (٥) طويل الأجل: متوجّب الدفع بعد مدّة طويلة (٦) ضليع؛ طويل الباع (٧) متزوِّد بمخزون كبير من مادّة معيّنة ارتقابًا لارتفاع الأسعار <~ of cotton> § (٨) طويلًا (٩) منذ عهد بعيد (١٠) طوالَ <all day ~> § (١١) فترة طويلة <Shall you be away for ~?> (١٢) مقطع لفظيّ طويل (ل) (١٣) *pl.*: بنطلون طويل (١٤) القياس الطويل [في ألبسة الرجال] .

~ ago — منذ عهد بعيد .
~ in the tooth — عجوز؛ هَرِم .
a ~ face — وجه مُكْفَهِرّ: وجه تعلوه أمارات الأسى والاكتئاب .
as ~ as *or* so ~ as — (١) ما دام؛ طالما (٢) إذا؛ شريطة أن .
at ~ last — أخيرًا؛ بعد طول انتظار .
in the ~ run — في النهاية؛ في خاتمة المطاف؛ على المدى البعيد .
so ~, — وداعًا؛ إلى اللقاء .
the ~ and (the) short — خلاصة القول؛ زبدة القول .
the ~ arm (of) — قوة الشيء أو سلطته البعيدة النطاق أو الأثر .

long[2] *(vi.)* يتوق أو يصبو إلى؛ يرغب رغبةً شديدةً في .

long–a·go *(adj.)* ماضٍ؛ سالف؛ سابق <~ scientists> .

long ago *(n.)* الماضي البعيد؛ الماضي السحيق <incidents of the ~> .

lon·ga·nim·i·ty [-nĭm′ə tĭ] *(n.)* اصطبار؛ صبر؛ طول أناة .

long·boat [-′bōt′] *(n.)* المركب الطويل: أكبر مركب تحمله سفينة تجارية .

long·bow [-′bō′] *(n.)* القوس الطويل: قوس كبير يُطلِق سهمًا مَريشًا طويلًا .

long–chain *(adj.)* طويل السلسلة <~ hydrocarbons> .

ă at; **ā** date; **â** care; **ä** car; **ĕ** egg; **ē** me; **ĭ** in; **ī** bite; **ŏ** lot; **ō** bone; **ô** orphan; **oi** boil; **o͝o** good; **o͞o** boot; **ou** out; **ŭ** under; **û** urgent; ə = *a* in alone, *e* in system, *i* in easily, *o* in gallop, *u* in circus.

long cloth *(n.)* القُماش الطويل: قماش قطنيّ تُصنَع منه ثياب الرُّضَّع.

long–distance *(adj.; adv.)* (١) بعيد المدى؛ خارجيّ <a ~ call> (٢) ناءٍ؛ قصيّ <a ~ friend> (٣) طويل المسافة <a ~ race> § (٤) بالتلفون البعيد المدى <He called her up ~.>.

long distance *(n.)* (١) المخابَرة البعيدة: مخابرة تلفونيّة خارجيّة أو بعيدة المدى (٢) عامل [أو مَرْكَز] تلفون بعيد المدى.

long division *(n.)* القِسمة الطويلة [في الحساب].

long dozen *(n.)* = baker's dozen.

lon·ge·ron [lŏn′jər ən] *(n.)* الضِّلع الطولانيّ (طي).

lon·gev·i·ty [lŏn jĕv′-] *(n.)* (١) تعمير؛ طول العمر (٢) أقدميّة؛ أسبقيّة.

lon·ge·vous [lŏn jē′vəs] *(adj.)* مُعمِّر؛ طويل العُمر.

long green *(n.)* نَقْد؛ عملة ورقيّة (ع).

long·hair [-′hâr′] *(n.)* (١) مفكّر غير عمليّ أو بعيد عن الحياة اليومية (٢) شخص ذو مواهب أو اهتمامات فنّيّة. وبخاصّة: المولع بالموسيقى الكلاسيكية (٣) شخص طويل الشعر. **— long–hair; long–haired** *(adj.)*

long·hand [lông′-] *(n.)* الكتابة الطويلة [نقيض الاختزال].

long haul *(n.)* (١) مسافة طويلة (٢) فترة طويلة.

long·head *(n.)* مستطيل الرأس: شخص مستطيل الرأس.

long·head·ed [-′hĕd′ĭd] *(adj.)* (١) حكيم: ذو حكمة أو بُعد نظر كبيرين (٢) مستطيل الرأس: ذو رأس مستطيل.

long·horn *(n.)* طويل القرن: «أ» رأس من ماشية إسبانيّة الأصل، طويلة القرون. «ب» ضرب من الجُبْن ذو مذاق معتدلٍ إلى حِرّيف.

long–horned beetle *(n.)* القَرَنْبَى: خُنفساء طويلة القرنين.

long horse *(n.)* = vaulting horse.

longi- بادئة معناها: طويل <*longi*caudal>.

lon·gi·cau·dal [lŏn jə kô′-] *(adj.)* طويل الذيل؛ ذو ذيل طويل.

lon·gi·corn [lŏn′jĭ kôrn′] *(adj.; n.)* (١) قَرَنْبيّ: «أ» ذو علاقة بالخنافس الطويلة القرون. «ب» ذو قرنين استشعاريّين طويلَين § (٢) القَرَنْبَى: خنفساء ذات قرنين طويلين جدًّا.

long·ing [lông′-] *(n.)* تَوْق؛ تَشَوُّف؛ رغبة شديدة.

long·ish [lông′-] *(adj.)* طويلٌ قليلًا: طويلٌ بعضَ الشيء.

lon·gi·tude [lŏn′jĭ to͞od′] *(n.)* خطُّ الطُّول (جغ).

lon·gi·tu·di·nal [lŏn′jə to͞o′-] *(adj.)* (١) طوليّ (٢) طُولانيّ: موضوع أو ممتدّ بالطُّول (٣) خطُّولانيّ: ذو علاقة بخطوط الطول.

long johns *(n. pl.)* لباس تحتيّ أو داخليّ طويل.

long jump *(n.)* القَفْز الطُّوليّ؛ القفز العريض (رب).

long–lin·ing *(n.)* الصَّيد بالقصبة الطويلة.

long–lived *(adj.)* (١) مُعَمَّر؛ طويل العمر (٢) مَديد: مستمرّ مدةً طويلة.

Lon·go·bard [lông′gō bärd′] *(n.)* pl. **-s** *or* **-i** = Lombard *1*.

long play *(n.)* = LP.

long–play·ing *(adj.)* مطوَّلي: ذو علاقة بأسطوانة مطوَّلة (را. LP).

long–range *(adj.)* (١) بعيد المدى (٢) طويل الأجل أو الأَمَد.

long run *(n.)* فترة طويلة [نسبيًّا].

long·shore·man *(n.)* مفرِّغ المراكب أو مُحَمِّلُها.

long·shor·ing [lông′shōr′ĭng] *(n.)* تفريغ المراكب أو تحميلُها.

long shot *(n.)* (١) الطَّلْقة البعيدة: مغامرة تنطوي على مخاطرة ضخمة ولكنها قد تعود على صاحبها بربح عظيم (٢) المفاجأة: متسابق غير متوقَّع فوزُهُ (٣) الرَّمية البعيدة: رهان قليل الحظّ ولكن مكاسبه المحتَمَلة عظيمة.

long·sight·ed [lông′sī′tĭd] *(adj.)* = farsighted.

long·some [lông′səm] *(adj.)* مُضْجِر؛ طويل حتى الإملال.

long·spur [-′spûr′] *(n.)* طويل المهماز: طائر ذو براثن طويلة كالمهماز.

long–stand·ing *(adj.)* (١) قديم (٢) باقٍ: قادرٌ على البقاء طويلًا.

long–suf·fer·ing *(n.; adj.)* (١) احتمال الأذى § (٢) صَبور على الأذى.

long suit *(n.)* ميدان التفوّق: الحقل الذي يتفوّق فيه المرء.

long–term [-′tûrm′] *(adj.)* (١) طويل الأمد (٢) طويل الأجل.

long·time [lông′tīm′] *(adj.)* = long–standing.

Long Tom [tŏm] *(n.)* (١) مدفع بحريّ قديم (٢) مدفع بعيد المدى.

long ton *(n.)* الطنّ الوافر؛ الطنّ الإنكليزيّ [٢٢٤٠ باوندًا].

lon·gueur [lôn gœr′] *(n.)* فَصْل أو جزء مُمِلّ [من كتاب إلخ].

long–wind·ed *(adj.)* (١) طويل حتى الإملال (٢) طويل النَّفَس.

long·wise [-′wīz′] *(adv.; adj.)* = lengthwise.

loo [lo͞o] *(n.)* (١) اللُّوّ: ضرب قديم من لَعِب الورق (٢) المال المُراهَن به في اللُّوّ (٣) مِرحاض.

loo·by [lo͞o′bĭ] *(n.)* الأخرق: شخص أخرق تعوزه اللباقة.

loo·fah *or* **loo·fa** [lo͞o′fə] *(n.)* اللُّوفة؛ اللُّوف المصري (نب).

look [lo͝ok] *(vt.; i.; n.)* (١) يراقب؛ يفحص (٢) يتشوَّف؛ يتطلَّع إلى؛ يتوقَّع بلهفة (٣) يعبِّر بعينيه أو بتعبيرات وجهه عن <to ~ one's thanks *or* consent> (٤) يبدو على نحوٍ متفقٍ مع <to ~ one's age> **x** (٥) ينظر (٦) يبدو <She ~*ed* pale.> (٧) يُطِلّ؛ يشرف <The window ~*s* upon the valley.> (٨) يواجه؛ يقابل <Our house ~*s* to the east.> (٩) يحدِّق بدَهَش (١٠) يشير إلى؛ يدلّ على اتجاه أو نزعة <The evidence ~*s* to acquittal.> § (١١) «أ» نَظَرٌ. «ب» نظرة (١٢) «أ» سيما الوجه أو تعبيراتُهُ. «ب» *pl.* عد: طلعة؛ هيئة. وبخاصة: وسامة؛ جمال (١٣) مَظْهَر <beginning to lose her ~*s*>.

- ~ alive!; ~ sharp! عجِّل! أسْرِع!
- to ~ about one (١) يحترس؛ يحاذر (٢) يتفحّص ما حوله (٣) يعطي نفسه وقتًا كافيًا يضع خلاله خططه.
- to ~ after (١) يُعْنَى بِـ؛ يسهر على (٢) يُتْبِعُهُ نظراتِهِ.
- to ~ ahead (١) ينظر أمامه (٢) يفكر في المستقبل.
- to ~ a person in the face يواجهُهُ بجرأةٍ.
- to ~ at (١) ينظر إلى (٢) يفحص الشيء بعناية [لكي يحسِّنه أو يصحِّحه أو يُصْلِحه].
- to ~ back (١) يلتفت بأفكاره إلى شيءٍ ماضٍ (٢) يكفّ عن التقدّم.
- to ~ black يقطِّب؛ يعبس؛ يبدو مُغْضَبًا.

to ~ blue — يبدو حزينًا أو مُستاءً.

to ~ down *or* up on — يزدري؛ لا يبالي بِـ.

to ~ down one's nose at — ينظر إليه باستياء أو ازدراء نصفِ محجوب.

to ~ for — (١) يتشوَّف؛ يتطلّع إلى (٢) يبحث عن.

to ~ forward to — يتشوَّف؛ يتطلّع إلى [بأمل ولهفة].

to ~ in *or* on him — يزوره زيارة قصيرة.

to ~ into — (١) ينعم النظر في (٢) يتصفّح [كتابًا].

to ~ on *or* upon with distrust — ينظر إليه بارتياب.

to ~ oneself again — يستردّ صحته [بعد مرض].

to ~ out — (١) يَحْذَر؛ ينتبه (٢) يُطِلّ من نافذة.

to ~ (something) out — يختار [شيئًا] بعد الغربلة والموازنة.

to ~ over — (١) يفحص (٢) يتغاضى عن؛ يغفر.

to ~ round — يدرس الاحتمالات قبل وضع خطة ما.

to ~ through — (١) ينظر من خلال (٢) يفحص بعناية (٣) يتجلّى من خلال.

to ~ to — (١) يهتمّ؛ يُعْنَى بِـ (٢) يتوقّع أو ينتظر منه [شيئًا مرغوبًا فيه] (٣) يعتمد على (٤) ينتبه (٥) يراقب.

to ~ up — (١) يرفع بصره (٢) تزدهر الأحوال؛ تروج السّوق.

to ~ (a person) up — يقوم بزيارة فلان.

to ~ (a person) up and down — يقلّب النظر في فلانٍ بعناية أو بازدراء.

to ~ (a thing) up — يبحث عن شيء [كلفظة في معجم].

look–a·like *(n.; adj.)* (١) الشبيه؛ النظير § (٢) شبيهٌ؛ نظير.

look·down [lo͝ok′doun′] *(n.)* اللّكْدَن؛ مُنحدِر الجبهة: سمك بحري من أسماك المحيط الأطلسي ذو جبهة مُتّسمةٍ بانحدار شديد.

lookdown

look·er [lo͝ok′-] *(n.)* (١) الناظر؛ المُشاهد إلخ (٢) شخص ذو سِمات أو مظهرٍ من نوع معيّن <She's a good ~.>.

look·er–on [lo͝ok′ər ŏn′] *(n.)* المُشاهد؛ المتفرّج.

look–in *(n.)* (١) أمل في النجاح (٢) تمريرة [في كرة القدم].

looking glass *(n.)* مِرآة.

look·out [lo͝ok′-] *(n.)* (١) الرقيب؛ الحارس (٢) المَرْقَب؛ نقطة المراقبة (٣) حَذَر؛ سَهَر (٤) مشهد (٥) المستقبَل المنتظر [كقولك It is a bad ~ for the new generation أي أن مستقبل الجيل الجديد يبدو مظلمًا] (٦) الشّأن: موضوع عناية المرء أو اهتمامه.

on the ~, — على حَذَر؛ في حالٍ من التنبُّه أو اليقظة.

loom[1] [lo͞om] *(n.; vt.)* (١) نَوْل (٢) قصبة المجذاف: الجزء الأسطواني من مجذاف المَرْكب § (٣) يَنْسُج [على نَوْل].

loom[2] *(vi.; n.)* (١) يلوح: «أ» يبدو للعيان وبخاصة فوق سطح البحر أو الأرض في شكل مضخَّم أو محرَّف أو غير واضح. «ب» يخيِّم في الأُفق: يبدو في شكل ضخم أو مغالًى فيه؛ يلوح وكأنّه يهدِّد بوَشْك الوقوع <The dangers of the international situation ~ large in their minds.> § (٢) اللَّوحان: «أ» المظهر غير الواضح أو المضخَّم أو المحرَّف لشيء يلوح في الأفق أو وسط الظلمة أو الضباب. «ب» طيف يلوح من بعيد على نحو غير واضح.

loon[1] [lo͞on] *(n.)* (١) «أ» المتبطِّل؛ المنفق وقته في البطالة. «ب» شخص ريفيّ أخرق. «ج» الوَغْد (٢) العاهرة؛ بنت الهوى (إسك) (٣) «أ» المخبَّل؛ المجنون. «ب» الساذج: شخص يَسْهُل خداعُهُ.

loon[2] *(n.)* الغَوّاص؛ السّامك؛ آكل السَّمك (طا).

loon²

loo·ny *or* **loo·ney** [lo͞o′nĭ] *(adj.)* معتوه؛ مخبول؛ مُغَفَّل.

loop [lo͞op] *(n.; vi.; t.)* (١) عُقْدة؛ أُنشوطة (٢) التحلُّق: ضرب من الطيران (طي) (٣) حَلقة؛ عُروة (٤) الطَّوْق: دارة كهربائية مُقْفَلة § (٥) يَعْقِد أُنشوطة (٦) يتحلَّق [في الطيران] (٧) يتحرك على شكل قوس x (٨) يثبِّت بعُروة (٩) يطوِّق: يُقفل الدارة الكهربائية.

for a ~, — في حالٍ من الذهول أو الفوضى أو الاضطراب.

looped [lo͞opt] *(adj.)* (١) ذو عُقَد؛ ذو عُرًى (٢) ثمِل؛ مخمور.

loop·hole [lo͞op′hōl′] *(n.; vt.)* (١) فُتحة الرمي: «أ» فُرْجَة في جدار تُطْلق منها نيران الأسلحة الصغيرة. «ب» كُوَّة (٢) مَنْفذ؛ مَهرَب. وبخاصة: غموض أو سَقط [في نصّ ما] يمكّن المرء من التهرّب من موجبات عَقْد أو التزام § (٣) يُفَرِّج: يزوّد بفتحاتٍ للرّمي.

loose [lo͞os] *(adj.; vt.; adv.)* (١) «أ» غير مربوط بإحكام. «ب» متمتع بحُرِّيّة نسبيّة في الحركة. «ج» ليِّن: طريّ ومصحوب عادةً بنَفْث مادة مخاطية <a ~ cough>. «د» غير ثابت <~ dyes>. «هـ» متقلقل <had a ~ tooth>. «و» فضفاض <~ clothing> (٢) «أ» حرّ؛ طليق. «ب» محلول؛ مفكوك (٣) مُهلهَل النّسج (٤) «أ» «فالت» <has a ~ tongue>. «ب» خليع؛ فاجر <was a ~ woman> (٥) رِخْوٌ (٦) «أ» غير دقيق أو مُحكَم <~ thinking>. «ب» مُفْسِحٌ المجال لتأويلات مختلفة § (٧) يُطلق؛ يحرِّر (٨) يحرِّر [من التزام أو قيد إلخ] (٩) يَحُلّ؛ يفكّ <to ~ a knot> (١٠) يُطلق [سهمًا] (١١) يُرْخي § (١٢) على نحوٍ طليق أو مهلهل أو خليع أو رخو إلخ.

~ bowels — أمعاء مُسْهَلَة [مُصابة بالإسهال].

on the ~, — طليق من قيود الأخلاق أو النظام.

There is a screw ~ somewhere — هناك علّة أو شيء يدعو إلى الارتياب في مكانٍ ما.

to give a ~ to — يطلق العنان للسانِهِ أو عواطفِهِ.

to have a screw ~, — به مَسّ من الجنون.

to let *or* set ~, — يُطلق سراحه.

loose end *(n.)* (١) الطَّرف السائب: شيء يُتْرَك مُتَدَلّيًا (٢) *pl.* عد: البقايا: جزء غير مُنْجَز من عمل.

loose·fit·ting *(adj.)* واسع؛ فضفاض <a ~ garment>.

loose–joint·ed *(adj.)* (١) سَيِّب المفاصل: ذو مفاصل تبدو وكأنها مُخلَّعة (٢) طليق: مُتّسِمٌ بحُرِّيّة استثنائية في الحركة.

loose·ly *(adv.)* على نحوِ طليق أو مُهلهل أو رِخو إلخ.

loos·en [lo͞o′sən] *(vt.; i.)* (١) «أ» يحلّ؛ يفكّ. «ب» يحرّر؛ يُطلق (٢) يُرخي (٣) «أ» يُسهّل الأمعاء. «ب» يليّن: يجعله أقلّ جفافًا <This medicine ~*s* your cough.> (٤) يُلطِّف؛ يُلَيِّن: يجعله أقلّ صرامة x (٥) ينحلّ؛ يرتخي إلخ [تتبعها *up* عادةً].

loose smut *(n.)* السُّناج السائب: مرض يصيب النباتات الحَبّيّة.

loot [lo͞ot] *(n.; vt.; i.)* (١) غنيمة (٢) شيء كالغنيمة: «أ» كل ما يؤخذ بالقوّة. «ب» مكاسب الموظفين غير المشروعة. «ج» مال (٣) سَلْبٌ، نهبٌ § (٤) يَسْلُب؛ يَنْهب (٥) يغنم [في الحرب بخاصة].

lop [1] [lŏp] *(n.; vt.)* (١) الأغصان المقطوعة [من شجرة] (٢) صغار الأغصان § (٣) «أ» يُشَذِّب؛ يُقَضِّب؛ يُهَذِّب. «ب» يَبْتُر [عضوًا]. **— lop·per** *(n.)*

lop [2] *(vi.)* (١) يتدلّى (٢) يتوانى (٣) يَثِب؛ يقفِز.

lope [lōp] *(n.; vi.)* (١) تَبَخْتُر (٢) قَفْز § (٣) يَتَبَخْتر (٤) يَقْفِز. **— lop·er** *(n.)*

lop–eared [lŏp′ērd′] *(adj.)* مُتَدَلّي [أو مسترخي] الأُذنين.

lop·py [lŏp′ĭ] *(adj.)* مُتَرهّل؛ مُسْتَرْخٍ.

lop·sid·ed [lŏp′sī′dĭd] *(adj.)* (١) منكفئ؛ مائل إلى جانب (٢) لامتوازن؛ لامتناسب؛ يُعوزُه التناغم أو الانسجام.

lo·qua·cious [lō kwā′shəs] *(adj.)* (١) ثرثار؛ مهذار (٢) مُسْهِب.

lo·quac·i·ty [lō kwăs′-] *(n.)* (١) ثرثرة؛ هَذَر (٢) إسهاب؛ إطناب.

lo·quat [lō′kwŏt; -kwăt] *(n.)* زُعرور اليابان؛ البَشْمَلة؛ الأكي دُنيا.

lo·ran [lōr′ən] *(n.)* اللّوران: أداة يستعين بها الملّاح على تحديد موقع الباخرة أو الطائرة الجغرافيّ.

lord [lôrd] *(n.; vi.)* (١) سيِّد؛ مولًى، مثل: «أ» أمير؛ ملك؛ عاهل. «ب» المُقْطِع: سيّد إقطاعيّ تُستأجَر منه الأرض. «ج» مالِكُ الأرض. «د» زوج (٢) *cap.*: «أ» الله. «ب» المسيح (٣) صاحب مقام رفيع. مثل: «أ» لورد؛ نبيل إنكليزيّ. «ب» أسقف [في الكنيسة الإنكليزية] (٤) *pl. cap.*: مجلس اللوردات [في بريطانيا] (٥) المُسَوَّد: شخص يُختار لترؤس مهرجان § (٦) يستبدّ؛ يَطْغَى.

lord chamberlain *(n.)* كبير الأمناء [في بلاط ملكيّ].

lord chancellor *(n.)* رئيس مجلس اللّوردات والرئيس الأعلى للقضاء [في بريطانيا].

lord·li·ness [lôrd′lĭ-] *(n.)* (١) السيادة؛ اللورديّة: كون المرء سيّدًا أو لوردًا (٢) «أ» جلال؛ وقار. «ب» تكبّر؛ غطرسة.

lord·ling *(n.)* لورد صغير المقام أو ضئيل الشأن.

lord·ly [lôrd′-] *(adj.)* (١) لورديّ: ذو علاقة بلورد؛ لائقٌ بلورد (٢) جليل؛ وقور (٣) فَخْم (٤) متكبّر؛ متعجرف؛ متغطرس.

lor·do·sis [lôr dō′sĭs] *(n.)* البَزَخ؛ القَعَس؛ دخول الظَّهر: انحناء العمود الفقري إلى أمام.

Lord's day *(n. often cap. D.)* يوم الأحد.

lord·ship [lôrd′-] *(n.)* (١) «أ» اللورديّة: رتبة اللورد أو مقامه، وتُستعمل لَقَبًا <His *Lordship* is sick.>. «ب» سيادة؛ سلطان (٢) اللورديّة: المقاطعة الخاضعة لسلطة لورد.

Lord's Prayer *(n.)* الصَّلاة الرَّبّانية: «أبانا الذي في السّمٰوات» (نص).

Lord's Supper *(n.)* العشاء الرَّبّاني: سرّ القربان المقدّس (نص).

Lord's Table *(n.)* مائدة الرّبّ: مائدة القربان المقدَّس (نص).

lore [1] [lōr] *(n.)* اللّور: «أ» معرفة مكتسبة بالدرس أو الخبرة. «ب» معرفة تقليدية؛ مُعْتَقَدٌ تقليدي. «ج» مجموعة معيّنة من المعارف أو التقاليد.

lore [2] *(n.)* الهامة: ما بين عين الطائر ومنقاره [أو المنطقة المقابلة لهذه المنطقة عند الزواحف والأسماك].

lor·gnette [lôr nyĕt′] *(n.)* (١) النظّارات اليدويّة: نظّارات ذات مقبض أو يد (٢) منظار للأوبرا [ذو مقبض].

lorgnette *1.*

lor·gnon [lôr nyôn′] *(n.)* = lorgnette.

lo·ri·ca [lō rī′kə] *(n.)* pl. **-e** [kē; sē] (١) دِرْع [روماني] (٢) الدِّرع؛ الدَّرَقة: صفيحة أو غطاءٌ واقٍ (ح).

lor·i·cate; -d [lôr′-] *(adj.)* (١) مُدَرَّع (٢) مُصَفَّح [صفةٌ لحيوان].

lor·i·keet [-′ə kēt′] *(n.)* اللُّورِكْت: ضربٌ من الببغاوات الصغيرة.

lo·ris [lōr′ĭs] *(n.)* اللُّورِس: حيوان من الرئيسات الدنيا.

lorn [lôrn] *(adj.)* بائس؛ مُتَخَلًّى عنه <~ widows>.

Lor·raine cross [lô rān′] *(n.)* صليب اللورين: صليب ذو ذراعين مُسْتَعْرِضَين أحدُهما، وهو الأسفل، أعرض من الذي فوقه.

lor·ry [lôr′ĭ] *(n.)* اللُّوري: «أ» عربة كبيرة منخفضة لا جوانب لها. «ب» لوري؛ شاحنة؛ سيارة شحن؛ وبخاصة إذا كانت مكشوفة. «ج» شاحنة تجري على قضبان حديديّة.

lory

lo·ry [lōr′ĭ] *(n.)* اللُّور: ضرب من ببغاوات أستراليا وغينيا الجديدة.

los·a·ble [lo͞oz′ə-] *(adj.)* ممكنٌ ضياعُهُ؛ قابلٌ للضَّياع.

lose [lo͞oz] *(vt.; i.)* (١) يُضيع؛ يَخْسر (٢) «أ» يفقد. «ب» يحتسب: يفقد من طريق الموت [ولدًا] (٣) يضيّع وقتًا أو فرصةً إلخ (٤) يخسّر: يجعله يخسر كذا <One careless statement *lost* him the election.> (٥) يستغرق في <was *lost* in thought> (٦) «أ» يتيه؛ يَضِلّ الطريق <*lost* her way>. «ب» يسبِق ملاحقيه فلا يدركونهُ <He *lost* his pursuers.> (٧) يتخلّص المرء من [بعض وزنه] x (٨) يُخفق؛ ينهزم؛ يخسر (٩) تبطئ [الساعةُ].

- to ~ face يفقد اعتباره أو احترامه.
- to ~ ground (١) يتراجع؛ يستسلم (٢) يفقد مركزه أو اعتباره.
- to ~ one's head (١) يفقد صوابه (٢) يرتبك.
- to ~ one's heart يقع في الغرام.
- to ~ one's place (in a book etc.) يعجز عن معرفة السطر [أو المقطع] الذي توقّف عنده في قراءتِهِ.
- to ~ one's reason (senses) يفقد صوابه؛ يهتاج بضراوة.
- to ~ one's temper (١) يغضب (٢) ينفد صبره.
- to ~ out (١) يخسر [في سباق أو مسابقة] (٢) يخفق في الفوز بمكافأة متوقَّعة أو ربح مرتقَب.

lo·sel [lō′zəl] *(n.)* شخص تافه لا قيمة له.

los·er [-′zər] *(n.)* (١) الخاسر (٢) اللاكُفُؤ: شخصٌ تعوزه الكفاءة.

loss [lôs; lŏs] *(n.)* (١) خُسْران؛ فقدان (٢) شخص أو شيء أو مقدار يُخسَر. مثل: «أ» *pl.*: الخسائر: القتلى أو الجرحى أو الأسرى [في معركة].

«ب» الفَقْد: نقصان في قوة دارة كهربائيّة ناشئ عن تحوّل جزء من الطاقة إلى حرارة. «ج» خسارة (٣) نَقْص [في المقدار أو الحجم أو الدرجة].

loss leader *(n.)* المجتذِبة: سلعة تباع بخسارة [اجتذابًا للزبائن].

loss ratio *(n.)* نسبة الخسارة: النسبة بين ما دفعته شركة تأمينٍ نتيجة للإصابات التي تعرّض لها المؤمَّنون عندها وبين أقساط التأمين المدفوعة إليها، خلال مدة معيّنة (تأ).

loss·y [lôs′ĭ] *(adj.)* فَقْديّ: مُوْهِن أو مبدِّد للطاقة الكهربائية.

lost[1] [lôst] *(adj.)* (١) «أ» ضائع؛ مُضَيَّع <~ opportunities>. «ب» خاسر؛ غير مقترن بالنَّصر <~ battles> (٢) «أ» مفقود <~ friends>. «ب» مَنْسيّ؛ مُهْمَل؛ لم يَعُدْ معروفًا أو ممارَسًا <~ arts> (٣) «أ» يائس. «ب» مُحطَّم <~ boats>. «ج» تعوزه الثقة بالنفس (٤) فاقد لِـ <~ to all sense of honor> (٥) ضالّ؛ تائه <~ sheep> (٦) مستغرق في <was ~ in reverie>.

lost[2] [lôst; lŏst] *past and past part. of* lose.

lost love *(n.)* الودّ المفقود؛ الحبّ المفقود.

There is no ~ between them ليس بينهما ودّ مفقود؛ كلاهما يَكْرَه الآخر.

lot [lŏt] *(n.; vi.; t.)* (١) القُرْعة: «أ» كلّ ما يُلْقَى أو يُسحَب لتقرير أمرٍ على أساسٍ من الحظّ. «ب» إلقاء القُرعة؛ سَحْب القرعة. «ج» نتيجة القُرْعة (٢) «أ» حصة؛ نصيب. «ب» قَدَر؛ «قِسمة» (٣) «أ» قطعة أرض. «ب» قطعة أرض محدَّدة أو ممسوحة. «ج» الإستديو السينمائي [والأراضي المجاورة التابعة له] (٤) «أ» مجموعة أشخاص أو أشياء. «ب» نوع [من الأشخاص] <He is a bad ~.> (٥) عددٌ وافر <a ~ of pencils> § (٦) يُلْقي أو يسحب قرعةً x (٧) يقسم أرضًا إلى قِطَع (٨) يُحَصِّص؛ يقسِّم حِصَصًا.

to cast ~s يلقي قُرْعةً [كأن يرمي زهرَ النَّرد لتقرير أمر].

to draw ~s يسحب قُرعةً.

lo·ta *or* **lo·tah** [-′tə] *(n.)* الطاسة: وعاء نحاسيّ للماء.

loth [lōth; lōt͟h] *(adj.)* = loath.

lo·thar·i·o [lō thâr′ĭ ō] *(n.)* فاتن [أو مُغْوي] النّساء.

lo·tic [lōt′-] *(adj.)* جَرَيانيّ: متعلّق بالمياه الجارية.

lo·tion [lō′shən] *(n.)* (١) غَسْل (٢) الغَسُول: مستحضَرٌ سائل يُستعمل لأغراضٍ تجميليّة أو طبّيّة.

lo·tos [lō′təs] *(n.)* = lotus.

lots *(adv.)* كثيرًا؛ جدًّا <was feeling ~ better>.

lot·ter·y [lŏt′ə rĭ] *(n.)* (١) يانصيب (٢) مسألة حظ.

lot·to [lŏt′ō] *(n.)* اللّوتو: لعبة حظّ شبيهة بالبِنْغو.

lo·tus *also* **lo·tos** [lō′təs] *(n.)* اللُّوطُس؛ النَّيْلوفَر (نب).

lo·tus–eat·er *(n.)* (١) الحالم؛ المستغرق في الأحلام (٢) اللّامبالي.

lo·tus·land [lō′təs-] *(n.)* (١) أرض السعادة (٢) منتهى السعادة.

louche [lo͞osh] *(adj.)* (١) مشبوه (٢) غير لائق أو محتشم.

loud [loud] *(adj.; adv.)* (١) «أ» جهير؛ عالٍ؛ مرتفع. «ب» مدوٍّ؛ مُحْدِثٌ صوتًا مرتفعًا <~ knocking> (٢) صاخب؛ كثير الضجيج <~ streets> (٣) صارخ؛ فاقع؛ مُبَهْرَج <~ colors; ~ jewelry> (٤) مسرف؛ مُلِحّ <to be ~ in one's praises> (٥) كَريهُ الرائحة إلخ § (٦) بصوتٍ عالٍ.

loud·en [-′ən] *(vi.; t.)* (١) يعلو [الصوتُ] x (٢) يُعلي [الصوتَ].

loud·mouthed *(adj.)* صَخّاب: كثير الكلام بصوت عالٍ مرتفع.

loud·ness [loud′-] *(n.)* الجَهارة: ارتفاع الصّوت.

loud·speak·er [loud′-] *(n.)* المِجهار؛ مضخِّم الصوت.

lough [lŏk; lŏkh] *(n.)* (١) بُحَيْرة (٢) خليج.

lou·is d'or [lo͞o′ĭ dôr′] *(n.)* اللويسيّة الذهبية: جنيه ذهبي فرنسي.

Lou·is Qua·torze [kə tôrz′] *(adj.)* لويس–رابع عشري: خاصّ بطراز عهد الملك لويس الرابع عشر الفرنسي في العمارة أو الأثاث.

Lou·is Quinze [kănz] *(adj.)* لويس - خامس عشري: خاصّ بطراز عهد الملك لويس الخامس عشر الفرنسي في العمارة أو الأثاث.

lounge [lounj] *(vi.; t.; n.)* (١) «أ» يتكاسَل. «ب» يتسكّع x (٢) ينفق الوقت متبطّلًا § (٣) «أ» حجرة الجلوس [في بيت]. «ب» الرَّدهة: قاعة الانتظار أو الاستراحة [في فندق إلخ] (٤) مُتّكأ؛ أريكة.

lounge car *(n.)* حافلة الاستراحة: حافلة من حافلات السكّة الحديدية مزودة بالأرائك وبمَقصف أو «بوفيه».

lounge lizard *(n.)* (١) زير النساء (٢) المتطفّل؛ المتبطّل.

lounge·wear [-′wâr′] *(n.)* المَباذِل: ثياب غير رسمية تُرتدى في البيت.

lour [lour] *(vi.; n.)* (١) يَعْبِس؛ يَكْفَهِرّ § (٢) عبوس؛ اكفِهْرار.

louse [lous] *(n.; vt.)* (١) قَمْلة (٢) شخص حقير § (٣) يُزيل القملَ.

louse·wort [lous′wûrt] *(n.)* عُشبة القَمْل؛ زبيب البَرّ (نب).

lous·i·ly [lou′zĭ-] *(adv.)* على نحو قمِلٍ أو قذرٍ أو حقير إلخ.

lous·y [-′zĭ] *(adj.)* (١) «أ» قمِل؛ مُقمِّل. «ب» قذِر (٢) حقير؛ خسيس (٣) متخَم؛ مفعَم <was ~ with money>.

—lous·i·ness *(n.)*

lout[1] [lout] *(vi.)* (١) ينحني باحترام (٢) يذعن؛ يستسلم.

lout[2] *(vt.)* يحتقر؛ يزدري: يعامله باحتقار أو ازدراء.

lout[3] *(n.)* الجِلف؛ الفظّ؛ المُغَفَّل؛ الأخرق.

lout·ish [lou′tĭsh] *(adj.)* جِلف؛ فظّ؛ غَليظ.

lou·ver *or* **lou·vre** [lo͞o′vər] *(n.)* (١) كوّة؛ فتحة [على سطح مبنًى لخروج الدخان أو دخول النور] (٢) شَقّ التهوية: واحدة من سلسلة فتحات مستطيلة في غطاء محرِّك السيارة المعدنيّ لتسهيل خروج الهواء الساخن (٣) النافذة التَّفراجيّة: نافذة مُزَوَّدة بعوارض منحنية ثابتة أو متحركة لتسهيل دخول الهواء مع حجب الشمس ورذّ المطر.

lov·a·ble *also* **love·a·ble** [lŭv′ə-] *(adj.)* محبَّب؛ جديرٌ بأن يُحَبّ.

lov·age [lŭv′ĭj] *(n.)* الكاشِم؛ الأنْجُذان الروميّ: عشب عَطِر.

ă at; ā date; â care; ä car; ĕ egg; ē me; ĭ in; ī bite; ŏ lot; ō bone; ô orphan; **oi** boil; o͝o good; o͞o boot; **ou** out; ŭ under; û urgent; ə = *a* in alone, *e* in system, *i* in easily, *o* in gallop, *u* in circus.

love [lŭv] *(n.; vt.; i.)* (١) محبّة؛ مودّة (٢) «أ» ولوع؛ شَغَف. «ب» موضوع هذا الولوع أو الشغف <Automobiles were his first ~.> (٣) المحبوب (٤) «أ» حُبّ. «ب» صلة غرامية؛ قصة غرام. «ج» جماع § (٥) يُحِبّ (٦) «أ» يعشق. «ب» يلاطف؛ يربّت إلخ (٧) يُوْلَع؛ يُشغف بـِ.

~ all صِفْر للفريقين [في التنس خاصةً].
for ~ or money بوسيلة أو أخرى.
for the ~ of إكرامًا لـِ.
in ~ (with) محبّ؛ عاشق؛ مفتون أو مُتَيَّمٌ بـِ.
to play for ~, يلعب لمجرّد المتعة [من غير أن يُراهِنَ].

love affair *(n.)* (١) صلة غرامية؛ قصة حب (٢) ولوع.

love apple *(n.)* طَماطِم؛ بندورة (نب).

love·bird [lŭv'-] *(n.)* الببغاء المُتَيَّمة [دُعيت بذلك لولوعها بقرينها].

love child *(n.)* ابن سِفاح أو زِنًى؛ ولدٌ غير شرعيّ.

love feast *(n.)* وليمة المحبّة: «أ» وليمة كان يقيمها قدماء النصارى كدليل على المحبة الأخوية بينهم. «ب» وليمة تقام إصلاحًا لذات البَين أو توكيدًا للمودّة.

love god *(n.)* كيوبيد: إلَه الحبّ.

love knot *(n.)* عُقْدة الحُبّ: أُنشوطة تُتَّخذ رمزًا للحبّ.

love·less *(adj.)* (١) خِلْو من الحبّ (٢) غير مُحِبّ أو محبوب.

love·li·ness [lŭv'lĭ-] *(n.)* فتنة؛ جمال؛ ملاحة.

love·lock [lŭv'lŏk] *(n.)* خُصلة الحب: خُصلة شعر طويلة كان الرجال في القرنين السابع عشر والثامن عشر يرسلونها فوق الكتف.

love·lorn [-'lôrn'] *(adj.)* محروم من الحُبّ أو الحبيب.

love·ly [-'lĭ] *(adj.)* (١) محبَّبٌ إلى النفس <a ~ character> (٢) فاتن؛ جميل؛ مَليح <a ~ girl> (٣) بهيج؛ مُمْتِع <a ~ time>.

love–mak·ing *(n.)* (١) مغازَلة (٢) جِماع؛ مضاجَعة.

love match *(n.)* زواج الحبّ [تمييزًا له عن زواج المصلحة].

lov·er [lŭv'ər] *(n.)* (١) المحِبّ؛ العاشق (٢) صديقٌ مُحِبّ (٣) نصير متحمّس (٤) خليل؛ عشيق.

lov·er·ly *(adj.)* شبيه أو لائق بمحبّ أو عاشق.

love seat

love seat *(n.)* الكرسي المزدوج.

love–sick *(adj.)* (١) مُلْتاع؛ مُضْنًى [من الحبّ] (٢) معبِّر عن لوعة الحبّ.

love·some [lŭv'-] *(adj.)* (١) فاتن؛ ساحر؛ جميل (٢) مُحِبّ؛ مُغْرَم.

lov·ing [lŭv'-] *(adj.)* مُحِبّ؛ حنون.

loving cup *(n.)* كأس المحبة: «أ» وعاء للشرب مُزَخْرَف ضخم ذو يَدَيْن أو أكثر. «ب» كأس كهذه تقدَّم على سبيل الذكرى.

lov·ing·ness [lŭv'-] *(n.)* حُبّ؛ حنان.

low[1] [lō] *(vi.; n.)* (١) تخورُ [البقرةُ] § (٢) خُوار.

low[2] [lō] *(adj.; adv.; n.)* (١) «أ» منخفِض؛ واطئ. «ب» منخفِض العنق: مُقَوَّر الصدر والظهر <a ~ dress> (٢) «أ» مَيْت. «ب» منبطح على الأرض (٣) خفيض <a ~ murmur> (٤) قريب من خطّ الاستواء <a ~ latitude> (٥) وضيع؛ حقير <a man of ~ birth> (٦) «أ» ضعيف؛ واهنٌ. «ب» مكتئب <in a ~ state of mind> (٧) «أ» صغير <a ~ number>. «ب» رخيص <a very ~ price>. «ج» ضئيل؛ غير كافٍ <a ~ supply>. «د» بسيط؛ ضئيل القوة الغذائيّة <a ~ diet> (٨) «أ» خسيس؛ دنيء <This is a ~ trick.>. «ب» فظّ أو مبتذَل <~ language> (٩) أدنى؛ دُنيا؛ غير متقدّم في مجال التطوّر <~ organisms> (١٠) سيّئ: دالّ على عدم الرضا أو الإعجاب <She has a ~ opinion of him.> § (١١) على نحو منخفض أو وضيع أو رخيص إلخ § (١٢) «أ» شيء منخفض؛ مستوًى منخفض. «ب» منطقةٌ منخفضة الضغط البارومتري (١٣) الأدنى؛ الأوّل: ناقل الحركة الذي يزوِّد السيّارة بالسرعة الدنيا والذي يُستعمل عادةً عند بدء الانطلاق.

to lay ~, (١) يَصْرَع (٢) يَقْتُل.

low beam *(n.)* الشُّعاع الواطئ: ضوء السيارة الأمامي القصير المدى.

low blood pressure *(n.)* ضغط الدم الواطئ (ط).

low blow *(n.)* تهجُّم؛ نقد مُقْذِع.

low·born [lō'bôrn'] *(adj.)* وضيع المَوْلِد؛ وضيع المَحْتِد.

low·boy [lō'boi'] *(n.)* الصِّوانُ الخفيض: خزانة خفيضة ذات أدراج.

lowboy

low·bred [-'brĕd'] *(adj.)* جِلْف؛ فظّ؛ غير مهذّب أو مصقول.

low·brow [lō'brou'] *(adj.; n.)* (١) ضئيل الثقافة؛ منخفض المستوى الفكري § (٢) شخص ضئيل الثقافة.

Low Church *(adj.)* مستخفّ بالطقوس: مقلِّل من شأن الطقوس ومؤكّد عادةً على المبادئ الإنجيلية.
— Low Church·man *(n.)*

low comedy *(n.)* الكوميديا أو المَهْزلة الخفيفة.

low–cut *(adj.)* مُقَوَّر الصدر والظهر <a ~ dress>.

low–down *(adj.)* (١) وضيع؛ حقير؛ دنيء (٢) عاطفيّ جدًّا.

low·down *(n.)* الحقيقة المجرّدة: خفايا الحدث مستقاةً من مصدر ثقة.

low·er[1] [lou'ər] *(vi.; n.)* (١) يُقطِّب؛ يعبس (٢) يكفهرّ [الجوّ] § (٣) عبوس (٤) اكفهرار.

low·er[2] [lō'ər] *(adj.; vi.; t.)* (١) أدنى؛ أوطأ (٢) جنوبيّ <~ New York State> (٣) أدنى: أقلّ تطوّرًا في سُلّم النشوء والارتقاء (٤) سُفليّ: واقعٌ، أو مُعْتَقَدٌ أنه واقعٌ، تحت سطح الأرض (٥) *cap.* أدنى: ذو علاقة بتكوُّن جيولوجيّ، أو بحقبة جيولوجية، أسبق (٦) الأدنى: مُؤلِّفُ الفَرْعَ الشعبيّ، الأكثر أعضاءً والأوسع تمثيلًا عادةً، من هيئة تشريعية ذات مجلِسَيْن <كقولك *Lower* Chamber *or* House أي مجلس العموم ببريطانيا أو مجلس النواب بالولايات المتحدة الأميركيّة> § (٧) ينخفض؛ يَنْقُص <Stocks *~ed* in value.> **x** (٨) «أ» يُدَلّي؛ يُسْدِل. «ب» يُنْزِل (٩) «أ» يخفض <*~ed* her voice>. «ب» يُخفِّض <*~ed* the price> (١٠) يُضْعِف (١١) يُذِلّ.

low·er·case [lō'ər kās'] *(adj.; n.; vt.)* (١) صغير؛ غير استهلاليّ <~ letters> § (٢) الأحرف الطباعيّة الصغيرة [مثل a, b, c, تمييزًا لها عن الأحرف الاستهلاليّة مثل A, B, C,] § (٣) يُصاغر: يطبع أو ينضِّد بأحرف صغيرة.

low·er–class *(adj.)* (١) عاميّ (٢) دونٌ؛ رديء النوع.

lower class *(n.)* العامّة: الطبقة الاجتماعية الدُّنيا.

low·er·class·man *(n.)* طالب السنة الأولى أو الثانية [في جامعة].

lower criticism *(n.)* النقد الأدنى؛ نقد النصّ التوراتيّ.

low·er·ing *(adj.)* (١) مُقَطِّب؛ عابس (٢) مُكْفَهِرّ <~ sky>.

low·er·most [lō′ər mōst′] *(adj.)* الأدنى؛ الأسفل.

lower world *(n.)* العالم الأدنى: «أ» الجحيم. «ب» الأرض.

low·er·y [lou′ə rī] *(adj.)* غائم؛ مُكْفَهِرّ <a ~ sky>.

lowest common denominator *(n.)* المقام المشترَك الأصغر (ر).

lowest common multiple *(n.)* المضاعَف المشترَك الأصغر (ر).

low frequency *(n.)* التردُّد المنخفض (رد).

low–grade *(adj.)* دونٌ؛ رديء النوع.

low–key [lō′kē] *(adj.)* (١) قاتم الظلال: ذو ظلال قاتمة تجعله قليلَ الحظّ من المقابلة أو التغاير [أي ضئيل الفرق بين الصفاء والقُتمة في الصورة] (٢) مكبوح؛ مكبوت.

low·land [lō′lənd] *(n.; adj.)* (١) منخفضات؛ بلاد واطئة أو منخفضة § (٢) مُنْخَفَضاتيّ: ذو علاقة بمنخفضات.

low·land·er [-ər] *(n.)* المُنْخَفَضاتي: «أ» *cap.*: أحد سكان المنخفَضات الأسكتلندية. «ب» أحد سكان منطقة منخفضة.

low–lev·el *(adj.)* خفيض المستوى <a ~ discussion>.

low–life [lō′līf′] *(adj.)* وضيع؛ خسيس.

low–low [lō′lō] *(adj.)* مُفرِط الانخفاض <~ tides>.

low·ly [lō′lī] *(adj.; adv.)* (١) متواضع؛ وديع؛ مخفوض الجناح (٢) مبتذَل (٣) خفيض الرتبة [في هيئة ذات مراتب متسلسلة] (٤) وضيع؛ حقير (٥) متخلّف: غير متقدّم في معارج التطوّر البيولوجي أو الثقافي § (٦) بتواضع؛ بوداعة؛ بِضَعةٍ (٧) على نحوٍ منخفض <was ~ priced>.

low–ly·ing *(adj.)* خفيض؛ منخفض.

low mass *(n. often cap. L. and M.)* القدّاس الخفيض: قداس يُتْلى تلاوةً ولا يُنْشَدُ إنشادًا (نص).

low–mind·ed *(adj.)* حقير أو منحطّ التفكير.

lown [loun] *(adj.)* هادئ؛ ساكن (ع).

low–necked *or* **low–neck** *(adj.)* = low–cut.

low·ness [lō′nəs] *(n.)* انخفاض؛ ضعة؛ خِسَّة إلخ.

low–pitched [-′pĭcht′] *(adj.)* (١) خفيض النَّغَم (٢) قليل الانحدار.

low–pres·sure [-′prĕsh′-] *(adj.)* (١) منخفِض الضغط (٢) easygoing.

low–pro·file *(adj.)* (١) منخفض (٢) صامت؛ مُسْتَخْفٍ.

low relief *(n.)* = bas–relief.

low–spir·it·ed *(adj.)* مكتئب؛ محزون؛ منقبض الصَّدر.

low spirits *(n.)* كآبة؛ حزن؛ انقباض.

Low Sunday *(n.)* يوم الأحد الذي يلي عيد الفصح (نص).

low tech [tĕk]; **low technology** *(n.)* التِّكنولوجيا المنخفضة (ألك).

low–ten·sion *(adj.)* منخفض التوتّر أو الجُهْد (كب).

low–test *(adj.)* منخفض التَّطايُرية <~ gasoline>.

low tide; low water *(n.)* أدنى درجات الجَزْر.

lox [lŏks] *(n.)* اللَّكس: سَلمون أو سمك سليمان مُدَخَّن.

loy·al [loi′əl] *(adj.)* (١) مُوالٍ [لدولة أو حزب إلخ] (٢) وفيّ؛ مخلص.

loy·al·ist [-ĭst] *(n.)* المُوالي: المخْلص لدولة أو ملك أو حزب إلخ.

loy·al·ty [loi′əl tĭ] *(n.)* (١) ولاء (٢) وفاء؛ إخلاص.

loz·enge [lŏz′ĭnj] *(n.)* (١) المُعَيَّن: شكلٌ ذو أضلاع أربع متساوية وزاويتين حادَّتين وزاويتين منفرجتين (هن) (٢) شيء على شكل المعيَّن. وبخاصة: المعيَّنة: قطعة كراميل [أو حلوى] صغيرة مشتملة عادةً على مادة طبيّة.

lozenge

LP [ĕl′pē′] *(n.)* المُطوَّلة: أسطوانة فونوغرافية كبيرة تدور ٣٣ دورةً ونصفَ الدورة في الدقيقة.

LSD [ĕl ĕs dē′] *or* **LSD-25** *(n.)* ألْ. أسْ. دي: عَقّار مُهَلْوِس.

lub·ber [lŭb′-] *(n.)* (١) الأخرق؛ المُغفَّل (٢) ملّاح غِرّ تُعْوِزُهُ البراعة.

lube [lo͞ob] *(n.)* = lubricant *or* lubrication.

lu·bri·cant [lo͞o′brə kənt] *(n.; adj.)* (١) المُزَلِّق: زيت أو شحم التزليق § (٢) مُزَلِّق؛ مُشحِّم؛ مُزَيِّت؛ مُخفِّف للاحتكاك.

lu·bri·cate [-kāt′] *(vt.; i.)* يُزَلِّق؛ يُشَحِّم؛ يُزيِّت [محرِّكًا إلخ].

—lu·bri·ca·tion *(n.)* **—lu·bri·ca·tive** *(adj.)*

lu·bri·ca·tor [-kā′tər] *(n.)* (١) المُزَلِّق (٢) المُزَلِّقة: أداة للتزليق.

lu·bri·cious [lo͞o brĭsh′əs] *or* **lu·bri·cous** [-′brə kəs] *(adj.)* (١) «أ» زلِق؛ أملَس. «ب» متقلّب (٢) «أ» فاسق؛ منغمس في الفجور. «ب» مثير للشهوة الجنسية.

—lu·bric·i·ty *(n.)*

lu·bri·to·ri·um [-tōr′ĭ əm] *(n.)* محطة لتزليق أو تشحيم السيارات.

Lu·can [lo͞o′kən] *(adj.)* لوقانيّ: ذو علاقة بالقديس [أو إنجيل] لوقا.

lu·carne [lo͞o kärn′] *(n.)* = dormer.

lu·cen·cy [lo͞o′sən sĭ] *(n.)* (١) سطوع؛ إشراق (٢) صفاء؛ شفافية.

lu·cent [-′sənt] *(adj.)* (١) ساطع (٢) صافٍ؛ رائق؛ شفّاف.

lu·cerne *also* **lu·cern** [lo͞o sûrn′] *(n.)* = alfalfa.

lu·cid [lo͞o′sĭd] *(adj.)* (١) «أ» مُشْرِق؛ نيّر. «ب» صافٍ؛ رائق؛ شفّاف (٢) «أ» صافي التفكير <a ~ mind>. «ب» مُتّسِمٌ بسلامة العقل <John is mad but has ~ intervals.> (٣) واضح؛ جليّ؛ ممكنٌ فهمُهُ أو إدراكُهُ.

—lu·cid·ness *(n.)*

lu·cid·i·ty [lo͞o sĭd′-] *(n.)* (١) إشراق؛ صفاء؛ شفافية (٢) وضوح الفكر أو الأسلوب (٣) استبصار؛ بُعْدُ نَظَر.

Lu·ci·fer [lo͞o′sə-] *(n.)* (١) الشيطان؛ إبليس (٢) الزُّهَرة [حين تكون نجمةَ صباح] (٣) *not cap.*: اللّوسيفَر: ضرب من عيدان الثِّقاب.

lu·cif·er·in [lo͞o sĭf′ər ĭn] *(n.)* اللوسيفرين: صِبْغ في المتعضِّيات الوضّاءة.

[كالحُباحب إلخ] يُطلق ضوءًا عديم الحرارة.

lu·cif·er·ous [-'ər əs] *(adj.)* نيّر؛ وضّاء؛ هادٍ.

luck [lŭk] *(n.)* (١) حظّ (٢) «أ» حُسْن الطالع. «ب» نجاح؛ توفيق.
to be down on one's ~, يُمْنَى بسوء الحظّ.

luck·i·ly [lŭk'ə lĭ] *(adv.)* لحُسْن الحظّ؛ لحُسْن الطالع.

luck·i·ness [lŭk'ĭ-] *(n.)* السَّعْد: حُسْنُ الحظّ أو الطالع.

luck·less [lŭk'ləs] *(adj.)* (١) قليل الحظّ (٢) أشأم؛ مشؤوم.

luck·pen·ny; luck–money *(n.)* فَلْس الحظّ: مبلغ صغير يعيده البائع إلى المشتري [استجلابًا للحظّ].

luck·y [lŭk'ĭ] *(adj.)* (١) محظوظ؛ حَسَن الحظّ (٢) سعيد؛ مؤاتٍ <a ~ accident *or* hour> (٣) مُسْعِد: جالِب [أو مُعتَقَدٌ أنّه جالبٌ] للحظّ الحَسَن <a ~ star> (٤) مَسْعود؛ ميمون.
to cut one's ~, ينزح؛ يرتحل؛ يلوذ بالفرار.

lucky strike *(n.)* اكتشاف مَسْعودٌ أو ميمون.

lu·cra·tive [lōō'krə-] *(adj.)* مُرْبِح؛ رابح؛ مُكسِب.

lu·cre [lōō'kər] *(n.)* (١) رِبْح (٢) مالٌ؛ دراهم.

lu·cu·brate [lōō'kyōō brāt'] *(vi.)* (١) يعمل أو يكتب أو يدرس [مُنْفِقًا جهدًا كبيرًا، وبخاصةٍ ليلًا] (٢) يُسْهِب؛ يطنب.

lu·cu·bra·tion [lōō'kyōō brā'-] *(n.)* (١) عملٌ مُجْهِد؛ درسٌ أو تفكير مُعمَّق [وبخاصة ليلًا] (٢) أثر أو نتاجٌ فكريّ.

lu·cu·lent [lōō'kyōō-] *(adj.)* (١) واضح؛ جليّ (٢) مُقنِع.

Lu·cul·lan *or* **Lu·cul·li·an** [lōō kŭl'-] *(adj.)* مُترَف؛ سَخِيّ؛ مُتَّسِمٌ بالإسراف والتبذير <~ banquets>.

Lud·dite [lŭd'īt] *(n.)* (١) مُحَطِّم الماكينات: واحد من جماعة من العمال الإنكليز الذين عمدوا في أوائل القرن ١٩ إلى تحطيم ماكينات مصانع النسيج لاعتقادهم بأن استخدامها سوف يُفضي إلى الاستغناء عنهم (٢) المناهِض للتطوّر التكنولوجيّ.

lu·di·crous [lōō'də krəs] *(adj.)* (١) مُضْحِكٌ [لغرابتِهِ أو سُخْفِه] (٢) جديرٌ بأن يُضْحَكَ أو يُسْخر منه.

lu·es [lōō'ēz] *(n.)* = syphilis.

luff [lŭf] *(n.; vi.)* (١) الإبحار بالمركب نحو الريح (٢) حافة الشراع الأمامية § (٣) يدير رأس المركب نحو الريح؛ يُبْحِر نحو الريح.

luf·fa [lŭf'ə] *(n.)* = loofah.

lug [lŭg] *(vt.; i.; n.)* (١) يسحب؛ يجرّ (٢) يحمل بمشقّة أو جهد (٣) يُقْحِم <~*ged* a story into the conversation> (٤) يجرّ بجَهْد (٥) يسير أو يدور بتثاقل أو بحركات متنخعة أو ارتجاجيّة § (٦) شراع رباعيّ الأضلاع (٧) كبرياء مصطنعة <the way these doctors put on ~s> (٨) ابتزاز المال (٩) أُذُن (ع) (١٠) شيء كالأُذُن، مثل: عروة؛ مَسْكَة (١١) شخص مغفّل أو أخرَق.

lug·gage [lŭg'ĭj] *(n.)* أمتعة؛ حقائب سَفَر.

lug·ger [lŭg'ər] *(n.)* اللُّغر: مركب ذو شراع [أو أكثر] رباعيّ الأضلاع.

lugger

lug·sail [lŭg'sāl'] *(n.)* الرُّباعيّ: شراع رباعيّ الأضلاع.

lu·gu·bri·ous [lōō gōō'brĭ əs] *(adj.)* حزين؛ كئيب.

lug·worm [lŭg'wûrm'] *(n.)* دودة حَلَقيّة [تُتّخذ طُعْمًا في صيد السمك].

Luk·an [lōō'kən] *(adj.)* = Lucan.

luke·warm [lōōk'wôrm'] *(adj.)* (١) فاتر (٢) تُعْوِزُهُ الحماسة.

lull [lŭl] *(vt.; n.)* (١) يُهَدْهِد؛ يُهوِّد: يَهُزّ أو يغنّي للطفل حتى ينام (٢) يهدّئ؛ يُسَكِّن [الألمَ إلخ] § (٣) هدوء مؤقّت [قبل العاصفة أو خلالها] (٤) خمود أو ركود مؤقّت.

lull·a·by [lŭl'ə bī'] *(n.; vt.)* (١) التهويدة: أغنية رقيقة تُغري الطفل بالنوم (٢) حفيف؛ خرير § (٣) يهوِّد: يُغنّي للطفل حتى ينام.

lu·lu [lōō'lōō] *(n.)* شيء رائع أو بديع (ع).

lum [lŭm] *(n. chiefly Scot.)* = chimney.

lum·ba·go [lŭm bā'gō] *(n.)* القُطان؛ العِناج؛ الخَزْرة: روماتزم عضليّ يُحْدث آلامًا في القَطَن أي أسفل الظهر (ط).

lum·bar [lŭm'-] *(adj.)* قَطَنيّ: ذو علاقة بالقَطَن أو أسفل الظَّهر.

lum·ber[1] [lŭm'-] *(vi.)* (١) يتحرَّك بتثاقل (٢) يُقَعْقِع؛ «يُقرقع».

lum·ber[2] *(n.; vt.; i.)* (١) سَقَط المتاع: الفائض أو الرديء من الأثاث يُخْزَن في موضع ما (٢) الخشب اللَّوحيّ: خشب منشور [على شكل ألواح] § (٣) «أ» يملأ بأشياء مبعثرة تعوق الحركة. «ب» يعوق (٤) يكوِّم على نحو مُبعثَرٍ (٥) يقطع الأشجار وينشر خشبها.

lum·ber·jack [lŭm'bər jăk'] *(n.)* = logger.

lum·ber·man *(n.)* (١) قاطع الأخشاب أو ناشرها (٢) تاجر الأخشاب.

lum·ber·mill [lŭm'bər mĭl'] *(n.)* المَنْشَرة: مَنْشَرة الخشب.

lum·ber·yard *(n.)* فِناء الأخشاب: موضع تُحْفَظُ فيه الأخشاب للبيع.

lum·bo·sa·cral [-sā'krəl] *(adj.)* قَطَنيّ عَجُزيّ: متعلّق بالقَطَن والعَجُز.

lum·bri·coid [-'brə koid'] *(n.; adj.)* (١) الخَراطينيّة: دودة شبيهة بالخراطين أي ديدان الأرض § (٢) خَراطينيّ: شبيه بالخراطين.

lu·men [lōō'-] *(n.)* pl. **-s** *or* **lu·mi·na** (١) الفُتْحة؛ التجويف: «أ» تجويف عضوٍ أنبوبيّ <the ~ of the intestine>. «ب» تجويف أنبوبة <the ~ of a hollow needle> (٢) اللُّومَن: وحدة قياس تدفّق الضوء (بص).

lumin- *or* **lumini-** *or* **lumino-** بادئة معناها: ضوء.

lu·mi·nance [lōō'mə nəns] *(n.)* النورانيّة؛ الإشراقية؛ النُّصوع.

lu·mi·nar·y [lōō'mə nĕr'ĭ] *(n.)* (١) النجم: شخص بارزٌ في حقل اختصاصه (٢) ضوءٌ صُنْعيّ (٣) جسمٌ نيّر. وبخاصة: جِرمٌ سَماويّ.

lu·mi·nesce [lōō'mə nĕs'] *(vi.)* يتلألأ؛ يتألّق.

lu·mi·nes·cence [-'əns] *(n.)* الضّيائية: الضوء غير الناشئ عن توهُّج.

lu·mi·nes·cent [-'ənt] *(adj.)* وضّاء؛ نيّر.

lu·mi·nif·er·ous [-nĭf'ər əs] *(adj.)* مُضيء؛ نيّر؛ ساطع.

lu·mi·nist [lōō'mə nĭst] *(n.)* النورانيّ: رسّام يُعنى بتصوير أثر الضوء في الأشياء الملوَّنة.

lu·mi·nos·i·ty [lōō'mə nŏs'-] *(n.)* (١) «أ» النورانية؛ الإشراقية؛

النُّصوع. «ب» شيء نيّر أو مشرِق أو ناصع (٢) «أ» الجلاء: المقدار النسبيّ للضوء. «ب» إشراق (٣) السُّطوع: مقدار إشعاع الجِرم السماوي.

lu·mi·nous [lo͞o′-] *(adj.)* (١) نيِّر؛ مضيء (٢) مُضاء؛ حَسَن الإضاءة (٣) «أ» مستنير؛ ذكيّ. «ب» واضح يَسْهل فَهْمه <a ~ writer>.

luminous energy *(n.)* الطاقة الضوئية (بص).

luminous flux *(n.)* التَّدفُّق الضوئي [ويقاس باللومن لا بالواط].

luminous paint *(n.)* الطِّلاء المُضِيء؛ الطلاء الفوسفوري.

lum·mox [lŭm′əks] *(n.)* شخص أخرق أو مُغَفَّل.

lump[1] [lŭmp] *(n.; vt.; i.; adj.)* (١) قطعة؛ كتلة <a ~ of sugar> (٢) «أ» جملة؛ إجمال <taken in the ~>. «ب» أكثرية؛ أغلبية؛ جمهور (٣) نتوء. وبخاصّة: وَرَم (٤) شخص ضخم الجسم. وبخاصة: المغفّل؛ البليد (٥) *pl.*: «أ» لكمة. «ب» عقوبة § (٦) يكوِّم؛ يجمع من غير تمييز (٧) يكتِّل (٨) يحرِّك بجلَبة أو خُرْق **x** (٩) يتكتّل (١٠) يمشي بجلبةٍ أو خُرْق (١١) يرتمي بثِقَل [على مقعد إلخ] § (١٢) مقطَّع؛ مُكتَّل <~ sugar> (١٣) كامل؛ غير مجزَّأ <~ sum>.

lump[2] *(vt.)* يتحمّل؛ يصبر على شيء بغيض.

lump·ec·to·my [lŭm′pĕk′-] *(n.)* استئصال الورم (ط).

lum·pen [lŭm′pən] *(adj.)* منبوذ [من مجتمعه].

lump·er *(n.)* عامل المرفأ [يُستخدم لتحميل السُّفن أو تفريغها].

lump·ish [lŭmp′-] *(adj.)* (١) بليد؛ كسلان (٢) ثقيل؛ أخْرَق؛ مُغَفَّل (٣) lumpy Ia (٤) مُمِلّ؛ مُضجِر.

lump sugar *(n.)* سُكّر القِطَع [تمييزًا له عن السكَّر المُذَرَّر].

lump·y [lŭmp′ĭ] *(adj.)* (١) «أ» كتِيل: كثير الكتل <The gravy is ~.>. «ب» متلاطم الأمواج (٢) ثقيل؛ أخرق (٣) وعر.

lu·na [lo͞o′nə] *(n.)* (١) *cap.*: لونا: إلاهة القمر في الميثولوجيا الرومانية (٢) فضة [عند أصحاب الكيمياء القديمة].

lu·na·cy [lo͞o′-] *(n.)* (١) جنون (٢) حماقة كبرى (٣) عمل أحمق.

lu·nar [lo͞o′nər] *(adj.)* (١) «أ» هلاليّ. «ب» قمريّ (٢) فضّي.

lunar caustic *(n.)* نترات الفضة المصهورة (ك).

lunar eclipse *(n.)* الخسوف القمري.

lunate leaf

lu·nate [lo͞o′nāt] *(adj.)* هلاليّ؛ هلاليّ الشكل.

lu·na·tic [lo͞o′nə-] *(adj.; n.)* (١) «أ» مجنون؛ مجذوب. «ب» مُعَدّ للعناية بالمجاذيب <~ asylums> (٢) طائش § (٣) المجنون إلخ.

lunatic fringe *(n.)* الجناح المتطرِّف [في حركة سياسية إلخ].

lu·na·tion [lo͞o nā′shən] *(n.)* الشهر القمريّ.

lunch [lŭnch] *(n.; vi.; t.)* (١) وَجْبَة خفيفة. وبخاصة: الغداء § (٢) يتناول الغداء **x** (٣) يقدِّم الغداء إلى؛ يدعو إلى الغداء.

out to ~, بعيد عن الاتّصال بالواقع.

lunch·eon [lŭn′chən] *(n.)* (١) غَداء (٢) مأدبة صغيرة.

lunch·eon·ette [lŭn′chə nĕt′] *(n.)* المَغْدى: مطعم يتناول فيه الناس وجبات الطعام الخفيفة.

lunch·room *(n.)* (١) المطعم السريع: مطعم صغير مخصَّص لتقديم الأطعمة الجاهزة (٢) حجرة الطعام [في مدرسة إلخ].

lunch·time *(n.)* وقت الغداء. وتوسعًا: الظُّهر؛ الظهيرة.

lune [lo͞on] *(n.)* الهلال؛ الشُّقَّة: «أ» قطعة من مستوٍ محصورةٌ بين قوسين متقاطعين. «ب» قطعة من سطح كُرَويّ محصورةٌ بين دائرتين كُبْرَيَيْن (ر).

lunes [lo͞onz] *(n. pl.)* نَوْبات جنون.

lu·nette [lo͞o nĕt′] *(n.)* (١) الهلالية: «أ» كوّة في عَقْد. «ب» فُسْحة هلالية الشكل تزيّنها لوحات زيتية جدارية (عم). «ج» استحكام عسكري شبه هلالي (جن) (٢) صورة الهلال أو شكله.

lung [lŭng] *(n.)* (١) الرِّئة (ت) (٢) iron lung.

He has good ~s, إنّ له لصوتًا قويًّا أو جَهْوَريًّا.

lunge [lŭnj] *(n.; vt.; i.)* (١) طعنة [بسيف] (٢) اندفاع [إلى أمام] § (٣) يدفع إلى أمام (٤) يطعن **x** (٥) يندفع بقوّة.

lunged [lŭngd] *(adj.)* (١) ذو رئتين (٢) ذو عدد معيّن من الرئات.

lung·er[1] [lŭn′jər] *(n.)* (١) الطاعن (٢) المندفع بقوة (٣) الدافع بقوّة.

lung·er[2] [lŭng′ər] *(n.)* المسلول؛ المَصْدور.

lung·fish [lŭng′fĭsh] *(n.)* السّمك الرِّئويّ: سمك ذو رئتين يتنفَّس بهما.

lungfish

lung·worm *(n.)* الدودة الرِّئوية: دودة تتطفَّل على المجاري التنفُّسية.

lung·wort *(n.)* الرِّئوية؛ حشيشة الرِّئة: نبات معمّر.

luni- بادئة معناها: قمر <*luni*solar>.

lu·ni·so·lar [lo͞o′nə sō′lər] *(adj.)* قَمَرِيْشَمْسيّ: متعلّق بالقمر والشمس أو مَعْزُوّ إليهما.

lu·ni·tid·al [-tī′-] *(adj.)* قَمَرِيْمَدّيّ: متعلّق بالمَدّ والجَزْر القمريَّيْن.

lun·ker [lŭng′kər] *(n.)* الضخم من أيّ شيء. وبخاصة: سمكة ضخمة.

lunk·head [lŭngk′hĕd′] *(n.)* المُغَفَّل؛ الغبيّ.

lunt [lŭnt] *(n. chiefly Scot.)* (١) الثِّقاب البطيء: كبريت بطيء الاشتعال (٢) مِشْعل (٣) «أ» دُخان. «ب» بُخار حارّ.

lu·nu·lar [lo͞o′nyə-] *(adj.)* هلاليّ؛ هلاليّ الشّكل.

lu·nu·late [-lāt′] *(adj.)* (١) هُلَيْليّ: شبيهٌ بهلال صغير (٢) ذو علامات هِلاليّة.

lu·nule [lo͞o′-] *(n.)* العلامة الهلالية [كالعلامة المُبْيَضّة عند قاعدة الظُّفر].

lu·ny [lo͞o′nĭ] *(adj.)* = loony.

lu·pa·nar [lo͞o pā′-] *(n.)* ماخور؛ مَبْغًى؛ بيت دعارة.

Lu·per·ca·li·a [lo͞o pər kā′-] *(n.)* مهرجان الخِصْب: مهرجان كان الرومان يقيمونه في ١٥ فبراير لضمان «الخِصْب» للناس والقطعان والحقول.

lu·pine[1] *also* **lu·pin** [lo͞o′pĭn] *(n.)* التُّرْمُس (نب).

ă at; ā date; â care; ä car; ĕ egg; ē me; ĭ in; ī bite; ŏ lot; ō bone; ô orphan; oi boil; o͝o good; o͞o boot; ou out; ŭ under; û urgent; ə = *a* in alone, *e* in system, *i* in easily, *o* in gallop, *u* in circus.

lu·pine [2] [-ˈpīn] *(adj.)* (١) ذئبيّ ؛ شبيهٌ بالذئب (٢) وحشيّ ؛ ضارٍ .

lu·pus [lo͞oˈpəs] *(n.)* الذَّأَب : أيّ من عدة أمراض جلدية (ط) .

lu·pus vul·ga·ris [vŭl gârˈəs] *(n.)* الذَّأَبُ الشائع : داء جلديّ .

lurch [1] [lûrch] *(vi.; t.)* (١) يطوف بالمكان خِلسةً **x** (٢) يَخْدع (ا . ق) .

lurch [2] *(n.; vt.)* (١) هزيمة مُنْكَرَة [في لعبةٍ ما] § (٢) يهزمُهُ [هزيمةً مُنكَرةً] . to leave in the ~, يتركه في مركزٍ حرجٍ أو يائس .

lurch [3] *(n.; vi.)* (١) المَيَلان المفاجئ : مَيَلان السفينة ، فجأةً ، إلى جانب (مل) (٢) تمايُل ؛ ترنُّح § (٣) يتمايل ؛ يترنَّح .

lurch·er [lûrˈchər] *(n.)* (١) اللّص (ا . ق) (٢) كلبٌ هجينٌ [يستخدمه سُرّاق الصَّيد بخاصّة] (٣) «أ» المترصِّد ؛ المتربِّص . «ب» المتجسِّس .

lur·dane [lûrˈdən] *(n.; adj.)* مُغَفَّل كسلان (ا . ق) .

lure [lo͝or] *(n.; vt.)* (١) ريش البازيار : حزمة ريش مشدودة إلى حبل طويل يستعملها مدرّب البزاة لاسترداد الصقر بعد تركه يطير بحرّية (٢) إغراء ؛ إغواء (٣) شَرَك ؛ وبخاصة : طُعْم § (٤) يستردّ [البازيار] الصَّقرَ إلخ (٥) يُغري ؛ يُغوي .

lu·rid [lo͝orˈ-] *(adj.)* (١) ممتقع ؛ شديد الشحوب (٢) «أ» متوهّج كالنّار . «ب» مُنْذِر (٣) «أ» رهيب ؛ فظيع ؛ شنيع . «ب» مُثير . «ج» صاعق .

lurk [lûrk] *(vi.)* (١) «أ» يَكمن ؛ يترصَّد ؛ يتربَّص . «ب» ينسلّ ؛ يندسّ (٢) «أ» يبقى ؛ يتخلّف . وبخاصةٍ على نحو مُستَتِر <Some suspicion still ~*ed* in her mind.> . «ب» يختبئ ؛ يتوارى .

lurk·ing–place *(n.)* مَخْبأ ؛ مَكْمَن ؛ مُترصَّد .

lus·cious [lŭshˈəs] *(adj.)* (١) «أ» حلو المذاق . «ب» ذكيّ الرائحة (٢) مُغْوٍ ؛ مُغْرٍ ؛ جذّاب جنسيًا (٣) مُتْرَف ؛ منمَّق ؛ مُزَخْرَف .

lush [1] [lŭsh] *(adj.)* (١) «أ» مُورِق ؛ كثير الإيراق <~ grass> . «ب» أخضر ؛ خصب <a land of ~ pastures> (٢) «أ» موفور ؛ وافر <a ~ growth of grass> . «ب» مزدهر ؛ رابح ؛ مُرْبح <the ~ war industries> (٣) «أ» لذيذ . مُشَهٍّ . «ب» سائغ . «ج» رخيم ؛ حَسَن الوقع في الأذن (٤) شهوانيّ <a ~ woman> (٥) «أ» مُتْرَف <~ prose> . «ب» حافلٌ بِـ ؛ غنيّ بِـ <an edition ~ with illustrations> .

lush [2] *(n.; vi.; t.)* (١) شَراب مُسْكِر (ع) (٢) سِكّير § (٣) يعاقر الخمرة .

Luso- بادئة معناها : برتغاليّ ؛ برتغالي و . . . <*Luso*-Brazilian> .

lust [lŭst] *(n.; vi.)* (١) رغبة (٢) رغبة جنسية قوية : شَبَق ؛ غُلْمة (٣) «أ» توق شديد : شهوة <~ to dominate> . «ب» تلهُّف ؛ تحرُّق § (٤) «أ» يتحرّق إلى . «ب» يرغب في الجماع .

lus·ter [1] *or* **lus·tre** [lŭsˈtər] *(n.)* = lustrum.

luster [2] *or* **lus·tre** *(n.; vi.; t.)* (١) لمعان ؛ بريق (٢) رونق ؛ بهاء (٣) شهرة ؛ مَجْد (٤) ثُرَيّا (٥) اللَّمْعيّ : نسيجٌ ذو لمعة (٦) lusterware § (٧) يلمع ؛ يبرق **x** (٨) يمنحه شهرةً أو مجدًا (٩) يصقل (١٠) يُزَجِّج ؛ يكسو بطلاء لمّاع .

lus·ter [3] *(n.)* التوّاق [إلى] ؛ المتلهّف [على] .

lus·ter·ware [-wârˈ] *(n.)* الآنية المزَجَّجة [أو المَطْليّة بطلاء لمّاع] .

lust·ful [lŭstˈ-] *(adj.)* شَهوانيّ ؛ شَبِقٌ ؛ غَلِمٌ .

lust·i·hood [lŭsˈtĭ-] *(n.)* (١) حيوية ؛ قوة (٢) الرغبة أو القدرة الجنسيّة .

lust·i·ly [-lĭ] *(adv.)* على نحو شهوانيّ أو قويّ أو مفعم بالحيوية .

lust·i·ness [-nəs] *(n.)* (١) شَبَق ؛ غُلْمة ؛ شهوانيّة (٢) حيويّة (٣) قوّة .

lus·tral [lŭsˈtrəl] *(adj.)* تطهيريّ .

lus·trate [lŭsˈtrāt] *(vt.)* يُطَهِّر [وفقًا لطقوس خاصة] .

lus·tring *(n.)* (١) lutestring (٢) صَقْل القماش [لجعله ذا لمعةٍ] .

lus·trous [lŭsˈ-] *(adj.)* (١) صقيل ؛ لمّاع (٢) شهير ؛ لامع .

lus·trum [lŭsˈtrəm] *(n.)* pl. **-s** *or* **-tra** (١) فترة خمس سنوات (٢) «أ» التطهير العامّ : تطهير للشعب الروماني كله بعد إحصاء كان يُجرى مرةً كلَّ خمس سنوات . «ب» الإحصاء الروماني [للسكّان] مع تقييم لممتلكاتهم .

lust·y [lŭsˈtĭ] *(adj.)* (١) شهوانيّ (٢) مُفعَم بالحيوية (٣) قويّ (٤) كافٍ ؛ مُشبع <a ~ meal> (٥) حماسيّ .

lu·sus na·tu·rae [lo͞oˈsəs nə tyo͝orˈē] *(n.)* فلتة الطبيعة : حيوان أو نبتة تتكشَّف عن سِماتٍ غير سويّة إلى حدّ ملحوظ .

lu·ta·nist [lo͞oˈtə-] *(n.)* العَوّاد : العازف على العُود .

lute [1] [lo͞ot] *(n.; vt.; i.)* (١) عُود ؛ مِزْهَر § (٢) يعزف على العود .

lute[1] *1.*

lute [2] *(vt.; n.)* (١) يطيِّن ؛ يُملِّط § (٢) طين ؛ مِلاط .

lu·tein [lo͞oˈtĭ ən] *(n.)* اللّوتين : صبغٌ أصفر (كح) .

lu·te·ous [lo͞oˈtĭ əs] *(adj.)* مُخْضَرّ ؛ أصفر مُخْضَرّ .

lute·string [lo͞otˈ-] *(n.)* الأطلس : نسيج حريريّ صقيل .

lu·te·ti·um *or* **lu·te·ci·um** [lo͞o tēˈshĭ əm] *(n.)* اللُّوتيشيوم : عنصر فِلزّيّ فضّيّ البياض من العناصر الأرضية النادرة (ك) .

Lu·ther·an [lo͞oˈthər-] *(n.; adj.)* (١) اللّوثريّ : عضو في كنيسة بروتستانتية لوثرية § (٢) لوثريّ : ذو علاقة بمارتن لوثر أو بمذهبه أو بالكنائس البروتستانتية المتمسّكة بتعاليمه . **— Lu·ther·an·ism** *(n.)*

luth·i·er [lo͞otˈĭ ər; -thĭ-] *(n.)* الوَتّار : صانع الآلات الموسيقية الوَتَرية .

lut·ing [lo͞oˈtĭng] *(n.)* طين ؛ مِلاط .

lut·ist [lo͞oˈ-] *(n.)* (١) العَوّاد : عازف العُود (٢) العِيدانيّ : صانع العود أو العيدان (مو) .

lux [lŭks] *(n.)* pl. **lux** *or* **lux·es** اللُّكْس : وحدة إضاءة تعادل لُومنًا lumen واحدًا في المتر المربَّع (بص) .

lux·ate [lŭkˈsāt] *(vt.)* يَخلع ؛ يَفُكّ [المَفصِل] .

lux·a·tion [lŭk sāˈ-] *(n.)* (١) خَلْع [المَفصِل] (٢) انخلاع ؛ انفكاك [المَفصِل] .

luxe [lo͝oks; lŭks] *(n.)* تَرَفٌ ؛ بَذْخ <articles *de* ~> .

lux·u·ri·ant [lŭg zho͝orˈĭ ənt; lŭk sho͝orˈ-] *(adj.)* (١) خِصْب (٢) وافر النَّماء (٣) منمَّق ؛ شديد الزخرفة (٤) مُتْرَف : مُتَّسِمٌ بالتَّرف . **— lux·u·ri·ance** *(n.)*

lux·u·ri·ate [-ĭ āt] *(vi.)* (١) ينمو بوفرة (٢) يتكاثر ؛ يتوالد (٣) يحيا حياة ترفٍ وبذخ (٤) يستمتع بِـ (٥) يسترسل في <He ~*d* in description.> .

lux·u·ri·ous [lŭg zho͝orˈĭ əs; lŭk sho͝orˈ-] *(adj.)* (١) مُتْرَف ؛ مزوَّد بأسباب التّرف ؛ دالّ على الترف <a ~ hotel; ~ food> (٢) مولَعٌ بالتَّرَف (٣) منمَّق ؛ شديد الزخرفة (٤) ممتاز <~ wines> . **—ness** *(n.)*

lux·u·ry [lŭk′shə rĭ] *(n.)* (١) «أ» تَرَف؛ رفاهية؛ تنعّم. «ب» وسائل الترف وأسبابه (٢) إسراف؛ تبذير.

-ly لاحقة معناها: «أ» شبيهٌ من حيث المنظر أو الطريقة أو الطبيعة <father*ly*>. «ب» كلّ <dai*ly*>. «ج» بطريقة معيّنة <rapid*ly*>. «د» من وجهة نظر معيّنة <geological*ly*>. «هـ» إلى درجة معيّنة <relative*ly*>.

ly·art [lī′ərt] *(adj. chiefly Scot.)* رماديّ.

ly·ase [lī′ās; lī′āz] *(n.)* اللِّياز: ضرب من الأنزيمات أو الخمائر (كح).

ly·can·thrope [lī′kən thrōp′] *(n.)* (١) المُسْتَذْئِب: مجنون يتوهم أنّه مُسِخ ذئبًا (٢) المذؤوب: شخص مُسِخ ذئبًا.

ly·cée [lē sā′] *(n.)* اللِّيسِّيه: مدرسة ثانوية فرنسية.

ly·ce·um [lī sē′-] *(n.)* (١) اللِّيسيوم: «أ» قاعة للمحاضرات أو المناقشات العامة. «ب» جمعية لإقامة المحاضرات أو الحفلات الموسيقية (٢) lycée.

ly·chee [lē′chē′] *(n.)* = litchi.

lych–gate [lĭch′gāt] *(n.)* = lich gate.

lych·nis [lĭk′-] *(n.)* اللُّخنيس: نبات من الفصيلة القرنفلية.

ly·co·pod [lī′kə pŏd′]; **ly·co·po·di·um** [lī′kə pō′-] *(n.)* رِجل الذّئب: نبات دائم الخضرة من اللّازهريات الوعائية.

lydd·ite [lĭd′īt] *(n.)* اللِّدّيت: متفجر شديد.

lye [lī] *(n.)* ماء القِلْي (ك).

ly·ing[1] [lī′ĭng] *(n.; adj.)* (١) الكَذِب § (٢) كاذب.

ly·ing[2] [lī′ĭng] *pres. part. of* lie.

ly·ing–in *(adj.)* ولاديّ <a ~ hospital>.

lymph [lĭmf] *(n.)* اللِّنف: سائل شفاف يجري في الأوعية اللِّنفاوية ويتألّف من بلازما وكُرَيّات دم بيضاء («ت» و«فس»).

lymph- *or* **lympho-** بادئة معناها: لِنف؛ نسيج لنفاوي.

lym·phad·e·ni·tis [lĭm făd′ə nī′-] *(n.)* التهاب الغُدّة اللنفاوية.

lym·phat·ic [lĭm făt′ĭk] *(adj.; n.)* (١) لِنفاويّ (٢) كسلان؛ فاتر الهمّة § (٣) الوعاء اللِّنفاوي (ت).

lymph cell *(n.)* الخليّة اللِّنفاوية (ت).

lymph gland *or* **node** *(n.)* الغُدّة [أو العُقدة] اللِّنفاوية.

lymph nodule *also* **lymph follicle** *(n.)* العُقَيْدة اللِّنفاوية: غدّة لنفاوية بسيطة صغيرة (ت).

lym·pho·blast [lĭm′-] *(n.)* الأرومة اللِّنفاوية: كُرَيّة لنفاويّة غير ناضجة.

lym·pho·cyte [lĭm′fə sīt′] *(n.)* الكُرَيفاوة؛ الكُرَيّة اللِّنفاوية (ت).

lym·pho·cyt·ic *(adj.)* كُرَيفاويّ: ذو علاقة بالكُرَيّات اللِّنفاوية.

lym·pho·cy·to·sis *(n.)* فَرْط الكُرَيْفاوات: تكاثر الكُرَيْفاوات في الدم.

lym·phoid [-′foid] *(adj.)* لِنفاويّ: ذو علاقة باللِّنف أو شبيهٌ به.

lym·pho·ma [lĭm fō′-] *(n.)* pl. **-s** *or* **-ta** اللِّنفوم: الورم اللِّنفاويّ (ط).

lym·pho·ma·to·sis [-tō′sĭs] *(n.)* الوُرام اللِّنفاويّ (ط).

lym·pho·ma·tous [-fō′mət-] *(adj.)* لِنفوميّ؛ لِمْفوميّ.

lyn·ce·an [lĭn sē′-] *(adj.)* (١) وَشَقيّ: خاصّ بالوَشَق lynx (٢) حادّ البصر.

lynch [lĭnch] *(vt.)* يَلْنِش: يُعدم شنقًا من غير محاكمة قانونية.

lynch law *(n.)* اللَّنْش: الإعدام شنقًا من غير محاكمة قانونية.

lynx [lĭngks] *(n.)* الوَشَق: حيوان من فصيلة السِّنَّوْريات.

lynx

Lynx [lĭngks] *(n.)* الوَشَق: كوكبة في نصف الكرة السماوية الشمالي.

lynx–eyed [lĭngks′īd′] *(adj.)* حادّ البَصَر.

ly·o·naise [lī′ə nāz′] *(adj.)* لِيونيّ: مَطْهُوّ مَعَ البصل.

ly·oph·i·lize [lī ŏf′ə līz′] *(vt.)* يُجَفِّد: يُجفِّف بالتجميد.

ly·o·pho·bic [lī ə fō′bĭk] *(adj.)* مُبْغض للسائل (ك).

lyrate leaf

Ly·ra [lī′rə] *(n.)* كوكبة القيثارة (فل).

ly·rate *or* **ly·rat·ed** [lī′-] *(adj.)* قيثاريّ الشَّكل.

lyre [līr] *(n.)* (١) قيثارة (٢) *cap.*: Lyra.

lyre *1.*

lyre·bird [līr′-] *(n.)* الطائر القيثاريّ: طائر كالطاووس لذَكَرِه ذيلٌ ينشره على شكل القيثارة.

lyrebird

lyr·ic[1] [lĭr′ĭk] *(n.)* (١) القصيدة الغنائية (٢) كلمات الأغنية.

lyr·ic[2] *or* **lyr·i·cal** *(adj.)* (١) قيثاريّ (٢) غنائيّ: «أ» صالح للغناء على أنغام القيثارة أو للتلحين والغناء. «ب» معبِّر عن أفكار الشاعر وعواطفه الخاصة <~ poetry>. «ج» عاطفيّ أو حماسيّ إلى حدّ الإفراط.

lyrical poetry *(n.)* الشِّعر الغنائيّ.

lyr·i·cism [lĭr′ə sĭz′-] *(n.)* (١) الغنائيّة: «أ» كَوْن الشيء غنائيًا. «ب» الصفة الغنائية في الشعر (٢) حماسة مُفْرطة؛ مبالغة في الأسلوب أو العاطفة.

lyr·i·cist [lĭr′ə sĭst] *(n.)* الشاعر الغنائيّ.

lyr·ism [līr′ĭzm] *(n.)* = lyricism.

lyr·ist [līr′- *for 1;* lĭr′- *for 2*] *(n.)* (١) عازف القيثارة (٢) الشاعر الغنائي.

lys- *or* **lysi-** *or* **lyso-** بادئة معناها: انحلال؛ تفسُّخ.

lyse [līs; līz] *(vt.; i.)* (١) يَحُلّ (كح) x (٢) يَنْحلّ (كح).

ly·sin [lī′-] *(n.)* الحالَّة: مادة تُحدث الانحلال في الخلايا.

ly·sis [lī′sĭs] *(n.)* (١) الإقلاع: انخفاض تدريجي في الحُمّى وما إليها (٢) حلّ أو انحلال [الخلايا].

-ly·sis لاحقة معناها: حلٌّ أو انحلال <electro*lysis*>.

ly·sol [lī′sōl; -sŏl] *(n.)* اللِّيزول: سائل زيتيّ مطهِّر.

-lyte لاحقة معناها: مادة قابلة لانحلالٍ من نوع معيَّن.

lyt·ic [lĭt′ĭk] *(adj.)* (١) انحلاليّ: متعلّق بانحلال الخلايا (٢) حالّيّ: ذو علاقة بحالّةٍ lysin (٣) حالٌّ: مُحْدِثٌ انحلالَ الخلايا إلخ.

-lytic لاحقة معناها: متعلّق بانحلال من نوع معيَّن أو مُحْدِثٌ له.

lyt·ta [lĭt′ə] *(n.)* pl. **-s** *or* **-e** الدُّودة اللِّسانية: غضروف طويل دوديّ الشكل في لسان الكلب وغيره من اللواحم.

-lyze لاحقة معناها: يَحُلّ أو ينحلّ <hydro*lyze*>.

m [ĕm] *(n. often cap.)* (١) الحرف الثالث عشر من الأبجديّة الإنكليزية (٢) ألِف (٣) شيء معتبَرٌ ثالثَ عشرَ من حيث الترتيب أو الطبقة (٤) شيء على صورة حرف **M**.

'm [m] = am <I'*m* going>.

ma [mä] *(n.)* أُمّ؛ والدة؛ «ماما» (ع).

ma'am [măm; mäm] *(n.)* = madam.

Mab [măb] *(n.)* ماب: ملِكةٌ جِنّيةٌ زُعِم أنها تهيمن على أحلام الرجال.

mabe [māb] *(n.)* المابيّة: لؤلؤة مُسْتَوْلَدة صنعيًّا.

mac [măk] *(n.)* = mackintosh.

Mac- بادئة معناها: ابن <*Mac*Donald>.

ma·ca·bre [mə kä'-] *(adj.)* (١) مَواتيّ: «أ» مُتَّخِذ من الموت موضوعًا. «ب» مشتمل على تصوير تشخيصيّ للموت (٢) رهيب؛ مُروِّع.

mac·ad·am [mə kăd'əm] *(n.)* (١) المُحَصَّبة: طريق مرصوفة بالحَصْباء (٢) حَصْباء.

mac·a·da·mi·a [măk'ə dā'-] *(n.)* المَكَدَمِيَّة: شجرة لوزيّة الثمار.

mac·ad·am·ize [-'ə mīz'] *(vt.)* يُحَصِّب: يَرْصُف طريقًا بالحصباء.

ma·caque [mə käk'] *(n.)* المَكَاك: ضربٌ من السعادين.

macaque

mac·a·ro·ni [măk'ə rō'nĭ] *(n.)* (١) معكرونة (٢) المَعْكَرونيّ: «أ» أحد أفراد طبقة من الشبّان الإنكليز الرحّالين (أواخر القرن ١٨ وأوائل الـ ١٩) الذين أولعوا بمحاكاة الشعوب الأجنبية. «ب» شابّ متكلّف. «ج» غندور: رجل شديد التأنّق في ملبسه.

mac·a·ron·ic [-rŏn'ĭk] *(adj.; n.)* (١) مُخلَّط: «أ» مُتَّسم باختلاط كلماتٍ لاتينية بكلمات من لغةٍ عاميّة. «ب» مُتَّسِم بامتزاج لغتين اثنتين (٢) مُخْتلِط § (٣) المُخَلَّطة: لغة تختلط فيها الكلمات اللاتينية بغيرها.

mac·a·roon [măk'ə ro͞on'] *(n.)* المَعْكَرون: كُعَيكة تُصْنَع من بياض البيض وسكّر ولوز.

ma·caw [mə kô'] *(n.)* المَقْو: ببغاء كبير زاهي الألوان.

macaw

Mac·ca·be·an [măk'ə bē'-] *(adj.)* مكّابيّ (را. المادة التالية).

Mac·ca·bees [măk'ə bēz'] *(n. pl.)* المكّابيّون: أسرة تحدَّر منها عددٌ من المقاتلين والملوك ورجال الدين العبرانيين.

mac·ca·boy [-'ə boi'] *(n.)* الماكوبيّ: سَعوط مصنوع في مارتينيك.

Mac·Car·thy·ism [mə kär'thē-] *(n.)* المكارثية: نزعة سياسية ظهرت في منتصف القرن العشرين تتّسم باصطناع العنف وبشنّ حملات التشهير على الأفراد من غير تدقيق.

Mac·Coy [mə koi'] *(n.)* الأصيل؛ الحقيقيّ؛ اللابديل.

mace[1] [mās] *(n.)* (١) المِيْس: قضيب شائك كان يُستخدم لكَسْر الدروع [في القرون الوسطى] (٢) «أ» صولجان السلطة. «ب» حامل الصولجان (٣) «أ» عصا البليار. «ب» عصا البغاتيلّة [لعبة كالبليار].

mace[2] *(n.)* الماكير: تابلٌ مستخرَج من قشرة جوزة الطيب الخارجية.

mac·é·doine [măs'ĭ dwän'] *(n.)* (١) الكوكتيل المقدوني: مزيج من الفاكهة والخُضَر يُقدَّم كَسَلَطة أو «كوكتيل» (٢) مزيج؛ خليط.

Mac·e·do·ni·an [măs'ə dō'-] *(n.; adj.)* (١) المَقْدونيّ: أحد أبناء مقدونيا القديمة أو الحديثة (٢) اللغة المَقْدونية § (٣) مَقدونيّ.

mac·er·ate [măs'ə-] *(vt.; i.)* (١) يُضْعِف؛ يُذْبِل [من فَرْط الصيام إلخ] (٢) «أ» يَحُلّ؛ يُطرّي [بالنَّقع ونحوِهِ]. «ب» يَنْقَع x (٣) يَنْحَلّ [بالنَّقع].

ma·chet·e [mä chā'tā; mə shĕt'] *(n.)* المِشَتّ: «أ» مِنجل لقَطْع القصب. «ب» مُدْية ضخمة. «ج» غيتار برتغالي صغير.

Mach·i·a·vel·li·an [măk'ĭ ə vĕl'-] *(adj.)* مَكْيافلّيّ: «أ» ذو علاقة بمكيافلّي أو بالمكيافلّيّة. «ب» مُذَكِّر بمبادئ السلوك التي وضعَها مكيافلّي. وبخاصة: متَّسم بالمكر والنفاق وسوء النيّة.

Mach·i·a·vel·li·an·ism [-'ĭ ən-] *(n.)* المَكْيافلّيّة: مذهبُ مَكْيافلّي في السياسة، وخلاصتُهُ أن كل وسيلة مهما تكن لاأخلاقيةً أو غيرَ قويمة مُبرَّرةٌ من أجل تحقيق السلطان السياسي.

ma·chic·o·late [mə chĭk'ə lāt'] *(vt.)* يُكوّي: يزوِّدُهُ بكُوًى تُلْقَى منها القذائف على العدوّ المهاجم.

ma·chic·o·la·tion [mə chĭk'ə lā'-] *(n.)* (١) كوّة [لإطلاق القذائف على المهاجِمين] (٢) شرفة مكوّاة؛ متراس مُكَوًّى.

mach·i·nate [măk'ə nāt'] *(vi.; t.)* يكيد؛ يُدبِّر مكيدةً.

mach·i·na·tion [măk'ə nā'-] *(n.)* (١) كَيْد؛ تدبيرٌ للمكائد (٢) مَكِيدة.

mach·i·na·tor [măk'ə nāt'-] *(n.)* الكائد؛ مُدبِّر المكائد.

ma·chine [mə shēn'] *(n.; vt.)* (١) «أ» عربة. وبخاصة: سيارة. «ب» آلة؛ ماكينة؛ مَكَنة. «ج» مُخل؛ عَتَلة (٢) «أ» الكائن الحيّ [أو أحد أجهزته الوظيفيّة]. «ب» الآلة: شخص [أو منظمة] يعمل كالآلة. «ج» الجهاز: مجموعة أشخاص يعملون معًا لغرض مشترك والوسائلُ التي يستعملونها. «د» الماكينة: جماعة سياسيّة منظمة تنظيمًا دقيقًا تحت إمرة رئيس (٣) الآلة:

ma·con [mȧ kôn′] *(n.)* الماكون: نبيذ فرنسي أحمر أو أبيض.

macr- *or* **macro-** بادئة معناها: كِبْرِيّ؛ كبير؛ ضخم.

mac·ra·mé [măk′rə mā] *(n.)* المِقْرَمة: نسيج مخرَّم أو ذو عُقَد.

mac·ro [măk′rō] *(adj.)* (١) ضخم؛ كبير (٢) واسع النطاق (٣) عِيَانيّ: يُرى بالعين المجرَّدة.

mac·ro·bi·ot·ic *(adj.)* (١) نباتيّ (٢) مُطيل للعمر أو طويل العُمر.

mac·ro·ce·phal·ic [-sə făl′-] *or* **mac·ro·ceph·al·ous** [-sĕf′ ə ləs] *(adj.)* أَرْأَس؛ قَنْدَل: كبير الرأس أو الجمجمة <~ idiots>.

mac·ro·cosm [măk′rə kŏz′əm] *(n.)* العالَم الكبير: الكون.

mac·ro·cyte [-′rə sīt] *(n.)* الكُرَيْرة الكِبْرية: كُرَيّة دم حمراء كبيرة [تكون عند المصابين بفقر الدم].

mac·ro·e·co·nom·ics *(n.)* الاقتصاد الكِبْريّ.

mac·ro·ev·o·lu·tion *(n.)* التطوّر الكِبْريّ: تطوّر يشمل أنواعًا كاملةً أو جماعات كبيرة من المتعضّيات (أح).

mac·ro·ga·mete [măk′rō gə mēt′] *(n.)* المَشيج الكِبْريّ (أح).

macro lens *(n.)* العَدَسة الكِبْرية (بص).

mac·ro·mol·e·cule *(n.)* الجُزَيء الكِبْريّ (ك).

ma·cron [mā′krŏn] *(n.)* علامة المدّ [توضع على حرف العلّة إلخ].

mac·ro·nu·cle·us [-noo′klĭ əs] *(n.)* النَّواة الكِبْرية (أح).

mac·ro·nu·tri·ent [-noo′trĭ ənt] *(n.)* المُغَذّي الكِبْريّ: عنصر كيميائي يحتاج نموُّ النبات احتياجًا أساسيًا إلى مقاديرَ منه كبيرة نسبيًا.

mac·ro·phyte [măk′rə fīt′] *(n.)* النبات الكِبْريّ (نب).

mac·rop·ter·ous [mă krŏp′-] *(adj.)* كبير الأجنحة أو الزَّعانف.

mac·ro·scop·ic; -al [măk′rə skŏp′-] *(adj.)* عِيانيّ: يُرى بالعين المُجرَّدة [ضدّ *microscopic*].

ma·cru·ral; ma·cru·ran [mə kroor′-] *(adj.)* (١) ذَيوليّ: خاصّ بالذَّيولات **Macrura** وهي رُتَيبة من عُشاريات الأقدام تتميّز بأذيالها الطويلة.

ma·cru·rous [-′əs] *(adj.)* (١) طويل الذيل (٢) ذَيوليّ.

mac·u·la [măk′yə-] *(n.)* pl. **-e** *or* **-s** لَطْخة؛ نُقطة؛ بُقعة؛ نُكتة؛ نُمْرَة.

mac·u·late; -d [-lĭt] *(adj.)* (١) أبقع؛ مُبقَّع (٢) مُلَطَّخ؛ مُلوَّث.

mac·u·la·tion [măk′yə lā′-] *(n.)* (١) بقعة؛ لطخة؛ نقطة (٢) التبقُّع؛ التنقُّط: ترتيب البُقَع على إهاب حيوان أو نبات.

mac·ule [măk′yool] *(n.)* البُقعة: لطخة أو سُفعة في البَشَرة (ط).

mad [măd] *(adj.; n.; vt.; i.)* (١) مجنون؛ مخبَّل (٢) «أ» أحمق <a ~ project>. «ب» غير منطقيّ (٣) «أ» هائج <a ~ bull>. «ب» غاضب (٤) متيَّم أو مفتون بِـ <~ about her> (٥) كَلِب <a ~ dog> (٦) جَذِلٌ على نحو صاخب <We had a ~ time.> (٧) مسعور؛ شديد الاهتياج § (٨) غَضَب؛ نوبة غضب شديد § (٩) «أ» يُجنّ؛ يُخبِّل. «ب» يَهيج؛ يُغضب غضبًا شديدًا x (١٠) «أ» يُجنّ. «ب» يَغْضَب غضبًا شديدًا.

وسيلة أدبية تُصْطَنَع لزيادة التأثير المسرحي § (٤) يصنع بآلة؛ يُنتج بماكينة.

machine gun *(n.)* الرَّشّاش: سلاح أوتوماتيكي صغير (جن).

machine–gun[1] *(vt.)* يَرُشّ بالرَّشّاش (جن).

machine–gun[2] *(adj.)* سريع؛ متلاحق <~ questions>.

machine gun·ner *(n.)* الراشّ: الرامي بالرَّشّاش.

machine language *(n.)* اللغة الآليّة: الرموز المشفَّرة في الكومبيوتر.

ma·chine·like [mə shēn′-] *(adj.)* آليّ؛ شبيه بالآلة [وبخاصة من حيث انتظام العمل أو الإنتاج المتماثل الذي تُعوزه الأصالة والشخصية].

ma·chin·er·y [mə shē′-] *(n.)* (١) الماكينات: الآلات بصورة عامة أو بوصفها وحدةً وظيفيّة (٢) الآلات: «أ» أجهزة لإحداث ضروب التأثير المسرحي. «ب» وسائل أدبية تُصْطَنَع لتقوية التأثير المسرحي بخاصة (٣) الآليّة: الطرائق والوسائل والأنظمة التي يُدار بها شيء <the ~ of government>.

machine shop *(n.)* المَشْغَل الصناعي: معمل لصنع الماكينات أو إصلاحها.

machine tool *(n.)* الآلة المَكَنِيَّة: «أ» ماكينة ضخمة تدار بالطّاقة [لقَطْع المعادن أو ثقبها]. «ب» ماكينة، كالمخرطة، لصنع الآلات.

ma·chin·ist [mə shē′-] *(n.)* (١) الميكانيكيّ: «أ» عامل يصنع أو يجمع أو يُصلح الآلات. «ب» صانع بارعٌ في استعمال الآلات المَكَنيّة (را. المادة السابقة). «ج» مشغِّل الماكينة (٢) مراقب الآلات: ضابط صفٍّ مهمّته مراقبة الآلات (جن).

ma·chis·mo [mä chĭz′-] *(n.)* (١) فُحولة؛ رجولة (٢) مُركَّب العظمة.

Mach number [mäk] *(n.)* العدد الماخيّ: رقم يمثِّل النسبة بين سرعة جسمٍ ما وسرعة الصوت في الجوّ المحيط به (فز).

ma·cho [mä′chō′] *(adj.)* فَحْل؛ قويّ.

mackerel

mack·er·el [măk′ər-] *(n.)* الإسقُمْريّ: سمك أطلسيّ.

mackerel sky *(n.)* السماء الإسْقُمْرية: سماء تتلبّد فيها صفوف من السُّحُب شبيهة بالسّيور التي تَسِمُ ظهر السمك الإسْقُمْرِيّ.

mack·i·naw [măk′ə nô′] *(n.)* (١) القارب الماكيناويّ: قارب مسطَّح القعر ذو مقدَّم مستدقّ ومؤخّر مربّع (٢) البطانية الماكيناويّة: بطانية صوفيّة كانت الحكومة الأميركية توزعها على الهنود الحمر (٣) «أ» الجوخ الماكيناويّ: ضرب من النسيج الصوفي. «ب» السترة الماكيناوية: سترة قصيرة من الجوخ الماكيناويّ.

mack·in·tosh *also* **mac·in·tosh** [măk′in-] *(n.)* (١) المِمْطَر: معطف واقٍ من المطر (٢) المَكَنْتَش: نسيج خفيف كتيمٌ للماء.

mack·le [măk′əl] *(n.; vt.)* (١) لطخة أو ازدواج في الطبع [كما يحدث عند انزلاق الورقة على الآلة الطابعة] § (٢) يلطّخ.

ma·cle [măk′əl] *(n.)* (١) «أ» بلّورة توأميّة أو مزدوجة. «ب» ماسةٌ مسطّحة [مستطيلة غالبًا] تكون عادةً بِلّورة توأميّة (٢) نُمْرَة أو نُكْتَة داكنةٌ [في معدنٍ].

(١) كالمجنون؛ مثلَ المجنون؛ كَمَنْ بِهِ مَسٌّ (٢) كثيرًا؛ بوفرة؛ إلى حدٍّ بعيد. like ~,

ma·dam [măd′əm] *(n.)* (١) سيدتي [في توجيه الخطاب إلى سيدة وجَمْعُها *mesdames*] (٢) سيِّدة؛ مثل: «أ» ربة بيت. «ب» مديرة مدرسة إلخ (٣) مديرة ماخور (٤) زوجة.

ma·dame [măd′əm; mȧ dȧm′] *(n.)* (١) سيِّدة [لقب احترام للمرأة المتزوجة، وجمعها *mesdames*] (٢) مديرة ماخور [وجمعها *madames*].

mad–brained [măd′brānd′] *(adj.)* أرعن؛ متهوِّر.

mad·cap [-′kăp′] *(adj.; n.)* (١) طائش؛ مُتَهوِّر § (٢) الطيّاش؛ المتهوّر.

mad·den [măd′ən] *(vi.; t.)* (١) يُجَنّ أو يتصرَّف كالمجنون x (٢) يُجِنّ؛ يُخَبِّل (٣) يُغْضِب؛ يُثير.

mad·den·ing *(adj.)* (١) مُجِنّ؛ مُخَبِّل (٢) مُغْضِب؛ مُثير.

mad·der [măd′ər] *(n.)* (١) الفُوَّة: «أ» نبات صبغي. «ب» جِذْر الفُوّة [وكان يُستخدم في الصباغة]. «ج» صِبغٌ مستخرج من جذور الفُوّة (٢) الفُوِّيّ: لون أحمر متراوحٌ ما بين المعتدل والقاني.

mad·ding [măd′ĭng] *(adj.)* (١) مسعور؛ شديد الاهتياج <far from the ~ crowd> (٢) مُخَبِّل؛ مُجِنّ <~ defects>.

mad·dish [măd′ĭsh] *(adj.)* ممسوس؛ مجنون بعضَ الشيء.

made[1] [mād] *past and past part. of* make.

made[2] *(adj.)* (١) «أ» صُنْعِيّ؛ صناعي <~ goods>. «ب» مُخْتَلَق؛ مُلَفَّق <~ excuses>. «ج» مُخَلَّط: مُعَدٌّ من أصناف أو عناصر مختلفة <a ~ dish> (٢) واثق من النجاح <a ~ man forever>. ~ up of مُرَكَّب من؛ مؤلَّف من.

Ma·dei·ra [mə dēr′ə] *(n.)* الماديرا: نبيذ منسوب إلى جُزُر ماديرا.

mad·e·leine [măd′ə lĕn′] *(n.)* المادلينيّة: كعكة صغيرة مُحَلّاة.

mad·e·moi·selle [măd′mwə zĕl′] *(n.)* (١) آنسة (٢) مُرَبِّية أطفال [فرنسية].

made–to–order *(adj.)* مُوَصّى عليه <a ~ limousine>.

made–up *(adj.)* (١) صُنْعِيّ؛ صناعيّ (٢) مُلَفَّق؛ مختلق <~ stories> (٣) مَجلوب؛ مُمَكْيَج <a ~ complexion> (٤) مصمِّم؛ عازمٌ عزمًا أكيدًا <~ minds>.

mad·house *(n.)* البيمارستان: مستشفى المجاذيب.

mad·ly *(adv.)* (١) بجنون (٢) بسُعْر (٣) بإفراط (٤) بحماقة.

mad·man [măd′-] *(n.)* المجنون؛ المخبول؛ المُخَبَّل.

mad·ness [măd′-] *(n.)* (١) «أ» جنون. «ب» حماقةٌ قصوى. «ج» غضب شديد. «د» نشوة؛ ابتهاج غامر؛ حماسة (٢) كَلَب.

Ma·don·na [mə dŏn′ə] *(n.)* (١) سيدة (ا. ق) (٢) مريم العذراء.

Madonna lily *(n.)* زنبق السيِّدة؛ الزنبق الأبيض (نب).

mad·ras [măd′rəs] *(n.)* المَدْراس: «أ» منديل قطنيّ أو حريريّ كبير ذو ألوان زاهية يُعْتَمَرُ به. «ب» قماش قطنيّ للملابس أو للسُّجُف.

mad·re·pore [măd′rə pōr′] *(n.)* المرجان المُتَشعِّب.

madrepore

mad·ri·gal [-′rĭ gəl] *(n.)* المَدْريغاليّة: «أ» قصيدة غنائية قصيرة، غَزَليّة عادةً. «ب» موسيقى مَوْضوعة لمثل هذه القصيدة. «ج» أغنية.

ma·dro·na *or* **ma·dro·ne** *or* **ma·dro·no** [mə drō′nə] *(n.)* المَدْرونة: نبات دائم الخضرة من الفصيلة الخَلَنْجيّة.

ma·du·ro [mə dōō′rō] *(n.)* المَدْيُور: سيجار حادّ داكنُ اللون.

mad·wom·an [măd′-] *(n.)* المجنونة: امرأة مصابة بالجنون.

mad·wort [-′wûrt′] *(n.)* (١) alyssum (٢) gold of pleasure.

Mae·ce·nas [mē sē′-] *(n.)* النَّصير السخيّ [وبخاصة للأدب أو الفن].

mael·strom [māl′-] *(n.)* (١) دُرْدُور هائل (٢) دُوّامة؛ اضطراب.

mae·nad [mē′năd] *(n.)* المِيْنادة: «أ» امرأة تشارك في مهرجانات باخوس إلّه الخمر. «ب» امرأة شديدة الاهتياج أو مخالَطَةٌ في عقلها.

ma·es·to·so [mä′ĕs tō′sō] *(adj.; adv.)* (١) فخم؛ جليل (مو) § (٢) بفخامة.

maes·tro [mīs′trō] *(n.)* pl. **-s** *or* **-tri** [trē] المَيْسْتَر: أستاذ في فنٍّ ما. وبخاصة: مؤلف موسيقي، أو قائد فرقة موسيقية، بارزٌ أو لامع.

Mae West [mā′-] *(n.)* المَيْوَسْت: صِدار نجاةٍ قابلٌ للنَّفخ.

maf·fick [măf′ĭk] *(vi.)* يُمَهْرِج: يحتفل بصَخَب.

Ma·fi·a [mä′fĭ ä] *(n.)* المافيا: «أ» جمعية سرّيّة للإرهابيّين السياسيّين. «ب» منظمة سريّة [مؤلفة في المقام الأول من مجرمين] تتولى تهريب المخدّرات وابتزازَ الأموال بالتهديد والقمارَ في طول العالم وعرضه. «ج» زمرة؛ عُصْبة.

maf·ic [măf′ĭk] *(adj.)* = ferromagnesian.

ma·fi·o·so [mä fĭ ō′sō] *(n.)* المافيّ: عضو في مافيا.

mag [măg] *(n.)* = magazine.

mag·a·zine [măg′ə zēn′] *(n.)* (١) مستودع؛ مخزن البضائع (٢) مخزن للذخيرة [في قلعة أو سفينة] (٣) محتويات مخزن. مثل: «أ» ذخائر حربيّة. «ب» مخزون من المؤن أو السِّلَع (٤) مجلّة (٥) «أ» مَخزن البندقية. «ب» حجرة الأفلام [في آلةِ تصوير].

mag·a·zin·ist [măg′ə zē′nĭst] *(n.)* المَجَلّي: «أ» الكاتب في المجلّات. «ب» محرِّر المجلّة.

mag·da·len [măg′də lən] *or* **mag·da·lene** [-lēn′] *(n.)* (١) *cap.* مَرْيم المَجْدَليّة (٢) بغيٌّ تائبة (٣) إصلاحية البغايا.

Mag·da·le·ni·an *(adj.)* مَجْدليني: خاصّ بحقبة من العصر الحجري القديم تميَّزت بالأدوات الصوّانية والعظمية والعاجيّة وبالنحت والرسم.

mage [māj] *(n.)* = magus.

ma·gen·ta [mə jĕn′tə] *(n.)* (١) الفوشين: صبغ أحمر ضارب إلى الزُّرقة (٢) الماجَنْتيّ: لون أحمر ضارب إلى الأرجواني.

mag·got [măg′ət] *(n.)* (١) يَرَقة؛ سُرْء (٢) نَزْوة.

ma·gi [mā′jī] *pl. of* magus.

Ma·gi·an [mā′jĭ-] *(n.; adj.)* (١) أحد المجوس § (٢) مجوسيّ.

mag·ic [măj′ĭk] *(n.; adj.; vt.)* (١) السِّحر (٢) سِحر؛ فتنة <the ~ of poetry> (٣) شَعْوذة § (٤) سِحْريّ <a ~ medicine to drink> (٥) فاتن؛ ساحر <her ~ beauty> § (٦) يَسْحَر. — **mag·i·cal** *(adj.)*

magic circle *(n.)* الدائرة السِّحريَّة : دائرة ذات خصائص مماثلة لخصائص المربَّع السحريّ (را . magic square) .

ma·gi·cian [mə jĭsh′ən] *(n.)* (١) الساحر (٢) المُشَعْوِذ .

magic lantern *(n.)* الفانوس السِّحري : جهاز لعرض الصُّوَر .

magic square *(n.)* المربَّع السِّحريّ : سلسلة أرقام مُثْبَتةٌ في مُرَبَّع مجموعها واحدٌ سواء أُجْمِعَت عموديًّا أم أفقيًّا أم قُطْرِيًّا .

Ma·gi·not line [măzh′ə nō′] *(n.)* خط ماجينو : خط من الحصون الدفاعيّة أُنشئ قبل الحرب العالمية الثانية لحماية حدود فرنسا الشرقيّة ولكنّ الألمان التفّوا حولَهُ في يُسْر .

mag·is·te·ri·al [măj′ĭs tēr′-] *(adj.)* (١) «أ» جَزْمِيّ ؛ أمريّ ؛ لائق بسيّد أو معلّم <~ pronouncements> . «ب» جليل ؛ وقور ؛ متَّسِمٌ بالأُبّهة (٢) ماجستيريّ : خاصّ بشهادة الماجستير أو ضروريّ للفوز بها (٣) حاكميّ ؛ قاضَوِيّ : ذو علاقة بحاكم أو قاضٍ .

mag·is·tra·cy [-′ĭs trə sĭ] *(n.)* (١) الحاكمية ؛ القاضَوية : «أ» كون المرء حاكمًا أو قاضيًا . «ب» منصب الحاكم أو القاضي أو سُلطتُهُ (٢) هيئة حكام أو قضاة (٣) الحاكميّة ؛ القاضَوِيّة : مقاطعة خاضعة لسلطة حاكمٍ أو قاضٍ .

mag·is·tral [măj′ĭs trəl] *(adj.)* = magisterial *1a.*

mag·is·trate [măj′ĭs trāt′; -trĭt] *(n.)* (١) الحاكم (٢) القاضي .

magistrate's court *(n.)* محكمة الجُنَح .

mag·is·trat·i·cal [măj′ĭs trăt′-] *(adj.)* (١) حاكميّ (٢) قاضَوِيّ .

mag·is·tra·ture [măj′ĭs trā′chər] *(n.)* = magistracy.

mag·ma [măg′mə] *(n.)* pl. **-s** *or* **-ma·ta** (١) ثُفْل ؛ رواسب (ا . ق) (٢) عجينة (٣) الصُّهارة : مادة صخرية مُذابة في باطن الأرض ينشأ الصخر البركاني منها حين تبرد (جي) .

Mag·na Char·ta *or* **Car·ta** [măg′nə kär′tə] الوثيقة العظمى : «أ» وثيقة الحقوق [التي أكره النبلاءُ الإنكليز الملكَ جون على إقرارها عام ١٢١٥] . «ب» وثيقة تشكّل ضمانًا أساسيًا للحقوق .

mag·na cum lau·de [măg′nə ko͝om lou′dĭ] *(adv.; adj.)* بامتياز كبير : درجة تقدير للممتازين من الطلّاب تُمْنَح عند التخرُّج .

mag·na·nim·i·ty [măg′nə nĭm′-] *(n.)* شهامة أو عملٌ شهمٌ .

mag·nan·i·mous [-năn′ə məs] *(adj.)* (١) شَهم (٢) رَحْبُ الصَّدر ؛ سَمْحُ التفكير .

mag·nate [măg′nāt; -nĭt] *(n.)* القُطْب : شخص ذو مكانة أو سلطة أو تفوّق في حقل ما .

mag·ne·sia [-nē′zhə; -shə] *(n.)* (١) المغنيسيا (٢) المغنسيوم .

magnesia mica *(n.)* = biotite.

mag·ne·site [-′nĭ sīt′] *(n.)* المَغْنَسيت : كربونات المغنسيوم (مع) .

mag·ne·si·um [măg nē′zē əm; -shĭ əm] *(n.)* المَغْنِسيوم (ك) .

magnesium hydroxide *(n.)* هيدروكسيد المغنسيوم (ك) .

magnesium–iron mica *(n.)* = biotite.

magnesium light *(n.)* ضوء المغنسيوم : ضوء أبيض قويّ للتصوير .

mag·net [măg′nĭt] *(n.)* (١) حجر المغنطيس (٢) المغنطيس (فز) (٣) شيء أو شخص جذّاب .

magnet- *or* **magneto-** بادئة معناها : «أ» قوة مغنطيسية . «ب» مغنطيسيّ . «ج» كَهْرَطيسيّ .

mag·net·ic [măg nĕt′-] *(adj.)* (١) مغنطيسيّ (٢) جذّاب ؛ ساحر ؛ فاتن .

magnetic attraction *(n.)* الجذب المغنطيسي .

magnetic battery *(n.)* الحاشدة المغنطيسية .

magnetic deviation *or* **declination** *(n.)* الانحراف المغنطيسيّ .

magnetic equator *(n.)* = aclinic line.

magnetic field *(n.)* المجال المغنطيسيّ ؛ الحقل المغنطيسيّ .

magnetic flux *(n.)* الدَّفْق المغنطيسيّ .

magnetic induction *(n.)* التأثير المغنطيسيّ ؛ الحثّ المغنطيسيّ .

magnetic moment *(n.)* العَزْم المغنطيسيّ .

magnetic needle *(n.)* الإبرة المغنطيسية .

magnetic north *(n.)* الشَّمال المغنطيسيّ .

magnetic permeability *(n.)* الإنفاذِيّة المغنطيسية .

magnetic pole *(n.)* القُطْب المغنطيسيّ .

magnetic recording *(n.)* التسجيل المغنطيسيّ : تسجيل للصوت أو لبرنامج تلفزيونيّ إلخ على شريط مغنطيسي .

magnetic storm *(n.)* العاصفة المغنطيسية : اضطراب مؤقت في مجال الأرض المغنطيسيّ يُعْزَى إلى الكُلَف الشمسية .

magnetic tape *(n.)* الشريط المغنطيسيّ : شريط من ورق أو لدائن يستعمل في التسجيل المغنطيسيّ للصوت .

magnetic wire *(n.)* السِّلك المغنطيسيّ : سلك رفيع للتسجيل المغنطيسي .

mag·net·ism [măg′nə tĭz′əm] *(n.)* (١) المغْنَطيسيّة : «أ» خصائص الجذب المغنطيسي . «ب» علم الظواهر المغنطيسية (٢) سِحْر ؛ فتنة .

mag·net·ite [-′nə tīt′] *(n.)* المَغْنَتيت : أكسيد الحديد الأسود .

mag·net·iz·a·ble [măg′nə tī′-] *(adj.)* يُمَغْنَط : قابلٌ للمَغْنَطة .

mag·net·i·za·tion *(n.)* (١) المَغْنَطة (٢) التَّمَغْنُط (٣) درجة التَّمَغْنط .

mag·ne·tize [măg′-] *(vt.)* (١) يُمَغْنِط (٢) يَفْتِن ؛ يَسْحر ؛ يجذب .

mag·ne·to [măg nē′tō] *(n.)* المَغْنِيط : جهاز كهربائي صغير يُستخدم لإحداث الشَّرر في محرِّكٍ داخليّ الاحتراق .

mag·ne·to·chem·is·try *(n.)* الكيمياء المغنطيسية .

mag·ne·to·e·lec·tric *(adj.)* كَهْرَطيسيّ : كهربائيّ مغنطيسيّ .

mag·ne·to·e·lec·tric·i·ty *(n.)* الكَهْرَطيسيّة : الكهرباء المغنطيسية .

mag·ne·to·gen·er·a·tor *(n.)* المولِّد الكَهْرَطيسيّ .

mag·ne·to·graph [măg nē′tō-] *(n.)* الراسمة المغنطيسية .

mag·ne·tom·e·ter [măg′nə tŏm′-] *(n.)* مقياس المغنطيسية : أداة تستخدم لقياس شدّة المجال المغنطيسي .

mag·ne·to·mo·tive force *(n.)* القوّة الحَرْكَطيسيّة ؛ القوة الدافعة المغنطيسية .

mag·ne·ton [măg′nə-] *(n.)* المَغْنِيْطون : وحدة العَزْم المغنطيسي .

mag·ne·to–op·tic *(adj.)* ضَوْمَغْنطيسيّ ؛ مغنطيسيّ ضوئيّ .

mag·ne·to·sphere [măg nē′-] *(n.)* الغلاف المغنطيسيّ .

mag·ne·to·stric·tion *(n.)* التقبُّض [أو التخصُّر] المغنطيسي : التغيّر الطارئ على أبعاد قطعة من المعدن عند مغنطتها .

mag·ne·tron [-′nə trŏn′] *(n.)* المَغْنيطرون : صِمام مفرَّغ يكون تدفّق الألكترونات فيه خاضعًا لتأثير مجال مغنطيسي خارجيّ (ألك) .

mag·nif·ic; -al [măg nĭf′-] *(adj.)* (١) بَهِيّ ؛ فخيم (٢) جليل (٣) سامٍ (٤) أُبَّهيّ ؛ مُتَّسِمٌ بالأُبَّهة .

mag·nif·i·cat [-′ə kăt′] *(n.)* (١) *cap.* : التَّسبيحة المَرْيَمِيّة (نص) (٢) أنشودة أو ترنيمة تعظيم .

mag·ni·fi·ca·tion [-kā′-] *(n.)* (١) «أ» تسبيح ؛ تمجيد . «ب» تعظيم ؛ تبجيل . «ج» تكبير . «د» مبالغة (٢) التمجُّد ؛ التَّبَجُّل إلخ : كون الشيء ممجَّدًا أو مبجَّلًا أو مكبَّرًا أو مبالَغًا فيه (٣) التعاظم : الكِبَر الظاهريّ الناشئ عن النظر إلى شيء من خِلال عدسة مكبِّرة .

mag·nif·i·cence [măg nĭf′ə səns] *(n.)* كِبَرٌ ؛ عِظَمٌ ؛ فخامة إلخ .

mag·nif·i·cent [-sənt] *(adj.)* (١) كبير ؛ عظيم <Suleiman the *Magnificent*> (٢) فخم <a ~ house> (٣) جميل أو مهيب جدًا <had a ~ physique> (٤) سامٍ ؛ رفيع <~ prose> (٥) رائع إلى حدّ استثنائيّ <~ soup>.

mag·nif·i·co [măg nĭf′ə kō′] *(n.)* pl. **-coes** *or* **-cos** (١) نبيل من نبلاء البندقية أو ڤينيسيا (٢) شخصية بارزة .

mag·ni·fi·er *(n.)* (١) فا magnify (٢) عَدَسة مكبِّرة .

mag·ni·fy [măg′nə fī′] *(vt.; i.)* (١) «أ» يُسبِّح ؛ يُمجِّد . «ب» يعظِّم ؛ يبجِّل (٢) «أ» يكبِّر . «ب» يبالغ **x** (٣) تكبِّر [العَدَسة] .

mag·nil·o·quence [măg nĭl′ə kwəns] *(n.)* فخامةٌ [في الأسلوب] .

mag·nil·o·quent [-′kwənt] *(adj.)* (١) مفخِّم : متكلِّم بأسلوب فخم كثيرًا ما يكون طنّانًا (٢) فخم : مُفْرَغ في أسلوب متَّسِم بالفخامة .

mag·ni·tude [măg′nə to͞od′; -tyo͞od′] *(n.)* (١) كِبَر ؛ عِظَمٌ (٢) جِرْم ؛ حجم (٣) مقدار ؛ مبلغ (٤) مدى ارتفاع الصوت (٥) أهمية ؛ شأن ؛ خَطَر (٦) القَدْر : عَدَدٌ يمثِّل درجة لمعان الجرم السماوي (فل) .

mag·no·lia [măg nōl′yə] *(n.)* المَغْنوليّة : نبات ذو أوراق دائمة الخضرة .

magnolia

mag·num [măg′nəm] *(n.)* الألفيّة : زجاجة نبيذ ضخمة .

mag·num o·pus [ō′pəs] *(n.)* الرائعة : التحفة الأدبيّة أو الفنّية . وبخاصة : أعظم ما أبدعته يراعة الكاتب أو ريشة الفنان .

mag·nus hitch [măg′-] *(n.)* عُقدة مَغْنوس : ضربٌ من العُقَد .

magpie *1.*

mag·pie [măg′pī] *(n.)* (١) العَقْعق ؛ القُعْقُع ؛ الكُنْدُش : طائر من فصيلة الغرابيات (٢) الثَّرثار : شخص كثير الثرثرة بصوت عالٍ .

ma·guey [măg′wā] *(n.)* المَغْويّ : «أ» الأغاف أو الصَّبّار الأميركي (نب) . «ب» ألياف الأغاف أو الصَّبّار الأميركي .

ma·gus [mā′gəs] *(n.)* pl. **-gi** [jī] (١) *cap.* : المجوسيّ : واحد من ثلاثة حكماء حملوا الهدايا إلى المسيح عند ولادته (٢) السّاحر ؛ المُشَعْوِذ .

Mag·yar [măg′yär] *(n.; adj.)* (١) المَجَريّ : واحدُ المَجَر وهم شعب هنغاريا الرئيسي (٢) المَجريّة : لغة المَجَريين § (٣) مَجَريّ .

ma·ha·ra·ja *or* **ma·ha·ra·jah** [mä′hə räj′ə] *(n.)* المَهْراجا : أمير هندي .

ma·ha·ra·ni *or* **ma·ha·ra·nee** [-rä′nĭ] *(n.)* المَهْرانة : زوجة المَهْراجا .

ma·hat·ma [mə hät′-] *(n.)* المهاتما ؛ ذو الروح الكبيرة : «أ» شخص مُبجَّل لحكمته وسموّ مبادئه ونكرانه لذاته . «ب» شخص ذو منزلة رفيعة في حقلٍ ما .

Ma·ha·ya·na [mä′hə yän′ə] *(n.)* المَهايانيّة : شُعبة من البوذية .

Mah·di [mä′dē] *(n.)* المَهْديُّ المُنْتَظر (اس) .

Ma·hi·can [mə hē′kən] *(n.)* المهيقان : شعب من هنود أميركا الحمر .

mah–jongg [mä′jông′] *(n.)* المَهْجُونْغ : لعبة صينية الأصل .

mahl·stick [mäl′stĭk′; môl′-] *(n.)* = maulstick.

ma·hog·a·ny [mə hŏg′ə nĭ] *(n.)* (١) الماهوغانيّ : خشب صَلْدٌ بُنّي ضاربٌ إلى الحمرة يُصنع منه الأثاث الفاخر (٢) الماهوغانية : شجرة الماهوغانيّ (٣) الماهوغانيّ : لون بُنّي ضاربٌ إلى الحمرة .

maid [mād] *(n.)* (١) البِكْر ؛ العذراء (٢) الخادمة .

maid·en [mād′ən] *(n.; adj.)* (١) البِكر ؛ العذراء (٢) مِقْصلة (٣) البِكر : فرس لم يسبق له أن فاز بأيّ سباق § (٤) «أ» عانس . «ب» بِكر ؛ عذراء (٥) بُتوليّ ؛ عُذْريّ (٦) أوّل <~ voyage> (٧) بِكْر ؛ جديد ؛ لم يُمَسّ ؛ لم يُستعمل .

maid·en·hair [-hâr′] *(n.)* كُزْبَرة البئر ؛ شَعْر الجنّ (نب) .

maid·en·head [-hĕd′] *(n.)* (١) عُذْرَة ؛ بَكارَة ؛ بُتُولة (٢) غشاء البكارة .

maid·en·hood [mā′dən ho͝od′] *(n.)* عُذْرة ؛ بَكارة ؛ بُتُولة .

maid·en·li·ness [mā′-] *(n.)* خَفَر ؛ حَياء ؛ تصرّفٌ لائق بعذراء .

maid·en·ly *(adj.)* (١) عَذْراوِيّ : خاصّ بعذراء <~ years> (٢) لطيف ؛ رقيق ؛ عُذري : لائق بعذراء .

maiden name *(n.)* اسم البُتولة : اسم أسرة المرأة قبل الزواج .

maid·hood [mād′ho͝od′] *(n.)* = maidenhood.

maid–in–wait·ing *(n.)* الوصيفة : وصيفة الملِكة أو الأميرة .

maid of honor *(n.)* وصيفة الشرف : «أ» عذراء من أسرة عريقة تَعْمَل وصيفةً لملكة أو أميرة . «ب» إشبينةُ العروس الرئيسيةُ غير المتزوجة .

maid·ser·vant [mād′sûr′vənt] *(n.)* خادمة .

ma·ieu·tic [mā yo͞o′tĭk] *(adj.)* توليديّ ؛ تَسْآلي : خاصّ بالطريقة السُّقراطية القائمة على توجيه الأسئلة المتعاقبة والتزام التفكير المنطقي .

mail[1] [māl] *(n.; vt.)* (١) حقيبة (إسك) (٢) «أ» أكياس البريد . «ب» الرسائل المُبْرَدة . «ج» عربة البريد (٣) «أ» البريد : نظام البريد في بلدٍ ما . «ب» موادّ بريديّة

§ (٤) يُبْرِد: يُرسل بالبريد.

mail[2] *(n.; vt.)* (١) زَرَديّة؛ دِرع (٢) الدّرع؛ الذَّبْل: درع السُّلحفاة أو طبقتُها العظمية § (٣) يُزرِّد؛ يدرِّع: يكسو أو يسلِّح بزَرَديّة أو درع.

mail·a·ble *(adj.)* ممكنٌ أو مُجازٌ إرساله بالبريد.

mail·bag [mālʹbăgʹ] *(n.)* (١) حقيبة البريد: حقيبة يحملها ساعي البريد على ظهره (٢) كيس البريد.

mail·box [mālʹbŏksʹ] *(n.)* صندوق البريد.

mail–coach *(n.)* عربة البريد: عربة خيلٍ تحمل البريد والمسافرين.

mail·ed [māld] *(adj.)* مُدرَّع؛ مُصَفَّح.

mailed fist *(n.)* تهديد باستخدام القوة [وبخاصة بين الدول].

mail·er [māʹlər] *(n.)* (١) المُبْرِد: مَنْ يُرسِلُ رسالةً بالبريد (٢) المُبْرِدة: آلة لكتابة عناوين المجلات والجرائد المرسَلة بالبريد (٣) مَرْكَب لنَقْل البريد (ا.ن).

mail·ing[1] *(n.)* (١) مَزْرعة مؤجَّرة (إسك) (٢) أجرة المزرعة (إسك).

mail·ing[2] *(n.)* (١) الإبراد: إرسالُ الرسائل بالبريد (٢) بريد.

mail·lot [mȧ yōʹ] *(n.)* المايّو: «أ» ثوب ضيّق للرقص والألعاب الجمبازية والبهلوانية. «ب» ثوب سباحة للنساء ذو قطعة واحدة.

mail·man [mālʹmănʹ] *(n.)* ساعي البريد؛ موزِّع البريد.

mail order *(n.)* الطلب البريديّ: طلبُ سلعٍ تتلقّاه مؤسّسة ما بالبريد وتلبّيه بواسطته.

mail–order house *(n.)* مؤسسة الطلبات البريديّة: مؤسّسة تجاريّة للبيع بالتجزئة تتلقى الطلبات بالبريد وتلبّيها بواسطته.

maim [mām] *(vt.)* (١) يَجْدع؛ يبتر؛ يشوّه (٢) يُقْعِد؛ يعطِّل.

main[1] [mān] *(n.; adj.)* (١) القوة البدنيّة (٢) «أ» البرّ الرئيسيّ (را. mainland). «ب» الخِضَمّ؛ عُرْض البحر (٣) الجزء الرئيسيّ؛ النقطة الأساسيّة (٤) الخطّ الأمّ؛ الخطّ الرئيسُ: خط رئيسيّ تتفرّع منه أنابيب شبكة (٥) الشراع الرئيسي (مل) (٦) الصاري الرئيسي (مل) § (٧) بارز (٨) رئيسي؛ أساسيّ (٩) مَحْض؛ صِرْف؛ أقصى <by ~ force> (١٠) ذو علاقة بالشراع [أو الصاري] الرئيسيّ أو قائمٌ قربَهُ.

in *or* for the ~, في الأغلب أو الأكثر؛ على الجملة.

the ~ chance (١) المسألة أو النقطة الأساسيّة؛ بيت القصيد (٢) مصلحة شخصية (٣) ربح.

to have an eye to the ~ chance يهتمّ بمصالحه الخاصّة.

main[2] *(n.)* (١) رقم [في بعض ألعاب الحظّ] (٢) رَمْية نَرْد (٣) مباراة في صراع الديوك.

main·frame [-ʹfrāmʹ] *(n.)* (١) الكومبيوتر: الكومبيوتر مع الخزانة التي تشتمل عليه (٢) كومبيوتر كبير.

main·land [-ʹlănd] *(n.)* البرّ الرئيسيّ: الجزء الرئيسيّ من بلاد أو قارة [تمييزًا له عن الجزر الواقعة على سواحله].

main·ly [mānʹlĭ] *(adv.)* (١) في الدرجة الأولى؛ في الأكثر (٢) جدًا؛ إلى حدّ بعيد.

main·mast [mānʹmăstʹ] *(n.)* الصاري الرئيسيّ (مل).

main·sail [mānʹsālʹ] *(n.)* الشراع الرئيسُ (مل).

main·sheet [mānʹshēt] *(n.)* حَبْلُ الشراع الرئيسيُّ (مل).

main·spring [-ʹsprĭngʹ] *(n.)* (١) النابض أو الزُّنْبُرُك الرئيسي [في ساعة] (٢) الباعث أو العامل أو السبب الرئيسي أو الأقوى.

main·stay [mānʹstāʹ] *(n.)* (١) العُمْدة: الحبل المثبِّت للشراع الرئيسي (مل) (٢) عماد؛ دعامة أساسية.

main stem *(n.)* (١) المجرى الرئيسي [لنهرٍ إلخ] (٢) الخطّ الرئيسي [في سكة حديدية] (٣) الشارع الرئيسي [في مدينة].

main·stream [-strēmʹ] *(n.)* الاتجاه السائد [في حقل نشاطٍ ما].

Main Street *(n.)* الشارع الرئيسي: «أ» الشارع الرئيسي في مدينة صغيرة. «ب» تلك الأجزاء من البلاد المتمركزةُ حول مدنها الصغيرة.

main·tain [mān tānʹ] *(vt.)* (١) يحافظ على؛ يصون (٢) يدافع عن (٣) يحتفظ [برباطة جأشِهِ إلخ] (٤) «أ» يعيل؛ ينفق على. «ب» يُبقي على؛ يساعد على استمرار كذا (٥) يؤكد بإيراد الدليل أو الحجة.

main·te·nance [mānʹtə nəns] *(n.)* (١) محافظة على؛ دفاع عن؛ احتفاظ بِـ؛ إعالة؛ إبقاء على؛ توكيد بالحجّة أو الدليل (٢) رِزق (٣) صيانة [للممتلكات أو التجهيزات] (٤) التَّدخُّل: تدخُّلٌ غير مشروع في دعوى قضائيّة من طريق تزويد أحد الفريقين بالوسائل الضرورية للاستمرار فيها (ق).

main·top [-ʹtŏpʹ] *(n.)* المنصّة الرئيسية [في أعلى الصاري الرئيسي].

main–top·mast [mānʹtŏpʹmăst] *(n.)* الصاري الأعلى: صارٍ قائمٌ فوق الصاري الرئيسي مباشرةً (مل).

main yard *(n.)* قائم الشراع الرئيسي (مل).

mai·son·ette [māʹzə nĕtʹ] *(n.)* البُيَيْت: «أ» بيت صغير. «ب» شقّة [ذات دَوْرَيْن عادةً].

maî·tre d'hô·tel [māʹtrə dō tĕlʹ] *(n.)* القَهْرَمان: «أ» مدير الخدم في قصر. «ب» رئيس النُّدُل [في مطعم أو مقهًى]. «ج» صلصة من زبدة مذوَّبة وبقدونس مفروم وملح وبهار وعصير ليمون.

maize [māz] *(n.)* الذُّرة (نب).

ma·jes·tic [mə jĕsʹtĭk] *also* **-ti·cal** *(adj.)* ملوكي؛ مَهيب؛ فخم.

maj·es·ty [măjʹĭs tĭ] *(n.)* (١) «أ» سلطان؛ سلطة ملكيّة. «ب» جلالة [لقب الملك أو الملكة أو الأمبراطور أو الأمبراطورة] (٢) جلال؛ فخامة؛ عظمة.

His (Her) *Majesty* صاحب [أو صاحبة] الجلالة.

ma·jol·i·ca [mə jŏlʹə kə; mə yŏlʹə kə] *also* **ma·iol·i·ca** [mə yŏlʹə kə] *(n.)* المايوليقيّ؛ المَيُوليق: «أ» ضربٌ من الخزف الإيطاليّ [في عصر النهضة الأوروبيّة] مزخرف ومطليّ بالمينا. «ب» محاكاةٌ حديثة للمايوليقيّ الإيطالي القديم.

ma·jor [mā'jər] *(adj.; n.; vi.)* (١) أسمى ؛ أرفع ؛ أهمّ (٢) أكبر ؛ أعظم (٣) راشد ؛ بالغٌ سنّ الرشد (٤) بارز ؛ هامّ (٥) خطير <a ~ illness> (٦) رئيسيّ : «أ» ذو علاقة بموضوع من موضوعات الدراسة [في جامعة] يُختار كحقل اختصاص . «ب» ذو علاقة بمادة من مواد الدراسة [في مدرسة ثانوية] تتطلّب حدًّا أعلى من ساعات التدريس (٧) كبير [في قولك *major* scale أي السلّم الكبير في الموسيقى] § (٨) الراشد : من بلغ سنّ الرشد (٩) «أ» الأسمى ؛ الأرفع ؛ الأهمّ . «ب» السلّم الكبير ؛ المقام الكبير إلخ (مو) (١٠) الرائد : رتبة عسكريّة فوق النقيب وأدنى من المقدَّم (١١) «أ» موضوع التَّخصُّص : أحد موضوعات الدراسة الجامعية يُختار كحقل اختصاص . «ب» المتخصِّص : طالبٌ يتخصَّص في موضوع كهذا § (١٢) يتخصَّص : يتخصَّص في موضوع معيَّن من موضوعات الدراسة [في جامعة] .

major axis *(n.)* المحور الأكبر (ر) .

ma·jor·do·mo [mā'jər dō'mō] *(n.)* القَهْرَمان ؛ وكيل الخَرْج ؛ كبير الخدم [في قَصْر] .

major general *(n.)* اللّواء [رتبة عسكرية] .

ma·jor·i·ty [mə jôr'ə tĭ] *(n.)* (١) «أ» سنّ الرشد . وبخاصة : سنّ الحادية والعشرين . «ب» الرُّشْد : وَضْعُ من بلغ سنّ الحادية والعشرين (٢) «أ» الأكثرية ؛ الأغلبية . «ب» المقدار الأكبر ؛ الحصة الكبرى (٣) حزب الأكثرية (٤) رتبة اللواء أو وظيفته (جن) .

to join the (great) ~, يُتَوَفَّى ؛ يموت .

majority rule *(n.)* قاعدة الأغلبية : مبدأ سياسيّ يقول بأن للأغلبية [مهما تكن ضئيلة] سلطةَ اتخاذ القرارات المُلْزِمة للمجموع .

major party *(n.)* الحزب الرئيسيّ [في البرلمان] .

major premise *(n.)* المقدِّمة الكبرى (مق) .

major term *(n.)* الحدّ الأكبر (مق) .

ma·jus·cule [mə jŭs'kōōl] *(n.; adj.)* (١) الحرف الاستهلالي ؛ الحرف الكبير § (٢) استهلاليّ ؛ كبير <~ letters> .

mak·a·ble [mā'kə bəl] *(adj.)* ممكنٌ صُنْعُهُ .

make [māk] *(vt.; i.; n.)* (١) «أ» يُحْدِث ؛ يخلق ؛ يُسبِّب <~ trouble for her> . «ب» يعجّل نشوءه أو حدوثه : يُفضي إلى <haste ~s waste.> (٢) «أ» يعمل ؛ يَصْنع . «ب» ينظِم [قصيدة] . «ج» ينشئ <to ~ a park> (٣) يرسم ؛ يضع <to ~ plans> (٤) يبني ؛ يشيّد <a house *made* of stone> (٥) يقدِّر ؛ يحسب <to ~ the distance five miles> (٦) «أ» يُضْرِم <to ~ a fire> . «ب» يهيّئ ؛ يُعِدّ <to ~ a bed> . «ج» يخلط ورق اللعب (٧) «أ» يجعل <She *made* herself useful.> . «ب» يعيِّن ؛ ينصِّب <He *made* her a member of his cabinet.> (٨) «أ» يسُنّ [قانونًا إلخ] . «ب» يحدِّد ؛ يعيِّن [سعرًا] (٩) «أ» يُغْلِق . «ب» يُتِمّ دارةً كهربائيةً (١٠) «أ» يستنتج ؛ يفهم <I could ~ nothing of her words.> . «ب» يعتبر <not the fool some ~ him> (١١) «أ» يشنّ <to ~ war> . «ب» يؤدي بحركة جسدية <*made* a bow> . «ج» يُجري ؛ يعقد <*made* a bargain> . «د» يُلقي <*made* a speech> . «هـ» يقطع ؛ يجتاز <*made* forty miles an hour> (١٢) يتناول ؛ يأكل <He *made* a good breakfast.> (١٣) يُكرِهه على <to ~ him resign> (١٤) يكفل له النجاح <Anyone he takes a liking to is *made*.> (١٥) يَصْنَع : «أ» يشكّل الوجود الجوهري لكذا <One swallow does not ~ a summer.> . «ب» يكون قابلًا للتحويل إلى <Rags ~ the best paper.> (١٦) يصبح من طريق التطوّر <My son will ~ a good lawyer.> (١٧) «أ» يصل إلى <to ~ port> . «ب» يبلغ رتبة كذا <*made* colonel> (١٨) «أ» يكسب مالًا أو ثروة <She *made* a fortune.> . «ب» يحرز نقاطًا في لعبة ما (١٩) يُدْرِك <in time to ~ the morning train> (٢٠) يُغوي [امرأةً] (٢١) يشكّل ؛ يساوي <Two and two ~ four.> (٢٢) يتصرّف بطريقة ما [كقولك to ~ merry أي يمرح ؛ يبتهج] (٢٣) يبدأ أو يبدو وكأنه يبدأ عملًا ما <She *made* to reply and then stopped.> (٢٤) يندفع نحو <*making* after the fox> (٢٥) يتعاظم ؛ يتضخَّم <The tide is *making* now.> (٢٦) يمتدّ في اتجاه معيَّن <The road ~s toward Paris.> (٢٧) يعزِّز ؛ يساعد على <Disarmament ~s for peace.> (٢٨) يذهب ؛ يندفع إلى <to ~ for home> (٢٩) يهجم على <Her dog *made* for me.> (٣٠) يُصْنَع <Bolts are *making* in that shop.> § (٣١) «أ» طراز ؛ شكل <cars of all ~s> . «ب» منشأ السلعة المصنوعة <What ~ is your car?> (٣٢) بِنْيَة المرء الجسدية أو العقلية أو الخُلقية : طبيعة ؛ خُلُق (٣٣) «أ» إنتاج ؛ صُنع . «ب» النّتاج ؛ الناتج ؛ المقدار المنتَج (٣٤) إغلاق أو إكمال دارة كهربائية (٣٥) خَلْط ورق اللعب .

on the ~, (١) رَهْن [أو قَيْد] التكوّن أو النموّ أو التحسّن (٢) توّاق إلى الكسب الماديّ أو إلى الفوز بمنزلة اجتماعيّة أسمى (٣) باحث عن مغامرة جنسية أو غرامية .

to ~ account of يهتم بِـ ؛ يبالي بِـ .

to ~ a clean breast يعترف .

to ~ against يعاكس ؛ يكون ضدّ كذا .

to ~ a face يقطِّب ؛ يكشِّر .

to ~ as if يتظاهر بِـ .

to ~ at يندفع نحوه وبخاصة على نحوٍ عدائيّ : يهجم على .

to ~ away with (١) ينفق ؛ يبدِّد (٢) «أ» يتخلص من . «ب» يدمِّر ؛ يقتل (٣) يستهلك ؛ يأكل .

to ~ believe يدَّعي ؛ يتظاهر بِـ .

to ~ bold يغامر ؛ يخاطر ؛ يجترئ على .

to ~ bones يتردّد في .

to ~ eyes يرنو بعين الغرام [إلى] .

to ~ free (*or* bold) with يرفع الكُلْفة مع . . .

to ~ good (١) يحقق ؛ يُنْجِز (٢) يسدّ نقصًا ؛ يعوِّض خسارة (٣) يفي بالعهد (٤) يُثبت [تهمةً] (٥) ينجح .

to ~ hay (while the sun shines) يفيد من فرصة متاحة [وبخاصة لتحقيق مكاسب مبكِّرة] .

to ~ head (١) يتقدَّم ؛ وبخاصة رغم المقاومة (٢) يقوم بثورة مسلَّحة .

to ~ light (*or* little) of يستخفّ بِـ ؛ يستهين بِـ .

to ~ love (١) يغازِل (٢) «أ» يُعانق ؛ يقبِّل . «ب» يجامع .

to ~ much of (١) يلاطف (٢) يبجِّل ؛ يعظِّم .

to ~ no doubt يوقن ؛ يكون متأكّدًا من .

to ~ off يغادر المكان فجأةً أو على عجل ؛ ينسلّ هاربًا .

to ~ or mar — يسبِّب نجاحَ شيء أو فَشَلَهُ .

to ~ out — (١) يُعِدّ فاتورةً أو شيكًا (٢) يكتشف أو يفهم المعنى (٣) يُثْبِت؛ يبرهن (٤) يُتِمّ؛ يُكمل (٥) يصف أو يرسم بتفصيل (٦) يميِّز (٧) ينجح .

to ~ over — (١) ينقل أو يحوِّل الملكية (٢) يعهد بشيء إلى شخص آخر (٣) يجدِّد أو يعدِّل [ثوبًا إلخ] .

to ~ place *or* room — يُفسح مكانًا لِـ .

to ~ public — يعلن؛ يفشي؛ يُذيع .

to ~ sail — (١) يرفع أو ينشر شراعًا (٢) يُبحِر .

to ~ sure of — يتأكّد أو يتحقق من .

to ~ time — (١) يسافر على جناح السرعة (٢) يكسب الوقت (٣) يحرز تقدُّمًا في طريق الفوز برضا فلان .

to ~ tracks — (١) ينطلق بسرعة (٢) يفرّ .

to ~ up — (١) «أ» يجمع . «ب» يخترع (٢) «أ» يركِّب . «ب» يرتِّب الموادّ الطباعيّة المنضّدة [على شكل أعمدة أو صفحات] (٣) يلفّ؛ يحزم (٤) «أ» ينظِّم؛ يرتِّب . «ب» يخلط ورق اللعب (٥) يسدّ نقصًا (٦) تتّحد [الأجزاء] لتشكّل كلًّا كاملًا (٧) يتعاظم؛ يتضخّم (٨) يشكِّل؛ يؤلّف (٩) «أ» يُبْرِز الممثلَ في المظهر الجسدي الملائم لدور ما . «ب» يجمِّل الوجه بالمساحيق (١٠) «أ» يعيد امتحانًا في مادة كان قد سقط فيها . «ب» يتقدّم إلى امتحان سبق له أن تغيّب عنه (١١) يسوّي الخلافات حُبِّيًّا (١٢) يُتِمّ؛ يُكمل (١٣) يتصالح [بعد نزاع] (١٤) يغازل؛ يقبِّل (١٥) يعوِّض عن (١٦) يستعمل المساحيق التجميلية .

to ~ up one's mind — يقرِّر؛ يعزم على .

to ~ water — (١) ينفذ الماء إلى المركب (٢) يبُولُ .

to ~ way — (١) يفسح الطريق لِـ (٢) يحرز تقدّمًا .

make–believe [māk′bə lēv′] *(n.; adj.)* (١) تظاهرٌ بِـ؛ ادّعاء (٢) المتظاهر؛ المدّعي § (٣) كاذب؛ زائف .

make–do [māk′do͞o′] *(n.; adj.)* = makeshift.

make·fast [-′făst′] *(n.)* مَرْبَط السفينة: شيء تُشَدّ إليه السفينة .

make–or–break *(adj.)* لاتَوَسُّطيّ؛ لا توسُّطَ فيه <~ attempt> .

mak·er [mā′kər] *(n.)* (١) الصانع (٢) *cap.* الله (٣) الشاعر (ا . ق) (٤) موقِّع السَّند؛ موقِّع الكمبيالة .

make·read·y [māk′rĕd′ĭ] *(n.)* (١) التحضير النهائيّ: تحضير نهائي للكليشيهات ونحوها بوضع الورق المقوَّى تحتها لكي تبرز على نحو متساوق لا تفاوت فيه (٢) مُقَوَّى التحضير: الورق المقوّى المستعمل في ذلك .

make·shift [māk′shĭft′] *(n.; adj.)* (١) البديل: كلُّ ما يُتَّخَذُ بديلًا بصورة مؤقّتة § (٢) بديل: مستعمَلٌ كبديل مؤقّت .

make·up [māk′ŭp′] *(n.)* (١) «أ» تركيب؛ بِنْية . «ب» البِنية الجسدية أو العقلية أو الخُلُقيّة (٢) التركيب؛ الإخراج: ترتيب الموادّ الطباعية المنضّدة وتقسيمها إلى أعمدة أو صفحات إلخ (٣) الماكياج: «أ» تجميل الوجه بأحمر الشِّفاه وما إليه . «ب» مستحضرات تجميل الوجه (٤) امتحان الإكمال (تر) .

make·weight [māk′wāt′] *(n.)* (١) تتمّة الوزن: شيء يوضع في كِفّة الميزان استكمالًا لوزنٍ مطلوب (٢) السِّداد: شخص أو شيء ضئيل القيمة يُسَدّ به نقصٌ أو ثغرةٌ ما (٣) الثقل الموازِن (را . counterbalance) .

mak·ing [mā′kĭng] *(n.)* (١) عمل؛ صُنْع؛ إحداث (٢) «أ» تقدّم؛ نجاح . «ب» وسيلة التقدّم أو النجاح <Misfortune was the ~ of him.> (٣) نِتاج؛ شيء مصنوع . وبخاصة: المقدار المُنْتَج دفعةً واحدة (٤) *pl.*: الموادّ التي يُصنَع منها شيء؛ وبخاصة: ورق السجاير وتبغُها .

in the ~, — قيدَ التصنيع أو الإعداد أو التحضير .

mal- بادئة معناها: «أ» سيّئ؛ على نحوٍ سيّئ . «ب» غير سويّ؛ على نحوٍ غير سويّ . «ج» غير ملائم أو وافٍ؛ على نحوٍ غير ملائم أو وافٍ .

malac- *or* **malaco-** بادئة معناها: رِخو؛ ليِّن .

Malacca cane *(n.)* عصا مَلَقّا؛ عُكّاز مَلَقّا .

mal·a·chite [măl′ə kīt′] *(n.)* المَلْكيت؛ الدَّهْنَج (مع) .

mal·a·col·o·gy [măl′ə kŏl′ə jĭ] *(n.)* عِلم الرِّخويّات: فرع من علم الحيوان يبحث في الرِّخويّات .

mal·a·cos·tra·can [-kŏs′trə kən] *(n.; adj.)* (١) القِشْريّ الرِّخو: حيوان من القِشْريات الرِّخوة § (٢) قِشريّ رِخو .

mal·ad·ap·ta·tion [măl′ăd əp tā′-] *(n.)* سوء التكيُّف؛ سوء التَّهايُؤ .

mal·ad·just·ed [măl′ə jŭs′tĭd] *(adj.)* سيِّئ التوافق: يُعوِزه الانسجام مع بيئته نتيجةً لعجزه عن تحقيق التوافق بين رغباته الذاتية وبين أوضاع حياته .

mal·ad·just·ment *(n.)* سوء التوافق .

mal·ad·min·is·ter [măl′əd mĭn′-] *(vt.)* يُسيء الإدارة أو الاستخدام .

mal·a·droit [-′ə droit′] *(adj.)* أخْرَق؛ تُعْوِزُهُ البراعة . **— ness** *(n.)*

mal·a·dy [măl′ə dĭ] *(n.)* (١) مَرض؛ داء (٢) علّة .

ma·la fi·de [mā′lə fī′dĭ] *(adv.; adj.)* (١) بسوء نيّة؛ على نحو محرَّف § (٢) سيِّئ النية؛ يُعْوِزُهُ الصِّدق .

Mal·a·ga [măl′ə gə] *(n.)* المالَقِيّ: نبيذ منسوب إلى مالقة بإسبانيا .

Mal·a·gas·y [măl′ə găs′ĭ] *(n.; adj.)* (١) المَدَغشقريّ: أحد أبناء مَدَغْشقر (٢) المَدَغشقريّة: لغة المَدَغْشقريين § (٣) مَدَغْشقريّ .

mal·aise [mă lāz′] *(n.)* (١) التوعّك: انحراف في الصحة يُؤذن ببدء المرض أو يصاحبُهُ (٢) ضِيق؛ قلَق؛ انزعاج .

mal·a·pert [măl′ə pûrt′] *(adj.)* وَقِحٌ؛ سَليط .

mal·a·prop [măl′ə prŏp′] *or* **mal·a·prop·i·an** *(adj.)* مالابروبيّ: مُسيء استعمال الألفاظ على نحو مُضحِك .

mal·a·prop·ism [măl′-] *(n.)* (١) المالابروبية: إساءة استعمال الألفاظ على نحو مُضحك (٢) المالابروبيّة: لفظة يُساء استعمالها على هذا النحو .

mal·ap·ro·pos [măl′ăp rə pō′] *(adv.)* في غير وقته أو محلِّه .

ma·lar [mā′lər] *(adj.; n.)* (١) وَجْنِيّ؛ خدّيّ § (٢) العظم الوجنيّ (ت) .

mal·ar·i·a [mə lâr′ĭ ə] *(n.)* الملاريا؛ الأَجَمِيّة؛ البُرَداء (مض) .

— ma·lar·i·al; ma·lar·i·an; ma·lar·i·ous *(adj.)*

ă at; ā date; â care; ä car; ĕ egg; ē me; ĭ in; ī bite; ŏ lot; ō bone; ô orphan; oi boil; o͝o good; o͞o boot; ou out; ŭ under; û urgent; ə = *a* in alone, *e* in system, *i* in easily, *o* in gallop, *u* in circus.

ma·lar·i·ol·o·gy [mə lâr'ĭ ŏl'ə jĭ] *(n.)* مَبْحث الملاريا؛ مَبْحث البُرَداء: الدراسة العلمية للملاريا أو البُرَداء.

ma·lar·key [mə lär'kĭ] *(n.)* هُراء؛ كلام فارغ.

Ma·lay [mā'lā; mə lā'] *(n.; adj.)* (١) الملاييّ: أحد أبناء شبه جزيرة الملايو (٢) اللغة المَلاييّة § (٣) مَلاييّ. **— Ma·lay·an** *(adj.)*

Malayo- بادئة معناها: ملاييّ و . . . <*Malayo*-Indonesian>.

Ma·lay·sian [mə lā'zhən] *(n.)* الماليزيّ: أحد أبناء ماليزيا.

mal·con·tent [măl'kən tĕnt'] *(adj.; n.)* (١) ساخط؛ ناقم [وبخاصة على نظام أو حكومة] § (٢) سُخط؛ نِقمة (٣) السّاخط؛ الثائر.

mal de mer [măl də mĕr'] *(n.)* الهُدام: دُوار البحر.

male [māl] *(adj.; n.)* (١) ذَكَريّ <~ organs> (٢) مذكَّر: مؤلَّف من ذكور، وبخاصة من رجال <a ~ choir> (٣) ذَكَر: مُعَدّ بحيث يكون ملائمًا للإدخال في جزء مجوَّف <a ~ gauge> § (٤) الذَّكر [من الإنسان أو الحيوان أو النبات].

mal·e·dict [măl'ə dĭkt] *(adj.; vt.)* (١) لعين (ا . ق) § (٢) يَلْعَن.

mal·e·dic·tion *(n.)* (١) لَعْنٌ؛ لَعْنة (٢) قَذْف؛ تشويهٌ للسُّمعة.

mal·e·fac·tion [măl'ə făk'shən] *(n.)* إثم؛ جُرم؛ جناية.

male·fac·tor [măl'ə făk'-] *(n.)* (١) المجرم (٢) الشرّير؛ فاعل الشرّ.

ma·lef·ic [mə lĕf'ĭk] *(adj.)* مُؤذٍ؛ مُهْلِك؛ خبيث.

ma·lef·i·cence [mə lĕf'ə səns] *(n.)* (١) الإيذاء؛ اقتراف الشرّ (٢) جُرْم (٣) الإيذائيّة؛ الشّرّية: كون الشيء مؤذيًا أو شرّيرًا.

ma·lef·i·cent [mə lĕf'ə sənt] *(adj.)* مُؤْذٍ؛ شِرّير.

ma·lev·o·lence [mə lĕv'ə ləns] *(n.)* حِقْد؛ ضغينة؛ غِلّ.

ma·lev·o·lent [mə lĕv'ə lənt] *(adj.)* (١) حاقد؛ مُضْطَغِن؛ ذو غِلّ (٢) مؤذٍ؛ شِرّير.

mal·fea·sance [măl fē'zəns] *(n.)* الإقدام على عمل محظور [وبخاصة من قِبَل موظف].

mal·for·ma·tion [-mā'-] *(n.)* الشَّوَه: التَّشَوُّه، وبخاصة في جسم حيّ.

mal·formed [măl fôrmd'] *(adj.)* شائهٌ؛ مُشوَّه.

mal·func·tion [măl'fŭngk'-] *(vi.; n.)* (١) يَقْصُرُ: يعجز عن الأداء أو العمل بالطريقة السوية أو المألوفة § (٢) قصور.

mal·gré [măl grā'] *(prep.)* رَغْمَ؛ بِرَغْم.

mal·ic acid *(n.)* حمض التُّفّاح؛ حَمْض الماليك (ك).

mal·ice [măl'ĭs] *(n.)* حِقْد؛ مَكْر؛ خُبث؛ تعمُّد الأذى.

ma·li·cious [mə lĭsh'əs] *(adj.)* حقودٌ؛ ماكرٌ؛ خبيث.

ma·lign [mə līn'] *(adj.; vt.)* (١) مُؤذٍ؛ ضارّ (٢) خبيث؛ مُهلِك § (٢) يَعيب؛ يَقْذِف أو يَقْدَح في؛ يفتري على.

ma·lig·nan·cy [mə lĭg'-] *or* **ma·lig·nance** *(n.)* (١) «أ» طبيعة شريرة أو مُؤذية أو مُهْلِكة. «ب» حِقد؛ عداوة شديدة (٢) «أ» الخباثة: كون الورم إلخ خبيثًا. «ب» ورم خبيث.

ma·lig·nant [mə lĭg'nənt] *(adj.)* (١) «أ» مُؤذٍ؛ ضارّ. «ب» حقود. «ج» متمنٍّ السوء للآخرين أو مبتهجٌ به (٢) «أ» مُهْلِك؛ مُميت <~ malaria>. «ب» خبيث <~ tumour>.

ma·lig·ni·ty [mə lĭg'nə tĭ] *(n.)* (١) «أ» طبيعة شريرة أو مؤذية أو مهلكة أو خبيثة: خباثة. «ب» حقد؛ عداوة شديدة (٢) عمل أو حدثٌ أو سلوكٌ شرّير أو مؤذٍ أو مهلِك أو خبيث.

ma·lin·ger [mə lĭng'gər] *(vi.)* يتمارض [تهرّبًا من واجب].

mal·i·son [măl'ə zən; -sən] *(n.)* لَعْنة.

mal·kin [mô'kĭn] *(n.)* (١) امرأة قذرة (عب) (٢) «أ» هرّة. «ب» الأرنب الوحشية (را . hare).

mall[1] [môl] *(n; vt.)* = maul.

mall[2] [môl; măl] *(n.)* (١) المَوْل: «أ» لعبة البَلْمَل (را . pall–mall). «ب» عصا لعبة البَلْمَل. «ج» مَجاز لعبة البَلْمَل (٢) المَوْل: «أ» مُتَنَزَّه للمشاة تكتنفه الأشجار الظليلة. «ب» رقعة معبَّدة أو مَكْسُوّة بالعشب بين طريقين. «ج» مُجَمَّع كبير لمحلّات تجارية.

mallard

mal·lard [măl'ərd] *(n.)* البُرْكة: بطة برية.

mal·le·a·bil·i·ty [măl'ĭ ə bĭl'-] *(n.)* الطَّروقيّة: قابلية التطريق.

mal·le·a·ble [măl'ĭ ə bəl] *(adj.)* (١) طَروق: قابلٌ للطَّرق أو المَطْل (٢) طيِّع؛ مِطواع.

mal·lee [măl'ē] *(n.)* (١) المَلْي: نوع قصير من الأوكالبتوس الأسترالي (نب) (٢) غابةُ مَلْي.

mal·le·muck [măl'ə mŭk'] *(n.)* الأوقيانوسي: أيّ من عدة طيور أوقيانوسية ضخمة كالفُلْمار والقَطْرَس.

mal·let [măl'ĭt] *(n.)* (١) المِيْتَدة: مِطرقة ذات رأس خشبيّ برميليّ الشكل (٢) مِضرَب الكرة.

mallet *1.*

mal·le·us [măl'ĭ əs] *(n.)* pl. **-lei** المِطْرقة؛ العَظم المِطْرقيّ [في الأذُن الوسطى].

mal·low [măl'ō] *(n.)* الخُبّازَى؛ الخُبّاز؛ الخُبّازة (نب).

malm [mäm] *(n.)* المَلْم: «أ» ضرب من حجر الكلس طباشيريّ ليِّن. «ب» مزيج صُنْعيّ من طين وطباشير [يستعمل في صنع الآجُرّ].

malm·sey [mäm'zĭ] *(n. often cap.)* المَمْزِيّ: «أ» نبيذ حلوٌ عطريّ الرائحة. «ب» النوع الأكثر حلاوة من نبيذ ماديرا.

mal·nour·ished [măl nûr'ĭsht] *(adj.)* مَسْغول: مصاب بسوء التغذية.

mal·nu·tri·tion [măl no͞o trĭsh'ən] *(n.)* السَّغَل؛ سوء التغذية.

mal·o·dor [măl ō'dər] *(n.)* رائحة كريهة.

mal·o·dor·ous [măl ō'dər əs] *(adj.)* (١) كريهُ الرائحة (٢) بغيض.

Mal·pigh·i·an [măl pĭg'ĭ ən] *(adj.)* مَلْبيجيّ: متعلق بعالم التشريح الإيطالي مارتشيلّو ملبيجي (١٦٢٨–١٦٩٤) أو مُكْتَشَفٌ من قِبَله.

Mal·pigh·i·an corpuscle *(n.)* الكُرَيّة المَلْبيجيّة (ت).

Mal·pigh·i·an layer *(n.)* الطبقة المَلْبيجية (ت).

Mal·pigh·i·an tubule *(n.)* الأُنَيْبيب المَلْبيجي (ت).

mal·po·si·tion [măl pə zĭsh'ən] *(n.)* سوء الوَضْعة: وضع خاطئ،

كوضع الجنين، أحيانًا، في الرَّحِم.

mal·prac·tice [măl prăk′tĭs] *(n.)* : (١) سوء الممارسة؛ سوء التصرُّف : تقصير مُتَعَمَّد أو غير متعمَّد في أداء الواجب المهني ينشأ عنه خسارة أو ضرر [وبخاصة في حقل الطب] (٢) الارتكاب: الإقدام على عمل محظور [وبخاصة من قِبَل موظَّف]. **— mal·prac·ti·tion·er** *(n.)*

malt [môlt] *(n.; vt.; i.)* (١) المَلْت: شَعير مُنْبَتٌ بالنقع في الماء (٢) malted milk § (٣) يُمَلِّت: يحوِّل إلى مَلْت (٤) يصنع أو يمزج بالملت x (٥) يتملَّت: يتحوَّل إلى مَلْت.

Malta fever [môl′tə] *(n.)* الحُمَّى المالطيّة؛ الحمَّى المتموِّجة (مض).

malt·ase [môl′tās] *(n.)* المَلْتاز: أنزيمة تحوِّل المَلْتوز (را. maltose) إلى غلوكوز (را. glucose).

malt·ed milk *(n.)* (١) اللَّبن المُملَّت: ذَرُور مُعَدّ من لبن مجفَّف وضروب من الحبوب المعالجة بالمَلْت (٢) الشراب المملَّت: شراب يُصْنَع بإذابة اللبن المملَّت في الحليب أو سائل غيره.

Mal·tese [môl tēz′] *(n.; adj.)* (١) المالطيّ: أحد أبناء مالطة (٢) المالطيّة: اللغة المالطيّة § (٣) مالطيّ.

Maltese cat *(n.)* الهِرَّة المالطية: هرة أليفة قصيرة الشَّعر.

Maltese cross *(n.)* (١) صليب مالطَة (٢) اللُّخنيس القِرمزيّ (نب).

Maltese cross *1.*

mal·tha [măl′thə] *also* **mal·thite** [măl′thīt′] *(n.)* المَلْثَة؛ المَلْثيت: مادّة سوداء لَزِجة متوسّطة بين البترول والأسفلت.

Mal·thu·si·an [măl thoo͞′zĭ ən] *(adj.; n.)* (١) مالثوسي: ذو علاقة بتوماس روبرت مالثوس (١٧٦٦-١٨٣٤) أو بنظريته القائلة إنّ عدد السكّان يتزايد بنسبة تفوق ازدياد الموارد الغذائيّة وبأنّ النسل يجب أن يُحدَّد § (٢) المالثوسيّ: أحد القائلين بالمالثوسية. **— Mal·thu·si·an·ism** *(n.)*

malt liquor *(n.)* مشروب المَلْت: مشروب [كالجعة] يُصنَع من المَلْت.

malt·ose [môl′tōs] *(n.)* المَلْتوز: سُكَّر المَلْت أو الشعير (ك).

mal·treat [măl trēt′] *(vt.)* يُخاشِن: يعامل بخشونة أو قسوة. **— mal·treat·ment** *(n.)*

malt·ster [môlt′stər] *(n.)* الملّات: صانع المَلْت أو المُتاجر به.

malt sugar *(n.)* = maltose.

mal·va·si·a [măl′və sē′ə] *(n.)* = malmsey.

mal·ver·sa·tion [măl′vər sā′shən] *(n.)* (١) فساد [في الإدارة]: اختلاس؛ ارتشاء (٢) إدارة فاسدة.

mal·voi·sie [măl′voi zĭ] *(n.)* = malmsey.

ma·ma *or* **mam·ma** [mä′mə] *(n.)* (١) أمّ (٢) زوجة (ع).

mam·ma [măm′ə] *(n.)* pl. **-mae** ثَدْي («ت» و«ح»).

mam·mal [măm′əl] *(n.)* الثَّدييّ: حيوان من الثدييات أو ذوات الأثداء **Mammalia** التي تشمل الإنسان وسائر الحيوانات التي ترضع صغارها لبنًا تفرزه غُددها الثديية. **— mam·ma·li·an** *(n.; adj.)*

mam·mal·o·gy [mə măl′-] *(n.)* علم الثدييات: فرع من علم الحيوان يبحث في الثدييات.

mam·ma·ry [măm′ə rĭ] *(adj.)* ثَدْييّ: ذو علاقة بالثَّدْي («ت» و«ح»).

mam·mi·form [măm′ə fôrm] *(adj.)* = mammillary.

mam·mil·la [mă mĭl′ə] *(n.)* الحَلَمة: حَلَمة الثَّدْي.

mam·mil·lar·y [măm′ə lĕr′ĭ] *(adj.)* ثَدْييّ: «أ» ذو علاقة بالثدي أو شبيهٌ به. «ب» مرصَّع بنتوءات شبيهة بالأثداء.

mam·mil·lat·ed *or* **mam·mil·late** *(adj.)* حَلَميّ: «أ» ذو حَلَمة أو حَلَمات. «ب» ذو شكل ناتئ مدوَّر.

mam·mock [măm′ək] *(n.; vt.)* (١) كِسْرة؛ مِزْقة § (٢) يُكسِّر.

mam·mo·gram [măm′ə-] *(n.)* صورة الثَّدي [بأشعة إكس] (ط).

mam·mog·ra·phy *(n.)* تصوير الثَّدْي (ط).

mam·mon [măm′ən] *(n.)* (١) ثروة (٢) *cap.*: شيطان الجشع.

mam·mon·ism [-′ə nĭz′əm] *(n.)* عبادة المال؛ التِماسُ الثروة بجشع.

mam·mon·ist [-′ən ĭst] *(n.)* عابدُ المال؛ مُحِبّ المال.

mam·mon·ite [măm′ən īt′] *(n.)* = mammonist.

mam·moth [măm′əth] *(n.; adj.)* (١) الماموث: فيلٌ منقرض (٢) العملاق: شيء ضخم جدًا § (٣) عملاق؛ هائل؛ ضخم جدًا.

mammoth *1.*

mam·my [măm′ĭ] *(n.)* (١) أُمّ؛ والدة (٢) مربّية زنجية للأطفال البيض.

man [măn] *(n.; vt.)* (١) «أ» إنسان. وبخاصة: رَجُل. «ب» زوج <~ and wife>. «ج» الإنسان <~ is mortal.>. «د» فتى؛ غلام (٢) «أ» التابع؛ المرؤوس؛ الجندي <officers and *men* of the army>. «ب» خادمٌ بالغ. «ج» *pl.*: الأيدي العاملة [تمييزًا لها عن ربّ العمل ومديريه] (٣) شخص؛ فرد (٤) الحَجَر: إحدى القطع التي تُلعب بها لعبة [كبَيْدق الشطرنج أو حجر الداما] § (٥) يُزوِّد بالجند أو بالرجال <to ~ a fleet> (٦) يروِّض [صقرًا إلخ] (٧) يقوّي؛ يعزِّز؛ يُحَصِّن.

a ~ of letters الأديب؛ الكاتب؛ المؤلِّف.
a ~ of the world المحنَّك: رجل مجرَّب أو واسع الخبرة بالحياة.
as one ~, بالإجماع.
~ and boy من سنِّ الصِّبا فصاعدًا؛ طوالَ العُمر.
~ to ~, (١) بصراحة تامَّة (٢) صريح.
my old ~, والدي.
the ~ in the street رجل الشارع؛ الرجل العاديّ.
to a ~, من غير استثناء.

ma·na [mä′nä] *(n.)* (١) قوى الطبيعة مجسَّدة (٢) سُلطة أدبية؛ اعتبار.

man–about–town [măn′ə bout′toun′] *(n.)* pl. **men–about–town** الثَّريّ المتبطِّل: غنيّ يُنفق أيامه في النوادي والمسارح وسباق الخيل إلخ.

man·a·cle [măn′ə kəl] *(n.; vt.)* (١) غُلّ؛ قَيْد؛ صِفاد § (٢) يَغُلّ؛ يُقيِّد؛

يصفِّد .

man·age [măn′ĭj] *(vt.; i.; n.)* (١) يُدير ؛ يُدبِّر (٢) يروِّض ؛ يسوس ؛ يُخضع (٣) يقتصد [في النفقة] (٤) يستعمل ؛ يستخدم (٥) يتدبَّر الأمر ؛ يحتال للأمر <I don't know how I'll ~ it but I'll be there.> (٦) يأكل <Can you ~ another cake?> x (٧) ينجح [في تحقيق غرضه أو غايته] § (٨) «أ» ترويض الخيل . «ب» مدرسة الفروسية (را . manège *1*) .

man·age·a·ble [măn′ĭj ə bəl] *(adj.)* طيِّع ؛ سهل القياد .

man·age·ment [măn′ĭj mənt] *(n.)* (١) إدارة ؛ تدبير إلخ (٢) لباقة (٣) براعة إدارية (٤) هيئة الإدارة [في مؤسسة] .

man·ag·er [măn′ĭj ər] *(n.)* (١) فا manage (٢) المُدير : مدير الشركة أو المؤسسة (٣) المُدبِّر : القيِّم على النفقة في منزلٍ ، يتولّاها بحسن تدبير واقتصاد <Your wife is an excellent ~.> (٤) مدير الفريق الرياضي إلخ .

man·ag·er·ess [măn′ĭj ər ĭs; măn′ə jə rĕs′] *(n.)* المُديرة ؛ المُدبِّرة إلخ .

man·a·ge·ri·al [măn′ə jēr′ĭ əl] *(adj.)* إداريّ ؛ مُديريّ : ذو علاقة بالإدارة أو المدير .

man·ag·ing [măn′ĭj ĭng] *(adj.)* (١) مُتسلِّط : نزّاع إلى التسلُّط ؛ مولَعٌ بإصدار الأوامر والنواهي (٢) مُقتَصِد .

man ape *(n.)* (١) القرد الأعلى : أحد القِرَدَة الحديثة المشابهة للإنسان (٢) الإنسان القرد [المتوسّط بين الإنسان الحديث والقِرَدة العليا] .

man–at–arms [măn′ət ärmz′] *(n.)* جنديّ . وبخاصة : فارسٌ مدجَّج بالسلاح .

man·a·tee [măn′ə tē′] *(n.)* خَروف البحر : حيوان ثديّ مائيّ ضخم .

man·chet [măn′chət] *(n.)* المَنْشيت : خبز أبيض فاخر .

man–child [măn′chīld′] *(n.)* طفل ؛ ابن ؛ وَلَد .

man·chi·neel [măn′chə nēl′] *(n.)* المَنْشَنيل : شجر سامّ .

Man·chu [măn chōō′] *(n.; adj.)* (١) المانشوويّ : واحد المانشوويين وهم شعب منشوريا المغولي الذي فتح الصين عام ١٦٤٤ (٢) المانشوويّة : لغة المانشوويين § (٣) مانشوويّ .

man·ci·ple [măn′sə pəl] *(n.)* مُتعهِّد المؤن .

-mancy لاحقة معناها : التكهّن <chiro*mancy*> .

man·da·la [mŭn′də lə] *(n.)* المَنْدالة : رمز الكون عند الهندوس والبوذيين . وبخاصة : دائرة تطوِّق مربّعًا وعلى كل من جانبيها رسمُ إلٰه .

man·da·mus [măn dā′məs] *(n.)* أمرٌ قضائيّ [تُصدره محكمة عُليا] .

man·da·rin [măn′də rĭn] *(n.; adj.)* (١) المَنْدَرين : «أ» موظَّف كبير [وبخاصة في الأمبراطورية الصينية القديمة] . «ب» موظف متمسِّك بالروتين التقليديّ المُعقَّد (٢) *.cap* : المَنْدَرينيّة ؛ الصينية المَنْدَرينية (٣) اليُوسُفيّ ؛ المَنْدَرين : «أ» شجر من الفصيلة البرتقالية . «ب» ثمر اليُوسُفيّ أو المَنْدَرين § (٤) منمَّق أو مُتَّسم بالأناقة اللغوية <~ style> .

mandarin orange *(n.)* = mandarin *3*.

man·da·tar·y [măn′də tĕr′ĭ] *(n.)* = mandatory.

man·date [măn′dāt] *(n.; vt.)* (١) إرادة ؛ مشيئة ؛ أمرٌ رسميّ <royal ~> (٢) تفويض [يُمنح لممثِّل أو مندوب] (٣) «أ» انتداب ؛ تكليف . «ب» بلدٌ واقعٌ تحت الانتداب § (٤) يُخضع للانتداب : يضع بلدًا تحت الانتداب (٥) يأمر بـ ؛ يُصدر أمرًا بِـ .

man·da·tor [măn dā′tər] *(n.)* المُفَوِّض ؛ المُنْتَدِب .

man·da·to·ry [-′də tōr′ĭ] *(adj.; n.)* (١) إلزاميّ ؛ إجباريّ (٢) «أ» انتدابيّ : متعلِّق بالانتداب من قِبل «عصبة الأمم» . «ب» مكلَّف بالانتداب على بلد آخر § (٣) المنتدَب . وبخاصة : دولة مُنْتَدَبة [من قبل «عصبة الأمم» لحُكم بلدٍ آخر] .

man·di·ble [măn′də bəl] *(n.)* الفكّ . وبخاصة : الفكّ الأسفل (نب) .

man·dib·u·lar [măn dĭb′yə lər] *(adj.)* فَكِّيّ .

man·dib·u·late [-′yə lĭt; -lāt′] *(adj.)* (١) ذو فكَّيْن : ذو فَكَّين مُعَدَّين للمضغ [كبعض الحشرات] (٢) ذو فكّ أسفل [كمعظم الفقاريّات] .

Man·din·go [-dĭng′gō] *(n.)* (١) الماندينغيّون : شعب زنجيّ في إفريقيا الغربية (٢) الماندينغيّ : واحد الماندينغيين (٣) الماندينغيّة : لغة الماندينغيين .

man·do·la [măn dō′lə] *(n.)* المَنْدولا : آلة موسيقية من فصيلة العُود (مو) .

man·do·lin [măn′də lĭn′] *(n.)* المَنْدولين : آلة موسيقية شبيهة بالعُود (مو) .

mandolin

man·do·lin·ist [-lĭn′ĭst] *(n.)* المَنْدولينيّ : العازف على المَنْدولين .

man·drag·o·ra [măn drăg′ə rə] *(n.)* = mandrake *1*.

man·drake [măn′drāk; măn′drĭk] *(n.)* (١) اليَبْروح ؛ اللُّفّاح : نبات عشبيّ ، من الفصيلة الباذنجانية (٢) mayapple .

man·drel *also* **man·dril** [măn′drəl] *(n.)* الشِّياق ؛ الشّاقّة : عمود دوران المخرطة (مك) .

man·drill [măn′drĭl] *(n.)* المَيْمون : سعدان monkey ضخم .

mandrill

mane [mān] *(n.)* العُرْف : «أ» شعر عُنق الفرس وغيره . «ب» عُفرة الأسد .

man–eat·er [măn′ē′tər] *(n.)* (١) القِرش الإسقُمريّ : ضرب من الأقراش الضخمة الضارية (٢) آكل البشر : «أ» إنسان متوحّش يأكل لحم البشر . «ب» أسدٌ أو نمرٌ اكتسب عادة الاقتيات بلحم البشر .

ma·nège *also* **ma·nege** [mă nĕzh′; -nāzh′] *(n.)* (١) مدرسة الفروسية : مدرسة لتعليم ركوب الخيل ولترويض الأفراس (٢) «أ» الفروسية : ركوب الخيل أو البراعةُ فيه . «ب» ترويض الخيل (٣) تَبَخْتُر الفرس المروَّض أو خَطْوُهُ .

ma·nes *or* **Ma·nes** [mā′nēz] *(n. pl.)* (١) الأخيار : أرواح الموتى ، وبخاصة أرواح الأسلاف ، التي كان قُدامى الرومان يعتبرونها آلهةً صغيرة (٢) روح الميت ؛ طَيْف الميت .

ma·neu·ver [mə nōō′vər] *(n.; vi.; t.)* (١) *pl.* عد : مناورات عسكرية (٢) «أ» مناورة ؛ خطة بارعة . «ب» لباقة أو دهاء § (٣) يقوم بمناورة عسكرية (٤) «أ» يناور ؛ يخدع . «ب» يتأتّى للأمر في لباقة ودهاء x (٥) يحرك [الجيوش أو السفن الحربيّة] في مناورة .

mangan- *or* **mangano-** بادئة معناها : منغنيز .

man·ga·nate [măng′gə nāt′] *(n.)* المَنْغَنات : ملح الحمض المنغنيزي .

man·ga·nese [măng′gə nēs′; -nēz′] *(n.)* المَنْغَنيز: عنصر فِلزّيّ (ك).

manganese spar *(n.)* = rhodonite.

man·gan·ic [măn găn′ĭk] *(adj.)* منغنيزيّ: محتوٍ على منغنيز (ك).

manganic acid *(n.)* الحَمض المنغنيزي (ك).

man·ga·nite [măng′gə nīt′] *(n.)* المنغنيط: أكسيد المنغنيز المائي (ك).

man·ga·nous [măng′gə nəs] *(adj.)* = manganic.

mange [mānj] *(n.)* الجَرَب؛ الحُكاك (مض).

man·gel [măng′gəl] *(n.)* الشَّمَنْدر؛ شمندر الماشية (نب).

man·gel–wur·zel [măng′gəl wûr′zəl] *(n.)* = mangel.

man·ger [mān′jər] *(n.)* المِذْوَد: مَعْلف الدّابّة.

man·gle[1] [măng′gəl] *(vt.)* (١) يشوِّه؛ يمثِّل بـ؛ يشوِّه بالبَتْر أو السَّحْق (٢) يُفْسِد؛ يُتْلف <~*d* the text by poor typesetting>.

man·gle[2] *(n.; vt.)* (١) المِكواة الأُسطوانية: آلة لكيّ الملابس بإمرارها بين أسطوانتين محمّاتَيْن § (٢) يكوي [بمِكواة أسطوانية].

mangle² *1.*

man·go [măng′gō] *(n.)* (١) المَنْجا؛ الأَنْبَج (٢) الفلفل الحُلْو.

man·go·nel [măng′gə nĕl′] *(n.)* المَنْجنيق: أداة حربية قديمة مُعَدَّة لقذف أسوار المدن بالحجارة.

man·go·steen [măng′gə stēn′] *(n.)* جَوْز جَنْدَم: «أ» ثمر شجرة له نكهةٌ شبيهة بنكهة الدُّرّاق والأناناس. «ب» الشجرة نفسُها.

man·grove [măng′grōv] *(n.)* المَنغروف: شجر استوائيّ ضخم تنبثق من جذوعه جذور متشابكة (نب).

mangrove

man·gy [mān′jĭ] *(adj.)* (١) «أ» جَرَبيّ. «ب» أجْرَب (٢) رثّ؛ بالٍ (٣) وضيع؛ حقير.

man·han·dle [măn′hăn′-] *(vt.)* (١) يعامل بخشونة أو قسوة (٢) يُعْمَل باليد: يحرِّك أو يُدير بالقوة البدنية [من غير استعانة بأية قوة ميكانيكية].

Man·hat·tan [măn hăt′ən] *(n.)* المانهاتَن؛ كوكتيل مانهاتَن: مزيج من فيرموت حلو وويسكي إلخ.

man·hole [măn′hōl′] *(n.)* فتحة الدخول: فتحة يستطيع الرجل أن ينفذ من خلالها إلى مجرور أو بالوعة أو مِرْجل بخاريّ لتنظيفه أو إصلاحه.

man·hood [măn′ho͝od] *(n.)* (١) الناسوت: الطبيعة الإنسانيّة (٢) رجوليّة؛ شجاعة (٣) رجولة؛ سِنّ الرجولة <grew to ~ in a remote village> (٤) الرجال كافةً <the ~ of Syria>.

man–hour [măn′our′] *(n.)* العمل الساعيّ: وحدة تمثِّل مقدار العمل الذي يؤديه عاملٌ واحد في ساعة واحدة وتُتَّخذ أساسًا لتقدير نفقات الإنتاج وتحديد أجور العمال.

man·hunt [măn′hŭnt′] *(n.)* القَنْص البشري: مطاردةٌ منظَّمة، ومكثَّفةٌ عادةً، لمتَّهم بجريمة إلخ.

ma·ni·a [mā′nĭ ə] *(n.)* (١) المَسّ: ضرب من الجنون يتميَّز بالانفعال الشديد (٢) هَوَس؛ ولوع شديد <a ~ for moving pictures>.

-mania لاحقة معناها: مَسّ؛ جنون؛ هَوَس.

ma·ni·ac [mā′nĭ ăk′] *(n.; adj.)* (١) الممسوس؛ المجنون (٢) المَهْووس: ذو الولع الشديد بشيء ما § (٣) ممسوس؛ مجنون (٤) مسعور؛ شديد الاهتياج. **— ma·ni·a·cal** *(adj.)*

man·ic [măn′ĭk] *(adj.; n.)* (١) ممسوس؛ مجنون؛ مهووس (٢) مَسّيّ؛ جنونيّ؛ هَوَسيّ § (٣) الممسوس؛ المجنون؛ المهووس.

man·ic–de·pres·sive [măn′ĭk dĭ prĕs′ĭv] *(adj.; n.)* (١) مَسّيّ انقباضيّ: مُتَّسِم بتناوب المسّ والانقباض § (٢) الممسوس المنقبض.

Man·i·chae·an *or* **Man·i·che·an** [măn′ə kē′-] *(n.; adj.)* (١) المانَويّ: أحد أتباع ماني الفارسي (٢١٦؟–٢٧٤؟ م) الذي دعا إلى الإيمان بعقيدة ثَنَوية قِوامُها الصراع بين النور والظلام (٢) الثَّنَويّ: المؤمن بعقيدة دينية أو فلسفية ثَنَوِيّة § (٣) مانويّ (٤) ثَنَويّ. **— Man·i·chae·an·ism** *(n.)*

man·i·cure [măn′ə kyo͝or′] *(n.; vt.)* (١) التَّدريم: تَسْوية أظفار اليد وصبغُها بعدَ القصّ (٢) المُدَرِّم: مدرِّم أظفار اليد § (٣) يُدَرِّم [الأظفارَ] (٤) يقلِّم؛ يُشذِّب.

man·i·cur·ist [-′ĭst] *(n.)* المدرِّم: مُدَرِّم أظفار اليد.

man·i·fest [măn′ə fĕst] *(adj.; vt.; n.)* (١) «أ» واضح؛ مُدْرَكٌ بِيُسْر. «ب» ظاهر؛ جليّ § (٢) «أ» يُظْهِر؛ يُبْدي؛ يَجْلو. «ب» يُثبت؛ يُبرهن (٣) يقدِّم بيانًا [بحمولة السَّفينة إلخ] § (٤) مَظْهر (٥) البيان: «أ» بيان رسمي بالأهداف أو الدوافع أو وجهات النظر. «ب» بيان بأسماء ركاب السفينة أو الطائرة أو حمولتها.

man·i·fes·tant [măn′ə fĕs′-] *(n.)* المتظاهر: المُشارك في مظاهرة.

man·i·fes·ta·tion *(n.)* (١) «أ» إظهار؛ إبداء؛ جلاء. «ب» ظهور؛ تجلٍّ (٢) مَظْهر؛ مَجْلًى (٣) تظاهرة؛ مظاهرة.

man·i·fes·to [măn′ə fĕs′tō] *(n.; vi.)* (١) البيان: بيان رسميّ بالأهداف أو الدوافع أو وجهات النظر § (٢) يصدر بيانًا رسميًا.

man·i·fold [măn′ə fōld′] *(adj.; adv.; n.; vt.)* (١) مُنَوَّع؛ متنوِّع (٢) متعدِّد [الأجزاء أو العناصر أو السِّمات أو الأشكال] (٣) متشعِّب الجوانب: مستحقٌّ صفةً معيَّنةً لأسباب متعدِّدة أو من وجوه متعدِّدة <a ~ traitor> (٤) مُضاعَف § (٥) أضعافًا؛ عدةَ أضعاف § (٦) «أ» كلُّ مؤلَّف من عناصر مختلفة أو جامعٌ لعناصر مختلفة. «ب» المَشْعَب: وُصْلة ذات فتحات جانبية لربط أنبوب بآخر (٧) نسخة أو صورة [عن رسالة] § (٨) يستخرج عدة نسخ عن. . <to ~ a letter> (٩) يُضاعف.

manifold *6 b.*

man·i·kin *or* **man·ni·kin** [măn′ə kĭn] *(n.)* (١) المُنْكين: «أ» تمثال لعرض الملابس. «ب» عارضة أزياء (٢) قَزَم.

ma·nil·a *also* **ma·nil·la** [mə nĭl′ə] *(adj.; n.)* (١) مانيلّي: «أ» مصنوع من ورق مانيلّا. «ب» *cap.*: مصنوع من قِنَّب مانيلّا § (٢) ورق مانيلّا

ă at; ā date; â care; ä car; ĕ egg; ē me; ĭ in; ī bite; ŏ lot; ō bone; ô orphan; oi boil; o͝o good; o͞o boot; ou out; ŭ under; û urgent; ə = *a* in alone, *e* in system, *i* in easily, *o* in gallop, *u* in circus.

(٣) قنّب مانيلّا .

Manila hemp *(n.)* = abaca.

Manila paper *(n.)* ورق مانيلّا : ورق متين صُنع أصلًا من قنّب مانيلّا .

man·i·oc [măn′ĭ ŏk′; mä′-] *(n.)* = cassava.

man·i·ple [măn′ə pəl] *(n.)* (١) الذِّراعة : جزء من ثياب القدّاس يوضع على الذراع اليسرى (٢) شِرذمة رومانية (١٢٠ أو ٦٠ جنديًّا) .

ma·nip·u·lar [mə nĭp′-] *(adj.)* (١) شِرْذِميّ : منسوب إلى شِرْذمة رومانية (٢) يدويّ أو معالج باليد .

ma·nip·u·late [mə nĭp′yə lāt′] *(vt.)* (١) يُعالج أو يُعمِل باليد [أو بوسائل ميكانيكية، وبخاصة في براعة] (٢) يُؤثّر في [وبخاصة بأساليب غير قويمة] <knows how to ~ his supporters> (٣) يتلاعب بِـ <to ~ accounts> (٤) يضارب بِـ؛ يناور في السوق التجاريّة [للتأثير في الأسعار] .

ma·nip·u·la·tion [-lā′-] *(n.)* (١) معالجة بارعة باليَد [أو بوسائل ميكانيكيّة] (٢) تلاعب (٣) مضاربة؛ مناورة في السوق التجارية [للتأثير في الأسعار] .

ma·nip·u·la·tive [-lā′tĭv] *also* **ma·nip·u·la·to·ry** *(adj.)* يَدَويّ؛ تأثيريّ؛ تلاعبيّ إلخ .

man·i·tou *or* **man·i·tu** [măn′ə to͞o′] *also* **man·i·to** [măn′ə tō′] *(n.)* المانيت : إلَهٌ أو روح مسيطرٌ على قوى الطبيعة [عند الهنود الحمر] .

man jack *(n.)* فَرْد؛ رجُل <every ~> .

man·kind [măn′kīnd′] *(n.)* (١) الجنس البشري (٢) الرِّجال .

man·like [măn′līk′] *(adj.)* (١) رَجُلانيّ : شبيهٌ بالرَّجُل (٢) رَجُليّ : خاص بالرَّجُل أو مميِّز له <vigorous ~ passions> .

man·li·ness [măn′lĭ nəs] *(n.)* رُجولة؛ قوة؛ شجاعة؛ عَزْم .

man·ly [măn′lĭ] *(adj.; adv.)* (١) متمتع بصفات الرجل الحقّ : قويّ؛ شجاع؛ شريف (٢) رَجُليّ : خاصّ بالرجل أو لائق به <~ sports> § (٣) برُجولة؛ بشجاعة؛ بعَزْم .

man–made [-′mād′] *(adj.)* صُنْعِيّ؛ صِناعيّ؛ من صنع الإنسان .

man·na [măn′ə] *(n.)* المَنّ : «أ» الطعام الذي أنزله الله على بني إسرائيل . «ب» غذاء سماوي أو روحيّ (٢) نعمة؛ نعمة من السماء (٣) المَنّ : مادة متحلّبة من شجرة الدردار الأوروبي تُجفَّف وتُتَّخذ مليِّنًا أو مُسهلًا خفيفًا .

manned [mănd] *(adj.)* مُؤَنْسَن؛ بشريّ : حاملٌ إنسانًا أو مُنْجَزٌ من قِبل إنسان <~ stellar explorations> .

man·ne·quin [măn′ə kĭn] *(n.)* = manikin *1*.

man·ner [măn′ər] *(n.)* (١) ضَرْب؛ نَوع (٢) «أ» عادة . «ب» نمط؛ طريقة؛ أسلوب . «ج» *pl.*: عادات شَعْب أو أسلوب حياته . «د» تصرّف : طريقة المرء في مخاطبة الناس أو معاملتهم أو في المشي أو القعود . «هـ» *pl.*: سلوك . «و» *pl.*: عادات حميدة؛ سلوك حسن <Has she no ~*s*?> . «ز» سيماء امتياز أو أناقة <Salma had quite a ~.> .

by all (*or* no) ~ of means — ألبَتَّة؛ على الإطلاق .

in a ~, — إلى حدٍّ ما؛ إلى درجةٍ ما .

man·nered *(adj.)* (١) ذو عادات معيَّنة <well-*mannered* folk> (٢) متكلِّف <rather cold and ~> .

man·ner·ism [măn′ə rĭz′əm] *(n.)* (١) تكلُّف؛ تأنُّق (٢) الخَصْلة : طريقة مميِّزة في الكلام أو السلوك أو الأسلوب يُعْرَف بها المرء .

man·ner·less [măn′ər ləs] *(adj.)* فَظّ؛ خَشِن؛ غليظ .

man·ner·ly *(adj.; adv.)* (١) دَمِث؛ مهذَّب § (٢) بدماثة؛ بتهذيب .

— **man·ner·li·ness** *(n.)*

man·nish [măn′ĭsh] *(adj.)* (١) مُسْتَرْجِل <~ women> (٢) مُرَجَّل : لائق برَجُل <her ~ clothes> .

man·ni·tol [măn′ə tōl′]; **man·nite** [măn′īt] *(n.)* المنِّيتول : مادة كحولية متبلّرة تكون في كثير من النباتات (ك) .

man·nose [măn′ōs] *(n.)* المَنّوز : سكّر يُستحضر بأكسدة المنّيتول .

ma·noeu·vre [mə no͞o′vər] *(n.; vi.; t.)* = maneuver.

man of letters (١) الأديب؛ الكاتب (٢) المؤلِّف .

man of the world المُحنَّك : رجلٌ مجرَّب أو واسع الخبرة بالحياة .

man–of–war [măn′əv wôr′] *(n.)* بارجة؛ سفينة حربية .

ma·nom·e·ter [mə nŏm′ə tər] *(n.)* المِضْغاط : «أ» أداة لقياس ضغط الغازات والأبخرة . «ب» أداة لقياس ضغط الدم .

man·o·met·ric [măn′ə mĕt′rĭk] *(adj.)* مِضْغاطيّ .

man·or [măn′ər] *(n.)* (١) «أ» قَصر مالِك العِزبة . «ب» عِزْبة؛ مزرعة (٢) «أ» الإقليم : وحدة إدارية في التنظيم القديم للأرياف الإنكليزية . «ب» مزرعة مستأجرة [في أميركا الشمالية] .

manor house *(n.)* قصرُ مالِك العِزْبة .

man power *(n.)* (١) القوة البشرية : القوةُ المتيسِّر الحصولُ عليها من الجهد البشري (٢) **manpower** عد : الطاقة البشرية : مجموع الأشخاص الذين يؤلّفون كامل قوة الدولة إلخ . وبخاصة : مجموع الأشخاص الممكِن إخضاعُهم للخدمة العسكرية في دولة ما .

man·qué [män′kā′] *(adj.)* مُخْفِق؛ فاشل <an artist ~> .

man·rope [măn′-] *(n.)* حَبْل جانبيّ [يُستعمل كدرابزون في سفينة] .

man·sard [măn′särd] *(n.)* السَّطح السَّنَدي : سطحٌ له في جميع جوانبه منحدَران أسفلهما أشدّ انحدارًا من أعلاهما .

mansard

manse [măns] *(n.)* منزل القَسّ .

man·serv·ant [măn′sûr′vənt] *(n.)* خادم .

man·sion [măn′shən] *(n.)* (١) «أ» قصر صاحب العزبة . «ب» قصر . «ج» شِقة [في مبنًى ضخم] (٢) المَنْزِلة : إحدى منازل القمر الثماني والعشرين التي تمثِّل مراحل دورانه الشهري حول الأرض (فل) .

man–size [măn′sīz′] *or* **man–sized** *(adj.)* (١) ذو شأن : ملائمٌ لرجلٍ أو متطلِّب رجلًا <a ~ job> (٢) ضخم .

man·slaugh·ter [-′slô′tər] *(n.)* (١) القتلُ (٢) القتل غير العَمْد (ق) .

man·slay·er [măn′slā′ər] *(n.)* القاتل؛ السَّفّاح .

man·sue·tude [-′swĭ to͞od′] *(n.)* وداعة؛ لطف؛ خَفْض جناح .

man·ta [măn′tə] *(n.)* (١) عباءة؛ شال (٢) devilfish *1* .

man·teau [măn′tō] *(n.)* المَنْط : معطف أو ثوبٌ فضفاض .

man·tel [măn′təl] *(n.)* إطار المُستَوْقَد [المُصْطَلى] أو رفُّهُ .

man·tel·et [măn′təl ĕt′] *(n.)* (١) عباءَة قصيرة (٢) المَنْطَليط : وقاء أو سِتْر نقّال كان المحاصِرون يستخدمونه عند الهجوم (جن) .

man·tel·let·ta [măn′tə lĕt′ə] *(n.)* رداء الكاردينال أو الأسقف .

man·tel·piece [măn′təl pēs′] *(n.)* = mantel.

man·tic [măn′tĭk] *(adj.)* تَنَبُّئِيّ ؛ تكهُّنِيّ .

man·ti·core [măn′tĭ kōr′] *(n.)* المنتيقور : حيوان خرافيّ له رأس إنسان وجسم أسد وذيل تِنّين أو عقرب .

man·til·la [măn tē′yə; -tĭl′ə] *(n.)* (١) الطَّرْحة [ترتديها النسوة الإسبانيات والأميركيات اللاتينيات] (٢) عباءة قصيرة ؛ وشاح قصير .

man·tis [măn′tĭs] *(n.)* السُّرعوف ؛ جَمَل اليهود ؛ فَرَس النبيّ (حش) .

mantis

man·tis·sa [măn tĭs′ə] *(n.)* الجزء العَشْريّ [من اللوغارتم] (ر) .

man·tle [măn′təl] *(n.; vt.; i.)* (١) عباءة (٢) غطاء ؛ حجاب ؛ سِتر (٣) الرِّداء ، الدِّثار : طيَّة أو فَصّ أو فصّان في الجدار المبطِّن للمحارة [في الرِّخويات] (٤) الغلاف : الجدار الخارجيّ للفرن العالي (٥) البُرْنُس : جناحا الطائر وريش كتفيه والجزء الخلفيُّ منه (٦) السِّترة : قِشرة المُخّ (ت) (٧) الرَّتينة : غطاء مخرَّم [من مادة غير قابلة للاحتراق] يوضع فوق الشعلة فيتوهج ويضيء (٨) إطار المستوقَد أو رَفُّه § (٩) يغطّي ؛ يَحْجُب ؛ يَسْتُر **x** (١٠) يكتسي بطبقة ما (١١) يمتدّ ؛ ينتشر (١٢) يحمرّ وجهه [خجلًا أو ارتباكًا] .

M. mantle 7.

man–to–man *(adj.)* صريح ؛ مباشر <a ~ talk> .

man·trap [măn′trăp′] *(n.)* شَرَك ؛ فخّ ؛ كمين .

man·tu·a [măn′cho͞o ə] *(n.)* المَنْطة : ثوب فضفاض .

man·u·al [măn′yo͞o əl] *(adj.; n.)* (١) يدويّ <~ labor> § (٢) كُتيِّب وجيز <a shorthand ~> (٣) تمارين خاصّة على استعمال سلاح ما <the ~ of the rifle> (٤) لوحة مفاتيح الأرغن إلخ .

manual alphabet *(n.)* الأبجدية اليدوية [للصُّمّ والبُكْم] .

manual training *(n.)* التدريب اليدوي [على مختلف الصنائع اليدوية] .

ma·nu·bri·um [mə no͞o′brĭ-] *(n.)* pl. **-s** *also* **-bri·a** نِصاب القَصّ (ت) .

man·u·fac·to·ry [măn′yə făk′tə rĭ] *(n.)* مَصْنع ؛ مَعْمل (ا . ق) .

man·u·fac·ture [-′chər] *(n.; vt.; i.)* (١) المَصْنوعة : سلعة مصنوعة من بعض الخامات (٢) الصِّناعة (٣) صُنْع ؛ إنتاج § (٤) يَصْنع ؛ يُنتج (٥) يُلفِّق ؛ يختلق <to ~ an excuse> (٦) يؤلف بكثرة ، وعلى نحو يعوزه الابتكار أو الإلهام : «يفبرك» <to ~ textbooks> **x** (٧) ينصرف إلى الصناعة .

man·u·fac·tur·er *(n.)* الصِّناعيّ : صاحب المصنع أو المعمل .

man·u·mis·sion [măn′yə mĭsh′ən] *(n.)* الإعتاق : تحرير الأرقّاء .

man·u·mit [măn′yə mĭt′] *(vt.)* يُعْتِق : يُحَرِّر من العبودية .

ma·nure [mə no͞or′; -nyo͞or′] *(vt.; n.)* (١) يُسَمِّد § (٢) سَماد .

— **ma·nur·er** *(n.)* — **ma·nu·ri·al** *(adj.)*

ma·nus [mā′nəs] *(n.)* (١) اليد ؛ القائمة الأمامية (٢) السلطة على الأشخاص [كسلطة الزوج على زوجته أو الرجل على أولاده] (ق) .

man·u·script [măn′yə skrĭpt′] *(adj.; n.)* (١) «أ» مخطوط باليد . «ب» مطبوع على الآلة الكاتبة § (٢) المخطوطة : نسخة مكتوبة باليد أو مطبوعة على الآلة الكاتبة .

in ~, في حالته أو صورته المخطوطة ؛ لم يُطبع بعد .

man·ward [măn′wərd] *(adv.; adj.)* (١) نحو الإنسان § (٢) مُوَجَّهٌ نحو الإنسان .

Manx cat

Manx cat *(n.)* المَنْك ؛ الهِرُّ الْمانيّ : هرّ أليف لا ذيل له .

man·y [mĕn′ĭ] *(adj.; pron.; n.)* (١) كثير ؛ متعدّد <~ people> § (٢) كثيرٌ <*Many* of the beggars are blind.> § (٣) عدد كثير <A good ~ came.> (٤) السَّواد الأعظم : الكثرة الكبيرة من الناس <the ~> .

to be one too ~ for يفوقه براعةً ودهاءً .

man·y·fold [mĕn′ĭ fōld′] *(adv.)* أضعافًا مضاعفة .

man·y–sid·ed [-sī′dĭd] *(adj.)* (١) متعدّد الجوانب أو المظاهر (٢) متعدّد الاهتمامات أو المؤهلات .

man·za·ni·ta [măn′zə nē′tə] *(n.)* المَنْزَنيتة : شُجيرة شمالأميركية .

Ma·o·ri [mä′ō rĭ] *(n.)* (١) الماووريون : سكان نيوزيلندا الأصليون (٢) الماووريّ : واحد الماووريين (٣) الماووريّة : لغة الماووريين .

map [măp] *(n.; vt.; i.)* (١) خريطة § (٢) يرسم خريطة لِـ (٣) ينظّم ؛ يضع أو يرسم بتفصيل **x** (٤) يَتَمَوْضَع ؛ يَتموْقَع : يتَّخذ موضعًا أو موقعًا .

ma·ple [mā′pəl] *(n.)* (١) القَيْقَب (نب) (٢) خشب القَيْقَب .

maple sugar *(n.)* سُكَّر القَيْقَب .

maple syrup *(n.)* شراب القَيْقَب .

map·mak·er [măp′mā′kər] *(n.)* الخرائطيّ : رسّام الخرائط .

ma·quette [mȧ kĕt′] *(n.)* الماكيت : نموذج تمهيديّ صغير .

ma·quil·lage [măk′ē yäzh′] *(n.)* الماكياج (را . *makeup 3*) .

ma·quis [mä kē′] *(n.)* الماكيّ : «أ» عشب دائم الخضرة . «ب» *cap.*: الماكيّ : مقاتل في حركة المقاومة الفرنسية ضد المحتلّين الألمان خلال الحرب العالمية الثانية .

mar [mär] *(vt.; n.)* (١) يُفْسِد ؛ يُتلف ؛ يُشَوِّه § (٢) عَيْب ؛ شائبة .

mar·a·bou *also* **mar·a·bout** [măr′ə bo͞o′] *(n.)* (١) المَرْبوت : زَغَب أبي سُعْن ، أو الصغير من ريشه ، المستخدم في صنع قبّعات النساء (٢) أبو سُعْن : طائر إفريقي ضخم (٣) المَرْبوت : ضربٌ من الحرير أو نسيجٌ مصنوعٌ منه .

marabou 2.

mar·a·bout [măr′ə bo͞o′] *(n.)* المُرابط : الناسك أو الوليّ المُسْلم .

ma·ra·ca [mə rä′kə] *(n.)* القَرْعيّة : قَرْعة مجفَّفة [أو خُشْخَيْشة كالقرعة] تشتمل على بزور مجفَّفة وتستخدم كأداة موسيقية .

mar·a·schi·no [măr′ə skē′nō] *(n.)* (١) المَرَسْكين : شراب مُسْكِر يُصْنَع من عصير الكرز البرّيّ المرّ المخمَّر (٢) الكرز المَرَسكينيّ : كرز يطبخ ثم يُحْفَظ في المَرَسكين .

ma·ras·mus [mə răz′məs] *(n.)* الضَّوَى (مج) : هُزال تدريجي .

Ma·ra·tha [mə rä′tə] *(n.)* (١) الماراثيون : شعب هنديّ (٢) الماراثيّ : واحد الماراثيّين .

mar·a·thon [măr′ə thŏn′] *(n.)* الماراثون : «أ» سباق في العَدْو مسافته ٢٦ ميلًا و٣٨٥ ياردة . «ب» سباق في غير العَدْو طويل المسافة جدًا . «ج» مباراة في القدرة على الصبر والاحتمال . «د» حدثٌ متميّز بالطول الشديد أو نشاطٌ متميّز بالجهد المُركّز .

mar·a·tho·ni·an [măr′ə thō′nĭ ən] *(adj.)* ماراثونيّ : «أ» ذو علاقة بسباق الماراثون . «ب» طويل جدًا .

ma·raud [mə rôd′] *(vi.; t.)* **x** (١) يَطُوف ويغزو [طمعًا في الأسلاب] (٢) يغزو ؛ ينهب .

ma·raud·er [-′ər] *(n.)* السلّاب ؛ النهّاب : المُغِير ابتغاءَ السلب والنهب .

mar·ble [mär′bəl] *(n.; adj.; vt.)* (١) «أ» رُخام ؛ مَرْمَر . «ب» شيء مصنوع من رُخام . وبخاصة : تمثال رخاميّ (٢) «أ» البِلْية ؛ «الكِلّة» : كرة رخاميّة أو زجاجيّة صغيرة جدًّا يلعب بها الأطفال . «ب» لَعِبُ البِلْية أو «الكِلّة» (٣) «أ» رُخاميّ : مصنوع من رُخام . «ب» رُخامانيّ : شبيه بالرُّخام § (٤) marbling § (٥) يُرَخِّم : يُعَرِّق على نحو شبيه بتعرُّق الرخام .

marble cake *(n.)* الكعكة المرخَّمة : كعكة مجزَّعة كتجزّع الرخام .

mar·bled [mär′bəld] *(adj.)* مُرَخَّم : «أ» مكسوٌّ بالرُّخام . «ب» متميّز بالإفراط في استخدام الرُّخام <~ cities> .

mar·ble·ize [mär′bə līz′] *(vt.)* = marble.

mar·bling [mär′blĭng] *(n.)* التَّرَخُّم : «أ» تجزُّعٌ أو تَعَرُّقٌ شبيه بتجزّع الرُّخام وتعرُّقه . «ب» تداخُل الدُّهن والهَبْر في قطعة لحم .

mar·bly *(adj.)* رُخامانيّ : شبيه بالرُّخام ؛ صُلْب أو باردٌ كالرُّخام .

marc [märk] *(n.)* (١) الثَّجير : ثُفْل الفاكهة المعصورة (٢) المَرْك : شراب مُسْكِر يصنع من ثُفْل العنب المعصور .

mar·ca·site [mär′kə sīt′] *(n.)* (١) المَرْقَشِيثا (مع) (٢) حِلْية منه .

mar·cel [mär sĕl′] *(n.; vt.)* (١) المَرْسَلة : تموُّج الشَّعر بعد كيِّهِ بمكواةٍ خاصَّة § (٢) يُمَرْسِل : يُمَوِّج الشَّعر .

march[1] [märch] *(n.; vi.)* (١) حدّ ؛ تَخْم (٢) *pl.* : المناطق الحدودية : مناطق الحدود بين إنكلترا وإسكتلندا أو بين إنكلترا وويلز § (٣) يُتاخِم .

march[2] *(vi.; t.; n.)* **x** (١) «أ» يَزحف . «ب» يخطو ؛ يسير . «ج» يتقدَّم (٢) يُسَيِّر (٣) يجتاز § (٤) «أ» زحف . «ب» خطوٌ ؛ سَيْر . «ج» المسيرة : المسافة المجتازة بالسير على الأقدام خلال فترة معيَّنة . «د» تقدّم (٥) لحنٌ وبخاصة : لحنٌ عسكريّ (٦) مَسيرة ؛ تظاهرة ؛ مظاهرة .

March [märch] *(n.)* مارس ؛ آذار .

mär·chen [mĕr′khən] *(n.)* قصة ؛ حكاية أو أسطورة شعبية .

march·er[1] [mär′chər] *(n.)* التُّخوميّ : المقيم في منطقة حدودية .

march·er[2] *(n.)* (١) الزاحف ؛ السائر (٢) المُتظاهر .

mar·che·sa [mär kĕ′zä] *(n.)* pl. **-se** المركيزة : زوجة المركيز .

mar·che·se [mär kĕ′zĕ] *(n.)* pl. **-si** المركيز : نبيل إيطالي .

mar·chion·ess [mär′shən ĭs] *(n.)* = marchesa.

march·pane [märch′pān′] *(n.)* = marzipan.

march–past [märch′păst′] *(n.)* : عَرْض ؛ استعراض [للجند] . وبخاصة : سير الجند ، في عرض عسكريّ ، أمام رجل عظيم .

Mar·co·ni [mär kō′nē] *(adj.)* ماركونيّ : ذو علاقة بطريقة الإبراق اللاسلكيّ التي اخترلها غولْيَلْمو ماركوني (١٨٧٤-١٩٣٧) .

mar·co·ni·gram [-grăm′] *(n.)* البرقية الماركونية أو اللاسلكية .

Mar·di gras [mär′dē grä′] *(n.)* ثُلاثاء المَرْفع (نص) .

mare[1] [mâr] *(n.)* الحِجْر ؛ الفَرَس : أنثى الخيل .

ma·re[2] [mär′ā; mâr′ē] *(n.)* pl. **ma·ri·a** البحر : إحدى البقاع الداكنة المترامية الأطراف على سطح القمر أو المريخ (فل) .

ma·re clau·sum [mâr′ĭ klô′səm] *(n.)* البحر الموصد : بحرٌ خاضع لسلطان أو سيادة دولة واحدة مُوصدٌ في وجه الدول الأخرى .

ma·re li·be·rum [mâr′ĭ lĭb′ə rəm] *(n.)* (١) البحر المُشْرَع : البحر المفتوح في وجه سُفُن الدول على اختلافها (٢) حرية البِحار .

mare's nest *(n.)* (١) وهم ؛ سراب (٢) «أ» فوضى بالغة . «ب» موطن تسوده الفوضى .

mare's tail *(n.)* : (١) الكُنْباث ؛ ذَنَب الخيل (را . horsetail) (٢) الذيليّة : سحابة طُخْرورية cirrus شبيهة بذيل الفَرَس .

margaric acid [mär găr′ĭk] *(n.)* حمض المَرْغريك (ك) .

mar·ga·rine [mär′jə rēn′] *(n.)* المَرْجَرين : زبدة صُنْعيّة .

mar·ga·ri·ta [mär′gə rē′tə] *(n.)* المَرْغَريتا : شراب مُسْكِر .

mar·gay [mär′gā] *(n.)* المارج : هِرّ نَمِريّ أميركي صغير (ح) .

mar·gin [mär′jən] *(n.; vt.)* (١) هامش . وبخاصة : هامش الكتاب (٢) حافَة (٣) احتياطيّ [من المال أو الوقت] (٤) الهامش : «أ» النقطة التي يتعذَّر تحتها مواصلة النشاط الاقتصادي في ظل الأحوال السَّوية . «ب» الفرق بين سعر الشراء وسعر البيع . «ج» تأمين مالي ؛ تغطية مالية . «د» مقدار الفرق أو درجته § (٥) يُهَمِّش : «أ» يجعل له هامشًا أو حاشيةً . «ب» يدوِّن أو يلخِّص في هوامش كتاب (٦) يُحَفّي : يزوِّد الشيء بحافَة .

by a narrow ~, بصعوبة ؛ بشقّ النفس .

mar·gin·al [mär′jə nəl] *(adj.)* (١) هامشيّ <~ notes> (٢) تَخْميّ : مقيم في مناطق الحدود <~ clans> (٣) حافيّ : واقع على حافَة الوعي <~ sensation> (٤) حدّيّ : قريب من الحدّ الأدنى للجدارة أو القَبوليّة <possessed only ~ ability>.

mar·gi·na·li·a [-nā′lĭ ə] *(n. pl.)* ملاحظات هامشية .

marginal land *(n.)* الأرض الحدّية : الأرض التي يكون ناتجها مساويًا لما أُنفق عليها .

marginal producer *(n.)* المنتِج الحدّي : المنتج الذي تتساوى نفقة إنتاجه وقيمةَ ما ينتجه .

marginal return *(n.)* الغلّة الحدّيّة: الغلّة المساوية لنفقات الإنتاج.

marginal worker *(n.)* العامل الحدّيّ: العامل الذي يكون أجره مساويًا لما أنتجه.

mar·gin·ate [mär'jə nāt'] *(vt.; adj.)*: (١) يُهمِّش § (٢) مُهَمَّش؛ مُحَفًّى: ذو هامش أو حافَة.

mar·gin·at·ed [-nāt'ĭd] *(adj.)* = marginate.

mar·gra·vate [mär'grə vāt'] *or* **mar·gra·vi·ate** [mär grā' vĭ āt'] *(n.)* المَرْغَريفيّة: منطقة يحكمها مَرْغَريف.

mar·grave [mär'grāv] *(n.)* المَرْغَريف: «أ» الحاكم العسكري لمنطقة ألمانيّة من مناطق الحدود. «ب» نبيل ألمانيّ.

mar·gra·vine [mär'grə vēn'] *(n.)* المَرْغَريفَة: زوجة المَرْغَريف.

mar·gue·rite [mär'gə rēt'] *(n.)* اللُّؤلُؤيّة؛ المَرْغَريتا (نب).

ma·ri·a [mär'ē ə] *pl. of* mare [2].

ma·ri·a·chi [mär'ē äch'ē] *(n.)* (١) المَرْياتشيّة: فرقة موسيقية مكسيكيّة تطوف في الشوارع (٢) المرياتشيّ: موسيقيّ في هذه الفرقة.

Mar·i·an [mâr'ĭ ən] *(adj.)* مَرْيَميّ: «أ» ذو علاقة بالملكة ماري تيودَر أو بعهدها (١٥٥٣–١٥٥٨). «ب» ذو علاقة بمريم العذراء.

Mar·i·an·ist [mâr'ĭ ən ĭst] *(n.)* المَرْيَميّ: كاهنٌ أو أخٌ كاثوليكيّ فرنسيّ مُنْصرف إلى العمل في حقل التعليم.

marigold

mar·i·gold [măr'ə gōld'] *(n.)* الأَذَرْيون؛ القَطيفَة (نب).

mar·i·jua·na *also* **mar·i·hua·na** [măr'ə wä'nə; -hwä'nə] *(n.)* المَرْهُوانة: «أ» القِنَّب الهندي. «ب» مخدِّر يُصْنع من نبات القِنَّب ويُدَخَّن كما تُدَخَّن السَّجاير.

marimba

ma·rim·ba [mə rĭm'bə] *(n.)* المَرِمْبَة: آلة موسيقية إفريقية الأصل.

ma·ri·na [mə rē'nə] *(n.)* الحوض: حوض لرسُوّ الزوارق أو إصلاحها.

mar·i·nade [*n.* măr'ə nād'; mâr'ə nād'; *v.* măr'ə nād'] *(n.; vt.)* (١) مَرَق التخليل: سائل زيتيّ خلّيّ تُنقع فيه الخُضَر أو اللحوم § (٢) يُخلِّل: ينقع الخُضَر أو اللحوم في هذا المَرَق.

mar·i·nate [măr'ə nāt'] *(vt.; i.)* (١) يُخَلِّل x (٢) يتخلَّل.

ma·rine [mə rēn'] *(adj.; n.)* (١) «أ» بحريّ. «ب» مِلاحيّ <~ charts>. «ج» تجاريّ بحريّ <~ law> (٢) خاصّ بالرماة البحريين <~ barracks> § (٣) البحريّة: الأسطول التجاري والحربيّ لدولة ما (٤) الرامي البحري: جندي من البحرية الأميركية مدرَّب على الخدمة في البحر والبرّ (٥) الدائرة البحرية: دائرة رسمية تُعْنَى بشؤون الأسطول [في فرنسا إلخ] (٦) البحرية: صورة أو لوحة زيتيّة تمثِّل موضوعًا بحريًّا.

Tell that to the ~*s*. هذا الكلام لا ينطلي عليّ.

marine glue *(n.)* الغِراء البحريّ: مادة دَبِقة لا تنحلّ في الماء.

mar·i·ner [măr'ə nər] *(n.)* البحّار؛ الملاّح؛ النوتيّ.

mariner's compass *(n.)* البوصلة المِلاحيّة؛ بوصلة الملاّحين.

Mar·i·ol·a·try [mâr'ĭ ŏl'ə trĭ] *(n.)* عبادة مريم العذراء (نص).

mar·i·on·ette [măr'ĭ ə nĕt'] *(n.)* الدُّمية المتحرِّكة: دُمْية تحرَّك من أعلى بواسطة خيوط.

Mar·ist [mâr'ĭst] *(n.)* = Marianist.

mar·i·tal [măr'ə təl] *(adj.)* زَوْجيّ: ذو علاقة بالزواج.

mar·i·time [măr'ə tīm'] *(adj.)* (١) بحريّ؛ مِلاحيّ؛ تجاريّ – بحريّ <~ law> (٢) مجاور للبحر <in the ~ provinces of the country> (٣) مميِّز للملاّحين <a ~ appearance>.

mar·jo·ram [mär'jər əm] *(n.)* المَرْدَقوش؛ السَّمْسَق؛ العِتْرة (نب).

mark [1] [märk] *(n.; vt.)*: (١) الأرض الحدودية [بين بلدين] (٢) «أ» المَعْلَم: علامة بارزة لهداية المسافرين. «ب» العلامة: إحدى قِطَع الجلد الموضوعة على مسافاتٍ معيَّنة من خيط السَّبْر. «ج» هَدف [في الرماية]. «د» خطّ الانطلاق [في سباق في العَدْو إلخ]. «ه» غرض؛ غاية. «و» ضحية خداع أو سخرية <was an easy ~>. «ز» النقطة المطروحة على بساط البحث. «ح» مستوى [أو نموذج] الفعالية أو الكفاءة أو الجودة <was below the ~> (٣) «أ» علامة؛ إشارة؛ رمز. «ب» سِمة؛ نَدْبة؛ خَدْش. «ج» صفة مميِّزة. «د» رمز يستعمل للدلالة على المِلْكية. «ه» علامة صليب يوقِّع بها الأُمّيّ. «و» الماركة: علامة تجارية. «ز» دمغة؛ ختم البريد. «ح» علامة مدرسيّة [لتبيان مدى نجاح الطالب في التحصيل] (٤) «أ» انتباه؛ ملاحظة. «ب» أهمية؛ شأن؛ شهرة <is a man of ~>. «ج» انطباعة قوية (٥) منتصف المعدة [في الملاكمة] § (٦) يعيِّن الحدود أو التخوم (٧) «أ» يُعِدّ أو يُفْرِد لغرض أو مهمّة <is ~*ed* for greatness>. «ب» يَسِمُ؛ يُعلِّم. «ج» يلصق رقعة على سلعة تبيانًا لسعرها أو نوعها. «د» يدوِّن باختصار أو على عجل. «ه» يسجِّل؛ يدوِّن. «و» يعطي [الطالبَ] علامة مدرسيّة. «ز» يميِّز <What are the qualities that ~ a great poet?> (٨) «أ» يمثِّل: يشكِّل علامةً بارزةً في... «ب» يحتفل بِـ؛ يُحيي ذكرى حَدَثٍ ما (٩) يُصغي؛ ينتبه إلى <*Mark* my words.> (١٠) يُبْدي؛ يُظهِر.

- below the ~, (١) من صنف رديء (٢) منحرف الصحة.
- beside *or* wide of the ~, (١) طائش؛ بعيد عن الهدف (٢) لا صلة له بالموضوع؛ غير صحيح.
- save the ~, هتاف سخرية أو ازدراء.
- to hit the ~, يُوفَّق؛ يصيب الهدف.
- to ~ down (*or* up) يخفض السعر [أو يرفعه].
- to ~ off يفصل [شيئًا عن آخر] بحدّ أو خطّ.
- to ~ out يرسم خطًّا أو خطوطًا تُظهر حدود شيء.
- to ~ out for يَختار؛ يُفْرِد أو يخصِّص لِـ.
- to ~ time (١) يراوح الخطى [وهو واقفٌ في مكانه] (٢) لا يحرز أيّ تقدُّم.
- to miss the ~, يخفق؛ يخطئ المرمى؛ لا يصيب الهدف.
- to toe the ~, يؤدي واجبه؛ يقوم بالتزاماته.

ă at; ā date; â care; ä car; ĕ egg; ē me; ĭ in; ī bite; ŏ lot; ō bone; ô orphan; oi boil; o͝o good; o͞o boot; ou out; ŭ under; û urgent; ə = *a* in alone, *e* in system, *i* in easily, *o* in gallop, *u* in circus.

mark[2] *(n.)* المارك: «أ» وحدة وزن أوروبية قديمة. «ب» وحدة نقد إنكليزية قديمة. «ج» وحدة النقد الألماني [قبل اليورو].

mark·down [märk′-] *(n.)* تخفيض السعر [أو مقدارُ هذا التخفيض].

marked [märkt] *(n.)* (١) معلَّم؛ موسوم بعلامة (٢) ملحوظ؛ واضح (٣) «أ» مشهور. «ب» مشبوه. <a ~ capacity for ...>

mark·er [mär′kər] *(n.)* (١) المعلِّم أو الواسم بعلامة (٢) العلامة: شيء يُصطنع كعلامة [كشاهد القبر، أو كالشريط الذي يوضع بين ورقتي كتاب للدلالة على الموضع الذي بلغه القارئ في مطالعته] (٣) المسجِّل: شخص يسجِّل النقاط المُحْرَزة في لعبة رياضية إلخ (٤) المِعْداد: عدّاد يُصطنَع في لعِب الورق.

mar·ket [mär′kĭt] *(n.; vi.; t.)* (١) سُوق (٢) مَتْجَر للبيع بالتجزئة <a meat ~> (٣) السعر الجاري أو الدارج <a rising ~> § (٤) يتَّجِر في السوق x (٥) يسوِّق: يعرض للبيع في السوق (٦) يبيع.

to bring one's eggs (hogs) to a bad *or* to the wrong ~, يخفق في خططه أو مشروعاته؛ يخفق لأنه التمس العون عند من لا يُرْتَجَى عندهم العون.

to find a ~, يروج؛ يلقى رواجًا.

mar·ket·a·bil·i·ty *(n.)* (١) صلاحية التسويق (٢) رواج.

mar·ket·a·ble *(adj.)* (١) «أ» يُسَوَّق؛ صالح للعرض في السّوق. «ب» رائج (٢) ذو علاقة بالشراء أو البيع.

market garden *(n.)* البُستان السّوقيّ: أرضٌ تُزرع فيها الخُضَر لبيعها في السوق.

mar·ket·ing [mär′kĭ tĭng] *(n.)* التسويق (اد).

market order *(n.)* أمر التصرّف: أمر بشراء السلع أو السندات أو الأسهم أو بيعها بأفضل سعر متيسِّر عند تنفيذ الأمر (اد).

mar·ket·place [mär′kĭt plās′] *(n.)* (١) ساحة السوق: موضع مكشوف تقام فيه السوق [في بلدة] (٢) سوق (٣) عالم التجارة.

market price *(n.)* السِّعر السُّوقي: السعر الجاري في السوق (اد).

market research *(n.)* دراسة السّوق؛ الاستطلاع السُّوقيّ: جمع المعلومات الواقعية عما يرغب فيه المستهلك أو يُؤْثِره من سلع وخدمات.

market value *(n.)* القيمة السُّوقيّة (مج): متوسط قيمة السلعة في سوق معيَّنة خلال فترة قصيرة (اد).

mark·ing [mär′kĭng] *(n.)* (١) وَسْم؛ إعلام؛ وضع علامة أو علامات (٢) «أ» علامة. «ب» ترتيب العلامات أو نَسَقُها.

mark·ka [mär′kä] *(n.)* المَرْكَة: وحدة النقد الفنلندي [قبل اليورو].

marks·man [märks′-] *(n.)* الرامي: البارع في الرماية.

mark·up [märk′ŭp′] *(n.)* (١) رفعُ السِّعر (٢) المُضاف: مبلغ يُضاف إلى التكلفة الأساسية ابتغاءَ تعيين سعر البيع.

marl[1] [märl] *(n.; vt.)* (١) المَرْل؛ السِّجِّيل: مزيج من كربونات الكلسيوم يُتَّخذ سمادًا § (٢) يُمَرِّل: يُسَمِّد الأرض بالمَرْل.

marl[2] *(vt.)* يُمَرِّل؛ يُمَرْلِن: يثبِّت أو يكسو بحبل ذي طاقَيْن.

mar·lin [mär′lĭn] *(n.)* (١) المَرْلين: سمك أوقيانوسيّ ضخم (٢) الرّاموح (را. spearfish).

mar·line *also* **mar·lin** [mär′lĭn] *(n.)* الفتيل: حَبْل ذو طاقَيْن [مُقَيَّرٌ عادةً] تُكْسَى به الحبال المعدنية أحيانًا.

mar·line·spike *also* **mar·lin·spike** [mär′lĭn spīk′] *(n.)* مَخْرَز الفَتيل: أداة حديديّة مستدقة الطرف تُفْصَل بها طاقات الحبل بعضها عن بعض.

mar·ling [mär′lĭng] *(n.)* = marline.

marl·ite [mär′līt] *(n.)* المَرْليت: ضربٌ من المَرْل (را. marl[1]).

mar·ma·lade [mär′mə lād′] *(n.)* المَرْملاد: مُرَبًّى أو هُلام مشتملٌ على قِطَع من الفاكهة وقشورها.

mar·mo·re·al [-mōr′-] *or* **mar·mo·re·an** *(adj.)* مَرْمَريّ؛ رُخاميّ.

mar·mo·set [mär′mə zĕt] *(n.)* القِشّة: سَعدان أميركي صغير.

mar·mot [mär′mət] *(n.)* المَرْموط: سِنجابٌ أرضيّ كبير (ح).

marmot

Mar·o·nite [măr′ə nīt] *(n.)* الماروني: واحد الموارنة.

ma·roon[1] [mə ro͞on′] *(n.; vt.)* (١) الآبق: عبدٌ فارٌّ [في جُزر الهند الغربية وفي غِيانا] أو شخصٌ من ذرّيته (٢) المُجَزَّر: شخص مُلْقًى على ساحل جزيرة مهجورة أو مخلَّف في وضع يائس § (٣) يُجَزِّر: «أ» يُلقي شخصًا على ساحل جزيرة مهجورة. «ب» يخلِّف شخصًا في عُزلة أو وضع يائس يتعذّر معه الفرار.

ma·roon[2] *(n.; adj.)* (١) الكُمْتة: لونٌ أحمر داكن § (٢) كُمَيْت: أحمر داكن.

mar·plot [mär′plŏt′] *(n.)* الفضوليّ المفسِد: مَنْ يُفْسِد بتطفُّلِه خُطَّةً ما.

marque [märk] *(n.)* ماركة؛ نوع؛ طراز.

mar·quee [mär kē′] *(n.)* (١) سُرادِق؛ فُسْطاط (٢) الظُّلَّة: ظُلَّة من معدن أو زجاج ثابتةٌ فوق مدخل فندق أو مسرح.

marquee 2.

mar·quess [mär′kwəs] *or* **mar·quis** [-′kwəs; mär kē′] *(n.)* المركيز: نبيل من نبلاء أوروبا واليابان.

mar·que·try *also* **mar·que·te·rie** [mär′kə trĭ] *(n.)* (١) التطعيم: تطعيم الخشب بالصَّدَف والعاج (٢) المطعَّم: خشبٌ مطعَّم.

mar·quise [mär kēz′] *(n.)* (١) المركيزة: زوجة المركيز (٢) marquee.

mar·qui·sette [-kĭ zĕt′] *(n.)* المَرْكَزيت: نسيج رقيق مُشَبَّك.

Mar·ra·no [mə rän′ō] *(n.)* الخِنْزيريّ: يهوديّ أندلسيّ متنصِّر.

mar·riage [măr′ĭj] *(n.)* (١) زَواج (٢) عُرس (٣) اتّحاد وثيق العُرى.

mar·riage·a·ble [-ə bəl] *(adj.)* صالحٌ للزَّواج [وبخاصة لبلوغه السنّ المؤهِّلة لذلك].

marriage of convenience زواج المصلحة: زواج يُعْقَد طمعًا في كسْب اجتماعي أو سياسي أو اقتصاديّ.

mar·ried [măr′ĭd] *(adj.; n.)* (١) متزوِّج (٢) زيجيّ؛ زَوْجيّ: ذو علاقة بالزواج (٣) مُتَّحِد؛ مشترَك § (٤) المُتزوِّج: الشخص المتزوِّج.

mar·ron [măr′ən] *(n.)* (١) كَستناء (٢) *pl.* مُرَبَّى الكَستناء.

Mar·ron [mă rōn′] *(n.)* الآبق: العبد الفارّ أو الهارب.

mar·row [măr′ō] *(n.)* (١) النِّقي؛ النُّخاع؛ مُخُّ العَظم (ت) (٢) «أ» أفضل الطعام. «ب» لُبّ الشيء أو جوهرُهُ (٣) قوة؛ حَيَوِيّة (٤) الكوسا (نب).

mar·row·bone [-bōn′] *(n.)* (١) العَظْم النِّقيّ (٢) .pl: الرُّكبتان.

mar·row·fat [-făt′] *(n.)* المَرْفات: ضَرْب من البازلّا (نب).

mar·ry [măr′ĭ] *(vt.; i.)* (١) «أ» يزوِّج. «ب» يتزوَّج مِن (٢) يوحِّد: يجمع في اتحادٍ وثيق العرى x (٣) يتزوَّج؛ تتزوَّج (٤) يتَّحِد؛ يتمازج.

Mars [märz] *(n.)* (١) مارس: إلَه الحرب (٢) المِرِّيخ (فل).

Mar·seil·laise [mär sə lāz′; mår sĕ yĕz′] المرسِيّيز: النشيد القومي الفرنسي.

mar·seilles [mär sālz′] *(n.)* المَرْسيليّ: نسيج قطنيّ متين.

marsh [märsh] *(n.)* مُستنقَع؛ سَبْخَة.

mar·shal *also* **mar·shall** [mär′shəl] *(n.; vt.; i.)* (١) «أ» القيِّم [في قصر ملكيّ]. «ب» قيِّم المراسِم أو التشريفات [في حفلة أو احتفال] (٢) المُشير؛ المارشال (جن) (٣) المارشال: «أ» القيِّم على السُّجناء. «ب» «الشَّريف»؛ عمدة البلدة. «ج» موظَّف قضائي. «د» مدير شرطة المدينة أو دائرة الإطفاء فيها § (٤) يرتِّب؛ يصفّ <~*ed* the troops> (٥) ينظِّم <~*ed* her arguments> (٦) يُرشِد: يقوم بمهامّ الدليل المرافق [في حفلة] x (٧) ينتظم؛ يتنظّم.

marsh elder *(n.)* خَمان الماء؛ بَلَسان السَّباخ (نب).

marsh gas *(n.)* المِيثَين؛ الميثان: غاز المستنقعات والمناجم.

marsh hen *(n.)* (١) دجاجة السِّباخ (طا) (٢) الواق (را. bittern).

marsh·i·ness *(n.)* السَّبَخيّة: كونُ الأرض سبِخةً أو كثيرة المستنقعات.

marsh·land [märsh′lănd′] *(n.)* مستنقَع؛ سَبْخة.

marsh·mal·low [märsh′măl′ō] *(n.)* (١) الخِطْميّ: عشب من الفصيلة الخُبّازية (٢) الخَطْميّة؛ حلْوى الخِطميّ: ضرب من الحلوى.

marsh marigold *(n.)* آذَرْيون الماء (نب).

marsh·y [mär′shĭ] *(adj.)* سَبِخ؛ مُستَنْقَعيّ.

mar·su·pi·al [mär sōō′pĭ əl] *(adj.; n.)* (١) جِرابيّ (مح)؛ كِيْسيّ § (٢) الجِرابيّ: حيوان من الجرابيّات أو ذوات الجراب **Marsupialia** كالكَنْغَر.

mar·su·pi·um [-′pĭ əm] *(n.)* pl. **-pi·a** جِراب: كيس بطنيّ.

mart [märt] *(n.; vt.)* (١) سُوق § (٢) يتَّجِر بـِ؛ يبيع (ا.ق).

Mar·tel·lo tower [mär tĕl′ō] *(n.)* برج أو حِصْن دائريّ.

mar·ten [mär′tən; -tĭn] *(n.)* (١) الدَّلَق؛ الخَزّ؛ السِّنْسار (ح) (٢) فَرْو الدَّلق.

marten *1.*

mar·tial [mär′shəl] *(adj.)* (١) حربيّ؛ عسكريّ (٢) شجاع.

martial law *(n.)* القانون العُرفيّ؛ الأحكام العُرْفيّة.

Mar·tian [mär′shən] *(adj.; n.)* (١) مِرِّيخيّ § (٢) المِرِّيخيّ: أحد سكان المِرِّيخ [المُفتَرَض وجودُهم فيه].

martin

mar·tin [mär′tən] *(n.)* الخُطّاف: طائر كالسنونو.

mar·ti·net [mär′tə nĕt′] *(n.)* الانضباطيّ: المُتشدِّد في فرض النظام.

mar·tin·gale [mär′tən gāl′] *(n.)* (١) اللَّبَب: سَيْرٌ يُشَدّ إلى حزام السَّرج، مارًّا بين قائمتي الفرس الأماميتين، حتى يتصل باللِّجام (٢) القائم الدَّقَليّ: قائم قصير تحت الجزء الأقصى من دَقَل السفينة المائل (مل) (٣) التَّضعيف: نظام في القمار يُضاعَف فيه المبلغ المقامَرُ به عند كل خسارة.

M. martingale *2.*

mar·ti·ni [mär tē′nē] *(n.)* المارتينيّ: شراب مُسْكِر.

Mar·tin·mas [mär′tĭn məs] *(n.)* عيد القديس مارتن (١١ نوفمبر).

mart·let [märt′lĭt] *(n.)* = martin.

mar·tyr [mär′tər] *(n.; vt.)* (١) الشهيد: «أ» من يضحّي بحياته في سبيل الدِّين أو المبدأ. «ب» من يقاسي آلامًا متواصلة [من مرضٍ إلخ] § (٢) يَقتل امرأً [بسبب من عقيدتِهِ أو مبدأه] (٣) يعذِّب.

to make a ~ of oneself يستضحي؛ يضحّي برغباته.

mar·tyr·dom [-dəm] *(n.)* (١) الاستشهاد (٢) عذابٌ عظيم أو متطاول.

mar·tyr·ize [-rīz′] *(vt.; i.)* (١) يجعله شهيدًا x (٢) يُستَشْهَد.

mar·tyr·ol·o·gy [-rŏl′ə jĭ] *(n.)* (١) سجلّ الشهداء: جدول بأسماء شهداء الكنيسة الكاثوليكية وقدِّيسيها (٢) تاريخ الشهداء: تاريخ كنسيّ يبحث في حياة الشهداء وآلامهم. **— mar·tyr·ol·o·gist** *(n.)*

mar·tyr·y [-rĭ] *(n.)* المَزار: كنيسة تشيَّد إحياءً لذكرى شهيد (نص).

mar·vel [mär′vəl] *(n.; vi.; t.)*, **-veled** *or* **-velled** (١) أُعجوبة؛ مُعْجِزة § (٢) يَعْجب؛ يتعجَّب؛ يُدْهَش.

mar·vel·ous *or* **mar·vel·lous** [mär′və ləs] *(adj.)* (١) عجيب؛ مُدْهِش (٢) أُعجوبيّ (٣) رائع.

Marx·i·an [märk′sĭ ən] *(adj.)* ماركسيّ: منسوب إلى كارل ماركس.

Marx·ism [märk′sĭz əm] *(n.)* الماركسيّة.

Marx·ism–Le·nin·ism [märk′sĭz əm lĕn′ĭ-] الماركسيّة اللينينيّة.

mar·zi·pan [mär′zə păn′] *(n.)* المَوْثبانيّة؛ المَرْزبانيّة: حلوى من مسحوق اللوز والسكّر وزلال البيض.

-mas لاحقة معناها: عيد <Martin*mas*>.

mas·car·a [măs kăr′ə] *(n.)* المَسْكَرَة: مُستحْضَر تجميلي لصبغ الأهداب والحواجب.

mas·cot [măs′kət] *(n.)* جالبُ الحظّ: شخص أو حيوان أو شيء يُظنّ أنه يجلب الحظّ السعيد.

mas·cu·line [măs′kyə lĭn] *(adj.; n.)* (١) «أ» ذُكوريّ: خاصّ بالذكور أو مؤلَّف منهم أو مستعمَل من قِبلهم. «ب» manly. «ج» مسترجلة <a ~ woman> (٢) مذكَّر (ل) § (٣) الذَّكر (٤) المذكَّر (ل). **— mas·cu·lin·ize** *(vt.)*

ma·ser [mā′zər] *(n.)* المازار: جهاز لتحويل الطاقة الداخلية للجُزَيئات إلى طاقة دقيقة الموجات.

mash [1] [măsh] *(n.; vt.)* (١) الهَريس: «أ» جريش [من حنطة أو مَلْت] يُنقع ويحرَّك في الماء الساخن [لاستعماله في صنع الجعة]. «ب» مزيج من حنطة

ă at; ā date; â care; ä car; ĕ egg; ē me; ĭ in; ī bite; ŏ lot; ō bone; ô orphan; oi boil; ŏŏ good; ōō boot; ou out; ŭ under; û urgent; ə = *a* in alone, *e* in system, *i* in easily, *o* in gallop, *u* in circus.

ونخالة وماء حارّ [يقدَّم طعامًا للماشية] (٢) معجون § (٣) يَهْرُس (٤) ينقع [المَلْتَ المجروش] ويحرّكه في الماء الساخن.

mash [2] *(vt.; n.)* (١) يُغازل § (٢) عِشق؛ هُيام (٣) العاشق أو المعشوق.

mash·er [măsh′ər] *(n.)* (١) «أ» الهارس. «ب» الهرّاسة: أداة الهَرْس (٢) المُغازِل.

mash·ie [măsh′ĭ] *(n.)* الماشِيّ: نوع من عِصِيّ الغولف.

mask [măsk; mäsk] *(n.; vi.; t.)* (١) «أ» قِناع. «ب» وجه مستعار (٢) المُقَنَّع: متنكِّر أو مُرْتَدٍ قناعًا (٣) المُقَنَّعة: مسرحية رمزية قصيرة يمثِّلها مقنَّعون (٤) القِناع: «أ» قناع التنكُّر [في كرنفال]. «ب» رأس منحوت في حجر العَقْد (عم). «ج» صورة عن الوجه تؤخَذ بضغط الشمع أو الطين على وجه شخص مَيْت. «د» كِمامة للوقاية من الغازات أو لتسهيل التنفّس. «هـ» قناع التجميل: طلاء للوجه يساعد، عند جفافه، على «شدّ» البشرة (٥) وجه الثعلب أو الكلب إلخ § (٦) يشترك في حفلة تنكّرية (٧) «أ» يتقنَّع: يرتدي قناعًا. «ب» يتنكّر. «ج» يخفي حقيقة نيّاته x (٨) «أ» يحجب عن العِيان. «ب» يَسْتر: يجعله غير واضح أو مُدْرَك. «ج» يُخفي؛ يقنّع (٩) «أ» يغطّي. «ب» يُنكِّه: يضيف إليه نكهة خاصة.

masked [măskt; mäskt] *(adj.)* (١) «أ» متنكِّر. «ب» محتجب أو محجوب عن البصر. «ج» كامن؛ مستتر <a ~ fever> (٢) «أ» متقنِّع؛ متنكِّر <a ~ dancer>. «ب» تنكّري <a ~ ball>.

mas·ker [măs′kər] *(n.)* المُقَنَّع؛ المتنكِّر؛ المُرتدي قناعًا.

mas·och·ism [măs′ə kĭz′əm; măz′-] *(n.)* الماسوشيّة: انحراف جنسيّ يتلذّذ به المرء بالتعذيب الذي يُنزله به محبوبه. وتوسُّعًا: تلذُّذ المرء بالاضطهاد الذي يُخْضَع له (نف). **— mas·och·ist** *(n.)* **— mas·och·is·tic** *(adj.)*

ma·son [mā′sən] *(n.; vt.)* (١) البنّاء (٢) البنّاء الحرّ؛ الماسونيّ (را. Freemason) § (٣) يبني؛ يعمِّر.

mason bee *(n.)* النحل البنّاء: نحلٌ يبني قُفرانَه من طين.

Ma·son·ic [mə sŏn′ĭk] *(adj.)* ماسونيّ: ذو علاقة بالماسونيّة.

Ma·son·ite [mā′sə nīt′] *(n.)* الماسونيت: ألواح مصنوعة من ألياف الخشب المضغوطة.

ma·son jar *(n.)* جرّة مايسون: وعاء زجاجيّ منزلي كاظمٌ للهواء.

ma·son·ry [mā′sən rĭ] *(n.)* (١) «أ» مَبْنًى إلخ. «ب» صناعة البناء. «ج» عمل البنّاء (٢) *cap.* الماسونيّة.

mason wasp *(n.)* الزُّنبور البنّاء: زُنبور يبني وكره من طين.

masque *also* **mask** [măsk; mäsk] *(n.)* (١) masquerade (٢) المُقَنَّعة: مسرحية رمزية قصيرة [في القرنين ١٦ و١٧] يمثِّلها ممثِّلون مقنَّعون.

masqu·er [măs′kər; mäs′-] *(n.)* = masker.

mas·quer·ade [măs′kə rād′] *(n.; vt.)* (١) التَّنكُّرية: حفلة تنكُّرية (٢) اللباس التنكُّري: لباس يُرتَدى في حفلة تنكُّرية (٣) تنكُّر § (٤) «أ» يتنكَّر. «ب» يشترك في حفلة تنكُّرية.

mass [1] [măs] *(n.)* (١) *cap.* قُدّاس (نص) (٢) موسيقى القُدّاس.

mass [2] *(n.; vt.; i.; adj.)* (١) «أ» كُتلة. وبخاصة: كتلة كبيرة. «ب» حجم؛ مقدار. «ج» ضخامة. «د» الجزء الرئيسي (٢) الكُتلة (فز) (٣) عدد أو مقدار كبير (٤) «أ» جمهور. «ب» *pl.* عد: الجماهير؛ العامّة؛ الطبقات العاملة § (٥) يكتِّل x (٦) يتكتَّل § (٧) «أ» جماهيريّ <~ psychology>. «ب» جَماعيّ <~ demonstrations>. «ج» جُمْلي؛ على نطاق واسع <~ production>. «د» إجماليّ <the ~ effect>.

in the ~, إجمالًا؛ على وجه الإجمال.

mas·sa·cre [măs′ə kər] *(n.; vt.)* (١) مذبحة (٢) قتلٌ وحشيّ (٣) ذبح الحيوانات بالجملة (٤) تدمير § (٥) يَذْبح (٦) يُفْسِد؛ يُتْلِف.

mas·sage [mə säzh′; măs′äzh] *(n.; vt.)* (١) تَدليك § (٢) يُدَلِّك (٣) يتملّق؛ يداهن (٤) يتلاعب بِـ؛ يُزيِّف. **— mas·sag·er** *(n.)*

massage parlor *(n.)* صالون التدليك.

mas·sa·sau·ga [măs′ə sô′gə] *(n.)* المسِّيسوغيّة: أفعى مُجَلْجِلة.

mass card *(n.)* بطاقة القُدّاس: بطاقة تُرْسَل لإعلام المرسل إليه بأن قُدّاسًا سوف يقام عن روح فقيد إلخ.

mass defect *(n.)* النُّقصان الكُتليّ: الفرق بين كتلة النظير وعدده الكُتْلي (فزن).

mass–energy equation *(n.)* معادلة الكتلة والطاقة (فز).

mas·se·ter [mă sē′tər] *(n.)* العضلة الماضغة (ت).

mas·seur [mȧ sœr′] *(n.)* المُدَلِّك: مُحْترِف التدليك.

mas·seuse [mȧ sœz′] *(n.)* المُدَلِّكة: محترِفة التدليك.

mas·si·cot [măs′ĭ kŏt′] *(n.)* المسِّيكوت: أول أكسيد الرصاص (ك).

mas·sif [măs′ĭf; mȧ sēf′] *(n.)* المَسِّيف: «أ» الجزءُ الرئيسي أو المركزيّ من سلسلة جبال (جي). «ب» منطقة من قشرة الأرض تحدّها صُدوع (جي).

mas·sive [măs′ĭv] *(adj.)* (١) «أ» ضخم؛ كبير. «ب» ثقيل. «ج» مُصْمَت (مج): ممتلئ متماسكٌ لا جوف له (٢) «أ» شديد؛ بعيد <a sudden and ~ effect>. «ب» قويّ نسبيًا <a ~ dose>. «ج» غزير <a ~ discharge of blood>. «د» خطير: مستفحل؛ منتشر في جزء واسع من الأنسجة <a ~ disease>. «هـ» عظيم؛ جليل؛ مهيب. **— mas·sive·ness** *(n.)*

mass me·di·a *(n. pl.)* وسائل الإعلام [كالصحافة والإذاعة والتلفزيون].

mass number *(n.)* العَدَد الكُتْليّ (فزن).

mass–pro·duce [-dōōs′] *(vt.)* يُنتِج على نطاق واسع.

mass production *(n.)* الإنتاج الجُمْليّ: الإنتاج على نطاق واسع.

mass·y [măs′ĭ] *(adj.)* كبير؛ ضخم؛ ثقيل.

mast [1] [măst] *(n.; vt.)* (١) الدَّقَل: صاري المركب (٢) السّارية: سارية المذياع <radio ~s> § (٣) يُدَقِّل؛ يُسَرّي: يزوِّد بدَقَل أو سارية.

before the ~, كبحّار أو نوتيّ عاديّ.

mast [2] *(n.)* الثمر الحِراجيّ: ثمر الأشجار الحِراجيّة، وبخاصة البلّوط، يُجمع ويقدَّم طعامًا للخنازير وما إليها.

mast- *or* **masto-** بادئة معناها: ثَدْي؛ حَلَمة.

mas·ta·ba [măs′tə bə] *(n.)* المَصْطَبَة: قبرٌ فرعوني مستطيل.

mas·tec·to·my [măs tĕk′-] *(n.)* قَطْع الثَّدي: استئصال الثَّدي جراحيًّا.

mas·ter [măs′tər; mäs′-] *(n.; vt.; adj.)* (١) «أ» مدرِّس؛ معلِّم.

«ب» الماجستير: حامل شهادة الماجستير <~ of arts>. «ج» *cap.* ا ك: زعيم دينيّ موقَّر. «د» المعلِّم: صانع مؤهَّل لتدريب الصبيان المُمَهَّنين. «هـ» الأستاذ: رسام أو موسيقي من الطراز الأول (٢) «أ» الحاكم؛ المَوْلَى. «ب» المنتصر؛ المتغلب. «ج» الرُّبّان: قائد السفينة التجارية. «د» السيِّد: مالك العبد أو الحيوان. «هـ» ربّ العمل. «و» الزوج؛ البَعل (ع). «ز» ربّ البيت (٣) رئيس مؤسسة أو جمعية (٤) «أ» أداة رئيسية. «ب» الأسطوانة الأمّ: الأسطوانة الفونوغرافيّة التي عنها تؤخذ النسخ المتعدّدة § (٥) يَقْهر؛ يُخضِع؛ يتغلَّب على (٦) يبرع في؛ يتضلّع من؛ يتمكّن من؛ يُتْقِن؛ يفهم فهمًا كاملًا (٧) يَحُلّ § (٨) مسيطر؛ متغلِّب؛ متفوِّق <a ~ race> (٩) بارع <a ~ carpenter> (١٠) رئيسيّ <the ~ bedroom>.

mas·ter–at–arms *(n.)* ضابط النظام [في سفينة إلخ].

master bedroom *(n.)* حجرة النَّوم الرئيسية.

mas·ter·ful [măs′tər fəl] *(adj.)* (١) مستبدّ؛ نزّاع إلى السيطرة <a ~ woman> (٢) بارع: «أ» دالّ على براعة فنية أو تقنية <~ paintings>. «ب» ذو براعة <a ~ speaker>.

master key *(n.)* المفتاح العموميّ: مفتاح مُعدّ لفتح أقفال مختلفة.

mas·ter·ly *(adj.; adv.)* (١) أستاذيّ: دالّ على براعة أستاذ أو فنّان مُبدع <a ~ performance> § (٢) بأُستاذيّة: ببراعة أُستاذية.

— mas·ter·li·ness *(n.)*

mas·ter·mind [-mīnd] *(n.; vt.)* (١) العقل المدبِّر § (٢) يوجِّه؛ يخطِّط.

master of ceremonies مدير المراسم؛ رئيس «التشريفات».

mas·ter·piece [măs′tər pēs′] *(n.)* (١) القطعة الممتازة: نموذج من عمل يُقدَّم إلى نقابة للصنّاع [في القرون الوسطى] كدليل على أهلية الصانع لرتبة «معلِّم في الصنعة» (٢) الرائعة؛ التحفة؛ الطُّرفة: أثر عقلي أو فنّيّ من الطراز الأعلى.

master plan *(n.)* الخطّة الرئيسة [لإنماء بلدة أو مدينة إلخ].

master race *(n.)* العِرْق السِّيد: شعبٌ يُزْعَم أنّه متفوِّق، عِرْقيًّا، على غيره من الشعوب، وأنه بالتالي مؤهَّل لحكمها واستعبادها.

mas·ter·sing·er [măs′tər sĭng′ər] *(n.)* = Meistersinger.

mas·ter·stroke [-strōk′] *(n.)* «ضربة معلِّم»؛ عمل بارع.

mas·ter·work [-wûrk′] *(n.)* = masterpiece.

mas·ter·y [măs′tə rĭ] *(n.)* (١) «أ» سيادة؛ سيطرة. «ب» تفوُّق (٢) «أ» براعة فائقة. «ب» إتقان؛ تمكُّن أو تضلُّع [من موضوع ما].

mast·head [măst′hĕd′] *(n.)* (١) أعلى الدَّقل؛ أعلى الصاري (مل) (٢) «أ» البيانات الإدارية: بيانات تُنْشَر في كلّ عدد من أعداد جريدة أو مجلة وتتضمن اسمها واسم صاحبها وأجور الإعلان وبدلات الاشتراك. «ب» اسم الجريدة أو المجلة منشورًا في أعلى الصفحة الأولى منها.

mas·tic [măs′tĭk] *(n.)* (١) المَصْطَقَى؛ المُصْطكاء: «أ» شجر يُستخرج منه صمغٌ يُعْلَك. «ب» صمغ هذا الشجر (٢) المُصْطكاوي: معجون يُستعمل كطلاء واقٍ أو كمادّةٍ لحشو الثقوب في الجدران المجصَّصة.

mas·ti·cate [măs′tə kāt′] *(vt.; i.)* (١) يَمْضَغ؛ يَعْلِك (٢) يَعْجِن.

mas·ti·ca·to·ry [-kə tôr′ĭ] *(adj.; n.)* (١) ماضغ: مُعَدّ لمضغ الطعام (٢) مضغيّ: ذو علاقة بأعضاء المضغ <the ~ mouth of a bee> <~ paralysis> § (٣) عِلك؛ عِلكة؛ مَضِيغة.

mastic tree *(n.)* شجرة المَصْطَقَى أو المُصْطكاء.

mas·tiff [măs′tĭf; mäs′-] *(n.)* الدِّرْواس: كلب ضخمٌ من كلاب الحراسة.

mas·ti·tis [măs tī′tĭs] *(n.)* pl. **-tit·i·des** التهاب الثَّدي.

masto- = mast-.

mas·to·don [măs′tə dŏn′] *(n.)* المَسْتودون: حيوان منقرض شبيه بالفيل.

mas·toid [măs′toid] *(adj.; n.)* (١) حَلَمانيّ: شبيه بحَلَمة الثدي (٢) خُشّائيّ: ذو علاقة بالخُشّاء § (٣) الخُشّاء: العظم الناتئ خَلْفَ الأُذُن (ت) (٤) «أ» التهاب الخُشّاء (مض). «ب» جراحة تُجْرى لإزالة هذا الالتهاب.

mastoid cell *(n.)* الخليّة الخُشّائية (ت).

mas·toid·ec·to·my [măs′toi dĕk′-] *(n.)* قَطْعُ الخُشّاء (ط).

mas·toid·i·tis [măs′toi dī′tĭs] *(n.)* التهاب الخُشّاء (مض).

mas·tur·bate [măs′tər bāt′] *(vi.; t.)* يستمني باليد.

mas·tur·ba·tion *(n.)* جَلْدُ عُمَيْرة؛ العادة السرِّية؛ الاستمناء باليد.

ma·su·ri·um [mə so͞or′ĭ əm] *(n.)* الماسوريوم (ك).

mat[1] [măt] *(n.; vt.; i.)* (١) «أ» حصير. «ب» ممسحة الأرجل. «ج» المُخَرَّمة: قطعة قماش مخرَّمة توضع تحت طبق مائدة أو مصباح كهربائيّ أو زهرية. «د» الحَشِيّة: وسادة كبيرة يتلاكم عليها الملاكمون (٢) الجديلة: شيء مجدول § (٣) يزوِّد [المكانَ] بحصير أو ممسحة للأرجل (٤) يَضْفِر؛ يَجْدُل (٥) يُلبِّد: يجعله متلبِّدًا x (٦) ينضفِر: يُصبح كالجديلة (٧) يتلبَّد: يُصبح متلبِّدًا.

mat[2] *or* **matt** *or* **matte** [măt] *(vt.)* (١) يُعْتِم: يجعل المعدن أو الزُّجاج أو اللون خافتًا غير ذي بريق (٢) يُحَشِّي: يجعل للصورة حاشية.

mat[3] *or* **matt** *or* **matte** *(adj.)* (١) طافئ (مج): يُعْوِزُه البريق <~ colors> (٢) مُبَرْغَل: ذو سطح مُبَرْغَلٍ أو خشن <*matte* bacterial colonies>.

mat[4] *or* **matt** *or* **matte** *(n.)* (١) حاشية الصورة: حاشية تكون بين الصورة وإطارها (٢) الطَّلْية المُطْفأة: لَمْسة أو طبقة أخيرة يعوزها البريق [في الرسم الزيتي أو في التمويه بالذهب].

mat·a·dor [măt′ə dôr′] *(n.)* الماتَدور: «أ» مصارع ثيران يقوم بالدور الرئيسي ويقتل الثور المصارع. «ب» ورقة رئيسية [في بعض ألعاب الورق]. «ج» طائرة من غير طيّار.

match[1] [măch] *(n.; vt.; i.)* (١) «أ» صِنو؛ نِدّ؛ كُفؤ <finally met his ~>. «ب» مثيل؛ نظير <has no ~ in history> (٢) زوج مُتَّسِم بالتناسب أو الانسجام <a jacket and necktie that are a good ~> (٣) مباراة (٤) «أ» زواج. «ب» شريك حياة متوقَّع <That rich merchant is a good

ă at; ā date; â care; ä car; ĕ egg; ē me; ĭ in; ī bite; ŏ lot; ō bone; ô orphan; oi boil; o͝o good; o͞o boot; ou out; ŭ under; û urgent; ə = *a* in alone, *e* in system, *i* in easily, *o* in gallop, *u* in circus.

~.> § (٥) «أ» يباري؛ يجاري؛ يضارع. «ب» يضع موضع المقارنة <Salim is ready to ~ his strength with yours.>. «ج» يزوِّد بمنافس كفؤ (٦) يزوّج [شخصًا من آخر] (٧) «أ» يلائم: يجعله متلائمًا مع. «ب» يكافئ [شيئًا]: يماثله أو يساويه. «ج» ينسجم مع. «د» يضاهي (٨) يناغم: يلائم بين شيئين (٩) يَنْقُف: ينقر القطعة النقدية بظفره مطيِّرًا إياها في الهواء ثم يرى على أيّ وجهٍ استقرّت x (١٠) «أ» يتكافأ. «ب» يتلاءم؛ يتناغم <gloves that ~ nicely with his coat>. — **match·er** *(n.)*

match² *(n.)* (١) الفتيل: حبل صغير لإطلاق السّلاح الناري أو البارود (٢) الثِّقاب؛ عُود الثِّقاب.

match·a·ble *(adj.)* يُجارَى؛ يُبارَى؛ يُضارَع.

match·board [măch′bōrd′] *(n.)* اللوح المعشَّق: لوح خشبيّ مضمومٌ إلى نظائره من طريق التعشيق.

match·book [-′bo͝ok′] *(n.)* دفتر الثِّقاب: علبة كبريت رقيقة مؤلفة من صَفَّيْ عيدان ورقيّة.

match·box [-′bŏks] *(n.)* عُلبة الثِّقاب.

match·less [-′ləs] *(adj.)* فَذّ؛ منقطِع النظير؛ لا يُضارَع.

match·lock [-′lŏk] *(n.)* (١) فتيل [لإشعال البندقية] (٢) البندقية الفتيلية.

match·mak·er *(n.)* (١) الثَّقّاب: صانع عيدان الثِّقاب (٢) منظِّم المباريات (٣) صانع الزِّيجات: شخص مُولَع بالجمع بين الناس من طريق الزواج.

match play *(n.)* مباراة في الغولف [ذات قواعد خاصة].

match point *(n.)* نقطة الفوز: النقطة الأخيرة الضرورية لكَسْب المباراة.

match·stick [-′stĭk′] *(n.)* العُوَيْد الثِّقابيّ: عودٌ صغير تُصْنع من مِثلِهِ عيدان الثِّقاب.

match·up [-′ŭp] *(n.)* (١) صِنْو؛ نِدّ؛ كُفؤ (٢) مثيل؛ نظير.

match·wood [-′wo͝od′] *(n.)* شظايا؛ قِطَع صغيرة [من الخشب].

mate¹ [māt] *(n.; vt.)* (١) إماتة الشاه (شطرنج) § (٢) يُميت الشاهَ.

mate² *(n.; vt.; i.)* (١) «أ» الرفيق؛ الأليف. «ب» المساعد؛ المعاون <the cook's ~> (٢) وكيل الرُّبّان [في سفينة تجارية] (٣) أحد زوجين. وبخاصة: الزوج؛ الزوجة § (٤) يزاوج (٥) يزوِّج x (٦) «أ» يتزاوج. «ب» يتعشَّق <The gears ~ well.>.

ma·té *or* **ma·te** [mä′tā] *(n.)* (١) الماتيّ: شراب شبيه بالشاي مألوفٌ في أميركا الجنوبية بخاصة (٢) الماتِيَّة: شجيرة جنوبأميركية دائمة الخضرة تُستخدم أوراقها وأماليدُها في صنع الماتيّ. أيضًا: أوراق الماتيّة وأماليدُها.

ma·te·lote [măt′ə lōt′] *(n.)* المَتْلوت: سمك يُطْهَى بصلصة من خمر وبصل وتوابل.

ma·ter [mā′tər] *(n.)* = mother.

ma·ter·fa·mil·i·as [mā′tər fə mĭl′ĭ ăs] *(n.)* ربّة البيت.

ma·te·ri·al [mə tēr′ĭ əl] *(adj.; n.)* (١) «أ» ماديّ <the ~ world>. «ب» جسديّ <our ~ needs> (٢) هامّ؛ أساسيّ <a ~ factor> (٣) «أ» دنيويّ. «ب» ماديّ: غير روحيّ أو عقليّ <was interested only in ~ progress> § (٤) مادة (٥) *pl.*: أدوات؛ لوازم <writing ~s>.

ma·te·ri·al·ism [-ĭ ə lĭz′əm] *(n.)* (١) المذهب الماديّ: «أ» نظرية تقول بأن المادة هي الحقيقة الوحيدة، وبأن الوجود ومظاهره وعملياته يمكن تفسيرها كمظاهر أو نتائج للمادة. «ب» مذهب يقول بأن القيم والأهداف العليا [أو الوحيدة] هي تلك التي تتمثَّل في الرفاهية المادية وفي تعزيز التقدم المادي. «ج» مذهب يقول بأن التغير الاقتصادي أو الاجتماعي ناشئ عن عوامل مادية (٢) المادية: الانشغال بالشؤون المادية بدلًا من الفكرية أو الروحيّة [أو التوكيدُ على هذه الشؤون]. — **ma·te·ri·al·ist** *(n.; adj.)*

ma·te·ri·al·is·tic [-ə lĭs′tĭk] *(adj.)* ماديّ.

ma·te·ri·al·i·ty [-ăl′ĭ tĭ] *(n.)* (١) الماديّة: كون الشيء ماديًّا (٢) مادة؛ شيء ماديّ.

ma·te·ri·al·ize [-ə līz′] *(vt.; i.)* (١) «أ» يُمَدِّي؛ يجعل الشيء ماديًّا؛ يُجسِّد <to ~ a vague idea in words>. «ب» يستحضر في شكل جسديّ <to ~ the spirits of the dead> x (٢) يتمدَّى؛ يتجسَّد (٣) «أ» يتحقَّق: يصبح حقيقة واقعة <Her plans did not ~.>. «ب» تتخذ [الروحُ] شكلًا مرئيًّا أو مجسَّدًا. «ج» يبرز فجأةً. — **ma·te·ri·al·i·za·tion** *(n.)*

ma·te·ri·a med·i·ca [mə tēr′ĭ ə mĕd′ĭ kə] *(n.)* (١) المادة الطبِّية: مادّة، أو مواد، تُستعمل في تركيب الأدوية (٢) «أ» الأقرباذِين: فرع من الطب يبحث في مصادر الأدوية وطبيعتها وخصائصها وتحضيرها. «ب» رسالة أو بحث في الأقرباذِين.

ma·té·ri·el *or* **ma·te·ri·el** [mə tēr′ĭ ĕl′] *(n.)* (١) أجهزة؛ لوازم (٢) أسلحة؛ ذخيرة؛ مُعَدّات عسكرية.

ma·ter·nal [mə tûr′nəl] *(adj.)* أُمّيّ: «أ» ذو علاقة بالأمّ أو مميِّزٌ لها <~ affection>. «ب» قريبٌ أو نسيبٌ من ناحية الأم <my ~ aunt>. «ج» موروث أو مستمَدّ من الأمّ <~ traits of character>.

ma·ter·ni·ty [mə tûr′nə tĭ] *(n.; adj.)* (١) «أ» أمومة. «ب» حنان؛ عطف (٢) دار التوليد § (٣) حَمْليّ <a ~ dress> (٤) وِلاديّ <~ leave>.

math [măth] *(n.)* = mathematics.

math·e·mat·i·cal [măth′ə măt′ĭ kəl] *also* **math·e·mat·ic** *(adj.)* (١) رياضيّ (٢) «أ» دقيق؛ مضبوط. «ب» ثابت؛ يقينيّ (٣) ممكن ولكنه بعيد الاحتمال جدًّا <had only a ~ chance>.

mathematical logic *(n.)* = symbolic logic.

math·e·ma·ti·cian [-tĭsh′ən] *(n.)* الرِّياضيّ: المتخصِّص في الرياضيات.

math·e·mat·ics [măth′ə măt′ĭks] *(n.)* الرياضيّات؛ علم الرِّياضيّات.

maths [măths] *(n. pl. chiefly Brit.)* = mathematics.

mat·in [măt′ĭn] *(adj.)* (١) صباحيّ (٢) خاصّ بصلاة الصبح.

mat·in·al [măt′ĭn əl] *(adj.)* (١) صباحيّ (٢) مبكِّر؛ باكر.

mat·i·nee *or* **mat·i·née** [măt′ə nā′] *(n.)* الحفلة النهاريّة: حفلة موسيقية أو مسرحية أو اجتماعيّة أو عامة تقام نهارًا وبخاصة بعد الظهر.

mat·ins [măt′ĭnz] *(n.)* (١) صلاة منتصف الليل أو الفجر [في الكنيسة الكاثوليكية] (٢) صلاة الصبح [في الكنيسة الأنجليكانية].

matr- or **matri-** or **matro-** بادئة معناها: أُمّ.

ma·tri·arch [mā'trĭ ärk'] (n.) الأمّ الرئيسة: امرأة تحكم أسرة أو جماعة أو دولة. وبخاصة: أمّ ترئِس [وتحكم] أسرتها وذرّيتها.

ma·tri·ar·chal [mā'trĭ är'kəl] (adj.) أُمّيّ؛ أُموميّ.

ma·tri·ar·chate [mā'trĭ är'kĭt; -kāt] (n.) (١) الأسرة أو الدولة الأمومية: أسرة [أو جماعة أو دولة] تحكمها أمّ رئيسة (٢) المرحلة الأموميّة: مرحلة نظرية من مراحل المجتمع البِدائيّ كانت السلطة العليا فيها للأمهات.

ma·tri·ar·chy [mā'trĭ är'kĭ] (n.) (١) matriarchate (٢) النظام الأموميّ: نظام اجتماعي يتميَّز بسلطة الأمّ المطلقة.

ma·tri·ces [mā'trĭ sēz'] *pl. of* matrix.

ma·tri·cide [mā'trə sīd'] (n.) (١) قَتْل الأمّ [بيَد ابنها أو ابنتِها] (٢) قاتل أمِّهِ؛ قاتلة أمّها.

— **ma·tri·cid·al** (adj.)

ma·tric·u·lant [mə trĭk'yə lənt] (n.) الطالب المرشَّح [للانتساب إلى كلية أو جامعة].

ma·tric·u·late [-'yə lāt'] (vt.; i.) (١) يَقْبله عضوًا في جماعة. وبخاصة: يقبل طالبًا في كلية أو جامعة بعد امتحان عادةً **x** (٢) يُقْبَل في جماعة أو كلية أو جامعة.

ma·tric·u·la·tion [-lā'shən] (n.) (١) قَبُولٌ في جامعة إلخ (٢) امتحان القبول بجامعة.

mat·ri·lin·e·al [mă'trə lĭn'ĭ əl] (adj.) أخْواليّ: ذو علاقة بناحية الأمّ أو مبنيّ عليها أو مُرْجِعٌ النَّسَبَ من خلالها <a ~ society>.

mat·ri·mo·ni·al [-mō'nĭ əl] (adj.) زوجيّ: ذو علاقة بالزَّواج.

mat·ri·mo·ny [măt'rə mō'nĭ] (n.) (١) زواج (٢) الزَّوجيّ: ضرب من لعِب الورق.

matrimony vine (n.) العَوْسج؛ الخَوْلان (نب).

ma·trix [mā'trĭks] (n.) pl. **-tri·ces** or **-trix·es** (١) «أ» مَنْبِت؛ منشأ. «ب» رَحِمٌ (٢) «أ» قالَب. «ب» الأُمّ؛ القالَبُ الأُمّ [في آلة سبكٍ طباعية إلخ]. «ج» الأُسطوانة الأمّ: الأسطوانة الفونوغرافية الرئيسية التي عنها تؤخَذُ النُّسَخ المتعددة (٣) اللُّحمة؛ المادة الخِلالية: المادة البَيْخَلَوية أي الواقعة بين خلال نسيج معيَّن (أح) (٤) أُمُّ الظُّفْر: نسيج غشائيّ في قاعدة الظُّفر ينشأ منه الظُّفر الجديد (ت) (٥) المصفوفة (ر).

ma·tron [mā'trən] (n.) (١) العَقِيلة: امرأة كهلة متزوجة ذات مقام اجتماعي رفيع (٢) القيِّمة [على النساء أو الأطفال في مدرسة إلخ] (٣) الرئيسة [في منظمة نسوية].

ma·tron·ize [mā'trə nīz] (vt.) ترعى [شخصًا] وكأنّها أمّه.

ma·tron·ly [mā'trən lĭ] (adj.) (١) قَيِّميّ: ذو علاقة بالقيِّمة على النساء أو الأطفال في مدرسة إلخ <her ~ duties> (٢) رزين؛ وقور.

matron of honor (n.) وصيفة الشرف [في عُرس].

matt or **matte** [măt] = mat.

matte [măt] (n.) المَتّ: خليطٌ معدني [من نحاس ورصاص ونيكل].

mat·ted [măt'ĭd] (adj.) (١) مُحَصَّر: مَكْسُوّ بالحُصُر (٢) متشابك؛ متداخل (٣) مُتَلبِّد.

mat·ter [măt'ər] (n.; vi.) (١) «أ» مسألة؛ أمر؛ شأن. «ب» قضيّة؛ موضوع خلاف أو تقاضٍ (٢) مادّة (٣) «أ» غائط. «ب» بول. «ج» قَيْح؛ صديد (٤) مقدار غير معيَّن عادةً: حوالى <a ~ of five years> (٥) «أ» شيء مطبوع أو مكتوب. «ب» أحرف طباعيّة منضَّدة. «ج» المحتوى: مادة الكتاب، تمييزًا لها عن أسلوبه أو رسومه (٦) بريد (٧) شيء هامّ <It is no ~.> § (٨) يتقيَّح <a ~*ing* wound> (٩) يَهُمّ <It doesn't ~ much.>.

a hanging ~, جريمة عقوبتُها الموت شنقًا.

for that ~; for the ~ of that بِقَدْر ما يتعلّق الأمر بكذا.

in the ~ of فيما يتعلّق بـ.

no laughing ~, شيء جدّيّ إلى حدّ بعيد.

no ~ what مَهْما.

matter of course (n.) شيء متوقَّع [بوصفه نتيجةً طبيعية أو منطقية].

mat·ter–of–fact [măt'ər əv făkt'] (adj.) واقعيّ؛ عمليّ.

as a *matter of fact* في الواقع؛ في الحقيقة.

mat·ter·y [măt'ər ĭ] (adj.) مُتقيِّح: مُنْتِجٌ قيحًا أو مشتمل على قَيْح.

mat·ting [măt'-] (n.) (١) مادة لصُنع الحُصُر (٢) «أ» حصيرة. «ب» حُصُر (٣) السطح الطافئ: سطح غير لامع [كسطح بعض المشغولات المعدنيّة].

mat·tock [măt'ək] (n.) مِعْوَل.

mat·tress [mă'trəs] (n.) (١) حَشِيّة؛ فراش (٢) الفَرْشة: كتلة من قضبان وأغصان مقطوعة متشابكة لحماية ضفة نهر إلخ من التآكل أو التَّعْرِية.

mat·u·rate [măch'ŏŏ rāt'; măt'yŏŏ rāt'] (vt.; i.) = mature.

mat·u·ra·tion [măch'ŏŏ rā'-] (n.) (١) «أ» نُضْج. «ب» إنضاج (٢) تقيُّح.

ma·ture [mə tŏŏr'; -tyŏŏr'; -chŏŏr'] (adj.; vt.; i.) (١) مدروس؛ مُرَوًّا فيه (٢) «أ» ناضج. «ب» تامّ النموّ [جسمًا أو عقلًا]. «ج» مُعتَّق <~ wines> (٣) مستحقّ الأداء أو الدفع <~ loans> § (٤) يُنضِج **x** (٥) يَنْضَج (٦) يستحقّ أداؤه أو دفعه <This note ~*d* yesterday.>.

ma·tu·ri·ty [mə tŏŏr'ə tĭ; -tyŏŏr'-; -chŏŏr'-] (n.) (١) «أ» نُضْج. «ب» رُشْد؛ إدراك (٢) استحقاق دَيْن.

ma·tu·ti·nal [mə to͞o'tə nəl; -tyo͞o'-] (adj.) صباحيّ؛ مُبَكِّر.

mat·zo [mät'sō] (n.) pl. **mat·zoth** or **mat·zos** المَسَّة: كعكة من خبزٍ فطيرٍ يأكله اليهود في عيد فِصْحهم.

maud·lin [môd'lĭn] (adj.) مَجْدَليّ: «أ» تَمِيل إلى حدٍّ يجعله يهذي ويسفح الدمع. «ب» جيّاش العاطفة مع ضعف ونزوع إلى البكاء.

maul [môl] (n.; vt.) (١) مِدَقّة؛ مطرقة خشبية § (٢) «أ» يدقّ؛ يَضْرِب. «ب» يَهْرُس. «ج» يخاشن؛ يعامل بخشونة؛ يُهْمِل (٣) يفلق الخشب [بمِدقّة ووتد].

maulstick

maul·stick [môl'stĭk'] (n.) تُكَأة الرسّام: عصًا يُسْنِد

ă at; ā date; â care; ä car; ĕ egg; ē me; ĭ in; ī bite; ŏ lot; ō bone; ô orphan; oi boil; ŏŏ good; o͞o boot; ou out; ŭ under; û urgent; ə = *a* in alone, *e* in system, *i* in easily, *o* in gallop, *u* in circus.

الرسّام يده إليها أثناء العمل .

maund [mônd] *(n.)* المُنْد : وحدة وزن هندية تعادل ٨٢,٢٨ باوندًا .

maun·der [môn'dər] *(vi.)* (١) يَهْذي ؛ يُجَمْجم (٢) يتسكّع .

Maun·dy Thursday [môn' dĭ] *(n.)* خميس العَهْد ؛ خميس الغُسْل .

mau·so·le·um [mô' sə lē'əm] *(n.)* pl. **-s** *or* **-le·a** الموسوليوم : «أ» ضريح ؛ قبر ضخمٌ فخم . وبخاصة : مبنى حجري مشتمل على مَواطن لدفن الموتى فوق الأرض . «ب» بناية [أو حجرة] ضخمة مُظلمة .

mauve [mōv] *(n.; adj.)* (١) الخُبّازي : لونٌ بنفسجيّ زاهٍ أو أرجواني مُزْرق § (٢) خُبّازيّ .

ma·ven *or* **ma·vin** [mā' vən] *(n.)* الخبير ؛ العارف بالأمور .

mav·er·ick [măv'ər ĭk] *(n.)* (١) اللاّمَوْسومة : بقرة أو نَعْجة إلخ لم تُوْسَم بمِيْسَم صاحبها (٢) الفَصِيل : عِجْل فُصِل عن أمّهِ (٣) الخارج : شخص يخرج على جماعته أو حزبه ويختطّ لنفسه مسلكًا مستقلًا .

ma·vis [mā' vĭs] *(n.)* السُّمنة الغِرّيدة (ط) .

mavis

maw [mô] *(n.)* (١) «أ» مَعِدة . «ب» حَوْصلة الطائر (٢) الفم أو البلعوم أو الفكّان [وبخاصّة من حيوانٍ لاحم] .

mawk·ish [mô' kĭsh] *(adj.)* (١) «أ» مُغْثٍ : باعثٌ على الغثيان . «ب» insipid (٢) عاطفيّ على نحوٍ متهافت أو صِبياني <~ love tales> .

max·i [măk' sē] *(n.)* المَكْسِيّ : ثوب طويل جدًا .

max·il·la [măk sĭl'ə] *(n.)* pl. **-e** *or* **-s** الفكّ الأعلى (ت) .

max·il·lar·y [măk'sə lĕr'ĭ] *(adj.; n.)* (١) فكّي : ذو علاقة بالفكّ أو بعظم الفكّ أو بالفكّ الأعلى § (٢) «أ» الفكّ . «ب» عظم الفكّ (ت) .

max·il·li·ped [măk sĭl'ə pĕd'] *or* **max·il·li·pede** [-pēd] *(n.)* الرُّجَيْلة الفكّيّة (ح) .

maxillo- بادئة معناها : فكّيّ و . . . <*maxillo*facial> .

max·im [măk' sĭm] *(n.)* (١) حقيقة عامة ؛ مبدأ أساسيّ ؛ قاعدة سلوك (٢) حكمة أو مَثَلٌ سائر .

max·i·ma [măk' sə mə] *pl. of* maximum.

max·i·mal [măk' sə məl] *(adj.)* (١) كامل (٢) أعلى ؛ أكبر ؛ أكمل .

max·i·mal·ist [măk'-] *(n.)* المتطرّف . وبخاصة : اشتراكي ينادي بضرورة الاستيلاء العاجل على السلطة بوسائل ثورية .

max·i·mize [măk'sə mīz'] *(vt.; i.)* (١) يزيد إلى الحدّ الأعلى (٢) يعزو أهمية قصوى إلى x (٣) يفسّر [شيئًا] بمعناه الأوسع .

max·i·mum [măk' sə məm] *(n.; adj.)* (١) الحدّ الأعلى ؛ الحدّ الأقصى ؛ النهاية الكبرى § (٢) «أ» أعلى ؛ أقصى . «ب» عُليا ؛ قصوى .

max·well [măks' wĕl] *(n.)* المَكْسْويل : وحدة التدفّق المغنطيسي (كب) .

may [mā] *(verbal auxiliary)* (١) «أ» يستطيع ؛ يُمْكِنه <You ~ continue now.> . «ب» قد ؛ ربّما ؛ جائز <You ~ be wrong.> (٢) فَلْ . . . ؛ أداة دعاء <~ they all be damned.> (٣) لكي ؛ لعلّ ؛ رجاءَ أن <flatters so that she ~ win favor> (٤) يجب [في بعض النصوص القانونيّة حيث تقتضي القرينةُ ذلك] .

May [mā] *(n.)* (١) مايو ؛ نوّار ؛ أيّار (٢) *not cap.* (أ . ك .) : ربيع العُمر (٣) احتفالات عيد أول مايو (٤) *not cap.* : «أ» زُعرور . «ب» أغصان الزُّعرور وغيره [المُتَّخَذة للتزيين في عيد أول مايو] .

Ma·ya [mä'yə] *(n.)* (١) المايانيّة : لغة المايانيين (٢) المايانيّ : واحدُ المايانيين وهم عِرق من الهنود الحمر في المكسيك وفي غواتيمالا وبيليز [هندوراس البريطانية سابقًا] .

Ma·yan [mä'yən] *(n.; adj.)* (١) الشعوب المايانيّة : الشعوب الناطقة باللغات المايانيّة (٢) المايانيّ : واحد من أبناء هذه الشعوب (٣) اللغات المايانيّة : مجموعة لغات يُنطق بها في أميركا الوسطى والمكسيك § (٤) مايانيّ .

may·ap·ple [mā'ăp əl] *(n.)* تُفاح مايو ؛ التفّاح الهندي ؛ البودوفلّون الدَّرَقي : «أ» نبات عشبيّ ذو ثمرات بيضيّة الشكل . «ب» ثمر تفّاح مايو .

may·be [1] [mā' bĭ; mā' bē] *(adv.)* رُبّما .

may·be [2] *(n.)* شكّ ؛ حَيْرة ؛ تردّد .

May Day *(n.)* عيد أوّل مايو ؛ عيد العمّال .

may·flow·er [mā'-] *(n.)* زهرة مايو ؛ زهرة نوّار .

may·fly [mā' flī'] *(n.)* ذبابة مايو ؛ ذبابة نوّار .

mayfly

may·hap [mā' hăp'; mā' hăp] *(adv.)* رُبّما .

may·hem [mā' hĕm] *(n.)* (١) «أ» التّشويه ؛ التشويه المستديم : تشويه شخص ببتر أحد أعضائه . «ب» إقعاد ؛ تعطيل (٢) أذًى أو ضرر متعمَّد .

May·ing [mā' ĭng] *(n.)* التّنَوُّر : الاحتفال بعيد أول نوّار .

may·on·naise [mā'ə nāz'] *(n.)* المَيُونيز : صلصة كثيفة من صفار البيض المخفوق والخلّ والزيت والتوابل إلخ .

may·or [mā'ər; mâr] *(n.)* المحافظ ؛ العُمدة ؛ رئيس البلديّة .

may·or·al·ty [-əl tĭ] *(n.)* المحافظيّة : منصب المحافظ أو مدةُ ولايته .

may·or·ess [-əs] *(n.)* (١) زوجة المحافظ أو رئيس البلدية (٢) رئيسة بلدية .

may·pole [mā' pōl'] *(n.)* سارية نوّار : عمود مزيّن بالأشرطة والأزهار إلخ يُنصب في العراء ليُرْقَصَ حوله في عيد أول نوّار أو مايو .

maypole

may·pop [mā' pŏp'] *(n.)* زهرة الآلام : نبات معترش أو ثمره .

May queen *(n.)* ملكة نوّار : فتاة تُنتخَب ملكةً لعيد أول نوّار .

May·tide [mā' tīd'] *(n.)* = Maytime.

May·time [mā' tīm'] *(n.)* شهر مايو ؛ شهر نوّار .

maz·ard [măz' ərd] *(n.)* رأس ؛ وجه (ع) .

maze [māz] *(vt.; n.)* (١) يُذْهِل ؛ يَشْدَه (٢) يحيّر ؛ يُرْبك § (٣) المَتاهَة : شبكة من الممرات المعقّدة المحيِّرة (٤) حيرة ؛ ذهول .

ma·zer [mā' zər] *(n.)* المَيْزَر : طاس كبيرة تُصنَع من خشب .

ma·zur·ka [mə zûr'-] *(n.)* المازوركا : رقصة بولندية شعبية أو موسيقاها .

ma·zy [mā' zĭ] *(adj.)* محيِّر ؛ مذهل ؛ كثير الالتواءات المعقّدة .

M-day [ĕm' dā'] *(n.)* يوم التعبئة : يوم ابتداء التعبئة العسكرية .

me [mē] *(pron.)* ضمير المتكلّم في حالتَي النصب والخفض (ل) .

mead [mēd] *(n.)* المِيد : شراب مخمَّر يُعَدّ من عسل ومَلت وخميرة .

mead·ow [mĕd′ō] *(n.)* مَرْج ؛ أرضٌ خَضِرة .

meadow grass *(n.)* الكَلَئِيّة : عشب من الفصيلة النجيليّة .

mead·ow·land [mĕd′ō lănd′] *(n.)* مَرْج ؛ مَرْجة ؛ أرضٌ خَضِرة .

mead·ow·lark [mĕd′ō lärk′] *(n.)* قُبَّرة المروج ؛ قُنْبَرة المروج (طا) .

meadow mouse *(n.)* فأر المروج .

meadow saffron *(n.)* الزعفران الريفيّ ؛ سُورنجان الخريف (نب) .

mead·ow·sweet [-swēt′] *(n.)* الإكليل الأبيض ؛ ملكة المروج (نب) .

mea·ger *or* **mea·gre** [mē′gər] *(adj.)* (١) نحيل <had a ~ face> (٢) هزيل ؛ ضئيل <a ~ salary> .

meal[1] [mēl] *(n.)* (١) وجبة ؛ وَقْعة طعام (٢) تناول الطعام أو وَقْتُهُ .

meal[2] *(n.)* الجَرِيش . وبخاصة : دقيق الذُّرة أو الحنطة .

mea·lie [mē′lĭ] *(n.)* (١) ذُرَة (٢) كوز ذُرَة .

meal·time [mēl′tīm′] *(n.)* وقتُ الطعام ؛ موعد الطعام .

meal·worm [mēl′wûrm′] *(n.)* سوسة الدقيق .

meal·y [mē′lĭ] *(adj.)* (١) سهل التفتت (٢) «أ» دقيقيّ : محتوٍ على دقيق . «ب» مُغْبَرّ : مغطًّى بدقيق . «ج» منقَّط ؛ مرقَّط . «د» شاحب (٣) مَلِق ؛ مُخادِع ؛ معسول اللسان .

meal·y·bug [mē′lĭ bŭg′] *(n.)* البقّة المُغْبَرّة : حشرة مُغْبَرّة الإهاب مُتلفة للأشجار المثمرة .

meal·y·mouthed [-mouthd′] *(adj.)* مَلِق ؛ مخادِع ؛ معسول اللسان .

mean[1] [mēn] *(adj.)* (١) وضيع <of ~ birth> (٢) عاديّ ؛ تعوزه القوّة أو البراعة <Adib is no ~ scholar.> (٣) حقير <built a ~ house> (٤) دنيء ؛ خسيس <~ motives> (٥) شحيح ؛ بخيل <was ~ about money> (٦) «أ» أنانيّ ؛ خبيث . «ب» مضايِق ؛ مزعج . «ج» ممتاز ؛ فعّال (ع) (٧) «أ» خَجِلٌ <Her ready cooperation made me feel ~ for what I had said.> . «ب» منحرف الصحة (عا) .

mean[2] *(vt.; i.)* (١) «أ» يَقْصِد ؛ يعني ؛ يريد . «ب» تفيد [الكلمةُ] معنًى (٢) ينوي ؛ يضمر ؛ يعتزم (٣) يُعَدّ لغرض مخصوص <was ~t for a soldier> (٤) يعني : يكون ذا درجة معيَّنة من الأهمية <said that health ~s everything>.

to ~ business يَجِدّ ؛ يكون جادًّا ؛ يعني ما يقول .

to ~ well by *or* to يُضمر مشاعرَ ودِّية نحوَ .

mean[3] *(adj.; n.)* (١) وَسَط ؛ متوسِّط § (٢) «أ» الوَسَط ؛ المتوسِّط . «ب» المعدَّل (٣) *pl.*: وسيلة (٤) *pl.*: «أ» موارد ماليّة <lived beyond her ~s> . «ب» غِنًى <was a man of ~s> .

by all ~s بأيّ ثمن ؛ مهما كلَّف الأمر .

by any ~s بأية طريقة ممكنة ؛ بطريقة ما .

by ~s of بواسطة كذا .

by no ~s بأية حال ؛ على الإطلاق .

by some ~s (or other) بطريقة ما ؛ بطريقة أو بأخرى .

~s to an end وسيلةٌ لغاية .

me·an·der [mĭ ăn′-] *(n.; vi.)* (١) تَمَعُّج ؛ تَعَرُّج ؛ تَلَوٍّ (٢) labyrinth (٣) مُنْعَطَف النهر § (٤) يتمعَّج ؛ يتعرّج ؛ يتلوّى (٥) يتسكَّع ؛ يهيم على وجهه .

mean deviation *(n.)* متوسِّط الانحراف (ر) .

mean distance *(n.)* متوسط البعد (فل) .

mean·ing [mē′-] *(n.; adj.)* (١) معنًى ؛ مدلول (٢) قصد ؛ هَدَف ؛ مُراد ؛ غَرَض (٣) مغزًى <a book full of ~> § (٤) ذو مغزًى <a ~ look> .

mean·ing·ful *(adj.)* ذو معنًى أو هدف <~ training> .

mean·ing·less *(adj.)* خِلوٌ من المعنى أو المغزى .

mean·ly *(adv.)* (١) بحقارة ؛ بدناءة ؛ ببخل إلخ (٢) على نحو رديء .

mean·ness [mēn′nəs] *(n.)* حقارة ؛ دناءة ؛ خِسّة ؛ بُخل إلخ .

mean proportional *(n.)* المتناسب الوسط (ر) .

mean solar day *(n.)* اليوم الشمسي المتوسط (فل) .

mean solar time *(n.)* الزمن الشمسيّ المتوسط (فل) .

means test *(n.)* استطلاع الموارد : تحقيق يُجرَى لمعرفة الوضع الماليّ لامرئ يطلب المساعدة من الدولة إلخ .

meant [mĕnt] *past and past part. of* mean.

mean·time [mēn′tīm′] *(n.; adv.)* (١) الوقت المتخلِّل : الوقت الواقع بين فترتين معيَّنتين § (٢) في غضون ذلك ؛ خلال ذلك .

for the ~, (١) في الوقت الحاضر (٢) في غضون ذلك .

in the ~, في غضون ذلك ؛ في الوقت نفسه .

mean·while [mēn′hwīl′] *(n.; adv.)* = meantime.

mea·sled [mē′zəld] *(adj.)* مَحْصوب : مصاب بالحصبة .

mea·sles [mē′zəlz] *(n.)* الحَصْبة (مض) .

mea·sly [mē′zlĭ] *(adj.)* (١) محصوب : مصاب بالحَصْبة (٢) حَصْبيّ (٣) حَصْبانيّ : شبيه بالحَصْبة (٤) تافه .

meas·ur·a·bil·i·ty [mĕzh′ər ə bĭl′-] *(n.)* المقياسية : القابلية للقياس .

meas·ur·a·ble [mĕzh′ər ə bəl] *(adj.)* يُقاس ؛ قابل للقياس .

meas·ure [mĕzh′ər] *(n.; vt.; i.)* (١) «أ» درجة معتدلة . «ب» اعتدال (٢) «أ» حدّ ؛ حدود . «ب» حجم ؛ سعة ؛ وزن ؛ قياس . «ج» مقدار ؛ درجة (٣) «أ» مقياس ؛ مكيال ؛ معيار . «ب» نظام مقاييس <metric ~> (٤) أخذُ قياس الشيء (٥) «أ» رقصة . وبخاصة : رقصة بطيئة . «ب» ميزان موسيقي (مج) . «ج» بحر (عر) . «د» تفعيلة (عر) (٦) القاسم (divisor ر) . (٧) مِحَكٌّ نقديّ (٨) إجراء ؛ تدبير § (٩) يَضْبُط ؛ يُنظِّم <~d her acts> (١٠) يُقسِم أو يوزِّع بمقاديرَ مَقِيسَة <~d out 4 cups> (١١) يقيس x (١٢) يبلغ قِياسُهُ <Our room ~s 16 feet across.> .

beyond ~, (١) مُفرط ؛ كبير جدًّا (٢) بإفراط .

greatest common ~, القاسِم المشترك الأعظم (ر) .

in a great (large) ~, إلى حدّ بعيد .

in a ~, إلى حدٍّ ما، إلى درجة معيَّنة.

in some ~, إلى حدٍّ ما.

made to ~, مَخيطٌ وَفْقَ مقاييس جسم المرء.

to ~ one's length يسقط منبطحًا على الأرض.

to ~ up (١) يتناسب مع؛ يكون على مستوى كذا (٢) يباري؛ يضارع.

to set ~*s* to يَحُدّ؛ يضع حدًّا لِـ.

to take ~*s* يتخذ الإجراءات الضرورية.

to take one's ~, يأخذ [الخيّاط] قياس جسم المرء.

without ~, بإفراط؛ بغير اعتدال.

mea·sured [mĕzh'ərd] *(adj.)* (١) متناسب (٢) موزون [عروضيًا] (٣) «أ» مدروس؛ مُرَوًّا فيه <his ~ speech>. «ب» متعمَّد <~ insolence>.

meas·ure·less *(adj.)* لا يُقاس؛ لا حدَّ له.

meas·ure·ment [mĕzh'ər mənt] *(n.)* (١) القياس: أَخْذُ قياس الشيء (٢) قياس؛ مَقاس؛ حجم (٣) نظام مقاييس.

meat [mēt] *(n.)* (١) «أ» طعام <~ and drink>. «ب» اللُّبّ: الجزء الذي يؤكَل من الثمرة أو الجوزة إلخ (٢) لحم (٣) وجبة الطعام الرئيسية <said grace before ~> (٤) قلب؛ لُبّ؛ جوهر؛ زُبدة.

meat–ax [mēt'ăks'] *(n.)* (١) السّاطور؛ ساطور الجزّار (٢) إجراء عنيف.

meat by–product *(n.)* حَصِيلة الذَّبح الثانية: كلّ ما ينشأ عن ذبح الحيوانات من نتاج مفيد [باستثناء اللحم].

meat·head [mēt'hĕd'] *(n.)* الغبيّ؛ المغفَّل؛ الأحمق.

meat·man [mēt'măn] *(n.)* الجزّار؛ القصّاب؛ اللحّام.

me·a·tus [mĭ ā'təs] *(n.)* صِماخ؛ قناة [كصِماخ الأُذن إلخ].

meat·y [mē'tĭ] *(adj.)* (١) «أ» لَحميّ. «ب» لَحمانيّ: شبيه باللحم (٢) «أ» لحيم؛ كثير اللحم. «ب» مغذٍّ. «ج» غنيّ بالمادة الفكريّة.

Mec·ca [mĕk'ə] *(n.)* (١) مكّة المكرَّمة (٢) *not cap.*: مَحَجَّة؛ قِبلة.

mechan- *or* **mechano-** بادئة معناها: ماكينة؛ ميكانيكيّ.

me·chan·i·c [mə kăn'ĭk] *(adj.; n.)* (١) يدويّ: مُقْتَضٍ براعةً يدويةً (٢) ميكانيكيّ: ذو علاقة بالماكينات أو ذو طبيعة كطبيعتها <the ~ arts> <~ devices> § (٣) الحِرَفيّ (٤) الميكانيكي: الصّانع اليدوي وبخاصة: مُصْلِح الماكينات.

me·chan·i·cal [mə kăn'ə kəl] *(adj.)* (١) «أ» ميكانيكيّ: ذو علاقة بالماكينات والآلات. أيضًا: مُنْتَجٌ أو مُسيَّر بماكينة. «ب» يدويّ؛ حِرَفيّ: متعلق بالأعمال اليدوية أو بطبقة الصُّنّاع الحرفيّين (٢) آليّ؛ أوتوماتيكيّ؛ مُنْجَزٌ من غير تفكير <~ movement> (٣) ميكانيكيّ: متعلق بعلم الميكانيكا أو مُخْضَعٌ لمبادئ هذا العلم.

~ equivalent of heat المكافئ الميكانيكي للحرارة (فز).

mechanical advantage *(n.)* الفائدة الميكانيكية (مك).

mechanical drawing *(n.)* الرسم الميكانيكيّ.

mechanical engineering *(n.)* الهندسة الميكانيكية.

me·chan·i·cal·ly *(adv.)* ميكانيكيًّا؛ آليًّا.

mech·a·ni·cian [mĕk'ə nĭsh'ən] *(n.)* الميكانيكيّ: البارع في صُنع الآلات أو تشغيلها أو إصلاحها.

me·chan·ics [mə kăn'ĭks] *(n.)* (١) الميكانيكا؛ علم الحِيَل: «أ» شعبة من الفيزياء تُعْنى بدراسة الطاقة والقوى وأثرها في الأجسام. «ب» التطبيق العمليّ لهذا العلم في صنع الماكينات وتشغيلها (٢) التِّقْنيّة؛ الجانب التقنيّ من <the ~ of writing plays>.

mech·an·ism [mĕk'ə nĭz'əm] *(n.)* (١) آلة؛ آلية (٢) تِقْنية (٣) «أ» الآلات الميكانيكية جُملةً. «ب» الآليّة: طبيعة تركيب الأجزاء في آلة ما أو في شيء يشبهها <the ~ of the body> (٤) المذهب الآليّ أو الميكانيكيّ: المذهب القائل بأن العمليات الطبيعية [كالحياة] قابلة للتفسير بنواميس الفيزياء والكيمياء.

mech·a·nist [-'ə nĭst] *(n.)* الآليّانيّ: المؤمن بالمذهب الآلي.

mech·a·nis·tic [-nĭs'tĭk] *(adj.)* ميكانيكيّ.

mech·a·ni·za·tion [-nĭ zā'shən] *(n.)* (١) المَكْنَنَة: جعلُ الشيء ميكانيكيًّا (٢) التَّمَكْنُن: صيرورة الشيء ميكانيكيًّا.

mech·a·nize [-nīz'] *(vt.)* (١) يُمَكْنِن؛ يؤلّي: «أ» يجعل الشيء ميكانيكيًّا أو آليًّا. وبخاصة: يجعله أوتوماتيكيًّا أو روتينيًّا. «ب» يزوّد بالماكينات أو الآلات وبخاصة لتحلّ محلّ الجهد البشري أو الحيوانيّ. «ج» يزوّد بالمصفَّحات ونحوها (٢) ينتج بالماكينات أو على نحو شبيهٍ بالإنتاج الميكانيكي.

Mech·lin [mĕk'lĭn] *(n.)* تخريم مَكْلِن: ضرب من المخرَّمات.

me·co·ni·um [mĭ kō'nĭ əm] *(n.)* العِقْي: كتلة داكنة تتراكم في أمعاء الجنين ثم تُطَّرح بعد ولادته (ط).

med [mĕd] *(adj.)* طبّيّ <~ school>.

med·al [mĕd'əl] *(n.)* مَدالية؛ نَوْط؛ وسام.

med·al–be·decked *(adj.)* مزيَّن أو مُرَصَّع بالمداليات.

Medal for Merit وسام الاستحقاق.

med·al·ist *or* **med·al·list** [mĕd'əl ĭst] *(n.)* (١) الوَسّام: مصمّم الأوسمة أو ناقشُها أو صانعُها (٢) المُوَسَّم: الحامل وسامًا ما.

me·dal·lion [mə dăl'yən] *(n.)* الرَّصِيعة: «أ» مدالية كبيرة. «ب» رسمٌ نافر [أو حِلية نافرة] في جدار أو نافذة إلخ.

medal play *(n.)* مباراة في الغولف [ذات قواعد خاصة].

med·dle [mĕd'əl] *(vi.)* يتطفَّل: يتدخّل في أمر لا يعنيه.

med·dler [mĕd'lər] *(n.)* المتطفِّل: المتدخّل في ما لا يعنيه.

med·dle·some [mĕd'əl səm] *(adj.)* فُضوليّ.

medi- *or* **medio-** بادئة معناها: وَسَط <*medi*eval>.

me·di·a [1] [mē'dĭ ə] *pl. of* medium وسائل الإعلام.

me·di·a [2] *(n.)* pl. **-di·ae** الطبقة الوسطى [من جدار دموي] (ت).

me·di·a·cy [mē'dĭ ə sĭ] *(n.)* التوسّط: كون الشيء في موقع متوسط.

me·di·al [mē'dĭ əl] *(adj.)* (١) متوسِّط: محتلّ موقعًا وَسَطًا (٢) وَسَطيّ: ذو علاقة بالمعدَّل أو المتوسط (٣) عاديّ.

me·di·an [mē'dĭ ən] *(n.; adj.)* (١) المتوسِّط: الواقع في الوسط

(٢) المستقيم المتوسِّط [في مثلّث] (٣) العدد المتوسِّط [في سلسلة عددية] § (٤) متوسِّط: واقع في الوسط أو مارّ عَبْر الوسط.

me·di·as·ti·nal [mē′dĭ ăs tī′-] *(adj.)* مَنْصَفيّ (را. المادة التالية).

me·di·as·ti·num [-tī′nəm] *(n.)* pl. **-na** [nə] المَنْصَف: الحيِّز المشتمل على القلب وكل ما في الصَّدر باستثناء الرئتين (ت).

me·di·ate [*adj.* mē′dĭ ĭt; *v.* -āt′] *(adj.; vi.; t.)* (١) متوسط: محتلٌّ مَوقعًا وَسَطًا (٢) غير مباشر § (٣) يتوسَّط [لإصلاح ذات البين إلخ] (٤) يسوِّي الخلافات x (٥) يُحْدِث أو يحقِّق من طريق التوسُّط <~*d* a settlement>.

me·di·a·tion *(n.)* التوسُّط: التدخُّل لإصلاح ذات البَين.

me·di·a·tive [mē′dĭ ā′tĭv] *(adj.)* توسُّطيّ؛ وساطيّ.

me·di·a·tor [mē′dĭ ā′tər] *(n.)* الوسيط؛ القائم بالوساطة.

me·di·a·to·ry [mē′dĭ ə tōr′ĭ] *(adj.)* توسُّطيّ؛ وسائطيّ: ذو علاقة بالتوسط أو مُوجَّهٌ نحوه.

me·di·a·tress [mē′dĭ ā′trĭs] *(n.)* الوسيطة؛ القائمة بالوساطة.

me·di·a·trice [mē′dĭ ā′trĭs] *(n.)* = mediatress.

me·di·a·trix [mē′dĭ ā′trĭks] *(n.)* = mediatress.

med·ic [mĕd′ĭk] *(n.)* (١) alfalfa (٢) الطبيب (٣) طالب الطب.

med·i·ca·ble [mĕd′ə-] *(adj.)* يُعالَج؛ ممكنٌ علاجُهُ أو شفاؤه.

med·i·cal [mĕd′ə kəl] *(adj.)* طبّيّ: «أ» ذو علاقة بالطبّ. «ب» متطلِّب معالجةً طبيّة. «ج» مكرَّس أو مخصَّص للمعالجة الطبية.

medical examiner *(n.)* الطبيب الشرعي: طبيب رسمي يفحص الجثّة لتحديد أسباب الوفاة [وبخاصة في حوادث الانتحار وجرائم القتل].

medical jurisprudence *(n.)* الطبّ الشرعيّ.

me·dic·a·ment [mə dĭk′ə mənt] *(n.)* دواء؛ علاج.

med·i·care [mĕd′ə kâr′] *(n.)* العناية الطبيّة؛ الضمان الصحّيّ.

med·i·cate [-kāt′] *(vt.)* (١) يطبِّب؛ يداوي (٢) يُشبع أو يمزج بمادة طبية.

med·i·ca·tion [mĕd′ə kā′shən] *(n.)* (١) تطبيب؛ مداواة؛ معالجة (٢) دواء؛ علاج.

me·dic·i·nal [mə dĭs′ə nəl] *(adj.)* شفائيّ؛ دوائيّ؛ طبّيّ.

med·i·cine [mĕd′ə sən; mĕd′sĭn] *(n.; vt.)* (١) دواء؛ علاج (٢) الطبّ؛ علم الطبّ (٣) الفَتَش: «أ» شيء يمكِّن من السيطرة على القوى الطبيعية أو السحرية [عند الهنود الحمر]. «ب» قوة سحرية أو طقس سِحري (٤) شراب مُسْكِر (ع) § (٥) يعالج؛ يداوي.

medicine ball *(n.)* كرة التريُّض: كرة كبيرة صلبة ثقيلة مكسوّة بالجلد يقذفها شخص إلى آخر على سبيل الرياضة.

medicine man *(n.)* العَرّاف: الطبيب المُشَعْوِذ أو الدجال.

med·i·co [mĕd′ə kō] *(n.)* (١) الطبيب (٢) طالب الطب.

medico- بادئة معناها: طبّي؛ طبّيّ و . . .

me·di·e·val *or* **me·di·ae·val** [mē′dĭ ē′vəl] *(adj.)* وسيطيّ؛ قُرُوْسْطيّ: ذو علاقة بالقرون الوسطى.

me·di·e·val·ism [-ē′və lĭz′əm] *(n.)* الوسيطية؛ القُرُوْسْطيّة: «أ» صفة للقرون الوسطى. «ب» التمسُّك بمؤسسات القرون الوسطى وفنونها وأعرافها.

me·di·e·val·ist *(n.)* الوسيطيّ؛ القُرُوْسْطيّ: «أ» العالِم المتخصِّص في تاريخ القرون الوسطى وثقافتها. «ب» المُعْجَب بتاريخ القرون الوسطى وثقافتها.

medio- = medi-.

me·di·o·cre [mē′dĭ ō′kər] *(adj.)* متوسِّط؛ عاديّ؛ معتدل الجودة أو ضئيلها.

me·di·oc·ri·ty [mē′dĭ ŏk′-] *(n.)* (١) «أ» التوسّط: كونُ الشيء معتدل الجودة أو ضئيلها. «ب» مَقْدِرة [أو براعة] معتدلة (٢) شخص متوسّط المقدِرة.

med·i·tate [mĕd′ə tāt′] *(vt.; i.)* (١) يتأمّل؛ يتفكّر؛ يفكّر مَلِيًّا (٢) يعتزم أمرًا x <looked at him *meditating* revenge> (٣) يستغرق في التأمل.
— **med·i·ta·tor** *(n.)*

med·i·ta·tion [-tā′shən] *(n.)* تأمّل؛ تفكُّر.

med·i·ta·tive [-tā′tĭv] *(adj.)* (١) مُولَعٌ بالتأمّل (٢) تأمّليّ.

med·i·ter·ra·ne·an [mĕd′ə tə rā′nĭ ən] *(adj.)* (١) متوسط: مُحاطٌ أو شبه مُحاط باليابسة (٢) *.cap*: متوسّطيّ: ذو علاقة بالبحر الأبيض المتوسط أو بشعوبه.

Mediterranean Sea البحر الأبيض المتوسط.

me·di·um [1] [mē′dĭ əm] *(n.)* pl. **-di·ums** *or* **-di·a** (١) «أ» شيء متوسط أو معتدل. «ب» توسّط؛ اعتدال (٢) «أ» الناقل؛ الوَسَط: مادة متخلِّلة تعمل عَبْرَها قوةٌ ما أو يُحْدَث أثرٌ ما <The air is a ~ for sound.>. «ب» مادة محيطة بشيء أو مغلِّفة له. «ج» وسيلة؛ سبيل؛ أداة <Radio is an advertising ~.>. «د» وسيط. «هـ» «الوسيط»: شخص يُزعم أنّه صلة وصلٍ بين العالم الأرضي وعالم الأرواح [في التنويم المغنطيسي]. «و» الوسائل المادية أو التِّقْنية للتعبير الفني (٣) «أ» بيئة (مج)؛ وَسَط. «ب» مُسْتَنْبَت [للبكتيريا]. «ج» الوسيط (مج): سائل يمزج به الرسّام أصباغه (٤) المتوسِّط: قياس من الورق [٢٣ × ١٨ إنشًا عادةً].

through the ~ of بواسطة كذا.

me·di·um [2] *(adj.)* متوسِّط <~ waves>.

medium frequency *(n.)* الترَدُّد المتوسط (رد).

medium of exchange *(n.)* واسطة التبادل: شيء يُتعامل به بمثابة النقد [كالخراف أو عقود الأصداف أو الحلقات النحاسية].

medlar

med·lar [mĕd′lər] *(n.)* المُشْمُلَة: شجر من الفصيلة الوردية أو ثمره.

med·ley [mĕd′lĭ] *(n.; adj.)* (١) خليط؛ مزيج (٢) اللحن الخليط: عمل موسيقي قوامُه سلسلة من الأغاني أو الألحان القصيرة § (٣) مختلط؛ متخالط.

Mé·doc [mĕ dôk′] *(n.)* المَيْدوك: ضرب من النبيذ الفرنسي.

me·dul·la [mĭ dŭl′ə] *(n.)* pl. **-las** *or* **-lae** [ē; ī] (١) النِّقي ؛ مخّ العظم (٢) اللُّبّ: النسيج الداخليّ لعضو من الأعضاء (ح) (٣) الجُمّار: الجزء المركزي من بِنْيةٍ نباتية (نب) (٤) الغِمد النُّخاعينيّ (ت).

medulla ob·lon·ga·ta [ŏb′lŏng gä′tə] *(n.)* النُّخاع المستطيل.

med·ul·lar·y [mĕd′ə lĕr′ĭ] *(adj.)* (١) جُمّاريّ: ذو علاقة بالجُمّار (نب) (٢) نِقْييّ: ذو علاقة بالنِّقي (ت) (٣) نُخاعيّ: ذو علاقة بالنخاع المستطيل (ت).

medullary sheath *(n.)* الغِمد النُّخاعينيّ (ت).

med·ul·lat·ed [mĕd′ə lā tĭd] *(adj.)* مُنَخَّع: ذو غمدٍ نُخاعيني (ت).

me·du·sa [mə do͞o′sə; mə dyo͞o′sə; -zə] *(n.)* (١) *cap.*: مَدوزة: إحدى الغرغونات الثلاث في الميثولوجيا الإغريقية (را. gorgon) (٢) pl. **-du·sae**: رئة البحر؛ قِنديل البحر.
— **me·du·san** *(adj.)*

meed [mēd] *(n.)* مكافأة؛ أجر؛ جزاء.

meek [mēk] *(adj.)* (١) حَليم (٢) خَنوع (٣) معتدل.

meer·schaum [mēr′shəm; mēr′shôm] *(n.)* (١) المَرْشوم؛ الرَّخْفة: مَعْدِن قِوامُهُ سِليكات المغنسيوم تُصْنع منه غلايين التدخين (٢) غليون مرشوميّ.

meet[1] [mēt] *(vt.; i.; n.)* (١) «أ» يَلقَى <He *met* his fate.>. «ب» يلتقي بِـ <I *met* her in the street.>. «ج» يجتمع إلى؛ يقابل <to ~ the president>. «د» يَمَسّ <His hand *met* hers.>. «هـ» يبدو للعيان. «و» يطرق السمع <the sounds that *met* his ear> (٢) يواجه؛ يقاوم؛ يقاتل (٣) يستقبل؛ يرحّب بِـ <*met* his guests at the door> (٤) «أ» يلائم؛ يوافق؛ يفي بالمرام. «ب» يُشبع؛ يُرْضي <to ~ his wishes> (٥) يدفع القيمة كاملةً <Did they ~ the costs?> (٦) يواجه [أو يردّ على] بطريقة مُرْضية <to ~ objections *or* criticisms etc.> x (٧) «أ» يلتقي؛ يتلاقى. «ب» يجتمع (٨) يتصادم؛ يلتحم في قتال (٩) يتّحد § (١٠) اللقاء: «أ» اجتماع للقنّاصين ابتغاء الصيد أو لراكبي الدرّاجات ابتغاء التباري في ركوبها إلخ. «ب» المشاركون في مثل هذا اللقاء (١١) المُلْتَقَى: مكان اللِّقاء (١٢) مباراة <football ~>.
to ~ a person halfway يلتقيه في منتصف الطريق: يستجيب لعروضه الرامية إلى إيجاد تفاهم بينهما.

meet[2] *(adj.)* ملائم؛ مناسب.

meet·ing [mē′tĭng] *(n.)* (١) «أ» اجتماع؛ لقاء. «ب» جَلْسة (٢) «أ» اجتماع ديني. «ب» حفلة في [سباق الخيل] (٣) مُلْتقًى.

meet·ing·house [mē′tĭng hous′] *(n.)* المُصَلَّى: مبنًى للعبادة وبخاصة عند البروتستانت.

meeting of minds *(n.)* اتفاق؛ توافق؛ وئام.

mega- *or* **meg-** بادئة معناها: «أ» ضخم <*mega*spore>. «ب» مليون <*mega*cycle>.

meg·a·bit [mĕg′ə bĭt′] *(n.)* الميغابِتّة: مليون بِتّة (را. bit[3]).

meg·a·byte [mĕg′ə bīt′] *(n.)* الميغابَيْتة: مليون بَيْتة (را. byte).

meg·a·ce·phal·ic [mĕg′ə sə făl′ĭk] *(adj.)* ضخم الرأس.

meg·a·ceph·a·lous [-sĕf′ə ləs] *(adj.)* ضخم الرأس.

meg·a·cy·cle [mĕg′ə sī′kəl] *(n.)* الميغاسَيْكِل: مليون دورة.

meg·a·ga·mete [mĕg′ə gə mēt′] *(n.)* = macrogamete.

meg·a·hertz [-hûrts] *(n.)* الميغاهيرتز: مليون هيرتز في الثانية.

megal- *or* **megalo-** بادئة معناها: «أ» ضخم. «ب» ضخامة.

meg·a·lith [mĕg′ə lĭth] *(n.)* المَغْليث: حجر ضخم غير منحوت مُستخدَم في كثير من الآثار الراقية إلى ما قبل التاريخ.

meg·a·lo·ma·ni·a [mĕg′ə lō mā′-] *(n.)* العُظام؛ جنون العظمة (نف).

meg·a·lo·ma·ni·ac [-′nĭ ăk′] *(adj.)* العُظاميّ؛ المَهووس بالعَظَمة.

meg·a·lop·o·lis [-lŏp′ə lĭs] *(n.)* الحاضِرة: المدينة الكبيرة.

meg·a·phone [mĕg′ə fōn′] *(n.; vt.; i.)* (١) بوق؛ صُور § (٢) يبوّق: يتكلم أو يخاطب بواسطة بوق.

me·gap·o·lis [mə găp′ə lĭs] *(n.)* = megalopolis.

meg·a·scop·ic [mĕg ə skŏp′-] *(adj.)* = macroscopic.

meg·a·spo·ran·gi·um [-spō răn′jĭ-] *(n.)* الكيس البوغي الكبير (نب).

meg·a·spore [mĕg′ə spōr′] *(n.)* البَوغ الكبير (نب).

mega·there [mĕg′ə thēr′] *(n.)* البَهْضَم: بهيمة ضخمة منقرضة من الدَّرداوات.

megathere

meg·a·ton [mĕg′ə tŭn] *(n.)* الميغاطنّ: قوة انفجاريّة تعادل قوة انفجار مليون طن من ثالث نترات التولْيووين [تي. أن. تي].

meg·a·watt [mĕg′ə wŏt′] *(n.)* الميغاواطّ: مليون واطّ (كب).

me·gilp [mə gĭlp′] *(n.)* المَغْلَب: مستحضر هُلاميّ يستخدمه الرسّامون.

meg·ohm [mĕg′ōm′] *(n.)* الميغاأوم: مليون أوم (كب).

me·grim [mē′grĭm] *(n.)* (١) «أ» الشَّقيقة: ألَم نصف الرأس. «ب» دُوار (٢) «أ» نَزْوة. «ب» كآبة؛ انقباض صَدْر (٣) المَغْرِيم: سمك مُفَلْطَح.

mei·o·sis [mī ō′sĭs] *(n.)* الانقسام المنصِّف (أح).

mei·ot·ic [mī ŏt′ĭk] *(adj.)* مُنَصِّفي: ذو علاقة بالانقسام المنصِّف.

Meis·ter·sing·er [mī′stər sĭng′ər] *(n.)* سيِّد الغناء: واحد من سادة الغناء، وهم جماعة من الموسيقيين والشعراء الألمان، معظمهم من طبقة الحِرَفيين وطبقة التجار، في القرون ١٤ و١٥ و١٦ للميلاد.

mel·a·mine [mĕl′ə mēn′] *(n.)* الميلامين: مركّب متبلّر أبيض (ك).

melan- *or* **melano-** بادئة معناها: أسود؛ قاتم.

mel·an·cho·li·a [mĕl′ən kō′lĭ ə] *(n.)* السَّوداء؛ المَلَنْخوليا (نف).

mel·an·cho·li·ac [-ăk′] *(n.)* السَّوْداويّ: المُصاب بالسّوداء.

mel·an·chol·ic *(adj.)* (١) كئيب (٢) سوداويّ؛ مَلَنْخوليّ (٣) مُحْزِن؛ مُوْقِعٌ في النفس انقباضًا.

mel·an·chol·y [mĕl′ən kŏl′ĭ] *(n.; adj.)* (١) «أ» الانقباضية: نزوع إلى الحزن أو الانقباض. «ب» السوداء؛ المَلَنْخوليا (٢) كآبة § (٣) سوداويّ؛ كئيب <a ~ mood>.

Mel·a·ne·sian [mĕl′ə nē′shən] *(n.; adj.)* (١) اللغات الميلانيزية (٢) الميلانيزيّ: أحد أبناء ميلانيزيا § (٣) ميلانيزيّ.

mé·lange [mā länzh′] *(n.)* مزيج؛ خليط.

me·lan·ic [mə lăn′ĭk] *(adj.)* أَسْفَع؛ أسود؛ قاتم البشرة.

mel·a·nin [mĕl′ə nĭn] *(n.)* المِلانين؛ القَتامين؛ الصِّبغ السّافع (كح).

mel·a·nism [mĕl′ə nĭz′əm] *(n.)* المِلانيّة؛ السَّفَع: قَتام البشرة.

mel·a·nite [mĕl′ə nīt′] *(n.)* الملانيت: غارنيت garnet أسود (مع).

mel·a·nize [mĕl′ə nīz′] *(vt.)* يقتِّم؛ يسوِّد.

melano- = melan-.

mel·a·noid [mĕl′ə noid′] *(adj.)* (١) مِلانيّ؛ قتامينيّ: مُتَّسم بأصباغ سافعة (٢) مُلانيّ: ذو علاقة بالمُلان melanosis.

mel·a·no·ma [mĕl′ə nō′mə] *(n.)* المِلانوم؛ الورم المِلانيّ.

mel·a·no·sis [mĕl′ə nō′sĭs] *(n.)* المُلان؛ التشبُّع المِلانيّ (مض).

mel·a·nous [mĕl′ə-] *(adj.)* أسْفع: ذو شعر أسود وبشرة داكنة.

mel·a·phyre [mĕl′ə fīr′] *(n.)* المَلافير: صخر ناريّ داكن اللون.

mel·ba toast [mĕl′bə] *(n.)* شرائح خبز رقيقة محمَّصة.

Mel·chite *or* **Mel·kite** [-′kīt] *(n.)* المَلَكيّ: واحد المَلَكيين وهم نصارى مصر وسوريا الذين خضعوا لمقرّرات مجمع خلقيدونيا المسكونيّ (٤٥١ م.).

meld[1] [mĕld] *(vt.; i.; n.)* (١) يُصرِّح: يعلن أن في يده تشكيلة متجانسة من الأوراق أو يكشف عن هذه التشكيلة [في البيناكل وغيره من ألعاب الورق] § (٢) تصريح [عن امتلاك تشكيلة متجانسة من ورق اللعب] (٣) المتجانسة: تشكيلة متجانسة من ورق اللعب.

meld[2] *(vt.; i.; n.)* (١) يَمْزُج x (٢) يمتزج § (٣) مزيج.

me·lee; mê·lée [mā′lā; mā lā′] *(n.)* (١) شِجار (٢) فوضى.

mel·ic [mĕl′ĭk] *(adj.)* غِنائيّ. وبخاصة: ذو علاقة بالشعر الغنائي اليوناني في القرنين السابع والسادس قبل الميلاد.

mel·i·lot [mĕl′ə lŏt′] *(n.)* الحَنْدَقوق؛ الذُّرَق؛ إكليل الملِك (نب).

mel·i·nite [mĕl′ə nīt′] *(n.)* المَلْنيت: متفجّر شديد.

mel·io·rate [mēl′yə rāt′] *(vt.; i.)* (١) يُحَسِّن x (٢) يتحسَّن.

mel·io·ra·tion [-rā′shən] *(n.)* (١) تحسين (٢) تَحَسُّن.

mel·io·rism [-rĭz′əm] *(n.)* التَّحَسُّنيّة: الإيمان بأن تحسُّن المجتمع من طريق الجهد البشري الواعي أمرٌ ممكن. — **mel·io·rist** *(n.; adj.)*

mell [mĕl] *(vt.; i.)* (١) يمزُج؛ يخلِط x (٢) يمتزج؛ يختلط (عب).

mel·lif·er·ous [mə lĭf′ər əs] *(adj.)* مُعَسِّل: مُوَلِّدٌ عَسَلًا.

mel·lif·lu·ent [-′lo͞o ənt] *(adj.)* = mellifluous.

mel·lif·lu·ous [-′lo͞o əs] *(adj.)* (١) مَعْسُول؛ مُحَلّى بالعَسَل (٢) منساب برقّة <a ~ voice>.

mel·low [mĕl′ō] *(adj.; vt.; i.)* (١) «أ» يافع <~ peach>. «ب» معتّق <~ wine> (٢) مصقول الحاشية: ليِّن العريكة بفضل السن والخبرة (٣) «أ» رخيم. «ب» رقيق؛ لطيف (٤) «أ» مَرِح؛ مبتهج. «ب» ثمل بعض الشيء (٥) طريّ § (٦) يجعله يانعًا أو مُعَتَّقًا إلخ x (٧) يصبح يانعًا أو معتَّقًا.

me·lo·de·on [mə lō′dĭ ən] *(n.)* المَلَدْيون: أرغن مزماريّ صغير (مو).

me·lod·ic [mə lŏd′ĭk] *(adj.)* لَحْنيّ: ذو علاقة باللحن (مو).

me·lo·di·ous [-lō′dĭ-] *(adj.)* (١) رخيم؛ شَجِيّ (٢) لحنيّ (مو).

mel·o·dist [mĕl′ə dĭst] *(n.)* (١) المغنِّي (٢) الملحِّن.

mel·o·dize *(vt.; i.)* (١) يجعلُهُ رَخيمًا أو شجيًّا x (٢) يُلحِّن؛ يَعْزِف.

mel·o·dra·ma [mĕl′ə drä mə] *(n.)* (١) الميلودراما؛ المَشجاة: تمثيلية عاطفية مثيرة تعتمد على الحادثة والعقدة أكثر مما تعتمد على تصوير الشخصيات (٢) أحداث مثيرة؛ سلوك مثير.

mel·o·dra·mat·ic *(adj.)* (١) ميلودراميّ؛ مَشْجانيّ (٢) مثير.

mel·o·dra·mat·ics *(n. pl.)* سلوك ميلودراميّ.

mel·o·dy [mĕl′ə dĭ] *(n.)* (١) اتّساق الألحان (مو) (٢) لَحْن (مو).

mel·oid [mĕl′oid] *(adj.; n.)* (١) نافطيّ: ذو علاقة بالنافِطيّات وهي فصيلة حشرات § (٢) الذُّرّاح النافِط (حش).

mel·on [mĕl′ən] *(n.)* (١) البِطِّيخ: «أ» الشَّمّام أو البطيخ الأصفر. «ب» البطيخ الأحمر (٢) «أ» شيء مستدير كالبطيخ. «ب» كَرْش؛ بطن ضخم (٣) «أ» فائض أرباح [يوزَّع على حمَلة الأسهم]. «ب» ربح مفاجئ أو غير متوقَّع.

Mel·pom·e·ne [mĕl pŏm′ə nē′] مَلْبوميني: ربّة المأساة عند الإغريق.

melt [mĕlt] *(vi.; t.; n.)* (١) يَذوب؛ يَميع؛ ينصهِر (٢) «أ» ينحلّ؛ يتفكّك. «ب» يتلاشى؛ يتبدَّد تدريجيًّا <fog ~*ed* away> (٣) يَرِقّ؛ يَلين <Her heart ~*ed*.> x (٤) يُذيب؛ يُميع؛ يَصْهَر (٥) يُلاشي؛ يُبَدِّد (٦) يُلين؛ يعطِف قَلْبَهُ <Pity ~*ed* his heart.> § (٧) «أ» الذائب؛ الصَّهير؛ الصُّهارة. «ب» المقدار الذائب أو المصهور [خلال فترة معيّنة] (٨) «أ» إذابة؛ صَهْر. «ب» ذوبان؛ انصهار (٩) الطِّحال. وبخاصة: طِحال الحيوان الذبيح.

melt·ing [mĕl′tĭng] *(adj.)* رقيق؛ لطيف؛ ناعم.

melting point *(n.)* نقطة الانصهار (فز).

melting pot *(n.)* البُوْتَقة؛ البُودَقة: «أ» وعاء تُذاب فيه المعادن. «ب» موضع أو بلادٌ أو حالة يتمّ فيها الاندماج بين المواطنين.

mel·ton [mĕl′tən] *(n.)* المَلْتُون: نسيج صوفيّ ناعم.

melt·water [mĕlt′-] *(n.)* الذَّوْب المائيّ: الماء الذائب من جليد أو ثلج.

mem·ber [mĕm′bər] *(n.)* (١) عضو [في جسد]، مثل: «أ» ذراع؛ رِجل؛ جناح. «ب» القضيب؛ ذكَر الرَّجُل (٢) عضو [في جماعة أو حزب] (٣) «أ» جزء [من مبنًى]. «ب» حِلْيَة [معمارية] (٤) الطَّرَف: أحد طَرَفَيْ معادلة جبرية (ر).

mem·ber·ship *(n.)* (١) عضوية (٢) مجموع الأعضاء.

mem·bra·na·ceous [mĕm′brə nā′-] *(adj.)* = membranous.

mem·brane [mĕm′brān] *(n.)* غِشاء [حيوانيّ أو نباتيّ].

membrane bone *(n.)* العظم الغِشائيّ (ت).

mem·bra·nous [mĕm′brə-] *(adj.)* (١) غِشائيّ (٢) رقيق.

membranous labyrinth *(n.)* التِّيه الغشائيّ [في الأُذن الباطنية].

me·men·to [mĭ mĕn′-] *(n.)* (١) التَّذْكِرة: شيء يُذكِّر أو يحذِّر (٢) تَذْكار.

me·men·to mo·ri [mĭ mĕn′tō mōr′ī] *(n.)* pl. **memento mori** تَذْكِرة الموت: جُمْجُمة، أو نَحْوُها، تُتَّخَذُ مُذَكِّرًا بالموت.

mem·o [mĕm′ō] *(n.)* = memorandum.

mem·oir [mĕm′wär] *(n.)* (١) *pl.*: «أ» مُذكِّرات. «ب» السِّيرة الذاتية: ترجمة حياة المرء بقلمه (٢) سيرة؛ ترجمة حياة (٣) تقرير [عن شيء ذي أهمية] (٤) *pl.*: مجموعة تقارير [مقدمة إلى جمعية علمية إلخ].

mem·o·ra·bil·i·a [mĕm′ə rə bĭl′ĭ ə] *(n. pl.)* (١) أشياء جديرة بالتذكّر (٢) سجلّ بأشياء كهذه (٣) تَذْكارات.

mem·o·ra·ble [mĕm′ə rə bəl] *(adj.)* بارز: جدير بأن يُذْكَر.

mem·o·ran·dum [mĕm′ə răn′dəm] *(n.)* pl. **-dums** *or* **-da** [də] (١) مُذَكِّرة (٢) المُذَكِّرة: مذكّرة ديبلوماسيّة تنطوي على خلاصة لمسألة ما وعلى الأسباب الداعية إلى اتخاذ موقف معيّن منها.

me·mo·ri·al [mə mōr′ĭ əl] *(adj.; n.)* (١) تَذْكاريّ (٢) ذاكِريّ: ذو علاقة بالذاكرة § (٣) نُصُب تذكاريّ (٤) تَذْكار (را. keepsake) (٥) مُذَكِّرة.

Memorial Day *(n.)* يوم الذِّكرى: يوم ٣٠ مايو [نوّار] الذي كان يُحتفل فيه في معظم الولايات الأميركيّة بذكرى الجنود الذين سقطوا في ساحة القتال.

me·mo·ri·al·ist *(n.)* (١) واضع المذكِّرة (٢) كاتب المذكِّرات.

me·mo·ri·al·ize [-ə līz′] *(vt.)* (١) يقدّم مُذكرة إلى (٢) يُحيي ذكرى.

me·mo·ri·ter [mə mŏr′ĭ tər] *(adv.)* عن ظهر قَلْب.

mem·o·rize [mĕm′ə rīz′] *(vt.)* يستظهر؛ يحفظ عن ظهر قلب.

mem·o·ry [mĕm′ə rĭ] *(n.)* (١) «أ» التذكّر. «ب» الذاكرة (٢) ذكرى <his earliest *memories*> (٣) إحياء لذكرى <a monument in ~ of Saladin> (٤) مدى أو نطاق الذاكرة <a time within the ~ of living men> (٥) الذاكرة: وحدة في الكومبيوتر تُخْتَزَن فيها المعلومات.

mem·sa·hib [mĕm′sä′ĭb; -hĭb] *(n.)* المَمْصاحب: سيدة أجنبية بيضاء. وبخاصّة: زوجة موظف بريطاني في الهند.

men [mĕn] *pl. of* man.

men- *or* **meno-** بادئة معناها: طَمْث؛ حَيْض <*meno*rrhagia>.

men·ace [mĕn′ĭs] *(n.; vt.; i.)* (١) تهديد؛ وعيد (٢) خطرٌ (٣) شخص مزعج § (٤) يُهدِّد؛ يتوعّد (٥) يعرّض للخطر x (٦) يتهدَّد.

me·nad [mē′năd] *(n.)* = maenad.

mé·nage [mā näzh′] *(n.)* (١) منزل (٢) تدبير شؤون المنزل.

me·nag·er·ie [mə năj′ə rĭ] *(n.)* (١) الجريئة؛ مَعْرِض الوحوش (٢) مجموعة وحوش [في مَعْرِض].

mend [mĕnd] *(vt.; i.; n.)* (١) «أ» يُصْلح. «ب» يُصحِّح. «ج» يرفو؛ يرتق؛ يرمّم. «د» يشفي x (٢) يتحسّن [وبخاصة صحيًّا] § (٣) إصلاح؛ رَتْق؛ ترميم (٤) فَتْق مرتوق إلخ.

— **mend·er** *(n.)*

on the ~, في تحسّن [وضعًا أو صحة].

to ~ a fire يذكي النارَ [بمقدار من الفحم جديد].

to ~ one's pace يُغِذّ السَّيْر؛ يُسْرِع الخطى.

men·da·cious [mĕn dā′-] *(adj.)* (١) كَذُوب؛ كثير الكَذِب <a ~ boy> (٢) كاذب <~ reports *or* memoirs>.

men·dac·i·ty [mĕn dăs′ə tĭ] *(n.)* (١) الكِذّاب: كثرة الكذب أو اعتياده (٢) كَذِبٌ؛ كِذْبة.

men·de·le·vi·um [mĕn′ də lē′vĭ əm] *(n.)* المَنْدَليڤيوم (ك).

Men·de·li·an [mĕn dē′lĭ ən] *(adj.)* مَنْدليّ: ذو علاقة بغريغور مَنْدل (١٨٢٢-١٨٨٤) أو بقوانينه الخاصة بالوراثة.

Men·del·ism [mĕn′də-] *(n.)* المَنْدَليّة: مبادئ مَنْدَل في الوراثة.

Men·del's laws قوانين مَنْدَل [في علم الوراثة].

men·di·can·cy [mĕn′də kən sĭ] *(n.)* تَسَوُّل؛ استجداء؛ شِحاذة.

men·di·cant [mĕn′də kənt] *(n.; adj.)* (١) المتسوّل؛ المستجدي؛ الشحّاذ (٢) الراهب المستجدي (مج): عضوٌ في أخوية دينية تعيش على الصدقات § (٣) متسوّل؛ عائش على الصدقات.

men·dic·i·ty [mĕn dĭs′ə tĭ] *(n.)* تَسَوُّل؛ استجداء؛ شِحاذة.

men·folk [mĕn′fōk′] *(n.)* الرِّجال؛ رجال الأسرة أو المجتمع.

men·ha·den [mĕn hā′-] *(n.)* المَنْهيْدِن: سمك من فصيلة الرَّنكة.

men·hir [mĕn′hēr] *(n.)* المَنْهير: نُصُب قبتاريخيّ prehistoric الأصل عادةً، قوامُهُ حجرٌ مُفْرَد عموديّ ضخم.

me·ni·al [mē′nĭ əl] *(n.; adj.)* (١) خادم § (٢) حقير؛ وضيع (٣) ذليل.

mening- *or* **meningo-** *also* **meningi-** بادئة معناها: سَحايا.

me·nin·ge·al [mĭ nĭn′jĭ əl] *(adj.)* سِحائيّ: متعلّق بالسَّحايا (ت).

me·nin·ges [mĭ nĭn′jēz] *(n. pl.)* السَّحايا: أغشية الدماغ.

men·in·gi·tis [mĕn′ĭn jī′tĭs] *(n.)* التهاب السَّحايا (مض).

me·nin·go·coc·cus [mĕ nĭng′gə kŏk′əs] *(n.)* المكوَّرة السَّحائية.

me·ninx [mē′nĭngks] *(n.)* pl. **me·nin·ges** [mĭ nĭn′jēz] السِّحاءة: إحدى سَحايا الدماغ (ت).

me·nis·cus [mĭ nĭs′kəs] *(n.)* pl. **-nis·ci** [nĭs′ī] *also* **-cus·es** (١) عَدَسة مقعَّرة محدَّبة (٢) «أ» هلال. «ب» جسم هلاليّ الشكل (٣) السَّطح الهلاليّ: سطحُ السائلِ المقعَّرُ أو المحدَّبُ بسبب الخاصة الشَّعرية capillarity (٤) الهِلالة؛ الهِلالة المَفْصليّة: غضروفٌ ليفيّ ضِمن مَفْصِل، وبخاصة ضمن مَفصِل الركبة (ت).

meniscus 3.

men·o·pau·sal [mĕn ə pô′zəl] *(adj.)* إياسيّ: خاصّ بسنّ اليأس.

men·o·pause [-′ə pôz′] *(n.)* الإياس: سنّ انقطاع الطمث.

me·nor·ah [mə nōr′ə] *(n.)* المِينورة: شمعدان يستعمله اليهود.

men·or·rha·gi·a [mĕn′ə rā′jĭ ə] *(n.)* فَرْط الطَّمث (مض).

men·sal¹ [mĕn′səl] *(adj.)* مائديّ: ذو علاقة بالمائدة.

men·sal² [mĕn′səl] *(adj.)* شهريّ.

men·ses [mĕn′sēz] *(n. pl.)* الطَّمْث؛ الحَيْض.

Men·she·vik [mĕn′shĕ vĭk] *(n.)* المَنْشَفيّ [وجمعُها المناشفة]: عضو في جناح من الحزب الديموقراطي الاشتراكي الروسي، قبل الثورة الروسية وخلالها، مؤمن بتحقيق الاشتراكية التدريجي بالطرائق البرلمانيّة مخالفًا بذلك سياسة البلاشفة.

— **Men·she·vism** *(n.)*

Men·she·vist *(n.; adj.)* (١) المَنْشَفيّ: واحد المناشفة § (٢) مَنْشَفيّ.

men's room *(n.)* مِرحاض الرِّجال .

men·stru·al [mĕn′strōō əl] *(adj.)* (١) طَمْثيّ ؛ حَيْضيّ (٢) شهريّ .

men·stru·ate [mĕn′strōō āt′] *(vi.)* تَطْمُث ؛ تحيضُ [المرأة] .

men·stru·a·tion [mĕn′strōō ā′shən] *(n.)* الطَّمْث ؛ الحَيْض .

men·stru·ous [-′strōō əs] *(adj.)* (١) طَمْثيّ ؛ حَيْضيّ (٢) طامث ؛ حائض .

men·stru·um [mĕn′strōō əm] *(n.)* pl. **-stru·ums** *or* **-stru·a** [strōō ə] المُذيب : المادة المُذِيبة أو المُحلِّلة .

men·sur·a·ble [mĕn′shər-] *(adj.)* يُقاس ؛ قابلٌ للقياس .

men·su·ral [mĕn′shə-] *(adj.)* قِياسيّ : ذو علاقة بالقَيْس أو القِياس .

men·su·ra·tion [mĕn′shə rā′-] *(n.)* (١) القَيْس ؛ القياس : أخْذُ قياس الشيء (٢) فنّ القياس (ر) .

mens·wear [mĕnz′wâr′] *(n.)* ملابس الرِّجال .

-ment لاحقة معناها : «أ» نتيجة عملٍ معيَّن . «ب» وسيلة عملٍ معيَّن . «ج» عمل ؛ عملية . «د» مكان عملٍ معيَّن . «هـ» حالة ؛ وَضْع .

men·tal¹ [mĕn′təl] *(adj.)* (١) عَقْلي ؛ ذهنيّ ؛ فِكريّ (٢) روحيّ .

men·tal² *(adj.)* ذَقَنيّ : ذو علاقة بالذَّقن (ت) .

mental age *(n.)* العُمر العقلي (نف) .

mental deficiency *(n.)* القصور العقلي ؛ التخلُّف العقلي .

mental disease *(n.)* المرض العقلي ؛ الاضطراب العقلي .

men·tal·i·ty [mĕn tăl′-] *(n.)* (١) عقل ؛ ذكاء (٢) عقلية ؛ ذهنية .

men·tal·ly [mĕn′tə lĭ] *(adv.)* عقليًّا ؛ ذهنيًّا .

men·thene [-′thēn] *(n.)* المنتين : هيدروكربون زيتيّ عديم اللون (ك) .

men·thol [-′thōl] *(n.)* المَنْتول : مركَّب يُستخرج من النعناع البُسْتانيّ (ك) .

men·tho·lat·ed *(adj.)* مُمَنْتَل : محتوٍ على منتول أو مُشْبَعٌ به .

men·tion [mĕn′shən] *(vt.; n.)* (١) «أ» يَذْكر ؛ يشير إلى . «ب» ينوّه بِـ § (٢) «أ» ذِكْر ؛ إشارة عابرة . «ب» تنويه بِـ .

— **men·tion·er** *(n.)*

not to ~, هذا فضلاً عن . . .

men·tion·a·ble *(adj.)* ممكنٌ ذِكرُهُ ؛ ممكنٌ التنويه به .

men·tor [mĕn′tər] *(n.)* (١) النّاصح المُخْلِص (٢) المعلِّم الخاصّ .

men·u [mĕn′yōō; mā′nyōō] *(n.)* (١) القائمة : «أ» قائمة الطعام [في مطعم] . «ب» قائمة مماثلة يمكن الاختيار منها <a ~ of television programs> (٢) «أ» ألوان الطعام : أصناف الطعام المقدَّمة في وجبة معيَّنة . «ب» الوجبة نفسُها .

me·ow [mĭ ou′; myou] *(n.; vi.)* (١) المُواء : صوت الهرّ (٢) ملاحظة حاقدةٌ أو خبيثة § (٣) تموء [الهرةُ] .

me·per·i·dine [mə pĕr′ĭ-] *(n.)* الميبريدين : عقّار مُخدِّر .

Meph·i·stoph·e·les [mĕf′ə stŏf′ə lēz′] *(n.)* مَفيسْتوفيليس : أحد الشياطين السبعة الرئيسيين ، في أساطير القرون الوسطى .

me·phit·ic [mĕ fĭt′ĭk] *(adj.)* (١) نَتِن (٢) سامّ .

me·phi·tis [mə fī′tĭs] *(n.)* (١) نتانة ؛ وَخَم (٢) رائحة كريهة (٣) .*cap* : الظَّربان الأميركي : حيوان مُنْتِن الرائحة .

mer- بادئة معناها : بحر <*mer*maid> .

mer·can·tile [mûr′kən tĭl; -tīl] *(adj.)* (١) تجاريّ (٢) مَرْكَنْتليّ .

mer·can·til·ism *(n.)* (١) النزعة التجارية ؛ الروح التجارية (٢) المَرْكَنْتليّة : نظام اقتصادي من أبرز أهدافه تعزيزُ ثروة الأمة من طريق التنظيم الصارم لكامل الاقتصاد القومي .

mer·cap·tan [mər kăp′tăn] *(n.)* المَرْكَبْتان : مُركَّب عضوي (ك) .

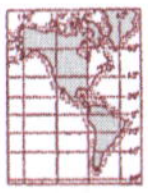
Mercator projection

Mercator projection *(n.)* الإسقاط المركاتوري : طريقة في رسم الخرائط تُمثَّل فيها خطوط الطول والعرض بخطوط مستقيمة لا بخطوط منحنية ، وتتزايد فيها المسافات بين خطوط العرض كلَّما ابتعد خط العَرْض عن خط الاستواء .

mer·ce·nar·y [mûr′sə nĕr′ĭ] *(n.; adj.)* (١) المرتزِق : مَنْ يَخْدم لمجرَّد الأجْر . وبخاصة : الجنديّ المستأجَر : أحد الجنود المرتزِقة المستأجَرين للخدمة في جيش أجنبي § (٢) «أ» مرتزِق . «ب» جَشِع (٣) مستأجَر [للخدمة في جيش دولة أجنبية] .

mer·cer [mûr′sər] *(n.)* البزّاز : تاجر الأقمشة [وبخاصة الحريرية] .

mer·cer·ize [mûr′sə rīz′] *(vt.)* يُمَرْسِرُ : يُمتِّن القطن المغزول ويصقله ويجعله أكثر تقبّلًا للأصباغ بمعالجته بالصودا الكاوية .

mer·cer·y [mûr′sə rĭ] *(n.)* (١) البِزازة : الاتّجار بالأقمشة وبخاصة الحريرية منها (٢) دكان البزّاز [أو الأقمشة التي يتّجر بها] .

mer·chan·dise [*n.* mûr′chən dīz′; -dīs′; *v.* -dīz′] *(n.; vi.; t.)* (١) بضائع ؛ سِلَع (٢) تجارة (ا . ق) § (٣) يُتاجر x (٤) يُبَضِّع : يخطِّط لترويج السِّلع وتسويقها من طريق العرض الجذاب والإعلان المتواصل .

mer·chant [mûr′chənt] *(n.; adj.; vt.)* (١) التاجر (٢) صاحب المَتْجر (٣) الاختصاصيّ § (٤) تجاريّ <~ ships> § (٥) يتّجر بِـ .

mer·chant·a·ble [-′chən tə bəl] *(adj.)* = marketable *1.*

mer·chant·man *(n.)* (١) تاجر (ا . ق) (٢) سفينة تجارية .

merchant marine *(n.)* (١) الأسطول التجاري [لدولة ما] (٢) رجال الأسطول التجاري : ربابنة الأسطول التجاري وملّاحوه .

merchant ship *(n.)* سفينة تجارية .

mer·ci·ful [mûr′sĭ fəl] *(adj.)* رحيم ؛ رؤوف .

mer·ci·less [mûr′sĭ ləs] *(adj.)* قاسي الفؤاد ؛ عديم الرحمة .

mercur- *or* **mercuro-** بادئة معناها : زئبق .

mer·cu·rate [mûr′kyə rāt′] *(vt.)* يُزَأبق : يمزج أو يعالج بالزئبق .

mer·cu·ri·al [mər kyōōr′ĭ əl] *(adj.; n.)* (١) عُطارديّ : ذو علاقة بالكوكب السيّار عُطارد (٢) فصيح أو ماكر أو متلصّص [مثل الإلّه عطارد] (٣) متقلّب ؛ زئبقي المزاج (٤) زئبقي § (٥) العَقّار الزّئبقي : مُسْتَحضر صيدليّ أو كيميائيّ متضمِّن زئبقًا .

ă at; ā date; â care; ä car; ĕ egg; ē me; ĭ in; ī bite; ŏ lot; ō bone; ô orphan; oi boil; ŏŏ good; ōō boot; ou out; ŭ under; û urgent; ə = *a* in alone, *e* in system, *i* in easily, *o* in gallop, *u* in circus.

mer·cu·ric [-ˈĭk] *(adj.)* زِئبقي : متضمِّن زئبقًا ثنائيّ التكافؤ .

mer·cu·ro·chrome [-ˈə krōm′] *(n.)* المَرْكروكروم : ذرور أخضر متبلّر ينحلّ في الماء فينشأ عنه سائلٌ أحمرُ يُتّخذ مطهِّرًا وقاتلًا للجراثيم .

mer·cu·rous [-ˈəs] *(adj.)* زِئبقيّ : متضمّن زئبقًا أُحاديّ التكافؤ .

Mer·cu·ry [1] [mûrˈkyə rĭ] عُطارد : رسول الآلهة وإلّه التجارة والفصاحة والأسفار والمكر واللصوصية عند الرومان .

Mer·cu·ry [2] عُطارد : أصغر الكواكب السيارة .

mer·cu·ry *(n.)* (١) الزِّئبق (ك) (٢) زئبق المِحرّ [أو الترمومتر] ؛ زئبق البارومتر (٣) الحَلْبوب ؛ عصا هَرْمِس : نبات عشبي سامّ .

mercury chloride *(n.)* كلوريد الزئبق (ك) .

mer·cu·ry–va·por lamp *(n.)* مصباح البخار الزئبقي : مصباح كهربائي .

mer·cy [mûrˈsĭ] *(n.)* (١) «أ» رحمة ؛ رأفة . «ب» الرحمة : السجن بدلًا من الإعدام [لمتّهم بجريمة عقوبتها الموت] (٢) نِعمة ؛ بَرَكة <That's a ~!> .

mercy killing *(n.)* = euthanasia.

mercy seat *(n.)* عرش الرحمة : «أ» الغطاء الذهبيّ لتابوت العهد عند بني إسرائيل . «ب» عرش الله .

mere [1] [mēr] *(n.)* (١) بُحيرة (٢) بِركة (٣) حدّ ؛ تَخْم .

mere [2] *(adj.)* (١) مُجَرَّد <He's a ~ child.> (٢) مَحْض ؛ صِرف <~ genius>.

-mere لاحقة معناها : قُسيمة ؛ جزء <ecto*mere*> .

mere·ly [mērˈlĭ] *(adv.)* فحَسْبُ ؛ ليس غير .

mer·e·tri·cious [mĕrˈə trĭshˈəs] *(adj.)* (١) مومِسيّ : ذو علاقة بمومِس (٢) «أ» مُبَهْرَج ؛ مُزوَّق . «ب» كاذب ؛ خادع .

mer·gan·ser [mər gănˈsər] *(n.)* البَلَقْشة : ضرب من البطّ الغوّاص .

merge [mûrj] *(vt.; i.)* (١) يُدْمِج [الشيءَ في الشيء] x (٢) يندمج .

mer·gence [mûrˈjəns] *(n.)* (١) إدماج (٢) اندماج .

merg·er [mûrˈjər] *(n.)* الاندماج : اندماج مؤسسةٍ في أخرى .

me·rid·i·an [mə rĭdˈĭ ən] *(n.; adj.)* (١) الهاجرة : منتصف النهار (ا . م) (٢) دائرة خطّ الزوال (فل) (٣) دائرة خطّ الطول (جغ) (٤) أوج [النجاح أو الشهرةِ أو السعادة أو القوة] § (٥) «أ» هاجريّ ؛ زواليّ . «ب» ظُهْريّ <the ~ hour> (٦) أوجيّ ؛ بالغٌ الذروة <~ splendor> .

me·rid·i·o·nal [mə rĭdˈĭ-] *(adj.; n.)* (١) جنوبيّ (٢) هاجريّ ؛ زواليّ § (٣) الجنوبيّ : أحد سكان أوروبا الجنوبية وبخاصة فرنسا الجنوبيّة .

me·ringue [mə răngˈ] *(n.)* المَرَنْغ : «أ» مزيج من السكّر وبياض البيض المخفوق تُكْسَى به الحلوى . «ب» كعكة صغيرة تُصنع من هذا المزيج .

me·ri·no [mə rēˈnō] *(n.; adj.)* (١) المَرينيّ ؛ المرينوس : «أ» غنم إسباني أبيض نفيس الصوف . «ب» نسيج صوفي [أو صوفي وقطني] ناعم يشبه الكشمير . «ج» غزل صوفي وقطنيّ ناعم يستعمل في الحبك § (٢) مَرينيّ .

merino *Ia.*

mer·i·stem [mĕrˈə stĕm′] *(n.)* البارض ؛ البارضة ؛ المَرِسْتيمة : نسيج جنينيّ مؤلف من خلايا قادرة على الانقسام غير المحدود (نب) .

mer·it [mĕrˈĭt] *(n.; vt.; i.)* (١) جدارة ؛ استحقاق ؛ أهلية ؛ كفاءة (٢) حَسَنَة ؛ فضيلة ؛ ميزة <the ~s of his book> (٣) *pl.* : وقائع الحالة الموضوعية [من غير تأثر بالعواطف الشخصية] § (٤) يستحقّ ؛ يستأهل .

to judge something on its ~*s* يحكُم على الأمر بموضوعية .

mer·it·ed [mĕrˈĭt ĭd] *(adj.)* مُسْتَحَقّ ؛ مُسْتأهَل .

mer·i·to·ri·ous [mĕr ə tōrˈĭ əs] *(adj.)* أهلٌ للمكافأة أو التقدير .

merit system *(n.)* نظام الجدارة : نظام تكون فيه التعيينات والترقيات الإدارية مبنيّة على الكفاءة لا على المحاباة السياسيّة .

merle *or* **merl** [mûrl] *(n.)* الشُّحرور (طا) .

mer·lin [mûrˈlĭn] *(n.)* اليُؤيؤ ؛ الجَلَم : صقر صغير .

mer·lon [-ˈlən] *(n.)* المَرْلون : الجدار الفاصل بين فتحتين في شرفة حِصن .

mer·maid [mûrˈmād′] *(n.)* حُوريّة الماء : مخلوقة بحرية خرافية لها جسد امرأة وذيل سمكة .

mer·man [mûrˈmăn′] *(n.)* غُرانِق الماء : مخلوق بحري خرافيّ له جسد رَجُل وذيل سمكة .

mer·o·blas·tic [mĕrˈə blăsˈtĭk] *(adj.)* جزئيّة الانفلاق [صفةٌ للبيضة] .

-merous لاحقة معناها : ذو عدد معيَّن من الأجزاء .

Mer·o·vin·gi·an [mĕrˈə vĭnˈjĭ ən] *(adj.; n.)* (١) ميروفنجيّ § (٢) الميروفنجيّ : أحد أفراد الأسرة الميروفنجيّة وهي الأسرة الفرنكية أو الفرنجية الأولى التي حكمت بلاد الغال (٤٤٨-٧٥١م) .

mer·ri·ly [mĕrˈĭ lĭ] *(adv.)* بمَرَح ؛ بقَصْف ؛ بجَذَل .

mer·ri·ment [mĕrˈə mənt] *(n.)* (١) مَرَح ؛ قَصْف (٢) مِهرجان .

mer·ry [mĕrˈĭ] *(adj.)* (١) مَرِح (٢) بهيج ؛ متّسم بالبهجة <a ~ Christmas> (٣) رشيق ؛ ناشط <a ~ pace> .

to make ~, يَمْرح ؛ يَقْصُف .

to make ~ over يهزأ بـ ؛ يسخر من .

mer·ry–an·drew [mĕrˈĭ ănˈdro͞o] *(n.)* المُهرِّج ؛ المُضحِّك .

mer·ry–go–round [mĕrˈĭ gō-] *(n.)* (١) دُوّامة الخيل (٢) المَدْوَرة : مُلْتقى طُرُق تتخذ فيه السيارات اتجاهًا دائريًّا فقط (٣) الدُّوّامة : «أ» حركة دائرية سريعة . «ب» تعاقب الأحداث على نحو سريع مثير .

merry-go-round *I.*

mer·ry·mak·er [mĕrˈĭ māˈkər] *(n.)* القاصف ؛ المُمَهرِج : المشارك في قَصْف أو مِهرجان .

mer·ry·mak·ing *(n.)* القَصْف : لهوٌ صاخب .

mer·ry·thought [mĕrˈĭ thôt′] *(n.)* عَظْم التَّرْقُوَة [عند الطيور] .

mes- *or* **meso-** بادئة معناها : «أ» أوسط . «ب» متوسط الحجم .

me·sa [māˈsə] *(n.)* المَيْسة : هضبة مستوية السّطح متحدّرة الجوانب .

mé·sal·li·ance [māˈzə lĭˈəns] *(n.)* الزواج اللّامتكافئ [اجتماعيًّا] .

mes·cal [mĕs kălˈ] *(n.)* المَسْكَل : «أ» ضربٌ من الصَّبّار (نب) . «ب» مُسْكِر مكسيكي يُستقطَر من أوراق المَسْكَل الداخليّة .

mesc·lun [mĕsˈklən] *(n.)* المَسْكْلان : سَلَطة قِوامُها الخضر الغضّة .

mes·dames [mā dȧm′] *pl. of* madam *or of* madame.

mes·de·moi·selles [mād mwȧ zĕl′] *pl. of* mademoiselle.

me·seems [mē sēmz′] *(v. impersonal)* يبدو لي (ا . ق).

mes·en·ceph·a·lon [mĕs′ĕn sĕf′ə-] *(n.)* pl. **-s** *or* **-la** الدّماغ الأوسط.

mes·en·chy·mal [mĕs ĕng′kə məl] *(adj.)* مَزَنْشيميّ (أج).

mes·en·chyme [mĕs′ĕng kīm] *(n.)* المَزَنشيم؛ الطبقة المتوسّطة (أج).

mes·en·ter·ic [mĕs′ən tĕr′ĭk] *(adj.)* مساريقيّ: ذو علاقة بالمساريقا.

mes·en·ter·on [mĕs ĕn′tə rŏn′] *(n.)* pl. **-ter·a** المِعَى الأوسط.

mes·en·ter·y [mĕs′ən tĕr′ĭ] *(n.)* المَساريقا: الأغشية [أو أحد الأغشية] التي تغلّف الأمعاء وتشدّها إلى جدار البطن الخلفيّ (ت).

mesh [mĕsh] *(n.; vt.; i.)* (١) العَيْن: إحدى عيون الشبكة أو نحوها (٢) *pl.*: خيوط الشبكة (٣) «أ» شبكة. «ب» شَرَك؛ أُحبولة (٤) تعشيق؛ اشتباك التروس <in ~> § (٥) «أ» يلتقط بشبكة. «ب» يَحْتبل: يُوقع في شَرَك أو أُحبولة (٦) يشبّك: يجعله شبيهًا بشبكة (٧) «أ» يشابك؛ يوشّج. «ب» يعشّق [تروسَ الآلة] **x** (٨) يقع في شبكة أو شَرَك (٩) تتعشّق [تروسُ الآلة] (١٠) يتناغم؛ ينسجم.

mesh·work [mĕsh′wûrk′] *(n.)* شبكة.

mesh·y [mĕsh′ĭ] *(adj.)* مشبَّك: ذو عيون شبَكيّة.

me·si·al [mē′zĭ əl; mĕs′ĭ əl] *(adj.)* أوسط. وبخاصة: قاسمٌ الحيوانَ إلى نصفين أيمن وأيسر.

me·sit·y·lene [mĭ sĭt′ə lēn′] *(n.)* الميسيتيلين: هيدروكربون زيتيّ (ك).

mes·mer·ic [mĕs mĕr′ĭk; mĕz′-] *(adj.)* (١) مَسْمَريّ (٢) فاتن؛ ساحر.

mes·mer·ism *(n.)* (١) المَسْمَرية: التنويم المغنطيسيّ (٢) فتنة.

mes·mer·ize [mĕs′-; mĕz′-] *(vt.)* (١) يُمَسْمِر؛ ينوِّم مغنطيسيًا (٢) يفتن.

mesne [mēn] *(adj.)* مُتخلِّل؛ متوسط [من حيث زمن الحدوث].

mesne lord *(n.)* إقطاعيّ مستأجر أرضًا من آخر أكبر منه.

mes·o·blast [mĕz′ə blăst′] *(n.)* = mesoderm.

mes·o·carp [mĕz′ə kärp] *(n.)* لُبّ الثمرة (نب).

mes·o·derm [mĕz′ə dûrm′] *(n.)* الأديم المتوسط [في جنين الحيوان].

mes·o·gle·a *or* **mes·o·gloe·a** [mĕz′ə glē′ə] *(n.)* الحَشْو المَرِن؛ الهُلام المتوسط: مادة هلامية تكون بين الوُرَيقة الباطنية والوُرَيقة الخارجية في الإسفنج واللاحَشْويات.

Mes·o·lith·ic [-lĭth′-] *(adj.)* ميزوليثيّ: خاصّ بالعصر الحجري الوسيط.

me·son [mē′zŏn] *(n.)* الميزون: جُسَيمة أوّلية ذات كتلةٍ وَسَطٍ بين الألكترون والبروتون (فز).
— **me·son·ic** *(adj.)*

mes·o·neph·ros [mĕz′ə nĕf′rŏs] *(n.)* الكُلْية المتوسطة (أج).
— **mes·o·neph·ric** *(adj.)*

mes·o·phyll [mĕz′ə fĭl] *(n.)* النَّسيج الوَسَطيّ (نب).

mes·o·phyte [mĕz′ə fīt′] *(n.)* معتدلة الاسترطاب؛ نبتة الرطوبة المعتدلة: نبتة تنمو في تربة معتدلة الرطوبة (نب).

mes·o·sphere [mĕz′ə sfēr′] *(n.)* طبقة الميزوسفير؛ الغلاف الأوسط: طبقة من غلاف الأرض الجويّ.

mes·o·the·li·um [mĕz′ə thē′lĭ əm] *(n.)* pl. **-li·a** [lē ə] الظِّهارة المتوسطة: طبقة الخلايا المُسطَّحة التي تبطِّن تجاويف الجنين.

mes·o·tho·rax [mĕz′ə thōr′ăks] *(n.)* pl. **-rax·es** *or* **-ra·ces** الصَّدْر الأوسط: الفلقة الوسطى في صَدْر الحشرة.

mes·o·tho·ri·um [mĕz′ə thôr′ĭ əm] *(n.)* الميزوثوريوم؛ الثوريوم الأوسط: «الميزوثوريوم ١» mesothorium *1* [وهو نظيرٌ من نظائر الراديوم]، أو «الميزوثوريوم ٢» mesothorium *2* [وهو نظير من نظائر الأكتينيوم].

mes·o·tron [mĕz′ə trŏn] *(n.)* = meson.

Mes·o·zo·ic [-zō′ĭk] *(adj.)* دَهْرِيُوَسيطيّ: خاصّ بالدهر الوسيط (جي).

mes·quite [mĕs kēt′] *(n.)* المَسْكيت: نبات شائك.

mess [mĕs] *(n.; vt.; i.)* (١) مقدار من الطعام (٢) «أ» لون من الطعام ليّن. «ب» خبيص؛ خبيصة. «ج» قَدْر من طعام معيّن كافٍ لطبق أو لوقعة (٣) «أ» رفاق المائدة: مجموعة أشخاص يتناولون طعامهم، عادةً، معًا. «ب» مائدة مشتركة. «ج» قاعة المائدة (٤) فوضى؛ «لخبطة»؛ لاترتيب <His room was in a ~.> (٥) مأزِق؛ ورطة <got into a ~> (٦) «أ» مجموعة أشياء مختلطة بغير نظام <a ~ of documents>. «ب» مقدار؛ عدد <a little ~ of eggs> § (٧) يزوّد [الجندَ] بالطعام (٨) «أ» يوسّخ [شيئًا]؛ يجعله عديم الترتيب. «ب» يُفسِد؛ «يُلَخْبِط» (٩) يتدخل في (١٠) يُخاشن: يعامل بخشونة **x** (١١) يُعِدّ الطعام [لرفاق مائدة] (١٢) يتناول الطعام <decided to ~ together> (١٣) يعبث؛ يلهو بِـ (١٤) يتدخّل في ما لا يعنيه (١٥) يخطئ؛ يرتبك.
to make a ~ of the job يُفسِد العملَ أو المهمّة أو يؤدّيهما على نحو رديء جدًا.
to ~ with يضايق؛ يزعج.

mes·sage [mĕs′ĭj] *(n.; vt.; i.)* (١) رسالة § (٢) يبعث برسالة **x** (٣) يتراسل.

mes·sa·line [mĕs′ə lēn′] *(n.)* الميسلين: نسيج حريري رقيق.

mes·sen·ger [mĕs′ən jər] *(n.)* الرَّسول؛ الساعي.

mess hall *(n.)* قاعة الطعام. وبخاصة: قاعة طعام الجند.

mes·si·ah [mə sī′ə] *(n.)* (١) *cap.*: المسيح (٢) مخلِّصٌ منتظَر.

mes·si·an·ic [mĕs′ĭ ăn′ĭk] *(adj.)* (١) مَسِيحائيّ: ذو علاقة بمسيح أو مخلِّص منتظَر (٢) رَسُوليّ: مُتَّسمٌ بالمثالية.

Mes·si·as [mə sī′əs] *(n.)* المسيح؛ يسوع المسيح.

mes·sieurs [mĕs′ərz; mĕ syœ′] *pl. of* monsieur.

mess·i·ly *(adv.)* على نحوٍ مُتّسم بالفوضى أو القذارة إلخ.

mess·i·ness [mĕs′ə nəs] *(n.)* لاترتيب؛ اختلاط؛ فوضى؛ قذارة.

mess jacket *(n.)* المقصَّرة: سِترة رجالية قصيرةٌ ضيّقة.

mess kit *(n.)* جراب الجراية: وعاء يحتوي طبقًا معدنيًا وأدوات مائدة [للجند].

Messrs· [mĕs′ərz] *pl. of Mr.* (mister) السّادة؛ حَضَرات...

mes·suage [mĕs′wĭj] *(n.)* الدار [مع المباني والأرض التابعة لها].

mess·y [mĕs′ĭ] *(adj.)* (١) غير مرتَّب؛ متَّسم بالفوضى أو القذارة (٢) مضطرب <~ thinking> (٣) حرج <a ~ situation>.

mes·ti·za [mĕs tē′zə] *(n.)* المستيزة؛ الهجينة: بنت أو امرأة من أبوين أحدهما أوروبي والآخر هندي أميركي.

mes·ti·zo [mĕs tē′zō] *(n.)* المستيزو؛ الهجين: ولدٌ أو رجُل من أبوين أحدهما أوروبي والآخر هندي أميركي.

met [mĕt] *past and past part.* of meet.

meta- *or* **met-** بادئة معناها: «أ» بَعْد؛ ما بعد؛ تالٍ لِـ. «ب» وراء؛ ما وراء. «ج» أعلى؛ أسمى. «د» تغيُّر؛ تحوّل.

met·a·bol·ic [mĕt′ə bŏl′ĭk] *(adj.)* أيضيّ؛ استقلابيّ (أح).

me·tab·o·lism [mə tăb′ə lĭz′əm] *(n.)* الأَيْض؛ الاستقلاب: مجموع العمليات المتصلة ببناء البروتوبلازما ودثورها (أح).

me·tab·o·lite [-′ə līt′] *(n.)* الأَيْضة: مادّة ناشئة عن الأيض.

me·tab·o·lize [-′ə līz′] *(vt.; i.)* يؤيِّض: يُخْضع للأيض.

met·a·car·pal [mĕt′ə kär′pəl] *(adj.; n.)* (١) سِنعيّ (را. المادة التالية) § (٢) عَظم سِنعيّ: أيّ من عظام السِّنع الخمسة (ت).

met·a·car·pus [-pəs] *(n.)* pl. **-pi** [pī] السِّنع؛ مُشْط اليد.

met·a·cen·ter [mĕt′ə sĕn′tər] *(n.)* المركز البَيْنيّ: مركز جاذبية الجزء غير المغمور من جسم طافٍ.

met·a·chro·ma·tism [mĕt′ə krō′mə tĭz′əm] *(n.)* التحوُّل اللَّونيّ: تغيّر في اللون ناشئ عن تغيّر حرارة الجسم.

met·a·fic·tion [mĕt′ə fĭk′ shən] *(n.)* ما وراء التخييل.

met·a·gal·ax·y [-găl′-] *(n.)* (١) المجرّة الكبرى (فل) (٢) الكون.

met·a·gen·e·sis [mĕt′ə jĕn′ə sĭs] *(n.)* تناوُب الأجيال (ح).

met·al [mĕt′əl] *(n.; vt.)* (١) فِلزّ؛ مَعْدِن (٢) «أ» مِزاج؛ طَبْع. «ب» معدِن الشخص أو الشيء أو جوهره (٣) الصَّهير: الزجاج المصهور (٤) «أ» المصفوفة: مادة طباعيّة منضّدة أو مصفوفة. «ب» المصفوفيّة: كونُ هذه المادة مصفوفةً. «ج» الرّصاص: معدن الحروف المعدنية (٥) حَصْباء (٦) قضبان السكة الحديدية <Our train ran off the ~s.> § (٧) يكسو أو يصفّح بمعدن.

met·a·lan·guage [mĕt′ə-] *(n.)* ما وراء اللغة (ل).

me·tal·lic [mə tăl′ĭk] *(adj.)* (١) معدنيّ (٢) رنّان؛ صُلب.

met·al·lif·er·ous [mĕt′ə lĭf′-] *(adj.)* متضمِّنٌ مَعْدِنًا؛ مُنتِجٌ مَعْدِنًا.

met·al·log·ra·pher *(n.)* المَعْدِغرافيّ: الاختصاصي في المَعْدِغْرافيا.

met·al·log·ra·phy [mĕt′ə lŏg′rə fĭ] *(n.)* المَعْدِغْرافيا: دراسة المعادن، وبخاصة مِجهريًّا.

— **me·tal·lo·graphic** *(adj.)*

met·al·loid [mĕt′ə loid′] *(n.; adj.)* (١) الشِّبفِلزّ؛ شبه الفِلزّ § (٢) شِبْفِلزّي؛ فِلزّانيّ: شبيه بالفِلزّ.

met·al·lur·gist [mĕt′ə lûr′jĭst] *(n.)* العِدانيّ: العالم بالعِدانة.

met·al·lur·gy [mĕt′ə lûr′jĭ] *(n.)* العِدانة؛ التعدين؛ الميتالورجيا: استخلاص الفِلزّات من خاماتها ودراسة خصائصها الكيميائية.

met·al·work·ing [mĕt′əl-] *(n.)* صُنْع الأدوات المعدنية.

met·a·mere [mĕt′ə mēr′] *(n.)* الخُذامة: حلقة من سلسلة الفصوص الطوليّة المتماثلة التي تنقسم إليها أجسامُ بعض الحيوانات.

— **met·a·mer·ic** *(adj.)*

met·a·mor·phic *(adj.)* [mĕt′ə môr′fĭk] (١) مَسْخيّ؛ انمساخيّ (٢) انسلاخيّ (أح) (٣) متحوِّل (جي).

met·a·mor·phism [mĕt′ə môr′-] *(n.)* (١) التَّحَوُّل: تغيُّر في بنْية الصخر أو مظهره (جي) (٢) الانسلاخ (را. metamorphosis).

met·a·mor·phose [-′fōz] *(vt.; i.)* (١) «أ» يَمْسخ. «ب» يغيّر مظهرَ الشيء أو صِفته تغييرًا صارخًا (٢) يحوّل [بِنْيَة الصخر] x (٣) «أ» يُمْسَخ. «ب» يتحوَّل.

met·a·mor·pho·sis [-fə səs] *(n.)* (١) «أ» المَسْخ؛ الانمساخ. «ب» التحوُّل؛ الاستحالة: تغيّر صارخ في المظهر أو الصفة أو الظروف (٢) الانسلاخ: تحوُّلات الحيوانات الدنيا منذ ولادتها حتى بلوغها سنّ النّضج.

met·a·neph·ric [mĕt′ə nĕf′-] *(adj.)* خاصّ بالكُلْية الخلفيّة.

met·a·neph·ros [mĕt′ə nĕf′rŏs] *(n.)* الكُلْية الخلفيّة (أح).

met·a·phase [mĕt′ə fāz′] *(n.)* الطور الاستوائيّ [من أطوار انقسام الخليّة].

met·a·phor [mĕt′ə fər; -fôr′] *(n.)* الاستعارة؛ المجاز (بل).

met·a·phor·ic [-fôr′ĭk] *or* **-i·cal** *(adj.)* (١) استعاريّ (٢) مَجازيّ.

met·a·phos·phate [mĕt′ə fŏs′fāt′] *(n.)* الميتافوسفات (ك).

met·a·phos·phor·ic acid [mĕt′ə-] *(n.)* حَمْض الميتافوسفوريك.

met·a·phys·ic [mĕt′ə fĭz′ĭk] *(n.; adj.)* (١) «أ» الميتافيزيقا؛ ما وراء الطبيعة. «ب» نظام ميتافيزيقيّ معيَّن (٢) الفلسفة: مجموعة المبادئ التي يقوم عليها موضوعٌ ما § (٣) ميتافيزيقيّ؛ ما ورائيّ؛ غيبيّ.

met·a·phys·i·cal [-fĭz′ə-] *(adj.)* (١) ميتافيزيقيّ؛ ما ورائيّ؛ غيبيّ (٢) فَوْطبيعيّ: فوق الطبيعة أو خارقٌ لها (٣) تجريديّ أو عويص إلى حدّ بعيدٍ (٤) نظريّ.

met·a·phys·ics [-fĭz′ĭks] *(n.)* (١) الميتافيزيقا؛ ما وراء الطبيعة؛ ما بعد الطبيعة: شعبة من الفلسفة تشمل علم الوجود وعلم أصل الكون وتكوينه (٢) الفلسفة: مجموعة المبادئ التي يقوم عليها موضوعٌ ما.

met·a·pla·sia [-plā′zhə] *(n.)* التَّنَسُّح: تَحوُّلُ ضربٍ من النسيج الخَلَويّ إلى آخر، كتحوُّل الغضروف إلى عظم (فس).

met·a·plasm [1] [-plăz′əm] *(n.)* المَتَبلازم: ذلك الجزء من بروتوبلازما الخلية المؤلَّف من مادة غير حيّة (أح).

met·a·plasm [2] *(n.)* التّصحيف؛ التغيير الشكليّ (ل).

met·a·pro·te·in [-prō′tē ĭn] *(n.)* الميتابروتين: إحدى الموادّ المشتقة من البروتين بفعل الأحماض أو القلويات (كح).

met·a·psy·chol·o·gy [-sī kŏl′ə jĭ] *(n.)* علم النفس التبصُّريّ أو الماورائيّ : علم النفس الذي يهدف إلى إكمال حقائق السيكولوجيا بالتأمّل في العلاقة بين العمليات العقليّة والعمليات الجسمانيّة أو في مكانة العقل في الكون .

met·a·so·ma·tism [-sō′mə tĭz′əm] *(n.)* التَّحْوال : تحوّل ينطوي على تغيّرات في تكوين الصخور الكيميائي وفي نسيجها أيضًا (جي) .

me·ta·sta·ble [-stā′-] *(adj.)* مُتَرَزِّن ؛ شبه مستقرّ <~ compounds> .

me·tas·ta·sis [mə tăs′tə sĭs] *(n.)* pl. **-ses** [sēz′] (١) الانبثاث : انتقال «عِلّة» الداء أو العامل المسبِّب له من مقرّه الأساسي إلى جزء آخر من الجسم (٢) المُنْبَثّ : نموّ انبثاثيّ ثانوي لورم خبيث .

me·tas·ta·size [-sīz′] *(vi.)* ينبثّ : ينتشر بالانبثاث .

met·a·tar·sal [mĕt′ə tär′səl] *(adj.; n.)* (١) وَظَفيّ : ذو علاقة بالوظيف أو مُشط القدم (ت) § (٢) عظمٌ وَظفيّ (ت) .

met·a·tar·sus [-tär′səs] *(n.)* الوَظِيف ؛ مُشط القدم (ت) .

me·tath·e·sis [mə tăth′ə sĭs] *(n.)* pl. **-ses** [sēz′] (١) تغيُّر المكان : تغيّر الوضع (٢) القَلْب ؛ القَلْب المكاني .

met·a·tho·rax [mĕt′ə thōr′-] *(n.)* مؤخَّر الصدر (حش) .

Met·a·zo·a [mĕt′ə zō′ə] *(n. pl.)* التوالي (مج) ؛ المَتْزَويات : الحيوانات التي تتألف أجسادها من خلايا كثيرة .

met·a·zo·an *(n.; adj.)* (١) المَتْزَويّ : أحد المَتْزَويات § (٢) مَتْزَويّ .

mete[1] [mēt] *(vt.)* يُحَصِّص ؛ يوزِّع [حِصَصًا] .

mete[2] *(n.)* حدّ ؛ تَخْم .

me·tem·psy·cho·sis [mə tĕm(p)′sə kō′sĭs] *(n.)* التقمُّص ؛ التناسخ .

met·en·ce·phal·ic [mĕt′ĕn sə făl′ĭk] *(adj.)* خاصّ بالدماغ التالي .

met·en·ceph·a·lon [-sĕf′ə lŏn′] *(n.)* الدماغ التّالي : الدماغ الخلفيّ .

me·te·or [mē′tĭ ər] *(n.)* (١) ظاهرة جوية [كالبرق وقوس قُزَحَ] (٢) شِهاب ؛ نيزك (فل) (٣) الأثر الشِّهابي : خطّ من نورٍ ينشأ عند مرور شهاب .

me·te·or·ic [mē′tĭ ôr′ĭk] *(adj.)* (١) جوّيّ (٢) شِهابيّ ؛ نَيْزَكيّ .

me·te·or·ite [mē′tĭ ə rīt′] *(n.)* الرَّجْم ؛ الحَجَر النَّيْزَكيّ : شهاب يبلغ سطحَ الأرض من غير أن يتبدَّد تبدّدًا كاملًا (فل) .

me·te·or·it·ics [mē tĭ ə rĭt′ĭks] *(n.)* علم الشُّهب أو النيازك .

me·te·or·o·graph [mē′tĭ ər ə grăf] *(n.)* المِنْوَأة (مج) : جهاز لتدوين الظواهر الجوّيّة .

me·te·or·o·graph·ic *(adj.)* مِنْوَئيّ (را . المادة السابقة) .

me·te·or·oid [mē′tĭ ə roid′] *(n.)* (١) الشِّهاب الدائر ؛ النَّيْزك الدائر : شهاب أو نَيْزَك يدور حول الشمس (٢) الجُسَيْم الشِّهابي : الشهاب بصرف النظر عن الظواهر التي يُحدثها عند دخوله جوَّ الأرض (فل) .

me·te·or·o·log·ic [mē′tĭ ər ə lŏj′ĭk]; **-al** *(adj.)* أرصاديّ .

me·te·or·ol·o·gist [-ŏl′ə jĭst] *(n.)* الأرصاديّ : العالِم بالأرصاد .

me·te·or·ol·o·gy [-rŏl′ə jĭ] *(n.)* (١) الأرصاد الجوية : علم الأرصاد الجوية (٢) الظواهر والأحوال الجوية [لمنطقةٍ ما] .

me·ter[1] *also* **me·tre** [mē′tər] *(n.)* (١) بَحْر ؛ وزن (عر) (٢) الوزن : وَزْن الألحان (مو) .

me·ter[2] *(n.; vt.)* (١) المِتْر : وحدة الطّول في القياس المِتريّ [٣٩,٣٧ إنشًا] (٢) العَدّاد : جهازٌ من أجهزة القياس <a water-*meter*> § (٣) يُمَتِّر : يقيس بالمتر أو بالأمتار .

meter[2] 2.

-meter [mət ər] لاحقة معناها : عدّاد ؛ مقياس <thermo*meter*> .

metered mail *(n.)* البريد الموسوم : مادة بريدية مدفوعةٌ أجرتها مقدَّمًا فهي لا تحمل طابعًا بريديًا ولكنها موسومة بعلامة تقوم مقامه .

meter–kilogram–second system *(n.)* نظام المتر – كيلوغرام – ثانية .

meth- *or* **metho-** بادئة معناها : مِثِيل .

meth·ac·ry·late [mĕth ăk′rə lāt′] *(n.)* الميثاكريلات : ملح حمض الميثاكريليك (ك) .

meth·a·cryl·ic acid *(n.)* حمض الميثاكريليك (ك) .

meth·a·done [mĕth′ə dōn′] *also* **meth·a·don** [-dŏn′] *(n.)* الميثادون : عقّار مخدِّر .

meth·ane [mĕth′ān] *(n.)* الميثَيْن ؛ الميثان (ك) .

meth·a·nol [mĕth′ə nōl′] *(n.)* الميثانول : سائل كحوليّ سامّ (ك) .

me·theg·lin [mə thĕg′lĭn] *(n.)* = mead.

met·he·mo·glo·bin [mĕt hē′mə glō′-] *(n.)* المتهيموغلوبين : مركَّب من أكسجين وهيموغلوبين ينشأ في الدم نتيجةً لاستعمال بعض العقاقير (كح) .

me·the·na·mine [mĕ thē′nə mēn] *(n.)* الميثينامين : مادة تُتَّخذ مُذيبًا للحامض البولي (صي) .

me·thinks [mĭ thĭngks′] *(v. impersonal)* يبدو لي ؛ يُخَيَّل إليّ (ا . ق) .

me·thi·o·nine [mĕ thī′ə nēn′] *(n.)* الميثيونين : حمض أمينيّ (كح) .

meth·od [mĕth′əd] *(n.)* طريقة ؛ مَنْهَج ؛ نِظام .

— **me·thod·i·cal; me·thod·ic** *(adj.)*

meth·od·ism [mĕth′ə dĭz′əm] *(n.)* (١) *cap.* : الميثودية ؛ المَنْهَجيّة : كنيسة الميثوديين أو تعاليمها (٢) المنهجيّة : شدّة التمسّك بالمنهج .

meth·od·ist *(n.; adj.)* (١) المَنهجيّ ؛ النظاميّ : شخص شديد التمسّك بالمنهج أو الطريقة (٢) *cap.* : الميثوديّ ؛ المنهجيّ : أحد أتباع الميثودية (را . المادة السابقة) § (٣) منهجيّ (٤) ميثوديّ . — **meth·od·is·tic** *(adj.)*

meth·od·ize [mĕth′ə dīz′] *(vt.)* يُنَهِّج ؛ ينظِّم .

meth·od·ol·o·gy [mĕth′ə dŏl′-] *(n.)* الميثودولوجيا ؛ علم المنهج .

— **meth·od·o·log·i·cal** *(adj.)*

me·thought [mĭ thôt′] *past of* methinks.

meth·yl [mĕth′əl] *(n.)* المِثيل ؛ الميثيل (ك) .

meth·yl·al [mĕth′ə lăl′] *(n.)* المثيلال : مركَّب يُتَّخذ منوِّمًا .

methyl alcohol *(n.)* الكُحولي المِثيلي (ك).

meth·yl·a·mine [-lə mēn′] *(n.)* المِثيلامين: غاز متفجِّر مُلتهِب.

meth·yl·ate[1] [mĕth′ə lāt′] *(vt.)* (١) يُمثِّلِن: يُشبع أو يمزج بالميثانول (ك) (٢) يُمَيْثِل: يمزج بالمِثيل (ك).

meth·yl·ate[2] *(n.)* المِثيلات: مُركَّب مشتقّ من الميثانول (ك).

methylated spirit *(n.)* الكُحول المُمَيْثَل (ك).

meth·yl·ene [mĕth′ə lēn′] *(n.)* الميثيلين: جذر هيدروكربوني ثُنائيّ التكافؤ مشتقّ من الميثَين (ك).

methylene blue *(n.)* أزرقُ الميثيلين (ك).

me·tic·u·lous [mĕ tĭk′yə ləs] *(adj.)* مُوَسْوِس: شديد التدقيق في التوافه والتفاصيل.

mé·tier *also* **me·tier** [mā′tyā] *(n.)* صَنْعَة؛ مهنة؛ حَقْل اختصاص.

mé·tis [mā tēs′] *(n.)* الهجين [إنسانًا كان أو حيوانًا].

me·tol [mē′tōl] *(n.)* الميتول: مسحوق يُستخدم في تظهير الأفلام.

met·o·nym [mĕt′ə nĭm] *(n.)* لفظ مُستَخدم في الكناية (بل).

me·ton·y·my [mĭ tŏn′ə mĭ] *(n.)* الكناية (بل).
— **met·o·nym·ic; met·o·nym·i·cal** *(adj.)*

met·ope [mĕt′ə pē′; -ōp′] *(n.)* المَيْتوب: الفسحة الفاصلة بين بُروزَيْن مستطيلين في إفريز مشيَّد وَفْق فنّ العمارة الدُّوري [وتكون عادةً مزدانةً برسوم منحوتة].

FRIEZE
METOPE
Metope frieze

met·o·pon [-ə′pŏn] *(n.)* الميتوبون: عقّار مشتقّ من المورفين.

metr- *or* **metro-** بادئة معناها: رَحِمٌ <*metror*rhagia>.

met·ra·zol [mĕt′rə zōl′] *(n.)* الميترازول: عقّار منشِّط للقلب والرئتين.

me·tre [mē′tər] *(n. chiefly Brit.)* = meter.

met·ric[1] [mĕt′rĭk] *(n.)* (١) *pl.*: موازين الشِّعر (عر) (٢) مقياس؛ معيار.

met·ric[2] [mĕt′rĭk] *or* **met·ri·cal** *(adj.)* مِتْريّ: مبنيّ على المتر كوحدة قياس <the ~ system>.

-metric *or* **-metrical** لاحقة معناها: «أ» ذو علاقة بعدّاد أو جهاز قياس معيَّن أو مُستخدِمٌ ذلك العدّاد أو الجهاز. «ب» ذو علاقة بفنٍّ معيَّن أو طريقة معيَّنة في قياس الأشياء.

met·ri·cal *or* **met·ric** [mĕt′-] *(adj.)* (١) «أ» عَروضيّ: ذو علاقة بموازين الشِّعر. «ب» موزون؛ منظوم (٢) قِيْسِيّ؛ قياسيّ: ذو علاقة بقياس الأشياء.

metric hundredweight *(n.)* الهَنْدِرْدْوَيْت المتري: وحدة وزن تعادل خمسين كيلوغرامًا.

me·tri·cian [mĕ trĭsh′ən] *(n.)* = metrist.

met·rics [mĕt′rĭks] *(n. pl.)* = metric[1] *1*.

metric system *(n.)* النظام المِتري: نظامٌ عشريّ للمقاييس والأوزان مبنيّ على المِتر والكيلوغرام.

metric ton *(n.)* الطُّنّ المِتريّ: ألف كيلوغرام.

met·rist [mĕt′rĭst] *(n.)* (١) النظّام: ناظم الشِّعر (٢) الموازينيّ: البارع في استخدام أوزان الشِّعر.

me·tri·tis [mĭ trī′tĭs] *(n.)* التهاب الرَّحِم (ط).

met·ro [mĕt′rō; mā trō′] *(n.)* المترو: قطار كهربائيّ تحت الأرض.

me·trol·o·gy [mĭ trŏl′-] *(n.)* (١) علم القياس (٢) نظام مقاييسَ وموازين.

met·ro·nome [mĕt′rə nōm′] *(n.)* المِسْرَع (مج)؛ بندول الإيقاع (مو).

metronome

me·trop·o·lis [mə trŏp′ə lĭs] *(n.)* (١) العاصمة: عاصمة البلاد أو المنطقة إلخ (٢) المدينة الأمّ؛ الدولة الأمّ [لمستعمرة إغريقية قديمة] (٣) الحاضرة: مدينة كبيرة (٤) المِطرانية: كرسي المطران.

met·ro·pol·i·tan [mĕt′rə pŏl′ə tən] *(n.; adj.)* (١) المِطران (كن) (٢) العاصِميّ: أحد أبناء العاصمة § (٣) مِطرانيّ (٤) عاصميّ؛ حاضِريّ <the ~ police>.

me·tror·rha·gi·a [mē′trə rā′jĭ ə] *(n.)* النَّزْف الرَّحِميّ (مض).

-metry لاحقة معناها: فنّ [أو عملية] قياس شيء معيَّن.

met·tle [mĕt′əl] *(n.)* (١) مِزاج؛ طَبْع (٢) «أ» حماسة؛ همّة؛ نشاط؛ شجاعة. «ب» جَلَد؛ احتمال.
on one's ~, مُسْتَحَثّ على بذل أقصى جهده.

met·tled [mĕt′əld] *(adj.)* = mettlesome.

met·tle·some [mĕt′əl səm] *(adj.)* شُجاع؛ مُتَّقِدٌ نشاطًا.

mew[1] [myo͞o] *(n.)* النَّوْرَس؛ زُمَّج الماء (را. gull).

mew[2] *(vi.; t.; n.)* (١) «أ» تموءُ [الهِرّة]. «ب» يموء: يطلق صوتًا كالمُواء § (٢) المُواء: صوت الهِرّ أو صوتٌ شبيهٌ به.

mew[3] *(n.; vt.)* (١) *pl.* عد: قفص الصَّقر (٢) ملجأ؛ مُعْتَزَل (٣) *pl.*: «أ» مجموعة إسطبلات. «ب» شارع خلفيّ § (٤) يَحجز؛ يَحبس.

mewl [myo͞ol] *(vi.)* يبكي كالأطفال.

Mex·i·can [mĕk′sə kən] *(n.; adj.)* (١) المكسيكيّ: «أ» أحد أبناء المكسيك. «ب» شخص من أصل مكسيكيّ § (٢) مكسيكيّ.

Mexican bean beetle *(n.)* الدُّعسوقة المكسيكية: خنفساء مُرَقَّطة تقتات بأوراق اللوبياء.

Mexican hairless *(n.)* المكسيكيّ الأزعر: كلب صغير قليل الشعر.

Mexican Spanish *(n.)* الإسبانية المكسيكية: لغة المكسيك الإسبانية.

mez·za·nine [mĕz′ə nēn; -nĭn] *(n.)* (١) الدَّور المسروق (را. entresol) (٢) «أ» الشُّرفة الدنيا: أدنى شرفة من شرفات المسرح. «ب» الصفوف القليلة الأولى في هذه الشرفة.

mez·zo for·te [mĕt′sō fôr′tā] *(adj.; adv.)* مرتفعٌ باعتدال (مو).

mez·zo–re·lie·vo [-rĭ lē′vō] *(n.)* النَّقْش المتوسِّط: نقش متوسِّط البُروز (عم).

mez·zo·tint [mĕt′sō-] *(n.)* النَّقش التَّظليليّ [على النحاس أو الفولاذ].

mho [mō] *(n.)* المُوْء: وحدة المُوَصِّلية الكهربائية.

mi- *or* **mi·o-** بادئة معناها: أقلّ؛ أصغر <*Mio*cene>.

Mi·am·i [mī ăm′ĭ] *(n.)* (١) المَيامِيّ: أحد أفراد شعب هندي أحمر (٢) المَيامِيّة: لغة المَياميّين.

mi·aow [mĭ ou′; myou] *(n.; vi.)* = meow.

mi·as·ma [mī ăz′-; mĭ-] *(n.)* (١) المَيْزَم : «أ» جوّ سامّ كان يُعتقد أنه ينشأ من المستنقعات . «ب» جوّ خانق [من دخان التبغ إلخ] (٢) تأثير ضارّ ؛ جوّ موبوء .

mi·as·mal [mī ăz′məl] *(adj.)* مَيْزَميّ ؛ وخيم ؛ عَفِن الرائحة .

mi·as·mat·ic [mī ăz măt′ĭk] *(adj.)* = miasmal.

mi·as·mic [mī ăz′mĭk] *(adj.)* = miasmal.

mi·ca [mī′kə] *(n.)* المَيْكة ؛ البَلَق : مادة شبه زجاجيّة تتميز بقابليتها للانفلاق السّريع إلى رُقاقات بالغة الرقة .

mice [mīs] *pl. of* mouse.

mi·celle [mĭ sĕl′] *(n.)* المُذَيْلَة : جُسَيْم مُكَهْرَب في مادة شبه غروية (ك) .

Mich·ael·mas [mĭk′əl məs] *(n.)* عيد القديس ميكائيل، كبير الملائكة (٢٩ سبتمبر/أيلول) .

Michaelmas daisy *(n.)* = aster.

mick [mĭk] *(n. often cap.)* الإيرلنديّ : أحد أبناء إيرلندا .

Mick·ey Finn [mĭk′ĭ fĭn′] *(n.)* الشراب المزغول : مُسْكِر أضيف إليه مُسْهِلٌ أو مخدِّر <slipped her a ~> .

mick·le [mĭk′əl] *(adj.; adv.; n.)* (١) كثير (إسك) § (٢) كثيرًا (إسك) § (٣) مقدار كبير (إسك) .

Mic·mac [mĭk′măk] *(n.)* (١) الميكماكيّون : قبيلة من الهنود الحمر (٢) الميكماكيّ : واحد الميكماكيّين (٣) الميكماكيّة : لغة الميكماكيّين .

micr- *or* **micro-** بادئة معناها : «أ» صغير ؛ صِغْريّ <*micro*computer> . «ب» مكبِّر <*micro*scope> . «ج» جزء من مليون من وحدة معيّنة <*micro*second> . «د» مِجهريّ : مرئيّ بالمجهر فقط <*micro*organism> . «هـ» مَحلّي <*micro*climate> .

mi·cra [mī′krə] *pl. of* micron.

mi·cro [mī′krō] *(adj.)* بالغ الصِّغر ؛ مِجْهَريّ ؛ ميكروسكوبيّ .

mi·cro·a·nat·o·my [mī′krō ə năt′ə mĭ] *(n.)* = histology.

mi·cro·bar·o·graph [mī′krə băr′ə grăf′] *(n.)* الباروغراف الصِّغريّ : مِرسمة للضغط الجويّ تسجِّل تغيّراتِهِ الطفيفة .

mi·crobe [mī′krōb] *(n.)* الحُيَيّ (مج) ؛ الميكروب ؛ الجُرثوم .

mi·cro·bi·al; mi·cro·bic [mī krō′-] *(adj.)* حُيَيّ ؛ ميكروبيّ ؛ جُرثوميّ .

mi·cro·bi·cide [-bĭ sīd′] *(n.)* مُبيد الجراثيم .

mi·cro·bi·ol·o·gy [mī′krō bī ŏl′-] *(n.)* علم الأحياء المِجْهَريّ .

mi·cro·chem·is·try [-kĕm′ĭs trĭ] *(n.)* الكيمياء المِجْهرية .

mi·cro·chip [mī′krō chĭp′] *(n.)* = integrated circuit.

mi·cro·cli·mate [mī′krə klī′mĭt] *(n.)* المُناخ الصِّغري : المناخ الخاصّ بمنطقة صغيرة كالبيوت والمدن إلخ .

mi·cro·cline [-klīn′] *(n.)* الميكروكلين : معدِن من مجموعة الفِلْسبار .

mi·cro·coc·cus [mī′krə kŏk′əs] *(n.)* pl. **-coc·ci** [kŏk′sī] المكوَّرة الصِّغْريّة : جرثومة صغيرة مكوَّرة (بك) .

mi·cro·com·put·er [mī′krō-] *(n.)* الكومبيوتر الصِّغْريّ : كومبيوتر صغير جدًا (ألك) .

mi·cro·cop·y [mī′krō kŏp′ĭ] *(n.; vi.; t.)* (١) النسخة المصغَّرة : نسخة فوتوغرافيّة مصغَّرة عن مادة مطبوعة § (٢) يستخرج نسخة مصغّرة عن .

mi·cro·cosm [mī′krə kŏz′əm] *(n.)* (١) عالَم صغير (٢) الإنسان [بوصفه صورة مصغَّرة عن العالم] .

mi·cro·crys·tal·line [mī′krō krĭs′tə lĭn; -līn′] *(adj.)* مِجْهَريّ التبلُّر : ذو بلّورات لا تُرى إلا بالمجهر .

mi·cro·cyte [mī′krə sīt′] *(n.)* الكُرَيْرة الصِّغْرية : كُرَيّة دم حمراء صغيرة على نحوٍ غير سويّ تكون في بعض حالات فقر الدم، بخاصة (ط) .

mi·cro·e·co·nom·ics [mī′krō ē′kə nŏm′-] *(n.)* الاقتصاد الصِّغْريّ .

mi·cro·elec·tron·ics [-ĭ lĕk trŏn′ĭks] *(n.)* الألكترونيات الصِّغْريّة .

mi·cro·ev·o·lu·tion [mī′krō ĕv′ə lo͞o′ shən] *(n.)* التطوُّر الصِّغْريّ : تغيُّر تطوّري ثانويّ نسبيًا (أح) .

mi·cro·film [mī′krə fĭlm′] *(n.; vi.; t.)* (١) الفُلَيْم : فيلم يحمل صُوَرًا فوتوغرافية مصغَّرة عن صفحات كتاب إلخ § (٢) يُفَلِّم : يصوّر على فُلَيْم x (٣) يأخذ فُلَيْماتٍ عن .

mi·cro·fos·sil [mī′krō fŏs′əl] *(n.)* الأُحفور الصِّغْريّ (جي) .

mi·cro·gam·ete [-gə mēt′] *(n.)* المَشِيج الصِّغْريّ (أح) .

mi·cro·gram [mī′krə-] *(n.)* الميكروغرام : جزء من مليون من الغْرام .

mi·cro·graph [mī′krə grăf; -gräf] *(n.)* (١) المِرْسمة الصِّغْرية أو المِجهارية (٢) الصورة المجهرية : رسم أو صورة مأخوذةٌ عَبْرَ المجهر .

mi·crog·ra·phy [mī krŏg′rə fĭ] *(n.)* التَّجهير : «أ» الفحص بالمجهر . «ب» استخراج الصُّور والرسوم المجهرية .

mi·cro·groove [mī′krə gro͞ov′] *(n.)* (١) الثَّلْم الصِّغْريّ : ثَلْم على شكل حرف v، شديدُ الالتزاز بغيره، يُستعمل في الأسطوانات الفونوغرافية (٢) الأسطوانة الصِّغْرية : أسطوانة مسجلة بطريقة التّثليم الصِّغْريّ .

mi·cro·im·age [mī′krō ĭm′ĭj] *(n.)* الصورة الصِّغْرية : صورة على فُلَيْم (را . microfilm) مصغَّرة إلى حدّ بعيد .

mi·cro·me·te·or·ite [-mē′tĭ ə rīt] *(n.)* الرَّجْم الصِّغْريّ : رَجْم، أو حجرٌ نَيْزَكيّ، صغير إلى درجة تمكّنه من اختراق غلاف الأرض الجويّ من غير أن يُصبح متّقد الحرارة .

mi·crom·e·ter [mī krŏm′ə tər] *(n.)* المِصْغَر (مج) ؛ الميكرومتر : أداة تُستعمل مع تلسكوب أو ميكروسكوب لقياس الأبعاد والزوايا البالغة الصِّغَر .

micrometer caliper *(n.)* المِسماك المِصْغَريّ : أداة لقياس سماكة الأشياء الدِّقاق .

micrometer caliper

mi·crom·e·try [mī krŏm′ə trĭ] *(n.)* المِصْغَرية : القياس بالمِصْغَر .

mi·cro·mi·cron [mī′krō mī′krŏn] *(n.)* الميكروميكرون : جزء من مليون من الميكرون (را . المادة التالية) .

mi·cron [mī′krŏn] *(n.)* الميكرون : جزء من مليون من المِتر .

Mi·cro·ne·sian [mī krə nē′zhən] *(n.; adj.)* (١) الميكرونيزيّ : أحد سكان ميكرونيزيا ، وهي مجموعة جُزُر صغيرة واقعة شرقيّ الفيليبين (٢) اللغات الميكرونيزية § (٣) ميكرونيزيّ .

mi·cron·ize [mī′krə nīz′] *(vt.)* يُمَكْرِن : يسحن إلى جُسَيمات لا يزيد قطر كلّ منها على بضعة ميكرونات (را . micron) .

mi·cro·or·gan·ism [mī′krō ôr′-] *(n.)* المتعضّي المجهريّ .

mi·cro·pa·le·on·tol·o·gy [-pā′lĭ ən tŏl′ə jĭ] *(n.)* علم الأحافير المِجْهريّ : دراسة الأحافير الصّغرية (را . microfossil) .

mi·cro·par·a·site [-păr′ə sīt′] *(n.)* الطِّفليل : متعضٍ مجهريّ طُفَيْليّ .

mi·cro·phone [mī′krə fōn′] *(n.)* المِذياع (مج) ؛ الميكروفون : أداة لتحويل موجات الصوت إلى تيارات كهربائية .

mi·cro·pho·to·graph [mī′krō fō′-] *(n.)* الصورة الفوتوغرافية الصِّغْرية : صورة صغيرة جدًا لا تُرى إلّا إذا كُبِّرت .

mi·cro·phys·ics [mī′krə fĭz′ĭks] *(n.)* الفيزياء الصِّغرية .

mi·cro·print [mī′krō prĭnt′] *(n.)* الطبعة الصِّغرية : صورة مِجهرية تُطبع ثم تُقرأ بمكبِّر .

mi·cro·pyle [mī′krə pīl′] *(n.)* البُوَيب ؛ الفُوَيْهة («نب» و«ح») .

mi·cro·ra·dio·graph [mī′krō rā′-] *(n.)* الصورة المِشعاعية الصِّغرية : صورة بأشعة إكس تُظهِر دقائق التكوين الداخليّ .

mi·cro·read·er [mī′krō rē′dər] *(n.)* المِقْرَأ الصِّغريّ : جهاز يكبّر الصورة لكي تسهُل «قراءتها» .

microscope

mi·cro·scope [mī′krə skōp′] *(n.)* المِجْهَر ؛ الميكروسكوب .

mi·cro·scop·ic *or* **mi·cro·scop·i·cal** *(adj.)* مِجْهَريّ ؛ ميكروسكوبيّ .

mi·cros·co·py *(n.)* الاستجهار : استعمال المِجهَر أو البحث بواسطته .

mi·cro·sec·ond [-′krə sĕk′-] *(n.)* الميكروثانية : جزء من مليون من الثانية .

mi·cro·seism [mī′krō sī′zəm] *(n.)* الرُّجَيْفَة : هزة أرضية خفيفة .

mi·cro·some [mī′krə sōm′] *(n.)* الميكروسوم : إحدى الحُبَيْبات في بروتوبلازما خلايا الحيوان والنبات (أح) .

mi·cro·spo·ran·gi·um [mī′krō spō răn′jĭ əm] *(n.)* الكُيَيْس البوغيّ : كيس بوغيّ مُحْتوٍ على بُوَيغات (نب) .

mi·cro·spore [mī′krə spōr′] *(n.)* البُوَيْغ ؛ البَوْغ الصِّغْريّ (نب) .

mi·cro·spo·ro·phyll [mī′krə spōr′ə fĭl] *(n.)* الوُرَيْقة البَوْغيّة : ورقة بوغيّة تحمل بُوَيْغات (نب) .

mi·cro·struc·ture [mī′krō-] *(n.)* البِنْية الصِّغْرية [لمادةٍ ما] .

mi·cro·tone [mī′krə tōn′] *(n.)* النغمة الصِّغْرية (مو) .

mi·cro·wave [mī′krō wāv′] *(n.)* المُوَيْجَة ؛ الموجة الصِّغْرية : موجة كَهْرَطيسية قصيرةٌ نسبيًا (كب) .

microwave oven

microwave oven *(n.)* الفرن المُوَيجيّ .

mic·tu·rate [mĭk′chə rāt′] *(vi.)* يَبْوُل ؛ يُبَوِّل .

mic·tu·ri·tion [mĭk′chə rĭsh′ən] *(n.)* تَبَوُّل .

mid [mĭd] *(adj.; prep.)* (١) مُنْتَصَف (٢) أوسط § (٣) وَسْطَ ؛ بينَ .

mid·brain [mĭd′brān′] *(n.)* الدّماغ الأوسط (ت) .

mid·day [mĭd′dā′] *(n.; adj.)* (١) الظُّهر § (٢) ظُهْريّ .

mid·den [mĭd′ən] *(n.)* الدِّمنة : «أ» مَزْبلة أو كَوْمة رَوْث . «ب» ركام قاذورات . وبخاصة : رابية كانت موقعًا سَكَنَهُ الإنسان البدائي .

mid·dle [mĭd′əl] *(adj.; n.)* (١) أوسط ؛ متوسّط § (٢) وسَط (٣) منتصَف (٤) خَصْر .

middle age *(n.)* الكُهولة ؛ خريف العمر [بين الأربعين والستين] .

mid·dle-aged [mĭd′əl ājd′] *(adj.)* كهل ؛ في خريف العُمر .

Middle Ages *(n. pl.)* القرون الوسطى .

mid·dle·break·er [mĭd′əl brā′kər] *(n.)* مِحراث .

mid·dle·brow [mĭd′əl brou] *(n.; adj.)* (١) المتوسِّط الثقافة § (٢) متوسّط الثقافة .

mid·dle·bust·er [mĭd′əl bŭs′tər] *(n.)* مِحراث .

middle class *(n.)* الطبقة الوسطى .

middle distance *(n.)* (١) الوَسطيّة : ذلك الجزء من الصورة الزيتية الواقع بين أماميّتها وخلفيَّتها (٢) السّباق المتوسّط : أيٌّ من سباقات العَدْو التي تتراوح مسافتها بين ٨٠٠ متر و١٥٠٠ متر .

Middle East الشرق الأوسط .

middle ground *(n.)* الموقف الوَسَط [بين موقفَيْن متطرّفَيْن] .

mid·dle·man [mĭd′əl măn′] *(n.)* الوسيط ؛ السِّمسار .

middle name *(n.)* الاسم الأوسط [بين اسم المرء واسم أسرته] .

middle school *(n.)* المدرسة المتوسطة .

middle term *(n.)* الحدّ الأوسط (مق) .

mid·dle·weight [mĭd′əl wāt′] *(n.)* المتوسّط الوزن : «أ» شخص ذو وزن معتدل . «ب» ملاكم من الوزن المتوسط .

Middle West الغرب الأوسط [في الولايات المتحدة الأميركية] .

mid·dling [mĭd′lĭng] *(n.; adj.; adv.)* (١) سلعة متوسطة [حجمًا أو جودةً] (٢) *pl.* : جريش الحنطة ممزوجًا بالنّخالة § (٣) معتدل ؛ متوسط [حجمًا أو درجةً أو جودة] (٤) عاديّ ؛ من الدرجة الثانية § (٥) باعتدال <is ~ tall> .

mid·dor·sal [-dôr′səl] *(adj.)* نِصْظَهْريّ : واقع في منتصف الظّهر .

mid·dy [mĭd′ĭ] *(n.)* (١) طالب بَحرية : طالب في أكاديميّة بحرية (٢) البلوزة البحرية : بلوزة فضفاضة ذات قبّة بحرية [يرتديها النساء والأطفال] .

midge [mĭj] *(n.)* (١) المَيْجة : ذبابة صغيرة (٢) القَزَم .

midg·et [mĭj′ĭt] *(n.; adj.)* (١) المُيَيْجة : «أ» القَزَم . «ب» شيء أصغر بكثير من القياس المألوف § (٢) قَزَميّ ؛ صغير جدًا .

mid·gut [mĭd′gŭt′] *(n.)* المِعَى الأوسط (ت) .

mid·i [mĭd′ē] *(n.)* المُوَسَّط : ثوب متوسط الطول .

mid·i·ron [mĭd′ī′ərn] *(n.)* مِضرب حديديّ [في لعبة الغولف] .

mid·land [mĭd′lənd] *(n.; adj.)* (١) الجزء الأوسط أو الداخليّ من بلادٍ ما (٢) *cap.* : المِدْلَنديّة : «أ» الإنكليزية المنطوق بها في الأقاليم الوسطى من

إنكلترا . «ب» الإنكليزية المنطوق بها في الأجزاء الجنوبية من ولايات إيلينوْي وإنديانا وأوهايو وبنسيلفانيا إلخ § (٣) داخليّ : ذو علاقة بالأجزاء الداخلية من بلادٍ ما .

mid–life [mĭd′līf′] *(n.)* = middle age.

mid·most [mĭd′mōst′] *(adj.; adv.; n.)* (١) أوسط (٢) أعمق § (٣) في الجزء الأوسط § (٤) الجزء الأوسط .

mid·night [mĭd′nīt′] *(n.; adj.)* (١) منتصف الليل (٢) ظلمة دامسة أو متطاولة § (٣) نِصْلَيْليّ : واقعٌ في منتصف الليل <~ hours> .
to burn the ~ oil يعمل حتى ساعة متأخرة من الليل .

midnight sun *(n.)* شمس منتصف الليل : الشمس المَرْئيّة عند نصف الليل في منتصف الصيف بمناطق القطبين الشمالي والجنوبي .

mid·noon [mĭd′noon′] *(n.)* الظُّهر ؛ الظَّهيرة .

mid·point [mĭd′point′] *(n.)* النقطة الوسطى .

mid·rash [-′răsh] *(n.)* المِدْراش : تفسير يهوديّ تقليديّ للتوراة .

mid·rib [mĭd′rĭb′] *(n.)* الضِّلع الأوسط [في ورقة النبات] .

mid·riff [mĭd′rĭf] *(n.)* (١) الحجاب الحاجز (ت) (٢) الجزء الأوسط من جذع الإنسان (٣) المَدْريف : «أ» جزء من ثوب المرأة يكسو الجزء الأوسط من جذعها . «ب» ثوب نسائي يكشف عن الجزء الأوسط من جذع المرأة .

mid·sec·tion [mĭd′sĕk′-] *(n.)* القسم الأوسط . وبخاصة : الجزء الأوسط من جذع الإنسان .

mid·ship·man [mĭd′shĭp′-] *(n.)* طالب بَحريّة .

mid·ships [mĭd′shĭps′] *(adv.)* = amidships.

mid·size [mĭd′sīz′] *(adj.)* متوسط الحجم <~ cars> .

midst [mĭdst] *(n.; prep.)* (١) وَسَط (٢) غَمْرة § (٣) وَسَطَ كذا .

mid·sum·mer [mĭd′sŭm′ər] *(n.)* منتصف الصيف .

Midsummer Day *(n.)* عيد ميلاد يوحنا المعمدان (٢٤ يونيو) .

midsummer madness *(n.)* جنون مُطْبِق ؛ جنون تامّ .

mid·term [mĭd′tûrm′] *(n.)* منتصَف الفصل ؛ امتحان منتصَف الفصل .

mid·way [mĭd′wā′] *(adv.; adj.)* (١) في منتصف الطريق § (٢) متوسِّط .

mid·week [mĭd′wēk′] *(n.; adj.)* (١) منتصَف الأسبوع § (٢) واقع في منتصَف الأسبوع .

mid·week·ly [mĭd′wēk′lĭ] *(adj.; adv.)* (١) واقع في منتصف الأسبوع § (٢) في منتصف الأسبوع .

Mid·west [mĭd′wĕst′] *(n.; adj.)* (١) Middle West § (٢) غَرْبأوسطيّ : ذو علاقة بالغرب الأوسط .

mid·wife [mĭd′wīf′] *(n.)* القابلة ؛ المولِّدة ؛ «الداية» .

mid·wife·ry [-′wīf′ə rĭ] *(n.)* القِبالة : فنّ توليد النساء .

mid·win·ter [mĭd′wĭn′tər] *(n.)* منتصَف الشتاء .

mid·year [mĭd′yēr′] *(n.; adj.)* (١) «أ» امتحان منتصف السنة . «ب» *pl.* : مجموعة امتحانات منتصف السنة . أيضًا : الفترة المُخَصَّصة لذلك (٢) «أ» منتصَف السنة . «ب» منتصف السنة الدراسية § (٣) نِصْسَنَويّ : ذو علاقة بمنتصف السنة أو واقعٌ فيها .

mien [mēn] *(n.)* (١) سيماء ؛ طلعة ؛ سِحنة (٢) مَظْهر .

miff [mĭf] *(n.; vt.)* (١) استياء ؛ كَدَر (٢) شِجار تافه § (٣) يُغْضِب .

might[1] [mīt] *past of* may.

might[2] *(n.)* (١) «أ» قوة . «ب» قُدْرة (٢) مقدار كبير (ع) .

might·i·ly *(adv.)* (١) بقوّة (٢) كثيرًا ؛ إلى حدٍّ بعيد .

might·i·ness [mī′tə nəs] *(n.)* قوّة ؛ جبروت ؛ عَظَمَة .

might·y [mī′tĭ] *(adj.; adv.)* (١) قويّ ؛ جبّار ؛ عظيم (٢) ضخم (٣) استثنائيّ ؛ رائع § (٤) جدًا ؛ إلى حدّ بعيد <~ wise> .

mi·gnon·ette [mĭn′yə nĕt′] *(n.)* البُلَيْحاء العِطرية : عشب فوّاح .

mi·graine [mī′grān] *(n.)* الشَّقِيقة ؛ ألمُ نصف الرأس .

mi·grant [mī′grənt] *(n.; adj.)* (١) المُهاجر (٢) الطائر المهاجر § (٣) مُهاجر .

mi·grate [mī′grāt] *(vi.)* يهاجر ؛ يَنْزَح ؛ يرتحل .

mi·gra·tion [mī grā′shən] *(n.)* هجرة ؛ نزوح ؛ ارتحال .

migration of ions *(n.)* هجرة الأيونات ؛ ارتحال الأيونات (فز) .

mi·gra·to·ry [mī′grə tōr′ĭ] *(adj.)* (١) مهاجر <~ species> (٢) هِجريّ ؛ ترحّلي <~ movements of birds> (٣) مترحِّل ؛ متنقِّل .

migratory birds *(n. pl.)* القواطع ؛ الطيور المهاجرة .

mi·ka·do [mĭ kä′dō] *(n.)* الميكادو : أمبراطور اليابان .

mike [mīk] *(n.)* = microphone.

mi·kron [mī′krŏn] *(n.)* = micron.

mil [mĭl] *(n.)* المِلّ : «أ» ألف . «ب» وحدة طولٍ تساوي جزءًا من ألف من الإنش وتستعمل بخاصة لقياس قطر السلْك . «ج» وحدة قياسٍ زاويّ تستعمل في المدفعيّة وتعادل ١/٦٤٠٠ من ٣٦٠ درجة . «د» جزء من ألف من الجنيه القبرصي .

mi·la·dy [mĭ lā′dĭ] *(n.)* (١) الشريفة ؛ النبيلة : امرأة إنكليزية كريمة المحتِد (٢) woman of fashion (را . fashion) .

milch [mĭlch] *(adj.)* حَلوب <a ~ cow> .

mild [mīld] *(adj.)* (١) لطيف (٢) لطيف ؛ بارد : غير حادّ أو حامٍ (٣) معتدل <a ~ cigar> (٤) طَريق : قابلٌ للطَّرق أو المَطْل <~ steel> .
Draw it ~! (١) لا تبالغ (٢) تصرَّف بطريقة عاقلة!

mil·dew [mĭl′doo′] *(n.; vt.; i.)* (١) «أ» العَفَنُ الفُطْريّ : عفنٌ تُحدِثه بعض الفطريات على المادّة العضويّة أو على النباتات الحيّة . «ب» الفُطْر العفنيّ : فُطر مكوِّن لهذا العفن (٢) الارمداد : تغيّر في اللون ناشئ عن بعض الفطريات § (٣) يُعفِّن x (٤) يتعفَّن .

mild·ness [mīld′nəs] *(n.)* لُطف؛ اعتدال إلخ.

mile [mīl] *(n.)* (١) «أ» المِيل: مقياس للطول. «ب» الميل البحري (را. nautical mile) (٢) مسافة طويلة [نسبيًا].

mile·age [mī′lij] *(n.)* (١) التعويض المِيليّ: تعويض لتغطية نفقات السَّفَر بنسبة معيّنة في الميل الواحد (٢) الطول أو المسافة بالميل (٣) الرسم المِيليّ: رَسْمٌ يُتقاضَى على أساس المِيل الواحد [في النقل بالسكة الحديدية] (٤) منفعة.

mile·post [mīl′pōst′] *(n.)* المَعْلَم المِيليّ: «أ» مَعْلَم يَدُلّ على المسافة بالأميال من نقطة معيّنة. «ب» مَعْلَمٌ منصوب على مَبْعَدة من مَعْلَم مماثل.

mil·er [mī′lər] *(n.)* المتسابق المِيليّ: شخص أو فَرَس يشترك في سباق مسافتُهُ مِيلٌ.

mi·les glo·ri·o·sus [mī′lēz glōr′ĭ ō′səs] *(n.)* pl. **mi·li·tes glo·ri·o·si** [mĭl′ĭ tēz′ glōr′ĭ ō′sī] جنديّ متبجّح.

mile·stone [mīl′stōn′] *(n.)* مَعْلَم: «أ» الصُّوَّة. «ب» حَدَثٌ هامّ يمثّل مرحلةً من مراحل التاريخ أو الحياة الإنسانية.

mil·foil [mĭl′foil′] *(n.)* الألفيَّة؛ ذات الألف ورقة (نب).

mil·i·ar·i·a [mĭl′ĭ âr′ĭ ə] *(n.)* الدُّخْنيّة؛ الجاوَرْسيّة: التهاب جلديّ يتّسم بالحِكّة والتعرّق المفرط (مض).

mil·i·ar·y [mĭl′ĭ ĕr′ĭ] *(adj.)* دُخْنيّ؛ جاوَرْسيّ: مصحوبٌ بنِقاطٍ شبيهة بحَبّ الدُّخْن أو الجاوَرْس.

mi·lieu [mē lyœ′] *(n.)* وَسَط؛ مُحيط؛ بيئة.

mil·i·tan·cy [mĭl′ə tən sĭ] *(n.)* (١) القِتاليّة: حالة الاشتباك في قتال (٢) النِّضاليّة: النزوع إلى النضال.

mil·i·tant [-′ə tənt] *(adj.; n.)* (١) مقاتِل؛ محارب (٢) مناضل؛ مكافح § (٣) المقاتل؛ المحارب (٤) المُناضل؛ المُكافح.

mil·i·tar·i·ly [-′ə tĕr ə lĭ] *(adv.)* عَسْكريًا.

mil·i·ta·rism [-′ə tə rĭz′əm] *(n.)* العَسْكرية: «أ» التسلُّط العسكري؛ سيطرةُ الطبقة العسكرية، أو مُثُلها العُليا. «ب» تقديس الفضائل والمُثُل العسكرية العُليا. «ج» الرّوح العسكرية؛ سياسة الاستعداد العسكريّ العُدواني. **— mil·i·ta·ris·tic** *(adj.)*

mil·i·ta·rist [-′ə tə rĭst] *(n.)* العَسْكريّ: المُشْرَب بالروح العسكرية.

mil·i·ta·rize [-′ə tə rīz′] *(vt.)* يُعَسْكِر: «أ» يزوِّد بالقوى ووسائل الدفاع العسكرية. «ب» يُضفي الصفة العسكرية على.

mil·i·tar·y [-′ə tĕr′ĭ] *(adj.; n.)* (١) عسكريّ (٢) القوّات المسلّحة (٣) رجال الجيش. وبخاصة: ضبّاط الجيش.

military academy *(n.)* الكليّة الحربية.

military attaché *(n.)* الملحق العسكري.

military police *(n.)* الشرطة العسكرية.

military service *(n.)* الخدمة العسكرية.

mil·i·tate [-tāt′] *(vt.)* يؤثِّر؛ يَعْمَل [ضدّ شيء أو لمصلحته].

mi·li·tia [mĭ lĭsh′ə] *(n.)* الميليشيا: «أ» جزء من القوات المسلحة النظاميّة يُدْعى إلى الخدمة عند الطوارئ فحسب. «ب» جميع المواطنين الذكور الأصحاء الأجسام الصالحين للخدمة العسكرية.

mi·li·tia·man [-mən] *(n.)* الجنديّ الرَّديف: جندي من الميليشيا.

mil·i·um [mĭl′ĭ əm] *(n.)* pl. **mil·i·a** العُدَّة الدُّخْنيّة: حُبَيْبَة في البشرة ضاربة إلى البياض شبيهةٌ بحبّ الدُّخْن.

milk [mĭlk] *(n.; vt.; i.; adj.)* (١) لَبَن؛ حليب (٢) «أ» النَّسَل: لبن التين الأخضر. «ب» الدُّمّاع: ما يسيل من الشجر إذا قُطِع. «ج» ماء جوز الهند § (٣) يَحْلِب (٤) يُرضِع (٥) يبتزّ؛ يستغلّ (٦) يستنزف x (٧) تُنتج [البقرة] لبنًا § (٨) حَلُوب؛ لَبون <~ cows>.

milk–and–water *(adj.)* خفيف؛ تفِهٌ؛ غير مُركَّز.

milk·er [mĭl′kər] *(n.)* (١) الحالب؛ المُستحلِب (٢) المِحْلب: ماكينة الحَلْب (٣) الحَلوب: بقرة منتجةٌ لبنًا.

milk fever *(n.)* حُمَّى الإرضاع؛ حُمَّى اللَّبن.

milk house *(n.)* المَلْبنة: مبنًى لتعقيم اللبن وتعبئتِهِ.

milk leg *(n.)* الرُّجال الوِلاديّ: ورمٌ مؤلمٌ في الرِّجل عند الولادة.

milk–liv·ered *(adj.)* جبان؛ رِعْديد؛ مخلوع الفؤاد.

milk·maid [-′mād′] *(n.)* = dairymaid.

milk·man [-′măn′] *(n.)* اللبّان؛ الحلاّب: بائع اللبن أو الحليب.

milk of magnesia حليب المغنيسيا: مُسْهِل ومقاوِم للحموضة.

milk punch *(n.)* البَنْش اللبنيّ: شراب من كحول وحليب وسكّر.

milk shake *(n.)* المخفوق اللَّبنيّ: شراب من لبن يُخْفَق مع المثلّجات.

milk sickness *(n.)* داء اللبن: مرض من أعراضه التقيّؤ والإمساك يحدث من تناول ألبان الماشية المسمَّمة أو لحومها.

milk snake *(n.)* أفعى اللبن: أفعى أميركيّة غير سامّة.

milk·sop [-′sŏp′] *(n.)* شابٌ أو رَجُلٌ مخنَّث.

milk sugar *(n.)* اللَّكتوز؛ سكّر اللبن.

milk tooth *(n.)* الرّاضعة: إحدى الأسنان اللَّبنيّة المؤقّتة.

milk vetch *(n.)* الأَسْطَراغالُس: نبات عشبيّ.

milk·weed [-′wēd′] *(n.)* الصُّقلاب؛ حشيشة اللبن (نب).

milk–white [-′hwīt′] *(adj.)* لَبَنيّ البياض.

milk·wort [-′wûrt′] *(n.)* المُسْتَدِرّة: نبات من فصيلة المُسْتَدِرّات.

milk·y [mĭl′kĭ] *(adj.)* (١) لبنيّ (٢) «أ» أنيس؛ وديع. «ب» جبان (٣) لابن؛ حلوب.

Milky Way *(n.)* الطريق اللَّبنيّة؛ دَرْب اللّبّانة (فل).

mill[1] [mĭl] *(n.; vt.; i.)* (١) مِطحنة؛ طاحونة؛ طاحون (٢) مصنع؛ معمل (٣) «أ» السّكّاكة: آلة لضرب النقود. «ب» مِعصرة. «ج» المِصْقل: آلة للصَّقل (٤) محرِّك السيارة إلخ (ع) § (٥) «أ» يَطْحَن. «ب» يَعْصِر (٦) يَصْقُل (٧) يسكّ [العملة] (٨) يخفق؛ يجعله مُزبدًا <to ~ chocolate> x (٩) يلاكم (١٠) يتحرك دائريًا في غير نظام [كقطيع ماشية] (١١) يُطْحَن (١٢) يُصْقَل.

mill[2] *(n.)* المِلّ: جزء من ألف من الدولار الأميركي.

mill·board [mĭl′bōrd′] *(n.)* الكرتون؛ الورق المُقوّى.

mill·dam [mĭl′dăm′] *(n.)* (١) سدّ الطاحون: سدّ يقام على نهر لإدارة

دولاب الطاحون (٢) millpond .

mille [mĭl] *(n.)* أَلْف .

milled [mĭld] *(adj.)* (١) مطحون (٢) مصقول (٣) مصنَّع .

mil·le·nar·i·an [mĭl′ə nâr′-] *(adj.; n.)* (١) ألفيّ : «أ» ذو علاقة بالإيمان بالعصر الألفيّ السعيد. «ب» ذو علاقة بألف سنة § (٢) الألفيّ: المؤمن بالعصر الألفيّ السعيد. **— mil·le·nar·i·an·ism** *(n.)*

mil·le·nar·y [mĭl′ə nĕr′ĭ] *(n.; adj.)* (١) «أ» ألف . «ب» ألف سنة (٢) millenarian *2* § (٣) «أ» ألفيّ. «ب» متعلق بالعصر الألفي السعيد.

mil·len·ni·al [mĭ lĕn′ĭ əl] *(adj.)* = millenary.

mil·len·ni·um [mĭ lĕn′ĭ əm] *(n.)* pl. **-ni·a** *or* **-s** (١) «أ» العصر الألفيّ السعيد [الذي سيملك فيه المسيح على الأرض] (نص). «ب» فترة سعادة أو عدالة مطلقة أو تحرُّر من نقائص الوجود البشري (٢) «أ» ألف عام. «ب» الذكرى الألفيّة أو الاحتفال بها.

mil·le·pede [mĭl′ə pēd′] *(n.)* = millipede.

mil·le·pore [mĭl′ə pōr′] *(n.)* الألفيّ المسامّ؛ غاب البحر: مرجان ضخم متشعّب.

millepore

mill·er [mĭl′ər] *(n.)* (١) الطحّان (٢) المُغْبِرَّة: ضرب من العُثّ أو الفَراش ذَرُوري الأجنحة (٣) milling machine.

mill·er·ite [-′ə rīt′] *(n.)* المِلّريت: معدن بلّوري.

mill·er's–thumb *(n.)* إبهام الطحّان: سمك نهريّ شائك الزعانف.

mil·les·i·mal [mĭ lĕs′ə-] *(n.; adj.)* (١) جزء من ألف § (٢) «أ» مؤلف من أجزاء من ألف. «ب» ذو علاقة بأجزاء من ألف.

mil·let [mĭl′ĭt] *(n.)* (١) الدُّخْن؛ الجاوَرْس (نب) (٢) حَبّة الدُّخْن.

milli- بادئة معناها: جزء من ألف <*milli*meter>.

mil·li·am·pere [-ăm′pēr] *(n.)* المِلّيمبير: ١/١٠٠٠ من الأمبير (كب).

mil·liard [mĭl′yərd; -′yärd] *(n.)* المِليار: ألف مليون.

mil·li·ar·y [mĭl′ĭ-] *(adj.)* مِيليّ: متعلّق بالميل الروماني [١٤٨٢ مترًا].

mil·li·bar [-′ə bär′] *(n.)* المِلّيبار: وحدة لقياس الضغط الجويّ تساوي ١/١٠٠٠ من البار bar أو ألف داين dyne في السنتيمتر المربّع.

mil·li·cur·ie [mĭl′ə-] *(n.)* المِلّيكوري: جزء من ألف من الكوري curie.

mil·li·de·gree [mĭl′ə-] *(n.)* المِلّيدَرَجة: جزء من ألف من الدرجة.

mil·lieme [mēl yĕm′] *(n.)* الملّيم: جزء من ألف من الجنيه المصري.

mil·li·far·ad [-făr′-] *(n.)* المِلّيفاراد: جزء من ألف من الفاراد farad.

mil·li·gram [mĭl′ə-] *(n.)* المِلّيغرام: جزء من ألف من الغرام.

mil·li·hen·ry *(n.)* المِلّيهَنْري: جزء من ألف من الهنري henri.

mil·li·lam·bert *(n.)* المِلّيلامبرت: جزء من ألف من اللاّمبرت.

mil·li·li·ter [mĭl′ə lē′-] *(n.)* المِلّيلِتْر: جزء من ألف من اللِّتر.

mil·li·me·ter [mĭl′ə mē′-] *(n.)* المِلّيمتر: جزء من ألف من المتر.

mil·li·mi·cron [-mī′-] *(n.)* المِلّيميكرون: جزء من ألف من الميكرون.

mil·li·ner [mĭl′ə-] *(n.)* مصمِّم [أو صانع أو بائع] القُبّعات النسائية.

mil·li·ner·y [mĭl′ə nĕr′ĭ] *(n.)* (١) القُبّعات النسائية (٢) تصميم القُبّعات النسائية أو صنعُها أو بيعُها.

mill·ing [mĭl′-] *(n.)* (١) الحافَة المثلّمة [من قطعة نقدية] (٢) جَلْد.

milling cutter *(n.)* مِقطع التفريز (مك).

milling machine *(n.)* المفرِّزة؛ ماكينة التفريز (مك).

mil·li·ohm [-′ē ōm′] *(n.)* المِلّيأوم: جزء من ألف من الأوم ohm.

mil·lion [mĭl′yən] *(n.)* (١) المِليون: ألف ألف (٢) عدد ضخم جدًا (٣) الجماهير؛ عامة الشعب <science for the ~*s*>.

mil·lion·aire [mĭl′yə nâr′] *(n.)* المليونير: رَجُل تُقَدَّر ثروتُهُ بمليون جنيه أو مليون دولار أو أكثر. **— mil·lion·air·ess** *(n. fem.)*

mil·lionth [-′yənth] *(adj.; n.)* (١) المليون [من حيث الترتيب] (٢) بالغٌ جزءًا من مليون (٣) مرسوم بقياس يعادل جزءًا من مليون من الحجم الطبيعي <a ~ map> § (٤) الجزء المليون من سلسلة (٥) جزء من مليون.

mil·li·pede [-′ə pēd′] *(n.)* الألفيّة: دودة من كثيرات الأرجل.

mil·li·roent·gen [mĭl′ə rĕnt′gən] *(n.)* المِلّيرونتجن: جزء من ألف من الرونتجن roentgen.

mil·li·sec·ond [mĭl′ə-] *(n.)* المِلّيثانية: جزء من ألف من الثانية.

mil·li·volt [-vōlt′] *(n.)* المِلّيفُلط: جزء من ألف من الفُلط (كب).

mil·li·watt [-wŏt′] *(n.)* المِلّيواطّ: جزء من ألف من الواطّ (كب).

mill·pond *(n.)* بركة الطاحون: بركة يُدار بمائها دولاب الطاحون.

mill·race [-′rās′] *(n.)* (١) قناة الطاحون: قناة تتدفق فيها المياه إلى دولاب الطاحون ومنه (٢) تيار الطاحون: تيار المياه الذي يدير دولاب الطاحون.

mill·stone [mĭl′-] *(n.)* (١) حَجَر الرَّحى (٢) عبء ثقيل.

mill·stream [mĭl′-] *(n.)* (١) جدول الطاحون: جدول يُستعان بمياهه لإدارة الطاحون (٢) millrace.

mill wheel *(n.)* دولاب الطاحون.

mill·wright [-′rīt′] *(n.)* الطواحينيّ: مصمِّم أو مركِّب أو باني الطّواحين.

mi·lord [mĭ lôrd′] *(n.)* الميلورد: رجل إنكليزي كريم المحتِد.

mil·pa [mĭl′pə] *(n.)* (١) حَقْل (٢) حَقْل ذُرَة (٣) الذُّرة.

milque·toast [mĭlk′tōst′] *(n.)* شخص جبانٌ أو مخلوع الفؤاد.

mil·reis [mĭl′rās] *(n.)* المِلْرَيْس: «أ» وحدة نقد برتغاليّة (حتى ١٩١١) تساوي ألف رَيْس (را. reis). «ب» وحدة النقد البرازيلي حتى عام ١٩٤٢. «ج» قطعة نقدية تساوي ألف رَيْس.

milt [mĭlt] *(n.; vt.)* (١) «أ» المَمْنَى: غدد التناسل عند ذكور السمك حين تمتلئ باللَّقْح. «ب» اللَّقْح نفسه § (٢) يُلقّح.

milt·er [mĭl′tər] *(n.)* الملقِّح: ذَكَر السمك في زمن التلقيح.

Mil·ton·ic [mĭl tŏn′ĭk] *also* **Mil·to·ni·an** [-tō′-] *(adj.)* مِلْتونيّ: ذو علاقة بالشاعر الإنكليزي جون ملتون أو بشعره أو مميِّز لهما.

mime [mīm] *(n.; vi.; t.)* (١) المُمَيِّم؛ الإيمائيّ: ممثّل في «مَيْم» (٢) المقلِّد؛ المهرِّج (٣) المَيْم؛ الإيمائية: مسرحية قديمة تمثّل مشاهدَ من الحياة بأسلوب ساخر (٤) التمييم: فنّ التمثيل الإيمائيّ § (٥) يُمَيِّم: يُمثِّل [تمثيلًا صامتًا عادةً] بحركات جسدية x (٦) «أ» يُقلِّد؛ يُحاكي. «ب» يسخر [من طريق التقليد والمحاكاة]. **—mim·er** *(n.)*

mim·e·o·graph [mĭm′-] *(n.; vt.)* (١) الناسخة: آلة نَسْخ § (٢) يَنْسَخ.

mi·me·sis [mĭ mē′sĭs] *(n.)* (١) تقليد؛ محاكاة (٢) mimicry *2*.

mi·met·ic [mĭ mĕt′-] *(adj.)* (١) متّسم بالتقليد والمحاكاة (٢) تنكّريبيئيّ: ذو علاقة بالتنكّر البيئي <~ coloring>.

mim·ic [mĭm′ĭk] *(n.; adj.; vt.)* (١) mime *1* (٢) المقلِّد؛ المحاكي § (٣) «أ» متّسِم بالتقليد والمحاكاة. «ب» صُوْرِيّ؛ كاذب <~ battles> (٤) تمييميّ: ذو علاقة بالتمييم أو فن التمثيل بحركات جسدية § (٥) يقلّد؛ يحاكي (٦) يسخر منه [من طريق التقليد والمحاكاة] (٧) يُشبه [من طريق التنكّر البيئي أو البيولوجي].

mim·ic·ry [mĭm′ĭk rĭ] *(n.)* (١) مص mimic (٢) المماثلة؛ التنكّر البيئيّ: شَبَهٌ سطحيّ بين مُتَعَضٍّ وآخر أو بينه وبين الأشياء الطبيعية التي يحيا وسْطها [ابتغاء التخفّي أو الحماية الذاتيّة إلخ].

mi·mo·sa [mĭ mō′sə; -′zə] *(n.)* الميموزا: نبات من السَّنطيات.

mi·na [mī′nə] *(n.)* المَيْنا؛ المَنا: وحدة وزن قديمة (١-٢ باوند).

mi·na·cious [mĭ nā′shəs] *(adj.)* مُهَدِّد.

min·a·ret [mĭn′ə rĕt′] *(n.)* مِئذَنة.

min·a·to·ry [mĭn′ə tōr′ĭ] *(adj.)* مُهَدِّد.

min·au·dière [mē nōd′yâr] *(n.)* المِغناجة: عُلَيْبَة للحُلَى.

mince [mĭns] *(vt.; i.; n.)* (١) يَفْرُم (٢) يلفظ متصنّعًا x (٣) يتخطّر؛ يتبختر [في مشيته] § (٤) قِطع صغيرة جدًا [من شيء مفروم]. وبخاصة: لحم مفروم.

mince·meat [mĭns′mēt′] *(n.)* (١) لحم مفروم (٢) المفرومة: خليط مفروم من زبيب وتفاح وتوابل [ولحم أحيانًا].

mince pie *(n.)* الفطيرة المحشوّة [بمزيج مفروم].

minc·ing [mĭn′-] *(adj.)* أنيق أو رقيق على نحوٍ متكلّف.

mind [mīnd] *(n.; vt.; i.)* (١) ذاكرة <to keep in ~> (٢) عَقْل (٣) نيّة؛ رغبة (٤) رأي؛ وجهة نظر (٥) مزاج؛ طَبْع (٦) المقدرة العقلية § (٧) يُذكِّر (٨) يتذكّر (٩) ينصرف إلى؛ ينكبّ على <to ~ one's own business> (١٠) «أ» يلاحظ؛ يرى (ع). «ب» يعتزم؛ يعقد النية على (١١) يطيع [شخصًا أو تعليمات]؛ يعمل وفقَ نصيحة (١٢) يكره؛ يجد مانعًا أو بأسًا في <I don't ~ the change.> (١٣) «أ» ينتبه إلى؛ يتدبّر؛ يتبصّر <~ what you are doing.> «ب» يَحْذر <~ the dog.> (١٤) يتعهّد؛ يُعنى بِـ <to ~ a baby> x (١٥) يقلق؛ يهتمّ (١٦) يطيع؛ ينصاع <The dog ~*s* well.>.

never ~, (١) لا بأس (٢) لا تقلق.
not to know one's own ~, يستبدّ به الشكّ أو التردُّد.
out of one's (right) ~, مجنون؛ معتوه.
out of sight, out of ~, البُعْد مَدعاةٌ للنسيان.
time out of ~, من عهد لا تَرْقَى إليه ذاكرة أحد.
to be in two ~*s* يتردّد.
to be of a (one) ~, يتفقان أو يتفقون في الرأي.
to be of (a person's) ~, يتفق معه في الرأي.
to be of the same ~, (١) يتفقان أو يتفقون في الرأي (٢) يبقى على رأيه؛ لا يغيّر رأيه.
to call (*or* bring) to ~, (١) يعيد إلى الذاكرة (٢) يتذكر.
to give (a person) a piece (*or* bit) of one's ~, يصارحه برأيه فيه أو في سلوكه.
to give one's ~ to يركّز انتباهه على.
to have a good (*or* great) ~ to يميل إلى كذا ميلًا شديدًا.
to have half a ~ to يميل إلى كذا بعض الميل.
to one's ~, (١) في رأيه (٢) وَفْق هواه أو ذوقِهِ.
to put one in ~ of يذكّرهُ بِـ.
to set one's ~ on يَعْقِد العزمَ على.
to speak one's ~, يعبّر عن رأيه بصراحة.

mind–blow·ing *(adj.)* (١) مُهَلْوِس <~ drugs> (٢) مُثير.

mind·ed *(adj.)* (١) ذو عقل [من ضَرْب معيّن] (٢) ميّال؛ نزّاع إلى.

mind·ful [mīnd′-] *(adj.)* (١) منتبِه؛ متنبّه (٢) يقِظ؛ واعٍ. **—mind·ful·ly** *(adv.)* **—mind·ful·ness** *(n.)*

mind·less [-′ləs] *(adj.)* (١) غبيّ؛ غير ذكيّ (٢) غافلٌ عن. **—mind·less·ly** *(adv.)* **—mind·less·ness** *(n.)*

mind reader *(n.)* قارئ الأفكار.

mind–set *(n.)* (١) مَيْل؛ نزعة (٢) مِزاج؛ طَبْع.

mind's eye *(n.)* الخيال: مَلَكة التخيُّل أو القُدْرةُ عليه.

mine[1] [mīn] *(pron.)* مِلْكي؛ خاصتي؛ لي.

mine[2] [mīn] *(n.; vt.; i.)* (١) مَنْجَم (٢) نفق [تحت موقع من مواقع العدوّ] (٣) لَغَم (٤) كنز؛ مَنْجم؛ مصدرٌ غنيّ لشيءٍ ما <His book is a ~ of information.> § (٥) «أ» ينفّق: يحفر نفقًا تحت موقع العدوّ. «ب» يقوِّض (٦) يعدِّن: يبحث عن المعادن أو يستخرجها (٧) يَلْغَم؛ يزرع لَغَمًا (٨) ينجِّم: يعالج شيئًا لكي يستخرج منه مقوِّمًا أو عنصرًا طبيعيًّا <to ~ sea water for magnesium> (٩) ينقّب [عن النفائس] x (١٠) يَحْفِر مَنْجمًا.

mine·field [mīn′fēld′] *(n.)* حَقْل الألغام.

mine·lay·er *(n.)* زارعة الألغام: سفينة لزرع الألغام تحت الماء.

min·er [mī′-] *(n.)* (١) المُعَدِّن: المشتغِل بالتعدين (٢) زارع الألغام.

min·er·al [mĭn′ər-] *(n.; adj.)* (١) مَعْدِن (٢) الجماد: شيء ليس بحيوان ولا نبات (٣) مادة غير عضوية (٤) *pl. Brit.*: مياه معدنية § (٥) مَعْدِنيّ (٦) غير عضوي (٧) مُمَعْدَن: مُشْبَع بالمواد المَعدنيّة.

min·er·al·i·za·tion [mĭn′ər ə lĭ zā′-] *(n.)* (١) المَعْدَنة (٢) التَّمَعْدُن.

min·er·al·ize [mĭn′-] *(vt.; i.)* (١) يُمَعْدِن: «أ» يحوّل إلى مادة معدنيّة. «ب» يُشْبِع أو يزوّد بموادّ معدنيّة (٢) يحجِّر <~*d* leaves> x (٣) يَسْتَعْدِن: يدرس معادن منطقة ما.

min·er·al·og·i·cal *(adj.)* عِدانيّ: ذو علاقة بالعِدانة أو علم المعادن.

min·er·al·o·gist [-′ə jĭst] *(n.)* العِدانيّ: المتخصّص بعلم المعادن.

min·er·al·o·gy [-ʹə jĭ] *(n.)* العِدانة؛ علم المعادن.

mineral oil *(n.)* الزيت المَعْدِنيّ: زيت مَعْدِنيّ الأصل [كالبترول إلخ].

mineral pitch *(n.)* = asphalt.

mineral tar *(n.)* = maltha.

mineral water *(n.)* الماء المَعْدِني: ماءٌ مُشْبَع بأملاح مَعْدنية.

mineral wax *(n.)* الشَّمع المَعْدِني؛ الأوزوكريت.

mineral wool *(n.)* الصوف المَعْدِني: مادة عازلة للحرارة والصوت.

Mi·ner·va [mĭ nûrʹ-] *(n.)* مينيرفا: إلاهة الحكمة والفنون عند الرومان.

min·e·stro·ne [mĭnʹə strōʹnĭ] *(n.)* المينيسترون: حساء إيطالي الأصل مؤلف من خُضَر ومعكرونة إلخ.

mine·sweep·er [mīnʹ-] *(n.)* كاسحة الألغام: سفينة حربية لإزالة الألغام.

min·gle [mĭngʹgəl] *(vt.; i.)* (١) يَمْزُج؛ يَخْلِط x (٢) يمتزج؛ يختلط.

min·gy [mĭnʹjĭ] *(adj.)* (١) ضئيل؛ هزيل (٢) خسيس؛ بخيل.

min·i [mĭnʹē] *(adj.)* (١) بالغُ الصِّغر (٢) قصير [زمنًا].

mini- بادئة معناها: مُنَمْنَم؛ صغير جدًا <*mini*cab>.

min·i·a·ture [mĭnʹĭ ə chər] *(n.; adj.)* (١) المُنَمْنَم: «أ» نسخة مصغَّرة جدًا. «ب» رسم صغير جدًا [على عاج أو مَعْدِن إلخ] (٢) النَّمنمة: فنُّ رسم المُنَمْنَمات § (٣) مُنَمْنَم؛ مُصَغَّر.

min·i·a·tur·ist [mĭnʹĭ ə chər ĭst] *(n.)* المُنَمْنِم: رسّام الصُّوَر المنمنَمة.

min·i·a·tur·ize [mĭnʹĭ-] *(vt.)* يُنَمنِم: يصمِّم أو ينشئ بحجم صغير.

min·i·bar *(n.)* المَشْرب المُنَمْنَم: ثلّاجة صغيرة جدًا [في فندق إلخ].

min·i·bus *(n.)* الأوتوبوس المُنَمْنَم [للرحلات القصيرة نسبيًا].

min·i·cab *(n.)* السيارة العمومية المُنَمنمة.

min·i·cam *also* **min·i·cam·er·a** *(n.)* الكاميرا المُنَمْنَمة: آلة تصوير تلفزيونية صغيرة جدًا.

min·i·car *(n.)* السيارة المُنَمْنَمة.

min·i·com·put·er *(n.)* الكومبيوتر المُنَمْنَم.

min·i·fy [mĭnʹə fī] *(vt.)* يُصغِّر؛ يقلّل؛ يخفّف.

min·i·kin [mĭnʹə kən] *(n.)* الرقيق؛ المُنَمْنَم.

min·im [mĭnʹəm] *(n.; adj.)* (١) البيضاء: نصف نغمة (مو) (٢) المُنَمْنَم: شيء دقيق أو صغير جدًا (٣) القَطْرة؛ النقطة: أصغر وحدة وزن للسوائل § (٤) «أ» الأصغر. «ب» دقيق؛ صغير جدًا.

min·i·ma [mĭnʹə mə] *pl. of* minimum.

min·i·mal [mĭnʹ-] *(adj.)* الأدنى؛ الأقلّ: ذو علاقة بالحدّ الأدنى.

min·i·mal·ist *(n.; adj.)* المعتدل: من يدعو إلى الاقتصار على الحدّ الأدنى، أو إلى الاكتفاء بتحقيق الحدّ الأدنى من برنامج أو سلطات حزب إلخ.

min·i·mize [mĭnʹə mīzʹ] *(vt.)* (١) يخفض إلى الحد الأدنى (٢) يقدّر على أساس الحدّ الأدنى (٣) يقلّل من شأنه.

min·i·mum [mĭnʹə məm] *(n.; adj.)* pl. **-ima** *or* **-s** (١) الحدّ الأدنى؛ النهاية الصغرى § (٢) أدنَى؛ أصغر <a ~ wage>.

minimum wage *(n.)* (١) الأجر الأدنى [الممكن دفعه إلى عمال صناعة ما بالاتفاق مع النقابة المعنيّة أو الدولة] (٢) living wage.

min·ing [mīʹnĭng] *(n.)* (١) التعدين: استخراج المعادن من المناجم (٢) زرع الألغام.

min·ion [mĭnʹyən] *(n.)* (١) التابع؛ الآلة المُسَخَّرة (٢) المحبوب؛ المعبود (٣) المرؤوس؛ الموظف الثانوي.

min·i·se·ries *(n.)* المُسَلسَل المُنَمنَم: برنامج تلفزيوني يُعْرَض في ثلاث أُمْسِياتٍ متعاقبة أو أكثر.

min·i·skirt [mĭnʹē skûrtʹ] *(n.)* التنّورة المُنَمْنمة.

min·i·state *(n.)* الدُّوَيْلة؛ الدولة المُنَمْنَمة.

min·is·ter [mĭnʹĭs-] *(n.; vi.)* (١) وكيل؛ ممثّل (٢) «أ» كاهن. «ب» قسّ بروتستانتيّ (٣) رئيس أخوية دينيّة (٤) وزير (٥) «أ» سفير. «ب» وزير مفوَّض § (٦) يقوم بمهامّ الكاهن (٧) يُسْعِف؛ يخدم؛ يمدّ يد العون إلى.

min·is·te·ri·al [mĭnʹĭs tērʹ-] *(adj.)* (١) كَهَنوتيّ؛ رِساليّ (٢) وزاريّ (٣) تنفيذيّ؛ إجرائيّ (٤) وسيليّ؛ واسطيّ: مساعدٌ على.

minister plenipotentiary *(n.)* الوزير المفوّض.

minister resident *(n.)* الوزير المقيم: ممثل ديبلوماسي ذو رتبة أدنى من رتبة الوزير المفوّض المُطلق الصلاحية.

minister without portfolio *(n.)* وزير الدولة؛ الوزير بلا حقيبة.

min·is·trant [mĭnʹə strənt] *(adj.; n.)* خادِم؛ مُسْعِف؛ مساعد.

min·is·tra·tion *(n.)* (١) خدمة؛ إسعاف؛ مساعدة (٢) خدمة كهنوتية.

min·is·try [mĭnʹĭs trĭ] *(n.)* (١) ministration (٢) منصب الكاهن أو الوزير أو واجباته أو وظائفه (٣) الكهنوت: رجال الدين (٤) دعوة؛ رسالة [مقدَّسة] (٥) *cap.* أ.ك: «أ» الوزارة. «ب» أعضاء الوزارة (٦) «أ» وزارة <~ of education>. «ب» مبنى الوزارة.

min·i·um [mĭnʹĭ əm] *(n.)* = red lead.

min·i·ver [mĭnʹə-] *(n.)* المَنْفير: فرو أبيض أو منقَّط بالبياض.

mink

mink [mĭngk] *(n.)* المِنْك: «أ» حيوان ثدييّ لاحم. «ب» فرو المِنْك.

minnow

min·now [mĭnʹō] *(n.)* المِنَّوَة: سمك نهريّ صغير.

Mi·no·an [mĭ nōʹən] *(adj.; n.)* (١) مِيْنَويّ: ذو علاقة بحضارة جزيرة كريت [أو إقريطش] القديمة [٣٠٠٠–١٠٠٠ق.م.] § (٢) المِيْنَويّ.

mi·nor [mīʹnər] *(adj.; n.)* (١) ثانويّ؛ غير هامّ (٢) قاصر (٣) بسيط؛ غير خطير <a ~ wound> § (٤) القاصِر: مَنْ لم يبلغ بعدُ سنّ الرشد (٥) سُلَّم أو مقام ثانويّ (مو) (٦) «أ» موضوع ثانويّ [من موضوعات الدراسة في جامعة]. «ب» طالب يدرس موضوعًا ثانويًا.

to ~ in يدرس مادةً ما بوصفها موضوعًا ثانويًا للدراسة الجامعيّة.

mi·nor·ca [mĭ nôrʹkə] *(n.)* المينورقيّة: سُلالة من الدَّجاج.

ă at; ā date; â care; ä car; ĕ egg; ē me; ĭ in; ī bite; ŏ lot; ō bone; ô orphan; oi boil; o͝o good; o͞o boot; ou out; ŭ under; û urgent; ə = *a* in alone, *e* in system, *i* in easily, *o* in gallop, *u* in circus.

Mi·nor·ite [mī'nə rīt'] *(n.)* الراهب الفرنسيسكانيّ .

mi·nor·i·ty [mĭ nôr'ə tĭ; mī-] *(n.)* (١) «أ» الحداثة ؛ سنّ القُصور : سنّ ما قبل الرُّشد . «ب» القُصور : كون المرء قاصرًا غيرَ راشد (٢) أقلّيّة .

minority leader *(n.)* زعيم الأقليّة [في البرلمان] .

minor party *(n.)* الحزب الثانويّ .

minor premise *(n.)* المقدَّمة الصُّغرى (مق) .

minor suit *(n.)* المنظومة الصُّغرى : ورق الإسباتي أو الديناري في البريدج .

minor term *(n.)* الحدّ الأصغر [في قضية منطقية] .

Min·o·taur [mĭn'ə tôr] مينوطور : في الميثولوجيا اليونانية، مخلوق عجيب كان نصفُهُ رجلًا ونصفُهُ الآخرُ ثورًا .

min·ster [mĭn'stər] *(n.)* (١) كنيسة دير (٢) كاتدرائية .

min·strel [mĭn'strəl] *(n.)* (١) المغنّي [وبخاصة على أنغام القيثار في القرون الوسطى] (٢) «أ» الموسيقي . «ب» الشاعر (٣) «أ» الكوميدي المُسْتَزْنِج : عضو في فرقة كوميدية مؤلّفةٍ عادةً من ممثلين بِيْض يظهرون على المسرح بمظهر الزنوج ويقدّمون للنظّارة ضروبًا من الأغاني والنكات إلخ . «ب» البرنامج المُسْتَزْنِج : برنامج مسرحيّ تقدّمه هذه الفرقة الكوميديّة .

min·strel·sy [mĭn'strəl sĭ] *(n.)* (١) الغناء على أنغام القيثار (٢) جماعة من المغنّين [على أنغام القيثار] (٣) مجموعة أغانٍ أو قصائد .

mint[1] [mĭnt] *(n.)* (١) نَعْناع (٢) النَّعناعيّة : حلوى مُنَكَّهة بالنعناع .

mint[2] *(n.; vt.; adj.)* (١) دار الضَّرب : مؤسسة لسكّ العملة (٢) مصنع (٣) مبلغ أو مقدار كبير § (٤) يَضْرِب ؛ يَسُكّ العملةَ (٥) يخترع ؛ ينحت <to ~ words> § (٦) جديد ؛ في حالته الأصلية ؛ كأنّه خارج من دار الضرب <~ specimens of postage stamps>.

mint·age [mĭn'tĭj] *(n.)* (١) ضَرْب العملة أو سَكُّها (٢) النقش المضروب [على قطعة نقدية] (٣) العملة (٤) نفقة ضَرْبِ العملة .

mint family *(n.)* فصيلة النَّعناع ؛ الفصيلة الشَّفَوية .

mint julep *(n.)* = julep *b.*

min·u·end [mĭn'yoo ĕnd'] *(n.)* المطروح منه (ر) .

min·u·et [mĭn'yoo ĕt'] *(n.)* المِيْنُيُوِيت : «أ» رقصة بطيئة رزينة . «ب» موسيقى هذه الرقصة .

mi·nus [mī'nəs] *(prep.; n.; adj.)* (١) ناقص <six ~ four> (٢) بدون <~ his hat> § (٣) علامة ناقص (-) (٤) كمية سلبية (٥) نقص ؛ عيب ؛ شائبة § (٦) دالّ على الطرح <the ~ sign> (٧) سلبيّ <a ~ quantity> .

mi·nus·cule [mĭn'ə skyool'] *(n.; adj.)* (١) حرف صغير § (٢) مكتوب بأحرف صغيرة (٣) صغير جدًّا .

min·ute[1] [mĭn'ĭt] *(n.; vt.)* (١) الدَّقيقة : جزء من ستين من الساعة أو الدَّرجة (٢) لحظة (٣) «أ» مذكِّرة . «ب» مُسَوَّدة . «ج» *pl.*: محضر رسمي لوقائع جلسة § (٤) يدوّن بإيجاز ؛ يأخذ مذكّرة بكذا .

mi·nute[2] [mī noot'] *(adj.)* (١) دقيق ؛ صغير جدًّا (٢) تافه (٣) مدقِّق ؛ مُتّسم بالاهتمام البالغ بالتفاصيل .
— mi·nute·ness *(n.)*

minute hand *(n.)* عقرب الدقائق [في السّاعة] .

mi·nute·ly[1] [mī noot'-] *(adv.)* (١) إلى قِطَع صغيرة جدًّا (٢) بدقّة .

min·ute·ly[2] [mĭn'ĭt-] *(adj.; adv.)* (١) واقعٌ كلَّ دقيقة § (٢) كلَّ دقيقة .

minute steak [mĭn'ĭt] *(n.)* الشَّريحة السَّريعة : شَريحة لحم صغيرة رقيقة تُطْهَى بسرعة أو خلالَ دقائق .

mi·nu·ti·ae [mĭ noo'shĭ ē] *(n. pl.)* sing. **-ti·a** تفاصيل ؛ تفصيلات .

minx [mĭngks] *(n.)* فتاة وقحة .

Mi·o·cene [mī'ə sēn'] *(adj.)* مِيوسينيّ : متعلّق بالعصر الحديث الأوسط .

mi·o·sis [mī ō'sĭs] *(n.)* تقبُّض الحَدَقة (مض) .

mir·a·cle [mĭr'ə kəl] *(n.)* مُعْجِزة ؛ أعجوبة .

miracle fruit *(n.)* الثمرة العجائبية : شُجيرة استوائية إفريقيّة .

miracle play *(n.)* المسرحيّة الأعاجيبيّة : مسرحية تصوّر مشاهد من حياة قديس ذي معجزات .

mi·rac·u·lous [mĭ răk'yə-] *(adj.)* (١) إعجازيّ ؛ أُعجوبيّ ؛ خارق (٢) رائع ؛ عجيب ؛ مُعْجِز (٣) مُجْتَرِحٌ للمعجزات .

mir·a·dor [mĭr'ə dôr'] *(n.)* المَرْدورة : شرفة أو نافذة ناتئة (عم) .

mi·rage [mĭ räzh'] *(n.)* (١) سَراب ؛ آل (٢) وَهْم ؛ شيء وهمي .

mire [mīr] *(n.; vt.; i.)* (١) مستنقع (٢) وحل (٣) حمأة § (٤) يَغْرز في الوحل إلخ (٥) يورّط ؛ يُوْقِع في المتاعب (٦) يلوّث بالوحل أو القذر x (٧) يغوص في الوحل إلخ .

mirk [mûrk]; **mirk·y** [mûr'kĭ] = murk.

mir·ror [mĭr'ər] *(n.; vt.)* (١) مِرآة § (٢) يعكس صورة كذا .

mirth [mûrth] *(n.)* مَرَح ؛ طَرَب ؛ ابتهاج ؛ حُبور .

mirth·ful [-'fəl] *(adj.)* (١) مَرِح ؛ طرِب (٢) باعث على المَرَح .

mir·y [mīr'ĭ] *(adj.)* (١) مستنقَعيّ ؛ سَبْخيّ (٢) مُوْحِل (٣) قذِر .

mir·za [mēr'zä] *(n.)* الميرزا : لقب تشريفي فارسي .

mis-[1] بادئة معناها : «أ» على نحو سيِّئ أو خاطئ <*mis*interpret> . «ب» سيِّئ ؛ خاطئ <*mis*conduct> . «ج» نقيض ؛ عدم ؛ قلّة <*mis*trust> . «د» غير ؛ لا <*mis*constitutional> .

mis-[2] *or* **miso-** بادئة معناها : كُرْه ؛ بُغض <*miso*logy> .

mis·ad·ven·ture [-'chər] *(n.)* (١) بليّة ؛ بَليّة طفيفة (٢) سوء حظ .

mis·al·li·ance [mĭs'ə lī'-] *(n.)* اتّحاد غير ملائم ؛ زواج غير متكافئ .

mis·an·thrope [mĭs'ən thrōp'; mĭz'-] *(n.)* مُبْغِض البَشَر .

mis·an·throp·ic [mĭs'ən thrŏp'ĭk] *(adj.)* مُبْغِضٌ للبَشَر .

mis·an·thro·py [mĭs ăn'thrə pĭ] *(n.)* بُغْض البشر .

mis·ap·pli·ca·tion [-ăp lə kā'-] *(n.)* إساءة التطبيق أو الاستعمال .

mis·ap·ply [mĭs'ə plī'] *(vt.)* يُسيء التطبيق أو الاستعمال .

mis·ap·pre·hend [-ăp rĭ hĕnd'] *(vt.)* يُسيء الفهمَ ؛ يخطئ الفهمَ .

mis·ap·pre·hen·sion [-hĕn'shən] *(n.)* سوء فَهْم .

mis·ap·pro·pri·ate [mĭs'ə prō'prĭ āt'] *(vt.)* (١) يستعمله لغير ما خُصِّص له (٢) يختلس .
— mis·ap·pro·pri·a·tion *(n.)*

mis·be·come [mĭs'bĭ kŭm'] *(vt.)* لا يلائم ؛ لا يليق بِـ .

mis·be·got·ten [mĭs′bĭ gŏt′ən] *(adj.)* (١) غير شرعي؛ مولود سِفاحًا (٢) من أصل مُريب (٣) «أ» مشوَّه. «ب» جدير بالازدراء.

mis·be·have [mĭs bĭ hāv′] *(vi.)* يُسيء السلوك؛ يُسيء التصرُّف.

mis·be·hav·ior [-hāv′yər] *(n.)* سوء سلوك؛ سوء تصرُّف.

mis·be·lief [mĭs′bĭ lēf′] *(n.)* مُعْتَقَد أو رأي خاطئ.

mis·be·lieve [-lēv′] *(vi.)* (١) يُخطئ الاعتقادَ (٢) يكفر؛ يَجْحَد؛ يشكّ.

mis·brand *(vt.)* يغشّ؛ يضلِّل [بوضع علامة تجارية زائفة].

mis·cal·cu·late [-kăl′kyə lāt′] *(vt.; i.)* يُخطئ التقديرَ أو الحسابَ.

mis·call [mĭs kôl′] *(vt.)* (١) يخطئ التسميةَ (٢) يَشتِم؛ يَسُبّ (ع).

mis·car·riage [mĭs kăr′ĭj] *(n.)* (١) سوء إدارة. وبخاصة: عدم إقامة العدل (٢) «أ» إجهاض. «ب» إخفاق.

mis·car·ry *(vi.)* (١) تُجْهِضُ [الحاملُ] (٢) يُخفق [المشروع].

mis·cast [mĭs kăst′] *(vt.)* يُعطي الممثِّل إلخ دورًا لا يلائمه.

mis·ce·ge·na·tion [mĭs′ĭ jə nā′-] *(n.)* تمازُجُ الأجناس [من طريق التزاوج]. وبخاصة: زواج بين شخص أبيض وآخرَ غير أبيض.

mis·cel·la·ne·a [mĭs′ə lā′nĭ ə] *(n. pl.)* الأشتات: مجموعة أشياء أو كتابات مختلفة.

mis·cel·la·ne·ous [-′nĭ əs] *(adj.)* (١) «أ» متنوِّع؛ شتيت. «ب» شتّى (٢) ذو خصائص أو مظاهر مختلفة (٣) واسع الأُفُق: مَعْنيّ بموضوعات أو اهتمامات متنوّعة.

mis·cel·la·nist [mĭs′ə lā-] *(n.)* كاتب الأشتات أو المنوّعات.

mis·cel·la·ny [-′ə lā′nĭ] *(n.)* (١) «أ» المجموع: كتابات متفرقة مجموعة في مجلَّد. «ب» الأشتات (را. miscellanea) (٢) مزيج؛ خليط.

mis·chance [-chăns′] *(n.)* (١) سوء حظّ أو طالع (٢) بَلِيّة؛ مُصيبة.

mis·chief [-′chĭf] *(n.)* (١) أذًى (٢) سبب الأذى أو مصدره. وبخاصة: شخص مؤذٍ (٣) «أ» عمل مزعج أو مثير. «ب» نزوع إلى الأذى أو الإزعاج.

to make ~ (between...) يُوقع الشِّقاق بين...

to play the ~ with (١) يؤذي (٢) يفسد نظام شيء.

mis·chie·vous [-′chə vəs] *(adj.)* (١) «أ» مؤذٍ؛ ضارّ. «ب» مزعج؛ مثير (٢) مولعٌ بالإزعاج أو بالأذى الطفيف (٣) عابث؛ مستهتر.

mis·ci·ble [mĭs′ə bəl] *(adj.)* مَزوج: قابل للامتزاج.

mis·com·mu·ni·ca·tion [-kā′-] *(n.)* سوء الاتصال.

mis·con·ceive [mĭs′kən sēv′] *(vt.; i.)* يسيء الفهم أو التفسير.

mis·con·cep·tion [-sĕp′shən] *(n.)* اعتقاد خاطئ؛ فكرة خاطئة.

mis·con·duct [*n.* -kŏn′-; *v.* -kən dŭkt′] *(n.; vt.)* (١) سوء الإدارة أو التصرف؛ إساءة الأداء للواجبات الحكوميّة أو العسكريّة (٢) malfeasance (٣) سوء سلوك. وبخاصة: زِنًى § (٤) يسيء الإدارة أو التصرف أو السلوك.

mis·con·struc·tion [mĭs′kən strŭk′-] *(n.)* سوء الفهم أو التفسير.

mis·con·strue [-strōō′] *(vt.)* يُسيء الفهم أو التفسير.

mis·count [mĭs kount′] *(vt.; i.; n.)* (١) يخطئ في العدّ أو الحساب § (٢) خطأ في العدّ أو الحساب.

mis·cre·ant [-′krĭ ənt] *(adj.; n.)* (١) كافر؛ مُهَرْطِق (٢) وغد؛ لئيم.

mis·cre·ate [-krĭ āt′] *(vt.)* يُسيء الصُّنع أو التشكيل.

mis·cue [mĭs kyōō′] *(n.; vi.)* (١) ضربة خاطئة [في البليار] (٢) خطأ § (٣) يخطئ [في البليار].

mis·deal [mĭs dēl′] *(vi.; t.; n.)* (١) يخطئ في توزيع [ورق اللعب خاصةً] § (٢) خطأ في التوزيع.

mis·deed [mĭs dēd′] *(n.)* إثم؛ ذنب؛ جُرم؛ عملٌ شرير.

mis·deem [-dēm′] *(vt.)* يُسيء الظنَّ أو الاعتبارَ أو التقدير.

mis·de·mean·ant [mĭs′dĭ mē′-] *(n.)* الجانح: المُتَّهَمُ بجُنحة (ق).

mis·de·mean·or [-′nər] *(n.)* (١) الجُنْحَة: جرم يعاقَب عليه بالحبس البسيط أو بالغرامة (ق) (٢) إثم؛ ذنب؛ جُرم؛ عملٌ شرِّير.

mis·di·rect [mĭs′dĭ rĕkt′] *(vt.)* (١) يُعَنْوِن [رسالةً] خطأً (٢) يُسيء توجيه كذا <~*ed* his energies> (٣) يوجّه [القاضي المحلّفين] توجيهًا خاطئًا.

— mis·di·rec·tion *(n.)*

mis·do [mĭs dōō′] *(vt.)* يُخطئ؛ يُسيء الأداء.

mis·do·ing [mĭs dōō′-] *(n.)* خطأ؛ سوء تصرُّف.

mis·doubt [mĭs dout′] *(vt.; n.)* (١) يشكّ؛ يرتاب (٢) يخشى § (٣) شكّ؛ ارتياب.

mise–en–scène [mē zän sĕn′] *(n.)* (١) الإخراج [في المسرح] (٢) «أ» مَسْرح حادثةٍ ما. «ب» محيط؛ وَسَط.

mi·ser [mī′zər] *(n.)* البخيل؛ الشّحيح؛ المقبوض اليد.

mis·er·a·ble [mĭz′ər ə bəl; mĭz′rə-] *(adj.)* (١) «أ» هزيل؛ ضئيل؛ تافه. «ب» باعث على الشقاء <a ~ slum> (٢) بائس؛ تعيس (٣) «أ» مُخْزٍ. «ب» مثير للشفقة أو الرثاء <~ failure>.

mis·e·re·re [mĭz′ə rār′ĭ; -rēr′ĭ] *(n.)* (١) «أ» *cap.*: المزمور الخمسون. «ب» موسيقى هذا المزمور (٢) misericord *2* (٣) صلاة الاستغاثة.

mis·er·i·cord; -e [mĭz′ ər ə kôrd′] *(n.)* (١) خنجر الإجهاز أو الرحمة (٢) المَسْنَد: جزء من كرسيّ الكنيسة يستند إليه الواقف للصَّلاة.

mi·ser·li·ness [mī′zər-] *(n.)* بُخْل؛ شُحّ.

mi·ser·ly [-lĭ] *(adj.)* (١) بُخْلِيّ (٢) بخيل؛ شحيح.

mis·er·y [mĭz′ə rĭ] *(n.)* (١) بؤس؛ تعاسة؛ شقاء (٢) ألم (ع).

mis·es·teem [-tēm′] *(vt.)* يستخفّ بِـ؛ يسيء تقديرَ شيء أو احترامه.

mis·es·ti·mate [*v.* mĭs ĕs′tə māt′; *n.* -mĭt] *(vt.; n.)* (١) يُسيء التقدير؛ يخطئ في تقدير كذا § (٢) تقدير خاطئ.

mis·fea·sance [-fē′zəns] *(n.)* تجاوُز القانون؛ إساءة استعمال السلطة.

mis·file [-fīl′] *(vt.)* يُسيء التصبير: يضع الأوراق في غير ملفّها الصحيح.

mis·fire [-fīr′] *(vi.; n.)* (١) يَكْبو: يختلّ [السّلاحُ الناريُّ] (٢) يُخفق

<The scheme ~d.> § (٣) الكُبُوّ؛ خَلَل الإشعال (٤) إخفاق.

mis·fit [mĭs′fĭt; mĭs fĭt′] *(n.)* (١) سيّئ التطابق: شيء يتطابق مع غيره على نحوِ قلِق (٢) اللاّمُتَهايئ؛ سيِّئ التهايؤ: شخص يُعْوِزه الانسجام والتكيّف مع مجتمعه.

mis·for·tune [-′chən] *(n.)* (١) سوء الحظّ؛ نَكَدُ الطالع (٢) مِحْنة؛ بليّة.

mis·give [-gĭv′] *(vt.; i.)* (١) يحدّثه قلبُهُ [بما يوقع الشكّ أو الخوف في النفس]؛ تساوره الظنون x (٢) يُوْجِس خِيفةً.

mis·giv·ing [-′ĭng] *(n.)* هاجس؛ رِيبة؛ شكّ؛ ظنّ.

mis·gov·ern [-gŭv′ərn] *(vt.)* يُسيء الحكمَ أو السياسةَ أو الإدارة.

mis·gov·ern·ment [mĭs gŭv′-] *(n.)* سوء الحكم أو السياسة أو الإدارة.

mis·guid·ance [mĭs gī′dəns] *(n.)* تضليل.

mis·guide [mĭs gīd′] *(vt.)* يُضَلِّل.

mis·guid·ed [mĭs gī′dĭd] *(adj.)* مُضَلَّل.

mis·han·dle [mĭs hăn′dəl] *(vt.)* (١) يُخاشِن: يسيء المعاملةَ (٢) يسيء الإدارة أو التدبير.

mis·hap [mĭs′hăp] *(n.)* (١) حظ عاثر (٢) حادث مؤسف.

mis·hit [mĭs hĭt′] *(vt.)* يُخطئ الضَّرْب [في الألعاب الرياضية].

mish·mash [mĭsh′-] *(n.)* خليط؛ مزيج: أشياء مختلطة بغير نظام.

Mish·nah *or* **Mish·na** [mĭsh′nə] *(n.)* المِشْنا: الجزء الأول، والأساسي، من التّلمود.
— **Mish·na·ic** *(adj.)*

mis·im·pres·sion [-prĕsh′ən] *(n.)* انطباعٌ خاطئ.

mis·in·form *(vt.)* يُسيء الإعلام: يعطي معلومات خاطئة أو مضلِّلة.

mis·in·ter·pret [-tûr′prĭt] *(vt.)* (١) يُسيء الفهمَ (٢) يُسيء التفسير.

mis·judge [mĭs jŭj′] *(vt.; i.)* (١) يُسيء التقدير؛ يخطئ في تقدير شيء (٢) يُسيء الحكمَ على؛ يكوّن رأيًا خاطئًا عن x (٣) يخطئ في الحكم على.

mis·know [mĭs nō′] *(vt.)* يُسيء الفهم.

mis·lay [-lā′] *(vt.)* يُضيع: يضعه في مكانٍ ما ثم ينسى أين وضعه.

mis·lead [mĭs lēd′] *(vt.)* يُضِلّ؛ يُضَلِّل؛ يَخْدع.

mis·lead·ing [mĭs lē′-] *(adj.)* مُضِلّ؛ مُضَلِّل؛ خادع.

mis·like [-līk′] *(vt.; n.)* (١) يَكْره؛ يُبْغض؛ يَعاف § (٢) كُرْه؛ عِياف.

mis·man·age [-măn′ĭj] *(vt.)* يُسيء الإدارة؛ يُسيء التدبير.

mis·mar·riage [-măr′ĭj] *(n.)* زواج غير ملائم أو غير سعيد.

mis·match [mĭs măch′] *(vt.)* يزوّج أو يزاوج على نحو غير ملائم.

mis·mate [mĭs māt′] *(vt.)* = mismatch.

mis·name [-nām′] *(vt.)* يخطئ في التسمية؛ يدعو بأسم مغلوط.

mis·no·mer [mĭs nō′mər] *(n.)* (١) الغلط في التسمية: خطأ في تسمية شخص [في وثيقة قانونية] (٢) «أ» استعمال اسم مغلوط. «ب» اسمٌ مغلوط.

miso- بادئة معناها: كُرْه؛ بُغْض <*miso*logy>.

mi·sog·a·mist [mĭ sŏg′ə-] *(n.)* كارِهُ الزَّواج.

mi·sog·a·my [mĭ sŏg′ə mĭ] *(n.)* كُرْهُ الزَّواج.

mi·sog·y·nist [mĭ sŏj′ə nĭst] *(n.)* كارِهُ النّساء.

mi·sog·y·ny [mĭ sŏj′ə nĭ] *(n.)* كُرْه النّساء.

mi·sol·o·gy [mĭ sŏl′ə jĭ] *(n.)* كُرْه التفكير أو النقاش أو الاستنارة.

mis·o·ne·ism [mĭs′ō nē′ĭz əm] *(n.)* كُرْهُ الجديد أو التجديد.

mis·place [mĭs plās′] *(vt.)* (١) «أ» يضع الشيء في غير موضعه. «ب» mislay (٢) يمنح [ثقته أو حبّه] من لا يستحقهما.

mis·play [mĭs plā′] *(vt.; n.)* (١) يخطئ في اللعب؛ يلعب بغير براعة § (٢) لعِبٌ خاطئ أو غير بارع: خطأ.

mis·print [-prĭnt′] *(vt.; n.)* (١) يخطئ في الطبع § (٢) خطأ مطبعيّ.

mis·pri·sion [mĭs prĭzh′ən] *(n.)* (١) «أ» إهمال أو خطأ [في أداء واجب رسميّ]. «ب» تستّرٌ على جريمة. «ج» تحريض على عصيان (٢) سوء فهم: خطأ (٣) ازدراء؛ احتقار.

mis·prize [-prīz′] *(vt.)* (١) يزدري؛ يحتقر (٢) يُهْمِل؛ يقلّل من شأنه.

mis·pro·nounce [-nouns′] *(vt.)* يخطئ في اللفظ؛ يلفظ بطريقة خاطئة.

mis·quote [mĭs kwōt′] *(vt.; i.)* يُخطئ في الاستشهاد أو الاقتباس.

mis·read *(vt.)* (١) يخطئ في القراءة (٢) يسيء الفهم أو التفسير.

mis·reck·on [-rĕk′ən] *(vt.; i.)* يُخطئ في الحساب أو التقدير.

mis·re·mem·ber *(vt.; i.)* (١) يتذكّر على نحو خاطئ (٢) ينسى (ع).

mis·re·port [mĭs′rĭ pōrt′] *(vt.; n.)* (١) يروي أو يبلّغ على نحو كاذب § (٢) رواية كاذبة؛ خبر كاذب.

mis·rep·re·sent [-zĕnt′] *(vt.)* (١) يحرّف؛ يشوّه الحقائق؛ يعطي فكرة خاطئة عن شيء (٢) يسيء تمثيل شخصٍ أو حكومةٍ إلخ.
— **mis·rep·re·sen·ta·tion** *(n.)*

mis·rule [mĭs rōōl′] *(vt.; n.)* (١) يسيء الحكم أو السياسة § (٢) «أ» إساءة الحكم. «ب» سوء الحكم (٣) اضطراب؛ فوضى.

miss[1] [mĭs] *(vt.; i.; n.)* (١) يُخطئ المرمى <to ~ the target> (٢) يفتقد؛ يشتاق أو يَحِنّ إلى <to ~ a person> (٣) يفوته كذا <*~ed* the train> (٤) يتجنب؛ ينجو من <She just *~ed* being caught.> (٥) يحذف؛ يُغفل <*~ed* out the third and fourth verses> (٦) لا يَفْطن لـِ؛ يَفُوته فهم شيء أو إدراكه <to ~ the point> (٧) يُضيع [فرصة]؛ يقصّر عن أداء شيء أو حُضورِه <*~ed* the appointment> x (٨) «أ» يُخفق. «ب» يكبو: يختلّ جهاز الإشعال فلا يُوْري أو يَقْدحُ شررًا <The engine *~ed.*> § (٩) افتقاد؛ اشتياق؛ حنين؛ استيحاش لفَقْد شيء (١٠) «أ» عدم الإصابة. «ب» إخفاق (١١) الكُبُوّ؛ خَلَل الاشتعال.

miss[2] *(n.)* (١) آنسة (٢) *cap.*: ملكة جمال <*Miss* America>.

mis·sal [mĭs′əl] *(n.)* كتاب القدّاس: كتاب يشتمل على كل ما يُقال أو يُنشد في القدّاس خلال السنة بكاملها.

missed call *(n.)* المخابَرة الفائتة: مخابرة تلفونيّة لا يتمكّن متلقّيها من الإجابة عنها أو لا يرغب في ذلك.

mis·send [-sĕnd′] *(vt.)* يخطئ في الإرسال <*missent* mail>.

mis·shape [mĭs shāp′] *(vt.)* يُشَوِّه. — **mis·shap·en** *(adj.)*

mis·sile [mĭs′əl] *(adj.; n.)* (١) قَذُوف: قابل للقَذْف بحيث يصيب هدفًا

§ (٤) خطأ؛ غلط. **— mis·tak·a·ble** *(adj.)* **— mis·tak·er** *(n.)*

and no ~, من غير شكّ؛ من غير رَيْب.

by ~, خطأً؛ بالخطأ؛ بالغلط.

mis·tak·en [-tā′kən] *(adj.)* (١) مخطئ (٢) خاطئ؛ غير صحيح.

mis·ter [mĭs′tər] *(n.)* (١) «أ» سيّد؛ مستر [وتكتب *Mr.* عادةً وفي الجمع *Messrs*]. «ب» بطل؛ «ملِك» <*Mr.* Football> (٢) سيِّدي (ع) (٣) السيِّد: رجلٌ لا يحمل لقبًا تشريفيًّا أو مهنيًّا <He is just a plain ~.> (٤) زوج.

mis·think *(vt.; i.)* يُخطئ الظنّ أو يُسيء الظنّ (ا ق).

mist·i·ly [-′tĭ lĭ] *(adv.)* على نحوٍ سَديميّ أو ضبابيّ أو غامض.

mis·time [mĭs tīm′] *(vt.)* يُسيء التّوقيت: يعمل أو يقول في غير الوقت المناسب.

mist·i·ness [mĭs′tĭ-] *(n.)* سديميّة؛ ضبابيّة؛ غموض؛ لاوضوح.

mis·tle·toe [mĭs′əl tō′] *(n.)* الهَدال؛ الدِّبق: شجيرة نصف طفيلية.

mis·took [mĭs to͝ok′] *past of* mistake.

mis·tral [mĭs′trəl] *(n.)* المِسترال: ريحٌ شمالية عنيفة، باردة، جافة، تهبّ على المقاطعات الفرنسية الواقعة على سواحل المتوسط.

mis·trans·late [-lāt′] *(vt.; i.)* يسيء الترجمة؛ يخطئ في الترجمة.

mis·treat [mĭs trēt′] *(vt.)* يُسيء المعاملة: يعامله معاملةً سيّئة أو ظالمة.

mis·tress [mĭs′-] *(n.)* (١) «أ» ربّة البيت. «ب» القيِّمة على الخدم. «ج» مديرة مدرسة [أو مؤسسةٍ أخرى] (٢) معلّمة (٣) سيّدة (٤) خليلة.

mis·tri·al [-trī′əl] *(n.)* المحاكمة الفاسدة [بسبب خطإٍ في الإجراءات].

mis·trust [-trŭst′] *(n.; vt.; i.)* (١) ارتياب؛ سوء ظنّ؛ عدم ثقة § (٢) يرتاب أو يسيء الظنّ في. (٣) يَحْدِس x (٤) يشكّ؛ يرتاب.

mis·trust·ful [-′fəl] *(adj.)* مُرتاب؛ مُسيءُ الظنّ؛ تُعْوِزُهُ الثقة.

mist·y [mĭs′tĭ] *(adj.)* (١) سَديميّ؛ ضبابيّ (٢) غامض؛ غير جليّ.

mist·y–eyed *(adj.)* (١) مُغَشّى العينين (٢) حالم؛ عاطفيّ.

mis·un·der·stand [mĭs′ŭn dər stănd′] *(vt.)* يُسيء الفَهم.

mis·un·der·stand·ing *(n.)* سوء فَهْم أو تفاهُم.

mis·us·age [mĭs yo͞o′sĭj] *(n.)* (١) معاملة سيئة (٢) استعمال خاطئ.

mis·use [*n.* mĭs yo͞os′; *v.* -yo͞oz′] *(n.; vt.)* (١) استعمال خاطئ؛ سوء استعمال § (٢) يُسيء الاستعمال (٣) يُسيء المعاملة.

mis·val·ue [mĭs văl′yo͞o] *(vt.)* = undervalue.

mis·ven·ture [-vĕn′chər] *(n.)* = misadventure.

mis·write [mĭs rīt′] *(vt.)* يخطئ في الكتابة؛ يكتب على نحو خاطئ.

mite[1] [mīt] *(n.)* السّوسة: حيوان مَفْصلي من العنكبوتيات.

mite[2] *(n.)* المَيْت: «أ» قطعة نقدية صغيرة: فَلْس. «ب» مبلغ من المال ضئيل. «ج» مقدار قليلٌ جدًا. «د» شيء أو مخلوق صغير جدًا.

mi·ter *or* **mi·tre** [mī′tər] *(n.; vt.)* (١) تاج الأسقف (٢) السطح المشطوب: «أ» ملتقى قطعتين من خشب مُدْخَلةٌ

miter *1.*

بعيدًا (٢) مِقذافيّ: مُعَدٌّ لإطلاق القذائف § (٣) قذيفة (٤) صاروخ.

mis·sil·eer [mĭs ə lēr′]; **mis·sile·man** [mĭs′əl-] *(n.)* القذائفيّ: مصمِّم القذائف الموجَّهة أو صانعُها أو مُطْلِقها.

mis·sile·ry *also* **mis·sil·ry** [mĭs′-] *(n.)* (١) قذائف. وبخاصة: قذائف موجَّهة (٢) القذائفية: عِلم القذائف الموجَّهة.

miss·ing [mĭs′ĭng] *(adj.)* مفقود؛ ضائع.

missing link *(n.)* الحَلْقة المفقودة: حيوان يُفْتَرَض وجودُهُ للربط بين القردة الشبيهة بالإنسان وبين الإنسان.

mis·si·ol·o·gy [-ŏl′-] *(n.)* الإرساليّاتيّة: دراسة الإرساليّات الكنسية.

mis·sion [mĭsh′ən] *(n.; vt.; adj.)* (١) «أ» إرسالية: بعثة دينية تبشيرية. «ب» التبشير. «ج» دار أو مقرّ الإرسالية. «د» كنيسة أو أبرشية محليّة. «هـ» *pl.*: نشاط تبشيري منظم (٢) «أ» بعثة ديبلوماسيّة أو ثقافية إلخ. «ب» سفارة؛ مفوّضية (٣) مهمّة؛ رسالة (٤) مهنة § (٥) يَبْعث؛ يوفد (٦) يؤدِّي رسالةً دينية § (٧) إرساليّ: ذو علاقة بطراز معماري اصطُنع في مباني الإرساليات الإسبانية الأولى في جنوب غربيّ الولايات المتحدة الأميركية <~ architecture>.

mis·sion·ar·y [mĭsh′ə nĕr′ĭ] *(adj.; n.)* (١) تبشيريّ § (٢) المُبَشِّر.

mis·sion·er [-′ə nər] *(n.)* المُبَشِّر؛ المُرْسَل الدينيّ.

mis·sion·ize [-′ə nīz′] *(vi.; t.)* يبشِّر؛ يقوم بنشاط تبشيريّ.

mis·sis [mĭs′ĭz; -ĭs] *(n.)* = missus.

Mis·sis·sip·pi·an [mĭs′ə sĭp′-] *(adj.)* ميسيسيبيّ: «أ» ذو علاقة بولاية ميسيسيبي الأميركية أو بنهر الميسيسيبي. «ب» خاصّ بالعصر الميسيسيبي، أي العصر الخامس من الدهر القديم (جي).

mis·sive [mĭs′ĭv] *(n.; adj.)* (١) رسالة؛ رسالة خطيّة § (٢) مُرْسَل [وبخاصة من مصدر رسميّ].

mis·spell [-spĕl′] *(vi.; t.)* يُخطئ في التَّهْجية.

mis·spell·ing [-spĕl′-] *(n.)* خطأ في التَّهجية.

mis·spend [-spĕnd′] *(vt.)* يُبَذِّر: يُسيء إنفاق المال أو الوقت.

mis·state [-stāt′] *(vt.)* يحرِّف أو يُشَوِّه [الحقائق إلخ].

mis·state·ment [mĭs stāt′-] *(n.)* بيان كاذب أو غير صحيح.

mis·step [-stĕp′] *(n.)* (١) عثرة؛ خطوة خاطئة (٢) خطأ؛ زلّة.

mis·sus [mĭs′ĭz] *(n.)* (١) زوجة (٢) ربّة البيت [أو المشرفةُ على خدمِهِ].

miss·y [mĭs′ĭ] *(n.)* آنسة؛ فتاة.

mist [mĭst] *(n.; vi.; t.)* (١) السَّديم: ضباب رقيق (٢) غِشاوة [على البصر] (٣) رَذاذ § (٤) يُسْدِم: يكون أو يصبح كثير السَّديم (٥) تُمطر رذاذًا (٦) يصبح مُعْتمًا أو غير واضح x (٧) يُغَشّي.

mis·take [mĭs tāk′] *(vt.; i.; n.)* (١) يُخطئ؛ يَغْلَط (٢) «أ» يسيء فهم المعنى أو الغرض. «ب» يكوّن رأيًا خاطئًا [عن شخصية فلان أو مقدرته] (٣) يحسبه شخصًا أو شيئًا آخر <He *mistook* her for her sister.>

إحداهما بالأخرى عند زاوية قائمة عادةً. «ب» زاوية بين سطحين (هن) § (٣) «أ» يتوّج: يُزيِّن رأسَهُ بتاج الأسقف. «ب» يرفعه إلى مرتبة أسقُف (٤) يُشاطِب: يُولج قطعة خشب في أخرى عند زاوية قائمةٍ عادة.

miter box *(n.)* مِضباط الزاوية: أداة يُستعان بها في ضبط الزاوية عند نَشْر القِطَع الخشبية بحيث يصبح في الإمكان إيلاج بعضها في بعض عند زاوية قائمةٍ عادةً.

miter joint *(n.)* الوُصْلة المشطوبة: وُصلةٌ متعامدةٌ، عادةً، يكون فيها الطرفان المتزاوجان مائلين أو مشطوبَيْن.

miter joint

Mith·ra [mĭth′rə] *also* **Mith·ras** مِثْرا: إلٰه الشمس والنور والعدالة وحامي الحقيقة وعدوّ قوى الظلام عند الفُرس. — **Mith·ra·ic** *(adj.)*

mith·ri·date [mĭth′rə dāt] *(n.)* التِّرياق: دواء مقاوِمٌ للسُّمّ.

mith·ri·da·tism [mĭth′rə dā′-] *(n.)* المناعة السُّمّية: مناعة ضدّ التسمُّم تُكتَسَبُ بأخذ جرعات من السُّمّ متزايدةٍ تدريجيًا.

mit·i·cide [mī′ tĭ sīd′] *(n.)* مُبيد السُّوس: مادة مبيدة للسُّوس.

mit·i·ga·ble [mĭt′ə gə-] *(adj.)* ممكنٌ تسكينُهُ أو تلطيفُهُ أو تخفيفُهُ.

mit·i·gate [mĭt′ə gāt′] *(vt.)* يُسَكِّن؛ يُلطِّف؛ يُخفِّف؛ يُهدِّئ.

mit·i·ga·tion [mĭt ə gā′-] *(n.)* تسكين؛ تلطيف؛ تخفيف؛ تهدئة.

mit·i·ga·tive; mit·i·ga·to·ry *(adj.)* مسكِّن؛ مُلطِّف؛ مُخفِّف؛ مُهَدِّئ.

mit·i·ga·tor [mĭt′ə gāt-] *(n.)* المُسَكِّن؛ الملطِّف؛ المخفِّف؛ المهدِّئ.

mi·to·gen [mīt′ə jən] *(n.)* مُوَلِّد التخيُّط (را. mitosis).

mi·to·sis [mī tō′sĭs] *(n.)* التَّخَيُّط؛ الانقسام الفَتيليّ: انقسام نواة الخلية إلى قسمين (أح). — **mi·tot·ic** *(adj.)*

mi·trail·leuse [mē trà yœz′] *(n.)* المِتْرَيُوز؛ الرشّاش: مدفع أوتوماتيكي صغير سريع الطلقات.

mi·tral [mī′-] *(adj.)* (١) شبيه بتاج الأسقف (٢) تاجيّ (ت).

mitral valve *(n.)* الصِّمام التّاجي (ت).

mi·tre [mī′tər] *(n.; vt.)* = miter.

mitt [mĭt] *(n.)* (١) المِتّ؛ القُفّاز الكشّاف: قفّاز نسويّ يبقي الأصابع عارية (٢) mitten *1* (٣) قُفّاز البيسبول (٤) يَد؛ قبضة.

mit·ten [-′ən] *(n.)* (١) المِتِّين: قفّاز لليد والرّسغ يكسو الأصابع الأربع معًا ويكسو الإبهام منفردًا (٢) المِتّ mitt (٣) قُفّاز الملاكمة (ع).

to get the ~, (١) يُرفَض حُبّه (٢) يُطرَد.

to give the ~, (١) يَرْفض حبَّ مُحِبّ (٢) يَطرد.

mit·ti·mus [mĭt′ə məs] *(n.)* الأمر بالسَّجْن (ق).

mitz·vah [mĭts′və] *(n.)* أَمْر؛ وصيّة [في اليهودية].

mix [mĭks] *(vt.; i.; n.)* (١) يَمْزُج؛ يَخْلِط (٢) يشوِّش؛ «يُلخبط» [تتبعها *up*] (٣) يَخْلِط [بين أمرين] **x** (٤) يمتزج؛ يختلط (٥) يخالط؛ يعاشر (٦) يتهاجن: يتزاوج ذكر أو أنثى من سلالتين مختلفتين من النوع الأحيائي أو النباتي نفسه (٧) يتورَّط § (٨) مَزْج (٩) مزيج. وبخاصة: خلطة أو مزيج من عناصر غذائيّة مُعَدّ إعدادًا تجاريًّا.

mixed [mĭkst] *(adj.)* (١) ممزوج؛ مختلِط؛ متنوِّع؛ مُنَوَّع (٢) مختَلَط: «أ» جامعٌ لِسِمات نظامين حكوميين أو أكثر <a ~ constitution>. «ب» مؤلَّف من أشخاص مختلفين عرقًا أو دينًا أو طبقةً. «ج» مشتمل على أشخاص من الجنسين <~ schools>. «د» ناشئ من عِرقين أو سلالتين مختلفتين (٣) مشوَّش الذهن، وبخاصة من أثر الخمر (٤) متفاوت <Reactions were ~.> (٥) متقلّب؛ متحرّك السِّعر.

mixed bag *(n.)* التَّشكيلة: مجموعة منوَّعة.

mixed farming *(n.)* الزراعة المختَلَطة: زرع المحاصيل الغذائية والعلفية وتربية المواشي في مزرعة واحدة.

mixed nerve *(n.)* العَصَب المختلَط (ت).

mixed number *(n.)* العَدَد الكَسْري {مثل $3\frac{1}{2}$ أو 6.33}.

mixed–up *(adj.)* ذاهل؛ مرتبك؛ مشوَّش الذهن.

mix·er [mĭk′sər] *(n.)* (١) المازج؛ الخالط إلخ (٢) المِخلطة؛ الخلّاطة: أداة لخَلْط المواد الغذائية (٣) الاجتماعي: شخص يُحبّ الاختلاط بالناس <My brother is a good ~.>.

mixt [mĭkst] *past and past part. of* mix.

mix·ture [-′chər] *(n.)* (١) «أ» خَلْط؛ مَزْج. «ب» اختلاط؛ امتزاج (٢) خليط؛ مزيج (٣) المخلوط: نسيج من خيوط مختلفة الألوان.

mix–up *(n.)* (١) تشوُّش (٢) خليط؛ مزيج (٣) خلاف؛ شِجار.

Mi·zar [mī′zär′] *(n.)* المِئزر؛ الإزار: نجم في كوكبة الدبّ الأكبر.

miz·zen *or* **miz·en** [mĭz′ən] *(n.; adj.)* (١) المِزّين: شراع منصوب على الصاري الأقرب إلى مؤخّر المركب (٢) الصاري المِزّيني (را. المادة التالية) § (٣) مِزّينيّ <~ shrouds>.

miz·zen·mast [mĭz′ən măst′] *(n.)* الصّاري المِزّينيّ: الصاري الأقرب إلى مُؤخر المركب.

miz·zle [1] [mĭz′əl] *(vi.; n.)* (١) تُمْطِرُ رَذاذًا § (٢) رَذاذ.

miz·zle [2] *(vi.)* يتحمَّل: «أ» يُقوِّض خيامه ويرتحل سرًّا أو على عجل. «ب» ينصرف بسرعة.

mne·mon·ic [nē mŏn′ĭk] *(adj.)* (١) مساعدٌ للذاكرة (٢) استذكاريّ: ذو علاقة بفنّ الاستذكار (٣) ذاكِريّ: ذو علاقة بالذاكرة.

mne·mon·ics [nē-] *(n.)* فنّ الاستذكار: تِقنية تقوية الذاكرة.

mo·a [mō′ə] *(n.)* المُوَّة: طائر منقرض، عاجز عن الطيران.

moa

Mo·ab·ite [mō′ə bīt′] *(n.; adj.)* (١) المُؤابيّ: واحد المؤابيين، وهم شعب ساميّ قديم § (٢) مُؤابيّ. — **Mo·ab·it·ish** *(adj.)*

moan [mōn] *(n.; vt.; i.)* (١) عويل؛ نُواح (٢) أنين § (٣) يندب **x** (٤) يُعْوِل؛ ينوح (٥) يئنّ.

moat [mōt] *(n.; vt.)* (١) خَنْدَق مائي [يُحفَر حول مدينة أو حصن] § (٢) يُحيط بخندق مائيّ.

mob [mŏb] *(n.; vt.)* (١) الجماهير؛ سواد الناس (٢) «أ» الغوغاء؛ الرَّعاع؛ السُّوقة. «ب» حشدٌ من الناس (٣) عصابة إجراميّة § (٤) يتألَّب على: يتجمهرُ حوله بغوغائيّة (٥) يحتشد حَوْل.

mob·bish [mŏb′ĭsh] *(adj.)* غوغائيّ؛ رَعاعيّ؛ سُوقيّ.

mob·cap [-′kăp] *(n.)* المِبْكابة: قَلَنْسُوَة نسوية تُربط تحت الذقن عادةً.

mo·bile [mō′bəl; -bēl′; -bīl′] *(adj.; n.)* (١) متحرِّك: قابل للحركة أو التحريك (٢) متحوِّل؛ متقلِّب (٣) مترحِّل؛ متنقِّل (٤) متمازج: مُتَّسِم بامتزاج الفئات الاجتماعيّة (٥) حَرَكيّ؛ سيّار: مستخدمٌ السَّيارات وسيلةً للمواصلات (٦) mobile phone § <~ warfare>.

mobile phone *(n.)* = cellular phone.

mo·bil·i·ty [mō bĭl′-] *(n.)* التحرّكيّة: قابليّة التحرك أو الانتقال.

mo·bi·li·za·tion [mō′bə lə zā′-] *(n.)* (١) تحريك (٢) تعبئة (جن).

mo·bi·lize [mō′bə līz′] *(vt.; i.)* (١) يحرِّك؛ يدير (٢) يعبِّئ: «أ» يحشد ويُؤهِّب للحرب. «ب» ينظِّم أو يكيِّف [الصناعات إلخ] لخدمة الحكومة زمنَ الحرب. «ج» يحشُد؛ يُعَبِّئ x (٣) يُعَبّأ؛ يُحْشَد.

mob·oc·ra·cy [mŏb ŏk′rə sĭ] *(n.)* (١) حكم الغوغاء (٢) الغوغاء بوصفها طبقةً حاكمة.

mob·o·crat [mŏb′ə-] *(n.)* (١) زعيم الغوغاء (٢) المؤيِّد لحكم الغوغاء.

mob·ster [mŏb′-] *(n.)* قاطع الطريق: عضوٌ في عصابة إجرامية.

moc·ca·sin [mŏk′ə sən; -zən] *(n.)* المُقُسِين: «أ» حذاء لا كعب له مصنوع من جلد ناعم، ومرفوع النعل عند جوانب القدم وفوق أصابعها حيث يتصل بقطعة جلدية على شكل حرف U فوق أعلى القدم. «ب» أفعى سامّة.

mo·cha [mō′kə] *(n.)* (١) «أ» المُخاويّ: بُنّ يمنيّ. «ب» بنّ ممتاز (٢) المُخاويّة: مادة مُنكِّهة مؤلّفة من مزيج من الكاكاو [أو الشوكولا] والبنّ (٣) الجلد المُخاويّ: جلد ناعم للقُفّازات.

mock [mŏk] *(vt.; i.; n.; adj.; adv.)* (١) يهزأ بـ (٢) «أ» يخدع؛ يُضلِّل. «ب» يخيِّب [آمال فلان] (٣) يتحدّى بازدراء؛ يُحبِط (٤) «أ» يقلِّد. «ب» يسخر من فلان بتقليد حركاته أو محاكاتها x (٥) يسخر؛ يتهكم على § (٦) هزء؛ سخرية (٧) الهُزْأة: شخص يُهزَأ منه (٨) «أ» تقليد. «ب» سُخرية [بتقليد الحركات أو محاكاتها] (٩) شيء مقلَّد أو زائف § (١٠) كاذب؛ زائف؛ صُوْريّ <a ~ battle> § (١١) بطريقة زائفة أو غير صادقة <*mock-*serious>.

mock·er·y [-′ə rĭ] *(n.)* (١) سخرية؛ استهزاء؛ تهكُّم (٢) الهُزْأة: شخص يُهْزَأ به (٣) تقليد؛ زَيْف؛ مظهرٌ كاذب (٤) شيء غير ملائم إلى حدّ يثير السخرية.

mock–he·ro·ic *(adj.)* مَلْحميّ ساخر: ساخر من الأسلوب أو العمل البطوليّ أو مُقلِّد له <~ poems>.

mock·ing·bird [mŏk′-] *(n.)* الطائر المُحاكي: طائر مغرِّد يتميّز بقدرته الفذّة على محاكاة أصوات الطيور الأخرى.

mockingbird

mock orange *(n.)* البُرتُقال الكاذب أو الزائف (نب).

mock–up *(n.)* نموذج بالحجم الطبيعي [لماكينةٍ إلخ].

mod·al [mōd′-] *(adj.)* (١) مشروط: موقوف على شرط [كبعض العقود] (٢) شكليّ: متعلق بالشكل لا بالجوهر (٣) صِيَغيّ: دالّ على صيغة الفعل (ل).

mo·dal·i·ty [mō dăl′-] *(n.)* (١) «أ» المشروطيّة؛ الشكلية: كون الشيء مشروطًا أو شكليًّا. «ب» شكل (٢) الحاسّة: إحدى الحواسّ الخمس (٣) الوسيلة العلاجية: «أ» طريقة طبيعية عادةً، تُستخدم في التطبيب [كالتدليك]. «ب» جهاز يُستعان به في هذه الطريقة.

mode [mōd] *(n.)* (١) صيغة الفعل (ل) (٢) «أ» شكل. «ب» أسلوب (٣) طريقة [عملِ شيءٍ] (٤) زيّ سائد (٥) المِنوال (احص).

mod·el [mŏd′əl] *(n.; adj.; vt.; i.)*, **-eled** *or* **-elled** (١) نسخة؛ صورة (٢) مخطّط؛ مجسَّم (٣) نموذج (٤) نَمَط (٥) غِرار (٦) مِثال؛ مَثَلٌ يُحتَذَى (٧) الموديل: شخص يجلس أمام الرسام أو النحات ليستعين به على إبداع صورة أو تمثال (٨) «أ» عارضة أزياء. «ب» الزِّيّ: ثوب إلخ تعرضه عارضة الأزياء (٩) طِراز [من السيّارات إلخ] <the latest Paris ~*s*> § (١٠) نموذجيّ؛ مثاليّ <a ~ teacher> § (١١) يُخطِّط؛ يشكِّل [وفقًا لنموذج] (١٢) «أ» يصوغ على غرار كذا. «ب» يقتدي بـ (١٣) تعرض [عارضة الأزياء] ثوبًا جديدًا x (١٤) تعمل [الفتاةُ] عارضةَ أزياء. **— mod·el·er** *(n.)*

mo·dem [mō′dəm] *(n.)* المُوْدِيم: أداة تحوِّل الإشارات من شكل معيَّن إلى شكلٍ قابل للاستخدام في جهاز مختلف.

mod·er·ate [*adj.; n.* mŏd′ər ĭt, -rĭt; *v.* -ə rāt′] *(adj.; n.; vt.; i.)* (١) «أ» معتدل. «ب» هادئ؛ لطيف (٢) «أ» متوسط [مقدارًا أو حجمًا]. «ب» متوسط الجودة أو ضئيلها (٣) اعتداليّ: متجنِّبٌ التدابيرَ السياسيّة أو الاجتماعيّة المتطرفة (٤) محدود المدى أو الأثر (٥) غير غالٍ؛ معقول السعر أو منخفضه (٦) خفيف <~ colors> § (٧) الاعتداليّ: شخص ذو آراء معتدلة غير متطرفة في السياسة والدين § (٨) يهدِّئ؛ يلطِّف (٩) يرئس [اجتماعًا] (١٠) يدير مناقشةً [أو ندوةً] x (١١) يهدأ؛ يَلْطُف؛ يلين.

mod·er·a·tion [mŏd′ə rā′-] *(n.)* (١) اعتدال (٢) تلطيف؛ تليين.

mod·e·ra·to [-rä′tō] *(adv.)* بطريقة رَسْلةٍ أو معتدلة (مو).

mod·er·a·tor [mŏd′ə rā-] *(n.)* (١) الوسيط: القائم بالوساطة (٢) رئيس الجلسة أو المجلس (٣) المنسِّق: من يدير المناقشة في نَدْوةٍ إلخ (٤) المُرَسِّل: مادة [كالغرانيت] تبطِّئ النيوترونات في مُفاعلٍ نوويّ.

mod·ern [mŏd′-] *(adj.; n.)* (١) حديث؛ عصريّ (٢) مُعاصِر § (٣) العصريّ: «أ» شخص من أهل العصر الحديث. «ب» شخص ذو آراء عصرية. «ج» ضرب من الأحرف الطباعية.

mod·ern·ism [mŏd′-] *(n.) cap.* (١) العَصْرانيّة: مجاراة روح العصر (٢) أ.ك: العَصْرانية: «أ» النزعة اللاهوتية المتحرّرة وبخاصة في البروتستانتية. «ب» نزعة في الفن الحديث تهدف إلى قطع الصِّلات بالماضي والبحث عن أشكالٍ من التعبير جديدةٍ.

— mod·ern·ist *(n.)* **— mod·ern·is·tic** *(adj.)*

mo·der·ni·ty *(n.)* (١) العَصْريّة: كونُ الشيء عصريًّا (٢) شيء عَصْريّ.

mod·ern·i·za·tion [-nĭ zā′-] *(n.)* (١) التَّعصير: جعل الشيء عصريًّا (٢) التَّعَصُّر: كونُ الشيء عصريًّا (٣) شيء مُعَصَّر.

mod·ern·ize [mŏd′ər nīz′] *(vt.; i.)* (١) يُعَصِّر: يجعله عصريًّا [من حيث الذوق أو الأسلوب أو الاستعمال] x (٢) يجدِّد؛ يحدِّث: يتبنَّى أو يصطنع

الطرائق العصرية .

— **mod·ern·iz·er** *(n.)*

mod·ern·ness [mŏd′ərn nəs] *(n.)* الحداثة؛ المعاصَرة.

mod·est [mŏd′əst] *(adj.)* (١) «أ» متواضع؛ غير مغرور. «ب» خجول؛ حييّ (٢) محتشم [في الملبس أو السلوك] (٣) «أ» معتدل <a ~ income> . «ب» بسيط؛ متواضع <~ houses> .

mod·es·ty [-′əs tĭ] *(n.)* (١) «أ» تواضع. «ب» حياء (٢) احتشام (٣) «أ» اعتدال. «ب» بساطة؛ اتّضاع.

mod·i·cum [mŏd′ə kəm] *(n.)* القليل؛ النَّزْر.

mod·i·fi·a·ble [mŏd′-] *(adj.)* قابلٌ للتلطيف أو التعديل أو التحوير.

mod·i·fi·ca·tion [mŏd′ə fə kā′-] *(n.)* (١) مص modify وبخاصة: «أ» تقييد المعنى. «ب» تعديل (٢) تكيُّف (أح).

mod·i·fi·er [mŏd′-] *(n.)* (١) المُلَطِّف؛ المعدِّل؛ المُحَوِّر (٢) المقيِّدة: كلمة أو عبارة تقيِّد معنى عنصر آخر في الجملة (ل).

mod·i·fy [mŏd′ə fī′] *(vt.; i.)* (١) يُلطِّف؛ يُخَفِّف (٢) يقيِّد المعنى <Adjectives ~ nouns.> (٣) «أ» يُعَدِّل. «ب» يُحَوِّل؛ يُحَوِّر x (٤) يتحوَّل؛ يتحوَّر؛ يتغيَّر.

mo·dil·lion [mō dĭl′yən] *(n.)* المُقَرْنَس: أيّ من سلسلة من المساند الزينية تُجْعَل تحت الطُّنُف أو الكورنيش في الطراز الكورنثيّ وغيره (عم).

modillion

mod·ish [mō′dĭsh] *(adj.)* على الزيّ؛ على النَّمط؛ «على المودة».

mo·diste [mō dēst′] *(n.)* المُنَمِّط؛ المُنَمِّطة: خيّاط أو خيّاطة الملابس النسائية وفقًا للزيّ أو النمط الحديث.

mod·u·lar [mŏj′ə-; mŏd′yə-] *(adj.)* مِعْياريّ.

mod·u·late [mŏj′ə lāt′; mŏd′yə-] *(vt.; i.)* (١) «أ» يُنغِّم: يغيِّر أو يعدِّل طبقةَ الصوت. «ب» يلطِّف (٢) يُنشد؛ يجوِّد؛ يترنَّم بـ <to ~ a song> (٣) يُضَمِّن؛ يُعَدِّل: يغيِّر تردُّدَ الموجات الكهربائية بأن يُسلِّط عليها موجاتٍ أخرى ذات تردُّدٍ أكثر بطئًا، عادةً x (٤) ينتقل [من مقامٍ موسيقيّ إلى آخر].

— **mod·u·la·to·ry** *(n.)*

mod·u·la·tion *(n.)* (١) تلطيف (٢) تغيير أو تغيُّر في طبقة الصوت (٣) الانتقال [من مقام موسيقيّ إلى آخر] (٤) التّضمين؛ التعديل (را. *modulate 3*).

mod·ule [mŏj′ōōl; mŏd′yōōl] *(n.)* (١) معيار؛ مقياس (٢) وحدةٌ تربوية [ذات موضوع واحد] (٣) المُرَيْكِبَة: جزء من المركبة الفضائية قابل للانفصال.

mod·u·lus *(n.)* مقياس؛ مُعايِر؛ مُعامِل («ر» و«فز»).

mo·dus o·pe·ran·di [mō′dəs ŏp′ə răn′dī] *(n.)* طريقة العمل.

mo·dus vi·ven·di [vĭ vĕn′dī] *(n.)* (١) تسوية مؤقَّتة (٢) طريقة العيش.

mo·fette *also* **mof·fette** [mō fĕt′] *(n.)* المَوْف: مَنْفَذٌ في الأرض ينبعث منه ثاني أكسيد الكربون وبعض النتروجين والأكسجين.

mog [mŏg] *(vi.)* (١) يرتحل (ع) (٢) يمشي الهوينا (ع).

mo·gul[1] [mō′gŭl; mō gŭl′] *(n.; adj.)* (١) *cap.* المُغوليّ. وبخاصة: أحد المغول الذين فتحوا الهند عام ١٥٢٦ [وتُرْسَم أحيانًا Moghul] (٢) القُطْب: شخصٌ بارز في حقلٍ ما § (٣) مُغوليّ.

mo·gul[2] [mō′gəl] *(n.)* المَغْوَلة: نتوء في منحَدَر للتزلُّج.

mo·hair [mō′hâr′] *(n.)* المُخَيَّر؛ الموهير: «أ» نسيجٌ من وَبَر معزاة أنقرة الحريريّ الأبيض الطويل. «ب» وبر معزاة أنقرة نفسُهُ.

Mo·ham·med·an [mō hăm′ə dən] *(adj.; n.)* = Muhammadan.

Mo·hawk [mō′hôk] *(n.)* (١) الموهوك: قبيلة من هنود أميركا الشمالية الحمر كانت تقيم في وادي نهر موهوك (٢) الموهوكيّ: واحدُ الموهوك (٣) الموهوكيّة: لغة الموهوك.

Mo·he·gan [mō hē′gən] *or* **Mo·hi·can** [-kən] *(n.)* (١) الموهيغان: قبيلة من هنود أميركا الشمالية الحمر كانت تقيم في الجزء الشرقي من ولاية كونِتّيكُت (٢) الموهيغاني: واحدُ الموهيغان.

Mo·hock [mō′hŏk] *(n.)* الموهوكيّ: أحد أفراد عصابة من الفُتّاك الأرستوقراطيين الذين روّعوا اللندنيّين أوائلَ القرن ١٨م.

Mohs' scale [mōz] *(n.)* سُلَّم موز: سُلَّم وضعه العالم الألماني فريدريتش موز مُرَتَّبًا فيه صلابة المعادن.

mo·hur [mō′hər] *(n.)* المُوْهَر: عملة ذهبية هندية وفارسية قديمة.

moi·dore [moi′dōr] *(n.)* المُوَيْدور: عملة ذهبية برتغالية قديمة.

moi·e·ty [moi′ə tĭ] *(n.)* (١) «أ» نِصْف. «ب» جزء؛ شَطْر (٢) الفَخِذ: فرع من قبيلة.

moil [moil] *(vt.; i.; n.)* (١) يُبَلِّل؛ يُوَسِّخ (ع) x (٢) يَكْدَح (٣) يتحرك في اضطراب § (٤) كَدْحٌ (٥) فوضى؛ اضطراب؛ اهتياج.

moil·ing [moi′lĭng] *(adj.)* (١) شاقّ: «أ» متطلِّبٌ عملًا شاقًّا. «ب» كادّ؛ مُجِدّ؛ كادِح (٢) صاخب؛ ضاجّ؛ شديد الاهتياج.

moire [mwär; mōr] *(n.)* المموَّج: نسيج مُمَوَّج.

moi·ré [mwä rā′; mōr′ā] *(n.; adj.)* (١) تموُّج [في نسيج أو طابع بريدي] (٢) المُمَوَّج: نسيج متموِّج المظهر § (٣) متموِّج.

moist [moist] *(adj.)* (١) رَطْب؛ نَدِيّ؛ مُخْضَلّ (٢) دامعٌ.

mois·ten [mois′ən] *(vt.; i.)* (١) يُرَطِّب؛ يُنَدِّي؛ يُخَضِّل x (٢) يَخْضَلّ: يُصبح رَطْبًا أو نَدِيًّا.

moist·ness [moist′-] *(n.)* رطوبة؛ نداوة.

mois·ture [mois′chər] *(n.)* رطوبة؛ نداوة.

mois·tur·ize [-′chə rīz′] *(vt.)* يُرَطِّب <to ~ the air>.

moke [mōk] *(n.)* (١) غبيّ؛ مُغَفَّل (ع) (٢) فرس هَرِمٌ (ع).

mol·al [mō′ləl] *(adj.)* مُوليّ؛ جُزَيئيغْراميّ: ذو علاقة بالمول mole أو الوزن الجُزَيئي الغراميّ (ك).

mo·lal·i·ty [mō lăl′-] *(n.)* الموليّة؛ التركيز الجزيئيّ الغراميّ (ك).

mo·lar[1] [mō′-] *(n.; adj.)* (١) ضِرس § (٢) طاحِن؛ جارش (٣) ضِرسيّ.

mo·lar[2] *(adj.)* (١) كُتْليّ: ذو علاقة بكتلة المادة تمييزًا لها عن خصائص وحركات الجزيئات أو الذرات (فز) (٢) molal.

mo·las·ses [mə lăs′ĭz] *(n.)* المولاس: دُبس القَصَب أو الشَّمندر.

mold[1] [mōld] *(n.)* (١) تراب. وبخاصة: ثرًى ناعم غنيّ بالمادة العضوية

(٢) «أ» سطح الأرض (عب). «ب» تراب القبر (عب). «ج» قبر.

mold[2] *(n.; vt.)* (١) طراز؛ صفة مُمَيِّزة (٢) قالَب (٣) شكل (٤) حلية معمارية بارزة أو مقعَّرة (عم) (٥) نمط § (٦) «أ» يُقَوْلب: يُفْرِغ في قالَب. «ب» يصُوغ؛ يُشَكِّل (٧) يزيِّن بالنحت أو بحُلًى معمارية.

mold[3] *(vi.; n.)* (١) يتعفَّن § (٢) عَفَن (٣) فُطرٌ يُحْدِث عَفَنًا.

mold·board [-ˊbōrd′] *(n.)* (١) الدُّجْر: حديدة عقفاء في المحراث ترفع التربة وتَقْلبها (٢) اللَّوح: أحد الألواح الخشبية التي تشكِّل قالبًا للخرسانة.

mold·er[1] [mōlˊdər] *(n.)* القوالبيّ: صانع القوالب.

mold·er[2] *(vi.)* يتفتَّت؛ يَبْلَى؛ يتهرَّأ؛ يتفسَّخ.

mold·i·ness [mōlˊdĭ-] *(n.)* عفونة؛ تعفُّن؛ بِلًى.

moldings 2.

mold·ing [mōlˊ-] *(n.)* (١) «أ» القَوْلَبة: إفراغ الشيء في قالب. «ب» القالَب: شيء مُنْتَج بالقَوْلبة (٢) mold[2] *4*.

mold·y [mōlˊdĭ] *(adj.)* (١) عفِن؛ متعفِّن؛ بالٍ (٢) «أ» عتيق؛ غير عصريّ. «ب» رجعيّ؛ محافظ.

mole[1] [mōl] *(n.)* شامة؛ خال.

mole[2] *1.*

mole[2] *(n.)* (١) الخُلْد (ح) (٢) الخُلْد: شخص يعمل في الظلام (٣) المِنْفاق: ماكينة لحفر الأنفاق (٤) جاسوس مزدوج.

mole[3] *(n.)* الرَّحَى؛ الجنين الزائف: كتلة غير سويّة في الرحم.

mole[4] *(n.)* (١) المِصَدّ؛ حاجز الأمواج (٢) المُصَدَّد: مرفأ مَصُون بِمِصدٍّ أو حاجزٍ للأمواج.

mole[5] *also* **mol** *(n.)* المول: الوزن الجُزَيْئيّ الغْراميّ (ك).

mo·lec·u·lar [mə lĕkˊ-] *(adj.)* (١) جُزَيئيّ (٢) فَرْديّ.

molecular biology *(n.)* البيولوجيا الجزيئية.

molecular weight *(n.)* الوزن الجُزَيئيّ (ك).

mol·e·cule [mŏlˊə kyo͞olˊ] *(n.)* (١) الجُزَيء (ك) (٢) مِثقال ذرّة.

mole·hill [mōlˊhĭl′] *(n.)* (١) التَّلّ الخُلْديّ: رُكام التراب المتجمِّع نتيجةً لحَفْر الخُلْد جُحْرَهُ (٢) شيء تافه.

to make a mountain out of a ~, يبالغ؛ يَجْعل من الحَبّة قُبّة.

mole·skin [-ˊskĭn′] *(n.)* (١) فَرْو الخُلْد (٢) القماش الخُلْديّ: قماش متين يزدان أحد وَجْهَيْه بزغب مخمليّ (٣) *pl.* عد: الثّوب الخُلْديّ.

mo·lest [mə lĕstˊ] *(vt.)* (١) يُزعج؛ يضايق (٢) يتحرَّش [بفتاة إلخ].

mo·les·ta·tion [-tāˊ-] *(n.)* (١) إزعاج؛ مضايَقَة (٢) تحرُّش [بفتاة إلخ].

moll [mŏl] *(n.)* (١) بغيّ؛ مومس (٢) الحسناء الطائشة: امرأة جميلة ولكنها طائشة خفيفة العقل (٣) حبيبة (٤) محبوبةُ قاطعِ الطريق.

mol·lie *also* **mol·ly** [mŏlˊĭ] *(n.)* = mollienisia.

mol·lie·ni·sia [mŏl ĭ nĭzhˊĭ ə] *(n.)* المولينيزيّ: سمك زاهي الألوان.

mol·li·fy [mŏlˊə fī′] *(vt.)* يُهَدِّئ؛ يُسَكِّن؛ يخفِّف؛ يلطِّف.

mol·lus·can *also* **mol·lus·kan** [mə lŭsˊkən] *(adj.)* رِخويّ: ذو علاقة بالرِّخويّات (ح).

mol·lus·ci·cide [-ˊkə sīd] *(n.)* مُبيد الرِّخويّات.

mol·lus·coid [-ˊkoid] *(adj.; n.)* (١) رِخْوانيّ: شبيه بحيوانٍ رِخويّ § (٢) الرِّخواني: حيوان رِخْوانيّ.

mol·lusk *or* **mol·lusc** [mŏlˊəsk] *(n.)* الرِّخْوِيّ: حيوان من الرِّخوِيات **Mollusca** وهي شعبة تشمل الحلزون والأخطبوط إلخ.

mol·ly [mŏlˊĭ] *(n.)* = mollie.

mol·ly·cod·dle [mŏlˊĭ kŏd′-] *(n.; vt.)* (١) رجلٌ مُخنَّث § (٢) يدلِّل.

Mo·loch [mōˊlŏk] *also* **Mo·lech** *(n.)* مولوخ: «أ» إلّه ساميّ كان الأطفال يُحْرَقون على مذبحه. «ب» شيء يتطلّب تضحية رهيبة <the ~ of war>.

Molotov cocktail *(n.)* كوكتيل مولوتوف: قنبلة يدوية مصنوعة من زجاجة ملأى بسائل ملتهب.

molt [mōlt] *(vi.; t.; n.)* (١) يَسْتَلِخ: يطرح الحيوان ريشه أو شعره إلخ دوريًا § (٢) الاستلاخ.

mol·ten *(adj.)* (١) مصهور: مُذَوَّب بالحرارة (٢) متوهِّج (٣) مسبوك.

mol·to [môlˊtô] *(adv.)* كثيرًا؛ جدًا (مو).

mo·ly [mōˊlĭ] *(n.)* المُوْليّ: نبات أسطوري ذو قوّة سحريّة.

mo·lyb·de·nite [mə lĭbˊdə nīt′] *(n.)* الموليبْدَنيت: معدن أزرق.

mo·lyb·de·num [-ˊdə nəm] *(n.)* الموليبْدَنوم: عنصر فلزّيّ نادر (ك).

mo·lyb·dic; mo·lyb·dous [mə lĭbˊ-] *(adj.)* موليبْدَنوميّ.

mom [mŏm] *(n.)* أمّ؛ والدة.

mom–and–pop *(adj.)* صغير؛ عائليّ <a ~ grocery>.

mome [mōm] *(n.)* الأحمق؛ الأبله؛ المُغَفَّل (ا.ق).

mo·ment [mōˊmənt] *(n.)* (١) لحظة (٢) فترة امتياز أو تفوّق <She has her ~s.> (٣) أهمية <an affair of great ~> (٤) مرحلة في تطوّر الأحداث (٥) العَزْم (فز).

~ of force عَزْم القوَّة (فز).

the man of the ~, رَجُل الساعة.

the ~ (that) حالَما.

to the ~, بدقّة بالغة [في المحافظة على المواعيد].

mo·men·tar·i·ly *(adv.)* (١) لحظةً <hesitated ~> (٢) كلَّ لحظة <~ increasing> (٣) في أية لحظة <~ liable to occur>.

mo·men·tar·y [mōˊmən tĕr′ĭ] *(adj.)* (١) خاطف؛ آنيّ؛ سريع الانقضاء؛ وجيز جدًا (٢) لَحْظِيّ: حادث أو متكرّر في أية لحظة.

mo·ment·ly [mōˊ-] *(adv.)* (١) من لحظة إلى أخرى؛ كلَّ لحظة (٢) في أية لحظة (٣) لحظةً؛ طوالَ لحظةٍ.

mo·men·to [mə mĕnˊtō] *(n.)* = memento.

moment of inertia *(n.)* عَزْم العطالة؛ عَزْم القصور الذاتي (فز).

mo·men·tous [mō mĕnˊtəs] *(adj.)* خطير؛ هامّ جدًا.

mo·men·tous·ness [-ˊtəs nəs] *(n.)* خطورة؛ أهميّة بالغة.

ă at; **ā** date; **â** care; **ä** car; **ĕ** egg; **ē** me; **ĭ** in; **ī** bite; **ŏ** lot; **ō** bone; **ô** orphan; **oi** boil; **o͝o** good; **o͞o** boot; **ou** out; **ŭ** under; **û** urgent; ə = *a* in alone, *e* in system, *i* in easily, *o* in gallop, *u* in circus.

mo·men·tum [mō mĕn′təm] *(n.)* pl. **-ta** *or* **-tums** كمّيّة التحرُّك (فز). وتوسُّعًا: الزَّخْم (را. impetus).

mom·my [mŏm′ē] *(n.)* = mother.

Mo·mus [mō′məs] (١) موموس؛ مومَس: إلَه الهزء والسُّخرية عند اليونان (مث) (٢) الناقد العَيّاب أو المُعادي.

mon- *or* **mono-** بادئة معناها: واحد؛ مُفرَد؛ أُحاديّ.

Mo·na·can [-′ə kən] *(n.; adj.)* (١) الموناكيّ: أحد أبناء موناكو § (٢) موناكيّ.

mon·a·chal [mŏn′ə kəl] *(adj.)* = monastic.

mon·a·chism [mŏn′ə kĭz′əm] *(n.)* = monasticism.

mo·nad [mō′năd; mŏn′ăd] *(n.)* (١) وَحْدة؛ واحد (٢) الجوهر الفَرْد [عند القدماء] (٣) الموناد: «أ» أحد الجواهر البسيطة التي يتألف منها الكون [في فلسفة ليبنتز]. «ب» مُتَعضٍّ [أو وحدة عضوية] بسيط بالغ الصِّغر. «ج» عنصرٌ أو ذرّة أو جذرٌ أُحاديّ التكافؤ.

mon·a·del·phous [-dĕl′fəs] *(adj.)* أُحاديّ الأُخوَّة: صفة لبعض أسْدية النبات التي تكون جميعها متحدة في أنبوب واحد أو حزمة واحدة.

mo·nad·nock [mə năd′-] *(n.)* العَلَم؛ المونَدْنوك: جبل صَمَدَ لعوامل التعرية في محيطه (جي).

mo·nan·drous [mə năn′-] *(adj.)* (١) أُحاديّ السَّداة (نب) (٢) «أ» أحادية البعل [صفة للمرأة ذات البعل الواحد]. «ب» أُحاديّ بعليّ: متميّز بالأحادية البعليّة <the ~ system>.

mo·nan·dry *(n.)* (١) الأُحاديّة البعلية (٢) وحدة السَّداة (نب).

mon·arch [mŏn′ərk] *(n.)* (١) ملك؛ عاهل (٢) الفراشة المِلكة.

mo·nar·chal [-när′kəl]; **mo·nar·chi·al** [-′kĭ əl] *(adj.)* مَلَكيّ.

mo·nar·chi·cal [-′kə kəl] *also* **mo·nar·chic** [-′kĭk] *(adj.)* مَلَكيّ.

mon·ar·chism [mŏn′ər-] *(n.)* الحُكم المَلَكيّ أو المبادئ المَلَكيّة.

mon·ar·chist [mŏn′ər-] *(adj.; n.)* (١) مَلَكيّ: مناصرٌ للملَكية أو مؤمن بمبادئها § (٢) المَلَكيّ: المناصِر للمَلَكية إلخ.

mon·ar·chy [-′ər kĭ] *(n.)* (١) المَلَكيّة (٢) دولة أو حكومة مَلَكيّة.

mo·nar·da [mə när′də] *(n.)* المونَرْد: نعناع شمالأميركي (نب).

mon·as·te·ri·al [mŏn′ə stēr′-] *(adj.)* دَيريّ: متعلّق بالأديرة أو بحياتها.

mon·as·ter·y [mŏn′ə stĕr′ĭ] *(n.)* دَيْر.

mo·nas·tic [mə năs′tĭk] *(adj.; n.)* (١) دَيْري؛ رَهْبانيّ § (٢) راهب.

mo·nas·ti·cal [-′tĭ kəl] *(adj.)* دَيْريّ؛ رَهْبانيّ.

mo·nas·ti·cism [-sĭz-] *(n.)* الرَّهبانية؛ الحياة الرَّهبانية؛ النظام الرهبانيّ.

mon·a·tom·ic [mŏn′ə tŏm′-] *(adj.)* أحاديّ الذَّرّة أو التكافؤ (ك).

mon·ax·i·al [mŏn ăk′sĭ-] *(adj.)* أُحاديّ المِحور (نب).

mon·a·zite [mŏn′ə zīt′] *(n.)* المونازيت: فوسفات السّيريوم واللّنثانوم.

Mon·day [mŭn′dĭ; -dā] *(n.)* الإثنين؛ يوم الإثنين.

Mon·e·gasque [mŏn′ə găsk′] *(n.; adj.)* = Monacan.

Mo·nel metal [mō nĕl′] *(n.)* معدن مونيل: أُشابة تتألف من ٦٦٪ نيكلًا و ٣١,٥٪ نُحاسًا، بالإضافة إلى معادن أخرى.

mon·e·tar·i·ly [mŭn′-] *(adv.)* نقديًا؛ عُمْليًّا: في ما يتصل بالنقد أو العُمْلة.

mon·e·tar·y [mŭn′-] *(adj.)* (١) نقديّ؛ عُمْليّ (٢) ماليّ.

monetary unit *(n.)* الوحدة النقدية [في بلدٍ ما].

mon·e·tize [mŭn′ə tīz′] *(vt.)* (١) يَسُكّ؛ يَضْرِب <to ~ gold> (٢) يجعله نقدًا قانونيًا.

mon·ey [mŭn′ĭ] *(n.)* pl. **mon·eys** *or* **mon·ies** (١) نَقْد؛ عُمْلة (٢) مالٌ (٣) الثروةُ مقدَّرةً بالعملة (٤) «أ» المجلّي والمصلّي والذي يجيء ثالثًا في سباق للخيل أو الكلاب. «ب» جائزة من جوائز السباق <My horse took third ~.> (٥) أثرياء أو شركات عظيمة الثراء.

mon·ey·bag *(n.)* (١) كيس نقود (٢) *pl.*: «أ» ثروة (ع). «ب» الثريّ (ع).

money box *(n.)* الحصّالة: صندوق لادّخار النقود أو جمع التبرعات.

money changer *(n.)* (١) الصرّاف؛ الصَّيْرفيّ (٢) الصّرّافة الآليّة.

mon·eyed *also* **mon·ied** [mŭn′ĭd] *(adj.)* (١) ثريّ؛ غنيّ (٢) ماليّ: قائمٌ على المال؛ مستمَدّ من المال؛ ناشئ عن المال.

mon·ey·er [mŭn′-] *(n.)* ضاربُ العُملة أو ساكّها [بتفويض رسمي].

mon·ey·lend·er *(n.)* المُرابي: مُقْرِض المال لقاء فائدة.

mon·ey–mak·er *(n.)* (١) جامع المال: المنهمك في جمع المال أو المُوَفَّق في اكتسابه (٢) صانع المال: شيء يعود على صاحبه بربح ماليّ.

money market *(n.)* سوق النقد (اد).

money order *(n.)* إذْن الصَّرف: حوالة بريديّة أو مصرفيّة.

money supply *(n.)* الكتلة النقدية (اد).

mon·ger [mŭng′gər] *(n.; vt.)* (١) تاجر؛ بائع (٢) «أ» مثير [الحروب إلخ]. «ب» مُرَوِّج [الإشاعات إلخ] § (٣) يتَّجر.

Mon·gol [mŏng′gəl; -gŏl; -gōl] *(n.; adj.)* (١) المُغوليّ؛ المُنْغوليّ: شخص من أبناء منغوليا (٢) اللغة المُغولية أو المُنغولية (٣) Mongoloid (٤) *often not cap.*: المُغْلِيّ: شخص مصاب بالمُغْلية (را. mongolism) § (٥) مُغوليّ؛ مُنغوليّ (٦) مُغْليّ: ذو علاقة بالمُغْليّة.

Mon·go·li·an [mŏng gō′lĭ ən] *(adj.; n.)* (١) مُغوليّ؛ مُنغوليّ (٢) Mongoloid (٣) *often not cap.*: مُغْليّ (را. mongolism) § (٤) المغوليّ؛ المنغوليّ (٥) اللغة المغولية (٦) المُغْلِيّ: المصاب بالمُغْليّة.

Mongolian idiocy *(n.)* = mongolism.

mon·go·lian·ism *(n.)* = mongolism.

Mon·gol·ic *(adj.; n.)* (١) Mongoloid § (٢) اللغات المنغولية.

mon·gol·ism [mŏng′gə-] *(n.)* المُغْلِيّة؛ البلاهة المُغْليّة: بلاهة خِلْقيّة يكون المصاب بها، عند ولادته، منحرف العينين، مسطَّح الجمجمة قصيرَها، عريض اليدين، قصير الأصابع.

Mon·gol·oid [-loid′] *(adj.; n.)* (١) مُغولانيّ: «أ» شبيه بالمغول. «ب» ذو علاقة بالعِرق المغولاني (٢) *often not cap.*: مُغْليّ (را. mongolism) § (٣) المُغولانيّ: شخص من العِرق المُغولانيّ (٤) *often not cap.*:

المُغْليّ: المُصاب بالمُغْليّة.

mongoose

mon·goose [mŏng′gōōs] *(n.)* النِّمْس (ح).

mon·grel [mŭng′grəl] *(n.; adj.)* (١) الهجين § (٢) مُهَجَّن.

mon·grel·ize [-′grə līz′] *(vt.)* يُهَجِّن: يُخضع للتهجين.

mon·i·ker *or* **mon·ick·er** [mŏn′ə kər] *(n.)* لَقَب؛ كُنْيَة (ع).

mo·nil·i·form [mō nĭl′-] *(adj.)* سُبْحانيّ: شبيه بخرزات السُّبحة المنظومة («نب» و«ح»).

mon·ish [mŏn′ĭsh] *(vt.)* يُحذِّر.

mon·ism [mŏn′ĭz əm; mō′-] *(n.)* (١) الأحَديّة: «أ» القول بأنّ ثمة مبدأً غائيًّا واحدًا، كالعقل أو المادة. «ب» القول بأن الحقيقة كلٌّ عضويّ واحدٌ (٢) monogenesis.

mo·ni·tion [mō nĭsh′ən] *(n.)* (١) تحذير؛ تنبيه (٢) حِسّ باطنيّ [بالخَطَر خاصةً] (٣) دعوة للمثول أمام القضاء.

mon·i·tor [mŏn′ə tər] *(n.; vt.)* (١) العريف: طالب يعيَّن لمساعدة المدرِّس (٢) المُحَذِّر؛ المُنْذِر؛ المُرْشِد (٣) المِرقاب: «أ» جهاز مستقبِل لمراقبة الإرسال الإذاعي أو التلفزيوني. «ب» جهاز لمراقبة وظيفة بيولوجية <a ~ heart>. «ج» جهاز لمراقبة عمل الكومبيوتر (ألك) (٤) الوَرَل: حيوان من الزواحف (٥) المونيطور: ضربٌ من السفن الحربية § (٦) يراقب؛ يلاحظ؛ يضبط (٧) يَرْصُد: «أ» يراقب الإشارات أو البرامج الإذاعية أو التلفزيونية. «ب» يستمع إلى الإذاعات الأجنبية ويرفع إلى رؤسائه تقريرًا عنها. «ج» يراقب أو يضبط عمل جهاز معيّن (٨) يستكشف: يختبر سَطْحًا إلخ لمعرفة شدّة النشاط الإشعاعي.

mon·i·to·ri·al *(adj.)* (١) رِقابيّ؛ ضَبْطيّ؛ رَصْديّ (٢) تحذيريّ.

mon·i·to·ry [mŏn′ə-] *(adj.; n.)* (١) مُحذِّر؛ تحذيريّ § (٢) رسالة تحذير.

monk [mŭngk] *(n.)* (١) راهب (٢) ناسك.

monk·er·y [mŭng′kə rĭ] *(n.)* (١) monasticism (٢) دَيْر.

mon·key [mŭng′kĭ] *(n.; vt.; i.)* (١) السَّعدان؛ النَّسْناس: «أ» حيوان ثدييّ من رتبة الرئيسات. «ب» شخص شبيه بالسَّعدان. «ج» ولدٌ مؤذٍ. «د» الساذج المُغَفَّل. «هـ» أداة؛ آلة (٢) نَفَق § (٣) يُقلِّد؛ يُحاكي x (٤) يتصرَّف بطريقة مضحكة أو مؤذية (٥) «أ» يعبث بـ. «ب» يعبث بما ليس من شأنه أو اختصاصه.

monkey *1a.*

monkey business *(n.)* السَّعْدَنة: سلوك طائش أو عابث أو شرير.

monkey jacket *(n.)* سترة السَّعدان: سترة رِجالية قصيرة ضيِّقة.

monkey nut *(n.)* الفول السّوداني؛ فستق العبيد (ع).

monkey puzzle *(n.)* الأروكارية؛ لغزُ السَّعدان (نب).

mon·key·shine [mŭng′kĭ shīn′] *(n.)* مَزْحة؛ حيلة خبيثة.

monkey wrench *(n.)* (١) المفتاح الإنكليزي: مفتاحُ ربطٍ منزلقُ الفكّ (٢) عقبة؛ كل ما يُعَرْقِل أو يفسد <Their proposals threw a ~ into the peace negotiations.>.

monkey wrench *1.*

monk·hood *(n.)* (١) الرَّهبانيّة: صفة الراهب أو مهمّته (٢) طبقة الرهبان.

monk·ish [mŭngk′ĭsh] *(adj.)* (١) رَهبانيّ (٢) نُسْكيّ.

monk's cloth *(n.)* قماش الراهب: نسيج من صوف خشن تُخاط منه مُسوح الرهبان أو يُنْسَج من قطن أو كتان لتُتّخذ منه الستائر.

monks·hood [mŭngks′-] *(n.)* قَلَنْسُوة الراهب: عشب سامّ.

mono- = mon-.

mon·o·ac·id [mŏn′ō ăs′ĭd] *(adj.; n.)* أُحاديّ الحَمْض (ك).

mon·o·a·tom·ic [-tŏm′ĭk] *(adj.)* = monatomic.

mon·o·ba·sic [-bā′sĭk] *(adj.)* أُحاديّ القاعدة <a ~ acid>.

mon·o·car·pel·lar·y [-kär′pə-] *(adj.)* أُحاديّ القَرْبلة أو الخباء (نب).

mon·o·car·pic [mŏn′ə kär′pĭk] *(adj.)* أُحاديّ الإثمار: صِفة للنبات الذي يثمر مرةً واحدة في حياته ثم يموت.

mon·o·cha·si·um [-kā′zhĭ əm] *(n.)* pl. **-sia** أُحاديّ المِحور (نب).

mo·no·chla·myd·e·ous [mŏn′ ə klə mĭd′ĭ əs] *(adj.)* أُحادية الغلاف: صفة للزهرة التي لا بَتَلات أو لا سبلات لها (نب).

mon·o·chord [-′ə kôrd′] *(n.)* المِصْوات: آلة موسيقية وحيدة الوتر.

mon·o·chro·mat [-′ə krō măt] *(n.)* المصاب بالعمى اللوني التامّ.

mon·o·chro·mat·ic [-krō măt′-] *(adj.)* (١) أُحاديّ اللون (٢) أُحاديّ الطول الموجيّ (٣) عَمْلَونيّ تامّ: متعلّق بالعمى اللونيّ التام.

mon·o·chro·ma·tism [mŏn′ə krō′-] *(n.)* العَمْلَوْنية التامة.

mon·o·chrome [mŏn′ə krōm′] *(n.; adj.)* (١) أُحادية اللون: لوحة أو صورة وحيدة اللون § (٢) أُحاديّ اللون.

mon·o·cle [mŏn′ə kəl] *(n.)* المونوكل: نظارة أُحادية الزجاجة.

monocle

mon·o·cled [-′ə kəld] *(adj.)* مُتَنَوْكِل: لابسٌ نظارةً أحادية الزجاجة.

mon·o·cli·nal [mŏn′ə klī′-] *(adj.; n.)* (١) أُحاديّ المَيْل: ذو انحدار مائل مُفْرَد (جي) § (٢) monocline.

mon·o·cline [-′ə klīn] *(n.)* طيّة جيولوجية أُحادية المَيْل.

mon·o·coque [-′ə kōk] *(n.)* الإنشاء الأُحاديّ القشرة (طي).

mon·o·cot *or* **mon·o·cot·yl** [mŏn′-] *(n.)* = monocotyledon.

mon·o·cot·y·le·don [mŏn′ə kŏt′ə lē′dən] *(n.)* الأُحاديّ الفِلقة: نبات من أُحاديات الفِلْقة.

— mon·o·cot·y·le·don·ous *(adj.)*

mo·noc·ra·cy [mō nŏk′rə sĭ] *(n.)* حُكم الفَرْد؛ حكومة الفرد.

mon·o·crat [mŏn′ə krăt] *(n.)* (١) المستبدّ (٢) المؤيِّد للاستبداد.

mo·noc·u·lar [mə nŏk′yə lər] *(adj.; n.)* (١) أُحاديّ العين (٢) مُعَدّ لِعَيْنٍ واحدة <a ~ microscope> § (٣) أداة وحيدة العين.

mon·o·cul·ture [mŏn′ə kŭl′chər] *(n.)* الزراعة الأُحادية: الاكتفاء بزراعة محصول واحد وعدم استغلال الأرض بأية طريقة أخرى.

mon·o·cy·cle [mŏn′ə sī′kəl] *(n.)* مَرْكبة أُحاديّة العجلة.

mon·o·cy·clic [-sīʹ-] *(adj.)* (١) أُحاديّ الحَلْقة (ك) (٢) أُحاديّ الدورة.

mon·o·cyte [mŏnʹə sītʹ] *(n.)* الوحيدة؛ الكُرَيّة الأُحاديّة النَّواة (ت).

mon·o·dra·ma [mŏnʹ-] *(n.)* المونودراما: مسرحيّة يمثّلها شخص واحد.

mon·o·dy [mŏnʹə dĭ] *(n.)* (١) المونوديّة: قصيدة ينشدها صوت واحد [كما في التراجيديا الإغريقية] (٢) مَرْثاة؛ قصيدة رثاء.

— mo·nod·ic *(adj.)* **— mon·o·dist** *(n.)*

mo·noe·cious [mə nēʹshəs] *(adj.)* (١) خُنْثويّ (أح) (٢) أُحاديّ المَسْكَن: ذو أزهار ذكَرية وأزهار أنثوية في نبتة واحدة (نب).

mo·noe·cism [mə nēʹ-] *(n.)* (١) الخُنْثوية (٢) أُحاديّة المَسْكَن: كون الأزهار الذَّكَرية والأزهار الأنثوية مجتمعة في نبتة واحدة.

mon·o·es·ter [mŏnʹō ĕsʹtər] *(n.)* الإستر الأُحادي (ك).

mon·o·fu·el [-ʹō fyo͞oʹəl] *(n.)* = monopropellant.

mon·o·gam·ic [mŏnʹə gămʹĭk] *(adj.)* = monogamous.

mo·nog·a·mist [mə nŏgʹ-] *(n.)* الأُحاديّ الزواج: الممارس للزواج الأُحاديّ أو المؤيّد له.

mo·nog·a·mous [-ʹə məs] *(adj.)* أحاديّ الزواج: «أ» ممارس أو مؤيّد للزواج الأُحادي. «ب» خاصّ بالزَّواج الأُحادي.

mo·nog·a·my [-ʹə mĭ] *(n.)* الزَّواج الأُحادي: «أ» الزواج مرةً واحدة في العمر. «ب» الزواج من شخص واحد فقط في وقت واحد.

mon·o·gas·tric [mŏn ə găsʹ-] *(adj.)* أُحاديّ المعدة.

mon·o·gen·e·sis [mŏnʹə jĕnʹə sĭs] *(n.)* أحادية الأصل: تحدُّر الكائنات الحيّة كلّها، افتراضيًا، من خليّة واحدة.

mon·o·gen·ic [-jĕnʹ-] *(adj.)* (١) مُشْتَرَك الأصل (٢) أُحاديّ الجِيْنة (أح).

mon·o·gram [mŏnʹə-] *(n.; vt.)* (١) المونوغرام: علامة ترمز إلى شخص وتتألف عادة من أحرف اسمه الأُولى مرقومةً على نحوٍ متشابك § (٢) يُمَغْرِم: يَسِمُ أو يعلِّم بمونوغرام.

mon·o·graph [mŏnʹə-] *(n.; vt.)* (١) الدراسة: «أ» رسالة علمية في حقل ضيّق من حقول المعرفة. «ب» مقالة عن شيء مُفْرد § (٢) يكتب دراسة عن كذا.

— mon·o·graph·ic *(adj.)*

mo·nog·ra·pher *(n.)* كاتب الدراسات (را. المادة السابقة).

mo·nog·y·ny [mə nŏjʹə nĭ] *(n.)* أُحاديّة الزوجة: الزواج من امرأة واحدة في وقت واحد.

— mo·nog·y·nous *(adj.)*

mon·o·hy·droxy [-hī drŏkʹsē] *(adj.)* أُحاديّ الهيدروكسيل (ك).

mo·nol·a·try [mə nŏlʹə trĭ] *(n.)* أحادية العبادة: عبادة ربّ واحد [مع الإيمان بوجود آلهة أخرى].

mon·o·lay·er [mŏnʹə lāʹər] *(n.)* الطبقة الأُحادية («فز» و«ك»).

mon·o·lin·gual [-lĭngʹgwəl] *(adj.)* أُحاديّ اللغة: «أ» معبَّر عنه بلغة واحدة فقط. «ب» عارفٌ أو مستخدِمٌ لُغةً واحدةً فقط.

mon·o·lith [mŏnʹə lĭth] *(n.)* المَنْليث: «أ» حجر ضخمٌ مُفْرَد يكون عادةً على شكل عمود أو مِسَلّة. «ب» مبنًى أو مُنْشأ ضخم.

mon·o·lith·ic [mŏnʹə lĭthʹ-] *(adj.)* مَنْليثيّ: «أ» متعلّق بمَنْليث. «ب» ضخم؛ هائل. «ج» مصنوع من حجر واحد <a ~ column>. «د» متكشِّف عن وحدة متراصة وتناغم كلّيّ <a ~ party *or* culture>.

mon·o·log·ic [mŏnʹə lŏjʹĭk] *(adj.)* مونولوجيّ: منسوب إلى المونولوج أو ذو طبيعة شبيهة بطبيعته.

mon·o·logue *also* **mon·o·log** [mŏnʹə lôgʹ] *(n.)* المونولوج: «أ» مناجاة المرء نفسَهُ على المسرح. «ب» مشهد مسرحي يؤديه ممثل واحد. «ج» أثر أدبيّ يتحدّث فيه شخص واحدٌ فحسب. «د» حديث طويل يحتكر فيه شخصٌ واحدٌ الكلامَ.

— mon·o·log·ist *or* **mon·o·logu·ist** *(n.)*

mon·o·ma·ni·a [mŏnʹə māʹ-] *(n.)* المَسُّ الأُحادي: «أ» اعتلال عقليّ يتمحور فيه التفكير حولَ فكرة واحدة أو مجموعة من الفكرات واحدة. «ب» التركيز المفرط على شيء واحد أو فكرة واحدة.

mon·o·mer [-ʹə mər] *(n.)* المونيمَر: جُزَيء قابلٌ للاتّحاد مع غيره (ك).

mon·o·me·tal·lic [-tălʹĭk] *(adj.)* أُحاديّ المَعْدِن: «أ» مؤلف من مَعْدِن واحد. «ب» مستخدِمٌ مَعْدِنًا واحدًا [لسكّ العملة].

mon·o·met·al·lism [-mĕtʹə lĭzʹəm] *(n.)* أُحاديّة المعدِن: اصطناع معدن واحد [كالذهب أو الفضة] في سَكّ العُملة.

mo·nom·e·ter [mə nŏmʹə-] *(n.)* أُحاديّ التفعيلة (عر).

mo·no·mi·al [mō nōʹ-] *(adj.; n.)* (١) أُحاديّ الحدّ (ر) (٢) أُحاديّ: دالٌّ على اسم مؤلَّف من لفظة واحدة (أح) § (٣) مقدارٌ أُحاديّ الحدّ (ر) (٤) اسمٌ أُحاديّ (أح).

mon·o·mo·lec·u·lar [-lĕkʹyə lər] *(adj.)* أحادي الجُزَيء («فز» و«ك»).

mon·o·mor·phe·mic *or* **mon·o·mor·phous** *(adj.)* أحاديّ المورفيم: مؤلَّف من مورفيم (را. morpheme) واحد (ل).

mon·o·mor·phic [mŏnʹə môrʹfĭk] *(adj.)* أحاديّ الشَّكل؛ أُحاديّ الصورة: ذو شكل واحد أو صورة واحدة ليس غير (أح).

Mo·non·ga·he·la [-hēʹlə] *(n.)* المونَنْغَهيل: ضرب من الويسكي.

mon·o·nu·cle·ar [-no͞oʹ-] *(adj.)* (١) أُحاديّ النواة (٢) monocyclic *1*.

monopetalous flower

mon·o·pet·al·ous [-pĕtʹəl əs] *(adj.)* أُحاديّ البَتَلة (نب).

mo·noph·a·gous [mə nŏfʹə gəs] *(adj.)* أحاديّ الاغتذاء: مُغْتَذٍ بضرب واحد من النبات أو الحيوان.

mon·o·phase [mŏnʹə fāz] *(adj.)* أُحاديّ الطَّور (كب).

mon·o·pho·bi·a [mŏnʹə fōʹbĭ ə] *(n.)* رُهاب الانفراد: الخوف المَرَضيّ من الانفراد (نف).

mon·o·phon·ic [mŏnʹə fŏnʹĭk] *(adj.)* أُحاديّ الصَّوت (مو).

mo·noph·o·ny [mə nŏfʹə nĭ] *(n.)* موسيقى أحادية الصوت.

mon·oph·thong [-ʹəf thôngʹ] *(n.)* الصائت الأُحاديّ (ل).

mon·o·phy·let·ic [-fī lĕtʹĭk] *(adj.)* أُحاديّ الأرومة: متحدِّر من أصلٍ سَلَفيّ مشترَك (أح).

Mo·noph·y·site [mə nŏfʹə sītʹ] *(n.; adj.)* (١) الوَحْدِيْطبيعيّ: القائل بأن للمسيح طبيعة واحدة § (٢) أو **Mon·o·phy·sit·ic**: وَحْدِيْطبيعيّ.

Mo·noph·y·sit·ism *(n.)* المونوفيزية ؛ المذهب الوَحْدِيْطبيعيّ (نص) .

mon·o·plane [-′ə plān′] *(n.)* أحاديّة السَّطح : طائرة ذات سطح واحد .

mon·o·pode [mŏn′ə pōd′] *(adj.; n.)* أحاديّ القَدَم .

mon·o·po·di·al [mŏn′ə pō′dĭ əl] *(adj.)* صادق المِحْور (مج) : ذو عساليج متفرعة من محور رئيسي (نب) .

mon·o·pole [mŏn′ə pōl] *(n.)* القُطب الأحاديّ («كب» و«رد») .

mo·nop·o·list [mə nŏp′ə-] *(n.)* (١) المحتكِر (٢) المؤيّد للاحتكار .

mo·nop·o·lis·tic [mə nŏp′ə lĭs′-] *(adj.)* احتكاريّ .

mo·nop·o·lize [mə nŏp′ə līz′] *(vt.)* يحتكر .

mo·nop·o·ly [-′ə lĭ] *(n.)* (١) احتكار (٢) امتلاك كاملٌ أو سيطرة تامة (٣) سلعة محتكَرَة (٤) «أ» المحتكِر . «ب» شركة مُحتكِرة .

mon·o·pro·pel·lant [-prə pĕl′ənt] *(n.)* الداسِر الأُحاديّ : داسرٌ أو دافعٌ للصواريخ يشتمل على كلا الوقودِ والمؤكْسِد في مادة واحدة .

mon·o·rail [mŏn′ə rāl] *(n.)* الخطّ الأُحاديّ : خطّ حديديّ مُفْرَد .

mon·o·rhyme [mŏn′ə rīm] *(n.)* قصيدة أُحادية القافية (عر) .

mon·o·sac·cha·ride [-săk′ə rīd′] *(n.)* المونوسَكَريد ؛ أُحاديّ السُّكَّريد : سكّر بسيط لا ينحلّ بالحَلْمأة أي الحلّ بالماء (ك) .

mon·o·sep·al·ous [mŏn′ə sĕp′-] *(adj.)* أُحاديّ السَّبَلة (نب) .

mon·o·sex·u·al [-sĕk′shōō-] *(adj.)* أحاديّ الجنس <~ schools> .

mon·o·sper·mous *also* **-sper·mal** *(adj.)* أُحاديّ البزرة (نب) .

mon·o·stome *also* **mo·nos·to·mous** *(adj.)* أُحاديّ الفم .

mon·o·sty·lous [-stī′ləs] *(adj.)* أُحاديّ القَلَم (نب) .

mon·o·syl·lab·ic [-sĭ lăb′-] *(adj.)* (١) أحاديّ المَقْطَع (ل) (٢) موجز ؛ مقتضَب .

mon·o·syl·la·ble [mŏn′-] *(n.)* أُحاديّة المَقْطع : كلمة ذات مَقْطع واحد .

mon·o·the·ism [-′ə thē ĭz′əm] *(n.)* التوحيد : الإيمان بإلهٍ واحد .

mon·o·the·ist [-′ə thē′ĭst] *(n.)* المُوَحِّد : المُؤْمن بإلهٍ واحد .

mon·o·the·is·tic; -al [mŏn′ə thē ĭs′-] *(adj.)* توحيديّ .

mon·o·tint [mŏn′ə tĭnt′] *(n.)* = monochrome.

mon·o·tone [-′ə tōn′] *(n.; adj.)* (١) الرَّتابة ؛ الرُّتوب : اطّراد مُملّ في الكلمات أو الجمل إلخ (٢) النغمة الوتيرية : نغمة مُفْرَدة جاريةٌ على وتيرة واحدة (٣) تماثلٌ مُمِلّ § (٤) رتيب ؛ مُمِلّ . — **mon·o·ton·ic** *(adj.)*

mo·not·o·nous [mə nŏt′ə nəs] *(adj.)* رَتيب ؛ مُمِلّ .

mo·not·o·ny [mə nŏt′ə nĭ] *(n.)* (١) رَتابة ؛ رُتوب (٢) الوتيرية : اطّراد النغم أو الصوت على وتيرة واحدة .

mon·o·trem·a·tous [-trĕm′ə təs] *(adj.)* أُحاديّ المَسْلك : ذو علاقة بأحاديات المَسْلك **Monotremata**، وهي رتبة من الثّدييات الدنيا لأعضائها التناسلية والبولية والهضميّة مَسْلك [أو مَخْرج] واحد (أح) .

Mon·o·type [-′ə tīp′] *(n.)* (١) المونوتيب ؛ السابكة أو المنضِّدة الحَرْفيّة أو الأُحاديّة : ماكينة لسبك الأحرف المطبعية وتنضيدها منفصلًا واحدها عن الآخر (٢) مادة منضَّدة [أو طباعةٌ مُنْجَزَةٌ] بالمونوتيب . — **Mon·o·typ·ic** *(adj.)*

mon·o·typ·ic [-tĭp′ĭk] *(adj.)* أحاديّ الطراز : ذو طرازٍ أو ممثّل واحد [صفة لكل جنس genus ذي نوع species واحد] (أح) .

mon·o·va·lence *or* **mon·o·va·len·cy** [-vā′-] *(n.)* أُحاديّة التكافؤ (ك) .

mon·o·va·lent [mŏn′ə vā′lənt] *(adj.)* أُحاديّ التكافؤ (ك) .

mon·o·vu·lar [mŏ nōv′yə lər] *(adj.)* = monozygotic.

mon·ox·ide [mŏn ŏk′sīd; mə nŏk′-] *(n.)* الأكسيد الأُحاديّ : أُكسيدٌ محتوٍ على ذرّة من الأكسجين في الجُزَيْء (ك) .

mon·o·zy·got·ic [-zī gŏt′-] *(adj.)* أحاديّ اللاقحة <~ twins> .

Mon·roe Doctrine مبدأ مونرو : مبدأ في السياسة الخارجية الأميركية أعلنه الرئيس جيمس مونرو عام ١٨٢٣ ، ومن أهم بنوده أن الولايات المتحدة تعارض كل تدخّل أوروبي في شؤون دول أميركا اللاتينية .

mons [mŏnz] *(n.)* الرَّكَب : قُبَّة العانة المكسوَّة بالشعر (ت) .

mon·sei·gneur [môn sĕ nyœr′] *(n.)* المونسينيور : «أ» لقب تشريف فرنسيّ يُطلَق على الأمراء والأساقفة وغيرهم من ذوي المكانة الاجتماعيّة . «ب» شخص يحمل هذا اللقب .

mon·sieur [mə syœ′] *(n.)* مسيو ؛ سيِّد [في فرنسا] .

mon·si·gnor [mŏn sē′nyər] *(n.)* المُونْسِينْيَر : «أ» لقب يُطلَق على بعض الأساقفة . «ب» أسقف يحمل هذا اللقب .

mon·soon [-sōōn′] *(n.)* (١) الرِّياح الموسميّة [وبخاصة في المحيط الهندي وجنوب آسيا] (٢) موسم الريح الموسميّة . — **mon·soon·al** *(adj.)*

mon·ster [mŏn′-] *(n.; adj.)* (١) «أ» الهُوْلَة : حيوان أو نبات ذو صورة أو بِنْيَة غير سويّة . «ب» الشاذّ : المنحرف عن السلوك أو الخُلق السويّ (٢) قوّة مهدِّدة (٣) «أ» حيوان غريب الشكل أو مخيفُهُ . «ب» شيء ضخم بالنسبة إلى نوعه (٤) المِسْخ : شخص في منتهى البشاعة أو التشويه الخِلْقِيّ أو الوحشيّة أو النزعة إلى الشرّ § (٥) هائل ؛ ضخمٌ جدًا .

monstrance

mon·strance [mŏn′strəns] *(n.)* وعاء القربان المقدَّس (نص) .

mon·stros·i·ty [mŏn strŏs′-] *(n.)* (١) «أ» الهُولة : حيوان أو نبات مشوَّه الخِلقة . «ب» شيء شاذّ (٢) «أ» الهُوليّة : كَوْن الشيء هولةً . «ب» فظاعة ؛ ضخامة ؛ بشاعة فائقة (٣) شيء رهيب الحجم أو القوة أو التعقيد .

mon·strous [-′strəs] *(adj.)* (١) هائل ؛ ضخم جدًّا (٢) هُوليّ ؛ مشوَّه الخِلقة (٣) «أ» رهيب ؛ شديد البشاعة . «ب» خاطئ أو سخيف إلى حد فظيع (٤) شاذّ ؛ غير سويّ .

mon·ta·dale [mŏnt′ə dāl′] *(n.)* المُنْتَدْليّ : واحد من سلالة خراف أميركيّة بيضاء الوجوه عديمة القرون .

mon·tage [mŏn täzh′] *(n.; vt.)* (١) المونتاج : فنّ توحيد الصُّوَر المنتزَعَة

من مصادر مختلفة (٢) الضَّميم : نِتاجٌ أدبيّ أو فنّيّ مؤلف من عناصر متباينة ضُمَّ بعضها إلى بعض (٣) الضَّميمة : صورة مُركَّبة من عددٍ من الصور المستقلّة (٤) مزيج ؛ خليط § (٥) «أ» يُمَنْتِج . «ب» يضمّ ؛ يجمع ؛ يركّب .

Mon·ta·gnard [mŏn′tən yärd′; mŏn′tən yär′] *(n.; adj.)* (١) الجبليّ : ساكن المناطق الجبلية . وبخاصة : ساكن المناطق الواقعة في الجزء الجنوبي من فيتنام على مقربة من الحدود مع كمبوديا § (٢) جبليّ .

mon·tane [mŏn′tān] *(adj.)* جبليّ : منسوبٌ إلى جبل .

mon·tan wax [-′tən; -tăn′] *(n.)* الشمع الجبليّ : شمع معدنيّ صُلب .

mont–de–pié·té [môn′də pyĕ tĕ′] *(n.)* بنك الإسعاف : مَصْرِف لإقراض المال ، بفائدة معقولة ، وبخاصة للفقراء .

mon·te [mŏn′tĭ; mōn′tā] *(n.)* المَنْت : ضرب من لَعِب الورق .

mon·te·ro [mŏn târ′ō] *(n.)* المُنْتيرة : قبعة مستديرة يرتديها القُنّاص .

Montessori method [mŏn′tə sōr′ĭ] *(n.)* طريقة مونتيسّوري : مذهب في التربية وضعته ماريا مونتيسّوري (١٨٧٠–١٩٥٢) ، وقوامُه تعليم الأطفال من طريق الإرشاد الفردي .

mont·gol·fi·er [mŏnt gŏl′fĭ ər] *(n.)* مُنطاد الهواء الساخن .

month [mŭnth] *(n.)* الشَّهر : ثلاثون يومًا .

month·long [mŭnth′lông′] *(adj.)* دائمٌ شهرًا .

month·ly[1] [-′lĭ] *(adv.; adj.)* (١) شهريًا ؛ مَرّةً كلَّ شهر § (٢) شَهْريّ .

month·ly[2] *(n.)* (١) مجلّة شهريّة (٢) *pl.* فترة الطَّمْث .

month's mind *(n.)* قُدّاس الثلاثين : قدّاس يُقام عن روح المَيْت بعد شهر من وفاته (نص) .

mon·ti·cule [mŏn′tĭ-] *(n.)* جُبَيْل . وبخاصة : قمة بركان ثانوية .

Mon·tra·chet [mōn′trä shā′] *(n.)* المونتراشيّ : نبيذ فرنسيّ أبيض .

mon·u·ment [mŏn′yə-] *(n.)* (١) الصَّرْح : أثرٌ باقٍ أو بناء أثريّ خالد (٢) مأثرة ؛ مَفْخَرة (٣) العَلَم : شخص بارزٌ أو مرموق (٤) نُصُب أو مبنًى تَذْكاريّ (٥) المَعْلَم : حجر يشير إلى موضع شيء أو حدوده (٦) ضَريح .

mon·u·men·tal *(adj.)* (١) نُصُبيّ ؛ تَذْكاريّ (٢) «أ» ضَخْم . «ب» بارز ؛ هامّ .

mon·u·men·tal·ize [-′tə līz′] *(vt.)* يُخلِّد بنُصُبٍ تذكاريّ [أو نحوِه] .

mon·u·ron [-′yə rŏn′] *(n.)* المونيُورون : مركّب متبلِّر .

mon·zo·nite [mŏn′zə nīt] *(n.)* المونزونيت : صخر ناريّ حُبَيْبيّ .

moo [mōō] *(vi.; n.)* (١) تَخُورُ [البقرةُ] § (٢) خُوار .

mooch [mōōch] *(vi.; t.)* (١) «أ» يتسكّع . «ب» ينسلّ خِلْسةً (٢) يتطفّل على x (٣) يَسْرِق (٤) يستجدي .

mood [mōōd] *(n.)* (١) مزاج ؛ حالة نفسيّة (٢) نوبة غضب (ا . ق) (٣) نزعة (٤) طَبْع ؛ خُلُق (٥) جوٌّ مميَّز (٦) صيغة الفعل (ل) .

mood·i·ly [mōō′dĭ lĭ] *(adv.)* بكآبة ؛ بِنَكَد .

mood·i·ness [mōō′dĭ-] *(n.)* كآبة ؛ نَكَدٌ .

mood·y [mōō′dĭ] *(adj.)* (١) كئيب ؛ نَكِدٌ (٢) متقلّب المزاج .

mool [mōōl] *(n.)* (١) تُربة (عب) (٢) قَبْر (عب) .

moo·la *or* **moo·lah** [mōō′lə] *(n.)* مال ؛ نقود (ع) .

moon [mōōn] *(n.; vt.; i.)* (١) القمر (فل) (٢) قمر : «أ» جِرم سماويّ دائر حول جِرم أكبر منه . «ب» قمرٌ صُنْعيّ (٣) ضوء القمر (٤) القمر : شيء صعب المنال <reach for the ~> § (٥) ينفق الوقت متكاسلًا x (٦) يَحْلُم . once in a blue ~, نادرًا جدًا .

moon·beam [mōōn′bēm′] *(n.)* شعاع القمر .

moon–blind *(adj.)* أعشى : سيِّئ البَصَر في الليل .

moon blindness *(n.)* (١) العَشَى : سوء البصر في الليل (٢) العَشَى القمريّ : التهاب متكرّر في عين الفرس .

moon·calf [-′kăf′] *(n.)* (١) *1* monster (٢) المغفّل ؛ الشارد الذهن .

moon·eye [mōōn′ī′] *(n.)* عين القَمَر : سمك نهريّ .

moon–eyed *(adj.)* مُحَمْلِق : فاتحٌ عينيه على مدى اتّساعهما .

moon–faced [-′fāst′] *(adj.)* أَبْدَر : مستدير الوجه .

moon·fish [mōōn′-] *(n.)* القَيْصان : سمك بحريّ مُفَلْطَح .

moon·flow·er *(n.)* زهرة القمر : نبتة أميركية استوائية .

moon·ish [mōō′nĭsh] *(adj.)* (١) قَمَراني : شبيه بالقمر (٢) متأثّر بالقمر (٣) نَزَويّ : متقلّب المزاج <a ~ youth> .

moon·let [mōōn′-] *(n.)* القُمَيْر : قمر طبيعيّ أو صُنعيّ صغير .

moon·light [-′līt′] *(n.; adj.)* (١) ضوء القمر § (٢) مُقْمِر (٣) ليليّ .

moon·light·er [-′lī′tər] *(n.)* المُتَقَمِّر : القائم بعمل إضافيّ ليلًا .

moon·lit [mōōn′lĭt′] *(adj.)* مُقْمِر : مُضاء بضوء القمر .

moon·quake [-′kwāk′] *(n.)* الزلزال القَمَري .

moon·rise [-′rīz′] *(n.)* (١) طلوع القمر (٢) وقت طلوع القمر .

moon·scape [-′skāp′] *(n.)* سطحُ القمر .

moon·seed [-′sēd′] *(n.)* حَبُّ القمر : نبات هلاليّ البزور أسود الثمار .

moon·set [-′sĕt′] *(n.)* (١) أفولُ القمر (٢) وقت أُفول القمر .

moon·shine [-′shīn′] *(n.)* (١) ضوء القمر (٢) هراء ؛ كلام فارغ (٣) مُسْكِر ، وبخاصة : ويسكي تُسْتَقطَر بطريقة غير شرعيّة .

moon·shin·er *(n.)* مُسْتَقطِر الويسكي اللّاشرعية أو بائعُها .

moon shot *(n.)* التَّقمير : إطلاق المَرْكبة الفضائية إلى القمر .

moon·stone *(n.)* حجرُ القَمَر : حجرٌ شبهُ كريم تُتَّخَذُ منه الحلى .

moon·struck [mōōn′strŭk′] *(adj.)* (١) ممسوس ؛ مختلط العقل (٢) عاطفيّ على نحوٍ رومانتيكيّ (٣) حالم ؛ ذاهل ؛ شارد الذهن .

moon·ward [mōōn′wərd] *(adv.)* نحوَ القمر .

moon·wort [-′wûrt′] *(n.)* عُشبة القَمَر : نبات من السَّرخسيات .

moon·y [-′nĭ] *(adj.)* (١) قمريّ (٢) هلاليّ الشكل (٣) بَدْراني : شبيه بالبَدْر ؛ مستدير (٤) مُقْمِر (٥) حالم ؛ ذاهل ؛ شارد الذهن .

moor[1] [mōōr] *(n.)* البَراح : أرضٌ سَبِخة مكسُوّة بنبات الخلنج .

moor[2] *(vt.; i.)* (١) يُوثِق ؛ يربط ؛ يُرسي السفينة x (٢) ترسو [السفينةُ] .

Moor [mōōr] *(n.)* (١) «أ» المَغْربيّ . وبخاصّة : أحد فاتحي الأندلس المسلمين (في القرن الثامن للميلاد) . «ب» البربري : شخص من البربر (٢) المُسْلِم .

moor·age [-′ĭj] *(n.)* (١) إرساء (٢) رُسُوّ (٣) مَرْسًى (٤) رَسْمُ الرُّسُوّ.

moor·hen [mŏŏr′hĕn′] *(n.)* دجاجة الماء.

moor·ing [mŏŏr′ĭng] *(n.)* (١) إرساء (٢) مَرْسًى (٣) سلسلة؛ حبل؛ مرساة (٤) *pl.* عد: ملاذ؛ ملجأ؛ وسيلة أمان.

Moor·ish [mŏŏr′-] *(adj.)* (١) مَغْرِبيّ (٢) إسلاميّ.

moose [mōōs] *(n.)* (١) الموظ: حيوان مجترّ ضخم من الأيائل (٢) الإلكة (را. elk).

moose *1.*

moot [mōōt] *(n.; vt.; adj.)* (١) المُوْط: مجلس شعبي إنكليزي قديم متمتّع بسُلطات سياسية وإدارية وقضائية § (٢) يناقش (٣) يَعْرِض للمناقشة § (٤) موضع نقاش؛ فيه نظر <a ~ point> (٥) تجريديّ؛ نظريّ؛ افتراضيّ.

moot court *(n.)* المحكمة النظرية [لتمرين طلاب الحقوق].

mop [mŏp] *(n.; vt.)* (١) المَوْب: مِمسحة لتنظيف أرض الغرفة (٢) كتلة شَعْر كثيفة § (٣) يَمْسَح (٤) ينظّف (٥) يلتهم (٦) يهزم.

to ~ the floor with somebody يهزمه هزيمةً كاملةً.

to ~ up (١) يمسح [الجبين أو العَرَق] (٢) «أ» يلتهم بشَرَه. «ب» يكسب معظم الجوائز (٣) يتخلّص من (٤) يهزم هزيمةً حاسمةً (٥) يطهِّر من بقايا جيش العدوّ (٦) يُتمّ عملًا أو مهمّة.

mop·board [mŏp′bōrd′] *(n.)* = baseboard.

mope [mōp] *(vi.; t.; n.)* (١) يستغرق في تفكير كئيب (٢) يتسكّع أو يضيع الوقت سُدًى x (٣) يجعله كئيبًا أو فاتر الهمة § (٤) المستغرق في تفكير كئيب؛ الفاتر الهمّة (٥) *pl.*: كآبة.

— **mop·ey** *(adj.)*

mop·ish [mō′pĭsh] *(adj.)* كئيب؛ منقبض الصدر؛ فاتر الهمة.

mop·pet [mŏp′ĭt] *(n.)* طفل؛ حَدَث.

mop-up [mŏp′ŭp′] *(n.)* إتمام؛ إكمال؛ إنجاز.

mo·quette [mō kĕt′] *(n.)* الموكيت: نسيج تُكسَى به أرضيات الغرف.

mo·ra·ceous [mō rā′shəs] *(adj.)* تُوْتي: متعلّق بالتوتيّات (نب).

mo·raine [mə rān′] *(n.)* القُفّ: ركام جَرَفَهُ نهرٌ جليدي ثم رسَّبَهُ.

mor·al [môr′əl] *(adj.; n.)* (١) أخلاقيّ؛ مناقبيّ (٢) افتراضيّ: محتمَل ولكنّه غير مثبَت بالبرهان (٣) «أ» أدبيّ. «ب» معنويّ <~ support> § (٤) «أ» مغزى القصّة إلخ. «ب» المقطع [الأخيرُ عادةً] المشتمل على مغزى القصة (٥) *pl.*: «أ» السلوك الأخلاقيّ؛ التعاليم الأخلاقيّة. «ب» علم الأخلاق (٦) morale.

mo·rale [mə răl′; -räl′] *(n.)* مَعْنوية؛ معنويات.

moral hazard *(n.)* المخاطرة الأدبيّة: إمكانية تعرّض شركة التأمين للخسارة بسبب خُلُق المؤمَّن أو ظروفه (تأ).

mor·al·ism [môr′-] *(n.)* (١) التوجيه أو النُّصح الأخلاقي (٢) الحكمة الأخلاقية: الحكمة المنطوية على حقيقة أخلاقية (٣) الأخلاقية: التمسُّك بالفضيلة بوصفها شيئًا متميّزًا عن الدين.

mor·al·ist *(n.)* (١) الفاضل: المتمسّك بمبادئ الفضيلة والأخلاق (٢) الأخلاقيّ: أستاذ في علم الأخلاق (٣) المعلِّم الأخلاقيّ: مُوَجِّهٌ مَعْنيّ برفع مستوى الأخلاق عند النّاس.

mor·al·is·tic [môr′əl ĭs′-] *(adj.)* (١) أخلاقيّ (٢) تَزَمُّتيّ.

mo·ral·i·ty [mə răl′-] *(n.)* (١) «أ» درس أخلاقي. «ب» الأثر الأخلاقيّ: أثر أدبيّ مُنْطوٍ على درسٍ أخلاقي (٢) مذهب أو نظام في علم الأخلاق (٣) *pl.*: الأخلاقيات: مبادئ أخلاقية أو قواعد سلوك خاصة (٤) الأخلاقية: الانسجام مع المُثُل الأخلاقية العليا (٥) الفضيلة.

morality play *(n.)* التمثيلة الأخلاقية: مسرحية رمزية تهدف إلى الموعظة والتوجيه الأخلاقي.

mor·al·ize [môr′-] *(vt.; i.)* (١) يفسّر أو يؤوّل أخلاقيًّا؛ يستخرج درسًا أخلاقيًّا من (٢) «أ» يضفي عليه صفة أخلاقيّة. «ب» يُخضعه لسلطان القيَم الأخلاقيّة. «ج» يرفع المستوى الأخلاقيّ <efforts to ~ business> x (٣) يعبِّر عن خواطره في الأخلاق والمسائل الأخلاقيّة.

— **mor·al·i·za·tion** *(n.)*

moral philosophy *(n.)* الفلسفة الأخلاقية: علم الأخلاق.

mo·rass [mə răs′; mō-] *(n.)* (١) مستنقعٌ؛ أرضٌ سَبِخَة (٢) شَرَكٌ؛ عائقٌ؛ شيءٌ مُرْبِك (٣) ارتباك؛ تشوّش.

mor·a·to·ri·um [môr′ə tōr′-] *(n.)* pl. **-s** *or* **-ri·a** (١) الموراتوريوم: «أ» قرار رسميّ بتأجيل دفع الديون المستحقّة [عند اشتداد الأزمة الاقتصادية]. «ب» الفترة التي يكون فيها هذا القرار نافذ المفعول (٢) تعليق أو توقيف لنشاطٍ ما.

— **mor·a·to·ry** *(adj.)*

Mo·ra·vi·an [mō rā′-] *(n.; adj.)* (١) المورافيّ: «أ» أحد أفراد الفرقة البروتستانتية المورافية. «ب» أحد سكان مورافيا (٢) المورافيّة: مجموع اللهجات التشيكية التي ينطق بها الشعب المورافي § (٣) مورافيّ.

mo·ray [mōr′ā] *(n.)* الشِّيق؛ المَرينة: ضرب من سمك الأنقليس.

mor·bid [môr′bĭd] *(adj.)* (١) مَرَضيّ: «أ» ذو علاقة بالأمراض <~ anatomy>. «ب» ناشئ عن مرض <a ~ state>. «ج» مُولِّدٌ مرضًا <a ~ substance> (٢) كئيب إلى حدّ غير سويّ <a ~ man> (٣) رهيب؛ مروِّع <a ~ story>.

— **mor·bid·ness** *(n.)*

mor·bid·i·ty [môr bĭd′-] *(n.)* (١) المَرَضيّة: كون الشيء مَرَضيًّا (٢) النسبة المَرَضيّة: نسبة انتشار المرض في منطقة ما.

mor·ceau [môr sō′] *(n.)* قطعة أدبية أو موسيقية قصيرة.

mor·da·cious [môr dā′shəs] *(adj.)* (١) قارص؛ لاذع (٢) عضّاض.

— **mor·dac·i·ty** *(n.)*

mor·dan·cy [môr′dən sĭ] *(n.)* (١) لَذْعٌ [في الأسلوب] (٢) قسوة.

mor·dant [-′dənt] *(adj.; n; vt.)* (١) لاذع <~ criticism> (٢) مُرَسِّخ [لِلَّون]؛ مثبِّت [لِلَّون] (٣) كاوٍ؛ مُحْرِق § (٤) المُرَسِّخ: مادة تُستخدم لترسيخ الألوان (٥) الأكّالة: مادّة أكّالة تُستعمل في حفر الكليشيهات إلخ § (٦) يُرَسِّخ: يعالج بمادّة مُرَسِّخة للَّون أو بمادة أكّالة.

more [mōr] *(adj.; adv.; n.)* (١) أكثر (٢) إضافيّ § (٣) مرةً أخرى (٤) بدرجة أكبر؛ إلى حدّ أبعد: أكثر § (٥) مقدار أكبر (٦) شيء إضافي.
~ and ~, باطّراد؛ أكثرَ فأكثر.
~ or less (١) تقريبًا (٢) بعضَ الشيء؛ نوعًا ما.
to be no ~, يموت؛ يقضي نَحْبَهُ.

mo·reen [mə rēn′] *(n.)* المُورين: نسيج تُصْنع منه الستائر إلخ.

mo·rel [mə rĕl′] *(n.)* الغُوشَنة: فُطْر صالحٌ للأكل (نب).

mo·rel·lo [mə rĕl′ō] *(n.)* الموريلّ: ضربٌ من الكرز الحامض.

more·o·ver [mōr ō′vər] *(adv.)* علاوةً على ذلك؛ فضلًا عن ذلك.

mo·res [mōr′āz; môr′ēz] *(n. pl.)* (١) عُرْف (٢) عادات.

Mo·resque [mô rĕsk′-] *(adj.; n.)* (١) مَغْربيّ: مُتّسِم بخصائص فن العمارة المَغْربي § (٢) الزُّخرُف المَغْربيّ: زُخرفٌ مَغْرِبيّ الطراز.

Morgan

Mor·gan [môr′gən] *(n.)* المُرْغُنِيّ: فرس أميركي رشيق.

mor·ga·nat·ic [môr′gə năt′-] *(adj.)* مَرْغَنْطيّ: ذو علاقة بزواج غير متكافئ بين شخص من أسرة أوروبيّة مالكة أو نبيلة وشخصٍ من طبقة اجتماعيّة أدنى مقامًا، بشرط أن تظلّ منزلة الفريق الأدنى على حالها وأن لا يرث الأبناء لقب الفريق الأسمى أو ممتلكاته.

mor·gan·ite [-′gə nīt′] *(n.)* المُرْغَنيت: حجر كريم ورديّ اللون.

mor·gen [môr′gən] *(n.)* المَرْجَن: مقياس هولندي وجنوبإفريقي للأراضي [يساوي ٢,١١٦ من الأكر].

morgue [môrg] *(n.)* (١) مَعْرِض الجُثث: موضع تُعرض فيه الجثث المجهولة ليتعرف إليها من يهمّه الأمر (٢) مجموعة المراجع [في دار جريدة أو مجلة ما].

mor·i·bund [môr′ə bŭnd] *(adj.)* (١) مُحْتَضَر (٢) على وشْك الانقراض (٣) راكِد؛ جامد (٤) هاجع؛ في طور السُّبات.

morion[1]

mo·ri·on[1] [mōr′ĭ ŏn′] *(n.)* المَرْيون: خوذة عالية.

mo·ri·on[2] *(n.)* المَرْيون: ضرب من الكوارتز quartz داكنُ اللون.

Mo·ris·co [-′kō] *(n.; adj.)* (١) Moor § (٢) مَغْربيّ؛ إسلاميّ.

Mor·mon [môr′mən] *(n.; adj.)* (١) المورمونيّ: عضو في فرقة دينية إنجيلية أميركية أنشأها جوزيف سميث عام ١٨٣٠ § (٢) مورمونيّ.
— Mor·mon·ism *(n.)*

morn [môrn] *(n.)* (١) الضُّحى (٢) الصَّباح.

morn·ing [môr′nĭng] *(n.; adj.)* (١) «أ» الضُّحى. «ب» الصَّباح (٢) فجر؛ بداءة؛ مرحلة تطوّر أولية § (٣) صَباحيّ.

morning glory *(n.)* مَجْد الصَّباح؛ قناديل؛ شَبُّ النّهار (نب).

morn·ings [môr′nĭngz] *(adv.)* كلَّ صباح.

morning sickness *(n.)* غَثَيان الصَّباح (مج): غثيان وتقيّؤ صباحيان يُصيبان الحوامل في الأشهر الأولى من الحمل خاصة.

morning star *(n.)* نجم الصَّباح: نجم ساطع [كالزُّهَرة إلخ] يُرى في السماء الشرقية قُبَيْل شروق الشمس أو عند شروقها.

Mo·ro [mōr′ō] *(n.)* (١) المُوروويّ: شخص من الشعوب الإسلامية المُقيمة في جنوبي الفيليبين (٢) الموروويّة: لغة الموروويّين.

mo·roc·co [mə rŏk′ō] *(n.)* المَرّاكُشيّ: جلد فاخر طريّ منسوب إلى مَرّاكُش يُتّخَذ من جلد الماعز المدبوغ بالسُّمّاق.

mo·ron [mōr′ŏn] *(n.)* الأبلَه؛ الغَبيّ؛ المُغَفَّل.

mo·ron·ic [mə rŏn′ĭk] *(adj.)* (١) أحمق (٢) أبله؛ غبيّ؛ مُغَفَّل.

mo·rose [mə rōs′] *(adj.)* (١) نَكِدٌ؛ نَكِدُ المزاج (٢) كئيب.

morph- or morpho- بادئة معناها: شكْل <*morpho*logy>.

-morph لاحقة معناها: شيء ذو شكل معيَّن <iso*morph*>.

mor·pheme [mōr′fēm] *(n.)* المورفيم؛ الوحدة الصَّرفية (ل).

Mor·phe·us [môr′fĭ əs] مورفيوس: إلَه الأحلام عند الإغريق.

mor·phi·a [môr′fĭ ə] *(n.)* = morphine.

-morphic لاحقة معناها: ذو شكل معيَّن <poly*morphic*>.

mor·phine [mōr′fēn] *(n.)* المورفين: مادة مخدِّرة (صي).

mor·phin·ism *(n.)* المورفينيّة: حالة مَرَضية يُحدثها إدمان المورفين.

-mor·phism لاحقة معناها: كون الشيء ذا شكل معيَّن.

morpho- = morph-.

mor·pho·gen·e·sis [môr′fə jĕn′-] *(n.)* التكوُّن التَّشكُّلي (أح).

mor·phol·o·gy [môr fŏl′ə jĭ] *(n.)* (١) المورفولوجيا؛ علم التشكُّل: فرع من علم الأحياء، يُعنى بدراسة شكل الحيوانات والنباتات وبِنْيَتِها (٢) علم الصَّرف (ل) (٣) «أ» دراسة في بِنْيَة شيء أو شكله. «ب» بِنْية؛ شكل.
— mor·phol·o·gist *(n.)*

mor·pho·pho·ne·mics *(n.)* علم الأصوات الصَّرْفي (ل).

-morphous لاحقة معناها: ذو شكل معيَّن <poly*morphous*>.

-morphy لاحقة معناها: كون الشيء ذا شكل معيَّن.

mor·ris [môr′ĭs] *(n.)* المُرِّيسة: رقصة إنكليزية ناشطة يؤديها الرجال وهم يرتدون ملابس طريفة ويحملون أجراسًا.

mor·ris chair [môr′ĭs] *(n.)* كرسيّ موريس: كرسيّ ذو ذراعين وظهرٍ مرنٍ قابل للتعديل وحشايا يمكن نَزْعُها.

mor·row [môr′ō] *(n.)* (١) الصباح (ا. ق) (٢) الغد.

Morse code [môrs] *(n.)* نظام مورس: نظام مؤلَّف من نُقَط وقواطع يُستخدم لتوجيه الرسائل البرقية.

mor·sel [môr′səl] *(n.; vt.)* (١) لُقمة (٢) كِسرة؛ مقدار صغير (٣) طبق طعام شهيّ (٤) شخص تافه أو جدير بالإهمال § (٥) «أ» يقسّم [إلى أجزاء صغيرة]. «ب» يوزّع [بمقادير صغيرة].

mort [môrt] *(n.)* (١) نَفْخة القَنْص: نفخة في البوق عند اقتناص أيِّلٍ من الأيائل (٢) قَتْل (٣) مقدار أو عدد كبير.

mor·ta·del·la [môrt ə dĕl′ə] *(n.)* المَرتَديلّة: سُجُق مدخَّن.

mor·tal [môr′təl] *(adj.; adv.; n.)* (١) قاتل؛ مُهْلِك؛ مُميت <~ wounds> (٢) «أ» ميِّت: فانٍ؛ عُرضةٌ للموت <All men are ~.>. «ب» ممكنٌ تخيّله أو وروده في الخاطر؛ أرضيّ <every ~ thing>. «ج» متطاوِل أو مضجِرٌ إلى حد بعيد <five ~ hours> (٣) لدود <his ~

(٤) «أ» مميت: معرِّض للموت الروحي <a ~ sin> «ب» شديد؛ مُفرِط <~ hurry> «ج» هائل؛ رهيب <a ~ shame> (٥) بشريّ <~ genius> (٦) موتيّ: متعلّق بالموت <a scream of ~ agony> (٧) على نحوٍ مهلك أو مُميت إلخ (ع) § (٨) إنسان؛ مخلوق بشري.

mor·tal·i·ty [môr tăl′-] *(n.)* (١) الفَنائيّة: كون الشيء فانيًا أو عرضةً للموت (٢) الموت الجماعي: موت على نطاق واسع [من حرب أو طاعون أو مجاعة إلخ] (٣) الجنس البشري (٤) معدَّل الوفَيات [نسبةً إلى عدد السكان] (٥) مجموع الوفَيات [في زمن أو مجتمع معيَّن].

mortality table *(n.)* جدول التعمير: جدول مبنيّ على إحصائيات خاصةٍ بآجال المؤمَّنين خلال عددٍ معيَّن من السنين (تأ).

mor·tal·ly [môr′-] *(adv.)* (١) على نحوٍ قاتلٍ أو مميت (٢) إلى حدّ بعيد.

mor·tar [môr′tər] *(n.; vt.)* (١) هاوَن (٢) مِدفع الهاوَن (٣) مِلاط § (٤) يُملِّط: يثبِّت بالمِلاط.

mortar 2.

mor·tar·board [-bōrd′] *(n.)* (١) لوح المِلاط: لوحٌ مُربَّعٌ عادةً يستخدمه البنّاؤون لحمل المِلاط (٢) القَلَنْسُوَة الجامعية.

mortarboard 2.

mort·gage [môr′gĭj] *(n.; vt.)* (١) رَهْنٌ؛ رَهْنٌ عقاريّ (٢) صَكّ الرَّهن § (٣) يَرْهَن.

mort·ga·gee [môr′gĭ jē′] *(n.)* المُرْتهِن: من يُرْهَن عنده المِلْك.

mort·ga·gor *also* **mort·gag·er** [-′gĭ jər] *(n.)* الراهن [ملكًا أو عقارًا].

mor·tice [môr′tĭs] *(n.; vt.)* = mortise.

mor·ti·cian [môr tĭsh′ən] *(n.)* الحانوتيّ: مُجهِّز الموتى للدَّفن.

mor·ti·fi·ca·tion [-kā′-] *(n.)* (١) إماتة الجسد [بكبح الشهوات أو بالتعذيب الذاتي] (٢) gangrene (٣) «أ» الشعور بالخِزْي. «ب» العار.

mor·ti·fy [môr′-] *(vt.; i.)* (١) يُميت الجسدَ [بكبح الشهوات أو بالتعذيب الذاتي] (٢) يُخْزي؛ يجرح المشاعر x (٣) يتَغَنْغر: يصبح غنغرينيًّا.

mor·tise [môr′tĭs] *(n.; vt.)* (١) النَّقْر: تجويف مستطيل في قطعة خشب أو نحوها يَدْخل فيه لسان § (٢) يصِل [أو يثبّت] بلسان ونَقْر (٣) يحفر نَقرًا في.

A. mortise 1.

mort·main [môrt′mān′] *(n.)* (١) «أ» الاستيقاف؛ التملُّك الموقوف (ق). «ب» الموقوفيّة: حالة المِلْك الموقوف لأغراض دينية إلخ (٢) سُلطان الماضي: أثر الماضي بوصفه قوةً تتحكم بالحاضر.

mor·tu·ar·y [môr′cho͞o ĕr′ĭ] *(adj.; n.)* (١) دَفنيّ: ذو علاقة بدفن الموتى (٢) مَوْتيّ: ذو علاقة بالموت أو مميِّزٌ له § (٣) مستودع الجُثَث: قاعة أو بناية تُحفظ فيها جثث الموتى ريثما تدفن.

mor·u·la [-′yo͝o lə; -o͞o-] *(n.)* pl. **-e** التُّوتيّة: كتلة الخلايا الكروية الناشئةُ عن انقسام البُيَيضة في مراحل التطوّر الأولى (أح).

mo·sa·ic [mō zā′ĭk] *(n.; adj.; vt.)* (١) «أ» الفُسَيفساء. «ب» صورة مرسومة بالفُسَيْفساء. «ج» شيء يُشبه الفُسَيْفِساء في تركيبه (٢) الفُسَيفِساء؛ التَّبَرْقُش: داء ڤيروسيّ يصيب بعض النباتات فيُنقّط أوراقها بألوان مختلفة (٣) الخريطة الفُسَيْفِسائية: خريطة تتألف من مجموعة من الصُّوَر مأخوذة من الجوّ [لأغراض المساحة] § (٤) فُسَيْفِسائيّ (٥) مركَّب من عناصر مختلفة § (٦) يُزَيِّن بالفُسَيفِساء.

Mo·sa·ic [mō zā′-] *(adj.)* مُوْسَويّ: ذو علاقة بموسى عليه السلام.

mo·sa·i·cist [mō zā′ĭ sĭst] *(n.)* الفُسَيفِسائيّ: «أ» مُصَمِّم الفُسَيْفِساء. «ب» العامل المشتغل بالفُسَيفِساء. «ج» تاجر الفُسَيفِساء.

Mo·selle [mō zĕl′] *(n.)* الموزيليّة: نبيذ أبيض.

mo·sey [mō′zĭ] *(vi.)* (١) يرتحِل (٢) يمشي الهوينا [من غير ما هدف].

mo·shav [mō shäv′] *(n.)* الموشاڤ: مستوطنة تعاونية إسرائيلية.

Mos·lem [mŏz′ləm; mŏs′-] *(n.; adj.)* = Muslim.

mosque [mŏsk; môsk] *(n.)* المَسْجِد؛ الجامع (إس).

mos·qui·to [mə skē′tō] *(n.)* pl. **-toes** *also* **-tos** بَعُوْضَة.

mos·qui·to·ey [mə skēt′ə wĭ] *(adj.)* بَعُوْضيّ.

mosquito hawk *(n.)* = dragonfly.

mosquito net *(n.)* كِلّة؛ ناموسية.

moss [môs] *(n.; vt.)* (١) مُستَنْقَع (إسك) (٢) الطُّحلب؛ الحَزاز (نب) § (٣) يُطَحْلِب: يكسو بالطُّحلُب.

moss agate *(n.)* العَقيق المُطَحْلَب: عقيق مزدانٌ بعلامات سوداء أو خضراء شبيهة بالطُّحلُب.

moss·back [môs′-] *(n.)* (١) «أ» السُّلَحْفاة الطُّحلُبيّة: سُلَحْفاة على ظهرها نماءٌ شبيه بالطحلب. «ب» سمكة ضخمة بطيئة (٢) الرجعيّ: شخص شديد المحافظة.

moss-grown *(adj.)* مُطَحْلَب: «أ» مَكْسُوّ بالطُّحْلُب. «ب» عتيق الطّراز.

mos·so [mō′sō] *(adj.; adv.)* (١) سريع (مو) § (٢) بسرعة (مو).

moss pink *(n.)* القَبس [أو الفلوكس] المِخْرَزيّ (نب).

moss rose *(n.)* الوَرْد الطُّحْلُبيّ أو الحَزازيّ (نب).

moss-troop·er [môs′-] *(n.)* (١) السلّاب المستنقعيّ: عضو في طبقة من السلّابين عاثتْ فسادًا في المستنقعات القائمة على الحدود بين إنكلترا وإسكتلندا في القرن السابع عشر (٢) قاطع طريق.

moss·y [môs′ĭ] *(adj.)* (١) طُحْلبانيّ: شبيه بالطُّحْلُب (٢) مُطَحْلَب: «أ» مَكْسُوّ بالطُّحْلُب. «ب» عتيق الطراز.

most[1] [mōst] *(adj.; adv.; n.)* (١) أقصى؛ أعظم <with the ~ speed> (٢) مُعْظم <~ children> § (٣) إلى أبعد حدّ <~ dangerous> (٤) إلى حد بعيد جدًّا <The argument was ~ persuasive.> § (٥) قُصارَى؛ غاية <This is the ~ I can do for him.> (٦) الأكثرية؛ معظم الناس <is cleverer than ~>.

for the ~ part عادةً؛ في الأعمّ الأغلب.
to make the ~ of يُفيد إلى أبعد حدود الإفادة من.

most² *(adv.)* تقريبًا <~ anywhere in Asia> .

-most لاحقة معناها: «أ» الأكثر؛ الأشد <inner*most*> . «ب» الأقرب إلى <head*most*>.

most·ly [mōst′lĭ] *(adv.)* غالبًا؛ في الأغلب؛ في المقام الأول .

mot [mō] *(n.)* مُلْحة؛ قَوْل بليغ؛ ملاحظة موفَّقة .

mote [mōt] *(n.)* الدقيقة؛ الهباءة؛ الذرّة [من الغبار خاصةً] .

mo·tel [mō tĕl′] *(n.)* الموتيل: فندق على الطريق العامّ يبيت فيه الرحّالون والسُّيّاح إلخ ليلتهم ويوقفون في ساحته سياراتهم .

moth 2.

moth [môth] *(n.)* (١) عُثّة الملابس (٢) العُثّة؛ البشّارة .

moth·ball *(n.)* (١) كُرَة العُثّ: كرة من النفتالين لصيانة الملابس من العُث (٢) *pl.* المحفوظيّة: كون الشيء محفوظًا في مكانٍ واقٍ .

moth–eat·en *(adj.)* (١) معثوث: مثقوب بالعُثّ <~ clothes> (٢) متداعٍ؛ متهدّم <~ chairs> (٣) عتيق؛ بالٍ .

moth·er [mŭth′ər] *(n.; adj.; vt.)* (١) أمّ (٢) «أ» رئيسة دير . «ب» امرأة متقدمة في السنّ (٣) أُمّ؛ مَصْدر؛ أصل <Necessity is the ~ of invention.> (٤) حنان الأمومة (٥) أمّ الخلّ؛ الطُّفاوة الخَلّيّة: غشاء مؤلف من خميرة وخلايا بكتيرية يتكون على سطوح السوائل المتخمّرة تخمّرًا خَلّيًّا § (٦) «أ» أمّيّ؛ أمومي <~ love> . «ب» الأمّ؛ قائم مقام الأمّ <a ~ church> (٧) قوميّ <~ tongue> § (٨) «أ» تلد . «ب» يُحْدِث؛ يولّد (٩) يعتني به عناية الأمّ بأولادها (١٠) تتبنّى [المرأةُ] ولدًا (١١) «أ» ينسب إلى شخص معيّن أصل شيء أو أمومتَه . «ب» تعترف بأنّها أمّ لفلان؛ يعترف بأنّه صانعُ كذا .

mother country *(n.)* الوطن الأمّ: وطن آباء المرء وأجداده .

moth·er·fuck·er [-fŭk′ər] *(n.)* الحقير؛ الدنيء؛ الوضيع .

moth·er·hood [-hŏŏd′] *(n.)* (١) الأمومة (٢) جماعة الأمّهات .

moth·er–in–law *(n.)* الحماة: أمّ الزوج أو الزوجة .

moth·er·land *(n.)* (١) الوطن (٢) mother country .

moth·er·less [mŭth′ər-] *(adj.)* يتيم الأمّ؛ فاقدٌ أُمَّهُ .

moth·er·li·ness [mŭth′ər lĭ-] *(n.)* حنان؛ عطف؛ رأفة .

moth·er·ly [mŭth′ər lĭ] *(adj.)* (١) أموميّ: ذو علاقة بالأمّ أو مميّزٌ لها (٢) رؤوم؛ حنون؛ عطوف؛ رؤوف .

moth·er–na·ked *(adj.)* عارٍ تمامًا؛ كما وَلَدَتْه أُمُّهُ .

moth·er–of–pearl *(n.)* عِرق اللُّؤلؤ؛ أُمّ اللآلئ: مادة صلبة ناعمة تشكّل بطانةَ بعض الأصداف وتُصنع منها الأزرار والحُلَى .

Mother's Day *(n.)* عيد الأمّ [يوم الأحد الثاني من مايو] .

mother tongue *(n.)* (١) لغة المولد: لغة المرء القومية أو الوطنية (٢) اللغة الأمّ: لغة تفرّعت منها لغةٌ أو لغاتٌ أخرى .

mother wit *(n.)* الذكاء الفطريّ .

moth·y [môth′ĭ] *(adj.)* (١) مُعَثَّث: حافلٌ بالعُثّ (٢) moth–eaten .

mo·tif [mō tēf′] *(n.)* (١) الموضوع: الفكرة الرئيسية في عملٍ فنيّ (٢) وحدة زخرفية أو رسمٌ متكرّر (٣) الحافز؛ الباعث؛ الدافع .

mo·tile [mō′təl] *(adj.)* متحرِّك: قادر على الحركة <~ cells> .

mo·tion [mō′shən] *(n.; vt.; i.)* (١) حركة (٢) حافز؛ مَيْل؛ رغبة (٣) «أ» اقتراح . «ب» استدعاء [يقدَّم إلى محكمة أو قاضٍ] (٤) أداة؛ آلة (٥) تغيّر في طبقة الصوت (مو) (٦) تَغَوُّط؛ تبرُّز § (٧) يقترح [خطّةً أو عملًا] (٨) يُشير؛ يومئ إلى .
— **mo·tion·al** *(adj.)*

mo·tion·less [-ləs] *(adj.)* ساكن؛ غير متحرِّك .

motion picture *(n.)* شريط أو فيلم سينمائي .

motion sickness *(n.)* دُوار الحركة: دُوارٌ يصيب بعضَ المسافرين بالباخرة أو القطار أو السيارة أو الطائرة .

mo·ti·vate [mō′tə vāt′] *(vt.)* (١) يَحُثّ؛ يحرِّض (٢) يجعل [الدراسةَ إلخ] ممتعةً .
— **mo·ti·va·tive** *(adj.)*

mo·ti·va·tion [mō′tə vā′-] *(n.)* (١) حثّ؛ تحريض (٢) باعِث؛ حافز؛ دافع .
— **mo·ti·va·tion·al** *(adj.)*

mo·tive [mō′tĭv] *(n.; adj.; vt.)* (١) الباعث؛ الحافز؛ الدافع (٢) motif *1-2* § (٣) محرِّك: باعثٌ على الحركة (٤) حَرَكيّ؛ تحريكيّ: ذو علاقة بالحركة أو بتسبيب الحركة <~ energy> § (٥) يَحُثّ؛ يحرِّض .

motive power *(n.)* القوّة المحرِّكة [كالماء أو البُخار] .

mo·tiv·i·ty [mō tĭv′-] *(n.)* (١) المحرِّكيّة: قوة التحريك أو إحداث الحركة (٢) الطاقة المتيسّرة أو المُتاحة .

mot juste [mō zhʏst′] *(n.)* الكلمة الصحيحة أو المناسِبة .

mot·ley [mŏt′lĭ] *(adj.; n.)* (١) متعدد الألوان <a ~ coat> (٢) متنافر؛ مؤلف من عناصر مختلفة <a ~ crowd> § (٣) المَوْطَليّ: نسيج صوفيّ متعدد الألوان . وبخاصة: ثوب مهرّج البلاط (٤) مهرّج البلاط (٥) مزيج .

mot·mot [mŏt′mŏt] *(n.)* المَطْموط: طائر طويل الذيل .

mo·to·cross [mō′tō-] *(n.)* سباق الضاحية [للدراجات البخارية] .

mo·to·neu·ron [mō tə nŏŏr′ŏn′] *(n.)* العَصَبون الحَرَكيّ (ت) .

mo·tor [mō′tər] *(n.; adj.; vi.; t.)* (١) قوّة محرِّكة (٢) الموطور؛ المحرِّك (٣) سيّارة § (٤) محرِّك؛ باعث على الحركة (٥) حَرَكيّ (٦) «أ» مُمَوْطَر: مزوَّد أو مُدارٌ بموطور . «ب» متعلق بسيّارة . «ج» مُعَدّ للسيارات أو سائقيها § (٧) يقود سيّارة x (٨) ينقل بسيّارة .

mo·tor·bike [-bīk′] *(n.)* الموطوربيك: دراجة بُخارية صغيرة .

mo·tor·boat [-bōt′] *(n.)* الزَّورق الموطوريّ: زَوْرق مزوَّد بمحرك .

motor bus; motor coach *(n.)* الأوتوبوس: سيارة كبيرة للركّاب .

mo·tor·cade [mō′tər kād′] *(n.)* موكبُ سيارات .

mo·tor·car [mō′tər kär′] *(n.)* السيارة؛ الأوتوموبيل .

motor court *(n.)* = motel.

mo·tor·cy·cle *(n.; vi.)* (١) الدرّاجة البُخارية § (٢) يركب درّاجةً بُخاريةً .

mo·tor·cy·clist [-sī′klĭst] *(n.)* الدرّاج: سائق الدراجة البخارية .

mo·tor·drome [-drōm′] *(n.)* ميدان سباق السيارات [أو الدراجات البخارية] .

mo·tored [mō′tərd] *(adj.)* مُمَوْطَر: مُزَوَّد بموطور أو بمحرِّك .

mo·tor·ic [mō′tər ĭk] *(adj.)* حَرَكيّ .

mo·tor·ist [mō′tər-] *(n.)* (١) راكب السيّارة (٢) سائق السّيارة .

mo·tor·ize [mō′tə rīz′] *(vt.)* يُمَوْطِر : يزوّد بموطور ، مثل : «أ» يزوّد بعربات مدارةٍ بمحركات [بدلًا من عربات الخيل إلخ] . «ب» يزوّد [مشاة الجند] بعرباتٍ مُدارةٍ بمحركات . «ج» يزوّد بالسيارات .

motor lodge *(n.)* = motel.

mo·tor·man *(n.)* الموطوري : «أ» سائق الترام . «ب» مشغِّل الموطور .

motor scooter *(n.)* الدرّاجة المُمَوْطَرة : مَرْكَبة خفيضة ثُنائية العجلات أو ثُلاثيّتُها ، شبيهة بدرّاجات الرِّجل التي يستخدمها الأطفال .

motor torpedo boat *(n.)* زورق طوربيد .

mo·tor·truck [mō′tər-] *(n.)* الشاحنة : سيارة لشحن البضائع .

mo·tor·way [-wā′] *(n.)* الجادّة العُظمى ؛ الأوتوستراد .

motte [mŏt] *(n.)* رابية ؛ جَبَل .

mot·tle [mŏt′əl] *(n.; vt.)* (١) الوَكْتة : نقطة ملوّنة (٢) سطحٌ مُرَقَّش ؛ مَظْهر مرقّش (٣) فُسيفساء § (٤) يُرَقِّش ؛ يُرَقِّط .

mot·to [mŏt′ō] *(n.)* pl. **-es** *also* **-s** شِعار .

moue [mo͞o] *(n.)* = grimace.

mou·flon *also* **mouf·flon** [mo͞of′lŏn] *(n.)* المَفْلون : الأُرْوِيّة [أو كَبْش الجبل] الكورسيكيّة والسَّردينية .

mouflon

mouil·lé [mo͞o yā′] *(adj.)* حَلْقيّ : ملفوظ حَلْقيًّا (ل) .

mou·jik [mo͞o zhĭk′; mo͞o′-] *(n.)* = muzhik.

mou·lage [mo͞o läzh′] *(n.)* (١) بَصْمة ؛ دَمْغة ؛ طبعة (٢) التبصيم : أخذ البَصَمات لاستخدامها في التحقيق الجنائي .

mould [mōld] *(n.; vt.; i.)* = mold.

moult [mōlt] *(vi.; t.; n.)* = molt.

mound [mound] *(n.; vt.)* (١) «أ» متراس ؛ استحكام (جن) . «ب» رابية ؛ نَبْكة (٢) كومة ؛ رُكام § (٣) يُمَتْرِس (٤) يُكوِّم ؛ يَرْكُم .

mount[1] [mount] *(n.)* (١) جَبَلٌ (٢) متراس ؛ استحكام (جن) .

mount[2] *(vi.; t.; n.)* (١) يزداد ؛ يتعاظم (٢) يرتفع ؛ يصعد x (٣) «أ» يرتقي [سلّمًا] . «ب» يعتلي [عرشًا] . «ج» يمتطي [فرَسًا] . «د» ينزو ؛ يجامع (٤) «أ» يرفع ؛ يُعْلي . «ب» ينصب [مدفعًا] . «ج» يضع شيئًا [كالمدفع إلخ] على رَكوبة (٥) «أ» ينظِّم ؛ يجهِّز . «ب» يَشُنّ [حملةً] (٦) «أ» يُرْكِب أو يُرْكِب . «ب» يجهِّز بحيوانات للركوب (٧) يقيم أو ينصب لأغراض الدفاع أو المراقبة (٨) يُلصِق على حاضن (٩) «أ» يَعْرِض . «ب» يرتّب أو يجمع للاستعمال أو للعرض (١٠) يُعِدّ [عيّنةً] للفحص أو العرض (١١) يُخْرج [مسرحيًا] § (١٢) رُكوب . وبخاصة : فرصة لامتطاء فرس في سباق (١٣) الرَّكوبة ؛ الحاضن ؛ السِّناد . مثل : «أ» لوح من كرتون تُركّب عليه الصورة . «ب» رَكوبة الجوهرة أو الحجر الكريم . «ج» رَكوبة المدفع أو المحرِّك . «د» قصاصة من ورق رقيق مُصَمَّغ للصق الطابع في ألبوم . «هـ» شريحة زجاجيّة توضع عليها مادة معدّة للفحص المِجهريّ (١٤) مطيّة . وبخاصة : فرس مُعَدّ للركوب .

moun·tain [moun′tən; -tĭn] *(n.)* (١) جَبَل (٢) كتلة ضخمة (٣) مقدارٌ وافر <a ~ of trouble> .

mountain ash *(n.)* غُبيراء الحابِلين ؛ رماد الجبل (نب) .

mountain cat *(n.)* (١) cougar (٢) bobcat .

mountain chain *(n.)* سلسلة جبال .

mountain cranberry *(n.)* توت الجبل (نب) .

mountain dew *(n.)* = moonshine *3*.

moun·tain·eer [moun′tə nēr′] *(n.; vi.)* (١) الجبليّ : ساكن الجبل (٢) متسلّق الجبال § (٣) يتسلق الجبال .

moun·tain·eer·ing [-′ĭng] *(n.)* رياضةُ تسلُّقِ الجبال .

mountain goat *(n.)* البَدَن ؛ ماعِزُ الجبل .

mountain goat

moun·tain–high *(adj.)* شاهقٌ كالجبال .

mountain laurel *(n.)* غار الجبل (نب) .

mountain lion *(n.)* = cougar.

moun·tain·ous [moun′tə nəs] *(adj.)* (١) جبليّ (٢) ضخم .

mountain sheep *(n.)* = bighorn.

moun·tain·side [moun′-] *(n.)* السَّنَد : جانبُ الجبل أو منحدَرُهُ .

moun·tain·top [moun′-] *(n.)* القِمّة ؛ القُنّة ؛ ذِروة الجبل .

moun·tain·y [moun′tən ĭ] *(adj.)* جبليّ .

moun·tant [-′tănt] *(n.)* اللَّصوق : مادة دبقة لإلصاق رسم على لوحة .

moun·te·bank [moun′tə-] *(n.; vi.)* (١) بائع الأدوية الزائفة [مِن على منبر في الأماكن العامّة] (٢) المُشَعْوِذ ؛ الدجّال § (٣) يُشعوِذ ؛ يدجّل إلخ .

— **moun·te·bank·er·y** *(n.)*

mount·ed *(adj.)* (١) فارس ؛ راكبٌ فَرَسًا (٢) محمول : مزوَّد بشاحنات أو خيل (٣) مثبَّتٌ في حاضن <~ gems> (٤) منصوب <a ~ gun> .

Mount·ie [moun′tĭ] *(n.)* الخيّال : شرطي كَنَدي ممتطٍ صهوةَ جواد .

mount·ing [moun′-] *(n.)* (١) اعتلاء ؛ امتطاء إلخ (٢) mount[2] *13* .

mourn [mōrn] *(vi.; t.)* (١) يندب ؛ يتفجّع على (٢) يلبس ثوب الحِداد (٣) يَهْدِل [الحَمام] x (٤) يقول بتفجُّع .

— **mourn·er** *(n.)*

mourn·ful [mōrn′fəl] *(adj.)* (١) حِداديّ : دالّ على الحزن (٢) حزين (٣) مُحْزِن (٤) كئيب .

mourn·ing [mōr′-] *(n.)* (١) تفجُّع (٢) حِداد (٣) ثوب الحِداد .

mourning cloak *(n.)* عباءة الحِداد : فراشة ضاربٌ لونها إلى السَّواد ، لجناحَيْها حواشٍ عريضة صفراء .

mourning dove *(n.)* الهدّال : حَمام بريّ أميركي ذو هديلٍ حزين .

mouse[1] [mous] *(n.)* (١) فأر (٢) «أ» امرأة . «ب» جبان (٣) كدمة حول العين [من أثر لطمة] (٤) الفأرة : أداة يدوية صغيرة تتحكّم في الحركة [في الكومبيوتر] .

mouse[1] *4.*

mouse[2] [mouz] *(vi.; t.)* (١) يصيد الفئران (٢) يتفأّر: يبحث أو يجول خلسةً وببطء x (٣) يداعب بخشونة (٤) يكتشف.

mouse–ear [-ʹērʹ] *(n.)* أُذن الفأر: نبات ذو أوراق صغيرة كثيرة الوَبَر (نب).

mous·er [-ʹzər] *(n.)* (١) صائد الفئران (٢) الفَأّارة: هرة تجيدُ صيد الفئران.

mouse·trap [mousʹ-] *(n.; vt.)* (١) مِصْيَدة الفئران § (٢) يُوقع في شَرَك.

Mous·que·taire [mo͞os kə târʹ] *(n.)* الفارس الملكيّ: أحد فرسان الحرس الملكيّ الفرنسي في القرنين ١٧ و١٨.

mous·sa·ka [-käʹ] *(n.)* المُصَقَّعة: لحم مفروم مع باذنجان وتوابل إلخ.

mousse [mo͞os] *(n.)* الموسيّة: حلوى من كريما مخفوقة وهُلام.

mous·se·line [mo͞os lēnʹ] *(n.)* (١) الموسلين: نسيج رقيق يُشبه الموصلين (را. muslin) (٢) mousse.

mousseline de soie [də swäʹ] *(n.)* الموسلين الحريري.

mous·tache [məs tăshʹ; mŭsʹ-] *(n.)* = mustache.

mous·ta·chio [məs täʹshō] *(n.)* = mustachio.

mous·y *or* **mous·ey** [mouʹsĭ; -zĭ] *(adj.)* (١) فأريّ أو كالفأرة. مثل: «أ» هادئ. «ب» جبان؛ رِعديد (٢) كثير الفئران؛ يَعِجّ بالفئران.

mouth [*n.* mouth; *v.* mouth] *(n.; vt.; i.)* (١) فم (٢) grimace (٣) شخص؛ فرد <too many ~s to feed> (٤) «أ» تعبير <to give ~ to one's thought>. «ب» المتحدث الرسمي: الناطق بلسان حكومة إلخ (٥) التَّهْذار: الإسراف في الكلام (٦) وقاحة (٧) الفم: شيء يشبه الفم وبخاصة من حيث إتاحتُهُ سبيلًا للدخول أو الخروج. مثل: «أ» فُوَّهة. «ب» مَصَبّ النهر. «ج» مَدْخل. «د» مَخْرَج. «ه» مَنْفَذ. «و» فتحة [الوعاء إلخ]. «ز» ثَقب جانبيّ في ناي § (٨) «أ» يتكلّم. «ب» يتشدّق في الكلام. «ج» يكرِّر من غير فهم أو إخلاص. «د» يُغمغم؛ ينطق بغير وضوح (٩) يتناول طعامًا؛ يلعق؛ يمسّ بالفم x (١٠) يتبجّح (١١) يقلب شفتيه ازدراءً.

to give ~, يَنْبح [الكَلْبُ].
to make ~s; to make a wry ~, يَقْلب شفتيه ازدراءً.
to stop the ~ of يُسْكِت فلانًا.

mouth·breed·er [mouthʹbrēʹ-] *(n.)* السمكة الفَمَوية: سمكة تحمل بيضها وصغارها في فَمِها.

mouthed [mouthd] *(adj.)* مُفَمَّم؛ ذو فم.

mouth·ful [mouthʹ-] *(n.)* (١) «أ» مِلء الفم. «ب» لقمة (٢) مقدار ضئيل (٣) كلمة أو جملة طويلة جدًا (٤) تعليق بعيد المغزى.

mouth organ *(n.)* الشَّفَويّة (مج)؛ الهَرْمونيكا harmonica.

mouth·piece [-ʹpēsʹ] *(n.)* (١) الفم: شيء يوضع في الفم أو يُشكِّل فمًا (٢) الحَكَمة؛ الشَّكيمة: حديدةُ اللِّجام المعترِضة في فم الفرس (٣) المَبْسَم: جزء من الآلة الموسيقية يوضع بين الشفتين أو في الفم (٤) mouth 4b (٥) المحامي الجنائيّ (ع).

mouth–to–mouth *(adj.)* تَفَمُّميّ؛ من فمٍ إلى فم [في التنفُّس الصُّنعي].

mouth·wash [-ʹwôshʹ] *(n.)* غَسُول الفم.

mouth–wa·ter·ing *(adj.)* مُسيلٌ للُّعاب؛ مُشَهٍّ أو مُغْرٍ.

mouth·y *(adj.)* (١) مِهذار؛ ثرثار (٢) طنّان (٣) مُتَبجِّح.

mov·a·bil·i·ty *or* **move·a·bil·i·ty** *(n.)* التحريكيّة: قابلية التحريك.

mov·a·ble *or* **move·a·ble** [mo͞oʹ-] *(adj.; n.)* (١) منقول: قابل للنَّقل (٢) متحرِّك: متغيِّر التاريخ <a ~ feast> § (٣) المنقولة: قطعة أثاث غيرُ مُثبَّتةٍ في مكانها (٤) pl. عد: المنقولات (ق).

move [mo͞ov] *(vi.; t.; n.)* (١) «أ» ينتقل. «ب» يتقدَّم. «ج» يرتحل. «د» ينتقل إلى منزل أو مقرّ آخر (٢) «أ» يتحرك. «ب» تدور [الآلة إلخ]. «ج» يُظهر نشاطًا ملحوظًا (٣) ينشط في حقل خاص <had to ~ in society> (٤) يَعْمل؛ يبدأ العملَ (٥) يستدعي؛ يقدّم استدعاء <~d for a new trial> (٦) ينتقل من يدٍ إلى يدٍ [من طريق البيع أو الإيجار] (٧) يستطلق بطنُهُ؛ يمشي بطنُهُ x (٨) «أ» يحرّك. «ب» يُزحزح. «ج» يَنْقل (٩) «أ» يدفع إلى الأمام. «ب» يُدير [آلةً]. «ج» يوقظ (١٠) يُقنع؛ يحمله على (١١) يثير مشاعر فلان (١٢) يقدّم اقتراحًا رسميًا إلى (١٣) يُطلق [أو يُسْهل] البطنَ § (١٤) «أ» نَقْلُ حجر الشطرنج من موضع إلى آخر. «ب» دور اللاعب في النقل (١٥) «أ» خطوة تُتخذ لتحقيق هدف <What's the next *move?*>. «ب» حركة. «ج» انتقال؛ تغيير للمنزل أو المقرّ.

on the ~, (١) ناشط؛ في حركة دائبة (٢) متنقّل من مكان إلى آخر (٣) في حالة تقدّم.
to get a ~ on (١) يُسْرع؛ يُعَجِّل (٢) يبدأ؛ يتحرّك.
to make a ~, (١) ينتقل إلى مكان آخر (٢) يبدأ العمل.
to ~ heaven and earth يَبْذل جهودًا جبّارة؛ يحاول بكلّ طريقة ممكنة.
to ~ on (١) ينتقل إلى مكان آخر (٢) يأمره بالانتقال إلى مكان آخر.

move·less [mo͞ovʹ-] *(adj.)* ثابت؛ راسخ؛ غير متحرِّك.

move·ment [mo͞ovʹ-] *(n.)* (١) «أ» حركة. «ب» مناورة أو تحرّك عسكريّ (جن). «ج» عمل؛ نشاط. «د» تغيّر في سعر سلعة إلخ (٢) «أ» نزعة؛ اتجاه. «ب» حركة سياسيّة أو اجتماعيّة إلخ <the antislavery ~> (٣) الحَرَكيّات: الأجزاء الناقلة أو المحوِّلة للحركة [في آلة] (٤) الحَرَكة: تعاقب الأحداث في رواية أو مسرحيّة (٥) «أ» تَغَوُّط. «ب» غائط.

mov·ie [mo͞oʹvĭ] *(n.)* (١) فيلم أو شريط سينمائي (٢) pl.: «أ» السينما. «ب» الصناعة السينمائية.

mov·ing [mo͞oʹ-] *(adj.)* (١) متحرِّك (٢) باعث؛ دافع (٣) انتقاليّ <~ expenses> (٤) مثيرٌ للمشاعر <a ~ tale>.

moving picture *(n.)* = motion picture.

moving sand *(n.)* الرمل المتحرك؛ الرمال المتحركة أو الغائرة.

moving staircase; moving stairway *(n.)* = escalator.

mow[1] [mou] *(n.)* (١) كَوْمة تبن (٢) المَتْبن: مخزن التبن.

mow[2] [mō] *(vt.; i.)* (١) يَجُزّ؛ يَحْصُد (٢) يَحْصُد: يقتل بأعداد كبيرة وفي غير ما رحمة (٣) «أ» يُسْقِط. «ب» يَقْهَر؛ يَسْحق؛ يَهْزِم.

mow[3] [mou; mō] *(n.; vi.)* = grimace.

mow·er [mōʹər] *(n.)* (١) فا mow (٢) الجَزّازة؛ الحصّادة (مك).

mox·ie [mŏkʹsĭ] *(n.)* (١) قوّة؛ نشاط (ع) (٢) شجاعة (ع) (٣) مهارة.

mo·yen âge [mwȧ yĕ näzhʹ] *(n.)* القرون الوسطى.

mo·yen-âge *(adj.)* قُرُوسْطيّ: ذو علاقة بالقرون الوسطى .

moz·za·rel·la [mŏt′sə rĕl′ə] *(n.)* المُوزاريلة: جُبن إيطالي أبيض .

moz·zet·ta [mō zĕt′ə] *(n.)* المُوزيتّة: رداء قصير يُطرح على الكتفين ذو قلنسوة مزخرفة [يرتديه البابا والكرادلة والأساقفة] .

Mr. [mĭs′tər] *(n.)* pl. **Messrs·** [mĕs′ərz] مِستر؛ سيِّد .

Mrs. [mĭs′ĭz; -′ĭs; mĭz′ĭz] *(n.)* pl. **Mmes** *or* **Mes·dames** [mā däm′] مِسِز؛ سيِّدة؛ زوجة .

Ms. [mĭz] *(n.)* مِزْ: لقب للمرأة التي لا يُعْرَف أمُتزَوِّجةٌ هي أم غيرُ متزوِّجة .

muc- *or* **muci-** *or* **muco-** بادئة معناها: «أ» مُخاطيّ. «ب» مُخاطيّ و . . .

much [mŭch] *(adj.; adv.; n.)* (١) كثير <~ work> § (٢) بكثير؛ إلى حد بعيد <~ longer> (٣) كثيرًا <She doesn't swim ~.> (٤) تقريبًا <This is ~ the same as the others.> § (٥) مقدار وافر: كثيرٌ <learned ~ from that experience> (٦) شيء عظيم أو هامّ أو مؤثّر <is not ~ to look at>.

as ~ as you want قَدْرَ ما تريد .

He was too ~ for me. كان أقوى أو أبرع من أن أتفوق عليه .

mu·cha·cho [mo͝o chäch′ō] *(n.)* (١) خادم (٢) فتًى؛ شابّ .

much·ness [mŭch′nəs] *(n.)* كثرة؛ وفرة؛ عِظَمٌ .

much of a ~, متشابهون إلى حدٍّ بعيد؛ متماثلون تقريبًا .

mu·cic [myo͞o′sĭk] *(adj.)* صمغيّ؛ دَبِق .

mu·cif·er·ous [myo͞o sĭf′-] *(adj.)* مُخاطيّ <~ ducts> .

mu·ci·lage [-′sə lĭj] *(n.)* (١) الهُلام النباتيّ: مادة هُلامية توجد في الأعشاب البحرية بخاصة (٢) سائل الصَّمغ [يُتَّخذُ مُلْصِقًا] .

mu·ci·lag·i·nous [myo͞o′sə lăj′-] *(adj.)* (١) لَزِج؛ دَبِق (٢) هُلامينباتيّ: ذو علاقة بالهلام النباتي أو مفرزٌ هلامًا نباتيًّا .

mu·cin [myo͞o′sĭn] *(n.)* الموسين؛ المُخاطين (كح) .

mu·ci·nous [-′sə nəs] *(adj.)* موسينيّ؛ مُخاطينيّ .

muck [mŭk] *(n.; vt.)* (١) السَّماد الحيوانيّ: سمادٌ مُتَّخذ من رَوْث البقر إلخ (٢) قَذَر (٣) القَذْف: ملاحظات أو كتابات مشوِّهة للسُّمعة (٤) الطِّثْرة: تربة داكنة غنيّة بالمواد العضوية (٥) وحل § (٦) يزيل الرَّوث أو القَذَر (٧) يُرَوِّث: يُسمِّد بالرَّوث (٨) يلوِّث؛ يوسِّخ .

muck·er [-′ər] *(n.)* (١) فا muck (٢) الجِلْف؛ القليل التهذيب .

muck·rake [mŭk′rāk′] *(vi.)* يشهِّر بـ: يبحث عن فضائح ذوي الشأن وينشرها على الملأ .

— **muck·rak·er** *(n.)*

muck·y [-′ĭ] *(adj.)* (١) رَوْثي (٢) قذِر (٣) حقير (٤) بغيض؛ مُقْرِف .

mu·coid[1] [myo͞o′koid] *(adj.)* مُخاطانيّ: شبيه بالمُخاط .

mu·coid[2] *(n.)* المُيوكود: واحد من مجموعة من الموادّ الشبيهة بالمُخاطين والموجودة في النسيج الضامّ وغيره (كح) .

mu·co·pro·tein [-′kə prō′tēn] *(n.)* الميوكوبروتين؛ البروتين المُخاطيّ: مركَّب يحتوي على بروتين وسُكَّر غُدادي (كح) .

mu·co·sa [myo͞o kō′sə] *(n.)* pl. **-e** *or* **-s** غشاء مُخاطيّ .

mu·co·sal [-′zəl] *(adj.)* غشائيمُخاطيّ؛ غشائيّ مُخاطيّ .

mu·co·se·rous [-′kō′sēr′əs] *(adj.)* مُخاطَصْلي؛ مُخاطيّ مَصْليّ .

mu·cous [myo͞o′kəs] *(adj.)* مُخاطيّ .

mucous membrane *(n.)* الغشاء المُخاطي (ت) .

mu·cro [myo͞o′krō] *(n.)* pl. **-nes** الأَسَلَة: رأس مستدقّ الطَّرَف في ورقة نبات إلخ .

mu·cro·nate; -nat·ed [myo͞o′-] *(adj.)* مُؤَسَّل: مستدقّ الطَّرف (نب) .

mu·cus [myo͞o′kəs] *(n.)* مُخاط؛ مادة مُخاطيّة .

mud [mŭd] *(n.; vt.)* (١) وَحْل؛ طين (٢) قَذْف؛ تشهير § (٣) يُوْحِل (٤) يُعَكِّر .

to throw (fling) ~ at يُشَهِّر بـ؛ يحاول تشويه سمعةِ فلان .

mud bath *(n.)* حمّام الطين: غَمْرُ الجسم في طينٍ حارّ .

mud dauber *(n.)* زُنبور الطين: ضربٌ من الزنابير ينشئ خلايا طينيّة .

mud·di·ly [mŭd′ĭ lĭ] *(adv.)* على نحوٍ مُوْحِل أو عَكِر أو مشوَّش إلخ .

mud·di·ness [mŭd′ĭ-] *(n.)* (١) توحُّل (٢) تعكُّر (٣) تشوُّش .

mud·dle [mŭd′əl] *(vt.; i.; n.)* (١) يعكِّر أو يُوَحِّل (٢) يُخبِّله أو يُفقده رشده [من طريق المُسْكِر بخاصة] (٣) يمزج؛ يحرِّك؛ يخفق (٤) يشوِّش؛ «يلخبط» x (٥) يتخبّط: يفكِّر أو يعمل بطريقة مشوَّشة § (٦) تخبُّط: تشوّش ذهنيّ (٧) اختلاط؛ «لخبطة» .

mud·dle·head·ed *(adj.)* (١) مشوَّش الذهن (٢) أخرق .

mud·dy[1] [mŭd′ĭ] *(adj.)* (١) قذر: غير طاهر أخلاقيًّا (٢) «أ» مُوْحِل. «ب» عَكِر. «ج» وَحْليّ. «د» باهت. «هـ» مشوَّش <~ ideas> .

mud·dy[2] *(vt.)* (١) يوحِّل (٢) يُعكِّر (٣) يُبَهِّت (٤) يشوِّش .

mud·guard [-′gärd′] *(n.)* وِقاء الطين: «أ» رفرفُ العجَلة أو الدولاب [في درّاجة أو سيارة]. «ب» قطعة من نسيج إلخ يُكسى بها الحذاء للوقاية من الرطوبة أو لمجرد الزينة .

mud·hole *(n.)* (١) حفرة ملأى بالوحل (٢) بلدة صغيرة جدًا .

mud pup·py *(n.)* سَمَنْدل الطين (ح) .

mud puppy

mud·sill [mŭd′sĭl] *(n.)* (١) العتبة الدُّنيا (٢) الصُّعلوك .

mud·sling·er [-′slĭng′-] *(n.)* القاذف؛ المشهِّر [بخصم سياسيّ] .

mud·stone *(n.)* الحجر الطينيّ: طَفَلٌ ينشأ عن تصلُّب الطين .

mud turtle *(n.)* سُلَحْفاة الطين (ح) .

mud turtle

Muen·ster [mŭn′stər; mo͞on′-] *(n.)* المَنْسْتَر: جُبن أبيض غير حرِّيف .

mues·li [myo͞os′lē] *(n.)* المُيوسلي: أخلاط من حبوب وفاكهة ومكسَّرات .

mu·ez·zin [myo͞o ĕz′ĭn; mo͞o-] *(n.)* المُؤَذِّن (إس) .

muff[1] [mŭf] *(n.)* المُوفَة: «أ» غطاء أنبوبيّ طويل مكسوّ بالفِراء إلخ لتدفئة اليدين. «ب» مجموعة من الريش تكون على جانبي الوجه

muff[1] *a.*

ă at; ā date; â care; ä car; ĕ egg; ē me; ĭ in; ī bite; ŏ lot; ō bone; ô orphan; oi boil; o͝o good; o͞o boot; ou out; ŭ under; û urgent; ə = *a* in alone, *e* in system, *i* in easily, *o* in gallop, *u* in circus.

عند بعض الدواجن .

muff[2] *(vt.; i.; n.)* (١) يعمل بغير براعة (٢) يُخفق في التقاط الكرة § (٣) أداء غير بارع (٤) إخفاق في التقاط الكرة (٥) الرياضيّ الغِرّ : شخص قليل البراعة في الألعاب الرياضية .

muf·fin [mŭf′ĭn] *(n.)* الموفينة : فطيرة رقيقة مسطّحة مدوَّرة .

muffin pan *(n.)* الموفينيّة : أداة مؤلفة من مجموعة كؤوس تُصطَنع لخَبْز الموفينات .

muffin pan

muf·fle [mŭf′əl] *(vt.; n.)* (١) يُلَفِّع : يَلُفّ بلِفاع (٢) يُدَثِّر : «أ» يلفّ أو يغلِّف بشيء إضعافًا للصوت . «ب» يَكْظِم ؛ يَكْتُم [الصوتَ] (٣) يُخمِد ؛ يَكْبِت § (٤) الكاتم [للصوت] (٥) صوتٌ مكتوم (٦) الخَطْم (ح) .

muf·fler *(n.)* (١) لِفاع [يُلَفّ حول العُنُق] (٢) قِناع (٣) كاتم الصوت .

muf·ti [mŭf′tĭ] *(n.)* (١) المفتي (إس) (٢) اللباس المَدَني .

mug[1] [mŭg] *(n.; vi.; t.)* (١) الكُوب : وعاء للشرب أسطواني الشكل ذو مَقْبِض (٢) «أ» الوجه ؛ الفم . «ب» الشَّمْزة : تعبير وجهيّ يتّسم بالتقبُّض والالتواء . «ج» صورة المشبوه : صورة فوتوغرافية لوجه شخص مشبوه (٣) المُغَفَّل ؛ السّاذج (٤) السَّفّاح ؛ السَّفّاك ؛ قاطع الطريق § (٥) يُشَمِّز : يلوي قَسَمات وجهه ، وبخاصةٍ لإضحاك النظّارة x (٦) يصوّر [فوتوغرافيًا] .

mug[2] *(vt.)* يُهاجم . وبخاصة : بقصد السَّلْب .

mug·ger [mŭg′-] *(n.)* (١) فا mug (٢) المَجّار : تمساح نهريّ غير مؤذٍ .

mug·gi·ness [mŭg′-] *(n.)* اللَّثَق : كون الجوّ حارًّا شديدَ الرطوبة .

mug·gy [-′ĭ] *(adj.)* لَثِق : حارّ وشديد الرطوبة <~ weather> .

mug·wump [-′wŭmp′] *(n.)* المستقلّ : ذو الرأي السياسيّ المستقل .

Mu·ham·mad·an [mo͝o hăm′-] *(adj.; n.)* مُحَمَّدي ؛ إسلامي .

Muhammadan calendar *(n.)* التقويم الهجري أو الإسلامي .

Mu·ham·mad·an·ism [mo͝o hăm′-] *(n.)* الإسلام ؛ الدين الإسلامي .

mu·jik [mo͞o zhĭk′; mo͞o′zhĭk] *(n.)* = muzhik.

muk·luk [mŭk′lŭk] *(n.)* المَكْلوك : حذاء من جلد الفقمة ينتعله الأسكيمو .

mu·lat·to [mə lăt′ō; myo͞o-] *(n.; adj.)* (١) المُوَلَّد ؛ الخُلاسيّ : شخص مولود من أبوين أحدهما أبيض والآخر زنجيّ § (٢) مولَّد ؛ خُلاسيّ . وبخاصة : أسمر البشرة .

mul·ber·ry [mŭl′bĕr′ĭ] *(n.)* (١) شجر التُّوت أو ثمره (٢) التُّوتيّ : لون أرجوانيّ داكن أو أسودُ ضارب إلى الأرجوانيّ .

mulch [mŭlch] *(n.; vt.)* (١) المِهاد : طبقة من النُّشارة أو التبن أو الرَّوث تُفرش على الأرض لتخفيف التبخُّر أو مَنْع التعرية أو إخصاب التربة إلخ § (٢) يُمَهِّد : يكسو أو يُغطّي بمِهاد .

mulct [mŭlkt] *(vt.; n.)* (١) يُغَرِّم (٢) «أ» يسلُبُه شيئًا من طريق الاحتيال . «ب» يكسب شيئًا من طريق الاحتيال أو التهديد § (٣) غَرامة : عُقوبة .

mule [myo͞ol] *(n.)* (١) البَغْل (ح) (٢) الهجين ؛ النَّغْل («ح» و«نب») (٣) شخص عنيدٌ جدًا (٤) المُوْل : مِغْزَلٌ آليّ (٤) الخُفّ : مشّاية لا عَقِبَ لها .

mule deer *(n.)* الأيِّل الأُذانيّ : أيِّل طويل الأُذُنين .

mule deer

mule skinner *(n.)* = muleteer.

mu·le·teer [myo͞o′lə tēr′] *(n.)* البَغّال : سائق البغال .

mu·ley *also* **mul·ley** [myo͞o′lĭ] *(adj.)* عديم القرون .

mu·li·eb·ri·ty [myo͞o lĭ ĕb′-] *(n.)* النِّسوية ؛ الأنثوية ؛ الأنوثة .

mul·ish [-′lĭsh] *(adj.)* (١) بَغْليّ : مميَّز للبغل أو شبيهٌ به (٢) عنيد .

mull[1] [mŭl] *(vt.; i.)* (١) يَسْحَن (٢) يفكر مَلِيًّا في (٣) يُمَلِّل : يُسخِّن [الخمرة] ويحلِّيها ويضيف إليها التوابل x (٤) يتأمّل ؛ يفكّر .

mull[2] *(n.)* المُلّ : نسيج قطني أو حريري رقيق .

mul·lah [mŭl′ə] *(n.)* المُلّا : مُعَلِّم أو زعيم دينيّ مُسلم .

mul·lein *also* **mul·len** [mŭl′ən] *(n.)* البوصير ؛ آذان الدُّبّ (نب) .

mullein pink *(n.)* اللُّخنيس الإكليليّ ؛ المنثور البرّيّ (نب) .

mull·er [mŭl′ər] *(n.)* المِسْحَنة : مِدَقّة يُسْحَن بها .

mul·let [mŭl′ĭt] *(n.)* البُوريّ : سمك ذو جسم أسطوانيّ .

mullet

mul·li·gan [-l′ĭ gən] *(n.)* المُلْجين : طعام من خُضَر ولحم أو سمك .

mul·li·ga·taw·ny [mŭl′ĭ gə tô′nĭ] *(n.)* ماء التوابل : حساء دجاج مع الكَري أو البهار الهندي .

mul·lion [mŭl′yən] *(n.; vt.)* (١) العِماد : عمود حجريّ عادةً يَقْسِم النافذة أو الباب إلى أجزاء § (٢) يُعَمِّد : يزوِّد أو يقسِّم بعُمُد .

A.A. mullions

mull·ite [mŭl′īt′] *(n.)* المَلِّيت : معدن مقاوِم للتآكل والحرارة .

multi- بادئة معناها : متعدِّد ؛ كثير <*multi*cellular> .

mul·ti·ac·cess [-ak′sĕs] *(n.)* النَّيل المتعدِّد [لملفّ أو برنامج ألكتروني] .

mul·ti·cel·lu·lar [-′tĭ sĕl′yə-] *(adj.)* متعدّد الخلايا ؛ كثير الخلايا .

mul·ti·col·ored [-kŭl′-] *(adj.)* متعدد الألوان ؛ كثير الألوان .

mul·ti·di·men·sion·al [-dĭ mĕn′-; -dī-] *(adj.)* متعدِّد الأبعاد .

mul·ti·en·zyme [-ĕn′zīm] *(adj.)* متعدّد الأنزيمات ؛ كثير الأنزيمات .

mul·ti·far·i·ous [-fâr′ĭ əs] *(adj.)* متنوِّع .

mul·ti·fid [mŭl′-] *(adj.)* متعدِّد الأجزاء أو الفصوص <~ leaves> .

mul·ti·flo·rous [mŭl′tĭ flōr′əs] *(adj.)* كثير الزهر .

mul·ti·fold [mŭl′tə fōld′] *(adj.)* = manifold.

mul·ti·form [mŭl′tə-] *(adj.; n.)* (١) متعدد الأشكال ؛ متعدد المظاهر § (٢) شيء متعدد الأشكال ؛ شيء متعدِّد المظاهر .

mul·ti·lat·er·al [mŭl′tĭ lăt′ər əl] *(adj.)* (١) متعدّد الجوانب (٢) متعدِّد الأطراف : متعدِّد الفُرَقاء أو المُوَقِّعين <a ~ treaty> .

mul·ti·lin·gual [-lĭng′-] *(adj.)* متعدِّد اللغات <~ translators> .

mul·ti·mil·lion·aire [-mĭl′ yə nâr′] *(n.)* المليونير الكبير : مَنْ يملك عدة ملايين من الدولارات أو الجنيهات إلخ .

mul·ti·na·tion·al *(adj.)* متعدِّد الجنسيّات : «أ» مؤلَّف من عدة جنسيات أو قوميات <a ~ society> . «ب» ذو فروع أو توظيفات في دول متعدّدة <a ~ corporation>.

mul·ti·no·mi·al [mŭl′tĭ nō′-] *(n.; adj.)* متعدِّد الحدود (ر) .

mul·ti·nom·i·nal [mŭl′tĭ nŏm′-] *(adj.)* متعدِّد الأسماء .

mul·ti·nu·cle·ar *or* **mul·ti·nu·cle·ate** *(adj.)* متعدِّد النَّوَى .

mul·tip·a·rous [mŭl tĭp′ə rəs] *(adj.)* (١) متعدّدة المواليد : مُنتجة عدة مواليد دفعةً واحدة (٢) وَلُود ؛ مُنجِبَة : سَبَق لها أن وَلَدَت مرةً أو أكثر (٣) مولِّدٌ عدة محاور جانبيّة <a ~ cyme> .

mul·ti·par·tite [mŭl′tĭ pär′tīt] *(adj.)* (١) متعدِّد الأجزاء (٢) متعدّد الأطراف : متعدِّد الفُرَقاء أو المُوَقِّعين <a ~ treaty> .

mul·ti·ped [mŭl′tə pĕd′] *(adj.; n.)* (١) متعدِّد الأرجل § (٢) المتعدد الأرجل : حيوان له أكثر من أربع قوائم .

mul·ti·phase [mŭl′tĭ fāz′] *(adj.)* مُتَعَدِّد الأطوار : ذو أطوار مختلفة . وبخاصة : ذو طورَيْن أو أكثر (نب) .

mul·ti·pha·sic [mŭl′tĭ fā′zĭk] *(adj.)* متعدِّد الوجوه أو العناصر .

mul·ti·ple [mŭl′tə-] *(adj.; n.)* (١) متعدِّد ؛ كثير الأجزاء أو العناصر (٢) مضاعَف (٣) مُرَكَّب (٤) مُشْتَرَك § (٥) المضاعَف (ر) .

mul·ti·ple–choice *(adj.)* متعدِّد الاختيارات : مشتمِلٌ على أجوبة متعدّدة ينبغي اختيار واحد منها <a ~ question> .

multiple personality *(n.)* الشخصية المضاعَفة ؛ تَعَدُّد الشخصية .

multiple sclerosis *(n.)* التصلُّب المضاعَف (مض) .

multiple star *(n.)* النجم المركَّب : مجموعة نجوم متقاربة إلى حدٍّ تبدو معه وكأنها تؤلف نظامًا واحدًا (فل) .

multiple voting *(n.)* الاقتراع المضاعَف : تصويت المواطن الواحد ، بطريقة غير مشروعة ، في أكثر من دائرة انتخابيّة واحدة .

mul·ti·plex [mŭl′tə-] *(adj.; vt.; i.)* (١) متعدِّد ؛ مُضاعَف (٢) مُضاعَف الإرسال : ذو علاقة بنظام إرسالٍ متميّز بتوجيه عدة رسائل في آن واحد على نفس الموجة أو القناة § (٣) يضاعف الإرسال : يوجِّه عدة رسائل أو إشارات بطريقة الإرسال المضاعَف .

mul·ti·pli·a·ble; mul·ti·pli·ca·ble [mŭl′-] *(adj.)* قابل للضَّرب (ر) .

mul·ti·pli·cand [mŭl′tə plĭ kănd′] *(n.)* المضروب (ر) .

mul·ti·pli·cate [mŭl′tə plĭ kāt′] *(adj.)* متعدِّد ؛ مضاعَف .

mul·ti·pli·ca·tion [mŭl′tə plə kā′-] *(n.)* (١) «أ» مضاعَفة . «ب» تضاعُف (٢) الضَّرْب (ر) .

mul·ti·pli·ca·tive [mŭl′tə plə kā′-] *(adj.)* (١) متضاعِف (٢) مضاعِف ؛ مُكَثِّر (٣) ضَرْبيّ : ذو علاقة بعملية الضَّرب (ر) .

mul·ti·plic·i·ty [mŭl′tə plĭs′-] *(n.)* (١) التَّعَدُّدية (٢) عددٌ وافر .

mul·ti·pli·er [mŭl′tə plī′-] *(n.)* (١) فا multiply (٢) المضروب فيه (ر) (٣) المُضاعِف : أداة لمضاعفة أثرٍ ما ، كالحرارة ، أو تقويته (فز) (٤) الضاربة : آلة لضرب الأرقام .

mul·ti·ply [1] [-′tə plī′] *(vt.; i.)* (١) يكثِّر ؛ يضاعف ؛ يزيد (٢) يَضْرب [عددًا في آخر] x (٣) يزداد ؛ يتضاعف ؛ ينتشر (٤) يتكاثر ؛ يتناسل .

mul·ti·ply [2] [-′tə plĭ] *(adv.)* تَعَدُّدِيًّا <~ handicapped> .

mul·ti·po·lar [mŭl′tĭ pō′lər] *(adj.)* متعدِّد الأقطاب .

mul·ti·pro·cess·ing [-prŏs′ĕs-] *(n.)* المُواكبة : تنفيذ أكثر من برنامج واحد ، في الكومبيوتر ، في وقتٍ واحد (ألك) .

mul·ti·pro·gram·ming [-prō′-] *(n.)* البَرمجة التعاقبيّة (ألك) .

mul·ti·pur·pose [-pûr′pəs] *(adj.)* متعدِّد الأغراض <~ furniture> .

mul·ti·ra·cial [-rā′shəl] *(adj.)* متعدِّد الأعراق .

mul·ti·stage [-′tĭ stāj′] *(adj.)* مُمَرْحَل ؛ متعدِّدالمراحل <a ~ rocket> .

mul·ti·tude [-′tĭ to͞od′; -tyo͞od′] *(n.)* (١) التَّعَدُّد ؛ الوفرة <were like the stars in ~> (٢) عددٌ وافر (٣) حَشْد (٤) العامَّة ؛ الدَّهماء ؛ الجماهير .

mul·ti·tu·di·nous [mŭl′tə to͞o′-] *(adj.)* (١) «أ» محتشِد ؛ حاشِد ؛ مُزدحِم . «ب» كثير السكّان (٢) وافر ؛ كثير جدًا (٣) متعدّد العناصر أو المظاهر إلى حد بعيد .
— mul·ti·tu·di·nous·ness *(n.)*

mul·ti·va·lent [-vā′lənt] *(adj.)* (١) متعدد التكافؤ (ك) (٢) متعدّد القِيَم أو المعاني أو الإغراءات .
— mul·ti·va·lence *(n.)*

mul·ti·vi·ta·min *(adj.; n.)* (١) متعدِّد الڤيتامينات § (٢) الڤيتامين المركَّب .

mul·tum in par·vo [-′təm ĭn pär′vō] الكثير في الحيِّز الضئيل .

mum [1] [mŭm] *(adj.; interj.)* (١) صامِت § (٢) صَهْ! أُسْكُتْ!

mum [2] *(vi.)* (١) يمثِّل إيمائيًا : يقوم بالتمثيل في مسرحية إيمائية (٢) يَمْرح ويَقْصِف متنكرًا [في مهرجان] .

mum [3] *(n.)* (١) جِعَة قويّة (٢) mother (٣) chrysanthemum .

mum·ble [mŭm′bəl] *(vi.; t.)* (١) يُغَمْغِم ؛ يُتَمْتِم (٢) يَمْضغ بعُسْر [كمن لا أسنانَ له] .

mum·bo jum·bo [mŭm′bō jŭm′bō] *(n.)* (١) «أ» الفَتَش : شيء كانت الشعوب البدائية تعتبر أن له قدرة سحرية على حماية صاحبه أو مساعدته . «ب» بُعبع (٢) «أ» طقس ديني [يُؤدَّى بملابس مزدانة بحُلًى وزخارف] . «ب» نشاط مُعَقَّد يُقْصَد به التشويش أو الإرباك (٣) البربرة : كلام غير مفهوم .

mum·mer [mŭm′ər] *(n.)* (١) الممثل [وبخاصة في مسرحيّة إيمائية] (٢) المُمَهْرِج المتنكِّر : مَن يمرح ويقصف متنكرًا [في مهرجانٍ ما] .

mum·mer·y [-′ə rĭ] *(n.)* (١) مسرحية إيمائية ؛ مسرحية صامتة (٢) الطقوس الفارغة : مراسِم أو شعائر سخيفة أو مُرائية .

mum·mi·fi·ca·tion [mŭm′ə fĭ kā′-] *(n.)* (١) «أ» تحنيط . «ب» تجفيف (٢) «أ» تحنُّط . «ب» جفاف متغضّن .

mum·mi·fy [mŭm′ə fī] *(vt.; i.)* (١) «أ» يُحنِّط . «ب» يُجفِّف <to ~ fruits> x (٢) يتحنّط ؛ يجفّ متغضّنًا كالمومياء .

mum·my [mŭm′ĭ] *(n.; vt.)* (١) مومياء § (٢) يُحنِّط .

mump [1] [mŭmp] *(vt.; i.)* (١) يُعبِّر مُغَمْغِمًا x (٢) تبدو نواجذه [وبخاصة عند الابتهاج أو الضحك] (٣) يكتئب .

mump [2] *(vi.)* يستجدي؛ يتطفَّل؛ يحيا على حساب الآخرين.

mumps [mŭmps] *(n.)* النُّكاف؛ التهاب الغُدّة النَّكَفيّة؛ «أبو كعب».

munch [mŭnch] *(vt.; i.)* (١) يَمْضَغ بصوت طاحن (٢) يأكل بشَهيّة.

munch·ies [mŭn′chēz] *(n. pl.)* (١) جُوع (٢) مآكل خفيفة.

mun·dane [-dān′] *(adj.)* (١) دُنيَوِيّ؛ أرضيّ (٢) عاديّ؛ مُبْتَذَل.

mun·go [mŭng′gō] *(n.)* المَنْغ: صوف رديء.

mu·nic·i·pal [myōō nĭs′ə pəl] *(adj.)* (١) بلديّ: «أ» ذو علاقة بالشؤون الداخلية لدولةٍ ما. «ب» ذو علاقة ببلدية من البلديات (٢) متمتّع باستقلال ذاتيّ محلّيّ (٣) محلّيّ: مقصورٌ على محلّةٍ واحدة.

mu·nic·i·pal·i·ty [-nĭs′ə păl′-] *(n.)* (١) البلدية (٢) المجلس البلدي.

mu·nic·i·pal·ize [myōō nĭs′ə pə līz′] *(vt.)* يُبلِّد: يُخضع شيئًا لإشراف البلدية أو يجعله مِلْكًا لها.

mu·nif·i·cent [myōō nĭf′ə sənt] *(adj.)* (١) كريم؛ جَواد (٢) سخيّ: مُتّسِمٌ بالسخاء <a ~ gift>.

— mu·nif·i·cence *(n.)*

mu·ni·ments [myōō′nə-] *(n. pl.)* مُسْتَنَدات؛ وثائق؛ حُجَج؛ صكوك.

mu·ni·tion [myōō nĭsh′ən] *(n.; vt.)* (١) *pl.* عد: ذخائر؛ أعتدة حربية § (٢) يُذَخِّر: يجهّز بالذخائر والأعتدة الحربية.

munt·jac *or* **munt·jak** [mŭnt′jăk] *(n.)* المَنْجَق: أيّلٌ صغير.

mu·ral [1] [myŏŏr′əl] *(adj.)* جِداريّ؛ كالجدار.

mu·ral [2] *(n.)* الجِدارية: لوحة زيتيّة مرسومة على جدار.

mu·ral·ist [myŏŏr′-] *(n.)* الجِداري: فنّان مَعْنيّ برسم الجداريّات.

mur·der [mûr′dər] *(n.; vt.; i.)* (١) القَتل العَمْد (ق) (٢) شيء عسير أو خطِر إلى حدّ استثنائي § (٣) يَقْتل عمدًا (٤) يذبح بطريقة وحشية (٥) «أ» يقضي على. «ب» يُعذِّب؛ يُفْسِد. وبخاصة: يُفسد بالأداء أو النطق الرديء (٦) يَهزِم هزيمةً منكرةً x (٧) يرتكب جريمة القتل العَمْد.

Murder will out. كلّ سرّ لا بدّ أن يشيع؛ كل جريمة لا بدّ أن تكتشف عاجلًا أو آجلًا.

mur·der·ee [mûr′də rē′] *(n.)* القتيل؛ المقتول.

mur·der·er [mûr′-] *(n.)* القاتل: مرتكب جريمة القتل العَمْد إلخ.

mur·der·ess [mûr′-] *(n.)* القاتلة: مرتكبة جريمة القتل العَمْد إلخ.

mur·der·ous [mûr′-] *(adj.)* (١) قاتل؛ مُهلِك (٢) عسيرٌ أو خطِر جدًا.

mure [myŏŏr] *(vt.)* = immure.

mu·rex [myŏŏr′ĕks] *(n.)* المُرِّيق: حيوان بحريّ رِخويّ يُفرز صبغًا أرجوانيًا.

murex

mu·ri·ate [myŏŏr′ĭ āt′; -ĭt] *(n.)* الموريّات؛ الكلوريد.

mu·ri·cate *also* **mu·ri·cat·ed** [myŏŏr′-] *(adj.)* شائك؛ ذو أشواك(نب).

mu·rid [myŏŏr′ĭd] *(adj.; n.)* فَأريّ: خاصّ بفصيلة الفأريّات.

mu·rine [myŏŏr′īn; -ĭn] *(adj.; n.)* = murid.

murine typhus *(n.)* التيفوس الجُرَذي: داءٌ حُمّيّ معتدلٌ يصيب القوارضَ والجرذان، وينقله البرغوثُ إلى الإنسان، ويتميّز بالصُّداع والطفح الجلدي.

murk [mûrk] *(n.; adj.)* (١) ظُلْمة (٢) ضَباب § (٣) مُظلم (ا. ق).

murk·y [-′kĭ] *(adj.)* (١) مُظلِم (٢) مُضِبّ؛ كثير الضباب (٣) مُبْهَم.

mur·mur [mûr′mər] *(n.; vi.; t.)* (١) تذمّرٌ (٢) «أ» خرير. «ب» حفيف. «ج» هفيف الريح. «د» طنين النحل. «هـ» همهمة؛ دمدمة (٣) اللَّغط (ط) § (٤) يَخرّ؛ يطنّ؛ يُدَمدم إلخ (٥) يتذمَّر x (٦) يهمس: يقول بصوت خفيض.

— mur·mur·ing *(adj.)*

mur·mur·ous [mûr′mər əs] *(adj.)* (١) مغمغَم؛ خفيض غير واضح (٢) مدمدِم؛ ذو خرير <~ waters>.

mur·phy [mûr′fĭ] *(n.)* بطاطا؛ بطاطس (ع).

Mur·phy [mûr′fĭ] *(n.)* احتيال؛ نَصْب.

mur·rain [mûr′ĭn] *(n.)* المُوَتان: طاعون يفتك بالماشية وبالنباتات.

murre [mûr] *(n.)* المُوْر: طائر من طيور البحار الشمالية.

mur·rey [mûr′ĭ] *(n.)* اللون التّوتيّ (را. *2* mulberry).

mur·ther [mûr′thər] *(n.; vt.; i.)* = murder.

mu·sa·ceous [myōō zā′shəs] *(adj.)* موزيّ: ذو علاقة بفصيلة المَوْزيات.

mus·ca·dine [mŭs′kə dĭn; -dīn′] *(n.)* العِنَب المِسْكيّ.

mus·cae vo·li·tan·tes [mŭs′sē vŏl′ĭ tăn′tēz] *(n. pl.)* السَّمادير: نقاط أو بُقَع صغيرة تتراقص أمام العَينَيْن وكأنها الذباب الطائر.

mus·cat [mŭs′kət; -kăt] *(n.)* المُسْكات: «أ» عنب طيِّب الشَّذا والنكهة. «ب» نبيذ يصنع من المُسْكات.

mus·ca·tel [-′kə tĕl′] *(n.)* (١) نبيذ المُسْكات (٢) زبيب المُسْكات.

mus·cle [mŭs′əl] *(n.; vt.; i.)* (١) عَضَلة (٢) «أ» القوة العَضَلية. «ب» قوة؛ سلطة <political ~> § (٣) يُخرج؛ يَدْفع x (٤) يشقّ طريقَهُ عَنْوةً.

mus·cle–bound *(adj.)* (١) مُعْتَقَلُ العضل: متضخّم العضل مع قلّة في المرونة (٢) جامد، عديم المرونة.

mus·cle·man [mŭs′-] *(n.)* (١) المفتول العضلات (٢) حارس؛ حَرَس.

muscle sense *(n.)* الحِسّ العَضَليّ (فس).

mus·co·va·do [mŭs′kə vā′-] *(n.)* السُّكّر الخام: سكّر غير مكرَّر.

mus·co·vite [-′kə vīt′] *(n.; adj.)* (١) *cap.*: «أ» المسكوفيّ: أحد سكّان موسكو. «ب» الروسيّ (٢) المسكوفيت: ضربٌ من المَيْكة mica يُتَّخذ عازلًا كهربائيًا § (٣) «أ» مسكوفيّ. «ب» روسيّ.

Muscovy duck [mŭs′kə vĭ] *(n.)* البطّ المسكوفيّ: بطّ ضَخْم.

muscul- *or* **musculo-** بادئة معناها: «أ» عَضَل. «ب» عضليّ و. . .

mus·cu·lar [mŭs′kyə-] *(adj.)* (١) عضليّ (٢) قويّ (٣) جَزْل؛ مُحْكَم؛ بليغ <~ dramatic prose>.

— mus·cu·lar·i·ty *(n.)*

muscular dystrophy *(n.)* الحَثَل العَضَليّ: هُزال العضلات تدريجيًا.

mus·cu·la·ture [mŭs′kyə lə chər] *(n.)* الجهاز العضليّ (فس).

mus·cu·lo·skel·e·tal [mŭs′kyə lō skĕl′-] *(adj.)* عَضَلِيْهَيْكَليّ: ذو علاقة بالجهاز العَضَلي والهيكل العظمي معًا.

muse [1] [myōōz] *(vi.; t.; n.)* (١) يتأمّل؛ يستغرق في التفكير x (٢) يقول متأملًا § (٣) تأمُّل؛ استغراق في التفكير.

muse [2] *(n.)* (١) *cap.*: المُوزيّة: إحدى الإلاهات التّسع الشقيقات اللواتي زعم الإغريق أنهنّ يحمين الغناء والشعر والفنون والعلوم (مث) (٢) مَصْدر

وحي. وبخاصة: عروس الشِّعر (٣) شاعر.

mu·sette [myo͞o zĕtˈ] *(n.)* الموزيت: «أ» مزمار قِرْبة bagpipe صغير. «ب» حقيبة ظَهْر الجندي [وتدعى أيضًا musette bag].

mu·se·um [myo͞o zēˈ əm] *(n.)* (١) مُتْحَف (٢) مَعْرِض.

mush[1] [mŭsh] *(n.; vt.)* (١) العَصِيدة: «أ» دقيق الذُّرة المَغْلِي في الماء أو في الحليب. «ب» شيء طريّ لا شكلَ له (٢) «أ» عاطفيّة واهية. «ب» تَدَلُّه؛ تهافتٌ في الغرام § (٣) يَسْحَق؛ يَسْحَن؛ يُفَتِّت.

mush[2] *(vi.; n.)* (١) يرتحل؛ يتنزّه [وبخاصة على الثلج بمزلجة تجرّها كلاب] § (٢) رحلة؛ نُزهة [على الثلج بمزلجة تجرّها كلاب].

mush·room [mŭshˈro͝om] *(n.; vi.)* (١) الفُطْر (نب) (٢) مُحْدَث النعمة (٣) شيء يشبه الفُطْر § (٤) يتفطَّر: «أ» يتفلطَحُ طَرَفُه أو ينتشر. «ب» يَنْبت فجأةً ويتكاثر بسرعة.

mushroom *1.*

mush·y [mŭshˈĭ] *(adj.)* (١) طريّ (٢) مُتَدَلِّه: رقيق أو عاطفيّ إلى حدّ متطرِّف أو متهافت.

— mush·i·ness *(n.)*

mu·sic [myo͞oˈzĭk] *(n.)* (١) فنّ الموسيقى (٢) موسيقى؛ تناغم (٣) المصاحَبة الموسيقية (٤) اللّحن مدوَّنًا على الورق (٥) عقاب؛ قصاص.

to face the ~, يواجه منتقديه؛ يواجه المصاعب بشجاعة.

mu·si·cal [-ˈzə kəl] *(adj.; n.)* (١) موسيقيّ (٢) «أ» مولَعٌ بالموسيقى. «ب» موهوبٌ موسيقيًّا § (٣) مسرحية موسيقية؛ فيلم موسيقيّ.

mu·si·cale [myo͞oˈzĭ kălˈ] *(n.)* السَّهرة الموسيقيّة: حفلة تشكِّل الموسيقى العنصرَ الأساسيَّ فيها.

mu·si·cal·i·ty [-ˈə tĭ] *(n.)* (١) «أ» الحساسيّة أو الموهبة الموسيقية. «ب» العِلم بالموسيقى (٢) الموسيقيّة: كون الشيء موسيقيًّا.

mu·si·cal·ize [myo͞oˈ-] *(vt.)* يُمَوْسِق؛ يُلَحِّن؛ يَضَع الألحان.

music hall *(n.)* مَسْرح المنوَّعات [للرقص والغناء والألعاب البهلوانية].

mu·si·cian [-zĭshˈən] *(n.)* المؤلِّف الموسيقيّ؛ العازف المحترِف.

mu·si·col·o·gy [-kŏlˈə jĭ] *(n.)* علم الموسيقى.

music stand *(n.)* حاملُ المجسِّدة (مج): حامل النوتة الموسيقية.

music stand

mus·ing [myo͞oˈzĭng] *(n.; adj.)* (١) تأمُّل؛ استغراقٌ في التفكير § (٢) متأمِّل؛ مُستغرِق في التفكير.

musk [mŭsk] *(n.)* (١) المِسْك: مادة نفّاذة العبير تُستخرج من جراب غُدّي يقع تحت الجلد البطنيّ لذكور أيِّل المسك (٢) عبير المِسْك (٣) النبتة المِسْكيّة: كل نبتة مِسْكيّة العبير. وبخاصة: نبات المِسْك.

musk deer *(n.)* أيِّل المِسْك (ح).

musk deer

mus·keg [mŭsˈkĕgˈ] *(n.)* المَسْكاج: مستنقع؛ أرض سبخة.

mus·kel·lunge [-ˈkə lŭnjˈ] *(n.)* المَسْقَلَنْج: سمك شماأميركي ضخم.

mus·ket [-ˈkĭt] *(n.)* المَسْكِيت: بندقيّة قديمة خاصةٌ بجند المشاة.

mus·ke·teer [-ˈkĭ tērˈ] *(n.)* المَسْكيتيّ: جندي مُسلّح بمَسْكِيت.

mus·ket·ry [-ˈkĭt rĭ] *(n.)* (١) مَسْكيتات؛ بنادق (٢) حَمَلة المَسْكيتات (٣) نار المَسْكيت (٤) فنّ الرَّمي: فنّ استخدام الأسلحة الصغيرة.

musk·i·ness [mŭsˈkĭ-] *(n.)* المِسْكيّة: كون الشيء شبيهًا بالمسك أو مسكيّ العبير أو المذاق.

musk·mel·on [mŭskˈ-] *(n.)* القاوون؛ الشمّام؛ البطيخ الأصفر (نب).

musk ox

musk ox *(n.)* ثور المِسْك: حيوان ثديّ مجترّ.

musk plant *(n.)* نبات المِسك: عشبة شماأميركية صفراء الزَّهر.

musk·rat [-ˈrătˈ] *(n.)* (١) فأر المِسك (ح) (٢) فَرْو فأر المسك.

musk rose *(n.)* الورد المِسْكي (نب).

musk·y [mŭsˈkĭ] *(adj.)* مِسْكيّ: مِسكيّ العبير أو المذاق؛ شبيه بالمِسْك.

Mus·lim [mŭzˈləm; mŭsˈ-] *(n.; adj.)* مُسْلِم.

mus·lin [mŭzˈlĭn] *(n.)* المُوْصلين: نسيج قطني أو حريريّ.

mus·quash [mŭsˈkwŏsh] *(n.)* = muskrat.

muss [mŭs] *(n.; vt.)* (١) شِجار (٢) فوضى؛ اختلاط؛ لاترتيب؛ «لَخْبَطة» § (٣) يُفْسِد الترتيب؛ «يُلَخبط» (تتبعها *up* عادةً).

mus·sel [mŭsˈəl] *(n.)* بَلَحُ البحر: حيوان من الرِّخويات.

Mus·sul·man *also* **Mus·sal·man** [mŭsˈəl-] *(n.)* المُسْلم.

muss·y [mŭsˈĭ] *(adj.)* غير مُرَتَّب؛ مُتَّسِم بالفوضى أو الاختلاط.

must[1] [mŭst] *(aux. v.; n.)* (١) فعل مساعد يفيد معنى الوجوب أو الاضطرار إلخ: يجب <I ~ go to school.> § (٢) ضرورة؛ شيء ضروري أو حيوي <This law is a ~.>.

must[2] *(n.)* (١) الخمر الفطير: عصير العنب قبل التخمُّر وأثناءه (٢) مِسْك (٣) تَعَفُّن؛ عَفَن.

mus·tache [məs tăshˈ; mŭsˈtăsh] *(n.)* الشّارب؛ الشّاربان.

mus·ta·chio [məs täˈshō] *(n.)* شاربان. وبخاصة: شاربان كبيران.

mus·ta·chioed [-ˈshōd] *(adj.)* ذو شاربين [كبيرين خاصة].

mus·tang [mŭsˈtăng] *(n.)* المَسْتَنْغ: فَرَسُ السهول الأميركيّة الصغيرُ البرّيُّ أو نصفُ البرّيّ.

mus·tard [mŭsˈtərd] *(n.)* (١) الخَرْدَل (نب) (٢) ذرور الخَرْدَل (٣) غاز الخَرْدل <~ gas> (٤) حماسة.

mustard plaster *(n.)* لَصْقة الخَرْدل.

mus·ter [mŭsˈtər] *(vt.; i.; n.)* (١) يجنّد (٢) يجمع؛ يحشد x (٣) يجتمع؛ يحتشد § (٤) عَيِّنَة؛ «مسطرة» (٥) «أ» تجمّع. وبخاصّة: تفقّد عسكري رسميّ. «ب» امتحان دقيق. «ج» مجموعة. «د» اجتماع. «هـ» muster roll.

to ~ out يَصْرِف أو يَفْصِل من الخدمة.

to pass ~, يُعتَبَر مُرْضيًا؛ يفي بالغرض المطلوب.

muster roll *(n.)* سِجِلّ الوحدة أو السفينة: سِجِلٌّ بأسماء ضباط وجنود الوحدة العسكرية أو السفينة الحربيّة.

ă at; ā date; â care; ä car; ĕ egg; ē me; ĭ in; ī bite; ŏ lot; ō bone; ô orphan; oi boil; o͝o good; o͞o boot; ou out; ŭ under; û urgent; ə = *a* in alone, *e* in system, *i* in easily, *o* in gallop, *u* in circus.

mus·ti·ness [mŭs′tĭ-] *(n.)* (١) تعفُّن (٢) عِتق ؛ ابتذال .

mus·ty [mŭs′tĭ] *(adj.)* (١) عَفِن (٢) عتيق ؛ بالٍ ؛ مبتذَل .

mu·ta·bil·i·ty [myōō′tə bĭl′-] *(n.)* التَّحَوُّلية ؛ التَّغيُّرية ؛ اللااستقرارية .

mu·ta·ble [-′tə bəl] *(adj.)* (١) متحوّل ؛ متغيّر ؛ متقلّب ؛ غير مستقرّ (٢) قابل للتحوّل أو التحويل .

mu·ta·fa·cient [myōō′tə fā′shənt] *(adj.)* مُطَفِّر : قادر على إحداث الطَّفْرة mutation .

mu·ta·gen·e·sis [myōō′tə jĕn′-] *(n.)* = mutation *4.*

mu·tate [myōō′tāt] *(vt.; i.)* (١) يُحوِّل ؛ يُغيِّر x (٢) يتحوَّل ؛ يتغيَّر .

mu·ta·tion [-tā′shən] *(n.)* (١) تحوُّل ؛ تغيُّرٌ أساسيّ وهامّ (٢) umlaut (٣) الإبدال [الصوتيّ] (ل) (٤) الطَّفْرة ؛ الافتجاء ؛ التَّغْيار الأحيائي : تحوّل أو تغيُّر مفاجئ يطرأ على الكروموسومات أو على الجينات [المورِّثات] فيؤدّي إلى نشوء مواليد جديدة ذات خصائص لم تكن لأيّ من الأبوين المنتجَيْن (أح) (٥) الطّافر : «أ» ثمرة الطَّفرة [سواء أكانت فَرْدًا أم سُلالةً]. «ب» حيوان من سلالة مُدَجَّنة يختلف لونه عن لون نوعه البرّيّ .

— **mu·ta·tion·al** *(adj.)*

mu·ta·tis mu·tan·dis [myōō tä′tĭs myōō tăn′dĭs] *(adv.)* بعد إجراء جميع التغييرات الضرورية .

mutch·kin [mŭch′kĭn] *(n.)* المَتْشْكين : مكيال أسكتلندي للسوائل [٠,٤٢ من اللتر] .

mute[1] [myōōt] *(adj.; n.; vt.)* (١) أخرَس ؛ أبكم (٢) صامت § (٣) الأخرس ؛ الأبكم (٤) الحرف الانفجاري (ل) (٥) المِخْفات : أداة لتخفيف صوت الآلة الموسيقية § (٦) يُخَفِّف [الصوتَ أو اللونَ] .

mute[1] 5.

mute[2] *(vi.)* يَذْرُق ؛ يَسْلَح : يتغوَّط الطائر .

mute swan *(n.)* التَّمُّ الأخرس : تمٌّ أبيض غير صدّاح (طا) .

mu·ti·late [myōō′tə lāt′] *(vt.)* (١) يَبْتُر ؛ يَجْدَع ؛ يَجْذِم ؛ يُمثِّل بِـ (٢) يُشَوِّه ؛ يُفسِد .

— **mu·ti·la·tion** *(n.)*

mu·ti·neer [-′tə nēr′] *(n.)* المتمرِّد : جنديّ أو بحّار متمرِّد .

mu·ti·nous [myōō′-] *(adj.)* (١) متمرِّد ؛ ميّال إلى التمرّد (٢) تمرُّديّ .

mu·ti·ny [myōō′tə nĭ] *(n.; vi.)* (١) تمرُّد . وبخاصة : تمرُّد الجند أو البحّارة على ضبّاطهم § (٢) يتمرَّدُ [الجنديّ إلخ] .

mut·ism [myōō′tĭz əm] *(n.)* البَكَم ؛ الخَرَس .

mutt [mŭt] *(n.)* (١) المُغَفَّل ؛ السّاذَج ؛ الأحمق (٢) كلبٌ هجين إلخ .

mut·ter [mŭt′ər] *(vi.; t.; n.)* (١) يُغَمغِم ؛ يُدَمْدِم ؛ يُبَربِر (٢) يتذمَّر x (٣) يقول مغمغمًا § (٤) غمغمة ؛ دمدمة ؛ تذمُّر .

mut·ton [mŭt′ən] *(n.)* لحم الضَّأن . — **mut·ton·y** *(adj.)*

mutton chop *(n.)* شريحة من لحم الضأن ؛ «كَسْتلاتة» .

mut·ton·chops *(n. pl.)* الضَّأنيّان : «شاربان خدّيان» ضيّقان عند الصُّدغَيْن وعريضان مستديران عند الفكّين الأسفَلَيْن .

mut·ton–head *(n.)* المُغَفَّل ؛ الأبله ؛ السّاذج (ع) .

mu·tu·al [myōō′chōō əl] *(adj.)* (١) «أ» متبادَل <aid ~> . «ب» مشترَك <friend ~> (٢) تبادليّ ؛ تعاونيّ : متعلق بطريقة يشارك أعضاء المؤسسة ، بموجبها ، في الأرباح والنفقات . وبخاصة : متعلق بطريقة في التأمين يكون فيها حَمَلة السندات هم أعضاء الشركة .

mutual fund *(n.)* الصندوق المتبادَل (اد) .

mu·tu·al·ism [-′chōō ə lĭz′əm] *(n.)* التبادُليّة ؛ تبادل المنفعة .

mu·tu·al·i·ty [-′chōō ăl′ə tĭ] *(n.)* (١) التبادليّة : كون الشيء مُتَبادَلًا (٢) تبادل العواطف إلخ .

mu·tu·al·i·za·tion *(n.)* جَعْلُ الشيء [أو صيرورته] متبادلًا أو مشترَكًا .

mu·tu·al·ize [myōō′chōō-] *(vt.; i.)* (١) يجعله متبادَلًا أو مشترَكًا (٢) يحوّل شركةً ما إلى مؤسسة تبادليّة (را . mutual *2*) x (٣) يُصْبح متبادَلًا .

mutual savings bank *(n.)* مصرِف بنك التوفير التبادُلي أو التعاونيّ : مصرِف توفير يوزّع أرباحه على المُوْدِعين (اد) .

mu·zhik [mōō zhĭk′; mōō′-] *(n.)* الموجيك : فلّاح روسيّ .

muz·zle [mŭz′əl] *(n.; vt.)* (١) الخَطْم : أنف الحيوان وفكّاه الناتئان (٢) «أ» كِمامة [لفم الحيوان] . «ب» قَيْد ؛ شيء يكبح حريّة التعبير (٣) فوَّهة البندقية أو المدفع § (٤) يكمِّم (٥) يكبت .

muz·zy [mŭz′ĭ] *(adj.)* (١) مشوَّش الذهن ؛ ثمِل (٢) غامض : غير واضح أو دقيق <~ ideas> (٣) غائم ؛ قابض للصَّدر <a ~ day> .

my [mī] *(pron.; interj.)* (١) «ي» : ضمير المتكلم المضاف إليه <~ book> § (٢) هتاف يفيد معنى التعجب <~ oh ~ !> .

my- *or* **myo-** بادئة معناها : عَضَلة <*myology*> .

my·al·gi·a [mī ăl′jĭ ə] *(n.)* الميالجيا . ألمٌ في عضلةٍ أو أكثر (ط) .

my·as·the·ni·a [mī′əs thē′nĭ ə] *(n.)* الوَهَن العَضَليّ (ط) .

myc- *or* **myco-** بادئة معناها : فُطْر <*mycosis*> .

my·ce·li·um [mī sē′-] *(n.)* pl. **-li·a** الأفطورة ؛ الغَزْل الفُطريّ : مجموعة الخيوط التي تؤلّف جسم الفُطر .

— **my·ce·li·al** *(adj.)*

My·ce·nae·an *also* **My·ce·ni·an** [mī sē′nē ən] *(adj.)* مَسّينيّ : «أ» ذو علاقة بمدينة مَسّيني القديمة [في جنوب اليونان] . «ب» ذو علاقة بالحضارة الإيجيّة التي ازدهرت هناك (١٤٠٠–١١٠٠ ق . م .) .

my·ce·to·ma [mī′sə tō′-] *(n.)* الفُطْروم : إنتانٌ فُطريّ يصيب القَدَم .

my·ce·toph·a·gous [mī′sə tŏf′ə gəs] *(adj.)* مُغْتذٍ بالفُطريات .

my·co·bac·te·ri·um [mī′kō băk tēr′ĭ əm] *(n.)* pl. **-te·ri·a** المتفطِّرة ؛ الجرثومة الفُطرية (بك) .

my·col·o·gist [mī kŏl′ə jĭst] *(n.)* الفُطْريّاتيّ : العالِم بالفُطريّات .

my·col·o·gy [-′ə jĭ] *(n.)* (١) علم الفُطْريات (٢) فُطرياتُ منطقةٍ ما .

my·coph·a·gist [mī kŏf′ə jĭst] *(n.)* المغتذي بالفُطريات .

my·co·sis [mī kō′-] *(n.)* الفُطار : «أ» وُجود الفطور الطُّفيلية في الجسم . «ب» الحالة الناشئة عن وجود هذه الفُطور (مض) .

my·cot·ic [mī kŏt′ĭk] *(adj.)* فُطاريّ : ذو علاقة بالفُطار .

my·dri·a·sis [mĭ drī′ə sĭs; mī-] *(n.)* توسُّع الحَدَقة (ط) .

myd·ri·at·ic *(adj.)* (١) تَوَسُّعِيْحَدَقي (٢) مُحَدِّق : مُوَسِّع للحَدَقة .

myel- *or* **myelo-** بادئة معناها : نِقْي ؛ مُخّ العظم ؛ النُّخاع الشَّوكي .

my·e·len·ceph·a·lon [mī′ə lĕn sĕf′-] *(n.)* مؤخَّر الدِّماغ (ت) .

my·e·lin [mī′ə lĭn] *also* **my·e·line** [-lēn] *(n.)* النُّخاعِين ؛ المَيَلِين (ت) .

my·e·lin·ic [mī ə lĭn′-] *(adj.)* نُخاعِينيّ ؛ مَيَلينيّ .

myelin sheath *(n.)* الغِمد النُّخاعيني (ت) .

my·e·li·tis [mī′ə lī′tĭs] *(n.)* التهاب النُّخاع الشَّوكي (مض) .

my·e·lo·fi·bro·sis [-lō fī brō′-] *(n.)* التليُّف النِّقْييّ (ط) .

my·e·log·e·nous [mī′ə lŏj′-] *also* **my·e·lo·gen·ic** [-lō jĕn′-] *(adj.)* (١) نِقْييّ (٢) نِقْييّ المنشأ : ناشئ في النِّقْي أو عنه (ط) .

my·e·loid [mī′ə loid′] *(adj.)* (١) شَوْكانيّ : ذو علاقة بالحَبْل الشَّوكيّ (٢) نِقْيانيّ : شبيه بالنِّقْي أو مُخّ العظام (٣) نِقْييّ (ت) .

my·e·lop·a·thy [mī′ə lŏp′ə thĭ] *(n.)* الاعتلالُ النُّخاعيّ (ط) .

my·nah *or* **my·na** [mī′nə] *(n.)* المَيْنة : طائر آسيويّ .

myn·heer [mīn hâr′] *(n.)* ماينهير : لقب هولنديّ مقابل لسيِّد .

my·o·car·di·al [-kär′-] *(adj.)* عَضَلِيْقَلْبي : ذو علاقة بالعضلة القلبية .

myocardial infarction *(n.)* احتشاء العَضَلة القلبية (ط) .

my·o·car·di·o·graph *(n.)* مِرْسَمة العَضَلة القَلْبية (ط) .

my·o·car·di·tis [-kär dī′tĭs] *(n.)* التهاب العَضَلة القلبية (ط) .

my·o·car·di·um [mī′ə kär′-] *(n.)* pl. **-di·a** عَضَلة القلب (ت) .

my·o·gen·ic [mī′ə jĕn′ĭk] *(adj.)* عَضَليّ المنشأ .

my·o·glo·bin [-glō′bĭn] *(n.)* الميوغلوبين : صِبْغٌ بروتينيّ أحمر ، محتوٍ على حديد ، يكون في العضلات ويشبه الهيموغلوبين (كح) .

my·o·graph [mī′ə grăf′] *(n.)* المِرسمة العَضَليّة : أداة لتسجيل الانقباضات والاسترخاءات العضلية .

my·ol·o·gy [mī ŏl′ə jĭ] *(n.)* مَبْحَثُ العَضَل : الدراسة العلمية للعضلات .

my·o·ma [mī ō′mə] *(n.)* pl. **-s** *or* **-ta** العَضَلُوم : ورم عَضَليّ النَّسيج .

my·o·ma·tous [mī ŏm′ə-] *(adj.)* عَضَلوميّ : ذو علاقة بالعَضَلوم .

my·o·neu·ral [mī′ə nyŏŏr′-] *(adj.)* عَضَليعَصَبيّ <~ junctions> .

my·op·a·thy [mī ŏp′ə thĭ] *(n.)* الاعتلال العَضَليّ .

my·ope [mī′ōp] *(n.)* الحَسِير : شخص مصاب بالحَسَر أو قِصَر البَصَر .

my·o·pi·a [mī ō′pĭ ə] *(n.)* (١) الحَسَر ؛ قِصَر البَصَر (٢) قِصَر النَّظر ؛ قلّة التبصُّر .
— **my·op·ic** *(adj.)*

my·o·sin [mī′ə sĭn] *(n.)* الميوسين ؛ العَضَلين : كُرَيِّين أو غلوبيولين globulin يكون في بلازما العَضَل (كح) .

my·o·sis [mī ō′sĭs] *(n.)* = miosis.

my·o·si·tis [mī′ə sī′tĭs] *(n.)* التهاب العَضَلة (مض) .

my·o·so·tis [mī′ə sō′tĭs] *(n.)* أُذْن الفار (نب) .

my·ot·ic [mī ŏt′-] *(adj.)* (١) مُقَبِّضٌ للحَدَقة (٢) تقبّضي حَدَقي .

my·o·to·ni·a [mī ə tō′-] *(n.)* تأثُّر العَضَل ؛ التوتّر العَضَلي (مض) .

myr·i·ad [mĭr′ĭ əd] *(n.; adj.)* (١) عشرة آلاف (٢) عددٌ ضخم § (٣) وافر ؛ لا يُعَدّ ولا يُحْصى (٤) ذو مظاهر أو عناصر لا تعدّ .

myr·i·a·me·ter [mĭr′ĭ ə-] *(n.)* الميريامتر : عشرة آلاف متر .

myr·i·a·pod [-pŏd′] *(n.; adj.)* (١) كثير الأرجل : حيوان من كثيرات الأرجل § (٢) كثير الأرجل : متعلّق بكثيرات الأرجل .

Myr·i·ap·o·da [mĭr′ĭ ăp′-] *(n. pl.)* كثيرات الأَرْجُل (ح) .

myr·i·o·pod [mĭr′ĭ ə pŏd′] *(n.; adj.)* = myriapod.

myrmec- *or* **myrmeco-** بادئة معناها : نَمْل .

myr·me·col·o·gy [mûr′mĭ kŏl′-] *(n.)* النَّمليّات ؛ علم النمل .

myr·me·coph·a·gous [-kŏf′ə gəs] *(adj.)* مُقْتات أو مُغْتَذٍ بالنمل .

myr·me·co·phile [mûr′mĭ kō fīl′] *(n.)* إلفُ النَّمل ؛ الحشرة النمليّة : حشرة ، وبخاصةٍ : خُنْفُساء تُشاطر النَّمل مَسْكَنَهُ .

myr·me·coph·i·lous [-kŏf′ə-] *(adj.)* مُحِبّ للنمل ؛ مُوْلَعٌ بالنمل .

myr·mi·don [mûr′mə-] *(n.)* (١) *cap.* المرميدونيّ : أحد أفراد قبيلة أسطورية مقاتلة من قبائل تساليا Thessaly في اليونان (٢) التابع الوفيّ . وبخاصة : مرؤوس ينفّذ أوامر سيّده تنفيذًا أعمى أو عديمَ الرحمة .

my·rob·a·lan [mī rŏb′-; mĭ-] *(n.)* الإهْلِيلَج : ثمرة مجفّفة قابضة .

myrrh [mûr] *(n.)* المُرّ : صَمْغ راتينجي يخرج من ساق شجرة المُرّ .

myr·ta·ce·ous [mûr tā′shəs] *(adj.)* آسيّ : متعلّق بالآس (نب) .

myr·tle [mûr′təl] *(n.)* الآس : نبات عطريّ .

my·self [mī sĕlf′] *(pron.)* (١) أنا ؛ نفسي ؛ بنفسي (٢) حالتي أو نفسي السليمة أو الصحيحة <I was once more ~.> .

mys·ta·gogue [mĭs′tə gôg′] *(n.)* معلِّم أسرار الدين .

mys·te·ri·ous [mĭs tĭr′ĭ əs] *(adj.)* (١) خفيّ ؛ غامض ؛ مُلْغَز <a ~ crime> (٢) مُكْتَنَفٌ بالأسرار <a ~ stranger> .

mys·ter·y[1] [mĭs′tə rĭ] *(n.)* (١) السِّرّ : «أ» سرّ من أسرار الدين يعرفه المرء بالوحي وحده ولا يستطيع أن يفهمه فهمًا كاملًا . «ب» *cap.* : سرّ من أسرار النصرانيّة . وبخاصة : سرّ القربان المقدَّس . «ج» طقس دينيّ سرّيّ يُعتَقد أنّه يُوقع السعادة الدائمة في قلوب الداخلين الجدد (٢) «أ» أحجيّة ؛ لغز . «ب» طقوس المهنة : الأعراف أو الطقوس السرّيّة الخاصة بمهنةٍ من المهن أو جماعة من الناس . «ج» الرواية البوليسية (٣) خفاء ؛ غموض ؛ سِرّيّة .

mys·ter·y[2] *(n.)* (١) حِرفة ؛ صناعة (ا . ق) (٢) نقابة حِرَفية (ا . ق) (٣) مسرحية الأسرار المقدسة [تتمَحْور حوادثها حول حياة المسيح بخاصة] .

mys·tic [mĭs′tĭk] *(adj.; n.)* (١) سِرّيّ : ذو علاقة بطقس من الطقوس السرّيّة (٢) صوفيّ ؛ باطنيّ (٣) خفيّ ؛ غامض ؛ مُلْغَز § (٤) الصوفيّ ؛ الباطنيّ : مَنْ يسلك طريق المتصوّفة أو الباطنية .

mys·ti·cal [-′tə kəl] *(adj.)* (١) ذو معنًى روحيّ غير بادٍ للحواسّ أو مدرَكٍ بالعقل : رمزيّ <The church is the ~ body of Christ.> (٢) صوفيّ ؛

باطنيّ (٣) خفيّ؛ غامض؛ مُلْغَز.

mys·ti·cism [-ʹtə sĭzʹəm] *(n.)* (١) التّصوّف (فف) (٢) تأمّل مُبْهَم أو لاعقلانيّ (٣) النظرية الصّوفية: كل نظرية تؤكّد إمكان نَيْل المعرفة أو القوة من طريق الإيمان أو التبصّر الروحي.

mys·ti·fi·ca·tion [-kāʹ-] *(n.)* (١) «أ» إرباك؛ تحيير. «ب» تَعْمِية؛ إلغاز (٢) «أ» ارتباك؛ حيرة. «ب» غموض؛ خفاء (٣) شيء مُعَدّ للإرباك أو التحيير.

mys·ti·fy [mĭsʹtə fīʹ] *(vt.)* (١) يُرْبِك؛ يُحيِّر (٢) يُعَمّي؛ يُلْغِز.

mys·tique [mĭs tēkʹ] *(n.)* (١) هالة قداسةٍ (٢) شيء مقدّس.

myth [mĭth] *(n.)* (١) أُسطورة (٢) مَثَلٌ أو حكاية رمزية (٣) فكرة خاطئة (٤) شخص أو شيء خرافيّ (٥) الأساطير أو الخرافات كَكُلّ.

myth·i·cal *(adj.)* (١) أُسطوريّ؛ خُرافيّ (٢) مُلَفَّق؛ خياليّ.

myth·i·cize [mĭthʹə sīzʹ] *(vt.)* (١) يُؤَسْطِر: يُحوّله إلى أُسطورة أو يُلبِسُهُ ثوبَ الأسطورة (٢) يعتبره خرافةً.

— **myth·i·ciz·er** *(n.)*

myth·mak·er [mĭthʹ-] *(n.)* صانع [أو مُبتدع] الأساطير.

my·thog·ra·pher [mĭth ŏgʹrə fər] *(n.)* الأساطيريّ: من يجمع الأساطير أو يكتب عنها.

— **my·thog·ra·phy** *(n.)*

my·thol·o·ger [mĭth ŏlʹə jər] *(n.)* = mythologist.

myth·o·lo·gi·cal *also* **myth·o·log·ic** [mĭthʹə lŏjʹ-] *(adj.)* (١) ميثولوجيّ: ذو علاقة بالأساطير أو بعلم الأساطير (٢) خرافيّ؛ خياليّ.

my·thol·o·gist [-thŏlʹə jĭst] *(n.)* الميثولوجيّ: العالِم بالأساطير.

my·thol·o·gize [mĭ thŏlʹə jīzʹ] *(vt.; i.)* (١) يُؤسطِر: ينشئ أسطورة حول كذا؛ يحوّله إلى أسطورة x (٢) يخرّف: يروي أو يصنّف أو يشرح الأساطير (٣) يبتدع الأساطير.

— **my·thol·o·giz·er** *(n.)*

my·thol·o·gy [-ʹə jĭ] *(n.)* الميثولوجيا: «أ» مجموعة أساطير تتمَحْور على تاريخ شعب ما وآلهته وأسلافه. «ب» الأسطوريات؛ علم الأساطير.

myth·o·ma·ni·a [mĭthʹə māʹ-] *(n.)* هَوَس التّهويل؛ المَسّ الأساطيري: نزوع مُفرِط أو غير سويّ إلى الكذب والمبالغة (نف).

— **myth·o·ma·ni·ac** *(n.; adj.)*

myth·o·poe·ia [mĭthʹə pēʹə] *(n.)* خَلْق [أو ابتداع] الأساطير.

— **myth·o·poe·ic; -al** *(adj.)*

my·thos [mīʹ-] *(n.)* (١) أسطورة (٢) ميثولوجيا (٣) نَهْج؛ سُنّة (٤) عُقْدة [الرواية].

myx·e·de·ma [mĭkʹsĭ dēʹmə] *(n.)* الخَزَب: مرض ينشأ عن قصور الغُدّة الدَّرقية ويتميّز بجفاف البشرة وشحوبها، وفقدان النشاط العقلي والجسدي.

— **myx·e·dem·a·tous** *(adj.)*

myx·o·ma [mĭk sōʹmə] *(n.)* pl. **-s** *or* **-ta** المُخاطوم؛ الورم المُخاطيّ (مض).

— **myx·om·a·tous** *(adj.)*

myx·o·my·cete [mĭkʹsō mī sētʹ] *(n.)* الفُطر المُخاطيّ (أح).

— **myx·o·my·ce·tous** *(adj.)*

myx·o·vi·rus [-ʹsō vīʹrəs] *(n.)* الڤيروس المُخاطيّ؛ الحُمَة المُخاطية.

n [ĕn] *(n. often cap.)* (١) الحرف الرابع عشر من الأبجدية الإنكليزية (٢) شيء مُعْتَبَرٌ رابعَ عشَر من حيث الترتيب أو الطبقة (٣) شيء على صورة حرف **N**.

nab [năb] *(vt.)* يعتقل؛ يُمْسِك؛ يقبض على.

na·bob [nā'bŏb] *(n.)* النَّوّاب: «أ» حاكم إقليمي من حكام الأمبراطورية المغولية في الهند. «ب» شخص ذو ثروة أو مكانة عظيمة.

na·celle [nə sĕl'] *(n.)* الباسنة؛ كِنُّ المُحرِّك: حجرة مقفلة في طائرة خاصة بالمُحرِّك وقد تُفْرَد أحيانًا للملّاحين.

na·cho [näch'ō] *(n.)* النَّتْشِيَّة: كعكة صغيرة يَعْلُوها جُبْن ومَرَق توابل.

na·cre [nā'kər] *(n.)* عِرْق اللؤلؤ (را. mother–of–pearl).

— na·cred; na·cre·ous *(adj.)*

na·dir [nā'dər; -'dēr] *(n.)* (١) النَّظِير؛ نَظِيرُ السَّمْت (فل) (٢) الحضيض؛ الدَّرْك الأسفل.

nae·vus [nē'vəs] *(n.)* = nevus.

nag [1] [năg] *(n.)* فَرَس. وبخاصة: فَرَسٌ هَرِمٌ أو ضعيف.

nag [2] *(vi.; t.)* (١) يَنِقّ: يتذمَّر أو يشكو باستمرار (٢) يُزعج إزعاجًا متواصلًا (٣) يضايق؛ يُناكِد.

na·ga·na [nə gä'nə] *(n.)* النّاغانة: مرض من أمراض الخيل.

nai·ad [nā'ăd; nī'-] *(n.)* pl. **-s** *or* **-es** (١) النِّيادة؛ حورية الماء: إحدى الحوريات التي تزعم الأساطير اليونانية والرومانية أنها تألف البحيرات والأنهار والينابيع وتمنحها الحياةَ والبقاء (٢) الغدِيرية؛ عروس الماء (نب).

na·ïf *or* **na·if** [nä ēf'] *(adj.; n.)* = naive.

nail [nāl] *(n.; vt.)* (١) «أ» الظُّفر (ت). «ب» بُرْثن؛ مِخْلَب (٢) مسمار (٣) $\frac{1}{16}$ من الياردة § (٤) يُسَمِّر: «أ» يثبِّت بمسمار أو مسامير. «ب» يثبِّت في مكان. «ج» يُركِّز عينيه على (٥) يُمْسك؛ يقبض على (٦) ينتزع؛ يَسْرِق (٧) يَضْرِب.

to hit the right ~ on the head يُصيب المرمى؛ يطبِّق المَحزّ؛ يعطي التفسير الصحيح إلخ.
to ~ a lie on the counter يُثبت بُطلانَ كلام ما.
to ~ (a person) down (to a promise) يَحْمله على إنجاز وعده.
to ~ one's colors to the mast يُسَمِّر رايَتَهُ على الصاري: يتَّخذ قرارًا ويُعْلِنُهُ ويُظهر عَزْمَهُ على التزامه.
to pay on the ~, يدفع في الحال؛ يدفع من غير تأخير.

nail·brush [nāl'-] *(n.)* فُرشاة الأظفار.

nail·er [nāl'ər] *(n.)* (١) المساميريّ: صانع المسامير (٢) المُسَمِّر: المثبِّت بالمسامير (٣) المُسَمِّرة: ماكينة للتسمير الآليّ (٤) شيء ممتاز.

nail file *(n.)* مِبرد الأظفار.

nail·head [-'hĕd'] *(n.)* (١) رأس المسمار (٢) حلية مِعمارية شبيهة به.

nail–head·ed *(adj.)* مِسماريّ الرأس: ذو رأس كرأس المِسمار.

nain·sook [nān'sŏŏk] *(n.)* النَّنْسُوك: ضرب من الموصلين muslin.

na·ive *or* **na·ïve** [nä ēv'] *(adj.; n.)* ساذج؛ بسيط.

— na·ive·ly *(adv.)* **— na·ive·ness** *(n.)*

na·ïve·té *also* **na·ive·té** *or* **na·ive·te** [nä ēv' tā'] *(n.)* (١) بساطة؛ سذاجة (٢) ملاحظةٌ ساذَجة: عملٌ ساذج.

na·ive·ty *also* **na·ïve·ty** [nä ēv'-] *(n.)* = naïveté.

na·ked [nā'kĭd] *(adj.)* (١) «أ» عارٍ؛ معرًّى؛ مجرَّد من. «ب» مسلول؛ غير مُغْمَد <a ~ sword> (٢) هزيل الأثاث <~ rooms> (٣) أعزل؛ عرضة للهجوم أو الأذى (٤) صريح؛ واضح <~ facts> (٥) عارٍ: غير ملطَّف <the ~ truth> (٦) مُجَرَّد: غير مُعانٍ بمجهر أو تلسكوب <visible to the ~ eye>.

na·ked·ness [nā'kĭd-] *(n.)* عُرْي؛ تجرُّد؛ وضوح إلخ.

na·led [nā'lĕd'] *(n.)* النالِد: ضرب من مبيدات الحشرات.

nam·by–pam·by [năm'bĭ păm'bĭ] *(adj.; n.)* (١) ضعيف؛ ليِّن؛ رِخو (٢) عابث؛ مخنَّث؛ صبياني السلوك § (٣) شيء أو شخص ضعيف.

name [nām] *(n.; vt.; adj.)* (١) اسم (٢) نعت أو لقب [مُهين عادةً] (٣) «أ» سمعة؛ صِيت؛ وبخاصة: مجد <to seek ~ and fortune>. «ب» المشهور: شخص مشهور <the great ~s of history> (٤) أسرة؛ عشيرة § (٥) يسمّي؛ يدعو (٦) «أ» يذكره أو يشير إليه بأسمه <She was ~d in the report.> «ب» يتّهمُهُ مُسَمِّيًا إياه باسمه (٧) يعيِّن [شخصًا]؛ يُسند إليه منصبًا (٨) يعيِّن؛ يحدِّد <to ~ a price> § (٩) اسميّ؛ حاملٌ اسمًا <a ~ tag> (١٠) شهير <a ~ actor>.

to ~ the day تحدِّد [الفتاةُ] يومَ زفافها.
to call a person ~s يُهينه؛ يَشْتُمه.
to take a ~ in vain يذكر اسمًا [وبخاصة اسم الله] بطريقة مهينة.

name·a·ble *also* **nam·a·ble** [nā'mə-] *(adj.)* (١) بارز: جدير بأن يُذْكَر (٢) ممكنٌ تَسْمِيتُهُ؛ ممكنٌ ذكرُه أو تحديده.

name–call·ing *(n.)* إهانة؛ شَتْم؛ سِباب.

name day *(n.)* عيد الشفيع: عيد القديس الذي يحمل المرء اسمَهُ.

name·less [nām′-] *(adj.)* (١) مغمور؛ غير مشهور (٢) متكتِّم: مُحتفظٌ بأسمه زهدًا في الشهرة إلخ <a ~ benefactor> (٣) نَغْل؛ غير شرعيّ (٤) غير مُسَمًّى <~ stars> (٥) غُفْل؛ مجهول؛ غير معروفٍ صاحبُهُ <a ~ grave> (٦) «أ» متعذِّرٌ وَصْفُهُ؛ لا يُوصَف <a ~ charm>. «ب» قبيح إلى حد يتعذَّر ذكرُهُ <~ vices>.

name·ly [nām′lĭ] *(adv.)* أعني؛ عَنَيْتُ؛ أيْ.

name of the game *(n.)* الجوهر؛ العنصر الأساسي.

name·plate [nām′plāt′] *(n.)* لوحة؛ لافتة؛ بطاقة.

name·sake [nām′sāk′] *(n.)* السَّمِيّ. وبخاصة: شخص سُمِّي على اسم شخصٍ آخر.

nan·a [năn′ə] *(n.)* = grandmother.

nance [năns] *(n.)* (١) المخنَّث (٢) homosexual.

nan·keen [năn kēn′] *(n.)* النَّنكين: «أ» قماش قطنيّ متين كان يُنْسج أصلًا، بطريقة يدوية، في الصين. «ب» *pl.*: بنطلون مَخِيطٌ من النَّنكين.

Nan·kin [năn′kĭn′] *(n.)* النَّنكين: خزف صينيّ مزخرف بالأزرق.

nan·ny *also* **nan·nie** [năn′ĭ] *(n.)* الحاضنة؛ مُرَبية الأطفال.

nan·ny goat [năn′ĭ] *(n.)* معزاة؛ معزاة أهلية (ح).

nano- بادئة معناها: جزء من بليون من كذا <*nano*second>.

na·no·gram [nā′nə-] *(n.)* النانوغرام: جزء من بليون من الغرام.

na·no·sec·ond [nā′nə-] *(n.)* النانوثانية: جزء من بليون من الثانية.

na·os [nā′ŏs] *(n.)* pl. **na·oi** [nā′oi] = cella.

nap[1] [năp] *(vi; n.)* (١) يَقِيل: يأخذ سِنةً من النوم، وبخاصة في النهار (٢) يَغْفُل § (٣) السِّنة: نوم خفيف.

to be caught *~ping* يُؤخذ على حين غِرّة.

nap[2] *(n.; vt.)* (١) الزِّئبر: زَغَبُ المنسوجات أو وَبَرُها § (٢) يُزَأبِر: يجعل للنسيج زئبرًا.

na·palm [nā′päm] *(n.)* النابالم: هُلام نفطيّ يُستخدم في صُنع القنابل.

nape [nāp; năp] *(n.)* القَذال: مؤخَّر العُنُق؛ قفا العُنُق.

na·per·y [nā′-] *(n.)* البياضات المنزلية [وبخاصةٍ غطاء المائدة ومناديلها].

naphth- *or* **naphtho-** بادئة معناها: «أ» نَفْطة. «ب» نفثالين.

naph·tha [năf′thə; năp′-] *(n.)* (١) النَّفْطة (٢) نفط؛ بترول.

naph·tha·lene [năf′thə lēn′; năp′-] *(n.)* النَّفثالين (ك).

naph·thene [năf′thēn; năp′-] *(n.)* النَّفثين (ك).

naph·thol [năf′thōl; năp′-] *(n.)* النَّفثول (ك).

Na·pier·i·an logarithms [nə pēr′ĭ ən; nā-] *(n. pl.)* اللوغارثمات النَّبِيْيَرِيّة؛ اللوغارثمات الطبيعية (ر).

na·pi·form [nā′pə-] *(adj.)* لِفْتيّ الشكل.

napiform root

nap·kin [năp′kĭn] *(n.)* (١) مِنديل. وبخاصة: مِنديل المائدة (٢) «حِفاض» الطفل (بر).

na·po·le·on [nə pō′lĭ ən] *(n.)* (١) النابوليون: «أ» عملة فرنسية ذهبية تساوي ٢٠ فرنكًا. «ب» ضرب من لعب الورق. «ح» حلوى مستطيلة ذات طبقات محشوّة بالكريما إلخ (٢) النابوليون: شخص شديد الطموح.

Na·po·le·on·ic *(adj.)* نابوليونيّ: ذو علاقة بنابوليون الأول أو أسرته.

nappe [năp] *(n.)* السِّماط: صَفحة مائية تجري فوق سدٍّ.

nap·per [năp′ər] *(n.)* (١) القائل: من ينام القيلولة (٢) «أ» المُزأبِر: من يجعل للنسيج زِئْبرًا أو زغبًا. «ب» المُزَأبِرة: آلة لزأبرة النسيج.

nap·py[1] [năp′ĭ] *(n.)* شراب مُسْكِر. وبخاصة: مِزْر ale.

nap·py[2] *(n.)* الصَّحْنيّة: صحن صغير مسطَّح القَعْر.

nap·py[3] *(adj.)* أزْغَب: ذو زَغَبٍ أو زِئبر.

nap·py[4] *(adj.)* (١) قويّ: شديد التأثير [صفة للشراب المُسْكِر] (٢) ثمِل.

nar·cis·sism [när′sĭ sĭz′əm] *also* **nar·cism** *(n.)* (١) الأنانيّة: حبّ الذات (٢) النَّرجسيّة: افتتان المرء بجسده (نف).

— nar·cis·sist *(n.; adj.)* **— nar·cis·sis·tic** *(adj.)*

nar·cis·sus [när sĭs′əs] *(n.)* النَّرْجس (نب).

Nar·cis·sus نَرْسيسّوس: شابّ وسيم تزعم الأسطورة اليونانية أنه افتُتن بجمال صورته في الماء، فتحوّل إلى نرجسة.

narco- بادئة معناها: خَدَرٌ؛ سُبات <*narco*lepsy>.

nar·co·lep·sy [när′kə lĕp′sĭ] *(n.)* السَّبَخ: حالة مرضيّة تتميَّز بنوبات نوم عميق قصيرة.

— nar·co·lep·tic *(n.; adj.)*

nar·co·ma·ni·a [-mā′-] *(n.)* هَوَس المُخَدِّرات؛ إدمان المخدِّرات.

nar·co·sis [-kō′-] *(n.)* pl. **-ses** [′sēz] الخَدَر: تخدُّرٌ من أثر مادةٍ مخدِّرة.

nar·co·tic [när kŏt′-] *(n.; adj.)* (١) المخدِّر: مادة مخدِّرة [كالأفيون] (٢) المسكِّن: الملطِّف (٣) مُدمِن المخدِّرات § (٤) مخدِّر (٥) ذو علاقة بالمخدِّرات (٦) ذو علاقة بمدمني المخدِّرات أو مُعَدٌّ لهم.

nar·co·tism [när′kə-] *(n.)* (١) إدمان المخدِّرات (٢) narcosis.

nar·co·tize [när′-] *(vt.; i.)* (١) يُخَدِّر [شخصًا] x (٢) يُخدِّر [المخدِّرُ].

nard [närd] *(n.)* (١) الناردين؛ سُنْبُل الطِّيْب (٢) مرهم الناردين.

nar·ghi·le [när′gə lē] *or* **nar·gi·leh** [-lĕ] *(n.)* النارجيلة.

nar·i·al [nâr′ĭ əl] *(adj.)* مِنْخَريّ: ذو علاقة بالمِنخرَيْن (ت).

nar·is [nâr′ĭs] *(n.)* pl. **nar·es** [-′ēz] المِنْخَر: ثقب الأنف.

nark [närk] *(n.)* العَيْن: جاسوس يعمل في خدمة الشرطة (بر).

nar·rate [nă rāt′; năr′āt] *(vt.)* يَقُصّ؛ يروي؛ يحكي.

nar·ra·tion [nă rā′-] *(n.)* (١) القَصّ؛ رواية القصص (٢) قصة؛ حكاية.

nar·ra·tive [năr′ə tĭv] *(n.; adj.)* (١) قصة؛ حكاية (٢) سَرْد الأخبار أو فنّ سَرْدها: القَصَص § (٣) قَصصيّ.

narrative poetry *(n.)* الشِّعر القصصيّ.

nar·ra·tor *or* **nar·ra·ter** [nă rā′-] *(n.)* القاصّ؛ الراوية.

nar·row [năr′ō] *(adj.; n.; vi.; t.)* (١) ضيِّق (٢) هزيل؛ محدود <~ resources> (٣) «أ» ضيّق أفق التفكير. «ب» بخيل (٤) دقيق؛ مدقّق <a ~ search> § (٥) ممرّ ضيِّق (٦) *pl.* عد: مضيق؛ بوغاز § (٧) يَضيق؛ يتقلّص x (٨) «أ» يضيِّق. «ب» يحدِّد.

a ~ escape نجاة بمشقّةٍ؛ نجاة بشقّ النفس.

a *narrow*-gauge railroad سكة حديدية ضيِّقة.

a ~ majority أكثرية ضئيلة.

a ~ victory — نصرٌ مُحرَزٌ بشِقّ النَّفس .

the ~ way — الطريق الضيِّق : طريق الفضيلة .

nar·row·ly [năr′ō lĭ] *(adv.)* (١) بشكل ضيِّق أو محدود (٢) بشِقّ النفس <~ escaped> (٣) بدقّة ؛ بتدقيق (٤) بقوّة ؛ بعزم .

nar·row–mind·ed *(adj.)* (١) متعصِّب (٢) ضيِّق أُفق التفكير .

nar·row·ness [năr′ō-] *(n.)* (١) ضِيق <the ~ of a road> (٢) أو **nar·row–mind·ed·ness** : «أ» تَعَصُّب . «ب» ضِيق في أفق التفكير .

nar·thex [när′thĕks] *(n.)* (١) رِواق [الكنيسة] (٢) المجاز الصَّحْنيّ : المجاز المؤدّي إلى صحن الكنيسة أو وَسَطها (عم) .

nar·whal *also* **nar·wal** [när′wəl] *or* **nar·whale** [-′hwāl] *(n.)* النَّرْوَل ؛ كَرْكَدّن البحر ؛ حرِيش البحر .

narwhal

nar·y [nâr′ĭ] *(adj.)* لا أحد <~ a person paid me> .

nas- *or* **na·so-** *also* **nasi-** بادئة معناها : أنف ؛ أنفيّ ؛ أنفيّ و . . .

na·sal [nā′zəl] *(n.; adj.)* (١) الأنفيّة : جزء من الخوذة يقي الأنف (٢) عظمٌ أنفيّ (٣) الحرف الأنفي : حرف يُلفظ من الأنف [مثل *m; n*] § (٤) أنفيّ (٥) حادّ ؛ ثاقب (مو) .

na·sal·ize [nā′zə līz′] *(vt.; i.)* يلفظ أو يتكلّم من الأنف .

nas·cence [năs′əns; nās′-] *also* **nas·cen·cy** *(n.)* مَوْلِد ؛ أصل .

nas·cent [năs′ənt; nās′-] *(adj.)* ناشئ ؛ وليد ؛ حديث التولّد .

na·so·fron·tal [nā′zō frŭn′-] *(adj.)* أنْفِيجَبْهِيّ ؛ أنفيّ جَبْهِيّ .

na·so·pha·ryn·ge·al [-fə rĭn′jĭ əl] *(adj.)* أنفِبُلعوميّ ؛ أنفيّ بُلعوميّ .

na·so·phar·ynx [-făr′ĭngks] *(n.)* البُلعوم الأنفي : الجزء الأعلى من البلعوم المتصلُ مباشرةً بالمسالك الأنفية (ت) .

nas·ti·ly [năs′-] *(adv.)* بقذارة ؛ ببذاءة ؛ بطريقة بغيضة أو مؤذية إلخ .

na·stur·tium [nă stûr′shəm] *(n.)* الكَبُّوسين ؛ أبو خَنْجَر (نب) .

nas·ty [năs′tĭ] *(adj.)* (١) مُقرِف ؛ مُغْثٍ ؛ قذر إلى حدّ يثير الغثيان (٢) بذيء ؛ فاحش <~ stories> (٣) بغيض ؛ كريه <a ~ habit> (٤) مؤذٍ أو خطير جدًا <a ~ fall> (٥) رديء جدًا (٦) مُعقَّد (٧) مُضْنٍ ؛ مُرْهِق <~ fear> (٨) رديء الطبع ؛ شرّير <a ~ dog> . — **nas·ti·ness** *(n.)*

na·tal [nā′təl] *(adj.)* (١) native (٢) مَوْلديّ : ذو علاقة بمَوْلِد المرء <one's ~ day> (٣) وِلاديّ : راقٍ إلى عهد الولادة، مؤثِّر في المرء عند الولادة <~ influences> .

na·tal·i·ty [nā tăl′ə tĭ] *(n.)* نسبة المواليد [إلى عدد السكّان] .

na·tant [nā′tənt] *(adj.)* (١) سابح (٢) عائم ؛ طافٍ على وجه الماء .

na·ta·tion [nā tā′shən] *(n.)* (١) سباحة (٢) فنّ السباحة .

na·ta·to·ri·al [nā′tə tōr′-] *or* **na·ta·to·ry** [nā′tə tōr′ĭ] *(adj.)* (١) سَبْحِيّ ؛ سباحيّ : ذو علاقة بالسباحة (٢) عوّام ؛ سابح <~ birds> .

na·ta·to·ri·um [-′ĭ əm] *(n.)* مَسْبح . وبخاصة : بركة داخلية للسباحة .

natch [năch] *(adv.)* طبعًا ؛ من غير ريب .

na·tes [nā′tēz] *(n. pl.)* العَجُز ؛ الكَفَل ؛ الرِّدفان .

nathe·less [nāth′-] *or* **nath·less** [năth′-] *(adv.)* = nevertheless.

na·tion [nā′shən] *(n.)* (١) أمّة ؛ شعب ؛ قوم (٢) دولة (٣) عشيرة ؛ عشائر .

na·tion·al [năsh′ən əl] *(adj.; n.)* (١) قوميّ : خاصّ بأمّة أو شعب (٢) وطنيّ : مُحِبّ لوطنه § (٣) مُواطن . وبخاصة : مواطنٌ مقيم في دولة أجنبية <American ~*s* in Japan> (٤) *pl.* عد : المباراة القومية : مباراة تُجْرَى على نطاق قوميّ .

national anthem *(n.)* النشيد القوميّ .

national debt *(n.)* الدَّين القَوْميّ : مجموع ديون دولةٍ ما .

national guard *(n.)* الحرس الوطنيّ .

national income *(n.)* الدَّخْل القوميّ : القيمة الإجمالية الصافية للسِّلَع التي يُنتجها جميع أفراد الأمة وللخدمات التي يؤدونها خلال سنة واحدة (اد) .

na·tion·al·ism [năsh′ən ə-] *(n.)* القوميّة : وعيٌ قوميّ يمجِّد أمةً معيَّنة ويؤكّد على تعزيز ثقافتها ومصالحها .

na·tion·al·ist [năsh′ən-] *(n.; adj.)* (١) القوميّ : المنادي أو المؤمن بالقوميّة . وبخاصة : المجاهد لتحقيق الاستقلال القومي § (٢) قوميّ <the ~ aspirations of the Arabs>.

na·tion·al·is·tic [năsh′ən əl ĭs′-] *(adj.)* (١) قوميّ : خاصّ بالقومية أو مُتَّسِم بها أو مؤيِّد لها (٢) وطنيّ : خاصّ بأمّة أو شعب .

na·tion·al·i·ty [-năl′-] *(n.)* (١) القوميّة : الصفة أو الرابطة القومية (را . nationalism) (٢) الجنسية ؛ التابعيّة (٣) الاستقلال السياسي (٤) شعب ؛ قوميّة <the various *nationalities* of America> .

na·tion·al·i·za·tion [-ĭ zā′-] *(n.)* (١) مص nationalize (٢) تأميم .

na·tion·al·ize [năsh′ən ə līz′] *(vt.)* (١) يجعلهم أمّة أو دولة مستقلة (٢) يُضفي عليه الصفة القوميّة ؛ يعمّمه بحيث يشمل الوطن كله <to ~ a holiday> (٣) يجنِّس [شخصًا] ؛ يجعله مواطنًا <~*d* Poles in the U.S.A.> (٤) يؤمِّم <to ~ industries> .

national monument *(n.)* المَعْلَم القوميّ .

national park *(n.)* المُتَنَزَّه الوطني : قطعة من الأرض تُفردها الدولة وتُعْنَى بها وبخاصة للترويح عن النفس أو للأغراض الدراسيّة .

national product *(n.)* الإنتاج القومي : قيمة السِّلع والخدمات التي يؤدّيها مجموع أفراد الأمّة خلال عام (اد) .

national socialism *(n.)* الاشتراكية الوطنية ؛ النازية .

na·tion·hood [nā′-] *(n.)* القومية : الصّفة أو الرابطة القوميّة .

nation–state *(n.)* الدولة القومية : دولة ينتسب أفرادها جميعًا إلى قومية واحدة لا إلى قوميات متعدّدة .

na·tion·wide [nā′shən wīd′; nā′shən wīd′] *(adj.)* قوميّ النطاق : شاملٌ أرجاءَ الدولة كلها <a ~ campaign against tuberculosis> .

na·tive [nā′tĭv] *(adj.; n.)* (١) فِطْرِيّ <~ cheerfulness> (٢) وطنيّ :

مولود في موطن معيَّن <a city's ~ sons> (٣) أهليّ : ذو علاقة بالسكان الوطنيين <~ customs> (٤) قوميّ <~ language> (٥) «أ» محلّيّ <~ art> . «ب» بلدي <~ species> (٦) «أ» طبيعيّ . «ب» غير متكلَّف أو مجلوب <~ beauty> (٧) أصليّ <salt in its ~ state> (٨) فطريّ : موجود في الطبيعة بحالة صافية وغير متَّحد بغيره <~ copper> § (٩) ابن البلد : «أ» أحد مواليد مدينة معيَّنة <a ~ of London> . «ب» أحد السكان الوطنيين <the ~s of China> (١٠) حيوان [أو نبات] بلديّ، أي موجود أصلًا في بلدٍ ما <The kangaroo is a ~ of Australia.> .

— **na·tiv·ism** *(n.)*

native land *(n.)* الوطن الأمّ : مَسقَط الرأس .

native language *(n.)* اللغة الأمّ : لغة المرء الأصلية .

na·tiv·ism [nā′tĭ vĭz′əm] *(n.)* الأهلانية : «أ» سياسة تقوم على حماية مصالح أهل البلاد الأصليين وتقديمها على مصالح المهاجرين . «ب» إحياء الثقافة الأهلية أو الوطنية أو تعزيزها .

na·tiv·i·ty [nā tĭv′ə tĭ; nə-] *(n.)* (١) ولادة (٢) *cap.* : «أ» ميلاد المسيح . «ب» عيد الميلاد (نص) (٣) طالع ؛ نجم (٤) أصل ؛ مولد .

na·tron [nā′trŏn] *(n.)* النَّطرون (مع) .

nat·ter [năt′ər] *(vi.)* (١) يُثرثر ؛ يَهْذر (٢) يتذمَّر ؛ يتشكّى .

nat·ty [năt′ĭ] *(adj.)* أنيق . — **nat·ti·ness** *(n.)*

nat·u·ral [năch′ə rəl] *(adj.; n.)* (١) طبيعيّ (٢) فِطريّ : «أ» غير مكتسَب <a ~ ability> . «ب» مبنيّ على حسّ فِطريّ للخير أو الشرّ <principles of ~ justice> (٣) غير شرعيّ : طبيعي <a ~ child> (٤) جِبِلّيّ : بحكم الولادة أو الجِبِلَّة ؛ بالفِطْرة <a ~ fool> (٥) طبيعيّ : مُستَمَدّ أو مستَدَلّ عليه من الطبيعة <~ theology> (٦) سويّ ؛ مألوف § (٧) المعتوه ؛ الأبله (٨) علامة الإلغاء (مو) (٩) «أ» شخص موهوب . «ب» شيء محتَمَلٌ أن ينجح نجاحًا عاجلًا . «ج» شيء ملائم لغرض معيَّن .

natural gas *(n.)* الغاز الطبيعيّ : مزيجٌ ملتهب، يتشكّل على نحوٍ طبيعيّ في الأراضي الغنية بالنفط ويُستخدم كوقود إلخ (ك) .

natural history *(n.)* التاريخ الطبيعيّ : «أ» علم الحيوان أو النبات أو المعادن . «ب» التطوّر الطبيعي لمتعضٍّ ما، خلال فترة من الزمن . «ج» دراسة الأشياء الطبيعية، وبخاصةٍ من وجهة نظر الهواة أو من وجهة نظر شعبية . «د» رسالة في مظهر من مظاهر التاريخ الطبيعي <a ~ of spiders> .

nat·u·ral·ism [năch′ə rə-] *(n.)* (١) العمل أو النزوع الطبيعيّ : عملٌ أو نزوع مبنيّ على الرغبات والغرائز الطبيعية فحسب (٢) الطَّبَعانيّة ؛ المذهب الطبيعي : «أ» مذهب يُنكر أن يكون للحادثة أو للشيء معنى خارق للطبيعة . وبخاصة : المذهب القائل بأن النواميس العلمية مؤهلة أو كافية لتعليل جميع الظواهر . «ب» الواقعية في الفن أو الأدب .

nat·u·ral·ist [năch′ə rəl ĭst] *(n.; adj.)* (١) الطَّبَعانيّ : المنادي بالمذهب الطبيعي أو الممارِس له (٢) العالِم بالتاريخ الطبيعيّ . وبخاصة : العالِم بالحيوانات والنباتات § (٣) أو **nat·u·ral·is·tic** : طَبَعانيّ ؛ طَبيعانيّ : ذو علاقة بالمذهب الطبيعي أو مُتَّسِمٌ به أو جارٍ وَفْقَهُ .

nat·u·ral·ize [năch′ə-] *(vt.; i.)* (١) يتبنّى : يُدخل عادة أو لفظة إلى بلدٍ أو لغة ما <to ~ a Spanish phrase> (٢) يؤقْلم : يجلب نباتًا [أو حيوانًا] إلى منطقة ويجعله يزدهر فيها (٣) يطبِّع : يجعله منسجمًا مع الطبيعة (٤) يمنحه حقوق المواطن . وبخاصة : يجنِّس ؛ يمنحه جنسية البلد **x** (٥) يتأقلم .

— **nat·u·ral·i·za·tion** *(n.)*

natural law *(n.)* الشريعة الطبيعية ؛ القانون الطبيعيّ : شرعٌ أو مبدأ [يُزعَم أنّه مُستَمَدّ من الطبيعة] يفرض سلطانه على المجتمع البشري بمعزل عن القانون الوضعي أو بالإضافة إليه .

natural logarithms *(n. pl.)* = Napierian logarithms.

natural person *(n.)* شخص طبيعي أو حقيقي .

natural philosophy *(n.)* الفلسفة الطبيعية : (١) دراسة الطبيعة والكون الطبيعي (٢) علم الفيزياء .

natural religion *(n.)* الدِّين الطبيعيّ ؛ الرُّبوبيّة (را . deism) .

natural resources *(n. pl.)* الموارد الطبيعية : ثروةُ البلاد المؤلَّفةُ من أرضها وغاباتها ومناجمها ومياهها ومصادر الطاقة فيها إلخ .

natural science *(n.)* العِلم الطبيعيّ : أيّ من العلوم التي تُعْنَى بالمادة والطاقة [كعلم الأحياء والكيمياء والفيزياء] .

natural selection *(n.)* الاصطفاء الطبيعيّ : العملية الطبيعية المُفْضِية، في رأي داروين، إلى «بقاء الأنسب أو الأصلح» وإلى انقراض الأشكال الأقلّ قوةً وتكيُّفًا (أح) .

na·ture [nā′chər] *(n.)* الطبيعة : «أ» جوهر الشيء أو صفاته المميِّزة <the ~ of steel> . «ب» مِزاج <contrary to one's ~> . «ج» قوّة خلّاقة ومهيمنة في الكون . «د» قوة باطنية أو مجموع من القوى الباطنية [كالغرائز إلخ] في فرد ما . «هـ» ضرب ؛ نوع . «و» بِنْية المتعضّي أو حوافزه الطبيعية . «ز» سَجِيّة [كالكَرَم إلخ] . «ح» العالم أو الكون <the study of ~> . «ط» حالة الإنسان الأصلية أو الطبيعية <to return to ~> . «ي» طراز حياة مبسَّط شبيهٌ بهذه الحالة . «ك» المشاهد الطبيعية <to enjoy ~> .

na·tu·ro·path [nā′chər-] *(n.)* المعالِج بالطبيعة (را . المادة التالية) .

na·tu·rop·a·thy [nā′chə rŏp′-] *(n.)* المعالجة بالطبيعة : طريقة في معالجة الأمراض تتجنَّب استعمال العقاقير وتُؤْثِر الاستعانةَ بالموادّ الطبية أو الوسائل الطبيعية [كالهواء والماء والتدليك إلخ] .

Nau·ga·hyde [nô′gə hīd′] *(n.)* النوغاهيد : ضرب متينٌ من الأقمشة .

naught [nôt] *(n.; adj.)* (١) «أ» لا شيء . «ب» عدم (٢) صِفْر (٣) دمار ؛ هلاك أو إخفاق تام <to bring to ~> § (٤) تافه ؛ غير ذي أهميّة .

to set at ~, يستخِفّ بـِ ؛ لا يكترث بـِ .

naugh·ti·ness *(n.)* (١) رذالة ؛ شَيْطنة (٢) فُحش ؛ قذارة ؛ بذاءة .

naugh·ty [nô′tĭ] *(adj.)* (١) شرّير (ا . ق) (٢) رذيل ؛ «شيطان» ؛ غير مطيع ؛ سيّئ السلوك <a ~ boy> (٣) فاحش ؛ داعر ؛ بذيء <~ pictures> .

nau·ma·chi·a [nô mā′kĭ ə] *(n.)* النُّوماخيَّة : «أ» معركة بحرية صُورية [عند الرومان] . «ب» موضع تُجْرَى فيه هذه المعركة .

nau·pli·us [nô′plĭ əs] *(n.)* النَّبْلوس : المرحلة الأولى من مراحل تطوّر اليَرَقة عند بعض القشريات (ح) .

nau·se·a [nô′zĭ ə; -zhə; -sĭ ə; -shə] *(n.)* (١) غَثَيان (٢) دُوار البحر (٣) اشمئزاز شديد.
— nau·se·ant *(n.; adj.)*

nau·se·ate [nô′zĭ āt′; nô′zhĭ āt′; -sĭ-; -shĭ-] *(vi.; t.)* (١) يُصاب بالغثيان (٢) يشمئزّ x (٣) يُغثي أو يوقع الاشمئزاز في النفس.
— nau·se·at·ing *(adj.)*

nau·seous [nô′shəs; -zĭ əs] *(adj.)* (١) مُغثٍ (٢) مُقرِف (٣) مَغثيّ.

nautch [nôch] *(n.)* النُّتْشة: حفلة راقصة تحييها في الهند راقصات محترفات.

nau·ti·cal [nô′tĭ kəl] *(adj.)* بَحْريّ: متعلّق بالبحّارة أو بالملاحة والسُّفن.

nautical mile *(n.)* المِيل البحري [يُساوي في إنكلترا ٦٠٨٠ قدمًا وفي العُرْف الدَّولي ٦٠٧٦,١١٥ قدمًا].

nau·ti·lus [nô′tə ləs] *(n.)* pl. **-es** *or* **-li** [lī′] النوتيّ؛ البَحّار: حيوان من رأسيات الأرجل (را. cephalopod).

nautilus

na·val [nā′vəl] *(adj.)* بحريّ <the great ~ powers>.

nave[1] [nāv] *(n.)* صُرّة العَجَلة: مِحْوَر الدولاب.

nave[2] *(n.)* صحن الكنيسة: جزؤها الرئيسيّ حيث يجلس المصلّون.

na·vel [nā′vəl] *(n.)* (١) السُّرّة (ت) (٢) الوَسَط: النقطة الوسطى.

navel orange *(n.)* أبو سُرّة: ضربٌ من البرتقال.

na·vic·u·lar[1] [nə vĭk′-] *(adj.)* زَوْرقانيّ: زَوْرقيّ الشكل (ت).

na·vic·u·lar[2] [nə vĭk′-] *also* **na·vicu·lar·e** [-lâr′ĭ] *(n.)* الزَّوْرقانيّ: عظمٌ زَوْرقي الشكل. وبخاصة: عظم الرُّسغ (ت).

nav·i·ga·bil·i·ty [năv ə gə bĭl′-] *(n.)* الصَّلاحية للملاحة.

nav·i·ga·ble [năv′ ə-] *(adj.)* (١) صالح للملاحة <~ rivers> (٢) انقياديّ؛ قابلٌ لأن يُقاد <Our ship is in a ~ condition.>.

nav·i·gate [năv′ə gāt′] *(vi.; t.)* (١) يُبْحر (٢) يقود [سفينةً أو طائرةً] x (٣) يجتاز <managed to ~ the house on his knees>.

nav·i·ga·tion [năv′ə gā′-] *(n.)* (١) إبحار (٢) ملاحة.

nav·i·ga·tor [năv′ə gā′-] *(n.)* (١) الملاّح: ربّان السفينة أو الطائرة (٢) الملاّح المستكشف: ملاّح بارع يرود البحار بغية الاستكشاف.

nav·vy [năv′ĭ] *(n.)* العامل الغِرّ: عامل غير بارع (بر).

na·vy [nā′vĭ] *(n.)* (١) أسطول (٢) الأسطول: سلاح الدولة البحريّ.

navy bean *(n.)* الفاصوليا البيضاء (نب).

navy blue *(n.)* الأزرق البحريّ؛ الكُحْليّ.

navy yard *(n.)* التَّرسانة البحرية [لبناء السفن الحربية أو إصلاحها].

nay [nā] *(adv.; n.)* (١) لا؛ كلا (٢) بل؛ ليس هذا فحسب بل <I suspect, ~, I am certain that...> § (٣) رفضٌ (٤) «أ» جواب سلبيّ. «ب» صوتٌ سلبيّ [في اقتراع]. «ج» المصوِّت بالرفض.

Naz·a·rene [năz′ə rēn′] *(n.; adj.)* (١) الناصريّ: أحد أبناء الناصرة بفلسطين (٢) النصرانيّ؛ المسيحيّ (٣) الناصريّ: أحد أتباع كنيسة بروتستانتية أمريكية ظهرت عام ١٩٠٨ § (٤) ناصريّ.

Na·zi [nä′tsĭ; năt′sĭ] *(n.; adj.)* (١) النازيّ: عضوٌ في حزب العُمّال الاشتراكي الوطني الذي سيطر على ألمانيا، بزعامة أدولف هتلر، من عام ١٩٣٣ إلى عام ١٩٤٥ § (٢) نازيّ.
— Na·zism; Na·zi·ism *(n.)*

ne- *or* **neo-** بادئة معناها: جديد؛ حديث؛ مُحْدَث. وبخاصة: عَهدٌ أو شكل جديدٌ ومختلف لعقيدة أو لغة <*Neo*platonism>.

Ne·an·der·thal [nĭ ăn′dər täl′] *(adj.)* نِياندَرْتاليّ: «أ» منسوب إلى وادي النِّيانْدَرْتال بألمانيا حيث وُجِدت بقايا هيكل عظميّ لإنسان قديم. «ب» مُذكِّرٌ بإنسان الكهوف شكلًا أو سلوكًا <~ ferocity>.

neap [nēp] *(adj.)* (١) جَزْرِيمَحَاقيّ (٢) مَدِّيْمَحاقيّ (را. neap tide).

Ne·a·pol·i·tan [nē′ə pŏl′ə tən] *(adj.; n.)* (١) نابوليّ: منسوب إلى مدينة نابولي بإيطاليا § (٢) النابوليّ: أحد أبناء نابولي.

neap tide *(n.)* (١) الجَزْر المَحاقيّ: جَزْرٌ أقلُّ انخفاضًا من المعتاد يَحْدُث في الرُّبْعَيْن الأول والثالث من عمر القمر (٢) المدّ المَحاقيّ: مدٌّ أقلّ ارتفاعًا من المعتاد يحدث في الرُّبْعَيْن الأول والثالث من عمر القمر.

near [nēr] *(adv.; prep.; adj.; vi.; t.)* (١) قُرْبَ؛ بالقرب؛ على مقربة (٢) تقريبًا <~ dead> (٣) على نحوٍ وثيقٍ أو حميم <is related ~> § (٤) «أ» وثيق الصلة أو القرابة <~ relatives>. «ب» حميم <his ~*est* friend> (٥) «أ» قريب <the ~ future>. «ب» مُنْجَز بشِقّ النفس <a ~ escape> (٦) «أ» الأقرب؛ الأقلّ بعدًا <the ~ side of the hill>. «ب» الأيسر <the ~ wheel of a cart> (٧) قصير؛ مباشر <by the ~*est* road> (٨) بخيل <a ~ man> (٩) «أ» أمين؛ شبيه جدًا بالأصل <a ~ translation>. «ب» مُقاربٌ للأصليّ <~ silk> § (١٠) يدنو؛ يقترب x (١١) يدنو من.

near·by [nēr′bī′] *(adj.; adv.)* (١) قريب؛ مجاور <a ~ school> § (٢) غيرَ بعيد؛ على مَقْربة؛ في الجوار <a match being played ~>.

Ne·arc·tic [nē ärk′tĭk; -är′-] *(adj.)* ذو علاقة بجزء من العالم الجديد يشمل غرينلندا والأصقاع الشماليّة من أميركا الشمالية.

Near East *(n.)* الشَّرق الأدنى.

near·ly [nēr′lĭ] *(adv.)* (١) على نحوٍ وثيق (٢) تقريبًا.

near·sight·ed [nēr′sī′-] *(adj.)* حَسِير: مُصاب بالحَسَر أو قِصَر البصر.

neat[1] [nēt] *(n.)* بَقَرة؛ ثور.

neat[2] *(adj.; adv.)* (١) نظيف؛ مُرَتَّب <~ rooms> (٢) صِرف؛ مَحْض؛ غير ممزوج <~ brandy> (٣) أملس؛ ناعم (٤) أنيق <~ dress> (٥) دقيق؛ مُحْكَم <a ~ answer> (٦) بارع؛ مُتْقَن <a ~ characterization> (٧) صافٍ <~ profit> (٨) رائع <had a ~ time at the circus> § (٩) بترتيب؛ بأناقة إلخ.
— neat·ly *(adv.)* **— neat·ness** *(n.)*

neat·en [nēt′ən] *(vt.)* (١) ينظِّف؛ يرتِّب (٢) يُنجز بعناية.

neath [nēth; nēth] *(prep.)* = beneath.

neat·herd [nēt'hûrd'] *(n.)* الراعي؛ راعي البقر.

neb [nĕb] *(n.)* (١) «أ» مِنقار. «ب» فم الإنسان. «ج» أنف. وبخاصة: خَطْم؛ مقدَّم أنفِ الحيوان وفمِهِ (٢) سنّ؛ رأس؛ طرف الشيء المستدقّ.

neb·bish [nĕb'ĭsh] *(n.)* الجبان؛ الضعيف؛ التافه.

neb·u·la [-'yə lə] *(n.)* pl. **-s** *or* **-e** (١) سحابة القَرَنيّة: غمامة تَغْشى قرنيّة العين (ط) (٢) السَّديم؛ الغيمة السَّديمية (فل) (٣) galaxy.

neb·u·lar [nĕb'yə lər] *(adj.)* (١) سَديميّ (٢) غائم؛ ضَبابيّ.

nebular hypothesis *(n.)* الفَرْضيّة السَّديميّة: فَرْضيّة تقول بأن الشمس نشأت عن سَديمٍ غازيّ ضخم ساخن (فل).

neb·u·lize [nĕb'yə līz] *(vt.)* يُرذِّذ: يُحوِّل إلى رَذاذ.

neb·u·los·i·ty [-lŏs'-] *(n.)* (١) ضَبابيّة؛ سَديميّة؛ غموض (٢) سديم.

neb·u·lous [nĕb'yə ləs] *(adj.)* (١) «أ» غائم؛ ضبابيّ (ا. ق). «ب» غامض؛ غير واضح <~ recollections> (٢) سديمي.

nec·es·sar·i·ly [nĕs'ə sĕr'ə lĭ] *(adv.)* ضرورةً؛ بالضَّرورة.

nec·es·sar·y [nĕs'ə sĕr'ĭ] *(n.; adj.)* (١) «أ» ضرورة؛ شيء ضروريّ. «ب» مال؛ نقود (٢) مِرحاض § (٣) ضروريّ.

necessary condition *(n.)* (١) الشَّرط الضروري (مق) (٢) شرط؛ متطلَّب أساسيّ.

ne·ces·si·tar·i·an [nə sĕs'ə târ'ĭ ən] *(n.; adj.)* (١) الضَّرورانيّ: القائل بالضَّرورانية أو المؤمِن بها § (٢) ضَرورانيّ.

ne·ces·si·tar·i·an·ism *(n.)* الضَّرورانيّة: مذهب فلسفيّ يقول بأن الأحداث تقرِّرها على نحوٍ جَبْريّ نواميسُ لا سبيلَ إلى تغييرها.

ne·ces·si·tate [nə sĕs'ə-] *(vt.)* (١) يُوجِب؛ يُحتِّم؛ يستلزم (٢) يُجْبِر.

ne·ces·si·tous [nə sĕs'ə təs] *(adj.)* (١) مُعْوِز؛ فقير (٢) مُلِحّ؛ عاجل (٣) ضروريّ.

ne·ces·si·ty [nə sĕs'ə tĭ] *(n.)* (١) ضرورة (٢) اضطرار (٣) عَوَز؛ فقر (٤) «أ» شيء ضروريّ. «ب» حاجة أو رغبة ملحّة.

~ has (*or* knows) no law. الضَّرورات تُبيح المحظورات.

of ~, ضرورةً؛ بالضَّرورة.

to make a virtue of ~, يجعل من الاضطرار فضيلة: يدَّعي لنفسه الفضل لإقدامه على عمل [أو لإحجامه عن عمل] بحكم الاضطرار.

neck [nĕk] *(n.; vt.; i.)* (١) عُنُق؛ رَقَبة (٢) العُنُق: عنُقُ الزجاجة أو الثمرة أو الكمان إلخ (٣) «أ» شقّة أرضٍ ضيِّقة. «ب» مضيق؛ بوغاز (٤) العُنُق: «أ» الجزء المتضيِّق من عظمٍ أو عضوٍ (ت). «ب» عُنُق العمود: الجزء الأدنى من تاجه (عم) § (٥) يضيِّق (٦) يخنقُهُ أو يقطع رأسَهُ (٧) يقبِّل؛ يعانق **x** (٨) يَضِيق.

~ and crop كُلّيّةً؛ بسرعة؛ في غير إبطاء.

~ and ~, عُنقًا لعُنُق [كما يجري فرسا الرهان].

~ *or* nothing بيأس؛ مغامرًا بكل شيء؛ مواجهًا إما النصر المؤزَّر وإمّا الهزيمة المنكَرة.

to get it in the ~, يُلام أو يُعاقَب بقسوة؛ يعاني تجربة أليمة.

to win by the ~, يفوز [الجوادُ] بالرقبة، أي بشِقّ النَّفَس.

neck·er·chief [nĕk'ər chĭf] *(n.)* منديل الرَّقَبة؛ لِفاع العُنُق.

neck·ing [nĕk'ĭng] *(n.)* (١) العُناقة: حلية معمارية صغيرة قرب أعلى العمود (عم) (٢) تقبيل؛ عناق.

neck·lace [nĕk'ləs] *(n.)* عِقْد؛ قِلادة.

neck·tie [nĕk'tī'] *(n.)* الأُرْبة؛ ربطة العُنُق.

necr- *or* **necro-** بادئة معناها: «أ» موتى <*necro*latry>. «ب» مَيْت <*necro*psy>. «ج» موت؛ تحوُّلٌ إلى نسيج ميت <*necro*biosis>.

ne·cro·bi·o·sis [nĕk'rō bī ō'-] *(n.)* البِلى الفيسيولوجي (ط).

ne·crol·a·try [nĕ krŏl'ə trĭ] *(n.)* عبادة الموتى.

ne·crol·o·gy [nĕ krŏl'ə jĭ] *(n.)* (١) سِجلّ الوَفَيات (٢) النَّعْي: نَعْي شخص مع ترجمة قصيرة لحياته.

nec·ro·man·cer [nĕk'-] *(n.)* (١) مستحضِر الأرواح (٢) الساحر.

nec·ro·man·cy [nĕk'-] *(n.)* (١) استحضار الأرواح (٢) سِحر؛ عِرافة.

nec·ro·pha·gia [nĕk'rə fā'jĭ ə] *(n.)* أكلُ الجِيَف.

ne·croph·a·gous [-krŏf'ə gəs] *(adj.)* آكلٌ للجِيَف <~ savages>.

nec·ro·phil·i·a [nĕk'rə fĭl'ē ə] *also* **ne·croph·i·lism** *(n.)* اشتهاء الجِيَف: الانجذاب المَرَضي نحو الجثث.

nec·ro·pho·bi·a [-fō'bĭ ə] *(n.)* (١) رُهاب الموت (٢) رُهاب الجثث.

ne·crop·o·lis [nə krŏp'ə-] *(n.)* pl. **-lis·es** *or* **-les** *or* **-leis** *or* **-li** مدينة الموتى: مقبرة كبيرة.

nec·rop·sy [nĕk'rŏp'sĭ] *(n.)* = autopsy 1.

ne·cro·sis [-krō'-] *(n.)* النَّخَر؛ التَّنَكْرُز: موت موضعيّ يحلّ بالنسيج الحيّ.

nec·ro·tize [nĕk'-] *(vt.; i.)* (١) يَنْخَر؛ يُنَكْرِز **x** (٢) ينتخر؛ يتنكْرَز.

nec·tar [nĕk'tər] *(n.)* الرحيق: «أ» شراب آلهة اليونان والرومان (مث). «ب» كل شراب سائغ المذاق. «ج» شراب مُعَدّ من عصير الفاكهة ولُبِّها. «د» سائل دَبِق حُلو المذاق تُفرزُه الغُدَد الرَّحيقية في زهرات بعض النباتات ويجنيه النحل.
— **nec·tar·ous** *(adj.)*

nec·tar·ine [-'tə rēn'] *(n.)* الرَّحيقانيّ: ضرب من الدُّرّاق عديمُ الزَّغب.

nec·ta·ry [-'tə rĭ] *(n.)* المِعْثِرِيّة؛ الغدّة الرحيقية: غدّة تُفْرز الرحيق (نب).

née *or* **nee** [nā] *(adj.)* (١) مولودة؛ بالولادة: صيغة تُلحق باسم المرأة المتزوجة للتعريف باسم أسرتها قبل زواجها (٢) مدعوّ سابقًا أو أصلًا.

need [nēd] *(n.; vi.; t.)* (١) حاجة؛ ضرورة (٢) ضيق؛ شدّة <a friend in ~> (٣) عَوَز؛ فاقة <to live in ~> § (٤) يكون ضروريًا أو مطلوبًا **x** (٥) يحتاج إلى <playing as quietly as ~*ed*>.

need·ful *(adj.; n.)* (١) ضروريّ § (٢) شيء ضروريّ. وبخاصة: مالٌ.

need·i·ness [nē'dĭ nəs] *(n.)* فَقْر؛ فاقة؛ عَوَز.

nee·dle [nē'dəl] *(n.; vt.; i.)* (١) إبرة (٢) «أ» صنّارة الحَبْك. «ب» إبرة جراحيّة. «ج» المِحْقَن: أداة جوفاء لإدخال مادة إلى الجسم أو استخراجها منه (٣) إبرة مغنطيسية (٤) الإبرة؛ شيء كالإبرة: «أ» بلّورة مستدقّة الرأس. «ب» المَسَلّة: نُصُب عمودي رباعيّ الأضلاع هَرَميّ الرأس. «ج» ورقة نبات إبرية الشكل. «د» إبرة فونوغراف (٥) ملاحظة ساخرة § (٦) يخيط أو يثقب بإبرة (٧) يضايق (٨) يَنْخَس؛ يستحثّ (٩) يُؤَبِّر: «أ» يضمِّن كلامَه ملاحظات

ساخرة. «ب» يقوّي الشرابَ المُسْكر بإضافة مقدار من الكحول الصِّرف x (١٠) يخيط؛ يطرِّز.

to look for a ~ in a bundle of hay يبحث عن شيء ما حيث يتعذر عليه أن يجده.

nee·dle·craft [nē′dəl-] *(n.)* = needlework.

nee·dle·fish [nē′dəl-] *(n.)* السمك الإبَريّ: سمك متطاول ذو أسنان شبيهة بالإبَر.

needlefish

nee·dle·point [nē′dəl-] *(n.)* (١) تخريم إبَريّ (٢) تطريز إبَريّ.

nee·dler *(n.)* الأبّار: صانع الإبَر أو بائعُها أو مستخدِمُها.

need·less [nēd′-] *(adj.)* غير ضَروريّ.

nee·dle·wom·an [nē′dəl-] *(n.)* المشتغلة بالإبرة. وبخاصة: الخيّاطة.

nee·dle·work [nē′dəl-] *(n.)* شُغْل الإبرة. وبخاصة: التطريز.

needs [nēdz] *(adv.)* ضرورةً؛ بالضرورة.

need·y [nē′dē] *(adj.)* فقير؛ مُعْوِز <a ~ family>.

ne'er [nâr] *(adv.)* = never.

ne'er–do–well *(n.; adj.)* (١) شخصٌ متبطِّل تافه § (٢) تافه؛ عديم النفع.

ne·far·i·ous [nĭ fâr′-] *(adj.)* شائن؛ شنيع <~ deeds>.

ne·gate [nĭ gāt′; nē′gāt] *(vt.)* (١) يُنكر [وجود شيء أو حقيقته] (٢) يُبطل [تأثير شيء أو مفعوله].

ne·ga·tion [nĭ gā′shən] *(n.)* (١) إنكار؛ رفض (٢) مذهب أو جواب أو شيء سلبيّ (٣) عدم؛ لاوجود (٤) نقيض.

neg·a·tive [nĕg′ə tĭv] *(adj.; n.; vt.)* (١) سلبيّ: «أ» غير إيجابيّ <a ~ answer>. «ب» هدّام؛ غير بنّاء <~ criticism>. «ج» دالّ على عدم وجود الجرثومة أو الحالة المبحوث عنها <a ~ test for tuberculosis>. «د» أقلّ من ضغط الجوّ <~ pressure>. «هـ» معكوس الأضواء والظلال <a ~ photographic image> (٢) سالب («فز» و«كب» و«ر») § (٣) سَلْبٌ؛ رأي أو عبارة أو كلمة سلبية (٤) رَفْض (٥) نقيض (٦) الجهة المدافعة عن وجهة النظر السلبية [في مناظرة] (٧) العدد السالب (ر) (٨) اللوح السالب (كب) (٩) الصورة السلبية (فو) § (١٠) «أ» يرفض. «ب» يصوِّت بالرفض. «ج» ينقض (١١) يدحض (١٢) يُنكر (١٣) يضادّ؛ يُبْطل؛ يحايد.
in the ~, سلبًا؛ سلبيًّا؛ بالسلب.

neg·a·tiv·ism *(n.)* السَّلْبانيّة: «أ» موقف عقلي متّسم بالشّك في جُلّ ما يؤكّده الآخرون. «ب» نزعة إلى رفض القيام بما يُسأل المرءُ أداءَهُ أو إلى القيام بخلافِهِ أو نقيضه.
—neg·a·tiv·ist *(n.)*

neg·a·tiv·is·tic *(adj.)* سَلْبانيّ: مُتَّسم بالسَّلْبانيّة.

neg·a·tron [nĕg′ə trŏn′] *also* **neg·a·ton** [-′ə tŏn] *(n.)* = electron.

ne·glect [nĭ glĕkt′] *(vt.; n.)* (١) يستخفّ بـ (٢) يُهْمِل § (٣) استخفاف (٤) إهمال.
—ne·glect·er *(n.)*

neg·lect·ful [-′fəl] *(adj.)* مُهْمِل <was ~ of her appearance>.

neg·li·gee *also* **neg·li·gé** [nĕg lə zhā′] *(n.)* (١) المِبذَل: ثوب نسويّ طويل فضفاض (٢) الفَضْلَة: لباس البيت.

neg·li·gence [nĕg′lə jəns] *(n.)* إهمال؛ تهاوُن.

neg·li·gent [nĕg′lə jənt] *(adj.)* مُهمل؛ متهاون.

neg·li·gi·ble [-′lə jə bəl] *(adj.)* تافه؛ جديرٌ بالإهمال <a ~ amount>.

ne·go·ti·a·bil·i·ty *(n.)* الصَّلاحية للتفاوض أو التحويل أو التداول.

ne·go·ti·a·ble [nĭ gō′shĭ ə-] *(adj.)* (١) قابل للتفاوض (٢) قابل للتحويل أو التداول <~ bills> (٣) ممكنٌ تحقيقُهُ أو إنجازُهُ (٤) ممكنٌ عبورُهُ أو اجتيازُهُ <~ roads>.

ne·go·tiant; ne·go·ti·a·tor [nĭ gō′shĭ-] *(n.)* المفاوِض إلخ.

ne·go·ti·ate [-āt′] *(vi.; t.)* (١) يُفاوض؛ يتفاوض x (٢) يَعْقِد [صفقةً أو معاهدة إلخ] (٣) «أ» يحوِّل [شيكًا إلخ] إلى شخص آخر. «ب» يحوِّل إلى نقد <to ~ securities> (٤) «أ» يتغلَّب على عقبة <a difficult corner for a big car to ~>. «ب» يُتِمّ؛ يُنْجِز <to ~ a trip>.

ne·go·ti·a·tion [nĭ gō′shĭ ā′-] *(n.)* مفاوَضة؛ تفاوُض إلخ.

Ne·gress [nē′grəs] *(n.)* الزِّنجيّة: امرأة زنجيّة.

Ne·gril·lo [nĭ grĭl′ō] *(n.)* القَزَم الزِّنجانيّ الإفريقيّ: قزمٌ من أحد الشعوب شبه الزنجيّة، القصيرة القامة، في إفريقيا.

Ne·gri·to [-grē′tō] *(n.)* القَزَم الزِّنجانيّ الآسيويّ: قزم من أحد الشعوب شبه الزنجيّة، القصيرة القامة، في أوقيانوسيا وجنوب شرق آسيا.

Neg·ri·tude [nĕg′-] *(n.)* الزُّنوجة: وعي الزنوج لتاريخهم وتراثهم.

Ne·gro [nē′grō] *(n.; adj.)* (١) الزِّنجيّ § (٢) زِنجيّ.

Ne·groid [nē′groid] *(n.; adj.)* زِنجانيّ: شبيه بالزنوج.

ne·gro·phile [nē′grə fīl] *or* **ne·gro·phil** [-fĭl] *(n.)* نصير الزنوج.

ne·gro·phobe [-fōb′] *(n.)* مُبغض الزنوج؛ الخائف من الزنوج.

ne·gro·pho·bi·a *(n.)* رُهاب الزنوج: شدة البغض للزنوج أو الخوفِ منهم.

ne·gus[1] [nē′gəs] *(n.)* النَّجاشيّ: لقب أباطرة الحبشة السابقِين.

ne·gus[2] *(n.)* النِّيجوس: شرابٌ يُعَدّ من خمر وماء حارّ مع شيء من السكّر وعصير الليمون الحامض والتوابل.

neigh [nā] *(vi.; n.)* (١) يَصْهَل [الفَرَس] § (٢) صَهيل.

neigh·bor [nā′bər] *(n.; adj.; vt.; i.)* (١) جارٌ (٢) أخٌ في الإنسانيّة § (٣) مُجاوِر § (٤) «أ» يجاور. «ب» يتاخم x (٥) يتعايش أو يتزاور كالجيران.

neigh·bor·hood [nā′-] *(n.)* (١) الجِوار؛ صلة التجاور (٢) مجاوَرة: قُرْب (٣) «أ» منطقة مجاورة: جوار. «ب» مقدار تقريبيّ: ما يقارب <has in the ~ of $20.000> (٤) «أ» الجيران <She was laughed at by the whole ~.>. «ب» حيّ ذو خصائص مميَّزة عادةً.

neigh·bor·ing [nā′bər-] *(adj.)* (١) مُجاوِر (٢) مُتاخِم.

neigh·bor·ly [nā′bər lĭ] *(adj.)* وُدّي؛ لائق بجار.

neigh·bour [nā′bər] *(n.; adj.; vt.; i.)* = neighbor.

nei·ther [nē′thər; nī′-] *(pron.; adj.; conj.; adv.)* (١) لا هذا ولا ذاك § (٢) ولا واحد من § (٣) لا . . . [في قولك «لا» أحمر ولا أزرق <~ red nor blue>] (٤) ولا <~ do I> § (٥) أيضًا ؛ فوق ذلك .

nek·ton [nĕk′-] *(n.)* السَّوابح : الحيوانات المائية السابحة في جسمٍ مائيّ .

nel·ly *or* **nel·lie** [nĕl′ĭ] *(n.)* شاب مُخنَّث .

nemat- *or* **nemato-** بادئة معناها : «أ» سِلك ؛ خيط <*nemato*cyst> . «ب» دودة سِلكيّة أو خيطيّة <*nemato*logy> .

nem·a·thel·minth [-thĕl′mĭnth] *(n.)* الدودة الأُسطوانيّة (ح) .

ne·ma·to·cid·al [nĕm′ə tə sīd′-] *(adj.)* مبيدٌ للديدان السِّلكيّة .

ne·ma·to·cyst [nĕm′ə tə sĭst′] *(n.)* الكيس السِّلكيّ (مج) : حُمَةٌ لاسعة في الحيوان اللاحَشْويّ .

nem·a·tode [-tōd′] *(n.)* الدودة السِّلكية أو الخيطيّة : دودة من السِّلكيات أو الخيطيات **Nematoda** وهي طائفة من الديدان الأسطوانية المتطاولة تتطفّل على الحيوانات والنباتات أو تحيا في التربة والمياه .

nem·a·tol·o·gy [-tŏl′ə jĭ] *(n.)* مَبْحث السِّلكيّات أو الخَيْطيّات .

ne·mer·te·an [nĭ mûr′tĭ ən] *(n.; adj.)* (١) الدودة الساحلية : دودة من الساحليات **Nemertea** وهي طائفة من الديدان البحرية يحيا مُعظمها في أجحار تحتفرها في الطين على ساحل البحر § (٢) ساحليّ : متعلّق بالساحليات .

nem·e·sis [nĕm′ə sĭs] *(n.)* (١) *cap.* : نَمْسيس : إلاهة الانتقام عند الإغريق (مث) (٢) «أ» المنتقم . «ب» الخصم الرهيب . «ج» مهمّة مستحيلة (٣) «أ» انتقام . «ب» لعنة ؛ نِقمة [ضدّ : نِعمة] .

ne·moph·i·la [nĭ mŏf′ə lə] *(n.)* = baby blue-eyes.

ne·ne [nā′nā] *(n.)* النِّينيّ : ضرب من إوزّ جُزر هاوايي .

neo- [nē′ō] = ne-.

Ne·o·cene [nē′ə sēn] *(n.; adj.)* (١) العصر النِّيوسينيّ : الجزء الأخير من العصر الثُّلثي (جي) § (٢) نيوسينيّ (جي) .

ne·o·clas·sic; -al [nē′ō klăs′-] *(adj.)* كلاسيكيّ مُحْدَث .

Ne·o–Dar·win·ism *(n.)* الداروينيّة المُحْدَثة : القولُ بأن الاصطفاء الطبيعي هو العامل الأساسي في التطور وبأن الصفات المكتَسَبة لا تُورَث .

ne·o·dym·i·um [nē′ō dĭm′-] *(n.)* النِّيوديميوم : عنصرٌ فِلزّيّ (ك) .

ne·o·gen·e·sis [nē′ō jĕn′-] *(n.)* تكوُّنٌ جديد : انبعاث ؛ تجدُّد .

neo–im·pres·sion·ism *(n.)* الانطباعيّة المُحْدَثة : مذهب فرنسي في الرسم نشأ في أواخر القرن ١٩ واتَّسم بمحاولة جَعْل الانطباعية impressionism أكثر دقةً وإحكامًا .

Ne·o–Lat·in [nē′ō lăt′ən] *(n.)* اللاتينيّة المُحْدَثة : «أ» اللاتينيّة الحديثة . «ب» اسم جامعٌ يُطلق على اللغات الرومانسية .

ne·o·lith [nē′ə lĭth] *(n.)* أداة حجرية [من العصر الحجري الحديث] .

ne·o·lith·ic [nē′ə lĭth′-] *(adj.)* (١) *cap.* : نِيوليثي ؛ حَجَريَحَديثيّ : خاصّ بالعصر الحجري الحديث (جي) (٢) قديم ؛ عتيق .

neolithic period *(n.)* العصر النِّيوليثيّ ؛ العصر الحجري الحديث .

ne·o·log·i·cal [-lŏj′-] *(adj.)* نيولوجيّ : خاصّ أو متّسم باستعمال الألفاظ الجديدة .

ne·ol·o·gism [nē ŏl′ə jĭz əm] *(n.)* لفظة جديدة ؛ تعبير جديد .

ne·ol·o·gy [nē ŏl′ə jĭ] *(n.)* النيولوجيا : «أ» استعمال لفظة جديدة أو تعبير جديد . «ب» استعمال لفظة ما بمعنًى جديدٍ أو مختلف .

ne·o·my·cin [-mī′sĭn] *(n.)* النِّيومايسين : عقّار من المُرديات (صي) .

ne·on [nē′ŏn] *(n.; adj.)* (١) النِّيون (ك) (٢) النِّيون : «أ» مصباح تفريغ أنبوبيّ الشكل يكون فيه الغاز محتويًا على مقدار كبير من النِّيون . «ب» لافتة نيونيّة . «ج» أضواء مصابيح النِّيون § (٣) نيونيّ <~ signs> .

ne·o·na·tal [nē′ō nā′-] *(adj.)* مواليديّ : ذو علاقة بالمواليد الجديدة أو مؤثّر فيها [وبخاصة بالطفل البشري في الشهر الأول بعد ولادته] .

ne·o·nate [nē′ə nāt′] *(n.)* الوليد : طفل مولود حديثًا .

ne·oned [nē′ōnd] *(adj.)* مُنَيَّن : مُضاء بمصابيح النِّيون .

ne·o·phyte [nē′ə fīt′] *(n.)* (١) المهتدي : المُعْتنِق الجديد لدينٍ ما (٢) «أ» الكاهن الغِرّ : كاهن كاثوليكيّ تمَّت سِيامتُهُ حديثًا . «ب» المُتَرَهِّبِن : الراهب قبل التثبيت في رهبنة ما (٣) المبتدئ [في فنٍّ ما] .

ne·o·pla·si·a [-plā′zhĭ ə] *(n.)* التَّنَشُّؤ الوَرَميّ : تكوُّن الأورام الخبيثة .

ne·o·plasm [nē′ə plăz′əm] *(n.)* ورم؛ نماء خبيث (مض) .

ne·o·plas·tic *(adj.)* (١) ورميّ : خاص بنماء خبيث (٢) تصنيعيّ (جر) .

ne·o·plas·ti·cism *(n.)* التشكيلانيّة المُحْدَثة .

ne·o·plas·ty [nē′ə plăs′tĭ] *(n.)* التصنيع ؛ الترميم الجراحيّ : تجديد أو ترميم عضوٍ ما بالجراحة اللدائنيّة .

Ne·o·pla·to·nism [-plā′-] *(n.)* الأفلاطونية المُحْدَثة : مذهب فلسفي نشأ في الإسكندرية في القرن الثالث للميلاد، معدِّلًا تعاليم أفلاطون بحيث تنسجم مع المفاهيم الأرسطووية والشرقية .

ne·o·prene [nē′ə prēn′] *(n.)* النيوبرين : ضرب من المطّاط الصُّنعيّ .

ne·o·ro·man·ti·cism *(n.)* الرومانتيكية المُحْدَثة .

ne·o–scho·las·ti·cism *(n.)* السّكولاستيّة المُحْدَثة : حركة كاثوليكية حديثة تهدف إلى تعديل طرائق الفلسفة السكولاستية وتعاليمها بحيث تلائم حاجات العصر الفكرية .

ne·o·ter·ic [nē′ə tĕr′-] *(adj.; n.)* (١) عصريّ § (٢) كاتب عصريّ .

Ne·pa·li [nə pôl′ĭ] *or* **Nep·a·lese** *(n.; adj.)* (١) النِّيباليّ : أحد سكان نيبال (٢) اللغة النيباليّة § (٣) نيباليّ .

ne·pen·the [nĭ pĕn′thĭ] *(n.)* (١) شراب السُّلوان [استعمله القدماء لتخفيف الألم والحزن] (٢) السَّلْوَى : شيء يُدخل السُّلوان إلى قلب الحزين .

neph·a·nal·y·sis [nəf ə năl′-] *(n.)* تحليل الغيوم أو السُّحب .

neph·e·line [nĕf′ə lĭn] *also* **neph·e·lite** [-līt] *(n.)* النِّفيلين (مع) .

neph·e·lin·ite [-′ə lĭ nīt] *(n.)* النِّفيلينيت : صخر ناريّ داكن اللون .

neph·ew [nĕf′yoo; nĕv′-] *(n.)* (١) «أ» ابن الأخ . «ب» ابن الأخت (٢) ابن غير شرعي لكاهن .

neph·o·scope [nĕf′-] *(n.)* النِّفوسكوب : أداة لمراقبة اتجاه الغيوم

وسرعتها .

nephr- *or* **nephro-** بادئة معناها : كُلْيَة <*nephr*itis> .

neph·ral·gia [něf răl′jĭ ə] *(n.)* الألم الكُلْوِيّ : ألم في الكُلْية (مض) .

ne·phrec·to·my [nə frěk′tə mĭ] *(n.)* استئصال الكُلْية (جر) .

neph·ric [něf′rĭk] *(adj.)* كُلْوِيّ : ذو علاقة بالكُلْية .

ne·phrid·i·um [nə frĭd′ĭ-] *(n.)* pl. **-i·a** الكُلَيَّة : كُلْية صغيرة (ح) .

neph·rite [něf′rīt] *(n.)* النَّفْريت : ضرب من اليَشْم أو الجاد .

ne·phrit·ic [nə frĭt′-] *(adj.)* (١) كُلْوِيّ (٢) مصاب بالتهاب الكُلْية .

ne·phri·tis [nə frī′tĭs] *(n.)* التهاب الكُلْية (مض) .

neph·ro·gen·ic [něf′rə jěn′-] *(adj.)* كُلْوِيّ : «أ» كُلْوِيّ المَنْشأ . «ب» مُحْدِثٌ نسيجًا كُلويًا .

neph·ro·lith [něf′rō lĭth] *(n.)* الحصاة الكُلْوية (مض) .

ne·phrol·o·gy [ně frŏl′ə jĭ] *(n.)* طِبّ الكُلَى .

ne·phrop·a·thy [nə frŏp′ə-] *(n.)* الاعتلال الكُلْوِيّ (مض) .

ne·phrot·o·my [nə frŏt′-] *(n.)* بَضْعُ الكُلْية [لاستخراج الحصى] .

ne plus ul·tra [nē′plŭs ŭl′trə] *(n.)* ذِروة؛ قِمَّة؛ أوج .

nep·o·tism [něp′-] *(n.)* المَحْسوبية : محاباة الأقارب في التوظيف إلخ . — **ne·pot·ic; nep·o·tis·tic** *(adj.)*

Nep·tune [-′tōōn; -tyōōn] *(n.)* (١) نبتون : إلَه البحر عند الرومان (٢) البحر؛ المحيط (٣) نبتون : رابع الكواكب السيّارة حجمًا .

Nep·tu·ni·an [něp tōō′-] *(adj.)* نبتونيّ : «أ» ذو علاقة بنبتون إلَه البحر الروماني . «ب» بحريّ . «ج» ذو علاقة بالكوكب السيّار نبتون (فل) .

nep·tu·ni·um [-′nĭ əm] *(n.)* النّبتونيوم : عنصر فلزيّ إشعاعي النشاط (ك) .

nerd [nûrd] *(n.)* شخص بغيض أو تافهٌ أو غير جذّاب . وبخاصة : شخص متعمّق في الدّراسة إلّا أنه مخفق اجتماعيًّا <a computer ~> (ع) .

Ne·re·id [nēr′ĭ ĭd] *(n.)* النَّريدة : واحدة من حوريات بحرية زعمت الأساطير اليونانية أنهن بنات الإلَه نيريوس Nereus .

ne·rit·ic [nə rĭt′-] *(adj.)* شاطئيّ .

ner·o·li oil [něr′ə lĭ] *(n.)* الزيت النيروليّ : زيت عطِرٌ يستخرج من زهر البرتقال .

Ne·ro·ni·an [nĭ rō′-] *or* **Ne·ron·ic** [-rŏn′ĭk] *(adj.)* نيرونيّ : خاصّ بالأمبراطور الروماني نيرون أو بعصره أو مميِّز لهما .

nerts [nûrts] *(n. pl.)* هُراء؛ كلامٌ فارغ .

nerv- *or* **nervi-** *or* **nervo-** بادئة معناها : عَصَبٌ .

ner·va·tion [nûr vā′shən] *(n.)* التعرُّق : نظام انتشار العروق أو الأعصاب [في أوراق النبات أو أجنحة الحشرات] .

nerve [nûrv] *(n.; vt.)* (١) عَصَب؛ وتَر (٢) «أ» مصدر توجيه أو قوة . «ب» جَلَد؛ قوة . «ج» جسارة؛ جرأة . «د» وقاحة (٣) *pl.*: هستيريا <a fit of ~s> (٤) عِرق [في ورقة النبات] (٥) عصب الضرس § (٦) يقوّي؛ يشجّع .

nerve cell *(n.)* الخليّة العصبيّة («ت» و«فس») .

nerve center *(n.)* (١) مركز عصبي (٢) مصدر قيادة أو نفوذ .

nerve cord *(n.)* الحَبْل العصبيّ (ت) .

nerved [nûrvd] *(adj.)* (١) مُعَرَّق : ذو عروق أو أعصاب (٢) شجاع .

nerve fiber *(n.)* اللِّيف العَصَبيّ (ت) .

nerve gas *(n.)* الغاز العصبيّ : غاز حربي يؤثّر في الجهاز العصبيّ .

nerve impulse *(n.)* الاندفاعة أو النَّبْضة العصبيّة .

nerve·less [nûrv′-] *(adj.)* (١) عديم الأعصاب (٢) واهن؛ ضعيف (٣) رابط الجأش <a ~ champion> .

nerve–rack·ing *also* **nerve–wrack·ing** *(adj.)* مُرهِق للأعصاب .

nerve trunk *(n.)* الجِذع العصبيّ (ت) .

nerv·ine [nûr′vēn; -vīn] *(adj.)* (١) عصبيّ (٢) مهدِّئ للأعصاب .

nerv·i·ness *(n.)* (١) جسارة (٢) وقاحة (٣) عصبية؛ توتّر أعصاب .

nerv·ous [nûr′vəs] *(adj.)* (١) متّقد : مُتَّسِم بقوة الفكر أو الشعور أو الأسلوب (٢) عصبيّ : «أ» ذو علاقة بالخلايا العصبيّة أو مؤلَّف منها . «ب» ذو علاقة بالأعصاب أو ناشئ فيها أو متأثر بها (٣) عَصبيّ؛ مُنَرْفز؛ متوتّر الأعصاب (٤) «أ» هلِع؛ خائف <~ smile> . «ب» عصيب <The moment was ~.> . «ج» قلِق؛ غير مستقرّ <~ boat> .

nervous breakdown *(n.)* الانهيار العصبيّ؛ النَّهَك العصبيّ .

nervous Nel·lie *or* **Nel·ly** *(n.)* الهَلُوع : شخص جبان أو ضعيف .

nerv·ous·ness; ner·vos·i·ty *(n.)* عصبية؛ نرفزة؛ توتُّر أعصاب .

nervous system *(n.)* الجهاز العصبيّ؛ الجملة العصبية (ت) .

ner·vure [nûr′vyōōr] *(n.)* عِرْق [في ورقة النبات أو جناح الحشرة] .

nerv·y [nûr′vĭ] *(adj.)* (١) جَسور (٢) وَقِح (٣) عصبيّ المزاج .

nes·cience [něsh′əns] *(n.)* جَهْل . — **nes·cient** *(adj.)*

ness [něs] *(n.)* الرأس : أرضٌ داخلة في البحر .

-ness لاحقة معناها : حالة؛ وضْع؛ صفة؛ درجة <dark*ness*> .

Nes·sel·rode [něs′əl rōd] *(n.)* النَّسَلْرَد : مزيج من ثمار مسكَّرة وجوز [يستعمل في الحلويات والمرطّبات] .

nest [něst] *(n.; vi.; t.)* (١) «أ» عُشّ [الطائر] . «ب» وَكْر [النمل] (٢) مأوًى؛ مُعْتَزَل؛ مُستراح (٣) وكر <a ~ of vice> (٤) المترددون على وكرٍ ما (٥) مجموعة (٦) المتداخلة : مجموعة من الصناديق أو الأدراج أو الطاولات المتداخلة § (٧) يبني عشًّا أو يأوي إليه (٨) يتداخل بعضُه في بعض x (٩) يجعل بعضَه متداخلًا في بعض (١٠) يضع في عشّ أو نحوه . — **nest·er** *(n.)*

a nest of tables

n'est–ce pas [něs pä′] أليس كذلك؟

nest egg *(n.)* بيضة العش : «أ» بيضة طبيعيّة أو صناعيّة تُترك في عُشّ لإغراء الطير على الاستمرار في وضع البيض فيه . «ب» مال مدَّخَر .

nes·tle [něs′əl] *(vi.; t.)* (١) يستكنّ <~*d* down in bed> x (٢) يُؤوي

(٣) يحضن <~*d* the baby in her arms> .

nest·ling [nĕst′lĭng] *(n.)* (١) الفَرْخ : صغير الطير (٢) طفل .

nes·tor [-′tər] *(n.)* (١) المرشِد الحكيم؛ الناصح العجوز (٢) القُطْب؛ الزعيم؛ المتفوّق في حقل ما .

Nes·to·ri·an [nĕs tōr′-] *(adj.; n.)* (١) نَسْطوريّ : «أ» ذو علاقة بمذهب نسطوريوس الذي اعتُبر هرطقةً عام ٤٣١ والذي ذهب إلى أن الطبيعتين الإلٓهية والبشرية ظلّتا منفصلتين في يسوع المسيح . «ب» ذو علاقة بكنيسة انفصلت عن النصرانيّة البيزنطيّة بعد عام ٤٣١ وانتشرت في فارس والعراق وإليها ينتسب الأشوريون § (٢) النَّسْطوريّ .

net[1] [nĕt] *(n.; vt.)* (١) الشبكة : «أ» شبكة لصيد الأسماك أو الطيور أو الحشرات . «ب» شبكة تَقْسِم ملعب التِّنِس إلى شطرين . «ج» شَرَك؛ أُحبولة . «د» شبكة خطوط أو ألياف أو رسوم . «هـ» شبكة من محطّات المواصلات العاملة تحت إشراف موحَّد . «و» شبكة محطات إذاعة أو تلفزيون يُرْبَط بعضها ببعض بحيث تتمكّن كلّها من بثّ البرنامج نفسه في وقت واحد (٢) الشّابكة : كُرةٌ تصيب الشبكة [في التِّنِس] § (٣) يغطّي أو يُطوِّق بشبكة (٤) يصيد بشبكة؛ يُوقِع في (٥) يُشْبِك : يضرب الكرة فيصيب الشبكة [في التنس] .

net[2] *(adj.; vt.; n.)* (١) صافٍ <~ weight> (٢) نهائيّ <~ result> § (٣) «أ» يَربح ربحًا صافيًا . «ب» يغلّ ربحًا صافيًا (٤) يُكْسِبه أو يعود عليه بِ § (٥) «أ» مقدار صافٍ . «ب» ربحٌ أو وزن أو سعر صافٍ (٦) جوهر؛ لبّ؛ زبدة .

net·ball [nĕt′bôl] *(n.)* كرة الشبكة : ضربٌ من كرة السَّلّة (رب) .

neth·er [nĕth′ər] *(adj.)* (١) سُفْليّ (٢) واقع تحت سطح الأرض .

neth·er·most [nĕth′ər mōst] *(adj.)* الأسفل؛ الأدنى؛ الأوطأ .

neth·er·world [nĕth′ər wûrld] *(n.)* (١) العالم السُّفْلي : الجحيم (٢) الآخِرة : العالَم الآخَر (٣) عالَمُ الجريمة المنظَّمة .

net·like [nĕt′līk′] *(adj.)* شبَكانيّ : شبيه بشبكة .

nett [nĕt] *(chiefly Brit.)* = net.

net·ting [nĕt′ĭng] *(n.)* (١) شبكة (٢) التشبيك : صنع الشِّباك (٣) «أ» صيد السمك بالشِّباك . «ب» حقّ الصيد بالشِّباك .

net·tle [nĕt′əl] *(n.; vt.)* (١) القُرّاص : نبات عشبيّ ذو وبر شائك § (٢) يَلْسَع؛ يَلْدَغ (٣) يُغْضِب؛ يُثير .

nettle rash *(n.)* الشَّرَى؛ الطَّفْح القُرّاصيّ (مض) .

net·tle·some [nĕt′əl-] *(adj.)* مُغْضِب؛ مُثير؛ مُغيظ .

net·ty [nĕt′ĭ] *(adj.)* = netlike.

net–veined *(adj.)* شَبَكيّ العروق <~ leaves> .

net·work [nĕt′-] *(n.; vt.)* (١) شبكة (٢) الشبكة : «أ» شبكة طرق أو محطات كهربائية أو كومبيوترات . «ب» شبكة محطات إذاعة أو تلفزيون يُربط بعضها ببعض بحيث تتمكّن كلها من بث البرنامج نفسه في وقت واحد . «ج» شركة إذاعة أو تلفزيون تنتج البرامج لبثّها على مثل هذه الشبكة § (٣) يُشابك : يَرْبِط بشبكة طرق إلخ .

net·work·ing *(n.)* المُشابَكَة : إنشاء شبكة كومبيوترات أو استخدامها .

neur- *or* **neuro-** بادئة معناها : عَصَب <*neuro*logy> .

neu·ral [no͝or′əl; nyo͝or′-] *(adj.)* (١) عَصَبيّ (٢) ظَهْريّ .

neural arch *(n.)* القوس الظَّهْريّ : القوس الغُضروفي أو العظميّ المغلِّف للحبل الشوكيّ في الفقاريات (ح) .

neu·ral·gia [no͞o răl′jə] *(n.)* النورالجيا؛ الألم العصبيّ (ط) .

neu·ras·the·ni·a [-thē′-] *(n.)* النُّوراسثينيا؛ النَّهَك العصبيّ (ط) .

neu·rec·to·my [no͞o rĕk′tə mĭ] *(n.)* قَطْع العَصَب (جر) .

neu·ri·lem·ma [-′ə lĕm′ə] *(n.)* الغِمْد العصبيّ؛ غِمْد العَصَب (ت) .

neu·ri·tis [no͞o rī′tĭs] *(n.)* التهاب العَصَب (ط) .

neu·ro·a·nat·o·my [-ə năt′ə mĭ] *(n.)* تشريح الجهاز العصبيّ .

neu·ro·bi·ol·o·gy *(n.)* البيولوجيا العصبية؛ علم الأحياء العصبيّ .

neu·ro·blast [no͝or′ə-] *(n.)* الأرومة العَصَبية (أج) .

neu·ro·gen·ic [no͝or′ō jĕn′-] *(adj.)* عصبيّ المنشأ (ط) .

neu·rog·li·a [no͞o rŏg′-] *(n.)* اللُّحمة العصبيّة : النسيج الضامُّ الدقيق الذي يَشُدّ عناصر النسيج العصبيّ الرئيسية في الجهاز العصبيّ (ت) .

neu·ro·lep·tic [no͝or′ō lĕp′-] *(n.; adj.)* مهدِّئ : مهدِّئ للأعصاب .

neu·rol·o·gist [no͞o rŏl′ə jĭst] *(n.)* طبيب الأعصاب .

neu·rol·o·gy [-′ə jĭ] *(n.)* مَبْحث الأعصاب : دراسة الجهاز العصبيّ .

neu·ro·ma [-rō′mə] *(n.)* pl. **-s** *or* **-ma·ta** العَصَبوم؛ الورم العصبيّ (ط) .

neu·ro·mus·cu·lar *(adj.)* عَصَبيْعَضَليّ : متعلّق بالأعصاب والعضلات .

neu·ron [no͝or′ŏn] *also* **neu·rone** [no͝or′ōn] *(n.)* العَصَبون؛ العَصَبة؛ الخليّة العصبية (ت) .
— **neu·ron·ic** *(adj.)*

neu·ro·path [no͝or′ə păth] *(n.)* المعتلّ عصبيًّا (ط) .

neu·rop·a·thy [no͞o rŏp′ə thĭ] *(n.)* العُصابة؛ الاعتلال العصبيّ .

neu·ro·psy·chi·a·try [-sī kī′ə trĭ] *(n.)* طِبّ النفس العصبيّ .

neu·rop·ter·an [no͞o rŏp′-] *(n.; adj.)* (١) شبكيّة الجناح : حشرة من شَبَكيّات الجناح **Neuroptera** وهي رتبة من الحَشرات ذات زوجين من الأجنحة الغشائية § (٢) شَبَكيّ الجناح .

neuropteran *1.*

neu·ro·sis [no͞o rō′sĭs] *(n.)* العُصاب : اضطراب عصبيّ وظيفيّ .

neu·ro·sur·ger·y [no͝or′ō sûr′jə rĭ] *(n.)* الجراحة العصبيّة .

neu·rot·ic [-rŏt′ĭk] *(adj.; n.)* (١) عُصابيّ : ذو علاقة بالعُصاب § (٢) العُصابيّ : المُصاب بالعُصاب .

neu·rot·i·cism [-′ə sĭz əm] *(n.)* العُصابية : صفةٌ أو حالةٌ عُصابيّة .

neu·rot·o·my [-rŏt′ə mĭ] *(n.)* بَضْعُ العَصَب؛ قطع العصب (جر) .

neu·ro·tox·ic [-tŏk′sĭk] *(adj.)* (١) سامٌّ للعَصَب (٢) مخرِّب للعصب .

neu·ter [no͞o′tər; nyo͞o′-] *(adj.; n.; vt.)* (١) مُحَيَّر : ليس بالمُذكر ولا بالمؤنَّث (ل) (٢) لازم : غير مُتَعدٍّ (ل) (٣) حياديّ؛ محايد (٤) خُنْثيّ : غير ذي أعضاء تناسلية، أو ذو أعضاء تناسلية ناقصة النموّ § (٥) المُحَيَّر : «أ» اسمٌ إلخ ليس بالمذكَّر ولا بالمؤنَّث . «ب» الجنس المُحَيَّر (ل) (٦) فعل لازم (ل) (٧) شخص محايد؛ دولة محايدة (٨) الخُنْثى : نحلة عاملة أو شغّالة (٩) حيوان مَخْصيّ § (١٠) يَخْصي .

neu·tral [no͞o′trəl; nyo͞o′-] *(adj.; n.)* (١) «أ» محايد؛ حياديّ. «ب» تابع لدولة محايدة <~ territories> (٢) متحايِد: غيرُ محدَّدِ اللونِ أو الجنسِ إلخ (٣) «أ» ماصح؛ لالونيّ؛ خالٍ من اللون. «ب» شبه ماصح (٤) «أ» neuter 4. «ب» تنقصُهُ الأسْدية أو المِدَقّات (نب) (٥) متعادل؛ مُتحايد: «أ» ليس حَمْضيًّا ولا قاعديًّا (ك). «ب» غير ذي شحنة كهربائية (كب) § (٦) شخص محايد؛ دولة محايدة (٧) اللّالونيّ؛ اللون الماصح (٨) اللّاتعشيق: حالة تكون فيها تروسُ الماكينة غير مُعَشَّقة <in ~>.

neutral axis *(n.)* محور التعادل؛ المحور الحياديّ (فزن).

neu·tral·ism [no͞o′trə-] *(n.)* (١) الحياد (٢) الحياديّة؛ سياسة الحياد.

neu·tral·i·ty [no͞o trăl′-] *(n.)* الحياد. وبخاصة: رفض الاشتراك في أية حرب تنشب بين الدول الأخرى.

neu·tral·i·za·tion *(n.)* (١) المُعادَلة؛ المحايَدة (٢) تحييد (٣) تعادُل؛ تحايُد.

neu·tral·ize [no͞o′trə līz′] *(vt.; i.)* (١) يُعادِل: يجعل المحلول متعادلًا أي لا حَمْضيًّا ولا قاعديًّا (ك) (٢) يُبْطل؛ يعطِّل؛ يَشُلّ: يجعله غير ذي فعّالية (٣) يُحايد: يجعله متحايدًا (كب) (٤) يُحَيِّد: يمنحه صفةَ الحياد الدَّولي **x** (٥) يتعادل: يتحايد.

neutral wire *(n.)* سِلْك التعادُل (كب).

neu·tri·no [no͞o trē′nō] *(n.)* النيوترين: جُسَيْمٌ غير مشحون، ذو كتلة صغيرة جدًا، ينبعث من نواة الذرّة.

neu·tron [no͞o′trŏn] *(n.)* النيوترون: جُسَيْم غير مشحون يؤلّف هو والبروتون جزءًا من النواة في الذرّة (فز).
— **neu·tron·ic** *(adj.)*

neutron bomb *(n.)* قنبلة النيوترون؛ القنبلة النيوترونية.

né·vé [nā vā′] *(n.)* (١) الخَشِيف: ثلجٌ حُبَيْبيّ يتراكم على قمم الجبال الشامخة (٢) المخشوفة؛ الأرض المثلوجة: حقل ثلج حُبَيْبي كهذا.

nev·er [nĕv′ər] *(adv.)* قَطُّ؛ أبدًا؛ مُطْلَقًا.

nev·er·more [nĕv′ər mōr′] *(adv.)* بَعْدَ اليوم أبدًا.

nev·er–nev·er land *(n.)* المدينة الفاضلة: مكان مثاليّ أو خياليّ.

nev·er·the·less [-thə lĕs′] *(adv.)* ومع ذلك؛ وبرغم ذلك.

ne·vus [nē′vəs] *(n.)* pl. **-vi** [vī] = birthmark.

new[1] [no͞o; nyo͞o] *(adj.)* (١) جديد؛ حديث (٢) عصريّ (٣) غريب؛ جديدٌ على؛ غير مألوف <ideas ~ to us> (٤) مُسْتَجِدٌّ في؛ غير متعوِّد كذا <She is ~ to the job.> (٥) طازج <~ milk>.

new[2] *(adv.; n.)* (١) حديثًا <*new*-crowded> § (٢) شيء جديد.

new·born [no͞o′-] *(adj.)* (١) مولود حديثًا (٢) مولود من جديد.

New·burg *or* **New·burgh** [no͞o′bûrg] *(adj.)* نيوبَرْغيّ: مقدَّم مع صلصة مُعَدَّة من كريما وزبدة ونبيذ وصفار بيض <shrimp ~>.

New·castle disease [-′kăs′əl] *(n.)* داء نيوكاسِل [يصيب الدجاج].

new·com·er *(n.)* (١) الوافد؛ القادم الجديد (٢) المبتدئ [في صنعةٍ إلخ].

New Deal *(n.)* البرنامج الجديد: برنامج وضعه الرئيس الأميركي فرانكلين روزفلت ابتغاءَ الإنعاش الاقتصادي والإصلاح الاجتماعي خلالَ العقد الرابع من القرن العشرين.

newel

new·el [no͞o′əl] *(n.)* قائم الدّرابزين: العمود الذي بأسفل الدَّرَج.

new·fan·gled [no͞o′făng′gəld] *(adj.)* (١) مُوْلَعٌ بالجديد (٢) جديد؛ عصريّ؛ مُتَمشٍّ مع أحدث الطُّرُز.

new–fash·ioned *(adj.)* (١) مُسْتحدث: مصنوع بطريقة جديدة أو شكلٍ جديد (٢) جديد؛ عصريّ.

new·found *(adj.)* مُكْتَشَف أو مُتَّضِح حديثًا <her ~ jealousy>.

New·found·land [no͞o′fən-; nyo͞o found′-] *(n.)* كلب نيوفاوندلند: كلب ضخم قادر على السباحة.

Newfoundland

New·gate [no͞o′gāt′] *(n.)* نيوغايت: سجن لندنيّ شهير.

New Greek *(n.)* اليونانيّة الحديثة [منذ نهاية القرون الوسطى].

New Hamp·shire [hămp′shər] *(n.)* دجاج هامبشير: دجاج أميركي.

new·ie [no͞o′ē] *(n.)* الجديد: شيء جديد.

new·ish [no͞o′ĭsh] *(adj.)* جديدٌ قليلًا؛ جديدٌ بعضَ الشيء.

New Latin *(n.)* اللاتينيّة الحديثة: اللغة اللاتينيّة كما استُعملت منذ نهاية القرون الوسطى، وبخاصة في الوصف والتصنيف العلميَّين.

new·ly [no͞o′lĭ] *(adv.)* (١) حديثًا؛ مؤخّرًا <~ baked bread> (٢) مجدَّدًا: من جديد <~ painted rooms> (٣) بطريقة جديدة.

new·ly·wed [-′lĭ wĕd′] *(n.)* المتزوِّج حديثًا: المتزوِّج منذ عهد قريب.

new·mar·ket *(n.)* النومَرْكِت: سترة طويلة ضيِّقة [للرجال والنساء].

new moon *(n.)* (١) هلال (٢) الغُرّة: اليوم الأول من كل شهر عبريّ.

news [no͞oz; nyo͞oz] *(n.)* (١) نبأ؛ خبر (٢) أنباء؛ أخبار (٣) جريدة.

news agency *(n.)* وكالة الأنباء.

news·a·gent *(n.)* وكيل الصُّحُف: صاحب محلّ لبيع الصُّحف والمجلّات.

news·boy [no͞oz′boi′] *(n.)* غلام الصُّحُف: غلام يبيع الصحف أو يوزِّعها على المشتركين.

news·break [-′brāk′] *(n.)* الحَدَث: حادثةٌ ذات أهمية إخبارية.

news·cast [no͞oz′-] *(n.)* نشرة الأخبار [في الراديو أو التلفزيون].

news·cast·er *(n.)* المذيع: مذيع نشرة الأخبار [في الراديو أو التلفزيون].

news conference *(n.)* مؤتمر صُحُفيّ.

news·deal·er [no͞oz′dē′lər] *(n.)* = newsagent.

news·let·ter [no͞oz′-] *(n.)* الرسالة الإخبارية: صحيفة صغيرة تشتمل على أنباء أو معلومات ذات أهمية، وبخاصة بالنسبة إلى جماعة معيّنة.

news·mag·a·zine [-′măg′ə zēn′] *(n.)* المجلة الإخبارية.

news·man [-′mən] *(n.)* الإخباريّ: مُخْبِر الصُّحف أو مُراسِلها.

news·mon·ger [-′mŭng′gər] *(n.)* مُرَوِّج الأخبار: ناقل القِيل والقال.

news·pa·per[1] [no͞oz′-] *(n.)* الصحيفة؛ الجريدة (صح).

ă at; ā date; â care; ä car; ĕ egg; ē me; ĭ in; ī bite; ŏ lot; ō bone; ô orphan; oi boil; o͝o good; o͞o boot; ou out; ŭ under; û urgent; ə = *a* in alone, *e* in system, *i* in easily, *o* in gallop, *u* in circus.

news·pa·per² *(vi.)* يَعْمَلُ في حقل الصحافة.

news·pa·per·man *(n.)* الصِّحافيّ: صاحب الجريدة أو أحدُ محرِّريها.

— **news·pa·per·wom·an** *(n. fem.)*

new·speak [nōō'spēk'] *(n.)* لغة مُبْهمة أو غامضة.

news·peo·ple *(n.)* مُخبرو الصُّحف والإذاعات أو مراسلوها.

news·print [nōōz'prĭnt'] *(n.)* ورق الصُّحف.

news·read·er [nōōz'-] *(n.)* = newscaster.

news·reel [nōōz'rēl'] *(n.)* جريدة السينما: فيلم إخباريّ قصير.

news·room *(n.)* (١) غُرفة الصُّحُف [في مكتبة عامة] (٢) حجرة التحرير.

news·stand [nōōz'-] *(n.)* كُشْك الصُّحُف: كُشْك لبيع الصُّحُف.

New Style *(adj.)* مستخدمٌ التَّقْويمَ الغريغوري أو وَفقَ هذا التقويم.

news·ven·dor [-'vĕn'dər] *(n.)* بائع الصُّحُف.

news·wom·an *(n.)* الإخباريّة: مُخْبِرة الصحف أو مُراسلتها.

news·wor·thy [-'wûr'thĭ] *(adj.)* إخباريّ الأهميّة: ذو أهمية إخبارية.

news·y [nōō'zĭ] *(adj.)* (١) حافلٌ بالأخبار (٢) ذو أهمية إخبارية.

newt [nōōt; nyōōt] *(n.)* سَمَنْدل الماء (ح).

newt

New Testament *(n.)* العهد الجديد: القسم الثاني من الكتاب المقدَّس.

new·ton [nōō'tən] *(n.)* النّيوتُن: وحدة قوّة (فز).

New·to·ni·an [nōō tō'-] *(adj.)* نُيوتُنيّ: منسوب إلى إسحق نيوتُن.

New World *(n.)* العالَم الجديد: الأميركتان الشمالية والجنوبية.

New Year *(n.)* (١) العام الجديد (٢) عيد رأس السنة.

New Year's Day *(n.)* عيد رأس السنة.

next [nĕkst] *(adj.; prep.; adv.)* (١) تالٍ <the ~ President> (٢) مجاور <the ~ building> § (٣) أقربُ إلى <a seat ~ to the fire> (٤) قربَ؛ بجوار § (٥) ثمّ؛ بعد ذلك مباشرةً (٦) في المرة التالية.

~ door (١) في البيت المجاور (٢) في مكانٍ مجاور.

next-door neighbors الجيران الأقربون: الجيران الساكنون في المبنى المجاور.

~ to impossible مجاورٌ للمستحيل؛ مستحيلٌ تقريبًا.

~ to nothing لا شيء تقريبًا.

next friend *(n.)* الصَّديق الأقرب: شخص تعيّنُهُ المحكمة لتمثيل قاصر أو شخص عديم الأهلية والتصرُّف بأسمِهِ (ق).

next of kin *(n.)* النسيب الأقرب؛ الأنسباء الأقربون.

nex·us [nĕk'səs] *(n.)* (١) علاقة؛ صلة؛ رابطة (٢) سلسلة؛ مجموعة مترابطة (٣) مَرْكز؛ قَلْب.

ngul·trum [ĕng gŭl'-] *(n.)* الإنغُلتروم: وحدة النقد في بوتان.

ngwee [ĕng gwē'] *(n.)* الإنْغْويّ: وحدة نقد صغيرة في زامبيا.

ni·a·cin [nī'ə sĭn] *(n.)* النِّياسين؛ الحَمْض النيكوتينيّ.

Ni·ag·a·ra [nī ăg'rə; -ər ə] *(n.)* سَيْل؛ فيض؛ طوفان.

nib [nĭb] *(n.; vt.)* (١) منقار (٢) سِنٌّ: طَرَف مُسْتَدِق (٣) «أ» رأس القلم. «ب» ريشة الكتابة § (٤) يُسَنِّن: يجعل له رأسًا مُستدقًّا (٥) يبري [القَلَم].

nib·ble [nĭb'əl] *(vt.; i.; n.)* (١) «أ» يَقْضِم بِرِفق. «ب» يأكل أو يلوك مصغّرًا لقمته (٢) يقْرِض: يأكل قطعةً بعد قطعة x (٣) يعيب؛ ينتقد § (٤) قَضْمٌ؛ قَرْضٌ (٥) قَضْمة؛ مقدار صغير.

nib·lick [nĭb'lĭk] *(n.)* النِّبلِك: مِضْرَب غولف حديديّ الرأس.

nibs [nĭbz] *(n.)* الرئيس؛ الزعيم؛ صاحب الشأن أو السلطة.

nic·co·lite [nĭk'ə līt'] *(n.)* النيكوليت: معدن ذو بريق فِلزيّ.

nice [nīs] *(adj.)* (١) «أ» نيِّق؛ صعب الإرضاء؛ مفرط التأنُّق <was very ~ in his dress>. «ب» متزمِّت: شديد الحرص على التزام قواعد السلوك الشريف <Sami is not too ~ in his business methods.> (٢) «أ» لذيذ <~ food>. «ب» لطيف؛ ودّي <He is always ~ to strangers.> (٣) «أ» دقيق <~ distinctions>. «ب» متطلِّب عناية ودقّة <a ~ point of law> (٤) «أ» مليح؛ بهيج؛ سارّ <~ time>. «ب» قريب إلى النفس <Salim is a ~ person.> (٥) محكَم؛ متقن؛ بارع <a ~ bit of satire> (٦) رديء؛ خبيث؛ لعين <got us into a ~ mess!> (٧) «أ» مهذَّب؛ رفيع التهذيب <~ people>. «ب» طاهر؛ متمسِّك بأهداب الفضيلة <Salma is a ~ girl.>.

— **nice·ly** *(adv.)* — **nice·ness** *(n.)*

nice–nel·ly *(adj.)* ملطَّف: مُتَّسِمٌ بلُطف التعبير (را. euphemism).

ni·ce·ty [nī'sə tĭ] *(n.)* (١) سِمة أنيقة؛ شيء لذيذ أو لطيف <the *niceties* of life> (٢) نقطة دقيقة؛ تفصيل. وفي الجمع: دقائق؛ تفاصيل <*niceties* of protocol> (٣) صحة؛ إحكام <~ of judgment> (٤) الدِّقّة؛ الدِّقِّيّة: كون الشيء متطلِّبًا دقّة في المعالجة <a question of great ~> (٥) إفراط في التأنّق؛ صعوبة في الإرضاء.

to a ~, بدقّة بالغة؛ بتفصيل تامّ؛ بالضبط.

niche [nĭch] *(n.; vt.)* (١) «أ» المِشْكاة: كُوّةٌ في الحائط غير نافذة يوضع فيها تمثال أو زهرية. «ب» محراب (٢) «أ» الموضع اللائق: المكان أو العمل أو النشاط الملائم لكفاءات المرء. «ب» البيئة الملائمة: بيئة تتوفر فيها العوامل الضرورية لوجود متعضٍّ أو نوع من الأنواع الأحيائية § (٣) يضعه في مِشكاة أو موضع لائق.

niche *1a.*

nick [nĭk] *(n.; vt.; i.)* (١) «أ» شَقّ؛ حَزّ؛ ثَلْم [وبخاصة على جسم حرفٍ طباعي]. «ب» موضع مكسور، في آنية خزفية <~s in china> (٢) اللحظة النهائية الحرجة أو الحاسمة <in the ~ of time> § (٣) «أ» يحزّ؛ يثلِّم. «ب» يَجْرح (٤) يدوِّن؛ يسجِّل (٥) يختصر (٦) «أ» يلحق [بالقطار] أو يدركه في اللحظة المناسبة [قبيل إقلاعه]. «ب» ينتهز في الوقت المناسب (٧) يخدع؛ يتقاضى منه ثمنًا أعلى مما يجب x (٨) يشنّ هجماتٍ صغيرة (٩) يتمِّم أحدهما الآخر، وراثيًا، فيُنجبان ذُرِّيّةً ممتازة.

Old *Nick* الشيطان؛ إبليس.

nick·el *also* **nick·le** [nĭk'-] *(n.; vt.)* (١) النِّيكِل (ك) (٢) النِّكْلة: قطعة نقدية قيمتها خمسة سَنتات § (٣) يُنَكِّل: يطلي أو يُغَشِّي بالنِّيكل.

nick·el–and–dime *(adj.)* (١) زهيد الأجر <a ~ job> (٢) تافه.

nick·el·ic [nĭk'əl ĭk] *(adj.)* نِيكليّ: ذو علاقة بالنِّيكِل أو محتوٍ عليه.

nick·el·if·er·ous [nĭk'ə lĭf'-] *(adj.)* نِيكليّ: مُحتوٍ على نِيكل.

nick·el·o·de·on [nĭk'ə lō'dĭ ən] *(n.)* (١) المسرح النيكليّ: مسرحٌ كان

رَسْمُ الدخول إليه خمسة سنتات (٢) jukebox.

nick·el·ous [nĭk′-] *(adj.)* نِيْكِلِيّ: ذو علاقة بالنِّيكِل أو محتوٍ عليه.

nickel silver *(n.)* = German silver.

nick·er [nĭk′ər] *(vi.; n.)* (١) يَصْهَل [الفَرَس] (٢) يَضْحَك § (٣) صَهيل (٤) ضَحِكٌ.

nick·nack [nĭk′năk′] *(n.)* = knickknack.

nick·name [nĭk′nām′] *(n.; vt.)* (١) لقبٌ؛ كُنْيَة [للتهكّم أو التحبّب] (٢) اسم التحبُّب: صيغةُ تَحَبُّبٍ لاسم عَلَم (مثل *Jim* بدلًا من James) § (٣) يدعو أو يسمّي خَطأً (٤) يُلَقِّب؛ يُكَنّي.

ni·co·ti·a·na [nĭ kō′shē ā′nə] *(n.)* النيكوتيانيّ: ضربٌ من التبغ (نب).

nic·o·tine [nĭk′ə tēn] *(n.)* النيكوتين؛ التَّبْغين: مادّة سامّة في التبغ.

nic·o·tin·ic [nĭk′ə tĭn′-] *(adj.)* نيكوتينيّ: منسوب إلى النيكوتين.

nic·o·tin·ic acid *(n.)* الحَمْض النيكوتينيّ؛ النِّياسين (ك).

nic·ti·tate [nĭk′tə tāt′] *(vi.)* = wink.

nic·ti·tat·ing membrane *(n.)* الغشاء الرامش: غشاء رقيق يقع في الزاوية الداخلية أو تحت الجفن السُّفلي من العين، عند كثير من الحيوانات.

ni·dic·o·lous [nī-] *(adj.)* متعاشِش: متقاسِمٌ العُشّ مع نوع آخر (طا).

ni·di·fi·ca·tion [nĭd′ə fə kā′-; nī-] *(n.)* التعشيش: بناءُ الأعشاش.

ni·dif·u·gous [nī dĭf′yə gəs] *(adj.)* مفارقٌ العُشّ [بعد التَّفَقُّس مباشرةً].

ni·dus [nī′dəs] *(n.)* pl. **-di** *or* **-es** (١) المَفْرَخ: موقع لتربية الفراخ. وبخاصة: موضعٌ، أو مادةٌ، في الحيوان أو النبات تعشِّش فيه البكتيريا وتُفرِخ (٢) المَنْبِت: موطن نشوء الشيء أو نموّه.

niece [nēs] *(n.)* (١) ابنة الأخ أو الأختِ (٢) ابنة أخي الزوجِ أو أختِه (٣) ابنةُ أخي الزوجةِ أو أختِها.

ni·el·lo [nĭ ĕl′ō] *(n; vt.)* (١) النِّلّ: مادة فلزيّة سوداء تُملأ بها خطوط الرسوم المنقوشة على الصفائح المعدنية (٢) التنليل: فن زخرفة المعادن بهذه الطريقة § (٣) يُنَلِّل: يُزَخرف بالنِّلّ.

nif·ty [nĭf′tĭ] *(adj.)* (١) رائع؛ ممتاز (٢) أنيق (٣) بارع.

nig·gard [nĭg′ərd] *(n.; adj.)* (١) البخيل؛ الشحيح § (٢) بخيل؛ شحيح.

nig·gard·li·ness [nĭg′ərd lĭ-] *(n.)* بُخل؛ شُحّ.

nig·gard·ly [nĭg′ərd lĭ] *(adj.; adv.)* (١) بخيل؛ شحيح (٢) ضئيل؛ هزيل <~ gifts; a ~ tip> § (٣) بِبُخْلٍ؛ بِشُحّ.

nig·ger [nĭg′ər] *(n.)* الزِّنجيّ [وهي تُستعمل على سبيل الازدراء].

nig·gle [nĭg′əl] *(vi.; t.)* (١) «أ» يَعْبَث. «ب» يُعْنَى بالتوافه: ينفق جهدًا مغالًى فيه على التفاصيل الثانوية (٢) ينتقد [مهتمًا بالصغائر والسَّفاسف] (٣) يَقْرِض؛ يَقْضِم x (٤) يُعطي بِبُخْلٍ أو تقتير.

nig·gling [nĭg′-] *(adj.; n.)* (١) حقير؛ تافه (٢) متطلِّب عناية بالغة (٣) fussy.

nigh [nī] *(adv.; adj.; prep.; vt.; i.)* (١) قريبًا (٢) تقريبًا § (٣) قريبٌ (٤) قصير؛ مباشر (٥) أيْسَر § (٦) قُرْبَ § (٧) يقترب من.

night [nīt] *(n.; adj.)* (١) لَيْل (٢) لَيْلة (٣) مساء (٤) ظلام (٥) الغروب؛ هبوط الليل § (٦) ليليّ <a ~ nurse>.

night–blind *(adj.)* أعشى: سيِّئ البَصَر في الليل.

night blindness *(n.)* العَشَى: سوء البَصَر في الليل.

night·cap [nīt′kăp′] *(n.)* (١) قَلَنْسُوَة النَّوم (٢) شراب [مُسْكِر عادةً] يُحْتَسى عند النوم (٣) المسابقة الأخيرة؛ السِّباق الأخير [في سلسلة مباريات].

nightcap *1.*

night·clothes [nīt′klōz′] *(n. pl.)* ثياب النوم.

night·club *(n.; vt.)* (١) المَلْهى الليليّ § (٢) يرتاد الملاهيَ اللَّيْليّة.

night crawler *(n.)* الزاحفة الليليّة: دودة أرض تخرج من جُحْرِها ليلًا.

night·dress [nīt′-] *(n.)* (١) المنامة: ثوب طويل فضفاض يُلبس عند النوم (٢) ثياب النوم.

night·fall [nīt′fôl′] *(n.)* الغُروب؛ الغَسَق؛ هبوط الليل.

night·gown [nīt′goun′] *(n.)* = nightdress *1.*

night·hawk [nīt′hôk′] *(n.)* (١) صَقْر الليل (طا) (٢) السَّهّار أو السَّرّاء: شخص يُكثِر من السَّهَر أو من السُّرى [أو التطواف في الليل].

nighthawk *1.*

night heron *(n.)* واق الشَّجَر؛ غراب الليل؛ البَلَشون الليلي (طا).

night heron

night·ie [nī′tĭ] *(n.)* المنامة: ثوبٌ فضفاض يُلبس عند النوم.

night·in·gale [nī′tən gāl′] *(n.)* الهَزار؛ العَنْدَليب (طا).

night·jar [nīt′jär′] *(n.)* = goatsucker.

night latch *(n.)* المِزْلاج اللَّيليّ: مِزلاج يُفْتَح من الخارج بمفتاح ومن الداخل بمسكة أو مقبض.

night letter *(n.)* البرقية الليلية: برقيّة تُرْسَل ليلًا، بسعر مخفَّض، لتسلّم صباحَ الغد.

night·life [-′līf′] *(n.)* حياة الليل: السَّهر في الملاهي الليلية إلخ.

night·long [nīt′lông′] *(adj.; adv.)* (١) مستمرّ طوالَ الليل <a ~ festival> § (٢) طوالَ الليل.

night·ly [nīt′lĭ] *(adj.; adv.)* (١) ليليّ § (٢) ليليًّا (٣) ليلًا.

night·mare [nīt′mâr′] *(n.; adj.)* (١) الجُثام؛ الكابوس: «أ» روح شرّيرة كانوا يعتقدون أنها تسوم الناس، في الليل، سوء العذاب. «ب» حُلم مروِّع. «ج» خبرة مروِّعة أو رهيبة؛ ذعر عظيم. «د» ذكرى خِبرةٍ كهذه أو ذُعرٍ كهذا § (٢) جُثاميّ.

night owl *(n.)* بومة الليل: شخص من دأبِهِ إطالة السَّهَر.

night rail *(n.)* = nightgown.

night raven *(n.)* غراب الليل: طائر يصيح في الليل.

night rider *(n.)* فارس الليل: عضو عصابة سرّية من الفرسان المقنَّعين

الذين يطوّفون في الليل فيروّعون الناس .

night robe *(n.)* = nightgown.

nights [nīts] *(adv.)* ليليًّا ؛ كلَّ ليلة <He works ~.> .

night·scope [nīt'-] *(n.)* المِنْظار اللَّيليّ : جهاز يحسِّن الرُّؤية اللَّيليّة .

night·shade [nīt'shād'] *(n.)* (١) المَغْد ؛ ظِلّ الليل : نبات من الفصيلة الباذنجانية (٢) البلّادونة belladonna (٣) البَنْج henbane .

night shift *(n.)* فريق المناوبة اللَّيليّ أو فترةُ عمله .

night·shirt [nīt'shûrt'] *(n.)* قميص النوم : قميص طويل يرتديه الرجال أو الصِّبيان عند النوم .

night soil *(n.)* السَّماد البشري : الغائط البشري يُجمع لتسميد التربة .

night·spot [nīt'spŏt'] *(n.)* = nightclub.

night·stick [nīt'stĭk'] *(n.)* عصا الشرطيّ أو هِراوتُه .

night·tide [nīt'tīd'] *(n.)* (١) مَدُّ اللَّيل (٢) اللَّيل .

night·time [nīt'tīm'] *(n.; adj.)* (١) اللَّيل § (٢) ليليّ .

night·walk·er [-'wô'kər] *(n.)* (١) الطائف الليليّ : المتجوّل ليلًا وبخاصة لأغراض إجرامية أو لاأخلاقية (٢) المُسَرْنِم : السائر وهو نائم .

night watch *(n.)* (١) أو **night watchman** : العَسَس ؛ الحارس الليليّ (٢) الهَزِيع : قطعةٌ من الليل .

ni·gres·cence [nī-] *(n.)* (١) الاسْوِداد : صيرورة الشيء أسود (٢) سَواد .

ni·gres·cent [nī grĕs'ənt] *(adj.)* مُسْوَدّ : ضاربٌ إلى السَّواد .

nig·ri·fy [nĭg'rə fī'] *(vt.)* يُسَوِّد : يجعله أسوَد اللون .

nig·ri·tude [nĭg'rə to͞od'; -tyo͞od'] *(n.)* (١) سَواد (٢) شيء أسود .

ni·hil [nī'hĭl; nē'hĭl] *(n.)* (١) لا شيء (٢) شيء عديم القيمة .

ni·hil·ism [nī'ə lĭz'əm; nē'-] *(n.)* (١) العَدَميّة ؛ النِّهِلِسْتية : «أ» وجهة نظر تقول بأن القيَم والمعتقدات التقليدية لا أساس لها من الصحة وأن الوجود لا معنى له ولا غَناء فيه . «ب» مذهب يُنكر أن يكون للمبادئ الأخلاقيّة أيّ أساس موضوعيّ . «ج» مذهب يقول بأن الأحوال في المجتمع هي من السّوء بمحلّ يجعل الهدم مرغوبًا فيه لِذاتِهِ وبمعزِلٍ عن أيّ برنامج إنشائيّ (٢) الإرهاب .
— **ni·hil·ist** *(n.; adj.)* — **ni·hil·is·tic** *(adj.)*

ni·hil·i·ty [nī hĭl'-; nē-] *(n.)* (١) اللاشَيْئيّة (٢) العَدَم : صفة اللّاوجود .

ni·hil ob·stat [nī'hĭl ŏb'stăt'; nē'-] *(n.)* (١) الإجازة الرِّقابيّة : شهادة من قِبَل رقيب رسميّ تابع للكنيسة الكاثوليكية بأن كتابًا ما قد رُوجِع فوُجد خِلْوًا من كل ما يتعارض مع العقيدة أو الأخلاق (٢) إجازة أو موافقة رسمية .

-nik لاحقة معناها : شخص ذو علاقة بكذا أو مُتَّصف بكذا <beat*nik*> .

Ni·ke [nī'kē; nē'kā] نايكي : إلاهة النصر عند الإغريق .

nil [nĭl] *(n.)* لا شيء ؛ صِفر <Profits were ~.> .

Nile blue *(n.)* الأزرق النِّيليّ : أزرق باهتٌ ضاربٌ إلى الخُضْرة .

Nile green *(n.)* الأخضر النِّيليّ : أخضر باهتٌ ضاربٌ إلى الزُّرقة .

nill [nĭl] *(vt.; i.)* يَرْفض ؛ يأبى (ا. ق) .
 will you ~ you سواءٌ أرَدْتَ أو أبَيْتَ .

Ni·lot·ic [nī lŏt'ĭk] *(adj.)* نِيليّ : منسوب إلى نهر النيل .

nil·po·tent [nĭl'pō tənt] *(adj.)* عديم القِوى (ر) .

nim·ble [nĭm'bəl] *(adj.)* (١) رشيق <a ~ climber> (٢) نبيه ؛ ذكيّ ؛ فطِن <has a ~ mind> (٣) حسّاس ؛ سريع الاستجابة .

nim·bo·stra·tus [nĭm'bō strā'-] *(n.)* الخَسِيف : طبقة من السُّحب الخفيضة ، المُمْطِرة ، ذات لون رماديّ داكن (أر) .

nim·bus [nĭm'bəs] *(n.)* pl. **-bi** *or* **-bus·es** (١) هالة القداسة [حول رأس قِدّيس أو إلَهٍ] (٢) هالة تقديس يُحاط بها شخص أو شيء (٢) المُعْصِرة : «أ» سحابة مُمطرةٌ منتشرةٌ في طول السَّماء وعرضها . «ب» سحابة يَسُحُّ منها المطر .

nimbus *1.*

ni·mi·e·ty [nĭ mī'ə tĭ] *(n.)* فَرْط ؛ إفراط .

nim·i·ny–pim·i·ny [nĭm'ə nĭ pĭm'ə nĭ] *(adj.)* (١) متكلِّف الرِّقة أو الأناقة (٢) مُخنَّث ؛ مُتخنِّث .

nim·rod [nĭm'rŏd] *(n.)* (١) *cap.* : نَمرود : صيّاد عظيم من أحفاد نوح (٢) صيّاد بارع .

nin·com·poop [nĭn'kəm po͞op'] *(n.)* المُغَفَّل ؛ السّاذَج .

nine [nīn] *(n.)* (١) تسعة ؛ تسع (٢) التاسع (٣) التُّساعيّ : شيء مؤلَّف من تسع وحَدات . مثل : «أ» *cap.* : المُوزِيّات التِّسع (را . muse²) . «ب» فريق بَيْسبول .
 to the ~*s* إلى أقصى درجة ؛ على أتمّ وجه .

nine days' wonder *(n.)* العجيبة العابرة : شيء يُثير الاهتمام لفترة وجيزة .

nine·fold *(adj.; adv.)* (١) أكبر بتسعة أضعاف (٢) تُساعيّ § (٣) تسعةَ أضعاف .

nine·pin [nīn'pĭn'] *(n.)* *pl.* : القناني التِّسع : لعبة تُدحرج فيها الكرة لتصيب تسعَ قِطع خشبية مصنوعة على شكل قنانيّ .

ninepins

nine·teen [-tēn'] *(n.; adj.)* (١) تسعةَ عَشَر § (٢) بالغٌ عددُهُ تسعةَ عَشَر .

nine·teenth [-tēnth'] *(adj.; n.)* (١) التاسع عشر (٢) بالغٌ جزءًا من ١٩ من كذا § (٣) التاسع عشر من كذا <the ~ of May> (٤) جزء من ١٩ .

nine·ti·eth [nīn'tĭ ĭth] *(adj.; n.)* (١) التسعون (٢) بالغٌ جزءًا من تسعين من كذا § (٣) التسعون من كذا (٤) جزء من تسعين .

nine·ty [nīn'tĭ] *(n.; adj.)* (١) تِسعون (٢) *pl.* : التسعونات ؛ التسعينات : العقد العاشر من العمر أو القرن § (٣) تسعون : بالغٌ تسعين <~ years> .

nin·ny; nin·ny·ham·mer [nĭn'ĭ-] *(n.)* المُغَفَّل ؛ السّاذَج .

ni·non [nē'nŏn'] *(n.)* النِّينون : نسيج ناعم شفّاف .

ninth [nīnth] *(adj.; n.)* (١) التاسع (٢) تُسْعيّ : بالغٌ جزءًا من تسعة § (٣) التاسع من كذا <the ~ of May> (٤) التُّسْع .

ni·o·bi·um [nī ō'bĭ əm] *(n.)* النِّيوبيوم : عنصر فِلزّيّ (ك) .

nip[1] [nĭp] *(vt.; i.; n.)* (١) يَقْرُص ؛ يَقْرِض ؛ يعضّ (٢) «أ» يقصّ ؛ يقطع . «ب» يعطِّل نموَّ كذا أو نضجَهُ . «ج» يكبح بشدَّة (٣) يَقْرِصُهُ البردُ أو يلذعه (٤) يختطف ؛ يسرق x (٥) ينطلق برشاقة أو سرعة § (٦) شيء قارصٌ أو قارضٌ ، مثل : «أ» تعليق لاذع . «ب» برد قارس . «ج» طَعْمٌ حِرِّيف (٧) «أ» قَرْص ؛ عضّ . «ب» قَرْصة ؛ عضَّة .
 to ~ along يعجِّل ؛ يُسْرِع ؛ ينطلق مُسْرِعًا .
 to ~ in (١) يدخل بسرعة [قبل شخص آخر] (٢) يقاطع شخصًا في

الحديث (٣) يُضَيِّق [الثوبَ].

to ~ in the bud يقضي عليه في المهد.

nip[2] *(n.; vt.; i.)* (١) مقدار ضئيل أو رشفة [من شراب مُسْكِر] (٢) زجاجة خمر [صغيرةٌ جدًا] § (٣) يَرْشُف: يحتسي [الخمرَ] x (٤) يترشّف: يتناول جَرَعات من شراب مُسْكِر <Zahir ~s all day.>.

Nip [nĭp] *(n.)* شخص يابانيّ [واللفظة تُستخدم بمعنًى ازدرائيّ].

nip and tuck *(adv.; adj.)* (١) مساجلةً: بطريقة يكون فيها السَّبْق سِجالًا بين متنافسَيْن فما إن يتقدَّم أحدُهما الآخر حتى يعود هذا فيسبقه، وهكذا § (٢) سِجالٌ <a ~ battle>.

nip·per [nĭp′ər] *(n.)* (١) *pl.* عد: القَرّاضة؛ الكمّاشة (٢) قاطعة الفَرَس: إحدى أسنان الفرس القواطع (٣) الكُلّاب: زائدة شبيهة بالكمّاشة في أطراف القِشريّات وما إليها (٤) «أ» الغلام المساعد [لسائق عربة نقل إلخ]. «ب» طفل (٥) *pl.*: نظّارتان (٦) *pl.*: قيود؛ أصفاد.

nippers *1.*

nip·ping [nĭp′-] *(adj.)* (١) قارص؛ قارض؛ معطِّل نموَّ شيء (٢) لاذع.

nip·ple [nĭp′əl] *(n.)* (١) حَلَمة الثدي أو حَلَمة زجاجة الإرضاع (٢) النِّبْل: وُصْلة بين أنبوبين.

Nip·pon·ese [nĭp′ə nēz′-] *(adj.; n.)* يابانيّ.

nip·py [nĭp′ĭ] *(adj.)* (١) عضّاض (٢) قارص؛ قارض (٣) رشيق؛ نشيط (٤) حِرِّيف؛ لاذع (٥) قارِس؛ شديد البرد <a ~ fall day>.

nir·va·na [nĭr vä′-] *(n.)* النِّرْفانا: «أ» السّعادة القصوى التي تتخطّى الألم وتُلْتَمَس، في البوذية، من طريق قتل شهوات النفس. «ب» موطن [أو حال] يُنْسَى فيه الهمّ والألم والواقع الخارجيّ. «ج» حُلم لا سبيل إلى بلوغِهِ.

ni·sei [nē′sā] *(n.)* pl. **-sei** *also* **-seis** النِّيسي: شخص من أبوين يابانيّين مهاجرين يولد في الولايات المتحدة الأميركية ويتلقّى العلم فيها.

ni·si [nī′sī] *(adj.)* مشروط: نافذ المفعول في وقت معيَّن إلا إذا عُدِّل أو اجتُنِب مسبقًا باتخاذ إجراءات لاحقة أو بتنفيذ شرطٍ ما <The decree is ~ and not absolute>.

Nis·sen hut [nĭs′ən] *(n.)* كوخ نِيسِّن: كوخ برميليّ الشكل يُبْنَى من صفائح حديدية مغضَّنة جاهزة.

ni·sus [nī′səs] *(n.)* pl. **ni·sus** (١) مَسْعًى؛ جَهْد (٢) مَيْل.

nit [nĭt] *(n.)* (١) الصُّؤابة: بيضة القَمْل (٢) القُمَيْلة: قَمْلة صغيرة.

ni·ter *also* **ni·tre** [nī′tər] *(n.)* النِّتْر: «أ» نترات البوتاسيوم (ك). «ب» نترات الصوديوم (ك).

nit·id [nĭt′ĭd] *(adj.)* نيِّر؛ ساطع؛ لامع.

nit·pick [-′pĭk] *(vi.)* يُفَلِّي القُمَّل؛ يتمحَّل النقد [باحثًا عن الأخطاء].

nitr- *or* **nitro-** بادئة معناها: «أ» نِتْر؛ نِترات. «ب» نِتْروجين.

ni·trate [nī′trāt] *(n.; vt.)* (١) النِّترات: «أ» ملح حَمْض النِّتريك. «ب» نترات الصوديوم أو نترات البوتاسيوم المستخدَم سَمادًا (ك) § (٢) يُنَتْرِت: يعالج بالنِّترات؛ يحوِّل إلى نترات.

ni·tric [nī′-] *(adj.)* نِتريك: ذو علاقة بالنتروجين أو بالنِّتر niter (ك).

nitric acid *(n.)* حَمْض النِّتريك: حمضٌ سائلٌ شفّاف (ك).

nitric bacteria *(n.)* = nitrobacteria.

nitric oxide *(n.)* أُكسيد النِّتريك: غازٌ سامٌّ عديمُ اللَّون (ك).

ni·tride [nī′-] *(n.)* النِّتريد: مركَّب يشتمل على نتروجين وعنصرٍ آخر.

ni·tri·fi·ca·tion [nī′trə fə kā′-] *(n.)* (١) النَّتْرَدة (٢) النَّتْرَجة.

ni·tri·fy [nī′trə fī′] *(vt.)* (١) يُنَتْرِت: «أ» يُحوِّل، مُرَكبات النّشادر وغيرها، إلى نتريتات أو نتراتات. «ب» يُشبع [التربةَ] بالنِّترات (٢) يُنَتْرِج: يمزج أو يُشبع بالنتروجين أو بمركَّب نتروجيني.

ni·trile [nī′trĭl; -trēl; -trīl] *(n.)* النِّتريل: سِيانيد عضويّ (ك).

ni·trite [nī′trīt] *(n.)* النِّتريت: ملح الحَمْض النِّتري (ك).

nitro- = nitr-

ni·tro·bac·te·ri·a [nī′trō băk tēr′-] *(n. pl.)* البكتيريا المُنَتْرِتة.

nitro·ben·zene [-′zēn] *(n.)* نترو البِنْزَن: سائل أصفر سامّ (ك).

ni·tro·cel·lu·lose [-sĕl′yə lōs′] *(n.)* النِّتروسَلولوز؛ نترات السَّلولوز.

ni·tro·gen [nī′trə jən] *(n.)* النِّتروجين (ك).

nitrogen cycle *(n.)* دورة النِّتروجين.

nitrogen fixation *(n.)* تثبيت النِّتروجين: عملية مزج نتروجين الهواء بعناصر أخرى سواء بالوسائل الكيميائية أو بفعل البكتيريا.

ni·tro·gen–fix·ing *(adj.)* مُثَبِّتٌ للنِّتروجين <~ bacteria>.

ni·tro·gen·ize [nī′-] *(vt.)* يُنَتْرِج: يمزج أو يُشبع بالنِّتروجين (ك).

ni·trog·e·nous [-trŏj′-] *(adj.)* نِتروجينيّ: شبيهٌ بالنِّتروجين أو مشتملٌ عليه.

ni·tro·glyc·er·in; -e [nī′trə glĭs′-] *(n.)* النِّتروغليسيرين: سائل زيتيّ سامّ شديد التفجُّر (ك).

ni·trom·e·ter [-trŏm′-] *(n.)* مقياس النِّتروجين: جهاز لتقدير مقدار النِّتروجين.

ni·tro·par·af·fin [-păr′ə-] *(n.)* النِّتروبارافين؛ البرافين النتريتيّ (ك).

ni·trous [nī′trəs] *(adj.)* نِتْريّ: «أ» ذو علاقة بالنِّتر niter أو مشتمل عليه. «ب» ذو علاقة بالنتروجين أو مشتملٌ عليه (ك).

nitrous acid *(n.)* الحَمْض النِّتْريّ (ك).

nitrous oxide *(n.)* الأكسيد النِّتريّ؛ الغاز المُضحِك.

nit·ty–grit·ty [nĭt′ĭ grĭt′ĭ] *(n.)* جوهر المسألة؛ حقيقة المشكلة.

nit·wit [nĭt′wĭt′] *(n.)* شخص أحمق أو مُغَفَّل.

nix[1] [nĭks] *(n.)* لا شيء؛ لا أحد (ع).

nix[2] *(n.)* النِّكْس: روح مائية تتَّخذ، في الأساطير الجرمانيّة، صورة امرأة حينًا وصورة رجل حينًا أو صورةً نصفها رجل ونصفها سمكة.

nix[3] *(vt.; adv.)* (١) يرفض؛ يعترض على § (٢) لا؛ كلّا.

nix·ie [nĭk′sĭ] *(n.)* = nix[2].

ni·zam [nĭ zäm′] *(n.)* (١) .cap: النظام: لقب حكام حيدر آباد بالهند، من ١٧١٣ إلى ١٩٥٠ (٢) الجيش النظاميّ التركيّ أو أحد أفراده.

no [nō] *(adv.; adj.; n.)* (١) لا؛ كلّا (٢) إطلاقًا؛ ألبتّة <She is ~ better.> § (٣) قليل أو قصير جدًّا <It's ~ distance from the house to the hospital.> (٤) وجيز؛ لا يكاد يُذْكر <in ~ time> (٥) ليس كذا؛ مختلف كلّ الاختلاف عن كذا [كقولك Samir is ~ fool أي أن سميرًا ليس مغفّلًا؛ على العكس، إنّه ذكيّ] § (٦) رفضٌ (٧) «أ» قرارٌ أو صوتٌ سلبي. «ب» .pl: المقترعون سلبًا.

~ smoking! التدخين ممنوع!

~ sooner said than done لقد نُفِّذ حالًا أو على التوّ.

No *or* **Noh** [nō] *(n.)* النُّو: دراما كلاسيكية يابانية راقصة.

no–ac·count *(adj.)* تافه؛ غير ذي شأن <her ~ friends>.

No·a·chi·an [nō ā′kĭ ən] *(adj.)* نُوحيّ: «أ» ذو علاقة بنوحٍ أو عصرِهِ <~ flood>. «ب» قديم؛ عتيق الطراز <a ~ car>.

nob [nŏb] *(n.; vt.)* (١) الرأس (٢) الوجيه: شخص ذو ثراء أو منزلة اجتماعية رفيعة § (٣) يضربه على الرأس [في الملاكمة].

nob·ble [nŏb′əl] *(vt.)* (١) يُوْهِن [جوادَ سباقٍ بإعطائه عقّارًا] (٢) يستميله (عب) (٣) «أ» يَسْرِق. «ب» يَغُشّ؛ يَخْدَع.

nob·by [nŏb′ĭ] *(adj.)* (١) أنيق (٢) ممتاز.

No·bel·ist [nō bĕl′-] *(n.)* النّوبَليّ: الحائز على جائزة نوبل.

no·bel·i·um [nō bĕl′-] *(n.)* النّوبليوم: عنصرٌ إشعاعيّ النشاط (ك).

No·bel prize *(n.)* جائزة نوبل: إحدى جوائز ستّ [للأدب والطبّ والكيمياء والفيزياء وخدمة السلام والاقتصاد] تُمْنَح سنويًا تنفيذًا لوصية أَلْفرد نوبل (١٨٣٣–١٨٩٦).

no·bil·i·ar·y [nō bĭl′-] *(adj.)* أشرافيّ: خاصّ بطبقة النبلاء والأشراف.

no·bil·i·ty [nō bĭl′ə tĭ] *(n.)* (١) «أ» نبالة؛ نُبْل. «ب» فخامة. «ج» شهامة (٢) «أ» النبلاء؛ الأشراف. «ب» طبقة النبلاء.

no·ble [nō′bəl] *(adj.; n.)* (١) «أ» بارز. «ب» شهير (٢) نبيل: شريف المولد أو سامي المنزلة (٣) ممتاز؛ رفيع (٤) فخم؛ مَهيب <a ~ monument> (٥) شَهْم (٦) نبيل؛ كريم: لا يتطرّق إليه الصدأ، كالذهب إلخ § (٧) النبيل؛ الشّريف (٨) النّوبل: قطعة نقد إنكليزية قديمة قيمتها ستة شلنات وثمانية بنسات (٩) النُّوْبال: رئيس جماعة من الأشخاص المستأجَرين ليحلّوا محلَّ العمال المضربين (ع).

no·ble·man [nō′-] *(n.)* النبيل؛ الشريف. **– wom·an** *(n. fem.)*

noble metals *(n. pl.)* الفِلِزّات النبيلة (ك).

no·ble·ness [nō′-] *(n.)* نُبل؛ شرف؛ رفعة؛ فخامة؛ مهابة.

no·blesse [nō blĕs′] *(n.)* (١) النَّبالة: نُبْل المَوْلد أو المنزِلة (٢) طبقة النبلاء. وبخاصة: طبقة النبلاء الفرنسية.

no·blesse oblige [ô blēzh′] النَّبالة تَفْرِض أو تقتضي؛ للنَّبالة مُقْتضياتُها: تعبير فرنسي الأصل يُشار به إلى ما يَفْرِضه نبلُ المولد أو سموّ المنزلة الاجتماعيّة على أصحابه من التزام جادّة الشرف والجود والسلوك المسؤول.

no·bly [nō′blĭ] *(adv.)* بنُبْل؛ بشَرَف إلخ.

no·bod·y[1] [nō′bŏd′ĭ] *(pron.)* لا أحَدَ <Nobody knows.>.

no·bod·y[2] *(n.)* النَّكِرة: شخص عديم النفوذ أو الشأن أو القيمة.

no·cent [nō′sənt] *(adj.)* مُؤذٍ؛ ضارّ.

no·ci·cep·tive [nō sĭ sĕp′tĭv] *(adj.)* أليم؛ مُؤذٍ.

nock [nŏk] *(n.; vt.)* (١) النَّوْك: «أ» قطعة معدنية أو لدائنية تكون في طَرَف السهم. «ب» ثَلْم في طرف السَّهم يُوْلَجُ فيه وترُ السَّهم § (٢) يُنَوِّك: «أ» يُثَلِّم طَرَف السَّهم. «ب» يُوَتِّر السَّهم.

noct- *or* **nocti-** *or* **nocto-** بادئة معناها: لَيْل.

noc·tam·bu·la·tion [nŏk tam′byə lā′-] *(n.)* السَّرْنَمَة: السَّيْر في النوم.

noc·tam·bu·lism [-tăm′byə lĭz′əm] *(n.)* = noctambulation.

noc·tam·bu·list [-′byə lĭst] *(n.)* المُسَرْنِم: مَن يسير في نومه.

noc·ti·lu·cent [nŏk′tə lo͞o′sənt] *(adj.)* ساطعٌ ليلًا <a ~ cloud>.

noc·turn [nŏk′tûrn] *(n.)* الفَجْريّة: جزء أساسي من صلاة الفجر (نص).

noc·tur·nal [nŏk tûr′-] *(adj.)* ليليّ: «أ» ذو علاقة بالليل أو حادثٌ فيه <a ~ journey>. «ب» ناشط في الليل <~ animals>. «ج» مُتفتّحٌ في الليل منغلقٌ في النهار <~ flowers>.

noc·turne [nŏk′tûrn′] *(n.)* (١) المقطوعة الحالمة: قطعة موسيقية حالمة [تُعزَف على البِيان] (٢) اللوحة الليلية: صورة زيتية لمشهد في الليل.

noc·u·ous [nŏk′yo͞o əs] *(adj.)* مُؤذٍ؛ ضارّ <~ vapors>.

nod [nŏd] *(vi.; t.; n.)* (١) «أ» يومئ برأسه [علامةَ الموافقة أو التحية]. «ب» يتداعى للسقوط. «ج» يَحْني الرأسَ نُعاسًا (٢) يَنُوس؛ يتمايل (٣) يَزِلّ؛ يخطئ x (٤) ينكّس رأسَه (٥) يعبّر [عن كذا] بإيماءة <She ~ded her approval.> § (٦) إيماءة (٧) تمايُل (٨) السِّنة: فترة من النوم قصيرة (٩) الكَبْوة: انحناء الرأس لاإراديًا عند النُّعاس (١٠) موافقة. **— nod·der** *(n.)*

Homer sometimes ~s لكلّ عالِمٍ هفوة؛ لكلّ جوادٍ كبوة.

the Land of *Nod* النوم؛ دنيا الكَرى.

nod·al [nō′dəl] *(adj.)* عُقْديّ: مؤلّفٌ عُقْدة، أو ذو علاقة بعُقْدة، أو واقعٌ عند عُقْدة أو قُرْبَها.

nod·ding [nŏd′-] *(adj.)* (١) مَحْنِيّ؛ منكّس الرأس <a plant with ~ flowers> (٢) طفيف؛ ضئيل؛ سطحيّ <a ~ acquaintance>.

nod·dle[1] [nŏd′əl] *(n.)* الرأس <not an idea in her ~>.

nod·dle[2] *(vt.; i.)* يَحْني؛ ينكّس [الرأسَ تكرارًا أو على نحوٍ طفيف].

nod·dy [nŏd′ĭ] *(n.)* (١) شخصٌ أحمق أو مغفَّل (٢) الأبله: طائرٌ مائيّ يُظهِر من اللامبالاة بالإنسان ما يجعله يبدو أحمق أو أبله.

node [nōd] *(n.)* (١) مَأزِق؛ وَرْطة (٢) العُقْدة: «أ» نتوء؛ بروز. «ب» وَرَم متصلّب [وبخاصةٍ في مَفْصِل]. «ج» نقطةُ تقاطع مدارَيْن (فل). «د» نقطة تتفرّع منها الأجزاء الثانوية. «هـ» العُجْرة: مَنْبِت الأوراق من الساق (نب) (٣) العُقْدة (فز). **— no·di·cal** *(adj.)*

N. node 2e.

no·dose [nō′dōs] *(adj.)* مُعقَّد؛ مُعجَّر: كثير العُقَد أو العُجَر.

no·dos·i·ty [nō dŏs′-] *(n.)* العُقَدية؛ العُجَريّة: كثرة العُقَد أو العُجَر.

nod·u·lar [nŏj′ə-] *(adj.)* عُقَيْديّ؛ عُجَيْريّ (را. المادة التالية).

nod·ule [nŏj′o͞ol] *(n.)* العُقَيْدة؛ العُجَيْرة: عُقْدة أو عُجْرة صغيرة.

nod·u·lose [nŏj′ə lōs′] *or* **nod·u·lous** [nŏj′ə ləs] *(adj.)* عُقَيْدِيّ ؛ عُجَيْرِيّ : ذو عُقَيْدات أو عُجَيْرات (را. nodule).

no·dus [-′dəs] *(n.)* pl. **-di** [dī] (١) عُقْدة. وبخاصة : مُشكلة (٢) مركز.

no·el [nō ĕl′] *(n.)* (١) ترنيمة الميلاد (٢) *cap.* : عيد الميلاد (نص).

noes [nōz] *pl. of* no.

no·et·ic [nō ĕt′ĭk] *(adj.)* عقليّ ؛ فكريّ.

nog[1] [nŏg] *(n.)* النَّوْغ : «أ» ضربٌ من المِزْر ale الثقيل أو القويّ. «ب» شراب البيض (را. eggnog).

nog[2] *(n.)* (١) وَتِد (٢) لَوْحُ التسمير : لوحٌ خشبيّ، على شكل قطعة طوب، يُجْعَل جزءًا من الجدار، عند البناء، لكي تُدَقَّ فيه المسامير.

nog·gin [nŏg′ĭn] *(n.)* (١) كوز أو إبريق صغير (٢) مقدار ضئيل [من شرابٍ مُسْكر] (٣) رأس الإنسان.

nog·ging [nŏg′-] *(n.)* الحِشاية : آجرّ تُمْلأ به الفجوات في هيكل خشبيّ.

no–good *(adj.; n.)* تافه ؛ غير ذي شأن ؛ فاشل.

no–how [nō′hou′] *(adv.)* ألبتّة ؛ مُطْلَقًا ؛ بأيّة حال.

noil [noil] *(n.)* الحُثال : نُدَف الصوف أو الحرير.

noise [noiz] *(n.; vt.; i.)* (١) ضجّة ؛ ضجيج ؛ ضوضاء ؛ جَلَبة (٢) إشاعة (٣) كلام (٤) شكوى § (٥) يُشيع <It was *~d* abroad that the president was dying.> (٦) يثرثر أو يتكلم بصوت عالٍ (٧) يُحْدِث ضجّة.

noise·less [noiz′-] *(adj.)* صامت ؛ ساكن : غير مُحْدِثٍ صوتًا.

noise·mak·er [-′mā′kər] *(n.)* الضّاجّ : مُحْدِث الضَّجّة. وبخاصة : أداة لإحداث الضجيج في الحفلات السّاهرة إلخ.

noise·proof [-′pro͞of′] *(adj.)* عازلٌ للضجّة ؛ عازل للصوت.

nois·i·ly [noi′zĭ lĭ] *(adv.)* بضجّة ؛ بضجيج ؛ بضوضاء ؛ بِجَلَبة.

nois·i·ness [noi′zĭ-] *(n.)* الضوضائية : كونُ الشيء كثير الضجيج.

noi·some [noi′səm] *(adj.)* (١) مُؤذٍ ؛ ضارّ (٢) كريه الرائحة ؛ مثيرٌ للاشمئزاز.

nois·y [noi′zĭ] *(adj.)* (١) ضاجّ ؛ مُحْدِث ضجّةً شديدة <the ~ crowd> (٢) صاخب ؛ مُفْعَم بالضجيج <~ streets> (٣) صريح.

no·li me tan·ge·re [nō′lĭ mē tăn′jə rĭ] لا تَلْمِسْني : تحذيرٌ من المَسّ أو التدخّل.

nol–pros [nŏl′prŏs′] *(vt.)* يتخلّى عن الدعوى.

no·ma [nō′mə] *(n.)* النُّوما ؛ قَرْحة الفم (ط).

no·mad [nō′măd′] *(n.; adj.)* (١) بَدْويّ (٢) هائمٌ على وجهه.

no·mad·ic [nō măd′-] *(adj.)* (١) بَدْويّ (٢) مترحِّل ؛ متنقِّل.

no·mad·ism [nō′măd-] *(n.)* البداوة : حياة الترحُّل.

no–man's–land *(n.)* (١) أرض مَشاع أو غير آهلة (٢) المنطقة الحرام : منطقة مجرَّدة من السِّلاح (٣) منطقة متنازَعٌ عليها.

nom de guerre [nôn də gâr′] *(n.)* اسمٌ مستعار.

nom de plume [plym′] *(n.)* اسمٌ مستعار [لكاتب أو شاعر].

nome [nōm] *(n.)* النُّوم ؛ المقاطعة [في مصر قديمًا واليونان حديثًا].

no·men [nō′mən] *(n.)* pl. **nom·i·na** الاسم الثاني [من أسماء الفرد الروماني القديم الثلاثة].

no·men·cla·tor [-klā′tər] *(n.)* (١) كتاب الكَلِم : كتاب يتضمَّن مجموعات [أو لوائحَ] كلماتٍ (٢) المُسَمِّي : واضع الأسماء أو مبتكرها.

no·men·cla·ture [-klā′chər] *(n.)* (١) اسمٌ ؛ لقبٌ مميِّز (٢) تَسْمية ؛ ترميز (٣) منظومة الأسماء : مجموعة المصطلحات [في علم أو فنّ].

nom·i·nal [nŏm′ə-] *(adj.; n.)* (١) اسميّ : «أ» ذو علاقة بالاسم والأسماء (ل). «ب» حاملٌ اسم شخص معيَّن <~ shares of stock>. «ج» بالاسم فقط ؛ صُوريّ <~ head of the state>. «د» تقريبيّ <the ~ size>. «هـ» ضئيل بحيث لا يكاد يستحق الاسم <a ~ price> (٢) أسمائيّ : مشتمل على أسماء فقط <~ roll> § (٣) الاسم : كلمةٌ أو مجموعةُ كلماتٍ عاملةٌ عَمَلَ الاسم (ل).

nom·i·nal·ism *(n.)* الإسمانيّة : مذهب فلسفي يقول بأن الكلّيات أو المفاهيم المجرَّدة ليس لها وجودٌ حقيقي وأنها مجرّد أسماء ليس غير.

nom·i·nal·ly [nŏm′-] *(adv.)* (١) اسميًّا (٢) ظاهريًّا (٣) بطريقة اسمية.

nominal value *(n.)* القيمة الاسمية [المدوَّنة على السَّهم المالي إلخ].

nominal wages *(n. pl.)* الأجور الاسمية : الأجور مَقِيسةً بالوحدات النقدية التي يحصل عليها العامل لا بقوّتها الشرائيّة الحقيقية (اد).

nom·i·nate [*v.* nŏm′ə nāt′; *adj.* -nĭt] *(vt.; adj.)* (١) يُسَمِّي (٢) يعيِّن ؛ يُنصِّب (٣) يُرَشِّح [لمنصِب] (٤) يُنْزِل [فَرَسًا] في سباق § (٥) مُسَمًّى : ذو اسم معيَّن (٦) مُعيَّن [في مَنْصِب].
— **nom·i·na·tor** *(n.)*

nom·i·na·tion [nŏm′ə nā′-] *(n.)* (١) تسمية (٢) تعيين ؛ تنصيب (٣) ترشيح (٤) إنزال فرس في سباق.

nom·i·na·tive [nŏm′ə nə-; -nā′-] *(adj.; n.)* (١) رَفْعيّ : دالّ على حالة الرَّفع (ل) <~ case> (٢) «أ» معيَّن [في منصِب]. «ب» مُرَشَّحٌ [لمنصب] (٣) اسميّ : حاملٌ اسمَ شخصٍ معيَّن <~ shares> § (٤) حالة الرَّفع (ل).

nom·i·nee [nŏm′ə nē′] *(n.)* المعيَّن ؛ المُرَشَّح [لمنصبٍ ما].

no·mo·gram *or* **no·mo·graph** [nŏm′-] *(n.)* مخطَّط بيانيّ.

no·mol·o·gy [nō mŏl′ə jĭ] *(n.)* علم النواميس [الطبيعيّة والمنطقية].

nom·o·thet·ic [nŏm′ə thĕt′-] *(adj.)* تشريعيّ.

-nomy لاحقة معناها : نظام من النواميس المُهَيمنة في حقلٍ بعينِهِ أو مجموعةُ المعارف المتصلةُ بذلك الحقل <agro*nomy*>.

non- بادئة معناها : «أ» غير. «ب» عدم. «ج» تافه ؛ غير هامّ.

nona- بادئة معناها : تسعة أو تاسع <*nona*gon>.

non·age [nŏn′ĭj; nō′-] *(n.)* (١) سنّ القصور (٢) «أ» حداثة ؛ صِبا. «ب» عدم نضج.

non·a·ge·nar·i·an [nŏn′ə jə nâr′-] *(adj.; n.)* (١) تِسْعونيّ : في العقد

ă at; ā date; â care; ä car; ĕ egg; ē me; ĭ in; ī bite; ŏ lot; ō bone; ô orphan; oi boil; o͝o good; o͞o boot; ou out; ŭ under; û urgent; ə = *a* in alone, *e* in system, *i* in easily, *o* in gallop, *u* in circus.

العاشر من العمر § (٢) التِّسعوني: شخص في العقد العاشر من العمر.

non·a·gon [-ˈə gŏn′] (n.) المُتَسَّع؛ تُساعيّ الأضلاع (ر).

non·a·ligned [nŏn′ə līnd′] (adj.) لامنحاز؛ غير منحاز.

non·a·lign·ment [nŏn′ə līn′-] (n.) عَدَم الانحياز.

non·be·liev·er [nŏn′bĭ lē′-] (n.) الكافر؛ المُلْحِد؛ غير المؤمن.

non·bel·lig·er·ent [nŏn′bə lĭj′-] (adj.) لامُحارِب؛ غير محارب.

nonce [nŏns] (n.; adj.) (١) المناسبة الحاضرة؛ الغرض أو الاستعمال الحاضر [وترد أكثر ما ترد في قولهم for the ~ أيّ مؤقتًا؛ للوقت الحاضر فحسب] § (٢) ظَرْفيّ: حادثٌ أو مستعمَلٌ أو مصنوعٌ مرةً واحدةً فحسب، أو لمناسبة خاصة <~ word>.

non·cha·lance [nŏn′shə ləns; nŏn′shə läns′] (n.) (١) لامبالاة؛ عدم اكتراث (٢) رباطة جأش.

non·cha·lant [-′shə-] (adj.) (١) لامبالٍ؛ غير مكترث (٢) رابط الجأش.

non·com [nŏn′kŏm′] (n.) = noncommissioned officer.

non·com·bat·ant [-kŏm′bə tənt] (n.; adj.) (١) اللاّمقاتل: عضوٌ في القوات المسلَّحة، كالقسّيس مثلًا، ليس من مهامِّهِ الاشتراك في القتال (٢) المَدَنيّ: غير العسكريّ § (٣) لامقاتل (٤) مَدَنيّ.

non·com·bus·ti·ble [-bŭs′-] (adj.) لاحَروق: غير قابل للاحتراق.

non·com·mis·sioned officer (n.) ضابط صفٍّ: ضابط ثانوي.

non·com·mit·tal [-kə mĭt′əl] (adj.) (١) مُلْتَبِس: غير دالّ بوضوح على موقف المرء أو شعوره <a ~ answer> (٢) غير ذي شخصيّة واضحة أو مميَّزة؛ غير ذي معنى محدَّد أو واضح.

non com·pos men·tis [nŏn kŏm′pəs mĕn′tĭs] (adj.) مَعتوه.

non·con·cur [-kən kûr′] (vi.) لا يتعاون؛ لا يُوافق إلخ.

non·con·duc·tor [-dŭk′tər] (n.) اللاَّمُوَصِّل: مادة غير مُوَصِّلة.

non·con·form·ist [-fôr′mĭst] (n.; adj.) (١) cap. عد: المنشقّ [وبخاصةٍ عن كنيسة إنكلترا] (٢) المستقلّ: من لا يلتزم نمطًا مقرَّرًا في الرأي أو العمل § (٣) منشقّ؛ مستقلّ.

non·con·for·mi·ty (n.) (١) الانشقاقيّة (را. المادّة السابقة) (٢) اللاامتثالية؛ الاستقلاليّة: رفض الامتثال لعقيدةٍ قائمة أو تقليدية (٣) التَّخالف: اللاتوافق؛ عدم الانسجام.

non·co·op·er·a·tion [nŏn′kō ŏp′ə rā′-] (n.) اللاّتعاوُن. وبخاصة: رفضُ الشَّعب، من طريق العصيان المدني، أن يتعاون مع حكومة البلاد.

—**non·co·op·er·a·tive** (adj.) —**non·co·op·er·a·tor** (n.)

non·dair·y [-dâr′ĭ] (adj.) لالبانيّ: غير مشتمل على اللَّبن أو مُشتقّاتِهِ.

non·de·fense (adj.) لادفاعيّ؛ غير دفاعيّ <~ spending>.

non·de·script [-skrĭpt′] (adj.; n.) (١) غريب: عسيرٌ وصفُهُ أو تصنيفه (٢) مبتذل؛ باهت؛ رتيب: تُعوِزُهُ الصفات اللافتة للنظر § (٣) الغريب؛ ما لا يوصف أو يُصَنَّف (٤) المبتَذَل إلخ.

non·dor·mant (adj.) غير مُسْبِت: غير ذي ركودٍ مؤقّت في التنامي (نب).

none[1] [nŭn] (pron.; adv.) (١) لا أحد <~ of us cared.> (٢) لا شيء <Half a loaf is better than ~.> § (٣) ألبتّة؛ مطلقًا؛ بأية حال <The supply is ~ too great.>. ~ but فقط؛ فحسب.

none[2] [nōn] (n. often cap.) (١) العَصْر (٢) صلاة العصر (نص).

non·en·ti·ty [-ĕn′tə tĭ] (n.) (١) اللاّموجود: شيء غير موجود أو موجود في الخيال فحسب (٢) العَدَم: اللاّوُجود (٣) شخص أو شيء تافه.

nones [nōnz] (n. pl.) (١) اليوم السابع؛ اليوم الخامس: اليومُ السابع من آذار ونوّار وتموز وتشرين الأول أو الخامسُ من أي شهر آخر [في التقويم الروماني القديم] (٢) cap. أ. ك: = none[2].

none·such [nŭn′sŭch′] (n.; adj.) (١) الفذّ: شخص أو شيء لا نظير له § (٢) فذّ؛ منقطع النظير.

no·net [nō nĕt′] (n.) التُّساعيّ: مجموعٌ من تسعِ آلاتٍ (مو).

none·the·less [nŏn′thə lĕs′] (adv.) مع ذلك؛ برغم ذلك.

non–Eu·clid·e·an [nŏn′yōō klĭd′-] (adj.) لاأُقليدُسيّ؛ لاأقليديّ: غير منطبق على جميع مُسَلَّمات أُقليدُس <~ geometry>.

non·ex·ist·ence (n.) (١) العَدَم؛ اللاوجود (٢) اللاَّمَوْجود.

non·fat [nŏn′făt′] (adj.) لادُهنيّ <~ milk>.

non·fea·sance [nŏn′fē′zəns] (n.) إهمال. وبخاصة: إهمالُ ما كان يتعيَّن القيام به (ق).

non·fer·rous [nŏn′fĕr′əs] (adj.) لاحديديّ؛ غير حديديّ.

non·fic·tion [-fĭk′shən] (n.) اللاّتخييل؛ الأدب اللاتخييليّ.

non·flow·er·ing (adj.) لامُزْهِر: غير حاملٍ أزهارًا (نب).

no·nil·lion [nō nĭl′yən] (n.) النونيليون: عدد يساوي [في الولايات المتحدة الأميركيّة وفرنسا] واحدًا إلى يمينه ٣٠ صِفرًا، ويساوي [في بريطانيا وألمانيا] واحدًا إلى يمينه ٥٤ صفرًا.

non·in·duc·tive [-dŭk′-] (adj.) لاحَثّيّ؛ غير حاثّ (را. inductance).

non·in·ter·fer·ence; non·in·ter·ven·tion (n.) اللاّتدخُّل: عدم التدخُّل في شؤون الآخرين. وبخاصة بين الدول.

non·jur·ing [nŏn′jŏŏr′-] (adj.) لامُقْسِم: غير مُقْسِم يمين الولاء.

non·ju·ror [-′ər] (n.) اللاّمُقْسِم: «أ» من يرفض أن يُقْسِم يمينَ الولاء. «ب» أحد رجال كنيسة إنكلترا الذين رفضوا عام ١٦٨٩ أن يُقسِموا يمين الولاء للملك وليم والملكة ماري.

non·lin·e·ar [-′lĭn ĭ ər] (adj.) لاخطّيّ (فز).

non·lit·er·ate [-′ər ĭt] (adj.) أمّيّ: غير ذي لغةٍ مكتوبة <~ tribe>.

non·ma·te·ri·al (adj.) (١) لامادّيّ (٢) روحيّ (٣) ثقافيّ؛ جَماليّ.

non·met·al [-′mĕt′əl] (adj.) اللاّفِلِزّ: مادّة تُعْوِزها خصائص الفِلِزّات.

non·me·tal·lic [-mə tăl′ĭk] (adj.) لافِلِزّيّ: لامَعْدِنيّ.

non·nu·cle·ar (adj.) لانَوَويّ <~ bombs; a ~ war>.

no–no [nō′nō′] (n.) المحظور: شيء محرَّم أو غير مقبول.

non·ob·jec·tive (adj.) (١) لامَوْضوعيّ (٢) تجريديّ <~ art>.

non ob·stan·te [-ŏb stăn′tĭ] (prep.) ومع ذلك؛ على الرغم من ذلك.

non–oil *(adj.)* لانفطيّ: غير منتجٍ للنفط <~ nations>.

no–non·sense [nō′nŏn′sĕns] *(adj.)* جدّيّ؛ عمليّ.

non·or·gas·mic *(adj.)* لاإيغافيّ: عاجز عن بلوغ الإيغاف orgasm.

non·pa·reil [-pə rĕl′] *(adj.; n.)* (١) فذّ؛ منقطع النظير § (٢) الفذّ: شخص أو شيء لا نظيرَ له (٣) «أ» المُحَبَّب: قرص شوكولا رقيق مَكْسُوّ بحبّاتٍ سُكَّرية بيضاء. «ب» المكوَّرات: كُرات سُكّرية صغيرة مختلفة الألوان (٤) السُّداسيّ: حرف مطبعيّ من قياس ستّة بنوط.

non·par·ti·san [-pär′tə zən] *(adj.; n.)* (١) لامتحيّز (٢) لامشايع؛ لامُحازِب.

non·pas·ser·ine [-păs′ər ĭn] *(adj.)* لاجاثم <~ birds>.

non·per·ish·a·ble *(adj.)* لاهالك: غير قابل للفساد.

non·per·son *(n.)* اللّاشخص: شخص مُعْتبرٌ وكأنه غير موجود.

non pla·cet [-′plā′sət] *(n.)* صوتٌ سلبيّ [في اقتراع ما].

non·plus [-plŭs′] *(n.; vt.)* (١) ارتباك؛ حَيْرة § (٢) يُرْبِك؛ يُحَيِّر.

non pos·su·mus [nŏn pŏs′ə məs] *(n.)* «لا نستطيع»: صيغة يُعبَّر بها عن العجز عن عمل شيء.

non·pro·duc·tive *(adj.)* (١) «أ» لامُنْتِج؛ غير منتِج <~ oil wells>. «ب» غير مُنتج للسِّلَع مباشرةً [كمراقبي العمال] (٢) جافّ <a ~ cough>.

non·prof·it *(adj.)* لارِبْحيّ: غير هادفٍ إلى الرِّبح.

non·pro·lif·er·a·tion *(adj.)* لاتكاثُريّ: هادفٌ إلى وَقْف تكاثر شيء ما، كالسِّلاح النوويّ، أو سرعة انتشاره <~ treaty>.

non·res·i·dence; non·res·i·den·cy [nŏn′rĕz′-] *(n.)* اللّاإقامة: كون المرء غير مُقيم في مكانٍ معيَّن. — **non·res·i·dent** *(adj.; n.)*

non·re·sis·tance [non′rĭ zĭs′-] *(n.)* اللّامُقاوَمة: «أ» الإذعان للسلطة القائمة ولو كانت جائرةً. «ب» عدم مقاومةِ العنف بالقوّة.

non·re·turn·a·ble *(adj.)* لاإعاديّ؛ لاإرجاعيّ <~ bottles>.

non·rigid [-rĭj′ĭd] *(adj.)* مَرِن؛ لاجاسئ: محتفظٌ بشكلِهِ بواسطة ما يشتمل عليه من غازٍ ضاغط <a ~ airship>.

non·sched·uled [-skĕj′o͞old] *(adj.)* لامُدْرَج؛ غير مُدْرَج: مُجازٌ له أن ينقل الركاب أو البضائع، جوًّا، من غير برنامج نظاميّ مُحَدَّد المواعيد <a ~ airline>.

non·sci·ence [nŏn′sī′əns] *(adj.)* لاعلميّ؛ غير علميّ.

non·sec·tar·i·an [-târ′ĭ ən] *(adj.)* لاطائفيّ <~ schools>.

non·sense [-′sĕns] *(n.)* (١) هُراء (٢) توافه؛ سفاسف (٣) عملٌ أو سلوك أحمق (٤) سُخْف؛ لامعقوليّة. — **non·sen·si·cal** *(adj.)*

non se·qui·tur [sĕk′wə tər] *(n.)* الاستنتاج الخُلْفيّ: استنتاج غير متّفِق مع المقدَّمات (مق).

non·sig·nif·i·cant *(adj.)* (١) تافه؛ لا أهمية له (٢) فارغ: لا معنى له.

non·sked [-′skĕd′] *(n.)* (١) اللّامُدْرَج: خطّ طيران غيرُ مُدْرَج (را. nonscheduled) (٢) اللّامُدْرَجة: طائرة غير مُدْرَجة.

non·skid [-′skĭd′] *(adj.; n.)* (١) لاانزلاقيّ: مُغَضَّن أو مموَّج السَّطح بحيث يقاوم الانزلاق <~ tires> § (٢) دولاب مقاومٌ للانزلاق.

non·so·cial [-sō′shəl] *(adj.)* لااجتماعيّ؛ غير اجتماعيّ.

non·sport·ing *(adj.)* لاقنّاص؛ غير قنّاص: تُعْوِزُهُ صفات كلاب الصَّيد.

non·stan·dard *(adj.)* (١) لاقياسيّ؛ لامعياريّ (٢) دارج؛ غير فصيح: غير متّفق، من حيث اللفظ أو التركيب إلخ، مع الفصاحة (ل).

non·start·er *(n.)* الخيّاب: شخص أو شيءٌ غير منتجٍ أو لا أمل له في النجاح.

non·stick [-′stĭk′] *(adj.)* لاالتصاقيّ <a ~ frying pan>.

non·stop [-′stŏp′] *(adj.; adv.)* (١) موصول: مُنْجَزٌ من غير توقُّف <a ~ flight from Beirut to Rome> § (٢) على نحو موصولٍ؛ بلا توقُّف.

non·such [nŭn′sŭch′] *(n.; adj.)* = nonesuch.

non·suit [-so͞ot′] *(n.; vt.)* (١) شَطْبُ الدعوى (ق) § (٢) يَشْطُب الدعوى.

non·sup·port [nŏn′sə pōrt′] *(n.)* اللّاإعالة: عدم إعالة المرء زوجتَهُ أو طِفلَهُ إلخ وفقًا لموجبات القانون (ق).

non·syl·lab·ic [nŏn′sĭ lăb′-] *(adj.)* لامَقْطَعيّ <a ~ consonant>.

non·triv·i·al [nŏn′trĭv′-] *(adj.)* (١) لاتافِه؛ غير تافه (٢) لاصِفْريّ (ر).

non trop·po [nŏn trŏp′ō] *(adv.; adj.)* بغير إفراط.

non·use [-′yo͞os′] *(n.)* اللااستعمال؛ عدم الاستعمال.

non·ver·bal [-′vûr′bəl] *(adj.)* لالفظيّ: «أ» غير مُتَّسم باستعمال الألفاظ. «ب» ضئيل القدرة على استعمال الكلمات أو فهمها.

non·vi·a·ble [-′vī′-] *(adj.)* (١) لاعَيُوش: غير قابل للحياة (٢) غير عمليّ.

non·vi·o·lence [-vī′ə ləns] *(n.)* اللّاعنف؛ مبدأ اللّاعنف.

non·vol·a·tile [-vŏl′ə tĭl] *(adj.)* لامتطاير؛ لاطيّار (ك).

non·vot·er *(n.)* اللّامُقْترع: من لا يقترع أو لا يتمتع بحقّ الاقتراع.

non·word [-wûrd′] *(n.)* اللّاكلمة: كلمة مُسْتَهْجَنة أو غير ذات معنًى.

noo·dle[1] [no͞o′dəl] *(n.)* (١) المُغَفَّل؛ السّاذَج (٢) الرأس (ع).

noo·dle[2] *(n.)* العَصائبيّة: معكرونة على شكل عصائب أو شرائط.

noo·dle[3] *(vi.)* يَرْتجل العَزْف [على آلة موسيقية].

nook [no͝ok] *(n.)* (١) زاوية؛ رُكن (٢) المُعْتَزَل: مكان مُنْعَزِل.

nook·y [-′ĭ] *(n.)* (١) جماع (٢) الضَّجيعة: المرأة التي يضاجعها الرجل.

noon [no͞on] *(n.)* (١) الظُّهر (٢) مُنْتَصَف الليل [في لغة الشعر] (٣) أوج؛ قمة؛ ذروة <~ of life>.

noon·day [-′dā′] *(n.; adj.)* (١) الظُّهر § (٢) ظُهْريّ <the ~ meal>.

noon·ing [no͞o′-] *(n.)* (١) الظُّهر (ع) (٢) الغَداء أو فترة الغداء (ع).

noon·tide [no͞on′tīd′] *(n.)* (١) الظُّهر (٢) أوج؛ قمّة؛ ذروة.

noon·time [no͞on′tīm′] *(n.)* = noon.

noose [no͞os; no͞oz] *(n.; vt.)* (١) أُنشوطة (٢) شَرَك؛ أُحبولة

noose *1.*

§ (٣) يَحْتَبِل : يوقع في شَرَك (٤) يَشْنُق (٥) يَنْشُط : يَعْقِد أنشوطةً في حبل .

to put one's head in the ~, يعرِّض نفسه للاعتقال إلخ .

no·pal [nō'pəl] *(n.)* النّوبال : ضرب من الصَّبّار (نب) .

no–par *or* **no–par–value** [nō'pär'] *(adj.)* غير ذي قيمة اسمية .

nope [nōp] *(adv.)* = no.

nor [nôr] *(conj.)* ولا <neither white ~ black> .

Nor·dic [nôr'dĭk] *(adj.; n.)* (١) شماليّ : «أ» ذو علاقة بالشعوب الجرمانيّة المقيمة في أوروبا الشماليّة وبخاصة في إسكندينافيا . «ب» ذو علاقة بما تتميَّز به أجسام هذه الشعوب من طول القامة والرأس ومن الشُّقرة وزرقة العيون § (٢) الشَّماليّ : «أ» أحد سكان شمالي أوروبا . «ب» شخص من أبناء إسكندينافيا .

Nor·folk jacket [nôr'fək] *(n.)* سِترة نورفوك : سِترة فضفاضة ذات حزامٍ وصفٍّ واحد من الأزرار .

noria

no·ri·a [nōr'ĭ ə] *(n.)* ناعورة؛ سانية .

nor·land [nôr'lənd] *(n.)* = northland.

norm [nôrm] *(n.)* (١) نموذج؛ مِعيار؛ قاعدة (٢) مبدأ أو قاعدة سلوك (٣) حكمة؛ قول مأثور (٤) معدَّل؛ متوسِّط (٥) المعدَّل الإحصائيّ (تر) (٦) المتوسِّط الحسابيّ (ر) .

nor·mal [nôr'məl] *(adj.; n.)* (١) عموديّ؛ متعامد (ر) (٢) قياسيّ؛ نظاميّ (٣) طبيعيّ؛ حادثٌ بصورة طبيعية <~ immunity> (٤) «أ» سَوِيّ؛ عاديّ . «ب» سليم العقل (٥) عياريّ؛ نظاميّ <a ~ solution> § (٦) خطٌّ متعامد (٧) شخص أو شيء سَوِيّ (٨) المعدَّل؛ المتوسِّط؛ الحالة السويّة .

normal curve *(n.)* المُنحني النِّظاميّ : المُنحني المتناظر الناقوسيّ الشكل .

nor·mal·cy [nôr'məl sĭ] *(n.)* الاستواء؛ السَّواء؛ الحالة السَّوية .

nor·mal·i·ty [nôr măl'ə tĭ] *(n.)* = normalcy.

nor·mal·ize [-'mə līz'] *(vt.; i.)* (١) يُطبِّع؛ يُسَوِّي x (٢) يتطبَّع؛ يتسوَّى .

normal school *(n.)* دار المعلِّمين الابتدائية .

Nor·man [nôr'mən] *(n.; adj.)* (١) النورمَنديّ : «أ» أحد أبناء نورمنديا بفرنسا . «ب» أحد فاتحي نورمنديا الإسكندينافيين – الفرنسيين عام ١٠٦٦ للميلاد (٢) Norman French § (٣) نورمنديّ .

Nor·man·esque [-ĕsk'] *(adj.)* نورمانيسكيّ : خاصٌّ بفنّ العمارة النورمنديّ .

Norman French *(n.)* الفرنسية النورمندية : «أ» لغة النورمنديين الفرنسيةُ في مطالع القرون الوسطى . «ب» لهجة نورمنديا الحديثة .

nor·ma·tive [nôr'mə-] *(adj.)* مِعْياريّ . **– ness** *(n.)*

Norns *(n. pl.)* النّورنات : إلاهات القَدَر الثلاث في الميثولوجيا النّورسية .

Norse [nôrs] *(n.; adj.)* (١) النورسيّون : «أ» الإسكندينافيون . «ب» النروجيون (٢) «أ» اللغة النروجية . «ب» إحدى اللهجات أو اللغات الإسكندينافية الغربية . «ج» المجموعة الإسكندينافيّة من اللغات الجرمانيّة § (٣) نورسيّ : إسكندينافيّ قديم؛ ذو علاقة بإسكندينافيا القديمة أو لغة سكانها (٤) نروجيّ .

Norse·man [-'mən] *(n.)* النّورسيّ؛ الإسكندينافيّ القديم .

north [nôrth] *(adv.; adj.; n.)* (١) شمالًا (٢) صعودًا § (٣) شماليّ § (٤) الشَّمال (٥) *cap.* : بلاد الشَّمال؛ البلدان الشمالية .

north·bound [-'bound'] *(adj.)* مسافرٌ أو متوجِّهٌ شمالًا .

north·east [nôrth'ēst'] *(adv.; n.; adj.)* (١) نحو [أو في] الشمال الشرقي § (٢) الشمالُ الشَّرقيُّ § (٣) شماليٌّ شرقيٌّ .

north·east·er [nôrth'ē'-] *(n.)* ريحٌ أو عاصفة شمالية شرقية .

north·east·er·ly *(adj.; adv.)* (١) شماليّ شرقيّ § (٢) نحو [أو من] الشمال الشرقي .

north·east·ern *(adj.)* شماليٌّ شرقيّ : «أ» *cap.* ا.ك : ذو علاقة بمنطقة شمالية شرقية أو مميَّزٌ لها . «ب» واقع نحو الشمال الشرقيّ أو آتٍ منه .

North·east·ern·er *(n.)* الشماليُّ الشرقيّ : أحد أبناء الشمال الشرقي .

north·east·ward [-'wərd] *(adv.; adj.; n.)* (١) شمالًا بشرق : نحوَ الشمال الشرقيّ § (٢) شماليّ شرقيّ § (٣) الشمالُ الشرقيُّ .

north·east·wards [-'wərdz] *(adv.)* = northeastward.

north·er [nôr'thər] *(n.)* الشَّمْأَل : الريح الشمالية .

north·er·ly [-lĭ] *(adj.; adv.; n.)* (١) شماليّ § (٢) نحو الشمال (٣) من الشَّمال § (٤) الشَّمأل : ريحٌ شمالية .

north·ern [nôr'thərn] *(adj.; n.)* (١) شماليّ § (٢) الشَّماليّ : أحد أبناء الشَّمال (٣) الشّماليّة : لهجة إنكليزيّة يُنطق بها في بعض المناطق الشمالية من الولايات المتّحدة الأميركية .

Northern Cross *(n.)* صليب الشَّمال : ستة نجوم على شكل صليب (فل) .

Northern Crown *(n.)* = Corona Borealis.

North·ern·er [-'thər nər] *(n.)* الشَّماليّ : أحد سكان الشَّمال . وبخاصة : أحد أبناء الجزء الشمالي من الولايات المتحدة الأميركيّة .

Northern Hemisphere *(n.)* نِصْف الكرة الشماليّ (جغ) .

northern lights *(n. pl.)* = aurora borealis.

north·ing [nôr'thĭng; -thĭng] *(n.)* الإشمال : «أ» المسافة المجتازة نحو الشمال (مل) . «ب» حركة أو انحراف نحو الشمال .

north·land [nôrth'-] *(n. often cap.)* الجزء الشماليّ من البلاد .

North·man [-'mən] *(n.)* = Norseman.

North Pole *(n.)* القطب الشَّمالي («جغ» و«فل») .

North Star *(n.)* النجم القطبي .

North·um·bri·an [nôr thŭm'-] *(adj.; n.)* (١) نورثَمْبْريّ : ذو علاقة بنورثمبريا [مملكة إنكليزية قديمة] أو بشعبها أو لغتها (٢) نورثَمْبَرلَنْديّ : ذو علاقة بإقليم نورثَمْبَرْلَند في إنكلترا أو سكانه أو لُغَته § (٣) النّورثَمْبريّ : أحد أبناء نورثمبريا القديمة (٤) النّورثَمْبَرلندي : أحد أبناء إقليم نورثَمْبَرْلَنْد (٥) اللهجة النّورثَمْبَرْلَنْدية .

north·ward [-'wərd] *(adv.; adj.; n.)* (١) شمالًا؛ نحوَ الشمال § (٢) شماليّ : متحرِّك أو واقع نحو الشمال § (٣) الجهة الشمالية؛ الجزء الشمالي .

north·wards *(adv.)* شمالًا؛ نحو الشمال <We travelled ~.> .

north·west [-wĕst′] *(adv.; adj.; n.)* (١) شمالًا بغرب؛ نحوَ [أو في] الشمال الغربي § (٢) شماليٌّ غربيٌّ § (٣) الشمالُ الغربيّ.

north·west·er [nôrth′wĕs′-] *(n.)* ريح شمالية غربية.

north·west·er·ly *(adj.; adv.)* من [أو نحو] الشمال الغربي.

North·west·ern·er *(n.)* الشماليّ الغربيّ: أحد أبناء الشمال الغربي.

north·west·ward [-′wərd] *(adv.; adj.; n.)* (١) شمالًا بغرب؛ نحوَ الشمال الغربيّ § (٢) شماليّ غربيّ § (٣) الشَّمال الغربيّ.

north·west·wards *(adv.)* = northwestward.

Nor·we·gian [nôr wē′jən] *(n.; adj.)* (١) النَّروجيّ: أحد أبناء نروج (٢) اللغة النروجية § (٣) نروجيّ.

Norwegian elk·hound *(n.)* الكلبُ الإلكيّ النروجيّ (ح).

nor·west·er [nôr wĕs′-] *(n.)* المِمْطَر: رداء مُشمَّع واقٍ من المطر.

nos- *or* **noso-** بادئة معناها: داء؛ مرض <*noso*logy>.

nose [nōz] *(n.; vt.; i.)* (١) الأنف (ت) (٢) خَطْم الحيوان (٣) حاسّة الشَّمّ (٤) عبير؛ شذا؛ رائحة (٥) «أ» جاسوس؛ مُخْبِر. «ب» مقدرة على تسقّط الأخبار <a ~ for news> (٦) الأنف: «أ» الجزء الناتئ من أيّ شيء. «ب» مُقَدَّم المركب أو الطائرة (٧) نزعة؛ غريزة § (٨) يَسْتَرْوِح؛ يكتشف بالشمّ؛ يكتشف بالغريزة أو البحث (٩) «أ» يدفع أو يحرّك بأنفه. «ب» يُدْني أنفَهُ إلى (١٠) «أ» يمسّ بأنفِهِ. «ب» يفرك بأنفه (١١) يسبق [منافِسَهُ] بشِقّ النفس x (١٢) يَشُمّ (١٣) يتطفّل (١٤) يتقدَّم ببطء أو بحذر.

- (right) under his ~, أمامَهُ مباشرة؛ على مرأى منه.
- to ~ around (١) يبحث الكلبُ عن الطريدة (٢) يتسقّط الأخبار.
- to ~ down يُميل [الطائرةَ] نحو الأرض.
- to bite (*or* snap) a person's ~ off يخاطِبُهُ بحدّة وغضب.
- to count (*or* tell) ~*s* يُحصي عدد الأشخاص أو الأصوات.
- to cut off one's ~ to spite one's face يُنْزِل الضرر بمصالحه الشخصية في نوبة نَزَق أو غضب.
- to follow one's ~, يندفع إلى أمام؛ يواصل تقدُّمَه بدافع من غريزته.
- to lead (a person) by the ~, يقوده من أنفه: يجعله طوعَ أمره في كل شيء.
- to pay through the ~, يدفع ثمنًا باهظًا.
- to turn up one's ~ at ينظر إليه بازدراء.

nose bag *(n.)* المِخلاة: ما يُجعَل فيه العلف ويعلَّق بعنق الدابّة.

nose·band [nōz′-] *(n.)* المَخْطَمة: جزء من اللِّجام يمرّ فوق أنف الدابّة.

nose·bleed [nōz′blēd′] *(n.)* الرُّعاف: نَزْف أنفيّ.

nose cone *(n.)* المخروط الأماميّ: مخروطٌ واقٍ يشكِّل الطَّرف الأمامي من الصاروخ أو المقذوف.

nose·dive *(n.)* (١) الانقضاض الرأسيّ (طي) (٢) هبوط فُجائيّ كبير.

no–see–um [nō sē′əm] *(n.)* الخفيّ: بعوض بالغ الصِّغَر.

nose·gay [nōz′gā′] *(n.)* باقةُ زهرٍ [صغيرة].

nose job *(n.)* تجميل الأنف (جر).

nose·piece [-′pēs′] *(n.)* (١) المأنَفَة: قطعة من الدِّرع لوقاية الأنف (٢) noseband (٣) الأنفيّة: «أ» جزء من المجهر توضع تحته الشريحة الزجاجية التي يُراد فحصُها. «ب» جسرُ النَّظّارة أو «النظّارات».

nose·run·ning [nōz′-] *(n.)* السَّيَلان الأنفيّ: سَيَلان المُخاط من الأنف.

nosh [nŏsh] *(n.; vi.)* (١) وجبة خفيفة § (٢) يتناول وجبةً خفيفة.

no–show [nō′shō′] *(n.)* الحاجز المتخلِّف: من يحجز مقعدًا في قطار أو سفينة أو طائرة ثم يَعْدِل عن السَّفر من غير أن يلغي الحجز.

nos·i·ly [nō′zĭ lĭ] *(adv.)* بفضول؛ على نحوٍ فضوليّ.

nos·i·ness [nō′zĭ-] *(n.)* الفُضول؛ حبّ الاستطلاع.

nos·ing [-′zĭng] *(n.)* الزِّيْف: الحافة البارزة من دَرَجة سُلَّم أو حِليةٍ معمارية.

no·so·log·ic; -al [nō′sə lŏj′-] *(adj.)* تَصْنيفيمَرَضيّ: متعلّق بتصنيف الأمراض.

no·sol·o·gy [-sŏl′-] *(n.)* (١) لائحة بالأمراض (٢) علم تصنيف الأمراض.

nos·tal·gia [nŏs tăl′jə; -′jĭ ə] *(n.)* الحُنان: «أ» الوُطان: الحنين إلى الوطن. «ب» التَّوق إلى الماضي: توقٌ غير سَوِيّ للعودة إلى الماضي أو إلى استعادة وضعٍ يتعذّر استردادُهُ. **— nos·tal·gic** *(adj.; n.)*

nos·toc [nŏs′tŏk′] *(n.)* هُلام النجم؛ زَبَد القَمَر (نب).

nos·tol·o·gy [nŏs tŏl′ə jĭ] *(n.)* = geriatrics.

nos·tril [nŏs′trəl] *(n.)* المَنْخِر: إحدى فُتحتي الأنف.

nos·trum [nŏs′trəm] *(n.)* (١) العقّار السِّرّيّ: علاج أو دواء سرّيّ التركيب (٢) عقّار المُشَعْوِذين أو الدجالين (٣) الدواء العامّ: دواء لجميع الأمراض.

nos·y *or* **nos·ey** [nō′zĭ] *(adj.)* فُضوليّ؛ محبٌّ للاستطلاع.

not [nŏt] *(adv.)* (١) لمْ؛ لا؛ لن (٢) ليس.

- ~ but what *or* that على الرغم من.
- ~ half كثيرًا؛ بإفراط.
- ~ in it (١) غير مطَّلع [على سرّ] (٢) غير مشارِكٍ [في منفعة] (٣) غير جدير بالتفكير فيه.
- ~ in the running غير جدير بالتفكير فيه.
- ~ to be thought of مستحيل؛ غير وارد؛ لا مجال للتفكير فيه ألبتة.

not- *or* **noto-** بادئة معناها: الظَّهر؛ الجزء الخلفيّ.

no·ta be·ne [nō′tə bē′nē] ملحوظة؛ حاشية.

no·ta·bil·i·ty [nō′tə bĭl′-] *(n.)* (١) وجاهة؛ شهرة (٢) الوجيه: ذو الشهرة أو المكانة في قومه.

no·ta·ble[1] [nō′tə bəl] *(adj.)* (١) جدير بالذِّكر (٢) فذّ؛ بارز.

no·ta·ble[2] *(n.)* الوجيه: ذو المكانة أو الشهرة في قومِهِ.

no·tab·ly [nō′tə blĭ] *(adv.)* (١) بوضوح؛ بجلاء (٢) وبخاصةٍ.

no·tar·i·al [nō târ′ĭ əl] *(adj.)* (١) مُوَثِّقيّ؛ توثيقي: ذو علاقة بالمُوَثِّق أو الكاتب العَدْل (٢) مُوَثَّق: مُنْجَزٌ من قِبَل المُوَثِّق أو الكاتب العدل.

no·ta·ri·za·tion [nō′tə rĭ zā′-] *(n.)* (١) التَّوثيق: توثيق العقود من قِبَل الكاتب العَدْل (٢) المُوَثِّقة: شهادة التوثيق المُلْحَقة بعَقْدٍ إلخ.

ă at; ā date; â care; ä car; ĕ egg; ē me; ĭ in; ī bite; ŏ lot; ō bone; ô orphan; oi boil; o͝o good; o͞o boot; ou out; ŭ under; û urgent; ə = *a* in alone, *e* in system, *i* in easily, *o* in gallop, *u* in circus.

no·ta·rize [nō′tə rīz′] *(vt.)* يُوَثِّق : يصدِّق الكاتب العَدْل عَقْدًا إلخ .

no·ta·ry *or* **no·ta·ry public** [-′tə rĭ] *(n.)* المُوَثِّق العامّ؛ الكاتب العَدْل .

no·tate [nō′tāt′] *(vt.)* (١) يُدَوِّن (٢) يُرَمِّز؛ يُنَوِّت (را . المادة التالية) .

no·ta·tion [nō tā′shən] *(n.)* (١) «أ» تدوين . «ب» ملاحظة (٢) الترميز؛ التَّنْويت : التدوين بمجموعة خاصة من العلامات أو الرموز (٣) رموز؛ مجموعة رموز [كالعلامات الموسيقية إلخ] .

notch [nŏch] *(n.; vt.)* (١) سِنّ؛ ثَلْم؛ فَلٌّ (٢) الشِّعْب : ممرّ ضيِّق بين جبلَيْن (٣) درَجة؛ خُطوَة § (٤) يُثَلِّم؛ يَفُلّ [على شكل ٧] (٥) يدوِّن أو يُعَلِّم [بواسطة ثَلْم يُحدِثُهُ في عصًا] (٦) يُحْرز؛ يَكْسِب .

note [nōt] *(vt.; n.)* (١) ينتبه إلى؛ يلاحظ بعناية <Note my words.> (٢) يدوِّن؛ يُسَجِّل (٣) «أ» يُشير؛ يُلاحظ [شفهيًا أو كتابيًا] . «ب» يُظْهِر § (٤) «أ» نغمة؛ نغمة موسيقية . «ب» نداء؛ صوت <the raven's ~> . «ج» تغريد؛ سَجْع . «د» مُجَسِّدة (مج)؛ علامة موسيقيّة؛ «نوتَة» . «هـ» إصبع البيانو (٥) رائحة؛ نكهة (٦) جَرْس؛ نبرة (٧) علامة <~ of interrogation> (٨) إشارة؛ إشعار (٩) سِمة مميِّزة (١٠) «أ» مذكِّرة؛ مفكِّرة؛ مدوَّنة موجزة أو غير رسمية عن شيء ما . «ب» تعليق أو تفسير موجز . «ج» حاشية [في هامش كتاب] . «د» كمبيالة . «هـ» ورقة نقدية . «و» رسالة موجزة غير رسمية . «ز» مذكرة ديبلوماسيّة رسمية . «ح» مقالة قصيرة (١١) «أ» شهرة؛ امتياز؛ بُعد صيت <a family of ~> . «ب» ملاحظة؛ انتباه <took no ~ of it> . «ج» أهمية؛ شأن <no other thing of ~ this year>.

to strike the right ~, يضرب على الوتر الحسّاس .

note·book [nōt′-] *(n.)* مفكِّرة؛ مذكِّرة؛ دفتر ملاحظات .

note·case [-′kās′] *(n.)* مِحفظة جيب جلدية [للأوراق المالية] (بر) .

not·ed [nō′tĭd] *(adj.)* شهير؛ ذائع الصيت <a ~ poet> .

note·less [nōt′-] *(adj.)* (١) مغمور؛ خامل الذكر (٢) غير موسيقيّ .

note of hand كمبيالة؛ سَنَد؛ صَكّ تعهُّديّ .

note·pa·per [nōt′-] *(n.)* ورق الرسائل .

note·wor·thy [-′wûr′thĭ] *(adj.)* جدير بالملاحظة أو الانتباه : رائع .

not–for–profit *(adj.)* = nonprofit.

noth·ing [nŭth′ĭng] *(pron.; adv.; n.; adj.)* (١) لا شيء § (٢) ألبتَّة؛ على الإطلاق § (٣) «أ» شيء غير موجود؛ عَدَمٌ . «ب» صِفْر (٤) شيء أو شخص تافهٌ أو عديم القيمة § (٥) تافه؛ عديم القيمة .

for ~, (١) مجانًا؛ بلا مقابل (٢) لغير ما داعٍ؛ بلا سبب (٣) عبثًا؛ على غير طائل .

to come to ~, يُخفِق إخفاقًا تامًّا؛ لا يُسْفِر عن شيء؛ لا يأتي بأية نتيجة .

to make ~ of (١) يعجز عن فهم كذا (٢) يستخفّ أو يستهين بِـ (٣) يهمل؛ يضيع فرصةً سانحة .

noth·ing·ness [-nəs] *(n.)* (١) «أ» اللاّشيئيّة : العَدَم؛ اللاّوجود . «ب» تفاهة؛ لاأهميّة . «ج» موت أو إغماء (٢) شيء تافه أو عديم القيمة (٣) فراغ .

no·tice [nō′tĭs] *(n.; vt.)* (١) إنذار؛ إشعار؛ إعلام؛ إخطار (٢) «أ» انتباه؛ اهتمام . «ب» ملاحظة (٣) كياسة : معاملة متَّسمة باللطف وحسن الرعاية (٤) بيان؛ بلاغ (٥) مراجعة : تقرير موجز [عن كتاب أو فيلم جديد] § (٦) يُنْذر؛ يُشْعِر؛ يُعْلِم؛ يُخْطِر (٧) «أ» يعلِّق على . «ب» يشير إلى . «ج» يُراجع : يكتب تقريرًا موجزًا عن <to ~ a book> (٨) يعامل بكياسة ولطف (٩) يلاحظ؛ يرى إلخ .

at short ~, من غير مهلة كافية لأخذ الحيطة والاستعداد .

to take ~, (١) يرى؛ يلاحظ؛ ينتبه (٢) يتكشَّف [الطفلُ] عن دلائل الذكاء .

no·tice·a·ble [nō′tĭs ə bəl] *(adj.)* (١) جديرٌ بالملاحظة أو الاهتمام؛ لافتٌ للنظر (٢) بادٍ للعيان؛ قابلٌ لأن يُلاحَظ أو يُرَى .

notice board *(n.)* لوحة البيانات؛ لوحة الإعلانات .

no·ti·fi·a·ble [nō′tə fī′-] *(adj.)* واجبٌ إبلاغه <a ~ disease> .

no·ti·fi·ca·tion [-kā′-] *(n.)* (١) إعلام؛ إشعار؛ إخطار (٢) بيان؛ بلاغ .

no·ti·fi·er [nō′tə fī′ər] *(n.)* المُعْلِم؛ المُشْعِر؛ المُخطِر؛ المُبْلِغ .

no·ti·fy [-′tə fī′] *(vt.)* (١) يُعْلِم؛ يُشْعِر؛ يُخطِر؛ يُبْلِغ (٢) يبلِّغ عن .

no·tion [nō′shən] *(n.)* (١) «أ» فكرة عامة أو غامضة . «ب» انطباعة شخصية؛ مفهوم شخصيّ . «ج» نظريّة أو عقيدة [يقول بها شخص أو جماعة] . «د» نزوة؛ حماقة (٢) نيّة (٣) *pl.* الأشتات؛ النّثريات : أدوات صغيرة مختلفة كالدبابيس والإبر والخيوط وما إليها .

no·tion·al [-əl] *(adj.)* (١) نظريّ <~ sciences> (٢) خياليّ؛ وهميّ (٣) ذو نزوات أو تصوّرات حمقاء (٤) ذو علاقة بفكرةٍ ما؛ مُعَبِّر عن فكرةٍ ما (٥) اسميّ؛ تجريديّ؛ نظريّ .

noto- [nō′tō] = not-.

no·to·chord [nō′tə kôrd] *(n.)* الحَبْل الظَّهْريّ (أح) .

no·to·ri·e·ty [nō′tə rī′ə tĭ] *(n.)* (١) الشُّهرة . وبخاصة : سوء الشُّهرة؛ رداءة السُّمعة (٢) المشهور . وبخاصة : المُشَهَّر : شخص رديء السُّمعة .

no·to·ri·ous [-tōr′-] *(adj.)* مشهور . وبخاصة : مُشَهَّر؛ رديء السمعة .

no·tor·nis [nō tôr′-] *(n.)* الطائر الجنوبيّ : طائر نادر، عاجز عن الطيران .

notornis

not·with·stand·ing [nŏt wĭth stăn′-] *(prep.; adv.; conj.)* (١) ومع ذلك (٢) على الرغم من .

nou·gat [nōō′gət; -gä] *(n.)* النوغة : حلوى بيضاء عَلِكة معجونة بالفستق .

nought [nôt] *(n.; adj.)* = naught.

nou·me·non [nōō′mə-] *(n.)* pl. **-na** النُّومَن : الشيء أو مفهوم الشيء في ذات نفسه أو كما يبدو للعقل المَحْض [في فلسفة كانْتْ] .

noun [noun] *(n.)* الاسم (ل) .

nour·ish [nûr′ĭsh] *(vt.)* (١) يربّي (٢) يغذّي؛ يَغْذو (٣) «أ» يُطعم؛ يُقيت . «ب» يَعْضُد : يَدْعم؛ يعزِّز (٤) يُنعش؛ يُحْيي .

nour·ish·ing [nûr′ĭsh ĭng] *(adj.)* مُغَذٍّ .

nour·ish·ment *(n.)* (١) غذاء؛ قوت (٢) تغذية؛ إقاتة (٣) اغتذاء .

nous [nōōs] *(n.)* (١) العَقْل (٢) العَقْل الفيّاض [في الأفلاطونية المُحْدَثة] .

nou·veau [nōō vō′] *(adj.)* حديث؛ مُحْدَث؛ جديد .

nou·veau riche [rēsh′] *(n.)* النُّفروش : المُحْدَث الثراء أو النِّعمة .

nou·velle cui·sine [no͞o vĕl′ kwē zēn′] *(n.)* المطبخ الجديد : أسلوب في الطَّهو يتميَّز بالإقلال من الدقيق والدُّهن والإكثار من الأعشاب .

no·va [nō′və] *(n.)* pl. **-s** *or* **-e** المُسْتَسْعِر؛ الطارف : نجم يتعاظم ضياؤه فجأةً ثم يخبو ليَرْتَدّ، بعد بضعة شهور أو بضع سنين، إلى ضيائيّته الأصلية .

no·vac·u·lite [nō văk′-] *(n.)* النُّوفَقْلِيْت : صخر يُتَّخَذُ منه حَجَرُ الشَّحْذ .

no·va·tion [nō vā′shən] *(n.)* التجديد : استبدال سَنَد الدَّين بغيره .

nov·el [nŏv′əl] *(adj.; n.)* (١) جديد؛ طارف؛ لم يُسْبَق إلى مثلِهِ (٢) مُبْتَكَر؛ غريب؛ غير مألوف § (٣) الرواية : قصة طويلة (٤) الفنّ الروائيّ .

nov·el·ette [nŏv′ə lĕt′] *(n.)* الرواية القصيرة .

nov·el·ett·ish [-′ish] *(adj.)* روائيّ قصيريّ . وبخاصة : عاطفيّ .

nov·el·ist [nŏv′-] *(n.)* الروائيّ : مؤلف الروايات أو القصص الطويلة .

nov·el·is·tic *(adj.)* روائيّ : ذو علاقة بالرواية أو مميِّز لها .

nov·el·ize [nŏv′-] *(vt.)* يُحوِّله إلى رواية : يُفْرِغُهُ في قالب رواية .

no·vel·la [nō vĕl′ä] *(n.)* (١) حكاية قصيرة (٢) novelette .

nov·el·ty [nŏv′əl tĭ] *(n.)* (١) البِدْع : شيء جديد أو غير مألوف (٢) جِدَّة (٣) *pl.* عد : حِلًى شخصية أو منزليّة .

No·vem·ber [nō vĕm′-] *(n.)* نوفمبر؛ تشرين الثاني .

no·ve·na [nō vē′nə] *(n.)* التاسوعيّة : عبادة تستمرّ تسعة أيام (كث) .

no·ver·cal [nō vûr′kəl] *(adj.)* رابّيّ : ذو علاقة بالرّابّة [زوجة الأب] .

nov·ice [nŏv′ĭs] *(n.)* (١) المُتَرَهِّب : الراهب قبل التثبيت (٢) المتمسِّح المُحْدَث : الداخل حديثًا في المسيحية <a ~ in politics> (٣) المبتدئ .

no·vi·lle·ro [nō vəl yĕr′ō] *(n.)* النوفلييرو : مصارع ثيران مبتدئ .

no·vi·ti·ate [nō vĭsh′ĭ ĭt] *(n.)* (١) «أ» التَّرَهُّب : حالة الراهب قبل التثبيت . «ب» مدة الترهب (٢) novice (٣) بيت المترهبين : بيت يدرَّب فيه الرهبان قبل التثبيت .

No·vo·cain [nō′və kān] *(n.)* النوفوكايين : مخدِّر موضعي (صي) .

now [nou] *(adv.; conj.; n.; adj.)* (١) «أ» الآن . «ب» منذ لحظة (٢) توًّا؛ حالًا (٣) والآن . . . : صيغة تُستعمَل لاستهلال الكلام أو السؤال (٤) حينًا <~ one and ~ another> (٥) في هذه الأيام؛ في ظلّ الظروف الحاضرة § (٦) لمّا كان، أمَا وقد <*Now* that you are well again, you can travel.> § (٧) الآن؛ الوقت الحاضر § (٨) حاليّ <the ~ king> (٩) جديد <~ clothes> (١٠) مُلِمّ بالجديد <the ~ generation> .

now·a·days [-′ə dāz′] *(adv.)* في هذه الأيام؛ في الوقت الحاضر .

no·way *or* **no·ways** *(adv.)* (١) ألبتّة؛ مُطْلقًا؛ بأية حال (٢) مستحيل .

no·where [nō′hwâr′] *(adv.; n.)* (١) ليس في أيّ مكان (٢) إلى لامكان § (٣) اللّامكان : مكانٌ خفيّ أو لا وجودَ له .

no·wheres [nō′hwârz] *(adv.)* = nowhere.

no·whith·er [nō′hwĭth′ər] *(adv.)* إلى لامكان .

no–win *(adj.)* لارابح : غيرُ محتمَلٍ كَسْبُهُ <a ~ war> .

no·wise [nō′wīz′] *(adv.)* ألْبَتّة؛ مُطْلَقًا؛ بأية حال .

now·ness [nou′-] *(n.)* الآنيّة : كون الشيء خاصًّا بالآنِ أو الوقت الحاضر .

Nox [nŏks] نوكس : إلاهة الليل عند الرومان .

nox·ious [nŏk′shəs] *(adj.)* (١) سامّ؛ مؤذٍ؛ ضارّ بالصحّة (٢) هدّام : مُفْسِد أخلاقيًا (٣) بغيض؛ ذميم .

— **nox·ious·ness** *(n.)*

noz·zle [nŏz′əl] *(n.)* (١) الفُوّهة؛ البَزْباز : أداة مهمّتُها تسريع وتوجيه السائل أو الغاز المُنطلق منها (٢) الأنف (ع) .

nozzles 1.

nth [ĕnth] *(adj.)* (١) أقصى؛ أعلى <attains the ~ power> (٢) آخِر .

nu·an·ce [no͞o′äns; nyo͞o′-] *(n.)* الفارق الدقيق : ظِلّ من الفرق، لا يكاد يُدْرَك، في اللون أو المعنى .

nub [nŭb] *(n.)* (١) عُقْدة؛ عُجْرة؛ نُتوء (٢) كتلة أو قطعة صغيرة (٣) nubbin (٤) جوهر؛ لُبّ؛ زُبدة؛ مِحور <the ~ of the book> .

nub·bin [nŭb′ĭn] *(n.)* (١) القُمْزة : «أ» كوز ذرة صغير أو غير تامّ النموّ . «ب» كلّ ما هو صغير أو غير تامّ النموّ (٢) العُقَيْدة : عُقْدة صغيرة .

nub·ble [nŭb′əl] *(n.)* (١) كتلة أو قطعة صغيرة (٢) nubbin *2* .

Nu·bi·an [no͞o′bĭ ən; nyo͞o′-] *(n.; adj.)* (١) النُّوبيّ : أحد أبناء النُّوبة (٢) اللغة النُّوبيّة (٣) عَبْدٌ أو فَرَسٌ نوبيّ § (٤) نوبيّ .

nu·bile [no͞o′bĭl] *(adj.)* عاتق : بالغةٌ سِنّ الزواج .

nu·bil·i·ty [-bĭl′-] *(n.)* العاتقيّة : كون الفتاة بالغةً سِنّ الزواج .

nu·bi·lous [no͞o′bə ləs] *(adj.)* (١) غائم؛ مُضِبّ (٢) غامض؛ مُبْهَم .

nu·cel·lar [no͞o sĕl′ər] *(adj.)* جُوَيْزيّ؛ نَوْسيليّ (را . المادة التالية) .

nu·cel·lus [no͞o sĕl′əs; nyo͞o-] *(n.)* pl. **-cel·li** [sĕl′ī] الجُوَيْزة؛ النَّوْسيلة : جزء البُيَيْضة المركزيُّ الذي يكتنف الكيسَ الجنينيّ (نب) .

nu·cha [no͞o′kə] *(n.)* pl. **-e** القَفا؛ المَنْخَع : نقرةُ العُنُق؛ قفا العُنُق .

nu·chal [no͞o′kəl] *(adj.)* قَفويّ؛ مَنْخَعِيّ .

nucle- *or* **nucleo-** بادئة معناها : «أ» نواة . «ب» الحمض النَّوويّ .

nu·cle·ar [no͞o′klĭ ər; nyo͞o′-] *(adj.)* نَوَويّ <~ war> .

nuclear disarmament *(n.)* نزعُ السِّلاح النَّووي .

nuclear energy *(n.)* الطاقة النَّوويّة .

nuclear family *(n.)* الأسرة النَّووية [أب وأمّ وبضعة أولاد] .

nuclear fission *(n.)* الانشطار [أو الانفطار] النَّوويّ .

nuclear fusion *(n.)* الالتحام [أو الاندغام] النَّوويّ .

nuclear membrane *(n.)* الغشاء النَّوويّ (أح) .

nuclear physics *(n.)* الفيزياء النَّووية .

nuclear reactor *(n.)* المُفاعِل النَّوويّ (فزن) .

nuclear sap *(n.)* النُّسْغ النوويّ : المادة الأساسية في نواة الخليّة .

nuclear wall *(n.)* الفُوف : جدار النَّواة (مج) .

nu·cle·ate[1] [no͞o′klĭ āt′] *(vt.; i.)* (١) يُنَوِّي x (٢) يَتَنَوَّى .

ă at; ā date; â care; ä car; ĕ egg; ē me; ĭ in; ī bite; ŏ lot; ō bone; ô orphan; oi boil; o͝o good; o͞o boot; ou out; ŭ under; û urgent; ə = *a* in alone, *e* in system, *i* in easily, *o* in gallop, *u* in circus.

nu·cle·ate [2] [-ət] *(adj.)* مُنَوًّى: ذو نواةٍ أو نوًى <~ cells>.

nu·cle·a·tion [nōō′klĭ ā′-] *(n.)* (١) التَّنوية (٢) التَّنَوِّي.

nu·cle·i [nōō′klĭ ī′] *pl. of* nucleus.

nu·cle·ic acid [nōō klē′ĭk] *(n.)* الحَمْض النَّوَويّ (كح).

nu·cle·in [nōō′klĭ ĭn] *(n.)* النَّووين: مادة بروتينية في نَوَى الخلايا.

nu·cle·o·lar *(adj.)* نُوَيِّيّ: ذو علاقة بِنُوَيَّة أو مُشَكِّلٌ نُوَيَّةً.

nu·cle·o·lus [nōō klē′ə ləs] *(n.)* pl. **-li** [lī] النُّوَيَّة (أح).

nu·cle·on [nōō′-] *(n.)* النُّوَيَّة: بروتون أو نيوترون وبخاصة في نواة الذرّة.

nu·cle·on·ics [nōō′klē ŏn′-] *(n.)* النُّوَيّات: فرع من الفيزياء يبحث في النُّوَيّات nucleons أو في جميع ظواهر نواة الذرّة.

nu·cle·o·phil·ic [-fĭl′ĭk] *(adj.)* مُحِبٌّ للنَّوَى: مُنجذِبٌ إلى النَّوى (فز).

nu·cle·o·plasm *(n.)* الجِبْلَة النَّوويّة. وبخاصة: النُّسْغ النَّوويّ.

nu·cle·o·pro·tein [-prō′tēn] *(n.)* البروتين النَّوَويّ: بروتين يُعَدّ المكوِّن الأساسي للمادة الوراثية في الصِّبغيّات (كح).

nu·cle·o·syn·the·sis [-sĭn′thə sĭs] *(n.)* التخليق النَّووي.

nu·cle·us [nōō′klĭ əs; nyōō′-] *(n.)* pl. **-cle·i** *also* **-es** (١) رأس المذنَّب (فل) (٢) نَواة («فز» و«أح» و«ك») (٣) قلب؛ مركز.

nu·clide [-′klīd] *(n.)* النُّوَيْدة: ضربٌ من الذرّات يتميَّز بتركيب نواته الخاص وبالتالي بعدد بروتوناتِهِ ونيوتروناته ومحتواه الطاقيّ (فز).

nude [nōōd; nyōōd] *(adj.; n.)* (١) ناقص. وبالتالي: باطل <a ~ contract> (٢) عارٍ؛ عُرْيان § (٣) العارية: لوحة أو منحوتة فنّية عارية (٤) «أ» المتجرِّد: امرؤ عارٍ. «ب» المتجرِّدة: امرأة عارية (٥) عُرْي <in the ~>.

— **nude·ness** *(n.)*

nudge [nŭj] *(vt.; i.; n.)* (١) يَمَسّ أو يَدْفع بِرِفق. وبخاصة: يكِزُ [شخصًا] بمرفقِهِ استرعاءً للانتباه (٢) يُقارب؛ يُناهز § (٣) وَكْزَة.

nu·di·branch [nōō′də brăngk] *(n.)* عاري الخَيْشوم: حيوان من عاريات الخَيْشوم **Nudibranchia** وهي رُتَيْبَةٌ من الرِّخويات البحرية.

nu·di·caul [nōō′də kôl′] *(adj.)* عاري السّاق (نب).

nud·ie [nōō′dē] *(n.)* (١) الفيلم العاري (٢) المتجرِّدة: امرأة عارية.

nud·ism [nōō′dĭz əm] *(n.)* العُرْيانيّة؛ مذهب العُرْي: مذهب القائلين بالعُرْي الكامل من غير فصل بين الجنسَين.

nud·ist [nōō′dĭst] *(n.)* العُرْيانيّ: مَن يدعو إلى العُريانية أو يُمارسُها.

nu·di·ty [-′dĭ tĭ] *(n.)* (١) العُرْي؛ حالة العُري (٢) nude *3*.

nud·nick [nōōd′nĭk] *(n.)* شخص مُضْجِر أو ثقيل الظلّ.

nu·ga·to·ry [nōō′gə tōr′ĭ] *(adj.)* (١) تافه (٢) باطل؛ لاغٍ.

nug·get [nŭg′ĭt] *(n.)* (١) كتلة صُلْبة (٢) الشَّذْرة: كتلة من مَعْدِنٍ نفيسٍ خام <a ~ of gold> (٣) اللُّقَيْمة: قطعةُ طعامٍ صغيرةٌ <chicken ~*s*>.

nui·sance [nōō′səns] *(n.)* (١) أذًى؛ إزعاج (٢) شيء مزعج أو بغيض.

nuisance tax *(n.)* الضريبة البغيضة: ضريبة تُجبى بمقادير صغيرة من المستهلك مباشرة.

nuke [nōōk; nyōōk] *(n.; adj.; vt.)* (١) سلاحٌ نَوَوِيّ (٢) محطة ذرّيّة § (٣) نَوَوِيّ § (٤) يهاجم أو يدمِّر نَوَوِيًّا.

null [nŭl] *(adj.; n.; vt.)* (١) null and void (٢) عديم الوجود (٣) تافه؛ عديم القيمة § (٤) الصِّفر؛ العَدَم (ر) § (٥) يُلغي؛ يُبطل.

nul·lah [nŭl′ə] *(n.)* = ravine.

null and void *(adj.)* باطل؛ لاغٍ؛ غير ذي قوة شرعية مُلْزِمة.

nul·li·fi·ca·tion [nŭl′ə fə kā′-] *(n.)* (١) إبطال (٢) بُطْلان (٣) الإحباط: محاولة ولاية أميركية منع تنفيذ قانون فيدرالي ضمن أراضيها.

nul·li·fid·i·an [nŭl′ə fĭd′ĭ ən] *(n.)* المُلْحِد؛ الكافر؛ الزِّنديق.

nul·li·fy [nŭl′ə fī] *(vt.)* (١) يُبْطِل؛ يلغي (٢) يُحْبِط.

nul·lip·a·ra [nŭ lĭp′ər ə] *(n.)* pl. **-e** امرأة عاقر أو عقيم.

nul·li·ty [nŭl′ə tĭ] *(n.)* (١) بُطلان [وبخاصة من وجهة النظر القانونيّة] (٢) شيء باطل. وبخاصة: عملٌ باطلٌ قانونيًا.

null sequence *(n.)* المتتالية الصِّفرية (ر).

numb [nŭm] *(adj.; vt.)* (١) خَدِر؛ فاقدُ الحسّ [وبخاصة من أثر البرد] (٢) لامبالٍ § (٣) يُخدِر؛ يُنْمِل؛ يُفقد الحسّ.

num·ber [nŭm′bər] *(n.; vt.; i.)* (١) عدد (٢) رقم (٣) *pl.*: الحساب (٤) مجموعة؛ عدد؛ طائفة (٥) الكمّيّة <The difference <skill in ~*s*> (٦) إمكانيّة العدّ أو الإحصاء <times beyond ~> is in ~ not in kind.> (٧) حلقة [من سلسلة] (٨) *pl.*: «أ» الوزن: البحر (عر). «ب» شِعْر (٩) عدد [من جريدة أو مجلة] <the April ~ of the magazine> (١٠) فتاة؛ امرأة (١١) مقطوعة موسيقية أو أدبية (١٢) سِلعة (١٣) يانصيب § (١٤) يَعُدّ؛ يُحصي (١٥) يُعَدِّد (١٦) يُرَقِّم <to ~ the pages> (١٧) يعتبر؛ يحسب؛ يَعُدّ <to ~ a person among one's friends> (١٨) يبلغ عددُهُ كذا **x** (١٩) يُعَدّ بـ . . .

by the ~*s* بطريقة نظاميّة أو روتينيّة أو ميكانيكية.
Her days are ~*ed*. دنا أجَلُها؛ أصبحت أيامها معدودة.
His ~ is up. (١) يُحْتَضَر (٢) يحلّ به الخراب.
to look after (*or* take care of) *number* one يُعْنَى بنفسه أو بمصالحه الشخصية (ع).
without ~, لا عِدادَ له؛ لا يُعَدّ ولا يُحْصَى.

num·ber·a·ble [nŭm′-] *(adj.)* (١) ممكنٌ عَدُّهُ (٢) ممكنٌ ترقيمُهُ.

num·ber·less [nŭm′-] *(adj.)* (١) لا يُعَدّ ولا يُحْصَى (٢) غيرُ ذي رَقْم.

number one *(adj.)* (١) الأوّل؛ الرئيسي (٢) ممتاز؛ رائع.

num·ber·plate [-plāt′] *(n.)* الصَّفيحة الرَّقْميّة [لسيّارة إلخ].

Num·bers [nŭm′-] *(n.)* سِفر العدَد: السِّفر الرابع من «العهد القديم».

numb·fish [nŭm′-] *(n.)* الرَّعّاد؛ الرَّعّادة (سمك).

numb·ing [nŭm′ĭng] *(adj.)* (١) مُخْدِر: مُحْدِثٌ خَدَرًا (٢) شالّ.

numb·ness [nŭm′nəs] *(n.)* الخَدَر (را. numb).

numb·skull [nŭm′skŭl′] *(n.)* = numskull.

nu·men [n(y)ōō′mĭn] *(n.)* pl. **-mi·na** النُّومن: روح أو قوة إلَهية.

nu·mer·a·ble [nōō′-] *(adj.)* يُعَدّ: قابلٌ لأن يُعَدّ أو يُحْصَى.

nu·me·ra·cy [-′mə rə sĭ] *(n.)* مقدرة حسابية أو رياضية أو علمية.

nu·mer·al [n(y)o͞o′mər əl] *(adj.; n.)* (١) عَدَديّ § (٢) عَدَد؛ رَقْم.

nu·mer·ar·y [-′mə rĕr′ĭ] *(adj.)* عَدَديّ: ذو علاقة بعددٍ أو أعداد.

nu·mer·ate[1] [n(y)o͞o′mə rāt′] *(vt.)* = enumerate.

nu·mer·ate[2] [- rət] *(adj.)* متضلّع حسابيًّا أو علميًّا.

nu·mer·a·tion [n(y)o͞o′mə rā′shən] *(n.)* (١) عدٌّ؛ إحصاء (٢) ترقيم (٣) العَدّ اللفظيّ: قراءة الأعداد.

nu·mer·a·tor [n(y)o͞o′mə rā′tər] *(n.)* (١) البَسْط: صورة الكسر (مثل ٢ أو x في هذين المثلين $\frac{٢}{٥}$ و $\frac{x}{y}$) (٢) العادّ؛ المُحصي إلخ.

nu·mer·ic; nu·mer·i·cal [n(y)o͞o mĕr′-] *(adj.)* عَدَديّ <a ~ grade>.

numerical analysis *(n.)* التحليل العَدَديّ (ر).

numerical coefficient *(n.)* المُعامِل العَدَديّ (ر).

numerical constant *(n.)* الثابت العَدَديّ (ر).

numerical equation *(n.)* المعادَلة العَدَدية (ر).

nu·mer·ol·o·gy [n(y)o͞o′mə rŏl′ə jĭ] *(n.)* العِدادة: دراسة معاني الأعداد السحرية أو التنجيمية.

nu·me·ros·i·ty [n(y)o͞o′mə rŏs′-] *(n.)* كَثْرة؛ وَفرة؛ تعدُّد.

nu·mer·ous [n(y)o͞o′mər əs] *(adj.)* عديد؛ متعدِّد؛ كثير؛ وافر.

nu·mer·ous·ly [n(y)o͞o′mər əs lĭ] *(adv.)* بكثرة؛ بوفرة.

nu·mer·ous·ness [n(y)o͞o′mər əs-] *(n.)* كَثْرة؛ وَفرة؛ تعدُّد.

nu·mi·na [n(y)o͞o′mə nə] *pl. of* numen.

nu·mi·nous *(adj.)* (١) خارقٌ للطبيعة (٢) غامض (٣) مقدَّس (٤) روحيّ.

nu·mis·mat·ic [n(y)o͞o′mĭz măt′-] *(adj.)* (١) نُمّيّ: ذو علاقة بدراسة [أو جَمْع] القِطع النقدية والمداليات إلخ (٢) عُمْليّ: ذو علاقة بالعملة.

nu·mis·mat·ics *(n.)* علم النُّمّيّات: دراسة [أو جَمْع] القِطع النقدية والمداليات والأوراق المالية إلخ.
—nu·mis·ma·tist *(n.)*

nu·mis·ma·tol·o·gy [-tŏl′ə jĭ] *(n.)* = numismatics.

num·ma·ry [nŭm′ə rĭ] *(adj.)* عُمْليّ: ذو علاقة بالعُملة أو بالقِطَع النقدية.

num·mu·lar [nŭm′yə lər] *(adj.)* قُرصي؛ دائريّ؛ بيضويّ الشكل.

num·skull [-′skŭl′] *(n.)* (١) الأحمق؛ المُغفَّل (٢) ذهنٌ مُخَبَّل أو مشوَّش.

nun [nŭn] *(n.)* راهبة.

nun·a·tak [nŭn′ə tăk′] *(n.)* النّوناتاك: جبل يكتنفه الجليد.

nun·ci·a·ture [nŭn′shĭ ə chər] *(n.)* السّفارة البابوية: «أ» بعثة بابويّة يرئسها سفير. «ب» منصب السَّفير البابويّ أو مُدّة تولّيه منصبَه.

nun·ci·o [-′shĭ ō] *(n.)* السَّفير البابويّ.

nun·cle [nŭng′kəl] *(n.)* (١) عمٌّ (ع) (٢) خالٌ (ع).

nun·cu·pa·tive [nŭng′kyə pā′-] *(adj.)* شفهيّ؛ غير مكتوب.

nun·ner·y [nŭn′-] *(n.)* (١) ديرٌ [للراهبات] (٢) رَهْبَنة أو أخَويّة نِسْويّة.

nup·ti·al [nŭp′shəl] *(adj.; n.)* (١) زواجيّ؛ زيجيّ؛ زِفافيّ؛ عُرْسيّ (٢) تسافديّ <~ flight> § (٣) *pl.* عد: زِفاف؛ عُرْس.

nup·ti·al·i·ty [-ə tĭ] *(n.)* (١) الزوجيّة (٢) *pl.*: حفلات الزفاف.

nurse [nûrs] *(n.; vt.; i.)* (١) «أ» الظِّئر: المرضِعة لغير ولدها. «ب» الحاضنة: مربّية تُعْنَى بأمر طفل صغير (٢) المُنَشِّئ؛ المُرَبّي؛ المرشِد (٣) الممرِّضة؛ الممرِّض § (٤) «أ» يُرْضِع. «ب» يَرْضَعُ من (٥) يُربّي؛ ينشِّئ (٦) «أ» يغذو؛ يُربِّب: يعزِّز نموّ شيء أو تطوُّرَه. «ب» يَحْضُن [في الذهن]؛ يُبْقي في الذاكرة. «ج» يدبِّر بعناية واقتصاد (٧) يمرِّض؛ يَرْعى: يتعهَّدُ بالعناية (٨) يُداري (٩) يرشف بتمهُّل (١٠) يترفّق بـِ.
—nurs·er *(n.)*
to ~ a cold يُداري الزّكام [بأن يلزم بيته متدفّئًا إلخ].

nurse·maid [nûrs′mād′] *(n.)* الحاضنة: مربّية الأطفال.

nurs·er·y [nûr′sə rĭ] *(n.)* (١) حجرة نوم الطفل (٢) بيت الحضانة (٣) day nursery (٤) «أ» المعزِّز؛ المطوِّر؛ الراعي. «ب» المَرْبَى: موطن تدريب أو تنشيءٍ أخلاقي أو فكري (٥) المَشْتَل: المُسْتَنْبَت الزراعي.

nurs·er·y·maid [nûr′sə rĭ mād] *(n.)* = nursemaid.

nurs·er·y·man [-mən] *(n.)* المَشْتَليّ: صاحب المَشْتَل الزراعيّ أو مديره.

nursery rhyme *(n.)* أغنية الأطفال: حكاية شعرية للأطفال.

nursery school *(n.)* مدرسة الحضانة [للأطفال دون الخامسة].

nurs·ing [nûr′-] *(n.)* التمريض: مهامّ الممرِّض أو الممرِّضة.

nursing bottle *(n.)* زُجاجة الإرضاع أو الرَّضاع.

nursing home *(n.)* دار التمريض.

nurs·ling *also* **nurse·ling** [nûrs′-] *(n.)* (١) الرضيع. وبالتالي: شخص أو شيء يُعْنَى به عناية بالغة أو مُوَسْوَسَة (٢) «أ» الصغير من الحيوان. «ب» شتلة؛ غَرْسة.

nur·tur·ance [nûr′chər əns] *(n.)* عطف؛ عنايةٌ حنونٌ.

nur·ture [-′chər] *(n.; vt.)* (١) تنشئة؛ تربية (٢) غذاء § (٣) يُغَذّي (٤) ينشئ؛ يُرَبّي (٥) يَحْضُن؛ يَرْعى؛ يعزِّز.
—nur·tur·er *(n.)*

nut [nŭt] *(n.; vt.)* (١) «أ» جوزة؛ بُندقة؛ لوزة. «ب» لُبّ الجوزة إلخ (٢) مشكلة؛ معضلة؛ مهمّة عسيرة (٣) صَمولة؛ حَزقة؛ عَزَقة (٤) *pl.*: مَصْدر بهجة (٥) *pl.*: هُراء (٦) *pl.*: الخُصيتان (ع) (٧) رأس المرء (ع) (٨) «أ» الأحمق؛ المخبول؛ الغريب الأطوار. «ب» المفتون بـِ؛ المولَع بـِ (٩) مجموع النفقات § (١٠) يجوِّز: يَجْمع الجوز.
nut 3.
a hard ~ to crack مشكلة عسيرة جدًا.
for ~s ألبتّة؛ إطلاقًا؛ حتى في أحسن الأحوال.
off his ~, (١) مخبول؛ مجنون (٢) ثَمِل؛ سكران.
to be ~s (*or* dead ~s) on (١) يبتهج به؛ يولع به [وَلَعًا شديدًا] (٢) يَبْرع في.

nu·tant [no͞o′tənt] *(adj.)* (١) مُتدلٍّ (نب) (٢) منحني الرأس [نُعاسًا].

nu·tate [no͞o′tāt] *(vi.)* يتدلّى؛ ينحني إلخ (را. المادة التالية).

nu·ta·tion [no͞o tā′-] *(n.)* (١) «أ» تَدَلٍّ. «ب» انحناء الرأس [نُعاسًا] (٢) التَّهَوُّم؛ التَّرنُّح: رَجْف في محور الأرض بفعل الشمس والقمر معًا (فل).

(٣) التَّرنُّح: حركة تلقائية في أحد أجزاء النبتة الحيّة.

nut–brown *(adj.)* بُنْدُقانيّ: شبيهٌ لونُهُ بلون البندق.

nut·case [nŭtʹkās] *(n.)* الأحمق؛ المُغَفَّل؛ الخفيف العقل.

nut·crack·er [-ʹkrăkʹ-] *(n.)* (١) كسّارة البندق أو الجوز (٢) كاسر الجوز: طائر من فصيلة الغربان ورتبة الجواثم.

nutcracker

nut grass *(n.)* حَبُّ الزَّلَم؛ حَبُّ العزيز (نب).

nut·hatch [nŭtʹhăchʹ] *(n.)* خازن البندق؛ خازن الجوز (طا).

nut·house [nŭtʹhousʹ] *(n.)* مستشفى المجانين.

nut·let [nŭtʹ-] *(n.)* (١) الجُوَيْزة: جوزة صغيرة (٢) الجُوَيْزانية: ثُمَيْرة شبيهة بالجوزة (٣) النَّواة: بزرة ثُمَيْرة وحيدةِ النواة.

nut·meat [nŭtʹmētʹ] *(n.)* لُبّ الجوزة أو البُندقة أو اللوزة.

nut·meg [-ʹmĕg] *(n.)* (١) جوزة الطِّيب [شجر] (٢) جوز الطيب [ثمر].

nut oil *(n.)* زيت البُندق؛ زيت الجوز؛ زيت اللوز.

nut·pick [nŭtʹpĭkʹ] *(n.)* مِلقاط الجوز: أداةُ مائدة مستدقّة الطَّرَف لاستخراج اللُّب من الجوزة.

nu·tri·a [n(y)o͞oʹtrĭ ə] *(n.)* (١) فَرْو الكَيْب (را. coypu) (٢) الكَيْب (ح).

nu·tri·ent [n(y)o͞oʹtrĭ ənt] *(adj.; n.)* (١) مُغَذٍّ؛ مُقيت § (٢) مادة مُغَذِّية.

nu·tri·ment [n(y)o͞oʹtrə-] *(n.)* غذاء؛ قوت.

nu·tri·tion [n(y)o͞o trĭshʹən] *(n.)* (١) تغذية (٢) اغتذاء (٣) غذاء.

nu·tri·tion·ist [-ʹə nĭst] *(n.)* الغَذَويّ: المتخصّص في علم الغذاء.

nu·tri·tious [n(y)o͞o trĭshʹəs] *(adj.)* مُغَذٍّ؛ مُقيت.

nu·tri·tive [n(y)o͞oʹ-] *(adj.)* (١) تَغْذَوِيّ: متعلّق بالتغذية (٢) مُغَذٍّ؛ مُقِيت.

nuts [nŭts] *(adj.)* (١) مفتون بـ؛ مولَعٌ بـ (٢) مخبول؛ مجنون.

nut·shell [nŭtʹshĕlʹ] *(n.)* (١) صَدَفة الجوزة: غلاف الجوزة الخارجي (٢) حَفْنة؛ مقدار قليل؛ شيء ضئيل الحجم أو النطاق.

in a ~, بإيجاز كُلّيّ؛ بكلماتٍ قليلة.

nut·ting [nŭtʹ-] *(n.)* التجويز: جَمْعُ الجوز <to go ~>.

nut·ty [nŭtʹĭ] *(adj.)* (١) «أ» كثير الجوز. «ب» مُنتِجٌ جوزًا (٢) جَوْزيّ النكهة (٣) مجنون؛ مخبول؛ غريب الأطوار (٤) مُوْلَعٌ بـ.

nux vom·i·ca [nŭks vŏmʹə kə] *(n.)* جوز القَيْء: «أ» شجر يُستخرج الإستركنين من بزوره المجفَّفة. «ب» ثمر هذا الشجر.

nux vomica

nuz·zle [nŭzʹəl] *(vi.; t.)* (١) يَخْتَطِم: يمرِّغ خَطْمَه في التراب [كما يفعل الخنزير إلخ] (٢) يَسْتكنّ [في دَعَةٍ ودفءٍ] x (٣) يحكّ بأنفه؛ يَمَسّ بأنفه (٤) يَدْفع؛ يُقحم.

ny·a·la [nĭ älʹə] *(n.)* النِّيال: ظبي [أو بقرة وحش] إفريقي.

nyct- *or* **nycti-** *or* **nycto-** بادئة معناها: ليل.

nyc·ta·lo·pi·a [nĭkʹtə lōʹpĭ ə] *(n.)* = night blindness.

nyc·to·pho·bi·a [-fōʹbĭ ə] *(n.)* رُهاب اللَّيل: الخوف المَرَضيّ من الليل.

ny·lon [nīʹlŏn] *(n.)* (١) النَّيْلون (٢) *.pl*: جَوْرب نَيْلون.

nymph [nĭmf] *(n.)* (١) الحوريّة: إلاهة ثانوية من إلاهات الطبيعة التي كانت الميثولوجيا القديمة تمثّلها على صورة عذارى فاتنات يُقِمْن في البحار والأنهار والجبال والغابات والأشجار والمروج (٢) فتاة. وبخاصة: فتاة ذات جمال ساحر (٣) الحَوْراء (مج): حشرة في الطور الانتقالي بين اليرقانة والحشرة الكاملة.

nym·pha [nĭmʹfə] *(n.)* أحد الشُّفْرَين الأصغرين [في فرج المرأة] (ت).

nym·pho [nĭmʹfō] *(n.)* pl. **-phos** = nymphomaniac.

nym·pho·lep·sy [nĭmʹfə lĕpʹsĭ] *(n.)* (١) الحُورانيّة؛ السُّعْر الحُوريّ: حماسة مسعورة كانوا يزعمون أنها تصيب مَنْ سَحَرَتْه إحدى الحوريات (٢) السُّعر العاطفيّ: اهتياج عاطفيّ شديد.

nym·pho·lept [-lĕptʹ] *(n.)* المُحْوَرَن: المصاب بالحُورانية (را. المادة السابقة).

nym·pho·lep·tic *(adj.)* حُورانيّ؛ سُعْريحُوريّ (را. المادة قبل السابقة).

nym·pho·ma·ni·a [nĭmʹfə māʹnĭ ə] *(n.)* الغُلْمة النِّسوية: شَبَقٌ مَرَضيّ عند بعض النِّساء.

nym·pho·ma·ni·ac [-ăkʹ] *(adj.; n.)* (١) غُلْمِينِسْويّ: ذو علاقة بالغلمة النسوية أو شَبَق النساء § (٢) الشَّبِقة: المصابة بالغُلمة النِّسوية.

nys·tag·mic [nĭs tăgʹmĭk] *(adj.)* رَأرَئيّ: ذو علاقة بالرَّأرأة أي تذبذُب المقلتين (ط).

nys·tag·mus [-ʹməs] *(n.)* الرَّأرأة: تذبذب المقلتين السريع اللاإراديّ.

Nyx [nĭks] نِكْس: إلاهة الليل عند اليونان.

o [ō] *(n. often cap.)* pl. **o's** *or* **os** [ōz] (١) الحرف الخامس عشر من الأبجدية الإنكليزية (٢) شيء مُعْتَبَرٌ خامسَ عشَر من حيث الترتيب أو الطبقة (٣) شيء على صورة حرف **O**؛ وبخاصة : صِفر .

O [ō] *(interj.)* = oh.

o- *or* **oo-** بادئة معناها : «أ» بَيْضة . «ب» بُيَيْضة .

oaf [ōf] *(n.)* (١) «أ» وَلَد الجنيّة . «ب» البديل : طفلٌ يُستبدَل بآخر، بطريقة سرية، أو بواسطة الجنيّات، منذ الطفولة (٢) «أ» طفل مشوَّه الخلقة أو مخبول . «ب» الساذج؛ الأبله . «ج» الأخرق .

oaf·ish [ōf'ĭsh] *(adj.)* ساذَج؛ أبلَه؛ أخرق؛ أحمق .

oak [ōk] *(n.)* (١) البَلّوط؛ السِّنديان (نب) (٢) «أ» خشب البلّوط . «ب» ورق البلّوط [المُسْتَخْدَم للتزيين] .

to sport one's ~, يوصد باب حجرته عليه تهرّبًا من الزائرين .

oak apple; oak gall *(n.)* عَفْصة البلّوط .

oak·en [ō'kən] *(adj.)* بَلّوطيّ؛ سِنديانيّ .

oak–leaf cluster *(n.)* المدالية السّنديانية : مدالية عسكرية أميركية، برونزية أو فضية، تمثّل غصنًا يحمل أربع ورقات سنديان وثلاث بلّوطات .

oak·moss [ōk'môs] *(n.)* طُحْلُب البَلّوط؛ طُحلب السِّنديان .

oa·kum [ō'kəm] *(n.)* المُشاقة : خيوط الحبال القديمة .

oak wilt *(n.)* ذُبول البلّوط : داءٌ يُصيب شجر البلّوط .

oar [ōr] *(n.; vt.; i.)* (١) مِجذاف (٢) المُجذِّف § (٣) يُجذِّف .

chained to the ~, مُكْرَهٌ على العمل بكدّ ونشاط .

to lie *or* rest on one's ~s يَكُفّ عن العمل فترةً [طلبًا للراحة] .

to put (*or* stick) one's ~ in يتدخّل [في شؤون الآخرين] .

to ship ~s يضع المجاذيف في مواضعها [استعدادًا للتجذيف] .

oared [ōrd] *(adj.)* مُمَجْذَف : مُزَوَّد بمجاذيف .

oar·fish [ōr'-] *(n.)* السَّمك المِجذافي : سمك بحريّ طويل .

oarfish

oar·lock [ōr'lŏk'] *(n.)* مِسْنَد المجذاف؛ بيت المِجذاف .

oars·man [ōrz'-] *(n.)* المجذِّف . وبخاصة : البارع في التجذيف .

oars·man·ship [ōrz'-] *(n.)* المِجذافيّة : البراعة في التجذيف .

oarlock

oa·sis [ō ā'sĭs; ō'ə sĭs] *(n.)* pl. **oa·ses** (١) الواحة (٢) النُّجْعَة : كلُّ ما يُلجأ إليه فرارًا بالنفس من المألوف أو البغيض أو الكريه .

oat [ōt] *(n.)* *pl.* عد : الشُّوفان؛ الخَرْطال؛ الهُرْطُمان .

to feel one's ~s (١) يستشعر البهجة أو الحيوية (٢) يعي أهميّته وقوّته الذاتيّتين ويستخدمهما .

to sow one's wild ~s ينغمس في حماقات الشباب أو شهواته .

oat·cake [ōt'kāk'] *(n.)* كعكة الشُّوفان : كعكة رقيقة من دقيق الشّوفان .

oat·en [ō'tən] *(adj.)* شُوفانيّ : ذو علاقة بالشُّوفان أو دقيق الشّوفان .

oat grass *(n.)* العُشب الشُّوفانيّ : عشب شبيهٌ بالشُّوفان (نب) .

oath [ōth] *(n.)* (١) يمين؛ قَسَم (٢) تجديف . وتوسُّعًا : شتيمة؛ سِباب .

oat·meal [ōt'mēl'] *(n.)* دقيق الشوفان؛ طحين الشّوفان .

ob- بادئة معناها : عكسيًّا؛ على نحوٍ مقلوب <*obovate*> .

ob·bli·ga·to [ŏb'lə gä'tō] *(adj.; n.)* (١) إلزاميّ؛ إجباريّ (مو) § (٢) لحن مصاحب [يُعزف على آلة مفردة] <a piano ~> .

ob·con·ic; -al [ŏb kŏn'-] *(adj.)* مخروطيّ مقلوب .

ob·cor·date [ŏb kôr'dāt] *(adj.)* قلبيّة منكوسة؛ قلبيّة مقلوبة : صفة لورقة قلبيّة الشكل معلَّقةٍ من طَرَفها المُسْتَدِق .

obcordate leaf

ob·du·ra·cy [ŏb'-] *(n.)* (١) قسوة الفؤاد (٢) استرسال في الإثم (٣) عناد .

ob·du·rate [ŏb'dyə rət] *(adj.)* (١) قاسي الفؤاد؛ غليظ القلب (٢) مسترسلٌ في الإثم؛ سادِرٌ في غَيّه (٣) عنيد .

o·be·ah [ō'bĭ ə] *also* **o·bi** [ō'bĭ] *(n.)* الأوبيا : «أ» ضرب من السِّحر يمارسه الزنوج وبخاصة في جزر الهند الغربية البريطانية والأجزاء الجنوبية الشرقية من الولايات المتحدة الأميركية . «ب» رُقية؛ تعويذة (ع) .

o·be·di·ence [ō bē'dĭ əns] *(n.)* (١) طاعة؛ امتثال؛ إذعان (٢) منطقة نفوذ؛ نطاق سلطة [إكليركية بخاصة] (٣) الرَّعيّة (٤) الأمر الرَّعَويّ : أمرٌ خطّيّ، عادةً، من رئيسٍ دينيّ إلى أحد أبناء رعيّته .

o·be·di·ent [ō bē'dĭ ənt] *(adj.)* مُطيع؛ مُمتثل؛ مُذْعِن .

o·bei·sance [ō bā'səns; ō bē'-] *(n.)* (١) انحناءة احترام (٢) إجلال؛ احترام؛ توقير .

— o·bei·sant *(adj.)*

ob·e·lisk [ŏb'ə lĭsk] *(n.)* (١) المِسَلّة : نُصُب عموديّ رباعيّ الأضلاع هرميّ الرأس (٢) الخِنْجريّة : علامة (†) تحيل القارئ إلى الهامش أو ترمز إلى تاريخ الوفاة .

obelisk *1.*

ob·e·lize [ŏb'ə līz'] *(vt.)* يُؤَبِّل : يشير بعلامة (–) أو (÷) إلى كلمات أو

فقرات مُشْتَبَهٍ بها [في مخطوطة قديمة].

ob·e·lus [ŏb′ə ləs] *(n.)* pl. **-li** [lī′] الأُبْلَة: علامة (–) أو (÷) كانت تُستعمل في المخطوطات القديمة للدلالة على كلمات أو فقرات مشتَبَهٍ بها.

o·bese [ō bēs′] *(adj.)* بدين؛ سمين.

o·bes·i·ty [ō bē′sə tĭ] *also* **o·bese·ness** *(n.)* بدانة؛ سِمَن.

o·bey [ō bā′] *(vt.; i.)* (١) يطيع (٢) يستجيب لِـ؛ يتأثّر بِـ x (٣) يمتثل.

ob·fus·cate [ŏb fŭs′kāt] *(vt.)* (١) يُعَتِّم؛ يُقَتِّم (٢) يُبْهِم (٣) يُفْسِد (٤) يشوّش؛ يُرْبِك.

— ob·fus·ca·tion *(n.)*

o·bi [ō′bē] *(n.)* الأوبي: زنّار عريض يُشَدّ فوق ثوب المرأة اليابانيّة.

o·bit [ō′bĭt; ŏb′ĭt] *(n.)* = obituary.

ob·i·ter dic·tum [ŏb′ə tər dĭk′təm] *(n.)* pl. **ob·i·ter dic·ta** (١) القَوْل العَرَضيّ: رأيٌ غيرُ مُلْزِم يَصْدُر عن قاضٍ (٢) ملاحظة عابرة.

o·bit·u·ar·y [ō bĭch′o͞o-] *(n.)* النَّعْي [مُرْفَقًا بترجمة موجزة للفقيد].

ob·ject [1] [ŏb′jĭkt; -′jĕkt] *(n.)* (١) الشيء: كُلُّ ما هو مُدْرَكٌ بالحواسّ أو بالعقل (٢) مَوْضع؛ محلّ <an ~ of admiration> (٣) الهَدَف؛ القَصْد؛ الغَرَض؛ الباعث على؛ الدافع إلى (٤) مَصْدر؛ مَبْعَث <an ~ of fear> (٥) المفعول به (ل) (٦) المجرور (ل).

ob·ject [2] [əb jĕkt′] *(vt.; i.)* يعترض؛ يعارض؛ يرفض الموافقة على.

object ball *(n.)* الكرة المُسْتَهْدَفَة: «أ» الكرة التي يهدف لاعبُ البليارد إلى إصابتها بكرة الدفع. «ب» أيّ كُرَة لا يضربها لاعب البليارد بِعَصاه.

object glass *(n.)* عَدَسة الشَّيئية: العَدَسة [أو مجموعة العدسات] التي تتلقّى الأشعة من الشيء، أول ما تتلقّاها، والتي تشكّل صورتَه المرئية.

ob·jec·ti·fy [əb jĕk′tə fī′] *(vt.)* (١) «أ» يُشيِّئ: يجعل له شَكْلًا مُحَسًّا. «ب» يُمَوْضِع: يجعله موضوعيًّا (٢) externalize.

ob·jec·tion [-′shən] *(n.)* (١) معارَضة (٢) اعتراض؛ رفض.

ob·jec·tion·a·ble *(adj.)* كريه؛ بغيض؛ غير مرغوب فيه؛ مثيرٌ للاعتراض.

ob·jec·tive [1] [əb jĕk′tĭv] *(adj.)* (١) هَدَفيّ: ذو علاقة بالهدف المقصود <to reach our ~ point> (٢) مُحَسّ؛ ملموس مُدْرَك بالحواسّ (٣) ظاهر <~ symptoms> (٤) موضوعي؛ غير ذاتيّ؛ غير متحيّز <an ~ discussion> (٥) مفعوليّ؛ مجروريّ (ل).

ob·jec·tive [2] *(n.)* (١) object glass (٢) هدف؛ قَصْد؛ غَرَض (٣) شيء موضوعي (٤) «أ» حالة المفعولية أو المجروريّة (ل). «ب» المفعول به؛ المجرور (ل).

ob·jec·tive·ly [əb jĕk′-] *(adv.)* موضوعيًّا: من غير تحيّز؛ بتجرّد.

ob·jec·tiv·ism *(n.)* الموضوعانيّة: «أ» إحدى نظريات مختلفة تؤكّد على الحقيقة الموضوعيّة، وبخاصة بوصفها متميزة عن الخبرة الذاتية إلخ. «ب» نظرية أخلاقيّة تقول بأن الخير حقيقيّ على نحوٍ موضوعيّ. «ج» معالجة الموضوعات الأدبية والفنّية بصورة موضوعية وبمَعْزِلٍ عن شخصية الكاتب إلخ.

ob·jec·tiv·ist [əb jĕk′-] *(n.)* المَوْضوعانيّ: القائل بالموضوعانية.

ob·jec·tiv·is·tic [-ĭs′tĭk] *(adj.)* موضوعانيّ: منسوبٌ إلى الموضوعانية.

ob·jec·tiv·i·ty [ŏb′jĕk tĭv′-] *(n.)* (١) الموضوعيّة: كون الشيء موضوعيًّا (٢) المُحَسّيّة: كون الشيء مُحَسًّا (٣) حقيقة موضوعيّة.

object language *(n.)* اللغة المُسْتَهْدَفَة: اللغة التي يُتَرْجَم إليها نصٌّ ما.

ob·ject·less [ŏb′jĕkt-] *(adj.)* عابث؛ غير ذي هدف <~ rambles>.

object lesson *(n.)* الدَّرْس العِيانيّ: درسٌ يتمّ فيه التعليم بواسطة أشياء مادّية مُحَسَّة أو منظورة؛ ومجازًا: درس عمليّ تؤخذ منه العِبَر.

ob·jet d'art [ŏb zhā dȧr′] *(n.)* (١) أثر فنّيّ (٢) تُحفة؛ طُرفة.

ob·jur·gate [ŏb′jər gāt′] *(vt.)* (١) يَشْجُب (٢) يُعَنِّف؛ يقرِّع.

ob·lan·ce·o·late [ŏb lăn′sĭ ə lĭt; -lāt′] *(adj.)* رُمحيّ مقلوب (نب).

oblanceolate leaf

ob·late [1] [ŏb′lāt] *(adj.)* مُفَلْطح: مسطَّح أو منبعجٌ عند القطبَيْن.

ob·late [2] *(n.)* (١) المنذور: شخص منذور للخدمة في دير من غير أن ينتظم في سلك الرُّهبان (٢) الأخ: عضوٌ في جمعية كاثوليكية دينية.

ob·la·tion [ŏb lā′-] *(n.)* (١) التَّضحِيَة: تقديم الأضاحي أو القرابين (٢) الأُضْحِيّة؛ القُربان (٣) التَّقدِمة: كلُّ ما يُقَدَّم لغرضٍ دينيّ أو خيريّ.

ob·li·gate [1] [ŏb′lə gāt′] *(vt.)* (١) «أ» يُلْزِم [أخلاقيًّا أو شرعيًّا]. «ب» يطوّق عُنُقَهُ بِمِنَّةٍ [أو فضل] (٢) يرصد أموالًا؛ يَرْهَن ممتلكات [للوفاء بالتزامٍ ما].

ob·li·gate [2] [-′lə gĭt; -gāt′] *(adj.)* (١) مُسَيَّر: ذو طريقة حياتيّة واحدة لا يستطيع غيرها، كبعض الطفيليات (قا. facultative) (٢) أساسيّ؛ ضروريّ.

ob·li·ga·tion [ŏb′lə gā′-] *(n.)* (١) التَّعهُّد: إلزام المرء نَفْسَهُ بأداء عمل ما (٢) عهد؛ التزام (٣) صك؛ سَنَد (٤) واجب (٥) مِنّة؛ فَضْل (٦) المديونيّة: كون المرء مدينًا لآخر بمنّة أو فضل.

ob·lig·a·to·ry [ə blĭg′ə tôr′ĭ] *(adj.)* (١) مُلْزِم (٢) إلزاميّ؛ إجباريّ.

o·blige [ə blīj′] *(vt.; i.)* (١) يُكرِه؛ يُجبِر؛ يُلزِم (٢) يَدِينُ له بفضلٍ (٣) يتفضَّل عليه؛ يطوِّق عُنُقَهُ بمنّة x (٤) يتفضَّل؛ يتكرَّم.

— o·blig·er *(n.)*

ob·li·gee [ŏb′lə jē′] *(n.)* (١) المُتَعَهَّد له (ق) (٢) المتفضَّل عليه.

o·blig·ing [ə blī′jĭng] *(adj.)* لطيف؛ كريم؛ ميّال أو محبّ للمساعدة.

ob·li·gor [ŏb′lə gôr′; ŏb′-] *(n.)* المُتَعَهِّد؛ المقيَّد بعهدٍ (ق).

ob·lique [ō blēk′; ə-] *(adj.; n.; adv.)* (١) مائل؛ منحرف (٢) مائل؛ غير قائم <an ~ triangle> (٣) «أ» غير مباشر. «ب» مُلْتوٍ؛ مُوارِب؛ تُعْوِزُهُ الأمانة أو الاستقامة (٤) مائل: مأخوذ من الجوّ على نحوٍ مائل إلى أدنى <~ photographs> (٥) لارَفْعيّ: دالٌّ على غير حالة الرفع <~ case> (ل) § (٦) شيء مائل أو منحرف (٧) العضلة المنحرفة (ت) (٨) العلامة المائلة (/) § (٩) مائلًا؛ منحرفًا.

— ob·lique·ness *(n.)*

oblique angle *(n.)* الزاوية المائلة: زاوية حادة أو منفرجة (ر).

oblique triangle *(n.)* المثلّث المائل؛ المثلّث غير القائم.

ob·liq·ui·ty [ō blĭk′wə tĭ; ə-] *(n.)* (١) الوِراب: لاأمانة؛ لااستقامة (٢) «أ» مَيْل؛ مَيَلان؛ انحراف. «ب» انفراج؛ مقدار المَيْل (٣) الموارَبَة: «أ» غموض مُتَعمَّد في الكلام أو السّلوك. «ب» كلام غامض أو مشوّش.

obliquity of the ecliptic مَيْل فَلَك البروج (فل).

ob·lit·er·ate [ə blĭt′ə rāt′] *(vt.)* (١) يَطْمِس (٢) يَمْحو؛ يُزيل (٣) يُلْغي.

ob·lit·er·a·tion [ə blĭt′ə rā′-] *(n.)* (١) طَمْس (٢) مَحْو؛ إزالة (٣) إلغاء.

(٤) استئصال (ط) (٥) انسداد (ط) (٦) فقدان الذاكرة (ط).

ob·lit·er·a·tive *(adj.)* طَمْسيّ؛ مَحْويّ؛ إلغائيّ؛ انسداديّ.

ob·liv·i·on [ə blĭv'-] *(n.)* (١) نِسْيان (٢) سُلوان (٣) إغماء (٤) عَفْو.

ob·liv·i·ous [ə blĭv'ĭ əs] *(adj.)* (١) نسّاء؛ كثير النّسيان؛ ناسٍ (٢) مُنسٍّ (٣) غافلٌ عن؛ غير واعٍ لـ <~ to the risk>.

ob·long [ŏb'-] *(adj.; n.)* (١) مستطيل؛ متطاول § (٢) شكل مستطيل.

ob·lo·quy [ŏb'lə kwĭ] *(n.)* (١) طعنٌ؛ قَذفٌ؛ قَدْح (٢) خِزي؛ عارٌ.

ob·nox·ious [ŏb nŏk'shəs; əb-] *(adj.)* (١) عُرضة [لكلّ ما هو بغيض] <actions ~ to censure> (٢) بغيض؛ ذميم <~ remarks>.

ob·nu·bi·late [ŏb nōō'bə lāt'] *(vt.)* = becloud.

o·boe [ō'bō; ō'boi] *(n.)* الأبْو؛ الأوبو؛ المزمار (مو).

oboe

o·bo·ist [ō'bō ĭst] *(n.)* الزَّمّار: العازف على المزمار.

ob·ol [ŏb'əl] *(n.)* الأوبول: قطعة نقدٍ إغريقية قديمة [⅙ دراخما].

ob·o·vate [ŏb ō'vāt] *(adj.)* بيضية مقلوبة (نب).

obovate leaf

ob·o·void [-'void] *(adj.)* بيضيّ مقلوب <an ~ fruit>.

ob·scene [ŏb sēn'; əb-] *(adj.)* (١) كريه؛ بغيض (٢) فاحش؛ داعر؛ قَذِر.

ob·scen·i·ty [ŏb sĕn'ə tĭ; ŏb sēn'ə tĭ] *(n.)* (١) فُحش؛ خلاعة؛ قذارة (٢) شيء فاحش أو قذر. وبخاصة: عبارة أو لغة بذيئة.

ob·scur·ant [ŏb skyōōr'-] *(n.)* (١) الظَّلاميّ: من يناضل لإعاقة التقدّم والمعرفة (٢) الغموضيّ؛ الإبهاميّ: من يتعمّد الإبهام في الأدب والفن. **— ob·scur·ant** *(adj.)*

ob·scu·ran·tism [ŏb skyōōr'-] *(n.)* (١) الظَّلامية: النزوع إلى إعاقة التقدّم وانتشار المعرفة (٢) غموض مُتَعَمَّد.

ob·scure [ŏb skyōōr'] *(adj.; vt.; n.)* (١) مُظلم؛ قاتم؛ مُعْتِم <an ~ corner> (٢) باهت؛ غير واضح (٣) غامض؛ مُبْهَم (٤) مغمور؛ خامل الذِّكر <an ~ writer> (٥) ناءٍ؛ منعزل <an ~ village> § (٦) يُقَتِّم؛ يُعَتِّم: يجعله قاتمًا أو مظلمًا (٧) يُعَمِّي: يجعله مُبْهَمًا أو غامضًا (٨) يحجب؛ يُخفي § (٩) ظُلمة (١٠) غموض (١١) العاتم: جزء مُظلم من الصورة إلخ.

ob·scu·ri·ty; ob·scure·ness [ŏb skyōōr'-] *(n.)* (١) ظُلمة؛ عَتَمة؛ قَتام (٢) غموض؛ إبهام (٣) خمول ذكر؛ عدم شهرة (٤) المغمور؛ شخص خامل الذِّكر ضئيل الشأن (٥) شيء غامض.

ob·se·crate [ŏb'sə krāt'] *(vt.)* يتوسَّل؛ يتضرَّع؛ يستعطف.

ob·se·qui·ous [ŏb sē'kwĭ əs] *(adj.)* مُتَذَلِّل؛ خَنوع.

ob·se·quy [ŏb'sə kwĭ] *(n.)* pl. **-quies** جنازة؛ مأتم.

ob·serv·a·ble [əb zûr'-] *(adj.)* (١) جدير بالملاحظة (٢) ملحوظٌ؛ ممكنةٌ رؤيتُهُ أو ملاحظتُهُ (٣) يُراعَى: جديرٌ بأن يُحافَظ عليه.

ob·serv·ance [-'vəns] *(n.)* (١) عادة؛ طَقْس؛ شَعِيرة (٢) النّاموس: النظام الذي يخضع له أعضاء أخويّة دينية (٣) المراعاة: تقيُّد بالقانون أو القاعدة أو العادة (٤) احتفالٌ بـ (٥) مراقبة؛ ملاحظة.

ob·serv·ant [-'vənt] *(adj.)* (١) شديد الانتباه (٢) يَقِظ؛ سريع الملاحظة (٣) مُراعٍ لـ؛ حريص على التقيّد بالقوانين والعادات.

ob·ser·va·tion [ŏb'zər vā'-] *(n.)* (١) «أ» مراقبة؛ ملاحَظة؛ مشاهَدة <~ of natural phenomena>. «ب» قوة الملاحظة <a man of little ~> (٢) رَصْد (٣) حُكم؛ تعليق؛ ملاحظة (٤) انتباه.

ob·ser·va·tion·al *(adj.)* شهوديّ: ذو علاقة بالمشاهدة أو المراقبة.

observation balloon *(n.)* مُنطاد المراقبة.

observation car *(n.)* حافلة المشاهدة: حافلة قطار عريضة النوافذ إلى حدّ يتيح للركاب استمتاعًا وافيًا بالمشاهد الطبيعيّة.

observation post *(n.)* مركز المراقبة؛ مركز الرَّصد (جن).

observation train *(n.)* قطار المشاهَدة: قطار يجري في محاذاة مَجْرى نهرٍ أو نحوِهِ لتمكين الرُّكّاب من مشاهدة سباقٍ من سباقات القوارب.

ob·ser·va·to·ry [-'və tōr'ĭ] *(n.)* (١) مَرْصَد (٢) مَرْقَب؛ نقطة مراقبة.

ob·serve [əb zûrv'] *(vt.; i.)* (١) «أ» يراعي؛ يطيع؛ يتقيّد [بقانون أو قاعدة] <to ~ a law>. «ب» يَلْزَم <to ~ silence> (٢) يحتفل بعيدٍ إلخ <to ~ Christmas> (٣) يرى؛ يلاحظ (٤) يراقب. وبخاصة: يراقب علميًّا (٥) يُدرك. وبخاصة: يُدْرك بعد درسٍ للوقائع (٦) يُبدي ملاحظةً x (٧) يَنْتبه (٨) يُعَلِّق على.

ob·serv·er [əb zûr'vər] *(n.)* المراقِب. وبخاصة: «أ» مندوب يُرْسَل للمراقبة ولكنه لا يشترك رسميًا في أعمال المؤتمر إلخ. «ب» شخص يرافق ربّان الطائرة للقيام بأعمال المراقبة. «ج» محلِّل؛ مُعَلِّق <political ~s>.

ob·sess [əb sĕs'] *(vt.; i.)* (١) يُقلق (ا. ق) (٢) تَسْتَحْوِذ عليه [فكرةٌ أو شعور]؛ تنتابُهُ الهواجس أو الوساوس.

ob·sessed [-sĕst'] *(adj.)* مُوَسْوَس: تنتابُهُ الوساوسُ أو الهواجس.

ob·ses·sion [əb sĕsh'ən] *(n.)* (١) الاستحواذ: تسلّط فكرة أو شعور ما على المرء تسلّطًا مقلقًا غير سويّ (٢) الهاجس؛ الوَسْواس: فكرةٌ [أو شعور] تستبدّ بالمرء على هذا النحو. **— ob·ses·sion·al** *(adj.)*

ob·ses·sive [əb sĕs'ĭv] *(adj.)* (١) استحواذيّ: «أ» ميّال إلى إحداث الاستحواذ obsession. «ب» ذو علاقة بالاستحواذ أو مُتَّسِمٌ به (٢) مُفْرِط [إلى درجة غير سويّة]؛ ماسّ (٣) مُوَسْوَس: كثير الوساوس.

ob·sid·i·an [ŏb sĭd'-] *(n.)* السَّبَج؛ الأُبسيدان: زجاج بركانيّ داكن.

ob·so·lesce [ŏb'sə lĕs'] *(vi.)* يؤول [أو يصبح آيلًا] إلى الزوال.

ob·so·les·cence [-'əns] *(n.)* (١) زوال؛ هَجْر؛ إهمال (٢) صيرورة الشيء زائلًا أو مهجورًا إلخ. **— ob·so·les·cent** *(adj.)*

ob·so·lete [-'sə lēt'] *(adj.; vt.)* (١) دارس؛ مُمات؛ مهجور؛ مهمَل <~ words> (٢) عتيق الزيّ؛ من طراز قديم <~ battleships> (٣) أثاريّ؛ لاوظيفيّ (أح) § (٤) يُدَرِّس: يجعله دارسًا إلخ. **— ob·so·lete·ness** *(n.)*

ob·sta·cle [ŏb′stə kəl] *(n.)* عَقَبة؛ عائق؛ حائل.

obstacle race *(n.)* سباق العوائق (رب).

ob·stet·ric [əb stĕt′-] *(adj.)* قِبالِيّ: ذو علاقة بالقِبالة أو التوليد (ط).

ob·ste·tri·cian [ŏb′stə trĭsh′ən] *(n.)* المُوَلِّد: الطبيب المُوَلِّد.

ob·stet·rics [əb stĕt′rĭks] *(n.)* القِبالة: طِبّ التوليد.

ob·sti·na·cy [ŏb′stə nə sĭ] *(n.)* (١) عِناد (٢) استعصاء المرض على العِلاج.

ob·sti·nate [ŏb′stə nĭt] *(adj.)* (١) عنيد (٢) عُضال: مُسْتَعْصٍ على العلاج.
— **ob·sti·nate·ness** *(n.)*

ob·sti·pa·tion [ŏb′stə pā′-] *(n.)* الزَّرَم: انسداد الأمعاء بسبب الإمساك.

ob·strep·er·ous [əb strĕp′-] *(adj.)* (١) صاحب <~ merriment> (٢) صَخّاب <~ children> (٣) جَموح؛ شَموس؛ صَعْب المراس.

ob·struct [əb strŭkt′] *(vt.)* (١) يَسُدّ [طريقًا أو أنبوبًا إلخ] (٢) يَعُوق؛ يُعَرْقِل؛ يعترِضُ السبيلَ (٣) يَحْجب عن العِيان. — **ob·struc·tor** *(n.)*

ob·struc·tion [əb strŭk′-] *(n.)* (١) «أ» سدّ؛ إعاقة؛ تعويق؛ عَرْقلة. «ب» انسداد؛ تعوُّق؛ تَعَرْقُل (٢) إعاقة [أو تَعَوُّق] إقرار مشروع قانونٍ في البرلمان (٣) عقبة؛ عائق.

ob·struc·tion·ism *(n.)* التَّعويقيّة: تَدَخُّل مُتَعَمَّد لإعاقة عملٍ ما في مجلس تشريعيّ بخاصة.
— **ob·struc·tion·is·tic** *(adj.)*

ob·struc·tion·ist *(n.)* المُعَوِّق [عملًا من أعمال البرلمان بخاصّة].

ob·struc·tive [əb strŭk′-] *(adj.)* سادٌّ؛ معوِّق؛ مُعَرْقِل؛ حاجبٌ للرّؤية.

ob·tain [əb tān′] *(vt.; i.)* (١) يُحرِز؛ ينال؛ يَحْصُل على x (٢) يَسُود <morals that ~*ed* in Rome>.
— **ob·tain·ment** *(n.)*

ob·tain·a·ble [-′ə bəl] *(adj.)* ممكنٌ إحرازُهُ أو الحصولُ عليه.

ob·tect [ŏb tĕkt′] *also* **ob·tect·ed** [ŏb tĕk′tĭd] *(adj.)* مُغَمَّد: مُغَلَّف بغلاف قَرْنيّ صُلب <an ~ pupa>.

ob·test [ŏb tĕst′] *(vt.; i.)* (١) يتوسّل أو يتضرَّع إلى (٢) يُشْهِد: يدعوه إلى الشّهادة x (٣) يتوسّل (٤) يحتجّ.
— **ob·tes·ta·tion** *(n.)*

ob·trude [ŏb trood′] *(vt.; i.)* (١) يَبْثُق؛ يُخرِج؛ يُبرِز إلى العِيان (٢) يُقحِم [نفسَهُ] عَنْوَةً؛ يُدلي [برأيه] من غير دعوة x (٣) يتطفَّل.

ob·trud·er *(n.)* المتطفِّل؛ المُقْحِم نَفْسَهُ عنوةً.

ob·tru·sion [ŏb troo′zhən] *(n.)* (١) بَثْق؛ إخراج؛ إبراز للعيان (٢) إقحام (٣) تطفُّل (٤) شيء مُخْرَج أو مُقْحَم إلخ.

ob·tru·sive [ŏb troo′sĭv] *(adj.)* (١) ناتِئ (٢) متطفّل؛ فضوليّ.

ob·tru·sive·ness [-nəs] *(n.)* (١) نتوء (٢) تطفُّل؛ فُضول.

ob·tund [ŏb tŭnd′] *(vt.)* يُهْمِد؛ يُخفِت؛ يلطِّف؛ يخفِّف الحِدّة.

ob·tu·rate [ŏb′tyə rāt′] *(vt.)* يَسُدّ. — **ob·tu·ra·tion** *(n.)*

ob·tu·ra·tor [-rāt ər] *(n.)* (١) السادّ؛ السِّداد (٢) العضلة السادّة (ت) (٣) الحابسة: أداة لمنع تَسَرُّب الغاز مِن فوّهة السلاح (جن).

obturator membrane *(n.)* الغشاء السّادّ (ت).

obturator nerve *(n.)* العَصَب السّادّ (ت).

ob·tuse [ŏb t(y)ōōs′] *(adj.)* (١) بليد؛ متبلِّد الذهن أو الحِسّ؛ غَبيّ (٢) عويص <~ language> (٣) «أ» منفرجة <an ~ angle>. «ب» منفرج الزاوية (٤) كَليل: «أ» غير حادّ؛ غير مستدقّ الطَّرف. «ب» خفيف <~ pain>. «ج» ضعيف؛ واهن. «د» مدوَّر عند الطَّرَف الطليق <an ~ leaf>.
— **ob·tuse·ness** *(n.)*

ob·verse [1] [ŏb vûrs′; ŏb′vûrs] *(adj.)* (١) مُواجِه؛ مقابِل (٢) ضيِّق القاعدة: قاعدتُهُ أضيق من قمّتِهِ <an ~ leaf> (٣) نظير؛ مقابل.

ob·verse [2] [ŏb′vûrs] *(n.)* الوجه: «أ» وجه [العملة أو المدالية إلخ]. «ب» وجه الشيء. «ج» الجانب أو المظهر الآخر، الأكثر وضوحًا، من حقيقةٍ ما إلخ.

ob·ver·sion [ŏb vûr′shən; -zhən] *(n.)* عَكْس؛ قَلْب.

ob·vert [ŏb vûrt′] *(vt.)* يَعْكِس: يقلِب بحيث يُبرز وجهًا جديدًا.

ob·vi·ate [ŏb′vĭ āt′] *(vt.)* يتحاشى؛ يتفادى؛ يتجنَّب.

ob·vi·a·tion [ŏb′vĭ ā′-] *(n.)* تحاشٍ؛ تفادٍ؛ تجنُّب.

ob·vi·ous [ŏb′vĭ əs] *(adj.)* واضح؛ جَليّ؛ بيِّن.

ob·vi·ous·ly [-lĭ] *(adv.)* بوضوح؛ بجلاء؛ على نحوٍ بيِّن.

ob·vi·ous·ness [-nəs] *(n.)* وضوح؛ جلاء؛ بيان.

ob·vo·lute [ŏb′və lōōt′] *(adj.)* مُلْتفّ؛ مُتَلافّ؛ متراكِب؛ متداخل.

oc·a·ri·na [ŏk′ə rē′nə] *(n.)* الأُكرينة: آلة بسيطة من آلات النفخ (مو).

oc·ca·sion [ə kā′zhən] *(n.; vt.)* (١) فرصة. وبخاصة: فرصة مناسِبة (٢) مناسَبة (٣) مَرّة <on one ~> (٤) سَبَب. وبخاصة: سببٌ مباشر أو مُداوِر (٥) حادثة (٦) داعٍ؛ مُوْجِب؛ ضرورة (٧) *.pl*: شأن؛ عمل (٨) احتفال؛ مهرجان § (٩) يُحدِث؛ يُسبِّب؛ يُفضي إلى <Her return ~*ed* great rejoicing.>.
on ~, أحيانًا؛ بين الفَيْنة والفَيْنة؛ عند الاقتضاء.
to rise to the ~, يرتفع إلى مستوى الأحداث: يُظهِر من الكفاءة مقدارًا يتناسب مع أهمية الحَدَث.
to take ~ to يغتنم الفرصة لِـ.

oc·ca·sion·al [ə kā′zhən-] *(adj.)* (١) عَرَضيّ؛ اتفاقيّ؛ طارئ (٢) سَبَبيّ؛ مُشَكِّل سَبَبًا (٣) مناسَبِيّ: منظوم لمناسبةٍ خاصة <an ~ poem> (٤) حِينيّ: حادث أحيانًا أو في المناسبات (٥) اقتضائيّ: مُعَدّ للاستخدام عند الاقتضاء <an ~ chair>.

oc·ca·sion·al·ly [-lĭ] *(adj.)* أحيانًا؛ بين الفَيْنة والفَيْنة.

oc·ci·dent [ŏk′sə dənt] *(n.)* (١) *cap.* عد: الغرب: بلدان أوروبا وأميركا (٢) *cap.* عد: نصف الكرة الغربيّ (٣) المناطق الغربيّة.

Oc·ci·den·tal [-′təl] *(adj.; n.)* (١) غربيّ § (٢) الغربيّ.

Oc·ci·den·tal·ism *(n.)* الغُروبة: ثقافة الشعوب الغربية أو خصائصها.

Oc·ci·den·tal·ist *(n.)* المُسْتَغْرِب: المؤيِّد لعادات الغربيين ولثقافتهم.

Oc·ci·den·tal·ize [-′tə līz′] *(vt.)* يُغَرِّب: يجعله غربيَّ السِّمة أو الثقافة.

oc·cip·i·tal [ŏk sĭp′ə təl] *(adj.; n.)* (١) قَذاليّ: ذو علاقة بمؤخر الرأس أو بالعَظْم القَذاليّ (ت) § (٢) أو **occipital bone**: العَظْم القَذاليّ.

oc·ci·put [ok′sə pŭt′] *(n.)* pl. **-s** *or* **oc·cip·i·ta** القَذال: مؤخَّر الرأس أو

الجمجمة (ت).

oc·clude [ə kloo͞d′] *(vt.; i.)* (١) يَسُدّ (٢) يَحْبِس (٣) يَحْجُب؛ يُخفي (٤) يمتصّ x (٥) تنطبق [الأسنان].

— oc·clu·sive *(adj.; n.)*

oc·clu·sion [ə kloo͞′zhən] *(n.)* (١) «أ» سَدٌّ. «ب» انسداد (٢) الاحتباس (ك) (٣) «أ» إطباق الأسنان. «ب» مدى الإطباق.

oc·cult [ə kŭlt′] *(vt.; i.; adj.; n.)* (١) يَسْتُر؛ يُخفي؛ يَحْجُب (٢) يكسِف؛ يَخْسِف (فل) x (٣) يستتر؛ يختفي؛ يحتجب (٤) ينكسِف؛ ينخسف (فل) § (٥) سِرّيّ (٦) غامض؛ ممتنع على الفهم؛ مُكْتَنَفٌ بالأسرار (٧) خفيّ؛ مستتر؛ محجوب (٨) سِحريّ: ذو علاقة بالسّحر أو التنجيم وما إليهما § (٩) السِّحْر: ممارسة الأعمال السِّحرية أو التنجيم إلخ.

oc·cul·ta·tion [ŏk′ŭl tā′-] *(n.)* (١) استتار؛ احتجاب (٢) كسوف؛ خسوف.

oc·cult·ing [ə kŭl′-] *(adj.)* ساتر؛ حاجب؛ كاسف («بص» و«فل»).

oc·cult·ism [ə kŭl′-] *(n.)* (١) الخَفيّانية: الإيمان بالقوى الخفيّة وبإمكان إخضاعها للسيطرة البشرية (٢) علم الغَيْب: دراسة هذه القوى.

— oc·cult·ist *(n.)*

occult sciences *(n. pl.)* العلوم الخفيّة: السِّحر أو التنجيم وما إليهما.

oc·cu·pan·cy [ŏk′yə pən sĭ] *(n.)* (١) امتلاك؛ تملُّك؛ شَغْلٌ؛ إشغال (٢) وَضْعُ اليد (ق) (٣) وِجهة الامتلاك (٤) مُدّة الامتلاك.

oc·cu·pant [ŏk′yə pənt] *(n.)* (١) واضعُ اليد [على أرض لا مالكَ لها] (ق) (٢) الشاغل. وبخاصة: المستأجر؛ الساكن؛ المقيم.

oc·cu·pa·tion [ŏk′yə pā′-] *(n.)* (١) «أ» شُغْل؛ عَمَلٌ. «ب» حرفة؛ مهنة؛ صنعة (٢) امتلاك؛ تَمَلُّك (٣) شَغْلٌ؛ إشغالٌ [لمنزلٍ إلخ] (٤) تَوَلٍّ [المنصب أو مركز] (٥) وَضْع اليد (ق) (٦) «أ» احتلال. «ب» السلطة العسكرية المحتلَّة.

oc·cu·pa·tion·al [-′shən əl] *(adj.)* (١) مِهْنِيّ أو ناشئٌ عن مهنة معيَّنة (٢) احتلاليّ: ذو علاقة بالاحتلال العسكري.

occupational medicine *(n.)* الطِّبّ المِهنيّ.

occupational psychology *(n.)* علم النفس المِهْنيّ.

occupational therapy *(n.)* المعالجة المِهْنيّة؛ المعالجة بالعمل: طريقة في المعالجة قوامُها تكليف المريض أداءَ ضرب من العمل الخفيف يَصْرِفه عن التفكير في نفسِه ويعجِّل في شفائه.

oc·cu·pied [ŏk′yə pīd] *(adj.)* (١) آهل؛ مشغول بالسُّكان (٢) منهمك؛ منشغل؛ مشغول <~ in writing> (٣) مُحتَلّ.

oc·cu·py [ŏk′yə pī′] *(vt.)* (١) يَشْغَل [اهتمامَ شخص أو نشاطه] (٢) «أ» يحتلّ [مكانًا ما]. «ب» يستغرق [زمانًا ما] (٣) يَتَولّى؛ يَشْغَل [منصبًا] (٤) يَشْغَل [منزلًا].

— oc·cu·pi·er *(n.)*

oc·cur [ə kûr′] *(vi.)* <Two misprints ~ on the last page.> (١) يُوجَد؛ يَظْهر (٢) يَقع؛ يَحْدُث؛ يجري (٣) يَخْطُرُ بباله؛ يتراءى له.

oc·cur·rence [-′əns] *(n.)* <an unusual ~> (١) حادثة. وبخاصة: مصادفة (٢) حدوث <of rare ~> (٣) بروز؛ ظُهور <a fish of regular ~ along the coast>.

oc·cur·rent [ə kûr′ənt] *(adj.; n.)* (١) جارٍ: حادثٌ في الزمن الحاضر (٢) عَرَضيّ؛ اتفاقيّ؛ طارئ § (٣) حادثة؛ حَدَث.

o·cean [ō′shən] *(n.)* (١) البحر: مجموع المياه المَلِحة التي تغطي نحوًا من ٧٢٪ من سطح الأرض (٢) المحيط؛ الأوقيانوس (٣) بَحْر؛ مقدارٌ هائل.

o·cean·ar·i·um [ō shə năr′-] *(n.)* مَرْبًى مائيّ [للكائنات البحرية].

o·cean·go·ing [ō′shən-] *(adj.)* (١) عابرٌ للمحيطات <an ~ vessel> (٢) بحريّ: خاصّ بالنقل البحريّ <~ traffic>.

o·ce·an·ic [ō′shĭ ăn′ĭk] *(adj.)* (١) أوقيانوسي (٢) ضخم؛ متّسع المدى.

O·ce·a·nid [ō sē′ə nĭd] *(n.)* الأوقيانيدة: إحدى حوريات الأوقيانوس في الميثولوجيا اليونانية.

o·ce·a·nog·ra·pher [ō′shĭ ə nŏg′-] *(n.)* الأوقيانوغرافيّ: العالِم بالمحيطات أو الأوقيانوسات.

— o·ce·a·no·graph·ic; -al *(adj.)*

o·ce·a·nog·ra·phy [-′rə fĭ] *(n.)* الأوقيانوغرافيا: علم المحيطات.

O·ce·a·nus [ō sē′ə nəs] أوقيانُس: إلّه النهر الخارجيّ الكبير الذي زعمت الميثولوجيا اليونانية أنه يطوّق الأرض.

o·cel·lar [ō sĕl′-] *(adj.)* عُيَيْنيّ: ذو علاقة بعُيَيْنة (را. ocellus).

oc·el·lat·ed [ŏs′ə-] *(adj.)* (١) ذو عُيَيْنات (٢) عُيَيْناتيّ: شبيه بالعُيَيْنة.

o·cel·lus [ō sĕl′əs] *(n.)* pl. **o·cel·li** [-′ī] العُيَيْنة: «أ» عَينُ الحيوانِ اللافقاريّ الصغيرةُ البسيطةُ. «ب» بقعة شبيهة بالعُيَيْنة [كالّتي تكون على ريش الطاووس].

o·ce·lot [ō′sə lŏt′] *(n.)* الأَسْلوت: حيوان من فصيلة السِّنَّوْريات.

ocelot

o·cher *or* **o·chre** [ō′kər] *(n.)* (١) المَغرة: صَلْصال سَهْل التفتُّت (٢) لون المَغْرة. وبخاصة: لونُ المَغْرة الصَفراء (٣) نقود. وبخاصة: عُملة ذهبية (ع).

o·cher·ous *or* **o·chre·ous** [ō′kər əs] *(adj.)* (١) مَغْريّ: ذو علاقة بالمَغْرَة أو محتوٍ عليها (٢) مَغْرانيّ: «أ» شبيهٌ بالمَغْرة. «ب» مَغْريّ اللون.

och·loc·ra·cy [ŏk lŏk′rə sĭ] *(n.)* حكومة الدَّهماء؛ حُكم الرَّعاع.

— och·lo·crat·ic *or* **och·lo·crat·i·cal** *(adj.)*

och·lo·crat *(n.)* الدَّهماويّ: المناصر لحكومة الدَّهماء.

-ock [ŏk] لاحقة معناها: شيء صغير <hill*ock*>.

o'clock [ə klŏk′] *(adv.)* وفقًا للسّاعة؛ حَسَب الساعة. What ~ is it? كم الساعة؟

o·co·til·lo [ō kə tēl′yō] *(n.)* الأوكوتيلة: شجيرة شبيهة بالصَّبّار.

oc·re·a [ŏk′rĭ ə] *(n.)* pl. **-e** الغِمد الأنبوبيّ: غِمدٌ يطوّق قاعدة السّاق أو السُّوَيْقة («نب» و«ح»).

ocrea

oc·re·ate [-′rĭ ĭt] *(adj.)* مُغَمَّد؛ أُنبوبيّ الغِمد (را. المادة السابقة).

octa- *or* **octo-** *also* **oct-** بادئة معناها: ثمانية.

oc·tad [ŏk′tăd′] *(n.)* الثّماني: عنصر ثمانيّ التكافؤ (ك).

oc·ta·gon [ŏk′tə gŏn′] *(n.)* المُثَمَّن: ثُمانيّ الأضلاع (ر).

octagon

oc·tag·o·nal *(adj.)* مُثَمَّن: ذو ثماني زوايا وثمانية أضلاع.

oc·ta·he·dral [ŏk′tə hē′-] *(adj.)* ثُمانيّ الأسطُح: ذو ثمانية أسطُح (ر).

oc·ta·he·dron [-hē′-] *(n.)* pl. **-s** *or* **-dra** المُجَسَّم الثُّمانيّ: مُجَسَّم ثُمانيّ الأسطح (ر).

octahedrons

oc·tal [ŏk′-] *(adj.)* ثُمانيّ: خاصّ بنظام عدديّ قاعدتُهُ الرقم ثمانية.

oc·tam·er·ous [ŏk tăm′ər əs] *(adj.)* مُثَمَّن: مؤلَّفٌ من ثمانية أجزاء أو ذو أجزاء مُرَتَّبةٍ ثمانيةً ثمانيةً (أح).

oc·tam·e·ter [ŏk tăm′ə tər] *(n.; adj.)* ثُماني التفاعيل (عر).

oc·tane [ŏk′tān] *(n.)* الأوكتَيْن: هيدروكربون برافيني عديم اللّون يتألف جُزَيؤُهُ من ثماني ذرات من الكربون (ك).

octane number *or* **rating** *(n.)* العدد الأوكتَيْني: مقياس الخبط عند استخدام البنزين لإدارة محرّكٍ داخليّ الاحتراق.

oc·tan·gu·lar [ŏk tăng′-] *(adj.)* ثُمانيّ الزوايا: ذو ثماني زوايا (ر).

oc·tant [ŏk′tənt] *(n.)* (١) الثُّمنيّة: جهاز لقياس الزوايا ذو قوسٍ منقسم إلى ٤٥ درجة (مل) (٢) ثُمن الدائرة: زاوية مقدارُها ٤٥ درجة (ر).

oc·tave [ŏk′tĭv; -′tāv] *(n.)* (١) اليوم الثامن [بعد عيد نصرانيّ] (٢) الثُّمانيّة: مقطوعة شعرية مؤلفة من ثمانية أبيات (٣) الجواب (مو) (٤) الثُّمانيّ: مجموعة مؤلفة من ثماني وحدات.

oc·ta·vo [ŏk tā′vō; -tä′-] *(n.)* (١) قَطْعُ الثُّمن (طع) (٢) الثُّمنيّ القَطْع: كتاب أو ورق بحجم قَطع الثّمن.

oc·tet *or* **oc·tette** [ŏk tĕt′] *(n.)* (١) اللحن الثُّمانيّ: لحن مُعَدّ لثماني آلات أو ثمانية أصوات (٢) مجموعة من ثمانية. مثل: «أ» الثُّمانيّ: الموسيقيون الذين يعزفون لحنًا ثُمانيًا. «ب» الثُّمانيّة: الأبيات الثمانية الأولى من سونيتة sonnet إيطالية.

oc·til·lion [ŏk tĭl′yən] *(n.)* الأُقتيليون: عددٌ يساوي [في الولايات المتحدة الأميركيّة وفرنسا] واحدًا إلى يمينه ٢٧ صفرًا، ويساوي [في إنكلترا وألمانيا] واحدًا إلى يمينه ٤٨ صفرًا.

Oc·to·ber [ŏk tō′bər] *(n.)* (١) أُكتوبر؛ تشرين الأول (٢) مِزْر أكتوبر: مِزْر (را. ale) يُعَدّ في شهر أكتوبر (بر).

oc·to·dec·i·mo [ŏk′tə dĕs′ə mō′] *(n.)* القَطع الثّمانيْعَشريّ: حجم كتاب (حوالى ٤ × ½٦ إنشات) يتمّ بالطباعة على أوراق مطوية بحيث تشكّل ١٨ ورقة أو ٣٦ صفحة.

oc·to·ge·nar·i·an [ŏk′tə jə nâr′-] *also* **oc·tog·e·nar·y** [-′ə nĕr′ĭ] *(n.; adj.)* (١) الثمانونيّ: شخص في العقد التاسع من العمر [بين الثمانين والتسعين] § (٢) ثَمانونيّ.

oc·to·nar·y [ŏk′tə nĕr′ĭ] *(adj.; n.)* (١) ثُمانيّ: ذو علاقة برقم ٨؛ مؤلّف من ثمانية § (٢) «أ» الثُّمانيّ: مجموعة ذات ثماني وحدات. «ب» الثُّمانيّة: مقطوعة شعرية ذات ثمانية أبيات.

oc·to·ploid [ŏk′tə ploid] *(adj.)* ثُمانيّ: ثُمانيّ الأجزاء أو المظاهر.

oc·to·pod [ŏk′tə pŏd′] *also* **oc·top·o·dan** *(n.; adj.)* (١) الأُخْطُبوطيّ: حيوان من رتبة الأُخطُبوطيّات **Octopoda** § (٢) أُخطُبوطيّ.

oc·to·pus [ŏk′tə pəs] *(n.)* pl. **-s** *or* **-pi** (١) الأُخطُبوط (ح) (٢) الأُخطُبوط: شيء كالأُخطُبوط. وبخاصة: مؤسسة ذات فروع كثيرة تسيطر بواسطتها على المؤسَّسات الأخرى.

octopus *1.*

oc·to·roon [ŏk′tə ro͞on′] *(n.)* ثُمْن الزنجيّ: شخص نسبة الدم الزنجي فيه إلى الدم غير الزنجيّ تساوي ⅛.

oc·to·syl·la·ble [ŏk′tə sĭl′ ə-] *(n.)* الثُّماني المقاطع: لفظٌ، أو بيتٌ من الشِّعر، مؤلف من ثمانية مقاطع. **— oc·to·syl·lab·ic** *(adj.; n.)*

oc·troi [ŏk′troi; ôk trwä′] *(n.)* (١) المَكْس؛ رسم الدخول: رسم تجبيه البلديات عن السِّلع المجلوبة إلى المدينة (٢) نقطة المُكوس.

oc·tu·ple [-′to͞o-] *(adj.; vt.)* (١) مُثَمَّن: مضروب بثمانية § (٢) يُثَمِّن: يَضرِب بثمانية.

ocul- *or* **oculo-** بادئة معناها: عَيْن <*oculo*meter>.

oc·u·lar [ŏk′yə lər] *(adj.; n.)* (١) عَيْنيّ: مُنْجَز أو مُدْرَك بالعين (٢) عِيانيّ <~ evidence> (٣) عَينيّ: ذو علاقة بالعين <~ diseases> (٤) عَيْنانيّ: شبيه بالعين من حيث الشكل أو الوظيفة § (٥) eyepiece.

oc·u·lar·ist [ŏk′yə lə-] *(n.)* العَيّان: صانع العيون الاصطناعية.

oc·u·list [ŏk′yə-] *(n.)* (١) الكَحّال: طبيب العيون (٢) optometrist.

oc·u·lo·mo·tor [ŏk′yə lō mō′-] *(n.)* (١) مُحرِّك للعين (٢) حَرَكِيْعَيْنيّ: ذو علاقة بحركة العين أو بالعصب الحَرَكِيعَيْنيّ.

oculomotor nerve *(n.)* العَصَب الحَرَكِيْعَيْنيّ (ت).

Od *or* **Odd** [ŏd] *(interj.)* صيغة مخفَّفة عن لفظة *God*.

OD [ō′dē′] *(n.; vi.)* (١) جَرعة مُفْرِطة § (٢) يتجرَّع بإفراط.

o·da·lisque *or* **o·da·lisk** [ō′ də lĭsk] *(n.)* الجارية؛ المَحْظِيّة [في حريم السّلطان].

odd [ŏd] *(adj.)* (١) مُفْرَد: ينقصُهُ الجزء المتمِّم له <two pairs of shoes and an ~ shoe> (٢) نيِّف (٣) زائد؛ باقٍ (٤) هزيل؛ ضئيل (٥) وَتْريّ؛ غير شفعيّ [كالأعداد ٣ و٥ و٧] (٦) عَرَضيّ؛ اتفاقيّ؛ غير نظاميّ <makes a living by doing ~ jobs> (٧) ناءٍ؛ منعزل (٨) عجيب؛ غريب (٩) شاذّ؛ مُحَيِّر؛ مُلْغِز. **— odd·ly** *(adv.)* **— odd·ness** *(n.)*

odd·ball [ŏd′bôl′] *(n.; adj.)* (١) الغريب الأطوار § (٢) غريب الأطوار.

odd·ish [ŏd′ĭsh] *(adj.)* غريبٌ بعضَ الشيء.

odd·i·ty [ŏd′ə tĭ] *(n.)* (١) شيء أو حادث غريب (٢) شخص غريب الأطوار (٣) غرابة؛ شذوذ.

odd–job [ŏd′jŏb] *(vi.)* يَعمل اتفاقيًا؛ يشتغل في المناسبات.

odd man out *(n.)* (١) المُفْرَد: شخص يَبقَى بعد تقسيم جماعةٍ ما إلى مجموعات أو فئات (٢) شخص غريب الأطوار.

odd·ment [ŏd′-] *(n.)* (١) البقيّة: بقيّةٌ باقية؛ شيء باقٍ أو زائد (٢) *pl.*: بقايا؛ فَضَلات (٣) شيء غريب (٤) *pl.*: مزيدات الكتاب أو ملحقاته [كصفحة العنوان وصفحة المحتويات إلخ].

odds [ŏdz] *(n. pl. and sing.)* (١) فَرْق (٢) ميزة؛ أفضليّة؛ أرجحيّة (٣) منفعة؛ فائدة (٤) الاحتمالات <The ~ are against it.> (٥) خلاف؛ نزاع (٦) محاباة؛ تحيُّز (٧) علاوة المساواة: علاوة تُمنح للفريق الأضعف لمساواته بالفريق الأقوى في مباراة إلخ.

at ~ with — في نزاع أو خصامٍ مع.

by long ~, — بفارقٍ كبير [بنسبة ثلاثين إلى واحد مثلًا].

It makes no ~, — سِيّانِ؛ لا فرق.

What's the ~? — وأيّ فَرْقٍ؟ وأيّ بأسٍ؟

odds and ends *(n. pl.)* (١) نَثْريّات؛ مُتَفرّقات (٢) بقايا؛ فَضَلات.

odds–on [ŏdz′ŏn′] *(adj.)* (١) مُرَجَّح الفوز (٢) مضمون <an ~ bet>.

ode [ōd] *(n.)* الأُوْد: قصيدة من الشعر الغنائيّ.

-ode لاحقة معناها: «أ» مَسْلك؛ طريق. «ب» شبيهٌ بِـ.

o·de·um [ō dē′-] *(n.)* pl. **o·de·a** الأوديوم: مَسْرح للموسيقى والتمثيل.

od·ic [ō′dĭk] *(adj.)* أُوْديّ؛ قصيدغنائي (را. ode).

O·din [ō′dĭn] أودين: كبير الآلهة في الميثولوجيا الإسكندنافية.

o·di·ous [ō′dĭ əs] *(adj.)* كريه؛ بغيض؛ مثير للاشمئزاز.

o·dist [ō′dĭst] *(n.)* الأَوّاد؛ المقصِّد (را. ode).

o·di·um [ō′dĭ əm] *(n.)* (١) «أ» خِزْي؛ عارٌ. «ب» بُغْض؛ كُره (٢) وصمة عار.

o·do·graph [ō′də grăf′] *(n.)* (١) عدّاد الخُطَى: أداة لتسجيل طول وسرعة وعدد خطى الماشي (٢) odometer.

o·dom·e·ter [ō dŏm′ə tər] *(n.)* عدّاد المسافات: أداة أوتوماتيكية لتسجيل المسافة التي اجتازتها سيارة.

odont- *or* **odonto-** بادئة معناها: سِنّ <*odont*algia>.

-odont لاحقة معناها: ذو أسنانٍ من نوعٍ معيَّن.

o·don·tal·gi·a [ō′dŏn tăl′jĭ ə] *(n.)* الألمُ السِّنّيّ؛ ألم السِّنّ (ط).

-odontia لاحقة معناها: شكل الأسنان أو حالتُها أو طريقة معالجتها.

o·don·to·gen·e·sis [ō dŏn′tə jĕn′-] *(n.)* نشوء الأسنان (أح).

o·don·toid [-′toid] *(adj.)* سِنّانيّ؛ سِنّيّ الشكل: ذو شكل كشكل السنّ.

o·don·tol·o·gy [-′ə jĭ] *(n.)* (١) علم الأسنان (٢) طب الأسنان.

o·dor *also* **o·dour** [ō′dər] *(n.)* (١) رائحة؛ أريج؛ شذا (٢) نَكْهة؛ سِمَةٌ غالبة <a faint ~ of romance> (٣) سُمْعة <to be in bad ~>.

o·dor·ant [ō′də-] *(adj.; n.)* (١) odorous (٢) مادة ذات رائحة.

o·dor·if·er·ous [-rĭf′-] *(adj.)* (١) ذو رائحة (٢) مُسْتَهْجَن [أخلاقيًا].

o·dor·ize [ō′dər īz] *(vt.)* يُرَوِّح: يجعله ذا رائحة. وبخاصة: يُعَطِّر.

o·dor·less [ō′dər-] *(adj.)* عديم الرائحة <an ~ gas>.

o·dor·ous [-əs] *(adj.)* ذو رائحة. مثل: «أ» أرِج؛ عطِر. «ب» كريه الرائحة.

Od·ys·sey [ŏd′ə sĭ] *(n.)* (١) الأوذيسّة [ملحمة منسوبة إلى هوميروس] (٢) *not cap.*: تجوال طويل؛ سلسلة أسفار.

oe·cu·men·i·cal [ĕk′yo͞o mĕn′-] *(adj.)* = ecumenical.

oe·de·ma [ĭ dē′mə] *(n.)* pl. **-ma·ta** = edema.

oe·di·pal [ĕd′ə-] *(adj. often cap.)* أوديبيّ: ذو علاقة بعُقدة أوديب.

Oedipus complex *(n.)* عُقْدة أوديب: عُقدة نفسية تتّسم بتعلّق الولد بأمّه تعلّقًا جنسيًا مصحوبًا عادةً بغَيْرة من الأب أو بكراهية شديدة له (نف).

oeil–de–boeuf [œ′y də bœf′] *(n.)* عين الثَّوْر: كُوَّة مستديرة أو بيضوية.

oeil-de-boeuf

oeil·lade [œ yȧd′] *(n.)* نظرة. وبخاصة: نظرة غرام.

oe·nol·o·gy [ē nŏl′ə jĭ] *(n.)* = enology.

oe·no·mel [ē′nə mĕl′] *(n.)* الخَمْسَل: «أ» شراب إغريقيّ مُعَدّ من خمر وعَسَل. «ب» شيء يَجْمَع إلى القوّة عذوبةً وحلاوةً.

oe·no·phile [ē′nə fīl′] *(n.)* مُحِبّ الخمر؛ المستمتع بالخمر.

o'er [ōr] *(adv.; prep.)* = over.

oer·sted [ûr′stĕd] *(n.)* الإرْسْتَد: وحدة الشِّدّة المغنطيسية (كب).

oe·soph·a·gus [ē sŏf′ə gəs] *(n.)* = esophagus.

oes·tro·gen; oes·trous; oes·trus = estrogen; estrous; estrus.

oeu·vre [œ′vr] *(n.)* (١) الأعمال الكاملة [لكاتب أو فنّان] (٢) الأثر الفنّيّ: أيّ من آثار الكاتب أو الفنّان إلخ.

of [ŏv; ŭv] *(prep.)* (١) أداة إضافة <south ~ the town> (٢) «أ» من <a man ~ humble origin>. «ب» بسبب؛ من <died ~ hunger>. «ج» بقلم <novels ~ Dickens> (٣) «أ» عن <stories ~ her travels>. «ب» بشأن؛ بخصوص؛ في ما يتعلق بِـ <was slow ~ speech> (٤) بِـ <is fond ~ candy> (٥) ذو؛ ذات <a man ~ courage> (٦) «أ» في <plays golf ~ a Sunday>. «ب» قبلَ <quarter ~ five>.

o·fay [ō′fā] *(n.)* شخص أبيض أو غير زنجيّ (ع).

off [ôf; ŏf] *(adv.; prep.; vi.; t.; adj.)* (١) «أ» بعيدًا <drove the dog ~>. «ب» بعيدًا عن اليابسة. «ج» جانبًا <They turned ~ into a bypath.>. «د» نحو حالةٍ من اللّاوعي <She dozed ~ for a while.> (٢) بحيث يؤدي إلى حالة من الانقطاع <broke ~ negotiations> أو الاستنفاد <drank ~ a glass> أو الإنجاز والاكتمال <to smooth ~ the corners> (٣) بعيدًا عن العَمَل؛ التماسًا للراحة؛ على سبيل الإجازة أو العطلة <took a day ~> (٤) في طريق المرء أو في أثناء سفرِهِ <to see a friend ~ on a trip> (٥) offstage § (٦) عن <fell ~ the horse> (٧) «أ» من <borrowed five dollars ~ her>. «ب» على حساب <lived ~ her brother>. «ج» بحيث يستهلك <He dined ~ oysters.> (٨) «أ» أداة تدلّ على الانقطاع المؤقّت عن وظيفة أو عمل مألوف <was ~ duty>. «ب» أداة للدلالة على الامتناع عن <~ liquor>. «ج» تحت المستوى المألوف. «د» أقلّ؛ أدنى <goods at 20% ~ the regular price> (٩) منحرف عن شيء سَوِيّ أو مألوف <kept getting ~ the

subject> (١٠) «أ» قائم على مبعدة من . . . <a castle ~ the main road>. «ب» بعيدًا عن <three miles ~ shore> § (١١) إنصَرِف! إذهَبْ! أُغرُب! <~, or I shoot> x (١٢) يَقْتُل؛ يغتال (ع) § (١٣) «أ» الأبعد <the ~ side of the wall>. «ب» الأيمن <~ horse in a team>. «ج» فرعيّ <an ~ street> (١٤) لاغٍ؛ مُلْغًى <The deal is ~.> (١٥) مُعَطَّل <The oven is ~.> (١٦) «أ» مخطئ <He is ~ on that point.> «ب» مخبول؛ غريب الأطوار <That fellow is a little ~.> «ج» ضئيل <only an ~ chance> (١٧) من أيام العطلة أو الإجازة؛ من ساعات الفراغ <an ~ day; one's ~ hours> (١٨) «أ» فاترٌ؛ راكد؛ متّسم بالكساد أو عدم الرواج <an ~ season in the cotton trade>. «ب» رديء؛ غير طازج <This fish is a bit ~.> «ج» في حالة هبوط أو نزول <Stocks are ~.> (١٩) منحرِف الصحّة <am feeling rather ~ today>.

~ and on — على نحو متقطِّع؛ بين فترة وأخرى.
~ one's feed — فاقدُ الشّهوة إلى الطعام.
~ one's head — فاقدٌ صوابه؛ مضطرب العقل بعض الشيء.
~ the map — (١) زائل؛ لم يَعُدْ له وجود (٢) تافه.
badly ~, — مُعْوِزٌ؛ في حالة عُسْرٍ ماليّ.
well ~, — مُوْسِرٌ؛ في خفضٍ من العيش.

of·fal [ôf′əl] *(n.)* (١) السَّلَب: فضَلات الذبيحة (٢) فَضَلات؛ نُفايات.

off·beat [ôf′bēt′] *(adj.)* شاذّ؛ غير عاديّ؛ غريب.

off·cast [-′kăst′] *(adj.; n.)* (١) مُهْمَل؛ منبوذ § (٢) المهمل؛ المنبوذ.

off–cen·ter *(adj.)* (١) منحرف عن المركز (٢) غير سَوِيّ.

off chance *(n.)* احتمال ضئيل؛ أملٌ ضعيف جدًا.

off–col·or *(adj.)* (١) «أ» حائل اللون أو ضعيفُهُ <an ~ gem>. «ب» منحرف المزاج أو الصحة. «ج» دون المستوى (٢) «أ» بذيء؛ غير محتشم <an ~ story>. «ب» مُرِيب؛ مَوضعُ ريبة.

of·fence [ə fĕns′] *(n.)* = offense.

of·fend [ə fĕnd′] *(vi.; t.)* (١) يَأثَم؛ يُذْنب (٢) يضايق؛ يُزعِج؛ يؤذي x (٣) ينتهك (٤) يُغْضِب؛ يَغيظ؛ يجرحُ مشاعره (٥) يُؤاثِم؛ يوقعُهُ في الإثم.

— of·fend·ed *(adj.)* **— of·fend·er** *(n.)*

of·fense *or* **of·fence** [ə fĕns′] *(n.)* (١) «أ» إساءة؛ إهانة. «ب» إزعاج؛ أذًى (٢) هجوم <weapons of ~> (٣) «أ» إغاظة؛ إغضاب. «ب» اغتياظ؛ غضب؛ استياء (٤) إثم؛ جُرْم.

— of·fense·less *(adj.)*

of·fen·sive [ə fĕn′-] *(adj.; n.)* (١) هجوميّ؛ عدوانيّ <his ~ movements> (٢) كريه؛ مزعج؛ مُغثٍ <~ odors> (٣) مُهين؛ مغضِب <~ language> § (٤) الهجوم: موقف أو حالة الهجوم <took the ~> (٥) هجوم <an ~ at the enemy's capital>.

— of·fen·sive·ness *(n.)*

of·fer [ôf′ər; ŏf′ər] *(vt.; i.; n.)* (١) «أ» يُقَدّم قربانًا. «ب» يصلّي؛ يرفع صلاة (٢) يُقدّم [سيكارة إلخ] (٣) «أ» يقترح. «ب» يبدي استعداده أو رغبته <~ed to accompany her> (٤) «أ» يُبْدي <The enemy ~ed stubborn resistance.> «ب» يهدّد؛ يتوعّد <He ~ed to strike her.> (٥) يعرض للبيع أو للعِيان (٦) يعرِض سِعرًا x (٧) تسنحُ الفرصةُ (٨) يقدّم عرضًا. وبخاصة: يطلب الزواج من § (٩) «أ» عَرْض. «ب» طلبُ اليد للزواج (١٠) الثمن المعروض [من قِبل الراغب في الشراء] (١١) محاولة؛ سعي (١٢) إبداءٌ لنيّة أو رغبة.

as occasion ~s — عندما تسنح الفرصة.

of·fer·ing [ôf′ər-] *(n.)* (١) تقديم؛ عَرْض (٢) منحة؛ تقدمة؛ هِبة (٣) قربان؛ ذبيحة (٤) إعانة؛ تبرّع [للكنيسة] (٥) شيء معروض للبيع (٦) فرصة للتخصّص [في مؤسسة علمية].

of·fer·to·ry [ôf′ər tōr ĭ] *(n.)* (١) *cap.* عد: «أ» تقدِمة الذبيحة الإلَهيّة [في قداس]. «ب» صلاة التقدِمة: صلاة تتلى أو تُنْشَد في مستهلّ هذه التقدمة (٢) «أ» جَمْع الصدقات من المؤمنين [أثناء القداس أو الصلاة]. «ب» الصدقات نفسها. «ج» الموسيقى التي تُعزف أو الترانيم التي تُنشَد أثناء جمع الصدقات.

off·hand [ôf′-] *(adj.; adv.)* (١) مُرْتَجَل <an ~ remark> (٢) خشن؛ فظّ؛ تعوزه الكياسة <acted in an ~ way> (٣) مُهْمِل؛ لامبالٍ § (٤) ارتجالًا <couldn't decide ~>.

off·hand·ed [ôf′hănd′ĭd] *(adj.)* = offhand.

off·hand·ed·ly *(adv.)* (١) ارتجالًا (٢) بخشونة (٣) بإهمال؛ بلامبالاة.

off–hour *(n.)* فترة اللّاازدحام [في شوارع المدن الكبرى].

of·fice [ôf′ĭs; ŏf′ĭs] *(n.)* (١) «أ» منصِب. «ب» الحُكم <Labor Party was out of ~.> (٢) *cap.*: قُدّاس احتفاليّ (٣) شَعيرة؛ طقس دينيّ (٤) «أ» مهمّة؛ واجب؛ دَوْر. «ب» وظيفة؛ عمل (٥) خدمة (٦) «أ» مكتب الموظف أو المحامي إلخ. «ب» مكتب الشركة (٧) *pl.*: مَرافق الدار: جزء من البيت أو من مبنًى آخر يُجْرَى فيه العمل المنزلي (٨) «أ» وزارة <foreign ~>. «ب» دائرة <the post ~> (٩) مِرحاض (ع) (١٠) إشارة؛ تحذير (ع).

good ~s — مساعٍ حميدة.
the last ~s — الصلاة على الميت.

office boy *(n.)* صَبيّ المَكْتب؛ ساعي المكتب.

of·fice·hold·er [ôf′ĭs hōl′-] *(n.)* الموظَّف؛ الموظَّف الحكومي.

office hours *(n. pl.)* ساعات الدَّوام [في مكتب أو دائرة].

of·fi·cer [ôf′ə sər; ŏf′ə sər] *(n.; vt.)* (١) شُرطيّ (٢) مُوظَّف (٣) ضابط [في الجيش أو الأسطول] (٤) ربّان باخرة تجارية إلخ § (٥) يزوّد بالموظّفين؛ يُمِدّ بالضبّاط (٦) يأمر؛ يوجّه؛ يقود؛ يدير.

of·fi·cial [ə fĭsh′əl] *(n.; adj.)* (١) الموظّف؛ الرّسميّ (٢) حَكَمُ المباراة إلخ § (٣) رسميّ (٤) مُوَظَّف (٥) «أ» مُرَخَّص به. «ب» أقرباذيني؛ قانونيّ: مقرر في دستور الأدوية أو كتاب الأقرباذين.

of·fi·cial·dom [ə fĭsh′əl-] *(n.)* طبقة الموظّفين.

of·fi·cial·ese [-′ə lēz′] *(n.)* لغة الدواوين: لغة الوثائق والبيانات الرسمية.

of·fi·cial·ism [ə fĭsh′-] *(n.)* روتينيّة الموظّفين: قلّة في المرونة والمبادرة، مع تقيّد مفرط بالأنظمة، يتّسم بهما عادةً سلوك موظفي الدولة.

of·fi·cial·ly [ə fĭsh′-] *(adv.)* رسميًّا؛ بصورة رسمية.

official receiver *(n.)* الحارس القضائيّ؛ وكيل التفليسة؛ «السّنديك».

of·fi·ci·ant [ə físh′ĭ ənt] *(n.)* المقدِّس: الكاهن القائم بالقُدّاس.

of·fi·ci·ar·y [ə físh′ĭ ĕr′ĭ] *(n.; adj.)* (١) «أ» ضابط. «ب» موظف (٢) جماعة من الضبّاط أو الموظفين § (٣) مَنْصِبيّ: «أ» ذو علاقة بمنصب أو مستمدّ منه <~ titles>. «ب» حاملٌ لقبًا بفضل تولّيه منصبًا معيّنًا <~ earls>.

of·fi·ci·ate [ə físh′ĭ āt′] *(vi.; t.)* (١) يؤدّي مهمّةً؛ يقوم بوظيفة (٢) يقدِّس؛ يرئس قُدّاسًا **x** (٣) يتولى [مهمةً أو وظيفةً] (٤) يُشرف [على احتفال] (٥) يقوم بمهمّة الحَكَم [في مباراة].

of·fic·i·nal [ə fís′ə-] *(adj.; n.)* (١) «أ» مُهَيَّأ؛ جاهز <~ drugs>. «ب» official *5b* (٢) طبّيّ: ذو فوائد طبّيّة <an ~ herb> § (٣) «أ» دواء جاهز. «ب» نبات طبّيّ.

of·fi·cious [ə físh′əs] *(adj.)* (١) فضوليّ: عارضٌ خدماتِه من غير أن يُسأل ذلك (٢) مُتأمِّر: نزّاعٌ إلى إصدار الأوامر (٣) غير رسمي <~ conversation>.

off·ing [ôf′ĭng] *(n.)* (١) عُرض البحر: ذلك الجزء من وسط البحر الممكن رؤيته من الشاطئ (٢) المستقبل القريب (٣) مَقْربة؛ مسافة قريبة.

off·ish [ôf′ĭsh] *(adj.)* نَفُور: ميّال إلى التحفّظ والاعتزال.

off·key [ôf′kē′] *(adj.)* (١) ناشز (مو) (٢) غير سويّ (٣) غير محتشم.

off–lim·its *(adj.)* محظورٌ دخولُهُ [على فئة من الناس كالطلاب إلخ].

off·print [ôf′prĭnt′] *(n.; vt.)* (١) الفِصْلة؛ المُسْتَخْرَج: طبعة جديدة منفصلة لمقال ظهر أصلًا في مجلة ما § (٢) يَفْصِل؛ يستخرج المطبوعَ؛ يَسْتَلّ: يعيد طبع المقال، بشكل منفصل، مستخرَجًا من مجلّةٍ نُشِر فيها.

off–put·ting *(adj.)* منفِّر؛ بغيض؛ كريه <an ~ smell>.

off·scour·ing [ŏf′skour′-] *(n.)* (١) نُفاية (٢) شخص منبوذ.

off–season *(n.)* فترة الرّكود: فترة ينكمش خلالها نشاطٌ ما.

off·set [*n.; adj.* ôf′sĕt′, ŏf′sĕt′; *v.* ôf′sĕt′, ŏf′sĕt′] *(n.; adj.; vt.; i.)* (١) «أ» فسيلة [من نبات]. «ب» فرع؛ شعبة [من أسرة أو عِرق] (٢) تغيّر مفاجئ في أبعاد شيء (٣) التواء [في أنبوب إلخ تحقيقًا لغرض خاصّ] (٤) الموازِن؛ المقابِل؛ المعادِل؛ العِوَض (٥) الانطباع: انتقال الحبر غير الجاف انتقالًا غير مقصود من صفحة مطبوعة إلى الصفحة المقابلة (٦) الطباعة بِـ «الأوفسيت» § (٧) أوفسيتيّ: ذو علاقة بالطباعة بالأوفسيت (٨) مُؤَفْسَت: مطبوع بطريقة الأوفسيت § (٩) يوازن؛ يُعادل: يجعله يتوازن أو يتعادل <to ~ one thing by another> (١٠) يتكافأ مَعَ؛ يعوِّض عن <The gains ~ the losses.> (١١) يُؤَفْسِت: يَطْبع بطريقة الأوفسيت **x** (١٢) ينبثق [كفَرْع أو شُعبة] (١٣) ينطبع: ينطبع الحبرُ غيرُ الجاف انطباعًا غير مقصود على صفحة مقابلة (طع).

offset printing *(n.)* الطباعة بالأوفسيت (طع).

off·shoot [ôf′-] *(n.)* فرع من نبتة أو أسرة أو عِرق أو سلسلة جبال.

off·shore [ôf′shōr′] *(adv.; adj.)* (١) مِن الشاطئ (٢) بعيدًا عن الشاطئ (٣) خارج البلاد § (٤) آتٍ من الشاطئ <~ winds> (٥) غَمْريّ: «أ» بعيد عن الشاطئ <~ fishing>. «ب» عاملٌ أو ناشئ في بلدٍ أجنبي <~ banking>.

offshore navigation *(n.)* الملاحة الغمرية: الملاحة في عُرض البحر.

off·side [-′sīd′] *(adv. or adj.)* خارجَ النطاق: بعيدًا [أو بعيدٌ] عن الجانب الصحيح؛ في وضع لا يجوز فيه رفس الكرة أو مسُّها [في كرة القدم إلخ].

off·spring [ôf′-] *(n.)* (١) ذُرّيّة؛ نَسْل؛ عَقِبٌ (٢) نِتاج؛ نتيجة.

off·stage [-′stāj′] *(adv.; adj.)* (١) بعيدًا عن المسرح (٢) في الحياة الخاصة (٣) وراء الكواليس § (٤) بعيد عن المسرح أو الأنظار (٥) خصوصيّ.

off–street *(adv.)* خارجَ الشارع <~ parking facilities>.

off–the–record *(adj.)* مُسَرٌّ: مُدْلًى به مُسارّةً، أو مُنْجَزٌ سِرًّا، وغير مُعَدّ للنشر أو الإذاعة <~ comments>.

off–the–shelf *(adj.)* جاهز؛ مُعَدّ سَلَفًا: غير مُوْصًى عليه.

off–the–wall *(adj.)* (١) غريب؛ عجيب؛ غير مألوف (٢) مُرْتَجَل.

off–white *(adj.)* أزهر: أبيض مُصْفرّ أو ضاربٌ إلى الرّمادي.

off year *(n.)* (١) السّنة اللاانتخابية: سنةٌ لا تجري فيها انتخاباتٌ رئيسية (٢) سنة اللّاحَمْل (نب) (٣) سنة الرُّكود [في النشاط أو الإنتاج].

oft [ôft; ŏft] *(adv.)* = often.

of·ten [ô′fən; ŏf′tən] *(adv.)* كثيرًا ما؛ مرارًا؛ في أحوال كثيرة.

of·ten·times [ô′fən-] *or* **oft·times** [ôft′-] *(adv.)* = often.

o·gee *also* **OG** [ō jē′; ō′jē] *(n.)* الأوجيّة: «أ» حلية معمارية جانبيّتُها [بروفيلُها] على شكل حرف **S**. «ب» عَقْد مستدقّ الرأس في كلّ من جانبيه منحنى معكوسٌ قربَ الذِّروة (عم).

ogee *a.*

og·ham *also* **o·gam** [ŏg′əm; ō′əm] *(n.)* الأوغميّة: ألفباء استعملها الإيرلنديون القدماء في القرنين ٥ و ٦ للميلاد، وتتألف من عشرين حرفًا تصوِّر الصّائتةُ منها على شكل فُلول أو أثلام والصامتةُ على شكل خطوط منقوشة على جوانب شواهد القبور.

ogham

o·give [ō′jīv; ō jīv′] *(n.)* (١) الأوجيف: ضلعٌ مائل [من ضِلْعَيْ عَقْد أو قوس] (٢) القَوْس القُوطي: قوس مستدقّ الرأس (عم).
— **o·gi·val** *(adj.)*

o·gle [ō′gəl] *(vt.; i.; n.)* (١) يَرْنو إلى: يرمقُهُ بنظرةٍ غرامية **x** (٢) يترنَّى: يسدِّد نظراتٍ غرامية § (٣) نظرةٌ غراميّة.
— **o·gler** *(n.)*

o·gre [ō′gər] *(n.)* الغُول: «أ» عملاق رهيب تزعم القصص الشعبية أنه يأكل البشر. «ب» شخص أو شيء رهيب.
— **o·gress** *(n. fem.)*

o·gre·ish [-ĭsh] *or* **o·grish** *(adj.)* (١) غُوليّ (٢) غولانيّ: شبيه بالغول.

oh [ō] *(interj.; n.)* (١) أوه: صوت يعبَّر به عن الدَّهَش أو الألم أو الرغبة (٢) يا: أداة نداء § (٣) صِفْر.

o·hi·a [ō hē′ə] *(n.)* = lehua.

ohm [ōm] *(n.)* الأوم: وحدة لقياس المقاومة الكهربائية.

ohm·age [ō'mĭj] *(n.)* الأوميّة: مقاومة المُوَصِّل مقيسةً بـِ «الأوم» (كب).

ohm·me·ter [ōm'mē'-] *(n.)* الأومتر: مقياس المقاومة بالأومات (كب).

-oid لاحقة معناها: شبيه بشيء معيَّن <anthrop*oid*>.

-oi·dea لاحقة معناها: حيوانات ذات طبيعة معيّنة <Echin*oidea*>.

oil [oil] *(n.; vt.; i.; adj.)* (١) «أ» زيت. «ب» نفط؛ بترول (٢) مادّة زيتية القَوام (٣) «أ» لون زيتيّ [يستخدمه الرسام]. «ب» لوحة بالألوان الزيتيّة (٤) كلام متملّق § (٥) «أ» يلوّث بالزيت. «ب» يُزَيِّت: يزلّق أجزاء الماكينة بالتزييت. «ج» يزوّد بالزيت (٦) يرشو (٧) يرقّق أو يلطّف [الكلمات] (٨) يُزَيِّت: يحوّل الزبدةَ إلى زيت بوضعها على النار x (٩) يتزوّد بالنفط § (١٠) زيتيّ.

to ~ the hand *also* to ~ the palm يرشو؛ «يُبَرْطِل».

oil–bear·ing *(adj.)* غنيّ بالنفط <an ~ area>.

oil beetle *(n.)* خُنفُساء الزيت: خنفساء تفرز أرجلُها مادةً زيتية.

oil cake *(n.)* الكُسْب: ثُفْل بزور القطن وغيره بعد عصرها.

oil·can [oil'kăn'] *(n.)* المِزْيَتة: وعاء معدنيّ لتزييت أجزاء الماكينات.

oilcan

oil·cloth [oil'-] *(n.)* القماش الزّيتيّ: قماش مُزَيَّت [للموائد إلخ].

oil color *(n.)* اللون الزيتيّ (صبغ).

oiled [oild] *(adj.)* (١) مُزَيَّت: معالَجٌ بالزَّيت <~ paper> (٢) ثَمِلٌ (ع).

oil·er [oi'lər] *(n.)* (١) المُزَيِّت: مَنْ يُزَيِّت الماكينات (٢) oilcan (٣) بئرٌ بترولية مُنتِجة (٤) المُسْتَنْفِطة: باخرة تتّخذ من النفط وقودًا (٥) ناقلة نفط (٦) *pl.* المُشَمَّعة: بذلةٌ من قماش مُشَمَّع.

oil field *(n.)* حقل النفط: منطقة غنيّة بالنفط.

oil fired *(adj.)* مُشْعَل بالنفط <~ central heating>.

oil gas *(n.)* الغاز الزيتيّ؛ غاز النفط.

oil·i·ly [oi'lĭ lĭ] *(adv.)* بتملُّق: بطريقة معسولة أو منافقة.

oil·i·ness [oi'-] *(n.)* (١) الزَّيتيّة: كونُ الشيء زيتيًّا (٢) تملّق؛ نفاق.

oil·man *(n.)* (١) الزيّات: بائع الزيت (٢) رَجُل النفط: مدير شركة للنفط (٣) عامل النفط: عامل في حقل نفط.

oil of vitriol *(n.)* زيت الزّاج: حَمْض الكبريتيك المُرَكّز (ك).

oil paint *(n.)* الدِّهان الزيتيّ.

oil painting *(n.)* (١) الرَّسْم الزيتيّ (٢) اللوحة الزيتيّة.

oil palm *(n.)* نخلة الزَّيت: نخلة إفريقية يُستخرج من ثمرها زيت.

oil pan *(n.)* حَوْض الزيت: مستودَع الزيت في سيارة.

oil rig *(n.)* المِنَصّة النفطية: جهاز لاستخراج النفط من قاع البحر.

oils [oilz] *(n. pl.)* الألوان الزيتية.

oil shale *(n.)* الطَّفْل الزيتيّ: طَفْلٌ إذا عُرِّض للحرارة أعطى زيتًا.

oil silk *(n.)* الحرير المُشَمَّع: قماش حريريّ مُعالَج بالزيت.

oil·skin [oil'-] *(n.)* (١) المُشَمَّع: قماش مُزَيَّت صامدٌ للماء (٢) المِمْطَر: معطف واقٍ من المطر (٣) *pl.* المُشَمَّعة: بذلةٌ من قماش مشمَّع.

oil slick *(n.)* طافية الزيت: طبقة رقيقة من الزيت طافيةٌ على الماء.

oil·stone [oil'-] *(n.)* المِسَنّ الزيتيّ: حجر سَنٍّ مُعالجٌ بالزَّيت.

oilstone

oil tanker *(n.)* ناقلة النفط.

oil well *(n.)* بئر النفط.

oil·y [oi'lĭ] *(adj.)* (١) زيتيّ (٢) مُزَيَّت: مكسوٌّ أو مُشْبَعٌ أو ملوَّث بالزيت (٣) متملّق؛ مُداهن <an ~ hypocrite>.

oink [oink] *(n.)* القُباع: صوت الخنزير.

oint·ment [oint'-] *(n.)* مَرْهَم؛ مَرُوخ.

OK *or* **o·kay** [ō kā'] *(adj.; adv.; vt.; n.)* (١) حسن؛ مضبوط § (٢) حسنًا؛ أنا موافق § (٣) يُقِرّ؛ يوافق أو يُصدّق على § (٤) موافقة؛ تصديق.

o·ka·pi [ō kä'pĭ] *(n.)* الأُكاب: حيوان مجترّ من فصيلة الزّرافيات (ح).

okapi

oke [ōk]; **o·ka** *(n.)* الأُقّة: وحدة وزن [كيلوغرام وثلاثة أعشار الكيلوغرام].

o·key·doke [ō kē dōk'] *or* **o·key·do·key** [-'kē] *(adv.)* = OK.

O·kie [ō'kĭ] *(n.)* الأوكيّ: عاملٌ زراعي مهاجر [من أوكلاهوما بخاصة].

o·kra [ō'krə] *(n.)* البامية (نب).

-ol لاحقة معناها: كحول <naphth*ol*>.

old [ōld] *(adj.; n.)* (١) «أ» قديم؛ عتيق <~ customs>. «ب» مُزمِن <~ pains> (٢) بالغٌ سنًّا معيَّنة <a man forty years ~> (٣) «أ» عجوز؛ متقدم في السنّ <an ~ man>. «ب» معتَّق <~ wine> (٤) متمرِّس؛ خبير <Salim is an ~ hand at that work.> (٥) سابق <my ~ students> (٦) «أ» بالٍ <~ clothes>. «ب» مُهْمَل؛ لم يَعُدْ مُستعملًا <~ rags> (٧) معروف؛ مألوف <the same ~ excuse> (٨) «أ» ممتاز؛ رائع <had a high ~ time>. «ب» جدًّا <had a good ~ time> § (٩) الماضي؛ الأيام السّالفة؛ العصور الخالية <in days of ~> § (١٠) شخصٌ بالغٌ سنًّا معيّنة <a 4-year-*old*>.

any ~ thing أيّ شيء مهما يكن.

the ~, الشيوخ؛ العجائز؛ المتقدّمون في السّنّ.

old boy *(n.)* (١) فتى؛ رفيق؛ صديق (٢) شيخ؛ عجوز.

old–boy network *(n.)* رابطة الطلّاب القُدامى.

old–clothes·man *(n.)* العُتَقيّ: المُتّجر بالثياب العتيقة أو المستعملة.

old country *(n.)* الوطن الأمّ: بلدُ المهاجر الأصليُّ. وبخاصة: أوروبا.

old·en [ōl'dən] *(adj.)* قديم؛ سالف؛ غابر <~ days>.

Old English *(n.)* (١) الإنكليزية العتيقة: «أ» لغة الشعب الإنكليزي منذ القرن السابع إلى حوالى العام ١١٠٠ للميلاد. «ب» اللغةُ الإنكليزية في أيما فترة سابقة لعهد الإنكليزية الحديثة (٢) black letter.

old·fan·gled [ōld'făng'-] *(adj.)* = old–fashioned.

old–fash·ioned [-făsh'ənd] *(adj.)* (١) بائد؛ عتيق الطراز؛ بَطُل استعمالُهُ <an ~ dress> (٢) بالٍ؛ مهجور (٣) محافظ؛ رجعيّ.

old fo·gy *also* **old fo·gey** [fō'gĭ] *(n.)* المحافظ؛ الرَّجعيّ.

Old French *(n.)* الفرنسية العتيقة: لغة الشعب الفرنسيّ من القرن التاسع إلى القرن الثالث عشر للميلاد.

Old Glory *(n.)* راية الولايات المتحدة الأميركية.

old goat *(n.)* عجوز فاسقٌ أو داعر.

old gold *(n.)* الذهب العتيق: لون أصفر داكن.

old guard *(n.)* الجناح المحافظ [في حزب سياسي إلخ].

old hand *(n.)* الخبير؛ المتمرِّس؛ الضّليع.

Old Harry *or* **Old Nick** *or* **Old Scratch** *(n.)* الشيطان؛ إبليس.

old·ie [ōl′dē] *(n.)* شيء عتيق. وبخاصة: أُغنية شعبية قديمة.

old·ish [ōl′dĭsh] *(adj.)* (١) عتيق قليلًا (٢) مُسِنّ بعضَ الشيء.

old–line *(adj.)* (١) راسخ؛ متجذِّر؛ تقليديّ (٢) مُحافِظ؛ رَجْعيّ.

old maid *(n.)* (١) العانِس (٢) المُعَنِّس: امرؤ متزمّت أو عصبيّ المزاج صعب الإرضاء (٣) ضربٌ من لعِب الورق. **— old–maid·ish** *(adj.)*

old man *(n.)* (١) الزوج (٢) الأب (٣) *cap.* صاحب سلطة. وبخاصة: قائد؛ قائد قطعة عسكرية (٤) صديق؛ رفيق؛ عشير.

old master *(n.)* (١) المعلِّم أو الأستاذ القديم: أحد أساطين فنّ الرسم في القرنين ١٦ و١٧ وأوائل القرن ١٨ (٢) لوحةٌ مِن عَمَلِه.

Old Nick [nĭk] *(n.)* الشيطان؛ إبليس.

old rose *(n.)* الورديّ العتيق: لون أحمر ضارب إلى الرماديّ.

old school *(n.)* المدرسة القديمة: جماعة المحافظين أو المتمسّكين بالقديم.

old–shoe *(adj.)* بسيط؛ سَهْلُ الخليقة؛ ليِّن العريكة.

old sledge *(n.)* = seven–up.

old soldier *(n.)* (١) جنديّ متمرِّس [بفنون القتال] (٢) امرؤ مُحنَّك.

old squaw [skwô′] *(n.)* العَجُوزة: بطّة بحرية.

old·ster [-′stər] *(n.)* (١) العجوز؛ الهَرِم؛ المُسِنّ (٢) الكَهْل (٣) المحنَّك.

Old Testament *(n.)* العَهْد القديم: القسم الأوّل من الكتاب المقدّس.

old–time *(adj.)* قديم؛ عتيق <~ sailing ships>.

old–tim·er [ōld′tī′-] *(n.)* (١) القُدام [والجمع: القُدامَى]: المُقيم في مكان أو المتولّي مركزًا منذ عهدٍ بعيد (٢) المُحَنَّك؛ الخبير؛ المتمرّس بفنٍّ ما (٣) oldster (٤) «أ» شيء عتيق الطراز. «ب» المحافظ؛ الرَّجعي.

Old Tom *(n.)* توم العجوز: ضرب من المُسْكِر المعروف بالجِنّ.

old·wife [ōld′wīf′] *(n.)* (١) الزوجة العجوز: أيّ من عدة ضروب من السمك البحري (٢) old squaw.

oldwife *1.*

old wives' tale *(n.)* (١) حكاية عجائز (٢) فكرةٌ خرافية أو تقليدية.

old woman *(n.)* (١) العجوز (٢) الزّوجة (٣) الأمّ (٤) شخص نيِّق.

old–world *(adj.)* قديم؛ عتيق الطراز.

o·lé [ō lā′] *(interj.)* مَرْحى! «برافو»!

o·le·ag·i·nous [ō′lĭ ăj′ə nəs] *(adj.)* (١) زيتيّ (٢) متملِّق؛ مُداهِن.

o·le·an·der [ō′lĭ ăn′-] *(n.)* الدِّفْلَى؛ الحَبْن: نبتة عطِرة الرائحة.

o·le·as·ter [ō′lĭ ăs′-] *(n.)* الزَّيزفون (نب).

o·le·ate [ō′lĭ āt′] *(n.)* الزّيْتات؛ الأُولِيات (ك).

o·lec·ra·non [ō lĕk′-] *(n.)* الزُّجّ؛ الناتئ المِرفقيّ (ت).

o·le·fin [ō′lə fĭn] *also* **o·le·fine** [-fĭn; -fēn′] *(n.)* الأولفين (ك).

o·le·ic [ō lē′ĭk] *(adj.)* (١) زيتيّ (٢) حَمْزيتيك: متعلّق بحمض الزَّيتيك.

oleic acid *(n.)* حَمْض الزَّيتيك؛ حَمْض الأوليك (ك).

o·le·in [ō′lĭ ĭn] *(n.)* (١) الزَّيتين؛ الأولين (٢) أو **o·le·ine**: الجزء السائل من دُهنٍ ما.

o·le·o [ō′lĭ ō′] *(n.)* = oleomargarine; oleograph.

o·le·o·graph [ō′lĭ ə grăf′] *(n.)* الزّيتيّة الكاذبة: صورة بالألوان مطبوعة على الخيش أو القماش تقليدًا للّوحات الزيتية.

o·le·o·mar·ga·rine [ō′lĭ ō mär′jə rēn′] *(n.)* = margarine.

o·le·o·res·in [ō lĭ ō rĕz′ən] *(n.)* الراتينج الزَّيتيّ.

ol·er·i·cul·ture [ŏl′ər ə kŭl′ chər] *(n.)* زراعة الخُضَر.

o·le·um [ō′lĭ əm] *(n.)* pl. **o·le·a** زيت (صي).

ol·fac·tion [ŏl făk′-] *(n.)* (١) حاسّة الشّمّ (٢) عملية الشّمّ.

ol·fac·to·ry [ŏl făk′-] *(adj.; n.)* (١) شَمّيّ § (٢) *pl.* عد: عُضْوُ الشّمّ.

olfactory lobe *(n.)* الفَصّ الشّمّيّ (ت).

olfactory nerve *(n.)* العَصَب الشّمّيّ (ت).

olfactory organ *(n.)* العضو الشّمّيّ (ت).

o·lib·a·num [ō lĭb′ə nəm] *(n.)* اللُّبان؛ البَخور؛ الكُنْدُر.

ol·id [ŏl′ĭd] *(adj.)* نتِن؛ كريه الرائحة.

olig- *or* **oligo-** بادئة معناها: قليل؛ قِلّة <*olig*archy>.

ol·i·garch [ŏl′ə gärk′] *(n.)* الأوليغاركيّ: «أ» عضوٌ في حكومة القلّة. «ب» مؤيِّد لحكومة القلّة.

ol·i·gar·chic [ŏl′ə gär′kĭk]; **-al** *(adj.)* أوليغاركيّ.

ol·i·gar·chy [ŏl′ə gär′kĭ] *(n.)* الأوليغاركية: «أ» حُكْم القِلّة. «ب» حكومة تهيمن عليها جماعة صغيرة همُّها تحقيق المنافع الذاتية. «ج» جماعة صغيرة تمارس مثل هذه السُّلطة. «د» منظّمة خاضعةٌ لسلطةٍ أوليغاركية.

Ol·i·go·cene [-′ə gō-] *(n.)* الضُّحَويّ؛ العصر الحديث اللاحق (جي).

ol·i·go·clase [-klās′] *(n.)* الأوليغوكلاز: ضربٌ من الفلسبار (مع).

ol·i·go·cy·the·mi·a [ŏl′ə gō sī thē′mĭ ə] *(n.)* قِلّة الكُرَيّات: نقص كُرَيّات الدّم الحمراء في الدم (مض).

ol·i·goph·a·gous [ŏl′ə gŏf′ ə gəs] *(adj.)* محدود الاغتذاء: آكلٌ أصنافًا قليلةً من الأطعمة ليس غير (ح). **— ol·i·goph·a·gy** *(n.)*

ol·i·gop·o·ly [ŏl′ə gŏp′-] *(n.)* احتكار القلّة [من البائعين] (اد).

ol·i·gop·so·ny [ŏl′ə gŏp′-] *(n.)* احتكار القلّة [من المشترين] (اد).

ol·i·gu·ri·a [ŏl′ə gyŏŏr′ĭ ə] *(n.)* شُحّ البَوْل (مض).

o·li·o [ō′lĭ ō′] *(n.)* (١) المخلوط: طبق من لحم وخُضَر (٢) مزيج؛ كشكول.

ol·i·va·ceous [ŏl′ə vā′shəs] *(adj.)* زيتونيّ اللون.

ă at; ā date; â care; ä car; ĕ egg; ē me; ĭ in; ī bite; ŏ lot; ō bone; ô orphan; oi boil; ŏŏ good; ōō boot; ou out; ŭ under; û urgent; ə = *a* in alone, *e* in system, *i* in easily, *o* in gallop, *u* in circus.

ol·i·va·ry [ŏl′ə vĕr′ĭ] *(adj.)* زَيتونانيّ: زيتونيّ الشكل.

ol·ive [ŏl′ĭv] *(n.; adj.)* (١) «أ» شجر الزيتون. «ب» ثمر الزيتون (٢) زيتونة (٣) خشب الزيتون (٤) اللون الزيتوني § (٥) زيتوني اللون.

olive branch *(n.)* غصن الزيتون. وبخاصة: رمزٌ للسلام.

olive drab *(n.)* (١) الأخضر المُصْفَرّ (لون) (٢) نسيج [صوفي أو قطني] أخضر مصفرّ (٣) بذلة نظاميّة من هذا النسيج.

olive green *(n.)* الأخضر الزيتوني (لون).

ol·i·vine [ŏl′ə vēn′] *(n.)* الأوليڤين؛ الزَّبَرْجَدُ الزَّيتوني (مع).

ol·la [ôl′ə] *(n.)* (١) قُلّة؛ قِدْر (٢) olio *1*.

ol·la po·dri·da [ŏl′ə pə drē′-] *(n.)* (١) olio *1* (٢) مزيج؛ كشكول.

olm [ōlm] *(n.)* الأُلْم: سَمَنْدَل salamander مائيّ (ح).

ol·o·gy [ŏl′ə jĭ] *(n.)* العِلم: فرع من فروع المعرفة.

O·lym·pi·ad [ō lĭm′pĭ ăd′] *(n.)* الأولمبياد: «أ» فترة أربع سنوات تَفصِل ما بين مهرجان من مهرجانات المباريات الأولمبية وآخر [عند الإغريق]. «ب» مهرجان يقام اليوم مرة كل أربع سنوات وتُجْرى خلاله مباريات دولية في الألعاب الرياضية.

O·lym·pi·an [-′pĭ ən] *(adj.; n.)* (١) أولمبيّ: «أ» ذو علاقة بمنطقة أولمبيا الإغريقية القديمة. «ب» ذو علاقة بمهرجان المباريات الأولمبية. «ج» ذو علاقة بجبل أولمبوس اليونانيّ، وكان الإغريق يعتبرونه مثوى الآلهة. «د» جليل؛ مَهيب § (٢) الأولمبيّ: «أ» المشترِك بمهرجان المباريات الأولمبية. «ب» أحد آلهة جبل أولمبوس [عند الإغريق] (٣) الألمعيّ؛ العبقريّ.

Olympian Games *(n. pl.)* مهرجان المباريات الأولمبية: مهرجان إغريقيّ قديم مكرَّس لكبير الآلهة «زيوس» قوامُهُ مبارياتٌ في الألعاب الرياضية والموسيقى والشعر.

O·lym·pic [ō lĭm′pĭk] *(adj.)* = Olympian *1*.

Olympic Games *(n. pl.)* (١) Olympian Games (٢) الألعاب الأولمبية المعاصرة.

O·lym·pics *(n. pl.)* الأولمبيّات؛ الألعاب الأولمبية.

-oma pl. **-s** *or* **-ta** لاحقة معناها: ورمٌ <aden*oma*>.

o·ma·sum [ō mā′səm] *(n.)* pl. **-sa** أُمّ التلافيف: المعِدة الثالثة عند الحيوانات المجترّة.

om·ber *or* **om·bre** [ŏm′bər] *(n.)* الأومبر: ضرب قديم من لَعِب الورق.

om·brol·o·gy [ŏm brŏl′-] *(n.)* المَطَريّات: الدراسة العلمية للمطر (أر).

om·buds·man [ŏm′bŭdz-] *(n.)* صاحب المَظالِم: من يحقّق في الشكاوى المرفوعة ضدّ الدولة أو أرباب العمل إلخ ويقدّم التقارير عنها.

o·me·ga [ō mĕg′ə; ō mē′gə] *(n.)* (١) أوميغا: آخر حروف الأبجدية اليونانية (٢) النهاية؛ الخاتمة (٣) الأوميغا (فز).

om·e·let *or* **om·e·lette** [ŏm′ə lət] *(n.)* الأومْلَت: عُجّة البيض.

o·men [ō′mən] *(n.; vt.)* (١) بشير؛ فألٌ (٢) نذيرٌ بنحس § (٣) يكون بشيرًا أو نذيرًا بِـ (٤) يتكهّن بِـ.

o·men·tum [ō mĕn′-] *(n.)* pl. **-ta** *or* **-s** الثَّرْب: ثَنْية من الصِّفاق تَشُدُّ الأحشاء البطنية (ت). **— o·men·tal** *(adj.)*

o·mi·cron [ŏm′ə krŏn′] *(n.)* أوميكرون: أحد حروف الأبجدية اليونانية.

om·i·nous [ŏm′ə nəs] *(adj.)* (١) مشؤومٌ؛ مُنذِرٌ بسوء <~ silence> (٢) متجهّم <~ clouds> (٣) متهدِّد؛ متوعِّد. **— om·i·nous·ly** *(adv.)*

o·mis·si·ble [ō mĭs′ə-] *(adj.)* ممكنٌ حذفُهُ أو إغفالُهُ أو إهمالُهُ.

o·mis·sion [ō mĭsh′ən] *(n.)* (١) إهمال؛ إغفال (٢) المُهْمَل؛ المُغْفَل: شيء مُهْمَل أو مُغْفَل (٣) حَذْف؛ إسقاط.

o·mis·sive [ō mĭs′ĭv] *(adj.)* مُغْفِل؛ مُسْقِط؛ مُهْمِل.

o·mit [ō mĭt′] *(vt.)* (١) يَحذِف؛ يُسْقِط؛ يُغفِل (٢) يُهْمِل.

om·ma·tid·i·um [ŏm′ə tĭd′ĭ əm] *(n.)* pl. **-tid·i·a** العُيَيْنة: إحدى وحدات العَيْن.

omni- بادئة معناها: كُلّ <*omni*vorous>.

om·ni·bus [ŏm′nə-] *(n.; adj.)* (١) الأومنيبوس: سيارة عمومية كبيرة للركاب (٢) المجموع: كتاب يشتمل على موادَّ منقولة عن عدّة مؤلّفات § (٣) جامع؛ شامل: مشتمل على أشياء وبنود كثيرة <an ~ law>.

om·ni·com·pe·tent *(adj.)* كُلّيّ الصلاحية أو الاختصاص.

om·ni·di·rec·tion·al *(adj.)* شُموليّ الاتجاه <~ antenna>.

om·ni·far·i·ous [-fâr′-] *(adj.)* متنوّع: متعدّد الأشكال أو الأنواع.

om·nif·i·cent [ŏm nĭf′ə sənt] *(adj.)* كُلّيّ الإبداع أو الخَلْق.

om·nip·o·tence [ŏm nĭp′ə-] *(n.)* (١) القُدْرة الكُلّية (٢) قوّة كُلّيّة القُدْرة.

om·nip·o·tent [ŏm nĭp′ə-] *(adj.; n.)* (١) *cap.*: عد: كُلّيّ القُدرة (٢) كُلّي السلطة أو النفوذ § (٣) الكُلّيّ السلطة أو النفوذ: شخص ذو سلطة مطلقة أو نفوذ غير محدود (٤) *cap.*: الله؛ الكُلّيّ القُدْرة.

om·ni·pres·ence [ŏm′nə prĕz′-] *(n.)* كُلّيّة الوجود: كون الشيء موجودًا في كلّ مكان في جميع الأوقات. **— om·ni·pres·ent** *(adj.)*

om·nis·cience [ŏm nĭsh′əns] *(n.)* (١) العِلْم الكُلّي؛ كُلّيّة العِلْم: «أ» العلم بكل شيء. «ب» معرفة غير محدودة (٢) *cap.*: الله.

om·nis·cient [-′ənt] *(adj.; n.)* (١) كلّي العِلم § (٢) الكُلّي العِلْم: كائنٌ عليم بكل شيء (٣) *cap.*: الله.

om·ni·um–gath·er·um [ŏm′nĭ əm găth′-] *(n.)* خليط؛ لُمامة.

om·ni·vore [-′nĭ vōr′] *(n.)* القارت: واحد القوارت **Omnivora** وهي الحيوانات التي تقتات بكل شيء أو بالمواد الحيوانية والنباتية معًا.

om·niv·or·ous [ŏm nĭv′ər əs] *(adj.)* قارِت: «أ» آكلٌ مختلف ضروب الأطعمة. «ب» شره؛ نَهِم <an ~ reader>.

on [ŏn; ôn] *(prep.; adv.; adj.)* (١) «أ» على؛ فوقَ. «ب» على متن <~ the early train> (٢) معه؛ في حوزته <had a knife ~ him> (٣) يَوْمَ <~ Friday> (٤) حينَ؛ عندَ؛ حالَ <cash ~ delivery> (٥) بِـ؛ بواسطة <I heard it ~ the radio.> (٦) شريطة أن <~ one condition> (٧) ضدّ <had some evidence ~ her> (٨) بَعْدَ؛ إثرَ <loss ~ loss> § (٩) على رأسه؛ على جسمه <put a hat ~; had nothing ~> (١٠) قُدُمًا؛ إلى الأمام <went ~> § (١١) مُدار؛ مُشَغَّل

<The radio was ~.> (١٢) دائر؛ جارٍ <The battle is now ~.> (١٣) مرسوم؛ مُعَدّ؛ مُهَيَّأ <She had nothing ~ for tonight.> .

~ the cheap — بُرخص؛ بثمن بخسٍ.

~ and off — على نحو متقطِّع؛ بين الفينة والفينة.

~ and on — باستمرار؛ بغير انقطاع.

~ high — إلى السماء.

to be ~ a committee — يكون عضوًا في لجنة.

on·a·ger [ŏn′ə jər] *(n.)* pl. **-gri** [grī′] *or* **-gers** (١) الأخْدَر؛ الأَخْدَرِيّ: ضربٌ من الحُمُر الوحشية (٢) مَنْجَنيق.

onager *1.*

o·nan·ism [ō′nə nĭz′əm] *(n.)* (١) جَلْد عُمَيْرة: استمناء باليد (٢) العَزْل؛ الجِماع الناقص: جِماعٌ يتمّ بالقذف خارجًا تجنُّبًا للحَمْل.

once [wŭns] *(adv.; n.; adj.; conj.)* (١) مَرَّةً (٢) ذاتَ مرّة (٣) يومًا؛ في أيّ وقت؛ ولو مرَّةً واحدة <if the facts ~ become known> (٤) في ما مضى <was ~ very powerful> § (٥) مرةٌ أو مناسبة واحدةٌ <You can go this ~; ~ is enough.> § (٦) سابق؛ قديم <the ~ province of Britain> § (٧) ما إن؛ حالما <~ you show any sign of fear, he will attack you.>.

~ and again — بين الفَيْنَة والفَيْنَة؛ من حينٍ إلى آخر.

~ for all — مَرَّةً وإلى الأبد؛ نهائيًا وعلى نحوٍ حاسم.

~ in a way; ~ in a while — بين الفَيْنَة والفَيْنَة.

~ upon a time — يُحكى أنّه كان... في سالف الزمان...

all at ~, — (١) فجأةً (٢) في وقتٍ واحد.

for (this) ~, — هذه المرّة فقط.

once–o·ver [wŭns′-] *(n.)* لمحة خاطفة؛ نظرةٌ عَجلى.

on·co·gen·e·sis [ŏn′kō jĕn′-] *(n.)* تكوُّن الوَرَم (ط).

on·col·o·gist [ŏng kŏl′-] *(n.)* الأورامِيّ: الطبيب الخبير بمعالجة الأورام.

on·col·o·gy [-′ə jĭ] *(n.)* علم الأورام (ط).

on·com·ing [ŏn′-] *(adj.; n.)* (١) مقترِب؛ دانٍ <the ~ tide> (٢) مُقْبِل؛ قادم <her ~ visit> § (٣) اقتراب؛ دُنُوّ <the ~ of spring>.

on dit [ôn dē′] يقولون؛ يُقال.

on·do·graph [ŏn′də grăf′] *(n.)* راسمة المَوْجَة (ألك).

one [wŭn] *(adj.; n.; pron.)* (١) واحد؛ واحدة (٢) ذاتَ <You will see her ~ day.> (٣) وحيد؛ أوحد <He was the ~ person she wanted to marry.> § (٤) الرقم واحد (٥) شخص أو شيء واحد (٦) *cap.*: الله § (٧) أحد <~ of her teachers> (٨) المرء؛ الإنسان <as good as ~ would desire> (٩) نُكتة <Have you heard the latest ~?>.

at ~, — منسجمة؛ متّحدة؛ منسجمون؛ متحدون.

~ and all — كافّةً؛ قاطبةً.

~ by ~ — واحدًا فواحدًا.

~ with another — (١) معًا (٢) على العموم؛ على الجملة.

to be made ~, — يتزوجان؛ يقترنان.

one–armed [wŭn′ärmd′] *(adj.)* أحاديّ الذِّراع.

one–di·men·sion·al *(adj.)* (١) أُحاديّ البُعد (٢) سطحيّ.

one–egg [wŭn′ĕg] *(adj.)* = monozygotic.

one–eyed [wŭn′īd′] *(adj.)* أُحاديّ العين: «أ» أعور. «ب» قصير النظر.

one–horse *(adj.)* (١) مجرور [أو مُشَغَّل] بحصانٍ واحد (٢) رديء؛ هزيل (٣) صغير؛ ثانوي <stopped overnight in a ~ town>.

o·nei·ric [ō nī′rĭk] *(adj.)* (١) أحلاميّ: متعلّق بالأحلام (٢) dreamy.

o·nei·ro·crit·i·cal [ō nī′rə krĭt′-] *(adj.)* خاصّ أو متخصِّص بتفسير الأحلام.

o·nei·ro·man·cy [ō nī′rə măn′sĭ] *(n.)* التكهُّن بالأحلام: التكهُّن بتفسير الأحلام.

one–lin·er *(n.)* نكتة بارعة؛ ملاحظة ظريفة.

one–man *(adj.)* فَرْديّ <a ~ jazz band>.

one·ness [wŭn′nəs] *(n.)* (١) توحُّد؛ تفرُّد؛ أَحَدِيّة (٢) انسجام؛ اتّساق (٣) تماثُل (٤) وحدة؛ اتّحاد.

one–note *(adj.)* رتيب؛ مُمِلّ؛ على وتيرة واحدة.

on·er [wŭn′-] *(n.)* (١) شيء فريد أو استثنائي (٢) ضربة قوية.

on·er·ous [ŏn′ər əs] *(adj.)* مُرْهِق؛ شاقّ <~ duties>.

one·self [wŭn sĕlf′] *also* **one's self** *(pron.)* (١) نَفْسه (٢) ذاته: نفس المرء أو حالته السَّوية أو السليمة <will come to ~>.

one–shot *(adj.)* (١) أُحاديّ الطَّلْقة؛ ناجع؛ حاسم: فعّال بمجرّد القيام به أو استعماله مرةً واحدة <a ~ cure> (٢) يتيم: غير مُتْبَع بشيء آخر من جنسه <a ~ tax cut>.

one–sid·ed *(adj.)* (١) أُحاديّ الجانب <a ~ leaf> (٢) مُغْرِض؛ متحيِّز <a ~ view> (٣) من جانب واحد <a ~ decision>.

one–step *(n.)* رقصة الخطوة أو موسيقاها.

one·time [wŭn′tīm′] *(adj.; adv.)* (١) سابق؛ قديم <a ~ professor of Arabic> (٢) one–shot § (٣) سابقًا؛ ذاتَ يوم.

one–to–one *(adj.)* متناظر؛ متساوق؛ متوافق؛ متطابق.

one–track *(adj.)* (١) أُحاديّ السِّكّة [كبعض خطوط القُطُر الحديدية] (٢) غير متنوِّع (٣) محدود؛ ضيّق <~ mind>.

one–up *(vt.)* يَبُزّ [خَصْمَهُ]؛ يتفوّق [على منافسه].

one–way *(adj.)* أُحاديّ الاتجاه <a ~ street; a ~ conversation>.

on·go·ing [ŏn′-] *(adj.)* (١) دائر؛ جارٍ (٢) نامٍ؛ متطوِّر.

on·ion [ŭn′yən] *(n.)* (١) البَصَل (نب) (٢) بَصَلة.

on·ion·skin [ŭn′yən-] *(n.)* الورق البَصَليّ: ورق رقيق متين شفّاف.

on–line *(adj.; adv.)* (١) دائر؛ جارٍ (٢) مُتَّصل؛ موصول [بالكومبيوتر] <~ equipment> § (٣) متّصلًا بالكومبيوتر <to register ~>.

on·look·er [ŏn′-] *(n.)* المُشاهِد؛ المتفرِّج.

on·ly [ŏn′lĭ] *(adj.; adv.; conj.)* (١) الأفضل <was the ~ man for the position> (٢) وحيد <his ~ son> § (٣) فقط؛ فحَسْب (٤) في النهاية؛ آخرَ الأمر <It will ~ make you sick.> (٥) منذ لحظات <I ~ just talked to her.> § (٦) لكنْ <You may go, ~ come back soon.> (٧) إلا أنّ؛ ومع ذلك <It looks very nice, ~ we can't use it.> (٨) لولا أن <I'd help you with pleasure, ~ I am too busy.>.

on·o·mas·tic [ŏn′ə măs′tĭk] *(adj.)* اسميّ: «أ» ذو علاقة باسْم أو أسماء. «ب» مؤلَّف من اسْم أو أسماء.

on·o·mas·tics *(n.)* (١) المُفْرداتية: علم أصول الكلمات وأشكالها (٢) الأعلاميّة: دراسة أصل وأشكال أسماء الأشخاص والأماكن.

on·o·mat·o·poe·ia [ŏn′ə măt′ə pē′ə] *(n.)* المحاكاة الصّوتية: «أ» تسمية الأشياء أو الأفعال بحكاية أصواتها، أي على أساس من تقليد الأصوات الخاصة بها <مثل *crack; splash; buzz*>. «ب» استعمال الكلمات التي يوحي لفظُها بمعناها.

on·rush [ŏn′rŭsh] *(n.)* (١) اندفاع؛ تدفّق (٢) هجوم.

on·set [ŏn′sĕt′] *(n.)* (١) هَجْمة؛ هجوم (٢) بداية؛ مُسْتَهلّ.

on·shore [ŏn′shōr′] *(adj.; adv.)* (١) ساحليّ <an ~ patrol> (٢) مَحَلّيّ <~ purchases> § (٣) نحو أو قرب الشاطئ (٤) مَحَلّيًّا.

on·side [-′sīd′] *(adv. or adj.)* في المجال؛ في الجانب الصحيح: في وضع يجوز فيه رفسُ الكرة أو مَسُّها [في كرة القدم أو الهوكي].

on–site [-′sīt′] *(adj.)* مَوْقِعيّ؛ في موقع العمل <~ training>.

on·slaught [ŏn′slôt′] *(n.)* انقضاض؛ هجوم ضارٍ.

on·stream [-′strēm′] *(adv.)* مُنْتِجًا؛ في حالة الإنتاج.

ont- *or* **onto-** بادئة معناها: «أ» وجود. «ب» متعضٍّ؛ كائن حيّ.

-ont لاحقة معناها: خليّة؛ متعضٍّ؛ كائن حيّ <dipl*ont*>.

on·tic [ŏnt′ĭk] *(adj.)* (١) حقيقيّ الوجود (٢) خاصّ بالوجود الحقيقي.

on·to [ŏn′to͞o] *(prep.)* (١) على؛ فوق (٢) على علم أو اطِّلاع.

onto- = ont-.

on·tog·e·ny [ŏn tŏj′ə nĭ] *(n.)* نشوء الفَرْد: تطوّر الكائن الحيّ.

on·to·log·i·cal [ŏn′tə lŏj′ə-] *(adj.)* (١) أنطولوجيّ: ذو علاقة بالأنطولوجيا (٢) وجوديّ: ذو علاقة بالوجود أو مبنيٌّ عليه.

on·tol·o·gy [-tŏl′-] *(n.)* الأنطولوجيا: علم الوجود أو نظرية في طبيعة الوجود.

o·nus [ō′nəs] *(n.)* (١) عِبء؛ مسؤولية؛ واجب (٢) مَلامة.

o·nus pro·ban·di [prō băn′dī] *(n.)* = burden of proof.

on·ward [ŏn′-] *also* **on·wards** *(adv.; adj.)* (١) قُدُمًا؛ إلى الأمام § (٢) قُدُميّ: مُوَجَّهٌ أو مندفع إلى الأمام <an ~ march>.

-onym لاحقة معناها: اسم؛ كلمة <ant*onym*>.

on·y·mous [ŏn′ə məs] *(adj.)* حاملٌ اسمًا. وبخاصة: مُوَقَّع.

on·yx [ŏn′ĭks; ō′-] *(n.)* الجَزْع؛ العقيق اليماني.

oo- بادئة معناها: بَيْضة؛ بُيَيْضة <*oo*logy>.

oo·cyst [ō′ə sĭst′] *(n.)* = zygote.

oo·cyte [ō′ə sīt′] *(n.)* الخليّة البُيَيْضيّة: البُيَيْضة قبل اكتمال نُضجها.

oo·dles [o͞od′əlz] *(n.)* مقدارٌ كبير <~ of money>.

o·o·gen·e·sis [ō′ə jĕn′-] *(n.)* تكوُّن البُيَيْضة (أح).

ooh [o͞o] *(interj.)* أوه!: هُتاف يُعَبَّر به عن الانشداه أو الابتهاج.

o·o·lite [ō′ə līt′] *(n.)* الأوليت؛ السَّرئيّة: صخرٌ حُبَيْبيّ (جي).

o·ol·o·gy [ō ŏl′ə jĭ] *(n.)* البَيْضيّات: دراسة بيض الطيور خاصة.

oo·long [o͞o′-] *(n.)* التِّنين الأسود: شاي مخمَّر جُزئيًا قبل تجفيفِهِ.

oo·mi·ak *also* **oo·mi·ack** [o͞o′mĭ ăk′] *(n.)* = umiak.

oomph [o͞omf] *(n.)* (١) فتنة؛ سِحر (٢) جاذبية جنسية (٣) حيوية؛ حماسة.

o·o·pho·ri·tis [ō′ə fə rī′-] *(n.)* التهاب المَبِيض (ط).

oops [o͞ops] *(interj.)* أُوپ!: هتاف يُعبَّرُ به عن الجَزَع أو الدَّهش إلخ.

o·o·sperm [ō′ə spûrm′] *(n.)* البُيَيْضة المُلَقَّحة (أح).

o·o·sphere [ō′ə sfēr′] *(n.)* اللاّمُلَقَّحة؛ البُيَيْضة الكُرَوية (نب).

o·o·the·ca [ō′ə thē′kə] *(n.)* جِراب البَيْض [عند بعض الحشرات].

ooze[1] [o͞oz] *(n.)* (١) الرَّدْغة: طين أو وَحْل في قعر جِسم مائي كالمحيط (٢) طين؛ وَحْل (٣) مستنقَع؛ سَبْخة.

ooze[2] *(n.; vi.; t.)* (١) النَّقيع: نَقيع البلّوط إلخ [يُستخدم في الدباغة] (٢) النَّزّ؛ التحلُّب؛ الرَّشح (٣) النازّ؛ المتحلِّب: شيء ينزّ أو يتحلَّب § (٤) يَنِزّ؛ يتحلَّب؛ يَرْشَح (٥) يزحف: يتحرك ببطء ولكنْ باطّراد (٦) يَنْضَح بـ (٧) تتسرَّب [المعلومات] (٨) يَضْمَحِلّ؛ يتلاشى <His courage is *oozing* away.> x (٩) يتصبَّب: يُطْلَق بطريقة ارتشاحيّة أو نحوها <Samir was *oozing* sweat.>.

ooz·y [o͞o′zĭ] *(adj.)* (١) رَدْغي (٢) نازّ؛ متحلّب؛ راشح (٣) رَطْب.

o·pac·i·fy [ō păs′-] *(vt.; i.)* (١) يُكمِّد: يجعله أكمَدَ x (٢) يَكْمَدّ.

o·pac·i·ty [-′ə tĭ] *(n.)* (١) الكُمْدة؛ اللاّإنفاذية؛ اللاّشفافية (٢) إبهام (٣) غَباء (٤) العَتامة: بقعة عاتمة في جسم شفاف [كعَدَسة العين].

o·pah [ō′pə] *(n.)* الأَبَاه؛ سمكة القمر: سمك بحري ضخم ساطع الألوان.

o·pal [ō′pəl] *(n.)* الأوبال؛ عين الشّمس (مع).

o·pal·es·cence [ō′pə lĕs′-] *(n.)* التَّأَبُّل: تلألؤٌ أو تغيُّرٌ في الألوان.

o·pal·es·cent [-′ənt] *(adj.)* مُتَأَبِّل: متلألئ أو متغيّر الألوان.

o·pal·ine [ō′pəl ĭn] *(adj.)* (١) أوبالانيّ: شبيه بالأوبال (٢) متلألئ.

o·paque [ō pāk′] *(adj.; n.)* (١) أكْمَد: «أ» غير مُنْفِذ للأشعّة. «ب» غير شفّاف (٢) مُبْهَم؛ عويص (٣) غبيّ؛ أحمق § (٤) شيء أكمد أو لامُنْفِذ (٥) المُعَتِّمة: مادة ملوّنة، سوداء أو حمراء عادةً، تستعمل لتعتيم جزء من الصورة السلبية (فو).

ope [ōp] *(adj.; vt.; i.) archaic* = open.

o·pen [ō′pən] *(adj.; vt.; i.; n.)* (١) مفتوح (٢) فاغر (٣) «أ» صريح؛ غير متحفِّظ <a very ~ manner>. «ب» علنيّ <~ war>. «ج» عُرْضةٌ لِـ

(٤) عامّ: «أ» مباحٌ الدخولُ إليه <an ~ meeting>. «ب» جائزٌ الاشتراك فيه للهواة والمحترفين <an ~ tournament> (٥) سالك <~ roads> (٦) خالٍ من الجليد <water in ~ arctic regions> (٧) معتدل <an ~ winter> (٨) خالٍ: غير مقيَّد بالواجبات <I am ~ on Monday.> (٩) تحت البحث <an ~ question> (١٠) طليق: جائز الصيد فيه قانونًا <an ~ season or brook> (١١) مفتوحة: غير محتلّة أو غير مدافَع عنها بقوّات عسكرية، وبالتالي فهي، قانونًا، في نجوةٍ من نيران العدو <an ~ city> (١٢) كريم؛ سخيّ (١٣) منفتح <~ to suggestions> (١٤) «أ» مُهَلْهَل <a cloth of ~ texture>. «ب» جيد الإنفاذية أو المَسامية <~ soil>. «ج» متناثر؛ غير مُتَّسِم بالكثافة <~ population>. «د» مُوَسَّع: ذو فَسَحات واسعةٍ، نسبيًّا، بين الكلمات أو الأسطر <~ printed matter> (١٥) حرّ: «أ» مُتَّسِم بانعدام التنظيم الفعّال لمختلف الأعمال التجاريّة <notorious as an ~ town>. «ب» غير مُلْجَم بضوابط تشريعيّة <~ gambling>. «ج» غير مُقَيَّد بقيودٍ كابحة أو مُعَوِّقة <an ~ economy> § (١٦) يَفْتح (١٧) ينشئ؛ يؤسِّس <to ~ an office> (١٨) يكشِف عن <to ~ one's intentions> (١٩) يَشُقّ <to ~ a way through a crowd> (٢٠) يُحَرِّر [مجرًى إلخ] من العوائق (٢١) ينوِّر: يجعله منفتحًا للمعرفة (٢٢) يجعلُهُ جيِّد الإنفاذية أو المساميّة <to ~ the soil> (٢٣) يفتتح [جلسةً] (٢٤) يبدأ؛ يستهلّ؛ يفتتح <to ~ a campaign> (٢٥) يفتح [حسابًا] x (٢٦) يَنْفتح (٢٧) ينفغر؛ ينفتق <His wounds *~ed.*> (٢٨) يتجلّى؛ ينكشف (٢٩) يتفهَّم (٣٠) يُفْضي إلى؛ ينفتح على <The door *~s* into a garden.> (٣١) يعبِّر عن رأيه؛ يُفضي بمشاعره (٣٢) يفتتح [المراهنةَ أو المزايدةَ] § (٣٣) فتحة؛ ثغرة (٣٤) البَراح: أرض متّسعة خالية من الشجر (٣٥) مباراة مفتوحة [للهواة والمحترفين].

~ weather — جوّ معتدل؛ أحوال جوية معتدلة.

to ~ up — (١) تتفتّح [الأزهارُ] (٢) يكتشف (٣) يكشِف (٤) يبدأ إطلاق النار (٥) يَشُنّ هجومًا (٦) يُتيح [فرصةً].

to come into the ~, — يصرّح بأفكاره أو خططه؛ يعمد إلى الصراحة التامّة.

with ~ arms — بمودّة؛ بحماسة؛ بترحيب.

open air *(n.)* العَراء؛ الهواء الطَّلْق.

open–air *(adj.)* عَرائيّ: جارٍ أو قائمٌ في الهواء الطَّلْق.

open–and–shut *(adj.)* واضح؛ سهل جدًّا <an ~ case>.

open book *(n.)* الكتاب المفتوح: حالة أو شخصية واضحةٌ.

open chain *(n.)* السلسلة المفتوحة (فزن).

open circuit *(n.)* الدّارة المفتوحة (كب).

open door *(n.)* الباب المفتوح: «أ» حرية الدخول للجميع. «ب» سياسةٌ قِوامُها حريةُ التجارة وإلغاءُ التعرفات الجمركية والسماحُ لمختلف الدول بالمتاجرة مع بلدٍ ما، على قدم المساواة.

o·pen–end·ed *(adj.)* مفتوح: قابل للتعديل وفقًا لتطوّر الأحوال.

o·pen·er *(n.)* (١) فا open (٢) فتّاحة: [العُلَب إلخ] (٣) مُفْتَتِح [المراهنة].

o·pen–eyed *(adj.)* (١) مفتوح العينين (٢) يَقِظ (٣) مندهش.

o·pen·hand·ed *(adj.)* كريم؛ سخيّ؛ مِعْطاء؛ مبسوط اليد.

o·pen·heart·ed [-här′-] *(adj.)* (١) مخلص؛ صريح (٢) سخيّ؛ عطوف.

o·pen–hearth process *(n.)* أسلوب المجمرة المكشوفة [لصنع الفولاذ].

o·pen–hearth steel *(n.)* فولاذ المَجْمَرة المكشوفة.

o·pen–heart surgery *(n.)* جراحة القلب المفتوح (ط).

open house *(n.)* البيت المفتوح: دعوة عامّة أو مفتوحة.

o·pen·ing [ō′pən-] *(n.; adj.)* (١) «أ» فتح. «ب» تفتُّح (٢) ابتداء؛ استهلال؛ وبخاصة: افتتاح رسمي (٣) فتحة؛ ثغرة (٤) البَراح: مساحة خالية من الأشجار أو متباعدة الأشجار [في غابة] (٥) صفحتان متقابلتان [في كتاب] (٦) حفلة الافتتاح (٧) فرصة ملائمة (٨) وظيفة شاغرة § (٩) استهلاليّ <~ remarks>.

open letter *(n.)* الكتاب المفتوح: رسالة احتجاج أو مناشدة مُوجَّهةٌ إلى فَرْد أو هيئة ولكنها تُرسَل إلى إحدى الجرائد أو المجلات فتُنشر على صفحاتها لكي يطّلع عليها جمهور القرّاء.

o·pen–mind·ed *(adj.)* منفتح العقل: ذو عقلٍ منفتح للحجج والأفكار الجديدة.

o·pen·mouthed [-mouthd′] *(adj.)* (١) فاغر الفم (٢) مشدوه (٣) نَهِم (٤) صخّاب (٥) واسع الفم <~ vessels>.

o·pen–pol·li·nat·ed [-pŏl′ə nāt ĭd] *(adj.)* طبيعيّ التلقيح: مُلقَّح بالوسائل الطبيعية من غير تدخُّل من جانب الإنسان (نب).

open sea *(n.)* عُرْض البحر.

open ses·a·me [sĕs′ə mĭ] *(n.)* (١) إفتحي يا سِمسِم: صيغة سحرية استعان بها علي بابا على فتح مغارة اللصوص (٢) وسيلة سحرية لا تُخطئ.

open shop *(n.)* المُنْشأة المفتوحة: مصنع أو مَتجر يستخدم العمال النقابيين واللانقابيين من غير تمييز.

open syllable *(n.)* المَقْطع المفتوح: مَقْطع مُنْتَهٍ بحرف علّة (ل).

Open University *(n.)* الجامعة المفتوحة.

o·per·a [1] [ŏ′pər ə; ŏp′rə] *pl. of* opus.

op·er·a [2] *(n.)* (١) الأوبِرا؛ المسرحيّة المُغَنّاة (٢) دار الأوبرا.

op·er·a·ble [ŏp′ər ə-] *(adj.)* (١) عمليّ (٢) ممكنٌ إجراؤُهُ. وبخاصة: طيِّع للجراحة؛ قابلٌ للمعالجة جراحيًّا <an ~ cancer>.

o·pé·ra bouffe [ŏp′ər ə bo͞of′] *(n.)* الأوبِرا الهزلية.

opera glasses *also* **glass** *(n.)* منظار الأوبِرا.

opera glasses

opera hat *(n.)* قُبّعة الأوبِرا: قُبّعة حريرية سوداء عالية قابلة للطّيّ.

opera hat

ă at; ā date; â care; ä car; ĕ egg; ē me; ĭ in; ī bite; ŏ lot; ō bone; ô orphan; oi boil; o͝o good; o͞o boot; ou out; ŭ under; û urgent; ə = *a* in alone, *e* in system, *i* in easily, *o* in gallop, *u* in circus.

opera house *(n.)* دار الأوبرا.

op·er·and [ŏp′ə-] *(n.)* المتأثِّر؛ المُعامَل: موضوع العملية الحسابية.

op·er·ant [ŏp′ər-] *(adj.; n.)* عامل؛ مؤثِّر؛ فعّال.

opera se·ria [ŏp′ər ə sēr′ē ə] *(n.)* الأوبرا الجادّة.

op·er·ate [ŏp′ə rāt′] *(vi.; t.)* (١) يَعْمل (٢) يؤثِّر؛ يُحْدِث أثرًا ملائمًا (٣) يقوم بعمليّة أو سلسلة عمليات (٤) يقوم بعملية جراحية (٥) يقوم بعملية [عسكرية] (٦) يُغْرِب: يَسْلك مَسْلكًا غريبًا **x** (٧) يُحْدث؛ يسبِّب (٨) يُعْمِل؛ يشغِّل <to ~ a business> (٩) يُدير <He ~*d* the machine.> (١٠) يُجري له جراحةً.

op·er·at·ic [ŏp′ə răt′-] *(adj.)* أوبَري؛ أوبرالي <~ music>.

operating room *(n.)* حجرة البَضْع؛ غرفة العمليّات.

operating table *(n.)* مائدة البَضْع؛ مائدة العمليات الجراحية.

operating theater *(n.)* قاعة البَضْع: حجرة في المستشفى، مزوَّدة بمقاعد للطلبة، تُجرَى فيها العمليات الجراحية.

op·er·a·tion [ŏp′ə rā′-] *(n.)* (١) عَمَل؛ عملية (٢) أثر؛ مفعول (٣) تنفيذ؛ سَرَيانُ مفعولٍ (٤) عملية جراحية أو رياضية إلخ.

op·er·a·tion·al [-′shən əl] *(adj.)* (١) عَمَليّاتيّ: ذو علاقة بالعمليات العسكرية (٢) تشغيليّ <~ costs> (٣) جاهزٌ للتشغيل <an ~ aircraft>.

operations room *(n.)* غرفة العمليات [تُدار منها العمليات العسكرية].

op·er·a·tive[1] [ŏp′ər ə tĭv; -rā-] *(adj.)* (١) فعّال؛ مؤثِّر <an ~ dose> (٢) نافذ المفعول (ق) (٣) عامل <~ craftsmen> (٤) جراحيّ <~ dentistry>.

op·er·a·tive[2] *(n.)* (١) العامل البارع [وبخاصة في إحدى الصناعات الميكانيكية] (٢) «أ» شرطيّ سرّي. «ب» رَجُل مباحث خصوصيّ.

op·er·a·tor [ŏp′ə rā′-] *(n.)* (١) «أ» العامل الميكانيكيّ [كعامل التلغراف إلخ]. «ب» مدير مؤسّسة صناعيّة أو تجاريّة. «ج» الجرّاح؛ الطبيب الجرّاح. «د» المضارب بالأسهم الماليّة (٢) «أ» الدجّال؛ المشعوِذ. «ب» الداهية. «ج» البارع في فن ما (٣) المؤثِّر: دالّة رياضية.

o·per·cu·lar [ō pûr′-] *(adj.)* وِصاديّ؛ صِمّي (را. operculum).

o·per·cu·late; o·per·cu·lat·ed [ō pûr′-] *(adj.)* مُوَصَّد: ذو وِصاد.

o·per·cu·lum [ō pûr′-] *(n.)* pl. **-la** *also* **-s** الوِصاد؛ الصِّمَّة: «أ» جزء من النبات الحَبِّيّ شبيه بالغطاء. «ب» غطاء خياشيم السَّمك.

op·er·et·ta [ŏp′ə rĕt′ə] *(n.)* الأوبَّريت: أوبرا قصيرة خفيفة.

op·er·ose [ŏp′ə rōs′] *(adj.)* (١) شاقّ؛ مُرْهِق (٢) كدود؛ مُجِدّ.

ophicleide

oph·i·cleide [ŏf′ə klīd′] *(n.)* الأوفيكليد: آلة موسيقية.

o·phid·i·an [ō fĭd′ĭ ən] *(adj.; n.)* (١) أفعوانيّ: ذو علاقة بالأفاعي أو شبيهٌ بها § (٢) أفعى؛ حيّة.

oph·i·ol·a·try [ŏf′ĭ ŏl′ə trĭ] *(n.)* عبادة الأفاعي أو الحيّات.

oph·i·ol·o·gy [ŏf′ĭ ŏl′ə jĭ] *(n.)* علم الأفاعي أو الحيّات.

oph·i·oph·a·gous [-ŏf′ə gəs] *(adj.)* مُغْتَذٍ أو مقتاتٌ بالحيّات.

O·phir [ō′fər] *(n.)* أوفير: أرض غنيّة بالذهب [ذُكرت في التوراة].

oph·ite [ŏf′īt] *(n.)* حجر الحيّة: صخر مُرَقَّط أخضرُ اللون.

oph·thal·mi·a [ŏf thăl′mĭ ə] *(n.)* الرَّمَد: التهاب العين (ط).

oph·thal·mic [-′mĭk] *(adj.)* (١) عَيْنيّ: ذو علاقة بالعين (٢) رَمِد؛ أرمَد.

oph·thal·mi·tis [-mī′tĭs] *(n.)* التهاب العين (ط).

oph·thal·mol·o·gist [-mŏl′ə jĭst] *(n.)* الكَحّال: طبيب العيون.

oph·thal·mol·o·gy [-mŏl′ə jĭ] *(n.)* طبّ العيون.

oph·thal·mo·scope [-′mə-] *(n.)* المِعيان: أداة لفحص باطن العين.

-opia لاحقة معناها: حالة من حالات العين أو علّة من عِلَلها.

o·pi·ate[1] [ō′pĭ ĭt; ō′pĭ āt′] *(n.; adj.)* (١) المُسْتَحْضَر الأَفيونيّ. وتوسُّعًا: المخدِّر (٢) المُسَكِّن: كلّ ما يهدّئ المشاعر § (٣) أفيونيّ: مُحتوٍ على أفيون أو ممزوجٌ به (٤) منوِّم؛ مخدِّر.

o·pi·ate[2] [ō′pĭ āt′] *(vt.)* (١) يخدِّر؛ ينوِّم (٢) يُخْمِد؛ يُسكِّن.

o·pine [ō pīn′] *(vt.; i.)* (١) يرتئي؛ يعتقد **x** (٢) يعبِّر عن رأيه.

o·pin·ion [ə pĭn′yən] *(n.)* (١) رأيٌ (٢) اعتقاد.

to act up to one's ~*s* يَعْمل وَفْقًا لما يعتقد.

to have the courage of one's ~*s* يعبِّر عن مُعتَقَداته ويَعمل وَفْقَها.

o·pin·ion·at·ed [ə pĭn′yə nā′-] *(adj.)* عنيد؛ مُتشبِّث برأيه.

o·pin·ion·a·tive [-tĭv] *(adj.)* (١) عَقَديّ: ذو علاقة برأي أو عقيدة (٢) عنيد؛ مُكابِر؛ مُتصلِّب.

o·pin·ioned [-′yənd] *(adj.)* (١) متمسِّك برأيٍ مُعيَّن (٢) مُعْجَب بنفسه.

opinion poll *(n.)* استطلاع الرأي.

o·pi·um [ō′pĭ əm] *(n.)* الأفيون: مخدِّر يُستخرج من الخشخاش.

opium den *(n.)* وَكْر الأفيونيين: مكان يُتعاطَى فيه الأفيون.

opium eater *(n.)* آكل الأفيون؛ مُدْمن الأفيون.

opium poppy *(n.)* خَشْخاش الأفيون: نبات يُتَّخذ منه الأفيون.

opium smoker *(n.)* مُدَخِّن الأفيون.

o·pos·sum [ə pŏs′əm] *(n.)* الأبوسّوم: حيوان أميركي من الجرابيات.

opossum

op·po·nent [ə pō′nənt] *(n.; adj.)* (١) الخصم؛ المناوئ (٢) العضلة المعترضة: عضلة تقاوم أو تحدِّد عمل عضلة أخرى (ت) § (٣) مقاوِم؛ مُعادٍ (٤) مقابِل؛ مواجِه.

op·por·tune [ŏp′ər tōōn′; -tyōōn′] *(adj.)* (١) ملائم؛ مناسب؛ مُؤاتٍ <at an ~ moment> (٢) في وقته أو محلّه <an ~ assistance>.

op·por·tun·ism [-′nĭz əm] *(n.)* الانتهازية: سياسة انتهاز الفُرص والإفادة من الظروف، وبخاصة من غير ما اعتبار للمبادئ الأخلاقيّة.

op·por·tun·ist [ŏp′ər tōō′-; -tyōō′-] *(adj.; n.)* (١) انتهازيّ؛ نَفْعيّ § (٢) شخص انتهازيّ أو نفعيّ.

— op·por·tu·nis·tic *(adj.)*

op·por·tu·ni·ty [-tōō′nə tĭ; -tyōō′-] *(n.)* فرصة؛ مناسَبة.

op·pos·a·ble [ə pō′zə-] *(adj.)* (١) ممكنٌ معارضتُهُ أو مقاومتُه (٢) ممكنٌ وضعُهُ تجاه شيء آخر.

— op·pos·a·bil·i·ty *(n.)*

op·pose [ə pōz′] *(vt.)* (١) يضعه تجاه كذا (٢) يقابل؛ يقارن؛ يوازن (٣) يقاوم؛ يعارض.

op·pose·less [ə pōz′-] *(adj.)* لا يُقاوَم؛ لا سبيلَ إلى مقاومته.

op·po·site [ŏp′ə zĭt] *(adj.; n.; adv.; prep.)* (١) مواجِه؛ مقابل <the shop ~ to ours> (٢) متقابل <~ angles *or* leaves> (٣) متعارض؛ متضادّ <~ sides of the question> (٤) مضادّ؛ معاكس <in the ~ direction> (٥) الآخَر <the ~ sex> § (٦) الضِّدّ؛ النقيض (٧) antonym § (٨) على نحوٍ متقابل <They sat ~ at the table.> § (٩) أمامَ؛ تجاهَ <lived ~ the post office>.

opposite leaves

— op·po·site·ly *(adv.)*

opposite number *(n.)* النَّظير: شخص أو شيء يحتلّ مركزًا موازيًا لمركزِ مثلِهِ في مجموعة أخرى.

op·po·si·tion [ŏp′ə zĭsh′ən] *(n.)* (١) الاستقبال؛ المقابلة (فل) (٢) تقابُل القضايا (مق) (٣) المقابلة: «أ» وضع الشيء تجاه شيء آخر. «ب» تقابُل (٤) تعارُض؛ تضادّ (٥) مقاومة (٦) .*cap* عد: حزب المعارضة <the leader of the *Opposition*>.

— op·po·si·tion·al *(adj.)*

op·po·si·tion·ist [-′ə nĭst] *(n.)* المعارِض: عضوٌ في حزبِ المعارضة.

op·press [ə prĕs′] *(vt.)* (١) يُخْمِد؛ يَقْمَع (ا. ق) (٢) يَظْلِم؛ يضطهد (٣) يُغِمّ؛ يُحْزِن؛ يُرْهِق.

— op·pres·sor *(n.)*

op·pres·sion [ə prĕsh′ən] *(n.)* (١) «أ» ظلم؛ اضطهاد. «ب» عملٌ ظالمٌ (٢) غمّ؛ ضِيق صَدْر.

op·pres·sive [ə prĕs′-] *(adj.)* (١) ظالم؛ جائر <~ laws> (٢) مستبدّ <an ~ king> (٣) مُضايِق؛ ثقيل الوطأة؛ قابضٌ للصَّدر <~ heat>.

op·pres·sive·ness [ə prĕs′ĭv-] *(n.)* ظلم؛ جَوْر؛ استبداد إلخ.

op·pro·bri·ous [ə prō′-] *(adj.)* (١) محقِّر: راشحٌ بالازدراء <~ language> (٢) حقير؛ جديرٌ بالازدراء <~ den of shame> (٣) مُخْزٍ؛ شائن.

op·pro·bri·um [ə prō′brĭ əm] *(n.)* (١) عملٌ شائن؛ سلوكٌ مُخْزٍ (٢) خِزْي؛ عارٌ (٣) احتقار؛ ازدراء.

op·pugn [ə pyo͞on′] *(vt.)* (١) يهاجم [بالنقد أو الحجّة أو العمل] (٢) يفنّد؛ يناقش؛ يدحض.

— op·pugn·er *(n.)*

Ops [ŏps] أوبس: إلاهة الخصب والوفرة عند الرومان.

op·sin [ŏp′sĭn] *(n.)* الأوبسين: ضربٌ من البروتين العديم اللون (أح).

-opsy لاحقة معناها: فَحْص <necr*opsy*>.

opt [ŏpt] *(vi.)* يختار؛ يُؤْثِر؛ يفضّل؛ يقرِّر.

op·ta·tive [ŏp′tə tĭv] *(adj.; n.)* (١) دالّ على التمنّي (ل) (٢) معبِّر عن تمنٍّ § (٣) صيغة التمنّي (ل).

op·tic [ŏp′tĭk] *(adj.; n.)* (١) بَصَريّ؛ عينيّ § (٢) عَيْن (٣) عَدَسة.

op·ti·cal [ŏp′-] *(adj.)* (١) بَصَريّاتيّ: متعلّق بالبَصَريّات (٢) بَصَريّ.

optical activity *(n.)* النشاط البصريّ؛ الاستقطاب الدّوراني.

optical disk *or* **disc** *(n.)* القُرْص البَصَريّ: قُرص تُخزن فيه معلومات رقميّة يتمّ تظهيرُها بواسطة أشعة اللّازر.

optical fiber *(n.)* اللِّيف الضوئيّ (بص).

optical illusion *(n.)* الخداع البَصَريّ.

optic axis *(n.)* المِحور البصري (بلو).

optic disk *or* **disc** *(n.)* القُرْص البصريّ (ت).

op·ti·cian [ŏp tĭsh′ən] *(n.)* (١) البَصَريّاتيّ: صانع الأدوات البَصَرية أو بائعها (٢) النَّظّاراتيّ: صانع النظّارات وفقًا لتعليمات طبيب العيون.

optic lobe *(n.)* الفَصّ البَصَريّ (ت).

optic nerve *(n.)* العَصَب البَصَريّ (ت).

op·tics [ŏp′-] *(n.)* (١) البَصَريّات؛ علم البَصَريّات (٢) خصائصُ بَصَرية.

optic thalamus *(n.)* المِهاد البَصَريّ [في الدماغ المتوسّط].

op·ti·mal [ŏp′tə məl] *(adj.)* الأحسن؛ الأفضل؛ الأمثل.

op·ti·mism [ŏp′-] *(n.)* (١) التفاؤليّة: الإيمان بأن هذا العالم خير العوالم الممكنة وأن الخَير سوف ينتصر، آخر الأمر، على الشر (٢) تفاؤل.

op·ti·mist [ŏp′tə mĭst] *(n.)* المتفائل؛ الميّال للتفاؤل.

op·ti·mis·tic; -al [ŏp′tə mĭs′-] *(adj.)* (١) متفائل (٢) تفاؤليّ.

op·ti·mize [ŏp′-] *(vi.; t.)* (١) يتفاءَل x (٢) يَسْتمثِل: يجعله أقربَ ما يكون إلى الكمال أو الفعّالية <~ the distribution of raw materials>.

op·ti·mum[1] [ŏp′tə məm] *(n.)* pl. **-ma** *also* **-s** (١) الدرجة المُثْلَى (٢) الدرجة القصوى؛ الدرجة العُظْمى.

op·ti·mum[2] *(adj.)* الأمثل؛ الأفضل <~ conditions>.

op·tion [ŏp′shən] *(n.; vt.)* (١) اختيار (٢) حقّ الاختيار؛ حرية الاختيار. وبخاصة: «أ» حق طلب تنفيذ عقدٍ ما في أيّ يوم ضمن مدة معيّنة. «ب» حق بيع أو شراء أسهم أو سلع معيّنة بسعر معيّن خلال مدة العقد. «ج» حقّ المؤمَّن عليه في اختيار طريقة دفع الأموال المستحِقّة له بموجب سند التأمين (٣) خِيار § (٤) يخيِّر.

op·tion·al [ŏp′shən əl] *(adj.)* اختياريّ: غير إلزاميّ أو إجباريّ.

op·tion·al·ly [ŏp′shən əl ĭ] *(adv.)* اختياريًّا: على نحوٍ اختياريّ.

op·tom·e·ter [ŏp tŏm′-] *(n.)* المِبصار: أداة لقياس مدى البصر.

op·to·met·ric; -al [ŏp′tə mĕt′-] *(adj.)* مِبْصاريّ: متعلّق بالمِبْصارية.

op·tom·e·trist [ŏp tŏm′-] *(n.)* المِبْصاري: المتخصّص في المِبْصارية.

op·tom·e·try [ŏp tŏm′ə trĭ] *(n.)* المِبْصاريّة: «أ» قياس مدى البصر بالمِبصار. «ب» فحص العين بحثًا عن عِللها أو عيوبها ووصف العدسات أو التمرينات المساعِدة في التغلب عليها.

op·u·lence [ŏp′yə ləns] *(n.)* (١) ثَراء؛ غِنًى (٢) وفرة؛ غزارة.

op·u·lent [ŏp′yə lənt] *(adj.)* (١) ثريّ؛ غنيّ (٢) وافر؛ غزير.

o·pun·ti·a [ō pŭn′shĭ ə] *(n.)* الصَّبّار؛ التين الشَّوكي (نب).

o·pus [ō′pəs] *(n.)* pl. **o·pe·ra** *also* **o·pus·es** (١) كتاب؛ أثرٌ أدبي (٢) الأثر الموسيقي: قطعةٌ أو مجموعة قِطَع موسيقية.

o·pus·cule [ō pŭs′kyo͞ol] *(n.)* = opusculum.

o·pus·cu·lum [-′kyo͞o ləm] *(n.)* pl. **-la** مؤلَّف أدبيّ قصير أو ثانويّ.

or [1] [ôr] *(conj.)* (١) «أ» أو <sooner ~ later>. «ب» أم . . . (٢) وإمّا ؛ أو <whether he wins ~ not> <either this ~ that>. وإلّا . . . ~ else

or [2] *(n.; adj.)* (١) ذهبٌ § (٢) ذهبيّ.

-or لاحقة معناها: الفاعل؛ فاعل الشيء <elevator; actor>.

or·ache *or* **or·ach** [-′əch] *(n.)* القَطَف؛ السَّرمَق؛ الإسفاناخ الرومي (نب).

orache

or·a·cle [ôr′ə kəl] *(n.)* (١) «أ» وسيط الوحي: كاهن أو كاهنة [عند الإغريق] يُعتَقَد أن الإلّه يجيب بواسطته عن سؤال حول أمر من أمور الغيب. «ب» المَوْحَى؛ مهبط الوحي: هيكل يهبط فيه الجواب الإلّهي عن هذا السؤال. «ج» الوحي الإلّهي: جواب الإلّه عن السؤال الموجَّه إليه (٢) المشاوَر الحكيم؛ المستشار الموثوق (٣) جواب حكيم؛ جواب موثوق.

o·rac·u·lar [ō răk′yə lər] *(adj.)* (١) وَحْييّ؛ نُبوئيّ (٢) «أ» حكيم؛ مَهيب. «ب» مُبْهَم؛ غامض <~ remarks>.

o·ral [ōr′əl] *(adj.; n.)* (١) شفهيّ؛ ملفوظ (٢) فمّيّ: «أ» ذو علاقة بالفم <the ~ mucous membrane>. «ب» معطًى من طريق الفم <an ~ dose of medicine> § (٣) فحص شفهيّ [في مدرسة أو كلّيّة إلخ].

o·ral·ism [ōr′-] *(n.)* الشَّفهانيّة: استخدام الشَّفتين في تعليم الصُّمّ.

or·ange [ôr′ĭnj] *(n.; adj.)* (١) «أ» البرتقال (نب). «ب» بُرتقالة (٢) البرتقاليّ: لون أصفر ضارب إلى الحمرة § (٣) برتقاليّ.

or·ange·ade [ôr′ĭnj ād′] *(n.)* عصير البرتقال المُحلّى [ممزوجًا بالماء].

orange blossom *(n.)* زهر البرتقال.

orange pe·koe *(n.)* شاي هندي أو سيلاني ممتاز.

or·ange·ry [ôr′ĭnj rĭ] *(n.)* دفيئة البرتقال: بيت زجاجيّ لزراعة البرتقال.

orange stick *(n.)* عُوْد البرتقال: عودٌ من خشب البرتقال [للعناية بالأظفار].

orange tip *(n.)* الفَراش البرتقالي: ضرب من الفَراش الصغير.

orange wife *(n.)* بائعة البرتقال: امرأة تبيع البرتقال.

or·ange·wood [ôr′ĭnj-] *(n.)* خشب البرتقال؛ خشب شجرة البرتقال.

or·ang·ish [-′ĭn jĭsh] *(adj.)* شبه برتقالي: ضاربٌ لونُه إلى البرتقاليّ.

o·rang·u·tan [ō răng′o͞o tăn′] *(n.)* إنسان الغاب؛ الأورانغوتان: واحدٌ من القردة العليا الشبيهة بالإنسان.

orangutan

or·ang·y *or* **or·ang·ey** [ôr′ĭn jĭ] *(adj.)* برتقاليّ اللون.

o·rate [ō rāt′; ōr′āt] *(vi.)* (١) يخطب؛ يلقي خُطبة (٢) يتفاصح [وكأنّه يلقي خطبةً].

o·ra·tion [ō rā′shən] *(n.)* خُطبة؛ خطاب رسميّ.

or·a·tor [ôr′ə-] *(n.)* (١) المُدَّعي (ق) (٢) الخطيب: من يُجيد الخطابة.

or·a·tor·i·cal [ôr′ə tôr′-] *(adj.)* (١) خَطابيّ (٢) بيانيّ؛ بلاغيّ.

or·a·to·ri·o [ôr′ə tōr′ĭ ō] *(n.)* المُوَشَّحة الدينية: قطعة موسيقية أوركستراليّة طويلة ذات موضوع دينيّ.

or·a·to·ry [1] [ôr′ə tōr′ĭ] *(n.)* المُصَلَّى: كنيسة خصوصية صغيرة.

or·a·to·ry [2] *(n.)* (١) الخَطابة (٢) خُطبة؛ خطاب (٣) لغة منمَّقة.

orb [ôrb] *(n.; vt.)* (١) فَلَك؛ مدار؛ دائرة (٢) جِرم سماويّ (٣) عين (٤) «أ» كرة. «ب» الكرة السلطانيّة: كُرة يعلوها صليب [ترمز إلى السلطة والعدالة الملكيّتين] § (٥) يكوّر؛ يدوّر.

or·bic·u·lar [ôr bĭk′-] *(adj.)* (١) كُرويّ؛ دائريّ (٢) كامل؛ تامّ.

orbiculate leaf

or·bic·u·late [ôr bĭk′yə lĭt; -lāt′] *(adj.)* كُرويّ؛ دائريّ.

or·bit [ôr′bĭt] *(n.; vt.; i.)* (١) مَحْجِر العين (٢) مَدار؛ فَلَك (فل) (٣) الفلَك: دائرة نفوذ (٤) نطاق § (٥) يُطلقه في مَدار x (٦) يدور؛ يحوِّم.

orbital electron *(n.)* الألكترون المَداريّ (فزن).

orc [ôrk] *(n.)* = grampus.

or·chard [ôr′chərd] *(n.)* (١) بُستان فاكهة (٢) أشجار البُستان.

or·char·dist *or* **or·chard·man** [ôr′-] *(n.)* البُستانيّ: صاحب بساتين الفاكهة أو المشرف على العناية بها.

or·ches·tra [ôr′kə strə] *(n.)* (١) الأوركسترا: «أ» الموضع الأمامي المخصَّص للفرقة الموسيقية في مسرحٍ حديث. «ب» المقاعد الأمامية التي تشغل مقدّمة أرض المسرح (٢) الأوركسترا: الفرقة الموسيقية.

or·ches·tral [ôr kĕs′-] *(adj.)* أوركستريّ؛ أوركَستراليّ: «أ» ذو علاقة بالأوركسترا أو مؤلَّفٌ لها أو معزوفٌ من قِبلها. «ب» شبيه بالأوركسترا أو بصفاتها الموسيقية <a poem of ~ grandeur>.

or·ches·trate [ôr′kəs trāt′] *(vt.)* (١) يُؤَركِس: «أ» يؤلف الألحان الموسيقية للأوركسترا أو يوزّعها عليها. «ب» يُخرج أوركَستريًّا <to ~ a waltz> (٢) يناغم ما بينَ: ينسّق أو يزاوج بحيث يحقق أقصى ما يمكن من التأثير <He ~d the elements of his arts.>.

or·ches·tra·tion [-strā′-] *(n.)* (١) الأَرْكَسَة (٢) المناغمة (را. المادة السابقة).

or·chid [ôr′kĭd] *(n.)* (١) السَّحلبيّة (نب) (٢) لون أرجواني خفيف.

or·chi·da·ceous [-′kĭ dā′shəs] *(adj.)* (١) سَحْلبيّ (نب) (٢) متباهٍ.

or·chis [ôr′kĭs] *(n.)* السَّحْلب؛ خُصى الثعلب: نبات عشبيّ.

or·dain [ôr dān′] *(vt.; i.)* (١) يَرْسُم [الأسقفُ كاهنًا] (نص) (٢) يعيِّن؛ يُقيم؛ يَسُنّ (٣) يقدِّر على <God has ~ed us to die.> x (٤) يقضي؛ يأمر؛ يُصْدِر أمرًا. — **or·dain·er; or·dain·ment** *(n.)*

or·deal [ôr dēl′; ôr′dēl] *(n.)* (١) المِحْنة: وسيلة بدائية كان القُدامى يصطنعونها لمعرفة ما إذا كان المتَّهَم بريئًا أو مجرمًا وذلك بإخضاعه لضروب من الامتحان الخطِر أو المؤلم مُعتبرين نتيجة ذلك كله بمثابة حُكمٍ إلّهي (٢) مِحنة؛ بلاء؛ بلوى.

or·der [ôr′dər] *(vt.; i.; n.)* (١) يرتِّب (٢) «أ» يأمر. «ب» يقدِّر؛ يعيِّن بقضاء وقَدَر (٣) يطلب <They ~ed three steaks.> (٤) يَصِف دواءً x (٥) ينظِّم؛ يُدير (٦) يُصْدِر الأوامر § (٧) «أ» أخوية؛ جمعية. «ب» رهبنة. «ج» النِّظامة: تنظيم نقابيّ يضمّ أصحاب مهنةٍ ما (٨) وسامٌ عسكريّ

or·di·nal [ôr′də nəl] *(n.; adj.)* (١) كتاب الرِّسامة: كتاب يشتمل على مجموعة صيغ تستعمل في رسامة الكهّان (٢) العدد الترتيبيّ (مثل first; fifth; tenth) § (٣) ترتيبيّ <~ numbers> (٤) رُتْبَوِيّ: ذو علاقة برتبة من الحيوان أو النبات.

ordinal number *(n.)* العدد الترتيبي (را. المادة السابقة).

or·di·nance [ôr′də nəns] *(n.)* (١) أمر. وبخاصة: قانون محلّي أو بلديّ (٢) تقدير إلَهيّ؛ قضاءٌ؛ قَدَر (٣) طقس دينيّ؛ وبخاصة: سرّ العشاء الربانيّ (نص).

or·di·nand [ôrd′ən ănd′] *(n.)* المُرَشَّح للرِّسامة (نص).

or·di·nar·i·ly [ôr′-] *(adv.)* (١) عادةً (٢) على نحوٍ عادي أو مألوف <was ~ dressed> (٣) باعتدال <~ profits>.

or·di·nar·i·ness [-nĕr′ĭ-] *(n.)* الاعتيادية: كونُ الشيء اعتياديًا أو مألوفًا.

or·di·nar·y [ôr′də nĕr′ĭ] *(n.; adj.)* (١) أسقف؛ مطران (٢) كاهن الإعدام: كاهن كان يعيَّن لإعداد المحكوم عليهم بالإعدام لمواجهة الموت (٣) قاضٍ في محكمة الإشهاد [أي المحكمة المكلَّفة بالتثبّت من صحة وصية الميت] (٤) *cap.* عد: الثوابت: أجزاء القدّاس الثابتة أي التي لا تتغيّر يومًا بعد يوم (٥) الاعتياديّ؛ المألوف <out of the ~> (٦) الوجبة النّظامية: وجبة طعام تقدَّم إلى جميع الوافدين بسعر محدَّد (٧) المطعم النظاميّ؛ الفندق النظاميّ: مطعم أو فندق يقدِّم إلى زبائنِهِ وجبات طعام نظامية (٨) صليب § (٩) اعتياديّ؛ مألوف؛ مُعتاد <an ~ day's work> (١٠) عاديّ (١١) دون المتوسّط؛ رديء بعضَ الشيء.

in ~, ثابت؛ دائم؛ مُلازِم نظاميّ [في وظيفةٍ ما].

or·di·nate [ôr′də nāt′] *(n.)* الإحداثيّ الرأسيّ (ر).

or·di·na·tion [ôr′də nā′-] *(n.)* (١) رِسامة الكاهن (٢) ترتيب؛ تنظيم.

ord·nance [ôrd′nəns] *(n.)* (١) عَتاد؛ مُعَدّات عسكريّة (٢) مصلحة العتاد [في جيش] (٣) مِدفع؛ مِدفعيّة.

Ordnance Survey *(n.)* مصلحة المساحة [في بريطانيا وإيرلندا].

or·do [ôr′dō] *(n.)* pl. **or·di·nes** تقويم الطقوس (كث).

or·don·nance [ôr′də nəns] *(n.)* (١) تنسيق؛ ترتيب (٢) مرسوم؛ قانون.

Ordovician period [ôr′də vĭsh′-] *(n.)* العصر الأردفيشي (جي).

or·dure [ôr′jər; ôr′dyŏŏr] *(n.)* (١) غائط؛ براز؛ قَذَر (٢) القذارة: شيء قذِرٌ أو مُفْسِدٌ أخلاقيًا.

ore [ōr] *(n.)* (١) الخام؛ الخامة؛ الرِّكاز (جي) (٢) المَنْجم: مَصْدر تُستَخرَج منه مادة نفيسة (٣) معدن نفيس.

ö·re [œ′rə] *(n.)* pl. **ö·re** الأورة: قطعة نقدية دانمركية أو نروجيّة تعادل ١/١٠٠ من الكرون، وسويدية تعادل ١/١٠٠ من الكرونا.

o·re·ad [ōr′ĭ ăd′] *(n.)* الأُريادة: حوريّة الجبال والهضاب.

ore dressing *(n.)* تهذيب الرِّكاز: استخراج المواد النفيسة من الخامات.

o·reg·a·no [ə rĕg′-] *(n.)* عِتْر النعناع: أوراق النعناع العِطريّ المجفّفة.

(٩) درجة كهنوتية (١٠) طبقة؛ فئة؛ جماعة (١١) رُتبة («أح» و«ح» و«نب») (١٢) طراز؛ مستوًى <talents of a high ~> (١٣) ضرب؛ نوع (١٤) ترتيب <in alphabetical ~> (١٥) مَرْتَبة (ر) (١٦) نظام (١٧) طَقْس دينيّ (١٨) أمر <The colonel gave the ~ to halt.> (١٩) طِراز معماريّ <Gothic ~> (٢٠) حالة؛ وَضْع (٢١) تحويل؛ حِوالة <postal ~> (٢٢) «أ» طلب تجاريّ. «ب» مقدار من السِّلع المشتراة (٢٣) مهمّة.

a large (or tall) ~, مهمة عسيرة.

in ~, (١) مُرَتَّب؛ منظَّم (٢) عاملٌ؛ غير معطَّل (٣) بالتتابع (٤) جائز وفقًا لقواعد الإجراء البرلمانية.

in ~ of size *or* importance بحسب الحجم أو الأهمية.

in ~ that (*or* to) لكي؛ من أجل.

in short ~, حالًا؛ في الحال؛ بسرعة.

made to ~, مُعَدّ وفقًا لتعليمات الزبون أو لمقاييس جسمه.

on ~, تحت الطَّلب: طُلِب ولكنه لم يُسَلَّم بعد <Your books are on ~.>.

~ book (١) دفتر الطلبات؛ دفتر الطلبات الواردة (تج) (٢) سجلّ الاقتراحات [في مجلس العموم].

~ form أنموذج طلب: ورقة مطبوعة يدوّن عليها الزبون حاجتَه من السِّلَع [بأن يملأ الفراغ المُعَدّ لذلك].

~ of battle نظام المعركة؛ ترتيب القتال (جن).

~ of the day (١) جدول الأعمال [في جمعية تشريعية] (٢) الحالة الغالبة أو السّائدة (٣) حديث الساعة.

~ paper جدول الأعمال [وبخاصة في مجلسٍ تشريعي].

out of ~, (١) غير مُرَتَّب؛ مشوَّش (٢) مُعَطَّل (٣) غير جائز وفقًا لقواعد الإجراء البرلمانية.

to ~ (a person) about (١) يرسله من مكان إلى مكان (٢) يستبدّ به أو يواصل إصدار الأوامر إليه.

to take (holy) ~*s* يُرْسَم كاهنًا؛ يُصبح كاهنًا.

or·der·li·ness [ôr′-] *(n.)* (١) نظام؛ ترتيب (٢) محافظة على النظام.

or·der·ly[1] [ôr′dər lĭ] *(adj.; adv.)* (١) «أ» منظَّم. «ب» مُرَتَّب <an ~ room>. «ج» خاضعٌ لنظام <an ~ universe>. «د» منهجيّ؛ نِظاميّ (٢) محافظ على النظام <an ~ mind *or* person> <an ~ citizen> (٣) هادئ؛ سِلميّ (٤) ذو علاقة بإرسال الأوامر العسكرية § (٥) على نحوٍ منهجيّ أو نظاميّ أو متسلسل.

or·der·ly[2] *(n.)* (١) الحاجب؛ الوصيف؛ عامل الارتباط: جندي ملحق بضابط فهو ينقل رسائله ويقدّم إليه مختلف الخدمات (٢) الممرِّض: تابع يؤدي مهمّات عامّة [في مستشفًى].

orderly bin *(n.)* صندوق النُّفايات [في شارع].

orderly book *(n.)* سِجلّ الأوامر (جن).

orderly officer *(n.)* ضابط الخَفْر؛ ضابط اليوم.

order of business *(n.)* (١) جدول الأعمال (٢) مسألة؛ قضية.

order of the day *(n.)* (١) جدول الأعمال (٢) حديث الساعة.

or·fray [ôr′frā] *(n.)* = orphrey.

or·gan [ôr′gən] *(n.)* (١) الأُرْغُن : آلة موسيقية (٢) reed organ (٣) عُضو ؛ جارحة (٤) أداة؛ ذراع <Parliament is the chief ~ of government.> (٥) لسان الحال : جريدة أو مجلّة ناطقة بلسان حزب أو جماعة .

organ- *or* **organo-** بادئة معناها : عُضو ؛ عُضويّ .

or·gan·dy *also* **or·gan·die** [ôr′gən dĭ] *(n.)* الأورغنديّ : ضربٌ من الموصلين الرقيق الشفّاف .

or·gan·elle [ôr′gə nĕl′] *(n.)* العُضَيَّة (أح) .

organ grinder *(n.)* الأرغنيّ المتكسّب : عازف الأرغن في الشوارع .

or·gan·ic [ôr găn′-] *(adj.)* (١) عُضويّ (٢) مؤلّف جزءًا لا يتجزّأ من كلٍّ : أساسيّ ؛ حَيَويّ <~ parts of something> (٣) متناغم ؛ متناسق الأجزاء (٤) دُستوريّ .

organic chemistry *(n.)* الكيمياء العُضوية .

or·gan·i·cism [-′ə sĭz′əm] *(n.)* (١) العُضوانية : نظرية تقول بأن العمليات الحيوية تنشأ عن نشاط أعضاء الكائن الحيّ بوصفها نظامًا متكاملًا (٢) vitalism .

or·gan·ism [ôr′gə-] *(n.)* (١) المُتَعضّي ؛ الكائن الحيّ (أح) (٢) نظام <the social ~>.

or·gan·ist [ôr′gən-] *(n.)* الأُرغنيّ ؛ الرَّغّان : العازف على الأرغن .

or·gan·i·za·tion [ôr′gən ə zā′-] *(n.)* (١) تَعْضِيَة (٢) تَعَضٍّ (مج) (٣) نظام ؛ تنظيم ؛ انتظام (٤) المنظَّمة : «أ» جمعية أو تكتُّل منظّم . «ب» هيئة الإدارة في منظمة . — **or·gan·i·za·tion·al** *(adj.)*

or·gan·ize [ôr′gə nīz′] *(vt.; i.)* (١) يُعَضّي : يجعله ذا بنْيَة عضوية (٢) ينظّم (٣) ينشئ ؛ يؤسّس x (٤) يتعضّى (٥) ينشئ منظمة . وبخاصة : ينشئ نقابةً للعمال أو يُقنع العمال بالانضمام إلى نقابة .

or·gan·ized *(adj.)* (١) منظَّم (٢) منتسب إلى نقابة (٣) ثمِل (ع) .

organized crime *(n.)* الجريمة المنظَّمة .

organized labor *(n.)* العمال النقابيون .

or·gan·iz·er [ôr′-] *(n.)* (١) فا organize . وبخاصة : المنظِّم : مسؤول نقابيّ ينشئ فروعًا جديدة لإحدى نقابات العمال (٢) inductor *3* .

or·gan·o·gen·e·sis [ôr′gə nō jĕn′-] *(n.)* نشوء [أو تكوُّن] الأعضاء .

or·gan·og·ra·phy [ôr′gə nŏg′rə fĭ] *(n.)* وصف الأعضاء : وصف أعضاء الحيوانات أو النباتات .

or·gan·o·lep·tic [-lĕp′tĭk] *(adj.)* عُضْوْحِسِّيّ ؛ عضويّ حِسّيّ .

or·gan·ol·o·gy [-nŏl′-] *(n.)* الأعضائيّات ؛ علم الأعضاء («ح» و«نب») .

or·gan·o·me·tal·lic [-tăl′ĭk] *(adj.)* عُضْوفِلِزّيّ ؛ عضويّ فِلِزّيّ (ك) .

or·ga·non [ôr′gə-] *(n.)* pl. **-na** *or* **-s** أداة المَعْرِفة : وسيلة لاكتساب المعرفة . وبخاصة : مجموعة مبادئ خاصة بالبحث العلمي أو الفلسفي .

or·gan·o·ther·a·py [-thĕr′ə pĭ] *(n.)* الاستعضاء : معالجة الأمراض باستعمال بعض أعضاء الحيوان أو خُلاصاتها [كالإنسولين] .

or·ga·num [ôr′gə nəm] *(n.)* pl. **-na** *or* **-s** (١) organon (٢) الأورغانوم : تعدُّد أو تفرُّع الأصوات في موسيقى القرون الوسطى .

or·gan·za [ôr′găn′zə] *(n.)* الأورغنزة : نسيج حريريّ رقيق .

or·gan·zine [ôr′gən zēn′] *(n.)* الأُورغنزين : حرير تُتَّخذ منه سَداةُ الأنسجة الحريرية .

or·gasm [ôr′găz əm] *(n.)* الإيغاف ؛ هِزّة الجِماع : ذروة التهيُّج الجنسي [قُبَيْل انقضاء الجِماع] . — **or·gas·mic** *or* **or·gas·tic** *(adj.)*

or·geat [ôr′zhăt; ôr zhä′] *(n.)* شراب اللوز .

or·gi·as·tic [ôr′jĭ ăs′-] *(adj.)* (١) طَقْسِيْعِرْبِيْديّ : ذو علاقة بالطقوس العربيدة (را . orgy) (٢) عِربيد : مُتَّسِم بالقصف والعربدة .

or·gu·lous [ôr′gyə ləs] *(adj.)* = proud.

or·gy [ôr′jĭ] *(n.)* (١) الطقوس العِربيدة : طقوس سرّيّة كانت تقام في أعياد الآلهة الإغريق والرومان وتتميّز بالغناء النّشوان والرقص العِربيد (٢) قصف ؛ لهوٌ مُعَرْبِد ؛ جنس جماعيّ (٣) الهَرْجة : انغماسٌ أو استرسال في <an ~ of shopping>.

oriel

or·i·bi [ôr′ə bĭ] *(n.)* الأوربيّ : ظبيٌ إفريقي صغير .

o·ri·el [ōr′ĭ əl] *(n.)* = bay window *1*.

o·ri·ent[1] [ōr′ĭ ənt; ōr′ĭ ĕnt′] *(n.; adj.)* (١) *cap.* : الشرق ؛ المَشرِق (٢) «أ» لؤلؤة متألّقة . «ب» تألّق لؤلؤة § (٣) مُشْرِق <the ~ sun> (٤) متألّق ؛ متلألئ .

o·ri·ent[2] [ōr′ĭ ĕnt′] *(vt.; i.)* (١) يجعله مواجهًا للشّرق . وبخاصة : يبني كنيسةً بحيث يكون مذبحُها الرئيسي في الطرف الشرقي (٢) يوجِّهُهُ وجهةً ما (٣) يُكيِّف : يُعدِّل وفقًا للظروف أو الحقائق x (٤) يتّجه .

o·ri·en·tal [ōr′ĭ ĕn′təl] *(adj.; n.)* (١) *cap.* أ . ك : شَرقيّ ؛ مَشْرِقيّ (٢) نفيس ؛ متألّق ؛ قيِّم <~ pearls> (٣) *cap.* أ.ك : شرقيّ السِّمات § (٤) شخص شرقيّ أو مَشرِقيّ .

o·ri·en·tal·ism [ōr′ĭ ĕn′-] *(n.)* (١) *cap.* أ . ك : الشَّرقية : سِمَةٌ أو عادةٌ أو طريقةُ تعبير مميِّزةٌ لشعوب الشرق (٢) الاستشراق : الدراسة الأكاديميّة لثقافات الشَّرق ولغاتِهِ إلخ .

o·ri·en·tal·ist [ōr′ĭ ĕn′təl-] *(n.)* المُسْتَشرِق .

o·ri·en·tal·ize [ōr′ĭ ĕn′tə līz′] *(vt.; i.)* (١) *cap.* أ . ك : يشرِّق : يجعله شرقيًّا x (٢) *cap.* أ . ك : يستشرق : يصبح شرقيًا .

Oriental poppy *(n.)* الخشخاش الشرقيّ (نب) .

o·ri·en·tate [ōr′ĭ ĕn tāt′] *(vt.; i.)* (١) orient[2] x (٢) يواجه الشّرق .

o·ri·en·ta·tion [ōr ĭ ĕn tā′-] *(n.)* (١) توجيه ؛ تَوَجُّه (٢) تكييف ؛ تكيُّف [وفقًا للظروف أو الحقائق] (٣) نزعة ؛ مَيْل ؛ اتجاه .

or·i·fice [ôr′ə fĭs] *(n.)* فُتْحة ؛ ثَقب ؛ فُوّهة .

or·i·flamme [ôr′ə flăm′] *(n.)* اللَّهب الذهبيّ : «أ» راية الحرب : عَلَمٌ حريريّ أحمر كان ملوك فرنسا القدماء يرفعونه في الحرب . «ب» الشِّعار : عَلَمٌ أو رمزٌ أو مثلٌ أعلى يُلهِم التفاني أو الشجاعة .

oriflamme *a.*

or·i·gan [ôr′ə gən]; **o·rig·a·num** [ə rĭg′-] *(n.)* = marjoram.

or·i·gin [ôr′ə jĭn] *(n.)* (١) أُرومة ؛ مَحْتِد ؛ نسبٌ (٢) نشوء ؛ ظهور ؛ ابتداء

(٣) أصل ؛ مَصْدر ؛ مَنْشأ ؛ مَنْبِت (٤) مَنْبع (٥) الأصل : نقطة تقاطع المحور الإحداثية (ر) .

o·rig·i·nal [ə rĭj′ə nəl] *(adj.; n.)* (١) أصليّ (٢) جديد ؛ مبتكر <an ~ idea> (٣) أصيل ؛ مُبْدِع ؛ مُوَلِّد ؛ قادرٌ على توليد المعاني الجديدة <an ~ mind> § (٤) الأصل : «أ» النسخة الأصلية : الشكل أو الأنموذج الأصلي الذي تُسْتَخْرَج عنه نُسَخٌ مختلفة . «ب» اللغة الأصلية : اللغة التي صيغ فيها الأثر الأدبي كما وضعَهُ المؤلِّف . «ج» المؤلَّف أو الأثر الفنيّ الأصليّ [تمييزًا له عن أية نسخة مأخوذة عنه أو مُحاكيةٍ له] . «د» الشخص أو الشيء المُتَّخَذُ موضوعًا لرسم أو وصف (٥) «أ» المُبْدِع ؛ المجدِّد ؛ المبتكِر . «ب» الغريب الأطوار : شخص غريب الأطوار .

o·rig·i·nal·i·ty [ə rĭj′ə năl′-] *(n.)* (١) الأصلية : كون الشيء أصليًّا (٢) جِدّة ؛ طرافة (٣) أصالة ؛ إبداع (٤) شيء أصليّ أو مُبْتَدَع .

o·rig·i·nal·ly [ə rĭj′-] *(adv.)* (١) أصلًا ؛ في الأصل (٢) أوّلًا ؛ منذ البدء (٣) بإبداع ؛ بأصالة ؛ بجدَّة .

original sin *(n.)* الخطيئة الأصلية (نص) .

o·rig·i·nate [ə rĭj′ə nāt] *(vt.; i.)* (١) يُبدِئ ؛ يُحدِث ؛ يُنشِئ x (٢) يبدأ ؛ يَحْدُث ؛ يَنشأ .
— **o·rig·i·na·tion; o·rig·i·na·tor** *(n.)*

o·rig·i·na·tive [-ə nā′tĭv] *(adj.)* مُبْدِع ؛ قادر على الإبداع .

o·ri·ole [ōr′ĭ ōl′] *(n.)* الصُّفارية ؛ الصّافر (طا) .

oriole

O·ri·on [ō rī′ən] *(n.)* الجوزاء ؛ كوكبة الجَبّار (فل) .

or·is·mol·o·gy [ŏr′əz mŏl′-] *(n.)* علم التعريف [بالمصطلحات الفنيّة] .

or·i·son [ôr′ĭ zən] *(n.)* صَلاة .

-orium pl. **-s** *or* **-oria** لاحقة معناها : موضع كذا أو موضعٌ لكذا <audit*orium*>.

ork [ôrk] *(n.)* = orc.

Or·lon [ôr′lŏn] *(n.)* الأورلون : ضرب من الخيوط الصُّنعيّة .

or·lop [ôr′lŏp]; **orlop deck** *(n.)* السَّطح الأسفل [في سفينة] .

or·mo·lu [ôr′mə lo͞o′] *(n.)* الذهب الفُسَيفسائيّ أو الزائف : أُشابة من نحاس وقصدير ذهبية المظهر ، تستخدم في زخرفة الأثاث والمجوهرات إلخ .

or·na·ment [*n.* ôr′nə mənt; *v.* -mĕnt′] *(n.; vt.)* (١) حِلْية ؛ زينة ؛ زُخْرف (٢) المَفْخرة : شخص يُعتبر ، بفضائلِهِ أو محاسنِهِ أو تألُّقِهِ ، زينةً لمجتمعه أو مَفْخرةً له (٣) تزيين ؛ زَخْرَفة <by way of ~> (٤) الحِلْية (مو) § (٥) يُزَيِّن ؛ يُزَخرِف .

or·na·men·tal [ôr′nə mĕn′-] *(adj.; n.)* (١) زينيّ ؛ زُخْرُفيّ § (٢) زينة ؛ شيء زينيّ (٣) النبتة الزِّينيّة : نبتة تُزرع لجمالها لا لفائدتها .

or·na·men·ta·tion *(n.)* (١) تزيين ؛ زخرفة (٢) حِلية ؛ زُخرُف .

or·nate [ôr nāt′] *(adj.)* (١) مُنَمَّق <~ style> (٢) مُبَهْرَج ؛ مُزَخْرَف .

or·ner·y [ôr′nə rĭ] *(adj.)* (١) مُشاكِس ؛ سيِّئ الطبع (٢) عنيد (٣) خسيس ؛ وضيع (٤) عاديّ .
— **or·ner·i·ness** *(n.)*

ornith- *or* **ornitho-** بادئة معناها : طير ؛ طائر .

or·nith·ic [ôr nĭth′ĭk] *(adj.)* طَيْرِيّ : ذو علاقة بالطيور .

or·ni·tho·log·ic; -al [-′nə thə lŏj′-] *(adj.)* طِيَاريّ : متعلّق بعلم الطيور .

or·ni·thol·o·gist [-thŏl′ə jĭst] *(n.)* الطِّيَاريّ : العالِم بالطّيور .

or·ni·thol·o·gy [-thŏl′ə jĭ] *(n.)* الطِّيارة : علم الطّيور أو رسالة فيه .

or·ni·thop·ter [ôr′nə thŏp′-] *(n.)* الخَفّاقة : طائرة تستمدّ قدرتها على الطيران من جناحيها الخفّاقين الشبيهين بجناحَي الطائر .

or·ni·tho·sis [-thō′-] *(n.)* الدّاء الطيريّ : داء ڤيروسيّ يصيب الطيور .

oro- بادئة معناها : «أ» جَبَلٌ . «ب» فم . «ج» فمِّيّ و . . .

o·ro·fa·cial [ō rō fā′shəl] *(adj.)* فَمَوَجْهِيّ ؛ فَمِّيّ وَجْهِيّ .

or·o·gen·ic [ôr′ə jĕn′-] *(adj.)* تكوُّنجباليّ : متعلّق بتكوّن الجبال .

o·rog·e·ny [ō rŏj′-] *also* **o·ro·gen·e·sis** [-jĕn′-] *(n.)* تكوُّن الجبال .

o·ro·graph·ic; -al [ōr′ə grăf′-] *(adj.)* جِباليّ : ذو علاقة بالجبال .

o·rog·ra·phy [-′rə fĭ] *(n.)* جغرافية الجبال [فرع من الجغرافيا الطبيعية] .

o·rol·o·gy [ō rŏl′ə jĭ] *(n.)* الجِبالة ؛ عِلم الجبال .

o·rom·e·ter [ō rŏm′ə-] *(n.)* الأورومتر : مقياس ارتفاع الجبال .

o·ro·phar·ynx [ōr′ō făr′ĭngks] *(n.)* الحُلقوم (ت) .

o·ro·tund [ōr′ə tŭnd′] *(adj.)* (١) جَهْوَريّ (٢) طنّان ؛ رنّان .

or·phan [ôr′fən] *(n.; adj.; vt.)* (١) «أ» اليتيم : الصغير الفاقد أحد أبويه . «ب» اللَّطيم : الصغير الفاقد أبويه كليهما (٢) صغير الحيوان الفاقد أمَّه § (٣) خاصّ بالأيتام <an ~ asylum> (٤) يتيم § (٥) يُيَتِّم ؛ يُلَطِّم .

or·phan·age [ôr′fən ĭj] *(n.)* (١) يُتْم (٢) المَيْتَم ؛ دار الأيتام .

or·phan·hood [ôr′fən ho͝od′] *(n.)* يُتم ؛ تَيَتُّم .

or·phic [ôr′fĭk] *(adj.)* (١) *cap.* أورفيوسيّ : ذو علاقة بأورفيوس Orpheus، وهو في الأسطورة الإغريقية موسيقيّ تَبِعَ زوجتَه إلى «مثوى الأموات» فأجاز له پلوتو إخراجها منه شرط ألّا ينظر إلى الوراء ولكنّه فعل ففَقَدَها (٢) مُبْهَم ؛ باطنيّ (٣) مُطْرِب ؛ شجيّ ؛ ساحِر <~ songs> .

or·phrey [ôr′frĭ] *(n.)* (١) المطرَّز : تطريز بارع أو غنيّ (٢) المطرَّزة : حاشية مُزَخرفة في رِداء كاهن .

or·pi·ment [ôr′pə-] *(n.)* الرَّهج الأصفر (مع) .

or·pine [-′pĭn] *(n.)* المُخَلَّدة ؛ حيّ العالَم : نبات من فصيلة المخلَّدات .

Or·ping·ton [ôr′pĭng-] *(n.)* الأورپنغْتون : دجاج إنكليزيّ ضخم .

or·rer·y [ôr′ə rĭ] *(n.)* المِبْيان : أداة تبيّن حركات ومواقع الكواكب إلخ في النظام الشمسي .

or·ris [ôr′ĭs] *(n.)* السَّوسَن ؛ السَّوسَن الفلورنسي (نب) .

ort [ôrt] *(n.)* الكِسْرة : الفُتاتة التي تتخلّف على المائدة .

orth- *or* **ortho-** بادئة معناها : «أ» مستقيم ؛ قويم ؛ عموديّ . «ب» صحيح ؛ مُصَحَّح ؛ مُقوَّم .

or·tho [ôr′thō] *(adj.)* (١) حامض (٢) مشتقّ من حامض .

ortho- = orth-.

or·tho·cen·ter [ôr′thō sĕn′-] *(n.)* مُلْتَقَى الارتفاعات (هن).

or·tho·ce·phal·ic [ôr′thō sə făl′-] *(adj.)* مستقيم الجمجمة : متوسط النسبة بين ارتفاع الجمجمة وطولها أو عرضها .

or·tho·chro·mat·ic [-krō măt′ĭk] *(adj.)* أورثوكروماتيّ : «أ» مُمثِّلٌ العلاقاتِ الصحيحة بين الألوان كما هي في الطبيعة أو متصلٌ بهذه العلاقات . «ب» حسّاس لجميع الألوان ما عدا الأحمر (فو) .

or·tho·clase [ôr′thə klās′; -klāz′] *(n.)* الأورثوكلاز (مع) .

or·tho·don·tia [ôr′thə dŏn′shə; -′shĭ ə] *(n.)* = orthodontics.

or·tho·don·tic [-′tĭk] *(adj.)* تَقْويمَسْنانيّ : ذو علاقة بتقويم الأسنان .

or·tho·don·tics *(n.)* تقويم الأسنان .

or·tho·don·tist *(n.)* مقوّم الأسنان : الطبيب المقوّم للأسنان المُعْوَجَّة .

or·tho·dox [ôr′thə-] *(adj.; n.)* (١) راشد ؛ قويم الرأي أو المتعقَد [وبخاصة في الدين] (٢) مألوف ؛ تقليديّ <~ opinions> (٣) أرثوذكسيّ : متعلّق بالكنائس الشرقية § (٤) الراشد (٥) الأرثوذكسيّ .

or·tho·dox·y [ôr′thə dŏk′sĭ] *(n.)* (١) استقامة الرأي (٢) مُعْتَقَدٌ قويم أو تقليديّ (٣) *cap.* : الأرثوذكسيّة .

or·tho·e·py [ôr thō′ə pĭ] *(n.)* (١) «أ» ضَبْط اللفظ . «ب» اللفظ الصحيح (٢) علم اللفظ (ل) .
— or·tho·ep·ic *(adj.)*

or·tho·gen·e·sis [ôr thō jĕn′-] *(n.)* التكوُّن القويم : «أ» نظرية تقول بأن تطوّر الأنواع عَبْرَ الأجيال يسير وَفْق خطٍّ مقرَّر بمَعْزل عن العوامل الخارجية . «ب» نظرية تقول بأن التطور الاجتماعي يتمّ في اتجاه واحد، ويمرّ بمراحل محدَّدة، في كلّ ثقافة من الثقافات، رغم اختلاف الأحوال الخارجية .

or·tho·gen·ic [-′ĭk] *(adj.)* (١) تكوُّنقويميّ : خاصّ بالتكوّن القويم (را . المادة السابقة) (٢) تقويميّ : ذو علاقة بذلك النوع من المعالجة التربويّة والطبية الهادفة إلى التغلّب على العلل العقلية والعَصَبية عند الأطفال .

or·thog·na·thous [ôr thŏg′nə thəs] *(adj.)* مستقيم الفكّ .

or·thog·o·nal [-′ə nəl] *(adj.)* (١) مُتعامِد (ر) (٢) مستقلّ إحصائيًّا .

orthogonal circles *(n. pl.)* الدائرتان المتعامدتان (ر) .

or·tho·g·o·nal·ize [ôr thŏg′-] *(vt.)* يُعامِد : يجعلُهُ متعامدًا .

or·tho·grade [ôr′thə grād′] *(adj.)* منتصب القامة [في السَّير] .

or·tho·graph·ic [ôr′thə grăf′-] *also* **-al** *(adj.)* (١) متعامِد (ر) (٢) إملائيّ (ر) (٣) صحيحٌ إملائيًّا .

orthographic projection *(n.)* الإسقاط المتعامد ؛ الإسقاط الأورثوغرافي [في الرسم الهندسي] .

or·thog·ra·phy [ôr thŏg′-] *(n.)* (١) نظام التهجية (٢) رسمُ الكلمات .

or·tho·pe·dic; or·tho·pae·dic [ôr′thə pē′dĭk] *(adj.)* (١) تجبيريّ : متعلّق بتقويم العظام (٢) مُشَوَّه .

or·tho·pe·dics *also* **or·tho·pae·dics** *(n.)* تقويم العظام .

or·tho·pe·dist [-′dĭst] *(n.)* (١) المُجَبِّر : مقوّم العظام (٢) جرّاح العِظام .

or·tho·phos·pho·ric acid *(n.)* = phosphoric acid.

or·tho·psy·chi·a·try [ôr′thō sī kī′ə trĭ] *(n.)* الطبّ النفسيّ التقويميّ : دراسة اضطرابات السلوك عند الأطفال بخاصة .
– trist *(n.)*

or·thop·ter [ôr thŏp′tər] *(n.)* = ornithopter.

Or·thop·ter·a [ôr thŏp′-] *(n. pl.)* مستقيمات الأجنحة (حش) .

or·thop·ter·an; or·thop·ter·on [ôr thŏp′-] *(n.)* مستقيمة الأجنحة : حشرة من مستقيمات الأجنحة .

or·thop·ter·ous [ôr thŏp′-] *(adj.)* مستقيم الأجنحة (حش) .

or·thop·tic [ôr thŏp′-] *(adj.)* تقويمبَصَريّ : ذو علاقة بتقويم البصر .

or·tho·rhom·bic [ôr thə rŏm′-] *(adj.)* مُعَيَّني مستقيم (بلو) .

or·tho·scop·ic [ôr′thə skŏp′-] *(adj.)* سوِيّ البَصَر .

or·thot·ics [ôr′thŏt′ĭks] *(n.)* إسناد المفاصل أو العضلات .

or·tho·trop·ic [ôr′thə trŏp′-] *(adj.)* مُسْتعمِد : صفة للسّاق أو الجذر النامي صُعودًا أو هبوطًا على نحوٍ عمودي .

or·thot·ro·pous [ôr′thŏt′rə pəs] *(adj.)* مستقيم البُذَيرة (نب) .

ortolan

or·to·lan [ôr′tə lən] *(n.)* الأرْطُلان ؛ بُلبل الشّعير (طا) .

-ory لاحقة معناها : «أ» موضعُ كذا أو موضعٌ لكذا <observat*ory*> . «ب» ذو علاقة بِـ أو متّسم بِـ <audit*ory*> . «ج» مُحْدِث أو مُساعدٌ على <prohibit*ory*>.

oryx

o·ryx [ōr′ĭks] *(n.)* المارِيَة ؛ المَهاة (ح) .

os [1] [ŏs] *(n.)* pl. **os·sa** عَظْم ؛ عَظْمة (ت) .

os [2] [ŏs] *(n.)* pl. **o·ra** فم ؛ فُتْحة ؛ فُوَّهة .

os [3] [ōs] *(n.)* pl. **o·sar** [ō′sär] = esker.

Os·can [ŏs′kən] *(n.; adj.)* (١) الأُسكانيّ : واحدُ الأُسكانيين [شعب إيطالي قديم] (٢) اللغة الأُسكانيّة § (٣) أُسكانيّ .

Os·car [ŏs′kər] *(n.)* جائزة أوسكار : تمثال ذهبي صغير يُمنح تقديرًا للمتفوّقين في صناعة السينما .

os·cil·late [ŏs′ə lāt′] *(vi.; t.)* (١) يتذبذب ؛ يَنُوس ؛ يترجَّح (٢) يتقلَّب ؛ يتردَّد x (٣) يُذَبْذِب إلخ .
— os·cil·lat·ing *(adj.)*

os·cil·la·tion [ŏs′ə lā′-] *(n.)* (١) تَذَبْذُب ؛ نَوَسان ؛ ترجُّح (٢) تقلُّب ؛ تردُّد (٣) ذبذبة (٤) التذبذب (كب) .
— os·cil·la·tion·al *(adj.)*

os·cil·la·tor [ŏs′ə-] *(n.)* (١) المتذبذب إلخ (٢) المُذَبذِب (فز) .

os·cil·la·to·ry [ŏs′ə lə tōr′ĭ] *(adj.)* (١) مُتذبذِب ؛ متردِّد (٢) تَذَبْذُبيّ .

os·cil·lo·gram [ŏ sĭl′-] *(n.)* مخطَّط التّذبذُب : صورة مِبْيان التذبذب .

os·cil·lo·graph [ŏ sĭl′-] *(n.)* المِنْوَسَة ؛ مِرسمَةُ الذّبذبات .

os·cil·lo·scope [ŏ sĭl′-] *(n.)* مِبْيان التّذبذُب ؛ مِكشاف التّذبذُب .

os·cu·late [ŏs′kyə lāt′] *(vt.)* يُقَبِّل ؛ يَلْثُم .
– to·ry *(adj.)*

os·cu·la·tion [ŏs′kyə lā′-] *(n.)* (١) تقبيل (٢) قُبْلة .

os·cu·lum [ŏs′kyə-] *(n.)* المَنْفَث : أحد مَسامّ الإسفنجة إلخ .

-ose لاحقة معناها : «أ» حافلٌ بِـ ؛ له صفات كذا . «ب» سُكّر .

o·sier [ō′zhər] *(n.)* (١) صَفْصاف السَّلّالين : صَفْصاف تُصنع من أغصانه

السّلالُ والكراسيّ (٢) غُصنٌ من هذا الصَّفصاف .

O·si·ris [ō sī′rĭs] أوزيريس : إلَه الموتى عند قدماء المصريين .

-o·sis لاحقة معناها : «أ» عمل؛ عملية؛ حالة <osm*osis*> . «ب» حالة مَرَضيّة أو غير سويّة <melan*osis*> . «ج» فَرْط؛ كثرة؛ زيادة؛ تكوُّن <leukocyt*osis*>.

osm- بادئة معناها : رائحة <*osm*ium> .

Os·man·li [ŏz măn′lĭ; ŏs-] *(n.; adj.)* (١) العثمانيّ : تركيّ من الفرع الغربيّ من الشعوب التركيّة (٢) اللغة التركيّة § (٣) عثماني .

os·mic [ŏz′mĭk] *(adj.)* أوزميوميّ : منسوب إلى عنصر الأوزميوم (ك) .

os·mi·um [ŏz′mĭ əm] *(n.)* الأوزميوم : عنصرٌ فِلِزّيّ قاسٍ ثقيل (ك) .

os·mom·e·ter [ŏz mŏm′-] *(n.)* المِنْضاح : مقياس الضَّغط التناضحيّ .

os·mose [-mōs′] *(vt.; i.)* (١) يُناضِح : يُخْضع للتّناضح **x** (٢) يتناضح .

os·mo·sis [ŏz mō′sĭs; ŏs-] *(n.)* التَناضُح؛ التنافذ؛ الأوزموزية : نزعة الموائع إلى النفاذ، عبرَ غشاء شبه مُنفِذ، من الجانب الذي تكون فيه أقلّ تركيزًا إلى الجانب الذي تكون فيه أكثر تركيزًا (كف) . **— os·mot·ic** *(adj.)*

os·mous [ŏz′məs] *(adj.)* = osmic.

osprey *1.*

os·prey [ŏs′prĭ] *(n.)* (١) العُقاب النُّسارية : عُقاب تألف البحار وتأكل السَّمك (٢) النُّسارية : زَرْكَشَة من ريش خاصّة بالقُبّعات .

os·sa [ŏs′ə] *pl. of* os[1].

os·se·in [ŏs′ĭ ĭn] *(n.)* العَظْمِين : بروتين العظام الذي يُعطي الهلام عند غليها بالماء الحارّ .

os·se·ous [ŏs′ĭ əs] *(adj.)* عظميّ : مؤلّف من عظم أو شبيهٌ به .

os·si·cle [ŏs′ə kəl] *(n.)* عُظَيْم؛ عُظَيْمة؛ عَظْمة صغيرة . **— os·sic·u·lar; os·sic·u·late** *(adj.)*

os·si·fi·ca·tion [ŏs′ə fə kā′-] *(n.)* (١) التَّعَظُّم : «أ» تكوُّن العظام . «ب» تحوُّل النسيج العضليّ إلخ إلى عظم (٢) الكُتلة العظميّة : كتلة من نسيج عُضويّ متعظّم (٣) التحجُّر [في السّلوك أو المعتقدات أو العادات] .

os·si·frage [ŏs′ə frĭj] *(n.)* (١) osprey (٢) lammergeier .

os·si·fy [ŏs′ə fī] *(vi.; t.)* (١) يَتعظّم : يتحوَّل إلى عظم (٢) يتحجّر [عاطفيًا أو فكريًا] **x** (٣) يُعظِّم : يحوّل غضروفًا إلى عَظم (٤) يحجّر [عاطفيًا أو فكريًا] .

os·su·ar·y [ŏs′o͞o ĕr ĭ; ŏsh′-] *(n.)* المَعْظَمة : موضعٌ أو وعاءٌ تُحفَظ فيه عِظام الموتى .

oste- *or* **osteo-** بادئة معناها : عَظْم <*osteo*logy> .

os·te·al [ŏs′tĭ əl] *(adj.)* = osseous.

os·te·i·tis [ŏs tĭ ī′tĭs] *(n.)* التهاب العَظْم (مض) .

os·ten·si·ble [ŏs tĕn′sə-] *(adj.)* (١) بيِّن؛ جليّ؛ بادٍ للعيان (٢) ظاهريّ؛ مزعوم؛ مدَّعًى؛ غير حقيقي . **— os·ten·si·bly** *(adv.)*

os·ten·sive [-′sĭv] *(adj.)* (١) ostensible (٢) مُبيِّن؛ مُظهِر بوضوح .

os·ten·so·ri·um [ŏs′tən sōr′-] *(n.)* وعاءُ القُربان (نص) .

os·ten·ta·tion [ŏs′tĕn tā′-] *(n.)* تفاخُر؛ تباهٍ؛ تكابُر .

os·ten·ta·tious [-′shəs] *(adj.)* (١) متفاخر؛ مُتباهٍ؛ متكابِر (٢) تفاخُريّ : مقصودٌ به التّباهي أو لفتُ الأنظار <~ jewelry> .

osteo- = oste-.

os·te·o·blast [ŏs′tĭ ə-] *(n.)* بانِيَةُ العَظْم : الخليّة البانية للعظم .

os·te·o·clast [-klăst] *(n.)* (١) ناقضة العَظْم : خليّة تعمل على إتلاف العظم غير المرغوب فيه (ت) (٢) كاسرة العَظْم : أداة تُستخدم في جِراحة كَسْر العظم .

os·te·o·cyte [ŏs′tĭ ə sīt′] *(n.)* خليّة العظم (ت) .

os·te·o·gen·e·sis [ŏs′tĭ ə jĕn′-] *(n.)* التَّعظُّم : تكوُّن العظم .

os·te·oid [ŏs′tĭ oid′] *(adj.)* عَظْمانيّ : شبيه بالعظم .

os·te·ol·o·gist [ŏs′tĭ ŏl′-] *(n.)* العالِم بالعِظام : المتخصّص بعلم العظام .

os·te·ol·o·gy [ŏs′tĭ ŏl′ə jĭ] *(n.)* (١) علم العِظام : فرع من علم التشريح يبحث في العظام (٢) البِنْية العظميّة <the ~ of the head> .

os·te·o·ma [ŏs′tĭ ō′mə] *(n.)* pl. **-s** *or* **-ta** العَظْموم؛ الوَرَم العظميّ : ورمٌ حميد مؤلف من نسيج عظميّ (مض) .

os·te·o·ma·la·cia [-mə lā′shə] *(n.)* الرَّخْوَدة (مج)؛ تليُّن العظام .

os·te·o·my·e·li·tis [-mī′ə lī′-] *(n.)* التهاب النِّقْي : التهاب نِقْي العظام .

os·te·o·path [ŏs′tĭ ə-] *(n.)* المعالِج العَظْميّ : مُمارِس المعالجة العظمية .

os·te·op·a·thy [ŏs′tĭ ŏp′ə thĭ] *(n.)* المعالجة العَظْميّة : طريقة في معالجة الأمراض قوامُها تدليك العضلات وتكبيس عظام الجسد .

os·te·o·phyte [ŏs′tĭ ə fīt′] *(n.)* النّابتة العَظْميّة (مض) .

os·te·o·plas·tic [-plăs′tĭk] *(adj.)* رَأْبَعَظْميّ : متعلّق برَأْب العَظْم .

os·te·o·plas·ty [-plăs′tĭ] *(n.)* رَأْبُ العَظْم : جراحةٌ لترميم العظام .

os·te·o·po·ro·sis [-ō pə rō′sĭs] *(n.)* تَخَلْخُلُ [أو ترقّق] العظام .

os·te·ot·o·my [ŏs tĭ ŏt′ə mĭ] *(n.)* قَطْع العَظْم (ط) .

os·ti·ar·y [ŏs′tĭ ĕr′ĭ] *(n.)* (١) بوّاب؛ بوّاب الكنيسة (٢) القَنْدَلَفْت : رجل من رجال الكنيسة الكاثوليكية ذو مرتبةٍ دنيا .

os·ti·na·to [ŏs′tē nä′tô] *(n.)* اللّازمة : مَقْطع يتكرّر باستمرار (مو) .

os·ti·ole [ŏs′tĭ ōl′] *(n.)* الفُتَيْحة؛ الفُوَيْهة : فُتحة أو فُوَّهة صغيرة .

os·ti·um [ŏs′-] *(n.)* pl. **-ti·a** الفُوَّهة : فُتحةٌ في أحد أعضاء الجسم .

ost·ler [ŏs′lər] *(n.)* = hostler.

os·to·my [ŏs′tə mĭ] *(n.)* الفَغْر؛ التفميم (جر) .

os·to·sis [ŏs tō′sĭs] *(n.)* التَّعظُّم : تكوُّن العظم (فس) .

-ostosis لاحقة معناها : تعظُّم جزءٍ مُعيَّن أو تعظُّمٌ إلى درجة معيَّنة .

os·tra·cism [ŏs′trə sĭz′əm] *(n.)* (١) النفي التَّعَسُّفي : نَفْيٌ من غير محاكمة أو تهمة معيّنة [عند الإغريق] (٢) النَّبْذ : طَرْدٌ من المجتمع إلخ .

os·tra·cize [ŏs′trə sīz′] *(vt.)* (١) ينفي تَعَسُّفيًا (٢) يَنْبِذ [من المجتمع أو الطائفة] .

os·tra·con [-′trə kŏn] *(n.)* pl. **-tra·ca** صَدَفَة للاقتراع [عند الأثينيين] .

ă at; ā date; â care; ä car; ĕ egg; ē me; ĭ in; ī bite; ŏ lot; ō bone; ô orphan; oi boil; o͝o good; o͞o boot; ou out; ŭ under; û urgent; ə = *a* in alone, *e* in system, *i* in easily, *o* in gallop, *u* in circus.

ostrich 1.

os·trich [ŏs′trĭch] *(n.)* (١) نعامة (ح) (٢) النَّعامة: من يحاول اجتناب الخطر برَفْض مواجهتِهِ.

Os·tro·goth [ŏs′trə gŏth′] *(n.)* القوطيّ الشَّرقيّ: أحد القُوط الشَّرقيين.

ot- *or* **oto-** بادئة معناها: أُذُن <otitis>.

oth·er [ŭth′ər] *(adj.; n.; pron.; adv.)* (١) آخَر (٢) أُخرى (٣) آخرون (٤) غير <none ~ than him> (٥) ماضٍ أو فائت منذ عهد قريب <in ~ times> (٦) سابق؛ خالٍ <كقولك the ~ day أي منذ بضعة أيام> § (٧) الآخر <One stayed and the ~ left.> § (٨) الآخر <Each praises the ~.> § (٩) غير؛ على نحوٍ مختلف <She could not do ~ than she did.> (١٠) إلّا.

every ~ day; week etc. كلَّ يومين أو أسبوعين إلخ.

on the ~ hand من ناحية أُخرى؛ من ناحية ثانية.

Other things being equal إذا تساوت سائر الأحوال [إلا في النقطة التي هي موضوع البحث].

oth·er·ness [ŭth′ər-] *(n.)* (١) الآخَريّة: كون الشيء شيئًا آخر أو مختلفًا (٢) شيء آخَر أو مختلف.

oth·er·where [-hwâr′] *(adv.)* = elsewhere.

oth·er·while; -s [ŭth′-] *(adv.)* (١) في وقت آخر (٢) أحيانًا.

oth·er·wise [-wīz′] *(adv.; pron.; adj.)* (١) بطريقة أخرى (٢) وإلّا (٣) غير <whether married or ~> (٤) من نواحٍ أخرى <weak but ~ well> § (٥) خلاف ذلك <The last statistics show ~.> § (٦) مختلِف (٧) في الأحوال الأخرى <if conditions were ~>.

oth·er·world [ŭth′ər-] *(n.)* الآخِرة: العالَم الآخَر.

oth·er·world·ly *(adj.)* (١) أُخرويّ؛ غَيْبيّ: ذو علاقة بعالَمٍ غير العالَم الواقعي (٢) متنسِّك؛ زاهد (٣) عَقْلي الاهتمامات: منصرفٌ إلى الأغراض والاهتمامات الفكرية أو الخيالية.

o·tic [ō′tĭk; ŏt′ĭk] *(adj.)* أُذُنيّ؛ سَمْعيّ.

o·ti·ose [ō′shĭ ōs′; ō′tĭ-] *(adj.)* (١) «أ» متبطّل؛ غير منهمك بعمل. «ب» كسلان (٢) عقيم؛ لا طائل تحته (٣) عديم النفع أو الأثر.

o·ti·tis [ō tī′tĭs] *(n.)* التهاب الأُذُن (ط).

oto- [ō′tō] = ot-.

o·to·cyst [ō′tə sĭst′] *(n.)* الحُوَيصلة السَّمعيّة [في اللافقاريّات].

o·to·lar·yn·gol·o·gy [-lăr′ĭng gŏl′-] *(n.)* طبّ الأُذُن والأنف والحَنْجَرة.

o·to·lith [ō′tə lĭth′] *(n.)* الحُصَيّة الأُذُنية [في الأذن الباطنية].

o·tol·o·gy [ō tŏl′ə jĭ] *(n.)* طبّ الأُذُن.

o·to·rhi·no·lar·yn·gol·o·gy *(n.)* = otolaryngology.

o·to·scope [ō′tə skōp′] *(n.)* مِنظار الأُذُن (ط).

o·to·tox·ic [ōt′ə tŏk′sĭk] *(adj.)* سامّ للأذُن؛ مُخرِّب للأُذُن (ط).

ot·tar [ŏt′ər] *(n.)* = attar.

otter

ot·ter [ŏt′ər] *(n.)* (١) كلب الماء؛ ثعلب الماء؛ القُضاعة (٢) فَرْوُ كَلْب الماء.

ot·to [ŏt′ō] *(n.)* = ottar.

ottoman 2b.

ot·to·man [ŏt′ə mən] *(n.; adj.)* (١) *cap.*: العثمانيّ؛ التُّركيّ (٢) العثمانية: «أ» أريكة غير ذات ذراعين أو ظَهْر. «ب» مقعَد خفيض أو مَسْنَد للقَدَم § (٣) عثمانيّ؛ تُركيّ.

ou·bli·ette [o͞o′blĭ ĕt′] *(n.)* زنزانة [تحت الأرض].

ouch [ouch] *(n.; interj.)* (١) قَفَصُ الفَصّ: موضع الحجر الكريم من الخاتم إلخ (٢) جوهرة؛ حلية. وبخاصة: دبوس زينيّ مُرَصَّع بالحجارة الكريمة § (٣) آخ؛ أوّاه؛ أوتش: صوت يُعبَّر به عن الألم أو الاستياء المفاجئين.

oud [o͞od] *(n.)* العُود: آلة موسيقيّة وترية.

ought [ôt] *(v. aux; n.)* (١) يجب (٢) يَحْسُن (٣) يُتَوقَّع؛ يُحْتَمل (٤) يتعيَّن أو يَلْزَم منطقيًّا § (٥) واجب <obedience to the ~> (٦) صِفْر.

ounce 3.

ounce [ouns] *(n.)* (١) الآونس؛ الأونصة: وحدة وزن تساوي ٢٨,٣٥ غرامًا أو ٣١,١ غرامًا (٢) مقدار ضئيل (٣) نَمِرُ الثلج: حيوان من السِّنَّوريّات.

our [our] *(pron. or adj.)* «نا»؛ مِلْكُنا؛ خاصَّتُنا <~ songs>.

Our Father *(n.)* (١) الله (٢) الصّلاة الرَّبّانيّة: «أبانا الذي في السَّموات إلخ» (نص).

Our Lady *(n.)* السَّيِّدة؛ مريم العَذْراء (نص).

ours [ourz] *(pron.)* (١) مِلْكُنا؛ خاصَّتُنا؛ لنا (٢) الشيء الذي نملكُهُ.

our·self [our sĕlf′] *(pron.)* نَفْسي [في لغة الملوك ومن إليهم].

our·selves [our sĕlvz′] *(pron. pl.)* (١) أنفسنا (٢) نحن.

-ous لاحقة معناها: «أ» زاخرٌ بِـ <joy*ous*>. «ب» مُتَّصِف بِـ <zeal*ous*>. «ج» شبيه بِـ <thunder*ous*>. «د» ممارسٌ لكذا <bigam*ous*>.

oust [oust] *(vt.)* (١) يجرِّدُهُ [من مِلكيّة أو حقّ] (٢) يَطْرد؛ يُخرج (٣) يَحِلّ مَحَلَّ.

out [out] *(adv.; vt.; i.; prep.; adj.; n.)* (١) خارجًا؛ إلى الخارج (٢) في الخارج (٣) بعيدًا عن الشاطئ (٤) خارج المنزل أو المكتب إلخ (٥) إلى أجزاء أو حِصص <They parceled ~ the farm.> (٦) حتى النَّفاد <pumped the well ~> (٧) حتى الانطفاء أو العدم <to burn ~> (٨) في حالة نفاد أو انتهاء: انقضى <now that the winter is ~> (٩) للعِيان <The moon came ~ tonight.> (١٠) في الهواء الطَّلْق (١١) عاليًا <to call ~> § (١٢) يُخْرِج (١٣) يُطفئ (١٤) يَصْرع في الملاكمة x <He was ~*ed* in the second round.> (١٥) يَذيع؛ ينتشر؛ ينكشف <Murder will ~.> § (١٦) نحو خارج كذا <She looked ~ the window.> § (١٧) خارجيّ (١٨) بعيد؛ ناءٍ <the ~ islands> (١٩) في المعارضة؛ خارجَ الحكم (٢٠) غائب (٢١) مضطرب العقل (٢٢) أكبر من المألوف (٢٣) مخطئ <Her calculations were ~.> (٢٤) مفتقرٌ إلى (٢٥) منصرف؛ راحل؛ مُغادِر <the ~ train> (٢٦) مُخاصِم؛ على خلافٍ مع <~ with his friends> (٢٧) نافد (٢٨) فاقدٌ الوعي § (٢٩) الخارج (٣٠) المُعارِض: شخص خارجَ الحكم (٣١) التفاصيل الكاملة؛ «المداخل والمخارج» <the *ins* and *outs* of the job> (٣٢) عُطلة قصيرة (٣٣) سلعة نافذة (٣٤) *pl.*: خلاف؛ نزاع

(٣٥) مَخْرَج ؛ مَنْفَذ ؛ وسيلة للفرار .<~ She always left herself an>

~ and away بكثير ؛ بما لا يُقاس .

~ of breath لاهث ؛ مقطوع النَّفَس .

~ of curiosity بسبب الفضول ؛ بدافع الفضول .

~ -of-date عتيق الزِّيّ أو الطراز .

~ of it (١) مُهْمَل (٢) مُخطئ (٣) في حيرة .

~ of money فارغ الجيب ؛ يُعوزُه المال .

~ of print نافد ؛ نَفِدَت طبعته .

~ of sight غائب عن النظر ؛ محجوب عن البَصَر .

~ of sorts متوعِّك ؛ منحرف الصحّة .

~ of temper مُحْنَق ؛ مغتاظ .

~ -of-the-way (راجعها في موضعها) .

~ of trim مشوَّش ؛ يُعوزُهُ النظام .

~ of work عاطل ؛ عاطل عن العمل .

The workers are ~, العمّال مُضربون .

out·age [ou'tĭj] *(n.)* (١) الفَقْد : مقدار الخسارة أثناء النَّقل أو بسبب الخَزْن (٢) انقطاع ؛ توقُّف (٣) فترة الانقطاع [في التيار الكهربائي] .

out–and–out *(adj.; adv.)* (١) صريح ؛ مُجاهِر برأيه (٢) تامّ ؛ مئة في المئة § (٣) بصراحة (٤) تمامًا ؛ بكل معنى الكلمة .

out–and–out·er *(n.)* (١) المتطرِّف ؛ المُغالي (٢) الكامل ؛ الممتاز (ع) .

out·bal·ance [out băl'-] *(vt.)* يَرْجَح : يفوقُهُ وَزْنًا أو قيمةً أو أهميّة .

out·bid [-bĭd'] *(vt.)* يُزايد على : يَعْرِض ثمنًا أعلى [في مزادٍ علنيّ] .

out·board [-'bōrd'] *(adj.; adv.)* (١) برّانيّ ؛ خارجيّ (٢) جانبيّ § (٣) برّانيًّا ؛ خارجيًّا ؛ جانبيًّا .

outboard motor *(n.)* المحرِّك المؤخَّر : محرِّك صغير عند مؤخَّر الزَّورق .

out·bound [-bound'] *(adj.)* مسافرٌ للخارج <an ~ ship> .

out·brave [-brāv'] *(vt.)* (١) يواجِه بقوّةٍ أو بتحدٍّ (٢) يفوقه شجاعةً .

out·break [-'brāk'] *(n.)* (١) نشوب ؛ اندلاع [الحربِ] ؛ تفجُّر ؛ انفجار [الغَضَبِ] ؛ تفشّي [المَرَضِ] ؛ غَزْوةُ [الجرادِ] (٢) ثورة ؛ تمرُّد <a slave ~> .

out·breed [-brēd'] *(vt.)* (١) يُزاوِج خارجيًا (٢) يفوقُهُ تكاثُرًا .

out·breed·ing [-'brē'dĭng] *(n.)* المزاوَجة الخارجيّة : المزاوَجة بين الأباعد ابتغاءَ تحسين النَّسل أو الإنتاج .

out·build·ing [out'bĭl'dĭng] *(n.)* المبنى الإضافيّ : مبنًى منفصل عن المبنى الرئيسي ولكنه مُلْحَقٌ به .

out·burst [-'bûrst'] *(n.)* (١) انفجار [عاطفيّ] ؛ جَيَشان (٢) دَفْق ؛ تَدَفُّق (٣) تفجُّر [نشاطٍ أو نماء] (٤) ثَوَران ؛ هَيَجان .

out·bye *or* **out·by** [out'bī'] *(adv.)* على مَبْعدة [يسيرة] .

out·cast [out'kăst'; -'käst'] *(n.; adj.)* (١) المنبوذ [من المجتمع] (٢) المتشرِّد (٣) نُفاية (٤) شجار § (٥) منبوذ (٦) خاصّ بالمنبوذين .

out·caste [out'kăst'; -'käst] *(n.)* المنبوذ : «أ» هنديّ مطرودٌ من طائفته أو طبقتِهِ لخَرْقِهِ تقاليدَها أو أنظمتها . «ب» مَن لا طائفة أو طبقة له .

out·class [out klăs'; -kläs'] *(vt.)* يَبُزّ : يتفوَّق عليه تفوُّقًا كبيرًا [فكأنَّهُ من طبقةٍ أعلى] .

out·come [out'kŭm'] *(n.)* نتيجة ؛ حَصِيلة .

out·crop [1] [out'krŏp'] *(n.)* (١) البُروز : بروز طبقةٍ من الصخر فوق سطح الأرض (جي) (٢) البارزة : الطبقة البارزة من الصخر فوق سطح الأرض (جي) (٣) انفجار ؛ تفجُّر ؛ اندلاع .

out·crop [2] [out krŏp'] *(vi.)* (١) يَبْرُز [فوق سطح الأرض] (٢) يَظْهر .

out·cross [out'krôs'] *(n.; vt.)* (١) التَّهجين : المزاوجة بين الأباعد («ح» و«نب») (٢) الهجين ؛ المُهَجَّن § (٣) يُهَجِّن . **— out·cross·ing** *(n.)*

out·cry [1] [out'krī'] *(n.)* (١) «أ» صَيْحة عالية . «ب» احتجاجٌ صارخ (٢) مزاد علنيّ .

out·cry [2] [out krī'] *(vt.)* يفوقُهُ صُراخًا .

out·dat·ed [out'dāt'əd] *(adj.)* مُمات ؛ مهجور ؛ مُهْمَل ؛ عتيق الزِّيّ .

out·dis·tance [-dĭs'təns] *(vt.)* (١) يَسْبِقُهُ (٢) يبزّ ؛ يتفوّق على .

out·do [out do͝o'] *(vt.)* (١) يَفُوق ؛ يُبزّ على (٢) يَهْزِم ؛ يتغلَّب على .

out·door [out'-] *(adj.) also* **out·doors** [out'dōrz'] (١) خَلائيّ ؛ في الهواء الطلق <~ games> (٢) مكشوف (٣) خارجيّ .

out·doors *(adv.; n.)* (١) في [أو إلى] الهواء الطلق § (٢) العَراء ؛ الهواء الطَّلْق .

out·draw [-'drō'] *(vt.)* (١) يَبُزّ (٢) يَسْبِقُهُ إلى شَهْر مُسَدَّسِهِ .

out·er [ou'tər] *(adj.)* (١) موضوعيّ (٢) خارجيّ ؛ بعيد .

the ~ man مَظْهر الرجل الخارجيُ أو ملابسُه إلخ .

out·er·coat [out'ər kōt'] *(n.)* مِعْطف .

out·er–di·rect·ed *(adj.)* متّفقٌ مع قِيَم المجتمع .

outer ear *(n.)* الأُذُن الخارجيّة (ت) .

out·er·most [ou'tər mōst'] *(adj.)* الأقصى ؛ الأبعد ؛ الأكثر بُعدًا .

outer space *(n.)* الفضاء الخارجي : «أ» الفضاء الواقع خارج جوّ الأرض مباشرة . «ب» الفضاء البَيْكَوْكَبيّ أو البَيْنَجميّ [بين الكواكب أو النجوم] .

out·er·wear [out'ər wâr'] *(n.)* الملابس الخارجية .

out·face [out fās'] *(vt.)* (١) يُحدِّق إلى امرئٍ [إلى أن يُشعِرَهُ بالضيق] وتوسّعًا : يُخجل (٢) يتحدّى ؛ يُواجه بِتَحَدٍّ .

out·fall [-'fôl'] *(n.)* (١) مَصَبّ [النَّهرِ أو القناةِ إلخ] (٢) غارة ؛ غزوة .

out·field [-'fēld'] *(n.)* أقصى الملعب [في البيسبول] أو اللاعبون هناك .

out·fight [out fīt'] *(vt.)* يَهْزِم ؛ يتغلَّب على .

out·fit [out'fĭt'] *(n.; vt.; i.)* (١) تجهيز ؛ تزويد (٢) عُدَّة ؛ مُعَدّات ؛ تجهيزات (٣) ثوب خاص [للزفاف أو التخرج إلخ] (٤) مؤهِّلات [جسمانية أو عقلية أو خلقية] (٥) جماعة ؛ فريق (٦) سَرِيّة ؛ كتيبة إلخ (٧) مؤسسة § (٨) يجهِّز ؛ يزوِّد x (٩) يتجهّز ؛ يتزوَّد .

out·fit·ter [-ər] *(n.)* (١) المُجَهِّز ؛ المُزَوِّد (٢) haberdasher (٣) بائع

لوازم الرحلات [وتجهيزاتها].

out·flank [-ˈflănkˈ] *(vt.)* (١) يلتفّ [حول جيش العَدُوّ] (٢) يتفادى؛ يتجنّب.

out·flow [-ˈflōˈ] *(vi.; n.)* (١) يتدفّق § (٢) تدفُّق (٣) دَفْق؛ شيء متدفّق.

out·foot [out fo͝otˈ] *(vt.)* يَسبقُهُ؛ يَبُزُّهُ في السّرعة.

out·fox [out fŏksˈ] *(vt.)* يفوقُهُ دهاءً؛ يكون أوسعَ منه حيلةً.

out–front *(adj.)* صريح؛ غير مُتحفِّظ.

out·gas [outˈgăs] *(vt.; i.)* (١) ينزع الغاز من x (٢) يَفْقِد غازَهُ.

out·gen·er·al [out jĕnˈər əl] *(vt.)* (١) يَبُزّهُ؛ يتفوق عليه [في حُسْن قيادة الجيش] (٢) outmaneuver.

out·giv·ing [outˈ-] *(n.)* رأي؛ تصريح.

out·go [1] [out gōˈ] *(vt.)* يذهب إلى أبعد: يَبُزّ؛ يَفُوق.

out·go [2] [outˈgōˈ] *(n.)* (١) نَفَقة؛ مصروف (٢) «أ» خروج؛ تدفُّق. «ب» رحيل (٣) مَخْرَج؛ مَنْفَذ.

out·go·ing [outˈ-] *(adj.; n.)* (١) منصرِف؛ راحل؛ مُبْحِر (٢) مفارق؛ معتزل؛ مُنْسَحب [من منصِب] <the ~ president> (٣) وَدود؛ حلو العِشْرَة؛ غير متحفّظ؛ منبسِط (نف) § (٤) دَفْق (٥) *pl.* عد: نَفَقة؛ مصروف.

out·grow [outˈgrōˈ] *(vt.)* (١) يفوقه في النموّ <Salim has ~*n* his elder brother.> (٢) يَشِبّ عن: «أ» يَكْبُر بحيث تضيق ملابسُهُ عليه <He *outgrew* his new suit.>. «ب» يَهْجُر [مع الزمن]: يَفْقِد شيئًا أو يتخلّص منه مع الزمن <*outgrew* the bad habits of boyhood>. «ج» يَكْبُر إلى حدّ الاستغناء عن كذا <have ~*n* children's books>.

to ~ one's strength ينمو بسرعة فائقة بحيث يصبح أطول قامةً من سنِّهِ وبحيث تسوء صحته نتيجةً لذلك.

out·growth [-ˈgrōthˈ] *(n.)* (١) نماء؛ نُمُوّ (٢) نامية <an ~ on that tree> (٣) نتيجة؛ ثمرة <Inflation is an ~ of war.>.

out·guess [out gĕsˈ] *(vt.)* (١) يَحْزِر: «أ» يُدْرِك نيّات فلان أو تحرُّكاتِهِ. «ب» يُدرك اتجاه [الأسعار إلخ] (٢) يفوقه دهاءً.

out·gun [outˈgŭnˈ] *(vt.)* يَفُوقهُ شدّةَ نيرانٍ.

out·haul [-ˈhôlˈ] *(n.)* حبل السّارية: حبلٌ لنشر شراعٍ على سارية (مل).

out–Her·od [outˈhĕrˈəd] *(vt.)* يفوقه قسوةً ووحشيّةً.

out·house [outˈ-] *(n.)* (١) outbuilding (٢) مِرحاض خارجيّ.

out·ing [ouˈtĭng] *(n.)* نُزْهة <an ~ at the beach>.

outing flannel *(n.)* فلانيلّة النُّزُهات: فلانيلّة قطنية خفيفة.

out·jock·ey [outˈjŏkˈĭ] *(vt.)* يفوقه دهاءً.

out·land [outˈlăndˈ] *(n.; adj.)* (١) أرض أجنبية (٢) *pl.* المناطق النائية [من البلاد] § (٣) أجنبيّ (٤) ناءٍ <~ districts>.

out·land·er [outˈlănˈdər] *(n.)* الأجنبيّ؛ الغريب.

out·land·ish [out lănˈ-] *(adj.)* (١) أجنبيّ؛ (٢) غريب؛ غير مألوف (٣) هَمَجيّ (٤) ناءٍ؛ قصِيّ <~ places>.

out·last [-lăstˈ] *(vt.)* يَصْمد أكثرَ؛ يفوقه قدرةً على الاستمرار.

out·law [-ˈlōˈ] *(n.; vt.)* (١) المحروم من حماية القانون (٢) الخارج على القانون؛ طريد العدالة (٣) المجرم المحترف § (٤) يُهْدِر دَمَهُ (٥) يُبْطل (٦) يحرِّم (٧) يَحْظُر.

out·law·ry [outˈlôˈrĭ] *(n.)* (١) إهدار الدّم (٢) انهدار الدم: كون المرء محرومًا من حماية القانون (٣) تحدٍّ للقانون.

out·lay [1] [out lāˈ] *(vt.)* يُنفق.

out·lay [2] *(n.)* (١) إنفاق المال (٢) النّفقة؛ المصروف؛ المبلغ المُنْفَق.

out·let [-ˈlĕt] *(n.)* (١) «أ» مَخْرَج؛ منفَذ. «ب» مُتَنَفَّس [لانفعالٍ] (٢) جدول [متدفّق من بحيرة أو بركة] (٣) سوق لسلعةٍ ما (٤) وكيل [لمصنوعات أحد المنتجين] للراغبين في شرائها (٥) المَأخَذ؛ المَقْبِس: نقطة في شبكة الأسلاك يُؤخَذ منها التيّار لتزويد الأدوات الكهربائية به.

out·li·er [-ˈlīˈər] *(n.)* (١) الغارب: من يُقيم بعيدًا عن مَقَرّ عمله إلخ (٢) الصخور العَزِيلة: صخور انفصلت عن الكتلة الرئيسية (جي).

out·line [outˈlīnˈ] *(n.; vt.)* (١) «أ» حدّ؛ تَخْم. «ب» شكل؛ خطّ كِفافي (را. contour) (٢) «أ» الرسم الكِفافي: طريقة في الرسم تُبْرَز فيها الخطوط الكِفافية أو المحيطية من غير تظليل. «ب» الصورة الكِفافية: صورة مرسومة بهذه الطريقة (٣) مُختصَر؛ موجَز؛ خطوط عريضة (٤) مخطَّط تمهيدي § (٥) يُكَفِّف: يَرْسُم محيط شيء (٦) يختصر؛ يوجز.

out·live [out lĭvˈ] *(vt.)* (١) يُعمَّر أكثرَ من (٢) يَبْقى بَعْدَهُ: يعيش أو يَسْلَم إلى ما بعد زوال شيء إلخ <The boat ~*d* the storm.> (٣) يتغلّب على: يتجاوز آثار حَدَثٍ ما.

out·look [-ˈlo͝okˈ] *(n.)* (١) «أ» مَطَلّ؛ مَشْرَف. «ب» منظر [من مكان معيّن] (٢) الاستشراف: طريقة المرء في النظر إلى الأشياء: وجهة نظر (٣) ارتقاب؛ مراقبة (٤) المرتَقَب؛ المستقبل المتوقَّع؛ دلائل المستقبل <a bad ~ for poetry>.

out·ly·ing [-ˈlīˈĭng] *(adj.)* بعيدٌ؛ قصيّ؛ ناءٍ.

out·ma·neu·ver [-no͞oˈ-] *(vt.)* (١) يَهْزِمه أو يُحْبِط مناوراته [باصطناع مناوراتٍ أبرع] (٢) يَفوقُهُ مخاتلةً: يفوقُه براعةً في اصطناع المناورات.

out·march [outˈmärch] *(vt.)* يبزّه في المَشْي.

out·match [outˈmăchˈ] *(vt.)* يَبُزّ؛ يَفُوق؛ يبرّز على.

out·mode [outˈmōdˈ] *(vt.)* يُبْطِل: يجعله مهجورًا أو مُبْطَل الزّيّ.

out·mod·ed [-ˈdĭd] *(adj.)* (١) مُبْطَل؛ عتيق الزّيّ (٢) مهجور؛ بالٍ.

out·most [outˈmōstˈ] *(adj.)* = outermost.

out·num·ber [out nŭmˈ-] *(vt.)* يفوقُهُ عددًا: يكون أكثر من غيره عددًا.

out–of–bounds *(adv. or adj.)* خارجَ الحدود المرسومة.

out–of–date *(adj.)* عتيق الزّيّ؛ مُبْطَل الطراز.

out–of–door *or* **out–of–doors** *(adj.)* = outdoor.

out–of–doors *(adv.; n.)* = outdoors.

out–of–fash·ion *(adj.)* مُبْطَل الزّيّ؛ عتيق الطراز.

out–of–the–way *(adj.)* (١) ناءٍ؛ بعيد؛ غير مَطروق (٢) غير مألوف.

out·pace [-ˈpās] *(vt.)* (١) يَسْبِقه؛ يفوقُهُ سرعةً (٢) يَبُزّ؛ يُبرِّز على.

out·pa·tient [outˈpāˈshənt] *(n.)* المريض الخارجيّ: مريض يتردّد على

المستشفى للمعالجة أو التشخيص ولكنّه لا يبيت فيه .

out·play [-plā′] *(vt.)* يغلبه : يتفوّق عليه في اللعب .

out·point [-point′] *(vt.)* (١) يُبحِر على نحو أقرب إلى الريح [من مركب آخر] (٢) يُحرز نقطًا أكثر [في مسابقة إلخ] .

out·post [-′pōst′] *(n.)* (١) «أ» مَخْفَر أماميّ [لحماية الجيش من هجوم مفاجئ] . «ب» قُوّات المَخفَر الأمامي (٢) مركز أو نقطة حدود (٣) القاعدة الأمامية : «أ» قاعدة عسكرية تُنشأ ، بمعاهدة أو اتفاق ، في بلاد أخرى . «ب» فرعٌ ناءٍ لمنظّمة ما .

out·pour[1] [out pōr′] *(vt.; i.)* (١) يَصُبّ ؛ يَدْفُق **x** (٢) ينهمر ؛ يتدفّق .

out·pour[2] [out′pōr′] *(n.)* (١) انهمار ؛ تدفُّق (٢) دَفْق ؛ شيء مُتدفق .

out·pour·ing [-′pōr′ĭng] *(n.)* (١) صَبٌّ ؛ دَفْق (٢) انهمار ؛ تدفُّق .

out·put [out′po͝ot′] *(n.; vt.)* (١) نِتاج ؛ مَحْصول ؛ مردود (٢) الخَرْج : «أ» الطاقة التي ينتجها الجهاز (مك) . «ب» المُعْطَيات الناتجة عن تشغيل الكومبيوتر (ألك) (٣) إنتاج فكريّ أو أدبيّ إلخ § (٤) يُنتِج .

out·race [out′rās′] *(vt.)* = outpace.

out·rage [out′rāj] *(n.; vt.)* (١) اعتداء ؛ هجوم وحشي ؛ انتهاكٌ لحُرمة القانون أو الاحتشام (٢) إساءة ؛ إهانة (٣) غضب ؛ حَنَق § (٤) «أ» يغتصب [امرأةً] . «ب» يُهين ؛ يَزْدري (٥) يعتدي على ؛ ينتهك حرمة القانون أو الحشمة (٦) يُثير ؛ يُغضب .

out·ra·geous [-rā′jəs] *(adj.)* (١) باهظ ؛ خياليّ ؛ لا يُطاق ؛ لا يُحتمل (٢) مُفْرط ؛ ضَخْم (٣) عنيف ؛ غير مكبوح (٤) شائن ؛ فاضح ؛ شنيع (٥) وحشيّ ؛ فظيع (٦) فاحش ؛ مُهين ؛ مُسْخِط (٧) ضارّ .

ou·trance [o͞o träns′] *(n.)* (١) النهاية القُصوى (٢) النهاية المريرة .

out·range [out rānj′] *(vt.)* (١) يفوقُهُ مدًى ؛ يكون أبعد منه مدًى (٢) يَبُزّ .

out·rank [out răngk′] *(vt.)* يَفُوقُهُ رتبةً .

ou·tré [o͞o trā′] *(adj.)* غريب ؛ شاذّ ؛ مخالفٌ للمألوف أو الحشمة .

out·reach[1] [out rēch′] *(vt.; i.)* (١) يَفُوق ؛ يجاوز (٢) يخدع ؛ يحتال على **x** (٣) يجاوز المدى ؛ يذهب إلى أبعد مما يجب (٤) يمتدّ .

out·reach[2] [out′rēch′] *(n.)* (١) امتداد (٢) متناوَل .

out·ride [-rīd′] *(vt.)* (١) يَسْبِق . وبخاصة : يتفوّق عليه في حُسْن الركوب (٢) تصمد السفينة [في وجه العاصفة] .

out·rid·er [out′-] *(n.)* (١) «أ» المرافق الراكب : مرافق يواكب المَرْكَبة أو يتقدّمها ممتطيًا صهوةَ جواده . «ب» مُرافِق ؛ دليل (٢) البشير ؛ النّذير .

out·rig·ger [-′rĭg′ər] *(n.)* (١) مدّاد ؛ مِسْنَد ؛ رَكيزة (٢) ذراع الامتداد : هيكل داعمٌ ممدودٌ إلى أبعد من بِنْية المَرْكَب أو العربة .

outrigger 2.

out·right[1] [out′rīt′] *(adv.)* (١) كُلّيّةً ؛ برُمّتِهِ (٢) تمامًا ؛ بكلّ ما في الكلمة من معنًى (٣) حالًا ؛ فورًا <was killed ~ by a blow> (٤) دفعةً واحدة (٥) بصراحة ؛ بغير تحفُّظ .

out·right[2] [out′rīt′] *(adj.)* (١) باتّ ؛ قاطع <an ~ denial> (٢) كامل <an ~ loss> (٣) واضح ؛ صريح (٤) سخيّ (٥) إجماليّ <the ~ expense>.

out·ri·val [out′rī′-] *(vt.)* يتفوّق عليه [في مباراة أو مسابقة] .

out·root [out′ro͞ot′] *(vt.)* يستأصل : ينتزع من الجذور .

out·run [-rŭn′] *(vt.)* (١) يَسْبِق : يفوقه سرعةَ عَدْوٍ (٢) يُضاعف (٣) يتجنّب ؛ ينجو من <to ~ punishment> (٤) يتجاوز ؛ يتخطّى .

out·run·ner [out′rŭn′ər] *(n.)* (١) المُرافق العَدّاء : خادم يعدو بجانب عربةٍ أو أمامها (٢) طليعة الكلاب : الكلب الأمامي من فريق كلاب تجرّ مزلجة أو مركبة جليد (٣) forerunner.

out·sell [-sĕl′] *(vt.)* (١) يَفُوقُهُ قيمةً (ا . ق) (٢) يفوق غيره في نسبة المبيعات منه (٣) يبيع أكثر من غيره ؛ يفوقُهُ بَيْعًا ؛ يَبُزُّهُ في فنّ البيع .

out·set [out′-] *(n.)* (١) بَدْء (٢) بداية ؛ مَطْلَع ؛ مُسْتَهَلّ .

out·shine [out′shīn′] *(vt.; i.)* (١) «أ» يفوقُهُ بريقًا . «ب» يفوقه بهاءً (٢) يكسف ؛ يبزّ **x** (٣) يتألّق .

out·shoot[1] [out sho͞ot′] *(vt.)* (١) يَبُزُّهُ في الرماية ؛ يتفوّق عليه في الرماية (٢) يتخطّى ؛ يذهب إلى أبعد **x** (٣) يَبْرُز ؛ يَنْتأ .

out·shoot[2] [out′sho͞ot′] *(n.)* (١) بروز ؛ نتوء (٢) شيء بارز أو ناتئ .

out·side[1] [out′sīd′] *(n.)* (١) «أ» الخارج . «ب» خارجُ الشيء أو الجزء الخارجيّ منه (٢) مظهر خارجيّ (٣) الحدّ الأقصى ؛ أقصى التقدير <not more than thirty at the ~>.

out·side[2] *(adj.)* (١) خارجيّ <~ assistance> (٢) أقصى ؛ أبعد <more than their ~ estimate> (٣) ضئيل ؛ جِدّ ضعيف ؛ شبه متعذّر <has an ~ chance of winning the election>.

out·side[3] *(adv.)* (١) خارجًا ؛ في الخارج (٢) من الخارج (٣) إلى الخارج ؛ في الهواء الطلق .

out·side[4] [out′sīd′] *(prep.)* (١) خارجَ كذا ؛ في الناحية الخارجية من <ran ~ the house> (٢) خارجَ نطاق أو حدود كذا <~ the law> (٣) إلى خارج كذا (٤) غيرَ ؛ سوى ؛ باستثناء ؛ ما عدا <No one knows ~ the members of her family.>.

out·sid·er [out′sī′dər] *(n.)* (١) الدخيل [على جماعة] ؛ الغريب [عن جماعة] ؛ اللامنتمي [إلى جماعة] (٢) ضئيل الحظّ : فرسٌ إلخ إمكانيةُ فوزه ، في السباق ، ضئيلةٌ .

out·sight [-sīt′] *(n.)* الإبصار : القدرة على رؤية الأشياء الخارجية .

out sister *(n.)* الراهبة الخارجيّة : راهبة تخدم الدّير بالعمل خارجَهُ .

out·sit [-sĭt′] *(vt.)* (١) يجلس مدّةً أطول من غيره <to ~ another guest> (٢) يبقى جالسًا ، أو منعقدًا ، إلى ما بعد وقتٍ معيّن <to ~ twilight> .

out·size[1] [out′sīz′] *(n.)* (١) حجمٌ استثنائيّ أو غير مألوف (٢) البذلة الاستثنائية : بذلة ذات قياس أكبر من المألوف .

out·size [2] *also* **out·sized** *(adj.)* (١) استثنائي الحجم: كبير أو ثقيل إلى حدّ غير مألوف (٢) أكبر مما ينبغي <came in an ~ shirt> .

out·skirts [-ˈskûrts] *(n. pl.)* ضواحي <the ~ of a town> .

out·smart [-smärtˈ] *(vt.)* يفوقه دهاءً: يكون أوسَعَ منه حيلةً.

out·soar [-sōrˈ] *(vt.)* يفوقُهُ تحليقًا: يحلّق فوقَهُ أو إلى أعلى منه.

out·sole [outˈsōlˈ] *(n.)* النَّعْل الخارجيّ: نعلُ الحذاء الخارجيّ.

out·speak [out spēkˈ] *(vt.; i.)* (١) يَبُزُّهُ في الكلام <The lawyer for the defense *outspoke* the prosecutor.> (٢) يُعلن بصراحة أو جَراءة x (٣) يتكلّم بصراحة.

out·spend [-ˈspĕndˈ] *(vt.)* (١) يتعدّى الحدَّ في الإنفاق (٢) يفوقُهُ إنفاقًا.

out·spent [-spĕntˈ] *(adj.)* مُرْهَق؛ منهوك القوى <an ~ horse> .

out·spo·ken [outˈspōˈ-] *(adj.)* صريح: «أ» مُعَبَّر عنه بصراحة <~ criticism> . «ب» مجاهر برأيِهِ <~ people> .

out·spread [1] [out sprĕdˈ] *(vt.)* يَمُدّ؛ يَنشُر؛ يُرْسِل؛ يَبْسُط.

out·spread [2] [outˈ sprĕdˈ] *(adj.; n.)* (١) ممدود؛ منشور؛ مُرْسَل <~ arms; ~ hair> § (٢) امتداد.

out·stand [-stăndˈ] *(vt.; i.)* (١) يدوم بعده: يبقَى إلى ما بعد وقت معيّن أو مُدّةً أطول من غيره (٢) يقاوم بعناد (عب) x (٣) يَبْرُز بوضوح.

out·stand·ing *(adj.)* (١) ناتئ (٢) غير مُسَدَّد <an ~ debt> (٣) مُعَلَّق؛ غير مبتوت فيه (٤) متأخِّر؛ غير مُنْجَز (٥) ظاهر؛ واضح (٦) هامّ؛ بارز (٧) ممتاز (٨) لامع؛ مشهور.

out·sta·tion [outˈstāˈshən] *(n.)* محطّة نائية أو قَصِيّة.

out·stay [-stāˈ] *(vt.)* (١) يُطيل المَكْث: يبقى إلى ما بعد انقضاء وقتٍ معيَّن (٢) يفوقُهُ طولَ بقاء أو قدرةً على البقاء.

out·stretch [-strĕchˈ] *(vt.)* يَمُدّ؛ يَبْسُط؛ يَنْشُر <to ~ an arm> .

out·strip [-strĭpˈ] *(vt.)* (١) يَسْبِق: يتقدّم غيرَهُ في سباق؛ يخلّف وراءه (٢) يَبُزّ.

out·think [-ˈthĭngkˈ] *(vt.)* (١) يفوقه تفكيرًا (٢) outwit.

out·turn [-ˈtûrnˈ] *(n.)* نِتاج؛ محصول؛ مَرْدود.

out·ward [-ˈwərd] *(adj.; adv.; n.)* (١) خارجيّ (٢) «أ» جسديّ. «ب» ماديّ (٣) ظاهريّ (٤) مستهتر؛ منغمس في الملذات؛ سكّير (عب) § (٥) أو *outwards*: نحو الخارج؛ إلى الخارج § (٦) «أ» شكل أو مظهر خارجي. «ب» العالَم المادي.

~ things الأشياء المرئيّة أو المُحَسّة أو الماديّة.

the ~ man = the outer man (را. مادة outer).

to ~ seeming ظاهريًا: من حيث الظاهر.

out·ward·ly *(adv.)* (١) «أ» خارجيًا. «ب» نحو الخارج (٢) ظاهريًا.

out·ward·ness [outˈwərd-] *(n.)* (١) الخارجيّة؛ الظاهريّة؛ الماديّة (٢) الاهتمام بالأمور الماديّة.

out·wards [-ˈwərdz] *(adv.)* نحو الخارج؛ إلى الخارج.

out·wear [-wârˈ] *(vt.)* (١) يُبلي؛ يُتلف؛ يُنهك (٢) يدوم أكثرَ من.

out·weigh [outˈwāˈ] *(vt.)* يَرْجَح: يفوقه وزنًا أو قيمةً أو أهميّة.

out·wit [outˈwĭtˈ] *(vt.)* يفوقه دهاءً؛ يَخْدعه.

out·work [1] [out wûrkˈ] *(vt.)* (١) يُتِمّ؛ يُكمل؛ ينجز (٢) يَفُوقُهُ عَمَلًا: يعمل أكثر منه أو أسرع منه أو أحسن منه.

out·work [2] [outˈwûrkˈ] *(n.)* الحصن الأمامي: جزء من التحصينات العسكرية واقعٌ بعيدًا عن المركز <the ~*s* of a castle> .

out·worn [outˈwōrnˈ] *(adj.)* (١) رَثّ؛ بالٍ؛ مُمات (٢) مُبْتَذَل [من كثرة الترديد أو الاستعمال] <full of ~ quotations> .

ou·zel [o͞oˈzəl] *(n.)* الشُّحرور: طائر مغرِّد.

ou·zo [o͞oˈzō] *(n.)* الأوزو؛ العَرَق اليوناني.

ov- *or* **ovi-** *or* **ovo-** بادئة معناها: بيضة؛ بُيَيْضة <*ovi*duct> .

o·va [ōˈvə] *pl. of* ovum.

o·val [ōˈvəl] *(n.; adj.)* (١) الإهْلِيلَج: شكلٌ بيضويّ § (٢) إهليلجيّ.

o·var·i·an *also* **o·var·i·al** [ō vârˈ-] *(adj.)* مَبيضيّ: متعلّق بالمَبيض.

o·var·i·ec·to·my [ō vârˈĭ ĕkˈ-] *(n.)* استئصال المَبيض (جر).

o·var·i·ole [ō vârˈĭ ōl] *(n.)* الأنبوب المَبيضيّ (حش).

o·va·ri·tis [ō və rīˈtĭs] *(n.)* التهاب المَبيض (ط).

o·va·ry [ōˈvə rĭ] *(n.)* (١) المَبيض (ت) (٢) مَبيض النبات: الجزء الأسفل المنتفخ من المِدقّة pistil (نب).

ovate leaf

o·vate [ōˈvāt] *(adj.)* بيضويّ؛ بيضيّ الشكل.

o·va·tion [ō vāˈ-] *(n.)* احتفاء؛ ترحيب حماسي <a standing ~> .

ov·en [ŭvˈən] *(n.)* فُرْن؛ تنُّور.

ov·en·bird *or* **ov·en·build·er** [ŭvˈən-] *(n.)* الفرّان؛ الطائر الفرّان: طائر أميركي يبني عُشّه على الأرض بشكل قُبّة أو فرن.

ov·en·proof [-pro͞ofˈ] *(adj.)* صامد للحرارة <~ dishes> .

o·ver [ōˈvər] *(adv.; prep.; adj.; vt.)* (١) فوق <~ the table> (٢) إلى الجانب الآخر؛ من جانب إلى آخر (٣) على الأرض إلخ <knocked the man ~> (٤) حتى الفَوَران <The soup boiled ~.> (٥) من شخص إلى آخر؛ من فريق إلى آخر <to hand ~ the money> (٦) إلى جانبِهِ <won him ~> (٧) زيادة؛ نيِّف <paid the full sum and something ~> (٨) حتى وقتٍ تالٍ <so glad you can stay ~> (٩) برُمَّتِهِ؛ بكامله <The woodwork is covered ~ with paint.> (١٠) انقضى؛ انتهى <Those great days are ~.> (١١) من البداية إلى النهاية <to look ~ accounts> (١٢) مَلِيًّا؛ بعناية <to think it ~> (١٣) مرةً أخرى <did the work ~> § (١٤) أكثر من <costs ~ twenty dollars> (١٥) في طول كذا وعرضِهِ <is found ~ the entire state> (١٦) على طول كذا <~ the stony roads> (١٧) على؛ بواسطة؛ من طريق <~ the telephone> (١٨) على الجانب الآخر من <a little shop ~ the way> (١٩) طوال؛ خلال <~ the past forty years> (٢٠) حتى نهاية كذا أو انقضائه <stay ~ the weekend> (٢١) «أ» في انهماك أو انشغال بِـ <spent two hours ~ cards> (٢٢) بسبب <trouble ~ money> § (٢٣) أعلى؛ أسمى (٢٤) خارجيّ (٢٥) مُفْرِط <~ imagination> (٢٦) زائد؛ فوق الحاجة

(٢٧) منقص § (٢٨) يثِب من فوق . . . <He *~ed* a stile.> .
Our friends were all ~ yesterday. زارنا أصدقاؤنا أمس .
~ again مرةً أخرى ؛ من جديد .
~ against (١) تجاه (٢) بالمقابلة أو المقابلة مع . .
~ and above علاوةً على ذلك ؛ بالإضافة إلى ذلك .
~ and ~, تكرارًا .
~ head and ears منهمك انهماكًا تامًّا في .
~ here هنا <Let us sit ~ here.> .
~ one's head فوق قدرة المرء على الفهم .
~ there (١) هناك (٢) في أوروبا (عا) .

o·ver·a·bun·dance [ō′vər ə bŭn′-] *(n.)* فَرْط ؛ وَفْرة مُفرطة .

o·ver·a·chiev·er [-ə chēv′-] *(n.)* المُبَرِّز : من يُحرز نجاحًا غير مألوف .

o·ver·act [-ăkt′] *(vt.; i.)* يتزيّد [أو يغالي] في أداء دوره المسرحي .

o·ver·ac·tive [ō′vər ăk′-] *(adj.)* مُفرِط النشاط <~ glands> .

o·ver·age[1] [ō′vər āj′] *(adj.)* (١) عتيق (٢) فوق السنّ ؛ متجاوزٌ السنَّ .

o·ver·age[2] [ō′vər ĭj] *(n.)* (١) فائض (٢) سِلَع فائضَة .

o·ver·all[1] [ō′vər ôl′] *(adv.)* إجمالًا ؛ عمومًا ؛ كَكُلّ .

o·ver·all[2] *(n.)* (١) *pl.* الرِّداء السِّرْواليّ : بنطلون فضفاض ذو حمالتين يلبسه العامل فوق بنطلونه العادي وقايةً له من الاتّساخ (٢) الوِزْرة ؛ المِيْدَعة : ثوب فضفاض يُرْتَدى فوق الملابس العادية لوقايتها من الاتّساخ .

overalls[2] *1.*

o·ver·all[3] *(adj.)* (١) كلّيّ ؛ إجماليّ (٢) عامّ (٣) شامل .

o·ver·arch·ing [-ärch′-] *(adj.)* (١) مُهَيْمِن ؛ مُسَيْطِر (٢) رئيسيّ .

o·ver·arm [ō′vər-] *(adj.)* مرفوع الذِّراع : مُنجَز برفع الذراع فوق الكتف [في لعبة البَيْسبول إلخ] <an ~ throw> .

o·ver·awe [ō′vər ô′] *(vt.)* يُرْهِب ؛ يروِّع .

o·ver·bal·ance [ō′vər băl′-] *(vt.; n.)* (١) يَرْجَح ؛ يكون أرجح منه وزنًا (٢) يُفقده توازنه § (٣) رُجحان (٤) شيء راجحٌ (٥) لاتوازُن .

o·ver·bear [-bâr′] *(vt.; i.)* (١) «أ» يَقْهَر [بالقوة] . «ب» يُفْحِم [بالحجّة] (٢) «أ» يستبدّ بـ . «ب» يَرْجَح على **x** (٣) يُسْرف في الحمل : يُثْمِر أو يلد بكثرة أو إفراط .

o·ver·bear·ing [-bâr′-] *(adj.)* (١) مُسْتَبِدّ (٢) رئيسيّ (٣) مُتَغَطْرِس .

o·ver·bid [*v.* ō′vər bĭd′; *n.* ō′vər bĭd′] *(vi.; t.; n.)* (١) يتزيَّد في الثمن : يدفع في الشيء ثمنًا أعلى من قيمتِهِ (٢) يزايد على : يعرض ثمنًا أعلى من غيره [في مزايدة علنية] § (٣) دفعُ ثمنٍ أعلى إلخ .

o·ver·bite [ō′vər bīt′] *(n.)* تراكُب الأسنان .

o·ver·blown [ō′vər blōn′] *(adj.)* (١) مُفرط التفتّح <an ~ rose> (٢) بَدِين (٣) متضخّم ؛ منتفخ (٤) طنّان ؛ رنّان .

o·ver·board [ō′vər-] *(adv.)* (١) من السفينة إلى البحر ؛ من فوق جانب المركب إلى البحر (٢) إلى أقصى حدود الحماسة (٣) جانبًا .

o·ver·book [-bo͝ok′] *(vt.)* يتزيّد في الحَجْز [على متن طائرة إلخ] .

o·ver·build [ō′vər bĭld′] *(vt.)* يتزيّد في البناء .

o·ver·bur·den [-bûr′-] *(vt.)* يُثْقِل عليه : يُحَمِّله ما لا يُطيق حَمْلَهُ .

o·ver·buy [-bī′] *(vt.; i.)* يتزيّد في الشراء [بأكثر من حاجته أو قدرته] .

o·ver·came [ō′vər kām′] *past of* overcome.

o·ver·ca·pac·i·ty [-kə păs′ə tĭ] *(n.)* فَرْط الإنتاجيّة .

o·ver·cap·i·tal·ize [-kăp′ə tə līz] *(vt.)* (١) يغالي في تقييم [رأس مال مؤسسةٍ ما] (٢) يُفرط في التمويل : يُسرف في تمويل مشروعٍ ما .

o·ver·cast[1] [ō′vər kăst′] *(vt.)* (١) يُحْجِب ؛ يُعَتِّم (٢) يَلْفِق : يخيط طرفَ الثوب خياطةً متباعدةً حتى لا يَنْسُل .

o·ver·cast[2] [ō′vər kăst] *(adj.)* (١) مُظلم ؛ ملبَّد بالغيوم (٢) كئيب .

o·ver·cast[3] *(n.)* غطاء . وبخاصّة : دِثار من السُّحُب يَحْجُب السَّماء .

o·ver·cau·tious [-kô′shəs] *(adj.)* حَذُور : مبالغٌ في الحَذَر .

o·ver·charge[1] [ō′vər chärj′] *(vt.; i.)* (١) يُغالي في الثمن (٢) يُوْقِر : يحمِّله فوقَ ما يُطيق (٣) يُفرط في شحن البندقية أو البطارية (٤) يُبالغ .

o·ver·charge[2] [ō′vər chärj′] *(n.)* (١) الوِقْر : حِملٌ متجاوزٌ حدَّ الطاقة (٢) ثمن باهظ (٣) شحنة مُفرطة [لبندقية أو بطارية] .

o·ver·clothes [ō′vər klōz′] *(n. pl.)* الملابس الفوقيّة أو الخارجية .

o·ver·cloud [ō′vər kloud′] *(vt.; i.)* (١) يُلبِّد بالغيوم (٢) يجعله مظلمًا [أو مُكفهرًّا أو كئيبًا] **x** (٣) يكفهرّ ؛ يتلبّد بالغيوم .

o·ver·coat [ō′vər-] *(n.)* (١) مِعطَف (٢) طبقة واقية [من دهان] .

o·ver·come [-kŭm′] *(vt.; i.)* (١) يَقْهَر ؛ يَهْزِم (٢) يتغلّب على [المعارضة أو المصاعب إلخ] (٣) يُنهك ؛ يُشِلّ القوى **x** (٤) ينتصر ؛ يفوز .

o·ver·com·mit [-kə mĭt′] *(vt.)* يُفْرط في الالتزام .

o·ver·com·pen·sa·tion [ō′vər kŏm′pən sā′-] *(n.)* الإفراط في التعويض [وبخاصةٍ عن شعور بالنقص] .

o·ver·con·fi·dence [-kŏn′fə dəns] *(n.)* فَرْط الثّقة .

o·ver·con·fi·dent [-kŏn′fə dənt] *(n.)* مُغالٍ أو مُفْرِط في الثقة .

o·ver·crit·i·cal [-krĭt′ə-] *(adj.)* مُفْرِط في النقد أو الانتقاد .

o·ver·crowd [-kroud′] *(vt.; i.)* (١) يَكُظّ **x** (٢) يكتظّ ؛ يزدحم بـ .

o·ver·crowd·ed [-krou′-] *(adj.)* مُكْتَظّ ؛ مُزْدحِمٌ بالناس <~ rooms> .

o·ver·de·vel·op [-dĭ vĕl′əp] *(vt.)* يُفْرط في تحميض فيلم أو تظهيره .

o·ver·do [-do͞o′] *(vt.; i.)* (١) يُفْرِط في <to ~ exercise> (٢) يُبالغ (٣) overact (٤) يبالغ في طَهْو شيء <*overdone* beef> (٥) يُنهك ؛ يُرْهِق **x** (٦) «أ» يُجْهِد نفسه . «ب» يتطرَّف .
— o·ver·done *(adj.)*

o·ver·dose[1] [ō′vər dōs′] *(n.)* جَرْعة مُفْرِطة [من عقّار] .

o·ver·dose[2] [ō′vər dōs′] *(vt.)* يُفْرط في التجريع .

o·ver·draft [ō′vər-] *(n.)* (١) «أ» فَرْط السَّحب : سَحْب على بنك بمبلغ أكبر من رصيد الساحب . «ب» المبلغ المسحوب (٢) التيار الفوقيّ : تيار من الهواء

يمرّ فوق نار في فرن .

o·ver·draw [ō´vər drô´] *(vt.; i.)* (١) يُفْرط في السَّحب (٢) يبالغ .

o·ver·dress[1] [ō´vər drĕs´] *(vt.)* يتزيّد في الكُسوة .

o·ver·dress[2] [ō´vər drĕs´] *(n.)* الرداء الفَوْقيّ : ثوبٌ يُلبس فوق آخر .

o·ver·drive [ō´vər drīv´] *(n.)* مُسَنَّن التسريع (سي) .

o·ver·due [-dōō´] *(adj.)* (١) متأخّر : «أ» فات موعد استحقاقه <an ~ note> . «ب» فاتَ موعدُ وصولِهِ <The train is ~.> (٢) مُفْرِط .

o·ver·eat [ō´vər ēt´] *(vt.)* يأكل بإفراط .

o·ver·em·pha·size [ō´vər ĕm´-] *(vt.)* يغالي في التوكيد .

o·ver·es·ti·mate [*v.* ō´vər ĕs´tə māt´; *n.* -mĭt] *(vt.; n.)* (١) يُغالي في التقدير § (٢) تقديرٌ مُغالًى فيه .

o·ver·ex·pose [-ĭk spōz´] *(vt.)* يُفرط في التعريض [للنور بخاصة] .

o·ver·fa·tigue [ō´vər fə tēg´] *(n.)* إرهاق؛ تعبٌ شديد .

o·ver·feed [ō´vər fēd´] *(vt.)* يُتْخِم : يُطْعِم حتى التُّخَمة .

o·ver·fill [ō´vər fĭl´] *(vt.; i.)* (١) يُفْعِم : يملأهُ حتّى يفيض x (٢) يُفْعَم : يمتلئ حتى يفيض .

o·ver·fish [-fĭsh´] *(vt.)* يُفرط في التصيّد .

o·ver·flow [*v.* ō´vər flō´; *n.* ō´vər flō´] *(vt.; i.; n.)* (١) يَغْمُر؛ يُغْرق (٢) يُفيض؛ يملأهُ حتى يَفيض x (٣) يَفيض؛ يَطْفَح § (٤) فيضان (٥) فائض؛ فَيْض (٦) المَفِيض : مَنْفَذ للمياه الفائضة أو موضعٌ لحفظها .
an ~ meeting اجتماع الفَضْلة : اجتماع يُعْقَد لمصلحة أولئك الذين تضيق عن استيعابهم قاعةُ الاجتماع الأساسية .

o·ver·gar·ment [ō´vər gär´-] *(n.)* الرِّداء الفَوْقيّ أو الخارجيّ .

o·ver·glaze [ō´vər glāz´] *(n.)* الطِّلاء الفَوْقيّ : طِلاء يُكْسَى به آخر .

o·ver·grow [-grō´] *(vt.; i.)* (١) يكسو [العُشْبُ] الأرض (٢) يَشِبّ عن : يفقد شيئًا أو يتخلّصُ منه مع الزمن x <to ~ childish prejudices> (٣) يُفْرِط في النمو (٤) يكتسي [بالعُشب إلخ] .

o·ver·grown [ō´vər grōn´] *(adj.)* (١) مَكْسُوّ بالعشب (٢) مُفْرِط النموّ .

o·ver·growth [ō´vər grōth´] *(n.)* (١) كِساء من عُشب إلخ (٢) فَرْط النَّماء : إفراط في النموّ .

o·ver·hand [ō´vər hănd´] *(adj.; adv.; vt.; n.)* (١) overarm § (٢) برَفْع الذراع <to pitch ~> § (٣) يُدَرِّز : يَخيط بدَرزاتٍ عمودية قصيرة § (٤) ضربة برَفْع الذراع (رب) .

overhand knot

overhand knot *(n.)* العُقْدة البسيطة .

o·ver·hang[1] [ō´vər hăng´] *(vt.; i.)* (١) يتدلّى أو ينتأ [مُشْرِفًا على] <cliffs ~ the lake> (٢) يهدِّد؛ يتوعّد <~ing dangers> .

o·ver·hang[2] [ō´vər hăng´] *(n.)* البروز : جزء متدلٍّ [من سقف إلخ] .

o·ver·haul [-hôl´] *(vt.; n.)* (١) يفحص بدقّة (٢) يُصْلح؛ يجدِّد (٣) يُدْرك؛ يَلْحق بـ <~ed the U.S.A atomic research> § (٤) فحص دقيق .

o·ver·head [*adv.* ō´vər hĕd´; *adj.; n.* ō´vər hĕd´] *(adv.; adj.; n.)* (١) فوق؛ فوق الرأس؛ في السَّماء <*Overhead* was a cloud.> § (٢) فَوْقيّ؛ عُلْويّ <~ wires> (٣) عامّ <~ charges> § (٤) النفقات العامّة (٥) سَقْف .

overhead conductor *(n.)* المُوَصِّل العُلْويّ (كب) .

overhead expenses *or* **charges** *(n. pl.)* النفقات العامة .

overhead railway *(n.)* سكّة الحديد العُلوية أو المرتفعة .

o·ver·hear [-hēr´] *(vt.; i.)* يَسْمع مصادفةً أو عَرَضًا .

o·ver·heat [-hēt´] *(vt.; i.)* يُحَمّي أو يَحْمَى أكثر مما ينبغي .

o·ver·in·dulge [-dŭlj´] *(vt.; i.)* (١) ينغمس في الترف (٢) يُدَلِّل بإفراط .

o·ver·is·sue *(vt.; n.)* (١) يتزيّد في الإصدار § (٢) فَرْط الإصدار .

o·ver·joy [ō´vər joi´] *(vt.)* يملأه ابتهاجًا .

o·ver·joyed [-joid´] *(adj.)* جَذْلان؛ شديد الابتهاج .

o·ver·kill [-kĭl´] *(vt.)* يُثْخِن؛ يَتزيّد في القتل .

o·ver·lad·en [ō´vər lād´ən] *(adj.)* مُثْقَل بـ .

o·ver·land [ō´vər-] *(adv.; adj.)* (١) برًّا؛ بطريق البرّ § (٢) برّيّ .

o·ver·lap [*v.* ō´vər lăp´; *n.* ō´vər lăp´] *(vt.; i.; n.)* (١) يتخطّى؛ يتجاوز x (٢) يتداخل؛ يتراكب؛ يتشابك <Tiles ~.> (٣) يتطابقان جزئيًا؛ يشتركان في صفةٍ ما (٤) يتزامن؛ يتواقت § (٥) تداخُل إلخ .

o·ver·lay[1] [ō´vər lā´] *(vt.)* (١) يُغشّي؛ يطعِّم؛ يكسو بطبقةٍ ما (٢) ينمِّق أو يجمِّل [على نحوِ سطحيّ] (٣) يُرَفِّد : يُزَوِّد رِفادة الآلة الطابعة بطبقات من الورق تحسينًا لنوعية الطباعة (٤) يُفَطِّس : يُميت طفلًا بالانقلاب فوقه في أثناء النوم .

o·ver·lay[2] [ō´vər lā´] *(n.)* (١) غشاء؛ طِلاء؛ غطاء زِيني (٢) أوراق الترفيد (را . المادة السابقة) .

o·ver·leaf [ō´vər lēf´] *(adv.)* على قفا الورقة .

o·ver·leap [-lēp´] *(vt.)* (١) يَثِب أو يقفز من فوق : يتخطّى (٢) يُغْفِل .
to ~ oneself يُجْهِد نفسَهُ إلى حدّ يفضي إلى الإخفاق .

o·ver·lie [-lī´] *(vt.)* (١) يعلو [شيئًا] وكأنه غطاء (٢) overlay[1] *4* .

o·ver·load [*v.* ō´vər lōd´; *n.* ō´vər lōd´] *(vt.; n.)* (١) يُوقِر : يُحمِّله أكثرَ مما يُطيق (٢) overcharge[1] *3* § (٣) الوِقْر : حملٌ ثقيل .

o·ver·long [-lông´] *(adj.; adv.)* (١) مُفرِط في الطول § (٢) طويلًا جدًا .

o·ver·look [-lo͝ok´] *(vt.)* (١) يفحص؛ يُعاين (٢) يُطلّ؛ يُشرف على (٣) «أ» يَغْفَل عن؛ يفوته الانتباه إلى . «ب» يُهمِل؛ يُغْفِل . «ج» يغتفر؛ يتغاضى عن (٤) يراقب؛ يلاحظ (٥) يسحر؛ يصيب بالعين إلخ .

o·ver·lord [ō´vər-] *(n.)* (١) سيِّد أعلى (٢) حاكم مُطلق أو أعلى .

o·ver·ly [ō´vər lĭ] *(adv.)* بإفراط؛ أكثرَ مما ينبغي .

o·ver·man[1] [ō´vər mən] *(n.)* (١) كبير العمّال (٢) superman .

o·ver·man[2] [ō´vər măn´] *(vt.)* يُتخم بالعمّال؛ يُتخم بالبحّارة .

o·ver·man·tel [ō´vər-] *(n.)* لوحة المُصْطَلَى أو المُسْتَوقَد .

o·ver·mas·ter [ō´vər măs´-] *(vt.)* يَهْزِم؛ يُخضِع؛ يَقْهَر؛ يتغلّب على .

o·ver·match [ō´vər măch´] *(vt.)* يَبُزّ؛ يَفُوق . وبالتالي : يَهْزِم .

o·ver·much *(adj.; adv.; n.)* (١) مُفْرِط § (٢) بإفراط؛ أكثرَ مما ينبغي § (٣) فَرْط؛ زيادة .

o·ver·night[1] [ō´vər nīt´] *(adv.)* (١) طوالَ الليل؛ حتى الصباح التالي <stayed with friends ~> (٢) أثناء الليلة الفائتة (٣) فجأة؛ بين عشيّة

وضحاها <become rich ~> .

o·ver·night² [ō′vər nīt′] *(adj.; n.)* (١) ليليّ أو مستغرِقٌ الليلَ كُلَّه <an ~ journey> (٢) مُنَمْنَم: مُعَدّ للاستعمال في الرحلات القصيرة <an ~ bag> (٣) مفاجئ؛ سريع <an ~ success> § (٤) الليلة الفائتة.

o·ver·pass¹ [ō′vər păs′] *(vt.)* (١) يَعْبُر؛ يجتاز (٢) يبزّ؛ يتفوق على (٣) يتخطّى؛ يتجاوز (٤) يُهمل؛ يُغفل؛ يتغاضى عن.

o·ver·pass² [ō′vər păs′] *(n.)* المَعْبَر الفوقيّ: جسر أو طريق فوق سكة حديد أو قناة أو طريق أخرى.

o·ver·pay [-pā′] *(vt.)* (١) يفيه فوق حقّه (٢) يدفع أكثر مما يجب.

o·ver·per·suade [-pər swād′] *(vt.)* (١) يستميله بالإقناع (٢) يقنعه بالعمل بما يناقض رغبته أو اعتقاده.

o·ver·play [-plā′] *(vt.)* (١) overact (٢) يبالغ في التوكيد (٣) يتّكل أكثر مما يجب على قوة كذا (٤) يَبُزّهُ في اللَّعِب.

o·ver·plus [ō′vər-] *(n.)* (١) فائض؛ فَضْلة (٢) فَرْط؛ وفرة.

o·ver·pop·u·la·tion [-pŏp′yə lā′-] *(n.)* الاكتظاظ السُّكانيّ.

o·ver·pow·er [-pou′ər] *(vt.)* (١) يَغلِب؛ يَهزِم؛ يُخضع (٢) يستبدّ به [الأسى أو النوم إلخ] (٣) يفرط في تزويده بالطاقة.

o·ver·pow·er·ing *(adj.)* (١) بالغ؛ صارخ؛ لا يُقاوَم (٢) متسلِّط.

o·ver·praise [-prāz′] *(vt.)* يُسرف أو يغالي في المديح.

o·ver·price [-prīs′] *(vt.)* يتزيّد في التسعير: يحدّد له ثمنًا فاحشًا.

o·ver·print¹ [ō′vər prĭnt′] *(vt.)* يُراكِبُ الطبعَ: يطبع مادة إضافيّة أو لونًا إضافيًّا فوق صحيفة مطبوعة سابقًا.

o·ver·print² [ō′vər prĭnt′] *(n.)* (١) طبعة فوقيّة. وبخاصّة: رقم أو كلمة أو علامة تُطبَع على الطابع البريدي لتغيير قيمته أو ابتغاء الاحتفال بذكرى معيّنة (٢) الطابع الموسوم: طابع بريدي يحمل مثل هذا الرقم إلخ.

o·ver·prize [-prīz′] *(vt.)* يغالي في التقدير أو التقييم.

o·ver·pro·duce [-prə do͞os′] *(vi.)* يتزيّد أو يفرط في الإنتاج.

o·ver·pro·duc·tion [-dŭk′-] *(n.)* فَرْط الإنتاج؛ الإفراط في الإنتاج.

o·ver·pro·tect [-prə tĕkt′] *(vt.)* يُغالي في حمايته أو العناية به.

o·ver·proud [-proud′] *(adj.)* بالغُ الغرور: مغرورٌ إلى حدّ مُغالًى فيه.

o·ver·qual·i·fied *(adj.)* فائق المؤهِّلات [بأكثر من المطلوب].

o·ver·rate [-rāt′] *(vt.)* يغالي في التقدير أو التقييم.

o·ver·reach [-rēch′] *(vt.; i.)* (١) «أ» يتخطى؛ يتجاوز. «ب» ينتشر [بحيث يغطّي شيئًا] (٢) يخدع؛ يمكر بـ؛ يحتال على (٣) تَصطكّ قائمتا الفرس الأمامية والخلفية (٤) يبالغ؛ يغالي (٥) يُجْهِد نفسَه.

to ~ oneself يُخفق في تحقيق غايته نتيجة لشدّة التلهّف عليها أو الرغبة في الكسب أكثر مما ينبغي.

o·ver·ride [*v.* ō′vər rīd′; *n.* ō′vər rīd′] *(vt.; n.)* (١) «أ» يَقْطَع أو يجتاز [وبخاصة وهو راكب]. «ب» يدوس مُتْلِفًا أو ساحقًا (٢) يركب الفرسَ حتى يُنهكه (٣) «أ» يهيمن أو يطغى على. «ب» يلغي؛ يُبطل (٤) يتجاهل (٥) يتجاوز [على نحو متراكب] § (٦) العمولة الإضافية: عمولة تُدفع إلى مدير المبيعات عن مبيعات قام بها رجاله (اد).

o·ver·rid·ing *(adj.)* الأهمّ؛ ذو الأولوية <our ~ concern>.

o·ver·ripe [-rīp′] *(adj.)* (١) مُفْرِط النُّضج <~ fruits> (٢) متفسِّخ: آخذٌ في الانحطاط <~ arts>.

o·ver·rule [-ro͞ol′] *(vt.)* (١) يفرض سلطانه: يَبْسُط نفوذَه على (٢) يتحكّم بـ؛ يهيمن على (٣) ينقُض؛ يفسخ؛ يحكم ضدّ...

o·ver·run [*v.* ō′vər rŭn′; *n.* ō′vər rŭn′] *(vt.; n.)* (١) يجتاح؛ يسحق؛ يكتسح؛ يغزو (٢) «أ» يسبقه في العدو. «ب» يتجاوز؛ يتخطى (٣) يدوّر: يعدّل تنضيد السطور بنقل بعض الكلمات من سطر إلى آخر أو بعض السطور من صفحة إلى أخرى (طع) (٤) يَغمر؛ يفيض على <A river ~*s* its banks.> § (٥) اجتياح؛ تجاوُز؛ فَيْض إلخ.

o·ver·sea [ō′vər sē′; ō′vər sē′] *(adj. or adv.)* = overseas.

o·ver·seas [*adv.* ō′vər sēz′; *adj.* ō′vər sēz′] *(adv.; adj.)* (١) عَبْرَ البحار؛ ما وراءَ البحار § (٢) واقعٌ عَبْرَ البحار <~ lands> (٣) خارجيّ.

o·ver·see [ō′vər sē′] *(vt.)* (١) يُراقِب؛ يُشرِف على (٢) يفحص.

o·ver·se·er [ō′vər sē′ər] *(n.)* المُراقِب؛ المُناظِر؛ المُشرِف.

o·ver·sell [-sĕl′] *(vt.)* (١) يُفْرِط في البيع (٢) يُسْرف في المديح.

o·ver·sen·si·tive [-sĕn′sə tĭv] *(adj.)* مُفْرِط الحساسيّة.

o·ver·set [*v.* ō′vər sĕt′; *n.* ō′vər sĕt′] *(vt.; i.; n.)* (١) يُقْلِق؛ يُزعج (٢) «أ» يَقْلِب. «ب» يُسْقِط؛ يُطيح بـ. «ج» يُفسِد؛ يُحبِط <to ~ a plot> (٣) يُضيّق التنضيد: ينضِّد [المقال أو الكتاب] على نحو مُكتظّ أو ملتزّ (طع) x (٤) ينقلب § (٥) إقلاق؛ إزعاج إلخ (٦) انقلاب.

o·ver·sexed [ō′vər sĕkst′] *(adj.)* شَبِقٌ؛ غَلِمٌ؛ شَهْوانيّ.

o·ver·shade [-shād′] *(vt.)* (١) يُلقي ظلًّا على (٢) يُعَتِّم.

o·ver·shad·ow [-shăd′ō] *(vt.)* (١) overshade (٢) يكسِفُهُ أو يَحْجُب نوره (٣) «أ» يَبُزّ. «ب» يَرْجَح على.

o·ver·shoe [ō′vər sho͞o′] *(n.)* = galosh.

o·ver·shoot [ō′vər sho͞ot′] *(vt.)* (١) «أ» يرمي طويلًا؛ يجاوز الهدف. «ب» يتطرّف؛ يتجاوز حدَّ الاعتدال (٢) يبزّه في الرِّماية.

to ~ the mark (١) يجاوز الحدّ (٢) يخطئ الهدفَ.

o·ver·shot [ō′vər shŏt′] *(adj.)* (١) أَفْقَم: ناتئ الفكّ الأعلى [كبعض الكلاب] (٢) عُلْوِيّ الدَّفع: مُدار بثقل المياه المنحدرة من فوقه <~ waterwheels>.

overshot waterwheel

o·ver·sight [-sīt′] *(n.)* (١) مراقبة؛ إشراف (٢) سهو؛ خطأ غير مقصود.

o·ver·sim·pli·fy [-sĭm′plə fī′] *(vt.)* يُفرط في التبسيط [إلى حدٍّ يؤدي إلى التشويه أو الخطأ أو سوء الفهم].

o·ver·size [-sīz′] *or* **o·ver·sized** [-sīzd′] *(adj.)* مُفرِط الضخامة.

o·ver·skirt [-skûrt′] *(n.)* التَّنُّورة الفَوْقية: تَنُّورة تُرتَدَى فوق أُخرى.

o·ver·sleep [-slēp′] *(vi.)* يُفرِط في النوم: يستغرق في النوم إلى ما بعد موعد الاستيقاظ المألوف.

o·ver·soul [ō′vər sōl′] *(n.)* الرّوح الأعلى؛ الحقيقة المُطْلَقة (فف).

o·ver·spend [-spĕnd′] *(vt.; i.)* (١) يستنفد؛ يستهلك؛ يُبلي (٢) يُنفق أكثرَ من كذا **x** (٣) يتخطّى مواردَهُ: يُنفق أكثر من إمكانيّاته.

over·spill [ō′vər-] *(n.)* الفائض. وبخاصة: الفائض السُّكّانيّ.

o·ver·spread [ō′vər sprĕd′] *(vt.)* (١) يَنْشر [شيئًا فوق آخر] (٢) يغطّي بـ (٣) يغمر؛ يكسو؛ يعلو.

o·ver·state [ō′vər stāt′] *(vt.)* يُبالغ: يُغالي في التوكيد على.

o·ver·state·ment [-′mənt] *(n.)* مبالغة؛ مغالاة؛ غُلُوّ.

o·ver·stay [-stā′] *(vt.)* يُطيل المكوث [متجاوزًا وقتًا معيّنًا].

o·ver·step [-stĕp′] *(vt.)* يتجاوز؛ يتخطّى [الحدَّ أو الصلاحية].

o·ver·stock [*v.* ō′vər stŏk′; *n.* ō′vər stŏk′] *(vi.; t.; n.)* (١) يُفرط في التخزين **x** (٢) يُتخِم بالسِّلع المُخْتَزَنَة <to ~ a shop> § (٣) المكدَّس: مقدار من البضائع مختزَن بإفراط.

o·ver·strain [*v.* -strān′; *n.* ō′vər-] *(vt.; n.)* (١) يُرْهِق § (٢) إرهاق.

o·ver·strew [ō′vər stroo′] *(vt.)* يَنْثُر [فوق شيء آخر].

o·ver·stride [-strīd′] *(vt.)* (١) يتخطّى؛ يتجاوز (٢) يَبُزُّهُ في الخَطْو.

o·ver·strung [ō′vər strŭng] *(adj.)* مُفْرِط التوتُّر: بالغُ الحساسية.

o·ver·stuff [ō′vər stŭf′] *(vt.)* (١) يُتخِم؛ يَكُظّ؛ يحشو حتى الامتلاء (٢) ينجّد [كرسيًّا أو أريكة].
— **o·ver·stuffed** *(adj.)*

o·vert [ō′vûrt] *(adj.)* علنيّ؛ صريح <~ hostility>.

o·ver·take [-tāk′] *(vt.)* (١) «أ» يُدرك؛ يَلحق بـ. «ب» يتجاوز؛ يتخطّى (٢) يفاجئ؛ يباغت (٣) يستبدّ به [الخوفُ أو العَجَبُ إلخ].

o·ver·tax [ō′vər tăks′] *(vt.)* (١) يُرْهقه بالضرائب (٢) يُرْهِق؛ يُجْهِد.

o·ver–the–coun·ter *(adj.)* سَهْل المنال: ممكنٌ شراؤهُ بلا وصفةٍ طبية.

o·ver·throw [*v.* ō′vər thrō′; *n.* ō′vər thrō′] *(vt.; n.)* (١) يَقْلِب (٢) يهزم (٣) يُسقِط؛ يطيح بـ (٤) يدمّر؛ يخرّب § (٥) «أ» هزيمة. «ب» إسقاط أو سقوط. «ج» تدمير أو دمار.

o·ver·time [ō′vər tīm′] *(n.; adj.; adv.)* (١) ساعات العمل الإضافية أو أجْرُها § (٢) إضافيّ § (٣) إضافيًّا.

o·ver·tone [ō′vər tōn′] *(n.)* (١) النغمة الفوقية (مو) (٢) لون الضوء [الذي يعكسُهُ سطح مدهون] (٣) مَسْحة؛ نَبْرة؛ معنًى إضافيّ.

o·ver·top [ō′vər tŏp′] *(vt.)* (١) يعلو [شيئًا] (٢) «أ» يَبُزّ [الأقرانَ]. «ب» يفوق. وبخاصة: يفوقُهُ قوةً أو أهميّةً أو مقامًا؛ يتقدَّم عليه.

o·ver·trade [ō′vər trād′] *(vi.)* يتزيّد في الاتّجار: يتاجر بأكثرَ مما يَسمح له رأسماله.

o·ver·train [-trān′] *(vt.; i.)* يُفْرط في التدريب أو التدرُّب (رب).

o·ver·ture [ō′vər chər] *(n.; vt.)* (١) عَرْض؛ اقتراح؛ مفاتحة (٢) تمهيد؛ مقدمة (٣) الاستهلال: مقطوعة موسيقية تعزفها الموسيقى كمقدمة لأوبرا § (٤) يَعْرِض؛ يَقترح؛ يفاتح.

o·ver·turn [*v.* ō′vər tûrn′; *n.* ō′vər tûrn′] *(vt.; i.; n.)* (١) يَقْلِب (٢) يُسْقِط <to ~ a ministry> **x** (٣) ينقلب § (٤) «أ» قَلْب؛ إسقاط. «ب» انقلاب؛ سقوط.

o·ver·use [*n.* ō′vər yoos′; *v.* -yooz′] *(n.; vt.)* (١) فَرْط الاستعمال § (٢) يُفرط في استعمال كذا.

o·ver·val·ue [-văl′yoo] *(vt.)* يُغالي في التثمين.

o·ver·view [ō′vər vyoo′] *(n.)* موجز؛ خلاصة؛ نظرة عامة.

o·ver·wear [ō′vər wâr′] *(vt.)* يُبلي [بكثرة الاستعمال].

o·ver·wea·ry [*v.* ō′vər wēr′ĭ; *adj.* ō′vər wēr′ĭ] *(vt.; adj.)* (١) يُنْهِك: يُرْهِق إرهاقًا شديدًا § (٢) مُنْهَك.

o·ver·ween·ing [ō′vər wē′-] *(adj.)* (١) متغطرس؛ مُتعجرف؛ مَزْهوٌّ بنفسه <an ~ aristocracy> (٢) مُفْرِط؛ مغالًى فيه.

o·ver·weigh [ō′vər wā′] *(vt.)* (١) يَرْجَح: يكون أرجح منه وزنًا (٢) يرهقه؛ يحمّله ما لا يطيق.

o·ver·weight [*n.* ō′vər wāt′; *adj.; v.* ō′vər wāt′] *(n.; adj.; vt.)* (١) الوزنُ الزائد: وزن زائد عن المطلوب أو المسموح به (٢) الوقر: حِمل ثقيل § (٣) أثقل مما ينبغي: أثقل من الضروري أو المسموح به § (٤) يعطيه أهمّية [أو يُوْليه اهتمامًا] أكثر مما ينبغي (٥) يحمِّله بإفراط؛ يحمِّله أكثر مما يطيق (٦) يَرْجَح: يكون أرجحَ منه وزنًا.

o·ver·whelm [-hwĕlm′] *(vt.)* (١) يَغْمُر؛ يُغرِق (٢) يَغْلِب؛ يَقْهَر؛ يَسْحَق (٣) يُرْبك <Her kindness ~*ed* me.>.

o·ver·whelm·ing [-hwĕl′-] *(adj.)* (١) غامِر <~ joy> (٢) ساحق <~ majority> (٣) دامغ <an ~ evidence>.

o·ver·wind [-wīnd′] *(vt.)* يُبْرِم: يُحْكِم فَتْلَ الحَبْل أو لفَّ الزنبرك.

o·ver·word [ō′vər-] *(n.)* اللّازمة: الكلمة المكرَّرة [وبخاصة في أغنية].

o·ver·work [*v.* ō′vər wûrk′; *n.* ō′vər wûrk′] *(vt.; i.; n.)* (١) يُجْهِد؛ يُرْهِق بالعمل <to ~ a horse> (٢) يزخرف على نحوٍ شامل (٣) يفرط في تجويد شيء [أو تحسينه أو إحكامه] (٤) يسرف في استعمال كذا **x** (٥) يُجهد نفسَه بالعمل § (٦) عمل شاقّ (٧) عملٌ إضافيّ.

o·ver·write [-rīt′] *(vt.; i.)* (١) يُراكب الكتابة: يكتب فوق كتابةٍ أخرى (٢) يُنمّق: يكتب بأسلوب منمَّق أو طنّان **x** (٣) يُفرط في الكتابة.

o·ver·wrought [-rôt′] *(adj.)* (١) مُجْهَد؛ مُرهَق من كثرة العمل (٢) مُثار أو مُهتاج إلى حد بعيد؛ في حالة عصبية (٣) منمَّق أو مجوَّد بإفراط.

ovi- = ov-.

o·vi·ci·dal [ō′vĭ sīd′əl] *(adj.)* مُبيدٌ للبُيَيضات.

o·vi·cide [ō′vĭ sīd′] *(n.)* مُبيد البُيَيضات: مادّة قاتلة للبُيَيضات.

o·vi·duct [-dŭkt′] *(n.)* البُوق؛ قناة البُيَيضات («ت» و«ح»).

o·vif·er·ous [ō vĭf′-] *(adj.)* بَيوض: حاملٌ [أو مُنتِج] بيضًا.

o·vine [ō′vīn; ō′vĭn] *(adj.)* غَنَميّ؛ ضأنيّ.

o·vip·a·ra [ō vĭp′ə rə] *(n. pl.)* البَيُوضات: الحيوانات البَيُوضة أو

الواضعة للبيض .

o·vi·pa·rous [-ʹə rəs] *(adj.)* بَيُوض ؛ بيّاض : مُنتِج بيضًا .

o·vi·pos·it [ōʹvĭ pŏzʹ-] *(vi.)* تَسْرأ الحشرة : تضع سَرْأها أو بيضها .

o·vi·pos·i·tor [-ʹə tər] *(n.)* المَسْرأ : عضوٌ في مؤخَّر بطن الحشرة تحفظ فيه بيضها .

o·vi·sac [ōʹvĭ săkʹ] *(n.)* الكيس البَيْضيّ (ح) .

ovo- = ov-.

o·void [ōʹvoid] *(adj.; n.)* (١) أو **o·voi·dal** : بَيْضاويّ ؛ بيضيّ الشكل § (٢) البَيْضاويّ : جسمٌ بيضيّ الشكل .

ovolo

o·vo·lo [ōʹvə lōʹ] *(n.)* البَيْضيّة : حِلية مستديرة محدَّبة (عم) .

o·vu·lar [ōʹvyə lər] *(adj.)* (١) بُذَيْريّ : خاصّ بالبُذَيْرة (نب) (٢) بُيَيْضيّ : خاصّ بالبُيَيْضَة (أح) .

o·vu·late [ōʹvyə lātʹ] *(vi.)* يَبيض : يُنتج البيض (أح) .

o·vu·la·tion [ōʹvyə lāʹ-] *(n.)* الإباضة : خروج البُيَيْضة من المبيض .

o·vule [ōʹvyōōl] *(n.)* (١) بُذَيْرة (نب) (٢) بُيَيْضة ؛ وبخاصة : بييضة في مراحل النموّ الأولى (أح) .

o·vum [ōʹvəm] *(n.)* pl. **o·va** [ōʹvə] البُيَيْضة (مج) .

owe [ō] *(vt.; i.)* (١) يُكِنّ أو يُضْمِر له <~s her master a grudge> (٢) يكون مدينًا له بـ <You ~ me $50.> (٣) يَدين بكذا لِـ . . . <She ~s her success to good luck; to ~ allegiance to one's country>.

ow·ing [ōʹwĭng] *(adj.)* غير مُسدَّد ؛ متوجِّب دفعُهُ .

owing to *(prep.)* بسبب ؛ بداعي كذا <absent *owing to* illness> .

owl

owl [oul] *(n.)* البومة (طا) .

owl·et [ouʹlət] *(n.)* (١) البُوَيْمة : بومة صغيرة (٢) فَرْخ البوم .

owl·ish [ouʹlĭsh] *(adj.)* شبيهٌ بالبوم ؛ مذكِّر بالبوم .

own [ōn] *(adj.; vt.; i.; pron.)* (١) خاصّتُهُ ؛ مِلْكُهُ § (٢) يَمْلك (٣) يعترف بِـ <to ~ to being uncertain> يعترف ؛ يُقِرّ (٤) x <to ~ a mistake> § (٥) مِلْكُ <It is my ~.> .

~ brother *or* sister أخٌ شقيق ؛ أخت شقيقة .

to be one's ~ man *or* master (١) يتمتّع بحريّة التصرّف ؛ يعمل وفق هواه (٢) يكون ذا عمل مستقلّ أو حرّ [أي غير موظف في مؤسّسة إلخ] (٣) يسيطر على حواسّه المدركة سيطرة تامّة .

to do the work on his ~, يقوم بالعمل من غير مساعدة أو إرشاد ؛ يقوم بالعمل على مسؤوليته .

to live on his ~, يحيا مستقلًّا عن أبويه [كاسبًا رزقه بنفسِهِ] .

own·er [ōʹnər] *(n.)* مالِك ؛ صاحب .

own·er·less [ōʹnər-] *(adj.)* مَشاع : لا مالكَ له <~ land> .

own·er·ship [-shĭpʹ] *(n.)* مِلْكيّة ؛ امتلاك ؛ حقّ التملُّك .

ox [ŏks] *(n.)* pl. **ox·en** *also* **ox** ثَوْر . وبخاصة : ثور مَخْصيّ .

ox·a·late [ŏkʹsə lāt] *(n.)* أُكزالات ؛ حُمّاضات (ك) .

ox·al·ic acid [ŏks ălʹ-] *(n.)* حَمْض الأُكزَليك ؛ حَمْض الحُمّاض (ك) .

ox·a·lis [ŏkʹsə lĭs] *(n.)* الحُمّاض ؛ الحُمَّيض (نب) .

ox·blood [ŏksʹblŭdʹ] *(n.)* دم الثّور : لون بُنّيّ ضاربٌ إلى الحمرة .

ox·bow [-ʹbōʹ] *(n.)* السَّميق : «أ» سِنادٌ للنِّير يكون على شكل حرف U ويُطوِّق عُنق الثَّور . «ب» شيء شبيه بالسَّميق [كمنعطف نهر إلخ] .

ox·en [ŏkʹsən] *pl. of* ox.

ox·eye [ŏksʹīʹ] *(n.)* عَيْن الثّور (نب) .

ox–fly *(n.)* نِبْر البقر : ذبابة تضع بيوضها على جلود الماشية .

ox·ford [ŏksʹfərd] *(n.)* حذاء أوكسفورد : ضربٌ خفيض من الأحذية .

Oxford Down *(n.)* غَنَمُ أوكسفورد : خراف ضخمة عديمة القرون .

ox·heart [-ʹhärtʹ] *(n.)* قلب الثور : كرزٌ حلوٌ ضخم قلبيّ الشكل .

ox·i·dant [ŏkʹsə-] *(n.)* المؤكسِد : مادّة كيميائيّة مُؤكْسِدة (ك) .

ox·i·dase [ŏkʹsə dāsʹ; -dāzʹ] *(n.)* الأُكسيداز : خميرةٌ من مجموعة خمائر مؤكْسِدة (كح) .

ox·i·da·tion [ŏkʹsə dāʹ-] *(n.)* الأكسدة ؛ التأكسُد (ك) .

oxidation–reduction *(n.)* الأكسدة والاختزال (ك) .

ox·ide [ŏkʹsīd; -ʹsĭd] *(n.)* الأُكسيد (ك) .

ox·i·diz·a·ble [ŏkʹsə dīʹzə-] *(adj.)* قابلٌ للتأكسُد أو الأكْسَدة (ك) .

ox·i·dize [ŏkʹsə dīzʹ] *(vt.; i.)* (١) يُؤكسِد : يمزج بالأكسجين (ك) (٢) يُصْدِئ : يكسوه بالصدأ x (٣) يتأكسَد (٤) يَصْدأ .

ox·i·diz·er [ŏkʹsə dī-] *(n.)* المؤكسِد (ك) .

ox·i·do·re·duc·tase [-rĭ dŭkʹtās] *(n.)* المُؤكسِد المُختزِل (ك) .

ox·lip [ŏksʹlĭp] *(n.)* شَفَةُ الثور : نبات عُشبيّ .

oxo [ŏkʹsō] *(adj.)* أكسجينيّ : مشتملٌ على أكسجين .

Ox·o·ni·an [ŏk sōʹ-] *(n.; adj.)* (١) الأوكسفورديّ : «أ» المقيم في مدينة أوكسفورد . «ب» أحد طلاب جامعة أوكسفورد أو خرّيجيها § (٢) أوكسفورديّ .

ox·tail [ŏksʹtālʹ] *(n.)* ذيل الثور . وبخاصة : ذيل الماشية الذي يُصْنع منه ضربٌ من الحساء .

ox·tongue [ŏksʹtŭngʹ] *(n.)* لسان الثّور (نب) .

oxy- بادئة معناها : «أ» مشتمل على أكسجين . «ب» حادٌّ .

ox·y·a·cet·y·lene [-ə sĕtʹə lēnʹ] *(adj.)* أُكسجينيّ أسيتيلينيّ : ذو علاقة بمزيج من الأكسجين والأسيتيلين أو مستخدمٌ مزيجًا منهما <an ~ torch> .

ox·y·ac·id [ŏkʹsĭ ăsʹĭd] *(n.)* الحَمْض الأكسجينيّ (ك) .

ox·y·cal·ci·um [ŏkʹsĭ kălʹsĭ əm] *(adj.)* أكسجينيّ كَلْسيوميّ : ذو علاقة بالأكسجين والكلسيوم <the ~ light or limelight> .

ox·y·gen [ŏkʹsə jən] *(n.)* الأُكسجين (ك) .

oxygen acid *(n.)* = oxyacid.

ox·y·gen·ate [ŏkʹsə jə nātʹ] *(vt.)* يُؤكْسِج : يُشبع أو يَمْزج أو يزوِّد

بالأكسجين <to ~ the blood> .

ox·y·gen·at·ed [-nāt′ĭd] *(adj.)* مُؤَكْسَج <~ blood> .

ox·y·gen·a·tion [ŏk′sə jə nā′-] *(n.)* أكسجة .

oxygen cycle *(n.)* دورة الأكسجين ؛ الدورة الأكسجينية .

ox·y·gen·ic [ŏk′sə jĕn′ĭk] *(adj.)* أكسجينيّ .

ox·y·gen·ize [ŏk′sə jə nīz′] *(vt.)* = oxygenate.

ox·y·he·mo·glo·bin [-hē′mə glō′bĭn] *(n.)* الهيموغلوبين [أو اليَحْمور] المؤكسَج : هيموغلوبين مُشْبَع بأكسجين يزوِّد به الأنسجة .

ox·y·hy·dro·gen [-hī′drə jən] *(adj.; n.)* (١) أكسجينيّ هيدروجينيّ : ذو علاقة بمزيج من الأكسجين والهيدروجين أو مستخدِمٌ مزيجًا منهما <~ torch> § (٢) الأكسجين الهيدروجينيّ (ك) .

ox·y·mo·ron [ŏk′sĭ mōr′ŏn] *(n.)* pl. **-mo·ra** الإرداف الخُلْفيّ : اجتماع لفظتين متناقضتين <كقولك *cruel kindness*> (بل) .

ox·y·sul·fide [ŏk′sĭ sŭl′fīd] *(n.)* الكبريتيد المُؤَكْسَج (ك) .

ox·y·to·cic [ŏk′sĭ tō′sĭk] *(adj.)* مُعَجِّلٌ للولادة .

ox·y·tone [ŏk′sĭ tōn′] *(adj.; n.)* (١) مُشَدَّد المقطع الأخير § (٢) لفظٌ مقطعُهُ الأخير مشدَّد (ل) .

o·yes; o·yez [ō′yĕs′; ō′yĕz′] *(interj.)* إسمعوا! أنصِتوا!

oys·ter [oi′stər] *(n.)* (١) المَحار : حيوان من الرِّخويات البحريّة (٢) شيء نفيس (٣) الصَّموت : شخص كثير الصمت .

oyster bed *(n.)* مِهاد المَحار ؛ مَرْبَى المَحار .

oys·ter·catch·er *(n.)* صائد المحار ؛ أكّالُ المحار : طائر ساحليّ .

oystercatcher

oyster crab *(n.)* سَرَطان المحار : سَرَطان يعيش ضمنَ أصداف المحارات .

oyster cracker *(n.)* بَسْكويتة المَحار : بَسْكويتة مُمَلَّحةٌ تقدَّم مع المحار أو الحساء إلخ .

oys·ter·ing [oi′-] *(n.)* التَّمَحُّر : جمعُ المَحار لأكلِهِ أو بيعه .

oys·ter·man [oi′-] *(n.)* المَحّار : جامعُ المَحار أو مُرَبِّيهِ أو بائعُه .

o·zo·ke·rite [ō zō′kə rīt′] *also* **o·zo·ce·rite** [-sə rīt′] *(n.)* الأوزوسريت ؛ الأوزوكريت ؛ الشمع المعدنيّ .

ozon- *or* **ozono-** بادئة معناها : أوزون <*ozono*sphere> .

o·zone [ō′zōn; ō zōn′] *(n.)* (١) الأوزون : شكل من أشكال الأكسجين (ك) (٢) الهواء النقيّ المنعش .

o·zo·nic [ō zō′nĭk] *(adj.)* أوزونيّ : خاصّ بالأوزون .

o·zo·nif·er·ous [-nĭf′ər əs] *(adj.)* أوزونيّ : مشتمل على أوزون .

o·zo·nize [ō′zō nīz′] *(vt.; i.)* (١) يُؤَزْوِن : «أ» يحوّل الأكسجين إلى أوزون . «ب» يعالج أو يُشبع أو يمزج بالأوزون x (٢) يتأَزْوَن : يتحوَّل إلى أوزون (ك) .

— o·zo·ni·za·tion *(n.)*

o·zon·iz·er [ō′zə nīz ər] *(n.)* المُؤَزْوِن . وبخاصة : جهاز لتحويل الأكسجين إلى أوزون (ك) .

ozon layer *(n.)* = ozonosphere.

o·zo·no·me·ter [ō zō′nŏm′-] *(n.)* الأوزونومتر : أداة لمعرفة مقدار الأوزون في الهواء .

o·zo·no·sphere [ō zō′nə sfēr′] *(n.)* الأوزونوسفير ؛ طبقة الأوزون : طبقة من غلاف الأرض الجوّيّ يتراوح ارتفاعها ما بين عشرين ميلًا وثلاثين ميلًا .

o·zo·nous [ō′zə-] *(adj.)* أوزونيّ : خاصّ بالأوزون أو مُحتوٍ عليه .

o·zos·to·mi·a [ō zŏs tō′-] *(n.)* البَخَر : نتانة النَّفَس ؛ رائحة الفم الكريهة .

p [pē] *(n.; often cap.)* (١) الحرف السادس عشر من الأبجدية الإنكليزية (٢) شيء مُعتبرٌ سادسَ عشر من حيث الترتيب أو الطبقة (٣) شيء على صورة حرف P.

pa [pä] *(n.)* أبٌ؛ والد.

pab·u·lum [păb'yə ləm] *(n.)* (١) غذاء؛ قوت (٢) غذاء عقليّ (٣) قطعة أدبيّة تافهة.

paca

pa·ca [pä'kə] *(n.)* الباكة: حيوان أميركيّ من القوارض.

pace[1] [pās] *(n.; vi.; t.)* (١) سرعة [السَّير أو العَدْو] <كقولك: to go at a good ~ أي بسرعة> (٢) نسبة التقدم (٣) «أ» طريقة الخطو أو السير. «ب» خطوة (٤) سلاسة؛ طلاقة (٥) «أ» إظهار البراعة أو الكفاءة. «ب» الخَبَب: ضربٌ من عَدْو الفرس يَنْقل فيه أيامنه وأياسره معًا (٦) مِنَصَّة § (٧) «أ» يمشي الهُوَيْنا أو بخطًى موزونة. «ب» يتقدَّم (٨) يَخِبّ الفَرَسُ: يعدو خَبَبًا x (٩) «أ» يقيس بالخَطْو. «ب» يَذْرَع المكان جيئةً وذُهوبًا <was *pacing* the room> (١٠) يدرِّب على خَطْوٍ مُعيَّن <to ~ a horse> (١١) «أ» يسبق؛ يتقدَّم على؛ يقود. «ب» يجاريه؛ يسايره [بحيث لا يتخلّف عنه] (١٢) يَنْظِمُ الخُطى: يعيِّن سرعةَ الانطلاق لفارسٍ أو عدّاءٍ [في سباق].

to go the ~, (١) ينطلق بسرعة عظيمة (٢) يُنفق بإسراف.

to put a person through his ~s يَعْجُمُ عُودَه؛ يمتحن صفاته وكفاءاته.

pa·ce[2] [pā'sē] *(interj.)* بالإذن من...؛ مع احترامي لِـ.

paced [pāst] *(adj.)* (١) ذو خُطًى معيّنة <slow-~> (٢) مَقيسٌ بالخُطى.

pace·mak·er [pās'-] *(n.)* (١) ناظِمُ الخُطى؛ مُحدِّد سرعة الانطلاق: فارسٌ أو عدّاء يحدِّد – بسرعة الانطلاق التي يختارها لنفسه – سرعةَ انطلاق غيره في السباق (٢) القُدْوة (٣) النّاظمة: أداة تضبط نبضات القلب (ط).

pac·er [pā'sər] *(n.)* (١) فا pace. وبخاصة: فَرَسٌ يعدو خَبَبًا (٢) pacemaker.

pa·chi·si [pə chē'zĭ; pä-] *(n.)* البِرْجيس: لعبة هندية الأصل.

pach·y·derm [păk'ə dûrm'] *(n.)* الجَسْئيّ: «أ» حيوان من الجَسْئيّات Pachydermata وهي رتبة من الحيوانات الثديية ذات الحافر وغير المجترّة [كالفِيَلة والخنازير] تتميّز عادةً بجلدها الصَّفيق. «ب» شخص عديم الحِسّ.

pach·y·der·ma·tous [păk'ə dûr'mə-] *(adj.)* (١) جَسْئيّ (را. المادة السابقة) (٢) «أ» سميك؛ غليظ؛ صفيق <~ skin>. «ب» عديم الحسّ؛ متبلّد الشعور.

pac·i·fi·a·ble [păs'ə fī'-] *(adj.)* قابلٌ للتهدئة إلخ (را. pacify).

pa·cif·ic [pə sĭf'-] *(adj.)* (١) «أ» سِلْميّ <~ settlement>. «ب» مُسالِم <a ~ disposition> (٢) هادئ (٣) *cap.* ذو علاقة بالمحيط الهادئ.

pa·cif·i·cate [pə sĭf'ə kāt'] *(vt.)* يُهَدِّئ. **– ca·tor** *(n.)*

pac·i·fi·ca·tion [păs'ə fə kā'-] *(n.)* (١) تَهْدِئة (٢) معاهدةُ صُلح.

pa·cif·i·cism [pə sĭf'ə sĭz'əm] *(n.)* = pacifism.

Pacific Ocean المحيط الهادئ؛ المحيط الباسيفيكي.

pac·i·fi·er [păs'ə fī'ər] *(n.)* (١) فا pacify (٢) المصّاصة؛ المُسَكِّتة: أداة على شكل حَلْمة يُلَهّى الطفل بمصّها أو العضّ عليها.

pac·i·fism [păs'ə fĭz'əm] *(n.)* السّلاميّة؛ اللّاعُنفيّة: معارضة الحرب أو العُنف ورفضُ اللجوء إليهما في حلّ النزاعات على اختلافها.

— pac·i·fist *(n.)* **— pac·i·fist** *or* **pac·i·fis·tic** *(adj.)*

pac·i·fy [păs'ə fī'] *(vt.)* (١) يُهَدِّئ (٢) يُشْبِع؛ يُشْبِعُ رغبةً.

pack[1] [păk] *(n.; vt.; i.; adj.)* (١) «أ» صُرَّة. «ب» حُزمة. «ج» رُزْمة. «د» علبة. «هـ» حِمْل (٢) «أ» محتويات الصرَّة أو الرزمة إلخ. «ب» مقدار وافر؛ كومة. «ج» المنظومة: مجموعة كاملة من ورق اللعِب (٣) صَرٌّ؛ حَزْم؛ رَزْم (٤) «أ» قطيع. «ب» جماعة؛ زمرة؛ عصابة <a ~ of thieves> (٥) مجموعة؛ فريق؛ طاقم (٦) الكِمادة: قماشة نديّة ماصّة يُعالَج بها جزء من الجسد (٧) معجون التجميل [يُكسَى به الوجه ويُترَك عليه حتى يجفّ] (٨) العلاوة الجائرة: علاوة لا مبرِّر لها يُضيفها التاجر إلى ثمن السّلعة § (٩) يَصُرّ؛ يَحْزِم؛ يَرْزُم (١٠) يوضِّب <to ~ fruits> (١١) يُعَلِّب: يحفظ الأغذية في عُلَب صفيحية <~*ed* the leaking joint> (١٢) يَسُدّ (١٣) يحمِّل [فرسًا إلخ] (١٤) «أ» يحشر؛ يحشد <to ~ people in a hall>. «ب» يملأ <The crowd ~*ed* the hall.> (١٥) «أ» يصرفه أو يأمره بالانصراف فجأة وبجفاء <were ~*ed* off to school>. «ب» يُنهي (١٦) ينقل ماشيًا أو على ظهر دابّة (١٧) يُكمِّد: يعالج بالكِمادات x (١٨) ينصرف [على عجل] (١٩) يُرزَم؛ يَصْلُح للرَّزم (٢٠) يجتمع؛ يحتشد (٢١) يتراصّ؛ يتراكم متراصًّا (٢٢) يرتحل: يسافر [على متن جواد إلخ] مزوَّدًا بأمتعته § (٢٣) مُعَدّ للتحميل <~ animals> (٢٤) مَرْزوم.

ă at; ā date; â care; ä car; ĕ egg; ē me; ĭ in; ī bite; ŏ lot; ō bone; ô orphan; **oi** boil; o͝o good; o͞o boot; **ou** out; ŭ under; û urgent; ə = *a* in alone, *e* in system, *i* in easily, *o* in gallop, *u* in circus.

~ animal الحَمولة؛ الزاملة: ما يُحمَّل عليه من الدواب.

to ~ up (١) ينقطع عن العمل (٢) يتعطّل (٣) يَسْكت.

pack[2] (*vt.*) يَحْشُر بالمحاسيب: يعيِّن في لجنة إلخ أعضاء موالين له بحيث تأتي قراراتهم في مصلحته <to ~ a jury>.

pack·age [păk′ĭj] (*n.; vt.*) (١) رِزْمة؛ صُرّة؛ طَرْد بريديّ (٢) صندوق (٣) اتفاقية؛ صفقة <a trade ~> § (٤) يَرْزُم؛ يَحْزِم.

package deal (*n.*) الصفقة المُجْمَلة: صفقة شاملة أو كاملة.

package store (*n.*) مَتْجَر الرِّزْمة: محلّ تباع فيه المُسْكِرات بالزجاجة إلخ ولا يجوز، قانونيًّا، معاقرتُها ضمن جدرانه.

packed [păkt] (*adj.*) (١) مُثْقَل بـ؛ مُتْخَم بـ (٢) مَرْصوص (٣) مكتظّ.

pack·er [păk′ər] (*n.*) (١) الرازم؛ الحازم؛ المعبِّئ؛ المعلِّب. وبخاصة: تاجر الجملة <tea ~> (٢) سيارة النُّفايات (٣) «أ» الحمّال؛ العتّال. «ب» المُكاري: ناقل السِّلع على ظهور الدوابّ.

pack·et [păk′ət] (*n.*) (١) «أ» رزمة الرسائل: رسائل توجَّه دفعةً واحدة. «ب» كتلة أو مجموعة صغيرة (٢) النظاميّة: سفينة تنقل البريد والسِّلع والركّاب في مواعيد نظامية (٣) الرُّزَيمة: رزمة صغيرة (٤) علبة [سجاير].

pack·horse [păk′-] (*n.*) الحَمُولة: فَرَسٌ يُسْتَخدَم في حَمْل الأثقال.

pack ice (*n.*) الجليد المرصوص: جليد متكسِّر طافٍ في البحار القُطبيّة.

pack·ing [păk′-] (*n.*) (١) حَزْم؛ رَزْم؛ صَرّ؛ تعبئة (٢) الحَشْوة: «أ» كلّ مادة تُستعمل لصيانة السِّلَع عند حزمها أو تعبئتها. «ب» مادة [كالقطن] تستعمل لوقاية الأنابيب من البرد أو لِسدّ الثقوب في آلة.

packing case *or* **box** (*n.*) صندوق التعبئة.

packing fraction (*n.*) معيار الاستقرار (فزن).

packing house *or* **plant** (*n.*) المَعْلَبة؛ مَصْنع التعليب.

packing needle (*n.*) المِسَلّة؛ المئبرة: إبرة ضخمة لخياطة الخيش.

packing plant (*n.*) = packing house.

pack·man [păk′mən] (*n.*) البائع المتجوِّل.

pack rat (*n.*) جُرَذ الخشب: «أ» جُرَذ يجمع في جُحْرِهِ ضروبًا مختلفة من الأشياء الصغيرة. «ب» شخص يُعْنَى بجمع الأشياء التافهة أو ادّخارها.

pack·sack [păk′săk′] (*n.*) حقيبة الظهر.

pack·sad·dle [-′săd′əl] (*n.*) سَرْج التحميل: سرج مُعَدّ لنقل الأحمال على ظهور الدواب.

packsaddle

pack·thread [-′thrĕd′] (*n.*) المَصِّيص: خيطٌ قنّبيّ تُخاط به الطرود.

pact [păkt] (*n.*) ميثاق. وبخاصة: معاهدة دولية.

pad[1] [păd] (*vt.; i.*) (١) يجتاز سَيْرًا على القدمين x (٢) يمشي؛ يرتحل على القدمين (٣) يمشي بخطًى خافتة.

pad[2] (*n.; vt.*) (١) دِثار؛ رِفادة؛ وسادة رقيقة. مثل: «أ» لِبادة توضع تحت السَّرْج. «ب» لبادة يُحْشَى بها جزء من الثوب. «ج» وقاء لبعض أجزاء الجسم من الأذى. «د» ضِمادة (٢) المِخْتمة؛ اللِّيقة: أداة لتحبير الخَتْم المطاطيّ قبل استعماله (٣) قَدَم الحيوان؛ قائمة الحيوان (٤) الوِثْرة: غِلَظٌ كالوسادة في باطن قدم الكلب أو الثعلب إلخ (٥) الورقة الطافية [من نبات مائيّ] (٦) إضمامة الورق: مجموعة من ورق الكتابة مُغَرّاة من أحد جوانبها (٧) الدِّثار: جزء من المطار مخصَّص لإقلاع الطائرات أو هبوطها (٨) مِنصّة الإطلاق [تُطْلَق منها الصواريخ] (٩) «أ» بيت؛ شقة (ع). «ب» سرير (ع) § (١٠) يحشو؛ يبطِّن (١١) يَخْنُق الصوت (١٢) يحشو؛ يطيل بالحَشْو <to ~ a short article>.

pad[3] (*n.*) (١) ممرّ؛ طريق (عب) (٢) المُتهادي: فرس يتهادَى في خطوِه (٣) قاطعُ طريق.

pad[4] (*n.*) صوت خافت [كوَقْع الأقدام على الأرض].

pad·ding [păd′-] (*n.*) (١) الحَشْوة: مادّة، كالقطن أو القشّ، يُحْشَى بها شيء (٢) حَشْوُ الكلام (بل) (٣) حَشْو؛ تبطين.

pad·dle[1] [păd′əl] (*vi.*) (١) يُخَوِّض: يحرِّك يديه أو قدميه في الماء الضَّحل (٢) يَدْرُج: يمشي بخطًى قصيرةٍ مترنّحة مثل طفل صغير.

pad·dle[2] (*n.; vi.; t.*) (١) مِغْداف؛ غادوف؛ مجذاف (٢) المِحْراك: أداة لتحريك السوائل أو مزجها أو خَفْقِها (٣) الضِّلْع: أحد الألواح الخشبية العريضة المُثبّتة في محيط الناعورة إلخ (٤) ريشة [في ماكينة للمزج أو الخفق] § (٥) يُغَدِّف؛ يُجَذِّف x (٦) يُغَدِّف: يضرب أو يَخْفُق بمثل المِغْداف [في عمليَّتي الغَسْل أو الصباغة] (٧) يَضْرِب؛ يعاقب. — **pad·dler** (*n.*)

to ~ one's own canoe يعتمد على نفسه فقط.

pad·dle·box [păd′əl-] (*n.*) صندوق عجلة التغديف [في سفينة].

pad·dle·fish [păd′əl-] (*n.*) السَّمك المِغدافيّ: سمك ذو خَطْم طويل.

paddlefish

pad·dle steam·er (*n.*) المِغدافية: باخرة مزوَّدة بعجلات تغديف.

paddle wheel (*n.*) عَجَلة التغديف (مل).

pad·dock [păd′ək] (*n.*) المُسْتَراد: «أ» حقلٌ صغير قرب منزل أو إصطبل مخصَّصٌ لترويض الخيل بخاصة. «ب» حقلٌ مُعْشَوْشب في نادٍ لسباق الخيل تُسْرَج فيه الأفراس وتُسْتَعْرَض قبل تباريها.

pad·dy[1] [păd′ĭ] (*n.*) (١) الأرُزّ. وبخاصة: أرزّ غير مقشور (٢) حقلُ أرُزّ.

pad·dy[2] (*n.*) غَيْظ؛ غضبٌ شديد.

pad·dy wagon [păd′ĭ] (*n.*) = patrol wagon.

pa·di·shah [pä′dĭ shä′] (*n.*) العاهِل؛ المَلِك. وبخاصة: شاه إيران.

pad·lock [păd′lŏk′] (*n.; vt.*) (١) القُفل الحَلْقيّ: قُفْل ذو حَلْقةٍ مَعْدِنية متحرِّكة § (٢) يُقْفِل.

padlock *1.*

pa·dre [pä′drā] (*n.*) (١) قِسّيس (٢) قِسّيسٌ مُلْحَق بالجيش أو الأسطول.

pa·dro·ne [pə drō′nĭ] (*n.*) (١) الرئيس (٢) صاحب فندق إيطاليّ (٣) سِمسار العمل: وسيط يساعد المهاجرين الإيطاليين في العثور على عمل.

pad·u·a·soy [păj′o͞o ə soi′] (*n.*) حرير پادُوَا [أو ثوب مصنوع منه].

pae·an [pē′ən] (*n.*) البِيُون: أنشودة شكر أو تسبيح أو نصر.

paed- *or* **paedo-** *or* **ped-** *or* **pedo-** بادئة معناها: طفل؛ طفولة.

pa·el·la [pä ä′lə] (*n.*) القِدْرية: طبقٌ من أرزّ ولحم وثمار البحر إلخ.

pae·on [pē′ən] (*n.*) البَيُون: تفعيلة من تفعيلات الشعر (عر).

pa·gan [pā′gən] (*n.; adj.*) وثنيّ. — **pa·gan·ish** (*adj.*)

pa·gan·dom [-dəm] (*n.*) الوثنيّون: عَبَدَة الأوثان والأصنام.

pa·gan·ism [pā′gə nĭz′əm] (*n.*) (١) الوثنيّة (٢) دينٌ وثنيّ.

pa·gan·ize [pā′gə nīz′] *(vt.; i.)* (١) يجعله وثنيًّا x (٢) يصبح وثنيًّا .

page [1] [pāj] *(n.; vt.)* (١) غلام الفارس: غلام يعمل في خدمة فارس من فرسان القرون الوسطى (٢) الوصيف: غلام في خدمة شخص عظيم الشأن (٣) المُبَزَّز: مُسْتَخْدَم في فندق أو دار للسينما يرتدي عادةً بِزّةً مميَّزة § (٤) يؤدّي مهامّ الوصيف إلخ (٥) ينادي على: يستدعي نزيلًا في فندق، أو طبيبًا في مستشفًى، من طريق مناداته .

page [2] [pāj] *(n.; vt.; i.)* (١) صَفْحة [من كتاب أو في الإنترنت] <home ~> (٢) حَدَثٌ هامّ § (٣) يُرَقِّم [صفحاتِ كتابٍ إلخ] x (٤) يقلِّب الصفحات .

pag·eant [păj′ənt] *(n.)* (١) أُبَّهة فارغة (٢) مِهْرَجان . وبخاصة: مِهرجان مسرحيّ تاريخيّ يقام في الهواء الطلق عادةً (٣) مَوْكِب . وبخاصة: «أ» موكب مؤلّف من أشخاص يمتطون متون الجياد ويرفلون بأبهى الحلل . «ب» مَسِيرة؛ حركة متواصلة (٤) حفلة؛ مِهْرَجان <a beauty ~> .

pag·eant·ry [păj′ən trĭ] *(n.)* (١) «أ» المهرجانات والمواكب جملةً . «ب» مهرجان؛ موكب (٢) أُبَّهة (٣) أُبَّهة فارغة .

page boy *(n.)* (١) خادم؛ وصيف (٢) **page·boy** عد: الوصيفية: قَصَّة نسائية يُرْسَل فيها الشعر حتى الكتفين حيث يلتفّ نحو الداخل .

pag·er [pā′jər] *(n.)* (١) المُنادي: «أ» مَن يُنادي على (را . 5 page[1]) . «ب» مكبِّر للصوت يُستخدم للمناداة (٢) beeper .

pag·i·nal [păj′ə nəl] *(adj.)* صَفْحيّ: «أ» متعلّق بصفحة كتاب إلخ . «ب» مؤلّف من صفحات . وبخاصة: مطبوع أو مُصَوَّرٌ صفحةً صفحةً .

pag·i·nate [păj′ə nāt′] *(vt.)* يُرَقِّم [الصَّفحات] .

pag·i·na·tion [păj′ə nā′-] *(n.)* (١) ترقيم الصَّفحات (٢) أرقام الصفحات أو ترتيبها .

pa·go·da [pə gō′də] *(n.)* الباغودة: هيكل أو معبد [هندي أو صيني إلخ] متعدِّد الأدوار .

pagoda

pah·la·vi [pä′lə vē] *(n.)* البَهْلَوِيّ: وحدة النقد الإيراني [سابقًا] .

Pah·la·vi *(n.)* (١) البَهْلَوِيّة: لغة الفرس الساسانيّين (٢) الخطّ البَهْلَوِيّ .

paid [pād] *(adj.)* (١) مأجور <a ~ job> (٢) مُسَدَّد <a ~ invoice> .

pai–hua [bī′hwä′] *(n.)* البايَهْوِيّة: شكلٌ من اللغة الصينيّة المكتوبة مبنيٌّ على العامّيّة الصينيّة الحديثة .

pail [pāl] *(n.)* (١) دَلْوٌ؛ سَطْل (٢) مِلءُ دَلْوٍ .

pail·ful [pāl′fo͝ol′] *(n.)* مِلءُ دَلْوٍ؛ مِلءُ سَطْل .

pail·lasse [păl yăs′; păl′yəs] *(n.)* فِراش من قشّ .

pail·lette [păl yĕt′] *(n.)* البَهْرَج: كل شيء صغير برّاق [كالتِّرْتِر أو البَرَق الذي تُزَيَّن به الملابس] .

pail·lon [pȧ yôn′] *(n.)* رُقاقة معدنية [تُستخدم في التذهيب خاصةً] .

pain [pān] *(n.; vt.; i.)* (١) عُقوبة؛ قِصاص (٢) «أ» ألم؛ وَجَع . «ب» أسًى؛ غمّ (٣) *pl.* المخاض؛ آلام الولادة (٤) *pl.*: جهد § (٥) يؤلم؛ يوجع (٦) يُزعِج؛ يثير .

to spare no ~*s* لا يألو جهدًا .

to take ~*s* يبذل جهدًا عظيمًا .

under (*or* on) ~ of تحت طائلة العقوبة بكذا .

pained [pānd] *(adj.)* متألم؛ نامٌّ عن الحزن <a ~ look> .

pain·ful [-′fəl] *(adj.)* (١) مؤلم؛ مُوجِع؛ مُحْزِن (٢) مُوْجَع: مصابٌ بألم <a ~ arm> (٣) مُزْعِج (٤) شاقّ <a ~ task> .

pain·kill·er [pān′-] *(n.)* قاتل الألم؛ مسكِّن الألم [كبعض العقاقير] .

pain·less *(adj.)* (١) جَلْد؛ صبورٌ على الألم (٢) غير مؤلم (٣) يسير .

pains·tak·ing [pānz′-] *(n.; adj.)* (١) اجتهاد؛ كدّ؛ بَذْل الجهد § (٢) «أ» جاهِدٌ: مُتَّسِمٌ بالمثابرة . «ب» مجتهد: باذلٌ غايةَ الجهد والعناية <a ~ worker> .

paint [pānt] *(vt.; i.; n.)* (١) «أ» يَصْبِغ؛ يُلوِّن . «ب» يُجَمِّل: يلوِّن [الوجهَ أو الشفةَ] بمستحضرٍ تجميليّ . «ج» يدهن؛ يطلي (٢) «أ» يصوِّر؛ يرسم [بالأصباغ] . «ب» يزخرف بالخطوط والألوان . «ج» يصف وصفًا نابضًا بالحياة x (٣) يمارس فنّ الرسم (٤) يتبرّج؛ يستعمل مستحضرات التجميل § (٥) الصَّبْغ؛ الدَّهْن؛ التصوير؛ أو شيء ناشئ عن ذلك (٦) صِبْغ أو مُسْتَحْضَر تجميليّ (٧) دهان؛ طلاء (٨) الفَرَس الأرقط (را . pinto 2) .

paint·box [pānt′-] *(n.)* عُلبة الألوان أو الأصباغ [للرسم الزيتي] .

paint·brush [pānt′-] *(n.)* (١) فرشاة الرَّسم (٢) فرشاة الدَّهن .

painted lady *(n.)* السيِّدة المُصَبَّغة: فراشة جميلة، مترحِّلة، ذات جناحين مُرَقَّطَيْن .

painted lady

painted woman *(n.)* العاهرة؛ الفاجرة؛ المستهترة .

paint·er *(n.)* (١) الرَّسّام؛ الدَّهّان (٢) الواثوق: حبلٌ يُوثَقُ به المركب .

painter's colic *(n.)* = lead colic.

paint·ing *(n.)* (١) لوحة فنية (٢) «أ» رسم . «ب» طَلْيٌ بالدّهان .

paint·work [pānt′-] *(n.)* (١) طَلْي؛ دَهْن (٢) طِلاء؛ دِهان .

pair [pâr] *(n.; vt.; i.)* (١) «أ» زوج <a ~ of socks> . «ب» شيء مؤلّف من قطعتين متقابلتين <a ~ of scissors *or* trousers> (٢) «أ» زوج من الحيوان . «ب» زوجان؛ خطيبان؛ حبيبان . «ج» الزَّوج: ورقتا لَعِب متماثلتا القيمة (٣) القَرينان: «أ» فَرَسان مشدودان، جنبًا إلى جنب، إلى عَرَبة من العَرَبات . «ب» عضوان في جمعية تشريعيّة مختلفان في الرأي يتفقان على أن لا يصوّتا على قضيّة ما خلال مدة معينة . وأيضًا: اتفاق من هذا الضرب بين عضوين . «ج» *pl.*: شريكان في اللَّعِب (٤) مجموعة أشياء صغيرة [كالخَرَز ونحوه] § (٥) يُزاوِج؛ يَقْرِن (٦) يُزَوِّج؛ يَعْقِد القِران (٧) يَقْرِن: يَعْقِد اتفاقًا يقضي بعدم التصويت على مسألة معيَّنة [في جمعية تشريعية إلخ] (٨) يُرتِّب زوجًا زوجًا <She ~*ed* her guests.> x (٩) يأتلِف؛ يتوافق مع (١٠) يتجمَّعون أزواجًا؛ يتوزّعون زوجًا زوجًا <The happy crowd gradually ~*ed* off.>.

pair–oar [pâr′ōr′] *(n.)* مَثْنويّ المجذاف: مَرْكَب يُجذَف فيه رَجُلان

أحدهما جالسٌ خلف الآخر ولكلٍّ منهما مجذاف واحدٌ يُعمِلُه .

pair–oared [-ˊōrd] *(adj.)* مُثَنَّى المجذاف <a ~ boat> .

pair of compasses *(n.)* بركار؛ فِرجار .

pais·ley [pāzˊlĭ] *(n.; adj.)* (١) البَيْزْليّ : «أ» نسيج صوفيّ مُزَرْكش بالرسوم . «ب» كلّ ما هو مصنوع من البَيْزلي § (٢) بَيْزليّ : مصنوع من البَيْزلي أو على نحوٍ شبيه به <a ~ shawl> .

pa·ja·ma [pə jămˊə] *(n.)* = pajamas.

pa·ja·mas [pə jămˊəz; -jäˊməz] *(n. pl.)* المَنامة؛ البيجامة .

pal [păl] *(n.; vi.)* (١) صديق؛ خَدِين § (٢) يتصادق؛ يتخادن .

pal·ace [pălˊəs] *(n.; adj.)* (١) بلاط؛ قصر (٢) مبنًى كبير فَخم § (٣) بَلاطيّ <~ politics> (٤) فاخر؛ مُترَف <a ~ hotel> .

pal·a·din [pălˊə dĭn] *(n.)* (١) البَلادِن : «أ» نصير لأحد الأمراء، في القرون الوسطى . «ب» بطل أسطوريّ (٢) نصيرٌ بارز [لقضيّة ما] .

pa·laes·tra [pə lĕsˊtrə] *(n.)* pl. **-e** *or* **-s** (١) معهد المصارعة [عند الإغريق] (٢) الجمنازيوم : حجرة أو مبنًى للألعاب الرياضية .

pa·lan·quin [pălˊən kēnˊ] *(n.)* مِحَفَّة .

palanquin

pal·at·a·bil·i·ty [păl ət ə bĭlˊ-] *(n.)* السّائغيّة؛ المُستساغيّة : كون الشيء سائغًا أو مُستساغًا .

pal·at·a·ble [pălˊət ə bəl] *(adj.)* (١) سائغ؛ شهيّ <a ~ dish> (٢) مُستساغ [عقليًّا] .

pal·a·tal [-ˊə təl] *(adj.; n.)* (١) حَنَكيّ (٢) نِطعيّ § (٣) الصوت النِّطعيّ .

pal·a·tal·ize [pălˊə tə līzˊ] *(vt.)* (١) يتنطَّع : يلفظ الحروف على نحوٍ نِطعيّ (٢) يُنطِّع : يحوِّله إلى صوت نِطعيّ (ل) .

pal·ate [pălˊət] *(n.)* (١) الحَنَك : سَقْف الحَلْق (ت) (٢) ذوق؛ مَشرب (٣) حاسّة الذَّوق .

pa·la·tial [pə lāˊshəl] *(adj.)* (١) بلاطيّ؛ قَصْريّ (٢) واسع؛ رَحْب .

pa·lat·i·nate [pə lătˊ-] *(n.)* البَلاطِنيّة : مقاطعة يحكمها بَلاطِين .

pal·a·tine [1] [pălˊə tīn; -ˊə tĭn] *(n.; adj.)* (١) البَلاطِين : «أ» موظف كبير في بلاط أمبراطوري . «ب» أمير إقطاعي ذو امتيازات ملكية في مقاطعته (٢) *cap.* : البَلاطينيّ : أحد أبناء «البلاتينايت» **Palatinate** وهما مقاطعتان ألمانيتان كان يحكم كلًّا منهما، في عهد الأمبراطورية الرومانية المقدسة، أمير بلاطينيّ (٣) البَلاطينيّ : فرو يكسو العنق والمنكبين § (٤) بلاطيّ : ذو علاقة ببلاط . وبخاصة : ذو علاقة ببلاط أحد أباطرة الأمبراطورية الرومانية المقدَّسة (٥) فَخْم (٦) بلاطينيّ : «أ» متمتّع بامتيازات ملكيّة <a count ~> . «ب» ذو علاقة بأحد البَلاطِين أو بمقاطعة يحكمها بَلاطين .

pal·a·tine [2] *(adj.; n.)* (١) حَنَكيّ <~ bones> § (٢) العَظْم الحَنَكيّ .

pa·lav·er [pə lăvˊər; -läˊvər] *(n.; vi.; t.)* (١) «أ» مناقشة طويلة [تدور عادةً بين أناسٍ متفاوتي الثقافة] . «ب» حديث؛ محاورة (٢) «أ» هَذْر؛ لَغْو . «ب» تملُّق؛ مُداهَنة؛ تزلُّف . «ج» كلام مضلِّل أو خادع § (٣) يَهْذِر؛ يلغو؛ يثرثر (٤) يُحادِث؛ يُناقِش **x** (٥) يتملَّق؛ يداهن .

pa·laz·zo [pä lätˊsô] *(n.)* قَصْر أو مُتْحف [وبخاصة في إيطاليا] .

pale [1] [pāl] *(adj.; vi.; t.)* (١) شاحب (٢) باهت؛ فاتح (٣) واهن؛ ضعيف § (٤) يَشْحُب؛ يَبْهُت **x** (٥) يُشْحِب؛ يُبْهِت .

pale [2] *(vt.; n.)* (١) يُسَيِّج : يُطوِّق بسِياج § (٢) وَتِدٌ [من أوتاد السِّياج] (٣) «أ» حَظِيرة . «ب» مقاطعة . «ج» نطاق؛ حدود .

beyond (*or* outside *or* out of) the ~, (١) خارجَ حظيرة أو نطاق أو حدود كذا (٢) خارجَ نطاق المقبول اجتماعيًا .

pale- *or* **paleo-** بادئة معناها : «أ» باحثٌ في الأشكال القديمة <*paleo*zoology> . «ب» قديم؛ بدائيّ <*Paleo*lithic> .

pa·le·a [pāˊlĭ ə] *(n.)* pl. **-e** العُصَيْفة؛ الحَرْشَفَة الزهرية (نب) .

pa·le·eth·nol·o·gy [pāˊlĭ ĕth nŏlˊə jĭ] *(n.)* البَلِثنولوجيا : فرعٌ من علم الأعراق والسلالات البشرية يبحث في إنسان ما قبل التاريخ .

pale·face [pālˊfāsˊ] *(n.)* الأبيض؛ ذو الوجه الشاحب .

pa·le·o·an·thro·pol·o·gy [pāˊlĭ ō-] *(n.)* الباليوأنثروبولوجيا؛ أنثروبولوجيا الإنسان القديم : علم يبحث في أصول الإنسان القديم وتطوّره .

pa·le·o·bo·tan·i·cal [pāˊlĭ ō-] *(adj.)* نباتيّ إحاثيّ؛ نباتيّ أُحفوريّ .

pa·le·o·bot·a·ny [pāˊlĭ ō bŏtˊ-] *(n.)* علم النبات الإحاثيّ أو الأُحفوريّ : علم يبحث في المُستحاثات أو الأحافير أو المتحجّرات النباتية .

Pa·le·o·cene [pāˊlĭ ə sēnˊ] *(n.; adj.)* (١) الحِين الباليوسينيّ؛ العصر الحديث الأسبق (جي) § (٢) باليوسينيّ .

pa·leo·ecol·o·gy [pāˊlĭ ə ĭ kŏlˊ-] *(n.)* علم البيئة القديمة .

pa·le·o·ge·og·raph·y [pāˊlĭ ō jĭ ŏgˊ-] *(n.)* الجغرافيا القديمة .

pa·le·o·graph·er [pāˊlĭ ŏgˊ-] *(n.)* البِليوغرافيّ : العالم بالبِليوغرافيا .

pa·le·o·graph·ic; -al [pāˊlĭ ə grăfˊ-] *(adj.)* بِليوغرافيّ .

pa·le·og·ra·phy [pāˊlĭ ŏgˊrə fĭ] *(n.)* (١) طريقة قديمة في الكتابة (٢) كتابات قديمة (٣) البِليوغرافيا : دراسة المخطوطات والنقوش القديمة .

pa·le·o·lith [-lĭthˊ] *(n.)* الأداة الحجرية : أداة من العصر الحجريّ القديم .

Paleolithic period *(n.)* العصر الباليوليثيّ؛ العصر الحجري القديم .

pa·le·on·to·log·ic; -al [pāˊlĭ ŏnˊtə lŏjˊ-] *(adj.)* بَلْيونتولوجيّ؛ إحاثيّ : ذو علاقة بالبَلْيونتولوجيا أو علم الإحاثة .

pa·le·on·tol·o·gist [-tŏlˊ-] *(n.)* البَلْيونتولوجيّ؛ الإحاثيّ : العالِم المتخصّص بالبَلْيونتولوجيا أو علم الإحاثة .

pa·le·on·tol·o·gy [pāˊlĭ ən tŏlˊə jĭ] *(n.)* البَلْيونتولوجيا؛ علم الإحاثة : علمٌ يبحث في أشكال الحياة في العصور الجيولوجية الغابرة كما تمثّلها الأحافير أو المستحاثات الحيوانية والنباتية .

Paleozoic era *(n.)* الدّهر القديم (جي) .

pa·le·o·zo·o·log·i·cal [pāˊlĭ ō zōˊ ə lŏjˊ-] *(adj.)* حيوانيّ إحاثيّ .

pa·le·o·zo·ol·o·gy [-ŏlˊə jĭ] *(n.)* علم الحيوان الإحاثيّ : فرع من البليونتولوجيا يبحث في الحيوانات القديمة أو المُستحاثة .

Pal·es·tin·i·an [-stĭnˊ-] *(adj.; n.)* (١) فِلَسْطينيّ § (٢) الفِلَسْطينيّ .

pal·et [pā lĕtˊ] *(n.)* = palea.

pal·ette [pălˊət] *(n.)* المَلْوَن : «أ» لوحة ألوان الرسّام . «ب» مجموعة الألوان الموضوعة على مَلْوَن .

palette *a.*

palette knife *(n.)* المَزّاجَة: مُدْيَة يمزج بها الرسّام ألوانه.

pal·frey [pôl′frĭ] *(n.)* البَلْفَريّ: جوادٌ صغير تمتطيه السيِّدات (ا. ق).

Pa·li [pä′lĭ] *(n.)* الباليّة: لغة الأسفار البوذية المقدَّسة.

pal·i·mo·ny [păl′ə mō′nĭ] *(n.)* نَفَقة [تُدفع إلى الخليلة عند هَجْرها].

pa·limp·sest [păl′ĭmp sĕst′] *(n.)* الطِّلْس؛ الطِّرس: رَقٌّ أو لوحٌ كُتِبَ عليه مرتين أو ثلاثًا بعد مسح الكتابة الأولى عنه.

pal·in·drome [păl′ĭn drōm′] *(n.)* المعكوس: لفظة [مثل: *level*] أو جملة [مثل *Able was I ere I saw Elba*] تُقرأ طردًا وعكسًا.

pal·ing [pā′-] *(n.)* (١) حَسِيكَة (را. palisade)؛ سياج (٢) خشب الحسائك: خشب تُتَّخذُ منه أوتادُ الحَسِيكة (٣) وَتِد السِّياج.

pal·in·gen·e·sis [-jĕn′-] *(n.)* (١) ولادة ثانية. وبخاصة: المعمودية (٢) التناسُخ.

pal·i·node [păl′ə nōd′] *(n.)* (١) التراجُعيّة: قصيدة يتراجع فيها شاعرٌ عن شيء قاله في قصيدة سابقة (٢) تراجع.

pali·sade [păl′ə sād′] *(n.; vt.)* (١) الحَسِيكة: سياج من أوتاد خشبية قوية مستدقّة (٢) وَتِد الحَسِيكة (٣) الأجراف الحادّة: سلسلة أجراف (را. cliff) شاهقة شديدة التحدّر § (٤) يُحَسِّك: يطوّق أو يُحَصِّن بحسائك.

pal·ish [pā′lĭsh] *(adj.)* شاحب قليلًا؛ شاحبٌ بعضَ الشيء.

pall[1] [pôl] *(vi.; t.)* (١) يَضْعُف؛ يَهِن (٢) يُصبح تافهًا أو بغيضًا أو مُملًّا (٣) يَمَلّ x (٤) يجعله تافهًا إلخ (٥) يُتْخِم.

pall[2] *(n.)* (١) طَيْلَسان البابا [أو الأسقف] (٢) غطاء كأس القربان (نص) (٣) «أ» غطاء النعش [يُصْنَع عادةً من جوخ مخمليّ أسود أو أرجوانيّ]. «ب» نعش [وبخاصة حين يكون مشتملًا على جثة] (٤) «أ» حجاب قاتم كثيف. «ب» سحابة داكنة <a ~ of smoke>. «ج» مَسْحة كآبة.

Palladian window [pə lā′dĭ ən] *(n.)* النافذة البالّاديوية.

Palladian window

pal·la·di·um[1] [pə lā′dĭ əm] *(n.)* (١) *cap.* البلّاديوم: تمثال «پالّاس»، إلاهة الحكمة والفنون عند الإغريق، وكانوا يعتقدون أن سلامة مدينة طَرْوادَة رهنٌ بالمحافظة عليه (٢) الحافظ؛ الواقي [وجمعها pallada].

pal·la·di·um[2] *(n.)* البلّاديوم: عنصرٌ فِلِزّيّ فضي البياض (ك).

pal·la·dous [-′dəs] *(adj.)* بلّاديوميّ: منسوب إلى البلّاديوم (ك).

Pal·las [păl′əs] *(n.)* (١) بالّاس: الإلاهة أثينا Athena إلاهة الحكمة والفنون عند الإغريق (٢) پالّاس: سُيَيّر أو كُوَيكب اكتُشف عام ١٨٠٢.

pall·bear·er [pôl′bâr′-] *(n.)* حامل النعش أو بساط الرحمة [في جنازة].

pal·let[1] [păl′ət] *(n.)* حَشِيّة قَشّ؛ فراش قشّ [مؤقّت عادةً].

pal·let[2] *(n.)* (١) المُشَكِّلة: أداة لتشكيل الفخّاريات (٢) palette (٣) السَّقّاطة؛ الحابسة؛ «شاكوش الساعة»: ذراع تنظِّم حركة العجلات المسنَّنة أو تديرها (٤) مِنَصَّة خشبية أو معدنية

A. pallet[2] 3.

[توضع عليها السِّلع لخزنها أو لنقلها في مستودع إلخ] (٥) منقاش التذهيب؛ مِيْسَم التذهيب.

pal·let·ize [păl′ə tīz′] *(vt.)* (١) يضع على مِنصّة (٢) ينقل بمِنصّة.

pal·lette [păl′ət] *(n.)* الإبطيّة: صفيحة في الدِّرع لوقاية الإبط.

pal·liasse [păl yăs′; păl′yăs] *(n.)* = paillasse.

pal·li·ate [păl′ĭ āt′] *(vt.)* (١) يلطِّف؛ يسكِّن الألمَ إلخ (٢) يبرِّر جزئيًّا: يلطِّف من خطورة الجرم بأن يلتمس لمرتكبه المعاذيرَ والظروف المخفِّفة <tried to ~ the crime>.

pal·li·a·tive [păl′ĭ ā′tĭv] *(adj.; n.)* مُلَطِّف؛ مسكِّن؛ مُخفِّف إلخ.

pal·lid [păl′ĭd] *(adj.)* (١) شاحب (٢) باهت (٣) فاتر؛ مُمِلّ.

pal·li·um [păl′ĭ əm] *(n.)* pl. **pal·li·a** *or* **-s** (١) البَلْيوم: رداء رِجاليّ مستطيل [عند الإغريق والرومان] (٢) طَيْلسان البابا [أو الأسقف] (٣) «أ» قشرة المخّ (ت). «ب» الرِّداء (را. mantle *3*).

pall–mall [pĕl′mĕl′] *(n.)* البَلْمَل: «أ» لعبة قديمة، راجت في القرن السابع عشر للميلاد، تُدْفَع فيها كرةٌ خشبية بمضرب خاصّ بُغية إمرارها في حلقة حديدية عند طَرَف مجازٍ تجري فيه. «ب» مَجاز البَلْمَل.

pal·lor [păl′ər] *(n.)* الشُّحوب: امتقاع في اللون.

pal·ly [păl′ĭ] *(adj.)* مُتَصادِق؛ متخادِن؛ مُتوادّ.

palm[1] [päm; pälm] *(n.)* (١) نخلة (٢) سَعَفُ النَّخل [بوصفه رمزًا للنصر والابتهاج] (٣) غصن غارٍ إلخ يُتّخذ للغرض نفسه (٤) رمز الانتصار. أيضًا: نَصْر؛ ظَفَر (٥) ملحق ذو سَعَف [لوسام عسكري].

to bear (*or* carry off) the ~, ينتصر؛ يفوز.

to yield the ~ (to somebody) يُسَلِّم بهزيمته؛ يُقِرُّ لفلان بالانتصار عليه.

palm[2] *(n.; vt.)* (١) «أ» راحة اليد. «ب» راحة المجذاف (٢) البَلْم: عَرْض اليد أو طولها من المِعصم إلى رؤوس الأصابع (٣) الراحة: كلُّ ما يُغطّي راحة اليد [كجزء من قفّاز إلخ] § (٤) «أ» يَمَسّ براحة اليد. «ب» يصافح (٥) يُخفي في راحة اليد أو بها <to ~ a card> (٦) يختلس (٧) يَخْدع: «أ» يبيعه شيئًا من سَقَط المتاع وكأنه شيء نفيس. «ب» يَفْرض عليه [سِلْعة إلخ] بالحيلة والخداع (٨) يَرْشو (ع).

to have an itching ~, يكون متلهّفًا دائمًا على أخذ الرشوة.

pal·ma·ceous [pä(l) mā′shəs] *(adj.)* نَخْليّ: متعلّق بالفصيلة النخليّة.

pal·mar [pä′mər; păl′-] *(adj.)* راحيّ: ذو علاقة براحة اليد.

pal·ma·ry [pä′mə rĭ; păl′-] *(adj.)* بارز؛ رئيسيّ، أفضل.

pal·mate [pä(l)′māt′] *also* **pal·mat·ed** *(adj.)* راحيّ: شبيه براحة اليد.

palmate leaf

pal·mat·i·fid [pä(l) măt′-] *(adj.)* راحيّ الانفراج: مشقوق على شكل راحة اليد وقد انفرجت أصابعها <a ~ leaf>.

palm·er [pä′mər; păl′-] *(n.)* الحاجّ المُسَعَّف: حاجٌّ عائد من الديار

المقدَّسة يزين صدره بسَعْفَتَيْن متصالبتين رمزًا لذلك (نص).

palm·er·worm [pä(l)′mər wûrm′] *(n.)* دودة الأشجار المثمرة.

pal·met·to [păl mĕt′ô] *(n.)* البَلْميط: ضربٌ من النخل قصيرٌ مِرْوَحيّ السَّعَف.

palmetto

palm·i·ped [pä(l)m′-] *(adj.)* كَفِّيّ القدَم: ذو قدم ملتحمة الأصابع.

palm·ist [päm′ĭst; päl′-] *(n.)* قارئ الكفّ.

palm·is·try [päm′-; päl′-] *(n.)* قراءة الكفّ.

pal·mi·tate [păl′mə tāt′; pä′-] *(n.)* بَلْميتات؛ نَخْليلات (ك).

pal·mit·ic acid [păl mĭt′-; pä-] *(n.)* الحَمْض النّخيليّ (ك).

pal·mi·tin [păl′mə tĭn; pä′-] *(n.)* البَلْميتين؛ النَّخلين (ك).

palm oil *(n.)* زيت النخيل (ك).

palm reader *(n.)* = palmist.

palm sugar *(n.)* سُكّر النّخيل.

Palm Sunday *(n.)* أحَدُ السَّعَف: الأحد الذي يسبق الفِصح [ذكرى دخول المسيح بيت المقدس حيث نُثِر على طريقِهِ سَعَفُ النخل].

palm·y [pä′mĭ; päl′-] *(adj.)* (١) كثير النّخيل؛ مُظَلَّل بالنَّخيل <a ~ island> (٢) مُزْدهِر؛ ناجح <my *palmiest* days>.

pal·my·ra [păl mī′rə] *(n.)* البَلْمير؛ التّال: نخل مِرْوَحيّ السَّعَف.

pal·o·mi·no [păl′ə mē′nō] *(n.)* البَلْمين: فرسٌ عربيٌّ النِّجار.

pa·loo·ka [pə lo͞o′-] *(n.)* الأخرق: شخص تُعْوِزُهُ الكفاءة أو الرشاقة.

palp [pălp] *(n.)* = palpus. **— pal·pal** *(adj.)*

pal·pa·ble [păl′pə-] *(adj.)* (١) ملموس؛ محسوس (٢) واضح؛ صريح.

pal·pa·bly [-blĭ] *(adv.)* (١) على نحوٍ ملموس أو محسوس (٢) بوضوح.

pal·pate [păl′pāt′] *(vt.; adj.)* (١) يَجُسّ: يفحص طبّيًّا باللَّمس § (٢) ذو مِلْمس؛ ذو مَلامِس [صفةٌ للحشرة]. **— pal·pa·tion** *(n.)*

pal·pe·bral [păl′pə-] *(adj.)* جَفْنيّ: خاصّ بالأجفان أو واقعٌ قربَها.

pal·pi [păl′pī] *pl. of* palpus.

pal·pi·tant [păl′pə-] *(adj.)* (١) نابض؛ خافق (٢) مرتجف؛ مُرْتعد.

pal·pi·tate [-tāt′] *(vt.)* (١) يَجِبُ: ينبض بسرعة (٢) يرتجف؛ يرتعد.

pal·pi·ta·tion [păl′pə tā′-] *(n.)* (١) الوجيب: خفقان القلب بسرعة (٢) ارتجاف.

pal·pus [păl′-] *(n.)* pl. **-pi** [pī] المِلْمَس: عضو اللَّمس في فم الحشرة.

pals·grave [pôlz′grāv′] *(n.)* الأمير البلاطينيّ: كونت ألمانيّ من كونتات الأمبراطوريّة الرومانيّة المقدسة ذو امتيازات ملكية في مقاطعته.

pal·sied [pôl′zĭd] *(adj.)* (١) مشلول (٢) مصاب بالشَّلل الارتجافي.

pal·sy [-′zĭ] *(n.; vt.)* (١) شَلَل (٢) الشَّلَل الارتجافي: حالة تتّسم بارتجاف الجسد أو أحد أعضائه على نحوٍ لا سبيلَ إلى السيطرة عليه § (٣) يَشُلّ.

pal·sy–wal·sy [păl′zē wăl′zē] *(adj.)* حميم؛ صادِق الوُدّ.

pal·ter [pôl′-] *(vi.)* (١) يُراوغ (٢) يَعْبث (٣) يساوم [عند الشراء].

pal·tri·ness [pôl′trĭ-] *(n.)* (١) رداءة [في النوع] (٢) حَقارة؛ خِسّة (٣) تفاهة (٤) ضَآلة.

pal·try [pôl′trĭ] *(adj.)* (١) رديء النوع (٢) حقير؛ خسيس؛ جدير بالازدراء (٣) تافه <a ~ excuse> (٤) ضئيل.

pa·lu·dal [pə lo͞o′dəl; păl′yə-] *(adj.)* سَبْخيّ؛ مُسْتَنْقعيّ.

pal·u·dism [păl′yə dĭz′əm] *(n.)* = malaria.

pal·u·drine [păl′yə drēn] *(n.)* البَلُودْرين: عَقّار مُضادٌّ للملاريا.

pal·y [pā′lĭ] *(adj.)* = pallid.

pal·y·nol·o·gy [păl′ə nŏl′ə jĭ] *(n.)* البلينولوجيا: فرع من علم النبات يبحث في غُبار الطَّلْع وفي الأبواغ.

pam·pa [păm′pə; päm′-] *(n.)* البَمْب: سهل واسع معشوشب [في أميركا الجنوبية]. **— pam·pe·an** *(adj.)*

pam·per [păm′pər] *(vt.)* (١) يُدَلِّل [طفلًا] (٢) يشبع رغبةً.

pam·pe·ro [päm pâr′ō] *(n.)* البَمْبير: ريح قوية جنوبْغَربيّة باردة تهبّ على بَمْبات (را. pampa) أميركا الجنوبية.

pam·phlet [păm′flĭt] *(n.)* كُرّاس؛ كُرّاسة؛ كُتَيِّب.

pam·phlet·eer [păm′flĭ tēr′] *(n.; vi.)* (١) الكراريسيّ: مؤلِّف الكراريس § (٢) يؤلف الكراريس وينشرها.

pan [1] [păn] *(n.; vi.; t.)* (١) «أ» وعاء؛ قِدْر. «ب» مِقلاة (٢) الحُوَيْض: مخزن البارود في بندقية قديمة (٣) كِفّة [الميزان] (٤) الحَوْض: وعاء معدنيّ مستدير قليل العُمق يُتَّخذ لفصل الذهب، بغَسْلِهِ، عن الأتربة (٥) الغَوْر: «أ» مُنْخَفَض أو حوض طبيعيّ. «ب» حوض اصطناعي لإنتاج الملح بتبخير المياه المالحة إلخ (٦) القُرْص الجليديّ: قطعة منجرفة من الجليد الرقيق المتشكّل في الخُلجان وعلى الشواطئ (٧) hardpan (٨) وَجْه (ع) (٩) نقدٌ لاذع § (١٠) يغسل التراب والحصى إلخ في وعاء بحثًا عن الذهب إلخ (١١) «أ» يُنتِج ذهبًا: يُعطي الترابُ إلخ ذهبًا من طريق الغسل في وعاء. «ب» يُسْفِر عن [نتيجةٍ ما] x (١٢) يفصل [الذَّهب إلخ] عن الأتربة بغسله في وعاء (١٣) ينتقد بقسوة.

pan [2] *(n.)* (١) ورقة التنبول betel (٢) مَضيغة [من أوراق التنبول].

pan [3] *(n.; vt.; i.)* (١) التَّدوير [الفوتوغرافي]: تدوير أو تحريك المصوِّرة السينمائية أو التلفزيونية عموديًا وأفقيًا بُغيَةَ إضفاء مَسْحة بانوراميّة على الصورة § (٢) يدوِّرُ أو تَدُورُ [المصوِّرة السينمائية أو التلفزيونية] عموديًا وأُفقيًا.

Pan بان: إلَه الغابات والحقول والقُطعان عند الإغريق.

pan- بادئة معناها: «أ» كُلّ؛ جميع <*pan*chromatic>. «ب» شاملٌ جميع أجزاء مجموعةٍ معيّنة <*Pan*-American>. «ج» داعٍ إلى اتّحاد مجموعة معيّنة <*Pan*-Slavism>. «د» عامّ؛ شامل <*pan*carditis>.

pan·a·ce·a [-′ə sē′ə] *(n.)* الدواء العامّ: علاجٌ شافٍ لكل الأمراض.

pa·nache [pə năsh′; -näsh′] *(n.)* (١) البَناش: حزمة زِينيّة من ريش إلخ تكون على خوذة (٢) حيوية؛ نشاط (٣) اختيال؛ تِيْه.

pa·na·da [pə nä′də; -nā′-] *(n.)* الثَّريد: لونٌ من الطعام يشتمل على فُتات خبز منقوع <chicken ~>.

pan·a·ma [păn′ə mä′] *(n.)* قُبّعة باناما: قُبّعة خفيفة من قشٍّ ملوَّن.

Pan–A·mer·i·can *(adj.)* أميركيّ جامعٌ: خاصّ بجميع بلدان أميركا الشماليّة والوسطى والجنوبيّة أو جميع شعوبها.

Pan–A·mer·i·can·ism *(n.)* الجامعة الأميركية: حركة تهدف إلى تعزيز التعاون بين مختلف دول القارتين الأميركيتين.

Pan–Ar·a·bism *(n.)* الجامعة العربية؛ حركة القومية العربية.

pan·a·tel·a [păn'ə tĕl'ə] *(n.)* الباناتيلّا: سيجار طويل رفيع.

pan·cake[1] [păn'kāk'] *(n.)* البَنْكَيْكة: فطيرة مُحَلّاة رقيقة مُسَطَّحة.

pan·cake[2] *(vi.; t.)* (١) تَحُطّ انبطاحيًّا: تهبط الطائرةُ على الأرض منبطحةً على بطنها x (٢) يُحِطّ انبطاحيًّا: يجعل الطائرةَ تهبط على هذا النحو.

Pan–Cake *(n.)* قُرْص التجميل: ذرور [بودرة] لتجميل الوجه.

pancake landing *(n.)* الحطُّ أو الهبوط الانبطاحيّ (را. pancake[2]).

pan·car·di·tis [păn'kär dī'-] *(n.)* التهابُ القلبِ الشّاملُ (ط).

pan·chax [-'chăks'] *(n.)* البَنْشَكْس: سمك صغير زاهي الألوان.

pan·chro·mat·ic [păn'krō măt'ĭk] *(adj.)* بانكروماتيّ: حسّاس لجميع ألوان الطيف المرئيّ <~ films>.

pan·cra·ti·um [păn krā'shĭ əm] *(n.)* pl. **-ti·a** [shĭ ə] البَنْكراتيوم: مباراة رياضية إغريقية تشتمل على الملاكمة والمصارعة معًا.

pan·cre·as [păn'krĭ əs] *(n.)* المِعْقَد (مج)؛ المُعَثْكَلة؛ البَنْكِرِياس (ت).

pan·cre·at·ic juice *(n.)* العُصارة المِعْقَدية أو البنْكِرياسية (فس).

pan·cre·a·tin [păn'krĭ'ə tĭn] *(n.)* المِعْقَدين؛ البنكرياتين: مزيج خمائر من العصارة المِعْقَدية أو البنكرياسية (كح).

pan·cre·a·ti·tis [păn'krĭ ə tīt'-] *(n.)* التهاب المِعْقَد (ط).

pan·da [păn'də] *(n.)* البَنْدة: حيوان ثديّ من حيوانات شرق آسيا.

panda

pan·da·nus [-dā'nəs] *(n.)* الكاذِيّ: نبات شبيه بالنَّخيل.

pan·dect [păn'dĕkt] *(n.)* (١) مجموعة قوانين؛ مجلَّة أحكام عَدْلية (٢) الرسالة الشاملة: بحث مستفيض في موضوع ما.

pan·dem·ic [-dĕm'-] *(adj.; n.)* (١) وَبائيّ <~ malaria> § (٢) وباء؛ جائحة (ط).

Pan·de·mo·ni·um [-'nĭ əm] *(n.)* (١) بانديمونيوم: عاصمة الجحيم في «الفردوس المفقود» لملتون (٢) الجحيم (٣) .not cap: هَرْج؛ صَخَب؛ جَلَبة.

pan·der [păn'dər] *(n.; vi.)* (١) القَوّاد: سمسار الفاحشة § (٢) يَقُود: يعمل عملَ القَوّاد (٣) يُشْبع [شهواتِ الآخرين أو رغباتهم].

pan·dit [păn'-] *(n.)* البنديت: لقب هندي يُطلق على الحكيم أو العالِم.

pan·do·ra [păn dōr'ə] *(n.)* = bandore.

Pan·do·ra [păn dōr'ə] پَنْدورا: امرأة أرسلها زيوس إلى الأرض عقابًا للبَشَر بعد سرقة بروميثيوس النارَ، وأعطاها علبة تُعرف بِـ «علبة پندورا» **Pandora's box**؛ وما إن فتحتها بدافع الفضول حتى انطلقت منها صنوفٌ من الشرور والرزايا عمّت البشريةَ فصارت العلبة رمزًا لكلّ ما هو مصدر شرورٍ ومتاعبَ لا تنتهي.

pan·dow·dy [-dou'dĭ] *(n.)* البَنْدودة: حلوى تُعَدُّ من التفاح إلخ.

pandurate leaf

pan·du·rate [păn'dyə rāt']; **pan·du·ri·form** [-dyo͝or'-] *(adj.)* كمانيّ الشكل: شبيهٌ بشكل الكَمان.

pane [pān] *(n.)* جزء أو قطعة أو جانبٌ من شيء. مثل: «أ» لوح الزجاج: لوح زجاجيّ في إطار نافذة أو باب. «ب» الجانب: أحد جوانب الصَّمولة أو العَزْقة. «ج» القسيمة: قسم من صحيفة الطوابع البريدية.

pan·e·gyr·ic [păn'ə jĭr'ĭk] *(n.)* مديح؛ إطراء.

pan·e·gyr·ist [-jĭr'ĭst] *(n.)* المادِح؛ المُطْري.

pan·e·gy·rize [păn'ə jə rīz'] *(vt.; i.)* يَمْدَح؛ يُطري.

pan·el [păn'əl] *(n.; vt.)*, **-eled** *or* **-elled** (١) «أ» جدول المحلّفين: جدول بأسماء المرشّحين لأن يُدْعَوا للمشاركة في هيئة محلّفين. «ب» هيئة محلّفين. «ج» هيئة مستشارين. «د» هيئة محققين. «هـ» المتناظرون: جماعة من المتناقشين، على ملأ من الناس، في مسألة سياسيّة أو اجتماعية. «و» مناقشة عامة. «ز» ضيوف البرنامج: جماعة من الفنانين أو الضيوف يشاركون في الإجابة عن ضروب من الأسئلة والأحاجيّ تُوَجَّه إليهم في برنامج من برامج التسلية الإذاعية أو التلفزيونية (٢) اللوح؛ اللوحة؛ القِطاع: جزء مستقلّ أو متميّز من سطحٍ ما. مثل: «أ» جزء من السِّياج أو الدرابزين واقع بين عمودين. «ب» لوح البابِ: أحد أجزائه المستطيلة، عادةً، المطوَّقةِ بإطار. «ج» لوح زجاجيّ في نافذة. «د» جزءٌ من سطح ما [كجدار أو سقف إلخ]، غائرٍ أو بارز، مفصولٌ عن غيره بإطار. «هـ» قطعة عريضة من القماش نفسه أو من قماش آخر تخاط على نحوٍ عموديّ، ابتغاء الزينة إلخ، فوق تنورة المرأة. «و» إحدى الوحدات التي يتألف منها سطح جناحِ الطائرة. «ز» قطعة خشبية رقيقة ترسم عليها صورة. «ح» صورةٌ مرسومةٌ على قطعة خشبية رقيقة. «ط» صورة فوتوغرافية طوليّة. «ي» جزءٌ من لوحة المفاتيح [الكهربائية إلخ] (٣) comic strip (٤) اللوحة (ألك) § (٥) يلوِّح: يزيِّن أو يُزخرف بألواح أو نحوها (٦) يختار هيئة محلَّفين.

panel doctor *(n.)* طبيب الجدول: طبيب مكلَّف بمعالجة المرضى الذين يشملهم الضمان الصحّيّ [في إنكلترا].

panel heating *(n.)* التدفئة القِطاعيّة: تدفئة بيتٍ أو حجرةٍ بالحرارة المُشَعّة من أجزاء من السقف أو الأرضية أو الجدران إلخ مزوَّدةٍ بمُوَصِّلات كهربائية أو أنابيب مياه حارَّة.

pan·el·ing *also* **pan·el·ling** *(n.)* (١) ألواح؛ مجموعة ألواح (٢) الكُسْوَة: ألواح خشبية زِينيّة متصلة يُكْسَى بها جدار إلخ.

pan·el·ist [păn'əl-] *(n.)* (١) المستشار (٢) المحلَّف (٣) المتناظر: المشترك في مناظرة أو مناقشة عامة (٤) المُشارِك: أحد المشاركين في برنامج إذاعيّ أو تلفزيونيّ قوامُهُ الأسئلة والأحاجيّ.

panel truck *(n.)* الشّاحنة المُنَمْنمة: شاحنة صغيرة لتسليم البضائع.

pan·e·tel·a *or* **pan·e·tel·la** [pănʹə tĕlʹə] *(n.)* = panatela.

pan·fish [pănʹ-] *(n.)* سمكة المِقْلاة: سمكةٌ صغيرة صالحة للقَلْي كاملةً.

pan·fry [pănʹfrī] *(vt.)* = sauté.

pan·ful [pănʹfo͝ol] *(n.)* مِلْءُ قِدْر؛ مِلْءُ مِقلاة.

pang [păng] *(vt.; n.)* (١) يُوجع § (٢) ألمٌ مفاجئ [لاذع] (٣) لَوْعة (٤) غُصَّة (٥) لذعة (٦) وَخز <~*s* of remorse>.

pan·gen·e·sis [păn jĕnʹ-] *(n.)* شُمولية النُّشوء: الاعتقاد الخاطئ بأن جميع خلايا الكائن الحي تقذف جُسَيْماتٍ ناقلةً للوراثة تتجمّع في بُيَيْضات تتضمّن نتيجةً لذلك جُسَيْماتٍ مستقاةً من أجزاء الوالد كلها (أح).

pan·go·lin [păng gōʹlĭn] *(n.)* البَنْغول؛ أُمّ قِرْفَة: حيوان ثديِيّ تكسو جسدَه حراشفُ متراكبة.

pangolin

pan·han·dle[1] [pănʹhănʹdəl] *(n.)* (١) يدُ المِقلاة؛ مِقْبضُ المِقلاة (٢) لسان أرضٍ شبيهٌ بيَدِ المقلاة.

pan·han·dle[2] *(vi.; t.)* (١) يستجدي؛ يستعطي x (٢) ينال بالاستجداء.

Pan·hel·len·ic [pănʹhə lĕnʹ-] *(adj.)* هِلِّينيٌّ جامع: ذو علاقة ببلاد اليونان كلّها أو باليونانيين جميعًا.

— Pan·hel·len·ism *(n.)*

pan·hu·man *(adj.)* إنسانيٌّ جامع <~ issues>.

pan·ic [pănʹĭk] *(adj.; n.; vt.; i.)*, **-icked** (١) مَسْعور <driven by a ~ fear> (٢) مَذْعور (٣) *cap.* بانيّ: منسوب إلى الإلّه بان Pan أو خاصّ به <*Panic* rites> § (٤) رُعب؛ ذُعر؛ هَلَع. وبخاصة: ذعرٌ مفاجئ لا مبرِّرَ له مصحوبٌ بهروبٍ جماعيّ (٥) ذُعر ماليّ (٦) شخص أو شيء ظريف أو مثيرٌ للضَّحِك § (٧) يُرعب؛ يروّع (٨) يُمتع النظّارة x (٩) يُرَوَّع؛ يُصاب بالذّعر.

panic grass *(n.)* الدُّخْن: نبات عُشبيّ من النَّجيليات.

pan·ick·y [pănʹĭk ĭ] *(adj.)* (١) ذُعْريّ (٢) مذعور (٣) جبان؛ رِعديد.

panicle

pan·i·cle [pănʹə kəl] *(n.)* العُثْكول: عنقود متفرّع أو مركّب.

pan·i·cled [-ʹĭ kəld]; **pa·nic·u·late** [pə nĭkʹ-] *(adj.)* مُعَثْكَل: ذو عثاكيل.

pan·ic–strick·en [pănʹĭk strĭkʹ-] *(adj.)* مذعور؛ مُرَوَّع.

pan·ic–struck [pănʹĭk strŭkʹ] *(adj.)* = panic–stricken.

pan·i·cum [pănʹĭ kəm] *(n.)* الدُّخْن: نبات عُشبيّ من النَّجيليّات.

Pan·ja·bi [pŭn jäʹbĭ] *(n.)* البَنْجابية: لغة البنجاب في الهند.

pan·jan·drum [-jănʹ-] *(n.)* (١) شخصٌ ذو سلطان (٢) موظَّفٌ مُدَّعٍ.

pan·mix·ia [pănʹmĭkʹsĭ ə] *(n.)* التزاوج العموميّ: تزاوجٌ عَشْوائيّ ضمن جماعةٍ ما.

panne [păn] *(n.)* البَنَّة: مُخمل أو أطلس حريريّ.

pan·nier *also* **pan·ier** [pănʹyər; -ʹĭ ər] *(n.)* (١) سلّ؛ سلّة كبيرة. وبخاصة: سلّ كبير يُحمَل على ظهر الجواد أو على مَنْكِبَي المرء (٢) الطَّوْق: طوقٌ من مادة لدنة لتوسيع التنّورة (٣) الموسَّعة؛ المنفوخة: تنّورة مُوَسَّعةٌ بطوقٍ أو أكثر.

pan·ni·kin [pănʹə kĭn] *(n.)* (١) كوب معدنيّ [صغير] (٢) قِدْرٌ صغيرة.

pa·no·cha [pə nōʹchə] *or* **pa·no·che** [-ʹchĭ] *(n.)* = penuche.

pan·o·ply [pănʹə plĭ] *(n.)* (١) دِرْعٌ كاملة (٢) كُسْوة؛ بِزّة رسمية (٣) غطاء واقٍ (٤) أُبّهة.

— pan·o·plied *(adj.)*

pan·op·tic [păn ŏpʹ-] *(adj.)* جامع: مُتيحٌ رؤيةً كاملة لشيءٍ ما.

pan·o·ram·a [pănʹə rămʹə; -räʹmə] *(n.)* (١) cyclorama (٢) البانوراما: «أ» صورة أو سلسلة من الصُّور تمثِّل مشهدًا متواصلًا وتُعرَض على التتابع أمامَ ناظرَي المُشاهد. «ب» منظر شامل عريض؛ منظر كاملٌ منفسحٌ من جهاته جميعًا. «ج» مشهد دائم التغيّر. «د» نظرة شاملة إلى موضوعٍ ما. «هـ» نطاق.

pan·o·ram·ic [-ʹĭk] *(adj.)* بانوراميّ؛ منفسح؛ جامع؛ شامل.

panpipe

pan·pipe [pănʹpīpʹ] *(n.)* المِصْفار: آلة بدائية من آلات النفخ تتألف من سلسلة أنابيب متدرجة الطول (مو).

pansy *1.*

pan·sy [pănʹzĭ] *(n.)* (١) زهرة الثالوث؛ البَنَفْسج المثلَّث (٢) شابّ مُخَنَّث (٣) اللّوطيّ: مشتهي المماثل.

pant[1] [pănt] *(vi.; t.; n.)* (١) «أ» يَلْهَث. «ب» يركض لاهثًا. «ج» يَزْفِر: يَنفُث البخار أو نحوه نفثًا شبيهًا باللّهاث (٢) يتلهّف؛ يتحرّق شوقًا <She ~*ed* for revenge> (٣) يَنْبِض؛ يَخْفُق x (٤) ينطق أو يقول لاهثًا § (٥) لُهاث (٦) «أ» نَبْض؛ خَفْق. «ب» زَفْر؛ نَفْث.

pant[2] *(n.)* *pl.* عد: بِنطال؛ بنطلون.

pant- *or* **panto-** بادئة معناها: كُلّ؛ جميع <*panto*logy>.

pan·ta·lets *or* **pan·ta·lettes** [pănʹtə lĕtsʹ] *(n. pl.)* سروال مُكَشْكَش.

pan·ta·loon [pănʹtə lo͞onʹ] *(n.)* (١) المهرِّج [في كوميديا مرتجلة] (٢) *pl.*: بِنطال.

pan·tech·ni·con [-tĕkʹ-] *(n.)* (١) مستودَع (٢) عربة أو شاحنة مُقْفَلة.

pan·the·ism [pănʹthē-] *(n.)* وحدة الوجود: القول بأن الله والطبيعة شيء واحد، وبأن الكون المادي والإنسان ليسا غيرَ مظاهرَ للذّات الإلّهية (فف).

pan·the·ist [pănʹthē-] *(n.)* الوَحْدِيُوجوديّ: القائل بوحدة الوجود.

— pan·the·is·tic; -al *(adj.)*

pan·the·on [pănʹthĭ ŏnʹ] *(n.)* (١) البانثيون: «أ» هيكل مكرَّس لجميع الآلهة. «ب» مَدْفن عظماء الأمة. «ج» آلهة شعبٍ ما (٢) مجموعة مشاهير.

pan·ther [pănʹthər] *(n.)* (١) النَّمِر (را. leopard) (٢) الكَوْجَر (را. cougar) (٣) اليَغْوَر (را. jaguar).

pant·ie *or* **pant·y** [pănʹtĭ] *(n.)* المُقصَّر: سروال تحتيّ قصير للنسوة والأطفال [وتَرِدُ اللّفظة بصيغة الجمع عادةً].

pantie girdle *(n.)* المِشَدّ: ثوب تَشُدّ به المرأة خصرها وبطنها.

pantiles

pan·tile [pănʹtīlʹ] *(n.)* القِرميدة المموَّجة: قِرميدة مُعَدَّةٌ للتراكب.

pan·to·fle [pănʹtŏf əl] *(n.)* بابوج؛ خُفّ.

pantograph

pan·to·graph [pănʹtə grăfʹ] *(n.)* المِنْساخ (مج)؛ البنتوغراف: أداة لنَسْخ التصاميم والرسوم البيانيّة مكبَّرة أو مصغَّرة.

pan·tol·o·gy [-ˊə jĭ] *(n.)* البَنْتولوجيا: نظرة نظامية إلى المعارف البشرية برُمَّتها.

pan·to·mime [pănˊtə mīmˊ] *(n.; vt.; i.)* (١) المُبَنْتِم؛ الإيمائيّ: الممثّل في مسرحية إيمائية (٢) البَنْتومَيْم؛ الإيمائيّة؛ المسرحيّة الإيمائيّة (٣) البَنْتَمة: فن التمثيل الإيمائي § (٤) يُبَنْتِم: يمثّل إيمائيًا.

pan·to·mim·ic [-mĭmˊ-] *(adj.)* بَنْتومَيْمي: خاصّ بالتمثيل الإيمائي.

pan·to·mim·ist [-ˊtə mī mĭst] *(n.)* = pantomime *1*.

pant·o·scope [pănˊ-] *(n.)* (١) كاميرا بانورامية (٢) عدسةٌ عريضة الزاوية.

pan·to·scop·ic [pănˊtə skŏpˊ-] *(adj.)* بانورامي؛ شامل الرؤية.

pan·trop·ic; -trop·i·cal [pănˊtrŏpˊ-] *(adj.)* استوائيّ جامع: متواجدٌ أو متوزّع في جميع المناطق الاستوائية <~ plants>.

pan·try [pănˊtrĭ] *(n.)* الكَرار: «أ» حجرة، أو خزانة، تُحفظ فيها المؤن وأدوات المائدة الفضية إلخ. «ب» حجرة تُعَدّ فيها الأطعمة.

pan·try·man [pănˊ-] *(n.)* مسؤول الكَرار (را. المادة السابقة).

pants [pănts] *(n. pl.)* = pant[2].

pant·y [pănˊtĭ] *(n.)* = pantie.

pant·y·waist [pănˊtĭ wāstˊ] *(n.; adj.)* (١) السِّروال الصُّدْريّ: ثوب تحتيّ للأطفال متّصل بصُدرة (٢) شابٌّ أو غلامٌ مُخَنَّث § (٣) مُخَنَّث.

pan·zer [pănˊzər] *(n.; adj.)* (١) دبّابة (جن) § (٢) مُدَرَّع.

pap [păp] *(n.)* (١) حَلَمةُ الثدي [أو شيء شبيهٌ بها] (٢) اللُّوق: طعام ليِّن للأطفال والمرضى (٣) «أ» رعاية سياسيّة. «ب» أرباح أو امتيازات تُكْتَسَب من طريق الرعاية الرسمية (ع) (٤) شيء تافه.

pa·pa [päˊpə; pə päˊ] *(n.)* أب (بلُغَةِ الأطفال).

pa·pa·cy [päˊpə sĭ] *(n.)* (١) منصب البابا (٢) جماعة الباباوات المتعاقبة (٣) مدة ولاية البابا (٤) *cap.* البابوية: نظام الحكم البابويّ.

pa·pal [päˊpəl] *(adj.)* بابويّ: خاصّ بالبابا أو بالكنيسة الكاثوليكية.

papal cross *(n.)* الصليب البابوي [ذو ثلاث قِطع أفقيّة مستعرضة].

pa·pa·raz·zo [päpˊə rätˊsō] *(n.)* pl. **-raz·zi** [rätˊsē] الخَطّاف: مصوِّر يلاحق المشاهير لأخذ صُوَر خاطفة لهم ونشرها في وسائل الإعلام.

pa·pav·er·a·ceous [pə păvˊə rāˊshəs] *(adj.)* خَشْخاشيّ (نب).

pa·pav·er·ine [-ˊə rēnˊ] *(n.)* الخَشْخاشين: مادة تُشتقّ من الأفيون (صي).

pa·paw [pôˊpô] *(n.)* (١) papaya (٢) البَبْو: «أ» شجر شمالأميركي ذو زهرات أرجوانية. «ب» ثمر البَبْو.

papaya

pa·pa·ya [pə päˊ-] *(n.)* البَبّايا: شجر ذو ثمرٍ كبير أصفر.

pa·per [päˊpər] *(n.; vt.; i.; adj.)* (١) «أ» وَرَق. «ب» ورقة (٢) وثيقة (٣) مقالة؛ بحث (٤) الورقة: حافظة ورقية تحتوي على عددٍ معيّن من كذا <a ~ of pins> (٥) صحيفة؛ جريدة (٦) الأوراق المالية [كالحوالات والشيكات] (٧) ورق الجدران: ورق زِينيّ تُكْسى به جدران الغرفة (٨) «أ» بطاقات. وبخاصة: بطاقات مجانية. «ب» حَمَلة البطاقات المجانية (٩) الورقيّ الغلاف: كتاب ذو غلافٍ ورقيّ § (١٠) يلفّ أو يغلّف بالورق (١١) يورِّق: يكسو أو يزيِّن جدارًا بالورق (١٢) يملأ [مسرحًا إلخ] بمنح البطاقات المجانية x (١٣) يُلصق ورق الجدران § (١٤) وَرَقيّ <~ napkins> (١٥) وَرَقانيّ: شبيه بالورق (١٦) مكتوب أو مطبوع على الورق (١٧) اسميّ؛ نظريّ؛ وهميّ <~ profits> (١٨) مَدْعوّ: أكثرهُ مُدْخَلٌ مجانًا <a ~ audience>.

~ warfare — حرب الأقلام: حربٌ سلاحها القَلَم.

to send in one's ~*s* — يستقيل.

pa·per·back [päˊpər băkˊ] *(n.; adj.)* (١) الورقيّ الغلاف: كتابٌ ذو غلاف ورقيّ § (٢) ورقيّ الغلاف <~ books>.

paper birch *(n.)* البتولا الغرّاء: شجرة بتولا birch فارعة الطول.

pa·per·board [-bōrdˊ] *(n.; adj.)* (١) كَرْتون؛ ورقٌ مُقَوًّى § (٢) كَرْتونيّ.

pa·per·bound [päˊ-] *(adj.)* وَرَقيّ الغلاف <~ books>.

paper chase *(n.)* = hare and hounds.

paper clip *(n.)* مِشْبك [للأوراق والرسائل].

paper cutter *(n.)* (١) paper knife (٢) مِقطع ورق [في مطبعة].

pa·per·hang·er *(n.)* مُورِّق الجدران: من يكسو جدران الغُرَف بالورق الزِينيّ.

pa·per·hang·ing *(n.)* التوريق: كُسْوَة جدران الغرف بورق زِينيّ.

paper hangings *(n. pl.)* ورق الجدران (را. paper 7).

pa·per·i·ness [päˊ-] *(n.)* الوَرَقانية: كونُ الشيء كالورق رِقّةً أو قَوامًا.

paper knife *(n.)* (١) قطّاعة الورق: شبه مُدْيَة صغيرة تُفتَح بها ظروف الرسائل إلخ (٢) شفرة المِقطع: شفرة مِقطع الورق [في مطبعة].

paper money *(n.)* (١) أوراق نقدية (٢) paper 6.

paper mulberry *(n.)* توت الورق: شجرٌ يُتَّخذ من لحائه ورق.

paper profit *(n.)* الربح الاسميّ: ربح نظريّ أو وهميّ.

pa·per–thin *(adj.)* وَرَقيّ الرِّقّة <~ slices of bread>.

pa·per·weight *(n.)* المُثَقِّلة: ثِقل يوضع على الأوراق لئلا تتطاير.

pa·per·work [päˊpər wûrkˊ] *(n.)* العمل الوَرَقي: كتابة أو مراجعة التقارير والمقالات والامتحانات المدرسية إلخ.

pa·per·y [päˊ-] *(adj.)* وَرَقانيّ: شبيهٌ بالورق في رِقّته أو قَوامِه.

pap·e·terie [păpˊə trĭ] *(n.)* المَوْرَقَة: صندوق زِينيّ للأوراق وغيرها من أدوات الكتابة.

Pa·phi·an [päˊfĭ ən] *(adj.; n.)* (١) بافوسيّ: ذو علاقة بـ«بافوس» وهي مدينة قبرصية قديمة كانت مركزًا لعبادة أفروديت (٢) خليع؛ فاجر § (٣) البافوسيّ: أحد أبناء بافوس (٤) *not cap.* بغيّ؛ مومس.

pa·pier col·lé [pȧ pyäˊ kô läˊ] *(n.)* = collage.

pa·pier–mâ·ché [päˊpər mə shāˊ; pȧ pyāˊmȧ-] *(n.; adj.)* (١) الورق

ă at; ā date; â care; ä car; ĕ egg; ē me; ĭ in; ī bite; ŏ lot; ō bone; ô orphan; oi boil; o͝o good; o͞o boot; ou out; ŭ under; û urgent; ə = *a* in alone, *e* in system, *i* in easily, *o* in gallop, *u* in circus.

المعجَّن أو المَلُوك : مادة صُلْبة مصنوعة من عجينة الورق ممزوجة بالغراء إلخ § (٢) مُعجَّن؛ مَلُوك <~ mask> (٣) زائف <a ~ hero> .

papilionaceous flower 1.

pa·pil·i·o·na·ceous [pə pĭl′ĭ ə nā′shəs] *(adj.)* (١) مُفرَّش؛ فَراشيّ؛ شبيه بالفراشة (٢) leguminous .

pa·pil·la [pə pĭl′ə] *(n.)* pl. **-e** [′ē] (١) الحُلَيْمة : حَلَمة صغيرة (٢) بَثْرة؛ نَفْطة .

pap·il·lar·y; pap·il·late; pap·il·lose *(adj.)* حُلَيْميّ .

pap·il·lo·ma [păp′ə lō′-] *(n.)* pl. **-s** *or* **-ta** الحُلَيْموم؛ الوَرَم الحُلَيْمي .

pap·il·lon [păp′ə lŏn′] *(n.)* البابِلُّون : كلب صغير هزيل .

pap·il·lote [păp′ə lōt′] *(n.)* القُصاصة الوَرَقية : «أ» قُصاصة ورق لتجعيد الشَّعر . «ب» قُصاصة ورقٍ مُزَيَّت تُلَفّ بها السمكة إلخ عند شَيِّها .

pa·pist [pā′pĭst] *(n.)* البابويّ : شخص كاثوليكي المذهب .

pa·pis·ti·cal [pā pĭs′tĭ kəl] *(adj.)* بابويّ؛ كاثوليكيّ .

pa·pis·try [pā′pĭs trĭ] *(n.)* الكَثْلَكة [تُستعمل استخفافًا وازدراءً] .

pa·poose [pă po͞os′] *(n.)* البابوس : طفل هندي شمالأميركيّ أحمر .

pap·pose [păp′ōs]; **pap·pous** [-′əs] *(adj.)* (١) فبّوسيّ (٢) زَغِب .

pap·pus [păp′əs] *(n.)* pl. **pap·pi** [păp′ī] الفَبّوس؛ المِظلَّة : شُعَيرات تُتوِّج المَبِيضَ أو الثمرةَ في النباتات الحَبِّيّة .

pap·ri·ka [pă prē′-] *(n.)* البَبْريكة : «أ» الفُلَيْفِلَة الدَّغَلية . «ب» فُلْفُل أحمر .

pap·ule [păp′yo͞ol] *(n.)* الحَطاطة؛ البَثْرة : ارتفاع صغير، كُرَويّ وصُلْب، في الجلد .

— pap·u·lar *(adj.)*

pap·y·rol·o·gy [păp′ə rŏl′-] *(n.)* البَرْديّات : دراسة المخطوطات البَرْديّة .

pa·py·rus [pə pī′rəs] *(n.)* pl. **-rus·es** *or* **-ri** [rē; rī] (١) البَرْديّ (نب) (٢) ورق البَرْديّ (٣) البَرْديّة : «أ» كتابةٌ مُدوَّنة على ورق البَرْديّ . «ب» دَرْج من ورق البَرْديّ يحمل كتابةً ما .

par [pär] *(n.; adj.)* (١) سِعر التكافؤ [بين عملتين] : القيمة الرسمية لوحدة النقد في بلدٍ ما معبَّرًا عنها بوحدة النقد في بلد آخر يستعمل المعدن نفسَهُ كمقياس للقيمة (٢) القيمة الاسمية؛ سعر إصدار السَّنَد [ويدعى أيضًا par value] (٣) تساوٍ؛ تكافؤ <Gains and losses are on a ~.> (٤) معدَّل؛ متوسط § (٥) متوسِّط؛ عاديّ .

above ~, (١) بأعلى من القيمة الاسمية أو السعر الأصلي (٢) فوق المعدل [من حيث العافية أو الصحة بخاصة] .

at ~, بالقيمة الاسمية أو السعر الأصلي .

below *or* under ~, (١) بأقلّ من القيمة الاسمية أو السعر الأصلي (٢) دون المعدَّل [من حيث الصحة إلخ] .

pa·ra [pä rä′] *(n.)* البارة : «أ» وحدة نقد تركيّة تساوي جزءًا من أربعين جزءًا من الليرة . «ب» جزء من مئة من الدينار اليوغوسلافي .

para- *or* **par-** بادئة معناها : «أ» بجانب؛ في محاذاة؛ جَنيب <*para*thyroid; *para*magnet> . «ب» شاذّ؛ غير سويّ <*par*esthesia> . «ج» في ما وراء كذا <*para*normal> . «د» نظير؛ شديد الشبه بِـ <*para*typhoid> . «هـ» مِظلّة؛ باراشوت <*para*trooper> .

par·a·bi·o·sis [păr′ə bī ō′-] *(n.)* الالتحام التعايشي [بين متعضِّيَين] .

par·a·ble [păr′ə-] *(n.)* المَثَل : حكاية رمزية ذات مغزًى أخلاقي .

pa·rab·o·la [pə răb′ə lə] *(n.)* القَطْع المكافئ (هن) .

par·a·bol·ic [păr′ə bŏl′-] *(adj.)* (١) مجازيّ؛ رمزيّ (٢) قَطْعيّ مكافئ .

pa·rab·o·loid [pə răb′ə loid′] *(n.)* المُجَسَّم المكافئ (هن) .

parachute 1.

par·a·chute [păr′ə sho͞ot′] *(n.; vt.; i.)* (١) الباراشوت؛ مظلّة الهبوط (طي) § (٢) يُنزل [جنودًا أو مُعدّات] بالباراشوت x (٣) يَهْبط بالباراشوت .

— par·a·chut·ic *(adj.)*

par·a·chut·ist [-ĭst] *(n.)* المِظلّيّ : من يهبط من الطائرة بالباراشوت .

Par·a·clete [păr′ə klēt′] *(n.)* الباراقليط؛ المُعَزِّي : الروح القُدُس (نص) .

pa·rade [pə rād′] *(n.; vt.; i.)* (١) عَرْض : إظهار للبراعة أو القوة أو الثروة إلخ (٢) «أ» استعراض عسكريّ . «ب» ساحة الاستعراض العسكري (٣) موكب؛ رَتَل (٤) «أ» مُتنَزَّه . «ب» جماعة المتنزّهين § (٥) يستعرض [الجندَ] (٦) يَعْرِض بتباهٍ <to ~ one's skill> x (٧) يمشي في موكب (٨) يصطفّ [الجندُ] للاستعراض (٩) يتنزّه .

par·a·digm [păr′ə dīm; -dĭm] *(n.)* (١) مِثال؛ نَموذَج (٢) جدول التصريف : مجموع الصِّيَغ الصَّرْفية لجذر معيَّن (ل) .

par·a·di·sa·ic; -al [păr′ə dĭ sā′-] *(adj.)* = paradisiacal.

par·a·dis·al [păr′ə dī′səl] *(adj.)* = paradisiacal.

par·a·dise [păr′ə dīs′] *(n.)* (١) الجَنّة؛ جَنّة عَدْن (٢) فِردوس .

par·a·di·si·a·cal [-dĭ sī′ə kəl] *or* **par·a·dis·i·ac** [-dĭs′ĭ ăk′] *(adj.)* (١) فِردَوسيّ (٢) شبيه بالفردوس أو الجنّة .

par·a·dox [păr′ə dŏks′] *(n.)* المُفارَقة : «أ» العبارة المُوْهِمة للتناقض : عبارة متناقضة ظاهريًا أو مناقضة للمعقول ومع ذلك فإنها قد تكون صحيحة . «ب» العبارة المُوْهِمة للصّحة : عبارة منطويةٌ على تناقض ذاتيّ ومع ذلك فإنها تبدو، لأول وهلةٍ، صحيحة . «ج» تناقض ظاهريّ .

par·a·dox·i·cal *(adj.)* (١) ظاهريّ التناقض؛ مُنْطَوٍ على مُفارقة؛ مُفارِق (٢) شاذّ؛ غير سَوِيّ <~ pulse> .

par·a·drop [păr′ə-] *(n.; vt.)* (١) الإنزال بالمِظلّة § (٢) يُنْزِل بالمِظلّة .

par·aes·the·sia [păr′əs thē′zhə; -′zĭ ə] *(n.)* = paresthesia.

par·af·fin [păr′ə fĭn] *(n.; vt.)* (١) البارافين : مادة شمعية متبلِّرة تُستخرج من قُطارات الخشب والفحم الحجري (ك) (٢) الكيروسين؛ الكاز (بر) § (٣) يُبَرفن : يكسو أو يُشْبِع بالبارافين .

par·a·gen·e·sis [păr′ə jĕn′ə sĭs] *(n.)* النشوء الاحتكاكي : نشوء المعادن على نحوٍ احتكاكيّ بحيث يؤثّر بعضها في تكوين بعضها الآخر .

par·a·gon [păr′ə gŏn′] *(n.; vt.)* (١) مثال؛ نموذج (٢) الماسة المثالية : ماسةٌ بالغةٌ حدَّ الكمال [وزنها مئة قيراط أو يزيد] (٣) اللؤلؤة المثالية : لؤلؤة كاملةُ التكوُّر ضخمة إلى حدّ استثنائي § (٤) يقارن (٥) ينافس .

par·a·graph [păr′ə grăf′; -gräf′] *(n.; vt.; i.)* (١) فِقْرة (٢) النُّبْذة : كلمة أو مقالة قصيرة في صحيفة يومية إلخ (٣) علامة التفقير : علامة مثل (¶) تشير إلى بدء الفقرة § (٤) يفقِّر : يقسّم إلى فقرات x (٥) يفقِّر : يكتب المقالات القصيرة [في جريدة إلخ] .

par·a·graph·er [păr′ə grăf′ər; -gräf′ər] *(n.)* المُفَقِّر: كاتب المقالات القصيرة وبخاصة لصفحة الافتتاحيات.

parakeet

par·a·keet [păr′ə kēt′] *(n.)* البَرَكيت: ببغاء مُتعدِّد الألوان.

par·al·de·hyde [pə răl′də hīd′] *(n.)* البارالديهايد (ك).

par·a·le·gal [păr′ə lē′gəl] *(n.)* مساعدُ المحامي.

par·a·lin·guis·tics *(n.)* نظير الألسُنيّة: دراسة الظواهر شبه اللُّغوية.

par·al·lac·tic [pər ə lăk′tĭk] *(adj.)* اختلافيّمَنْظريّ: ذو علاقة باختلاف المَنْظر (را. المادة التالية).

par·al·lax [păr′ə lăks′] *(n.)* اختلاف المنظر (مج): تغيّر ظاهريّ في موقع الشيء، وبخاصة الجِرم السماوي، المنظور، بسبب من التغيّر أو الاختلاف في مكان الناظر.

parallax error *(n.)* خطأ الاختلاف المنظريّ (را. المادة السابقة).

par·al·lel [păr′ə lĕl′] *(adj.; n.; vt.; adv.)* (١) متوازٍ (٢) مُوازٍ (٣) متماثل؛ متطابق § (٤) المُوازي: خطٌّ أو سَطح مُوازٍ لغيره (٥) المتوازيان: علامة مطبعية (‖) توضع في متن الصفحة للفت النظر إلى هامش مسبوقٍ بعلامة مماثلة (٦) النظير؛ المثيل؛ النِّدّ <without ~ in modern times> (٧) تماثُل؛ شَبَه (٨) مقارنة (٩) توازٍ § (١٠) يقارن (١١) «أ» يُشابه؛ يُضارع. «ب» يُطابق؛ يكون مطابقًا لِـ (١٢) يجعله موازيًا لِـ (١٣) يحاذي؛ يجري في خطٍّ موازٍ لِـ <The canal ~s the railroad.> § (١٤) على نحوٍ متوازٍ.

parallel bars

parallel bars *(n. pl.)* المُتوازيان: وسيلة من وسائل الرياضة البدنيّة قِوامُها عارضتان خشبيّتان يتمرّن الرياضيّون بواسطتهما ويؤدّون مختلف الحركات الرشيقة.

parallel circuit *(n.)* الدّارة المتوازية (كب).

par·al·lel·e·pi·ped [păr′ə lĕl′ə pī′pĭd] *(n.)* متوازي السطوح: مُجَسَّم ذو وجوهٍ ستّةٍ كلٌّ منها متوازي الأضلاع (هن).

parallel forces *(n. pl.)* القِوى المتوازية (مك).

par·al·lel·ism [păr′ə lĕl′ĭz əm] *(n.)* (١) تَوازٍ؛ موازاة (٢) شَبَه؛ تَطابُق (٣) نظرية التوازي: نظرية تقول بأن العمليات العقلية والجسدية متلازمة، وأن كُلًّا منها يتغيّر بتغيّر الآخر، ولكن من غير أن يكون بين سلسلتَي التغير أية علاقة سببيّة (فف).

parallelogram

par·al·lel·o·gram [păr′ə lĕl′ə-] *(n.)* متوازي الأضلاع (هن).

pa·ral·o·gism [pə răl′ə jĭz′əm] *(n.)* مُغالَطة؛ قياس فاسد (مق).

pa·ral·y·sis [pə răl′ə sĭs] *(n.)* (١) الشَّلَل (ط) (٢) عَجْز (٣) رُكود.

paralysis ag·i·tans [ăj′ə tănz′] *(n.)* = Parkinson's disease.

par·a·lyt·ic [păr′ə lĭt′-] *(adj.; n.)* (١) شَلَليّ (٢) شالّ: مسبِّبٌ للشَّلل <a ~ stroke> (٣) أشلّ؛ مشلول § (٤) الأشلّ؛ المشلول.

par·a·ly·za·tion [-lĭ zā′-] *(n.)* (١) شَلَل (٢) شَلّ (٣) تعطيل.

par·a·lyze [-′ə līz′] *(vt.)* (١) يُشِلّ (٢) يعطِّل (٣) يَشْدَه؛ يَصْعق.

par·a·mag·net [păr′ə măg′nĭt] *(n.)* جَنيب المغنطيس: جسمٌ [أو مادة] بارامغنطيسيّ (را. المادة التالية).

par·a·mag·net·ic [-nĕt′ĭk] *(adj.)* جَنيب المغنيطيّ: قابلٌ للمَغْنَطَة مثل الحديد ولكن إلى درجة أضعف بكثير [كالألومنيوم والبلاتين].

par·a·mat·ta [păr′ə măt′ə] *(n.)* البَرْمَتيّ: نسيج رقيق من حرير وصوف أو من قطن وصوف.

par·a·med·ic [păr′ə-] *(n.)* الطِّبابيّ؛ مساعد الطبيب.

par·a·ment [păr′ə-] *(n.)* رداء [كهنوتيّ].

pa·ram·e·ter [-răm′-] *(n.)* (١) عامِل؛ عُنْصُر (٢) ميزة (٣) نِطاق؛ محيط.

par·a·mil·i·tar·y [-mĭl′-] *(adj.)* شبه عَسْكريّ <~ training>.

par·am·ne·sia [-nē′zhə] *(n.)* تَضْلال الذاكرة: اعتلال يتعذّر معه تذكُّر معاني الكلمات الحقيقية أو يختلط فيه الوهمُ بالواقع.

par·a·mor·phic *also* **par·a·mor·phous** [păr′ə môr′-] *(adj.)* تَحَوُّليتَبَلُّريّ: ذو علاقة بالتحوّل التَّبلُّريّ (را. المادة التالية).

par·a·mor·phism [-môr′fĭz əm] *(n.)* التَّحَوُّل التَّبَلُّريّ: تحوُّلُ أحد المعادن إلى آخر بسبب تغيُّرٍ في البنية التَّبلُّرية لا في التركيب الكيميائيّ.

par·a·mount [-′ə mount′] *(adj.; n.)* (١) أسْمَى؛ أعلى؛ أعظم <a duty ~ to all> (٢) أهمّ (٣) ذو سلطة عُلْيا § (٤) الحاكمُ الأعلى.

par·a·mount·cy [-′ə mount′sĭ] *(n.)* تفوُّقٌ في المكانة أو السّلطة إلخ.

par·a·mour [păr′ə mo͝or′] *(n.)* (١) خليل؛ عشيق (٢) خليلة؛ عشيقة.

pa·rang [pä′răng] *(n.)* البَرَنغ: سيف قصير، أو ساطور.

par·a·noi·a [păr′ə noi′ə] *(n.)* البارانويا؛ جنون الارتياب أو الاضطهاد أو العَظَمَة: نزعة غير سويّة إلى الشك والارتياب والشعور بالاضطهاد إلخ (نف).
— **par·a·noi·ac** *(adj.; n.)*

par·a·noid [păr′ə noid′] *(adj.; n.)* (١) بارانويانيّ: مُتَّسم بجنون الارتياب أو بجنون الاضطهاد أو بجنون العَظَمَة <a ~ attitude> § (٢) البارانويّ: المُصاب بالبارانويا.

par·a·nor·mal [păr′ə nôr′-] *(adj.)* خارق: مُتَعَذِّرٌ تعليلُهُ علميًّا.

par·a·nymph [păr′ə nĭmf] *(n.)* (١) إشبين العريس (٢) إشبينة العروس.

par·a·pet [păr′ə-] *(n.)* (١) مِتْراس (٢) حاجز السَّطح أو الجسر أو الشُّرفة.

par·aph [păr′əf] *(n.)* الباراف: ذيل زخرفيّ يُختم به التوقيع تجميلًا له أو منعًا لتزويره.

par·a·pha·sia [-fā′zhə] *(n.)* الحُبْسة الكَلِميّة (نف).

par·a·pher·nal·ia [-fər nāl′yə] *(n. pl.)* (١) ممتلكات الزوجة الشخصيّة [التي يجيز لها القانون أن تورِّثها بوصيّة أو أن تتخلّى عنها في حياتها] (٢) ممتلكات شخصية (٣) أمتعة؛ مُعَدّات (٤) أدوات؛ لوازم.

par·a·phrase [păr′ə frāz′] *(n.; vt.; i.)* (١) إعادة السَّبك: صياغة جديدة لنصٍّ أو مقطوعة [على سبيل التوضيح إلخ] § (٢) يُعيد السَّبْك: يُعيد الصياغة

بألفاظٍ أخرى .
— **par·a·phras·er** *(n.)*

par·a·phras·tic [-frăs′tĭk] *(adj.)* تفسيريّ ؛ شَرْحيّ ؛ تأويليّ ؛ إسهابيّ .

pa·raph·y·sis [pə răf′ə sĭs] *(n.)* pl. **-y·ses** النّامية الخَيْطيّة (نب) .

par·a·ple·gi·a [păr′ə plē′jĭ ə] *(n.)* الكُساحة ؛ الشّلل السُفليّ (مض) .

par·a·pro·fes·sion·al *(n.)* مساعدٌ للطبيب أو المدرِّس إلخ .

par·a·psy·chol·o·gy [-sī kŏl′ə jĭ] *(n.)* الباراسيكولوجيا : فرع من علم النفس يبحث في الظواهر التي لا يمكن تفسيرها بالنواميس الطبيعية [كالتخاطر telepathy] .

par·a·sang [păr′-] *(n.)* الفَرْسَخ : وحدةُ مسافةٍ فارسيّة [٤ أميال تقريبًا] .

par·a·se·le·ne [-sĭ lē′nĭ] *(n.)* pl. **-nae** [nē] القمر الكاذب (فل) .

par·a·shah [păr′ə shä′] *(n.)* الباراشا : جزء من التوراة يُنْشَد أو يُتْلَى في الكُنُس كلّ يوم من أيام السَّبت .

par·a·site [-′ə sīt′] *(n.)* (١) الطُّفَيْليّ : «أ» من يَغْشَى موائدَ الأثرياء غيرَ مدعوّ ويكسب رزقه بالتملق . «ب» حيوان أو نبات متطفل (٢) العالة [على غيره] .

par·a·sit·ic *also* **par·a·sit·i·cal** [-sĭt′-] *(adj.)* (١) طُفَيليّ (٢) تَطَفُّليّ .

par·a·sit·i·ci·dal [păr′ə sĭt ə sīd′-] *(adj.)* مُبيدٌ للطُّفَيليّات .

par·a·sit·i·cide [-′ə sīd′] *(n.)* مُبيد الطُّفيليّات .

par·a·sit·ism [păr′ə sə-] *(n.)* (١) التَّطفُّل (٢) الطُّفَيْليّة : العلاقة بين الطُّفَيْليّ والحيوان أو النبات الذي يعيش الطُّفيليّ عالةً عليه (٣) parasitosis .

par·a·si·tize [păr′ə sĭ tīz′] *(vt.)* يتطفَّل على ؛ يعيش عالةً على .

par·a·si·tol·o·gist [-sī tŏl′-] *(n.)* الطُّفَيْليّاتيّ : الاختصاصيُّ بعلم الطُّفيليات .

par·a·sit·ol·o·gy [păr′ə sī tŏl′-] *(n.)* علم الطُّفَيْليّات .

par·a·sit·o·sis [-sə tō′sĭs] *(n.)* الداء الطُّفَيْليّ (ط) .

par·a·sol [păr′ə sôl′] *(n.)* البارَسُول : «أ» مِظلّة خفيفة للوقاية من الشمس [للنساء خاصةً] . «ب» طائرة أُحادية السطح ذات جناحين مرتفعين إلى ما فوق رأس الملّاح لتمكينه من رؤية الأرض .

par·a·sym·pa·thet·ic [-sĭm′pə thĕt′-] *(adj.)* نظيرُ الوُدّيّ أو نظيرُ السِّمبتاويّ .

parasympathetic nervous system *(n.)* الجهازُ العصبيّ نظيرُ الوُدّيّ ؛ الجهاز العصبيّ نظيرُ السِّمبتاويّ («فس» و«ت») .

para·syn·the·sis [păr′ə sĭn′-] *(n.)* التركيب المجاوِز : تكوين الكلمات بإضافة البوادئ واللواحق <مثل *demoralize*> .

par·a·tax·is [-tăk′sĭs] *(n.)* الإرداف : إتباع الجملة بالجملة أو الكلمة بالكلمة من غير أداة ربط تَصِل ما بينهما أو تفسّر العلاقة بينهما .

par·a·thi·on [-thī′ŏn] *(n.)* الباراثيون : مبيدٌ للحشرات شديد السُّمّيّة .

par·a·thy·roid [-thī′roid] *(adj.)* دُرَيقيّ : خاصّ بالغُدّة الدُّرَيقيّة .

par·a·thy·roid gland *(n.)* الغُدّة الدُّرَيقيّة أو الجَنْبَدَرَقية ؛ جارة الدَّرَق : إحدى أربع غدد صُمّ صغيرة مجاورة للغدة الدَّرَقية أو دفينةٌ فيها .

par·a·troop [păr′ə trōōp′] *(adj.)* مِظلّيّ : خاصّ بجند المِظلّات .

par·a·troop·er [păr′-] *(n.)* المِظلّيّ : واحدٌ من جُنْد المِظلّات .

par·a·troops *(n. pl.)* المِظلّيون ؛ جُند المِظلّات ؛ مُشاة الجوّ .

par·a·ty·phoid [1] [păr′ə tī′foid] *(adj.)* باراتيفوئيديّ : «أ» شبيه بحمّى التيفوئيد . «ب» خاصّ بحُمّى الباراتيفوئيد أو بالمتعضّيات المسبِّبة لها .

par·a·ty·phoid [2] *(n.)* الباراتيفوئيد ؛ الحُمّى نظيرة التِّيفية .

par·a·vane [păr′ə vān′] *(n.)* جرّافة الألغام [في مياه البحار] .

par a·vion [pàr à vyôn′] *(adv.)* بالطائرة ؛ بالبريد الجوّيّ .

par·boil [pär′boil′] *(vt.)* (١) يَسْلُق (٢) تَسْفَع الشمسُ الوجهَ .

par·buck·le [-′bŭk′əl] *(n.; vt.)* (١) البَرْبَكْل : أنشوطة مزدوجة [لرفع البراميل أو خفضها] § (٢) يُبَرْبك : يرفع أو يخفض بأنشوطة مزدوجة .

par·cel [pär′səl] *(n.; adv.; adj.; vt.)*, **-celed** *or* **-celled** (١) قِسْم ؛ جزء ؛ قطعة (٢) قطعة أرض (٣) مجموعة (٤) «أ» رزمة ؛ طَرْد . «ب» علبة ؛ «باكيت» (٥) *2* parceling § (٦) جزئيًّا § (٧) جزئيّ § (٨) يقسِّم ؛ يوزِّع (٩) يُخَيِّش : يكسو بالخَيْش (مل) .

par·cel·ing *or* **par·cel·ling** [pär′-] *(n.)* (١) تقسيم ؛ توزيع (٢) لفٌّ ؛ رَزْمٌ (٣) التَّخييش : تغطية شقوق ألواح المركب بسيور من الخيش مطليّة بالقطران (٤) سُيور التخييش : سيور من خيشٍ مطليّة بالقطران يُلَفّ بها الحبلُ وقايةً له من الرطوبة .

parcel post *(n.)* (١) دائرة الطرود البريدية (٢) طرود بريدية .

par·ce·nar·y [pär′sə nĕr′ĭ] *(n.)* شركة في الإرث (ق) .

par·ce·ner [pär′sə nər] *(n.)* شريك في الإرث (ق) .

parch [pärch] *(vt.; i.)* (١) يُرْمِض : يحمِّص تحميصًا خفيفًا (٢) يسْفَع ؛ يلوِّح (٣) يجفِّف (٤) يُظْمِئ x (٥) يجفّ (٦) يظمأ .

Par·chee·si [pär chē′zĭ] *(n.)* = pachisi.

parch·ment [pärch′-] *(n.)* (١) الرَّقّ : جلد مُعَدٌّ للكتابة (٢) البَرْشُمان : ورق نفيس شبيه بالرُّقوق (٣) مخطوطة رَقِّيّة (٤) شهادة ؛ دبلوم .

pard [pärd] *(n.)* (١) نَمِر (ا . ق) (٢) رفيق ؛ صديق (ع) .

pard·ner [pärd′nər] *(n.)* رفيق ؛ صديق (ع) .

par·don [pär′dən] *(n.; vt.)* (١) غفران [تمنحه الكنيسةُ الكاثوليكية] (٢) «أ» عَفْوٌ . «ب» مغفرة إلّهية (٣) صَفْح ؛ مُسامحة § (٤) يَغْفِر لـ ؛ يعفو عن (٥) يَصْفح عن ؛ يُسامح .

I beg your ~; *Pardon* me! عَفْوًا! مَعْذِرةً! لم أسمع ما قلتَ .

par·don·a·ble [pär′-] *(adj.)* ممكنٌ اغتفارُهُ أو الصفحُ عنه .

par·don·er [pär′-] *(n.)* (١) بائع الغفران : مبشِّر من مبشِّري القرون الوسطى يجمع الأموال للأغراض الدينية من طريق منح صكوك للغفران صادرة عن البابا (٢) الغافر ؛ الصافح .

pare [pâr] *(vt.)* (١) يَقْشُر (٢) «أ» يَكْشِط ؛ يبري . «ب» يُقلِّم ؛ يُشذِّب (٣) يخفِّض تدريجيًّا <*~d* down her expenses> .

par·e·go·ric [păr′ə gôr′ĭk] *(n.; adj.)* (١) الإكسير المُلَطِّف : صِبْغة الأفيون الكافورية (٢) عقّار مسكِّن للألم § (٣) مسكِّن للألم .

pa·ren·chy·ma [pə rĕng′kĭ mə] *(n.)* اللُّحمة ؛ البَرَنشيمة ؛ النسيج الحَشْويّ : نسيجٌ من خلايا حية ذو وظائف فيسيولوجية مختلفة (نب) .

— **par·en·chy·ma·tous; pa·ren·chy·mal** *(adj.)*

par·ent [pâr′ənt] *(n.; vt.)* (١) أبٌ أو أُمّ؛ نَتُوج (٢) أصل؛ سَبَب؛ مَصْدر <the ~ of all evils> § (٣) يُوَلِّد؛ يُحْدِث.

par·ent·age [-′ən tĭj] *(n.)* (١) نَسَب (٢) أَصْل (٣) أُبوَّة؛ والديَّة.

pa·ren·tal [pə rĕn′təl] *(adj.)* أَبَويّ؛ والديّ <~ authority>.

par·en·ter·al [păr ĕn′tər-] *(adj.)* لامِعَويّ: «أ» خارج نطاق الأمعاء. «ب» مأخوذٌ من غير طريق الأمعاء <~ drugs>.

pa·ren·the·sis [pə rĕn′thə-] *(n.)* pl. **-ses** (١) كلمة أو جملة معترضة [توضع بين قاطعتين أو هلالين إلخ] (٢) فترة فاصلة (٣) هلال أو هلالان: ( ).

pa·ren·the·size [-′thə sīz′] *(vt.)* يُهَلِّل: يَحْصُر [كلمة إلخ] بين هلالين.

par·en·thet·ic; -al [-thĕt′-] *(adj.)* (١) اعتراضيّ: خاصّ بجملة معترِضة (٢) مُهَلَّل: محصور بين هلالين (٣) مُعْتَرِض؛ ثانويّ <~ remarks>.

par·ent·hood [pâr′ənt ho͝od′] *(n.)* أُبُوّة؛ والدِيّة.

par·ent·ing [-ĭng] *(n.)* التَّنشئة الأبويّة: تنشئة الطفل من قِبَل أبويه.

pa·re·sis [pə rē′sĭs; păr′ə-] *(n.)* (١) الخَذَل؛ الشُّلال: شلل طفيف أو جزئي (٢) general paresis.

par·es·the·sia [păr′əs thē′zhə] *(n.)* المَذَل: إحساسٌ بالخَدَر أو النَّمَل أو الحِكّة من غير سبب ظاهر.

pa·ret·ic [pə rĕt′ĭk] *(adj.; n.)* (١) خَذَليّ؛ شُلاليّ (را. paresis) § (٢) المَخْذول: شخص مصابٌ بالخَذَل.

pa·reu·nia [pə ro͞o′nĭ ə] *(n.)* مُجامعة؛ مضاجعة؛ جِماع.

pa·re·ve [pär′və] *(adj.)* مُبَرَّف: مُعَدّ بلا حليب أو لحمٍ أو مُشتقّاتهما.

par ex·cel·lence [pär ĕk′sə läns′] *(adv.)* رقم واحد؛ غير مُنازَع.

par ex·em·ple [pär ĕg zän′pl] *(adv.)* مثلًا؛ على سبيل المثال.

par·fait [pär fā′] *(n.)* البارفيّة؛ الكاملة: حلوى مُثلَّجة تُعَدّ من كريما وبيض.

parfait glass *(n.)* كأس البارفيّة؛ كوب الكاملة: كأس طويلة، ضيّقة، قصيرة السّاق، تُقدم فيها البارفيّة أو الكاملة (را. المادة السابقة).

parfait glass

par·fleche [pär′flĕsh] *(n.)* العَطين: «أ» جلد الماشية غير المدبوغ يُنْقَعُ في محلول القِلْي لإزالة الصوف عنه ثم يجفَّف. «ب» شيء مصنوع من العطين.

par·get [pär′jət] *(n.; vt.)* (١) جِصّ (٢) زُخْرُف جِصّيّ [للجدران] § (٣) يُجَصِّص. وبخاصة: يكسو جدارًا بجصٍّ تزيينيّ.

par·he·lic circle [pär hē′lĭk] *(n.)* الدائرة الشُّمَيْسيّة (فل).

par·he·li·on [-hē′lĭ ən] *(n.)* pl. **-li·a** الشُّمَيْسَة؛ الشمس الكاذبة.

pa·ri·ah [pə rī′ə; pä′rĭ ə] *(n.)* المنبوذ: «أ» عضوٌ في طبقة اجتماعية دُنيا في بورما وجنوبيّ الهند. «ب» شخص نَبَذَهُ المجتمع.

pariah dog *(n.)* كلب الطُّرُقات: كلبٌ هجين لا مالك له.

par·i·an [pâr′ĭ ən] *(n.)* الباروسيّ: خزف شبيه بالرّخام الأبيض.

Par·i·an *(adj.)* باروسيّ: «أ» منسوب إلى جزيرة باروس اليونانية الشهيرة برخامها الأبيض. «ب» ذو علاقة بخزفٍ شبيه بهذا الرخام.

par·i·es [pâr′ĭ ēz′] *(n.)* pl. **pa·ri·e·tes** [pə rī′ə tēz′] الجدار: جدارُ عُضْوٍ أجوف (أح).

pa·ri·e·tal [pə rī′ə təl] *(adj.)* (١) جداريّ: «أ» خاصّ بجدران عضوٍ أو تجويف. «ب» خاصّ بجدار الرأس الخلفيّ الأعلى. «ج» متصل بالجدار الرئيسيّ للمبيض (٢) داخليّ: خاصّ بالحياة ضمن جدران الكلّيّة أو تنظيمها <~ rules>.

parietal bone *(n.)* العظم الجداريّ [في الجمجمة].

parietal lobe *(n.)* الفَصّ الجداري: فَصُّ المخّ الأماميُّ (ت).

pari–mu·tu·el [păr′ĭ myo͞o′cho͞o əl] *(n.)* (١) الرِّهان المُشْتَرَك: مراهنةٌ على الخيل يقتسم فيها المراهنون جميع المبالغ المراهَن بها [بعد إسقاط نسبة معيّنة لتغطية النفقات والضرائب إلخ] (٢) ماكينة الرِّهان المشترَك [تسجِّل بواسطتها مَبالِغُه].

par·ing [pâr′ĭng] *(n.)* (١) «أ» تقشير. «ب» تقليم؛ تشذيب (٢) قُشارة؛ قُلامة <potato *~s*; nail *~s*>.

paring chisel *(n.)* إزميل القَشْر.

pa·ri pas·su [pâr′ī păs′o͞o; pâr′ĭ-] *(adv.; adj.)* بِخُطًى متساوية؛ بسرعة متساوية؛ جَنْبًا إلى جَنْب؛ بنسبة أو درجة واحدة.

Paris green *(n.)* أخضر باريس: «أ» صِبْغ زَرْنيخيّ أخضر زاهٍ شديد السُّمِّيّة يُستعمل قاتلًا للحشرات. «ب» لون أخضر مصفرّ.

par·ish [păr′ĭsh] *(n.)* (١) أبرشيّة (٢) أبناء الأبرشية (٣) الدائرة: إحدى وحدات التقسيم الإقليمي الإداري في إنكلترا (٤) حقل الاختصاص. to go on the ~, يتلقى الإعانة الماليّة من صندوق الأبرشيّة.

parish clerk *(n.)* مأمور الأبرشيّة (نص).

pa·rish·ion·er [pə rĭsh′ən ər] *(n.)* الأبرشيّ: أحد أبناء أبرشية ما.

parish–pump *(adj.)* مَحَلّيّ: مَحَلّيُّ النطاق أو الصِّفة <~ affairs>.

Pa·ri·sian [pə rē′zhən] *(adj.; n.)* (١) باريسيّ § (٢) الباريسيّ.

par·i·ty [păr′ə tĭ] *(n.)* (١) تَساوٍ؛ تكافؤ (٢) تماثُل؛ شَبَه (٣) التّكافؤ: تعادُلٌ في القوّة الشرائيّة، بنسبةٍ ثابتةٍ تُحدَّد بقانون، بين عملات البلدان المختلفة (اد) (٤) سعر التكافؤ (اد) (٥) الإنجابية: كونُ المرء قد أنجبَ أولادًا (٦) الوَلَد: عَدَدُ هؤلاء الأولاد.

park [pärk] *(n.; vt.; i.)* (١) الميدان: أرض مسيَّجة مخصَّصة لصيد الطرائد أو للنزهة [وهي تكون ملحقةً عادةً ببيت ريفيّ] (٢) مُتَنَزَّه؛ حديقة عامة؛ ميدان (٣) البَراح: رُقعة من الأرض يُحافَظ على وضعها الطبيعيّ (٤) البَرْك: وادٍ مُسْتوٍ، شبيه بالنَّجْد، واقعٌ بين سلسلتي جبال (٥) الرَّحبة: «أ» رقعة من الأرض الفضاء تحيط بها الأحراج. «ب» أرض مخصصة للحيوانات أو العربات أو المعدّات العسكريّة. «ج» ملعب مقفل مخصَّص لألعاب الكرة (٦) الموقف؛ المَبْرَك: باحة مخصَّصة لوقوف السيارات إلخ (٧) المُسْتَراد: قطعة من الأرض مخصصة لأغراض معيّنة <industrial ~> § (٨) يَحْصُر في أرض مسيَّجة (٩) يُبَرِّك: «أ» يوقف السيّارة في ناحية من الشارع مخصصة لوقوف

السيارات. «ب» يوقف السيارة في باحة مخصصة لوقوف السيّارات أو في مِرأب. «ج» يهبط بالطائرة أو يتركها في مكان معيّن (١٠) يُمَدِّر: يَضَعُ قمرًا صُنْعيًّا في مَدار (١١) يَضَع أو يترك [مؤقتًا] <He ~*ed* his bag at the club.> (١٢) يُرَحِّب: يَجْمع المُعَدّات إلخ في رَحْبةٍ عسكرية x (١٣) يُبَرِّك [سيّارتَهُ].

— **park·er** *(n.)*

par·ka [pär′kə] *(n.)* البَرْكة: «أ» سترة فِرائية ذات قَلَنْسُوَةٍ متصلةٍ بها تُلْبَس في مناطق القطب الشمالي. «ب» سترة رياضية أو عسكرية.

parka *a.*

parking lot *(n.)* المَبْرَك؛ المَوْقِف: باحة مُخَصَّصة لوقوف السيّارات إلخ.

parking meter *(n.)* عدّاد التبريك.

par·kin·son·ism [pär′kən-] *(n.)* (١) داء بركِنْسون (٢) البَرْكِنْسونية: اضطراب عصبيّ مزمن يتّسم بتصلُّب عَضَليّ لا يصحبُهُ أيّ ارتعاش.

Par·kin·son's disease [-sənz] *(n.)* داء بَرْكِنْسون؛ الشَّلل الرُّعاشي.

park·land [pärk′-] *(n.)* المَخْضَرة: أرض مُعْشَوْشبة كثيرة الأشجار.

park·way *(n.)* الجادّة: شارع عريضٌ مُزدانٌ بالأشجار ورِقاع العُشب.

park·y [pär′kĭ] *(adj.)* باردٌ قليلًا <~ air; ~ weather>.

par·lance [pär′ləns] *(n.)* (١) حديث. وبخاصة: محادثة رسمية (٢) لغة؛ اصطلاح؛ طريقة في التعبير <in legal ~>.

par·lan·do [pär län′dō′] *(adj.)* تِلاويّ؛ سَرْديّ (مو).

par·lay [pär′lā; -′lĭ] *(vt.; n.)* (١) يُراكِب الرِّهانَ (٢) يستغلّ بنجاح (٣) يزيد؛ ينمّي § (٤) البارولي؛ الرِّهان المُراكَب: سلسلة مراهنات على الخيل تُجْرَى مُسبَّقًا بحيث يُراهَن بالمبلغ الأصلي، وبما قد يحقّقه من ربح، في شوط آخر.

par·ley [pär′lĭ] *(vi.; n.)* (١) يفاوض؛ يتداول. وبخاصة: يفاوض عدوًّا [في شروط الاستسلام إلخ] § (٢) «أ» مؤتمر [للبحث في نقاط مُخْتَلَفٍ عليها]. «ب» مفاوضة مع العدوّ [للبحث في شروط الاستسلام إلخ] (٣) محادثة؛ مناقشة.

par·lia·ment [pär′lə mənt] *(n.)* البرلمان: «أ» مجلس نوّاب الأمة. «ب» محكمة عليا [في إحدى مقاطعات فرنسا قبل الثورة].

par·lia·men·tar·ian [pär′lə mĕn târ′-] *(n.)* البرلمانيّ: «أ» عد *cap.*: أحد مؤيّدي البرلمان ضد الملك خلال الحرب الأهلية الإنكليزية. «ب» البارع في الإجراءات البرلمانيّة أو في النقاش البرلمانيّ.

par·lia·men·ta·ry [-mĕn′tə rĭ] *(adj.)* برلمانيّ؛ نيابيّ.

parliamentary government *(n.)* النظام البرلمانيّ.

parliamentary law *(n.)* القانون الداخليّ: مجموع القواعد والأعراف المنظِّمة لإجراءات العمل وللمناقشات في البرلمان إلخ.

parliamentary privilege *(n.)* الحَصانة البرلمانية أو النيابية.

par·lor *or* **par·lour** [pär′lər] *(n.; adj.)* (١) الرَّدْهة: قاعة الاستقبال في بيت أو فندق (٢) دار؛ صالون؛ مؤسَّسة <beauty ~> § (٣) رَدْهيّ.

parlor car *(n.)* الحافلة الرَّدْهيّة: حافلةٌ مُتْرَفة من حافلات السكة الحديدية مزوَّدة بمقاعد إفرادية وبأسباب للراحة استثنائية.

par·lor·maid [pär′lər mād′] *(n.)* الجارية الرَّدْهية: خادمةٌ، في بيت، تُعْنَى برَدْهة الاستقبال وتقوم بخدمة الضيوف.

par·lous [pär′-] *(adj.; adv.)* (١) خَطِر؛ محفوف بالمخاطِر <~ times> § (٢) جدًّا؛ إلى حدّ بعيد <She is ~ handsome.>.

Par·me·san [păr′mə zăn′] *(n.)* البارميّ: جُبن جافّ حِرِّيف.

Par·nas·si·an [pär năs′ĭ ən] *(adj.; n.)* (١) برناسيّ: «أ» شِعريّ. «ب» ذو علاقة بمدرسة شِعريّة فرنسيّة [في النصف الثاني من القرن ١٩] أكّدت على الشكل الشعريّ أكثر من العاطفة § (٢) البرناسيّ: أحد رجال المذهب البرناسي في الشِّعر.

pa·ro·chi·al [pə rō′kĭ əl] *(adj.)* (١) أبْرَشيّ: ذو علاقة بأبرشيّة (را. parish) (٢) ضيّق؛ محدود <~ mentality>.

pa·ro·chi·al·ism [-ə lĭz′-] *(n.)* مَحْدودية التفكير؛ ضِيْقٌ في أُفُق التفكير.

pa·ro·chi·al school *(n.)* مدرسة الأبرشيّة: مدرسة ابتدائية أو ثانوية تديرها وتموّلها منظمةٌ إكليركيّة.

par·o·dist [păr′ə-] *(n.)* البارودياويّ: واضعُ الباروديا (را. المادة التالية).

par·o·dy [păr′ə dĭ] *(n.; vt.)* (١) «أ» الباروديا: أثر أدبيّ أو موسيقيّ يُحاكَى فيه أسلوب أحد المؤلّفين على نحوٍ ساخر. «ب» الباروديّة: المحاكاة الساخرة لأحد المؤلفين (٢) محاكاةٌ ساخرة (٣) المِسخ: صورة ممسوخة عن شيءٍ ما § (٤) يُحاكي على سبيل السُّخرية <to ~ a poem>.

par of exchange *also* **par value** [pär] *(n.)* = par *1*.

pa·rol [pə rōl′; păr′əl] *(n.; adj.)* (١) لفظة؛ كلمة [في التعبير القانوني ***by parol*** أي شفهيًّا] § (٢) شفهيّ <a ~ contract>.

pa·role [pə rōl′] *(n.; vt.; adj.)* (١) عَهْد؛ وَعْدُ شرف. وبخاصة: عهدٌ يأخذه الأسير على نفسه بأن لا يحاول الهرب، وبأن يرجع–إذا ما أُطلِق سراحُهُ مؤقتًا – إلى معتقله وبأن يحجم عن حمل السلاح في وجه آسريه (٢) كلمة السرّ (جن) (٣) إطلاقُ سراحٍ مَشروط § (٤) يُطلِق سراح الأسير [لقاء عهدٍ يقطعه على نفسه] § (٥) عَهْديّ <~ officer>. **on ~,** معاهِد: مُرْتبطٌ بوعد شرفٍ يَقْطعه على نفسه.

pa·rol·ee [pə rō′lē′] *(n.)* العتيق المعاهِد: أسير أُطلِق سَراحُه مؤقتًا بعد أن أخذ على نفسه عهدًا بالعودة إلى آسريه.

par·o·no·ma·sia [-mā′zhĭ ə; -zĭ ə] *(n.)* (١) الجناس (٢) التَّورية (بل).

par·o·no·mas·tic [păr′ə nō măs′-] *(adj.)* جِناسيّ؛ تَوْرِيَويّ (بل).

par·o·nym [-′ə nĭm] *(n.)* مُشْتَرَك الجذر: لفظٌ مُشترك الجذر (ل).

pa·ron·y·mous [pə rŏn′ə məs] *(adj.)* مُشْتَرَك الجذْر (ل).

pa·ro·tic [pə rō′-] *(adj.)* جَنِيبُ الأُذُن: واقعٌ حول الأُذُن أو قُرْبها.

pa·rot·id [pə rŏt′ĭd] *(adj.)* نَكَفيّ: ذو علاقة بالغُدّة النَّكَفِيّة.

pa·rot·id gland *(n.)* الغُدَّة النَّكَفية (ت).

par·o·tit·ic [păr′ə tĭt′-] *(adj.)* مَنْكوف: مصابٌ بالنُّكاف (ط).

par·o·ti·tis [-tī′tĭs] *(n.)* النُّكاف: التهاب الغُدّة النَّكَفية.

par·ous [păr′əs] *(adj.)* مُنْجِب: سَبَقَ لهُ أن أنجبَ.

-parous لاحقة معناها: مُنْجِب؛ حاملٌ؛ مُنْتِج؛ مُفْرِز.

Par·ou·sia [pär′o͞o sē′ə] *(n.)* المجيء الثاني [للمسيح].

par·ox·ysm [păr'ək sĭz'əm] *(n.)* (١) البُرَحاء: اشتداد مفاجئ في أعراض المرض، يحدث بين فترة وأخرى (٢) نوبة <a ~ of rage>.

par·ox·y·tone [-ŏk'sə tōn'] *(n.; adj.)* (١) الباروكسيتون: لفظة مشدَّدة النطق في المقطع قبل الأخير § (٢) باروكسيتونية [صفة لتلك اللفظة].

par·quet [pär kā'; pär kĕt'] *(n.; vt.)*, **-queted** (١) الباركيه: «أ» أرضيّة مفروشة بقطع خشبية مزخرفة تقوم مقام البلاط. «ب» الخَشَاب: خشب مزخرف تُفرش به أرضية الحجرة. «ج» جزء من المسرح يمتدّ من مقدَّم خَشَبَته إلى الجزء الواقع تحت شُرُفاتِه الداخلية § (٢) «أ» يُبَوْرِك: يزوّد الحجرة بأرضية من الباركيه. «ب» يُخَوْشِب: يصنع من خَشَاب يقوم مقام البلاط.

parquet circle *(n.)* حَلْقَة الباركيه: جزء من المسرح واقع تحت شُرُفاته الداخلية.

par·que·try [-'kə trĭ] *(n.)* الخَشاب: خشب مُزَخرف مؤلَّف من قِطَع تُفْرَش بها أرضيّة الحجرة.

parquetry

parr [pär] *(n.)* البَرَّة: «أ» سمكة سَلْمون، أو سمكة سُليمان، صغيرة. «ب» صغيرُ أيٍّ من الأسماك الأخرى.

par·ra·keet [păr'ə kēt'] *(n.)* = parakeet.

par·rel [păr'əl] *(n.)* الأنشوطة المُنْزَلِقة: عقدة منزلقة في حبل (مل).

par·ri·cide [păr'ə sīd'] *(n.)* (١) قاتل الأقربين: قاتلُ أبيه أو أُمِّهِ أو أحدِ أقربائه الأَدْنَيْن (٢) قتلُ الأقربين. **—par·ri·cid·al** *(adj.)*

par·rot [păr'ət] *(n.; vt.; adj.)* (١) البَبَّغاء (٢) شخص كالببَّغاء [يردِّد أقوال غيره] § (٣) يُرَدِّد كالببَّغاء § (٤) بَبَّغائيّ <a ~ tongue>.

parrot *1.*

parrot disease *or* **fever** *(n.)* حُمَّى البَبَّغاء؛ داء البَبَّغاء: مرض من أمراض الطيور يتميَّزُ بالإسهال والهزال.

parrot fish *(n.)* السَّمك البَبَّغائيّ: سمك بحريّ زاهي الألوان.

par·ry [păr'ĭ] *(vt.; i.; n.)* (١) يتفادى [ضربةً إلخ] (٢) يتجنَّب [الإجابةَ] § (٣) تفادٍ (٤) تجنُّب (٥) حركة دفاعية [في المبارزة بالسَّيف].

parse [pärs; pärz] *(vt.; i.)* (١) يُعْرِب x (٢) تُعْرَبُ [الكلمةُ].

par·sec [pär'sĕk'] *(n.)* الفَرْسخ النجميّ: وحدة لقياس المسافات بين النجوم تعادلُ ثلاث سنوات ضوئية ورُبْع السَّنة تقريبًا (فل).

Par·si *also* **Par·see** [pär'sē] *(n.)* (١) البارسيّ: واحد البارسيين (٢) البارسيّة: اللَّهجة الإيرانية الخاصة بأدب البارسيين الديني.

par·si·mo·ni·ous [pär'sə mō'-] *(adj.)* شحيح؛ شديد البُخل.

par·si·mo·ny [-'sə mō'nĭ] *(n.)* (١) شُحّ؛ بُخْلٌ شديد (٢) اقتصاد.

pars·ley [pärs'lĭ] *(n.)* المَقْدونس؛ البَقْدونس (نب).

pars·nip [pärs'nĭp] *(n.)* الجَزَر الأبيض (نب).

parsnip

par·son [pär'sən] *(n.)* كاهن. وبخاصةٍ: قَسٌّ بروتستانتي.

par·son·age [pär'sən ĭj] *(n.)* بيت الكاهن أو القَسّ.

parson's nose *(n.)* الزِّمِكَّى: ذَنَبُ الطائر أو أصلُ ذنبِهِ.

part [pärt] *(n.; vi.; t.; adv.; adj.)* (١) «أ» جزء؛ قِسْم. «ب» عُضْو. «ج» قطعة [من جهاز]؛ قطعة غيار؛ قطعةٌ بديلة (٢) نصيب؛ حِصَّة (٣) دور؛ مشاركة؛ تبعة <My brother had a small ~ in these events.> (٤) طَرَف؛ جانب. وبخاصة: طَرَفٌ أو فريقٌ [في نزاع] (٥) *pl.* عد: ناحية؛ منطقة <a stranger in these ~*s*> (٦) «أ» دور [في مسرحية]. «ب» كلمات أو سطور الدور المسرحي (٧) *pl.* عد: موهبة؛ كفاءة <Salim is a man of ~*s*.> (٨) فَرْق؛ مَفْرِق الشَّعْر § (٩) يفترق؛ ينفصل عن <We'll ~ no more.> (١٠) يتفرَّق <Friends ~*ed* in anger.> (١١) «أ» ينصرف؛ يرحل. «ب» يموت (١٢) ينشقّ؛ ينفصِم؛ ينفلق (١٣) يتخلّى عن <He ~*ed* with his gold.> (١٤) يقسّم [إلى أجزاء] (١٥) يُفَرِّق <~*ed* the crowd> (١٦) يَفْرِق شَعْره (١٧) يوزِّع؛ يُحصّص (١٨) يَفْصِل؛ يَفْصِم § (١٩) جزئيًّا <at least ~ right> § (٢٠) جزئيّ؛ نصْفيّ؛ نِصْف <a ~ truth; a ~ life>.

for my ~,	من ناحيتي؛ من جهتي؛ بقدر ما يتعلق الأمر بي.
for the most ~,	في أغلب الأحوال.
in good ~,	بِرِضًى؛ بقبول حَسَن؛ برحابة صدر.
in ~,	جزئيًّا؛ إلى حدّ ما.
on the ~ of	من قِبَل فلان.
~ and parcel	جزء أساسيّ؛ جزء لا يتجزَّأ من.
to ~ company	(١) يفترقان؛ يسافران في اتجاهين مختلفين (٢) يقطع العلاقة أو الصداقة (٣) يخالفه في الرأي.
to play a ~,	يُخادع؛ يوارب.
to take ~ (in)	يشترك أو يشارك [في].
to take the ~ of	يتعصَّب لِـ؛ ينحاز إلى.

par·take [pär tāk'] *(vi.; t.)* (١) يُقاسم؛ يُشاطر؛ يُشارك في (٢) يتناول الطعام أو الشراب [تتبعها *of* عادةً] (٣) ينضح أو يرشح بِـ؛ تكون له بعض صفات كذا أو شيء من طبيعة كذا <His manner ~*s* of insolence.>. **—par·tak·er** *(n.)*

part·ed [pär'-] *(adj.)* (١) مفروق <~ hair> (٢) مُجَزَّع: ذو شقوق تكاد تصل إلى القاعدة <a 5-*parted* leaf> (٣) مَيْت.

par·terre [pär târ'] *(n.)* (١) الرّوضة: حديقة تفصِل بين أحواضِ الزرع فيها ممرّاتٌ ومَماشٍ (٢) parquet circle.

par·the·no·car·py [pär'thə nō kär'pĭ] *(n.)* الإثمار العُذْريّ أو البِكريّ: حَمْل الثّمار من غير إلقاح.

par·the·no·gen·e·sis [pär'thə nō jĕn'-] *(n.)* التوالد العُذريّ أو البِكريّ: حَمْل من غير إخصاب أو إلقاح (أح). **-ge·net·ic** *(adj.)*

Par·the·non [pär'-] *(n.)* البارثينون: هيكل الإلاهة أثينا في مدينة أثينا.

par·tial [pär'shəl] *(adj.)* (١) مُتَحَيِّز؛ مُحابٍ؛ مُغْرِض (٢) مُولَعٌ. وبخاصة: مولعٌ ولعًا شديدًا <I'm ~ to soda.> (٣) جُزئيّ <~ success>.

partial derivative *(n.)* المُشْتقّ الجزئيّ (ر).

partial eclipse *(n.)* الكسوف الجزئيّ؛ الخسوف الجزئيّ (فل).

partial fractions *(n.)* الكسور الجزئية (ر).

par·tial·i·ty [pär shăl′ə tĭ] *(n.)* (١) تَحَيُّز؛ محاباة؛ تَغَرُّض (٢) وَلَعٌ بِ.

par·tial·ly [pär′shə lĭ] *(adv.)* (١) جزئيًّا؛ إلى حدٍّ ما <a determined but only ~ successful attempt> (٢) بتحيُّز؛ بمحاباة؛ بتغرُّض (ا.م) (٣) بِوَلَعٍ (ا.ق).

par·ti·ble [pär′tə bəl] *(adj.)* قابلٌ للقسمة أو للتقسيم.

par·tic·i·pant [pär tĭs′ə pənt] *(n.; adj.)* (١) المُشارك أو المشترِك في § (٢) مشارِك؛ مُقاسِم.

par·tic·i·pate [pär tĭs′ə pāt′] *(vi.; t.)* (١) يشترك في أو مع <to ~ in a plot> (٢) x يشارك؛ يُقاسم؛ يُشاطر. **— par·tic·i·pa·tor** *(n.)*

par·tic·i·pa·tion [-′ə pā′-] *(n.)* (١) اشتراكٌ في (٢) مُشارَكة؛ مُقاسَمة.

par·tic·i·pa·to·ry [pär tĭs′ə pə tōr′ĭ] *(adj.)* تشارُكيّ.

par·ti·cip·i·al [pär′tə sĭp′ĭ əl] *(adj.)* خاصٌّ باسم الفاعل أو اسم المفعول [أو مُكَوَّنٌ منهما].

par·ti·ci·ple [-′tə sə pəl] *(n.)* (١) اسم الفاعل (ل) (٢) اسم المفعول (ل).

par·ti·cle [pär′tə kəl] *(n.)* (١) جُسَيْم؛ دَقيقة (فز) (٢) أصغر جزء أو مقدار ممكن: ذرّة (٣) حرف؛ أداة (ل) (٤) البِرشانة: رُقاقة من خبزٍ فطيرٍ يوزَّع في أثناء القدّاس (كن).

particle accelerator *(n.)* مُسَرِّع الجُسَيْمات؛ مُعاجل الجُسَيْمات.

particle physics *(n.)* فيزياء الجُسَيْمات (فزن).

par·ti–col·ored *(adj.)* ملوَّن؛ متعدِّد الألوان <a ~ dress>.

par·tic·u·lar [pər tĭk′yə-] *(adj.; n.)* (١) مُفْرَد؛ مُستقلّ <each ~ item of the report> (٢) مخصوص <that ~ person> (٣) شخصيّ؛ خصوصيّ <one's ~ interests> (٤) هامّ؛ جديرٌ بالذكر <He had no ~ news.> (٥) خاصّ؛ استثنائيّ <took ~ pains> (٦) دقيق <a full and ~ account of...> (٧) متأنّق؛ مدقِّق؛ نيِّق <~ in dress> § (٨) «أ» بَنْد؛ واقعة مفردة. «ب» نقطة <His report was complete in every ~.> (٩) تفصيل <full ~s of the accident>.

in ~, بخاصّة؛ على وجه التخصيص.

to go into ~s يَسْرُد أو يُعطي التفاصيل.

par·tic·u·lar·ism [pər tĭk′-] *(n.)* (١) الانصرافية: انصراف المرء كلّيًّا إلى العناية بموضوع أو حزب معيَّن أو بمصلحة أو طائفة معيّنة (٢) التخصيصيّة؛ الاصطفائيّة: نظرية لاهوتيّة تقول بأن الخلاص بالمسيح مقصورٌ على المُصْطَفَيْن الأخيار (٣) الإقليمية: نظرية سياسيّة تقول بأن لكل جماعة سياسية الحق في تعزيز مصالحها [وفي التمتّع بالاستقلال خاصةً] بصرف النظر عن مصالح الجماعات التي تفوقها عددًا وشأنًا (٤) الأحَدية: نزعة إلى ردّ الظواهر الاجتماعيّة المعقَّدة أو عَزْوِها إلى عاملٍ واحدٍ أو سبب مفرد.

par·tic·u·lar·i·ty [-lăr′ə tĭ] *(n.)* (١) «أ» تفصيل؛ نقطة تفصيلية. «ب» ميزة؛ خاصيّة (٢) الخصوصيّة: كون الشيء خاصًّا لا عامًّا (٣) «أ» تدقيق؛ عناية بالتفاصيل. «ب» كون المرء نيِّقًا أو صعبَ الإرضاء.

par·tic·u·lar·ize [pər tĭk′-] *(vt.; i.)* (١) يُخصِّص؛ يُعيِّن؛ يعمد إلى التخصيص لا التعميم (٢) يفصِّل؛ يعالج بتفصيل.

par·tic·u·lar·ly [-tĭk′-] *(adv.)* (١) بتفصيل <I cannot go into it ~ now.> (٢) بوضوح؛ بشكل بارز <Her good humor was ~ noticed.> (٣) على وجه الخصوص <She ~ wished it.>.

par·tic·u·late [pər tĭk′-] *(adj.)* هَبائيّ؛ دقائقيّ.

part·ing [pär′-] *(n.; adj.)* (١) مص part (٢) «أ» انصراف؛ رحيل. «ب» موت (٣) «أ» مُفْتَرَق. «ب» فَرْق؛ مَفْرِق (٤) حاجز § (٥) «أ» مُفارِق؛ راحل. «ب» محتضَر (٦) فاصل؛ قاسم (٧) وداعيّ <a ~ salute> (٨) منصرم <the ~ day>.

par·ti pris [pȧr tē′ prē] *(n.)* (١) تَحَيُّز؛ تَغَرُّض (٢) رأيٌ سَبْقيّ؛ قرار سياسيّ [أي مكوَّن أو مُتَّخَذٌ سلفًا].

par·ti·san[1] *also* **par·ti·zan** [pär′tə zən] *(n.; adj.)* (١) المُشايِع؛ المُحازب؛ المُوالي (٢) النّصير [والجمع: أنصار]: عضوٌ في قوة غير نظاميّة مهمتها إزعاج العدوّ بشنّ الغارات المتكررة عليه § (٣) مُشايع؛ مُحازِب؛ مُوالٍ (٤) أنصاريّ: خاصّ بالأنصار أو بعملياتهم الحربيّة.

— par·ti·san·ship *(n.)*

par·ti·san[2] *(n.)* الحَرْبة: سلاحٌ من أسلحة القرنين ١٦ و١٧.

partisan[2]

par·ti·ta [pär tē′tə] *(n.)* التقسيمة: قطعة موسيقية أوروبية آليّة.

par·tite [pär′tīt′] *(adj.)* (١) مُجزّأ (٢) مُجزَّع (را. parted 2).

par·ti·tion [pär tĭsh′ən] *(n.; vt.)* (١) «أ» تقسيم. «ب» انقسام (٢) تجزئة (٣) حاجز؛ قاطع؛ جدار داخليّ فاصلٌ (٤) قسمٌ؛ جزء § (٥) يقسّم؛ يجزّئ.

par·ti·tion·ist [-′ə nĭst] *(n.)* التقسيمي: الداعي إلى التقسيم السّياسي.

par·ti·tive [pär′tə tĭv] *(adj.; n.)* (١) مُجزِّئ (٢) تبعيضيّ: معبِّر عن جزءٍ من كلّ § (٣) لفظٌ تبعيضيّ [مثل any و some].

part·let [pärt′-] *(n.)* البَرْتليت: رداء مطرَّز يُغطّي العُنق والكتفين.

part·ly [pärt′lĭ] *(adv.)* جزئيًا؛ إلى حدٍّ ما.

part music *(n.)* الموسيقى المقسَّمة: موسيقى ذات «أصوات» معدَّة لعازفَين مُستقِلَّين أو أكثر.

part·ner [pärt′-] *(n.; vt.; i.)* (١) «أ» رفيق؛ زميل. «ب» المُراقِص: مَن ترقص معه. «ج» الشريك [في اللعب]. «د» زوج؛ زوجة (٢) الشريك [في عمل تجاري] § (٣) يشترك مع (٤) يزوِّده بشريك x (٥) يُشارك.

part·ner·ship [pärt′nər-] *(n.)* (١) اشتراك؛ مُشارَكة (٢) «أ» شركة. «ب» عَقد الشركة.

part of speech *(n.)* النّوع الصَّرفيّ [كالاسم والفعل والحرف] (ل).

par·took [pär to͝ok′] *past of* partake.

part owner *(n.)* الشَّريك [في مِلكيّةِ شيءٍ من الأشياء].

par·tridge [pär′trĭj] *(n.)* الحَجَل (طا).

partridge

par·tridge·ber·ry [-bĕr′ĭ] *(n.)* عِنَب الحِجال؛ عُلَّيق الحجال (نب).

partridgeberry

part–song [pärt′-] *(n.)* الأغنية المُقَسَّمة: أغنية يتوزّع «أصواتها» مغنّون مختلفون من غير مصاحبةٍ آليةٍ عادةً (مو).

part–time [pärt′tīm′] *(adj.)* جزئيّ : مُستغرِقٌ جزءًا من يوم العمل أو أسبوع العمل فقط <~ teaching> .

par·tu·ri·ent [pär t(y)o͝or′ĭ-] *(adj.)* (١) ماخض : صفة للمرأة أو لأنثى الحيوان التي جاءها المخاض (٢) مَخاضيّ ؛ وِلاديّ <~ pangs> (٣) متمخِّض : على وشك أن يَطْلُعَ بفكرة أو اكتشاف إلخ .

par·tu·ri·tion [-t(y)o͞o rĭsh′ən] *(n.)* مَخاض ؛ وَضْع ؛ وِلادة .

part·way [pärt′wā] *(adv.)* جزئيًا ؛ إلى حدٍّ ما .

par·ty[1] [pär′tĭ] *(n.; adj.)* (١) طَرَف ؛ فريق [في نزاعٍ أو دعوى أو عقد] (٢) حزب ؛ حزب سياسيّ (٣) الفريق : مجموعة أشخاص يشتركون في عملٍ ما <mountain–climbing ~> (٤) المُشارِك ؛ المشترِك <was a ~ to their conspiracy> (٥) شخص ؛ مخلوق <He is a shameless old ~.> (٦) المُفْرَزَة : جماعة من الجند يُناط بها أداء مهمة ما (٧) المَأْنُسَة : حفلة أنسٍ وسَمَر § (٨) حزبيّ <~ issues> .

to give a ~, يقيم مأنُسة : يُقيم حفلة أُنسٍ وسَمَر .

par·ty[2] *(vi.)* (١) يقيم مأنُسةً (٢) يَشْهد مأنُسَة (٣) يَقْصِف ؛ يُعَرْبِد .

par·ty–col·ored [pär′tĭ-] *(adj.)* = parti–colored.

party line *(n.)* (١) *pl.* : سياسةٌ حزبيّةٌ <elections not fought on ~s.> (٢) الخطّ الجماعيّ : خط تلفوني مفرد يربط عددًا من المشتركين بمركز التوزيع [ويدعى أيضًا *party wire*] (٣) حدّ فاصل [بين قطعتَيْ أرض] (٤) السياسة الرسمية [للحزب الشيوعيّ بخاصة] .

party poop·er *(n.)* المُسْتَوْحِش : من يرفض المشاركة في مَرَح الجماعة .

party wall *(n.)* الجدار المشترَك : جدار يَصِلُ ما بين مَبْنَيَيْن متلاصقين .

pa·rure [pə ro͞or′] *(n.)* طَقْم مُجَوْهرات .

par value *(n.)* = par of exchange.

par·ve·nu [pär′və no͞o′; -nyo͞o′] *(n.; adj.)* مُحْدَث النعمة .

par·ve·nue [pär′və no͞o′; -nyo͞o′] *(n.)* مُحْدَثَة النِّعمة .

par·vis [pär′vĭs] *(n.)* (١) فِناء الكنيسة (٢) بَهْوٌ مُعَمَّد [أمام كنيسة] .

pas [pä] *(n.)* pl. **pas** [pä; päz] (١) حقّ التّصدُّر : حقّ التّقدُّم على الآخرين (٢) خطوة ؛ خُطُوات [في الرقص] (٣) رقصة .

pa·sang [păz′əng] *(n.)* البازنغ : ماعز وحشيّ .

pas·cal [păs kăl′; pȧs kăl′] *(n.)* الباسكال : وحدة ضغط (مك) .

Pasch [păsk] *(n.)* (١) عيد الفِصْح [عند اليهود] (٢) عيد الفِصْح (نص) .

pas·chal lamb [păs′kəl] *(n.)* (١) حَمَل الفِصْح : حَمَلٌ يُضَحَّى ويُؤكَل في عيد الفِصح عند اليهود (٢) *cap.* : «أ» المسيح . «ب» حَمَلُ الربّ : صورة حَمَلٍ ترمز للمسيح .

pas de deux [pä də dœ′] *(n.)* الرَّقصة الثُّنائية : رقصة يؤدِّيها راقصان .

pas de qua·tre [-kätr′] *(n.)* الرَّقصة الرُّباعية : رقصة يؤديها أربعة راقصين .

pas de trois [-trwä′] *(n.)* الرقصة الثُّلاثيّة : رقصة يؤديها ثلاثة راقصين .

pas du tout [pä dʏ to͞o′] *(adv.)* ألبتّة ؛ مُطْلقًا ؛ على الإطلاق .

pa·se·o [pə sā′ō] *(n.)* (١) نُزْهة (٢) الجادّة : شارع عريض يُتَنَزَّه فيه (٣) الإطلالة : دخول مصارعي الثيران إلى الحَلْبة .

pash [păsh] *(vt.)* يُحَطِّم ؛ يُهشِّم (عب) .

pa·sha [păsh′ə; pə shä′] *(n.)* الباشا : لقب تشريف تركيّ .

Pash·to [pŭsh′tō] *(n.)* الباشتو : اللغة الإيرانية التي يُنطق بها في أنحاء من أفغانستان وباكستان .

pasque·flow·er [păsk′-] *(n.)* زهرة الفِصْح ؛ شُقّار الفِصْح (نب) .

pas·quin·ade [păs′kwĭ nād′] *(n.)* (١) المُعَلَّقة : أُهْجوّة تعلّق في مكانٍ عامّ ابتغاء التشهير بالمَهْجُوّ (٢) هجاء ؛ مقطوعة هجائية .

pass [păs; päs] *(vi.; t.; n.)* (١) يمضي ؛ يَمُرّ (٢) «أ» يَرْحل . «ب» يموت [تتبعها *on* عادةً] (٣) «أ» ينقضي [الوقتُ] . «ب» يزول (٤) يتجاوز أو يتخطى [سيارةً] (٥) «أ» يشقّ طريقه . «ب» يمرّ من غير اعتراض <Let her remark ~.> (٦) «أ» يَؤُول إلى ؛ ينتقل إلى <throne ~*ed* to his daughter> . «ب» يتحوَّل ؛ ينتقل من حالة إلى أخرى <to ~ from a solid to a liquid state> (٧) «أ» يجلس للنظر في دعوى . «ب» يُصدر [حُكمًا] ؛ يُعطي [رأيًا] (٨) يَحْدُث (٩) يتبادل <Sharp words ~*ed* between them.> (١٠) تُتَداوَل [العملةُ] ؛ ينتقل من شخص إلى آخر (١١) «أ» يُقَرّ ؛ يقترن بموافقة مجلس تشريعي إلخ . «ب» ينجح في امتحان (١٢) يُمَرِّر : يُمرّ الكرةَ [إلى لاعب آخر من الفريق نفسه] (١٣) يتخلّى عن دوره في اللَّعِب [في لعب الورق] x (١٤) «أ» يفوق . «ب» يتجاوز ؛ يتخطّى (١٥) «أ» يلغي [إعلانَ وتوزيعَ الأرباح] . «ب» يُغفِل «في الرواية أو السّرد» <You may ~ the details.> (١٦) «أ» يجتاز ؛ يَعْبُر . «ب» يُنفِق ؛ يقضي <~*ed* the winter at Paris> (١٧) يُواجه ؛ يُعاني ؛ يُقاسي (١٨) يجتاز بنجاح (١٩) «أ» يُقِرّ <The parliament ~*ed* the bill.> . «ب» يُنْجح ؛ يعطيه علامة النجاح (٢٠) «أ» يُمَضّي ؛ يُقَطِّع [الوقتَ] . «ب» يتغاضى عن (٢١) «أ» يَعِدُ <had ~*ed* her word that she would repay the debt> . «ب» يحوّل [حقًّا أو مِلكية إلى شخص آخر] (٢٢) «أ» يضع في التداول <~*ed* bad checks> . «ب» يحوِّل من شخص إلى آخر . «ج» ينقل . «د» يَقْذِف ؛ يرمي ؛ يُمَرِّر [الكرةَ] (٢٣) «أ» يُصْدر [حكمًا] . «ب» ينطق ؛ يلفظ (٢٤) يُمِرّ ؛ يُجيز له المرور عبر حاجز (٢٥) يستعرض الجند <The king ~*ed* the troops in review.> (٢٦) يتغوَّط ؛ يتبرَّز § (٢٧) طريق ؛ مجاز (٢٨) مَمَرّ : موضع ضيّق (٢٩) شِعْبٌ [في جبل] (٣٠) «أ» مَعْقِل ؛ موقع حصين ؛ سياسة دفاعيّة . «ب» موقعٌ يتحتّم الاحتفاظ به (٣١) مرور (٣٢) مأزِق (٣٣) «أ» جواز مرور . «ب» إجازة ؛ إذن بالتغيُّب عن مركز عسكري لفترة قصيرة . «ج» بطاقة أو تذكرة مجانيّة [للسّفَر أو للدخول إلى مسرح إلخ] (٣٤) طَعْنَة [في المبارزة بالسيوف] (٣٥) «أ» نقل الأشياء بخفّة اليَد [أو بغيرها من الأساليب الخادعة] . «ب» تحريك اليدين فوق شيء [وبخاصة كما يفعل السحرة والمشعوذون] (٣٦) «أ» اجتياز امتحانٍ ما . «ب» شهادة (٣٧) الجولة : عملية

ă at; ā date; â care; ä car; ĕ egg; ē me; ĭ in; ī bite; ŏ lot; ō bone; ô orphan; oi boil; o͝o good; o͞o boot; ou out; ŭ under; û urgent; ə = *a* in alone, *e* in system, *i* in easily, *o* in gallop, *u* in circus.

ميكانيكية مفردة كاملة (٣٨) التمريرة: إمرار الكرة من لاعب إلى آخر من لاعبي الفريق نفسه (٣٩) التخلّي: تخلّي المرء عن الاستفادة من دوره في اللعب [كأن يمتنع عن سحب ورقة إلخ] (٤٠) رمية نَرْد حاسمة (٤١) العَبْرة: حركة أو انطلاقة مُفْرَدَة تقوم بها الطائرة أو أيّ شيء من صنع الإنسان فوق مكانٍ ما أو هدفٍ ما (٤٢) دَوْرة القمر الصُّنعيّ (٤٣) محاولة؛ جَهْد (٤٤) نظرة إغراء؛ إيماءةٌ تَرْشَحُ بالإغراء الجنسيّ.

to hold the ~, يؤيّد قضيةً أو يُدافع عنها.

to ~ a remark يُبْدي ملاحظة؛ يقول شيئًا.

to ~ away (١) يزول؛ ينقضي (٢) يموت؛ يُتَوَفَّى.

to ~ by (١) يَمُرّ بـ (٢) يُغْفِل؛ يتغاضى عن.

to ~ by the name of يُعْرَف بـ.

to ~ for another يظنُّهُ الناسُ شخصًا آخر.

to ~ off (١) يزول أو يتضاءل (٢) يَحْدُث؛ يَجْري (٣) يحوّل الأنظار عن (٤) يقدّم إلى الناس شيئًا زائفًا موهمًا إياهم أنّه حقيقي أو أصيل (٥) ينتحل شخصية.

to ~ (oneself) off as... ينتحل صفةً ما...

to ~ out (١) يُغْمى عليه (٢) يموت.

to ~ over (١) يموت (٢) يتغاضى عن (٣) يستخفّ بمَطالبه.

to ~ the time of day يتبادل التحيّات.

to ~ through يعاني؛ يقاسي.

to ~ up (١) يَرْفض (٢) يفوّت الفرصةَ.

to sell the ~, (١) يخون قضيّة ما (٢) يتخلّى عن موقع.

pass·a·ble [păs′ə bəl] *(adj.)* (١) سالِك <~ roads> (٢) قابلٌ للتداول <~ coins> (٣) مقبول؛ متوسّط الجَوْدة.

pass·a·bly [-′ə blĭ] *(adv.)* على نحوٍ مقبول أو متوسّط الجودة.

pas·sa·ca·glia [päs′sä kä′lyä] *(n.)* الپاساكاغليا: «أ» لحن إيطاليّ أو إسباني راقصٌ قديم. «ب» رقصة قديمة تؤدّى على هذا اللحن.

pas·sa·do [pə sä′dō] *(n.)* الطعنة القَدَميّة: طعنة يُنفِذُها المبارز بالسيف وإحدى قدَمَيْه متقدّمةٌ إلى الأمام بعض الشي.

pas·sage [păs′ĭj] *(n.; vi.)* (١) «أ» مرور. «ب» انتقال من حالة إلى أخرى. «ج» موت؛ وفاة (ا.م) (٢) «أ» ممرّ؛ طريق؛ قناة إلخ. «ب» مَجاز [يُفضي إلى مختلف حُجُرات المبنى أو أقسامه] (٣) رحلة بالبحر أو بالجوّ (٤) «أ» حقّ السفر على متن سفينة <to book one's ~>. «ب» بَدَلُ هذا السفر أو أجرته (٥) إقرار قانون أو إجراء تشريعيّ (٦) «أ» حقّ المرور. «ب» حرية المرور. «ج» الإذن بالمرور (٧) «أ» حادث؛ حادثة. «ب» ما يجري بين شخصين [كالمفاوضة أو الشجار أو مطارحة الغرام إلخ] (٨) «أ» مقطع؛ فقرة؛ شاهد [من كتاب أو خطاب أو مقال إلخ]. «ب» مقطع من لحن موسيقي § (٩) يَعْبُرُ.

a ~ at arms; a ~ of arms قِتال؛ نِزال؛ شِجار.

in ~, على عَجَلٍ؛ من غير تدقيق.

pas·sage·way [păs′ĭj wā′] *(n.)* مَمَرّ؛ مَجاز؛ مَسْلَك.

pass·band [păs′bănd] *(n.)* نِطاق التّمرير (ألك).

pass·book [păs′book′] *(n.)* = bankbook.

pass degree *(n.)* بكالوريوس بدرجة اجتياز.

pas·sé [pă′sā] *(adj.)* (١) ذابل؛ ذاوٍ (٢) عتيق الزّيّ (٣) رَجعيّ.

pas·sel [păs′əl] *(n.)* مجموعة؛ عددٌ كبير <a ~ of dignitaries>.

passe·men·terie [păs mĕn′trĭ] *(n.)* الخَرْج؛ التخريج؛ الزَّرْكش القِيْطانيّ: مُحبَّكٌ من خيوط حريريّة ومعدنيّة تُزركَش به أطراف الثوب.

pas·sen·ger [-′ən jər] *(n.)* (١) عابر السبيل (٢) الرّاكب؛ المُسافر.

passenger pigeon

passenger pigeon *(n.)* الحمامة المهاجرة: واحدةٌ من نوع شمالأميركي منقرِض من القواطع (را. migratory birds).

passe–par·tout [păs pär too′] *(n.)* (١) master key (٢) حاشية الصّورة: حاشيةٌ تكون بين الصورة وإطارها (٣) التأطير التصميغيّ: طريقة في تأطير الصّوَر تكون فيها الصورة وحاشيتها واللوح الزجاجيّ والخلفيّة الكرتونيّة مثبّتةً عند حافاتها بقِطَع من الورق أو القماش المُصَمَّغ (٤) ورق التصميغ [لتركيب الصّوَر على خلفيّاتها الكرتونيّة].

pass·er [păs′ər] *(n.)* (١) المارّ (٢) المُمِرّ؛ المُمَرِّر (٣) عابر السبيل.

pass·er·by [păs′ər bī′] *(n.)* المارّ؛ عابر السبيل.

Pas·ser·i·for·mes [păs′ər ĭ fôr′mēz] *(n.)* الجَواثم: كُبرى رُتَب الطيور على الإطلاق.

pas·ser·ine [păs′ər ĭn; -′ə rīn′] *(adj.; n.)* (١) جاثم: من الطيور الجواثم § (٢) الجَثُوم: طائرٌ من الجواثم [كالحسُّون والسّنونو والقُبَّرة].

pas seul [pä sœl′] *(n.)* الرَّقصة الأُحاديّة: رقصةٌ يؤدّيها راقصٌ واحد.

pas·si·ble [păs′ə bəl] *(adj.)* حسّاس؛ سريع التّأثر.

pas·sim [păs′ĭm] *(adv.)* هنا وهناك: صيغة تُستخدم للدلالة على أن الكلمة أو العبارة أو المَقْطع أو الفكرة تردُ في مواطنَ كثيرةٍ من كتابٍ معيَّن.

pas·sing [păs′-] *(n.; adj.; adv.)* (١) مص pass. وبخاصة: موت § (٢) مارّ؛ عابر <A ~ boy called up to him.> (٣) زائل؛ سريع الزوال <a ~ remark> (٤) جارٍ؛ حادثُ الآن (٥) عابر؛ عَرَضيّ <a ~ fancy> (٦) اجتيازيّ: دالّ على اجتياز امتحان إلخ <a ~ grade> § (٧) جدًا؛ بإفراط <~ rich>.

in ~, بالمناسبة؛ «على فكرة»؛ «بين هلالين».

passing bell *(n.)* ناقوس النّعي [يُقْرع إيذانًا بوفاة شخص].

passing note *(n.)* النغمة العابرة (مو).

passing shot *(n.)* الرّمية الجانبية [في التنِس].

pas·sion [păsh′ən] *(n.)* (١) cap. عد: «أ» آلام المسيح بين ليلة العشاء الأخير وموته. «ب» لحن الآلام: لحنٌ موسيقيّ مبنيّ على رواية الإنجيل لآلام المسيح (٢) «أ» عاطفة؛ هوًى. «ب» انفعال؛ نوبة انفعال. «ج» غضب شديد (٣) «أ» حبّ؛ هُيام. «ب» ولعٌ؛ شَغَف <a ~ for fishing>. «ج» هواية <Fishing is her present ~.>. «د» رغبة جنسية.

to fly into a ~, يثور ثائرُه؛ ينفجر غاضبًا.

pas·sion·al [păsh′ən əl] *(adj.; n.)* (١) عاطفيّ؛ انفعاليّ <~ crimes> § (٢) كتاب آلام القديسين وشهداء الكنيسة.

pas·sion·ate [păsh′ə nĭt] *(adj.)* (١) سريع الغضب (٢) انفعاليّ؛ عاطفيّ (٣) متحمّس (٤) عميق؛ متّقِد؛ مشبوب العاطفة <~ grief> (٥) شهويّ؛ شهوانيّ.

pas·sion·flow·er [păsh′ən-] *(n.)* زهرة الآلام: نبتة مُعْتَرِشة.

passionflower

passion fruit *(n.)* ثمرة الآلام: ثمرة «زهرة الآلام».

passion play *(n.)* مَسْرحية الآلام: تمثيلية تصوّر آلامَ المسيح.

Passion Sunday *(n.)* أحَدُ الآلام: الأحد الخامس من آحاد الصوم الكبير.

Passion Week *(n.)* أسبوع الآلام: الأسبوع الذي يسبق الفِصح (نص).

pas·siv·ate [-′ĭv āt′] *(vt.)* يُخَمِّل: يجعله خاملًا أو مخفوضَ التفاعلية.

pas·sive [păs′ĭv] *(adj.; n.)* (١) «أ» منفعل؛ مؤثَّر فيه [من قِبَل قوة خارجيّة]؛ تأثّري أو قابل للتأثيرات الخارجيّة. «ب» مبنيّ للمجهول <a ~ verb>. «ج» كسلان؛ بليد (٢) «أ» غير فعّال. «ب» كامن؛ مستتر. «ج» هامد؛ خامل: فاقدُ النشاط الكيميائي (٣) مُستسلِم؛ مُذعِن <~ obedience> (٤) سلبيّ: قائمٌ أو موجود ولكنه غير فعّال أو صريح أو مباشر <~ support> § (٥) فعل مجهول (ل) (٦) صيغة المجهول (ل).

— **pas·sive·ly** *(adv.)* — **pas·sive·ness** *(n.)*

passive immunity *(n.)* المناعة السلبيّة (ط).

passive resistance *(n.)* المقاومة السلبية: مقاومة الحكومة أو السلطة المحتلة بطرائق وأعمال لاتعاونية بدلًا من أعمال العُنف.

passive voice *(n.)* صيغة المجهول (ل).

pas·siv·ism *(n.)* (١) السَّلبيّة: موقفٌ أو سلوك سلبيّ (٢) الخُموليّة (ك).

pas·siv·i·ty [păs ĭv′-] *(n.)* (١) المُنْفَعِليّة: المُؤَثَّريّة؛ التأثّريّة (٢) اللّافعّاليّة؛ الكُمون؛ الهُمود؛ الخُمول (٣) الاستسلام (٤) السَّلبية.

pass·key [păs′kē′] *(n.)* (١) master key (٢) مفتاح خاصّ.

Pass·o·ver [păs′ō′vər] *(n.)* عيد الفِصْح [عند اليهود].

pass·port [păs′-] *(n.)* (١) جواز سَفَر (٢) إجازة مرور أو إقامة (٣) وسيلة.

pas·sus [păs′əs] *(n.)* النشيد: أحد الأقسام الرئيسيّة في قصيدة مُطوّلة.

pass·word [păs′wûrd′] *(n.)* كلمة السّرّ.

past[1] [păst] *past and past part. of* pass.

past[2] [păst; päst] *(adj.; prep.; n.; adv.)* (١) منصرم؛ منقضٍ منذ عهد قريب <for the ~ few weeks> (٢) ماضٍ؛ غابر <in times ~> (٣) دالّ على الماضي <the ~ tenses> (٤) سابق <~ commander> § (٥) متجاوزٌ سنًّا معيّنة <an old man ~ eighty> (٦) «أ» إلى أبعد؛ إلى ما وراء <She walked ~ the gate.>. «ب» بَعْدَ <~ noon> (٧) فوق؛ وراء؛ يفوق <His conduct is ~ bearing.> (٨) متجاوزٌ حدَّ التصديق <It is ~ belief.> § (٩) الماضي؛ الزمن الماضي أو أحداثه (١٠) صيغة الماضي (ل) (١١) «أ» ماضٍ <a glorious ~>. «ب» ماضٍ غير مشرِّف <كما في قولك a woman with a ~ أي امرأة ذاتُ ماضٍ> § (١٢) مارًّا به أو في محاذاته.

at half ~ three في [الساعة] الثالثة والنصف.

~ endurance فوق الطاقة؛ وراء الاحتمال.

~ praying for في وضع يائس [بحيث لا يجديه الدعاء له أو الصلاة من أجله].

~ work أكبرُ سِنًّا من أن يعمل أو يشتغل.

pas·ta [päs′tə] *(n.)* الباستا: ضرب من المعكرونة أو طبقٌ منه.

paste[1] [pāst] *(n.; vt.)* (١) عجينة؛ معجونة (٢) العجينيّة: حلوى ذات قَوام عجينيّ (٣) معكرونة (٤) لَصُوق؛ عجينةُ إلصاق (٥) المعجون: مزيج من الصلصال والماء [لصنع الخزف] (٦) زجاج برّاق [لصنع الحلى الزائفة] § (٧) يُلصِق (٨) يُمَعْجِن: يكسو بمعجونة ما.

paste[2] *(n.; vt.)* (١) ضربة عنيفة § (٢) يُسَدِّد ضربةً عنيفة [إلى الوجه إلخ].

paste·board [-bōrd′] *(n.; adj.)* (١) كرتون؛ ورق مقوًّى (٢) «أ» بطاقة زيارة. «ب» ورقة من [أوراق اللعب أو «الشدّة»]. «ج» تذكرة: بطاقة دخول أو سفر § (٣) كرتونيّ <a ~ box> (٤) زائف.

pas·tel [păs těl′] *(n.; adj.)* (١) «أ» البَسْتَل: عجينة من صِبْغ مسحوق تُستعمل في صنع الأقلام الملوَّنة. «ب» المِرقَم (مج): قلم بَستَليّ ملوّن (٢) المُبَسْتَلة: صورة مرسومة بالمِرقم (٣) البَسْتلة: فن الرسم بالمِرْقم (٤) صورة وصفية [أدبيّة خفيفة] (٥) لونٌ فاتح § (٦) «أ» بَسْتليّ. «ب» مُبَسْتَل: مرسومٌ بالأقلام الملوّنة (٧) فاتح اللون (٨) ضعيف؛ خفيف.

pas·tel·ist *or* **pas·tel·list** [păs′těl-] *(n.)* المِرقَميّ: رسّام بالمراقِم.

pas·tern [păs′tərn] *(n.)* رُسْغ الدابّة.

pas·teur·i·za·tion [păs′tə rə zā′-] *(n.)* البَسْتَرَة: تعقيم اللّبَن وغيره تعقيمًا جزئيًا بحرارة تقتل المُتعضِّيات الضّارة.

pas·teur·ize [păs′tə rīz′] *(vt.)* يُبَسْتِر؛ يُعَقِّم.

Pasteur treatment [päs tœr′] *(n.)* المعالجة الباستورية: الوقاية من الأمراض بالتلقيح بجرثوم ملطَّف تُزاد جرعتُهُ تدريجيًا.

pas·tic·cio [pä stē′chō] *(n.)* pl. **-ci** [chē] *or* **-s** = pastiche.

pas·tiche [păs tēsh′; päs-] *(n.)* (١) المُعارَضَة [والجمع: المعارَضات]: أثرٌ أدبيّ أو فنّيّ أو موسيقيّ يحاكي فيه صاحبُهُ أسلوب أثرٍ سابق (٢) المجموع [والجمع: المجاميع]: لحن موسيقيّ أو أثر أدبيّ مؤلف من مختارات من ألحان أو آثار أدبيّة مختلفة (٣) خليط؛ مزيج.

pas·tille [păs tēl′] *also* **pas·til** [-′tĭl] *(n.)* (١) كُرَة التبخير: كتلة صغيرة من معجون عطريّ [لتبخير الغرف] (٢) المَصِيص: قرص طِبّيّ مُحَلّى.

pas·time [păs′tīm; päs′-] *(n.)* تَسْلِية؛ سَلْوى؛ كلُّ ما يُسَلِّيك.

past·i·ness [pās′-] *(n.)* (١) العجينيّة: كونُ الشيء عجينيًا (٢) شُحوب.

past·ing [pāst′-] *(n.)* (١) ضربٌ أو جَلْدٌ عنيف (٢) هزيمة مُنْكَرة.

past master *(n.)* (١) الرئيس السابق [لجمعية إلخ] (٢) الخبير؛ الضّليع.

past·ness [păst′-; päst′-] *(n.)* الماضَوِيّة: كونُ الشيء حادثًا في الماضي.

pas·tor [păs′tər; päs′-] *(n.)* القَسّ؛ راعي الأبرشية.

pas·to·ral [păs′tə rəl; päs′-] *(adj.; n.)* (١) «أ» رَعَوِيّ: خاصّ بالرعاة أو

ă at; ā date; â care; ä car; ĕ egg; ē me; ĭ in; ī bite; ŏ lot; ō bone; ô orphan; **oi** boil; o͝o good; o͞o boot; **ou** out; ŭ under; û urgent; ə = *a* in alone, *e* in system, *i* in easily, *o* in gallop, *u* in circus.

بتربية الماشية. «ب» ريفيّ. «ج» مصوِّر لحياة الرعاة أو أهل الريف <~ poetry>. «د» بريء؛ ساذج؛ بسيط (٢) رِعاويّ: «أ» خاصّ برعاية الكاهن لأبناء أبرشيّته. «ب» خاصّ براعي الأبرشيّة <~ duties> § (٣) الرَّعَوية؛ الأثر الرَّعَويّ: أثرٌ أدبيّ يصوِّر حياة الرعاة وأهل الريف (٤) الشعر الرَّعَويّ؛ المسرحية الرَّعَويّة (٥) الرَّعوية: صورة ريفية؛ مشهد ريفيّ (٦) *pastorale 2* (٧) صولجان أو عصا الأسقف (٨) الرسالة الرِّعاوية [من الأسقف إلى أبناء أبرشيّته].

pas·to·rale [păs′tə rä′lĭ] *(n.)* (١) الأوبرا الرَّعَوية: أوبرا تصوِّر حياة الرّعاة أو أهل الريف (٢) اللحن الرَّعَويّ: قطعة موسيقية تصوِّر الحياة الريفيّة.

pas·tor·ate [păs′tər ət; päs′-] *(n.)* (١) الأبرشانيّة: وظيفة راعي الأبرشية أو نطاقُ سلطتِهِ أو مُدّةُ ولايتِهِ أو مَقرُّه (٢) الرُّعاة: جماعة من رعاة الأبرشيات.

pas·to·ri·um [păs tōr′ĭ əm] *(n.)* بيت القسّ البروتستانتي.

past participle *(n.)* اسم المفعول <مثل repeated>.

past perfect *(n.)* الماضي التامّ؛ صيغة الماضي الأسبق (ل).

pas·tra·mi [pə strä′mĭ] *(n.)* البَسْطُرْما: لحمٌ قديدٌ معالج بالتوابل.

pas·try [pās′trĭ] *(n.)* (١) مُعجَّنات [كالفطائر المحلّاة إلخ] (٢) فطيرة.

past tense *(n.)* صيغة الماضي (ل).

pas·tur·age [păs′chər ĭj; päs′-] *(n.)* = pasture.

pas·ture [păs′chər; päs′-] *(n.; vi.; t.)* (١) كَلأ؛ عُشْب (٢) مرعًى؛ مُنْتَجَع (٣) رَعْي الماشية § (٤) تَرْعَى [الماشيةُ] **x** (٥) يَرْعى [الماشيةَ] (٦) يتّخذه مَرْعًى.

pas·ture·land [păs′chər lănd′] *(n.)* مَرْعًى.

past·y [pā′stĭ] *(adj.)* (١) عجينيّ؛ كالعجين (٢) شاحب.

pat[1] [păt] *(n.; vt.; i.)* (١) تَرْبيتة؛ ضربة خفيفة (٢) نقرة إيقاعيّة خفيفة (٣) قالب الزبدة: قطعة مربعة من الزبدة أو شيء شبيه بها § (٤) يربّت: يضرب بلطف (٥) يُسوّي أو يُملِس بضرباتٍ خفيفة **x** (٦) يمشي أو يعدو بضرباتٍ إيقاعيّة خفيفة.

pat[2] *(adj.; adv.)* (١) ملائم؛ مناسب <a ~ answer> (٢) مدروسٌ أو مُسْتَظْهَرٌ بعناية (٣) ثابت؛ راسخ § (٤) على أحسن وجه (٥) بثبات (٦) في الوقت المناسب (٧) جاهزًا؛ حاضرًا <.~ She had her excuse>.

to stand ~, (١) يتمسك برأيه (٢) يقاوم كلَّ تغيُّر.

pa·ta·gi·um [-tā′jĭ-] *(n.)* pl. **-gi·a** الغشاء الجناحيّ [كالذي للخفّاش].

patch[1] [păch] *(n.; vt.)* (١) رُقْعَة <a ~ on a sail> (٢) اللَّصوق التجميليّ: قطعة صغيرة جدًا من حرير أسود تلصقها المرأة على وجهها أو عنقها لإخفاء عيب فيهما أو كوسيلة من وسائل التبرّج [في القرنين ١٧ و١٨] (٣) الرِّفادة: قطعة من قماش دَبِق خاصّ يُغطّى بها الجرح أو تُتَّخذ وقاءً للعين غير السليمة (٤) القُطَيْعَة: قطعة صغيرة من أيّ شيء (٥) الرُّقعة: قطعة صغيرة من الأرض أو النباتات النامية عليها <a ~ of beans> (٦) علامة مُمَيِّزة (٧) الوُصْلة المؤقّتة (كب) § (٨) يَرْقَع؛ يَرْتُق (٩) يُغطّي بلَصوقٍ تجميليّ أو واقٍ (١٠) يُلَفّق: يَصْنع من رُقعٍ مُوَصّلة (١١) يُصْلِح [أو يُرَمِّم] على عَجَل <~*ing* old costumes> (١٢) يُسَوّي؛ يَحُلّ <~*ed* up their quarrel>.

not a ~ on لا يُدانيه؛ لا مجال لمقارنته به.

patch[2] [păch] *(n.)* المُغَفَّل؛ الأحمق؛ الأبله.

patch·board [păch′bōrd′] *(n.)* لَوح التوصيل المؤقّت (كب).

patch·ou·li; -ly [-chōō′lĭ] *(n.)* البَتْشول: عشبٌ عَطِرٌ أو عِطْرُهُ.

patch pocket *(n.)* الجَيْب المُثَبَّت [بالخياطة فوق الثوب].

patch test *(n.)* الاختبار الرُّقْعيّ: اختبار لفَرْط الحساسية (ط).

patch·work [păch′-] *(n.)* (١) خليط؛ مزيج؛ كَشْكُول <a ~ of verses> (٢) المُرَقَّعة: قطع من قماش مختلفة الألوان والأشكال تُخاط لتصبح غطاء للحافٍ أو وسادة.

patch·y [păch′ĭ] *(adj.)* (١) «أ» مرقَّع. «ب» شبيهٌ بالرُّقع؛ مؤلّفٌ من رُقَع مزروعة (٢) كَشكوليّ: مؤلف من أجزاءٍ مختلِطة أو متفاوتة.

pate [pāt] *(n.)* (١) رأس (٢) قمة الرأس (٣) عقل.

pâte [pät] *(n.)* (١) معجونة (٢) معجون [لصُنع الخَزَف].

pâ·té [pä tā′] *(n.)* المعجونة: فطيرة لحم أو سمك.

pa·tel·la [pə tĕl′ə] *(n.)* pl. **-tel·lae** [tĕl′ē] *or* **-las** الرَّضْفَة: العظم المسطّح المتحرِّك في رأس الرُّكبة (ت).

— pa·tel·lar *(adj.)*

pa·tel·late [-′ət; -′āt] *(adj.)* (١) مُرَضَّف: ذو رَضْفة (٢) patelliform.

pa·tel·li·form [pə tĕl′ə fôrm′] *(adj.)* رَضْفانيّ: شبيهٌ بالرَّضْفة.

pat·en [păt′ən] *(n.)* (١) طَبَق القُربان (نص) (٢) طَبَق.

pa·ten·cy [pā′-] *(n.)* (١) وضوح؛ جلاء (٢) انفتاح المجرى أو القناة (ط).

pa·tent [păt′ənt; pā′-] *(adj.; n.; vt.)* (١) «أ» مُرَخَّصٌ به ببراءة. «ب» مُسجَّل؛ مَصُونٌ ببراءة (٢) بَرائيّ: خاصّ أو مَعنيّ بمنح البراءات وبخاصة براءات الاختراع (٣) مفتوح؛ مباح (٤) منفتح؛ سالك (ط) (٥) مُمتَدّ؛ منتشر (نب) (٦) واضح؛ جليّ § (٧) البراءة: رخصة خطية حكوميّة (٨) «أ» براءة الاختراع: شهادة تضمن للمخترع، طوال مدة معيّنة، الحقَّ الحَصْريّ في تطبيق اختراعه أو استخدامه أو بيعه. «ب» الحقّ الممنوح بموجب هذه البراءة. «ج» الاختراع المسجَّل (٩) امتياز؛ رخصة § (١٠) يمنح براءةً (١١) «أ» ينال براءة. «ب» يسجّل اختراعًا.

pat·ent·ed *(adj.)* (١) مُسَجَّل: مَصُون ببراءة (٢) خاصّ [بفَرْد أو جماعة].

pat·ent·ee [păt′ən tē′; pāt′-] *(n.)* صاحبُ البراءة أو الامتياز.

patent flour *(n.)* الدَّقيق الممتاز: دقيقُ قمح من الطِّراز الأول.

patent leather *(n.)* جلدٌ لمّاع؛ جلدٌ صقيل [أسودُ عادةً].

patent medicine *(n.)* العقّار المسجَّل: دواء يُحاط تركيبه بسياج من السرّيّة ويسجَّل اسمُهُ وحقّ صنعه في دوائر حماية المِلكية.

patent office *(n.)* مكتب براءات الاختراع.

pat·en·tor [păt′ən tər; pāt′-] *(n.)* مانحُ البراءة أو الامتياز.

patent right *(n.)* الحقّ المسجَّل: حقّ ممنوحٌ ببراءة. وبخاصة: حقّ المخترع في تطبيق اختراعه أو استخدامه أو بيعه.

pa·ter [pā′-] *(n.)* (١) *cap.* عد: الصلاة الرَّبّانيّة (نص) (٢) أب (عب).

pa·ter·fa·mil·i·as [pā′tər fə mĭl′ĭ əs] *(n.)* رَبُّ الأسرة؛ رَبُّ البيت.

pa·ter·nal [pə tûr′-] *(adj.)* (١) أبويّ (٢) مُسْتَمَدٌّ أو موروث من الأب

(٣) من جهة الأب <كقولك his ~ grandfather أي جدُّه لأبيه> .

pa·ter·nal·ism [pə tûr′-] *(n.)* الطريقة الأبوية : طريقة تنتهجها الحكومة في إدارة البلاد، أو تنتهجها هيئة أو شخص ذو سلطان في معاملة الجماعات والأفراد . **— pa·ter·nal·ist** *(adj.; n.)* **— pa·ter·nal·is·tic** *(adj.)*

pa·ter·ni·ty [pə tûr′-] *(n.)* (١) الأُبوّة؛ الأَبَوية (٢) أصل؛ منشأ .

pa·ter·nos·ter [pă′tər nŏs′-] *(n.)* (١) *.cap* عد : الصّلاة الربانية (نص) (٢) الصِّيغة المكرورة : صيغة تُردَّد بوصفها صلاةً أو رُقيةً .

path [păth] *(n.)* (١) طريق؛ مَجاز (٢) سبيل (٣) مَسار [القَمر إلخ] .

path- *or* **patho-** بادئة معناها : داء؛ مرض <*patho*genesis> .

-path لاحقة معناها : «أ» شخص يمارس طريقة خاصة في معالجة الأمراض <naturo*path*> . «ب» شخص مصاب بداء مُعيَّن <neuro*path*> .

Pa·than [pə tän′; pət hän′] *(n.)* البَتْهانيّ : أفغانيّ مُقيمٌ في الهند .

pa·thet·ic *also* **pa·thet·i·cal** [pə thĕt′-] *(adj.)* (١) «أ» مُحْزِن؛ مُشْجٍ . «ب» مثير للشفقة (٢) حزين (٣) يائس <~ attempts> .

pathetic fallacy *(n.)* التشخيص : خلع المشاعر أو الصفات البشرية على الطبيعة الجامدة <كقولك a pitiless storm> .

path·find·er [păth′fīn′-] *(n.)* الرائد؛ المستطرِق؛ المستكشف : شخص يرود المجاهل بغيةَ اكتشاف طريق جديد .

path·less [păth′ləs; päth′-] *(adj.)* غير مطروق أو مسلوك .

path·o·bi·ol·o·gy [păth′ō bī ŏl′-] *(n.)* = pathology.

path·o·gen [păth′ə jən] *(n.)* المُمْرِض : عاملٌ مسبِّبٌ للأمراض (ط) .

path·o·gen·e·sis [păth′ə jĕn′-] *(n.)* الإمراض : نشوء المرض وتطوّره .

path·o·ge·net·ic [-nĕt′-] *(adj.)* (١) إمراضيّ : خاص بالإمراض (٢) مُمْرِض : مسبِّبٌ مرضًا .

path·o·gen·ic [păth′ə jĕn′ĭk] *(adj.)* = pathogenetic.

pa·thog·no·mon·ic [pə thŏg′nə mŏn′-] *(adj.)* واسِم : مُميِّز لمرضٍ معيَّن <~ symptoms> .

path·o·log·ic; -al [păth′ə lŏj′-] *(adj.)* (١) باثولوجيّ (٢) مَرَضيّ .

pa·thol·o·gist [pə thŏl′ə-] *(n.)* الباثولوجيّ؛ الأمراضيّ : المتخصِّص في عِلم الأمراض . وبخاصة : مَنْ يشخِّص التغيّرات المرضيّة في الأنسجة المستأصَلة بالجراحة .

pa·thol·o·gy [-jĭ] *(n.)* (١) الباثولوجيا؛ علم الأمراض (٢) شيء غير سويّ .

pa·thom·e·ter [pə thŏm′-] *(n.)* مِقياس الاندفاعات؛ مِكشاف الكذب .

patho·phys·i·o·lo·gy [păth′ō fĭz′ĭ ŏl′-] *(n.)* الفيسيولوجيا المَرَضية .

pa·thos [pā′thŏs] *(n.)* (١) المُشْجي : العنصر المثير للشَّجا أو الأسَى أو الشفقة [في الحياة أو في التصوير الأدبيّ أو الفنيّ] (٢) شفقة؛ رثاء .

path·way [păth′wā′] *(n.)* طريق؛ مَجاز؛ سبيل .

-pathy لاحقة معناها : «أ» شعور <anti*pathy*> . «ب» مرضٌ من نوع بعينِهِ <psycho*pathy*> . «ج» طريقة في معالجة الأمراض <osteo*pathy*> .

pa·tience [pā′shəns] *(n.)* (١) «أ» صَبْرٌ . «ب» حِلمٌ؛ طول أناة (٢) الفَرْدانيّ : ضرب من لعِب الورق [يلعبه شخص واحد عادةً] .

~ of Job صبر أيّوب؛ صبرٌ لا نهاية له .

to have no ~ with يَضيق ذرعًا بِـ؛ لا يُطيق .

pa·tient [pā′shənt] *(adj.; n.)* (١) صابر؛ صَبور (٢) حليم؛ طويل الأناة (٣) مُتَّئِد (٤) راسخ؛ صامد (٥) قابلٌ لِـ <~ of only one interpretation> § (٦) المريض : العليل الخاضع للمعالجة الطبيّة أو الجراحية (٧) الزَّبون <a shop filled with ~*s*>.

pat·i·na [1] [păt′ə nə] *(n.)* pl. **-nae** [nē] = paten.

pat·i·na [2] *(n.)* (١) الزِّنجار؛ غشاء العِتق : «أ» غشاء أخضر عادةً يُخلِّفُهُ تقادم العهد [أو يُحْدَث صناعيًّا بالأحماض] على النحاس أو البرونز فيُكْسِبُه قيمة جماليّة . «ب» مَظْهَرُ شيءٍ أكسبه تقادُمُ العهد جمالًا خاصًّا (٢) حجاب رقيق .

pat·i·nate [păt′ə nāt′] *(vt.)* يُعتِّق : يكسو بغشاء العِتْق .

pa·tine [pă tēn′] *(n.; vt.)* (١) patina [2] § (٢) patinate .

pa·ti·o [pä′tĭ ō′; păt′ĭ ō′] *(n.)* (١) فِناء (٢) الفِناء المرصوف : باحة مرصوفة محاذية للدار تُستَخْدَم بخاصة لتناول الطعام في الهواء الطلق .

pa·tis·se·rie [pə tĭs′ə rē] *(n.)* دكان المُعَجَّنات . وبخاصة الفرنسية منها .

pat·ois [păt′wä′] *(n.)* (١) لهجة عامّية أو مَحلّية (٢) الرَّطانة : اللغة الخاصة المميِّزة لجماعةٍ ما أو لأهل صناعةٍ ما .

patr- *or* **patri-** *or* **patro-** بادئة معناها : أبٌ <*patri*cide> .

pa·tri·arch [pā′trĭ ärk′] *(n.)* (١) الأب : «أ» أحد آباء الجنس البشري المذكورين في التوراة . «ب» أبٌ؛ مؤسِّس . «ج» ممثِّل جماعةٍ ما أو أكبرُ أعضائها سنًّا . «د» شيخ جليل (٢) بَطْرِيَرْك (نص) .

— pa·tri·ar·chal; pa·tri·ar·chic *(adj.)*

pa·tri·ar·chate [-′trĭ är′kət] *(n.)* (١) البَطْرِيَرْكية : «أ» منصب البَطْرِيَرْك أو نطاق سُلطتِهِ أو مُدّة ولايته . «ب» مقرّ البَطْرِيَرْك (٢) patriarchy .

pa·tri·ar·chy [pā′trĭ är′kĭ] *(n.)* (١) النظام الأبوي : نظام اجتماعيّ يتميّز بسلطة الأب المطلقة على العشيرة أو الأسرة وبانتساب الأبناء إليه لا إلى أمّهم (٢) المجتمع الأبويّ : مجتمع منظّم وفقًا لهذا النظام .

pa·tri·cian [pə trĭsh′ən] *(n.; adj.)* (١) شريف روماني (٢) الشَّريف؛ النّبيل؛ الأرستوقراطيّ § (٣) «أ» شريف؛ نبيل . «ب» أرستوقراطيّ؛ لائق بنبيل <~ aloofness>.

pa·tri·ci·ate [pā trĭsh′ĭ ət; -āt′] *(n.)* (١) النَّبالة : منزلةُ النبيل أو مَقامُهُ (٢) الأرستوقراطية : طبقة النبلاء .

pat·ri·cide [păt′rə sīd′] *(n.)* (١) قاتلُ أبيه (٢) قتل المرءِ أباه .

pat·ri·mo·ni·al [păt′rə mō′-] *(adj.)* (١) وراثيّ (٢) مَوْروث .

pat·ri·mo·ny [-′rə mō′nĭ] *(n.)* (١) إرثٌ؛ ميراث (٢) وَقْفٌ كَنَسيّ .

pa·tri·ot [pā′trĭ ət] *(n.)* الوطنيّ : المحبّ لوطنه المتحمّس للدفاع عنه .

pa·tri·ot·ic [pā´ trĭ ŏt´ĭk; păt´-] *(adj.)* وطنيّ <~ poetry> .

pa·tri·ot·ism [pā´ trĭ ə tĭz´ əm; păt´-] *(n.)* الوطنيّة : حُبّ الوطن .

pa·tris·tic; -al [pə trĭs´-] *(adj.)* خاصّ بآباء الكنيسة أو كتاباتهم .

pa·trol [pə trōl´] *(n.; vi.; t.)*, **pa·trolled** (١) «أ» خَفْر ؛ عَسّ . «ب» خفير ؛ عاسّ . «ج» دوريّة ؛ عَسَسٌ (٢) زُمرة [من الكشّافين أو الكشّافات] § (٣) يَخْفِر ؛ يَعُسّ .

pa·trol·man [-´mən] *(n.)* الخفير ؛ العاسّ . وبخاصة : الشُّرطيّ الخفير .

patrol wagon *(n.)* سيارة الدوريّة : سيارة مقفلة لنقل السجناء .

pa·tron [pā´trən] *(n.)* (١) «أ» النصير ؛ الظهير ؛ الحامي ؛ الراعي . «ب» وليّ النعمة (٢) زَبون دائم (٣) السيّد المُعْتِق : سيّد يُعتِق عبده ولكنه يحتفظ ببعض الحقوق عليه (٤) صاحب مؤسسة [كالنُّزُل أو الفندق إلخ] (٥) رئيس المَحْفَل : رئيس محفل ماسونيّ ينتظم أعضاء من الجنسين .

pa·tron·age [pā´trən ĭj; păt´-] *(n.)* (١) حقّ تعيين كاهنٍ لكنيسة (٢) مناصرة ؛ رعاية (٣) التفضُّل : إحسانٌ كإحسان السيّد إلى المَسُود أو مسلكٌ كمسلك السيّد مع مَسُوده <an air of ~> (٤) الزِّبانة : إيثار الزبائن فندقًا أو محلًا تجاريًّا معيّنًا وتعاملهم معه باستمرار (٥) «أ» القدرة على التعيين في الوظائف الحكوميّة على أساس غير أساس الكفاءة وحدها . «ب» المحسوبية : إسناد الوظائف على هذا الأساس . «ج» الوظائف المُسْنَدَة على أساس المحسوبيّة .

pa·tron·ess [pā´trə nəs] *(n.)* النصيرة ؛ الظهيرة ؛ الحامية ؛ الراعية .

pa·tron·ize [pā´-; păt´-] *(vt.)* (١) يُناصر ؛ يُظاهر ؛ يَرْعَى (٢) يتفضّل عليه ؛ يعامله بتنازل (٣) يُزابن : يتعامل مع مَتْجرٍ بوصفه زَبونًا دائمًا .

patron saint *(n.)* الشَّفيع : القديس الحامي لشخص أو كنيسة إلخ .

pat·ro·nym·ic [păt´rə nĭm´ĭk] *(n.; adj.)* (١) اسم الأب أو الأسرة ، مسبوقًا ببادئة أو مُتْبَعًا بلاحقة تدلّ على النسَب مثل *MacDonald* [ابن دونالد] أو *Ivanovich* [ابن إيفان] (٢) اسم الأسرة § (٣) دالّ على اسم الأب أو الأسرة وبخاصة بإضافة بادئة أو لاحقة تدل على النسب <~ names> (٤) دالّ على نسب كهذا <a ~ prefix> .

pat·sy [păt´sĭ] *(n.)* السّاذَج ؛ المُغَفَّل .

pat·ten [păt´ən] *(n.)* القَبْقاب : نَعْل من خشب .

pat·ter[1] [păt´ər] *(n.)* فا pat . وبخاصة : المُرَبِّت ؛ الضارب بلطف .

pat·ter[2] *(vt.; i.; n.)* (١) يقول بسرعة x (٢) يتلو الصَّلوات [بسرعة] (٣) يُدَمْدِم ؛ يُتَمْتِم (٤) يَلْغو : يثرثر أو يتكلّم بطلاقة (٥) يتكلّم أو يغنّي بسرعة بالغة [على المسرح] § (٦) لغة المجرمين إلخ (٧) نداء [البائع المتجوّل] ؛ دُعاء [المكلَّف بترغيب الناس في الدخول إلى سِيْرك] (٨) لَغْو ؛ هَذر ؛ ثرثرة (٩) كلمات الأغنية الهزلية .

pat·ter[3] *(vi.; n.)* (١) يُطقطق (٢) يَعْدو [بخطًى سريعة] § (٣) طقطقة ؛ دقدقة ؛ نَقْر .

pat·tern [păt´ərn] *(n.; vt.; adj.)* (١) المِثال : «أ» نموذج يُحْتَذَى أو يُحاكَى . «ب» نموذج للتفصيل وغيره <a paper ~ for a dress> (٢) قالب السَّبك (٣) الأسلوب أو الشكل [في تأليف أدبيّ أو موسيقيّ] (٤) نَمَط ؛ نَسَق ؛ شَكْل ؛ مخطَّط (٥) نقش ؛ زُخرُف [على سجّادة أو قماشة إلخ] (٦) الرّسم : شكل ناشئ بالمصادفة أو عن ظاهرة طبيعية <~s of frost on the window> (٧) قطعة قماش [كافية لخياطة ثوب] (٨) طراز (٩) المَساق (طي) § (١٠) يقتدي أو يتأسّى بِـ ؛ يكيّف وفقَ نموذج (١١) «أ» يَصْنَع على منوال كذا أو غِراره . «ب» يحاكي ؛ يقلّد (١٢) يزيّن بالرسوم أو النقوش § (١٣) مِثاليّ ؛ نموذجيّ .

pat·tern·ing *(n.)* (١) زَرْكشة ؛ زُخْرُف (٢) نَمَط [من أنماط السّلوك] .

pat·ty *also* **pat·tie** [păt´ĭ] *(n.)* (١) الفُطيِّرة : «أ» فطيرة صغيرة . «ب» فطيرة صغيرة محشوّة باللحم المفروم (٢) قُرْص <peppermint *patties*> .

pat·u·lous [păch´ə ləs] *(adj.)* منتشر ؛ منبسط ؛ متشعِّب من مركز .

pat·zer [pät´sər; păt´-] *(n.)* الغِرّ : لاعب شطرنج غير بارع .

pau·ci·ty [pô´sə tĭ] *(n.)* قلّة ؛ ضآلة ؛ نُدْرة .

Pau·line [pô´līn] *(adj.)* بولُسِيّ : منسوب إلى بولُس الرسول أو تعاليمِهِ .

pau·low·ni·a [pô lō´nĭ ə] *(n.)* البولوڤنية : شجرٌ صينيّ عَطِر الزهر .

paunch [pônch; pänch] *(n.)* (١) «أ» بطن . «ب» كرش ؛ بطنٌ ضخم (٢) المعدة الأولى [لحيوان مُجْتَرّ] .

paunch·i·ness [pôn´chĭ-; pän´-] *(n.)* التَّكَرُّش : ضخامة الكَرِش .

paunch·y [pôn´chĭ; pän´-] *(adj.)* مُتكرِّش : ضَخْم الكَرِش .

pau·per [pô´pər] *(n.)* (١) العالة ؛ الكَلّ : فقير يحيا على المعونة التي يتلقّاها من صندوقٍ لإسعاف المُعْوِزين (٢) المِسكين : الشديد الفقر .

pau·per·ism [pô´pə rĭz´əm] *(n.)* إملاق ؛ فقر شديد .

pau·per·ize [pô´pə rīz´] *(vt.)* يُمْلِق : يُفْقِرُهُ إفقارًا شديدًا .

pause [pôz] *(n.; vi.; t.)* (١) توقُّف مؤقّت (٢) وَقْف قصير [في الكلام أو القراءة] (٣) تردّد (٤) «أ» علامة الإطالة في الموسيقى <⌒ *or* ⌣> . «ب» فاصلة ؛ نقطة [في الكتابة والطباعة] § (٥) يتوقّف ؛ يتردّد ؛ يتأنّى x (٦) يُوقِف .

pa·vane [pə vän´] *also* **pa·van** [păv´ən] *(n.)* الپاڤان : رقصة بطيئة قديمة .

pave [pāv] *(vt.)* (١) يَرْصُف ؛ يبلّط ؛ يعبّد (٢) يَكْسو [بالبلاط إلخ] . to ~ the way for (*or* to) يُمهِّد السبيلَ لِـ .

pa·vé [pȧ vā´] *also* **pa·véed** [pȧ vād´] *(adj.)* مرصوف ؛ ملزوز : مركَّب بطريقة متلازّة بحيث يُخفي قاعدته المعدنية <~ jewels> .

pave·ment [pāv´-] *(n.)* (١) سطحٌ مرصوفٌ ، مثل : «أ» أرضية الشارع المرصوفة . «ب» رصيف الشارع (بر) (٢) حجارة الرَّصْف .

pavement artist *(n.)* فنّان الرَّصيف : فنّان يرسم على الأرصفة تكسُّبًا .

pav·id [păv´ĭd] *(adj.)* جَبان ؛ رِعديد ؛ مخلوع الفؤاد .

pa·vil·ion [pə vĭl´yən] *(n.; vt.)* (١) سُرادق ؛ فُسطاط ؛ خيمة كبيرة (٢) جَناح [من مَبْنًى أو معرض] (٣) مقصورة [في حديقة] (٤) الكَعْب : الجزء الأسفل من حجر كريم (٥) الصِّوان : الجزء الخارجيّ من الأذن (ت) § (٦) يُظِلّ في سرادق (٧) يزوِّد [المبنى أو المعرض] بالأجنحة ؛ يزوّد [الحديقة] بالمقاصير .

pav·in [păv´ən] *(n.)* = pavane.

pav·ing [pā´vĭng] *(n.)* = pavement.

pav·ior *or* **pav·iour** [pāv´yər] *(n.)* (١) الراصف؛ المبلِّط (٢) آلة للرَّصْف.

pav·is [păv´ĭs] *(n.)* الباقيّة: درع قديم يُغطّي كاملَ الجسَد.

Pav·lov·i·an [păv lō´-] *(adj.)* (١) باڤلوفيّ: متعلّق بالفيسيولوجي الروسي إيڤان باڤلوف أو بنظرياته <~ conditioning> (٢) آليّ؛ أوتوماتيكيّ.

paw [pô] *(n.; vt.; i.)* (١) الكفّ: كفّ الحيوان، كالكلب أو الأسد، ذات البراثن (٢) «أ» قَدَم الحيوان. «ب» يدالإنسان (ع) § (٣) يَمَسّ بخُرْق أو تودّد أو شهوةٍ أو خشونة (٤) يَمَسّ أو يضرب ببراثنه (٥) يَنْكُت: يضرِب أو ينبش الأرض بحافره (٦) يبحث عن (٧) يُمْسِك بقوّة.

paw·ky [pô´kĭ] *(adj.)* ماكر؛ داهية («بر» و«إسك»).

pawl [pôl] *(n.)* السَّقّاطة؛ الحابسة (مك).

pawl

pawn[1] [pôn] *(n.)* البَيْدَق: «أ» حجر ضعيف من حجارة الشِّطرنج. «ب» الآلة؛ اللُّعبة: شيء أو شخصٌ يُستخدم لخدم مآرب شخص أو شيء آخر.

pawn[1] *a.*

pawn[2] *(n.; vt.)* (١) «أ» الرَّهن: ما يوضع عند شخص آخر على سبيل الضمان. «ب» hostage (٢) الارتهان: كون الشيء مُرْتَهَنًا عند شخص آخر (٣) ضمان (٤) رَهْنُ شيء ما عند شخص آخر § (٥) يَرْهَن.

pawn·bro·ker [pôn´-] *(n.)* المُسْتَرْهِن: مَنْ يُقرِض المالَ لقاء رهن.

pawn·shop [pôn´-] *(n.)* المَرْهَن: مكتب المُسْتَرْهِن (را. المادة السابقة).

paw·paw [pô´pô] *(n.)* = papaw.

pax [păks] *(n.)* (١) أيقونة السَّلام: أيقونة كان الكاهن والمصلّون يقبِّلونها أثناء القدّاس (٢) قُبلة السَّلام [في القدّاس] (٣) سِلْم؛ سلام.

pay[1] [pā] *(vt.; i.; n.; adj.)* (١) «أ» يَدْفع [مالًا]. «ب» يستخدم [مقابل مبلغ من المال]. «ج» يؤدّي؛ يفي (٢) «أ» يعود عليه بفائدة <It ~*s* you to be honest.>. «ب» يُغِلّ؛ يَرُدّ <The stock ~*s* seven percent.> (٣) يُقدِّم <to ~ compliments> (٤) يُرْخي حبلًا [تتبعها x [*out*] (٥) يُكسِب؛ يُرْبِح؛ يستحقّ الجهدَ أو النفقة <They say that farming doesn't ~.> § (٦) دَفْع (٧) أجر؛ راتب (٨) جزاء؛ مَثوبة؛ عقوبة (٩) المِيْفاء: امرؤ حريص على دفع ديونه في مواعيدها § (١٠) غنيّ؛ مُغِلّ: محتوٍ على شيء نفيس كالذهب أو النفط <~ rock> (١١) مُثقَّب: مزوَّد بِثَقْب أو شَقّ صغير تُلْقى فيه القطعة النقدية عند الاستعمال <a ~ telephone> (١٢) مُتَطلِّبٌ أجرًا <~ hospitals>.

in the ~ of the enemy — في خدمة العدوّ أو مأجور من قِبَلِه.

to ~ attention to — ينتبه إلى.

to ~ (money) back — يَرُدّ؛ يُرْجِع؛ يُسَدِّد [دَيْنًا].

to ~ down — يَدْفع القِسْط [من ثمن السِّلعة المُقَسَّط].

to ~ for one's whistle — يَدْفع غاليًا ثمن نزوةٍ من نزواته.

to ~ off — (١) يُعطي [العاملَ] حسابه ويصرفه من الخدمة (٢) «أ» يدفع الدَّين بكامله. «ب» يفي الدائنَ دَيْنَه بكامله (٣) ينتقم من (٤) يُغِلّ؛ يُنتِج ربحًا (٥) ينجح (٦) يَرْشو.

to ~ one's way — يتجنّب الدَّين؛ يدفع نقدًا.

to ~ someone a visit — يزوره؛ يقوم بزيارته.

to ~ the debt of nature — يُتَوَفَّى؛ يموت.

to ~ up — يدفع كلَّ ما عليه؛ يُسَدِّد دَيْنه كاملًا.

pay[2] [pā] *(vt.)* يُزَفِّت؛ يقيِّر؛ يكسو بمادّة صامدة للماء.

pay·a·ble [pā´ə-] *(adj.)* (١) ممكنٌ أو واجبٌ دفعُهُ (٢) مُربح.

pay·check [pā´chĕk´] *(n.)* (١) الشيك الأَجْريّ (٢) أجر؛ راتب.

pay·day [pā´dā´] *(n.)* يوم الدَّفع: اليوم المحدَّد لدفع الرواتب.

pay dirt *(n.)* (١) تربة غنيّة بالمعادن (٢) اكتشاف مفيد أو مُرْبح.

pay·ee [pā ē´] *(n.)* (١) المدفوع له (٢) المستفيد: الشخص الذي تُسْحَب لأمره الكمبيالة وتُدْفَع إليه قيمتها في تاريخ الاستحقاق (تج).

pay envelope *(n.)* (١) ظرف الراتب (٢) راتب؛ أجر.

pay·er *also* **pay·or** [pā´ər] *(n.)* (١) الدافع (٢) دافع الكمبيالة.

pay·load [pā´lōd´] *(n.)* (١) الحمولة الآجِرة أو الصافية (تج) (٢) الشِّحنة المتفجِّرة [في رأس القذيفة] (٣) حمولة المَرْكَبة الفضائية.

pay·mas·ter [pā´-] *(n.)* صرّاف الرواتب [في دائرة حكومية أو شركة].

pay·ment [pā´-] *(n.)* (١) دَفْع (٢) دَفْعة (٣) جزاء؛ عِقاب.

pay·nim [pā´nĭm] *(n.)* الكافر؛ الوثنيّ.

pay·off [pā´ôf´] *(n.; adj.)* (١) ربح؛ مكافأة (٢) جزاء؛ عِقاب (٣) دفع الرواتب أو الأرباح [أو موعد ذلك] (٤) ذِروة؛ أوج. وبخاصة: المرحلة التي يتمّ فيها حلُّ العقدة القصصية (٥) الكلمة الفَصْل § (٦) حاسم؛ فاصل.

pay·o·la [pā ō´lə] *(n.)* رشوة [تُدْفع لقاء الترويج لسلعة ما].

pay·out [pā´out´] *(n.)* (١) دَفْع؛ إنفاق (٢) المال المدفوع أو المُنْفَق.

pay phone *(n.)* تلفون عموميّ [مزوَّد بجهاز تُلْقَى فيه القطعة النَّقدية].

pay phone

pay·roll *or* **pay·sheet** [pā´-] *(n.)* جدول الرواتب.

pay station *(n.)* = pay phone.

PDQ *(adv.)* <abbr. of *pretty damned quick*> حالًا؛ على الفَوْر.

pea [pē] *(n.)* pl. **peas** *also* **pease** (١) البِسِلّى؛ البازِلّا (نب) (٢) حَبّة البِسِلّى (٣) شيء شبيه بحبّة البِسِلّى.

as like as two *peas* — متشابهان تمامًا؛ «كأنهما فولةٌ انقسمت».

pea aphid *(n.)* أَرَقَةُ البِسِلّى (نب).

peace [pēs] *(n.; vi.)* (١) أَمْنٌ (٢) طُمأنينة <~ of mind> (٣) وئام (٤) سَلام؛ سِلْم (٥) معاهدة صُلح (٦) هدوء؛ سَكينة § (٧) يصمت؛ يلتزم الهدوء [ترد بصيغة الأمر غالبًا].

at ~, — (١) في سلام (٢) في حالة مودة أو صداقة أو اطمئنان.

the King's *or* Queen's ~, — أمنُ البلاد العام وسيادة حكم القانون فيها.

to hold one's ~, — يلزم الصمت؛ يكفّ عن الكلام.

to keep the ~, يطيع القوانين؛ يحافظ على النظام.

to make ~, يَكُفّ عن القتال؛ يَعْقِد الصلحَ مع.

peace·a·ble [pē′sə-] *(adj.)* (١) مُسالِم (٢) سِلميّ. <a ~ agreement>

peace·ful [pēs′fəl] *(adj.)* (١) مُسالِم (٢) هادئ: خِلْوٌ من الاضطراب <a ~ reign> (٣) سِلْميّ.

— **peace·ful·ly** *(adv.)*

peace·keep·ing *(n.)* حِفظ السَّلام. وبخاصة: بإشرافٍ دوليّ.

peace·mak·er [pēs′-] *(n.)* المُصْلِح: مُصْلِح ذات البَيْن.

peace offering *(n.)* تَقْدِمة الصُّلح: كلّ ما يُقدَّم على سبيل الاسترضاء.

peace officer *(n.)* شُرْطيّ؛ رَجُل أمن إلخ.

peace pipe *(n.)* = calumet.

peace·time [pēs′tīm] *(n.; adj.)* (١) زمن السِّلْم § (٢) سِلميّ: منسوب إلى زمن السِّلْم <~ uses of atomic energy>.

peach [pēch] *(n.; adj.; vt.; i.)* (١) الخوخ؛ الدُّرّاق؛ الدُّرّاقن (نب) (٢) الخَوْخيّ: لون قَرَنفليّ ضاربٌ إلى الصُّفرة (٣) شخص أو شيء محبوب [كالخَوخ حلاوةً أو جمالًا إلخ] § (٤) خَوْخيّ اللون § (٥) يشي به.

peach·blow [pēch′blō′]; **peach·bloom** [-′bloom] *(n.)* (١) peach 2 (٢) الطِّلاء الخوخيّ: طلاء خوخيّ اللون يُستعمَل في صنع الخزف الصيني.

pea·chick [pē′chĭk] *(n.)* فَرْخُ الطاووس؛ صغير الطاووس.

peach·y [pē′chĭ] *(adj.)* (١) خَوْخانيّ؛ كالخوخ (٢) ممتاز؛ رائع (ع).

pea·coat [pē′kōt′] *(n.)* = pea jacket.

pea·cock [pē′kŏk′] *(n.; vi.)* (١) الطّاووس (طا) (٢) شخص مغرورٌ أو مُعْجَبٌ بنفسه § (٣) يَتَطَوَّس: يتيه مُعْجبًا بنفسه.

peacock 1.

peacock blue *(n.)* الأزرق الطاووسيّ: لون أزرقُ مُخْضرّ.

peacock flower *(n.)* الزَّهرة الطاووسية: نبات استوائي.

pea·cock·ish; pea·cock·y [pē′kŏk′-] *(adj.)* مُتَطوِّس؛ مَزْهوٌّ بنفسه.

pea·fowl [pē′foul′] *(n.)* (١) طاووس (٢) طاووسة.

pea green *(n.)* الأخضر البِسِلّي: لون أخضر فاتح.

pea·hen [pē′hĕn′] *(n.)* الطّاووسة: أُنثى الطاووس.

pea jacket *(n.)* سُترة البحّار أو النوتيّ.

pea jacket

peak[1] [pēk] *(n.; vi.; t.; adj.)* (١) الرَّفرف: حافة ناتئة <the ~ of a cap> (٢) الرَّعْن: قُنّة الجبل الداخلة في البحر (٣) «أ» قِمّة. «ب» جبل؛ هضبة (٤) ذروة؛ أوج § (٥) يبلغ الذِّروة أو الأوج x (٦) يُبْلِغُهُ الذِّروة § (٧) بالغُ الذِّروة.

peak[2] *(vi.)* (١) يَهْزُل؛ يُصِيبُهُ الهُزال (٢) يتضاءل؛ يضمحلّ؛ يَذْوي.

peak[3] *(vt.)* يُمْسِك بالمِجْذاف [رافعًا جزءه المسطَّح الرقيق إلى أعلى].

peaked [pēkt] *(adj.)* (١) مُحَدَّد؛ مُسْتَدِقّ الرأس (٢) شاحب؛ نحيل؛ مهزول الجسم.

peal [pēl] *(n.; vi.)* (١) جلجلة الأجراس (٢) مجموعة أجراس (٣) «أ» رنين الضحك. «ب» ضجيج الاستحسان. «ج» قصف الرَّعد؛ هَزيم الرَّعد. «د» دويّ المدافع § (٤) يُجلجل؛ يَرِنّ؛ يَقْصُف؛ يدوّي.

pea·like [pē′līk′] *(adj.)* بِسِلّانيّ: شبيهٌ بحبّة البِسِلّى.

pea·nut [pē′-] *(n.; adj.)* (١) الفول السودانيّ (نب) (٢) حبّة فول سودانيّ (٣) شخص تافه أو ضئيل الجسم (٤) .pl: مقدارٌ تافه أو ضئيل § (٥) تافه <~ politicians>.

pear [pâr] *(n.)* الإجّاص؛ الكُمَّثْرَى (نب).

pearl[1] [pûrl] *(n.; vt.; i.; adj.)* (١) لُؤلُؤة (٢) عِرق اللؤلؤ؛ أُمّ اللآلئ (را. mother-of-pearl) (٣) اللُّؤلؤة: شيء كاللؤلؤة جمالًا أو مظهرًا [مثل امرأةٍ أو دمعة أو قطرة ندًى] (٤) اللُّؤلُؤيّ: «أ» لون رمادي فاتح جدًا. «ب» حرف مطبعيّ صغير [خمسة أبناط] § (٥) يُرَصِّع باللآلئ [أو بما يُشبهها] (٦) يحبِّب؛ يُبرغل (٧) يجعله لؤلؤيَّ البريق x (٨) يشكِّلُ قطراتٍ كاللؤلؤ (٩) يصيد اللؤلؤ § (١٠) «أ» لؤلؤيّ. «ب» شبيه باللؤلؤ. «ج» مرصَّع باللآلئ (١١) محبَّب؛ مبرغَل: ذو حبّات متوسطة الحجم.

pearl[2] [pûrl] *(n.; vt.)* = picot.

pearl ash *(n.)* رماد البوتاس.

pearl barley *(n.)* الشعير المحبَّب أو المُبَرْغل.

pearl danio *(n.)* السَّمك اللؤلؤيّ: سمك يتميّز بحراشفه الفضية.

pearl diver *(n.)* الغَوّاص: صائد اللؤلؤ.

pearl·er [pûr′-] *(n.)* (١) الغوّاص: صائد اللؤلؤ (٢) مركب لصيد اللؤلؤ.

pearl·es·cent [pûr lĕs′ənt] *(adj.)* لؤلؤيّ البريق.

pearl fisher *(n.)* = pearl diver.

pearl gray *(n.)* (١) الرمادي الفاتح (٢) الأزرق الفاتح.

Pearl Harbor *(n.)* پيرل هاربر: هجوم غادر.

pearl·ite [pûr′līt] *(n.)* البَرْليت (مع).

pearl millet *(n.)* الدُّخن اللؤلؤي؛ الجاوَرْس اللؤلؤي (نب).

pearl onion *(n.)* البصل اللؤلؤيّ: بصلٌ صغير جدًا.

pearl oyster *(n.)* مَحار اللُّؤلؤ.

pearl oyster

pearl shell *(n.)* = pearl oyster.

pearl·y [pûr′lĭ] *(adj.)* (١) لؤلؤيّ: شبيه باللؤلؤ أو بعِرق اللؤلؤ أو محتوٍ عليهما أو مرصَّع بهما (٢) لؤلؤيّ البريق (٣) بالغُ النَّفاسة.

pearly everlasting *(n.)* السَّرمديّة اللؤلؤية (نب).

pear·main [pâr′mān′] *(n.)* البيرميّ: ضرب من التُّفّاح.

pear psylla [sĭl′ə] *(n.)* بُرغوث الكُمَّثْرَى.

peart [pērt] *(adj.)* (١) مبتهج (٢) بارع.

peas·ant [pĕz′ənt] *(n.)* (١) الفلّاح (٢) القَرَويّ؛ الرِّيفيّ.

peas·ant·ry [-ən trĭ] *(n.)* (١) الفلّاحون (٢) حالة الفلّاحين أو وضعهم.

pease[1] [pēz] *(n. chiefly Brit.)* = pea.

pease[2] *pl. of* pea.

pease·cod *or* **peas·cod** [pēz′kŏd] *(n.)* قرن البِسِلّى (نب).

pea soup *(n.)* (١) حَساء البِسِلّى (٢) ضباب كثيف.

peat [pēt] *(n.)* (١) الخُثّ: فحم حجريّ لم يكتمل تحوُّله إلى كربون (٢) قطعة خُثّ (٣) امرأة مَرِحة وَقِحة.

peat bog *(n.)* المَخَثّة: أرضٌ سَبِخة تراكَمَ فيها الخُثّ.

peat moss *(n.)* الإسْفَغْنون: طُحْلُب يكثُرُ في الأراضي السَّبِخة (نب).

pea·vey *or* **pea·vy** [pē′vĭ] *(n.)* البَيْفة : مُخْلٌ يستعمله الحطّابون .

peavey

peb·ble [pĕb′əl] *(n.; vt.)* (١) حصاة (٢) «أ» البلّور الصخري : كوارتز شفاف لا لون له . «ب» عدسة نظارات مصنوعة من بلور صخري (٣) سطح متجعّد أو مُبَلّر أو غير مستوٍ § (٤) يَحْصُب؛ يرجم بالحصى (٥) يرصف بالحصى أو بالحصباء (٦) يُبَرْغِل : يُعالج [الجلودَ] بحيث تصبح مُبَرْغَلة السّطح . **— peb·bly** *(adj.)*

pe·can [pĭ kăn′; pĭ kăn′] *(n.)* البَقّان : «أ» شجر أميركيّ . «ب» خشب البَقّان . «ج» جوزة البَقّان .

pec·c·a·bil·i·ty [pĕk′ə bĭl′-] *(n.)* اللاّعِصمة : قابلية اقتراف الإثم .

pec·ca·ble [pĕk′ə-] *(adj.)* لامَعْصوم : مُعرَّض لاقتراف الإثم .

pec·ca·dil·lo [pĕk′ə dĭl′ō] *(n.)* زَلّة؛ هَفْوَة؛ عَثْرَة؛ إثم طفيف .

pec·can·cy [-′ən sĭ] *(n.)* (١) الإثميّة : كون المرء آثمًا (٢) peccadillo .

pec·cant [pĕk′-] *(adj.)* (١) آثم؛ مُذْنب (٢) مُنتهِك لمبدأ أو قاعدة [من قواعد السلوك أو الحشمة] (٣) سقيم؛ مُورِثٌ ألمًا أو إزعاجًا <a ~ tooth> .

pec·ca·ry [pĕk′ə rĭ] *(n.)* البَقّريّ : حيوان أميركي شبيه بالخنزير الصغير .

peccary

pec·ca·vi [pə kä′vĭ; -kä′vē] *(n.)* إقرار بالإثم؛ اعتراف بالذَّنْب .

peck[1] [pĕk] *(n.)* البَكّ : «أ» مكيالٌ يساوي رُبع بوشل . «ب» مقدار كبير <a ~ of dirt; a ~ of troubles>.

peck[2] *(vt.; i.; n.)* (١) «أ» يَنْقُد أو يَنْقُر [الطائرُ] . «ب» يثقب (٢) يلتقط [بالمنقار] x (٣) يتذمّر باستمرار؛ ينقّ؛ يوبّخ [تتبعها *at*] (٤) يقضم برفق؛ يأكل مصغّرًا لقمته § (٥) نُقْرَة؛ ثقب (٦) «أ» نَقْدة طائر . «ب» قبلة عَجلى . وبخاصة : قبلة عجلى تُطبَع بدافع الواجب أكثر مما تُطبع بدافع العاطفة .

peck·er [pĕk′-] *(n.)* (١) الناقر : طائر ينقُدُ الحَبَّ (٢) أنف (٣) فم (٤) الشهوة إلى الطعام (٥) مرَح؛ ابتهاج (٦) شجاعة (٧) قضيب الرَّجُل .
Keep your ~ up! حافِظ على مرحِك أو شجاعتِك!

peck·er·wood [pĕk′-] *(n.)* نقّار الخشب أو الشجر (طا) .

Peck·sniff·i·an [pĕk snĭf′-] *(n.)* المُرائي : المتظاهر بالتقوى والصلاح .

pec·tate [pĕk′tāt′] *(n.)* البكتات : ملح الحمض البكتيني (ك) .

pec·ten [pĕk′-] *(n.)* (١) المُشْط : «أ» شيء كالمُشْط . «ب» غشاء كالمشط يكون في أعين الزواحف والطيور (٢) الأسقلوب : مَحار مِرْوحيّ الشكل .

pectic acid [pĕk-′] *(n.)* الحمض البكتيني؛ حمض البكتيك (كح) .

pec·tin [pĕk′tĭn] *(n.)* البِكْتين : مادة في الثمار اليانعة، وبخاصة في التفاح، تنحلّ في المياه الغالية ثم تشكّل عند التبخّر نوعًا من الهُلام .

pec·ti·nate *or* **pec·ti·nat·ed** [pĕk′-] *(adj.)* مُشْطيّ؛ كأسنان المشط .

pectinate leaf

pec·to·ral[1] [pĕk′tə rəl] *(n.)* الصُّدرة؛ كلُّ ما يُلْبَس على الصَّدر .

pec·to·ral[2] *(adj.)* (١) صَدْريّ (٢) نافع لأمراض الجهاز التنفُّسيّ (٣) وجدانيّ : نابعٌ من الصَّدر أو القلب .

pectoral cross *(n.)* الصَّليب الصَّدْري [يُعلِّقُهُ الأسقف على صدره] .

pectoral fin *(n.)* الزِّعنفة الصَّدْرية [في الأسماك] .

pectoral girdle *(n.)* الزُّنّار الصَّدْريّ : القوس العظميّ أو الغضروفيّ الذي يَدْعم الأطراف العُلْوية عند الفقاريات (ت) .

pectoral muscle *(n.)* العضلة الصَّدرية (ت) .

pec·u·late [pĕk′-] *(vt.; i.)* يختلس . **— pec·u·la·tion** *(n.)*

pe·cu·liar [pĭ kyōōl′yər] *(adj.; n.)* (١) مُميَّز <a custom ~ to France> (٢) خصوصيّ؛ فريد؛ متميِّز <a matter of ~ interest> (٣) خاصّ <his own ~ property> (٤) غريب <a ~ costume> (٥) غريب الأطوار <a ~ poet> § (٦) مِلْكٌ أو امتياز خاصّ (٧) كنيسة أو أبرشيّة خاصّة .

pe·cu·li·ar·i·ty [pĭ kyōō′lĭ ăr′-] *(n.)* (١) الخصوصيّة : كون الشيء متميّزًا أو فريدًا أو غير مألوف (٢) مِيزة؛ خاصّيّة (٣) غرابة أو شيء غريب .

pe·cu·liar·ly [pĭ kyōōl′-] *(adv.)* (١) «أ» على نحو مميّز . «ب» إلى حد استثنائي (٢) «أ» بطريقة غريبة . «ب» من الغريب (٣) على الخصوص .

pe·cu·ni·ar·y [pĭ kyōō′nĭ ĕr′ĭ] *(adj.)* ماليّ <~ penalties> .

ped- = paed-.

-ped *or* **-pede** لاحقة معناها : قَدَمٌ <quadru*ped*> .

ped·a·gog·ic; -al [pĕd′ə gŏj′-] *(adj.)* بيداغوجيّ .

ped·a·gog·ics [pĕd′ə gŏj′ĭks] *(n.)* = pedagogy.

ped·a·gogue *also* **ped·a·gog** [pĕd′ə gŏg] *(n.)* المدرِّس؛ المُعلِّم .

ped·a·go·gy [pĕd′ə gō′jĭ] *(n.)* البيداغوجيا : علم أصول التدريس .

ped·al [pĕd′əl] *(n.; adj.; vi.; t.)*, **-aled** *also* **-alled** (١) دَوّاسة؛ دَعْسَة؛ قَدَميّة § (٢) قَدَميّ (٣) دَوّاسيّ؛ دَعسيّ § (٤) يستعمل أو يُعمِل دوّاسة (٥) يركب درّاجة x (٦) يُعْمِل دوّاساتِ كذا .

pedal line *(n.)* مستقيم المواقع (مج) (ر) .

pedal point *(n.)* النَّغمة المُفْرَدة أو المُهَيْمنة (مو) .

pedal push·ers *(n. pl.)* سِروال نسائيّ أو بناتيّ [يصل إلى ربلة الساق] .

ped·ant [pĕd′ənt] *(n.)* (١) المُتَحَذْلِق (٢) الصَّحَفيّ : مَن اكتسب ثقافته من صحائف الكتب فحسب [مع افتقارٍ إلى الحكمة العملية] .

pe·dan·tic [pĭ dăn′-] *(adj.)* مُتَحَذْلِق <~ style> .

ped·ant·ry [pĕd′ən trĭ] *(n.)* حَذْلقة؛ تَحَذْلُق .

ped·ate [pĕd′āt] *(adj.)* (١) ذو قَدَم [أو أكثر] (٢) شبيه بالقَدَم (٣) بُرْثُنيّ : منفرج كأصابع راحة اليد .

pedate leaf

ped·dle [pĕd′əl] *(vi.; t.)* (١) يتجوَّلُ لبيع بضاعته . وتوسُّعًا : يبيع (٢) يشتغل بالتوافه x (٣) يبيع متجوّلًا . وبالتالي : يبيع بالتجزئة (٤) ينشر؛ يوزِّع (٥) يُروِّج [المشروع أو خطة] .

ped·dler *also* **ped·lar** [pĕd′lər] *(n.)* البائع المتجوِّل .

ped·dler·y [pĕd′lə rĭ] *(n.)* (١) بضاعة الباعة المتجوّلين (٢) صناعة البائع المتجوّل .

ped·dling [pĕd′-] *(adj.)* (١) متجوّل ببضاعته (٢) تافه ؛ حقير .

ped·er·ast [pĕd′ə răst′; pē′də-] *(n.)* اللّوطيّ .

ped·er·as·ty [-răs′tĭ] *(n.)* اللّواطة .

ped·es·tal [pĕd′ĭs təl] *(n.; vt.)*, **-taled** *or* **-talled** (١) قاعدة [العمودِ أو التمثال] (٢) أساس (٣) مَرْتبة عالية § (٤) يُقعِّد : «أ» يَضعُهُ فوق قاعدة . «ب» يجعل له قاعدةً .
to set a person on a ~, يَرْفعُهُ مقامًا عَليًّا ؛ ينظر إليه نظرتَهُ إلى امرئ كامِل الصفات .

pedestal *1.*

pe·des·tri·an [pə dĕs′-] *(adj.; n.)* (١) مُبْتذَل ؛ غَثّ (٢) مُتبلّد <a ~ mind> (٣) ماشٍ ؛ راجل (٤) مُنجَزٌ سيرًا على القدمين <a ~ journey> (٥) مَشْيِيّ : ذو علاقة بالمَشي § (٦) الماشي ؛ الراجل .

pedestrian crossing *(n.)* مَعْبَر السّابلة ؛ مَعْبر المشاة .

pe·des·tri·an·ism [pə dĕs′-] *(n.)* (١) المشي (٢) حُبّ المَشي ؛ عادة المَشْي [بُغيةَ الرياضة أو الترويح عن النفس] (٣) ابتذال .

pe·di·at·ric [pē dĭ ăt′-] *(adj.)* خاصّ بطبّ الأطفال .

pe·di·a·tri·cian [-ə trĭsh′ən]; **pe·di·a·trist** *(n.)* طبيب الأطفال .

pe·di·at·rics [pē′dĭ ăt′-; pĕd′ĭ ăt′-] *(n.)* طِبّ الأطفال .

ped·i·cel [pĕd′ə səl] *(n.)* السُّوَيْقة : «أ» غُصَيْن يَحمل زهرة . «ب» الجذع الداعم للجسم [في بعض اللافقاريات] (ح) .

ped·i·cel·late [-ə′sə lĭt; -lāt′] *(adj.)* مُسوَّق : ذو سُوَيقة أو سُوَيقات .

ped·i·cle [pĕd′ə kəl] *(n.)* = pedicel.

pe·dic·u·lar [pĭ dĭk′yə lər] *(adj.)* (١) قَمْليّ (٢) قَمِل ؛ مُقمِّل .

pe·dic·u·lo·sis [pĭ dĭk′yə lō′sĭs] *(n.)* التَّقمُّل : الإصابة بالقَمْل .

pe·dic·u·lous [pĭ dĭk′yə ləs] *(adj.)* قَمِلٌ ؛ مُقمِّل .

ped·i·cure [pĕd′ə kyo͝or′] *(n.)* (١) الأقداميّ : الاختصاصيّ المعالج للقَدَم (٢) الأقداميّة : العناية بالأقدام وأظفارها . — **ped·i·cur·ist** *(n.)*

ped·i·form [pĕd′ə-] *(adj.)* قَدَمانيّ : شبيه بالقَدَم .

ped·i·gree [pĕd′ə grē′] *(n.; adj.)* (١) نَسَب ؛ شجرة النَّسَب (٢) مَنْشأ (٣) اشتقاق ؛ أصل (٤) أصالة ؛ مَحْتِدٌ كريم § (٥) أصيل .

ped·i·greed [pĕd′ə grēd′] *(adj.)* أصيل : ذو نَسَب كريم معروف .

ped·i·ment [pĕd′ə-] *(n.)* القَوْصَرة : مُثلَّث في أعلى واجهة المبنى (عم) .

P. pediment

ped·i·palp [pĕd′ə pălp′] *(n.)* اللّامسة الرِّجليّة [في العنكبوتيات] .

ped·lar *also* **ped·ler** [pĕd′lər] *(n.)* = peddler.

pedo- = paed-.

ped·o·cal [pĕd′ə kăl′] *(n.)* التُّربة الكلسيّة (جي) .

pe·do·don·tia [pē′də dŏn′shə] *(n.)* طِبُّ أسنان الأطفال .

ped·o·gen·e·sis [pĕd′ə jĕn′ə-] *(n.)* تكوُّن أو تشكُّل التربة .

pe·dol·o·gist[1] [pĭ dŏl′-] *(n.)* البيدولوجيّ : الاختصاصيّ بعلم التربة .

pe·dol·o·gist[2] [pē dŏl′ə jĭst] *(n.)* البيدولوجيّ : الاختصاصيّ بدراسة طبيعة الأطفال ونموّهم .

pe·dol·o·gy [pē dŏl′ə jĭ] *(n.)* (١) البيدولوجيا : علم التُّربة (٢) البيدولوجيا الطِّفالة : دراسة طبيعة الأطفال ونموّهم .

pe·dom·e·ter [pĭ dŏm′ə-] *(n.)* عدّاد الخُطى : مقياس المسافة المجتازة .

pedometer

pe·do·phil·ia [pēd′ə fĭl′ĭ ə] *(n.)* حُبّ الأطفال : انحراف يكون فيه الأطفال مِحور حُبّ البالغين الجنسيّ . **— pe·do·phile** *(n.)*

pe·dun·cle [pĭ dŭng′kəl] *(n.)* = pedicel.
— pe·dun·cled; pe·dun·cu·lar *(adj.)*

pe·dun·cu·late [pĭ dŭng′kyə lĭt; -lāt′] *or* **pe·dun·cu·lat·ed** [pĭ dŭng′kyə lāt′ĭd] *(adj.)* مُسوَّق : ذو سُوَيقة أو سُوَيقات («نب» و«ح») .

pee [pē] *(vi.)*, **peed; pee·ing** يَبُول .

peek [pēk] *(vi.; n.)* (١) ينظر خِلْسةً ؛ يختلس النَّظر (٢) يُوَصْوِص : يختلس النظر من خلال ثقب أو من مخبأ (٣) يُلقي نظرةً خاطفة § (٤) نظرةٌ مُخْتَلَسَة أو خاطفة .

peel[1] [pēl] *(vt.; i; n.)* (١) يُقشِّر ؛ يُقَشِّر (٢) يَسْلخ ؛ يَنْزِع x (٣) يتقشَّر (٤) يَخلع ثيابَهُ (ع) § (٥) قشرة الثمرة .
to ~ off تنفصل الطائرة عن السِّرب لتنقضّ أو تهبط .

peel[2] *(n.)* حِصْن ؛ قلعة ؛ بُرْج [وبخاصة على الحدود الإنكليزية الأسكتلندية في القرن ١٦] .

peel[3] *(n.)* المِخباز : لوح على شكل جاروف يُدخل به الخبّاز العجين إلى النار ثم يُخرجه منها .

peel·er [pē′lər] *(n.)* (١) فا peel (٢) مِقْشَرة (٣) زَنْد خَشَبٍ ضخم (٤) شُرطيّ .

peel·ing [pē′lĭng] *(n.)* (١) قَشْر ؛ تقشير (٢) قُشارة .

peen[1] [pēn] *(vt.)* ينزع ؛ يلوي ؛ يُسَطِّح [بِحدّ المِطرقة] .

peen[2] *or* **pein** [pēn] *(n.)* حَدُّ المِطرقة : الجزء الخلفيّ الحادّ أو نصف الكُرَويّ من المِطرقة .

peep[1] [pēp] *(vi.; n.)* (١) يزقو ؛ يَصيء : يطلق صوتًا ضعيفًا كصوت طائر صغير أو فأرة صغيرة § (٢) الزَّقوة ؛ الصّأية : صوت ضعيفٌ واهنٌ (٣) «أ» شكوى خافتة . «ب» احتجاج خافت (٤) sandpiper .

peep[2] *(vi.; t.; n.)* (١) يُوَصْوِص : «أ» يختلس النظرَ من خلال ثقب . «ب» ينظر بحذرٍ أو مكر (٢) يلوح ؛ يبزغ x (٣) يُظهر ؛ يُبرز [قليلًا أو بعض الشيء] § (٤) بُزوغ ؛ انبثاق <at the ~ of dawn> (٥) نظرة مُخْتَلَسة أو خاطفة .
~ of day الفجر .

peep·er [pē′pər] *(n.)* (١) فا peep (٢) ضِفدعة (٣) المُوَصْوِص : مختلِس النظر من خلال ثقب . وبخاصّة : من يُشبع رغبته الجنسيّة من طريق النظر إلى الأعضاء الجنسيّة أو إلى العمل الجنسيّ (٤) عَين .

peep·hole [pēp′hōl′] *(n.)* الوَصْوَص : ثقب يُختَلَسُ منه النظر .

Peep·ing Tom *(n.)* توم المختلِس للنظر : «أ» اسم يُطلق على كل من

يَسْترِق النظر إلى قوم في خلوة. «ب» peeper *3*.

peep show *(n.)* صُندوق الدنيا؛ صندوق الفُرْجة.

peep sight *(n.)* مُسَدِّدة التدقيق؛ منظار البندقية: صفيحة ذات ثقب صغير ينظر الرامي من خلاله إلى الهدف.

peer[1] [pēr] *(n.)* (١) النَّظير؛ النِّدّ؛ الصِّنْو (٢) النبيل؛ الشريف؛ الأمير.

peer[2] *(vi.)* (١) يُحَدِّق؛ يُنعم النظرَ إلى (٢) يلوح؛ يبدو للعيان.

peer·age [pērʹĭj] *(n.)* (١) طبقة النبلاء (٢) النَّبالة: رتبة النبيل أو مَقامُهُ (٣) سِجلّ النَّبالة: كتاب يشتمل على أسماء النبلاء.

peer·ess [pērʹəs] *(n.)* النبيلة: «أ» زوجة النبيل أو أرملته. «ب» امرأة تحمل لقب النبالة.

peer·less [pērʹ-] *(adj.)* فذّ؛ فريد؛ منقطع النظير؛ لا يُضارَع.

peeve [pēv] *(vt.; n.)* (١) يُغيظ؛ يُغضِب؛ يُزعج § (٢) نَكَد (٣) حِقْد.

peeved [pēvd] *(adj.)* مَغيظ؛ مُغْضَب؛ مُزْعَج.

pee·vish [pēʹvĭsh] *(adj.)* (١) نكِد؛ شكِس (٢) عنيد (٣) بَرِمٌ: مُتّسِمٌ بالنكد والتذمّر <a ~ remark>.

pee·wee [pēʹwē] *(n.; adj.)* (١) البِيْوي: طائر صائدٌ للذّباب (٢) القَمِيء: «أ» شخص ضئيل الجسم. «ب» شيء صغير جدًا § (٣) قميء.

pee·wit [pēʹwĭt] *(n.)* الزَّقزاق الشاميّ؛ أبو طِيْط: طائر مائيّ ذو عُرْف.

peewit

peg [pĕg] *(n.; vt.; i.; adj.)* (١) «أ» وتِد؛ إسفين. «ب» مِلْقط غسيل (بر). «ج» مستوًى تثبَّت عنده الأسعار (٢) «أ» مِشجب؛ «شمّاعة»؛ «تعليقة». «ب» علامة حدود. «ج» حجّة؛ ذريعة (٣) مِلْوَى العود أو الكمان (٤) سِدادة [لثقب في برميل] (٥) دَرَجة (٦) كُلّاب [للإمساك أو النزع] (٧) «أ» قَدَم؛ رِجْل. «ب» سِنّ؛ ضِرس (ع) (٨) شراب مسكِر (٩) رَمْية § (١٠) «أ» يُوَتِّد. «ب» يشبك الثياب على حبل غسيل (بر). «ج» يثبّت [الأسعارَ] في مستوًى معيّن. «د» يصنّف: يضع في زمرة معيّنة (١١) يعيّن الحدود أو التخوم (١٢) يرمي؛ يسدّد x (١٣) يعمل في اطّراد وانكباب (١٤) يندفع بعزم أو استعجال § (١٥) مُوَتَّد: واسعُ الأعلى ضيّق الأسفل <~ trousers>.

- a square ~ in a round hole — اللّاكفؤ: شخص غير مؤهّل للوظيفة المُسْندة إليه.
- to ~ away (at) — يواصل العمل.
- to ~ out — (١) يموت (٢) يُفلِس (٣) يُصاب بالإرهاق.
- to take a person down a ~ or two — يُذِلّ شخصًا.

Peg·a·sus [pĕgʹə səs] *(n.)* (١) بيغاسوس: فَرَسٌ مُجَنَّح زعموا أنه رَفَسَ بحافره جبل هَليكون فتفجّر منه ينبوع (مث) (٢) إلهامٌ شِعريّ (٣) الفَرَس الأعظم (فل).

Pegasus *1.*

peg·board [pĕgʹbōrdʹ] *(n.)* اللوحة الموتَّدة: لوحة صغيرة ذات ثقوب تغرس فيها مجموعة من الأوتاد في بعض الألعاب.

peg leg *(n.)* (١) رِجْلٌ خَشَبية (٢) ذو الرِّجل الخشبية.

peg·ma·tite [pĕgʹmə tīt] *(n.)* البغماتيت: صخرٌ ناريّ.

peg–top [pĕgʹtŏpʹ] *or* **peg–topped** *(adj.)* = peg *15*.

peg top *(n.)* خُذْروف؛ بُلْبُل.

pei·gnoir [pān wärʹ] *(n.)* البَنْوار: مِبذل نسائيّ فضفاض.

pej·o·ra·tion [pĕjʹə rāʹshən] *(n.)* تَرَدٍّ؛ تفسُّخ؛ انحطاط إلخ.

pe·jo·ra·tive [pĭ jŏrʹə-; -rāʹ-] *(adj.; n.)* (١) ازدرائيّ: منتقِصٌ من القَدْر § (٢) كلمة ازدرائية.

Pe·kin [pēʹkĭn] *(n.)* بطّة پكين: بطّة كبيرة بيضاء من أصل صينيّ.

Pe·king·ese *or* **Pe·kin·ese** [pēʹkən ēzʹ; pēʹkĭng ēzʹ] *(n.; adj.)* (١) البكينيّة: لهجة بكين الصينية (٢) البكينيّ: أحد أبناء بكين (٣) كلب بكين: كلب صغير قصير القوائم عريض الوجه طويل الشعر ناعمُهُ § (٤) بكينيّ.

Pekingese *3.*

Peking man *(n.)* إنسان بكين: إنسان منقرض عاش قبل ٣٥٠,٠٠٠ سنة.

pe·koe [pēʹkō] *(n.)* البيكو: شاي أسود ممتاز.

pel·age [pĕlʹĭj] *(n.)* الشَّعر؛ كِسْوة الحيوان: إهاب الحيوان الثدييّ، أي وَبَرُهُ أو فروُهُ أو صوفُهُ.

Pe·la·gi·an [pə lāʹjĭ-] *(n.; adj.)* (١) البيلاجيوسيّ: أحد أتباع الراهب البريطاني بيلاجيوس (٣٦٠؟ - ٤٢٠؟م) الذي أنكر الخطيئة الأصلية وقال بِحُرّية الإرادة التامة § (٢) بيلاجيوسيّ.

pe·lag·ic [pə lăjʹĭk] *(adj.)* بحريّ؛ أوقيانوسيّ.

pel·ar·go·ni·um [pĕlʹär gōʹ-] *(n.)* اللَّقْلَقيّ؛ الغُرنوقيّ (نب).

pel·er·ine [pĕlʹ ə rēnʹ] *(n.)* البَلَرين: وشاح نِسويّ طويل الطَّرفين.

pelf [pĕlf] *(n.)* مال؛ ثروة.

pel·i·can [pĕlʹə kən] *(n.)* البَجَع؛ الحَوْصَل (طا).

pelican

pe·lisse [pə lēsʹ] *(n.)* البَلّيس: «أ» معطف أو سترة طويلة من فراء [أو مبطّنة أو مزركشة الأطراف بالفراء]. «ب» معطف نِسويّ خفيف عريض القبّة مزركش الأطراف بالفراء.

pe·lite [pēʹlīt] *(n.)* البيليت: صخر رسوبيّ (جي).

pel·la·gra [pə lăgʹrə; -lāʹgrə] *(n.)* البَلّاغرا؛ الحُصاف: مرض مزمن ينشأ عن نقص في التغذية.

pel·la·grous [pə lăgʹ-] *(adj.)* (١) حُصافيّ (٢) مَحْصوف: مصابٌ بالحُصاف.

pel·let [pĕlʹət] *(n.; vt.)* (١) «أ» كُرَيّة؛ كرة صغيرة [من طعام إلخ]. «ب» الحُبَيْبة: حبّة دواء (٢) «أ» المقذوف الحجريّ: كرة حجرية كانت تستخدم كقذيفة في القرون الوسطى. «ب» قنبلة؛ قذيفة مدفع. «ج» رصاصة. «د» خردقة أو رصاصة صغيرة: بُنْدُقة. «هـ» رصاصة زائفة [من شمع أو ورق] § (٣) يكوّر: يجعله على شكل كرة صغيرة إلخ (٤) يرمي بِكُراتٍ أو قذائف.

pel·let·ize [pĕlʹət īzʹ] *(vt.)* يُكوِّر: يجعله على شكل كرة صغيرة إلخ.

pel·li·cle [pĕlʹə kəl] *(n.)* القُشَيْرة: جُلَيْدة رقيقة أو غشاء رقيق.

pel·li·to·ry [pĕlʹə tōrʹĭ] *(n.)* عاقِر قَرْحا: نبات متوسّطيّ.

pell–mell [pĕl′mĕl′] *(adv.; adj.; n.)* (١) شَذَرَ مَذَرَ؛ بفوضى واختلاط (٢) بعجلة شديدة [أو مضطربة]؛ بتهوّر § (٣) مختلِطٌ حابلُهُ بنابله § (٤) فوضى.

pel·lu·cid [pə lo͞oʹsĭd] *(adj.)* (١) شفّاف (٢) صافٍ؛ رائق (٣) واضح؛ سهل الفهم جدًّا.

Pel·man·ism [pĕlʹmə-] *(n.)* البَلْمنيّة: طريقة لتمرين الذاكرة.

pe·lo·rus [pə lōrʹəs] *(n.)* العِضادة: أداة ملاحيّة شبيهة بالبوصلة.

pe·lo·ta [pĕ lôʹtä] *(n.)* البَلُّوتة: ضربٌ من لعب الكرة والمضرب.

pelt¹ [pĕlt] *(n.; vt.)* (١) الإهاب: جِلدُ الحيوان غيرُ المدبوغ § (٢) يَسْلُخ [جلدَ الحيوان].

pelt² *(vt.; i.; n.)* **x** (١) يَقْذِف؛ يَرْشُق؛ يَرْجُم (٢) يُمْطِره [بالأسئلة إلخ] (٣) يَقْرَع: يضرب بغير انقطاع (٤) ينطلق باندفاع وعزم § (٥) ضَرْبة (٦) سُرعة.

peltate leaf

pel·tate [pĕlʹtātʹ] *(adj.)* تُرْسانيّ؛ تُرْسيّ الشكل.

pelt·ing [pĕlʹtĭng] *(adj.)* حقير؛ وضيع؛ خسيس؛ تافه.

pelt·ry [pĕlʹtrĭ] *(n.)* جُلود؛ فِراء. وبخاصّة: جلود غير مدبوغة.

pel·vic [pĕlʹ-] *(adj.; n.)* حَوْضِيّ: ذو علاقة بالحوض أو واقعٌ قُرْبَهُ.

pelvic fin *(n.)* الزِّعنفة الحَوْضية (ح).

pelvic girdle *(n.)* الزُّنّار أو القوس الحَوْضيّ [عند الفقاريات].

pel·vis [pĕlʹvĭs] *(n.)* pl. **-vis·es** *or* **-ves** الحَوْض: «أ» تجويف الحَوْض (ت). «ب» العظام المشكِّلة لتجويف الحوض (ت). «ج» تجويف الكُلْية الذي يتلقّى البول قبل إمراره في الحالب (ت).

Pembroke table [pĕmʹbro͝ok] *(n.)* مائدة پمبروك: مائدة صغيرة رُباعية الأقدام ذات دُرْجٍ واحد وجناحين اثنَيْن.

Pembroke table

pem·mi·can *also* **pem·i·can** [pĕmʹə kən] *(n.)* البَمِّيكان: «أ» طعام مركَّز من أطعمة هنود أميركا الحمر يتألف من لحمِ هبرٍ مفروم مقدَّد ممزوج بالدُّهن المذوَّب. «ب» طعام مماثل من دقيق ولحم بقرٍ مقدَّد.

pem·phi·gus [pĕmʹfə gəs] *(n.)* الفُقّاع: داء يتميّز بظهور بثور كبيرة على البشرة والغشاء المخاطي (مض).

pen¹ [pĕn] *(n.; vt.)* (١) حظيرة [للخراف إلخ] (٢) زريبة [للثيران] (٣) خُمّ [للدَّجاج] (٤) ماشيةٌ [في حظيرة أو زريبة] (٥) دجاجٌ [في خُمّ] (٦) قطيع (٧) مَحْبِس؛ قَفَص؛ حُجَيْرة (٨) حظيرة [لإصلاح الغواصات] (٩) سِجن؛ إصلاحيّة (ع) § (١٠) يَزْرُب: يحبس في زريبة أو حظيرة إلخ.

pen² *(n.; vt.)* (١) «أ» ريشة الكتابة [المُتَّخَذَة من ريش الطائر]. «ب» ريشة الكتابة المعدنية (٢) حاملة الريشة: أداة في طَرَفها ريشةُ كتابة (٣) مَدّاد؛ قلم حبر (٤) «أ» القَلَم [بوصفه أداة الكتابة والتعبير]. «ب» الكاتب؛ المؤلِّف (٥) الريشة: الغلاف الداخليّ القَرْنيّ الشبيه بريشة الطائر [في بعض الحيوانات البحرية] § (٦) يكتب؛ يُدَبِّج <to ~ a letter>.

pe·nal [pēʹnəl] *(adj.)* (١) جزائيّ <~ laws> (٢) معرَّض للعقوبة <a ~ offense> (٣) مُتَّخَذٌ مكانًا للعقاب <a ~ colony>.

penal code *(n.)* قانون الجزاء؛ قانون العقوبات.

pe·nal·ize [pēʹnə līzʹ; pĕnʹə-] *(vt.)* (١) يعاقِب (٢) يُجرِّم: يَعتبره إجراميًا أو واقعًا تحت طائلة القانون (٣) يَعُوق.

penal servitude *(n.)* السجن مع الأشغال الشاقة (ق).

pen·al·ty [pĕnʹəl tĭ] *(n.)* (١) «أ» عقاب؛ قِصاص؛ حدّ. «ب» جزاء (٢) غرامة (٣) جزاء [يُنْزَل باللاعب الرياضي لمخالفته قواعد اللّعبة].
forbidden under ~ of محظورٌ تحت طائلة المعاقبة بِـ . . .

penalty area *(n.)* منطقة الجزاء (رب).

pen·ance [pĕnʹəns] *(n.; vt.)* (١) الكفّارة؛ العمل التكفيريّ: عقوبة ذاتيّة يُنزِلها الآثم بنفسه، وبخاصة بتوجيه من الكاهن، تعبيرًا عن توبته § (٢) يفرض عليه الكفّارةَ (نص).
to do ~ for يُكفِّر: يعاقب نفسَهُ تكفيرًا عن خطيئة.

Pe·na·tes [pə nāʹtēz] *(n. pl.)* آلهة البيت [عند الرومان].

pence [pĕns] *pl. of* penny.

pen·chant [pĕnʹchənt] *(n.)* وَلَعٌ؛ وَلوعٌ؛ مَيْل؛ غرام.

pen·cil [pĕnʹsəl] *(n.; vt.)* (١) «أ» ريشة الرسّام. «ب» براعة الرسّام أو أسلوبُهُ الشخصيّ (٢) «أ» قلم الرَّصاص. «ب» قلم أحمر الشفاه وما إليه (٣) الحُزْمة (فز) (٤) الثُّلَّة (ر) § (٥) يرسم؛ يخطّط؛ يكتب.

pen·ciled *or* **pen·cilled** [pĕnʹsĭld] *(adj.)* (١) مرسوم أو مخطَّط بالقلم (٢) مُزَجَّج <~ eyebrows> (٣) مُشِعّ.

pen·cil·form [pĕnʹsĭl-] *(adj.)* (١) قَلَمانيّ؛ قَلَميّ الشكل (٢) متوازٍ <~ rays>.

pen·cil·ing *or* **pen·cil·ling** *(n.)* (١) عَمَلُ القَلَم أو الريشة أو نِتاج ذلك (٢) الأقلام: خطوط كالتي على ريش الطائر <delicate ~ in a picture>.

pencil sharpener *(n.)* المِبراة: مبراة قلم الرّصاص.

pen·craft [pĕnʹ-] *(n.)* (١) الخطّ: فنّ الخطّ (٢) الكتابة: صناعة الكتابة.

pend [pĕnd] *(vi.)* (١) يَظَلّ مُعَلَّقًا أو غير مبتوتٍ فيه (٢) يَتَدلّى.

pen·dant *also* **pen·dent** [pĕnʹdənt] *(n.)* (١) شيء متدلٍّ؛ مثل: «أ» قِلادة. «ب» قُرْط؛ شَنْف. «ج» ثُرَيّا (٢) المتدلّية: حِلية مُتَدَلِّية (عم) (٣) «أ» المُتَدَلّي: حبلٌ قصير متدلٍّ من أعلى سارية المركب. «ب» المُثَلَّثيّة: راية بحرية على شكل مثلّث (٤) حلقة ساعة الجيب (٥) مُلحَق؛ ذيل.

pendant 2.

pen·den·cy [-ʹdən sĭ] *(n.)* (١) تَدَلٍّ (٢) المُعَلَّقيّة: كونُ الشيء مُعَلَّقًا لَمّا يُفْصَل فيه بَعْدُ <during the ~ of a suit at law>.

pen·dent *or* **pen·dant** [pĕnʹ-] *(adj.)* (١) ناتئ أو مُشْرِف على (٢) مُتَدَلٍّ (٣) معلَّق: غير مبتوتٍ أو مفصولٍ فيه <a claim still ~>.

pend·ing [pĕnʹ-] *(prep.; adj.)* (١) خلال؛ أثناء <~ the investigation> (٢) في انتظار؛ إلى حين كذا <~ her return> § (٣) معلَّق: غير مبتوتٍ أو مفصولٍ فيه <Your case is still ~.> (٤) متدلٍّ؛ ناتئ أو مُشرِف على. وبالتالي: وشيك؛ قريب الحدوث.

pen·drag·on [pĕn drăgʹən] *(n.)* المَلِك؛ العاهل.

pen·du·lar [pĕnʹjə lər; -dyə lər] *(adj.)* (١) بَنْدوليّ؛ نوّاسيّ (٢) رَقّاصيّ: شبيه بحركة رقّاص الساعة.

pen·du·lous [pĕn′jə ləs; -dyə-] *(adj.)* (١) متدلٍّ؛ متهدِّل <breasts ~> (٢) متخطِّر؛ متذبذب <a ~ swing> (٣) متردِّد؛ متأرجح.

pen·du·lum [pĕn′jə-; -dyə-] *(n.)* البندول؛ النَّوّاس؛ رقّاص الساعة.

pe·ne·plain *also* **pe·ne·plane** [pē′nə plān′] *(n.)* السَّهْب: كلُّ سطح حوَّلَتْهُ عوامل التعرية إلى شبه سَهْل (جي).

pen·e·tra·bil·i·ty [pĕn′ə trə bĭl′ə tĭ] *(n.)* المُخْتَرَقِيَّة: كون الشي قابلًا لأن يُخْتَرَق.

pen·e·tra·ble [pĕn′ə trə bəl] *(adj.)* يُخْتَرَق: قابلٌ لأن يُخْتَرَق.

pen·e·tra·li·a [pĕn′ə trā′lĭ ə] *(n. pl.)* (١) أعماق. وبخاصة: قُدْس أقداس الهيكل إلخ (٢) دخائل؛ أسرار؛ بواطن؛ خفايا؛ خبايا.

pen·e·tram·e·ter [pĕn′ə trăm′ə tər] *(n.)* مِسْبار الاختراقية: أداة لقياس قدرة أشعة إكس أو غيرها على الاختراق.

pen·e·trance [-′ə trəns] *(n.)* النُّفوذية: قدرةُ «الجينة» أو المورِّثة النسبيةُ على إحداث أثرها الخاص في الكائن الحيّ التي هي جزء منه (أح).

pen·e·trant [pĕn′ə-] *(n.)* (١) المُخْتَرِق (٢) القادر على الاختراق.

pen·e·trate [pĕn′ə trāt′] *(vt.; i.)* (١) يخترق؛ ينفذ إلى (٢) يرى من خلال كذا (٣) يُدْرِك؛ يفْهم؛ يَكْتنه؛ يَنْفذ إلى غوره (٤) يتخلَّل؛ يَنْفُذُ إلى (٥) يتغلغل في x (٦) يؤثِّر [في الحواسّ أو المشاعر] تأثيرًا قويًا.

pen·e·trat·ing [pĕn′ə trā′-] *(adj.)* (١) نافذ؛ نفّاذ؛ مُخترِق <a ~ odor> (٢) شديد؛ حادّ <a ~ shriek> (٣) ثاقب؛ ذكيّ <a ~ mind>.

pen·e·tra·tion [pĕn′ə trā′-] *(n.)* (١) الاختراق؛ مدى الاختراق (٢) الاختراقية: القدرة على الاختراق. وبخاصة: حدّةُ الذهن أو القدرةُ على التمييز والفهم بسرعة وعمق (٣) رواج؛ ذيوع (٤) تَغَلْغُل نفوذ [بلدٍ في حياة بلدٍ آخر] (٥) الاختراق: هجومٌ مخترِقٌ لجبهة العدوّ أو أراضيه.

pen·e·tra·tive [pĕn′ə trā′-] *(adj.)* (١) مخترِق؛ نافذ؛ نفّاذ (٢) ثاقب؛ ذكيّ؛ حادّ <a ~ mind> (٣) مؤثّر؛ شديد التأثير.

pen·e·tra·tive·ness [pĕn′-] *(n.)* المُخْتَرِقية؛ النافذيّة إلخ.

pen·e·trom·e·ter [pĕn′ə trŏm′ə tər] *(n.)* (١) المِقْوام: أداة لقياس قَوام الأجسام نصف الصُّلبة (٢) penetrameter.

pen feather *(n.)* = pinfeather.

pen fish *(n.)* الحبّار؛ السَّبِيْدَج؛ الصَّبيدَج (سمك).

pen·gö [pĕn′gœ′] *(n.)* البنغو: وحدة النقد في المَجَر [١٩٢٥-١٩٤٦].

pen·guin [pĕn′gwĭn] *(n.)* البِطريق: طائر مائيّ عاجز عن الطيران.

penguin

pen·hold·er [pĕn′hōl′dər] *(n.)* = pen^{2} *2*.

-penia لاحقة معناها: قلّة؛ نقص <leuko*penia*>.

pen·i·cil·late [-sĭl′ĭt; -āt] *(adj.)* مُخَصَّل: مُزَوَّد بخُصلة خيوط دقيقة.

pen·i·cil·lin [pĕn′ə sĭl′ĭn] *(n.)* البنيسيلين: عقّار من المُرْديات.

pen·i·cil·li·um [-′ĭ əm] *(n.)* pl. **-li·a** *or* **-s** البنيسيليوم: جنس من الفطور fungi المنتِجة للعَفَن (أح).

pe·nile [pē′nīl′] *(adj.)* قَضيبيّ: ذو علاقة بالقضيب أو آلةِ الرَّجُل.

pen·in·su·la [pə nĭn′sə lə] *(n.)* شبه الجزيرة (جغ).

pen·in·su·lar [-′sə lər] *(adj.)* شبه جَزَريّ؛ شبه جزيريّ.

pe·nis [pē′nĭs] *(n.)* pl. **-nes** [nēz] *or* **-nis·es** القضيب؛ آلة الرجل.

pen·i·tence [pĕn′ə təns] *(n.)* نَدَم؛ توبة.

pen·i·tent [-tənt] *(adj.; n.)* (١) نادم؛ تائب § (٢) النّادم؛ التّائب.

pen·i·ten·tial [pĕn′ə tĕn′shəl] *(adj.)* نَدَميّ؛ تَوبيّ؛ تكفيريّ.

pen·i·ten·tia·ry [-′shə rĭ] *(n.; adj.)* (١) قاضي الخطايا: الكاهن المكلّف بالنظر في الخطايا التي يحتفظ الأسقف أو البابا بحق الحكم فيها (٢) مجمع التوبة الرسوليّ: محكمة كاثوليكية، يرئسها كاردينال، مهمتها النظر في القضايا الروحية الخاصة (٣) «أ» سجن. «ب» إصلاحيّة § (٤) penitential (٥) عقوبتُهُ السّجن <a ~ crime> (٦) سِجْنيّ: خاصّ بالسِّجن أو مُعَدٌّ له.

pen·knife [pĕn′nīf′] *(n.)* مُدْية الجَيْب.

pen·man [pĕn′-] *(n.)* (١) الناسخ (٢) الخطّاط (٣) الكاتب؛ المؤلّف.

pen·man·ship [pĕn′-] *(n.)* (١) فنّ الخطّ (٢) طريقةُ الخطّ أو أسلُوبُه.

pen·na [pĕn′ə] *(n.)* pl. **-nae** [-′ē] ريشة [من ريش الجناح أو الذيل].

pen name *(n.)* الاسم القلميّ: اسمٌ مستعار يتّخذه الكاتب.

pen·nant [pĕn′ənt] *(n.)* (١) المُثَلَّثية: راية بحريّة شبيهٌ شكلُها بشكل المثلّث (٢) عَلَم البطولة: علمٌ يرمز إلى بطولة رياضية.

pen·nate [-′āt]; **-d** *(adj.)* (١) رِيشانيّ: ريشيّ الشكل (٢) مُجَنَّح.

pen·ni [pĕn′ĭ] *(n.)* pl. **-a** *or* **-s** البَنّي: عملة فنلندية صغيرة سابقة.

pen·ni·less [pĕn′ĭ ləs] *(adj.)* مُعْدِم؛ مُفْلِس؛ لا يملك فَلْسًا.

pen·non [-′ən] *(n.)* (١) المُثَلَّثي: عَلَم طويل مثلَّث الشكل [يُرْفَع على رأس الرمح] (٢) المُثَلَّثيّة: راية بحريّة مُثَلَّثة الشكل (٣) راية (٤) جناح؛ ريشة.

pen·non·cel *or* **pen·on·cel** [pĕn′ən sĕl′] *(n.)* = pennon *1*.

pen·ny [pĕn′ĭ] *(n.)* (١) البنس: ١/١٢ من الشّلن أو ١/٢٤٠ من الجنيه الإنكليزي [والجمع: **pence**] (٢) قطعة نقدية صغيرة، مثل: «أ» درهم (را. denarius *1*). «ب» سَنْت: ١/١٠٠ من الدولار الأميركي أو الكندي [والجمع: **pennies**] (٣) مبلغ من المال.

a pretty ~, مبلغ ضخم؛ مبلغ كبير.

In for a ~, in for a pound إذا بدأ المرء عملًا فإن عليه أن ينجزه مهما كلّف الأمر.

penny-wise and pound–foolish مقتصدٌ في التوافه مُسْرِفٌ في عظائم الأمور.

to turn an honest ~, يكسب المال بشرف.

pen·ny–a–line *(adj.)* (١) رخيص (٢) رديء؛ تافه؛ سطحيّ.

pen·ny–a–lin·er *(n.)* (١) الكاتب البَنْسي: كاتب يحرّر في الصحف لقاء بنس واحد لكل سطر (٢) كاتب مستأجَر.

penny an·te [-′ĭ ăn′tĭ] *(n.)* البوكر البَنْسيّ: بوكر يُراهن فيه بمبالغ ضئيلة.

penny arcade *(n.)* المَلْهَى البَنْسيّ: مركز للّهو كل أداة من أدوات التسلية فيه يمكن إعمالها لقاء مبلغ صغير.

pen·ny·cress [pĕn′ĭ krĕs] *(n.)* الأندَلُسية؛ زهرة الأندَلُس.

penny dreadful *(n.)* الرواية البَنْسية: رواية من روايات الإجرام والمغامرات العنيفة كانت تباع في الأصل ببنس واحد.

pen·ny–pinch [pĕn′ĭ pĭnch′] *(vt.)* يَبْخَل على؛ يقتِّر على.

pen·ny–pinch·ing *(n.; adj.)* (١) بُخْل؛ تقتير § (٢) بخيل؛ مُقَتِّر.

pen·ny·roy·al [pĕn′ĭ roi′əl] *(n.)* نَعْناع بوليو؛ نَعْناع الماء (نب).

pen·ny·weight [-′ĭ wāt′] *(n.)* البني وَيْت: وحدة وزن [$\frac{1}{20}$ من الأونصة].

pen·ny·wort [-′ĭ wûrt′] *(n.)* سُرّة الأرض؛ آذان القَسّ (نب).

pen·ny·worth [pĕn′ĭ wûrth′] *(n.)* (١) شَرْوى بنس: المقدار الممكن شراؤه ببنس واحد (٢) صَفْقة <a good ~> (٣) مقدار صغير.

pe·no·che [pə nō′chē] *(n.)* = penuche.

pe·no·log·i·cal [pē′nə lŏj′-] *(adj.)* بانولوجيّ: ذو علاقة بالبانولوجيا.

pe·nol·o·gist [pē nŏl′-] *(n.)* البانولوجي: الاختصاصي في البانولوجيا.

pe·nol·o·gy [pē nŏl′ə jĭ] *(n.)* البانولوجيا: فرع من علم الجريمة يبحث في إدارة السجون ومعاملة المجرمين.

pen·on·cel [pĕn′ən sĕl′] *(n.)* = pennoncel.

pen·sile [pĕn′sīl; pĕn′sĭl] *(adj.)* (١) متدلٍّ؛ معلَّق [كأعشاش بعض الطيور] (٢) معلِّق العُش؛ بانٍ عشًّا معلَّقًا.

pen·sion[1] [pĕn′shən] *(n.; vt.)* (١) «أ» منحة حكوميّة. «ب» معاش تقاعد § (٢) يعطيه منحةً أو معاش تقاعد (٣) يحيله إلى التقاعد.

pen·sion[2] [pän syôn′] *(n.)* المَثْوى (مج)؛ البنسيون: فندقٌ صغير.

pen·sion·a·ble [pĕn′shən-] *(adj.)* مؤهَّل أو مؤهِّل للتقاعد.

pen·sion·ar·y [pĕn′shə nĕr′ĭ] *(n.; adj.)* (١) المتقاعِد: المحالُ إلى التقاعد (٢) hireling § (٣) تقاعديّ (٤) مُتَقاضٍ معاشَ تقاعد.

pen·sion·er [pĕn′shən ər] *(n.)* المتقاعد: المُحال إلى التقاعد.

pen·sive [pĕn′sĭv] *(adj.)* (١) مستغرق في التفكير؛ متأمِّل (٢) كئيب: مُعَبِّر عن تفكير حزين <~ poems>.

pen·ster [pĕnz′tər] *(n.)* الكاتب. وبخاصة: الكاتب المستأجَر.

pen·stock [pĕn stŏk′] *(n.)* البَرْبَخ: «أ» صِمام أو بوّابة لضبط فيضان المياه. «ب» قناة أو أنبوب لجرّ المياه.

pent[1] [pĕnt] *past and past part. of* pen[1].

pent[2] *(adj.)* حبيس؛ مكبوت؛ مكظوم <*pent*-up feelings>.

penta- *or* **pent-** بادئة معناها: خمسة؛ خُماسيّ <*penta*dactyl>.

pen·ta·cle [pĕn′tə kəl] *(n.)* = pentagram.

pen·tad [pĕn′tăd] *(n.)* (١) خمسة (٢) خمسة أيام أو أعوام.

pen·ta·dac·tyl [pĕn′tə dăk′tĭl] *(adj.)* خُماسيّ الأصابع (ح).

pen·ta·gon [pən′tə gŏn′] *(n.)* المُخَمَّس (هن).

pentagon

Pen·ta·gon, the *(n.)* البنتاغون: مَقَرّ وزارة الدفاع الأميركية.

pen·tag·o·nal [pĕn tăg′-] *(adj.)* خماسيّ الأضلاع والزوايا (هن).

pen·ta·gram [pĕn′tə-] *(n.)* النجمة الخماسيّة [تُستخدم رمزًا سحريًا].

pentagram

pen·ta·he·dron [pĕn′tə hē′drən] *(n.)* خُماسيّ السُّطوح (ر).

pen·tam·er·ous [pĕn tăm′ər əs] *(adj.)* خُماسيّ الأجزاء (نب).

pen·tam·e·ter [pĕn tăm′ə tər] *(n.)* خُماسيّ التفاعيل (عر).

pen·tane [pĕn′tān′] *(n.)* البَنْتان: هيدروكربون سائل (ك).

pen·tan·gle [pĕn′tăng gəl] *(n.)* = pentagram.

pen·tar·chy [pĕn′tär kĭ] *(n.)* الحُكومة الخُماسية؛ حكومة الخمسة.

pen·ta·syl·la·ble [pĕn′tə sĭl′ə-] *(n.)* كلمة خماسيّة المقاطع (ل).

Pen·ta·teuch [pĕn′tə to͝ok′; -tyo͝ok′] *(n.)* أسفار موسى الخمسة: الأسفار الخمسة الأولى من «العهد القديم».

pen·tath·lon [-tăth′lən] *(n.)* المباراة الخُماسيّة: مباراة رياضية يُطْلَب من المتباري فيها الاشتراكُ في خمس مسابقات مختلفة.

— pen·tath·lete *(n.)*

pen·ta·tom·ic [pĕn′tə tŏm′-] *(adj.)* خُماسيّ الذَّرّات (فزن).

pen·ta·va·lent [pĕn′tə vā′-] *(adj.)* خُماسيّ التكافؤ (ك).

Pen·te·cost [pĕn′tə kôst′] *(n.)* عيد العَنْصَرة.

pent·house [pĕnt′hous′] *(n.)* (١) «أ» سَقيفة. «ب» بناء إضافي [تابعٌ لمبنًى رئيسيّ] (٢) المَشْرَقة: شقّة أو حجرة فوق سطح المبنى.

pen·tom·ic [pĕn tŏm′ĭk] *(adj.)* خُماسيّ: «أ» مؤلَّف من خمس مجموعات مقاتلة <~ army division>. «ب» مقسَّم إلى فرق يتألف كل منها من خمس مجموعات مقاتلة <a ~ army>.

pen·to·san [pĕn′tə săn′] *(n.)* البَنْتوزان (كح).

pen·tose [pĕn′tōs′; -tōz′] *(n.)* البَنْتوز (كح).

pent·ox·ide [pĕnt ŏk′sīd′] *(n.)* خامس أُكسيد؛ الأكسيد الخُماسيّ (ك).

pent·ste·mon *or* **pen·ste·mon** [pĕn(t) stē′mən] *(n.)* البَنْطِصْطَمون: عشب أميركيّ، خُماسيّ الأسدِية، ذو زهر أنبوبيّ جميل.

pent·up [pĕnt′ŭp′] *(adj.)* حبيس؛ مكبوت؛ مكظوم <~ emotions>.

pe·nu·che [pə no͞o′chē] *(n.)* البنوتشي: حلوى تُعَدّ من سكر وزبدة وحليب وجوز.

pe·nult [pē′nŭlt]; **pe·nul·ti·ma** [pĭ nŭl′-] *(n.)* الجزء قبل الأخير. وبخاصة: المقطع قبل الأخير [من كلمة].

pe·nul·ti·mate [pĭ nŭl′tə mĭt] *(adj.)* (١) قبل الأخير (٢) قَبْأخيريّ: ذو علاقة بالمقطع السابق للأخير <a ~ accent>.

pe·num·bra [pĭ nŭm′brə] *(n.)* pl. **-e** *or* **-s** (١) شِبه الظلّ؛ الظلّ الناقص (بص) (٢) الظُّلَيْل: الجزء الخارجيّ في كُلَف الشمس.

pe·nu·ri·ous [pə no͝or′-] *(adj.)* (١) مُعْدِم (٢) فقير؛ قاحل (٣) شحيح.

pen·u·ry [pĕn′yə-] *(n.)* (١) فقر مُدْقِع (٢) نُدْرة؛ قلة (٣) بُخْل.

pe·on [pē′ən] *(n.)* pl. **-s** *or* **-es** (١) البِيُون: «أ» عامل هندي أو سيلاني. «ب» عامل كادح لا يملك أرضًا [في أميركا اللاتينية] (٢) المَدِين المسخَّر:

شخص ملزَم بالعمل في خدمة سيّدٍ ما وفاءً لدَيْن (٣) الكادح : عامل أو خادم يكدح لقاء أجر ضئيل (٤) رسول .

pe·on·age [pē'ən ĭj] *(n.)* البِيُونيّة : «أ» تسخير العُمّال وفاءً لدَيْن . «ب» السُّخرة التأجيرية : تأجير المحكوم عليهم بالسّجن لجماعة من الملتزمين يسخّرونهم في مختلف الأعمال . «ج» وَضْع العامل أو الكادح .

pe·o·ny [pē'ə nĭ] *(n.)* الفاوانيا ؛ عود الصليب : نبات مُزْهِر .

peo·ple [pē'pəl] *(n.; vt.)* (١) الناس (٢) أبناء ؛ أهالٍ (٣) أنسباء ؛ أهل ؛ أقارب <to visit one's ~> (٤) الشعب ؛ عامة الشعب <was a man of the ~> (٥) شعب § (٦) يُؤْهِل : يجعله آهلًا بالسكان (٧) يَسْكن .

peo·pled [pē'pəld] *(adj.)* آهِل ؛ مأهول بالسكان .

pep [pĕp] *(n.; vt.)* (١) حيوية ؛ نشاط (عا) § (٢) يُنَشِّط : يبثّ فيه النشاط أو الحيوية <~ them up> .

pep bill *(n.)* عقّار النشاط (صي) .

pep·los *also* **pep·lus** [pĕp'ləs] *(n.)* البَبْلوس : ثوب أشبه بالشّال كانت ترتديه النّسوة الإغريقيات .

peplos

pe·po [pē'pō] *(n.)* الثمرة البطّيخيّة [كاليقطين والقرع والبطيخ] .

pep·per [pĕp'ər] *(n.; vt.)* (١) فُلْفُل (٢) نبات الفُلْفُل § (٣) يتبّل بالفُلفل (٤) يُمْطر [بوابل من الخُرْدق أو الأسئلة] (٥) يُرَصِّع ؛ يُوَشِّح .

pep·per–and–salt *(adj.)* أرْقَط : ذو سواد وبياض متخالطَيْن فكأنّه مزيج من الملح والفلفل <~ cloth> .

pep·per·box [pĕp'-] *(n.)* مَبْهَرة [يُرَشّ منها البهار على الطعام] .

pepper caster *or* **pepper castor** *(n.)* = pepperbox.

pep·per·corn [pĕp'ər kôrn'] *(n.)* (١) حَبّة الفُلْفُل (٢) «أ» شيء تافه . «ب» بَدَلٌ أو مقابل تافهٌ أو اسميّ [كالإيجار ونحوه] .

peppercorn rent *(n.)* الإيجار التافه : بدلُ إيجار ضئيل أو اسميّ .

peppered moth *(n.)* الفراشة الرقطاء (حش) .

pep·per·grass [pĕp'ər grăs'] *(n.)* الحُرْف ؛ الرَّشاد (نب) .

pep·per·mint [-mĭnt'] *(n.)* (١) النَّعناع البُستانيّ أو الفُلفُليّ : عشب مُعمِّر من الفصيلة الشَّفوية (٢) النعناعيّة : حلوى مُنَكّهة به .

peppermint *1.*

pep·per·o·ni [pĕp'ə rō'nĭ] *(n.)* الفُلْفُلي : سُجُقّ غنيّ بالتوابل .

pepper pot *(n.)* (١) pepperbox (٢) يخنة مُفلفلة ؛ حساء مُفَلْفَل .

pep·per·tree [pĕp'ər-] *(n.)* شجرة الفُلفل : شجرة دائمة الخضرة .

pep·per·y [pĕp'ə rĭ] *(adj.)* (١) «أ» فُلْفُليّ . «ب» كثير الفُلْفل . «ج» حِرِّيف <a ~ taste> (٢) حادّ الطّبع (٣) لاذع ؛ قارص <a ~ satire> .

pep·pi·ness [pĕp'ĭ nəs] *(n.)* نشاط ؛ حيويّة .

pep·py [pĕp'ĭ] *(adj.)* مُفْعم بالنشاط ؛ زاخر بالحيوية .

pep·sin [pĕp'sĭn] *(n.)* البِيْسين ؛ الهَضْمين : «أ» خميرة [أو أنزيمة] في المعدة تحوّل البروتين إلى ببتون (كح) . «ب» مستحضَر محتوٍ على ببسين يُستخرج من معدة الخنزير خصوصًا ويُتّخذ لتسهيل الهضم .

pep·sin·ate [-'sə nāt'] *(vt.)* يُبَبْسِن : يعالِج بالبيبسين أو يمزجُ به .

pep·sin·o·gen [pĕp sĭn'ə jən] *(n.)* البيبسينوجين : مادة في الغُدَد المَعِديّة تُنتج البِبسين (كح) .

pep·tic [pĕp'-] *(adj.)* (١) مُهْضِم : مساعد على الهضم (٢) بيبسينيّ (٣) هضميّ : خاصّ بعمل العُصارات الهضمية أو ناشئ عنه <a ~ ulcer> .

pep·tide [pĕp'tīd; -'tĭd] *(n.)* الببتيد (كح) .

pep·ti·za·tion [pĕp'tə zā'-] *(n.)* البَبْتَدة (را . المادة التالية) .

pep·tize [pĕp'tīz] *(vt.)* يُبَبْتِد : يزيد تفرُّق سائلٍ شبه غرويّ .

pep·tone [pĕp'tōn] *(n.)* البِبْتون ؛ الهَضْمون : مادة عضوية تنشأ عن البروتين بفعل أنزيمات البيبسين (كح) .

pep·to·nize [pĕp'-] *(vt.)* يُبَبْتِن : يحوِّل إلى ببتون أو يمزج بالببتون .

per [pûr; pər] *(prep.; adv.)* (١) بِـ ؛ بواسطة ؛ من طريق <~ post> (٢) لكلّ <~ person> (٣) في <~ minute> (٤) وَفْق ؛ وفقًا لِـ ؛ بحَسَب <~ list price> § (٥) لكلٍّ ؛ لكلّ قطعة .

per·ac·id [pûr'ăs'ĭd] *(n.)* البراسيد ؛ الحَمْض الفَوْقيّ : حامض مشتمل على نسبة عالية من الأكسجين بالقياس إلى الحامض الذي يحمل اسمه (ك) .

per·ad·ven·ture [pûr'əd vĕn'chər] *(adv.; n.)* (١) ربما (ا . ق) (٢) بالمصادفة ؛ بحكم المصادفة <If, ~, you fail...> § (٣) شك ؛ ريب <Beyond ~ she will come.>.

per·am·bu·late [pər ăm'byə lāt'] *(vt.; i.)* (١) يجتاز ؛ يَقْطع (٢) يفتش الحدود [رسميًّا وسيرًا على القدمين] x (٣) يَطُوف ؛ يتجوَّل .

per·am·bu·la·tor [-lā'tər] *(n.)* (١) فا perambulate (٢) عربة أطفال (٣) مقياس المسافات : أداة يستخدمها المسّاحون لقياس المسافات .

perambulator *2.*

per an·num [pər ăn'əm] *(adv.)* في العام ؛ سَنويًّا .

per·bo·rate [pər bōr'āt] *(n.)* البربورات : ملح مركَّب من بورات وبيروكسيد الهيدروجين (ك) .

per·cale [pər kāl'] *(n.)* البِرْكال : قماش قطنيّ ناعم .

per·ca·line [pûr'kə lēn'] *(n.)* البركالين : قماش قطنيّ لتجليد الكُتُب .

per cap·i·ta [pər kăp'ə tə] *(adv. or adj.)* لكل فرد [أو شخص] .

per·ceiv·a·ble [pər sē'və bəl] *(adj.)* = perceptible.

per·ceive [pər sēv'] *(vt.)* (١) يَعي ؛ يَفهم (٢) يُدْرِك عن طريق الحواس . وبخاصة : يرى ؛ يلاحظ .

per·cent [pər sĕnt'] *(adv.; adj.; n.)* (١) في المئة (ورمزها ٪) § (٢) مئويّ § (٣) جزء من مئة (٤) نسبة مئوية (٥) *pl.* السَّندات المئوية : سندات ذات فائدة معيّنة (بر) .

per·cent·age [-sĕn'tĭj] *(n.)* (١) نسبة مئوية (٢) حَسْم أو عمولة في المئة (٣) «أ» حصة من الأرباح . «ب» ربح (٤) نسبة (٥) احتمال .

to play the ~s يقدِّر ما يُرجِّح حدوثُهُ ويعمل على هذا الأساس .

per·cen·tile [-ˈtīl] *(n.)* المِئينة : قيمةٌ تقسم مجموعة من المُعْطَيات إلى زمرتَيْن بحيث تكون نسبةٌ مفروضة من القياسات أدنى من تلك القيمة (احص) .

per cen·tum [pər sĕnˈtəm] *(n.)* = percent.

per·cept [pûrˈsĕpt] *(n.)* المُدْرَك الحِسّيّ ؛ المُدْرَك بالحواسّ .

per·cep·ti·bil·i·ty *(n.)* المُدْرَكيّة الحِسّية : قابليّة الشيء لأن يُدْرَك بالحواسّ .

per·cep·ti·ble [pər sĕpˈ-] *(adj.)* مُدْرَك : قابلٌ لأن يُدْرَك [بالحواسّ] .

per·cep·tion [pər sĕpˈ-] *(n.)* (١) ملاحظة (٢) المُدْرَك الحِسّيّ (٣) الإدراك الحسّيّ (٤) «أ» نفاذ البصيرة . «ب» القدرة على الفهم .

per·cep·tive [-ˈtĭv] *(adj.)* (١) إدراكيّ (٢) مُدْرِك ؛ مُميِّز ؛ حادّ (٣) فَطِن ؛ يَقِظ ؛ حادّ الملاحظة (٤) مُتبصِّر ؛ مُتفهِّم .

per·cep·tive·ness *(n.)* إدراكيّة ؛ فطانة ؛ سرعة فَهْم إلخ .

per·cep·tu·al [-ˈchoo͞ əl] *(adj.)* إدراكِيْحِسّيّ : خاصّ بالإدراك الحِسّيّ .

perch¹ [pûrch] *(n.; vi.; t.)* (١) عمود الإدارة الرئيسي [الرابط بين المحاور الأمامية والخلفية لعجلات المَرْكَبة ونحوها] (٢) السارية : عمودٌ يُعلَّق عليه شيء ما (٣) «أ» مَجْثِم الطائر . «ب» مَقْعَد ؛ كرسيّ . وبخاصة : مَقعَد الحوذيّ [في مَرْكَبة] . «ج» علياء ؛ منزلة رفيعة (٤) القَصَبة : مقياس للطّول يساوي خمس ياردات ونصف (بر) § (٥) يَجْثِم : يَحُطّ الطائرُ على مَجْثَم [بصورة غير مُريحة أو قلقة عادةً] (٦) يَجْلس x (٧) يَضع أو يُقيم [في مكانٍ عالٍ أو خَطِر] .

Come off your ~, إنزل من عليائك! إخفض من جناحك!

perch² [pûrch] *(n.)* الفَرْخ (سمك) .

perch²

per·chance [pər chănsˈ] *(adv.)* (١) مصادفةً (٢) رُبَّما .

per·chlo·rate [-klōrˈāt] *(n.)* البركلورات ؛ فوق الكلورات (ك) .

per·chlo·ric acid [-ˈĭk] *(n.)* حَمْض البركلوريك أو فوق الكلوريك (ك) .

per·chlo·ride [-klōrˈīd] *(n.)* البركلوريد ؛ فوق الكلوريد (ك) .

per·cip·i·ence [pər sĭpˈĭ əns] *(n.)* = perception.

per·cip·i·ent [-ˈĭ ənt] *(adj.; n.)* مُدْرِك ؛ مميِّز ؛ فَطِن .

per·coid [pûrˈkoid] *(adj.; n.)* (١) فَرْخيّ : خاصّ بـ«الفَرْخيّات» **Percoidea** وهي أسماك شائكة الزعانف § (٢) سمكة فَرْخيّة .

per·co·late [*v.* pûrˈkə lātˊ; *n.* -lĭt, -lātˊ] *(vt.; i.; n.)* (١) يُرشِّح ؛ يُقطِّر x (٢) يتخلّل ؛ ينفذ إلى (٣) يترشّح ؛ يتقطّر (٤) يصبح ناشطًا أو مرحًا § (٥) سائلٌ مقطَّر .

—per·co·la·tion *(n.)*

per·co·la·tor [pûrˈ-] *(n.)* (١) فا percolate (٢) راووق القهوة : جهاز يمكِّن المياه الغالية من أن تخلّل البنَّ رويدًا رويدًا .

percolator 2.

per contra [pər kŏnˈtrə] *(adv.)* (١) على العكس (٢) بالمقارنة ؛ من ناحية ثانية .

per·cuss [pər kŭsˈ] *(vt.)* يَقْدَح ؛ يَطْرُق ؛ يقرَع ؛ ينقر .

per·cus·sion [pər kŭshˈən] *(n.)* (١) القَدْح : قَدْح الكبسولة لإطلاق النار من بندقية (٢) القَرْع [على آلة موسيقية] (٣) النقر على سطح الجسم لتعرُّف حالة الأجزاء التي تحته من رنّة صوتها (٤) قَرْعُ الصوت للأُذُن (٥) آلات القَرْع [كالطَّبل والدُّفّ] .

percussion cap *(n.)* الكَبْسولة ؛ شَعِيلة القَدْح [في بندقية] .

percussion instrument *(n.)* آلة القَرْع (را . percussion 5) .

per·cus·sion·ist *(n.)* القَرّاع : البارع في الضّرب على آلات القَرْع .

percussion lock *(n.)* زَنْد القَدْح [في السّلاح الناري] .

per·cus·sive [pər kŭsˈ-] *(adj.)* (١) طَرْقيّ ؛ قَرْعيّ ؛ نقريّ . وبخاصة : طارق ؛ قارع ؛ يَعْمَل بالطَّرق <~ force *or* drill> (٢) أخّاذ ؛ لافت للنّظر .

per·cu·ta·ne·ous [pûrˊkyoo͞ tāˈnĭ əs] *(adj.)* جِلْديّ : مُحْدَث أو مُنْجَز من طريق الجلد <~ absorption> .

per di·em¹ [dīˈəm] *(adv.; adj.)* (١) مياومةً ؛ في اليوم § (٢) يوميّ .

per di·em² *(n.)* (١) العِلاوة اليومية [تُدْفع لتغطية نفقات الموظف المعيشية خلال رحلة يقوم بها لمصلحة المؤسسة] (٢) أجرٌ يوميّ .

per·di·tion [pər dĭshˈən] *(n.)* (١) هلاك ؛ خراب (ا . ق) (٢) الخَسار ؛ البَوار : هلاك روحيّ أبديّ (٣) جَهَنَّم ؛ دارُ البوار .

per·du *or* **per·due** [pər doo͞ˈ; -dyoo͞ˈ] *(adj.)* مستتر ؛ مَحجوب ؛ مخفيّ .

per·du·ra·ble [pər d(y)o͝orˈ-] *(adj.)* (١) ثابت ؛ متين جدًّا (٢) أبديّ .

per·dure [pər do͝orˈ] *(vi.)* يُعَمِّر ؛ يبقى ؛ يدوم طويلًا .

per·e·gri·nate [pĕrˈə grə nātˊ] *(vi.; t.)* (١) «أ» يَرْحَل . وبخاصة : يَرْحل ماشيًا . «ب» يمشي ؛ يتجوّل x (٢) يجتاز ؛ يَقْطع .

per·e·gri·na·tion *(n.)* (١) ارتحال ؛ تجوال (٢) رِحلة .

per·e·grine [pĕrˈə grĭn] *(adj.)* (١) أجنبيّ (٢) جَوّال : مُحِبّ للتجوال .

peregrine falcon *(n.)* الشّاهين ؛ البازي الجوّال : طائرٌ من الجوارح .

per·emp·to·ri·ly [pə rĕm(p)ˈtə-] *(adv.)* على نحوٍ باتٍّ أو نهائيّ إلخ .

per·emp·to·ri·ness [pə rĕm(p)ˈ-] *(n.)* بَتٌّ ؛ قَطْعٌ ؛ حَسْمٌ إلخ .

per·emp·to·ry [-ˈtə rĭ] *(adj.)* (١) «أ» باتّ ؛ قاطع . «ب» نهائيّ ؛ حاسم (٢) أمريّ ؛ آمر (٣) «أ» متعجرف . «ب» ديكتاتوريّ .

peremptory writ *(n.)* أمرُ الإحضار القطعيّ (ق) .

pe·ren·ni·al [pə rĕnˈ-] *(adj.; n.)* (١) دائم طوال السنة (٢) مُعَمِّر : ذو دورة حياتية تدوم أكثر من سنتين <~ plants> (٣) دائم ؛ خالد <~ youth> (٤) متين (٥) متواتر ؛ متكرر بانتظام § (٦) نبات معمِّر .

per·fect¹ [pûrˈfĭkt] *(adj.)* (١) «أ» كامل ؛ مثاليّ ؛ بالغٌ حد الكمال . «ب» أمين للأصل . وبخاصة : حَرْفيّ . «ج» صحيح من الناحية الشرعيّة (٢) «أ» تامّ ؛ مضبوط ؛ مستكملٌ جميعَ الشروط <drew a ~ circle> . «ب» كلّيّ ؛ مطلَق ؛ تامّ <~ silence> . «ج» خالص ؛ صِرْف <~ yellow> . «د» بكلّ معنى الكلمة <a ~ fool> (٣) مُتقِن ؛ بارع (٤) تامّ : دالّ على عمل أو وَضْع مُتَمَّم وقت التكلم أو في وقت متكلَّم عنه <the ~ tense> (٥) ناضج جنسيًّا <a ~ insect> .

per·fect² [pər fĕktˈ] *(vt.)* (١) يُنجز ؛ يُتِمّ (٢) يحسِّن ؛ يهذِّب ؛ يُتْقِن .

per·fect³ [pûrˈfĭkt] *(n.)* (١) صيغة الفعل التامّ (٢) فعل تامّ (ل) .

per·fect·i·bil·i·ty [pər fĕkˊtə bĭlˈ-] *(n.)* (١) الاكتماليّة : إمكانية الوصول إلى مرتبة الكمال (٢) الكمال .

—per·fect·i·ble *(adj.)*

per·fec·tion [pər fĕkˈshən] *(n.)* (١) «أ» كمال ؛ خلوّ من العيب .

«ب» نُضج. «ج» قداسة (٢) «أ» أنموذج الكمال <is the very ~ of beauty>. «ب» حدّ الكمال أو أعلى درجاته <to do something to ~> (٣) تحسين؛ تهذيب؛ إتقان؛ جعلُ الشيء بالغًا حدَّ الكمال (٤) تمكُّن أو تضلُّع تامّ [من فن ما].

per·fec·tion·ism *(n.)* الكمالية: «أ» مذهب يقول بأن الارتفاع بالخُلُق إلى مرتبة الكمال هو أسمى الغايات الأخلاقيّة. «ب» مذهب لاهوتيّ يقول بأن في الإمكان التحرر من الإثم في هذه الحياة الدنيا. «ج» الحرص على بلوغ الكمال.
— **per·fec·tion·ist** *(n.; adj.)*

per·fec·tive [pər fĕk′-] *(adj.; n.)* (١) متحسِّن (ا. ق) (٢) اكتماليّ: دالٌّ على اكتمال الحدث أو انقضائه <a ~ verb> § (٣) فعلٌ اكتماليّ (ل).

per·fect·ly [pûr′fĭkt lĭ] *(adv.)* تمامًا؛ على نحوٍ كامل أو تامّ.

perfect number *(n.)* العدد الكامل (ر).

per·fec·to [pər fĕk′tō] *(n.)* السيجار المُوَشَّع: سيجار غليظ الوسط مستدقّ الطرفين شبيهٌ بالوشيعة.

perfect participle *(n.)* = past participle.

perfect square *(n.)* المربَّع الكامل (ر).

per·fer·vid [pər fûr′vĭd] *(adj.)* (١) شديد الاتّقاد (٢) شديد الحماسة.

per·fid·i·ous [pər fĭd′ĭ əs] *(adj.)* خَؤون؛ غادر بطبعِهِ <a ~ lover>.
— **per·fid·i·ous·ly** *(adv.)*

per·fid·i·ous·ness [pər fĭd′-]; **per·fi·dy** [pûr′fĭ dĭ] *(n.)* خيانة؛ غَدْر [وبخاصة حين يكونان شيمةً من شيَم النفس].

perfoliate leaves

per·fo·li·ate [pər fō′lĭ ət; -āt′] *(adj.)* مُسَوَّقة؛ مثقوبة: متميّزة بمرور السّاق من خلالها.

per·fo·rate[1] [pûr′fə rāt′] *(vt.; i.)* (١) يَثْقُبُ. وبخاصة: يثقّب؛ يخرّم: يُحدث صفًا من الثقوب [في ورقة] تسهيلًا لفصل جزء منها عند الاقتضاء x (٢) يخترق.

per·fo·rate[2] [pûr′fə rət; -rāt′]; **per·fo·ra·ted** [pûr′fə rā′tĭd] *(adj.)* (١) مثقوب (٢) مُثَقَّب؛ مُخَرَّم.

per·fo·ra·tion [pûr′fə rā′-] *(n.)* (١) «أ» ثَقْب؛ تثقيب. «ب» انثقاب؛ تثقُّب؛ تخرُّم (٢) «أ» ثَقْب؛ فُتحة. «ب» الثَّقب: واحد من سلسلة الثقوب المُحْدَثة بين الطوابع لفصل بعضها عن بعض بسهولة.

per·force [pər fōrs′] *(adv.)* بحكم الظروف أو الحاجة أو الاضطرار.

per·form [pər fôrm′] *(vt.; i.)* (١) يفي [بعهد أو وعد] (٢) «أ» يُنجز؛ يعمل شيئًا حتى الإنجاز. «ب» يصنع؛ يقوم بـ؛ يجترح <*~ed* miracles>. «ج» يُجري؛ يؤدي وفقًا لعُرْفٍ معيّن <to ~ a marriage ceremony> (٣) «أ» يمثّل <to ~ a play>. «ب» يؤدّي [بالعزف أو الغناء] x (٤) يعمل (٥) يعزف (٦) يمثّل في مسرحية.
— **per·form·a·ble** *(adj.)*

per·for·mance [pər fôr′-] *(n.)* (١) «أ» تأدية؛ قيام بـ. «ب» عمل؛ عمل عظيم (٢) إنجاز أو تنفيذ [لوعد أو طلب إلخ] (٣) «أ» تمثيل [في مسرحية]. «ب» مسرحية؛ حفلة موسيقية إلخ (٤) «أ» فعالية؛ كفاءة. «ب» الأداء: الطريقة التي تعمل بها آلة أو يؤدّى بها دورٌ مَسْرحيّ إلخ.

per·form·er [-fôrm′-] *(n.)* المُنْجِز؛ المُؤدّي؛ العازف؛ الممثّل إلخ.

per·fume [*n.* pûr′fyōōm; *v.* pər fyōōm′] *(n.; vt.)* (١) عبير؛ شذًا؛ أريج؛ ريّا (٢) عِطر؛ طِيب § (٣) يُعطِّر؛ يُطيِّب.

per·fum·er *(n.)* (١) المُعَطِّر (٢) العَطّار: صانع العطور أو بائعُها.

per·fum·er·y [pər fyōō′-] *(n.)* (١) العِطارة: صُنع أو صناعة العطور (٢) عطور (٣) المَعْطَرَة: محلّ صنع العطور أو بيعِها.

per·func·to·ry [pər fŭngk′tə rĭ] *(adj.)* (١) روتينيّ؛ ميكانيكيّ <a ~ smile> (٢) لامبالٍ؛ تعوزهُ الحماسة <a ~ manager>.

per·fuse [pər fyōōz′] *(vt.)* (١) يكسو؛ يغطّي؛ يرشّ؛ يُفْعِم [بمادة سائلة إلخ] (٢) يَنْضَح أو يُشْبِع بـ (٣) يُرَوِّي: يَضُخّ، عَبْرَ الأوعية الدموية، سائلًا إلى نسيج أو شريان (ط).
— **per·fu·sion** *(n.)* **per·fu·sive** *(adj.)*

per·go·la [pûr′gə lə] *(n.)* التعريشة: «أ» ممشًى مُظلَّل تلتفّ الورود إلخ حول أعمدته. «ب» جزء من مبنًى شبيهٌ بتعريشة.

per·haps [pər hăps′] *(adv.; n.)* (١) رُبَّما؛ لعلَّ؛ من الجائز § (٢) شيءٌ عُرْضةٌ للشكّ أو التخمين: فرض؛ افتراض.

pe·ri [pēr′ĭ] *(n.)* (١) الباريّ: مخلوق خرافيّ تزعم الأساطير الفارسيّة أنّه من نسل الملائكة الساقطة (٢) الفاتنة: فتاة أو امرأة بارعة الجمال.

peri- . بادئة معناها: «أ» حَوْلَ <*peri*cardial>. «ب» قربَ <*peri*helion>. «ج» مُحيط؛ مطوِّق <*peri*odontal>.

per·i·anth [pĕr′ĭ ənth] *(n.)* الكِمّ: غلاف الزَّهرة (نب).

per·i·apt [pĕr′ĭ ăpt′] *(n.)* تميمة؛ تعويذة؛ حِجاب.

per·i·car·di·ac; per·i·car·di·al [pĕr′ə kär′-] *(adj.)* (١) تأموريّ؛ شَغافيّ: ذو علاقة بالتأمور أو الشَّغاف (٢) مُحيط بالقلب: واقعٌ حول القلب.

per·i·car·di·tis [-kär dī′tĭs] *(n.)* الشُّغاف؛ التهاب التأمور أو الشَّغاف.

per·i·car·di·um [-′dĭ-] *(n.)* pl. **-di·a** التّأمور؛ الشَّغاف؛ غلاف القلب.

per·i·carp [pĕr′ə kärp′] *(n.)* غلاف الثمرة (نب).

per·i·chon·dri·al *also* **per·i·chon·dral** [pĕr′ə kŏn′-] *(adj.)* سِمحاقيغُضروفيّ؛ غلافيْغُضروفيّ.

per·i·chon·dri·um *(n.)* pl. **-dri·a** سِمحاق [أو غلاف] الغُضروف.

per·i·clase [-′ə klās′] *(n.)* البريكلاز: أحد أشكال المغنِسيوم (مع).

Peri·cle·an [pĕr ə klē′-] *(adj.)* بيريكليسيّ: ذو علاقة ببيريكليس السياسي الإغريقي (٤٩٠؟ - ٤٢٩ ق. م) أو بعصره.

per·i·cline [pĕr′ə klīn] *(n.)* البَريكلين (مع).

pe·ric·o·pe [pə rĭk′ə pē] *(n.)* المُخْتار: مادةٌ مختارة من كتاب.

per·i·cra·ni·al [pĕr′ə krā′-] *(adj.)* سِمْحاقِيجُمْجُميّ.

per·i·cra·ni·um [-krā′nĭ əm] *(n.)* pl. **-ni·a** (١) سِمحاق الجُمْجُمة: غِشاء من النّسيج الضامّ يكسُو الجُمجُمة (٢) جُمجمة؛ دماغ (ع).

per·i·cy·cle [pĕr′ə sī′kəl] *(n.)* إطار [أو طَوْق] الدائرة: طبقة خلايا في الجذْر بين الأدمة الباطنية من ناحية وبين الخشب واللحاء من ناحية ثانية (نب).

per·i·derm [-′ə dûrm′] *(n.)* الأَدَمة المُحيطيّة: طبقة النسيج الخارجية. وبخاصة: نسيجٌ في أطراف السُّوق والجذور البالغة (نب).

pe·rid·i·um [pə rĭd′ĭ əm] *(n.)* **-rid·i·a** الجَيْب؛ المَحْفظة: الغلاف الخارجي لحامل الأبواغ في كثير من الفُطور (نب).

per·i·dot [pĕr′ə dŏt′] *(n.)* الزَّبَرْجَد: حجر كريم شفاف أخضر مصفرّ.

per·i·do·tite [pĕr′ə dō′tīt] *(n.)* البريدوتيت: صخر ناريّ صوّانيّ النَّسيج.

per·i·ge·an [pĕr ə jē′ən] *(adj.)* حضيضيّأرضيّ.

per·i·gee [pĕr′ə jē′] *(n.)* الحضيض الأرضيّ: أقرب نقطة في مدار القمر [أو مدار مركبة فضائية] إلى الأرض (فل).

pe·rig·y·nous [pə rĭj′ə nəs] *(adj.)* مُحيْطِيّ: صفة للأَسْدية المرتكزة على قرص الزهرة حول المبيض [أو صفة للزَّهرة التي تتميز بأمثال هذه الأسدية].

perigynous flower

per·i·he·li·al [pĕr′ə hēl′yəl] *(adj.)* حضيضيشَمسيّ.

per·i·he·li·on [-hē′lĭ ən] *(n.)* الحضيض الشمسيّ؛ نقطة الرأس: أقرب نقطة في مدار الكوكب السيّار أو أيّ جِرم سماويّ آخر إلى الشمس (فل).

per·il [pĕr′əl] *(n.; vt.)* (١) خَطَر؛ تَهْلُكة § (٢) يعرِّض للخطر؛ يُخاطر بـ.

per·il·ous [-′ə ləs] *(adj.)* (١) خطِر؛ محفوف بالمخاطر (٢) مخيف.

per·i·lune [pĕr′ə lōōn′] *(n.)* الحضيض القمريّ: أقرب نقطة في مدارٍ قمريّ إلى القمر (فل).

pe·rim·e·ter [pə rĭm′-] *(n.)* (١) المحيط: «أ» محيط الشكل أو حدُّه الخارجي. «ب» خط يطوّق منطقة أو يحميها. «ج» حدود خارجية (٢) المحيط (ر) (٣) المِحْوَط: جهاز لفحص المجال البصريّ وقياس مَداه (بص).

per·i·met·ric; -al [pĕr′ə mĕt′-] *(adj.)* (١) مُحيطيّ (٢) مِحْوَطيّ.

per·i·morph [pĕr′ə môrf′] *(n.)* المُكِنّة: بلّورة من نوع معيَّن تطوّق بلّورة من نوع آخر (بلو).

per·i·my·si·um [pĕr′ə mĭzh′-] *(n.)* لُفافة العَضَلة (ت).

per·i·ne·al [pĕr′ə nē′əl] *(adj.)* عِجانيّ (را. المادة التالية).

per·i·ne·um [-nē′əm] *(n.)* pl. **-ne·a** العِجان [ما بين الفخذين].

per·i·neu·ri·tis [pĕr′ə nyōō rī′-] *(n.)* التهاب الظِّهارة العصبية (مض).

per·i·neu·ri·um [pĕr′ə nyōōr′ĭ əm] *(n.)* pl. **-neu·ri·a** الظِّهارة العصبيّة: غلافٌ من النسيج الضامّ يحيط بحزمة أليافٍ عصبية (ت).

pe·ri·od [pĭr′ĭ əd; pēr′-] *(n.)* (١) «أ» جملة تامة؛ وبخاصة: جملة طويلة معقّدة التركيب. «ب» *pl.*: لغة منمّقة [بالمحسّنات البلاغية] (٢) نهاية؛ خاتمة (٣) النُّقطة: علامة الوقف في الكتابة والطباعة (٤) دور؛ فترة <the ~ of incubation> (٥) الدَّورة؛ الدَّور: «أ» دوامُ تردُّدٍ وحيدٍ لظاهرةٍ دورية (فز). «ب» المدّة التي يستغرقها دوران قمر حول كوكبٍ سيّار (فل) (٦) الدورة الشهرية (فس) (٧) «أ» فترة <a ~ of cool weather>. «ب» عَهْد <the ~ of the American Revolution>. «ج» العصر: قسم من أقسام الأحقاب الجيولوجيّة (٨) حصة دراسية (٩) مَرْحلة؛ جزء [من برنامج رياضيّ].
to put a ~ to يُوقف؛ يضع حدًا لـ.

pe·ri·od·ic [pĭr′ĭ ŏd′ĭk; pēr′-] *(adj.)* (١) دَوْريّ: «أ» متكرّر في فتراتٍ نظامية. «ب» ذو علاقة بدَوْر أو عهدٍ أو فترة (٢) مُنَمَّق (بل).

periodic acid [pûr′ī ŏd′ĭk] *(n.)* حَمْض فوقَ اليوديك (ك).

pe·ri·od·i·cal [pĭr′ĭ ŏd′ə-; pēr′-] *(adj.; n.)* (١) دَوْريّ: «أ» متكرِّر في فتراتٍ نظامية <~ attacks of malaria>. «ب» منشور في فترات ثابتة تفصل بين الأعداد <~ publications>. «ج» منشور في مجلة دوريّة أو مميِّز لها أو ذو علاقة بها <~ book reviews> § (٢) مجلة أو نشرة دوريّة.

pe·ri·od·i·cal·ly [pĭr′ĭ ŏd′-; pēr′-] *(adv.)* دَوْريًّا؛ على نحو دَوْريّ.

periodic decimals *(n. pl.)* الكسور العشرية الدائرة (ر).

pe·ri·o·dic·i·ty [pĭr′ĭ ə dĭs′ə tĭ; pēr′-] *(n.)* الدَّورية: كون الشيء دوريًّا؛ نزعةٌ إلى تكرّر الحدوث في فترات نظامية.

periodic law *(n.)* القانون الدَّوري: قانون يقول بأن خصائص العناصر هي دوالّ دَوْريةٌ لأرقامها الذَّرية (ك).

periodic motion *(n.)* الحركة الدَّورية (فز).

periodic table *(n.)* الجَدْول الدَّوري: جَدول تُرتَّب فيه العناصر الكيميائية ترتيبًا تصاعديًا، وفقًا لأرقامها الذَّرِّيّة.

per·i·o·don·tal [pĕr′ĭ ō dŏn′-] *(adj.)* محيطٌ بالسِّنّ أو مُطوِّق لها (ت).

per·i·o·don·tics [pĕr′ĭ ə dŏn′-] *(n.)* مَبْحث مُحيط السِّنّ (ط).

per·i·o·nych·i·a [pĕr′ĭ ō nĭk′-] *(n.)* الدّاحِس: التهاب سابقَةِ الظُّفر.

per·i·o·nych·i·um [pĕr′ĭ ō nĭk′-] *(n.)* pl. **-i·a** سابقة الظُّفر: النَّسيج المحاذي لجذر الظُّفر وجوانبه (ت).

periost- *or* **perioste-** *or* **periosteo-** بادئة معناها: سِمْحاق.

per·i·os·te·al [pĕr′ĭ ŏs′tĭ əl] *(adj.)* سِمْحاقيّ: ذو علاقة بالسِّمحاق.

per·i·os·te·um [pĕr′ĭ ŏs′tĭ əm] *(n.)* pl. **-te·a** [tĭ ə] السِّمحاق: غشاء من النسيج الضامّ يكسو العظام (ت).

per·i·os·ti·tis [pĕr′ĭ ŏs tī′-] *(n.)* التهاب السِّمحاق (ط).

per·i·o·tic [pĕr′ĭ ō′tĭk] *(adj.)* محيطٌ بالأُذن؛ واقعٌ حَوْل الأذن (ت).

per·i·pa·tet·ic [pĕr′ə pə tĕt′ĭk] *(n.; adj.)* (١) *cap.*: المَشّاء؛ الأرسطوطاليسي (٢) المتجوِّل؛ المتنقّل (٣) *pl.*: التجوُّل؛ التنقُّل [من مكان إلى مكان] § (٤) مَشّائيّ؛ أرسطوطاليسيّ: منسوب إلى أرسطو الذي كان يعلّم وهو يتمشّى في الليسيوم بأثينا (٥) مَشّاء؛ متجوّل؛ متنقّل.

pe·riph·er·al [pə rĭf′ər əl] *(adj.)* (١) محيطيّ: مؤلِّفٌ محيطًا أو متعلّق بمحيط (٢) خارجيّ: واقعٌ بعيدًا عن المركز <~ termination of a nerve> (٣) سَطحيّ: ذو علاقة بسطح الجسم (٤) هامِشيّ؛ ثانويّ.

peripheral nervous system *(n.)* الجهاز العصبيّ المُحيطيّ (ت).

pe·riph·er·y [pə rĭf′ə rĭ] *(n.)* (١) المحيط: «أ» محيط الدائرة أو نحوها. «ب» محيط المضلَّع أو الكثير الأضلاع (٢) «أ» الحدّ الخارجيّ؛ السطح الخارجيّ [لأي جسم]. «ب» حافة (٣) المنتهى العصبيّ: المناطق التي تنتهي عندها الأعصاب (ت).

pe·riph·ra·sis [pə rĭf′rə sĭs] *(n.)* (١) الإطناب؛ الحَشْو (بل) (٢) الكناية (بل) (٣) المواربَة: دورانٌ حول المعنى. — **per·i·phras·tic** *(adj.)*

per·i·proct [pĕr′ĭ prŏkt] *(n.)* حُوق الشَّرج (ح).

pe·rique [pə rēk′] *(n.)* البَريك: تبغ ولاية لويزيانا الغنيّ النَّكْهة.

per·i·sarc [pĕr′ə-] *(n.)* الجَسأ: الغلاف الخارجي في العُداريّات (را. hydroid).

periscope

per·i·scope [pĕr′ə skōp′] *(n.)* المِثفاق؛ البريسكوب؛ منظار الأفق [يُستخدم في الغوّاصات والخنادق].

per·i·scop·ic [pĕr′ə skŏp′ĭk] *(adj.)* مِثفاقيّ؛ بريسكوبيّ: «أ» كاشفٌ لجميع الجوانب <~ lenses>. «ب» ذو علاقة بمِثفاق أو بريسكوب.

per·ish [pĕr′ĭsh] *(vi.; t.)* (١) يَهْلِك؛ يفنى؛ يموت (٢) يَفْسُد (ع) x (٣) يُهلِك؛ يُميت (ع) (٤) يُضعف؛ يُتْلِف.

per·ish·a·bil·i·ty [pĕr′ĭsh ə bĭl′-] *(n.)* الهلاكيّة؛ الفنائيّة إلخ.

per·ish·a·ble [pĕr′ĭsh-] *(adj.; n.)* (١) هالكٌ؛ فانٍ؛ قابلٌ للفساد (٢) *pl.* § عد: شيء قابل للفساد [كالطعام إلخ].

per·ish·er [pĕr′ĭsh ər] *(n.)* شخص بغيض أو مزعج (ع).

per·ish·ing [pĕr′-] *(adj.)* (١) مقرور (٢) قارس <~ cold>.

per·i·spore [pĕr′ə spōr′] *(n.)* الغشاء المطوِّق للبوغ (نب).

pe·ris·so·dac·tyl [pə rĭs′ō dăk′tĭl] *(n.; adj.)* مُفْرَد الأصابع.

Pe·ris·so·dac·ty·la [-′tĭ lə] *(n. pl.)* مُفْردات الأصابع: رتبة من الثدييات تتميز بأن لها عددًا مفردًا أو وَتريًّا من الأصابع.

per·i·stal·sis [pĕr′ə stăl′sĭs] *(n.)* pl. **-ses** [sēz] التَّحَوّي؛ التمعُّج: موجات متعاقبة من التقلّص اللاإرادي تَحْدُث في جدران الأمعاء فتدفع محتوياتها إلى أمام (فس). **— per·i·stal·tic** *(adj.)*

peristome *a.*

per·i·stome [pĕr′ə stōm′] *(n.)* محيط الفم: «أ» الشفة المُشَرشَرة: دائرة أو دائرتان من اللواحق الصغيرة المستدقّة الشبيهة بالأسنان تحيط بفتحة غلاف بذور الطحلب (نب). «ب» المَلْغَم (مج): المنطقة المحيطة بالفم في مختلف اللافقاريات (ح).

per·i·style [-stīl′] *(n.)* (١) صَفّ أعمدة (٢) البَهْو المُعَمَّد (عم).

per·i·the·ci·um [pĕr′ə thē′shĭ əm; -sĭ əm] *(n.)* pl. **-ci·a** حاملة الزِّقاق: تجويف يشتمل على الزِّقاق asci (نب). **— per·i·the·cial** *(adj.)*

periton- *or* **peritone-** *or* **peritoneo-** بادئة معناها: صِفاق.

per·i·to·ne·al [pĕr ə tə nē′əl] *(adj.)* صِفاقيّ: خاصّ بالصِّفاق.

per·i·to·ne·um [pĕr ə tə nē′əm] *(n.)* pl. **-s** *or* **-ne·a** الصِّفاق: الغشاء المَصْليّ الشفاف المبطِّن للتجويف البطنيّ في الحيوان الثدييّ (ت).

per·i·to·ni·tis [-nī′tĭs] *(n.)* الصُّفاق: التهاب الصِّفاق (مض).

pe·rit·ri·chous [-′trĭ kəs] *(adj.)* مُغَطًّى بالأهداب <~ bacteria>.

per·i·wig [pĕr′ə wĭg′] *(n.)* = peruke.

per·i·win·kle[1] [-′ə wĭng′kəl] *(n.)* الوِنْكة؛ العِناقيّة: نبتة معترشة.

periwinkle[2]

per·i·win·kle[2] *(n.)* البَرْوَنق: ضرب من الحلازين البحرية.

per·jure [pûr′jər] *(vt.)* (١) يحلِف يمينًا كاذبة (٢) يَحْنَث بقَسَمِه.

per·jured [pûr′jərd] *(adj.)* (١) مُقسِم يمينًا كاذبة <a ~ witness> (٢) كاذب <~ testimony>.

per·jur·er [pûr′-] *(n.)* (١) المُقسِم يمينًا كاذبة (٢) الحانث بقَسَمِه.

per·ju·ri·ous [-jo͝or′-] *(adj.)* كاذبٌ: مُتَّسِمٌ بسِمَة اليمين الكاذبة.

per·ju·ry [pûr′jə rĭ] *(n.)* (١) الحَلِف كذِبًا (٢) الحِنْث باليمين.

perk [pûrk] *(vi.; t.; adj.)* (١) «أ» يُتْلِع عنقه أو يَمدّ رأسه بغطرسة. «ب» يمشي أو يرفع رأسه أو يتصرَّف بمرح (٢) يتطوَّس؛ يتزيّن؛ يتهندم (٣) يَنْشَط أو يبتهج. وبخاصة يَنْشَط أو يبتهج بعد فترة من الضعف أو الانقباض [تتبعها up عادةً] x (٤) يطوِّس؛ يزيِّن؛ يهندم (٥) ينشِّط؛ يُبْهج (٦) يُتلع أو يرفع بسرعة إلخ <~ the ears to> § (٧) مغرور؛ متغطرس.

perk·y [pûr′kĭ] *(adj.)* (١) مغرور؛ مُتَغَطْرِس (٢) مَرِح (٣) أنيق.

per·lite [pûr′līt] *(n.)* البَرْليت: زجاج بركانيّ.

perm [pûrm] *(vt.)* يُمَوِّج. وبخاصة: يموِّج الشَّعر تمويجًا دائمًا.

per·ma·frost [pûr′-] *(n.)* الجَمَد السرمديّ: طبقة متجلّدة باستمرار على عمق متفاوت تحت سطح الأرض في المناطق القطبية المنجَمِدة.

per·ma·nence [pûr′mə nəns] *(n.)* دَوام؛ استمرار؛ بقاء.

per·ma·nen·cy [-nən sĭ] *(n.)* (١) دوام؛ استمرار؛ بقاء (٢) الدّائم: شخص أو شيء أو مركز دائم.

per·ma·nent[1] [pûr′mə nənt] *(adj.)* دائم؛ مستمرّ؛ باقٍ.

per·ma·nent[2] *(n.)* التموُّج الدائم: تموُّج في الشَّعر يُحْدَث بوسائل آليّة وكيميائية فيدوم عِدَّة أشهر.

permanent magnet *(n.)* المغنطيس الدائم: قطعة من الفولاذ المُمَغْنَط تحتفظ بمغنطيسيّتها بعد إزالة القوة المُمَغْنِطة.

permanent tooth *(n.)* السِّنّ الدائمة: السِّنّ غير اللَّبنيّة.

permanent way *(n.)* السِّكّة الحديدية؛ سِكّة الحديد (بر).

per·man·ga·nate [pər măng′gə nāt′] *(n.)* البَرْمَنْغانات (ك).

per·man·gan·ic acid [pûr′măn găn′-] *(n.)* الحَمْض البرمنغاناتي.

per·me·a·bil·i·ty [pûr′mĭ ə bĭl′-] *(n.)* المُنفِذية؛ النَّفيذية.

per·me·a·ble [pûr′mĭ ə bəl] *(adj.)* مُنفِذ؛ نَفيذ؛ يُنْفَذُ منه.

per·me·ance [pûr′mĭ əns] *(n.)* (١) نفاذ؛ اختراق؛ تخلُّل (٢) المنافذة المغنطيسية (فز).

per·me·ant [pûr′mĭ ənt] *(adj.)* نافذ؛ مخترِق؛ مُتَخلِّل؛ منتشِرٌ في.

per·me·ate [pûr′mĭ āt′] *(vi.; t.)* (١) ينفذ في؛ يخترق x (٢) يتخلَّل.

per·me·a·tion [pûr′mĭ ā′-] *(n.)* (١) نفاذ؛ اختراق (٢) تخلّل.

per·me·a·tive [pûr′mĭ ā′-] *(adj.)* نافذ؛ مخترِق؛ متخلّل.

per men·sem [pər mĕn′səm] *(adv.)* (١) في الشَّهر (٢) شهريًّا.

Per·mi·an [pûr′mĭ ən] *(adj.; n.)* (١) بِرميّ: ذو علاقة بالعصر البِرميّ § (٢) العَصْر البِرميّ: العصر الأخير من الدهر القديم (جي).

per mill *or* **per mil** [pər mĭl′] *(adv.)* في الألف؛ لكلّ ألف.

per·mis·si·bil·i·ty [-′ə bĭl′-] *(n.)* الجَوازيّة؛ المُباحيّة؛ المسموحيّة.

per·mis·si·ble [pər mĭs′ə-] *(adj.)* جائز؛ مُباح؛ مسموحٌ به.

per·mis·sion [pər mĭsh′ən] *(n.)* (١) الإجازة أو الترخيص بالشيء (٢) إذْن؛ رُخْصة.

per·mis·sive [pər mĭs′ĭv] *(adj.)* (١) مجيز: مُرَخِّص (٢) متساهل؛ متسامح (٣) جائز؛ مُباح (٤) اختياريّ.

per·mit [1] [pər mĭt′] *(vt.; i.)* (١) يُجيز؛ يرخِّص (٢) يَسمح لِـ (٣) يتيح الفرصة لِـ؛ يجعله ممكنًا x <vents that ~ the escape of gases> (٤) يسمح <if time ~s>.

per·mit [2] [pûr′mĭt; pər mĭt′] *(n.)* (١) إجازة؛ رخصة <a ~ to fish> (٢) إذْن <had their ~ to proceed>.

per·mit·tiv·i·ty [pûr′mĭ tĭv′-] *(n.)* السَّماحيّة: المُنْفِذيّة الكهربائيّة.

per·mut·a·ble [pər myōōt′-] *(adj.)* قابلٌ للتبديل أو الاستبدال أو التبادُل.

per·mu·ta·tion [pûr′myə tā′-] *(n.)* (١) تغيّر أساسيّ (٢) تبديل؛ تعديل [وبخاصة في ترتيب شيء] (٣) التَّبْدِلة [والجمع تباديل]: أيٌّ من الصُّوَر الممكن تكوينُها بتغيير مواقع العناصر المكوِّنة لرقمٍ ما (ر).

per·mute [pər myōōt′] *(vt.)* يُبدِّل ترتيب كذا. وبخاصة: يُعيد الترتيب على مختلف الوجوه الممكنة.

per·ni·cious [pər nĭsh′əs] *(adj.)* (١) ضارّ؛ مُؤْذٍ <~ teachings> (٢) مُهلِك؛ مُميت؛ خبيث <~ disease>.

pernicious anemia *(n.)* الأنيمية الخبيثة؛ فقر الدم الخبيث (مض).

per·nick·et·y [pər nĭk′ə tĭ] *(adj.)* (١) نيِّق؛ صعب الإرضاء <a ~ master> (٢) دقيق؛ متطلِّب عنايةً بالغة <her ~ job>.

Per·nod [pâr nō′] *(n.)* البِرْنود: شراب فرنسي مُسْكِر.

per·o·ne·al [pĕr′ə nē′əl] *(adj.)* شَظَوِيّ: ذو علاقة بالشَّظيّة أو واقعٌ قربها (را. *2* fibula).

per·o·rate [-′ə rāt′] *(vi.)* (١) يلقي خطابًا طويلًا أو طنّانًا (٢) يختم خُطبةً.

per·o·ra·tion [pĕr′ə rā′-] *(n.)* (١) خاتمة الخُطبة (٢) خُطبة منمَّقة.

per·ox·i·dase [pə rŏk′sĭ dās′; -dāz′] *(n.)* البيروكسيداز (ك).

per·ox·ide [pər ŏk′sīd] *(n.; vt.)* (١) البيروكسيد؛ الأكسِيْد الفوقيّ؛ فوق أُكسيد: أكسيد محتوٍ على نسبة عالية من الأكسجين (ك) § (٢) يعالج بالبيروكسيد. وبخاصة: يُبَيِّض الشَّعرَ ببيروكسيد الهيدروجين.

per·pend [1] [pər pĕnd′] *(vt.; i.)* يتأمّل؛ يفكِّر مَلِيًّا (ا. ق).

per·pend [2] [pûr′pənd] *(n.)* حجرُ الرِّباط: حجر ضخم يتخلّل الجدار حتى يبرز من جانبيه توثيقًا له وتمكينًا.

per·pen·dic·u·lar [pûr′pən dĭk′yə-] *(adj.; n.)* (١) عموديّ (٢) مُتعامِد (٣) قائم الانحدار؛ شديد التحدُّر (٤) عموديّ الخطوط: ذو علاقة بطراز معماريّ إنكليزيّ قوطيّ تسيطر فيه الخطوط العمودية § (٥) خط عموديّ (٦) السَّطح العموديّ: سطح خارجيّ شديد التحدُّر.

per·pen·dic·u·lar·i·ty [-dĭk yə lăr′-] *(n.)* (١) العمودية (٢) التعامدية.

per·pen·dic·u·lar·ly *(adv.)* (١) عموديًّا (٢) تعامُديًّا.

perpendicular plane *(n.)* المستوِي المتعامد (ر).

per·pe·trate [pûr′-] *(vt.)* (١) يرتكب؛ يقترف (٢) يَعْمل على نحوٍ رديء.

per·pe·tra·tion [pûr′pə trā′-] *(n.)* (١) ارتكاب؛ اقتراف (٢) جريمة.

per·pet·u·al [pər pĕch′ōō əl] *(adj.)* (١) أبديّ؛ سَرْمَدِيّ (٢) دائم؛ ثابت؛ مستمرّ؛ متواصل (٣) دائم الإزهار [طوال الفصل].

perpetual calendar *(n.)* التقويم الدائم: تقويمٌ يمكن استعماله باستمرار أو طوالَ سنواتٍ وسنواتٍ.

per·pet·u·al·ly [pər pĕch′ōō-] *(adv.)* دومًا؛ على الدَّوام؛ إلى الأبد.

perpetual motion *(n.)* الحركة الأبدية (فز).

per·pet·u·ate [pər pĕch′ōō āt′] *(vt.)* يُؤبِّد؛ يُسَرْمِد؛ يُخلِّد؛ يُديم.

per·pe·tu·i·ty [pûr′pə tōō′ə tĭ; -tyōō′-] *(n.)* (١) الأَبَدِية؛ السَّرمَدَة (٢) نباتٌ مُعَمِّر (٣) السُّناهية الدائمة (مج): راتب سنوي يُدفع إلى الأبد.
in ~, إلى الأبد؛ إلى ما شاء الله.

per·plex [pər plĕks′] *(vt.)* (١) يُرْبِك؛ يُحيِّر (٢) يُعَقِّد.

per·plexed [-plĕkst′] *(adj.)* (١) مُرْتبك؛ متحيِّر (٢) مُعَقَّد؛ صَعْب.

per·plex·i·ty *(n.)* (١) ارتباك؛ حَيْرة (٢) شيء مُربِك (٣) تعقيد؛ تشابُك.

per·qui·site [pûr′kwə zĭt] *(n.)* (١) عِلاوة؛ أجرٌ إضافيّ (٢) مِنحة؛ راشن؛ بقشيش.

per·ron [pĕr′ən] *(n.)* السُّلَّم الخارجي [يُفضي إلى مدخل المبنى].

per·ry [pĕr′ĭ] *(n.)* البيريّ: شرابٌ مخمَّر يُصنع من الإجّاص.

perse [pûrs] *(adj.)* فَرْسيّ: أزرق أو أرجوانيّ داكن.

per se [pər sā′; -sē′] *(adv.)* بذاته؛ في ذاته؛ جوهريًّا.

per second per second *(adv.)* «في الثانية في الثانية» (فز).

per·se·cute [pûr′sə kyōōt′] *(vt.)* (١) يَضْطَهِد (٢) يُبْرِم؛ يضايق.
— **per·se·cu·tive; per·se·cu·to·ry** *(adj.)*

per·se·cu·tee [pûr′sə kyōō tē′] *(n.)* (١) المُضْطَهَد (٢) المُضايَق.

per·se·cu·tion [pûr′sə kyōō′-] *(n.)* (١) اضطهاد (٢) مُضايقة.

Per·se·us [pûr′sĭ əs; pûr′sōōs] (١) پَرسيوس؛ فرفاوُس: ابن كبير الآلهة زيوس (مث) (٢) كوكبة الجبّار (فل).

per·se·ver·ance [pûr′sə vēr′əns] *(n.)* مُثابَرة؛ مواظبة؛ دَأْب.

per·se·vere [pûr′sə vēr′] *(vi.)* يُثابر؛ يُواظِب؛ يَدْأَب.

Per·sia [pûr′zhə; -shə] فارس؛ إيران.

Per·sian [pûr′zhən; -shən] *(n.; adj.)* (١) الفارسيّ؛ الإيرانيّ: أحد أبناء فارس أو إيران (٢) اللغة الفارسية (٣) الحرير الفارسيّ: حرير رقيق كانوا يتخذون منه بِطانةَ الملابس § (٤) فارسيّ؛ إيرانيّ.

Persian carpet *or* **rug** *(n.)* سجّادة عجميّة.

Persian cat *(n.)* الهرة الفارسيّة: هرّة أليفة طويلة الوبر حريريّتُهُ.

Persian lamb *(n.)* (١) الحَمَل الفارسي: صغير بعض الخراف الآسيوية، وبخاصة خراف بُخارَى، التي يؤخذ منها الأستراخان (٢) astrakhan.

Persian wheel *(n.)* السانية؛ الناعورة؛ الدولاب المائيّ.

per·si·flage [pûr′sə fläzh′] *(n.)* (١) مُزاح (٢) سُخرية ؛ تهكُّم .

persimmon

per·sim·mon [pər sĭm′ən] *(n.)* البرسيمون : شجرٌ من الفصيلة الأبنوسية أو ثَمَرُه .

per·sist [pər sĭst′; -zĭst′] *(vi.)* (١) يثابر : يواصل بعزم وعناد (٢) يُصِرّ على (٣) يستمرّ ؛ يبقَى ؛ يدوم <The smell ~*ed* for days.> .

per·sis·tence; per·sis·ten·cy *(n.)* مُثابَرة ؛ إصرار ؛ استمرار .

per·sis·tent [pər sĭs′-; -zĭs′-] *(adj.)* (١) دائم ؛ متشبِّث : لا يَسْقط في الشتاء <~ leaves> (٢) مثابر ؛ مواظب ؛ مُصِرّ ؛ دؤوب (٣) مُلِحّ ؛ مِلْحاح ؛ لَجُوج <a ~ salesman> (٤) متواصل ؛ مستمرّ <a ~ cold> .

per·sis·tent·ly *(adv.)* بمثابرة ؛ بمُواظبة ؛ بإصرار ؛ بإلحاح إلخ .

per·son [pûr′sən] *(n.)* (١) شَخْص ؛ إنسان (٢) شخصية ؛ دَوْر [على المسرح] (٣) الأقنوم (نص) (٤) مظهرُ الإنسانِ الخارجيُّ <to keep one's ~ neat> (٥) جَسَد الإنسان (٦) النَّفْس ؛ الذات .

artificial ~, شخص معنوي [كجمعية أو دولة إلخ] .
in ~, شخصيًّا ؛ بالذّات .
natural ~, شخصٌ طبيعيّ أو حقيقيّ .

per·so·na [pər sō′nə] *(n.)* pl. **-nae** [nē] (١) شخص (٢) *pl.*: أشخاص المسرحية أو الرواية <comic ~*e*> .

per·son·a·ble [pûr′-] *(adj.)* فاتن ؛ جذّاب ؛ حَسَن المَظْهَر [الشخصيّ] .

per·son·age [pûr′sən ĭj] *(n.)* (١) شخص ؛ فَرْد <a very singular ~> (٢) شخصية بارزة (٣) شخصية مسرحيّة أو روائيّة أو تاريخيّة .

per·so·na gra·ta [pər sō′nä grä′tä] *(n.)* pl. **per·so·nae gra·tae** [-′nī grä′tī] *or* **per·so·na gra·ta** الشخص المقبول أو المحبَّب . وبخاصة : ديبلوماسيّ مرغوبٌ فيه شخصيًّا عند حكومة البلد التي يكلَّف بتمثيل وطنه لديها .

per·son·al [pûr′-] *(adj.; n.)* (١) شخصيّ <~ property> (٢) ذاتيّ <~ pride> (٣) جِسمانيّ <~ beauty> (٤) شخصانيّ : متحدِّث عن شخص معيَّن ، وبخاصة في معرض نقدِه أو لفت النظر إليه <avoid being ~> (٥) موجَّه ضدّ شخص معيّن <~ remarks> § (٦) النبذة الشخصيّة : نبذة قصيرة في صحيفة عن النشاط الاجتماعيّ إلخ لشخصيّة أو جماعة .

personal computer *(n.)* = microcomputer.

personal effects *(n. pl.)* المملوكات الشخصية : ملابس المرء وكتبُهُ وأمتعتُهُ الخاصة . وبخاصة الممتلكات الشخصية التي يُخلِّفها شخصٌ مُتَوَفَّى .

personal equation *(n.)* المعادلة الشخصية : «أ» كل انحراف أو خطأ [في الملاحظة أو الحكم أو الطريقة] ناشئٍ عن طبيعة المرء أو خصائصه الشخصيّة . «ب» تصحيح لهذا الانحراف أو الخطأ أو أخذٌ له بعين الاعتبار .

personal foul *(n.)* المخالفة الجسمانية (رب) .

per·son·al·ism [pûr′-] *(n.)* الشَّخصانية : كل مذهب فلسفي يقول بأن الشخص البشريّ هو القيمة العليا أو الأساسية . **—per·son·al·ist** *(n.)*

per·son·al·i·ty [pûr′sə năl′ə tĭ] *(n.)* (١) الوجود الشخصيّ ؛ الهُويّة الشخصيّة (٢) نقد شخصيّ ؛ ملاحظة شخصيّة معادية <to indulge in *personalities*> (٣) الشخصية : «أ» كامل خصائص الفرد [أو الجماعة أو الأمة إلخ] الذاتية المميِّزة . «ب» مجموع نزعات الفرد السلوكيّة والعاطفية . «ج» قوّة الشخصيّة أو جاذبيّتها <a man with ~> . «د» شخص قويّ الشخصيّة أو جذّابها (٤) شخص . وبخاصة : شخصية بارزة .

personality cult *(n.)* عبادة الشخصية ؛ عبادة الفرد .

per·son·al·ize [pûr′sən ə-] *(vt.)* (١) personify (٢) يجعلُهُ شخصيًّا . وبخاصة : يَسِمُ شيئًا بعلامة تدلّ على أنّه مِلْك خاصّ لشخصٍ معيّن <~*d* luggage> (٣) يعتبر الملاحظة موجهةً ضدَّه شخصيًّا .

per·son·al·ly [pûr′sən-] *(adv.)* (١) شخصيًّا (٢) بطريقة شخصيّة .

personal pronoun *(n.)* الضمير الشخصيّ <مثل : *I, we, he, it*> .

personal property *or* **estate** *(n.)* المنقولات ؛ الممتلكات المنقولة .

per·son·al·ty [pûr′ sən əl tĭ] *(n.)* = personal property.

per·so·na non gra·ta [pər sō′nä nōn grä′tä] *(n.)* pl. **per·so·nae non gra·tae** [-′nī nōn grä′tī] الشخص غير المقبول أو غير المحبَّب . وبخاصة : ديبلوماسيّ غير مرغوب فيه شخصيًّا عند حكومة البلد التي يكلّف بتمثيل وطنه لديها .

per·son·ate[1] [pûr′sə nāt′] *(vt.)* (١) «أ» يمثّل شخصيةً ما [في مسرحية] . «ب» ينتحل شخصيّة ما [بُغْيَة الخداع] (٢) يشخّص : يخلع على الشيء شخصيّة أو صفاتٍ بشريّة [في الفن والشعر إلخ] . **—per·son·a·tion** *(n.)*

per·son·ate[2] [pûr′sən ĭt; -sə nāt′] *(adj.)* (١) قِناعِيّ ؛ على شكل قِناع : صفة لتُوَيْج ذي شفتين (نب) (٢) مُقنَّع : شفته السفلى مرتفعة بحيث تُوْصِد الثغرة التي بين الشفتين <a ~ flower> .

per·son·i·fi·ca·tion [pər sŏn′ə fə kā′-] *(n.)* (١) «أ» التشخيص : إضفاء الصفات البشرية على شيء ما أو على مفهوم تجريديّ . «ب» المشخَّص : إلَه أو كائن خيالي يُتَصوَّر أنّه يمثّل شيئًا أو فكرة تجريدية (٢) المِثال ؛ التجسيد ؛ الصفةُ مجسَّدةً : شخصٌ تتمثّل فيه صفة ما إلى حدٍّ بارز <She is the ~ of pride.> .

per·son·i·fy [-′ə fī′] *(vt.)* (١) يُشَخِّص : يتصوَّر شيئًا أو يمثّله وكأنّه بشر أو وكأنّه ذو قوًى بشريّة (٢) يجسِّد <He *personifies* honor.> .

per·son·nel [pûr′sə nĕl′] *(n.)* (١) «أ» المِلاك : مجموع الموظفين أو المستخدمين في مصلحة عامة أو مصنع أو مكتب أو مؤسسة . «ب» أشخاص (٢) دائرة الموظفين [أو المستخدمين] : دائرة [في مؤسسة ما] تُعنَى بشؤون الموظفين والمستخدمين .

per·son–to–per·son [pûr′sən tə pûr′sən] *(adj.; adv.)* (١) شخصيّ § (٢) شخصًا لشخص .

per·spec·tive [pər spĕk′tĭv] *(n.; adj.)* (١) «أ» الرسم المنظوريّ : فن رسم الأشياء بطريقة تُحدِث في النفس عين الانطباع [من حيث الأبعاد النسبية والحجم إلخ] الذي تُحدثه

perspective 1.

هي ذاتُها حين يُنظر إليها من نقطة مُعيّنة . «ب» رسمٌ منظوريّ [أي صورة مرسومة بهذه الطريقة] (٢) «أ» المنظور : مَظْهَر الموضوع كما يتبدّى للعقل من زاوية معيّنة <historical ~> . «ب» القدرة على رؤية الأشياء وفقًا لعلاقاتها الصحيحة أو أهميتها النسبية (٣) «أ» منظرٌ ؛ مشهد . «ب» نظرة ؛ وجهة نظر (٤) المنظورية : بُدُوّ الأشياء للعين وفقًا لبعدها النسبي ومواقعها النسبية § (٥) منظوريّ <~ drawing> .

in ~, (١) وفقًا لقواعد الرسم المنظوري (٢) وفقًا لعلاقات الشيء الصحيحة أو أهميته النسبية .

per·spi·ca·cious [-kā'shəs] *(adj.)* فَطِن ؛ حادّ الذهن ؛ ثاقب الفكر .

per·spi·cac·i·ty [pûr'spə kăs'ə tĭ] *(n.)* الفطنة ؛ حِدَّة الذهن .

per·spi·cu·i·ty [-kyōō'-] *(n.)* (١) وضوح ؛ سهولة (٢) perspicacity .

per·spic·u·ous [pər spĭk'yōō əs] *(adj.)* (١) واضِح ؛ سَهْل (٢) فَطِن .

per·spi·ra·tion [pûr'spə rā'-] *(n.)* (١) التعرُّق : تَرَشُّح العَرَق من الجسم (٢) عَرَق .

per·spi·ra·to·ry [pər spī'rə tōr'ĭ] *(adj.)* (١) تَعَرُّقيّ (٢) مُعَرِّق (٣) متعرِّق : مُفْرِزٌ عَرَقًا .

per·spire [pər spīr'] *(vi.)* يَعْرَق ؛ يُفرِزُ عَرَقًا .

per·suad·a·ble [pər swād'-] *(n.)* قابلٌ للإقناع ؛ ممكنٌ إقناعُهُ .

per·suade [-swād'] *(vt.)* (١) يُقنع (٢) يَحُثّ (٣) يَرُوض ؛ يُطَوِّع .

per·sua·si·ble [pər swā'sə bəl] *(adj.)* = persuadable.

per·sua·sion [-'zhən] *(n.)* (١) «أ» إقناع . «ب» حَثّ . «ج» القدرة على الإقناع (٢) اقتناع (٣) «أ» رأي ؛ معتقَد ؛ وبخاصة : مذهب . «ب» طائفة ؛ جماعة تؤمن بمعتقدات معينة (٤) نوع ؛ جنس <persons of the male ~> .

per·sua·sive [-'sĭv] *(adj.; n.)* (١) مُقنِع § (٢) شيء مُقنِع .

per·sua·sive·ness [pər swā'sĭv-] *(n.)* الإقناعيّة : القدرة على الإقناع .

pert [pûrt] *(adj.)* (١) سليط ؛ وَقِح <a ~ answer> (٢) أنيق <a ~ little hat> (٣) مُفعم بالحيوية والنشاط (٤) رشيق .

per·tain [pər tān'] *(vi.)* (١) يَخُصّ (٢) يتّصل بـ ؛ يتعلّق بـ (٣) يلائم ؛ يناسب (٤) يليق بـ .

per·ti·na·cious [pûr'tə nā'shəs] *(adj.)* (١) عنيد (٢) مُلِحّ ؛ مُلحِف <~ beggar> (٣) متواصل ؛ مستمر <~ efforts; ~ fever> .

per·ti·nac·i·ty [-năs'ə-] *(n.)* (١) عِناد (٢) إلحاح ؛ إلحاف (٣) استمرار .

per·ti·nence *or* **per·ti·nen·cy** [pûr'tə-] *(n.)* وثاقة الصِّلة [بالموضوع] .

per·ti·nent [pûr'-] *(adj.)* (١) وثيق الصِّلة بالموضوع (٢) في محلِّه .

pert·ness [pûrt'-] *(n.)* (١) سلاطة ؛ وقاحة (٢) أناقة (٣) رشاقة .

per·turb [pər tûrb'] *(vt.)* (١) يُقْلِق (٢) يُشَوِّش (٣) يُحْدِث الاضطرابَ (فل ؛ را . المادة التالية) .

per·tur·ba·tion [pûr'tər bā'-] *(n.)* (١) إقلاق ؛ تشويش (٢) قلقٌ ؛ تشوّش (٣) الاضطراب ؛ التَّرجاف : اضطراب الجِرم السماوي في حركته المدارية بسبب من قوةٍ غير تلك التي تسبب دورانه النظامي (فل) .

per·tus·sis [pər tŭs'ĭs] *(n.)* الشّاهوق ؛ السُّعال الدِّيكي (مض) .

pe·ruke [pə rōōk'] *(n.)* اللِّمَّة ؛ الجُمَّة : شَعْر للرأس مستعار .

pe·rus·al [pə rōō'zəl] *(n.)* (١) دراسة ؛ تمعُّنٌ في (٢) قراءة .

pe·ruse [pə rōōz'] *(vt.)* (١) يَدْرس ؛ يتمعّن في (٢) يقرأ .

Pe·ru·vi·an [pə rōō'vĭ ən] *(adj.; n.)* (١) بيروفيّ : منسوب إلى جمهورية بيرو في أميركا الجنوبية § (٢) البيروفيّ : أحد أبناء بيرو .

Peruvian bark *(n.)* اللِّحاء البيروفيّ : لحاءُ الكينا .

per·vade [pər vād'] *(vt.)* ينتشر أو يَشيعُ في ؛ يتخلَّل ؛ يَعُمّ .

per·va·sion [pər vā'zhən] *(n.)* انتشار ؛ شيوع ؛ تخلُّل ؛ عَبَق إلخ .

per·verse [pər vûrs'] *(adj.)* (١) «أ» منحرف ؛ فاسد ؛ ضالّ ؛ شرّير . «ب» خاطئ ؛ غير صحيح <~ reasoning> . «ج» معاكس ؛ مضادّ لرغبات المرء <~ circumstances> (٢) أحمق ؛ عنيد (٣) سيِّئ الطبع ؛ شكِس ؛ مُشاكس ؛ نزِق .
— **per·verse·ness** *(n.)*

per·ver·sion [pər vûr'zhən] *(n.)* (١) إفساد ؛ إضلال (٢) «أ» إساءة استعمال . «ب» تحريف (٣) انحراف ؛ ضلال (٤) شكلٌ منحرف من كذا . وبخاصة : انحراف جنسي .

per·ver·si·ty [pər vûr'-] *(n.)* (١) انحراف ؛ فساد ؛ ضلال (٢) حماقة ؛ عناد ؛ معاندة (٣) شكاسة ؛ سوء طبع .

per·ver·sive [-'sĭv] *(adj.)* (١) مُفسِد ؛ مُضِلّ (٢) مُنحرِف .

per·vert[1] [pər vûrt'] *(vt.)* (١) يُفسِد ؛ يُضِلّ (٢) «أ» يسيء استعماله ؛ يستعمله في غير وجهه . «ب» يحرّف [المعنى إلخ] .

per·vert[2] [pûr'vûrt] *(n.)* (١) المارِق [من الدين] (٢) المنحرِف . وبخاصة : المصاب بانحراف جنسي .

per·vert·ed *(adj.)* (١) فاسد ؛ شرير (٢) منحرف (٣) مُحَرَّف .

per·vi·ous [pûr'-] *(adj.)* (١) منفتحٌ لتأثير كذا (٢) permeable .

Pe·sach [pā'säkh] *(n.)* = Passover.

pe·se·ta [pə sā'tə] *(n.)* البيزيتا : وحدة النقد الإسباني [قبل اليورو] .

pe·se·wa [pā sā'wä] *(n.)* البيسوَا : قطعة نقد صغيرة في غانا .

pes·ky [pĕs'kĭ] *(adj.)* مُزْعِج (ع) .

pe·so [pā'sō] *(n.)* البيزو : «أ» قطعة نقد فضية قديمة في إسبانيا وأميركا الإسبانية . «ب» وحدة النقد في بوليفيا وكولومبيا وكوبا والجمهورية الدومينيكانية والمكسيك والأورغواي والفيليبين .

pes·sa·ry [pĕs'ə rĭ] *(n.)* الفَرْزَجَة : «أ» تحميلة للمَهْبِل . «ب» «كعكة» تُقْحَم في المهبل لمنع الحمل أو لتصحيح وضع الرحم .

pes·si·mism [pĕs'ə mĭz'-] *(n.)* (١) تشاؤم (٢) التّشاؤمية : «أ» الاعتقاد بأن عالمنا هذا هو أسوأ العوالم الممكنة أو بأن جميع الأشياء تنزع بطبيعتها إلى الشر . «ب» الاعتقاد بأن كفّة الشرّ والشقاء أرجح من كفّة الخير والسعادة .

pes·si·mist [pĕs'-] *(n.)* (١) المتشائم (٢) التشاؤميّ (را . المادة السابقة) .

pes·si·mis·tic [pĕs' ə mĭs'tĭk] *(adj.)* متشائم .

pest [pĕst] *(n.)* (١) وباء . وبخاصة : طاعون (٢) بلاء ؛ آفة . وبخاصة : «أ» نبات أو حيوان مؤذٍ . «ب» شيء أو شخص مزعج أو بغيض .

pes·ter [pĕs'tər] *(vt.)* (١) يُزعِج ؛ يُضايق (٢) يُضجِر .

pest·hole [pĕst'hōl'] *(n.)* المَوْبَأة : مكان مُعرَّض لانتشار الأوبئة .

pest·house [pĕst′hous] *(n.)* مستشفى الوبائيات [أو الأمراض السارية].

pes·ti·cide [pĕs′tə sīd′] *(n.)* المُبِيْد: مستحضر كيميائي لإبادة الذباب والبعوض والجرذان وما إليها.

pes·tif·er·ous [pĕs tĭf′ər əs] *(adj.)* (١) خبيث: خطِر على المجتمع أو الأخلاق أو الأمن (٢) «أ» وبائيّ؛ مُهْلِك. «ب» مصابٌ بمرض وبائي <poor ~ creatures> (٣) مزعج.

pes·ti·lence [pĕs′tə-] *(n.)* وباء: «أ» طاعون. وبخاصة: الطاعون الدَّبليّ. «ب» شيء مُهْلِك أو مؤذٍ أو خبيث <I'll pour this ~ into his ear.>

pes·ti·lent [-lənt] *(adj.)* (١) مُهْلِك؛ سامّ إلخ (٢) مُؤذٍ؛ وبيل: خَطِرٌ على الأمن أو الأخلاق إلخ (٣) مُغِيظ؛ مُثير (٤) مُعْدٍ؛ سارٍ.

pes·ti·len·tial [pĕs′tə lĕn′shəl] *(adj.)* (١) «أ» مُهْلِك؛ مُميت. «ب» وبائيّ (٢) ضارّ بالأخلاق (٣) مُزْعِج؛ مُغْضِب.

pes·tle [pĕs′əl; pĕs′təl] *(n.; vt.; i.)* (١) يَدُ الهاون (٢) مِدقّة § (٣) يَسْحَن؛ يَسْحَق؛ يَهْرُس x (٤) يستعمل يد الهاون.

pes·to [pĕs′-] *(n.)* البيسْت: صلصة من الثوم والصنوبر والجبن إلخ.

pet[1] [pĕt] *(n.; adj.; vt.; i.)* (١) طفلٌ مدلَّل [وَمُدَلَّع ومُغَنَّج عادةً] (٢) المحبوب؛ الحبيب (٣) حيوان مُدَلَّل § (٤) مُدَلَّل (٥) تَحَبُّبيّ: دالّ على التحبّب <a ~ name> (٦) أثير؛ مُفضَّل <~ stories> § (٧) يُدَلِّل (٨) يلاطف؛ يعانق؛ يقبِّل.

~ aversion أبغَضُ الأشياء إلى المرء.

pet[2] [pĕt] *(n.; vi.)* (١) فورة غَضَب (٢) نَوْبة نَكَد [أو سوء مزاج] § (٣) يَغْضَب؛ يتكدَّر؛ يَزْعل.

pet·al [pĕt′əl] *(n.)* البَتَلَة؛ التُّوَيجيّة (نب).

pet·al·if·er·ous [pĕt′ə lĭf′ər əs] *(adj.)* = petalous.

pet·al·oid [pĕt′ə loid] *(adj.)* بَتَلانيّ: «أ» شبيهٌ بالبَتَلَة. «ب» مؤلَّفٌ من عناصر بَتَلانيّة (نب).

pet·al·ous [pĕt′əl əs] *(adj.)* مُبَتَّل: ذو بَتَلات (نب).

pe·tard [pĭ tärd′] *(n.)* (١) مَنْجنيق (٢) مُفَرْقِعة ناريّة.

pet·a·sos *or* **pet·a·sus** [pĕt′ə səs] *(n.)* البتاسوس: قبعة خفيفة عريضة الحاشية كان يعتمر بها الإغريق والرومان. وبخاصة: قبعة هَرْمِس Hermes المجنَّحة.

pet·cock [pĕt′kŏk′] *(n.)* الصُّنَيْبير: صُنْبور أو صِمام صغير.

pe·te·chi·a [pə tē′kē ə] *(n.)* pl. **-chi·ae** [kē ē′] حَبَرٌ؛ نَفْطة؛ بَثْرَة.

pe·ter[1] [pē′tər] *(vi.)* (١) يتلاشى؛ يضمحلّ (٢) يُصاب بالإرهاق.

pe·ter[2] [pē′tər] *(n.)* = penis.

Peter, Saint بطرس، القديس: كبير رُسُل المسيح الاثني عشر.

to rob *Peter* to pay Paul يأخذ من الواحد ليعطي الآخر.

Peter Pan collar *(n.)* ياقة بيتر پان: ياقة ضيّقة مستديرة الطَّرفين.

pet·i·o·lar [pĕt′ĭ ə-] *(adj.)* سُوَيقيّ؛ منسوب إلى السُّوَيْقة («نب» و«ح»).

pet·i·o·late [-lāt′] *(adj.)* مُسوَّق: ذو سُوَيقة أو سُوَيقات («نب» و«ح»).

petiole

pet·i·ole [pĕt′ĭ ōl′] *(n.)* السُّوَيْقة (را. pedicel).

pet·i·o·lule [-′ĭ ō lo͞ol′] *(n.)* السُّوَيْقة: سُوَيقة الوُرَيقة في ورقة مُرَكَّبة (نب).

pet·it [pĕt′ē] *(adj.)* صغير؛ ثانويّ [بلغة القضاء].

pe·tit bour·geois *(adj.)* ذو علاقة بالبورجوازية الصغيرة [أو مميِّزٌ لها].

pe·tite [pə tēt′] *(adj.)* مُنَمْنَمة: صغيرة الجسم مع أناقة [صفة للمرأة].

pe·tite bour·geoi·sie *(n.)* البورجوازية الصغيرة: «الطبقة الوسطى» الدّنيا وتشمل بخاصة الحِرَفيين وأصحاب الدكاكين الصغار.

pe·tit four [pĕt′ĭ fôr′; pə tē fo͝or′] *(n.)* البتي فور: كعكة صغيرة مُحلّاة.

pe·ti·tion [pə tĭsh′ən] *(n.; vt.; i.)* (١) توسُّل؛ التماس (٢) عريضة (٣) مَطْلب § (٤) يتوسّل x (٥) يقدّم عريضةً.

pe·ti·tion·ar·y [-′ə nĕr′ĭ] *(adj.)* تَوَسُّليّ؛ التماسيّ.

pe·ti·tion·er [-′ən ər] *(n.)* (١) المتوسِّل؛ الملتمِس (٢) مقدِّم العريضة.

pe·ti·ti·o prin·ci·pi·i [pĭ tĭsh′ĭ ō′ prĭn sĭp′ĭ ī′] *(n.)* المصادرة على المطلوب [في المغالطة المنطقيّة].

pet·it juror *(n.)* المحلَّف الصغير: عضوٌ في هيئة المحلَّفين الصغرى.

pet·it jury [pĕt′ĭ] *(n.)* هيئة المُحَلَّفين الصغرى: هيئة من المحلَّفين تنظر في القضايا الجنائية التي تحوّلها إليها هيئة المحلَّفين الكبرى.

pet·it larceny [pĕt′ĭ] *(n.)* السَّرِقة الصُّغرى (ق).

pe·tit–maî·tre [pə tē′ mātr′] *(n.)* = fop.

pe·tit mal [pə tē′ mäl′] *(n.)* الصَّرْع الصغير أو الخفيف (ط).

pet name *(n.)* اسم التحبُّب؛ اسم الدَّلع.

pet·nap·ping [pĕt′năp′-] *(n.)* سرقة الحيوانات المُدَلَّلة.

pet peeve *(n.)* موضعُ شكوى دائمٌ.

petr- *or* **petri-** *or* **petro-** بادئة معناها: «أ» حجر؛ صخر. «ب» نفط.

petrel

pe·trel [pĕ′-] *(n.)* طائر النَّوء: طائر بحريّ.

pe·tri dish [pē′trē] *(n.)* صَحْفة بِتْري [والجمع: صِحاف بِتري]: صحن زجاجي صغير رقيق ذو غطاء مَرِن يستعمل في المختبرات لزرع البكتيريا.

petri dish

pet·ri·fac·tion [-′rə făk′-] *(n.)* (١) تحجير (٢) شيء متحجّر (٣) تحجُّر.

pet·ri·fac·tive [-făk′-] *(adj.)* مُحَجِّر: محوِّلٌ المادةَ العضوية إلى حجر.

pet·ri·fi·ca·tion [pĕt′rə fə kā′-] *(n.)* = petrifaction.

pet·ri·fy [pĕt′rə fī′] *(vt.; i.)* (١) يحجِّر: يحوِّل إلى حجر أو مادة حجرية (٢) «أ» يميت. «ب» يَصْعق؛ يَشُلّ [من خوفٍ أو ذهول] x (٣) يتحجّر؛ يستحجر.

Pe·trine [pē′trīn] *(adj.)* بُطْرُسيّ: ذو علاقة بالقديس بطرس.

pet·ro·chem·i·cal [pĕt′rō kĕm′-] *(n.; adj.)* (١) البتروكيميائية: مادة

كيميائية تُعزَل أو تُشتَقّ من النفط أو من الغاز الطبيعي § (٢) بتروكيميائيّ.

pet·ro·chem·is·try *(n.)* الكيمياء النّفطيّة؛ الكيمياء البتروليّة: كيمياء البترول ومشتقاته.

pet·ro·gen·e·sis [pĕt′rō jĕn′-] *(n.)* تأصيل الصخور.

pet·ro·glyph [pĕt′rō glĭf′] *(n.)* النقش الصخريّ: نقشٌ على صخر.

pe·trog·ra·pher [pə trŏg′-] *(n.)* البتروغرافيّ: الاختصاصي بالبتروغرافيا.

pet·ro·graph·ic; -al [pĕt′rə grăf′-] *(adj.)* بتروغرافيّ.

pe·trog·ra·phy [pə trŏg′-] *(n.)* البتروغرافيا: وصف الصخور وتصنيفُها.

pet·rol [pĕt′rəl] *(n.)* = gasoline.

pet·ro·la·tum [-lā′təm] *(n.)* البترولاتوم؛ الفازلين؛ هُلام البترول.

pe·tro·le·um [pə trō′lĭ əm] *(n.)* النِّفط؛ البترول.

pe·trol·ic [pə trŏl′-] *(adj.)* نِفْطيّ؛ بتروليّ <~ ether>.

pet·ro·log·ic; -al [pĕt′rə lŏj′-] *(adj.)* بترولوجيّ.

pe·trol·o·gist [pə trŏl′ə-] *(n.)* البترولوجيّ: الاختصاصي بالبترولوجيا.

pe·trol·o·gy [-′ə jĭ] *(n.)* البترولوجيا؛ الصَّخرانية؛ علم الصخور: علم يبحث في أصل الصخور وتاريخها وتركيبها الكيميائي وتصنيفها.

pet·ro·nel [pĕt′rə nəl] *(n.)* البترونيل: بندقية قديمة [القرن ١٥].

pe·tro·sal [pə trō′səl] *(adj.)* (١) صُلْب؛ حَجَريّ (٢) صَخْريّ: ذو علاقة بالجزء الصُّلب من العظم الصُّدغي (ت).

pet·rous [pĕt′rəs; pē′trəs] *(adj.)* = petrosal.

pet·ti·coat [pĕt′ĭ kōt] *(n.; adj.)* (١) تَنّورة. وبخاصة: تنّورة تحتانيّة (٢) ثوب نسائيّ. وبالتالي: امرأة؛ فتاة (٣) شيء كالتنّورة: سِجْف أو ستار للجزء الأدنى من الطاولة إلخ (٤) العازل الكأسيّ (كب) § (٥) نِسْويّ؛ نسائيّ.

petticoat government *(n.)* حكومة النِّساء.

petticoat insulator *(n.)* العازل الكأسيّ (كب).

pet·ti·fog [pĕt′ĭ fŏg′] *(vi.)* (١) يتلاعب أو يخادع [في القضايا القانونية] (٢) يتولى الدفاع في القضايا الصغيرة أو الحقيرة (٣) يثير اعتراضات تافهة.
— **pet·ti·fog·ger·y** *(n.)*

pet·ti·fog·ger [pĕt′ĭ-] *(n.)* (١) المحامي الصغير: محام يتولّى الدفاع في القضايا الثانوية أو الحقيرة (٢) مثير الاعتراضات التافهة.

pet·ti·fog·ging *(adj.)* (١) محتال (٢) مشتغل بالتوافه (٣) تافه؛ حقير.

pet·ti·ly [pĕt′ĭ lĭ] *(adv.)* على نحوٍ ثانويّ أو تافه أو حقير إلخ.

pet·ti·ness [pĕt′ĭ nəs] *(n.)* (١) تفاهة؛ حقارة (٢) شيء تافه.

pet·tish [pĕt′ĭsh] *(adj.)* نَزِق؛ نَكِد؛ سيّئ الطبع؛ سريع الغضب.

pet·tish·ness [-nəs] *(n.)* نَزَق؛ نَكَد؛ سوء طبع.

pet·ti·skirt [pĕt′ĭ skûrt′] *(n.)* = petticoat *1*.

pet·ti·toes [pĕt′ĭ tōz′] *(n. pl.)* (١) أكارع الخنزير (٢) القَدَمان؛ قَدَما الإنسان. وبخاصة: قَدَما الطِّفل.

pet·ty [pĕt′ĭ] *(adj.)* (١) صغير؛ ثانوي <a ~ prince> (٢) تافه <~ affairs> (٣) ضيّق الأفق أو التفكير <a ~ mind> (٤) حقير <a ~ revenge> (٥) طفيف <~ grievances>.

petty cash *(n.)* المبلغ الصغير [يُحتفظ به للإنفاق على الأمور الثانوية].

petty juror *(n.)* = petit juror.

petty jury *(n.)* = petit jury.

petty larceny *(n.)* = petit larceny.

petty officer *(n.)* ضابط صفّ [في الأسطول].

pet·u·lant [pĕch′ə lənt] *(adj.)* (١) وقح أو فظّ [في الكلام أو السلوك] (٢) نَكِد؛ شكِس؛ رديء الطبع.
— **pet·u·lance; -cy** *(n.)*

pe·tu·ni·a [pə to͞o′nĭ ə; -tyo͞o′-] *(n.)* البَطونيّة؛ التَّبْغيّة: نبات أميركي ذو أزهار قِمعيّة الشكل.

petunia

pew [pyo͞o] *(n.)* (١) البُوَّة: «أ» مقصورةٌ في كنيسة. «ب» أحد المقاعد الطويلة، ذات الظَّهر وأحيانًا ذات الأبواب، المثبّتة صفوفًا في كنيسة (٢) مَقعد.

pe·wee [pē′wē] *(n.)* البِيوي: طائر شمالأميركي خاطفٌ للذّباب.

pe·wit [pē′wĭt] *(n.)* = peewit.

pew opener *(n.)* الدَّليل: دليل يُرْشد الناس إلى المقاعد [في كنيسة].

pew·ter [pyo͞o′tər] *(n.; adj.)* (١) البِيوتر: أُشابة معدنية مقوِّمُها الأساسيّ القصدير (٢) الآنية البِيوترية § (٣) بِيوتريّ.

pew·ter·er [-′tər ər] *(n.)* البِيوتريّ: صانع الآنية البِيوترية.

pey·o·te [pā ō′tĭ] *also* **pey·o·tl** [-ōt′əl] *(n.)* البِيُوت: «أ» ضرب من الصَّبّار الأميركيّ محتوٍ على مادة مخدِّرة. «ب» مخدِّرٌ يستخرج منه.

pfen·nig [pfĕn′ĭg] *(n.)* البْفَنْغ: جزء من مئة من المارك الألماني [سابقًا].

pha·e·ton [fā′ə tən] *(n.)* الفَيْتون: «أ» مَرْكبة جيادٍ خفيفة ذات أربع عجلات. «ب» سيارة سياحيّة لأربعة ركابٍ أو خمسة.

phaeton *a.*

-phage لاحقة معناها: الآكل؛ المُلْتهِم <bacterio*phage*>.

-phagia = -phagy.

phag·o·cyte [făg′ə sīt′] *(n.)* البَلْعَم: خليّة تبتلع الأجسام الغريبة والبكتيريا وتقضي عليها [والجمع: بلاعم].
— **phag·o·cyt·ic** *(adj.)*

phagocytic index *(n.)* الدَّليل البَلْعميّ (مج) (فس).

phag·o·cy·tize [făg′ə sə tīz′; -sīt′īz] *(vt.)* يُبَلْعِم: يقضي على جسم غريب بالبَلْعَمَة.

phag·o·pho·bi·a [făg′ə fō′bĭ ə] *(n.)* رُهاب الأكل (نف).

-phagous لاحقة معناها: آكِلٌ؛ مُغتذٍ بـ <sapro*phagous*>.

-phagy لاحقة معناها: أكلُ مادة مُعيّنة <geo*phagy*>.

pha·lange [fā′lănj′; fə lănj′] *(n.)* السُّلامَى: عظم من عظام أصابع اليد أو الرِّجل في الفقاريات [والجمع: السُّلامَيات].
— **pha·lan·ge·al** *(adj.)*

pha·lan·ger [fə lăn′jər] *(n.)* الفَلَنْجَر: حيوان من ذوات الجِراب.

phal·an·ster·y [făl′ən stĕr′ĭ] *(n.)* الكتائبيّة: «أ» إحدى المستوطنات التعاونية التي دعا الفيلسوف الفرنسي الاشتراكي شارل فورييه Fourier إلى إنشائها. «ب» المباني التي يحتلّها أفراد الكتائبية. «ج» شيء شبيهٌ بالكتائبية.

pha·lanx [fā′lăngks] *(n.)* pl. **pha·lanx·es** *or* **pha·lan·ges** (١) كتيبة

(٢) السُّلامَى (را. phalange) (٣) «أ» جماعة أو مجموعة من الناس أو الحيوان أو الأشياء. «ب» جماعة منظمة (٤) phalanstery.

phal·a·rope [făl′ə rōp′] *(n.)* الفَلَروب: طائر شُطّآنيّ صغير.

phal·lic [făl′ĭk] *(adj.)* (١) عِبادِيُقَضِيبِيّ: خاصّ بعبادة القضيب أو آلة الرَّجُل (٢) قضيبيّ: خاصّ بالقضيب أو شبيهٌ به.

phal·li·cism [făl′ə sĭz′-] *(n.)* الفالوسيّة؛ القَضيبيّة: عبادة القضيب.

phal·lus [făl′əs] *(n.)* pl. **-li** [-′ī; -′ē] *or* **-es** (١) الفالوس: رمزٌ أو صورة للقضيب (٢) «أ» قضيب. «ب» بَظْر (ت).

-phane لاحقة معناها: مادة ذات شكل أو صفة أو مظهر معيّن.

phan·er·o·gam [făn′ər ə găm′] *(n.)* النبات المُزْهِر.

phan·er·og·a·mous [făn′ə rŏg′ə-] *(adj.)* مُزْهِر (نب).

phan·tasm [făn′tăz əm] *(n.)* (١) مَظهر خادع؛ مَظهر وهميّ [لشيء ما] (٢) «أ» وَهم. «ب» شبح. «ج» خيال (٣) صورة ذهنية [عن شيء حقيقي].

phan·tas·ma [făn tăz′mə] *(n.)* pl. **-ma·ta** = phantasm *1-2*.

phan·tas·ma·go·ri·a [-tăz′mə gōr′ĭ ə] *(n.)* التخيُّلات؛ مَجْمع الأوهام: «أ» انطباع بصريّ تبدو معه صُوَر الشاشة، أحيانًا، وكأنها تندفع نحو المشاهد بزيادة هائلة في الحجم. «ب» سلسلة من الأوهام تتعاقب في الذهن نتيجةً لكابوس أو حُمّى. «ج» مشهد دائم التغيّر.

phan·ta·sy [făn′tə sĭ; -zĭ] *(n.)* = fantasy.

phan·tom [făn′təm] *(n.; adj.)* (١) «أ» شَبَح. «ب» وَهم؛ سراب. «ج» بُعْبُع (٢) طيف؛ خيال (٣) المِثال: صورة أو أنموذج لشيء تجريديّ أو مثاليّ <She was a ~ of delight.> § (٤) «أ» وهميّ. «ب» كاذب.

phantom tumor *(n.)* الورمُ الشَّبحيّ أو الكاذب (ط).

-phany لاحقة معناها: تَجَلٍّ؛ ظهور <epi*phany*>.

phar·aoh [fâr′ō; fâr′ĭ ō′] *(n.)* (١) فِرْعَوْن (٢) الطاغية؛ المستبدّ.

pharaoh ant *(n.)* نملة فِرْعَوْن: نملة صغيرة حمراء.

phar·i·sa·ic [făr′ə sā′-] *(adj.)* (١) *cap.*: فَرّيسيّ. (٢) pharisaical.

phar·i·sa·i·cal [-sā′ə kəl] *(adj.)* مُراءٍ؛ متظاهر بالتقوى أو الصَّلاح.

phar·i·sa·ism [făr′ə sā-] *(n.)* (١) *cap.*: الفَرّيسيّة: معتقدات الفَرّيسيين وأعمالهم (٢) *cap.* ا.ك: الرياء: خُلُقٌ أو روحٌ أو موقفٌ مُراءٍ.

phar·i·see [făr′ə sē] *(n.)* (١) *cap.*: الفَرّيسيّ: واحدُ الفَرّيسيين، وهم طائفة من اليهود شجب المسيح تمسكها بالطقوس والتقوى الكاذبة (٢) المرائي: المتظاهر بالصلاح والتقوى.

phar·ma·ceu·tic; -al [fär′mə so͞o′-] *(adj.; n.)* (١) صيدليّ: ذو علاقة بالصيدلة أو بالصيادلة § (٢) مستحضَرٌ صيدليّ.

phar·ma·ceu·tics [fär′mə so͞o′-] *(n.)* = pharmacy.

phar·ma·cist [fär′mə sĭst] *(n.)* الصَّيدليّ.

pharmaco- بادئة معناها: عقّار؛ دواء <*pharmaco*logy>.

phar·ma·co·dy·nam·ics *(n.)* مَبْحث تأثير الأدوية [في الأنسجة الحيّة].

phar·ma·cog·no·sy [fär′mə kŏg′nə sĭ] *(n.)* علم العقاقير.

phar·ma·co·log·ic; -al [-kə lŏj′-] *(adj.)* دوائيّ.

phar·ma·col·o·gist [-kŏl′-] *(n.)* الأَدْوِياتيّ: الاختصاصيّ بعلم الأدوية.

phar·ma·col·o·gy [-kŏl′ə jĭ] *(n.)* (١) الدَّوائيّات؛ علم الأدوية (٢) خصائص الأدوية وتأثيرها.

phar·ma·co·poe·ia [-kə pē′ə] *(n.)* (١) الأقْرباذين: كتاب يشتمل على عناصر الأدوية وطريقة تركيبها إلخ (٢) مجموعة [أو مخزون] أدوية.

phar·ma·co·ther·a·py [-kō thĕr′ə pĭ] *(n.)* المعالجة العقاقيرية (ط).

phar·ma·cy [fär′mə sĭ] *(n.)* (١) الصَّيْدلة: علم تركيب الأدوية (٢) صيدلية (٣) مجموعة [أو مخزون] أدوية (٤) drugstore.

phar·os [fâr′ŏs; fă′rôs] *(n.)* منارة لإرشاد السفن.

pharyng- *or* **pharyngo-** بادئة معناها: بُلعوم.

pha·ryn·ge·al [fə rĭn′jĭ əl] *(adj.)* بُلعوميّ.

phar·yn·gi·tis [făr′ĭn jī′tĭs] *(n.)* التهابُ البُلْعوم (مض).

phar·yn·gol·o·gy [făr′ĭng gŏl′ə jĭ] *(n.)* مَبْحث البُلعوم.

phar·ynx [făr′ĭngks] *(n.)* pl. **phar·yn·ges** *also* **phar·ynx·es** البُلْعُوم: مجرى الطعام في الحلق (ت).

phase [fāz] *(n.; vt.)* (١) وجهٌ [من أوجُه القمر] (٢) طور؛ دَوْر؛ مرحلة (٣) مَظْهَر [من مظاهر حالة أو مسألة] أو جانب [من جوانبها] (٤) حالة؛ صورة؛ شكل § (٥) يُمَرْحِل: يخطِّط أو ينفِّذ على مراحل.

phase–down *(n.)* خَفْض أو إنقاص تدريجي.

phase–out *(n.)* وقفٌ أو انقطاع تدريجيّ.

-phasia لاحقة معناها: خللٌ في النطق <dys*phasia*>.

pheas·ant [fĕz′ənt] *(n.)* التَّدْرُج: طائر طويل الذيل شبيهٌ بالحَجَل.

pheasant

phel·lem [fĕl′əm] *(n.)* = cork.

phel·lo·derm [fĕl′ə dûrm] *(n.)* الأدَمة النَّجَبيّة أو الفلّينية: نسيج في بعض النباتات ينشأ عن النشاط الداخليّ لمُوَلِّدة النَّجَب.

phel·lo·gen [-jən] *(n.)* مُوَلِّدة النَّجَب أو الفلّين: مَرِستيمة (را. meristem) ثانوية تولّد الفلّين خارجيًا والأدَمة النَّجَبية داخليًا (نب).

phen- *or* **pheno-** بادئة معناها: متعلّق بالبنزين أو محتوٍ على فينيل.

phe·na·caine [fē′nə kān′] *(n.)* الفيناكين: مخدِّر موضعيّ (صي).

phe·nac·e·tin [fə năs′ə tĭn] *(n.)* الفيناسيتين (صي).

phen·a·kite [fĕn′ə kīt′] *or* **phen·a·cite** [-sīt′] *(n.)* الفيناكيت؛ الفيناسيت: معدن زجاجي قِوامُهُ سِليكات البريليوم.

phe·nan·threne [fə năn′thrēn] *(n.)* الفينانثرين (ك).

phen·a·zine [fĕn′ə zēn′] *(n.)* الفينازين (ك).

phe·net·i·dine [fə nĕt′ə dēn′] *(n.)* الفيناتيدين (ك).

phen·e·tole [fĕn′ə tōl′] *(n.)* الفينتول (ك).

phe·nix [fē′nĭks] *(n.)* = phoenix.

phe·no·bar·bi·tal [fē′nō bär′bĭ tăl′] *(n.)* الفينوبربيتال (صي).

phe·no·cain [fē′nə kān′] *(n.)*=phenacaine.

phe·no·cryst [fē′nə krĭst′] *(n.)* البلّورة البارزة (صخ).

phe·nol [fē′nōl; -nŏl] *(n.)* الفينول؛ حَمْض الكربوليك (ك).

phe·no·late [fē′nə lāt′] *(n.)* الفينولات: مِلح الفينول (ك).

phe·no·lic [fĭ nō′lĭk] *(n.)* الراتينَج الفينوليّ (ك).

phe·nol·o·gy [fĭ nŏl′ə jĭ] *(n.)* الفينولوجيا: «أ» علم يبحث في العلاقة بين المناخ والظواهر الأحيائية الدَّورية [كهجرة الطير]. «ب» الظواهر الفينولوجيّة [الخاصّة بنوع من المتعضّيات]. **— phe·no·log·i·cal** *(adj.)*

phe·nol·phthal·ein [fē′nōl thăl′ēn] *(n.)* الفينولثالين (ك).

phe·nom [fē′nŏm′] *(n.)* ظاهرة. وبخاصة: شخص فائق البراعة.

phe·nom·e·na [fĭ nŏm′ə nə] *(n.) pl. of* phenomenon.

phe·nom·e·nal [-nəl] *(adj.)* (١) ظاهراتيّ: «أ» مُدْرَكٌ بالحواسّ. «ب» ذو علاقة بالظاهرات لا بالفرضيات (٢) استثنائي؛ غير اعتيادي؛ ضخم <~ speed>.

phe·nom·e·nal·ism *(n.)* الظاهراتيّة: نظرية تقول بأن المعرفة مبنيّة على الظاهرات ليس غير، أي على المظاهر والخبرة الحسية فحسب (فف). **— phe·nom·e·nal·is·tic** *(adj.)*

phe·nom·e·nal·ist [fĭ nŏm′-] *(n.)* الظاهراتيّ: المؤمن بالظاهراتية.

phe·nom·e·no·log·i·cal [fĭ nŏm′ ə nə lŏj′-] *(adj.)* (١) فينومينولوجي: ذو علاقة بالفينومينولوجيا (٢) ظاهراتيّ: ذو علاقة بالظاهراتية.

phe·nom·e·nol·o·gist *(n.)* الفينومينولوجي: المشتغل بالفينومينولوجيا.

phe·nom·e·nol·o·gy [-nŏl′ə jĭ] *(n.)* الفينومينولوجيا؛ علم الظاهرات: طريقة في وصف الوعي أو الشعور وتحليله تستهدف فهمَ الظاهرات المُعاشة، من طريق الدراسة المباشرة لمُعطيَات الوعي، ومن غير ما تأثُّر بأية افتراضات مُسَبَّقة.

phe·nom·e·non [fĭ nŏm′ə nŏn′] *(n.)* pl. **-na** *or* **-s** (١) الظّاهرة: «أ» واقعةٌ أو حادثة يمكن ملاحظتها. «ب» شيء أو مَظهَر مُدْرَكٌ بالحواس لا بالفكر أو الحدْس. «ج» الشيء كما يبدو لنا، تمييزًا له عن الشيء في ذاته [في فلسفة كَنْت]. «د» واقعة أو حادثة قابلة للوصف والتفسير العلميين (٢) «أ» واقعة أو حادثة نادرة. «ب» ظاهرة تستحق الدرس: شخصٌ أو شيء أو حادث استثنائي أو شاذّ. «ج» شخص فائق البراعة.

phe·no·thi·a·zine [fē′nō thī′ə zēn′] *(n.)* الفينوثيازين (ك).

phe·no·type [fē′nə-] *(n.)* النَّمَطُ الظاهريّ: مظهرُ المتعضّي الخارجيُّ.

phen·yl·ene [fĕn′ə lēn′; fē′nə-] *(n.)* الفينيلين (ك).

phew [fyōō; pfyōō] *(interj.)* أُفّ [للتعبير عن التعب أو عن تنفُّس الصُّعَداء].

phi·al [fī′əl] *(n.)* قارورة؛ قِنِّينة؛ زُجاجة.

phil- *or* **philo-** بادئة معناها: مُحِبّ <*philo*sophy>.

-phil *or* **-phile** لاحقة معناها: مُحِبّ <Franco*phile*>.

Philadelphia lawyer *(n.)* المحامي الفيلاديلفيّ: المحامي البارع.

phi·lan·der [fĭ lăn′-] *(vi.)* (١) يغازل (٢) يحيا قِصَص حبٍّ متعدّدة.

phi·lan·der·er [fĭ lăn′dər ər] *(n.)* زِير النِّساء.

phil·an·throp·ic; -al [fĭl′ən thrŏp′-] *(adj.)* (١) خيِّر؛ إنسانيّ؛ مُحِبٌّ للبشر (٢) بِرّيّ: معتمِدٌ على الصدقات؛ مُناصِرٌ بأموال البِرّ.

phi·lan·thro·pist [-lăn′-] *(n.)* (١) الخيِّر؛ الإنسانيّ؛ مُحِبّ البشَر (٢) المُحْسِن.

phi·lan·thro·py [fĭ lăn′-] *(n.)* (١) الخيرية؛ الإنسانيّة: حبّ البشر والعمل على تعزيز السعادة الإنسانيّة (٢) صدقة؛ إحسان (٣) مؤسَّسة البِرّ: مؤسسة توزّع أموال البرّ والإحسان أو تعيش عليها.

phil·a·tel·ic [fĭl′ə tĕl′ĭk] *(adj.)* طوابعيّ: خاصّ بجمع الطوابع البريدية ودراستها.

phi·lat·e·list [fĭ lăt′-] *(n.)* الطوابعيّ: جامع الطوابع البريدية ودارسُها.

phi·lat·e·ly [fĭ lăt′ə lĭ] *(n.)* الطوابعيّة؛ جمعُ الطوابع البريدية ودراستها.

phil·har·mon·ic [fĭl′här mŏn′-] *(adj.; n.)* (١) محبٌّ للموسيقى (٢) فيلهارمونيّ: خاصّ بجمعية موسيقية. وبمعنًى أضيق: خاصّ بأوركسترا سيمفونية § (٣) جمعية موسيقية.

phil·hel·lene[1] [fĭl hĕl′ēn] *or* **phil·hel·len·ic** [fĭl′ hĕ lĕn′-] *(adj.)* مُحِبٌّ للإغريق: مُعْجَبٌ بالإغريق [اليونان] أو ببلادهم.

phil·hel·lene[2] *or* **phil·hel·len·ist** [fĭl′ hĕl′-] *(n.)* مُحِبُّ الإغريق.

-philia لاحقة معناها: «أ» نزعةٌ إلى <hemo*philia*>. «ب» ولعٌ غير سويّ بـ <necro*philia*>.

-philic لاحقة معناها: مُحِبّ لـ <photo*philic*>.

phi·lip·pic [fĭ lĭp′-] *(n.)* الفِليبيّة: «أ» إحدى الخُطَب التي ألقاها ديموستين ضد فيليب الثاني. «ب» خطبة مُفْعَمةٌ بالتقريع وقارص الكلام.

Phi·lis·tine [fĭ lĭs′tĭn; fĭl′ə stēn′] *(n.; adj.)* (١) الفِلَسْطيني القديم (٢) الماديّ: شخص ماديّ النزعة غير ذي اهتمام بالفكر أو الفنّ (٣) شخصٌ غير مُطّلع [على حقل من حقول المعرفة] § (٤) فِلَسْطينيّ قديم (٥) ماديّ.

phil·lu·men·ist [-lōō′-] *(n.)* مُحِبّ الثِّقاب: المُوْلَع بجمع عُلَب الكبريت.

philo- = phil-.

phi·log·y·ny [fĭ lŏj′ə nĭ] *(n.)* حُبّ النِّساء؛ الكَلَفُ بالنّساء.

phil·o·lo·gi·an [fĭl′ə lō′jĭ ən] *(n.)* = philologist.

phil·o·log·i·cal [fĭl′ə lŏj′-] *(adj.)* فيلولوجي: ذو علاقة بفِقْه اللغة.

phi·lol·o·gist [fĭ lŏl′-] *(n.)* الفيلولوجيّ: العالِم بفِقْهِ اللغة.

phi·lol·o·gy [fĭ lŏl′ə jĭ] *(n.)* الفيلولوجيا؛ فِقهُ اللغة: «أ» علم يُعْنَى بدراسة أصوات اللغة ومفرداتها وتراكيبها. «ب» دراسة اللغة بوصفها أداة التعبير في الأدب وحقلًا من حقول البحث يلقي ضوءًا على التاريخ الثقافي.

phil·o·mel [fĭl′ə mĕl′] *(n.)* = nightingale.

Phil·o·me·la [fĭl′ə mē′lə] *(n.)* فيلوميلا: في الميثولوجيا اليونانيّة، أميرة أثينيّة خدعها تيروس Tereus ملك تراقيا Thrace وبَنَى بها بعد أن أوهمها أن زوجته، وكانت أختَ فيلوميلا، قد توفِّيت. وخشيةَ أن تعمد فيلوميلا إلى فَضْحِه انتزع لسانها، فما كان من الآلهة إلا أن حوّلتها إلى عندليب (مث).

phil·o·pro·gen·i·tive [fĭl′ō prō jĕn′ə tĭv] *(adj.)* (١) وَلود؛ منتِج (٢) «أ» مُحِبٌّ لأولاده. «ب» ذو علاقة بحبِّ المرء أولادَه.

phi·lo·sophe [fē′lə zôf′] *(n.)* الفيلسوف: أحد الكتّاب أو المفكرين الأحرار الذين ارتبط اسمهم بعصر التنوير الفرنسي [في القرن ١٨].

phi·los·o·pher [fĭ lŏs′ə fər] *(n.)* الفيلسوف: «أ» الحكيم؛ المفكِّر. «ب» شخص ذو نظرة فلسفية تمكّنه من مواجهة الشدائد برباطة جأش.

philosophers' stone *(n.)* حجر الفلاسفة: حجر [أو مادة أو مستحضر كيميائي] خيالي اعتقد أصحاب الكيمياء القديمة أنّه قادرٌ على تحويل المعادن الخسيسة إلى ذهب أو فضة وعلى إطالة الحياة.

phil·o·soph·ic; -al [fĭl′ə sŏf′-] *(adj.)* (١) فَلْسَفيّ (٢) رابط الجأش.

phi·los·o·phize *(vi.; t.)* (١) يتفَلْسف: يفكِّر على طريقة الفلاسفة **x** (٢) يُفَلْسِف.

phi·los·o·phy [fĭ lŏs′ə fĭ] *(n.)* (١) الفلسفة: «أ» حبّ الحكمة. «ب» البحث عن الحقيقة من طريق التفكير المنطقي لا الملاحظة الواقعية (٢) الفلسفة: «أ» العلم الذي ينتظم علوم المنطق والأخلاق والجمال وما وراء الطبيعة ونظرية المعرفة. «ب» الفنون العقلية (را. liberal arts) والعلوم ما عدا الطب والحقوق واللاهوت <doctor of ~> (٣) الفلسفة: «أ» نظام من المفاهيم الفلسفية. «ب» مجموعة المبادئ التي يقوم عليها فرع من المعرفة أو نظامٌ دينيّ أو حقل من حقول النشاط البشري <~ of history> (٤) فلسفة: معتقدات ومفاهيم ومواقف الشخص أو الجماعة (٥) هدوء؛ رباطة جأش [عند الشدائد].

-philous لاحقة معناها: مُحِبٌّ لِـ؛ ميّال إلى.

phil·ter *or* **phil·tre** [fĭl′tər] *(n.)* (١) شراب المحبّة: شراب [أو عقّار أو تعويذة] ذو قدرة على إحداث الحب أو إثارة الرغبة الجنسيّة (٢) الشراب السحريّ: شراب يُزعم أن له قوةً سحرية.

phiz [fĭz] *(n.)* pl. **phiz·es** وَجْه؛ مُحَيّا.

phleb- *or* **phlebo-** بادئة معناها: وريد <*phleb*itis>.

phle·bi·tis [flĭ bī′tĭs] *(n.)* التهاب الوَريد (مض).

phle·bog·ra·phy [flĭ bŏg′rə fĭ] *(n.)* تصوير [أو تخطيط] الوريد.

phle·bot·o·mist [flĭ bŏt′-] *(n.)* الفَصّاد: من يَفْصِد الوريدَ أو يَشُقُّهُ.

phle·bot·o·mize [flĭ bŏt′ə mīz′] *(vt.; i.)* (١) يَفْصِد: يَشُقّ الوريد لاستخراج الدَّم منه **x** (٢) يُمارس الفِصاد.

phle·bot·o·my [flĭ bŏt′ə mĭ] *(n.)* الفَصْد؛ الفِصاد؛ شَقّ الوريد.

phlegm [flĕm] *(n.)* (١) البَلْغَم: «أ» خلطٌ من أخلاط البدن زعم الأقدمون أنه يجعل المرء هادئًا. «ب» مادة مُخاطيّة تُطَرَّح بالسُّعال (٢) «أ» برودة؛ لامبالاة. «ب» رباطة جأش. **— phlegm·y** *(adj.)*

phleg·mat·ic; -al [flĕg măt′-] *(adj.)* (١) بَلْغَميّ (٢) بارد؛ لامبالٍ؛ رابط الجأش.

phlo·em [flō′ĕm] *(n.)* اللِّحاء؛ اللِّحاء الداخليّ (نب).

phlo·gis·tic [flō jĭs′tĭk] *(adj.)* (١) لاهوبيّ (را. المادة التالية) (٢) التهابيّ؛ حُمِّيّ: ذو علاقة بالالتهابات والحُمَّيات (ط).

phlo·gis·ton [-jĭs′tŏn] *(n.)* اللّاهوب: مادة كيميائية وهميّة كان يُعْتَقَد، قبل اكتشاف الأكسجين، أنها من المُقَوِّمات الأساسية للأجسام الملتهبة.

phlog·o·pite [flŏg′ə pīt′] *(n.)* الفلوغوبيت: ضربٌ من المَيْكة (مع).

phlox

phlox [flŏks] *(n.)* القَبَس؛ الفُلُوكُس (نب).

phlyc·te·na [flĭk tē′nə] *(n.)* pl. **-nae** [nē] البُثَيْرة؛ النُّفَيطة [في العين].

-phobe لاحقة معناها: الخائف من؛ المُبْغِض لِـ <Anglo*phobe*>.

pho·bi·a [fō′bĭ ə] *(n.)* الرُّهاب؛ الفوبيا: خوفٌ أو هَلَعٌ مَرَضي من شيء معيّن أو طائفةٍ من الأشياء معيّنة (نف).

pho·bic [fō′bĭk] *(adj.; n.)* (١) رُهابيّ؛ فوبيائيّ: «أ» ذو علاقة بالرُّهاب. «ب» نَزّاع إلى الابتعاد عن شيءٍ بغيض § (٢) المَرْهوب: المُصاب بالرُّهاب.

-phobic *or* **-phobous** لاحقة معناها: مُبْغِضٌ بشدّة.

phoe·be [fē′bē′] *(n.)* الفيبيّ: طائر أميركيّ خاطف للذُّباب.

Phoe·bus [fē′bəs] *(n.)* (١) أبولو Apollo (٢) *not cap.* الشَّمس.

Phoe·ni·cian [fĭ nĭsh′ən] *(n.; adj.)* (١) الفينيقيّ: أحد أبناء فينيقيا (٢) اللغة الفينيقية § (٣) فينيقيّ.

phoe·nix [fē′nĭks] *(n.)* الفينيكس؛ الفينيق؛ العنقاء: «أ» طائر خرافيّ زعمَ قُدامى المصريين أنه يعمِّر خمسة قرون أو ستة، وأنّه يحرق نفسه لينبعث بعدُ من رماده وهو أتمُّ ما يكون شبابًا وجمالًا. «ب» شخص [أو شيء] ذو جمال لا يُضارَع.

phon [fōn] *(n.)* الفون؛ الصُّوَيت: وَحْدةُ جَهارة الصوت.

phon- *or* **phono-** بادئة معناها: صوت <*phono*graph>.

pho·nate [fō′nāt′] *(vi.)* يَنْطِق: يلفِظ؛ يُخرِج أصواتًا كلاميّة.

pho·na·tion [fō nā′-] *(n.)* النُّطْق: اللَّفظ؛ إخراج الأصوات الكلاميّة.

phone [fōn] *(n.; vi.; t.)* (١) earphone (٢) تلفون؛ هاتف (٣) صوتٌ كلاميّ (ل) § (٤) يُتَلْفِن **x** (٥) يخاطب بالتلفون؛ يُهاتِف.

-phone لاحقة معناها: صوت <tele*phone*>.

pho·ne·mat·ic [fō′nĭ măt′ĭk] *(adj.)* = phonemic.

pho·neme [fō′nēm] *(n.)* الفونيمة: وحدة الكلام الصغرى التي تميِّز نطق لفظة عن نطق لفظة أخرى في لغة أو لهجة [مثلًا: إن الـ *p* في *pin* والـ *f* في *fin* هما فونيمتان مختلفتان].

pho·ne·mic [fō nē′-] *(adj.)* فونيميّ: متعلّق بفونيمة (را. المادة السابقة).

pho·ne·mics *(n. pl.)* (١) الفونيميّات: فرعٌ من التحليل اللغوي قِوامُهُ دراسة الفونيمات (٢) البِنْية الفونيمية: بِنية اللغة كما تتجلّى في فونيماتها.

pho·net·ic [fō nĕt′-] *(adj.)* صوتيّ: «أ» ذو علاقة بالأصوات الكلامية أو باللغة الملفوظة. «ب» ذو علاقة بعلم الأصوات اللغوية. «ج» ممثِّلٌ الأصواتَ وغيرها من الظاهرات الكلامية. «د» ممثِّلٌ الأصواتَ الكلامية برموز متميِّزة.

— **pho·net·i·cal** *(adj.)*

pho·ne·ti·cian [-ˈnə tĭshˈ-] *(n.)* الأصواتيّ؛ عالِمُ الأصوات [اللغوية].

pho·net·ics [fō nĕtˈĭks] *(n. pl.)* (١) نظام الأصواتِ [اللُّغوية] (٢) علم الأصواتِ [اللُّغَوية].

pho·nic [fŏnˈĭk; fōˈnĭk] *(adj.)* (١) صَوْتيّ: «أ» ذو علاقة بالصوت. «ب» مُحْدِث صوتًا (٢) عِلْمِيْصَوْتيّ: ذو علاقة بعلم الصوت.

pho·nics [fŏnˈĭks; fōˈnĭks] *(n. pl.)* (١) الصَّوتيات؛ علم الصَّوت (٢) الطريقة الصوتية: طريقة في تعليم المبتدئين القراءة واللفظ، من طريق إدراكهم القيمةَ الصوتية للحروف ومجموعات الحروف وبخاصةٍ المقاطع.

pho·ni·ly [fōˈnĭ lĭ] *(adv.)* على نحوٍ زائفٍ أو مزوَّر.

pho·ni·ness [fōˈnĭ-] *(n.)* زَيْف؛ زُيوفة.

pho·no·car·di·og·ra·phy [-kärˈdĭ ŏgˈ-] *(n.)* تخطيط أصوات القلب.

pho·no·gram [fōˈnə-] *(n.)* الفونوغرام: «أ» رمز يُستعمل لتصوير كلمة أو مقطع أو فونيمة. «ب» حروف ذات قيمة صوتية واحدة تتعاقب في عدة كلمات <مثل *ight* في bright, fight, light>.

pho·no·graph [fōˈnə grăfˈ; -gräfˈ] *(n.)* الفونوغراف؛ الغراموفون؛ الحاكي.

pho·no·graph·ic [fōˈnə grăfˈ-] *(adj.)* فونوغرافيّ: «أ» ذو علاقة بالفونوغرافيا. «ب» ذو علاقة بفونوغراف.

phonograph

pho·nog·ra·phy [fō nŏgˈrə fĭ] *(n.)* الفونوغرافيا: «أ» الرسم الصوتيّ: رَسْم الكلمات وَفقًا لِلَفظها. «ب» الاختزال الصوتيّ: طريقة في الاختزال مبنية على أساس الصوت.

pho·no·lite [fōˈnə lītˈ] *(n.)* الفونوليت؛ المِرنان؛ الصّخر المُرِنّ.

pho·no·log·ic; -al [fōˈnə lŏjˈ-] *(adj.)* فونولوجيّ: متعلّق بالفونولوجيا.

pho·nol·o·gist [fō nŏlˈ-] *(n.)* الفونولوجيّ: العالِم بالفونولوجيا.

pho·nol·o·gy [fō nŏlˈə jĭ] *(n.)* الفونولوجيا: علم الأصوات الكلامية.

pho·nom·e·ter [-nŏmˈ-] *(n.)* الفونومتر: مِقياس لحدّة الصوت وذبذباته.

pho·no·re·cep·tion [fōˈnō rĭ sĕpˈ-] *(n.)* السَّماع؛ استقبال الصوت.

pho·ny *or* **pho·ney** [fōˈnĭ] *(adj.; n.)* (١) زائف؛ مُزَوَّر (٢) مُريب (٣) وهميّ (٤) مُراءٍ؛ مخادِع § (٥) شيء زائف (٦) الدجّال؛ المحتال.

-phony *also* **-phonia** لاحقة معناها: «أ» صوت <tele*phony*>. «ب» عُسْر في النطق من نوع معيَّن <dys*phonia*>.

-phore لاحقة معناها: الحامل <antho*phore*>.

-phoresis لاحقة معناها: انتقال <electro*phoresis*>.

phos- بادئة معناها: ضوء <*phos*gene>.

phos·gene [fŏsˈjēn] *(n.)* الفوسجين: غازٌ شديد السُّمّيّة كريه الرائحة كان يُحَضَّر أصلًا بالاستعانة بأشعّة الشمس.

phosph- *or* **phospho-** بادئة معناها: فوسفور <*phosph*ate>.

phos·pha·tase [fŏsˈfə tāsˈ] *(n.)* الفوسفاتاز: أنزيمة [أو خميرة] في أنسجة الجسم تحلّل المُركّبات المؤلفة من كربوهيدرات وفوسفاتات (كح).

phos·phate [-ˈfātˈ] *(n.)* (١) الفوسفات (ك) (٢) الفوسفات: مادة سَماديّة مشتملةٌ على فوسفات (٣) الشَّراب الفوسفاتيّ: شرابٌ فوّار مُعَدٌّ من مياهٍ غازيّة مع مقدار قليل من حمض الفوسفوريك إلخ.

phos·phat·ic [fŏs fătˈ-] *(adj.)* فوسفاتيّ <~ fertilizers>.

phos·pha·tide [fŏsˈfə tīdˈ; -tĭd] *(n.)* الفوسفاتيد: واحدٌ من مجموعة المُرَكَّبات الدُّهنية الموجودة في المُتَعَضِّيات الخَلَويّة والمؤلَّفة من إسترات فوسفورية (كح).

phos·pha·ti·za·tion [fŏsˈfə tə zāˈshən] *(n.)* الفَسْفَتة (ك).

phos·pha·tize [fŏsˈfə tīzˈ] *(vt.)* يُفَسْفِت: «أ» يُحَوِّل إلى فوسفات. «ب» يعالج بالفوسفات أو بحمض الفوسفوريك (ك).

phos·pha·tu·ri·a [fŏsˈfə to͝orˈĭ ə] *(n.)* البِيْلَة الفوسفاتية: فَرْطُ الفوسفات في البول (مض).

phos·phene [fŏsˈfēnˈ] *(n.)* الفوسفان: صورة مضيئة ناشئة عن الإثارة الميكانيكيّة للشّبكيّة [كأن يُضغَط بالإصبع على المُقْلَة والجفنُ مُغْمَضٌ].

phos·phide [fŏsˈfīdˈ; -ˈfĭd] *(n.)* الفوسفيد (ك).

phos·phine [fŏsˈfēn; -ˈfĭn] *(n.)* الفوسفين: غازٌ ملتهبٌ، سامٌّ، عديم اللون، كريه الرائحة (ك).

phos·phite [fŏsˈfīt] *(n.)* الفوسفيت: مِلح الحمض الفوسفوريّ (ك).

phos·pho·lip·id [fŏsˈfō lĭpˈĭd] *(n.)* = phosphatide.

phos·pho·nic acid [fŏsˈfōˈnĭk] *(n.)* حمض الفوسفونيك (ك).

phos·pho·ni·um [fŏs fōˈ-] *(n.)* الفوسفونيوم (ك).

phos·pho·pro·te·in [fŏsˈfō prōˈtēn] *(n.)* البروتين الفوسفوريّ (ك).

phos·phor [fŏsˈfər] *also* **phos·phore** [-ˈfōr] *(n.)* المادة المُتَفَسْفِرة: مادّة صُلبة تُطْلق ضوءًا حين تُثار بالإشعاع.

Phos·phor *also* **Phos·phore** *(n.)* الزُّهَرة؛ ڤينوس (را. Venus).

phos·pho·rate [fŏsˈ-] *(vt.)* يُفَسفِر: يمزج أو يُشبِع بالفوسفور (ك).

phosphor bronze *(n.)* البرونز الفوسفوريّ.

phos·pho·resce [fŏsˈfə rĕsˈ] *(vi.)* يَتَفَسْفَر: يُوْمِض كالفوسفور.

phos·pho·res·cence [-ˈəns] *(n.)* (١) التَّفَسْفُر؛ الوميض الفوسفوري: تألّق ينشأ عن امتصاص الإشعاعات ويستمرّ مدةً بعد انقطاعها (٢) تألّق.

phos·pho·res·cent [-ˈənt] *(adj.)* مُتَفَسفِر؛ مُوْمِض؛ متألِّق.

phos·pho·ret·ed *or* **phos·pho·ret·ted** [fŏsˈfə rĕtˈĭd] *(n.)* مُفَسْفَر: مُشْبَع أو مُتَّحد بالفوسفور.

phos·phor·ic [fŏs fôrˈĭk; -fŏrˈ-] *(adj.)* فوسفوريّ.

phosphoric acid *(n.)* حَمْض الفوسفوريك (ك).

phos·pho·rism [fŏsˈfə rĭzˈəm] *(n.)* التّسمُّم بالفوسفور.

phos·pho·rite [fŏsˈfə rītˈ] *(n.)* الفوسفوريت (ك).

phos·pho·rous [fŏsˈfə rəs] *(adj.)* فوسفوريّ (ك).

phosphorous acid *(n.)* الحَمْض الفوسفوريّ (ك).

phos·pho·rus [fŏsˈfə rəs] *(n.)* pl. **-pho·ri** [fə rīˈ] الفوسفور (ك).

phos·phor·y·lase [fŏs fôrˈə lāsˈ] *(n.)* الفوسفوريلاز: أنزيمة [أو خميرة] تَحُلّ الكربوهيدرات وحَمْض الفوسفوريك (كح).

phos·phor·y·late [-ˈfôr ə-] *(vt.)* يُفَسْفِت : يحوِّل إلى فوسفات عضويّ .

phot [fōt; fŏt] *(n.)* الفُتّ ؛ الفوت : وحدة إضاءة (فز) .

phot- *or* **photo-** بادئة معناها : «أ» ضوء . «ب» فوتوغرافيّ ؛ ضوئيّ . «ج» كهربائيّ ضوئيّ .

pho·tic [fō'-] *(adj.)* ضَوْئيّ أو مخترَق بضوء الشمس خاصّة .

pho·to [fōˈtō] *(n.; vt.; i.; adj.)* (١) صورة فوتوغرافية § (٢) يُصَوِّر فوتوغرافيًّا x (٣) يتصوَّر فوتوغرافيًّا § (٤) فوتوغرافي .

pho·to·bi·ot·ic [fō'tō bī ŏtˈ-] *(adj.)* ضَوْحَيَويّ ؛ ضوئي حَيَويّ : معتمدٌ على الضوء في حياته ونموّه .

pho·to·cath·ode [-kăthˈōd] *(n.)* الكاثود أو المَهْبط الضوئيّ (ألك) .

pho·to·cell [fōˈtə sĕl'] *(n.)* = photoelectric.

pho·to·chem·i·cal [fō'tə kĕmˈ-] *(adj.)* كيميائيّ ضوئيّ .

pho·to·chem·is·try [-kĕmˈĭs-] *(n.)* الكيمياء الضوئية : فرع من الكيمياء يبحث في أثر الطاقة المشعّة، وبخاصة الضوء، في المواد الكيميائية .

pho·to·chron·o·graph [-krŏnˈə grăf] *(n.)* (١) المِرسام الزمنيّ : جهاز لتصوير شيء متحرك في فترات نظاميّة قصيرة (٢) المرسومة الزمنيّة : صورة فوتوغرافيّة مأخوذة بمِرسام زمني .

pho·to·com·po·si·tion [-zĭshˈ ən] *(n.)* التنضيد الضّوئيّ (طع) .

pho·to·con·duc·tive [-kən dŭkˈtĭv] *(adj.)* ضوئيّ المُوَصِّليّة .

pho·to·con·duc·tiv·i·ty [-dŭk tĭvˈə tĭ] *(n.)* المُوَصِّلية الضوئية (فز) .

pho·to·cop·i·er [fōˈtə kŏp'-] *(n.)* الناسخة الفوتوغرافية .

pho·to·cop·y [fōˈtə kŏp'ĭ] *(n.; vt.; i.)* (١) نسخةٌ فوتوغرافية [عن شيء مكتوبٍ أو مطبوع] § (٢) يستخرج نسخة فوتوغرافية .

pho·to·cur·rent [fōˈtō-] *(n.)* التيار الضوئيّ : تيّار من الألكترونات يُحْدَث من طريق التأثير الكهربائي الضوئي إلخ .

pho·to·de·tec·tor [fō'tō dĭ tĕkˈ-] *(n.)* الكاشف الضوئيّ .

pho·to·dra·ma [fōˈtə-] *(n.)* (١) مسرحية سينمائية (٢) فيلم سينمائيّ .

pho·to·du·pli·cate [*n.* -ˈplə kĭt'; *v.* -kāt] *(vt.; i.)* = photocopy.

pho·to·dy·nam·ic [fō'tō dī nămˈ-] *(adj.)* ديناميْضَوْئي ؛ ديناميّ ضوئيّ : «أ» ذو خاصيّة تمكّنه من إحداث ردّ فعلٍ سُمّيّ للضوء، وبخاصة لضوء الشمس، في الكائنات الحية . «ب» ذو علاقة بهذه الخاصيّة .

pho·to·dy·nam·ics [-nămˈĭks] *(n.)* الدّيناميّة الضوئية .

pho·to·e·lec·tric [fō'tō ĭ lĕkˈ-] *(adj.)* كَهْرَضَوْئيّ ؛ كهربائيّ ضوئيّ .

photoelectric cell *(n.)* الخليّة الكَهْرَضوئية أو الكهربائية الضوئية .

pho·to·e·lec·tron [-ˈtrŏn] *(n.)* الألكترون الضوئيّ : ألكترون ينطلق من مادّةٍ ما عند حدوث الإصدار الضوئيّ (را . المادة التالية) .

pho·to·e·mis·sion [-ĭ mĭshˈən] *(n.)* الإصدار الضوئيّ : انطلاق الألكترونات من فِلِزّ ما بتأثير من الطاقة المُشِعّة (فز) .

pho·to·en·grave [-ĕn grāvˈ] *(vt.)* يَحْفر ضوئيًا أو فوتوغرافيًا .

pho·to·en·grav·ing *(n.)* (١) الحَفْر الضوئيّ : إعداد الكليشيهات (٢) صفيحة طباعية ؛ كليشيه (٣) المطبوعة الصفيحية : شيء مطبوع عن صفيحة طباعية .

photo finish *(n.)* السَّبْق الضوئيّ : «أ» تنازُعُ متسابقَيْن على الفوز في سباق إلى حدّ لا يُستطاع معه معرفة أيّهما الفائز إلا بتصويرهما وهما يجتازان خطّ الانتهاء . «ب» سباقٌ يكاد يتعادل فيه المتسابقان .

pho·to·flash [fōˈtə flăsh'] *(n.)* = flash lamp.

pho·to·flood [fōˈtə flŭd] *(n.)* المصباح الغامِر : مصباح كهربائيّ يَستخدِم فُلطيّة مُفرِطة لأخذ الصور الفوتوغرافيّة .

pho·to·gene [fōˈtə jēn'] *(n.)* الصّورة التّلْويّة (را . afterimage) .

pho·to·gen·ic [fō'tə jĕnˈĭk] *(adj.)* (١) ضوئيّ : مُحْدَث بالضوء (٢) نيّر ؛ متألّق (٣) تَصْواريّ : مستجيب أو ملائم للتصوير وبخاصة من وجهة النظر الجَماليّة <a very ~ face> .

pho·to·ge·ol·o·gy [fō'tō jĭ ŏlˈ-] *(n.)* الجيولوجيا التصويرية .

pho·to·gram [fōˈtō-] *(n.)* (١) صورة مساحيّة (٢) صورة فوتوغرافية .

pho·to·gram·me·try [fō'tō grămˈ-] *(n.)* التصوير المساحيّ .

pho·to·graph [fōˈtə grăf'; -gräf] *(n.; vt.; i.)* (١) الصورة الفوتوغرافية أو الضَّوْئية § (٢) يُصَوِّر أو يتصوَّر فوتوغرافيًّا .

pho·tog·ra·pher [fə tŏgˈ-] *(n.)* المصوِّر الفوتوغرافيّ ؛ المصوِّر الضَّوئيّ .

pho·to·graph·ic; -al [fō'tə grăfˈ-] *(adj.)* فوتوغرافيّ ؛ ضوئيّ : «أ» ذو علاقة بالفوتوغرافيا . «ب» ممثِّلٌ الطبيعةَ أو البَشَرَ بمثل دقة الصورة الفوتوغرافية . «ج» قادرٌ على الاحتفاظ بانطباعات حيّة <a ~ memory> .

pho·tog·ra·phy [fə tŏgˈ-] *(n.)* الفوتوغرافيا ؛ التصوير الفوتوغرافيّ أو الضوئيّ .

pho·to·gra·vure [fō'tə grə vyo͝orˈ] *(n.)* = photoengraving.

pho·to·he·li·o·graph [fō'tə hēˈlĭ ə grăf] *(n.)* = heliograph *1*.

pho·to·jour·nal·ism [fō'tō jûrˈ-] *(n.)* الصِّحافة المصوَّرة .

pho·to·ki·ne·sis [fō'tə kĭ nēˈsĭs; -kī-] *(n.)* الحركة الضوئية : حركةٌ ناشئة عن التعرُّض للضوء (فس) .

pho·to·ki·net·ic [-kĭ nĕtˈĭk; -kī-] *(adj.)* حَرَكيْضَوئيّ ؛ حَرَكيّ ضَوْئيّ .

pho·to·lith [1] [fōˈtə lĭth] *(n.)* = photolithography.

pho·to·lith [2] *(adj.; vt.; i.)* (١) ليثوغرافيّ ضوئيّ § (٢) يطبع ليثوغرافيًا .

pho·to·lith·o·graph [fō'tə lĭthˈ-] *(n.; vt.)* (١) طبعة ليثوغرافية ضوئية ؛ طبعة حَجَرِيْضَوْئية § (٢) يطبع بالليثوغرافيا الضوئيّة .

pho·to·li·thog·ra·phy [-thŏgˈ-] *(n.)* الليثوغرافيا الضوئيّة ؛ الطباعة الحَجَرِيْضوئيّة : طباعة حجرية تستعمل فيها صفائح مُعَدَّة ضوئيًّا .

pho·tol·y·sis [fō tŏlˈə sĭs] *(n.)* الضَّوْحَلَة ؛ التّحلُّل الضوئيّ : تفكُّكٌ كيميائيّ بتأثير الطاقة المُشِعّة .

ă at; **ā** date; **â** care; **ä** car; **ĕ** egg; **ē** me; **ĭ** in; **ī** bite; **ŏ** lot; **ō** bone; **ô** orphan; **oi** boil; **o͝o** good; **o͞o** boot; **ou** out; **ŭ** under; **û** urgent; **ə** = *a* in alone, *e* in system, *i* in easily, *o* in gallop, *u* in circus.

pho·to·map [fō′tə-] *(n.; vt.; i.)* (١) الخريطة الضوئية أو التصويرية : صورة أُخذت من الطائرة عموديًّا ثم أضيفت إليها الخطوط أو المعلومات المألوفة في صناعة الخرائط § (٢) يَصْنَعُ خريطة ضوئية.

photomechanical printing *(n.)* الطباعة المَكَنِيّة الضوئية.

pho·tom·e·ter [fō tŏm′-] *(n.)* المِضْواء (مج)؛ الفوتومتر : أداة لقياس الشدَّة الضوئيّة.
— **pho·to·met·ric; -al** *(adj.)*

pho·tom·e·try *(n.)* المِضْوائيّة؛ الفوتومترية : قياس الشدَّة الضوئيّة.

pho·to·mi·cro·graph *(n.; vt.)* (١) صورة مِجْهَرية § (٢) يصوِّر مِجهريًا.

pho·to·mi·cro·graph·ic *(adj.)* صُوْرِيمِجْهَرِيّ : خاصّ بصورة مِجهريّة.

pho·to·mon·tage [fō′tə mŏn täzh′] *(n.)* المونتاج الفوتوغرافي.

pho·to·mur·al [-myo͝or′əl] *(n.)* الجِدارية الفوتوغرافية : صورة فوتوغرافية مُكبَّرة جدًا تُعلّق على الجدار للتزيين.

pho·ton [fō′tŏn] *(n.)* الفوتون : وحدة طاقةٍ ضوئيّة تُساوي الكَمّ (فز).

pho·to-off·set *(n.)* الأوفسيت الفوتوغرافيّ : أوفسيت تُستَخْدَم فيه صفائحُ معدنية مُعَدَّةٌ فوتوغرافيًّا (طع).

pho·to·ox·i·da·tion [fō′tō ŏk′sə dā′-] *(n.)* الأكسدة الضوئية.

pho·to·pe·ri·od [fō′tə pēr′-] *(n.)* الفترة الضوئيّة : طولُ النهارِ الأمثلُ [أو فترة الضوء اليومي] الضروري لنموّ النبتة ونضجها السّويّين.

pho·to·pe·ri·od·ic *(adj.)* فَتْرِيْضَوئيّ : خاصّ بالفترة الضوئيّة.

pho·to·phil·ic [-fĭl′ĭk] *(adj.)* مُحِبٌّ للضوء <~ plants>.

pho·to·pho·bi·a [-fō′bĭ ə] *(n.)* رُهاب الضَّوء؛ فوبيا الضَّوء : «أ» الخوف المَرَضيّ من الضَّوء. «ب» شدّة الحسّاسية للنور القويّ.

pho·to·pho·bic *(adj.)* (١) مجتنبٌ للضوء (٢) مُبغض للضوء : نام أحسن ما يكون في الضوء الضعيف (نب) (٣) رُهابْضَوئيّ.

pho·to·play [fō′tə plā′] *(n.)* المسرحيّة السينمائيّة : تمثيلية تُخْرَج سينمائيًّا وتُعْرَض على الشاشة.

pho·to·re·ac·tion [fō′tə rĭ ăk′-] *(n.)* التفاعل الضوئيّ (ك).

pho·to·re·cep·tion [fō′tō rĭ sĕp′-] *(n.)* البَصَر؛ الإبصار (فس).

pho·to·re·con·nais·sance [-′ə səns] *(n.)* الاستطلاع الفوتوغرافيّ.

pho·to·sen·si·tive [fō′tə sĕn′-] *(adj.)* حسّاسٌ للضَّوء.

pho·to·sen·si·tiv·i·ty [fō′tə sĕn′sə tĭv′-] *(n.)* الحسّاسيّة للضَّوء.

pho·to·sphere [fō′tə sfēr′] *(n.)* (١) كُرَة ضوئيّة (٢) الفوتوسفير؛ الغلاف الضوئيّ (فل).

pho·to·stat [fō′tə stăt′] *(n.; vt.; i.)* (١) الفوتوستات : جهازٌ للنَّسخ بواسطة التصوير الفوتوغرافي (٢) نسخة فوتوستاتية § (٣) يَنْسَخ فوتوستاتيًّا.

pho·to·syn·the·sis [-sĭn′-] *(n.)* التخليق أو التركيب الضوئيّ (نب).

pho·to·syn·the·size [-sĭn′thə sīz′] *(vt.)* يُخلِّق ضوئيًا.

pho·to·syn·thet·ic [-sĭn thĕt′ĭk] *(adj.)* تَخْلِيقِيْضَوئيّ : ذو علاقة بالتخليق الضوئي.

pho·to·tac·tic [-tăk′tĭk] *(adj.)* انتظامِيْضَوئيّ (را. المادة التالية).

pho·to·tax·is [fō′tə tăk′sĭs] *(n.)* الانتظام الضَّوئيّ : تحرُّك المتعضّي أو الكائنِ الحيّ نحو مصدر الضوء أو بعيدًا عنه (أح).

pho·to·te·leg·ra·phy *(n.)* الإبراق الضّوئيّ : إرسال الصُّوَر بالراديو.

pho·to·ther·a·py *(n.)* المعالجة الضوئية : معالجة الأمراض بأشعة الضوء.

pho·to·ther·mic [fō′tə thûr′-] *(adj.)* حرارِيْضَوئيّ؛ حراريّ ضوئيّ : ذو علاقة بالحرارة والضوء معًا.

pho·to·trop·ic [-trŏp′-] *(adj.)* انتِحائِيْضَوئي : متعلّق بالانتحاء الضَّوئي.

pho·tot·ro·pism [fō tŏt′-] *(n.)* الانتحاء الضَّوئيّ : حركة المُتَعضّي نحو الضوء أو مَيْلُه عن الضوء.

pho·to·tube [fō′tə tyo͞ob] *(n.)* الصّمام الضّوئيّ (ألك).

pho·to·vol·ta·ic [-tā′ĭk] *(adj.)* فُلْطِيضَوئيّ : ذو قدرة على توليد الفُلْطيّة عند تَعرُّضه للطاقة المشعّة وبخاصّة للضوء (ألك).

pho·to·zin·cog·ra·phy [-zĭng kŏg′-] *(n.)* الحَفْر الزِّنكوغرافيّ (طع).

phrase [frāz] *(n.; vt.)* (١) أسلوب؛ طريقةٌ في التعبير (٢) «أ» تعبير موجز؛ وبخاصة : شِعار. «ب» كلمة (٣) العبارة الموسيقية أو المقطع الموسيقي (٤) عبارة؛ شبه جملة (ل) § (٥) يعبِّر بالكلمات. وبخاصة : يعبِّر بكلماتٍ ملائمة (٦) يَقْسِم إلى عباراتٍ موسيقية.
— **phras·al** *(adj.)*

phra·se·o·gram; phra·se·o·graph [frā′zĭ-] *(n.)* الرَّمز العباريّ : رمزٌ دالٌّ على عبارةٍ [في الاختزال].

phra·se·o·log·i·cal [frā′zĭ ə lŏj′-] *(adj.)* (١) عباراتيّ : «أ» مَصُوغٌ بعبارات رسمية حافلة عادةً بالحِكَم والمواعظ الباردة أو المتكلَّفة. «ب» مُتَّسِمٌ بالإكثار من استعمال هذه العبارات (٢) أسلوبيّ؛ صِيَغيّ : ذو علاقة بالأسلوب أو الصياغة اللفظية.

phra·se·ol·o·gist [frā′zĭ ŏl′ə jĭst] *(n.)* العباراتيّ : «أ» البارع في سكّ العبارات أو صياغتها. «ب» الميّال إلى استعمال العبارات الوعظية أو المنافِقة.

phra·se·ol·o·gy [-ŏl′ə jĭ] *(n.)* (١) أسلوب؛ لغة مُميِّزة (٢) عبارات؛ صِيَغ؛ مصطلحات <medical ~>.

phras·ing *(n.)* (١) أسلوب التعبير (٢) جمع النغمات في عباراتٍ (مو).

phra·try [frā′trĭ] *(n.)* عشيرة؛ بطن؛ فرعٌ من قبيلة.

phren- *or* **phreno-** بادئة معناها : «أ» عَقْل. «ب» حجابٌ حاجز.

phre·net·ic [frĭ nĕt′ĭk] *(adj.)* = frenetic.

-phrenia لاحقة معناها : اضطراب في الوظائف العقليّة.

phren·ic [frĕn′ĭk] *(adj.)* (١) حِجابيّ : خاصّ بالحجاب الحاجز (٢) عقليّ.

phre·ni·tis [frĭ nī′-] *(n.)* (١) التهاب الحجاب الحاجز (٢) اهتياج.

phren·o·log·ic; -al [frĕn′ə lŏj′-] *(adj.)* فِراسِيْدماغيّ.

phre·nol·o·gist [-nŏl′-] *(n.)* المُتَفرِّس الدماغيّ : العالِم بفراسة الدماغ.

phre·nol·o·gy [frĕ nŏl′-] *(n.)* فراسة الدِّماغ : علمٌ زائف يربط الملكات العقلية والخصائص المزاجية بتضاريس الجمجمة وأغوارها.

phren·sy [frĕn′zĭ] *(n.; vt.)* = frenzy.

Phryg·i·an [frĭj′ĭ ən] *(n.; adj.)* (١) الفريجيّ : أحد أبناء فريجيا القديمة

بآسيا الصغرى (٢) الفريجيّة: لغة الفريجيين § (٣) فريجيّ.

phthal·ein [thăl′ēn] *(n.)* الإفثالين: صِبْغ عضويّ (ك).

phthal·ic acid [thăl′ĭk] *(n.)* حَمْض الإفثاليك (ك).

phthi·ri·a·sis [thĭ rī′ə sĭs] *(n.)* التقمّل: الإصابة بالقمل.

phthis·ic [tĭz′ĭk] *(n.; adj.)* (١) السُّلّ؛ السُّل الرئويّ § (٢) رئويّ.
— **phthis·i·cal; phthis·ick·y** *(adj.)*

phthi·sis [thī′sĭs] *(n.)* السُّلّ؛ السُّل الرِّئويّ (مض).

phut [fŭt] *(n.)* الفَقْع: صوت انفجار خفيف.

phy·col·o·gy [fī kŏl′ə jĭ] *(n.)* الطُّحْلُبيّات؛ علم الطَّحالب.

phy·co·my·cete [fī′kō mī′sēt′] *(n.)* الفُطْر الطُّحْلُبيّ.

phyl- *or* **phylo-** بادئة معناها: قبيلة؛ شَعْب؛ عِرق.

phy·la [fī′lə] *pl. of* phylum.

phy·lac·ter·y [fə lăk′tə rĭ] *(n.)* تَميمة؛ تَعْويذة؛ حجاب.

phy·le [fī′lē] *(n.)* pl. **-lae** [lē] قبيلة؛ عشيرة [عند الإغريق].

phy·le·sis [fī lē′sĭs] *(n.)* تطوُّر؛ ارتقاء.

phy·let·ic [fī lĕt′-] *(adj.)* (١) تطوُّريّ؛ ارتقائيّ (٢) عِرْقيّ؛ نَوْعيّ.

phyll- *or* **phyllo-** بادئة معناها: ورقة نبات <*phyll*oid>.

-phyll لاحقة معناها: ورقة نبات <sporo*phyll*>.

phyl·line [fĭl′ĭn; -′īn] *(adj.)* وَرَقانيّ: شبيهٌ بورقة نبات.

phyl·lo·clade [fĭl′ə klād′] *(n.)* الفِلْقاد؛ الساق الورقية: ساق أو غصن مسطّح يعمل عملَ الورقة (نب).

phyl·lode [fĭl′ōd] *(n.)* الفَلُود؛ العُنَيْق الورقيّ: سُوَيْقة عريضة تُشبه الورقةَ وتعمَلُ عَمَلَها (نب).

phyl·lo·di·um [fĭl ōd′ĭ əm] *(n.)* pl. **-di·a** = phyllode.

phyl·loid [fĭl′oid] *(adj.)* وَرَقانيّ: شبيهٌ بورَقَة (نب).

phyl·lome [fĭl′ōm] *(n.)* الفَلُّوم: ورقة نبات.

phyl·lom·ic [fĭ lŏm′ĭk] *(adj.)* فَلُّوميّ: منسوب إلى الفَلّوم.

phyl·loph·a·gous [fĭ lŏf′ə gəs] *(adj.)* مقتاتٌ بأوراق النبات.

phyl·lo·pod [fĭl′ə pŏd′] *(n.; adj.)* (١) الورقيّ الأقدام: واحد من ورقيات الأقدام **Phyllopoda** وهي طائفة من القِشريات ذات زوائد شبيهة بأوراق النبات تستعين بها على السباحة § (٢) ورقيّ الأقدام.
— **phyl·lop·o·dan** *(n.; adj.)* — **phyl·lop·o·dous** *(adj.)*

phyl·lo·tac·tic; -al [fĭl′ə tăk′-] *(adj.)* انتظاميُوَرَقيّ (نب).

phyl·lo·tax·y [fĭl′ə-] *also* **phyl·lo·tax·is** [fĭl′ə tăk′-] *(n.)* (١) انتظام الورق: ترتيب أو نظام ورق النبات على الساق (٢) الانتظامية الوَرَقية: دراسة انتظام الورق والنواميس التي يخضع لها (نب).

-phyllous لاحقة معناها: ذو عدد أو نوع معيَّن من الورق.

phyl·lox·e·ra [fĭl′ək sēr′ə] *(n.)* الفِلُكْسَر: ضربٌ من قمل النبات.

phylo- = phyl-.

phy·lo·ge·net·ic [fī′lō jə nĕt′-] *(adj.)* (١) تاريخيعِرْقيّ؛ نُشوئينَوْعيّ: خاص بالتاريخ العِرْقيّ أو النشوء النوعيّ (٢) عِرْقيّ: مكتسَب خلال التطوّر النوعيّ.

phy·log·e·ny [fī lŏj′ə nĭ] *(n.)* (١) التاريخ العِرْقيّ [لنوعٍ من المتعضِّيات] (٢) النشوء العِرْقي أو النوعيّ؛ التطوّر العِرقي: نشوء، أو تطوُّر، نوع من أنواع الحيوان أو النبات (٣) تاريخ؛ تطوّر <the ~ of a word>.

phy·lon [fī′lŏn] *(n.)* pl. **phy·la** [-lə] قبيلة؛ سُلالة (أح).

phy·lum [fī′ləm] *(n.)* pl. **phy·la** [-lə] (١) الشُّعبة (أح) (٢) شُعبة [من اللغات].

physi- *or* **physio-** بادئة معناها: «أ» طبيعة. «ب» طبيعيّ.

phys·i·at·rics [fĭz′ĭ ăt′-] *(n.)* = physical therapy.

phys·ic[1] [fĭz′ĭk] *(n.)* (١) فَنُّ الشِّفاء (٢) الطبّ (٣) دواء.

phys·ic[2] *(vt.)* (١) يُداوي. وبخاصة: يُعطي مُسْهِلًا (٢) يَشْفي.

phys·i·cal [fĭz′ə kəl] *(adj.)* (١) ماديّ (٢) طبيعيّ؛ فيزيائيّ <~ laws> (٣) بَدَنيّ <~ exercise> (٤) جَسَدانيّ: معنيّ في الدرجة الأولى بالجسد وحاجاتِهِ.

physical chemistry *(n.)* الكيمياء الطبيعية أو الفيزيائية.

physical education *(n.)* التربية البَدَنيّة.

physical geography *(n.)* = physiography.

phys·i·cal·i·ty [fĭz′ə kăl′ĭ tĭ] *(n.)* مَظْهَرٌ ماديّ؛ صِفةٌ ماديّة.

physical jerks *(n. pl.)* الحركات البَدَنية: تمرينات رياضية بدنية.

phys·i·cal·ly *(adv.)* (١) ماديًّا (٢) طبيعيًّا؛ فيزيائيًّا (٣) بَدَنيًّا <~ fit>.

physical medicine *(n.)* الطبّ الطبيعيّ.

physical science *(n.)* العِلْم الطبيعيّ: علم [كالفيزياء والكيمياء والجيولوجيا] يُعنى بدراسة الطبيعة والموادّ غير الحيّة.

physical therapy *(n.)* المعالجة الطبيعية: معالجة المرض بالوسائل الطبيعية كالماء والضوء والحرارة والبرودة والكهرباء والتدليك والرياضة.

phy·si·cian [fə zĭsh′ən] *(n.)* الطبيب.

phys·i·cist [fĭz′ə sĭst] *(n.)* الفيزيائيّ: العالم بالطبيعيّات.

phys·i·co·chem·i·cal [fĭz ə kō kĕm′-] *(adj.)* كِيميفيزيائيّ؛ كيميائي فِيزيائيّ: «أ» ذو علاقة بالكيمياء أو الفيزياء في آنٍ معًا. «ب» ذو علاقة بالكيمياء الفيزيائية.

phys·ics [fĭz′ĭks] *(n.)* (١) الفيزياء؛ الطبيعيات؛ عِلم الطبيعة (٢) الفيزيائية: «أ» مجموع العمليات والظواهر الفيزيائية في كذا <the ~ of the living cell>. «ب» تركيب شيءٍ ما وخصائصُهُ الفيزيائيّة <the ~ of soil>.

physio- = physi-.

Phys·i·o·crat [fĭz′ĭ ə krăt′] *(n.)* الفيزيوقراطيّ؛ الطبيعيّ: واحد الفيزيوقراطيين أو الطبيعيين، وهم جماعة من علماء الاقتصاد ظهرت في فرنسا في منتصف القرن ١٨ وزعمت «أن القيمة مستمدةٌ من الطبيعة».

— **phys·i·o·crat·ic** *(adj.)*

phys·i·og·nom·ic; -al [fĭz′ə ŏg nŏm′-] *(adj.)* فِراسِيّ ؛ أساريريّ : ذو علاقة بالفِراسة أو بأسارير الوجه .

phys·i·og·no·my [fĭz′ĭ ŏg′-] *(n.)* (١) الفِراسة (٢) الأسارير ؛ ملامح الوجه [وبخاصة باعتبارها دليلًا على المزاج والخُلُق] (٣) مظهرٌ خارجي (٤) صفةٌ باطنية متجلِّية خارجيًّا .

phys·i·og·ra·pher [fĭz′ĭ ŏg′-] *(n.)* الفيزيوغرافيّ : العالِم بالفيزيوغرافيا .

phys·i·o·graph·ic; -al [fĭz′ĭ ə grăf′-] *(adj.)* فيزيوغرافيّ .

phys·i·og·ra·phy [-′rə fĭ] *(n.)* الفيزيوغرافيا ؛ الجغرافيا الطبيعية : البحث في بنْية سطح الأرض وظواهرها [وبخاصة تشكُّل التضاريس ، والمناخ ، والتربة ، والتيّارات الأوقيانوسيّة ، وتوزُّع النباتات والحيوانات] .

phys·i·o·log·ic; -al [fĭz′ĭ ə lŏj′-] *(adj.)* (١) فيسيولوجيّ ؛ وظائفيّ (٢) مميِّزٌ أو مُلائمٌ لأداء الأعضاء ووظائفها السويّة .

physiological psychology *(n.)* علم النفس الفيسيولوجيّ .

phys·i·ol·o·gist [-ŏl′-] *(n.)* الفيسيولوجي ؛ الوظائفي : العالِم بالفَسْلَجة .

phys·i·ol·o·gy [fĭz′ĭ ŏl′ə jĭ] *(n.)* الفيسيولوجيا ؛ الفَسْلَجة ؛ علم وظائف الأعضاء .

phys·i·o·pa·thol·o·gy [-thŏl′ə jĭ] *(n.)* الفيسيولوجيا المَرَضية .

phys·i·o·ther·a·py [-thĕr′ə pĭ] *(n.)* = physical therapy.

phy·sique [fĭ zēk′] *(n.)* البِنْيَة : بِنْيَة الجسم من حيث التكوين أو المظهر أو القوة <the ~ of a swimmer> .

phy·so·stig·mine [fī′sō stĭg′mēn; -′mĭn] *(n.)* الفيزوستيغمين : مادّة شبه قلويّة سامّة (ك) .

phy·sos·to·mous [fī sŏs′-] *(adj.)* مفتوح المثانة <~ fishes> .

phyt- *or* **phyto-** بادئة معناها : نبات <*phyto*logy> .

-phyte لاحقة معناها : «أ» نبات ذو ميزةٍ مُعيَّنة . «ب» ناميةٌ مَرَضيّة .

phy·tin [fī′tĭn] *(n.)* الفيتين : مُركَّبٌ عضويّ محتوٍ على فوسفور (ك) .

phy·to·chem·is·try [fī′tō kĕm′-] *(n.)* الكيمياء النباتية .

phy·to·gen·ic [fī′tō jĕn′ĭk] *(adj.)* نباتيّ الأصل .

phy·to·ge·og·ra·phy [fī′tō jĭ ŏg′-] *(n.)* الجغرافيا النباتية : جغرافيّة النباتات ودراسة تَوَزُّعها على سطح الكرة الأرضية .

phy·tog·ra·phy [fī′tŏg′rə fĭ] *(n.)* علم النبات الوصفيّ .

phy·to·hor·mone [fī′tō hôr′mōn] *(n.)* الهرمون النباتيّ .

phy·to·lite *also* **phy·to·lith** [fī′tə-] *(n.)* أُحفورٌ نباتيّ (را . fossil) .

phy·tol·o·gy [fī tŏl′ə jĭ] *(n.)* علم النبات (ا . ن) .

phy·ton [fī′tŏn′] *(n.)* الفَيْتون : وحدة بِنْيويّة نباتية .

phy·to·path·o·log·ic; -al [fī′tō păth′ə lŏj′-] *(adj.)* باثولوجيّ نباتيّ .

phy·to·pa·thol·o·gy [-pə thŏl′-] *(n.)* باثولوجيا النبات : علم أمراض النباتات .

phy·toph·a·gous [fī tŏf′ə gəs] *(adj.)* نباتيّ : مُقتاتٌ بالنبات .

phy·to·plank·ton [fī′tə plăngk′-] *(n.)* العوالق النباتية ؛ النباتات المغمورة أو المُعَلَّقة [أي التي تعيشُ مغمورةً في المياه لا طافيةً ولا راسبةً] .

phy·to·so·ci·ol·o·gy [fī′tō sō′sĭ ŏl′ə jĭ; -sō′shĭ-] *(n.)* عِلم الاجتماع النباتيّ : دراسة العلاقات المتبادلة بين نباتات مناطقَ مُعيّنة .

phy·to·tox·ic [fī′tō tŏk′-] *(adj.)* سامٌّ للنبات : ذو أثر سُمِّيّ على النبات .

pi [1] [pī] *(n.; vt.; i.)* (١) المُبَعْثَرات : أحرف طباعية مُبَعْثَرة أو مختلطة § (٢) يُبَعْثِر [الأحرف المَطبعيةَ أو يُسيء توزيعها] x (٣) تتبعثر [الأحرفُ المطبعية] .

pi [2] *(n.)* (١) پاي : الحرف ١٦ من الأبجدية اليونانية (٢) ط ؛ پاي : الرمز π الذي يمثّل النسبة بين طول محيط الدائرة وقطرها ، أي ٣,١٤١٥٩٢٦٥ .

pi·al [pī′əl] *(adj.)* حَنُونيّ : ذو علاقة بالأمّ الحنون pia mater .

pi·a ma·ter [pī′ə mā′tər] *(n.)* الأُمّ الحنون : الغشاء الوعائيّ الرقيق الذي يؤلف الطبقة الداخلية من أغشية المخ والحبل الشوكي الثلاثة (ت) .

pi·a·nis·si·mo [pē′ə nĭs′ə mō′] *(adj.; adv.)* (١) رقيق جدًّا (مو) § (٢) بِرِقّة فائقة .

pi·a·nist [pĭ ăn′ĭst] *(n.)* البِيانيّ : عازِف البِيان .

pi·a·nis·tic [pĭ ə nĭs′-] *(adj.)* بيانيّ ؛ بِيانُوِيّ : متعلّق بالبيان .

pi·a·no [1] [pĭ ä′nō] *(adj.; adv.)* (١) رقيق (مو) § (٢) بِرِقّة (مو) .

pi·an·o [2] [pĭ ăn′ō] *(n.)* البِيان ؛ البِيانة ؛ البِيانو (مو) .

piano accordion *(n.)* الأكورديون البِيانيّ (مو) .

pi·an·o·for·te [pĭ ăn′ə fôr′tĭ; pĭ ăn′ə fôrt′] *(n.)* = piano.

pi·as·sa·va [pē′ə sä′və] *(n.)* البيسّافة : «أ» ليف النخل المستخدَم في صنع الحِبال والفراشي إلخ . «ب» نخلةٌ يُستخرج منها هذا الليف .

pi·as·ter *or* **pi·as·tre** [pĭ ăs′tər] *(n.)* (١) البيزو أو الدولار الإسباني القديم (٢) قِرش ؛ غِرش .

pi·az·za [pĭ ăz′ə] *(n.)* (١) ساحة ؛ ميدان [في مدينةٍ إيطالية خاصةً] (٢) رواق مُقَنْطَر مسقوف (٣) شُرْفَة .

pi·broch [pē′brŏkh] *(n.)* البيبراخ : قطعة موسيقية عسكرية أو مأتميَّة تُعزف على مزمار القِربة [في أسكتلندا] .

pic [pĭk] *(n.)* pl. **pics** *or* **pix** (١) صورة فوتوغرافية (٢) فيلم سينمائي .

pi·ca [pī′kə] *(n.)* (١) الوَحَم : رغبة غير سَويّة في أكل بعض المواد [كالطباشير أو الطين] (٢) البَيْكا : «أ» حرف مطبعيّ صغير قياسُهُ ١٢ بنطًا . «ب» وحدة لقياس الحروف المطبعية تساوي سُدْس إنش .

pi·ca·dor [pĭk′ə dôr′; pē′kä dôr′] *(n.)* البيكادور : فارس يفتتح مصارعة الثيران بإهاجة الثور بوخز الرماح ليوهن عضلات عُنُقِهِ وكتفيه .

pi·ca·ra [pē′kä rä′] *(n.)* المحتالة ؛ المتشرّدة ؛ الأفّاقة .

pic·a·resque [pĭk′ə rĕsk′] *(adj.)* تَشَرُّديّ : «أ» ذو علاقة بالمتشرِّدين . «ب» ذو علاقة بنوع من القصة ، إسبانيّ الأصل ، يصوّر حياة المتشرّدين .

pi·ca·ro [pē′kä rō′] *(n.)* المحتال ؛ المتشرّد ؛ الأفّاق .

pic·a·roon *or* **pick·a·roon** [pĭk′ə rōōn′] *(n.; vt.)* (١) المحتال ؛ المُتَشرِّد ؛ الأفّاق (٢) القُرْصان § (٣) يتَقَرْصَن : يحترف القَرْصنة .

pic·a·yune [pĭk′ĭ yōōn′] *(n.; adj.)* (١) البِيكيّون : «أ» نصف ريال إسبانيّ

قديم. «ب» خمسة سنتات أميركية (٢) شيء تافهٌ § (٣) تافهٌ (٤) صغير العقل.

pic·a·yun·ish [pĭk′ĭ yōō′-] *(adj.)* = picayune *3-4*.

pic·ca·lil·li [-′ə lĭl′ĭ] *(n.)* المُخَلَّل: مُقَبِّلٌ من خُضَرٍ وتوابل.

pic·co·lo¹ [pĭk′-] *(adj.)* مُصَغَّر: أصغر من الحجم العادي <~ piano>.

piccolo²

pic·co·lo² *(n.)* السُّرْناي (مج): فلوتٌ flute صغير (مو).

pice [pīs] *(n.)* pl. **pice** البايْس: «أ» قطعة نقديّة هندية سابقة تساوي $\frac{1}{64}$ من الروبية. «ب» وحدة نقدية باكستانيّة تساوي $\frac{1}{100}$ من الروبية.

pi·ce·ous [pĭs′ĭ əs; pī′sĭ-] *(adj.)* (١) «أ» قاريّ؛ زفتيّ. «ب» شبيه بالقار أو الزفت (٢) مُلْتَهِب؛ قابل للاشتعال (٣) زفتيّ السَّواد (ح).

pick¹ [pĭk] *(vt.; i.; n.)* (١) ينقب [أو يكسر بآلة مستدقة الرأس] (٢) «أ» ينزع قطعةً قطعةً <to ~ meat from bones>. «ب» يلتقط [الطائرُ] الحبَّ. «ج» يَعْرُق العظمَ: يزيل اللحم العالق به (٣) «أ» يقطف؛ يجني. «ب» يختار؛ ينتقي (٤) يسرق؛ يَنْشل <suspected of ~ing pockets> (٥) يتمحّل الخصام أو يلتمس له أسبابًا تُوجبه <to ~ a quarrel> (٦) «أ» ينقر [وترَ الآلة الموسيقية] بالريشة أو بالأصابع. «ب» يحلّ أو يفصل أو يسحب [الخيوطَ] (٧) يُخلّل أسنانه: يُخرج ما بقي من المأكول بينها بعود خاص (٨) يفتح قفلًا بآلة مستدقّة الرأس [ابتغاء السرقة] (٩) «أ» ينتف الريش <to ~ a fowl>. «ب» ينتقد [متكلّفًا البحث عن الأخطاء] **x** (١٠) يَسْرق مقادير صغيرة (١١) يأكل بتأنّق وتكلّف § (١٢) ضربة بآلة مستدقة الرأس (١٣) اختيار؛ اصطفاء (١٤) نُخبة؛ صَفْوة <the ~ of the herd> (١٥) القَطْفة؛ الجَنْية: ما يُقْطَف أو يُجْنَى من زهرٍ أو ثمارٍ دفعةً واحدةً.

to have a bone to ~ with — يجد سببًا للشكوى من...

to ~ at — (١) يأكل بلا شهيّة (٢) يعيب؛ ينتقد (٣) يزعج.

to ~ off — (١) ينتف (٢) يسدِّد النارَ [إلى الأشخاص إلخ] فيرديهم واحدًا بعد واحد (٣) يعترض [سبيلَهُ إلخ].

to ~ on — (١) يختار (٢) يُزعج؛ يُضايق.

to ~ one's way *or* steps — يمشي في حذرٍ واحتراس.

to ~ out — (١) يختار؛ ينتخب (٢) يميِّز؛ يتبيَّن (٣) يَفْهم [معنى جملةٍ إلخ] بإمعان التفكير فيها (٤) يُبْرِز.

to ~ over — يتخيَّر؛ ينتقي بعناية.

to ~ to pieces — يحلّل وينتقد.

to ~ up — (١) يلتقط [من الأرض] (٢) يَرْفع (٣) ينظِّف (٤) ينقلُهُ بعَرَبةٍ إلخ (٥) يتعلَّم (٦) يشتري (٧) يلتقط؛ يُصاب بِـ (٨) يَكْسِب [رزقَهُ] (٩) يتعرّف مصادفةً (١٠) يعتقل (١١) يجعله في نطاق السَّمع أو البصر (١٢) يلتقط: يتمكّن من سماع شيء (١٣) يُنعِش؛ ينشِّط (١٤) يزيد (١٥) يستأنف (١٦) يستعيد صحَّته (١٧) يمرّ به ويصطحبُهُ (١٨) يَحْفِر [بالمِعْوَل].

to ~ up with — يلتقي بِـ؛ يتعرَّف إلى.

pick² *(n.)* (١) مِعْوَل (٢) الخِلال: عودٌ تُخَلَّل به الأسنان (٣) ريشة العُود أو العَوّاد (مو) (٤) آلة يفتح بها اللّصّ الأقفال.

pick² *1.*

pick³ *(vt.; n.)* (١) يقذف بقُوّة § (٢) قَذْف (٣) شيء يُقذَف.

pick·a·back [pĭk′ə-] *(adv.; n.; vt.; i.)* = piggyback.

pick·a·nin·ny *or* **pic·a·nin·ny** [pĭk′ə nĭn′ĭ] *(n.)* طِفْلٌ زنجيّ.

pick·ax *or* **pick·axe** [pĭk′ăks′] *(n.; vt.; i.)* (١) مِعْوَل § (٢) يَحْفِر بالمِعْوَل **x** (٣) يَعْمل بالمِعْوَل.

pickax *1.*

picked *(adj.)* (١) مُسْتدِقّ الطَّرَف (٢) متخيَّر؛ مُنْتَقًى (٣) مقطوف.

pick·eer [pĭk ēr′] *(vi.)* يستكشف؛ يستطلع؛ يرود.

pick·er·el [pĭk′ər əl] *(n.)* الصغير من سمك الكراكي pike.

pickerelweed

pick·er·el·weed [-wēd′] *(n.)* عشبة البَكَريل: نبات مائيّ.

pick·et [pĭk′ət] *(n.; vt.; i.)* (١) وَتِد؛ خازوق (٢) «أ» مُفْرَزة طوارئ [لحماية الجيش من هجوم غادر]. «ب» خفير (٣) ناظرُ الإضراب: شخصٌ تُكلِّفه نقابة عمّالية بالمرابطة أمام أبواب مؤسّسةٍ ما لكي يَثْني العمال والزبائن عن دخول المبنى أثناء الإضراب (٤) المُتظاهِر [ضد سياسة الحكومة] § (٥) يُوَتِّد: يُطوِّق أو يسيِّج أو يُحَصِّن بأوتاد (٦) يضع خفيرًا أو مفرزة طوارئ (٧) يَعْقِل [الدّابّةَ] أو يَشُدّها إلى وَتِد (٨) يكلِّف امرءًا بالمرابطة أمام أبواب المؤسّسات المُضْرِب عُمّالها لكي يثني العمال والزبائن عن الدخول **x** (٩) «أ» يَخْفُر. «ب» يرابط أمام أبواب مؤسسة ما ليثني العمال إلخ عن الدخول.

pick·et·boat [pĭk′ət bōt′] *(n.)* زورق [الخَفَر السّواحل].

pick·ings [pĭk′ĭngz] *(n. pl.)* (١) الفُتات؛ اللُّقاط: كلّ ما يُلْتَقط ويُجمَع (٢) «أ» عائدات. «ب» اختلاسات. «ج» حصة من الغنيمة.

pick·le¹ [pĭk′əl] *(n.; vt.)* (١) مَرَق التّخليل (٢) حمّام حَمْضيّ [للتنقية الكيميائية] (٣) وَرْطة؛ مَأزِق (٤) المُخَلَّل؛ «الطُّرْشي»؛ «الكبيس» (٥) «أ» الشِّرّير؛ المُزْعِج. «ب» ولدٌ مُؤذٍ (ع) § (٦) يُخَلِّل؛ يَحْفظ في الخلّ (٧) ينقّي: يعالج أو ينظّف بمحلولٍ حمضيّ.

to have a rod in ~ for someone — يُعِدّ العَصا أو العِقابَ لفلان.

pick·le² *(n.)* (١) حَبّة قمح إلخ (٢) مقدار ضئيل (إسك).

pick·led [-′əld] *(adj.)* (١) مُخَلَّل: محفوظ في الخلّ (٢) ثمِل (ع).

pick·lock [pĭk′lŏk′] *(n.)* (١) لصّ (٢) فاتحة الأقفال: أداة لفتح الأقفال [ابتغاء السَّرقة].

pick–me–up *(n.)* المنعِش: شرابٌ منشِّط أو منبِّه.

pick·pock·et [pĭk′pŏk′ĭt] *(n.)* النَّشّال: سَرّاق الجيوب.

pick·proof [-′prōōf] *(adj.)* صامدٌ للسَّرِقة <~ locks>.

pick·up [pĭk′ŭp′] *(n.)* (١) «أ» انتعاش اقتصادي. «ب» تسريع؛ تعاجل (سي) (٢) «أ» الراكب المتطفِّل: شخص يرغب في إيقاف إحدى السّيارات ليركبها مجانًا. «ب» صديق المصادَفة: صديق تتعرَّف إليه مصادفةً ومن غير أن يقدِّمه إليك أحد (٣) «أ» تحويل الحركات الميكانيكية إلى اندفاعات كهربائية في الأسطوانة الفونوغرافية إلخ. «ب» أداة تقوم بعملية التحويل هذه (٤) الالتقاط: التقاط الموجات الصوتية في الجهاز المُرْسِل لتحويلها إلى موجات

كهربائية (رد) (٥) تداخُل الموجات (٦) «أ» اللاقط : جهاز [في الميكروفون إلخ] لتحويل الصوت أو المشهد إلى إشارات كهربائية. «ب» الالتقاط : تحويل صورة المشهد إلى طاقة كهربائية في الجهاز المُرْسِل (تلفز) (٧) محطّةُ الإرسال (رد) (٨) الرابط : الجهاز المُسْتَخدَم في ربط برنامج مُنْتَج خارج الإستديو بمحطة الإرسال (رد) (٩) الشاحونة : شاحنة خفيفة لنقل السِّلع وتوزيعها (١٠) نقل الرُّكاب؛ شحن البضائع [إلى ما وراء البحار].

pick·y [pĭk′ĭ] *(adj.)* نيِّق؛ صَعْب الإرضاء <a ~ eater>.

pic·nic [pĭk′nĭk] *(n.; vi.)* (١) نزهة [يتناول فيها المتنزهون طعامًا يحملونه معهم عادةً في الهواء الطلق] (٢) مهمّة سهلة (٣) كتِف خنزير § (٤) يتنزّه أو يأكل في الهواء الطلق. **—pic·nick·er** *(n.)*

pi·co·gram [pē′kō-] *(n.)* البيكوغرام : جزء من تريليون من الغرام.

pic·o·line [pĭk′ə lēn; pīk′ə lēn] *(n.)* البيكولين (ك).

pi·cot [pē′kō] *(n.; vt.)* (١) النُّقَيْطة : عُرْوة زينيّة على حوافي تخريم أو عصابة § (٢) ينقِّط : يزيِّن بعُرًى كهذه.

pic·o·tee [pĭk′ə tē′] *(n.)* المُنَقَّط؛ البيْكوت : قَرَنْفُلٌ تتميَّز بَتلاتُهُ بحاشية خارجيّة من لونٍ مغايرٍ أحمرَ عادةً (نب).

pic·rate [pĭk′rāt′] *(n.)* البكرات : مِلح حَمْض البِكريك (ك).

pic·ric acid [pĭk′rĭk] *(n.)* حَمْض البِكريك (ك).

pic·ro·tox·in [-rə tŏk′-] *(n.)* البِكروتوكسين : ذرور متبلّر سامٌّ (كح).

pic·to·graph [pĭk′tə-]; **pic·to·gram** *(n.)* البِكتوغراف : «أ» صورة أو حرف هيروغليفي يمثّل فكرة. «ب» شيء مكتوب بهذه الرموز.

pic·tog·ra·phy [pĭk tŏg′rə fĭ] *(n.)* = picture writing.

pic·to·ri·al [pĭk tōr′ĭ əl] *(adj.; n.)* (١) رَسْمْزيتيّ : ذو علاقة برسم الصُّور الزيتية أو براسِمها (٢) تصويريّ : مؤلَّف من صُوَر <~ writing> (٣) مُصَوَّر <a ~ magazine> § (٤) مجلّة مُصَوَّرة.

pic·to·ri·al·ize [pĭk tōr′-] *(vt.)* يُمثِّل أو يوضح بالصُّوَر.

pic·ture [pĭk′chər] *(n.; vt.)* (١) صورة (٢) وصف دقيق (٣) صورة ذهنية؛ انطباعة (٤) صورة أو نسخةٌ عن... <She was the ~ of her mother.> (٥) «أ» شريط سينمائي. «ب» *pl.* السّينما (٦) «تابلوه»؛ لوحة [في الإخراج المسرحي] (٧) الجميل : شخص أو شيء أو مشهد جميل (٨) عنوان؛ مِثال؛ نموذجٌ مُجَسِّد لـ <She looks the ~ of health.> (٩) حالة؛ وَضْع <the financial ~> § (١٠) يُصَوِّر؛ يَرْسُم (١١) يَصِف (١٢) يتصوَّر؛ يتخيَّل (١٣) يرتسم؛ يتجلّى؛ يتمثّل.

picture book *(n.)* كتاب مُصَوَّر [للأطفال بخاصة].

picture card *(n.)* = face card.

picture gallery *(n.)* مَعْرِض الصُّوَر أو الرسوم.

picture hat *(n.)* القُبَّعة التصويرية : قبعة أنيقة للسيّدات عريضة الحافَة.

picture postcard *(n.)* البطاقة المصوَّرة : بطاقة بريدية تحمل صورةً.

pic·tures [pĭk′chərz] *(n. pl.)* دار السينما أو صناعة السينما.

pic·tur·esque [pĭk′chə rĕsk′] *(adj.)* (١) مَنْظَرانيّ : شبيه بصورة رائعة؛ جدير بأن يكون موضوعًا لصورة رائعة <a ~ village> (٢) فاتن؛ رائع (٣) مُعَبِّر؛ مُفْعَم بالحيوية <~ language> (٤) حيّ؛ مثيرٌ للصُّوَر الذهنية <a ~ description> (٥) غريب؛ طريف <a ~ costume>.

picture tube *(n.)* صِمام الصورة (ألك).

picture writing *(n.)* الكتابة التصويرية؛ البكتوغرافيا : شكل بدائيّ من الكتابة استُخْدِمت فيه الصُّوَر رموزًا للمعاني.

pic·tur·ize [pĭk′chə rīz′] *(vt.)* يُصَوِّر. وبخاصة : يصوِّرُهُ سينمائيًا.

pic·ul [pĭk′ŭl; pĭk′əl] *(n.)* البِيْكول : وحدة وزن صينيّة.

pid·dle [pĭd′əl] *(vi.)* (١) يَعْبث؛ يُضيع الوقت سدًى (٢) يَبُول.

pid·dling [pĭd′lĭng] *(adj.)* (١) زهيد؛ طفيف؛ ضئيل (٢) تافه.

pid·dock [pĭd′ək] *(n.)* البِيْدُك : حيوان بحريّ من الرِّخويات.

pid·gin [pĭj′ĭn] *(n.)* البِدْجِنيّة : لغة مُبَسَّطة، هي عادةً مزيجٌ من لغتين أو أكثر، تُستَخْدم للتفاهم بين الشعوب الناطقة بلغات مختلفة.

pie[1] [pī] *(n.)* (١) magpie (٢) حيوان ملوَّن أو متعدّد الألوان (٣) فَطيرة (٤) قضية؛ مسألة (٥) كَعْكَة؛ قُرْص حلوى.

pie[2] *(n.; vt.; i.)* = pi[1-2].

pie[3] [pī] *(n.)* الپاية : وحدة نقدٍ هندية قديمة.

pie·bald [pī′bôld′] *(adj.; n.)* (١) ملوَّن؛ مختلف الألوان (٢) «أ» أرقط : منقّط ببياض وسواد. «ب» أبقع : موسوم ببقع بيضاء وغير بيضاء (٣) مزيج؛ غير متجانس § (٤) فرس، أو حيوان، أرقط أو أبقع.

piece [pēs] *(n.; vt.)* (١) قطعة؛ جزء (٢) نموذج؛ عَيِّنة (٣) مسافة قصيرة (٤) فترة قصيرة (ع) (٥) «أ» قطعة أدبية. «ب» لوحة زيتيّة. «ج» تمثال. «د» مسرحية. «هـ» مقطوعة موسيقية (٦) مِدفع؛ سلاحٌ ناريّ (٧) قطعة نقدية (٨) بَيْدق شطرنج [عالي القيمة] (٩) رأي (١٠) جِماع؛ مضاجعة § (١١) يُرَقِّع؛ يُصلِح؛ يجدِّد (١٢) يَجْمع : يضمّ شيئًا إلى آخر ليَنْتُجَ من ذلك كلٌّ كاملٌ.

- a ~ of one's mind — رأي صريح أو جريء.
- of a ~; of one ~ (with) — متجانس؛ متّفق مع.
- to ~ out — يستكمل : يُتمِّم أو يُكَمِّل بالجمع بين الأجزاء.
- to ~s — (١) إرْبًا إرْبًا (٢) بكلّ ما في الكلمة من معنًى.
- to ~ up — يُرَقِّع؛ يُصْلح.
- to take to ~s — (١) يُفَكِّك (٢) يتفكَّك.
- to work by the ~, — يَشتغل بالقطعة أو على أساس المقاولة.

piece by piece *(adv.)* شيئًا فشيئًا؛ تدريجيًّا.

pièce de ré·sis·tance [pyĕs′ də rā zē′ stäns′] *(n.)* (١) اللون الرئيسيّ [من ألوان الطعام في مأدبة] (٢) العنصر الرئيسيّ [في مجموعة].

piece–dye [pēs′dī′] *(vt.)* يَصْبِغ [بعدَ النّسج أو الحَبْك].

piece goods *(n. pl.)* السِّلع القِطعيّة : السِّلع، وبخاصةٍ الأقمشة، التي تُباع أو تُنْسَج، عادةً، بالقطعة أو بأطوالٍ محدَّدة.

piece·meal [-′mēl] *(adv.; adj.)* (١) شيئًا فشيئًا؛ تدريجيًّا (٢) إرْبًا إرْبًا <The beasts will tear thee ~.> § (٣) تدريجيّ <~ reforms>.

piece of cake *(n.)* شيء سهل جدًّا.

piece of eight *(n.)* الثُّمانيّ : بيزو إسباني قديم يساوي ٨ ريالات.

piece·work [pēs′wûrk′] *(n.)* الشُّغل بالقِطعة أو مقاولةً.

piecrust table [pī′krŭst] *(n.)* المائدة القِشريّة: مائدة مستديرة الرأس مزخرفة الحوافي.

piecrust table

pied [pīd] *(adj.)* أرقط؛ أبقع؛ متعدّد الألوان <a ~ horse>.

pied-à-terre [pyā dȧ tĕr′] *(n.)* مَسْكَنٌ ثانٍ أو مؤقّت.

pied·mont [pēd′mŏnt] *(adj.)* سَفْحيّ: واقعٌ في سفوح الجبال.

pie–eyed [pī′īd] *(adj.)* سكران؛ ثَمِلٌ؛ مخمور.

pie·plant [pī′plănt′] *(n.)* الرّاوند المتماوج أو البستاني (نب).

pier [pēr] *(n.)* (١) دِعامة [جسرٍ] (٢) الرصيف البحريّ: رصيف ممتدّ في البحر (٣) عمود؛ ركيزة (٤) جدار بين بابين [أو نافذتين].

pierce [pērs] *(vt.; i.)* (١) يَطْعَن؛ يَخِز (٢) يَثْقُب (٣) يَخْرُق؛ يخترق؛ يَنْفُذ (٤) يتبيَّن؛ يُدرِك؛ يَفْهم (٥) يَنْفُذُ [إلى القلب إلخ]. **—pierc·ing** *(n.)*

pierc·ing [pēr′-] *(adj.)* (١) عالٍ؛ مُدَوٍّ <a ~ cry> (٢) ثاقب؛ نافذ؛ حادّ (٣) قارس <~ winds> (٤) لاذع <~ sarcasm>.

pier glass [pēr] *(n.)* مرآة الحائط [وبخاصةٍ بين نافذتين].

Pi·e·ri·an [pī ēr′ĭ-] *(adj.)* پييرياويّ: «أ» ذو علاقة بمنطقة پييريا اليونانية القديمة التي كانت مركزًا لعبادة الموزيّات (را. Muse). «ب» مُوزيّ: ذو علاقة بالمُوزيّات.

Pierian spring *(n.)* مصدر معرفة أو إلهام شعريّ.

Pi·er·rot [pē′ə rō′] *(n.)* المهرِّج [في المسرحيات الإيمائية الفرنسية].

pier table *(n.)* طاولة المرآة: طاولة توضع تحت مرآة الحائط.

pies [pīz] *pl. of* pi *or of* pie.

pie·tà [pyā tä′] *(n. often cap.)* المُنْتَحِبة: صورة تمثّل العذراء منتحبةً فوق جثمان المسيح.

pi·e·tism [pī′ə tĭz-] *(n.)* (١) التَّقَويّة: حركة دينية نشأت في ألمانيا في القرن ١٧ وأكّدت على دراسة الكتاب المقدس وعلى الخبرة الصوفية (٢) «أ» تَقْوى؛ وَرَع. «ب» تَقْوى مُتكلَّفة. **—pi·e·tist** *(n.)* **—pi·e·tis·tic; -al** *(adj.)*

pi·e·ty [pī′ə tĭ] *(n.)* (١) «أ» طاعة الوالدين. «ب» الولاء: الإخلاص للأسرة أو للعِرق (٢) تُقًى؛ تَقْوى؛ وَرَع (٣) عملٌ أو معتقَد نابعٌ عن تقوى.

piezo- بادئة معناها: ضَغْط <*piezo*meter>.

pi·e·zo·chem·is·try [pī ē′zō kĕm′-] *(n.)* الكيمياء الضَّغطيّة.

pi·e·zo·e·lec·tric *(adj.)* كَهْرَبيْضَغطي؛ كَهْربيّ ضَغْطيّ؛ كَهْرإجهاديّ.

pi·e·zo·e·lec·tric·i·ty [pī ē′zō-] *(n.)* الكهرباء الضغطيّة أو الإجهادية.

pi·e·zom·e·ter [-zŏm′-] *(n.)* البيزومتر: مقياسُ الضغط أو الانضغاطيّة.

pi·e·zo·met·ric [pī ē′zə mĕt′-] *(adj.)* بيزومتريّ.

pi·e·zom·e·try [-zŏm′-] *(n.)* البيزومترية: قياس الضَّغط أو الانضغاطية.

pif·fle [pĭf′əl] *(vi.; n.)* (١) يهذي (٢) يَعْبث § (٣) هُراء؛ كلام فارغ.

pig [pĭg] *(n.; vt.; i.)* (١) خِنزير (ح) (٢) «أ» لحمُ خِنزير. «ب» جِلد خنزير (٣) الخِنزير: شخص شرِهٌ أو قذِرٌ أو أنانيّ (٤) الخِنزيرة: كتلة مستطيلةٌ مصبوبة من فِلِزّ خام (٥) امرأة مُستهترة أو فاجرة (٦) شُرطيّ (ع) § (٧) تُخْنِص: تَلِدُ الخنزيرةُ خِنَّوصًا x (٨) يَتَخَنْزَر: يحيا كالخنازير <to ~ it>.

Pigs might fly. قد تَحدُث العجائب.

to bring one's ~*s* to the wrong market يُخفق في بيع شيء؛ يخفق في عمل أو مشروع.

to buy a ~ in a poke يشتري شيئًا من غير أن يراه أو يعرف قيمته [ثمّ يَندم على ما فعل].

to make a ~ of oneself يأكل بشَرَه؛ يَشْرب بِشَرَه.

pig bed *(n.)* القالَب الخِنزيريّ: قالبٌ من رَمْلٍ يُصبّ فيه الحديد.

pig·boat [pĭg′bōt′] *(n.)* غَوّاصة (ع).

pi·geon [pĭj′ən] *(n.; vt.)* (١) الحمامة: واحدة الحمام (٢) فتاة (٣) السّاذَج: شخص يَسْهُل خداعُهُ (٤) clay pigeon (٥) شأنٌ؛ عَمَلٌ <That is your ~.> § (٦) يَخْدع؛ يحتال على.

pigeon breast *(n.)* الصَّدْر الحَماميّ: تشوُّه في الصّدر يتميّز بنتوء حادّ في عظم القَصّ. **—pi·geon–breast·ed** *(adj.)*

pigeon hawk *(n.)* صَقرُ الحَمام: صقر صغير يَقْتات بالحمام.

pigeon hawk

pi·geon–heart·ed *(adj.)* جبان؛ مخلوع الفؤاد.

pi·geon·hole [pĭj′ən hōl′] *(n.; vt.; adj.)* (١) بيت الحَمام: «أ» عين من عيون برج الحَمام. «ب» «عين» من العيون المربّعة لتصنيف الأوراق وغيرها في خزانة أو منضدة كتابةٍ (٢) صِنف؛ فئة § (٣) «أ» يُعيِّن: يضعه في «عَيْن» من عيون الخزانة أو المنضدة. «ب» يُهمله أو يضعه جانبًا؛ يضعه على الرفّ (٤) يصنّف؛ يُبوِّب؛ يُرتِّب § (٥) مصنَّف؛ مُبَوَّب.

pi·geon·ite [pĭj′ə nīt′] *(n.)* البيجونيت (مع).

pi·geon–liv·ered [pĭj′-] *(adj.)* (١) وديع؛ رقيق الجانب (٢) مُستكين.

pigeon pea *(n.)* البِسِلّة الهِندية: جُنَيْبة من الفصيلة القَرْنية (نب).

pi·geon–toed [pĭj′ən tōd′] *(adj.)* حَماميّ الأصابع أو البراثن: أصابع قدميه مرتدّةٌ إلى الداخل.

pi·geon·wing [pĭj′ən-] *(n.)* جناح الحمام: «أ» حركة في الرقص تتّسِم بالوثب وبضرب إحدى الرجلين بالأخرى. «ب» سلسلة حركات في التزلّج تشبه انتشار جناح الحمامة.

pig·fish [pĭg′fĭsh′] *(n.)* النّاخر: ضرب من السمك البحري.

pig·ger·y [pĭg′ə rĭ] *(n.)* (١) زريبة خنازير (٢) مزرعة خنازير.

pig·gin [pĭg′ĭn] *(n.)* البَيْجَن: دلوٌ خشبيّ إحدى أضلاعه مرتفعة على شكلِ مِقبض.

piggin

pig·gish [pĭg′-] *(adj.)* خِنزيرانيّ؛ شبيه بخِنزير: قذِر؛ شرِه؛ عنيد.

pig·gy [-ĭ] *(n.; adj.)* (١) الخِنَّوص: صغيرُ الخِنزير § (٢) شرِهٌ؛ نَهِمٌ.

pig·gy·back [pĭg′ĭ-] *(adv.; n.)* (١) على الظَّهر: «أ» على الظهر والكتفين. «ب» على متن شاحنة مسطَّحة مكشوفة من شاحنات السكّة الحديدية § (٢) حَمْلٌ على الظَّهر. **—pig·gy·back** *(vt.; i.)*

piggy bank *(n.)* الحَصّالة الخِنزيرية: حصّالةُ نقودٍ على شكل خنزير.

pig·head·ed [pĭg′hĕd′ĭd] *(adj.)* عنيد [إلى حدّ الحماقة].

pig iron *(n.)* تماسيح الحديد: حديدٌ مصبوبٌ كُتَلًا مستطيلة.

pig lead *(n.)* تماسيح الرصاص: رصاصٌ مصبوب كُتَلًا مستطيلة.

pig·let; pig·ling [pĭg′-] *(n.)* الخِنَّوص: خِنزير صغير.

pig·ment [pĭg′-] *(n.; vt.)* (١) صِبْغ (٢) الخِضْب؛ الخِضاب: المادّة الملوِّنة في أنسجة أو خلايا الحيوانات والنباتات (أح) § (٣) يَصْبِغ؛ يَخْضِب.

pig·men·tar·y [-′mən tĕr′ĭ] *(adj.)* (١) صِبْغيّ (٢) خضبيّ؛ خِضابيّ.

pig·men·ta·tion *(n.)* (١) صَبْغ؛ خَضْب (٢) اصطباغ؛ اختضاب.

pig·my [pĭg′mĭ] *(n.)* = pygmy.

pig·nut [pĭg′nŭt] *(n.)* شجر الحِقّور أو جوزُه.

pig·pen [pĭg′pĕn′] *(n.)* (١) زريبة خنازير (٢) مكان قذِر.

pig·skin [pĭg′-] *(n.)* (١) جلد الخِنزير (٢) سَرْج (٣) كرة قَدَم.

pig·stick [pĭg′stĭk′] *(vi.)* يُرامح: يصيد الخنازيرَ البرّية بالرِّماح.

pig·sty [pĭg′stī′] *(n.)* زريبة خنازير.

pig·tail [pĭg′tāl′] *(n.)* ذيلُ الخِنزير: «أ» تبغ مجدول على شكل حبال أو لفائف صغيرة. «ب» ضفيرة تتدلى من مؤخر الرأس.

pig·tailed *(adj.)* مُضَفَّرة: ذات ضفيرةٍ مُتدلِّيةٍ من مؤخَّر الرأس.

pig·wash [-′wŏsh] *(n.)* طعام الخنازير: فضلاتٌ يُلْقَى بها إلى الخنازير.

pig·weed [pĭg′wēd′] *(n.)* عشبة الخنازير (نب).

pi·ing [pī′ĭng] *pres. part. of* pi *or of* pie.

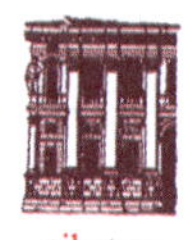

pi·ka [pē′kə; pī′-] *(n.)* البِيكة: حيوان ثدييّ صغير عديم الذيل.

pika

pi·ka·ke [pē′kə kā′] *(n.)* البِيْكيك: نبات مُعترِش.

pike [1] [pīk] *(n.; vt.)* (١) العصا الرامحة: عصًا في طرفها حديدة مستدقة الرأس للسير في الأراضي الزَّلِقة (٢) «أ» رُمحٌ. «ب» قناة الرُّمح. «ج» رأس الرمح. «د» مِنْخَس. «هـ» مسمار طويل § (٣) يطعن أو يجرح أو يقتل برمح.

pike [2] *(n.)* النَّبْكة: جبلٌ [أو أكَمة] مستدقّ الرأس.

pike [3] *(n.)* سَمَك الكراكي: سمك نهريّ ضخم ذو خطم متطاول.

pike[3]

pike [4] *(vi.)* (١) يَرْحل فجأة أو بسرعة (ع) (٢) يَشُقّ طريقَهُ. <to ~ along>

pike [5] *(n.)* (١) الماصِر؛ بوّابة المُكوس: نقطة تقف عندها العَرَبات لدفع المكوس (٢) المَكْس المدفوع هناك (٣) سكةُ حديد.

piked [pīkt] *(adj.)* مُؤَسَّل؛ محدَّد؛ مُرَوَّس؛ مستدقّ الرأس.

pike·man [pīk′-] *(n.)* الرّامح: جنديّ حاملٌ رمحًا.

pike perch *(n.)* فَرْخ الكراكي: أيّ من عدّة أسماك وثيقة الصلة بالفَرْخ (را. perch[2]) وشبيهةٍ بسمك الكراكي (را. pike[3]).

pik·er [pī′kər] *(n.)* (١) المقامر أو المضارب بحَذَر: من يقامر أو يضارب بمبالغَ صغيرة (٢) البخيل؛ الشَّحيح: الضَّنين بمالِهِ أو جهده.

pike·staff [pīk′-] *(n.)* pl. **-staves** (١) pike[1] *1* (٢) قناة الرمح.

pil- *or* **pili-** *or* **pilo-** بادئة معناها: شَعْر. <*pileous*>

pi·laf *or* **pi·laff** [pĭ läf′] *or* **pi·lau** [-lō′] *(n.)* البيلاف: طعام شرقيّ من أرُزّ ولحم وتوابل.

pi·las·ter [pĭ lăs′tər] *(n.)* العِماد: عمودٌ مستطيلٌ، ذو تاج وقاعدة، ناتئٌ بعضَ النّتوء من جدار (عم).

pilasters

pil·chard [-′chərd] *(n.)* البِلْشار: سمكٌ بحريّ صغير شبيهٌ بالرَّنكة.

pile [1] [pīl] *(n.; vt.; i.)* (١) «أ» ركيزة؛ دِعامة. «ب» خازوق؛ وَتِد (٢) رأس رمح § (٣) يُدعِّم بركائز؛ يُوَتِّد.

pile [2] *(n.; vt.; i.)* (١) «أ» رُكام؛ كَوْمة. «ب» المَحْرَقة: كومة حطب لإحراق جثّة أو أُضْحيّة. «ج» مقدار وافر (٢) «أ» مبنًى ضخم. «ب» مجموعة مبانٍ ضخمة (٣) ثروة (٤) «أ» الجُرْزة: سلسلة صفائح من فِلِزّات مختلفة، كالنحاس والزنك، يفصل ما بينها قماش أو ورق مبلّل بحمضٍ ما لتوليد تيار كهربائي. «ب» بطارية؛ حاشدة (كب) (٥) مُفاعِلٌ نَوَويّ § (٦) يَرْكُم؛ يُكدِّس (٧) يُثقل x <to ~ a table with food> (٨) يتراكم؛ يتكدّس؛ يتجمّع.

pile [3] *(n.)* (١) وبَرٌ؛ زَغَبٌ (٢) النسيج المُخمَّل: نسيج على سطحه عُقَدٌ وَبَرية.

pile [4] *(n.)* (١) باسور (ط) (٢) *pl.*: بواسير (٣) *pl.*: البَوْسَرَة: حالةُ المصاب بالبواسير.

pi·le·ate [pī′lĭ ĭt; -āt′] *or* **pi·le·at·ed** [pī′lĭ ā′-] *(adj.)* (١) مُظَلَّل: ذو مظلة [كالفُطريّات] (٢) مُقَنْزَع: ذو قُنْزُعة [كالطيور].

pileated woodpecker *(n.)* القَرّاع المُقَنْزَع (طا).

piled [pīld] *(adj.)* مُزَأْبَر: ذو زِئْبِر [كالمخمل وغيره من الأنسجة].

pile driver *(n.)* (١) مِدقّ الخوازيق أو الأوتاد: ماكينة تُدَقّ فيها الخوازيق في الأرض (٢) الخازوقيّ؛ الأوتاديّ: مَنْ يُعمل هذه الآلة.

pile hammer *(n.)* مِطرقة الخوازيق أو الأوتاد.

pi·le·ous [pī′lĭ-] *(adj.)* (١) شَعْريّ (٢) أشْعَر: كثير الشَّعر؛ مَكْسُوٌّ بالشَّعر.

pi·le·um [pī′lĭ əm] *(n.)* pl. **pi·le·a** [pī′lĭ ə] قُنْزُعة الطائر.

pi·le·us [pī′lĭ əs] *(n.)* pl. **pi·lei** [-′lē ī′] (١) المِظلّة: الجزء الشبيه بالمظلّة في الفُطريات (نب) (٢) القَلَنْسُوَة اللِّبدية: قَلَنْسُوَة لِبدية كان يعتمر بها الرومان والإغريق.

pile·wort [pīl′wûrt′] *(n.)* (١) بَقْلَة الخطاطيف (٢) عشبة البواسير.

pil·fer [pĭl′-] *(vi.; t.)* يَسْرِق؛ يختلس [وبخاصة بمقاديرَ صغيرة].

pil·fer·age [-′fər ĭj] *(n.)* السَّرِقة؛ الاختلاس [وبخاصةٍ بمقاديرَ صغيرة].

pil·fer·er [pĭl′-] *(n.)* السّارِق؛ المُختلِس [وبخاصةٍ بمقاديرَ صغيرة].

pil·gar·lic [pĭl gär′lĭk] *(n.)* (١) رأسٌ أصلع (٢) شخص أصلع (٣) المِسْكين: شخص يُنظر إليه بازدراء هازلٍ أو بإشفاقٍ ساخر.

pil·grim [pĭl′grĭm] *(n.)* (١) الرَّحّالة؛ السائح (٢) الحاجّ (٣) المُسْتَوطن الأصليّ (٤) *cap.*: المُهاجِر: أحد المهاجرين الإنكليز الذين أنشأوا أول مستعمرة في نيو إنغلند بالولايات المتحدة الأميركية عام ١٦٢٠.

pil·grim·age [pĭl′grə mĭj] *(n.; vi.)* (١) رحلة. وبخاصة: حِجّة إلى مكان مقدَّس (٢) رحلة طويلة (٣) الحياة § (٤) يَحُجّ.

pi·lif·er·ous [pī lĭf′ər əs] *(adj.)* أشْعَر: ذو شَعْر.

pil·i·form [pĭl′ə fôrm′] *(adj.)* شَعْرانيّ: شبيهٌ بالشَّعْر.

pil·ing [pī′-] *(n.)* (١) المُدَعَّم: كلُّ ما يُبْنَى على دعائم (٢) دعائم.

Pil·i·pi·no [pĭl'ə pē'nō] *(n.)* اللغة الفيليبينية .

pill[1] [pĭl] *(vi.; t.)* (١) يتقشّر x (٢) يقشُر .

pill[2] *(n.; vt.)* (١) حَبّة [دواء] (٢) .cap عد : حَبّة منع الحَمْل [تسبقها *the* عادةً] (٣) الحَبّة : «أ» شيء كريهٌ يتعيَّن على المرء قَبولُهُ أو احتمالُهُ . «ب» شيء كحبّة الدّواء حجمًا أو شكلًا (٤) شخصٌ بغيض أو مُزعج (ع) (٥) كرة التنس أو البَيْسبول إلخ (ع) § (٦) يُجزِّئ : يُقَسِّم الدواء إلى جرعات موزّعةٍ في حبوبٍ (٧) يصوِّت ضدّه .

pil·lage [pĭl'ĭj] *(n.; vt.; i.)* (١) سَلْبٌ ؛ نَهْبٌ [وبخاصةٍ في الحرب] § (٢) يَسْلُب ؛ يَنْهَب . **— pil·lag·er** *(n.)*

pil·lar [pĭl'ər] *(n.; vt.)* (١) عمود ؛ دعامة ؛ قائمة (٢) نُصُب تذكاري (٣) رُكن ؛ عماد ؛ سِناد § (٤) يُدَعِّم : يزوِّد أو يُقَوِّي بدعائم .
from ~ to post (١) من مكان إلى آخر أو من حالة إلى أخرى (٢) جيئة وذهوبًا (٣) في حيرة من أمره لا يدري ما الذي يجب أن يفعله في الخطوة التالية .

pillar-box

pil·lar–box [pĭl'-] *(n.) Brit.* صندوق بريد عمودي (بر) .

pil·lard [pĭl'ərd] *(adj.)* مُعَمَّد ؛ مُدَعَّم : ذو أعمدة أو دعائم .

pill·box [pĭl'-] *(n.)* (١) علبة الحبوب : علبة توضَع فيها حبوبُ الدّواء (٢) المَنَعَة : موضع صغير منخفض تُوضَع فيه المدافع إلخ (٣) قبّعة صغيرة مستديرة لا حافَة لها .

pill bug *(n.)* حمار قَبّان : دُوَيْبّة صغيرة كثيرة القوائم إذا خشِيَت أذًى اجتمعت مثل حبّة أو شيء مطويّ .

pil·lion [pĭl'yən] *(n.; adv.)* (١) البَلْيون : «أ» سَرْج خفيف للنساء . «ب» وسادة توضع وراء السرج [لركوب المرأة خلف الفارس] . «ج» سَرْج إضافيّ خلف مقعد سائق الدراجة البخارية أو الهوائية § (٢) مُرْدَفًا : راكبًا على السَّرج أو المقعد الخلفيّ <to ride ~> .

pil·lo·ry [pĭl'ə rĭ] *(n.; vt.)* (١) المُشَهِّرة : «أ» آلة خشبية للتعذيب تُدخل فيها يدا المجرم ورأسُهُ ابتغاء التشهير به . «ب» وسيلة من وسائل التشهير § (٢) يُعَذِّب أو يُشَهِّر بالمُشَهِّرة (٣) يُشَهِّر بـِ .

pillory 1a.

pil·low [pĭl'ō] *(n.; vt.; i.)* (١) وِسادة § (٢) يوسِّد : يريح على وسادة (٣) يقوم مقام الوسادة لِـ x (٤) يتوسّد ؛ يستلقي على وسادة .

pillow block

pillow block *(n.)* مَحْمِل ؛ كُرسيّ تحميل (مك) .

pil·low·case [pĭl'ō kās'] *(n.)* كيس المِخَدّة ؛ غطاء الوسادة .

pillow sham *(n.)* كيس مِخَدّة مزخرف ؛ غطاء وِسادة مزخرف .

pillow slip *(n.)* = pillowcase.

pilo- = pil-.

pi·lo·car·pine [pī'lō kär'pēn] *(n.)* البيلوكاربين : مادة شبه قلوية (ك) .

pi·lose [pī'lōs] *(adj.)* أشعَر : مكسوّ بشعر [ناعم عادةً] .

pi·lot [pī'lət] *(n.; vt.; adj.)* (١) «أ» مدير الدَّفّة [في مركب] . «ب» مُرشد السفن [في قناة أو مرفأ] (٢) المرشد ؛ الدليل ؛ القائد (٣) cowcatcher (٤) رُبّان الطائرة (٥) الدليل : أداة تَضْبط عمل جزء من ماكينة أو محرّك (مك) § (٦) يُرْشِد ؛ يَقُود (٧) يسيِّر سفينةً ؛ يقود طائرةً § (٨) تجريبيّ ؛ اختباريّ <a ~ project>.

pi·lot·age [pī'lət ĭj] *(n.)* (١) مص pilot (٢) أجرة المرشد أو الربّان .

pilot balloon *(n.)* المُنْطاد الاسترشادي : مُنطاد من غير رُبّان يُطْلَق كوسيلة لتحديد وِجهة الريح وسرعتها .

pilot biscuit; pilot bread *(n.)* = hardtack.

pilot burner *(n.)* المَضْرَم أو الحرّاق الدليليّ (مك) .

pilot engine *(n.)* القاطرة الدَّليليّة ؛ القاطرة الرائدة : قاطرة تتقدم القطار للتأكد من أن الطريق سالكة .

pilot fish

pilot fish *(n.)* الزّامور ؛ السمك الدليليّ : سمك بحريّ يرافق الأقراش والسُّفن وكأنه يرشدها .

pi·lot·house [pī'lət hous'] *(n.)* مقصورة القيادة (مل) .

pilotless aircraft *(n.)* الطائرة الموجَّهة : طائرة من غير طيّار .

pilot light *(n.)* (١) أو **pilot lamp** : المِصباح الدليليّ أو الدّالّ : مصباح يدلّ على موضع المحوِّل أو القاطع للتيار الكهربائي أو يدلّ على ما إذا كان المحرّك دائرًا أم لا (٢) الشعلة الدائمة : شعلة صغيرة دائمة الاضطرام تُستعمل لإشعال الغاز في مَضْرَم أو حرّاق .

pilot officer *(n.)* ضابط طيّار ؛ ملازم طيّار (جن) .

Pilt·down man *(n.)* إنسان بِلتْداون : إنسان قَبْتاريخي زُعِم أن بقاياه اكتُشفت عام ١٩١٢ في بلتداون بإنكلترا .

pil·u·lar [pĭl'yə lər] *(adj.)* حَبّانيّ : شبيهٌ بحبّة الدّواء أو ذو علاقة بها .

pil·ule [pĭl'yōōl] *(n.)* حبّة ؛ حبّة صغيرة .

pi·lus [pī'ləs] *(n.)* (١) شَعْرة (٢) زائدة شبيهة بالشَّعرة [في بعض الجراثيم] .

pi·men·to [pĭ mĕn'tō] *(n.)* البِيمَنْت : فُلْفُل حُلو .

pimento cheese *(n.)* الجُبْن المُفَلفَل : جبنٌ مُنَكَّهٌ بفُلفُلٍ حُلو .

pi–me·son [pī'mē'zŏn] *(n.)* الپايميزون : ميزون (meson .را) ذو كتلة أكبر من كتلة الألكترون بـِ ٢٧٠ مرة تقريبًا (فز) .

pi·mien·to [pĭ myĕn'tō; -mĕn'-] *(n.)* = pimento.

pim·o·la [pĭ mō'lə] *(n.)* الزيتون المُفَلْفَل [المَحْشُوّ بفُلْفُل أحمر حُلو] .

pimp [pĭmp] *(n.; vi.)* (١) القَوّاد ؛ سِمسار الفاحشة § (٢) يَعْمَل قَوّادًا .

pim·per·nel [pĭm'pər nĕl'] *(n.)* الأناغالِس ؛ كُزبرة الثعلب : عشبة ذات أزهار قرمزية أو أرجوانيّة أو بيضاء تنطبق حين تسوء الأحوال الجوية .

pimp·ing [pĭm'pĭng] *(adj.)* (١) تافه (٢) ضعيف ؛ سَقيم (ع) .

pim·ple [pĭm'pəl] *(n.)* بَثْرة ؛ نَفْطة [أو شيء شبيهٌ بها] .

pim·pled [-'pəld] *or* **pim·ply** [-'plĭ] *(adj.)* مُبَثَّر ؛ مُنَفَّط .

pimp·mo·bile [-'mō bēl'] *(n.)* سيارة مُتْرَفة [كالتي يستخدمها القوّادون] .

pin [pĭn] *(n.; vt.; adj.)* (١) «أ» وَتِد ؛ خابور . «ب» القارورة الخشبية : إحدى القطع الخشبية الشبيهة بالقناني والتي تُتّخذ هدفًا في لعبة القناني التّسع

ă at; ā date; â care; ä car; ĕ egg; ē me; ĭ in; ī bite; ŏ lot; ō bone; ô orphan; oi boil; ŏŏ good; ōō boot; ou out; ŭ under; û urgent; ə = *a* in alone, *e* in system, *i* in easily, *o* in gallop, *u* in circus.

(را. ninepin) وفي البولنغ. «ج» سارية العَلَم الدالّ على ثقب في مجرى كرة الغولف. «د» مِلْوَى العود أو الكمان. «هـ» ذلك الجزء [من المفتاح] الذي يدخل في القفل (٢) «أ» دبّوس؛ مِشْبك. «ب» مسمار. «ج» شيء تافه. «د» شارة ذات دبوس يثبّتها على الثوب. «هـ» بروش؛ دبوس زينيّ. «و» دبوس شعر. «ز» دبّوس الأمان؛ دبوس إفرنجي (٣) المِشَكّ (ألك) (٤) رِجْل (ع) § (٥) يُدَبِّس: يَشْبِك بدبّوس (٦) يثبّت؛ يُرَسِّخ في مكانٍ ما (٧) يُعَلّق [الآمالَ إلخ] (٨) يلقي التبعةَ أو اللومَ § (٩) دبّوسيّ: ذو علاقة بدبّوس.

Don't care a ~, لا تُبالِ ألبتّة.
on ~s and needles على أحرّ من الجمر.
~s and needles إحساس كَوَخْزِ الإبر نتيجة خَدَرٍ إلخ.
to ~ one's faith to يتّكل اتّكالًا تامًّا على.

pi·na·ceous [pī nā′shəs] *(adj.)* صَنَوْبريّ: خاصّ بفصيلة الصَّنوبر.

pi·ña cloth [pēn′yə] *(n.)* القُماش الأناناسيّ: قماشٌ شفّاف، فيليبينيّ الأصل، يُنْسَج من ألياف الأناناس الحريرية.

pi·ña co·la·da [pēn′yə kō läd′ə] *(n.)* الخمر الأناناسية: شراب مُسْكر.

pi·nas·ter [pī năs′tər; pĭ-] *(n.)* الصَّنَوْبَر المُتَوَسِّطيّ (نب).

pin·ball machine *also* **pin·ball game** *(n.)* لعبة الكرة والدبابيس: أداة تسلية تُتّخذ للمقامرة أحيانًا، تُدْفع فيها كُرة فوق سطح متحدِّر وسط دبابيس وأهداف؛ فِلِيبَرْز.

pin·bone [pĭn′bōn′] *(n.)* العظم الحَرْقفيّ [عند ذوات الأربع] (ت).

pince–nez [păns′nā] *(n.)* النظّارة الأنفية.

pince-nez

pin·cer [pĭn′sər] *(n.)* (١) *pl.*: «أ» كمّاشة؛ مِسْحَبَة. «ب» كُلّاب (را. chela [1]) (٢) أحد فكَّي الكمّاشة العسكرية.

pincers *1a.*

pin·cer·like [-līk′] *(adj.)* كمّاشيّ؛ كالكَمّاشة؛ شبيهٌ بكَمّاشة.

pinch [1] [pĭnch] *(vt.; i.; n.)* (١) «أ» يَقْرُص. «ب» يُشَذِّب [الأغصان]. «ج» يَعْصِر؛ يضغط بشكل موجع [كفعل الحذاء الضيّق]. «د» يؤلم جسديًا أو عقليًا. «هـ» يُنحل؛ يُذْبل؛ يُذْوي (٢) يقتّر على (٣) «أ» يسرق (ع). «ب» يعتقل (ع) (٤) يُبْحِر في محاذاة الريح x (٥) يَبْخل (٦) يَضيق؛ يتضيّق § (٧) «أ» مأزق. «ب» ضغط. «ج» شِدّة؛ ضِيق؛ حرمان. «د» عَجْز؛ نَقْص (٨) «أ» قَرْص؛ قَرْصَة. «ب» قَرْسة [البَرْد]. «ج» لَذْعة، لَذْع؛ عَضّة <the ~ of hunger>. «د» قَبْضة <a ~ of salt *or* snuff>. «هـ» مقدار ضئيل (٩) «أ» سرقة (ع). «ب» اعتقال (ع). «ج» غارة [من غارات الشرطة].

pinch [2] *(adj.)* بديلٌ <a ~ runner>.

pinch bar *(n.)* عَتَلَةُ القَرْص: مُخْلٌ أعقف [لدحرجة الدواليب].

pinch·beck [pĭnch′bĕk] *(n.; adj.)* (١) البِنْشْبك: مزيج من نحاس وزِنْك يُستعمل بخاصة لمحاكاة الذهب في الحلى الرخيصة (٢) شيء مُزَيَّف § (٣) زائف؛ رخيص <a ~ throne>.

pinch·cock [pĭnch′kŏk′] *(n.)* الصُّنبور القارص: مِلْزَم يُستخدم للضَّغط على أنبوب مطّاطيّ ابتغاء ضَبْط، أو وَقْف، تدفُّق السائل فيه.

pinched [pĭncht] *(adj.)* (١) ضيّق (٢) نحيل (٣) مُعْوِز؛ فقير.

pinch·er [pĭn′chər] *(n.)* (١) فا pinch (٢) *pl.*: كَمّاشة.

pinch–hit [pĭnch′hĭt′] *(vi.)* (١) يَرْمي بالنيابة: يرمي الكرة بدلًا من لاعب آخر [من لاعبي البَيْسبول] وذلك في موقف يقتضي مثلَ هذا العمل أشدَّ الاقتضاء (٢) يقومُ مَقامَه؛ ينوبُ مَنابَهُ.

pinch hit *(n.)* رَمْية بالنيابة (را. المادة السابقة).

pinch hit·ter *(n.)* الرامي بالنيابة؛ القائم مقامَ غيره (را. pinch–hit).

pin curl *(n.)* العَقْصَة الدبوسيّة: عَقْصَة من عقصات الشعر تتمّ بتبليل خصلة منه بالماء أو بغَسولٍ ثم تثبيتها بدبوس شعر.

pin·cush·ion [pĭn′kōō′ shən] *(n.)* المَدْبَسَة: شبه وسادة صغيرة تُغْرَز فيها الدبابيس لاستعمالها عند الحاجة.

Pin·dar·ic [pĭn dăr′ĭk] *(adj.)* بِنداريّ: متعلّق بالشاعر اليوناني پندار (٥٢٢؟ – ٤٣٨؟ ق. م.).

pin·dling [pĭn′dlĭng] *(adj.)* ضعيف؛ سقيم؛ مهزول الجسم.

pine [1] [pīn] *(n.)* (١) صَنَوْبَر (٢) خشب الصَّنوبر (٣) أناناس.

pine [2] [pīn] *(vi.)* (١) يَنْحُل؛ يَهْزُل (٢) يتوق أو يصبو إلى.

pi·ne·al [pī′nĭ əl; pĭn′-] *(adj.)* (١) صَنَوْبرانيّ: صنوبريّ الشكل (٢) غُدَيْصَنَوبري: خاصّ بالغُدّة الصنوبرية.

pi·ne·al·ec·to·my [pī′nĭ əl ĕk′-] *(n.)* استئصال الصَّنوبرية (ط).

pineal gland *or* **body** *(n.)* الصَّنَوْبرية؛ الغُدّة الصَّنَوْبرية: غُدّة صغيرة صمّاء مخروطية الشكل في دماغ جميع الفقاريات ذوات الجمجمة.

pine·ap·ple [pī′năp′əl] *(n.)* (١) الأناناس؛ الأناس: شجر الأناناس أو ثمرُهُ (٢) «أ» قنبلة ديناميتية. «ب» قنبلة يدوية.

pineapple *1.*

pine·cone [pīn′kōn′] *(n.)* كوز صَنَوْبر.

pine·drops [pīn′-] *(n.)* جارُ الصَّنوبر: عشبة شمالأميركيّة نحيلة عديمة الأوراق ذات زهرات بيضاء تنمو تحت الصنوبر.

pine marten *(n.)* دَلَق الصَّنوبر: حيوان صغير لاحم.

pi·nene [pī′nēn′] *(n.)* البايْنين (ك).

pine needle *(n.)* إبرة الصنوبر: إحدى ورقات الصنوبر الشديدة النحول.

pine nut *(n.)* الصَّنوبرة: حبّة الصَّنَوبر.

pin·er·y [pīn′ə rĭ] *(n.)* (١) مُسْتنبت أو دفيئة الأناناس (٢) غابة صنوبر.

pine sis·kin *(n.)* عصفور الصَّنوبر: عصفور شمالأميركي مُقَلَّم الريش.

pine snake *(n.)* أفعى الصَّنَوبر: أفعى أميركية من الأفاعي العاصرة.

pine tar *(n.)* قطران الصَّنوبر.

pi·ne·tum [pī nē′təm] *(n.)* pl. **-ta** (١) غابة صَنَوْبر (٢) المَشْجَرُ الصَّنَوْبري: مجموعة علمية من الشجرات الصنوبرية الحيّة (٣) بحث [رسالة علمية] في الصنوبر.

pine warbler *(n.)* دُخَلَة الصنوبر؛ هازجةُ الصَّنوبر (طا).

pine·wood [pīn′-] *(n.)* (١) *pl.* عد: غابة صنوبر (٢) خشب الصنوبر.

pine·y [pī′nĭ] *(adj.)* = piny.

pin·feath·er [pĭn′fĕth̸ ər] *(n.)* الرُّيَيْشة: ريشة صغيرةٌ غير تامة النموّ.
— pin·feath·ered; pin·feath·er·y *(adj.)*

pin·fish [pĭn′-] *(n.)* السّمك الدَّبّوسيّ: سمك أطلسيّ مُفَلْطَح.

pin·fold [pĭn′fōld′] *(n.; vt.)* (١) زريبة (٢) مُحْتَجَز § (٣) يَزْرُب.

ping [pĭng] *(n.; vi.)* (١) أزيز [الرصاص] § (٢) يَئِزُّ [الرَّصاصُ].

Ping–Pong [pĭng′pŏng′] *(n.)* البِنْغْبُنْغ؛ كرة الطاولة.

pin·head *(n.)* (١) رأس الدّبوس (٢) شيء تافه (٣) الأبله؛ المُغَفَّل.

pin·head·ed [pĭn′hĕd′ĭd] *(adj.)* أبله؛ مُغَفَّل. **– ness** *(n.)*

pin·hole [pĭn′hōl′] *(n.)* الثُّقبة؛ الثُّقيب: ثَقب الدبوس.

pin·ion[1] [pĭn′yən] *(n.; vt.)* (١) جناح الطائر (٢) «أ» ريشة. «ب» القوادم: ريشاتٌ كبارٌ في مقدَّم الجناح § (٣) يُقعِد الطائرَ: يمنعه من الطيران بقصّ قوادم جناح من أجنحته (٤) «أ» يُوثِق. «ب» يُكبِّل.

pin·ion[2] *(n.)* المُسَنَّنة الصغيرة: عجَلة مُسَنَّنة صغيرة تتداخل أسنانها في ترس كبير (مك).

pinion[2]

pin·ion[3] *(n.)* = piñon.

pin·ite [pĭn′īt] *(n.)* البينيت: معدنٌ شبيه بالمَيْكة.

pink[1] [pĭngk] *(n.)* البِنْكة: سفينة ذات مؤخّر ضيّق.

pink[2] *(n.)* (١) قَرَنْفُل (٢) «أ» مثال؛ نموذج. «ب» الشديد الأناقة؛ المرتدي ملابسَ مَخِيطة وفقًا للزّيّ الأخير. «ج» صَفْوة؛ نُخْبة. «د» أَوْج؛ ذِرْوة <in the ~ of health>.

pink[3] *(n.; adj.)* (١) اللون القَرَنفليّ [الأحمر الفاتح أو الوَرْديّ] (٢) القَرَنْفُليّ: «أ» ثوبٌ قَرَنفليّ اللون. «ب» *pl.*: بنطلون فاتح اللون كان ضباط الجيش يرتدونه في ما مضى. «ج» الراديكاليّ المعتدل: شخص ذو أفكار سياسية أو اقتصادية تقدّمية [أو راديكالية معتدلة] § (٣) قَرَنْفُليّ: «أ» قَرَنفليّ اللون. «ب» ذو آراء تقدّمية أو راديكاليّة معتدلة (٤) منفعل؛ مُهتاج؛ غاضب.

pink[4] *(vt.)* (١) «أ» يطعن [بسيف أو رمح أو خنجر]. «ب» يَجْرح [بالسُّخرية أو النقد] (٢) «أ» يخرِّم. «ب» يُزَيِّن؛ يُسَنِّن [حاشيةَ الثوب].

pink–collar *(adj.)* قَرَنْفُليّ القَبّة: خاصّ بالعاملين في حقل [كالتمريض] يَشْغَلُهُ النّساء عادةً.

pink elephants *(n. pl.)* هَلْوَسَة السُّكْر.

pink·eye [pĭnk′ī] *(n.)* التهاب المُلْتحمة: التهاب باطن الجفن (مض).

pin·kie *or* **pin·ky** [pĭngk′ĭ] *(n.)* الخِنْصَر: الإصبع الصغرى.

pink·ing shears *(n. pl.)* المِقصّ المُشَرْشَر: مقصّ يقطع القماش إلخ على نحو مُشَرْشَر كأسنان المنشار.

pinking shears

pink·ish [-′ĭsh] *(adj.)* (١) ضاربٌ إلى القَرَنفليّ (٢) تقدُّميّ.

pink lady *(n.)* السيّدة القَرَنْفليّة: كوكتيل من جِنّ وعصير الليمون إلخ.

pin knot *(n.)* العُقَيْدَة: عقدة في الخشب لا يزيد قطرها على نصف إنش.

pink·o [pĭng′kō] *(n.)* = pink[3] *2c.*

pink·root [-′rōōt′] *(n.)* السَّبِيْجيليا؛ الجذر القَرَنْفُليّ: عشب أميركي مُزْهِر.

pink·ster flower [-′stər] *(n.)* زهرة العَنْصَرة (نب).

pin money *(n.)* (١) مصروف الجَيْب [يُعطى إلى الزوجة أو الابنة] (٢) الاحتياطيّ؛ مال الطوارئ: مال يُفرد جانبًا للحاجات الطارئة (٣) مبلغ تافه.

pin·na [pĭn′ə] *(n.)* pl. **-e** *or* **-s** (١) وُرَيْقة (نب) (٢) الفَلْقَة الريشيّة: جزء رئيسيّ من ورقة ريشيّة (نب) (٣) ريشة (٤) جناح (٥) زِعْنِفة (٦) الصِّوان: الجزء الخارجيّ الغُضروفيّ من الأذن. **— pin·nal** *(adj.)*

pin·nace [pĭn′əs] *(n.)* (١) الصَّنَوْبريّ: مركب شراعيّ صغير يُستخدم لتأمين الاتصال بين الشاطئ وسفينة (٢) قارب السفينة.

pin·na·cle [pĭn′ə kəl] *(n.; vt.)* (١) برج؛ قُبّة مُسْتدِقة (٢) قِمّة عالية (٣) أَوْج؛ ذِروة <the ~ of fame> § (٤) يبرِّج: يجعل له برجًا (٥) يضعه فوق نقطة عالية.

pinnacle *1.*

pin·nate [pĭn′āt] *(adj.)* ريشانيّ: ريشيّ الشكل.

pinnate leaves

pin·nat·i·fid [pĭ năt′ə fĭd] *(adj.)* ريشيّ الانشقاق <~ leaves>.

pin·nat·i·sect [-sĕkt′] *(adj.)* مشقوق ريشيًّا [حتى الضلع الأوسط] (نب).

pinnatifid leaf

pin·ner [pĭn′ər] *(n.)* (١) البِنّار: قبّعة نسائية ذات حاشيتين طويلتين متدلّيتين (٢) فا **pin**.

pin·ni·ped [pĭn′ə pĕd′] *(n.; adj.)* (١) الزِّعْنِفيّ الأقدام: حيوان من رتبة زِعْنِفيّات الأقدام **Pinnipedia** وهي ثدييّات لواحم [كالفُقمة والفَظّ] § (٢) زِعنفيّ الأقدام.

pin·nu·la [pĭn′yə lə] *(n.)* pl. **-e** (١) pinnule (٢) الشُّعَيْرة: إحدى شُعَيْرات قصبة الريشة. **— pin·nu·lar** *(adj.)*

pin·nu·late; -d [-yə-] *(adj.)* (١) رُيَيْشيّ: ذو رُيَيْشات (٢) زُعينفيّ.

pin·nule [pĭn′yōōl] *(n.)* (١) الرُّيَيْشة: «أ» عضوٌ شبيهٌ بشُعَيْرة من شُعيرات الريشة (ح). «ب» زُعَيْنِفة؛ زعنفة صغيرة (ح) (٢) الرُّيَيْش: أحد الأقسام الرئيسيّة من ورقة مزدوجة التّريُّش (نب).

pi·noch·le [pē′nŭk′əl] *(n.)* البيناكْل: لعبة بورق الشَّدَّة.

pi·no·le [pĭ nō′lē] *(n.)* البينول: دقيق الذُّرَة المحمَّصة.

pi·ñon [pĭn′yən; pēn′yōn] *(n.)* البنيون: «أ» شجرُ صَنَوْبَرٍ خفيض يَكثُر في غربيّ أميركا الشمالية. «ب» حَبُّ البِنيون.

pin·point[1] [pĭn′-] *(n.)* (١) شيء صغير جدًا أو بالغ الدِّقة أو تافه (٢) رأس الدَّبوس.

pin·point[2] *(vt.)* (١) يَثْقُب (٢) يعيِّن الموقع [بكثير من الضبط] (٣) يسدِّد الرَّمي (٤) يحدِّد أو يعيِّن بدقة (٥) يُبرِز؛ يُسَلِّط الأنوارَ على.

pin·point[3] *(adj.)* (١) بالغُ الدِّقة أو الضبط <~ bombing> (٢) متطلِّب دقّةً في الرمي <~ targets>.

pin·prick [pĭn′-] *(n.; vt.; i.)* (١) الثُّقَيْب: ثقبٌ صغير مُحْدَثٌ بدبّوس أو نحوه (٢) فَعْلة [أو ملاحظة] طفيفة مزعجة § (٣) يَثْقُب بدبّوس (٤) يضايق

[بمُزْعِجاتٍ أو إهانات صغيرة] .

pins and needles *(n. pl.)* النَّمَل : إحساس بالوَخْز أو الخَدَر .

pint [pīnt] *(n.)* البايِنت : «أ» وحدة حجم أو سَعةٍ تساوي نصف كُوارْت quart . «ب» وعاء يتّسع لبايْنْت واحد .

pin·ta·ble [pĭn'tā bəl] *(n.)* = pinball machine.

pin·tail [pĭn'tāl'] *(n.)* البُلْبُول : ضرب من البطّ . وتوسّعًا : كلّ طائرٍ ذي ريشات طويلة في وسط الذيل .

pintail

pin·tailed *(adj.)* مُسْتَدِقُّ الذيل [مع ريشات طويلة في وَسَطِهِ] .

pin·tle [pĭn'təl] *(n.)* القضيب : مِحور ارتكاز رأسيّ (مك) .

pin·to [pĭn'tō] *(adj.; n.)* (١) أرقط ؛ منقَّط § (٢) الفَرَس الأرقط : فَرَسٌ مُبَقَّع بالأبيض وغيرِه من الألوان .

pinto bean *(n.)* الفاصوليا المُرَقَّطة (نب) .

pint pot [pīnt] *(n.)* الوعاء البايِنتيّ : وعاء يتّسع لبايِنت (را . pint) واحد .

pint–size *or* **pint–sized** [pīnt'-] *(adj.)* صغير ؛ مصغَّر .

pin·up [pĭn'ŭp'] *(n.; adj.)* (١) شيء يُعلّق على جدار . مثل : «أ» صورة لفتاة الجدار (را . المادة التالية) . «ب» مصباح جداريّ § (٢) ذو علاقة بفتيات الجدار (٣) جداريّ <a ~ lamp> .

pinup girl *(n.)* فتاة الجدار : «أ» فتاة فاتنة تصلح أن تكون موضوعًا لصورة فوتوغرافيّة يعلّقها مُعْجَب على جدار حجرته . «ب» الصورة نفسها .

pin·wale [pĭn'wāl'] *(adj.)* ضيِّق الأضلاع <a ~ fabric> .

pin·wheel [pĭn'-] *(n.)* (١) دولاب النار : ضرب من الألعاب النارية يتَّخذ شكل دولاب دوّارٍ من نارٍ ملوَّنة (٢) دولاب الهواء : لعبة للأطفال مؤلَّفة من دولاب ورقيّ ملوَّن مثبّت بدبوس في رأس قضيب بحيث يدور مع الريح .

pin·worm [pĭn'-] *(n.)* الدودة الدبّوسيّة : دودة خَيطية صغيرة تصيب المعى المستقيم وبخاصة عند الأطفال .

pin·y [pī'nĭ] *(adj.)* (١) مَكْسُوٌّ بالصنوبر <~ hills> (٢) صَنَوْبريّ .

pi·on [pī'ən] *(n.)* = pi–meson.

pi·o·neer [pī'ə nēr'] *(n.; vi.; t.; adj.)* (١) الرائد ؛ مُمَهِّد الطريق : «أ» مهندس ملحق بوحدة عسكرية [لشقّ الطرق وإقامة الجسور إلخ] . «ب» من يتقدم الآخرين ممهّدًا السبيل لهم كي يتبعوه <~s of reform> . «ج» من يستقرّ في جزء من البلاد لم يكن يحتلّه من قبلُ غير القبائل البدائية <~s of the American West> . «د» نبات أو حيوان يغزو منطقة قاحلة ويستقر فيها § (٢) يرود ؛ يمهّد الطريق ؛ يبدع شيئًا جديدًا أو يشارك في تطوير شيء جديد § (٣) أوّليّ ؛ أصليّ (٤) رِياديّ (٥) رائد <a ~ chemist> .

pi·os·i·ty [pī ŏs'ə tĭ] *(n.)* تَقْوَى ظاهريّة ؛ وَرَعٌ مُغالًى فيه .

pi·ous [pī'əs] *(adj.)* (١) تقيّ ؛ وَرِع (٢) دينيّ ؛ غير دُنْيَوِيّ (٣) مُطيع ؛ بارّ ؛ موالٍ [للوالدين أو للأسرة أو للعِرْق] (ا . ق) (٤) «أ» كاذب ؛ زائف . «ب» مُراءٍ (٥) ممتاز ؛ جديرٌ بالثَّناء <a ~ effort> .

pi·ous·ness [pī'əs-] *(n.)* (١) تَقْوَى ؛ وَرَع (٢) تقوى مُصْطَنَعة .

pip [1] [pĭp] *(n.)* (١) خانوق الدَّجاج (مض) (٢) مَرَض خفيف .

pip [2] *(vi.; t.)* (١) peep [1] *1* (٢) يَنْقُف : يَثْقُبُ البيضةَ ليخرجَ منها .

pip [3] *(n.)* (١) النُّقطة : إحدى النّقاط التي تكون على ورقة اللعب [الكوتشينة] أو حجر الدّومينو أو نَرْد الطاولة (٢) نُقْطة ؛ لَطْخة (٣) الوَمضة : إشارةٌ راداريّة (٤) نجمة الضابط : شارة معدنية دالّة على رتبة صغار الضبّاط الإنكليز [تُعَلّق على الكتِفين] .

pip [4] *(n.)* (١) الحَبَّة : بزرة العنب أو التفاح إلخ (٢) شيء أو شخص رائعٌ أو مستحوذ على الإعجاب إلى حدّ بعيد .

pip [5] [pĭp] *(vt.)* يَغْلِب ؛ يَهْزِم .

pip·age [pī'pĭj] *(n.)* (١) الأنْبَبَة : النقل بالأنابيب أو أُجرته (٢) أنابيب .

pi·pal [pī'pəl] *(n.)* = bo tree.

pipe [pīp] *(n.; vi.; t.)* (١) «أ» مِزمار . «ب» أحد أنابيب الأرغن . «ج» *pl.* عد : مِزمار القربة . «د» *pl.* : صوت ؛ حبلٌ صوتي . «هـ» أنغام المزمار . «و» صَفّارة عريف الملّاحين (٢) أُنبوب ؛ أُنبوبة ؛ ماسورة (٣) فجوة أنبوبية [في بركان] (٤) البَيْب : «أ» برميل كبير للخمر أو الزيت . «ب» وحدة وزن للسوائل (٥) «أ» الِبيبة : غَلْيون التدخين . «ب» مقدار التبغ الذي تتّسع له البيبة أو الغَلْيون (٦) شيء هيِّن § (٧) يعزف على المزمار (٨) يَصْفِر : يُصْدِر عريف الملاحين الأوامر بصَفّارته (٩) «أ» يتكلم أو يغني بصوت عالٍ أو حادّ . «ب» يطلق صوتًا حادًّا x (١٠) يدعو [عريفُ الملاحين] بصفارته <All hands were ~*d* on deck.> (١١) يُزَيِّن ببريم أو شريط (١٢) يُؤَنْبِب : «أ» يزوِّد بالأنابيب ؛ يجهِّز بالأنابيب . «ب» ينقل بالأنابيب . «ج» ينقل سِلكيًّا (١٣) يَلْمح ؛ يَلْحَظ ؛ يرى <to ~ a victim>.

to ~ down يهدأ : يَكُفّ عن الكلام أو الصياح إلخ .

to ~ up يشرع في الغناء أو العَزْف أو الكلام .

pipe bomb *(n.)* القُنبلة الأُنبوبية .

pipe clay *(n.)* طِين الأنابيب : طين لدائنيّ يُستَخْدَم في صنع بِيْبات التبغ وتبييض الأحذية وتنظيف الأحزمة .

pipe–clay *(vt.)* يبيِّض أو ينظّف بطين الأنابيب .

pipe cleaner *(n.)* مُنَظِّفة الأنابيب [لتنظيف باطن الأنبوب أو ساق البيبة] .

pipe cutter *(n.)* مِقْطعة الأنابيب : ماكينة لِقَطْع الأنابيب .

pipe dream *(n.)* أملٌ كاذب ؛ خطةٌ أو قصة وهميّة .

pipe·fish [pīp'-] *(n.)* السَّمك الأنبوبيّ ؛ زمّار البَحْر .

pipefish

pipe fitter *(n.)* مُرَكِّب الأنابيب أو ممدِّدُها أو مُصْلِحُها .

pipe fitting *(n.)* (١) وُصلة الأنابيب (٢) مَدُّ الأنابيب أو إصلاحُها .

pipe·ful [pīp'fo͞ol'] *(n.)* مِلء بِيْبة أو غَلْيون [من التبغ] .

pipe·line [pīp'-] *(n.)* (١) خطّ الأنابيب (٢) سبيل مباشر [لاستقاء الأخبار من مصدر مباشر] (٣) مجموع العمليّات [المُفضية إلى انتقال السِّلع من المَنشَأ إلى المستهلك] .

in the ~, في الطريق ؛ على وشك أن تُسلَّم [تُقال في السِّلَع] .

pipe major *(n.)* الزّمّار الأوّل : العازف الرئيسيّ في فرقة للعزف بمزمار القِرْبة .

pipe of peace *(n.)* = calumet.

pipe organ *(n.)* الأُرْغُن الأنبوبيّ (مو) .

pip·er [pī'pər] *(n.)* (١) الزّمّار ؛ المِزماريّ : العازف على المزمار وبخاصةٍ

pi·ra·cy [pĭ′rə sĭ] *(n.)* القَرْصَنَة: «أ» نشاط لصوص البحر. «ب» انتحال أفكار الآخرين أو اختراعاتهم أو استخدامها من غير ترخيص.

pi·ra·gua [pĭ rä′gwə] *(n.)* البيراغ: «أ» dugout *1*. «ب» مَرْكب مسطَّح القعر ذو صاريَيْن.

pi·ra·nha [pĭ răn′yə] *(n.)* = caribe.

pi·ra·ru·cu [pĭ rär′ə kōō′] *(n.)* البِيراروك: سمك نهريّ ضخم.

pi·rate [pī′rət] *(n.; vt.; i.)* (١) القُرْصان (را. piracy) § (٢) يَتَقَرْصَن: «أ» يقوم بأعمال القرصنة في البحر. «ب» ينتحل مؤلفات الآخرين أو اختراعاتهم أو أفكارهم أو يستخدمها من غير ترخيص.

pi·rat·i·cal [pī răt′ə kəl] *(adj.)* (١) قُرْصانيّ (٢) قَرْصَنيّ.

pi·rogue [pĭ′rōg] *(n.)* البيروغ: «أ» الزورق الشَّجريّ: زورق يُصْنَع بتجويف جذع شجرة. «ب» كَنُو (را. canoe).

pir·ou·ette [pĭr′ōō ĕt′] *(n.; vi.)* (١) البَرْوَتَة: دَوَران [في الباليه] على قدم واحدة أو على أصابع القدم § (٢) يُبَرْوِت: يرقص بهذه الطريقة.

pis al·ler [pē zä lā′] *(n.)* السَّهم الأخير: السبيل الباقي لمعالجة أمرٍ ما.

pis·ca·ry [pĭs′kə rĭ] *(n.)* (١) حق الصَّيد [في مياهٍ مُعَيّنة] (٢) المَسْمَك: موطنٌ يُصطاد فيه السمك.

pis·ca·to·ri·al; pis·ca·to·ry *(adj.)* سَمَكيّ: خاصّ بالسَّمك أو صيده.

Pis·ces [pī′sēz] *(n.)* (١) السَّمكتان؛ الحوت (فل) (٢) برج الحوت [في التنجيم] (٣) مولود برج الحوت.

pisci- بادئة معناها: سمك <*pisci*vorous>.

pis·ci·cul·ture [pĭs′ĭ kŭl′chər] *(n.)* السِّماكة؛ تربية الأسماك.

pis·ci·na [pĭ sī′nə; pĭ-] *(n.)* pl. **-nae** [nē] جرن الماء الكَنَسيّ.

pis·cine [pĭs′ĭn; -′ēn] *(adj.)* سَمَكيّ.

pis·civ·o·rous [pĭ sĭv′ə rəs] *(adj.)* مُسْمِك: مُقْتات بالأسماك.

pish [pĭsh] *(interj.)* أُفٍّ: صوتٌ يعبَّر به عن الازدراء أو نفاد الصبر.

pi·si·form [pī′sə-] *(adj.; n.)* (١) حِمِّصيّ: شبيهٌ بحبّة الحمِّص § (٢) العَظْم الحِمِّصيّ [في الرُّسْغ].

pis·mire [pĭs′mīr] *(n.)* نَمْلة.

pi·so·lite [pī′sə līt′] *(n.)* البيزوليت: حجر كلسيّ (صخ).

piss [pĭs] *(vi.; t.; n.)* (١) يَبُول x (٢) يَبُول في أو على § (٣) بَوْل.

pissed [pĭst] *(adj.)* (١) غاضب؛ مُستاء (٢) سكران؛ ثَمِل.

pis·soir [pĭ swär′] *(n.)* مَبْوَلة عامة [في الشارع].

pis·ta·chi·o [pĭs tä′shĭ ō] *(n.)* (١) شجرة الفُسْتُق (٢) فُسْتُقة.

pis·ta·reen [pĭs′tə rēn′] *(adj.)* تافه؛ ضئيل القيمة.

pis·til [pĭs′tĭl] *(n.)* المِدَقّة؛ الوَزِيم: عضو التأنيث في النبات.

pistil

pis·til·late [pĭs′tə lĭt; -lāt′] *(adj.)* مِدَقّيّ؛ ذو مِدَقّات. وبخاصة: ذو مِدَقّات ولكن من غير أسْدِية (نب).

pis·tol [pĭs′təl] *(n.; vt.)* (١) مُسَدَّس § (٢) يُطلق نارَ المسدَّس.

على مزمار القِربة (٢) pipe fitter.

to pay the ~, يدفع الثمن. وبخاصة: يدفع ثمن انغماسه في المُتَع والملذات؛ يتحمَّل النتائج أو العواقب.

pipe rack *(n.)* هيكل مَصَفّ الغلايين؛ مَصَفّ البيبات: تصفّ البيبات أو الغلايين عليه.

pipe rack

pi·per·a·zine [pĭ pĕr′ə zēn′] *(n.)* البِبّرازين؛ الفُلْفُلازين: مادة قاعدية تُتّخذ بخاصة لطرد الديدان من الأمعاء (ك).

pi·per·i·dine [-′ə dēn] *(n.)* البِبّريدين؛ الفُلْفُليدين: سائل قاعديّ (ك).

pip·er·ine [pĭp′ə rēn] *(n.)* البِبّرين؛ الفُلْفُلين: مادة شبه قلوية، بيضاء، متبلّرة تشكّل العنصر الفعال في الفلفل.

pi·per·o·nal [-′ər ə-] *(n.)* البِبّرونال: ذَرُورٌ يستخدم في صناعة العطور.

pipe·stem [pīp′stĕm] *(n.)* ساقُ البيبة؛ ساق الغَلْيون.

pipe·stone [pīp′-] *(n.)* حَجَر الغلايين: طين أحمر مُقَسًّى بالحرارة يصنع منه الهنودُ الحمر غلايين التدخين.

pi·pette *or* **pi·pet** [pī pĕt′; pĭ-] *(n.)* المِمَصّ؛ المِرْشَف: أنبوبٌ نحيلٌ مدرَّج لقياس السوائل ونقلها من وعاء إلى آخر بواسطة المَصّ.

pipe wrench *(n.)* مِلْوَى أو مِفتاح الأنابيب.

pipe wrench

pip·ing [pī′-] *(n.; adj.; adv.)* (١) أنغام المِزمار (٢) زعيق؛ صوت حادّ (٣) مجموعة أو شبكة أنابيب (٤) الحَبْليّ: بريم أو شريط لتزيين حواشي الملابس (٥) الحَبْليّات: خيوط من السُّكَّر والحليب والبيض تُزَيّن بها الحلويات § (٦) حادّ الصَّوت (٧) هادئ؛ رائق؛ سِلميّ § (٨) جدًّا <~ hot>.

piping hot *(adj.)* حارٌّ جدًّا؛ ساخنٌ جدًّا.

pip·it [pĭp′-] *(n.)* الجُشْنة؛ العُزَيْزاء: طائر من رتبة الجواثم.

pip·kin [pĭp′kĭn] *(n.)* قِدْر صغيرة [فخارية أو معدنية عادةً].

pip·pin [pĭp′ĭn] *(n.)* (١) تفّاح (٢) بزرة (نب) (٣) شخص أو شيء رائع أو مستحوذٌ على الإعجاب إلى حد بعيد.

pip–pip [pĭp ĭp′; pĭp′pĭp′] *(interj.)* *Brit.* = good–bye.

pip·sis·se·wa [-sĭs′ə-] *(n.)* البَبْسُوَّة؛ مُفَتِّتة الحَصَى: عشبة دائمة الخضرة تُتَّخذ دواءً مُدِرًّا للبول (نب).

pip–squeak [pĭp′skwēk′] *(n.)* شخص أو شيء تافهٌ أو حقير.

pip·y [pī′pĭ] *(adj.)* (١) أنبوبانيّ: أنبوبيّ الشكل (٢) حادّ الصّوت.

pi·quance [pē′kəns]; **pi·quan·cy** *(n.)* (١) حَرافة؛ حدّة (٢) مَلاحة.

pi·quant [-′kənt] *(adj.)* (١) حِرِّيف؛ حادّ (٢) مثير (٣) مليح؛ فاتن.

pique [pēk] *(n.; vt.)* (١) استياء؛ غضب؛ سُخط؛ كبرياءٌ جريح § (٢) يُغْضِب؛ يُسْخِط؛ يجرح كبرياءَهُ (٣) يثير [الفضول].

to ~ oneself on *or* upon يتباهى؛ يعتزّ؛ يُفاخر بـ.

pi·qué *or* **pique** [pĭ kā′] *(n.)* البيكيّ: نسيج قطنيّ أو حريريّ مُضَلَّع تُتَّخذ منه الملابس.

pi·quet [pĭ kā′; -kĕt′] *(n.)* البيكيت: ضرب من لَعِب الورق.

ă at; ā date; â care; ä car; ĕ egg; ē me; ĭ in; ī bite; ŏ lot; ō bone; ô orphan; oi boil; ŏŏ good; ōō boot; ou out; ŭ under; û urgent; ə = *a* in alone, *e* in system, *i* in easily, *o* in gallop, *u* in circus.

pis·tole [pĭs tōl′] *(n.)* البِسْتول: عُملة ذهبية أوروبية قديمة.

pis·to·leer [pĭs′tə lēr′] *(n.)* حاملُ المسدَّس [أو مُستعمِلُهُ].

pistol grip *(n.)* قَبْضةُ المُسَدَّس: قَبْضة، أو مَسْكة، شبيهٌ شكلُها بشكل المسدَّس.

pistol–whip *(vt.)* يضرب بالمسدَّس [وبخاصة على الرأس والكتفين].

pis·ton [pĭs′tən] *(n.)* الكبّاس؛ المِكْبَس؛ المِدَكّ؛ البِستون (مك).

piston pin *(n.)* مِحْور الكَبّاس (مك).

piston ring *(n.)* حَلْقة الكبّاس؛ طَوْق الكبّاس (مك).

piston rod *(n.)* ذراع الكَبّاس (مك).

pit[1] [pĭt] *(n.; vt.; i.)* (١) حُفْرة (٢) مَنْجم (٣) الوَهدة: موضع أجوف يُحرق فيه الفحم إلخ (٤) الوَجْرة: «أ» حفرة مستورة تُتَّخذ شَرَكًا لصيد الوحوش. «ب» خطرٌ كامن (٥) زريبة؛ حظيرة (٦) حَلْبة المصارعة [بين الكلاب أو الدِّيكة] (٧) الفُسحة: جزء من مقدَّم المسرح مخصَّص للأوركسترا (٨) الباحة: الجزء الخلفيّ من قاعة المسرح الرئيسية [أو محتلُّو هذا الجزء] (٩) الرُّكن: موضع في البورصة مخصَّص لفئة خاصة من الأسهم <the wheat ~> (١٠) «أ» جَهَنَّم [أو جزء منها]. «ب» *pl.*: الأسوأ <It's the ~*s.*> (١١) الفم: تجويف في جسم الحيوان أو النبات <the ~ of the stomach> (١٢) النُّقرة: نُقرة أو نُدْبة صَغيرة كالتي يخلِّفها الجُدَريّ في الوجه (١٣) قَبْر [يتّسع لعدة جثث] (١٤) فِراش <in my ~> (١٥) المُسْتَزاد: موضع تقف عنده السيارات للتزوّد بالوقود أو لتبديل الإطارات [في سباقٍ للسيارات] § (١٦) يضع أو يدفن أو يدَّخر في حفرة (١٧) يحفر أو ينقر. وبخاصة: يخلِّف ندوبًا كندوب الجدري (١٨) «أ» يغري الكلاب أو الديكة بالمصارعة. «ب» يثير؛ يحرِّض x (١٩) يتنقَّر؛ يتندَّب (٢٠) تحتفظ [البشرةُ] موقتًا بآثار الضغط عليها بالإصبع.

pit[2] *(n.; vt.)* (١) نواة § (٢) يُخْرِج النوى [من الفاكهة].

pi·ta[1] [pē′tə] *(n.)* البِيْتة: نباتٌ تُتَّخذ من أليافه الحبال.

pi·ta[2] [pē′tä] *(n.)* البيتة: خبز مسطَّح رقيق.

pit–a–pat [pĭt′ə păt′] *(adv.; n.; vi.)* (١) بِطَقْطَقة؛ بخفقان § (٢) طَقْطَقَة؛ خَفَقان § (٣) يُطقْطق؛ يَخْفِق.

pitch[1] [pĭch] *(n.; vt.)* (١) زِفْت؛ قارٌ؛ قير § (٢) يُزَفِّت؛ يقيِّر.

pitch[2] *(vt.; i.; n.)* (١) يَنْصِب [خيمةً] (٢) يقذف [الكرة أو القطعة النقدية]؛ يطرح (٣) يبيع أو يعلن [بأساليب عنيفة مِلحاحة] (٤) «أ» يجعله في مستوًى معيّن [أو درجة معيّنة]. «ب» يعيّن درجة النغم [أو طبقة الصوت] (٥) يُحَدِّر: يجعله مُنْحَدِرًا x (٦) ينقلب؛ يحطّ؛ يغوص (٧) تنكبّ السفينة: تترجَّح بحيث يغوص مقدَّمها في الماء ثمّ يعلو (٨) يَثِبّ [الفرسُ] (٩) يُعَسْكر: يستقرّ في مكان (١٠) يختار [أو يقرِّر] شيئًا كيفما اتفق [أو من غير تَرَوٍّ] § (١١) pitch مص (١٢) دَرَجة المَيْل أو الانحدار (١٣) الخَطْوة: «أ» المسافة بين كلّ سنّ من أسنان الترس [أو الدولاب المُسَنَّن] والأخرى. «ب» المسافة بين شيئين في ماكينة (١٤) أوج؛ ذروة (١.ق) (١٥) «أ» درجة <the lowest ~ of bad fortune>. «ب» ارتفاع. «ج» درجة النغم؛ طبقة الصوت («مو» و«صو») (١٦) مُنْحَدَر (١٧) أرضٌ فضاءٌ [تُتَّخذ للتخييم إلخ] (١٨) seven–up (١٩) إعلان (٢٠) رمية [للكرة إلخ].

to ~ in (١) يبدأ العملَ (٢) يُسْهِم في جهد مُشْتَرَك.

to ~ into (١) يهاجم بعنف (٢) ينهمك في.

to ~ on *or* upon يختار؛ ينتقي.

to ~ out يَطْرد؛ يَنْبذ؛ يَطْرح جانبًا.

to queer somebody's ~, يُحْبِط خُطَطَ فلان.

pitch–and–toss [pĭch ən tŏs′] *(n.)* لُعبة النقود: لعبةُ مهارةٍ وحظّ تُقذَف فيها القِطَع النقدية إلى هدفٍ ما.

pitch–black [pĭch′blăk′] *(adj.)* فاحم؛ شديد السّواد.

pitch·blende [-′blĕnd′] *(n.)* البِتْشْبلَنْد: معدن داكنٌ لمّاع.

pitch–dark [pĭch′därk′] *(adj.)* = pitch–black.

pitched battle *(n.)* المعركة الضارية أو المُبَيَّتة: معركة يلتحم فيها الجيشان التحامًا وثيقًا [بعد أن يكونا قد استعدّا لها وتَحَصَّنا].

pitch·er[1] [pĭch′ər] *(n.)* (١) إبريق؛ كوز (٢) pitcher plant.

pitch·er[2] *(n.)* القاذِف؛ الرامي [وبخاصة في البَيْسْبول].

pitcher plant *(n.)* عشبة الأباريق؛ النّابَنْط: نبات ذو حِقاق صغار فيها سائل سكّري إذا وَرَدَتْه الحشرة أطبقت عليها الأوراق وامتصّتها.

pitcher plant

pitch·fork [pĭch′fôrk′] *(n.; vt.)* (١) مِذْراة [الحنطة] § (٢) يُذرّي (٣) يُكْرِهه على كذا.

pitchfork *1.*

pitch·man [pĭch′-] *(n.)* (١) بائع الرصيف؛ صاحبُ البَسْطَة: بائع يبيع سلعه الصغيرة من موقف مؤقّت يلتزمه في شارع أو سوق (٢) مُذيع الإعلانات التجارية [في الراديو أو التلفزيون].

pitch pine *(n.)* صنوبَر المَناقع؛ صنوبر القار (نب).

pitch pipe *(n.)* مِزمار النَّغم: مِزمارٌ يُستخدم لتعيين طبقة النَّغم.

pitch·stone *(n.)* حَجَرُ القار: صخر ناريّ يُشبه الزفت المُقَسّى.

pitch·y [pĭch′ĭ] *(adj.)* (١) كثيرُ الزفت (٢) «أ» زِفتيّ: شبيه بالزفت. «ب» ملوَّث بالزفت. «ج» دَبِق؛ لزِج (٣) فاحم.

pit·e·ous [pĭt′ĭ əs] *(adj.)* (١) مثير للشفقة (٢) شفوق (٣) تافه.

pit·fall [pĭt′fôl′] *(n.)* (١) شَرَك. وبخاصة: وَجْرَة (را. pit[1] *4a*) (٢) خَطَرٌ مستور أو كامن؛ مأزق خفيّ [أو لا يَسْهُل إدراكُهُ].

pith [pĭth] *(n.; vt.)* (١) اللُّبّ: «أ» لُبّ الثمرة. «ب» النسيج الإسفنجيّ المركزيّ في ساق النبات وجذوره (٢) النِّقْي: مُخّ العظم أو الريشة (٣) لُباب؛ زبدة؛ جوهر <the ~ of his speech> (٤) قوّة (٥) أهمية؛ شأن؛ وزن § (٦) «أ» يَقْتُل [الماشيةَ بقَطْع حَبْلها الشوكيّ أو خَرْقِه]. «ب» يعطّل دماغ الضفدعة إلخ [أو حَبْلها الشوكيّ] (٧) يَنْزع اللُّب [من ساق شجرة إلخ].

pith·e·can·thro·pus [pĭth′ə kăn′ thrə pəs] *(n.)* pl. **-pi** [pī; pē] إنسان جاوه: إنسان بدائيّ منقرض وُجدت بقاياه في جاوه.

pith·y [pĭth′ĭ] *(adj.)* (١) لُبّيّ: مؤلَّف من لُبّ (٢) لُبّانيّ: شبيه باللُّبّ (٣) «أ» قويّ؛ زاخر بالقوة أو المادة أو المعنى <~ criticism>. «ب» بليغ <~ sayings>.

— **pith·i·ness** *(n.)*

pit·i·a·ble [pĭt′ĭ ə-] *(adj.)* (١) جدير بالشفقة؛ يُرثى له (٢) تافه؛ حقير.

pit·i·er [pĭt′ĭ ər] *(n.)* المُشْفِق؛ الشَّفوق.

pit·i·ful [pĭt'ĭ-] *(adj.)* (١) جدير بالشفقة؛ يُرثى له (٢) حقير؛ هزيل.

pit·i·less [pĭt'ĭ ləs] *(adj.)* عديم الشَّفقة أو الرحمة.

pit·man [pĭt'mən] *(n.)* pl. **-men** *for 1;* **-mans** *for 2* (١) عامل منجَم (٢) ذراع توصيل (را. connecting rod).

pi·ton [pē' tôn] *(n.)* الرَّزَّة الصخرية أو الجليدية: رزَّة تُقْحَم في الصخر أو الجليد، وكثيرًا ما يكون لها عين يُولج فيها حَبْل [وتُستخدَم في تسلّق الجبال].

piton

Pi·tot–stat·ic tube; Pitot tube [pē tō'] *(n.)* أنبوب «پيتو» الإستاتيّ: أداة لتعيين سرعة السائل النسبية.

pit prop *(n.)* دعامة المنجم: سِناد يُستخدم لتدعيم سقف المنجم.

pit saw *(n.)* منشار الحُفْرة أو الشّقّ: منشارٌ يدويٌّ يستخدمه رجلان أحدهما واقفٌ فوق قطعة الخشب المراد شقُّها والآخرُ واقفٌ تحتها في حفرةٍ.

pit·tance [pĭt'əns] *(n.)* (١) مقدار صغير؛ حِصّة صغيرة (٢) أجرٌ زهيد؛ علاوة ضئيلة.

pit·ted [pĭt'əd] *(adj.)* أنقَر؛ مُنقَّر [كالوجه المجدور].

pit·ter–pat·ter [pĭt'ər păt'ər] *(n.; adv.; vi.)* (١) الطَّقْطَقة: سلسلة سريعة من الضربات الخفيفة § (٢) بطَقْطَقة § (٣) يُطَقْطِق.

pi·tu·i·tar·y [pĭ too'ə tĕr'ĭ] *(adj.; n.)* (١) نُخاميّ: «أ» ذو علاقة بالغُدّة النُّخامية. «ب» دالّ على شكل من البنية الجسدية البدينة الطويلة العظام يُعتقَد أنّه ناشئ عن فَرْط إفراز الغدة النخامية § (٢) الغُدّة النُّخامية (ت).

pi·tu·i·trin [-'ə trĭn] *(n.)* النُّخامين: خلاصة الغدة النُّخامية.

pit·y [pĭt'ĭ] *(n.; vt.; i.)* (١) شفقة؛ رحمة؛ رثاء؛ أسَفٌ (٢) شيء يدعو للأسف أو الرثاء § (٣) يُشفِق على؛ يَرْثي لِـ؛ يَرْحَم.

pit·y·ing [pĭt'-] *(adj.)* (١) مُشفِقٌ على (٢) مُعبِّر عن الإشفاق.

pit·y·ri·a·sis [pĭt'ə rī'ə sĭs] *(n.)* النُّخالِيّة: داء جلديّ (مض).

piv·ot [pĭv'ət] *(n.; adj.; vi.; t.)* (١) مِحْوَر؛ مُرْتَكز (٢) المِحْوَر: شخص أو شيء أو عامل من العوامل ذو دَوْر أو وظيفة أو أثر أساسي (٣) «أ» مَحْوَرة. «ب» تَمَحْوُر § (٤) مُتَمَحْوِر: دائر على محور (٥) pivotal § (٦) يَتَمَحْوَر x (٧) يُمَحْوِر: «أ» يزوِّد بمِحْوَر. «ب» يُدير على مِحور.

pivot *1.*

piv·ot·al [pĭv'ət əl] *(adj.)* (١) مِحْوَريّ (٢) حيويّ؛ بالغ الأهمية.

piv·ot·man [pĭv'ət-] *(n.)* لاعب مِحْوَري أو رئيسي (رب).

pivot tooth *or* **pivot crown** *(n.)* التاج الصُّنعيّ: «تاج» اصطناعيّ يُشَدّ إلى جذر الضِّرس بمِشْبَك.

pix·ie *or* **pix·y** [pĭk'sĭ] *(n.; adj.)* (١) جِنّيّة. وبخاصة: جِنّيّة صغيرة مرحة مؤذية § (٢) عابث؛ مازح؛ مَرُوح.

pix·i·lat·ed [pĭk'sə-] *(adj.)* (١) مُخَبَّل؛ مختلط العقل (٢) سكران؛ ثَمِلٌ.

piz·za [pēt'sə] *(n.)* البِتْزة؛ البيتزا: فطيرة من جبن وصَلْصة طماطم إلخ.

piz·zazz [pĭ zăz'] *(n.)* (١) فتنة؛ سِحر؛ جاذبية (٢) حيوية؛ نشاط.

piz·ze·ri·a [pēt'sə rē'ə] *(n.)* البِتزارية: محلّ لبيع البِتزة أو صُنعها.

piz·zi·ca·to [pĭt'sə kä'tō] *(n.; adj.; adv.)* (١) النغمة المنقورة [تعزف بنقر أوتار الكمان] § (٢) منقور: معزوف بالنقر § (٣) منقورًا (مو).

piz·zle [pĭz'əl] *(n.)* (١) قضيب الحيوان [أو عضوه التناسلي] (٢) البِزْل: سوط مصنوع من قضيب الثور.

pla·ca·ble [plăk'ə bəl] *(adj.)* سَمْح؛ صَفوح؛ ليِّن العريكة.

— pla·ca·bil·i·ty; pla·ca·ble·ness *(n.)*

plac·ard[1] [plăk'ärd] *(n.)* (١) إعلان [يُلْصَق في مكان عامّ] (٢) لوحة؛ لافتة [تعلّق على باب الطبيب أو المحامي إلخ].

plac·ard[2] [plə kärd'; plăk'ärd] *(vt.)* (١) يكسو [الجدارَ] بالإعلانات (٢) يُلصق إعلانًا [على الجدران إلخ] (٣) يعلن عن.

pla·cate [plā'kāt; plăk'āt] *(vt.)* يُهدِّئ؛ يسترضي.

— pla·ca·tion *(n.)* **— pla·ca·tive; pla·ca·to·ry** *(adj.)*

pla·cat·er [plā'kāt'ər; plăk'āt ər] *(n.)* المهدِّئ؛ المُسْترضي. وبخاصة: مُصْلِح ذات البين.

place [plās] *(n.; vt.; i.)* (١) «أ» مكان. «ب» موضع. «ج» صُقْع. «د» مَبْنًى. «هـ» مدينة؛ قرية. «و» منطقة. «ز» منزل (٢) «أ» درجة. «ب» مرتبة مرموقة [في مسابقة] (٣) لحظة مناسبة؛ فرصة ملائمة (٤) واجب؛ مهمّة؛ شأن <It is not my ~ to find fault.> (٥) منزلة [في الحساب] (٦) عمل؛ وظيفة. وبخاصة: منصب رسمي (٧) «أ» منزلة اجتماعيّة. «ب» منزلة رفيعة (٨) «أ» ميدان؛ ساحة عامّة. «ب» شارع قصير § (٩) يرتِّب (١٠) «أ» يضع [في مكان معيّن]. «ب» يَعرِض أو يقدّم للدرس والمناقشة <a question ~d before the group> (١١) «أ» يعيّن شخصًا في وظيفة. «ب» يوجِد عملًا لشخصٍ ما (١٢) «أ» يصنِّف؛ يعيّن للشيء موضعًا في سلسلة إلخ. «ب» يقدِّر؛ يقيِّم. «ج» يميِّز شخصًا [أو يدرك هُويّتَه] بربطه بخبرةٍ سابقة أو بقرينة زمانية أو مكانية ما <I know that woman's face, but I can't ~ her.> (١٣) يقدم طلبًا بشراء شيء <~d an order for a car> x (١٤) يفوز بمرتبة مرموقة في مسابقة؛ وبخاصة: يصلّي؛ يحلّ ثانيًا [في سباق للخيل].

in ~,	في الموضع الصحيح أو الملائم.
in ~ of	محلّ كذا؛ بدلًا من كذا؛ عِوَضًا عن كذا.
in the first ~,	أولًا؛ في المقام الأول.
out of ~,	في غير محلّه؛ غير ملائم.
to give ~,	(١) يفسح لِـ (٢) يذعن؛ يستسلم.
to give ~ to	يُفسِح لِـ؛ يُخلي مكانه لِـ.
to know (*or* keep) one's ~,	يعرف حدَّه فيقف عنده.
to take ~,	يَحْدُث؛ يَقَع.
to take the ~ of	يَحِلُّ مَحلَّه.

pla·ce·bo [plə sē'bō] *(n.)* (١) صلاة المَيْت [في الأصيل أو المساء] (كن) (٢) الدواء الوهمي: مادة تُعْطَى للمريض لمجرّد إراحتِهِ نفسيًّا (٣) المُهَدِّئ؛ المُرْضي.

place·kick [plās´-] *(n.; vt.)* (١) الرَّمية الوضعيّة: رمي كرة القدم بعد وضعها على الأرض § (٢) يرمي وضعيًّا (رب).

place·less *(adj.)* (١) غير ذي موقعٍ محدَّد (٢) عاطل عن العمل.

place·man [plās´mən] *(n.)* موظف حكوميّ بريطانيّ.

place·ment [plās´-] *(n.)* (١) وَضْع (٢) التّوضيع: «أ» وضع كرة القدم على الأرض لرميها نحو الهدف. «ب» تعيين المكان الملائم، كالصفّ المدرسيّ أو الوظيفة، لشخص ما (٣) placekick.

placement test *(n.)* اختبار التوضيع أو التصنيف (تر).

place–name *(n.)* العَلَم المكانيّ: اسم لمكانٍ جغرافيّ [كمدينةٍ أو بلدة].

pla·cen·ta [plə sĕn´tə] *(n.)* pl. **-s** *or* **-e** المَشِيمة؛ السُّخْد: «أ» مَشيمة الجنين التي تخرج معه عند الولادة. «ب» جزء من سطح المبيض تقوم البُيَيْضات أو البُذَيرات عليه (نب).

pla·cen·tal [-´təl] *(adj.)* (١) مَشِيميّ (٢) مُشَيَّم: ذو مَشِيمة.

pla·cen·ta·tion [plăs´ən tā´-] *(n.)* (١) النظام المَشِيميّ: شكل اتّصال البُيَيْضات أو البُذَيرات بالمبيض في مِدَقّة الزهرة (٢) التّشَيُّم: تكوُّنُ المشِيمة.

plac·er [plă´sər] *(n.)* (١) فا place (٢) المُبْتِر؛ المَكِيث: راسب غرينيّ محتوٍ على دقائق من الذهب أو غيره من المعادن النفيسة (٣) المَتْبَرة: موضع يُغْسَل فيه هذا الراسب لاستخلاص دقائق الذهب.

placer mining *(n.)* الاستبار: غَسْل الراسب الغرينيّ لاستخلاص دقائق الذهب التي يشتمل عليها.

place setting *(n.)* طَقْم المائدة [لشخص واحد].

place value *(n.)* القيمة المَنْزِلية (ر).

plac·id [plăs´id] *(adj.)* (١) رائق <a ~ lake> (٢) هادئ؛ رزين؛ حليم. **—plac·id·i·ty; plac·id·ness** *(n.)* **—plac·id·ly** *(adv.)*

plack·et [plăk´ət] *(n.)* (١) «أ» الجَوْبة: فتحة في أعلى الثوب تُسَهِّل ارتداءه. «ب» جيب التنّورة (ا. ق) (٢) «أ» تنّورة (ا. ق). «ب» امرأة (ا. ق).

plac·oid [plăk´oid] *(adj.)* حَرْشَفانيّ: شبيه بالحراشف.

pla·fond [plȧ fôn´] *(n.)* سَقْف. وبخاصة: سقفٌ مُزَخْرَف.

plagal cadence *(n.)* المَحَطّ المُتَوَهَّم (مو).

plage [pläzh] *(n.)* شاطئ.

pla·gia·rism [plā´jĭ ə rĭz´əm] *(n.)* (١) الانتحال: سرقة آراء مؤلِّف آخر أو كلماتِه (٢) المُنْتَحَل: شيء مُنْتَحَل.

pla·gia·rist [plā´jĭ ə-] *(n.)* المُنْتَحِل [آراء غيره]. **—pla·gia·ris·tic** *(adj.)*

pla·gia·rize [plā´jə-] *(vt.; i.)* يَنْتَحِل: يسرق آراء مؤلِّف آخر أو كلماته.

pla·gia·ry [-rĭ] *(n.)* (١) المنتحِل: من يسرق آراء غيره (ا. ق) (٢) plagiarism.

pla·gi·o·clase [plā´jĭ ə klās] *(n.)* البلاجيوكلاز: ضرب من الفَلْسبار.

pla·gi·ot·ro·pism [plā´jĭ ŏt´-] *(n.)* الانتحاء المنحرف أو المائل (نب).

plague [plāg] *(n.; vt.)* (١) آفة؛ بلاء؛ جائحة (٢) «أ» وباء. «ب» طاعون (٣) مصدر إزعاج (٤) تفشٍّ؛ انتشار مفاجئ § (٥) يصيبه بطاعون (٦) يُنزل به بلاءً أو كارثةً (٧) يُزعج؛ يغيظ؛ يعذّب. ~ on it! لَعَنَها الله! عليها لعنةُ الله!

plague·some [plāg´-] *(adj.)* (١) مُزْعِج؛ مُهْلِك (٢) وبائيّ.

pla·guey [1] *or* **pla·guy** [plā´gĭ] *(adj.)* مُزْعِج (ع).

pla·guey [2] [plā´gĭ]; **pla·gui·ly** [-lĭ] *(adv.)* على نحو مزعج.

plaice [plās] *(n.)* البْلايْس: سمك بحريّ مُفَلْطَح.

plaice

plaid [plăd] *(n.; adj.)* (١) البَلِّيد: قماشٌ مُرَبَّع النقش أو متصالبُهُ § (٢) بَلِّيديّ: مُرَبَّع النَّقْش أو مُتَصالبُه <a ~ dress>.

plain [1] [plān] *(vi.)* يشكو؛ يتذمّر («ا. ق» و«عب»).

plain [2] *(n.; adj.; adv.)* (١) السَّهْل: أرض واسعة مستوية (جغ) (٢) المدى: امتداد عريض غير منقطع (٣) شيء بسيط غير مزخرَف § (٤) مُسْتوٍ؛ منبسط؛ أملس <make the rougher places ~> (٥) بسيط؛ غير مزخرَف <~ clothes> (٦) مَحْض؛ صِرْف؛ خالص <~ folly> (٧) واضح؛ جليّ (٨) صريح؛ مخلص؛ صادق <~ speech> (٩) عاديّ؛ بسيط <~ people> (١٠) بسيط؛ غير مُعَقَّد؛ غير دَسِم؛ قليل التوابل <~ food> (١١) عاديّ؛ غير جميل <a ~ face> § (١٢) ببساطة؛ بوضوح؛ بصراحة <to speak ~>. **—plain·ly** *(adv.)* **—plain·ness** *(n.)*

plain·chant [plān´chănt´] *(n.)* = plainsong.

plain·clothes man [plān´klōz´] *(n.)* بوليس سرّيّ؛ شُرْطيّ تَحَرٍّ.

plain dealing *(n.)* التعامل الصادق أو الشريف [وبخاصة في التجارة].

plain–Jane [-´jān´] *(adj.)* عاديّ: غير ممتاز <a ~ model>.

plain sailing *(n.)* الإبحار الهَيِّن: «أ» إبحار لا تكتنفه مصاعب أو عقبات. «ب» تقدُّمٌ غير مُعْتَرَضٍ بعقبةٍ ما.

plains·man [plānz´-] *(n.)* السَّهْليّ: أحد سكّان السُّهول.

plain·song [plān´-] *(n.)* موسيقى لعدد من الأصوات (كن).

plain·spo·ken [plān´-] *(adj.)* صريح. **–ness** *(n.)*

plaint [plānt] *(n.)* (١) تفجُّع (٢) احتجاج؛ شكوى (٣) تهمة (ق).

plaint·ful [plānt´fəl] *(adj.)* = mournful.

plain·tiff [plān´tĭf] *(n.)* (١) المُدَّعي (ق) (٢) جانبُ الادّعاء (ق).

plain·tive [plān´-] *(adj.)* حزين؛ كئيب <~ music>.

plais·ter [plăs´tər; plās´-] *(n.; vi.; t.)* = plaster.

plait [plāt] *(vt.; n.)* (١) يَطْوي؛ يَثْني (٢) يَضْفِر؛ يَجْدُل § (٣) طيّة؛ ثَنْية [في ثوب] (٤) ضفيرة؛ جديلة. **—plait·ing** *(n.)*

plan [plăn] *(n.; vt.; i.)* (١) خريطة [لمبنًى أو مدينةٍ أو أرضٍ] (٢) تصميم؛ رسم بيانيّ [لأجزاء آلة] (٣) «أ» طريقة. «ب» هدف؛ غاية (٤) خطة؛ مشروع § (٥) يخطِّط: «أ» يرسم خريطة لمبنًى إلخ. «ب» يرسم خطةً أو خططًا (٦) يعتزم؛ ينوي (٧) يوجّه؛ ينظّم <a ~*ned* economy>.

plan- *or* **plano-** بادئة معناها: «أ» متحرّك؛ متجوّل؛ متطوّف. «ب» مسطَّح.

plan·ar [plā´nər] *(adj.)* (١) سطحيّ (٢) مسطَّح <a ~ surface>.

pla·nar·i·an [plə nâr´ĭ ən] *(n.)* المُسْتَوْرِقة: دودة صغيرة مُسطَّحة على شكل ورقة نبات (ح).

plan·chet [plăn´chət] *(n.)* (١) قُرْصُ السّك: قطعة معدنية مُسَطّحة تُسَكّ

نقدًا (٢) القُرَيْص : قرصٌ لدائنيّ صغير .

plan·chette [plăn shĕt′] *(n.)* اللُّوَيْحة : لوحة صغيرة قائمة على عجلتين وقلم عموديّ يُعتَقَد أنها تكتب آليًّا عند مسّها بالأصابع .

Planck's constant *(n.)* ثابت بلانك ؛ نظرية الكمّ (را . quantum theory).

plane¹ [plān] *(vt.; i.)* (١) «أ» يسوّي : يجعله أملس مستويًا . «ب» يَسْحَج [بفأرة النجار] (٢) يقشط x (٣) يستعمل مِسْحاجًا (٤) يَسْحَج <This tool ~s well.>.

plane² *(n.)* الدُّلب ؛ الصِّنار : شجر من الفصيلة الدُّلبية .

plane³ *(n.)* المِسْحاج ؛ فأرة النجّار .

plane⁴ *(n.)* (١) سطحٌ مستوٍ (٢) مستوًى (٣) السّطح (طي) (٤) طائرة .

plane⁵ *(adj.)* مُسْتَوٍ ؛ منبسط .

plane⁶ *(vi.)* (١) يطير (٢) يُطلع رأسَهُ : يرتفع عن سطح الماء جزئيًا أثناء الانطلاق [كالزلّاقة المائية] (٣) ينزلق [كالطائرة] (٤) يُسافر بالطائرة .

plane angle *(n.)* الزاوية المستوية (ر) .

plane geometry *(n.)* الهندسة المستوية (ر) .

plane of symmetry *(n.)* مستوي التناظر أو التماثل (ر) .

plan·er [plā′nər] *(n.)* (١) المُسَوِّي ؛ الساحِج ؛ القاشط (٢) المِقْشَطَة : مِسْحاج آليّ للأخشاب أو المعادن (٣) المِسواة : قطعة خشبية ملساء الوجه تُسَوَّى بها الحروف المُنَضَّدة (طع) .

pla·ner tree *(n.)* البلانيرة المائية : شجرة من فصيلة الدّردار .

plan·et [plăn′ĭt] *(n.)* (١) الكوكب السيّار : أحد الأجرام السماويّة الدائرة حول الشمس . وبخاصة : الأرض (فل) (٢) نجم ؛ طالع [في عِلم التنجيم] (٣) النجم : شخص بارز في حقل اختصاصه .

plane table *(n.)* اللوحة المستوية : أداة لمسح الأراضي .

plan·e·tar·i·um [plăn′ə târ′ĭ-] *(n.)* pl. **-s** *or* **-i·a** البلانيتاريوم ؛ المِفلاك : «أ» نموذج يمثّل النظام الشمسي . «ب» جهاز يُظهر حركات الشمس والقمر والكواكب السيّارة والنجوم بتسليط النور على داخل قبّة . «ج» البناية أو الحجرة المشتملة على هذا الجهاز .

plan·e·tar·y [plăn′ə tĕr′ĭ] *(adj.)* (١) كوكبيّ ؛ سيّاريّ (٢) سيّار ؛ طوّاف ؛ شارد (٣) كوكبيّ الحركة <~ electrons> (٤) هائل ؛ ضخم (٥) أرضيّ ؛ دنيويّ (٦) عالميّ (٧) كوكبيّ التُّروس (مك) .

plan·e·tes·i·mal [plăn′ə tĕs′ə-] *(n.; adj.)* (١) الكُوَيكب : أحد الكُوَيكبات، وهي أجرام سماوية صغيرة يُعْتَقد أنها كانت تدور حول الشمس في مرحلة مبكِّرة من نشوء النظام الشمسي (فل) § (٢) كُوَيكبيّ .

planetesimal hypothesis *(n.)* الفَرْضيّة الكُوَيكبية : فَرْضيّة تقول إنّ الكواكب السيّارة نشأت نتيجةً لاتّحاد الكويكبات (فل) .

plan·et·oid [plăn′ə toid′] *(n.)* (١) الكوكبانيّ : جسم شبيه بكوكب سيّار (٢) السُّيَيِّر (را . asteroid).

— **plan·e·toi·dal** *(adj.)*

plan·e·tol·o·gy [plăn′ə tŏl′-] *(n.)* الكواكبيات ؛ علم الكواكب .

plan·et–strick·en [plăn′ĭt-] *or* **plan·et–struck** *(adj.)* (١) خاضعٌ لتأثير نجم ؛ متأثر بطالع ما [في التنجيم] (٢) مذعور .

planet wheel *(n.)* العجلة الكَوْكبية : عجلة كوكبيّة التروس (مك) .

plan·gent [plăn′jənt] *(adj.)* (١) مِرْنان ؛ مُدَوٍّ (٢) متلاطم الأمواج (٣) كئيب ؛ حزين .

— **plan·gen·cy** *(n.)*

plani- بادئة معناها : مُسَطَّح ؛ مُسْتَوٍ <*plani*metry> .

pla·nim·e·ter *(n.)* المِمساح : أداة لقياس مساحة الشكل المستوي .

pla·nim·e·try [plə nĭm′-] *(n.)* المِمساحية : قياس المساحات المستوية .

plan·ish [plăn′ĭsh] *(vt.)* (١) يُطَرِّق [المعادن] (٢) يَصْقُل .

pla·ni·sphere [plā′nə sfēr] *(n.)* البلانيسفير : خريطة لنصف الكرة السماوية أو أكثر ذاتُ أداة تشير إلى الجزء المنظور منه في وقت معيّن .

plank [plăngk] *(n.; vt.)* (١) اللّاطة ؛ اللّوح الثخين : لوح خشبيّ ثقيل (٢) الملوَّح : شيء مصنوع من ألواح خشبية كهذه (٣) planking (٤) المبدأ : بندٌ رئيسي من بنود سياسة أو برنامج § (٥) يُلَوِّح : يَفْرُش بألواح خشبية (٦) يُلقي بقوّة <~*ed* down the package> (٧) يدفع فورًا <~*ed* out his money> (٨) يلوّح : يطبخ ويقدّم على لوح خشبيّ <a ~*ed* steak> .

plank·ing *(n.)* (١) التّلويح : فَرْش الأرض بألواحٍ خشبية (٢) ألواحٌ خشبية .

plank–sheer [plăngk′shēr] *(n.)* الحِفاف : لوح خشبيّ ثخين يؤلف الحافة الخارجية من ظهر المركب الخشبي (مل) .

plank·ton [plăngk′tən] *(n.)* العوالق : حُيَيْوينات أو نباتات طُحلبيّة عادةً تطفو بكميّات وافرة قربَ سطح المياه .

plan·less [plăn′-] *(adj.)* عاملٌ أو حادث من غير خُطّة أو هدف .

planned economy *(n.)* الاقتصاد الموجَّه .

plano- = plan-.

pla·no–con·cave [plā′nō kŏn′-] *(adj.)* مُسْتويةٌ مُقَعَّرة <~ lenses> .

pla·no–con·vex [-kŏn′-] *(adj.)* مستويةٌ محدَّبة <~ lenses> .

pla·nog·ra·phy [plā nŏg′-] *(n.)* (١) الطباعة المُسْتَوِية : عملية الطبع عن سطحٍ مُسْتوٍ (٢) المطبوعة المستوية : مادة مطبوعة بهذه الطريقة .

pla·nom·e·ter [plə nŏm′ə tər] *(n.)* ميزان استواء السّطوح .

plan position indicator *(n.)* مُبيِّن خريطة الموقع (رار) .

plant [plănt] *(vt.; i.; n.)* (١) يغرس ؛ يزرع (٢) «أ» يُنْشِئ ؛ يؤسِّس . «ب» يمصِّر ؛ يعمِّر ؛ يُؤهِل بالسكان . «ج» يُدْخِل سلالة من الحيوان إلى بلد . «د» يضع صغار السمك إلخ في موطن جديد لتنمو وتتكاثر (٣) يثبّت ؛ يرسّخ (٤) يطمر ؛ يخفي [سِلَعًا مسروقة] (٥) يَدُسّ : يضع شيئًا من الذهب الخام إلخ في منجم ليَخدع الناس ويعطيهم فكرة كاذبة عن قيمة الأرض (٦) يسدّد ضربة (ع) § (٧) «أ» نبتة ؛ عشبة ؛ شُجيرة . «ب» غرسة (٨) مَصنع (٩) مباني مؤسّسة ما وتجهيزاتها <a college ~> (١٠) الغَرْس ؛ الزرع : عملية الغرس أو الزرع (١١) خدعة (١٢) شَرَكٌ ؛ مكيدة .

ă at; ā date; â care; ä car; ĕ egg; ē me; ĭ in; ī bite; ŏ lot; ō bone; ô orphan; oi boil; o͝o good; o͞o boot; ou out; ŭ under; û urgent; ə = *a* in alone, *e* in system, *i* in easily, *o* in gallop, *u* in circus.

Plan·tag·e·net [plăn tăj'ə-] *(n.)* البلانتاجينيتيّ: أحد أفراد أسرة بلانتاجينيت التي حكمت إنكلترا من عام ١١٥٤-١٤٨٥.

plan·tain¹ [plăn'tĭn] *(n.)* لسان الحَمَل؛ آذان الجَدْي (نب).

plan·tain² *(n.)* موز الجنّة؛ موز الهند (نب).

plan·tar [plăn'-] *(adj.)* أَخْمَصِيّ: منسوب إلى أخمَص القَدَم أيْ باطنها.

plan·ta·tion [plăn tā'-] *(n.)* (١) زَرْع؛ زُروع (٢) المستعمَرة: موطن يُعمَّر ويُستقَرّ فيه ببلد جديد أو منطقة جديدة (٣) مزرعة.

plan·ter [plăn'-] *(n.)* (١) «أ» فلّاح؛ مُزارِع. «ب» صاحب مزرعة (٢) المستعمِر: من يعمِّر أو يشارك في تعمير موطن تستقرّ فيه جماعة ما في منطقة جديدة (٣) أَصِيص [تُزرع فيه الرياحين] (٤) المِغْرَسة: آلة لغَرْس البذور.

plant food *(n.)* قُوْت النبات: «أ» موادّ غير عضوية يمتصّها النبات على صورة غازٍ أو محلولٍ مائيّ. «ب» سماد.

plan·ti·grade [-'tə grād'] *(adj.; n.)* (١) أَخْمَصِيّ السَّيْر: ماشٍ على باطن القَدَم وقد مَسَّ عَقِبُها الأرض [كالإنسان والدّبّ] § (٢) حيوان أَخْمَصِيّ السير.

plant kingdom *(n.)* المملكة النباتية؛ عالَمُ النبات.

plant·let [plănt'lət] *(n.)* النُّبَيْتة: نبتة صغيرة أو فتيّة.

plant louse *(n.)* الأَرَقة؛ المَنّة (را. aphid).

plan·u·la [plăn'yə lə] *(n.)* pl. **-lae** [lē; lī] البَلَنْيولة: يرقة اللّاحَشويات أو مجوَّفات البطن (را. coelenterate).

plaque [plăk] *(n.)* (١) دبّوس زينيّ؛ بروش (٢) اللُّوَيحة: «أ» صفيحة معدنية رقيقة للتزيين. «ب» لوحة منقوش عليها كلام [للتعريف أو الذكرى].

plash [plăsh] *(n.; vi.; t.)* = splash.

-plasia *or* **-plasy** لاحقةٌ معناها: نشوء؛ تكوُّن.

plasm *(n.)* = plasma.

plasm- *or* **plasmo-** بادئة معناها: جِبْلة؛ بلازما.

-plasm لاحقة معناها: مادّة مكوِّنة أو مكوَّنة <proto*plasm*>.

plas·ma [plăz'mə] *(n.)* (١) البلازما: كوارتز أخضر نصف شفاف (٢) الجِبْلة (مح)؛ البلازما؛ مَصْل الدّم («ت» و«فس») (٣) مصل اللبن: الجزء المائي من اللّبن (٤) protoplasm (٥) البلازما: غاز مؤيَّن يحتوي على عدد متساوٍ من الألكترونات والأيونات الموجبة (فز). **— plas·mat·ic** *(adj.)*

plasma cell *also* **plas·ma·cyte** [-'mə sīt'] *(n.)* الخليّة البلازميّة (أح).

plas·min [plăz'mĭn] *(n.)* البلازمين: أنزيمة في البلازما (كح).

plasmo- = plasm-.

plas·mo·di·um [plăz mō'-] *(n.)* pl. **-di·a** (١) الرَّغْويّة؛ الرَّغْوِيّ: كتلة من البروتوبلازما تتكوَّن من اندماج عدد من الخلايا التَّمَوُّرانيّة (أح) (٢) جرثومة الملاريا.

plas·mog·a·my [plăz mŏg'-] *(n.)* الاندماج البلازميّ (أح).

plas·mol·y·sis [-mŏl'-] *(n.)* انحلال [أو انكماش] السيتوبلازما (أح).

plas·mo·lyze *(vt.; i.)* (١) يَحُلّ السيتوبلازما x (٢) تنحلّ السيتوبلازما.

-plast لاحقة معناها: خليّة <chloro*plast*>.

plas·ter [plăs'tər; pläs'-] *(n.; vt.; i.)* (١) اللَّصوق؛ اللّزقة؛ وتوسّعًا: المسكِّن للألم (٢) جِصّ § (٣) يجصِّص؛ يكسو بالجِصّ (٤) يضع لَصُوقًا أو لَزْقةً (٥) يملِّس؛ يُسَوّي (٦) يكسو (٧) يُلْصِق.

plas·ter·board *(n.)* اللَّوح الجِصّيّ: لوح رقيق يُعَدّ من جِصّ ولبّاد ويُكسَى بالورق ويُستخدم في إقامة الجدران الداخلية الفاصلة إلخ.

plaster cast *(n.)* (١) القالب الجِصّيّ: قالب يصنعه النحّات من جِصّ باريس (٢) الجبيرة الجِصّيّة: قالب يُصْنَع من عصابة شاش ومن جِصّ باريس لتجبير العظام.

plas·tered [plăs'-] *(adj.)* (١) مُجَصَّص: مكسُوّ بالجصّ (٢) سكران (ع).

plas·ter·ing [plăs'-] *(n.)* (١) تجصيصٌ [لجدارٍ إلخ] (٢) وَضْع لَصُوقٍ أو لَزْقة (٣) الجُصاصة: طبقةٌ من جِصّ (٤) ضَرْبٌ بعنف (٥) هزيمةٌ مُنْكَرة.

plaster of Paris *(n.)* الجِبْس؛ جِصّ باريس.

plas·tic [plăs'tĭk] *(adj.; n.)* (١) مُكوِّن؛ مُبدِع <the ~ force of nature> (٢) طيّع؛ مِطواع؛ لَدْن <Wax is a ~ substance.> (٣) تشكيليّ <~ arts> (٤) لدائنيّ: مصنوع من مادة لدائنيّة أو بلاستيكية (٥) سَطحيّ؛ عديم الجذور <~ society> § (٦) *pl.* عد: اللدائن؛ البلاستيك.

plastic arts *(n. pl.)* الفنون التشكيلية [كالرسم والنحت].

plas·ti·cine [plăs'tĭ sēn] *(n.)* اللدائنة: مادة لدائنية تشبه الطين تُستعمل لتعليم الصغار صنع الأشكال المختلفة.

plas·tic·i·ty [plăs tĭs'-] *(n.)* اللُّدونة؛ اللَّدانة؛ اللَّيان.

plas·ti·cize [-'tə sīz'] *(vt.; i.)* (١) يُلَدِّن: يجعله لَدْنًا x (٢) يَتَلَدَّن.

plas·ti·ciz·er [-'zər] *(n.)* المُلَدِّن: مادة كيميائية تضاف لزيادة اللُّدونة.

plastic surgeon *(n.)* الجرّاح التقويمي أو التعويضي.

plastic surgery *(n.)* الجراحة التقويمية أو التعويضيّة: تقويم أو ترقيع أعضاء الجسم المشوَّهة أو التعويض عن أجزائه المفقودة.

plas·tid [-'tĭd] *(n.)* الجُبَيْلة: إحدى الموادّ الحيّة في الخليّة (نب).

plas·tral [plăs'trəl] *(adj.)* صُدْريّ: ذو علاقة بصُدْرة السُّلَحْفاة.

plas·tron [-'trən] *(n.)* (١) الصِّدار الواقي: «أ» درع للصَّدر. «ب» واقيةٌ جلدية يضَعُها المُثاقِف [المبارز بالسَّيف] فوق صدره (٢) الصُّدْرة؛ الصِّدار: الجزء الصَّدْريّ من تُرْس السُّلَحْفاة (٣) الصِّدار: «أ» الجزء الأماميّ المزركَش من صُدْرة المرأة. «ب» الجزء المُنَشّى من مُقَدَّم قميص الرَّجُل.

-plasty لاحقة معناها: جراحة تقويميّة؛ رَأْب <auto*plasty*>.

-plasy = -plasia.

plat¹ [plăt] *(vt.; n.)* = plait.

plat² *(n.; vt.)* (١) قطعة أرض [صغيرة] (٢) «أ» خريطة [لأرضٍ أو مدينة]. «ب» الأرضُ أو المدينةُ نفسُها § (٣) «أ» يخطِّط. «ب» يضع خريطةً لِـ.

plat·an [plăt'ən] *(n.)* = plane².

plat du jour [plä'də zhŏŏr'] *(n.)* الطَّبَق اليوميّ [في مطعم].

plate [plāt] *(n.; vt.)* (١) «أ» صفيحة؛ صفيحة معدنيّة. «ب» صفيحة عظميّة أو قرنيّة [كالتي تكون لبعض الزّواحف والأسماك]. «ج» شريحة [من لحم البقر] (٢) اللَّوح: أحد الأجزاء المتحركة لقشرة الأرض (جي) (٣) معدن نفيس. وبخاصة: سبيكة فضيّة (٤) «أ» أدوات المائدة الفضيّة أو الذهبية أو المموَّهة

بالفضة أو الذهب. «ب» صَحْفَة (مج)؛ طبق؛ صحن. «ج» مِلء صَحفة أو صحن. «د» لون رئيسيّ [من ألوان الطعام المقدَّمة على المائدة]. «هـ» أطباق الطعام المقدَّمة إلى شخص واحد [على مائدة]. «و» جائزة. «ز» مباراة رياضيّة. وبخاصة: سباق خيل. «ح» طبق يدار به في الكنيسة لجمع التبرعات (٥) اللوح؛ اللَّوحة: «أ» سطح مَعْدني يكوِّن القاعدة التي تُنْتَج منها الطبعات. «ب» رُقاقة أو شريحةٌ زجاجية مَطْليَّة بمادة حسّاسة للضوء (٦) الصَّفيحة: أحد المَسارِي في بطارية (كب) (٧) anode (٨) صفيحة الرَّقم: صفيحة معدنية تحمل رقم السيارة (٩) wall plate (١٠) طقم أسنان؛ «بَدْلة» (١١) اللوحة: صورة على صفحة كاملة من كتاب أو مجلّة [تُطبع عادة على ورق مختلف] § (١٢) يُصَفِّح: يكسو بصفائح معدنيّة للوقاية (١٣) يموّه أو يطلي [بالفضة أو الذهب إلخ] (١٤) يَصْقُل الورق (١٥) يُلوِّح: «أ» يصنع لوحًا للطباعة. «ب» يزوِّد بلوحٍ جداريّ.

pla·teau[1] [plă tō′] *(n.)* (١) هَضْبة (جغ) (٢) مستوًى نسبيُّ الاستقرار؛ مرحلة أو حالة تتّسم باستقرار نسبيّ.

pla·teau[2] *(vi.)* يبلغ مرحلةً أو طورًا من أطوار الاستقرار.

plat·ed [plā′-] *(adj.)* (١) مُصَفَّح (٢) مَطْليّ؛ مُمَوَّهٌ بـ <gold*plated*>.

plate·ful [plāt′-] *(n.)* مِلءُ صحن: مقدار من الطعام يملأ صحنًا.

plate glass *(n.)* الزُّجاج اللَّوحيّ [لصُنع المرايا والنوافذ العريضة].

plate·let [plāt′lət] *(n.)* اللُّوَيحة: جسمٌ دقيق مُسَطَّح.

plate·like [plāt′-] *(adj.)* صَفَحانيّ: أملس أو مسطَّح كالصفيحة.

plat·en [plăt′ən] *(n.)* (١) اللزّازة: صفيحة معدنية مُسطَّحة [تَضْغط على شيء أو تَخْضع لضغط شيء] (٢) أسطوانة الآلة الكاتبة.

plate rail *(n.)* رفّ الحِلَى: رفٌّ توضع عليه الحِلى وأدوات الزينة.

plat·form [plăt′fôrm] *(n.)* (١) «أ» خطة؛ برنامج. «ب» البرنامج السياسي [للحزب أو مرشّح] (٢) منصّة؛ منبر (٣) رصيف [في محطة للسكة الحديدية] (٤) مُنْبَسَط الدَّرج أو سُلَّم المَبْنى.

platform car *(n.)* = flatcar.

platform scale *(n.)* الميزان المِنَصِّيّ: ميزان ذو مِنَصَّة.

platin- *or* **platino-** بادئة معناها: بلاتين.

pla·ti·na [plăt′ə-; plə tē′-] *(n.; adj.)* (١) بلاتين § (٢) بلاتينيّ اللون.

plat·ing [plā′-] *(n.)* (١) تصفيح (٢) طَلْي؛ تمويه (٣) الطبقة الصَّفيحية: طبقة من الصفائح المعدنية (٤) طِلاء مَعْدِني.

pla·tin·ic [plə tĭn′-] *(adj.)* بلاتينيّ: ذو علاقة بالبلاتين أو مُحْتوٍ عليه.

pla·tin·i·rid·i·um [plăt′ən ĭ rĭd′-] *(n.)* البلاتينيريديوم: أُشابة أو سبيكة طبيعية مؤلفة في المقام الأول من بلاتين وإريديوم.

plat·i·nize [plăt′ə nīz′] *(vt.)* يُبَلْتِن: يَطْلي أو يَمْزج بالبلاتين.

plat·i·noid [plăt′ə-] *(adj.; n.)* (١) بلاتينانيّ: شبيهٌ بالبلاتين § (٢) البلاتينوِيْد: سبيكة من نحاس ونيكل وزنك وقليل من التُّنجستين والألومنيوم.

plat·i·no·type [plăt′ə nō tīp′] *(n.)* (١) الطِّبعة البلاتينيّة: طَبْعَة فوتوغرافية استُخدم فيها أسوَدُ البلاتين (٢) الطباعة البلاتينيّة (فو).

plat·i·nous [plăt′ə nəs] *(adj.)* بلاتينيّ.

plat·i·num [plăt′ə nəm] *(n.)* (١) البلاتين: عنصر فلزّيّ أبيض ضاربٌ إلى الرماديّ (٢) اللون البلاتينيّ: لونٌ رماديّ معتدل.

platinum black *(n.)* أسْوَدُ البلاتين: ذَرور أسود (ك).

platinum blonde *(n.)* (١) بلاتينيّة الشَّعر: فتاة أو امرأة ذات شعرٍ بلاتينيّ الشُّقرة (٢) الشُّقرة البلاتينيّة.

plat·i·tude [plăt′ə-] *(n.)* (١) تفاهة؛ ابتذال (٢) ملاحظة تافهة أو مبتذَلَة.

plat·i·tu·di·nal; plat·i·tu·di·nous [-ə to͞o′-] *(adj.)* تافه؛ مُبْتَذَل.

plat·i·tu·di·nar·i·an *(n.)* المُتتافِه: المُكْثِر من إبداء الملاحظات التافهة.

plat·i·tu·di·nize [plăt′ə to͞o′də nīz′] *(vi.)* يَتتافَه؛ يَتَباذَل: ينطق بالملاحظات التافهة أو المبتذَلة.

pla·ton·ic [plə tŏn′ĭk; plā-] *(adj.)* (١) *cap.* أفلاطونيّ: ذو علاقة بأفلاطون أو فلسفته أو مميِّز لهما (٢) عُذْريّ؛ أفلاطونيّ (٣) «أ» مِثاليّ؛ غير عمليّ. «ب» نظريّ؛ تأمُّليّ؛ تفكُّريّ.

Platonic love *(n.)* (١) الحب الأفلاطوني: حبّ تصوَّره أفلاطون متساميًا عن العاطفة نحو الفرد إلى التأمّل في الكُلّيّ والمثاليّ (٢) الحبّ العذريّ.

Pla·to·nism [plā′-] *(n.)* (١) الأفلاطونية: فلسفة أفلاطون (٢) Neoplatonism (٣) الحبّ الأفلاطونيّ.
— **Pla·to·nist** *(n.; adj.)* — **Pla·to·nis·tic** *(adj.)*

Pla·to·nize [plā′-] *(vi.; t.)* (١) يَتَفَلْطَن: «أ» يتّبع آراء أفلاطون أو مذاهبه. «ب» يفكّر على طريقة أفلاطون x (٢) يُفَلْطِن: «أ» يخلع صفةً أفلاطونيّةً على. «ب» يشرح وفقًا للمبادئ الأفلاطونيّة.

pla·toon [plə to͞on′] *(n.; vt.)* (١) فصيلة [من الجند أو الشُّرطة] (٢) شِرذِمة؛ عُصْبة؛ جماعة صغيرة § (٣) يرتِّب [على شكل عصبة رياضية].

platoon sergeant *(n.)* رقيب الفصيلة (جن).

Platt·deutsch [plät′doich′] *(n.)* عامّيّة ألمانيا الشمالية (ل).

plat·ter [plăt′-] *(n.)* (١) «أ» طبق كبير [وبخاصة لتقديم اللحم على المائدة]. «ب» اللون الرئيسي [من الأطعمة المقدَّمة على المائدة] (٢) أسطوانة فونوغرافية.

plat·y [plā′tĭ] *(adj.)* صَفَحانيّ؛ طَبَقانيّ: شبيه بصفيحة أو طَبَق.

platy- بادئة معناها: عريض؛ مُسَطَّح.

plat·y·hel·minth [plăt′ĭ hĕl′mĭnth] *(n.)* العَريضة: واحدة العَريضات **Platyhelminthes** وهي شعبة من الديدان العِراض [ومنها الشريطيّات].

plat·y·pus [plăt′ə pəs] *(n.)* البَلاتْبوس؛ منقار البَطّة؛ خُلْد الماء: حيوان ثديّ بدائيّ.

platypus

plat·yr·rhine [plăt′ə rīn′] *(adj.; n.)* (١) فِنطيس: عريض الأنف قصيرُهُ § (٢) الفِنطيس: حيوان عريض الأنف قصيرُهُ.

plau·dit [plô′dĭt] *(n.)* (١) تصفيق الاستحسان (٢) *pl.* عد: موافقة حماسية.

plau·si·ble [plô′zə bəl] *(adj.)* (١) معقولٌ أو مقبولٌ ظاهرًا (٢) جديرٌ، ظاهريًا، بالتصديق <~ stories> <~ adventurers>.

— plau·si·bil·i·ty; plau·si·ble·ness *(n.)* **— plau·si·bly** *(adv.)*

plau·sive [plô′sĭv] *(adj.)* مُصَفِّق؛ مُظهِرٌ استحسانًا.

play[1] [plā] *(n.)* (١) السِّيافة: المبارزة بالسّيوف (٢) سَيْر [أو اتّجاه] اللُّعبة (٣) حركة أو مناورَة في لُعبة (٤) عَبَثٌ (٥) لَعِبٌ؛ لَهْوٌ (٦) «دَوْرٌ» في اللَّعب <It is my ~.> (٧) مُزاح؛ هَزْلٌ (٨) تلاعُبٌ بالألفاظ (٩) مُقامرة (١٠) مناوَرة (١١) مغامَرة (١٢) «أ» طريقة اللعب أو أسلوبه <rough ~ in a football match>. «ب» معاملة؛ سلوك؛ تصرّف. «ج» نشاط؛ عمل <in full ~>. «د» حركة رشيقة <~ of sunlight on leaves>. «هـ» الحركة الحرَّة أو غير المعوَّقة [لجزء من أجزاء الآلة]. «و» حرية العمل؛ مجال النشاط [كقولك gave free ~ to his emotions أي أطلقَ العِنانَ لها] (١٣) تغطية إعلامية (١٤) مداعبة؛ مغازلة (١٥) «أ» تمثيل. «ب» تمثيلية؛ مَسْرحيّة.

play[2] *(vi.; t.)* (١) يلعب؛ يَلْهو (٢) يضاجع؛ يجامع (٣) «أ» يَعْبَث. «ب» يَمْزح. «ج» يتلاعب بالألفاظ (٤) يستغلّ (٥) «أ» يتحرك أو يعمل بحُرِّية. «ب» يعمل أو يُطلِق بغير انقطاع (٦) «أ» يعزف. «ب» ينطق بالألحان <The organ was ~*ing.*>. «ج» يمثّل [على المسرح]. «د» يَصْلُح [الشيءُ] للتمثيل (٧) «أ» يشترك في لعبة. «ب» يقامر. «ج» يتصرَّف <to ~ fair>. «د» يتظاهر بِـ <Don't ~ innocent.> **x** (٨) يُسبِّب؛ يُحدث <to ~ havoc> (٩) «أ» يمثّل دورًا مسرحيًا <to ~ Lady Macbeth>. «ب» يمثّل في <to ~ the leading theaters>. «ج» يمثّل في الحياة دورَ كذا: يتصرف تصرّف الـ... <to ~ the fool> (١٠) يُطلِق <~*ed* their guns on the enemy's lines> (١١) يُلاعب <Will you ~ me at chess?> (١٢) «أ» يحرك حجر الشطرنج. «ب» يلعب ورقتَهُ [في لَعِب الشَّدَّة].

to be ~*ed* out (١) يُسْتَهْلَك؛ يُسْتَنْفَد؛ يصبح فاقد القوة أو النفع (٢) يصبح عتيقًا أو باليًا.

to ~ at ينهمك في شيء بطريقة عابثة أو خالية من الحماسة.

to ~ back يستعيد: يستمع إلى شريطٍ إلخ بعد تسجيله مباشرةً.

to ~ down ينتقص أو يقلّل من أهمية شيء أو قيمته.

to ~ fair يلعب أو يتصرف بأمانة وصدق وإنصاف.

to ~ foul يلعب أو يتصرَّف بخَتْلٍ وغشّ إلخ.

to ~ into the hands of يُوقِع نفسه في يد خصمه؛ يتصرَّف بطريقة تعود على الخصم بالفائدة وتعود عليه بالضَّرر.

to ~ on *or* upon يستغلّ؛ يستخدم.

to ~ one person off against another يثير فلانًا على فلان [وبخاصة لمصلحته الشخصيّة].

to ~ out (١) يُتِمّ إلى النهاية (٢) يُنهي (٣) يَفْقِدُ قوّتَهُ؛ يصاب بالإرهاق.

to ~ the market يضارِب [في السوق الماليّة].

to ~ up (١) يعمل بشجاعة أو براعة (٢) يُبرِز؛ يُظهِر؛ يؤكِّد (٣) يُزْعِج؛ يُوْجِع (٤) يَثِبُ [الفَرَسُ].

to ~ upon words يتلاعب بالألفاظ.

to ~ up to him يتملّقه؛ يتزلّف إليه.

to ~ with (١) يتلاعب بِـ (٢) يتلهّى بفكرةٍ ما؛ يفكّر بأمرٍ ولكن بقليل من الجِدّ.

to ~ with oneself يَستمني باليد.

play·act *(vi.; t.)* (١) يحترف التمثيل (٢) ينتحل شخصيةً أخرى (٣) يتصنَّع.

play·back *(n.)* الاستعادة: الاستماع إلى شريطٍ إلخ بعدَ تسجيله مباشرةً.

play·bill [-′bĭl] *(n.)* (١) إعلان عن تمثيلية (٢) برنامج حفلة.

play·boy [plā′boi′] *(n.)* المستهتِر؛ المنغمس في الملذّات.

play–by–play *(adj.)* (١) لُعبةً لُعبةً (٢) مُفصَّل؛ مُسْهَب.

play·day [plā′dā′] *(n.)* يَوْمُ عُطلةٍ. وبخاصة: عُطلةٌ مدرسية.

played out *(adj.)* (١) مُرْهَق (٢) عتيق الطراز (٣) بالٍ؛ مُهَلْهَل.

play·er [plā′ər] *(n.)* (١) «أ» اللاعب. «ب» الموسيقيّ. «ج» الممثّل. «د» المقامر (٢) العزّافة: أداة ميكانيكيّة تُشغِّل بها الآلة الموسيقية، وبخاصة البيانو، أوتوماتيكيًا.

player piano *(n.)* البِيان الآليّ: بيانو ذو عزّافة (را. player 2).

play·fel·low [plā′fĕl′ō] *(n.)* = playmate.

play·ful [plā′fəl] *(adj.)* (١) لَعُوب (٢) مازح؛ هازِل.

play·girl [plā′gûrl′] *(n.)* المستهترة؛ المنغمسة في الملذّات.

play·go·er [plā′-] *(n.)* مُحِبّ المسرح: المولَع بمشاهدة التمثيليات.

play·ground *(n.)* (١) مَلْعب [وبخاصة للأطفال] (٢) حديقة عامة.

play·house *(n.)* (١) مَسْرح (٢) مَبنى الألعاب [مخصَّص لِلَعِب الأطفال].

playing card *(n.)* ورقة اللَّعِب: إحدى أوراق الشدَّة.

playing cards *(n. pl.)* ورق اللَّعِب؛ ورق الشَّدّة؛ الكوتشينة.

playing field *(n.)* مَلْعب؛ مَلْعَب رياضيّ.

play·land [plā′lănd′] *(n.)* = playground.

play·let [plā′lət] *(n.)* المُسَيْرِحيّة: مسرحيّة قصيرة.

play·mak·er *(n.)* قائد جناح الهجوم [في فريق رياضيّ].

play·mate [plā′māt′] *(n.)* رفيق اللَّعِب؛ زميل اللَّعِب.

play–off [plā′ôf′] *(n.)* المباراة الفاصلة: مباراة تُجْرَى بين متباريَيْن أو فريقَيْن تعادلا في مباريات سابقة، وذلك لتحديد الفائز.

play·pen [plā′-] *(n.)* حظيرة اللَّعِب: قفص نقّال يلعب ضمنَهُ الطفل.

playpen

play·room [plā′-] *(n.)* حجرة اللَّعِب أو السَّمَر: حجرةٌ، في الجزء الواقع تحت الأرض من المبنى، مخصَّصةٌ للألعاب وحفلات السَّمَر.

play·suit [-′sōōt′] *(n.)* لباسُ اللَّعِب [للنساء والأطفال].

play therapy *(n.)* المعالجة اللَّعِبيّة؛ المعالجة باللَّعِب (نف).

play·thing *(n.)* (١) دُمْيَة؛ لُعبة (٢) ألعوبة <a ~ of fate>.

play·time [plā′-] *(n.)* وقت اللَّعِب: وقتٌ مخصَّصٌ لِلَّهْوِ أو التسلية.

play·wear [plā′wâr] *(n.)* ملابس اللَّعِب.

play·wright [-′rīt′] *(n.)* الكاتب المسرحيّ: مؤلف الروايات المسرحية.

pla·za [plä′zə; plăz′ə] *(n.)* (١) ساحة عامة [في مدينة] (٢) مركز تَسَوُّق.

plea [plē] *(n.)* (١) دعوى قضائيّة (٢) «أ» بيّنة. «ب» دَفْع فرعيّ: جواب المتهَم على تهمة توجّه إليه أمام القضاء (٣) ذريعة؛ حُجّة؛ عُذْر (٤) التماس؛

طلب <a ~ for mercy> .

plea bargaining *(n.)* المُهاوَدة؛ المساومة القضائية (ق).

pleach [plēch; plāch] *(vt.)* يَضْفِر؛ يَجْدُل؛ يَحْبُك.

plead [plēd] *(vi.; t.)*, **plead·ed** *or* **pled** [plĕd] (١) يدافع؛ يترافع أمام القضاء (٢) يردّ على الخصم [بإنكار الوقائع أو بتقديم وقائع جديدة] (٣) يجيب عن تهمة أمام القضاء <to ~ not guilty> (٤) «أ» يدافع عن زعم أو يردّ على زعم. «ب» يناشد؛ يلتمس x (٥) يَحْتَجّ بـ: يبرِّر عمله [أو عمل موكِّلِهِ] بعُذْر ما <The thief *~ed* poverty. His counsel *~ed* insanity.> .

— plead·er *(n.)*

plead·ing [plē′-] *(n.)* (١) مص plead (٢) دفاع؛ مرافعة؛ مُحاجَّة.

pleas·ance [plĕz′əns] *(n.)* (١) ابتهاج (٢) مُتَنَزَّه [تابعٌ عادةً لقَصْر].

pleas·ant [plĕz′ənt] *(adj.)* (١) سارّ؛ مُرْضٍ؛ سائغ (٢) لطيف؛ دَمِث (٣) صافٍ؛ غير عاصف (٤) مُمْتِع.

— pleas·ant·ness *(n.)*

pleas·ant·ry [-ən trĭ] *(n.)* (١) مُزاح (٢) هَزْل (٣) مَزْحة (٤) نُكْتة.

please [plēz] *(vt.; i.)* (١) يَسُرّ؛ يُرْضي <to ~ the public> ؛ (٢) يُحِبّ؛ يشاء؛ يحلو له <Go where you ~.> .

if you ~, إذا سَمَحْتَ؛ من فضلك.

~ God إن شاء الله؛ بمشيئة الله.

pleas·ing *(adj.)* (١) سارّ؛ مُرْضٍ (٢) لطيف؛ ظريف <a ~ fellow> .

pleas·ur·a·ble [plĕzh′ər-] *(adj.)* مُرضٍ؛ مُمْتِع؛ مُبهِج.

— pleas·ur·a·bil·i·ty; pleas·ur·a·ble·ness *(n.)*

pleas·ure [plĕzh′ər] *(n.; vi.; t.)* (١) مشيئة؛ رغبة (٢) سرور؛ ابتهاج (٣) الملذات؛ المُتَع الحسيّة (٤) متعة؛ مصدر سرور وابتهاج § (٥) يبتهج (٦) يسعى وراء الملذات x (٧) يَسُرّ؛ يرضي (٨) يُبْهِج؛ يُمْتِع.

pleasure dome *(n.)* قُبَّة البهجة: موضع يُقْصَد للمُتْعة والاستجمام.

pleat [plēt] *(vt.; n.)* (١) يَطْوي؛ يُثَنّي [القماشَ]: يجعله ذا طيّات أو ثَنْيات § (٢) طيّةٌ؛ ثَنْية [في القماش].

pleb [plĕb] *(n.)* = plebeian.

plebe [plēb] *(n.)* النّاهد: تلميذ في الصفّ الأول أو الأدنى [في كلية عسكرية أو بحرية].

ple·be·ian [plĭ bē′ən] *(n.; adj.)* (١) العامّيّ الرومانيّ: أحد العامّة في روما القديمة (٢) العامّيّ: أحد العامّة § (٣) عامّيّ: ذو علاقة بالعامّة (٤) «أ» عاديّ؛ مُبْتَذَل. «ب» خشِن؛ جِلف.

pleb·i·scite [plĕb′ə sīt′] *(n.)* استفتاء عامّ.

plebs [plĕbz] *(n.)* pl. **ple·bes** [plē′bēz] (١) العامّة؛ الدَّهماء؛ جماهير الشعب (٢) العامّة [في روما القديمة].

plec·tog·nath [plĕk′tŏg năth′] *(n.; adj.)* (١) مَلحومة الفَكّ: سمكة من ملحومات الفكّ **Plectognathi** وهي رتبة من السّمك العظميّ § (٢) ملحومة الفكّ.

plec·trum [plĕk′trəm] *(n.)* pl. **-tra** *or* **-trums** المِضْرَب؛ ريشة العازف: ريشة عاجية أو معدنيّة يُنْقَرُ بها على أوتار القيثار إلخ.

pledge [plĕj] *(n.; vt.)* (١) «أ» ضمان؛ رَهْن. «ب» الارتهان: كون الشيء موضوعًا كرهن <in ~> (٢) «أ» العربون: شيء يُقدَّم كدليل على المودة والحبّ. «ب» ولد؛ ثمرة <the ~ of their youthful love> (٣) نَخْب (٤) عهد؛ تَعَهّد؛ مَوْثِق § (٥) يَرْهن: يودع على سبيل الرهن (٦) يشرب نَخبَه (٧) يتعهّد بـ؛ يأخذ على نفسه عهدًا؛ يؤالي على نفسه أن...

to take *or* sign the ~, يأخذ على نفسه عهدًا بالامتناع عن شرب المُسْكرات.

pledg·ee [plĕj ē′] *(n.)* المُرْتَهِن: من يأخذ الرَّهن (ق).

pledg·er *or* **pledg·or** [plĕj′-] *(n.)* الراهن: من يُوْدِع شيئًا على سبيل الرهن.

pledg·et [plĕj′ət] *(n.)* ضِمادة [لجُرْحٍ أو نحوِه].

-plegia لاحقة معناها: شَلَلٌ <hemi*plegia*> .

ple·iad [plē′əd; plī′əd] *(n.)* السُّباعيّ اللّامع: مجموعة من سبعة أشخاص لامعين أو سبعة أشياء متألّقة.

Ple·iad [plē′əd; plī′-] *(n.)* (١) الأطلسيّة: إحدى بنات أطلس السَّبْع (را. المادة التالية) (٢) أحد نجوم الثُّريّا (فل).

Ple·ia·des [plē′ə dēz; plī′-] *(n. pl.)* (١) الأطلسيات: في الميثولوجيا اليونانية، بنات أطلس السبع اللواتي حُوِّلن إلى مجموعة النجوم المعروفة بـ«الثُّرَيّا» (٢) الثُّرَيّا: مجموعة كبيرة من النجوم، في كوكبة الثور.

plein air [plān′âr′] *(adj.)* هوائيّ طَلْقِيّ: خاصّ بالرّسم في الهواء الطَّلْق.

Pleis·to·cene [plīs′tə sēn′] *(adj.; n.)* (١) بليستوسينيّ: ذو علاقة بالعصر الحديث الأقرب (جي) § (٢) العصر الحديث الأقرب (جي).

ple·na·ry [plē′nə rĭ] *(adj.)* (١) تامّ؛ مُطْلَق؛ غير محدود <~ authority> (٢) مكتمل: منعقد بجميع أعضائه <~ assembly> .

plenary indulgence *(n.)* الحِلّ المُطْلَق؛ الغُفران الكامل (كث).

ple·nip·o·tent [plə nĭp′ə tənt] *(adj.)* مُطْلَق الصَّلاحية.

plen·i·po·ten·ti·ar·y [plĕn′ĭ pō tĕn′shĭ ĕr′ĭ] *(adj.; n.)* (١) مُطْلَق <~ powers> (٢) مُطْلَق الصَّلاحية § (٣) سفير أو مبعوث مُطلَق الصلاحية.

plen·ish [plĕn′ĭsh] *(vt.)* يجهِّز بـ؛ يُزَوِّد بـ.

plen·i·tude [plĕn′ə to͝od′] *(n.)* (١) وَفْرة (٢) تَمام؛ كمال.

plen·i·tu·di·nous [plĕn ə to͞o′-] *(adj.)* (١) بَدِين (٢) تامّ أو وافر.

plen·te·ous [plĕn′tĭ əs] *(adj.)* (١) مُثْمِر بوفرة (٢) وافر.

plen·ti·ful [-fəl] *(adj.)* (١) خِصْب (٢) وافر <a ~ harvest> .

plen·ty [plĕn′tĭ] *(n.; adj.; adv.)* (١) وَفْرة (٢) مقدار وافر؛ مُتَّسَع § (٣) وافر (٤) كثير § (٥) كثيرًا؛ جدًا؛ بوفرة.

ple·num [plē′nəm] *(n.)* pl. **-s** *or* **ple·na** (١) التَّهْيُل: حيِّز ممتلئ بالهَيُولى أو المادة (ضدّ vacuum) (٢) الجلسة المكتملة: جلسة يشهدها جميع الأعضاء (٣) امتلاء.

ă at; ā date; â care; ä car; ĕ egg; ē me; ĭ in; ī bite; ŏ lot; ō bone; ô orphan; **oi** boil; o͝o good; o͞o boot; **ou** out; ŭ under; û urgent; ə = *a* in alone, *e* in system, *i* in easily, *o* in gallop, *u* in circus.

ple·o·mor·phism [plē′ə môr′-] *(n.)* تعدُّد الأشكال: حدوث أكثر من شكل متميّز واحد في دورة حياة النبات أو الحيوان (أح).

ple·o·nasm [plē′ə năz′əm] *(n.)* الحَشْو [في الكلام] (بل).

ple·oph·a·gous [plĭ ŏf′ə gəs] *(adj.)* (١) متعدِّد الأقوات: مقتات بضروب مختلفة من القُوت (٢) كثير المُضيف: غير مقتصر على ضرب واحدٍ من المُضيف <~ parasites>.

ple·o·pod [plē′ə pŏd′] *(n.)* القَدَم البَطنيّة: أحد الأوصال البطنية في القشريات (ح).

ple·si·o·saur [plē′sĭ ə sôr′] *(n.)* البَلْصور: زحّافة بحرية منقرضة.

plesiosaur

pleth·o·ra [plĕth′ə rə] *(n.)* (١) الامتلاء الدَّموي؛ وفرة الدَّم (ط) (٢) فَرْط؛ زيادة <a ~ of examples>.

pleu·ra [plo͝or′ə] *(n.)* pl. **-e** *or* **-s** الجَنَبة؛ غشاء الجنب (ت).

pleu·ral [-′əl] *(adj.)* (١) جَنَبَوِيّ: ذو علاقة بالجَنَبة (٢) جانبيّ.

pleu·ri·sy [plo͝or′ə sĭ] *(n.)* الجُناب؛ ذات الجَنْب (ط).

pleu·rit·ic [plo͞o rĭt′ĭk] *(adj.)* جَنْبَوِيّ: ذو علاقة بذات الجَنْب.

pleu·ro·pneu·mo·ni·a [plo͝or′ō no͞o mō′nĭ ə] *(n.)* ذات الجَنْب والرِّئة (ط).

pleus·ton [plo͞os′-] *(n.)* العائمات: نباتات تطفو على سطح المياه العذبة.

plex·i·form [plĕk′sə-] *(adj.)* ضفيرانيّ: ضفيريّ الشكل.

plex·or [plĕk′sər] *(n.)* المُطَيْرِقة: مِطرقة صغيرة تُتَّخذ للنَّقر (ط).

plex·us [plĕk′səs] *(n.)* (١) الضَّفيرة: شبكة من الأعصاب أو الأوعية الدموية المنضفرة أو المتحابكة (٢) شبكة <a ~ of routes>.

pli·a·bil·i·ty [plī′ə bĭl′-]; **pli·a·ble·ness** [plī′-] *(n.)* (١) الطَّوَوِيّة (مج)؛ قابلية الانطواء؛ مرونة (٢) لِين العريكة (٣) التَّكَيُّفِيّة: قابليّةُ التكيّف.

pli·a·ble [plī′ə-] *(adj.)* (١) طَوِيّ (مج)؛ مَرِن (٢) سَمْح؛ لَيِّن العريكة (٣) مُتكيِّف؛ قابلٌ للتَّكيُّف.

pli·an·cy [plī′ən sĭ] *(n.)* (١) الطَّوَوِية (مج)؛ قابليّة الانطواء؛ مرونة (٢) مِطواعيّة (٣) ملاءمة؛ موافَقة (٤) قابليّة التكيّف.

pli·ant [plī′ənt] *(adj.)* (١) طَوِيّ (مج)؛ مَرِن (٢) مِطواع (٣) ملائم؛ موافق (٤) متكيِّف؛ قابلٌ للتَّكيُّف.

pli·ca [plī′kə] *(n.)* pl. **-e** طيّة. وبخاصة: ثَنْيَة؛ سُرٌّ؛ غَضَنٌ (ت).

pli·cate [plī′kāt] *(adj.)* (١) مِرْوَحِيّ الطيّ: مَطْوِيّ طوليًّا كالمروحة <a ~ leaf> (٢) متوازي التجاعيد.

plicate leaf

pli·ca·tion [plī kā′-] *(n.)* (١) «أ» طيّ. «ب» انطواء (٢) طيّة.

plied [plīd] *(adj.)* مَجْدول <a ~ thread>.

pli·ers [plī′ərz] *(n. pl.)* الزَّرَديّة: كمّاشة صغيرة طويلة الفكين تُمْسَك بها الأشياء الصغيرة أو تُلْوَى بها الأسلاك.

pliers

plight [plīt] *(vt.; n.)* (١) يأخذُ على نفسه عَهْدًا أو مَوْثِقًا. وبخاصة: يخطب فتاة إلخ § (٢) «أ» عهد؛ وعد؛ مَوثِق. «ب» خِطبة (٣) حالة. وبخاصةٍ: وَرْطة؛ مأزِق؛ مِحْنة.

plim·soll [plĭm′sôl] *(n.)* حذاء خفيف [من قماش ونعل مطّاطيّ].

Plim·soll mark *(n.)* خطّ التحميل؛ خطّ عَوْم المركب (مل).

plink *(vi.)* (١) يُطلق صوتًا مِرْنانًا (٢) يُطلِق النار كيفما اتَّفق.

plinth [plĭnth] *(n.)* الوطِيدة: «أ» الجزء الأدنَى المربّع من قاعدة العمود (عم). «ب» قاعدة التمثال المربّعة. «ج» قاعِدة حجرية تَدْعم جدارًا.

Pli·o·cene [plī′ə sēn′] *(n.; adj.)* (١) العصر الحديث القريب (جي) § (٢) بليوسينيّ: ذو علاقة بالعصر الحديث القريب (جي).

Pli·o·film [plī′ə-] *(n.)* البِلُوفيلم: ضرب من الغشاء المطّاطيّ الصقيل يُستخدم في صنع المِظلّات والمعاطف الواقية من المطَر ولِلَفِّ الفاكهة إلخ.

plis·kie *or* **plis·ky** [plĭs′kĭ] *(n.)* = trick; practical joke.

plis·sé *or* **plis·se** [plĭ sā′] *(n.)* البليسيه: قماش مجعَّد أو مغضَّن.

plod [plŏd] *(vi.; t.; n.)* (١) يتهادى: يمشي بتثاقل أو بطء (٢) يكدح § (٣) التهادي إلخ (٤) وقع الأقدام.

plonk [plŏngk] *(n.)* خمر رخيصة؛ خمر رديئة.

plop [plŏp] *(vi.; t.; n.)* (١) يسقط أو يتحرك فجأةً محدثًا صوتًا كصوت شيء يغطس في الماء (٢) يغطس؛ يرتمي بقوة x (٣) يلقي بقوّة § (٤) مص plop (٥) صوت شبيه بصوت شيء يغطس في الماء.

plo·sion [plō′zhən] *(n.)* الانفجار: إطلاق مفاجئ للنَّفَس (ل).

plo·sive [plō′sĭv] *(adj.)* انفجاريّ (مثل *p* في كلمة *top*).

plot [plŏt] *(n.; vt.; i.)* (١) قطعة أرض (٢) خريطة [لأرض أو مدينة] (٣) الحَبْكة: تسلسل الأحداث وترابُطُها في رواية أو مسرحية (٤) مكيدة؛ مؤامرة (٥) رسم بيانيّ § (٦) يَفْرِز الأرض: يقسِّمها إلى قطع صغيرة (٧) يخطِّط: يضع خريطة أو حبكة روائيّة أو رسمًا بيانيًّا لـ (٨) يعيِّن موقع شيء [على خريطة أو رسم بيانيّ] x (٩) يتآمر؛ يدبِّر مكيدة.

Plo·ti·nism [plō tī′nĭz əm] *(n.)* الأفلوطينيّة: فلسفة أفلوطين؛ «الأفلاطونية المُحْدَثة».

— Plo·ti·nist *(n.)*

plot·tage [plŏt′ĭj] *(n.)* مساحة البقعة؛ مساحة قطعة الأرض.

plot·ter [plŏt′ər] *(n.)* (١) فا plot. وبخاصة: «أ» المخطِّط. «ب» المتآمر (٢) المخطِّطة: أداة أو جهاز للتخطيط.

plotter 2.

plot·ting [plŏt′-] *(n.)* مص plot. وبخاصة: «أ» تخطيط. «ب» تآمُر.

plot·ty [plŏt′ĭ] *(adj.)* (١) مُحْكَم الحَبْكة (٢) تآمريّ.

plough [plou] *(n.; vt.; i.)* = plow.

plov·er [plŭv′ər; plō′vər] *(n.)* الزَّقزاق؛ السَّقْساق؛ رسول الغيث (طا).

plover

plow [plou] *(n.; vt.; i.)* (١) مِحراث (٢) الجرّافة: ماكينة لجَرْف الثلج أو إزالته (٣) أرض محروثة <250 acres of ~> (٤) الدُّبّ الأكبر (فل) § (٥) يَحْرُث [الأرضَ] (٦) يَشُقّ المركبُ سطحَ الماء؛ يَمْخُر البحرَ (٧) يُوْغِل في؛ يغوص في (٨) يُخَدِّد: يُحْدِث التجاعيدَ في الوجه (٩) «أ» يَجْرُف [الثَّلجَ]. «ب» يقتلع <to ~ up old roots> (١٠) يَرْفُض مرشَّحًا [بعد امتحان] x (١١) يَنْحَرِث: ينصاع للحراثة (١٢) يتقدَّم بجهد. to ~ back يَرُدّ الأرباحَ على المشروع: يُعيد توظيف الأرباح؛ يستعملها كرأسمال.

to ~ the sand يَحْرُث الرمالَ : يقوم بعملٍ غير مُجْدٍ.
to ~ under يدفن ؛ يَطْمُر ؛ يزيل من الوجود.
to put (*or* set) one's hand to the ~, يبدأ عملًا أو مشروعًا.

plow·a·ble [plou'ə bəl] *(adj.)* مُنْحَرِث : قابلٌ للحراثة.

plow·boy [plou'boi'] *(n.)* (١) صبيّ المحراث (٢) غلام ريفيّ.

plow·land [plou'-] *(n.)* أرض محروثة أو صالحة للحراثة.

plow·man [plou'-] *(n.)* (١) الحارث ؛ الحرّاث (٢) عاملُ مزرعة.

plow·share [plou'shâr'] *(n.)* شفرة المحراث [التي يشقُّ بها الأرضَ].

ploy [ploi] *(n.)* (١) حيلة ؛ خدعة (٢) ذريعة.

pluck [plŭk] *(vt.; i.; n.)* (١) يقتلع [الأعشاب إلخ] (٢) ينتف [الشَّعر] (٣) يقطف ؛ يجني (٤) يسلب : يحتال على (ع) (٥) «أ» يحرِّك أو يدفع أو يمزّق بقوّة. «ب» يهدم (٦) «أ» يمسك بِـ. «ب» يُنْبِض : يَنْقر أوتار الآلة الموسيقية (٧) يَرْفض مُرَشَّحًا [بعد امتحانٍ] x (٨) يقلع بقوّة [تتبعها at] § (٩) مص pluck (١٠) السُّحارة : معلاق الذبيحة (١١) عزم ؛ شَجاعة ؛ إقدام.
to ~ at يُمسك بالشيء ويَسْحبُهُ [فِعْلَ الطفل بثوب أمه إلخ].
to ~ up يقتلع ؛ يستأصل.
to ~ up (one's) heart, courage etc. يستجمع شجاعته.

pluck·i·ness [plŭk'ĭ-] *(n.)* شجاعة ؛ جُرأة ؛ إقدام.

pluck·y [plŭk'ĭ] *(adj.)* شجاع ؛ جريء ؛ مِقْدام.

plug [plŭg] *(n.; vt.; i.)* (١) سِدادة ؛ سِطام (٢) قرص تبغ مضغوط (٣) «أ» ضربة. «ب» طَلْق ناريّ (٤) شيءٌ دونٌ. وبخاصة : فرسٌ مُسِنّ غير صالح (٥) «أ» خرطوم ماء لإطفاء الحريق. «ب» شمعة ؛ شمعة الإشعال (سي) (٦) القابس ؛ المأخذ : أداة التوصيل الكهربائي § (٧) يَسُدّ (٨) «أ» يصيب بطلق ناريّ. «ب» يضرب بجُمْع الكفّ (ع) (٩) يعلن بغير انقطاع x (١٠) ينسدّ [تتبعها *up* عادةً] (١١) يكدح ؛ يعمل باستمرار.
to ~ in يُوَصِّل بالقابس الكهربائي.

plugged [plŭgd] *(adj.)* (١) مسدود (٢) مُوَصَّل بالقَبْس (كب).

plug hat *(n.)* القُبَّعة العالية [يعتمر بها الرجال في الحفلات الرسمية].

plug·hole [-'hōl'] *(n.)* ثَقب السِّطام : ثقب تُدْخَل فيه السِّدادة.

plug–ug·ly *(n.)* الجِلْف. وبخاصة : جِلْف يُستأجَر للتهويل على الناس.

plum [plŭm] *(n.)* (١) شجر الخوخ أو البُرقوق (٢) ثمر الخوخ أو البُرقوق (٣) زبيبة [وبخاصة في كعكة أو قالب حلوى] (٤) قطعة حلوى أو «بُنْبون» (٥) شيء ممتاز أو مرغوب فيه. وبخاصة : «أ» وظيفة مرموقة ؛ وظيفة حسنة الراتب. «ب» مكافأة على خدمة <political ~*s*> (٦) ربحٌ إضافيّ (٧) الخَوْخيّ : لونٌ أرجوانيّ مُزْرَقّ داكنٌ.

plum·age [plo͞o'mĭj] *(n.)* الريش : ريشُ الطائر.

plu·mate [plo͞o'māt; -mĭt] *(adj.)* ريشانيّ : شبيهٌ بريشة.

plumb [plŭm] *(n.; vt.; i.; adj.; adv.)* (١) الفادن : أداة، مؤلَّفة من خيط في طرفه قطعة رصاص، يُسْبَر بها غور المياه أو تُمتحن استقامة الجدار (٢) ثِقَل رصاص § (٣) يُثْقِل بالرصاص (٤) «أ» يسبر الغور بالفادن. «ب» يفحص بدقّة (٥) يعدِّل أو يمتحن [استقامةَ الجدار] بالفادن (٦) يختم أو يلحم بالرصاص x (٧) يشتغل رصّاصًا أو سَمْكريًا أو سَبّاكًا § (٨) عموديّ أو صحيح تمامًا (٩) تامّ ؛ كامل ؛ مئة بالمئة § (١٠) عموديًّا (١١) «أ» مباشرةً. «ب» تمامًا. «ج» حالًا ؛ على التوّ (١٢) بكل ما في الكلمة من معنًى <He is ~ crazy.>.
out of ~; off ~, (١) غير عموديّ (٢) غير صحيح.

plumb- *or* **plumbo-** بادئة معناها : رَصاص.

plum·bag·i·nous [plŭm băj'-] *(adj.)* غرافيتي أو شبيه بالغرافيت.

plum·ba·go [plŭm bā'gō] *(n.)* (١) الرَّصاصيّة : نبات استوائيّ جميل الزَّهر (٢) graphite.

plumb bob *(n.)* المِرجاس ؛ ثِقْل الفادن : رَصاصةٌ في طَرَف خيط الفادن.

plum·be·ous [-'bĭ əs] *(adj.)* (١) رَصاصيّ (٢) رَصاصانيّ : كالرّصاص.

plumb·er [plŭm'ər] *(n.)* (١) تاجر الرَّصاص (٢) الرّصّاص ؛ السَّمْكَرِيّ.

plumber's helper *(n.)* السَّقّاطة.

plumber's snake *(n.)* أفعى الرَّصّاص : قضيب مَرِن تُنَظَّف به الأنابيب المسدودة.

plumber's helper

plumb·er·y [plŭm'ə rĭ] *(n.)* (١) دكّان الرَّصّاص (٢) plumbing *2*.

plum·bic [plŭm'bĭk] *(adj.)* رَصاصيّ : ذو علاقة بالرَّصاص.

plum·bif·er·ous [plŭm bĭf'-] *(adj.)* رَصاصِيّ : مُحْتوٍ على رَصاص.

plumb·ing [plŭm'ĭng] *(n.)* (١) مص plumb (٢) الرِّصاصة ؛ السِّباكة ؛ السَّمْكَرَة (٣) شبكة أنابيب المياه [في مبنًى].

plum·bism [plŭm'bĭz-] *(n.)* الرُّصاص : التَّسمُّم بالرَّصاص (ط).

plumb line *(n.)* (١) الفادِن (را. plumb *1*) (٢) خطّ عَمُوديّ.

plum·bous [-'bəs] *(adj.)* رصاصيّ : ذو علاقة بالرَّصاص أو مُحتوٍ عليه.

plumb rule *(n.)* مِسطرة الفادِن [لفحص استقامة الجدران إلخ].

plume [plo͞om] *(n.; vt.; i.)* (١) «أ» ريشة كبيرة. «ب» ريش الطائر (٢) ريشة أو مجموعة من الريش ونحوِهِ [يُتَزَيَّن بها] (٣) علامة شرف أو امتياز أو بسالة (٤) ذيل الحيوان الكثّ § (٥) يزوِّد أو يزيِّن بالريش x (٦) يسوّي أو يرتّب [الطائرُ] ريشه.
to ~ oneself on يفتخر أو يتباهى بِـ.

plumed [plo͞omd] *(adj.)* مَريش : مزدان بريشةٍ أو نحوها.

plume·let [plo͞om'lət] *(n.)* الرُّيَيْشة : ريشة صغيرة.

plume·like [plo͞om'līk'] *(adj.)* رِيشانيّ : شبيهٌ بريشة.

plum·like [plŭm'līk'] *(adj.)* خَوْخانيّ : شبيهٌ بِخَوْخة.

plum·met [plŭm'ət] *(n.; vi.)* (١) plumb bob (٢) plumb *1* (٣) ثِقْل ؛ وَطْأة § (٤) يَهْوي ؛ يَغُور ؛ يَسْقط عموديًا.

plum·my [plŭm'ĭ] *(adj.)* (١) مليء بالخَوْخ <a ~ cake> (٢) مرموق ؛ ممتاز (٣) خَوْخيّ اللون (٤) ممتلئ <~ cheeks>.

plu·mose [plo͞o'mōs] *(adj.)* (١) مَرِيش : ذو ريش (٢) رِيشاني : شبيه بالريش.

plumose leaf

plump[1] [plŭmp] *(vi.; t.; n.; adv.; adj.)* (١) يهوي فجأةً؛ يَسْقط أو يغوص بقوة (٢) يُؤيِّد بقوّة x (٣) يُسْقط أو يضع أو يُلقي فجأةً أو بقوّة § (٤) «أ» سَقطة أو غَطْسة أو ضربة مفاجئة. «ب» الصوت الناشئ عن ذلك § (٥) فجأةً (٦) مباشرةً؛ بصراحة § (٧) مباشر؛ صريح.

plump[2] *(n.)* جماعة؛ مجموعة (ع) <a ~ of ducks>.

plump[3] *(vi.; t.; adj.)* (١) يَسْمَن؛ يتربَّل x (٢) يُسمِّن؛ يُربِّل § (٣) ريّان؛ ممتلئ الجسم [على نحو جميل عادةً].

plump·en [plŭm′-] *(vi.; t.)* (١) يَسْمَن؛ يتربَّل x (٢) يُسمِّن؛ يُربِّل.

plump·er [plŭmp′ər] *(n.)* (١) المُرَبِّل: شيء يوضع في الفم لإظهار الخدّ الغائر بمظهر ربيل أو ريّان (٢) سَقطة قوية مفاجئة (٣) ضربة قوية (٤) كِذْبة مَحْضة (٥) الصوتُ المُفْرَد: صوت يُمْنَح لمرشَّح واحد فقط في انتخابات يُطْلَب فيها الاقتراع لأكثر من مرشح واحد.

plump·ish [-′pĭsh] *(adj.)* ريّان قليلًا؛ ممتلئ الجسم بعضَ الشيء.

plump·ly [plŭm′plĭ] *(adv.)* من صميم الفؤاد؛ بدون تردّد.

plump·ness[1] [plŭmp′-] *(n.)* امتلاء الجسم [على نحوٍ جميل].

plump·ness[2] *(n.)* صراحة؛ اندفاع؛ عدم تردُّد.

plu·mule [ploo͞′myoo͞l] *(n.)* (١) السَّبَد؛ السّاق الجنينيّة: البُرْعم الابتدائيّ في جنين النبات (٢) ريشة زَغبِية؛ ريشة صغيرة ناعمة.

plum·y [ploo͞′mĭ] *(adj.)* (١) زَغَبيّ (٢) مَريش: ذو ريش (٣) مزدان بريشة أو ريش <~ helmets> (٤) رِيشانيّ: شبيه بالريشة.

plun·der [plŭn′-] *(vt.; i.; n.)* (١) يَسْلُب؛ يَنْهَب (٢) يَسْرِق § (٣) سَلْب؛ نَهْب؛ سَرِقة (٤) غنيمة (٥) كلُّ ما يؤخَذ سرقةً واحتيالًا (٦) متاع؛ أمتعة (عا).

— **plun·der·a·ble** *(adj.)* — **plun·der·er** *(n.)*

plun·der·age [plŭn′dər ĭj] *(n.)* (١) سَلْب؛ نَهْب. وبخاصة: اختلاس على ظهر السفينة (٢) مسلوبات؛ منهوبات.

plun·der·ous [plŭn′-] *(adj.)* سَلّاب؛ نهّاب: ميّال إلى السَّلْب والنَّهب.

plunge [plŭnj] *(vt.; i.; n.)* (١) «أ» يَغْمُر؛ يُغَطِّس؛ يُغمِد. «ب» يطمر (٢) يُقحم <to ~ a nation into war> x (٣) يَغْطِس؛ يغوص (٤) يقتحم بتهوّر؛ يخوض متهوِّرًا <to ~ into war> (٥) يندفع بسرعة بالغة؛ يدخل فجأة أو على غير توقّع <~d through the doorway> (٦) يراهن أو يضارب أو يقامر بتهوّر (٧) يَهْبط فجأةً § (٨) «أ» غَطْس؛ غَوْص. «ب» غَطْسة؛ غَوْصة (٩) مَغْطَس (١٠) اندفاعٌ متهوِّر (١١) مقامرة أو مضاربة متهوِّرة.

to take the ~, يخطو خطوةً حاسمة؛ يقوم بعمل حاسم.

plung·er [plŭn′jər] *(n.)* (١) الغاطس؛ الغوّاص (٢) المقامر أو المضارب المتهوِّر (٣) الكبّاس (را. piston) (٤) plumber's helper.

plunger pump *(n.)* مضخّة ذاتُ كبّاس أو مِكبَس (مك).

plunging fire *(n.)* النار المُنْصَبّة؛ النار المتساقطة (جن).

plunk [plŭngk] *(vt.; i.; n.; adv.)* (١) يُنْبِض: يَنْقر أوتار العود إلخ (٢) plump 3 x (٣) يَرِنّ؛ يَطِنّ (٤) يَغْطِس؛ يغوص (٥) يؤيد؛ يناصر [for تتبعها] § (٦) نَقْر؛ رنين إلخ (٧) ضربة قويّة (٨) دولار (ع) § (٩) بصوتٍ مُرِنّ (١٠) تمامًا.

to ~ down (١) يَسْقط فجأةً (٢) يضع فجأةً أو بقوّة (٣) يرتمي [على الكرسيّ إلخ] (٤) يدفع؛ يُنفق <~ed $250 down for a suit.>.

plu·per·fect [ploo͞ pûr′fĭkt] *(n.; adj.)* = past perfect.

plu·ral [ploo͝r′əl] *(n.; adj.)* (١) الجَمْع: صِيغة الجَمْع (ل) § (٢) جَمْعِيّ: ذو علاقة بصيغة الجمع (ل) (٣) تعدُّدي: ذو علاقة بأكثرَ من نوع أو جنس واحد؛ مؤلَّف من أكثر من نوع أو عِرْق واحد <a ~ society>.

plu·ral·ism [ploo͝r′ə-] *(n.)* (١) تَعَدُّد (٢) تعدُّد الوظيفة: تَوَلّي المرء وظيفتين أو أكثر في وقت واحد (٣) التعدُّدية: «أ» كون الشيء متعدِّدًا. «ب» مذهب يقول بأن ثمة أكثر من حقيقةٍ مُطلقة واحدة.

— **plu·ral·ist** *(adj.; n.)* — **plu·ral·is·tic** *(adj.)*

plu·ral·i·ty [ploo͞ răl′-] *(n.)* (١) «أ» تعدُّد. «ب» جَمْع؛ عدد وافر (٢) «أ» تعدُّد الوظيفة (را. pluralism 2). «ب» إحدى هذه الوظائف (٣) أكثرية؛ أغلبيّة.

plu·ral·ize *(vt.)* يُعَدِّد: «أ» يجعله متعدِّدًا. «ب» يعبِّر بصيغة الجمع.

pluri- بادئة معناها: متعدِّد؛ كثير <*pluri*axial>.

plu·ri·ax·i·al [ploo͝r′ĭ ăk′-] *(adj.)* متعدِّد المَحاوِر؛ كثير المحاور.

plus[1] [plŭs] *(adj.)* (١) موجَب (ر) (٢) زائد؛ إضافيّ (٣) أكبر؛ أكثر (٤) مُوْجَب؛ إيجابيّ (كب).

plus[2] *(n.)* (١) علامة زائد (+) (٢) مقدار مَزِيد؛ شيء إضافي (٣) كميّة مُوجَبة (ر) (٤) عاملٌ إيجابي (٥) فائض؛ كَسْب.

plus[3] *(prep.)* (١) زائد <5~4 equals 9.> (٢) و... أيضًا <The work of a physician requires intelligence ~ experience.>.

plus[4] *(adv.)* وبالإضافة إلى ذلك؛ وعلاوةً على ذلك.

plus fours *(n. pl.)* البِنطال المزموم: بنطلون رياضي مزموم تحت الرُّكبة.

plush [plŭsh] *(n.; adj.)* (١) البَلْش: نسيج ذو زئبر أطول من زئبر المخمل § (٢) بَلْشِيّ: ذو علاقة بالبلش أو شبيهٌ به أو مصنوع منه (٣) مُتْرَف؛ فاخر؛ أنيق.

— **plush·ly** *(adv.)*

plush·y [-′ĭ] *(adj.)* (١) بَلْشيّ: مَكْسُوّ بالبَلْش (٢) مُتْرَف (٣) مُريح.

plus sign *(n.)* علامة زائد؛ علامة الجمع أو الإيجاب (+).

Plu·to [ploo͞′tō] *(n.)* (١) بلوتو: إلّه الموتى والعالم السفليّ عند الرومان (٢) أفلوطُن؛ بلوتو: تاسع الكواكب السيارة (فل).

plu·toc·ra·cy [ploo͞ tŏk′rə sĭ] *(n.)* البلوتوقراطية: «أ» حكومة الأثرياء. «ب» طبقة ثرية حاكمة.

plu·to·crat [-′tə krăt′] *(n.)* البلوتوقراطيّ: شخص متنفِّذ بسببِ من ثروته.

plu·to·crat·ic [-′tə krăt′-] *(adj.)* بلوتوقراطيّ: «أ» خاصّ بحكومة الأثرياء أو بالأثرياء ذوي الكلمة المسموعة. «ب» ذو نفوذ أو سلطان بسبب من ثروته.

Plu·to·ni·an *(adj.)* (١) بلُوتُونيّ؛ جحيميّ: ذو علاقة ببلوتو إلّه الموتى أو بالجحيم (٢) أفلوطُنيّ (را. Pluto).

plu·ton·ic [ploo͞ tŏn′ĭk] *(adj.)* (١) بلوتونيّ؛ جوفيّ: دالّ على صخور بركانيّة تحجَّرت في باطن الأرض (٢) Plutonian.

plu·to·ni·um [-tō′nĭ əm] *(n.)* البلوتونيوم: عنصر فلزّيّ إشعاعيّ النشاط شبيهٌ كيميائيًّا باليورانيوم (ك).

Plu·tus [plōō'təs] *(n.)* أفْلُوطُس؛ بلوتوس: إلَه الثروة عند الإغريق.

plu·vi·al [plōō'vĭ əl] *(adj.)* (١) «أ» مَطَرِيّ. «ب» غزير المَطَر (٢) أمطاريّ: ناشئ عن فِعل الأمطار <~ geologic changes>.

plu·vi·an [-'vĭ ən] *(adj.)* (١) ماطِر؛ مُمْطِر (٢) ممطار: كثير المطر.

plu·vi·om·e·ter [plōō'vĭ ŏm'-] *(n.)* المِغْياث: مقياس المطر.

plu·vi·o·met·ric [-ə mĕt'rĭk] *(adj.)* مِغْياثيّ: ذو علاقة بالمِغْياث.

plu·vi·om·e·try [-ŏm'-] *(n.)* المِغْياثيّة: فنّ قياس الغيث أو المطر.

plu·vi·ose [-'vĭ ōs'] *(adj.)* غزير أو كثير الأمطار <a ~ period>.

plu·vi·ous [plōō'vĭ əs] *(adj.)* (١) مَطَرِيّ (٢) مُمْطِر؛ مَطِير.

ply[1] [plī] *(vt.; n.)* (١) يَجْدُل § (٢) طاقة [من الغَزْل أو الحبال] (٣) لَيّة؛ طيّة؛ ثَنْية (٤) الرقيقة: طبقة من طبقات الخشب الرقائقيّ أو من طبقات الورق والكرتون (٥) مَيْل؛ نَزْعة.

ply[2] *(vt.; i.)* (١) يستعمل؛ يعمل بـِ؛ يعمل بكدّ واجتهاد (٢) يُمْطِر بالأسئلة (٣) يزوِّد بإلحاح <*plied* him with food> (٤) يذرع جيئةً وذهوبًا <Ships ~ the river.> x (٥) يكدّ؛ يناضل (٦) يسافر باستمرار.

ply·wood [plī'wŏŏd'] *(n.)* الخشب الرقائقيّ؛ الخشب المعاكَس: خشب مصنوع من طبقات خشبية رقيقة مُغرّاة.

p.m. <L.: *post meridiem*> بعد الظهر؛ ب. ظ.

-pnea *or* **-pnoea** لاحقة معناها: نَفَسٌ؛ تنفُّسٌ <hyper*pnea*>.

pneum- بادئة معناها: «أ» هواء. «ب» رئة. «ج» تنفُّس. «د» ذات الرئة.

pneu·ma [nōō'mə; nyōō'mə] *(n.)* رُوح؛ نَفْس.

pneumat- بادئة معناها: هواء؛ تنفُّس؛ روح.

pneu·mat·ic [nōō măt'-; nyōō-] *(adj.)* (١) هوائيّ؛ غازيّ (٢) «أ» عاملٌ بالهواء المضغوط <~ drills>. «ب» مملوء بالهواء المضغوط <~ tires> (٣) روحيّ.

pneu·mat·ics *(n.)* النُّوماتيكا؛ علم خواصّ الهواء والغاز (فز).

pneumato- = pneumat-.

pneu·ma·tol·o·gy [nōō'mə tŏl'-] *(n.)* الروحانيات: دراسة الكائنات والظاهرات الروحية.

pneu·ma·tom·e·ter [nōō'mə tŏm'ə tər] *(n.)* المِنْفاس: أداة لقياس مقدار الجهد الذي تبذله الرئتان في التنفس.

pneu·mec·to·my [nōō mĕk'-] *(n.)* استئصال الرئة [أو جزءٍ منها].

pneumo- = pneum-.

pneu·mo·ba·cil·lus [nōō mō bə sĭl'əs] *(n.)* العُصَيّة الرِّئوية: الجرثوم المسبِّب لذات الرئة وغيرها من التهابات قناة التنفُّس.

pneu·mo·coc·cus [nōō'mə kŏk'-] *(n.)* المُكَوَّرة الرِّئوية: جرثوم ذات الرِّئة.

pneu·mo·co·ni·o·sis [nōō'mə kō'nĭ ō'sĭs] *(n.)* الغُباريّة (مج)؛ تَغَبُّر الرِّئة: علّة رِئوية تنشأ عن فَرط استنشاق دقائق الغبار والمعادن.

pneu·mo·dy·nam·ics [nōō'mə dī năm'-] *(n.)* = pneumatics.

pneu·mo·gas·tric [-găs'-] *(adj.)* رئويّ مَعِديّ: متعلّق بالرِّئتين والمِعدة.

pneu·mo·graph [nōō'mə grăf'] *(n.)* مِرسَمة أو مِخطاط التنفّس: أداة لتسجيل حركة الصدر عند التنفُّس.

pneu·mo·nec·to·my [nōō'mə nĕk'-] *(n.)* = pneumectomy.

pneu·mo·nia [nōō mō'nyə; nyōō-] *(n.)* ذات الرئة (مض).

pneu·mon·ic [nōō mŏn'ĭk] *(adj.)* (١) رئويّ (٢) ذاتيْرِئويّ: منسوب إلى ذات الرئة أو مصابٌ بها <a ~ lung>.

pneu·mo·tho·rax [nōō'mə thōr'ăks] *(n.)* الاسترواح الصَّدريّ: وجودُ الهواء أو الغاز في التجويف الغشائيّ الجنبيّ (مض).

poach[1] [pōch] *(vt.)* يَسْلُق البيضة [بفَقْصها في الماء الغالي].

poach[2] *(vt.; i.)* (١) «أ» ينتهك حُرمة أرض شخص آخر. «ب» يسرق الصيد أو السمك x (٢) «أ» يغوص في الوحل أثناء السير. «ب» يَلِيْن أو يصبح موحلًا عندما يُداس. **— poach·er** *(n.)*

po·chard [pō'chərd; -kərd] *(n.)* البوشار: بطّ غوّاص ضخم الرأس.

pochard

pock [pŏk] *(n.; vt.)* (١) بَثْرة؛ نَفْطة [كَبَثْرة الجُدَريّ] § (٢) يُجدِّر: ينقّر الجلدَ بمثل ندوب الجُدَري.

pocked [pŏkt] *(adj.)* أجْدَر؛ مُجَدَّر: فيه آثار من بثور الجُدَري.

pock·et [pŏk'ət] *(n.; vt.; adj.)* (١) «أ» محفظة؛ كيس. «ب» جَيْب (٢) قدرة مالية (٣) «أ» جَيب في زاوية مائدة البليار. «ب» جراب [في بعض الحيوانات] (٤) الجيب: منطقة معزولة يحتلّها العدُوّ <~*s* of resistance> (٥) «أ» تجويف محتوٍ على ذهب أو ماء إلخ. «ب» جيب أو مطبّ هوائيّ (٦) «أ» زقاق مسدود أو غير نافذ. «ب» وضعٌ يكون فيه المشترِك في سباق مطوَّقًا بالآخرين § (٧) «أ» يضع في جيبه. «ب» يسرق. «ج» يضع الفيتو على مشروع القانون [بإبقائه من غير توقيع إلى ما بعد انقضاء دورة المجلس التشريعي] (٨) يقبل؛ يسكت على؛ يُغضي على الإهانة <She ~*ed* the insult.> (٩) يكبح؛ يكبت <He ~*ed* his anger.> (١٠) «أ» يحاصر؛ يطوِّق. «ب» يدفع الكرة إلى جيب مائدة البليار إلخ (١١) يجعل له جيوبًا § (١٢) «أ» جيبيّ: صغير بحيث يوضع في الجيب <a ~ edition>. «ب» مُعَدّ للوضع في الجيب <a ~ handkerchief> (١٣) ماليّ (١٤) جَيْبيّ: محمولٌ في الجيب أو مدفوع من جيب المرء الخاص تغطيةً للنفقات الصغيرة <~ money>.

to be in *or* out of ~, يكسب [أو يخسر] مالًا نتيجةً لقيامِهِ بعمل ما.
to put one's pride in one's ~, يأتي عَمَلًا خليقًا به، عادةً، أن يُشْعِر المرء بالخجل والخزي.

pocket battleship *(n.)* بارجة الجيب: بارجة صغيرة تُبنى وفقًا لقيود تفرضها معاهدةٌ ما على التسلّح.

pock·et·book [pŏk'ət-] *(n.; adj.)* (١) كتاب الجَيْب: كتاب صغير القَطْع

ă at; ā date; â care; ä car; ĕ egg; ē me; ĭ in; ī bite; ŏ lot; ō bone; ô orphan; oi boil; ŏŏ good; ōō boot; ou out; ŭ under; û urgent; ə = *a* in alone, *e* in system, *i* in easily, *o* in gallop, *u* in circus.

يُمكن حملُه في الجيب (٢) «أ» مِحفظة الجيب. «ب» محفظة يد للسيِّدات (٣) «أ» دَخْل؛ موارد مالية. «ب» مصالح اقتصادية § (٤) اقتصاديّ: ذو علاقة بالمصالح الاقتصادية.

pocket edition *(n.)* (١) طبعة الجيب: كتاب من كتب الجيب (٢) صورة مصغرة عن <He was a perfect ~ of a man.>.

pock·et·ful [pŏk'ət-] *(n.)* مِلءُ جَيْب: مقدار ما يتَّسع له الجيب.

pock·et·knife [pŏk'ət nīf'] *(n.)* المِطْواة: سكين الجيب.

pocket money *(n.)* مالُ الجيب؛ مصروف الجيب.

pock·et–size *(adj.)* جيبيّ <a ~ book>.

pocket veto *(n.)* فيتو الجيب: «فيتو» غير مباشر يضعه الرئيس الأميركي على مشروع قانون يقدَّم إليه، وذلك بأن يُبقيه من غير توقيع إلى ما بعد انقضاء دورة المجلس التشريعي (را. pocket 7*c*). **— pocket veto** *(vt.)*

pock·mark [pŏk'märk'] *(n.; vt.)* (١) الهَزْمة: أثر بثرة الجُدَريّ في الجلد § (٢) يهزِّم: يكسو الجلد بالهَزَمات.

pock·y [pŏk'ĭ] *(adj.)* مُبَثَّر: مكسوّ بالبثور. وبخاصة: سِفلِسيّ.

po·co [pō'kō] *(adv.)* قليلًا: بعضَ الشيء (مو).

po·co a po·co [pō'kō ä pō'kō] *(adv.)* تدريجيًّا؛ شيئًا فشيئًا (مو).

po·co·cu·ran·te [pō'kō ko͞o răn'tĭ] *(adj.)* لامبالٍ؛ غير مبالٍ.

pod[1] [pŏd] *(n.)* الخُدَّة: حَزّ أو أخدود مستقيم في مِثْقب.

pod[2] *(n.; vi.)* (١) القَرْن؛ القُرْنة: ثمرة الفصيلة القرنية كالفول والبِسِلّة (٢) «أ» جَيْب؛ جراب (ح). «ب» كيس البَيْض [عند الجنادب] (٣) الحَوِيّة: حُجَيْرة الوقود [تحت جناح الطائرة] § (٤) يُقرِّن: يُطلع الفول إلخ قرونه.

pod[3] *(n.)* (١) قطيع <a ~ of whales> (٢) سِرْب.

-pod لاحقة معناها: قَدَم أو عضوٌ شبيه بالقَدَم.

-poda لاحقة معناها: كائنات ذات شكل أو عددٍ معيَّن من الأقدام.

po·dag·ra [pō dăg'rə] *(n.)* النِّقرس؛ داء المفاصل (را. gout).

po·des·ta [-'tə] *(n.)* البُودَسْت: «أ» مسؤولٌ إيطاليّ واسع الصلاحية [في القرون الوسطى]. «ب» عُمْدةٌ عَيَّنَه الحزب [في إيطاليا الفاشستية].

podg·y [pŏj'ĭ] *(adj.)* = pudgy.

podia [pōd'ĭ ə] *pl. of* podium.

po·di·a·try [pō dī'ə trĭ] *(n.)* = chiropody.

po·di·um [pō'dĭ əm] *(n.)* pl. **-s** *or* **-di·a** (١) جدار خفيض. وبخاصة: الجدار المحيط بالمُجْتَلَد أي بالجزء الخاصّ بالمتصارعين في مدرّج روماني (٢) منصَّة عالية [كالتي يقف عليها قائد الأوركسترا] (٣) قَدَم (ح) (٤) مِقْرأ (را. lectern).

-podium pl. **-podia** لاحقة معناها: قَدَمٌ أو عضو شبيه بالقَدَم.

Po·dunk [pō'dŭngk] *(n.)* البُلَيْدة: بلدة ثانوية صغيرة معزولة.

pod·zol [-'zŏl] *(n.)* البُدْزول: تربة فقيرة في المناطق الرطبة والصنوبرية.

po·em [pō'əm] *(n.)* (١) قصيدة (٢) شيء شبيهٌ بالقصيدة [جمالًا أو تناغمًا].

po·e·sy [pō'ə zĭ; -sĭ] *(n.)* (١) «أ» قصيدة. «ب» مجموعة قصائد (٢) شِعْر.

po·et [pō'ət] *(n.)* (١) الشاعر؛ ناظم الشعر (٢) الفنّان الموهوب.

po·et·as·ter [pō'ət ăs'tər] *(n.)* المتشاعر؛ الشُّعْرُور؛ النظّام.

po·et·ess [pō'ət əs] *(n.)* الشاعرة؛ ناظمة الشِّعر.

po·et·ic [pō ĕt'-] *(adj.)* (١) شِعريّ (٢) ذو موهبة شعرية (٣) منظوم.

po·et·i·cal *(adj.)* (١) شِعريّ (٢) خياليّ (٣) واسعُ الخيال <~ writers>.

po·et·i·cal·ness [pō ĕt'-] *(n.)* الشِّعرية: الصفة الشعرية؛ الطابع الشعري.

po·et·i·cism [pō ĕt'ə sĭz'əm] *(n.)* تعبير شعريّ مبتذَل.

po·et·i·cize [-'ə sīz'] *(vt.)* يطبعه بطابع الشِّعر؛ يُضْفي عليه مسحة الشِّعر.

poetic justice *(n.)* العدالة الشِّعرية؛ العدالة الخياليّة: التوزيع المثاليّ للثواب والعقاب [كما هو مألوف في الشِّعر والرواية].

poetic license *(n.)* الجَواز الشِّعريّ: ما يجوز للشاعر من خروج على القواعد أو الشكل التقليدي أو المنطق رغبةً في إحداث أثرٍ مطلوب.

po·et·ics [-'ĭks] *(n.)* (١) «أ» بحث أو رسالة في الشِّعر أو عِلم الجمال. «ب» عِلم العروض (٢) نظرية شعرية (٣) الأحاسيس الشعرية إلخ.

po·et·ize [pō'ə tīz'] *(vi.; t.)* (١) يَنْظِم الشِّعر x (٢) يطبعه بطابع الشِّعر؛ يُضْفي عليه مسحة الشِّعر.

poet laureate *(n.)* (١) شاعر البلاط (٢) الشاعر الأول [في بلدٍ ما].

po·et·ry [pō'ə trĭ] *(n.)* (١) «أ» الشِّعْر <English ~>. «ب» قصائد <a collection of ~> (٢) الصفة أو الروح الشعرية؛ الإحساس الشِّعري.

po–faced [pō'-] *(adj.)* جامد الوجه: ذو وجهٍ خِلْوٍ من التعبير كُلّيًا.

po·go·ni·a [pə gō'nĭ ə] *(n.)* البوغونيا: نبات ذو زهرات قرنفلية إلخ.

pog·o·nip [pŏg'ə nĭp] *(n.)* = ice fog.

po·grom [pō'grəm; -grŏm'] *(n.; vt.)* (١) مَذْبحة منظَّمة [يذهب ضحيَّتها الآمنون] § (٢) يَقْتُل في مذبحة.

po·grom·ist [pō'-] *(n.)* المَذْبحيّ: مُدَبِّر المذبحة المنظّمة أو المُشارِكُ فيها.

po·gy [pō'gĭ; pŏg'ĭ] *(n.)* = menhaden.

poi [poi] *(n.)* البُوْي: طعام يُعِدّه أهل هاوايي من جذر القلقاس.

-poiesis لاحقة معناها: تكوُّن <hemato*poiesis*>.

-poietic لاحقة معناها: مكوِّن؛ مُنتِج <hemato*poietic*>.

poign·an·cy [poin'ən sĭ] *(n.)* حِدّة؛ لَذْع؛ حَرافة إلخ.

poign·ant [poin'ənt] *(adj.)* (١) حادّ؛ شديد (٢) مؤثِّر؛ مثير للمشاعر (٣) لاذع <~ satire> (٤) حِرِّيف <~ sauces> (٥) صائب؛ في محلِّه.

poi·ki·lo·ther·mal; -mous [poi'kĭl ə thûr'-] *(adj.)* = cold-blooded *3*.

poi·lu [pwä'lo͞o] *(n.)* البُوالو: جندي فرنسي.

poin·ci·an·a [poin'sĭ ăn'ə] *(n.)* البُوَنْسِيانَة: شجر استوائيّ للتزيين.

poin·set·ti·a [poin sĕt'ĭ ə] *(n.)* البونسيتة: شجيرة أميركية استوائية.

point [point] *(n.; vt.; i.)* (١) «أ» نقطة. «ب» النقطة الأساسية. «ج» قوّة؛ فعّاليّة. «د» ميزة <Singing is not her strong ~.>. «هـ» خاصّيّة (٢) غرض؛ قصد؛ غاية (٣) «أ» موضع؛ موقع. «ب» شفا؛ حافة؛ شفير. «ج» مرحلة. «د» درجة <boiling ~> (٤) «أ» سِنّ؛ رأس؛ طرف؛ أسَلَة.

«ب» سلاح أو أداة مستدقة الطَّرَف. «ج» 5 outlet (٥) «أ» رأس: لسان أرض داخل في الماء. «ب» ميزة جسدية لحيوان. «ج» خاصِّيّة. «د» محوِّل السكة الحديدية: أداة لتمكين القطار من الانتقال من خطّ إلى خطّ (٦) جملة موسيقية (٧) رباط تُشَدّ أو تُعْقَد به أجزاء الثوب [وبخاصة في القرنين ١٦ و١٧] (٨) الخانة؛ البيت: «أ» إحدى الخانات الـ٣٢ في البوصلة. «ب» إحدى الخانات الـ٢٤ في طاولة النرد (٩) رأس المقدمة أو رأس المؤخرة (جن) (١٠) تخريم إبريّ (١١) البُنْط: «أ» وحدة قياس تساوي $\frac{1}{72}$ من الإنش تعيَّن بها أحجام الحروف المطبعية. «ب» وحدة من وحدات الأسعار في البورصة <stock that has gone up a ~> (١٢) إلماع؛ تلميح (ع) (١٣) «أ» موقع اللاعب [في ألعاب مختلفة]. «ب» اللاعب المحتلّ ذلك الموقع § (١٤) «أ» يحدِّد؛ يُرَوِّس <to ~ a pencil>. «ب» يعطي مزيدًا من القوة أو التوكيد <to ~ up a remark> (١٥) يملِّط: يضع المِلاط بين حجارة الجدار (١٦) «أ» ينقّط [جملةً أو رقمًا ذا كسرٍ عشريّ]. «ب» يَعْجُم الكلمةَ أو يَشْكُلها (١٧) «أ» يشير إلى أو يلفت نظر امرئ إلى <to ~ out a mistake>. «ب» يدلّ [الكلبُ] على وجود الطريدة بأن يقف مكانه وينظر نحوها (١٨) يسدِّد؛ يصوِّب؛ يوجِّه <to ~ a gun> x (١٩) يدلّ؛ يشير <Everything ~*s* to his guilt.> (٢٠) يمتدّ أو يتَّجه في اتجاه معيَّن <The signboard ~*s* south.> (٢١) يَسْتَقْرِن [الخُرّاجُ]: يصبح ذا رأس (٢٢) يُبحر [المركبُ] في محاذاة الريح (٢٣) يتدرَّب لمباراة معيَّنة.

at (*or* on) the ~ of — على وَشْك؛ على شَفا...
in ~, — في صميم الموضوع؛ وثيق الصلة بالموضوع.
in ~ of fact — في الواقع؛ في الحقّ.
off the ~, — بعيدًا أو خارجًا عن الموضوع.
~ duty — مُهِمّة شرطيّ السَّير [أو حالةُ القيام بها].
~*s* man — العامل المكلَّف بتحويل خطوط السكة الحديدية.
to carry (*or* gain) one's ~, — يُقنع الآخرين بالموافقة على هدفه.
to make a ~ of — يُصرّ على؛ يعتبره شيئًا أساسيًّا.
to the ~, — في صميم الموضوع؛ على نحوٍ وثيق الصلة بالموضوع.
when it came to the ~, — حين جدَّ الجِدّ.

point–blank *(adj.; adv.)* (١) مُقارِبٌ؛ مباشر: مُسَدَّد إلى الهدف مباشرةً أو من مسافة قريبة جدًا <a ~ shot> (٢) صريح؛ باتّ <a ~ refusal> § (٣) عن كثب <to fire ~ at...> (٤) بصراحة <refused ~>.

point d'ap·pui [pwăn dȧ pwēʹ] *(n.)* نقطة ارتكاز أو استناد.

pointe [pwănt] *(n.)* الإصبعيّة: التوازُنُ على رؤوس الأصابع [في الباليه].

point·ed [poinʹ-] *(adj.)* (١) محدَّد؛ مسنَّن؛ مستدقّ الرأس <a ~ arch> (٢) حادّ؛ ثاقب <a ~ wit> (٣) شخصيّ: موجَّه ضدّ شخص معيَّن أو ضدّ سلوكه <a ~ reproof> (٤) جارح؛ قاسٍ <~ remarks> (٥) بارز؛ واضح؛ شديد <I showed her ~ attention.>.

pointer 4.

point·er [poinʹ-] *(n.)* (١) فا point (٢) المؤشِّرة: «أ» عصًا يشار بها إلى موقع على خريطة إلخ. «ب» إشارة كالسهم تشير إلى موقع معيَّن على شاشة الكومبيوتر (٣) «أ» عقرب الساعة. «ب» إبرة الميزان (٤) المؤشِّر: كلب صيد ضخم (٥) فكرة مفيدة: نصيحة.

Poin·til·lism [pwănʹtə lĭzʹəm] *(n.)* التنقيطيّة: مذهب في الرسم قوامُهُ الرسمُ بنُقَط صغيرة منفصلة.

point lace *(n.)* تخريم إبريّ.

point·less [pointʹ-] *(adj.)* (١) كليل؛ غير مستدقّ الرأس (٢) أحمق (٣) خِلْوٌ من النِّقاط (٤) تافه؛ عابث؛ غير فعّال <~ remarks>.

point of honor *(n.)* مسألة شرف: مسألة تَمَسّ شرف المرء.

point of no return *(n.)* نقطة اللاعودة أو اللّارجوع.

point of order *(n.)* مسألة نظام [في جلسات الجمعيات وما إليها].

point of view *(n.)* (١) وِجهة نظرٍ (٢) نقطة استشراف الأشياء.

points [points] *(n.)* المحوِّلة: مفتاح التحويل في السّكة الحديدية.

point·y [poinʹtĭ] *(adj.)* (١) مستدِقّ الرأس جدًا (٢) شائك.

poise [poiz] *(vt.; i.; n.)* (١) يُوازن (٢) يحفظ توازُنَهُ (٣) يُهَيِّئ؛ يُعِدّ x (٤) يتوازن (٥) يُرَفرف؛ يُصَفِّق [كطائر في الفضاء] § (٦) توازُن؛ اتِّزان؛ رباطة جأش (٧) طريقة المرء في المشي أو القعود إلخ.

poised [poizd] *(adj.)* (١) متوازن (٢) مُتَّزِن؛ رابط الجأش (٣) متأرجح (٤) مستعدّ.

poi·son [poiʹzən] *(n.; vt.; i.; adj.)* (١) «أ» سُمّ. «ب» شيء خطِر أو هَدّام أو مُهْلِك § (٢) يُسمِّم؛ يَقْتل بالسُّم (٣) يُفْسِد؛ يُسمِّم [العُقولَ] x (٤) يَدُسّ السُّمَّ في § (٥) سامّ <a ~ drink> (٦) مَسموم <~ arrows>.

poi·son·er [poiʹzən ər] *(n.)* (١) المُسَمِّم (٢) المُفْسِد.

poison gas *(n.)* الغاز السّام [المستخدَم في الحرب الكيميائية].

poison hemlock *(n.)* = hemlock.

poison ivy *(n.)* اللَّبلاب السامّ: شُجيرة شمالأميركية معترشة.

poison ivy

poison oak *(n.)* = poison sumac.

poi·son·ous [poiʹzən-] *(adj.)* (١) سامّ (٢) خَطِر؛ مُؤذٍ (٣) خبيث.

poison–pen *(adj.)* مَسْموم: محرَّر بروح خبيثة حاقدة، ومن غير توقيع عادةً <wrote a ~ letter>.

poison sumac *(n.)* السُّمّاق السّامّ (نب).

poi·son·wood *(n.)* خشب السُّمّ: شجرة تُحْدِث طفحًا جلديًّا عند لمسها.

poke[1] [pōk] *(n.)* (١) كيس؛ جِراب (٢) حقيبة؛ محفظة (ع).

poke[2] *(vt.; i.)* (١) «أ» يلكُز؛ يَكِز؛ يَنْخَس. «ب» يحرِّك الجمرات [لإذكاء النار]. «ج» يثقب؛ يطعن. «د» يُحدث [ثقبًا] <~*d* a hole>. «هـ» يضرب؛ يسدِّد ضربة بجُمع الكفّ (٢) يُبرِز؛ يُنْشِئ؛ يُطلِع (٣) يَشُقّ [طريقَهُ] (٤) يَدُسّ؛ يُقحِم <~*s* his nose into everything> x (٥) «أ» يبحث بفضول. «ب» يتدخَّل في ما لا يعنيه (٦) يتسكّع؛ يُضيع الوقت سُدًى (٧) يَبْرُز؛ يَنْتأ.

to ~ fun at somebody — يهزأ به؛ يسخَر منه.

poke[3] *(n.)* = pokeweed.

poke[4] *(n.)* (١) لَكْزة؛ وَكْزة (٢) تحريكٌ للجمرات (٣) ضَرْبة بجُمْع الكفّ (٤) البَوْك: حاشية ناتئة في مقدَّم قبعة المرأة.

poke[5] *(n.)* شخص بليدٌ أو مُتَسَكِّع (عا).

poke·ber·ry [pōk'bĕr'ĭ] *(n.)* = pokeweed.

poke bonnet *(n.)* البَوكيّة: قبعة نسائيّة لمقدَّمها حاشية ناتئة.

poke bonnet

pok·er [pō'kər] *(n.)* (١) مُذكي النار (٢) المِسْعَر: قضيب معدنيّ لإذكاء النار (٣) البوكر: ضرب من لَعِب الورق.

poker face *(n.)* الوجه اللامُعَبِّر: وجه لا ينمّ عن مشاعر صاحبه أو عما يجول في خاطره [كوجه الخبير بلعبة البوكر]. — **po·ker–faced** *(adj.)*

poke·weed [pōk'-] *(n.)* اللَّكِّيَّة؛ الفيتولَكّة: عشب ذو ثمر عُلَّيقيّ.

po·key [pō'kĭ] *(n.)* سِجْن (ع).

pok·y *or* **pok·ey** [pō'kĭ] *(adj.)* (١) ضيّق <a ~ room> (٢) بليد؛ بطيء (٣) رثّ؛ غير أنيق <~ dress> (٤) مُضجِر؛ مملّ.

pol [pŏl] *(n.)* = politician.

Po·lack [pō'lăk] *(n.)* البولاكيّ: شخص بولنديّ المولد أو الأصل.

Poland China *(n.)* البُلْداشين: خنزير أميركي أسودُ مُرَقَّط بالبياض.

po·lar [pō'lər] *(adj.)* (١) قُطبيّ: «أ» منسوب إلى القطب الشمالي أو الجنوبي. «ب» منسوب إلى قطب مغنطيسيّ أو قطب في بطارية كهربائيّة. «ج» مُنطلق في مدارٍ قطبيّ <a ~ satellite> (٢) مُرْشِد: هادٍ كالنَّجم القطبي <a ~ principle> (٣) متناقض [كقطبَي المغنطيس] (٤) مؤيَّن (ك) (٥) مِحْوريّ؛ مَرْكزيّ.

polar bear *(n.)* الدُّبّ القُطبيّ: دُبّ القُطب الشماليّ الأبيضُ الضخم (ح).

polar bear

polar body *(n.)* الجسم القُطْبيّ؛ الخليّة القُطبية (أح).

polar circle *(n.)* الدائرة القطبية [الشماليّة أو الجنوبية].

polar coordinates *(n. pl.)* الإحداثيّات القطبية (ر).

polar distance *(n.)* البُعْد القطبيّ: البُعْد الزاويّ عن قطبٍ سماويّ (فل).

polar front *(n.)* الجبهة القطبية: الحدود بين هواء المنطقة القطبية البارد وبين الهواء الدافئ نسبيًا في المنطقة الأقرب إلى خط الاستواء (أر).

po·lar·im·e·ter [pō'lə rĭm'-] *(n.)* المِقْطاب: «أ» أداة لتعيين مقدار استقطاب الضوء. «ب» مقياس دوران مستوى الاستقطاب.

Po·lar·is [pō lăr'ĭs] *(n.)* پولاريس: النجم الشماليّ أو القُطبيّ.

po·lar·i·scope [pō lăr'ə skōp'] *(n.)* (١) مكشاف الاستقطاب (ض) (٢) polarimeter *b*.

po·lar·i·scop·ic [pō lăr ə skŏp'-] *(adj.)* مِكشافيّ استقطابيّ (ض).

po·lar·i·ty [pō lăr'-] *(n.)* (١) القطبيّة؛ التقاطُب (فز) (٢) التقاطب؛ التناقض الكامل: التكشُّف عن مبدأين أو نزعتين متناقضتين.

po·lar·ize [pō'lə rīz'] *(vt.; i.)* (١) يستقطب [موجاتِ الضوء إلخ] (٢) يقطِّب: يجعله ذا قُطبيّة أو تقاطب x (٣) يتقطّب: يُصبح مُسْتَقْطَبًا (فز).
— **po·lar·i·za·tion** *(n.)*

polar molecules *(n.)* الجُزَيء القُطبيّ (ك).

polar night *(n.)* الليل القُطبيّ: فترة الظُّلمة الشتوية في القُطبين.

po·lar·og·ra·phy [pō'lə rŏg'-] *(n.)* البولاروغرافيا؛ التحليل الاستقطابيّ: طريقة مستحدَثة في التحليل الكيميائي.

Po·lar·oid [-roid'] *(n.)* المُسْتقطِبة: مادة مستقطِبة للضوء تُستعمَل في المصابيح والنظارات وغيرها لمنع السّطوع المؤذي للعين.

polar regions *(n. pl.)* المنطقتان القطبيّتان (جغ).

pol·der [pōl'-] *(n.)* البَلْدَر: أرض منخفضة مُستَصلَحة من البحر.

pole[1] [pōl] *(n.; vt.; i.)* (١) «أ» عمود؛ سارية؛ قائم. «ب» عريش العَرَبة [الفاصلُ بين جواديها] (٢) عصا الوثب [في لعبة الوثب العالي بالعصا] (٣) «أ» العصا: وحدة قياس للطول تعادل ١٦ قدمًا ونصف القدم. «ب» العصا المربَّعة: وحدة مساحة تعادل ٣٠ ياردة ونصف الياردة § (٤) يزوِّد بأعمدة (٥) يدفع [مَرْكبًا إلخ] بعمود.

pole[2] *(n.)* القُطْب: «أ» أحد قُطبَي الأرض الشماليّ والجنوبيّ. «ب» أحد طَرَفَي نقيض. «ج» نقطة هداية أو جَذْب: مِحْوَر. «د» قطبُ المغنطيس.

Pole *(n.)* البولنديّ: شخص بولندي.

pole·ax *also* **-axe** [pōl'ăks'] *(n.)* (١) فأس الحرب (٢) فأس الجزّار.

pole·cat [pōl'kăt'] *(n.)* فأر الخيل؛ ابن عِرْس المُنْتِن.

polecat

pole horse *(n.)* جواد العريش: أحد جوادَي العربة المشدودين إلى عريشها.

po·leis [pō'līs] *pl. of* polis.

pole jump *(n.)* = pole vault.

po·lem·ic [pō lĕm'ĭk] *(n.; adj.)* (١) المِراء؛ المماراة: «أ» هجوم عنيف على آراء شخص أو مبادئه [أو تفنيدٌ لها]. «ب» *pl.* عد: فنّ الجدل والمناظرة (٢) المُماري: المجادِلُ العنيف؛ المُناظِر العدواني (٣) *pl.*: اللاهوت الجَدَليّ (نص) § (٤) polemical.

po·lem·i·cal *(adj.)* (١) مِرائيّ: منسوبٌ إلى المِراء (٢) مُمارٍ؛ جَدِل.

po·lem·i·cist [pō lĕm'ə sĭst] *(n.)* = polemist.

po·lem·i·cize [pō lĕm'ə sīz] *(vi.)* = polemize.

pol·e·mist [pŏl'ə-] *(n.)* المُماري: المُوْلع بالمماراة أو البارع فيها.

pol·e·mize [pŏl'ə mīz] *(vi.)* يُماري: يُجادل أو يُناظر بعنف.

po·len·ta [pō lĕn'-] *(n.)* البُلَنطيّة: عصيدةٌ من دقيق الذُّرة [في إيطاليا].

pol·er [pō'-] *(n.)* (١) من يَدْفع مَرْكبًا بعمود (٢) pole horse.

pole·star [pōl'-] *(n.)* (١) Polaris (٢) مُرْشِد؛ هادٍ؛ مبدأ هادٍ (٣) القُطب: مركز جَذْب أو اهتمام أو انتباه: مِحْور.

pole vault *(n.)* القفز العالي بالعصا (رب).

pole–vault [pōl'vôlt'] *(vi.)* يَقْفز عاليًا بالعصا.

pole·ward [pōl'-] *(adv.)* نحوَ القطب <as the sun moves ~>.

po·lice [pə lēs'] *(vt.; n.)* (١) يحافظ على النظام؛ يضبط الأمن (٢) ينظِّف؛ يُرتِّب [مُعَسْكرًا إلخ] (٣) يقوم بمهامّ الشرطة § (٤) تنظيم المجتمع [وبخاصة في ما يتصل بشؤون الأمن والأخلاق والصحة العامة] (٥) دائرة الشرطة أو البوليس

po·lit·bu·ro [pŏ lĭt′byo͝or′ō] *(n.)* المكتب السياسيّ : اللجنة التنفيذية في حزب شيوعيّ .

po·lite [pə līt′] *(adj.)* (١) لطيف ؛ كيّس <a ~ answer> (٢) مهذَّب ؛ رفيع ؛ راقٍ <~ society> .

po·lite·ness [pə līt′-] *(n.)* لُطف ؛ تهذيب ؛ كياسة .

pol·i·tesse [pŏl′ĭ tĕs′; pô lē-] *(n.)* = politeness.

pol·i·tic [pŏl′ə tĭk] *(adj.)* (١) سياسيّ (٢) ماكر ؛ داهية ؛ مُتَّسِم بالدَّهاء (٣) حكيم ؛ حصيف ؛ عاقل (٤) لبِق .

po·lit·i·cal [pə lĭt′ə kəl] *(adj.)* سياسيّ .

political asylum *(n.)* حقّ اللُّجوء السياسي .

political economist *(n.)* العالِم بالاقتصاد السياسي .

political economy *(n.)* الاقتصاد السّياسي .

political science *(n.)* علم السياسة .

political scientist *(n.)* العالِم السياسي : الاختصاصي بعلم السياسة .

pol·i·ti·cian [pŏl′ə tĭsh′ən] *(n.)* (١) السياسيّ ؛ رَجُلُ السياسة (٢) السياسي النفعيّ : رجلٌ يُعنى بالسياسة تحقيقًا لأغراض شخصية .

po·lit·i·cize [pə lĭt′ə sīz′] *(vt.; i.)* (١) يُسَيِّس : يُضفي الصِّفة السياسيةَ على x (٢) ينغمس أو يتحدَّث في السياسة . **— po·lit·i·ci·za·tion** *(n.)*

pol·i·tick [pŏl′ə tĭk] *(vi.)* ينهمك في نقاشٍ أو نشاط سياسيّ .

po·lit·i·co [pə lĭt′ə kō′] *(n.)* = politician *2.*

politico- بادئة معناها : سياسيّ و . . . <*politico*-social> .

pol·i·tics [pŏl′ə tĭks] *(n.)* (١) علم السياسة (٢) السياسة : «أ» الشؤون أو الأساليب أو المناورات السياسية . «ب» آراء المرء وميولُهُ السياسية .

pol·i·ty [pŏl′ə tĭ] *(n.)* (١) حكومة (٢) شكل أو نظام الحكم (٣) دولة .

pol·ka [pōl′kə; pō′kə] *(n.; vi.)* (١) البولكا : «أ» رقصة بوهيميّة الأصل مُفْعَمة بالحيوية . «ب» موسيقى البولكا § (٢) يرقص البولكا .

pol·ka dot [pō′kə] *(n.)* (١) نقطة [من مجموعة نقط تشكّل نقشًا على قماش] (٢) المنقَّط : قماشٌ مُنَقَّط .

poll[1] [pōl] *(n.; vt.; i.)* (١) رأس (٢) القَذال : «أ» جُماع مؤخر الرأس . «ب» مؤخَّر العنق (٣) طرف المطرقة العريض أو المسطَّح (٤) «أ» اقتراع ؛ تصويت . «ب» تسجيل أصوات المقترعين أو إحصاؤها . «ج» *pl.*: مراكز الاقتراع : صناديق الاقتراع . «د» مجموع الأصوات المقترِعة . «هـ» نتيجة الاقتراع العددية . «و» قائمة . وبخاصة : جدول بأسماء الناخبين أو المكلفين بدفع الضريبة (٥) استطلاع الرأي : استفتاء يوجَّه إلى أشخاص مختارين كيفما اتفق أو إلى أشخاص يمثلون مختلف الجماعات والنزعات استطلاعًا لرأي الجمهور في شأن من الشؤون العامّة § (٦) «أ» يجزّ [الشعرَ أو الصوف] . «ب» يَجُمّ : يقطع قرن الحيوان . «ج» يَجُمّ : يقطع أعلى الشجرة إلى قريب من جذعها لكي تنمو أغصانها بعد ذلك بكثافة (٧) يُدرِج في جدول الناخبين أو المكلفين بدفع الضرائب (٨) يجيء بالناخبين إلى صناديق الاقتراع (٩) يسجِّل

(٦) «أ» الشرطة ؛ البوليس . «ب» رجال الشرطة أو البوليس (٧) «أ» تنظيف ؛ ترتيب . وبخاصة : تنظيف المعسكرات الحربيّة وترتيبها . «ب» الجنود المكلَّفون بأداء هذه المهمة .

police court *(n.)* محكمة الشرطة ؛ محكمة الجُنَح (ق) .

police dog *(n.)* (١) الكلب البوليسيّ : كلب مدرَّب على مساعدة الشرطة وبخاصة في تعقّب المجرمين (٢) German shepherd .

police force *(n.)* الشرطة : هيئة الشرطة ؛ قوة الشرطة .

po·lice·man [pə lēs′mən] *(n.)* شُرطيّ .

police officer *(n.)* ضابط شرطة ؛ ضابط بوليس .

police reporter *(n.)* المخبر البوليسي : صحفيّ يتقصّى أخبار الجريمة .

police state *(n.)* الدولة البوليسية : دولة تعمل على كَبْت الحياة السياسيّة إلخ من طريق استخدام قوة البوليس السّرّيّ .

police station *(n.)* مَخْفَر الشّرطة .

po·lice·wom·an [pə lēs′-] *(n.)* شُرطيّة .

pol·i·clin·ic [pŏl′ĭ klĭn′ĭk] *(n.)* عيادة المستشفى : عيادة ملحقة بأحد المستشفيات يُعالَج فيها المرضى الخارجيون [أي غير المقيمين في المستشفى] .

pol·i·cy [pŏl′ə sĭ] *(n.)* (١) حكمة ؛ حكمة عملية (٢) سياسة (٣) دهاء (٤) عَقْد أو بوليصة التأمين (٥) يانصيب .

pol·i·cy·hold·er [pŏl′ə sĭ-] *(n.)* حامل عقد التأمين .

pol·i·cy–mak·ing *(n.)* رَسْم السياسة : وَضْع السياسة العليا لدولةٍ إلخ .

po·li·o [pō′lĭ ō′] *(n.)* = poliomyelitis.

po·li·o·my·e·lit·ic [pō′lĭ ō mī′ ə lĭt′ĭk] *(adj.)* بولْيُوِيّ : «أ» ذو علاقة بالبوليو أو شلل الأطفال . «ب» مصاب بشلل الأطفال .

po·li·o·my·e·li·tis [-lī′tĭs] *(n.)* البوليو ؛ شَلَلُ الأطفال (مض) .

po·li·o·vi·rus [pō′lĭ ō-] *(n.)* فيروس البوليو [المسبِّب لشلل الأطفال] .

po·lis [pō′lĭs] *(n.)* pl. **po·leis** [pō′līs] دولة المدينة (مج) ؛ الدولة المدينية (را . city–state) .

-polis لاحقة معناها : مدينة <metro*polis*> .

pol·ish [pŏl′ĭsh] *(vt.; i.; n.)* (١) يجلو ؛ يَصْقُل ؛ يُلَمِّع (٢) يُهَذِّب : يَصْقل السّلوك أو الذوق أو الاهتمامات الفكرية (٣) يُحَسِّن (٤) يلتهم ؛ يأتي عليه ؛ يُنْفِدُهُ بسرعة <~*ed* off all the rice> (٥) يقضي عليه ؛ يتخلَّص منه بسرعة <~*ed* off his opponent> x (٦) يَنْصَقل : يُصْبح صقيلًا أو لامعًا (٧) يتهذَّب : يصبح مصقول السلوك أو الذوق إلخ § (٨) «أ» اللمعان . «ب» الانصقال : كونُ الشيء أملسَ لامعًا (٩) جَلاء ؛ صقل ؛ تلميع (١٠) رقة ؛ تهذيب ؛ كياسة (١١) الصّاقول : مادّة صاقلة أو مُلَمِّعة <nail ~> .

a man of ~, رجل رقيق الحاشية ؛ رجل ذو كياسة .

Pol·ish [pōl′ĭsh] *(adj.; n.)* (١) بولنديّ § (٢) اللغة البولندية .

pol·ished *(adj.)* (١) مصقول (٢) صقيل ؛ لمّاع (٣) مهذَّب ؛ ذو كياسة .

أصوات المقترعين (١٠) ينال عددًا معيّنًا من الأصوات (١١) يستطلع الرأي: يستفتي أشخاصًا مختارين استطلاعًا لرأي الجمهور في قضيّة عامّة x (١٢) يقترع: يُدلي بصوته في الانتخابات. — **poll·er** *(n.)*

poll[2] [pōl] *(n.)* بَبَّغاء.

pol·lack *or* **pol·lock** [pŏl′ək] *(n.)* البُلوق: سمك من فصيلة القُدّ.

pollack

pol·lard [pŏl′ərd] *(n.; vt.)* (١) الأجَمّ: كلّ حيوان عديم القرون من نوع ذي قرون عادةً (٢) الجمّاء: شجرةٌ جُمَّت § (٣) يَجُمّ (را. poll[1] *6c*).

polled [pōld] *(adj.)* أجَمُّ: عديم القرون.

pol·len [pŏl′ən] *(n.)* (١) اللّقاح؛ اللَّقَح؛ غبار الطَّلْع (نب) (٢) اللَّقَح: طبقة غُباريّة على جسم حشرة.

pollen sac *(n.)* كيس اللّقاح؛ كيس غُبار الطَّلْع (نب).

pol·lex [pŏl′ĕks] *(n.)* pl. **pol·li·ces** [-ə sēz] الإبهام (ت).

pol·li·cal [pŏl′ĭ kəl] *(adj.)* إبهاميّ: ذو علاقة بالإبهام (ت).

pollin- *or* **pollini-** بادئة معناها: لَقاح؛ لقحٌ؛ غبار الطّلع.

pol·li·nate [pŏl′ə nāt′] *(vt.)* يُلقِّح؛ يُؤَبِّر.

pol·li·na·tion [pŏl′ə nā′shən] *(n.)* التلقيح؛ التأبير (نب).

polling place *(n.)* مركز اقتراع [في الانتخابات].

pol·li·nif·er·ous [pŏl′ə nĭf′ər əs] *(adj.)* لَقاحيّ: «أ» حاملٌ أو منتجٌ لَقاحًا (نب). «ب» مُعَدّ لحمل اللّقاح (ح).

pol·lin·i·um [pə lĭn′ĭ əm] *(n.)* pl. **-lin·i·a** [lĭn′ĭ ə] اللّاقوح: كتلة من اللّقاح أو غبار الطَّلع (نب).

pol·lin·ize [pŏl′ə nīz] *(vt.)* = pollinate.

pol·li·nose [-nōs] *(adj.)* مُغَبَّر: مَكْسُوّ بطبقة من اللّقاح.

pol·li·no·sis *or* **pol·len·o·sis** [pŏl ə nō′sĭs] *(n.)* = hay fever.

pol·li·wog *or* **pol·ly·wog** [pŏl′ĭ wŏg′] *(n.)* فَرْخ الضِّفدع.

poll·ster [pōl′-] *(n.)* المُستفتي: مستطلِع رأي الجمهور في قضية عامة.

poll tax *(n.)* ضريبة الرؤوس: ضريبة تُفْرض على كل شخص من البالغين.

pol·lut·ant; pol·lut·er [pə lo͞ot′-] *(n.)* الملوِّث.

pol·lute [pə lo͞ot′] *(vt.)* (١) يُدنِّس [المقدّسات] (٢) يُلوِّث [الماء إلخ].

pol·lut·ed [-lo͞o′tĭd] *(adj.)* (١) مُدَنَّس (٢) مُلَوَّث (٣) سكران؛ ثَمِلٌ (ع).

pol·lu·tion [-lo͞o′-] *(n.)* (١) تدنيس؛ تلويث (٢) تدنُّس؛ تَلَوُّث (٣) دَنَس.

Pol·lux [pŏl′əks] *(n.)* رأس هِرَقْل؛ رأس التوأم المؤخَّر (فل).

Pol·ly·an·na [pŏl′ĭ ăn′ə] *(n.; adj.)* متفائل؛ مُغرِق في التفاؤل.

pol·ly·wog [pŏl′ĭ wŏg′] *(n.)* = polliwog.

po·lo [pō′lō] *(n.)* (١) البولو؛ الجَحْفة: لعبة بالمضرب والكرة تمارَس على متون الخيل (رب) (٢) water polo.

polo coat *(n.)* مِعطف البولو: مِعطف من وَبَر الجمال ونحوه.

po·lo·ist [pō lō′ĭst] *(n.)* لاعب البولو.

po·lo·naise [pŏl′ə nāz′] *(n.)* البولناز: «أ» معطف نسائيّ قصير الكمّين. «ب» رقصة بطيئة بولندية الأصل. «ج» موسيقى هذه الرقصة.

polo neck *(n.)* طوق الرقبة: طوق للرقبة، مستدير، صوفيّ عادةً.

po·lo·ni·um [pə lō′-] *(n.)* البولونيوم: عنصر فلزّيّ إشعاعيّ النشاط (ك).

po·lo·ny [pō′lō nĭ] *(n.)* البولونيّ: سُجُق مصنوع من لحم الخنزير.

pol·ter·geist [pōl′tər gīst] *(n.)* الشَّبَح الضاجّ: روح شريرة تُنسب إليها الأصوات المُستعصية على التفسير.

pol·troon [pŏl′tro͞on] *(n.; adj.)* رِعديد؛ جبان إلى أبعد الحدود.

pol·troon·er·y [pŏl tro͞o′nə rĭ] *(n.)* شِدّة الجُبْن.

pol·troon·ish [-′nĭsh] *(adj.)* جَبان؛ تُعوزه الشجاعة.

poly- بادئة معناها: «أ» كثير؛ متعدّد. «ب» مُفْرِط؛ غير سَوِيّ.

pol·y·a·del·phous [pŏl′ĭ ə dĕl′fəs] *(adj.)* متعدّدة التآخي: صفة للأسْدية المجتمعةِ حُزَمًا (نب).

pol·y·an·dric [-ăn′drĭk] *(adj.)* تعدُّديّ أزواجيّ: متعلّق بتعدّد الأزواج.

pol·y·an·drous [-ăn′drəs] *(adj.)* (١) متعدّدة الأسْدية (نب) (٢) متعدّدة الأزواج [في وقت واحد؛ صفة للمرأة] (٣) تَعَدّديّ أزواجيّ.

pol·y·an·dry [pŏl′ĭ ăn′drĭ] *(n.)* (١) تعدّد الأزواج: زواج المرأة من أكثر من رجل واحد في وقت واحد (٢) تعدّد الأسْدية (نب).

pol·y·an·thus [pŏl′ĭ ăn′thəs] *(n.)* (١) primrose (٢) نَرْجِس الطّاقات؛ نَرْجِس إسطنبول (نب).

pol·y·a·tom·ic [pŏl′ĭ ə tŏm′ĭk] *(adj.)* متعدّد الذرّات (فز).

pol·y·ba·sic [pŏl′ĭ bā′sĭk] *(adj.)* متعدّد القاعدية (ك).

pol·y·car·pic [-kär′-] *(adj.)* متعدّد الإثمار: مُثْمِرٌ مراتٍ متعدّدة في حياته.

pol·y·car·pous [-kär′-] *(adj.)* متعدّد الثمر: حاملٌ ثمارًا متعدّدة (نب).

pol·y·cen·tric [-sĕn′trĭk] *(adj.)* متعدِّد المراكز: ذو مراكز متعدّدة.

pol·y·chro·mat·ic; pol·y·chro·mic *(adj.)* متعدِّد الألوان.

pol·y·chrome [pŏl′ĭ krōm′] *(adj.)* متعدّد الألوان: «أ» ذو ألوان متعدّدة. «ب» مزخرف بألوان متعدّدة.

pol·y·chro·my [pŏl′ĭ-] *(n.)* الزخرفة التلوينية: فن الزخرفة بألوان متعددة.

pol·y·clin·ic [pŏl′ĭ klĭn′ĭk] *(n.)* العيادة العامّة؛ المستشفى العامّ: عيادة أو مستشفًى لمعالجة جميع الأمراض.

pol·y·cot [pŏl′ĭ kŏt] *or* **pol·y·cot·yl** [-əl] *(n.)* = polycotyledon.

pol·y·cot·y·le·don [pŏl′ĭ kŏt ĭ lēd′ən] *(n.)* متعدّدة الفَلَقات: نبتة ذات فَلَقاتٍ متعدّدة. — **pol·y·cot·y·le·don·ous** *(adj.)*

pol·y·cy·clic [pŏl′ĭ sī′klĭk] *(adj.)* متعدّد الحَلَقات (ك).

pol·y·cy·the·mi·a [-sī thē′mĭ ə] *(n.)* احمِيرار الدَّم؛ كثرة الحُمْر (مض).

pol·y·dac·tyl; pol·y·dac·ty·lous [pŏl′ĭ dăk′-] *(adj.)* متعدِّد الأصابع. وبخاصة: أزْمَع؛ زائِد الأصابع.

pol·y·dip·si·a [-dĭp′sĭ ə] *(n.)* السُّهاف: عطش شديد أو غير سَوِيّ.

pol·y·em·bry·o·ny [-ĕm′brĭ ō′nĭ] *(n.)* (١) تعدّد الأجنّة. وبخاصة: التضاعف الجنينيّ (٢) إنتاج أكثر من جنين واحد من بُيَيْضة واحدة (أح).

pol·y·es·ter [-ĕs'tər] *(n.)* البولِيَسْتر: مادة صُنعيّة تُصْنَع منها الأقمشة.

po·lyg·a·la [pə lĭg'ə lə] *(n.)* المُسْتَدِرّة: أيّ من جنس من النباتات معروف بإكثارِهِ الدَّرَّ في الضأن والبقر (نب).

po·lyg·a·mic; -al [pə lĭg'ə-] *(adj.)* = polygamous.

po·lyg·a·mist [-lĭg'-] *(n.)* المتعدّد الزوجات أو المؤيّد لتعدّد الزوجات.

po·lyg·a·mize [-'ə mīz] *(vi.)* يعدّد زوجاتِهِ [في وقتٍ واحد].

po·lyg·a·mous [pə lĭg'ə məs] *(adj.)* (١) متعدّد الزوجات: متزوج من أكثر من واحدة في وقت واحد (٢) متعدّد الأمشِجة (نب).

po·lyg·a·my [-'ə mĭ] *(n.)* تعدّد الزوجات أو الأزواج أو الأمشجة.

pol·y·gene [pŏl'ĭ jēn'] *(n.)* المورِّثة أو الجينة المتعدّدة (أح).

pol·y·gen·e·sis [pŏl'ĭ jĕn'ə sĭs] *(n.)* تعدُّد الأصول: تحدُّر نوع أو عرقٍ من أكثر من أصل واحد (أح).

pol·y·ge·net·ic [-jĕ nĕt'ĭk] *(adj.)* (١) متعدّد الأصول (٢) متعدّد المواطن أو الأزمان: ناشئ في مواطن وأزمان مختلفة.

pol·y·glot [pŏl'ĭ glŏt'] *(n.; adj.)* (١) الكثير اللغات: «أ» من يتكلم [أو يكتب بـ] عدة لغات. «ب» كتاب [وبخاصة الكتاب المقدَّس] يتضمَّن نفس النصّ منشوراً بعدة لغات (٢) مزيج من اللغات § (٣) كثير اللغات: «أ» متكلِّم [أو كاتبٌ بـ] عدة لغات. «ب» مؤلَّف من مادة مكتوبة أو منشورة بعدة لغات <a ~ sign> (٤) مؤلف من عناصر من لغات مختلفة <a ~ population>.

pol·y·glot·ism *or* **pol·y·glot·tism** [pŏl'ĭ glŏt'-] *(n.)* تعدّدية اللغات: «أ» استعمال عددٍ من اللغات المختلفة. «ب» القدرة على التكلّم بعدة لغات.

pol·y·gon [-'ĭ gŏn'] *(n.)* المضلَّع: شكل ذو ثلاثة أضلاع أو أكثر.

polygon of forces *(n.)* مضلَّع القُوى (مك).

po·lyg·o·num [pə lĭg'ə-] *(n.)* عصا الراعي: نبات من البطاطيّات.

pol·y·graph [pŏl'ĭ grăf] *(n.)* (١) «أ» البوليغراف: آلة ناسخة. «ب» المِرْسَمة المضاعَفة: أداة لتسجيل عدة نبضات مختلفة في وقت واحِد، كنبضات القلب والشرايين. «ج» lie detector (٢) المؤلِّف الغزير الإنتاج.

— po·ly·graph·ic *(adj.)*

po·lyg·y·nous [pə lĭj'-] *(adj.)* (١) متعدّد الزوجات (٢) متعدّد المِدَقّات.

po·lyg·y·ny [-lĭj'ə nĭ] *(n.)* (١) تعدُّد الزّوجات (٢) تعدُّد المِدَقّات (نب).

pol·y·he·dral [pŏl'ĭ hē'-] *(adj.)* متعدّد السُّطوح؛ كثير السُّطوح (هن).

polyhedral angle *(n.)* الزاوية المُجَسَّمة (هن).

pol·y·he·dron [pŏl'ĭ hē'drən] *(n.)* pl. **-s** *or* **-dra** [drə] متعدّد السُّطوح: مجسَّم ذو أربعة سطوح على الأقلّ (هن).

pol·y·his·tor [pŏl'ĭ hĭs'tər] *(n.)* شخص متعدِّدُ جوانب الثقافة.

pol·y·hy·drox·y [-hī drŏk'sĭ] *(adj.)* متعدّد الهيدروكسيل (ك).

Pol·y·hym·ni·a [-hĭm'-] *(n.)* پوليهيمنيا: موزيّة Muse الإنشاد المقدَّس.

pol·y·math [pŏl'ĭ măth'] *(n.; adj.)* واسع الثقافة؛ موسوعيّ الثقافة.

— pol·y·math·ic *(adj.)* **— po·ly·ma·thy** *(n.)*

pol·y·mer [pŏl'ĭ-] *(n.)* البوليمر؛ المتماثر: مركّب يشكَّل بالتَّبَلْمُر (ك).

poly·mer·ase [pŏl'ĭ mə rās'; -rāz'] *(n.)* المُبَلْمِر (ك).

pol·y·mer·ic [pŏl'ĭ mĕr'ĭk] *(adj.)* بوليمريّ: «أ» منسوب إلى البوليمر. «ب» مؤلف من عدة أجزاء متماثلة <~ chromosomes>.

po·lym·er·i·za·tion [pə lĭm'ər ə zā'-] *(n.)* (١) التَّبَلْمُر؛ التَّماثُر: اتحاد جُزَيْئين، أو أكثر، من مركَّبٍ ما لتشكيل مركَّب ذي وزن جُزَيْئيّ أكبر (٢) البَلْمَرة؛ التَّمثير (ك).

pol·y·mer·ize [pŏl'ĭ-] *(vt.; i.)* (١) يُبَلْمِر x (٢) يَتَبَلْمَر (ك).

po·lym·er·ous [pə lĭm'-] *(adj.)* بوليمريّ: متعدّد الأجزاء أو الأعضاء.

pol·y·morph [pŏl'ĭ-] *(n.)* مُتعضٍّ [أو مادة] متعدّد الأشكال.

pol·y·mor·phic; -mor·phous [pŏl'ĭ môr'-] *(adj.)* متعدّد الأشكال.

pol·y·mor·phism [pŏl'ĭ môr'fĭz əm] *(n.)* تعدُّد الأشكال.

pol·y·neu·ri·tis [pŏl'ĭ nōō rī'tĭs] *(n.)* التهاب الأعصاب (ط).

pol·y·no·mi·al [pŏl'ĭ nō'-] *(adj.; n.)* متعدّد الحدود (ر).

pol·y·nu·cle·ar [-nōō'klĭ-] *(adj.)* متعدِّدُ النَّوى أو النَّوَيات («ك» و«فز»).

pol·y·on·y·mous [-ŏn'ə məs] *(adj.)* متعدّد الأسماء.

pol·yp [pŏl'ĭp] *(n.)* (١) البَوْلَب: حيوان مائيّ بدائيّ من شعبة اللاحشويات (٢) السَّليلة المُخاطيّة: ورمٌ ناتئ من البطانة المُخاطيّة لعضوٍ، كالأنف إلخ.

pol·y·ped [pŏl'ĭ pĕd] *(adj.; n.)* متعدّد الأرْجُل (ح).

pol·y·pet·al·ous [-pĕt'əl əs] *(adj.)* (١) كثير البَتَلات (نب) (٢) منفصل البَتَلات.

polypetalous flower *1.*

pol·y·pha·gi·a [pŏl'ĭ fā'jĭ ə] *(n.)* (١) الشَّرَه؛ النَّهَم (٢) القُروت: الاقتيات بضروب مختلفةٍ من الطعام (ح).

po·lyph·a·gous [pə lĭf'ə gəs] *(adj.)* قارِت: مُغْتذٍ بضروب مختلفة من الطعام (ح).

po·lyph·a·gy [-jĭ] *(n.)* القُروت: الاقتيات بضروب مختلفة من الطعام.

pol·y·phase [pŏl'ĭ fāz'] *(adj.)* متعدّد الطَّور <a ~ current>.

pol·y·phone [pŏl'ĭ fōn'] *(n.)* المتعدِّد الأصوات: حرفٌ ذو أصوات متعدّدة <كحرف *a* في الإنكليزية>.

pol·y·phon·ic [pŏl'ĭ fŏn'-] *or* **po·lyph·o·nous** [pə lĭf'-] *(adj.)* (١) متعدّد الأصوات (٢) متفرِّع الأصوات؛ متعدِّد النغمات (مو).

po·lyph·o·ny [pə lĭf'ə nĭ] *(n.)* البوليفونيا: «أ» تعدّد الأصوات. «ب» تفرُّع الأصوات؛ تعدُّد النغمات (مو).

pol·y·phy·let·ic [pŏl'ĭ fī lĕt'ĭk] *(adj.)* متعدِّد الأصول: متحدِّر من أكثر من عرق واحد أو سلالة واحدة.

pol·y·phy·o·dont [-fī'ō dŏnt] *(adj.)* متتابعُ أو متعاقبُ الأسنان (ح).

pol·y·ploid [pŏl'ĭ-] *(adj.)* متعدِّد الصِّيغة أو المظاهر. وبخاصة: له أكثر من ضِعف عدد الصِّبغيات أو الكروموسومات المعتاد (أح).

pol·yp·ne·a [pŏl′ĭp nĭ′ə] *(n.)* البُهْر : تتابُع النَّفَس أو تقطُّعُهُ .

pol·y·pod [pŏl′ĭ pŏd′] *(adj.; n.)* كثير الأقدام (أح) .

pol·y·po·dy [pŏl′ĭ-] *(n.)* البَسْفايَج ؛ كثير الأرْجُل : نبات من السَّرخسيّات .

pol·yp·oid; pol·yp·ous [pŏl′ə-] *(adj.)* بَوْلبيّ (را . polyp) .

pol·y·pus [pŏl′ə pəs] *(n.)* pl. **-pi** = polyp.

pol·y·sac·cha·ride [-săk′ə rīd′] *(n.)* السُّكَّر العُداديّ (ك) .

pol·y·se·mous [pŏl′ĭ sē′məs] *(adj.)* متعدِّد المعاني .

pol·y·se·my [pŏl′ĭ sē′mĭ] *(n.)* تعدُّد المعاني .

pol·y·sep·al·ous [-sĕp′ə ləs] *(adj.)* مُنفَصِل السَّبَلات (نب) .

pol·y·sul·fide [pŏl′ĭ sŭl′fīd′] *(n.)* متعدِّد الكبريتيد (ك) .

pol·y·syl·lab·ic [-sĭ lăb′ĭk] *(adj.)* (١) متعدِّد المقاطع <~ words> (٢) متميِّز بكلمات متعددة المقاطع <~ languages> .

pol·y·syl·la·ble [pŏl′ĭ-] *(adj.)* متعدِّدة المقاطع : كلمةٌ كثيرة المقاطع .

pol·y·syl·lo·gism [pŏl′ĭ sĭl′ə jĭz′əm] *(n.)* القياس المركَّب (مق) .

pol·y·syn·de·ton [-sĭn′də tŏn′] *(n.)* تعدُّد حروف العطف (ل) .

pol·y·tech·nic [-tĕk′nĭk] *(adj.; n.)* (١) متعدِّد الفنون : ذو علاقة بتدريس كثير من الفنون التِّقنية أو العلوم التطبيقية أو مخصَّصٌ لهذا التدريس § (٢) متعدِّدة الفنون : كليّة أو مدرسة متعدِّدة الفنون .

pol·y·the·ism [pŏl′ĭ thē-] *(n.)* تعدُّد الآلهة ؛ الشِّرك .

pol·y·the·ist [pŏl′ĭ thē′ ĭst] *(n.)* المُشْرِك : المؤمن بعدة آلهة .

pol·y·the·is·tic; -al [pŏl′ĭ thē ĭs′-] *(adj.)* شِرْكيّ .

pol·y·to·nal·i·ty [-tō năl′ə tĭ] *(n.)* تعدُّد النَّغْميّة (مو) .

pol·y·troph·ic [pŏl′ĭ trŏf′ĭk] *(adj.)* متعدِّد الاغتذاء : مستمِدٌّ غذاءه من أكثر من مادة عضوية واحدة <~ bacteria> .

pol·y·typ·ic [-tĭp′ĭk]; **-al** *(adj.)* متعدِّد الطُّرُز <~ species> .

pol·y·u·ri·a [pŏl′ĭ yoor′ĭ ə] *(n.)* البُوال : غزارة البول (مض) .

pol·y·va·lence *or* **pol·y·va·len·cy** [pŏl′ĭ vā′-] *(n.)* (١) تعدُّد التكافؤ (ك) (٢) تعدُّد القُوَى (بك) .

pol·y·va·lent [pŏl′ĭ vā′-] *(adj.)* (١) متعدِّدُ التّكافؤ (ك) (٢) متعدّد القُوى : محتوٍ على أجسامٍ مضادَّةٍ لجراثيم عدد من الأمراض المتماثلة (بك) .

pol·y·zo·an [pŏl′ĭ zō′ən] *(n.; adj.)* = bryozoan.

pom·ace [pŭm′ĭs] *(n.)* (١) ثُفْل التفاح أو العنب إلخ (٢) كلّ مادّة لُبّيّة مسحوقة .

po·ma·ceous [pō mā′shəs] *(adj.)* تُفّاحيّ .

po·made [pō mād′; -mäd′] *(n.; vt.)* (١) المَرْهَم . وبخاصة : مَرْهم عطريّ يُدْهَن به الشَّعر § (٢) يُمَرْهِم : يَدْهن الشَّعر بمرهم عطريّ .

po·man·der [pō′măn dər] *(n.)* الكُرَة العطريّة : «أ» مزيج من الموادّ العطرية ، كرويّ الشكل عادةً ، كان الناس يحملونه كَطِيب أو كواقٍ من العَدْوى . «ب» العلبة الخاصة بهذا المزيج .

po·ma·tum [pō mā′təm; -mä′-] *(n.)* = pomade.

pome [pōm] *(n.)* الثمرة التُّفاحيّة : ثمرة من الفصيلة التفاحية .

pome·gran·ate [pŏm′grăn′ĭt] *(n.)* (١) الرُّمّان (نب) (٢) شجر الرُّمّان .

pom·e·lo [pŏm′ə lō′] *(n.)* = grapefruit.

Pom·er·a·ni·an [pŏm′ə rā′nĭ ən] *(n.; adj.)* (١) البوميرانيّ : «أ» ضربٌ من الكلاب البالغة الصِّغَر ، الطويلة الشَّعر . «ب» أحد أبناء بوميرانيا في بولندا § (٢) بوميرانيّ .

Pomeranian *1a.*

po·mif·er·ous [pō mĭf′-] *(adj.)* حاملٌ ثمرًا تفّاحيًّا <~ trees> .

pom·mel [pŭm′əl; pŏm′əl] *(n.; vt.)*, **-meled** *or* **-melled** (١) الرُّمّانة : العُجْرة المدوَّرة في مَقْبِض السيف أو الخِنْجَر إلخ (٢) القَرَبوس ؛ الحِنْو : قِسْمٌ من السَّرْج مُقَوَّس مرتفعٌ من قُدّام المِقعد ومن مؤخّره § (٣) يَضْرِب ؛ يَلْكُم .

pom·my [pŏm′ĭ] *(n.)* مهاجر إنكليزي [إلى أستراليا أو نيوزيلندا] .

po·mo·log·i·cal [pō′mə lŏj′-] *(adj.)* فَكاهيّ : منسوب إلى الفَكاهة .

po·mol·o·gist [pō′mŏl′ə-] *(n.)* الفَكاهيّ : المتخصِّص في الفَكاهة .

po·mol·o·gy [pō mŏl′ə jĭ] *(n.)* الفَكاهة : علم زراعة الفاكهة .

Po·mo·na [pə mō′nə] بومونا : إلاهة الأشجار المثمرة [عند الرومان] .

pomp [pŏmp] *(n.)* (١) أُبّهة (٢) موكبٌ عظيم ؛ عُجْب ؛ تِيْه ؛ خُيَلاء .

pom·pa·dour [pŏm′pə dōr′] *(n.)* تسريحة بومپادور : «أ» تسريحة للرجال يُرْفع فيها الشَّعرُ من الجبين ثم يُرَدّ إلى الوراء . «ب» تسريحة للنّساء يُرفَع فيها الشَّعْر عاليًا فوق الجبين .

pom·pa·no [pŏm′pə nō] *(n.)* البُنبان : سمك بحري عديم الأسنان .

pom–pom [pŏm′-] *(n.)* البُمْبُم : مِدْفعٌ رشّاش مضادّ للطائرات .

pom·pon [pŏm′pŏn′] *(n.)* (١) البُمْبونة : «أ» كتلة أو كرة من ريش أو حرير يُزَيَّن بها ثوبٌ أو قبعة أو حذاء . «ب» كُرةٌ صوفية تكون في مقدَّم بعض قبعات الجند (٢) dahlia .

pompons *1a.*

pom·pos·i·ty [pŏm pŏs′-] *(n.)* (١) الأُبَّهيّة : كونُ الشيء مُتَّسِمًا بالأُبَّهة (٢) تباهٍ ؛ افتخار المرء بأهميّته الذاتية (٣) الطنّانيّة : كونُ الأسلوب طنّانًا .

pomp·ous [-pəs] *(adj.)* (١) أُبَّهِيّ ؛ مُتَّسِم بالأُبَّهة ؛ فخم (٢) مغرور ؛ مختال <a ~ officer> (٣) طنّان ؛ رنّان <~ language> (٤) منمَّق <~ style>. **—pomp·ous·ly** *(adv.)* **—pomp·ous·ness** *(n.)*

ponce [pŏns] *(n.)* القَوّاد ؛ سمسار الفاحشة .

pon·cho [pŏn′chō] *(n.)* البُنْش : «أ» شبه عباءة [في أميركا الجنوبية] . «ب» مِمْطَر ؛ مِعطف واقٍ من المطر .

pond [pŏnd] *(n.; vt.; i.)* (١) بِرْكة § (٢) يُبرِّك الماءَ أو يتبرَّك [الماءُ] .

pon·der [pŏn′-] *(vt.; i.)* (١) يُقدِّر (٢) يتفكَّر ؛ يفكِّر مَلِيًّا (٣) يتأمّل .

pon·der·a·ble [pŏn′-] *(adj.; n.)* (١) قابل للوزن أو القياس أو التقدير (٢) ذو ثِقل أو وزن أو أهميّة <~ substances> § (٣) شيء ذو ثِقل إلخ (٤) *pl.* : الأحداث والأحوال التي يمكن تقديرها أو أخذها بعين الاعتبار .

pon·der·os·i·ty [-rŏs′-] *(n.)* (١) ثِقلٌ (٢) خُرْق ؛ عدم رشاقة (٣) إملال .

pon·der·ous [pŏn′dər əs] *(adj.)* (١) ثقيل جدًا <a ~ stone> (٢) ثقيلٌ وأخرق ؛ تُعْوِزُهُ الرشاقة <~ movements> (٣) مُمِلّ ؛ مُضْجِر <a ~ style>. **—pon·der·ous·ly** *(adv.)* **—pon·der·ous·ness** *(n.)*

pond lily *(n.)* النَّيْلوفَر ؛ زنبق الماء (نب) .

pond scum *(n.)* طُفاوة البِرَك: طحالب تُحْدِث طُفاوة خضراء على سطح المياه الراكدة.

pond·weed [pŏnd'wēd] *(n.)* جارُ النَّهر: نبات مائيّ.

pone [pōn] *(n.)* = corn pone.

pon·gee [pŏn jē'] *(n.)* البُنْجيّ: قماش حريريّ صينيّ الأصل.

pon·gid [-'jĭd] *(n.)* البُنْجِد: أيّ من القِردة الشبيهة بالإنسان.

pon·iard [pŏn'yərd] *(n.; vt.)* (١) خَنْجَر § (٢) يطعن أو يقتل بخنجر.

poniard *1.*

pons [pŏnz] *(n.)* pl. **pon·tes** [-'tēz]. (١) الجِسْر (ت) (٢) pons Varolii.

pons asi·no·rum [pŏnz'ăs'ə nōr'-] *(n.)* جِسر الحمير: «أ» القضية الخامسة من هندسة إقليدس القائلة بأنّه إذا كان للمثلث ضلعان متساويان فإن الزاويتين المقابلتين لهذين الضلعين تكونان متساويتين أيضًا. «ب» اختبار عسير يُفرض على الجاهل أو قليل الخبرة.

pons Va·ro·li·i [-'və rō'lĭ ī'] *(n.)* جسر ڤارول: ألياف عصبية في الدماغ.

Pon·tic [pŏn'tĭk] *(adj.)* بونتيّ؛ بَحْرَسْوَديّ: خاصّ بالبحر الأسود.

pon·ti·fex [pŏn'tə fĕks'] *(n.)* pl. **pon·tif·i·ces** [pŏn tĭf'ə sēz'] الحَبْر: عضو مجلس الكهنة الأعلى في رومة القديمة.

pon·tiff [pŏn'tĭf] *(n.)* (١) الحَبْر (را. المادة السابقة) (٢) كبير الكهنة (٣) الأسقف (٤) البابا.

pon·tif·i·cal [-tĭf'ə kəl] *(n.; adj.)* (١) عد *.pl*: الملابس الأسقفيّة [يرتديها الأسقف القائم بالقدّاس الحَبْريّ] (٢) الكتاب الأسقفيّ: كتاب ينصّ على الطقوس التي يؤديها الأسقف § (٣) «أ» أُسقفيّ. «ب» بابويّ (٤) حَبْريّ: يقوم به أسقف <~ mass> (٥) متباهٍ؛ أُبَّهيّ (٦) جازم <~ statements>.

pon·tif·i·ca·te [*n.* -'ə kĭt', -'ə kāt'; *v.* -'ə kāt'] *(n.; vi.)* (١) مَنْصب الحَبْر أو الأسقف أو البابا أو مُدَّتُه § (٢) يقدّس؛ يقوم بقدّاس حَبْري (٣) يتساقف: يتكلم أو يكتب على طريقة الأساقفة أو بمثل سلطانهم.

pon·tine [pŏn'tīn'] *(adj.)* جِسْريّ: ذو علاقة بالجسور.

Pont l'E·vêque [pōn'lā vĕk'] *(n.)* الپون ليڤيك: جبن أصفر.

pon·ton [pŏn'tən] *(n.)* = pontoon.

pon·to·nier [pŏn'tə nēr'] *(n.)* المُجَسِّر؛ جنديّ التجسير: شخص أو جنديّ ينشئ جسرًا عائمًا.

pon·toon [-'tōōn'] *(n.)* (١) عَوّامة؛ طَوْف؛ رَمَث (٢) زورق التجسير: طَوف يُستعمل في بناء جسر مؤقّت (٣) طَوْف الطائرة المائيّة.

pontoon bridge

pontoon bridge *(n.)* الجِسْر العائم؛ جسر الأطواف.

po·ny[1] [pō'nĭ] *(n.)* (١) السِّيسيّ: فرسٌ قَزَمٌ أو قصير القامة (٢) جواد سِباق (٣) «أ» شيء أصغر من القياس النظاميّ. «ب» كأس صغيرة [من شراب مُسْكِر] (٤) ترجمة حرفيّة [تُستعمل في دراسة نصّ أجنبيّ أو لغة أجنبية].

po·ny[2] *(vt.; i.)* يَدْفع. وبخاصة: تسديدًا لحسابٍ.

pony express *(n.)* بريد المُواصلة: نظام لنقل البريد على متون الجياد.

po·ny·tail [pō'nĭ tāl'] *(n.)* ذَيْل الفَرَس: تسريحة نسائية.

po·ny–trek·king *(n.)* النزهة السِّيسيّة: نزهة على متن السِّيسيّ pony.

pooch [pōōch] *(n.)* كَلْب (ع).

pood [pōōd] *(n.)* البُود: وحدة وزنٍ روسية [٣٦ باوندًا تقريبًا].

poodle

poo·dle [pōō'dəl] *(n.)* البُوْدِل: كلب ذو وبر كثيف أجعد.

poof [pōōf] *(n.)* (١) اللُّوطيّ: مُشتهي المماثل (٢) الخوّار؛ الرِّعديد.

poof·ter [pōōf'tər] *(n.) Brit.* اللّوطيّ: مشتهي المماثل.

pooh [pōō] *(interj.)* أُفٍّ: صوت يُعَبَّر به عن نفاد الصبر أو الازدراء إلخ.

pooh–bah [pōō'bä] *(n.)* (١) المتولّي عدة مناصب (٢) الرَّفيع المنزلة.

pooh–pooh [pōō'pōō'] *also* **pooh** [pōō] *(vi.; t.)* (١) يزدري (٢) يتضجَّر x (٣) يَسْخَر من؛ يستخفّ بِـ.

pool[1] [pōōl] *(n.; vi.)* (١) بِركة (٢) بركة قذرة مُوْحِلة [كالتي تنشأ عن تجمُّع الأمطار في أخاديد الشوارع] (٣) الحوض: «أ» جزء من النهر تكون مياهه هادئةً عميقة. «ب» حوضٌ مُنتِجٌ للنفط والغاز. «ج» حوض السِّباحة أو الاستحمام § (٤) يشكّل بركةً (٥) يتراكم أو يتجمَّد.

pool[2] *(n.; vt.)* (١) البُولة: «أ» رهان مشترك يُسهِم فيه جميع اللاعبين. «ب» مجموع الأموال التي يقامر بها عددٌ من اللاعبين. «ج» اتفاق بين عدة شركات إلخ للقضاء على المنافسة. «د» اتفاقية بين المضاربين [في البورصة]. «هـ» بِلْيارْد الجَيْب: ضربٌ من لعِب البليارد تتميَّز مائدته بجيوب يسعى اللاعبون إلى إسقاط الكُرات فيها. «و» مالٌ يقدِّمه عدة أشخاص لغرض مشترك (٢) المَعِين: مقدارٌ من الدم يُجمع من عدد من المتبرعين ويخزن للاستفادة منه عند الاقتضاء (٣) المنظومة: مجموعة من الاختصاصيين يمكن استخدامهم في حقل معيَّن § (٤) يُشارك: يُسْهِم في صندوق [أو جهد] مشترك.

pool·room [pōōl'rōōm'] *(n.)* (١) مكتب الرِّهان [على جياد السِّباق] (٢) حُجْرة البُوْلة: حُجْرة يُلعب فيها بِلْيارد الجيب (را. pool[2] *1e*).

pool·side [-'sīd'] *(n.)* محيط الحوض: المنطقة المحيطة بحوض السباحة.

poop[1] [pōōp] *(n.; vt.)* (١) سَطْح المؤخَّرة: سطح غير كاملٍ يعلو مؤخَّرة سطح السفينة الرئيسيّ § (٢) تَلْطِم المؤخَّر: تَلْطِم الأمواج مؤخَّر السفينة.

poop[1] *1.*

poop[2] *(vt.; i.)* (١) يُرْهِق؛ يُنْهِك x (٢) يُرْهَق؛ يُنْهَك (٣) يَذْوي؛ يَذْبُل <This ivy ~*ed* out.>.

poop[3] *(n.)* معلومات؛ معلومات رسمية أو غير رسمية.

poop[4] *(n.; vi.)* (١) براز § (٢) يتبرّز؛ يَتَغَوَّط.

poop deck *(n.)* سَطْح المؤخَّرة (را. poop[1] *1*).

pooped [pōōpt] *(adj.)* مُرْهَق؛ مُنْهَك.

poor [pōōr] *(adj.; n.)* (١) فقير (٢) «أ» هزيل. «ب» زهيد؛ ضئيل القيمة (٣) مسكين؛ مثير للشفقة <~ old man> (٤) رديء؛ سقيم؛ عليل <her ~ health> (٥) عاجز؛ قليل البراعة <is a ~ cook> (٦) متواضع <in a ~

ă at; ā date; â care; ä car; ĕ egg; ē me; ĭ in; ī bite; ŏ lot; ō bone; ô orphan; oi boil; ōō good; ōō boot; ou out; ŭ under; û urgent; ə = *a* in alone, *e* in system, *i* in easily, *o* in gallop, *u* in circus.

house> (٧) حقير؛ جدير بالازدراء؛ جبان (٨) نحيل؛ مهزول الجسم (٩) ماحل؛ مجدب § (١٠) الفقراء <care for the ~> .

poor box *(n.)* صندوق الصَّدقات [الموضوع قرب باب الكنيسة] .

poor farm *(n.)* مزرعة الفقراء : مزرعة لإيواء الفقراء أو تشغيلهم .

poor·house [po͝or′-] *(n.)* التكيّة؛ الملجأ : دار لإيواء الفقراء .

poor·ish [-′ĭsh] *(adj.)* فقيرٌ بعضَ الشيء؛ فقيرٌ قليلًا .

poor law *(n.)* قانون إغاثة الفقراء وإعالتهم .

poor·ly *(adv.; adj.)* (١) على نحوٍ فقير إلخ § (٢) متوعِّك .

~ off مُعْوِز؛ محتاج إلى المال .

poor mouth *(n.)* ادّعاء الفقر . وبخاصة : على نحوٍ مبالغ فيه .

poor–spir·it·ed [po͝or′spĭr′-] *(adj.)* جبان؛ رِعْديد .

poor white *(n.)* الأبيض الوضيع : شخص أبيض لا يملك عقارًا ولا مركزًا اجتماعيًا [في جنوبيّ الولايات المتحدة الأميركية] .

poor white trash *(n.)* جماعة البِيض الوضيعين (را . المادة السابقة) .

pop [1] [pŏp] *(vt.; i.)* (١) يَضرب بقوة (٢) يدفع أو يضع أو يدسّ فجأة (٣) يشوي [الذرة أو الكستناء] حتى تتفتّق (٤) يُطلق النار على (٥) يَرْهَن (ع) x (٦) يذهب أو يجيء أو يَدْخل فجأةً (٧) يفرقع؛ ينفجر (٨) يَجْحَظ <his eyes ~ out in anger>.

in ~, مرهون؛ مُرتَهَنٌ عند شخص آخر (ع) .

to go ~, يُفَرْقِع : يُطلق صوتًا مُفَرْقِعًا .

to ~ off (١) يموت فجأةً (٢) ينام (٣) يغادر المكان فجأةً (٤) يتكلم بغضب ومن غير تفكير . . .

to ~ the question يَطْلب الزواجَ من . . .

pop [2] *(n.)* (١) فرقعة؛ انفجار (٢) طلقة بندقية إلخ (٣) شرابٌ غازيّ .

pop [3] *(adv.)* (١) بِفَرْقعة؛ بصوتٍ مُفَرْقِع (٢) فجأةً .

pop [4] *(n.)* أبٌ؛ والد .

pop [5] *(adj.; n.)* (١) شعبيّ <~ music> § (٢) أغنية شعبية .

pop·corn [pŏp′-] *(n.)* الفُشار : حبّ الذُّرة يُشْوَى حتى يتفتّق .

pope [pōp] *(n.)* (١) .cap ك : البابا : أُسقف رومة ورأس الكنيسة الرومانية الكاثوليكية (٢) البابا : شخص كالبابا سلطةً أو مقامًا .

pop·er·y [pō′pə rĭ] *(n.)* البابَويّة؛ الكَثْلَكة .

pop eye [pŏp′ī′] *(n.)* عينٌ جاحظة [من مرضٍ أو دَهَش] .

pop–eyed [-′īd′] *(adj.)* (١) جاحظ العينَيْن [من مرضٍ أو دَهَش] (٢) ذاهل .

pop–gun [pŏp′gŭn′] *(n.)* بندقية الهواء أو الفلّين [يلهو بها الأطفال] .

pop·in·jay [pŏp′ĭn jā′] *(n.)* (١) الأخْيَل : نقّار خشبٍ أخضر اللون (طا) (٢) «أ» المغرور؛ المَزْهُوّ . «ب» المتأنّق . «ج» المتبجّح؛ الثرثار .

pop·ish [pō′pĭsh] *(adj.)* بابَويّ؛ كاثوليكيّ .

pop·ish·ly [pō′pĭsh lĭ] *(adv.)* بابَويًّا؛ كاثوليكيًّا .

pop·lar [pŏp′lər] *(n.)* (١) الحَوْر (نب) (٢) خشبُ الحَوْر .

pop·lin [pŏp′lĭn] *(n.)* البُبْلين : قماش قطنيّ مضلَّع متين .

pop·lit·e·al [-lĭt′ĭ əl] *(adj.)* مَأبِضيّ : ذو علاقة بالمأبِض أو باطن الرُّكبة .

pop–off [pŏp′-] *(n.)* الهادِر : المتكلِّم بغير رويّة أو بصوت مرتفع .

pop·o·ver [pŏp′-] *(n.)* البَبْفَر : فطيرة تُعدّ من بيض وحليب ودقيق .

pop·per *(n.)* (١) فا pop (٢) المُفَتِّقة : آنية لتحميص الذرة حتى تتفتّق .

pop·pet [pŏp′ĭt] *(n.)* (١) العزيز؛ المحبوب (بر) (٢) الدِّعام؛ الدليل (مك) (٣) الصِّمام القفّاز (مك) .

pop·pet·head [-hĕd′] *(n.)* الغُراب : غُراب الرأس أو غُراب الذيل (مك) .

pop·pied [pŏp′ĭd] *(adj.)* (١) مَكْسُوّ بالخشخاش (٢) مُخدِّر (٣) مُخَدَّر .

pop·ple [pŏp′əl] *(n.; vi.)* (١) poplar (٢) جَيَشان الماء [عند غَلْيه] (٣) بحر متلاطم الأمواج § (٤) يَجيش الماءُ [عند غَلْيِه] (٥) يتلاطم [الموجُ] .

pop·py [pŏp′ĭ] *(n.)* (١) الخَشْخاش : نبات مخدِّر يُصنع منه الأفيون (٢) أفيون (٣) الخَشْخاشيّ : لون برتقالي مُحْمَرّ .

poppy *1.*

pop·py·cock [pŏp′ĭ kŏk′] *(n.)* هُراء؛ كلامٌ فارغ .

pop·py·head [pŏp′ĭ hĕd′] *(n.)* (١) رأس الخَشْخاش أو كُوزُه (٢) نقش زينيّ [في الجزء الأعلى من ظهر المقعد الخشبي في كنيسة] .

pop·sy [pŏp′sĭ] *(n.)* فتاة؛ صديقة؛ محبوبة .

pop·u·lace [pŏp′yə ləs] *(n.)* (١) العامّة؛ الجماهير (٢) سُكّان .

pop·u·lar [pŏp′yə lər] *(adj.)* شعبيّ : «أ» خاصّ بعامة الشعب أو مُمثِّل لها <~ discontent> . «ب» مُبَسَّط؛ مُيَسَّر : مُفْرَغ في صيغة يفهمها سواد الناس <~ science> . «ج» رخيص؛ ملائم لجيوب العامّة <~ prices> . «د» رائج؛ شائع بين عامة الناس <~ songs> . «هـ» محبوب <a ~ girl> .

popular front *(n.)* الجبهة الشعبيّة : تكتل الأحزاب اليسارية ضدّ عدوّ مشترك ، وبخاصّة حين يشارك فيه الشيوعيّون كوسيلة للوصول إلى الحكم .

pop·u·lar·i·ty [pŏp′yə lăr′-] *(n.)* الشَّعبيّة : كون الشيء شعبيًّا .

pop·u·lar·ize [pŏp′-] *(vt.)* يبسِّط : يجعله في متناول مدارك الناس .

pop·u·late [pŏp′yə lāt] *(vt.)* (١) يُقْطِن؛ يَسْكُن؛ يحتلّ (٢) يؤهِّل؛ يُزوِّد بالسُّكّان .

pop·u·la·tion [pŏp′yə lā′-] *(n.)* (١) السُّكّان : مجموع القاطنين بلدًا أو مدينة إلخ (٢) عدد السُّكان (٣) جزء أو قِطاع من السكان <the female ~> (٤) تأهيل؛ تزويد بالسّكان .

Pop·u·lism [pŏp′yə-] *(n.)* الشَّعبانيّة : مبادئ حزب الشعب الأميركي .

pop·u·list [1] [pŏp′yə lĭst] *(n.)* الشَّعبانيّ : «أ» عضو في حزب سياسي يدّعي تمثيل عامة الشعب . «ب» .cap عد : عضوٌ في حزب الشعب الأميركي الذي أُنشئ عام ١٨٩١ ودعا إلى سيطرة الدولة على السكك الحديدية والحدّ من الملكية الخاصة للأراضي .

pop·u·list [2] *also* **pop·u·lis·tic** *(adj.)* شَعبانيّ : «أ» مدّعٍ تمثيلَ عامّة الشعب . «ب» .cap عد : منسوب إلى حزب الشعب الأميركي (را . المادة السابقة) .

pop·u·lous [pŏp′yə ləs] *(adj.)* (١) كثيف السكّان (٢) مُزْدَحِم .

por·bea·gle [pôr′bē′gəl] *(n.)* البُرْبيجَل : ضربٌ من الأقراش الصغيرة .

por·ce·lain [pōr′sə lĭn] *(n.)* الصِّيني؛ الخزف الصِّيني؛ البورسيلين .

por·ce·lain·ize [pōr′-] *(vt.)* يُزَجِّج : يكسو الفولاذ إلخ بطبقة زجاجية .

por·ce·la·ne·ous *or* **por·cel·la·ne·ous** [-′sə lā-] *(adj.)* بورسيلينيّ .

porch [pōrch] *(n.)* (١) الرِّواق: مَدْخل مسقوف لمبنًى (٢) شُرْفة.

porch *1.*

por·cine [pôr'sīn; -sĭn] *(adj.)* خِنزيريّ.

por·cu·pine [pôr'kyə pīn'] *(n.)* الشَّيْهَم؛ النَّيْص؛ الدُّلْدُل: حيوان شائك من القوارض.

porcupine

pore [pōr; pôr] *(vi.; n.)* (١) يُحدِّق؛ يُمعِن النظر (٢) يستغرق في القراءة [تتبعها *over* عادةً] (٣) يتفكّر؛ يتأمّل § (٤) سَمّ [والجمعُ مَسامّ]: فتحة بالغة الصِّغر في حيوان أو نبات (٥) النُّدْبة: رقعة داكنة على سطح الشمس.

pored [pôrd] *(adj.)* مَسامّيّ؛ ذو مَسامّ.

pore fungus *(n.)* الفُطر المَسامّيّ (نب).

por·gy [pôr'gĭ] *(n.)* البَغْروس؛ القَجاج: سمك بحريّ يُؤكل.

porgy

Po·rif·er·a [pō rĭf'-] *(n. pl.)* الثَّقبيات؛ الإسفنجيّات؛ المسامّيّات.

po·rif·er·an [pō rĭf'-] *(n.; adj.)* (١) الثَّقبيّ؛ الإسفنجيّ: حيوان من شعبة الثَّقبيات أو الإسفنجيّات § (٢) ثَقبيّ؛ إسفنجيّ.

po·rif·er·ous [-'ər əs] *(adj.)* (١) pored (٢) ثَقبيّ؛ إسفنجيّ (ح).

pork [pōrk] *(n.)* البُرْك: «أ» لحمُ الخِنزير. «ب» مالٌ أو منصبٌ حكوميّ يُمنَح، أو يُسنَد، لأسباب سياسية أو مَصْلحيّة.

pork barrel *(n.)* بِرْميل البُرْك: مشروع حكوميّ يفيد منه المحاسيب.

pork·er [pōr'kər] *(n.)* خِنزير. وبخاصة خِنَّوْصٌ مُسَمَّن.

pork·et; pork·ling [pōrk'-] *(n.)* الخِنَّوص: خِنزير صغير.

pork·y [pōr'kĭ] *(adj.)* (١) خِنزيريّ: شبيه بالخِنزير (٢) سمين.

porn [pôrn] *or* **por·no** [pôr'nō] *(adj.)* (١) بُرْنوغرافيّ (٢) إباحيّ؛ فاحش؛ داعر.

por·nog·ra·phy [pôr nŏg'-] *(n.)* البُرْنوغرافيا: «أ» تصوير السلوك الجنسيّ على نحوٍ مثير للشهوة. «ب» الكتابات أو الصُّور أو الأفلام الداعرة. **— por·no·graph·ic** *(adj.)*

po·ros·i·ty [pō rŏs'-] *(n.)* (١) المَسامّيّة (٢) السَّمّ (را. pore *4*).

po·rous [pōr'əs] *(adj.)* (١) مَسامّيّ (٢) نَفيذ: تنفذ إليه السَّوائل.

por·phy·rit·ic [pôr'fə rĭt'-] *(adj.)* فِرفيريّ؛ سُمّاقيّ (را. porphyry).

por·phy·roid [pôr'fə roid'] *(n.)* الحجر السُّمّاقاني: حجر شبيه بالحجر السُّمّاقي.

por·phy·ry [pôr'fə rĭ] *(n.)* الفِرفير؛ الحجر أو الرُّخام السُّمّاقي.

por·poise [pôr'pəs] *(n.)* (١) خِنزير البحر (٢) الدُّلفين.

porpoise *1.*

por·ridge [pôr'ĭj] *(n.)* عَصيدة؛ ثَريد.

por·rin·ger [-'ĭn jər] *(n.)* القَصعة: آنية معدنية ذات مقبض.

port[1] [pōrt] *(n.)* (١) مرفأ: ميناء (٢) مطار؛ ميناء جوّيّ.

port[2] *(n.)* (١) باب؛ بوّابة (إسك) (٢) المَنْفَذ: «أ» فتحة البخار أو الهواء أو الماء في ماكينة. «ب» فتحة في جنب السفينة لدخول الضوء أو الهواء أو لتحميل البضائع. «ج» فتحة في عربة مصفّحة أو حِصن تُطلَق منها النيران.

port[3] *(n.; vt.)* (١) القيافة: طريقة المشي أو القعود (٢) المياسرة: الوضع الذي تكون عليه البندقيّة حين تُحمل بالعَرْض وماسورتُها قرب الكتف اليُسْرى § (٣) يُياسِر: يحمل البندقية على هذا النحو.

port[4] *(n.; vt.)* (١) المَيْسَرة: الجانب الأيسر من سفينة أو طائرة [بالنسبة إلى راكب موجِّهٍ وجهَهُ نحو مقدَّمتها] § (٢) يُياسِر: يُدير سُكّان السفينة إلخ إلى اليسار.

port[5] *(n.)* البورت: ضرب من النبيذ برتغاليّ الأصل.

port·a·bil·i·ty [pōr'tə bĭl'-] *(n.)* الحَمْليّة؛ النَّقْليّة: قابلية الشيء للحَمل أو النقل.

port·a·ble [pōr'tə-] *(adj.; n.)* (١) قابلٌ للحَمْل أو النَّقل؛ نقّال؛ جوّال <a ~ telephone> § (٢) النَّقّال: شيء قابلٌ للحمل أو النَّقل.

por·tage [pōr'tĭj] *(n.)* (١) حَمْلٌ؛ نَقْلٌ (٢) أجرة النقل (ا. ق) (٣) التَّعْدية: نقل المراكب أو السِّلع، برًّا، من نهرٍ إلى آخر إلخ. **— por·tage** *(vt.)*

por·tal [-'təl] *(n.; adj.)* (١) باب؛ مَدْخَل. وبخاصة: مَدْخل قصر (٢) الباب: نقطة يَدْخل منها شيءٌ ما إلى الجسد (ت) § (٣) بابيّ (ت).

portal vein *(n.)* الوريد البابيّ: وريد ضخم يحمل الدمَ من أعضاء الهضم والطحال إلى الكبد (ت).

por·ta·men·to [pŏr'tə mĕn'tō] *(n.)* pl. **-menti** التَّخلُّص: انسيابٌ أو انتقال تدريجيّ من نغمة إلى أخرى (مو).

por·ta·tive [pōr'tə tĭv] *(adj.)* = portable.

port·cul·lis [pôrt kŭl'ĭs] *(n.)* شَعْريّة التحصين: شَعْرية حديدية يُحمى بها مدخل الحصن.

portcullis

Porte [pōrt] *(n.)* الباب العالي: حكومة الأمبراطورية العثمانية.

porte co–chere [-'kō shâr'] *(n.)* رِواق العربات: مدخلٌ مسقوف عند باب المبنى تقف تحته العربات أو السيارات لتجنيبها الشمس أو المطر.

porte–mon·naie [-mô nā'; -mŭn'ĭ] *(n.)* مِحْفظة؛ حافظة نقود.

por·tend [pōr tĕnd'] *(vt.)* (١) يُنذِر أو يبشِّر بـ (٢) يتنبأ (٣) يَدُلّ؛ يؤذن بقرب حدوث شيء <This ~*s* war.>.

por·tent [pōr'-] *(n.)* (١) نذير؛ بشير (٢) دلالة على؛ إيذانٌ بـ.

por·ten·tous [pōr tĕn'təs] *(adj.)* (١) منذِرٌ أو مبشِّرٌ بـ؛ مُثْقَل بالاحتمالات (٢) عجيب؛ رائع (٣) هائل؛ استثنائي (٤) inflated.

por·ter [pōr'-] *(n.)* (١) البوّاب؛ الحاجب (٢) الحمّال؛ العتّال (٣) المُضِيف: مستخدَم في إحدى حافلات القطار يسهر على راحة الرُّكاب (٤) البُرْتر: جعة ثقيلة داكنة.

por·ter·age [-'tər ĭj] *(n.)* (١) العِتالة: عملُ الحمّال (٢) أجرة الحمّال.

por·ter·house [pōr'-] *(n.)* (١) حانة (ا. ق) (٢) شريحة [من لحم البقر].

port·fo·li·o [pōrt fō'-] *(n.)* (١) حقيبة [للأوراق والوثائق] (٢) الحقيبة: منصب وزاري (٣) سندات [وأوراق تجارية] (٤) مجموعة رسوم أو صُوَر.

port·hole [pōrt'hōl'] *(n.)* (١) كُوّةٌ [في جانب سفينة أو طائرة] (٢) فُتْحة.

الرّمي: فتحة تُطلَق منها النيران (جن) (٣) المَنْفَذ (مك).

por·ti·co [pōr'tə kō'] *(n.)* الرِّواق المُعَمَّد [عند مدخل المبنى].

portico

por·tiere [pôr tyâr'] *(n.)* سِتْر؛ سِجْف [لمدخل أو باب].

por·tion [pōr'shən] *(n.; vt.)* (١) «أ» حِصّة من هِبة أو إرث. «ب» بائنة؛ دوطة. «ج» حصة من الطعام [على مائدة] (٢) قِسْمة؛ نصيب؛ قَدَر (٣) «أ» جزء؛ قِسم. «ب» مقدار محدود § (٤) يقسِّم؛ يخصِّص؛ يوزِّع (٥) يعطي حصةً أو إرثًا أو بائنة إلخ.

por·tion·less [-ləs] *(adj.)* لا حصةَ له. وبخاصة: لا بائنةَ لها أو إرث.

Portland cement *(n.)* إسمنت پورتلاند: ضرب من الإسمنت يُصْنَع بإحراق الصلصال وحجر الكلس في أتّون.

port·li·ness [pōrt'-] *(n.)* (١) مَهابة؛ جلال (٢) بدانة؛ سِمَن (٣) ضخامة.

port·ly [pōrt'lĭ] *(adj.)* (١) مَهيب؛ جليل (٢) بدين؛ سمين (٣) ضخم.

port·man·teau [-măn'tō] *(n.)* pl. **-s** *or* **-x** العَيْبة: حقيبة سفرٍ كبيرة.

portmanteau word *(n.)* المنحوتة: كلمة منحوتة من كلمتين <مثل *brunch* المنحوتة من كَلِمَتَيْ breakfast و lunch>.

port of call *(n.)* مرفأ التعريج [لتتزوّد السفينة بالمؤن أو تُصَلَّح إلخ].

port of entry *(n.)* مرفأ الدخول: «أ» نقطة جمركية لدخول البضائع المستوردة. «ب» نقطة يُجاز فيها للأجانب الدخولُ إلى بلدٍ ما.

por·trait [pōr'trāt; -trĭt] *(n.)* (١) صورة. وبخاصة: صورة شخص تُظْهِر وجهَهُ عادةً (٢) تمثال (٣) وصف؛ صورة قلمية.

por·trait·ist [-'trā tĭst] *(n.)* مصوِّر الأشخاص [وبخاصةٍ زيتيًّا].

por·trai·ture [-'trĭ chər] *(n.)* (١) فنّ التصوير أو الرسم أو النحت أو الوصف (٢) portrait.

por·tray [pōr trā'] *(vt.)* (١) يصوِّر [بالرسم أو الزيت أو النحت أو نحو ذلك] (٢) يَصِف؛ يصوِّر بالألفاظ (٣) يمثِّل [على خشبة المسرح إلخ].

por·tray·al [pōr trā'əl] *(n.)* (١) التصوير بالرسم أو بالألفاظ إلخ (٢) «أ» صورة. «ب» وصف.

por·tress [pōr'trəs] *fem. of* porter.

Por·tu·guese [pōr'chə gēz'] *(n.; adj.)* (١) البرتغاليّ: أحد أبناء البرتغال (٢) اللغة البرتغالية § (٣) برتغاليّ.

Portuguese man-of-war *(n.)* قِنديل البحر: حيوان بحري أعلاه يشبه الشِّراع.

Portuguese man-of-war

por·tu·lac·a [pōr'chə lăk'ə] *(n.)* الرِّجلة: عشب استوائيّ مُزْهِر.

po·sa·da [pō sä'dä] *(n.)* خان؛ فندق [في البلدان الناطقة بالإسبانية].

pose[1] [pōz] *(vt.; i.; n.)* (١) يَسْتوضع؛ يُوقِف [الفنانُ] شخصًا في «وِضْعة» خاصة لكي يرسمه (٢) يَطْرَح سؤالًا أو قضية إلخ <~*d* a hard problem> x (٣) يَتَوَضَّع: يتخذ «وِضْعة» خاصة [أمام الفنان] (٤) يتظاهر بِـ § (٥) الوِضْعة (مج): وَضْع خاصّ يُتَّخذ عند التصوير إلخ (٦) تكلُّف؛ وضعٌ متكلَّف.

pose[2] *(vt.)* يُرْبك؛ يحيِّر تحييرًا شديدًا.

Po·sei·don [pō sī'-] پوسيدون: إلٰه البحر في الميثولوجيا اليونانية.

pos·er [pō'zər] *(n.)* (١) فا pose (٢) أحجيّة؛ لغز؛ سؤال محيِّر.

po·seur [pō zûr'] *(n.)* (١) المدَّعي (٢) المتكلِّف؛ المتصنِّع.

posh [pŏsh] *(adj.)* (١) أنيق <~ clothes> (٢) رائع <a ~ hotel>.

pos·it [pŏz'-] *(vt.)* (١) يَضَع؛ يُثَبِّت (٢) يفترض [وجود كذا] (٣) يقترح.

po·si·tion [pə zĭsh'ən] *(n.; vt.)* (١) «أ» وضعٌ للشيء في مكان معيَّن. «ب» ترتيب؛ تنظيم. «ج» افتراض. «د» نظرية (٢) «أ» موضع؛ موقع. «ب» موضع صحيح أو ملائم <out of ~>. «ج» وضع جسمانيّ. «د» وَضْع. «هـ» حالة (٣) موقف من قضيّة (٤) «أ» مركز اجتماعي. «ب» مركز اجتماعي رفيع <a man of ~>. «ج» مركز؛ وضعٌ ماليّ [للمضارِب في البورصة] (٥) عمل؛ وظيفة <a ~ in the department of state> (٦) موقع يعطي صاحبه أفضليّةً أو امتيازًا <Our army maneuvered for ~ before attacking.> § (٧) يضعه في موضع معيّن أو ملائم (٨) يحدِّد موقع كذا.

— po·si·tion·al *(adj.)*

positional astronomy *(n.)* علم الفلك الموقعيّ.

pos·i·tive [pŏz'ə tĭv] *(adj.; n.)* (١) وَضعيّ <~ laws> (٢) باتّ؛ قاطع (٣) واثق من نفسه [إلى أبعد حدّ] (٤) «أ» غير مشروط. «ب» تامّ؛ مَحْض؛ صِرْف <a ~ lie>. «ج» ثابت؛ أكيد؛ لا يقبل الجدل <a ~ proof> (٥) واقعيّ؛ حقيقيّ؛ يقينيّ (٦) عمليّ <~ help> (٧) إيجابيّ (٨) مُوجَب («ك» و«ر») § (٩) شيء إيجابيّ (١٠) كميّة موجَبة (ر) (١١) الصورة المُوْجَبة (فو) (١٢) صيغة الصِّفة البسيطة [تمييزًا لها عن صيغة التفضيل] (١٣) حقيقة.

positive angle *(n.)* الزاوية الموجَبة (ر).

positive charge *(n.)* الشِّحنة الموجَبة (فز).

positive electricity *(n.)* الكهرباء الموجَبة (كب).

positive fluid *(n.)* السَّيّال الموجب (كب).

pos·i·tiv·ism [pŏz'ə tĭv-] *(n.)* (١) الفلسفة الوضعيّة: فلسفة أوغوست كونت Comte (١٧٩٨–١٨٥٧) التي تُعنى بالظواهر والوقائع اليقينية وحَسْب مهملةً كل تفكير تجريديّ أو ميتافيزيقيّ (٢) الوضعيّة؛ اليقينيّة (٣) ثقة؛ يقين.

— pos·i·tiv·ist *(n.; adj.)* **— pos·i·tiv·is·tic** *(adj.)*

pos·i·tiv·i·ty [pŏz'ə tĭv'-] *(n.)* الوضعيّة؛ اليقينية؛ الإيجابية إلخ.

pos·i·tron [pŏz'ə trŏn'] *(n.)* الپوزِترون: جُسَيْمٌ مُوجَب تعادل كتلتُهُ كتلة الألكترون (فزن).

po·sol·o·gy [pə sŏl'ə jĭ] *(n.)* مَبْحث المقادير أو الجرعات (ط).

pos·se [pŏs'ĭ] *(n.)* (١) جماعة؛ جمهرة من الناس (٢) الشِّحنة: جماعة يدعوها عمدة البلدة الأميركي لمساعدته في إقرار النظام.

pos·sess [pə zĕs'; -sĕs'] *(vt.)* (١) يتملَّك (٢) «أ» يملك؛ يمتلك. «ب» يحرز؛ يحوز؛ يقتني. «ج» يعرف (٣) يحتفظ [بهدوئه أو رباطة جأشه] (٤) يسيطر على؛ «يتلبّس» العفريتُ شخصًا (٥) يجامع؛ يُضاجع.

pos·sessed [pə zĕst'; -sĕst'] *(adj.)* (١) «أ» ممسوس: به مَسّ من شيطان يتخبَّطُهُ؛ خاضع لروح شريرة «تَلَبَّسَتْهُ». «ب» معتوه؛ مجنون. «ج» متلهِّف على

عمل شيء أو امتلاكِهِ (٢) هادئ؛ رابط الجأش .

pos·ses·sion [pə zĕsh′ən] *(n.)* (١) «أ» تملّك؛ امتلاك؛ حيازة؛ إحراز؛ اقتناء؛ إلخ . «ب» استيلاء؛ وضع اليد على شيء ما . «ج» مِلْكِيّة (٢) مِلْك؛ ممتلكات (٣) الاستحواذ: سيطرة شعور ما أو فكرة ما على المرء (٤) ضبط النفس؛ رباطة الجأش .

pos·ses·sive [pə zĕs′ĭv; -sĕs′-] *(adj.; n.)* (١) مِلْكيّ: دالّ على المِلْكيّة <مثل *my, your, his, our*> (٢) تملُّكيّ؛ اقتنائيّ: نزّاع إلى التملُّك والاقتناء (٣) غيور: نزّاع إلى الاستئثار بحُبّ شخص أو اهتمامه <had a ~ nature> <a ~ mother> § (٤) صيغة المِلْكيّة أو لفظٌ بهذه الصيغة (ل) .

possessive case *(n.)* صيغة المِلْكيّة: الصيغة الدّالة على التملُّك (ل) .

pos·ses·sor [-zĕs′-; -sĕs′-] *(n.)* المتملّك؛ المالك؛ المُحرِز؛ المقتني . . .

pos·ses·so·ry [pə zĕs′ə rĭ; -sĕs′-] *(adj.)* (١) تَمَلُّكيّ؛ امتلاكيّ (٢) ناشئ عن المِلْكيّة (٣) متملِّك؛ مالِكٌ (٤) نزّاع إلى التملُّك .

pos·set [pŏs′ət] *(n.)* البُوسِيت: شراب ساخن يُعَدّ من لبنٍ ونبيذ إلخ .

pos·si·bil·i·ty [-bĭl′-] *(n.)* (١) إمكانيّة (٢) احتمال (٣) شيء ممكن .

pos·si·ble [pŏs′ə bəl] *(adj.)* (١) مُمكِن؛ مُستَطاع؛ مُتيسِّر <no ~ cure> (٢) جائزٌ حدوثُهُ أو عدمُ حدوثه: محتَمَلُ الوقوع <~ emergencies> (٣) محتمَل: مُؤهَّل لأن يُصبِح أو لأن يُصْطَنَع إلخ <a ~ site for a capitol>.

pos·si·bly [pŏs′ə blĭ] *(adv.)* (١) بأية حال؛ مهما حدث <I cannot ~ come.> (٢) في أول فرصة ممكنة <I will go as soon as I ~ can.> (٣) ربما؛ جائز .

pos·sum [pŏs′əm] *(n.)* الأبوسّوم (را . opossum) .

to play ~, يتمارض أو يتماوت (عا) .

post[1] [pōst] *(n.)* (١) عَمود؛ سارية؛ قائمة؛ دِعامة (٢) مَعْلَم .

post[2] *(vt.)* (١) يُلْصِق إعلانًا [على جدار] (٢) يَنْشُر؛ يذيع؛ يُعلِن (٣) يُدرِج اسمًا [في قائمة تُنْشَر أو تُلْصَق على جدار] (٤) يُشَهِّر بـ (٥) يُحظِّر دخولَ أرضٍ [بوضع إعلان على الحدود] .

post[3] *(n.; vi.; t.)* (١) نظام البريد (٢) بريد <this morning's ~> (٣) مَكْتَب البريد (بر) (٤) صندوق البريد (بر) (٥) ساعي البريد § (٦) يَرْحل [ممتطيًا جيادَ البريد] (٧) يسافر على جناح السّرعة: يُسْرِع x (٨) يُبْرِد؛ يُرْسِل بالبريد (٩) يُرَحِّل: يَنْقل الحسابات (تج) (١٠) يُعْلِم؛ يُطْلِع؛ يحيطه علمًا <kept them ~*ed*>.

post[4] *(adv.)* بجياد البريد؛ على جناح السّرعة .

post[5] *(n.; vt.)* (١) مَخْفر؛ مركز؛ موقع (٢) مُعَسْكر (٣) جنود المَخْفر إلخ (٤) مهمَّة (٥) منصِب؛ وظيفة (٦) محطة تجارية [وبخاصة في بلدٍ غير متحضِّر أو غير آهل بالسكّان] § (٧) يضع [حارسًا أو جندًا إلخ] في موقع معيَّن (٨) يعيِّن؛ يوظِّف: يُسْند إليه وظيفة معيَّنة .

post[6] *(n.)* البُسْت: قياسٌ للورق [حوالى ١٦ × ٢٠ إنشًا] .

post- بادئة معناها: «أ» تالٍ؛ متأخر <*post*date> . «ب» بعد؛ ما بعد <*post*doctoral> . «ج» خَلْف <*post*axial> .

post·age [pōs′tĭj] *(n.)* (١) أجرة البريد (٢) طوابع بريدية .

postage stamp *(n.)* طابع بريديّ؛ طابع بريد .

post·al [pōs′təl] *(adj.; n.)* (١) بريديّ § (٢) بطاقة بريدية [عا] .

postal card *(n.)* بطاقة بريدية .

postal order *(n.)* = money order.

postal service *(n.)* مَكْتب البريد .

Postal Union اتّحاد البريد العالميّ .

post·ax·i·al [-ăk′sĭ əl] *(adj.)* خَلْفمِحْوريّ: واقع خَلْف المِحور .

post·bag [pōst′băg] *(n.)* (١) mailbag (بر) (٢) رسائل .

post·bel·lum [pōst bĕl′əm] *(adj.)* بَعْدَحَرْبيّ: حادثٌ بعد الحرب .

post·box [pōst′bŏks] *(n.)* صُندوق البريد .

post·boy [pōst′boi] *(n.)* (١) الحُوذيّ الخيّال: حُوذيّ يمتطي أحد جياد المَرْكبة (٢) ساعي البريد .

post·card [pōst′kärd] *(n.)* بطاقة بريديّة .

post·car·di·nal [-kär′-] *(adj.)* خَلْفقلبيّ: واقع خلفَ القلب .

post chaise *(n.)* مَرْكبة خيل رباعيّة العجلات .

post·clas·si·cal [-klăs′-] *(adj.)* مُوَلَّد؛ بَعْدكلاسيكيّ .

post–com·mu·nion *(n.)* صلاة ما بعد التَّناوُل (نص) .

post·cra·ni·al [pōst krā′-] *(adj.)* خَلْفقِحْفيّ: واقعٌ خلف الرأس (ت) .

post·date [pōst′ dāt′] *(vt.)* (١) يؤخّر التاريخ: يجعل للشيك ونحوِهِ تاريخًا متأخرًا عن تاريخ اليوم الذي وقَّعهُ فيه (٢) يَتْبَع؛ يلي .

post·di·lu·vi·an [-′dĭ lo͞o′vĭ ən] *(adj.; n.)* (١) بَعْدطُوفانيّ: ذو علاقة بما بعد طوفان نوح § (٢) البَعْدطُوفانيّ: مَنْ عاش بعد طوفان نوح .

post·doc·tor·al [-dŏk′-] *(adj.)* بَعْدُكْتوراتيّ: خاصّ بما بعد الدكتوراه .

post·er [pōs′-] *(n.)* (١) المسافر مُسْرِعًا (ا . ق) (٢) جواد من جياد البريد (٣) المُلْصَق: إعلان أو بيان يُلْصَق في مكانٍ عامّ (٤) مُلْصِق الإعلانات .

poster child *(n.)* النموذج: شخصٌ يمثّل قضيّةً أو مبدأً إلخ <He is a ~ for democracy.>.

poste res·tante [pōst′ rĕs tänt′] *(n.)* (١) «يُحفظ في شُبّاك البريد»: اصطلاح يدوِّنه المرسِل على غلاف الرسالة لتحتفظ إدارة البريد بها حتى يأتي المرسَل إليه بنفسه فيطلبها (٢) general delivery .

pos·te·ri·or [pŏ stēr′ĭ ər] *(adj.; n.)* (١) «أ» تالٍ؛ لاحق . «ب» لازم كنتيجة منطقيّة (٢) خَلْفيّ § (٣) الأجزاء الخلفيّة من الجسد . وبخاصة: الكَفَل؛ العجيزة .

pos·te·ri·or·i·ty [pŏ stēr′ĭ ôr′ə tĭ] *(n.)* التّلَويّة؛ اللازميّة المنطقيّة: كون الشيء تاليًا أو لازمًا كنتيجة منطقية .

pos·ter·i·ty [-stĕr′-] *(n.)* (١) الذُّرِّيّة؛ الأخلاف (٢) الأجيال القادمةُ

ă at; ā date; â care; ä car; ĕ egg; ē me; ĭ in; ī bite; ŏ lot; ō bone; ô orphan; oi boil; o͝o good; o͞o boot; ou out; ŭ under; û urgent; ə = *a* in alone, *e* in system, *i* in easily, *o* in gallop, *u* in circus.

كلّها .

pos·tern [pō'stərn; pŏs'-] *(n.; adj.)* (١) بابٌ خلفيّ (٢) باب أو ممرّ خصوصيّ أو جانبيّ § (٣) خلفيّ؛ جانبيّ <a ~ door> .

pos·tero·lat·er·al [-lăt'-] *(adj.)* خلفيّ جانبيّ [في الموضع أو الاتجاه] .

post exchange *(n.)* المَتْجَر العَسْكريّ : مَتْجَر في قاعدة عسكريّة لبيع السِّلع لرجال الجيش وللمرخَّص لهم من المدنيّين .

post·ex·il·ic [-'ĕg zĭl'-] *(adj.)* بَعْدَنَفْييّ : خاصّ بالفترة الممتدَّة من انقضاء الأَسْر البابلي لليهود عام ٥٣٨ ق.م إلى السنة الأولى للميلاد .

post·face [-'fās] *(n.)* مُلْحَق؛ ذَيْل [في آخر رسالةٍ أو مذكّرة] .

post–free [pōst'frē'] *(adj.)* (١) خالص الأجرة : مدفوعةٌ أجرةُ البريد عنه مقدَّمًا (بر) (٢) مُعْفًى من أجرة البريد .

post·gla·cial [-glā'shəl] *(adj.)* بَعْدَجَليديّ : حادثٌ بعد عصر الجليد .

post·grad·u·ate [-grăj' oo ĭt] *(adj.; n.)* (١) بَعْدَتَخَرُّجيّ : ذو علاقة بالدراسات العليا بعد شهادة البكالوريوس § (٢) البَعْدَتخرُّجيّ : طالب يتابع الدراسة العليا بعد نيله شهادة البكالوريوس .

post·haste [-'hāst'] *(n.; adv.)* (١) سرعة بالغة § (٢) بأقصى السّرعة .

post hoc [-'hŏk'] *(adj.)* بعد هذا، وإذن بسببٍ منه (مق) .

post horn

post horn *(n.)* بوق حُرّاس البريد .

post–horse [pōst'-] *(n.)* جواد البريد : جواد من جياد البريد .

post·hu·mous [pŏs'choo məs; pōst hyoo'-] *(adj.)* بَعْدُوفاتيّ : «أ» مولود بعدَ وفاة أبيه . «ب» منشور بعد وفاة مؤلِّفِهِ . «ج» تالٍ لوفاةِ المرء .

post·hyp·not·ic [pōst'hĭp nŏt'ĭk] *(adj.)* بَعْدَتنويميّ : ذو علاقة بالفترة التي تلي السُّباتَ التَّنويميَّ المغنطيسيَّ أو مميِّزٌ لها .

pos·tiche [pôs tēsh'] *(adj.; n.)* (١) زائف؛ كاذب؛ اصطناعيّ § (٢) «أ» بديلٌ زائفٌ . «ب» شَعْر مستعار .

pos·til·ion *or* **pos·til·lion** [pōs tĭl'yən] *(n.)* = postboy *2*.

post·im·pres·sion·ism [-prĕsh'ə-] *(n.)* ما بعد الانطباعية : مذهب في فن الرسم نشأ بين العامين ١٨٧٥ و١٨٩٠ كردّ فعل للصبغة العلمية والطبيعيّة التي اتّسمت بها المدرسة الانطباعية .

post·ing [pōst'ĭng] *(n.)* تعيين؛ توظيف؛ إسناد مَنْصِب .

post–Kant·ian [-kăn'tĭ ən] *(adj.)* بَعْدَكَنْتِيّ : خاصّ بالفلاسفة المثاليين [مثل فيخته وشيلنغ وهيغل] الذين طوّروا بعض فكرات كَنْت .

post·lude [-'lood'] *(n.)* (١) مقطوعة ختامية (مو) (٢) الخاتمة : موسيقى تُختم بها الخدمة الدينية [في الكنائس] (٣) الطَّور الختاميّ [من حقبة إلخ] .

post·man [pōst'mən] *(n.)* ساعي البريد؛ موزِّع البريد .

post·mark [pōst'-] *(n.; vt.)* (١) خاتَم البريد § (٢) يَخْتِم بخاتَم البريد .

post·mas·ter [pōst'măs'tər] *(n.)* (١) مُدير مكتب البريد (٢) مدير محطّةٍ [لتزويد المسافرين بجياد البريد] .

postmaster general *(n.)* المدير العامّ للبريد .

post·me·rid·i·an [-rĭd'-] *(adj.)* أَصيليّ : حادثٌ أو واقعٌ بعد الظُّهر .

post me·ri·di·em [mə rĭd'ĭ ĕm'] *(adj.)* بَعْدَ الظُّهر .

post·mil·len·ni·al [-'mə lĕn'ĭ əl] *(adj.)* بَعْدَأَلْفِيّ : خاصّ بالفترة التالية للعصر الألفيّ السعيد (را . millennium) .

post·mil·len·ni·al·ism [-'ĭ əl ĭz'əm] *(n.)* البَعْدَأَلْفيّة : القول أو الإيمان بأنّ المسيح لن يجيء ثانيةً، إلى هذا العالم، إلّا بعد انقضاء العصر الألفيّ السعيد (قا . premillennialism) .

post·mis·tress [pōst'mĭs trəs] *(n.)* مديرة مكتب البريد .

post·mor·tem [-môr'-] *(adj.; n.)* (١) بَعْدَمَوْتيّ : واقعٌ أو حادثٌ بعد الوفاة (٢) تالٍ للحادثة <~ analysis> § (٣) فَتْح الجُثّة .

postmortem examination *(n.)* فَتْح الجُثّة : فحص الجثة لتحديد سبب الموت أو طبيعة التغيّرات التي أحدثها المرض ومداها .

post·na·sal [-nā'zəl] *(adj.)* خَلْفْأنفيّ : قائمٌ أو حادثٌ خَلْف الأنف .

post·na·tal [-nā'təl] *(adj.)* بَعْدوِلاديّ : تالٍ للولادة <~ care> .

post·nup·tial [-nŭp'shəl] *(adj.)* بَعْدَزَواجيّ <a ~ journey> .

post–o·bit [-ō'bĭt] *(adj.)* بَعْدَوَفاتيّ <a ~ gift> .

post office *(n.)* (١) إدارة البريد (٢) مكتب البريد .

post·op·er·a·tive [-ŏp'ər ə-] *(adj.)* بَعْدَجِراحيّ : تالٍ لعملية جراحيّة .

post·or·bi·tal [pōst ôr'bĭ təl] *(adj.)* خَلْفَمَحْجَريّ : واقع خلف مَحْجَر العين <a ~ bone> .

post·paid [pōst'pād'] *(adj.)* = post–free *1*.

post·par·tum [-pär'-] *(adj.)* (١) بَعْدَوَضْعيّ : تالٍ للولادة (٢) نُفَساء .

post·pon·a·ble [pōs(t) pō'-] *(adj.)* قابلٌ للتأجيل أو للإرجاء .

post·pone [pōs(t) pōn'] *(vt.)* (١) يؤجِّل؛ يُرجِئ (٢) يؤخِّر <to ~ an adjective> (٣) يجعلُهُ ثانويًا أو في المقام الثاني من حيث الأهمية <He ~*d* private ambitions to the public welfare.>.

post·pone·ment [pōs(t) pōn'-] *(n.)* تأجيل؛ إرجاء؛ تأخير .

post·po·si·tion *(n.)* (١) تأخير [لفظة عن أخرى] (٢) لفظة مُؤخَّرة .

post·pos·i·tive [pōs(t)'pŏz'ə tĭv] *(adj.)* مُؤخَّر : موضوع بعد كلمة أخرى أو في نهايتها (ل) .

post·pran·di·al [pōst prăn'dĭ əl] *(adj.)* بَعْدَوَلِيميّ : واقع أو حادث بعد الوليمة أو الطعام <~ speeches> .

post road *(n.)* طريق البريد : «أ» طريق يُنقل أو كان يُنقل عليها البريد . «ب» طريق ذات محطات لتزويد المسافرين والمَرْكبات بالأفراس .

pos·trorse [pōs'trôrs] *(adj.)* = retrorse.

post·script [pōs(t)'skrĭpt'] *(n.)* (١) حاشية [لرسالة] (٢) ذيل؛ مُلْحَق [لمقال أو كتاب] .

pos·tu·lant [pŏs'chə-] *(n.)* المُرَشَّح . وبخاصة : للدخول في رهبنة .

pos·tu·late[1] [pŏs'chə lāt'] *(vt.)* (١) يطالب بِـ؛ يدَّعي لِنَفْسه (٢) يفترض (٣) يسلِّم بِـ .

pos·tu·late[2] [-'chə lət; -lāt'] *(n.)* (١) المُسَلَّمة : أمرٌ مُسَلَّمٌ به [والجمع : المُسَلَّمات] (٢) مبدأ أساسي (٣) شرط ضروري . — **pos·tu·la·tor** *(n.)*

pos·tu·la·tion [pŏs'chə lā'-] *(n.)* (١) «أ» مطالبة؛ ادّعاء . «ب» افتراض؛

تسليم بـ (٢) «أ» دعوى. «ب» شيء مُفْتَرَض أو مسلَّم به.

pos·ture [pŏs′chər] *(n.; vt.; i.)* (١) وِقفة؛ جِلْسة (٢) وِضعة (را. pose[1] 5) (٣) وَضْع؛ حالة <present ~ of public affairs> (٤) موقف عقليّ؛ مزاج؛ حالة نفسية § (٥) يستوضع: يجعله يتخذ «وِضعةً» خاصة **x** (٦) يتوضّع: يتخذ «وِضعة» خاصة (٧) يتكلّف وضعًا أو موقفًا. – **tur·al** *(adj.)*

pos·tur·ize [pŏs′chə rīz′] *(vt.; i.)* = posture.

post·vo·cal·ic [-kăl′-] *(adj.)* بَعْدْعِلّيّ: واقع بعد حرف عِلّةٍ (ل).

post·war [-′wôr′] *(adj.)* بَعْدْحَرْبيّ: خاصّ بفترة ما بعد الحرب.

po·sy [pō′zĭ] *(n.)* (١) شعار أو بيت من الشِّعر إلخ [يُنقش على خاتم] (٢) زهرة (٣) باقة زهر.

pot [pŏt] *(n.; vt.; i.)* (١) «أ» قِدْر [معدنيّة أو فخّاريّة]. «ب» ملء قِدْر. «ج» الأصيص: وعاء فخّاريّ تُزْرَع فيه النبتة (٢) سَلّة [لصيد السَّمك والسَّراطين إلخ] (٣) «أ» مبلغ كبير من المال. «ب» مجموع المبالغ المُراهَن بها في وقت واحد. «ج» صندوق مشترك (٤) pot shot (٥) كرش؛ بطن ضخم (ع) (٦) شخص ذو شأن (٧) خراب؛ تدهور <Business had gone to ~.> (٨) شراب مُسْكِر (٩) الضَّربة الجيبيّة: ضربة بليارد تُسْقَط فيها الكرة في جيب المائدة (١٠) marijuana § (١١) يُقَدِّر: «أ» يضع في قِدْر. «ب» يَطْبخ ويحفظ في قِدْر (١٢) يقبض على (ع) **x** (١٣) يُطلق النار على.

to keep the ~ boiling (١) يكسب رزقَهُ [بعرق جبينه] (٢) يُبقي الأمورَ أو اللعبة جارية بنشاط وحيوية.

po·ta·ble [pō′tə bəl] *(adj.; n.)* (١) يُشْرَب؛ صالح للشُّرب § (٢) سائلٌ صالحٌ للشُّرب. وبخاصة: شرابٌ كحولي.

po·tage [pō täzh′] *(n.)* حَساء مُرَكَّز؛ حساءٌ غليظ.

pot·ash [pŏt′ăsh′] *(n.)* البوتاس؛ البوتاسا؛ الأُشنان (ك).

po·tas·sic [pə tăs′-] *(adj.)* بوتاسيوميّ: خاصّ بالبوتاسيوم أو محتوٍ عليه.

po·tas·si·um [pə tăs′ĭ əm] *(n.)* البوتاسيوم: عنصر فلزّيّ ليّن (ك).

potassium bitartrate *(n.)* = cream of tartar.

potassium carbonate *(n.)* كربونات البوتاسيوم (ك).

potassium chlorate *(n.)* كلورات البوتاسيوم (ك).

potassium chromate *(n.)* كرومات البوتاسيوم (ك).

potassium hydroxide *(n.)* هيدروكسيد البوتاسيوم (ك).

potassium nitrate *(n.)* نترات البوتاسيوم (ك).

potassium permanganate *(n.)* برمنغنات البوتاسيوم (ك).

potassium sulfate *(n.)* كبريتات البوتاسيوم (ك).

po·ta·tion [pō tā′shən] *(n.)* (١) شرابٌ مُسْكِر (٢) «أ» شُرْب. «ب» شَرْبة؛ جَرْعة.

po·ta·to [pə tā′tō] *(n.)* (١) البطاطا؛ البَطاطس (٢) البطاطا الحلوة.

potato beetle *or* **potato bug** *(n.)* خُنفَساء البطاطِس: خُنفَساء مقلَّمة بخطوط سوداء وصفراء تغتذي بأوراق البطاطس فتُتْلِف محاصيلها.

potato blight *(n.)* آفة البَطاطِس: أيّ مرض فُطريّ مُتْلِف للبطاطس.

potato chip *(n.)* رُقاقة البطاطس: رُقاقة بطاطس مَقْليّة ومُمَلَّحة.

po·ta·to·ry [pō′tə tôr′ĭ] *(adj.)* (١) شُرْبيّ (٢) كثيرُ الشُّرب.

pot–au–feu [pô tō fœ′] *(n.)* البوتْفو: حساءٌ مركَّز من لحم وخُضَر إلخ.

pot·bel·lied [pŏt′bĕl′ĭd] *(adj.)* بَطِين؛ عظيم البطن.

potbellied stove *(n.)* المَوْقِد البطين: جهازٌ للطبخ ذو بَدَنٍ مدوَّر ناتئ.

pot·bel·ly [pŏt′bĕl′ĭ] *(n.)* (١) كرش؛ بطنٌ عظيم (٢) البطين: شخص عظيم البطن (٣) موقدٌ بطِين (را. المادة السابقة).

pot·boil [pŏt′-] *(vi.)* يتكسَّب: يُنتج فنّيًا أو أدبيًا لمجرَّد كسب المال.

pot·boil·er [pŏt′boi′lər] *(n.)* (١) الأثر التكسُّبيّ: أثر فنيّ أو أدبيّ يُنْتَج لمجرَّد كَسْب المال (٢) المُتَكسِّب: المُنتج مثلَ هذا الأثر (ع).

pot·boy [pŏt′boi′] *(n.)* النّادل؛ السّاقي [في حانة].

pot cheese *(n.)* = cottage cheese.

po·teen; po·theen [pō tēn′] *(n.)* البوتين: ويسكي إيرلندية غير شرعية.

po·ten·cy *or* **po·tence** [pōt′-] *(n.)* (١) «أ» فعّاليّة. «ب» قوة (٢) سُلطة؛ نفوذ (٣) شخص [أو شيء] ذو سلطة ونفوذ (٤) الفحولة؛ القدرة على الجِماع (٥) إمكانيّة؛ كُمُونيّة.

po·tent [pōt′ənt] *(adj.)* (١) قويّ (٢) مُقْنِع؛ مُفحِم <~ reasons> (٣) فعّال <a ~ vaccine> (٤) غنيّ: غنيّ ببعض المكوِّنات المميِّزة <~ tea> (٥) واسع السلطة (٦) فَحْل: ذو قوة تناسليّة.

po·ten·tate [pōt′ən tāt′] *(n.)* العاهل؛ الملِك؛ الحاكم إلخ.

po·ten·tial [pə tĕn′shəl] *(adj.; n.)* (١) «أ» كامن؛ موجود بالقوّة. «ب» ممكن؛ محتمَل (٢) إمكانيّ؛ احتماليّ. وبخاصة: دالّ على الإمكان أو الاحتمال باستعمال *may* أو *might* أو *can* أو *could* وغيرها (٣) جُهْديّ: ذو علاقة بالقوة الدافعة الكهربائية § (٤) الإمكان: شيء كامن أو موجود بالقوة (٥) احتمال؛ إمكانيّة (٦) صيغة الإمكان أو الاحتمال (ل) (٧) الجُهْد: القوة الدافعة الكهربائيّة مُعَبَّرًا عنها بالفولتات (كب).

potential difference *(n.)* فَرْق الجُهْد (كب).

potential energy *(n.)* الطاقة الكامنة (مج)؛ طاقة الوَضْع (فز).

po·ten·ti·al·i·ty [pə tĕn′shĭ ăl′-] *(n.)* الإمكانيّة؛ الاحتمالية؛ الكمونية.

po·ten·ti·ate [pə tĕn′shĭ āt] *(vt.)* يقوّي: يجعله ذا قوة أو فعالية إلخ.

po·ten·til·la [pō′tən tĭl′ə] *(n.)* البوطَنْطِلة؛ عُشبة القُوى (نب).

po·ten·ti·om·e·ter [pə tĕn′shĭ ŏm′ə tər] *(n.)* (١) مقياس الجهد (كب) (٢) المِفرَق (مج): مقياس فرق الجُهد (كب).

pot·ful [pŏt′-] *(n.)* (١) مِلء قِدر: مقدار ما تَسَعُهُ القِدْر (٢) مبلغ ضخم.

pot·head [-′hĕd′] *(n.)* مُدْمِن المَرْهُوانة marijuana.

poth·e·car·y [pŏth′ə kĕr′ĭ] *(n.)* = apothecary.

po·theen [pō tēn′] *(n.)* = poteen.

poth·er [pŏth′ər] *(n.; vt.; i.)* (١) «أ» ضجّة؛ جلبة. «ب» اهتياج؛ وبخاصة

ă at; ā date; â care; ä car; ĕ egg; ē me; ĭ in; ī bite; ŏ lot; ō bone; ô orphan; oi boil; o͝o good; o͞o boot; ou out; ŭ under; û urgent; ə = *a* in alone, *e* in system, *i* in easily, *o* in gallop, *u* in circus.

pot·ter² *(vi.; n.)* = putter.

potter's clay; potter's earth *(n.)* طينُ الخزّاف.

potter's field *(n.)* حقل الخزّاف: مقبرة الفقراء والمجهولين والمجرمين.

potter's wheel *(n.)* دولاب الخزّاف؛ عَجَلة الخزّاف.

pot·ter·y [pŏt'ə rĭ] *(n.)* (١) المَخْزَفة: مصنع الخزف أو الفَخّار (٢) الخِزافة: صناعة الخزف (٣) الخزفيّات: الأواني الخزفية.

pot·tle [pŏt'əl] *(n.)* (١) البُتْل: «أ» نصف غالون. «ب» وعاء يتّسع لنصف غالون. «ج» السائل الذي يحتويه هذا الوعاء. «د» شرابٌ مُسْكِر (٢) سلّة فاكهة (بر).

pot·to [pŏt'ō] *(n.)* البوتو: حيوان إفريقيّ ذو ذيل قصير.

Pott's disease *(n.)* داء بوتّ: سُلٌّ يفضي إلى تقوّس العمود الفقريّ.

pot·ty [pŏt'ĭ] *(adj.; n.)* (١) تافه؛ ضئيل القيمة (٢) مخبول قليلًا (عب) (٣) سكران قليلًا (٤) مُترفِّع [عمَّن هم دونه] § (٥) نونيّة [للأطفال].

pouch [pouch] *(n.; vt.; i.)* (١) «أ» كيس؛ حقيبة؛ محفظة. «ب» جيب (إسك). «ج» رزمة (٢) الجَيْب: تجعُّد تحت العين (٣) الجِراب: بِنْيةٌ تشريحية شبيهة بالجراب (ت) § (٤) يضع في كيس أو جيب (٥) يزوّده بالمال (ع) (٦) يبتلع [الطائرُ أو السمكةُ] x (٧) يُشَكِّلُ جرابًا أو تجويفًا شبيهًا بالجراب (٨) ينتفخ؛ ينتأ.

pouched [poucht] *(adj.)* جرابيّ: ذو جِراب [كبعض الحيوانات].

pouch·y [pou'chĭ] *(adj.)* جِرابيّ: «أ» شبيه بالجِراب. «ب» ذو جِراب.

pouf *also* **pouff** [po͞of] *(n.)* (١) الخُصَيْلة: خصلة شعر معقوصة (٢) المُنْتَفَخ: الجزء المنتفِخ من ثوب (٣) ottoman 2 (٤) اللُّوطيّ.

pou·larde *also* **pou·lard** [po͞o lärd'] *(n.)* (١) دجاجة معقَّمة [لكي تَسْمن] (٢) دجاجة مسمَّنة.

poult [pōlt] *(n.)* الفَرُّوج. وبخاصة: صغير الديك الروميّ.

poul·ter·er [pōl'-] *(n.)* الدَّجاجيّ: بائع الدَّجاج والطيور الداجنة.

poul·tice [pōl'tĭs] *(n.; vt.)* (١) كِمادة؛ لَصوق § (٢) يُكمِّد: يَضعُ الكِمادة على الورم أو موضع الألم.

poul·try [pōl'trĭ] *(n.)* الدَّجاج [ونحوُهُ من الطيور الداجنة].

poul·try·man *(n.)* الدَّجاجيّ: «أ» مربّي الدجاج. «ب» بائع الدجاج أو مُنْتَجاته.

pounce¹ [pouns] *(n.; vi.)* (١) بُرْثُنُ الطيرِ الجارحِ (٢) انقضاض؛ هجوم؛ وثبٌ على § (٣) ينقضّ على (٤) ينتهز [فرصةً].

pounce² [pouns] *(n.; vt.)* (١) ذَرور التجفيف: ذَرور كانوا يستخدمونه لمنع الحبر من التفشّي أو لإعداد الرقوق للكتابة (٢) ذَرور النَّسْخ: ذَرورٌ، من فحم عادةً، يُستخدم لنقل رسم أو صورة § (٣) يُذَرِّر: يستخدم ذَرور التجفيف.

pounce box *(n.)* المَرْمَلة: وعاء ذرور التجفيف.

poun·cet–box [poun'sət] *(n.)* المِذْرارة: علبة عطور ذات غطاء مُثَقَّب.

pound¹ [pound] *(n.)* (١) الباوند؛ الرَّطل الإنكليزيّ [حوالى ٤٥٣ غرامًا] (٢) الباوند؛ الجنيه [الإنكليزي أو المصري أو القبرصي إلخ].

حول مسألة تافهة (٢) غبار أو دخان خانق (٣) تشوُّش أو قلق § (٤) يُربِك؛ يشوِّش x (٥) يَقْلق؛ يهتاج.

pot·herb [pŏt'ûrb; -'hûrb] *(n.)* (١) عُشب الطعام: كلّ عشب يُطْبَخ [كالسبانخ إلخ] (٢) عشب التتبيل: كلّ عُشْب يضاف إلى الطعام لإعطائه نكهة خاصة [كالبقدونس إلخ].

pot·hole [pŏt'hōl] *(n.)* (١) النُّقْرة؛ الوَقْبة: «أ» حفرة عميقة مدوَّرة في سطح الصخر تخترقها المياه فتجري تحت الأرض عبرَ كهف عادةً. «ب» الكهف نفسه (٢) الأُخدود: حُفرة في الطريق.

pot·hook [-'ho͝ok] *(n.)* كُلاب القِدْر: «أ» كُلّاب على شكل حرف S لتعليق القدور في نار مكشوفة. «ب» قضيب ذو كلّاب لرفع القدور الحامية. «ج» علامة على شكل حرف S كالتي يرسمها الطفل عند تعلّمه الكتابة.

pot·house [pŏt'-] *(n.)* المِزّارة: حانة لبيع الجِعَة أو المِزْر.

pot·hunt·er [pŏt'-] *(n.)* (١) الصائد المُتَكسِّب: من يتصيَّد الحيوانات لمجرَّد الكسب أو ليتَّخذ منها طعامًا (٢) اللاعب المحترف: من يشارك في المسابقات الرياضية طمعًا في الجائزة ليس غير (٣) الآثاريّ الهاوي: أحد هُواة علم الآثار.

po·tiche [pō tēsh'] *(n.)* البُوْطَش: زَهريّةٌ أو آنيةٌ خزفية.

po·tion [pō'shən] *(n.)* جَرْعة. وبخاصة: جَرْعة من دواء أو سُمّ.

pot·latch [pŏt'lăch] *(n.; vt.; i.)* (١) «أ» مهرجان الشِّتاء [عند بعض هنود أميركا الحُمر]. «ب» توزيع الهدايا في ذلك المهرجان (٢) «أ» مِهرجان [توزَّع فيه الهدايا بسخاء]. «ب» هدية (٣) احتفال § (٤) يُقيم مهرجانًا (٥) يُهْدي [متوقِّعًا الفوز بهدية مقابلة].

pot liquor *(n.)* المَرَق: مرق اللحم أو الخُضَر.

pot·luck [-'lŭk'] *(n.)* حواضر البيت [تقدَّم إلى شخص غير منتظَر].

pot marigold *(n.)* آذريون الحدائق (نب).

pot·pie [-'pī'] *(n.)* (١) فطيرةُ لحم (٢) يَخْنةٌ [من لحم الدجاج أو العجل].

pot·pour·ri [pŏt po͝or'ĭ] *(n.)* (١) البُتْبُر: مزيج من أزهار وأعشاب وتوابل يُحْفَظ في وعاءٍ رغبةً في ريحه الطيّب (٢) اللحن الخليط (را. medley) (٣) مقتطفات أدبيّة.

pot roast *(n.)* المحمَّر القِدْريّ: لحمٌ بقريّ يُحمَّر ثم يُطبَخ على نار خفيفة، مع قليل من الماء، في قِدْر مقفَلَة.

pot·sherd [-'shûrd'] *(n.)* الكِسْرة: كِسرةٌ من إناءٍ خَزَفيّ (آثا).

pot shot *(n.; vi.; t.)* (١) الطَّلْقة القِدْرية: «أ» طَلْقة تسدَّد إلى الطريدة وفي نيّة الصائد أن يتَّخذ منها طعامًا. «ب» طلقة تسدَّد، عن كثب، إلى حيوان أو شخص. «ج» ملاحظة انتقادية تُطلق كيفما اتفق § (٢) يهاجم [بطَلْقةٍ قِدْرية].

pot still *(n.)* المِقْطَر المِرْجَليّ: أداة لتقطير الويسكي.

pot·stone [pŏt'stōn'] *(n.)* حَجَر القدور: ضرب من الحجارة كان إنسان ما قبل التاريخ يصنع منه القدور.

pot·tage [pŏt'ĭj] *(n.)* البُتْج: حساء الخُضَر [أو الخُضَر واللحم] المركَّز.

pot·ted [-'ĭd] *(adj.)* (١) مُقَدَّر: موضوع في قِدْر (٢) موجَز (٣) سكران.

pot·ter¹ [pŏt'ər] *(n.)* الخزّاف: صانع الأواني الخزفية أو الفَخّارية.

pound[2] *(vt.; i.; n.)* (١) يَسْحَق؛ يَسْحن؛ يَدُقّ (٢) يَقرع أو يضرب بعُنف أو تكرار <to ~ on the door> (٣) يَعْزِف (٤) يجتاز بتثاقل x (٥) يَقْرع؛ يضرب <~*ed* on the table> (٦) يَخْفِق بقوّة <My heart ~*ed.*> (٧) يكِدّ؛ يعمل من غير كَلَل § (٨) «أ» سَحْق؛ سَحْن؛ دقّ. «ب» ضربة أو لكمة قويّة. «ج» صوت السَّحْن أو الضربة.

pound[3] *(n.; vt.)* (١) زريبة؛ حظيرة. وبخاصة: للحيوانات الضالّة (٢) «أ» مَحْبِس. «ب» احتباس (٣) حَوْض أو شَرَك [للأسماك] (٤) سِجْن (٥) المَسْرَطَة: محلّ لبيع السَّراطين البحرية الحيّة § (٦) يَحْجُز؛ يَسْجُن.

pound·age [poun′dĭj] *(n.)* (١) الباونديّة: «أ» ضريبة تُدْفع بالجنيه الإنكليزي. «ب» رسم يُفرض على أساس الرَّطل الإنكليزي. «ج» الوزن بالأرطال الإنكليزية (٢) حَبْس؛ حَجْز (٣) انحباس.

pound·al [poun′dəl] *(n.)* الباوندال: وحدة قوة (فز).

pound cake *(n.)* الكعكة الرَّطلية: كعكة تُصنع برطل من السكّر ورطل من الزبدة مقابل كل رطل من الطَّحين [مع مقدار وافر من البيض].

pound·er [poun′-] *(n.)* (١) فا pound (٢) المِدَقّة: يَدُ الهاوُن (٣) الباونديّ: «أ» شخص أو شيء يزن مقدارًا معيَّنًا من الباوندات أو الأرطال <كقولك a four-*pounder* أي شيء زِنَتُهُ أربعة أرطال>. «ب» مدفع يطلق قذائف زنة كلّ منها كذا رطلًا <a twelve ~>.

pound–fool·ish *(adj.)* (١) مبذِّر: يُنفق المبالغ الكبيرة بغير حساب (٢) أحمق: غير حكيم في معالجة القضايا الهامة.

pound·ing [poun′-] *(n.)* (١) سَحْق؛ سَحْن؛ ضَرْب إلخ (٢) هزيمة مُنكرة.

pound net *(n.)* الشَّبكة المركَّبة: عدة شباك في شبكة [لصيد السمك].

pound net

pound note *(n.)* الجُنَيْه: ورقة بنكنوت قيمتها جنيه استرليني واحد.

pound sterling *(n.)* جنيه إنكليزي؛ جنيه استرليني.

pour [pōr; pôr] *(vt.; i.; n.)* (١) يَصُبّ؛ يَسْكُب؛ يَسْفح (٢) يُغْدِق: يزوّد أو يُنتج بغزارة (٣) يُفصح عن x (٤) يَنْصبّ؛ ينهمر (٥) يتدفّق (٦) يَهْطِل [المطرُ] بغزارة (٧) ينهال عليه [بالإهانة إلخ] (٨) يتصدّر أو يترأس مائدة الشاي § (٩) «أ» انهمار. «ب» تدفّق (١٠) وابل؛ مطر غزير.

pour·boire [pŏŏr bwär′] *(n.)* راشِن؛ حُلوان؛ بخشيش.

pour·par·ler [pŏŏr pär lā′] *(n.)* محادثة تمهيدية [تسبق المفاوضات].

pour·point [pŏŏr′-] *(n.)* البُرْبُنْت: سِترة رجالية [من القرن ١٤ إلى ١٧].

pour point [pōr] *(n.)* نقطة الانصباب أو التميُّع (ك).

pousse–ca·fé [pōōs kȧ fā′] *(n.)* البُسْكاف: «أ» كوكتيل مؤلَّف من عدة أشربة كحوليّة مختلفة الألوان مرتَّبة في طبقات. «ب» قليل من البراندي أو غيره من المُسْكِرات يُؤخَذ مع القهوة بعد الطعام.

pous·sette [pōō sĕt′] *(n.; vi.)* (١) البُسَّت: رقصة شعبية تُشابَك فيها الأيدي § (٢) يُبَسِّت: يرقص شابكًا يديه بيدَيْ زميله [في رقصة شعبية].

pous·sin [pōō săn′] *(n.)* الفَرّوج: فَرْخ الدَّجاج.

pout[1] [pout] *(vi.; t.; n.)* (١) «أ» يُبوِّز: يُنْتِئ شفتيه استياءً. «ب» يقطِّب؛ يتجهَّم (٢) يَتنأ x (٣) يُنْتِئ § (٤) التبويز: إنتاء الشفتين استياءً (٥) *pl.*: غضبٌ؛ استياء.

pout[2] *(n.)* البَوْت: سمكة ضخمة الرأس.

pout·er [pou′tər] *(n.)* (١) المُبَوِّز؛ المُقَطِّب؛ المتجهِّم إلخ (٢) البَوْتَر: ضربٌ من الحَمام.

pouter 2.

pout·y [pou′tĭ] *(adj.)* مُقَطِّب؛ متجهِّم؛ عابس.

pov·er·ty [pŏv′ər tĭ] *(n.)* (١) فَقْر؛ عَوَز (٢) قِلّة؛ نُدْرة (٣) هُزال أو ضعف ناشئ عن سوء التغذية (٤) رداءة؛ سُقْم (٥) جَدْب <~ of the soil>.

pov·er·ty–strick·en *(adj.)* مُعْدِم؛ فقيرٌ جدًا <~ exiles>.

pow [pō; pou] *(n.)* (١) رأس (٢) باو: صوت ضربة أو انفجار.

pow·der [pou′-] *(n.; vt.; i.)* (١) ذَرور؛ مسحوق؛ بُودرة (٢) ثلجٌ ناعمٌ خفيف (٣) بارود § (٤) يُذَرِّر: يَرُشّ الذَّرُورَ أو يكسو به شيئًا (٥) يَسْحَن؛ يَسْحق x (٦) يتذرَّر: يُصبح ذَرورًا (٧) تتبرّجُ [باستعمال المساحيق].

powder blue *(n.)* الأزرق الباروديّ: لون أزرق فاتحٌ.

powder horn *(n.)* قرن البارود؛ حُقّ البارود: وعاء لنقل ملح البارود.

powder horn

powder magazine *(n.)* مخزن البارود: مستودعٌ يُحفظ فيه البارود.

powder metallurgy *(n.)* ميتالورجيا المساحيق؛ تعدين المساحيق.

powder monkey *(n.)* سَعْدان البارود: «أ» غلام كان يُستخدم على متون السُّفن الحربية لنقل البارود. «ب» رجل مسؤولٌ عن المتفجِّرات.

powder puff *(n.)* المُذَرِّرة: قطيفة صغيرة لتجميل الوجه بالذَّرور.

pow·der–puff *(adj.)* نسائيّ <a ~ basketball game>.

powder room *(n.)* مِرْحاض للنِّساء [في فندقٍ أو نادٍ ليليّ].

pow·der·y [pou′də rĭ] *(adj.)* (١) «أ» ذَروريّ. «ب» شبيه بالذَّرور <~ snow>. «ج» سهل التفتيت (٢) مُذَرَّر: مكسوٌّ أو منضوح بالذَّرور.

pow·er [pou′ər] *(n.; vt.; adj.)* (١) «أ» سلطة؛ سلطان؛ نفوذ. «ب» شخص أو شيء ذو سلطة. وبخاصة: دولة ذات سيادة. «ج» إلّه أو إلاهة. «د» مقدار كبير <a ~ of good> (٢) «أ» قوة. «ب» حقّ أو اختصاصٌ أو صلاحية شرعية أو رسمية (٣) قوة بدنيّة أو عقلية (٤) طبقةٌ من الملائكة (٥) القوّة (ر) (٦) «أ» مصدر طاقة أو وسيلةٌ تزويد بالطاقة. وبخاصة: كهرباء. «ب» طاقة؛ قوة محرِّكة. «ج» قوّة؛ شدّة (فز). «د» قُدرة (مك). «هـ» ماكينة بسيطة (٧) قوة المجهر أو التلسكوب إلخ على التكبير § (٨) يزوِّد بالقوة، وبخاصة بالطاقة أو القوَّة المحرِّكة § (٩) آليّ <~ boat>.

in ~, حاكم؛ متولٍّ الحكم؛ متربِّع في كرسيّ الحكم.
the ~*s* above الآلهة.
the ~*s* that be أصحاب الحكم أو السلطة.

power base *(n.)* قاعدة القوة: قاعدةُ تأييد أو دعم سياسي.

pow·er·boat [pou′ər bōt′] *(n.)* الزورق الآليّ: زورق ذو محرِّك.

power brakes *(n.)* المِكبح الآليّ (مك).

power dive *(n.)* الانقضاض القُدْريّ: انقضاض مُسَرَّع بقُدْرةِ المحرِّك (طي).

power drill *(n.)* المِثْقب الآليّ (مك).

power drill

-pow·ered [pou′ərd] لاحقة معناها: ذات قوة؛ ذو قوة.

pow·er·ful [pou′ər-] *(adj.; adv.)* (١) «أ» قويّ. «ب» جبّار (٢) فعّال <a ~ drug> (٣) ضخم؛ كبير § (٤) جدًّا <It was ~ hot.>.

— **pow·er·ful·ly** *(adv.)*

pow·er·house [pou′ər-] *(n.)* (١) محطة توليد الطاقة (٢) مصدر تأثير؛ مَعِين إلهام (٣) الجبّار: شخص عظيم القوة أو النفوذ.

pow·er·less [pou′ər-] *(adj.)* ضعيف؛ واهن؛ عاجز.

power of attorney *(n.)* تفويض شرعي؛ وكالة رسمية.

power pack *(n.)* رِزْمة التَّغذية: أداة تحوِّل التيّار إلى مطَّردٍ أو متناوب.

power plant *(n.)* = powerhouse *1.*

power point *(n.)* المَقْبِس: أداة يُدْخَل فيها القابس plug (كب).

power politics *(n.)* سياسة القوة.

power saw *(n.)* المنشار الآليّ: منشار يُشغَّل آليًّا.

power series *(n.)* مُتَسَلْسِلة القوى (ر).

power shovel *(n.)* المِجْرَفة الآليّة: مِجْرفة تُشَغَّل آليًّا.

power station *(n.)* = powerhouse *1.*

power steering *(n.)* المِقْوَد المؤازِر (سي).

pow·wow [pou′wou′] *(n.; vi.)* (١) البَوّو: «أ» كاهن أو طبيب هنديّ أحمر. «ب» مهرجان صاخب يقيمه الهنود الحمر ابتهاجًا بالشفاء من مرض أو بالانتصار في حرب (٢) «أ» حفلة. «ب» اجتماع؛ مؤتمر § (٣) يُقيم مهرجانًا؛ يعقد مؤتمرًا إلخ.

pox [pŏks] *(n.)* (١) مرض نِفاطي [كالجُدريّ] (٢) سِفْلِس (٣) بلاء.

pox·vi·rus [pŏks′vī′rəs] *(n.)* الفَيروس الجُدَريّ (أح).

poz·zo·la·na [pŏt′sə lä′nə] *or* **poz·zo·lan** [pŏt′sə lən] *(n.)* البَزّولان: رماد سِليكونيّ بركانيّ يُستخدم في صُنع الإسمنت.

prac·ti·ca·bil·i·ty [prăk′tə kə bĭl′-] *(n.)* العمليّة؛ الإجرائية؛ الاستخدامية: كون الشيء ممكنًا عملُهُ أو إجراؤه أو استخدامه.

prac·ti·ca·ble [prăk′tə kə-] *(adj.)* (١) ممكنٌ عملُهُ أو إجراؤهُ <~ methods> (٢) ممكنٌ استخدامُهُ (٣) سالك؛ ممكنٌ سلوكُهُ <~ roads>.

prac·ti·cal [-′tə kəl] *(adj.)* (١) عمليّ (٢) فعليّ؛ واقعيّ (٣) نافع؛ مفيد.

practical joke *(n.)* المَزْحة العملية؛ المداعَبة السمجة: مداعبة قوامها خداع شخص أو الاحتيال عليه ليضحك منه الآخرون.

practical nurse *(n.)* الممرِّضة العملية: ممرضة لم تتخرَّج من معهد للتمريض ولكنها اكتسبت خبرتها بالممارسة.

prac·tice *or* **prac·tise** [prăk′tĭs] *(vt.; i.; n.)* (١) يمارس؛ يزاول؛ يتعاطى (٢) يدرِّب «على» (٣) يطبِّق عمليًّا (٤) يتعوَّد x (٥) يتدرَّب «على» <to ~ at shooting> (٦) «أ» يستغِلّ كذا [تتبعها *upon*]. «ب» يتآمر على (ا.ق) § (٧) ممارسة؛ مزاولة (٨) تطبيق <to put a plan into ~> (٩) عادة؛ عُرف <local ~> (١٠) مِران؛ تمرّن (١١) خبرة؛ تمرّس (١٢) مهنة. وبخاصة: مهنة الطبيب أو المحامي (١٣) عيادة الطبيب؛ مكتب المحامي (١٤) زبائن الطبيب أو المحامي <Dr. Habib has a large ~.>.

prac·ticed *or* **prac·tised** [-′tĭst] *(adj.)* (١) خبير؛ بارع <a ~ mechanic> (٢) مُكتَسَب بالممارسة <a ~ skill> (٣) مُصْطَنَع؛ متكلَّف.

practice teacher *(n.)* المعلِّم المتدرِّب (تر).

prac·ti·cum [-′tĭ kəm] *(n.)* تطبيق عمليّ [لنظرية سَبَق للباحثين دَرْسُها].

prac·ti·tion·er [prăk tĭsh′ə nər] *(n.)* المُمارِس. وبخاصة: من يمارس فنًّا أو مهنةً ما <a medical ~>.

prae·di·al [prē′dĭ əl] *(adj.)* = predial.

prae·fect [prē′fĕkt] *(n.)* = prefect.

prae·no·men [prē nō′mĕn] *(n.)* الاسم الأول: الاسم الأول من أسماء المواطن الروماني الثلاثة (مثل Caius في *Caius Julius Caesar*).

prae·tor [prē′tər] *(n.)* البريتور: القاضي [في رومة القديمة].

prae·to·ri·an [prē tōr′-] *(adj.; n.)* (١) بريتوريّ: «أ» منسوب إلى البريتور. «ب» *cap.* أمبراطوريّ؛ خاصّ بالحرس الأمبراطوري الروماني § (٢) praetor (٣) البريتوري: جندي في الحرس الأمبراطوري الروماني.

prag·mat·ic[1] [prăg măt′-] *(adj.)* (١) «أ» ناشط؛ نشيط (ا.ق). «ب» فضوليّ (ا.ق). «ج» مغرور (ا.ق) (٢) دَوْليّ؛ مجتمعيّ <~ sanction> (٣) واقعيّ؛ عمليّ (٤) ذرائعيّ؛ براغماتيّ (را. pragmatism).

— **prag·mat·i·cal** *(adj.)*

prag·mat·ic[2]; **pragmatic sanction** *(n.)* مَرْسوم؛ أمرٌ عالٍ؛ إرادة مَلَكيّة.

prag·ma·tism [prăg′mə-] *(n.)* (١) الاستشراف العمليّ [للأمور والمشكلات] (٢) الذَّرائعية؛ البراغماتية؛ فلسفة الذرائع: فلسفة أميركية تتّخذ من النتائج العملية مقياسًا لتحديد قيمة الفكرات وصدقها.

prag·ma·tist [prăg′-] *(n.; adj.)* ذرائعيّ؛ براغماتيّ.

prai·rie [prâr′ĭ] *(n.)* (١) مَرْج (٢) هضبة جرداء.

prairie breaker *(n.)* محراث المروج.

prairie chicken *(n.)* الطَّيْهوج الأميركيّ: طائر من رتبة الدجاج.

prairie chicken

prairie dog *(n.)* كلب المروج: حيوان شمالأميركي من القوارض.

prairie dog

prairie schooner *or* **wagon** *(n.)* عَرَبة المروج: عربة كبيرة مقفلة كان المهاجرون إلى شمالي أميركا يستخدمونها في اجتياز السهول.

prairie schooner

prairie wolf *(n.)* = coyote.

praise [prāz] *(vt.; i.; n.)* (١) يُطري؛ يُثني على (٢) يُمَجِّد؛ يُسَبِّح § (٣) إطراء؛ ثَناء (٤) «أ» تمجيد؛ تسبيح. «ب» مِدْحة؛ تسبيحة.

praise·wor·thy [prāz′-] *(adj.)* جديرٌ بالإطراء أو الثناء أو التمجيد .

Pra·krit [prä′krĭt] *(n.)* البراقريطية : «أ» إحدى أو جميع اللغات أو اللهجات الهندية القديمة غير السنسكريتية . «ب» أيّ لغة هندية حديثة .

pra·line [prä′lēn′; prā′-] *(n.)* البرالين : حلوى اللّوز أو الجوز .

pram [präm] *(n.)* (١) زورق صغير (٢) عربة أطفال أو عربة يدٍ (بر) .

prance [prăns; präns] *(vi.; t.; n.)* (١) يَطْفِرُ : يثب [الفرسُ] على قائمتيه الخلفيتين مَرَحًا (٢) يركب جوادًا طافرًا (٣) «أ» يتخطَّر ؛ يتبختَر في مشيته . «ب» يرقص ؛ يطفِر مَرَحًا x (٤) يُطْفِر الفرسَ ؛ يجعله يَطْفِر § (٥) «أ» طَفْرٌ ؛ وَثْبٌ . «ب» طفرة ؛ وثبة (٦) «أ» تَخَطُّرٌ ؛ تبخترٌ . «ب» مَرَحٌ .

pran·di·al [prăn′-] *(adj.)* غَدائي ؛ عَشائي : متعلّق بالغَداء أو العَشاء .

prang [prăng] *(vt.; n.)* (١) يصطدم به § (٢) حادث اصطدام .

prank [prăngk] *(n.; vt.)* (١) مزحة § (٢) يُزَيِّن ؛ يُبَهْرِج .

prank·ish [-′ĭsh] *(adj.)* (١) لَعوب ؛ مَزوح (٢) مَزْحيّ ؛ هَزْليّ .

prank·ster [-′stər] *(n.)* المَزوح ؛ الكثير المزاح .

prase [prāz] *(n.)* البُرَيْز : ضرب من العقيق الأبيض .

pra·se·o·dym·i·um [prā′zĭ ō dĭm′-] *(n.)* البرازوديميوم : عنصر فلزّيّ .

prat [prăt] *(n.)* كَفَلٌ ؛ عَجُز ؛ ردْفان (ع) .

prate [prāt] *(vi.; t.; n.)* (١) يُثرثر ؛ يَهْذِر § (٢) ثرثرة (٣) هُراء .

prat·fall [prăt′fôl′] *(n.)* (١) سَقْطة على الكَفَل (٢) غلطة مُضحكة .

prat·in·cole [-′ĭng kōl′] *(n.)* أبو اليُسْر ؛ خوليّ الأَرْز : طائر مائيّ .

pra·tique [pră tēk′] *(n.)* براءة الحَجْر الصحّيّ [تُمنح لسفينة] .

prat·tle [prăt′-] *(vi.; t.; n.)* (١) يُثرثر ؛ يَهْذِر (٢) يُوَقوِق : يُطلق أصواتًا لا معنى لها شبيهةً بثرثرة الأطفال x (٣) يفشي بحماقة § (٤) ثرثرة ؛ هَذر (٥) وَقْوقة .

prau [prä′o͞o] *(n.)* البَرّاو : زورق إندونيسي ذو أشرعة ومجاذيف .

prawn [prôn] *(n.; vi.)* (١) بُرغوث البحر ؛ الإربيان ؛ القُرَيْدس § (٢) يَصِيد بُرغوث البحر .

prawn *1.*

prax·e·ol·o·gy [prăk′sĭ ŏl′ə-] *(n.)* السُّلوكيّات : دراسة السّلوك البشري .

prax·is [prăk′sĭs] *(n.)* (١) التطبيق العملي [لفرع من فروع المعرفة] (٢) عادة ؛ عُرف (٣) أمثلة للتطبيق [أو للتمرين] .

pray [prā] *(vt.; i.)* (١) يتوسَّل ؛ يتضرّع إلى (٢) يُحَقِّق [أمرًا] من طريق التوسُّل أو التضرّع x (٣) يُصَلّي ؛ يدعو [الله] .

Pray come with me. تعالَ معي ، أرجوك .

pra·yer [prâr] *(n.)* (١) صَلاة (٢) توسُّل ؛ تضرُّع ؛ دعاء ؛ ابتهال (٣) أداء الصلاة (٤) أملٌ ضعيفٌ (٥) المُصَلّي ؛ المتوسّل إلخ .

prayer beads *(n. pl.)* سُبْحة ؛ «مَسْبَحة» .

prayer book *(n.)* كتاب الصلاة ؛ كتاب الصلوات .

prayer·ful [prâr′fəl] *(adj.)* وَرِع ؛ تقيّ ؛ كثير الصلاة .

prayer rug *(n.)* سجادة الصلاة (اس) .

praying mantis *(n.)* = mantis.

pre- . بادئة معناها : «أ» قبل <*pre*historic> . «ب» ممهِّد لِـ <*pre*college> «ج» مقدَّمًا <*pre*arrange> . «د» أماميّ <*pre*abdomen> . «هـ» تجاه <*pre*axial>.

preach [prēch] *(vi.; t.)* (١) «أ» يعظ . «ب» يلقي عظةً . «ج» يُلِحّ أو يعظ بطريقة مضجرة x (٢) يبشِّر بِـ <to ~ the Gospel> .

preach·er [prē′chər] *(n.)* الواعظ ؛ المبشِّر ؛ القسّ ؛ الكاهن .

preach·i·fy [-′chə fī′] *(vi.)* يعظ أو يُبشِّر على نحوٍ مُضْجِر (ع) .

preach·ing [prē′chĭng] *(n.)* (١) وَعْظٌ ؛ تبشير (٢) فن إلقاء المواعظ الدينية (٣) عظة دينية (٤) صلاة عامة [في كنيسة] .

preach·ment [prēch′-] *(n.)* (١) وَعْظٌ ؛ تبشير (٢) عظة أو خُطبة مُمِلّة .

preach·y [-′chĭ] *(adj.)* (١) ميّال للوعظ أو التبشير (٢) وعظيّ ؛ تبشيريّ الأسلوب .

pre·ad·ap·ta·tion [prē′ăd əp tā′-] *(n.)* التكيُّف السَّبقيّ (أح) .

pre·ad·o·les·cent [prē′ăd ə lĕs′ənt] *(adj.)* (١) يَفاعيّ ؛ قَبْمُراهقيّ <~ problems> (٢) يافع [بين التاسعة والثانية عشرة] .

— pre·ad·o·les·cence *(n.)*

pre·am·ble [prē′ăm′bəl] *(n.)* (١) توطئة ؛ تمهيد . وبخاصة : مقدّمة الدستور أو فاتحته ؛ مقدّمة وثيقة قانونية (٢) بشير ؛ نذير .

pre·am·pli·fi·er [prē ăm′-] *(n.)* المُضخِّم الأوّليّ (ألك) .

pre·ar·range [prē′ə rānj′] *(vt.)* يُرتِّب سَلفًا ؛ يُعِدّ مقدَّمًا .

pre·a·tom·ic [prē′ə tŏm′ĭk] *(adj.)* قَبْذَرّيّ : ذو علاقة بما قبل عصر القنبلة الذرّية والطاقة الذرية <~ weapons> .

pre·ax·i·al [-ăk′-] *(adj.)* تُجاهْمِحْوريّ : واقعٌ تُجاهَ المِحْور («ت» و«ح») .

preb·end [prĕb′ənd] *(n.)* (١) وَقْف كنسيّ (٢) راتب كاهن (٣) كاهن .

preb·en·dar·y [-′ən dĕr′ĭ] *(n.)* (١) كاهن ذو راتب (٢) كاهن فَخْريّ .

pre·bi·o·log·i·cal [prē′bī′ə lŏj′-] *(adj.)* قَبْأحيائيّ : سابقٌ لظهور الحياة .

Pre·cam·bri·an [prē′kăm′-] *(adj.; n.)* (١) قَبْكَمْبَرِيّ § (٢) العصر القَبْكَمْبَرِيّ : أقدم العصور الجيولوجية .

pre·can·cel [prē kăn′səl] *(vt.)* يُلْغي طابعًا بريديًّا [قبل استعماله] .

pre·can·cer·ous [-′sər əs] *(adj.)* قَبْسَرَطانيّ : مُحْتَمَلٌ أن يُصْبِح سَرَطانيًا .

pre·car·i·ous [prĭ kâr′ĭ əs] *(adj.)* (١) لايقينيّ ؛ مشكوكٌ فيه ؛ غير قائم على أساسٍ وطيد <a ~ conclusion> (٢) متقلقل ؛ غير مستقرّ أو ثابتٍ <a ~ livelihood> (٣) خطِر ؛ محفوف بالمخاطر والمجازفات <her ~ life>.

— pre·car·i·ous·ly *(adv.)* **— pre·car·i·ous·ness** *(n.)*

pre·cast [prē′kăst′] *(adj.)* مصبوب سَبْقيًّا <~ concrete> .

precast concrete *(n.)* الخرسانة الجاهزة ؛ الخرسانة السَّبقيّة : مُرَكَّبات خرسانية صُبَّت مُسْبَقًا في المصنع ، أو في مكان العمل ، قبل رفعها إلى موضعها من المبنى .

pre·ca·to·ry *or* **prec·a·tive** [prĕk′-] *(adj.)* تَوَسُّليّ؛ تضرُّعيّ.

pre·cau·tion [prĭ kô′shən] *(n.)* (١) حَيْطة؛ احتراس؛ حَذَر (٢) وقاية؛ تدبير وقائي.

pre·cau·tion·ar·y *or* **pre·cau·tion·al** [-′shə-] *(adj.)* وِقائيّ؛ احتراسيّ.

pre·cau·tious [-′shəs] *(adj.)* (١) مُحْتَرِس؛ حَذِر (٢) احتراسيّ.

pre·cede [prē sēd′] *(vt.; i.)* (١) يَعْلُوهُ رتبةً: يفوقُهُ أهميّةً (٢) يسبقُهُ أو يتقدَّم عليه من حيث الزمان (٣) يُصدِّر؛ يَسْتهلّ <~*d* his address with a welcome to the visitors> (٤) x يَسْبِق.

pre·ce·dence; pre·ce·den·cy [prĭ sē′-] *(n.)* (١) أسبقيّة [من حيث الزمن] (٢) التصدّرية: حقّ التصدُّر والتقدّم على الآخرين (٣) أوْلَويّة.

pre·ced·ent[1] [prĭ sē′-] *(adj.)* متقدِّم أو سابق [زمنًا أو ترتيبًا إلخ].

prec·e·dent[2] [prĕs′ə-] *(n.)* (١) السابقة: حادثةٌ سابقةٌ مماثلة يمكن أن تُتَّخذ مثلًا يُحْتَذَى أو قاعدةً تُتَّبع (٢) السابقة (ق).

pre·ced·ing [prē sē′dĭng] *(adj.)* متقدِّم؛ سابق؛ سالف.

pre·cen·sor [prē sĕn′sər] *(vt.)* يراقب سَبْقيًّا: يراقب كتابًا قبل نشره أو شريطًا سينمائيًا قبل عرضه.

pre·cen·tor [prĭ sĕn′tər] *(n.)* قائد جوقة المرتّلين [في كنيسة].

pre·cept [prē′sĕpt] *(n.)* (١) مبدأ أو قاعدة سلوك (٢) وصيّة؛ تعليم أخلاقي <Example is better than ~.> (٣) أمرٌ [من سلطةٍ شرعيّة إلى موظف].

pre·cep·tive [prĭ sĕp′tĭv] *(adj.)* تعليميّ: مقصودٌ به التعليم.

pre·cep·tor [-′tər] *(n.)* (١) المدرِّس؛ المعلِّم (٢) مدير مدرسة.

pre·cep·tress [-′trəs] *(n.)* (١) المدرِّسة؛ المعلِّمة (٢) مديرة مدرسة.

pre·ces·sion [prē sĕsh′-] *(n.)* (١) سَبْقٌ؛ تقدُّم (٢) المبادَرة («فز» و«فل»).

precession of the equinoxes *(n.)* مبادَرة الاعتدالين أو تقدُّمهما (فل).

pre·cinct [prē′sĭngkt′] *(n.)* (١) «أ» دائرة انتخابيّة. «ب» منطقة [أو جزء] من مدينة (٢) *pl.* ا.ك: فِناء (٣) *pl.*: أرباض؛ ضواحي كذا <the ~*s* of a town> (٤) حدّ؛ تَخْم.

pre·ci·os·i·ty [prĕsh′ĭ ŏs′-] *(n.)* الحَذْلَقة: أناقة متكلَّفة في اللغة أو الذَّوق.

pre·cious [prĕsh′əs] *(adj.; adv.)* (١) نفيس؛ كريم <~ metals> (٢) عزيز؛ أثير <~ recollections> (٣) مُراءٍ؛ متكلِّف؛ شديد التأنّق <~ language> (٤) بكلّ ما في الكلمة من معنًى <a ~ fool> § (٥) جدًّا؛ إلى حدٍّ بعيد <~ little money>. **– ness** *(n.)*

precious metal *(n.)* الفِلِزّ أو المعدن النفيس [كالبلاتين والذهب إلخ].

prec·i·pice [prĕs′ə pĭs] *(n.)* (١) جُرُف (٢) شَفا الهاوية.

pre·cip·i·ta·ble [prĭ sĭp′ə tə-] *(adj.)* مُمكنٌ ترسيبُهُ؛ قابلٌ للترسُّب.

pre·cip·i·tance; pre·cip·i·tan·cy [-sĭp′-] *(n.)* تَهَوُّر؛ اندفاع؛ طيش؛ عملٌ متهوِّر.

pre·cip·i·tant[1] [prĭ sĭp′ə tənt] *(adj.)* مندفع؛ متهوِّر؛ طائش.

pre·cip·i·tant[2] *(n.)* المُرَسِّب: مادةٌ مُرَسِّبة.

pre·cip·i·tate [*v.* prĭ sĭp′ə tāt′; *n., adj.* -tāt′, -tĭt] *(vt.; i.; n.; adj.)* (١) يطوِّح بـ؛ يقذف به في عنف أو فجأةً (٢) يثير: يعجِّل حدوث أمرٍ؛ يُحْدِثُهُ بعجلة أو فجأة <to ~ a war> (٣) يُرَسِّب (ك) (٤) يكثِّف [البخارَ ليتحوَّل إلى مطر أو ندًى إلخ] x (٥) يَسْقُط من علٍ؛ يَسْقُط من حالقٍ (٦) يَسْقُط [أو ينتهي فجأةً إلى حالةٍ ما] (٧) يندفع؛ يتهوَّر (٨) يترسَّب؛ يَرْسُب (ك) (٩) يتكثَّف [متحوِّلًا إلى مطر أو ندى أو ثلج] § (١٠) «أ» المترسِّب؛ الراسب (ك). «ب» رطوبة مكثَّفة على شكل مطر أو ندى (١١) نتيجة؛ نِتاج؛ ثمرة عملٍ ما § (١٢) عاجل؛ مفاجئ <a ~ drop of temperature> (١٣) مندفع؛ متهوِّر؛ طائش. **— pre·cip·i·tate·ness** *(n.)*

pre·cip·i·tate·ly [prĭ sĭp′-] *(adv.)* باندفاع؛ بتهوُّر؛ بطيش؛ بعجلة.

pre·cip·i·ta·tion [prĭ sĭp′ə tā′-] *(n.)* (١) «أ» تطويح؛ تطوُّح. «ب» قذفٌ بعنف. «ج» سقوط من حالق (٢) إثارة؛ تعجيل: إحداث لأمرٍ على نحو عاجِلٍ أو مفاجئ <the ~ of war> (٣) تهوُّر؛ اندفاع؛ عجلة (٤) «أ» ترسيب. «ب» ترسُّب. «ج» المترسِّب؛ الراسب (ك) (٥) تكثيف أو تكثُّف [البخارِ إلى مطر أو ندًى إلخ] (٦) التّساقط: مطر؛ ثلج إلخ.

pre·cip·i·tin [prĭ sĭp′ə tĭn] *(n.)* المُرَسِّبة: جسم مضادٌّ يتفاعل مع مُوَلِّدِ مُضادٍّ antigen فيُنتج راسبًا غيرَ ذوّاب (أح).

pre·cip·i·tous [-′ə təs] *(adj.)* (١) مندفع؛ متهوِّر؛ طائش (٢) شديد التحدُّر.

pré·cis [prā sē′] *(n.; vt.)* (١) خلاصة [للنقاط أو الوقائع الرئيسية] § (٢) يُلخِّص.

pre·cise [prĭ sīs′] *(adj.)* (١) دقيق؛ محدَّد بإحكام <~ directions> (٢) صحيح؛ مضبوط؛ لا زيادة فيه ولا نقصان <the ~ sum> (٣) دقيق: حريص على الدقّة وعلى عدم الوقوع في الخطأ <was a very ~ man> (٤) شديد العناية بالتفاصيل. **— pre·cise·ness** *(n.)*

at the ~ moment في اللحظة المحدَّدة تمامًا [أو على وجه الضَّبط].

pre·cise·ly [prĭ sīs′lĭ] *(adv.)* (١) بِدِقّة (٢) تمامًا؛ على وجه الضبط.

pre·ci·sian [prĭ sĭzh′ən] *(n.)* المُتَزَمِّت: الشديد التمسُّك بالقواعد والأشكال وبخاصة في الشؤون الدينية. **— pre·ci·sian·ism** *(n.)*

pre·ci·sion [prĭ sĭzh′ən] *(n.; adj.)* (١) دِقّة؛ ضبط؛ إحكام § (٢) بالغ الدقّة: مُعَدّ لأخذ القياسات العلمية الدقيقة جدًا <~ instruments> (٣) مُحْكَم؛ مُتْقَن <a ~ landing>.

pre·clin·i·cal [prē klĭn′ə kəl] *(adj.)* قبْسَريريّ: خاصّ بالفترة السابقة لظهور الأعراض السَّريريّة (ط).

pre·clude [prĭ klōōd′] *(vt.)* يَعُوق؛ يَمْنَع؛ يَحُول دون؛ يجعله مستحيلًا.

pre·clu·sion [-klōō′zhən] *(n.)* عَوْق؛ مَنْع؛ حُؤول؛ حَيلولة.

pre·clu·sive [-klōō′sĭv] *(adj.)* عائق؛ مانع؛ حائل.

pre·co·cial [prĭ kō′shəl] *(adj.)* مُبَكِّر النَّشاط: متمتِّع بقَدْرٍ كبير من النشاط المستقلّ منذ الولادة <~ birds>.

pre·co·cious [-′shəs] *(adj.)* (١) مبكِّر النشوء؛ ناشئ قبل الأوان (٢) مبكِّر النضج. وبخاصة عقليًّا <~ children>. **— pre·co·cious·ly** *(adv.)*

pre·co·cious·ness; pre·coc·i·ty [-kŏs′ə tĭ] *(n.)* نشوء أو نُضْجٌ مبكِّر .

pre·cog·ni·tion [prē kŏg′nĭsh′ən] *(n.)* الاستبصار ؛ الإدراك السَّبقيّ : بُعْدُ نظر يمكّن المرء من معرفة الأحداث أو الأحوال قبل وقوعها .

pre·con·ceive [prē′kən sēv′] *(vt.)* يتصوَّر سَبْقيًّا : يكوِّن، مقدَّمًا أو سلفًا ، فكرةً عن شيء ما .

pre·con·cep·tion [-sĕp′shən] *(n.)* (١) تصوُّر سَبْقيّ (٢) فكرة مُتصوَّرة سَبْقيًّا ؛ فكرة مكوَّنة سلفًا (٣) تحامل ؛ تحيّز ؛ هوًى .

pre·con·cert [-sûrt′] *(vt.)* يَرْسُم أو يتّفق [على شيء] مقدَّمًا .

pre·con·cert·ed [-sûr′tĭd] *(adj.)* مرسوم أو متَّفقٌ عليه مقدَّمًا .

pre·con·di·tion [-dĭsh′ən] *(n.; vt.)* (١) شَرْط ؛ شَرْطٌ مُسبَّق § (٢) يُهايِئ سَبْقيًّا : يضع شخصًا في مزاج عقلي ما ، مُقدَّمًا .

pre·con·scious [prē′kŏn′shəs] *(n.)* ما قبل الوعي (نف) .

pre·cook [prē′kŏŏk′] *(vt.)* يطهو سَبْقيًّا : يطبخ جزئيًا أو كلّيًا قبل الطبخ النهائيّ أو إعادة التسخين .

pre·crit·i·cal [prē krĭt′ə kəl] *(adj.)* قَبْبُحْرانيّ ؛ قَبْنَوْبيّ ؛ قَبْأزْميّ : سابقٌ للبُحْران أو النَّوبة أو الأزْمة (ط) .

pre·cur·sor [prĭ kûr′-] *(n.)* (١) البشير ؛ النذير (٢) البادِر : شيء يمهِّد ظهورُهُ لظهور غيره (٣) السَّلَف : مَن كان يحتلّ سابقًا منصبًا خَلَفَهُ فيه شخص آخر (٤) المادّة الأُمّ : مادّةٌ تُشكَّل منها مادةٌ أخرى (ك) .

pre·cur·so·ry [prĭ kûr′sə rĭ] *(adj.)* (١) بشيريّ ؛ نذيريّ ؛ بادريّ (٢) منذرٌ بِـ : مؤذِن بوَشْك حدوث شيء (٣) تمهيديّ .

pre·da·cious *or* **pre·da·ceous** [prĭ dā′shəs] *(adj.)* = predatory.

pre·dac·i·ty [prĭ dăs′ə tĭ] *(n.)* (١) المَيْل إلى السلب والنهب (٢) ضراوة ؛ افتراس .

pre·date [prē′dāt′] *(vt.)* (١) يُسبِّق التأريخ : يؤرِّخ بتاريخ سابق <to ~ a check> (٢) يتقدَّم [زمنيًّا] ؛ يَسْبق <Her death ~*d* her brother's.> .

pre·da·tion [prĭ dā′-] *(n.)* (١) سَلْبٌ ؛ نَهْب (٢) ضراوة ؛ افتراس .

pred·a·tor [prĕd′ə-] *(n.)* (١) المفترِس ؛ الضاري (٢) السَّلّاب ؛ النَّهّاب .

pred·a·to·ry; pred·a·to·ri·al [prĕd′ə-] *(adj.)* (١) نَهْبيّ ؛ سَلْبيّ ؛ لصوصيّ (٢) نَهّاب ؛ سَلّاب <~ bands> (٣) جارح ؛ مفترس ؛ ضارٍ .

pre·de·cease [prē dĭ sēs′] *(vt.; i.)* (١) «أ» يموت قبل غيره . «ب» يموت قبل حادثةٍ مُعيَّنة x (٢) يموت أوّلًا .

pre·de·ces·sor [prĕd′ə sĕs′ər] *(n.)* (١) السَّلَف : مَن كان يحتلّ سابقًا منصبًا أو مركزًا خَلَفَهُ فيه شخص آخر (٢) جَدّ ؛ سَلَف (ا . ق) .

pre·des·ig·nate [prē dĕz′ĭg nāt′] *(vt.)* يختار سَبْقيًّا [لمهمّة أو غرض] .

pre·des·ti·nar·i·an [prĭ dĕs′tə nâr′ĭ ən] *(adj.; n.)* (١) جَبْريّ : «أ» ذو علاقة بالقضاء والقَدَر . «ب» مؤمن بالقضاء والقَدَر § (٢) الجبريّ : شخص مؤمن بالقضاء والقدر .

pre·des·ti·nar·i·an·ism [-′ĭ ən-] *(n.)* الجَبْريّة : الإيمان بالقضاء والقَدَر .

pre·des·ti·nate [1] [prĭ dĕs′tə nĭt; -nāt′] *(adj.)* مُقَدَّر ؛ مَقْدور .

pre·des·ti·nate [2] [-′tə nāt′] *(vt.)* يَقْضي ؛ يقدِّر .

pre·des·ti·na·tion [-nā′-] *(n.)* (١) التقدير : التحتيم بقضاء وقَدَر (٢) قَدَر المرء أو «قِسْمَته» : ما هو مقدَّر عليه (٣) القضاء والقدر .

pre·des·tine [-dĕs′tĭn] *(vt.)* يقدِّر : يحتِّم أمرًا بقضاءٍ وقَدَر .

pre·de·ter·mi·nate [prē′dĭ tûr′mə nĭt] *(adj.)* مُقَدَّرٌ أو مقرَّرٌ سَلَفًا .

pre·de·ter·mi·na·tion [prē′dĭ tûr′mə nā′-] *(n.)* (١) التقدير : التحتيم بقضاء وقَدَر (٢) قضاء وقَدَر .

pre·de·ter·mine [prē′dĭ tûr′mĭn] *(vt.)* (١) يقدِّر : يحتِّم بقضاء وقدر (٢) يفرض سلفًا اتجاهًا أو نزعةً ما .

pre·di·a·be·tes [prē′dī′ə bē′-] *(n.)* مقدِّمة السُّكَّري ؛ ما قبل الديابيتس .

pre·di·al [-′dĭ əl] *(adj.)* عِقاريّ : ذو علاقة بالأرض أو منتَجاتها .

pred·i·ca·ble [1] [prĕd′ə kə-] *(n.)* (١) صفة ؛ نَعْت (٢) المحمول (مق) .

pred·i·ca·ble [2] *(adj.)* قابلٌ للتوكيد ؛ ممكنٌ توكيدُهُ .

pre·dic·a·ment [prĭ dĭk′ə mənt] *(n.)* (١) فئة ؛ طبقة ؛ نوع (٢) حالة (ا . ق) (٣) مأزِق ؛ ورطة .

pred·i·cate [1] [prĕd′ə kĭt] *(n.)* (١) المحمول : المحكوم به في القضية المنطقية (مق) (٢) المُسْنَد : الخَبَر (ل) .

pred·i·cate [2] [-kāt′] *(vt.)* (١) يؤكد ؛ يُعلن (٢) يعزو صفةً ما إلى (٣) يبني [رأيًا أو عملًا] على شيءٍ ما (٤) يتضمَّن : يدلّ ضمنًا على <Snow ~s whiteness.> (٥) يتنبأ بِـ [وهو استعمال خاطئ] .

pred·i·cate [3] [-kĭt] *(adj.)* مُسْنَديّ : ذو علاقة بالمُسْند (ل) .

predicate noun *(n.)* الاسم المُسْنَد ؛ الخَبَر .

pred·i·ca·tion [-kā′-] *(n.)* (١) توكيد (٢) الإسناد (ل) (٣) الحَمْل (مق) .

pred·i·ca·tive [prĕd′ə kə-] *(adj.)* (١) مؤكِّد ؛ توكيديّ (٢) إسناديّ (ل) .

pred·i·ca·to·ry [prĕd′ə kə tōr′ĭ] *(adj.)* وَعْظيّ ؛ تبشيريّ .

pre·dict [prĭ dĭkt′] *(vt.; i.)* (١) يتنبَّأ بِـ x (٢) يتنبأ .

pre·dict·a·ble [prĭ dĭk′tə-] *(adj.)* يُتَنَبَّأ به ؛ قابلٌ لأن يُتَنَبَّأ به .

pre·dic·tion [prĭ dĭk′shən] *(n.)* (١) تَنَبُّؤ (٢) نبوءة .

pre·dic·tive [prĭ dĭk′tĭv] *(adj.)* تَنَبُّؤيّ ؛ نُبوئيّ .

pre·dic·tor [-′tər] *(n.)* (١) المُتَنَبِّئ (٢) العرّافة : جهاز تنبُّؤ [كبعض الأجهزة الحربيّة التي تحدّد متى يجب البدء بإطلاق النار المضادة للطائرات] .

pre·di·gest [prē′dĭ jĕst′; -dī-] *(vt.)* (١) يُهضِّم ؛ يَهْضم سبقيًّا : يُخضع الطعامَ لعمليات اصطناعية تجعلُ المعدةَ المريضة أقدَرَ على هضمِهِ (٢) يُبَسِّط .

pre·di·ges·tion [-dĭ jĕs′chən; -dī-] *(n.)* التهضيم ؛ الهَضْم السَّبقي .

pre·di·lec·tion [prē′də lĕk′-] *(n.)* مَيْل ؛ وَلَع ؛ إيثار ؛ حُبّ .

pre·dis·pose [prē′dĭs pōz′] *(vt.)* (١) يُعِدُّهُ سَبقيًّا ؛ يجعله ميّالًا إلى (٢) يعرِّض ؛ يجعلُهُ <His education ~*d* him to accept new ideas.>

ă at; ā date; â care; ä car; ĕ egg; ē me; ĭ in; ī bite; ŏ lot; ō bone; ô orphan; oi boil; ŏŏ good; ōō boot; ou out; ŭ under; û urgent; ə = *a* in alone, *e* in system, *i* in easily, *o* in gallop, *u* in circus.

عُرضةً لِـ <Poor health ~*d* them to disease.> .

pre·dis·po·si·tion *(n.)* (١) مَيْل؛ نُزوع؛ نَزْعة (٢) تهيُّؤ؛ استعداد؛ قابليّة.

pre·dom·i·nance; -nan·cy *(n.)* غَلَبة؛ سيادة؛ سيطرة؛ هَيْمَنة.

pre·dom·i·nant [-dŏm′ə-] *(adj.)* (١) غالب؛ سائد (٢) مُسَيطر؛ مُهيمن.

pre·dom·i·nate [1] [prĭ dŏm′ə nĭt] *(adj.)* = predominant.

pre·dom·i·nate [2] [-′ə nāt′] *(vi.; t.)* (١) يَسُود؛ يَغْلِب (٢) يتفوّق [من حيث العددُ أو الكميّة] x (٣) يسيطر؛ يُهَيْمن. — **pre·dom·i·na·tion** *(n.)*

pree [prē] *(vt.)* يجرِّب؛ يختبر؛ يَذُوق.

pree·mie [prē′mē] *(n.)* السُّقْط: وليد يَسْقط من بطن أمِّهِ قبل الأوان.

pre·em·i·nence [prĭ ĕm′ə nəns] *(n.)* تفوُّق؛ تَبريز؛ تَجْلِية.

pre·em·i·nent [-′ə nənt] *(adj.)* متفوّق؛ مُبرِّز؛ مُجَلٍّ.

pre·empt [prĭ ĕmpt′] *(vt.)* (١) يحتلّ التماسًا للشُّفعة: يحتلّ أرضًا من الأراضي العامة لكي يكتسب حقّ الأولوية في شرائها (٢) يتملّك بالشُّفعة (٣) يحتلّ [قبل غيره]؛ يستولي على (٤) يسيطر على.

pre·emp·tion [-′shən] *(n.)* (١) «أ» حقّ الشُّفعة أو الأولوية في الشراء. «ب» شراء شيء بموجب هذا الحق (٢) استيلاء على شيء قبل الآخرين.

pre·emp·tive [prĭ ĕmp′-] *(adj.)* (١) شُفْعيّ: خاصّ بحقّ الشُّفعة (٢) وقائيّ؛ مبادَر إليه؛ مُتَّسم بأخذ المبادرة <a ~ attack> .

preen [prēn] *(n.; vt.; i.)* (١) دَبُّوس (عب) (٢) «بروش»؛ دبّوس زِينيّ (عب) § (٣) يتفلّى: يسوِّي الطائر ريشَهُ بمنقاره (٤) يَتَهَنْدَم؛ يُهَنْدِم نفسَهُ (٥) يتباهى. وبخاصة: يعتزّ بما حقَّق أو صنع x (٦) يتأنّق [في ملبسه].

pre·ex·il·i·an *or* **pre·ex·il·ic** [prē′ ĕg zĭl′-] *(adj.)* قَبْنَفْيِيّ: سابق لنفي اليهود إلى بابل حوالى عام ٦٠٠ ق.م.

pre·ex·ist [prē′ĭg′zĭst′] *(vi.; t.)* (١) يوجد سَبْقيًّا: يحيا حياةً ما قبلَ هذه الحياة x (٢) يَسْبِق: يَسْبق شيئًا آخر في الوجود.

pre·ex·is·tence [-zĭs′-] *(n.)* الوجود السَّبقيّ أو القَبْليّ: وجودٌ في حالة سابقة أو قبلَ شيء آخر. وبخاصة: وجود النفس قبل اتحادها بالجسد.

pre·fab [-′făb′] *(adj.; n.)* (١) مصنوع سبقيًّا § (٢) المبنى السَّبقيّ أو الجاهز.

pre·fab·ri·cate [-′rə kāt′] *(vt.)* (١) يَصنع سَبْقيًّا: يَصْنع أجزاء شيء ما في المعمل بحيث لا يبقى على الراغب في إنشاء ذلك الشيء أو إقامته غير جمع أجزائه الجاهزة <~ houses> (٢) يُعِدّ اصطناعيًّا. **-cat·ed** *(adj.)*

pref·ace [prĕf′ĭs] *(n.; vi.; t.)* (١) مقدِّمة؛ فاتحة؛ تصدير (٢) إجراء أو امتحان تمهيدي؛ مباراة تمهيدية إلخ § (٣) يُبدي ملاحظات تمهيديّة x (٤) يستهلّ (٥) يصدِّر بمقدِّمة (٦) يُقيمه تجاه كذا.

pref·a·to·ri·al [prĕf′ə tōr′-] *(adj.)* = prefatory.

pref·a·to·ry [prĕf′ə tōr′ĭ] *(adj.)* (١) تمهيديّ؛ استهلاليّ (٢) مُواجِهٌ.

pre·fect; prae·fect [prē′fĕkt] *(n.)* (١) الوالي؛ الحاكم [عند الرومان] (٢) مدير الشرطة إلخ [في فرنسا] (٣) التلميذ المفوَّض: تلميذ يُكلَّف بمساعدة الأستاذ في حفظ النظام إلخ.

prefect apostolic *(n.)* المُدَبِّر الرَّسوليّ: كاهن كاثوليكي رفيع ذو صلاحيات واسعة في حقل التَّبشير (كث).

pre·fec·ture [prē′fĕk chər] *(n.)* (١) الولاية: «أ» منصب الوالي. «ب» مقاطعة يحكمها والٍ (٢) دار الوالي أو مقرُّه.

prefecture apostolic *(n.)* المُدَبِّرية الرَّسوليّة: المنطقة التي تشملها صلاحيات المدبِّر الرَّسولي.

pre·fer [prĭ fûr′] *(vt.)*, **-ferred** (١) يُرَقِّي؛ يُرَفِّع (ا.ق) (٢) يفضِّل؛ يُؤْثِر (٣) يعطي الأولوية لدائن (ق) (٤) يقدِّم [شكوى].

pref·er·a·bil·i·ty [prĕf′ər ə bĭl′-] *(n.)* أفضليّة؛ أولويّة.

pref·er·a·ble [prĕf′ər ə-] *(adj.)* أفضل؛ أجدَرُ بالتفضيل.

pref·er·a·bly *(adv.)* بتفضيل؛ بإيثار: مع الاتجاه إلى تفضيل شيء.

pref·er·ence [prĕf′-] *(n.)* (١) «أ» تفضيل. «ب» أفضلية (٢) خيار؛ حقّ الاختيار (٣) المفضَّل؛ الشيء المفضَّل (٤) التمييز: تفضيل بلد على بلد في التجارة الدولية (٥) الأولوية [في حق استيفاء الدين ونحوه].

pref·er·en·tial [prĕf′ə rĕn′shəl] *(adj.)* (١) تمييزيّ؛ تفضيليّ <~ tariff rates> (٢) مميِّز؛ مُفَضِّل (٣) مميَّز؛ مُفَضَّل.

pre·fer·ment [prĭ fûr′-] *(n.)* (١) ترقية (٢) منصب رفيع أو مُرْبِح (٣) حقّ الأولوية [في استيفاء الديون إلخ] (٤) تقديم.

preferred debt *(n.)* الدَّين الممتاز: دَين له حقّ الأولوية في التسديد.

preferred stock *(n.)* السَّند الممتاز: سندٌ ماليّ له حقّ الأولوية في توزيع الأرباح.

pre·fig·u·ra·tion [prē′fĭg yə rā′-] *(n.)* (١) تمثيل أو تصوّر سَبْقيّ (٢) الصورة السَّبقيّة: صورة [أو علامة] تدلّ على وقوع الشيء قبل حدوثه.

pre·fig·ure [prē fĭg′yər] *(vt.)* (١) يمثِّل سَبْقيًّا: يشير أو يدلّ على وقوع الشيء قبل حدوثه [من طريق صورة مماثلة له أو شبيهة به] (٢) يتصوَّر أمرًا قبل حدوثه: يتنبأ بِـ. — **pre·fig·ure·ment** *(n.)*

pre·fix [1] [prē fĭks′] *(vt.)* (١) يحدِّد سَبْقيًّا: يحدِّد أو يعيِّن سلفًا (٢) يصدِّر: يضعه في صَدْر الشيء أو مقدَّمِهِ (٣) يصدِّر ببادئة.

pre·fix [2] [prē′fĭks] *(n.)* (١) البادئة: أداة تتصدّر الكلمة لتغيير معناها أو لصياغة كلمة أخرى، مثل ***un*** في ***un*load** (٢) اللَّقَبُ التصديري [يصدَّر به اسم شخصٍ ما].

pre·flight [prē′flīt′] *(adj.)* قَبْطَيَرانيّ: مُمَهِّد لانطلاق الطائرة في الجو.

pre·form [prē′fôrm′] *(vt.)* يكوِّن أو يشكِّل سَبْقيًّا.

pre·for·ma·tion [-mā′shən] *(n.)* (١) تكوُّن سابق (٢) تكوين أو تشكيل سَبْقيّ (٣) التخلُّق السَّبقيّ: نظرية تقول بأن جميع أعضاء الجنين موجودة وجودًا سَبْقيًّا في الجرثومة (قا. epigenesis).

pre·fron·tal [prē frŭn′-] *(adj.; n.)* (١) أمامْجَبْهِيّ: واقعٌ في مقدَّم تكوين جَبْهِيّ <~ bones> § (٢) عَظْمٌ أمامْجَبْهِيّ (ت).

pre·gla·cial [-glā′shəl] *(adj.)* قَبْجليديّ: حادثٌ قبل العصر الجليديّ.

preg·na·ble [prĕg′nə bəl] *(adj.)* غير منيع؛ ممكنٌ اقتحامُهُ.

preg·nan·cy [prĕg′-] *(n.)* (١) حَمْل؛ حَبَل (٢) خِصب (٣) غِنًى.

preg·nant [prĕg′nənt] *(adj.)* (١) مُبْدِع؛ خلّاق <~ artists>

(٢) حافل بالمعاني <a ~ remark> (٣) حامل؛ حُبْلى (٤) مُثقَلٌ بِـ (٥) مُفْعَمٌ بِـ <~ with ideas> (٦) غنيّ؛ خِصْب؛ زاخرٌ.

pre·heat [prē hēt′] *(vt.)* يُحمّي سَبقيًّا. وبخاصة: يُحمّي فرنًا.

pre·hen·sile [prē hĕn′sĭl] *(adj.)* (١) إمساكيّ: مُعَدّ للإمساك بشيء أو القبض عليه وبخاصة بالالتفاف حوله <the ~ tail of a monkey> (٢) فَطِن.

pre·hen·sion [prē hĕn′shən] *(n.)* (١) التقاط؛ إمساكٌ بِـ؛ قبضٌ على (٢) «أ» فَهْم. «ب» إدراك حسّيّ.

pre·his·tor·ic; -al [prē hĭs tôr′-] *(adj.)* قَبْتاريخيّ.

pre·his·to·ry [-hĭs′tə rĭ] *(n.)* (١) القَبْتاريخ؛ ما قبل التاريخ [المدوَّن] (٢) القَبْتأريخ: دراسة الأسباب البعيدة التي مهَّدت لوقوع حادثة أو ظهور حالة.

pre·hu·man [prē hyōō′-] *(adj.)* قَبْإنسانيّ: سابق لظهور الإنسان.

pre·ig·ni·tion [prē′ĭg nĭsh′-] *(n.)* الإشعال السَّبقيّ (سي).

pre·judge [prē jŭj′] *(vt.)* يَحْكم أو يقضي سَبْقيًّا: يحكم قبل الاستماع إلى الوقائع أو قبل دراسة القضية دراسةً كاملة. **—pre·judg·ment** *(n.)*

prej·u·dice [prĕj′ə dĭs] *(n.; vt.)* (١) إجحاف؛ ضرر؛ أذًى (٢) «أ» رأي أو حكم سَبقيّ. «ب» تحاملٌ؛ تحيُّز؛ تغرّضٌ؛ هوًى § (٣) يُجحِف؛ يضرّ؛ يؤذي (٤) يُغرِّض: يجعله يتحامل على أو يتحيَّز لِـ.
to the ~ of someone's rights على نحوٍ يعرِّض حقوق فلانٍ للأذى.

prej·u·di·cial; prej·u·di·cious [prĕj′ə dĭsh′-] *(adj.)* (١) مُجحِف (٢) متحيِّز.

prel·a·cy [prĕl′ə sĭ] *(n.)* (١) منصبُ الأسقُف (٢) جماعة الأساقفة (٣) حكومة الأساقفة.

prel·ate [prĕl′ĭt] *(n.)* الأسقُف (كن).

prel·a·ture [-′ə chər] *(n.)* (١) prelacy 1-2 (٢) سلطة الأسقف.

pre·lect [prĭ lĕkt′] *(vi.)* يَخْطُب؛ يُحاضِر.

pre·lec·tion [prĭ lĕk′shən] *(n.)* خطبة؛ محاضرة.

pre·li·ba·tion [prē′lī bā′shən] *(n.)* = foretaste.

pre·lim [prē′lĭm] *(n.; adj.)* = preliminary.

pre·lim·i·nar·y [prĭ lĭm′ə-] *(n.; adj.)* (١) إجراء أو امتحان تمهيديّ (٢) مباراة أو خطوة تمهيدية § (٣) تمهيديّ؛ أوّليّ.

pre·lit·er·ate [prē′lĭt′ər ĭt] *(adj.)* أُمّيّ <~ cultures>.

pre·load·ed [prē lō′-] *(adj.)* معبّأ سَلَفًا؛ فوريّ الاستعمال (ألك).

pre·lude [prĕl′yōōd; -′lōōd] *(n.; vi.; t.)* (١) مقدمة؛ استهلال (٢) بَشْرَفٌ؛ مقدِّمة موسيقية § (٣) يستهلّ [بمقدِّمة موسيقية] x (٤) يشكِّل مقدِّمةً لِـ (٥) يقدِّم له [بمقدِّمة موسيقية].

pre·lu·sion [prĭ lōō′shən] *(n.)* تمهيد؛ استهلال؛ تصدير؛ فاتحة.

pre·lu·sive or **pre·lu·so·ry** [prĭ lōō′-] *(adj.)* تمهيديّ؛ استهلاليّ.

pre·man *(n.)* القَبْإنسان: حيوان افتراضيّ يُعتبر السَّلَف المباشر للإنسان.

pre·mar·i·tal [prē măr′ə-] *(adj.)* قَبْزَواجيّ؛ سابق للزّواج <~ relations>.

pre·ma·ture [prē′mə tōōr′; -chōōr′] *(adj.)* (١) مُبْتَسَر؛ مُبكِّر: حادثٌ أو مُنْجَزٌ قبل الأوان <~ birth> (٢) خَدِيج (مج)؛ مَخْدوج: مولود بعد فترةٍ تقلّ عن ٣٨ أسبوعًا <a ~ baby>.

pre·ma·ture·ness; pre·ma·tu·ri·ty *(n.)* الابتسار: نُضْجٌ قبل الأوان.

pre·med [prē′mĕd′] *(adj.)* = premedical.

pre·me·di·al or **pre·me·di·an** [prē′mē′dĭ-] *(adj.)* تُجاهْوَسَطيّ: واقعٌ تُجاه وَسَط الجسم.

pre·med·i·cal [prē′mĕd′-] *(adj.)* قَبْطِبّيّ: سابق لدراسة الطب.

pre·med·i·tate [prĭ mĕd′-] *(vt.; i.)* (١) يُرَوّي في؛ يفكّر مليًّا في: يُقلِّب الأمرَ في ذهنه مقدَّمًا (٢) يتعمَّد. **—pre·med·i·ta·tive** *(adj.)*

pre·med·i·tat·ed *(adj.)* عَمْد؛ مُتعمَّد <~ murder>.

pre·med·i·ta·tion [prē′mĕd ə tā′-] *(n.)* (١) تَرْوية؛ تَرَوٍّ؛ تفكيرٌ مُرَوًّا فيه (٢) التعمُّد: سَبْق التَّصَوُّر والتصميم (ق).

pre·men·stru·al [prē′mĕn′strōō əl] *(adj.)* قَبْطَمْثيّ؛ قَبْحَيْضيّ: ذو علاقة بما قبل الطَّمث أو الحَيْض مباشرةً.

pre·mier[1] [prē′mĭ ər] *(adj.)* (١) أوّل؛ رئيسيّ (٢) أقدم؛ أسبق.

pre·mier[2] [prĭ mēr′; prē′mĭ ər] *(n.)* رئيس الوزراء.

pre·miere[1] [prĭ myĕr′] *(adj.; n.)* (١) رئيسيّ؛ بارز § (٢) العَرْض الأول [لمسرحية إلخ] (٣) السيدة الأولى [في جماعة]. وبخاصة: البطلة؛ الممثلة الأولى [في مسرحية].

pre·miere[2] or **pre·mier** *(vt.; i.)* (١) يقدِّم عَرْضًا أولَ [لمسرحية] x (٢) يظهر للمرة الأولى [كنجمٍ مسرحيّ أو سينمائيّ إلخ].

pre·mier·ship [prĭ myĕr′shĭp] *(n.)* رئاسة الوزراء.

pre·mil·le·nar·i·an [prē′mĭl′ə nâr′-] *(n.)* القَبْألفيّ: المؤمن بأن مجيء المسيح، ثانيةً، سوف يسبق العصر الألفيّ السعيد.

pre·mil·len·ni·al [prē′mə lĕn′ĭ əl] *(adj.)* قَبْألفيّ: ذو علاقة بما قبل العصر الألفيّ السعيد millennium (نص).

pre·mil·len·ni·al·ism [-′ĭ ə lĭz′əm] *(n.)* القَبْألْفيّة: القول أو الإيمان بأن مجيء المسيح، ثانيةً، إلى هذا العالم سوف يسبق العصر الألفيّ السعيد (قا. postmillennialism).

prem·ise [prĕm′ĭs] *(n.; vt.; i.)* (١) المقدَّمة: إحدى المقدَّمتين المنطقيّتين الكبرى أو الصغرى (مق) (٢) الفَذْلكة: مقدَّمة العَقْد (ق) (٣) *pl.* المبنى [مع الأراضي التابعة له] § (٤) يصدِّر بفَذْلكة أو بمقدِّمة (٥) «أ» يفترض. «ب» يُسلِّم بِـ. «ج» يبني على افتراضات معيَّنة.

pre·mi·um [prē′mĭ əm] *(n.; adj.)* (١) «أ» مكافأة؛ جائزة. «ب» علاوةٌ [على الثمن أو الأجر العادي تُدْفَع للإغراء أو التشجيع]. «ج» الهدية؛ التَّقدِمة: شيء يقدَّم مجانًا أو بسعر مخفَّض عند شراء سلعة ما (٢) قسط التأمين (٣) فرق

القيمة [بين شكلين من أشكال العملة لهما نفس القيمة الاسمية] § (٤) ممتاز؛ استثنائيّ؛ فذّ <a ~ teacher>.

at a ~, (١) بأعلى من القيمة العاديّة أو السعر العادي (٢) نفيس؛ رائع؛ مرغوب فيه جدًا.

to put a ~ on يشجِّع أو يساعد على.

pre·mix [prē′mĭks′] (vt.) يَمْزُج سَبْقيًّا: يمزج قبل الاستعمال.

pre·mo·lar [prē′mō′lər] (adj.; n.) (١) قَبْطاحِن: واقع قبل الأسنان الطواحن § (٢) القَبْطاحِن: سِنّ قَبْطاحِنة.

pre·mon·ish [prĭ mŏn′ĭsh] (vt.; i.) يُحَذِّر مُقَدَّمًا.

pre·mo·ni·tion [prē′mə nĭsh′-] (n.) (١) تحذير قَبْليّ أو سَبْقيّ (٢) هاجس؛ حسّ داخليّ أو سابق <a ~ of danger>.

pre·mon·i·to·ry [prĭ mŏn′ə tōr′ĭ] (adj.) مُحَذِّر أوّليّ: مُعْطٍ إنذارًا أوّليًّا <~ symptoms>.

premorse leaf

pre·morse [prĭ môrs′] (adj.) أقْطَم: منتهٍ فجأةً وكأنه مقصوف.

pre·mune [prē′myoon′] (adj.) قَبْليّ المناعة: ذو مناعةٍ قَبْليّة.

pre·mu·ni·tion [-′myoo nĭsh′ən] (n.) المناعة القَبْليّة أو السَّبقيّة (ط).

pre·name [prē′nām′] (n.) الاسم الأوّل [الذي يسبق اسم الأسرة].

pre·na·tal [prē nā′-] (adj.) قَبْولاديّ؛ سابق للولادة <~ care>.

pre·no·men [prē nō′mən] (n.) = praenomen.

pre·no·tion [prē nō′shən] (n.) (١) هاجس؛ حسّ داخليّ أو سابق (٢) preconception.

pren·tice [prĕn′tĭs] (n.; vt.) = apprentice.

pre·oc·cu·pan·cy [prĭ ŏk′yə pən sĭ] (n.) (١) سَبْق الامتلاك: الامتلاك أو حقّ الامتلاك قبل الآخرين (٢) انهماك أو انشغال كامل.

pre·oc·cu·pa·tion [prĭ ŏk′yə pā′-] (n.) (١) سَبْق الامتلاك: الامتلاك قبل الآخرين (٢) «أ» استغراق؛ انهماك؛ انشغال كامل. «ب» مَدْعاة لهذا الاستغراق.

pre·oc·cu·pied [prĭ ŏk′yə pīd′] (adj.) (١) «أ» مشغول البال. «ب» مشغول من قبل (٢) غير شاغر: سبق إطلاقه اسمًا لبعض الأنواع ولا سبيل إلى إطلاقه على آخر (أح).

pre·oc·cu·py [-′yə pī] (vt.) (١) يَشْغَلُ البالَ (٢) يتملَّك مقدَّمًا [أو قبل غيره] (٣) يَشْغل، أو يحتلّ، مقدَّمًا [أو قبل غيره].

pre·op·er·a·tive [prē ŏp′ər ə tĭv] (adj.) قَبْجراحيّ: حادثٌ قبل العملية الجراحية.

pre·or·bit·al [-ôr′bĭt əl] (adj.) قَبْمداريّ: حادثٌ قبل الدخول في المدار (فل).

pre·or·dain [prē′ôr dān′] (vt.) يقضي أو يقدِّر [بقضاء وقَدَر].

pre·or·dain·ment [-′mənt] (n.) التقدير: تحتيم بقضاء وقَدَر.

pre·or·di·na·tion [prē′ ôr də nā′-] (n.) = preordainment.

pre–owned [prē′ōnd′] (adj.) = secondhand.

prep[1] [prĕp] (adj.) إعداديّ؛ استعداديّ <a ~ school>.

prep[2] (n.) (١) إعداد؛ استعداد (٢) مدرسة إعدادية (٣) homework.

prep[3] (vi.; t.) (١) يتلقّى العلم في مدرسة إعدادية x (٢) يُعِدّ؛ يُهَيِّئ.

prep·a·ra·tion [prĕp′ə rā′shən] (n.) (١) إعداد (٢) استعداد (٣) عملٌ أو إجراءٌ إعداديّ (٤) مُسْتَحْضَر طبّيّ أو غذائيّ.

pre·par·a·tive [prĭ păr′ə tĭv] (adj.) إعداديّ.

pre·par·a·to·ry [-′ə tōr′ĭ] (adj.; adv.) (١) إعداديّ <~ schools> (٢) تمهيديّ <~ arrangements> § (٣) استعدادًا لِـ.

pre·pare [prĭ pâr′] (vt.; i.) (١) يُعِدّ؛ يُحَضِّر؛ يُهيِّئ؛ يجهِّز <to ~ a meal> (٢) يُرَكِّب <to ~ a prescription> (٣) يصوغ: يُفرِغ في قالب كتابيّ x (٤) يستعدّ.

pre·pared [prĭ pârd′] (adj.) (١) مستعِدّ (٢) مُجَهَّز؛ محضَّر؛ معالَج: مُخْضَع لعملية أو معالجة خاصة <~ chalk>.

pre·par·ed·ness [-pâr′ĭd-] (n.) (١) استعداد (٢) تأهُّب [للحرب].

pre·pay [prē pā′] (vt.) يَدْفَعُ مقدَّمًا <to ~ the interest>.

pre·pense [prĭ pĕns′] (adj.) مُبَيَّت؛ متعمَّد.

pre·pon·der·ance; pre·pon·der·an·cy [prĭ pŏn′dər-] (n.) (١) رُجحان؛ غَلَبة؛ تفوُّق (٢) كثرة؛ أكثرية؛ أغلبيّة.

pre·pon·der·ant [prĭ pŏn′-] (adj.) (١) راجح؛ غالب؛ سائد (٢) متفوِّق.

pre·pon·der·ate [prĭ pŏn′də rāt′] (vi.) (١) يَرْجَحُهُ [نفوذًا أو قوةً أو أهمية أو عددًا]؛ يتفوَّق؛ يَسُود (٢) يؤلِّف أكثريةَ كذا.

prep·o·si·tion [prĕp′ə zĭsh′ən] (n.) حرف الجرّ (ل).

prepositional phrase (n.) شبه الجملة (ل).

pre·pos·i·tive [prē pŏz′ə-] (adj.) مقدَّم: موضوع قبل غيره (ل).

pre·pos·sess [prē′pə zĕs′] (vt.) (١) يستهوي؛ يَخْلُب (٢) يغرِّض سَبْقيًّا: يجعله يتحيّز سلفًا لشخص أو شيء أو ضد شخص أو شيء.

pre·pos·sess·ing [-′ĭng] (adj.) خلّاب؛ جذّاب؛ مُعْجِب.

pre·pos·ses·sion [prē′pə zĕsh′ən] (n.) (١) تحيُّز؛ تَغَرُّض (٢) انهماك [بشيء]؛ انشغال الذِّهن [بفكرة].

pre·pos·ter·ous [prĭ pŏs′-] (adj.) مُحال: منافٍ للطبيعة أو العقل.

pre·po·ten·cy [prĭ pō′-] (n.) (١) تفوّق؛ غلبة؛ سيطرة (٢) الهَيْمنة: قدرة استثنائية عند أحد الأبَوَيْن تمكِّنُهُ من نقل صفاته الوراثيّة إلى الذُّرّيّة (أح).

pre·po·tent [prĭ pō′tənt] (adj.) (١) مُتَفوِّق؛ مُتَغَلِّب؛ مُسَيْطِر (٢) مُهَيْمِن: أقدر على نقل صفاته الوراثية إلى الذرية (أح).

pre·print (vt.) يَطْبع سَبْقيًّا: يطبع على نحوٍ أوّليّ أو تجريبيّ.

pre·pro·fes·sion·al (adj.) قَبْاحترافيّ: سابقٌ للاحتراف <~ education>.

pre·pu·ber·ty [prē′pyoo′bər tĭ] (n.) اليَفَع: مرحلة ما قبل البلوغ.

pre·puce [prē′pyoos′] (n.) الغُرْلة؛ الغُلْفة؛ القُلْفة (ت).

pre·re·cord [prē rĭ kôrd′] (vt.) يُسَجِّل سَبْقيًّا: يُسَجِّل برنامجًا إذاعيًّا أو تلفزيونيًّا قبل تقديمه إلى الجمهور.

pre·reg·is·tra·tion [prē′rĕj′ĭs trā′-] (n.) التسجيل السَّبْقيّ (تر).

pre·req·ui·site [prē rĕk′wə zĭt] *(n.; adj.)* (١) شَرْط؛ مُتَطَلَّبٌ أساسيّ § (٢) لازم: مطلوبٌ مقدَّمًا بوصفه شرطًا أو متطلَّبًا أساسيًا.

pre·rog·a·tive [prĭ rŏg′ə tĭv] *(n.)* (١) الامتياز: حقّ مقصورٌ على منصب أو شخص أو جماعة أو دولة (٢) موهبة مميِّزة [لصاحبها].

pres·age[1] [prĕs′ĭj] *(n.)* (١) نذيرٌ؛ بشير (٢) حِسّ داخليّ أو سابق.

pres·age[2] [prĭ sāj′] *(vt.; i.)* (١) يُؤْذِن بـ: يكون بشيرًا أو نذيرًا بحدوث شيء ما (٢) يتنبأ بـ (٣) يستشعر سَبْقيًّا؛ يُحدِّثه قلبُهُ بـ.

presby- *or* **presbyo-** بادئة معناها: شيخوخة.

pres·by·ope [prĕz′bĭ ōp; prĕs′-] *(n.)* المقدوع: المصاب بالقَدَع.

pres·by·o·pi·a [-′bĭ ō′-] *(n.)* القَدَع؛ الطَّرَح؛ قُصُوّ البَصَر؛ بَصَر الشيخوخة (مض).

pres·by·ter [prĕz′bə tər; prĕs′-] *(n.)* كاهن؛ قَسّ؛ شيخ كنيسة.

pres·byt·er·ate [prĕz bĭt′ər ĭt; -ə rāt′] *(n.)* (١) منصب الكاهن أو شيخ الكنيسة (٢) جماعة من الكهان أو شيوخ الكنيسة.

pres·by·te·ri·al [prĕz′bə tēr′ĭ əl; prĕs′-] *(adj.; n.)* (١) مَشْيَخيّ § (٢) *cap.* ا.ك: منظمة نساء مَشْيَخيّات (نص).

Pres·by·te·ri·an [prĕz′bə tēr′ĭ ən; prĕs′-] *(adj.; n.)* (١) مَشْيَخيّ: «أ» صفة لكنيسة بروتستانتيّة يدبِّر شؤونها شيوخ منتخَبون يتمتَّعون كلُّهم بمنزلة متساوية. «ب» منسوب إلى الكنيسة المَشْيَخيّة § (٢) المَشْيَخيّ: عضو في الكنيسة المَشْيَخيّة.

Pres·by·te·ri·an·ism *(n.)* المَشْيَخانيّة: «أ» نظام يدبِّر شؤونَ الكنيسة فيه شيوخ منتخَبون يتمتعون بمنزلة متساوية. «ب» معتقَدات الكنائس المشيَخيّة.

pres·by·ter·y [prĕz′bə tĕr′ĭ; prĕs′-] *(n.)* (١) المَقْدَس: جزء من الكنيسة مخصَّص للكهنة القائمين بالقدّاس (٢) مجلس الكنيسة المشيخيّة [أو سلطتُهُ] (٣) الكِرْخ: بيتُ كاهنِ الرعية (كث).

pre·school [prē′sko͞ol′] *(adj.; n.)* (١) قَبْمَدْرسيّ: ذو علاقة بمرحلة ما قبل المدرسة الابتدائية § (٢) روضة الأطفال.

pre·sci·ence [prē′shĭ əns] *(n.)* البصيرة؛ علم الغيب: المعرفة السَّبقيّة.

pre·scient [prē′shĭ ənt] *(adj.)* ذو بصيرة؛ عالِمٌ بالغيب.

pre·sci·en·tif·ic [prē′sī′ən tĭf′ĭk] *(adj.)* قَبْعِلْميّ: ذو علاقة بالمرحلة السابقة لنشوء العلم الحديث أو لتطبيق الطريقة العلميّة.

pre·scind [prĭ sĭnd′] *(vt.; i.)* (١) يَفْصِل؛ يجرِّد: يعالج أمرًا ما على نحو مستقلّ عن غيره (٢) يَشْغَل؛ يَصْرِف الانتباه عن.

pre·score [prē skōr′] *(vt.)* يُسَجِّل سَبْقيًّا: يسجِّل الصوت مقدَّمًا لاستخدامه عند تصوير المشاهد السينمائيّة المقابلة له.

pre·scribe [prĭ skrīb′] *(vi.; t.)* (١) يَدَّعي بحُكم التقادم: يدَّعي اكتساب حقّ ما بحكم تمتّعه به مدة من الزمان يحددها القانون (٢) يفرض؛ يأمر؛ يقضي <Do what the laws ~.> (٣) يصف [الطبيب] علاجًا (٤) يَسْقط [الحقُّ] بمرور الزمان x (٥) يأمر أو ينصح باستعمال كذا <~*d* textbooks> (٦) يُسقِط بمرور الزمان.

pre·script [*adj.* prĭ skrĭpt′, prē′skrĭpt; *n.* prē′-] *(adj.; n.)* (١) مفروض [بوصفه قاعدةً أو أمرًا أو قانونًا] § (٢) قاعدة؛ أمر؛ قانون.

pre·scrip·tion [prĭ skrĭp′-] *(n.)* (١) حقّ التقادم: «أ» اكتساب حقّ ما بحكم التمتّع به مدة من الزمان يعيِّنها القانون. «ب» حقٌّ مكتسب بمرور الزمان (٢) ادعاء حقّ ما بمرور الزمان (٣) فَرْض؛ وَضْع قاعدةٍ أو نظام (٤) «أ» وصفة طبيّة؛ «رُشتّة». «ب» دواء موصوف [من قِبل الطبيب] (٥) «أ» عادة قديمة أو متقادمة. «ب» ادعاء مبنيّ على عادة قديمة أو عُرْف متقادم (٦) أمر؛ قاعدة؛ قانون.

pre·scrip·tive [-′tĭv] *(adj.)* (١) أمْريّ؛ فَرْضيّ؛ إرشاديّ؛ توجيهيّ؛ مِعياريّ <~ grammar> (٢) تقادُميّ: مكتَسَب بحقّ التقادم (را. المادة السابقة) أو مبنيّ أو متوقِّف عليه (٣) معتاد؛ مألوف <his ~ corner>.

pre·sell [prē′sĕl′] *(vi.)* يبيع سَبْقيًّا: يروِّج للسِّلعة قبل طرحها للبيع.

pres·ence [prĕz′əns] *(n.)* (١) حضور؛ وجود (٢) حضرة. وبخاصة: الحضرة الملكية إلخ (٣) طلعة؛ سيماء <a man of noble ~> (٤) شَبح؛ طيف؛ روح؛ كائن إلّهيّ.

in the ~ of — في حضرتِهِ؛ بحضوره.

presence chamber *(n.)* قاعة التشريفات.

presence of mind *(n.)* حضور الذهن؛ سرعة الخاطر.

pres·ent[1] [*n.* prĕz′ənt; *v.* prĭ zĕnt′] *(n.; vt.; i.)* (١) هديّة § (٢) «أ» يقدِّم. «ب» يقدِّم إلى. «ج» يعرض [مسرحيةً] على الجمهور (٣) يُهْدِي (٤) يمنح (٥) يتّهم؛ يقدّم شكوى ضدّ (٦) يُظهِر؛ يُبدي (٧) يسدِّد؛ يصوِّب [سلاحًا إلخ] x (٨) يتجلّى؛ يَبْرُز للعيان.

~ arms! — قدِّم سلاحك! حيِّ بالسلاح!

to ~ with — يعطي أو يقدِّم إلى.

pres·ent[2] [prĕz′-] *(adj.; n.)* (١) حاضر؛ موجود؛ غير غائب (٢) حاضر؛ حاليّ <the ~ government> (٣) حاضر؛ مضارع <verbs in ~ tense> § (٤) الزمن الحاضر (ل) (٥) المُضارع: صيغة الزمن الحاضر (ل) (٦) اليوم؛ الآن <At ~, people need courage.>.

by these ~*s* — بهذه الكلمات؛ بهذه الوثيقة.

for the ~, — مؤقّتًا.

pre·sent·a·ble [prĭ zĕn′tə-] *(adj.)* (١) صالحٌ للإهداء أو التقديم (٢) لائق (٣) حَسَن الطَّلعة أو البِزّة.

— **pre·sent·a·bil·i·ty** *(n.)*

pres·en·ta·tion [prĕz′ən tā′-; prē′zĕn tā′-] *(n.)* (١) «أ» تقديم. «ب» عرض لمسرحية. «ج» إهداء (٢) رمز أو صورة تمثِّل شيئًا ما <~ on radar screen> (٣) هدية (٤) الجِيئة (مج)؛ المجيء: وَضْع الجنين في الرحم عند المخاض (٥) *cap.* عد: عيد التَّجَلّي: عيد تجلّي مريم العذراء في الهيكل (٢١ نوفمبر) (٦) العَرْض: طريقة تقديم المعلومات اللاسلكية أو الرادارية [إلى ملّاح الطائرة إلخ].

pres·ent–day [prĕz′ənt dā′] *(adj.)* حاضر؛ حاليّ؛ مُعاصِر.

pres·en·tee [prĕz′ən tē] *(n.)* (١) المُقَدَّم: من تقدِّمُهُ إلى غيره [في مناسبة اجتماعية] (٢) المُهْدَى إليه.

pre·sen·tient [prĭ sĕn′shĭ-] *(adj.)* مُوجِسٌ: مستشعِرٌ حِسًّا داخليًّا.

pre·sen·ti·ment [prĭ zĕn′tə-] *(n.)* الشعور السَّبقيّ؛ الحِسّ الداخليّ: شعور القلب بقرب حدوث شيء.

pres·ent·ly [prĕz′-] *(adv.)* (١) توًّا (ا. ق) (٢) عمّا قريب (٣) الآن.

pre·sent·ment [prĭ zĕnt′-] *(n.)* (١) عَرْض؛ تقديم (٢) «أ» إظهار؛ إبداء للعِيان. «ب» شيء يُعْرَض إلخ. «ج» المظهر الذي يُعرَض فيه الشيء. «د» صورة؛ شَبَه (٣) شكوى أو اتهام [تقدّمه هيئة محلَّفين].

present participle *(n.)* اسم الفاعل <مثل *working*>.

present perfect *(n.; adj.)* (١) المُضارع التّامّ § (٢) خاصّ بهذه الصيغة.

present tense *(n.)* صيغة الزمن الحاضر أو المضارع (ل).

pre·serv·a·ble [prĭ zûr′-] *(adj.)* قابلٌ للوقاية أو الحفظ أو الصيانة.

pres·er·va·tion [prĕz′ər vā′-] *(n.)* وقاية؛ صيانة؛ حفظ؛ محافظةٌ على.

pre·ser·va·tive [prĭ zûr′və-] *(adj.; n.)* (١) واقٍ؛ حافظ؛ صائن § (٢) الواقي؛ الحافظ؛ الصائن: شيء يقي أو يحفظ أو يصون من. وبخاصة: «أ» مادة كيميائية لحفظ الأطعمة من الفساد. «ب» دواء يحفظ الصحة أو يقي من المرض.

pre·serve [prĭ zûrv′] *(vt.; i.; n.)* (١) «أ» يقي؛ يحفظ. «ب» يصون؛ يحمي (٢) يخلّل أو يسكّر أو يعلّب [للاستعمال في المستقبل] (٣) يحافظ على <to ~ one's composure> (٤) يحتفظ بشيء للاستعمال الشخصي أو لاستعمالٍ خاصّ x (٥) يحمي: يَعْمل على صيانة البيئة (٦) يَصْمُد: يحتفظ بخصائصه الطبيعية من طريق الحفظ أو التعليب § (٧) الحافظ؛ الصائن: شيء يَحْفظ أو يَصون أو مُعَدّ لكي يحفظ أو يصون (٨) *pl.* ا.ك: المحفوظات أو المعلّبات [من الفاكهة] (٩) الأرض الحرام: منطقة محظورةٌ رغبةً في صيانة حيواناتها أو أشجارها إلخ. وبخاصة: أرض محتَفَظٌ بها، في المقام الأول، للقنص أو لصيد الأسماك المنظَّم (١٠) الحَكْر: شيء يُعْتَبر محفوظًا أو محجوزًا لأشخاص معيَّنين.

pre·set [prē′sĕt′] *(vt.)* يَضْبُط [الآلة] سبقيًّا.

pre·shrunk [prē′shrŭngk′] *(adj.)* مُقَلَّصٌ سَبْقيًّا: صفةٌ لنسيج أُخْضع أثناء الصنع لعملية تقليص تخفيضًا لانكماشه عند الغَسْل.

pre·side [prĭ zīd′] *(vi.)* (١) يترأّس؛ يَرْئِس (٢) يُوجِّه؛ يُشرف على.

pres·i·den·cy [prĕz′ə dən sĭ] *(n.)* (١) الرئاسة: منصب الرئيس أو وظيفتُهُ أو مدته (٢) *cap.* أ.ك: رئاسة الجمهورية في الولايات المتحدة الأميركيّة (٣) توجيه؛ إشراف.

pres·i·dent [-dənt] *(n.)* (١) رئيس (٢) *cap.* أ.ك: رئيس جمهورية.

pres·i·dent-e·lect [-ĭ lĕkt′] *(n.)* الرئيس العتيد؛ الرئيس المُنتَخَب.

pres·i·den·tial [prĕz′ə dĕn′shəl] *(adj.)* رئاسيّ.

presidential government *or* **system** *(n.)* النظام الرئاسيّ: نظام حُكم يكون فيه رئيس الجمهورية غير مسؤول أمام البرلمان.

pre·sid·i·al [prĭ sĭd′ĭ əl] *(adj.)* (١) حَرَسيّ: ذو علاقة بحرسٍ أو حامية أو مؤلَّفٌ منهما (٢) رئاسيّ (٣) إقليميّ.

pre·sid·i·ar·y [prĭ sĭd′ĭ ĕr ĭ] *(adj.)* = presidial *1.*

pre·sid·i·o [prĭ sĭd′ĭ ō′] *(n.)* حِصْن؛ موقع [تذود عنه حامية].

pre·sid·i·um [prĭ sĭd′ĭ əm] *(n.)* pl. **-s** *or* **-ia** [ĭ ə] (١) اللجنة التنفيذية الدائمة: لجنة تنفيذية إدارية عليا [في الاتحاد السوفياتي سابقًا] (٢) لجنة تنفيذية [غير حكومية].

pre·sig·ni·fy [prē′sĭg′nə fī′] *(vt.)* يُنذِر؛ يكون نذيرًا بِـ.

pre·soak [prē′sōk′] *(vt.)* يَنْقع سَبقيًّا: ينقع مقدَّمًا أو سلفًا.

pre-So·crat·ic *(adj.)* قَبْسُقراطيّ: خاصّ بالفلاسفة اليونان قبل سقراط.

press [1] [prĕs] *(n.)* (١) «أ» حَشْد؛ جمهرة. «ب» احتشاد؛ ازدحام (٢) «أ» مِعْصَرة. «ب» مِضْغَط؛ مِكبس (٣) خزانة (٤) عصر؛ ضَغط؛ كَبْس؛ دَفْع (٥) الكيّة: مظهر الثوب الأملسُ بعد كَيِّه <out of ~> (٦) «أ» مِطبعة؛ آلة طابعة. «ب» طباعة. «ج» مؤسسة طباعيّة أو نَشْريّة (٧) «أ» الصحافة. «ب» الصحف والمجلات ونشرات الأخبار الإذاعية والتلفزيونية. «ج» رجال الصحافة ومذيعو نشرات الأخبار. «د» تعليق صُحُفيّ (٨) اضطرار؛ عجلة (٩) ضغط الأعمال؛ ضغط الأشغال التجارية إلخ.

press [2] *(vt.; i.)* (١) يدفع بقوّة مطَّردة (٢) يهاجم؛ يضايق؛ يُزعج (٣) يعصر؛ يضغط؛ يكبِس؛ يكوي (٤) «أ» يضغط على؛ يُكرِه. «ب» يناشد؛ يتوسل إلى (٥) «أ» يؤكّد على. «ب» يُلِحّ؛ يصرّ على. «ج» يحثّ؛ يستعجل (٦) يتابع؛ يواصل [مسلكًا أو خطة عمل] (٧) يعانق (٨) يستخرج أسطوانة مسجَّلة [عن أسطوانة فونوغرافية أمّ] x (٩) يحتشد؛ يزدحم (١٠) يشقّ طريقَهُ (١١) يلحّ؛ يتطلّب سرعة في العمل <Time ~*es.*>.

press [3] *(vt.; i.; n.)* (١) يُكرِه على أداء الخدمة العسكرية (٢) يصادر [للمصلحة العامة] § (٣) إكراهٌ على أداء الخدمة العسكرية [وبخاصة في الأسطول].

press agency *(n.)* وكالة دعاية [أو إعلانٍ].

press agent *(n.)* وكيلُ الدعاية [أو الإعلان].

press baron *(n.)* = press lord.

press·board [-′bōrd′] *(n.)* (١) لوح الكيّ [وبخاصة للأكمام] (٢) كرتون المطابع: ورق مُقَوًّى تُكْسَى به أسطوانة الآلة الطباعية.

press box *(n.)* مقصورة الصحافة: مكان مخصَّص للمراسلين الصِّحافيّين [وبخاصة في مُدَرَّج أو نحوه].

press-clipping; press-cut·ting *(n.)* القُصاصة: قُصاصة جريدة.

press conference *(n.)* = news conference.

pressed [prĕst] *(adj.)* (١) مضغوط: مكبوس (٢) مُعْسِر: شديد الحاجة إلى المال (٣) مستعجل <She was ~ for time.>.

press·er [prĕs′ər] *(n.)* (١) الكوّاء (٢) مِكْبَس؛ مِضغط.

press gallery *(n.)* مقصورة الصّحفيين [وبخاصة في مجلس العموم] (بر).

press-gang [prĕs′găng] *(n.)* كتيبة التجنيد: كتيبة يقودها ضابط، كانت تكلَّف بإكراه الناس على الالتحاق بالجيش أو الأسطول.

press·ing [prĕs′-] *(n.; adj.)* (١) مص press (٢) نسخة [من أسطوانة

فونوغرافية] § (٣) عاجل (٤) مُلِحّ؛ ماسٌّ <a ~ need> (٥) مِلحاح؛ لجوج <a ~ reporter> (٦) حارّ؛ حماسيّ.

press lord *(n.)* أمير الصِّحافة: ملكٌ من ملوك الصحافة.

press·man [prĕs′-] *(n.)* (١) الطابع؛ عامل المطبعة (٢) الصُّحُفيّ (بر).

press·mark [prĕs′märk′] *(n.)* دالّة الكِتاب: علامةٌ تُلْصق على كتاب لتدلّ على موضعه في المكتبة.

pres·sor [prĕs′ər] *(adj.)* رافعٌ لضغط الدّم (فس).

press photographer *(n.)* المصوِّر الصُّحفيّ.

press release *(n.)* (١) المُسَبَّقة الصحفيّة: مادة صحفية تُعْطَى إلى الجريدة أو المجلة مسبَّقًا لكي تُنشر في وقت تالٍ مُحَدَّد (٢) بيان صُحُفيّ.

press·room [prĕs′-] *(n.)* (١) حجرة الطابعات: حجرة تشتمل على الماكينات الطابعة [في مطبعة] (٢) حجرةٌ مخصَّصة للصحفيّين.

press·run [prĕs′-] *(n.)* الطَّبْعَة: «أ» دوران الآلة الطابعة على نحو متواصل حتى تنتج عددًا معيَّنًا من النسخ. «ب» المطبوع: عدد النُّسخ المطبوعة <a ~ of 5000>.

press secretary *(n.)* الأمين الصُّحُفيّ؛ السكرتير الصُّحُفيّ.

pres·sure [prĕsh′ər] *(n.; vt.)* (١) ضغْط (٢) كَبْسٌ (٣) القوّة المحرِّكة الكهربائية (٤) ثِقل؛ وطأة <the ~ of taxation> (٥) الإلحاح: الحاجة إلى العمل السريع والحاسم <the ~ of business> (٦) ضغط جَوّيّ § (٧) «أ» يَضْغط على. «ب» يُكرِه (٨) يكيِّف الضغط (طي) (٩) يطبخ في قدرٍ ضغطيّة.

pressure cabin *(n.)* الحُجَيْرة المُكيَّفة الضَّغط (طي).

pres·sure–cook *(vt.; i.)* يطهو ضَغْطيًّا: يطبخ في قدرٍ ضَغْطيّة.

pressure cooker *(n.)* القِدْر الضَّغطيّة: قِدْر معدنية تَطْبُخ بالضغط.

pressure cooker

pressure gauge *(n.)* مِقياس الضَّغط: «أ» أداة لقياس ضغط السائل أو الغاز. «ب» أداة لقياس ضغط المتفجِّرات.

pressure group *(n.)* جماعة الضغط: جماعةٌ مُشْتَرَكَةُ الأهداف تسعى للتأثير في سياسة الدولة دعمًا لمصالحها أو أهدافها.

pressure suit *(n.)* بِذْلة الضَّغط [تستخدم في الطيران الفضائي].

pres·sur·i·za·tion [prĕsh ə rə zā′-] *(n.)* (١) تكييف أو تكيُّف الضَّغط (٢) ضغط (٣) إكراه.

pres·sur·ize [prĕsh′-] *(vt.)* (١) يكيِّف الضغط (٢) يَضْغَط [الهواءَ إلخ].

press·work [prĕs′wûrk′] *(n.)* (١) إعمال الآلة الطابعة أو إدارتُها (٢) المطبوعات: نِتاج الآلة الطابعة.

pres·ti·dig·i·ta·tion [prĕs′tə dĭj′ə tā′-] *(n.)* حَواية؛ شَعْوَذة؛ خِفّة يد.

pres·ti·dig·i·ta·tor [-dĭj′ə tāt′ər] *(n.)* الحاوي؛ المُشَعْوِذ.

pres·tige [prĕs tēzh′] *(n.; adj.)* (١) اعتبار؛ جاه؛ مقام: احترام أو نفوذ ناشئان عن الثروة أو النجاح § (٢) وجيه؛ رفيع: «أ» ذو اعتبار أو جاه. «ب» مُوْرِثٌ اعتبارًا أو جاهًا.

pres·tig·ious [prĕs tĭj′əs; prə stēj′-] *(adj.)* = prestige 2.

pres·tis·si·mo [prĕ stĭs′ə mō′] *(adv.; adj.; n.)* (١) بسرعة فائقة (مو) § (٢) سريع جدًّا (مو) § (٣) مقطع سريع جدًّا (مو).

pres·to [prĕs′tō] *(adv.; adj.; n.)* (١) بسرعة (مو) (٢) توًّا؛ في الحال § (٣) سريع (مو) § (٤) مقطع سريع (مو).

pre·stress [prē′strĕs′] *(vt.; n.)* (١) يُجْهِد سَبْقيًّا: يجعل الخرسانةَ أقدرَ على التحمّل من طريق تقويتها بالقضبان الحديدية § (٢) الإجهاد السَّبقيّ.

pre·sum·a·ble [-zo͞o′-] *(adj.)* ممكنٌ افتراضُهُ أو التسليم به: محتمل.

pre·sume [prĭ zo͞om′] *(vt.; i.)* (١) يتجرّأ على <May I ~ to tell you that...?> (٢) يفترض؛ يُسَلِّم بِـ (٣) يستغلّ <Don't ~ on his good nature by borrowing from him daily.>.

pre·sumed·ly [prĭ zo͞o′-] *(adv.)* من المفترَض؛ من المُسَلَّم بصحّته.

pre·sum·ing [prĭ zo͞om′-] *(adj.)* متجرِّئ؛ متواقح؛ وقِح.

pre·sump·tion [prĭ zŭmp′shən] *(n.)* (١) جَراءة؛ وقاحة (٢) افتراض؛ تسليمٌ بِـ (٣) تحدُّس؛ استدلال بالقرينة.

pre·sump·tive [-′tĭv] *(adj.)* (١) ظنّيّ: داعٍ أو مُفْسِحٌ المجال للافتراض <~ evidence> (٢) افتراضيّ؛ احتماليّ <the ~ heir>.

pre·sump·tu·ous [prĭ zŭmp′cho͞o əs] *(adj.)* = presuming.

pre·sup·pose [prē′sə pōz′] *(vt.)* (١) يفترض سبقيًّا؛ يفترض مقدَّمًا (٢) يستلزم؛ يقتضي ضمنًا.

prêt–a–por·ter [prĕt′ä pôr tā′] *(n.)* الملابس الجاهزة.

pre·tax [prē′tăks′] *(adj.)* قَبْضَريبيّ <~ income>.

pre·teen [-′tēn′] *(adj.)* يافع: لمّا يبلغْ بعدُ الثالثة عشرةَ من العمر.

pre·tence [prĭ tĕns′; prē′tĕns] *(n.)* = pretense.

pre·tend [prĭ tĕnd′] *(vt.; i.)* (١) يدّعي؛ يَزْعُم (٢) يتظاهر بِـ (٣) يتجرّأ على x (٤) يطالب [بشيء من غير أن يكون له حقٌّ صريحٌ فيه].

pre·tend·ed [prĭ tĕn′dĭd] *(adj.)* زائف؛ كاذب؛ مزعوم.

pre·tend·er [prĭ tĕn′-] *(n.)* (١) المدَّعي؛ الزاعم. وبخاصة: المطالب بعرش ليس له حقّ صريح فيه (٢) المتظاهر بِـ.

pre·tense *or* **pre·tence** [prĭ tĕns′; prē′-] *(n.)* (١) دعوى؛ زعم (٢) ادعاء (٣) مَظْهر (٤) حُجّة؛ ذريعة؛ ستار (٥) تظاهر بِـ.

pre·ten·sion [prĭ tĕn′shən] *(n.)* (١) حُجّة؛ ذريعة (٢) «أ» دعوى؛ زعم؛ مطلب. «ب» ادّعاء؛ مطالبة بِـ (٣) طُموح (٤) خُيَلاء؛ غرور.

pre·ten·tious [-′shəs] *(adj.)* (١) مُدَّعٍ؛ عريض الدعوى (٢) فَخْم؛ طَنّان؛ رَنّان <~ language> (٣) طَموح <a ~ program>.

pret·er·it; -e [prĕt′ər ĭt] *(adj.; n.)* (١) ماضٍ § (٢) صيغة الماضي (ل).

pre·ter·mi·nal [prē′tûr′-] *(adj.)* قَبْمَوْتيّ: حادثٌ قبل الموت.

pre·ter·mis·sion [prē′tər mĭsh′ən] *(n.)* (١) تجاوزٌ عن؛ إغفال؛ حَذْف.

ă at; ā date; â care; ä car; ĕ egg; ē me; ĭ in; ī bite; ŏ lot; ō bone; ô orphan; **oi** boil; o͝o good; o͞o boot; **ou** out; ŭ under; û urgent; ə = *a* in alone, *e* in system, *i* in easily, *o* in gallop, *u* in circus.

(٢) إهمال (٣) تعليق ؛ وقفٌ مؤقَّت .

pre·ter·mit [prē′tər mĭt′] *(vt.)* (١) يتجاوز عن ؛ يُغفِل ؛ يحذف (٢) يُهمِل (٣) يقطع ؛ يوقف مؤقتًا ؛ يعلّق .

pre·ter·nat·u·ral [prē′tər năch′-] *(adj.)* (١) شاذّ ؛ غير سويّ (٢) استثنائيّ <~ strength> (٣) خارق للطبيعة <~ phenomena> .

pre·test [-tĕst′] *(n.; vt.)* (١) اختبار أوّليّ § (٢) يُخْضِعُهُ لاختبار أوّليّ .

pre·text [prē′-] *(n.; vt.)* (١) حُجّة ؛ ذريعة ؛ ستار § (٢) يتذرَّع بـِ .

pre·tor; pre·to·ri·an [prē′-] = praetor; praetorian.

pre·treat·ment [prē trēt′-] *(n.)* معالجة سَبْقيّة .

pret·ti·fy [prĭt′ə fī′] *(vt.)* يُجَمِّل ؛ يُحَسِّن إلخ .

pret·ti·ly [prĭt′ĭ lĭ] *(adv.)* على نحو ظريف أو جميل أو حسن إلخ .

pret·ti·ness *(n.)* (١) ظَرْف ؛ جمال ؛ ملاحة ؛ حُسْن (٢) شيء ظريف إلخ .

pret·ty [prĭt′ĭ] *(adj.; adv.; n.; vt.)* (١) «أ» بارع أو متطلب براعة . «ب» مناسب ؛ في محلّه (٢) «أ» ظريف ؛ لطيف . «ب» جميل ؛ وسيم ؛ مليح (٣) حَسَن ؛ جيّد ؛ ممتاز (٤) سيِّئ ؛ رهيب <a ~ state of affairs> (٥) ضخم بعض الشيء § (٦) إلى حدٍّ ما (٧) جدًّا ؛ إلى حدٍّ بعيد (٨) على نحو ظريف أو جميل أو حَسَن § (٩) *pl.*: ملابس أنيقة . وبخاصة : ملابس النساء التحتية (١٠) شخص أو شيء جميل إلخ § (١١) يُجَمِّل ؛ يُحَسِّن <tried to ~ up his house>.

a ~ penny — ثروة ؛ مبلغ ضخم من المال (ع).
~ much — قريب جدًّا ؛ مقاربٌ لما كان متوقَّعًا .
pretty-pretty — جميل على نحو متصنِّع أو متكلّف .
sitting ~, — (١) غنيّ (٢) ذو وضعٍ أو مركزٍ حسن .

pret·ty–spo·ken *(adj.)* حُلْوُ الحديث ؛ عَذْبُ الكلام .

pre·tu·ber·cu·lar *or* **pre·tu·ber·cu·lous** [prē′tyōō bûr′kyə-] *(adj.)* (١) قَبْسُلّيّ : سابق لظهور داء السُّل (٢) معرَّض للإصابة بالسُّل .

pre·typ·i·fy [prē tĭp′ə fī′] *(vt.)* = prefigure.

pret·zel [prĕt′səl] *(n.)* العُقْديّة : بسكويتة قاسية مملَّحة الظاهر شبيهةٌ شكلُها بالعُقْدة .

pretzel

pre·vail [prĭ vāl′] *(vi.)* (١) يفوز ؛ ينتصر <They ~*ed* against their foes.> (٢) يسود ؛ ينتشر ؛ يعمّ <Dead silence ~*ed*.> (٣) يغلِب على : يكون هو العنصر الغالب أو السِّمة الأهمّ في <Blue tints ~ in the picture.>.

to ~ on, upon, *or* with — يُقْنِعُهُ بكذا بعد إلحاح .

pre·vail·ing [prĭ vā′-] *(adj.)* (١) متغلِّب ؛ مُسَيْطِر ؛ سائد (٢) غالب ؛ شائع ؛ سائد ؛ منتشر (٣) فعّال ؛ مؤثِّر .

prev·a·lence [prĕv′ə-] *(n.)* (١) سَيْطرة ؛ غَلَبة (٢) تَفَشٍّ ؛ انتشار .

prev·a·lent [prĕv′ə lənt] *(adj.)* (١) قويّ (ا. ق) (٢) مُسَيْطِر ؛ غالب ؛ سائد (٣) مُتَفَشٍّ ؛ منتشر .

pre·var·i·cate [prĭ văr′ə kāt′] *(vi.)* يُراوغ ؛ يُوارِب .

pré·ve·nance [prāv′ə näns′] *or* **pre·ven·ience** [prĭ vēn′yəns] *(n.)* المبادَرة المُجامِلة : مبادرة إلى مجاملة المرء أو خدمته قبل إبداء رغبته في ذلك .

pre·ven·ient [prĭ vēn′yənt] *(adj.)* (١) سابق (٢) ابتدائيّ : مُنْطوٍ على توقُّعٍ ومبادرة (٣) واقٍ ؛ وقائيّ .

pre·vent [-vĕnt′] *(vt.; i.)* (١) يمنع ؛ يَحول دون (٢) يعوق ؛ يوقِف .

pre·ven·ta·tive [prĭ vĕn′tə tĭv] *(adj.; n.)* = preventive.

pre·ven·tion [prĭ vĕn′shən] *(n.)* (١) مَنْع ؛ إعاقة (٢) وقاية .

pre·ven·tive [prĭ vĕn′tĭv] *(adj.; n.)* (١) وقائيّ <~ medicine> § (٢) الواقي : عاملٌ أو إجراء أو علاج وِقائيّ .

pre·ver·bal *(adj.)* (١) قَبْفِعليّ : واقعٌ قبلَ الفعل (ل) (٢) قَبْنُطقيّ ؛ قَبْكلاميّ <a ~ child> .

pre·view [prē′vyōō′] *(vt.; n.)* (١) يَرى مقدَّمًا . وبخاصة : يُشاهد أو يُري شيئًا قبل عرضه على الجمهور (٢) يعطي نظرةً عامّة تمهيدية عن § (٣) مشاهدة أو عرض مسبَّق (٤) العرْض السَّبقيّ : عرضُ مشاهدَ مختلفةٍ من شريط سينمائي مُعْلَنٍ عن ظهوره في مستقبل قريب (٥) نظرة عامة تمهيدية .

pre·vi·ous [prē′vĭ əs] *(adj.; adv.)* (١) سابق ؛ سالف ؛ ماضٍ (٢) متسرِّع § (٣) قبل <a policy advised ~ to 1720> .

pre·vious·ly [-lĭ] *(adv.)* سابقًا ؛ قَبْلًا ؛ مِن قَبْلُ .

previous question *(n.)* العودة إلى الأصل : اقتراح يدعو البرلمان إلى التصويت على المسألة الرئيسية المطروحة على بساط البحث ووقف كل مناقشة إضافيّة لها .

pre·vise [prĭ vīz′] *(vt.)* (١) foresee (٢) يُحَذِّر مقدَّمًا .

pre·vi·sion [prē vĭzh′ən] *(n.; vt.)* (١) بصيرة ؛ معرفة سَبْقيّة (٢) حِسّ باطنيّ <Some ~ warned him of trouble.> § (٣) يُدْرِك سَبْقيًّا أو قبل الحدوث .
— **pre·vi·sion·al** *(adj.)*

pre·vo·cal·ic [prē′vō kăl′-] *(adj.)* قَبْعِلّيّ : واقعٌ قبل حرف العلّة (ل) .

pre·vo·ca·tion·al [-kā′shən əl] *(adj.)* قَبْمِهْنيّ : مُعطًى أو مطلوب قبل الالتحاق بمدرسة مهنية <~ courses> .

pre·vue [prē′vyōō′] *(vt.; n.)* = preview.

pre·war [prē′wôr′] *(adj.)* قَبْحَرْبيّ : كائنٌ أو حادثٌ قبل الحرب .

prex·y [prĕk′sĭ] *or* **prex** *(n.)* رئيس . وبخاصة : رئيس كليَّةٍ أو جامعة .

prey [prā] *(n.; vi.)* (١) غنيمة (ا. ق) (٢) «أ» فريسة . «ب» ضحية (٣) افتراس إلخ § (٤) يغزو (٥) «أ» يفترس . «ب» يقترف عملًا من أعمال العنف أو السرقة أو الاحتيال (٦) يؤذي ؛ يدمِّر ؛ يُتلف .

to ~ on *or* upon — (١) يفترس (٢) يؤذي ؛ يثير ؛ يُنهك (٣) يسرق ؛ ينهب .

pri·a·pic [prī ăp′ĭk] *(adj.)* = phallic.

Pri·a·pus [prī ā′pəs] بريابوس : إلَه الإنجاب والقوة الجنسية عند الذكور [في الميثولوجيا اليونانية].

price [prīs] *(n.; vt.)* (١) قيمة (ا. ق) (٢) سِعر (٣) ثمن § (٤) يُسعِّر ؛ يحدِّد السعر (٥) يسأل عن السعر (ع).
— **pric·er** *(n.)*

above, beyond *or* without ~, — لا يُثمَّن ؛ لا يقدَّر بمال ؛ نفيس إلى درجة تجعل المرء عاجزًا عن شرائه .
at any ~, — بأيّ ثمن ؛ مهما كلّف الأمر .
Every man has his ~, — كلّ ذِمَّةٍ ولها ثمن : كل امرئ يُمكن أن يُرْشَى

بما يتناسب مع أهميّته.

price–cut·ter [prīs′kŭt′ər] *(n.)* كاسِر السِّعر: من يخفِّض الأسعار تخفيضًا كبيرًا يعجز المنافسون عن مجاراتِهِ فيه.

price index *(n.)* مؤشِّر الأسعار (اد).

price·less [prīs′ləs] *(adj.)* (١) بالغ النفاسة؛ لا يُقدَّر بثمن <~ paintings> (٢) غالٍ جدًا <~ cars> (٣) «أ» سخيف <He is a ~ old fellow.> «ب» مضحك جدًا <It was a ~ joke.>.

price list *(n.)* قائمة الأسعار (تج).

price tag *(n.)* (١) بطاقة التسعير: بطاقة توضع على السلعة لتبيِّن سعرها (٢) سِعْر؛ ثَمَن.

pric·ey *also* **pric·y** [prī′sĭ] *(adj.)* غالٍ؛ غير رخيص.

prick [prĭk] *(n.; vt.; i.)* (١) ثَقْب [يُحْدَث بإبرة أو شوكة إلخ] (٢) «أ» أداة مستدقة الطرَف [كالمِثقب أو المِنْخَس]. «ب» عضوٌ أو جزء ناتئ مستدق الطرف (٣) «أ» وخزة. «ب» وَخْزٌ. «ج» ألم حادّ (٤) القضيب؛ آلة الرَّجُل (ع) § (٥) يَثْقُب (٦) يَخِز (٧) يَنْخَس (٨) يَسِم بعلامة صغيرة (٩) يَنْقل النَّبْتة [من مكانٍ ما ليغرسها في مكان آخر] x (١٠) يستشعر ضيقًا [وكأن شيئًا يَخِزُهُ] (١١) ينطلق بسرعة [ممتطيًا صهوة جواده] (١٢) تنتصب [أُذُنا الحيوان].

to ~ up one's ears يُتلِع أُذُنَيْه؛ يصغي بانتباه شديد.

prick·er [-′ər] *(n.)* (١) فا prick. وبخاصة: فارس (٢) شوكة؛ مِثقب.

prick·et [prĭk′ĭt] *(n.)* (١) مَغْرَز الشمعة: «شوكة» معدنية تُغْرز فيها الشمعة (٢) الشمعدان الشائك: شمعدان ذو شوكة أو أشواك (٣) الوَعْل [في عامه الثاني].

pricket 2.

prick·le [prĭk′əl] *(n.; vt.; i.)* (١) شوكة (٢) وَخْزٌ § (٣) يَخِز؛ يثقب؛ يَنْخَس.

prick·li·ness *(n.)* الشائكيّة؛ الواخِزية: كون الشيء شائكًا أو واخِزًا.

prick·ly [prĭk′lĭ] *(adj.)* (١) شائك؛ مليء بالشوك (٢) واخز؛ لاسع (٣) «أ» مُغيظ؛ مضايق. «ب» حسّاس أو سريع الغضب.

prickly ash

prickly ash *(n.)* الفاغرة: شجيرة شائكة عطِرة.

prickly heat *(n.)* الحَصَف: طَفْح جلديّ مصحوب بوخز وحِكّة (مض).

prickly pear

prickly pear *(n.)* الكُمَّثْرى الشائكة؛ الإجّاص الشائك (نب).

prickly poppy *(n.)* الخشخاش الشائك؛ الأرغامونيّة الشائكة.

pride [prīd] *(n.; vt.)* (١) «أ» غرور؛ عُجْب. «ب» كبرياء؛ اعتداد بالنفس. «ج» تِيْهٌ؛ زَهْوٌ (٢) ازدراء؛ احتقار (٣) «أ» أُبَّهة (ا.ق). «ب» زهرة؛ ريعان <in the ~ of manhood> (٤) المَفْخرة: كلّ ما يعتزّ به المرء (٥) جماعة من الحيوان [كالأسود والطواويس بخاصة] § (٦) يَعْتزّ؛ يفتخر؛ يَتباهى.

to ~ oneself on يعتزّ أو يفتخر بـ.

pride·ful [prīd′fəl] *(adj.)* (١) فَخور (٢) متكبِّر (٣) تيّاه.

Pride of China *(n.)* الأَزادَرَخت؛ الزَّنْزَلَخْت (نب).

pride of place *(n.)* قِمة؛ ذِروة.

prie–dieu [prē dyœ′] *(n.)* المَرْكع: «أ» كرسيّ خفيض ذو مِسْند للذراعين وآخر للكتاب. «ب» كرسيّ خفيض مُنَجَّد عالي الظَّهر غير ذي ذراعين.

prie-dieu b.

pri·er [prī′ər] *(n.)* فا pry. وبخاصة: المتفحِّص أو المستطلع بتطفّل.

priest [prēst] *(n.)* كاهن؛ قِسِّيس؛ قَسّ.

priest·craft [prēst′krăft] *(n.)* الكِهانة: براعة الكهنة أو معرفتهم أو سياساتهم أو أساليبهم.

priest·ess [prēs′tĭs] *(n.)* (١) كاهنة؛ قِسّيسة (٢) زعيمةُ [حركةٍ إلخ].

priest·hood [prēst′hŏŏd] *(n.)* (١) الكِهانة؛ الكَهَنوت: منصب الكاهن أو وضعه (٢) جماعة الكهنة.

priest·ly [prēst′lĭ] *(adj.)* (١) كَهَنوتيّ (٢) لائق بكاهنٍ أو مميِّز له.

priest–rid·den [-′rĭd′ən] *(adj.)* خاضع لحكم الكهنة أو سيطرتهم.

prig [prĭg] *(n.)* (١) لصّ (٢) المُتَزَمِّت: المتمسّك حتى الإزعاج بالمبدأ أو الواجب أو السلوك الحسن [مع ازدهاء بالنفس وازدراء للآخرين].

— **prig·gish** *(adj.)* — **prig·ger·y; prig·gish·ness; prig·gism** *(n.)*

prim [prĭm] *(vt.; adj.)* (١) يَزُمّ شفتيه [على نحوٍ متأنق أو متكلِّف] (٢) يُؤَنِّق: يجعله أنيقًا § (٣) متكلِّفُ الجِدِّ [أو الاحتشام] (٤) مُتزمِّت (٥) أنيق.

pri·ma ballerina [prē′mə] *(n.)* الراقصة الأولى [في فرقة باليه].

pri·ma·cy [prī′mə sĭ] *(n.)* (١) الأوَّليّة [في الترتيب أو المنزلة أو الأهمية] (٢) منصب كبير الأساقفة أو مقامه (٣) سلطة البابا العليا.

pri·ma don·na [prē′mə dŏn′ə] *(n.)* (١) المُغَنِّية الأولى [في الأوبرا ونحوها] (٢) الإمِّير: شخص يأنف من العمل تحت إمرة غيره.

pri·ma fa·ci·e [prī′mə fā′shĭ ē′; -fā′shĭ] *(adv.; adj.)* (١) لأول وهلة § (٢) ظاهريّ (٣) بديهيّ (٤) ظاهريّ؛ كافٍ لإثبات واقعة، أو دعوى، ما لم يُنْقَضْ بالدليل <~ evidence>.

pri·mage [prī′mĭj] *(n.)* الأجر الإضافيّ: علاوة كان الشاحن يدفعها إلى ربّان المركب وملّاحيه لقاء تحميل السِّلع والعناية بها.

pri·mal [prī′-] *(adj.)* (١) أوّلي؛ أصليّ؛ بدائيّ (٢) أساسيّ؛ رئيسيّ.

pri·mar·i·ly [prī′mĕr′-] *(adv.)* (١) في المقام الأول؛ قبل كلّ شيء (٢) أوّلًا؛ أساسًا؛ في الأصل <became ~ an industrial city>.

pri·mar·y[1] [prī′mĕr′ĭ] *(adj.)* (١) «أ» ابتدائيّ؛ بدائيّ. «ب» أوّل (جي) (٢) «أ» رئيسي. «ب» أساسي. «ج» قادميّ: خاصّ بقوادم الجناح أو مؤلِّف لها. «د» زراعيّ؛ جِراجيّ. «هـ» حاضر؛ مضارع؛ مستقبل <~ tense> (٣) «أ» مباشر. «ب» أوّليّ؛ أصلي: صفة لأيّ من الألوان التي تُشْتَقّ منها سائر الألوان <a ~ color>. «ج» أوّليّ <~ sources> (٤) ابتدائيّ؛ أوّليّ («ك» و«فز»).

pri·mar·y[2] *(n.)* (١) شيء أساسيّ أو أوّليّ (٢) الكوكب السيّار (فل).

في أول بطن تحمله. «ب» الأنثى التي ولدت مرة واحدة فقط.

prim·i·tive [prĭm'ə tĭv] *(adj.; n.)* (١) أصليّ؛ أوّليّ (٢) «أ» بدائيّ؛ فطريّ. «ب» قديم. «ج» عتيق الطراز أو الزيّ. «د» في مراحل نموّه أو تطوّره الأولى (٣) «أ» طبيعي. «ب» ساذج؛ بسيط (٤) ذاتيّ التّثقُّف: «أ» مُثقِّفٌ نفسَهُ بنفسه. «ب» من إنتاج [أو عمل] فنّانٍ ثقَّف نفسَهُ بنفسه § (٥) شيء بدائيّ (٦) جِذْر (ل) (٧) الفنان البدائيّ: «أ» فنان ينتسب إلى عهد قديم، وبخاصة إلى عهد سابق لعصر النهضة الأوروبية. «ب» فنان درس الفن على نفسه. «ج» فنان تتسم آثاره بالسذاجة والبساطة (٨) الأثر البدائيّ: أثر فنّي من أعمال فنانٍ بدائيّ (٩) البِدائيّ: أحد أفراد شعب بدائيّ (١٠) الساذج: شخص بسيط.

prim·i·tiv·ism [-ĭz'əm] *(n.)* (١) البِدائيّانيّة؛ الفِطرانيّة: الإيمان بأفضلية الحياة الفطرية المشدودة الجذور إلى الطبيعة (٢) البِدائيّانيّة؛ الفنيّة البدائية: أسلوب الفن الخاص بالشعوب البدائية أو بالفنانين البدائيين.

—**prim·i·tiv·ist** *(n.; adj.)* —**prim·i·tiv·is·tic** *(adj.)*

prim·ness [prĭm'-] *(n.)* (١) تكلُّف الجِدّ [أو الاحتشام] (٢) تزمُّت (٣) تأنُّق.

pri·mo [prē'mō] *(adv.)* أوّلًا؛ في المقام الأول.

pri·mo·gen·i·tor [prī'mə jĕn'ə tər] *(n.)* سَلَفٌ؛ جَدٌّ.

pri·mo·gen·i·ture [-'ə chər] *(n.)* (١) البُكورة: كون المرء بِكْرَ أبويه (٢) حقّ البُكورة: حقّ البِكر في الإرث كله.

pri·mor·di·al [prī môr'-] *(adj.)* (١) بِدائيّ؛ قديم (٢) أصليّ (٣) أساسيّ.

primp [prĭmp] *(vt.; i.)* (١) «أ» يكسو بعناية بالغة. «ب» يزيّن أو يرتِّب باهتمام شديد **x** (٢) يتزيَّن؛ يتطوَّس؛ يتبرَّج.

prim·rose [prĭm'rōz'] *(n.; adj.)* (١) زهرة الربيع؛ كعب الثلج (نب) § (٢) حافل بزهر الرَّبيع <a ~ bank> (٣) أصفر فاتح؛ أصفر شاحب.

primrose path *(n.)* (١) سبيل المتعة واللهو. وبخاصة: سبيل أو طريق الشهوات (٢) سبيل المقاومة الأقلّ.

primrose yellow *(n.)* الأصفر الفاتح (لون).

prim·u·la [prĭm'yə lə] *(n.)* = primrose *1*.

pri·mus [prī'məs] *(n.)* (١) كبير الأساقفة [في الكنيسة الإسكتلنديّة] (٢) البريموس: وابور كاز للطبخ ونحوه.

pri·mus in·ter pa·res [prē'mōōs ĭn'tĕr pä'rĕs] *(n.)* الأول أو المقدَّم بين أكفاء.

prince [prĭns] *(n.)* (١) مَلِك (١. ن) (٢) أمير.

Prince Al·bert *(n.)* الأمير ألبرْت: سترة طويلة بِصَفَّيْ أزرار.

Prince Charming *(n.)* أمير الأحلام: خطيب يحقّق أحلام محبوبته.

prince consort *(n.)* الأمير العَشير: زوج الملكة الحاكمة.

prince·dom [prĭns'dəm] *(n.)* إمارة.

prince·kin; prince·let; prince·ling *(n.)* الأُمَيّر: أميرٌ صغير.

prince·li·ness [prĭns'lĭ-] *(n.)* (١) الأميرية: الصفة الأميرية أو المسلك الأميري (٢) ترف؛ فخامة (٣) سخاء؛ جُود.

(٣) القادمة: إحدى قوادم الجناح أو ريشاته الكبار (٤) لون أوّليّ أو أصليّ (٥) عد *pl.* primary elections.

primary accent *(n.)* النَّبرة الأوّليّة [في لفظةٍ ما] (ل).

primary cell *(n.)* الخليّة الأوّليّة؛ الخلية الكَلْفانيّة.

primary coil *(n.)* الملفّ الابتدائيّ (كب).

primary consumer *(n.)* العاشب: آكل العشب (را. herbivore).

primary elections *(n. pl.)* الأوّليّات؛ الانتخابات الأولية: انتخابات يختار فيها حزب سياسي مرشحيه في انتخابات قادمة.

primary road *(n.)* الطريق الرئيسية.

primary school *(n.)* المدرسة الأولية (تر).

primary tooth *(n.)* = milk tooth.

pri·mate [prī'māt'] *(n.)* (١) *cap.* l ك: كبير الأساقفة (٢) زعيم (٣) الحيوان الرئيس: واحد الرئيسات **Primates** وهي رتبة من الثدييات تشمل الإنسان والقرد والسَّعدان.

—**pri·ma·tial** *(adj.)*

prime[1] [prīm] *(n.)* (١) الساعة الأولى من النهار (٢) «أ» فاتحة؛ مَطْلَع؛ صَدْر. «ب» ربيع. «ج» شباب (٣) «أ» صَفوة؛ نخبة. «ب» رَيعان؛ شَرْخ؛ مَيْعَة <~ of youth> (٤) العدد الأوّليّ أو الأصمّ (ر) (٥) الرَّمز (') (٦) prime rate.

prime[2] *(adj.)* (١) أصليّ؛ أساسيّ (٢) أوّليّ؛ أصمّ: لا ينقسم من غير باقٍ إلا على نفسه أو على واحد <5 is a ~ number.> (٣) «أ» رئيسيّ <~ minister> «ب» أوّل <~ virtues>. (٤) ممتاز <~ beef>.

prime[3] *(vt.; i.)* (١) «أ» يملأ. «ب» يشحن؛ يُعمِّر البندقية (٢) يُعِدّ للإطلاق [بالتزويد بفتيلة] (٣) يَدْهن باللون الأول؛ يكسو بالطبقة التحضيرية من الطلاء (٤) يُعِدّ؛ يهيِّئ (٥) يُلَقِّن <to ~ a witness> (٦) يَحْفِز؛ يَحُثّ (٧) يُتْخِم بالطعام أو الشراب (ع) **x** (٨) يُصبح أوّلَ.

prime cost *(n.)* الثمن الأصلي: ذلك الجزء من ثمن السلعة المؤلَّفُ من مجموع ما دُفع ثمنًا لموادّها الأولية وأجرًا على صنعها (اد).

prime meridian *(n.)* خطّ الزوال الأوّليّ أو الأصليّ.

prime minister *(n.)* الوزير الأول: رئيس الوزارة؛ رئيس الوزراء.

prime mover *(n.)* (١) المحرِّك الأول [في فلسفة أرسطو] (٢) المحرِّك الأساسيّ (مك) (٣) جرّار؛ جرّارة؛ تراكتور.

prim·er[1] [prĭm'ər] *(n.)* (١) الكتاب الأول [لتعليم مبادئ القراءة] (٢) الكتاب التمهيدي [في موضوع ما] (٣) الأوّليّ: حرف مطبعي قياس ١٨ بنطًا [ويدعى ~ great] أو ١٠ أبناط [ويدعى ~ long].

prim·er[2] *(n.)* الشُّعيلة؛ الكبسولة؛ المطعِّم؛ الفتيل (جن).

prime rate *(n.)* الفائدة الفُضْلَى (اد).

pri·me·ro [prĭ mâr'ō] *(n.)* البريمار: لعبة من ألعاب الورق أو الشَّدّة.

pri·me·val [prī mē'vəl] *(adj.)* بِدائيّ؛ قديم.

prim·ing [prī'mĭng] *(n.)* (١) مص prime (٢) primer[2] (٣) الطَّلْية الأوّليّة: طبقة الدهان التحضيرية أو الأولى.

pri·mip·a·ra [prī mĭp'ə rə] *(n.)* pl. **-s** *or* **-rae** [rē] الخَروس: «أ» البكر

prince·ly [-ʹlĭ] *(adj.)* (١) أميريّ (٢) مُتْرَف ؛ فَخْم (٣) سَخِيّ ؛ فاخر .

Prince of Darkness مَلِك الظَّلام : إبليس ؛ الشيطان .

Prince of Peace مَلِك السَّلام : يسوع المسيح .

Prince of Wales [wālz] أمير ويلز : لقب وليّ عهد بريطانيا .

prince regent *(n.)* الأمير الوصيّ : أميرٌ وصيٌّ على العرش .

prince royal *(n.)* الأمير الملكيّ : وليّ العهد .

prince's–feath·er *(n.)* قَطيفة الذَّيل : نبات عناقيده زهرية حمراء .

prin·cess [1] [prĭnʹsəs] *(n.)* الأميرة : «أ» بنت الملك . «ب» زوجة الأمير .

prin·cess [2] [prĭnʹsəs] *or* **prin·cesse** [prĭn sĕsʹ] *(adj.)* ضيِّق ؛ وحيدُ القطعة <~ gowns> .

princess royal *(n.)* الأميرة الملكية : كبرى بنات الملك أو الملكة .

prin·ci·pal [prĭnʹsə pəl] *(adj.; n.)* (١) رئيسي ؛ رئيس § (٢) «أ» الرئيس ؛ المدير . «ب» مدير المدرسة (٣) المُوَكِّل (ق) (٤) «أ» الفاعل الأصلي : المسؤول المباشر عن جريمة ما . «ب» الغريم الأصلي : المسؤول الأول عن دفع دَيْن مُجَيَّر من قِبل شخص آخر (٥) النجم : فنّان لامع (٦) «أ» شيء رئيسي . «ب» رأس المال .

principal clause *(n.)* الجملة الرئيسية (ل) .

prin·ci·pal·i·ty [prĭnʹsə pălʹ-] *(n.)* (١) الإمارة ؛ المديرية : منصب الأمير أو المدير (٢) ولاية ؛ إمارة (٣) طبقة [من طبقات الملائكة] .

prin·ci·pal·ly [prĭnʹ-] *(adv.)* قبل كل شيء ؛ في المقام الأول .

principal parts *(n. pl.)* الصِّيغ الرئيسية : صِيَغ الفعلِ الأساسية الثلاث التي تُبْنَى منها سائرُ صِيَغِهِ <مثل sing, sang, sung> .

prin·ci·pal·ship [prĭnʹsə pəl-] *(n.)* رئاسة ؛ مديرية .

prin·cip·i·um [prĭn sĭpʹĭ əm] *(n.)* pl. **-cip·i·a** مبدأ أساسيّ .

prin·ci·ple [prĭnʹsə pəl] *(n.)* (١) مبدأ ؛ قاعدة (٢) معتقَد أساسي (٣) «أ» قاعدة عمل أو سلوك . «ب» استقامة ؛ شرف (٤) أصل ؛ مصدر ؛ منشأ (٥) العنصر المميِّز : عنصر من عناصر مادة ما ، يجعل لها صفة أو أثرًا ما <the bitter ~ in quinine>.

in ~, من حيث المبدأ .

on ~, (١) وفقًا لمبدأ ما (٢) لأسباب متعلِّقة بالسلوك القديم .

prin·ci·pled [prĭnʹsə pəld] *(adj.)* ذو مبادئ .

prink [prĭngk] *(vt.; i.)* (١) يزيِّن x (٢) يتزيَّن ؛ يتبرَّج ؛ يتطوَّس .

print [prĭnt] *(vt.; i.; n.; adj.)* (١) يَبْصُم ؛ يَسِم (٢) يطبع (٣) يستخرج صورة فوتوغرافية [عن صورة سلبيّة] x (٤) يعمل في الطباعة (٥) يكتب بحروف منفصلة § (٦) بصمة ؛ سِمة ؛ أثر (٧) طبعة [من كتاب إلخ] (٨) مِبْصَم ؛ مِيْسَم (٩) «أ» الحالة أو الصورة الطباعية . «ب» صناعة الطباعة (١٠) نشرة مطبوعة ؛ صحيفة ؛ مجلّة (١١) أحرف مطبوعة <This novel has clear ~.> (١٢) «أ» نسخة مطبوعة . «ب» قماش مطبوع (١٣) «أ» صورة فوتوغرافية [مستخرجة عن صورة سلبية] . «ب» صورة مطبوعة [عن كليشيه] § (١٤) طباعيّ .

in ~, (١) على شكل طباعيّ (٢) مُتَوَفِّر : مطبوع ومعروض للبيع [في المكتبات] .

out of ~, نافد : نَفِدَت نُسَخُهُ عند الناشر .

print·a·ble [prĭnʹtə bəl] *(adj.)* (١) ممكنٌ طبعُهُ أو الطبعُ عنه (٢) صالح للطَّبع ؛ صالح للنشر .

printed circuit *(n.)* الدّارة المطبوعة (كب) .

printed matter *(n.)* المطبوعات [تُرْسَل بالبريد بتعرِفة مُخفَّضة] .

print·er *(n.)* (١) الطابع : عامل المطبعة أو مالكُها (٢) الآلة الطابعة (ألك) .

printer's devil *(n.)* غلام المطبعة : صبيٌّ عاملٌ في مطبعة .

printer's mark *(n.)* = imprint *3b.*

print·er·y [prĭnʹtə rĭ] *(n.)* (١) مِطْبعة (٢) مؤسسة لتطبيع الأقمشة .

print·ing [prĭnʹtĭng] *(n.)* (١) طَبْع (٢) صناعة الطباعة (٣) طبعة [من كتاب إلخ] (٤) *pl.*: ورق الطباعة .

printing office *(n.)* المَطْبعة : مؤسسة طباعية .

printing plate *or* **surface** *(n.)* اللّوح الطّباعي .

printing press *(n.)* المِطْبعة : آلةٌ طابعة .

print·less [prĭntʹ-] *(adj.)* غير ذي أثر : غير حاملٍ أو تاركٍ أثرًا .

print·out [prĭntʹoutʹ] *(n.)* المطبوعة ؛ الطَّبعة الورقية (ألك) .

print shop *(n.)* المَطبعة : مؤسسة طباعية .

pri·or [prīʹər] *(n.; adj.)* (١) مُقَدَّم الدير § (٢) سابق ؛ سالف (٣) أهمّ ؛ أقوى .

~ to قَبْلَ <What did you do ~ to coming here?>

pri·or·ate [prīʹər ət] *(n.)* (١) منصب مقدَّم الدير أو مُدَّتُهُ (٢) دير .

pri·or·ess [prīʹər əs] *(n.)* مقدَّمة الدَّير (نص) .

pri·or·i·tize [prī ŏrʹĭ tīz] *(vt.)* يُرَتِّب وفقًا للأولوية .

pri·or·i·ty [-ʹə tĭ] *(n.)* (١) الأسبقيّة ؛ الأقدميّة (٢) الأوَّليّة ؛ الأولويّة [من حيث الترتيب أو المنزلة] (٣) معاملة تفضيلية أو تمييزية .

pri·o·ry [prīʹə rĭ] *(n.)* دير [للرهبان أو للرّاهبات] .

prise [prīz] *(n.; adj.; vt.)* = prize.

prism [prĭzʹəm] *(n.)* المَوْشُور ؛ المَنْشُور («هن» و«بلو») . prism

pris·mat·ic [prĭz mătʹ-] *(adj.)* (١) مَوْشُوريّ ؛ منشوريّ (٢) لمّاع ؛ برّاق .

pris·moid [prĭzʹmoid] *(n.)* شبه الموشور ؛ شبه المنشور (ر) .

pris·on [-ʹən] *(n.; vt.)* (١) سَجْن ؛ حَبْس (٢) سِجن § (٣) يَسْجُن ؛ يَحْبِس .

pris·on–break·ing *(n.)* الإباق : الفرار من السجن .

pris·on·er [prĭzʹə nər] *(n.)* (١) السجين (٢) الأسير .

prisoner of war *(n.)* الأسير : أسير الحرب .

prison fever *(n.)* التَّيفوس ؛ حُمّى التيفوس .

pris·sy [prĭsʹĭ] *(adj.)* متزمِّت ؛ محتشِم [حتى الإفراط أو الإزعاج] .

pris·tine [prĭsʹtēn; -ʹtĭn; -ʹtīn] *(adj.)* (١) أصليّ ؛ بدائيّ ؛ قديم

(٢) صافٍ؛ نقيّ: محتفظ بصفائِهِ أو نقائه؛ غير مُفْسَد.

pri·va·cy [prīʹvə sĭ] *(n.)* (١) عُزْلة (٢) خَلْوة [المرءِ إلى نفسه] (٣) سِرّيّة.

pri·vat·do·cent *or* **pri·vat·do·zent** [prē vätʹdō tsĕntʹ] *(n.)* الأستاذ الخصوصيّ: أستاذ جامعيّ [في ألمانيا]، غير ذي راتب، يتقاضى أجرَهُ من الطُّلّاب مباشرةً.

pri·vate [prīʹvĭt] *(adj.; n.)* (١) خصوصي <a ~ road> (٢) خاصّ <~ property> (٣) عاديّ: غير متولٍّ منصبًا أو عملًا عامًّا <~ citizen> (٤) شخصيّ <my ~ opinion> (٥) منعزل <a ~ corner> (٦) سرّيّ <a ~ communication> (٧) عَوْريّ: لا يجوز استعماله أو إظهاره أو ذِكره أمام الناس <كقولك one's ~ parts أي عَوْرة المرء> § (٨) جنديّ؛ نَفَر؛ عسكريّ.

in ~, سِرًّا.

private detective *(n.)* البوليس السِّرّيّ الخصوصي.

pri·va·teer [prīʹvə tērʹ] *(n.; vi.)* (١) «أ» مَرْكب القرصنة: مركب مفوَّضٌ من قِبل الحكومة بمهاجمة سفن العدوّ والاستيلاء عليها. «ب» قائد هذا المركب [أو أحدُ بَحّارتِه] § (٢) يَتَقَرْصَن: يهاجم سفن العدوّ بتفويض من الحكومة.

pri·va·teers·man [prīʹvə tērzʹmən] *(n.)* = privateer *1b.*

private eye *(n.)* = private detective.

pri·vate·ly [prīʹvĭt lĭ] *(adv.)* سِرًّا؛ بصورة شخصيّة.

private school *(n.)* المدرسة الخاصة أو غير الرسمية (تر).

private soldier *(n.)* الجنديّ؛ النَّفَر؛ العسكريّ.

pri·va·tion [prī vāʹ-] *(n.)* (١) حِرْمان [وبخاصة من رتبة أو منصب] (٢) فاقة؛ عَوَز؛ حِرمان (٣) العَدَم: الفقدان أو عدم الوجود (مق).

priv·a·tive [prĭvʹə tĭv] *(adj.; n.)* (١) حارِمٌ: مسبِّبٌ للحرمان (٢) حِرْمانيّ؛ عَدَميّ: دالّ على الحِرمان أو العَدَم <*un-* is a ~ prefix.> § (٣) الحِرمانية: بادئة أو لاحقة حِرمانية (ل).

pri·vat·ize [-ʹvĭt īzʹ] *(vt.)* (١) يُفَرْدِن؛ يجعله فَرْدانيًّا (٢) يُخَصِّص: ينزع عنه صفة التأميم؛ يُعيده إلى حظيرة الملكية الخاصة. **— pri·vat·iza·tion** *(n.)*

privet

priv·et [prĭvʹət] *(n.)* جَنْبة الرِّباط؛ اللِّيغُسْطروم (نب).

priv·i·lege [prĭvʹə lĭj] *(n.; vt.)* (١) امتياز § (٢) يمنحه امتيازًا.

priv·i·leged [prĭvʹə lĭjd] *(adj.)* ذو امتياز؛ متمتِّع بامتياز؛ مُوْسِر؛ ثريّ <~ classes>.

priv·i·ly [prĭvʹə lĭ] *(adv.)* سِرًّا؛ بصورة شخصية.

priv·i·ty [-tĭ] *(n.)* (١) الآصِرة: صلة قانونية [كصلة الوارث بالموروث] (٢) الاطّلاع المشترك [على سرٍّ أو مؤامرة وبخاصةٍ على نحوٍ يفيد التعاون أو التواطؤ].

priv·y [prĭvʹĭ] *(adj.; n.)* (١) شخصيّ؛ خصوصيّ (٢) سرّيّ؛ محجوب (٣) مُتَّهم بالاطلاع على سرٍّ ما <was ~ to the conspiracy> § (٤) الشَّريك؛ المتدخِّل (ق) (٥) مرحاض؛ كَنيف.

privy council *(n.)* (١) *cap. P;C*: مجلس شورى الملِك [في بريطانيا] (٢) مجلس استشاريّ.

privy purse *(n.)* المُخَصَّصات المَلَكية [في بريطانيا].

privy seal *(n.)* خَتْم أو خاتَم المَلك [في بريطانيا].

prix fixe [prēʹfēksʹ] *(n.)* (١) الوجبة المُحَدَّدة: وجبة طعام كاملةٌ ذات سِعر محدَّد [في مطعم أو فندق] (٢) ثمن هذه الوجبة.

prize [1] [prīz] *(n.; adj.)* (١) جائزة (٢) شيء جدير بأن يناضَل من أجله <~s of life> § (٣) ممنوح كجائزة <a ~ cup> (٤) جدير بجائزة <~ cattle> (٥) فائز بجائزة <a ~ essay> (٦) مُرَشَّح أو مقدَّم للفوز بجائزة (٧) ممتاز؛ بارز؛ قيِّم.

prize [2] *(vt.)* (١) يُثَمِّن؛ يُخَمِّن؛ يقدِّر قيمة كذا (٢) يقدِّر؛ يُجِلّ؛ يُعِزّ؛ يعتبره ذا قيمة عالية.

prize [3] *(n.)* (١) غنيمة؛ سَلَبٌ (٢) الاستلاب: الاستيلاء، في زمن الحرب، على سفينةٍ وحمولتها [في عُرْض البحر].

prize [4] *(vt.)* يرفع أو يحرِّك أو يخلع [وبخاصة بمُخْل].

prize court *(n.)* محكمة الأسلاب والغنائم (ق).

prize fight *(n.)* مباراة الملاكمة التكسُّبيّة: مباراة تُجْرَى بين ملاكِمَيْن محترفين طمعًا في الفوز بجائزة مالية. **— prize fighter** *(n.)*

prize fighting *(n.)* الملاكمة التكسُّبية: الملاكمة طمعًا في الأجر.

prize money *(n.)* مال الغُنْم: جزء من حصيلة بيع الغنائم كان يوزَّع على الضباط والبحارة الذين يأسرون سفينة ما.

prize ring *(n.)* حَلْبة الملاكمة التَّكسُّبية (را. prize fight).

prize·win·ning [prīzʹ-] *(adj.)* حائزٌ على جائزة <a ~ novel>.

pro [1] [prō] *(n.; adj.)* (١) «أ» وجهة النظر المؤيِّدة لقضيّة ما. «ب» القائل بوجهة النظر هذه (٢) صوت مؤيِّد أو حجّة مؤيِّدة § (٣) مؤيِّد.

the ~s and cons الحُجَج المؤيِّدة والحُجَج المعارِضة.

pro [2] *(adv.; prep.)* (١) مع؛ في الجانب المؤيِّد لقضيّةٍ ما § (٢) تأييدًا لِـ.

pro [3] *(n.; adj.)* (١) المحترف. وبخاصة: اللاعب الرياضي المحترف § (٢) محترف.

pro [4] *(n.)* البغيّ؛ العاهرة؛ المومس؛ بنت الهوى.

pro- بادئة معناها: «أ» قَبْل؛ سابق لِـ. «ب» تجاه. «ج» أماميّ <*pro*thorax>. «د» ناتئ؛ بارز. «هـ» بدلًا عن؛ قائم مقام كذا <*pro*noun>. «و» مناصر أو مؤيِّد لِـ <*pro*slavery; *pro*-British>.

pro·a [prōʹə] *(n.)* = prau.

pro·ac·tive *or* **pro–ac·tive** [prō ăkʹ-] *(adj.)* توقُّعيّ؛ استباقيّ.

prob·a·bi·lis·tic [prŏbʹə bə lĭsʹtĭk] *(adj.)* احتماليّ.

prob·a·bil·i·ty [-bĭlʹə tĭ] *(n.)* (١) الاحتمال (٢) أرجحيّة (٣) «أ» أمرٌ مُحتمَل. «ب» أمرٌ مُرَجَّح الحدوث.

in all ~, على الأرجح.

prob·a·ble [prŏbʹə bəl] *(adj.)* (١) مُحْتَمَلٌ؛ مُحْتَمَلٌ حدوثُهُ <~ events> (٢) مرجَّح <a ~ winner> (٣) احتماليّ: باعثٌ على الاعتقاد بِـ؛ متيحٌ أساسًا للاعتقاد <~ evidence>.

most ~, مُرَجَّح؛ أكثر احتمالًا.

prob·a·bly [prŏbʹə blĭ] *(adv.)* من المحتَمَل؛ رُبَّما؛ على الأرجح.

pro·bang [prō'-] *(n.)* مِنظاف المَريء: قضيب رفيعٌ لَدْنٌ في طرفه إسفنجة يُستَخْدم لإزالة كل ما قد يكون معترضًا في المَريء (جر).

pro·bate [prō'bāt'] *(n.; vt.)* (١) إثبات الوصية: إثبات صحة وصية المتوفَّى [أمام القضاء] (٢) الوصية المُثْبَتَة: نسخة مصدَّقة عن وصيةٍ أُثبتت صحَّتُها § (٣) يُثبت صحّة الوصية.

probate court *(n.)* محكمة الإشهاد: محكمة تنظر في صحّة الوصايا.

pro·ba·tion [prō bā'-] *(n.)* (١) امتحان أو تدقيق صارم (٢) الاختبار: إخضاع الفرد لفترة من التجربة للتأكد من أهليته لصف مدرسيّ أو وظيفة ما (٣) وقف التنفيذ [رَهْنَ المراقبة]: تعليق العقوبة الصادرة بحقّ الأحداث الجانحين إلخ وإطلاق سراحهم وإخضاعهم للمراقبة.

pro·ba·tion·er [-'shən ər] *(n.)* (١) المُخْضَع للتجربة: شخص موضوع تحت الاختبار للتأكد من أهليّتِهِ لصف مدرسيّ أو لوظيفةٍ ما (٢) المُعَلَّق العقوبة: مذنب تعلَّق عقوبته ويُطلق سراحه مع إبقائه تحت المراقبة.

probation officer *(n.)* مراقِب السُلوك: ضابط يعيَّن لمراقبة سلوك المذنبين الذين عُلِّقت عقوبتهم وأُطلِق سراحهم على سبيل التجربة.

pro·ba·tive [prō'bə-] *(adj.)* (١) امتحانيّ؛ تجريبيّ (٢) إثباتيّ؛ بُرهانيّ.

pro·ba·to·ry [prō'bə tōr'ĭ] *(adj.)* = probative.

probe [prōb] *(n.; vt.; i.)* (١) مِسْبَر؛ مِسْبار؛ سابر؛ مِجَسّ (٢) سَبْرٌ؛ جَسّ (٣) تحقيق أو امتحان دقيق § (٤) يَسْبُر؛ يَجُسّ (٥) يُجري تحقيقًا أو امتحانًا دقيقًا.
— **prob·er** *(n.)*

prob·it [prŏb'ət] *(n.)* <*prob(ability) (un)it*> وحدةُ الاحتماليّة: وحدةٌ لقياس الاحتمالية الإحصائيّة.

pro·bi·ty [prō'bə tĭ] *(n.)* استقامة؛ أمانة؛ نزاهة.

prob·lem [prŏb'-] *(n.; adj.)* (١) مسألة (٢) مُشْكِلة؛ مُعْضِلة § (٣) إشكاليّ: معالِجٌ مشكلةً من مشاكل السلوك أو العلاقات الاجتماعية <a ~ novel> (٤) صعب المراس؛ مشكِّلٌ معضلةً للمسؤولين عنه <a ~ child>.

prob·lem·at·ic; -al [-'lə măt'-] *(adj.)* (١) مُشْكِل: صعبٌ حَلُّهُ أو البتُّ فيه (٢) مشكوك فيه؛ غير ثابت؛ يحتمل النقاش والجدل؛ فيه نظر.

pro bo·no pu·bli·co [prō bō'nō pŭb'lĭ kō'] للمصلحة العامة.

pro·bos·ci·de·an [prə bŏs'ə dĭ'ən] *or* **pro·bos·cid·i·an** [prə bŏs'ĭd'-] *(n.; adj.)* (١) الخُرْطوميّ: حيوان من الخُرْطوميات **Proboscidea** وهي رتبة من الثَّدييات تشمل الفِيَلَة الحيّة وضروب الفِيَلَة البائدة § (٢) خُرطوميّ (٣) مُخَرْطَم: ذو خُرطوم.

pro·bos·cis [prō bŏs'ĭs] *(n.)* pl. **-cis·es** [-'ĭs ĭz] *also* **-ci·des** [-'ə dēz'] (١) خرطوم الفيل (٢) الأنف البشري [وبخاصة إذا كان بارزًا] (٣) خُرْطوم الحشرة.

pro·caine [prō kān'; -'kān] *(n.)* البروكايين (ك).

pro·cam·bi·um [prō kăm'-] *(n.)* القُلْب الأوّليّ (نب).

pro·ca·the·dral [prō'kə thē'drəl] *(n.)* الكاتدرائية المؤقَّتة: كنيسة تُستخدم مؤقتًا ككاتدرائيّة.

pro·ce·dur·al [prə sēj'ə-] *(adj.)* إجرائيّ: خاصٌ بالإجراءات المتَّبعة في المحاكم والهيئات التمثيلية إلخ <~ difficulties>.

pro·ce·dure [-'jər] *(n.)* (١) إجراء؛ إجراءات: نهجٌ تقليديّ أو مقرَّر في إنجاز الأشياء (٢) البروتوكول: نظام المراسم الديبلوماسية والعسكرية.

pro·ceed [prə sēd'] *(vi.)* (١) ينبثق؛ ينبع؛ ينشأ [عن] (٢) «أ» يُكْمِل؛ يتابع بعد توقف أو انقطاع. «ب» يواصل على نحوٍ مطَّرِد (٣) «أ» يباشر؛ يبدأ؛ يشرع. «ب» يقيم دعوى على فلان. «ج» يسيرُ [العملُ]؛ يأخذ سبيله إلى الإنجاز (٤) يتقدَّم.

pro·ceed·ing [prə sē'-] *(n.)* (١) انبثاق؛ نشوء؛ إكمال إلخ (٢) *pl.*: دعوى قضائية (٣) procedure *1* (٤) *pl.*: حوادث؛ أحداث؛ أعمال (٥) عمل؛ صفقة؛ مفاوضة (٦) *pl.*: محضر الجلسة.

pro·ceeds [-'sēdz] *(n. pl.)* (١) ربح؛ دَخْل؛ عائدات (٢) غَلّة؛ حصيلة.

pro·ce·phal·ic [prō sə făl'ĭk] *(adj.)* جَبْهِيّ: ذو علاقة بجَبْهة الرأس أو مكوِّن لها.

process[1] [prŏs'ĕs; prō'sĕs] *(n.; vt.; adj.)* (١) تقدُّم (٢) عمليّة <~ of decay> (٣) «أ» دعوى قضائية. «ب» أمرٌ قضائيّ [بالمثول أمام المحكمة] (٤) النامية؛ الناشزة؛ البارزة <~ a bone> § (٥) «أ» يقيم الدعوى [على فلان]. «ب» يدعوه للمثول أمام القضاء (٦) يُعامِل: «أ» يعالج، أثناء الصُنع، بسلسلة من العمليات المتعاقبة <to ~ leather>. «ب» يُخْضِع للتحليل <Computers ~ data.> § (٧) مُعامَل: معالَجٌ بسلسلة من العمليات الصناعية المتعاقبة <~ cheese>.
in ~, قَيْد الصُّنع؛ جارٍ العملُ فيه.
in the ~ of time مع الزمن؛ بمرور الأيام.

pro·cess[2] [prə sĕs'] *(vi.)* يسير في موكب.

pro·cess·i·ble [prŏs'əs ə-] *(adj.)* قابلٌ للمعاملة أو المعالجة إلخ.

pro·ces·sion [prə sĕsh'ən] *(n.)* (١) موكب (٢) الزِّيّاح (نص) (٣) سلسلة (٤) سَيْر؛ تقدُّم (٥) انبثاق.

pro·ces·sion·al [-əl] *(n.; adj.)* (١) كتاب الزِّيّاح: كتاب يشتمل على الترانيم المُنْشَدة في زِيّاح (نص) (٢) الزِّيّاحيّة: ترنيمة تُنْشَد في زِيّاح (٣) موكب احتفاليّ § (٤) «أ» مَوْكبيّ. «ب» زِيّاحيّ. «ج» مُنْشَدٌ في زِيّاح.

pro·ces·sor [prŏs'-] *(n.)* المُعالِج: أداة في الكومبيوتر تقوم بوظيفة أو أكثر.

process printing *(n.)* الطباعة النَّسَقيّة [في الطِّباعة بالألوان].

process server *(n.)* مُحْضِر المحكمة: موظَّف يسلِّم الدعوات للمثول أمام القضاء.

pro·cès–ver·bal [prō sā'vĕr bäl'] *(n.)* مَحْضر رسميّ.

pro–choice [prō'chois'] *(adj.)* مؤيِّد لإباحة الإجهاض.

pro·claim [prō klām′] *(vt.)* (١) يصرّح بـ؛ يُدلي بـ (٢) يُعْلِن <~ed war> (٣) يُظهِر؛ يَدُلّ على <His accent ~s him a Scot.> (٤) ينادي بـ <The people ~ed him king.> (٥) يُبجِّل؛ يُعظِّم.

proc·la·ma·tion [prŏk′lə mā′-] *(n.)* (١) تصريح؛ إعلان إلخ (٢) بلاغ؛ بيان.

pro·cliv·i·ty [prō klĭv′-] *(n.)* مَيْل؛ نزعة [وبخاصة نحو شيء بغيض].

pro·con·sul [prō kŏn′səl] *(n.)* البروقُنْصُل: «أ» قنصل روماني مُدّدت صلاحياته. «ب» حاكم إداري، واسع الصلاحية، لمستعمرةٍ أو أرضٍ محتلّة. — **pro·con·su·lar** *(adj.)*

pro·con·su·late [-′sə lət] *(n.)* البروقنصليّة: منصب البروقنصل أو مُدّتُه.

pro·cras·ti·nate [prō krăs′tə nāt′] *(vt.; i.)* (١) يؤجّل؛ يُرجئ **x** (٢) يُماطل؛ يُسَوِّف. — **pro·cras·ti·na·tion** *(n.)*

pro·cre·ant [prō′krĭ-] *(adj.)* (١) مُنْسِل؛ مُنْجِب؛ مُنتِج (٢) مُحْدِث.

pro·cre·ate [prō′krĭ āt′] *(vt.; i.)* (١) يُنْسِل؛ يُنجب؛ يُنْتِج (٢) يُحْدِث.

pro·cre·a·tive [prō′krĭ ā′tĭv] *(adj.)* = procreant *1-2.*

pro·cre·a·tor [-′krĭ ā′tər] *(n.)* (١) المُنسِل؛ المُنْجِب؛ المُنتِج؛ الوالد (٢) المُحْدِث؛ الخالق.

pro·crus·te·an [prō krŭs′tĭ-] *(adj.)* بروكْرَستيزيّ: «أ» منسوب إلى بروكْرَستيز Procrustes أو فِراشه [وكان بروكْرَستيز هذا لصًّا إغريقيًّا خرافيًّا يَمُدّ أرجلَ ضحاياه أو يقطعها لكي يجعل طولهم منسجمًا مع فراشه]. «ب» ميّال إلى إحداث التناسب أو التجانس بوسائل عُنفية أو اعتباطية <~ legislation>.

Procrustean bed *(n.)* فِراش بروكْرَسْتيز: نَهْجٌ يُكْرَهُ عليه المرء [أو الشيء] اعتباطيًّا (را. المادة السابقة).

pro·cryp·tic [prō krĭp′-] *(adj.)* مُسْتَلْوِن <~ insects>.

proct- *or* **procto-** بادئة معناها: الشَّرَج؛ المِعَى المستقيم.

proc·tol·o·gy [prŏk tŏl′ə jĭ] *(n.)* طِبُّ الشَّرَج والمستقيم.

proc·tor [prŏk′tər] *(n.; vt.; i.)* (١) المُراقِب؛ المناظِر. وبخاصة: مراقِب الطلبة أثناء امتحان (٢) الوكيل القضائي (ق) § (٣) يُراقِب؛ يُناظر.

pro·cum·bent [prō kŭm′-] *(adj.)* (١) افتراشيّ: مفترشٌ الأرضَ من غير أن يكون له فيها جذور (نب) (٢) مُنْبَطِح: مُسْتَلْقٍ على وجهه.

pro·cur·a·ble [prō kyŏŏr′ə bəl] *(adj.)* يسيرُ المَنال.

pro·cur·ance [prō kyŏŏr′əns] *(n.)* = procurement.

proc·u·ra·tion [prŏk′yə rā′shən] *(n.)* (١) «أ» توكيل؛ تفويض. «ب» وكالة (٢) procurement.

proc·u·ra·tor [prŏk′yə rā′tər] *(n.)* (١) الوكيل؛ وكيل الأعمال (٢) مدير المال [في مقاطعة رومانيّة].

pro·cure [prō kyŏŏr′] *(vt.; i.)* (١) يُدبِّر: يحصل على شيء [لنفسه أو لغيره بمشقةٍ وجهد] (٢) يسهِّل الفاحشة: يجلب النساء لأغراض الزِّنى (٣) يسبِّب؛ يُحدِث؛ يُنْجز **x** (٤) يقود؛ يعمل قوّادًا.

pro·cure·ment [prō kyŏŏr′-] *(n.)* (١) تدبير؛ حصولٌ على (٢) تسبيب؛ إحداث (٣) القِيادة: عمَلُ القَوّاد.

procurement department *(n.)* دائرة المُشْتَرَيات (تج).

pro·cur·er [prō kyŏŏr′ər] *(n.)* (١) فا procure (٢) القوّاد.

Pro·cy·on [prō′sĭ ŏn′] *(n.)* الشِّعرَى الشامية (فل).

prod [prŏd] *(vt.; i.; n.)* (١) يَنْخَس (٢) يَحُثّ § (٣) مِنْخَس (٤) نَخسٌ؛ حَثٌّ.

prod·der [-′ər] *(n.)* (١) «أ» الناخس. «ب» الحاثّ (٢) مِنْخَس.

prod·i·gal [-′ə gəl] *(adj.; n.)* (١) مُبذِّر؛ مُسْرِف (٢) سخيّ؛ مُنْفِقٌ بسخاء؛ مُتّسِمٌ بالتبذير (٣) خِصْب؛ وافر النماء § (٤) شخص مبذِّر.

prod·i·gal·i·ty [-′ə găl′-] *(n.)* (١) تبذير؛ إسراف (٢) خِصب؛ وفرة نماء.

pro·di·gious [prə dĭj′əs] *(adj.)* (١) غريب؛ استثنائيّ؛ غير عاديّ (٢) مُذهِل؛ مُدهِش (٣) ضَخم؛ هائل.

prod·i·gy [prŏd′ə jĭ] *(n.)* (١) أُعجوبة؛ مُعجزة (٢) طفل عَبْقريّ.

pro·dro·mal [prō drō′-] *(adj.)* بادريّ؛ أماريّ: ذو علاقة ببوادر المرض أو أماراته الأولى.

pro·drome [prō′drōm′] *(n.)* pl. **-dro·ma·ta** *or* **-dromes** البادرة؛ الأمارة: العَرَض الأول من أعراض المرض (ط).

pro·duce [prə dōōs′; -dyōōs′] *(vt.; i.; n.)* (١) يُبرِز؛ يُقدِّم؛ يُورِد <~ your proof.> (٢) يُحدِث؛ يُسبِّب (٣) يَمُدّ <to ~ a triangle's side> (٤) يُخرج: يقدِّم إلى الجمهور على المسرح أو الشّاشة إلخ <to ~ a play> (٥) يُنتج؛ يَصْنع **x** (٦) يُنتج ذُرِّيّةً أو غلّةً أو ربحًا أو فائدة § (٧) النِّتاج: «أ» محصول؛ غلّة. «ب» نتاج أُنثى الحيوان.

pro·duced *(adj.)* (١) مُنْتَج؛ مصنوع (٢) متطاول أو ممتدّ أكثر مما ينبغي.

pro·duc·er *(n.)* (١) المُبْرِز؛ المُورِد (٢) المُحْدِث؛ المُسَبِّب (٣) المُنْتِج [وضدُّها: المستهلِك] (٤) مُوَلِّد الغاز: جهازٌ مُوَلِّدٌ لغاز الوقود (٥) المُخْرِج أو المُنتِج لمسرحية إلخ.

producer gas *(n.)* غاز المُولِّدات: وَقودٌ غازيّ يُنتجُهُ مولِّد غاز.

producer goods *(n. pl.)* سِلَع الإنتاج: سِلَعٌ [كالماكينات والأدوات والموادّ الخام] تُستخدم لإنتاج سِلعٍ أخرى (اد).

pro·duc·i·ble [prō dōō′sə-] *(adj.)* ممكنٌ تقديمُهُ أو إنتاجُهُ إلخ.

prod·uct [prŏd′əkt; prŏd′ŭkt] *(n.)* (١) حاصل الضَّرب (ر) (٢) «أ» نِتاج؛ مُنْتَج. «ب» ناتج؛ حصيلة. «ج» غلّة؛ محصول. «د» نتيجة.

pro·duc·tion [prə dŭk′-] *(n.)* (١) «أ» نِتاج؛ مُنْتَج. «ب» أثر أدبيّ أو فنّيّ. «ج» رواية إلخ مقدَّمة على المسرح أو الشاشة أو الراديو أو التلفزيون (٢) الإنتاج: «أ» عملية الإنتاج. «ب» كامل ما ينتجه المصنع أو الصناعة من السِّلَع.

production control *(n.)* ضَبْط الإنتاج: تنظيم النشاطات المنتجة وتنسيقها وتوجيهها لضمان إنتاج السِّلع في الموعد المحدَّد وبنوعيّة مناسبة وسعر معقول.

pro·duc·tive [-′tĭv] *(adj.)* (١) «أ» خِصْب <~ farms>. «ب» وافر الإنتاج؛ مُنتِج <~ writers> (٢) مُحْدِث؛ مسبِّب <words that are ~ of quarrels> (٣) مُنتِج <~ labor> (٤) مُثْمِر؛ مُرْبِح <~ enterprises>

(٥) إنتاجيّ (اد) (٦) مُقَشِّع : مُخرج للمادة المخاطيّة <a ~ cough> .
— pro·duc·tive·ness *(n.)*

pro·duc·tiv·i·ty [prō'dŭk tĭv'-] *(n.)* الإنتاجيّة (اد).

pro·em [prō'ĕm] *(n.)* مقدِّمة؛ استهلال؛ فاتحة؛ تصدير.

pro·en·zyme [prō ĕn'zīm'] *(n.)* = zymogen.

prof [prŏf] *(n.)* = professor.

prof·a·na·tion [prŏf'ə nā'-] *(n.)* تجديف؛ تدنيس [للمقدَّسات].

pro·fan·a·to·ry [prō făn'ə tōr'ĭ] *(adj.)* تجديفيّ؛ تدنيسيّ.

pro·fane [prə fān'] *(vt.; adj.)* (١) «أ» يُجدِّف. «ب» يدنِّس؛ ينتهك حرمة المقدَّسات (٢) يمتهن شيئًا نفيسًا § (٣) دنيويّ؛ أرضيّ <~ history> (٤) دَنِس؛ نَجِس (٥) وثَنيّ (٦) مجدِّف؛ تجديفيّ (٧) مُدَنِّس؛ تدنيسيّ (٨) أخرق؛ غير بارِع؛ تُعْوِزُهُ الخبرة.
— pro·fane·ness *(n.)*

pro·fan·i·ty [-'ə tĭ] *(n.)* «أ» التجديفيّة؛ التدنيسيّة؛ اللاتوقيريّة. «ب» دَنَسٌ؛ نجاسة. «ج» بذاءة. «د» تجديف؛ لغة بذيئة.

pro·fess [prə fĕs'] *(vt.; i.)* (١) يَقبله رسميًّا في جماعة أو رهبنة دينية (٢) يعلن؛ يصرِّح بـِ؛ يُجاهر بـِ (٣) يدّعي؛ يتظاهر بـِ (٤) يُعلن إيمانه أو ولاءَهُ (٥) يُمارس؛ يُزاول مهنةً (٦) يدَّعي التمكّن من x (٧) يعترف؛ يُقرّ بـِ (٨) يَنْذُر النُّذور الدينيّة.

pro·fessed [-fĕst'] *(adj.)* (١) مقبول في رهبانية أو ناذرٌ نذورَ الرهبانية (٢) مُعْلَن؛ معتَرَف به (٣) مزعوم؛ متظاهَرٌ به (٤) خبير؛ متضلِّع.

pro·fess·ed·ly [prə fĕs'ĭd-] *(adv.)* (١) علانيةً؛ صراحةً (٢) «أ» ظاهريًّا. «ب» على نحوٍ مزعوم أو متظاهَر به (٣) بادّعائه؛ بحَسَب زعمه.

pro·fes·sion [prə fĕsh'ən] *(n.)* (١) نَذْرُ المرء نُذورَ الرَّهبانيّة (٢) إعلانٌ لإيمان؛ مجاهرةٌ برأي (٣) إيمانٌ مُجاهَرٌ به (٤) «أ» مِهنة؛ حِرفة. «ب» أهل المهنة أو الحرفة : مجموع المشتغلين بها.

pro·fes·sion·al [prə fĕsh'ən əl] *(adj.; n.)* (١) مِهْنيّ؛ حِرَفيّ (٢) ذو مهنة عالية : مشتغل بمهنةٍ تقتضي ثقافة أو علمًا <a ~ man> (٣) محترِف <a ~ politician> (٤) احترافيّ : مُنْصَرِفٌ إليه بوَصْفه موردًا للرزق <~ football> § (٥) شخص محترف.

pro·fes·sion·al·ism [-ə lĭz'əm] *(n.)* (١) الحِرْفانيّة : الصفة أو الروح أو الطرائق الحِرَفيّة أو المهنية (٢) الاحترافية : الكسْب بكل ما لا يُعتبر، في الأصل، حرفةً يُتكسَّب بها [كالرياضة البدنيّة والسياسة إلخ].

pro·fes·sion·al·ize [-līz'] *(vt.; i.)* (١) يُضفي الصفة الاحترافيّة على x (٢) يُصبح محترفًا.

pro·fes·sor [prə fĕs'ər] *(n.)* (١) المُعْلِن؛ المُصَرِّح؛ المعترِف بـِ إلخ (را. profess) (٢) الأستاذ [وبخاصة في كلية أو جامعة].

pro·fes·sor·ate [prə fĕs'ər ĭt] *(n.)* الأستاذية : مركزُ الأستاذ أو منصبُهُ أو مدَّة منصبه.

pro·fes·so·ri·al [prō'fĕ sōr'-] *(adj.)* أُستاذيّ <a ~ rank>.

pro·fes·so·ri·at [prō'fĕ sōr'ĭ ət] *or* **pro·fes·so·ri·ate** [-āt] *(n.)* (١) هيئة الأساتذة (٢) الأستاذية professorship.

pro·fes·sor·ship [prə fĕs'-] *(n.)* الأُستاذيّة : منصب الأستاذ أو واجباته.

prof·fer [prŏf'ər] *(vt.; n.)* (١) يَعْرِض على؛ يقدِّم § (٢) عَرْض.

pro·fi·cien·cy [prə fĭsh'ən sĭ] *(n.)* (١) تقدُّم؛ تَرَقٍّ (٢) براعة؛ حِذق.

pro·fi·cient [-'ənt] *(adj.; n.)* (١) بارع؛ حاذق؛ ماهر § (٢) خبير.

pro·file [prō'fīl] *(n.; vt.)* (١) «أ» الجانبيّة؛ الصورة الجانبية. «ب» المَظْهر الجانبي (٢) اللَّمحة : كلمة موجزة عن حياة شخص (٣) مدى الظهور : مستوى مشاركة المرء في نشاطٍ عامّ محدَّد <tried to keep a low ~> § (٤) يَرْسُم صورةً جانبيةً لِـ (٥) يكتب لمحةً موجزة [عن حياة شخص].

profile 1.

prof·it [prŏf'ĭt] *(n.; vt.; i.)* (١) رِبْح؛ كَسْب؛ عائد (٢) نفع؛ فائدة § (٣) ينفع؛ يُفيد x (٤) ينتفع؛ يستفيد.

prof·it·a·bil·i·ty [-bĭl'-] *(n.)* (١) المُرْبِحيّة؛ المُكْسِبيّة (٢) المُفيديّة.

prof·it·a·ble [prŏf'ĭt ə-] *(adj.)* (١) مُرْبِح؛ مُكْسِب (٢) مفيد.

profit and loss *(n.)* حساب الربح والخسارة (تج).

prof·i·teer [prŏf'ə tēr'] *(n.; vi.)* (١) الاستغلاليّ : مَن يربح ربحًا فاحشًا أو يسعى وراء الربح الفاحش [مستغلًّا حاجة الناس في الأزمات والحروب] § (٢) يستغلّ : يربح ربحًا فاحشًا أو يسعى وراء الربح الفاحش.

profit sharing *(n.)* المُشاركة في الأرباح : نظام ينال فيه المستخدَمون جزءًا من أرباح المؤسَّسة الصناعيّة أو التجاريّة.

prof·li·ga·cy [prŏf'lə-] *(n.)* (١) تهتُّكٌ؛ خلاعة (٢) تبذير؛ إسراف.

prof·li·gate [prŏf'lə gĭt; -gāt'] *(adj.; n.)* (١) مُتهتِّك؛ خليع (٢) مبذِّر؛ مُسْرِف § (٣) شخص متهتِّك أو مُسْرِف.

prof·lu·ent [prŏf'lo͝o-] *(adj.)* متدفِّق؛ فيّاض؛ سيّال.

pro for·ma [prō fôr'mə] *(adj.)* (١) من أجل الشكل (٢) شكليّ؛ صوريّ؛ مبدئيّ؛ أوّليّ <a ~ invoice>.

pro·found [prə found'] *(adj.; n.)* (١) عميق التفكير (٢) عميق؛ بعيد الغَور (٣) عميق : عويص؛ صعب فهمه <a ~ book> (٤) عميق : تامّ؛ كامل <~ sleep; ~ silence> § (٥) شيء عميق جدًّا. وبخاصة : أعماق البحر (ا. ق).
— pro·found·ly *(adv.)* **— pro·found·ness** *(n.)*

pro·fun·di·ty [prə fŭn'də tĭ] *(n.)* (١) عُمق التفكير (٢) شيء عميق أو عويص (٣) عُمْق شديد.

pro·fuse [prə fyo͞os'] *(adj.)* (١) مُسْرِف؛ مُفْرِط (٢) وافر؛ غزير.

pro·fu·sion [-fyo͞o'zhən] *(n.)* (١) إسراف؛ إفراط (٢) وفرة؛ غزارة.

pro·fu·sive [-'sĭv] *(adj.)* مُسْرِف؛ مُفْرِط <~ generosity>.

prog [prŏg] *(vi.; n.)* (١) يَعْتَسّ : يطوف بحثًا عن الطعام أو ابتغاء النَّهب (ع) § (٢) طعام؛ مُؤَن (ع).

pro·gen·i·tive [prō jĕn'ə tĭv] *(adj.)* مُنتِج؛ مُنجِب [ذُرِّيَّةً].

pro·gen·i·tor [-tər] *(n.)* (١) جَدٌّ أعلى (٢) سَلَفٌ (٣) المُبْدِئ؛ المُنشِئ.

prog·e·ny [prŏj′ə nĭ] *(n.)* (١) «أ» أولاد؛ ذُرِّيَّة. «ب» نِتاج [الحيواناتِ أو النباتاتِ] (٢) حصيلة؛ نتيجة؛ نِتاج (٣) «أ» خَلَفٌ. «ب» أتباع؛ مريدون.

pro·ges·ta·tion·al [-jĕs tā′-] *(adj.)* قَبْحَمْليّ: سابقٌ للحَمْل أو الحَبَل.

pro·ges·ter·one [prō jĕs′tə rōn′] *(n.)* البروجَسْترون: هرمون أنثوي ينتجه المبيضان والمَشِيمة والغدتان الكُظريتان.

pro·ges·tin [-′tĭn] *(n.)* البروجستين؛ البروجَسْترون (را. المادة السابقة).

pro·glot·tid [prō glŏt′ĭd] *(n.)* الأسَلَة: فلقة من دودة شريطية تشتمل على أعضاء تناسليّة مذكَّرة وأخرى مؤنَّثة.

pro·glot·tis [-glŏt′ĭs] *(n.)* pl. **-glot·ti·des** = proglottid.

prog·nath·ic [prŏg năth′-] *(adj.)* = prognathous.

prog·na·thism; prog·na·thy [prŏg′nə-] *(n.)* الفَقَم: بروز الفكَّيْن.

prog·na·thous [-thəs] *(adj.)* (١) بارز؛ ناتئ <a ~ jaw> (٢) أفقم: بارز الفكَّين <a ~ skull *or* person>.

prog·no·sis [-nō′sĭs] *(n.)* pl. **-no·ses** التكهُّن: «أ» تكهُّنٌ بالاتجاه المحتمَل أن يتَّخذه مرضٌ ما. «ب» تقديرٌ لما يُحتَمَلُ أن يَحْدُث.

prog·nos·tic [-nŏs′tĭk] *(n.; adj.)* (١) نذير؛ بشير (٢) تكهُّن § (٣) نذيريّ؛ بشيريّ.

prog·nos·ti·cate [prŏg nŏs′tə kāt′] *(vt.)* (١) يتكهَّن بِـ (٢) يُنذِر؛ يبشِّر: يكون نذيرًا أو بشيرًا بِـ.

prog·nos·ti·ca·tion [-kā′-] *(n.)* (١) دِلالة مُنْذِرة أو مُبَشِّرة (٢) تكهُّن.

pro·gram *also esp. Brit.* **pro·gramme** [prō′grăm] *(n.; vt.)* (١) برنامج (٢) منهاج (٣) «أ» نشرة [تصف شيئًا أو تُعلن عنه]. «ب» بيان [بالنقاط الأساسيّة في خطاب أو كتاب إلخ] (٤) البرنامج: مجموعة من الحقائق والأرقام يُلْقَم بها الكومبيوتر § (٥) «أ» يُبَرْمِج: يضع برنامجًا. «ب» يخطِّط (٦) يُبَرْمِج: يزوِّد الكومبيوتر ببرنامج معيَّن (ألك).

program director *(n.)* مدير البرامج [في الإذاعة أو التلفزيون].

pro·gram·matic [prō′grə măt′-] *(adj.)* (١) تصويريّ: متعلّق بالموسيقى التصويرية (٢) «أ» برنامجيّ. «ب» شبيه ببرنامج. «ج» مُبَرْمَج: ذو برنامج.

pro·gra·mmed *or* **pro·gramed** [-′grămd] *(adj.)* مُبَرْمَج.

programmed learning *(n.)* التعلُّم المُبَرْمَج (تر).

pro·gram·ming *or* **-gram·ing** [-grăm′-] *(n.)* البَرْمجة: وضع البرامج.

program music *(n.)* الموسيقى التصويرية: موسيقى مقصودٌ بها أن توحي سلسلة من الصور أو المشاهد أو الأحداث.

pro·gress [*n.* prŏg′rĕs, prō′grĕs; *v.* prə grĕs′] *(n.; vi.)* (١) رحلة أو جولة ملكية أو رسمية (ا. ق) (٢) «أ» تقدُّم. «ب» ارتقاء. وبخاصة: ارتقاء الجنس البشري § (٣) «أ» يتقدَّم. «ب» يرتقي.

in ~, جارٍ؛ حادثٌ؛ دائر.

pro·gres·sion [prə grĕsh′ən] *(n.)* (١) المتوالية (ر) (٢) «أ» تقدُّم؛ تدرّج. «ب» توالٍ؛ تعاقب. «ج» سلسلة [من الوقائع أو الأحداث أو النغمات إلخ].

pro·gres·sion·al [-əl] *(adj.)* تقدُّميّ؛ تدرُّجي؛ تعاقُبيّ.

pro·gres·sion·ist [-grĕsh′ən ĭst] *(n.)* التَّقَدُّمانيّ: من يؤمن بتقدّم البشر أو المجتمع على نحوٍ موصول.

— **pro·gres·sion·ism** *(n.)*

prog·ress·ist [prŏg′rĕs ĭst; prō′grĕs-] *(n.)* (١) التَّقَدُّماني (را. المادة السابقة) (٢) التَّقَدُّميّ (را. المادة التالية).

pro·gres·sive [prə grĕs′ĭv] *(adj.; n.)* (١) «أ» متقدِّم؛ آخذ في التقدّم. «ب» تقدُّمي (٢) متوالٍ (٣) «أ» متدرِّج. «ب» تصاعُديّ <a ~ tax>. «ج» مستفحل: متعاظم من حيث الخطورة أو اتساع المدى <a ~ disease> § (٤) التقدُّمي: المؤمن بالإصلاح الاجتماعي من طريق العمل الحكومي.

pro·gres·sive·ly [-′ĭv lĭ] *(adv.)* تَقَدُّميًّا؛ تدرُّجيًا؛ تصاعُديًّا.

pro·gres·siv·ism [-′ĭv ĭz′əm] *(n.)* التَّقَدُّمية: مبادئ التقدميين.

pro·hib·it [prō hĭb′ĭt] *(vt.)* (١) يُحَرِّم؛ يحظر؛ يَنْهَى عن (٢) يَمْنع.

pro·hi·bi·tion [prō′ə bĭsh′ən] *(n.)* (١) تحريمٌ؛ حَظْر؛ نهيٌ عن (٢) مَنْع (٣) قانون أو أمر بتحريم كذا (٤) *cap.* تحريم المسكِرات.

pro·hi·bi·tion·ist [-ĭst] *(n.)* التحريميّ: المؤيِّد لتحريم المسكِرات.

pro·hib·i·tive; pro·hib·i·to·ry [-hĭb′ə tōr′ĭ] *(adj.)* (١) تحريميّ (٢) محرِّم؛ مانع.

pro·ject [*n.* prŏj′ĕkt; *v.* prə jĕkt′] *(n.; vt.; i.)* (١) خطة (٢) مشروع (٣) برنامج (٤) بحث [علميّ] § (٥) يختطّ؛ يُخَطِّط؛ يُبَرمِج (٦) يَقْذف (٧) يَطْرح [للمناقشة إلخ] (٨) يُبْرِز: يُظهِر خصائص شيء؛ يعطي فكرةً صحيحة عن شيء (٩) يُنتئ (١٠) يُسَلِّط [النورَ أو الظلَّ أو الصورة] على كذا (١١) يُسْقِط (هن) (١٢) يتصوّر الفكرةَ وكأنها حقيقةٌ موضوعيّة (١٣) يتخيَّل x (١٤) ينتأ؛ يَبْرُز.

pro·jec·tile [prə jĕk′tĭl; -tīl] *(n.; adj.)* (١) قذيفة (٢) صاروخ § (٣) دافع؛ قاذف <a ~ force *or* push> (٤) ممكنٌ قَذْفُهُ <~ missiles> (٥) قابلٌ للإبراز أو الإنتاء <~ jaws of a fish>.

pro·jec·tion [-′shən] *(n.)* (١) «أ» الإسقاط (هن). «ب» المَسْقَط (هن) (٢) «أ» تغيير أساسي. «ب» محاولة الكيميائيين القدماء تحويل المعادن الخسيسة إلى ذهب (٣) قَذْف (٤) الاختطاط؛ التخطيط (٥) «أ» نتوء؛ بروز. «ب» إنتاء؛ إبراز. «ج» جزء ناتئ (٦) «أ» تصوُّر [فكرة إلخ] وكأنها حقيقة موضوعيّة. «ب» الفكرة المتصوَّرة على هذا النحو (٧) الإسقاط؛ الإضفاء (نف) (٨) عرض الصُّور المتحرِّكة [على الشاشة] (٩) تقدير للاحتمالات المستقبَلة [مبنيٌّ على أساس الاتجاه الحاليّ].

pro·jec·tion·al *(adj.)* إسقاطيّ: متعلّق بالإسقاط أو مستخدِمٌ إيّاه.

projection booth *(n.)* حُجَيْرة المِسلاط (سن).

pro·jec·tion·ist [-′shən ĭst] *(n.)* (١) الخرائطيّ: واضع الخرائط (٢) المِسْلاطيّ: مُشَغِّل المِسْلاط [أداة تسليط النور] السينمائي أو التلفزيوني.

pro·jec·tive [-′tĭv] *(adj.)* (١) إسقاطيّ (هن) (٢) ناتئ؛ بارز (٣) إبرازيّ: خاصّ بطريقة تربوية للكشف عن حقيقة دوافع الفرد وشخصيته <a ~ test>.

projective geometry *(n.)* الهندسة الإسقاطيّة.

pro·jec·tor [prə jĕk′tər] *(n.)* (١) المختطّ؛ المخطِّط: واضع الخُطط (٢) المِسْلاط: «أ» أداة لتسليط النور. «ب» أداة لتسليط الصور على الشاشة

(٣) خطّ الإسقاط (هن) (٤) القاذف : جهازٌ مُطْلِقٌ للقذائف (جن).

pro·jet [prō zhā′] *(n.)* (١) خِطّة ؛ مشروع (٢) مُسَوَّدة معاهدة إلخ .

pro·lac·tin [prō lăk′tĭn] *(n.)* البرولكتين : هرمون في الفَصّ الأمامي من الغدة النخاميّة ينظِّم إفراز اللبن في الثدييات (كح).

pro·la·min *or* **pro·la·mine** [prō′lə mĭn; -mēn] *(n.)* البرولمين : بروتين بسيط يكون في البزور خاصّة (كح).

pro·lan [prō′lăn] *(n.)* البرولان : هرمون جنسيّ يكون في بول الحوامل خاصّة (كح).

pro·lapse [prō lăps′] *(n.; vi.)* (١) التَّدَلّي ؛ الهبوط : تدلّي عضو من الأعضاء، كالرَّحِم مثلًا ، عن موضعه السَّويّ (مض) § (٢) يتدلّى ؛ يهبط .

pro·lap·sus [prō lăp′səs] *(n.)* = prolapse.

pro·late [prō′lāt′] *(adj.)* متطاول . وبخاصة في اتجاه خطٍّ يربط القُطْبَيْن .

pro·leg [prō′lĕg] *(n.)* الرِّجل البطنية : رِجْلٌ لَحِيمَةٌ في الفلقة البطنية من بعض اليَرَقات (ح).

pro·le·gom·e·non [prō′lə gŏm′-] *(n.)* pl. **-e·na** . مقدِّمة نقدية [لكتاب].

pro·lep·sis [prō lĕp′sĭs] *(n.)* pl. **-ses** [′sēz] (١) التَّوَقُّع : توقّع الأسئلة أو الاعتراضات للإجابة عنها سلفًا (بل) (٢) التأريخ السَّبقيّ : نسبة حادثةٍ إلى فترة سابقة لتاريخها الحقيقي .

pro·le·tar·i·an [prō′lə târ′ĭ ən] *(n.; adj.)* (١) البروليتاريّ : أحد أفراد طبقة العُمّال § (٢) بروليتاريّ .

pro·le·tar·i·an·ize [-′ĭ ə nīz′] *(vt.)* يُنزل إلى المستوى البروليتاريّ .

pro·le·tar·i·at [-′ĭ ət] *(n.)* البروليتاريا : طبقة العمال أو الكادحين .

pro–life [prō′līf′] *(adj.)* معارض لإباحة الإجهاض .

pro·lif·er·ate [*v.* prō lĭf′ə rāt; *adj.* -ə rət] *(vi.; adj.)* (١) يُخْلِف : يتكاثر أو يتوالد بالتَّبرعُم أو انقسام الخلايا § (٢) مُخْلِف : مُنشئٌ براعمَ حيث لا يكون ظهورُها طبيعيًّا في النباتات <~ flowers> .

pro·lif·er·a·tion [prō lĭf′ə rā′-] *(n.)* (١) «أ» الإخلاف (نب) . «ب» تضاعُف : تكاثرٌ سريع (٢) انتشار <~ of nuclear weapons> .

pro·lif·er·ous [-lĭf′-] *(adj.)* (١) متكاثر ؛ متوالد (٢) *proliferate 2* .

pro·lif·ic [prō lĭf′ĭk] *(adj.)* (١) مُثْمِر ؛ وافر الإثمار (٢) وَلود ؛ كثير النسل (٣) خصيب ؛ منتج ؛ كثير الإنتاج <a ~ writer> .

pro·lif·i·ca·cy [-′ə kə sĭ] *(n.)* الخِصْب : وفرة النِّتاج أو الإنتاج أو الإثمار .

pro·lif·ic·ness [-′ĭk nəs] *(n.)* = prolificacy.

pro·line [prō′lēn′] *(n.)* البرولين : حمضٌ أمينيّ في البروتينات (كح).

pro·lix [prō lĭks′] *(adj.)* (١) مُسْهَب ؛ مُطْنَب <a ~ speech> (٢) مُسْهِب ؛ مُطنِب <a ~ writer> .

pro·lix·i·ty [prō lĭk′-] *(n.)* إسهاب ؛ إطناب ؛ إطالة [حتى الإملال] .

pro·loc·u·tor [prō lŏk′yə tər] *(n.)* (١) الناطق الرسميّ [بلسان هيئة أو حزب] (٢) رئيس الجلسة .

pro·lo·gize *or* **pro·logu·ize** [prō′lôg īz′] *(vi.)* يُبَرْلِج : يكتب أو يلقي برولوجًا (را . المادة التالية).

pro·logue *also* **pro·log** [prō′lôg] *(n.)* (١) البرولوج : «أ» مقدِّمةٌ لأثرٍ أدبيّ . «ب» خطبة أو قصيدة يُلقيها أحد الممثلين قُبَيْل عرض المسرحية (٢) المُبَرْلِج : الممثِّل المُلقي البرولوج (٣) توطئة ؛ تمهيد .

pro·long [prə lông′]; **pro·lon·gate** [-′gāt] *(vt.)* (١) يُطيل <to ~ a visit> (٢) يَمُدّ ؛ يُطيل <to ~ a line> .

pro·longed [-lôngd′] *(adj.)* متطاوِل ؛ طويل جدًّا <a ~ absence> .

pro·lu·sion [prō lo͞o′zhən] *(n.)* (١) تجربة أوّلية (٢) مقدِّمة ؛ تمهيد .

prom [prŏm] *(n.)* حفلة راقصة [يُحييها صفٌّ من صفوف الكليّة] .

prom·e·nade [prŏm′ə nād′; -näd′] *(n.; vi.)* (١) نُزهة (٢) مَمْشًى ؛ مُتَنَزَّه (٣) «أ» افتتاح الحفلة الراقصة [بدخول الضيوف إلى قاعة الرقص] . «ب» وضعٌ فنّي في رقصة رباعيّة . «ج» prom § (٤) يتنزَّه .

promenade deck *(n.)* سَطح التنزُّه [في باخرة] .

Pro·me·the·an [prə mē′thĭ ən] *(adj.)* بروميثيوسيّ : «أ» منسوبٌ إلى بروميثيوس أو شبيهٌ به . «ب» مُبْدِع ؛ مُبتكِر .

Pro·me·the·us [-′thĭ əs] بروميثيوس : في الميثولوجيا اليونانية ، سارقُ النار من الآلهة ومعلِّم البشرية استعمالها .

pro·me·thi·um [prə mē′thĭ əm] *(n.)* البروميثيوم : عنصر فِلِزِّي (ك) .

prom·i·nence [prŏm′ə nəns] *(n.)* (١) نُتوء ؛ شيء ناتئ (٢) «أ» بروز . «ب» شُهرة ؛ شأن ؛ أهميّة (٣) الشُّواظ : كتلة من غاز تشبه السحابة تنبعث من جوّ الشمس الغازيّ (فل) .

prom·i·nent [prŏm′-] *(adj.)* (١) ناتئ (٢) جليّ (٣) شهير ؛ بارز (٤) هامّ .

pro·mis·cu·i·ty [prŏm′ĭs kyo͞o′ə tĭ] *(n.)* (١) اختلاط ؛ تشوُّش (٢) خليط ؛ مزيج (٣) اتّصال جنسيّ غير شرعيّ .

pro·mis·cu·ous [prə mĭs′kyo͞o əs] *(adj.)* (١) مختلط ؛ مُشوَّش (٢) غير مميِّز ؛ معقود من غير تمييز <~ friendships> (٣) غير شرعي ؛ غير مقصور على امرأة واحدة <~ sexual union> (٤) جُزافيّ ؛ عَشْوائيّ ؛ غير نظاميّ <~ standards>.
— **pro·mis·cu·ous·ness** *(n.)*

prom·ise [prŏm′ĭs] *(n.; vt.; i.)* (١) «أ» وَعْد . «ب» عَهْد ؛ تعهُّد (٢) أمَل (٣) بشير النجاح : دلالةٌ تبشِّر بنبوغٍ مرتقبٍ في المستقبل <a poet that shows ~> § (٤) «أ» يَعِد . «ب» يتعهّد بِـ (٥) يخطب فتاةً (ع) (٦) يدلّ على ؛ يبشِّر بِـ ؛ يقدِّم سببًا أو أساسًا كافيًا لتوقّع شيء <Dark clouds ~ rain.> .

Prom·ised Land أرض الميعاد : فلسطين [في زعم اليهود] .

prom·is·ee [prŏm′ə sē′] *(n.)* الموعود بِـ ؛ المُتَعهَّد له [بكذا] .

prom·is·ing [prŏm′-] *(adj.)* واعد ؛ مَرْجُوّ ؛ يُنتظر له مستقبلٌ مرموق .

prom·i·sor [prŏm′ĭ sôr′] *(n.)* الواعد ؛ المتعهِّد [بالقيام بأمرٍ ما] .

prom·is·so·ry [prŏm′ə sōr′ĭ] *(adj.)* وعديّ ؛ تعهُّديّ ; متضمِّن وعدًا أو

ă at; ā date; â care; ä car; ĕ egg; ē me; ĭ in; ī bite; ŏ lot; ō bone; ô orphan; oi boil; o͝o good; o͞o boot; ou out; ŭ under; û urgent; ə = *a* in alone, *e* in system, *i* in easily, *o* in gallop, *u* in circus.

تعهُّدًا <~ speech> .

promissory note *(n.)* الكمبيالة؛ السَّنَد الإذنيّ (تج).

prom·on·to·ry [prŏm′ən tōr′ĭ] *(n.)* (١) الرَّعْن: قُنَّة الجبل الخارجةُ منه والداخلةُ في البحر (٢) الطَّنَف: جزء ناتئ (ت).

pro·mote [prə mōt′] *(vt.)* (١) «أ» يرقّي: يعلي منزلته أو مركزه. «ب» يرفّع طالبًا [من صفٍّ إلى صفّ] (٢) يعزّز؛ يحسّن؛ يشجّع (٣) يروّج [للسّلعة من طريق الإعلان وغيره] (٤) يُسرّع [عمليةً ما] (٥) يُنشئ؛ يؤسّس [شركة إلخ] (٦) يَحُوز بوسائل مُريبة (ع).

pro·mot·er [prə mō′-] *(n.)* (١) فا promote (٢) المروّج [لسلعةٍ ما] (٣) متعهّد حفلة رياضية (٤) المثير: مادة تزيد في فعالية الحَفّاز (ك).

pro·mo·tion [prə mō′shən] *(n.)* (١) ترقية؛ ترفيع (٢) ترقٍّ؛ ترفّع (٣) تعزيز؛ تشجيع (٤) ترويج؛ تسريع (٥) إنشاء؛ تأسيس.

pro·mo·tive [-′tĭv] *(adj.)* مُرَقٍّ؛ مُعَزِّز؛ مشجِّع؛ مساعدٌ على إلخ.

prompt [prŏmpt] *(vt.; adj.; adv.; n.)* (١) يَحُثّ؛ يَحُضّ (٢) يُلَقِّن [الممثلَ] (٣) يُحْدِث؛ يَبْعث على § (٤) تَلْقينيّ: ذو علاقة بتلقين الممثّلين (٥) يقظ؛ ذو همّة؛ متأهّب للعمل (٦) مُسارعٌ إلى (٧) فوريّ؛ عاجل § (٨) تمامًا؛ بالضبط § (٩) التَّذْكِرة: كلُّ ما يُذَكِّر بأمر. وبخاصةٍ: كلماتُ الملقّن (١٠) الأجَل: يومُ الدَّفع [أو العقد الذي يُحَدِّدُه].

prompt·book [prŏmpt′-] *(n.)* نسخة المُلَقِّن [في المسرح].

prompt box *(n.)* رُكنُ الملقّن [في المسرح].

prompt·er [prŏmp′-] *(n.)* (١) الحاثّ؛ الحاضّ: من يحثّ أو يَحُضّ على أمر (٢) المُلَقِّن [في المسرح].

promp·ti·tude [-′tə to͞od′; -tyo͞od′]; **prompt·ness** *(n.)* يقظة؛ علوّ همّة؛ مُسارعةٌ إلى... إلخ.

prompt·ly *(adv.)* (١) فورًا؛ للتَّوّ؛ من غير إبطاء (٢) تمامًا؛ بالضَّبط.

prompt side *(n.)* جانبُ الملقّن [المُحاذي لرُكن الملقّن في المسرح].

pro·mul·gate [prō mŭl′gāt] *(vt.)* (١) يُعلن؛ يذيع؛ ينشر (٢) يضع القانون موضعَ التنفيذ [بإعلانه ونشره]. — **pro·mul·ga·tion** *(n.)*

pro·nate [prō′nāt] *(vt.)* يَكُبّ: يدير اليد بحيث تصبح راحتها متجهةً إلى أدنى عندما تُمَدُّ الذراع إلى الأمام على نحو أفقيّ. — **pro·na·tion** *(n.)*

pro·na·tor [prō nā′-] *(n.)* العضلة الكابّة (را. المادة السابقة).

prone [prōn] *(adj.)* (١) ميّال أو نزّاع إلى (٢) عُرضةٌ لِـ (٣) مُنْكبّ؛ منقلب الوجه إلى أدنى: منبطح. — **prone·ness** *(n.)*

pro·neph·ros [prō nĕf′rəs] *(n.)* سَليفة الكُلْية (أج).

prong [prông; prŏng] *(n.; vt.)* (١) «أ» شوكة طعام. «ب» إحدى شُعَب الشوكة (٢) كل ناتئ مستدقّ الطرف: «أ» جذر الضرس. «ب» قرن الوعل § (٣) يطعن؛ يخرق بشيء مُستدقّ الطرف.

prong·horn [prông′hôrn] *(n.)* شائكُ القرن: أيّل شمالأميركي مُجترّ.

pronghorn

pro·nom·i·nal [prō nŏm′ə-] *(adj.)* ضميريّ: خاصّ بالضمير (ل).

pro·noun [prō′-] *(n.)* ضَمير <مثل *I* أو *you* أو *he*>.

pro·nounce [prə nouns′] *(vt.; i.)* (١) يُعلن <~*d* them man and wife> (٢) يُعلن: يؤكد أمرًا انطلاقًا من رأي شخصيّ <~*d* him a brave man> (٣) ينطق [القاضي] بالحُكم (٤) يَلْفِظ (٥) يُلقي خطبةً x (٦) يُبدي رأيًا <Only experts should ~ on this case.> .

pro·nounced [prə nounst′] *(adj.)* واضح؛ صريح؛ قاطع؛ جازم.

pro·nounce·ment *(n.)* (١) نُطق (٢) بيان رسميّ (٣) رأي؛ قرار.

pro·nounc·ing *(adj.)* تَلَفُّظيّ: ذو علاقة باللَّفظ أو دالٌّ على طريقته.

pron·to [prŏn′tō] *(adv.)* فورًا؛ على الفور؛ بسرعة (ع).

pro·nu·cle·ar [-′klĭ ər] *(adj.)* مُؤيِّد نوائيّ: مؤيد لتوليد الكهرباء بالذرّة.

pro·nun·ci·a·men·to [prə nŭn′sĭ ə mĕn′tō] *(n.)* تصريح؛ إعلان؛ بيان رسمي.

pro·nun·ci·a·tion [-ā′shən] *(n.)* التَّلفُّظ أو طريقة التَّلفُّظ.

proof [pro͞of] *(n.; adj.; vt.)* (١) برهان؛ دليل (٢) إثبات (٣) اختبار؛ امتحان (٤) بيّنة (ق) (٥) تجربة أو «بروفة» طباعية (٦) درجة الكُحول: «أ» القوة المعيارية للكحول. «ب» قوة المُسْكِر بالقياس إلى هذه القوة المعيارية <brandy of 80% ~> § (٧) «أ» صامِد لِـ؛ لا يؤثر فيه كذا <~ against temptation>. «ب» كتيمٌ للماء ونحوه <~ water> (٨) برهانيّ؛ دليليّ (٩) قياسيّ؛ ذو قوة قياسيّة § (١٠) «أ» يستخرج تجربة طباعية عن. «ب» يصحّح التجارب الطباعيّة (١١) يعطي الشيء صفةً مقاومةً. وبخاصة: يجعله صامدًا للماء.

proof·read [-′rēd′] *(vt.; i.)* يُصحّح التجارب [«البروفات»] الطباعية.

proof·read·er *(n.)* مُصحّح التجارب [«البروفات»] الطباعية.

proof·room [pro͞of′-] *(n.)* غرفة تصحيح [التجارب الطباعية].

proof spirit *(n.)* المُسْكِر القياسيّ: مُسْكِر يحتوي على مقدار قياسيّ من الكحول.

prop [1] [prŏp] *(n.; vt.)* (١) دِعامة؛ سِناد؛ عِماد § (٢) يَدْعَم؛ يَسْنُد.

prop [2] *(n.)* (١) property *4* (٢) propeller.

prop- بادئة معناها: مشتقّ من الحمض البروبيوني.

pro·pae·deu·tic [prō′pə do͞o′tĭk; -dyo͞o′-] *(adj.; n.)* (١) تمهيديّ § (٢) دراسة تمهيديّة (٣) *pl.*: المَدْخَل: مجموع المعارف والقواعد الأولية الضرورية لدراسة فنّ أو علم ما.

pro·pa·gan·da [prŏp′ə găn′də] *(n.)* (١) *cap.*: مَجْمَع التبشير: لجنة من الكرادلة مكلَّفة بالإشراف على الإرساليات التبشيرية (٢) «أ» الدعاية؛ الدعاوة: نشر الفكرات أو المعلومات أو الإشاعات خدمةً أو إيذاءً لمؤسسة أو قضية أو شخص. «ب» الفكرات أو المعلومات أو الإشاعات المنشورة على سبيل الدعاية.

prop·a·gan·dism *(n.)* الدِّعاوية: فنُّ الترويج للمذاهب أو نشر الدعايات.

prop·a·gan·dist *(n.)* (١) الداعية: المروِّج لدعوة (٢) وكيل الدعاية.

prop·a·gan·dize [prŏp′ə găn′dīz] *(vt.; i.)* (١) يدعو لِـ: يعمل على نشر فكرةٍ أو مذهب إلخ (٢) يُخْضِعهُ للدِّعاية x (٣) يقوم بالدِّعاية لِـ.

prop·a·gate [prŏp′ə gāt′] *(vt.; i.)* (١) يُوالد: يُبقي أو يكثّر بالتناسل أو

بالتكاثر اللاتزاوجيّ (٢) ينقل إلى الذُّرِّيّة (٣) «أ» يَمُدّ. «ب» ينشر؛ يبثّ؛ يذيع <to ~ a rumor> (٤) ينقل x (٥) يتوالد؛ يتكاثر (٦) يزيد؛ يمتدّ (٧) ينتقل [عَبْرَ مادةٍ ما]. **— prop·a·ga·tor** *(n.)*

prop·a·ga·tion [prŏp′ə gā′-] *(n.)* (١) «أ» موالدة؛ توليد؛ تفريخ. «ب» توالد؛ تكاثر (٢) «أ» نَشْر؛ بَثّ. «ب» انتشار (٣) «أ» مَدّ. «ب» امتداد؛ اتّساع (٤) الانتشار («فز» و«ك»).

pro·pane [prō′pān′] *(n.)* البروبَيْن؛ البروبان: هيدروكربون غازيّ (ك).

pro pa·tri·a [prō pā′trĭ ə] من أجل الوطن؛ في سبيل الوطن.

pro·pel [prə pĕl′] *(vt.)* (١) يَدْفع؛ يُدَسِّر؛ يُسَيِّر (٢) يُحُثّ؛ يَدْفع.

pro·pel·lant *or* **pro·pel·lent** [-′ənt] *(adj.; n.)* (١) دافع؛ داسِر؛ مُسَيِّر § (٢) كلّ ما يدفع أو يسيِّر: «أ» متفجِّرة لدفع القذائف. «ب» وقودٌ داسِر.

pro·pel·ler *also* **pro·pel·lor** [-′ər] *(n.)* الدافع؛ الدّاسِر؛ المُسَيِّر. وبخاصة: المِدْسَرَة؛ المِروحة؛ الرَّفّاص (مك).

propeller

pro·pen·si·ty [prə pĕn′-] *(n.)* مَيْل؛ نزوع؛ نزعة طبيعية.

prop·er [prŏp′ər] *(adj.; adv.; n.)* (١) خاصّ؛ خصوصيّ (٢) مناسب؛ ملائم؛ موافق (٣) لائق (٤) مميِّز (٥) ممتاز (٦) تامّ؛ مئة في المئة <a ~ scoundrel> (٧) وسيم؛ حَسَن الطَّلعة (ع) (٨) أصليّ؛ حقيقيّ <Greece ~> (٩) صحيح؛ مضبوط (١٠) شديد؛ كبير؛ خطير <a ~ mess.> (١١) جدًّا؛ تمامًا؛ بكل ما في الكلمة من معنًى § (١٢) طقس دينيّ خاصّ بيوم أو زمن معيَّن.

proper adjective *(n.)* النَّعْت العَلَميّ: نعت مشتقّ من اسم عَلَم (ل).

pro·per·din [prō pûr′-] *(n.)* البروبردين: بروتين في مَصْل الدم.

proper fraction *(n.)* الكَسْر الحقيقيّ (ر).

prop·er·ly [prŏp′-] *(adv.)* (١) على نحوٍ ملائم أو لائق؛ كما ينبغي (٢) على وجه الدِّقة؛ بالمعنى الضيِّق للكلمة (٣) تمامًا (٤) إلى حدّ بعيد.

proper motion *(n.)* الحركة الحقيقيّة (فل).

proper noun *(n.)* اسمُ العَلَم.

prop·er·tied [-′ər tĭd] *(adj.)* مُمَلَّك: ذو أملاك كثيرة؛ صاحب أطيان.

prop·er·ty [prŏp′ər tĭ] *(n.)* (١) خَصِيصة؛ خاصّيّة؛ صفة مميِّزة (٢) مِلْك (٣) مِلْكيّة (٤) المُلْحَق: كل ما يستعان به في الإخراج المسرحي أو السينمائي كالملابس والأثاث ونحوها.

property damage insurance *(n.)* التأمين ضدّ الغير (تأ).

property man *or* **master** *(n.)* خازن أدوات التمثيل: المسؤول عن أدوات الإخراج المسرحي أو السينمائي [كالأثاث والملابس إلخ].

property tax *(n.)* ضريبة المِلْك؛ ضريبة المِلكية.

pro·phase [prō′fāz′] *(n.)* الطَّور الطَّليعي: الطور الأول من أطوار التخيُّط mitosis (أح).

proph·e·cy [prŏf′ə sĭ] *(n.)* (١) نُبوّة (٢) وحيٌ إلَهيّ (٣) نُبوءة.

proph·e·sy [-′ə sī] *(vt.; i.)* (١) يَنْطِق بوحيٍ إلَهيّ (٢) يتنبأ بـِ x (٣) يَنْطِق وكأنه مُلْهَمٌ من لَدُنِ الله (٤) يَعِظ؛ يُبشِّر (٥) يتكهَّن.

proph·et [prŏf′ĭt] *(n.)* (١) رسول؛ نَبِيّ (٢) شاعر مُلْهَم (٣) معلِّم أو قائد مُلْهَم (٤) متنبئ بالمستقبل [أو بالأحوال الجويّة].

proph·et·ess [-əs] *(n.)* (١) النَّبِيّة: مؤنَّث النبيّ (٢) الكاهنة؛ العرّافة.

prophet·ic; -al [prə fĕt′-] *(adj.)* (١) نَبَويّ (٢) نُبوئيّ.

pro·phy·lac·tic [prō′fə lăk′tĭk] *(adj.; n.)* (١) واقٍ من المرض (٢) وقائيّ § (٣) شيء واقٍ؛ مثل: «أ» أداة واقية من الأمراض التناسلية. «ب» عَقّار مانعٌ للحَمْل.

pro·phy·lax·is [prō′fə lăk′sĭs] *(n.)* pl. **-lax·es** (١) الوقايةُ [من المرض أو الإجراءاتُ المُفْضية إلى ذلك] (٢) معالجة وقائية.

pro·pine [prō pēn′] *(vt.; n.)* (١) يُهْدِي: يقدِّم هديةً إلى § (٢) هدية.

pro·pin·qui·ty [prō pĭng′kwə tĭ] *(n.)* (١) قَرابة؛ نَسَب (٢) قُرْبٌ [مكانيّ أو زمنيّ] (٣) شَبَه.

pro·pi·on·ic acid [prō′pĭ ŏn′ĭk] *(n.)* حمض البروبيونيك (ك).

pro·pi·ti·a·ble [prə pĭsh′-] *(adj.)* قابلٌ للاسترضاء؛ ممكنٌ استعطافُهُ.

pro·pi·ti·ate [prə pĭsh′ĭ āt′] *(vt.)* يَسْترضي؛ يَسْتعطِف.

pro·pi·ti·a·tion [prə pĭsh′ĭ ā′shən] *(n.)* (١) استرضاء؛ استعطاف (٢) الكَفّارة: تضحية بُغْيَةَ التكفير أو الاسترضاء.

pro·pi·ti·a·to·ry [prə pĭsh′ĭ ə tōr′ĭ] *(adj.)* استرضائيّ؛ استعطافيّ.

pro·pi·tious [-′əs] *(adj.)* (١) سَمْح النَّفْس؛ صَفوح (٢) مبشِّر بخير <~ omens> (٣) ملائم؛ مُؤاتٍ؛ مساعد <~ weather>.

prop·jet engine *(n.)* المحرِّك المِرْوَحيّ التُّربيني: محرِّك نفّاث يُستخدم لدَفْع مِروحةٍ خارجية (طي).

prop·man [prŏp′mən] *(n.)* = property man.

prop·o·lis [-′ə lĭs] *(n.)* العِكْبِر؛ وسخ الكواير: مادّة راتينجية شمعية القَوام يجنيها النحل من براعم الأشجار ويستخدمها في إنشاء خلاياه.

pro·po·nent [prə pō′nənt] *(n.)* (١) المقترِح؛ مقدِّم الاقتراح (٢) النصير؛ المؤيد للقضيّة.

pro·por·tion [prə pōr′shən] *(n.; vt.)* (١) نسبة (٢) تناسُب؛ اتّساق؛ انسجام (٣) التناسب (ر) (٤) حصة؛ نصيب؛ جزء؛ قِسْط <Each was doing his ~ of the work.> (٥) نسبة مئوية (٦) حجم؛ درجة § (٧) يُناسب: يجعله متناسبًا مع (٨) يُناغم: يجعل الأجزاء متناسبةً أو مُتَّسقة (٩) يُحَصِّص: يوزِّع الحِصَص.

in ~ to (١) بالنسبة إلى كذا (٢) على مقدار كذا.

out of (all *or* any) ~ to غير متناسب مع.

pro·por·tion·al [-′shən əl] *(adj.; n.)* (١) متناسب [مع] (٢) تناسُبيّ § (٣) المتناسِب: عدد أو كميّة في تناسب رياضيّ (ر).

pro·por·tion·al·i·ty [prə pōr shə năl′-] *(n.)* تناسُب.

pro·por·tion·al·ly [prə pōr′shən-] *(adv.)* تناسبيًّا؛ بالتناسب.

proportional parts *(n. pl.)* الأجزاء المتناسبة (ر).

proportional representation *(n.)* التمثيل النِّسْبيّ: نظام انتخابيّ يُمَثَّل فيه كل حزب في البرلمان بنسبة ما فاز به من أصوات في الانتخابات العامة.

proportional tax *(n.)* الضريبة النِّسْبيّة (اد).

pro·por·tion·ate[1] [prə pōr′shən ĭt] *(adj.)* متناسب مع.

pro·por·tion·ate[2] [-′shə nāt′] *(vt.)* يُناسب: يجعله متناسبًا مع.

pro·por·tion·ment [prə pōr′shən mənt] *(n.)* (١) المناسَبة: جعل الشيء متناسبًا مع... (٢) تناسُب.

pro·pos·al [prə pō′zəl] *(n.)* (١) الاقتراح: تقديم الاقتراحات (٢) اقتراح؛ مُقْتَرح؛ عَرْض. وبخاصة: طلبُ اليد للزَّواج.

pro·pose [prə pōz′] *(vi.; t.)* x (١) يعتزم؛ ينوي (٢) يعرض عليها الزواج (٣) يقترح <to ~ a plan> (٤) يَشْرب نخبَهُ.

prop·o·si·tion [prŏp′ə zĭsh′ən] *(n.; vt.)* (١) مُقْتَرَح؛ اقتراح؛ عرض (٢) مراوَدةُ امرأةٍ عن نفسها (٣) رأي معروض [للمناقشة] (٤) النظرية؛ القضيّة؛ الافتراض (ر) (٥) الخبر: قولٌ يحتمل الصِّدقَ والكذِب لذاتِهِ («بل» و«مق») (٦) مسألة § (٧) يقترح. وبخاصة: يُراود المرأةَ عن نفسها.

prop·o·si·tion·al [-əl] *(adj.)* (١) اقتراحيّ (٢) افتراضيّ (ر) (٣) خَبَريّ (بل).

propositional calculus *(n.)* حساب القضايا (ر).

pro·pound [prə pound′] *(vt.)* يقترح؛ يقدِّم؛ يَعْرِض للمناقشة.

pro·prae·tor *or* **pro·pre·tor** [prō prē′tər] *(n.)* البروبريتور: بريتور (را. praetor) رومانيّ يُسْنَد إليه حُكم مقاطعةٍ ما.

pro·pri·e·tar·y [prə prī′ə tĕr′ĭ] *(n.; adj.)* (١) «أ» المالك. «ب» صاحب الإقطاعة المُملَّكة (را. المادة التالية) (٢) جماعة من المالكين (٣) patent medicine § (٤) مالِكيّ: ذو علاقة بمالكٍ أو بمالكين (٥) مُتملِّك: ذو ممتلكات أو عقارات <the ~ class> (٦) مِلْكيّ: ذو علاقة بالمِلْكيّة <~ rights> (٧) امتلاكيّ؛ مُسَجَّل: مصنوع ومُسَوَّق من قِبَل شخص [أو شركة] له وحده حق الصنع والبيع <a ~ medicine> (٨) مِلْكانيّ؛ خاصّ؛ مملوك ومُدار بوصفه مِلْكًا شخصيًّا <~ hospitals>.

proprietary colony *(n.)* الإقطاعة المُمَلَّكة: إقطاعة كانت الحكومة البريطانية تمنحها [في أميركا] لأفراد معيَّنين تُطْلَق يدهم في حكمها وإدارتها.

proprietary name *(n.)* الاسم المسجَّل (تج).

pro·pri·e·tor [prə prī′ə tər] *(n.)* المالك: صاحب المِلْك أو المؤسَّسة...

pro·pri·e·tor·ship [-shĭp] *(n.)* مِلْكيّة <~ of a copyright>.

pro·pri·e·tress [-trəs] *(n.)* المالكة: صاحبة المِلْك أو المؤسَّسة إلخ.

pro·pri·e·ty [prə prī′ə tĭ] *(n.)* (١) مناسَبَة: موافَقة؛ ملاءَمة؛ صوابيّة (٢) لياقة؛ أدب؛ احتشام (٣) *pl.* آداب السُّلوك.

pro·pri·o·cep·tive [prō′prĭ ə sĕp′tĭv] *(adj.)* تَقَبُّلِذاتيّ؛ تَقَبُّليّ ذاتيّ: دالّ على مُنبِّهٍ أو مثيرٍ ناشئ ضمن عضلات الكائن أو أوتاره العضلية (فس).

— pro·pri·o·cep·tion *(n.)*

pro·pri·o·cep·tor [-′tər] *(n.)* المُتَقبِّل الذّاتيّ: مُتَقبِّلٌ أو عضو حسٌّ يُنَبَّهُ أو يُثار بمنبِّهات أو مثيرات تقبّليّة ذاتيّة (فس).

prop root

prop root *(n.)* الجِذْر السّاند أو الداعم: جِذْرٌ يُشَكِّلُ سِنادًا أو دعامةً للنَّبتة.

prop·to·sis [prŏp tō′-] *(n.)* الاندلاق؛ التهدُّل؛ جُحوظ العين (ط).

pro·pul·sion [prə pŭl′shən] *(n.)* (١) دَفْع؛ دَسْر؛ تسيير (٢) الدافع؛ الدّاسر؛ المسيِّر.

pro·pul·sive [-′sĭv] *(adj.)* (١) دفعيّ؛ دَسْرِيّ؛ تسييريّ (٢) دافع؛ داسِر؛ مُسيِّر.

pro·pyl [prō′pĭl] *(n.)* البروبيل (ك).

prop·y·lae·um [prŏp′ə lē′əm] *(n.)* pl. **-lae·a** [lē′ə] رواق أو مدخل [إلى مَعْبَد أو مبنًى ضخم].

pro·pyl·ene [prō′pə lēn′] *(n.)* البروبيلين: هيدروكربون غازيّ ملتهب.

pro·pyl·ic [prō pĭl′ĭk] *(adj.)* بروبيليّ: منسوب إلى البروبيل (ك).

pro ra·ta [prō rā′tə; -rä′tə] *(adv.)* بالتناسب؛ وفقًا لحصّة كُلٍّ.

pro·rate [prō rāt′] *(vt.; i.)* يُحَصِّص: يوزِّع وفقًا للحِصَص.

pro·ro·gate [prō′rō gāt′]; **pro·rogue** [prō rōg′] *(vt.)* (١) يُؤَجِّل؛ يُرجئ (٢) يَفُضّ البرلمان [من غير أن يَحُلَّه].

pro·ro·ga·tion [prō′rə gā′-] *(n.)* (١) تأجيل؛ إرجاء (٢) فضّ البرلمان.

pro·sa·ic [prō zā′ĭk] *(adj.)* (١) «أ» نثريّ؛ غير شِعريّ. «ب» واقعيّ. «ج» مُمِلّ؛ غير مُمْتِع؛ غير مثير (٢) عاديّ؛ مبتذَل.

pro·sa·ism [prō′zā ĭz′əm] *(n.)* (١) النثرية: الطابع أو الأسلوب النثري (٢) تعبير نثري إلخ.

pro·sa·ist [prō zā′-] *(n.)* (١) النّاثر؛ الكاتب (٢) شخص يُعْوِزهُ الإبداع.

pro·sa·teur [prō′zə tûr′] *(n.)* النّاثر؛ الكاتب.

pro·sce·ni·um [prō sē′nĭ əm] *(n.)* pl. **-ni·a** (١) خشبة المسرح القديم (٢) مقدَّم خشبة المسرح الحديث (٣) سِتارة المسرح وإطارها.

pro·scribe [prō skrīb′] *(vt.)* (١) يُحَرِّم؛ يُحَظِّر (٢) يَنْفي: يُبْعِد من البلاد (٣) يُهْدِر دَمَهُ: يَحْرِم شخصًا من حماية القانون؛ ينشر اسم شخص معلنًا أنّه محكوم عليه بالموت وأن ممتلكاته مصادرة من قِبَل الدولة.

— pro·scrip·tion *(n.)*

pro·scrip·tive [prō skrĭp′-] *(adj.)* (١) إهداريّ: حارمٌ من حماية القانون (٢) تحريميّ؛ محرِّم <a ~ law>.

prose [prōz] *(n.; adj.; vi.)* (١) النثر (٢) كلامٌ عاديّ غير مُمتع (٣) «أ» واقعية. «ب» ابتذال § (٤) نَثْرِيّ (٥) «أ» واقعيّ. «ب» مبتذل § (٦) يَنْثُر: «أ» يكتب نثرًا. «ب» يكتب أو يتحدَّث بطريقةٍ مُضْجِرةٍ أو غير ممتعة.

pro·sec·tor [prō sĕk′tər] *(n.)* المشرِّح؛ مُحَضِّر التشريح: من يشرِّح الجثة قُبَيْل محاضرة أستاذ التشريح.

pros·e·cute [prŏs′ə kyōōt′] *(vt.; i.)* (١) يُواصل أو يُتابع حتى النهاية <~ the inquiry> (٢) يقوم بِـ (٣) «أ» يُحاكِم. «ب» يقاضي.

pros·e·cut·ing attorney *(n.)* النائب العامّ؛ المدَّعي العامّ [في مقاطعةٍ ما].

pros·e·cu·tion [prŏs'ə kyōō'shən] *(n.)* (١) مقاضاة؛ إقامة الدعوى (٢) جهة الادّعاء: المدعي ومحاموه (٣) مواصلة؛ متابعة (ا. ق).

pros·e·cu·tor [-'ə kyōō'tər] *(n.)* (١) المُدَّعي (ق) (٢) النائب العامّ (ق).

pros·e·lyte [prŏs'ə līt'] *(n.; vt.; i.)* (١) المهتدي حديثًا؛ الداخل حديثًا في دِين إلخ § (٢) يَهْدِي [إلى مُعْتَقَدٍ جديد] x (٣) يجمع الأنصار أو الأعضاء [مستعينًا بضروب الإغراء].

pros·e·ly·tism [prŏs'ə lĭt'-] *(n.)* (١) الاهتداء؛ تحوّلٌ من دين [أو حزب إلخ] إلى آخر (٢) الهداية: إدخال الناس في معتقَد جديد.

pros·e·ly·tize [prŏs'ə lĭt īz'; -lĭ tīz'] *(vt.; i.)* = proselyte.

pros·en·ce·phal·ic [prŏs'ĕn sə făl'ĭk] *(adj.)* مُقَدَّمْدِماغيّ: خاصّ بمقدَّم الدّماغ.

pros·en·ceph·a·lon [-sĕf'ə lŏn'] *(n.)* مقدَّم الدماغ (ت).

pros·en·chy·ma [prŏs ĕng'kĭ mə] *(n.)* البَرْسَقِيم: نسيجٌ قِوامُهُ خلايا متطاولة يتواجد في معظم النباتات المُزْهِرة.

prose poem *(n.)* قصيدة النثر، القصيدة النثرية، القصيدة المنثورة.

pros·er [prō'zər] *(n.)* (١) النّاثر؛ الكاتب (٢) المِنثار: من يتكلّم أو يكتب بطريقة مملّة.

pros·i·ly [prō'zĭ lĭ] *(adv.)* نَثْريًّا؛ بابْتذال؛ بإملال.

pro·sit [prō'sĭt] *(interj.)* في صِحّتك! [تُقال عند شُرْب الأنخاب].

pro·slav·er·y [prō slā'və rĭ] *(n.)* تأييد الاسترقاق.

pro·sod·ic; -al [prō sŏd'-] *(adj.)* عَروضيّ: خاصّ بعلم العَروض.

pros·o·dist [prŏs'ə dĭst] *(n.)* العَروضيّ: العالِم بالعَروض.

pros·o·dy [prŏs'ə dĭ] *(n.)* علم العَروض: علم نظم الشعر.

pro·so·ma [prō'sō'mə] *(n.)* مُقَدَّم الجسم [في اللافقاريات] (ح).

pro·so·po·poe·ia [prō sō'pə pē'ə] *(n.)* التشخيص: إضفاء الصفة البشرية على شيء ما أو على مفهوم تجريديّ (بل).

pros·pect [prŏs'pĕkt] *(n.; vi.; t.)* (١) موقع المنزل [بالنسبة لأشعة الشمس والرياح] (٢) «أ» منظر؛ مشهد. «ب» مُطَلّ. «ج» نظرة عامّة (٣) «أ» توقُّع. «ب» صورة ذهنية لشيء سيحدث. «ج» إمكانية. «د» شيء متوقَّع أو مأمول. «هـ» *pl.*: إمكانيات أو احتمالات أو دلائل التقدم أو النجاح أو الربح (٤) «أ» موضع التنقيب: مكان تشير الدلائل إلى أنّه يحتوي على ثروة معدنيّة. «ب» منجمٌ مطوَّرٌ جزئيًّا (٥) زبون أو مرشَّح مُحْتَمَل § (٦) «أ» ينقِّب [بحثًا عن المعادن إلخ]. «ب» يَرود.

in ~, متوقَّع؛ مرتقب؛ مأمول.

pros·pec·tive [prə spĕk'tĭv] *(adj.)* (١) مستقبليّ: ذو علاقة بالمستقبل أو ساري المفعول في المستقبل (٢) «أ» متطلِّع إلى المستقبل. «ب» بعيد النظر (٣) منظور (مج)؛ محتمَل؛ مُتَوَقَّع؛ مأمول.

pros·pec·tor [prŏs'-] *(n.)* الرائد أو المنقِّب [بحثًا عن الذهب أو النفط].

pro·spec·tus [prə spĕk'-] *(n.)* النشرة التمهيدية: نشرة تصف مشروعًا تجاريًا إلخ وتوزَّع على مَنْ تُتَوَسَّم فيهم الرغبة في الشراء.

pros·per [prŏs'pər] *(vi.; t.)* (١) ينجح؛ وبخاصة: يحقّق نجاحًا اقتصاديًا (٢) يزدهر؛ يزهو x (٣) يُنجِح: يجعله ينجح أو يزدهر.

pros·per·i·ty [prŏs pĕ-] *(n.)* (١) نجاح؛ ازدهار (٢) رخاء اقتصادي.

pros·per·ous [-'pər əs] *(adj.)* (١) ملائم؛ مُؤاتٍ <~ weather> (٢) ناجح أو ثريّ <a ~ businessman> (٣) مُزْدَهِر <a ~ business>.

pross [prŏs] *or* **pros·sie** [-'ē] *(n.) slang* = prostitute.

pros·tate [prŏs'tāt'] *or* **pros·tat·ic** [prō stăt'ĭk] *(adj.)* مُوْثيّ؛ بروستاتيّ: منسوب إلى المُوْثة أو غدّة البروستات.

pros·ta·tec·to·my [prŏs'tə tĕk'-] *(n.)* استئصال المُوْثة (جر).

prostate gland *(n.)* المُوْثة؛ غُدّة البروستات (ت).

pros·ta·tism [prŏs'tə tĭz əm] *(n.)* التَّمَوُّث: اضطراب ناشئ عن تضخُّم المُوْثة أو غدّة البروستات (ط).

pros·ta·ti·tis [-'tə tī'-] *(n.)* التهابُ المُوثة أو غُدّة البروستات (ط).

pros·the·sis [prŏs'thə sĭs] *(n.)* (١) إعداد خبز القربان وتقديمه (نص) (٢) الزيادة الصوتية: إضافة صوتٍ أو مَقْطعٍ إلى كلمةٍ ما (ل) (٣) الجراحة الترقيعية أو التعويضيّة: إضافة عضو صناعيّ إلى الجسم البشري، كالرِّجل أو العين (جر).

— **pros·thet·ic** *(adj.)*

pros·thet·ics [prŏs thĕt'ĭks] *(n.)* = prosthesis *3.*

pros·tho·don·tics [prŏs'thə dŏn'-] *(n.)* طبّ الأسنان الترقيعيّ.

pros·tho·don·tist [-'tĭst] *(n.)* الاختصاصيّ بطبّ الأسنان الترقيعيّ.

pros·ti·tute [prŏs'tĭ tōōt'; -tyōōt'] *(vt.; adj.; n.)* (١) يُعَهِّر: «أ» يدفع المرأة إلى البغاء. «ب» يجعلها عاهرًا. «ج» يكرِّس أو يُخصِّص لأغراض فاسدة أو حقيرة § (٢) مُعَهَّر: مخصَّص لأغراض غير شريفة § (٣) البغيّ؛ الفاجرة؛ المومس (٤) المتاجر بشرفِهِ أو مواهبِهِ.

— **pros·ti·tu·tor** *(n.)*

pros·ti·tu·tion [prŏs'tə tōō'-] *(n.)* (١) بِغاء (٢) التعهُّر: المتاجرة بالشَّرف أو المواهب (٣) فساد؛ انحلال <political ~>.

pro·sto·mi·um [prō stō'-] *(n.)* مُقَدَّم الفم [في الديدان والقِشريات].

pros·trate [prŏs'trāt] *(adj.; vt.)* (١) «أ» ساجد. «ب» منبطح؛ منسطح؛ متمدِّد (٢) مغلوب؛ مُنْهَك؛ مُخْضَع <a ~ enemy> (٣) procumbent *1* § (٤) «أ» يَسْجُد. «ب» يُكبّ؛ يطرحه أو يقلبه على الأرض (٥) يَغْلِب؛ يُنْهِك؛ يَقْهر.

pros·tra·tion [prŏs trā'-] *(n.)* (١) «أ» سجود. «ب» ذلّ؛ ضَعة (٢) إعياء؛ إجهاد [جسديّ أو عقليّ] (٣) انهيار <economic ~>.

pros·y [prō'zĭ] *(adj.)* (١) نثريّ (٢) مبتذَل (٣) مُضْجِر.

prot- *or* **proto-** بادئة معناها: «أ» أول من حيث الزمان <*proto*martyr>. «ب» أول من حيث المنزلة؛ رئيسي <*proto*notary>. «ج» أصليّ؛ بدائيّ <*proto*-Aryan>.

pro·tac·tin·i·um [prō tăk tĭn'ĭ əm] *(n.)* البروتاكتينيوم: عنصر فِلزّيّ

ă at; ā date; â care; ä car; ĕ egg; ē me; ĭ in; ī bite; ŏ lot; ō bone; ô orphan; oi boil; ōō good; ōō boot; ou out; ŭ under; û urgent; ə = *a* in alone, *e* in system, *i* in easily, *o* in gallop, *u* in circus.

إشعاعيّ النشاط (ك).

pro·tag·o·nist [prō tăg′-] *(n.)* (١) البَطَل [في مَسْرحية أو رواية] (٢) زعيم القضية أو نصيرها الفعال <the ~ of human rights> (٣) العضلة المحرِّكة.

pro·ta·mine [prō′tə mēn′] *(n.)* البروتامين: بروتين بسيط (ك).

prot·an·o·pi·a [prōt′ə nō′pē ə] *(n.)* عَمَى الأحمر (بص).

prot·a·sis [prŏt′ə sĭs] *(n.)* pl. **-a·ses** [ə sēz′] (١) الاستهلال: الجزء التمهيديّ من مسرحيّة أو من قصيدة قصصية (٢) فعل الشرط (ل).

prote- *or* **proteo-** بادئة معناها: بروتين <*proteo*lysis>.

pro·tea [prŏt′ĭ ə] *(n.)* البُرُوطيّة: شجيرة زينيّة دائمة الخضرة (نب).

pro·te·an [prō′tĭ ən] *(adj.)* متقلّب؛ متلوِّن: متَّخذٌ بسرعة أشكالًا أو أدوارًا مختلفة.

pro·te·ase [prō′tĭ ās′] *(n.)* البروتياز: خميرة مُذيبةٌ للبروتينات (كح).

pro·tect [prə tĕkt′] *(vt.)* يَحْمي؛ يَصُون؛ يَحْفَظ؛ يَقِي.

pro·tec·tant [prə tĕk′-] *(n.)* الحامي؛ الصائن؛ الحافظ؛ الواقي.

pro·tec·tion [-′shən] *(n.)* (١) حماية؛ صيانة إلخ (٢) شخص أو شيء واقٍ من الأذى (٣) الحِماية الجمركية: نظامٌ ضرائبيّ يهدف إلى حماية المنتجات الوطنية بفرض رسوم جمركية عالية على السِّلَع المستوردة (٤) الحصانة الرَّشْوِيّة: حصانة من الملاحقة القانونيّة يشتريها المجرمون من طريق الرشوة (٥) جواز سفر.

pro·tec·tion·ism [-tĕk′shə-] *(n.)* الحِمائية: مذهب حماية الإنتاج الوطني بفرض رسوم جمركية عالية على السِّلع المستوردة.

— **pro·tec·tion·ist** *(n.)*

pro·tec·tive [prə tĕk′tĭv] *(adj.)* (١) واقٍ (٢) وقائيّ (٣) حِمائيّ: مقصودٌ به الحِماية الاقتصادية <a ~ tariff>.

protective coloring *(n.)* التلوُّن الوقائيّ [عند بعض الحيوانات].

protective custody *(n.)* السِّجن الوقائيّ.

protective tariff *(n.)* تَعْرِفة الحِماية: رسمٌ جمركيّ عالٍ يُفرض على السلع المستوردة بغية حِماية المنتجات الوطنية من المزاحمة.

pro·tec·tor [prə tĕk′tər] *(n.)* (١) «أ» الحامي؛ المدافع. «ب» الواقية: أداة للوقاية من الأذى (٢) الوصيّ [على العرش].

— **pro·tec·tress** *(n. fem.)*

pro·tec·tor·ate [-′tər ĭt] *(n.)* (١) «أ» حكومة الوصاية: حكومة يرئسها وصيّ على العرش. «ب» *cap.* الحماية: فترة من تاريخ إنكلترا تولى فيها الحكم أوليفر كروميل (١٦٥٣–١٦٥٨) ثمّ ريتشارد كروميل (١٦٥٨–١٦٥٩). «ج» منصب الوصيّ على العرش أو مدَّة ولايته (٢) «أ» الحِماية: علاقة الدولة القوية بدولة صغيرة تحميها. «ب» المَحْمِيّة: دولة ضعيفة واقعة تحت حِماية دولة قوية.

pro·tec·tor·ship [-′tər shĭp] *(n.)* حماية؛ وقاية؛ وِصاية.

pro·tec·to·ry [-′tə rĭ] *(n.)* المَحْمَى: مأوًى للعناية بالأحداث المتشرّدين.

pro·té·gé [prō′tə zhā′] *(n.)* المَحْمِيّ؛ الصنيعة: شخص تحت حماية أو رعاية متنفِّذ أو ذي سلطان.

— **pro·té·gée** *(n. fem.)*

pro·teid [prō′tēd] *(n.)* = protein.

pro·tein [prō′tēn; -tē ĭn] *(n.; adj.)* (١) البروتين: مادة بانيةٌ للأجسام تُعتبر عاملًا أساسيًا في النموّ § (٢) بروتينيّ.

pro·tein·a·ceous [prō′tē nā shəs] *(adj.)* بروتينيّ أو شبيهٌ بالبروتين.

pro·tein·ase [-′tē nās′] *(n.)* البروتيناز: خميرة مُذيبةٌ للبروتينات (كح).

pro·tein·u·ri·a [prō′tē nŏŏr′ĭ ə] *(n.)* البِيْلة البروتينية: وَفْرة البروتين في البول (ط).

pro tem [prō tĕm′] *or* **pro tem·po·re** [-tĕm′pə rē′] *(adv.)* مُؤَقَّتًا.

pro·te·ol·y·sis [prō′tĭ ŏl′-] *(n.)* تَحَلُّل البروتين: انحلال البروتينات إلى مركَّبات أبسط، كما يحدث عند الهضم.

— **pro·te·o·lyt·ic** *(adj.)*

pro·te·ose [prō′tĭ ōs′] *(n.)* البروتيوز: أيّ من المركَّبات الذوّابة في الماء والناشئة عن تحلُّل البروتينات بفعل العُصارة المَعِديّة (كح).

pro·ter·an·thous [prō′tər ăn′thəs] *(adj.)* مُقَدَّم الإزهار: ذو زهرات تظهر قبل ظهور الأوراق (نب).

Proterozoic era *(n.)* الدهر الفَجْريّ (جي).

pro·test [*n.* prō′tĕst; *v.* prə tĕst′] *(n.; vt.; i.)* (١) الاحتجاج الرسميّ: «أ» البروتستو: بيان خطيّ من قِبَل الكاتب العدْل بأن سندًا أو كمبيالة أو شيكًا قد قُدِّم إلى شخص ما فَرَفضَ دفعه أو قبوله (تج). «ب» احتجاج على قانون إلخ وبخاصة من قِبَل عضوٍ في مجلس اللوردات. «ج» احتجاج قُبَيْل دفع الضريبة أو أثناءه يقول بأنها غير شرعية وبأن دفعها كان غير إراديّ (٢) احتجاج؛ اعتراض؛ شكوى <She was judged guilty in spite of her ~ of innocence.> (٣) توكيد § (٤) يحتجّ؛ يعترض (٥) يعلن؛ يؤكِّد <She ~*ed* her innocence.>.

prot·es·tant [prŏt′əs tənt] *(n.; adj.)* (١) *cap.*: البروتستانتيّ: عضو في إحدى الكنائس البروتستانتيّة (٢) المُحْتَجّ؛ المعترِض § (٣) بروتستانتيّ (٤) مُحْتجّ؛ مُعترِض (٥) احتجاجيّ.

Prot·es·tant·ism [prŏt′əs tən tĭz′əm] *(n.)* (١) البروتستانتيّة (٢) البروتستانت أو الكنائس البروتستانتيّة جُملةً.

pro·tes·ta·tion [prŏt′əs tā′shən] *(n.)* (١) احتجاج؛ اعتراض (٢) إعلان؛ توكيد <~*s* of friendship>.

pro·test·er *or* **pro·tes·tor** [prə tĕs′tər] *(n.)* المُحْتَجّ؛ المُعْتَرِض.

pro·tha·la·mi·on *or* **pro·tha·la·mi·um** [prō′thə lā′-] *(n.)* pl. **-mi·a** أُغنية العُرس.

proth·e·sis [prŏth′ə-] *(n.)* (١) الإبداء: إضافة صوت أو مقطع إلى أوّل اللفظة (ل) (٢) إعداد خبز القربان وتقديمُهُ.

— **pro·thet·ic** *(adj.)*

pro·thon·o·tar·y [prō′ thŏn′-] *(n.)* الكاتب الأول [في محكمة].

pro·tho·rac·ic [prō′thō răs′ĭk] *(adj.)* نَحْريّ (حش).

pro·tho·rax [-thōr′ăks] *(n.)* النَّحْر: الفِلقة الأماميّة من صدر الحشرة.

pro·throm·bin [prō thrŏm′bĭn] *(n.)* البروثرومبين: أحد العوامل المُخَثِّرة للدّم (كح).

pro·tist [prō′tĭst] *(n.)* القَرْطيس: واحد القَرْطيسات **Protista** وهي

مجموعة من المتعضّيات الوحيدة الخلية أو اللّاخلوية تشمل البكتيريا والفُطور وأحيانًا الفيروسات (أح). — **pro·tis·tan** *(adj.; n.)*

pro·ti·um [prō′tĭ əm; -shĭ-] *(n.)* البروتيوم: نظيرُ الهيدروجين الأكثرُ وفرةً (ك).

proto- = prot-.

pro·to·ac·tin·i·um [prō′tō ăk tĭn′ĭ əm] *(n.)* = protactinium.

pro·to·col [prō′tə kôl] *(n.)* (١) البروتوكول: «أ» المسوَّدة الأصلية: مسوَّدة تُصاغ على أساسها وثيقة أو معاهدة. «ب» مَحاضِر مؤتمر سياسي. «ج» مُلحق معاهدة. «د» اتفاقية دولية إضافية. «هـ» اتفاقيّة دولية (٢) البروتوكول: نظام التشريفات الديبلوماسيّة والعسكرية (٣) البروتوكول: مجموعة من الرموز تمكّن الكومبيوتر من الاتصال بكومبيوتر آخر.

pro·to·gine [prō′tə jĭn; -jēn′] *(n.)* البروتوجين: ضَربٌ من الغرانيت الألبيّ.

pro·to·his·to·ry [prō′tō hĭs′tə rĭ] *(n.)* التاريخ الفَجْريّ: دراسة الإنسان في العصور التي سبقت عهدَ التاريخ المدوَّن مباشرةً.

pro·to·hu·man [prō′tō hyo͞o′mən] *(adj.; n.)* (١) فَجرَبَشَريّ: ذو علاقة بالإنسان البدائي § (٢) الكائن الفَجْريّ: الإنسان البدائيّ.

pro·to·lith·ic [prō′tə lĭth′ĭk] *(adj.)* بروتوليثيّ: خاصّ بفجر العصر الحجري (جي).

pro·to·mar·tyr [-mär′tər] *(n.)* الشهيد الأول: أولُ شُهداء قضيةٍ أو بلد.

pro·to·mor·phic [-môr′fĭk] *(adj.)* بدائيّ التَّشكُّل: ذو بنية بدائية.

pro·ton [prō′tŏn] *(n.)* البروتون؛ الأُوَيل (مج): الجُسَيْمة ذات الشِّحنة الموجَبَة في الذرّة.

pro·ton·o·tar·y [prō tŏn′ə tĕr′ĭ] *(n.)* = prothonotary.

proton synchrotron *(n.)* جهاز تسريع البروتونات (فزن).

pro·to·nymph [prō′tō nĭmf] *(n.)* القُرادة البدائية (را. acarid).

pro·to·path·ic [prō′tə păth′ĭk] *(adj.)* (١) حِسّيّأوّليّ؛ حسّي أوّليّ: دالٌّ على إحساس عامٍّ غير مميِّز (فس) (٢) بدائيّ؛ أوّليّ.

pro·to·plasm [prō′tə plăz′əm] *(n.)* الجِبْلة الأولى (مج)؛ البروتوبلازما: مادةٌ لزِجة تُعتبر قِوامَ الخلايا الحيّة (أح).

pro·to·plas·mic [prō′tə plăz′-] *(adj.)* جِبْليّ؛ بروتوبلازميّ.

pro·to·plast [prō′tə plăst′] *(n.)* (١) prototype *1* (٢) الجُبَيْلة الأوّليّة؛ البروتوبلاستا: «أ» محتوى الخليّة البروتوبلازميّ مُعْتَبَرًا وحدةً حيوية (أح). «ب» الخلية أو الوحدة الحيّة الأصلية (أح).

pro·to·plas·tic [prō′tə plăs′-] *(adj.)* جُبَيْليّ؛ بروتوبلاستيّ.

pro·to·troph·ic [prō′tə trŏf′-] *(adj.)* بدائيّ التغذية: مستمدّ غذاءه من مصادر غير عُضْويّة فحسب <~ bacteria>. — **pro·to·troph** *(n.)*

pro·to·type [prō′tə tīp′] *(n.)* (١) الطِّراز البَدْئيّ؛ النَّمط البدئيّ: شكلٌ أو نوعٌ بدائيّ أو سَلَفيّ (أح) (٢) النموذج الأصليّ: نموذج أوليّ [لطائرة إلخ] تُصْنَع على أساسه نماذجُ أخرى.

pro·to·typ·i·cal [prō′tə tĭp′-] *also* **pro·to·typ·ic** [-′ĭk]; **pro·to·typ·al** [prō′tə tī′-] *(adj.)* طِرازْبَدْئيّ؛ نَمَطْبَدْئيّ (را. prototype).

Pro·to·zo·a [prō′tə zō′ə] *(n. pl.)* الأوّليات (مج)؛ الأوالي؛ البَرْزَويّات: اسم عام يُطلق على الحُيَيْوينات وحيدة الخليّة.

pro·to·zo·an *also* **pro·to·zo·al** [prə tə zō′-] *(n.; adj.)* (١) الأوّليّ؛ البَرْزويّ: واحد الأوّليّات أو البَرْزَويّات § (٢) أوّليّ؛ بَرْزويّ (أح).

pro·to·zo·ol·o·gy [prō′tō zō ŏl′ə jĭ] *(n.)* مَبْحث الأوّليات أو البَرْزويّات: فرعٌ من علم الأحياء يُعْنَى بدراسة الحيوانات وحيدة الخليّة.

pro·to·zo·on [-′tə zō′ŏn] *(n.)* pl. **-zo·a** [zō′ə] = protozoan.

pro·tract [prō trăkt′] *(vt.)* (١) يُؤخِّر؛ يُرجِئ (ا. ق) (٢) يُطيل؛ يَمُدّ (٣) يُخطِّط: يَرْسُم الخطوط والزوايا بالمِنْقلة (هن).

protracted meeting *(n.)* الاجتماع المتطاول: سلسلة من الاجتماعات الدينية، عند الإنجيليين، تستغرق فترة طويلة من الزمان.

pro·trac·tile [prō trăk′tĭl] *(adj.)* مَدُود: قابلٌ للمدّ أو الإنتاء.

pro·trac·tion [-′shən] *(n.)* (١) «أ» إطالة؛ مَدّ. «ب» استطالة؛ امتداد (٢) تخطيط.

pro·trac·tor [-′tər] *(n.)* (١) المُطيل؛ المُرْجِئ إلخ (٢) العضلة الباسطة (ت) (٣) المِنْقلة: أداة لإنشاء الزوايا وقياسها (هن).

protractor 3.

pro·trude [prō tro͞od′] *(vi.; t.)* (١) يَنْتأ؛ يَبْرُز x (٢) يُنتِئ؛ يُبرِز.

pro·tru·si·ble [prō tro͞o′sə bəl] *(adj.)* = protrusile.

pro·tru·sile [-′sĭl] *(adj.)* قابلٌ للإنتاء أو الإبراز.

pro·tru·sion [-′zhən] *(n.)* (١) «أ» إنتاء. «ب» نتوء (٢) شيء ناتئ أو بارز.

pro·tru·sive [-′sĭv] *(adj.)* (١) ناتئ؛ بارز (٢) فضوليّ؛ تطفّليّ.

pro·tu·ber·ance [prō to͞o′-] *(n.)* (١) ناشزة؛ حَدَبَة (٢) نتوء؛ بروز؛ إلخ.

pro·tu·ber·ant *(adj.)* (١) ناتئ؛ بارز (٢) جاحظ (٣) فضوليّ.

pro·tu·ber·ate [prō to͞o′bə rāt′] *(vi.)* ينتأ؛ يَبْرُز (ا. ن).

proud [proud] *(adj.)* (١) «أ» مغرور؛ متكبِّر؛ متغطرِسٌ. «ب» مبتهجٌ. «ج» أبيّ؛ محترمٌ نفسَه (٢) باعث على الفخر (٣) فخور؛ معتزّ (٤) فخم؛ ضخم (٥) نشيط؛ مفعم بالحيوية. — **proud·ful** *(adj.)*
~ **of** فخورٌ بكذا؛ مُعْتزٌّ بكذا.

proud flesh *(n.)* المحبَّب: نسيج مُبرغَل يتشكَّل خلالَ التئام جُرحٍ أو قَرْح (مض).

proud·heart·ed [-här′tĭd] *(adj.)* مُتكبِّر؛ مُتَغَطْرِس؛ متشامخ.

proust·ite [pro͞os′tīt] *(n.)* البروستيت: معدنٌ أحمرُ قرمزيٌّ.

prov·a·ble [pro͞o′və-] *(adj.)* ممكنٌ إثباتُهُ [بالدّليل أو البرهان].

prove [pro͞ov] *(vt.; i.)* (١) يختبر؛ يجرِّب <to ~ a new weapon> (٢) يثبت؛ يُبرهن (٣) يستخرج تجربةً [بروفةً] مطبعية (٤) يُثبت كفاءته x

(٥) يُثبِت أنه كذا: يتكشَّف عن صفةٍ ما، وبخاصة بعد الاختبار <She ~*d* to be selfish.>.

proved [proovd]; **prov·en** [proo'-] *(adj.)* مُثبَت؛ مُحقَّق.

prov·e·nance [prŏv'ə nəns] *(n.)* أصل؛ مَصْدر.

Pro·ven·çal [prō'vən säl'] *(adj.; n.)* (١) پروڤانسيّ: منسوب إلى پروڤانس في فرنسا § (٢) الپروڤانسيّ: أحد أبناء پروڤانس (٣) اللغة الپروڤانسيّة.

Pro·ven·çale [pro'vən säl'] *(adj.)* بروڤانسيّ: مطهوّ مع الثوم والبصل والفُطر والأعشاب وزيت الزيتون <frogs' legs ~>.

prov·en·der [prŏv'ən dər] *(n.)* (١) عَلَفٌ؛ عَلِيق (٢) طعام (ع).

pro·ve·ni·ence [prō vē'nĭ əns] *(n.)* = provenance.

prov·en·ly [proo'-] *(adv.)* على نحوٍ مُثْبَت أو مُحقَّق.

pro·ven·tric·u·lus [prō'vĕn trĭk'-] *(n.)* pl. **-li** معِدة الطائر الحقيقية.

prov·er [proo'-] *(n.)* فا prove. وبخاصة: مُستخرج البروفات المطبعيّة.

pro·verb [prŏv'-] *(n.; vt.)* (١) مَثَلٌ؛ مَثَلٌ سائر (٢) شخص أو شيء يُضرب به المثل في كذا؛ مَثَلٌ يُضْرَب § (٣) يَجعله مَثَلًا يُضْرَب.

pro·ver·bi·al [prə vûr'-] *(adj.)* (١) مَثَليّ؛ مميِّز للمَثَل أو الأمثال <~ wisdom> (٢) مُعبَّر عنه بمثل أو أمثال <~ brevity> (٣) شبيهٌ بمَثَل <~ sayings> (٤) مشهورٌ؛ مضروبٌ به المَثَل <the ~ restlessness of sailors>.

pro·vide [prə vīd'] *(vi.; t.)* (١) يحتاط: يتخذ الإجراءات الوقائية (٢) يَلْحظ [في الميزانية إلخ] (٣) يُمِدّ؛ يُزوِّد؛ يُجهِّز بـِ؛ يُوَفِّر لِـ.
to ~ against (١) يستعدّ أو يتخذ الحَيْطة لِـ (٢) يحرِّم.
to ~ for يُعِيل؛ ينهض بأعباء كذا.
to ~ with يزوِّد؛ يُجهِّز.

pro·vid·ed [prə vī'dĭd] *(conj.)* بشرط؛ على شرط؛ شريطة أن.

prov·i·dence [prŏv'ə dəns] *(n.)* (١) *cap.*: «أ» العناية الإلٰهيّة. «ب» الله (٢) تدبير؛ اقتصاد؛ حُسْن إدارة؛ حَيْطة.

prov·i·dent [prŏv'ə-] *(adj.)* (١) حكيم؛ بعيد النظر (٢) مُقْتَصِد.

prov·i·den·tial [prŏv'ə dĕn'-] *(adj.)* (١) إلٰهيّ؛ ذو علاقة بالعناية الإلٰهية أو مُقرَّرٌ من لَدُنها (٢) سعيد <a ~ occurrence> (٣) بفضل الله: مُنجَزٌ أو حادثٌ بفضل تدخُّل العناية الإلٰهية <~ escape>.

pro·vid·er [prə vī'-] *(n.)* المُعِيل: كاسبُ الرِّزقِ لعيالِهِ.

pro·vid·ing [prə vī'dĭng] *(conj.)* شَرْطَ أنْ؛ شريطةَ.

prov·ince [prŏv'ĭns] *(n.)* (١) «أ» مقاطعة؛ إقليم. «ب» *pl.*: المقاطعات؛ الأقاليم؛ جميع أجزاء البلاد باستثناء العاصمة (٢) أبرشيّة (٣) وظيفة؛ عمل؛ دائرة اختصاص (٤) عالَم؛ دُنْيا: فرع من المعرفة أو النشاط <the ~ of literature>.

pro·vin·cial [prə vĭn'shəl] *(n.; adj.)* (١) أسقف الأبرشية (٢) القرويّ؛ الرِّيفي: أحد أبناء القرى أو الأرياف (٣) المُترَيِّف: «أ» شخص محلّيّ التفكير والاهتمامات. «ب» شخص جِلف تُعوِزُه الكياسة أو الدماثة المَدِينيّة § (٤) قرويّ؛ ريفيّ (٥) مَحلّيّ: خاصّ بمقاطعة أو إقليم <~ customs> (٦) مُترَيِّف: «أ» محدود؛ ضيِّقُ أُفُقِ التفكير <a ~ point of view>. «ب» ساذَج <~ designs>.

pro·vin·cial·ism [-'shə-] *(n.)* (١) اصطلاح أو تعبير ريفيّ (٢) الريفيّة: الصفة الريفيّة.

pro·vin·cial·ist [-'shəl ĭst] *(n.)* الرِّيفيّ: ساكن الأرياف أو الأقاليم.

pro·vin·ci·al·i·ty [-'shĭ ăl'-] *(n.)* صفة أو خَصِيصة أو ميزة ريفيّة.

pro·vin·cial·ize *(vt.)* (١) يُريِّف: يجعله ريفيًّا (٢) يُبسِّط: يَجْعله بسيطًا.

proving ground *(n.)* أرض الاختبار؛ حقل الاختبار: مكانٌ أو وسيلة لاختبار نظرية علمية أو سلاح جديد إلخ.

pro·vi·sion [prə vĭzh'ən] *(n.; vt.)* (١) مص provide (٢) احتياط؛ استعداد مسبَّق (٣) «أ» توفير [الوسائل إلخ] لِـ. «ب» تدبير احتياطي (٤) *pl.* عد: مُؤن (٥) شرط؛ فقرة شرطيّة في عَقْد أو اتّفاقيّة ما § (٦) يزوِّد بالمؤن.
a ~ merchant السَّمّان.
to make ~ for *or* against يحتاط لِـ؛ يتخذ ترتيبات مَسبَّقة تحسّبًا لِـ.

pro·vi·sion·al [prə vĭzh'ən əl] *(adj.; n.)* (١) مُؤقَّت <a ~ agreement> (٢) شَرْطي (ا. ن) § (٣) طابع بريديّ مؤقَّت.

pro·vi·sion·al·ly [prə vĭzh'ən əl ĭ] *(adv.)* مُؤقَّتًا.

pro·vi·sion·ar·y [-'ə nĕr'ĭ] *(adj.)* = provisional.

pro·vi·sion·er [prə vĭzh'ə-] *(n.)* المُموِّن: المُزوِّد بالمُؤَن.

pro·vi·so [prə vī'zō] *(n.)* (١) فقرة شَرْطيّة [في عَقْد] (٢) شَرْط.

pro·vi·so·ry [prə vī'zə rĭ] *(adj.)* (١) شَرْطيّ (٢) مُؤقَّت.

pro·vi·ta·min [prō vī'-] *(n.)* سَلَف الڤيتامين؛ البروڤيتامين: مادة في إمكان المتعضّي أن يحوِّلها إلى ڤيتامين، كالجَزَرين الذي يحوَّل في الكبد إلى ڤيتامين «أ» (كح).

prov·o·ca·tion [prŏv'ə kā'shən] *(n.)* (١) «أ» إغضاب. «ب» إثارة. «ج» تحريض أو استفزاز (٢) شيء مغضِب أو مثير أو محرِّض.

pro·voc·a·tive [prə vŏk'ə tĭv] *(adj.; n.)* (١) «أ» مُغضِب. «ب» مثير. «ج» مُحرِّض؛ استفزازي § (٢) استفزاز؛ شيء مثير للغضب.

pro·voke [prə vōk'] *(vt.)* (١) يُغضِب؛ يَغِيظ (٢) يُثير؛ يُحدِث (٣) يَحُثّ؛ يُحرِّض؛ يَستَفِزّ.

pro·vok·ing [prə vō'-] *(adj.)* مُزْعِج؛ مثيرٌ للغضب.

pro·vo·lo·ne [prō və lō'nē] *(n.)* البروفولونيّ: جُبن إيطاليّ جافّ.

pro·vost [prō'vōst'] *(n.)* (١) رئيس كنيسة أو كليّة إلخ (٢) العمدة: رئيس البلدية [في أسكتلندا] (٣) السجّان؛ قيِّم السِّجْن (٤) وكيل الشؤون الأكاديميّة [في جامعة أميركيّة].

provost court *(n.)* المحكمة العسكرية الابتدائية: محكمة تنظر عادةً في الجُنَح المرتكبة في منطقة محتلّة من أراضي العدوّ.

provost guard *(n.)* الشُّرطة العسكرية؛ شُرطة الجيش.

provost marshal *(n.)* قائد الشرطة العسكرية.

prow [prou] *(n.)* (١) القَيْدوم: مُقدَّم المَركب أو الطائرة (٢) سفينة.

prow·ess [prou'əs] *(n.)* (١) شجاعة؛ بسالة (٢) براعة فائقة.

prowl [proul] *(vi.; t.; n.)* (١) يَجُوس؛ يَطُوف خِلسةً [بحثًا عن فريسةٍ أو

ابتغاءَ السَّلْب والنَّهب إلخ] § (٢) الجَوْس: التّطواف خلسة.

prowl car *(n.)* سيارة الشرطة الجوّالة: سيارة من سيارات الشرطة مزوَّدة بجهاز للاتصال اللاسلكي بالقيادة.

prox·i·mal [prŏk′sə-] *(adj.)* (١) الأقرب؛ الأدنى (٢) الأقرب إلى النقطة المركزية. وبخاصة: دانٍ؛ مِحْوَريجَسَديّ: واقعٌ قرب محور الجسد (ت).

prox·i·mate [prŏk′sə mĭt] *(adj.)* (١) «أ» متقارب؛ دانٍ؛ قريب جدًا. «ب» تالٍ (٢) مباشر (٣) تقريبيّ (٤) وشيك؛ قريب الحدوث.

prox·i·mate·ly [-′sə mĭt lĭ] *(adv.)* تقريبًا؛ على وجه التقريب.

prox·im·i·ty [prŏk sĭm′ə tĭ] *(n.)* (١) قُرْب [في المكان أو الزمان] (٢) قَرابة (٣) التقارُب؛ الاقتراب؛ التقارُبية (رد).

prox·i·mo [-′sə mō] *(adv.; adj.)* في الشهر التالي [أو ذو علاقةٍ به].

prox·y [prŏk′sĭ] *(n.; adj.)* (١) وكالة (٢) «أ» تفويض. «ب» وثيقة التفويض: وثيقة تمكّن شخصًا من التصويت عن شخص آخر أو من العمل بأسمِهِ (٣) الوكيل § (٤) مُوَكَّلٌ؛ مفوَّض؛ قائمٌ مقامَ.

proxy marriage *(n.)* الزواج التوكيليّ: زواج يُعقَد في غياب أحد العروسين على أن يمثِّله في حفلة الزفاف وكيلٌ مفوَّضٌ من قِبَلِه.

prude [prōōd] *(n.)* المُتَحشِّم: شخص يصطنع الاحتشامَ. وبخاصة: المُتَحشِّمة: سيِّدة تتكلَّف قَدْرًا من الاحتشام مُغالًى فيه.

pru·dence [prōō′dəns] *(n.)* (١) تعقُّل؛ تَدَبُّرٌ؛ نظرٌ في عواقب الأمور (٢) حصافة؛ حكمة (٣) اقتصاد (٤) حَذَر؛ احتراس.

pru·dent [prōō′-] *(adj.)* (١) متعقِّل؛ متدبِّر؛ متبصِّر في عواقب الأمور (٢) حصيف؛ حكيم (٣) مقتصِد (٤) حذِر؛ محترِس.

pru·den·tial [prōō dĕn′shəl] *(adj.)* (١) تعقُّلي؛ تدبُّري: ذو علاقة بالتعقُّل أو التدبُّر (٢) متعقِّل؛ مُتدبِّر إلخ.

pru·dent·ly [prōō′-] *(adv.)* بتعقُّل؛ بتدبُّر؛ بحصافة؛ باقتصاد؛ بحذرٍ.

prud·e·ry [-′də rĭ] *(n.)* (١) التَّحَشُّم: احتشام مُفْرط [وبخاصة حين يكون متكلَّفًا] (٢) ملاحظة أو عمل مُتَّسِمٌ باحتشام مُفْرط أو متكلَّف.

prud·ish [prōō′dĭsh] *(adj.)* متحشِّم: مُفرِط الاحتشام [مَعَ تكلُّفٍ عادةً].

pru·i·nose [prōō′ə nōs′] *(adj.)* = pollinose.

prune [prōōn] *(n.; vt.; i.)* (١) بُرْقوق أو خَوْخ (٢) بُرقوق أو خوخ مجفَّف (٣) شخص بليد أو غير جذّاب § (٤) يُهَذِّب: يُشذِّب مقالًا بتجريده من كلّ حَشْو (٥) يُقلِّم؛ يُشذِّب [الأشجار].

pru·nel·la [prōō nĕl′ə] *also* **pru·nelle** [-nĕl′] *(n.)* البُرْقوقيّ: «أ» نسيج صوفيّ مُضَلَّع. «ب» نسيجٌ صوفيّ تُتَّخذ منه الأجزاء العُليا من الأحذية.

pru·ners [-′nərz] *(n. pl.)* المِشْذَب: مِقصٌ لتشذيب الأشجار.

pruning hook *(n.)* مِنْجَل التشذيب: أداة معقوفة الشفرة لتشذيب الأشجار.

pru·ri·ence; -cy [prōōr′ĭ-] *(n.)* (١) تَلَهُّف؛ تَحَرُّق (٢) شَبَق.

pru·ri·ent [-′ĭ ənt] *(adj.)* (١) مُتَلهِّف؛ متحرِّق على (٢) شهوانيّ؛ شَبِق <~ people> (٣) مُتَّسِم بالشَّبَق (٤) مُثير للشَّبَق <~ literature> (٥) مُفْرط أو سريعُ النموّ.

pru·rig·i·nous [prōō rĭj′ə nəs] *(adj.)* حُكاكيّ: مُتَّسِم بالحُكاك.

pru·ri·go [prōō rī′gō] *(n.)* الحُكاك (ط).

pru·rit·ic [-rĭt′ĭk] *(adj.)* حُكاكيّ؛ حِكّيّ: ذو علاقة بالحُكاك أو بالحِكّة.

pru·ri·tus [-rī′təs] *(n.)* الحِكّة: عِلّة ينشأ عنها الحُكاك (ط).

Prus·sian [prŭsh′ən] *(adj.; n.)* (١) بروسيّ: ذو علاقة ببروسيا أو شعبها أو لغتها § (٢) البروسيّ: أحد أبناء بروسيا (٣) البروسية: اللهجة الألمانية التي كان يُنطَق بها في بروسيا.

Prussian blue *(n.)* الأزرق البروسيّ: صبغ [أو لون] أزرق داكنٌ.

Prus·sian·ism [-′ə nĭz′əm] *(n.)* البروسيانيّة: «أ» روح البروسيّين أو نظامُهم أو سياستُهم أو أساليبُهم. «ب» النزعة العسكريّة البروسيّة وما اتصفت به من نزعات استبداديّة وبخاصة منذ عهد فريدريك الثاني الكبير (الذي تولى الحكم من عام ١٧٤٠ إلى عام ١٧٨٦).

prus·si·ate [prŭsh′ĭ āt′; -ĭt; prŭs′-] *(n.)* البروسْيات: ملح حَمْض البروسِّيك (ك).

prus·sic acid [prŭs′ĭk] *(n.)* حَمْض البروسِّيك؛ حَمْض الهيدروسيانيك.

pry [1] [prī] *(vi.; n.)* (١) يُحدِّق بإمعان أو فضول (٢) يتفحَّص أو يستطلع بتطفّل § (٣) تحديق (٤) المحدِّق أو المتفحِّص بتطفّل.

pry [2] *(vt.; n.)* (١) يَرْفع أو يحرِّك أو يخلع بمُخْل (٢) يفتح أو ينتزع بصعوبة § (٣) مُخْل (٤) leverage.

pry·er [prī′ər] *(n.)* = prier.

pry·ing [prī′ĭng] *(adj.)* فُضوليّ؛ مُتَطفِّل.

psalm [säm; sälm] *(n.; vt.)* (١) ترتيلة؛ ترنيمة (٢) *cap.* المَزْمور: أحد الأناشيد والترانيم والصلوات المئة والخمسين التي يتألف منها سِفر المزامير (نص) § (٣) يُرَتِّل؛ يترنَّم؛ يتلو المزامير.

psalm·book [säm′-; sälm′-] *(n.)* (١) سِفر المزامير (٢) كتاب المزامير: مجموعة من الترجمات الشعرية لمزامير التوراة.

psalm·ist [säm′ĭst; säl′-] *(n.)* ناظم التراتيل؛ ناظمُ المزامير.

the *Psalmist* داود النَّبيّ.

psalm·o·dy [sä′mə dĭ; säl′-] *(n.)* (١) ترتيل المزامير (٢) مجموعة مزامير.

Psalms [sämz; sälmz] *(n.)* سِفْر المزامير [من الكتاب المقدَّس].

Psal·ter [sôl′tər] *(n.)* = psalmbook.

psal·te·ri·um [sôl tēr′ĭ əm] *(n.)* pl. **-te·ri·a** = omasum.

psal·ter·y [sôl′tə rĭ] *(n.)* السَّنطور؛ السَّنطير: آلة موسيقية قديمة تشبه القانون.

pse·phol·o·gy [sē fŏl′-] *(n.)* الانتخابيّات: دراسة الانتخابات علميًّا.

pseud- *or* **pseudo-** بادئة معناها: زائف؛ كاذب.

pseu·do [sōō′dō] *(adj.)* زائف؛ كاذب.

ă at; ā date; â care; ä car; ĕ egg; ē me; ĭ in; ī bite; ŏ lot; ō bone; ô orphan; oi boil; ŏŏ good; ōō boot; ou out; ŭ under; û urgent; ə = *a* in alone, *e* in system, *i* in easily, *o* in gallop, *u* in circus.

pseu·do·carp [sōō′dō kärp′] *(n.)* الثمرة الكاذبة أو الإضافية .

pseu·do·clas·sic [sōō′dō klăs′ĭk] *(adj.; n.)* كلاسيكيّ كاذبٌ .

pseu·do·cy·e·sis [sōō′dō sī ē′sĭs] *(n.)* = pseudopregnancy.

pseu·do·morph [sōō′də môrf′] *(n.)* (١) المعدن الكاذب الشكل : معدنٌ شكلُهُ الخارجي مماثلٌ للشكل الخارجي المميِّز لنوعٍ آخر من المعادن (٢) شكلٌ خادعٌ أو شاذٌ .

pseu·do·mor·phic; pseu·do·mor·phous *(adj.)* كاذب الشكل .

pseu·do·mor·phism [sōō′də môr′-] *(n.)* التَّشكُّليّة الكاذبة .

pseu·do·nym [sōō′də nĭm] *(n.)* = pen name.

pseu·don·y·mous [sōō dŏn′ə məs] *(adj.)* (١) حاملٌ اسمًا مستعارًا (٢) كاتبٌ أو مكتوبٌ بأسمٍ مستعار .
— **pseu·do·nym·i·ty** *(n.)*

pseu·do·pod [sōō′də pŏd′] *(n.)* الشَّواة الكاذبة (مج) : امتدادٌ يُشبه الشَّواة [أي القَدَم] في بعض الخلايا (ح) .

pseu·do·po·di·um [sōō′ də pō′-] *(n.)* pl. **-di·a** [dĭ ə] = pseudopod.

pseu·do·preg·nan·cy [sōō′də prĕg′-] *(n.)* الحَمْل الكاذب .

pseu·do·preg·nant [-′nənt] *(adj.)* حاملٌ حَمْلًا كاذبًا .

pseu·do·salt [sōō′dō sôlt] *(n.)* الملح الكاذب (ك) .

pseu·do·sci·ence [sōō′dō sī′-] *(n.)* العِلم الزائف : نظام من النظريات والافتراضات والطرائق التي تُعتَبر ، خطأً أو وهمًا ، علمًا من العلوم .

pseu·do·tu·ber·cu·lo·sis [sōō′dō tyōō bûr′kyə lō′-] *(n.)* السُّل الكاذب (ط) .

pshaw [shô] *(interj.; n.; vi.; t.)* (١) أُفٍّ ؛ تَعْسًا ؛ تبًّا : هتاف يُعبَّر به عن نفاد الصبر أو الازدراء أو الاستهجان أو عدم التصديق § (٢) تأفُّف § (٣) يتأفّف .

psit·ta·ceous [sĭ tā′shəs] *(adj.)* = psittacine.

psit·ta·cine [sĭt′ə sīn′] *(adj.)* بَبَّغائيّ .

psit·ta·co·sis [sĭt′ə kō′sĭs] *(n.)* = parrot fever.

pso·ri·a·sis [sō rī′ə sĭs] *(n.)* الصُّداف ؛ داء الصَّدَف : داءٌ جلديّ .

pso·ri·at·ic [sōr′ĭ ăt′ĭk] *(adj.; n.)* (١) صُدافيّ : متعلِّق بالصُّداف § (٢) المَصْدوف : المُبْتَلَى بالصُّداف (را . المادة السابقة) .

psych [sīk] *(vt.)* (١) يُحلِّل نفسيًّا (٢) يَحْزِر بالحَدْس (٣) يُرْهِب .

psych- *or* **psycho-** بادئة معناها : «أ» نَفْس ؛ روح ؛ عقل . «ب» نفسيّ . «ج» نفسيّ و . . . <*psycho*somatic> .

psy·chas·the·ni·a [sī kăs thē′nĭ ə] *(n.)* السِّيكاستينيا ؛ النَّقَه ؛ الدُّقام ؛ الوَهَن النفسي : عجزٌ عن التخلّص من الشكوك وعن مقاومة الهواجس والمخاوف التي يعلم المرء أنها غير سوية .

psy·che [sī′kĭ] *(n.)* (١) نَفْس ؛ روح (٢) عَقْل .

psy·che·de·lia [sī′kə dēl′yə] *(n.)* عالَمُ المخدِّرات .

psych·e·del·ic [-′ĭk] *(adj.)* (١) مخدِّر <~ drugs> (٢) تخديريّ .

Psy·che knot *(n.)* عَقْصة پسيشه : تسريحة نسائية يُردّ فيها الشعر إلى الوراء ثم يُعْقَص على شكل مخروطيّ فوق مؤخر العنق .

psy·chi·a·ter [sī kī′ə tər] *(n.)* = psychiatrist.

psy·chi·at·ric [sī′kĭ ăt′rĭk] *(adj.)* طِبْنَفْسيّ ؛ طِبْعَقْليّ : ذو علاقة بطبّ النفس أو الطبّ العقليّ .

psy·chi·a·trist [sī kī′ə-] *(n.)* الطبيب النفسانيّ ؛ طبيب الأمراض العقلية .

psy·chi·a·try [-trĭ] *(n.)* طِبّ النفس ؛ الطبّ العقليّ .

psy·chic[1] [sī′kĭk] *or* **psy·chi·cal** [-′kĭ kəl] *(adj.)* (١) نفسيّ ؛ عقليّ (٢) خارق للطبيعة (٣) أخلاقيّ ؛ غير ماديّ (٤) حسّاس أو مستجيب للمؤثرات الروحية أو الخارقة للطبيعة .

psychic[2] *(n.)* (١) الوسيط : «أ» شخص يُفتَرض أنّه شديد الحساسية للقوى الروحية أو الخارقة للطبيعة . «ب» شخص يُزْعم أنه صلة وصل بين العالم الأرضي وعالم الأرواح [في التنويم المغنطيسي] (٢) ظواهر نَفْسية .

psy·chi·cal [sī′kĭ kəl] *(adj.)* نفسيّ ؛ عقليّ .

psy·cho [sī′kō] *(n.)* (١) التحليل النفسي (٢) psychopathic .

psy·cho·ac·tive [sī′kō ăk′-] *(adj.)* نفسيّ التأثير <a ~ drug> .

psy·cho·a·nal·y·sis [sī′kō ə năl′-] *(n.)* التحليل النفسي .

psy·cho·an·a·lyst [sī′kō ăn′ə lĭst] *(n.)* المحلِّل النفسيّ .

psy·cho·an·a·lyt·ic; -al [sī′kō ăn′ə lĭt′-] *(adj.)* تَحْليلْنفسيّ ؛ تحليليّ نفسيّ : خاصّ بالتحليل النفسي أو مستعينٌ بتقْنيّاته .

psy·cho·an·a·lyze [sī′kō ăn′ə līz′] *(vt.)* يُحلِّل نفسيًّا : يعالج بطريقة التحليل النفسيّ .

psy·cho·bi·o·log·ic; -al [sī′kō bī′ə lŏj′-] *(adj.)* أحيائِنَفْسيّ ؛ نفسِأحيائيّ : خاصّ بعلم الأحياء النفسي أو بعلم النفس الأحيائي .

psy·cho·bi·ol·o·gy [-bī ŏl′ə jĭ] *(n.)* علم الأحياء النفسي ؛ علم النفس الأحيائي : «أ» فرع من علم الأحياء يدرس العلاقات أو التفاعلات بين الجسد والعقل ، وبخاصة كما تتجلّى في الجهاز العصبي . «ب» علم النفس مدروسًا بالطرائق البيولوجيّة أو بلغة البيولوجيا .

psy·cho·del·ic [sī′kō dĕl′ĭk] *(adj.)* = psychedelic.

psy·cho·dy·nam·ic [sī′kō dī năm′-] *(adj.)* ديناميْنَفْسي : ذو علاقة بالقوى أو العمليات العقلية أو العاطفية الناشئة بخاصة في فجر الطفولة وبأثرها في السلوك والأوضاع العقلية .
— **psy·cho·dy·nam·ics** *(n.)*

psy·cho·gen·e·sis [sī′kō jĕn′-] *(n.)* التَّنشُّؤ النفسيّ : «أ» نشوء العقل وتطوُّره ، أو نشوءُ وتطوّرُ وظيفةٍ أو سجيّةٍ عقلية . «ب» النشوء من أصول نفسية .

psy·cho·ge·net·ic [sī′kō jə nĕt′ĭk] *(adj.)* = psychogenic.

psy·cho·gen·ic [-jĕn′ĭk] *(adj.)* نفسيّ المنشأ .

psy·chog·no·sis [sī′kəg nō′ sĭs] *(n.)* التشخيص النفسيّ .

psy·cho·graph [sī′kə grăf′] *(n.)* الرسم البياني النفسيّ : رسمٌ بيانيّ يمثِّل القوة النسبية لمختلف سجايا الشخصيّة وصفاتها (نف) .

psy·cho·lin·guis·tics [sī′kō lĭng gwĭs′-] *(n.)* الألسُنيّة النفسيّة (ل) .

psy·cho·log·ic; -al [sī′kə lŏj′-] *(adj.)* نفسيّ ؛ سَيْكولوجيّ .

psychological moment *(n.)* اللحظة السيكولوجيّة ؛ اللحظة المؤاتية : أكثر اللحظات ملاءمة لإحداث الاستجابة المطلوبة أو للقيام بعملٍ ما .

psychological warfare *(n.)* الحرب النفسيّة .

psy·chol·o·gism [sī kŏl′ə jĭz′əm] *(n.)* السَّكْلَجيّة : نظرية تستخدم المفاهيم السيكولوجيّة في تعليل الأحداث التاريخيّة إلخ .

psy·chol·o·gist [-jĭst] *(n.)* العالِم النَّفسيّ .

psy·chol·o·gize [sī kŏl′ə jīz′] *(vt.; i.)* (١) يُسَكْلِج : يفسّر الشيء أو يدرسه نفسيًّا **x** (٢) ينصرف إلى التفكير أو البحث السيكولوجي .

psy·chol·o·gy [sī kŏl′ə jĭ] *(n.)* (١) علم النفس؛ السيكولوجيا (٢) خصائص عقلية أو سلوكية مميِّزة <mob ~> (٣) بحث نفسيّ .

psy·chom·e·try [sī kŏm′ə-] *(n.)* (١) التكهُّن النفسي : القدرة المزعومة على اكتشاف شخصية امرئ ما أو صفاتِهِ من طريق لمس شيء كان ذلك المرء قد لَمَسَهُ (٢) أو **psy·cho·met·rics** : القياس السيكولوجيّ : قياس سرعة العمليات العقلية ودقّتها (٣) اختبارٌ للذّكاء . **— psy·cho·met·ric** *(adj.)*

psy·cho·mo·tor [sī′kō mō′tər] *(adj.)* حرَكِيْنَفْسيّ؛ حركيّ نفسيّ : خاص بالعمل العضلي الناشئ مباشرةً عن عملية عقلية .

psy·cho·neu·ro·sis [sī′kō nyo͝o rō′sĭs] *(n.)* العُصاب النفسيّ (نف) .

psy·cho·path [sī′kə păth′] *(n.)* السَّيكوباتيّ : شخص مضطرب العقل .

psy·cho·path·ic [sī′kə păth′ĭk] *(adj.; n.)* (١) سَيْكوباتيّ § (٢) السَّيكوباتيّ : شخص مضطرب العقل .

psy·cho·pa·thol·o·gy [sī′kō pə thŏl′ə jĭ] *(n.)* السَّيكوباثولوجيا؛ علم النفس المَرَضيّ . **— psy·cho·pa·thol·o·gist** *(n.)*

psy·chop·a·thy [sī kŏp′ə thĭ] *(n.)* السَّيْكوباتيّة : اضطراب عقليّ . وبخاصة : اضطراب عقليّ شديد يتَّسم عادة بنشاطٍ معادٍ للمجتمع .

psy·cho·phar·ma·col·o·gy [-fär′mə kŏl′-] *(n.)* علم الأدوية النفسية .

psy·cho·phys·i·cal [sī′kō fĭz′ə kəl] *(adj.)* نَفْسيبَدَنيّ؛ نفسيّ بدنيّ : «أ» ذو علاقة بعِلم النفس البدني . «ب» ذو صفات عقليّة وبدنيّة معًا .

psy·cho·phys·i·cist [sī′kō fĭz′ə sĭst] *(n.)* العالِم النَّفسيبَدَنيّ : المتخصّص بعلم النفس البدني .

psy·cho·phys·ics [sī′kō fĭz′ĭks] *(n.)* علم النفس البدنيّ : فرع من علم النفس يدرس أثر العمليات البدنيّة في عمليات الفرد العقلية .

psy·cho·sex·u·al·i·ty [sī′kō sĕk′sho͞o əl ə tĭ] *(n.)* الجِنْسانيّة النفسية : العوامل النفسيّة الفعالة في الحياة الجنسية .

psy·cho·sis [sī kō′səs] *(n.)* الذُّهان : اضطراب عقليّ ينسحب فيه المرء من عالم الواقع وينشئ عالمه الخاص (نف) .

psy·cho·so·cial [sī′kō sō′shəl] *(adj.)* نَفْسِيْاجتماعيّ؛ نفسيّ اجتماعيّ .

psy·cho·so·mat·ic [-sō măt′ĭk] *(adj.; n.)* (١) سَيكوسوماتيّ : «أ» دالّ على تفاعلٍ بين الظواهر الجسدية والنفسية . «ب» ذو علاقة بالعقل والجسد معًا <~ medicine> § (٢) السَّيكوسوماتيّ : شخصٌ يتكشَّف عن أعراض جسديّة أو أعراض جسدية وعقلية ناشئة عن اعتلال عقليّ .

psy·cho·so·mat·ics *(n.)* الطبّ السيكوسوماتيّ : فرع من الطب يبحث في الاضطرابات الجسدية الناشئة عن اضطرابات عقليّة أو عاطفيّة .

psy·cho·ther·a·peu·tic [sī′kō thĕr′ə pyo͞o′ tĭk] *(adj.)* عِلاجِينَفْسيّ : ذو علاقة بالعلاج النفسيّ .

psy·cho·ther·a·peu·tics [-′tĭks] *(n.)* = psychotherapy.

psy·cho·ther·a·pist [sī′kō thĕr′-] *(n.)* المعالِج [أو الطبيب] النفسانيّ .

psy·cho·ther·a·py [sī′kō thĕr′ə pĭ] *(n.)* العلاج النفسيّ : معالجة الاضطرابات العقلية والعاطفية بالوسائل النفسية .

psy·chot·ic [sī kŏt′ĭk] *(adj.; n.)* (١) ذُهانيّ § (٢) المذهون : المُصاب بالذُّهان (را . psychosis) .

psy·cho·trop·ic [sī′kō trŏp′-] *(adj.)* عقليّ التأثير <~ drugs>.

psy·chrom·e·ter [sī krŏm′-] *(n.)* المِصْرَد (مج) : مقياس رطوبة الجوّ .

psychrometer

psy·chro·phil·ic [sī′krō′-] *(adj.)* مُحبّ للرطوبة <~ bacteria> .

psyl·la [sĭl′ə] *(n.)* بُرغوث النبات : حشرة ضارّة بالنَّباتات .

ptar·mi·gan [tär′mə gən] *(n.)* التَّرْمَجان : طائر قُطْبيّ من رتبة الدَّجاجيات .

ptarmigan

PT boat [pē′tē′] *(n.)* زورق الطوربيد .

pterid- *or* **pterido-** بادئة معناها : سَرْخَس <*pterido*logy> .

pter·i·dol·o·gist [tĕr′ə dŏl′ə jĭst] *(n.)* السَّرْخَسِيّاتيّ : العالِم المتخصِّص بمبحث السَّرخسيات .

pter·i·dol·o·gy [tĕr′ə dŏl′ə jĭ] *(n.)* مَبْحث السَّرْخسيّات (نب) .

pte·rid·o·phyte [tĕ rĭd′ə fīt′] *(n.)* السَّرْخسيّ : نبات من السَّرْخسيّات **Pteridophyta** وهي طائفة من اللازهريّات الوعائيّة .

pter·o·dac·tyl [tĕr′ə dăk′tĭl] *(n.)* الزاحف المُجَنَّح : حيوان منقرض من الزواحف الطائرة .

pterodactyl

pter·o·pod [tĕr′ə pŏd′] *(n.; adj.)* (١) جَناحيّ الأقدام : واحدٌ من جناحيّات الأقدام **Pteropoda** وهي مجموعة من الرِّخويّات الصغيرة تتميّز بانبساط الفصوص الأمامية من أقدامها على شكل أعضاء عريضة رقيقة جناحيّة تستعين بها على السباحة § (٢) جناحيّ الأقدام .

pter·o·saur [tĕr′ə sôr′] *(n.)* = pterodactyl.

-pterous لاحقة معناها : مجنَّح <di*pterous*> .

pter·y·goid [tĕr′ə goid′] *(adj.; n.)* (١) جناحيّ § (٢) العَظْم الجناحيّ .

pterygoid bone *(n.)* العظم الجناحيّ : عظمٌ [أو مجموع عظام] أُفقيّ الوضع في الفكّ الأعلى أو في سقف الفم عند معظم الفقاريات الدُّنْيا (ت) .

pter·y·la [tĕr′ə lə] *(n.)* pl. **-e** مَنْبِت الريش [من جِلد الطائر] .

ptis·an [tĭz′ən; tĭ zăn′] *(n.)* نَقيع الشعير . وتوسّعًا : شاي؛ زهورات .

Ptol·e·ma·ic [tŏl′ə mā′ĭk] *(adj.)* بَطْلَميوسيّ : «أ» منسوب إلى عالِم الفلك اليوناني بَطْلَميوس (١٢٧–١٥١ ب م) . «ب» منسوب إلى البطالمة أو البطالسة الذين حكموا مصر من ٣٢٣ إلى ٣٠ ق م .

Ptolemaic system *(n.)* النظام البَطْلَمْيوسي: نظام بَطْلَمْيوس في الفلك القائلُ إن الأرض كرة ثابتة في وَسَط الكون وإن الشمس والقمر والكواكب السيّارة تدور حولها (فل).

Ptol·e·ma·ist [tŏl′ə mā′-] *(n.)* البَطْلَمْيوسيّ: القائل بالنظام البَطْلَمْيوسيّ.

pto·maine *also* **pto·main** [tō′mān; tō mān′] *(n.)* التُومين: مادّة سامّة تنشأ عن فساد البروتينات وانحلالها بفعل البكتيريا (كح).

ptomaine poisoning *(n.)* التّسمُّم التّومينيّ [وبخاصة بسبب من تناول الأطعمة الفاسدة].

pto·sis [tō′sĭs] *(n.)* التَّدلّي: استرخاء أو انسدال جفن العين الأعلى.

pty·a·lin [tī′ə lĭn] *(n.)* اللُّعابين؛ التّيالين: خميرة في لُعاب الإنسان وبعض الحيوانات تُحوّل النَّشاء إلى سُكّر (كح).

pty·a·lism [tī′ə lĭz əm] *(n.)* اللُّعابيّة؛ الإلعاب: فَرْط سيلان اللُّعاب.

pub [pŭb] *(n.)* حانة؛ خمّارة (عب).

pub craw·ler [krôl′ər] *(n.)* المتحيِّن؛ زحّافة الحانات: المتنقِّل من حانة إلى حانة.

pu·ber·tal [pyo͞o′-] *(adj.)* بُلوغيّ؛ حُلُميّ: خاصّ بسنّ البلوغ.

pu·ber·ty [pyo͞o′bər tĭ] *(n.)* (١) البلوغ؛ الحُلُم (٢) سنّ البلوغ.

pu·ber·u·lent [pyo͞o bĕr′yə lənt] *(adj.)* زَغِب: مَكْسُوٌّ بالزَّغَب.

pu·bes [pyo͞o′bēz] *(n.)* (١) شَعر العانة (٢) العانة (ت).

pu·bes·cence [pyo͞o bĕs′əns] *(n.)* (١) puberty (٢) زَغَبٌ (٣) الزَّغبيّة: الاكتساء بالزَّغَب.

pu·bes·cent [-′ənt] *(adj.)* (١) بالغ؛ مُحْتلِم (٢) بلوغيّ (٣) زَغِبٌ.

pu·bic [pyo͞o′bĭk] *(adj.)* عانيّ: منسوبٌ إلى العانة أو عظم العانة.

pu·bis [pyo͞o′bĭs] *(n.)* pl. **-bes** [bēz] عَظْم العانة (ت).

pub·lic [pŭb′lĭk] *(adj.; n.)* (١) «أ» مدنيّ؛ وطنيّ. «ب» حكوميّ. «ج» عامّ (٢) عموميّ؛ شعبيّ (٣) اجتماعيّ (٤) مَشاع؛ مُتاح بالمجّان (٥) «أ» عَلَنيّ. «ب» شهير؛ بارز § (٦) الجمهور؛ الشعب (٧) جمهور المطرِب أو الممثِّل. in ~, عَلانيةً؛ جِهارًا؛ على رؤوس الأشهاد.

public–address system *(n.)* مُكبِّر الصوت الخطابيّ: جهاز مشتمل على مكبّرات الصوت يُستخدَم لإذاعة الخطب على جمهور كبير محتشد في قاعة عامة أو في الهواء الطلق.

pub·li·can [pŭb′lə kən] *(n.)* (١) جابي الضّرائب [عند الرّومان] (٢) صاحب الحانة [أو الفندق].

pub·li·ca·tion [pŭb′lə kā′-] *(n.)* (١) إعلام؛ إذاعة؛ إعلان [الحقائق إلخ] (٢) النَّشْر: نشر الكتب أو الصحف أو المجلّات إلخ (٣) المنشور: كلُّ ما يُنْشَر سواء أكان كتابًا أم صحيفة أم مجلةً أم نشرةً.

public company *(n.)* شَرِكةٌ مساهِمة.

public convenience *(n.)* مِرحاض عامّ.

public debt *(n.)* الدَّين العام: دينٌ متراكمٌ على دولةٍ ما.

public domain *(n.)* المِلْك العامّ: «أ» ملك تمتلكهُ الحكومة. «ب» عالَم الحقوق العائدة إلى المجتمع برمّته. ويدخل في ذلك كل كتاب أو أثر فنّي نُشِر من غير ما احتفاظ بحقوق التأليف أو انقضى على نشره زمان كافٍ لإسقاط حقوق التأليف المحفوظة لصاحبه.

public health *(n.)* الصِّحة العامة.

public house *(n.)* (١) فندق (٢) حانة؛ خمّارة.

pub·li·cist [pŭb′lə sĭst] *(n.)* (١) «أ» الخبير في القانون الدُّولي. «ب» الخبير في الشؤون العامّة أو المعلِّق عليها (٢) وكيل الدعاية والإعلان.

pub·lic·i·ty [pŭb lĭs′ə tĭ] *(n.)* (١) شُيوع؛ ذيوع؛ عَلَنيّة (٢) دعاية؛ إعلان (٣) شُهْرة؛ شعبيّة.

pub·li·cize [-′lĭ sīz′] *(vt.)* يُعلن عن؛ يقوم بالدعاية [لسلعةٍ ما إلخ].

public land *(n.)* الأرض الأميرية: أرض تملكها الحكومة.

public library *(n.)* المكتبة العامة؛ دار الكتب.

pub·lic·ly [pŭb′-] *(adv.)* (١) جِهارًا؛ عَلانيةً؛ على رؤوس الأشهاد (٢) «أ» من قِبَل الجمهور. «ب» من قِبَل الحكومة. «ج» باسم المجتمع.

public opinion *(n.)* الرأي العامّ.

public prosecutor *(n.)* المدَّعي العامّ؛ النائب العامّ.

public relations *(n. pl.)* العلاقات العامة: فنّ إقامة التفاهم المتبادَل بين شخص أو مصنع أو مؤسسة ما وبين الجمهور.

public sale *(n.)* مزاد علنيّ.

public school *(n.)* المدرسة العامة: «أ» مدرسة ثانوية داخلية أهليّة [في إنكلترا]. «ب» مدرسة رسمية [في الولايات المتحدة].

public servant *(n.)* موظَّف حكوميّ.

public speaking *(n.)* (١) الخَطابة (٢) فنّ الخَطابة.

public spirit *(n.)* روح الخدمة العامة؛ الغَيْرة على المصلحة العامة.

public–spir·i·ted *(adj.)* غيور على المصلحة العامة <~ citizens>.

public utility *(n.)* المَرْفِق العام؛ المؤسَّسة ذات المنفعة العامة.

public works *(n. pl.)* الأشغال العامة: كلّ ما تنشئه الدولة للاستخدام العام [كالمدارس والطرق والسدود ومكاتب البريد إلخ].

pub·lish [pŭb′lĭsh] *(vt.)* (١) يذيع؛ يعلن (٢) ينشر [كتابًا إلخ].

pub·lish·er [pŭb′lĭsh ər] *(n.)* الناشر: «أ» ناشر الكتب والمؤلّفات إلخ. «ب» رئيس المؤسَّسة الصحفيّة أو مالكها.

publishing house *(n.)* دار نشر.

puc·coon [pə ko͞on′] *(n.)* البَقُّون: «أ» نبات أميركيّ يُستخرج منه صِبْغ أحمر أو أصفر. «ب» صِبْغ البَقُّون.

puce [pyo͞os] *(adj.; n.)* (١) أحمر داكن § (٢) لون أحمر داكن.

puck[1] [pŭk] *(n.)* عِفريت؛ روح شريرة.

puck[2] *(n.)* البَكّ: قرص مطّاطيّ صلب يُستخدم في لعبة هوكي.

puck·a [pŭk′ə] *(n.)* = pukka.

puck·er [pŭk′ər] *(vi.; t.; n.)* (١) يتغضّن؛ يتجعَّد x (٢) يُغضِّن؛ يُجعِّد؛ يَزُمّ § (٣) غَضَنٌ؛ جَعْدة. to ~ up one's brows يُقطِّب ما بين حاجبيه: يضمّ حاجبيه ويَعْبِس.

puck·er·y [pŭk′ə rĭ] *(adj.)* (١) مُغضَّن أو سَهْل التغضُّن <~ cloth> (٢) مُغضِّن؛ مُسَبِّبٌ للتّغضُّن.

puck·ish [pŭk′ĭsh] *(adj.)* خبيث <a ~ grin>.

pud·den–head [pŏŏd'ən-] *(n.)* الأحمق؛ المُغَفَّل؛ الأبله.

pud·ding [pŏŏd'-] *(n.)* (١) سُجُق؛ لقانق؛ مقانق (٢) البودِنْغ: حلوى تُعَدّ من دقيق [أو أرزّ أو تَبيوكة tapioca إلخ] ولبن وبيض وفاكهة وسكّر.

pud·dle [pŭd'əl] *(n.; vi.; t.)* (١) البُرَيْكة: بركة صغيرة جدًّا مُوحِلةُ الماءِ قَذِرَتُهُ [كالتي تنشأ عن تجمّع مياه الأمطار] (٢) المِلاط الأصمّ: مزيج مُتَراصّ من طين ورمل وحصى § (٣) يُخَوِّض في بُرَيْكة x (٤) «أ» يُوْحِل؛ يكدِّر؛ يعكِّر. «ب» يُشَوِّش (٥) يُصِمّ المِلاطَ: يجعله أصمّ (٦) يُسَوِّط الحديدَ: يُضيف إلى ذائب الحديد عاملًا مُؤَكْسِدًا ليجعله حديدًا مطاوِعًا (٧) «أ» يُطَيِّن. «ب» يَسُدُّ ثقبًا. **— pud·dler** *(n.)*

pud·dling [pŭd'-] *(n.)* (١) مص puddle (٢) تسويط الحديد.

pud·dly [pŭd'lĭ] *(adj.)* (١) مَلِيء بالبِرَك الصغيرة الآسنة (٢) مُوْحِل؛ قَذِر.

pu·den·cy [pyōō'dən sĭ] *(n.)* حياء؛ خَفَر؛ حِشمة.

pu·den·dal [pyōō dĕn'-] *(adj.)* فَرْجِيّ: ذو علاقة بالفَرْج (ت).

pu·den·dum [-'dəm] *(n.)* الفَرْج. وبخاصة: فَرْجُ المرأة.

pudg·i·ness [pŭj'ĭ nəs] *(n.)* الاكتناز: قِصَرٌ مع سِمَنٍ.

pudg·y [pŭj'ĭ] *(adj.)* مُكْتَنِز: قصير وسمين.

pueb·lo [pwĕb'lō] *(n.)* (١) البَبْلَ: قرية من قرى الهنود الحمر في ولايتي أريزونا ونيومكسيكو الأميركيتين (٢) *.cap*: البَبْلِيّ: الهنديّ الأحمر في قرية كهذه.

pu·er·ile [pyōō'ər ĭl] *(adj.)* صِبْيانيّ <~ remarks>.

pu·er·il·ism [pyōō'ər ə lĭz'əm] *(n.)* الصبيانية: تصرُّفٌ صبيانيّ.

pu·er·per·al [pyōō ûr'-] *(adj.)* نِفاسيّ <~ infection>.

puerperal fever *(n.)* حُمَّى النِّفاس (مض).

pu·er·pe·ri·um [pyōō'ər pēr'ĭ əm] *(n.)* pl. **-ri·a** النِّفاس: حالة المرأةِ عندَ الوَضْع وبعدَه مباشرةً (مض).

puff [pŭf] *(vi.; t.; n.)* (١) «أ» ينفث [الدخانَ] على نحوٍ متقطِّع. «ب» يتحرك [القطارُ] مطلقًا دخانًا متقطعًا. «ج» يلهث (٢) يتكلّم أو يتصرَّف بطريقة تتَّسم بالازدراء أو الغرور أو المغالاة (٣) ينتفخ [تتبعها *up*] x (٤) «أ» ينفخ. «ب» يدخِّن <to ~ a cigar> (٥) «أ» يعقص الشعرَ لفّاتٍ صغيرة غير مضغوطة. «ب» يضع ذَرُور التجميل على البشرة (٦) «أ» يملأه عُجْبًا أو غرورًا. «ب» يُطري بإسراف. «ج» يُعلن § (٧) «أ» نفخة؛ هَبّة؛ نَفَس [من دخان]. «ب» صوت انفجار طفيف يصاحب هبّات الدخان. «ج» سحابة دخان (٨) فطيرة منتفخة (٩) انتفاخ طفيف (١٠) «أ» الجزء المنتفخ من الثوب. «ب» قطيفة لوضع ذرور التجميل على البشرة. «ج» لفّة شَعر غير مضغوطة. «د» لحاف (١١) مِدحة؛ مديح؛ إطراء مُغالًى فيه.

puff ad·der *(n.)* الأَرْبَد؛ الأفعى النّافخة.

puff·ball [pŭf'bôl'] *(n.)* ضرب فُقْع الذِّئب؛ الفُطر النَّفّاث: ضرب من الفُطور يُطلق، إذا ضَغَطْتَ عليه، أبواغًا يانعة على شكل سحابة من دخان.

puffball

puffed [pŭft] *(adj.)* لاهِث؛ منقطع النفَس.

puffed–up [pŭft'ŭp] *(adj.)* (١) منتفخ (٢) مغرور.

puff·er [pŭf'-] *(n.)* (١) فا puff (٢) السمكة الكروية أو المنتفخة: سمكة قادرة على أن تنفخ جسمها بالماء أو الهواء حتى تصبح على شكل كُرة (٣) البَفْر: زورق شحن ساحليّ صغير (إسك).

puffer 2.

puff·er·y [pŭf'ə rĭ] *(n.)* ثناء؛ مديح؛ إطراء مغالًى فيه.

puf·fin [pŭf'ĭn] *(n.)* البَفَن؛ بَبَّغاء البحر: طائر بحريّ ذو منقار ملوَّن مُثَلَّثي الشكل.

puffin

puff paste *(n.)* العجينة الفطائرية: عجينة لصنع الفطائر الرقائقيّة.

puff·y [pŭf'ĭ] *(adj.)* (١) هُبوبيّ: مُنبعث أو مُنطلِقٌ على شكل هبّات (٢) لَهّاث (٣) «أ» منتفخ. «ب» سمين؛ بدين. «ج» مغرور (٤) طنّان؛ رنّان.

pug[1] [pŭg] *(n.)* (١) البَجّ: كلبٌ شبيهٌ بالبُلْدُغ لكنه أصغر منه (٢) ثعلب (٣) «أ» أنفٌ أفطس. «ب» bun *1a* (٤) المُلاكم.

pug[2] *(n.; vt.)* (١) الطُّفال المائي: خليط طُفالٍ وماءٍ لصُنع الفخّار § (٢) يخلط الطُّفال والماء [لصُنع الفخّار] (٣) يطيِّن؛ يُمَلِّط [وبخاصةٍ لِعَزْل الصوت].

pug[3] [pŭg] *(n.)* أثَرُ القَدَم. وبخاصة: أثر قوائم حيوان مفترس.

pug·ga·ree *or* **pug·a·ree** *or* **pug·gree** [pŭg'(ə) rĭ] *(n.)* البُجَّرة: لفاعٌ رقيق يُلَفّ حول قبعة أو خوذة لوقاية الرأس من الشمس.

pu·gi·lism [pyōō'jə lĭz'əm] *(n.)* الملاكمة.

pu·gi·list [pyōō'jə lĭst] *(n.)* الملاكِم. وبخاصة: الملاكِم المحترف.

pu·gi·lis·tic [pyōō'jə lĭs'tĭk] *(adj.)* تلاكُميّ: ذو علاقة بالملاكمة.

pug·mark [pŭg'-] *(n.)* أثر القَدَم. وبخاصة: أثر قوائم حيوان مفترس.

pug·na·cious [pŭg nā'shəs] *(adj.)* مُشاكِس: مولَعٌ بالقتال والخِصام.

pug·nac·i·ty [pŭg năs'ə tĭ] *(n.)* المُشاكَسة: حب القتال والخِصام.

pug nose *(n.)* أنفٌ أفطَس. **— pug–nosed** *(adj.)*

puis·ne [pyōō'nĭ] *(adj.; n.)* (١) «أ» أصغر؛ أحدث سِنًّا. «ب» مساعد؛ ذو رتبة دُنيا <a ~ judge> § (٢) قاضٍ مساعد.

puis·sance [pwĭs'əns] *(n.)* قُوّة؛ سُلطان. **— puis·sant** *(adj.)*

puke [pyōōk] *(vi.; t.; n.)* (١) يتقيّأ § (٢) تَقَيُّؤ؛ غَثَيان (٣) شخصٌ بغيضٌ.

puk·ka [pŭk'ə] *(adj.)* (١) أصليّ؛ حقيقيّ؛ موثوق (٢) قُحّ (٣) ممتاز؛ من الطراز الأول.

pu·la [pyōō'lə] *(n.)* البُيولا: وحدة النقد في بوتْسْوانا.

pul·chri·tude [pŭl'krə tyōōd'] *(n.)* جَمال؛ وَسامة؛ مَلاحة.

pul·chri·tu·di·nous [-tyōō'də nəs] *(adj.)* جميل؛ وسيم؛ مليح.

pule [pyōōl] *(vi.)* يُعْوِل؛ يَنْشِج؛ يبكي بكاءَ طفلٍ مريض.

pu·li·cide [pyōō'lə sīd'] *(n.)* مُبيد البراغيث؛ قاتل البراغيث.

pu·ling [pyōō'-] *(adj.)* مُعْوِل؛ ناشج؛ باكٍ <a ~ child>.

pull [pŏŏl] *(vt.; i.; n.)* (١) «أ» يقتلع؛ ينتزع. «ب» ينتف (٢) «أ» يجرّ؛ يجذب؛ يشدّ؛ يسحب. «ب» يكبح: يشدّ لجام الفرس ليوقفه أو ليحول بينه وبين

الفوز في سباق (٣) يضرب كرة الغولف بحيث تنحرف نحو اليسار (٤) يمزّق (٥) يستخرج أو يُطلِع تجربة [بروفة] مطبعية (٦) يَشْهر [مديةً أو مسدَّسًا] (٧) «أ» يعتقل شخصًا (ع). «ب» يشنّ غارةً من غارات الشرطة على (ع) (٨) «أ» يقوم بشيء من غير وَجَل <~*ed* a robbery>. «ب» يرتكب. «ج» يجتذب؛ يكتسب <to ~ votes> **x** (٩) ينطلق بجهد أو قوة عادةً <train ~*ed* out of the station> (١٠) «أ» يأخذ جرعةً [من شراب]. «ب» يأخذ نَفَسًا عميقًا [من سيكارة إلخ] (١١) يُقْتَلَع؛ يُنتَزَع إلخ (١٢) يتحمّس [مصفِّقًا أو مُطْلقًا الهتافات لفريق رياضي] § (١٣) «أ» قَلْعٌ؛ انتزاع؛ جَرّ؛ جَذْب؛ سحب إلخ. «ب» جرعة من شراب. «ج» نَفَس [من سيكارة]. «د» تسلُّق شاقّ؛ رحلة شاقّة <a long ~ uphill> (١٤) «أ» أفضلية أو ميزة [على شخص آخر]. «ب» نفوذٌ خاصّ (١٥) تجربة أو بروفة مطبعية (١٦) مقبض أو حبل أو حلقة لشدّ شيء أو إعماله بالشدّ <a plastic ~ for a window shade> (١٧) جاذبيّة؛ فتنة.

to ~ (a person) about يعامله بقسوة.
to ~ apart (١) يمزّق (٢) يتمزَّق.
to ~ away (١) ينسحب؛ يفرّ (٢) ينطلق؛ يتحرَّك.
to ~ back (١) يرجع بكلامه (٢) ينسحب [الجيش].
to ~ down (١) يدمِّر؛ يهدِّم (٢) يَغْلب؛ يَقْهر (٣) يخفض [الأسعار] (٤) يُضْعِف؛ يوهن [الصحة أو العزيمة] (٥) يتقاضى [راتبًا أو أجرًا] (٦) ينال [علامةً مدرسية].
to ~ for يُساعد؛ يَمُدّ يَدَ العَوْن إلى (ع).
to ~ in (١) يوقف؛ يكبح (٢) يعتقل (٣) «أ» يصل إلى المكان الذي يقصده. «ب» يتوقَّف (٤) يجتذب.
to ~ off يُنجز [بنجاح] رغمَ المصاعب.
to ~ oneself together (١) يتمالك نَفْسَهُ؛ يستردّ رباطة جأشِهِ (٢) يستجمع قوّته إلخ.
to ~ one's leg يَخْدع؛ يلعب أو يضحك على.
to ~ one's punches يمتنع عن استخدام أقصى قوّتِهِ.
to ~ one's teeth يقتلع أسنانه: يجعله عاجزًا عن الأذى.
to ~ one's weight يقوم بكامل قسطِهِ من الواجب أو العمل.
to ~ out (١) يَرْحل (٢) ينسحب (٣) ينجو من مأزق.
to ~ over يقود سيارته إلى جانب الطريق.
to ~ round (١) يَشْفيه: يُعيد إليه صِحَّته (٢) يَشْفَى.
to ~ (up) stakes يَرْحل؛ يغادر المكان.
to ~ strings *or* wires يستخدم نفوذه أو سلطته [لتحقيق غرضٍ ما] بطريقة سِرّية.
to ~ through (١) يساعده على اجتياز وضع أو مرحلة خطرة (٢) يجتاز [بسلام] مرحلة خطرةً أو صعبةً.
to ~ together (١) يتعاونون؛ يعملون بانسجام (٢) ينظِّم.
to ~ to pieces (١) يمزِّق (٢) ينتقد بقسوة.
to ~ up (١) يقتلع؛ يستأصل (٢) يوبِّخ (٣) يكبح؛ يوقف (٤) «أ» يكبح جماح نفسه. «ب» يقف؛ يتوقَّف.
to ~ up to *or* with يُدرك؛ يَلْحق بِ.

pull·back [pool'-] *(n.)* (١) عائق؛ حاجز (٢) الانسحاب المنظَّم [لجيشٍ من موقعٍ ما].

pull date *(n.)* تاريخ السَّحْب [من الأسواق]: تاريخ مطبوعٌ على مادة غذائية مُغلّفة لا يجوز بَعْدَهُ بيعُها أو عَرْضُها في الأسواق.

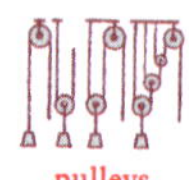
pulleys

pul·let [pool'ĭt] *(n.)* الفَرْخة: دجاجة صغيرة.

pul·ley [pool'ĭ] *(n.)* البَكَرة (مك).

pulley block *(n.)* القَعْو؛ البكّارة؛ ذات البَكَر: قطعة خشب تثبَّت فيها البكرة.

Pull·man [pool'mən] *(n.)* البولمان: «أ» حافلة من حافلات القطار الحديدي ذات سُرُر أو حُجُرات صغيرة ينام فيها الرُّكّاب. «ب» حافلة مزوَّدة بمقاعد مفردة مريحة.

Pullman case *(n.)* حقيبة ملابس كبيرة.

pull·out [pool'-] *(n.)* (١) رحيل (٢) انطلاق (٣) سَحْب (٤) نَزْع؛ فَصْل (٥) التقوُّم: انتقال الطائرة من حالة الانقضاض إلى حالة الطيران الأفقي.

pull·o·ver [pool'ō'-] *(n.)* البُلوفر: كنزة صوفيّة تُلْبَس من طريق الرأس.

pull·through [-'throo'] *(n.)* سِلْك التنظيف [تنظَّف به ماسورة البندقية].

pul·lu·late [pŭl'yə lāt'] *(vi.)* (١) «أ» يُفْرِخ؛ يتبرعم. «ب» يُنتِج أو يتناسل بكثرة أو سرعة (٢) يَعِجّ؛ يزدحم أو يَحْفِل بِ.

pul·mo·nar·y [pŭl'mə nĕr'ĭ] *(adj.)* (١) رئويّ (٢) ذو رئتين.

pulmonary artery *(n.)* الشِّريان الرئويّ (ت).

pulmonary vein *(n.)* الوريد الرئوي (ت).

pul·mo·nate [pŭl'mə nāt'; -nĭt] *(adj.; n.)* (١) ذو رئتين أو أعضاء شبيهة بهما (٢) رئويّ: خاصّ بالرئويات **Pulmonata** وهي رتبة من الرِّخويات البطنية الأقدام التي تتنفَّس عادةً بواسطة كيس رئويّ الشكل، وتشمل معظم الحلازين البرية وكثيرًا من الحلازين المائية § (٣) الرِّئويّ: حيوان رئويّ من الرِّخويات.

pul·mon·ic [pŭl mŏn'ĭk] *(adj.)* (١) رئوي (٢) ذاتِيْرئويّ: خاصّ بذات الرئة pneumonia.

pul·mo·tor [pŭl'mō'tər] *(n.)* المِنْفاس: أداة ميكانيكيّة للتنفّس الاصطناعي يُدفع بواسطتها الأكسجين إلى رئتي المختنق أو الغريق.

pulp [pŭlp] *(n.; vt.; i.)* (١) اللّبّ؛ اللُّباب: «أ» لبّ الثمرة أو الشجرة. «ب» ما يبقى من التفاحة إلخ بعد عصرها (٢) اللُّب: نسيج يملأ تجويف السنّ (ت) (٣) العجينة: «أ» مادة تُعَدّ، بوسائل كيميائية أو ميكانيكية، من الخشب في الدرجة الأولى ومن الخِرَق وغيرها أيضًا، وتُستخدم في صنع الورق. «ب» مزيج من ماء ومعدن خام مسحوق (٤) شيء لُبّيّ أو لُبابيّ (٥) المُخَشَّن؛ المُخشَّنة: كتاب أو مجلّة تُطبَع على ورق خشن وتُعالج عادةً موضوعات مثيرة § (٦) يلبِّب؛ يعجِّن: يحوّل الشيء إلى لبّ أو عجينة (٧) ينتزع اللبَّ من (٨) يُخَشِّن: يطبع كتابًا أو مجلة على ورق خشن إلخ **x** (٩) يتلبَّب: يتحوَّل إلى لُبّ.

pulp·al [pŭl'pəl] *(adj.)* لُبّيّ: ذو علاقة باللُّب.

pul·pit [pool'pĭt] *(n.)* (١) المِنْبَر: مِنبر الوعظ في مسجد أو كنيسة (٢) «أ» وعظ؛ تبشير. «ب» الوُعّاظ؛ المبشِّرون.

pulpit *1.*

pulp·wood [pŭlp'-] *(n.)* الخشب اللُّبّيّ: خشب يُصنع منه الورق.

pulp·y [pŭl'pĭ] *(adj.)* (١) لُبّيّ (٢) لُبَابيّ: شبيه باللُّب.

pul·que [pōōl′kĭ] *(n.)* البَلْكَة: شراب مُسْكِر يُصْنع في المكسيك من عصير الصَّبّار الأميركيّ.

pul·sant [pŭl′sənt] *(adj.)* نابض؛ خافق؛ زاخرٌ بالحيوية.

pul·sar [pŭl′sär] *(n.)* البُلْسار: نجمٌ يُرسل نبضات ضوئية قويّة.

pul·sate [pŭl′sāt] *(vi.)* (١) يَنْبِض؛ يَخْفُق (٢) يَتَذَبْذَب.

pul·sa·tile [pŭl′sə tĭl] *(adj.)* (١) نابض؛ خافق (٢) خفقيّ: يُعْزَف عليه بالخَفْق أو الضرب <Drums are ~ instruments.>.

pul·sat·ing [-′sāt′ĭng]; **pul·sa·tive** [-′sə-] *(adj.)* نابض؛ خافق.

pul·sa·tion [pŭl′sā′-] *(n.)* (١) نَبْض؛ خَفْق (٢) نَبْضة؛ خفقة.

pul·sa·tor [pŭl sā′-] *(n.)* النابض: شيء [كالمضخّة] ينبض أثناء العمل.

pul·sa·to·ry [pŭl′sə tōr′ĭ] *(adj.)* نابض؛ خافق.

pulse[1] [pŭls] *(n.)* (١) الحبوب: حبوب القطانيّات كالفول والحمص واللوبيا (٢) البَقْلة الحَبِّيّة: نبتة تُعطي حبوبًا كهذه.

pulse[2] *(n.; vi.; t.)* (١) «أ» نَبْض؛ خَفْق؛ خَفَقان. «ب» نَبْضة؛ خفقة (٢) شعور؛ عاطفة؛ نزعة؛ اتجاه (٣) حيوية (٤) ذَبْذَبة (٥) النَّبض (كب) (٦) النَّبضة؛ الموجة النابضة (فز) § (٧) يَنْبِض؛ يَخْفُق (٨) يتذبذب x (٩) يُنْبِض: «أ» يجعله يَنْبِض. «ب» يجعل الجهازَ يُحْدِث موجاتٍ نابضة (فز).

pulse–jet engine [pŭls′jĕt′] *(n.)* المحرِّك النفّاث النَّبْضيّ (طي).

pulse modulation *(n.)* التَّضمين النَّبْضيّ (رد).

pulse–time modulation *(n.)* تضمين زمن النَّبْض (رد).

pul·sim·e·ter [pŭl sĭm′ə tər] *(n.)* مقياس النَّبْض.

pul·sion [pŭl′shən] *(n.)* = propulsion.

pul·som·e·ter [pŭl sŏm′-] *(n.)* (١) المِضَخّة النَّبْضِيّة: مِضخّة ذات صِمامات لرفع الماء بالبخار والضّغط الجوّيّ من غير استعانة بكبّاس (٢) pulsimeter.

pul·ver·a·ble [pŭl′vər ə bəl] *(adj.)* قابلٌ للسَّحق أو السَّحْن.

pul·ver·iz·a·ble [pŭl′və rī zə bəl] *(adj.)* = pulverable.

pul·ver·ize [pŭl′və rīz′] *(vt.; i.)* (١) يَسْحق؛ يَسْحَن (٢) يُدمِّر؛ يقضي على (٣) يَهْزِمُهُ [في النقاش] x (٤) ينسحق إلخ. — **pul·ver·i·za·tion** *(n.)*.

pul·ver·iz·er [pŭl′-] *(n.)* (١) السّاحق (٢) المُدَمِّر (٣) مِسْحنة؛ مِسْحَقة.

pul·ver·u·lent [pŭl vĕr′yə lənt] *(adj.)* (١) ذَرُوريّ (٢) سهل التَّفتّت [إلى ذَرور أو مسحوق] (٣) مُغَبَّر: مَكْسوٌّ بالذَّرور.

pul·vil·lus [pəl vĭl′əs] *(n.)* pl. **-vil·li** [vĭl′ī′; vĭl′ē′] الواثور: شبه وثار أو وسادة صغيرة مكسوّة بالوَبَر تكون في قدم الحشرة.

pul·vi·nate [pŭl′və nāt] *or* **pul·vi·nat·ed** [-nāt ĭd] *(adj.)* (١) وِثاريّ: وِساديّ الشكل (٢) مُوَثَّر: ذو وِثارة (را. المادة التالية).

pul·vi·nus [pŭl vī′nəs] *(n.)* pl. **-vi·ni** [vī′nī′; vē′nē′] الوِثارة: انتفاخ وِثاريّ أو وساديّ الشكل في قاعدة ورقةٍ أو وُرَيْقة (نب).

pu·ma [pyōō′mə] *(n.)* (١) الكُوْجَر (را. cougar) (٢) فَرْو الكَوْجَر.

pum·ice [pŭm′ĭs] *(n.; vt.)* (١) النَّسْفة؛ الخَفّاف: زجاج أو حجر بركاني مُنَخْرَب يُستخدم في الصَّقل § (٢) يُنَسِّف؛ يخفِّف: يَصْقُل بالنَّسْفة أو الخَفّاف.

pu·mi·ceous [pyōō mĭsh′-] *(adj.)* نَسْفيّ؛ خَفّافيّ (را. المادة السابقة).

pum·ic·ite [pŭm′ə sīt] *(n.)* = pumice.

pum·mel [pŭm′əl] *(n.; vt.)*, **-meled** *also* **-melled** = pommel.

pump [pŭmp] *(n.; vi.; t.)* (١) مِضخّة (٢) القَلْب (٣) ضَخّ (٤) الخُفّ: حذاء خفيف خفيض ليس له شريط يُحكِم شدَّه إلى القَدَم § (٥) يَعْمل كالمِضخّة: يرتفع وينخفض كمقبض المضخّة (٦) يَنْبِض؛ يَدُقّ <Her heart *~ed* hard.> (٧) يَدْفق أو يَنْفر [الدم] على نحوٍ متقطّع x (٨) يَضُخّ: «أ» يسحب السوائلَ أو الهواء بالمِضخّة. «ب» يَصُبّ؛ يُفْرِغ (٩) يَنْفخ الهواء (١٠) «أ» يُمطِرُهُ بوابلٍ من الأسئلة. «ب» ينتزع أو يحاول انتزاعَ المعلومات منه (١١) يستنزف (١٢) يهزّ هزًّا عنيفًا (١٣) يحرِّك [وكأنه يفعل ذلك بمقبض مضخّة].

pump box *(n.)* عُلْبة المِضخّة؛ غلاف المِضخّة.

pump·er [pŭm′-] *(n.)* (١) الضّاخّ (٢) الضّاخّة: سيارة إطفاء مزوّدة بمضخّة.

pum·per·nick·el [pŭm′pər nĭk′əl] *(n.)* خبز الجاوَدار: خبز خشِنٌ، حامض بعضَ الشيء، يُعَدُّ من دقيق الجاوَدار غير المنخول.

pump·kin [pŭmp′kĭn] *(n.)* (١) اليَقْطين (٢) يَقْطينة (نب).

pump·kin·seed *(n.)* (١) بزرة اليقطين (٢) بزرُ اليقطين: سمك نهري.

pump·well [pŭmp′-] *(n.)* البئر المِضخِّيّة: بئرٌ ذاتُ مِضخّة.

pun [pŭn] *(n.; vi.)* (١) تَوْرِية؛ تلاعبٌ بالألفاظ § (٢) يُورِّي.

pu·na [pōō′-] *(n.)* البُونة: هضبة مرتفعة [أو ريح جبليّة قارسة] في بيرو.

punch[1] [pŭnch] *(vt.; i.; n.)* (١) «أ» يَنْخَس. «ب» يسوق أو يرعى الماشية (٢) يَلْكُم (٣) يَثْقُب؛ يخرِّم (٤) يضرب أو يضغط بشدّة (٥) يَطْبع (٦) يؤكّد على § (٧) نَخْس؛ لَكْم؛ تخريم (٨) لكمة (٩) تشويق؛ قوّة أَسْر؛ حيويّة أو نشاط <His new novel lacks ~.>.

to ~ in يسجل موعد حضوره إلى العمل [بواسطة «ساعة الدوام»].

to ~ out يسجِّل موعد انصرافه من العمل [بواسطة «ساعة الدوام»].

punch[2] *(n.)* (١) مِخْرمة؛ خرّامة (٢) مِثْقب (٣) المُغَيِّبة: أداة لدفع رؤوس المسامير إلى ما تحت السَّطح (٤) خَرْم؛ ثَقب.

punch[3] *(n.)* البَنْش: «أ» شراب مُسْكِر مؤلَّف من كحول وعصير ليمون وتوابل وماء. «ب» شرابٌ غازيّ عادةً مؤلَّف من عَصِيْرَيْ فاكهة أو أكثر مع سكَّرٍ وماء. «ج» حفلة يقدَّم فيها البَنْش.

Punch–and–Judy show [pŭnch′-] *(n.)* استعراض «پنش» و«جودي»: استعراض قَرَقوزيّ [بالدُّمى المتحرِّكة] يتخاصم فيه «پنش» الأحدب، المعقوف الأنف، مع زوجته «جودي» على نحوٍ مثير للضَّحك.

punch·ball [-′bôl′] *(n.)* البَنْشْبول: ضرب من لعبة البَيْسبول.

punch card *also* **punched card** *(n.)* البطاقة المُثَقَّبة (ألك).

punch–drunk *(adj.)* (١) مَدْوور: مُصابٌ بدُوار أو بأذًى في المخّ ناشئ عن لكمات عنيفة [في الملاكمة] (٢) «أ» مترنّح [من أثر لكمة]. «ب» ذاهل.

pun·cheon[1] [pŭn′chən] *(n.)* (١) مِثْقب [للحجارة] (٢) اللَّوح: «أ» قطعةٌ خشبية عمودية قصيرة [في هيكل بناء]. «ب» لوح خشبيّ مصقول السَّطح [تُفرش بأمثالِهِ أرضيات الغُرَف إلخ] (٣) دَمْغة؛ ختم الدَّمغة [عند صاغة الذهب بخاصة].

puncheon[2] *(n.)* البَنْشِيون: «أ» برميل ضخم. «ب» وحدة سعة للسَّوائل تساوي نحوًا من ٣١٨ ليترًا أو ٨٤ غالونًا أميركيًا. «ج» مِلء بَنْشِيون.

pun·chi·nel·lo [pŭn′chə nĕl′ō] *(n.)* (١) *cap.* بوليشينيل: مهرّج أحدبُ قصيرٌ وبدين [في الدُّمى المتحرِّكة] (٢) المكتنز: شخص بدين وقصير.

punch·ing bag *(n.)* جراب الملاكمة: جراب محشوّ أو منفوخ مُعَدّ للتمرين على الملاكمة.

punching bag

punch line *(n.)* العبارة الثاقبة [التي تُحْدِث الأثر المطلوب في خطبة إلخ].

punch press *(n.)* مِكْبَس التخريم؛ مِكبَس القطع (مك).

punch·y [pŭn′chĭ] *(adj.)* (١) مشوِّق؛ آسر (٢) punch–drunk.

punc·tate *or* **punc·tat·ed** [pŭngk′-] *(adj.)* (١) مُنقَّط؛ مُرَقَّط (٢) نُقْطانيّ: شبيه بالنقطة؛ صغير ومستدير كالنقطة.

punc·til·i·o [pŭngk tĭl′ĭ ō′] *(n.)* (١) الشَّكْلِيّة: إحدى الشَّكليات المتَّبعة في السلوك أو الإجراء إلخ (٢) شدة الحرص على الشكليات.
to stand upon ~s يَحْرِص على التزام «البروتوكول».

punc·til·i·ous [pŭngk tĭl′ĭ əs] *(adj.)* (١) دقيق [في اتباع الأوامر] (٢) حريص على أداء الواجب أو التزام الشكليّات.

punc·tu·al [pŭngk′cho͞o əl] *(adj.)* (١) «أ» نُقْطيّ: ذو علاقة بنقطة. «ب» ترقيميّ: ذو علاقة بالترقيم (را. punctuation) (٢) نُقْطانيّ: شبيه بالنقطة أو ذو خَصِيصة كخَصِيصَتها (٣) «أ» دقيق؛ واضح. «ب» مفصَّل (٤) حريص على التزام الشَّكليات (٥) عاجل؛ فوريّ <~ payment> (٦) دقيق [في الالتزام بالمواعيد] (٧) في الموعد؛ في الميقات المضروب.
— **punc·tu·al·i·ty** *(n.)*

punc·tu·ate [-′cho͞o āt′] *(vt.; i.)* (١) يُرقِّم: يُزوِّد بعلامات الترقيم [كالنقطة والفاصلة] (٢) يقاطع. وبخاصةٍ: يقاطع بالهتافات إلخ <to ~ a speech with cheers> (٣) يَقْطع حبلَ الصَّمت (٤) يؤكِّد.

punc·tu·a·tion [pŭngk′cho͞o ā′shən] *(n.)* الترقيم: استعمالُ النقط والفواصل وما إليها، في الكتابة، توضيحًا للمعنى.

punctuation mark *(n.)* علامة الترقيم: علامة [كالنقطة أو الفاصلة إلخ].

punc·tu·late [-′chə lāt′] *(adj.)* مُرَقَّط؛ مُنقَّط [بنُقَطٍ صغيرة].

punc·ture [pŭngk′chər] *(n.; vt.; i.)* (١) ثَقْب؛ خَرْق؛ بَزْل (٢) ثُقْب؛ خُرْق؛ جُرْح (٣) نَقْب؛ انخفاضٌ ضئيل § (٤) يَثْقُب؛ يَخْرِق؛ يَبْزُل (٥) يُفسد؛ يُبدِّد؛ يحطِّم؛ يقضي على x (٦) ينثقب؛ ينخرِق (٧) يتبدَّد؛ يتحطَّم.

pun·dit [pŭn′dĭt] *(n.)* (١) البنديت: العالِم؛ المُعَلِّم (٢) الناقد.

pun·gent [pŭn′jənt] *(adj.)* (١) مُوْجِع جدًّا (٢) مستدقّ الرأس (٣) لاذع (٤) ثاقب؛ حادّ (٥) حِرِّيف <a ~ pickle>.
— **pun·gen·cy** *(n.)*

pun·gle [pŭng′gəl] *(vt.; i.)* يَدْفع؛ يَدْفع مالًا [تتبعها *up* عادةً].

Pu·nic [pyo͞o′nĭk] *(adj.; n.)* (١) بُونيّ؛ قَرْطاجيّ: ذو علاقة بقَرْطاجة أو بالقرطاجيين (٢) غادرٌ؛ خَؤون § (٣) البُونيّة: اللهجة الفينيقية الخاصة بقَرْطاجة القديمة.

pu·ni·ly [pyo͞o′nĭ lĭ] *(adv.)* على نحو ضعيف أو سقيم أو ضئيل أو تافه.

pu·ni·ness [pyo͞o′nĭ-] *(n.)* ضَعْف؛ سَقَم؛ ضآلة؛ تفاهة.

pun·ish [pŭn-] *(vt.; i.)* (١) يُعاقب (٢) يُخاشن؛ يقسو على (٣) يؤذي.

pun·ish·a·ble [pŭn′ĭsh-] *(adj.)* عُرْضة للعقاب؛ مستحقّ للعقاب.

pun·ish·ment [pŭn′-] *(n.)* (١) معاقبة (٢) عقوبة (٣) معاملة قاسية (٤) أذًى؛ عَطَب؛ ضَرَر.

pu·ni·tion [pyo͞o nĭsh′ən] *(n.)* = punishment.

pu·ni·tive [pyo͞o′nə tĭv] *(adj.)* عقابيّ؛ جزائيّ؛ قِصاصيّ؛ تأديبيّ.

punitive damages *(n. pl.)* الأضرار التأديبيّة؛ التضمينات الجزائية (ق).

Pun·ja·bi [pŭn jä′-] *(n.; adj.)* (١) اللغة البنجابيّة [في الهند وباكستان] (٢) البنجابيّ: أحد أبناء البنجاب § (٣) بنجابيّ.

punk[1] [pŭngk] *(n.; adj.)* (١) بَغِيّ؛ مومس (ا. ق) (٢) هُراء (٣) صبيّ؛ غِرّ؛ شخص تنقصه الخبرة (٤) قاطع طريق صغير السن (٥) غلام [يُتَّخذ لأغراض جنسية شاذّة] § (٦) سَيِّئ؛ رديء؛ تافه (٧) أسوأ (٨) سقيم؛ عليل.

punk[2] *(n.)* (١) خشبُ الصُّوفان: خشب متهرِّئ يُتَّخذ منه الصُّوفان (٢) الصُّوفان: مادة تُؤخذ من فُطر الصُّوفان تُقدح بها النار.

pun·kah *or* **pun·ka** [pŭng′kə] *(n.)* البَنْكة: مِروحةٌ شبيهةٌ بالسِّتار تُدَلَّى من سقف الحجرة وتُشَغَّل بحبل [في الهند].

pun·kie *also* **pun·ky** [pŭngk′ĭ] *(n.)* البُنْكيّة: بعوضة لاسعة.

pun·kin [pŭng′kən] *(n.)* = pumpkin.

punk rock *(n.)* موسيقى البانك: ضرب من موسيقى «الرّوك».

pun·ny [pŭn′ĭ] *(adj.)* مُوَرًّى: مُنطوٍ على تَوْرية <a ~ slogan>.

pun·ster [pŭn′stər] *(n.)* المُوَرِّي: المولَع بالتَّورية والتلاعب بالألفاظ.

punt[1] [pŭnt] *(n.; vt.)* (١) البَنْط: قارب طويل ضيِّق مسطَّح القعر مربَّع الطرفين يسيَّر عادةً بمُرْديّ أو شبه مجذاف يُضْرَبُ به في قاع النهر § (٢) يُبَنِّط: يسيِّر بَنْطًا.

punt[1] *1.*

punt[2] *(vi.)* يقامر. وبخاصة: يراهن على خيل السِّباق.

punt[3] *(vt.; i.; n.)* (١) يُبَنِّط: يرفس كرة القدم قبل أن تمسّ الأرض § (٢) التبنيط: رفسٌ للكرة على هذا النحو.

pun·ty [pŭn′tĭ] *(n.)* البُنْتيّ: قضيب معدنيّ يُستخدم في تشكيل الزجاج.

pu·ny [pyo͞o′nĭ] *(adj.)* (١) ضعيف؛ سقيم (٢) ضئيل؛ زهيد؛ تافه.

pup [pŭp] *(n.)* الجَرْو: صغير الكلب أو الجُرَذ أو الفُقْمة إلخ.

pu·pa [pyo͞o′pə] *(n.)* pl. **-pae** [pē′; pī′] *or* **-pas** الخادِرة (مج)؛ العذراء: حشرة في الطور الانتقاليّ بين اليرقانة والحشرة الكاملة.

pupa

pu·pal [pyo͞o′pəl] *(adj.)* خادِريّ: خاصّ بالخادرة أو مميِّزٌ لها.

pupal case *(n.)* الخِدْر: الغلاف الذي تكون فيه الخادرة.

pu·pate [pyo͞o′pāt] *(vi.)* تُخْدِر [الحشرةُ]: تصبح خادرةً.

pu·pil [pyo͞o′pəl] *(n.)* (١) تلميذ [في مدرسة] (٢) المُريد؛ التلميذ (٣) القاصر (ق) (٤) البُؤْبُؤ؛ إنسان العين (ت).

pu·pil·age *or* **pu·pil·lage** [pyo͞o′pə lij] *(n.)* التَّلْمَذة أو فترة التلمذة.

pu·pil·lar·y [pyo͞o′pə lĕr′ĭ] *(adj.)* (١) تِلْميذيّ (٢) بُؤْبُؤِيّ (ت).

pup·pet [pŭp′ĭt] *(n.)* (١) دُمية متحركة (٢) الدُّمية: «أ» لعبة من لُعَب الأطفال. «ب» شخص أشبه بالأُلعوبة في أيدي الآخرين.

pup·pe·teer [pŭp′ĭ tēr′] *(n.)* مُحرِّك الدُّمَى أو مُلَعِّبها.

pup·pet·ry [pŭp′ĭt rĭ] *(n.)* (١) صُنع الدُّمى (٢) فنّ تحريك الدُّمى (٣) حركة الدُّمى (٤) مَظْهرٌ خادع (٥) دُمًى.

puppet theater *(n.)* مَسْرح الدُّمَى.

pup·py [pŭp′ĭ] *(n.)* (١) الجَرْو: صغير الكلب إلخ (٢) المغرور؛ الأحمق.

puppy love *(n.)* = calf love.

Pu·ra·na [po͞o rä′nə] *(n.)* البورانا: قصّة هنديّة أسطوريّة.

pur·blind [pûr′-] *(adj.)* (١) حسير؛ نصف أعمى (٢) متبلّد الذِّهن.

pur·chas·a·ble [-′chəs-] *(adj.)* (١) ممكنٌ شراؤه (٢) يُرْشَى: ممكنٌ التأثير فيه بالرشوة.

pur·chase [pûr′chəs] *(vt.; i.; n.)* (١) يشتري؛ يبتاع (٢) يشتري: يستميل بالرشوة (٣) يرفع أو يجرّ [وبخاصة: مستعينًا بقوة ميكانيكية] § (٤) شراء؛ ابتياع (٥) «أ» شيء مشترًى. «ب» صفقة (٦) «أ» وسيلة لزيادة القوة أو النفوذ. «ب» مُخْل؛ عَتَلة.
— **pur·chas·er** *(n.)*

pur·cha·sing power *(n.)* القوة الشرائية (اد).

pur·dah [pûr′də] *(n.)* (١) البُرْدة: ستارة تَحْجُب النساء، في الهند، عن أعين الرجال أو الغرباء (٢) نظام الحجاب الهندي.

pure [pyo͝or] *(adj.)* (١) «أ» خالص؛ صافٍ؛ مَحْض؛ صِرف. «ب» نقيّ؛ طاهر (٢) «أ» تامّ؛ مُطبِق <~ ignorance>. «ب» مُجَرَّد <~ chance>. «ج» نظريّ؛ تجريديّ <~ science>. «د» صافٍ: غير مقصودٍ به معالجة المشكلات العملية <~ literature> (٣) طاهر؛ عفيف؛ مُتَّسِم بالعفّة (٤) أصيل؛ قُحّ؛ صريح النَّسَب.

pure–blood·ed *or* **pure–blood** *(adj.)* عتيق؛ كريم؛ صريح النَّسَب <a ~ dutch cow>.

pure·bred [pyo͝or′-] *(adj.)* عتيق؛ أصيل؛ صريح النسب <~ cattle>.

pu·ree [pyo͞o rā′] *(n.; vt.)* (١) البُوْرَة: طعامٌ يُغلَى حتى ينهرسَ ثمّ يُصَفَّى (٢) حساء مُرَكَّز § (٣) يُبَوِّره: يغلي الطعام حتى ينهرس ثمّ يصفّيه.

pure·ly [pyo͝or′lĭ] *(adv.)* (١) كُلِّيًا؛ بكلّ معنى الكلمة (٢) بِصَفاء: على نحوٍ صافٍ لا تشوبه شائبة <spoke German ~> (٣) بمجرَّد؛ بمَحْض <~ by chance> (٥) ببراءة؛ بِعِفَّة.

pur·fle [pûr′fəl] *(vt.; n.)* (١) يُزَركش الحاشية: يُزَركش حاشية الثوب ونحوِهِ § (٢) حاشيةٌ مُزَرْكَشَة.

pur·ga·tion [pûr gā′-] *(n.)* (١) تطهير؛ تنظيف إلخ (٢) طهارة؛ نظافة.

pur·ga·tive [pûr′gə tĭv] *(adj.; n.)* (١) مُطَهِّر. وبخاصة: مُسْهِل § (٢) المُسْهِل: دواءٌ مُسْهِل؛ «شَرْبة».

pur·ga·to·ri·al [-tôr′-] *(adj.)* (١) مُطَهِّر من الإثم (٢) أعرافيّ؛ مَطْهَرِيّ: منسوب إلى الأعراف أو إلى المَطْهَر (را. المادة التالية).

pur·ga·to·ry [pûr′gə tôr′ĭ] *(n.; adj.)* (١) الأعراف: حاجز بين الجنّة والنار (إس) (٢) المَطْهَر: موطنٌ تُطَهَّر فيه نفوس الأبرار بعد الموت بعذاب محدود (نص) (٣) موضع [أو حالة] عذابٍ أو عقاب مؤقّت § (٤) مطهِّر؛ منظِّف.

purge [pûrj] *(vt.; i.; n.)* (١) «أ» يُطهِّر؛ ينظِّف. «ب» يزيل [بالتنظيف إلخ] (٢) يُبرِّئ [من تهمة إلخ] (٣) يُسْهِل البطن (٤) يُطهِّر حزبًا إلخ [بالتخلّص من الأعضاء غير المرغوب فيهم] (٥) يكفِّر عن x (٦) يَطْهُر؛ يَنْظُف (٧) يَسْتطلق بطنُهُ؛ «يمشي» بطنُهُ § (٨) المُسْهِل: دواء مُسْهِل؛ «شَرْبة» (٩) تطهير؛ تنظيف (١٠) «أ» إسهال. «ب» تَسْهيل [البطنِ] (١١) التطهير: تخلُّص من أعضاء الحزب إلخ غير المرغوب فيهم.

pu·ri·fi·ca·tion [-′ə fĭ kā′-] *(n.)* (١) تطهير؛ تَنْقية (٢) تطهُّر؛ طهارة.

pu·ri·fi·ca·tor [pyo͝or′ə fĭ kā′-] *(n.)* (١) الشَّاشيّة: قماشة لمَسْح كأس القربان بعد الفراغ منه (٢) المُطهِّر: القائم بعملية التطهير.

pu·rif·i·ca·to·ry [pyo͞o rĭf′ə kə tôr′ĭ] *(adj.)* تطهيريّ؛ مُطَهِّر.

pu·ri·fy [pyo͝or′ə fī′] *(vt.; i.)* (١) يُطهِّر x (٢) يَطْهُر؛ يَنْظُف.

Pu·rim [pyo͝or′ĭm] *(n.)* البوريم؛ عِيد الأزلام [عند اليهود].

pu·rine [pyo͝or′ēn] *(n.)* البورين: مُرَكَّب متبلّر عديمُ اللون (كح).

pur·ism [pyo͝or′-] *(n.)* (١) «أ» الصَّفائية: الحرص على صفاء اللغة والأسلوب. «ب» مَثَلٌ على هذا الحرص. وبخاصة: لفظة أو عبارة تجري بخاصة على أقلام الصفائيين وألسنتهم (٢) الصَّفائية؛ المذهب الصَّفائيّ: مذهب في الرسم الحديث نادى بضرورة العودة إلى الأشكال الواضحة الصّافية.
— **pur·ist** *(n.)* — **pu·ris·tic** *(adj.)*

pu·ri·tan [pyo͝or′ə-] *(n.; adj.)* (١) *cap.*: البيوريتانيّ؛ التَّطَهُّريّ: عضوٌ في جماعة بروتستانتية في إنكلترا ونيو إنغلند [في القرنين ١٦ و١٧] طالبت بتبسيط طقوس العبادة وبالتمسك الشديد بأهداب الفضيلة (٢) المتزمِّت: الداعي إلى التمسك الصارم بأهداب الدين والأخلاق الفاضلة § (٣) بيوريتانيّ؛ تَطَهُّريّ (٤) مُتَزمِّت؛ متشدِّد.

pu·ri·tan·ism *(n.)* (١) *cap.*: البيوريتانية؛ التَّطَهُّرية (٢) التَّزَمُّت؛ التَّشدُّد.

pu·ri·ty [pyo͝or′ə tĭ] *(n.)* (١) نقاء؛ نظافة؛ خلوص (٢) طهارة؛ براءة (٣) صِحَّة؛ صفاء <~ of language>.

purl[1] [pûrl] *(n.; vt.)* (١) خيطٌ [أو سلك] تطريز ذهبيّ أو فضّي (٢) الحَبْك بِغُرَزات معكوسة [لإحداث مظهرٍ مضلَّع] § (٣) يطرِّز بخيوط ذهبية أو فضيّة (٤) يَحْبِك بغرزات معكوسة.

purl[2] *(n.; vi.)* (١) جدولٌ. وبخاصة: جدولٌ ذو خرير (٢) خرير (٣) دُرْدور؛

دُوّامة § (٤) يَخِرُّ [الجدولُ] (٥) يُدَوِّم؛ يدور.

purl·er [pûrl′-] *(n.)* سَقْطة عنيفة [يقع فيها المرء على رأسه عادةً].

pur·lieu [pûr′lo͞o; pûrl′yo͞o] *(n.)* (١) أرضٌ محاذيةٌ [لِغابةٍ] (٢) «أ» ضاحية. «ب» *pl.*: جِوار (٣) مَثْوًى؛ مأوًى (٤) *pl.*: حدود.

pur·lin; -e [pûr′lĭn] *(n.)* المَدّادة: رافدة خشبية لتدعيم السقف.

pur·loin [pər loin′] *(vt.; i.)* يَسْرِق؛ يختلس.

pur·ple [pûr′pəl] *(adj.; n.; vt.; i.)* (١) مَلَكيّ؛ أمبراطوريّ (٢) أرجوانيّ (٣) منمَّق: حافلٌ بالمحسِّنات البيانية أو البديعية <~ prose> (٤) لاذع؛ قارص؛ تَجْديفيّ § (٥) «أ» الأُرْجُوان: الصِّبغ الأُرْجوانيّ الصُّوري [نسبةً إلى مدينة صور]. «ب» لون الأُرْجُوان. «ج» ثوبٌ أرجوانيّ اللون. وبخاصة حين يُرتَدَى رمزًا للسُّلطة أو المنزلة الرفيعة (٦) «أ» سلطة ملكيّة أو أمبراطورية. «ب» مقام رفيع. «ج» رتبة الكاردينال. «د» ثروة ضخمة § (٧) يُؤَرْجِن: يجعله أرجوانيّ اللون x (٨) يتأرجن: يصبح أرجوانيًّا.

Purple Heart *(n.)* القلب الأرجوانيّ: وسام أميركي لجرحى [أو قتلى] الحرب.

pur·plish; pur·ply [pûr′-] *(adj.)* مُسْتَرْجِن: ضاربٌ إلى لون الأُرْجُوان.

pur·port[1] [pûr′pōrt] *(n.)* (١) مَعْنًى؛ فحوى؛ مفاد؛ مُراد (٢) زبدة الكلام؛ خلاصة القول.

pur·port[2] [pər pōrt′; pûr′pōrt] *(vt.)* (١) يُوهِم؛ يُفْهَم منه ظاهريًّا <The statement ~s that the minister...> (٢) يَدَّعي؛ يَزْعُم.

pur·port·ed [-′ĭd] *(adj.)* مزعوم؛ مظنونٌ أنه... <~ foreign spies>.

pur·pose [pûr′pəs] *(n.; vt.)* (١) غاية؛ غرض؛ مَرْمًى؛ هدف (٢) عزم؛ تصميم (٣) نتيجةٌ؛ أثر § (٤) ينوي؛ يعتزم؛ يصمِّم على.

of set ~, عن سابق تصوُّر وتصميم.

on ~, قصدًا؛ عمدًا.

to good ~, على نحوٍ مُثْمِر أو مُفْضٍ إلى نتائج حسنة.

to no ~, عبثًا؛ على غير طائل؛ من غير نتيجة.

to the ~, (١) مُفيد (٢) في محلّه (٣) طِبق المرام.

pur·pose·ful [pûr′-] *(adj.)* (١) هادف؛ ذو معنًى (٢) ذو عَزْم.

pur·pose·less [pûr′pəs-] *(adj.)* بلا هدفٍ؛ بلا غاية؛ بلا معنًى.

pur·pose·ly [pûr′pəs lĭ] *(adv.)* قصدًا؛ عمدًا؛ عن تصوّر وتصميم.

pur·pos·ive [pûr′pəs-] *(adj.)* (١) مُفيد: مُؤَدٍّ غَرَضًا نافعًا ولو من غير قَصْد (٢) هادف؛ ذو معنًى (٣) ذو عزم وتصميم (٤) قَصْديّ.

pur·pu·ra [pûr′pyo͝o rə] *(n.)* الفُرْفُرية: نزف تلقائيّ مصحوب ببُقَع على الجلد ضاربة إلى اللون الأرجواني (ط).
— **pur·pu·ric** *(adj.)*

pur·pure [pûr′pyo͝or] *(n.)* اللون الأرجوانيّ.

purr [pûr] *(n.; vi.)* (١) الخَرْخَرة: صوت خفيض كصوت الهِرّة المسرورة § (٢) يُخَرْخِر: يُعَبِّر عن كذا بصوتٍ شبيهٍ بالخَرْخرة.

purse [pûrs] *(n.; vt.)* (١) الجِزدان: كيس الدراهم (٢) «أ» مال؛ موارِد؛ ثروة. «ب» جائزة ماليّة. «ج» مجموع الجوائز § (٣) يَضع في جِزدان (٤) يُغَضِّن؛ يجعِّد؛ يَزُمّ.

purse–proud [pûrs′proud′] *(adj.)* تيّاه بثرائِهِ؛ متفاخرٌ بثروته.

purs·er [pûr′-] *(n.)* ضابط المحاسبة: موظَّف في سفينة مسؤول عن الأوراق والحسابات ودفع الرواتب [وعن راحة المسافرين أحيانًا].

purse race *(n.)* مُحَدَّد الجائزة: سباق ذو جائزة ماليّة مُحدَّدة.

purse seine [sān] *(n.)* البَرْسينة؛ الزَّمّ: شبكة صيدٍ كبيرة يُزَمّ أسفلُها.

purse strings *(n. pl.)* زِمام المال؛ زِمام الإنفاق.

to hold the ~, يتحكّم في الإنفاق.

to loosen *or* tighten the ~, يُسْرِف [أو يقتصد] في الإنفاق.

pur·si·ness [pûr′sĭ-] *(n.)* (١) البُهْر: تقاصُر النفَس بسبب البدانة (٢) بدانة (٣) تيه؛ غرور؛ عُجْب (٤) تغضُّن؛ تجعُّد.

purs·lane [pûrs′lān] *(n.)* الرِّجلة: بقلة عشبيّة يُطْهَى ورقُها.

pur·su·ance [pər so͞o′-] *(n.)* مص pursue. وبخاصة: متابعة؛ مواصلة.

pur·su·ant [-′ənt] *(adj.; adv.)* (١) موافِقٌ أو مطابِقٌ لِـ (٢) مُلاحِق؛ متعقِّب؛ متابع § (٣) أو **pur·su·ant·ly**: وفقًا أو طبقًا لِـ؛ بحَسَب.

pur·sue [pər so͞o′] *(vt.; i.)* (١) يطارد؛ يلاحق؛ يتعقَّب (٢) يسعى؛ يناضل [من أجل تحقيق هدفٍ ما] (٣) يسْلك؛ يتَّبع <They ~d a wise course.> (٤) يتابع؛ يواصل <She ~d her studies.> (٥) يمارس؛ ينهمك في <to ~ a hobby> (٦) يزعج على نحو موصول <Don't ~ her with questions.>.
— **pur·su·er** *(n.)*

pur·suit [-so͞ot′] *(n.)* (١) مُطارَدة؛ مُلاحَقة؛ مُواصلة إلخ (٢) السعي وراء كذا <the ~ of happiness> (٣) حرفة؛ مهنة (٤) هواية.

pursuit plane *(n.)* المُطارِدة؛ الطائرة المُطارِدة (جن).

pur·sui·vant [pûr′swĭ-] *(n.)* (١) الشِّعاريّ المساعد: مساعد الموظف المسؤول عن ابتكار شعارات النبالة ومنحها (٢) التابع؛ المُرافق.

pur·sy [pûr′sĭ] *(adj.)* (١) بهير؛ مبهور: قصير النَّفَس بسببٍ من البدانة (٢) بدين (٣) متغضِّن؛ متجعِّد (٤) تيّاه بثرائه (٥) «أ» مُتْرف. «ب» مُتَّسِم بالتباهي بالثروة أو ناشئ عنه <~ insolence>.

pur·te·nance [pûr′-] *(n.)* (١) أحشاء؛ أمعاء (٢) «معلاق» الذبيحة.

pu·ru·lence [pyo͝or′ə ləns] *(n.)* (١) تقيُّح (٢) قَيْح؛ صَديد.

pu·ru·lent [-lənt] *(adj.)* (١) قَيْحيّ؛ صَديديّ (٢) مُتقيِّح.

pur·vey [pər vā′] *(vt.)* (١) يُموِّن؛ يُزَوِّد بالمؤن [على سبيل الاحتراف] (٢) ينشر؛ يذيع.

pur·vey·ance [-′əns] *(n.)* (١) «أ» تموين. «ب» مُؤنٌ (٢) نَشْر؛ إذاعة.

pur·vey·or [-′ər] *(n.)* (١) المُموِّن؛ مُتَعَهِّد المؤن (٢) متعهد تقديم الطعام [للحفلات والسَّهرات] (٣) الناشر؛ المذيع <a ~ of lies>.

pur·view [pûr′vyo͞o] *(n.)* (١) المَتْن: «أ» صُلب القانون. «ب» حدود القانون أو غرضُهُ أو نطاقُهُ (٢) النِّطاق. وبخاصة: نطاق السلطة أو النشاط أو المسؤولية إلخ (٣) مدى البصر أو الرؤية أو الفهم أو الإدراك.

pus [pŭs] *(n.)* صَديد؛ قَيْح.

push [po͝osh] *(vt.; i.; n.)* (١) يَدْفَع؛ يضغط (٢) يَشُقّ <~ed his way through the crowd> (٣) يَحُثّ؛ يستحثّ (٤) «أ» يَلْفِت نظر الآخرين إلى نفسه أو مَطالبِهِ <to ~ one's claims>. «ب» يروِّج لتبنّي شيء أو استعماله

أو بيعِهِ (٥) يواصل أو يتابع أو يلاحق عملًا حتى النهاية (٦) يوسّع؛ يَمُدّ (٧) يزيد؛ يضاعف (٨) يتّجر بالمخدّرات (٩) يناهز؛ يقارب x (١٠) يكافح؛ يناضل (١١) يشقّ طريقه؛ يتقدّم بإصرار أو شجاعة (١٢) يبتعد عن الشاطئ § (١٣) جهد عنيف لبلوغ غاية، مثل: «أ» هجوم عسكريّ. «ب» تقدُّمٌ مصمِّمٌ. «ج» حملة لترويج نوع من السِّلَع (١٤) ساعة الشِّدّة أو الجِدّ أو العمل (١٥) «أ» دفع؛ ضغط. «ب» دفعة. «ج» الضاغط: جزء من الآلة يُدْفع لإعمالها، مثل زرّ الجرس الكهربائي. «د» نفوذ. «هـ» قوّة؛ عزم؛ إقدام (١٦) «أ» استخدام النفوذ لخدمة مصالح شخص آخر. «ب» حافز؛ قوة دافعة (١٧) حَشْد؛ جَمْع؛ جماعة.

at a ~, عند الاضطرار أو الحاجة.

to be ~*ed* for time, money, etc. يجد صعوبة في الحصول على الوقت أو المال الكافيين.

to get the ~, يُصْرَف من الخدمة.

to give somebody the ~, يَصرِفه من الخدمة.

to ~ along (١) يواصل عمله أو سَفَره (٢) ينصرف.

to ~ off (١) ينطلق؛ يَرْحَل (٢) يُقلع؛ يغادر الشاطئ.

to ~ one's luck يقوم بمغامرة أكبر؛ يخاطر أكثر.

push·ball [po͝osh′bôl′] *(n.)* الدُّحروجة: «أ» لعبة يحاول فيها كلٌ من الفريقين المتباريَيْن أن يدفع إلى هدف خصمه كرة ضخمة ثقيلة يبلغ قطرها نحوًا من ستّة أقدام عادةً. «ب» الكرة نفسها.

push bicycle *or* **push–bike** [po͝osh′bīk′] *(n.)* درّاجة هوائيّة.

push button *(n.)* الضاغط (مج): زرّ الجرس الكهربائيّ إلخ.

push–but·ton *(adj.)* أزراريّ: ناشبٌ أو عاملٌ أو مُشَغَّل بكبسة زرّ أو بمثل كبسة زرّ <~ warfare>.

push·cart [-′kärt] *(n.)* عَرَبَة اليد: عربةٌ تُدْفَع باليد.

push·chair [po͝osh′châr] *(n.)* عَرَبة الأطفال.

push·er [-′ər] *(n.)* (١) فا push (٢) المُتاجر بالعقاقير المخدِّرة (٣) الانتهازيّ (٤) خَلْفيّة المِدْسَرة: طائرة ذاتُ مِدسَرةٍ أو مِروحة خلفيّة.

push·ing [po͝osh′-] *(adj.)* (١) دافع (٢) مقدام؛ طَموح؛ مغامر (٣) «أ» متجرّئ؛ متواقح. «ب» عدوانيّ.

push·o·ver [po͝osh′ō′-] *(n.)* (١) مهمّة يسيرة (٢) الخصم الخوّار: خصم ضعيف يَسْهُلُ التغلُّب عليه (٣) الضعيف: العاجز عن مقاومة إغراء ما.

push·pin [po͝osh′pĭn′] *(n.)* الدّبوس الدَّفعيّ؛ «البونيز»: دبوسٌ عريض الرأس يُدْفَعُ في جدارٍ أو لوحةٍ لتثبيت شيء.

push–pull [po͝osh′-] *(adj.)* دَفْعيّ سَحْبيّ: صفة للمضخِّم amplifier الذي يستخدم صِمامَيْن ألكترونيَّين يعملان في تضادٍّ طوريّ (ألك).

Push·tu [pŭsh′to͞o] *(n.)* = Pashto.

push–up [po͝osh′ŭp] *(n.)* الدَّفع الصاعد: تمرين رياضي لعضلات الذراعين والكتفين من طريق الانبطاح على الأرض ومحاولة الارتفاع عنها مرةً بعد مرة بالاستناد إلى اليدين وأصابع القدمين.

push·y [po͝osh′ĭ] *(adj.)* = pushing *3*.

pu·sil·la·nim·i·ty [pyo͞o′sə lə nĭm′ə tĭ] *(n.)* جُبْن؛ جَبانة.

pu·sil·lan·i·mous [-lăn′ə məs] *(adj.)* جبان؛ رِعديد.

puss [po͝os] *(n.)* (١) هرّة (٢) الأرنب الوحشيّ: أرنب برّي مشقوق الشفة العليا (بر) (٣) فتاة؛ امرأة (٤) فم (ع) (٥) وجه (ع).

puss·ley; puss·ly [pŭs′lĭ] *(n.)* = purslane.

puss·y [1] [po͝os′ĭ] *(n.)* (١) هرّة (٢) فَرْج المرأة (٣) جِماع؛ مُضاجَعة.

puss·y [2] [pŭs′ĭ] *(adj.)* (١) pursy *1, 2* (٢) قَيْحيّ (٣) متقيّح.

puss·y·cat [po͝os′ĭ kăt′] *(n.)* (١) هِرّة (٢) فتاة؛ امرأة.

puss·y·foot [po͝os′ĭ-] *(vi.; n.)* (١) يمشي خِلسة (٢) يتحفَّظ في التعبير عن رأيه § (٣) الماشي خِلسةً (٤) المتحفِّظ في التعبير عن رأيه.

pussy willow *(n.)* الصَّفصاف الهِرّيّ: ضرب من الصَّفصاف الأميركي.

pus·tu·lant [pŭs′chə lənt] *(adj.; n.)* (١) مُبَثِّر: مُحْدِث بُثورًا § (٢) المُبَثِّر: دواءٌ أو عاملٌ مُحْدِثٌ للبثور.

pus·tu·lar [-lər] *(adj.)* (١) بَثْريّ (٢) بَثْرانيّ: شبيهٌ بالبُثور (٣) مُبَثَّر.

pus·tu·late [pŭs′cho͞o lāt′] *(adj.; vt.; i.)* (١) أو **pus·tu·lat·ed**: مُبَثَّر: مَكْسُوٌّ بالبثور § (٢) يُبَثِّر: يجعلُهُ متبثّرًا x (٣) يبثّر: يُصبح ذا بثور.

pus·tu·la·tion [pŭs′chə lā′-] *(n.)* (١) تَبَثُّر؛ تنفُّط (٢) بُثْرة؛ نَفْطة.

pus·tule [pŭs′cho͞ol] *(n.)* بَثْرة؛ نَفْطة.

put [po͝ot] *(vt.; i.; n.; adj.)* (١) «أ» يضع. «ب» يُقحِم؛ يَغرِز. «ج» يقذف (٢) يفرض <to ~ a tax on tobacco> (٣) «أ» يطرح [سؤالًا]. «ب» يطرح للتصويت (٤) «أ» يُفْرِغ؛ يصوغ <to ~ a thing in writing>. «ب» يترجم. «ج» يُلَحِّن <lyrics ~ to music>. «د» يعبِّر <Our teacher ~*s* things plainly.> (٥) «أ» يقف أو يكرِّس نفسه لعمل أو غاية <~ herself to the study of law>. «ب» يعيِّن له مهمة أو عملًا <~ him to mixing the salad>. «ج» يحمله على؛ يدفعه إلى (٦) «أ» يوظِّف <He ~ his money in the company.>. «ب» يعلِّق [آمالًا أو أهمية على]. «ج» يلقي [المسؤولية] على (٧) يراهن بـ <She ~ five dollars on the favorite.> x (٨) «أ» يذهب؛ يرحل على عجل. «ب» تُبحر السفينة <The boat ~ out to sea.> § (٩) رَمْيَة؛ قَذْفة (١٠) خيار البَيْع: حقّ بيع مقدار معيَّن من السِّلع أو الأسهم إلخ بسعر معيَّن في زمن محدَّد أو خلالَهُ § (١١) مُسَمَّر: ملازم مكانهُ لا يبرحه <He stayed ~.>.

to be hard ~ to it يجدُ من العسير عليه أن.

to ~ about (١) تغيّر [السفينةُ] اتّجاهَها (٢) يُغيِّر اتجاه السفينة (٣) يُزعِج؛ يُقلِق (٤) يُشيع؛ يُذيع.

to ~ across (١) يَخْدَع (٢) يُنجز أو يؤدي بنجاح.

to ~ a man's back up يُزعِج؛ يضايق؛ يُغضِب.

to ~ aside (١) يَطْرَح؛ يَضَع جانبًا (٢) يكفّ عن (٣) يَدَّخِر.

to ~ away (١) يضعه في مكانه المألوف (٢) يدَّخر (٣) يطرح؛ يتخلّى

عن [فكرة إلخ] (٤) يطلِّق زوجته (٥) يحجز. وبخاصة في مؤسسة للأمراض العقلية (٦) يأكل أو يشرب (٧) يَدفن (٨) يقتل.

to ~ back (١) يعود؛ يَرْجع (٢) يُعيد؛ يُرجع [السفينة] (٣) يؤخّر [الساعة] (٤) يؤجّل (٥) يعوق؛ يُعرقل.

to ~ by (١) يَدَّخِر [مالًا] (٢) يتجنّب (٣) يكفّ عن.

to ~ down (١) يضع (٢) يُنْزِل (٣) يثبّت قدمَيْه بغية المقاومة (٤) يقضي على (٥) يقمع؛ يسحق (٦) يُسكِت (٧) يُذِلّ (٨) يُسجِّل؛ يدوِّن (٩) يسجِّله عليه في الحساب (١٠) يُدْرِج في لائحة (١١) يعتبره كذا؛ يصنِّفه في زمرة ما أو مع فئة معيَّنة (١٢) يعزو؛ ينسب (١٣) يخفِّض [نفقاته] (١٤) يدَّخِر أو يحفظ للمستقبل (١٥) يوجِّه إنذارًا (١٦) تهبط [الطائرةُ].

to ~ forth (١) يَبْذُل [جهدًا إلخ] (٢) يقدِّم؛ يَعْرِض (٣) يَنْشر؛ يُصْدر (٤) يُطْلِع [النباتُ أوراقًا جديدة].

to ~ forward (١) يقدِّم؛ يَعْرِض (٢) يُرَشِّح؛ يختار لمهمَّة (٣) يقدِّم [عقاربَ الساعة] (٤) يُنَمّي.

to ~ her age at يقدِّر أن سنّها تبلغ كذا.

to ~ in (١) يُعلن أو يقدِّم رسميًّا (٢) يعمل؛ يشتغل (٣) يُنفق [وقتًا] (٤) يزرع (٥) تَدخُل [السفينةُ] ميناءً (٦) يقدِّم طلبًا إلخ (٧) ينتخب؛ يختار (٨) يضيف.

to ~ in a good word for someone يُثني عليه؛ يوصي به.

to ~ in mind يذكِّر؛ يذكِّره بشيء.

to ~ off (١) يردّ؛ يصدّ؛ ينفِّر (٢) يُرجئ؛ يؤجِّل (٣) يتجنّب؛ يتملَّص (٤) يتخلَّص من (٥) يبيع بطريقة خادعة (٦) يُبحر؛ يغادر الميناء (٧) يثبِّط الهمّة.

to ~ on (١) يرتدي (٢) يصطنع؛ يتظاهر بِ (٣) يزيد [السرعة إلخ] (٤) يقدِّم [الساعة] (٥) يؤدي؛ يقوم بِ (٦) يراهن بِ (٧) يبالغ (٨) يضع قيدَ الاستعمال (٩) يُنتج؛ يُخرج (١٠) يَخْدَع؛ يستغفل.

to ~ oneself out يُتعب نفسه؛ يكلِّف نفسه عناءَ كذا...

to ~ out (١) يَمُدّ [يَدَهُ] (٢) يخلع [المَفْصِل أو الذراع] (٣) يستخدم [كامل قوّتِهِ إلخ] (٤) يُطفئ (٥) ينشر؛ يُصدر (٦) ينتج للبيع (٧) يُربك (٨) يزعج؛ يثير (٩) يضايق (١٠) يُخرج؛ يطرد (١١) يُبحر [من الشاطئ] (١٢) يُقرض المال بفائدة.

to ~ over (١) يُرجئ؛ يؤجِّل (٢) ينتقل [إلى الجانب الآخر من الشاطئ] (٣) يؤدّي أو ينجز بنجاح (٤) يَخْدع.

to ~ something in hand يَشْرع في أدائه أو صُنعه.

to ~ the arm (*or* the bite) on يَسْتَجْدي؛ يطلب إحسانًا.

to ~ through (١) يُنجز [عملًا أو إصلاحات إلخ] (٢) يَصِلُهُ تلفونيًّا بالجهة التي يُريد مخاطبتها.

to ~ (somebody) through his paces يَعْجُم عُودَه؛ يمتحن؛ يختبره عمليًّا؛ يمتحن صفاتِهِ وكفاءاته.

to ~ to (١) يوجِّه إليه سؤالًا (٢) تلجأ [السفينةُ إلى الشاطئ].

to ~ to bed يقوم بالترتيبات النهائيّة لطبْع جريدة أو مجلة.

to ~ (somebody) to death يُعدِمُهُ؛ يَقتلُهُ.

to ~ to flight يُكرِهُهُ على الفرار.

to ~ (somebody) to ransom يحتفظ به أسيرًا حتى تُدْفع فديتُهُ.

to ~ (somebody) to the blush يجعله يحمرّ خجلًا.

to ~ up (١) يضع [في كيس إلخ] (٢) يُغمد [سيفًا] (٣) يُعِدّ؛ يُهيِّئ (٤) يُعبِّئ؛ يعلِّب [الفاكهةَ أو الأسماكَ إلخ] (٥) يخرجه مؤقتًا من نطاق الاستعمال (٦) يعقص الشعر الطويل فوق الرأس [بدلًا من تركه يتدلى على المنكبين] (٧) يرفع صلاةً (٨) يرشِّح أو يترشَّح للانتخابات (٩) يعرض للبيع (١٠) يرسم خطة أو مؤامرة (١١) يبني؛ يشيِّد (١٢) يُبْدي [مقاومةً] (١٣) يعلِّق في مكان بارز (١٤) يدفع [مالًا] (١٥) يُنزل؛ يقدِّم الطعام والمبيت لِ (١٦) يُنْزِل [في فندق إلخ] (١٧) يرفع [يديه إلخ] (١٨) يزيد [الأجرة] (١٩) يقدِّم جائزة (٢٠) يتآمر على.

to ~ upon = to put on.

to ~ up with يَتَحمَّل؛ يصبِر على.

pu·ta·tive [pyo͞o′tə-] *(adj.)* (١) مُتَّفَقٌ عليه (٢) مظنون؛ مُفْتَرَض؛ مزعوم.

put–down [po͝ot′-] *(n.)* انتقاد؛ تجريح؛ تعريض بِ.

put·log [po͝ot′lôg′] *(n.)* الجِسْر: إحدى الروافد الأفقيّة القصيرة الداعمة لأرضية «سِقالة» البناء.

put–on [po͝ot′ŏn′] *(adj.; n.)* (١) مُتَكَلَّف؛ مُصْطَنَع § (٢) تكلُّف؛ تَصَنُّع.

pu·tre·fac·tion [pyo͞o′trə făk′-] *(n.)* تَعَفُّن؛ فساد.

pu·tre·fac·tive [-′tĭv] *(adj.)* (١) مُعَفِّن: مُسَبِّبٌ للتعفُّن (٢) «أ» تَعَفُّنيّ. «ب» عَفِن.

pu·tre·fy [pyo͞o′trə fī′] *(vt.; i.)* (١) يُعَفِّن؛ يُفْسِد x (٢) يتعفَّن؛ يَفْسُد.

pu·tres·cence [pyo͞o trĕs′əns] *(n.)* عُفونة؛ تَعَفُّن.

pu·tres·cent [-′ənt] *(adj.)* (١) مُتَعَفِّن: آخذٌ في التعفُّن (٢) تَعَفُّنيّ.

pu·tres·ci·ble [-′ə bəl] *(adj.)* قابلٌ للتَّعفُّن؛ عُرْضة للتَّعفُّن.

pu·trid [pyo͞o trĭd′] *(adj.)* (١) «أ» عفِن؛ فاسد. «ب» تعفُّنيّ (٢) «أ» فاسدٌ أخلاقيًّا. «ب» رديء جدًّا.

— **pu·trid·i·ty** *(n.)*

putsch [po͝och] *(n.)* (١) فتنة؛ تمرُّد؛ عصيان مسلَّح (٢) محاولة انقلاب.

putsch·ist [-′ĭst] *(n.)* (١) المتمرِّد (٢) الانقلابيّ: القائم بمحاولة انقلاب.

putt [pŭt] *(vt.; i.; n.)* (١) يَدْحو: يضرب كرة الغولف برفق بحيث تتدحرج على الأرض نحو حفرة ما أو بحيث تسقط في هذه الحفرة § (٢) الدَّحوة: ضربة غولف رفيقةٌ (رب).

puttee

put·tee [pŭt′ĭ] *(n.)* الجُرْموق؛ المِسْماة؛ لِفافة الساق.

put·ter[1] [po͝ot′-] *(n.)* الواضع؛ المُقْحِم؛ القاذف إلخ (را. put).

put·ter[2] [pŭt′-] *(n.)* (١) الصولجان: مِضرَب الغولف (٢) الداحي (را. putt).

put·ter[3] [pŭt′-] *(vi.)* (١) يَعْبَث؛ يتسكَّع: يعمل أو يمشي بتوانٍ أو لغير ما غاية (٢) يتعابث: يَشْغَلُ نفسه على نحوٍ غيرِ مُجْدٍ <to ~ over a task>.

put·ti·er [pŭt′ĭ ər] *(n.)* المُمَعْجِن: من يكسو شيئًا بمعجون.

putt·ing green [pŭt′-] *(n.)* مَخْضَرَة الغولف: مساحة خَضِرة مُعشوشِبة في نهاية مجاز الغولف تشتمل على حفرة يتعيَّن إسقاط الكرة فيها.

putt·ing iron *(n.)* الصَّولجان: مِضْرَب الغولف (رب).

put·ting the shot *(n.)* = shot put.

put·ty [pŭt′ĭ] *(n.; vt.)* (١) المعجون (٢) المعجونيّ: لونٌ رماديّ ضاربٌ إلى البنّي أو الأصفر (٣) الأداة الطيّعة: شخص أو شيء يَسْهُل تكييفُهُ أو التأثير فيه: ألعوبة § (٤) يُمَعْجِن: يَسُدّ أو يكسو بمعجون.

put·ty·root [pŭt′ĭ-] *(n.)* الفصيلة السَّحلبية.

put–up [pŏŏt′-] *(adj.)* مُبَيَّت ؛ مُدَبَّر : مرسومٌ سَبقيًّا بطريقةٍ ماكرة .

put–upon [pŏŏt′ə-] *(adj.)* (١) مُضْطَهَد (٢) مخدوع ؛ مُحتالٌ عليه .

puz·zle [pŭz′əl] *(vt.; i.; n.)* (١) يُرْبِك ؛ يحيِّر (٢) يُعمِل فكره [بحثًا عن حلّ] x (٣) يرتبك ؛ يحتار § (٤) ارتباك ؛ حَيْرة (٥) «أ» شيء مُربك أو مُحيِّر . «ب» لُغز ؛ أحجيّة .

to ~ over a problem يفكّر في مشكلةٍ تفكيرًا عميقًا .

to ~ something out يَحُلّ [أو يحاول أن يحلّ] مُعَمَّياته بالتفكير فيه تفكيرًا عميقًا .

puz·zle·head·ed [pŭz′əl hĕd′-] *(adj.)* (١) مُشوَّش ‎<a ~ conversation>‎ (٢) مشوَّش التفكير .

puz·zle·ment [pŭz′əl-] *(n.)* (١) ارتباك ؛ حَيْرة (٢) لُغز ؛ أحجيّة .

puz·zling [pŭz′-] *(adj.)* مُرْبِك ؛ مُحَيِّر ؛ صعبٌ فهمُهُ أو حَلُّهُ .

py- *or* **pyo-** بادئة معناها : قَيْح ‎<*pyo*rrhea>‎ .

pyc·nid·i·um [pĭk nĭd′-] *(n.)* pl. **-nid·i·a** [nĭd′ĭ ə] البَوْغ المُغَلَّف : شكلٌ من أشكال الإثمار، في بعض الفطور، قِوامُهُ عضوٌ مستديرٌ أو قاروريُّ الشَّكل يحملُ أبواغًا (نب) . **— pyc·nid·i·al** *(adj.)*

pyc·nom·e·ter [pĭk nŏm′ə tər] *(n.)* المِكثاف ؛ المِثْقلة ؛ البِكنومتر : مقياس الثِّقل النوعيّ .

pycnometer

py·e·li·tis [pī′ə lī′tĭs] *(n.)* التهاب حُوَيضة الكُلْية (مض) .

py·e·lo·gra·phy [pī′ə lō grăf′ĭ] *(n.)* تصوير الحُوَيْضة (ط) .

py·e·lo·ne·phri·tis [pī′ə lō nĭ frī′-] *(n.)* التهاب الكُلْية والحُوَيضة .

py·e·mi·a [pī ē′mĭ ə] *(n.)* القَحْمِيَة ؛ تقيُّح الدّم (ط) .

py·gid·i·um [pī jĭd′ĭ əm] *(n.)* pl. **-gid·i·a** [jĭd′ĭ ə] الذُّيَيْل : تكوين ذيليّ في بعض اللافقاريات (ح) .

pyg·mae·an *or* **pyg·me·an** [pĭg mē′ən] *(adj.)* = pygmy.

pyg·moid [pĭg′moid′] *(adj.)* قَزَمانيّ : شبيه بالأقزام .

pyg·my [pĭg′mĭ] *(n.; adj.)* (١) القَزَم § (٢) قَزَم (٣) قَزَميّ .

py·ja·mas [pə jä′məz] *(n.) chiefly Brit.* = pajamas.

pyk·nic [pĭk′nĭk] *(adj.; n.)* مُكْتَنِز : قصير وبدينٌ وقويّ .

py·lon [pī′lŏn] *(n.)* (١) البَيْلون : بوّابة ضخمة . وبخاصة في هيكلٍ فرعونيّ (٢) البُرْج : «أ» برج عالٍ لحمل الأسلاك الكهربائية ذات التوتّر العالي . «ب» برج الإرشاد (طي) . «ج» برج فولاذيّ يُتَّخذ دعامةً .

pylon *1.*

py·lo·rec·to·my [pī′lə rĕk′-] *(n.)* استئصال بوّاب المعدة (ط) .

py·lo·rus [pī lōr′əs] *(n.)* pl. **-lo·ri** [lōr′ī] البَوّاب : فتحةٌ بين المعدة والاثني عشريّ (ت) . **— py·lo·ric** *(adj.)*

pyo- = py-.

py·o·der·ma [pī′ə dûr′mə] *(n.)* تقيُّح الجلد (مض) .

py·o·gen·ic [-′ĭk] *(adj.)* (١) مُقَيِّح ‎<~ bacteria>‎ (٢) مُتقيِّح .

py·or·rhe·a [pī′ə rē′ə] *(n.)* البِيُورية ؛ تقيُّح اللِّثة (مض) .

pyr- *or* **pyro-** بادئة معناها : «أ» نار ؛ حرارة ‎<*pyro*meter>‎ . «ب» حراريّ : ناشئ عن الحرارة ‎<*pyro*electricity>‎ . «ج» حُمّى ‎<*pyro*gen>‎ .

py·ra·can·tha [pī′rə kăn′-] *(n.)* شوك النار : نبات شائك مُزْهِر .

py·ral·id; py·ral·i·did [pī răl′-] *(n.; adj.)* (١) الناريّة : إحدى النّاريّات Pyralidae وهي فصيلة من الفراشات § (٢) ناريّ : خاصّ بالنّاريات .

pyr·a·mid [pĭr′ə mĭd] *(n.; vi.; t.)* (١) هَرَم (٢) رُكامٌ هَرَميّ (٣) شجرةٌ شبيهة بالهرم § (٤) يُهَرِّم : يُضارب في البورصة مُستخدمًا ما يربحه من ذلك للقيام بمضاربات إضافية (٥) يتهرّم : يتزايد على نحوٍ هرميّ بسرعة وبصورة تدريجية x (٦) يُهَرِّم : «أ» يَرْكُم على شكل هرم . «ب» يزيد الأسعار أو الأجور إلخ تدريجيًّا وكأنّه يشيِّد هرَمًا .

py·ram·i·dal [pĭ răm′-] *(adj.)* (١) هَرَميّ (٢) هرميّ الشكل .

pyr·a·mid·i·cal [pĭr′ə mĭd′ə kəl] *(adj.)* = pyramidal.

py·ran [pī′răn] *(n.)* البَيْران (ك) . **— py·ra·noid** *(adj.)*

py·ra·nom·e·ter [pī rə nŏm′-] *(n.)* مقياس الإشعاع الشمسيّ (فز) .

py·rar·gy·rite [pī rär′jə-] *(n.)* البيرارجيريت : خام من خامات الفضة .

pyre [pīr] *(n.)* المَحْرَقة : رُكام من الحطب مُعَدّ لإحراق جثّة مَيْتٍ أداءً لطقسٍ دينيّ . وتوسّعًا : رُكام مُعَدّ لكي تُضْرَم النارُ فيه .

py·rene [pī′rēn] *(n.)* النّواة . وبخاصة في ثمرة متعددة النَّوى .

py·re·thrum [pī rē′-] *(n.)* البِيْرِثْرُم : «أ» حشيشة الحُمَّى : نبات ذو زهرات حمراء أو قرنفلية أو بيضاء . «ب» مبيدٌ للحشرات يُتّخذ من هذه الزهرات .

py·ret·ic [pī rĕt′-] *(adj.; n.)* (١) حُمِّيّ : خاصّ بالحُمَّى (٢) مُحِمّ : مُوَلِّد للحُمَّى (٣) محموم : مصابٌ بالحمَّى (٤) نافعٌ للحُمَّى § (٥) دواءٌ للحُمَّى .

pyr·e·tol·o·gy [pĭr′rə tŏl′-] *(n.)* مَبْحَث الحُمَّيات (ط) .

Py·rex [pī′rĕks′] *(n.)* البيرَكْس : زجاجٌ أو وعاء زجاجيّ مقاومٌ للحرارة .

py·rex·i·a [pī rĕk′sĭ ə] *(n.)* (١) حُمّى (٢) حالةٌ حُمِّيّة .

py·rex·i·al *also* **py·rex·ic** [pī rĕk′-] *(adj.)* حُمِّيّ : خاصّ بالحُمَّى .

pyr·he·li·om·e·ter [pīr hē′lĭ ŏm′ə tər] *(n.)* المِشماس : أداة تُستخدم لقياس طاقة الشمس الإشعاعية (فل) .

py·ric [pī′rĭk] *(adj.)* إحراقيّ : ذو علاقة بالإحراق .

pyr·i·form [pĭr′ə-] *(adj.)* كُمَّثْرانيّ : شبيه شكله بشكل الكُمَّثْرى [الإجّاص] .

py·rim·i·dine [pī rĭm′ə dēn′] *(n.)* البيريميدين : مركَّب عضويّ (كح) .

py·rite [pī′rīt] *(n.)* البِيريت : معدنٌ قوامُهُ ثاني كبريتيد الحديد .

py·ri·tes [pī rī′tēz] *(n.)* البُوْرِيطِس : كبريتيد الحديد (مع) .

pyro- = pyr-.

py·ro·chem·i·cal [pī′rə kĕm′-] *(adj.)* كِيْمِيْحراريّ ؛ كيميائيّ حراريّ : خاصّ بالنشاط أو التغيُّر الكيميائيّ في الاحترار العالي (ك) .

py·ro·clas·tic [pī′rə klăs′tĭk] *(adj.)* فِلْذْبُركانيّ ؛ فِلْذيّ بركانيّ : مؤلف من فِلَذٍ بُركانيّة الأصل (جي) .

py·ro·con·duc·tiv·i·ty [-tĭv′ə tĭ] *(n.)* المُوَصِّلِيّة الحراريّة (كب).

py·ro·e·lec·tric·i·ty [pī′rō ĭ lĕk′trĭs′-] *(n.)* البيروكَهْربائية؛ الكَهْرحراريّة: استقطاب كهربائيّ في بعض البِلَّوْرات.

— py·ro·e·lec·tric *(adj.)*

py·ro·gen [pī′rə jən] *(n.)* المُحِمّة: مادّة مُوَلِّدةٌ للحُمَّى (ك).

py·ro·gen·ic [pī′rə jĕn′ĭk] *also* **py·rog·e·nous** [pī rŏj′ə-] *(adj.)* (١) مُحِمّ: مولِّد للحُمَّى (٢) حُمِّيّ: ناشئ عن الحمَّى (٣) ناريّ الأصل [كالصخور البركانيّة].

py·rog·nos·tics [pī′rəg nŏs′-] *(n. pl.)* الخصائص الحرارية [لمعدنٍ ما].

py·rog·ra·phy [pī rŏg′rə fĭ] *(n.)* الدَّمْغ الوَشْميّ: فن طبع الرسوم على الخشب والجلد وغيرهما بأداةٍ مُحمّاة.

py·ro·lat·ry [pī rŏl′ə trĭ] *(n.)* عبادة النار.

pyroligneous acid [pī′rə lĭg′-] *(n.)* الحَمْض النارْخشبيّ (ك).

py·rol·y·sis [pī rŏl′ə sĭs] *(n.)* النَّرْحَلة: «أ» الحلّ الحراريّ: إخضاع المركَّبات العضوية لحرارة عالية حتى تنحلّ (ك). «ب» الانحلال الحراريّ.

py·ro·lyze [pī′rə līz] *(vt.)* يُنَرْحِل: يُخضِع للنَّرْحَلة.

py·ro·man·cy [pī′rə măn′sĭ] *(n.)* التكهُّن بالنار: التّنبُّؤ بواسطة النار.

py·ro·ma·ni·a [pī′rə mā′nĭ ə] *(n.)* هَوَس الإحراق: نزوع لا يُقاوم إلى إضرام النار في الأشياء.

— py·ro·ma·ni·ac *(adj.; n.)*

py·ro·met·al·lur·gy [pī′rə mĕt′ə lûr′jĭ] *(n.)* العِدانة الحرارية.

py·rom·e·ter [pī rŏm′ə tər] *(n.)* المِضْرَم (مج)؛ البيرومتر: أداة لقياس درجات الحرارة العالية.

py·rom·e·try [pī′rŏm′ə trĭ] *(n.)* المِضْرَميّة؛ البيرومتريّة؛ القياس بالمِضْرَم: قياس درجات الحرارة العالية بمِضْرَم.

— py·ro·met·ric *(adj.)*

py·ro·mor·phite [pī′rə môr′fīt] *(n.)* البيرومورفيت (مع).

py·ro·mor·phous [-′fəs] *(adj.)* صَهْريّ التبلُّر؛ متبلِّر بالصَّهر (مع).

py·rone [pī′rōn; pī rōn′] *(n.)* البِيرون (ك).

py·rope [pī′rōp′] *(n.)* البيروب؛ عين النّار (مع).

py·ro·phor·ic [pī′rə fôr′ĭk] *(adj.)* تلقائيُّ الاشتعال.

py·ro·phyl·lite [pī′rə fĭl′īt] *(n.)* البيروفِلّيت: معدن أبيض أو مُخْضَرّ.

py·ro·sis [pī rō′sĭs] *(n.)* = heartburn.

py·ro·stat [pī′rə stăt] *(n.)* البيروستات: «أ» جهاز للإنذار بحدوث الحرائق. «ب» جهازٌ منظِّم للحرارة (فز).

py·ro·tech·nic; -al [pī′rə tĕk′-] *(adj.)* (١) ناريّ: خاصّ بالألعاب الناريّة (٢) شبيهٌ بالألعاب الناريّة: مشرق؛ مثير <~ eloquence>.

py·ro·tech·nics *(n.)* (١) الناريّات: فنّ صُنع الألعاب النارية واستعمالها (٢) عرض ألعاب ناريّة (٣) عرضٌ أو إظهار [للعاطفة إلخ] مشرقٌ أو مثير.

py·ro·tech·nist [pī′rə tĕk′-] *(n.)* النّاريّاتيّ: الاختصاصي في النّاريات.

py·ro·tech·ny [pī′rə tĕk′nĭ] *(n.)* = pyrotechnics *1-2*.

py·ro·tox·in [pī′rə tŏk′sĭn] *(n.)* = pyrogen.

py·rox·ene [pī′rŏk sēn′] *(n.)* الپيروكسين: أيّ من مجموعة من المعادن قِوامُها سِليكات الكلسيوم والمغنسيوم والحديد وغيرها.

py·rox·e·nite [pī rŏk′sə nīt′] *(n.)* الپيروكسينيت: صخر ناريّ يتألف، في المقام الأول، من پيروكسينات مختلفة (صخ).

py·rox·y·lin; -e [pī rŏk′sə lĭn] *(n.)* الپيروكسيلين: مزيج ملتهب من نترات السلولوز وأقلّ من ١٢,٥٪ عادةً من النتروجين (ك).

pyr·rhic [1] [pĭr′ĭk] *(n.)* البِرّيكة: رقصة حربية يونانية قديمة.

pyr·rhic [2] *(n.; adj.)* (١) المُتقاصِر: تفعيل ذو مقطعين قصيرين أو غير مشدَّدين (عر) § (٢) متقاصِر: ذو مقطعين قصيرين أو غير مشدَّدين (عر).

Pyr·rhic victory *(n.)* الانتصار البِيروسيّ: انتصار مُكْلِف جدًا.

Pyr·rho·nism [pĭr′ə nĭz′əm] *(n.)* البِيرّوِيّة: «أ» مذهب الشك عند الفيلسوف اليوناني پيرّو Pyrrho (٣٦٥-٢٧٥ ق.م) وأتباعِهِ. «ب» شكّ تامّ أو مُطْلَق.

pyr·rho·tite [pĭr′ə tīt′] *(n.)* البيرّوتيت: معدن يكون في كبريتيد الحديد.

py·ru·vic acid [pī ro͞o′-] *(n.)* حَمْض البيرّوفيك؛ حَمْض الحِصْرِم (كح).

Py·thag·o·re·an [pĭ thăg′ə rē′ən] *(n.; adj.)* (١) الفيثاغوريّ: أحد أتباع فيثاغورَس § (٢) فيثاغوريّ: خاص بفيثاغورس الفيلسوف والعالم الرياضي والمصلح الديني الإغريقي (٥٨٢-٥٠٠ ق.م تقريبًا).

— Py·thag·o·re·an·ism *(n.)*

Pyth·i·ad [pĭth′ĭ ăd′] *(n.)* البِثْياد: فترة الأربع سنوات التي كانت تفصل بين مهرجان من مهرجانات المباريات البِثيادية وآخَر.

Pyth·i·an [-ən] *(adj.)* بِثياديّ: ذو علاقة بمهرجان المباريات البِثيادية أو بالإلَه الإغريقي أبولو أو بمَعْبَد دَلفي.

Pythian Games مِهْرَجان المباريات البِثيادية: مِهرجان إغريقي كان يقام في دَلْفي مرّةً كلَّ أربع سنوات تكريمًا للإلَه أپولو.

py·thon [pī′thŏn] *(n.)* البايثون؛ الأَصَلَة: أفعى تعتصر فريستَها.

— py·tho·nine *(adj.)*

python

py·tho·ness [pī′thə-] *(n.)* (١) الكاهنة؛ العرّافة (٢) كاهنة مَعْبَد دلفي.

py·thon·ic *(adj.)* (١) كِهانيّ؛ عِرافيّ (٢) أَصَليّ (را. python).

py·u·ri·a [pī yo͝or′ĭ ə] *(n.)* البِيلَة القَيْحيّة؛ البُوال الصَّديدي (مض).

pyx [pĭks] *(n.)* (١) حُقّ القُربان (نص) (٢) حُقّ العُملة: صندوق في دارِ لِسكّ العُملة تُحفظ فيه نماذجها الأصلية وذلك من أجل وزن القِطَع النقدية والتأكد من صحّة وزنها وخلوّها من الغشّ.

pyx·id·i·um [pĭk sĭd′-] *(n.)* pl. **-id·i·a** [-′ĭ ə] (١) الحُقَيْق: غلاف بزورٍ ينفلق بالعَرض وكأنه غطاء حُقٍّ أو عُلْبة (نب) (٢) الثمرة الحُقَيْقيّة: ثمرة ينفلق غطاء بزورها على هذا النحو.

pyxidium *1.*

pyx·ie [pĭk′sĭ] *(n.)* البيكسيّة: شجيرة أميركية متسلِّقة.

pyxie moss *(n.)* = pyxie.

pyx·is [pĭk′sĭs] *(n.)* pl. **pyx·i·des** [pĭk′sə dēz′] (١) حُقّ؛ عُلْبة صغيرة (٢) علبة مُجَوهرات (٣) pyxidium *2*.

q [kyōō] *(n. often cap.)* (١) الحرف السابع عشر من الأبجدية الإنكليزية (٢) شيء مُعْتَبَرٌ سابعَ عشر من حيث الترتيب أو الطبقة (٣) شيء على صورة حرف Q.

Q·E·D· <L. *quod erat demonstradum*> وهو المطلوب إثباتُهُ (ر).

Q·E·F· <L. *quod erat faciendum*> وهو المطلوب عملُهُ (ر).

Q fever *(n.)* حُمَّى كيري: حمّى أعراضها حرارة عالية وقُشَعْريرة وصداع وتعرُّق وآلام عضلية (مض).

qin·tar [kĭn tär′] *(n.)* القِنطار: قطعة نقد ألبانية صغيرة.

qua [kwä; kwā] *(adv.)* كَ؛ بوصفِهِ <spoke ~ king>.

quack[1] [kwăk] *(vi.; n.)* (١) يُبَطْبِط [البطُّ]؛ يصيح § (٢) البَطْبَطة: صوت البَطّ.

quack[2] *(n.; vi.; adj.)* (١) الدَّجّال؛ المُشَعْوِذ (٢) المُتطَبِّب: طبيب دجّال § (٣) يُدَجِّل؛ يُشَعْوِذ § (٤) دجّال؛ مُشَعْوِذ. وبخاصة: مُدَّعٍ معالجةَ الأمراض (٥) زائف <~ medicine>.

quack·er·y [kwăk′ə rĭ] *(n.)* تَدْجيل؛ دَجَل؛ شَعْوَذة.

quack grass *(n.)* = couch grass.

quack·sal·ver [kwăk′săl′vər] *(n.)* = quack[2] *1-2.*

quad[1] [kwŏd] *(n.)* مُخْتَصَر quadrangle أو quadruplet.

quad[2] *(n.; vi.)* (١) quadrat § (٢) يُوسِّع بالفروق أو بالرقائق الفاصلة.

quad·ra·ge·nar·i·an [kwŏd′rə jə nâr′-] *(n.; adj.)* (١) الأربعوني: شخص في العقد الخامس من العمر [بين الأربعين والخمسين] § (٢) أربعونيّ.

quad·ran·gle [kwŏd′răng′gəl] *(n.)* (١) quadrilateral (٢) رُباعية الزوايا: «أ» ساحة رباعية الزوايا، وبخاصة حين تكون مَحُوطة بالأبنية. «ب» الأبنية المحيطة بساحة رباعية الزوايا.

quad·ran·gu·lar [kwŏd răng′-] *(adj.)* رُباعيّ الأضلاع أو الزوايا (هن).

quad·rant [kwŏd′rənt] *(n.)* (١) الرُّبعيّة؛ ذات الرُّبع: أداة تُستخدم في الفلك والملاحة لقياس الارتفاع وتتألف من قوس مقسَّم إلى ٩٠ درجة (٢) ربعُ الدائرة [٩٠ درجة].

quadrant *1.*

quad·rat [-′rət] *(n.)* الفَرْق؛ الرَّقيقة الفاصلة: صفيحة رقيقة أقصر من الأحرف الطباعية المنضَّدة يُستعان بها على التوسيع بين كلمة وأخرى.

quad·rate [*n.; adj.* kwŏd′rət; -rāt, *v.* -rāt] *(adj.; n.; vt.; i.)* (١) مُرَبَّع (٢) مستطيل § (٣) شيء مُرَبَّع أو مستطيل (٤) العظم المربَّع: أحد عظمين في جماجم كثير من الفقاريات الدنيا يَتَمَفْصل بهما الفكّ الأدنى (ت) § (٥) يُرَبِّع: يَقْسِمُهُ إلى مُربَّعات (٦) يُوَفِّق؛ يطابق x (٧) يتوافق؛ يتطابق.

quad·rat·ic [kwŏd răt′-] *(adj.; n.)* (١) تربيعيّ (جب) § (٢) المعادلة التربيعيّة: معادلة من الدرجة الثانية (جب).

quadratic equation *(n.)* = quadratic *2.*

quad·rat·ics *(n.)* التربيعيّات: مَبْحَث المعادلات التربيعية (ر).

quad·ra·ture [kwŏd′rə chər] *(n.)* (١) التربيع: وضعٌ تشكِّل فيه الشمسُ والأرضُ والقمر زاوية قائمة (فل) (٢) تربيع الدائرة (ر).

quad·ren·ni·al [-rĕn′ĭ əl] *(adj.)* أرْبَعيّ: «أ» دائمٌ [أو مؤلَّف من] أربعَ سنوات. «ب» حادثٌ أو مُنْجَزٌ كل أربع سنوات.

quad·ren·ni·um [kwŏd rĕn′ĭ-] *(n.)* pl. **-s** *or* **-ni·a** أربع سنوات.

quadri- *or* **quadr-** *or* **quadru-** بادئة معناها: أربعة؛ رُباعيّ؛ تربيعيّ.

quad·ric [kwŏd′rĭk] *(adj.)* = quadratic.

quad·ri·ceps [kwŏd′rə sĕps′] *(n.)* الرُّباعيّة الرؤوس: عضلة كبيرة، رباعيّة الأجزاء، في مقدَّم الفَخِذ (ت).

quad·ri·fid [-′rə fĭd] *(adj.)* رُباعيّ التقسيم <a ~ petal>.

qua·dri·ga [kwŏd rī′gə] *(n.)* pl. **-gae** [jē; gī; gē] الكُدْريجة: مَرْكبة ذات دولابين تجرّها أربعة جيادٍ شُدَّت إليها جنبًا إلى جنب.

quad·ri·lat·er·al [kwŏd′rə lăt′-] *(adj.; n.)* رُباعيّ الأضلاع؛ رباعيّ الزوايا (هن).

quadrilaterals

quad·ri·lin·gual [-lĭng′-] *(adj.)* رُباعيّ اللُّغة <a ~ inscription>.

qua·drille [kwə drĭl′; kə-] *(n.; adj.)* (١) الكَدْريل: «أ» لعبة بورق الشدّة لأربعة أشخاص. «ب» رقصة لأربعة أزواج من الراقصين أو موسيقاها § (٢) مُكَدْرَل: ذو مربَّعات أو مستطيلات <a ~ design>.

quad·ril·lion [kwŏd rĭl′yən] *(n.)* الكَدْريليون: رقم مؤلف من واحد إلى يمينه ١٥ صفرًا [في الولايات المتحدة الأميركية وفرنسا] أو ٢٤ صفرًا [في بريطانيا وألمانيا].

quad·ri·no·mi·al [kwŏd′rə nō′-] *(adj.; n.)* (١) رُباعيّة الحدود <a ~ equation> § (٢) معادلة رباعيّة الحدود (ر).

quad·ri·par·tite [-pär′tīt] *(adj.)* (١) رُباعيّ التجزُّؤ: مقسوم إلى [أو مؤلف من] أربعة أجزاء (٢) رُباعيّ: مُشتَرَك بين أربعة فرقاء <a ~ treaty>.

quad·ri·ple·gia [-plē′jĭ ə] *(n.)* الشَّلل الرّباعيّ؛ شلل الأطراف الأربعة.

quad·ri·va·lent [kwŏd′rə vā′-] *(adj.)* رُباعيّ التكافؤ (ك).

quad·riv·i·al [-rĭv′-] *(adj.)* رُباعيّ: ذو طُرُقٍ أربع تلتقي عند نقطة واحدة.

quad·riv·i·um [-rĭv′ĭ əm] *(n.)* الرُّباعيّة: مجموعة من الدراسات [الحساب والموسيقى والهندسة والفلك] كانت تشكِّل الجزء الأعلى من الفنون الحرّة السبعة في جامعات القرون الوسطى.

quad·roon [kwŏd ro͞on′] *(n.)* رُبع الزَّنجي: شخص رُبْع دمِهِ زَنجيّ.

quad·ru·mane [kwŏd ro͞o′mān] *(adj.; n.)* رُباعيّ الأيدي.

quad·ru·ma·nous [-′mə nəs] *(adj.)* رُباعيّ الأيدي: منسوب إلى رُباعيات الأيدي **Quadrumana** وهي مجموعة من الثدييات تشمل جميع الرئيسات primates ما عدا الإنسان (ح).

quad·ru·ped [kwŏd′ro͞o pĕd′] *(adj.; n.)* (١) ذو أربع؛ رُباعيّ الأرجل § (٢) حيوان من ذوات الأربع.
— **quad·ru·pe·dal** *(adj.)*

quad·ru·ple [kwŏd′ro͞o pəl] *(vt.; i.; n.; adj.)* (١) يضاعف أو يتضاعف أربع مرات § (٢) أربعة أضعاف: عدد يبلغ مقدارُهُ أربعة أضعاف غيره § (٣) رُباعيّ <a ~ alliance> (٤) بالغٌ أربعة أضعاف أكثر.

quad·ru·plet [kwŏd′ro͞o plət] *(n.)* (١) أحد توائم أربعة (٢) الرُّباعيّ: أربعة من نوع واحد.

quad·ru·plex [-plĕks′] *(adj.)* رُباعيّ: ذو وحداتٍ أربع أو أجزاء أربعة.

quad·ru·pli·cate[1] [-ro͞o′plə kĭt; -kāt′] *(adj.)* (١) من أربع نُسَخ أو صُوَر متماثلة <~ invoices> (٢) مرفوع إلى القوة الرابعة (ر) (٣) رابعة <file the ~ copy>.

quad·ru·pli·cate[2] [-kāt′] *(vt.)* (١) يضاعف أربعَ مرّات (٢) يجعله في أربع نُسَخ (٣) يرفعُهُ إلى القوة الرابعة (ر).

quad·ru·pli·cate[3] [-kĭt; -kāt′] *(n.)* (١) أربع نُسَخ متماثلة (٢) واحد من أربعة نظائر؛ نسخة أو صورة رابعة.

quaes·tor [kwĕs′tər] *(n.)* القَسْطور: موظف رومانيّ قديم مَعْنيّ بالإدارة المالية.

quaff [kwăf; kwäf; kwŏf] *(vi.; t.; n.)* (١) يَعُبّ: يشرب بجرعات كبيرة § (٢) عَبٌّ؛ عَبّة.

quag [kwăg; kwŏg] *(n.)* مُسْتنقَع؛ أرضٌ سَبِخة.

quag·ga [kwăg′ə] *(n.)* الكُواغة: حمار وحشيّ جنوبإفريقي منقرض شبيه بحمار الزَّرَد.

quag·gy [kwăg′ĭ] *(adj.)* (١) سَبِخ؛ مستنقعيّ (٢) رِخو؛ ليِّن.

quag·mire [-′mīr] *(n.)* (١) مُستنقع؛ أرضٌ سَبِخة (٢) وَرْطة؛ مأزِق.

qua·hog *also* **qua·haug** [kwô′hŏg] *(n.)* الكُواهوغ: ضرب من البَطْلينوس الأميركي (را. clam).

quai [kā] *(n.)* = quay.

Quai d'Or·say [kā dôr sā′] كي دورسيه: وزارة الخارجية الفرنسية.

quail[1] [kwāl] *(n.)* السَّلوى؛ السُّمانَى (طا).

quail[2] *(vi.)* (١) يَذْبُل؛ يَذْوي (ع) (٢) يَجْبُن؛ تخونُهُ شجاعتُهُ.

quaint [kwānt] *(adj.)* (١) طريف (٢) جذّاب [بحكم كونه غيرَ مألوف أو عتيق الطراز] (٣) غريب؛ عجيب.

quake [kwāk] *(vi.; n.)* (١) يَهْتزّ؛ يتزلزَل (٢) يرتجف؛ يرتعد § (٣) رَجْفة؛ رِعدة (٤) هَزّة؛ زلزال.

Quak·er [kwā′kər] *(n.)* (١) *not cap.*: المهتزّ؛ المرتعد (٢) الصاحبيّ؛ المهتزّ: واحد الأصحاب أو المهتزّين (را. friend *3*).

Quaker gun *(n.)* المدفع الصاحبيّ: مدفع صُوْريّ مصنوع من خشب في سفينة أو حِصْن [دُعي بذلك إلماعًا إلى كُرهِ جماعة الأصحاب أو المُهْتزّين للحرب].

quak·er–la·dies [kwā′kər lā′dīz] *(n. pl.)* = bluet.

Quaker meeting *(n.)* الاجتماع الصاحبيّ: «أ» اجتماع دينيّ يعقِدُهُ الصاحبيون (را. Quaker) ويتميَّز عادةً بفترات صمت طويلة. «ب» اجتماع يتَّسم بفتراتٍ من الصمت كثيرة.

qua·le [kwäl′ē] *(n.)* (١) صِفة الشيء (٢) شيء ذو صفات معيَّنة.

qual·i·fi·ca·tion [kwŏl′ə fə kā′-] *(n.)* (١) قَيْد؛ شَرْط؛ تعديل؛ تحفُّظ (٢) أهليّة؛ كفاءة.

qual·i·fied [-′ə fīd′] *(adj.)* (١) مُؤَهَّل؛ كُفْؤ <a ~ doctor> (٢) لائق (٣) مشروط؛ مقيَّد <~ approval>.

qual·i·fi·er [-′ə fī′ər] *(n.)* (١) فا qualify (٢) المؤهَّل: شخص ذو أهلية لعمل أو منصب إلخ (٣) القيد؛ المقيِّد: كلمة أو مجموعة كلمات تحدِّد أو تعدِّل معنى كلمة أو كلمات أخرى (ل).

qual·i·fy [kwŏl′ə fī′] *(vt.; i.)* (١) يقيِّد؛ يحدِّد؛ يُعَدِّل (٢) يلطِّف؛ يخفِّف (٣) يَصِف (٤) «أ» يُؤهِّل: يجعله مؤهَّلًا لمنصب أو عمل. «ب» يعلن أهليّتَهُ. «ج» يفوِّض: يزوِّده بالصلاحيات الشرعيّة **x** (٥) يتكشَّف عن أهلية [لمنصب أو عملٍ] (٦) يكتسب القوة أو الصلاحية الشرعيّة.

qual·i·ta·tive [kwŏl′ə tā′tĭv] *(adj.)* نَوْعيّ؛ كَيْفيّ: ذو علاقة بالنوع أو الكَيْفيّة <~ analysis>.

qual·i·ty [kwŏl′ə tĭ] *(n.; adj.)* (١) «أ» خَصِيصَة؛ خاصّيّة. «ب» سَجيّة؛ خَلّة. «ج» طبيعة؛ مزاج؛ خُلُق (٢) نوع؛ نوعيّة <food of poor ~> (٣) وصف؛ صفة <Rami was present, but in ~ of friend, not as lawyer.> (٤) كيفيّة؛ جودة <used to look for ~ rather than quantity> (٥) «أ» منزلة رفيعة <a man of ~>. «ب» الأرستوقراطيّة: أفراد الطبقات الرفيعة (٦) الجَرْس؛ نوع النغمة (مو) § (٧) أرستوقراطيّ (٨) ممتاز <~ meat>.

qualm [kwäm; kwälm] *(n.)* (١) التوجُّس: «أ» إحساس مفاجئ بمرضٍ أو إغماء، وبخاصةٍ بغَثَيان. «ب» ارتياب أو خوفٌ مفاجئ (٢) وَخْزُ ضمير.

qualm·ish [kwä′-; kwäl′-] *(adj.)* (١) متوجِّس (٢) مَغْثيّ: مُصاب بغَثَيان (٣) مُوَسْوَس [في كلّ ما يتصل بالضمير أو الأخلاق].

qua·mash [kwŏm′ăsh] *(n.)* = camas.

quan·da·ry [kwŏn′də rĭ] *(n.)* حَيْرة؛ وَرْطة؛ مأزِق.

quant [kwănt] *(n.)* المُرْدِيّ: عمود يُضرب به قاع النهر لتسيير المركب.

quan·ta [kwŏn′tə] *(n. pl. of quantum)* الكَمّات؛ الكُموم (فز).

quan·tal [-′təl] *(adj.)* كَمِّيّ: منسوب إلى الكمّ (را. quantum).

quan·ti·fi·a·ble [kwŏn′tə fī′ə-] *(adj.)* قابلٌ للقياس؛ ممكنٌ قياسُهُ.

quan·ti·fy [kwŏn′tə fī′] *(vt.)* (١) يكمِّي: يبيِّن كمِّيّة شيء ما (مق) (٢) يقيس: يحدِّد مقدارَ شيء.
— quan·ti·fi·ca·tion *(n.)*

quan·ti·tate [kwŏn′tə tāt] *(vt.)* يقيس: يقدِّر كمّيّة كذا أو مقدارَهُ.

quan·ti·ta·tive [kwŏn′tə tā′tĭv] *(adj.)* كَمِّيّ؛ مِقداريّ.

quantitative analysis *(n.)* = chemical analysis.

quan·ti·ty [kwŏn′tə tĭ] *(n.)* (١) كمّيّة؛ مقدار (٢) كمّيّة كبيرة.

quantity surveyor *(n.)* مخمِّن الكُلْفة [لتشييد مبنًى قيد الدرس].

quan·tize [kwŏn′tīz′] *(vt.)* يُكَمِّي: يَحْسُب أو يعبِّر بلغة ميكانيكا الكمّ (فز).

quan·tized [-′tīzd] *(adj.)* مُكَمًّى (فز).

quan·tum[1] [kwŏn′-] *(n.)* pl. **-ta** [tə] (١) كمّيّة؛ مقدار (٢) جزء أو حصّة (٣) الكَمّ: «أ» أصغر مقدار من الطاقة يمكن أن يوجد مستقلًّا. «ب» هذا المقدار من الطاقة باعتباره وحدةً (فز).

quan·tum[2] *(adj.)* ضخم؛ كبير <a ~ improvement>.

quantum mechanics *(n.)* ميكانيكا الكَمّ (فز).

quan·tum suf·fi·cit (١) بالقَدْر الكافي (٢) مقدارٌ كافٍ.

quantum theory *(n.)* نظرية الكَمّ: نظرية تقول بأن عملية ابتعاث أو امتصاص الطاقة من قِبَل الذرّات أو الجزيئات لا تتمّ على نحو متواصل ولكنْ على مراحل، كلّ منها كنايةٌ عن ابتعاث أو امتصاص مقدارٍ من الطاقة يدعى «الكَمّ» (فزن).

quar·an·tin·a·ble [kwôr′-] *(adj.)* عُرْضةٌ [أو مُوْجِبٌ] للحَجْر الصِّحّيّ.

quar·an·tine [kwôr′ən tēn′] *(n.; vt.; i.)* (١) فترة أربعين يومًا (٢) «أ» حَجْر صِحّيّ. «ب» مَحْجَر صِحّيّ (٣) عزلة إلزامية § (٤) يَحْجُر عليه صِحّيًّا (٥) يعزلُهُ اقتصاديًا أو سياسيًا x (٦) يُقيم أو يُعْلِن الحجرَ الصِّحّيّ.

quarrels *1b.*

quar·rel [kwôr′əl] *(n.; vi.)* (١) المُرَبَّع: «أ» سهمٌ مربَّع الرأس يُستعمل في النُّشّابيّة (را. crossbow). «ب» لوح زجاجيّ صغير مُرَبَّع أو معيَّن (را. diamond) الشكل يُستعمل في إنشاء النوافذ (٢) إزميل البَنّاء (٣) مَدْعاة للنزاع أو الشكوى <Bullies like to pick ~s.> (٤) نِزاع؛ شِجار § (٥) يَعِيب؛ ينتقد؛ يعارض: يكون له مأخذٌ على (٦) يختلف مع (٧) يتنازع؛ يتشاجر.

quar·rel·some [-′əl səm] *(adj.)* مُشاكِس: مُحِبٌّ للنزاع والخصام.

quar·ri·er [kwôr′ĭ ər] *(n.)* الحَجّار: مُستخرج الحجارة من مَقْلَع.

quar·ry [kwôr′ĭ] *(n.; vt.; i.)* (١) طَرِيدة. وبخاصة: طَرِيدةٌ تُصادُ من طريق الاستعانة بالكلاب أو الصقور (٢) «أ» فريسة. «ب» الطَّرِيدة: كلّ ما يُطارَد أو يُهاجَم (٣) المُحْتَجَر: مقلع الحجارة (٤) الذَّخيرة؛ المنجم؛ مَصْدَر غنيّ تُستَقى منه المعارف (٥) المُعَيَّن: حجرٌ أو آجُرّة أو لوحٌ زجاجيّ معيَّن (را. diamond) الشكل § (٦) يَحْتَجِر: يستخرج الحجارة من مَقْلَع x (٧) يتَّخذ منه مَقْلعًا.

quar·ry·ing [kwôr′-] *(n.)* الاحتجار: استخراج الحجارة من مَقْلَع.

quar·ry·man [kwôr′ĭ mən] *(n.)* = quarrier.

quart [kwôrt] *(n.)* الكُوارت: ربع غالون.
to put a ~ into a pint pot يحاول المستحيل.

quar·tan [kwôr′tən] *(adj.; n.)* (١) رِبْعيّ: متكرِّر كلَّ رابع يوم § (٢) حُمَّى الرِّبع: حُمَّى تَعْرِض للمريض يومًا وتدعُهُ يومين ثمّ تعاوِدُهُ في اليوم الرابع (مض).

quar·ter [kwôr′tər] *(n.; vt.; i.; adj.)* (١) رُبْع <a ~ of an orange> (٢) الكُوارتر: وحدة وزن تساوي ٢٨ باوندًا [في بريطانيا] أو ٢٥ باوندًا [في الولايات المتحدة الأميركية] (٣) رُبع ساعة (٤) التربيع: أحد الأقسام الأربعة لدورة القمر حول الأرض (فل) (٥) فصل؛ ربع سنة (٦) ربع دولار (٧) الرُّبْع: أحد أقسام أربعة تُقسم إليها الذبيحة (٨) «أ» اتجاه؛ اتجاه الإبرة المغنطيسية. «ب» شخص؛ جماعة. «ج» نقطة؛ جهة؛ مكان (٩) «أ» حيّ [من مدينة]. «ب» أبناء الحيّ (١٠) «أ» محطة؛ مركز. «ب» *pl.*: مسكن؛ مأوًى (١١) رحمة؛ هوادة. وبخاصة: الإبقاء على حياة عدوٍّ مهزوم (١٢) جزء من جانب السفينة قريبٌ من مؤخَّرها (١٣) «أ» أحد الأقسام الأربعة التي ينقسم إليها الترس. «ب» شعار يحتلّ ربعَ الترس الأيمنَ الأعلى (١٤) جانب من أعلى الحذاء § (١٥) يقسم إلى أربعة أجزاء متساوية (١٦) يُنزِل؛ يؤوي x (١٧) يَنزِل؛ يُقيم (١٨) تهبّ [الريح] على جزء من جانب المركب قريب من مؤخَّره <The wind ~s.> § (١٩) رُبْعيّ؛ مساوٍ للرُّبْع.
a bad ~ of an hour خبرة أو تجربة قصيرة ولكنها بغيضة [كالتي يمرّ بها المرء حين يجلس بين يدي طبيب الأسنان].
at close ~s (١) من على مقربةٍ دانية (٢) على نحوٍ متلاحم.

quar·ter·age [kwôr′tər ĭj] *(n.)* الرُّبعيّة: ضريبة أو قسط أو أجرٌ يُصار إلى دفعه مرةً كل ثلاثة أشهر.

quar·ter·back [-băk′] *(n.; vt.)* (١) الظَّهير الرُّبعيّ: لاعب يتخذ مكانه في الجزء الخلفي من الملعب، في كرة القدم، ويوجِّه حملات فريقِهِ الهجوميّة § (٢) يوجِّه حملات الفريق الهجوميّة [في كرة القدم] (٣) يرئس؛ يوجِّه [إداريًا]؛ يُصدر الأوامر.

quarter day *(n.)* اليوم الفَصْليّ أو الرُّبعيّ: اليوم الأول من الفصل أو من ربع السنة [تستحقّ فيه الدفعة الرُّبعيّة. را. quarterage].

quarterdeck *a.*

quar·ter·deck [kwôr′tər dĕk′] *(n.)* السَّطح الرُّبعيّ: «أ» سطح مؤخَّر المركب. «ب» جزء من سطح السفينة الحربية مخصَّص للضبّاط.

quar·tered [-′tərd] *(adj.)* (١) مُقسَّم إلى أرباع (٢) مُجهَّزٌ للسُّكْنَى.

quar·ter·fi·nal [kwôr′tər fī′-] *(adj.; n.)* (١) رُبْعنهائيّ: سابق مباشرةً

ă at; ā date; â care; ä car; ĕ egg; ē me; ĭ in; ī bite; ŏ lot; ō bone; ô orphan; **oi** boil; o͝o good; o͞o boot; **ou** out; ŭ under; û urgent; ə = *a* in alone, *e* in system, *i* in easily, *o* in gallop, *u* in circus.

للمباريات نصف النّهائيّة [في دورة رياضية] § (٢) الرُّبْعُنهائيّة: «أ» مباراة رُبْعُنهائية. «ب» دورة رياضية رُبْعُنهائية.

quarter horse *(n.)* الجواد الرُّبعيّ: جواد يتميَّز بسرعةِ عَدْوٍ فائقة في المسافات التي تبلغ ربع ميل.

quarter hour *(n.)* رُبع ساعة: خمس عشرة دقيقة.

quar·ter·ing [kwôr′-] *(n.; adj.)* (١) تقسيم إلى أرباع [أو إلى عدد آخر من الأجزاء] (٢) إيواء؛ إنزال؛ إحلال (٣) قسمة الترس إلى أربعة أجزاء [أو أكثر] § (٤) قاسمٌ إلى أرباع (٥) هابٌّ على [أو لاطِمٌ لِـ] جانب السفينة القريب من مؤخّرها <~ winds; ~ waves> (٦) متعامد: واقع على زوايا قائمة.

quar·ter·ly [kwôr′tər lĭ] *(adj.; adv.; n.)* (١) فَصْليّ: حادثٌ أو مُنْجَز أربعَ مرات في السنة § (٢) فَصْليًّا: مرةً كلَّ ثلاثة أشهر § (٣) الفَصْليّة: مجلّة تصدر أربع مرات في العام.

quar·ter·mas·ter [kwôr′-] *(n.)* (١) الرئيس البحريّ: ضابط صغير مكلَّف بإعطاء الإشارات والإشراف على أجهزة الملاحة [في البحرية] (٢) أمين الإمدادات والتموين [في الجيش].

quar·tern [kwôr′tərn] *(n.)* (١) رُبع (٢) الأربَعيّ: رغيف يزن أربعة باوندات تقريبًا (بر).

quarter note *(n.)* النَّغمة الرُّبعيّة؛ نغمة الرُّبع (مو).

quarter–phase [-′tər fāz′] *(adj.)* ثُنائيّ الطَّور (كب).

quarter rest *(n.)* السَّكْنة الرُّبعيّة (مو).

quarter section *(n.)* الرُّبعيّة: قطعة أرضٍ مساحتُها رُبع ميل مربَّع.

quarter sessions *(n. pl.)* المحكمة الفَصْليّة: «أ» محكمة إنكليزية تلتئم أربع مراتٍ في السنة. «ب» محكمة محليّة مماثلة [في بعض الولايات الأميركية].

quar·ter·staff [-′tər stăf′] *(n.)* النَّبُّوت: سلاحٌ إنكليزيّ قديم.

quar·tet *also* **quar·tette** [kwôr tĕt′] *(n.)* (١) الرُّباعيّة: لحنٌ مُعَدّ لأربع آلات أو لأربعة أصوات (مو) (٢) الرُّباعيّ: مجموعة من أربعة. وبخاصة: الموسيقيون العازفون مقطوعةً رباعيّة.

quar·tic [-′tĭk] *(adj.)* من الدرجة الرابعة <a ~ equation>.

quar·to [kwôr′tō] *(n.)* (١) قَطْع الرُّبع (٢) كتاب من قَطْع الرُّبع.

quartz [kwôrts] *(n.)* المَرْو؛ الكوارتز: معدن زجاجيّ متبلّر.

quartz glass *(n.)* الزُّجاج المَرْويّ؛ الزُّجاج الكُوارتزيّ.

quartz·if·er·ous [kwôrt sĭf′-] *(adj.)* مَرْويّ؛ كُوارتزيّ.

quartz·ite [kwôrt′sīt] *(n.)* الكوارتزيت: صخر كوارتزيّ حُبَيبيّ.

qua·sar [kwā′zär′] *(n.)* الكوازار؛ شبه النجم (فل).

quash [kwŏsh] *(vt.)* (١) يُبْطِل؛ يُلغي (٢) يَسْحَق؛ يَقْمَع؛ يُخمد.

qua·si [kwā′zī′; -′sī′] *(adv.; adj.)* (١) ظاهريًّا؛ على نحوٍ شِبه... ؛ إلى درجةٍ ما؛ بمعنًى ما <~ officially> § (٢) شِبْه <~ war>.

quasi–stel·lar object [kwā′zī stĕl′ər] *(n.)* = quasar.

quass [kväs] *(n.)* = kvass.

quas·sia [kwŏsh′ə] *(n.)* الكُواسيَّة: «أ» نبات استوائيّ. «ب» عقّار يُتَّخذ منه.

qua·ter·na·ry [kwä′tər nĕr′ĭ] *(adj.; n.)* (١) رُباعيّ: مؤلف من أربعة (٢) رُباعَ رُباعَ: مرتّبٌ أربعةً أربعةً (٣) رابعيّ: خاصّ بالدهر الرابعيّ (جي) § (٤) مجموعة من أربعة (٥) العدد أربعة (٦) الرابع من حيث الترتيب أو المنزلة (٧) *cap.* الدهر الرابعيّ (جي).

Quaternary period *(n.)* العصر الرابعيّ (جي).

qua·ter·ni·on [kwə tûr′nĭ ən] *(n.)* (١) الرُّباعيّة: مجموعة من أربعة أجزاء أو أشياء أو أشخاص (٢) المِرباع: عددٌ فوق عُقَديّ (ر).

qua·ter·ni·ty [-tĭ] *(n.)* الرّابوع: مجموعة من أربعة أشخاص أو أشياء.

qua·train [kwä′trān′] *(n.)* الرُّباعيّة: مقطوعة شعرية رُباعيّة الأبيات (عر).

quatrefoils 3.

quat·re·foil [kăt′ər foil′; -′rə-] *(n.)* (١) الزَّهرة الرُّباعيّة: زهرة ذات أربع وَرَقات (٢) الورقة الرُّباعيّة: ورقة ذات أربع وُرَيْقات (٣) الحِلْية الرُّباعيّة: حِلْيةٌ ذات أربعة فصوص أو أربع ورقات (عم).

quat·tro·cen·to [kwăt′trô chĕn′tô] *(n.)* القرن الخامس عشر [وبخاصة في الكلام على الفن والأدب الإيطاليَّيْن].

qua·ver [kwā′-] *(vi.; t.; n.)* (١) يرتعش؛ يتهَدَّج (٢) يتكلّم أو يغنّي بتهدُّج § (٣) ارتعاش؛ تهدُّج (٤) ذات السِّنّ: نغمة موسيقية خاصة.

quay

qua·ver·ous; qua·ver·y [kwā′-] *(adj.)* مرتعش؛ متهدِّج.

quay [kē; kā] *(n.)* رصيف الميناء [لتحميل السُّفن أو تفريغها].

quay·age [kā′ĭj] *(n.)* (١) رسم الرَّصيف: رسمٌ يُدفَع لقاء استخدام رصيف الميناء (٢) المَرْصَف: «أ» موضع في رصيف ميناء. «ب» مساحة مخصَّصةٌ لرصيف ميناء (٣) أرصفة الموانئ.

quay·side [kā′sīd] *(n.)* جانبُ الرصيف: أرض محاذيةٌ لرصيف الميناء.

quean [kwēn] *(n.)* (١) بَغيّ؛ مومس (٢) امرأة. وبخاصة: فتاة.

quea·sy *also* **quea·zy** [kwē′zĭ] *(adj.)* (١) مُغْثٍ: مسبِّبٌ للغثيان (٢) «أ» مَغْثيّ: مصاب بالغثيان. «ب» سريع الغثيان (٣) مُقلِق (٤) قلِقٌ؛ مضطرب (٥) حسّاس؛ مُوَسْوَس؛ سريع الانزعاج. — **quea·si·ness** *(n.)*

que·bra·cho [kā brä′chō] *(n.)* الكَبْراش: «أ» شجر صُلب الخشب يُستخدم لحاؤهُ في الدباغة وغيرها. «ب» خشب هذا الشجر أو لحاؤه.

queen [kwēn] *(n.; vi.; t.)* (١) مَلِكة (٢) مَلِكة جمال (٣) الملِكة؛ الفِرْزان [في الشطرنج] (٤) البنت [في ورق الشَّدّة] (٥) ملكة النَّحل أو النَّمل إلخ (٦) هِرّة (٧) اللُّوطيّ: مشتهي المماثل (ع) § (٨) يتصرَّف تصرُّف الملكة (٩) يُصْبح البَيْدَق ملكةً [في الشِّطرنج] x (١٠) يَرْفع [بيدقًا ضعيفًا] إلى مقام مِلِكة.

Queen Anne *(adj.)* من طراز المِلكة آن أو المِلكة حنّة الإنكليزية (١٧٠٢–١٧١٤) <~ sofa>.

Queen Anne's lace *(n.)* الجَزَر البرّيّ (نب).

queen consort *(n.)* زوجة المِلك الحاكم.

queen·dom [kwēn′-] *(n.)* (١) مملكة المِلكة (٢) مقام الملكة.

queen dowager *(n.)* المِلكة الأرملة؛ أرملة المِلك.

queen·hood [kwēn′hood′] *(n.)* مَقام الملكة.

queen·ly [-ˊlĭ] *(adj.; adv.)* (١) مَلَكِيّ: «أ» خاصّ بملكة <~rank>. «ب» لائق بملكة <~ dignity>. «ج» فخم؛ جليل § (٢) على نحوٍ جليل أو لائق بملكة.

queen mother *(n.)* المِلكة الوالدة: أرملة الملك السابق وأمُّ الملك الحاكم.

queen olive *(n.)* (١) الزيتون المَلَكيّ: زيتون لَحِيمُ الثمر ضَخْمُهُ (٢) الزيتون الملكيّ الإشبيلي [من إشبيلية في إسبانيا].

DG, EF queen posts

queen post *(n.)* قائم الجَمَلُون (عم).

queen regent *(n.)* (١) الملكة الوصيّة على العرش (٢) أو **queen regnant**: صاحبة التاج: الملكة الحاكمة.

Queens·ber·ry rules *(n. pl.)* أُصول اللَّعِب [وبخاصة في الملاكمة].

queer [kwēr] *(adj.; adv.; vt.; n.)* (١) «أ» غريب؛ غير مألوف أو سَوِيّ. «ب» شاذّ الأطوار. «ج» به مَسّ. «د» مهووس بـ. «هـ» منحرف جنسيًّا: لوطيّ؛ مشتهي المماثل (٢) رديء؛ تافه؛ زائف (٣) مُريب: موضع شك وارتياب (٤) متوعك المزاج <to feel ~> § (٥) على نحو غريب إلخ § (٦) يُفسِد <~ed our plans> (٧) يورِّط؛ يُوقِع [شخصًا] في ورطة إلخ § (٨) شخص غريب أو شاذّ الأطوار. وبخاصة: اللُّوطيّ (ع) (٩) عملة زائفة (ع).

in *Queer* street (١) مدين؛ مديون؛ مُعانٍ أزمة مالية (٢) في ورطة؛ في حَيْص بَيْص.

quell [kwĕl] *(vt.)* (١) يَقْمَع؛ يُخضع (٢) يُلطِّف؛ يُهَدِّئ [المشاعر].

quench [kwĕnch] *(vt.; i.)* (١) يُطفِئ <to ~ a fire> (٢) يتغلَّب على <to ~ hate> (٣) يقمع؛ يُخمِد <to ~ a riot> (٤) يَنْقَع؛ يَرْوي <to ~ thirst> (٥) يَسْقي؛ يُسَقِّي: يبرِّد [الفولاذَ المحمَّى] فجأةً بغمسِهِ في الماء أو الزيت لتقسيتِهِ (٦) يكبت؛ يَكبح x (٧) ينطفئ؛ يَخْمُد؛ يهدأ إلخ. — **quench·er** *(n.)*

quenched steel [kwĕncht] *(n.)* الفولاذ المَسْقيّ؛ الفولاذ المُسَقَّى.

quench·less [kwĕnchˊ-] *(adj.)* لا يُطفأ؛ لا يُخمد؛ لا يُنْقع إلخ.

que·nelle [kə nĕlˊ] *(n.)* الكَوْنَل: طعام من لحم مفروم وبيض إلخ.

quer·cine [kwûrˊsĭn] *(adj.)* بلّوطيّ؛ سِنديانيّ.

quer·ci·tron [-ˊsĭ trən] *(n.)* بلّوط الصَّبّاغين: «أ» ضرب من شجر البلوط الأميركي (نب). «ب» لحاء بلّوط الصّبّاغين. «ج» الصِّبغ المستخرَج منه.

que·rist [kwērˊĭst; kwĭrˊ-] *(n.)* السائل؛ المتسائل.

quern [kwûrn] *(n.)* مِجْرشة؛ مِطحنة يدوية.

quer·u·lous [kwĕrˊə ləs] *(adj.)* (١) كثير التَّشكّي؛ دائم الشكوى (٢) بَرِم؛ نَكِد؛ مُتَّسِمٌ بالشَّكْوى <a ~ tone; a ~ voice>.

que·ry [kwērˊĭ; kwĭrˊĭ] *(n.; vt.)* (١) سؤال؛ تساؤل (٢) شكّ (٣) علامة استفهام § (٤) يسأل؛ يستفهم؛ يستعلم (٥) يتساءَل (٦) يشكّ في؛ يُبْدي شكّه في (٧) يضع علامة استفهام (طع).

Query, where are we to find the money? تُرى، من أين لنا أن نأتي بالمال؟

quest [kwĕst] *(n.; vi.; t.)* (١) تحقيق (٢) بحث؛ تنقيب (٣) مَطْلَب؛ ضالّة منشودة § (٤) «أ» يلتمس [الكلبُ] الطريدةَ. «ب» ينبح (٥) يبحث عن x (٦) يطلب.

in ~ of بحثًا عن؛ طلبًا لِـ.

ques·tion [kwĕsˊchən] *(n.; vt.; i.)* (١) «أ» سؤال. «ب» مسألة؛ قضية. «ج» جدل أو خلاف <a ~ arose about the ownership of...>. «د» اقتراح يُطرَح على التصويت. «هـ» طرح الاقتراح على التصويت (٢) «أ» استفهام؛ استطلاع. «ب» استجواب. «ج» تعذيب [كوسيلة لانتزاع الاعتراف]. «د» شكّ؛ ريب؛ اعتراض؛ خلاف. «هـ» مجال للشكّ أو الاعتراض. «و» سبيل؛ مجال؛ إمكانية <no ~ of escape> § (٣) يسأل؛ يستفهم (٤) يشك في؛ يرتاب في <She ~ed the truth of his story.> (٥) يستجوب <They were ~ed by the police.> (٦) يدرس؛ يحلّل؛ يفحص.

in ~, المتكلَّم عنه؛ الذي نحن بصدده.
out of the ~, مستحيل؛ غير وارد.
Question! صيغة تستعمل في الاجتماعات العامة لتنبيه المتكلم إلى أنه قد خرج عن موضوع البحث أو للتعبير عن الشك في صحة شيء قاله.
to call something in ~, يشكّ في؛ يعترض على.
to come into ~, يصبح موضوع بحث؛ يصبح ذا أهميّة عمليّة.
to put the ~, يطرح [اقتراحًا] على التصويت.
without ~, من غير شكّ أو جدال.

ques·tion·a·ble [kwĕsˊchən-] *(adj.)* موضع شكّ؛ مشكوك فيه؛ مُريب.

ques·tion·ar·y [kwĕsˊchə nĕrˊĭ] *(n.)* = questionnaire.

ques·tion·less [-ˊchən ləs] *(adj.)* (١) لا ريبَ أو لا جدال فيه (٢) مُسَلِّم: متقبِّلٌ الأشياءَ من غير مناقشة أو اعتراض <a ~ faith>.

question mark *(n.)* علامة الاستفهام (؟).

ques·tion·naire [kwĕsˊchə nârˊ] *(n.)* الاستفتاء؛ الاستبيان: أسئلة توجَّه إلى عدد من الناس استطلاعًا لآرائهم في قضايا معيَّنة.

question time *(n.)* فترة الأسئلة: فترة في جلسة برلمانيّة يوجِّه النواب خلالها أسئلتهم إلى الوزراء حول شؤون تتصل بوزاراتهم.

ques·tor *(n.)* = quaestor.

quet·zal [kĕt sälˊ] *(n.)* الكَتْزَل: «أ» طائرٌ أميركي. «ب» وحدة النقد في غواتيمالا.

quetzal *a.*

queue [kyōō] *(n.; vt.; i.)*, **queued; queu·ing** *or* **queue·ing** (١) الذُّنَيْبة: ضفيرةٌ مُرْسلةٌ على الظهر عادةً (٢) رَتَل؛ طابور؛ صفّ § (٣) يُرَتِّل: يَصُفّ في رَتَل x (٤) يترتَّل: يصطفّ أو ينتظر في رَتَل. — **queu·er** *(n.)*

quib·ble [kwĭbˊəl] *(n.; vi.)* (١) مراوَغة؛ موارَبة؛ مماحَكة (٢) اعتراض أو انتقاد طفيف § (٣) يراوغ؛ يوارب؛ يماحك (٤) يعترض؛ ينتقد.

quiche [kēsh] *(n.)* الكيشة: فطيرة محشوّة بالسَّبانخ أو اللحم إلخ.

quick[1] [kwĭk] *(adj.; adv.)* (١) سريع (٢) ذكيّ <~ students> (٣) نزِق <a ~ temper> (٤) رشيق <~ steps> (٥) سريع الغضب (٦) جارٍ؛ غير راكد (ا . ق) (٧) لاذع (ا . م) (٨) حبلى (ا . ق) (٩) حادّ <~ turns in the road> (١٠) سريع الدَّوَران: سهل التحويل إلى نقد (اد) § (١١) بسرعة.

quick[2] *(n.)* (١) الأحياء <the ~ and the dead> (٢) العِراق: ما أحاط بالظفر (٣) صميم؛ لبّ؛ جوهر <the ~ of the matter>.
to the ~, في الصميم.

quick assets *(n. pl.)* الأصول السريعة الدَّوران (اد).

quick bread *(n.)* الخُبْز المُعَجَّل: خبزٌ يُعَدّ بالاستعانة بخميرة خاصةٍ تجعل خَبْزَه أسرع.

quick·en [kwĭk′ən] *(vt.; i.)* (١) «أ» يُحيي. «ب» يثير؛ ينشِّط <to ~ the imagination> (٢) يُذكي النار (٣) يعجِّل؛ يُسرِّع <~*ed* his pace> (٤) يجعل [المنحنى] أكثر حدَّة x (٥) ينمو؛ تدبّ فيه الحياة <seed that ~*s* and becomes ripe grain> (٦) يرتكض: يضطرب الجنين في بطن أمه (٧) يزداد سطوعًا (٨) يَنْشَط؛ يُسْرِع <My pulse ~*ed*.>.

quick–fire *also* **quick–fir·ing** *(adj.)* سريع الطَّلَقات <a ~ gun>.

quick–freeze [kwĭk′frēz′] *(vt.)* يُسَرِّع التثليج: يُثلِّج الطعامَ تثليجًا سريعًا يؤدي إلى احتفاظه بنكهته الأصلية.

quick–fro·zen *(adj.)* مُسَرَّع التَّثليج <a ~ chicken>.

quick·ie [kwĭk′ĭ] *(n.; adj.)* (١) العُجالة: «أ» كل ما يُتعجَّل في صنعه أو إنجازه سواءٌ أكان كتابًا أم رواية أم فيلمًا سينمائيًا رخيصًا. «ب» شراب كحوليّ يُعَبُّ دفعةً واحدة § (٢) مُتعجَّلٌ فيه.

quick·lime [-′līm′] *(n.)* الجِير الحيّ: جيرٌ أو كلسٌ غيرُ مُطفأ.

quick–lunch *(n.)* المَغْدَى السريع: مطعم متخصّص في تقديم وجبات الغداء السريعة.

quick·ly [kwĭk′lĭ] *(adv.)* (١) بسُرعة؛ بعَجَلة (٢) عاجلًا؛ قريبًا.

quick·ness [-′nəs] *(n.)* سُرعة؛ عجلة؛ ذكاء؛ نَزَق؛ رشاقة إلخ.

quick·sand [-′sănd′] *(n.)* الوَعْث: رملٌ ليّن تغيبُ فيه الأقدام.

quick·set [kwĭk′sĕt′] *(n.)* (١) الزُّعرور البرّيّ (نب) (٢) سِياجٌ أو أجَمَةٌ من الزّعرور البرّيّ ونحوه.

quick·sil·ver [kwĭk′-] *(n.; adj.)* (١) زئبق § (٢) زِئبقيّ.

quick·step [kwĭk′-] *(n.)* الخُطوة السريعة [في الرقص وسَيْر الجُنْد].

quick–tem·pered [kwĭk′-] *(adj.)* حادّ الطَّبع؛ سريع الغَضَب.

quick time *(n.)* الخُطى المُتسارعة: ضربٌ من سير الجند [١٢٠ خطوةً، طولُ كلّ منها ثلاثون إنشًا، في الدقيقة الواحدة].

quick–wit·ted [kwĭk′wĭt′ĭd] *(adj.)* ذكيّ؛ حادّ الذِّهن؛ سريع البديهة.

quid [kwĭd] *(n.)* (١) جنيه (بر) (٢) مُضْغة. وبخاصة: مُضْغة من التَّبغ.

quid·di·ty [kwĭd′ə tĭ] *(n.)* (١) نقطة تافهة؛ فارق دقيق [في النقاش أو المجادلة] (٢) غَرِيبة؛ ظاهرة غريبة (٣) جوهر؛ ماهيّة.

quid·nunc [kwĭd′nŭngk′] *(n.)* (١) الفُضوليّ (٢) مُحِبُّ القيل والقال.

quid pro quo [kwĭd′ prō kwō′] *(n.)* عِوَض؛ بَدَلٌ؛ مُقابل.

quién sa·be? [kyĕn sä′bĕ] مَن يدري؟

qui·es·cence; qui·es·cen·cy [kwī ĕs′-] *(n.)* همود؛ سكون؛ هدوء.

qui·es·cent [kwī ĕs′ənt] *(adj.)* (١) ساكن؛ هادئ (٢) هامد <~ gallstones>.

qui·et [kwī′ət] *(n.; adj.; adv.; vt.; i.)* (١) هدوء؛ سكون § (٢) «أ» هادئ؛ ساكن. «ب» مطمئنّ البال. «ج» دَمْث. «د» هادئ: مُسْتَمْتِعٌ به في طمأنينة واسترخاء <a ~ cup of coffee> (٣) «أ» محافظ <her ~ clothes>. «ب» هادئ: غير صارخ أو فاقع <a ~ color> (٤) منعزل § (٥) بهدوء <a *quiet*-running motor> § (٦) «أ» يهدِّئ؛ يسكِّن. «ب» يُسْكِت. «ج» يُطَمْئِن [شخصًا] (٧) يجعله خالصًا من الشكّ أو الخلاف <to ~ title to a property> x (٨) يهدأ؛ يَسْكن إلخ.
on the ~, سِرًّا؛ بصورة سرّيّة.

qui·et·en [-′ə tən] *(vt.; i.)* (١) يُهَدِّئ؛ يُسَكِّن x (٢) يهدأ؛ يَسْكن.

qui·et·ism [-′ə tĭz′əm] *(n.)* (١) السُّكونيّة: مُعْتَقَدٌ مسيحيّ صوفيّ نشأ في القرن السابع عشر (٢) سكون؛ ركود.

qui·e·tude [kwī′ə tōōd′; -tyōōd] *(n.)* (١) هدوء؛ سكون (٢) طمأنينة.

qui·e·tus [kwī ē′təs] *(n.)* (١) تسديد الدَّين (٢) الراحة. وبخاصة: الموت (٣) الضربة القاضية؛ طَعْنة الإجهاز؛ المسمار الأخير في نعش كذا (٤) سكون؛ خمود؛ لانشاط.
to give a person his ~, يقتله أو يُجهز عليه.
to give a ~ to a rumor يضع حدًّا للإشاعة.

quill [kwĭl] *(n.; vt.)* (١) الوشيعة؛ المكّوك: كلّ ما يُلَفّ عليه الغَزْل (٢) العمود الأجوف: عمود أجوف يُولَج فيه عمودٌ آخر (مك) (٣) اللُّفافة: لفّة من لحاءٍ مجفَّف (٤) العِراق؛ القَلَم: الجذع القَرْني الأجوف من ريش جناح الطائر أو ذيله (٥) ريشة الطائر. وبخاصة: القادمة: إحدى الريشات الكبار في مقدَّم الجناح (٦) الشوكة: شوكة من أشواك القنفذ الحادّة (٧) كل ما يُصنع على شكل عِراق الطائر أو قلمه، مثل: «أ» الريش القَلَميّ (مج)؛ اليراعة. «ب» الخِلال: عود تُخَلَّل به الأسنان. «ج» الريشة الموسيقيّة [تُنْقَر بها الأوتار] (٨) الطَّوْف: فلّينة صنارة الصيد § (٩) يوشِّع: يلفّ الخيطَ أو الغَزْل على وشيعة (١٠) يَعْقِص: يُحدث سلسلة من الثَّنْيات الصغيرة المستديرة في قماش.

quill driver *(n.)* الكاتب: حامل القَلَم.

quill·ing [kwĭl′-] *(n.)* العَقيصة: ثَنْية صغيرة مستديرة [في قماش].

quill·wort [kwĭl′wûrt′] *(n.)* المُتَسانية: أيّ من عدة نباتات مائية أو سَبْخيّة تتميّز بأوراقها الشبيهة بالأقلام أو الجذوع القرنية الجوفاء من ريش جناح الطائر أو ذيلِه.

quillwort

quilt [kwĭlt] *(n.; vt.; i.)* (١) لِحاف؛ مُضَرَّبة (٢) شيء مضرَّب أو شبيه بلحاف § (٣) يضرِّب: «أ» يحشو اللِّحاف ثم يدرُزُهُ على نحوِ منحرف الشكل. «ب» يَدْرُز أو يَخيط أو يكسو بخطوط وتقاطيع كخطوط المضرَّبات. «ج» يضع أو يثبِّت في جيوب صغيرة <to ~ money in one's belt> x (٤) يضرِّب: يصنع اللُّحُف أو المضرَّبات.
— quilt·er *(n.)*

quilt·ing [kwĭl′-] *(n.)* (١) التضريب: حشو اللُّحف وخياطتها على نحوِ منحرف الشكل (٢) موادّ التضريب.

quin [kwĭn] *(n.)* <by shortening> = quintuplet.

quin- *or* **quino-** بادئة معناها: «أ» كينا. «ب» كِينون.

quin·a·crine [kwĭn′ə krēn′] *(n.)* الكينكرين: عقّار مضادّ للملاريا.

qui·na·ry [kwī′nə rĭ] *(adj.)* (١) خُماسيّ: مؤلّف من خمسة (٢) مُخَمَّس: مُرَتَّبٌ خمسةً خمسةً.

qui·nate [kwī′ nāt] *(adj.)* خُماسيّ. وبخاصةٍ: ذو وُرَيقاتٍ خمس.

quince

quince [kwĭns] *(n.)* السَّفَرْجَل [شَجَرُهُ أو ثَمَرُه].

quin·cun·cial [kwĭn kŭn′shəl]; **quin·cunx·i·al** [-kŭng(k)′sē əl] *(adj.)* تخميسيّ: خاصّ بتخميسة أو مُرَتَّب على شكل تخميسة (را. المادة التالية).

quin·cunx [kwĭn′kŭngks] *(n.)* التَّخميسة: «أ» مربَّع أو مستطيل مخموس: مجموعة من خمسة أشياء أربعةٌ منها في الزوايا والخامسة في وسَطِ مربَّع أو مستطيل. «ب» تخميسة بَتَلات أو أوراق (نب).

quin·dec·a·gon [kwĭn dĕk′ə gŏn′] *(n.)* الخَمْسْعَشَرِيّ: شكل ذو خمس عشرة زاوية وخمسة عشر ضلعًا (هن).

quin·de·cen·ni·al [-′dĭ sĕn′ĭ əl] *(adj.; n.)* (١) خَمْسْعَشَرِيّ: خاصّ بخمس عشرة سنة أو بانقضاء خمس عشرة سنة § (٢) الذكرى الخَمْسْعَشَرِية.

quin·i·dine [-′ə dēn] *(n.)* الكينيدين: مادة تُتَّخذ بديلًا للكينين.

qui·nine [kwī′nīn; kwĭ nēn′] *(n.)* الكينين: مادة شبه قِلويّة شديدة المرارة تُستخرج من لحاء شجر الكينا وتعالَج بها الملاريا (ك).

quinine water *(n.)* ماء الكينين: شرابٌ غازيّ مُنَكَّهٌ بقليل من الكينين والليمون الحامض واللَّيم lime.

quin·oid [kwĭn′oid] *(n.)* الكِينونانيّة: مادة شبيهة بالكِينون.

qui·noi·dine [kwĭ noi′dēn] *(n.)* الكينودين: مادة راتينجيّة تُنْتَج بوصفها حصيلةً ثانية عند صنع الكينين وتُتَّخذ بديلًا رخيصًا منه (ك).

qui·none [kwĭ nōn′] *(n.)* الكِينون: مركَّب متبلِّر أصفر («ك» و«نب»).

quin·o·noid [kwĭn′ə noid] *(adj.)* كِينونانيّ: شبيه بالكينون.

quin·qua·ge·nar·i·an [kwĭn′kwə jə nâr′-] *(n.; adj.)* (١) الخمسونيّ: شخص في العقد السادس من العمر [بين الخمسين والستّين] § (٢) خمسونيّ.

Quin·qua·ges·i·ma [kwĭn′kwə jĕs′ə mə] *(n.)* أحد الخمسين: الأحد السّابق للصوم الكبير (نص).

quinque- *or* **quinqu-** بادئة معناها: خَمْسة؛ خُماسيّ.

quin·que·fo·li·ate [kwĭn′kwə fō′ lĭ ət] *(adj.)* خُماسيّ الأوراق أو الوُرَيقات (نب).

quinquefoliate leaf

quin·que·fo·li·o·late [-′lĭ ə lət] *(adj.)* = quinquefoliate.

quin·quen·ni·al [kwĭn kwĕn′ĭ əl] *(adj.; n.)* (١) خَمْسْحَوْليّ: «أ» دائم أو مؤلف من خمس سنوات. «ب» حادثٌ أو مُجْرًى كلَّ خمس سنوات § (٢) الخَمْسْحَوْليّ: شيء يَحْدُث كلَّ خمس سنوات (٣) الذكرى الخُماسية: ذكرى انقضاء خمس سنوات على... (٤) الولاية الخُماسيّة: ولاية لمنصب مُدَّتها خمس سنوات.

quin·quen·ni·um [kwĭn kwĕn′ĭ əm] *(n.)* pl. **-ni·ums** *or* **-ni·a** خَمْس سنوات: فترة خمس سنوات.

quin·que·par·tite [kwĭn′kwə pär′tīt] *(adj.)* خُماسيّ الأجزاء.

quin·que·va·lent [-vā′lənt] *(adj.)* خُماسيّ التكافؤ (ك).

quin·sy [kwĭn′zĭ] *(n.)* اللُّواز الصَّديديّ: التهاب يصيب اللوزتين.

quint [kwĭnt] *(n.)* (١) الكِنْت؛ المنظومة الخماسيّة: سلسلة مؤلفة من خمس أوراق ذات نقش واحد [في ورق اللَّعب] (٢) quintuplet.

quin·tain [kwĭn′tĭn] *(n.)* (١) هَدَف؛ رَمِيّة. وبخاصة: عمود منصوب تُشَدُّ إليه رَمِيّة (٢) تدرُّب على الرماية.

quin·tal [-′təl] *(n.)* الكِنْتال؛ القِنطار: «أ» مئة باوند [في الولايات المتحدة الأميركية]. «ب» ١١٢ باوندًا [في بريطانيا]. «ج» مئة كيلوغرام [في النظام المتري].

quin·tan [-′tən] *(adj.; n.)* (١) خِمْسيّ: متكرِّر كلَّ خامس يوم [مع إدخال هذا اليوم الخامس في الحساب عند العدّ] § (٢) حُمَّى الخِمْس: حمًّى تعرِض للمريض يومًا وتدعه ثلاثة أيام ثم تعاوده في اليوم الخامس.

quin·tes·sence [kwĭn tĕs′əns] *(n.)* (١) جوهر؛ لُبّ؛ خلاصة <the ~ of music> (٢) مثال؛ عنوان؛ نموذج <Salma's costume was the ~ of good taste.>. **— quin·tes·sen·tial** *(adj.)*

quin·tet *also* **quin·tette** [kwĭn tĕt′] *(n.)* (١) الخُماسيّة: مقطوعة مُعَدَّة لخمس آلات أو لخمسة أصوات (مو) (٢) الخماسيّ: مجموعة من خمسة. وبخاصة: «أ» الموسيقيون العازفون مقطوعةً خماسيّة. «ب» فريق رجاليّ لكرة السلّة.

quin·tic [kwĭnt′ĭk] *(adj.)* خُماسيُّ الدرجة (ر).

quin·til·lion [kwĭn tĭl′yən] *(n.; adj.)* (١) الكِنتليون: عدد مؤلّف من واحد إلى يمينه ١٨ صفرًا [في الولايات المتحدة الأميركية وفرنسا] أو ٣٠ صفرًا [في بريطانيا وألمانيا] § (٢) كِنْتِلْيونيّ.

quin·tu·ple [kwĭn′tyōō pəl] *(adj.; vt.; i.)* (١) أكبر بخمسة أضعاف (٢) خُماسيّ: مؤلف من خمس وحدات أو خمسة أعضاء § (٣) يضاعف أو يتضاعف خمسَ مرّات.

quin·tu·plet [kwĭn′tyōō plĭt] *(n.)* (١) الخُماسيّة: خمسةٌ من نوع واحد (٢) «أ» أحد توائم خمسة. «ب» *pl.*: خمسة توائم.

quin·tu·pli·cate [*adj.* kwĭn tyōō′plĭ kət; *v.* -kāt] *(adj.; vt.)* (١) خُماسيّ؛ مُخمَّس: مؤلَّف من خمس نسخ <a ~ invoice> (٢) خامسة <the ~ copy> § (٣) يُضاعف خمسَ مرات (٤) يجعله في خمس نُسَخ.

quip [kwĭp] *(n.; vi.; t.)* (١) كلمة ساخرة؛ ملاحظة بارعة أو ظريفة (٢) مُلحة؛ نُكتة؛ مَزْحة (٣) مراوغة؛ مواربة (٤) عملٌ أو شيء غريب أو عجيب § (٥) يَسْخر؛ يَهْزأ [من]؛ يُنكِّت [على].

quip·ster [-′stər] *(n.)* الظريف: المولع بإطلاق المُلَح والملاحظات.

ă at; ā date; â care; ä car; ĕ egg; ē me; ĭ in; ī bite; ŏ lot; ō bone; ô orphan; oi boil; ŏŏ good; ōō boot; ou out; ŭ under; û urgent; ə = *a* in alone, *e* in system, *i* in easily, *o* in gallop, *u* in circus.

الظريفة.

qui·pu [kē′pōō; kwĭp′ōō] (n.) ذاتُ العُقَد: أداة مؤلّفة من حبل وعُقَد صغيرة مختلفة الألوان كان سكان پيرو القدماء يستخدمونها لتسجيل الأحداث والحسابات.

quire [kwīr] (n.) (١) الرِّزمة: رزمة ورق مؤلَّفة من ٢٤ أو ٢٥ ورقة من قياس واحد ونوع واحد (٢) المَلْزَمة (طبع) (٣) choir.

quirk [kwûrk] (n.; vt.; i.) (١) التواء أو انعطاف حادّ (٢) خَصِيصة؛ خصوصية؛ صفة مميِّزة في العمل أو السُّلوك (٣) مراوغة؛ مواربة (٤) مُلحة؛ نُكتة § (٥) يَلْوي x (٦) يلتوي.

quirt [kwûrt] (n.; vt.) (١) سَوْط الفارس § (٢) يَسُوط: يضرب أو يسوق بالسَّوط.

quirt 1.

quis·ling [kwĭz′-] (n.) الكُويسلِنْغ؛ بائع وطنِهِ: خائن يتعاون مع محتلّي بلاده. وبخاصة من طريق الاشتراك في حكومةٍ دُمْيةٍ تقام فيها.

quit [kwĭt] (adj.; vt.; i.; n.) (١) مُحَلٌّ من التزام أو تهمة أو عقوبة. وبخاصّة: متحرّر من كذا § (٢) يحرِّر مِن (٣) يسدِّد دَيْنًا (٤) يسلك؛ يتصرَّف (٥) «أ» ينزح عن. «ب» يفارق. «ج» يهجر؛ يتخلّى عن [طريقةٍ في العيش أو العمل]. «د» يترك وظيفةً أو عملًا x (٦) يتوقَّف؛ يكفّ عن العمل (٧) يستسلم § (٨) تحرير؛ تسديد؛ نزوح؛ هَجْر. وبخاصة: تركٌ لوظيفة أو عمل.

quitch [kwĭch] (n.) = couch grass.

quit·claim [kwĭt′klām′] (vt.; n.) (١) يتخلّى عن؛ يتنازل عن § (٢) تَخَلٍّ؛ تنازُلٌ.

quitclaim deed (n.) صَكُّ التَّخلّي أو التنازل.

quite [kwīt] (adv.) (١) تمامًا <~ mistaken> (٢) فعلًا؛ حقًّا <~ a sudden change> (٣) إلى حدّ بعيد <~ sure>.

quit·rent [kwĭt′rĕnt′] (n.) البَدَل؛ الرَّسْم البَدَلي: رسمٌ يُدفع لقاء الإعفاء من القيام بخدمات معيَّنة.

quits [kwĭts] (adj.) متخالصان؛ متعادلان [بعد تسديدٍ لِدَيْنٍ أو أخْذٍ بثأر]. to be ~ with يُصفِّي حسابَهُ [معه]؛ ينتقم منه.

quit·tance [kwĭt′əns] (n.) (١) «أ» إبراء من دَين أو التزام. «ب» سند الإبراء أو المخالصة (٢) تعويض.

quit·ter [kwĭt′ər] (n.) (١) المتخلّي؛ المتنازل (٢) السريع إلى الاستسلام. وبخاصة: الانهزاميّ.

quit·tor [kwĭt′ər] (n.) الشُّقاق: التهاب قوائم الخيل الصَّديديّ.

quiv·er [1] [kwĭv′ər] (n.; vi.) (١) كِنانة؛ جَعْبة (٢) سِهام [الكِنانةِ] § (٣) يستقرّ [السَّهمُ] <The arrow ~ed in its mark.>.

quiv·er [2] (vi.; n.) (١) يهتزّ؛ يرتعش؛ يرتجف § (٢) اهتزاز؛ ارتعاش إلخ.

qui vive [kē vēv′] (n.) مَنْ يمشي هناك؟ on the ~, مُنْتبه؛ محترِس؛ يَقِظ.

Qui·xo·te [kĭ hō′tĭ; kwĭk′sət] (n.) الدّونكيخوتيّ: شخص دونكيخوتيّ.

quix·ot·ic [kwĭk sŏt′ĭk] (adj.) دونكيخوتيّ: «أ» شبيه ببطل رواية «دون كيخوته» للكاتب الإسباني «سَرْفانتِس». «ب» فروسيّ أو رومانتيكيّ إلى حدٍّ مُسْرف. «ج» وهميّ؛ غير عمليّ.

quiz [1] [kwĭz] (n.) (١) شخص غريب الأطوار (ا. ن) (٢) practical joke (٣) امتحان موجز.

quiz [2] (vt.) (١) يَسْخر من (٢) ينظر بفضول (٣) يمتحن.

quiz·zi·cal [quĭz′ə kəl] (adj.) (١) غريب؛ مضحك؛ هزليّ (٢) «أ» ساخر <a ~ smile>. «ب» مازح؛ مُغايظ (٣) فضوليّ <a ~ look>.

quo·ad hoc [kwō′ăd hŏk′] إلى هذا الحدّ؛ إلى هذه الدرجة.

quod [kwŏd] (n.) سِجْن؛ معتقَل (بر).

quoin [koin; kwoin] (n.; vt.) (١) زاوية خارجية [من مبنًى] (٢) حجر زاوية (٣) المُثَبِّتة: أداة يُثبِّت بها الطبّاعون الأحرفَ المُنَضَّدة ضمن طوقها الحديدي § (٤) يُثبِّت الأحرفَ [ضمنَ طوقها الحديديّ] (٥) يُزوِّي: يزوِّد جدارًا بحجارة زاوية.

quoins 2.

quoit [kwoit; koit] (n.; vt.) (١) حَلْقة الرمي: حلقة معدنية تُرْمَى لتطوِّق وَتِدًا مغروسًا في الأرض (٢) pl.: الكُتّ: لعبةٌ قِوامُها قذف حَلَقات الرمي (رب) § (٣) يَكُتّ: يرمي على طريقة لاعب الكُتّ.

quon·dam [kwŏn′dăm] (adj.) سابق <my ~ partner>.

quo·rum [kwōr′əm] (n.) (١) النِّصاب: عدد الأعضاء الذين يتعيَّن حضورُهُم الجلسةَ لتصبح قانونيّة (٢) نخبة؛ مجموعة مختارة <a ~ of athletes>.

quo·ta [kwō′tə] (n.) كوتا؛ نصيب؛ حصة نسبيّة.

quot·a·ble [kwō′tə bəl] (adj.) جديرٌ بأن يُقْتَبس أو يُسْتَشْهَدَ به.

quo·ta·tion [kwō tā′-; kō-] (n.) (١) الاقتباس؛ الاستشهاد بِـ (٢) «أ» التسعير. «ب» سِعر <What was today's market ~ on wheat?> (٣) الشاهد: جملةٌ أو فقرةٌ مقتبسة على سبيل الاستشهاد.

quotation marks (n. pl.) علامتا الاقتباس « ».

quote [kwōt; kōt] (vt.; n.) (١) يقتبس؛ يستشهد بِـ (٢) يورد على سبيل المثال <~d some cases> (٣) «أ» يعطي سعر كذا. «ب» يعطي معلومات دقيقة عن (٤) يَحْصُر ضمن علامَتَي اقتباس § (٥) quotation (٦) علامة اقتباس.

quoth [kwōth] (vt.; i.) قالَ . . . <A fine day, ~ he.>.

quo·tid·i·an [kwō tĭd′-] (adj.; n.) (١) يوميّ (٢) عاديّ؛ مُبتذَل § (٣) اليوميّ: شيء متكرِّر يوميًا (٤) الوِرْد: حُمّى تتكرَّر يوميًا.

quo·tient [kwō′shənt] (n.) (١) خارجُ القسمة (ر) (٢) الحاصل: حاصل قسمة سنّ الطالب العقليّة [أو الإنتاجيّة] على سنِّهِ الزمنيّة مضروبًا بمئة، وهو ما يُعرف بحاصل الذكاء <intelligence ~> أو حاصل الإنتاج أو الإنجاز <accomplishment ~> (٣) حصّة؛ نصيب؛ كوتا.

quo war·ran·to [kwō wô răn′tō] (n.) بأيِّ حقّ: أمرٌ قضائيّ يَطْلب إلى المرء أن يُظهر بأيّ حقّ أو أية سلطة مارسَ وظيفة مُعيَّنة إلخ.

Qur'an [qōō răn′] القرآن الكريم.

qursh [kōōrsh] also **qu·rush** [kōōr′əsh] (n.) القِرش: $\frac{1}{20}$ من الريال السعودي.

r [är] *(n. often cap.)* (١) الحرف الثامن عشر من الأبجديّة الإنكليزية (٢) شيءٌ معتبرٌ ثامنَ عشَرَ من حيث الترتيب أو الطبقة (٣) شيء على صورة حرف **R**.

Ra [rä] *(n.)* رَعْ: إلّه الشمس عند قدماء المصريين وكبيرُ آلهتهم.

ra·ba·to [rə bä'tō] *(n.)* الرِّباطة: ياقةٌ أو قبّة قميص قاسية عالية المؤخَّر.

rab·bet [răb'ət] *(n.; vt.; i.)* (١) الفَرْزة: تعشيقة في طرف قطعة خشبيّة § (٢) يُفرِز: «أ» يُحدث في طرف القطعة الخشبيّة فَرْزةً. «ب» يوحِّد بين أطراف الخشب بفَرَزات x (٣) يلتحم بِفَرْزة.

rabbets *1.*

rabbet joint *(n.)* وُصْلة الافتراز (نج).

rab·bi [răb'ī] *(n.)* الرَّبّان؛ الرِّبّيّ؛ الحَبْر؛ الحاخام [عند اليهود].

rab·bin [răb'ĭn] *(n.)* = rabbi.

rab·bin·ate [-'ə nət] *(n.)* (١) الحاخاميّة: منصب الحاخام (٢) جماعة الحاخامين.

rab·bin·ic[1] [rə bĭn'-] *(n.)* العِبْريّة المتأخرة [كما استعملها الأحبار في كتاباتهم].

rab·bin·ic[2] *or* **rab·bin·i·cal** *(adj.)* رَبّانيّ؛ حَبْريّ: خاصّ بالرَّبّانيين أو الأحبار أو كتاباتهم.

rab·bin·ist [răb'-] *(n.)* المُتَتَلْمِد: المتمسّك بالتلمود وتقاليد الربّانيين.

rab·bit [răb'ĭt] *(n.; vi.)* (١) الأرنب (ح) (٢) فَرْو الأرنب § (٣) يصيد الأرانب.

rabbit fever *(n.)* الحُمّى الأرنبيّة؛ داء التُّلَريّات (مض).

rabbit punch *(n.)* اللّكمة الأرنبيّة: لكمة على قفا العنق أو أدنى الجمجمة.

rab·bit·ry [răb'ĭt rĭ] *(n.)* (١) مَرْبى الأرانب: مكان تُربّى فيه الأرانب الأهليّة (٢) مشروع لتربية الأرانب (٣) جماعة الأرانب.

rab·ble [răb'əl] *(n.; vt.)* (١) الجَمْهرة: مجموعة أشياء مختلطة (٢) «أ» حَشْدٌ من الناس. «ب» الغَوْغاء؛ الرَّعاع (٣) المِقْلَب؛ المِسْواط: عمود حديديّ معقوف الطَّرف يُستخدم في تَسْويط الحديد (را. puddle 6) § (٤) يُهين؛ يهاجم؛ يُقْلِق الراحة (٥) يُقلِّب [مستخدِمًا المِسْواط].

rabble *3.*

rab·ble·ment [răb'-] *(n.)* (١) الغَوْغاء؛ الرَّعاع (٢) شَغَب؛ اضطراب.

rab·ble–rous·er [răb'əl rou'zər] *(n.)* = demagogue.

ra·bic [rā'bĭk] *(adj.)* كَلَبيّ؛ سُعاريّ: خاصّ بداء الكَلَب أو السُّعار.

rab·id [răb'ĭd] *(adj.)* (١) عَنيف؛ ضارٍ <~ hate> (٢) متطرِّف إلى أبعد الحدود <a ~ isolationist> (٣) كَلِب؛ مسعور؛ مصابٌ بالكَلَب <a ~ dog>. **— rab·id·i·ty; rab·id·ness** *(n.)*

ra·bies [rā'bēz] *(n.)* الكَلَب؛ داء الكَلَب؛ السُّعار (مض).

rac·coon [ra kōōn'] *(n.)* (١) الرّاكون؛ الغُرَيْر الأميركيّ: حيوان ثدييّ كثيف الوبر (٢) فرو الراكون.

raccoon

race[1] [rās] *(n.; vi.; t.)* (١) رَكْض؛ عَدْو (إسك) (٢) سيل. وبخاصة: ماء متدفّق في قناة ضيّقة (٣) بحرٌ هائج (٤) مجرى ماء [يستخدم لأغراض الصناعة] (٥) فترة [من الزمان] (٦) مَسِيرة الحياة (٧) «أ» سباقٌ في العَدْو. «ب» *pl.*: سباق خيل. «ج» مسابقة؛ مباراة (٨) مَدْرجة الكُرَيّات (مك) (٩) الهواء المُزاح [الذي تُزيحُهُ الطائرة إلى الوراء عند اندفاعها في الجوّ] § (١٠) يعدو في سباق (١١) ينطلق بأقصى السُّرعة x (١٢) يُسابق (١٣) يُدْخل في سباق (١٤) يقود أو ينقل بسرعة فائقة (١٥) يُسَرِّع: يجعله يدور بسرعة وهو واقف في مكانه <~ a motor>.

His ~ is nearly run. بلغ أرذَل العُمُر؛ أشرفت حياتُه على الانتهاء.

race[2] *(n.)* (١) عِرق؛ جنس؛ عُنْصر (٢) سُلالة (٣) مَذاق مميَّز؛ نكهة أو حِدّة مميَّزة [كالتي تكون للخمرة إلخ].

race card *(n.)* برنامج سِباق الخيل.

race·course [rās'kōrs'] *(n.)* المِضمار: حَلْبة سباق الخيل أو الكلاب.

race·horse [rās'hôrs'] *(n.)* فَرَسُ الرِّهان؛ جواد السِّباق.

ra·ceme [rā sēm'; rə-] *(n.)* عُنقود؛ عِذق؛ شِمْراخ (نب).

race meeting *(n.)* حفلة سِباق الخيل.

ra·ce·mic [rā sē'mĭk] *(adj.)* راسيميّ: ذو علاقة بعصير العنب.

racemic acid *(n.)* حَمْض الراسميك (ك).

ra·ce·mi·form [rā sē'mə-] *(adj.)* مُعَنْقَد؛ عُنقوديّ الشَّكل.

ra·ce·mose [răs'ə mōs'] *(adj.)* مُعنقَد؛ عنقوديّ الشكل.

racemose gland *(n.)* الغدّة العنقوديّة (ت).

rac·er [rā'sər] *(n.)* (١) المسابِق؛ المسابِقة: كلّ مشترك في سباق سواء كان شخصًا أو فرسًا أو زورقًا أو سيّارة أو طائرة أو درّاجة إلخ (٢) السُّراع: كلُّ ذي سرعة كبيرة (٣) الرّاسِرَة: أفعى أميركيّة.

ă at; **ā** date; **â** care; **ä** car; **ĕ** egg; **ē** me; **ĭ** in; **ī** bite; **ŏ** lot; **ō** bone; **ô** orphan; **oi** boil; **o͝o** good; **o͞o** boot; **ou** out; **ŭ** under; **û** urgent; **ə** = *a* in alone, *e* in system, *i* in easily, *o* in gallop, *u* in circus.

race riot *(n.)* الفتنة العِرقيّة : فتنة ناشئة عن أحقاد عنصريّة .

race runner *(n.)* العَظاءة السبّاقة : عَظاءة أميركيّة سريعة الحركة .

race suicide *(n.)* انتِحار العرق : انقِراض عِرقٍ ما بسبب تقاعُس أفراده عن إقامة التوازن بين نسبة المواليد ونسبة الوفيات .

race·track [rās′trăk′] *(n.)* الحَلْبة : مضمار سباق الخيل .

race·track·er *(n.)* إلْفُ الحَلْبة : المولَع بحضور سباقات الخيل .

race·way [rās′wā′] *(n.)* (١) قناة [لمجرًى مائيّ] (٢) قناة [للأسلاك الكهربائية في مَبْنًى] (٣) مَدْرَجة الكُرَيّات (مك) (٤) الحَلْبة : مضمار السِّباق .

ra·chis [rā′kĭs] *(n.)* pl. **ra·chis·es** *also* **ra·chi·des** [răk′ə dēz′] (١) العَمود الفقريّ (ت) (٢) العُنُق ؛ الزَّنْد : محور السنبلة أو العنقود أو الورقة المركَّبة (نب) (٣) السَّهم (مج) : جزء من ريشة الطائر .

ra·chit·ic [rə kĭt′ĭk] *(adj.)* = rickety.

ra·chi·tis [rə kī′tĭs] *(n.)* = rickets.

ra·cial [rā′shəl] *(adj.)* عِرْقيّ ؛ عُنصُريّ .

racial discrimination *(n.)* التمييز العُنصريّ .

ra·cial·ism [rā′shə lĭz′əm] *(n.)* = racism.

ra·cial·ist [-lĭst] *(n.)* العِرقيّ ؛ العُنْصريّ (را . racism) .

ra·cial·is·tic [rā′shə lĭs′tĭk] *(adj.)* عِرقيّ ؛ عُنصريّ .

ra·cial·ly [rā′shəl ĭ] *(adv.)* عِرقيًّا ؛ عُنْصريًّا .

racial segregation *(n.)* العَزْل العُنصريّ .

rac·i·ly [rā′sĭ-] *(adv.)* على نحوٍ لاذع أو مُفْعَم بالحيوية إلخ (را . racy) .

rac·i·ness [rā′sĭ nəs] *(n.)* لَذْع ؛ حَيَوية إلخ (را . racy) .

rac·ing [rā′sĭng] *(n.)* (١) التّسابق (رب) (٢) تنظيم السّباقات .

racing stable *(n.)* الإسْطَبْل : حظيرة خيل السِّباق .

rac·ism [rā′sĭz əm] *(n.)* (١) العِرقيّة ؛ العنصرية : الاعتقاد بأن العِرق هو العامل الأكثر فعاليةً في تقرير السِّمات والمواهب البشرية وأن الفروق العِرقيّة تولِّد امتيازًا فطريًّا عند عِرقٍ بعينه (٢) التمييز أو الحقد العنصريّ .

rac·ist [rā′sĭst] *(n.)* = racialist.

rack [1] [răk] *(n.; vi.)* (١) القَزَع : سَحابٌ عالٍ متفرِّق تَسُوقُهُ الريح § (٢) يتقزّع : يتطاير [السَّحابُ] مَسُوقًا بالريح .

rack [2] *(n.; vt.; i.)* (١) المِذْوَد : معلف الدّابة (٢) المِخْلَعة : أداة تعذيب قديمة يُمَطّ عليها الجسم (٣) «أ» مصدر ألم . «ب» ألم مبرِّح . «ج» إجهاد (٤) رفّ : مِنْصَب ؛ حامل (٥) المِصفاة ؛ الشبكة : حاجز في جدولٍ أو نهر يُنْصب ابتغاء التقاط السّمك والأشياء الطافية (٦) الجريدة ؛ القضيب المُسَنَّن (مك) § (٧) يُعَذِّب بالمِخْلَعة (٨) يُوجع ؛ يؤلم (٩) يُجهد ؛ يُرْهِق <She ~*ed* her brains.> (١٠) «أ» يَرْفع قيمة الإجارة [على نحوٍ مُرْهِق] . «ب» x rack–rent (١١) يتغيَّر شكله [بتأثيرٍ خارجيّ] .

rack[2] 6.

on the ~, في عذاب أو ألمٍ شديد ؛ على أحرَّ من الجمر .

rack [3] *(vt.)* يُرَوِّق ؛ يُصفّي [الخمرَ إلخ] .

rack [4] *(vi.; n.)* (١) يَخِبّ [الفرسُ] § (٢) الخَبَب (را . pace [1] *5b*) .

rack [5] *(n.)* مقدَّم الذبيحة : الجزء الأماميّ من الذبيحة .

rack [6] *(n.)* خراب ؛ دمار <~ and ruin> .

rack·et [răk′ət] *(n.; vi.)* (١) مِضْرَب [كرة التنس أو كرة الطاولة] (٢) *pl.* عد : الراكيتس : لعبة من ألعاب الكرة والمِضْرَب يتبارى فيها لاعبان أو أربعة، على ملعب مُحاط بأربعة جدران (٣) «أ» جَلَبة ؛ لَغَط . «ب» قصف ؛ عَرْبَدة . «ج» صَخَب ؛ نشاط اجتماعي بالغ <the ~ of modern life> (٤) «أ» خدعة . «ب» خطة لابتزاز المال بالتهديد أو الإيذاء . «ج» عمل ؛ مهنة (ع) § (٥) ينغمس في اللهو والملذّات (٦) يُحْدِث جلبة ؛ يمشي مُحْدِثًا جَلَبة .

to go (*or* to be) on the ~, ينغمس في اللهو والملذّات .

to stand the ~, (١) يتحمّل مسؤولية شيء (٢) يتحمّل النفقات (٣) يَثْبُتُ للتجربة ويخرج منها ناجحًا .

rack·e·teer [răk′ə tēr′] *(n.; vi.)* (١) المُبْتَزّ : مَنْ يَبْتَزّ مال غيره بالتهديد والوعيد § (٢) يبتزّ [المالَ] .

rack·e·teer·ing [-′ĭng] *(n.)* ابتزاز (را . المادة السابقة) .

rack·e·ty [răk′-] *(adj.)* (١) ضاجّ ؛ صاخب (٢) محبّ للَّهْو (٣) rickety .

rack·le [răk′əl] *(adj.)* عنيد ؛ متهوِّر (إسك) .

rack rail *(n.)* القضيب المُسَنَّن : قضيب مُسَنَّن يركَّب بين قضيبي السّكة الحديدية الأساسيّين .

rack railway *(n.)* السّكة الحديديّة المُسَنَّنة .

rack rent *(n.)* الإيجار الباهظ .

rack–rent [răk′-] *(vt.)* يُبْهِظ المستأجِر : يستوفي أو يطلب إيجارًا باهظًا .

rack–rent·er [răk′rĕnt′ər] *(n.)* دافع الإيجار الباهظ أو مُسْتَوْفيه .

ra·con [rā′kŏn′] *(n.)* <*ra(dar) (bea)con*> = radar beacon.

ra·con·teur [răk′ŏn tûr′] *(n.)* الراوية : البارع في سرد القصص والأخبار .

ra·coon [ră ko͞on′] *(n.)* = raccoon.

rac·quet [răk′ət] *(n.)* = racket.

rac·quet·ball [-bôl] *(n.)* كرة الراحة : لعبة رياضيّة شبيهة بكُرَة اليد .

rac·y [rā′sĭ] *(adj.)* (١) طيِّب النكهة ؛ زكيّ الرائحة <a ~ apple> (٢) «أ» نشيط ؛ مفعم بالحيوية <a ~ style> . «ب» لاذع <~ humor> . «ج» حرِّيف <a ~ flavor> (٣) مكشوف ؛ غير محتشِم <a ~ story> (٤) سِباقيّ : ذو بنية ملائمة للسِّباق ؛ نحيلٌ فارع الطول .

ra·dar [rā′där] *(n.)* <*ra(dio) d(etecting) a(nd) r(anging)*> الرادار : جهاز يستخدم الموجات اللاسلكيّة لاكتشاف الأشياء النائية أو غير المنظورة [كالطائرات والسفن والغواصات وغيرها] وتحديد مواقعها .

radar astronomy *(n.)* علم الفلك الراداريّ .

radar beacon *(n.)* المُرْشِد الراداريّ (مل) .

ra·dar·man [rā′där-] *(n.)* الراداريّ : مُستخدِم الرادار أو مستعمِلُهُ .

radar·scope [rā′där′skōp′] *(n.)* المِكشاف الراداريّ .

rad·dle [răd′əl] *(n.; vt.)* (١) المَغْرة الحمراء (را . red ocher) § (٢) يُمَغِّر : يَسِمُ أو يصبغ بالمَغْرة الحمراء (٣) يَضْفِر ؛ يُحابك ؛ يُشابك .

rad·dled [răd′-] *(adj.)* (١) مضطرب ؛ مرتبك ؛ مشوَّش الذِّهن (٢) مُرهَق .

ra·di·al [rā′dĭ əl] *(adj.)* (١) شُعاعيّ ؛ نِصْفُقطريّ ؛ نصف قطريّ (ر) (٢) كُعْبُريّ : خاصّ بالعظم الكُعْبُريّ (ت) .

radial acceleration *(n.)* التّسارُعُ الجابذيّ : تسارُعٌ في اتجاه مركز

الدائرة (مك).

radial arm *(n.)* الذّراع الشّعاعيّ: ذراع نصف قُطريّ (مك).

radial artery *(n.)* الشّريان الكُعْبُريّ (ت).

radial bearing *(n.)* المِحْمَل الشُّعاعيّ: كُرْسيُّ تحميل نصفُ قطريّ (مك).

radial drill *(n.)* الثّقّابة الشُّعاعيّة: ثقّابة نصف قطريّة (مك).

radial engine *(n.)* المحرِّك الشّعاعيّ (مك).

radial nerve *(n.)* العَصَب الكُعْبُريّ (ت).

radial vein *(n.)* الوريد الكُعْبُريّ (ت)

radial velocity *(n.)* السّرعة الشّعاعيّة (فل).

radian

ra·di·an [rā'dĭ ən] *(n.)* الرّاديان: زاوية نصف قطرية (ر).

ra·di·ance [rā'dĭ əns]; **ra·di·an·cy** [-ən sĭ] *(n.)* (١) «أ» إشعاعيّة. «ب» إشعاع (٢) تألّق؛ بهاء؛ إشراق (٣) لون قرنفليّ داكن.

ra·di·ant [rā'dĭ ənt] *(adj.; n.)* (١) «أ» مُشِعّ. «ب» متوهِّج؛ متوقِّد. «ج» متألق (٢) مُشْرِق: مُتَّسِمٌ بالحب أو الثقة أو السعادة أو معبِّر عنها (٣) إشعاعيّ § (٤) المُشِعّ. مثل: «أ» مُنْبَثَق الشُّهب: موضع تلاقي الشُّهب (فل). «ب» منبثَق الإشعاع: مصدر انبعاث الإشعاع (فل). «ج» الجزء المُتَّقِد [من سخّانة كهربائيّة إلخ].

radiant efficiency *(n.)* الفَعّالية الإشعاعيّة؛ المردود الإشعاعيّ (فز).

radiant energy *(n.)* الطاقة الإشعاعيّة (فز).

radiant flux *(n.)* التّدفّق الإشعاعيّ (فز).

radiant heat *(n.)* الحرارة الإشعاعيّة <~ from the sun>.

radiant heating *(n.)* = panel heating.

ra·di·ate [rā'dĭ āt'] *(vi.; t.; adj.)* (١) يُشِعّ (٢) يُشْرِق؛ يتألّق (٣) يتشعّع (٤) يتشعّب <Roads ~ from the city.> **x** (٥) يُطلق [أشعةً أو حرارةً] § (٦) إشعاعيّ.

ra·di·a·tion [rā'dĭ ā'shən] *(n.)* (١) الإشعاع (٢) الطاقة الإشعاعيّة (٣) الطاقة المُشَعّة: شُعاع؛ أشعّة (٤) radiator.

radiation chemistry *(n.)* الكيمياء الإشعاعيّة (ك).

radiator a.

ra·di·a·tor [rā'dĭ ā'tər] *(n.)* المُشِعّ: كلّ ما يُطلِق إشعاعًا. مثل: «أ» المِشعاع: شبكة من الأنابيب تستخدم للتدفئة المركزيّة أو لتبريد محرِّك السيّارة. «ب» الهوائيّ المرسِل (رد).

rad·i·cal[1] [răd'ə kəl] *(adj.)* (١) جَذْريّ (٢) أساسيّ؛ جوهريّ <~ changes> (٣) فِطْريّ؛ خِلْقيّ <~ defects> (٤) متطرِّف <~ opinions> (٥) راديكاليّ: نزّاع إلى إحداث تغيّرات متطرّفة في الفكرات والعادات السائدة أو في الأحوال والمؤسّسات القائمة.

rad·i·cal[2] [răd'ə kəl] *(n.)* (١) «أ» جَذْر. «ب» أساس (٢) جَذْر الكلمة (ل) (٣) شخص متطرّف أو راديكالي (٤) الجَذْر؛ الأساس؛ الشّقّ (ك) (٥) الجَذْر (ر) (٦) التعبير الجَذْريّ (ر) (٧) علامة الجَذْر (ر).

radical axis *(n.)* المحور الأساسيّ (ر).

radical expression *(n.)* التعبير الجَذْريّ (ر).

rad·i·cal·ism [răd'-] *(n.)* الراديكاليّة: معتقدات الراديكاليين أو سياساتهم.

rad·i·cal·ize [răd'ə kə līz'] *(vt.)* يُرَدْكِل: يجعله راديكاليًّا.

rad·i·cal·ly [răd'ĭk lĭ] *(adv.)* (١) أساسيًّا؛ جوهريًّا (٢) راديكاليًّا.

radical quantity *(n.)* الكميّة الجَذْرية (ر).

radical sign *(n.)* علامة الجَذْر: الرَّمْز $\sqrt{}$ (ر).

rad·i·cand [-'ə kănd] *(n.)* المجذور: المقدار الواقع تحت علامة الجَذْر.

rad·i·cate[1] [răd'ə kāt'] *(vt.)* يُجَذِّر: يَغْرِس على نحوٍ راسخ؛ يُؤَصِّل.

rad·i·cate[2] [-'ə kət] *(adj.)* متجذِّر: ذو جَذْر (نب) (٢) مُجَذَّر: ذو أعضاء شبيهة بالجذور، كبعض الرِّخْويات (ح).

rad·i·cel [răd'ə səl] *(n.)* الجُذَير: جَذْر صغير.

rad·i·ces [răd'ə sēz'; rā'də-] *pl. of* radix.

radicle 1a.

rad·i·cle [răd'ə kəl] *(n.)* (١) الجُذَير: «أ» جَذْر البزرة الجنينيّ. «ب» جُذَير العَصَب (٢) radical.

ra·dic·u·lar [rə dĭk'-] *(adj.)* جُذَيريّ: خاصّ بجُذَير النبات أو العَصَب.

ra·di·i [rā'dĭ ī'] *pl. of* radius.

ra·di·o [rā'dĭ ō'] *(adj.; n.; vt.; i.)* (١) إشعاعيّ (٢) لاسلكيّ (٣) إذاعيّ (٤) «أ» مُرْسَل لاسلكيًّا. «ب» موجَّه [أو متحكَّمٌ به] بالراديو § (٥) الراديو: «أ» الإرسال والاستقبال اللاسلكي للنبضات أو الإشارات الكهربائيّة بواسطة موجات كهرطيسيّة electromagnetic. «ب» استخدام هذه الموجات لنقل النبضات الكهربائيّة التي يُحَوَّل إليها الصوت نقلًا لاسلكيًّا (٦) رسالة لاسلكيّة (٧) راديو؛ جهاز راديو (٨) «أ» محطة إذاعة لاسلكيّة. «ب» مؤسسة إذاعية لاسلكية. «ج» الصناعة الإذاعية. «د» المواصلة اللاسلكيّة؛ الاتصال اللاسلكيّ § (٩) يرسل أو يخابر لاسلكيًّا.

radio- بادئة معناها: «أ» شعاعيّ؛ نصف قطريّ. «ب» كُعْبُريّ. «ج» طاقة إشعاعيّة. «د» ذو نشاط إشعاعيّ. «هـ» راديوم. «و» أشعّة إكس. «ز» راديو.

ra·di·o·ac·ti·vate [-ăk'tə vāt'] *(vt.)* يجعله إشعاعيّ النّشاط (فز).

ra·di·o·ac·tive [-ăk'tĭv] *(adj.)* إشعاعيّ النّشاط <~ elements>.

radioactive isotope *(n.)* النظير المُشِعّ (فزن).

ra·di·o·ac·tiv·i·ty [-tĭv'ə tĭ] *(n.)* النشاط الإشعاعي (فزن).

radio astronomy *(n.)* علم الفلك الإشعاعي.

ra·di·o·au·to·graph [rā'dĭ ō ô'tə grăf'] *(n.)* = autoradiograph.

ra·di·o·au·tog·ra·phy [-ô tŏg'rə fĭ] *(n.)* = autoradiography.

radio beacon *(n.)* المُرشد الراديُويّ؛ المنارة الراديُويّة.

radio beam *(n.)* الحُزمة الرّاديُويّة (كب).

ra·di·o·bi·ol·o·gy [-ŏl'ə jĭ] *(n.)* علم الأحياء الإشعاعيّ: دراسة التفاعل بين الأجهزة البيولوجيّة والطاقة الإشعاعية أو المواد ذات النشاط الإشعاعيّ.

ă at; ā date; â care; ä car; ĕ egg; ē me; ĭ in; ī bite; ŏ lot; ō bone; ô orphan; oi boil; o͝o good; o͞o boot; ou out; ŭ under; û urgent; ə = *a* in alone, *e* in system, *i* in easily, *o* in gallop, *u* in circus.

ra·di·o·broad·cast [-brôd′kăst′] *(vt.)* يُذيع [من طريق الراديو] .

radio car *(n.)* السيارة اللاسلكيّة : سيارة مزوَّدة بجهاز اتّصال لاسلكيّ .

ra·di·o·cast [rā′dĭ ō kăst′] *(vt.)* = radiobroadcast.

ra·di·o·chem·i·cal [rā′dĭ ō kĕm′-] *(adj.)* كيمياشعاعيّ ؛ كيميائيّ إشعاعيّ .

ra·di·o·chem·is·try [rā′dĭ ō kĕm′-] *(n.)* الكيمياء الإشعاعيّة .

radio communication *(n.)* الاتّصال الراديُويّ .

radio compass *(n.)* البوصلة الراديُويّة (مل) .

ra·di·o·e·col·o·gy [-ĭ kŏl′ə jĭ] *(n.)* علم البيئة الإشعاعيّ .

ra·di·o·el·e·ment [rā′dĭ ō ĕl′-] *(n.)* العنصر المُشِعّ ؛ عنصر إشعاعيّ النشاط .

radio frequency *(n.)* التَّردُّد الراديُويّ (رد) .

ra·di·o·gen·ic [rā′dĭ ō jĕn′ĭk] *(adj.)* إشعاعيّ النشوء .

ra·di·o·gram [rā′-] *(n.)* (١) radiograph (٢) برقية راديُويّة أو لاسلكيّة .

ra·di·o·graph [rā′dĭ ō grăf′] *(n.; vt.)* (١) الصورة المِشعاعية أو الشُّعاعيّة : صورة ناشئة عن التصوير بالأشعّة . وبخاصة : صورة بأشعّة إكس § (٢) يصوّر شعاعيًّا (٣) يُبرق : يُرسل برقية إلى .

radiograph *1.*

ra·di·o·graph·ic [-grăf′-] *(adj.)* مِشعاعيّ : صفة للصورة المأخوذة بالأشعّة .

ra·di·og·raphy [rā dĭ ŏg′rə fĭ] *(n.)* التصوير المِشعاعيّ (مج) .

ra·di·o·i·so·tope [-ī′sə tōp′] *(n.)* النظيرُ المُشِعّ (فزن) .

ra·di·o·lar·i·an [rā′dĭ ō lăr′-] *(n.; adj.)* (١) الشُّعوعيّ : واحد من الشُّعوعيّات **Radiolaria** وهي رتبة حيوانات بحريّة بَرْزَويّة [وحيدة الخليّة] مُشِعّة الأطراف § (٢) شَعوعيّ .

ra·di·o·lo·ca·tion [rā′dĭ ō lō kā′-] *(n.)* تحديد المواقع بالرادار .

ra·di·o·log·i·cal *or* **ra·di·o·log·ic** [-lŏj′-] *(adj.)* راديولوجيّ : «أ» خاصّ بالراديولوجيا أو الطبّ الإشعاعي . «ب» خاصٌّ بالإشعاع النَّوويّ .

ra·di·ol·o·gist [rā′dĭ ŏl′-] *(n.)* الراديولوجيّ ؛ طبيب الأشعّة .

ra·di·ol·o·gy [-′ə jĭ] *(n.)* الراديولوجيا ؛ الطبّ الإشعاعيّ : علم استخدام الطاقة الإشعاعية في تشخيص الأمراض ومعالجتها .

ra·di·o·lu·cent [-lo͞o′sənt] *(adj.)* شَفيفٌ أو منفذٌ للأشعّة .

ra·di·o·me·te·or·o·graph [-mē′tĭ ər ə-] *(n.)* = radiosonde.

ra·di·om·e·ter [rā′dĭ ŏm′-] *(n.)* الراديومتر : مقياس شدّة الطاقة الإشعاعيّة .
— **ra·di·o·met·ric** *(adj.)*

radiometer

ra·di·on·ics [rā dĭ ŏn′ĭks] *(n.)* = electronics.

ra·di·o·phone [rā′dĭ ō fōn′] *(n.)* = radiotelephone.

ra·di·o·pho·to [-fō′tō] *(n.)* (١) أو **ra·di·o·pho·to·graph** : الصورة الرّاديُويّة : صورة مرسَلةٌ بالراديو (٢) إرسال الصورة بالرّاديو .

ra·di·o·pro·tec·tive [-tĕk′-] *(adj.)* واقٍ من الإشعاع <~ drugs> .

ra·di·o·scope [rā′dĭ ō skōp] *(n.)* الرَّدْسْكوب ؛ المِكشاف الشُّعاعيّ .

ra·di·os·co·py [rā′dĭ ŏs′kə pĭ] *(n.)* الرَّدْسْكوبيّة ؛ الكشف الشُّعاعيّ : فحص الأجسام بأشعّة إكس .

ra·di·o·sen·si·tive [-sĕn′sə tĭv] *(adj.)* حسّاس للأشعّة .

ra·di·o·sonde [rā′dĭ ō sŏnd′] *(n.)* المِسبار الراديُويّ (أر) .

radio spectrum *(n.)* الطَّيف الراديُويّ (رد) .

radio station *(n.)* المحطة الراديُويّة أو الإذاعيّة .

ra·di·o·tel·e·gram [-tĕl′ə grăm′] *(n.)* = radiogram *2.*

ra·di·o·tel·e·graph [-tĕl′-] *(n.)* التلغراف الراديُويّ ؛ الإرسالُ اللّاسلكيّ .

ra·di·o·te·leg·ra·phy [-lĕg′rə fĭ] *(n.)* = radiotelegraph.

ra·di·o·tel·e·phone [-tĕl′ə-] *(n.)* الهاتف الراديُويّ ؛ التلفون اللاسلكيّ .

ra·di·o·te·leph·o·ny [-tə lĕf′ə nĭ] *(n.)* الهاتفيّة الراديُويّة .

radio telescope *(n.)* التلسْكوب الرّاديُويّ .

ra·di·o·ther·a·py [-thĕr′ə pĭ] *(n.)* الاستشعاع ؛ المعالجة بالإشعاع .

ra·di·o·trac·er [rā′dĭ ō trā′sər] *(n.)* المُسْتَشَفّ الإشعاعيّ (فزن) .

radio wave *(n.)* الموجة الراديُويّة أو اللاسلكيّة .

rad·ish [răd′ĭsh] *(n.)* (١) فُجلة (٢) الفُجْل (نب) .

ra·di·um [rā′dĭ əm] *(n.)* الرّاديوم : عنصرٌ فلزّيّ إشعاعي النشاط (ك) .

radium therapy *(n.)* المعالجة بالراديوم (ط) .

ra·di·us [rā′dĭ əs] *(n.)* pl. **-di·i** [dē ī′] (١) الكُعْبُرة ؛ عظم الكُعْبُرة : أحد عَظْمَي الساعد الأشدّ قربًا إلى الإبهام (ت) (٢) الشُّعاع ؛ نصف القُطْر (ر) (٣) الذِّراع : نصف المدى (مك) .

radius *2.*

radius of curvature *(n.)* نصفُ قُطر الانحناء (ر) .

radius vector *(n.)* المُتَّجِه الشُّعاعيّ (فل) .

ra·dix [rā′-] *(n.)* pl. **-es** *or* **-di·ces** (١) الأساس (ر) (٢) جَذْر (نب) (٣) جُذَير . وبخاصة : جُذَيْر العَصَب (ت) (٤) الأصل ؛ المصدر الأوّلي .

ra·dome [rā′dôm] *(n.)* <*ra(dar) + dome*> الرادوم : قُبّة لدائنيّة يُحفظ فيها هوائيّ الرادار . وبخاصة في طائرة .

ra·don [rā′dŏn] *(n.)* الرّادون : عنصر غازيّ خاملٌ إشعاعيّ النشاط (ك) .

raff [răf] *(n.)* = riffraff.

raf·fi·a [răf′ĭ ə] *(n.)* الرّافية : لِيف نخل الرافية المستعمل في حَزْم النباتات والأزهار وفي صنع السّلال والقبّعات .

raffia palm *(n.)* نَخل الرافية : نَخْلٌ مَدَغَشْقَريّ ريشيّ الأوراق .

raf·fi·nose [răf′ə nōs′; -nōz′] *(n.)* التَّصْفيوز ؛ الرافينوز : سكّر ضئيل الحلاوة يُستخرج من بزرة القطن ومن الشمندر إلخ (ك) .

raff·ish [răf′ĭsh] *(adj.)* (١) متبذِّل ؛ مُستهتر (٢) خليع ؛ فاسق ؛ سافل .

raf·fle [răf′əl] *(n.; vt.; i.)* (١) البَيْع اليانصيبيّ : بيع سلعةٍ ما بأخذ مبلغ صغير من عددٍ من النّاس ثم إجراء قرعة عليها (٢) سَقَط المتاع [كحبال السفينة البالية] § (٣) يبيع باليانصيب <~*d* off a watch> x (٤) يشترك في بيع يانصيبيّ .

raf·fle·si·a [ră flē′zhē ə] *(n.)* الرافليزيّ : نبات طُفيليّ استوائيّ .

raft [1] [răft; räft] *(n.; vt.; i.)* (١) الرَّمَث ؛ الطَّوف ؛ العامَة : خشبٌ يُشدّ

raft[1] 1.

بعضُهُ إلى بعض ويُركَب في البحر (٢) مِنَصّة عائمة (٣) كتلة عائمة § (٤) يُرمِّث: «أ» يَنقل برَمَثٍ. «ب» يصنع من الأخشاب رَمَثًا x (٥) يَرْمُث: يركب البحرَ في رَمَثٍ.

raft² *(n.)* ثُلّة؛ حَشْد؛ جَمْهَرة؛ مجموعة كبيرة.

raf·ter [răf′-; räf′-] *(n.)* (١) الرافدة: عارضةٌ خشبيّةٌ في سقف مائل (٢) الرَّمّاث: صانع الأرماث (را raft¹) (٣) الرّامث: من يركب البحر في رَمَثٍ.

rafts·man [răfts′-; räfts′-] *(n.)* الرَّمّاث: من يَنْقُل برَمَثٍ.

rag¹ [răg] *(n.)* (١) «أ» خِرْقة. «ب» *pl.*: أسمالٌ بالية (٢) قطعة؛ مِزْقة؛ كِسْرة (٣) «أ» راية. «ب» شراع. «ج» مِنْديل. «د» ورقة نقدية (٤) جريدة؛ مجلة (٥) شخص تافه.

rag² [răg] *(n.)* الرّاج: «أ» صخر صُلْب. «ب» لوح أُردوازيّ يُسقف به.

rag³ *(vt.)* (١) يوبِّخ؛ يُعنِّف؛ يلوم (٢) يُكايد؛ يَغيظ.

rag⁴ *(n.)* (١) قَصْف؛ مَرَحٌ صاخب (بر) (٢) مَزْحَة (بر).

rag⁵ *(n.)* قطعة موسيقية رَجْتيميّة (را ragtime).

rag·a·muf·fin [răg′ə-] *(n.)* صُعْلوك. وبخاصة: غلام رثّ الثياب.

rag–and–bone man *(n.)* العَتَقيّ: مُشتري الملابس والأدوات العتيقة من البيوت.

rag·bag [răg′-] *(n.)* (١) كيس الفَضَلات: كيس توضع فيه الخرق والفَضَلات إلخ (٢) الخلائط: مجموعة أشياء مختلطة.

rag doll *(n.)* الدُّمية الخِرَقية: دُمية قُماشية مَحْشُوّة.

rage [rāj] *(n.; vi.)* (١) غيظ؛ غضب شديد (٢) ثورة [الرِّياح أو الأمواج إلخ] (٣) رغبة مُلِحّة (٤) حماسة؛ اهتياج؛ اتّقاد <poetic ~> (٥) البِدعة السّائرة: كلّ ما يَحْظى بإقبال الناس عليه إقبالًا حماسيًّا § (٦) يغتاظ؛ يغضب (٧) تثور [الرِّياح إلخ] (٨) يحتدم؛ يَسْتَعِر (٩) يتفشّى [الطاعونُ].

rag·ged [răg′ĭd] *(adj.)* (١) أشْعَث (٢) مُثَلَّم؛ مُسَنَّن (٣) «أ» مُمَزَّق. «ب» مُرْهَق (٤) رثّ الملابس (٥) مُهْمَل (٦) غير مُتْقَن (٧) خشِن؛ أجشّ.

ragged robin

ragged robin *(n.)* لُخنيس الوَقواق: نبات من الفصيلة القرنفليّة.

ragged school *(n.)* مدرسة المُعْدِمين: مدرسة مجانية لأولاد الفقراء.

rag·ged·y [răg′ĭ dĭ] *(adj.)* = ragged.

rag·gle [răg′əl] *(n.)* أخدود؛ ثَلم.

ra·gi *or* **rag·gee** [răg′ĭ] *(n.)* الرّاجي: نبات هنديّ يُغْتَذَى بحُبوبه.

rag·ing [rā′jĭng] *(adj.)* (١) مُوْجِع؛ شديد الإيلام (٢) عنيف؛ ثائر؛ هائج (٣) عظيم؛ استثنائي؛ هائل <a ~ success>.

rag·lan [răg′lən] *(n.)* الرَّغْلان: مِعطفٌ يمتدّ كُمّاه حتى العُنُق.

rag·man [răg′-] *(n.)* الخَرّاق: جامعُ الخِرَق أو الأسمال أو المُتَّجِر بها.

rag·out [ră gōō′] *(n.)* (١) القَدِير: يَخْنة كثيرة التوابل (٢) خليط.

rag·pick·er [-′pĭk′-] *(n.)* الخرّاق: جامع الخِرَق والنّفايات من الشوارع.

rag·tag [răg′tăg′] *(adj.)* (١) ragged (٢) متنافر.

ragtag and bobtail *(n.)* الرَّعاع؛ الدَّهْماء؛ الغَوْغاء.

rag·time [răg′tīm′] *(n.)* الرَّجْتيم: موسيقى أميركيّة زنجيّة الأصل.

rag·top [răg′-] *(n.)* طَويّة الغطاء: سيّارة ذات غطاء قابل للطيّ.

rag·weed [-′wēd′] *(n.)* الرَّجيد: عشبة شمالأميركية مركّبة.

ragweed

rag·wort [-′wûrt′] *(n.)* الشَّيخة؛ زهرة الشَّيخ (نب).

rah–rah [rä′rä′] *(adj.)* صاخبٌ؛ حماسيّ.

raid [rād] *(n.; vt.; i.)* (١) غارة؛ غزو (٢) الغَزْو: محاولة لخفض الأسعار [يقوم بها المضاربون] § (٣) يُغير على؛ يغزو x (٤) يَشُنّ غارةً أو يشترك فيها.

raid·er [rād′ər] *(n.)* المُغير: «أ» مُرْكب قَرْصنة. «ب» طائرة أو سفينة مغيرة. «ج» جنديّ مدرَّب على القتال عن كثب.

rail¹ [rāl] *(n.; vt.)* (١) حاجز (٢) درابزون (٣) سياج (٤) مِشجب [لتعليق الملابس أو القبّعات] (٥) «أ» قضيب [في السكة الحديدية]. «ب» السكة الحديدية <to travel by ~> § (٦) يُسيِّج إلخ.

rail²

rail² *(n.)* التِّفْلِق: طائرٌ مائيّ شبيه بالدجاجة.

rail³ *(vi.)* يَلْعن؛ يَسُبّ؛ يَشجب؛ يلوم؛ يشكو [مُرَّ الشكوى] بألفاظ جارحة <to ~ at fate>.

rail fence

rail fence *(n.)* السِّياج المُقَضَّب: سياج ذو قضبان.

rail·head [rāl′hĕd′] *(n.)* (١) نهاية الخط: نهاية خطّ السّكة الحديدية (٢) رأس السِّكّة: نقطة في خطّ السّكة الحديدية تفرَّغ فيها المؤن العسكرية بانتظار توزيعها بالشاحنات وغيرها على القوات المسلّحة (جن).

rail·ing [rā′-] *(n.)* (١) درابزون (٢) سِباب؛ لوم؛ احتجاج؛ شكوى.

rail·ler·y [rā′lə rĭ] *(n.)* (١) مَزْح؛ مُزاح (٢) مَزْحة.

rail·road [rāl′rōd′] *(n.; vt.; i.)* (١) السّكة الحديدية § (٢) يَنْقل بالسكة الحديدية (٣) يمدّ خطوط السكة الحديدية في (٤) يعجّل بإرسال شيء من غير دَرْسٍ كافٍ <to ~ a bill through the legislature> (٥) يحكم عليه بالسّجن من غير بَيِّنة كافية (عا) x (٦) يعمل في مؤسسة للسّكة الحديدية.

railroad flat *(n.)* الشِّقّة القطاريّة: شِقّة في مبنًى ذات صفٍّ طويل من الحُجُرات الضَّيِّقة.

rail·road·ing [rāl′-] *(n.)* التَّشكيك: إنشاء السكك الحديديّة أو تشغيلها.

rail–split·ter *(n.)* ناشر قُضبان الأسيجة الخشبيّة.

rail·way [rāl′wā′] *(n.)* السِّكّة: «أ» سِكّة حديدية ثانوية في منطقة صغيرة. «ب» شِبه سكّة حديدية لنقل السِّلع إلخ في مَخْزن تجاري.

rai·ment [rā′mənt] *(n.)* ملابس؛ ثياب.

rain [rān] *(n.; vi.; t.)* (١) مطَر (٢) «أ» عاصفة مَطَريّة أو مُمْطِرة. «ب» *pl.*: فصل الشتاء (٣) جوّ ماطر (٤) الوابل: مقدار كبير منهمر من أيّ شيء <a ~ of protests> § (٥) تمطر [السماء] (٦) ينهمر؛ ينهال؛ يَهْطُل <Tears ~ed from their eyes.> x (٧) يصبّ (٨) يُغدق.

to ~ out (١) يكفّ المطر عن الهطول (٢) يحول المطر دون إجراء حفلة أو مباراة رياضيّة.

rain·bow [rān´bō´] *(n.)* (١) قوس قُزَح (٢) التشكيلة: مجموعة كبيرة منوّعة <a ~ of colors> (٣) وَهْم؛ سراب.

rainbow fish *(n.)* السَّمكة القُزَحِيّة: سمكة ساطعة الألوان.

rainbow trout *(n.)* التُّرُوْتة القُزَحيّة: ضرب ضخم من سمك التروتة (را. trout) مُخْضَرّ الظهر، أبيض البطن، على كلٍّ من جانبيه خطّ أو سَيْرٌ قرنفليّ أو أحمر ونُقَط سوداء كثيرة.

rainbow trout

rain check *(n.)* (١) «شيك» المطر: بطاقة صالحة للاستعمال في المستقبل تُعطَى لمُشاهِد مباراة رياضيّة حال المطر دون إجرائها (٢) تأجيل لقبول عَرْضٍ [أو دعوة].

rain cloud *(n.)* السحابة المُمْطِرة (أر).

rain·coat [rān´kōt´] *(n.)* المِمْطَر: مِعطفٌ واقٍ من المطر.

rain·drop [rān´drŏp´] *(n.)* قَطْرة مطر.

rain·fall [-´fôl´] *(n.)* (١) هطول المطر (٢) مُعَدَّل الإمطار أو سقوط المطر.

rain forest *(n.)* غابة المطر: غابة استوائية دائمة الخضرة.

rain gauge *(n.)* مقياس المطر: جهاز لقياس كميّة المطر الهاطل.

rain·mak·er [rān´-] *(n.)* جالب المطر: «أ» من يستنزل المطر بوسائل صُنعيّة. «ب» شخص يحقّق نتائج باهرة في الأعمال أو السياسة إلخ.

rain·mak·ing [rān´-] *(n.)* الاستمطار: استنزال المطر بوسائل صُنعيّة.

rain·proof [rān´prōōf´] *(adj.)* صامدٌ للمطر: لا يَنْفذ المطر فيه.

rains [rānz] *(n. pl.)* موسم الأمطار؛ فصل الشتاء.

rain·storm [rān´-] *(n.)* العاصفة المَطَرية أو المُمْطِرة (أر).

rain·wa·ter [rān´wô´tər] *(n.)* مياه المطر؛ ماء السماء.

rain·wear [-´wâr´] *(n.)* ملابس صامدة للمطر [أي لا ينفذ فيها المطر].

rain·y [rā´nĭ] *(adj.)* (١) ماطر؛ مُمْطِر (٢) كثير المطر (٣) ممطور.

rainy day *(n.)* (١) اليوم المَطير (٢) اليوم العصيب؛ اليوم الأسود.

raise [rāz] *(vt.; i.; n.)* (١) يَرْفَع؛ يَنْصِب (٢) «أ» يوقظ؛ يُنهض. «ب» يثير <~*d* a rebellion>. «ج» يجفّل الطريدةَ [مُخرجًا إيّاها من مكمنها]. «د» يبعث؛ ينشر؛ يعيد إلى الحياة. «هـ» يقيم اتصالًا لاسلكيًا مع.. (٣) «أ» يشيِّد؛ يقيم <~*d* a monument>. «ب» يرفع إلى أعلى. «ج» يرقّي؛ يعلّي. «د» يقوّي؛ ينعش؛ يرفع المعنويات. «هـ» يُنهي؛ يرفع؛ يضع حدًّا لِـ <~*d* the siege> (٤) «أ» يجمع <to ~ funds>. «ب» يحشد <to ~ an army> (٥) «أ» يُنشِئ؛ يربّي <to ~ five children>. «ب» يزرع <to ~ cotton> (٦) «أ» يُحدِث؛ يولّد <~*d* a tempest>. «ب» يُطلِق <~*d* a shout> (٧) يطرح للمناقشة؛ يثير قضيّةً <to ~ an issue> (٨) «أ» يزيد في قوة شيء أو كثافته أو درجته. «ب» يرفع؛ يزيد <He ~*d* the rent.> (٩) يُخمِّر: يجعل العجين «يرتفع» بإضافة الخميرة إليه (١٠) يلمح اليابسة <After a dangerous voyage our ship ~*d* land.> (١١) يُزأبر: يجعل للقماش زئبرًا أو زَغَبًا (١٢) يُبَثِّر: يسبّب ظهور البثور على الجلد (١٣) يزوِّر شيكًا [بأن يزيد قيمته الاسميّة بطريقة غير مشروعة] x (١٤) ينهض (ع) (١٥) يزيد المبلغَ المراهَن أو المُزايَد به (١٦) يَسْعل مُخْرِجًا البلغم (ع) § (١٧) رَفْع؛ تعلية (١٨) ارتفاع (١٩) زيادة [في الراتب أو المبلغ المراهَن أو المُزايَد به].

to ~ Cain *(or* the devil *or* hell) يقيم الدنيا ويُقعدها.

to ~ the wind (١) يثير اضطرابًا أو فتنةً (٢) يجد المال الضروريّ.

raised [rāzd] *(adj.)* (١) «أ» نافر؛ بارز. «ب» مُزَأْبَر: ذو زئبر أو زَغَب (٢) مختمر <~ dough>.

rais·er [rāz´ər] *(n.)* فا raise. وبخاصة: الزارع؛ مربّي الماشية إلخ.

rai·sin [rā´zĭn] *(n.)* (١) الزّبيب (٢) الأرجوانيّ المُزْرقّ (لون).

rai·son d'être [rā´zōn dĕtr´] *(n.)* عِلّة الوجود: سَبَبُه أو مبرِّرُهُ.

raj [räj] *(n.)* الحُكْم <the British ~>.

ra·ja *or* **ra·jah** [rä´jə] *(n.)* الرّاجا: «أ» أميرٌ هنديّ. «ب» نبيل هندوسيّ.

Ra·jab [rə jăb´] *(n.)* رَجَب: شهر رَجَب (إس).

Raj·put *or* **Raj·poot** [räj´pōōt´] *(n.)* الراجبوتيّ: أحد أفراد شعب هندوسيّ يدّعي التحدُّر من الطبقة الهندوسية الحاكمة.

rake[1] [rāk] *(n.; vt.; i.)* (١) المِدَمّة: أداة ذات أسنان لجمع العشب أو لتقليب التربة أو تسويتها (٢) المِتْبَنة: ماكينة لجمع التبن § (٣) يَدُمّ: يجمع العشب أو يقلّب التربة أو يُسَوّيها (٤) يكسب بسرعة أو بوفرة <She had ~*d* in a fortune.> (٥) «أ» يَمَسُّ مَسًّا رفيقًا. «ب» يَخْدِشُ (٦) يُعنّف؛ يوبّخ؛ يلوم أو ينتقد بقسوة (٧) ينقّب في: يفتّش تفتيشًا دقيقًا <to ~ through old newspapers for facts> (٨) يَرْمي رَمْيَ الجَرْف: يُطلق نيران المدافع على طول السفينة أو صفّ الجند إلخ (جن) (٩) يُلْقي نظرةً خاطفة على.

rake[1] *1.*

to ~ out a fire يُسعِّر النار [بتحريك جمراتها إلخ].

to ~ up (١) ينبش؛ يعيد إلى الأذهان (٢) يكشف النقاب عن.

rake[2] *(n.; vi.)* (١) «أ» مَيْل. «ب» انحدار (٢) زاوية الجَرْف (مك) (٣) القِطاط؛ قِطاطُ الجناح: الزاوية المَقِيسة بين حافة الجناح العليا ومستوى التماثل (طي) § (٤) يميل؛ ينحدر.

rake[3] *or* **rake·hell** [rāk´-] *(n.)* الخليع: شخص فاسقٌ أو فاجر.

rake–off [rāk´ôf´] *(n.)* (١) حِصّة [من الأرباح] (٢) عمولة أو نسبة مئوية [تُقتطع بطريقة غير شرعيّة].

rak·ish [rā´-] *(adj.)* (١) خليع؛ فاسق (٢) أنيق المظهر [على نحوٍ مُوحٍ بالسّرعة] <~ ships> (٣) غير متقيّد بالعُرْف والرسميّات.

rale [räl] *(n.)* الخَرْخَرة: صوت غير سويّ يصحب التنفّس (مض).

ral·len·tan·do [răl´ ən tän´dô] *(adj.)* متباطئ (مو).

ral·li·form [răl´ə fôrm] *(adj.)* تِفْلِقانيّ: تِفْلِقيّ الشكل (را. rail[2]).

ral·ly [răl´ĭ] *(vt.; i.; n.)* (١) يلمّ الشَّعْث <to ~ the fleeing troops> (٢) يحثّ على القيام بعمل مشترك (٣) يحشد أو يستجمع قواه (٤) يمازح؛ يَسْخر من x (٥) يتجمع لعملٍ مشترك (٦) يلتئم شَمْلُهُ من جديد (٧) يهرع لنجدة شخص أو حزب أو قضيّة (٨) يُبِلّ، جزئيًّا، من مرض (٩) يَنْشَط بعد ركود <The stock market *rallied* yesterday.> § (١٠) «أ» لمُّ شَعْث قوًى متفرقة [للقيام بمجهود جديد]. «ب» استجماع القوة أو الشّجاعة بعد ضعف أو تخاذل. «ج» ارتفاع السعر بعد انخفاض (١١) التَّجَمْهُر: اجتماع حاشدٌ يُقصد به إثارة الحماسة الجماعيّة (١٢) سباق سيارات (١٣) تبادُل لكماتٍ

[في الملاكمة].

ral·ly·ist [răl′ĭ ĭst] *(n.)* المشارِك في سباق سيارات.

ral·ly·mas·ter [răl′ĭ-] *(n.)* منظِّم سباق السيّارات.

ram [răm] *(n.; vi.; t.)* (١) كَبْش؛ حَمَل (٢) *cap.*: بُرْج الحَمَل (فل) (٣) «أ» منجنيق. «ب» الرام: سفينة حربيّة في مقدَّمها شبه «منقار» قويّ مُعَدّ لاختراق السفن المعادية (٤) «أ» مِكبس المضخّة. «ب» مِدَكّ § (٥) يصدم بقوة (٦) ينطلق بسرعة قصوى x (٧) يدكّ؛ يحشو (٨) «أ» يكبس. «ب» يَحْشُر (٩) يفرض بالقوّة <to ~ home a point of view> (١٠) ينطح.

ram *1.*

Ram·a·dan [răm′ə dän′] *(n.)* رَمضان: شهر الصيام في الإسلام.

Ra·ma·ism [räm′ə ĭz əm] *(n.)* الراماوية: عبادة البطل الهندوسي «راما» Rama بوصفه التجسُّدَ السابع للإله «ڤيشنو».

ra·mate [rā′māt′] *(adj.)* مُتَفَرِّع؛ مُتَغَصِّن: ذو فروع أو أغصان.

ram·ble [răm′bəl] *(vi.; t.; n.)* (١) «أ» يهيم على وجهه. «ب» يتجوَّل؛ يضرب في الأرض لغير ما غاية (٢) يتحدَّث أو يكتب على نحو مفكك أو غير مترابط (٣) «أ» يتعرَّش أو ينمو [النبات] بغير نظام. «ب» يتمعَّج أو يتلوَّى [الجدولُ أو الطريق] § (٤) «أ» تجوال. «ب» نزهة.

ram·bler [răm′blər] *(n.)* (١) فا ramble (٢) الورد المتعرِّش (نب).

ram·bling [răm′-] *(adj.)* (١) «أ» مُتَجوِّل. «ب» هائم على وجهه (٢) مُتلوٍّ؛ مُتمعِّج؛ متعرِّش (٣) متنقِّل، على نحو متشتّت، من موضوع إلى موضوع.

ram·bouil·let [răm′bo͞o lā′; rän bo͞o yā′] *(n.)* الغَنَم الرَّمْبُويّ: ضرب من الخراف الفرنسية الضخمة.

ram·bunc·tious [răm bŭngk′shəs] *(adj.)* حَرون؛ صعب المراس.

ram·bu·tan [răm bo͞ot′ən] *(n.)* النّافَلْيون: شجر آسيويّ ذو ثمر بيضويّ.

ram·e·kin *or* **ram·e·quin** [răm′ə kĭn] *(n.)* الرَّمكين: «أ» طعام يُعَدّ من جبن وخبز وبيض إلخ ويُخبز في قالب. «ب» وعاء فخّاريّ لخَبْز وتقديم أيّ طعام مماثل. وبالتالي: طعام يقدَّم في مثل هذا الوعاء <chicken ~s>.

ra·mi [rā′mī] *pl. of* ramus.

ra·mie [răm′ĭ; rā′mĭ] *(n.)* الرامي؛ قِنّب سِيام (نب).

ram·i·fi·ca·tion [răm′ə fə kā′-] *(n.)* (١) تشعُّب (٢) «أ» غُصْن. «ب» فرع؛ شُعْبة (٣) نتيجة؛ عاقبة <events of far-reaching ~s>.

rami·form [răm′-] *(adj.)* (١) غُصنانيّ: شبيهٌ بالغُصن (٢) متفرِّع؛ متشعِّب.

ram·i·fy [răm′ə fī] *(vt.; i.)* (١) يفرِّع؛ يُشَعِّب (٢) يقسِّم؛ يجزِّئ x (٣) يتفرَّع؛ يتشعَّب (٤) يتغَصَّن: يُطلِع النبات أغصاناً.

ramjet engine *(n.)* المحرِّك النَّفّاث الانضغاطيّ (طي).

ra·mose [rā′mōs] *(adj.)* (١) متشعِّب؛ مُتفرِّع (٢) مُتَغَصِّن؛ كثير الأغصان.

ramose root

ramp[1] [rămp] *(vi.; n.)* (١) يَثِب: «أ» يقف على قائمتيه الخلفيّتين باسطًا قائمتيه الأماميّتين. «ب» يقف أو يتقدَّم على نحوٍ مهدِّد، رافعًا قائمتيه الأماميّتين أو ذراعيه (٢) يثور؛ يهتاج (٣) يتسلّق [النباتُ] § (٤) شُبوب (٥) اهتياج (٦) تسلُّق.

ramp[2] *(n.)* (١) التواء؛ انحدار؛ انحناء (٢) مُنْحَدَر (٣) طريقٌ مُنحدِر (٤) سُلَّم الطائرة [للصعود والهبوط منها].

ramp[3] *(n.)* خدعة؛ حيلة [لحمل الناس على دفع ثمنٍ أعلى].

ram·page [-′pāj′] *(vi.; n.)* (١) يهتاج؛ يثور § (٢) اهتياج؛ ثورة.

ram·pa·geous [răm pā′jəs] *(adj.)* مهتاج؛ ثائر؛ حَرون؛ جامح.

ram·pant [răm′pənt] *(adj.)* (١) شابّ: واقف على قائمتيه الخلفيتين وقد بَسَط قائمتيه الأماميّتين (٢) هائج؛ ثائر؛ جامح (٣) مُتَفشٍّ: منتشر على نحو غير مكبوح (٤) عنيف أو مفرط (٥) منحرف: إحدى دعامتيه أو كَتِفَيْ قنطرته أعلى من الأخرى <a ~ arch>.
— **ram·pan·cy** *(n.)*

rampant arch in staircase

ram·part [-′pärt] *(n.)* (١) مِتراس؛ استحكام (٢) سورٌ واقٍ (جن).

ram·pike [-′pīk′] *(n.)* شجرة منتصبة مكسورة أو محروقة أو مَيْتة.

ram·pi·on [răm′pĭ ən] *(n.)* اللِّفت البَرّيّ؛ عصا يعقوب (نب).

ram·rod [-′rŏd′] *(n.; adj.; vt.)* (١) المِدَكّ: مِدَكّ البندقية (٢) قضيب التنظيف [للبندقية] (٣) الرئيس؛ المراقب § (٤) قاسٍ؛ صارم؛ خشِن؛ غليظ § (٥) يوجِّه؛ يُراقِب؛ يَضبط.

ramrod *1.*

ram·shack·le [-′shăk′əl] *(adj.)* (١) متداعٍ للسقوط (٢) مُهَلْهَل (٣) مستهتر.

ram·u·lose [răm′yə lōs′] *(adj.)* كثير الغُصينات أو الفروع الصغيرة.

ram·u·lous [răm′yə ləs] *(adj.)* = ramulose.

ra·mus [rā′məs] *(n.)* pl. **-mi** [mī] فَرْع؛ شُعبة [من نبات أو وريد أو عظم].

ran [răn] *past of* run.

rance [răns] *(n.)* الرَّنْص: رخام بلجيكيّ أحمر اللون.

ranch [rănch] *(n.; vt.; i.)* (١) مَرْبَى الماشية: مزرعة لتربية الخيل أو المواشي إلخ § (٢) يدير مَربًى للماشية أو يعمل فيه x (٣) يُربّي الماشية.

ranch·er [răn′chər] *(n.)* صاحب مربَى الماشية أو مديرُهُ أو العامل فيه.

ran·che·ro [răn châr′ō] *(n.)* = rancher.

ranch·man [rănch′mən] *(n.)* = rancher.

ran·cho [răn′chō] *(n.)* = ranch.

ran·cid [răn′sĭd] *(adj.)* (١) فاسد؛ زَنِخ الرائحة أو كريه المذاق <~ butter> (٢) زَنِخ <wet ~ smells>.
— **ran·cid·i·ty** *(n.)*

ran·cor *or* **ran·cour** [răng′kər] *(n.)* حِقْد؛ ضغينة؛ سَخيمة.

ran·cor·ous [răng′kər əs] *(adj.)* حقودٌ؛ موسومٌ بالحِقد.

rand[1] [rănd] *(n.)* الرِّنْدَة: بطانة عَقِب الحذاء.

rand[2] *(n.)* الرَّنْد: وَحْدة النقد في جمهورية جنوب إفريقيا.

ran·dom [răn′dəm] *(adj.; adv.)* (١) عَشْوائيّ؛ جُزافيّ: مُلْقًى أو مصنوعٌ

أو مختار من غير تدبُّر أو هدف معيَّن <~ remarks; ~ samples> § (٢) عَشْوائيًّا ؛ جُزافًا ؛ كيفما اتّفق .

ran·dom·ize [-ʹdə mīz′] *(vt.)* يُعَشّي : يأخذ العيّنات عشوائيًّا .

ran·dom·ly [rănʹdəm lĭ] *(adv.)* عَشْوائيًّا ؛ جُزافًا ؛ كيفما اتفق .

ran·dy [rănʹdĭ] *(adj.)* (١) جِلف (٢) شهواني ؛ شَبِق (٣) صخّاب .

ra·nee [räʹnĭ] *(n.)* = rani.

rang [răng] *past of* ring.

range [rānj] *(n.; vt.; i.)* (١) «أ» صفّ ؛ خطّ . «ب» سلسلة جبال . «ج» طبقة ؛ رتبة ؛ صنف . «د» خطّ الاتّجاه <in direct ~ with the house> (٢) موقد؛ فرن طبخ مُسطَّح ذو «عيون» (٣) «أ» مجال . «ب» مَرْعى . «ج» المألَف : مساحةٌ يُؤْلَف نموّ نباتٍ ما ، أو وجود حيوان ما ، فيها <the ~ of the nightingale in our country> (٤) تجوّل ؛ تطواف (٥) «أ» مجال الرمي : مَرْمى البندقية أو المدفع . «ب» المسافة ؛ المَدَى : مقدار بُعْد الهدف عن البندقية إلخ <to fire at long ~> . «ج» مدى العمل : المسافة القصوى التي تستطيع المركبة الآليّة اجتيازها من غير حاجة إلى تجديد الوقود . «د» ميدان الرمي : ميدان يُتَدَرَّب فيه على إطلاق النار <a rifle ~> (٦) مدى؛ نطاق (٧) مساحة أو رقعة ممتدَّة <a wide ~ of meadows> (٨) التَّراوح؛ المدى (إحص) § (٩) «أ» يصفّ؛ ينسّق . «ب» يصنِّف . (١٠) «أ» يطوف؛ يتجوَّل . «ب» يُبْحِر أو يمرّ في محاذاة كذا (١١) يرعى الماشية (١٢) يُحْكِم الرمي (جن) x (١٣) يتَّخذ أو يحتلّ مكانًا أو موقعًا (١٤) «أ» يصطفّ؛ يتراصف . «ب» يمتدّ في اتجاه معيَّن <a boundary *ranging* east and west> (١٥) يُراوِح؛ يتراوح (١٦) ينمو أو يوجد على نحو متوطّن في منطقة ما <a plant which ~*s* from Turkey to Arabia> .

within ~, في نطاق كذا؛ على مرمًى من .

range finder *(n.)* المِمْداة؛ مقدِّرة المدى؛ مُعَيِّن المدى : جهاز تقدير أو تعيين المدى ، في مدفع أو آلة تصوير .

rang·er [rānʹjər] *(n.)* (١) حارس [الغابة أو الحديقة العامّة] (٢) فا range (٣) «أ» الجوّال : أحد أفراد فرقة مسلَّحة مكلَّفة بالطواف في منطقة معيَّنة لإقرار الأمن فيها . «ب» جنديّ مدرَّب على القتال من مسافة قصيرة .

rang·ing *(n.)* الرَّصد : «أ» استكشاف منطقة معيَّنة (طي) . «ب» إحكام الرَّمي .

ranging rod *(n.)* الشّاخص : عمود للدلالة على موضع معيَّن [في المساحة] .

rang·y [rānʹjĭ] *(adj.)* (١) طوّاف : قادرٌ على الطّواف أو التجوّل مسافات كبيرة (٢) ممشوق <a ~ horse> (٣) واسع المدى أو النطاق <~ considerations>.

ra·ni *or* **ra·nee** [räʹnĭ] *(n.)* الرانية : ملكة هندوسيّة؛ زوجة الرّاجا .

rank[1] [răngk] *(adj.)* (١) «أ» نامٍ بوفرة <~ grass> . «ب» كثير الأعشاب الضارَّة <~ soil> (٢) «أ» زنخ؛ نَتِن . «ب» عَفِن؛ فاسد . «ج» بذيء <~ language> (٣) «أ» تامّ؛ مُطْلَق <~ ingratitude> . «ب» مئة بالمئة؛ بكلّ ما في الكلمة من معنًى <a ~ outsider> .

rank[2] [răngk] *(n.; vt.; i.)* (١) «أ» صَفّ؛ سلسلة . «ب» الرَّتَل : صفّ من الناس أو من الجند . «ج» *pl.* : قوّات مسلَّحة <the ~*s* of the enemy> . «د» الصفّ الأُفقيّ : أيّ من صفوف المربعات الممتدّة أفقيًّا في رقعة الشطرنج . «هـ» موقف سيارات (بر) (٢) نظام؛ ترتيب (٣) طبقة اجتماعيّة (٤) «أ» درجة؛ منزلة؛ مرتبة . «ب» جاهٌ؛ مقام رفيع؛ مكانة سامية . «ج» رتبة <the ~ of colonel> § (٥) يصفّ؛ يرتِّب (٦) يعتبر؛ يصنِّف <He ~*ed* him among the world's great poets.> (٧) يفوقه مقامًا <A colonel ~*s* a captain.> x (٨) يصطفّ أو يسير في صفوف (٩) يحتلّ منزلةً معيَّنة <Delhi ~*s* first in wealth>.

the ~*s* ; other ~*s* الرُّتباء والأفراد [تمييزًا لهم عن الضباط] .

to reduce to the ~*s* يخفِّض رتبتَهُ : يجرِّد ضابطًا من ضبّاط الصف من رتبته وينزله إلى رتبة جندي على سبيل العقاب .

to rise from the ~*s* يُصبح ضابطًا [بالتدرُّج] .

rank and file *(n.)* (١) الجنود العاديّون [تمييزًا لهم عن الضباط] (٢) القاعدة : جمهور أفراد المؤسسة أو الدولة [تمييزًا لهم عن القادة والزعماء] .

rank·er [răngʹkər] *(n.)* المُراتِب : ضابطٌ متخرِّج من الصفّ .

Ran·kine scale [răngʹkĭn] *(n.)* مقياس رانكين : مقياسٌ للحرارة المطلَقة .

rank·ing [răngʹkĭng] *(adj.)* عالي المنزلة أو المقام . مثل : «أ» الأول؛ الأكبر <~ writer> . «ب» يلي الرئيس مباشرةً من حيث المقام <~ committee member>.

ran·kle [răngʹkəl] *(vi.; t.)* (١) يَعْتمِل؛ يَعْتلج : يفور في الصدر ، أو الذهن ، مُلهِبًا إيّاه بالضغينة <memories ~*d* in her mind.> x (٢) يُغْضِب؛ يُثير .

ran·sack [rănʹsăk] *(vt.)* (١) ينقِّب في (٢) يَفْحص بعناية (٣) يَنْهَب .

ran·som [rănʹsəm] *(n.; vt.)* (١) فِدية (٢) افتداء § (٣) يَفْتدي : يُخَلِّص من الخطيئة وذيولها (٤) يفتدي أسيرًا : يدفع فِديته (٥) يحرِّر أسيرًا [بعد أخذ الفِدية من أهله] .

rant [rănt] *(vi.; t.; n.)* (١) يُجَعْجع : يتحدّث بصَخَب أو بطريقة مسرحيّة (٢) يتشدّق (٣) يتبجّح (٤) يعنِّف؛ يلوم بقسوة x (٥) يقول بتشدّق أو تبجُّح § (٦) جَعْجَعة؛ تشدُّق؛ تبجّح (٧) لغة منمقة؛ عاطفة فارغة (٨) قَصْف؛ مَرَحٌ صاخب . **—rant·er** *(n.)* **—rant·ing** *(adj.)*

ran·u·la [rănʹyə lə] *(n.)* الضُّفَيْدِعة : ورمٌ كيسيّ تحت اللسان .

ra·nun·cu·lus [rə nŭngʹkyə ləs] *(n.)* = buttercup.

rap[1] [răp] *(n.; vt.; i.)* (١) خَفْقَة؛ دَقّة؛ طَرْقَة (٢) توبيخ أو نقد قاسٍ (٣) «أ» مسؤولية جُرْم . «ب» اتهام بجريمة . «ج» حُكْم بالسَّجن § (٤) يَخْفق : يَدُقّ أو يطرق على (٥) يعبِّر بدقّات أو طَرَقات [كالذي يحدث في جلسات التنويم المغنطيسي] <to ~ out a message> (٦) ينطق بشيء فجأةً وبقوّة <to ~ out an oath> (٧) ينتقد بقسوة (٨) يعتقل شخصًا أو يحكم عليه متهمًا إيّاه بجريمة x (٩) يُحْدث صوتًا قصيرًا حادًّا .

to take the ~ (for) يتحمّل العقوبة [عن شخص آخر] .

rap[2] *(vt.)* (١) ينتزع (٢) يُبهج إلى أقصى حدّ .

rap[3] *(n.)* (١) شيء تافه (٢) مِثقال ذرّة .

I don't care a ~, أنا لا أُبالي ألبتّة أو مثقالَ ذرّة .

rap[4] *(n.; vi.)* (١) حديث؛ محادثة (٢) rap music § (٣) يتحدَّث بحرّيّة

وصراحة (٤) يعزف موسيقى الرّاب.

ra·pa·cious [rə pā′shəs] *(adj.)* (١) سَلّاب؛ نَهّاب (٢) جشِع؛ طمّاع؛ مفترس؛ ضارٍ.

ra·pac·i·ty [rə păs′ə tĭ] *(n.)* (١) نزعة إلى السَّلْب (٢) جَشَع؛ طمع (٣) ضراوة.

rape [rāp] *(vt.; n.)* (١) يَسْلُب (٢) يغتصب [فتاةً أو امرأةً] § (٣) سَلْب (٤) خَطْفٌ [بالقوّة] (٥) اغتصاب [فتاةٍ أو امرأة] (٦) انتهاك؛ خَرْق فاضح (٧) السَّلْجَم؛ اللِّفت (نب) (٨) ثُفْل العنب.

rape oil *(n.)* زيت اللِّفت؛ زيت السَّلْجَم.

rape·seed [rāp′sēd′] *(n.)* (١) بزر اللِّفت (٢) لِفت؛ سَلْجم.

ra·phe [rā′fē] *(n.)* الرِّفاء: التحام النِّصفين الجانبيَّين من عضو [كاللِّسان].

raph·i·a [răf′ĭ ə] *(n.)* = raffia.

rap·id [răp′ĭd] *(adj.; n.)* (١) سَريع § (٢) المَسْرَع؛ المَسِيل؛ مُنْحَدَر النهر. to shoot the ~s يندفع [القاربُ] مع المَسْرَع أو المَسِيل.

rap·id–fire *(adj.)* (١) سريع الطَّلَقات <a ~ gun> (٢) سريع؛ متلاحق <~ questions>.

ra·pid·i·ty [rə pĭd′ə tĭ]; **rap·id·ness** [răp′ĭd-] *(n.)* سُرعة.

rapid transit *(n.)* النقل النَّفَقيّ السريع: نقل الركاب السريع، في المدن المكتظة، بالقطار الكهربائيّ النَّفَقيّ إلخ.

ra·pi·er [rā′pĭ ər] *(n.)* المِغْوَل: سيفٌ مستقيم مستدقّ الرأس ذو حدَّين.

rapier

rap·ine [răp′ĭn] *(n.)* سَلْب؛ نَهْب.

rap music *(n.)* موسيقى الرّاب: موسيقى شعبية ذات ترنيم إيقاعيّ.

rap·pa·ree [răp′ə rē′] *(n.)* (١) الرَّبِّير: جندي غير نظاميّ أو قاطع طريق إيرلندي (٢) لصّ؛ قاطع طريق.

rap·pee [ră pē′] *(n.)* الرَّبِّيّ: سَعوط حِرّيف يُصْنَع من تبغ خشِن.

rap·pel [ră pĕl′] *(n.; vi.)* (١) الهبوط الوَعْر: هبوط المرءِ جُرُفًا من الأجراف مستعينًا بحبلٍ مُزْدَوِج § (٢) يَهْبُط هبوطًا وعرًا.

rap·per [răp′-] *(n.)* فا rap. وبخاصة: قارعُ الباب أو مِقْرَعةُ الباب.

rap·port [ră pōrt′; rä pôr′] *(n.)* صِلة؛ علاقة. وبخاصة: وِئام؛ أُلفة.

rap·por·teur [ră′pōr′tûr′] *(n.)* المقرِّر: مُقَرِّر اللجنة إلخ.

rap·proche·ment [rä prôsh män′] *(n.)* التّقارُب (مج): إقامة العلاقات الودّية أو إعادةُ إقامتها.

rap·scal·lion [răp skăl′yən] *(n.)* الوَغْد؛ النَّذْل.

rapt [răpt] *(adj.)* (١) ذاهل: سابح في عالم آخر [بعيدًا عن الأرض والحياة والشؤون العادية] (٢) «أ» طربٌ؛ جَذِلٌ. «ب» مُنْتَشٍ <~ with joy> (٣) مُستغرِق <~ in thought>.

rap·tor [răp′tər] *(n.)* الطير الجارح أوالكاسر.

rap·to·ri·al [răp tōr′-] *(adj.)* جارح؛ كاسِر؛ مُفترس <~ birds>.

rap·ture [răp′chər] *(n.; vt.)* (١) طَرَب؛ جَذَل؛ نَشْوة § (٢) يُبهِج إلى أقصى حدّ.

rap·tur·ous [-əs] *(adj.)* (١) طَرِب؛ جَذِل؛ مُنْتشٍ (٢) مُبهِج؛ سارّ.

ra·ra a·vis [râr′ə ā′vĭs] *(n.)* pl. **ra·ra a·vis·es** (١) طيرٌ نادر (٢) النادرة؛ يتيمة الدهر: شخص أو شيء عجيب أو استثنائيّ.

rare [râr] *(adj.)* (١) مُخَلْخَل؛ قليل الكثافة <~ air> (٢) ممتاز؛ استثنائيّ؛ فَذّ <We had a ~ time.> (٣) نادر (٤) مُلَهْوَج: غير مُنْضَج بالطَّهْو إنضاجًا جيدًا <~ roast beef>.

rare·bit [râr′bĭt] *(n.)* = Welsh rabbit.

rare–earth element *(n.)* العنصر الأرضي النادر (ك).

rar·ee show [râr′ē] *(n.)* (١) peep show (٢) مشهد مُذهِل؛ استعراض استثنائيّ (٣) استعراض شارعيّ رخيص.

rar·e·fac·tion [râr′ə făk′shən] *(n.)* مص rarefy وبخاصة: «أ» الخَلْخلة: جعل الشيء مَساميًّا أو قليل الكثافة. «ب» تَخَلْخُل: صيرورة الشيء مَساميًّا أو قليل الكثافة.

— **rar·e·fac·tion·al; rar·e·fac·tive** *(adj.)*

rar·e·fied [râr′ə fīd] *(adj.)* (١) esoteric (٢) «أ» نقيّ. «ب» شاهق.

rar·e·fy *also* **rar·i·fy** [-fī′] *(vt.; i.)* (١) يُخَلْخِل: يجعله مَساميًّا أو أقلّ كثافةً؛ ينقّي الهواء (٢) يهذّب؛ يلطّف؛ يجعله أكثر روحانية أو عمقًا إلخ x (٣) يَتَخَلْخَل: يُصبح أقلّ كثافةً إلخ.

rare·ly [râr′lĭ] *(adv.)* (١) نادرًا؛ قلّما (٢) ببراعة نادرة (٣) إلى أقصى حدّ <She was ~ beautiful.>.

rare·ripe [râr′rīp′] *(adj.; n.)* (١) بكور؛ مُبكِّر النُّضج § (٢) البَكُور؛ الباكورة: ثمرة مبكِّرة النُّضج.

rar·ing [râr′ĭng] *(adj.)* متحمِّس؛ توّاق؛ مُتلهِّف.

rar·i·ty [râr′ə tĭ] *(n.)* (١) نُدْرة (٢) نقاء؛ تَخَلْخُل؛ قلة كثافة <the ~ of the air in the mountains> (٣) شيء نادر.

ras·bo·ra [răz bōr′ə] *(n.)* الرَّزبورة: سمك نهريّ لامع الألوان.

ras·cal [răs′kəl] *(n.; adj.)* (١) الوَغْد؛ النَّذْل (٢) «أ» ولدٌ مزعج. «ب» حيوان مؤذٍ § (٣) نَذْل؛ حقير؛ وضيع.

— **ras·cal·ly** *(adj.; adv.)*

ras·cal·i·ty [răs kăl′ə tĭ] *(n.)* (١) نذالة (٢) عملٌ نَذْل.

rase [rāz] *(vt.)* (١) يمحو (٢) يمحق؛ يُبيد؛ يُسَوّي بالأرض.

rash [răsh] *(adj.; n.)* (١) متهوِّر؛ طائش؛ أهْوَج § (٢) طَفْح جلديّ (٣) سلسلة متلاحقة <a ~ of complaints>.

rash·er [răsh′ər] *(n.)* المشروحة: شريحة رقيقة من لحم الخنزير مشويّة أو مَقْلِيّة.

ra·so·ri·al [rə sōr′ĭ əl] *(adj.)* (١) نَبّاش: متعوّد نَبْش الأرض بحثًا عن الطعام <~ birds> (٢) دجاجيّ: خاصّ برتبة الدجاج.

rasp [răsp; räsp] *(vt.; i.; n.)* (١) يَبْرُد؛ يَبْشُر؛ يَقشُط (٢) يزعج؛ يُثير

rate·pay·er [rāt′pā′ər] *(n.)* دافعُ الضرائب (بر).

rat·er [rāt′ər] *(n.)* (١) المقدِّر؛ المُثمِّن؛ المخمِّن إلخ (٢) ذو مرتبة أو منزلة معيَّنة <first-*rater*>.

rat·fink [-′fĭngk] *(n.)* (١) الحقير؛ البغيض (٢) المُبَلِّغ المحترف.

rath·er [răth′ər; räth′-] *(adv.)* (١) على الأصحّ؛ بالأحرى <It was late Sunday night or, ~, early Monday morning.> (٢) مُفضِّلًا ذلك على <Sami resigned ~ than take part in such a scheme.> (٣) أجل؛ في الواقع؛ يقينًا! من غير ريب <*Rather!*> (٤) إلى حدّ ما؛ نوعًا ما <It's ~ cold.> (٥) على العكس <was no better but ~ grew worse>.

rat·hole [răt′hōl′] *(n.)* (١) جُحْر الجُرَذ (٢) غرفة أو شقّة ضيّقة.

raths·kel·ler [räts′kĕl′ər] *(n.)* القَبْو: مطعم تحت مستوى الشارع عادةً تقدَّم فيه المشروبات الكحوليّة.

rat·i·cide [răt′ə sīd′] *(n.)* مُبيد الجِرذان: مادة قاتلةٌ للجِرذان.

rat·i·fi·ca·tion [răt′ə fə kā′-] *(n.)* إبرام؛ إقرار؛ تصديقٌ على.

rat·i·fy [răt′ə fī] *(vt.)* يُبرم؛ يُقرّ؛ يصدّق على.

ra·ti·né [răt′ə nā′] *(n.)* الراتين: قماش من خيوطٍ ذات عُقَد.

rat·ing [rā′-] *(n.)* (١) التَّصنيف [وبخاصةٍ عسكريًا أو بحريًا] (٢) المُصَنَّف: جنديٌّ نَفَرٌ من رجال الأسطول (بر) (٣) تثمين؛ تقدير؛ تخمين (٤) منزلة (٥) التقدير: الحدّ التشغيلي لماكينة ما (٦) تعنيف؛ توبيخ.

ra·tio [rā′shō; rā′shĭ ō′] *(n.)* نِسْبة.

ra·ti·oc·i·nate [răsh′ĭ ŏs′ə nāt] *(vi.)* يستنتج؛ يستدلّ منطقيًّا.

ra·ti·oc·i·na·tion [răsh′ĭ ŏs′ə nā′-] *(n.)* استنتاج؛ استدلال منطقيّ.

ra·ti·oc·i·na·tive [-ŏs′ə nā-] *(adj.)* استنتاجيّ؛ استدلاليّ.

ra·tion [răsh′ən; rā′shən] *(n.; vt.)* (١) جَراية الجنديّ [ليوم واحد] (٢) *pl.* طعام؛ مؤن؛ أرزاق (٣) حصّة § (٤) يزوِّد بجَراية (٥) «أ» يوزّع الجَرايات. «ب» يوزِّع بعدل. «ج» يقتصد في؛ يقنِّن.

ra·tion·al [răsh′ən əl] *(adj.; n.)* (١) معقول؛ منطقيّ (٢) عاقل؛ سليم التفكير (٣) مالكٌ قواه العقليّة (٤) مفكِّر <Man is a ~ animal.> (٥) عقليّ؛ منسوب إلى العقل <the ~ faculty> (٦) عَقْلانيّ: نابع من العقل؛ مبنيّ على العقل <~ explanations> (٧) مُنْطَق؛ جَذْريّ (ر) § (٨) العدد المُنْطَق.

ra·tion·ale [răsh′ə năl′; -nä′lĭ] *(n.)* (١) بَسْط أو عَرْض [للأسباب أو المبادئ] (٢) الأساس المنطقيّ [لشيءٍ ما].

ra·tion·al·ism [răsh′ən-] *(n.)* (١) العَقْلانيّة؛ المذهب العَقْليّ: «أ» القول بأنّ العقل، غيرَ مُسْعَفٍ بالوحي الإلهيّ، هو الهادي الأوحد إلى الحقيقة الدينيّة. «ب» نظرية تقول بأن العقل هو في ذاته مصدرٌ للمعرفة أسمى من الحواسّ ومستقلّ عنها. «ج» مبدأ [أو عادة] اعتبار العقل الحَكَمَ أو الفَيْصَلَ في قضايا الفكر أو المعتقد أو السلوك (٢) الإنطاق؛ حَذْف الجذور (ر).

— ra·tion·al·ist *(adj.; n.)* **— ra·tion·al·is·tic** *(adj.)*

ra·tion·al·i·ty [răsh′ə năl′-] *(n.)* (١) العقلانيّة: كون الشيء عقلانيًّا (٢) المعقوليّة: كون الشيء معقولًا أو موافقًا للعقل (٣) *pl.* عد: رأي أو معتقد

(٣) يقول بنبراتٍ مُهاجة x (٤) يَصْرُف: يُحْدِث صوتًا خشنًا أو صَريفًا § (٥) المِسْفن؛ المِبْرد المحبَّب [لهُ، بدلًا من الخطوط، نُقَطٌ ناتئة] (٦) مِبْشَرة؛ مِقْشطة (٧) بَرْد؛ بَشْر؛ قَشْط (٨) الصّريف: صوتٌ خشِنٌ مثيرٌ للأعصاب.

rasp 5.

rasp·ber·ry [răz′bĕr′ĭ; räz′-] *(n.)* (١) «أ» توت العُلَّيق. «ب» توتة العُلَّيق: شجرة توت العُلَّيق (٢) التُّوتُعُلَّيقيّ: توت أحمر ضاربٌ إلى الأرجواني.

rasp·y [răs′pĭ] *(adj.)* (١) خشِن؛ صارف (٢) مثير للأعصاب.

Ras·ta·far·i·an·ism [-fâr′-] *(n.)* الرّاستافاريانيّة: عقيدة دينية زنجيّة.

ras·ter [răs′tər] *(n.)* شبكة المَسْح (ألك).

rat [răt] *(n.; vi.; t.)* (١) الجُرَذ (ح) (٢) الجُرَذ: شخصٌ مُحْتَقَر، مثل: «أ» الخائن لحزبه أو رفاقه أو أصدقائه. «ب» رافضُ الانضمام إلى نقابة عمّالية أو إضراب عمّاليّ. «ج» الواشي؛ المُبَلِّغ. وبخاصة: المُبَلِّغ المحترف (٣) الوِثار: وسادة رقيقة «يُصَفِّف» عليها شعر المرأة § (٤) يتخلّى عن رفاقه أو يشي بهم (٥) يصيد الفئران (٦) يسلك مسلكَ شخص وضيع أو جبان x (٧) يُوَثِّر: تستخدم [المرأة] وثارًا لكي يبدو شعرها أكثر كثافة.

Rats! هُراء؛ كلام فارغ.

to smell a ~, يخامره الشكّ؛ «يلعب الفار في عُبِّهِ».

rat·a·ble *or* **rate·a·ble** [rā′tə bəl] *(adj.)* (١) ممكنٌ تقديرُهُ أو تخمينُهُ (٢) خاضع للرسوم أو الضرائب.

rat·a·fi·a [răt′ə fē′ə] *(n.)* الرَّتافية: «أ» شراب مُسْكر. «ب» بسكويت.

rat·a·plan [răt′ə plăn′] *(n.)* (١) قرع الطبول (٢) وَقْع الحوافر إلخ.

rat–a–tat [răt′ə tăt′] *or* **rat–a–tat–tat** [răt′ə tăt tăt′] *(n.)* قَرْع متكرِّر [على بابٍ إلخ].

rat–bite fever *(n.)* حُمّى الجُرَذ: داء يصيب الإنسان من عضّة جُرَذ.

ratch [răch] *(n.)* = ratchet *1*.

rat cheese *(n.)* = cheddar.

ratch·et[1] [răch′ət] *(n.)* (١) السَّقّاطة؛ اللُّسَيْن (مك) (٢) ماسكة السقّاطة أو ظُفرها (٣) مُسَنَّنَةُ سقّاطةٍ؛ تُرْسُ سقّاطة (مك).

ratch·et[2] [răch′ət] *(vt.)* يزيد تدريجيًا؛ يَرْفع [الأسعارَ] إلخ.

ratchet wheel

ratchet wheel *(n.)* مُسَنَّنة السَّقّاطة؛ تُرْس السَّقّاطة (مك).

rate[1] [rāt] *(vt.; i.)* يُعَنِّف؛ يُوَبِّخ [بغضب أو عنف].

rate[2] [rāt] *(n.; vt.; i.)* (١) سعر؛ قيمة (٢) «أ» معدَّل؛ نسبة. «ب» معدَّل السرعة (٣) فئة؛ درجة (٤) رسم؛ ضريبة (٥) حالة (٦) صِنف § (٧) يعتبر؛ يَعُدّ (٨) يسعِّر؛ يثمِّن؛ يقدِّر؛ يُخَمِّن (٩) يُخضعه لرسم أو ضريبة (١٠) يُصَنِّف (١١) يستحقّ <doesn't ~ so much remembrance> x (١٢) يُعْتَبَرُ؛ يُعَدّ (١٣) يحتلّ مرتبة معيَّنة.

at any ~, على أية حال؛ مهما تكن الظروف.

at this (*or* that) ~, في هذه الحال؛ والحالة هذه.

rateable value *(n.)* القيمة التقديرية [لمَبْنًى ما].

rat·ed load *(n.)* الحِمْل المُقَنَّن [لماكينة ما].

ra·tel [rā′təl; rä′-] *(n.)* الرّاتل؛ غُرَيْر العَسَل (ح).

ratel

rate of exchange *(n.)* سعر التحويل (اد).

أو عمل عقلانيّ .

ra·tion·al·i·za·tion [-ʹən əl ĭ zāʹ-] *(n.)* (١) rationalism 2 (٢) العَقْلَنَة (را . المادة التالية) (٣) التّسويغ؛ التبرير (نف).

ra·tion·al·ize [răshʹən ə līzʹ] *(vt.; i.)* (١) يُنْطِق؛ يحذف الجذور (ر) (٢) يُعَقْلِن: «أ» يجعل الشيء مطابقًا للمبادئ العقليّة. «ب» يستعيض عن التفسير الغيبيّ لشيء ما بتفسير طبيعيّ. «ج» يعزو [المرء] تصرّفاته إلى عوامل عقلانيّة مشرّفة من غير تحليل للدوافع الحقيقيّة، وبخاصة اللاواعية منها x (٣) يسوِّغ؛ يُبرِّر: يفسّر [المرء] سلوكه بأسباب معقولة أو مقبولة ولكنّها غير صحيحة (نف).

rational number *(n.)* العدد المُنْطَق (ر).

ra·tion·ing [răshʹ-] *(n.)* التقنين؛ نظام البطاقات [لتوزيع الأغذية إلخ].

rat·ite [rătʹīt] *(adj.; n.)* (١) نَعاميّ؛ راكض؛ مُسَطّح القصّ أو عظم الصَّدْر <~ birds> § (٢) النَّعاميّ؛ الراكض إلخ.

rat·like [rătʹlīkʹ] *(adj.)* (١) جُرَذيّ (٢) جُرَذانيّ: شبيهٌ بالجُرَذ.

ratlines

rat·line *or* **rat·lin** [-ʹlĭn] *(n.)* مَوطئ القَدَم [في سُلّم حبالٍ بحريّة].

ra·toon [ră to͞onʹ] *(n.; vi.)* (١) الجاذر؛ الشَّطْء الجَذريّ: أُملود القطن أو قصب السُّكّر. وبخاصة: شَطْء في عامه الثاني نام من الجذر (٢) محصول [من الموز] § (٣) يَنْجذر: يَنْبُتُ أو ينبثق من الجَذْر [كقصب السُّكّر].

rat race *(n.)* سباق الجِرذان: تنافسٌ عنيف، لا ينتهي، بين الزملاء.

rats·bane [rătsʹbānʹ] *(n.)* (١) الزِّرنيخ؛ سُمّ الفار (٢) الرَّطْبان: كل نبات يصيب الجرذان بالتَّسمّم.

rat snake *(n.)* أفعى الجرذان: أفعى غير سامّة آكلةٌ للجرذان.

rat's–tail [rătsʹtāl] *(n.)* ذَيْل الجُرَذ: شيء شبيه بذيل الجُرَذ. وبخاصةٍ: مِبرد ذيل الجُرَذ.

rat–tail [rătʹtāl] *(n.)* (١) الأزعر: ذيل الفرس القليل الشَّعْر أو الأجرد (٢) الزُّعار: مرض يصيب الخيل فيتساقط شَعْر أذيالها.

rat–tail file *(n.)* ذَيْل الجُرَذ: مِبْرد مدوّر مستدقّ الطَّرَف.

rat·tan [ră tănʹ] *(n.)* (١) الرُّوطان؛ أَسَلُ الهند: نبات يُصْنع من بعضه عِصِيٌّ وحبال (٢) الرُّوطانيّة: عصًا من الرُّوطان.

rat–tat [rătʹtăt] *(n.)* قَرْع؛ خَفْق متكرِّر [على الباب إلخ].

rat·ter [rătʹ-] *(n.)* صائدُ الجرذان. وبخاصة: كلبٌ أو هِرٌّ صائدٌ للجرذان.

rat·tle[1] [rătʹəl] *(vi.; t.; n.)* (١) يُخشخِش؛ يقعقع؛ يَصِلّ (٢) «أ» يثرثر. «ب» يلفظ أو يؤدّي بسرعة أو بطريقة مفعمة بالحيوية أو من غير تفكير <to ~ off a speech> (٣) يتحرّك، وبخاصة بسرعة، مُحْدِثًا خشخشة أو قَعْقَعة x (٤) يخشخشُ [الشيءَ] أو يقعقعُه (٥) يُنهِض؛ يوقظ؛ يُثير (٦) يُزعِج؛ يضايق § (٧) «أ» خشخشة؛ قعقعة؛ صليل؛ ثرثرة. «ب» جَلَبة؛ لَغط (٨) «أ» «خُشْخَيْشَة» الأطفال. «ب» الجُلْجُل: العضو المُحْدِث للصلصلة في ذيل الحيّة ذات الجرس (٩) حَشْرَجة؛ حَشْرَجة الموت.

rat·tle[2] [rătʹəl] *(vt.)* يُوَطِّئ: يزوِّد بمواطئ قدم (را . ratline).

rat·tle·box [rătʹəl-] *(n.)* النَّطْش؛ الصَّنجيّة المصرية (نب).

rat·tle·brain [-brānʹ] *(n.)* الأحمق؛ الطائش؛ الصغير العقل.

rat·tler [rătʹlər] *(n.)* (١) المُخَشْخِش؛ المُقَعْقِع (٢) الثرثار (٣) rattlesnake (٤) قطار شحن (ع).

rattlesnake

rat·tle·snake [rătʹəl snākʹ] *(n.)* المُجَلْجِلة؛ ذات الجُلْجُل أو الجرس: أفعى إذا سَعَت سُمِعَ لها صوت أشبه بصوت الجرس.

rattlesnake weed *(n.)* حشيشة المُجَلْجِلة (نب).

rat·tle·trap [rătʹəl-] *(n.)* شيء مُقعْقِع أو مُخَلَّع. وبخاصة: المُقَعْقِعة: سيارة عتيقة كثيرة القَعْقعة.

rat·tling [rătʹ-] *(adj.; adv.)* (١) سريع؛ نشيط <a ~ wind> (٢) رائج؛ مزدهر <a ~ trade> (٣) رائع؛ من الطراز الأول <had a ~ time> § (٤) جِدًّا <a ~ good lecture>.

rat·tly [rătʹlĭ] *(adj.)* مُخَشْخِش؛ مُقَعْقِع؛ مُصَلْصِل.

rat·ton [rătʹən] *or* **rat·toon** [rə to͞onʹ] *(n.)* = rat.

rat·trap [rătʹtrăpʹ] *(n.)* (١) مِصْيَدَة جِرذان (٢) الجُحْر: موضعٌ قذرٌ متهدّم (٣) مأزق حرج؛ حالة ميئوس منها.

rat·ty [rătʹĭ] *(adj.)* (١) كثير الجِرذان (٢) «أ» جُرَذيّ: ذو علاقة بجُرَذ. «ب» جُرَذانيّ: شبيهٌ بجُرَذ. «ج» زَرِيّ المظهر؛ أشْعَث (٣) «أ» خسيس؛ غادر أو خؤون. «ب» نَزِقٌ؛ سريع الغضب.

rau·ci·ty [rôʹsə tĭ] *(n.)* الجُشّة: خشونة في الصوت.

rau·cous [rôʹkəs] *(adj.)* أجشّ؛ خشِن.

raun·chy [rônʹchĭ; ränʹ-] *(adj.)* (١) قذِر (٢) مبتذَل؛ خليع؛ بذيء.

rav·age [răvʹĭj] *(n.; vt.; i.)* (١) نَهْب؛ سَلْب (٢) تخريب؛ إتلاف (٣) خراب؛ تَلَفٌ § (٤) يَنْهَب؛ يَسْلُب (٥) يُخَرِّب؛ يُتْلِف.

rave [rāv] *(vi.; t.; n.; adj.)* (١) «أ» يَهْذي. «ب» يهاجم بعُنْف. «ج» يُطري أو يتحدث بحماسة بالغة عن . . . (٢) يهتاج؛ يعصف x (٣) ينطق بشيء في خَبَل أو سُعُر § (٤) هَذَيان إلخ (٥) افتتان (ع) (٦) إطراء § (٧) إطرائيّ.

rav·el [răvʹ-] *(vt.; i.; n.)* (١) «أ» يَنْسُلُ [النسيجَ]. «ب» يَحُلّ (٢) يُرْبِك؛ يُشَوِّش x (٣) يَنْسُلُ [النسيجُ]؛ ينتسل؛ يَبْلَى § (٤) «أ» نَسْلُ النسيجِ أو انتسالُهُ. «ب» حلّ. «ج» تشويش (٥) خيطٌ مَنْسول.

rav·el·ing *or* **rav·el·ling** [răvʹə-] *(n.)* خيطٌ مَنْسُول [من نسيج إلخ].

rav·el·ment [răvʹəl mənt] *(n.)* ارتباك؛ تشوُّش.

ra·ven [*n., adj.* rāʹvən; *v.* răvʹən] *(n.; adj.; vt.; i.)* (١) الغُداف؛ الغُراب الأسْحَم (طا) § (٢) غُدافيّ؛ أسْحَم § (٣) يلتهم بِشَرَهٍ (٤) يَسْلُب؛ يَنْهَب x (٥) يفترس (٦) يبحث عن فريسة (٧) يَنْهَب.

raven *1.*

ra·ven–haired [-hârdʹ] *(adj.)* أسْحَم؛ فاحم الشَّعر.

rav·en·ing [răvʹən ĭng] *(adj.)* مُفْترِس؛ ضارٍ.

rav·en·ous [răvʹən əs] *(adj.)* (١) ضارٍ (٢) نَهِم (٣) شديد الجوع أو التَّوْق إلى.

rav·er [rāʹvər] *(n.)* الخليع؛ المُتَهَتِّك؛ المنغمس في الملذات.

ă at; ā date; â care; ä car; ĕ egg; ē me; ĭ in; ī bite; ŏ lot; ō bone; ô orphan; oi boil; o͝o good; o͞o boot; ou out; ŭ under; û urgent; ə = *a* in alone, *e* in system, *i* in easily, *o* in gallop, *u* in circus.

rav·in [răv′ən] *(n.)* (١) rapacity (٢) «أ» افتراس . «ب» فريسة .

ra·vine [rə vēn′] *(n.)* الوَهْد؛ المَسِيل: وادٍ صغير ضيّق شديد الانحدار .

rav·ing [rā′-] *(adj.)* (١) هاذٍ؛ مُخَلِّط؛ مخرِّف (٢) فاتن؛ ساحر .

ra·vi·o·li [rä′vĭ ō′lĭ] *(n.)* الراڤيولي: عجين مَحْشُوّ بالجبن أو اللحم .

rav·ish [răv′ĭsh] *(vt.)* (١) يَسْلُب (٢) يفتِن؛ يَسْلُبُ اللُّبّ (٣) يغتصب [امرأةً] (٤) يَنْهب؛ يَسْرِق .
— **rav·ish·er** *(n.)*

rav·ish·ing [-ĭng] *(adj.)* فاتن؛ ساحر؛ سالبٌ لِلُّبّ <~ beauty> .

rav·ish·ment [răv′ĭsh-] *(n.)* (١) سَلْب؛ نَهْب (٢) طَرَب؛ نَشْوة (٣) «أ» اختطاف . «ب» اغتصاب [امرأةٍ] .

raw [rô] *(adj.; n.)* (١) نِيْء؛ فِجّ (٢) «أ» خام <~ silk> . «ب» صِرف؛ غير ممزوج بماء <~ spirits> . «ج» غير مدبوغ <~ hides> (٣) «أ» مَدْبور: مسلوخٌ عنه الجلد؛ مُوجِع <a ~ sore> . «ب» دامٍ؛ غير ملتئم أو مندمل <a ~ wound> . «ج» عارٍ <liked to swim ~> (٤) «أ» غِرّ؛ جاهل؛ قليل التجربة . «ب» غير مصقول فنّيًّا <Her literary style is still ~.> (٥) قاسٍ؛ ظالم؛ مُنطوٍ على حَيْف <a ~ deal> (٦) رطب أو بارد حتى الإزعاج <~ winter days> (٧) مُقَرَّس: يابس الأصابع من أثر البرد § (٨) الدَّبَر: موضعٌ مسلوخ عنه الجلد، وبخاصة في جسم فَرَس (٩) عُرْي .
— **raw·ness** *(n.)*
to touch one on the ~, يجرح مشاعره [بالتعرّض لموضوع حسّاس جدًّا بالنسبة إليه] .

raw·boned [rô′bōnd′] *(adj.)* نحيل؛ مهزول .

raw data *(n. pl.)* المُعْطَيات الأَوّلية: مُعْطَيات لم تخضع للمعالجة .

raw deal *(n.)* إجحاف؛ ظُلم؛ قَسْوة .

raw·hide [rô′hīd′] *(n.; vt.)* (١) جِلْد غير مدبوغ (٢) سَوْط من جلد غير مدبوغ § (٣) يجلد أو يسوق بِسَوْط أو نحوه .

raw material *(n.)* المادة الأوليّة؛ المادة الخام .

raw score *(n.)* الدَّرجة الأَوّلية [قبلَ أن تعالَج إحصائيًا] (تر) .

ray[1] [rā] *(n.)* الرّاي؛ السَّفَن؛ الحصيرة؛ الشَّفنين البحري (سمك) .

ray[1]

ray[2] *(n.; vi.; t.)* (١) شُعاع؛ شُعاعة (٢) إشعاع؛ نور (٣) ذرّة؛ بصيص <a ~ of hope> § (٤) يُشِعّ x (٥) يخطِّط؛ يُقَلِّم (٦) يضيء؛ يُنير .

ray flower *(n.)* الزَّهرة الشُّعاعيّة (نب) .

ray·less [rā′-] *(adj.)* (١) لا شُعاعيّ (٢) مُظلم <a ~ dungeon> .

ray·on [rā′ŏn] *(n.; adj.)* (١) الرّايون؛ الحرير الصُّنعيّ (٢) نسيج رايونيّ § (٣) رايونيّ: مصنوع من الرايون <a ~ shirt> .

raze [rāz] *(vt.)* (١) يَمْحَق؛ يُبيد؛ يُدَمِّره تدميرًا تامًا [حتى يُسَوِّيَهُ بالأرض] (٢) «أ» يَقْشُط؛ يَقْطَع؛ يَحْلِق . «ب» يمحو (ا. ق) .

ra·zee [rā zē′] *(n.; vt.)* (١) المُقَزَّم: مَرْكَب خشبيّ يُخَفَّض ارتفاعُهُ بالاستغناء عن سطحه الأعلى § (٢) يُقَزِّم [المَرْكَب] .

ra·zor [rā′-] *(n.)* (١) موسى [أو شفرة] الحلاقة (٢) المِحْلاق: ماكينة الحلاقة .

ra·zor·back [rā′-] *(n.)* (١) finback (٢) خنزير برّيّ أو نصف برّيّ .

ra·zor–backed [rā′zər băkt′] *or* **ra·zor·back** [rā′zər băk′] *(adj.)* مُوسَوِيّ المَتْن: ذو ظهر أو متنٍ ضيّق حادّ <a ~ horse> .

ra·zor·bill [rā′-] *also* **ra·zor–billed auk** *(n.)* مُوسَوِيّ المنقار (طا) .

razor edge *(n.)* شَفا؛ شَفير [الهاوية]؛ وضعٌ حَرِج .

razz [răz] *(n.; vt.)* (١) «أ» سُخرية . «ب» نَقْدٌ عنيف § (٢) يَسْخر من .

raz·zi·a [răz′ĭ ə] *(n.)* غَزْوة؛ غارة .

raz·zle–daz·zle [răz′əl dăz′-] *(n.)* قَصْف؛ مَرَحٌ صاخب؛ هَرْجٌ ومَرْج .

razz·ma·tazz [răz′mə tăz′] *(n.)* (١) مرحٌ صاخب (٢) كلام خادع .

re [rā; rē] *(prep.)* في ما يتعلّق به [بلغة القانون والتجارة] .

re- بادئة معناها: «أ» ثانيةً <reopen> . «ب» يعيد <replace> .

re·ab·sorb [rĭ′ăb sôrb′; -zôrb′] *(vt.)* يمتصّ ثانيةً .

reach [rēch] *(vt.; i.; n.)* (١) يَبْسط؛ يمدّ <He ~ed out his hand.> (٢) يتناول <Salma ~ed a dish from the shelf.> (٣) «أ» يبلغ؛ يصل إلى . «ب» ينال؛ يفوز بـ . «ج» يستميل؛ يؤثّر في <Women are ~ed by flattery.> . «د» يتّصل بـ <~ed him by phone> (٤) يُناول x (٥) يحاول الوصول إلى <Her husband ~ed for his gun.> (٦) يمتدّ؛ ينتشر § (٧) بَسْط؛ مَدّ إلخ (٨) مرحلة [من رحلة إلخ] (٩) «أ» متناوَل اليد . «ب» وُسْع؛ استطاعة؛ فَهْم <beyond my ~> (١٠) القِطاع: لسانٌ مُنْبسِط من جدول أو نهر أو أرض (١١) مَرْتَبة؛ منزلة .

re·act [rĭ ăkt′] *(vi.; t.)* (١) يُؤثِّر في (٢) «أ» يَرْكُس؛ يستجيب لمؤثّر ما <How did she ~ when she heard the news?> . «ب» يكون ردّ فعله <Orators ~ to applause.> (٣) يقاوم <to ~ against tyranny> (٤) يَرْجِع إلى وضع أو مستوًى سابق (٥) يتفاعل <Acids ~ on metals.> x (٦) يُفاعِل؛ يجعله يتفاعل .

re–act [rē ăkt′] *(vt.)* يُمَثِّل ثانيةً: يُعيد تمثيل مشهد إلخ .

re·ac·tance [rĭ ăk′təns] *(n.)* المُفاعَلة (كب) .

re·ac·tant [rĭ ăk′tənt] *(n.)* المتفاعِل؛ المتفاعِلة (ك) .

re·ac·tion [rĭ ăk′-] *(n.)* (١) الرَّجعة؛ الرَّجْعيّة <forces of ~> (٢) الارتكاس (مج)؛ الرَّجع؛ ردُّ الفعل (نف) (٣) إرهاق (٤) التفاعُل (ك) .

re·ac·tion·ar·y [rĭ ăk′shə nĕ′rĭ] *(adj.; n.)* (١) رَجْعيّ § (٢) الرَّجعيّ .

reaction engine *(n.)* المحرِّك الارتكاسيّ؛ المحرِّك النفّاث (مك) .

re·ac·ti·vate [-′tə vāt′] *(vt.; i.)* (١) يعيد تنشيطَ كذا x (٢) يَنْشَط ثانية .

re·ac·tive [rĭ ăk′tĭv] *(adj.)* (١) رَجْعيّ (٢) ارتكاسيّ (نف) (٣) تفاعليّ (٤) متفاعل (ك) (٥) إرهاقيّ <~ depression> .

re·ac·tor [-′tər] *(n.)* (١) الرّاكِس؛ رادُّ الفعل (٢) المُفاعِل («فزن» و«كب») .

read[1] [rēd] *(vt.; i.; n.)* (١) «أ» يقرأ؛ يتلو . «ب» يطالع (٢) يدرس <He is ~ing law.> (٣) يعلم <God ~s men's hearts.> (٤) يؤوِّل <to ~ a dream> (٥) يقرأ الطالع <to ~ a person's fortune> (٦) يدلّ على؛ يشير إلى <The thermometer ~s 37 degrees.> (٧) يعزف لحنًا <~s Bach> (٨) يوبِّخ؛ يلقي درسًا قاسيًا على <She ~ him a lesson.> (٩) يستعين بالقراءة <to ~ oneself to sleep> x (١٠) يَصْلُح: يبدو [أو

يُحْدث انطباعًا ما] عند القراءة <Her play ~s better than it acts.> (١١) يَرِدُ على نحو مختلف أو بصورة أخرى <This passage ~s differently in older versions.> (١٢) يُقرأ أو يُفسَّر <a rule that ~s two different ways> § (١٣) فترة للمطالعة <She had a good ~ in the train.> (١٤) كلّ ما يَصْلُح للقراءة <This novel is a good ~.> (١٥) قراءة؛ مطالعة إلخ.

to ~ between the lines — يقرأ بين السطور: يُمعن النظر في الكلام ليكتشف معانيَ غير معبَّر عنها فعليًّا.

to ~ out — يَطْرُد؛ يَفْصِل [من منظّمة أو حزب].

to ~ the riot act — (١) يأمر حشدًا بالتفرّق (٢) «أ» يأمر فلانًا بالكفّ عن شيء. «ب» يوبِّخ أو يحتجّ بعنف.

read² [rĕd] *(adj.)* مطّلع؛ واسع الاطلاع [من طريق المطالعة].

read³ [rĕd] *past and past part. of* read.

read·a·bil·i·ty [rē də bĭl′-] *(n.)* المَقْروئية (را. المادة التالية).

read·a·ble [rē′də bəl] *(adj.)* (١) مقروء: ممكنةٌ قراءتُهُ (٢) سَهْل القراءة أو مُمْتِعُها <a ~ novel>.

re·ad·dress [rē ə drĕs′] *(vt.)* يغيّر عنوان الرِّسالة.

read·er [rē′-] *(n.)* (١) «أ» القارئ. «ب» lector. «ج» مصحِّح التجارب [أو البروفات المطبعيّة]. «د» مثمّن المخطوطات. «هـ» مساعد أستاذ [يقرأ فروض الطلّاب ويضع لها درجات أو علامات] (٢) المُعِيد: مدرِّس يتلو المحاضرات ويتوسّع في شرح موضوعات الدرس للطلّاب (بر) (٣) المِقْرأة: أداة لإظهار صورة مقروءة عن كلام مرقوم على زجاجة أو فيلم إلخ (٤) «أ» كتاب لتعليم القراءة. «ب» مجموعة قطع أدبيّة مختارة.

read·er·ship *(n.)* (١) القارئيّة: كونُ المرء قارئًا (٢) المُعِيديّة: كون المرء مُعيدًا (٣) مجموع قرّاء [جريدة أو مجلةٍ أو عمود معيَّن فيهما].

read·i·ly [rĕd′ə lĭ] *(adv.)* (١) عن طِيْب نفْس؛ بسُرور (٢) حالًا؛ بسرعة (٣) بسهولة؛ بيُسْر.

read·i·ness [rĕd′ĭ-] *(n.)* (١) استعداد (٢) مَيْل؛ رغبة؛ نزوع <~ to help others> (٣) سرعة (٤) سهولة؛ رشاقة إلخ.

read·ing [rē′-] *(n.; adj.)* (١) قراءة (٢) مطالعة (٣) مادة مقروءة أو معدَّة للقراءة (٤) القراءَة: «أ» إحدى القراءات المختلفة لنصّ من النصوص. «ب» الرقم الذي تشير إليه أداة ما <The ~ of the thermometer was 38 degrees.> (٥) تفسير خاصّ <What is your ~ of the situation?> (٦) اطّلاع؛ معرفة أدبيّة <a teacher of wide ~> (٧) اجتماع تتلى فيه على الجمهور بعض النصوص الأدبيّة؛ النصّ المقروء هكذا <~s from Milton> § (٨) قرائيّ <a ~ list> (٩) مولعٌ بالقراءة <the ~ public>.

re·ad·just [rē′ə jŭst′] *(vt.)* يُعدّل ثانية؛ يكيِّف من جديد.

read·out [rēd′-] *(n.)* (١) قراءة؛ تلاوة (٢) طَرْد أو فَصْل [من منظمة] (٣) المُقْرِئة: أداة الكترونية تُبرز بالأرقام معلوماتٍ محسوبة أو مسجّلة.

read-through *(n.)* ترديد كلمات التمثيلية [على سبيل التدرُّب].

read·y [rĕd′ĭ] *(adj.; vt.; n.)* (١) «أ» مُستعدّ؛ متأهّب. «ب» جاهز. «ج» في متناول اليد <had a gun ~> (٢) راغبٌ في؛ ميّال إلى (٣) حاضر؛ سريع؛ رشيق <a ~ wit> § (٤) يُعِدّ؛ يُهَيِّئ § (٥) استعداد. وبخاصة: كونُ البندقية أو المدفع على أهبة لإطلاق النار <to keep the gun at the ~>.

read·y-made *(adj.)* (١) جاهز <~ shoes> (٢) مُبْتَذَل؛ تُعْوِزُهُ الأصالة أو الشخصيّة <~ ideas> (٣) حاضر؛ سَهْلُ المَنال.

ready money *(n.)* النَّقد؛ النَّقد السّائل (اد).

read·y-to-wear [-tə wâr′] *(adj.)* جاهز <~ clothes>.

read·y-wit·ted [rĕd′ĭ wĭt′ĭd] *(adj.)* حاضرُ البديهة؛ سريع الخاطر.

re·a·gent [rē ā′jənt] *(n.)* الكاشف (ك).

re·al¹ [rē′əl; rēl] *(adj.; n.; adv.)* (١) أصليّ؛ غير زائف <a ~ pearl> (٢) حقيقيّ؛ واقعيّ (٣) فعليّ <a ~ victory> (٤) صادق؛ مخلص <a ~ friend> (٥) صَدوق <~ sympathy> (٦) حقيقيّ: مَقِيسٌ على أساسٍ من القوة الشرائية <~ income> § (٧) شيء حقيقيّ. وبخاصة: كمّيّة حقيقيّة § (٨) جدًّا <He was ~ glad to see her.>.

re·al² [rē′əl; rĕ äl′] *(n.)* الرِّيال: وحدة نقد سابقة في إسبانيا.

re·al³ [rā äl′; rĕ-] *(n.)* الرِّيال: وحدة نقد برازيلية وبرتغالية (سابقًا).

real estate *(n.)* العَقار؛ المِلْك الثابت (اد).

re·al·gar [rĭ ăl′gər] *(n.)* رَهْج الغار: خامٌ زرنيخيّ ناعم (مع).

re·a·lign [rē′ə līn′] *(vt.)* يَرْصُف ثانيةً: يَرْصُف الجنودَ من جديد.

real income *(n.)* الدَّخل الحقيقيّ (اد).

re·al·ism [rē′ə l-] *(n.)* الواقعيّة: «أ» سُلوك مبنيّ على مواجهة الحقائق وإغفال العواطف والأعراف. «ب» نظرية تقول بأنّ للمادّة وجودًا حقيقيًّا مستقلًّا عن إدراكنا العقليّ لها (فف). «ج» الإخلاص، في الفنّ والأدب، للطبيعة أو للحياة الواقعيّة وتصوير مظاهرهما بدقّة من غير إهمال لما هو قبيحٌ أو مؤلم.
— re·al·ist *(adj.; n.)* **— re·al·is·tic** *(adj.)*

re·al·i·ty [rĭ ăl′ə tĭ] *(n.)* (١) الحقيقيّة؛ الواقعيّة (٢) حقيقة؛ واقع.

in ~, — في الحقّ؛ في الواقع.

reality check *(n.)* مصوِّب الحقيقة: أمرٌ يوضح الحقيقة أو الواقع بتصويب اعتقادات أو أفكار خاطئة.

re·al·i·za·tion [rē′əl ə zā′-] *(n.)* (١) «أ» تحقيق. «ب» تحقُّق. «ج» شيء مُحَقَّق (٢) تحويل الأسهم [أو العقارات] إلى نقد (٣) إدراك؛ فهم.

re·al·ize [rē′ə līz′] *(vt.)* (١) يحقّق (٢) يُظهره بمظهر حقيقي (٣) يحوّل إلى نَقْد (٤) يكسب (٥) يُدرك؛ يَفْهم بوضوح.

real-life *(adj.)* واقعيّ: مستمدّ من صميم الحياة <~ drama>.

re·al·ly [rē′(ə) lĭ] *(adv.)* (١) «أ» في الواقع. «ب» من غير ريب (٢) حقًّا.

realm [rĕlm] *(n.)* (١) مملكة <the ~ of Belgium> (٢) عالَم؛ دنيا <the ~ of dreams> (٣) حقل <the ~ of chemistry>.

real number *(n.)* العدد الحقيقيّ (ر).

ă at; **ā** date; **â** care; **ä** car; **ĕ** egg; **ē** me; **ĭ** in; **ī** bite; **ŏ** lot; **ō** bone; **ô** orphan; **oi** boil; **o͝o** good; **o͞o** boot; **ou** out; **ŭ** under; **û** urgent; **ə** = *a* in alone, *e* in system, *i* in easily, *o* in gallop, *u* in circus.

re·al·po·li·tik [rā äl′pō′lĭ tēk′] *(n.)* السياسة الواقعيّة: سياسة مبنية على عوامل عمليّة وماديّة لا على عوامل نظريّة أو أخلاقيّة.

real presence *(n.)* الحضور الحقيقيّ: الإيمان بحضور المسيح في القربان المقدّس (نص).

re·al·tor [rē′əl tər] *(n.)* السِّمسار: وسيط لبيع العَقارات أو شرائها.

re·al·ty [rē′əl tĭ] *(n.)* = real estate.

ream [rēm] *(n.; vt.)* (١) ماعون الورق § (٢) يُبَرْغِل؛ يَسْحَل؛ يُوَسِّع الثَّقب (٣) يُزيل بالبرغلة [تتبعها *out* عادةً] (٤) يَعْصِر: يستخرج عُصارةَ الثمرة بعصّارة (٥) يَخْدع.

ream·er [rēm′ər] *(n.)* (١) البُرْغُل؛ المِسْحَل؛ مُوَسِّع الثقوب (٢) عصّارة الفاكهة.

reamer 2.

reap [rēp] *(vt.; i.)* (١) يَحْصُدُ <to ~ the corn> (٢) يَجْني؛ يَكْسِب.

reap·er [rē′pər] *(n.)* (١) الحاصد (٢) الحصّادة: آلة للحَصْد.

reap·hook [rēp′hŏŏk′] *or* **reap·ing hook** *(n.)* مِنْجَل.

re·ap·pear [rē′ə pēr′] *(vi.)* يَظْهَرُ ثانيةً؛ يَظْهَرُ من جديد.

re·ap·por·tion [-pōr′shən] *(vt.)* يحصّص ثانيةً؛ يوزِّع من جديد.

re·ap·prais·al [rē′ə prā′zəl] *(n.)* إعادة تثمين أو تقييم أو نظر.

rear[1] [rēr] *(vt.; i.)* (١) «أ» يبني؛ يشيِّد. «ب» يقيم؛ ينصب عموديًّا <to ~ a ladder> (٢) ينشِّئ؛ يربّي (٣) يَرْفع (٤) يُشِبّ الفرس: يجعله ينتصب على قائمتيه الخلفيّتين x (٥) يرتفع عاليًا (٦) يَشِبّ الفَرسُ: ينتصب على قائمتيه الخلفيّتين.

rear[2] *(n.; adj.)* (١) مؤخَّر؛ مُؤخَّرة (٢) مؤخَّرة الجيش (٣) عجيزة؛ مؤخَّرة؛ كَفَل (٤) الخَلْف؛ الوراء § (٥) خلفيّ.

rear admiral *(n.)* عميد بَحْريّ [في الأسطول].

rear end *(n.)* عجيزة؛ مؤخَّرة؛ كَفَل.

rear guard *(n.)* السّاقة؛ مؤخَّرة الجيش (جن).

rear guard action *(n.)* قتال المُؤخَّرة: «أ» معركة دفاعيّة أو تعويقيّة تخوضها قوّات المؤخَّرة. «ب» جهدٌ وقائيّ أو تعويقيّ يُبْذَل دفاعًا عن النظام القائم.

re·arm [rē ärm′] *(vt.; i.)* يُسَلِّح أو يتسلَّح ثانيةً [أو بأسلحة أفضل].

re·ar·ma·ment [rē är′-] *(n.)* (١) إعادة تسليح (٢) إعادة تَسَلُّح.

rear·most [rēr′mōst′] *(adj.)* الأخير؛ الآخِر.

rear·mouse [rēr′mous] *(n.)* خُفّاش؛ وَطْواط (ع).

re·ar·range [rē′ə rānj′] *(vt.)* يعيد ترتيب كذا؛ يُرتِّب من جديد.

rear·ward [rēr′wərd] *(n.; adj.; adv.)* (١) مؤخَّرة. وبخاصة: مؤخَّرة الجيش أو الأسطول § (٢) خلفيّ § (٣) أو **rear·wards**: في [أو نحو] المؤخِّرة؛ إلى الخلف.

rea·son [rē′zən] *(n.; vi.; t.)* (١) «أ» سبب؛ داعٍ. «ب» مبرِّر؛ تفسير (٢) عقل؛ صَواب؛ رُشْد § (٣) يفكِّر (٤) يجادل؛ يحاول إقناع . . . <He x ~*ed* with them for two hours.> (٥) يُقنع بالحجّة والمنطق [كقولك <She tried to ~ him out of his fears.> أي: حاولتُ إقناعه بأن مخاوفه لا مبرّر لها] (٦) يستنبط أو يكتشف أو يستنتج منطقيًّا <to ~ out a plan>.

by ~ of بسببِ كذا؛ بسببٍ من كذا.

in ~, معقول <willing to do anything in ~>.

It stands to ~ that من البَدَهيّ؛ مما يقرُّه كلُّ ذي عقلٍ أنّ . . .

to bring a person to ~, يُعيدُهُ إلى جادّة الصّواب؛ يحمله على اطّراح الفكرات والأعمال الطائشة.

rea·son·a·bil·i·ty [rē′zən ə bĭl′-] *(n.)* المعقولية: كون الشيء معقولًا.

rea·son·a·ble [rē′zən ə bəl; rēz′nə-] *(adj.)* (١) معقول؛ مقبول <a ~ offer> (٢) معتدل (٣) رخيص؛ غير غالٍ (٤) عاقل؛ مفكِّر (٥) حصيف؛ صائب التفكير.
— **rea·son·a·ble·ness** *(n.)*

rea·soned [rē′-] *(adj.)* حصيف؛ مدروس؛ مُرَوًّا فيه <a ~ verdict>.

rea·son·ing [rē′-] *(n.)* (١) التفكير. وبخاصة: الاستنتاج من الوقائع أو المقدّمات (٢) حُجّة <His ~ is sound.>.

rea·son·less [rē′zən-] *(adj.)* (١) غير عاقل؛ غير ذي عقل (٢) غير مؤيَّد بوقائعَ أو أسباب <a ~ accusation>.

re·as·sur·ance [rē′ə shŏŏr′əns] *(n.)* (١) طَمْأنة؛ تطمين (٢) إعادة التأمين (٣) تجديد التأمين.

re·as·sure [rē′ə shŏŏr′] *(vt.)* (١) يُطمئِن <His remarks ~*d* me.> (٢) يُجدّد التأمين؛ يؤمِّن من جديد.

Réaumur thermometer [rā′ə myŏŏr′] *(n.)* مِحَرّ [أو ترمومتر] ريومير: محرّ يشير الصِّفر فيه إلى نقطة تجمّد الماء، وتشير الدرجة ٨٠ فيه إلى نقطة غليان الماء.

reave [rēv] *(vt.; i.)* يَسْلُب؛ ينهب؛ يَسْرِق؛ يستولي على.

re·bar·ba·tive [rē bär′bə-] *(adj.)* مُنفِّر؛ كريه؛ بغيضٌ إلى النفس.

re·bate [rē′bāt; rĭ bāt′] *(vt.; i.; n.)* (١) يُنقِص؛ يُوهِن؛ يخفِّف (٢) يَحْسِم § (٣) حَسْم؛ تخفيض؛ تنزيل.

reb·be [rĕb′ə] *(n.)* = rabbi.

re·bec *or* **re·beck** [rē′bĕk] *(n.)* الرَّبابة؛ الرَّبابة الأوروبية (مو).

rebec

reb·el [rĕb′əl] *(adj.; n.; vi.)* (١) «أ» ثائر. «ب» ثوريّ: ذو علاقة بالثوّار (٢) متمرد؛ عاصٍ <the ~ forces> § (٣) الثائر؛ المشترك في ثورة § (٤) يثور؛ يتمرَّد.

re·bel·lion [rĭ bĕl′yən] *(n.)* ثورة؛ تمرّد؛ عصيان.

re·bel·lious [-′yəs] *(adj.)* (١) ثائر؛ متمرّد؛ عاصٍ <~ troops> (٢) ثوريّ (٣) حَرون؛ شَموس؛ مستعصٍ <a ~ horse>.

re·bind [rē′bīnd′] *(vt.)* يُعيد التجليدَ؛ يجلِّد [الكتابَ] ثانيةً.

re·birth [rē bûrth′; rē′-] *(n.)* (١) «أ» ولادة جديدة أو ثانية: تقمّص. «ب» تجدّد روحيّ (٢) نَهضة؛ انبعاث.

re·born [rē bōrn′] *(adj.)* مولودٌ ثانيةً؛ متجدِّد؛ منبعث.

re·bound [*v.* rĭ bound′; *n.* rē′bound′, rĭ bound′] *(vi.; t.; n.)* (١) «أ» يرتدّ [بعد ارتطامه بشيء]. «ب» ينهض [من تعثُّر أو إخفاق] (٢) يثب (٣) يُرَجِّع [الصّدى] x (٤) يردّ؛ يجعله يرتدّ إلخ § (٥) «أ» ارتداد. «ب» نهوض (٦) صدًى (٧) ردّ فعل مباشر تلقائيّ لتعثّر أو إخفاق أو أزمة.

re·broad·cast [rē brôd′kăst′] *(vt.; n.)* (١) يَنْقُل البرنامج: ينقلُ برنامجًا إذاعيًّا أو تلفزيونيًّا مُرسَلًا في تلك اللحظة ذاتها من مصدر آخر (٢) يعيد إذاعة البرنامج [في وقت لاحق] § (٣) برنامج منقولٌ أو مُعادٌ.

re·buff [rĭ bŭf′] *(vt.; n.)* (١) يَصُدّ؛ يردّ؛ يرفض (٢) يشجب؛ ينتقد بقسوة § (٣) صدٌّ؛ ردٌّ؛ رَفْض (٤) شَجْب؛ نقدٌ قاسٍ.

re·build [rē bĭld′] *(vt.; i.)* (١) «أ» يبني ثانيةً: يعيد بناءَ ما تهدَّم. «ب» يعيد إلى وضع سابق (٢) يغيّر جَذْريًّا <to ~ society>.

re·buke [rĭ byōōk′] *(vt.; n.)* (١) يُوبِّخ؛ يُعنِّف؛ يُقرِّع (٢) يَصُدّ؛ يَكْبَح § (٣) توبيخ؛ تعنيف؛ تقريع.

re·bus [rē′bəs] *(n.)* (١) الإلغاز المصوَّر: التَّكْنِيَة عن كلمة أو عبارة برسم يُذَكِّر المرء بها أو بمقطع منها [كصورة القطة *cat* على خشبة، أي *log*، كناية عن كلمة *catalog*] (٢) اللُّغز المُصوَّر: لُغْزٌ قوامُهُ أمثال هذه الرسوم أو الرموز.

re·but [rĭ bŭt′] *(vt.)* (١) يَرُدّ؛ يَصُدّ؛ يَزْجُر (٢) يَدْفَعُ: يردّ بالحجّة والبرهان.

re·but·tal [-′əl] *(n.)* (١) رَدّ؛ صدّ؛ زَجْر (٢) دفعٌ؛ ردّ [أمام القضاء].

re·but·ter [-′ər] *(n.)* الدَّفْع: ردّ على مزاعم الادّعاء [أمام القضاء].

re·cal·ci·trance [rĭ kăl′sə-] *(n.)* تمرُّد؛ حُرون؛ استعصاء إلخ.

re·cal·ci·trant [-trənt] *(adj.)* متمرّد؛ حَرون؛ شَموس؛ مُسْتَعْصٍ.

re·cal·ci·trate [-′sə trāt′] *(vi.)* يتمرّد؛ يَحْرُن؛ يستعصي على.

re·cal·cu·late [rē kăl′kyə lāt′] *(vt.)* يَحْسُب ثانيةً؛ يَحْسُب من جديد [وبخاصة لاكتشاف مصدر الخطأ].

re·ca·les·cence [rē′kə lĕs′əns] *(n.)* الاحترار؛ الذُّكُوُّ الحراري؛ عودة التوهج: ارتفاع مفاجئ في الحرارة يحدث أثناء تبريد المعدن في سلسلة من الحرارات [كالذي يقع للحديد في درجة ٦٩٠ مئوية].

re·call [*v.* rĭ kôl′; *n.* rĭ kôl′; rē′kôl′] *(vt.; n.)* (١) يستدعي؛ يدعو إلى العودة (٢) يذكّر بِـ؛ يعيد إلى الذهن (٣) يتذكّر (٤) يستردّ؛ يسحب؛ يلغي (٥) يحيي؛ يعيد إلى الحياة § (٦) استدعاء؛ دعوةٌ إلى العودة [إلى العمل إلخ] (٧) الإعفاء: إقالة موظف حكوميّ بتصويت شعبيّ (٨) تذكير أو تذكُّر (٩) استرداد؛ سَحْب؛ إلغاء.

re·cant [rĭ kănt′] *(vt.; i.)* (١) يُنكر؛ يَشْجُب علنًا [رأيًا أو مُعْتَقَدًا] (٢) يستردّ؛ يَسْحَب x (٣) يرتدّ؛ يتخلّى علنًا عن معتقده؛ يعترف علنًا بالخطأ. **— re·can·ta·tion** *(n.)*

re·cap ¹ [rē′kăp] *(vt.)* = recapitulate; recapitulation.

re·cap ² [*v.* rē kăp′; *n.* rē′kăp] *(vt.; n.)* (١) يغيّر الغطاء (٢) يؤطّر ثانية: يجدّد الإطار الخارجي المُلامِس للأرض [من دولاب السيارة] § (٣) دولاب مجدَّد.

re·cap·i·tal·ize [rē kăp′ə tə līz′] *(vt.)* يعيد الرَّسْملة: يغيّر هيكلية رأس مال الشركة. **— re·cap·i·tal·i·za·tion** *(n.)*

re·ca·pit·u·late [rē′kə pĭch′ə lāt′] *(vt.; i.)* يُعيد باختصار؛ يُلَخِّص.

re·ca·pit·u·la·tion [-lā′-] *(n.)* الخلاصة: إعادة مختصرة للنقاط الأساسية.

re·cap·ture [rē kăp′chər] *(n.; vt.)* (١) استعادة؛ استرداد (٢) استرداد الغنائم (٣) المصادرة: استيلاء الحكومة على المكاسب أو الأرباح التي تتعدّى حدًّا معيّنًا § (٤) يستعيد؛ يستردّ (٥) يُصادر.

re·cast [*v.* rē kăst′; *n.* rē′kăst′] *(vt.; n.)* (١) يعيد صبَّ [المِدفع أو الجرس] (٢) يصوغ ثانية: يعيد صياغة جملة أو وثيقة أو أثر أدبي (٣) يُعَدِّل؛ يشكّل ثانيةً (٤) يُعيد توزيع الأدوار [على ممثّلي المسرحية] § (٥) إعادة السبك أو الصياغة إلخ (٦) شكل جديد ناشئ عن ذلك.

re·cede [rĭ sēd′] *(vi.; vt.)* (١) يتراجع؛ يتقهقر؛ يرتدّ إلى الوراء (٢) ينسحب [من اتفاقيّة إلخ] (٣) يتقلّص x (٤) يُعيد [أو يتخلّى عنه] لمالكٍ سابق.

re·ceipt [rĭ sēt′] *(n.; vt.)* (١) recipe (٢) علاج (٣) استلام؛ تَلَقٍّ (٤) *pl.* المقبوضات: المبالغ المقبوضة أو الأشياء المُسْتَلمة (تج) (٥) «إيصال»؛ وَصْل استلام § (٦) يعطي إيصالًا؛ يُشعر باستلام كذا (٧) يكتب [على فاتورة إلخ] أن القيمة قد دُفعت.

re·ceiv·a·ble [rĭ sē′və -] *(adj.)* (١) مقبول <Gold is ~ all over the world.> (٢) مُسْتحِقّ القَبْض <~ accounts> (٣) قابلٌ للاستقبال [إذاعيًّا أو تلفزيونيًّا].

re·ceiv·a·bles *(n. pl.)* الذِّمم؛ مُسْتحقّات القبض؛ حسابات المَدينين.

re·ceive [rĭ sēv′] *(vt.; i.)* (١) «أ» يتسلَّم؛ يستلم. «ب» يتلقّى. «ج» يستوعب (٢) يُدخِل في؛ يقبله عضوًا <to ~ a person into the church> (٣) يؤمن به؛ يعترف بصحته <a principle universally *~d*> (٤) يتَّسِع لِـ <a hole large enough to ~ two men> (٥) يَسْتَقْبِل؛ يرحّب بِـ (٦) يَلْقى؛ يلاقي <to ~ attention> (٧) يتحمّل: يقاسي ألمًا أو أذًى x (٨) يستقبل: «أ» يمكث في بيته لاستقبال الزائرين <He *~s* on Mondays.>. «ب» يستقبل مَوْجات الراديو المُضَمَّنة ويحوّلها إلى صوت أو صورة (ألك).

re·ceiv·er [rĭ sē′vər] *(n.)* (١) المُسْتلِم. وبخاصة: «أ» أمين الصندوق. «ب» الحارس القضائي؛ وكيل التفليسة. «ج» مُتَلَقّي السِّلع المسروقة (٢) المُستقبِل: وعاء لاستقبال الغازات واستيعابها (ك) (٣) المُسْتَقْبِلة (مج): «أ» جهاز راديو أو تلفزيون مستقبِل. «ب» السمّاعة: الجزء المستقبِل، الذي يوضع على الأذن، من «يد» التلفون.

re·ceiv·er·ship [-shĭp] *(n.)* الحراسة القضائيّة: «أ» مركز الحارس القضائيّ أو وظيفته. «ب» كونُ الممتلكات خاضعةً لإشراف حارس قضائيّ <to put a corporation into ~>.

re·ceiv·ing [-sē′-] *(n.; adj.)* (١) تَلَقّي المسروقات § (٢) مستقبِل؛ مُتَلَقٍّ.

receiving order *(n.)* حكمٌ بالحراسة: أمرٌ من محكمة إفلاس يقضي بتعيين حارس قضائي.

receiving set *(n.)* المستقبِلة (مج): جهاز راديو أو تلفزيون مستقبِل.

re·cen·cy; re·cent·ness [rē′-] *(n.)* حَداثة؛ جِدّة.

re·cen·sion [rĭ sĕn′shən] *(n.)* (١) تحرير النصّ: تنقيح لأثر قديم على

ă at; ā date; â care; ä car; ĕ egg; ē me; ĭ in; ī bite; ŏ lot; ō bone; ô orphan; oi boil; ŏŏ good; ōō boot; ou out; ŭ under; û urgent; ə = *a* in alone, *e* in system, *i* in easily, *o* in gallop, *u* in circus.

أساس من الدراسة النقدية للنصّ وللمصادر (٢) نصٌّ مُحَرَّر .

re·cent [rē'sənt] *(adj.)* حديث ؛ جديد .

re·cent·ly [rē'sənt lĭ] *(adv.)* حديثًا ؛ مؤخّرًا ؛ منذ عهد قريب .

re·cep·ta·cle [rĭ sĕp'tə kəl] *(n.)* (١) وعاء ؛ إناء (٢) قُرص الزهرة ؛ كرسيّ الزهرة (نب) (٣) المأخَذ ؛ المَقْبِس (را . outlet) (كب) .

receptacle 2.

re·cep·tion [rĭ sĕp'-] *(n.)* مص receive، مثل : «أ» تَسَلُّم ؛ استلام . «ب» تلَقٍّ . «ج» قَبول . «د» استقبالٌ [للضيوف] . «هـ» الاستقبال : استقبال الجهاز اللاقط للإشارات الصّوتيّة أو درجةُ فعالية ذلك (رد) .

re·cep·tion·ist [rĭ sĕp'shən ĭst] *(n.)* المرحِّب : موظف مُهِمّتُهُ الترحيب بالوافدين على مكتب إلخ .

reception room *(n.)* حُجرة الاستقبال .

re·cep·tive [rĭ sĕp'-] *(adj.)* (١) متفتّح ؛ مُنْفتح : سريع إلى تلقّي الفكرات أو تقبُّلها <a ~ mind> (٢) انفتاحيّ : مُتَّسِم بنزْعة إلى تقبّل المقترحات أو العروض بعطف <a ~ frame of mind> (٣) حِسِّيّ («فس» و«نف») .

re·cep·tiv·i·ty [rē'sĕp tĭv'ə tĭ] *(n.)* الانفتاح .

re·cep·tor [rĭ sĕp'tər] *(n.)* (١) «أ» المتقبِّل ؛ المستقبِل : عضو الحسّ . «ب» نهاية عصبية (فس) (٢) السّمّاعة : الجزء المستقبِل، الذي يوضع على الأذن، من «يد» التلفون (٣) جهاز الاستقبال [في التلغراف اللاسلكي] .

re·cess[1] [rĭ sĕs'; rē'sĕs] *(n.)* (١) تراجُع ؛ ارتداد (٢) *pl.*: «أ» مُعْتَزَل ؛ مُخْتَلًى ؛ موضع منعزل أو داخليّ . «ب» أعماق <in the ~*es* of the heart> (٣) «أ» تثلُّم ؛ تسنُّن [في شاطئ أو هضبة أو غابة] . «ب» تجويف . «ج» فجوة في جدار غرفة [لوضع سرير أو مجموعة كتب] (٤) عطلة .

re·cess[2] [rĭ sĕs'] *(vt.; i.)* (١) يضع في فَجْوة جدار (٢) يُحْدِث فجوةً [للكتب إلخ] في جدار **x** (٣) يأخذ عطلة .

re·ces·sion[1] [rĭ sĕsh'ən] *(n.)* (١) تراجع ؛ انسحاب ؛ ارتداد ؛ انحسار (٢) موكب العودة [كموكب عودة الكهنة وجوقة المرتّلين بعد القدّاس] (٣) جزء مرتدّ إلى الوراء [من جدار إلخ] (٤) فترة الركود : فتور مؤقّت في النشاط الاقتصادي .

re·ces·sion[2] *(n.)* إرجاع ؛ إعادة . <the ~ of conquered territory> .

re·ces·sion·al [rĭ sĕsh'ən əl] *(adj.; n.)* (١) انسحابيّ ؛ خِتاميّ : مُنْشَدٌ أو معزوف أثناء انسحاب الكَهنة وجوقة المرتِّلين من الكنيسة عند انتهاء القدّاس § (٢) ترنيمة الانسحاب ؛ موسيقى الانسحاب [تُنْشَد أو تُعْزَف أثناء انسحاب الكهنة والمرتِّلين من الكنيسة] (٣) recession[1] *2* .

re·ces·sive [rĭ sĕs'-] *(adj.)* (١) مُرتدّ ؛ مُنحسِر ؛ متراجع (٢) مُتَنَحٍّ (أح) .

recessive character *(n.)* المُتَنَحّية ؛ الصِّفة المكبوتة أو المنفورة : صفة وراثية ناشئة عن جينة أو مُوَرِّثة gene ذات فعالية كيْميحَيَوية biochemical أضعف من فعالية المورِّثة السائدة (أح) .

re·charge *(vt.; t.)* (١) يهاجم ثانيةً (٢) يستعيد نشاطه **x** (٣) يَشْحن ثانيةً .

ré·chauf·fé [rā shō fā'] *(n.)* الرَّجيع : «أ» طبقُ طعام بَرَدَ فَسُخِّن ثانيةً . «ب» كلُّ ما يُقدَّم أو يُستعمل من جديد في شكل أو آخر من غير تعديل أو تحسين جوهريّ .

re·cheat [rĭ chēt'] *(n.)* استنفار لكلاب الصيد [بواسطة البوق] .

re·cher·ché [rə shâr'shā] *(adj.)* (١) رائعٌ ؛ مختار بعناية (٢) نادر (٣) نفيس (٤) «أ» مُفرِط الأناقة . «ب» متكلَّف ؛ مُتَمَحَّل .

re·cid·i·vism [rĭ sĭd'ə vĭz'əm] *(n.)* الانتكاسية : نزعة إلى الارتداد إلى وضع أو سلوك سابق [وبخاصةٍ إلى الإجرام] .

re·cid·i·vist [rĭ sĭd'ə-] *(n.; adj.)* (١) الانتكاسيّ : النَّزّاع للعودة إلى الإجرام ؛ المجرم الذي لا سبيل إلى شفائه من النزعات الإجراميّة § (٢) انتكاسيّ .

rec·ipe [rĕs'ə pē'] *(n.)* (١) الوَصْفة : «أ» وصفة طبّيّة . «ب» صيغة طَهْوية [تصف كيفية إعداد لون من ألوان الطعام] (٢) وسيلة ؛ سبيل ؛ طريق .

re·cip·i·ent [rĭ sĭp'ĭ ənt] *(n.; adj.)* متسلِّم ؛ مُتَلَقٍّ ؛ مُتَقَبِّل .

re·cip·ro·cal [rĭ sĭp'rə kəl] *(adj.; n.)* (١) متبادل <~ love> (٢) تبادُليّ (ل) : دالّ على علاقة متبادلة [مثل each other أو one another] (٣) مقلوب (ر) § (٤) المَقْلوب <The ~ of $\frac{2}{3}$ is $\frac{3}{2}$> .

re·cip·ro·cate [-'rə kāt'] *(vt.; i.)* (١) يتبادل [العواطفَ إلخ] (٢) يردّ [المجاملة بمثلها إلخ] (٣) يجعله يتردَّد [إلى أمام وإلى وراء] **x** (٤) يتردَّد [إلى أمام وإلى وراء] .
— **re·cip·ro·ca·tor** *(n.)*

re·cip·ro·cat·ing engine *(n.)* المحرِّك الإبداليّ أو الترَدُّديّ : محرِّك تتحوّل فيه حركةُ الكبّاس الترَدُّدية إلى حركة دورانية .

re·cip·ro·ca·tion [rĭ sĭp'rə kā'-] *(n.)* (١) تبادُل (٢) مُبادَلةٌ بالمِثل (٣) التعاكس ؛ تردُّد الحركة [مك] .
— **re·cip·ro·ca·tive** *(adj.)*

rec·i·proc·i·ty [rĕs'ə prŏs'-] *(n.)* (١) التبادُليّة (٢) تبادُل (٣) المعاملة بالمثل [بين حكومتين] من حيث القيود على التجارة أو التسهيلات الخاصة بها .

re·ci·sion [rĭ sĭzh'ən] *(n.)* إبطال ؛ إلغاء ؛ حَذْف .

re·cit·al [rĭ sīt'əl] *(n.)* (١) تلاوة ؛ إلقاء (٢) سَرْدٌ ؛ قصّ ؛ رواية (٣) قصة ؛ حكاية ؛ وصف (٤) حفلة العزف الفَرْديّ : حفلة موسيقية يحييها عازفٌ فَرْدٌ، عادةً، أو تتألف من مختارات تُعْزَف من آثار مؤلِّفٍ فَرْدٍ .

re·cit·al·ist [-ĭst] *(n.)* العازف الفَرْد : موسيقيّ يُحيي حفلة عَزْفٍ فرديّ .

rec·i·ta·tion [rĕs'ə tā'-] *(n.)* (١) تلاوة ؛ إلقاء (٢) نصّ مَتْلُوّ (٣) «أ» التّسميع : إجابة الطالب الشّفهيّة على أسئلة المدرِّس . «ب» حِصّة تدريس .

rec·i·ta·tive[1] [rĕs'ə tā'tĭv] *(adj.)* سَرْديّ ؛ قَصَصيّ .

rec·i·ta·tive[2] [rĕs'ə tə tēv'] *(n.)* (١) الإلقاء المَلْحُون : موسيقى صوتيّة وَسَطٌ بين الكلام والغناء، تُصْطَنَع في تأدية المقاطع القَصصية أو الحِواريّة من المُغَنّاة [الأوبرا] (٢) المقطع الملحون (٣) recitation .

rec·i·ta·ti·vo [-tē'vō] *(n.)* pl. **-vi** [vē] *or* **-vos** = recitative *1-2*.

re·cite [rĭ sīt'] *(vt.; i.)* (١) يتلو أو يُلقي (٢) يروي ؛ يقصّ ؛ يَسْرُد (٣) يُسمِّع [الطالبُ] درسًا .
— **re·cit·er** *(n.)*

reck [rĕk] *(vi.; t.)* (١) يَهْتمّ (٢) يَهُمّ : يُقَدِّم أو يؤخِّر <It ~*s* not.> **x** (٣) يُبالي بِـ .

reck·less [rĕk'ləs] *(adj.)* (١) طائش ؛ متهوِّر (٢) لامُبالٍ (٣) مُهْمِل .

reck·on [rĕk′ən] *(vt.; i.)* <He is ~*ed* a great poet.> (١) يَعُدّ؛ يَحْسِب؛ يقدِّر (٢) يعتبر (٣) يظنّ؛ يعتقد (ع) x (٤) يصفّي حسابًا (٥) «أ» يرتئي. «ب» يفترض؛ يحسب (ع) (٦) يتّكل؛ يعتمد على. **—reck·on·er** *(n.)*

a man to be ~*ed* with رجلٌ يُحْسَبُ له حساب.

to ~ (something) in يُدْخل شيئًا في الحساب.

reck·on·ing [rĕk′ən-] *(n.)* (١) مص reckon (٢) حساب؛ تقدير (٣) تقدير [أو حساب] موقع السفينة (٤) تصفية حساب (٥) فاتورة بالحساب (٦) الحساب؛ المحاسبة <~ day of>.

re·claim [rĭ klām′] *(vt.)* (١) «أ» يُصْلح [شخصًا]؛ يردُّهُ إلى جادّة الصواب. «ب» يروِّض (٢) يستصلح: «أ» يجعل الأرض صالحة للزراعة. «ب» يستخلص المطّاط إلخ من ناتجٍ مُهْمَل أو حصيلة ثانية.

re–claim [rē klām′] *(vt.)* يطالب بإعادة أو استرداد كذا.

rec·la·ma·tion [rĕk′lə mā′-] *(n.)* (١) «أ» إصلاح. «ب» ترويض (٢) استصلاح [أرضٍ] (٣) استخلاص [مادةٍ من ناتجٍ مُهْمَل إلخ].

ré·clame [rĕ klȧm′] *(n.)* (١) شُهْرة (٢) طلبُ الشُّهرة.

rec·li·nate [rĕk′lə nāt′] *(adj.)* مُتَدلٍّ: مائلٌ بحيث يكون الرأس تحت مستوى القاعدة <~ leaves>.

re·cline [rĭ klīn′] *(vt.; i.)* (١) يَحني [إلى الوراء] x (٢) ينحني [إلى الوراء] (٣) «أ» يتكئ. «ب» يستلقي؛ يضطجع.

re·clos·a·ble [rē′klō′zə-] *(adj.)* يُغْلَق ثانيةً: قابل للإغلاق من جديد.

re·cluse [1] [rĭ klōōs′] *(adj.)* مُتَوحِّد؛ مُعتزِل؛ منعزل عن العالم.

re·cluse [2] [rĕk′lōōs; rĭ klōōs′] *(n.)* المتوحِّد؛ الناسك.

re·clu·sion [rĭ klōō′zhən] *(n.)* (١) توحّد؛ تنسُّك؛ اعتكاف (٢) عُزْلة (٣) سَجْن. وبخاصة: سَجْن انفراديّ.

rec·og·ni·tion [rĕk′əg nĭsh′ən] *(n.)* (١) «أ» تمييز؛ تعرُّف. «ب» إدراك (٢) تقدير [لفضلٍ أو خدمةٍ إلخ] (٣) إقرارٌ؛ تسليمٌ بـِ (٤) اعتراف [بحكومةٍ أو دولةٍ إلخ] (٥) اهتمامٌ خاصٌّ.

in ~ of his services تقديرًا لخدماته؛ اعترافًا بخدماته.

rec·og·niz·a·ble [-′əg nīz-] *(adj.)* ممكنٌ تمييزُهُ أو إدراكُهُ أو تقديرُهُ إلخ.

re·cog·ni·zance [rĭ kŏg′nə zəns] *(n.)* (١) الإقرار الالتزاميّ: تعهُّدٌ رسميّ يُلزم صاحبَهُ بأداء عمل معيَّن [كالمثول أمام المحكمة في وقت معيَّن] (٢) كفالة [تُقدَّم عند إعطاء هذا التعهّد] (٣) recognition.

to enter into ~*s* يوقّع على إقرار التزاميّ.

rec·og·nize [rĕk′əg nīz′] *(vt.; i.)* (١) «أ» يميز؛ يتعرّف؛ يعرف ثانيةً <Salim had changed so much that one could scarcely ~ him.>. «ب» يُدْرِك (٢) يقدِّر [خدماتِ فلان إلخ] (٣) يُقِرّ؛ يعترف؛ يسلِّم بـِ (٤) يعترف [بحكومة أو دولة] x (٥) يوقِّع على إقرار التزاميّ (را. recognizance *1*).

re·coil [1] [rĭ koil′] *(vi.)* (١) يَرْتدّ؛ يَنْكُص؛ يتراجع (٢) يرتدّ: يتراجع السّلاح الناريّ عند إطلاقه (٣) ينقلب على؛ يرتدّ إلى <Revenge may ~ upon the avenger.>.

re·coil [2] [rē′koil′; rē koil′] *(n.)* (١) ارتداد؛ نكوص؛ تراجُع (٢) الارتداد: تراجُع السّلاح الناري عند إطلاقه (٣) رَدُّ فعل.

re·coil·less [rĭ koil′ləs; rē′koil′ləs] *(adj.)* عديم الارتداد <~ guns>.

re·coin [rē′koin′] *(vt.)* يَسُكّ ثانيةً: يَضرب العملةَ من جديد.

rec·ol·lect [rĕk′ə lĕkt′] *(vt.; i.)* يَذْكُر؛ يتذكّر.

re–col·lect [rē′kə lĕkt′] *(vt.)* (١) يَلُمّ الشَّعْث (٢) يستجمع قواه إلخ.

re·col·lect·ed [rē′kə lĕk′tĭd] *(adj.)* هادئ؛ رابط الجأش.

rec·ol·lec·tion [-′shən] *(n.)* (١) هدوء؛ رباطة جأش (٢) تَذَكُّر (٣) ذاكرة <a weakened ~> (٤) ذِكْرَى <~*s* of my childhood>.

re·com·bine [rē kəm bīn′] *(vt.; i.)* يُوَحِّد أو يتّحد ثانيةً.

re·com·mence [-mĕns′] *(vi.; t.)* (١) يبدأ ثانيةً x (٢) يستأنف؛ يجدّد.

rec·om·mend [rĕk′ə mĕnd′] *(vt.)* (١) يزكّي؛ يقدِّم توصيةً <He ~*ed* her as a good typist.> (٢) يفوِّض [أمرَهُ إلخ] إلى؛ يَعْهد به إلى (٣) ينصح؛ يُوصي بِـ (٤) يَشْفع: يجعله مقبولًا أو سائغًا أو جذابًا.

rec·om·men·da·tion [-mĕn dā′-] *(n.)* (١) تزكية؛ توْصية (٢) رسالة [أو كلمة إلخ] تزكيةٍ (٣) نصيحة (٤) حسنة؛ فضيلة؛ مَحْمَدَة: شيء يجعل المرء موضع الثقة وحُسْن الظنّ <A sweet disposition is a ~ in a secretary.>. **—rec·om·men·da·to·ry** *(adj.)*

re·com·mit [rē′kə mĭt′] *(vt.)* (١) يقترف ثانيةً [إثمًا أو جريمةً] (٢) يُودِع ثانيةً؛ يُرجع أو يُعيد إلى <to ~ a criminal to prison> (٣) يُعيد [مشروعَ قانونٍ] إلى لجنة. **—re·com·mit·ment; re·com·mit·tal** *(n.)*

rec·om·pense [rĕk′əm pĕns′] *(vt.; n.)* (١) يجازي؛ يكافئ أو يعاقب (٢) يعوِّض على § (٣) جزاء؛ مكافأة؛ تعويض.

re·com·pose [rē′kəm pōz′] *(vt.)* (١) يرتِّب ثانيةً؛ يصوغ من جديد (٢) يُعيد إليه رباطة جأشه.

rec·on·cil·a·ble [rĕk′ən sī′-] *(adj.)* قابلٌ للتّسوية أو للتوفيق.

rec·on·cile [rĕk′ən sīl′] *(vt.; i.)* (١) يُصالح؛ يُصلح [بين متخاصمَين]؛ يُصْلِح ذات البَيْن (٢) يسوّي أو ينهي [خلافًا أو نزاعًا] (٣) يوفّق بين <~*d* his ideals with practical reality> (٤) يستميل؛ يسترضي (٥) يَرُوِّض [نفسَهُ] على؛ يحملها على الإذعان والقبول <to ~ oneself to afflictions> x (٦) يتصالح مع. **—rec·on·cil·i·a·to·ry** *(adj.)*

rec·on·cil·i·a·tion; rec·on·cile·ment *(n.)* مصالحة؛ توفيق إلخ.

rec·on·dite [rĕk′ən dīt′; rĭ kŏn′-] *(adj.)* (١) مَخبوء؛ محجوب؛ مَخْفيّ (٢) عويص؛ عميق <~ subjects> (٣) غامض؛ مُبْهَم.

re·con·di·tion [rē′kən dĭsh′-] *(vt.)* (١) يجدِّد؛ يُرَمِّم (٢) يُصلح.

re·con·firm [rē′kən fûrm′] *(vt.)* يؤكِّد أو يثبّت ثانيةً.

re·con·nais·sance [rĭ kŏn′ə səns] *(n.)* استطلاع؛ استكشاف؛ ريادة.

re·con·noi·ter [rē kə noi′tər] *(vt.; i.)* يستطلع ؛ يستكشف ؛ يَرُود .

re·con·sid·er [rē kən sĭd′ər] *(vt.; i.)* يُعيد النَّظر في . . .

re·con·sti·tute [rē kŏn′stə to͞ot′] *(vt.)* ينشئ أو يشكِّل ثانيةً .

re·con·struct [rē′kən strŭkt′] *(vt.)* يبني أو ينظِّم ثانيةً .

re·con·struc·tion [-strŭk′-] *(n.)* (١) إعادة البناء (٢) شيء أُعيد بناؤه .

re·con·ver·sion [rē′kən vûr′zhən] *(n.)* إعادة إلى وضع سابق .

re·con·vert [-vûrt′] *(vt.; i.)* (١) يُعيد إلى وضع سابق . وبخاصة : «أ» يعيد صناعة أو مصنعًا، بعد انتهاء الحكومة من إنتاج الموادّ الحربية، إلى إنتاج السِّلَع المدنية . «ب» يعيد ماكينةً، كانت قد كُيِّفت لتعمل بوقود مختلف، إلى العمل بالوقود السابق **x** (٢) يرتدّ : يعود إلى وضعه السابق .

re·con·vey [rē′kən vā′] *(vt.)* يُعيد إلى وضع [أو مالك] سابق .

re·cord [1] [rĭ kôrd′] *(vt.; i.)* (١) يُدَوِّن ؛ يُسجِّل (٢) يشير إلى ؛ يدلّ على <thermometer ~*ed* 37 degrees> (٣) يسجِّل صوتًا [على أسطوانة إلخ] .

re·cord [2] [rĕk′ərd] *(n.)* (١) تدوين ؛ تسجيل (٢) المدوَّنة : شيء مدوَّنٌ أو محفوظ (٣) بيان (٤) مَحْضر (٥) سِجلّ (٦) رقم قياسيّ (ر ب) (٧) أسطوانة [فونوغرافية] .

- off the ~, غير رسميّ ؛ «ليس للنشر» .
- on ~, (١) مدوَّن ؛ مُسجَّل ؛ منشور (٢) معروف عنه كذا .
- to break *or* beat a ~, يَضْرِب الرقم القياسيّ .

re·cord [3] *(adj.)* استثنائيّ ؛ قياسيّ ؛ مُتَخطٍّ حدودَ المألوف <~ heat> .

re·cor·da·tion [rĕk′ər dā′shən] *(n.)* تدوين ؛ تسجيل .

record–breaking *(adj.)* ضاربٌ الرقم القياسيّ <a ~ speed> .

record changer *(n.)* (١) الفونوغراف التبديلي : فونوغراف مزوّد بمُبَدِّلة أسطوانات (٢) مبدِّلة الأسطوانات : أداة ملحقة بالفونوغراف تُنزِل الأسطوانات إلى القرص الدائر بحيث يسمعها المرء على التعاقب من غير ما حاجة إلى تبديلها .

re·cord·er [rĭ kôr′-] *(n.)* (١) المدوِّن ؛ المُسَجِّل (٢) «أ» القاضي الأول [في بعض المدن البريطانية] . «ب» القاضي الابتدائي : قاضٍ محلّي له صلاحية النظر في الدعاوى الجنائية الابتدائية (٣) المُسجِّلة : جهاز تسجيل الصوت على شريط مغنطيسي (٤) الفلوت المثمَّن : آلة شبيهة بالفلوت ذات ثمانية ثقوب .

recorder 4.

re·cord·ing [rĭ kôr′-] *(n.)* (١) تسجيل ؛ تدوين (٢) الكلام أو الصوت المُسَجَّل .

re·cord·ist [-′dĭst] *(n.)* مُسَجِّل الصوت [وبخاصة على شريطٍ مغنطيسيّ] .

record player *(n.)* المُسْتَنْطِقة ؛ مُلَعِّبة الأسطوانات : أداة «لاستنطاق» الأسطوانات الفونوغرافية أي لاستخراج الصوت المعبأ فيها .

re·count [1] [rĭ kount′] *(vt.)* (١) يروي ؛ يَسْرُد (٢) يُعدِّد .

re·count [2] [rē kount′] *(vt.)* يَعُدّ ثانيةً ؛ يُعيد العَدّ .

re·count [3] [rē′kount′; rē kount′] *(n.)* عَدٌّ ثانٍ ؛ إعادة عَدّ .

re·coup [rĭ ko͞op′] *(vt.; i.)* (١) يقتطع : «أ» يستبقي جزءًا [بحيث يُنقِص مبلغًا مستحقّ الأداء] . «ب» يُسْقِط [يحسم] جزءًا من الخسائر (٢) ينال تعويضًا [عن خسارة إلخ] (٣) يعوِّضه مِنْ ؛ يعيد إليه مالًا دفعَهُ (٤) يستردّ ؛ يستعيد **x** (٥) يعوِّض [عن خسارة] .

re·course [rē′kōrs; rĭ kōrs′] *(n.)* (١) التجاء ؛ استعانة (٢) ملجأ ؛ مَلاذ ؛ سبيل (٣) حقّ الرجوع : حق حامل الكمبيالة في الرجوع على الساحب أو المحيلين [أي مطالبتهم بدفع قيمتها] .

- to have ~ to يلجأ إلى ؛ يلتمس العون من .
- without ~, دون حقّ الرجوع على المحوِّل [لمطالبته بالدفع] .

re·cov·er [rĭ kŭv′ər] *(vt; i.)* (١) يستردّ ؛ يستعيد (٢) «أ» يعيد إلى الحياة أو العافية أو الرُّشد أو إلى وضعٍ سويّ . «ب» يُنقِذ (ا . ق) (٣) «أ» يعوِّض عن . «ب» يكسب بدعوى قضائية (٤) **x** reclaim (٥) يَشْفَى ؛ يُبِلّ (٦) ينهض [من كَبْوةٍ] ؛ ينتعش (٧) يكسب الدعوى .

re–cov·er [rē-] *(vt.)* (١) يُغطّي ثانيةً (٢) يزوِّدُهُ بغطاء جديد .

re·cov·er·a·ble [rĭ kŭv′ər-] *(adj.)* ممكنٌ استردادُهُ : قابلٌ للاستعادة .

re·cov·er·y [rĭ kŭv′ə rĭ] *(n.)* (١) «أ» استرداد ؛ استعادة . «ب» الشيء المُسْتَرَدّ (٢) إبلال ؛ شفاء (٣) نهوض ؛ عودةٌ إلى وضعٍ سويّ ؛ انتعاش (٤) استصلاح ؛ استخلاص (را . reclaim 2b) .

recovery room *(n.)* حجرة الإفاقة ؛ غرفة الإنعاش : حجرة في مستشفًى مزوَّدة بكل ما تتطلَّب وجودَهُ الطوارئ الناشئة إثر إجراء العمليات الجراحية .

rec·re·ance *also* **rec·re·an·cy** [rĕk′rĭ-] *(n.)* (١) جُبْن (٢) خيانة .

rec·re·ant [rĕk′rĭ ənt] *(adj.; n.)* (١) جبان (٢) خائن .

rec·re·ate [rĕk′rĭ āt′] *(vt.; i.)* (١) يُنعِش : يُجدِّد النشاط الجسدي والعقلي **x** (٢) يستجمّ : يأخذ قسطًا من الراحة .

re–cre·a·te [rē′krĭ āt′] *(vt.)* يَبْعث : يَخْلُقُ من جديد .

rec·re·a·tion [rĕk′rĭ ā′-] *(n.)* (١) استجمام (٢) وسيلة استجمام ؛ هواية .

re–cre·a·tion [rē′krĭ ā′-] *(n.)* بعث ؛ تجديد ؛ خَلْقٌ من جديد .

rec·re·a·tion·al [rĕk′rĭ ā′-] *(adj.)* (١) استجماميّ (٢) مُعَدّ للاستجمام .

rec·re·a·tion·ist [-ĭst] *(n.)* المُسْتَجِمّ . وبخاصة في الهواء الطَّلْق .

rec·re·a·tive [1] [rĕk′-] *(adj.)* مُنعش : مُجدِّد للنشاط الجسدي أو العقلي .

re·cre·a·tive [2] [rē′krĭ āt′-] *(adj.)* باعث ؛ مجدِّد ؛ خالق من جديد .

re·crim·i·nate [rĭ krĭm′ə nāt′] *(vi.)* يَرُدّ باتهام مضادّ (ق) .

re·crim·i·na·tion [rĭ krĭm′ə nā′-] *(n.)* اتّهام مضادّ .

re·cru·desce [rĭ′kro͞o dĕs′] *(vi.)* (١) ينفجر ثانية (٢) يتفشّى مجدَّدًا (٣) يَنْشَط من جديد .

— **re·cru·des·cence** *(n.)* – **des·cent** *(adj.)*

re·cruit [rĭ kro͞ot′] *(n.; vt.; i.)* (١) مَدَدٌ (٢) عضوٌ جديد [في جماعة أو طبقة] (٣) مُجَنَّد جديد (٤) مجنَّد سابق § (٥) يُمِدّ أو يعزِّز جيشًا [بمجنَّدين جُدُد] (٦) يوظِّف ؛ يستخدم (٧) يجنِّد ؛ يطوِّع (٨) يجدِّد (٩) يعافي ؛ يُقَوّي ؛ يُنَشِّط **x** (١٠) يَشْفَى ؛ يتعافى .

re·cruit·ing; re·cruit·ment [rĭ kro͞ot′-] *(n.)* تجنيد ؛ تطويع .

re·crys·tal·lize [rē′krĭs′-] *(vt.; i.)* يُبلِّر [أو يتبلَّر] ثانيةً أو تكرارًا .

rect- *or* **recto-** بادئة معناها : المِعَى المستقيم <*rect*al> .

rec·tal [rĕk′təl] *(adj.)* مستقيميّ : منسوب إلى المِعَى المستقيم .

rec·tan·gle [rĕk′tăng′gəl] *(n.)* المستطيل (هن) .

rectangle

rec·tan·gu·lar [rĕk tăng′gyə lər] *(adj.)* (١) مستطيل

الشكل (٢) متعامد؛ قائم.

rectangular coordinates *(n. pl.)* الإحداثيّات المتعامدة (ر).

recti- بادئة معناها: مستقيم <*recti*linear>.

rec·ti·fi·a·ble [rĕk'tə fī'ə bəl] *(adj.)* (١) ممكنٌ تصحيحه أو تعديلُهُ (٢) قابلٌ للقياس.

rec·ti·fi·ca·tion [rĕk'tə fĭ kā'-] *(n.)* تصحيح؛ تعديل؛ تقويم إلخ.

rec·ti·fi·er [rĕk'tə fī'ər] *(n.)* (١) المصحِّح؛ المعدِّل إلخ (٢) المقوِّم: أداة لتحويل التيار المتردِّد إلى تيار مُطَّرد (كب).

rec·ti·fy [rĕk'tə fī'] *(vt.)* (١) يصحِّح؛ يعالج (٢) يكرِّر التقطير (ك) (٣) يعدِّل؛ يُنقِّح (٤) يقوِّم: يحوِّل تيّارًا مُتردِّدًا إلى تيّار مُطَّرد (كب) (٥) يعيِّن طولَ قوس المُنْحَنى (ر).

rec·ti·lin·e·ar [rĕk'tə lĭn'ĭ-] *(adj.)* (١) مستقيم (٢) مستقيم الأضلاع.

rectilinear angle *(n.)* زاوية مستقيمة الضِّلعين (ر).

rectilinear lens *(n.)* عدسة مستقيمة الصُّوَر (بص).

rectilinear motion *(n.)* الحركة المستقيمة (مك).

rec·ti·tude [rĕk'tĭ to͞od'] *(n.)* (١) استقامة (٢) صحةُ [الرأي أو الحكم].

rec·ti·tu·di·nous [-to͞od'-] *(adj.)* مستقيم: مُتَّسِم بالاستقامة أو الأمانة.

rec·to [rĕk'tō] *(n.)* (١) الصفحة اليمنى (٢) وَجْهُ [الكتابِ أو العُمْلة].

rec·tor [rĕk'tər] *(n.)* (١) الموجِّه؛ القائد (٢) «أ» قِسّيس [في الكنيسة الإنكليزية]. «ب» كاهن [كث] (٣) رئيسُ [جامعةٍ أو مدرسة].

rec·tor·ate [-ĭt] *(n.)* (١) منصب القَسّ أو مدة ولايته (٢) رئاسة الجامعة.

rec·to·ry [rĕk'tə rĭ] *(n.)* (١) منصِب القسّ (٢) بيت القسّ.

rec·trix [rĕk'trĭks] *(n.)* pl. **rec·tri·ces** [rĕk'trə sēz'; rĕk trī'-] الرِّفلة: إحدى الريشات الكبار في ذيل الطائر.

rec·tum [rĕk'təm] *(n.)* pl. **-s; -ta** [tə] المستقيم (ت).

rec·tus [rĕk'təs] *(n.)* pl. **-ti** [tī; tē] العضلة المستقيمة (ت).

re·cum·ben·cy [rĭ kŭm'bən sĭ] *(n.)* (١) استلقاء؛ اضطجاع (٢) هجوع؛ سكون (٣) اتِّكاء؛ («ح» و«نب»).

re·cum·bent [rĭ kŭm'bənt] *(adj.)* (١) مُسْتَلْقٍ؛ مُضْطَجِع (٢) هاجع؛ ساكن (٣) مُتَّكِئ («ح» و«نب»).

re·cu·per·ate [rĭ ko͞o'pə rāt'] *(vt.; i.)* (١) يستردّ؛ يستعيد **x** (٢) يتعافى (٣) يعوِّض [مالًا خسره].

— **re·cu·per·a·tive** *(adj.)*

re·cur [rĭ kûr'] *(vi.)* (١) يلجأ إلى (ا. ن) (٢) يرجع؛ يعود <~*red* to that subject> (٣) يعاودُ الذهنَ <~*ring* ideas> (٤) يتكرَّر؛ يَحْدُث ثانية [بعد فترة].

re·cur·rence [rĭ kûr'əns] *(n.)* (١) التجاء (٢) عودة (٣) تكرار.

re·cur·rent [-'ənt] *(adj.)* (١) راجعٌ: مرتدّ في اتجاه معاكِس لاتجاه سابق <~ laryngeal nerve> (٢) مُتواتر؛ متكرِّر دَوريًّا <~ complaints>.

recurrent fever *(n.)* الحُمَّى الراجعة؛ الحُمَّى النّاكسة (ط).

recurring decimal *(n.)* العُشْريّ المتكرِّر؛ الكَسْر العشريّ الدائر (ر).

re·cur·sion [rĭ kûr'zhən] *(n.)* (١) عودة (٢) الارتداد (ر).

re·cur·vate [rĭ kûr'vĭt; -'vāt] *(adj.)* مُنْحنٍ إلى الوراء.

re·curve [rĭ kûrv'] *(vt.; i.)* يَحْني [أو ينحني] إلى الوراء.

rec·u·san·cy [rĕk'yə zən sĭ; rĭ kyo͞o'-] *(n.)* رَفْض؛ عصيان؛ تمرُّد.

rec·u·sant [rĕk'yə zənt; rĭ kyo͞o'-] *(adj.)* رافض؛ عاصٍ؛ متمرِّد.

re·cy·cle [rē'sī'kəl] *(vt.; n.)* (١) يعيد الدَّورة. وبخاصّة لاستخراج موادّ صالحة للاستعمال مجدَّدًا (٢) يكيِّف؛ يُعَدِّل (٣) يعيد السَّبك؛ يعيد الاستعمال § (٤) إعادة الدورة إلخ.

Recycle Bin *(n.)* = trashcan *b.*

red [rĕd] *(adj.; n.)* (١) «أ» أحمر؛ حمراء. «ب» محمَرّ خجلًا. «ج» وَرْديّ؛ متورِّد. «د» محتقنة <~ eye>. «هـ» ضارب إلى الحمرة (٢) متوهج (٣) أحمر: «أ» داعٍ إلى إحداث تغييرات اجتماعيّة أو سياسيّة، وبخاصة بالقوّة. «ب» شيوعي. «ج» ذو علاقة بالاتحاد السوفياتي السابق وحلفائه § (٤) «أ» اللون الأحمر. «ب» نبيذ أحمر (٥) حيوان صوفُهُ ضارب إلى الحمرة (٦) صِبْغٌ أحمر (٧) الأحمر: «أ» المؤيِّد للإطاحة بالنظام الاجتماعي أو السياسي القائم. «ب» الشيوعي.

in the ~, (١) مَدِين؛ مديون (٢) مصابٌ بخسارة.

the ~, (١) الأحمر: حبر أحمر يستعمل في مسك الدفاتر لتسجيل الخسائر (٢) خسارة.

to paint the town ~, يسترسل في المرح الصاخب إلخ.

to see ~, يلتهب غضبًا؛ يستشيط غضبًا.

-red لاحقة معناها: حالة <hat*red*>.

re·dact [rĭ dăkt'] *(vt.)* (١) يصوغ (٢) يحرِّر؛ ينقّح؛ يُعِدّ للطباعة.

re·dac·tion [-dăk'-] *(n.)* (١) صياغة (٢) تحرير؛ تنقيح (٣) نسخة منقَّحة.

re·dac·tor [rĭ dăk'tər] *(n.)* الصّائغ؛ المحرِّر؛ المنقِّح.

red admiral *(n.)* الأميرة الحمراء: ضرب من الفَراشات.

red alert *(n.)* الإنذار الأحمر: المرحلة الأخيرة من إنذار بغارة جوية وهو يدلّ على أن غارة العدوّ أمست وشيكةً.

red alga *(n.)* الأُشنة الحمراء؛ الطُّحْلُب الأحمر (نب).

re·dan [rĭ dăn'] *(n.)* الرَّيدان: حِصْن ذو جدارين يشكِّلان زاوية ناتئة (جن).

red ant *(n.)* السُّمْسُمة؛ النّملة الحمراء (حش).

red bay *(n.)* الغار الأحمر: شجيرة ذات خشب أحمر داكن.

red·bird [rĕd'bûrd'] *(n.)* الطائر الأحمر: أيّ من عدة طيور حمراء الريش كالدَّغناش bullfinch أو الكردينال cardinal.

red blood cell *or* **corpuscle** *(n.)* الكُرَيّة: كُرَيّة دم حمراء.

red–blood·ed [-'blŭd'ĭd] *(adj.)* (١) مفعَم بالحيويّة (٢) قويّ؛ جريء؛ شُجاع؛ رُجوليّ (٣) قاسٍ؛ مُفْزِع <~ curses>.

red·bone [rĕd'bōn'] *(n.)* الرَّدْبون: كلب صيد أميركيّ داكن الحمرة.

red·breast [rĕd'brĕst'] *(n.)* أبو الحِنّاء: طائر صغير أحمر الصَّدر.

red·bud [-ˈbŭd] *(n.)* الأُرجُوان؛ الزَّمزريق؛ البُرْعُم الأحمر (نب).

red·cap [rĕdˈkăpˊ] *(n.)* (١) حمّال [في محطّة للسكة الحديدية] (٢) شرطيّ [من شرطة الجيش].

red card *(n.)* البطاقة الحمراء [في مباراة كرة القدم] (رب).

red–car·pet [-ˈkärˊpĭt] *(adj.)* بالغ الكياسة: مُتَّسِم بكياسة بالغة.

red clover *(n.)* نَفَلُ المروج؛ النَّفَل البنفسجيّ (نب).

red·coat [-ˈkōtˊ] *(n.)* جندي بريطاني. وبخاصة إبّان الثورة الأميركية.

Red Crescent *(n.)* الهلال الأحمر.

Red Cross *(n.)* الصليب الأحمر.

redd [rĕd] *(vt.; i.)* يرتِّب؛ ينظِّم <to ~ up the house>.

red deer *(n.)* الأيِّل الأحمر (ح).

red deer

red·den [rĕdˈən] *(vt.; i.)* (١) يُحَمِّر x (٢) يَحْمرّ. وبخاصة: يحمرّ وجهه خجلًا.

red·dish [rĕdˈish] *(adj.)* مُحْمَرّ: ضاربٌ إلى الحُمرة.

red·dle; red·dle·man [rĕdˊ-] = ruddle; ruddleman.

rede [rēd] *(vt.; n.)* (١) يَنصح (ع) (٢) يَشْرح؛ يفسِّر (ع) (٣) يُخبر (ع) § (٤) نصيحة (ع) (٥) خطّة (ع) (٦) حكاية (ع) (٧) شَرْح (ع).

re·dec·o·rate [rē dĕkˊə rātˊ] *(vt.; i.)* يجدِّد الزخرفة؛ يغيِّر الزخرفة.

re·deem [rĭ dēmˊ] *(vt.)* (١) «أ» يعاود شراء [شيءٍ كان قد أُكْرِهَ على بيعه وفاءً لدَين إلخ]. «ب» يستردّ؛ يسترجع [شيئًا مرهونًا] (٢) «أ» يفتدي. «ب» يحرِّر؛ يُعتق. «ج» يُحلّ من دَيْن أو مسؤوليّة. «د» يخلِّص: يخلِّص من الخطيئة وعواقبها بتضحية يقوم بها لمصلحة الآثم (نص) (٣) يُصْلِح (٤) يجدِّد؛ يرمِّم (٥) «أ» يفكّ الرَّهن. «ب» يستهلك [السندات إلخ]؛ يردّ قيمتها. «ج» يحوِّل إلى نقد. «د» ينجز [وعدًا] (٦) يعوِّض؛ يوازن؛ يَشْفع بـ <a ~*ing* feature>.

re·deem·a·ble [rĭ dēˊmə-] *(adj.)* (١) ممكنٌ استردادُهُ أو افتداؤه أو إعتاقُهُ أو تخليصُهُ إلخ (٢) قابل للاستهلاك <bonds ~ next year>.

re·deem·er [rĭ dēˊmər] *(n.)* (١) المستردّ؛ المفتدي إلخ (٢) *cap.*: المخلِّص: يسوع المسيح (نص).

re·de·fine [-rēˊdĭ fīnˊ] *(vt.)* (١) يعيد تحديد [مفهوم] (٢) يعيد النظر في.

re·demp·tion [rĭ dĕmpˊ-] *(n.)* (١) استرداد (٢) «أ» افتداء. «ب» تحرير؛ إعتاق. «ج» تخليص [من الخطيئة] (٣) إصلاح (٤) تجديد؛ ترميم (٥) «أ» فكّ الرَّهن. «ب» استهلاك السنداتِ أو ردّ قيمتها. «ج» وفاء دَيْن (٦) إنجازُ وَعْدٍ. past *or* beyond ~, ميئوس منه؛ غير قابل للإصلاح.

re·demp·tive; re·demp·to·ry [rĭ dĕmpˊ-] *(adj.)* افتدائيّ؛ إعتاقيّ؛ تخليصيّ؛ فَكّي؛ تعويضيّ إلخ.

re·de·ploy [rēˊdĭ ploiˊ] *(vt.)* يعيد نَشْر الجُنْدِ أو توزيع العمّال.

re·de·vel·op [rēˊdĭ vĕlˊ-] *(vt.)* ينمّي ثانيةً؛ ينمِّي من جديد. وبخاصة: يعيد بناء منطقة منكوبة أو متخلِّفة. — **re·de·vel·op·ment** *(n.)*

red–eye [rĕdˊī] *(n.)* العين الحمراء: ضرب رخيصٌ من الويسكي.

red·fin [-ˈfĭn] *(n.)* الرَّدْفين؛ أحمر الزعانف: سمك نهريّ صغير.

red fir *(n.)* = Douglas fir.

red fire *(n.)* النار الحمراء: ضرب من الألعاب الناريّة يطلِق عند اشتعاله ضوءًا أحمر قويًّا.

red·fish [rĕdˊ-] *(n.)* السّمك الأحمر: سمك ضاربٌ لونُه إلى الحمرة.

red flag *(n.)* الراية الحمراء: «أ» عَلَم يُرْمَز به إلى الخطر [في الطُّرُق وخطوط السّكة الحديدية إلخ]. «ب» رمز الثورة. «ج» شيء مثير للغضب.

red giant *(n.)* العملاق الأحمر: نجم ضخم ذو ضياءٍ مُحْمَرّ (فل).

red–hand·ed *(adj.; adv.)* (١) مُضَرَّجُ اليدين § (٢) متلبِّسًا بجريمة.

red·head [rĕdˊhĕdˊ] *(n.)* أحمر الشَّعر: «أ» شخص ذو شعر أحمر. «ب» بطّ أميركي غوّاص.

redhead *b.*

red·head·ed *(adj.)* (١) أحمر الشعر (٢) أحمر الرأس <a ~ bird>.

red heat *(n.)* الحرارة الحمراء: درجة الحرارة التي تتوهج عندها الموادّ والفِلزّات.

red herring *(n.)* الرَّنكة الحمراء: «أ» سمكة رَنكة مُدَخَّنة. «ب» شيء يُراد به صَرْفُ الانتباه عن المسألة الحقيقية.

red–hot *(adj.)* (١) متوهِّج بالحرارة (٢) ملتهب: متّقدٌ حماسةً <a ~ speech> (٣) جديد؛ حديث <~ news>.

Red Indian *(n.)* الهندي الأحمر؛ الأميركي الأحمر.

red·in·gote [rĕdˊĭng gōtˊ] *(n.)* الرَّدِنْغوت: سِترة طويلة.

red ink *(n.)* خسارة؛ عَجْز (تج).

red·in·te·grate [rĕd ĭnˊtə grātˊ] *(vt.)* يُصْلح؛ يجدِّد.

re·di·rect [rēˊdə rĕktˊ; -ˊdī-] *(vt.)* يوجِّهه وجهةً جديدة.

re·dis·count [rē dĭsˊkount] *(vt.; n.)* (١) يَحْسِم ثانيةً (تج) § (٢) حَسْم ثانٍ (تج) (٣) ورقة مالية محسومة ثانيةً (تج).

re·dis·trib·ute [rēˊdĭs trĭbˊ-] *(vt.)* يعيد التوزيع.

re·dis·tri·bu·tion·ist [-trĭbˊ-] *(n.)* الرَّفاهيّ: المؤيِّد لدولة الرَّفاهة.

re·dis·trict [rē dĭsˊ-] *(vt.)* يقسِّم من جديد [إلى مقاطعاتٍ إلخ].

red·i·vi·vus [rĕd ə vīˊvəs] *(adj.)* مبعوث حيًّا؛ مولودٌ من جديد.

red lead *(n.)* الرصاص الأحمر (ك).

red leaf *(n.)* الورق الأحمر: مرض يصيب النبات فتحمرّ أوراقه.

red·leg [rĕdˊlĕgˊ; -lāgˊ] *(n.)* أحمر القَدَمَيْن: طائر أحمر القدمين.

red–let·ter [rĕdˊlĕtˊər] *(adj.)* (١) مكتوب بالحبر الأحمر (٢) مشهود؛ أغرّ؛ ميمون؛ لا يُنْسَى؛ سعيد جدًّا <a ~ day>.

red light *(n.)* الضوء الأحمر: «أ» مصباح أحمر يُستعمَل كإشارة سير بمعنى: «قِف». «ب» إشارة تحذير.

red–light district *(n.)* الحيّ الأحمر: حيّ تكثر فيه المواخير.

red·line [-ˈlīnˊ] *(n.)* الخطّ الأحمر: الحدّ الذي لا يجوز تجاوزُهُ.

red man *(n.)* = Red Indian.

red mass *(n.)* القُدّاس الأحمر [يلبس الكهنة عند أدائه أرديةً حمراء].

red mulberry *(n.)* التوت الأحمر (نب).

red mullet *(n.)* الطَّرْسْتوج؛ السلطان إبراهيم (سمك).

red·ness [rĕdˊ-] *(n.)* (١) حُمرة؛ احمرار (٢) توهُّج؛ اتّقاد.

re·do [rē do͞oˊ] *(vt.)* (١) يعمل ثانيةً؛ يعيد عملَ شيء (٢) يجدِّد الزخرفة.

red ocher *(n.)* المَغْرة الحمراء: مزيج من الصلصال وأكسيد الحديد.

red·o·lence [rĕd'-] *(n.)* (١) أرَج؛ عبير (٢) الأرَجيّة: كون الشيء أرِجًا.

red·o·lent [rĕd'ə-] *(adj.)* (١) أرِج؛ عَطِر (٢) عابقٌ بـ <a shop ~ of fresh paint> (٣) مُذَكِّر بـ؛ مُشْعِر بـ.

red osier *(n.)* الصَّفصاف الأرجوانيّ (نب).

re·dou·ble [rē dŭb'əl] *(vt.; i.)* (١) يضاعِف (٢) يشدّد؛ يقوّي (٣) يكرِّر (ا. ق) x (٤) يتضاعف؛ يشتدّ (٥) يتضاعف ثانيةً.

re·doubt [-dout'] *(n.)* (١) مِتراس؛ حاجز دفاعيّ (٢) مَعْقِل؛ حِصْن.

re·doubt·a·ble [rĭ dou'-] *(adj.)* (١) مُرَوِّع؛ رهيب (٢) مَهيب؛ جليل.

re·dound [-dound'] *(vi.)* (١) يُعزِّز (٢) يعود عليه بكذا (٣) يرتدّ على.

red–pen·cil *(vt.)* (١) يراقب [المطبوعات إلخ] (٢) يصحِّح؛ ينقِّح.

red·poll [rĕd'pōl'] *(n.)* الرَّدبول: عُصفور أحمر الرأس.

re·dress[1] [rĭ drĕs'] *(vt.)* (١) يُنْصِف (٢) يُصْلِح؛ يقوِّم (٣) يعوِّض (٤) يثأر لِـ (٥) يُسَوّي [بين كفّتي الميزان].

re·dress[2] [rē'drĕs; rĭ drĕs'] *(n.)* (١) إنصاف (٢) إصلاح؛ تقويم (٣) تعويض (٤) خلاص (٥) سبيل [إلى الإصلاح].

red ribbon *(n.)* العصابة الحمراء [تُمنح للفائز بالمرتبة الثانية في مباراة].

red·root [rĕd'rōōt'; rĕd'rŏŏt'] *(n.)* الدَّمويّة؛ حمراء الجذر: نبتة شمالأميركية سَيْفِيّة الأوراق، وَبَرِيّة الزهرات، حمراء الجذر.

red·shank [rĕd'shăngk'] *(n.)* طِيْطَوى أحمر السّاقين (طا).

red·skin [rĕd'skĭn] *(n.)* = American Indian.

red snow *(n.)* (١) الثلج الأحمر: ثلجٌ مُلوَّن بعناصر الغبار التي يحملها الهواء أو بنمو الطحالب التي تشتمل على صِبغ أحمر وتنبت في الطبقة العليا من الثلج (٢) طُحْلُبُ الثلج الأحمر.

red spider *(n.)* العَنكبوت الحمراء: عُثّة تُتلِف الكَلأ والنباتات.

red·start [rĕd'stärt'] *(n.)* الحُمَيْراء: طائر أوروبي مُغرِّد.

redstart

red tape *(n.)* (١) الشريط الأحمر: شريط أحمر تُحْزَم به الوثائق الحكومية (٢) الروتين الحكوميّ.

red·top [rĕd'-] *(n.)* الرادوب؛ المَرْجيّة الشائعة: عشب شمالأميركيّ.

re·duce [rĭ dōōs'; -dyōōs'] *(vt.; i.)* (١) «أ» يُنْقِص؛ يصغِّر؛ يخفِض؛ يقلِّل. «ب» يختصر؛ يوجز (٢) يحوِّل؛ يصيِّر؛ يحيل إلى (٣) «أ» يُخضِع؛ يَقْهَر. «ب» يُكرِه؛ يُجْبِر (٤) يوصله إلى حالة معيَّنة (٥) يصوغ [على شكل قانون] (٦) يدوِّن؛ يفرغُهُ في قالب مكتوب (٧) «أ» يَجْبُرُ [كسرًا]. «ب» يردّ عظمًا مخلوعًا إلى وضعه السّويّ (٨) يُنْزِل الدرجة أو الرتبة أو المقام (٩) «أ» يُضعِف؛ يخفِّف. «ب» يُنقِص السّعر أو القيمة (١٠) يَسْحَق؛ يَسْحَن (١١) يختزل (ر) (١٢) يختزل: «أ» يزيل الشّوائب اللّافلزيّة [من الخامات]: يَصْهر. «ب» ينزع الأكسجين. «ج» يُهَدْرِج. «د» يخفِّض التأكسد. «هـ» يضيف ألكترونًا أو أكثر إلى ذرّةٍ أو أيونٍ أو جُزَيء (ك). «و» يعالج الصّورة السّالبة لتُصبح أقلّ كثافةً (فو) x (١٣) «أ» يَنْقُص. وبخاصة: يَنْقُصُ وزنُهُ من طريق الحِمْية. «ب» يتركّز: ينقسم انقسامًا منصِّفًا (أح) (١٤) يَضْعُف؛ يَرِقّ (١٥) يتحوَّل.
to ~ an officer to the ranks يُجرِّدُ ضابطًا من رتبته.

re·duced [rĭ dōōst'] *(adj.)* منقوص؛ مُخَفَّض؛ مُضْعَف؛ مُخْتَزَل إلخ.

re·duc·er *(n.)* (١) المُنقِص؛ المُخفِّض؛ المُضْعِف إلخ (٢) المختزِل: محلول مؤكسِد يخفِّف كثافة الصورة السّالبة (فو).

reducing agent *(n.)* عامل الاختزال (ك).

reducing glass *(n.)* العدسة أو المرآة المُصَغِّرة (بص).

re·duc·tase [rĭ dŭk'tās; -'tāz] *(n.)* الرِّدَكتاز: خميرة أو أنزيمة تَحْفِز الانقسام المنصِّف (كح).

re·duc·ti·o ad ab·sur·dum [rĭ dŭk'shĭ ō'] *(n.)* = indirect proof.

re·duc·tion [rĭ dŭk'shən] *(n.)* (١) إنقاص؛ تخفيض؛ تصغير؛ اختصار؛ تحويل؛ اختزال إلخ (٢) نَقْص؛ انخفاض؛ تحوُّل إلخ (٣) شكل مصغَّر؛ نسخة مصغَّرة (٤) meiosis (٥) الاختزال («ر» و«ك»).

re·duc·tive [-dŭk'-] *(adj.)* (١) تصغيريّ؛ تخفيضيّ؛ تخفيفيّ؛ اختزاليّ إلخ (٢) مُصغِّر؛ مُخفِّض؛ مخفِّف؛ مختزِل إلخ.

re·dun·dan·cy [-dŭn'-] *(n.)* (١) فَضْل؛ زيادة عن الحاجة (٢) وفرة؛ غزارة (٣) تسريح (را. *redundant 3*) (٤) «أ» إسهاب؛ إطناب. «ب» حشوٌ.

re·dun·dant [rĭ dŭn'-] *(adj.)* (١) فاضل؛ فائض؛ زائد عن الحاجة (٢) وافر؛ غزير (٣) مُسَرَّحٌ [بسبب من تكاثر العمال أو زيادتهم عن الحاجة] (٤) مُسْهَب؛ مُطنَب؛ مطوَّل.

re·du·pli·cate[1] [rĭ dōō'plə kāt'] *(vt.; i.)* (١) يضاعِف (٢) يَنْسَخ؛ يكرِّر (٣) يضعِّف: يصوغ كلمة بتكرير حرف أو مقطع x (٤) يتضاعف.

re·du·pli·cate[2] [rĭ dōō'plə kĭt; -kāt'] *(adj.)* مُضاعَف؛ مكرَّر.

re·du·pli·ca·tion [rĭ dōō'plə kā'-] *(n.)* (١) «أ» مضاعفة؛ تكرير إلخ. «ب» تضاعُف (٢) نسخة (٣) التضعيف: تكرير حرف أو مقطع (ل).

red water *(n.)* الماء الأحمر: حمّى تصيب الماشية فيحمرُّ لون بولها.

red wine *(n.)* الكُمَيْت؛ الجِرْيال: نبيذٌ أحمر اللون.

red·wing [rĕd'wĭng'] *(n.)* الرَّدْوَن: ضرب من السُّمنة أحمر الجناحين (طا).

redwing

red·wood [rĕd'wŏŏd'] *(n.)* (١) الخشب الأحمر: خشب يُستخرج منه صِبغ أحمر (٢) الشجر الأحمر: شجرة ذات خشب أحمر (٣) «أ» الجبّارة؛ الجبّارة العُرْويّة؛ السَّكُويَة: شجر حَرَجيّ ضخم يكثر في ولاية كاليفورنيا الأميركية. «ب» خشب الجبّارة.

re·ech·o [rē ĕk'ō] *(vi.; t.; n.)* (١) يُرْجِع الصَّدى؛ يُدَوِّي § (٢) رَجْعُ الصَّدى.

reed [rēd] *(n.)* (١) «أ» قَصَبٌ. «ب» قَصَبة. «ج» شيء أضعف من أن يُعتمدَ عليه (٢) دَغَلٌ أو حزمةٌ من قصب (٣) سَهْم (٤) مزمار؛ قَصَبة (٥) لسانُ المزمار (مو) (٦) القصّابة؛ الزمّارة: آلة من آلات النفخ الموسيقية (٧) مُشْط [في صناعة الغَزْل] (٨) الرِّيد: حلية

reed 5.

ă at; ā date; â care; ä car; ĕ egg; ē me; ĭ in; ī bite; ŏ lot; ō bone; ô orphan; oi boil; ŏŏ good; ōō boot; ou out; ŭ under; û urgent; ə = *a* in alone, *e* in system, *i* in easily, *o* in gallop, *u* in circus.

معمارية صغيرة مُحَدَّبة (عم).

reed·buck [rēd′bŭk′] *(n.)* ظبيُ القَصَب (ح).

re·ed·i·fy [rē′ĕd′ə fī′] *(vt.)* يبني ثانيةً؛ يبني من جديد.

reed·ing [rē′-] *(n.)* (١) reed 8 (٢) التريد: زخرفة بسلسلة متوازية من الأرياد.

re·ed·it [rē′ĕd′ĭt] *(vt.)* يحرِّر ثانيةً؛ ينقِّح من جديد.

reed·man [rēd′-] *(n.)* الزَّمّار: العازف على المزمار ونحوِهِ.

reed organ *(n.)* الأُرغن القَصَبيّ أو المزماريّ (مو).

reed pipe *(n.)* مِزمار؛ زمّارة.

reed·y [rē′dĭ] *(adj.)* (١) مُقصِب: كثير القصب؛ مَكْسُوّ بالقصب (٢) قصبيّ: «أ» مصنوع من قصب. «ب» نحيل؛ مهزول. «ج» قَصِم؛ سَهْل المَكْسر (٣) مِزماريّ.

reef[1] [rēf] *(n.; vt.)* (١) ثَنْية الشّراع (٢) تضيِّق الشراع [نتيجةً لثَنْيه] § (٣) يثني الشراع (٤) يُقَصِّر: يخفض السارية أو الصاري كُلّيًّا أو جزئيًّا.

reef[2] *(n.)* (١) الشِّعْب: حَيْد أو سلسلة من الصخور أو المرجان عند سطح البحر أو قربه (جي) (٢) عقبة خطِرة (٣) عِرْق [معدنيّ].

reef·er [rē′-] *(n.)* (١) فا reef (٢) المُضَيِّقة: سترة ضيّقة من قماش غليظ (٣) برّاد؛ ثلّاجة (٤) السيّارة الثلّاجة؛ الباخرة الثلّاجة: سيارة تبريد أو باخرة تبريد (٥) سيكارة مَرْهُوانة.

reef knot *(n.)* العُقْدة الشّراعيّة: عقدة مربّعة تُصْطنع في ثني الأشرعة أو طيِّها.

reef knot

reek [rēk] *(n.; vi.; t.)* (١) دُخان (ع) (٢) بُخار؛ ضَباب (٣) رائحة قويّة أو كريهة § (٤) يُطلق دخانًا أو بخارًا (٥) «أ» تفوح منه رائحة قويّة أو كريهة. «ب» يعبق بـ. «ج» يرشح أو يمور بـ (٦) «أ» يتفصَّد [العرقُ منه]. «ب» يتضرَّج بالدم x (٧) يُدَخِّن؛ يُبَخِّر: يعالج شيئًا بالدخان أو البخار.

reek·y [rē′kĭ] *(adj.)* (١) داخن: حافل بالدُّخان (٢) قويّ أو كريه الأبخرة.

reel[1] [rēl] *(n.; vt.)* (١) بَكَرة؛ مِكبّ؛ مِلفّ للخيوط (٢) اللّفيفة: مقدار من شيء ملفوف على بكرة (٣) المِجْفاف: هيكلٌ تُعَلَّق عليه الملابس لتجفيفها § (٤) يَلُفّ [على بَكَرة] (٥) يُبَكِّر: يَسْحب السمكة بعد أن تَعْلق بصنّارة أو بَكَرة.

reel[1] *1.*

off the ~, بسرعة وبسهولة.

to ~ off يقول أو يكتب أو يَصْنَعُ بسرعة وسهولة.

reel[2] [rēl] *(vi.; t.; n.)* (١) يَلُفّ؛ يدور (٢) يُصاب بدُوار (٣) يضطرب (٤) ينكُص؛ ينكفئ؛ ينقلب على عقبيه (٥) يترنَّح x (٦) يجعله يدور أو ينكُص إلخ § (٧) لفّ؛ دوران إلخ.

re·e·lect [rē′ĭ lĕkt′] *(vt.)* يُعيد الانتخاب. وبخاصة: ينتخب [رئيسًا] ثانيةً.

re·en·act [rē′ĕn ăkt′] *(vt.)* (١) يَسُنّ [أو يشرِّع] ثانيةً (٢) يمثِّل ثانيةً.

re·en·force [rē ĕn fōrs′] *(vt.; i.)* = reinforce.

re·en·ter [rē ĕn′-] *(vt.; i.)* (١) يَدْخُلُ ثانيةً (٢) يُدْرج ثانيةً [في لائحة].

re·en·ter·ing angle *(n.)* الزاوية الكارّة أو المعكوسة: الزاوية المتّجهة إلى الداخل (هن).

reentering angle

re·en·trant [-′trənt] *(adj.)* كارّ؛ معكوس <a ~ angle>.

re·en·try [rē ĕn′trĭ] *(n.)* (١) استرداد الحيازة (ق) (٢) دخول ثانٍ أو جديد (٣) المُعِيدة: ورقة تمكّن حاملَها من استعادة حقّ البدء باللعب [في ورق الشدّة] (٤) الكُرور؛ العَوْدة؛ الرَّجعة: دخول جوّ الأرض من جديد بعد رحلة في الفضاء الخارجي.

reeve[1] [rēv] *(n.)* الرائف: «أ» موظف إداري في مدينة أو مقاطعة. «ب» مأمور تنفيذ (بر). «ج» ممثّل من ممثلي التاج البريطاني [سابقًا]. «د» رئيس مجلس بلديّ [في كندا].

reeve[2] *(vt.; i.)*, **rove** [rōv] *or* **reeved** (١) يُسْلِك: يُدْخِل حبلًا في ثقب أو حلقة (٢) يُوثِق [بإدخال حبل في ثقب أو بلَفِّهِ حول شيء] x (٣) يَسْلُك: يَدخُل [الحبلُ] بَكَرَةً لرفع الأثقال أو نحوها.

re·ex·am·i·na·tion [rē ĭg zăm′ə nā′-] *(n.)* فحصٌ أو استجواب ثانٍ.

re·ex·am·ine [rē′ĭg zăm′ĭn] *(vt.)* يفحص أو يستجوب ثانية.

re·ex·port [rē′ĭks pōrt′] *(vt.)* يعيد تصدير [سلعةٍ مُستورَدة].

ref [rĕf] *(n.)* = referee.

re·face [rē fās′] *(vt.)* (١) يجدِّد أو يرمّم الوجهَ أو السطح [من مبنًى أو حجر] (٢) يُجَدِّد تخريج الثوب (را. facing).

re·fash·ion [rē′făsh′ən] *(vt.)* يجدّد؛ يُعَدِّل؛ يُعيد الصُّنعَ...

re·fec·tion [rĭ fĕk′shən] *(n.)* (١) إشباع؛ إرواء (٢) شِبَع؛ رِيّ (٣) طعام؛ وجبة طعام.

re·fec·to·ry [-′tə rĭ] *(n.)* حُجرة الطعام [في دَيْر أو كلّيّة].

refectory table *(n.)* المتطاولة: مائدة طويلة ضيّقة ثقيلة القوائم.

re·fer [rĭ fûr′] *(vt.; i.)* (١) يعزو <~*red* his failure to bad luck> (٢) يُحيل للمعالجة أو المساعدة أو إعطاء المعلومات أو اتخاذ قرار <~ to a dispute to the United Nations> x (٣) يتّصل بـ؛ ينطبق على <That rule ~*s* only to special cases.> (٤) يشير إلى (٥) يُراجع؛ يَرْجِع إلى <Students usually ~ to a dictionary.>.

ref·er·ee [rĕf′ə rē′] *(n.; vt.; i.)* (١) حَكَمٌ [في قضيّة أو في مباراة رياضيّة] § (٢) يَحكم بين؛ يقوم بمهمّة الحَكَم.

ref·er·ence [rĕf′ər əns] *(n.; vt.; adj.)* (١) مراجعة (٢) صلة؛ علاقة (٣) «أ» إشارة؛ إلماع؛ ذِكْر. «ب» الإسناد: إحالة القارئ إلى فقرة أخرى أو كتاب آخر <~ marks> (٤) «أ» السَّنَد: شخص يُرْجَع إليه طلبًا للمعلومات عن أخلاق امرئ أو مقدرته. «ب» شهادة المؤهِّلات: شهادة بمؤهِّلات طالب عملٍ أو وظيفة تعطى من قِبل شخص يعرفه (٥) المرجع: كتاب يُحال إليه القارئ (٦) معنًى؛ دَلالة § (٧) يزوِّد بالمراجع § (٨) مَرجِعيّ: مُسْتَعْمَل كمرجعٍ؛ صالحٌ كمرجع.

in *or* with ~ to بشأن؛ بخصوص كذا؛ في ما يتعلّق بـ.

terms of ~, نِطاق سلطةٍ أو صلاحية.

to make ~ to يَذْكر؛ يشير إلى.

without ~ to بصرف النظر عن؛ بِغضّ النظر عن.

reference book *(n.)* مَرْجِع [كموسوعة أو معجم أو أطلس].

reference library *(n.)* المكتبة المرجعيّة: مكتبة تشتمل على مراجع يستعين بها الباحث [من غير أن يكون له الحقّ في استعارتها].

reference mark *(n.)* علامةُ الإسناد (را. reference *3b*).

ref·er·en·dum [rĕf'ə rĕn'-] *(n.)* pl. **-da** *or* **-dums** (١) استفتاء الشعب: الرجوع إلى الشعب في إجراءاتٍ معيَّنة اتخذتها الهيئة التشريعية، أو تعتزم اتخاذها، فإما أن يُقرَّها وإما أن يرفضها (٢) المذكّرة الاستعلاميّة: رسالة يوجّهها ممثّل ديبلوماسيّ إلى حكومته طالبًا تزويده بالتعليمات في أمرٍ معيَّن.

ref·er·ent [rĕf'-] *(n.)* المدلول: الشيء الذي ترمز إليه الكلمة (ل).

ref·er·en·tial [rĕf'ə rĕn'shəl] *(adj.)* (١) دَلاليّ (ل) (٢) مَرْجِعيّ: ذو علاقة بمَرْجع أو مُعَدّ لكي يكون مَرْجِعًا <notes for ~ use>.

re·fer·ral [rĭ fûr'-] *(n.)* (١) إحالة (٢) المُحَوَّل [إلى طبيب اختصاصي أو موظّف إلخ].

re·fill[1] [rē fĭl'] *(vt.; i.)* يملأ أو يمتلئ ثانية.

re·fill[2] [rē'fĭl'] *(n.)* العُبُوَّة الجديدة: مُنْتَج تجاريّ مُعَدّ لإعادة مَلْء وعاءٍ بِيْع في الأصل مع محتوياته.

re·fi·nance [rē'fī năns'; rē fī'năns] *(vt.; i.)* يُموّل ثانيةً.

re·fine [rĭ fīn'] *(vt.; i.)* (١) «أ» يكرِّر <to ~ sugar>. «ب» يُنقّي <to ~ metal> (٢) يهذِّب: يطهِّر من كلّ نقص أخلاقي <to ~ one's mind *or* thoughts> (٣) يشذِّب؛ ينقّح <to ~ one's style> (٤) يَصْقُل x <Education ~*d* his taste.> (٥) يتكرَّر؛ يتهذَّب؛ يتشذَّب إلخ (٦) يُحَسِّن؛ يُدْخل تحسينات على <to ~ upon another's invention>.

re·fined [rĭ fīnd'] *(adj.)* (١) مكرَّر؛ مُنَقًّى <~ sugar> (٢) مهذَّب؛ مصقول <~ manners> (٣) دقيق <~ analysis>.

re·fine·ment [rĭ fīn'-] *(n.)* (١) تكْرير؛ تنقية (٢) صفاء؛ نقاء (٣) تهذيب؛ دماثة؛ رقة <a lady of ~> (٤) التحسين [يُدْخَل على شيء آخرَ كاختراع أو ماكينة إلخ] (٥) تفكير دقيق (٦) المُحَسَّن: شكلٌ مُحَسَّنٌ أو مُتَفَنَّنٌ فيه من أشكال شيء ما.

re·fin·er·y [rĭ fī'-] *(n.)* مِصفاة؛ معمل تكرير [للنفط أو السكّر إلخ].

re·fin·ish [rē fĭn'-] *(vt.; i.)* يُجَدِّد السَّطح: يجعل للأثاث سطحًا جديدًا.

re·fit [rē fĭt'] *(vt.; i.; n.)* (١) «أ» يجهِّز ثانيةً. «ب» يُصلح؛ يجدِّد x (٢) يتجهَّز ثانيةً § (٣) تجهيز جديد (٤) إصلاح؛ تجديد.

re·flect [rĭ flĕkt'] *(vt.; i.)* (١) يَعْكِس: «أ» يعكس الضوءَ أو الحرارة أو الصوت إلخ. «ب» يَعْكِس إرادة الشَّعب إلخ (٢) يُظهر؛ يبيِّن x (٣) ينعكسُ [الضوء إلخ] (٤) يفكِّر مليًّا في (٥) يَشين؛ يُلحق الأذى بسمعة المرء إلخ <Your bad behavior ~*s* only upon yourself.> (٦) يُوْرِث؛ يُكْسِب؛ يُضفي على <His brave acts ~ credit on him.>.

re·flect·ance [rĭ flĕk'təns] *(n.)* الانعكاسيّة («فز» و«بص»).

reflecting telescope *(n.)* التلسكوب العاكس (فل).

reflecting telescope

re·flec·tion *or* **re·flex·ion** [rĭ flĕk'shən] *(n.)* (١) «أ» عكس. «ب» انعكاس (٢) «أ» شيء منعكس. مثل: ضوء منعكس؛ حرارة منعكسة. «ب» صورة منعكسة [في مرآة] (٣) «أ» الانثناء: التواء عضوٍ على نفسه. «ب» المنثني: عضوٌ ملتوٍ على نفسه («ت» و«ح») (٤) تفكير؛ تأمُّل (٥) فكرة؛ ملاحظة [ناشئة عن تفكير طويل] (٦) وصمة عار (٧) تعريضٌ بِـ.

re·flec·tion·al [rĭ flĕk'-] *(adj.)* انعكاسيّ أو ناشئ عن الانعكاس.

reflection coefficient *(n.)* مُعامِل الانعكاس (فز).

re·flec·tive [-'tĭv] *(adj.)* (١) عاكسٌ [للضوء أو الصُّوَر أو الموجات الصوتيّة] (٢) انعكاسيّ (٣) «أ» تأمّليّ <a ~ look>. «ب» مولَعٌ بالتأمّل والتفكير.
— **re·flec·tive·ness** *(n.)*

re·flec·tiv·i·ty [-tĭv'-] *(n.)* (١) العاكسيّة (٢) الانعكاسيّة («فز» و«بص»).

re·flec·tom·e·ter [rĭ'flĕk tŏm'-] *(n.)* مقياس الانعكاسيّة (فز).

re·flec·tor [rĭ flĕk'-] *(n.)* (١) العاكس؛ العاكسة. وبخاصة: جسم أو سطح أو أداة تعكس الضوء أو الحرارة أو الصوت إلخ (٢) التلسكوب العاكس.

re·flex [*n., adj.* rē'flĕks; *v.* rĭ flĕks'] *(n.; adj.; vt.)* (١) «أ» ضوء أو حرارة أو لون منعكس. «ب» صورة منعكِسة [في مرآة]. «ج» نسخة طبق الأصل (٢) «أ» المُنْعَكَس؛ الفعل المنعكِس أو اللّاإراديّ: استجابةٌ تلقائيّة لمُنَبِّهٍ ما (فس). «ب» الانعكاس اللّاإراديّ. «ج» *pl.*: القدرة على العمل أو الاستجابة بسرعة مناسبة. «د» طريقة معتادة في التفكير أو السّلوك § (٣) «أ» مُنحنٍ؛ مُلْتوٍ. «ب» مُنعكس (٤) استبطاني (را. introspection) (٥) ارتكاسيّ: ناشئ عن ارتكاس أو ردِّ فعل (٦) منعكِسة: صفة للزاوية المتراوحة بين ١٨٠ و٣٦٠ درجة (٧) لاإراديّ؛ منعكِس (فس) § (٨) يحني؛ يلوي.

reflex action *(n.)* المُنْعَكَس؛ الفعل المُنْعَكِس أو اللاإراديّ (فس).

reflex angle *(n.)* الزاوية المنعكِسة (را. reflex *6*).

re·flex·ive [rĭ flĕk'-] *(adj.; n.)* (١) مُرْتَدّ؛ مُلتوٍ على نفسه (٢) عاكس [للضوء أو الصُّوَر أو الموجات الصوتية] (٣) انعكاسيّ: «أ» صفة للفعل الذي يكون مفعوله نفسَ فاعله [مثل *shave* في قولك: He *shaved* himself] (٤) انفعاليّ § (٥) فعل انعكاسيّ (ل).

reflexive pronoun *(n.)* الضمير الانعكاسي: ضمير يعود إلى فاعل الجملة ويكون مُتْبَعًا بلفظة self [مثل *himself* في قولك: He deceived *himself*].

re·flow [rē'flō'] *(vi.; n.)* (١) يَنْجزِر؛ يَغيض؛ ينحسر [الماءُ] (٢) يفيض ثانيةً § (٣) جَزْر؛ انحسار (٤) فيضان من جديد.

ref·lu·ence [rĕf'lo͞o əns]; **re·flux** [rē'flŭks'] *(n.)* جَزْر؛ انحسار.

ref·lu·ent [rĕf'lo͞o ənt] *(adj.)* مُنْجزِر؛ غائضٌ؛ مُنْحَسِر.

re·foc·il·late [rē fŏs'ə lāt] *(vt.)* يُنْعِش؛ يُحيي.

re·foot [rē'fo͝ot'] *(vt.)* يُجدِّد قدمَ [الجورب].

re·for·est [rē fôr'ĭst] *(vt.)* يُحَرِّج ثانيةً؛ يعيد التحريج.

re·forge [rē'fôrj] *(vt.)* يشكِّل أو يَصوغ أو يصنّع ثانيةً.

re·form [rĭ fôrm'] *(vt.; i.; n.; adj.)* (١) يُصْلح (٢) يهذِّب؛ يُحَسِّن (٣) «أ» يعالج: يُخْضِع [النفط أو الغاز] لعمليّة التكسير أو التقطير الهدّام (ك).

ă at; ā date; â care; ä car; ĕ egg; ē me; ĭ in; ī bite; ŏ lot; ō bone; ô orphan; oi boil; o͝o good; o͞o boot; ou out; ŭ under; û urgent; ə = *a* in alone, *e* in system, *i* in easily, *o* in gallop, *u* in circus.

«ب» يُنتج [الغازولين] بالتكسير أو التّقطير الهدّام (ك) **x** (٤) يَنْصَلِح ؛ يتحسّن § (٥) إصلاح § (٦) إصلاحيّ . — **re·form·a·ble** *(adj.)*

re–form [rē fôrm′] *(vt.; i.)* يشكّل أو يتشكّل من جديد .

ref·or·ma·tion [rĕf′ər mā′-] *(n.)* (١) إصلاح (٢) *cap.* : الإصلاح الدينيّ [الذي استهدف إصلاح الكنيسة الكاثوليكية في القرن السادس عشر] .

re·for·ma·tive [rĭ fôr′mə-] *(adj.)* إصلاحيّ <~ agencies> .

re·for·ma·to·ry [rĭ fôr′mə tōr′ĭ] *(adj.; n.)* (١) إصلاحيّ <~ measures *or* schools> § (٢) الإصلاحيّة : إصلاحيّة الأحداث .

re·formed [rĭ fôrmd′] *(adj.)* (١) مُصْلَح ؛ مُقَوَّم (٢) *cap.* : بروتستانتيّ ؛ وبخاصة : كالڤينيّ .

reformed spelling *(n.)* التَّهجئة المُصْلَحة : أيّ من الطرائق الرامية إلى تبسيط التهجئة الإنكليزية وبخاصة من طريق إغفال بعض الحروف التي تُكتب ولا تُلفظ [كما في *thoro* بدلًا من *thorough*] .

re·form·ist [rĭ fôr′-] *(n.; adj.)* (١) الإصلاحيّ : داعية الإصلاح § (٢) إصلاحيّ .

reform school *(n.)* الإصلاحية : إصلاحيّة للصبيان أو البنات .

re·for·mu·late [-′myə lāt′] *(vt.)* يَصُوغ أو يُصيِّغ ثانيةً .

re·fract [rĭ frăkt′] *(vt.)* (١) يَكْسِر [شعاعَ الضوء] (٢) يُحَدِّد قوة الانكسار [في العين أو العدسة] .

refracting telescope *(n.)* التلسكوب الكاسر (فل) .

re·frac·tion [rĭ frăk′-] *(n.)* (١) الانكسار ؛ انكسار الضوء (٢) الانعطاف (فل) .

re·frac·tive [-′tĭv] *(adj.)* (١) كاسر (ض) (٢) انكساريّ (ض) .

refractive index *(n.)* دليل الانكسار ؛ مُعامِل الانكسار (ض) .

re·frac·tom·e·ter [rē frăk tŏm′-] *(n.)* مقياس الانكسار (ض) .

re·frac·tor [rĭ frăk′tər] *(n.)* = refracting telescope.

re·frac·to·ri·ness *(n.)* (١) عِناد ؛ شُموس (٢) مناعة (٣) مقاومةٌ للصَّهر .

re·frac·to·ry [-′tə rĭ] *(adj.; n.)* (١) عنيد ؛ حَرون ؛ شَموس (٢) عَصِيّ : «أ» مقاوِم للمعالجة أو العلاج . «ب» غير مستجيب للمنبِّه (٣) منيع ؛ ذو مناعة [من المرض] (٤) حراريّ : مقاوم للصَّهْر § (٥) مادّة حرارية . وبخاصة : آجرّ مقاوم للحرارة يُستعمل في بناء الأفران .

re·frain [rĭ frān′] *(vi.; n.)* (١) يُحجم عن ؛ يُمْسِك عن § (٢) اللازمة ؛ القرار : بيتٌ أو عبارة تتكرّر على نحوٍ موصول في قصيدةٍ أو أغنية .

re·fran·gi·bil·i·ty [rĭ frăn′jə bĭl′-] *(n.)* قابلية الانكسار (فز) .

re·fran·gi·ble [rĭ frăn′jə-] *(adj.)* قابلٌ للانكسار [كأشعة الضوء إلخ] .

re·fresh [rĭ frĕsh′] *(vt.; i.)* (١) «أ» يُنعِش . «ب» ينشّط ؛ يجدِّد [القوى] . «ج» يجدِّد [ذاكرة الكومبيوتر] (٢) يطرّي ؛ ينبِّه <to ~ one's memory> (٣) يرطِّب **x** (٤) ينتعش (٥) يتناول شرابًا منعِشًا .

re·fresh·en [rĭ frĕsh′ən] *(vt.)* = refresh.

re·fresh·er [-′ər] *(n.; adj.)* (١) المُنْعِش : «أ» شرابٌ منعِش . «ب» مُذكِّر . «ج» برنامج [أو موضوع دراسة] لتطرية الذاكرة (٢) المنشِّط : أجرٌ إضافيّ يُدفع إلى المحامي إذا ما تطاولت الدعوى أكثر مما هو مقدَّر لها § (٣) مُطرٍّ للذاكرة : مُعَدّ لتطرية الذهن في ما يتصل بموضوعات سبق للمرء أن درسها ثم نسِيَها ، جزئيًّا ، أو لإبقائه على اتصال مستمرّ بالتطورات الجديدة في حقل اختصاصه <~ training>.

refresher course *(n.)* المقرَّر الإنعاشي (تر) .

re·fresh·ment [rĭ frĕsh′-] *(n.)* (١) إنعاش (٢) انتعاش (٣) المُنعِش [من الشراب أو الطعام] (٤) *pl.* : وجبة طعام خفيفة .

re·frig·er·ant [rĭ frĭj′ər-] *(adj.; n.)* (١) مُبرِّد (٢) مُلَطِّف [لحرارة الجسد والحمّى] § (٣) المُبَرِّد ؛ مادة التبريد (٤) المُلَطِّف : عقّار ملطِّفٌ للحرارة .

re·frig·er·ate [rĭ frĭj′ə rāt′] *(vt.)* (١) يُبرِّد (٢) يُثلِّج [الطعامَ لحفظه] .

re·frig·er·a·tor [rĭ frĭj′ə rā′tər] *(n.)* الثّلاجَة (مج) ؛ البرّاد .

re·frin·gent [rĭ frĭn′jənt] *(adj.)* = refractive.

reft [rĕft] *past and past part. of* reave.

re·fu·el [rē fyo͞o′əl] *(vt.; i.)* يزوِّد أو يتزوَّد بوقود إضافيّ .

ref·uge [rĕf′yo͞oj] *(n.; vt.; i.)* (١) ملجأ ؛ ملاذ ؛ مأمَن ؛ مأوًى § (٢) يُؤوي : يُلْجِئُهُ أو يقدِّم إليه ملجأ **x** (٣) يلجأ ؛ يلوذ بـ (ا . ق) .

ref·u·gee [rĕf′yo͞o jē′] *(n.)* اللّاجئ ؛ اللّائذ .

re·ful·gence [rĭ fŭl′jəns] *(n.)* تألُّق ؛ لمعان ؛ بريق .

re·ful·gent [rĭ fŭl′jənt] *(adj.)* متألِّق ؛ لامع ؛ برّاق .

re·fund [rĭ fŭnd′] *(vt.)* (١) يعيد المالَ إلى دافعِهِ (٢) يعيد التمويل (٣) يستبدل : يحوّل دَيْنًا أو قرضًا إلى شكلٍ جديد (اد) .

re·fur·bish [rē fûr′-] *(vt.)* يصقل ؛ يجدِّد <~ an antique table> .

re·fus·al [rĭ fyo͞o′zəl] *(n.)* (١) رَفْض (٢) حقّ الشُّفعة : حقّ قبول شيء أو رفضِهِ قبل عرضه على الآخرين .

re·fuse[1] [rĭ fyo͞oz′] *(vt.; i.)* (١) يَرْفض ؛ يأبَى ؛ يمتنع عن قبول شيء (٢) يَحْرِم ؛ يمنعه من <Sami was ~*d* entrance.> **x** (٣) يَحْرُن [الجوادُ] .

ref·use[2] [rĕf′yo͞os] *(n.; adj.)* (١) نُفاية ؛ حُثالة <sugar cane ~> § (٢) مُهْمَل : مُطَّرَحٌ بوصفه تافهًا أو عديم النفع <~ matter> .

refuse dump *(n.)* مَقْلب النُّفايات : موضع تُلْقَى فيه نُفايات المدينة .

re·fuse·nik [rĭ fyo͞oz′-] *(n.)* المَرْدود : عالِمٌ سوفياتي محظور عليه الهجرة .

re·fu·ta·ble [rĭ fyo͞o′tə bəl; rĕf′yə-] *(adj.)* قابلٌ للدَّحض أو التفنيد .

re·fute [rĭ fyo͞ot′] *(vt.)* يَدْحَض ؛ يُفنِّد . — **ref·u·ta·tion** *(n.)*

re·gain [rĭ gān′] *(vt.)* (١) يستردّ ؛ يستعيد (٢) يعود إلى ؛ يوفَّق إلى بلوغ مكانٍ ما ثانيةً <~*ed* the shore> .

re·gal [rē′gəl] *(adj.)* (١) مَلَكيّ (٢) لائقٌ بملِك (٣) فَخْم .

re·gale [rĭ gāl′] *(vt.; i.; n.)* (١) يُمْتِع ؛ يُبهج **x** (٢) يستمتع [بطعام شهيّ] § (٣) وليمة فَخْمة (٤) طعام شهيّ أو شراب فاخر .

re·ga·li·a [rĭ gā′lĭ ə; -gāl′yə] *(n. pl.)* (١) حقوق المَلِك أو امتيازاته (٢) الشعارات والرموز الدالّة على المَلِكيّة [كالتاج إلخ] (٣) شعارات منصب أو عضوية (٤) لباسٌ خاصّ ؛ بذلة خاصّة .

re·gal·i·ty [-′ə tĭ] *(n.)* (١) المَلَكيّة (٢) حقّ أو امتياز مَلَكيّ (٣) مملكة .

re·gard [rĭ gärd′] *(vt.; i.; n.)* (١) «أ» يحترم. «ب» يُجِلّ (٢) ينظر إلى؛ يُلاحظ (٣) يأخذ بعين الاعتبار (٤) يتعلّق بـ؛ يتصل بـ <That does not ~ you.> (٥) يعتبر **x** <They ~ him the best engineer in town.> (٦) ينتبه (٧) يحدِّق إلى § (٨) نقطة؛ ناحية <quite satisfactory in this ~> (٩) نظرة (١٠) احترام <due ~ to authority> (١١) *pl.*: تحيّات؛ تمنّيات مفعمة بالاحترام والمودّة <give her my ~*s*> (١٢) انتباه؛ اهتمام؛ عناية.

in ~ to; as ~*s*; with ~ to بخصوص؛ بشأن؛ في ما يتعلّق بـ.

re·gard·ful [rĭ gärd′-] *(adj.)* (١) منتبه؛ مُصْغٍ (٢) مراعٍ؛ محترِم.

re·gard·ing [rĭ gär′-] *(prep.)* بخصوص؛ في ما يتّصل بـ؛ في ما يتعلّق بـ.

re·gard·less [rĭ gärd′-] *(adj.; adv.)* (١) غافِل؛ مُهْمِل؛ لامبالٍ § (٢) مهما يكن؛ برغم كل شيء؛ من غير اعتبار للعوائق.

~ of على الرغم من؛ بصرف النظر عن.

re·gat·ta [rĭ găt′ə] *(n.)* (١) سباق زوارق (٢) سلسلة سباقات زوارق.

re·ge·la·tion [rē′jə lā′-] *(n.)* إعادة التجمُّد؛ تكتّل الجليد.

re·gen·cy [rē′jən sĭ] *(n.)* (١) الوصاية على العرش (٢) مجلس الوصاية [على العرش] (٣) مدة الوصاية على العرش.

re·gen·er·ate [*v.* rĭ jĕn′ə rāt′; *adj.* -′ər ĭt] *(vi.; t.; adj.)* (١) يتجدَّد (٢) ينبعث؛ يحيا من جديد **x** (٣) يُوَلِّد (٤) يَبْعث؛ يُحيي من جديد (٥) يُجَدِّد: «أ» يَهْديه أو يمنحه حياة روحيّة جديدة أفضل. «ب» ينفخ حياة وروحًا جديدتين في. «ج» يُصْلح. «د» يشكِّل نسيجًا أو عضوًا جديدًا يَحِلّ محلّ نسيج أو عضو مفقود. «هـ» يعيد المعلومات إلى شكلها الأصلي في صِمام الخَزْن (ألك) § (٦) مُشَكَّل من جديد (٧) مُهتَدٍ: مولود روحيًّا من جديد (٨) مجدَّد: منقول إلى وضع أفضل أو أرقى. — **re·gen·er·a·cy** *(n.)*

re·gen·er·a·tion [rĭ jĕn′ə rā′-] *(n.)* (١) تجديد (٢) تجدّد؛ انبعاث (٣) انبعاث روحيّ (٤) التجدُّد: تجدّد الجسد أو العضو الجسدي بعد أذًى يُصيبه أو كعملية طبيعيّة.

re·gen·er·a·tive [rĭ jĕn′ə rā′-] *(adj.)* (١) تجديديّ (٢) مجدِّد.

regenerative furnace *(n.)* الفرن الاسترجاعيّ.

re·gen·er·a·tor [-′ə rā′tər] *(n.)* (١) المجدِّد (٢) الباعث [أو المُحْيي من جديد] (٣) المُسْتَرْجِع: جهاز، في الفرن الاسترجاعيّ إلخ، يعمل على تسخين الهواء أو الغاز الوافد بواسطة الاحتكاك بكُتَل من الحديد أو الآجرّ إلخ سبق تسخينها من طريق الهواء أو الغاز المندفع إلى الخارج (مك).

re·gent [rē′jənt] *(n.; adj.)* (١) الحاكم (ا. ن) (٢) الوصيّ على العرش (٣) عضو في مجلس جامعة § (٤) قائم بالوصاية: متولٍّ الوصاية على العرش <a prince ~>. — **re·gent·al** *(adj.)* — **re·gent·ship** *(n.)*

reg·gae [rĕg′ā] *(n.)* الرَّقّة: رقصة شعبية في جزُر الهند الغربية.

reg·i·cide [rĕj′ə sīd′] *(n.)* (١) قاتل الملِك [أو المشترِكُ في قتله] (٢) قَتْلُ الملِك. — **reg·i·ci·dal** *(adj.)*

re·gime *also* **ré·gime** [rā zhēm′; rĭ-] *(n.)* (١) حِمْية؛ «رجيم» (٢) النظام: «أ» طريقة الحكم أو الإدارة. «ب» شكل الحكومة. وبخاصة: نظام حكوميّ أو اجتماعيّ.

reg·i·men [rĕj′ə-] *(n.)* (١) حِمْية؛ «رجيم» (٢) تدريب قاسٍ (٣) حكومة؛ حُكم (٤) نظام سائد (٥) العَمَل: أثر العامل في معموله (ل).

reg·i·ment [*n.* rĕj′ə mənt; *v.* -mĕnt′] *(n.; vt.)* (١) حُكم؛ سيطرة حكومية (٢) كتيبة؛ وحدة (جن) § (٣) «أ» يؤلّف أو يشكِّل كتيبةً. «ب» يضمّ إلى كتيبة (٤) «أ» ينظِّم بصرامة. «ب» يُخْضِع للنظام أو لِنَسَقٍ مُوَحَّد. — **reg·i·men·tal** *(adj.)*

reg·i·men·tals [-mĕn′-] *(n. pl.)* (١) بزّة الكتيبة (٢) ملابس عسكرية.

re·gion [rē′jən] *(n.)* (١) «أ» إقليم؛ صُقع. «ب» منطقة (٢) الناحية: ناحية من نواحي الجسم (٣) الميدان: حقلٌ من حقول النشاط.

re·gion·al [rē′jən əl] *(adj.)* (١) إقليميّ؛ مِنْطَقيّ (٢) محلّيّ.

re·gion·al·ism [rē′-] *(n.)* (١) الإقليميّة؛ النزعة الإقليميّة (٢) الإقليميّة الفنّيّة: التوكيد على اللون المحلي في الفنّ والأدب (٣) الخَصيصَة الإقليمية: خَصيصة تميّز إقليمًا من الأقاليم الجغرافية.

re·gion·al·ize [rē′-] *(vt.)* يُؤَقْلِم: يقسِّم البلدَ إلى أقاليم إدارية.

re·gis·seur [rā′zhĭ sûr′] *(n.)* المُخْرِج المَسْرحيّ [وبخاصة في الباليْه].

reg·is·ter [rĕj′ĭs-] *(n.; vt.; i.)* (١) سِجِلّ؛ جدول؛ لائحة (٢) «خانة» في سِجِلّ (٣) القدرة الصوتيّة [لإنسان أو آلة موسيقيّة] (٤) «أ» مِحكامُ الحارق: جهاز التحكّم في دخول الهواء إلى الوقود. «ب» مِشواة (٥) تسجيل (٦) «أ» العدّاد: أداة أوتوماتيكية لتسجيل عدد أو كميّة. «ب» العدد أو الكمية المسجّلة (٧) المسجِّل؛ أمين السجلّ (٨) انتظام؛ اتّساق [السطور أو الأعمدة أو الألوان الطباعيّة إلخ] (٩) تطابق؛ مطابقة § (١٠) يدوِّن؛ يُسَجِّل (١١) يشير إلى <thermometer ~*ed* 75 degrees> (١٢) يسجِّل رسالة إلخ [بالبريد المضمون] (١٣) يُدرِك؛ يَفْهم (١٤) يُطابق: يجعله مطابقًا لكذا (١٥) يُحرِز؛ يسجِّل (١٦) يعبِّر عن **x** <Her face ~*ed* anger.> (١٧) يتسجّل (١٨) ينتظم؛ يتّسق (١٩) يترك انطباعًا.

reg·is·tered *(adj.)* (١) مُسَجَّل <a ~ patent> (٢) مضمون؛ مسجَّل <~ mail>.

reg·is·tra·ble [rĕj′ĭs trə-] *(adj.)* قابلٌ للتَّسجيل؛ ممكنٌ تسجيلُهُ.

reg·is·trant [rĕj′-] *(n.)* (١) مُسَجِّل [العلامات التجارية وما إليها] (٢) الشيء المُسَجَّل.

reg·is·trar [-′ĭs trär′] *(n.)* المُسَجِّل؛ أمين السِّجلّ [في كلّيّة إلخ].

reg·is·tra·tion [-trā′-] *(n.)* (١) تسجيل (٢) عدد المسجَّلين (٣) وثيقة تسجيل.

reg·is·try [rĕj′ĭs trĭ] *(n.)* (١) تسجيل (٢) «جنسية» السفينة [كما يدلّ عليها العَلَم الذي تحمله] (٣) مكتب تسجيل (٤) سجلّ.

registry office *(n.)* (١) مكتب الزواج: مكتب توقّع فيه عقود الزواج

ă at; **ā** date; **â** care; **ä** car; **ĕ** egg; **ē** me; **ĭ** in; **ī** bite; **ŏ** lot; **ō** bone; **ô** orphan; **oi** boil; **o͝o** good; **o͞o** boot; **ou** out; **ŭ** under; **û** urgent; ə = *a* in alone, *e* in system, *i* in easily, *o* in gallop, *u* in circus.

المدني (٢) مكتب الاستخدام.

regius professor [rē′jĭ əs] *(n.)* الأستاذ المَلَكيّ: أستاذٌ في جامعةٍ بريطانيّةٍ يحتلّ كرسيًا أنشئ بمنحة ملكيّة.

reg·let [rĕg′-] *(n.)* السّاطرة: «أ» حلية معماريّة مسطَّحة ضيّقة (عم). «ب» الرَّقيقة الخشبية: قطعة خشبية رقيقة تفصل ما بين السطور (طع).

reg·nal [rĕg′nəl] *(adj.)* مَلَكيّ: ذو علاقة بملِك أو عَهْد مِلكٍ.

reg·nant [-′nənt] *(adj.)* (١) حاكم؛ مُتَوَلٍّ الحكم <a queen ~> (٢) مُهَيْمن؛ مُسَيْطر (٣) سائد؛ عامّ؛ غالب؛ منتشر.

reg·num [-′nŭm] *(n.)* pl. **reg·na** (١) حُكم؛ سيطرة (٢) مملكة.

re·gorge [rĭ gôrj′] *(vt.)* = disgorge.

re·grant [rē grănt′] *(vt.; n.)* (١) يُرْجِع الهِبَة (٢) يجدِّد الهِبَة § (٣) إرجاع الهِبَة (٤) تجديد الهِبَة.

re·gress [*n.* rē′grĕs; *v.* rĭ grĕs′] *(n.; vi.; t.)* (١) نكوص؛ ارتداد؛ انكفاء؛ انحسار § (٢) يَنْكُص؛ يرتدّ؛ ينكفئ؛ ينحسر x (٣) يُنكِص: يُحْدِث رجعةً سيكولوجية عند... (را. regression *4a*).

re·gres·sion [rĭ grĕsh′ən] *(n.)* (١) نكوص؛ ارتداد؛ انكفاء (٢) انحسار [الداءِ تدريجيًا] (٣) التَّردِّي: ضَعْف تدريجيّ يُلمّ بعضو من أعضاء الجسد أو بالذاكرة والمهارات المكتَسَبة، وبخاصة كتغيُّر فيسيولوجيّ يصاحب الشيخوخة (٤) النكوص: «أ» الرَّجعة: ارتداد إلى مستوى عقليّ أو سلوكيّ سابق، كالنزعة إلى العودة إلى أنماط السلوك الطِّفليّ (نف). «ب» نزوع الذرّية إلى اتخاذ سِماتٍ متوسطة بين سمات الأب وسمات الأمّ (أح). «ج» حركة الجِرم السماوي في اتجاه مضادّ للاتجاه المألوف عند الأجرام المماثلة (فل).

re·gres·sive [rĭ grĕs′-] *(adj.)* (١) نكوصيّ؛ ارتداديّ (٢) تنازليّ.

regressive tax *(n.)* الضريبة التنازليّة: ضريبة تتناقص كلّما تعاظم الدَّخل (اد).

re·gret [rĭ grĕt′] *(vt.; i.; n.)* (١) يتحسَّر: يلتاع لفَقْد شيء أو وفاة شخص (٢) يأسف (٣) يَنْدم على § (٤) تَحَسُّر (٥) أسَفٌ (٦) نَدَمٌ (٧) *pl.* اعتذارٌ مهذَّب عن قبول دعوة <to send ~*s*>.

re·gret·ful [-′fəl] *(adj.)* (١) متحسِّر (٢) آسِفٌ؛ نادِمٌ؛ مُفْعَم بالندم.

re·gret·less [-′ləs] *(adj.)* (١) غير متحسّر (٢) غير آسف أو نادم.

re·gret·ta·ble [rĭ grĕt′ə-] *(adj.)* داعٍ إلى الأسف؛ يؤسَف له.

re·group [rē′ grōōp′] *(vt.; i.)* (١) يعيد التنظيم x (٢) يَتَنَظَّم ثانيةً.

re·grow [rē′grō′] *(vi.)* ينمو ثانيةً؛ ينمو من جديد.

reg·u·lar [rĕg′yə lər] *(adj.; n.)* (١) مُترهِّب؛ رهباني (٢) نظاميّ؛ دَوْريّ <~ meals> (٣) قانونيّ <a ~ meeting> (٤) مُطَّرِد؛ منتظم <a ~ pulse> (٥) منظَّم <a ~ life> (٦) دائم؛ مواظب <a ~ customer> (٧) اعتياديّ؛ سويّ؛ مألوف <Put it in its ~ place.> (٨) متناسق؛ مُتَّسِق <her ~ teeth> (٩) نظاميّ <the ~ army> (١٠) محترف؛ مدرَّب <the ~ cook> (١١) قياسيّ <a ~ verb> (١٢) تامّ؛ مئة بالمئة؛ بكل معنى الكلمة <a ~ scoundrel> (١٣) منتظم: جميع زواياه وأضلاعه متساوية <a ~ polygon> § (١٤) راهب (١٥) جنديّ نظاميّ (١٦) المُحازب المخلص: عضوٌ شديد الإخلاص لحزبه (١٧) زبون (ع) (١٨) الحجم العادي: حجم من أحجام الملابس مُعدّ ليلائم شخصًا متوسّط الطول.

regular army *(n.)* الجيش النظاميّ أو المحترف.

reg·u·lar·i·ty [-lăr′-] *(n.)* النظاميّة؛ القياسيّة؛ الانتظام؛ الاطّراد؛ التناسق.

reg·u·lar·ize [rĕg′yə lə rīz′] *(vt.)* يجعله نظاميًّا: يجعله متلائمًا مع ما يقتضيه القانون أو العادة <to ~ the proceedings>.

reg·u·lar·ly [rĕg′yə lər lĭ] *(adv.)* باطّراد؛ بانتظام إلخ.

reg·u·late [rĕg′yə lāt′] *(vt.)* (١) يُنظِّم (٢) «أ» يَضْبُط. «ب» يعدِّل.

reg·u·la·tion [rĕg′yə lā′-] *(n.; adj.)* (١) «أ» تنظيم؛ ضبط. «ب» انتظام (٢) نظام؛ قانون § (٣) نظاميّ؛ رسميّ: مطابق لما يفرضه النظام <a ~ uniform> (٤) عاديّ؛ مألوف <of the ~ size>.

reg·u·la·tor [rĕg′-] *(n.)* (١) المنظِّم (٢) المنظِّمة: «أ» أداةٌ في الساعة تجعلها تُسْرِع أو تبطئ. «ب» ساعة تُضبط على أساسها الساعات الأخرى.

Reg·u·lus [rĕg′yə ləs] *(n.)* المُلَيْك؛ الملك الصغير؛ قلب الأسد (فل).

reg·u·lus *(n.)* الرَّجيع: الكتلة الفلزّية غير النَّقيّة المتشكِّلة تحت الخَبَث slag عند صهر الفلزّات.

re·gur·gi·tate [rē gûr′jə tāt′] *(vi.; t.)* (١) يَقْلِس: «أ» يندفع أو يَصُبّ انكفاءً أو إلى الوراء. «ب» يقذِف أو يَصُبّ انكفاءً (٢) يتقيّأ.

re·ha·bil·i·tant [-bĭl′-] *(n.)* المُؤَهَّل: المُخْضَع للتأهيل أو إعادة التأهيل.

re·ha·bil·i·tate [rē′hə bĭl′ə tāt′] *(vt.)* (١) يُصْلِح. وبخاصة: يرمِّم <~*d* old houses> (٢) يَرُدّ إلى المرء اعتبارَهُ أو منزلَتَهُ أو حقوقَهُ إلخ (٣) يؤهِّل: يعلِّم ذوي العاهات مِهَنًا (٤) يعيد التأهيل: يعيد امرءًا إلى النشاط النافع البنّاء أو يؤهّله لكسب رزقه من جديد <to ~ disabled soldiers>. — **re·ha·bil·i·ta·tion** *(n.)*

re·hash [*v.* rē hăsh′; *n.* rē′hăsh′] *(vt.; n.)* (١) يُجدِّد: يفرغ مادة قديمة في قالب جديد § (٢) التجديد: إفراغ في قالبٍ جديد (٣) الرَّجيع: شيء قديم مُفَرَّغ في قالب جديد.

re·hear·ing [rē hēr′ĭng] *(n.)* السَّماع الثاني: سماع الدعوى ثانيةً أو من جديد [من قِبَل المحكمة نفسها].

re·hears·al [rĭ hûr′səl] *(n.)* (١) إعادة؛ تكرير (٢) المُعاد؛ المكرَّر: شيء يُعاد أو يُسْرَد من جديد (٣) تمرين؛ تجربة؛ بروفة [لحفلة عامة].

re·hearse [-hûrs′] *(vt.; i.)* (١) يكرِّر (٢) يُلقي [بصوتٍ عالٍ] (٣) يَرْوي؛ يَسْرُد (٤) يُعَدِّد (٥) يدرِّب [شخصًا على أداء دور في حفلة] x (٦) يتدرَّب على [تمثيل المسرحية قبل عرضها رسميًا]. — **re·hears·er** *(n.)*

re·heat [rē′hēt′] *(vt.)* يعيد التسخين؛ يُسخِّن من جديد.

re·house [rē′houz′] *(vt.)* يُعيد الإسكان [في بيوت جديدة أو أفضل].

Reich [rīk; rīkh] *(n.)* الرايخ: «أ» ألمانيا. «ب» الأمبراطورية الرومانية المقدسة ٨٠٠-١٨٠٦ [الرايخ الأول]. «ج» الأمبراطورية الألمانية ١٨٧١-١٩١٩ [الرايخ الثاني]. «د» الجمهورية الألمانية الفيديرالية ١٩١٩-١٩٣٣. «هـ» الدولة النازية ١٩٣٣-١٩٤٥ [الرايخ الثالث].

reichs·mark [rīks′märk′] *(n.)* المارك الألماني [من ١٩٢٥–١٩٤٨].
re·i·fi·ca·tion [rē′ə fĭ kā′-] *(n.)* التَّمْدِيَة (را. المادة التالية).
re·i·fy [rē′ə fī] *(vt.)* يُمَدّي: يَعتبر الشيءَ المجرَّد شيئًا ماديًّا.
reign [rān] *(n.; vi.)* (١) «أ» حُكم الملِك أو سلطانُه. «ب» سلطة؛ سلطان <the ~ of law> (٢) العهد: مدة حُكم الملك إلخ § (٣) يحكم (٤) يملِك؛ يتولى المُلْك (٥) يَسُود <Peace ~*ed* in that region.>.
reign of terror *(n.)* عهد الإرهاب: عهدٌ تُحكَم فيه البلاد حُكمًا إرهابيًّا.
re·im·burse [rē′ĭm bûrs′] *(vt.)* (١) يَرُدّ: يُعيد إلى شخص ما تكبّده من نفقات أو خسائر؛ يعوِّض (٢) يُسدِّد دَيْنًا. — **re·im·burse·ment** *(n.)*
re·im·pres·sion [-prĕsh′ən] *(n.)* الطبعة المعادة [من كتاب أو نحوه].
rein [rān] *(n.; vt.; i.)* (١) .pl عد: العِنان: سَيْرُ اللجام الذي تُمْسَك به الدابّة (٢) كبحٌ § (٣) يكبح [فرسًا إلخ] (٤) يوجِّه.
to give ~ to يُطلق العِنان لِـ.
to hold the ~s of government يتولى زمام الحكم.
to ~ in *or* back (a horse) يكبح جماح فرس.
re·in·car·na·tion [rē′ĭn kär nā′-] *(n.)* (١) التناسُخ؛ التقمُّص (را. metempsychosis) (٢) تجسُّدٌ جديد. — **re·in·car·nate** *(vt.)*
rein·deer [rān′dēr′] *(n.)* الرَّنَة: ضربٌ من الأيائل (ح).
reindeer
re·in·force [rē′ĭn fôrs′] *(vt.; i.)* (١) يقوّي (٢) يدعِّم (٣) يعزِّز [حاميةً] (٤) يزيد <in order to ~ the supply> x (٥) يتقوّى؛ يتعزّز.
reinforced concrete *(n.)* الخرسانة المسلَّحة؛ الإسمنت المسلَّح.
re·in·force·ment [rē′ĭn fôrs′-] *(n.)* (١) تقوية؛ تعزيز إلخ (٢) تقوٍّ؛ تعزُّز (٣) شيء مُقَوٍّ أو معزِّز (٤) .pl عد: أمداد عسكريّة.
rein·less [rān′ləs] *(adj.)* (١) غير ذي عِنان (٢) جامح؛ غير مكبوح.
reins [rānz] *(n. pl.)* (١) الكُلْيَتان (٢) الجزء الأدنى من الظهر (٣) الفؤاد: مقرّ المشاعر أو العواطف.
reins·man [rānz′mən] *(n.)* = jockey.
re·in·state [rē′ĭn stāt′] *(vt.)* يُرْجِع؛ يُعيد [إلى وضع أو مركز سابق].
re·in·sure [-shoor′] *(vt.)* (١) يؤمِّن ثانية (٢) يؤمِّن للتغطية: يؤمِّن ثانيةً بتحويل جزء من المخاطرة أو كلّها إلى شركة تأمين أخرى [أو يتحمّل ذلك عن شركة تأمين أخرى]. — **re·in·sur·ance** *(n.)*
re·in·te·grate [-grāt′] *(vt.)* يوحِّد أو يَدْمُج ثانيةً؛ يُعيد التّكامل.
re·in·ter·pret [rē′ĭn tûr′prĭt] *(n.)* يفسِّر ثانيةً؛ يُؤَوِّل من جديد. وبخاصة: يقدِّم تفسيرًا أو تأويلًا جديدًا أو مختلفًا لِـ.
re·in·vest [rē ĭn vĕst′] *(vt.)* يوظِّف ثانية. «أ» يوظِّف من جديد-دخلًا ناشئًا عن أموال موظَّفة-في سندات جديدة. «ب» يوظِّف الأرباح في مشروعٍ ما بدلًا من توزيعها على مستحقّيها (اد).
reis [rās] *(n.) pl. of* real[3].
re·is·sue [rē ĭsh′oo] *(vi.; t.; n.)* (١) ينشأ ثانيةً؛ يَبْرُزُ من جديد x (٢) يعيد إصدارَ [الطوابع]؛ يعيد طَبْع [الكتاب] § (٣) إصدار جديد؛ طبعة جديدة [من الكتاب] مع تغيير في الشكل أو السعر.
re·it·er·ate [rē ĭt′ə rāt′] *(vt.)* يردِّد؛ يكرِّر [قولَ شيء أو صُنْعَهُ على نحوٍ مُضْجِر أحيانًا]. — **re·it·er·a·tion** *(n.)* — **re·it·er·a·tive** *(adj.)*
reive [rēv] *(vt.; i.)* يَسْلُب؛ يَنْهَب (إسك).
re·ject [*v.* rĭ jĕkt′; *n.* rē′jĕkt] *(vt.; n.)* (١) يرفض؛ يأبى (٢) يطَّرِح؛ ينبذ (٣) يتقيأ § (٤) الرَّفيض: شيء أو شخص مرفوض أو منبوذ.
re·jec·ta·men·ta [rĭ jĕk′tə mĕn′tə] *(n. pl.)* مُهْمَلات؛ نُفايات.
re·ject·ee [-′tē] *(n.)* الرَّفيض: المرفوض من الخدمة العسكريّة بخاصة.
re·jec·tion [rĭ jĕk′shən] *(n.)* (١) رَفْضٌ؛ نَبْذٌ (٢) شيء مرفوض.
re·joice [rĭ jois′] *(vt.; i.)* (١) يُبهج x (٢) يبتهج ابتهاجًا عظيمًا.
to ~ in يَمْلِك؛ يتمتّع بِـ؛ يَنْعَم بِـ.
re·joic·ing [rĭ joi′-] *(n.)* (١) ابتهاج؛ فرح (٢) .pl: مَرَحٌ صاخب.
re·join[1] [rē′join′] *(vt.; i.)* (١) يضمّ أو يوحّد ثانيةً x (٢) ينضمّ ثانيةً إلى.
re·join[2] [rĭ-] *(vt.; i.)* (١) يجيب x (٢) يردّ على أقوال المدَّعي (ق).
re·join·der [rĭ join′dər] *(n.)* (١) ردّ المُدَّعَى عليه [على أقوال المدَّعي] (٢) جواب؛ ردّ.
re·ju·ve·nate [rĭ joo′və nāt′] *(vt.; i.)* (١) «أ» يُعيد الشبابَ إلى. «ب» يُجَدِّد <to ~ an old car> x (٢) «أ» يستعيد شبابه. «ب» يتجدَّد. — **re·ju·ve·na·tion; re·ju·ve·na·tor; re·ju·ve·nes·cence** *(n.)*
re·ju·ve·nes·cent [-nĕs′-] *(adj.)* (١) متجدِّد الشباب (٢) مجدِّد للشباب.
re·ju·ve·nize [rĭ joo′və nīz′] *(vt.)* يجدِّد الشباب؛ يُعيد الشباب.
re·kin·dle [rē′kĭn′dəl] *(vt.; i.)* يُضْرِم أو يضطرم ثانية.
re·lapse [rĭ lăps′] *(vi.; n.)* (١) يعود [إلى وضع سابق] (٢) ينتكس [بعد نقاهة] (٣) يغرق؛ ينحدر تدريجيًا <to ~ into a stupor> (٤) يرتدّ [إلى الإثم أو الكفر إلخ] § (٥) ارتداد؛ انتكاس (٦) نكسة.
relaps·ing fever *(n.)* = recurrent fever.
re·late [rĭ lāt′] *(vt.; i.)* (١) يَرْوي؛ يَقُصّ (٢) يعزو؛ يربط بين؛ يقيم علاقةً سببيّة أو منطقية بين x (٣) يكون ذا مفعولٍ رجعيّ (٤) يتَّصِل بـ: يتعلّق بِـ؛ يَخُصّ (٥) يُحِبّ؛ يميل إلى.
re·lat·ed [rĭ lā′tĭd] *(adj.)* (١) مَرْويّ؛ مَسْرود (٢) متَّصِلٌ بِـ؛ ذو صلةٍ بِـ (٣) نسيب؛ قريب؛ ذو قرابة (٤) متناغم <~ tones>.
re·lat·er [rĭ lā′tər] *(n.)* الرّاوي؛ القاصّ.
re·la·tion [-′shən] *(n.)* (١) رواية؛ قَصٌّ؛ سَرْدٌ (٢) علاقة؛ صِلة؛ رابطة (٣) القريب؛ النَّسيب (٤) قرابة؛ نَسَبٌ (٥) .pl: شؤون؛ مسائل (٦) .pl: اتصال (٧) اتصال جنسيّ. — **re·la·tion·al** *(adj.)*
in *or* with ~ to في ما يتّصل بِـ؛ في ما يتعلّق بِـ.
re·la·tion·ship [rĭ lā′shən-] *(n.)* (١) صلة؛ علاقة (٢) قرابة؛ نَسَبٌ.
rel·a·tive [rĕl′ə tĭv] *(n.; adj.)* (١) الاسم الموصول (ل) (٢) شيء ذو صلة

بآخر (٣) القريب؛ النسيب § (٤) موصول <pronouns ~> (٥) متصل بـِ؛ ذو صلة بـِ <facts ~ to that case> (٦) نسبيّ؛ غير مُطْلَق <velocity ~> (٧) متناسب <Value is ~ to demand.>.

relative density *(n.)* = specific gravity.

relative frequency *(n.)* التواتر أو التكرار النِّسبيّ (احص).

relative humidity *(n.)* الرطوبة النسبية: النسبة بين مقدار بُخار الماء الموجود في الهواء عند درجة حرارة معيَّنة، وذلك المقدار الضروري لإشباع الهواء عند تلك الدرجة عينها من الحرارة.

rel·a·tive·ly [rĕl′ə-] *(adv.)* (١) نسبيًّا (٢) بالنسبة أو بالقياس إلى.

relative pronoun *(n.)* الاسمُ الموصول؛ ضمير الصلة (ل).

rel·a·tiv·ism [rĕl′-] *(n.)* (١) المذهب النِّسبيّ: القول بأن الحقيقة نسبيّة أو بأن الحقائق الأخلاقيّة تتفاوت تبعًا للفرد والزمان والظروف (٢) relativity.

rel·a·tiv·is·tic [rĕl′ə tĭ vĭs′-] *(adj.)* نِسْبَوِيّ: خاصّ بالنسبية أو بالمذهب النسبيّ.

rel·a·tiv·i·ty [rĕl′ə tĭv′-] *(n.)* النِّسبيّة: «أ» كون الشيء نسبيًّا. «ب» النسبيّة؛ نظريّة النسبيّة العامة: نظرية آينشتاين في الكون.

re·la·tor [rĭ lā′tər] *(n.)* الرّاوي؛ القاصّ.

re·lax [rĭ lăks′] *(vt.; i.)* (١) يُرْخي (٢) يخفِّف؛ يلطِّف (٣) يُوْهِن (٤) يحرِّر من التوتر العصبيّ x (٥) يتراخى؛ يرتخي (٦) يصبح أقلّ حدَّة أو صرامة (٧) يسترخي [العضل] (٨) يسترخي: يلتمس الراحة أو الاستجمام (٩) يحرِّر من الإمساك.

re·lax·ant [rĭ lăk′sənt] *(adj.; n.)* (١) استرخائيّ أو مُفْضٍ إلى الاسترخاء § (٢) المُرْخي [والجمع: المُرْخيات]: عقّار مخفِّف للتوتّر العضليّ.

re·lax·a·tion [-sā′-] *(n.)* (١) إرخاء (٢) تراخٍ (٣) استرخاء؛ استجمام (٤) تسلية.

re·laxed [rĭ lăkst′] *(adj.)* (١) رِخْو (٢) مُسْتَرْخٍ؛ مستريح (٣) غير رسميّ أو مترسِّم؛ مُرْسَل على سجيّته.

re·lay [*n.* rē′lā; *v.* rē′lā, rĭ lā′] *(n.; vt.)* (١) الأَبْدال: «أ» أفراس مُعَدَّة سلفًا لإراحة أفراس أخرى. «ب» فريق من الرجال يحلّ محلّ آخرين في عملٍ ما لإراحتهم (٢) «أ» سباق البَدَل أو التناوب. «ب» مرحلة من هذا السباق (٣) المُرَحِّل: أداة تتلقى الرسائل البرقيّة أو البرامج الإذاعيّة وتنقلها بقوّة أعظم وبذلك تضاعِف المسافةَ التي تُنقل عبرها (كب) (٤) محرِّك مؤازر؛ موطور مؤازر (مك) (٥) «أ» نَقْلٌ على مراحل. «ب» مَرْحلة § (٦) يزوِّد بأبدال؛ يُحِلّ فريقًا مناوبًا محلَّ فريق (٧) ينقل على مراحل (٨) يُرحِّل [برنامجًا إذاعيًّا مُلْتَقَطًا من محطة إلى أخرى].

re–lay [rē′lā′] *(vt.)* يَضع ثانية؛ يضع من جديد.

relay station *(n.)* محطة التَّرْحيل: محطّة تُذاع منها برامج الراديو بعد التقاطها من محطة أخرى.

re·lease [rĭ lēs′] *(vt.; n.)* (١) يُطلِق؛ يُعْتِق (٢) يحرِّر؛ يسبِّب (٣) يُريح؛ يُخلِّص من (٤) يُحِلّ [من وعد] (٥) يُعْفي [من دَيْن أو التزام] (٦) يتخلّى عن [حقّ أو مِلك] (٧) يأذن بالنَّشر [أو التمثيل أو العرض أو البيع في موعد محدَّد وليس قَبْلَهُ] § (٨) إطلاق؛ إعتاق (٩) تحرير؛ تسبيب (١٠) إعفاء (١١) تخلٍّ عن حقّ إلخ (١٢) عَقْد أو صكّ تخلٍّ قانوني (١٣) «أ» إذن بالنشر إلخ. «ب» المادّة المأذون بنشرها؛ وبخاصة: بيان مُعَدّ للنشر في الصُّحف.

re–lease [rē lēs′] *(vt.)* يؤجِّر أو يستأجر ثانيةً.

rel·e·gate [rĕl′ə gāt′] *(vt.)* (١) ينفي؛ يُبعد (٢) يُنْزِل إلى مرتبة دنيا <John ~*d* his wife to the position of a housekeeper.> (٣) يُحيل [مسألةً أو مهمة إلى شخص آخر لتنفيذها أو لاتخاذ قرار بشأنها].

— **rel·e·ga·tion** *(n.)*

re·lent [rĭ lĕnt′] *(vi.)* (١) يَرِقّ؛ يَلين (٢) يَفْتُر؛ يتراخى.

re·lent·less [-′ləs] *(adj.)* قاسٍ؛ عديم الشفقة؛ لا يلين.

rel·e·vance *or* **rel·e·van·cy** [rĕl′ə-] *(n.)* وثاقة الصلة [بالموضوع].

rel·e·vant [-vənt] *(adj.)* مناسبٌ [للمقام]؛ وثيق الصلة [بالموضوع].

re·li·a·bil·i·ty [rĭ lī′ə bĭl′-] *(n.)* العِوَل؛ الموثوقيّة: كون الشخص أو الشيء جديرًا بأن يُعَوَّل عليه أو يوثَق به.

reliability test *(n.)* اختبارُ الثبات؛ اختبار العِوَل (تر).

re·li·a·ble [rĭ lī′ə bəl] *(adj.)* ثقةٌ؛ موثوق [بِهِ]؛ يُعَوَّل عليه.

re·li·ance [rĭ lī′əns] *(n.)* (١) تعويل؛ اعتماد؛ ثقة؛ اتّكال (٢) المُعَوَّل: كلّ ما يُعَوَّل عليه.

re·li·ant [rĭ lī′ənt] *(adj.)* واثق؛ مُعَوِّل؛ مُتَّكِل؛ معتمد.

rel·ic [rĕl′ĭk] *(n.)* (١) الذخيرة: «أ» أثر مقدَّس [لصلته بقدّيس أو شهيد]. «ب» تذكار (٢) *pl.*: رُفات؛ جثة (٣) بقيّة؛ شيء باقٍ [بعد الفناء أو الزوال] (٤) أثرٌ من عادة قديمة أو مُعْتَقَدٍ بالٍ.

rel·ict [rĕl′ĭkt] *(n.)* (١) أرملة (ا. ن) (٢) الثُّمالة: «أ» بقيّة مُعَمِّرة من نبات أو حيوان منقرض. «ب» شيء باقٍ على حالِهِ في عملية تغيُّر.

re·lic·tion [rĭ lĭk′shən] *(n.)* (١) انحسار الماء [عن أرض] (٢) المُنْحَسَر: أرض انحسر عنها الماء.

re·lief [rĭ lēf′] *(n.)* (١) فَرَج؛ راحة؛ ارتياح (٢) إسعاف؛ إعانة [للفقراء أو المسنِّين إلخ] (٣) نجدة حربية [لإنقاذ مدينة محاصَرة إلخ] (٤) المروِّح: تغيير يلطِّف من رتابة شيء أو يخفِّف من توتُّر الأعصاب (٥) «أ» تحرير امرئ من منصب أو من أداء واجب [وبخاصة بالحلول محلَّه فيه]. «ب» البَدَل: من يحلّ محلَّ غيره تخفيفًا عنه (٦) إنصافٌ [من ظُلامة] (٧) «أ» النحت النافر أو البارز. «ب» نقش نافر أو بارز. «ج» النّافرة: صورة أو حِلية معماريّة ناتئة (٨) بروز؛ جلاء؛ وضوح المعالم (٩) تضاريس الأرض (جغ).

in ~, (١) على نحو نافر أو بارز (٢) بجلاء؛ ببروز.

relief map *(n.)* الخريطة المجسَّمة أو النافرة (جغ).

relief road *(n.)* الطريق المُساعِفة [تخفِّف من الازدحام في طريق أخرى].

re·li·er [rĭ lī′ər] *(n.)* الواثق؛ المعوِّل؛ المعتمِد؛ المُتَّكِل.

re·lieve [rĭ lēv′] *(vt.; i.)* (١) «أ» يريح؛ يفرِّج عن. «ب» يحرِّر؛ يُخلِّص؛ يُحِلّ من. «ج» يلطِّف؛ يخفِّف؛ يسكِّن [الألم] (٢) يُنْجِد؛ يُسْعِف (٣) يُعفي؛ يَصْرِف [من العمل] (٤) يَحِلُّ محلَّه [في أداء واجب] (٥) يُنْصِف [من ظُلامة] (٦) يخفِّف من رتابة شيء (٧) يُبْرِز؛ يُجَسِّم (٨) «أ» يَبُول. «ب» يتغوَّط (٩) يَبْرُز؛ يَنْفِر.

re·lieved [rĭ lēvd′] *(adj.)* هادئ؛ مُطْمئِن <a ~ tone> .

re·lie·vo [rĭ lē′vō′] *(n.)* = relief 7.

re·li·gion [rĭ lĭj′ən] *(n.)* (١) دِين (٢) التَّرهُّب؛ فترة الترهُّب <Her name in ~ is Sister Grace.>.

re·lig·ion·ism [rĭ lĭj′-] *(n.)* (١) تعصُّب (٢) حماسة دينية متكلَّفة.

re·li·gi·ose [rĭ lĭj′ĭ ōs′] *(adj.)* (١) تقيّ؛ ورِع (٢) مغالٍ في التديُّن.

re·lig·i·os·i·ty [rĭ lĭj′ĭ ŏs′-] *(n.)* (١) تقوى؛ وَرَع (٢) تديّن متكلَّف أو مفرط.

re·lig·ious [rĭ lĭj′əs] *(adj.; n.)* (١) دينيّ (٢) تقيّ؛ وَرِع (٣) مُفْرِط: دقيق على نحوٍ مغالًى فيه <~ care> § (٤) راهب أو راهبة.

religious house *(n.)* دَيْر.

re·lin·quish [rĭ lĭng′kwĭsh] *(vt.)* (١) يتخلّى عن [مِلْك أو حقّ أو معتقد أو خطة أو أمل إلخ] (٢) يهجر؛ يُقْلِع [عن عادةٍ] (٣) يُرْخي.

rel·i·quar·y [rĕl′ə kwĕr′ĭ] *(n.)* المَذْخَر: وعاء تُحفظ فيه الذّخائر الدينية المقدَّسة (نص).

re·liq·ui·ae [rĭ lĭk′wĭ ē′] *(n. pl.)* رُفات: بقايا المتعضِّيات الأُحفورية.

rel·ish [rĕl′ĭsh] *(n.; vt.; i.)* (١) نكهة؛ وبخاصة: نكهة لذيذة مُقَبِّلة (٢) مقدار ضئيل (٣) «أ» استمتاع؛ تلذُّذ. «ب» مَيْل <had no ~ for such jokes> (٤) «أ» تابل؛ بهار. «ب» المُقَبِّل: طعام «يفتح» الشهيّة § (٥) «أ» يُنكِّه: يضيف نكهةً إلى. «ب» يُسَوِّغ: يجعله سائغًا حسن المذاق. «ج» يتبّل (٦) يستمتع بـ (٧) «أ» يستطيب؛ يستسيغ. «ب» يتذوَّق x (٨) يتميز بنكهة أو صفة خاصة.

re·live [rē′lĭv′] *(vt.; i.)* (١) يستعيد الذّكرى [في مُخيِّلته] x (٢) يحيا ثانيةً.

re·load [-′lōd′] *(vt.)* يعيد النقل [من القُرص إلى ذاكرة الكومبيوتر الرئيسية].

re·lo·cate [rē lō′kāt] *(vt.; i.)* (١) يعيد تحديد المَوْقع: «أ» يُرحِّل: يَنْقل إلى مكان جديد. «ب» يضع في موضع آخر x (٢) ينتقل إلى مكان جديد.

re·lo·ca·tion [-kā′-] *(n.)* إعادة تحديد المَوْقع (را. relocate).

re·lu·cent [rĭ lōō′sənt] *(adj.)* لامع؛ برّاق؛ ساطع.

re·luct [rĭ lŭkt′] *(vi.)* يُقاوِم؛ يُعارِض؛ يُمانع؛ يرغب عن.

re·luc·tance; re·luc·tan·cy [rĭ lŭk′-] *(n.)* (١) «أ» مقاومة؛ معارضة. «ب» كُرْه؛ نفور؛ رغبةٌ عن (٢) reluctivity.

re·luc·tant [rĭ lŭk′tənt] *(adj.)* (١) مقاوِم؛ مُعارِض؛ ممانع (٢) كارهٌ لِـ؛ راغبٌ عن؛ غير راغب في.

— re·luc·tant·ly *(adv.)*

re·luc·tate [rĭ lŭk′tāt′] *(vi.)* = reluct.

re·luc·tiv·i·ty [-tĭv′-] *(n.)* الممانعيّة؛ الممانعة النوعية أو المغنطيسيّة.

re·lume [rĭ lōōm′] *(vt.)* يُضْرِم ثانيةً؛ يُشعِل من جديد.

re·lu·mine [rĭ lōō′mĭn] *(vt.)* = relume.

re·ly [rĭ lī′] *(vi.)* (١) يَثِق (٢) يُعَوِّل أو يعتمد أو يتّكل على.

re·main [rĭ mān′] *(vi.; n.)* (١) يَبْقى (٢) يمكُث (٣) يظلّ § (٤) *pl.* عد: بقايا؛ خرائب؛ فضلات (٥) *pl.* الآثار غير المنشورة: كتابات يخلّفها المؤلّف، غيرَ منشورة، عند وفاته (٦) *pl.*: جثة؛ جثمان.

re·main·der [-′dər] *(n.; adj.; vt.)* (١) فَضْلة [المال أو الحقّ العقاري] (ق) (٢) بقيّة (٣) الباقي (ر) (٤) الكاسد؛ الراكد: كتاب يعرضُهُ الناشر للبيع بسعر مخفّض بعد أن يكون الإقبال عليه قد فتَر § (٥) باقٍ § (٦) يُصَفّي: يبيع كتابًا كاسدًا أو راكدًا بسعر مخفَّض.

re·make [*v.* rē′māk′; *n.* rē′māk′] *(vt.; n.)* (١) «أ» يصنع ثانيةً. «ب» يجدِّد: يصنع بشكل مختلف § (٢) شيء مُعادٌ أو مجدَّد.

re·man [rē măn′] *(vt.)* (١) يزوِّد ثانيةً بالرجال (٢) يُعِيد إليه شجاعته.

re·mand [rĭ mănd′] *(vt.; n.)* (١) يأمر بإرجاع؛ مثل: «أ» يعيد الدعوى إلى محكمة دُنيا استؤنف حكمها [مع تعليمات حول الإجراءات الواجب اتخاذها]. «ب» يأمر [القاضي] باستمرار السجن احتياطيًا ريثما تجرى المحاكمة أو بانتظار الحصول على بيِّنات جديدة § (٢) «أ» إعادة الدعوى إلى محكمة دنيا. «ب» إعادة سَجْن المتهم، احتياطيًا (٣) مُتّهم مُعادٌ إلى السجن الاحتياطيّ.

remand home *(n.)* مُحْتَجَزُ الأحداث: مؤسسة يُرْسَل إليها الجانحون من الأحداث والمراهقين ريثما يتمّ التحقيق معهم أو الحكم عليهم.

rem·a·nence [rĕm′ə nəns] *(n.)* المغنطيسية المُتَبَقِّية: كثافة الفيض المغنطيسي المتبقّي في مادة مُمَغْنَطة بعد زوال القوة المُمَغْنِطة نهائيًا.

rem·a·nent [rĕm′ə nənt] *(adj.)* مُتَبَقٍّ؛ باقٍ؛ متخلف.

re·map [rē′măp′] *(vt.)* يرسم الخريطة ثانيةً.

re·mark [rĭ märk′] *(vt.; i.; n.)* (١) يُلاحظ (٢) يبدي رأيًا (٣) يقول x (٤) يقدِّم ملاحظةً أو تعليقًا § (٥) ملاحظة (٦) تعليق <Let it pass without ~.>.

re·mark·a·ble [rĭ mär′kə bəl] *(adj.)* (١) جديرٌ بالملاحظة؛ لافت للنظر (٢) رائع؛ استثنائيّ؛ غير عاديّ <a ~ event>.

re·mark·a·bly [-blĭ] *(adv.)* على نحو لافت أو رائع أو استثنائيّ.

re·mar·riage [rē măr′ĭj] *(n.)* (١) الزَّواج ثانيةً (٢) زواج ثانٍ.

re·mar·ry [rē măr′ĭ] *(vt.; i.)* يتزوَّج ثانيةً؛ يتزوَّج من جديد.

re·match [rē măch′] *(n.)* مباراة ثانية [بين نفس الفريقين].

re·me·di·a·ble [rĭ mē′-] *(adj.)* قابلٌ للمعالجة أو المداواة أو الإصلاح.

re·me·di·al [-mē′dĭ əl] *(adj.)* (١) علاجيّ (٢) شافٍ (٣) إصلاحيّ <~ classes>.

rem·e·di·less [rĕm′ə dĭ-] *(adj.)* عُضال: مُسْتَعْصٍ على المعالجة.

rem·e·dy [rĕm′ə dĭ] *(n.; vt.)* (١) علاج؛ دواء (٢) معالجة (٣) إصلاح؛ تصحيح (٤) الحلّ؛ المَخْرَج: وسيلة لاسترداد حقّ أو رفع ظلامة § (٥) يعالج؛ يداوي (٦) يُصلِح؛ يصحّح.

re·mem·ber [rĭ mĕm′bər] *(vt.; i.)* (١) يَذْكُر؛ يتذكَّر (٢) يكافئ: يعطيه حُلوانًا أو بقشيشًا <to ~ a waiter> x (٣) يملك ذاكرةً <Dogs ~.>. ~ me to him إحْمِل أو أَهْدِ إليه تحيّاتي.

re·mem·brance [-ˈbrəns] *(n.)* (١) تذكُّر (٢) ذاكرة (٣) ذكرى (٤) تذكار (٥) إحياء ذكرى (٦) *pl.*: تحيّات <Give my kind ~*s* to her.>. in ~ of إحياءً لذكرى.

Remembrance Day *(n.)* ذكرى الهدنة: يوم ١١ نوفمبر المُعتبر عطلة رسميّة في كندا إحياءً لذكرى انتهاء الحربين العالميتين (١٩١٨ و١٩٤٥).

re·mem·branc·er [-ˈbrən sər] *(n.)* (١) موظف حكومي أو مستشار قانوني [في إنكلترا] (٢) المُذَكِّر: من يذكِّر غيره بشيء (٣) تذكار.

re·mex [rēˈmĕks] *(n.)* pl. **rem·i·ges** [rĕmˈĭ jēzˈ] ريشة الطيران: أيّ من ريشات الطيران في جناح الطائر.

re·mil·i·ta·rize [rēˈmĭlˈ-] *(vt.)* يُسلِّح ثانيةً: يُعيد تسليح [دولةٍ].

re·mind [rĭ mīndˈ] *(vt.)* يُذَكِّر؛ يُنبِّه.

re·mind·er [-ˈər] *(n.)* (١) المُذَكِّر (٢) المذكِّرة: رسالة تذكير بشيء.

re·mind·ful [rĭ mīndˈ-] *(adj.)* (١) متذكِّر؛ مُتنبِّه؛ واعٍ (٢) مُذَكِّر.

rem·i·nisce [rĕmˈə nĭsˈ] *(vi.)* يستذكر الماضي؛ يستغرق في الذكريات.

rem·i·nis·cence [-ˈəns] *(n.)* (١) استذكار الماضي؛ الاستغراق في الذكريات؛ التفكير في الخبرات السالفة والتحدّث عنها (٢) «أ» ذكرى ماضية. «ب» *pl.*عد: ذكريات (٣) المذكِّر: كل ما يذكِّر المرء بشيء أو يجعله يفكِّر فيه.

rem·i·nis·cent [-ˈənt] *(adj.)* (١) استذكاريّ: «أ» ذو علاقة باستذكار الماضي. «ب» حافل بالذكريات <a ~ talk> (٢) مولع باستعادة الذكريات <~ old men> (٣) مُذَكِّر بـ <scenes ~ of one's childhood>.

re·mint [rēˈmĭnt] *(vt.)* يَسُكّ [القِطع النقدية] ثانيةً.

re·mise [rĭ mīzˈ] *(vt.)* يتخلّى أو يتنازل عن (ق).

re·miss [rĭ mĭsˈ] *(adj.)* (١) مُهْمِل (٢) غير مُتْقَن: دالّ على إهمال (٣) كسلان: متوانٍ (٤) بطيء.

re·mis·si·ble [rĭ mĭsˈə-] *(adj.)* ممكنٌ غفرانه <~ sins>.

re·mis·sion [rĭ mĭshˈən] *(n.)* مص remit.

re·miss·ly [rĭ mĭsˈlĭ] *(adv.)* بإهمال؛ بتوانٍ؛ ببُطء إلخ.

re·miss·ness [rĭ mĭsˈnəs] *(n.)* إهمال؛ توانٍ؛ بطء إلخ.

re·mit [rĭ mĭtˈ] *(vt.; i.; n.)* (١) يكفّ عن (٢) يُخفِّف (٣) يَغْفِر؛ يَصْفَح عن (٤) يُلغي <to ~ a penalty> (٥) يُسكِّن؛ يُخفِّف <to ~ pain> (٦) يُحيل إلى. وبخاصة: يعيد الدعوى إلى محكمةٍ دُنيا استؤنف حكمُها (ق) (٧) يعيد؛ يُرجع. وبخاصة: يُعيد إلى السجن (٨) يؤجِّل؛ يُرجئ (٩) يُحوِّل أو يُرسل مالًا x (١٠) يَسْكُن؛ يَفْتُر؛ تخفّ حدّة المرض § (١١) الإحالة (را. رقم «٦» أعلاه). **— re·mit·ment** *(n.)*

re·mit·tal [rĭ mĭtˈəl] *(n.)* = remission.

re·mit·tance [-ˈəns] *(n.)* (١) حوالة (٢) تحويل النقد [بالبريد].

remittance man *(n.)* التحاويلي: شخص يعيش خارج البلاد على الأموال المحوَّلة إليه من الوطن.

re·mit·tent [-ˈənt] *(adj.)* مُتفتِّر؛ متقطِّع؛ متردِّد <~ fever>.

remittent fever *(n.)* الحُمى المُتَفَتِّرة أو المتقطّعة: حمًّى تَضْعُف أعراضُها على نحو ملحوظ في فترات معيَّنة من غير أن تزول بالكليّة.

re·mit·ter [rĭ mĭtˈər] *(n.)* (١) فا remit (٢) remit *11*.

re·mit·tor [rĭ mĭtˈər] *(n.)* مُرسل الحوالة؛ مُحوِّل النقود.

rem·nant [rĕmˈ-] *(n.; adj.)* (١) بقيّة؛ أثارة § (٢) باقٍ؛ متخلِّف.

re·mod·el [rē mŏdˈəl] *(vt.)*, **-eled** *or* **-elled** (١) يُجدِّد الصياغة (٢) يغيِّر البنية أو الطراز أو التفصيل (٣) يعيد البناء.

re·mon·e·tize [rē mŭnˈə tīz] *(vt.)* يعيد جَعْلَهُ قانونيًّا: يجيز التعامل به ثانيةً بوصفه عُمْلةً قانونية <to ~ silver>.

re·mon·strance [rĭ mŏnˈstrəns] *(n.)* احتجاج؛ اعتراض.

re·mon·strant [-ˈstrənt] *(adj.; n.)* مُحْتجّ؛ معترِض.

re·mon·strate [-ˈstrāt] *(vt.; i.)* يحتجّ؛ يعترض على.

re·mon·stra·tion [rēˈmŏn strāˈ-] *(n.)* احتجاج؛ اعتراض.

re·mon·stra·tive [rĭ mŏnˈstrə tĭv] *(adj.)* احتجاجيّ؛ اعتراضيّ.

rem·o·ra [rĕmˈə rə] *(n.)* (١) اللِّشَك: سمك في أعلى رأسه قرص ماصّ يستطيع بواسطته أن يلتصق بالأقراش والسلاحف والسفن إلخ (٢) عقبة؛ عائق.

remora *1.*

re·morse [rĭ môrsˈ] *(n.)* (١) نَدَم؛ ندامة (٢) عذاب الضمير.

re·morse·ful [-ˈfəl] *(adj.)* (١) نادم (٢) مُتَّسِم بالنَّدم؛ ناشئ عن نَدَم.

re·morse·less [-ˈləs] *(adj.)* قاسٍ؛ وحشيّ؛ عديم الرحمة.

re·mote [rĭ mōtˈ] *(adj.)* (١) بعيد؛ ناءٍ (٢) منعزل (٣) مختلفٌ عن (٤) ضئيل؛ قليل (٥) من بُعد <~ control>. **— re·mote·ly** *(adv.)* **— re·mote·ness** *(n.)*

remote control *(n.)* (١) التَّحكُّم من بُعد: نظامٌ للتحكّم من بُعدٍ بجهازٍ ما [كالتّلفاز] بواسطة الموجات اللاسلكية (٢) جهاز التحكّم من بُعد.

re·mo·tion [rĭ mōˈshən] *(n.)* = removal.

re·mount [rē mountˈ] *(vt.; i.; n.)* (١) يَرْكب ثانيةً؛ يمتطي من جديد إلخ (٢) يزوِّد بأفراس بديلةٍ § (٣) الجواد البديل: جواد مُعَدّ للحلول محلّ آخر.

re·mov·a·bil·i·ty [rĭ mo͞oˈvə bĭlˈ-] *(n.)* قابلية للنقل أو النزع أو الإزالة.

re·mov·a·ble [rĭ mo͞oˈvə-] *(adj.)* قابلٌ للنقل أو النزع أو الإزالة.

re·mov·al [rĭ mo͞oˈvəl] *(n.)* (١) «أ» نَقْل. «ب» انتقال (٢) نزع (٣) صرف من الخدمة (٤) إزالة إلخ.

re·move [rĭ mo͞ovˈ] *(vt.; i.; n.)* (١) «أ» يَنْقُل. «ب» يحوّل دعوى من محكمة إلى أخرى (٢) يَنْزِع (٣) يَصْرِف من الخدمة (٤) يُزيل (٥) يَقْتُل x (٦) يَنْقُل؛ يغيِّر مقرَّ عمله أو سَكَنِهِ (٧) يرحل § (٨) نَقل؛ انتقال؛ وبخاصة: تغيير مقرّ العمل أو السَّكن (٩) مسافة؛ بُعْد؛ مَبْعَدة (١٠) دَرَجة (١١) ترفيعُ طالبٍ [إلى صفّ أعلى].

re·moved [rĭ mo͞ovdˈ] *(adj.)* (١) بعيد؛ ناءٍ (٢) مُغاير؛ مباين؛ مخالف (٣) بعيدٌ [من حيث درجة القُرْبَى].

re·mu·ner·ate [rĭ myo͞oˈnə rātˈ] *(vt.)* (١) يكافئ (٢) يعوِّض.

re·mu·ner·a·tion [rĭ myo͞o nə rāˈ-] *(n.)* (١) مكافأة (٢) تعويض.

re·mu·ner·a·tive [rĭ myo͞oˈnə rāˈtĭv] *(adj.)* (١) مكافئ (٢) مُعَوِّض (٣) مُرْبِح <~ work *or* business>.

re·nais·sance [rĕnˈə sänsˈ] *(n.; adj.)*: (١) *cap.*: «أ» النهضة الأوروبية

x (٤) يتجدَّد .

— re·new·a·ble *(adj.)*

re·new·al [rĭ nōō′əl; -nyōō′-] *(n.)* (١) تجديد (٢) تجدُّد (٣) شيء مُجدَّد .

reniform leaf

reni- *or* **reno-** بادئة معناها : كُلْية <*reni*form> .

ren·i·form [rē′nə-; rĕn′-] *(adj.)* كُلْويّ الشكل ؛ شبيهٌ بالكُلْية .

re·nin [rē′nĭn] *(n.)* الرِّنين : أنزيمة أو خميرة تُفْرِزها الكُلْية فتزيد من ضغط الدَّم (كح) .

re·ni·ten·cy [rĕn′ə tən sĭ; rĭ nī′tən sĭ] *(n.)* مقاوَمة ؛ معارَضة ؛ مُعانَدة .

re·ni·tent [rĕn′-; rĭ nī′-] *(adj.)* (١) مقاوِم ؛ مُعارِض (٢) معانِد ؛ حَرُون .

ren·min·bi [-′mĭn′bē] *(n.)* الرِّنْمِنبيّ : عُملة جمهورية الصين الشعبيّة .

ren·net [rĕn′ət] *(n.)* المِنْفحة ؛ الإنفحة : «أ» الغشاء المبطِّن لمعدة العجل الرابعة . «ب» مادَّة تستخرج من مِعَد الحيوانات لتجبين اللبن .

ren·nin [rĕn′ĭn] *(n.)* المِنفحين : خميرة مُجبِّنة للَّبَن تُستخرج من الغشاء المخاطيّ لمعدة العجل .

re·nom·i·nate [rē nŏm′ə nāt′] *(vt.)* يُرَشِّح ثانيةً [للمنصبِ إلخ] .

re·nounce [rĭ nouns′] *(vt.; i.)* (١) يُنكِر ؛ يَرْفض (٢) يرتدّ : يُعلن ارتداده عن دِين (٣) يعتزل [العالَمَ] ؛ يتنسَّك (٤) يتخلَّى [عن حَقِّهِ في العرش إلخ] (٥) يتبرّأ من [ولده] .

ren·o·vate [rĕn′ə vāt′] *(vt.)* (١) يُجدِّد ؛ يُصلح ؛ يُرَمِّم (٢) يُحيي .

re·nown [rĭ noun′] *(n.; vt.)* (١) شُهرة § (٢) يُكسِبُهُ شهرةً .

re·nowned [rĭ nound′] *(adj.)* شهير ؛ مشهور ؛ معروف .

rent [1] [rĕnt] *(n.; vt.; i.)* (١) أُجرة ؛ إجارة [يدفعها المستأجر إلى المؤجِّر] (٢) الرَّيع (اد) (٣) مِلْك مُؤجَّر [أو معروض للإيجار] § (٤) يستأجر (٥) يؤجِّر x (٦) يؤجَّر أو يكون معروضًا للإيجار <This building ~*s* at $ 100,000 a year.>.

for ~, للإيجار ؛ برسم الإيجار .

rent [2] *past and past part. of* rend.

rent [3] *(n.)* (١) مِزق ؛ شَقّ ؛ صَدْع (٢) انشقاق ؛ انقسام (٣) تمزُّق .

rent·a·ble [rĕnt′ə bəl] *(adj.)* يؤجَّر ؛ قابل للتأجير .

rent–a–car [rĕnt′ə kär′] *(n.)* سيارة مستأجَرة .

rent·al [-′təl] *(n.; adj.)* (١) أُجرة ؛ إيجار (٢) جدول بالإيجارات والمستأجِرين (٣) مِلْكٌ مؤجَّر (٤) تأجيرة § (٥) تأجيري <~ value> .

rental library *(n.)* = lending library.

rente [ränt] *(n.)* (١) دَخْل ؛ إيراد (٢) *pl.* : سندات الخزينة أو فوائدُها .

rent·er [rĕn′tər] *(n.)* (١) المؤجِّر (٢) المستأجِر .

ren·tier [rän tyā′] *(n.)* صاحب الدَّخْل [من أرضٍ أو سندات إلخ] .

re·num·ber [rē nŭm′-] *(vt.)* (١) يُرقِّم ثانيةً (٢) يغيّر الترقيم .

re·nun·ci·a·tion [rĭ nŭn′sĭ ā′-] *(n.)* (١) إنكار ؛ رَفض (٢) ارتداد [عن دِين] (٣) اعتزال ؛ تنسُّك (٤) تخلٍّ [عن حقٍّ أو لقبٍ أو مِلْك] .

حركة انتقاليّة في أوروبا بين القرون الوسطى والعصر الحديث نشأت في القرن ١٤ في إيطاليا واستمرّت إلى القرن ١٧ . «ب» عصر النهضة الأوروبيّة . «ج» الطراز المعماري «الكلاسيكي المُحْدث» السائد في عصر النهضة (٢) *cap.* : حركةٌ أو حقبة من النشاط الفني والعقلي الشديد (٣) انبعاث ؛ ولادة جديدة § (٤) نَهْضويّ <~ art> .

re·nal [rē′-] *(adj.)* كُلْويّ : ذو علاقةٍ بالكُلْيَتَيْن <~ calculus> .

re·nas·cence [rĭ năs′əns] *(n. often cap.)* = renaissance.

re·nas·cent [rĭ năs′ənt] *(adj.)* (١) منبعث ؛ مولود ثانية (٢) ناشطٌ من جديد <a ~ interest in classical poetry> .

ren·con·tre [rĕn kŏn′tər] *or* **ren·coun·ter** [-koun′-] *(n.)* (١) مناوشة ؛ معركة (٢) مباراة ؛ مناظرة (٣) لقاءٌ عابر .

ren·coun·ter [rĕn koun′tər] *(vt.; i.)* يلتقي به مصادفةً .

rend [rĕnd] *(vt.; i.)* (١) ينتزع : ينزع بقوّةٍ أو عُنف (٢) «أ» يُمزِّق . «ب» يَشُقّ . «ج» يَشُقّ الجيبَ [حزنًا أو غضبًا] x (٣) يتمزّق .

ren·der [rĕn′dər] *(vt.; n.)* (١) يُذيب ؛ يذوِّب : «أ» يستخرج أو يستخلص بالإذابة . «ب» يعالج شيئًا بحيث يحوّله إلى دهون أو زيوت صناعيّة أو إلى أسمدة (٢) «أ» ينقل أو يسلِّم [رسالة] . «ب» يسلِّم ؛ يتخلّى عن <to ~ a city> . «ج» يقدِّم [حسابًا أو خدمة أو مساعدة إلخ] . «د» يُصدر حكمًا (٣) «أ» يردّ ؛ يُرجع . «ب» يدفع [ضريبة إلخ] (٤) «أ» يجعل ؛ يصيِّر <She ~*ed* him helpless.> . «ب» يصِف . «ج» يرسم ؛ يصوِّر . «د» يمثِّل [دورًا مسرحيًّا] . «ﻫ» يعزف ؛ يغنّي . «و» يترجم . «ز» يقيم العدل (٥) يطلي [بالطبقة الأولى من الدهان] § (٦) عِوَضٌ [يقدِّمه المستأجِر ، بخاصة ، إلى صاحب الإقطاعة في شكل خدمات أو أموال إلخ] (٧) الطبقة الأولى من الطلاء .

ren·der·ing [rĕn′-] *(n.)* (١) مص render (٢) الأداء : طريقة العزف أو الغناء إلخ (٣) ترجمة (٤) الطبقة الأولى من الطلاء (٥) رسمٌ تمثيليّ .

ren·dez·vous [rän′də vōō′] *(n.; vi.)* (١) «أ» المُلْتَقى : مكانٌ يُتَواعَد على اللقاء فيه . «ب» المَلْقَى ؛ المُنْتَجَع : موطن يقصده الناس للرياضة أو الاستجمام إلخ (٢) المَوْعِد : لقاء يتمّ بناء على تواعُد سابق § (٣) «أ» يلتقيان [بناءً على موعد] . «ب» يجتمعان .

ren·di·tion [rĕn dĭsh′ən] *(n.)* مص render . مثل : «أ» تخلٍّ عن ؛ تسليمُ مدينةٍ إلى العدوّ . «ب» ترجمة . «ج» أداء ؛ تمثيل ؛ عزف .

ren·e·gade [rĕn′ə gād′] *(n.; adj.; vi.)* (١) المُرْتدّ [عن دين] ؛ الخارج [على حزب] § (٢) «أ» مرْتدّ . «ب» خارج . «ج» خائن § (٣) يرتدّ ؛ يَخْرُج على ؛ يرفض الأعراف والتقاليد .

ren·e·ga·do [rĕn′ə gā′dō] *(n.)* = renegade.

re·nege [rĭ nĭg′; rĭ nĕg′; rĭ nāg′] *(vt.; i.)* (١) يُنكِر (ا . ق) x (٢) يُخْلِف وعدًا ؛ يَنْكُث بعهد .

— re·neg·er *(n.)*

re·ne·go·ti·ate [rē nĭ gō′shĭ āt′] *(vt.)* يفاوض ثانيةً .

re·new [rĭ nōō′; rĭ nyōō′] *(vt.; i.)* (١) يُجدِّد (٢) يُكرِّر ؛ يُعيد (٣) يستأنف

ă at; ā date; â care; ä car; ĕ egg; ē me; ĭ in; ī bite; ŏ lot; ō bone; ô orphan; oi boil; oo good; ōō boot; ou out; ŭ under; û urgent; ə = *a* in alone, *e* in system, *i* in easily, *o* in gallop, *u* in circus.

re·o·pen [rē ō′-] *(vt.; i.)* (١) يفتح ثانية (٢) يستأنف <to ~ discussion>.

re·or·der [rē ôr′-] *(vt.; i.; n.)* (١) ينظِّم ثانية x (٢) يُعاود الطَّلب § (٣) الطلب المكرور: طلبٌ ثانٍ أو مكرَّر للسِّلَع نفسها يقدَّم إلى التاجر أو المنتج.

re·or·ga·ni·za·tion [rē′ôr gən ə zā′-] *(n.)* إعادة تنظيم.

re·or·gan·ize [rē ôr′gə nīz] *(vt.; i.)* ينظِّم ثانيةً؛ يعيد التنظيم.

rep; repp [rĕp] *(n.)* المُضَلَّع: نسيجٌ صوفيّ أو حريريّ أو قطنيّ مضلَّع.

re·pack·age [rē′păk′ĭj] *(vt.)* يُجدِّد التغليف. وبخاصة: يُفرغ في شكلٍ أكثر فعّالية أو جاذبية؛ يعزِّز؛ يجمِّل <to ~ his public image>.

re·pair¹ [rĭ pâr′] *(vi.; n.)* (١) يَذْهب؛ يتوجّه إلى (٢) يتجمَّع [لعملٍ مشترك] § (٣) ذهاب؛ ارتحال (٤) مَثْوًى؛ مأوًى (٥) باحة؛ ساحة؛ قاعة مُنتدًى.

re·pair² *(vt.; i.; n.)* (١) يُصْلِح (٢) يُرمِّم (٣) يُصَحِّح (٤) يجدِّد <to ~ one's strength> (٥) يُعوِّض عن § (٦) إصلاح؛ ترميم إلخ.

in ~, في حالة جيدة أو صالحة للاستعمال.
in bad ~, في حالة سيئة [يحتاج معها إلى ترميم].
in good ~, في حالة جيدة أو صالحة للاستعمال.
out of ~, في حالة سيئة إلى حدّ يتعذّر معه إصلاحه.

re·pair·a·ble [rĭ pâr′ə bəl] *(adj.)* = reparable.

re·pair·man [-′mən] *(n.)* المُصْلِح؛ مُصلِح الأجهزة والماكينات.

repand leaf

re·pand [rĭ pănd′] *(adj.)* متموِّج الحاشية قليلًا <a ~ leaf>.

rep·a·ra·ble [rĕp′ə-] *(adj.)* ممكن إصلاحه؛ قابلٌ للإصلاح إلخ.

rep·a·ra·tion [-′ə rā′-] *(n.)* (١) إصلاح (٢) ترميم (٣) تجديد (٤) «أ» تعويض. «ب» *pl.* عد: تعويضات [تدفعها دولةٌ مهزومةٌ إلى أخرى منتصرة].

re·par·a·tive [rĭ pâr′ə tĭv] *(adj.)* (١) إصلاحيّ؛ ترميميّ (٢) تعويضيّ.

rep·ar·tee [rĕp′ər tē′] *(n.)* (١) جواب سريع أو بارع (٢) حضور البديهة؛ براعة الإجابة.

re·par·ti·tion [rē′pär tĭsh′-] *(n.)* (١) توزيع (٢) تقسيم ثانٍ.

re·pass [rē′păs′; -päs′] *(vi.; t.)* (١) يَرْجِع x (٢) يجتاز ثانيةً <to ~ the ocean> (٣) يُمِرّ ثانيةً <to ~ the needle through the cloth> (٤) يتبنّى من جديد <to ~ a bill after a veto>.
— **re·pas·sage** *(n.)*

re·past [rĭ păst′; -päst′] *(n.)* وَجْبة؛ وقعةُ [طعام].

re·pa·tri·ate [*v.* rē pā′trĭ āt′; *n.* -ĭt] *(vt.; n.)* (١) يعيد إلى الوطن <to ~ war refugees> § (٢) شخص مُعاد [إلى وطنه].

re·pa·tri·a·tion [-′trĭ ā′-] *(n.)* إعادة [اللاجئين أو الأسرى] إلى الوطن.

re·pay [rē pā′] *(vt.; i.)* (١) يُسَدِّد [دَيْنًا]؛ يفي؛ يردّ (٢) يُجازي؛ يكافئ (٣) يعوِّض (٤) يَرُدُّ <to ~ a visit>.

re·pay·a·ble [rē pā′ə-] *(adj.)* يُسَدَّد؛ قابلٌ للتسديد.

re·pay·ment [rē pā′-] *(n.)* (١) تسديد؛ وفاء [دَيْن] (٢) مجازاة؛ مكافأة؛ تعويض (٣) ردّ [زيارة].

re·peal [rĭ pēl′] *(vt.; n.)* (١) يَسْحَب [رسميًّا]؛ يلغي؛ يُبْطِل؛ يَنْسخ § (٢) سحب؛ إلغاء؛ إبطال.

re·peat [rĭ pēt′] *(vt.; i.; n.)* (١) «أ» يقول ثانيةً. «ب» يسمِّع؛ يردِّد [عن ظهر قلب] (٢) يكرِّر؛ يعيد (٣) يُفْشي [السر] x (٤) يكرِّر التصويت: يصوِّت أكثر من مرّة في انتخابٍ واحدٍ [تصويتًا غير مشروع] (٥) يتكرَّر [الرقمُ] (٦) تتخلّف رائحتُهُ: تظلّ للبصل ونحوه رائحة بعد أكلِهِ (٧) يزوِّد ثانيةً: يزوِّد [عميلَه] بمقادير جديدة من سلع مطلوبة § (٨) تكرير؛ إعادة (٩) شيء مكرَّر أو مُعاد؛ مثل: «أ» مقطع موسيقي يتعيَّن تكريره. «ب» إشارة تدلّ على وجوب تكرير المقطع الموسيقي [وتتألف من نُقَط بعضها فوق بعض]. «ج» البرنامج المُعاد [في الراديو أو التلفزيون].

re·peat·ed [rĭ pē′-] *(adj.)* (١) متكرِّر <~ absences> (٢) مكرَّر؛ مُعاد.

re·peat·ed·ly [rĭ pē′tĭd lĭ] *(adv.)* تكرارًا؛ مَرّة بعد مرّة.

re·peat·er [rĭ pē′-] *(n.)* المكرِّر؛ المعيد؛ مثل: «أ» الراوي؛ القاصّ؛ المسمِّع عن ظهر قلب. «ب» الساعة الدقّاقة. «ج» السّلاح التكراري: سلاحٌ ناريّ، كمسدّسٍ أو بندقية، يمكن إطلاق النار منه عدة مرات من غير أن يُعاد حشوه أو تعميره. «د» المتعوِّد انتهاك حرمة القانون. «هـ» مكرِّر التصويت (را. repeat *4*). «و» الطالب المعيد: طالبٌ «يعيد صفًّا» [أو مادّةً].

repeating decimal *(n.)* = circulating decimal.

repeating firearm *(n.)* = repeater *c.*

re·pel [rĭ pĕl′] *(vt.; i.)* (١) يَرُدّ؛ يَصُدّ [هجومًا] (٢) يقاوم (٣) يرفض [اقتراحًا إلخ] (٤) يُثبِّط الهمّة (٥) يَطْرُد (٦) يمنع التسرُّب (٧) يُنفِّر: يُوقع النفور أو الاشمئزاز في النفس.
— **re·pel·ler** *(n.)*

re·pel·lence *or* **re·pel·len·cy** [rĭ pĕl′-] *(n.)* ردّ؛ صدّ؛ رَفْض إلخ.

re·pel·lent [-′ənt] *(adj.; n.)* (١) صادّ؛ طارد (٢) مُنفِّر؛ بغيض؛ كريه § (٣) الصّادّ؛ الطارد؛ المنفِّر. وبخاصة: «أ» دواءٌ مُزيلٌ للأورام والطّفح الجلدي إلخ. «ب» مادّة طاردة للحشرات. «ج» قماشٌ صامدٌ للماء.

re·pent¹ [rĭ pĕnt′] *(vi.; t.)* (١) يتوب (٢) يندم (٣) يتأسّف؛ يتحسَّر.

re·pent² [rē′pənt] *(adj.)* (١) متسلِّق؛ مُعْترِش (نب) (٢) زاحف (ح).

re·pen·tance [rĭ pĕn′təns] *(n.)* (١) توبة (٢) ندم (٣) أسف.

re·pen·tant [rĭ pĕn′tənt] *(adj.)* (١) تائب؛ نادم؛ آسف (٢) دالّ على التوبة والنَّدم <her ~ tears>.

re·peo·ple [rē pē′pəl] *(vt.)* يُؤهِّل ثانيةً [بالسُّكان].

re·per·cus·sion [rē′pər kŭsh′ən] *(n.)* (١) ارتداد (٢) ترجيع؛ صَدًى (٣) المُضاعَف: أثر تالٍ أو متلكِّئ [أو نتيجة غير مباشرة] لحادث أو عمل <The ~*s* of the second World War are still felt.>.
— **re·per·cus·sive** *(adj.)*

rep·er·toire [rĕp′ər twär] *(n.)* الذَّخيرة: «أ» مجموعة من المسرحيات والأدوار والألحان التي تدرَّبت عليها فرقة أو ممثِّل أو مغنٍّ أو موسيقي والتي يكون الموسيقي أو المغني أو الممثل أو الفرقة على استعداد لتقديمها أو أدائها. «ب» كمّيّة؛ مخزون.

rep·er·to·ry [rĕp′ər tôr′ĭ] *(n.)* (١) مَخزن؛ مستودع (٢) repertoire (٣) ذخيرة؛ مجموعة.

repertory theater *(n.)* مَسْرح الذَّخائر: مسرحٌ تقدِّم فيه فرقة دائمة عدة

مسرحيات في موسم واحد، وفي مسرح واحد، بدلًا من مسرحية أو أوبرا واحدة يُعاد تقديمُها طوالَ الموسم.

rep·e·tend [rĕp'ə-] *(n.)* (١) الكَسْر المكرور: جزء من العُشْريّ المتكرِّر recurring decimal يتردَّد إلى ما لا نهاية (٢) اللازمة (را. refrain).

rep·e·ti·tion [rĕp'ə tĭsh'-] *(n.)* (١) تكرار؛ إعادة (٢) تسميع؛ إلقاء (٣) قطعة محفوظات مُعَدَّة للاستظهار والإلقاء (٤) نسخةٌ عن (٥) تكرُّر.

rep·e·ti·tious [-tĭsh'əs] *(adj.)* حافلٌ بالتكرار [إلى حدّ الإملال].

re·pet·i·tive [rĭ pĕt'ə tĭv] *(adj.)* تكراريّ؛ متَّسِم بالتكرار.

re·pine [rĭ pīn'] *(vi.)* (١) يشكو؛ يتذمَّر؛ يتبرَّم (٢) يتوق [إلى شيء].

re·place [rĭ plās'] *(vt.)* (١) يُعيد؛ يُرجع (٢) يَحِلّ محلَّ (٣) يستبدل <to ~ coal by (*or* with) oil>.

— **re·place·a·ble** *(adj.)*

re·place·ment [-'mənt] *(n.)* (١) مص replace (٢) الحالُّ مَحَلَّ: شيء يَحِلّ محلَّ آخر؛ وبخاصة: جندي التكميل: جنديّ يُلحق بوحدة عسكرية تكميلًا لها [بعد أن تفقد أحد أفرادها] (٣) الإحلال (ك).

re·plant [rē plănt'] *(vt.)* يَغْرِس ثانيةً؛ يزرع من جديد.

re·plan·ta·tion [-plăn tā'-] *(n.)* إعادة غرس [وبخاصةٍ لعضوٍ فُصِل عن الجسم].

re·play [rē plā'] *(vt.)* (١) يُعيد اللَّعِب [أو المباراة] (٢) يَعْزِف ثانيةً (٣) يستعيد الاستماع [إلى شريط ما، بعدَ الفراغ من التسجيل].

re·plead·er [rē plē'dər] *(n.)* (١) دفاعٌ ثانٍ؛ مرافعةٌ ثانية (ق) (٢) حقّ الترافع ثانيةً (ق).

re·plen·ish [rĭ plĕn'-] *(vt.; i.)* (١) يملأ ثانيةً (٢) يُغَذِّي: يُفْعِم بالقوة أو بالحيوية (٣) يُذْكي: يزوِّد بوقود جديد (٤) يستكمل؛ يسُدّ النَّقص <to ~ a stock of goods> (٥) «أ» يمتلئ. «ب» يمتلئ ثانيةً.

re·plete [rĭ plēt'] *(adj.)* (١) مُفْعَم؛ زاخر (٢) مُتْخَم (٣) بَدين.

re·ple·tion [rĭ plē'shən] *(n.)* (١) تُخمة (٢) امتلاء؛ اكتظاظ (٣) إشباع [رغبةٍ أو حاجة].

re·plev·in [rĭ plĕv'ĭn] *or* **re·plev·y** [-'ĭ] *(n.; vt.)* (١) الاسترداد: استرداد المحجوزات لقاء تعهّد المستردّ بإعادتها إذا ما خسر دعواه في المحاكم (ق) § (٢) يستردّ [المحجوزات].

rep·li·ca [rĕp'lə kə] *(n.)* (١) الصورة المنقولة: نسخة عن أثر فنّيّ وبخاصّة بريشة الرسّام صاحب الأثر (٢) نسخةٌ مطابقة أو طبق الأصل.

rep·li·cate [*v.* rĕp'lə kāt'; *adj.* -kĭt] *(vt.; i.; adj.)* (١) يكرّر؛ يضاعف (٢) يطوي أو يلوي إلى الوراء § (٣) مكرَّر؛ مضاعَف (٤) مَطْويّ إلى الوراء؛ ملتفّ على نفسِهِ انكفائيًا.

rep·li·ca·tion [rĕp'lə kā'-] *(n.)* (١) «أ» جواب. «ب» ردّ على جواب. «ج» ردّ المدَّعي على أقوال المدَّعى عليه (ق) (٢) صدًى؛ ترجيع (٣) «أ» نسخة مطابقة. «ب» استخراج نسخةٍ مطابقة (٤) الإعادة: تكرير تجربة أو إجراءٍ في المكان والزمان نفسيهما.

re·ply [rĭ plī'] *(vi.; t.; n.)* (١) «أ» يُجيب. «ب» يُرْجع الصَّدى. «ج» يردّ على أقوال المُدَّعى عليه (٢) يردّ على نار العدوّ أو هجومه § (٣) جواب (٤) ردّ المدَّعي [على أقوال المدَّعى عليه].

in ~ to جوابًا على.

to ~ for يجيب نيابةً عن.

re·port [rĭ pōrt'] *(n.; vt.; i.)* (١) «أ» إشاعة. «ب» سُمعة (٢) «أ» بيان <a ~ news>. «ب» تقرير. «ج» مَحْضر (٣) انفجار؛ دويّ § (٤) «أ» يَرْوي؛ يَقُصّ. «ب» يَصِف (٥) «أ» ينقُلُ [قولًا أو خبرًا أو رسالة]. «ب» يختزل [خطابًا إلخ] للصحف. «ج» يُراسل جريدةً. «د» يغطّي [الأخبار]. «هـ» يُعِدّ خبرًا للإذاعة [في الراديو إلخ] (٦) يقرّر؛ يقدِّم تقريرًا؛ يعلن رسميًا (٧) «أ» يُخبر. «ب» يشكو إلى السلطة؛ يبلّغ عن x (٨) يَحْضُر؛ يُثبت وجوده: يذهب إلى مكان ما ويُعلن أنّه قد حضر أو أنّه مستعدّ لأداء الواجب <to ~ for duty> (٩) يعمل مراسلًا صحفيًا أو مذيعَ أخبار [في الراديو إلخ].

re·port·age [-'tĭj] *(n.)* (١) تغطية الأخبار (٢) الريبورتاج؛ التحقيق الصحفي.

report card *(n.)* التقرير المدرسيّ: تقرير عن سَيْر طالب تقدِّمُهُ إدارة المدرسة، دوريًا، إلى ذويه.

re·port·ed·ly [rĭ pōrt'-] *(adv.)* كما يُقال؛ على ما يُقال.

re·port·er [rĭ pōr'-] *(n.)* (١) المُخْبِر؛ المقرِّر إلخ (٢) المُخْتَزِل [لمناقشات البرلمان أو وقائع الجلسات الرسمية] (٣) «أ» المراسل الصحفيّ. «ب» مذيع الأخبار [في الراديو أو التلفزيون].

— **re·por·to·ri·al** *(adj.)*

re·pose[1] [rĭ pōz'] *(vt.; i.; n.)* (١) يُريح: يُسنِد x (٢) «أ» يضطجع. «ب» يرقد [في قبر]. «ج» يَسْكن؛ يستكنّ؛ يهجع (٣) يستريح (٤) يعتمد؛ يتكل (ا. ق) (٥) يتكئ؛ يستند § (٦) رقاد؛ نوم (٧) استرخاء (٨) راحة أبدية (٩) هدوء؛ سكون (١٠) تناسب؛ اتّساق.

re·pose[2] *(vt.)* (١) يضع. وبخاصة: يضع ثقتَهُ فيه (٢) يَعهَد إليه بِـ.

re·pose·ful [-'fəl] *(adj.)* (١) هادئ؛ ساكن (٢) مُهدِّئ.

re·pos·it [rĭ pŏz'ĭt] *(vt.)* (١) يَخْزُن؛ يُودع (٢) يُعيد؛ يُرجع.

re·po·si·tion [rē'pə zĭsh'ən] *(n.; vt.)* (١) خَزْن؛ إيداع (٢) إعادة؛ إرجاع § (٣) يُغيِّر موقع شيء.

re·pos·i·to·ry [-'ə tōr'ĭ] *(n.; adj.)* (١) مخزن؛ مستودع (٢) مُتْحَف (٣) قبر؛ ضريح (٤) المَحْفَظ: مذبح جانبيّ في كنيسة كاثوليكيّة يحفظ فيه خبز القربان (٥) مَنْجم؛ مَنْبع؛ مَصْدر؛ مستودَع (٦) المستأمَن: من يُوْدَع عنده شيء § (٧) مُعَمِّر: مُعَدّ لكي يحتفظ بتأثيره فترة طويلة <~ penicillin>.

re·pos·sess [rē pə zĕs'] *(vt.)* يَسترجع؛ يستردّ.

re·pous·sé [rə po͞o sā'] *(adj.)* مضغوط؛ نافر؛ بارز <a ~ design>.

re·pow·er [rē'pou'-] *(vt.)* يُعيد التزويد بالطاقة؛ يزوّد بمحرِّك جديد.

repp [rĕp] *(n.)* = rep.

rep·re·hend [rĕp'rĭ hĕnd'] *(vt.)* (١) يوبِّخ (٢) يَلُوم (٣) يَشْجب.

rep·re·hen·si·ble [-hĕn′sə-] *(adj.)* مستحقّ للتوبيخ أو اللّوم أو الشّجب .

rep·re·hen·sion [-′shən] *(n.)* (١) توبيخ ؛ تقريع (٢) لَوْم (٣) شَجْب .

rep·re·hen·sive [-hĕn′sĭv] *(adj.)* توبيخيّ ؛ لَوْميّ ؛ شجبيّ إلخ .

rep·re·sent [rĕp′rĭ zĕnt′] *(vt.; i.)* (١) يصوِّر ؛ يَصِف ؛ يمثّل (٢) «أ» يمثّل [دورًا مسرحيًا] . «ب» يمثِّل [حكومةً أو مؤسسةً أو شخصًا] . «ج» يمثّل [دائرة انتخابية في البرلمان] (٣) يُعلن أو يَزْعُم أنه <He ~*ed* himself as a friend.> (٤) يُوضح ؛ يَشْرح <~*ed* relativity to an audience of schoolboys> (٥) يتمثّل [ذهنيًا] ؛ يتصوَّر x (٦) يحتجّ على .

re–pre·sent [rē′prĭ zĕnt′] *(vt.)* يُقدِّم ثانيةً ؛ يطالب ثانيةً بتسديد دين .

rep·re·sen·ta·tion [-zĕn tā′-] *(n.)* (١) «أ» تصوير ؛ وَصْف ؛ تمثيل . «ب» رَمْز ؛ صورة ؛ تمثال (٢) .pl عد: مزاعم (٣) «أ» تمثيل . «ب» تمثيل مسرحيّ . «ج» تمثيل [برلماني أو ديبلوماسي] . «د» ممثلو دائرة انتخابية أو نوّابها (٤) بيان (٥) احتجاج ؛ شكوى .
— **rep·re·sen·ta·tion·al** *(adj.)*

rep·re·sen·ta·tive [rĕp′rĭ zĕn′tə-] *(adj.; n.)* (١) تمثيليّ ؛ نيابيّ (٢) ممثِّل لِـ <is a ~ selection of> (٣) نموذجي <images ~ of animals Elizabethan poetry> § (٤) نموذج (٥) الممثِّل لغيره . مثل : «أ» النائب [في البرلمان] . «ب» المندوب . «ج» ممثل الشركة أو الجريدة إلخ . «د» الوكيل .

re–press [rē prĕs′] *(vt.)* يَضْغَط ثانيةً ؛ يجدّد الضغط .

re·press [rĭ prĕs′] *(vt.; i.)* (١) يَكْبَح (٢) يَكبت ؛ يَكظم (٣) يقمع (٤) يُخضع .

re·pressed [rĭ prĕst′] *(adj.)* (١) مكبوت : مُخْضَع للكَبْت أو الكَبْح <a ~ child> (٢) مُتَّسِمٌ بالكَبْت أو الكبح .
— **re·press·er; re·pres·sor** *(n.)*

re·pres·sion [-prĕsh′-] *(n.)* (١) كَبْحٌ (٢) كَبْتٌ ؛ كَظْمٌ (٣) قمعٌ (٤) إخضاع .

re·pres·sive [rĭ prĕs′ĭv] *(adj.)* كابح ؛ كابِت ؛ كاظم ؛ قامع .

re·prieve [rĭ prēv′] *(vt.; n.)* (١) يُرجئ [تنفيذَ حكم بالإعدام خاصة] (٢) ينقِذ مؤقتًا [من شرّ أو بلاء] § (٣) «أ» إرجاء تنفيذ حكمٍ [وبخاصة بالإعدام] . «ب» أمر بذلك (٤) إنقاذ مؤقّت [من شرّ أو بلاء] .
— **re·priev·al** *(n.)*

rep·ri·mand [rĕp′rə mănd′] *(n.; vt.)* (١) «أ» تأنيب قاسٍ . «ب» تأنيب رسميّ § (٢) «أ» يؤنِّب بقسوة . «ب» يونِّب رسميًا .

re·print [*v.* rē′prĭnt′; *n.* -′prĭnt′] *(vt.; n.)* (١) يُعيد الطّبع § (٢) طبعة ثانية [من غير تعديل] (٣) الفِصْلة : طبعة جديدة منفصلة لمقالٍ في مجلةٍ ما .

re·pri·sal [rĭ prī′zəl] *(n.)* (١) انتقام ؛ أخذ بالثأر (٢) استرداد ؛ إعادة استيلاء على (٣) تعويض ماليّ .

re·prise [rĭ prēz′] *(n.; vt.)* (١) تكرير ؛ إعادة (مو) § (٢) يُكرِّر ؛ يُعيد .

re·pris·ti·nate [rē′prĭs′tə nāt′] *(vt.)* يُعيد [إلى الوضع الأصليّ] .

re·pro [rē′prō] *(n.)* الناصعة : نسخة واضحة عن كلام منضَّد طباعيًا [تُستخرج لكي يُحَضَّر على أساسها لوحٌ طباعيّ] .

re·proach [rĭ prōch′] *(n.; vt.)* (١) «أ» لَوْم . «ب» توبيخ ؛ تأنيب (٢) خِزْيٌ ؛ عارٌ § (٣) يلوم (٤) يوبِّخ ؛ يؤنِّب (٤) يُخْزي .

re·proach·ful [-′fəl] *(adj.)* مؤنِّب ؛ تأنيبيّ <a ~ glance> .

re·proach·less [-′ləs] *(adj.)* بريء ؛ غير مستحقٍّ للّوم .

rep·ro·bate [rĕp′rə bāt′] *(vt.; adj.; n.)* (١) يَشْجُب ؛ يستنكِر (٢) يرفض (٣) يقدِّر [اللّهُ] عليه الهلاك ؛ يُخرِجُهُ من زمرة الأبرار § (٤) مغضوب عليه : مقدَّر عليه الهلاك ؛ مُخْرَج من زُمرة الأبرار (٥) فاسق ؛ داعِر ؛ مُستهتِر § (٦) الفاسق ؛ الداعر ؛ المستهتِر <a penniless ~> .
— **rep·ro·ba·tive; rep·ro·ba·to·ry** *(adj.)*

rep·ro·ba·tion [rĕp′rə bā′-] *(n.)* (١) شَجْب ؛ استنكار (٢) رَفْضٌ (٣) غضبٌ [من الله] ؛ إخراج من زمرة الأبرار [بقضاءٍ وقَدَر] .

re·pro·cess [rē prŏs′əs] *(vt.)* يعامل ثانيةً ؛ يعالج من جديد (فزن) .

re·pro·duce [rē′prə do͞os′] *(vt.; i.)* (١) يولِّد ؛ يستخرج ؛ يُوجِد ثانيةً (٢) يَنْسَخ : يستخرج نسخةً عن . . . (٣) يقدِّم ثانيةً [تمثيليةً سَبَق أن عُرِضت] (٤) يستذكر (٥) يستعيد الصوتَ ؛ يستنطق الأسطوانة [أو الشريط] : يستخرج الصوت المعبَّأ فيها x (٦) يتناسل ؛ يتوالد ؛ يتكاثر ؛ يُنتِج .
— **re·pro·duc·er** *(n.)*

re·pro·duc·tion [rē′prə dŭk′-] *(n.)* (١) مص reproduce ، وبخاصة : تناسُل ؛ توالُد ؛ تكاثُر ؛ إنتاج ؛ نَسْخ (٢) المنسوخة : نسخةٌ طبق الأصل .

re·pro·duc·tive [-dŭk′-] *(adj.)* (١) مُوَلِّد ؛ مُنْتِج (٢) تناسليّ ؛ توالُديّ ؛ تكاثُريّ (٣) نَسْخيّ .
— **re·pro·duc·tive·ness; –tiv·i·ty** *(n.)*

reproductive system *(n.)* الجهاز التوالديّ ؛ الجهاز التناسليّ (اح) .

re·proof [rĭ pro͞of′] *(n.)* توبيخ ؛ تقريع ؛ تأنيب .

re·prov·a·ble [rĭ pro͞ov′ə bəl] *(adj.)* مستحقٌّ للتوبيخ أو التأنيب .

re·prov·al [rĭ pro͞o′vəl] *(n.)* = reproof.

re·prove [rĭ pro͞ov′] *(vt.; i.)* (١) يوبِّخ ؛ يؤنِّب § (٢) يستنكر .

rep·tant [rĕp′-] *(adj.)* (١) زاحف (٢) مُتسلِّق ؛ معترِش (نب) .

rep·tile [rĕp′tĭl; -′tīl] *(n.; adj.)* (١) الزاحف ؛ الزحّاف : كلّ حيوان من الزواحف أو الزحّافات **Reptilia** وهي طائفة من الفقاريات تشمل الأفاعي والعظاء والتماسيح إلخ (٢) شخص متذلّل أو خسيس أو حقير § (٣) زاحف (٤) زاحفيّ ؛ زحّافي (٥) متذلّل ؛ خسيس ؛ حقير .

rep·til·i·an [rĕp tĭl′ĭ ən] *(adj.; n.)* (١) زاحف (٢) زاحفيّ § (٣) الزاحف ؛ الزحّاف (را . reptile *1*) .

re·pub·lic [rĭ pŭb′lĭk] *(n.)* (١) جمهورية (٢) دولة جمهورية .
the ~ of letters رجال الأدب ؛ دولة الأدب .

re·pub·li·can [rĭ pŭb′-] *(adj.; n.)* (١) جُمهوريّ § (٢) الجمهوريّ : «أ» المؤيِّد للنظام الجمهوريّ . «ب» .cap : عضوٌ في الحزب الجمهوريّ الأميركي .

re·pub·li·can·ism [rĭ pŭb′-] *(n.)* (١) الجُمهوريّانيّة : «أ» التمسّك بالنظام الجمهوري . «ب» الحكم الجمهوري (٢) .cap : «أ» مبادئ وسياسة الحزب الجمهوري الأميركي . «ب» الحزب الجمهوري أو أعضاؤه .

re·pub·li·can·ize [rĭ pŭb′lə kə nīz′] *(vt.)* يُجَمْهِرُ : يجعله جمهوريَّ الصفة أو الشكل أو المبدأ .

re·pub·li·ca·tion [-lə kā′-] *(n.)* (١) إعادة النَّشر (٢) كتابٌ مُعادٌ نشرُهُ.

re·pub·lish [rē pŭb′-] *(vt.)* (١) يُعيد النشر (٢) يعيد تنفيذ الوصيّة.

re·pu·di·ate [rĭ pyo͞o′dĭ āt′] *(vt.)* (١) يطلّق [زوجته] (٢) يتبرّأ من [ولدِهِ إلخ] (٣) يجحد؛ يُنكِر [مُعتقَدًا] (٤) يُنكِر [تهمةً] (٥) يتنصّل: يرفض الاعتراف بالدَّين ويمتنع عن دفعه.

re·pu·di·a·tion [rĭ pyo͞o′dĭ ā′-] *(n.)* (١) تطليق؛ طلاق (٢) تبرّؤ (٣) إنكار (٤) التَّنصُّل: رفضُ السلطة الاعتراف بدَيْنٍ وامتناعُها عن دفعِهِ.

re·pugn [rĭ pyo͞on′] *(vi.; t.)* يُقاوم؛ يُعارض.

re·pug·nance *also* **re·pug·nan·cy** [rĭ pŭg′-] *(n.)* (١) تناقض؛ تعارُض (٢) مَقت؛ كُرهٌ؛ اشمئزاز.

re·pug·nant [-pŭg′-] *(adj.)* (١) مُبغض أو معارِضٌ لِـ (٢) بغيض؛ كريه.

re·pulse [rĭ pŭls′] *(vt.; n.)* (١) يَرُدّ؛ يَصُدّ [عدوًّا أو متودِّدًا] (٢) يخيِّب (٣) ينفِّر § (٤) ردٌّ؛ صدٌّ (٥) رفضٌ؛ تخييب (٦) خَيْبة.

re·pul·sion [rĭ pŭl′shən] *(n.)* (١) ردّ؛ صدّ (٢) رَفْض (٣) تنفير؛ نُفور (٤) مَقت؛ اشمئزاز (٥) التنافُر (فز).

re·pul·sive [-′sĭv] *(adj.)* (١) كريه؛ بغيض (٢) مثير للاشمئزاز (٣) مُنفِر: صفة للقوّة العاملة على التنافر بين الأجسام (فز).

re·pur·chase [-′chəs] *(vt.; n.)* (١) يشتري ثانيةً § (٢) إعادة الشِّراء.

rep·u·ta·ble [rĕp′yə tə bəl] *(adj.)* (١) حَسَنُ السمعة؛ محترَم (٢) شريف: يقرّه ويستعمله كبار الكتّاب <~ words>.

rep·u·ta·tion [rĕp′yə tā′-] *(n.)* (١) سُمعة؛ صيت <to live up to one's ~> (٢) سمعة حسنة (٣) شهرة؛ مكانة مرموقة.

re·pute [rĭ pyo͞ot′] *(vt; n.)* (١) يُعْتبر؛ يُعَدّ <He is ~*d* to be a millionaire.> § (٢) سمعة (٣) سمعة حسنة.

re·put·ed [rĭ pyo͞o′tĭd] *(adj.)* (١) حَسَن السّمعة: محترَم <a ~ firm> (٢) مفروض؛ مظنون؛ محسوب <the ~ author of a novel>.

re·put·ed·ly [-lĭ] *(adv.)* كما يُزْعَم؛ كما يُظَنّ؛ على ما يقال.

re·quest [rĭ kwĕst′] *(n.; vt.)* (١) سؤال؛ طلب (٢) مَطْلب § (٣) يسأل؛ يطلب (٤) يرجو؛ يلتمس.

in great ~, مطلوبٌ أو مرغوبٌ فيه جدًا.

re·qui·em [rē′kwĭ əm; rĕk′-] *(n.)* (١) الجنّاز: قُدّاس لراحة نفس الميت أو الموتى (٢) الترتيلة الجنّازية (٣) اللحن الجنّازي (نص).

re·qui·es·cat [rĕk′wĭ ĕs′kăt′] *(n.)* الصلاة الجنّازيّة [لراحة نفس الميت].

re·qui·es·cat in pa·ce [ĭn pä′sĭ] فَلْيَرْقد [أو فَلْتَرْقُد] بسلام.

re·quire [rĭ kwīr′] *(vt.)* (١) يأمر؛ يَطلب إلى (٢) يتطلّب؛ يستلزم؛ يستوجب؛ يقتضي؛ يحتاج إلى (٣) يَفْرِض؛ يقضي بِـ (٤) يَرْغب في.

re·quire·ment [-kwīr′-] *(n.)* (١) حاجة؛ مَطْلب (٢) requisition *4*.

req·ui·site [rĕk′wə zĭt] *(adj.; n.)* (١) أساسي؛ ضروريّ <She has the ~ qualifications.> § (٢) المُسْتَلْزَم: شيء أساسيّ أو ضروريّ.

req·ui·si·tion [rĕk′wə zĭsh′-] *(n.; vt.)* (١) طَلَبٌ (٢) طَلَب الاسترداد: طلبٌ توجّهه دولة إلى أخرى لتسليمها فارًّا من وجه العدالة (٣) مصادرة [وبخاصّةٍ للمؤن أثناء الحرب] (٤) متطلَّب؛ شرط أساسيّ <the ~*s* for a degree> § (٥) يطلب (٦) يصادر <to ~ supplies>.

re·quit·al [rĭ kwī′-] *(n.)* (١) جزاء؛ مكافأة (٢) مقابلة (٣) انتقام (٤) عِوَض.

re·quite [rĭ kwīt′] *(vt.)* (١) «أ» يقابل <to ~ evil with good>. «ب» يثأر لِـ (٢) يجازي؛ يكافئ (٣) يعوِّض عن؛ يُنسي <The charms of travel ~ its inconveniences.>.

re·ra·di·ate [rē′rā′dĭ āt′] *(vt.)* يُشِعّ ثانيةً.

re·ra·di·a·tion [rē′rā dĭ ā′-] *(n.)* إعادة الإشعاع (فز).

rere·dos [rēr′dŏs] *(n.)* (١) الحاجز الخلفيّ: حاجز مزخرَف، عادةً، خلفَ مذبح الكنيسة (٢) خلفيّة المُصْطَلَى [أو المستوقَد]: جزؤه الخلفيّ.

rere·mouse [rēr′mous] *(n.)* خُفّاش؛ وَطواط.

re·run [*v.* rē rŭn′; *n.* rē′rŭn′] *(vt.; n.)* (١) يعيد السِّباق (٢) يَعْرِض ثانيةً: يعيد عرض فيلم سينمائيّ إلخ § (٣) إعادة السباق (٤) عَرْض ثانٍ لفيلم.

res [rās; rēz] *(n.)* شيء؛ مسألة؛ قضية [في لغة القانون].

res ad·ju·di·ca·ta [rē′zə jo͞od′ĭ kăt′ə] *(n.)* = res judicata.

re·sail [rē sāl′] *(vi.)* (١) يُبْحِر عائدًا (٢) يُبحر من جديد.

re·sal·a·ble [rē sā′lə bəl] *(adj.)* قابلٌ للبيع ثانيةً.

re·sale [rē′sāl′] *(n.)* (١) البيع ثانيةً (٢) بيعٌ ثانٍ أو بيع سلعة مستعملة.

re·scind [rĭ sĭnd′] *(vt.)* (١) يلغي؛ يُبْطِل (٢) يَنْسَخ؛ ينقض.

re·scis·si·ble [rĭ sĭs′ə bəl] *(adj.)* قابلٌ للإلغاء؛ ممكن إبطالُهُ.

re·scis·sion [rĭ zĭsh′ən] *(n.)* (١) إلغاء؛ إبطال (٢) نَسْخ؛ نَقْض.

re·scis·so·ry [rĭ sĭs′-] *(adj.)* (١) مُلْغٍ؛ ناسخ (٢) إلغائيّ؛ نَسْخيّ.

re·script [rē′skrĭpt′] *(n.)* (١) الجواب (٢) الفتوى: جوابٌ خطّيّ [من أمبراطور أو بابا] على سؤال أو عريضة (٣) قرار؛ مرسوم؛ بلاغ رسميّ (٤) «أ» إعادة كتابة. «ب» شيء معادةٌ كتابتهُ.

res·cue [rĕs′kyo͞o] *(vt.; n.)* (١) يُنقِذ (٢) يحرِّر [من السجن] بالقوّة (٣) يستردّ [غنيمةً] بالقوة § (٤) إنقاذ.

re·search [rĭ sûrch′] *(n.; vt.; i.)* (١) بحث أو تفتيش دقيق (٢) «أ» البحث العلمي. «ب» التقميش: جمع المعلومات والحقائق عن موضوع معيَّن § (٣) يَدْرُس (٤) يبحث؛ يقمّش؛ يقوم ببحث علميّ.

— re·search·er; re·search·ist *(n.)*

research work *(n.)* (١) البحث العلمي (٢) التقميش (را. research).

re·seat [rē sēt′] *(vt.)* (١) يزوِّد [كرسيًّا] بمَقْعَدة جديدة (٢) يعاود الجلوس.

re·seau [rā zō′; rĭ zō′] *(n.)* شبكة.

re·sect [rĭ sĕkt′] *(vt.)* يَخْذِم: يستأصل جزئيًّا (جر).

re·sec·tion [rĭ sĕk′-] *(n.)* الحَذْم : استئصالٌ جزئيّ لعضوٍ (جر).

re·se·da [rĭ sē′də] *(n.)* (١) البُلَيْحاء : جنس زهرٍ من الفصيلة البُلَيْحاوية (٢) البُلَيْحاويّ : لون أخضر ضاربٌ إلى الرَّمادي.

re·sell [rē′sĕl′] *(vt.)* يبيع ثانيةً ؛ يبيع من جديد.

re·sem·blance [rĭ zĕm′ bləns] *(n.)* (١) شَبَهٌ (٢) صورة.

re·sem·blant [-′blənt] *(adj.)* (١) متشابه <~ features> (٢) شبيهٌ بـ.

re·sem·ble [rĭ zĕm′bəl] *(vt.)* يُشبه ؛ يُشابه.

re·send [rē′sĕnd′] *(vt.)* (١) يُرسل ثانيةً (٢) يُرْجِع.

re·sent [rĭ zĕnt′] *(vt.)* يمتعض من ؛ يستاء من ؛ يغتاظ من.

re·sent·ful [-′fəl] *(adj.)* (١) ممتعِض (٢) سريع الامتعاض (٣) امتعاضيّ.

re·sent·ment [rĭ zĕnt′mənt] *(n.)* امتعاض ؛ استياء ؛ غيظ.

res·er·va·tion [rĕz′ər vā′-] *(n.)* (١) إضمار ؛ نيّة مُضمَرَة (٢) تحفُّظ ؛ احتياط <without ~> (٣) «أ» حَجْز <~ of a hotel room>. «ب» غرفة إلخ تُحْجَز <to telegraph a hotel for a ~> (٤) المَحْمِيَّة : «أ» أرضٌ تُفرد لإقامة طائفة معيّنة من الناس. «ب» أرض محظورٌ فيها الصَّيد.

re·serve [rĭ zûrv′] *(vt.; n.)* (١) يدَّخر [للمستقبل] (٢) يحجز <~*d* seats> (٣) يستبقي جزءًا من خبز القربان للمستقبل (٤) يرجئ ؛ يؤجِّل (٥) يحفظ : يُفرد لغرض خاص § (٦) ادّخار ؛ حفظ إلخ (٧) ذخيرة ؛ مُدَّخَر (٨) شيء يُحْفَظ أو يُفْرَد لغرضٍ أو سبب معيَّن، مثل : «أ» *pl.*: احتياطيّ (جن) ؛ قوات احتياطيّة. «ب» جنديّ احتياطيّ. «ج» أرضٌ مُفْردة لغرض خاص (٩) «أ» تحفّظ ؛ احتياط. «ب» تكتُّم (١٠) سرّ (١١) مالٌ احتياطيّ (اد) (١٢) بديلٌ.

reserve bank *(n.)* بنك الاحتياط : مصرف مركزيّ يُحفظ فيه احتياطيّ المصارف الأخرى.

re·served [rĭ zûrvd′] *(adj.)* (١) متحفّظ (٢) مدَّخَر للمستقبل (٣) مُفْرَدٌ لغرض خاصّ (٤) محجوز <a ~ seat>.

re·serv·ed·ly [rĭ zûr′vĭd lĭ] *(adv.)* بتحفّظ.

reserve price *(n.)* السِّعر الأدنى : أدنى سعر مقبول في المزاد العلنيّ.

re·serv·ist [rĭ zûr′-] *(n.)* رديف ؛ جنديّ احتياطيّ ؛ جنديّ احتياط.

res·er·voir [rĕz′ər vôr′;-vwär′] *(n.)* (١) خزّان (٢) صِهْريج (٣) خَزّان قلم الحبر (٤) مستودع (٥) ذخيرة [من المعارف والمعلومات إلخ].

re·set [*v.* rē sĕt′; *n.* rē′sĕt] *(vt.; n.)* (١) يعيد التنضيد إلخ (را. set) § (٢) إعادة التنضيد إلخ (٣) أحرفٌ مُعادٌ تنضيدُها (٤) نبتةٌ معادٌ غرسُها.

res ges·tae [rēz jĕs′tē; rās-] *(n. pl.)* أعمال ؛ منجزات.

re·ship [rē′shĭp′] *(vt.; i.)* (١) يَشْحن ثانية x (٢) يُبْحِر ثانيةً.

re·shuf·fle [rē′shŭf′əl] *(vt.; n.)* (١) يُعيد خَلْط [أوراق اللعب] (٢) يُعَدِّل : يعيد تنظيم كذا § (٣) إعادة خَلْط الأوراق (٤) التعديل الوزاريّ.

re·side [rĭ zīd′] *(vi.)* (١) يُقيم ؛ يَسْكن ؛ يَقْطُن (٢) يكمن في كذا <Salma's charm ~*s* in her smile.> (٣) يكون مِلْكًا أو حقًّا مقلَّدًا لِـ <The power ~*s* in the electorate.>.

res·i·dence [rĕz′ə dəns] *(n.)* (١) «أ» إقامة [مدةً من الزمن]. «ب» سُكنى [متواصلة] (٢) مقرّ [مؤسسةٍ أو شركةٍ] (٣) بيت ؛ مسكن (٤) «أ» مُقام ؛ مدة الإقامة. «ب» فترة دراسةٍ أو قيام بإبحاثٍ أو تدريس في كلية أو جامعة.

res·i·den·cy [-dən sĭ] *(n.)* (١) مَقَرّ (٢) دار المندوب السامي (٣) فترة التدريب [أو الإقامة في المستشفى خلال التخصُّص في الطبّ].

res·i·dent [rĕz′ə-] *(adj.; n.)* (١) مُقيم (٢) كامن (٣) متوطِّن ؛ غير مهاجر <~ birds> § (٤) المُقيم ؛ النَّزيل (٥) المندوب السامي [في بلدٍ واقع تحت الحماية] (٦) الطبيب المقيم (را. residency *3*).

resident commissioner *(n.)* المفوَّض السّامي [في مستعمرة بريطانية].

res·i·den·tial [rĕz′ə dĕn′shəl] *(adj.)* (١) «أ» مُتَّخَذٌ مسكنًا أو مَقرًّا <a ~ hotel>. «ب» داخليّ <a ~ college> (٢) سَكَنِيّ : ملائم للسُّكْنى ولتشييد المنازل <a good ~ district>.

residential qualifications *(n. pl.)* مؤهِّلات الإقامة <~ for voters>.

re·sid·u·al [rĭ zĭj′o͞o əl] *(adj.; n.)* (١) متبقٍّ ؛ متخلّف (٢) فُضاليّ : مُخلَّفٌ ؛ فُضالةٌ § (٣) الفُضالة ؛ المُتبقّي ؛ المتخلّف ؛ مثل : «أ» الفرق بين النتائج التي تحصل عليها بالملاحظة وبين النتائج المحسوبة على أساس صيغةٍ ما (ر). «ب» ناتجٌ مُتَبَقٍّ. «ج» أثرٌ من آثار نشاط أو خبرة يتخلّف في النفس ويترك آثارًا في مُقْبِل السلوك (نف).

residual charge *(n.)* الشِّحنة المتخلِّفة (كب).

residual magnetism *(n.)* المغنطيسيّة المتخلِّفة (مغ).

residual product *(n.)* = by-product.

re·sid·u·ar·y [rĭ zĭj′o͞o ĕr′ĭ] *(adj.)* فُضاليّ : شبيهٌ بالفُضالة أو الفَضْلة أو ذو علاقة بها <a ~ legatee>.

residuary legatee *(n.)* وارث الفَضْلة : الوارث لباقي التركة.

res·i·due [rĕz′ə do͞o′] *(n.)* المتخلّف ؛ الفُضالة ؛ الفَضلة ؛ البقية ؛ الثُّفْل.

re·sid·u·um [rĭ zĭj′o͞o əm] *(n.)* pl. **-sid·u·a** = residue.

re·sign [rĭ zīn′] *(vt.; i.)* (١) يتخلّى عن [حقّ أو منصب] (٢) يُسْلِم إلى ؛ يَعْهد بـ (٣) يستسلم (٤) يَرُوضُ نفسَه على ؛ يكيِّف نفسه وفق حالة جديدة من غير تذمُّر <to ~ oneself to doing without domestic help> x (٥) يستقيل (٦) يذعن.

re–sign [rē′sīn′] *(vt.)* يوقِّع ثانيةً ؛ يوقِّع من جديد.

res·ig·na·tion [rĕz′ĭg nā′-] *(n.)* مص resign، وبخاصة : استقالة.

re·signed [rĭ zīnd′] *(adj.)* مستسلم ؛ راضٍ من غير تذمّر.

re·sile [rĭ zīl′] *(vi.)* (١) يَرْتَدّ ؛ يَرْجع إلى وضعٍ سابقٍ (٢) ينسحب من.

re·sil·i·ence; re·sili·en·cy [rĭ zĭl′ĭ-] *(n.)* (١) الرَّجُوعيّة : قدرة الجسم الممطوط على استعادة حجمه أو شكله (٢) المرونة : سهولة التكيّف وفقًا لتغيّرٍ طارئ أو استعادةِ الحيويّة إثر بلاءٍ مُلِمّ.

re·sil·ient [rĭ zĭl′ĭ-] *(adj.)* رَجُوع أو مَرِن (را. المادة السابقة).

res·in [rĕz′ĭn] *(n.; vt.)* (١) الراتينَج : «أ» مادة عضوية صمغية القوام تُفرزها

أشجار الصنوبر وما إليها. «ب» مادّة مماثلة تُعَدّ كيميائيًا لأغراض صناعيّة § (٢) يُرَتْنِج: يعالج بالراتينَج.

res·in·ate [rĕz′ə nāt′] *(vt.)* يُرَتْنِج: يُشْرِب أو يُنَكِّه بالراتينَج.

res·in·if·er·ous [rĕz′ə nĭf′-] *(adj.)* مُرَتْنِج: مُنتجٌ للراتينَج.

re·sin·i·fy [rĕ zĭn′ə fī′] *(vt.; i.)* (١) يُرَتْنِج: يحوِّل إلى راتينج أو يعالج به x (٢) يَتَرَتْنَج: يتحول إلى راتينج (٣) يشكِّل مادةً صمغيّة.

res·in·oid [rĕz′ə noid′] *(adj.; n.)* (١) راتينجانيّ: راتينجيّ بعض الشيء § (٢) مادّة راتينجانيّة (٣) gum resin.

res·in·ous [rĕz′ə nəs] *(adj.)* راتينَجي.

re·sist [rĭ zĭst′] *(vt.; i.; n.)* (١) يُقاوِم § (٢) المقاوِمة: مادة يُطلَى بها سطحٌ ما لتمكينه من مقاومة التأكل ونحوه.
— **re·sis·ter** *(n.)*

re·sis·tance [rĭ zĭs′təns] *(n.)* (١) مقاوَمة (٢) «أ» المقاومة الكهربائية. «ب» ملفُّ مقاومة (٣) *cap.* أ. ك: المقاومة السرّية: نشاطات يقوم بها فريق من أبناء البلد المحتلّ ضدّ غُزاته.

re·sis·tant [-′tənt] *(n.; adj.)* (١) المقاوِم § (٢) مُقاوِم.

re·sist·i·bil·i·ty [rĭ zĭs′tə bĭl′ə tĭ] *(n.)* (١) المقاوَمِيّة: كونُ الشيء ممكنةً مقاومتُهُ (٢) المقاوِميّة: القدرة على المقاومة.

re·sist·i·ble [rĭ zĭs′tə bəl] *(adj.)* يُقاوَم: في الإمكان مقاومتُهُ.

re·sis·tive [-′tĭv] *(adj.)* مقاوِم: قادرٌ على المقاومة أو ميّالٌ إليها.

re·sis·tiv·i·ty [rē′zĭs tĭv′-] *(n.)* المقاوِميّة: «أ» القدرة على المقاومة أو النزعة إلى المقاومة. «ب» مقاومة المادة لسَرَيان التيار الكهربائي.

re·sist·less [rĭ zĭst′ləs] *(adj.)* (١) لا يُقاوَم (٢) عديم المقاومة.

re·sis·tor [rĭ zĭs′tər] *(n.)* المقاوم: أداة تستعمل في دارة كهربائيّة لما تتميَّز به من قدرة على المقاومة (كب).

re·sit·ting [rē′sĭt′-] *(n.)* جلسةٌ ثانية [لمحكمة أو مجلس تشريعيّ].

res ju·di·ca·ta [rēz′ jōōd′ĭ kät′ə] *(n.)* القضية المَقْضيّة أو المفصول فيها.

re·sole [rē′sōl′] *(vt.)* يُنْعِل ثانيةً: يُركِّب للحذاء نعلًا جديدًا.

re·sol·u·ble [rĭ zŏl′yə bəl; rĕz′əl-] *(adj.)* = soluble.

res·o·lute [rĕz′ə lōōt′] *(adj.; n.)* مُصمِّم؛ عازم؛ موطَّد العزم.

res·o·lu·tion [rĕz′ə lōō′-] *(n.)* (١) «أ» حلّ. «ب» انحلال (٢) تصميم [على أمر] (٣) ثبات (٤) قرار (٥) الانصراف: خمود الالتهاب وبخاصة في الرئة (ط) (٦) التفكيك («فز» و«ك») (٧) الوضوحيّة (ض) (٨) نقطة الانحلال: نقطة في الرواية تنحلّ فيها عقدتها الرئيسية.

re·solve [rĭ zŏlv′] *(vt.; i.; n.)* (١) يحلّ؛ يحلّل (٢) يُصَرِّف: يسبِّب خمود الالتهاب (ط) (٣) «أ» يبدِّد <~d his doubts>. «ب» يحلّ <to ~ a problem> (٤) «أ» يعزم؛ يقرِّر؛ يتخذ قرارًا. «ب» يحوِّل <Parliament ~d itself into a committee.> (٥) يفكّك [الأشياء إلى مكوِّناتها] (٦) يحلّ عقدة الرواية x (٧) ينحلّ (٨) يعزم؛ يصمِّم؛ يعقد النيّة على § (٩) قرار (١٠) تصميم؛ صدقٌ في العزيمة.

re·solved [rĭ zŏlvd′] *(adj.)* مصمِّم؛ عازم؛ مُوَطَّد العزم.

re·sol·vent [-zŏl′-] *(adj.; n.)* (١) مُذيب (ك) (٢) مُصَرِّف: مزيلٌ للالتهاب (ط).

resolving power *(n.)* قدرة التبيّن [في التلسكوب أو الميكروسكوب].

res·o·nance [rĕz′ə nəns] *(n.)* (١) طنين؛ رنين (٢) الرَّنين (فز).

res·o·nant [rĕz′ə nənt] *(adj.; n.)* (١) رنّان؛ مِرنان (٢) مُرجِّع؛ مردّد للأصداء <~ walls> (٣) طنّان § (٤) الصوت الرَّنّان (ل).

res·o·nate [-′ə nāt′] *(vi.; t.)* (١) يَرِنّ (٢) يُرَجِّع [الصدى] x (٣) يُرِنّ.

res·o·na·tor [-′ə nā′tər] *(n.)* (١) المِرنان: شيء ذو رنين (٢) الحيّز الرنّان [في الكَمان أو الأُرغن] (٣) كاشف الموجات الهَرْتْزية (رد).

re·sorb [rĭ sôrb′] *(vt.)* يتشرَّب ثانيةً؛ يمتصّ من جديد.

res·or·cin [rĕz ôr′sĭn]; **res·or·cin·ol** [-′sĭ nōl′] *(n.)* الرِّيزورسين؛ الرِّيزورسينول: مادة متبلِّرة تستخدم في الطب وفي صُنع الأصباغ.

re·sorp·tion [rĭ sôrp′shən] *(n.)* تَشَرُّبٌ ثانٍ؛ امتصاصٌ جديد.

re·sort [rĭ zôrt′] *(n.; vi.)* (١) ملاذ؛ مَفْزَع؛ مُلْتجأ (٢) «أ» تردّدٌ على؛ اختلافٌ إلى. «ب» المُسْتراد؛ المُنْتَجَع § (٣) يتردَّد على؛ يختلف إلى (٤) يلجأ؛ يفزع إلى <~ to violence.>.

health ~, مُنْتَجَعٌ صحّيّ.
last ~, المحاولة الأخيرة؛ السبيل الوحيد الباقي.
summer ~, مَصِيف.

re–sort [rē′sôrt′] *(vt.)* يَفْرِز ثانيةً؛ يصنِّف من جديد.

re·sound [rĭ zound′] *(vi.; t.)* (١) يُدَوِّي (٢) يضجّ بـ <The rooms ~ed with their shouts.> (٣) يشتهر x (٤) يمجِّد (٥) يُرَجِّع؛ يردِّد الصَّدى (٦) يلقي بنبرات رنّانة.

re·sound·ing [-′ĭng] *(adj.)* (١) مُدَوٍّ (٢) باهر؛ لا لَبْس فيه.

re·source [rĭ sōrs′; rē′sōrs] *(n.)* (١) «أ» مَوْرِد. «ب» *pl.*: موارد. «ج» *pl.* عد: ثروة. «د» مصدر معلومات؛ مصدر خِبرات (٢) «أ» مَلاذ؛ مَوْئِل؛ مَلْجأ. «ب» وسيلة؛ ذريعة؛ حيلة (٣) تَسْلية؛ سَلوى (٤) دهاء.

a man of ~, داهية؛ رجلٌ واسع الحيلة.

re·source·ful [rĭ sōrs′fəl] *(adj.)* داهية؛ واسع الحيلة.

re·spect [rĭ spĕkt′] *(n.; vt.)* (١) صلة؛ علاقة (٢) احترام (٣) محاباة (٤) نقطة؛ وجه؛ ناحية <in many ~s> § (٥) يحترم (٦) يُراعي؛ يُحابي (٧) يتعلّق بـ؛ يتّصل بـ <The treaty ~s our commerce.>.

in ~ of *or* to; with ~ to بشأن؛ بخصوص؛ في ما يتعلّق بـ.
in ~ that بسببٍ من؛ نظرًا لِـ.
to pay one's ~s to يقدِّم إليه احتراماته؛ يزوره دلالة على احترامه له.

re·spect·a·bil·i·ty [rĭ spĕk′tə bĭl′-] *(n.)* (١) المُحْتَرَمِيّة: كون الشيء محترَمًا أو جديرًا بالاحترام إلخ (٢) المحترمون من الناس.

re·spect·a·ble [rĭ spĕk′tə-] *(adj.; n.)* (١) مُحْتَرَم: جدير بالاحترام

(٢) حَسَن السمعة؛ متمتع بالاحترام <poor but ~ people> (٣) مهذَّب؛ مُحتَشِم <~ language> (٤) لائق <~ clothes> (٥) متوسّط الجودة <a ~ day's work> (٦) كبير <a ~ amount> § (٧) شخص محترَم.

re·spect·ful [-ˊfəl] *(adj.)* (١) محترِم؛ مُوَقِّر (٢) مُتَّسِمٌ بالاحترام.

re·spect·ing [rĭ spĕkˊ-] *(prep.)* بخصوص؛ بشأن؛ في ما يتعلّق بِـ.

re·spec·tive [rĭ spĕkˊtĭv] *(adj.)* خاصّ بكلٍّ؛ خصوصيّ؛ شخصيّ <according to their ~ merits>.

re·spec·tive·ly [-lĭ] *(adv.)* على الولاء؛ على التعاقب؛ على التوالي.

re·spell [rēˊspĕlˊ] *(vt.)* يتهجّى ثانيةً؛ يَرْسُم [الكلمةَ] من جديد.

re·spir·a·ble [rĭ spīrˊ-] *(adj.)* (١) صالح للتَّنفُّس (٢) قادرٌ على التنفُّس.

res·pi·ra·tion [rĕs pə rāˊ-] *(n.)* التّنفّس (أح).

res·pi·ra·tor [rĕsˊpə rā tər] *(n.)* (١) الكِمامة: قناعٌ مانعٌ لاستنشاق الغازات الضارّة أو السامّة (٢) المنفِّسة: جهاز تنفّس اصطناعيّ.

respiratory quotient *(n.)* الحاصل التنفُّسي (فس).

respiratory system *(n.)* الجهاز التنفُّسي؛ جهاز التنفُّس (ت).

re·spire [rĭ spīrˊ] *(vi.; t.)* يتنفّس.

res·pite [rĕsˊpĭt] *(n.; vt.)* (١) إرجاء؛ تأجيل؛ إمهال. وبخاصة: إرجاء تنفيذ حكم بالإعدام (٢) فترة راحة § (٣) يُرجئ؛ يُمْهِل.

re·splen·dence; re·splen·den·cy [rĭ splĕnˊ-] *(n.)* تألُّق؛ لمعان.

re·splen·dent [rĭ splĕnˊdənt] *(adj.)* متألّق؛ لامع.

re·spond [rĭ spŏndˊ] *(n.; vt.; i.)* (١) الدِّعامة: نصف عمود في جدارٍ داعمٌ لقوس (عم) (٢) ترنيمة قصيرة (نص) § (٣) يُجيب (٤) يستجيب (٥) يتأثّر بِـ (٦) يكون مسؤولًا أو مُلزَمًا بالدَّفع <~ in damages>.

re·spon·dent [rĭ spŏnˊ-] *(n.; adj.)* (١) المجيب (٢) المستجيب (٣) المدَّعَى عليه [وبخاصة في دعوى طلاق] § (٤) مُجيب (٥) مستجيب.

res·ponder unit *(n.)* الوحدة المستجيبة (كب).

re·sponse [rĭ spŏnsˊ] *(n.)* (١) إجابة (٢) الاستجابة: سلوك المتعضي نتيجةً لتعرّضه لمثيرٍ معيَّن (فس) (٣) الجواب: عبارة أو كلمة يُنشدها أو ينطق بها جمهور المصلين أو جوقة المرتلين، بعد الكاهن.

re·spon·si·bil·i·ty [rĭ spŏnˊsə bĭlˊə tĭ] *(n.)* (١) مسؤولية؛ تَبِعة (٢) «أ» عِوَل (را. reliability). «ب» القدرة على الدفع.

re·spon·si·ble [rĭ spŏnˊsə bəl] *(adj.)* (١) مسؤول (٢) موثوقٌ به: قادرٌ على الوفاء بالتزاماته أو دفع ديونه (٣) ذو مسؤوليّة <a ~ office>.

re·spon·sions [rĭ spŏnˊshəns] *(n. pl.)* الأوّلي: الامتحان الأوّل لشهادة البكالوريوس بجامعة أوكسفورد.

re·spon·sive [rĭ spŏnˊ-] *(adj.)* (١) مجيب؛ مستجيب (٢) حسّاس؛ سريع الاستجابة (٣) ترديديّ: متّسم بترديد كلمة إلخ بعد الكاهن <a ~ prayer>.

re·spon·sive·ness [-nəs] *(n.)* المُسْتَجيبيّة: كونُ الشيء مستجيبًا.

re·spon·so·ry [-ˊsə rĭ] *(n.)* الاستجابيّة: ترنيمة ينشدها فرد أو جوقة بعد تلاوة فصل من الكتاب المقدَّس أو خلالَهُ (نص).

re·spon·sum [rĭ spŏnˊ-] *(n.)* pl. -sa فَتْوى؛ فتوى شرعية (ق).

res pu·bli·ca [rĕs po͞oˊblĭ käˊ] *(n.)* الدولة؛ الجمهوريّة.

res·sen·ti·ment [rə sänˊ tē mänˊ] *(n.)* امتعاض أو استياء شديد.

rest [rĕst] *(n.; vi.; t.)* (١) نوم؛ رقاد (٢) «أ» استراحة. «ب» راحة. «ج» سكون. «د» راحة الموت (٣) المَراح: نُزُل يُسْتَراح فيه أو يُبات (٤) طمأنينة (٥) «أ» السَّكْتة الموسيقيّة (مج). «ب» علامة خاصّة تشير إلى ذلك. «ج» استراحة قصيرة في القراءة (٦) مُتَّكأ؛ مَسْنَد؛ سِناد (٧) نشاطٌ مجدَّد (٨) المَسْنَد: سِناد خاصّ بالرّمح (٩) بقيّة؛ سائر § (١٠) «أ» ينام؛ يرقد. «ب» يَرْقد ميتًا (١١) يستريح (١٢) يطمئن (١٣) يقف؛ يهدأ (١٤) يستند؛ يتّكئ إلخ (١٥) «أ» يكون معلَّقًا على <Our hopes ~ on him.>. «ب» يقوم أو يرتكز على <The roof ~s upon six columns.> (١٦) يكون متروكًا لِـ [كقولك It ~s with you to decide أي الأمر أو القرار متروك لك] (١٧) تستقرّ [العينُ] على (١٨) يبقى؛ يظلّ <You may ~ assured that...> (١٩) تستريح: تَبْقَى من غير زراعة بغية إراحتها <to let land ~> x (٢٠) يُريح (٢١) يوقف [عن الحركة] (٢٢) يُسْنِد <~ed his back against a tree> (٢٣) يوجِّه؛ يثبّت <~ed her eyes on him> (٢٤) يعلّق [آمالَهُ] على.

- and (all) the ~ (of it) وَهَلُمَّ جرًّا.
- at ~, (١) نائم (٢) ساكن؛ غير متحرِّك (٣) مرتاح؛ متحرِّر من الألم أو القلق إلخ (٤) مَيْت.
- for the ~, في ما يتعلّق بالمسائل الأخرى.
- to lay to ~, يَدفِنُهُ؛ يُواريه الثَّرى.
- to ~ on one's oars (١) يكفّ عن التجديف فترة (٢) يأخذ قسطًا من الراحة.

re·stage [rēˊstājˊ] *(vt.)* يُعيد العَرْض [على خشبة المسرح].

re·start [*v.* rē stärtˊ; *n.* rēˊstärtˊ] *(vt.; i.; n.)* (١) يبدأ من جديد (٢) يستأنف x (٣) يستأنف العمل § (٤) استئناف؛ بدءٌ من جديد.

re·state [rēˊstātˊ] *(vt.)* يصرِّح [أو يصوغ أو يَنُصّ على شيء] ثانيةً.

res·tau·rant [rĕsˊtə rənt; -räntˊ] *(n.)* مَطْعَم.

res·tau·ra·teur [-ˊtə rə tûrˊ] *also* **res·tau·ran·teur** [-ränˊtûrˊ] *(n.)* المَطْعَمِيّ: صاحب المطعم.

rest·ful [rĕstˊfəl] *(adj.)* (١) مُريح (٢) هادئ؛ مطمئنّ؛ مسترخٍ.

rest home *(n.)* المَصَحّة: مؤسسة للعناية بالمسنّين أو الناقهين.

rest house *(n.)* الاستراحة: بيت يحلّ فيه الرحّالون أو السُّيّاح وبخاصّةٍ في المناطق التي لا فنادق فيها.

rest·ing [rĕsˊ-] *(adj.)* (١) هاجع؛ هامد <a ~ spore> (٢) هُجوعيّ.

resting stage *(n.)* طَوْر الهجوع أو السُّكون (أح).

res·ti·tute [rĕsˊtə-] *(vt.; i.)* يُعيد أو يعود [وبخاصّة إلى وضعٍ سابق].

res·ti·tu·tion [rĕsˊtə to͞oˊ-] *(n.)* (١) إعادة أو عودة إلى وضع سابق (٢) إعادة مِلْكٍ إلى مالكه الشرعي (٣) تعويض (٤) الاسترجاع؛ الارتداد: استعادة الجسم المرن أو المطّاط وضعَه السابق (فز).

res·tive [rĕsˊtĭv] *(adj.)* (١) حَرون؛ شَموس (٢) ضجِر؛ متمَلْمِل.

rest·less [rĕstˊ-] *(adj.)* (١) ضَجِر؛ مُتَمَلْمِل <a ~ mood> (٢) قَلِق؛

أرق؛ مفعَم بالقلق أو الأرق <a ~ night> (٣) متواصل؛ لا ينقطع <~ change> (٤) مضطرِب؛ لا يهدأ <the ~ sea> (٥) مستاء؛ ساخط <her ~ parents>.

rest mass *(n.)* كتلة السكون: كتلة الجسم بمَعْزِل عن الكتلة الإضافية التي يكتسبها أثناء الحركة وفقًا لنظريّة النِّسبيّة (فز).

re·stock [-stŏk′] *(vt.)* (١) يموّن ثانيةً (٢) يُعيد الماشية إلى الحظيرة.

res·to·ra·tion [rĕs′tə rā′shən] *(n.)* (١) «أ» إعادة [إلى وضع سابق]. «ب» استعادة (٢) إحياء (٣) «أ» تجديد؛ ترميم. «ب» شيء مجدَّد أو مرمَّم (٤) تعويض (٥) شفاء (٦) *cap.*: «أ» إعادة المَلَكيّة [بارتقاء تشارلز الثاني عرش إنكلترا عام ١٦٦٠]. «ب» عهد الملك تشارلز الثاني (١٦٦٠–١٦٨٥)، وأحيانًا عهد الملك جيمس الثاني (١٦٨٥–١٦٨٨) أيضًا.

re·stor·a·tive [rĭ stōr′ə tĭv] *(adj.; n.)* (١) معيد؛ مُحْيٍ؛ مُجدِّد؛ شافٍ إلخ § (٢) عاملٌ مساعدٌ على إعادة الوعي أو الصحة.

re·store [rĭ stōr′] *(vt.)* (١) يُعيد؛ يُرجِع (٢) يُحْيي (٣) يُجدِّد؛ يُرمِّم (٤) يعوِّض (٥) يشفي (٦) يُعيد ملكًا إلى العرش.

re·strain [rĭ strān′] *(vt.)* (١) يَكْبَح؛ يَكبت <~*ed* her anger> (٢) يقيِّد <to ~ a thief> (٣) يعتقل <to ~ trade>.

re·strained *(adj.)* (١) مكبوح؛ مكبوت؛ هادئ (٢) رائق <~ colors>.

re·strain·er [rĭ strā′nər] *(n.)* (١) الكابح؛ المقيِّد (٢) المُثَبِّط: مادة كيميائيّة تضاف إلى المحلول المُظهِّر لإعاقة تأثيره (فو).

re·straint [rĭ strānt′] *(n.)* (١) كَبْح؛ كَبْت (٢) «أ» تقييد [تجربة]. «ب» قيد <the ~*s* of poverty> (٣) اعتقال (٤) تحفّظ.

re·strict [rĭ strĭkt′] *(vt.)* (١) يقيِّد؛ يَحُدّ (٢) يَحْصُر؛ يَقْصُر على.

re·strict·ed [-′ĭd] *(adj.)* (١) محدود (٢) مقصورٌ على؛ محصور بِـ (٣) محظور (٤) مقيَّد (٥) ضيّق؛ محصور <~ space>.

re·stric·tion [rĭ strĭk′-] *(n.)* (١) قَيْد (٢) تقييد؛ حَصْر؛ قَصْرٌ على.

re·stric·tion·ism [rĭ strĭk′shə nĭz′əm] *(n.)* التقييديّة: سياسة أو فلسفة تدعو إلى تقييد حرية التجارة وغيرها. **— re·stric·tion·ist** *(n.)*

re·stric·tive [-′tĭv] *(adj.)* (١) مقيِّد؛ حاصر (٢) تقييديّ؛ حَصْريّ.

rest room *(n.)* حجرة التواليت أو المرحاض [في مكان عامّ].

re·struc·ture [rē′strŭk′chər] *(vt.)* يُغيِّر البِنية أو التنظيم أو النمط.

re·sult [rĭ zŭlt′] *(vi.; n.)* (١) يَنْتُج أو ينشأ عن (٢) يؤدي أو يُفضي إلى [تتبعها *in*] § (٣) نتيجة (٤) ثمرة.

re·sul·tant [rĭ zŭl′tənt] *(adj.; n.)* (١) ناتج؛ ناشئ؛ ناجم (٢) مُحَصِّل: ناشئ عن اتجاه عاملَيْن أو أكثر <a ~ force> § (٣) نتيجة (٤) المحصِّلة: القوّة [أو السرعة] المحصِّلة (فز).

re·sume [rĭ zōōm′] *(vt.; i.)* (١) يستردّ؛ يستعيد (٢) يستأنف <~*d* his journey> (٣) يوجز؛ يلخِّص x (٤) يبدأ من جديد.

ré·su·mé *or* **re·su·me** *or* **re·su·mé** [rĕz′ōōmā′] *(n.)* مُجْمَل؛ خُلاصة.

re·sump·tion [rĭ zŭmp′shən] *(n.)* (١) مص resume (٢) المسكوكاتيّة: العودة إلى الدفع بالعملة المسكوكة.

re·su·pi·nate [rĭ sōō′pə nāt′] *(adj.)* مقلوب: بادٍ وكأنه مقلوب رأسًا على عقب (نب).

re·su·pine [rē′sōō pīn′] *(adj.)* مُسْتَلْقٍ على ظهره.

re·sup·ply [rē′sə plī′] *(vt.)* يُزوِّد ثانيةً.

re·sur·face [-′sûr′fĭs] *(vt.; i.)* (١) يُجدِّد السَّطح x (٢) يظهر من جديد.

re·surge [rĭ sûrj′] *(vi.)* ينبعث: يولد أو ينهض من جديد.

re·sur·gence [rĭ sûr′jəns] *(n.)* انبعاث؛ ولادة جديدة.

re·sur·gent *(adj.)* (١) منبعث؛ منتعش: مستعيدٌ نشاطَهُ إلخ (٢) مُنْعِش.

res·ur·rect [rĕz′ə rĕkt′] *(vt.; i.)* (١) يَبْعَث؛ يَنْشُر؛ يُحيي (٢) يَسْرِق الموتى: ينبش القبور ويسرق الجُثث منها x (٣) ينبعث: ينهض من القبر.

res·ur·rec·tion [rĕz′ə rĕk′-] *(n.)* (١) البعث؛ النّشور (٢) انبعاث.

res·ur·rec·tion·ist [-rĕk′-] *(n.)* (١) سارق الموتى (را .resurrect *2*) (٢) الباعث: مُعيد الحياة إلى الموتى (٣) المؤمن بالبعث والنّشور.

re·sus·ci·tate [rĭ sŭs′ə tāt′] *(vt.; i.)* (١) «أ» يحيي؛ وبخاصة من موت ظاهريّ أو من إغماء. «ب» يُنعِش x (٢) «أ» يعود إلى الحياة أو الوعي [بعد إغماء]. «ب» ينتعِش. **— re·sus·ci·ta·tion** *(n.)*

re·sus·ci·ta·tor [rĭ sŭs′ə tāt-] *(n.)* (١) المُحْيي؛ المُنْعِش (٢) المِنعاش: جهاز يُستخدم في الإنعاش أو محاولة إعادة التنفُّس.

ret [rĕt] *(vt.; i.)* (١) يُعطِّن: ينقع الكتّان، وما إليه، في الماء كي يلينَ وترِقّ أليافُهُ x (٢) يتعطَّن.

re·ta·ble [rĭ tā′bəl] *(n.)* رافدة المَذْبَح: رفّ مرفوع فوق المذبح يُوضع عليه صليبُ المَذْبح وأضواؤه وأزهاره (نص).

re·tail[1] [rē′tāl, *esp. for 2 also* rĭ tāl′] *(vt.; i.)* (١) يبيع بالتجزئة أو بالمُفَرَّق (٢) يروي؛ يَسْرد. وبخاصة: على سبيل النَّميمة <to ~ scandles.>.

re·tail[2] *(n.; adj.; adv.)* (١) البيع بالتجزئة § (٢) تَجْزِئِيّ <a ~ price> § (٣) بمقادير قليلة (٤) من بائع التجزئة. **— re·tail·er; re·tail·ing** *(n.)* at ~, (١) بسعر التجزئة (٢) بمقادير قليلة (٣) من بائع التجزئة.

re·tain [rĭ tān′] *(vt.)* (١) يحتفظ بِـ؛ يَسْتَبْقي (٢) يحتجز (٣) يتذكَّر (٤) يوكِّل محاميًا [بدفع مقدَّم الأتعاب].

re·tain·er [rĭ tā′-] *(n.)* (١) فا retain (٢) خادم؛ تابع (٣) المحتجِزة: كلّ أداة تُستخدم لاحتجاز شيء (٤) التوكيل: توكيل المرء محاميًا (ق) (٥) مقدَّم أتعاب المحامي (ق).

retaining wall *(n.)* الجدار السّاند [يَحول دون انهيار أرضٍ ترابيّة بجانبه].

re·take [*v.* rē tāk′; *n.* rē′tāk′] *(vt.; n.)* (١) يأخذ أو يتلقّى ثانيةً (٢) يستردّ؛ يعاود الاستيلاء على (٣) يصوِّر ثانيةً (فو) § (٤) تصوير ثانٍ؛ صورة ثانية (فو) (٥) تسجيل ثانٍ [لقطعة موسيقية إلخ].

re·tal·i·ate [rĭ tăl′ĭ āt′] *(vt.; i.)* (١) يقابل [الأذى إلخ] بمثلِهِ x (٢) يثأر؛

ă at; ā date; â care; ä car; ĕ egg; ē me; ĭ in; ī bite; ŏ lot; ō bone; ô orphan; oi boil; ŏŏ good; ōō boot; ou out; ŭ under; û urgent; ə = *a* in alone, *e* in system, *i* in easily, *o* in gallop, *u* in circus.

ينتقم .

re·tal·i·a·tion [rĭ tăl′ĭ ā′shən] *(n.)* (١) مقابلة [الأذى إلخ] بمثلِهِ (٢) ثأر ؛ انتقام .

re·tal·i·a·tive [-′ĭ ā-]; **re·tal·i·a·to·ry** [-ə tōr′ĭ] *(adj.)* ثأريّ ؛ انتقاميّ .

re·tard [rĭ tärd′] *(vt.; i.; n.)* (١) يُعَوِّق ؛ يؤخِّر ؛ يثبِّط **x** (٢) يتعوَّق ؛ يتأخَّر ؛ يتثبَّط § (٣) إعاقة ؛ تعوُّق .

re·tar·dant [rĭ tär′-] *(adj.; n.)* (١) مُعَوِّق ؛ مُثَبِّط § (٢) المعوِّق (ك) .

re·tar·date [rĭ tär′dāt] *(n.)* المتخلِّف : شخص متخلِّفٌ عقليًا (تر) .

re·tar·da·tion [rē′tär dā′shən] *(n.)* (١) إعاقة ؛ تأخير (٢) تعوُّق ؛ تأخُّر (٣) عائق ؛ عقبة (٤) التخلُّف : بطء في النموّ أو التقدّم .

re·tard·ed [rĭ tär′dĭd] *(adj.)* متخلِّف ؛ متخلِّف عقليًا <a ~ child> .

retch [rĕch] *(vi.; t.; n.)* (١) يحاول التقيّؤ **x** (٢) يتقيّأ § (٣) محاولة تقيُّؤ .

re·te [rē′tē] *(n.)* pl. **re·ti·a** [-′shĭ ə] شبكة أعصاب أو أوعية دموية (ت) .

re·tell [rē′tĕl′] *(vt.)* (١) يَرْوي ثانيةً (٢) يَرْوي بشكلٍ آخر .

re·tem [rē′tĕm] *(n.)* الرَّتَم : جَنْبَة من الفصيلة القَرْنية (نب) .

re·tene [rē′tēn; rĕt′ēn] *(n.)* الرِّتين : هيدروكربون متبلِّر (ك) .

re·ten·tion [rĭ tĕn′shən] *(n.)* (١) احتفاظ ؛ استبقاء ؛ احتجاز (٢) الاحتباس : احتباس غير سويّ لسائل أو إفراز [كاحتباس البول] (٣) «أ» القدرة على الاحتفاظ إلخ . «ب» التذكّر ؛ الذاكرة .

re·ten·tive [-′tĭv] *(adj.)* (١) محتفِظ ؛ محتجِز ؛ محتبِس (٢) احتفاظيّ ؛ احتجازيّ ؛ احتباسيّ (٣) قويّ الذاكرة <a ~ person> (٤) واعٍ <a ~ memory>.

re·ten·tiv·i·ty [rē′tən tĭv′-] *(n.)* الاحتفاظيّة ؛ الاستبقائيّة . وبخاصة : القدرة على الاحتفاظ بالمغنطيسيّة بعد زوال القوة المغنِطة .

re·ten·tor [rĭ tĕn′tər] *(n.)* العَضَلة الضابطة : العضلة التي تُبْقي عضوًا من الأعضاء في مكانه (ت) .

re·test [rē′tĕst′] *(vt.; n.)* (١) يختبر ثانيةً § (٢) اختبارٌ ثانٍ أو مكرَّر .

re·think [rē thĭngk′] *(vt.; i.)* يفكِّر ثانيةً في ؛ يُعيد النظرَ في .

re·ti·ar·i·us [rē′shĭ âr′ĭ əs] *(n.)* pl. **-ar·i·i·** [âr′ĭ ī′] ذو الشبكة : مُجالد (gladiator . را) رومانيّ مزوَّد بشبكة يلقي بها على خصمه .

re·ti·ar·y [rē′shĭ ĕr′ĭ] *(adj.)* (١) شَبَكانيّ : شَبَكيّ الشكل (٢) شَبّاك : منشئٌ شباكًا لاصطياد الفرائس <a ~ spider> (٣) ذو شبكة أو شَرَك ، وبالتالي : ماكر ؛ بارعٌ في الإيقاع بالشباك .

ret·i·cence; ret·i·cen·cy [rĕt′-] *(n.)* (١) قلّة كلام ؛ تكتّم (٢) تحفُّظ .

ret·i·cent [rĕt′ə sənt] *(adj.)* (١) «أ» صَموت ؛ قليل الكلام . «ب» كَتوم ؛ متكتِّم (٢) مُتحفِّظ (٣) reluctant .

ret·i·cle [rĕt′ə kəl] *(n.)* الشُّبَيْكة : شبكة خيوط أو نقط متقاطعة في بؤرة العدسة الجسميّة لجهازٍ بصريّ كالتلسكوب والميكروسكوب (بص) .

re·tic·u·lar [rĭ tĭk′-] *(adj.)* (١) شَبَكانيّ : شَبَكيّ الشكل (٢) مُعَقَّد .

re·tic·u·late [*adj.* rĭ tĭk′yə lĭt; -lāt′; *v.* -lāt′] *(adj.; vt.; i.)* (١) مكسوّ بشبكة (٢) شَبَكانيّ ؛ شبكيّ الشكل . وبخاصة : ذو عروق أو ألياف متشابكة § (٣) يشابك ؛ يجعله شبكيّ الشكل (٤) يوزِّع [الكهرباء أو الماء] بواسطة شبكة **x** (٥) يتشابك ؛ يتشكّل شبكة .

reticulate leaf

re·tic·u·la·tion [rĭ tĭk′yə lā′-] *(n.)* (١) تشابُك (٢) شبكة .

ret·i·cule [rĕt′ə-] *(n.)* (١) reticle (٢) المُشَبَّكة : حقيبة يدٍ نسوية صغيرة .

re·tic·u·lum [rĭ tĭk′yə-] *(n.)* pl. **-la** [lə] (١) القَلَنْسُوة : المَعِدة الثانية [في المجترّات] (٢) شبكة (٣) نسيج شبكيّ (٤) *cap* : كوكبة الشَّبَكة (فل) .

re·ti·form [rē′tĭ fôrm′; rĕt′ĭ-] *(adj.)* شَبَكانيّ : شَبَكيّ الشكل .

retin- *or* **retino-** بادئة معناها : شبكيّة العين <*retino*scopy> .

ret·i·na [rĕt′ə nə] *(n.)* pl. **-s** *or* **-e** الشَّبَكيّة ؛ شبكيّة العين (ت) .

ret·i·nal [rĕt′ə nəl] *(adj.)* شَبَكَويّ : ذو علاقة بشبكيّة العين .

ret·i·ni·tis [rĕt′ə nī′tĭs] *(n.)* التهاب الشَّبكيّة (مض) .

ret·i·nop·a·thy [rĕt′ə nŏp′ə thĭ] *(n.)* اعتلال الشَّبكيّة (مض) .

ret·i·no·scope [rĕt′ə nə-] *(n.)* منظار الشَّبكيّة : جهاز لفحص الشَّبكيّة .

ret·i·nos·co·py [rĕt′ə nŏs′-] *(n.)* تنظير الشبكيّة : فحص الشبكيّة .

ret·i·nue [rĕt′ə nōō′; -nyōō′] *(n.)* الحاشية : بِطانة الأمير أو الملك .

re·tire [rĭ tī(ə)r′] *(vi.; t.)* (١) ينكفئ ؛ يتراجع ؛ يتقهقر ؛ ينسحب (٢) يعتزل ؛ يخلو إلى نفسه (٣) يتقاعد (٤) يأوي إلى فراشه **x** (٥) يسحب [من المعركة أو التداول أو السوق] (٦) يُحيل إلى التقاعد (٧) يكتسب ؛ يمتلك .
to ~ from the world يترهَّب ؛ يدخل الدير .

re·tired [rĭ tī(ə)rd′] *(adj.)* (١) منعزل ؛ منزوٍ <in a ~ village> (٢) متقاعد <a ~ officer> (٣) تقاعديّ <~ pay> .

re·tir·ee [rĭ tī′rē′] *(n.)* المتقاعد : من اعتزل العملَ أو أُحيل إلى المعاش .

re·tire·ment [rĭ tī(ə)r′-] *(n.)* (١) انكفاء ؛ تراجُع ؛ تَقَهْقُر ؛ انسحاب (٢) اعتزال (٣) تقاعد (٤) المُعْتَزَل : موطن اعتزال أو خلوة .

re·tir·ing [rĭ tī(ə)r′ĭng] *(adj.)* (١) منكفئ ؛ متراجع ؛ متقهقر إلخ (٢) خجول ؛ منطوٍ على ذاته .

re·took [rē to͝ok′] *past of* retake.

re·tool [rē tōōl′] *(vt.)* (١) يُجهِّز ثانيةً بالأدوات (٢) يُعيد تنظيم كذا .

re·tort[1] [rĭ tôrt′] *(vt.; i.; n.)* (١) يردّ على الشيء بمِثْلِهِ <to ~ blow for blow> (٢) يجيب (٣) يردّ بحجّة معاكسة **x** (٤) ينتقم ؛ يثأر § (٥) ردٌّ سريع أو حاسم . وبخاصة : جواب مُفْحِم .

re·tort[2] *(n.)* المُعْوَجَّة : إناء تقطير أو تفكيك (ك) .

retorts[2]

re·tor·tion [rĭ tôr′shən] *(n.)* ردٌّ بالمِثل [على ضربةٍ أو إهانة إلخ] .

re·touch [rē tŭch′] *(vt.; i.; n.)* (١) «أ» يهذِّب ؛ ينقِّح . «ب» ينمّق [صورة فوتوغرافية] ؛ «يُرَوْتِش» § (٢) «أ» تنقيح ؛ تهذيب . «ب» تنميق ؛ «روتَشَة» (فو) .

re·trace [rĭ trās′] *(vt.)* (١) يَرْجِع من حيث أتى ؛ ينقلب على عقِبَيْه (٢) يستعيد [أحداثًا ماضية في الذهن أو الذاكرة] (٣) يتفحَّص ثانية .

re–trace [rē trās′] *(vt.)* يُعيد الرسم [بإظهار خطوطهِ الباهتة] .

re·tract [rĭ trăkt′] *(vt.; i.)* (١) يَكْمُش ؛ يضمّ ؛ يَسْحب <A cat can ~ its claws.> (٢) «أ» يَسحب وعدًا أو عَرْضًا أو رأيًا . «ب» يتراجع [المتهمُ] عن أقواله ؛ يُنْكِر .

re·trac·tile [rĭ trăk′tĭl] *(adj.)* كَمُوش : قابلٌ للانكماش .

re·trac·tion [rĭ trăk′shən] *(n.)* (١) كَمْشٌ أو انكماشٌ : ضمّ أو انضمام (٢) «أ» سَحْبُ [وعدٍ أو عرضٍ] . «ب» انسحاب ؛ تراجع .

re·trac·tive [rĭ trăk′tĭv] *(adj.)* (١) «أ» كامشٌ ؛ ضامّ . «ب» انكماشيّ ؛ ضَمِّيّ (٢) انسحابيّ ؛ تراجعيّ .

re·trac·tor [rĭ trăk′tər] *(n.)* الكامش ؛ الضامّ . وبخاصة : «أ» المِبْعاد ؛ المُبعِّدة : أداة لإبقاء جانبَي الجُرْح مفتوحين أثناء العملية الجراحية . «ب» العضلة الكامشة أو الضامّة (ت) .

re·train [rē′trān′] *(vt.)* يدرِّب ثانيةً ؛ يُعيد التدريب .

re·train·ee [rē′trā′nē′] *(n.)* المُعاد تدريبُهُ : شخصٌ مدرَّبٌ من جديد .

re·tral [rē′trəl] *(adj.)* خَلْفيّ .

re·tread[1] [rē′trĕd′] *(vt.)* (١) يجدِّد الجزء المُلامسَ للأرض [من إطار دولاب السيارة] (٢) يُجدِّد ؛ يُحيي <to ~ an old plan> .

re·tread[2] [rē′trĕd′] *(n.)* (١) المُلامِس الجديد [لإطار الدولاب] (٢) إطار مُجَدَّد المُلامس (٣) شيء مجدَّد (٤) المُعاد تدريبُهُ : شخص متقاعد يُعاد تدريبه على العمل .

re–tread[3] [rē′trĕd′] *(vt.)* يطأ ثانيةً ؛ يَدُوسُ من جديد .

re·treat [rĭ trēt′] *(n.; vi; t.)* (١) انسحاب ؛ تراجع ؛ تقهقر (٢) «أ» دقّة الانسحاب أو العودة إلى الثكنة أو إنزال العَلَم . «ب» حفلة إنزال العَلَم (جن) (٣) المعتزَل : المُلْتجأ (٤) رياضة روحيّة (٥) مأوًى [للمجاذيب أو لمدمني الخمر] § (٦) ينسحب ؛ يتراجع إلخ (٧) يرتدّ إلى الوراء <a ~*ing* chin> x (٨) يَسْحَب (٩) يحرِّك [إحدى قِطَع الشطرنج] إلى الوراء .

to beat a ~, (١) يَنْسحب ؛ يولِّي الأدبار (٢) يتخلّى عن عمل أو مشروع .

re·trench [rĭ trĕnch′] *(vt.; i.)* (١) يُنْقِص ؛ يُخفِّض [النفقات إلخ] (٢) يزيل ؛ يحذف (٣) يُخندق : يحمي بالخنادق (جن) x (٤) يقتصد <~*ed* by eliminating some workers>.

— re·trench·ment *(n.)*

re·tri·al [rē trī′əl] *(n.)* (١) محاكمة ثانية (٢) تجربة ثانية ؛ اختبار ثانٍ .

ret·ri·bu·tion [rĕt′rə byōō′shən] *(n.)* (١) جزاء ؛ مكافأة (٢) الثواب والعقاب [في الآخرة] (٣) عقوبة .

re·trib·u·tive; re·trib·u·to·ry [rĭ trĭb′yə-] *(adj.)* جزائيّ ؛ عِقابيّ .

re·triev·a·ble [rĭ trē′və-] *(adj.)* ممكنٌ استردادُهُ أو تعويضُهُ إلخ .

re·triev·al [rĭ trē′vəl] *(n.)* (١) استرداد ؛ استرجاع إلخ (٢) إمكانية الاسترداد <lost beyond ~> .

re·trieve [rĭ trēv′] *(vt.; i.; n.)* (١) يكتشف [الكلب] طريدةً مقتولةً أو مجروحةً (٢) يتذكّر من جديد (٣) يستردّ ؛ يسترجع (٤) «أ» يُنقذ . «ب» يردّ [كرةً يصعب بلوغها] بنجاح (٥) يُصلح (٦) يحيي ؛ يُجدِّد (٧) يُعَوِّض (٨) يستردّ : يسترجع معلوماتٍ مُخْتَزَنة [في الكومبيوتر إلخ] § (٩) استرداد ؛ استرجاع (١٠) ردٌّ موفَّقٌ لكرةٍ يصعب ردّها [في التنس إلخ] .

re·triev·er [rĭ trē′-] *(n.)* (١) المستردِ ؛ المسترجع (٢) كلب الصيد .

retro- بادئة معناها : «أ» ارتجاعيّ ؛ رجعيّ . «ب» خَلْفيّ .

ret·ro·ac·tion [rĕt′rō ăk′-] *(n.)* (١) المفعول الارتجاعي ؛ المفعول الرجعيّ [القانون] (٢) ارتكاس ؛ ردُّ فعل .

ret·ro·ac·tive [-′tĭv] *(adj.)* ارتجاعيّ ؛ رَجعيّ : ذو مفعول رجعيّ .

ret·ro·ac·tive·ly *(adv.)* على نحوٍ ارتجاعيّ أو رجعيّ .

re·tro·ac·tiv·i·ty *(n.)* ارتجاعية القانون ؛ رجعيّة القانون (ق) .

ret·ro·cede[1] [rĕt′rō sēd′] *(vi.)* يَرْجِع ؛ ينسحب .

ret·ro·cede[2] *(vt.)* يَرُدّ ؛ يُرْجِع [أرضًا إلخ إلى مالكٍ سابقٍ] .

ret·ro·flex [rĕt′rə-] *also* **ret·ro·flexed** *(adj.)* منكفئ ؛ مُنْثنٍ إلى الخلف .

ret·ro·flex·ion *or* **ret·ro·flec·tion** [-flĕk′-] *(n.)* انكفاء ؛ انثناء خلفيّ .

ret·ro·gra·da·tion [-grə dā′-] *(n.)* (١) تراجُع ؛ تَقَهْقُر (٢) تَرَدٍّ ؛ انحطاط .

ret·ro·grade [rĕt′rə grād′] *(adj.; adv.; vi.)* (١) «أ» نُكوصيّ ؛ تَراجعيّ : متحرِّك في اتجاه مضادّ للاتجاه المألوف عند الأجرام المماثلة (فل) . «ب» تقهقريّ <~ steps> . «ج» عَكْسيّ . وبخاصة : مكتوب من اليمين إلى اليسار <~ alphabets> (٢) انتكاسيّ ؛ منتكس (٣) متراجع ؛ متقهقر § (٤) خلفيًّا ؛ عكسيًّا § (٥) يتراجع ؛ يتقهقر (٦) يتردَّى : ينتقل من حالة أفضل إلى حالة أسوأ (أح) (٧) يجري بحركة ارتجاعيّة (فل) .

ret·ro·gress [rĕt′-] *(vi.)* (١) يتراجع ؛ يتقهقر (٢) يتردَّى ؛ ينحطّ .

ret·ro·gres·sion *(n.)* (١) تراجُع ؛ تَقَهْقُر (٢) تَرَدٍّ ؛ انحطاط (أح) .

ret·ro·gres·sive *(adj.)* (١) مُتراجع ؛ متقهقِر (٢) مَتَرَدٍّ ؛ مُنْحَطّ .

ret·ro·len·tal [rĕt′rō lĕn′təl] *(adj.)* خَلْفَعَدَسيّ : واقعٌ خلف عدسة العين (أح) .

ret·ro·lin·gual [-lĭng′gwəl] *(adj.)* خَلْفِلسانيّ : واقعٌ خلفَ [أو قُرْب] قاعدة اللسان <~ salivary glands> .

ret·ro·rock·et [rĕ′trō rŏk′ĭt] *(n.)* الصاروخ الكابح (فض) .

re·trorse [rĭ trôrs′] *(adj.)* منكوس : محنيّ إلى الوراء أو إلى أدنى .

ret·ro·spect [rĕt′rə spĕkt′] *(n.; adj.; vt.; i.)* (١) الاستذكار : استعادة الأحداث الماضية والتأمّل فيها § (٢) retrospective § (٣) يَسْتَذْكِر : يستعيد الأحداث الماضية ويتأمّل فيها .

ret·ro·spec·tion *(n.)* = retrospect *1*.

ret·ro·spec·tive *(adj.; n.)* (١) استذكاريّ : مُتَّسِمٌ أو مولعٌ باستعادة الأحداث الماضية والتأمل فيها (٢) ارتجاعيّ ؛ رجعيّ (٣) خلفيّ <a ~ view> § (٤) المعرِض الاستذكاريّ : معرِض يُظهر ما أبدعه الفنّان من آثارٍ خلال حقبة من الزمن .

re·trous·sé [rĕ′trōō sā′] *(adj.)* خانس : مرتفع الأرنبة [صفة للأنف] .

ret·ro·ver·sion [rĕt′rə vûr′zhən] *(n.)* (١) انكفاء ؛ ارتداد (٢) الانكفاء : ارتداد عضوٍ إلى الخلف (ط) .

re·try [rē′trī′] *(vt.)* (١) يجرِّب ثانيةً (٢) يحاكم ثانيةً .

ret·ting [rĕt′ĭng] *(n.)* التعطين (را . ret) .

re·turn [rĭ tûrn′] *(vi.; t.; n.; adj.)* (١) يعود؛ يرجع (٢) يجيب **x** (٣) «أ» يرفع تقريرًا إلى. «ب» ينتخب مرشحًا [للبرلمان]. «ج» يردّ حُكمًا إلى محكمة إلخ (٤) يُعيد؛ يُرجع (٥) يُغِلّ: يعود على صاحبه بربح معيَّن (٦) يقابل شيئًا بمثله <to ~ shot for shot> (٧) «أ» يعكس [الضوءَ]. «ب» يُرجِّع [الصّدى] § (٨) عودة؛ رجعة (٩) «أ» تسليم أمر قضائيّ إلخ إلى الموظّف المختص أو المحكمة ذات الصلاحية. «ب» تقريرٌ رسميّ. «ج» *pl.*: تقرير عن نتائج الانتخابات <election ~*s*>. «د» انتخاب. «هـ» بيان أو كشف رسميّ <to make one's ~ of income> (١٠) «أ» انعطاف؛ التواء. «ب» وسيلة إلى إعادة شيء [كالمياه] إلى مُنْطَلَقِهِ (١١) «أ» ربح. «ب» *pl.*: عائدات (١٢) «أ» إعادة؛ إرجاع. «ب» شيء مُرْتَجَع. «ج» *pl.*: المرتجعات: كتبٌ غير مبيعة تعاد إلى الناشر (١٣) «أ» مقابل. «ب» جواب § (١٤) متكرِّر (١٥) عائد <a ~ current> (١٦) رَدّيّ: مُنْجَزٌ كردّ على عمل مماثل <a ~ shot> (١٧) إيابيّ <a ~ journey> (١٨) عَوْديّ: مستخدَمٌ عند العودة <a ~ road>.

- by ~, بالبريد العائد أو التالي.
- in ~, مقابل كذا.
- on sale *or* ~, برسم الأمانة؛ على أساسٍ ارتجاعيّ.
- point of no ~, نقطة اللارجوع.
- ~*ed* empties الزجاجات الفارغة المعادة إلى المنتج.
- ~*ing* officer مسؤول الانتخابات: الموظف المكلّف بالإشراف على انتخاب نيابيّ وإعلان اسم المرشح الفائز.

re·turn·a·ble *(adj.)* (١) واجبٌ إرجاعُهُ أو تسليمه أو مناقشته في زمان أو مكان محدَّد <a writ ~ at a certain date> (٢) ممكنٌ إرجاعُهُ.

re·turn·ee [rĭ tûr′nē′] *(n.)* العائد؛ وبخاصة: العائد إلى الوطن من الخدمة العسكرية في الخارج.

return ticket *(n.)* التذكرة الإيابيّة: تذكرة ذهاب وإياب.

re·tuse [rĭ to͞os′; rĭ tyo͞os′] *(adj.)* مُدَمْلَك: ذو قمة مدوَّرة أو غير مستدقّة، مع ثلم ضئيل <a ~ leaf>.

retuse leaf

re·u·ni·fi·ca·tion *(n.)* إعادة التوحيد: توحيد من جديد.

re·u·ni·fy [rē yo͞o′ nə fī′] *(vt.)* يوحِّد ثانيةً؛ يوحِّد من جديد.

re·u·nion [rē yo͞on′yən] *(n.)* (١) «أ» إعادة توحيد. «ب» اتّحاد من جديد (٢) اجتماع الشمل <~ of parted friends> (٣) اجتماع أو لقاء عائليّ.

re·un·ion·ist *(n.)* المنادي بإعادة توحيد الطوائف إلخ.

re·u·nite [rē′yo͞o nīt′] *(vt.; i.)* (١) يوحِّد ثانيةً؛ يجمعُ شملَ.... **x** (٢) يتَّحد ثانيةً؛ يجتمع بعد افتراق.

re·us·a·ble [rē′yo͞o′zə bəl] *(adj.)* ممكنٌ استعمالُهُ ثانيةً أو مرارًا.

re·use [rē′yo͞oz′] *(vt.)* يستعمل ثانيةً.

rev [rĕv] *(n.; vt.; i.)* (١) دورة المحرِّك § (٢) يُسرِّع: يزيد عدد الدورات في الدقيقة <~*ved* the motor up> (٣) يزيد **x** (٤) يتسارع: يَعْمل [المحرِّك] بدوراتٍ مَزيدة (٥) يتزايد.

re·val·u·ate [rē′văl′yo͞o āt′] *(vt.)* = revalue.

re·val·u·a·tion *(n.)* إعادة تقييم أو تثمين.

re·val·ue [rē′văl′yo͞o] *(vt.)* (١) يحدِّد قيمة جديدة [للعملة] (٢) يعيد التقييم أو التثمين.

re·vamp [rē′vămp′] *(vt.)* (١) يجدِّد الفرعة: يجعل للحذاء فرعةً جديدةً أو جزءًا أعلى جديدًا (٢) يُجَدِّد؛ يُصْلح (٣) يُنَقِّح؛ يهذِّب.

re·vanche [rə vänch′] *(n.)* انتقام. وبخاصة: استرداد مقاطعة مُحتلّة من قِبل العدوّ.

re·veal[1] [rĭ vēl′] *(vt.)* (١) يُوحي إلى؛ يُلْهِم (٢) يبوح [بِسِرٍّ]؛ يُفشي (٣) يُظهر؛ يكشِف.
— re·veal·ment *(n.)*

re·veal[2] [rĭ vēl′] *(n.)* الرَّفْل: «أ» جانب من النافذة بين إطارها وبين السطح الخارجيّ للجدار. «ب» إطار نافذة السيّارة أو حافَتُها.

re·veal·er *(n.)* المُوحي؛ المُلْهِم إلخ.

rev·eil·le [rĕv′ə lĭ] *(n.)* بوق الإيقاظ [لإيقاظ الجند عند الفجر].

rev·el [rĕv′əl] *(vi.; n.)*, **-eled** *or* **-elled** (١) يَقْصِف؛ يُعَرْبِد؛ يَمْرَح مَرَحًا صاخبًا (٢) يستمتع بِـ؛ يجد متعةً بالغة في... <He ~*s* in gossip.> § (٣) قَصْف؛ عَرْبدة؛ مَرَحٌ صاخب.

rev·e·la·tion [rĕv′ə lā′-] *(n.)* (١) وَحْي؛ إلهام (٢) *cap.*: سِفر الرؤيا (نص) (٣) بَوْح؛ إفشاء؛ إظهار.

rev·e·la·tion·ist *(n.)* المؤمن بالوحي [الإلَهي].

rev·e·la·tor *(n.)* (١) المُوْحِي (٢) المُفْشي (٣) المُظهر.

re·vel·a·to·ry [-′ə lə tōr′ĭ] *(adj.)* (١) وَحْيِيّ؛ إلهاميّ (٢) كاشف عن.

rev·el·rous [rĕv′əl rəs] *(adj.)* قاصف؛ مُعربِد.

rev·el·ry [rĕv′əl rĭ] *(n.)* قَصْف؛ عربدة؛ مَرَحٌ صاخب.

rev·e·nant [rĕv′ə nənt] *(n.; adj.)* (١) العائد [بعد غياب طويل] (٢) العائد بعد الموت؛ الشَّبح § (٣) عائد.

re·venge [rĭ vĕnj′] *(vt.; n.)* (١) يثأر؛ ينتقم § (٢) ثأر؛ انتقام.

re·venge·ful [-fəl] *(adj.)* مَوْتور؛ حقود؛ نزّاع إلى الانتقام.

rev·e·nue [rĕv′ə nyo͞o′] *(n.)* (١) رَيْع؛ دَخْل؛ إيراد (٢) مصدرُ دَخْل (٣) الدخل الحكومي [من الضرائب إلخ] (٤) الدخل الإجماليّ.

rev·e·nu·er *(n.)* مأمور جمارك؛ موظف مُكوس.

revenue stamp *(n.)* طابع الإيراد؛ طابع الدَّخل: طابع يُلْصَق كدليل على دفع ضريبة مفروضة.

re·ver·ber·ant [rĭ vûr′bər ənt] *(adj.)* متردِّد؛ مُدَوٍّ.

re·ver·ber·ate [-′bə rāt′] *(vt.; i.)* (١) «أ» يَرُدّ. «ب» يُصْدِي؛ يُرجِّع [الصَّدَى]. «ج» يعكس [النورَ أو الحرارة] **x** (٢) يرتدّ؛ ينعكس (٣) يتردَّد؛ يدوِّي.

re·ver·ber·a·tion *(n.)* (١) إصداء؛ ترجيع؛ عَكْس (٢) ارتداد؛ ارتجاع؛ انعكاس (٣) صدًى.

re·ver·ber·a·tive [rĭ vûr′bə rāt′ ĭv] *(adj.)* إصدائي؛ ترجيعيّ إلخ.

re·ver·ber·a·tor *(n.)* المُصْدِي؛ المُرَجِّع؛ العاكس.

re·ver·ber·a·to·ry [-′bər ə tōr′ĭ] *(adj.; n.)* (١) ارتداديّ؛ ارتجاعيّ؛ انعكاسيّ (٢) عاكس § (٣) فرنٌ عاكس (را. المادة التالية).

reverberatory furnace *(n.)* الفرن العاكس: فرن تتمّ فيه عمليّة الصَّهر بانعكاس الحرارة من سقفِه على الفِلِزّ المعالَج.

reverberatory furnace

re·vere[1] [rĭ vēr′] *(vt.)* يُوَقِّر؛ يُبَجِّل.

re·vere[2] *(n.)* = revers.

rev·er·ence [rĕv′ər əns] *(n.; vt.)* (١) توقير؛ تبجيل؛ إجلال (٢) انحناءةُ احترام إلخ (٣) مَهابة (٤) الموقَّر؛ المبجَّل [وتستعمل اللفظة لقبًا لكاهن] § (٥) يوقِّر؛ يبجِّل.

rev·er·end [rĕv′ər ənd] *(adj.; n.)* (١) موقَّر؛ مُبَجَّل (٢) إكليركيّ § (٣) كاهن.

rev·er·ent [-ənt] *(adj.)* (١) مُوَقِّر؛ مُبَجِّل (٢) توقيريّ؛ تبجيليّ.

rev·er·en·tial *(adj.)* توقيريّ؛ تبجيليّ؛ إجلاليّ.

rev·er·ie *also* **rev·er·y** [rĕv′ə rĭ] *(n.)* (١) حُلْم يَقَظة (٢) فكرة خياليّة أو غير عمليّة (٣) الاستغراق في التفكير الحالم (٤) لحنٌ موسيقيّ حالم.

re·vers [rĭ vēr′] *(n.)* الطَّيّة. وبخاصةٍ: طيّة صَدْر السُّترة النّسويّة.

re·ver·sal [rĭ vûr′səl] *(n.)* (١) نَقْض؛ إبطال (ق) (٢) عَكْس؛ قلبٌ (٣) انعكاس؛ انقلاب (٤) انتكاس؛ نكسة (٥) القلب: تحويل الصورة الموجبة إلى سالبة والعكس بالعكس (فو).

re·verse [rĭ vûrs′] *(adj.; vt.; i.; n.)* (١) عكسيّ (٢) «أ» معكوس. «ب» مضادّ (٣) مقلوب: مُخْرَجٌ بحيث يكون الجزء الأسود أبيض والعكسُ بالعكس (فز) (٤) ارتداديّ: مُعَدّ لجعل السيّارة تجري إلى الوراء <gear ~> § (٥) يعكس؛ يقلب؛ يَقْلب رأسًا على عَقِب (٦) يَنْقُض؛ يُبطل (ق) (٧) يجعلُهُ يتحرّك في الاتجاه المعاكس (مك) x (٨) يتحرّك في الاتجاه المعاكس (مك) § (٩) الضدّ؛ العكس؛ النقيض (١٠) عكس؛ قَلْب (١١) هزيمة؛ نكسة؛ حظّ عاثر (١٢) الظَّهر؛ القفا: الجزء الخلفيّ من شيء (١٣) «أ» العاكسة: أداة تعكس الاتجاه (مك). «ب» ناقل الحركة الارتداديّ [الذي يجعل السيارة تجري إلى الوراء] (١٤) حركة عكسيّة.

reverse discrimination *(n.)* التمييز المعكوس: التمييز ضدّ البيض أو الذكور.

re·vers·i·bil·i·ty *(n.)* المقلوبيّة (مج)؛ العَكوسيّة.

re·vers·i·ble [rĭ vûr′sə bəl] *(adj.; n.)* (١) عَكوس: قابل لأن يُقْلب أو يُعْكس (٢) ثنائيّ الوجه <a ~ coat> § (٣) نسيج أو ثوب ذو وَجْهَيْن.

reversible reaction *(n.)* التفاعل العَكوس (ك).

re·ver·sion [rĭ vûr′zhən; -shən] *(n.)* (١) «أ» عودة المِلْك أو الحقّ [عند حلول أجل معيَّن أو تحقّق شروط بعينها] إلى المالك أو الدولة إلخ. «ب» مِلْك أو حقّ عائدٌ على هذا النحو (٢) حقّ الخلافة أو الامتلاك في المستقبل (٣) عودة [إلى وضع أو معتقد سابق] (٤) atavism (٥) ثمرة الارتداد. وبخاصة: مُتَعضٍّ مُرْتَدّ إلى ضربِهِ السَّلفي (٦) «أ» ردّ [في اتجاه معاكس]؛ عكس؛ إرجاع. «ب» ارتداد.

re·ver·sion·er *(n.)* صاحب الحقّ في الخلافة أو الامتلاك في المستقبل.

re·vert [rĭ vûrt′] *(vi.)* (١) يَعُود؛ يَرْجِع (٢) يؤول: يعود المِلْك إلى صاحبه الأول (را. reversion 1) (٣) يتأسَّل: يرتدّ المتعضّي إلى ضربِهِ السَّلفيّ الذي نشأ عنه.

rev·er·y [rĕv′ə rĭ] *(n.)* = reverie.

re·vest [rē vĕst′] *(vt.)* يعيد تمليكه [أرضًا] أو تخويله صلاحية.

re·vet [rĭ vĕt′] *(vt.)* يَرْفِد: يكسو بالحجارة أو بالإسمنت.

re·vet·ment [rĭ vĕt′-] *(n.)* (١) الرِّفْد: تَكْسِيَةٌ من حجارةٍ أو إسمنت (٢) الساتر: حاجز أو شبهُ جدارٍ يقام من أكياس رَمْل وغيرها.

re·vict·ual [rē′ vĭt′əl] *(vt.; i.)* يزوِّد أو يتزوَّد ثانيةً [بالمؤن].

re·view [rĭ vyōō′] *(n.; vt.; i.)* (١) تنقيح (٢) استعراض عسكريّ (٣) نظرة عامة (٤) فحص؛ معاينة (٥) إعادة نظر (٦) المراجعة: إعادة نظرٍ من جانب محكمة عُليا في حكم قضائي صادرٍ عن محكمة دُنيا (ق) (٧) «أ» مراجعة؛ نَقْد؛ دراسة نقدية [لكتاب أو مسرحية]. «ب» مجلة نقدية (٨) الاستذكار: استعراض للماضي أو تأمُّل في أحداثه (٩) مراجعة لدَرْسٍ إلخ (١٠) الرِّفْي (را. revue) § (١١) يعيد النظر في. وبخاصة: في حكم قضائي (١٢) يستذكر (١٣) «أ» ينقد. «ب» يُراجع: يكتب مقالًا نقديًا عن (١٤) يستعرض [الجُنْدَ إلخ] x (١٥) يُراجع دروسَهُ إلخ.

— **re·view·al** *(n.)*

re·view·er *(n.)* فا review. وبخاصة: الناقد الأدبيّ إلخ.

re·vile [rĭ vīl′] *(vt.; i.)* يَقْدَح؛ يَذُمّ؛ يَسُبّ؛ يشتم؛ يلعن.

— **re·vile·ment** *(n.)*

re·vis·a·ble [rĭ vī′zə bəl] *(adj.)* قابلٌ للتنقيح أو للتعديل.

re·vis·al [rĭ vī′zəl] *(n.)* تنقيح؛ تعديل.

re·vise [rĭ vīz′] *(vt.; n.)* (١) يُنقِّح؛ يُهَذِّب (٢) يعدِّل؛ يغيِّر § (٣) تنقيح؛ تهذيب (٤) تعديل؛ تغيير (٥) تجربة [بروفة] مطبعية ثانية.

— **re·vis·er** *(n.)*

re·vi·sion *(n.)* (١) تنقيح؛ تعديل (٢) نسخة أو طبعة منقَّحة.

re·vi·sion·al; re·vi·sion·ar·y [rĭ vĭzh′-] *(adj.)* تنقيحيّ.

re·vi·sion·ism *(n.)* التعديليّة: «أ» المناداة بتعديل مذهب أو سياسة أو معاهدة. «ب» حركة في الاشتراكيّة الماركسية الثوريّة تُؤيّد الأخذ بروح التطوُّر.

re·vi·sion·ist *(adj.)* تعديليّ.

re·vis·it [rē′vĭz′ĭt] *(vt.; n.)* (١) يزور ثانيةً § (٢) زيارة ثانية أو تالية.

re·vi·so·ry [rĭ vī′ zə rĭ] *(adj.)* تنقيحيّ: «أ» مزوَّد بصلاحية التنقيح <a ~ committee>. «ب» هادفٌ إلى التنقيح <a ~ function>.

re·vi·tal·ize [rē′vī′tə līz] *(vt.)* (١) ينفخ فيه حياةً جديدة (٢) يجدِّد من عزمه أو نشاطه.

re·viv·al [rĭ vī′vəl] *(n.)* (١) إحياء (٢) انبعاث؛ نهضة (٣) الإحياء: اجتماع ديني، أو عددٌ من الاجتماعات الدينية، يُعْقد من أجل إيقاظ الروح الدينية <held a ~>.

re·viv·al·ism *(n.)* الإحيائيّة: «أ» النزعة إلى إحياء ما يمتُّ إلى الماضي

ă at; ā date; â care; ä car; ĕ egg; ē me; ĭ in; ī bite; ŏ lot; ō bone; ô orphan; oi boil; ŏŏ good; ōō boot; ou out; ŭ under; û urgent; ə = *a* in alone, *e* in system, *i* in easily, *o* in gallop, *u* in circus.

بسبب. «ب» الروح أو الطرائق المميِّزة للاجتماعات الدينيّة الرامية إلى إيقاظ الشعور الدينيّ.

re·viv·al·ist *(n.)* الإحيائيّ: «أ» قَسّ ينظّم أو يعقد اجتماعًا دينيًا، أو سلسلة اجتماعات دينية، لإحياء الروح الدينيّة في النفوس. «ب» كلّ من يعمل على إحياء الطرائق والعادات السالفة. — **re·viv·al·is·tic** *(adj.)*

re·vive [rĭ vīv′] *(vi.; t.)* (١) «أ» يعود إلى الوعي أو الحياة. «ب» ينتعِش؛ ينشط أو يزدهر من جديد x (٢) «أ» يُحيي. «ب» يُنعِش؛ ينشِّط (٣) يستعيد ذهنيًا.

re·viv·i·fy [rē vĭv′ə fī′] *(vt.)* يُحيي؛ يُنعِش؛ ينشِّط.

rev·i·vis·cence [rĕv′ə vĭs′əns] *(n.)* (١) إحياء (٢) انبعاث؛ نهضة.

rev·i·vis·cent [-vĭs′ənt] *(adj.)* مُحْيٍ؛ مُنْهِض؛ مُنْعِش.

rev·o·ca·ble [rĕv′ə kə bəl]; **re·vok·a·ble** [rĭ vō′-] *(adj.)* ممكنٌ إلغاؤه أو إبطالُه.

rev·o·ca·tion *(n.)* إلغاء؛ إبطال.

re·voke [rĭ vōk′] *(vt.; i.; n.)* (١) يَسْحب؛ يُلغي؛ يُبْطِل x (٢) يستنكف: يمتنع عن اللعب بورقة من نفس النقش أو «المنظومة» التي استهلّ بها اللعبَ لاعب آخر، على الرغم من قدرته على ذلك § (٣) الاستنكاف: امتناع عن اللعب بورقة من نفس النقش إلخ.

re·volt [rĭ vōlt′] *(vi.; t.; n.)* (١) يثور؛ يتمرَّد (٢) يشمئزّ x (٣) يُغثي؛ يقزِّز النفسَ؛ يُثير الاشمئزاز <scenes that ~ everybody> § (٤) ثورة.

re·volt·ing *(adj.)* (١) ثائر (٢) مُغْثٍ؛ مُقزِّز للنفس؛ مثير للاشمئزاز.

rev·o·lute [rĕv′ə lo͞ot′] *(adj.)* دائر: ملتفّ إلى الوراء أو إلى أدنى <a leaf with ~ margins>.

rev·o·lu·tion [rĕv′ə lo͞o′shən] *(n.)* (١) الدَّوران: «أ» طَواف جِرم سماويّ في مَدار. «ب» دوران جِرْم سماويّ حول محوره. «ج» دورة (فل) (٢) «أ» دورانٌ حول المحور (مك). «ب» دورة (مك) (٣) ثورة.

rev·o·lu·tion·ar·y *(adj.; n.)* (١) ثوريّ (٢) جَذْريّ؛ متطرِّف (٣) دوّار § (٤) الثائر (٥) الثوريّ.

rev·o·lu·tion·ist *(n.; adj.)* (١) الثائر (٢) الثوريّ § (٣) ثائر (٤) ثوريّ: مؤيّد للمذاهب الثورية.

rev·o·lu·tion·ize *(vt.; i.)* (١) يُطيح بحكومة قائمة (٢) يُثوِّر: «أ» يُشْرِب بالمعتقدات الثورية. «ب» يُحدث ثورةً في؛ يُحدث تغييرًا جذريًا أو أساسيًا في.

re·volve [rĭ vŏlv′] *(vt.; i.)* (١) يفكِّر مليًّا في؛ يقلِّب الرأي في <to ~ a problem> (٢) يُدير [في مَدارٍ أو حول محور] x (٣) يتعاقب <The centuries ~.> (٤) يَتَمَحْوَر: يدور حول نقطة مركزية.

re·vol·ver [rĭ vŏl′vər] *(n.)* (١) فا revolve (٢) مُسَدَّس.

re·volv·ing *(adj.)* دائر؛ دوّار.

revolving door *(n.)* الباب الدوّار: باب يدور حول محوره.

re·vue [rĭ vyo͞o′] *(n.)* الرِّفي: عملٌ مسرحي يتألف من مزيج من الحوار والرقص والغناء ويهدف عادةً إلى السخرية من الأحداث الجارية والاتجاهات السائدة والشخصيات البارزة.

re·vul·sion [rĭ vŭl′-] *(n.)* (١) سَحْب؛ جَذْب (٢) الانقلاب؛ التحوّل الفُجائي: تغيُّر، أو ردُّ فِعل، مفاجئ أو قويّ (٣) نفور؛ اشمئزاز (٤) التحويل؛ التصريف: تحويل الداء أو الدَّم من جزء من أجزاء الجسد إلى آخر (ط).

re·vul·sive [rĭ vŭl′sĭv] *(adj.)* (١) منفِّر (٢) محوِّل؛ مصرِّف (ط).

re·ward [rĭ wôrd′] *(vt.; n.)* (١) يكافئ § (٢) مكافأة (٣) *pl.*: مكاسب.

re·ward·ing *(adj.)* مُجْزٍ؛ مُرضٍ؛ مُثمر؛ رابح.

re·wind [rē wīnd′] *(vt.)* يلفّ ثانيةً. وبخاصة: يعكس التفاف فيلم أو شريط.

re·wire [rē wī(ə)r′] *(vt.)* (١) يُسَلِّك ثانيةً: يزوِّد بأسلاك كهربائية جديدة (٢) «أ» يُبْرِق ثانيةً: يجيب من جديد. «ب» يجيب برقيًّا.

re·word [rē′wûrd′] *(vt.)* (١) يكرِّر نفس الكلمات (٢) يصوغ بألفاظ أخرى.

re·work [rē′wûrk′] *(vt.)* (١) يعمل ثانيةً (٢) «أ» ينقِّح. «ب» يُجدِّد؛ يُصْلِح.

re·write [*v.* rē rīt′; *n.* rē′rīt′] *(vt.; i.; n.)* (١) يجيب كتابةً (٢) «أ» يكتب ثانيةً أو بشكل آخر. «ب» ينقِّح (٣) يهذِّب: يصوغ في شكل صالح للنشر [موادَّ بعث بها مراسل] § (٤) المهذَّبة: المقالة الناشئة عن هذه الصياغة (صح).

rex [rĕks] *(n.)* pl. **re·ges** [rē′jēz] مَلِك؛ عاهل.

rey·nard [rĕn′ərd; rā′närd] *(n.)* ثَعْلب.

rhab·do·man·cy [răb′də măn′sĭ] *(n.)* التكهّن بالعصا. وبخاصة لاكتشاف الخامات الفلزّية والمياه الجوفية.

rham·na·ceous [răm nā′shəs] *(adj.)* نَبْقيّ.

rham·nus [răm′nəs] *(n.)* النَّبْق: شجيرة ذات أوراق مُعرَّقة.

rhap·sod·ic; -al [răp sŏd′-] *(adj.)* عاطفيّ أو حماسيّ إلى حدّ الإفراط.

rhap·so·dist [răp′sə dĭst] *(n.)* (١) راويةٌ محترفٌ للقصائد الملحمية (٢) المُسْرِف في الثناء أو الإعراب عن الإعجاب.

rhap·so·dize [răp′sə dīz′] *(vi.)* يُسْرِف في الثناء على.

rhap·so·dy [-dĭ] *(n.)* (١) الرَّبْسوديا: جزء من قصيدة ملحميّة صالحٌ للإلقاء على مسمع من الجمهور دفعةً واحدةً (٢) ثناء مُفْرط؛ حماسة بالغة (٣) طرب؛ جَذَل؛ نشوة (٤) الرابسوديّ: «أ» كلامٌ أو أثر أدبيّ زاخر بالانفعال العاطفيّ. «ب» لحن موسيقي مُرْتَجَل الطابع غيرُ نظاميّ الشكل.

rhat·a·ny [răt′ə nĭ] *(n.)* الرَّطَن: «أ» نبات أميركيّ. «ب» جذور الرَّطَن المجفَّفة المُتَّخَذة دواءً عَقولًا.

rhea

rhe·a [rē′ə] *(n.)* الرِّيَة: طائر شبيه بالنعامة.

rhe·ni·um [rē′nĭ əm] *(n.)* الرِّينيوم: عنصر فلزّيّ نادر (ك).

rheo- بادئة معناها: دَفْق؛ تيّار.

rhe·om·e·ter [rē ŏm′ə tər] *(n.)* الرِّيومتر: جهاز لقياس تدفّق الموادّ اللَّزِجة كالدَّم وما إليه.

rhe·o·stat [rē′ə stăt′] *(n.)* ناظم التيّار: أداة مهمّتُها التحكُّم في مقدار التيّار المارّ في دارة كهربائية.

rheostat

rhe·sus [rē′səs] *(n.)* الرِّيص: قرد هنديّ قصير الذيل (ح).

rhesus

rhe·tor [rē′tər] *(n.)* (١) أستاذ البلاغة (٢) الخطيب.

rhet·o·ric [rĕt′ə rĭk] *(n.)* (١) علم البلاغة أو البيان (٢) بلاغة (٣) فنّ الخطابة (٤) فنّ النثر (٥) لغة منمّقة أو طنّانة (٦) أسلوب (٧) كلام؛ حديث.

rhe·tor·i·cal [rĭ tôr′ə kəl] *also* **rhe·tor·ic** *(adj.)* (١) بلاغيّ؛ بيانيّ (٢) منمّق؛ متكلّف؛ محتفِل بالأسلوب [على حساب الفكر في أغلب الأحيان] (٣) كلاميّ؛ خَطابيّ.

rhetorical question *(n.)* السُّؤال أو الاستفهام البلاغيّ: سؤال يُطرَح لمجرّد التأثير في النفوس لا ابتغاءَ الحصول على جواب.

rhet·o·ri·cian [rĕt′ə rĭsh′ən] *(n.)* (١) «أ» أستاذ البلاغة. «ب» الخطيب (٢) «أ» كاتب بليغ. «ب» خطيب فصيح (٣) المنمِّق: المولَعُ باللغة المنمَّقة.

rheum [ro͞om] *(n.)* الرُّوم: ارتشاح من الأغشية المخاطية.

rheu·mat·ic [ro͞o măt′ĭk] *(adj.; n.)* (١) رَثَويّ؛ روماتزميّ (٢) مَرْثُوّ: مصابٌ بالرَّثْية § (٣) المَرْثوّ: شخص مصاب بالرَّثْية.

rheumatic fever *(n.)* الحُمّى الرَّثَويّة؛ حُمّى الروماتزم (ط).

rheu·ma·tism [ro͞o′mə tĭz′əm] *(n.)* الرَّثْية؛ الروماتزم (ط).

rheu·ma·tiz [ro͞o′mə tĭz] *(n.)* الرَّثْية؛ الروماتزم (ع).

rheu·ma·toid [-toid′] *(adj.)* (١) رَثْيانيّ: شبيه بالرَّثْية (٢) رَثَويّ.

rheumatoid arthritis *(n.)* التهاب المفاصل الرَّثْيانيّ (ط).

Rh factor *(n.)* العامل الرِّيصي [في الدم]؛ ع. ر (كح).

rhin- *or* **rhino-** بادئة معناها: أنف <*rhin*itis>.

rhi·nal [rī′nəl] *(adj.)* أنفيّ: خاصّ بالأنف.

rhi·nen·ceph·a·lon [rī′nĕn sĕf′-] *(n.)* الجزء الشَّمّيّ من الدماغ.

rhine·stone [rīn′stōn′] *(n.)* حَجَر الرّاين: ماسٌ زائف.

Rhine wine *(n.)* نبيذ الرّاين.

rhi·ni·tis [rī nī′tĭs] *(n.)* التهاب الأنف [أو غشائه المخاطيّ].

rhi·no [rī′nō] *(n.)* (١) مال؛ دراهم (٢) rhinoceros.

rhi·noc·er·os [rī nŏs′ər əs] *(n.)* pl. **-os·es** *or* **-eri** الكَرْكَدَّن (ح).

rhi·no·plas·ty [rī′nō plăs′tĭ] *(n.)* تجميل الأنف (ط).

rhinoceros

rhi·no·scope [rī′nə skōp′] *(n.)* منظار الأنف (ط).

rhi·nos·co·py [rī nŏs′-] *(n.)* تنظير الأنف: فحص المجاري الأنفيّة (ط).

rhiz- *or* **rhizo-** بادئة معناها: جَذْر؛ جِذر.

-rhiza *or* **-rrhiza** لاحقة معناها: جَذْر.

rhi·zo·bi·um [rī zō′bĭ əm] *(n.)* pl. **-bi·a** البكتيريا الجذرية (نب).

rhi·zoc·to·nia [rī′zŏk′tō′nĭ ə] *(n.)* فُطر الأرومة: فُطر يُتلِف أروم بعض النباتات (نب).

rhi·zo·gen·ic [rī′zō jĕn′-] *also* **rhi·zo·ge·net·ic** *(adj.)* مُوَلِّد للجذور <~ tissues>.

rhi·zoid [rī′zoid] *(n.)* الشِّبْجَذْر؛ شبه الجَذْر (نب).

rhi·zoi·dal *(adj.)* شِبْجَذْريّ؛ جَذرانيّ: شبيهٌ بالجَذْر (نب).

rhi·zom·a·tous [-zŏm′ə-] *(adj.)* ذو جُذْمُور؛ شبيهٌ بجُذْمور.

rhizome

rhi·zome [rī′zōm] *(n.)* الجُذْمور؛ الجِذْمار: ساقٌ أرضية شبيهةٌ بالجَذْر (نب).

rhi·zo·mor·phous [rī′zō môr′-] *(adj.)* جَذْرانيّ: جَذْريّ الشكل (نب).

rhi·zo·pod [rī′zə pŏd] *(n.)* جَذْريّ الأقدام: واحد من جَذْريات الأقدام **Rhizopoda** وهي طائفة حيوانات مجهرية وحيدة الخليّة (نب).

rhi·zo·pus [rī′zō pəs] *(n.)* الفُطر الجَذْريّ: أيّ من الفطور العفنيّة التي تشمل عَفَنَ الخبز (نب).

Rh–neg·a·tive *(adj.)* سلبيّ العامل الرِّيصي: فاقدُ العاملَ الرِّيصيّ في الدم.

rhod- *or* **rhodo-** بادئة معناها: ورديّ؛ أحمر.

rho·da·mine [rō′də mēn′] *(n.)* الرودامين: صبغٌ أحمر (ك).

Rhode Island red [rōd] *(n.)* دجاج رود آيلاند الأحمر.

Rho·de·sian man [rō dē′zhĭən] *(n.)* إنسان روديسيا المنقرض.

rho·di·um [rō′dĭ əm] *(n.)* الروديوم: عنصر فِلِزّيّ نادر (ك).

rho·do·chro·site [rō′də krō′sīt] *(n.)* الرودوكروزيت (مع).

rhododendron

rho·do·den·dron [rō′də dĕn′drən] *(n.)* الوَرْديّة؛ الرّودودَنْدرون: نبات ذو زهر جرسيّ الشكل.

rho·do·lite [rō′də līt] *(n.)* الرّودوليت: غارنيت قرنفليّ أو أرجوانيّ.

rho·do·nite [-nīt′] *(n.)* الرودونيت: معدن وَرْديّ اللون.

rho·do·ra [rō dōr′ə] *(n.)* الرّودورة: شُجيرة من الفصيلة الخلنجيّة.

rhomb [rŏm; rŏmb] *(n.)* = rhombus.

rhomb·en·ceph·a·lon [rŏm′bĕn sĕf′ə-] *(n.)* الدماغ المؤخَّر (ت).

rhom·bic [rŏm′bĭk] *also* **-bi·cal** [-′bĭ kəl] *(adj.)* مُعَيَّنيّ الشكل.

rhom·bo·he·dral [rŏm′bə hē′drəl] *(adj.)* موشوريّ سُداسيّ.

rhom·bo·he·dron [-hē′drən] *(n.)* pl. **-drons** *or* **-dra** [drə] الموشور السُّداسيّ (ر).

rhomboid

rhom·boid [rŏm′boid′] *(n.)* شبه المعيَّن (ر).

rhom·bus [rŏm′bəs] *(n.)* pl. **-bus·es** *or* **-bi** المُعَيَّن (ر).

rhombus

rhon·chus [rŏng′kəs] *(n.)* pl. **-chi** = rale.

Rh–pos·i·tive *(adj.)* إيجابيّ العامل الرِّيصيّ: محتوٍ على العامل الرِّيصيّ في الدم.

rhu·barb [ro͞o′bärb′] *(n.)* الراوَنْد: نبات عُشْبيّ من الفصيلة البطاطيّة.

rhubarb

rhumb [rŭm; rŭmb] *(n.)* الاتجاه: أحد اتجاهات إبرة الملّاحين.

rhum·ba [rŭm′bə] *(n.)* = rumba.

rhumb line *(n.)* الخطّ المتزاوي: خطّ متزاوٍ مع خطوط الملاحة (مل).

rhyme [rīm] *(n.; vt.; i.)* (١) «أ» سَجْع؛ تَقْفِيَة. «ب» سَجْعَة؛ قافية (٢) «أ» قصيدة مقفّاة. «ب» شعر (٣) إيقاع (مو) § (٤) يسجّع؛ يقفّي (٥) يتساجع؛ يتقافى مع <*Compress* ~s with *confess.*> (٦) يتناغم؛ يتطابق

x (٧) ينظم الشعر المقفّى (٨) يجمع بين لفظين متساجعين أو متقافيين <to ~ *clean* and *keen*>.

rhymed [rīmd] *(adj.)* مُقَفًّى <~ verse>.

rhym·er [rī'-] *or* **rhyme·ster** [rīm'stər] *(n.)* النظّام؛ الشُّوَيعر.

rhyn·cho·ce·pha·lian [rĭng'kō sə fāl'yən] *(n.; adj.)* (١) الخطْراسيّة: واحدة الخَطْراسيّات **rhynchocephalia** وهي رتبة من الزواحف الشبيهة بالعِظاء § (٢) خَطراسيّ.

rhy·o·lite [rī'ə līt'] *(n.)* الرَّيوليت: صخر بركانيّ زجاجيّ.

rhythm [rĭth'əm] *(n.)* (١) الإيقاع (مو) (٢) الوزن الشعريّ (٣) التوازن؛ التناغم: ائتلاف أجزاء الأثر بعضها مع بعض بحيث تؤلف كلًّا فنيًّا (فج) (٤) التواتر: التكرّر النظاميّ للعمليات أو الأحداث (٥) وتيرة.

rhyth·mic [rĭth'mĭk] *or* **-al** *(adj.)* (١) إيقاعيّ (مو) (٢) موزون [شعريًّا] (٣) متوازن؛ متناغم (فج) (٤) متواتر: متكرّر على نحو نظاميّ.

rhyth·mic·i·ty [rĭth mĭs'ə tĭ] *(n.)* الإيقاعيّة: كون الشيء إيقاعيًّا.

rhyth·mics [rĭth'mĭks] *(n.)* الإيقاعيّات: علم الإيقاع (مو).

rhyth·mi·za·tion [rĭth mə zā'shən] *(n.)* المناغمة: تنظيم سلسلة من الأحداث أو العمليات في كلٍّ متناغم.

ri·al [rĭ äl'] *(n.)* الرِّيال: وحدة نقد.

ri·al·to [rĭ ăl'tō] *(n.)* (١) سوق؛ مركز تجاريّ (٢) حيّ المسارح.

ri·ant [rī'ənt] *(adj.)* ضاحك؛ باسم؛ مَرِح؛ مبتهج.

ri·a·ta [rĭ ä'tə] *(n.)* = lariat.

rib[1] [rĭb] *(n.; vt.)* (١) «أ» ضِلْع. «ب» زوجة (٢) رافدة؛ دعامة (٣) عِرق [في جناح الحشرة] (٤) العَيْر: أحد العروق الرئيسيّة في ورق النبات § (٥) يضلِّع: يجعل له أضلاعًا.

rib[2] *(n.; vt.)* (١) نُكتة § (٢) يَسْخَر؛ يهزأ بِ.

rib·ald [rĭb'əld] *(adj.; n.)* (١) بذيء؛ سفيه (٢) ماجن § (٣) البذيء.

rib·ald·ry [rĭb'əl-] *(n.)* (١) بذاءة؛ سفاهة؛ مُجون (٢) كلام بذيء.

rib·and [rĭb'ənd] *(n.)* عِصابة؛ شريط؛ وشاح (ا. ق).

rib·band [rĭb'ănd] *(n.)* الضِّمامة: لوح خشبيّ طولانيّ، أو نحوُهُ، يُستخدَم لتثبيت أضلاع السفينة أثناء بنائها.

ribbed [rĭbd] *(adj.)* مُضَلَّع.

rib·bing *(n.)* التضليع: طريقةُ توزُّع الأضلاع أو انتظامِها.

rib·bon [rĭb'ən] *(n.; vt.)* (١) شريط (٢) وشاح (٣) *pl.*: عِنان؛ زِمام (٤) *pl.* عد: مِزقة؛ خِرْقة <sails torn to ~*s*> (٥) ضِمامة (را. ribband) § (٦) يُشَرِّط؛ يوشّح: «أ» يُزَيِّن بأشرطة أو أوشحة. «ب» يخطِّط أو يُعَلِّم بما يُشبه الأشرطة (٧) يُمزِّق.

ribbon development *(n.)* البناء الشريطيّ: سلسلة من المباني المتلاصقة على طول شارع أو طريق.

rib·boned [rĭb'ənd] *(adj.)* مشرَّط؛ موشَّح.

rib·bon·fish [rĭb'ən fĭsh'] *(n.)* السمك الشريطيّ: سمك بحريّ طويل مضغوط الجسم على شكل شريط.

rib·by [rĭb'ĭ] *(adj.)* مُضَلَّع.

ri·bes [rī'bēz'] *(n.)* الرِّيباس؛ الكِشْمش: جَنْبَةٌ مثمرةٌ (نب).

rib·grass [rĭb'grăs'] *(n.)* لسان الحَمَل (نب).

ri·bo·fla·vin [rī'bō flā'vĭn] *(n.)* الريبوفلافين: فيتامين موجودٌ في اللبن والبيض واللحوم والخضر الطازجة (كح).

ri·bo·nu·cle·ic acid [rī'bō nōō klē'ĭk] *(n.)* حمض الريبونيوكليك؛ الحمض النوويّ الرِّيبيّ؛ الرِّنا RNA.

rib·wort [rĭb'wûrt'] *(n.)* = ribgrass.

rice [rīs] *(n.; vt.)* (١) الأرزّ § (٢) يُرزِّز: يُحوِّل إلى شكل شبيه بالأرزّ <to ~ potatoes>.

rice·bird [rīs'bûrd'] *(n.)* طائر الأَرُزّ: عصفور يألف حقول الأرزّ.

rice paddy *(n.)* حقل الأَرُزّ: حقل مغمور بالماء لزَرْع الأرزّ.

rice paper *(n.)* ورق الأَرُزّ: ورق رقيق يُصْنَع من قشّ الأرزّ.

ri·cer [rī'sər] *(n.)* المُرَزِّزة: مصفاة لهَرْس البطاطا وبعض الخضر المطبوخة، بحيث تتخذ شكل حبّات الأرزّ.

ricer

rich [rĭch] *(adj.; n.)* (١) «أ» غنيّ؛ مُوسِر؛ ثريّ <a ~ farmer> «ب» نفيس <~ jewels> (٢) وافر <a ~ harvest> (٣) مُتْرَف؛ أنيق؛ فخم <a ~ banquet> (٤) قويّ؛ صارخ؛ عميق <a ~ color *or* voice> (٥) أرِج أو زكيّ جدًّا <~ perfume> (٦) غنيّ بالموارد الطبيعيّة <~ territories> (٧) خِصْب <~ soil> (٨) دَسِم <~ foods> (٩) مُسَلٍّ؛ مضحك <a ~ incident> (١٠) صافٍ أو شبه صافٍ <~ lime> § (١١) الأغنياء <the ~>.

rich·en [rĭch'ən] *(vt.)* (١) يُغني؛ يُثري (٢) يزيدُهُ غنًى.

rich·es [rĭch'ĭz] *(n. pl.)* ثَرْوة.

rich·ly *(adv.)* (١) بِغِنًى؛ بأناقة؛ بتَرف (٢) بغزارة؛ بوفرة إلخ.

rich·ness [rĭch'nəs] *(n.)* غِنًى؛ ثراء إلخ.

ri·cin [rī'sĭn] *(n.)* الرِّيسين: مادة بروتينية بيضاء سامّة.

ric·in·o·le·ic acid [rĭs'ĭ nō lē'ĭk] *(n.)* حَمْض الريسينوليك.

ric·i·nus [rĭs'-] *(n.)* الخِرْوَع: نبات يستخرج من زيت الخِرْوَع.

rick [rĭk] *(n.; vt.)* (١) كُدْس؛ كومة § (٢) يكدِّس؛ يكوِّم (٣) يَلْوي.

rick·ets [rĭk'əts] *(n.)* الرَّخَد؛ كُساح الأطفال (مض).

rick·ett·si·a [-kĕt'sē ə] *(n.)* الرِّيكِتسيّة: متعضّية مجهرية شبيهة بالبكتيريا.

rick·et·y [rĭk'ət ĭ] *(adj.)* (١) مَرْخود: مصابٌ بالرَّخَد أو كُساح الأطفال (٢) رَخَديّ (٣) «أ» واهِن؛ ضعيف. «ب» مترنّح (٤) متقلقل؛ متزعزع؛ متداعٍ؛ مُخلَّع الأوصال.

rick·sha *or* **rick·shaw** [rĭk'shô] *(n.)* = jinrikisha.

ric·o·chet [rĭk'ə shā'; -shĕt'] *(n.; vi.)*, **-chet·ed** *or* **-chet·ted** (١) «أ» النُّبُوّ: ارتدادُ القذيفة إلخ بعد إصابتها سطحًا مستويًا. «ب» القذيفة النّابية § (٢) تنبو [القذيفةُ إلخ].

ric·tus [rĭk'təs] *(n.)* (١) الفُغْرة: فتحة فم الطائر وما إليه (٢) ثُغرة؛ شَقّ.
— ric·tal *(adj.)*

rid [rĭd] *(vt.)* يُخَلِّص ؛ يُحرِّر .

to get ~ of (١) يتخلّص من (٢) يَقتل .

rid·a·ble *or* **ride·a·ble** [rī'də bəl] *(adj.)* (١) رَكوب : صالح للرّكوب <a ~ road> (٢) سالكٌ <a ~ horse> .

rid·dance [rĭd'-] *(n.)* (١) تخليص ؛ تحرير (٢) تخلُّص ؛ خلاص .

rid·den [rĭd'ən] *past part. of* ride.

rid·dle[1] [rĭd'əl] *(n.; vi.; t.)* (١) لُغز ؛ أُحجيّة § (٢) يتكلّم بالألغاز x (٣) يَحُلّ ؛ يفسِّر (٤) يُلْغِز ؛ يُعَمّي ؛ يحيِّر .

rid·dle[2] *(n.; vt.)* (١) غِربال § (٢) يُغَرْبِل (٣) يُنَخْرِب ؛ يُخَرِّم : يُحْدِث فيه ثقوبًا كبيرة شبيهة بثقوب الغربال (٤) يُفسِد ؛ يُشَوِّه (٥) يملأ ؛ يُثْقِل ؛ يُشْبِع بِـ .

ride [rīd] *(vi.; t.; n.)* (١) «أ» يركب ؛ يمتطي . «ب» يجتاز وهو راكب (٢) «أ» ترسو [السفينة] . «ب» يُبحِر . «ج» يطفو . «د» ينطلق مثل شيء طافٍ <A full moon *rode* in the night sky.> (٣) يجري ؛ ينطلق <This car ~*s* well.> (٤) يأخذ مجراه من غير اعتراض <Let it ~.> (٥) يتوقف <My plans ~ on his nomination.> (٦) يرتفع إلى ما فوق موضعه الطبيعي <My skirt had *ridden* up above my knees.> (٧) يُراهن به على <Her money is *riding* on the favorite.> x (٨) يمتطي فرسًا في <*rode* a race> (٩) ينكح (١٠) يستحوذ على ؛ يستبدّ بِـ <was *ridden* by fears> x (١١) ينجو من (١٢) «أ» يضايق باستمرار . «ب» يسخر من (١٣) يُرْكِب (١٤) يتراكب [بعضُهُ على بعض] (١٥) يُبقي قدمه باستمرار على <*rode* the clutch> § (١٦) رُكوب . وبخاصة : ركوبٌ على متن جواد (١٧) الرَّكوب : طريق أو مجازٌ ، غير معبَّد عادةً ، وبخاصة في غابة ، يُستخدم لركوب الخيل (١٨) الرَّكوبة : إحدى الوسائل الميكانيكية التي تُمتَطَى في مدينة الملاهي (١٩) رحلة [على متن فرس أو عربة أو سيارة أو قطار أو سفينة] (٢٠) الرحلة الخادعة : رحلةٌ يسوق فيها قطّاع الطرق ضحيّتهم للفتك به (٢١) خدعة ؛ مكيدة (٢٢) وسائل الراحة : مجموع المزايا التي تجعل ركوب السيارة مُريحًا .

to ~ down (١) يَصْرع [وبخاصة بالدَّوس عليه بقوائم الفرس] (٢) يتغلّب على (٣) يُدركه أو يلحق به [راكبًا] (٤) يُرهق بالركوب .

to ~ for a fall ينطلق [راكبًا] بتهوّر وطيش ؛ يتصرَّف بطريقة تؤدي إلى إصابته بمكروه .

to ~ high يَنجح ؛ يُوَفَّق إلى النجاح .

to ~ out of a storm (١) تَثْبُت [السفينةُ] للعاصفة وتخرج منها سالمة (٢) ينجو [من بلاء إلخ] .

to ~ roughshod over يَقْهر ؛ يُخْضِع ؛ يعامل بقسوة .

rid·er [rī'dər] *(n.)* (١) الراكب ؛ الممتطي [وبخاصةٍ فرسًا أو درّاجة] (٢) الوُصلة ؛ الذَّيل : مُلحق بكمبيالة أو وثيقة (٣) فقرة إضافية [في قانون أو تقرير] (٤) الراكبة : أداة مُلْحَقةٌ بشيء آخر أو مُرَكَّبةٌ فوقه .

rid·er·less *(adj.)* غير مُمْتَطًى : ليس على متنه فارسٌ أو راكب .

rid·er·ship *(n.)* الرُّكّاب : مجموع الأشخاص الراكبين قطارًا إلخ .

ridge [rĭj] *(n.; vt.; i.)* (١) متن الحيوان أو ظهره (٢) سلسلة تلال أو جبال (٣) الحَيْد ؛ الحَرْف : مرتفعٌ طويل ضيّق في قاع المحيط أو على سطح الأرض (٤) قِمّة [تلّة أو جبل أو موجة إلخ] (٥) الضِّلع : شِقّة مرتفعة متطاولة [في أرضٍ محروثة أو على قماشٍ مضلَّع] (٦) الحَرْف : خطّ التقاطع الأعلى بين سطحَيْن مُنحدرين <the ~ of a roof> § (٧) يجعل للشيء قمةً أو ضلعًا أو حرفًا إلخ x (٨) يمتدّ وكأنه سلسلة تلالٍ إلخ .

ridge·pole [rĭj'pōl] *(n.)* قائم الظَّهر : الرافدة الأفقيّة في ظهر السقف إلخ .

ridgepole

ridg·y [rĭj'ĭ] *(adj.)* ذو قمّةٍ أو ضلع أو حَرْف إلخ [أو أكثر] .

rid·i·cule [rĭd'ə kyōōl'] *(n.; vt.)* (١) سُخْرية § (٢) يَسْخَر من .

ri·dic·u·lous [rĭ dĭk'yə-] *(adj.)* سخيف ؛ مُضحك ؛ باعث على السُّخرية .

rid·ing[1] [rīd'ĭng] *(n.)* ركوب ؛ امتطاء .

rid·ing[2] *(adj.)* (١) مُعَدّ للركوب <a ~ horse> (٢) مستعمَل في الركوب <a ~ whip> (٣) يقوده راكبٌ <a ~ plow *or* cultivator> .

rid·ing[3] *(n.)* دائرة انتخابيّة أو إدارية [في كندا وغيرها] .

riding habit *(n.)* رداء الفروسية أو ركوب الخيل .

riding master *(n.)* معلِّم الفروسيّة أو ركوب الخيل .

ri·dot·to [rĭ dŏt'ō] *(n.)* الرِّيدوت : مِهرجان تنكُّريّ راقص .

Ries·ling [rēz'lĭng] *(n.)* الرِّيزلِنْغ : نبيذٌ أبيض عَطِرٌ .

rife [rīf] *(adj.; adv.)* (١) مُنتشر ؛ ذائع ؛ سائد (٢) وافر ؛ كثير (٣) سريعٌ إلى ؛ مستعدٌّ أو ميّالٌ لِـ (٤) حافلٌ بِـ ؛ زاخرٌ بِـ § (٥) بوفرة إلخ .

rif·fle [rĭf'əl] *(n.; vi.; t.)* (١) المَسْرَع ؛ المَسِيل : جزء من النهر تتدفق مياهه بسرعة (٢) المُوَيْجة : موجة صغيرة (٣) «أ» خَلْط ورق اللَّعب . «ب» صوتُ هذا الخَلْط § (٤) يتموّج ؛ يتماوج (٥) يقلِّب الصفحات بإبهامه (٦) يخلط ورق اللَّعب أو الكوتشينة [بأن يَقْسم الشَّدّة إلى مجموعتين ثم يُدْخِل أوراق كل منهما بعضها ببعض] (٧) يقلِّب بأصابعه .

rif·fler [rĭf'-] *(n.)* المِبرد النُّقَريّ : مبرد المنخفضات الغائرة .

riffler

riff·raff [rĭf'răf'] *(n.; adj.)* (١) الغَوْغاء ؛ الرَّعاع ؛ الطَّغام (٢) الرَّعاعة : واحدٌ من الرَّعاع § (٣) تافه (٤) حقير .

ri·fle[1] [rī'fəl] *(vt.; i.)* (١) ينقِّب في كذا [وبخاصة بقصد السرقة] (٢) يسلب ؛ ينهب .

ri·fle[2] *(vt.)* يُحَزِّز حَلَزونيًّا <to ~ a gun barrel> .

ri·fle[3] *(n.)* (١) بُنْدقيّة (٢) *pl.* : كتيبة رماة أو حمَلة بنادق .

ri·fle[4] *(vt.)* يقذف بقوّة بالغة .

ri·fle·man [rī'fəl mən] *(n.)* الرامي : «أ» جنديّ في كتيبة رُماة أو حَمَلة بنادق . «ب» البارع في الرمي بالبندقية .

rifle range *(n.)* مَيْدان الرَّمي (جن) .

ri·fle·ry [rī'fəl rĭ] *(n.)* الرَّمي بالبنادق (جن) .

ri·fling [rīʹflĭng] *(n.)* : (١) الحَلْزَنة : التحزيز حَلَزونيًّا (٢) المُحَلْزَنات : سلسلة من الحزوز الحَلَزونيّة في قناة البندقيّة .

rift¹ [rĭft] *(n.; vt.; i.)* (١) صَدْع ؛ شقّ (٢) فجوة ؛ ثغرة (٣) تعارض ؛ تضارب § (٤) يَصْدَع ؛ يَشُقّ x (٥) ينصدع ؛ ينشقّ (٦) يَنْفُذ إلى .

rift² [rĭft] *(n.)* الخَسْف : موضعٌ ضَحْل أو صَخْريّ في نهر .

rig¹ [rĭg] *(vt.; n.)* (١) يُجهِّز السفينة [بالأشرعة إلخ] (٢) يُلبِس ؛ يَكْسُو (٣) يُجهِّز : يزوِّد بالعُدّة الضرورية (٤) يُعِدّ ؛ يهيِّئ ؛ يرتِّب (٥) يُقيم ؛ ينشئ § (٦) تركيبة الأشرعة والصواري [في سفينة] (٧) العربة وجوادُها [أو وجيادُها] (٨) ملابس (٩) مُعَدّات ؛ تجهيزات .

rig² *(vt.)* (١) يتلاعب بـ <to ~ prices> (٢) يزوِّر .

Ri·gel [rīʹjəl] *(n.)* رِجْل الجَبّار ؛ رِجْل الجوزاء اليُسرى (فل) .

rig·ger [rĭgʹər] *(n.)* (١) فا rig (٢) الريشة الممشوقة : ريشة أو فرشاة رسم نحيلةٌ طويلةٌ (فج) (٣) حاجز خشبيّ واقٍ [يُقام حول مَبْنًى يُشاد، ابتغاءَ حماية عابري السبيل] (٤) سفينة [ذات أشرعةٍ وصوارٍ من نوع معيَّن] (٥) المُركِّب : عاملٌ مهمَّتُهُ تركيب أجزاء الطائرات ومظلّات الهبوط أو تجميعها وإصلاحها (طي) .

rig·ging [rĭgʹĭng] *(n.)* : (١) حبال أشرعة السفينة وصواريها (مل) (٢) عُدّة : تجهيزات (٣) ملابس ؛ ثياب .

Riggs' disease [rĭgz] *(n.)* داء ريغز ؛ البِيُّورية (را pyorrhea) .

right [rīt] *(adj.; n.; adv.; vt.; i.)* (١) قويم <~ conduct> (٢) صحيح <the ~ solution> (٣) ملائم ؛ مناسب <is the ~ man for the job> (٤) مستقيم <a ~ line> (٥) حقيقيّ ؛ شَرْعيّ <was the ~ owner> (٦) عادل ؛ مُنْصِف (٧) أيمن ؛ يُمْنَى (٨) قائمة ؛ قَدْرُها تسعون درجة <a ~ angle> (٩) قائم <a ~ pyramid> (١٠) وجهيّ : مُعَدّ لكي يكون هو الوجه الذي تقع عليه العين عند نشره أو لُبْسه <the ~ side of a rug> (١١) مصيب ؛ على صواب <Time proved her ~.> (١٢) معافًى <She is all ~ again.> (١٣) سليم <~ mind> (١٤) في وضع مُرْضٍ أو نظام حَسَن <to put things ~> (١٥) أفضل ؛ أنسب ؛ أمثل <the ~ time to act> (١٦) يمينيّ : ذو ميول أقرب إلى الرجعيّة [في السياسة إلخ] § (١٧) حقّ (١٨) صواب <to be in the ~> (١٩) عدل ؛ إنصاف (٢٠) «أ» اليد اليمنى . «ب» يمين (٢١) ضربة باليد اليمنى (٢٢) *cap.*: «أ» اليمين : ذلك الجانب [من قاعة البرلمان] الواقع إلى يمين سُدّة الرئاسة وهو يخصَّص عادة للمحافظين . «ب» حزب اليمين ؛ حزب المحافظين § (٢٣) تمامًا ؛ بكل ما في الكلمة من معنى <Kamal's hat was knocked ~ off.> (٢٤) بطريقة ملائمة أو صحيحة <held his pen ~> (٢٥) مباشرة ؛ بخطّ مستقيم <~ to the bottom> (٢٦) على نحو صائب أو منطبق على الحقيقة <to guess ~> (٢٧) توًّا ؛ فورًا ؛ في الحال <~ after dinner> (٢٨) إلى حدّ بعيد <~ pleasant day> (٢٩) جدًّا <the ~ reverend> (٣٠) يَمْنةً ؛ ذات اليمين <The thief looked ~ and left.> § (٣١) يصحّح (٣٢) يعدِّل ؛ يقوِّم ؛ يعيد إلى الوضع الصحيح (٣٣) يُنْصِف x (٣٤) يستقيم أو يستعيد وضعه الصحيح .

~ away توًّا ؛ فورًا ؛ في الحال .

~ down بكلّ ما في الكلمة من معنى ؛ مئة بالمئة .

~ now (١) توًّا ؛ فورًا ؛ في الحال (٢) الآن .

~ off *or* ~ off the bat توًّا ؛ فورًا ؛ في الحال .

~ you are! أنت على حقّ ؛ أنت على صواب .

by ~s بحقّ ؛ بعَدْل .

in one's own ~, بحكم حقّه الشخصيّ [كأن تكون المرأة ذات لقبٍ من ألقاب النبالة بحكم حملها هذا اللقب قبل الزواج لا بحكم زواجها من أمير إلخ] .

It serves him ~, إنّه يستحقّ ذلك [العقاب إلخ] .

She is still on the ~ side of sixty إن عمرها يناهز الستين ؛ إنها لمّا تبلغ الستين بعد .

to get something ~, (١) يُعافي ؛ يُصلح ؛ يُصحّح الأوضاع (٢) يفهم شيئًا بوضوح يمتنع معه كل التباس .

to put *or* set something ~, يُصلح ؛ يُقوِّم ؛ يُعافي .

to send somebody to the ~ about يَصْرِفُهُ ؛ يَطْرُدُهُ .

to set a room to ~s يُرتِّب الغرفة .

right angle *(n.)* الزاوية القائمة (هن) .

right ascension *(n.)* المَطْلَع المستقيم (فل) .

right·eous [rīʹchəs] *(adj.; n.)* (١) صالح ؛ مستقيم <was a ~ man> (٢) قويم <~ actions> (٣) مبرَّر أخلاقيًّا ؛ ناشئ عن دوافع أخلاقيّة <~ anger> § (٤) الصالحون ؛ المستقيمون . **– ness** *(n.)*

right·ful [rītʹfəl] *(adj.)* (١) عادل <a ~ cause> (٢) شرعيّ <the ~ king> (٣) ملائم <in the ~ order> .

right hand *(n.)* (١) «أ» اليد اليمنى . «ب» الساعد الأيمن : شخصٌ مُعْتَمَدٌ أو لا يُستغنَى عنه (٢) اليمين ؛ الجهة اليمنى .

right–hand [rītʹhănd] *(adj.)* (١) أيمن : «أ» واقع إلى اليمين . «ب» مستعمِلٌ يمناه عادةً [ضدّ أعسر] (٢) موضع ثقةٍ واعتماد .

right–hand·ed *(adj.)* (١) أيمن : مستعمِل يمناه عادةً (٢) يمينيّ : «أ» مُنجَزٌ باليد اليُمْنى . «ب» دائر من اليسار إلى اليمين <a ~ screw> .

right–hand·er *(n.)* (١) ضربة باليد اليُمْنى (٢) الأيمن : من يستعمل يُمناه عادةً [ضدّ : الأعسر] .

right·ism [rītʹĭz əm] *(n.)* اليمينية : «أ» مبادئ اليمينيّين [المحافظين] وآراؤهم . «ب» تأييد المذاهب اليمينيّة أو التمسُّك بها .

right·ist *(n.)* اليمينيّ : المؤيِّد للمذاهب اليمينيّة أو المتمسِّك بها .

right·ly *(adv.)* (١) بعَدْل ؛ بحقّ (٢) على نحوٍ ملائم (٣) على نحوٍ صحيح أو مطابق للحقيقة .

right–mind·ed *(adj.)* قويم الرأي : ذو آراء أو مبادئ قويمة .

right·ness *(n.)* استقامة ؛ صوابيّة ؛ شرعية ؛ سلامة إلخ .

right of asylum *(n.)* حقّ اللجوء السياسيّ .

right of search *(n.)* حقّ التفتيش : حقّ اعتراض سفينة تجاريّة في عُرْض البحر للتأكّد من أنها لا تحمل سلعًا تعرِّضها للمصادرة .

right–of–way [rītʹŏv wāʹ] *(n.)* (١) حقّ المرور : «أ» حقّ المرور في ممتلكات الآخرين . «ب» حقّ المرور قبل الآخرين (٢) أرض السّكّة : شقّة من

الأرض تُستَملك لمدّ خطوط السكّة الحديدية إلخ .

right on *(adj.)* (١) مضبوط تمامًا (٢) متماشٍ مع روح العصر .

right–to–life *(adj.)* معارضٌ للإجهاض <~ movement> .

right triangle *(n.)* المُثلَّث القائم الزاوية (هن) .

right·ward *(adj.; adv.)* (١) متّجهٌ نحو اليمين § (٢) يمينًا .

right wing *(n.)* الجناح الأيمن : الجناح اليمينيّ أو المحافظ [من حزب] .

right–wing·er *(n.)* عضو الجناح الأيمن [من حزب] .

rig·id [rĭj'ĭd] *(adj.)* (١) صُلْب ؛ يابس ؛ جاسئ (٢) مُتَجهِّم (٣) مُتجمِّد (٤) صارم (٥) قاسٍ ؛ عسير (٦) متصلّب .

ri·gid·i·fy [rĭ jĭd'-] *(vt.; i.)* (١) يُصَلِّب ؛ يُقسِّي x (٢) يتصلَّب ؛ يقسو .

ri·gid·i·ty [rĭ jĭd'ə tĭ]; **ri·gid·ness** *(n.)* (١) صلابة ؛ تيبُّس ؛ جُسوء (٢) صرامة (٣) قسوة (٤) تصلُّب .

rig·ma·role [rĭg'mə rōl'] *(n.)* (١) هُراء (٢) إجراء مُعَقَّد .

rig·or [rĭg'ər] *(n.)* (١) صَرامة ؛ قسوة (٢) قُشَعْريرة ؛ رِعدة ؛ عُرَواء (٣) شدّة ؛ ضِيْق (٤) شدّة البرد (٥) دقّة بالغة <theorems developed with ~ logical> (٦) التخشُّب ؛ تيبُّس الأعضاء .

rig·or·ism *(n.)* (١) صرامة (٢) تشدُّد ؛ تزمُّت .

rig·or mor·tis [rĭ'gôr môr'tĭs; rĭg'ər] *(n.)* التَّيبُّس الرِّمّيّ : تخشُّبٌ مؤقّت يصيب العضلاتِ بعد الموت .

rig·or·ous [rĭg'ər əs] *(adj.)* (١) صارم <~ laws> (٢) قارس <~ winter> (٣) قاسٍ (٤) دقيق جدًّا <a ~ criterion> .

rig·or·ous·ness *(n.)* صَرامة ؛ قَسْوة إلخ .

rig·our [rĭg'ər] *(n.) chiefly Brit.* = rigor.

rile [rīl] *(vt.)* (١) يُعَكِّر ؛ يكدِّر (٢) يُغْضِب ؛ يُثير .

ril·ey [rī'lĭ] *(adj.)* (١) عكِر ؛ كَدِر (٢) غاضب .

rill[1] [rĭl] *(n.; vi.)* (١) جَدْول ؛ غدير § (٢) يتدفّق كالجدول .

rill[2] [rĭl] *or* **rille** [rĭl; rĭl'ə] *(n.)* الأُخدود ؛ الفَلَج : أحد الأودية الطويلة الضيّقة على سطح القمر (فل) .

rill·et [rĭl'ət] *(n.)* ساقية ؛ جدول صغير .

rim [rĭm] *(n.; vt.)* (١) حافة ؛ حِتار ؛ كِفاف ؛ إطار § (٢) يحفِّف ؛ يُحَتِّر ؛ يكفِّف ؛ يُؤَطِّر (٣) يطوِّق (٤) يتحفَّف : يدور حول حافة حُفْرة إلخ من غير أن يسقط فيها .

rime[1] [rīm] *(n.; vt.)* (١) الصَّريد : جليد حُبَيبيّ يتكوَّن من ماء الضباب (٢) قِشرة § (٣) يُصَرِّد : يكسو بالصَّريد .

rime[2] *(n.; vt.; i.)* = rhyme.

rim·er [rī'mər] *(n.)* = rhymer.

rime·ster [rīm'stər] *(n.)* = rhymester.

rimmed [rĭmd] *(adj.)* مُؤَطَّر : ذو إطار .

ri·mose [rī'mōs] *(adj.)* مُفَلَّع ؛ مُشَقَّق ؛ مُصَدَّع .

rim·ple [rĭm'-] *(n.; vt.; i.)* (١) جَعْدة § (٢) يُجَعِّد x (٣) يتجعَّد .

rim·y [rī'mĭ] *(adj.)* مَكْسُوّ بالصَّريد (را . rime[1]) .

rind [rīnd] *(n.; vt.)* (١) لِحاء (٢) قشرة § (٣) يَقْشُر .

rin·der·pest [rĭn'dər pĕst'] *(n.)* طاعون الماشية (مض) .

ring[1] [rĭng] *(n.; vt.; i.)* (١) حَلْقة (٢) خاتم (٣) «أ» دائرة . «ب» طوق (٤) «أ» حلقة [الملاكمة إلخ] . «ب» مُلاكمة (٥) حَلْبة [في سِيرْك] (٦) مراهنة على خيل السباق (٧) حقل تنافس سياسي إلخ (٨) عُصْبة [من التجار أو رجال السياسة إلخ] تجمع أفرادها أغراض أنانية أو شريرة § (٩) يطوِّق (١٠) يضع حلقة [في أنف حيوان] x (١١) يجري في حَلْقة أو حَلْبة (١٢) يتحلّق ؛ يشكِّل حلقة .

ring[2] *(vt.; i.; n.)* (١) يقرع [الجَرَس] (٢) يُطري (٣) يدعو [وبخاصةٍ بقرع الجرس] (٤) يُتلفِن لِـ [تتبعها *up* عادةً] x (٥) يَرِنّ [الجرسُ] (٦) يدوّي (٧) يضجّ بِـ (٨) يَطِنّ (٩) ينال شهرةً واسعة (١٠) يدوّي (١١) يبدو <His words ~ true.> § (١٢) مجموعة أجراس (١٣) رنين (١٤) دويّ (١٥) رَنّة ؛ مَسْحة ؛ طابع ؛ نبرة (١٦) قَرْع الجرس (١٧) مخابرة هاتفيّة .

to ~ a bell هذا يُذكِّرني بشيء .

to ~ off يُنهي محادثة هاتفيّة ؛ يختم مخابرة تلفونية .

to ~ somebody up يُتلفِن لفلان .

to ~ the bell ينجح في أمرٍ ما .

to ~ the changes (١) يقرع أجراس الكنيسة بمختلف الأساليب الممكنة (٢) يَعمل أو يرتِّب بمختلف الطرق الممكنة (٣) يغيِّر .

ring·bolt [rĭng'bōlt'] *(n.)* المسمار الحَلَقيّ ؛ مسمار بحَلْقة .

ring·bone [rĭng'bōn'] *(n.)* العظم الحَلَقيّ [في رُسغ الدابة] .

ring·dove [rĭng' dŭv'] *(n.)* الحمامة المُطَوَّقة (طا) .

ringdove

ringed [rĭngd] *(adj.)* (١) مطوَّق (٢) حَلَقيّ (٣) متزوِّج .

rin·gent [rĭn'jənt] *(adj.)* (١) فاغر الفم (٢) مُفَغَّر (نب) : ذو شفتين منفرجتين مثل فم مفتوح <~ corolla> .

ring·er [rĭng'ər] *(n.)* (١) فا ring (٢) المشترِك المخادِع : المشترك في مسابقة اشتراكًا غير شرعي (٣) الدجّال ؛ المحتال (٤) شخص يشبه غيره شبهًا عظيمًا (٥) «أ» الحَلْقة : حَلْقة [أو نعل فَرَس إلخ] يُقذف بها لتطوِّق وتدًا . «ب» رمية من هذا النوع . «ج» رامي الحلقة (٦) المتمكّن ؛ الضليع .

ring finger *(n.)* إصبع الخاتم : الإصبع التي تُطَوَّق بخاتم الزواج .

ring·ing *(adj.)* (١) مدوٍّ ؛ رنّان ؛ صدّاح (٢) عنيف ؛ حاسم .

ring·lead·er [rĭng'lē'dər] *(n.)* قائد ؛ زعيم [فتنة أو ثورة] .

ring·let [rĭng'-] *(n.)* (١) حُلَيْقة (٢) عَقْصة أو جَعْدة [شَعْر] .

ring·mas·ter *(n.)* مُدير الحَلْبة [في سِيرْك إلخ] .

ring·neck *(n.)* الطائر المطوَّق : كل طائر في عُنُقِهِ طوق من لون مميَّز .

ring·necked; ring·neck *(adj.)* مطوَّق <~ ducks> .

ring·side [rĭng'sīd'] *(n.)* جانب الحَلْبة أو الحَلْقة : «أ» الموضع الواقع خارج حلبة السيرك أو الملاكمة مباشرة . «ب» مكان يستطيع المرء أن يرى منه الأحداث عن كثَب .

ring·worm [-ˈwûrmˈ] *(n.)* القُوَباء الحَلَقيّة: مرض جلديّ مُعْدٍ.

rink [rĭngk] *(n.)* المَزْلَجة: حَلْبة من جليدٍ صناعيّ، غالبًا، يُتَزَلَّج عليه.

rinse [rĭns] *(vt.; n.)* (١) يَشْطُف: يغسل برفق [بأن يصب الماء على الشيء أو بأن يَغمِس الشيء في الماء] (٢) يُمْرِئ: يُسَهِّل انزلاق الطعام في الحلق بجرعة من سائلٍ ما <~*d* it down with a glass of ale> (٣) يَغْسِل: يعالج الشَّعر بغَسول § (٤) شَطْف؛ غَسْلٌ رفيقٌ (٥) الغَسُول: سائل يلوّن الشَّعر إلى حين، تلوينًا خفيفًا.

rins·ing *(n.)* (١) الشَّطْف؛ الغسل الرفيق (٢) *pl.* عد: ثُفل؛ رواسب (٣) *pl.* عد: الغُسالة: ماء غُسل به شيء ما.

ri·ot [rīˈət] *(n.; vi.; t.)* (١) قَصْف؛ عَرْبدة؛ استهتار؛ مَرَحٌ صاخب (٢) شَغَبٌ (٣) فيض؛ وفرة (٤) شيء أو شخص ظريف (٥) شيء ناجح نجاحًا مثيرًا <Her latest novel was a ~.> § (٦) يَقْصِف؛ يُعَرْبِد (٧) يشاغب x (٨) يُنفق [المالَ] بطيش؛ يُضيع [الوقت] باستهتار.

to run ~, (١) يحيا حياةً مستهترة؛ يُطلق العنان لنزواته متجاوزًا كلَّ حدّ (٢) ينمو بوفرة بالغة.

riot act *(n.)* (١) توبيخ؛ تعنيف (٢) تحذير شديد.

ri·ot·er [rīˈət ər] *(n.)* المشاغب؛ المُخِلّ بالأمن.

ri·ot·ous [rīˈət əs] *(adj.)* (١) «أ» شَغَبيّ. «ب» مشاغب؛ مُشترِك في شَغَب (٢) زاخرٌ بـ (٣) وافر؛ غزير (٤) مُستهتر؛ خليع (٥) صاخب <~ laughter>.

rip[1] [rĭp] *(vt.; i.; n.)* (١) «أ» يشُقّ؛ يُمزِّق؛ يَشْرُط. «ب» ينشر الخشب في اتجاه تعرّق الألياف (٢) يضرب بعنف (٣) يُطلق [الكلامَ إلخ] عنيفًا <She ~*ped* out an angry oath.> x (٤) ينشقّ؛ يتمزَّق (٥) يندفع بعنف § (٦) شَقّ؛ مَزْق.

rip[2] *(n.)* جَيَشان؛ تلاطُم [أمواجٍ].

rip[3] *(n.)* (١) الخليع؛ المتهتك (٢) فرسٌ مُرْهَقٌ عديم النفع.

ri·par·i·an [rĭ pârˈĭ ən; rī-] *(adj.)* ضِفِّيّ: خاصّ بضفّة من النهر.

rip cord *(n.)* حَبْل المَزْق: «أ» حَبْل إطلاق الغاز [من مُنطاد]. «ب» حبل فتح الباراشوت [أثناء الهبوط].

ripe [rīp] *(adj.)* (١) يانع <~ fruits> (٢) ناضج <~ judgement> (٣) متقدِّم في السّن (٤) عالية؛ متقدِّمة: صفة للسنّ المديدة <lived to a ~ old age> (٥) ملائم؛ مؤاتٍ <the time seemed ~ to proceed.> (٦) مستعدّ <~ for mischief> (٧) مُعتَّق <~ beer> (٨) متورِّد أو ريّان أو مكتنز مثل ثمرة يانعة.

rip·en [rīˈpən] *(vi.; t.)* (١) يَنْضَج x (٢) يُنضِج (٣) «أ» يُتِمّهُ أو يجعله يبلغ حدّ الكمال. «ب» يعتّق [الخمر أو الجبن].

ripe·ness [rīpˈnəs] *(n.)* نُضْج.

rip–off [rĭpˈôf] *(n.)* (١) سَرِقة (٢) استغلال (٣) لصّ.

ri·poste [rĭ pōstˈ] *(n.; vi.)* (١) طعنة خاطفة [توجَّه بعد تَفادٍ لطعنة سابقة في المثاقفة أو المبارزة بالسيف] (٢) جواب سريع لاذع (٣) إجراء أو تدبير انتقاميّ § (٤) يوجّه طعنة خاطفة إلخ.

ripped [rĭpt] *(adj.)* (١) ثمِل؛ مخمور (٢) مُخَدَّر.

rip·per [rĭpˈ-] *(n.)* (١) فا rip (٢) السَّفّاح (٣) شيء رائع.

rip·ple [rĭpˈəl] *(vi.; t.; n.)* (١) يتموّج (٢) يترقرق (٣) يخرّ [الماءُ] (٤) يَذيع [الخبرُ] x (٥) يُموِّج (٦) يُرَقْرِق § (٧) تموُّج (٨) تَرَقْرُق (٩) مُوَيْجة؛ موجة صغيرة (١٠) خرير [الماء].

rip·rap [rĭpˈrăpˈ] *(n.; vt.)* (١) الدَّكّة: «أ» جدار أو أساس يقام من حجارة متكسِّرة. «ب» الحجارة المستخدمة في إقامة هذا الجدار أو الأساس § (٢) يُدَكِّك: يبني أو يُدَعِّم بحجارة متكسِّرة.

rip–roar·ing [rĭpˈrōrˈĭng] *(adj.)* صاخب: مَرِحٌ على نحو ضاجّ.

rip·saw [rĭpˈsôˈ] *(n.)* منشار الشَّق [لنشر الخشب في اتجاه تعرُّق الألياف].

rip·snort·er [rĭpˈsnôrˈtər] *(n.)* = humdinger.

rip·snort·ing *(adj.)* رائع؛ ممتاز.

rise [rīz] *(vi.; t.; n.)* (١) «أ» ينهض؛ يقوم. «ب» يستيقظ (٢) يُبعث حيًّا (٣) يثور؛ يعلن العصيان (٤) يُصَفِّق [استحسانًا]؛ يُحيِّي [تتبعها *to* عادةً] (٥) «أ» يَرفع [الجلسةَ]؛ يَفُضّ [الاجتماع]. «ب» يُرجئ؛ يؤجِّل (٦) يُشْرِق؛ يَبْزُغ (٧) يَصْعد؛ يرتفع (٨) ينتفخ [كالعجين بفعل الخميرة] (٩) يَقِف [الشَّعْرُ] (١٠) «أ» يبلغ مرتبة أسمى. «ب» يزداد (١١) «أ» يَحْدث. «ب» ينشأ. «ج» يَنْبت. «د» يبرز [للعيان] (١٢) يَنتج عن (١٣) يرتفع إلى مستوى المسؤولية <Our leaders *rose* ably to the occasion.> x (١٤) يجعله يَصْعد (١٥) يَرْفع [الأسعارَ إلخ] § (١٦) نهوض؛ قيام (١٧) شروق؛ بزوغ (١٨) صعود؛ ارتفاع (١٩) منشأ؛ أصل؛ مَنْبع <the ~ of a stream> (٢٠) تقدّم؛ ارتقاء (٢١) زيادة في الراتب (٢٢) ردٌّ أو ردُّ فعلٍ غاضب.

to give ~ to يُسَبِّب؛ يُحْدِث؛ يؤدّي إلى.

ris·en [rĭzˈən] *past part. of* rise.

ris·er [rīˈzər] *(n.)* (١) المستيقظ من النوم <an early ~> (٢) القائمة: الجزء القائم من السلّم [المُوْصِل بين درجتين من درجاتها].

ris·i·bil·i·ty [rĭzˈə bĭlˈə tĭ] *(n.)* (١) ضَحِك؛ مَرَح (٢) *pl.*: الميل إلى الضحك؛ حِسّ الدُّعابة أو روحُها.

ris·i·ble [rĭzˈə bəl] *(adj.)* (١) «أ» ضاحك. «ب» ضَحُوك (٢) مُضْحِك (٣) ضَحِكيّ: ذو علاقة بالضَّحِك <~ muscles *or* faculties>.

ris·ing [rīˈzĭng] *(n.; adj.; adv.)* (١) نهوض إلخ (٢) ثورة (٣) بروز؛ نتوء (٤) بَثْرة؛ خُرّاج (ع) § (٥) ناهض إلخ (٦) صاعد <the ~ generation> § (٧) تقريبًا.

risk [rĭsk] *(n.; vt.)* (١) مجازفة؛ مخاطرة؛ خَطَر (٢) احتمالية الخطر (تأ) (٣) مَظِنّة الخطر: الشخص أو الشيء المؤمَّن عليه بالقياس إلى إمكانية الخسارة الناجمة عن تأمينه <Fat men are not good ~*s* *or* are poor ~*s*.> § (٤) يعرِّض للخطر (٥) يجازف؛ يخاطر.

at one's own ~, على مسؤوليته الشخصيّة.

at owner's ~, على مسؤولية صاحب البضاعة إلخ.

to run *or* take a ~, يخاطر؛ يُعرِّض نفسه لخطر الأذى إلخ.

risk capital *(n.)* الاستثمار المحفوف بالمخاطر (اد).

risky [rĭsˈkĭ] *(adj.)* (١) محفوف بالمخاطر (٢) risqué.

ri·sot·to [rē sôtˈtô] *(n.)* الأرزّيّة: أرزٌ يُطْهى مع لحم وجبن.

ris·qué [rĭs kā′] *(adj.)* إباحيّ؛ مُجونيّ <a ~ story> .

rite [rīt] *(n.)* (١) طَقْس [دينيّ] (٢) شعيرة [من شعائر الدين] (٣) مذهب (٤) عادة؛ قاعدة مَرْعيّة .

rit·u·al [rĭch′o͞o əl] *(adj.; n.)* (١) طقسيّ؛ شعائريّ <a ~ dance> § (٢) طَقْس؛ شعيرة (٣) مجموعة طقوس أو شعائر (٤) كتاب طقوس .

rit·u·al·ism *(n.)* الطَّقْسيّة : مراعاة الطقوس أو التعلّق بها .

rit·u·al·is·tic *(adj.)* طَقْسيّ؛ شعائريّ .

rit·u·al·ize *(vi.; t.)* (١) يمارس الطقسية **x** (٢) يَجْعل منه طَقْسًا .

ritz [rĭts] *(n.)* تفاخُر؛ تباهٍ .

ritz·y [rĭt′sĭ] *(adj.)* مُتْرَف؛ أنيق .

ri·val [rī′vəl] *(n.; adj.; vi.; t.)*, **-valed** *or* **-valled** (١) المنافِس؛ المزاحم (٢) النِّدّ؛ الصِّنْو § (٣) منافس أو متنافس § (٤) ينافس؛ يزاحم (٥) يضارع؛ يباري؛ يجاري <soon ~*ed* the others in skill> **x** (٦) يتنافس .

ri·val·rous [rī′vəl rəs] *(adj.)* متنافس أو مولَعٌ بالمنافسة .

ri·val·ry [rī′vəl rĭ] *(n.)* تنافُس؛ منافَسة .

rive [rīv] *(vt.; i.)* (١) «أ» يُمزِّق . «ب» يَشُقّ **x** (٢) «أ» يتمزَّق . «ب» يَنْشقّ .
— riv·er *(n.)*

riv·er [rĭv′ər] *(n.)* (١) نهر (٢) *pl.*: أنهار؛ مقادير كبيرة .

riv·er·bank [rĭv′ər băngk] *(n.)* ضِفّة النهر .

riv·er·bed [rĭv′ər bĕd′] *(n.)* مجرى النهر .

riv·er·head [rĭv′ər hĕd′] *(n.)* مَنْبع النهر .

river horse *(n.)* = hippopotamus.

riv·er·ine [rĭv′ə rīn′; -ər ĭn′] *(adj.)* (١) نَهْريّ (٢) مقيم أو واقعٌ على ضِفّة نهر .

riv·er·side [rĭv′ər sīd′] *(n.)* شاطئ النهر؛ ضِفّة النهر .

riv·er·ward [rĭv′ər wərd] *or* **riv·er·wards** [rĭv′ər wərdz] *(adv.; adj.)* (١) نحو النهر § (٢) قائمٌ على جانب النهر .

rivets 1.

riv·et [rĭv′ĭt] *(n.; vt.)* (١) البِرشام؛ مسمار البِرشام : مسمار يستخدم لتثبيت الصفائح المعدنية § (٢) يُبَرْشِم؛ يُبَجِّن : يثبّت ببرشام (٣) يطرّق [رأس المسمار] (٤) يُثبِّت بإحكام (٥) يجتذب؛ يلفت على نحوٍ آسِر .

riv·et·er *or* **riv·et·ter** [rĭv′ĭt ər] *(n.)* (١) البَجّان؛ عامل البَرْشَمة (٢) المبرشِمة : ماكينة البَرْشَمة .

riv·et·ing *or* **riv·et·ting** [rĭ′və tĭng] *(adj.)* مشوِّق؛ مثير .

ri·vière [rē vyâr′] *(n.)* عِقدٌ من الماس أو غيره من الحجارة الكريمة .

riv·u·let [rĭv′yə lət] *(n.)* نُهَيْر؛ جَدْوَل؛ غدير .

ri·yal [rĭ yäl′] *(n.)* الرِّيال : وحدة نقد .

RNA [är ĕn′ ā′] *(n.)* ر. ن. أ؛ رَنا؛ الحمض النَّوَوي الرِّيبيّ؛ حمض ريبونيوكلييك (كح) .

roach[1]

roach [1] [rōch] *(n.)* الرَّوش : سمك نهريّ .

roach [2] *(n.)* الرَّوشة : طَرْح مائيّ عُلويّ خلفَ عوّامة الطائرة المائية .

roach [3] *(n.)* الصُّرصور؛ بنت وَرْدان .

road [rōd] *(n.)* (١) *pl.* عد: المُكَلّأ : موضع قربَ الشاطئ تستطيع السُّفُن الرُّسُوَّ فيه (٢) طريق (٣) سكة حديدية (عا) .
to take the ~; to take to the ~, يبدأ رحلةً .

road·a·bil·i·ty [rōd′ə bĭl′ə tĭ] *(n.)* الطُّرُقانيّة : المزايا التي يُرْغَب في أن تجتمع للسيارة عند انطلاقها في الطرق [كالتوازن والرشاقة إلخ] .

road agent *(n.)* قاطع طريق .

road·bed [rōd′bĕd′] *(n.)* سرير الطريق؛ بَدَن الطريق : «أ» جزؤه الذي تُمَدّ عليه قضبان السكّة الحديدية . «ب» جزؤه الذي تجري فيه السيارات .

road·block [-′blŏk′] *(n.)* (١) متراس الطريق (جن) (٢) عقبةٌ في طريق .

road hog *(n.)* خِنزير الطريق : سائق سيّارة مُعرقِل للسير .

road·house [-′hous] *(n.)* نُزُل الطريق : نادٍ أو ملهًى ليليّ يقدِّم الشراب والطعام إلى روّاده [وقد يُرْقص أو يُقامَر فيه أيضًا] .

road map *(n.)* خريطة الطُّرُق : خريطة تمثّل مختلف الطُّرُق في منطقةٍ ما، أو خُطّةٌ يراد اتّباعها .

road metal *(n.)* حَصْباء الطُّرُق : حَصْباء تُرْصف بها الطُّرق .

road roller *(n.)* المِحْدلة؛ المِدحاة؛ المِرْداس : مركبة آليّة تُمَهَّد بها الطُّرُق الجاري إنشاؤها .

roadrunner

road·run·ner [-′rŭn′ər] *(n.)* الجوّاب : طائر أميركيّ سريع العَدْو .

road·side [-′sīd′] *(n.; adj.)* (١) جانبُ الطريق § (٢) قائمٌ على جانب الطريق .

road·stead [rōd′stĕd′] *(n.)* المُكَلّأ (را . road *1*) .

road·ster [rōd′stər] *(n.)* (١) جواد الطريق (٢) الطَّروقة : «أ» مَرْكبة خفيفة . «ب» سيّارة مكشوفة ذات مقعد واحد لشخصين أو أكثر .

road test *(n.)* اختبار الطريق : اختبار عمليّ للسيارة يُجْرَى في الطريق العامّ .

road·way [rōd′wā′] *(n.)* (١) طريق (٢) بَدَنُ الطريق : جُزْؤه الذي تجري فيه السيارات .

road works *(n. pl.)* أشغال الطُّرُق .

road·wor·thi·ness *(n.)* الصّلاحية للسَّوق : كون السيارة صالحة للاستخدام .
— road·wor·thy *(adj.)*

roam [rōm] *(vi.; t.; n.)* (١) يَطوف؛ يَجول § (٢) طَواف؛ تَجْوال .

roan [rōn] *(adj.; n.)* (١) أغبر : أحمر أو أسود أو كستنائيّ اللون مشوبٌ ببياض § (٢) فرسٌ أغبر (٣) الغُبرة [في الخيل] .

roar [rōr] *(vi.; t.; n.)* (١) يَهْدُر؛ يَجْأر؛ يزأر (٢) يغنّي أو يصيح بأعلى الصوت (٣) يُقَهْقِه (٤) يَصْخَب (٥) يندفع صاخبًا (٦) يتنفّس [الفَرَسُ] تنفّسًا

ă at; ā date; â care; ä car; ĕ egg; ē me; ĭ in; ī bite; ŏ lot; ō bone; ô orphan; oi boil; o͝o good; o͞o boot; ou out; ŭ under; û urgent; ə = *a* in alone, *e* in system, *i* in easily, *o* in gallop, *u* in circus.

صائتًا x (٧) يَجْأر بـ: يقول بصوت هادر (٨) يجعله يجأر § (٩) هدير؛ جُؤار؛ زئير (١٠) صَرْخة [ألمٍ أو غضبٍ] (١١) جَلَبة متواصلة (١٢) قهقهة.

roar·ing[1] [rōr′ĭng] *(adj.)* (١) عالٍ <~ applause> (٢) رائع <~ success> (٣) مزدهر <~ trade> (٤) شديد <in the ~ heat>.

roar·ing[2] *(n.)* هدير؛ جُؤار؛ زئير.

roast [rōst] *(vt.; i.; n.; adj.)* (١) يَشْوي (٢) يحمِّص (٣) «أ» يهزأ بـ. «ب» ينتقد بقسوة x (٤) يُشْوَى؛ يتحمّص § (٥) «أ» قطعة لحم صالحة للشيّ. «ب» شِواء؛ لحم مشويّ (٦) المَشْوَى: اجتماع يُشْوَى خلاله الطعام على نار مكشوفة <a steak ~; a corn ~> (٧) شيّ؛ تحميص (٨) هزء أو انتقاد لاذع § (٩) مَشْويّ <~ beef>.

roast·er [rōs′tər] *(n.)* (١) الشّوّاء إلخ (٢) «أ» مِشواة. «ب» مِحْمصة (٣) شيء صالحٌ للشيّ، مثل الفَرّوج أو الخِنَّوص.

rob [rŏb] *(vt.; i.)* يَسْلُب؛ يَسْرِق.

rob·a·lo [rŏb′ə lō′] *(n.)* الرَّوْبَل: سمك بحريّ.

ro·band [rō′bănd] *(n.)* الرَّوبَنْد: حَبْل يُثَبَّت به الشّراع (مل).

rob·ber [rŏb′ər] *(n.)* السّلاّب؛ السّارق؛ اللّصّ.

robber fly *(n.)* الذبابة السَّلاّبة: ذبابة تقتات بما تسلُبُه من الحشرات الأخرى.

robber fly

rob·ber·y *(n.)* (١) سَلْب؛ سرِقة (٢) حادثُ سرِقة.

robe [rōb] *(n.; vt.; i.)* (١) ثوب؛ رداء (٢) غطاء § (٣) يَكْسو؛ يُلْبِس (٤) يَلْبَس؛ يرتدي ثوبًا.

robe de cham·bre [-də shäm′br] *(n.)* = dressing gown.

rob·in [rŏb′ĭn] *(n.)* أبو الحِنّاء: طائر صغير صدرُهُ أحمر ضاربٌ إلى الصُفرة.

robin

Rob·in Good·fel·low *(n.)* عِفريت؛ روحٌ شرّيرة.

robin red·breast [rĕd′brĕst] *(n.)* = robin.

ro·ble [rō′blā] *(n.)* الرَّبْل؛ سنديان كاليفورنيا الأبيض.

rob·o·rant [rŏb′ər ənt] *(adj.; n.)* (١) مُقَوٍّ § (٢) عقّار مُقَوٍّ.

ro·bot [rō′bŏt] *(n.)* الرَّبوط: «أ» إنسان أوتوماتيكي أو آليّ. «ب» شخصٌ كُفُؤ ولكنّه يعمل على نحوٍ آليّ ولا سيّما في تنفيذ الأوامر التي يتلقّاها.

robot bomb *(n.)* = flying bomb.

ro·bot·ics [rō bŏt′-] *(n. pl.)* الرَّبوطيّات: تصميم الرّبوطات وتشغيلها.

ro·bot·i·za·tion *(n.)* الرَّبْوَطة: «أ» الأَتْمَتة (را. automation). «ب» تحويل الإنسان إلى رَبوط أو إنسان آليّ.

ro·bot·ize *(vt.)* يُرَبْوِط: يجعله آليًا أو أوتوماتيكيًّا.

ro·bust [rō bŭst′; rō′bŭst] *(adj.)* (١) قويّ؛ نشيط (٢) متين (٣) فظّ؛ جِلف (٤) عنيف؛ شاقّ <~ exercises>.

ro·bus·tious [rō bŭs′chəs] *(adj.)* (١) قويّ (٢) غليظ؛ خشِن.

roc [rŏk] *(n.)* الرُّخّ: طائر خرافيّ ضخمٌ عظيم القوة.

roc·am·bole [rŏk′əm bōl′] *(n.)* ثوم الصّخور (نب).

Ro·chelle salt [rō shĕl′] *(n.)* ملح روشيل: مُسْهِل خفيف.

roch·et [rŏch′ət] *(n.)* الكَتّونة: قميص لكبار الكهنة (نص).

rock[1] [rŏk] *(vt.; i.; n.)* (١) يُهَزِّز؛ يُهَزْهِز؛ يؤرجح (٢) يَغْسل بهزّازة <to ~ gravel> (٣) «أ» يُوقع الدُّوار في الرأس. «ب» يهزّ؛ يُقْلِق x (٤) يتأرجح؛ يترجّح § (٥) اهتزاز؛ تأرجُح (٦) rock and roll.

rock[2] *(n.)* (١) صَخر؛ صخرة (٢) «أ» أساس. «ب» دِعامة (٣) ملاذ؛ مُلْتجأ (٤) *pl.*: هاوية؛ خطرٌ مُحْدِق (٥) الصَّخرية: كراميل صُلبٌ ملوّن (٦) *pl.*: مال (٧) ماس؛ ألماس (ع) (٨) غلطة مُضحكة.

rock and roll *(n.)* رقصة الرّوك آند رول أو موسيقاها.

rock and rye *(n.)* ويسكي الجاودار [المنكّهة بالكراميل وعصير الفاكهة].

rock·a·way [rŏk′ə wā′] *(n.)* الرُّكواية: مركبة جياد ذات أربع عجلات.

rockaway

rock bass *(n.)* الرُّكباس: سمك أميركي نهريّ.

rock bot·tom *(n.)* (١) الحضيض؛ المستوى الأدنى (٢) أساس.

rock–bot·tom *(adj.)* الأدنى؛ الأقلّ <~ prices>.

rock·bound [-′bound′] *(adj.)* مكسوٌّ أو مُكْتَنَفٌ أو مطوّق بالصخور.

rock brake *(n.)* سَرْخَس الصُّخور (نب).

rock–climb·ing [rŏk′klīm′ĭng] *(n.)* تَسَلّق الصخور.

rock crystal *(n.)* البِلَّوْر الصخريّ: كوارتز شفّاف عديم اللون.

rock·er [rŏk′ər] *(n.)* (١) المِهزّة: إحدى الخشبتين نصف الدائريتين اللتين يهتزّ عليهما سرير الطّفل إلخ (٢) الهزّاز: كلّ ما يهتزّ على مِهزّتين [كبعض لُعَب الأطفال] (٣) الهزّازة: صندوق ذو ركائز هزّازة يستعمله المعدِّنون لفصل الذهب عن التّراب (٤) كرسيّ هزّاز.

rocker arm *(n.)* الذراع المُتأرجحة؛ الذراع المُتَرجِّحة (مك).

rock·er·y [rŏk′ə rĭ] *(n.)* = rock garden.

rock·et[1] [rŏk′ət] *(n.)* الجِرْجير؛ الكَثّأة (نب).

rock·et[2] *(n.; vi.; t.)* (١) سَهم ناريّ (٢) صاروخ (٣) قذيفة أو قنبلة صاروخية § (٤) يرتفع أو ينطلق كالصاروخ x (٥) ينقل بصاروخ.

rocket bomb *(n.)* القنبلة الصاروخيّة.

rock·et·eer [rŏk′ə tēr′] *(n.)* الصاروخيّ: «أ» مُطلِق أو قائد أو راكب الصاروخ. «ب» العالِم المتخصّص في عِلم الصواريخ.

rocket launcher *(n.)* مُطلِقة الصواريخ؛ قاذفة الصواريخ.

rocket plane *(n.)* الطائرة الصاروخية.

rocket propulsion *(n.)* الدَّفع الصاروخيّ؛ الدَّسْر الصاروخيّ.

rock·et·ry [rŏk′ə trĭ] *(n.)* الصّاروخيّات؛ علم الصواريخ.

rocket ship *(n.)* المَرْكبة الصاروخيّة.

rock·fall [rŏk′fôl′] *(n.)* انهيار صَخريّ.

rock·fish [-′fĭsh′] *(n.)* السمك الصخري: سمك يألف الأعماق الصّخرية.

rock garden *(n.)* الحديقة الصّخرية: حديقة مُنْشأة بين الصخور، أو مزخرفة بالصخور، مُعَدّة لنموّ بعض أنواع النبات.

rock·ing chair *(n.)* الكرسيّ الهزّاز.

rocking chair

rock·ing horse *(n.)* الحصان [الخشبيّ] الهزّاز .

rocking horse

rock·ling [rŏk′lĭng] *(n.)* السمك الصَّخريّ .

rock 'n' roll [rŏk′ən rôl′] *(n.)* = rock and roll.

rock oil *(n.)* الزيت الصَّخريّ : النِّفط ؛ البترول .

rock–ribbed [rŏk′rĭbd′] *(adj.)* (١) صخريّ ؛ كثير الصخور (٢) «أ» قويّ ؛ ثابت ؛ راسخ . «ب» عنيد .

rock·rose [rŏk′rōz′] *(n.)* وَرْد الصُّخور (نب) .

rock salt *(n.)* الملح الصَّخريّ : كلوريد الصوديوم ؛ ملح الطعام .

rock·shaft [-′shăft] *(n.)* عمودُ إدارة مُتَرجِّح أو متأرجح .

rock·weed [rŏk′wēd′] *(n.)* طُحْلُبُ الصخور (نب) .

rock wool *(n.)* الصُّوف الصَّخريّ : مادة ليفيّة عازلة .

rock·y[1] [rŏk′ĭ] *(adj.)* (١) صخريّ : مؤلَّف من صخور أو كثيرُ الصخور (٢) متحجِّر <your ~ heart> (٣) ثابت ؛ راسخ كالصخر .

rock·y[2] *(adj.)* (١) متزعزع ؛ متقلقل ؛ متهزهز <a ~ table> (٢) واهن ؛ ضعيف ؛ مترنِّح [من السُّكْر إلخ] ؛ مصاب بدُوار (٣) صَعْب ؛ وَعْر (٤) فاحش ؛ داعر <a ~ story> .

ro·co·co [rə kō′kō] *(n.; adj.)* (١) الرَّكوك ؛ الرَّقوق ؛ الأسلوب الرَّكوكيّ أو الرّقوقي : أسلوب في الفنّ والعمارة يتميّز بالزخرفة البالغة (فج) § (٢) ركوكيّ ؛ رقوقيّ (٣) مُفرِط الزخرفة ؛ شديد التعقيد .

rod [rŏd] *(n.)* (١) «أ» عود ؛ قضيب . «ب» عصًا . «ج» عقوبة (٢) قصبة صيد (٣) قضيب معدنيّ أو خشبيّ (٤) «أ» صولجان . «ب» عصا المارشاليّة ونحوها . «ج» قوة ؛ سلطة ؛ استبداد (٥) القَصَبة : مقياس للطول يساوي ٥,٥٠ ياردة أو ٥,٠٢٩ مترًا (٦) الفَخِذ : فرعٌ من قبيلة أو أسرة (٧) العَصَويّة : جرثومة عَصَوية الشكل (٨) مُسَدَّس (ع) .

to have a ~ in pickle for somebody يُعِدّ لفلان عقوبة قاسية ينزلها به عندما تسنح الفرصة .

to spare the ~, يُوَفِّر العصا : يمتنع عن إنزال العقوبة بمن يستحقها .

rode [rōd] *past of* ride.

ro·dent [rō′dənt] *(adj.; n.)* (١) قارض ؛ قاضم (٢) قوارضيّ : ذو علاقة بالقوارض § (٣) القارض : كلّ حيوان ثدييّ صغير من رتبة القوارض **Rodentia** التي تشمل الفئران والجرذان والسّناجيب إلخ .

ro·den·ti·cide [rō dĕn′tĭ sīd′] *(n.)* مبيد القوارض .

ro·de·o [rō′dĭ ō′] *(n.)* (١) سَوْق الماشية (٢) الرُّوديو : «أ» مباراة [أو عرض للبراعة] تُجْرى بين رعاة البقر . «ب» مباراة شبيهة بالرُّوديو .

rod·like [rŏd′līk′] *(adj.)* عُوداني : شبيهٌ بعود .

rod·man [rŏd′mən] *(n.)* الشاخصيّ : مساعدٌ للمسّاح يحمل الشاخص .

rod·o·mon·tade [rŏd′ə mŏn tād′] *(n.; adj.; vi.)* (١) تفاخُر ؛ تَبَجُّح ؛ تباهٍ فارغ § (٢) متفاخر ؛ مُتَبجّح ؛ متباهٍ § (٣) يتفاخر ؛ يتبجَّح ؛ يتباهى .

roe[1] [rō] *(n.)* أنثى الظبي أو الأيّل أو الأرنب .

roe[2] *(n.)* سَرْءُ السَّمك ؛ البطارخ : بيوض السّمك وهي في الغشاء المبيضيّ .

roe·buck [rō′bŭk] *(n.)* الرَّوّ (را . roe deer) . وبخاصة : ذكرُ الرَّوّ .

roe deer *(n.)* الرَّوّ ؛ اليَحْمور ؛ اليأمور (ح) .

roe deer

roent·gen [rĕnt′gən] *(adj.; n.)* (١) رونْتْجِنيّ : خاصّ بأشعّة رونْتْجِن أو أشعة إكس <~ examination> § (٢) الرّونْتْجِن : وحدة قياس لكمية أشعة إكس .

roent·gen·ize [rĕnt′gən īz′] *(vt.)* يُرَنْتِج : يُعرِّض لأشعة إكس .

roent·gen·o·gram [-ə grăm] *(n.)* الصورة الرونتجنيّة أو الشّعاعيّة .

roent·gen·o·graph [-ə grăf′] *(n.)* = roentgenogram.

roent·gen·og·ra·phy *(n.)* التصوير الشُّعاعي : التصوير بأشعّة إكس (ط) .

roent·gen·ol·o·gy [rĕnt′gə nŏl′ə jĭ] *(n.)* الرّونْتْجِنولوجيا : فرع من عِلم الأشعة يبحث في استخدام أشعة إكس لتشخيص الأمراض ومعالجتها .

roent·gen·o·ther·a·py [-gən ō thĕr′ə pĭ] *(n.)* المعالجة الرونْتْجِنية : المداواة بأشعة إكس .

Roentgen rays [rĕnt′gən] *(n. pl.)* الأشعة الرُّونْتْجِنيّة : أشعّة إكس .

ro·ga·tion [rō gā′shən] *(n.)* الباعوث : صلاةٌ تُرْفَع في الأيام الثلاثة السابقة لعيد الصعود .

Rogation Day *(n.)* يوم الباعوث (نص) .

rog·er [rŏj′ər] *(interj.)* (١) حَسَن (عا) (٢) اسْتُلِم (عا) .

rogue [rōg] *(n.; vi.; t.)*, **rogued; rogu·ing** *or* **rogue·ing** (١) المُتَشرِّد (٢) «أ» الوغد ؛ المحتال ؛ التّافه من النّاس . «ب» الشِّرّير ؛ المؤذي ؛ الخبيث (٣) فرس حَرُون (٤) الشاذّ : فردٌ مختلف عن السويّ اختلافًا ملحوظًا ، وذو مستوى أدنى منه عادةً (أح) § (٥) يتشرَّد ؛ يحيا حياة المتشرِّد x (٦) يخدع ؛ يحتال على (٧) يستأصل أو يُتلِف [النباتات] غير الصالحة (٨) يحرِّر من مثل هذه النباتات <~*d* the field> .

rogue elephant *(n.)* الفيل الشَّرود : فيلٌ يَشْرُدُ عن قطيعِهِ .

ro·guer·y [rō′gə rĭ] *(n.)* تشرّد ؛ احتيال ؛ خبث ؛ لؤم .

rogues' gallery *(n.)* سِجلّ المجرمين : مجموعة من صُوَر المجرمين [في إدارة الشرطة] .

ro·guish [rō′gĭsh] *(adj.)* خبيث ؛ لئيم ؛ شرِّير .

roil [roil] *(vt.; i.)* (١) يُعكِّر ؛ يكدِّر (٢) يُقلق ؛ يُزعج (٣) يُغْضِب x (٤) يهتاج .

roil·y [roi′lĭ] *(adj.)* (١) كدِر ؛ عكِر ؛ مُوحِل (٢) هائج ؛ مهتاج (٣) مَغِيظ ؛ مُغْضَب .

rois·ter [roi′stər] *(vi.)* (١) يَصْخَب (٢) يَقْصِف ؛ يُعَربد .

role *also* **rôle** [rōl] *(n.)* (١) دور (٢) وظيفة .

role model *(n.)* القُدْوة ؛ النموذج المحتذَى .

roll [rōl] *(n.; vt.; i.)* (١) «أ» دَرْج ؛ رَقّ . «ب» وثيقة رسميّة <keeper of the ~*s*> . «ج» مخطوطة . «د» كَشْف ؛ بيان ؛ قائمة (٢) «أ» لفّة [نسيج أو ورق

إلخ]. «ب» التّلفيفة: تسريحة يُلَفّ فيها بعضُ الشَّعر أو كلّه أو يُجَعَّد (٣) «أ» قرص؛ رغيف. «ب» لفّة أسطوانيّة من أوراق التبغ. «ج» لفّة أوراق نقديّة (٤) «أ» الدُّحروجة: دولاب لرسم الخطوط الزخرفيّة على أغلفة الكتب عند تجليدها. «ب» خطّ زخرفيّ [يُرسم بدُحروجة]. «ج» أسطوانة [الآلة الكاتبة] (٥) «أ» قرع الطبول. «ب» صوت عالٍ. «ج» قصف الرعد أو المدافع (٦) تدفّقٌ إيقاعيّ في الكلام (٧) تموُّج (٨) دحرجة؛ تدحرج (٩) تمايُل؛ ترنُّح § (١٠) يُدَحْرج (١١) «أ» يغلِّف. «ب» يلفّ؛ يطوي (١٢) «أ» يسوّي؛ يمهِّد؛ يُملِّس. «ب» ينشر شيئًا ملفوفًا [كسجّادة إلخ] (١٣) «أ» يسير على دواليب. «ب» يُعمِل؛ يجعله يبدأ العمل أو الحركة <~ed the cameras> (١٤) يقرع الطبل (١٥) يَسْلُب [سكّيرًا أو نائمًا] x (١٦) «أ» يتدحرج. «ب» يتقلب في نعمة أو ثراء <was ~ing in money> (١٧) «أ» تكرّ [الأيام أو السنون إلخ]. «ب» ينقضي؛ ينصرم. «ج» تتقلّب العينُ [ناظرةً في اتجاه بعد آخر على نحو متواصل]. «د» يدور. «هـ» يدور على محور (١٨) يطوف؛ يجول (١٩) يتدفّق؛ ينهال <The money was ~ing in.> (٢٠) يتموَّج (٢١) ينبسط؛ ينتشر؛ يمتدّ (٢٢) «أ» يسافر في عربة. «ب» يَدْرُج: يجري على عجلات (٢٣) يقصف [الرعدُ إلخ] (٢٤) يتمايل؛ يترنَّح (٢٥) يتكوَّر؛ يتَّخذ شكل كُرة أو أسطوانة (٢٦) «أ» يبدأ في الحركة أو العمل. «ب» يندفع إلى الأمام (٢٧) يتشقْلَب.

~ of honor — سِجِلُّ الشَّرف: قائمة بأسماء شهداء الوطن.

to ~ back — (١) يخفِّض الأسعار أو الأجور إلى مستواها السابق بأمر أو إجراء حكوميّ (٢) يَصُدّ؛ يَرُدّ.

to ~ in — (١) ينهال؛ يتدفّق (٢) يلفّ؛ يغطّي.

to ~ out — (١) يمهِّد؛ يُسَوِّي؛ يُملِّس (٢) يَرُقّ [العجينَ] (٣) ينهض من فراشه.

to ~ over — (١) يؤجِّل [دفع دينٍ أو سند] (٢) يعيد (٣) يعيد توظيف المال من جديد.

to ~ up — (١) يَجمع؛ يَرْكُم (٢) يتراكم؛ يتضخّم (٣) يُشمِّر [عن ساعدَيْه إلخ] (٤) يَصِل؛ يلتحق بجماعة.

to strike off (*or* from) the ~*s* — يَطرُد [من جمعيّة أو نادٍ إلخ].

roll·back [rōl′băk′] *(n.)* (١) خفض الأسعار: خَفْضُ الأجور [إلى مستواها السابق بأمرٍ أو إجراء حكوميّ] (٢) صدٌّ؛ رَدٌّ.

roll call *(n.)* التَّفقُّد: المناداة على الأسماء لمعرفة المتغيِّبين.

roll·er[1] [rō′lər] *(n.)* (١) فا roll (٢) بَكَرة؛ أُسَيْطِينة؛ دُحروجة (٣) مِدحاة؛ مِحدلة؛ مِرداس (٤) موجة طويلة.

roller[2]

roll·er[2] *(n.)* الشِّقراق؛ الأخْيَل (طا).

roller bearing *(n.)* المَحْمِل الدُّحروجيّ: كرسيّ تحميل للأُسَيْطينات (را. roller[1] *2*).

roller coast·er *(n.)* الأفعوانيّة: سكة حديدٍ مرتفعة، في مدينة للملاهي، تتلوّى وتنخفض، وتجري فوق قضبانها عربات صغيرة.

roller skate *(n.)* المِزْلَجة المُعَجَّلة: مِزْلَجَة ذات عجلات أربع للتزحلق على سطح غير جليديّ. — **roll·er–skate** *(vi.)*

roller skate

roll film *(n.)* فيلم ملفوف [لأخذ سلسلة من الصُّوَر السّاكنة].

rol·lick [rŏl′ĭk] *(vi.; n.)* (١) يَمْرَح § (٢) مَرَح.

rol·lick·ing [rŏl′ĭk ĭng] *(adj.)* مَرِح.

rolling mill *(n.)* (١) مَعْمَل التطريق: مؤسسة تطرّق فيها المعادن على شكل صفائح أو قضبان (٢) المطرَقة: آلة تُستخدم لتطريق المعادن على هذا النحو.

rolling mill 2.

rolling pin *(n.)* مِرقاق؛ شَوْبَك.

rolling pin

rolling stock *(n.)* المُعَدَّات الدارجة: قاطرات السكّة الحديديّة وحافلاتها.

rolling stone *(n.)* الحجر الدوّار: شخص يُكثر التنقُّل.

roll·o·ver [rōl′ō′vər] *(n.)* إعادة توظيف [للمال].

roll·top desk [rōl′tŏp′] *(n.)* المنضدة ذات الغطاء اللفّاف: مِنضدة كتابة ذات غطاء لفّاف مؤلّف من أضلاع خشبيّة متوازية.

ro·ly–po·ly [rō′lĭ pō′lĭ] *(adj.; n.)* (١) قصيرٌ مكتنز <a ~ girl> (٢) القصير المكتنز: شخص أو شيء قصير ممتلئ الجسم (٣) الكعكة الملفوفة: ضرب من الحلوى المحشوّة بالمربَّى أو الفاكهة.

Ro·ma·ic [rō mā′ĭk] *(n.; adj.)* (١) الروميّة؛ اليونانية الحديثة § (٢) روميّ؛ يونانيّ حديث.

ro·maine [rō mān′] *(n.)* الخسّ المِلْعَقيّ: خسّ ذو أوراق طويلة ملْعقيّة الشكل.

Ro·man [rō′mən] *(n.; adj.)* (١) الرومانيّ: أحد أبناء رومة (٢) الكاثوليكيّ: أحد أتباع الكنيسة الرومانيّة الكاثوليكيّة (٣) اللاتينيّة (٤) *not cap.*: الحرف الروماني: شكل مستقيم من أشكال الحرف اللاتيني § (٥) رومانيّ (٦) لاتينيّ (٧) كاثوليكيّ (٨) أعقف قليلًا <~ nose>.

ro·man à clef [rō män′ à klā′] *(n.)* الرواية المُقَنَّعة: رواية تصوِّر أشخاصًا حقيقيّين وأحداثًا واقعيّة في أسلوب روائيّ مقنَّع.

Roman candle *(n.)* الشمعة الرومانيّة: ضرب من الألعاب الناريّة يتألف من أنبوب يُطلِق وابلًا من الشرر وسلسلةً متلاحقةً من الكُرات الناريّة.

Roman Catholic *(n.; adj.)* (١) الكاثوليكيّ: أحد أتباع الكنيسة الرومانيّة الكاثوليكية § (٢) كاثوليكيّ.

Roman Catholicism *(n.)* الكَثْلَكة؛ المذهب الكاثوليكيّ.

ro·mance [rō măns′] *(n.; vi.; t.)* (١) الرومانس: «أ» قصة من قصص القرون الوسطى قوامها الأسطورة أو الحب الشريف أو المغامرات الفروسيّة. «ب» قصة ذات أبطال خياليين وأحداث قصيّة من حيث الزمان والمكان يغلب عليها الطابع البطوليّ أو المغامر. «ج» رواية غراميّة (٢) قصّة مختلَقة أو مُلَفَّقة (٣) الروح أو العاطفة أو الصفة الرومانتيكيّة (٤) قصة غرام عنيف (٥) *cap.*: اللغات الرومانسيّة (را. Romance languages) § (٦) يُلفِّق القصص والأخبار (٧) يفكِّر أو يتحدَّث بلغة رومانتيكيّة (٨) يبالغ؛ يكذب x (٩) «يمثِّل» قصة حبّ عنيف مع...

Ro·mance [rō măns′] *(adj.)* رومانسيّ: ذو علاقة باللغات الرومانسيّة.

ro·manc·er *(n.)* (١) الرومانسيّ: كاتب الرومانس (را. romance[1]) (٢) المُلَفِّق: ملفِّق القصص والأخبار الكاذبة أو المغالى فيها.

Ro·man·esque [rō′mə nĕsk′] *(n.; adj.)* (١) الرومانيسك؛ الطِّراز

الرومانيسكي (عم) § (٢) رومانيسكيّ .

ro·man–fleuve [rô män′ flœv′] *(n.)* الرواية النَّهْر : رواية طويلة تستعرض حياة أسرة [بأجيالها] أو مجتمع أو طائفة اجتماعية .

Ro·ma·ni·an [rō mā′nĭ ən] *(n.; adj.)* = Rumanian.

Ro·man·ic [rō măn′ĭk] *(adj.; n.)* (١) رومانسيّ : ذو علاقة باللغات الرومانسية (٢) رومانيّ § (٣) لغة رومانسيّة .

Ro·man·ism *(n.)* الكَثْلَكة [بمعنًى ازدرائيّ عادةً] .

Ro·man·ist *(n.)* (١) الكاثوليكيّ : أحد أتباع الكنيسة الرومانية الكاثوليكية (٢) المُتَرَوْمِن : الاختصاصيّ بلغة رومة القديمة أو ثقافتها أو شرائعها .

Ro·man·is·tic *(adj.)* = Romanist.

ro·man·ize *(vt.)* يُرَوْمِن ؛ يُلَتِّن : «أ» .cap عد : يجعله رومانيًّا أو لاتينيًّا . «ب» يكتب أو يطبع بالأحرف الرومانية .

Roman numerals *(n. pl.)* الأرقام الرومانية <I, II, III, etc...> .

Ro·ma·no [rō măn′ō] *(n.)* الرومانو : ضربٌ من الجبن الحادّ الصُّلب .

ro·man·tic [rō măn′tĭk] *(adj.; n.)* (١) «أ» خياليّ . «ب» وهميّ . «ج» غير عمليّ <~ ideas> (٢) رومانسيّ : ذو طابع فروسيّ أو بطوليّ إلخ <~ adventures> (٣) رومانتيكيّ : «أ» ذو فكرات أو مشاعر لا تمتّ إلى الحياة الواقعية بصلة ؛ مولَعٌ بقصص الحبّ والمغامرات <a ~ person> . «ب» منسوب إلى الرومانتيكية (را . romanticism) . «ج» متّقد ؛ مشبوب العاطفة § (٤) شخص رومانتيكيّ (٥) .pl : فكرات رومانتيكيّة .

ro·man·ti·cism *(n.)* الرومانتيكيّة : الاتجاهات أو الخصائص الرومانتيكيّة بصورة عامة أو في الأدب والفنّ والفلسفة .

ro·man·ti·cist *(n.)* الرومانتيكيّ : المؤيد للرومانتيكيّة .

ro·man·ti·cize [-′tə sīz′] *(vt.; i.)* (١) يجعله رومانتيكيًّا **x** (٢) يحمل فكرات رومانتيكيّة (٣) يصوّر بطريقة رومانتيكيّة .

Rom·a·ny [rŏm′-] *(n.; adj.)* (١) الغَجَريّ (٢) لغة الغجر § (٣) غَجَريّ .

Rom·ish [rō′mĭsh] *(adj.)* (١) روميّ : منسوب إلى روما (٢) كاثوليكيّ .

romp [rŏmp] *(vi.; n.)* (١) «أ» يَقْصُف ؛ يلهو على نحو صاخب . «ب» يَمْرَح (٢) يعدو بسرعة ومن غير جهد [بحيث يفوز في سباق] (٣) يفوز في سهولة § (٤) فتاةٌ لعوبٌ (٥) قَصْفٌ ؛ مَرَح صاخب (٦) عدوٌ رشيق [ضامنٌ للفوز] (٧) فوزٌ هيِّن .

romp·er [rŏm′pər] *(n.)* (١) فا romp (٢) .pl عد : الرَّمْبَر : ثوب خارجي فضفاض يرتديه الأطفال .

rom·pish [rŏm′pĭsh] *(adj.)* مَرِح ؛ لعوب إلخ .

ron·deau [rŏn′dō] *(n.)* الرّوندو : ضرب من القصائد الفرنسية القديمة .

ron·del [rŏn′dəl] *or* **ron·delle** [rŏn dĕl′] *(n.)* (١) شيء دائريّ (٢) جوهرة دائرية (٣) خاتمٌ مُرَصَّع بالجواهر .

ron·do [rŏn′dō] *(n.)* الرُّنْدة : مقطوعة موسيقيّة يتكرَّر فيها النغم الرئيسيّ بين حين وآخر (مو) .

ron·dure [rŏn′jər] *(n.)* (١) دائرة (٢) استدارة .

rönt·gen [rĕnt′gən] *(adj.; n.)* = roentgen.

rood [rōōd] *(n.)* الرُّود : «أ» صليب ، ضخم عادةً ، يمثِّل المسيحَ مصلوبًا . «ب» مقياس لمساحة الأراضي يُساوي رُبْعَ أكر . «ج» مقياس للطول يساوي سبع ياردات أو ثمانٍ .

roof [rōōf; rŏŏf] *(n.; vt.)* (١) سَقْف (٢) سَطْح [بيتٍ أو سيارة إلخ] (٣) بيت (٤) قمة ؛ ذروة § (٥) يَسْقف (٦) يُظَلِّل (٧) يؤوي .
to raise the ~, (١) يُحدث ضجة شديدة (٢) يثور ؛ يقيم الدنيا ويقعدها .

roof·er [rōōf′ər] *(n.)* السّقّاف : من يبني السُّقوف أو يرمِّمها .

roof garden *(n.)* حديقة السَّطح : «أ» حديقة في سطح بيت أو مبنًى . «ب» مطعم أو مسرح في سطح مَبْنًى .

roof·ing [rōōf′ĭng] *(n.)* (١) تسقيف (٢) مواد التسقيف (٣) سطح .

roof·less [-′ləs] *(adj.)* (١) لا سقف له (٢) شريد ؛ بلا مأوًى .

roof·tree [-′trē] *(n.)* (١) ridgepole (٢) سقفٌ (٣) بيت .

rook¹ [rŏŏk] *(n.; vt.)* (١) الغُداف ؛ غرابُ القَيْظ (طا) (٢) المخادع ؛ المحتال § (٣) يخدع ؛ يحتال على .

rook[1] *1.*

rook² [rŏŏk] *(n.)* الرُّخّ : أحد أحجار الشطرنج .

rook[2]

rook·er·y [rŏŏk′ə rĭ] *(n.)* (١) «أ» المَغْدَفة : موضعٌ تتوالد فيه الغِدفان أو غيرها من الطير . «ب» بيتٌ قذر مؤلف من شقق متعدِّدة مزدحمة بالسُّكّان أو مجموعةٌ من هذه البيوت (٢) جماعةٌ من الغِدفان .

rook·ie [rŏŏk′ĭ] *(n.)* (١) المجنَّد الجديد (٢) المبتدئ [في حقل ما] .

rook·y [rŏŏk′ĭ] *(adj.)* مُغْدَف : كثير الغِدفان أو غِربان القيظ .

room [rōōm] *(n.; vi.; i.)* (١) مُتَّسَع ؛ حيِّز ؛ مكان (٢) «أ» حُجْرة ؛ غرفة . «ب» مَنْ في الحجرة <The whole ~ wept.> (٣) مجال <~ for argument *or* doubt> § (٤) يَسْكن ؛ يقيم **x** (٥) يؤوي ؛ يُسْكِن .

room and board *(n.)* بَدَلُ المبيت والطعام [في فندق إلخ] .

room·er *(n.)* النزيل : المستأجِر غرفةً في منزل شخصٍ آخر .

room·ette [rōō mĕt′] *(n.)* حُجَيْرة نوم خصوصية [في حافلة قطار] .

room·ful [rōōm′fŏŏl′] *(n.)* مِلْء غرفة : المقدار أو العدد الكافي لمَلْء غرفة <a ~ of furniture *or* men> .

room·i·ness [rōōm′ĭ nəs] *(n.)* اتّساع ؛ رحابة .

room·ing house *(n.)* النُّزُل : بيت ذو غُرَفٍ مفروشة للإيجار .

room·mate [rōōm′māt′] *(n.)* رفيق الحجرة : أحد شخصين أو أكثر يسكنون حجرةً واحدة .

room·y [rōō′mĭ] *(adj.)* مُتَّسِع ؛ رَحْب ؛ فسيح .

roor·back [rōōr′băk′] *(n.)* افتراء [بغية التشهير بخصم سياسيّ] .

roose [rōōz] *(vt.)* يُطري ؛ يُثني على (ع) .

roost [rōōst] *(n.; vi.)* (١) «أ» مَجْثَم الطائر . «ب» جماعة من الطير جاثمةٌ

ă at; ā date; â care; ä car; ĕ egg; ē me; ĭ in; ī bite; ŏ lot; ō bone; ô orphan; oi boil; ŏŏ good; ōō boot; ou out; ŭ under; û urgent; ə = *a* in alone, *e* in system, *i* in easily, *o* in gallop, *u* in circus.

معًا (٢) مسكن؛ مأوًى § (٣) يَجْثُم (٤) يبيت [وبخاصةٍ ليلةً واحدة].

roost·er [rōō'stər] *(n.)* (١) دِيك (٢) شخص مغرور أو مختال.

root[1] [rōōt] *(n.; vt.; i.)* (١) جَذْر؛ جِذْر («نب» و«ر») (٢) أصل؛ مصدر <Selfishness is the ~ of all evil.> (٣) لُبّ؛ جوهر <the ~ of the matter> (٤) أساس؛ قاعدة؛ مُرْتَكَز (٥) قَعْر؛ قاع § (٦) «أ» يُجذِّر؛ يؤصِّل. «ب» يُرسِّخ؛ يثبِّت في مكان (٧) يستأصل [من الجذور] x (٨) يتجذَّر: يمدّ جذوره في الأرض؛ يتأصَّل؛ يَرْسخ.

~ and branch تمامًا؛ كُلِّيَّةً؛ أصلًا وفرعًا.

to ~ out (١) يستأصل؛ يقتلع؛ ينتزع (٢) يُبرز للنور؛ يُظهر للعيان.

to take *or* strike ~, يتجذَّر؛ يتأصَّل؛ يترسَّخ.

root[2] *(vi.; t.)* (١) يَنْكُت: يقلب الخنزيرُ التربةَ بفِنْطيسته (٢) ينقِّب.

root[3] *(vi.)* (١) يشجِّع متباريًا بالهتاف له [تتبعها *for*] (٢) يؤيِّد؛ يُناصر (٣) يتمنَّى النجاح لِـ.

root·age [-'ĭj] *(n.)* (١) تجذُّر؛ تأصُّل؛ ترسُّخ (٢) جذور.

root beer *(n.)* جعة الجذور: شرابٌ مُنَكَّهٌ بخلاصات الجذور.

root canal *(n.)* قناة الجَذر [في السنّ] (ت).

root·ed [rōōt'ĭd] *(adj.)* متجذِّر؛ متأصِّل؛ مترسِّخ.

root hair *(n.)* الشُّعيرة الجَذْرية؛ الشُّعيرة الماصّة (نب).

root·less [-'ləs] *(adj.)* (١) عديم الجذور (٢) مُقَلْقَل؛ غير مستقرّ.

root·let [rōōt'lət] *(n.)* الجُذَير: جَذْر صغير (نب).

root·stalk [rōōt'stôk'] *(n.)* = rhizome.

root·stock [-'stŏk] *(n.)* (١) rhizome (٢) جَذْر تطعيم (نب).

root·y [rōō'tĭ; rōōt'ĭ] *(adj.)* (١) كثير الجذور (٢) جَذْرانيّ: شبيه بالجذور.

rope [rōp] *(n.; vt.; i.)* (١) حَبْل (٢) «أ» حَبْل المِشنقة. «ب» الموت شنقًا (٣) *pl.*: تِقْنيّات خاصة (٤) كتلة دبقة متمغّطة [في سائل] § (٥) يقيِّد أو يطوِّق أو يُثبِّت أو يَقْسِم بحبل (٦) يُغْري؛ يُغوي x (٧) ينفتل؛ يتخذ شكل حبل (٨) يشكِّل كتلة دبقة متمغّطة.

to give somebody plenty of ~, يمنحه قَدْرًا وافرًا من حريّة العمل أو التصرُّف.

to know (learn etc.) the ~*s* يعرف [أو يتعلّم إلخ] الشروط والقواعد الخاصة بحقل من الحقول.

rope·danc·er; rope·walk·er *(n.)* البَهْلَوان.

rope·walk [rōp'wôk'] *(n.)* مصنع الحبال.

rope·way [rōp'wā] *(n.)* الطريق الحَبْليّ: طريقٌ قِوامُهُ حَبْلٌ فولاذيّ أو حبلان فولاذيان منصوبان.

rop·y [rō'pĭ] *(adj.)* (١) لزج؛ دَبِق؛ غَرَوي (٢) حَبْلانيّ؛ كالحَبْل: «أ» نحيل. «ب» مفتول (٣) رديء.

— **rop·i·ness** *(n.)*

roque [rōk] *(n.)* الرُّك: ضربٌ من الكروكيّة croquet.

Roque·fort (cheese) [-'fərt] *(n.)* جبن الروكفورت: جبن حادّ النكهة.

ro·que·laure [rō'kə lōr'] *(n.)* الرّوكلور: معطف رجالي.

ror·qual [rôr'kwəl] *(n.)* الهِركول: حوت ضخم.

Ror·schach test [rōr'shäkh] *(n.)* رائز رورشاخ [اختبار للشخصية والذكاء].

Ro·sa·ce·ae [rō zā'sē ē] *(n. pl.)* الورديّات؛ الفصيلة الوردية (نب).

ro·sa·ceous [-'shəs] *(adj.)* (١) وَرْديّ: ذو علاقة بالورديات (را. المادة السابقة) (٢) وَرداني: شبيه بالوردة (٣) ورديّ اللون.

ros·an·i·line [rō zăn'ə lĭn; -lēn'] *(n.)* الروزانيلين: صبغ أحمر.

ro·sar·i·an [rō zâr'ĭ ən] *(n.)* الوَرّاد: زارع الورود.

ro·sar·i·um [rō zâr'ĭ əm] *(n.)* المَوْرَدة: حديقة الورد أو الورود.

ro·sa·ry [rō'zə rĭ] *(n.)* (١) تسبيح؛ صَلَوات (كن) (٢) سُبحة؛ مَسْبحة (٣) المَوْرَدة: حديقة الورد.

ros·coe [rŏs'kō] *(n.)* مُسَدَّس (ع).

rose[1] [rōz] *past of* rise.

rose[2] [rōz] *(n.; adj.)* (١) «أ» وَرْد. «ب» وردة (٢) شيء على شكل وردة: «أ» قرص البوصلة (را. compass card). «ب» حلية [وبخاصة على حذاء]. «ج» ماسة أو جوهرة (٣) امرأة فائقة الحُسْن (٤) اللون الورديّ § (٥) ورديّ (٦) وَرْدانيّ: ورديّ اللون.

under the ~, سِرًّا؛ في الخفاء.

ro·sé [rō zā'] *(n.)* الورديّ: نبيذ ورديّ اللون.

ro·se·ate [rō'zĭ ət] *(adj.)* (١) وَرْدانيّ: شبيهٌ بالورد (٢) متفائل.

rose·bay [rōz'bā'] *(n.)* = oleander.

rose–col·ored *(adj.)* (١) وَرْديّ اللون (٢) متفائل.

rose fever *(n.)* حُمّى الورد: ضَربٌ من حُمّى القشّ.

rose hip *(n.)* ثمر الورد البرّي.

rose·mar·y [rōz'mâr'ĭ] *(n.)* إكليل الجبل؛ حصى البان (نب).

rosemary

rose of Jer·i·cho [jĕr'ə kō] *(n.)* وَرْد أريحا (نب).

rose of Shar·on [shăr'ən] *(n.)* ورد شارون (نب).

ro·se·o·la [rō' zē'ə lə] *(n.)* (١) الوَرْدِيّة؛ الطَّفح الورديّ (٢) الحَصْبة.

ro·se·o·lar [-lər] *(adj.)* الوَرْدَويّ أو الحَصْبَويّ (را. المادة السابقة).

ros·er·y [rōz'(ə) rĭ] *(n.)* المَوْرَدة: حديقة الورد.

Ro·set·ta stone [rŏ zĕt'ə] *(n.)* حجر رشيد: حجر اكتُشف عام ١٧٩٩ في رشيد بمصر ساعد على حلّ الرموز الهيروغليفيّة.

ro·sette [rō zĕt'] *(n.)* الوَرْديّة: شيء على شكل وردة. وبخاصة: حلية معمارية ورديّة الشكل.

rosette

rose water *(n.)* ماء الوَرد.

rose·water [rōz'wô'tər] *(adj.)* ماوَرْديّ: «أ» ذو رائحة شبيهة برائحة ماء الورد. «ب» رقيق أو لطيف بتكلّف.

rose window *(n.)* النافذة الورديّة: نافذة مستديرة مخرَّمة.

rose window

rose·wood [rōz'wŏŏd'] *(n.)* (١) الخشب الورديّ: أيّ من عدة أشجار ذات خشب صُلب ضاربٍ إلى الحمرة (نب) (٢) خشب هذا الشجر.

Ro·si·cru·cian [rō'zə krōō'shən] *(n.; adj.)* (١) الرّوزيكروشيّ؛ الوَرْد صليبيّ: واحد الرّوزيكروشيّين أو الورد صليبيّين وهم أتْباع جمعية سرّيّة زعمت أنها تملك معرفة سرّيّة للطبيعة والدِّين § (٢) روزيكروشيّ.

ros·i·ly [rō′zə lĭ] *(adv.)* (١) بتفاؤل ؛ بابتهاج (٢) بلون ورديّ .

ros·in [rŏz′ĭn] *(n.; vt.)* (١) القَلْفونة ؛ راتينج القَلْفونيّة : مادةٌ صفراء صلبة مانعة من الانزلاق § (٢) يُقَلْفِن : يكسو أو يمسح براتينج القَلْفونيّة .

ros·i·ness [rō′zĭ nəs] *(n.)* تورُّد إلخ (را . rosy) .

ros·ter [rŏs′tər] *(n.)* (١) جدول الخدمة : قائمة بأسماء الضباط والجنود وأدوارهم في الخدمة (جن) (٢) قائمة ؛ جدول .

ros·tral [rŏs′trəl] *(adj.)* (١) مِنْبريّ (٢) مِنقاريّ .

ros·trate [rŏs′trāt′] *(adj.)* (١) ذو مِنبر [للخطابة] (٢) ذو منقار .

ros·trum [rŏs′trəm] *(n.)* pl. **-trums** *or* **-tra** [trə] (١) مِنبر للخطابة (٢) المنقار : الطّرف المَلْويّ من مقدّم السفينة (٣) منقار [الطائر] .

ros·y [rō′zĭ] *(adj.)* (١) ورديّ (٢) متورِّد <~ cheeks> (٣) مُشْرِق ؛ باسِم <a ~ future> (٤) متفائل <~ anticipations> .

rot [rŏt] *(vi.; t.; n.)* (١) يتعفَّن ؛ يَفْسُد (٢) يَبْلَى ؛ يتهرّأ ؛ ينتخر (٣) يَفْسُد أو يتفسَّخ [أخلاقيًا] x (٤) يُفْسِد ؛ يُبلي إلخ (٥) يُعَطِّن الكتّان (را . ret) § (٦) تَعَفُّن ؛ فساد ؛ بِلًى (٧) عَفَنٌ (٨) التَّفسُّخ : «أ» مرض يُصيب الخراف فتَهْزُل وتَبْلَى أنسجتها . «ب» مرض فطريّ يُتلف أنسجة النبات (٩) هُراء .

ro·ta [rō′tə] *(n.)* (١) roster (٢) *cap.* : الرّوتا : محكمة الاستئناف الإكليركية العُليا (كث) .

Ro·tar·i·an [rō târ′ĭ ən] *(n.)* الروتاريّ : عضو في أحد نوادي الروتاري .

ro·ta·ry [rō′tə rĭ] *(adj.; n.)* (١) دوّار : دائر على محور (٢) دَوَرانيّ : رَحَويّ <~ motion> § (٣) ماكينة دوَرانية (٤) الملتقَى الدوّار : ملتقَى طُرُقٍ حول دائرة مركزيّة يتّخذ فيها السير وجهة واحدة فقط .

rotary 4.

Rotary Club *(n.)* نادي الروتاري : أحد نوادي منظمة الروتاري الدولية .

rotary cultivator *(n.)* المحراث الدَّوَرانيّ .

rotary engine *(n.)* المحرِّك الدَّوَرانيّ (مك) .

rotary press *(n.)* المطبعة الدوّارة أو الرَّحَويّة .

rotary–wing aircraft *(n.)* = helicopter.

ro·tat·a·ble [rō′tāt′ə bəl] *(adj.)* يُدار ؛ قابلٌ للتدوير .

ro·tate [rō′tāt] *(adj.; vi.; t.)* (١) دولابانيّ : دولابيّ الشكل <~ flowers> § (٢) يدور [على محور أو مركز] (٣) يتناوب ؛ يتعاقب [في أداء عمل ما] x (٤) يدير [على محور أو مركز] (٥) يُناوب : يزرعُ على نحو متناوب أو متعاقب (٦) يناوب ؛ يعاقب ؛ يراوح .

ro·ta·tion [rō tā′shən] *(n.)* (١) «أ» دَوَرانٌ . «ب» دورة (٢) «أ» تعاقُب . «ب» مناوبة (٣) تدوير ؛ إدارة .

in ~, على التناوب أو التعاقب .

~ of crops المناوبة بين المحاصيل : تغيير المحاصيل في الحقل الواحد إبقاءً على خصوبة التربة .

ro·ta·tion·al *(adj.)* دَوَرانيّ .

ro·ta·tive [rō′tə tĭv] *(adj.)* (١) دَوّار : دائرٌ على محور (٢) دَوَرانيّ (٣) متعاقب (٤) مدير ؛ مدوِّر ؛ مسبِّب للدوران .

ro·ta·tor [rō′tā tər] *(n.)* (١) الدَّوّار (٢) المُدِير ؛ المُدَوِّر ؛ مسبِّب الدوران (٣) العضلة المُديرة (ت) .

ro·ta·to·ry [rō′tə tôr′ĭ; -tā tə rĭ] *(adj.)* (١) دورانيّ <~ motion> (٢) دوّار (٣) متعاقب ؛ متناوب (٤) مُدير ؛ مُدَوِّر ؛ مسبِّب للدوران .

rote[1] [rōt] *(n.)* الرُّوت : آلة موسيقية وترية قديمة .

rote[2] *(n.)* (١) الصَّمّ : استظهار من غير فهم <to learn by ~> (٢) «أ» روتين . «ب» تكرير آليّ .

rote[3] *(n.)* الهدير : صوت تكسُّر الأمواج على الشاطئ .

ro·ti·fer [rō′tĭ fər] *(n.)* الدَّوّار ؛ الدّولابيّ : حيوان من الدّوّارات أو الدّولابيّات *Rotifera* وهي طائفة حيوانات مجهريّة مائيّة .

— **ro·tif·er·al** *(adj.)* — **ro·tif·er·an** *(n.; adj.)*

rotifer

Ro·tif·er·a [rō tĭf′ər å] *(n. pl.)* الدّوّارات ؛ الدّولابيّات (ح) .

ro·tis·ser·ie [rō′tĭs′ə rĭ] *(n.)* (١) المَشْوَى : مطعم الشِّواء أو اللحم المشوي (٢) مِشْواة .

rotl [rŏt′əl] *(n.)* pl. **ar·tal** [är′täl] رطل .

ro·to [rō′tō] *(n.)* = rotogravure.

ro·to·gra·vure [rō′tə grə vyŏŏr′] *(n.)* (١) «أ» التصوير الروتوغرافيّ : طريقة لطبع الصُّوَر بواسطة أسطوانةٍ معدنيّة دوّارة حُفرت عليها خطوط الصورة . «ب» الطبعة الرّوتوغرافية (٢) جزء روتوغرافيّ [في جريدة] .

ro·tor [rō′tər] *(n.)* (١) الدَّوّار : الجزء الدّوّار في ماكينةٍ كهربائية .

ro·tor·craft [rō′tər krăft′] *(n.)* = helicopter.

rotor plane *(n.)* = rotorcraft.

ro·to·till [rō′tə tĭl′] *(vt.)* يحرث الأرض بمحراث دَوَرانيّ .

Ro·to·till·er [rō′tə tĭl′ər] *(n.)* المحراث الدَّوَرانيّ .

rot·ten [rŏt′ən] *(adj.; adv.)* (١) نَتِن ؛ فاسد <~ eggs> (٢) فاسد [أخلاقيًا] . وبخاصة : قابلٌ للرشوة (٣) رديء أو بغيضٌ جدًا <~ work> (٤) حقير <~ snobs> (٥) مُرْهَق ؛ متعَب <~ feeling> § (٦) إلى حدٍّ بعيد .

rot·ten·stone [rŏt′ən stōn′] *(n.)* الحَرِيض ؛ الحجر الحَرِض : حجرٌ جيريّ مُنحلّ يُستخدم في الصَّقل .

rot·ter [rŏt′ər] *(n.)* الرَّذْل : شخصٌ رديء أو بغيضٌ جدًا (ع) .

ro·tund [rō tŭnd′] *(adj.)* (١) مستدير (٢) طنّان (٣) ممتلئ الجسم .

ro·tun·da [rō tŭn′də] *(n.)* الرَّوطَن : «أ» مبنًى مستدير . وبخاصة : مبنًى تعلوه قبّة . «ب» قاعة كبيرة مستديرة .

rotunda *a.*

ro·tu·rier [rō tʏ ryā′] *(n.)* العامّيّ : شخص غير نبيل النَّسب .

rou·ble [rōō′bəl] *(n.)* = ruble.

rou·é [rōō ā′] *(n.)* الخليع ؛ الفاسق ؛ المتهتّك .

rouge [ro͞ozh] *(n.; vt.; i.)* (١) الأحمر: مستحضَر تجميليّ للشفتين والوجنتين (٢) أحمر الصَّقل: مسحوق أحمر لصقل المعادن § (٣) يُحَمِّر **x** (٤) يستعمل أحمر التجميل (٥) يَحْمرّ.

rouge et noir [ro͞ozh′ ā nwär′] *(n.)* الأحمر والأسود: لعبة قمار بورق اللَّعِب.

rough [rŭf] *(adj.; n.; vt.; i.; adv.)* (١) «أ» خشِن: غير أملس أو مستوٍ <~ stone>. «ب» أهلب؛ قاسي الشعر <a ~ hog>. «ج» وعر <~ roads> (٢) «أ» مضطرب؛ هائج <~ sea>. «ب» عاصف <~ weather>. «ج» قاسٍ <~ life in a camp>. «د» شاقّ <~ work> (٣) «أ» أجشّ؛ غيرُ مُسْتَساغ في الأذن <~ sounds>. «ب» فظّ؛ جِلْف؛ غير مهذَّب <~ manners>. «ج» خام؛ غير مصقول <~ diamonds> (٤) «أ» تحضيري <a ~ draft>. «ب» تقريبيّ <~ estimate>. «ج» استقرابيّ؛ غير مكمَّل؛ مُنجَز كمحاولة أولى <a ~ drawing> § (٥) أرض وعرة أو مكسوَّة بأعشاب لم تُشَذَّب (٦) الجانب أو المظهر القاسي أو البغيض من أي شيء (٧) خطوط عريضة؛ رسم أوّليّ أو استقرابيّ (٨) شخص فظّ أو جِلف § (٩) يُخشِّن إلخ (١٠) يخاشن: يعامل بخشونة [أثناء اللعِب إلخ] (١١) «أ» يُعِدّ بطريقة أوليّة أو استقرابيّة. «ب» يرسم الخطوط العريضة أو الرئيسية لِـ <~*ed* out the structure of a building> **x** (١٢) يَخْشُن إلخ (١٣) يتخاشن: يسلك مسلكًا فظًّا (١٤) يَخْشَوْشن: يحيا حياةً خالية من أسباب الراحة والرّفه <They ~*ed* it all month long.> § (١٥) بخشونة؛ بقَسْوة (١٦) تقريبيًّا: على نحوٍ تقريبيّ.

in the ~, في حالته الأوليّة أو الخام.

to sleep ~, ينام في الشوارع.

rough·age [rŭf′ĭj] *(n.)* الخُشانة؛ الطعام الخشن: طعامٌ خشِنٌ [كالنُّخالة] يثير التمعُّج اللاإراديّ في جدران الأمعاء.

rough–and–read·y [rŭf′ən rĕd′ĭ] *(adj.)* (١) استقرابيّ: صالحٌ لمجرَّد «تمشية الحال» (٢) فظ؛ جلف. وبخاصة: فظٌ ولكنه فعّال <~ men>.

rough–and–tum·ble [rŭf′ən-] *(n.; adj.)* (١) عِراك؛ مُشادّة؛ مُشاحَنة § (٢) خشِن؛ عنيف؛ مُتَّسِمٌ بقسوة غير متقيِّدة بنظام أو ضابط <a ~ fight>.

rough·cast [rŭf′kăst′] *(n.; vt.)* (١) نموذج أوّليّ أو استقرابيّ (٢) التخشينة: جصّ تُكْسَى به الجدران § (٣) يُخَشِّن: يكسو الجدران بتخشينة (٤) يُعِدّ أو يشكِّل على نحو أوّليّ أو استقرابيّ <to ~ a novel>.

rough–dry [rŭf′drī′] *(vt.)* يجفِّف من غير كيّ.

rough·en [rŭf′ən] *(vt.; i.)* (١) يُخشِّن **x** (٢) يَخْشُنُ.

rough–hew [rŭf′hyo͞o′] *(vt.)* (١) يَقْطع [الأخشاب إلخ] من غير صقل (٢) يُعِدّ على نحوٍ أوّليّ.

rough·house [rŭf′hous′] *(n.; vt.; i.)* (١) شجار؛ لعب خشن أو صاخب [وبخاصة بين نُزَلاء غرفة] § (٢) يُخاشِن: يعامل بخشونة **x** (٣) يلعب بخشونة أو صَخَب.

rough·ish [rŭf′ĭsh] *(adj.)* خشنٌ بعضَ الشيء؛ هائجٌ قليلًا إلخ.

rough·ly [rŭf′lĭ] *(adv.)* (١) بخشونة؛ بقسوة؛ بفظاظة (٢) تقريبًا.

rough·neck [rŭf′nĕk′] *(n.)* شخص جِلْفٌ أو فظٌّ أو غليظ.

rough·ness [rŭf′nəs] *(n.)* خشونة؛ قَسْوة إلخ.

rough·rid·er [rŭf′rī′dər] *(n.)* (١) «أ» مروِّض جياد. «ب» المتمرِّس بركوب الجياد غير المروَّضة (٢) خيّال غير نظاميّ.

rough·shod [-′shŏd′] *(adj.; adv.)* (١) مُخَشَّن النعل: مزوَّد بنعل ناتئ المسامير وقايةً له من الانزلاق <a ~ horse> § (٢) بخشونة؛ بقسوة.

to ride ~ over يُخاشِن؛ يقسو على؛ يعامله بخشونة.

rou·lade [ro͞o läd′] *(n.)* (١) الرّولاد: تعاقبُ نغماتٍ سريعٌ في مقطع واحد [في الغناء] (٢) الشريحة الملفوفة: شريحة لحم تُلَفُّ على حشوة من اللحم المفروم ثم تُطْهَى.

rou·leau [ro͞o lō′] *(n.)* pl. **-leaux** [lōz′] *or* **-leaus** [lōz′] لَفّة. وبخاصة: قِطع نقديّة ملفوفة بغلاف ورقيّ.

rou·lette [ro͞o lĕt′] *(n.; vt.)* (١) الروليت: لعبة قمارٍ قوامُها كرة تتحرّك على قرصٍ دوّار (٢) الدُّحْرُوْجة: دولاب صغير مسنَّن لإحداث سلسلة من النقاط [على الصفائح المعدنيّة] أو من الثقوب [على الورق] (٣) الفواصل: سلسلة الثقوب الفاصلة بين طابع بريدي وآخر § (٤) يثقِّب بدُحروجة.

roulette 2.

Rou·ma·ni·an [ro͞o mā′nĭ ən] *(adj.; n.)* = Rumanian.

round[1] [round] *(vt.)* يَهْمِس؛ يتكلّم هامسًا.

round[2] *(adj.; adv.; prep.; n.; vt.; i.)* (١) «أ» مستدير. «ب» كرويّ؛ أسطوانيّ؛ مبروم (٢) ممتلئ الجسم <short and ~> (٣) تامّ <a ~ dozen> (٤) مدوَّر: معبَّر عنه بالعشرات أو المئات أو الألوف أو نحوها <in ~ numbers> (٥) صحيح تقريبًا <a ~ guess> (٦) «أ» ضخم <a ~ sum>. «ب» باهظ <a ~ price> (٧) صريح <in good ~ terms> (٨) دائريّ <a ~ dance> (٩) «أ» كامل؛ مكمَّل: متمِّم على نحوٍ بالغٍ حدَّ الكمال. «ب» رشيق؛ نشيط <a ~ trot> (١٠) جَهْوريّ <a ~ voice> § (١١) «أ» حولَ. «ب» دائريًّا. «ج» بِطَريقٍ أطول. «د» من شخص إلى آخر. «هـ» هنا وهناك § (١٢) طَوالَ <~ the year> (١٣) إلى مختلف أجزاء المدينة إلخ § (١٤) دائرة؛ كرة؛ حلقة (١٥) الرَّقصة الحَلَقيّة (را. round dance *1*) (١٦) الدَّوريّة: أغنية قصيرة ينشدها عدة أشخاص أو جماعات بعضهم إثر بعض (١٧) «أ» درجة المِرقاة أو السلَّم النقالة. «ب» رافدة الكرسي: الرافدة المدعِّمة لاثنتين من قوائم الكرسي (١٨) «أ» ممرّ أو مجاز دائريّ. «ب» حركة دائريّة (١٩) دورة الحارس [يقوم بها من نقطة معيَّنة ثم يرجع إلى تلك النقطة وهكذا] (٢٠) الجولة: «أ» سلسلة من الزيارات المهنيّة يقوم بها الطبيب [أو الممرضة] لمرضى المستشفيات. «ب» سلسلة مماثلة من الزيارات المعتادة. «ج» سلسلة من المحادثات إلخ <a ~ of talks>. «د» جرعة شراب تقدَّم إلى كل من أفراد الجماعة (٢١) سلسلة من الأحداث أو الأعمال الروتينيّة المتكرِّرة (٢٢) دَوْرة [زمنية] (٢٣) «أ» طلقة. «ب» إطلاق جماعي للنار [من قبل عدة جنود في وقت واحد] (٢٤) مدًى؛ نطاق <the ~ of human knowledge> (٢٥) دورة؛ جولة (٢٦) تصفيق حادّ (٢٧) «أ» قطعة من لحم البقر. «ب» قطعة من الخبز § (٢٨) يُدَوِّر؛ يجعله مستديرًا (٢٩) يَدور أو ينعطف حول (٣٠) يطوِّق (٣١) «أ» يُتِمّ. «ب» يَصْقُل **x** (٣٢) «أ» يستدير؛ يصبح مدوَّرًا. «ب» يصبح

ممتلئ الجسم (٣٣) يكتمل؛ يتمّ (٣٤) يلتوي؛ ينثني؛ ينحني.

~ about حوالى؛ تقريبًا.

~-the-clock متواصل؛ مستمرّ؛ على مدار الساعة؛ دائمٌ ٢٤ ساعةً.

in the ~, ذو مسرح يُحيط به النظّارة من جميع جهاته.

to ~ off يُتِمّ؛ يختم؛ يتوّج حياته [بعملٍ ما].

to ~ on *or* upon (١) يهاجم (٢) يوبِّخ؛ يؤنِّب؛ يُعنّف.

to ~ up (١) يجمع الماشية بالطِّراد (را. roundup) (٢) يجمع الشمل أو الشّتات.

to get ~ a person يخدعه أو يقنعه بكذا [من طريق التملّق].

to go the ~ of يَشيع: ينتقل [الخبر إلخ] من شخص إلى آخر.

to go the ~*s;* to make one's ~*s* يقوم بدوريّته.

to sleep the clock~, ينام اثنتَي عشرة ساعة أو أكثر.

to take it all ~, ينظر إلى المسألة من مختلف زواياها.

round·a·bout[1] [-'ə bout'] *(adj.)* ملتوٍ؛ غير مباشر.

round·a·bout[2] *(n.)* (١) طريق ملتوية؛ طريق غير مباشِرة (٢) merry-go-round (٣) سترة قصيرة ضيّقة [للرجال والفتيان في القرن التاسع عشر].

round angle *(n.)* الزاوية المدوَّرة أو التامّة [٣٦٠ درجة].

round clam *(n.)* = quahog.

round dance *(n.)* (١) الرقصة الحَلَقيّة: رقصة شعبيّة يشكِّل فيها الراقصون حلقةً ويتحرَّكون في اتجاه مرسوم (٢) الرقصة الدورانيّة: رقصة يدور فيها الراقصون، أزواجًا أزواجًا، حول الحجرة.

round·ed [roun'dĭd] *(adj.)* (١) مدوَّر؛ مستدير؛ مكوَّر (٢) «أ» مصقول. «ب» كامل؛ ممتاز <a ~ analysis> (٣) تقريبيّ.

roun·del [roun'dəl] *(n.)* (١) شيء مدوَّر أو دائريّ. وبخاصة: حِلْيَة أو نافذة مدوَّرة (٢) rondeau.

roun·de·lay [-'də lā'] *(n.)* اللُزوميّة: أغنية أو قصيدة ذات لازمة متكرّرة.

round·er [roun'dər] *(n.)* (١) «أ» المُسْرِف؛ المبذِّر. «ب» مدمن الخمرة. «ج» المجرم المحترف (٢) *pl.* الراوْنْدَرْز: لعبة إنكليزية شبيهة بالبيسبول (٣) «أ» فا round. «ب» المدوِّرة: أداة لتدوير حافة أو سطح (٤) الجَوْليّة: مباراة في الملاكمة ذات عددٍ معيَّن من الجولات.

round·head·ed [round'hĕd'ĭd] *(adj.)* مُدَوَّر الرأس.

round·house [-'hous] *(n.)* (١) المبنى الدائريّ [لإيواء القاطرات وإصلاحها] (٢) القَمْرة الخَلفيّة: قَمْرة، أو حُجرة، في القسم الخلفيّ من سطح السفينة.

round·ish [roun'dĭsh] *(adj.)* مستدير قليلًا؛ مستدير بعضَ الشيء.

round·let [round'lət] *(n.)* دائرة صغيرة؛ شيء دائري صغير.

round·ly *(adv.)* (١) باستدارة؛ على نحو مستدير (٢) برشاقة؛ بنشاط (٣) بصراحة؛ بقسوة (٤) تمامًا؛ بكلّ معنى الكلمة.

round rob·in *(n.)* (١) العريضة الحَلَقيّة: عريضة احتجاجيّة تُذَيَّل بتوقيعات متَّخِذة شكل دائرة لكي لا يُعرف من الذي وقّعها أولًا (٢) البيان الجماعيّ: بيان موقَّع من عدة أشخاص (٣) المائدة المستديرة (را. round table) (٤) المباراة المستديرة: مباراة يُنازل فيها كلّ من المتبارين كلَّ متبارٍ آخر (٥) سلسلة.

rounds·man [roundz'mən] *(n.)* (١) الموزِّع: شخص يطوف بالبيوت لتوزيع الحليب أو الخبز إلخ (٢) المفتّش؛ المراقب.

round table *(n.)* المائدة المستديرة: «أ» مؤتمر يُعْقَد حول مائدة مستديرة للمداولة في قضيّة ما. «ب» المشاركون في هذا المؤتمر.

round-the-clock *(adj.)* متواصل؛ مستمرّ؛ على مدار الساعة.

round trip *(n.)* الرِّحلة الانكفائيّة: رحلةٌ يُقام بها ذهابًا وإيابًا، عبر الطريق نفسها عادةً.

round·up [round'ŭp'] *(n.)* (١) «أ» الطِّراد: جَمْعُ الماشية بركوب الخيل من حولها وسَوْقها إلى جهة معيَّنة. «ب» الأشخاص [والخيل] المشاركون في ذلك. «ج» جَمْع شمل أو شتات (٢) «أ» موجَز. «ب» تلخيص.

round window *(n.)* الكُوَّة المستديرة [في الأذن] (ت).

roup [ro͞op] *(n.)* (١) خانوق الدَّجاج (مض) (٢) بُحَّة [في الصوت].

rouse [rouz] *(vt.; i.; n.)* (١) يُثير؛ يحرِّض؛ يستفزّ (٢) يُوقظ (٣) يستنهض [الهِمّة] x (٤) يستيقظ (٥) تُجْفِل: تنهَضُ الطريدة § (٦) إيقاظ (٧) استيقاظ (٨) بوق الإيقاظ (جن).

rous·ing [rou'zĭng] *(adj.)* (١) مثير <a ~ speech> (٢) ناشط <a ~ trade> (٣) مُذهِل؛ مُدْهِش <a ~ lie> (٤) استثنائيّ.

roust [roust] *(vt.)* يَطْرُد.

roust·a·bout [rous'tə bout'] *(n.)* (١) عامل غير بارع [في سفينة أو حقل نفط] (٢) عامل في سِيْرك [ينصِب الخيام ويُقوِّضها إلخ].

roust·er [rou'stər] *(n.)* = roustabout *1.*

rout[1] [rout] *(n.)* (١) حَشْد. وبخاصة: الرَّعاع؛ الدَّهماء (٢) اضطراب؛ شَغَب (٣) حفلة؛ استقبال.

rout[2] [rout; ro͞ot] *(vi.)* تخور [البقرة].

rout[3] [rout] *(vi.; t.)* (١) يقلب [الخنزيرُ] التربةَ بفِنْطيسته (٢) ينقِّب أو يبحث كيفما اتّفق x (٣) يَحْفِر؛ يخدِّد (٤) يوقِظ (٥) يكتشف.

rout[4] [rout] *(n.; vt.)* (١) هزيمة مُنْكَرة § (٢) يهزِمُ [هزيمةً مُنْكَرة] (٣) يَطْرُد.

route [ro͞ot; rout] *(n.; vt.)* (١) «أ» طريق. «ب» مَسْلك؛ قناة § (٢) يوجِّه؛ يُرْسِل؛ يُسيِّر (٣) يُعِدّ وينجز [معاملة].

en ~, في الطريق؛ على الطريق.

route march *(n.)* السَّير الطليق (جن).

router[1] 2.

rout·er[1] [rou'tər] *(n.)* (١) فا rout (٢) مِسْحاج التخديد.

rout·er[2] [ro͞o'tər] *(n.)* (١) فا route (٢) طويل النَّفَس: جواد مدرَّب على خَوْض السباقات الطويلة.

routh [routh; ro͞oth] *(n.)* كثرة؛ وَفْرة (إسك).

rou·tine [ro͞o tēn'] *(n.; adj.)* (١) الروتين: طريقة محدَّدة تجري على وتيرة

ă at; ā date; â care; ä car; ĕ egg; ē me; ĭ in; ī bite; ŏ lot; ō bone; ô orphan; oi boil; o͝o good; o͞o boot; ou out; ŭ under; û urgent; ə = *a* in alone, *e* in system, *i* in easily, *o* in gallop, *u* in circus.

واحدة في عملِ الأشياء (٢) كلامٌ معادٌ؛ صيغةٌ مكرورة (٣) المكرورة: فقرة أو «نمرة» مسرحية تكرر باستمرار § (٤) مُعتاد؛ عاديّ؛ مبتَذَل (٥) روتينيّ؛ وتيريّ؛ رتيب <~ methods>.

rou·tin·ism [ro͞o tē'nĭz əm] *(n.)* الروتينيّة؛ الوتيريّة: «أ» التمسُّك بالروتين. «ب» النظاميّة الميكانيكية في العمل.

rou·tin·ize *(vt.)* يُرَوْتِن: يجعله روتينيًّا أو وتيريًّا.

roux [ro͞o] *(n.)* الرُّو: مزيجٌ مَطْهُوّ من دقيقٍ ودُهن.

rove¹ [rōv] *(vi.; t.; n.)* (١) يَطُوف؛ يجول § (٢) طَواف؛ تَجْوال.

rove² *past and past part. of* reeve.

rove³ *(vt.)* (١) يَنْسُل (٢) يَضْغط؛ يَلُفّ؛ يَفْتِل.

ro·ver¹ [rō'vər] *(n.)* (١) قُرْصان (٢) سفينة قرصنة.

ro·ver² *(n.)* الطائف؛ الجوّال.

rov·ing¹ [rō'vĭng] *(n.)* طَواف؛ تَجْوال.

rov·ing² *(adj.)* (١) مترحِّل؛ جوّال (٢) متنقِّل؛ متجوِّل (٣) زائغ؛ شارد.

row¹ [rō] *(vi.; t.; n.)* (١) يُجَذِّف x (٢) يكون ذا عددٍ مُعيَّن من المجاذيف <The ceremonial barge ~ed 14 oars.> § (٣) تجذيف.

row² [rō] *(n.; vt.)* (١) صفّ [من الأشجار إلخ] (٢) طريق؛ شارع § (٣) يَصُفّ؛ يُصَفِّف.
- a hard ~ to hoe — مهمّة شاقّة؛ حياة حافلة بالمتاعب.

row³ [rou] *(n.; vi.)* (١) شِجار (٢) صَخَب § (٣) يتشاجر (٤) يُوبِّخ.
- to get in (*or* into) a ~, — يُوبَّخ؛ يُؤَنَّب؛ يُعَنَّف.
- to make (*or* kick up) a ~, — يُشاجِر؛ يُقيم الدُّنيا ويُقعِدها.

row·an [rou'ən; rō'-] *(n.)* (١) غُبَيْراء الحابلين؛ شجرة السِّمِّن: شجرة ذات زهرات بيضاء (٢) ثمر غبيراء الحابلين.

row·an·ber·ry [rou'ən bĕr'ĭ; rō'ən-] *(n.)* = rowan *2*.

row·boat [rō'bōt'] *(n.)* زَوْرق التجذيف.

row·di·ly [rou'dĭ lĭ] *(adv.)* بفظاظة؛ بِشَكاسة إلخ.

row·dy¹ [rou'dĭ] *(adj.)* فظّ؛ مُشاكِس؛ مُحِبٌّ للخصام.

row·dy² *(n.)* شخص فظّ أو مُشاكس أو مُحِبّ للخصام.

row·dy·ish [rou'dĭ ĭsh] *(adj.)* فظّ؛ مشاكس؛ مُحِبّ للخصام.

row·el [rou'əl] *(n.; vt.)*, **-eled** *or* **-elled** (١) ناخسة المِهماز: دولاب صغير حادُّ الأسنان في طرف المِهماز § (٢) يَنْخَس (٣) يَغيظ؛ يُناكِد؛ يُثير.

R. rowel 1.

row·en [rou'ən] *(n.)* = aftermath *1*.

rowing boat *(n.)* = rowboat.

row·lock [rō'lŏk] *(n.)* = oarlock.

roy·al [roi'əl] *(adj.; n.)* (١) مَلَكيّ (٢) هيِّن؛ سَهْل (٣) فَخْم؛ رائع (٤) ضَخْم (٥) ممتاز § (٦) المَلَكيّ: شخص متحدِّر من سلالةٍ مَلَكيّة (٧) شراع (٨) أيِّل (ع) (٩) المَلَكيّ: قياسٌ من الورق.

Royal Highness *(n.)* صاحبُ السُّمُوّ.

roy·al·ism [roi'əl ĭz əm] *(n.)* = monarchism.

roy·al·ist [roi'əl-] *(n.; adj.)* (١) المَلَكيّ: المؤيِّد للحكم المَلَكيّ (٢) ملِك رجعيّ [من ملوك المال والأعمال] § (٣) مَلَكيّ.

royal jelly *(n.)* الهُلام المَلَكيّ؛ العَسَل المَلَكيّ.

roy·al·ly [roi'əl ĭ] *(adv.)* مَلَكيًّا؛ على نحوٍ مَلَكيّ.

royal palm *(n.)* النَّخْل المَلَكيّ: نخل طويل ذو جذع ضاربٍ إلى البياض، يُزرَع للتزيين عادةً.

royal purple *(n.)* الأُرْجُوانيّ المَلَكيّ: لون أرجوانيّ داكن.

roy·al·ty [roi'əl tĭ] *(n.)* (١) السُّلطة المَلَكيّة (٢) نُبْل؛ نبالة (٣) امتياز ملكيّ (٤) «أ» أسرة أو شخصية ملكيّة. «ب» طبقة [من الناس] ذات امتياز (٥) حِصّة؛ نصيب (٦) الجُعالة؛ الجُعْل: مبلغ من المال يُدفَع إلى المؤلف، أو المخترع، عن كلّ نسخة، أو سلعة، مبيعة من كتابه أو اختراعه.

-rrhagia لاحقة معناها: نزفٌ <metro*rrhagia*>.

-rrhea لاحقة معناها: دَفْق <dia*rrhea*>.

-rrhine *or* **-rhine** لاحقة معناها: ذو أنفٍ من نوع معيَّن.

-rrhiza = -rhiza.

-rrhoea = -rrhea.

rub [rŭb] *(vi.; t.; n.)* (١) يحتكّ بكذا [أو يضغط على كذا] أثناء حركته <The door ~s on the floor.> (٢) يواصل سيره بصعوبة <We have no money, but we shall ~ along.> (٣) ينمحي x (٤) «أ» يَفْرُك. «ب» يَصْقُل. «ج» يَحُكّ. «د» يمحو؛ يُزيل (٥) يُسْخِط؛ يُثير؛ يُغضِب § (٦) «أ» عدم استواء [في سطحٍ ما]. «ب» صعوبة؛ مشكلة؛ عقبة <There is the ~.> (٧) توبيخ؛ سخرية؛ نقد لاذع (٨) فَرْك؛ صقل؛ حكّ؛ مَحْو.
- to ~ down — (١) يُدَلِّك [الجسمَ] (٢) ينشّف جسمَهُ [بعد الحمّام].
- to ~ in — يؤكّد على.
- to ~ it in — يواصل ذكرَ شيءٍ غير مُسْتَحَبّ.
- to ~ off — (١) يُزيل بالحكّ (٢) يزول بالحكّ.
- to ~ the right way — يُرضي؛ يُهَدِّئ.
- to ~ the wrong way — يضايق؛ يُثير؛ يَغيظ؛ يُغضِب.

rub–a–dub [rŭb'ə dŭb'] *(n.)* قرع الطُّبول؛ صوت الطبول.

ru·basse [ro͞o băs'; -bäs'] *(n.)* الرّوباس: كوارتز أحمر اللون.

rub·ber¹ [rŭb'ər] *(n.; adj.)* (١) فا rub (٢) مِمحاة (٣) مطّاط (٤) جُرموق؛ كَلوش (را. galosh) (٥) دولاب مطّاطيّ (٦) دواليب السيارة (٧) الرِّفال (را. condom) § (٨) مَطّاطيّ.

rub·ber² *(n.)* (١) الثّلاثيّة: مباراةٌ مؤلّفة من ثلاث دورات عادةً يكسبها الفريق الذي يفوز بدورتين (٢) الجولة الحاسمة [في لعبةٍ ما].

rub·ber³ *(vi.)* يَنْظُرُ بفُضول: يُتلِع عُنُقَهُ أو يدير رأسه [لينظر إلى].

rubber adhesive *(n.)* = rubber cement.

rubber cement *(n.)* اللِّصاق أو اللَّصوق المَطّاطي.

rubber check *(n.)* الشيك المردود أو المُرْتَدّ.

rub·ber·ize [rŭb'ə rīz'] *(vt.)* يُمطِّط؛ يُعامِل بالمطّاط: يكسو أو يُشبع بالمطّاط أو بمحلولٍ مطّاطيّ.

rub·ber·like [rŭb'ər līk'] *(adj.)* مطّاطيّ؛ كالمطّاط.

rub·ber·neck [-nĕk'] *(vi.; n.)* (١) ينظر بفضول (٢) يَسِيحُ [في البلاد]

في الكنائس.

ru·bri·cate [ro͞o'brə kāt'] *(vt.)* (١) يلوّن أو يؤشّر [تحت الكلام] بالحبر الأحمر (٢) يزوّد بقواعد خاصّةٍ [بالقيام بالخدمة الدينية] (٣) يُقعِّد: يَضَعُ القواعدَ لِـ . . .

ru·by [ro͞o'bĭ] *(n.; adj.)* (١) «أ» ياقوت. «ب» ياقوتة. «ج» حَجَر [من أحجار الساعة] (٢) الياقوتيّ: «أ» لونُ الياقوت الأحمر الداكن. «ب» شيء ياقوتيّ اللون § (٣) ياقوتيّ اللون.

ruche [ro͞osh] *or* **ruch·ing** [ro͞o'shĭng] *(n.)* كَشْكَش [للملابس النساء].

ruck [rŭk] *(n.; vt.; i.)* (١) حَشْد (٢) مجموعة؛ جماعة (٣) ثَنْية؛ غَضَنٌ § (٤) يثير؛ يُغضب [تتبعها *up*] x (٥) يتثنّى؛ يتغضّن (٦) يثور؛ يَغْضَب.

ruck·sack [rŭk'săk'] *(n.)* = knapsack.

ruck·us [rŭk'əs] *(n.)* ضجّة؛ جَلَبة؛ صَخَب.

ruc·tion [rŭk'shən] *(n.)* (١) شِجار (٢) اضطراب؛ هياج.

rud·beck·i·a [rŭd bĕk'ĭ ə] *(n.)* الرُّدْبكيّة: عشبة من المركّبات (نب).

rudd [rŭd] *(n.)* الرَّضّ؛ البَرْعان: سمك نهريّ.

rudd

rud·der [rŭd'ər] *(n.)* (١) دَفّة؛ سُكّان [السفينة أو الطائرة] (٢) المُوَجِّه؛ الهادي؛ الضابط.

rud·der·post; rud·der·stock *(n.)* عمود الدَّفّة (مل).

rud·dle [rŭd'əl] *(n.; vt.)* (١) المَغْرة الحمراء (را. red ocher) § (٢) يُمَغِّر: «أ» يَصبغ بالمَغْرة الحمراء. «ب» يُحمِّر: يجعله أحمر اللون.

rud·dle·man [-mən] *(n.)* بائع المَغْرة الحمراء.

rud·dock [rŭd'ək] *(n.)* أبو الحِنّاء (را. robin).

rud·dy [rŭd'ĭ] *(adj.)* (١) مُتورِّد (٢) «أ» أحمر. «ب» مُحْمَرّ (٣) لعين؛ ملعون (٤) فاضح؛ شائن.

rude [ro͞od] *(adj.)* (١) خامٌ؛ طبيعيّ (٢) بدائيّ (٣) بسيط (٤) جاهل (٥) متوحش: همجيّ (٦) فظّ؛ جِلف؛ غير مهذَّب (٧) بذيء <~ words> (٨) خشِن؛ قاسٍ (٩) متنافر (١٠) غِرّ؛ تُعْوِزُهُ البراعة (١١) جيِّد؛ قويّ <~ health> (١٢) عنيف <a ~ shock> (١٣) موقَّت (١٤) تقريبيّ.

rude·ness *(n.)* بساطة؛ توحُّش؛ فظاظة؛ جلافة إلخ.

ru·di·ment [ro͞o'də mənt] *(n.)* (١) *pl.*: مبادئ <~s of law> (٢) «أ» البداءة: شيء في مرحلة بدائية؛ عضو غير تامّ النموّ. «ب» بقايا أو آثار عضو (أح).

ru·di·men·tal; ru·di·men·ta·ry *(adj.)* (١) أوّليّ؛ ابتدائيّ؛ أساسيّ (٢) بدائيّ؛ غير متطوّر (٣) متخلّف: غير مكتمل النموّ.

rue[1] [ro͞o] *(vt.; i.; n.)*, **rued; ru·ing**. (١) يأسف؛ يَنْدم § (٢) أسفٌ؛ نَدمٌ.

rue[2] *(n.)* السَّذاب؛ الفَيْجن: نبتة طبّيّة معمّرة.

rue·ful [ro͞o'fəl] *(adj.)* (١) مُحْزِن؛ يُرْثَى له (٢) حزين؛ كئيب.

ru·fes·cent [ro͞o fĕs'ənt] *(adj.)* مُحْمَرّ؛ ضاربٌ إلى الحُمْرة.

ruff[1] [rŭf] *(n.)* الراف: سمك نهريّ أوروبيّ.

§ (٣) الفضوليّ؛ مُحِبّ الاستطلاع (٤) السّائح.

rubber plant *(n.)* تينُ المطّاط: شجرة زينيّة.

rubber stamp *(n.)* (١) الختم المطّاطيّ: ختمٌ مصنوعٌ من مطّاط (٢) البَبَّغاء: المقلِّد أو المحاكي لغيره؛ المردِّد لأقوال غيره ترديدًا بَبَّغائيًّا (٣) الإمَّعة: الموافق على رأي أو سياسة من غير تفكير أو مناقشة (٤) الرَّوسم؛ الكليشيه: تعبير مألوف أو مبتذل تُعوزه الأصالة أو الشخصية (٥) موافقة روتينية.

rubber stamp *l.*

rub·ber–stamp *(vt.)* (١) يوافق من غير مناقشة أو تفكير (٢) يَخْتِم [بخَتْمٍ مطّاطيّ].

rub·ber·y [rŭb'ə rĭ] *(adj.)* مطّاطيّ؛ شبيه بالمطّاط.

rub·bing [rŭb'ĭng] *(n.)* فَرْك؛ حَكٌّ؛ صَقْل إلخ.

rub·bish [rŭb'ĭsh] *(n.)* (١) نُفاية (٢) سَقَط المَتاع (٣) هُراء.

rub·ble [rŭb'əl] *(n.)* (١) الإثْلَب؛ الدَّبش: قِطعٌ غير مصقولة من كُسارة الحجارة (٢) مبنًى من الإثلب (٣) سَقَط المتاع (٤) الكُسارة: ما تكسَّر من أية مادة صُلْبة [كالجليد ونحوه] (٥) أنقاض.

rub·ble·work [-wûrk'] *(n.)* الإثْلَبيّ: مبنًى من إثْلَب أو دَبْش.

rub·down [rŭb'-] *(n.)* التدليك: دَلْك شديد للجسم [بعد الحمّام].

rube [ro͞ob] *(n.)* الريفيّ؛ الأخرق؛ السّاذج.

ru·be·fa·cient [ro͞o'bə fā'shənt] *(adj.; n.)* (١) مُحَمِّرٌ [للبَشَرة] § (٢) المُحَمِّر: علاجٌ يُحدث احمرارًا في البَشَرة.

ru·bel·la [ro͞o bĕl'ə] *(n.)* الحَصْبة الألمانية.

ru·bel·lite [ro͞o bĕl'īt] *(n.)* الرُّبَلّيت: تورمالين tourmaline أحمر.

ru·be·o·la [ro͞o bē'ə lə] *(n.)* (١) الحَصْبة (٢) الحصبة الألمانية.

Ru·bi·con [ro͞o'bə kŏn] *(n.)* (١) روبيكون: نُهير في الجزء الشمالي من إيطاليا (٢) تَخْم؛ حدّ؛ حدٌّ فاصل.

to pass *or* cross the ~, يجتاز الروبيكون: يتّخذ قرارًا خطيرًا لا سبيل إلى الرجوع عنه.

ru·bi·cund [ro͞o'bə kŭnd'] *(adj.)* = ruddy.

ru·bid·i·um [ro͞o bĭd'ĭ əm] *(n.)* الروبيديوم: عنصر فلزّيّ (ك).

ru·bi·fy [ro͞o'bə fī'] *(vt.)* يُحَمِّر: يجعله أحمر اللون.

ru·big·i·nous [ro͞o bĭj'ə nəs] *(adj.)* صَدِئ؛ ذو لونٍ صدئ.

ru·bi·ous [ro͞o'bĭ əs] *(adj.)* ياقوتيّ اللون: ذو لون أحمرَ داكنٍ.

ru·ble [ro͞o'bəl] *(n.)* الرُّوبل: وحدة النقد في روسيا.

ru·bric [ro͞o'brĭk] *(n.)* (١) العنوان المُمَيَّز: عنوانُ فَصْلٍ مطبوعٌ باللون الأحمر أو بأحرفٍ خاصّةٍ (٢) اسم؛ عنوان. وبخاصة: عنوانُ قانون (٣) فئة (٤) قاعدة. وبخاصة: قاعدة من قواعد القيام بالخدمة الدينية <the ~s of the Mass> (٥) سُنّة؛ عادة.

ru·bri·cal [ro͞o'brə kəl] *(adj.)* (١) «أ» أحمر. «ب» مؤشَّر تحته بالأحمر. «ج» مطبوع أو مكتوب بحروف خاصة (٢) خاصّ بقواعد القيام بالخدمة الدينية

ă at; ā date; â care; ä car; ĕ egg; ē me; ĭ in; ī bite; ŏ lot; ō bone; ô orphan; oi boil; o͝o good; o͞o boot; ou out; ŭ under; û urgent; ə = *a* in alone, *e* in system, *i* in easily, *o* in gallop, *u* in circus.

ruff² *(n.)* الرّاف: «أ» طوق رقبةٍ مُكَشْكَش كان يرتديه الرجال والنّساء في القرنين السادس عشر والسابع عشر. «ب» طوقٌ من ريش حول عُنُق الطائر. «ج» طائر مائيّ تتميّز ذكوره، في فترة التناسل، بأطواقٍ ريشيّة حول أعناقها.

ruff² a.

ruffed grouse

ruff³ *(n.)* إلقاء الورقة الرابحة [في لعبة الشّدّة].

ruffed grouse *(n.)* الطَّيهوج المطوَّق.

ruf·fi·an [rŭf'ĭ ən] *(n.; adj.)* (١) شخص شرِسٌ § (٢) شرِسٌ.

ruf·fle¹ [rŭf'əl] *(vt.; i.; n.)* (١) يُزعج؛ يكدِّر (٢) يَنْفُش: يَنْفُش الطائر ريشه عند الغضب (٣) «أ» يقلّب بسرعةٍ [صفحاتِ الكتاب]. «ب» يَخْلِط [ورقَ اللّعِب] (٤) يغضِّن؛ يُجعِّد؛ يُمَوِّج (٥) يُكَشْكِش: «أ» يجعل من القماش كَشْكَشًا. «ب» يزوِّد الثوب بكَشْكَش x (٦) يتكدَّر (٧) يتغضَّن؛ يتجعّد § (٨) كَدَرٌ؛ انزعاج (٩) اضطراب؛ تشوُّش (١٠) «أ» كَشْكَشٌ. «ب» طوقُ ريشٍ [حول عُنق الطائر] (١١) تَغَضُّنٌ؛ تَجعُّدٌ.

ruf·fle² *(n.; vt.)* (١) رَجّة الطَّبْل § (٢) يقرع الطَّبْلَ قرعًا خفيفًا.

ru·fous [rōō'fəs] *(adj.)* مُحْمَرّ؛ ضاربٌ إلى الحمرة.

rug [rŭg] *(n.)* (١) سَجّادة؛ بساط (٢) «أ» بطّانية. «ب» دثار غليظ.

ru·ga [rōō'gə] *(n.)* pl. **-gae** [gī; gē; jē] جَعْدة؛ غَضَنٌ.

ru·gate [rōō'gāt; -gĭt] *(adj.)* جَعْدٌ؛ متجعِّد؛ متغضِّن.

Rug·by [rŭg'bĭ] *(n.)* الرُّكبي: ضربٌ من كرة القدم.

rug·ged [rŭg'ĭd] *(adj.)* (١) وَعْر <~ ground> (٢) عاصف (٣) متجعِّد؛ متغضِّن؛ مخدَّد <her ~ face> (٤) صارِم: دالّ على القوة أو العزم (٥) «أ» كالح؛ مُتَجهِّم. «ب» قاسٍ؛ شاقّ؛ وَعْرُ المسالك <to lead a ~ life> (٦) فظّ؛ جِلف (٧) غير مصقول أو مهذَّب (٨) جريء؛ قويّ البنية <~ pioneers>.
— **rug·ged·ness** *(n.)*

rug·ged·ize [rŭg'ĭd īz'] *(vt.)* يُمَرِّس؛ يُمَتِّن؛ يصلِّد؛ يُقَوّي.

ru·gose [rōō'gōs] *(adj.)* (١) مُخَدَّد؛ متجعِّد <her ~ cheeks> (٢) غائر العروق: ذو عروق غائرة، مع ارتفاع في الأجزاء التي بينها <a ~ leaf>.

ru·gous [rōō'gəs] *(adj.)* = rugose.

Ruhm·korff coil [rōōm'kôrf] *(n.)* = induction coil.

ru·in [rōō'ĭn] *(n.; vt.; i.)* (١) خراب؛ دمار (٢) انهيار [صحّيّ أو أخلاقيّ أو اجتماعيّ] (٣) فقر؛ إفلاس (٤) *pl.*: أطلال؛ خرائب؛ بقايا (٥) سَبَب الخراب أو الانهيار <Drink will be his ~.> (٦) «أ» تخريب؛ تدمير. «ب» ضَرَر؛ أذًى (٧) مبنًى خَرِبٌ (٨) المُعدِم: شخص ألمَّ به الخراب أو الفقر § (٩) يخرِّب؛ يُدَمِّر (١٠) يُفقر؛ يُفلس (١١) يُحبط (١٢) يُفْسِد: يُعَطِّل (١٣) يغتصب: يَسْلب المرأةَ عفافَها x (١٤) يَتَهدَّم (١٥) يفتقر؛ يُفلس.

ru·in·ate [rōō'ə nāt] *(adj.; vt.; i.)* (١) خَرِب؛ متهدِّم § (٢) يُخَرِّب؛ يهدِّم x (٣) يَخْرَب؛ يتهدّم.

ru·in·ed [rōō'ĭnd] *(adj.)* خَرِب؛ مَتَهدِّم؛ مُفلِس إلخ.

ru·in·ous [rōō'ə nəs] *(adj.)* (١) خرِب؛ متَهَدِّم (٢) هَدّام.

rule [rōōl] *(n.; vt.; i.)* (١) «أ» قانون؛ دستور. «ب» أمر قضائيّ (٢) قاعدة (٣) حُكم؛ سلطة (٤) عَهْد (٥) «أ» مِحَكّ. «ب» مِسطرة؛ مقياس (٦) الشريط: رَقيقةٌ معدنيّة لطبع خطّ (طع) § (٧) يوجِّه؛ يهدي (٨) «أ» يحكم. «ب» يأمر أو يقرِّر قضائيًا (٩) يسطِّر بمسطرة x (١٠) يُسيطر؛ يَسُوْد (١١) يكون على مستوًى معيَّن أو حالة معيَّنة <Prices ~d high all the year.>.

according to ~, وفقًا للقواعد والأنظمة.

as a ~, عادةً؛ في أغلب الأحيان.

to ~ something off يَفصِله عن غيره بتسطير خطّ.

to ~ something out (١) يستبعد؛ يُعلِن أنه غيرُ واردٍ أو لا مجال للبحث فيه (٢) يعطِّل؛ يجعله مستحيلًا.

to work to ~, يَعمَل على القانون: يُغالي، عن عمد، في التقيّد بالأنظمة والقوانين بحيث ينخفض الإنتاج.

rule·less [rōōl'ləs] *(adj.)* سائب: غير مقيَّد بقانون.

rule of three *(n.)* قاعدة الثلاثة (ر).

rule of thumb *(n.)* قاعدة الإبهام: «أ» قياس أو حساب تقريبي. «ب» حُكم التجربة: حكمٌ مبنيّ على التجربة العمليّة لا على المعرفة العلميّة.

rul·er [rōō'lər] *(n.)* (١) الحاكم (٢) «أ» المسطِّر: عاملٌ يُسَطِّر الورق. «ب» المُسَطِّرة: ماكينة لتسطير الورق (٣) مِسْطرة.

rul·ing *(n.; adj.)* (١) حكم؛ سيطرة (٢) قرار محكمة (٣) تسطير بمسطرة (٤) خطوط مُسَطَّرة § (٥) حاكم (٦) سائد.

rum¹ [rŭm] *(n.)* الرَّمّ: شراب مُسْكِر.

rum² *(adj.)* (١) غريب؛ عجيب (٢) صعب؛ عسير؛ خطِر.

Ru·ma·ni·an [rōō mā'nĭ ən] *(n.; adj.)* (١) الرومانيّ: أحد أبناء رومانيا (٢) اللغة الرومانيّة § (٣) رومانيّ.

rum·ba [rŭm'bə] *(n.; vi.)* (١) الرّومبا: «أ» رقصة الرومبا. «ب» موسيقى هذه الرقصة § (٢) يرقصُ الرومبا.

rum·ble [rŭm'bəl] *(vi.; t.; n.)* (١) يُدمدم؛ يُقعقِع (٢) يُلعلع [الرصاص]؛ يَهْزِم [الرَّعدُ]؛ يُقرقر [البطنُ] x (٣) يَصْقُل [قطعةً معدنيّةً] في برميل دوّار § (٤) دمدمة؛ قعقعة؛ لعلعة؛ هزيم؛ قرقرة (٥) المقعد الإضافيّ: مقعد خلفيّ إضافي مكشوف [في سيّارة أو عربة] (٦) برميل دوّار [لصقل القطع المعدنية إلخ] (٧) «أ» تذمُّر عامّ. «ب» شجار في الشارع [وبخاصة بين زُمَرٍ من المراهقين].
— **rum·bling** *(n.)*

rum·bly [rŭm'blĭ] *(adj.)* مُدَمْدِم؛ مُقَعْقِع؛ مُلَعْلِع؛ مُقَرقِر.

ru·men [rōō'mĕn] *(n.)* pl. **-mi·na** [mə nə] *or* **-mens** الكَرْش: معدةُ الحيوان المُجْترّ الأولى (ت).
— **ru·mi·nal** *(adj.)*

ru·mi·nant [rōō'mə nənt] *(n.; adj.)* (١) المُجْترّ؛ الحيوان المُجْترّ § (٢) «أ» مُجترّ. «ب» اجتراريّ (٣) متأمِّل أو مولعٌ بالتأمّل.

ru·mi·nate [rōō'mə nāt'] *(vt.; i.)* (١) يجترّ (٢) يتأمّل؛ يتبصّر في.
— **ru·mi·na·tion; ru·mi·na·tor** *(n.)*

ru·mi·na·tive [-nā'tĭv] *(adj.)* (١) اجتراريّ (٢) تأمُّليّ؛ تَبَصُّريّ.

rum·mage¹ [rŭm'ĭj] *(vi.; t.)* (١) يبحث؛ ينقّب؛ يفتّش بدقّة (٢) يكتشف بالبحث والتنقيب (٣) يفحص بدقّة.

rum·mage² *(n.)* (١) النثريّات: «أ» أشياء مختلفة مختلطة. «ب» نثريات معروضة للبيع (٢) بحث؛ تنقيب؛ تفتيش.

rummage sale *(n.)* «سُوق» النثريات : بَيْعٌ للنثريات والملابس العتيقة إلخ .

rum·mer [rŭm′ər] *(n.)* قَدَح كبير ؛ كوبٌ كبير .

rum·my[1] [rŭm′ĭ] *(adj.)* عجيب ؛ غريب .

rum·my[2] *(n.)* السِّكّير ؛ مُدْمِنُ الخمرة .

rum·my[3] *(n.)* الرُّوميّ : لعبة بورق الشَّدّة .

ru·mor; ru·mour [rōō′mər] *(n.; vt.)* (١) إشاعة ؛ شائعة (٢) هَمْهَمة ؛ دمدمة § (٣) يُشيع : يُطلق إشاعةً أو يُرَوِّجها .

ru·mor·mon·ger [rōō′mər mŭng′gər] *(n.)* مُطْلِق الإشاعات .

rump [rŭmp] *(n.)* (١) كَفَل ؛ عَجُز (٢) الزِّمِكَّى : مَنْبِت ذنب الطائر (٣) الكَفَليّة : قطعة لحم من كَفَل البقرة (٤) فَضْلة ؛ بقيّة ؛ أثارة .

rum·ple [rŭm′pəl] *(n.; vt.; i.)* (١) جَعْدة ؛ غَضَنٌ § (٢) يُجعِّد ؛ يُغَضِّن (٣) يُشَعِّث : يجعله أشعثَ **x** (٤) يتجعَّد ؛ يتغضَّن (٥) يتشَعَّث .

rum·pled *(adj.)* جَعْدٌ ؛ متجعِّد ؛ مُتَغَضِّن .

rum·pus [rŭm′pəs] *(n.)* (١) شجار (٢) جَلَبة ؛ ضوضاء ؛ ضجيج .

rumpus room *(n.)* = playroom.

rum·run·ner [rŭm′-] *(n.)* مُهَرِّب الخمور أو سفينة لتهريبها .

run [rŭn] *(vi.; t.; n.; adj.)* (١) «أ» يعدو ؛ يركض . «ب» يفرّ (٢) «أ» ينطلق بحُرّيّة . «ب» يطوف ؛ يَجول (٣) «أ» يُسرِع ؛ يُعجِّل . «ب» يلجأ ؛ يَفزَع إلى (٤) يخوض سباقًا أو معركةً انتخابيّة (٥) «أ» ينزلق ؛ يجري على عجلات . «ب» يكرّ أو ينسُلُ طوليًّا <stockings guaranteed not to ~> (٦) يغنّي أو يعزف بسرعة (٧) «أ» يذرع المكانَ جيئةً وذهوبًا . «ب» يهاجر [السمكُ] جماعاتٍ (٨) «أ» يدور . «ب» يَعْمَلُ ؛ يَسير بِـ <This engine ~*s* on gasoline.> (٩) يظلّ نافذ المفعول (١٠) يقع [في الدَّين] (١١) «أ» يسيل ؛ يذوب . «ب» ينحلّ [اللونُ] . «ج» يُفرز قيحًا . «د» يسيل المخاط من الأنف (١٢) «أ» ينمو بسرعة في اتجاه معيَّن . «ب» ينزع إلى الاتّصاف بصفة معيَّنة <They ~ to big noses in that family.> (١٣) «أ» يمتدّ <The boundary line ~*s* west.> . «ب» يقعُ . «ج» يَرْجع . «د» يجري على نحوٍ أو نَسَق معيَّن <The poem ~*s* as follows.> (١٤) «أ» يتكرَّر <Musical talent seems to ~ in Salma's family.> . «ب» يستمرّ في كذا <Prices are ~*ning* high.> . «ج» يستمرّ عرضه على المسرح <His play *ran* for ten months.> (١٥) «أ» يتنقّل بسرعة من نقطة إلى أخرى . «ب» ينتشر **x** (١٦) «أ» يسوق بسرعة . «ب» يلقي بنفسه في التهلكة إلخ <She *ran* herself to death.> . «ج» يُطارِد . «د» يتعقّب آثاره <Sami *ran* the rumor to its source.> . «هـ» يسجِّل [فرسًا] في سباق . «و» يرشِّح لمنصب (١٧) «أ» يجتاز راكضًا أو بسرعة <to ~ the streets> . «ب» يَنْقُل [في مركب أو عربة إلخ] . «ج» ينقل الرسائل بسرعة . «د» يخترق حصارًا (١٨) «أ» يُدْخِل ؛ يُسْلِك ؛ يُقْحِم . «ب» يَدْرُز . «ج» يَرْطُم . «د» يهرِّب [بضاعةً] (١٩) يتصفَّح أو يُجِيل طَرْفَهُ بسرعة (٢٠) «أ» يوجِّه [السيّارة] في اتجاه معيَّن . «ب» يُشغِّل [ماكينةً] . «ج» يدير [عملًا أو مؤسسة] . «د» يُقيم ؛ يَنْصُب <*ran* a partition across the room> (٢١) يفيض بِـ <Roads ~ blood.> (٢٢) يضع ؛ يصنِّف الأوراق أو يُنزلها في منازلها (٢٣) «أ» يسبك . «ب» يَصُبّ . «ج» يكرِّر ؛ يصفّي (٢٤) يجازف ؛ يتحمّل المخاطرة <to ~ the risk> (٢٥) يرسم خطًّا (٢٦) يطبع ؛ ينشر § (٢٧) «أ» عَدْو ؛ رَكْض ؛ جَرْي . «ب» هجرة جماعية [للأسماك] . «ج» الجماعة : مجموعة أسماك مهاجرة <a ~ of salmon> (٢٨) «أ» سباق في العَدْو <a mile ~> . «ب» القدرة على العَدْو <The first two laps took most of the ~ out of him.> (٢٩) «أ» جَدْول ؛ نُهَيْر . «ب» دَفْق (٣٠) «أ» مؤخَّر الجزء المغمور في الماء من المركب . «ب» اتجاه شيء ما <the ~ of the grain of wood> . «ج» مجرى أو اتجاه عامّ <the ~ of events> (٣١) «أ» تواصل ؛ تعاقب ؛ استمرار <a ~ of good luck> . «ب» سلسلة متواصلة من خطوات الرقص القصيرة السريعة أو ضربات البليارد الموفّقة إلخ . «ج» عَرْض متواصلٌ لمسرحية إلخ . «د» تزاحم على مصرف [لاسترداد الودائع إلخ] . «هـ» تعاقب نغماتٍ سريعٌ (مو) (٣٢) نَوْع ؛ ضَرْب <the common ~ of people> (٣٣) «أ» المسافة المجتازة في فترة من السفر أو الإبحار المتواصل . «ب» رحلة خاطفة . «ج» حرية الدخول أو التنقّل أو الاستعمال <He had the ~ of the house.> (٣٤) «أ» فترة بقاء الماكينة [أو المصنع] دائرة . «ب» مقدار العمل المنتَج خلال هذه الفترة (٣٥) «أ» طريق . «ب» قناة ؛ أنبوب . «ج» حظيرة <a sheep ~> . «د» مَرْعًى (٣٦) مُنْحَدَر [للتزلُّج إلخ] (٣٧) نَسْلٌ [في جورب] § (٣٨) ذائب <~ butter> (٣٩) مصبوب ؛ مسبوك <~ metal> (٤٠) مهرَّب <~ diamonds> (٤١) مهاجر <a fresh ~ salmon> (٤٢) مُرْهَق [من العَدْو] .

at a ~, ركضًا ؛ عَدْوًا .

in the long ~, في النهاية ؛ في نهاية المطاف .

on the ~, (١) مُطارَد ؛ فارّ (٢) منهمك .

to ~ about يطوف ؛ يجول ؛ يتنقّل من مكان إلى مكان .

to ~ across يجد شيئًا [أو يلتقي بشخص] مصادفةً .

to ~ after يُلاحق ؛ يُطارد .

to ~ along يمضي ؛ ينصرف ؛ يَرْحل .

to ~ at يُباغت ؛ يَهْجم فجأةً [على] .

to ~ a temperature يُصاب بالحُمَّى (ع) .

to ~ away يفرّ ؛ يَهْرُب ؛ يُوَلّي الأدبار .

to ~ away with (١) يستهلك (٢) يهرب مع . . . (٣) يسرق (٤) يتفوّق على [وبخاصة في التمثيل المسرحي] (٥) يُسرع إلى الاستنتاج (٦) تنطلق [السيارة إلخ] بسرعة خاطفة (٧) يثور [غضبُهُ] .

to ~ back يُعيد لفَّ الشريط المسجَّل [بإرجاعه إلى الوراء] .

to ~ back over يستعرض أحداث الماضي .

to ~ down (١) يتوقف ؛ يكفّ عن العمل (٢) يصاب بإرهاق أو تعب (٣) تسوء صحته (٤) يَصْدِم أو يصطدم بِـ (٥) يذمّ ؛ يطعن في (٦) يطارد أو يلحق بِـ (٧) يخفف نشاط شيء ؛ يخفض عدد المستخدمين .

to ~ dry يَجِفّ ؛ يَنْضُب .

to ~ for يَخوض معركة الانتخابات .

to ~ for his life يفرّ [ناجيًا بنفسِهِ من . . .] .

to ~ in (١) يَعتقل ويلقي في السجن (٢) يقوم بزيارة خاطفة (٣) «أ» ينضِّد السطور المطبعيّة على نحو متواصل [من غير أن يجزئها إلى فقرات] . «ب» يُقحم [مادّة إضافيّة بين السطور] (٤) يترفّق بمحرّك السيارة الجديدة [فيقودها بسرعة مُعتدلة] .

to ~ into (١) يصطدم بـِ (٢) يلتقي [بصديق إلخ مصادفةً] (٣) يقع [في دَيْن أو خطر] (٤) يوقِعُهُ [في الدَّين إلخ] (٥) يبلغ ؛ يصلُ إلى .

to ~ its course يجري مجراه [المألوف] .

to ~ off (١) يَفِرّ (٢) يَصُبّ [من وعاء] (٣) يُفرغ [وعاءً] (٤) يكتب أو يتلو أو يُنتج بسرعة أو يُسْر (٥) يَطبع (٦) يَسْرِق (٧) يذوب [الثلجُ] (٨) يَطْرد .

to ~ on (١) يستمرّ ؛ يتواصل (٢) يتحدّث أو يروي بإسهاب (٣) يضيف شيئًا [في نهاية النصّ إلخ] (٤) ينقضي [الوقتُ] (٥) يأخذ [المرضُ] مجراه الطبيعي (٦) يدور على [موضوع معيَّن] (٧) يُنَضِّد [السطورَ الطباعيّة] على نحو متواصل من غير أن يجزِّئها إلى فقرات .

to ~ out (١) ينقضي ؛ ينتهي (٢) يأخذ في النقص (٣) يُمْنى بنقصٍ [في المؤن إلخ] (٤) يَنفد [الصَّبر] (٥) يستهلك [كلَّ ما عنده من سكاير إلخ] (٦) ينتأ (٧) يُرهق نفسه بالركض (٨) يُتمّ ؛ يُنهي (٩) يَطْرد .

to ~ over (١) يفيض ؛ يطفح (٢) يتجاوز الحدّ المقرَّر (٣) يراجع ؛ يُعيد باختصار (٤) يتصفَّح (٥) يَدْهَس (٦) يقوم بزيارة خاطفة .

to ~ round يزوره [زيارةً خاطفةً] .

to ~ short يتناقص ؛ يأخذ في التناقُص .

to ~ short of يَنفَد [ما عنده من مالٍ إلخ] .

to ~ through (١) يطعن [بسيفٍ إلخ] (٢) يُبدِّد [الثروة] (٣) يلقي نظرة خاطفة على ؛ يتصفّح أو يفحص بسرعة (٤) يَعمل ؛ يُنفِّذ (٥) يُخضع لعمليةٍ ما .

to ~ to (١) يبلغ ؛ يصل إلى (٢) يجد من المال ما يمكّنه من القيام بعملٍ ما (٣) يكفي [المال] للقيام بعملٍ ما .

to ~ to ruin يَحلّ به الخراب .

to ~ up (١) يَرْفَعُ [عَلَمًا إلخ] (٢) يَصْنع أو يشيِّد بسرعة (٣) يجمع [أرقامًا] (٤) «أ» ينمو بسرعة . «ب» يرتفع (٥) يضخُم ؛ يَرْفع [قيمة الفاتورة] (٦) يدير [محرِّكَ الطائرة] بسرعة بالغة لتجربته أو إحمائه (٧) يحمِّل نفسه دَيْنًا .

to ~ up against (١) يرتطِمُ بـِ (٢) يصادف ؛ يلاقي على غير توقُّع .

to ~ upon (١) يدور على [موضوعٍ ما] (٢) يلتقي بشخصٍ على نحو غير متوقَّع (٣) ترتطم [السفينة] .

to ~ wild (١) ينمو [النباتُ] من غير ضابط أو نظام (٢) يَسْلك على هواه .

to cut and ~, يفِرّ ؛ يَهْرب ؛ يُوَلِّي الأدبار .

run·a·bout [rŭn′ə bout′] *(n.)* (١) المُتَطوِّف أو المُتجوِّل [بحثًا عن المتعة وعن كلّ جديد أو مثير] (٢) سيارة صغيرة (٣) زورق بخاريّ .

run·a·gate [-′ə gāt′] *(n.)* (١) المتشرِّد (٢) المتجوِّل (٣) اللّاجئ .

run·a·round [rŭn′ə round′] *(n.)* (١) تملُّص ؛ مراوَغة (٢) المُضَيَّق : كلام منضَّد، طباعيًّا، على عمود ضيّق لكي يحيط بصورة إلخ .

run·a·way [rŭn′ə wā′] *(n.; adj.)* (١) الهارب (٢) هُروب (٣) جُموح (٤) فرسٌ جامح (٥) انتصار حاسم § (٦) هارب (٧) هروبيّ : مُنْجَزٌ بعد الهروب <a ~ marriage> (٨) «أ» مَكْسوب بسهولة <a ~ race> . «ب» حاسم <a ~ victory> (٩) سريع التقلب <a ~ market> .

runcinate leaf

run·ci·nate [rŭn′sĭ nĭt; -nāt′] *(adj.)* فأريّة : ريشيّة التّثلّم [مع تحدُّب الفصوص الأمامية] <a ~ leaf> .

run·dle [rŭn′dəl] *(n.)* (١) دَرَجة [في مِرقاة أو سُلَّم نقّال] (٢) دولاب .

rund·let *or* **run·let** [rŭn(d)′lət] *(n.)* البُرَيْميل : «أ» برميل صغير . «ب» مقياس سوائل قديم يساوي ١٨ غالونًا أميركيًا .

run·down [rŭn′doun′] *(n.)* خلاصة ؛ مُلخَّص ؛ مُوْجَز .

run–down *(adj.)* (١) مُتْعَب ؛ مُرْهَق (٢) متقوِّض ؛ شبه متهدِّم .

runes, 9th century

rune [rōōn] *(n.)* (١) الحرف الرّونيّ : أحدِ حروف الأبجدية الرّونية (٢) الرُّونيّة : «أ» علامة شبيهة بالحرف الرُّوني تنطوي على معنى خفيّ أو سحريّ . «ب» قصيدة أو أغنية إسكندينافيّة قديمة . «ج» قصيدة ؛ أغنية . **— ru·nic** *(adj.)*

rung [1] [rŭng] *past and past part. of* ring.

rung [2] *(n.)* (١) رافدة الكرسيّ [المدَعِّمة لاثنتين من قوائمه] (٢) درجةٌ [في سُلَّم] (٣) البَرْمَق : شعاع الدولاب (٤) درجة ؛ مرتبة .

run–in [rŭn′ĭn′] *(n.)* (١) المُقْحَم : كلام يُقْحَم بوصفه مادةً إضافيّة في نسخة أو في تجربة [بروفة] طباعيّة (٢) نزاع ؛ شِجار ؛ عِراك .

run·let [rŭn′lət] *(n.)* = runnel.

run·nel [rŭn′əl] *(n.)* (١) جَدْول ؛ غدير ؛ مَسِيلُ ماء (٢) القُنَيّة : قناة صغيرة للماء ونحوه .

run·ner [rŭn′ər] *(n.)* (١) العدّاء (٢) الساعي ؛ الرسول (٣) مشغِّل الآلة أو مديرها (٤) المهرِّب : مُهَرِّب المخدّرات أو المُسْكرات أو الأسلحة (٥) مَرْكب التهريب : مركب يقوم بعمليات التهريب (٦) مجرًى ؛ مَصَبّ [في السّباكة] (٧) «أ» الزّلّاجة : إحدى القطعتين الطويلتين اللتين تنزلق عليهما مِزلجة الجليد . «ب» بَكرة ؛ دُحروج [يجري عليه شيء] (٨) المدّاد : «أ» الساق الجارية : ساق رفيعة تتجذَّر على طول الأرض التي تمتدّ فوقها مُوَلِّدة بذلك نباتٍ جديدة . «ب» ذو سُوْقٍ جارية (٩) سجادة طويلة ضيِّقة [لقاعةٍ أو سُلَّم مبنًى] (١٠) غطاء [للمائدة إلخ] ضيّق مزخرف .

1 strawberry plant; 2 runner 8.

run·ner–up *(n.)* (١) المُصَلِّي : المتسابق الذي يتلو السابقَ (٢) الوصيفة الأولى [التي تحلّ ثانيةً في مباريات ملكات الجَمال] .

run·ning *(n.; adj.; adv.)* (١) رَكْض ؛ عَدْو (٢) سِباق ؛ تنافُس في سِباق إلخ (٣) جَريان ؛ سَيَلان (٤) إدارة ؛ توجيه § (٥) «أ» راكض أو مندفع بسرعة . «ب» مُعَدّ للعدو <a ~ horse> (٦) «أ» سائل ؛ مائع . «ب» جارٍ . «ج» حاليّ ؛ جارٍ <of the ~ month> (٧) «أ» دائر <a ~ machine> . «ب» متواصل <fought a ~ battle> . «ج» متكرِّر باستمرار <a ~ pattern> . «د» سائد <the ~ conditions> (٨) «أ» متدفّق ؛ فيّاض ؛ رشيق <a ~ hand in writing> . «ب» متّصل الحروف <~ handwriting> (٩) متسلِّق ؛ معترش <~ plants> (١٠) مُفرز قيحًا <~ sores> § (١١) على التوالي <won four times ~> .

in the ~, (١) متسابق ؛ مشترك في سباق أو مسابقة (٢) ذو أمل في الفوز [في سباق أو مسابقة] .

out of the ~, (١) غيرَ مشترك في سباقٍ أو مسابقة (٢) لا أملَ له في الفوز [في سباق أو مسابقة].

running board *(n.)* القَدَمِيّة : شبه عتبة على كلّ من جانبَي بعض السيّارات [لمساعدة المرء على امتطائها والترجُّل منها].

running gear *(n.)* الأجزاء الدوّارة : مسنّنات أو تروس الدوران [في سيارة إلخ].

running head *or* **headline** *(n.)* الرأسية السائرة : عنوان يتكرّر ، عادةً ، في رأس كل صفحة من صفحات الكتاب إلخ .

running knot *(n.)* العقدة المنزلقة : عقدة تنزلق على طول الحبل .

running knot

running mate *(n.)* الرّديف ؛ الرفيق المصاحب : «أ» فرس يُدْخَل في سباق لتعيين [أو تحديد] سرعة انطلاق فرس آخر لنفس المالك أو الإصطبل . «ب» مرشَّح لمنصب مرتبطٍ بمنصب آخر ذي أهميّة أكبر ، وبخاصة : مرشَّح لنيابة الرئاسة . «ج» شخص يُرى ، عادةً ، في صحبة شخص آخر .

running title *(n.)* العنوان السائر : عنوان الكتاب مطبوعًا في رؤوس صفحاته اليسرى وأحيانًا في رؤوس صفحاته جميعًا .

run·ny [rŭn′ĭ] *(adj.)* (١) سائل ؛ سائح (٢) راشح <a ~ nose> .

run·off [rŭn′ôf] *(n.)* (١) الصَّبيب : ماء المطر [أو الثلج الذائب] الجاري فوق سطح الأرض (٢) الدورة الحاسمة : سباق أو انتخاب نهائيّ يُجْرى بعد سباق أو انتخاب رئيسيّ لم ينتهِ إلى نتيجة حاسمة .

run–of–the–mill; run–of–the–mine *(adj.)* عاديّ ؛ متوسِّط النّوعيّة .

run–on *(adj.)* موصول : منضَّد من غير تجزيءٍ إلى فقرات .

run·o·ver [rŭn′ō′vər] *(n.)* المادة الفائضة : مادة للنشر تتخطّى المساحة المخصَّصة .

run–o·ver *(adj.)* فائض : متجاوزٌ الحدَّ المقرَّر أو المخصَّص له .

runs [rŭnz] *(n. pl.)* الإسهال (را . diarrhea) .

runt [rŭnt] *(n.)* القَزَم : القصير من الناس والحيوان .

run–through *(n.)* قراءة عَجْلى ؛ مراجعةٌ خاطفة .

run–up [rŭn′ŭp′] *(n.)* (١) رَفْعُ [علم] (٢) جَمْعُ [أرقام] .

run·way [rŭn′wā′] *(n.)* (١) «أ» مَسْلكٌ تَشُقُّهُ الحيوانات لنفسها . «ب» حَظيرة (٢) مجرًى ؛ طريق ؛ قناة إلخ (٣) مَدْرَجة [لهبوط الطائرات وإقلاعها] (٤) المَسْرَب : ممرٌّ ضيّق [من خشبة المسرح إلى قاعته] .

ru·pee [rōō pē′] *(n.)* الرُّبِيّة : وحدة النقد في الهند وباكستان إلخ .

ru·pi·ah [rōō pē′ə] *(n.)* الرّوبِاية : وحدة النقد في إندونيسيا .

rup·ture [rŭp′chər] *(n.; vt.; i.)* (١) «أ» قطع العلاقات [وبخاصة بين الدول] . «ب» حَرْب (٢) «أ» تَمْزيق ؛ تفجير . «ب» تمزُّق ؛ انفجار (٣) فتق ؛ فتاق § (٤) يُسبِّب قطع [العلاقات إلخ] (٥) يصيب بالفَتْق (مض) (٦) يمزِّق أو يفجِّر [وعاءً دمويًّا إلخ] x (٧) يتمزَّق ؛ ينفجر .

rup·tured *(adj.)* (١) ممزَّق (٢) مُنْفجِر <a ~ appendix> .

ru·ral [rōōr′əl] *(adj.)* (١) ريفيّ ؛ قَرَويّ (٢) زراعيّ .

ru·ral·ist *(n.)* الريفيّ : شخص مُقيمٌ في الريف .

ru·ral·ize [rōōr′ə līz′] *(vt.; i.)* (١) يريِّف : يجعله ريفيًّا x (٢) يَتَريَّف : يُقيم في الريف .

rur·ban [rōōr′bən] *(adj.)* رِيْفيمَدِينيّ : خاص بمنطقة سكنيّة في الدرجة الأولى ولكنها لا تخلو من بعض النشاطات الزراعية .

ruse [rōōz] *(n.)* خُدْعة ؛ حِيلة .

rush[1] [rŭsh] *(n.)* الأَسَل ؛ السَّمار : نباتٌ عشبيّ من الأَسَليّات .

rush[2] *(vi.; t.; n.; adj.)* (١) يندفع x (٢) يدفع بعجلة أو عنف (٣) يحمل إلخ بسرعة إلى <~ed an injured person to the hospital> (٤) يُرسل بسرعة بالغة (٥) يستعجلُهُ : يحمله على <~ed the bill through Congress> العَجَلة (٦) يهاجم ؛ يباغت § (٧) «أ» اندفاع . «ب» هجوم (٨) فورة نشاط أو إنتاج ؛ ضغط أو طلب مفاجئ مُلحّ <a ~ of business> (٩) «أ» عجلةٌ بالغةٌ <was in a ~> . «ب» صخب ؛ سرعة صاخبة <the ~ of modern life> (١٠) الهَجْمة : تدفّق الناس على موطن جديد طلبًا للثروة <gold ~> (١١) المُتَعَجِّلة ؛ النسخة المُتَعَجِّلة : نسخة من مشهد سينمائي تُظهَّر بعد التصوير مباشرةً لكي يطّلع عليها المخرج أو المنتج (١٢) جَذَل ؛ طَرَب ؛ نشوة § (١٣) عاجل ؛ مستعجِل <~ orders> .

a ~, (١) فجأةً (٢) بسُرعة .

the ~ hours فترة الضغط أو الازدحام [في الشوارع] .

rush candle *(n.)* شمعة الأَسَل ؛ شمعة السَّمار : شمعة تُصْنَع بغَمْس لُبّ الأَسَل أو السّمار (را . rush[1]) في الدهن .

rush hour *(n.)* فترة الضغط ؛ فترة الازدحام .

rush light *(n.)* = rush candle.

rusk [rŭsk] *(n.)* (١) البُقْسُماط (٢) الرَّصْك : ضربٌ من البسكويت .

Russ [rŭs] *(n.; adj.)* (١) الرّوسيّ : أحد أبناء الروسيا § (٢) روسيّ .

rus·set [rŭs′ĭt] *(n.; adj.)* (١) اللون الخمريّ : اللون الأسمر المحمرّ أو المصفرّ (٢) قماش خشن خمريّ اللون (٣) التّفّاح الخمريّ § (٤) خمريّ اللون .

Russia leather *or* **calf** *(n.)* الجلد الروسيّ : جلدٌ نفيس ناعم داكن الحُمرة .

Rus·sian [Rŭsh′ən] *(n.; adj.)* (١) الروسيّ : أحد أبناء الروسيا (٢) الروسيّة : اللغة الروسية § (٣) روسيّ .

Russian dressing *(n.)* المَيونيز الروسي : ضرب من الصَّلصة .

Rus·sian·ize [rŭsh′ə nīz′] *(vt.)* يُرَوِّس : يجعلُهُ روسيًّا .

Rus·si·fy [rŭs′ə fī′] *(vt.)* = Russianize.

Rus·so- بادئة معناها : «أ» روسيا ؛ روسيّ . «ب» روسيّ و . . .

rust [rŭst] *(n.; vi.; t.; adj.)* (١) صَدَأ (٢) الشَّقِران ؛ داء الصَّدأ (نب)

(٣) لونُ الصدأ § (٤) يَصْدأ : «أ» يُلمّ بِهِ الصَّدأ . «ب» يُصاب بداء الصَّدأ x (٥) يُصْدِئ : يجعله صَدِئًا أو بلون الصَّدَأ § (٦) أصدأ .

rus·tic [rŭs′tĭk] *also* **rus·ti·cal** *(adj.; n.)* (١) ريفيّ : «أ» ذو علاقة بالرّيف . «ب» مصنوع من أغصان لم يُنْزَع لحاؤها عنها (٢) أخرق ؛ جِلْف ؛ فظّ (٣) بسيط ؛ ساذج § (٤) شخص ريفيّ أو أخرق أو ساذج .

rus·ti·cate [rŭs′tə kāt′] *(vi.; t.)* (١) يَتَريّف : يُقيم في الريف x (٢) يَطْرُد مؤقتًا [من الكليّة أو الجامعة] (٣) يُرَيِّف : «أ» يُكرِهُهُ على الإقامة في الريف . «ب» يجعله ريفيًّا .

rust·i·ness [rŭs′tĭ nəs] *(n.)* الصُّدوء : كونُ الشيء صَدِئًا إلخ .

rus·tle [rŭs′əl] *(vi.; t.; n.)* (١) يَحِفّ : يُحْدث حفيفًا (٢) يعمل أو يندفع بعزم (٣) يَجْمَعُ العَلَف (٤) يَسْرِق [الماشيةَ] x (٥) يُحِفّ : يجعله ذا حفيف § (٦) حفيف ؛ خشخشة . — **rus·tling** *(n.)*

rust·proof [rŭst′proof′] *(adj.)* صامدٌ للصَّدأ : غير قابلٍ للصَّدأ .

rust·y [1] [rŭs′tĭ] *(adj.)* (١) صَدِئ (٢) مُصْدَأ : «أ» واهٍ أو بطيء بحكم الشيخوخة . «ب» شبه مَنْسيّ لقلة استعماله <My Roman history is a bit ~.> (٣) أصدأ : بلون الصَّدَأ (٤) ناصل (٥) عتيق الطراز (٦) أجشّ ؛ أبَحّ .

rust·y [2] *(adj.)* (١) حَرون ؛ شَموس ؛ عنيد (٢) نَكِد ؛ فظّ .

rut [1] [rŭt] *(n.; vi.)* (١) الوِداق : «أ» الدورة النَّزْويّة عند الحيوان . «ب» الاهتياج الجنسيّ § (٢) يَنْزو [الحيوانُ] .

rut [2] *(n.; vt.)* (١) أثر الدولاب [في الأرض الليّنة] (٢) طريق ؛ مَجْرًى ؛ قناة ؛ أخدود (٣) روتين § (٤) يُخَدِّد : يُحدث أخاديد .

rutabaga

ru·ta·ba·ga [roo′tə bā′gə] *(n.)* الرُّتباج ؛ اللفت السّويديّ .

Ru·ta·ce·ae [-tā′sē ē] *(n. pl.)* السَّذابيّات ؛ الفصيلة السَّذابية (نب) .

ruth [rooth] *(n.)* (١) رأفة (ا . ق) (٢) حُزن (٣) نَدَم .

ru·then·ic [roo thĕn′ĭk]; **ru·the·ni·ous** *(adj.)* روثينيوميّ : خاصّ بالروثينيوم أو ذو علاقة به .

ru·the·ni·um [roo thē′-] *(n.)* الروثينيوم : عنصر فلزّيّ نادرٌ (ك) .

Rutherford atom [rŭth′ər fərd] *(n.)* ذرّة رَذَرْفورد : ذرّة مؤلّفة من نواة صغيرة موجَبة تحيط بها ألكترونات ذات حركة شبيهة بحركة الكوكب السيّار .

ruth·er·ford·ium *(n.)* الرَّذَرْفورديوم : عنصر كيميائي إشعاعيّ النشاط .

ruth·ful [rooth′-] *(adj.)* (١) شَفوق ؛ رحيم (٢) مثيرٌ للأسى أو الشفقة .

ruth·less *(adj.)* (١) قاسٍ ؛ متحجّر القلب (٢) حازم .

ru·ti·lant [roo′tə lənt] *(adj.)* متوهّج ؛ متألّق .

rut·tish [rŭt′ĭsh] *(adj.)* شَبِق ؛ غَلِم ؛ شهوانيّ .

rut·ty [rŭt′ĭ] *(adj.)* مخدَّد ؛ كثير الأخاديد .

ry·a [rē′ə] *(n.)* الرِّيّة : سجادة إسكندينافية يدوية الصنع .

rye [1] [rī] *(n.)* (١) الجاودار (نب) (٢) خبزُ أو ويسكي الجاودار .

rye [2] *(n.)* (١) غَجَريّ (٢) سيِّد غَجريّ .

rye whiskey *(n.)* ويسكي الجاودار .

ry·ot [rī′ət] *(n.)* فلّاح ؛ مُزارع [في الهند] .

s [ĕs] *(n. often cap.)* (١) الحرف التاسع عشر من الأبجدية الإنكليزية (٢) شيء مُعتبَرٌ تاسعَ عشر من حيث الطبقة أو الترتيب (٣) شيء على صورة حرف **S**.

sab·a·dil·la [săb′ə dĭl′ə] *(n.)* السَّبَديلّا: نبات مكسيكيّ.

Sab·ba·tar·i·an [săb′ə târ′ĭ ən] *(n.; adj.)* (١) المُسْبِت: «أ» من لا يعمل يوم السبت [ككثير من اليهود]. «ب» مسيحيّ مطالِبٌ بالتشديد في الامتناع عن العمل [وبإقفال أماكن اللهو على اختلافها] يوم الأحد § (٢) سَبْتيّ: خاصّ بيوم السبت [بوصفه يوم راحة].

Sab·ba·tar·i·an·ism *(n.)* الإسباتيّة: الامتناع عن العمل يوم السبت أو التشدّد بضرورة الامتناع عنه يوم الأحد.

Sab·bath [săb′əth] *(n.)* (١) يوم السبت [بوصفه يوم راحة وعبادة عند اليهود وبعض النصارى] (٢) يوم الأحد [بوصفه يوم راحة وعبادة عند النصارى] (٣) فترة راحة.

Sab·bat·i·cal *or* **Sab·bat·ic** [sə băt′-] *(adj.)* (١) سَبتيّ: خاصّ بيوم السبت [عند اليهود] أو بيوم الأحد [عند النصارى] بوصفه يوم راحة وعبادة <~ laws> (٢) إجازيّ: «أ» خاص بالراحة أو الانقطاع عن العمل. «ب» مخصَّص للراحة.

sabbatical leave *(n.)* = sabbatical year *b.*

sabbatical year *(n.)* السّنة السَّبتيّة: «أ» *cap. S* عد: سنةُ راحةٍ للأرض وإلغاء للديون [عند قدماء اليهود] كل سابع سنة. «ب» إجازة تُمنح عادةً [لأستاذ في جامعة إلخ] كلّ سابع سنة، للراحة أو الرحلة أو البحث.

sa·ber *or* **sa·bre** [sā′bər] *(n.; vt.)* (١) المُنْصُل؛ السيف الضالع: «أ» سيف وحيد الحدّ أعقفُ قليلًا يستعمله الفرسان. «ب» سيف المبارزة § (٢) «أ» يَطعن بمُنصُل. «ب» يقتل بمُنْصُل.

saber 1a.

sa·ber–toothed [sā′bər-] *(adj.)* مُسَيَّف الأنياب: ذو أنيابٍ عُليا طويلة حادّة عقفاء بعضَ الشيء، كأنها السيف الضالع.

saber–toothed tiger *(n.)* البَبْر المُسَيَّف الأنياب: حيوان منقرض.

saber-toothed tiger

sa·bin [sā′bĭn] *(n.)* السّابين: وحدة امتصاص الصوت (صو).

sa·ble [sā′bəl] *(n.; adj.)* (١) «أ» السَّمُّور (ح). «ب» فرو السَّمُّور (٢) «أ» اللون الأسود. «ب» *pl.* عد: ملابس الحِداد § (٣) سَمّوري: مصنوع من فرو السَّمُّور أو وَبَره (٤) أسْود؛ قاتم جدًا.

sable 1.

sa·bot [să bō′; săb′ō] *(n.)* (١) السَّباط: حذاءٌ ثقيل (٢) قَبْقاب.

sab·o·tage [săb′ə täzh′] *(n.; vt.)* (١) التخريب: تدمير متعمَّد للممتلكات يستهدف تعطيل صناعة بعينها أو تقويضَ النظام الاقتصادي ككلّ § (٢) يخرِّب.

sab·o·teur [săb′ə tûr′] *(n.)* المخرِّب: القائم بعمل تخريبيّ.

sa·bra [sä′brə] *(n.)* الصَّبّاريّ: اليهودي المولود في فلسطين.

sab·u·lous [săb′yə ləs] *(adj.)* = sandy.

sac [săk] *(n.)* كِيس؛ جَيْب («نب» و«ح»).

sac·a·ton [săk′ə tōn′] *(n.)* السَّقَطون: عشبٌ يُتّخذ منه التّبن.

sac·cate [săk′ət; -āt′] *(adj.)* كِيسانيّ: شبيهٌ بكِيس أو جيب.

sacchar- *or* **sacchari-** *or* **saccharo-** بادئة معناها: سُكّر.

sac·cha·rate [săk′ə rāt′] *(n.)* السُّكّرات: ملح الحمض السُّكّري.

sac·char·ic acid [sə kăr′ĭk] *(n.)* الحَمْض السُّكّريّ (ك).

sac·cha·ride [săk′ə rīd] *(n.)* السُّكّريد؛ السَّكّريد (ك).

sac·char·i·fy [sə kăr′ə fī′] *(vt.)* يُسَكِّر: يُحَوِّل النّشاء إلى سُكَّر.

sac·cha·rim·e·ter [săk′ə rĭm′ə tər] *(n.)* مقياس السُّكّر: أداة لقياس مقدار السُّكّر في محلول.

sac·cha·rin [săk′ə rĭn] *(n.)* السُّكّرين؛ السَّكّرين (ك).

sac·cha·rine [săk′ə rĭn; -rīn] *(n.)* (١) سُكّريّ (٢) عَذْب.

sac·cha·rose [-rōs′] *(n.)* السُّكّروز؛ السَّكّروز: سكّر القَصَب أو الشّمندر.

sac·cu·lar [săk′yə lər] *(adj.)* كِيسانيّ: شبيهٌ بكِيس (ت).

sac·cu·late; -d [săk′yə-] *(adj.)* مُكَيَّس: ذو أكياس أو مؤلَّف من أكياس.

sac·cule [săk′yo͞ol′] *(n.)* كُيَيس؛ جُرَيب (ت).

sac·er·do·tal [săs′ər dō′təl] *(adj.)* كَهَنوتيّ.

sac·er·do·tal·ism *(n.)* الكهنوتيّة: الإيمان بسلطة الكهّان كوسطاء أساسيين بين الله والإنسان.

sa·chet [să shā′] *(n.)* فأرة الطيب: كُيَيس ذَرورٍ معطّر.

sack[1] [săk] *(n.; vt.)* (١) كيس (٢) مِلء كِيس (٣) الكيس: «أ» فستان فضفاض. «ب» سترة قصيرة فضفاضة للنساء والأطفال (٤) طَرْد: صرف من الخدمة (٥) سرير؛ فراش § (٦) يضع في كيس (٧) يصرف من الخدمة.

to get the ~, يُصْرَف من الخدمة.

ă at; ā date; â care; ä car; ĕ egg; ē me; ĭ in; ī bite; ŏ lot; ō bone; ô orphan; oi boil; o͝o good; o͞o boot; ou out; ŭ under; û urgent; ə = *a* in alone, *e* in system, *i* in easily, *o* in gallop, *u* in circus.

to give the ~, يَصْرِف من الخدمة.

sack[2] *(vt.; n.)* (١) يَنْهب [مدينة بعد الاستيلاء عليها] (٢) يَسْلُب § (٣) نَهْب؛ سَلْب.

sack·but [săk′bŭt′] *(n.)* الصَّكْبَت: آلة موسيقية قديمة شبيهة بالبوق.

sack·cloth [săk′-] *(n.)* (١) خَيْش (٢) الأوباريّ: قماش من وَبَر الإبل (٣) المِسْح: كِساءٌ من وبر الإبل يُلْبَس حدادًا أو ندمًا.

sack coat *(n.)* السُّترة الكِيسيّة: سترة رجالية قصيرة فضفاضة.

sack·ful [săk′fŏŏl] *(n.)* مِلء كيس.

sack·ing [săk′ĭng] *(n.)* الخَيْش: نسيج غليظ تُصنع منه الأكياس.

sack race *(n.)* السباق الكِيسيّ: سباق بين متبارين وضع كلّ منهم رجليه في كيس.

sacque [săk] *(n.)* (١) sack[1] 3 (٢) السّاك: سترة طفل.

sacr- *or* **sacro-** بادئة معناها: «أ» مقدَّس. «ب» العَجُز؛ عَظْم العَجُز.

sa·cral [sā′krəl] *(adj.)* (١) مقدَّس (٢) عَجُزيّ.

sac·ra·ment [săk′rə mənt] *(n.)* (١) سِرّ مقدَّس (كن) (٢) سرّ القربان المقدَّس (كن).

sac·ra·men·tal [săk′rə mĕn′təl] *(adj.; n.)* (١) سِرّيّ: خاصّ بسرّ من الأسرار المقدَّسة (٢) مقدَّس <an almost ~ atmosphere> (٣) مُلْزِم <~ obligations> § (٤) الطَّقْس المقدَّس: طَقْس أو شيء يُصطنع لإحداث أثر روحيّ، كعلامة الصليب أو استعمال الماء المقدَّس.

sac·ra·men·tal·ism *(n.)* السِّرّانيّة: الإيمان بأن الأسرار المقدَّسة ضرورية للخلاص (كن).

sa·cred [sā′krəd] *(adj.)* (١) مكرَّس لعبادة أحد الآلهة (٢) مكرَّس لشخصٍ أو شيء أو غرض <a fund ~ to charity> (٣) مُقَدَّس (٤) جديرٌ بالإجلال (٥) دينيّ <~ music>.
— **sa·cred·ness** *(n.)*

sacred baboon *(n.)* الرُّبّاح المقدس [عند قدماء المصريين].

Sacred College *(n.)* مَجْمع الكرادلة المقدَّس (كث).

sacred cow *(n.)* البقرة المقدَّسة: شخص أو شيء فوق النقد.

sac·ri·fice [săk′rə fīs′] *(n.; vt.; i.)* (١) التقريب: تقديم الأضاحي والقرابين والذبائح للآلهة (٢) أُضحِيّة؛ قُربان؛ ذبيحة (٣) «أ» تضحية بشيء [من أجل شيء آخر]. «ب» تضحية <~s made by parents> (٤) خسارة <goods sold at a ~> § (٥) يقرِّب؛ يقدِّم الأضاحي إلخ (٦) يضحّي بشيء [من أجل شيء آخر] (٧) يبيع بخسارة <to ~ one's house>.

sac·ri·fi·cial [săk′rə fĭsh′əl] *(adj.)* قُربانيّ؛ تقريبيّ.

sac·ri·lege [săk′rə lĭj] *(n.)* (١) تدنيس المقدَّسات [أو المعابد أو انتهاك حُرماتها أو سرقتُها] (٢) لاتَوْقيرٌ وقحٌ [لشخصٍ أو شيء مقدَّس].

sac·ri·le·gious [săk′rə lĭj′əs] *(adj.)* (١) مُدَنِّس [للمقدَّسات] (٢) تدنيسيّ: منطوٍ على تدنيس للمقدّسات <~ practices>.

sac·ris·tan [săk′rĭ stən] *(n.)* حافظ حجرة المقدَّسات [في كنيسة].

sac·ris·ty [săk′rĭs tĭ] *(n.)* المَوْهِف: غرفة المقدَّسات وملابس الكهنة [في كنيسة].

sacro- = sacr-.

sac·ro·il·i·ac [săk′rō ĭl′ĭ ăk] *(adj.)* عَجُزحَرْقَفيّ؛ عَجُزيّ حَرْقَفيّ: خاصّ بنقطة التقاء العَجُز والحَرْقَفَة (ت).

sac·ro·sanct [săk′rō săngkt′] *(adj.)* بالغ القداسة.

sa·crum [sā′krəm] *(n.)* pl. **-cra** [krə] العَجُز (ت).

sad [săd] *(adj.)* (١) حزين؛ كئيب <~ songs> (٢) مُحزِن <~ news> (٣) مؤسف <a ~ state of affairs> (٤) فظيع؛ مروِّع؛ سيّئ جدًا <a ~ mess> (٥) داكن <~ colors> (٦) فَطير <~ bread>.

sad·den [săd′ən] *(vt.; i.)* (١) يُحزِن x (٢) يَحزَن.

sad·dle [săd′əl] *(n.; vt.; i.)* (١) «أ» سَرْج. «ب» صَهْوة الفرس. «ج» سَرْج الدرّاجة: مقعدها الشبيه بالسّرج (٢) سِناد؛ مَسْند (٣) السَّنام؛ السَّرج: مرتفَعٌ يصل بين قمّتين (٤) المَتْن: أعلى ظهر الذبيحة أو قطعة لحم منه (٥) المؤخَّر: مؤخَّر ظهر الديك إلخ (٦) السَّرج: «أ» الجزء الأوسط من ظهر الكتاب المجلَّد. «ب» قطعة من الحذاء تكون عَبْرَ جُزئِهِ المماسّ لمشط القَدَم § (٧) يُسْرِج [الفرسَ] (٨) يُرهِق: يُحمِّلُهُ عبئًا أو مسؤوليّة x (٩) يمتطي صهوة جواد مُسْرَج. <He is ~*d* with seven children.>
in the ~, في مقام السُّلطة أو المسؤولية.

saddle 1a.

sad·dle·bag [-băg′] *(n.)* عِدْل الخُرْج: أحد عِدْلَيْ خُرْج الدابّة.

sad·dle·bow [-bō′] *(n.)* القَرَبُوس: حِنُو السَّرْج أي جزؤه الأماميّ المقوَّس.

sad·dle·cloth [-klôth′] *(n.)* الحِلْس: قماش تحت السرج أو فوقه.

sad·dle horse *(n.)* جواد الركوب.

sad·dler [săd′-] *(n.)* السَّرّاج: صانع السّروج أو بائعها أو مُصْلحها.

sad·dler·y [săd′lə rĭ] *(n.)* (١) السِّراجة: حِرفة السّرّاج (٢) المَسْرَجة: دكّان السَّرّاج (٣) السُّروج وما إليها.

saddle soap *(n.)* صابون السُّروج [لتنظيف السروج والجلد].

sad·dle·tree [-trē′] *(n.)* هيكل السَّرج.

Sad·du·cees [săj′ə sēs′] *(n. pl.)* الصَّدّوقيّون: طائفة يهودية أنكرت الحشرَ ووجود الملائكة.
— **Sad·du·ce·an** *(adj.)*

sad·iron [săd′ī ərn] *(n.)* مكواة ثقيلة.

sad·ism [săd′ĭz′əm; sā′dĭz əm] *(n.)* (١) السّاديّة: انحراف جنسيّ يتلذّذ فيه المرء بإنزال صنوف العذاب بمحبوبه (نف) (٢) «أ» الابتهاج بالقَسْوة. «ب» قَسْوة مفرطة.
— **sad·ist** *(n.; adj.)* — **sa·dis·tic** *(adj.)*

sad·ness [săd′nəs] *(n.)* حُزْن؛ كآبة.

sad sack *(n.)* الأخرق: شخص قليل البراعة (ع).

sa·fa·ri [sə fär′ĭ] *(n.)* (١) السَّفَرية: «أ» رحلة قَنْص. «ب» الجماعة القائمة بهذه الرحلة [من أشخاص وحيوانات] (٢) رحلة.

safe[1] [sāf] *(adj.; adv.)* (١) سالم؛ غير مصاب بأذًى <We arrived ~ and sound.> (٢) آمن: «أ» متحرِّر من الأذى أو الخوف <to feel ~>. «ب» مُنْجٍ من الأذى؛ باعث على الشعور بالأمن <a ~ haven> (٣) مأمون؛ غير منطوٍ على مخاطرة <a ~ policy> (٤) غير مُؤذٍ <Is your dog ~?> (٥) حذِر <was a ~ player> (٦) موثوق؛ جدير بالثقة والاعتماد <a ~ guide> (٧) «أ» واثق <Kamil is ~ to win the seat.>.

«ب» مضمون <Is this a ~ seat for the Democrats?> § (٨) بحذَرٍ؛ بصورة آمنة <to play ~>.

safe[2] [sāf] *(n.)* الخزانة الحديدية [لحفظ النفائس].

safe·break·er [sāf′brā′kər] *(n.)* = safecracker.

safe–con·duct [sāf′kŏn′dŭkt] *(n.)* (١) امتياز المرور [بأمانٍ في منطقةٍ ما، وبخاصة زمن الحرب] (٢) جواز المرور.

safe·crack·er [sāf′krăk′ər] *(n.)* لصّ الخزائن الحديدية.

safe·guard [sāf′gärd′] *(n.; vt.)* (١) «أ» حَرَسٌ. «ب» جواز مرور (٢) «أ» وقاية؛ إجراء وقائيّ. «ب» الواقية: أداة ميكانيكيّة لضمان السلامة § (٣) يقي؛ يحمي؛ يصون.

safe·keep·ing [sāf′kē′pĭng′] *(n.)* حِماية؛ وِقاية؛ صِيانة.

safelight

safe·light [sāf′līt′] *(n.)* الضوء المأمون (فو).

safe·ness [sāf′nəs] *(n.)* سلامة؛ أمان إلخ.

safe·ty [sāf′tĭ] *(n.; adj.)* (١) أمان؛ أمن؛ سلامة (٢) صِمام الأمان § (٣) أمانيّ: مُعَدّ بحيث يكفل الأمان لمستعمله <~ glass> (٤) وقائيّ <~ measures>.

safety belt *(n.)* حِزام الأمان.

safety glass *(n.)* زُجاج الأمان.

safety island *(n.)* جزيرة الأمان: بقعة في شارع مزدحم يحظَّر فيها مرور السيّارات، حرصًا على سلامة المارّة.

safety lamp *(n.)* مصباح الأمان [في المناجم].

safety match *(n.)* ثِقاب الأمان: ثِقاب لا يشتعل إلّا بحكِّهِ على سَطحٍ مُعَدٍّ خصّيصًا لذلك.

safety pin

safety pin *(n.)* دَبّوس الأمان؛ «دَبّوس إفرنجي».

safety razor *(n.)* شفرة الأمان؛ موسى الأمان.

safety valve *(n.)* (١) صِمام الأمان [في مِرْجَل إلخ] (٢) مُتَنفَّس أو منفذ [للطاقة أو العاطفة].

safety zone *(n.)* منطقة الأمان: مساحة من الشارع مخصّصة للمارّة [تحدّها عادةً خطوطٌ أو مسامير].

saf·flower [săf′lou′ər] *(n.)* القِرْطِم؛ القُرْطُم؛ العُصْفُر (نب).

saf·fron [săf′rən] *(n.)* (١) الزَّعْفَران؛ الجاديّ (نب) (٢) الزَّعْفَرانيّ؛ لون الزعفران: الأصفر البرتقالي.

saf·ra·nine [săf′rə nēn; -nĭn] *or* **saf·ra·nin** [săf′rə nĭn] *(n.)* الزَّعْفَرَانين؛ السَّفرانين: صِبْغ عضويّ أحمر (ك).

saf·role [săf′rōl] *(n.)* الزَّعْفَرول؛ السَّفرول: زيت عديم اللون.

sag [săg] *(vi.; t.; n.)* (١) يرتخي؛ يتدلّى (٢) «أ» يَهِنُ؛ يَضْعُف. «ب» ينخفض تدريجيًّا [كالأسعار] (٣) ينحرف عن الخطّ المرسوم (مل) x (٤) يُدَلّي؛ يُضْعِف إلخ § (٥) ارتخاء؛ تدلٍّ (٦) موضعٌ غائر [في طريق] (٧) انخفاض تدريجيّ في الأسعار (٨) انحراف عن الخطّ المرسوم (مل).

sa·ga [sä′gə] *(n.)* السّاغة: «أ» حكاية إيسلنديّة قديمة زاخرة بالأعمال البطوليّة. «ب» حكاية طويلة.

sa·ga·cious [sə gā′shəs] *(adj.)* (١) حصيف؛ عاقل (٢) ذكيّ.

sa·gac·i·ty [sə găs′ə tĭ] *(n.)* حصافة؛ ذكاء.

sag·a·more [săg′ə mōr′] *(n.)* زعيم؛ رَجُل عظيم [عند الهنود الحمر].

saga novel *(n.)* = roman–fleuve.

sage[1] [sāj] *(adj.; n.)* (١) حكيم؛ عاقل § (٢) الحكيم: ذو الحكمة.

sage[2] *(n.)* المَرْيَميّة؛ القَصْعين؛ الناعمة (نب).

sag·ging [săg′ĭng] *(adj.)* مُرْتخٍ؛ مُتَدَلٍّ؛ واهن؛ منحرف إلخ.

sag·it·tal [săj′ə təl] *(adj.)* (١) سَهْميّ (٢) سَهْمانيّ: سَهميّ الشّكل.

Sag·it·ta·ri·us [săj′ə târ′ĭ əs] *(n.)* (١) الرّامي؛ القوس (فل) (٢) بُرْج الرامي أو القوس [عند المنجّمين] (٣) مولود برج الرامي.

sagittate leaf

sag·it·tate [săj′ə tāt′] *(adj.)* سَهمانيّ: شبيهٌ برأس السَّهم <~ leaves>.

sa·go [sā′gō] *(n.)* السّاغو: دقيق نشويّ يُعَدّ من لُبّ نخل السّاغو.

sago palm *(n.)* نَخْل السّاغو.

sa·gua·ro [sə gwä′rō] *(n.)* السَّجْوار: ضرب من الصّبّار الأميركي.

sa·hib [sä′(h)ĭb] *(n.)* الصاحب: لقب بمعنى «سيّد» يخاطب به الهنود شخصًا أوروبيًّا ذا مكانة اجتماعيّة أو منصب رسميّ.

said[1] [sĕd] *past and past part. of* say.

said[2] [sĕd] *(adj.)* مذكور آنفًا <~ sum>.

sail [sāl] *(n.; vi.; t.)* (١) «أ» شراع؛ قِلْع. «ب» أشرعة المركب. «ج» مركب شراعي. «د» المراكب الشراعيّة مجتمعةً <The fleet numbered forty ~.> (٢) رحلة، وبخاصة في مركب شراعي § (٣) «أ» يسافر بمركب شراعي. «ب» يسافر بسفينة بخارية أو بطائرة (٤) «أ» يُبْحِر؛ يُقْلِع [المركبُ الشراعي]. «ب» تُقلِعُ [الطائرةُ] (٥) «أ» يبدأ رحلةً مائيةً. «ب» ينزلق (٦) ينصرف إلى كذا بهمّة ونشاط (٧) يُوَبِّخ (٨) يمشي بوقار <She *~ed* into the room.> x (٩) يدير أو يوجّه حركة السفينة إلخ.

- in ~, في مركب شِراعيّ.
- to ~ in يبدأ [عملًا إلخ] بهمّة وثقة.
- to ~ into (١) يُهاجم (٢) ينتقد؛ يوبخ (٣) ينصرف إلى كذا بهمّةٍ ونشاط.
- to make *or* set ~, (١) ينشر الأشرعة (٢) يبدأ رحلة.
- to take in ~, (١) يخفّض مساحة الأشرعة المنشورة (٢) يصبح أقلَّ طموحًا أو نشاطًا.
- under ~, مُسَيَّر شراعيًّا.

sail·boat [sāl′bōt′] *(n.)* الشِّراعية: مركب شراعيّ.

sail·cloth [sāl′-] *(n.)* قُماش الأشرعة: قُماش لصُنع الأشرعة والخيام إلخ.

sail·er [sā′lər] *(n.)* الشِّراعيّة: مركب شراعيّ <a fast ~>.

sail·fish [sāl′fĭsh′] *(n.)* الكَوْسَج؛ السَّمكة المُشْرَعة: سمك ضخم ذو زعنفة ظَهْرِيّة.

sailfish

sail·ing [sā´lĭng] *(n.)* (١) مِلاحة (٢) إبحار؛ إقلاع.

sail·or [sā´lər] *(n.)* (١) بحّار؛ ملّاح؛ نوتيّ (٢) قبّعة قشّ.

a bad (*or* poor) ~, شخص معرَّض لدُوار البحر.

a good ~, شخص لا يُصاب بدُوار البحر.

sailor's–choice [sā´lərz chois´] *(n.)* مختار البحّار (سمك).

sail·plane [sāl´plān´] *(n.)* طائرة شراعيّة: طائرة تندفع بقوة الهواء.

sain [sān] *(vt.)* (١) يُصَلِّب على صدره (٢) يبارك (عب).

sain·foin [sān´foin´] *(n.)* الإندوصارون: عشبٌ أوروبيّ.

saint [sānt] *(n.; vt.)* (١) «أ» قِدّيس؛ قِدّيسة. «ب» وليّ (إس) (٢) مَلاك § (٣) يجعله أو يعتبرُهُ قدّيسًا.

Saint Ag·nes' Eve [ăg´nĭs ĭz] *(n.)* ليلة القدّيس أغْنِس: ليلة ٢٠ يناير وهي التي يُزعم أن الفتاة ترى فيها، في الحُلم، صورة من ستصبح له زوجًا في المستقبل (نص).

Saint An·drew's cross *(n.)* صليب القديس أندراوس [على شكل X].

Saint An·tho·ny's cross *(n.)* صليب القديس أنطونيوس: صليب على شكل T.

Saint Anthony's fire *(n.)* نار القديس أنطونيوس: التهاب جلدي.

Saint Ber·nard [bər närd´] *(n.)* السَّنْبِرْنار: كلب ضخم ذكيّ سويسريّ الأصل.

Saint Bernard

saint·dom [sānt´dəm] *(n.)* القَداسة: كونُ المرء قِدّيسًا.

saint·ed [sān´tĭd] *(adj.)* (١) مَعْدُودٌ قدّيسًا (٢) قُدُّوس؛ ورِع.

Saint El·mo's fire *(n.)* وَهْج القديس ألْمو: وهجٌ يتراءى، عند هبوب العاصفة، على صواري السُّفن (كب).

saint·hood *(n.)* (١) القداسة: كونُ المرء قِدّيسًا (٢) القدّيسون جملةً.

saint·li·ness [sānt´lĭ nəs] *(n.)* طهارة؛ وَرَع؛ تُقًى.

saint·ly *(adj.)* طاهر؛ وَرِع؛ تقيّ؛ شبيهٌ بالقِدّيس.

saint·ship [sānt´shĭp´] *(n.)* = sainthood *1*.

Saint Vi·tus' (*or* **Vitus's**) **dance** [vī´təs; -tə sĭz] *(n.)* = chorea.

sake [1] [sāk] *(n.)* (١) قَصْد؛ غرض (٢) سبيل؛ مصلحة.

for old times' ~, إكرامًا للمودّة القديمة.

for your ~, من أجلك؛ إكرامًا لك.

sa·ke [2] *or* **sa·ki** [sä´kĭ] *(n.)* السّاكي: شراب كحوليّ يابانيّ.

sa·ker [sā´kər] *(n.)* صَقْر.

sal [săl] *(n.)* = salt.

sa·laam [sə läm´] *(n.; vi.; t.)* (١) سَلام؛ تحيّة § (٢) يُحَيّي.

sal·a·bil·i·ty [sā´lə bĭl´-] *(n.)* البَيْعيّة؛ الرّواجيّة: قابلية البيع أو الرواج.

sal·a·ble *or* **sale·a·ble** [sā´lə bəl] *(adj.)* قابلٌ للبيع؛ رائج.

sa·la·cious [sə lā´shəs] *(adj.)* (١) ماجن؛ داعر: مثيرٌ للشهوة <~ poems> (٢) شهوانيّ؛ شبِق <with ~ eagerness>.

sa·lac·i·ty [sə lăs´ə tĭ] *(n.)* مُجون؛ فِسق؛ فُسوق.

sal·ad [săl´əd] *(n.)* (١) خضرة؛ خُضَر. وبخاصة خسّ (٢) سَلَطة.

salad bar *(n.)* رُكن السَّلطات [في مطعم].

salad days *(n. pl.)* عَهْد الغَرارة والطَّيش.

salad dressing *(n.)* صلصة السَّلطة.

sal·a·man·der [săl´ə măn´dər] *(n.)* السَّمَنْدَل؛ السَّمَنْدَر: «أ» عَظاءة خرافيّة زُعم أنها قادرة على العيش في النار. «ب» حيوان برمائيّ شبيهٌ بالعَظاءة. «ج» فرنٌ مطبخيّ قابل للحمل أو النقل.

salamander *b.*

sa·la·mi [sə lä´mĭ] *(n.)* السَّلامي: ضرب من السُّجُق.

sal ammoniac [săl ə mō´nĭ ăk´] *(n.)* مِلح النُّشادِر؛ كلوريد النُّشادِر.

sal·a·ried [săl´ə rĭd] *(adj.)* ذو راتب <a ~ position>.

sal·a·ry [săl´ə rĭ] *(n.)* راتب؛ مُرَتَّب.

sale [sāl] *(n.)* (١) بَيْع (٢) المَبيع: المقدار المَبيع (٣) طَلَب؛ سوق؛ رواج <slow ~> (٤) مَزاد علنيّ (٥) أوكازيون؛ بيع بأسعار مخفّضة.

~ of work سوق خيرية.

for ~; on ~, للبيع؛ برسم البيع؛ معروض للبيع.

sa·lep [săl´əp; sə lĕp´] *(n.)* السَّحْلَب.

sal·e·ra·tus [săl´ə rā´təs] *(n.)* = baking soda.

sales·clerk [sālz´klûrk´] *(n.)* البائع أو البائعة [في مَتْجَر].

sales department *(n.)* دائرة المبيعات [في شركة إلخ].

sales·girl [sālz´gûrl´] *(n.)* البائعة [في مَتْجَر].

sales·man [sālz´-] *(n.)* (١) البائع [في مَتْجَر] (٢) وكيل مبيعات متجوّل.

sales·man·ship [sālz´mən shĭp´] *(n.)* فنّ البيع (تج).

sales·per·son [-´pûr´sən] *(n.)* البائع أو البائعة [في مَتْجر].

sales resistance *(n.)* (١) مقاوَمة البيع: إحجام الجمهور عن شراء السلَع المعروضة للبيع (٢) الانغلاق الفكري: نزوعٌ إلى رفض الفكرات أو المقترَحات الجديدة.

sales tax *(n.)* ضريبة المبيعات.

sales·wom·an [sālz´-] *(n.)* البائعة [وخصوصًا في مَتْجر].

sali- بادئة معناها: ملح <*sali*meter>.

Sa·li·an [sā´lĭ ən] *(adj.)* صاليّ: منسوب إلى الصّاليين Salii وهم قبيلة من الفرنكيين أو الفرنجة سكنت في مناطق الراين الواقعة قرب بحر الشمال.

sal·i·cin [săl´ə sən] *(n.)* الصَّفصافين؛ السَّليسِين: مركّب مرير يُتّخذ مُسَكِّنًا.

Sal·ic law *(n.)* الشريعة الصّاليّة: «أ» مجموعة قوانين عاش في ظلّها الصّاليّون Salian. «ب» قاعدةٌ تحظّر على الإناث وراثة العرش.

sa·lic·y·late [sə lĭs´ə lāt´] *(n.)* الصَّفصافات؛ السّاليسيلات (ك).

sal·i·cyl·ic acid [săl´ĭ sĭl´ĭk] *(n.)* حَمْض السّاليسيليك (ك).

sa·li·ence [sā´lĭ əns] *or* **sa·li·en·cy** *(n.)* (١) «أ» نتوء. «ب» بروز (٢) «أ» شيء أو جزء ناتئ. «ب» نقطة أو سِمة بارزة.

sa·li·ent [sā´lĭ ənt] *(adj.; n.)* (١) قافز <a ~ fish> (٢) نفّاث؛ فوّار <a ~ spring> (٣) «أ» بارز؛ ناتئ <a ~ angle>. «ب» ملحوظ؛ بارز <~ traits> § (٤) زاوية بارزة (٥) نتوء أو جزء ناتئ [من خط دفاعي إلخ].

sa·li·en·ti·an [sā´lĭ ĕn´shĭ ən] *(n.; adj.)* (١) القفّاز: حيوان من القفّازات أو القوافز **Salientia** وهي رتبة من البرمائيات تشمل الضفادع على

اختلافها § (٢) قفّاز .

sal·i·fy [săl′ə fī′] *(vt.)* (١) يُملِّح ؛ يَمْزُج أو يُشبع بالملح (٢) يحوِّل إلى ملح .

sa·lim·e·ter [sə lĭm′-] *(n.)* المِمْلاح : مقياس الملوحة في محلولٍ ما .

sa·li·na [sə lī′nə] *(n.)* (١) المَلّاحة : موضع يُصْنَع فيه الملح (٢) المَلِحة : بحيرة أو بركة مالحة .

sa·line [sā′līn; sā′lēn] *(adj.; n.)* (١) مالح <~solutions> (٢) مِلْحِيّ <~ compounds> § (٣) المَلِحة : بحيرة أو ينبوع أو بركة مالحة (٤) ملح معدنيّ (٥) محلولٌ مالح .

sa·lin·i·ty [sə lĭn′ə tĭ] *(n.)* ملوحة .

sal·i·nom·e·ter [săl′ə nŏm′ə tər] *(n.)* = salimeter.

sa·li·va [sə lī′və] *(n.)* اللُّعاب؛ الرُّضاب؛ الرِّيق .

sal·i·var·y [săl′ə vĕr′ĭ] *(adj.)* لُعابيّ ؛ رُضابيّ .

sal·i·vate [săl′ə vāt′] *(vt.; i.)* (١) يُرَضِّب : يُحْدِث مقدارًا مُفرِطًا من الرُّضاب أو اللُّعاب في . . . x (٢) «أ» يُلْعِب : يُفْرِزُ لُعابًا . «ب» يَسِيلُ لُعابُهُ .

— **sal·i·va·tion** *(n.)*

Salk vaccine *(n.)* لقاح سولك [ضدّ شلل الأطفال] .

sal·let [săl′ĭt] *(n.)* الصَّلتية : خوذة خفيفة [في القرن الخامس عشر] .

sallet

sal·low¹ [săl′ō] *(n.)* صَفصاف .

sal·low² *(adj.; vt.)* (١) شاحب § (٢) يُشحِب .

sal·ly¹ [săl′ĭ] *(n.)* (١) هَجْمَة [تقوم بها قوّات محاصَرة] (٢) انطلاقة أو نشاط مفاجئ (٣) انفجار ؛ ثورة <~ of anger> (٤) نكتة (٥) رحلة .

sal·ly² *(vi.)* (١) يهجم على (٢) يندفع (٣) ينبثق (٤) يقوم برحلة .

Sal·ly Lunn [lŭn] *(n.)* السّاليلون : ضرب من كعك الشاي المُحَلّى .

sal·ma·gun·di [săl′mə gŭn′dĭ] *(n.)* (١) السَّلْمَغُنْديّ : طعامٌ مؤلف من لحم مفروم وأنشوفة وبيض وخُضَر (٢) مزيج ؛ خليط .

sal·mi [săl′mĭ] *(n.)* السَّلْميّ : لحم طير مفروم ومَطْهُوٌّ بالنَّبيذ .

sal·mon [săm′ən] *(n.)* pl. **-on** *also* **-ons** السَّلمون ؛ سمك سُليمان .

salmon

salm·on·ber·ry [-bĕr′ĭ] *(n.)* الصَّلَمْبَر : ضرب من الفريز .

sal·mo·nel·la [săl′mə nĕl′ə] *(n.)* السَّلمونيْلة : ضرب من البكتيريا يُسبِّب التّسمُّمَ بالطعام .

sal·mo·noid [săl′mə noid] *(n.; adj.)* (١) سمكة سَلْمونيّة § (٢) سَلْمونيّ : شبيه بسمك السَّلمون أو خاصّ به .

salmon pink *(n.)* القَرَنْفُليّ السَّلْمونيّ : لونٌ قَرَنْفُليّ ضاربٌ للصُّفرة .

sa·lon [sə lŏn′; sȧ lôn′] *(n.)* (١) بَهْو ؛ صالون (٢) الصالون الأدبي : اجتماع يُعقد دوريًا في قصر رجل [أو امرأة] ويشهدُهُ عددٌ من الأدباء والفنّانين والسياسيّين وأهل الفكر (٣) الصالون : قاعة تُعرض فيها الأعمال الفنية (٤) دار ؛ مؤسسة <a beauty ~> .

sa·loon [sə lo͞on′] *(n.)* (١) بَهْو ؛ صالة (٢) صالون أدبيّ ؛ منتدًى أدبيّ (را . salon 2) (٣) حانة (٤) الصالون : سيارة مقفلة تتسع لـ ٤-٧ ركّاب .

sa·loop [sə lo͞op′] *(n.)* السَّحْلَب أو شراب ساخن يُصنع منه .

sal·pi·glos·sis [săl pĭ glŏs′ĭs] *(n.)* لسان المزمار (نب) .

sal·pin·gi·tis [săl′pĭn jī′tĭs] *(n.)* (١) التهاب قناة فالوب (مض) (٢) التهاب القناة السمعية (مض) .

sal·pinx [săl′pĭngks] *(n.)* pl. **-pin·ges** [pĭn′jēz] (١) البوق ؛ القناة السّمعية (ت) (٢) النفير : قناة فالوب (ت) . — **sal·pin·gi·an** *(adj.)*

sal·sa [säl′sə] *(n.)* الصَّلْصِيّة : موسيقى شعبية أميركية لاتينية .

sal·si·fy [săl′sə fī] *(n.)* الفُومي ؛ لحية التيس : بَقْل تُؤكل جذوره .

sal soda *(n.)* = sodium carbonate.

salt¹ [sôlt] *(n.; vt.; adj.)* (١) مِلح (٢) نكهة ؛ حِدّة (٣) تحفُّظ ؛ شكّ (٤) ملّاح ؛ نوتيّ § (٥) يملّح § (٦) مالح (٧) مُملَّح (٨) حادّ ؛ لاذع <a ~ wit> (٩) قاسٍ ؛ مرير <a ~ reproach> .

~ of the earth — ملح الأرض ؛ خِيار النّاس .

not worth one's ~, — تافه ؛ غير جدير بأن يُحتفَظ به .

to ~ away money — يدَّخر المالَ للمستقبل .

to eat a person's ~, — يُمالح ؛ يكون ضيفًا على فلان .

with a grain of ~, — بشيء من التحفّظ أو الشك .

salt² *(adj.)* شهوانيّ ؛ شَبِق ؛ فاسق ؛ داعر (ا . م) .

sal·tant [săl′tənt] *(adj.)* (١) واثب (٢) راقص .

sal·ta·rel·lo [săl′tə rĕl′ō] *(n.)* السّالتاريلة : رقصة إيطالية .

sal·ta·tion [săl tā′shən] *(n.)* (١) «أ» وَثْب . «ب» رَقْص (٢) تغيُّر مفاجئ (٣) الطَّفرة (را . mutation) .

sal·ta·to·ri·al [săl′tə tōr′ĭ əl] *(adj.)* (١) وَثْبِيّ (٢) واثب ؛ وثّاب .

sal·ta·to·ry [săl′tə tōr′ĭ] *(adj.)* (١) رَقْصِيّ : خاصّ بالرقص (٢) واثب ؛ وثّاب (٣) متقطِّع .

salt·box [sôlt′bŏks′] *(n.)* المَمْلحة : «أ» وعاء للملح صغيرٌ . «ب» منزلٌ ذو دَوْرَيْن أماميَّين ودور خلفيّ .

saltbox b.

salt·cel·lar [sôlt′sĕl′ər] *(n.)* المَمْلَحَة : وعاء للملح صغيرٌ .

salt·ed [sôl′tĭd] *(adj.)* (١) مملَّح (٢) متمرّس ؛ محنَّك (٣) مُمَنَّع : ذو مناعة ضد مرضٍ سارٍ بسبب من سابق إصابته به [صفة لحيوان] .

salt·er [sôl′tər] *(n.)* (١) الملّاح : صانع الملح أو المتاجر به (٢) المُمَلِّح : مملِّح اللحمِ أو السمكِ أو الجلود .

salt·ern [sôl′tərn] *(n.)* الملّاحة : مصنع الملح .

sal·ti·grade [săl′tə grād′] *(adj.)* واثب <~ insects> .

salt·i·ness [sôl′tĭ nəs] *(n.)* مُلوحة .

salt·ish [sôl′tĭsh] *(adj.)* مَلِحٌ قليلًا ؛ مالحٌ بعضَ الشيء .

salt·less [-′ləs] *(adj.)* (١) عَذْب (٢) تَفِهٌ <a ~ life> .

salt lick *(n.)* = lick 7.

ă at; **ā** date; **â** care; **ä** car; **ĕ** egg; **ē** me; **ĭ** in; **ī** bite; **ŏ** lot; **ō** bone; **ô** orphan; **oi** boil; **o͝o** good; **o͞o** boot; **ou** out; **ŭ** under; **û** urgent; **ə** = *a* in alone, *e* in system, *i* in easily, *o* in gallop, *u* in circus.

salt marsh *(n.)* السَّبْخة المَلِحة .

salt meadow *(n.)* = salt marsh.

salt·pe·ter *also* **salt·pe·tre** [sôlt′ pē′tər] *(n.)* المِلح الصَّخريّ : نترات البوتاسيوم أو الصوديوم .

salt pit *(n.)* المَلّاحة : موضع يُحْصَل منه على الملح .

salt·shak·er [-′shā′kər] *(n.)* مِذَرّة [أو مِرَشّة] الملح .

salt·wa·ter [-′wô′tər] *(adj.)* مامِلحيّ : خاصّ بالماء المالح .

salt·works [-′wûrks] *(n. sing. or pl.)* المَلّاحة : مَصنع الملح .

salt·wort [-′wûrt] *(n.)* الحُرْض : جنس نباتات تُستخرج منه كربونات الصودا التجاريّة .

salt·y [sôl′tĭ] *(adj.)* (١) «أ» مالح . «ب» مملَّح . «ج» مِلْحِيّ (٢) «أ» لاذع ؛ حادّ . «ب» ظريف . «ج» مكشوف ؛ غير محتشم .

sa·lu·bri·ous [sə lo͞o′brĭ əs] *(adj.)* صِحّيّ ؛ نافع للصحة .

sa·lu·bri·ous·ness *(n.)* الصِّحّانيّة : كون الشيء صحّيًّا .

sa·lu·bri·ty [sə lo͞o′brĭ tĭ] *(n.)* = salubriousness.

sa·lu·ki [sə lo͞o′kē] *(n.)* السَّلوقيّ : كلب من كلاب القنص .

sal·u·tar·y [săl′yə tĕr′ĭ] *(adj.)* (١) مفيد (٢) صحّيّ .

sal·u·ta·tion [săl′yə tā′shən] *(n.)* (١) تسليم (٢) سلام ؛ تحيّة (٣) المُسْتَهَلّ : العبارة التي تُستهلّ بها الرسالة .

sa·lu·ta·to·ri·an [sə lo͞o′tə tōr′ĭ ən] *(n.)* الطالب المُرَحِّب : الطالب الذي يلقي خطاب الترحيب عند تخرّج صفّ من الصفوف .

sa·lu·ta·to·ry [sə lo͞o′tə tōr′ĭ] *(adj.; n.)* (١) ترحيبيّ § (٢) خطاب الترحيب [بالضيوف في حفلة تخريج] .

sa·lute[1] [sə lo͞ot′] *(vt.; i.)* (١) يُحَيّي ؛ يُسَلِّم ؛ يُرَحِّب بـ (٢) يؤدّي التحية العسكرية (٣) يُطْري x (٤) يؤدّي التحية .

sa·lute[2] *(n.)* (١) «أ» تسليم ؛ ترحيب . «ب» سلام ؛ تحيّة . «ج» تحية عسكرية (٢) مُفَرقِعة نارية .

salv·a·ble [săl′-] *(adj.)* يُخلَّص ؛ يُنْقَذ : ممكنٌ تخليصُهُ أو إنقاذُهُ .

sal·vage [săl′vĭj] *(n.; vt.)* (١) تعويض الإنقاذ : مكافأة تدفع لمن ينقذ سفينة من الغرق أو ينقذ ركابها وحمولتها عند الغرق (٢) الاستنقاذ : إنقاذ سفينة أو حمولتها من الغرق أو إنقاذ ممتلكات من الحريق إلخ (٣) المُسْتَرَدّ : الممتلكات المنقَذة عند الغرق أو الحريق § (٤) يُنقذ [من غرق أو حريق إلخ] .

— **sal·vag·er** *(n.)*

sal·va·tion [săl vā′shən] *(n.)* (١) الخلاص الروحي (نص) (٢) تخليص ؛ إنقاذ (٣) نجاة ؛ خلاص (٤) وسيلة الإنقاذ أو سببُهُ .

sal·va·tion·al [-əl] *(adj.)* تخليصيّ ؛ إنقاذيّ .

Salvation Army *(n.)* جيش الخلاص : منظمة مسيحية شبه عسكرية لنشر الدين ومساعدة المُعْوِزين .

salve[1] [săv; säv; sălv; sälv] *(n.; vt.)* (١) مَرْهَم (٢) كلُّ ما يُلطِّف أو يُسكِّن § (٣) يُمَرْهِم : يعالج بمَرْهَم (٤) يهدّئ ؛ يسكّن .

salve[2] *(vt.)* يُنقذ [من غرق أو حريق إلخ] .

sal·ver [săl′vər] *(n.)* طَبَق ؛ صِينيّة [لتقديم الطعام أو المشروبات] .

sal·vi·a [săl′vĭ ə] *(n.)* الناعمة ؛ القُوَيْسة ؛ المَرْيميّة (نب) .

sal·vo[1] [săl′vō] *(n.)* (١) الإصلاء : «أ» إطلاق النار من مدفعين أو أكثر دفعةً واحدة . «ب» إلقاء جميع القنابل أو الصواريخ [من طائرة ما] دفعةً واحدة (٢) الصَّلْية : القنابل أو القذائف الملقاة دفعة واحدة (٣) تحيّة (٤) انفجار مفاجئ ؛ عاصفة <a ~ of cheers> .

sal·vo[2] *(vt.; i.)* يُصْلي : يطلق النار دفعةً واحدة .

sal·vo[3] *(n.)* (١) تحفُّظ ؛ اشتراط (ا . ق) (٢) الوسيلة : وسيلة يُنقذ بها المرء اسمَهُ أو شرفه أو يُلَطِّف بها وخزَ ضميره (ا . ق) .

sal vo·la·ti·le [săl′ və lăt′ə lē′] *(n.)* = smelling salts.

sa·ma·ra [săm′ə rə] *(n.)* الجَناحيّة ؛ الثمرة الجَناحيّة : ثمرة يابسة غير منفتحة يمتدّ غلافها على شكل جناح .

samaras

Sa·mar·i·tan [sə măr′ə tən] *(n.; adj.)* (١) السّامِريّ : أحد أبناء السّامرة بفلسطين § (٢) سامريّ .

sa·mar·i·um [sə mâr′ĭ əm] *(n.)* السَّمَرْيوم ؛ السّامريوم (ك) .

sa·mar·skite [sə mär′skīt] *(n.)* السَّمَرْسْكيت (مع) .

sam·ba [səm′bə; säm′bä] *(n.)* السّامبا : رقصة السّامبا أو موسيقاها .

sam·bar *or* **sum·bur** [săm′bər] *(n.)* الصَّمْبَر : أيّل آسيويّ ضخم .

sam·bo[1] [săm′bō] *(n.)* السّامبو : «أ» مولَّدٌ أحدُ أبويه زنجي والآخر خُلاسيّ أو هنديّ أحمر . «ب» زنجيّ [بمعنًى ازدرائيّ] .

sam·bo[2] *(n.)* السّامبو : ضرب من المصارعة .

Sam Browne belt [săm′broun′] *(n.)* حِزام سام براون : حزام عسكريّ للضبّاط ذو حِمالةٍ تحيط بالكتِف اليمنى .

same [sām] *(adj.; pron.; adv.)* (١) نفسُهُ ؛ عينُهُ <the ~ book> § (٢) الشيء أو الشخص نفسه <did the ~ again> (٣) الآنف الذكر § (٤) بالطريقة نفسها <*Peace* and *piece* are pronounced the ~.> .

all the ~, مع ذلك ؛ برغم ذلك .

It is all the ~ to me. سِيّانِ عِندي .

just the ~, (١) بالطريقة نفسها (٢) ومع ذلك .

one and the ~, الشيء نفسه تمامًا .

the very ~, الشيء نفسه تمامًا .

same·ness *(n.)* (١) تماثل ؛ شَبَهٌ تامّ (٢) رتابة .

sam·iel [săm′yĕl] *(n.)* السَّموم ؛ ريح السَّموم .

sam·i·sen [săm′ĭ sĕn′] *(n.)* السَّمِيْسَن : آلة موسيقيّة يابانيّة ثلاثيّة الأوتار .

samisen

sam·ite [săm′īt; sā′mīt] *(n.)* السّاميت : نسيجٌ حريريّ تخالطه خيوط ذهبية وفضّيّة .

Sa·mo·an [sə mō′ən] *(n.; adj.)* (١) اللغة السّاموائية (٢) السّاموائيّ : أحد أبناء ساموا ، وهي جُزُر في المحيط الهادئ § (٣) ساموائيّ .

sam·o·var [săm′ə vär′] *(n.)* السَّماور : وعاء لإعداد الشاي .

samovar

Sam·o·yed *also* **Sam·o·yede** [săm′ə yĕd′] *(n.; adj.)* (١) الساموديّ : «أ» واحد السّاموديين [وهم شعب سيبيري] . «ب» كلب أبيض

سيبيريّ الأصل (٢) السّاموديّة: لغة السّامودين § (٣) ساموديّ.

Sam·o·yed·ic [săm ə yĕd′ĭk] *(adj.; n.)* ساموديّ.

samp [sămp] *(n.)* السَّمْب: جَريش الذُّرة أو عصيدة مصنوعة منه.

sam·pan [săm′păn] *(n.)* السَّمبان: زورق صيني يُسيَّر بمجذاف خلفيّ.

sampan

sam·phire [săm′fīr] *(n.)* (١) الشُّمرة البحرية (نب) (٢) الأُشنان؛ الحُرْض (نب).

sam·ple [săm′pəl] *(n.; vt.; adj.)* (١) عيِّنة؛ «مَسْطَرة» § (٢) «أ» يأخذ عيِّنة من... «ب» يختبر § (٣) نموذجيّ.

sam·pler[1] [-′plər] *(n.)* الرائزة: قطعة من شغل الإبرة مزدانة بأحرف أو أبيات.

sam·pler[2] *(n.)* (١) جامع العَيِّنات أو مُخْتَبِرُها (٢) المُعَيِّنة: أداة لاستخراج العيِّنات من كيس قمح أو نحوه (٣) المختار: شيء يتضمَّن عيِّنات أو مختارات نموذجية.

sample room *(n.)* مَعْرِض العيِّنات: حجرة في فندق يَعرِض فيها التجار نماذج من سِلَعِهِم ترغيبًا للنزلاء في شرائها.

sam·pling *(n.)* (١) التَّعَيُّن: أخذ العيِّنات أو اختيارُها (٢) عَيِّنة؛ مَسْطرة.

sam·shu [săm′shōō] *(n.)* السّمشو: شراب صينيّ مُسْكِر.

Sam·son [săm′sən] *(n.)* (١) شمشون الجبار (٢) كلُّ رَجُل ذي قوة استثنائيّة.

Sam·so·ni·an [săm sō′-] *(adj.)* (١) شمشونيّ (٢) جبّار؛ عظيم القوة.

sam·u·rai [săm′ōō rī] *(n.)* السّاموراي: «أ» واحد من طبقة المحاربين الأرستوقراطية اليابانية القديمة. «ب» طبقة المحاربين هؤلاء.

san·a·tive [săn′ə tĭv] *(adj.)* شافٍ.

san·a·to·ri·um [săn′ə tōr′ĭ əm] *(n.)* pl. **-ri·ums** *or* **-ri·a** [rĭ ə] المَصَحّة: مؤسسة تُعنى بالناقهين وبالمصابين بأمراضٍ مزمنة إلخ.

san·be·ni·to [săn′bə nē′tō] *(n.)* الصَّنْبَنيط: «أ» ثوبٌ من خيش أو وبر الإبل كان يرتديه الزنادقة التائبون. «ب» ثوب أسود مزدان بصور الأبالسة وألسنة النار كان يرتديه الزنديق المحكوم عليه بالموت من قِبل محكمة التفتيش في إسبانيا.

sanc·ti·fied *(adj.)* (١) مكرَّس (٢) مقدَّس؛ طاهر؛ مُبَرَّأ من الخطيئة (٣) منافق: متظاهر بالتقوى.

sanc·ti·fy [săngk′tə fī′] *(vt.)* (١) يقدِّس: يجعله مقدَّسًا (٢) يكرِّس: يخصصُهُ لغرضٍ أو استعمالٍ دينيّ (٣) يُطهِّر؛ يُطهِّر من الخطيئة (٤) يُقرّه دينيًّا؛ يجعله شرعيًّا أو مُلْزِمًا (٥) يُبرِّر. —**sanc·ti·fi·ca·tion** *(n.)*

sanc·ti·mo·ni·ous [săngk′tə mō′-] *(adj.)* مُنافق؛ متظاهرٌ بالتقوى.

sanc·ti·mo·ny [săngk′tə mō′nĭ] *(n.)* نفاق؛ تظاهرٌ بالتقوى.

sanc·tion [săngk′shən] *(n.; vt.)* (١) مرسوم؛ قانون (٢) إقرار؛ تصديق (٣) موافقة؛ إجازة (٤) جزاء (٥) الوازع؛ الرادع <The best moral ~ is that of conscience.> (٦) عقوبة اقتصادية أو عسكريّة تُنزلها مجموعة من الدول بدولة انتهكت حرمة القانون الدولي § (٧) يُقرّ؛ يصدِّق على (٨) يوافق على (٩) يُجيز.

sanc·ti·ty [săngk′tə tĭ] *(n.)* (١) قداسة؛ طهارة؛ وَرَع (٢) حُرْمة؛ قُدْسيّة (٣) *pl.*: مقدَّسات <~ of the temple>.

sanc·tu·ar·y [-chōō ər′ĭ] *(n.)* (١) حَرَمٌ؛ مَقْدِس (٢) ملتَجأ؛ مَفْزَع؛ مَلاذ.

sanc·tum [săngk′təm] *(n.)* pl. **-tums** *also* **-ta** (١) حَرَم؛ مَقْدِس (٢) معتزَل؛ مُخْتَلًى؛ مكتب خصوصي؛ حجرة خصوصية.

sanctum sanctorum [săngk tōr′əm] *(n.)* (١) قُدْس الأقداس (نص) (٢) مُعْتَزَل؛ مُخْتَلًى.

Sanctus bell *(n.)* ناقوس القدّاس [يُقْرع أثناء إقامته].

sand [sănd] *(n.; vt.)* (١) «أ» رَمْل. «ب» تربة رمليّة. «ج» شاطئ رمليّ (٢) «أ» رمل الساعة الرمليّة. «ب» *pl.*: لحظات العمر (٣) شجاعة (٤) اللون الرمليّ § (٥) يَذُرّ الرملَ على... (٦) يُرَمِّل: «أ» يغطّي بالرمل. «ب» يملأ بالرمل. «ج» ينظف أو يَصْقل بالرمل أو بالورق المُرَمَّل.
The ~*s* are running out. يوشك الوقت أن ينقضي.

sandals[1]

san·dal[1] [săn′dəl] *(n.)* صَنْدل؛ خُفّ.

san·dal[2] *(n.)* = sandalwood.

san·dal·wood [săn′dəl-] *(n.)* (١) شجرة الصَّنْدَل (٢) خشبُ الصَّندَل.

san·da·rac [săn′də răk′] *(n.)* (١) رَهْج الغار (مع) (٢) صَمْغ السَّنْدَروس.

sandarac tree *(n.)* السَّنْدَروس: شجر شمالإفريقيّ ضخم.

sand·bag [sănd′băg′] *(n.; vt.)* (١) كيس رمل § (٢) يزوِّد أو يحصِّن أو يُثْقِل بأكياس رمل (٣) يعامل بقسوة.

sand·bank [sănd′băngk] *(n.)* الضَّفّة الرملية: رُكامٌ من الرمل ضخمٌ يشكّل رابيةً أو جانبَ تلٍّ أو حاجزًا (جي).

sand·bar [sănd′bär′] *(n.)* الحاجز الرمليّ: مرتفَعٌ رمليّ يتشكّل بفعلِ المدّ والجزر أو التيارات المائية (جي).

sand·blast [-′blăst′] *(n.; vt.)* (١) السَّفْع الرمليّ: تيارٌ هوائيّ مشتمل على رمل، يُستخدم لتنظيف سطوح الزجاج والحجارة والمعادن أو صقلها إلخ (٢) المِسْفَع الرمليّ: جهاز لاستخدام السَّفْع الرَّمليّ § (٣) يَسْفَع بالرمال.

sand–blind [sănd′blīnd′] *(adj.)* حَسِير: نصف أعمى.

sand·box [-′bŏks′] *(n.)* (١) صندوق رمل (٢) المِرْمَلة: «أ» وعاء صغير لذرّ الرمل على الحبر الذي لم يجفّ بعد. «ب» مخزن في قاطرة السكّة الحديدية أو نحوها يُسْقَط منه الرمل على قضبان السكّة منعًا للانزلاق.

sand·boy [sănd′boi′] *(n.)* غُلام الرّمل: «أ» حشرة من حشرات كثيرة تكثر في الشواطئ الرمليّة. «ب» غلام يبيع الرمل في المنتجعات الساحلية.

sand–cast *(vt.)* يَصُبّ رَمْليًّا [بإفراغ المعدن في قالبٍ رمليّ].

sand casting *(n.)* الصَّبّ في الرّمل.

sand castle *(n.)* قَصْر الرَّمل : «أ» شبه قصر صغير يُشيِّده الأطفال من رمال الشاطئ . «ب» شيء قليل الشأن .

sand crack *(n.)* صَدْع الرمل : شَقّ في حافر الفرس يسبِّب العَرَج .

sand dollar *(n.)* دولار الرَّمل : قُنفُذٌ بحريّ مُدوَّر مُفَلْطَح الشكل يألف الأعماق المُرْمِلة .

sand dollar

sand eel *(n.)* أنقليس الرمل .

sand·er [săn′dər] *(n.)* (١) المُرَمِّل : من ينظِّف أو يَصقل بالرمل أو بالورق المُرَمَّل (٢) المِرْمَلة : أداة في قاطرة السّكة الحديدية لذرّ الرمل على قضبان السّكة منعًا للانزلاق (٣) المُرَمِّلة : ماكينة سَنْفَرة (را . sandpaper *2*) تُستخدم في الصقل أو التنعيم .

sand·er·ling [săn′dər lĭng] *(n.)* المَدْرَوان : نوع من الطِّيطَوَى .

sanderling

sand flea *(n.)* بُرغوث الرّمل .

sand fly *(n.)* ذُبابة الرّمل .

sand·glass [sănd′glăs′] *(n.)* = hourglass.

sand grouse *(n.)* القَطاة : واحدة القَطا (طا) .

sand·i·ness [săn′dĭ nəs] *(n.)* الرَّمْلانيّة : كونُ الشيء رمليًّا .

sand·ing machine *(n.)* المُرَمِّلة : ماكينة سَنْفَرة [للتنعيم والصَّقل] .

sand lance *(n.)* أنقليس الرّمل .

sand launce *(n.)* = sand lance.

sand lily *(n.)* زَنْبق الرمل .

sand·lot [-′lŏt′] *(n.)* مَلعب الرمل : أرض رملية يلعب فيها الصِّبيان .

sand·man [sănd′măn′] *(n.)* الرَّمّال : جِنّيّ تزعم الأسطورة أنه يُوقع النُّعاسَ في عيون الأطفال بذَرِّ الرّمل فيها .

sand·pa·per [sănd′pā′pər] *(n.; vt.)* (١) ورق السَّنْفَرة؛ الورق المُرَمَّل؛ ورق الزُّجاج § (٢) يُسَنْفِر : يحكّ بورق الزجاج .

sand·pi·per [sănd′pī′pər] *(n.)* الطِّيطَوَى؛ زَمّار الرَّمل (طا) .

sandpiper

sand·pit [sănd′pĭt′] *(n.)* حُفرة الرمل [يلعب فيها الأطفال] .

sand·stone [sănd′stōn′] *(n.)* الحَجَر الرَّمليّ .

sand·storm [sănd′stôrm′] *(n.)* عاصفة رملية .

sand table *(n.)* خُوان الرَّمل : «أ» طاولة يعلوها رملٌ يلعب به الأولاد . «ب» طاولة تعلوها نماذج رملية معدّةٌ للتدريب على المناورات العسكرية .

sand verbena *(n.)* الرَّشيقة الرَّمليّة؛ رِغْي الحمام الرَّمليّ (نب) .

sand·wich [sănd′wĭch; săn′wĭch] *(n.; vt.)* (١) سَنْدويش؛ سَنْدويتشة؛ شَطيرة § (٢) يُشطِّر : يصنع منه شَطيرة (٣) يُقْحِم بين شيئين أو شخصين <Jalal was ~*ed* between two fat women.>.

sandwich man *(n.)* الرَّجُل المُشَطَّر : رجلٌ يحمل لوحتين إعلانيّتين إحداهما على صدره والأخرى على ظهره [فكأنه شَطيرة] .

sand·worm [sănd′wûrm′] *(n.)* دودة الرمل .

sand·wort [sănd′wûrt′] *(n.)* الرَّملية؛ نبتة الرمال (نب) .

sand·y [săn′dĭ] *(adj.)* (١) «أ» رَمْليّ : مُحْتَوٍ على رمل أو مؤلَّف منه أو مكسوٌّ به . «ب» رملي اللون (٢) رجراج؛ غير ثابت (٣) مُمِلّ .

sane [sān] *(adj.)* (١) معافًى (٢) سليم العقل (٣) حكيم؛ معقول <a ~ advice>.

sang [săng] *past of* sing.

san·ga·ree [săng′gə rē′] *(n.)* السَّنْجَرِيّ : شراب مُسْكِر .

sang·froid [sän frwä′] *(n.)* هدوء؛ سَكينة؛ رباطة جأش .

san·gri·a [săng grē′ə] *(n.)* السَّنْجَرِيّة : شرابٌ مُسْكِر .

san·gui·nar·i·a [săng′gwĭ nâr′ĭ ə] *(n.)* (١) الدَّمَويّة؛ دَمَويّة الجذر (نب) (٢) جذورُ هذا النبات .

san·gui·nar·y [săng′gwĭ nĕr′ĭ] *(adj.)* (١) سفّاح؛ متعطّش للدماء (٢) دامٍ <a ~ battle> (٣) دَمَويّ : مؤلَّف من دم <a ~ stream> .

san·guine [săng′gwĭn] *(adj.; n.)* (١) أحمر قانٍ (٢) «أ» دمويّ : ذو علاقة بالدَّم أو مؤلَّف منه . «ب» متعطّش للدم (٣) مُتَوَرِّد (٤) دمويّ المزاج (٥) متفائل <was ~ of success> (٦) واثق <had a ~ disposition> § (٧) القلم الدَّمويّ : قلم أحمر يُستخدَم في الرسم (٨) اللون الدّمويّ .

— **san·guin·i·ty** *(n.)*

san·guin·e·ous [săng gwĭn′ĭ əs] *(adj.)* (١) أحمر قانٍ (٢) متعطش للدم (٣) دمويّ : «أ» ذو علاقة بالدم . «ب» مؤلّف من دم . «ج» كثير الدم (٤) متفائل؛ واثق .

san·guin·o·lent [-′ə lənt] *(adj.)* (١) دمويّ : مُحْتَوٍ على دم أو مُصْطَبِغٌ به (٢) سفّاح؛ متعطّش للدماء .

San·he·drin [săn′hĭ drĭn] *also* **San·he·drim** *(n.)* السَّنهيدرين؛ السَّنهيدريم : المجلس الأعلى عند اليهود القدماء .

sa·ni·es [sā′nĭ ēz′] *(n.)* المُهْل : سائل رقيق مُصطبغٌ بالدم تُفرزُه القروح .

san·i·tar·i·an [săn ə târ′ĭ ən] *(adj.; n.)* (١) صِحّيّ § (٢) الاختصاصي في علم الصحة .

san·i·tar·i·um [săn′ə târ′ĭ əm] *(n.)* = sanatorium.

san·i·tar·y [săn′ə tĕr′ĭ] *(adj.; n.)* (١) صِحّيّ (٢) نظيف § (٣) الكنيف الصحّيّ : مرحاض مزوَّد بأسباب النظافة .

sanitary napkin *(n.)* المِنْديل الصِّحّيّ : منديلٌ من قطن وورق لامتصاص دم الحيض أو الطمث .

sanitary towel *(n.)* = sanitary napkin.

san·i·tate [săn′ə tāt′] *(vt.)* يزوِّد بالوسائل الصحيّة .

san·i·ta·tion *(n.)* التَّصْحاح : «أ» جَعْل الشيء صحّيًّا . «ب» تعزيز الصحة العامة ومنع تفشّي الأمراض إلخ .

san·i·tize [-′ə tīz′] *(vt.)* يُصحِّح : يجعله صحّيًّا [بالتنظيف أو التعقيم] .

san·i·to·ri·um [săn′ə tōr′ĭ əm] *(n.)* = sanatorium.

san·i·ty [săn′-] *(n.)* (١) سَلامة العقل (٢) أصالة الرأي .

sank [săngk] *past of* sink.

San·khya [säng′kyə] *(n.)* السَّنْخِيّة : فلسفة هندوسية تقول بأن الخلاص يتمّ من طريق التمييز بين المادة والروح .

san·nup [săn′əp] *(n.)* الصَّنَب : هنديّ أميركيّ أحمر متزوج .

sans [sănz; sän] *(prep.)* بلا ؛ بدون <~ eyes> .

San·scrit [săn′skrĭt] *(n.)* = Sanskrit.

sans·cu·lotte [sănz′kyōō lŏt′; sän kʏ lôt′] *(n.)* اللاّمُتَسَرْوِل : «أ» جُمهوريّ فرنسيّ متطرِّف ، أيامَ الثورة الفرنسيّة . «ب» شخص متطرّف حتى العنف في الشؤون السياسيّة .

san·sei [sän′sā′] *(n.)* السَّنسيّ : أحد أبناء المهاجرين اليابانيّين إلى الولايات المتحدة الأميركية .

san·se·vi·e·ri·a [săn′sĭ vĭ ĭr′ĭ ə] *(n.)* السَّنْسَفيريّة : عشبة استوائية .

San·skrit [săn′skrĭt] *(n.; adj.)* (١) السَّنْسِكريتيّة : لغة الهند الأدبية القديمة § (٢) سَنْسِكْريتيّ .

sans pa·reil [săn pȧ rĕ′y] *(adj.)* فريد ؛ منقطع النظير .

sans sou·ci [sän sōō sē′] *(adj.)* خليّ ؛ خالي البال .

San·ta Claus [săn′tə klôz′] *(n.)* سانتاكلوز ؛ «بابا نُويل» : قدّيس الأطفال وموزِّع الهدايا عليهم عشيّة عيد الميلاد .

san·ton·i·ca [-tŏn′-] *(n.)* الأرطُماسيا البحرية ؛ الأفسنتين البحري (نب) .

san·to·nin [săn′tə-] *(n.)* السَّنتونين : مركّب سامّ متبلّر .

san·tos [săn′tōōs] *(n.)* السانتوس : بنّ برازيليّ من إنتاج سان باولو .

sap[1] [săp] *(n.; vt.)* (١) «أ» النُّسْغ : سائل يجري في أوعية النبات حاملًا الماء والغذاء . «ب» دم . «ج» حيوية (٢) شخص أحمق ساذَج (٣) هراوة § (٤) يستنزف نُسْغَهُ أو حيويّته (٥) يَضْرب بِهَراوة .

sap[2] *(n.; vi.; t.)* (١) النَّقْب : خندق صغير ضيّق يُحْفَر للاقتراب من مواقع العدوّ § (٢) يقترب [من مواقع العدوّ بحفر خَنْدق صغير] x (٣) «أ» يَلْغُم ؛ يقوِّض . «ب» يُضْعِف ؛ يُوهِن (٤) يَنْقُب ؛ يحفر خندقًا في . . .

sap·head [săp′hĕd′] *(n.)* المُغَفَّل ؛ الأحمق ؛ الضعيف العقل .

sap·head·ed [-′hĕd′ĭd] *(adj.)* مُغَفَّل ؛ أحمق ؛ ضعيف العقل .

sa·phe·na [sə fē′nə] *(n.)* pl. **-e** الصّافِن : وريد ضخم في السّاق .

sa·phe·nous [sə fē′nəs] *(adj.)* صافِنيّ : ذو علاقة بالصّافِن .

sap·id [săp′ĭd] *(adj.)* (١) ذو نكهة أو طَعْم (٢) لذيذ الطعم (٣) مُمْتِع .
— **sa·pid·i·ty** *(n.)*

sa·pi·ence [sā′pĭ əns] *(n.)* حكمة ؛ تعقُّل ؛ رجاحة عقل .

sa·pi·en·cy [sā′pĭ ən sĭ] *(n.)* = sapience.

sa·pi·ent [-ənt] *(adj.)* حكيم ؛ متعقّل ؛ راجح العقل .

sap·less [săp′ləs] *(adj.)* (١) جافّ ؛ ذاوٍ ؛ لا نُسْغَ فيه (٢) واهن ؛ ضعيف ؛ فاقد الحيوية .

sap·ling [săp′lĭng] *(n.)* (١) شُجَيْرة ؛ نَصْبة (٢) شابّ .

sap·o·dil·la [săp′ə dĭl′ə] *(n.)* السَّبّوتة ؛ زُعرور أميركا (نب) .

sapodilla

sap·o·na·ceous [săp′ə nā′shəs] *(adj.)* (١) صابونيّ (٢) زلِق .

sa·po·na·ted [săp′ə nā′tĭd] *(adj.)* مُصَبَّن : معالَج أو ممزوج بالصابون .

sa·pon·i·fi·a·ble [sə pŏn′ə fī′ə bəl] *(adj.)* صَبُون : قابل للتّصبُّن <~ oils>.

sa·pon·i·fi·ca·tion *(n.)* (١) تصبين ؛ تحويل إلى صابون (٢) تصبُّن .

sa·pon·i·fi·er [sə pŏn′ə fī′ər] *(n.)* (١) المُصَبِّن (٢) جهاز التصبين .

sa·pon·i·fy [sə pŏn′ə fī′] *(vt.; i.)* (١) يُصَبِّن x (٢) يَتَصبَّن .

sa·po·nin [săp′ə nĭn] *(n.)* الصابونين (ك) .

sap·o·nite [săp′ə nīt′] *(n.)* الصابونيت (مع) .

sa·por [sā′pôr] *(n.)* نَكْهة ؛ مَذاق ؛ طَعْم .

sa·po·ta [sə pō′tə] *(n.)* = sapodilla.

sap·per [săp′ər] *(n.)* (١) النَّقّاب : خبير عسكري يُعنَى بحَفر الخنادق (جن) (٢) اللَّغّام : خبير بوضع الألغام وتعطيلها (جن) .

sap·phire [săf′īr] *(n.; adj.)* (١) الصَّفِّير ؛ الياقوت الأزرق (٢) الصَّفِّيريّ : لون شديد الزّرقة ضارب إلى الأرجوانيّ § (٣) صَفّيريّ اللون .

sap·phi·rine [săf′ər ĭn] *(adj.; n.)* (١) صَفّيريّ § (٢) الصَّفِّيرين (مع) .

sap·phism [săf′ĭz′-] *(n.)* السّافوية ؛ السِّحاق : مضاجعة المرأة للمرأة .

sap·pi·ness [săp′ĭ nəs] *(n.)* (١) «أ» النُّسْغِيّة : كون النبتة وافرة النُّسْغ (را . sap[1] *a*) . «ب» غَضارَة . «ج» حيويّة (٢) حماقة ؛ سُخْف .

sap·py [săp′ĭ] *(adj.)* (١) «أ» كثير النُّسْغ . «ب» غَضِير ؛ غَضّ ؛ ريّان . «ج» مفعَم بالحيوية (٢) أحمق ؛ سخيف .

sapr- *or* **sapro-** بادئة معناها : «أ» فاسد ؛ عَفِن ؛ نتِن . «ب» مادة عضوية مَيْتة أو فاسدة .

sa·pre·mi·a [sə prē′mĭ ə] *(n.)* الصَّبْرَميّة ؛ التعفّن الدمويّ .

sap·ro·gen·ic [săp′rō jĕn′ĭk] *(adj.)* تَعَفُّنيّ : «أ» ذو علاقة بالعَفَن . «ب» ناشئ عن العَفَن أو مُحْدِث له .

sap·ro·lite [săp′rə līt′] *(n.)* السَّبروليت : صخرٌ ليِّن بالٍ أو متفسّخ .

sa·proph·a·gous [să prŏf′ə gəs] *(adj.)* آكلٌ للعَفَن .

sap·ro·phyte [săp′rō fīt′] *(n.)* الإعْفِين : كلّ مُتَعَضٍّ نباتيّ يعيش على المادة العضويّة الميتة أو العفِنة ، كبعض الفطور والبكتيريا .

sap·ro·phyt·ic [săp′rō fĭt′ĭk] *(adj.)* إعفينيّ ؛ رِمِّيّ : مُسْتَمِدٌّ غذاءهُ بامتصاص المادة العضوية المُنْحَلَّة .

sap·ro·zo·ic [săp′rō zō′ĭk] *(adj.)* = saprophytic.

sap·sa·go [săp′sə gō′] *(n.)* السَّبْساج : جبن سويسريّ قاسٍ مُخْضَرّ .

sap·suck·er [săp′sŭk′ər] *(n.)* مصّاص النُّسغ : «نقّار خشبٍ» يغتذي بنُسْغ النبات .

sapsucker

sap·wood [săp′-] *(n.)* خشبة النُّسغ : الخشب الغَضّ الحيّ الذي في ساق النبات (نب) .

sar·a·band *or* **sar·a·bande** [săr′ə bănd′] *(n.)* السَّرَبَنْدَة : «أ» رقصةُ بلاطٍ راجت في القرنين ١٧ و١٨ . «ب» موسيقى هذه الرقصة .

Sar·a·cen [săr′ə sən] *(n.)* (١) العَرَبيّ (٢) المُسْلم المَشْرِقيّ .

sarc- *or* **sarco-** بادئة معناها : لحم ؛ عَضَل .

sar·casm [sär′kăz əm] *(n.)* سُخْرية ؛ تهكُّم .

sar·cas·tic [sär kăs′-] *(adj.)* (١) سُخْريّ ؛ تهكُّميّ (٢) ساخر .

sarce·net [särs′nət] *(n.)* السَّرسَنِيْت : نسيج حريريّ رقيق .

sar·co·carp [sär′kō kärp′] *(n.)* (١) لُبّ الثمرة (٢) ثمرة لَحِيمة .

sar·co·ma [sär kō′mə] *(n.)* pl. **-mas** *or* **-ma·ta** [mə tə] السَّرقوم : ورم خبيث ينشأ في النسيج الضامّ .

sar·co·phag·ic [sär kə făj′ĭk] *(adj.)* = carnivorous.

sar·coph·a·gous [-kŏf′ə gəs] *(adj.)* = carnivorous.

sar·coph·a·gus [sär kŏf′ə gəs] *(n.)* pl. **-gi** [gī; jī; gē] الناووس : تابوت حجريّ .

sar·cous [sär′kəs] *(adj.)* (١) لحميّ (٢) عضليّ .

sard [särd] *(n.)* الصَّرْد : خَلْقيدونيّ chalcedony أحمرُ برتقاليّ .

sar·dine [sär dēn′] *(n.)* السَّردين .

Sar·din·i·an [sär dĭn′ĭ ən] *(n.; adj.)* (١) السَّردانيّ : أحد أبناء سَرْدانيا أو سَرْدينيا (٢) السَّردانيّة : لغة أبناء سَرْدانيا § (٣) سَرْدانيّ .

sar·di·us [sär′dĭ əs] *(n.)* = sard.

sar·don·ic [sär dŏn′ĭk] *(adj.)* تَهَكّميّ ؛ ساخر .

sar·do·nyx [sär′də nĭks] *(n.)* السَّرْدُوان ؛ الجَزْع العقيقيّ (مع) .

sar·gas·so [sär găs′ō] *(n.)* pl. **-sos** السَّرجَس : طُحلب بحريّ .

sarge [särj] *(n.)* = sergeant.

sa·ri *or* **sa·ree** [sär′ē] *(n.)* السّاري : رداء خارجيّ ترتديه النسوة في الهند وباكستان بخاصة .

sark [särk] *(n.)* = shirt.

sar·ky [sär′kĭ] *(adj.)* = sarcastic.

sar·men·tose [sär mĕn′tōs] *(adj.)* سَرْعيّ : ذو أغصانٍ طِوالٍ كَسُروع الكروم .

sarmentose stem

sa·rong [sə rông′] *(n.)* السّارُنغ : «أ» رداء لكلا الجنسَيْن ، في أرخبيل الملايو إلخ ، قِوامُهُ قطعة قماشٍ تكتنف الجزء الأدنى من الجسم على شكل تنّورة . «ب» قماش يُتَّخَذُ منه السّارُنغ .

sar·ra·ce·ni·a [săr′ə sē′nĭ ə] *(n.)* السَّرّازانيّة ؛ البوقيّة (نب) .

sar·sa·pa·ril·la [săr′sə pə rĭl′ə] *(n.)* (١) الفُشاغ : «أ» نبات أميركي مُعْتَرِش . «ب» جذر الفُشاغ (٢) الفُشاغيّ : شَرابٌ غازيّ مُنَكَّهٌ بالفُشاغ .

sar·to·ri·al [sär tōr′ĭ əl] *(adj.)* خيّاطيّ : «أ» ذو علاقة بالخيّاط أو بالثّياب المَخيطة . «ب» ذو علاقة بالعَضَلة الخيّاطيّة .

sar·to·ri·us [sär tōr′ĭ əs] *(n.)* العَضَلة الخيّاطيّة (ت) .

sash [1] [săsh] *(n.)* حِزام ؛ نطاق ؛ وشاح .

sash [2] *(n.)* إطار [لزجاج النافذة أو الباب] .

sa·shay [să shā′] *(vi.; n.)* (١) ينزلق ؛ يمشي ؛ يذهب (٢) يتأنّق في خَطْوِهِ § (٣) رحلة .

sass [săs] *(n.; vt.)* (١) جوابٌ وَقِح § (٢) يخاطبه بوقاحة أو ازدراء .

sas·sa·fras [săs′ə frăs′] *(n.)* السّاسفراس : «أ» شجر فارع الطول . «ب» لِحاء جذور السّاسفراس العطِرُ المجفَّف .

sas·se·nach [săs′ə năk′] *(n.)* شخص أو شيء إنكليزيّ نموذجيّ .

sass·wood [săs′wo͝od′] *(n.)* السّاس : شجر إفريقيّ ذو لحاءٍ سامّ .

sas·sy [săs′ĭ] *(adj.)* = saucy.

sassy bark [săs′ĭ] *(n.)* لحاء السّاس (را . sasswood) .

sat [săt] *past and past part. of* sit.

Sa·tan [sā′tən] *(n.)* إبليس ؛ الشيطان .

sa·tan·ic [sā tăn′ĭk] *(adj.)* إبليسيّ ؛ شيطانيّ .

sa·tan·i·cal [sā tăn′ĭ kəl] *(adj.)* = satanic.

sa·tan·ism [sā′tə nĭz′əm] *(n.)* (١) الشيطانيّة : النزوع الفطريّ إلى الشرّ (٢) عبادة الشيطان .

satchel

satch·el [săch′əl] *(n.)* حقيبة [للكتب المدرسيّة بخاصّة] .

sate [sāt] *(vt.)* (١) يُتخِم (٢) يُشبع [رغبةً أو شهوةً] إشباعًا كاملًا .

sa·teen [să tēn′] *(n.)* السّاتين : قماش قطنيّ صقيل .

sat·el·lite [săt′l īt′; săt′ə līt′] *(n.; adj.)* (١) التابع ؛ المُرافِق ؛ الذَّيل (٢) قمر ؛ تابع (فل) (٣) قمر صُنعيّ (٤) الدولة التابعة : دولة مستضعَفة تدور في فلك دولةٍ أعظم منها § (٥) تابع ؛ مُلْحَق (٦) مُساعِد ؛ إضافيّ .

satellite dish *(n.)* = dish *3b*.

sa·ti·a·ble [sā′shĭ ə bəl] *(adj.)* يُشْبَع ؛ ممكنٌ إشباعُهُ .

sa·ti·ate [1] [sā′shĭ ət; sā′shĭ āt′] *(adj.)* مُشبَع ؛ مُتْخَم .

sa·ti·ate [2] [sā′shĭ āt′] *(vt.)* (١) يُشْبِعُ [رغبةً إلخ إشباعًا كاملًا] (٢) يُتْخِم .

sa·ti·e·ty [sə tī′ə tĭ] *(n.)* (١) شِبَع تامّ (٢) تُخَمة .

sat·in [săt′ən] *(n.; adj.)* (١) الأطْلَس ؛ السّاتان : نسيج حريريّ صقيل لمّاع § (٢) أطلسانيّ ؛ ساتانيّ (٣) صقيل .

sat·i·net [săt′ə nĕt′] *(n.)* السّاتينيه : ساتان غير فاخر مشتملٌ على قطن .

sat·in·wood [săt′ən wo͝od′] *(n.)* (١) الأطلسانية : شجرةٌ من فصيلة الماهوغاني (٢) الخشب الأطلسانيّ .

sat·i·ny [săt′ən ĭ] *(adj.)* أملس ؛ صقيل ؛ أطلَسانيّ .

sat·ire [săt′īr] *(n.)* (١) هِجاء (٢) الأُهْجُوَّة : مقطوعة هجائية .

sa·tir·ic; -al [sə tĭr′ĭk] *(adj.)* (١) هجائيّ (٢) هَجّاء <a ~ poet> .

sat·i·rist [săt′ə rĭst] *(n.)* الهَجّاء . وبخاصة : الشاعر أو الكاتب الهَجّاء .

sat·i·rize [săt′ə rīz′] *(vi.; t.)* يهجو .

sat·is·fac·tion [săt′ĭs făk′-] *(n.)* (١) تكفير [عن خطيئة] (٢) «أ» إشباع [رغبة أو حاجةٍ] ؛ إرضاء . «ب» ارتياح ؛ رضًا (٣) «أ» تعويض [عن خسارة أو ضرر] . «ب» وفاء [الدَّيْن] ؛ أداءٌ [لالتزام] (٤) اقتناع .

to give ~, (١) يُشْبِع ؛ يُرضي (٢) يُبارز [لإهانةٍ أُلحِقَت به] .

sat·is·fac·to·ri·ly [-′tə rĭ lĭ] *(adv.)* على نحوٍ مُرْضٍ .

sat·is·fac·to·ry [-′tə rĭ] *(adj.)* (١) مُرْضٍ (٢) مُقْنِع .

sat·is·fy [săt′ĭs fī′] *(vt.; i.)* (١) «أ» ينفِّذ شروط عقد . «ب» يسدِّد دينًا (٢) يعوِّض ؛ يدفع تعويضًا عن (٣) «أ» يُشبع [رغبةً أو حاجةً] . «ب» يُرْضي ؛ يَسُرّ (٤) «أ» يُقنع . «ب» يبدِّد [الشكّ إلخ] (٥) يفي بمطالب أو بشروط كذا

<able to ~ the demands of a moral Victorian society>.

sa·trap [sā′trăp; săt′răp] *(n.)* المَرْزُبان: «أ» حاكم ولايةٍ فارسيّة قديمة. «ب» حاكم ثانويّ مستبدّ.

sa·trap·y [sā′trə pĭ; săt′rə pĭ] *(n.)* المَرْزُبانيّة: ولاية فارسيّة قديمة خاضعة لحكم مَرْزُبان.

sat·u·ra·ble [săch′ər ə bəl] *(adj.)* يُشَبَّع: ممكنٌ تشبيعُهُ.

sat·u·rant [săch′ə rənt] *(n.)* المُشَبِّع؛ المُشْرِب إلخ.

sat·u·rate[1] [săch′ə rāt′] *(vt.)* (١) يُتْخِم (٢) يُشَبِّع بـ <~*d* with salt> (٣) «أ» يَنْقَع. «ب» يُشْرِب. «ج» يَشْحَن [بالمغنطيسية إلخ] حتى الإشباع.

sat·u·rate[2] [săch′ə rət; săch′ə rāt] *(adj.)* = saturated.

sat·u·rat·ed [săch′ə rā′tĭd] *(adj.)* (١) منقوع (٢) مُشَبَّع.

saturated compound *(n.)* المركّب المُشَبَّع (ك).

saturated solution *(n.)* المحلول المُشَبَّع (ك).

sat·u·ra·tion [săch′ə rā′shən] *(n.)* (١) إتخام (٢) تشبيع (٣) نَقْع؛ إشراب (٤) تُخَمة؛ تَشَبُّع؛ تَشَرُّب (٥) التشبُّع المغنطيسي (فز) (٦) صفاء اللون.

saturation point *(n.)* نقطة التَّشَبُّع.

Sat·ur·day [săt′ər dĭ; -dā] *(n.)* السَّبْت؛ يومُ السَّبْت.

Sat·urn [săt′ərn] *(n.)* (١) ساتورن: إلّه الزراعة عند الرومان (مث) (٢) زُحَل (فل).

Saturn 2.

Sat·ur·na·li·a [săt′ər nā′lĭ ə] *(n.)* (١) *cap.*: ساتورناليا: عيد الإلّه «ساتورن» في رومة القديمة (٢) قَصْف؛ لهوٌ مُعَرْبِد (٣) إفراط؛ إسراف.

Sa·tur·ni·an [sə tûr′nĭ ən] *(adj.)* (١) زُحَليّ (٢) ساتورنيّ: ذو علاقة بالإلّه ساتورن الذي عُرِف عصره بـ«العصر الذهبي» (٣) زاهر؛ سعيد؛ مُتَّسِم بالسّلم <the ~ era>.

sat·ur·nine [săt′ər nīn′] *(adj.)* (١) زُحَليّ المولد (٢) بطيء (٣) كئيب المزاج (٤) ساخر؛ تَهَكّميّ (٥) رصاصيّ <~ poisoning>.

sat·ur·nism [săt′ər nĭz′əm] *(n.)* التّسمُّم الرَّصاصيّ.

Sat·ya·gra·ha [sŭt′yə grŭ′hə] *(n.)* السّاتياغراها: اللجوء إلى المقاومة السلبية أو اللّاعنفية كوسيلة لتحقيق الإصلاح.

sa·tyr [sā′tər; săt′ər] *(n.)* (١) *cap.*: السّاطير: إلّهٌ من آلهةِ الغابات عند الإغريق (٢) «أ» الشَّبِق؛ الشهوانيّ. «ب» المُبتَلَى بالنُّعاظ (٣) فَراشة.

sa·ty·ri·a·sis [săt′ə rī′ə-] *(n.)* النُّعاظ: شَبَقٌ مُفرِطٌ أوغير سويّ عندالرَّجُل.

sauce [sôs] *(n.; vt.)* (١) الصَّلْصَة: مَرَق التوابل (٢) معزِّز المتعة: شيء يزيد في المتعة (٣) خضرة تؤكَل مع اللحم (٤) فاكهة [مطبوخة أو معلّبة] (٥) وقاحة؛ صفاقة (٦) الخمرة § (٧) يُتَبِّل؛ يُنَكِّهُ (٨) يزيد الشيء متعةً أو نكهةً (٩) يخاطب بوقاحة أو فظاظة.

sauce·box [sôs′bŏks′] *(n.)* الوقِح؛ الصَّفيق.

sauce·pan [sôs′păn′] *(n.)* الكَفْت (مج): قِدْرٌ صغيرة ذاتُ مقبض.

saucepan

sau·cer [sô′sər] *(n.)* (١) الصُّحَيْفَة (مج): صحن الفنجان (٢) الصحن الطائر (را. flying saucer).

sau·ci·ness [sô′sĭ nəs] *(n.)* (١) وقاحة؛ صفاقة (٢) أناقة.

sau·cy [sô′sĭ] *(adj.)* (١) وَقِح (٢) أنيق.

sauer·kraut [sour′krout′] *(n.)* = kraut.

sau·ger [sô′gər] *(n.)* السَّوْجَر: سمك نهريّ شمالأميركي.

sau·na [sou′nä] *(n.)* السَّوْنة: «أ» حمّام بُخاريّ فنلنديّ الأصل. «ب» الاستحمام في مثل هذا الحمّام.

saun·ter [sôn′tər; sän′-] *(vi.; n.)* (١) يمشي الهُوَيْنَى § (٢) الهُوَيْنَى: سيرٌ مُتَّئِد.

sau·rel [sôr′əl] *(n.)* الصَّوْرَل: سمك بحريّ من فصيلة الشيميّات.

sau·ri·an [sôr′ĭ ən] *(n.; adj.)* (١) العَظائيّ: واحدُ العَظائيات **Sauria** وهي طائفة من الزواحف تشمل العَظاء، وفي التصنيفات القديمة، التماسيحَ والدّناصير § (٢) عَظائيّ.

sau·ro·pod [sôr′ə pŏd′] *(n.; adj.)* (١) الصُّربود: واحد الصُّربوديات **Sauropoda** وهي رُتَيْبة من الدناصير § (٢) صُرْبوديّ.

sauropod 1.

sau·ry [sôr′ĭ] *(n.)* الصُّوريّ: سمك طويل المنقار.

sau·sage [sô′sĭj] *(n.)* (١) سُجُق؛ نَقانق (٢) مُنطاد مقيَّد [للمراقبة].

sau·té [sō tā′] *(vt.; adj.; n.)* (١) يُسَوْتِه: يقلي بسرعة في قليل من الدُّهن § (٢) مُسَوْتَه § (٣) طعام مُسَوْتَه.

Sau·ternes [sō tûrn′] *(n.)* السّوتَرْنيّ: نبيذ حلوٌ أبيض.

sav·age [săv′ĭj] *(adj.; n.; vt.)* (١) ضارٍ (٢) وحشيّ (٣) جِلْف؛ فظّ (٤) همجيّ؛ غير متمدّن <~ bad manners> (٥) بِدائيّ § (٦) المتوحّش؛ الهمجيّ؛ الجِلْف إلخ § (٧) يهاجم بضراوة؛ يعامل بشراسةٍ أو قَسْوة.

sav·age·ness [săv′ĭj nəs] *(n.)* ضراوة؛ هَمَجيّة إلخ.

sav·age·ry [săv′ĭj rĭ] *(n.)* (١) وحشية؛ هَمَجيّة إلخ (٢) عملٌ وحشيّ.

sav·ag·ism [săv′ĭj ĭz əm] *(n.)* = savagery.

sa·van·na *also* **sa·van·nah** [sə văn′ə] *(n.)* السَّفناء: «أ» سهل لا شجرَ فيه. «ب» أرض مُعْشَوشبة، في منطقة استوائية أو شبه استوائية، تشتمل على شَجَرات متناثرة.

sa·vant [să vänt′; *F.* sȧ vän′] *(n.)* العالِم؛ الحكيم.

save[1] [sāv] *(vt.; i.)* (١) «أ» يُنجي [من الخطيئة]. «ب» يُنقذ [من الخطر]. «ج» يَصُون [من الأذى إلخ] (٢) يَدَّخر (٣) «أ» يُجنِّب؛ يوفّر على <~*d* them the trouble of looking for a parking place>. «ب» يُنقذ «المباراة» [بحرمان الخصم من الفوز فيها]. «ج» يحول بين الخصم وبين تسجيل هدف [في كرة القدم إلخ] (٤) يحافظ على؛ يُنقذ <to ~ appearances> (٥) يختزن: يُبقي على ملفّ في الكومبيوتر ليستخدمه لاحقًا x (٦) يقتصد.

save[2] *(n.)* ضَرْبة المُعلِّم: عملٌ يحول بين الخصم وتسجيل هدفٍ في كرة القدم إلخ.

ă at; ā date; â care; ä car; ĕ egg; ē me; ĭ in; ī bite; ŏ lot; ō bone; ô orphan; oi boil; o͝o good; o͞o boot; ou out; ŭ under; û urgent; ə = *a* in alone, *e* in system, *i* in easily, *o* in gallop, *u* in circus.

save[3] *(prep.)* غير؛ سوى؛ إلّا؛ ما عدا.

save[4] *(conj.)* (١) لولا [تتبعُها *that*] (٢) ما لَمْ.

save–all [săv′ôl′] *(n.)* الحافظة؛ الصائنة: كل ما يصون من الضَّياع أو الأذى. مثل: «أ» الرِّداء السِّروالي (را. overall[2] *1*). «ب» شبكة تُمدّ بين السفينة وبين رصيف الميناء لالتقاط ما قد يتساقط من جانبها. «ج» وعاء لالتقاط السائل المرتشح إلخ.

sav·e·loy [săv′ə loi′] *(n.)* السّافلُوي: سُجُق جافّ كثير التوابل.

sav·in *or* **sav·ine** [săv′ĭn] *(n.)* السّافين؛ العرعر الكبير (نب).

sav·ing [sā′vĭng] *(adj.; n.; prep.; conj.)* (١) مُنجٍ؛ مُنْقِذ؛ صائن إلخ (٢) مُقْتَصِد <is a ~ housekeeper> (٣) مُقيِّد: منطوٍ على قيدٍ أو تحفظ <The agreement has one ~ clause.> § (٤) إنجاء؛ إنقاذ إلخ (٥) اقتصاد؛ توفير؛ ادّخار (٦) *pl.* المُدَّخَر؛ المال المُوَفَّر (٧) تَحَفُّظ؛ استثناء (ق) § (٨) ما عدا، باستثناء § (٩) مع كامل الاحترام لِـ.

savings account *(n.)* حساب التوفير؛ حساب الادّخار.

savings bank *(n.)* بنك التوفير؛ مَصْرِف الادّخار.

sav·ior *or* **sav·iour** [sāv′yər] *(n.)* (١) المنقِذ؛ المُنجي (٢) *cap.*: المخلِّص: المسيح؛ عيسى بن مريم (نص).

sa·voir faire [săv′wär fâr′] *(n.)* لباقة اجتماعيّة.

sa·vor *also* **sa·vour** [sā′vər] *(n.; vi.; t.)* (١) مذاق؛ طَعْم (٢) نكهة أو رائحة خاصة (٣) صفة مميِّزة § (٤) «أ» يكون له مذاق كذا أو رائحته. «ب» تكون له صفة كذا أو طبيعتُهُ x (٥) يُنكِّه (٦) «أ» يذوق. «ب» يتذوَّق؛ يستمتع بِـ.

sa·vor·less [-ləs] *(adj.)* تَفِهٌ؛ لا طَعْم له.

sa·vor·y[1] *also* **sa·vour·y** [sā′və rĭ] *(adj.; n.)* (١) لذيذ المذاق (٢) طيِّب الرائحة (٣) مُمتِع؛ سائغ (٤) مقبِّل؛ فاتح للشّهيّة § (٥) المقبِّل: طعام فاتح للشهيّة.

sa·vor·y[2] *(n.)* النَّدْغ؛ صَعْتر البَرّ (نب).

Sa·voy cabbage [sə voi′] *(n.)* كُرُنب ساڤوا (نب).

sav·vy [săv′ĭ] *(vt.; i.; n.)* (١) يَفْهم؛ يُدْرِك § (٢) فهم؛ إدراك.
— **sav·vy** *(adj.)*

saw[1] [sô] *past of* see.

saw[2] *(n.; vt.; i.)* (١) منشار (٢) المنشار الدائر: قرصٌ دوّار يُستخدم في قَطْع المعادن (٣) المِنْشَرة: ماكينة للنَّشر § (٤) يَنْشُرُ [الخشبَ إلخ] x (٥) يُنْشَر <Softwood ~s smoothly.> (٦) يستخدم المنشار.

saw[2] 2.

saw[3] *(n.)* مَثَلٌ؛ قولٌ مأثور.

saw·buck[1] [sô′bŭk′] *(n.)* = sawhorse.

saw·buck[2] *(n.)* عشرة دولارات (ع).

saw·dust [sô′dŭst′] *(n.)* النُّشارة: ما يتساقط من الخشب عند نَشْرِه.

saw·fish [sô′fĭsh] *(n.)* المنشار؛ أبو منشار (سمك).

sawfish

saw·fly [sô′flī] *(n.)* المِنشارية؛ الذّبابة المِنشارية (حش).

saw grass *(n.)* العُشب المِنشاري: عُشب مسنَّن الأوراق كالمنشار.

saw·horse [sô′hôrs′] *(n.)* الجَحْش؛ حصان النشر: مَسْند خشبيّ توضع عليه الأخشاب عند نشرها يدويًا.

sawhorse

saw·log [sô′lôg′] *(n.)* زَنْد النَّشر: زَنْد حطب صالح للنشر ألواحًا.

saw·mill [sô′mĭl′] *(n.)* (١) المَنْشَرة: مؤسسة لنشر الخشب (٢) المِنْشرة: ماكينة ضخمة لنشر الخشب.

sawn [sôn] *past part. of* saw.

saw·ney [sô′nĭ] *(n.; adj.)* (١) المُغَفَّل؛ السّاذَج § (٢) مُغفَّل؛ ساذَج.

saw palmetto *(n.)* البَلْميط المِنشاريّ: نخلٌ قصير مسنَّن السَّعَف.

saw·tooth [sô′to͞oth′]; **saw–toothed** [sô′to͞otht′] *(adj.)* (١) منشاريّ الأسنان (٢) مُسَنَّن؛ مُشَرْشَر <~ mountains>.

saw·yer [sô′yər] *(n.)* (١) النَّشّار: ناشر الخشب (٢) النَّشّارة: «أ» خنفساء تُحدِث يَرَقاناتُها ثقوبًا كبيرة في الخشب. «ب» شجرة أصلها ثابت في قاع النهر وأغصانها مخترقةٌ سطحَهُ.

sax [săks] *(n.)* = saxophone.

sax·a·tile [săk′sə tĭl] *(adj.)* مُسْتَصْخِر: مقيمٌ أو نامٍ بين الصخور.

sax·horn [săks′hôrn′] *(n.)* السَّكْسهورن: آلة موسيقية نحاسية.

saxhorn

sax·ic·o·line [săk sĭk′ə lĭn] *(adj.)* = saxicolous.

sax·ic·o·lous [-ləs] *(adj.)* = saxatile.

sax·i·frage [săk′sə frĭj] *(n.)* كاسر الحَجَر: جنس زهر من فصيلة كاسرات الحَجَر التي تنمو في صُدوع الصخور.

Sax·on [săk′sən] *(n.; adj.)* (١) السَّكْسونيّ: «أ» أحد أفراد شعبٍ جرمانيّ فتحَ إنكلترا في القرن الخامس بعد الميلاد. «ب» أحد أبناء سَكْسونيا في ألمانيا (٢) الأنجلوسَكْسوني: أحد أفراد الشعب الأنجلوسَكْسونيّ (٣) السَّكْسونيّة: لغة السَّكسون § (٤) سَكْسونيّ (٥) أنجلوسَكْسونيّ (٦) إنكليزيّ.

sax·o·ny [-′sə nĭ] *(n.)* السَّكسونيّ: غَزْلٌ صوفيّ رقيق.

sax·o·phone [săk′sə fōn′] *(n.)* السَّكْسِيّة؛ السَّكسوفون (مو).

saxophone

sax·tu·ba [săks′to͞o′bə] *(n.)* السَّكْستوبة: سَكْسهورن saxhorn ضخم.

say[1] [sā] *(vt.; i.)* (١) «أ» يقول. «ب» يَزْعُم (٢) «أ» يلفظ. «ب» يتلو (٣) يشير إلى <The clock ~*s* ten minutes after twelve.> x (٤) يتكلّم.
that is to ~, يعني؛ بكلمةٍ أخرى.
to ~ nothing of هذا فضلًا عن...

say[2] *(n.)* (١) «أ» قول. «ب» رأي؛ صَوْت <to have a ~ in an affair> (٢) فرصة للتعبير عن الرأي <to have one's ~> (٣) الكلمة الفَصْل؛ سلطة البتّ في <Who has the ~ in this matter?>.

say[3] *(adv.)* (١) حوالى؛ تقريبًا <The property is worth, ~, two million dollars.> (٢) مثلًا <if you compress any gas, ~ oxygen>.

say·a·ble [sā′ə bəl] *(adj.)* يُقال؛ ممكنٌ قولُهُ.

say·ing [sā′ĭng] *(n.)* قَوْل. وبخاصةٍ: مَثَلٌ؛ قولٌ مأثور.
It goes without ~, من البديهيّ؛ بديهيٌّ أنه...

say–so [sā′sō] *(n.)* (١) قول؛ رأي. وبخاصة: توكيد غير مُسنَد أو مؤيَّد بدليل (٢) الكلمة الفَصْل؛ الكلمة الأخيرة؛ حقّ البتّ في الأمر.

say·yid [sī′yəd; sā′-] *(n.)* السَّيِّد: المتحدِّر من العِترة النبوية (إس).

scab [skăb] *(n.; vi.)* (١) جَرَبُ الماشية إلخ (٢) الجُلْبة: قشرة الجرح (٣) الأجرب: «أ» شخص محتَقَر. «ب» الرافض الانضمام إلى نقابة عماليّة. «ج» نقابي يرفض الاشتراك في الإضراب أو يعاود العمل قبل انتهاء الإضراب. «د» عامل يحلّ محلّ نقابيّ مُضرب. «هـ» المشتغل بأجر أدنى من الأجور النقابية (٤) التبقُّع: جَرَب النبات § (٥) يتجلّب: تعلوه جُلْبة أو قشرة (٦) يَجْرَب: «أ» يُبْتلى بالجَرَب. «ب» يتصرّف تصرُّف الأجرب [بالمعنى العُمّاليّ للكلمة].

scab·bard [skăb′ərd] *(n.; vt.)* (١) غِمدُ [الخنجر]؛ قِراب [السيفِ] § (٢) يُغْمِد: يضع في الغِمد.

scab·ble [skăb′əl] *(vt.)* ينحت [الصّخر] نحتًا خشِنًا.

scab·by [skăb′ĭ] *(adj.)* (١) أجرب <~ skin> (٢) وضيع؛ حقير.

sca·bies [skā′bēz] *(n.)* الجَرَب (مض).

sca·bi·et·ic [skā′bĭ ĕt′ĭk] *(adj.)* جَرَبيّ: ذو علاقة بالجَرَب.

sca·bi·o·sa [skā bĭ ō′sə] *(n.)* الإسْكَبْيوزة؛ زهرة الجَرَب.

sca·bi·ous[1] [skā′bĭ əs] *(n.)* = scabiosa.

sca·bi·ous[2] *(adj.)* (١) أجرب (٢) جَرَبيّ <~ eruptions>.

sca·brous [skā′brəs] *(adj.)* (١) صعب؛ معقَّد <~ problems> (٢) خشِن؛ خشِن المَلْمس <~ leaves> (٣) مُتَفَقِّع: فيه ما يشبه الفقاقيع أو [النتوءات] الخشنة <~ paint> (٤) مُتَبَقِّع <her ~ skin> (٥) ماجن؛ مكشوف: غير محتشم <~ novels>.

scad[1] [skăd] *(n.)* الصَّوْرَل (را. saurel).

scad[2] *(n.)* مقدار كبير <~s of people>.

scaf·fold [skăf′əld] *(n.; vt.)* (١) سِقالة؛ مَحالة (٢) مِشنَقة (٣) مِنَصّة؛ مَسرح § (٤) يَسْقل: يزوِّد بسِقالة.

scaf·fold·ing [-ĭng] *(n.)* (١) سِقالات؛ أساقيل (٢) موادّ نَصْب السِّقالات.

scaffolding *1.*

sca·glio·la [skăl yō′lə] *(n.)* السَّجْلول: رخام زُخرفيّ كاذب.

scal·a·ble [skā′lə bəl] *(adj.)* يُتَسلَّق: قابلٌ للتسلُّق.

scal·age [skā′lĭj] *(n.)* (١) المعايرة: أخذ قياس الشيء أو وزنه (٢) تخفيض النقصان: تخفيض بنسبة مئوية معيّنة يُجْرى على أسعار السّلَع القابلة للتقلّص أو الارتشاح إلخ.

sca·lar [skā′lər] *(adj.; n.)* (١) مُدرَّج؛ ذو دَرَجات (٢) سُلَّميّ؛ عَدَديّ؛ لامُتَّجه: صفة للكمّيّة التي تعبّر عن مقدار معيَّن من غير أن تعبِّر عن اتجاه § (٣) الكمّيّة السُّلّميّة؛ الكمّيّة اللاّمُتَّجهة («ر» و«فز»).

sca·la·re [skə lâr′ĭ] *(n.)* السَّكْلاريّ: سمك جنوبأميركيّ.

sca·lar·i·form [skə lăr′ə fôrm′] *(adj.)* سُلّمانيّ: شبيه بالسُّلَّم.

scalar product *(n.)* المضروب العَدَديّ (ر).

scalar quantity *(n.)* = scalar[3].

scal·a·wag [skăl′ə wăg′] *(n.)* (١) الغَثّ: كلّ حيوان ضئيل القيمة لهزاله أو كِبر سنّه (٢) الوغد؛ النّذْل.

scald[1] [skôld] *(vt.; i.; n.)* (١) يُحْرِق [بسائل حارّ أو بُخار] (٢) «أ» يَسْمُط: يُخْضع لفعل الماء الحار أو البخار؛ ينظِّف الصحون بهذه الطريقة. «ب» يسخِّن إلى قريبٍ من نقطة الغليان (٣) يَسْفع؛ يَلْفح x (٤) «أ» يَنْحرق [بسائل حارّ أو بُخار]. «ب» يَنْسَمِط. «ج» يَسْخُن إلى قريب من نقطة الغليان. «د» يَنْسَفِع § (٥) حُرْق في الجسم [بسبب من ماء حارّ] (٦) مص scald (٧) السَّفَع: «أ» مرض من أمراض النبات يتميّز بتغيّر في لون النبتة شبيهٍ بسَفْع الشمس. «ب» احتراق واسمرار في أنسجة النبات بسببٍ من ارتفاع الحرارة أو شدة الضوء.

scald[2] *(adj.)* وضيع؛ حقير (ا. ق).

scald·ing [skôl′dĭng] *(adj.)* (١) مُحْرِق [بمثل الماء الغالي أو البُخار] (٢) غالٍ <~ water> (٣) سافع؛ لافح <the ~ sun> (٤) لاذع <~ articles>.

scale[1] [skāl] *(n.; vt.; i.)* (١) كِفّة الميزان (٢) قوس الميزان [الذي تتدلّى من جانبيْه كِفّتا الميزان] (٣) ميزان § (٤) يَزِن [شيئًا بميزان] x (٥) يَزِنُ: يبلغ وزنُه كذا (تتبعها *in* عادةً).

to hold the ~s even — يحكم بالعدل والقسطاس.
to turn the ~*(s)* — يَحْسُم الأمرَ أو الموقفَ.
to turn the ~*(s)* at — يَزِن [الشيءُ] كذا رِطلًا؛ يبلغ وزنُهُ كذا... (ع).

scale[2] [skāl] *(n.; vt.; i.)* (١) السَّفَطة؛ الحَرْشفة: إحدى القشور على جلد السّمك (٢) الرقيقة: صفيحة صغيرة رقيقة كالحرشفة <~s of mica> (٣) «أ» قشرة. «ب» قشرة جافّة [كالتي يطرحها الجلد المصاب بمرض ما] (٤) «أ» الصفيحة: إحدى صفائح الدرع. «ب» دِرْع مصفَّحة (٥) «أ» القِرْمِزيّة (را. scale insect). «ب» التَّقَرْمُز: مرضٌ تسبّبه الحشرة القِرمزيّة § (٦) يَسْفُط: «أ» يَنزع حراشفَ السمك. «ب» يَقْشُر على صورة رقائق (٧) يُحَرْشِف: يكسو بقشور أو حراشف x (٨) يتقشّر: «أ» ينفصل إلى رقائق. «ب» يَطْرح [الجلدُ] قشورًا (٩) يتحرشف: يكتسي بقشور.

to remove the ~s from her eyes — يزيل الغشاوة عن عينيها، بوصفها امرأة مخدوعةً، بحيث ترى الأشياء على حقيقتها.

scale[3] [skāl] *(n.; vt.; i.)* (١) سُلَّم (ا. م) (٢) السُّلَّم الموسيقيّ (٣) «أ» مقياس مُدرّج. «ب» مقياس الرسم [في خريطة]. «ج» مِسْطرة مدرَّجة. «د» نظام دَرَجيّ (٤) النسبة المِقياسيّة [بين أبعاد الرسم وأبعاد أصله] (٥) الروائز المدرَّجة: سلسلة من اختبارات الذكاء إلخ المدرَّجة § (٦) يتسلّق <to ~ a wall> (٧) يُدَرِّج: يُنَظِّم في سلسلةٍ مُدَرَّجة <to ~ a test> (٨) يقيس؛ يُعاير x (٩) يتدرَّج: يرتفع في سلسلة مُدَرَّجة.

to ~ down — يَخفض [الأسعارَ إلخ] بنسبة معيَّنة.
to ~ up — يرفع [الأسعارَ إلخ] بنسبة معيَّنة.

scale armor *(n.)* الدِّرع المُصَفَّحة: درع ذات صفائح معدنية.

scale–down [skāl′doun] *(n.)* تخفيض [بنسبة معيَّنة].

scale insect *(n.)* القِرمزيّة؛ الحشرة القِرمزية (حش).

ă at; ā date; â care; ä car; ĕ egg; ē me; ĭ in; ī bite; ŏ lot; ō bone; ô orphan; oi boil; o͝o good; o͞o boot; ou out; ŭ under; û urgent; ə = *a* in alone, *e* in system, *i* in easily, *o* in gallop, *u* in circus.

sca·lene [skā′lēn] *(adj.)* مختلِف الأضلاع <a ~ triangle>.

scale·pan [skāl′păn] *(n.)* الكِفّة؛ كِفّة الميزان.

scal·er [skā′lər] *(n.)* (١) فا scale (٢) مِقْشَرة: أداة طبّيّة لتنظيف الأسنان (٣) المُرَقِّم: أداة ألكترونية تُشغِّل مُسجِّلًا أو تُنتج نبضة خَرْج.

Scales [skālz] *(n. pl.)* الميزان؛ برج الميزان.

scale·tail [skāl′tāl′] *(n.)* مُحَرْشَف الذَّيل: حيوان من القوارض تحت قاعدة ذيلِهِ حراشفُ قَرْنيّة.

scale–up [skāl′ŭp′] *(n.)* رَفْع؛ زيادة [بنسبة معيّنة].

scaling ladder *(n.)* المِرقاة: سُلَّم لتسلّق أسوار المدن المُحَصَّنة.

scall [skôl] *(n.)* الهِبْرِيّة: قشرة الرأس.

scal·lion [skăl′yən] *(n.)* (١) القُفْلوط؛ الكُرّاث الأندلسيّ (نب) (٢) ثوم (٣) بصل أخضر.

scal·lop [skŏl′əp] *(n.; vt.; i.)* (١) الأسْقلوب: «أ» محارٌ مِرْوَحيّ الشكل. «ب» حلقة من سلسلة نتوءات مدوَّرة تشكّل حافة المُخَرَّمات والمُطَرَّزات. «ج» شريحة لحم رقيقة § (٢) يُسَقْلِب: «أ» يخبز بالصَّلصة واللبن وكِسَر الخُبز. «ب» يجعل للمخرَّمات والمطرَّزات حافةً من نتوءات مدوَّرة x (٣) يَجْمَعُ الأسْقلوب.

scallop *1a.*

scal·lop·pi·ne *or* **scal·lo·pi·ni** [skä′ lə pē′nē] *(n.)* الأسْقلوبيني: شرائح لحم رقيقة تُكْسَى بالدَّقيق وتُشْوَى.

scal·ly·wag [skăl′ĭ wăg′] *(n.)* = scalawag.

scalp [skălp] *(n.; vt.; i.)* (١) «أ» فَرْوة الرأس: جلدة الرأس مع شَعرها. «ب» جزء من فروة رأس العدوّ ينتزعه الهنود الحمر بوصفِهِ علامةً للنصر. «ج» علامة النّصر § (٢) يَسْلخ فروة الرأس (٣) يَنْزِع أعلى الشيء (٤) يشتري ويبيع رغبةً في كَسْب أرباح صغيرة سريعة (٥) يَتّجر ببطاقات المسارح أو المباريات الرياضية ببيعها بأسعار تزيد على التعرفة الرسمية.
— **scalp·er** *(n.)*

out for ~*s* مصمِّم على قَهْر أعدائِهِ.

scal·pel [skăl′pəl] *(n.)* مِشرط؛ مِبْضع (جر).

scalpel

scalp lock *(n.)* خُصْلَة التحدّي: خُصلةٌ طويلة يتركها المُحارب الهندي الأحمر من شعر رأسه الحَليق تحدّيًا لأعدائه.

scal·y [skā′lĭ] *(adj.)* (١) مُحَرْشَف: كثير الحراشف (٢) حَرْشَفِيّ (٣) flaky (٤) وضيع؛ حقير <a ~ fellow> (٥) مُقَرْمَز: مصاب بالتقرمز أو الداء الذي تسبّبه الحشرة القِرمِزيّة <~ fruit>.

scaly anteater *(n.)* = pangolin.

scaly–fin·ned [-fĭnd′] *(adj.)* مُحَرْشَف الزّعانف.

scam [skăm] *(n.; vi.)* (١) خديعة § (٢) يخدع؛ يَغُشّ.

scam·mo·ny [skăm′ə nĭ] *(n.)* المَحْمودة، السَّقَمونيا: «أ» لبلاب يُستخرج من جذره صمغٌ راتينجيّ مُسْهِل. «ب» جِذْر المحمودة. «ج» راتينج المحمودة.

scamp[1] [skămp] *(n.)* (١) الوغد؛ النَّذْل (٢) فتًى [أو فتاة] لعوب أو «شيطانيّ» أو مؤذٍ.

scamp[2] *(vt.)* يُلَهْوِج: يَعْمل بتعجُّل أو إهمالٍ.

scam·per [skăm′pər] *(vi.; n.)* (١) يعدو [عابثًا أو لاهيًا] (٢) يمضي مُسْرِعًا § (٣) عَدْوٌ [عابثٌ أو لاهٍ] (٤) مُضِيّ بسرعة.

scam·pi [skăm′pĭ] *(n.)* = shrimp.

scan [skăn] *(vt.; i.; n.)* (١) يُقَطِّع: يُقطِّع أو يقرأ بيتًا من الشعر وفقًا للموازين العَروضيّة (٢) «أ» يفحص بدقّة. «ب» يُنعِم النظرَ في. «ج» يُلقي نظرةً عَجْلى على (٣) يَمْسَح: «أ» يفحص بأداة متحسِّسة أو حُزمة شعاعيّة. «ب» يوجِّه حُزَمًا راداريّة متتالية فوق شيء ما بحثًا عن هدفٍ معيَّن. «ج» يُجري مَسْحًا أو فحصًا للجسم البشريّ x (٤) يتقطَّع: يوافق موازين العَروض § (٥) تقطيع عروضيّ (٦) فحصٌ دقيق؛ إنعامُ نظرٍ (٧) مَسْحٌ.

scan·dal [skăn′dəl] *(n.)* (١) فضيحة؛ عَمَلٌ مُخْزٍ (٢) عارٌ؛ خِزْي (٣) غِيْبَة؛ قيلٌ وقالٌ؛ افتراء.

scan·dal·ize [skăn′də līz′] *(vt.)* (١) يُشَوِّه سمعته (٢) يَصْدِم: يُرَوِّع بعملٍ لاأخلاقيّ.

scan·dal·mon·ger [-mŭng′gər] *(n.)* الأفّاك؛ المتقوِّل على الناس؛ ناشر المخازي وأحاديث الإفك.

scan·dal·ous [skăn′dəl əs] *(adj.)* (١) مُخْزٍ؛ فاضح (٢) تشهيريّ.

scandal sheet *(n.)* جريدة الفضائح: جريدة تُعْنَى بنشر الفضائح والإشاعات.

scan·dent [skăn′dənt] *(adj.)* مُعْتَرِش؛ مُتسلِّق <~ plants>.

Scan·di·an [skăn′dĭ ən] *(adj.)* إسكندينافيّ.

Scan·di·na·vi·an [skăn′ də nā′vĭ ən] *(n.; adj.)* (١) الإسكندينافيّ: أحد أبناء إسكندينافيا (٢) اللغات الإسكندينافية § (٣) إسكندينافيّ.

scan·di·um [skăn′dĭ əm] *(n.)* الإسكنديوم: عنصر فِلِزّيّ أبيض (ك).

scan·ner [skăn′ər] *(n.)* فا scan. وبخاصة: الماسحة: «أ» أداة مُعَدّة لفحص عمليّةٍ أو حالةٍ ما فحصًا آليًّا. «ب» أداة مُعَدّة للمَسْح كما في التلفزيون أو الكومبيوتر (ألك). «ج» أداة مُعَدّة لمَسْح الجسم البشريّ (ط).

scan·ning [-′ĭng] *(n.)* المَسْح [في التلفزيون أو الكومبيوتر إلخ].

scan·sion [skăn′shən] *(n.)* تقطيع الشِّعر (عر).

scan·so·ri·al [skăn sōr′ĭ əl] *(adj.)* (١) تَسَلُّقيّ (٢) متسلِّق.

scant [skănt] *(adj.; adv.; vt.)* (١) مقتصد أو بخيل (ع) (٢) ناقص؛ شحيح؛ قاصر عن المقياس <~ weight> (٣) ضئيل؛ هزيل <~ amounts> (٤) قليل الحظ من كذا؛ غير مزوَّد بالقَدْر الكافي من كذا § (٥) بصعوبة؛ بشِقّ النفس؛ «بالكاد» § (٦) يقلِّل؛ ينقِّص؛ يخفِّض (٧) يقتِّر على (٨) يستخفّ بِ.

scant·i·ness [skăn′tĭ nəs] *(n.)* ضآلة؛ هُزال؛ نَقْص.

scant·ling [skănt′lĭng] *(n.)* (١) أبعاد [الأخشاب أو الحجارة المستخدمة في البناء] (٢) مقدار ضئيل؛ جزء يسير (٣) قطعة خشب.

scant·y [skăn′tĭ] *(adj.)* ضئيل؛ هزيل؛ غير كافٍ.

scape[1] [skāp] *(vi.; t.; n.)* = escape.

scape[2] *(n.)* (١) السُّوَيْقَة الجِذريّة: سُوَيقة عديمة الأوراق منبثقة من الجِذر (نب) (٢) أسطوانة العمود: جزؤه الرئيسي الواقع بين

scape[2] *1.*

التاج والقاعدة (عم) (٣) عِراق الريشة [تتصل به شُعَيراتُها] (ح).

-scape لاحقة معناها: مَشْهد أو صورة لمَشْهد.

scape·goat [skāp′gōt′] *(n.)* كَبْش الفِداء؛ كَبْش المَحْرَقَة.

scape·goat·ing *(n.)* التكبُّش (را. المادة السابقة).

scape·grace [skāp′grās′] *(n.)* الوَغْد: نذلٌ لا سبيلَ إلى إصلاحه.

scaph·oid[1] [skăf′oid] *(adj.)* قاربيّ؛ زَوْرَقيّ (ت).

scaph·oid[2] *(n.)* = navicular.

scap·o·lite [skăp′ə līt′] *(n.)* الإسكابوليت (مع).

sca·pose [skā′pōs] *(adj.)* مُسَوَّق جِذْريّ: ذو سُوَيْقَة جِذْريّة أو مؤلَّفٌ منها أو شبيهٌ بها (را. scape[2] *1*).

scap·u·la [skăp′yə lə] *(n.)* pl. **-lae** *or* **-las** عَظْمُ الكَتِف.

scap·u·lar [skăp′yə lər] *(n.; adj.)* (١) الكَتِفيّة؛ الوِشاح الكَتِفيّ: ثوبٌ فضفاض بلا كُمَّين يتدلّى من الكتفين (كث) (٢) الشّارة الكَتِفيّة (كن) (٣) عَظْم الكَتِف (٤) الريشة الكَتِفيّة [في الطيور] § (٥) كتِفيّ.

scap·u·lar·y [skăp′yə lĕr′ĭ] *(adj.; n.)* = scapular.

scar[1] [skär] *(n.)* (١) النَّدَبة: صخرة خفيضة أو مغمورة في الماء (٢) cliff.

scar[2] *(n.; vt.; i.)* (١) النَّدَب: «أ» أثرُ الجرح أو القرحة أو الحُرق. «ب» أثرٌ باقٍ في الغصن بعد سقوط الورقة أو قطف الثمرة. «ج» أثرٌ باقٍ يخلِّفُهُ أذًى عاطفيّ أو نحوه § (٢) يُنْدِب: «أ» يترك ندوبًا في... «ب» يُنزل به أذًى باقيًا **x** (٣) يتندَّب: يلتئم مُشكِّلًا ندوبًا.

scar·ab [skăr′əb] *(n.)* الجُعَل: خُنْفَساء سوداء (ح).

scar·a·bae·id [skăr′ə bē′ĭd] *(n.; adj.)* (١) الجُعَليّ: واحدُ الجُعَليّات أو فصيلة الجِعْلان **Scarabaeidae** التي تشمل الخنافس ونحوها § (٢) جُعَليّ.

scar·a·bae·oid [skăr′ə bē′oid] *(adj.)* جُعَلانيّ: شبيهٌ بالجُعَل.

scar·a·bae·us [-bē′əs] *(n.)* pl. **-bae·us·es; -bae·i** = scarab.

scar·a·mouch *or* **scar·a·mouche** [skăr′ə mouch′] *(n.)* (١) المتفاخِر؛ المتباهي (٢) المهرِّج الجبان (٣) الوَغْد؛ النَّذْل.

scarce[1] [skârs] *(adj.)* نادر؛ قليل؛ عزيز المنال.

to make oneself ~, (١) يتغيَّب عن عمد (٢) يبتعد عن الطريق.

scarce[2] *(adv.)* = scarcely.

scarce·ly [-′lĭ] *(adv.)* (١) نادرًا (٢) بصعوبة؛ بجَهْد؛ بشقّ النّفس.

scarce·ment [-′mənt] *(n.)* ارتداد؛ تراجُع [في ثخانة جدار إلخ].

scar·ci·ty [skâr′sə tĭ] *(n.)* نُدرة؛ قِلة.

scare [skâr] *(vt.; i.; n.; adj.)* (١) يُفْزِع؛ يروِّع **x** (٢) يَفْزَع؛ يرتاع § (٣) فَزَعٌ. وبخاصة: ذعرٌ عامّ § (٤) ترويعيّ <~ stories>.

scare·crow [skâr′krō′] *(n.)* النُّطّار؛ الفَزّاعَة: «أ» ما يُنْصَب في المزرعة تخويفًا للطير. «ب» كل ما يروِّع من غير أن يكون خطِرًا فعلًا. «ج» شخص مهزول الجسم أو رثّ الثياب.

scarecrow *a.*

scared [skârd] *(adj.)* مُروَّع؛ مذعور.

scared·y–cat [skârd′ĭ-] *(n.)* الجبان: شخص مخلوع الفؤاد.

scare·mon·ger [skâr′mŭng′gər] *(n.)* مُثير الذُّعر أو مُرَوِّجُهُ.

scarf[1] [skärf] *(n.; vt.)* (١) لِفاع (٢) وِشاح (٣) غطاء مُزَخْرف [للمائدة إلخ] § (٤) يُلَفِّع (٥) يُوَشِّح.

scarf[2] *(n.; vt.)* (١) الطُّرَّة: حرف المعدِن أو شفيرُهُ المشطوب لتشكيل الوُصلة الامتدادية (٢) الوُصلة الامتدادية (نج) § (٣) يُطِرّ: «أ» يَشْطُب طُرَّةً في... «ب» يَصِل أو يوحِّد بوُصلة امتدادية.

scarf joint *(n.)* الوُصلة الامتدادية.

scarf·pin [skärf′pĭn′] *(n.)* دَبّوس الأُرْبة: دبّوس زينيّ يُثَبَّت به طَرَفا عقدة الرقبة في موضعهما.

scarf·skin [skärf′skĭn′] *(n.)* البَشَرة (ت).

scar·i·fy[1] [skăr′ə fī] *(vt.)* (١) يَخْدِش: يَشْطُب الجلدَ أو يَشُقّهُ طولانيًّا (٢) يَعْزِق؛ يَشُقّ (٣) يُشَقِّق: يَشُقّ جدارَ البزرة لاستعجال الإفراخ (نب).

— scar·i·fi·ca·tion *(n.)*

scar·i·fy[2] *(vt.)* يُفْزِع؛ يُرَوِّع (ع).

scar·i·ous [skâr′ĭ əs] *(adj.)* خِرْشائيّ: رقيق وجافّ وغشائيّ.

scar·la·ti·na [skär′lə tē′nə] *(n.)* = scarlet fever.

scar·less [skär′ləs] *(adj.)* (١) غير ذي ندوب (٢) غير مُخَلِّف ندوبًا.

scar·let [skär′lət] *(n.; adj.)* (١) السَّقْلاط: قُماشٌ قِرْمِزيّ اللون (٢) اللون القِرمِزيّ § (٣) قِرْمِزيّ (٤) فاضح؛ شائن (٥) فاسق؛ فاجر.

scarlet fever *(n.)* الحُمّى القِرْمِزية (مض).

scarlet letter *(n.)* الحرف القِرْمِزيّ: حرف **A** قرمزيّ اللون كانوا يَسِمُون به المتّهم أو المتهمة بالزنى.

scarlet runner *(n.)* اللوبياء القِرمِزيّة (نب).

scarp [skärp] *(n.; vt.)* (١) بِطانة الخندق: منحدَرُ الخندق أو جدارُهُ الداخليّ (٢) منحدَر شديد § (٣) يُحدِّر؛ يَقْطَع عموديًا.

scar·ry [skär′ĭ] *(adj.)* (١) جُرُفيّ؛ صخريّ (٢) مندَّب؛ ذو ندوب.

scar·y [skâr′ĭ] *(adj.)* (١) مُرَوِّع (٢) جبان (٣) مُرَوَّع.

scat[1] [skăt] *(vi.)* يُهْرَع؛ يُهَرْوِل؛ ينصرف أو ينطلق بسرعة.

scat[2] *(n.)* غائط؛ بِرازُ [الحيوانِ بخاصة].

scat[3] *(n.)* الغناء الأعجم: غناء مؤلف من مقاطعَ لفظية لا معنى لها.

scat- *or* **scato-** بادئة معناها: غائط.

scathe [skāṯẖ] *(n.; vt.)* (١) أذًى؛ ضرر § (٢) يؤذي (٣) ينتقد بقسوة.

scath·ing [skā′ṯẖĭng] *(adj.)* مرير؛ عنيف؛ قاسٍ جدًا.

sca·tol·o·gy [skə tŏl′ə jĭ] *(n.)* (١) الدّاعرية: الاهتمام بالموضوعات الداعرة أو معالجتُها، وبخاصةٍ في الأدب (٢) دراسة الغائط؛ دراسة البراز.

scat·ter [skăt′ər] *(vt.; i.; n.)* (١) «أ» يُبَعْثِر؛ يَنْثُر. «ب» يفرِّق؛ يبدِّد **x** (٢) «أ» يتبعثر؛ ينتثر. «ب» يتفرَّق؛ يتبدَّد § (٣) «أ» بَعْثَرة إلخ. «ب» تبعثُر إلخ (٤) عدد قليلٌ مُبعْثَر أو متناثر.

scat·ter·brain [skăt′ər brān′] *(n.)* الغافل ؛ المُشتَّت الفكر .

scat·ter·brained *(adj.)* غافل ؛ مُشتَّت الفكر .

scat·tered *(adj.)* (١) مُبعثَر (٢) مُشتَّت ؛ ذاهل (٣) ممزَّق .

scat·ter·good [skăt′ər go͝od′] *(n.)* المُسْرِف ؛ المُبذِّر ؛ المِتْلاف .

scat·ter·ing *(n.; adj.)* (١) بَعْثرة ؛ تَبَعْثر (٢) عددٌ قليل متناثر هنا وهناك <a ~ of visitors> (٣) الاستطارة (فز) § (٤) مُبَعْثَر ؛ متناثر .

scattering of light *(n.)* استطارة الضوء .

scatter rug *(n.)* سجادة صغيرة [لتغطية جزء عارٍ من أرض الغرفة] .

scat·ty [skăt′ĭ] *(adj.)* مُخَبَّل ؛ مجنون .

scaup [skôp] *(n.)* البَطّ النَّيروقيّ : ضرب من البطّ الغوّاص .

scav·enge [skăv′ĭnj] *(vt.; i.)* (١) يَكنِس ؛ ينظِّف (٢) يغتذي بالجِيَف [أو بالقاذورات] (٣) يَكْسَح : «أ» يُزيل الغازات المحترقة من أسطوانة محرِّكٍ داخليّ الاحتراق . «ب» يُنقِّي [المعادنَ المصهورة] x (٤) ينكسح : يتحرّر من الغازات المحترقة (٥) يَتَقَمَّم : يتتبَّع القُمامات بحثًا عن الطعام إلخ .

scav·en·ger *(n.)* (١) الكنّاس ؛ الزَّبّال (٢) الكاسحة : مادة تُستخدم في الكَسْح (را . *scavenge 3*) (٣) القمّام : حيوان يقتات بالقُمامة أو الجِيَف .

sce·nar·i·o [sĭ nâr′ĭ ō′] *(n.)* السِّيناريو : «أ» مخطَّط المسرحية أو الفيلم السينمائي . «ب» نصّ سينمائيّ . «ج» تصوُّرٌ لسَيْر الأحداث في المستقبل .

sce·nar·ist [sĭ nâr′ĭst] *(n.)* السِّيناريّ : كاتب السِّيناريو .

scend [sĕnd] *(vi.; n.)* (١) يَجِيش : يعلو المركبُ ، أو يرتفع ، بفعل الأمواج § (٢) الجَيَشان : ارتفاع المركبِ على هذا النحو .

scene [sēn] *(n.)* (١) المَشْهد : «أ» جزء من فصل مسرحي . «ب» مشهد سينمائي أو تلفزيوني (٢) منظر ؛ مشهد ؛ صورة (٣) المسرح : مَسْرَح الحادثة أو الأحداث ، أي مكان وقوعها (٤) ثورة غضب ؛ انفجار عاطفيّ (٥) وَضْع ؛ حالة .

behind the ~, (١) خَلْف الكواليس ؛ وراء ستار المسرح (٢) سِرًّا .
to make a ~, يُرغي ويُزبد ؛ ينفجر غضبًا .

scen·er·y [sē′nə rĭ] *(n.)* (١) المَشهد ؛ جِهاز المسرح : كلّ ما تزوَّد به خشبة المسرح لتمثيل مكانٍ معيّن أو إعطاء خلفيّة زخرفيّة (٢) مشهد أو منظر جميل .

scene·shift·er [sēn′shĭf′tər] *(n.)* مُبَدِّلُ المَشاهد [في مَسْرح] .

sce·nic [sē′nĭk] *also* **sce·ni·cal** *(adj.)* (١) مَسْرحيّ ؛ تمثيليّ (٢) «أ» مشهديّ ؛ منظريّ : ذو علاقة بالمشاهد الطبيعية . «ب» ذو مشاهد طبيعيّة خلّابة (٣) تصويريّ : ممثِّلٌ مشهدًا أو حادثةً أو نحو ذلك <~ painting *or* sculpture>.

scent [sĕnt] *(vt.; i.; n.)* (١) يشمّ ؛ يستروح (٢) يستشعر ؛ يحدّثه قلبه بكذا (٣) «أ» يعطِّر . «ب» يملأ الجو برائحة ما x (٤) تفوح منه رائحة كذا <The atmosphere ~*s* of treachery.> (٥) يقتفي أثرَ الطريدة [مستعينًا بحاسة الشمّ] § (٦) «أ» رائحة ؛ شميم . «ب» الأثر : أثرٌ من رائحة الحيوان يتخلّف في الطريق التي سلكها . «ج» خطّ الأثر ؛ خطّ تعقُّب الطريدة . «د» أريج ؛ شذا (٧) «أ» الشمّ ؛ حاسّة الشمّ . «ب» مقدرة على الاكتشاف أو تسقُّط الأخبار (٨) حسّ باطني [بأنّ شيئًا سيحدث] (٩) عِطر ؛ طِيْب .

to throw off the ~, (١) يُضِلّه الأثرَ ؛ يجعلُه يخطئ السبيلَ عند تعقّبِه الأثرَ (٢) يُضَلِّلُهُ [بإعطائه معلومات كاذبة] .

scent·ed [sĕn′tĭd] *(adj.)* (١) مُزَوَّد بحاسّة شمٍّ (٢) عطِر ؛ مُعَطَّر (٣) ذو رائحةٍ ما .

scent·less [sĕnt′ləs] *(adj.)* (١) غير ذي حاسّة شمٍّ (٢) عديم الرائحة .

scep·ter *or* **scep·tre** [sĕp′tər] *(n.)* (١) صَوْلجان (٢) سُلطة .

scep·tic [skĕp′tĭk] *(n.)* = skeptic.

scep·ti·cal [skĕp′tə kəl] *(adj.)* = skeptical.

sched·ule [skĕj′o͞ol; *Brit.* shĕd′yo͞ol] *(n.; vt.)* (١) مُلْحَق [بوثيقة تشريعية إلخ] (٢) «أ» بيان ؛ جدول ؛ قائمة . «ب» برنامج محدَّد المواعيد (٣) برنامج (٤) جدول أعمال § (٥) يُدْرِج في جدول (٦) يضيف ملحقًا [إلى وثيقة] (٧) يعيّن [للشيء] موعدًا .

schee·lite [shā′līt′] *(n.)* الشّيليت (مع) .

sche·ma [skē′mə] *(n.)* pl. **-ma·ta; -s** خُطّة ؛ مُخَطَّط ؛ رسم بيانيّ .

sche·mat·ic [skē măt′ĭk] *(adj.; n.)* (١) تخطيطيّ § (٢) خطّة .

sche·ma·tize [skē′mə tīz′] *(vt.)* يخطِّط ؛ يصمِّم .

scheme [skēm] *(n.; vt.; i.)* (١) مخطَّط ؛ رسم بياني (ا . ق) (٢) برنامج ؛ مشروع ؛ خطّة (٣) مشروع وهميّ أو غير عمليّ (٤) مكيدة (٥) نظام <a ~ of philosophy> § (٦) يخطّط ؛ يرسم خطّة لِـ x (٧) يدبّر مكيدةً .

schem·er [skē′mər] *(n.)* مدبِّر المكائد .

schem·ing [skē′mĭng] *(adj.)* ماكر ؛ مُدَبِّر للمكائد .

Schick test [shĭk] *(n.)* اختبار شيك : اختبار لمعرفة قابلية تعرّض الجسم للديفتيريا أو مناعته ضدّها .

schil·ling [shĭl′ĭng] *(n.)* الشِّلْنْغ : وحدة النقد في النمسا سابقًا .

schip·per·ke [skĭp′ər kĭ] *(n.)* الشِّبَّرْق : كلبٌ صغير أسود لا ذَنَب له .

schism [sĭz′əm; skĭz′-] *(n.)* (١) «أ» انقسام ؛ انفصال . «ب» شقاق ؛ اختلاف (٢) «أ» انشقاق [عن كنيسة] . «ب» فرقة أو طائفة منشقّة . «ج» جريمة إحداث مثل هذا الانشقاق أو العمل في سبيل إحداثه .

schis·mat·ic [sĭz măt′ĭk] *(n.; adj.)* (١) المُنْشَقّ : مُحْدِث الانشقاق أو المشترك فيه § (٢) أو **schismatical** : «أ» انشقاقيّ . «ب» مُتَّهَم بالانشقاق .

schis·ma·tist [sĭz′mə tĭst] *(n.)* = schismatic *1*.

schis·ma·tize [sĭz′mə tīz′] *(vi.; t.)* (١) يُحْدِث انشقاقًا [في كنيسة إلخ] x (٢) يحرِّض على الانشقاق .

schist [shĭst] *(n.)* الشِّست : صخر متبلّر ينفلق بسهولة (جي) .

schis·tose [shĭs′tōs] *also* **schis·tous** [-′təs] *(adj.)* شِسْتيّ .

schiz- *or* **schizo-** بادئة معناها : «أ» شَقّ ؛ فَلْق ؛ صَدْع . «ب» انشقاقيّ . «ج» الفُصام .

schiz·o [skĭt′sō] *(n.)* المفصوم : المُصاب بالفُصام .

schiz·o·carp [skĭz′ə kärp′] *(n.)* الثمرة المتفلّقة (نب) .

schiz·o·gen·e·sis [skĭz′ə jĕn′ə sĭs] *(n.)* التوالد التَّقسُّميّ (أح) .

schi·zog·o·ny [skĭ zŏg′ə nĭ] *(n.)* = schizogenesis.

schiz·oid [skĭz′oid] *(adj.; n.)* (١) فُصاميّ § (٢) المفصوم : المُصاب بالفُصام .

schiz·o·phrene [skĭt′sə frēn′] *(n.)* المفصوم: المُصاب بالفُصام.

schiz·o·phre·ni·a [skĭt′sə frē′nĭ ə] *(n.)* الفُصام؛ انشطار الشخصيّة؛ الشّيزوفرينيا (ط).

schiz·o·phren·ic [skĭt′ sə frĕn′ĭk] *(adj.; n.)* (١) فُصاميّ § (٢) المفصوم: المصاب بالفُصام.

schiz·o·pod [skĭz′ə pŏd′] *(n.; adj.)* (١) المشقوق الأرجُل: واحد من مشقوقات الأَرْجُل **Schizopoda** وهي رتبة من القِشْريات (ح) § (٢) مشقوق الأرجُل. — **schi·zop·o·dous** *(adj.)*

schiz·o·thy·mi·a [skĭz′ə thī′mĭ ə] *(n.)* الفُصام المعتدل (ط).

schlepp *or* **schlep** [shlep] *(vt.; i.; n.)* (١) يَحمِل (ع) (٢) يجرّ (ع) (٣) يَسْرِق (ع) x (٤) يتقدّم ببطء (ع) § (٥) رحلة شاقّة.

schlock [shlŏk] *(adj.)* رخيص؛ رديء النوع.

schmo *or* **schmoe** [shmō] *(n.)* المُغَفَّل؛ الأبله.

schnapps [shnăps] *(n.)* الشّنَبْص: شرابٌ مُسْكِرٌ هولنديّ ثقيل.

schnau·zer [shnou′zər] *(n.)* الشّنَوْزر: كلب قنص طويل الرأس.

schnit·zel [shnĭt′səl] *(n.)* الشّنَتْزَل: شريحة من لحم العجل.

schnook [shno͝ok] *(n.)* (١) المُغَفَّل؛ الأبله (٢) شخص تافه.

schnor·kel [shnôr′kəl] *(n.; vi.)* (١) الشّنَرْكَل: «أ» أداة تتألف من أنبوب هواء طويل يمكّن الغَوّاصة، وهي تحت الماء، من التزوّد بالهواء النقيّ. «ب» أداة للتنفّس أثناء السباحة تحت الماء § (٢) يَجْري أو يَسْبح تحت الماء بالاستعانة بشَنَرْكَل.

schnorkel 1b.

schnor·rer [shnôr′ər] *(n.)* (١) الشّحّاذ (٢) الطُّفَيْليّ.

schnoz·zle [shnŏz′əl] *(n.)* أنف (ع).

schol·ar [skŏl′ər] *(n.)* (١) تلميذ؛ طالب (٢) عالِم (٣) ذو المِنحة: طالب موهوب يتابع دراسته بمنحةٍ دراسية.

schol·ar·ly [-lĭ] *(adj.)* (١) عالِميّ: جديرٌ بعالِم (٢) مُثقَّف.

schol·ar·ship [-shĭp′] *(n.)* (١) منحة تعليمية أو دراسيّة (٢) ثقافة؛ عِلم (٣) مؤسّسة تقدّم المنح التعليمية للطلاب.

scho·las·tic [skō lăs′tĭk] *(adj.; n.)* (١) *cap.* أ.ك: سكولاستيّ: خاصّ بالسّكولاستية أو الفلسفة المدرسية (را. المادة التالية) (٢) مَدرسيّ. وبخاصة: ذو علاقة بالمدارس الثانوية <~ competitions> § (٣) الفيلسوف السّكولاستيّ (٤) المتزمّت: الشديد التمسّك بالتعاليم والأساليب التقليدية الخاصة بمذهب أو فرقة.

scho·las·ti·cism [skō lăs′tə-] *(n.)* (١) «أ» السّكولاستية: الفلسفة النصرانية السائدة في القرون الوسطى وأوائل عصر النهضة. «ب» السّكولاستية المُحْدَثة (٢) التزمُّت: التمسُّك الشديد بالتعاليم والأساليب التقليدية الخاصة بمذهب أو فرقة.

scho·li·ast [skō′lĭ ăst] *(n.)* الشارح؛ المعلِّق؛ واضع الحواشي.

scho·li·um [skō′lĭ əm] *(n.)* pl. **-li·a** *or* **-ums** حاشية؛ تعليق؛ شرح.

school[1] [sko͞ol] *(n.; vt.; adj.)* (١) «أ» مدرسة. «ب» كلية [من كليات الجامعة] (٢) مدرسة فكريّة؛ مذهب عقلي § (٣) يعلّم أو يدرّب [في مدرسة] (٤) «أ» يعوِّد أو يُرَوِّض نفسه على <*School* yourself to control your temper.> . «ب» يروِّض؛ يدرِّب <to ~ a horse> § (٥) مدرسيّ.

school[2] [sko͞ol] *(n.; vi.)* (١) القطيع المائيّ: مجموعة أسماك أو حيوانات مائية من نوع واحد تقتات أو تهاجر معًا § (٢) يقتات أو يهاجر جماعاتٍ جماعاتٍ.

school age *(n.)* سِنُّ التّلمذة؛ سِنُّ الطَّلَب.

school·bag [sko͞ol′băg] *(n.)* المَحْفظة المدرسية.

school board *(n.)* مجلس التعليم: لجنة مسؤولة عن التعليم في المدارس المحلّيّة.

school·book [sko͞ol′bo͝ok′] *(n.)* كتابٌ مدرسيّ.

school·boy [sko͞ol′boi′] *(n.)* تلميذ؛ طالب.

school bus *(n.)* باصّ المدرسة.

school edition *(n.)* الطبعة المدرسيّة: طبعة من كتاب تُصْدَر خصيصًا لطلاب المدارس.

school·fel·low [sko͞ol′fĕl′ō] *(n.)* زميل الدراسة؛ رفيق المدرسة.

school·girl [sko͞ol′gûrl′] *(n.)* تلميذة؛ طالبة.

school·house [sko͞ol′hous′] *(n.)* مبنى المدرسة [الابتدائية بخاصة].

school·ing [-lĭng] *(n.)* (١) «أ» تعليم. «ب» ثقافة مدرسية. «ج» نفقة التعليم (٢) توبيخ (ا.ق) (٣) «أ» ترويض [الخيل]. «ب» تدريب [الفرسان].

school·man [sko͞ol′mən] *(n.)* (١) أستاذ في جامعة من جامعات القرون الوسطى (٢) لاهوتيّ من لاهوتيّي القرون الوسطى (٣) «أ» المدرِّس. «ب» ناظر المدرسة.

school·mas·ter [sko͞ol′măs′tər] *(n.)* (١) المدرِّس أو الناظر [في مدرسة] (٢) النَّهّاش الأسود: سمك بحريّ يؤكل.

school·mate [sko͞ol′māt′] *(n.)* = schoolfellow.

school·mis·tress [sko͞ol′mĭs′trəs] *(n.)* المدَرِّسة؛ المعلِّمة.

school·room [sko͞ol′ro͞om′] *(n.)* حجرة الدّرس؛ حجرة التعليم.

school·teach·er [sko͞ol′tē′chər] *(n.)* المدرِّس؛ المُعَلِّم.

school·yard [sko͞ol′yärd′] *(n.)* فِناء المدرسة؛ ملعب المدرسة.

school year *(n.)* السنة الدراسية؛ السنة المدرسية.

schoon·er [sko͞o′nər] *(n.)* (١) السّكّونة: «أ» مركب شراعي ذو صاريَيْن أو أكثر. «ب» كأس جعةٍ كبيرة (٢) prairie schooner.

schooner 1a.

schorl [shôrl] *(n.)* الشّوْرَل: تورمالين أسود (مع).

schot·tische [shŏt′ĭsh] *(n.)* الشُّتِّش: ضرب من الرقص أو موسيقاه.

schuss [sho͞os] *(n.; vt.; i.)* (١) الانكدار: تزلّج سريعٌ من أعالي المنحدرات (٢) منحدَرٌ تزلُّجيّ مستقيم § (٣) يَنْكَدِر: يتزلج على نحوٍ مستقيمٍ هابطًا منحدَرًا.

ă at; ā date; â care; ä car; ĕ egg; ē me; ĭ in; ī bite; ŏ lot; ō bone; ô orphan; oi boil; o͝o good; o͞o boot; ou out; ŭ under; û urgent; ə = *a* in alone, *e* in system, *i* in easily, *o* in gallop, *u* in circus.

schwa [shwä; shvä] *(n.)* الشَّيْوَة: حرف علّة رمزُهُ ə.

sci·ae·nid [sī ē′nĭd] *(n.; adj.)* (١) اللُّوتيّة: سمكة من اللّوتيّات Sciaenidae وهي فصيلة سمك بحريّ § (٢) لوتيّ.

sci·ae·noid [sī ē′noid] *(n.; adj.)* = sciaenid.

sci·at·ic [sī ăt′ĭk] *(adj.)* (١) وَركيّ: ذو علاقة بالوَرك (٢) نَسَويّ: ذو علاقة بعِرق النَّسا.

sci·at·i·ca [sī ăt′ə kə] *(n.)* عِرق النَّسا؛ ألمُ العصب الوَركيّ.

science [sī′əns] *(n.)* (١) عِلْم (٢) مَعْرِفة (٣) براعة.

sci·en·tial [sī ĕn′shəl] *(adj.)* (١) عِلميّ؛ مَعْرِفيّ (٢) ذو معرفة.

sci·en·tif·ic [sī′ən tĭf′ĭk] *(adj.)* علميّ.

scientific method *(n.)* الطريقة العلميّة [في البحث عن المعرفة].

sci·en·tism [sī′ən tĭz′əm] *(n.)* العِلميّة: «أ» طرائق العلماء ومذاهبهم المميِّزة. «ب» القول بأن طرائق العلوم الطبيعية يجب أن تُصْطَنع في مختلف فروع المعرفة.

sci·en·tist [sī′ən tĭst] *(n.)* العالِم.

sci·en·tize [sī′ən tīz′] *(vt.)* يعالج بأسلوب علميّ.

Sci·en·tol·o·gy [-tŏl′ə-] *(n.)* العِلْمولوجيا؛ السَّيانتولوجيا: حركة دينية– علمية تدّعي القدرة على شفاء الإنسان من أمراض الجسم والعقل جميعًا.

sci·li·cet [sĭl′ə sĕt′] *(adv.)* يعني؛ أعني؛ أي.

scil·la [sĭl′ə] *(n.)* العُنْصُل؛ العُنْصُلان: نبات من الفصيلة الزنبقية.

scim·i·tar [sĭm′ə tər] *(n.)* الأحدب: سيف معقوف وحيدُ الحدّ.

scimitar

scin·coid [sĭng′koid] *(n.; adj.)* (١) السَّقَنْقور (را. skink) § (٢) سَقَنْقوريّ.

scin·til·la [sĭn tĭl′ə] *(n.)* (١) شَرارة (٢) مِثْقال ذرَّة؛ مقدار ضئيل.

scin·til·lant [sĭn′tə lənt] *(adj.)* (١) مُطلِق شَرَرًا (٢) مُومِض؛ متلألئ.

scin·til·late [-′tə lāt′] *(vi.; t.)* (١) يُطلق شرَرًا (٢) «أ» يومض. «ب» يتألّق؛ يتلألأ x (٣) يُطلق [شيئًا] بطريقة شبيهة بإطلاق الشّرر.

scin·til·la·tion [sĭn′tə lā′shən] *(n.)* (١) إطلاق الشَّرر (٢) «أ» وَمْضَة. «ب» إيماض؛ تألُّق؛ تلألؤ (٣) scintilla.

scintillation counter *(n.)* عدّاد الوَمضات (فزن).

scin·til·lom·e·ter [sĭn′tə lŏm′ə-] *(n.)* = scintillation counter.

sci·o·lism [sī′ə lĭz′əm] *(n.)* التّعالُم: ادّعاء العِلم.

sci·o·list [sī′ə lĭst] *(n.)* المُتَعالِم: مُدَّعي العِلم.

sci·o·man·cy [sī′ə măn′sĭ] *(n.)* التّنبّؤ الشَّبحيّ: تنبُّؤ بواسطة أشباح الموتى.

sci·on [sī′ən] *(n.)* (١) طُعْم؛ مطعوم (٢) سليلُ [أُسْرةٍ ما].

scir·rhoid [skĭr′oid; sĭr′oid] *(adj.)* = scirrhous.

scir·rhous [skĭr′əs; sĭr′-] *(adj.)* صَلْد؛ صُلْب.

scir·rhus [skĭr′əs; sĭr′-] *(n.)* ورمٌ سرطانيّ صُلْب.

scis·sile [sĭs′ĭl] *(adj.)* قابلٌ للشَّقّ [أو للشَّطْر أو الفَلْق].

scis·sion [sĭzh′ən] *(n.)* (١) انشقاق [في جماعة أو مؤسّسة] (٢) «أ» شَقّ؛ شَطْرٌ؛ فَلْقٌ. «ب» انشقاق؛ انشطار؛ انفلاق.

scis·sor [sĭz′ər] *(vt.)* يَقُصّ؛ يَقْطع بِمقصّ.

scis·sors [sĭz′ərz] *(n. pl.)* (١) مِقَصّ (٢) حَرَكة المِقَصّ: حركة في الرياضة الجمبازية تتخذ فيها الرِّجلان أوضاعًا تُشبه انفتاح المقصّ أو انغلاقهُ (٣) إطباقة المقصّ (را. المادة التالية).

scissors hold *(n.)* إطباقة المِقَصّ: مَسْكَةٌ يطوّق بها المصارعُ رأسَ خصمِهِ وجسمَهُ برجليه.

scissors kick *(n.)* رَفْسة المِقصّ: رَفْسَةٌ سِباحِيّة تُحرَّك فيها الرِّجلان بطريقة تشبه انفتاح المِقصّ وانغلاقه.

scis·sor·tail [sĭz′ər tāl′] *(n.)* أبو مِقصّ: «صائد ذباب» ذو ذَنَب منشعِبٍ جدًا فهو يفتحه ويغلقُه كالمِقصّ (ط).

scissortail

sci·u·roid [sī yōō′-] *(adj.)* (١) سِنجابيّ (٢) شبيه بذيل السِّنجاب.

scler- *or* **sclero-** بادئة معناها: «أ» صُلْب. «ب» صلابة. «ج» الصُّلبة؛ صُلْبة العين.

scle·ra [sklēr′ə] *(n.)* الصُّلْبة: غشاء العينِ الخارجيُّ الصُّلب الأبيض.

scle·ren·chy·ma [sklĭ rĕng′kə mə] *(n.)* النّسيج الخَشَبيّ: نسيج قاسٍ يكوِّن دعامة النبات وهيكلَهُ.

scle·ri·tis [sklĭ rī′tĭs] *(n.)* التهاب الصُّلبة (ط).

scle·ro·der·ma [sklēr′ō dûr′mə] *(n.)* خَزَب الجِلْد (ط).

scle·ro·der·ma·tous [-′mə təs] *(adj.)* مُتخزِّب: ذو غلاف خارجيّ صُلب (ح).

scle·roid [sklēr′oid] *(adj.)* صُلْب؛ صُلْب النسيج («أح» و«ح»).

scle·rom·e·ter [sklĭ rŏm′ə tər] *(n.)* المِصْلاب: أداة لتحديد الصلابة النسبية للموادّ.

scle·rose [sklə rōs′; -rōz′] *(vt.; i.)* (١) يُصَلِّب: يجعله صُلبًا x (٢) يتصلّب.

scle·ro·sis [sklĭ rō′-] *(n.)* الصُّلاب: تصلُّب الأنسجة («ط» و«نب»).

scle·rot·ic [sklĭ rŏt′ĭk] *(adj.; n.)* (١) صُلبيّ: ذو علاقة بالصُّلبة أي بغشاء العين الخارجيّ الصُّلب الأبيض (ت) (٢) صُلابيّ: ذو علاقة بتصلُّب الأنسجة («ط» و«نب») § (٣) الصُّلبة (را. sclera).

scle·rous [sklēr′əs] *(adj.)* صُلْب؛ متصلِّب.

scoff[1] [skôf; skŏf] *(n.; vi.; t.)* (١) هُزْء؛ سُخْرية (٢) الأُضحوكة: شيء يُهْزَأ به أو يُسخَر منه § (٣) يهزأ؛ يَسْخَر.

scoff[2] [skôf; skŏf] *(vt.; i.)* (١) يلتهم (٢) ينهب.

scold [skōld] *(n.; vt.; i.)* (١) امرأة سَليطة (٢) تقريع؛ توبيخ؛ تعنيف § (٣) يُقرِّع؛ يُوبِّخ؛ يُعَنِّف.

scold·ing *(n.)* تقريع؛ توبيخ؛ تعنيف.

sco·le·cite [skŏl′ə sīt′] *(n.)* السّكوليسيت (مع).

sco·lex [skō′lĕks] *(n.)* رأس الدودة الشّريطيّة.

sco·li·o·sis [skō′lĭ ō′sĭs] *(n.)* الجَنَف؛ الزَّوَر: مَيلان جانبيّ في العمود

الفقريّ (مض).

scol·lop [skŏl′əp] *(n.; vt.; i.)* = scallop.

scol·o·pen·dra [skŏl′ə pĕn′drə] *(n.)* = centipede.

scom·broid [skŏm′broid] *(n.; adj.)* (١) الإسْقُمْريّ: سمكٌ ذو زعانف شائكة § (٢) إسقُمْريّ.

sconce[1] [skŏns] *(n.)* (١) الشّمعدان الجداريّ: شَمْعدان مثبّت على جدار (٢) رأس؛ جُمجمة (ع) (٣) عقل (ع).

sconce[1] *1.*

sconce[2] *(n.; vt.)* (١) مَعْقِل؛ متراس؛ خندق (جن) § (٢) يُحَصِّن؛ يُمَترس؛ يُخَندق.

sconce[3] *(n.; vt.)* (١) غرامة § (٢) يُغرِّم.

scone [skōn] *(n.)* القُرَيْصَة: كعكة صغيرة مدوَّرة.

scoop [sko͞op] *(n.; vt.)* (١) «أ» مِغْرَفة. «ب» مِجْرَفة. «ج» ملعقة السَّمّان: مجرفة صغيرة قصيرة المقبض لإخراج الدقيق أو السكّر من كيس أو برميل. «د» الملعقة الجراحيّة: أداة لاستخراج المواد أو الأجسام الغريبة من الجسد (٢) «أ» غَرْف؛ جَرْف. «ب» غَرْفَة؛ جَرْفَة. «ج» دفعة <Shukri lost $700 at one ~.> (٣) فجوة؛ تجويف (٤) «أ» نبأ؛ وبخاصة: نبأ مثير. «ب» سَبْق صحفيّ § (٥) يغرف؛ يجرف (٦) يُفرِغ بالغَرْف إلخ (٧) يجوِّف (٨) يسبق [غيره] إلى إذاعة النبأ.

scoop *1c.*

scoot [sko͞ot] *(vt.; n.)* (١) يُهْرَع: ينطلق بسرعة (٢) ينزلق § (٣) انطلاق.

scoot·er [-′tər] *(n.)* (١) السَّكّوتورة: درّاجة يسيّرها الطفل برجل واحدة (٢) motor scooter.

scooter *1.*

scop [skŏp] *(n.)* شاعر إنكليزيّ قديم.

scope [skōp] *(n.)* (١) «أ» مجال؛ نطاق. «ب» فرصة (٢) هدف؛ غرض (٣) مدى الفهم أو النظر إلخ (٤) مِجْهر (٥) تلسكوب (٦) oscilloscope (٧) radarscope (٨) خريطة البروج horoscope.

-scope لاحقة معناها: مِكْشاف <tele*scope*>.

sco·pol·a·mine [skō pŏl′ə mēn′] *(n.)* الإسكوبولامين: مادة شبه قلوية سامة.

-scopy لاحقة معناها: رؤية؛ ملاحظة <micro*scopy*>.

scor·bu·tic [skôr byo͞o′tĭk] *(adj.)* (١) حَفَريّ: متعلّق بداء الحَفَر أو الأسقربوط (٢) أحْفَر: مصاب بالحَفَر.

scorch [skôrch] *(vt.; i.; n.)* (١) يَسْفَع؛ يُشيط (٢) يلذع [بالنقد أو السخرية] (٣) يحرق الأرض أو يُتلف الممتلكات [وبخاصة قبل التخلي عنها للعدوّ] x (٤) يَنْسفع (٥) يقود [سيّارة] بسرعة بالغة § (٦) سَفْعة؛ حُرْق سطحيّ (٧) الانسفاع: اسْمِرار أنسجة النبات من مرض أو حرارة.

scorched [skôrcht] *(adj.)* مَسْفوع؛ مَلْفوح.

scorch·er [skôr′chər] *(n.)* (١) فا scorch (٢) يومٌ قائظ.

scorch·ing *(adj.)* (١) مُحْرِق <~ heat> (٢) لاذع.

score [skōr] *(n.; vt.; i.)* (١) «أ» عشرون. «ب» *pl.*: مقدار لا حصر له (٢) «أ» جُرْح؛ حَزّ؛ خَدْش. «ب» علامة المُنْطَلَق أو علامة المُنْتَهى. «ج» علامةٌ للعدّ أو الإحصاء (٣) «أ» حساب. «ب» دَيْن (٤) حزازة؛ سخيمة؛ حقد (٥) «أ» سبب؛ دافع <complained on the ~ of low pay>. «ب» موضوع (٦) قطعة موسيقية. وبخاصة: موسيقى فيلم أو مسرحيّة (٧) «أ» مجموع النقاط أو الإصابات المُحْرَزَة [في مباراة]. «ب» إحراز نقطة أو نقاط [في مباراة] (٨) دخيلة الأمر: حقائق الموقف القاسية التي لا مفرَّ منها § (٩) يَحْسِب أو يُسَجِّل [بالتحزيز أو التثليم أو برسم علامات خاصة] (١٠) يسجِّل (١١) يُحزِّز؛ يُثلِّم؛ يَخْدش (١٢) يُقرِّع: يُعنِّف؛ يوبِّخ (١٣) «أ» يُسجِّل [اللاعبُ] إصابةً. «ب» يُحرز [نجاحًا إلخ] (١٤) يُعطي درجةً [في امتحان إلخ] (١٥) «أ» يُرتِّب (مو). «ب» orchestrate. «ج» يضع موسيقى الفيلم x (١٦) يُسجِّل الإصابات [المُحْرَزَة في مباراة] (١٧) يفوز؛ ينجح.

on more ~*s* than one — لأكثر من سبب.
on that ~, — من هذه الناحية؛ بهذا الصَّدد.
to pay (settle, wipe off) old ~*s* — ينتقم؛ يثأر.

score·board [-′bōrd′] *(n.)* لوحة الإصابات [المُحْرَزة في مباراة].

score·keep·er [-′kē′pər] *(n.)* مُسَجِّل الإصابات [المُحْرَزة في مباراة].

scor·er [skōr′ər] *(n.)* (١) scorekeeper (٢) اللاعب المُسَجِّل: لاعب يُوَفَّق إلى إصابة الهدف.

sco·ri·a [skōr′ĭ ə] *(n.)* (١) الجُفاء: ما يتخلّف عند صهر المعدن الخام (٢) الخَبَث: ما يَقذفُهُ البركان من حُمَم وغيرها.

sco·ri·a·ceous [skōr′ ĭ ā′shəs] *(adj.)* جُفائيّ: منسوب إلى الجُفاء.

sco·ri·fi·ca·tion [skōr′ə fə kā′shən] *(n.)* (١) الجَفء: إزالة الجُفاء من المعادن (٢) الاجتفاء: نتيجةُ الجَفء.

sco·ri·fy [skōr′ə fī′] *(vt.)* يَجْفَأ: يزيل الجُفاء من المعادن بصهرها.

scorn [skôrn] *(n.; vt.; i.)* (١) ازدراء؛ احتقار (٢) سُخرية؛ هُزء (٣) موضع احتقار <Charlotte was the ~ of the town.> § (٤) يزدري؛ يحتقر (٥) يَرْفض؛ يستنكف عن <The judge ~*ed* to take a bribe.>.

to laugh (somebody) to ~, — يَسْخَر من فلان أو يهزأ به.
to take *or* think ~, — يزدري؛ يحتقر.

scorn·ful [skôrn′fəl] *(adj.)* مُزْدرٍ؛ مُحْتَقِر؛ هازئ.

scor·pae·nid [skôr pē′-] *(n.)* الجِلّاخ: سمك شائك الزعانف.

Scor·pi·o [skôr′pĭ ō′] *(n.)* (١) العقرب (فل) (٢) برج العقرب (٣) مولود برج العقرب.

scor·pi·oid [-′pĭ oid′] *(adj.)* (١) عَقْربانيّ: شبيه بالعَقْرب (٢) عَقْربيّ (٣) أعقف الطَّرف [كذَيْل العقرب].

scor·pi·on [skôr′pĭ ən] *(n.)* (١) عَقْرب (ح) (٢) *cap.*: بُرْج العقرب (٣) سوط؛ «كُرباج» (٤) السَّوط: كلّ ما يدفع إلى العمل وكأنه لَسْعة الحشرة.

scorpion *1.*

scorpion fish *(n.)* عَقْرب البحر (ح).

scorpion fly *(n.)* الذُّبابة العَقْرَبية (ح) .

scot [skŏt] *(n.)* (١) ضريبة (٢) نصيب المرء من عبء ماليّ .

Scot [skŏt] *(n.)* الإسكتلنديّ : أحد أبناء إسكتلندا .

scot and lot *(n.)* (١) الضريبة النسبيّة : ضريبة بلديّة تُجْبَى من كلٍّ بحسب قدرته على الدفع (٢) أعباء أو التزامات مالية .

scotch [1] [skŏch] *(vt.; n.)* (١) يَخْدِش ؛ يَجْرح (٢) «أ» يَسْحق ؛ يقمع . «ب» يَدْحض § (٣) خَدْش ؛ جُرْح طفيف .

scotch [2] *(n.; vt.)* (١) مانع الانزلاق : وَتِدٌ يوضع تحت عَجَلةٍ أو برميل منعًا للانزلاق § (٢) يُوَتِّد : يمنع [عربةً إلخ] من الانزلاق بوضع وَتِدٍ تحت عَجَلتها (٣) يَعُوق .

Scotch [skŏch] *(adj.; n.)* (١) إسكُتْلَنْديّ (٢) مُقْتصِد § (٣) الشّعب الإسكُتْلَنْديّ (٤) اللغة الإسكُتْلَنديّة (٥) السّكُتْش ؛ الويسكي الإسكُتْلَندية .

Scotch·man [-'mən] *(n.)* الإسكُتْلَنديّ : رجلٌ من إسكُتلندا .

Scotch tape *(n.)* الشريط الإسكُتْلَنديّ : شريط دَبِقٌ شفّاف [لإلصاق الصفحات الممزَّقة إلخ] .

Scotch terrier *(n.)* التِّرْيَر الإسكُتْلَنديّ : كلب قنصٍ قصير القوائم .

Scotch terrier

Scotch verdict *(n.)* قرار غير حاسم .

Scotch whisky *(n.)* = Scotch 5.

Scotch·wom·an [skŏch'-] *(n.)* الإسكُتْلندية : امرأة من نساء إسكُتْلندا .

Scotch woodcock *(n.)* دجاجة الأرض الإسكتلندية : بيضٌ مقليّ بالزبدة يقدَّم مع قليل من الأنشوفة على قطعة من الخبز المحمّص .

sco·ter [skō'tər] *(n.)* الأُسْقُطور : ضرب من البط البحريّ .

scoter

scot–free *(adj.)* (١) سالم ؛ غير مصاب بأذًى (٢) غير معاقَب (٣) مُعْفًى من الضريبة .

sco·tia [skō'shə] *(n.)* المُظَلَّمة : حِلية مُقعَّرة ، وبخاصة في قواعد الأعمدة الكلاسيكية (عم) .

Scotland Yard *(n.)* إسْكُتْلَنْديارد : شرطة لندن وبخاصة دائرة المباحث الجنائية فيها .

scoto- بادئة معناها : ظُلْمة <*scoto*ma> .

sco·to·ma [skō tō'mə] *(n.)* pl. **-mas** *or* **-ma·ta** [mə tə] العُتْمة : بقعة عمياء أو مُظلمة في المجال البصري (ط) .

Scots [skŏts] *(adj.; n.)* (١) إسكُتْلَنْدي § (٢) لغة الإسكُتْلنديين .

Scots·man [skŏts'mən] *(n.)* = Scotchman.

Scots·wom·an [-'wo͝om'ən] *(n.)* = Scotchwoman.

Scot·ti·cism [skŏt'ə-] *(n.)* مُصْطَلَح أو تعبير إسكُتلنديّ .

Scot·tie [skŏt'ī] *(n.)* (١) الإسكُتْلنديّ : أحد أبناء إسْكُتْلندا (٢) Scotch terrier.

Scot·tish [skŏt'ish] *(adj.; n.)* (١) إسكُتْلَنْديّ § (٢) الإسكُتْلنديون .

Scottish rite *(n.)* الطَّقس الإسكتلنديّ [في الماسونيّة] .

Scottish terrier = Scotch terrier.

scoun·drel [skoun'drəl] *(n.; adj.)* وَغْد ؛ نَذْل .

scour [1] [skour] *(vt.; i.)* (١) يُطَوِّف : يَطُوف بالمكان ، مُسرعًا ، بحثًا عن شيء (٢) يقلّب بسرعة x <to ~ a book for quotations> (٣) يُغِذّ الخطى ؛ ينطلق بسرعة .

scour [2] [skour] *(vt.; i.; n.)* (١) يَفْرُك ؛ يَجْلو ؛ يَصْقُل ؛ ينظّف (٢) يطهِّر (٣) يَطْرُد x <to ~ the invaders from the land> (٤) يصاب بالإسهال أو بالزُّحار (٥) يَنْظُف ؛ يصبح مجلوًا بالفرك أو الصقل § (٦) مَوْضعٌ منظَّفٌ [وبخاصة بالماء الجاري] (٧) فَرك ؛ صَقْل ؛ تنظيف (٨) المُنَظِّفة : أداة أو مادة تستعمل في التنظيف (٩) *pl.*: إسهال ؛ زُحار .

scourge [skûrj] *(n.; vt.)* (١) سَوْط (٢) «أ» أداةُ معاقبةٍ أو نقد . «ب» بلاء ؛ كارثة § (٣) يَجلِد (٤) يعاقب أو يعذِّب أو ينتقد بقسوة .

scour·ing [skour'-] *(n.)* (١) نُفاية (٢) *pl.* عد : حثالة المجتمع .

scouring rush *(n.)* = horsetail.

scouse [skous] *(n.)* = lobscouse.

scout [1] [skout] *(vi.; t.; n.)* (١) يرود ؛ يستكشف ؛ يستطلع [أنباء العدوّ] (٢) «أ» يبحث . «ب» يقوم بنشاط كشفيّ x (٣) يلاحظ ؛ يراقب (٤) يكتشف § (٥) ريادة ؛ استكشاف (٦) «أ» الرائد ؛ المستكشف ؛ المستطلع . «ب» الحارس . «ج» الباحث عن المواهب [للسينما والمسرح إلخ] . «د» الكشّاف : فتًى ملتحقٌ بفرقة كشفية . «هـ» المرشدة : فتاة ملتحقة بفرقة من فرق المرشدات (٧) فتًى ؛ شخص <a good old ~> .

scout[1] 6d.

scout [2] *(vt.; i.)* (١) يَسْخَر من ؛ يَهْزَأ بـ (٢) يَرْفض بازدراء .

scout car *(n.)* سيّارةٌ دَوْريّةٌ ؛ سيارة استكشاف (جن) .

scout·er [skou'tər] *(n.)* (١) المُسْتكشِف ؛ المُسْتَطْلِع (٢) الكشّاف : فَتًى من الكشّافة .

scouth [sko͞oth] *(n.)* كَثْرة ؛ وَفرة (إسك) .

scout·ing [skou'-] *(n.)* (١) استكشاف ؛ استطلاع (٢) النشاط الكشفي .

scout·mas·ter [skout'-] *(n.)* الكشّاف الرئيسُ : رئيس فرقة كشفية .

scow [skou] *(n.)* صَنْدَل ؛ ماعون : قاربٌ مسطَّح لنقل الرّمل إلخ .

scowl [skoul] *(vi.; n.)* (١) يَعْبِس ؛ يُقَطِّب § (٢) عُبوس ؛ تقطيب .

scrab·ble [skrăb'əl] *(vi.; t.; n.)* (١) يخربش : يكتب أو يرسم بخُرْق أو سرعة أو إهمال (٢) يَخْدِش ؛ يَخْمِش § (٣) خَرْبَشَة (٤) خَدْش أو خَمْش متكرِّر (٥) السّكْرابل : لعبة قِوامُها تشكيل الكلمات .

scrag [skrăg] *(n.; vt.)* (١) النِّضْو : شخص أو حيوان مهزول الجسم (٢) «أ» لحم رقبة الخروف إلخ . «ب» رقبة الإنسان (ع) § (٣) يُعْدِم شنقًا (٤) يَخْنق (٥) يَقتل ؛ يغتال .

scrag·gy [skrăg'ī] *(adj.)* (١) وَعْر ؛ خشِن (٢) ضامر ؛ مهزول الجسم .

scram [skrăm] *(vi.)* ينصرف حالًا .

scram·ble [skrăm'bəl] *(vi.; t.; n.)* (١) «أ» يزحف أو يتسلّق بعَجَلة . «ب» يندفع وَجِلًا أو مذعورًا (٢) «أ» يتدافع ؛ يتزاحم بالمناكب . «ب» يكسب [رزقًا] أو يجمع [شيئًا] بصعوبة أو بطرق غير نظاميّة (٣) ينتشر ؛ يمتدّ

(٤) يتسلّق؛ يَعْترش x (٥) يمزج؛ يخلط (٦) يَقْلي البَيْض [مازجًا صَفارَهُ ببياضه] (٧) يُعَمّي: يغيّر نظام الرموز [في رسالة راديُوية أو تلفونية] § (٨) زَحْف أو تسلُّق إلخ (٩) تدافُع؛ تزاحُم بالمناكب.
— **scram·bler** *(n.)*

scran·nel [skrăn′əl] *(adj.)* أجَشّ؛ غير موسيقيّ؛ يَخْدِش السمع.

scrap[1] [skrăp] *(n.; vt.)* (١) *pl.*: فُتات الطعام (٢) «أ» قُصاصة؛ قطعة صغيرة <a ~ of paper>. «ب» نبذة <~*s* of poetry>. «ج» ذرَّة <not a ~ of evidence for it> (٣) فَضْلَة؛ نُفاية؛ خُردة § (٤) يفتّت (٥) يَهْجُر؛ يَنْبُذ.

scrap[2] *(n.; vi.)* (١) عِراك؛ شجار § (٢) يتعارك؛ يتشاجر.

scrap·book [skrăp′bo͝ok′] *(n.)* سِجلّ القُصاصات: دفتر تُلصَق على صفحاته الصّوَر وقُصاصات الصحف إلخ.

scrape [skrāp] *(vt.; i.; n.)* (١) يَكْشِط (٢) «أ» يَحُكّ؛ يَحُتّ؛ يَبْشُر. «ب» يفرك بجلبة فوق سطح خشن <~*d* his feet on the floor> (٣) يحفر (٤) يجْمَع بجهد x (٥) يَصِرّ؛ يَصْرِف (٦) يعمد إلى التوفير الشديد (٧) يُرجع القدم إلى الوراء [ماسحًا بها الأرض] وهو ينحني بالتحية (٨) يشقّ طريقه بصعوبة § (٩) «أ» كَشْطٌ؛ حَكّ؛ حَتّ إلخ. «ب» موضع مكشوط. «ج» صرير؛ صريف (١٠) انحناءة احترام تُرَدّ فيها القدم إلى الوراء (١١) «أ» ورطة؛ مأزق. «ب» شِجار.

scrap·er [skrā′-] *(n.)* (١) فا scrape (٢) مِكشطة (٣) كاشِطة الأحذية [لإزالة الأتربة والوحل عن نعالها عند الدخول].

scraper 3.

scrap heap *(n.)* (١) سَقَط المتاع: رِكام من القطع المعدنية المهمَلة (٢) موضع الأسْقاط: موضع يحوَّل إليه أو يُلقَى فيه سَقَط المتاع إلخ.

scrap iron *(n.)* الحديد الهالك؛ الحديد الخُردة.

scrap·per [skrăp′ər] *(n.)* المُعارِك؛ المُشاجِر؛ المُقاتِل.

scrap·pi·ness [skrăp′ə nəs] *(n.)* مُشاكسة؛ حبٌّ للخصام.

scrap·ple [skrăp′əl] *(n.)* المُفَرَّم: لحم خنزير مفروم يضاف إليه شيء من دقيق الذرة إلخ ثمّ يُقلى شرائحَ.

scrap·py[1] [skrăp′ĭ] *(adj.)* (١) كِسَريّ: مؤلَّف من كِسَرٍ (٢) غير مترابط.

scrap·py[2] *(adj.)* (١) مُشاكس؛ مُحِبٌّ للخصام (٢) عُدْوانيّ.

scratch [skrăch] *(vt.; i.; n.; adj.)* (١) يحفر أو ينبش بأظفاره (٢) يَخْدِش؛ يخمِش (٣) يحكّ أو يهرش جلدَه (٤) يكتب أو يرسم على سطح ما (٥) «أ» يشْطُب. «ب» يسحب من سباق (٦) يخربش؛ يكتب أو يرسم بخُرْق أو عجلة أو إهمال (٧) يحكّ فوق سطح خشن <~*ed* a match> x (٨) يجمع المال أو يكسب الرزق بالعمل الشاق والتوفير الشديد (٩) يَصِرّ صريرًا خفيفًا <Your pen ~*es.*> § (١٠) «أ» خَدْش؛ خَمْش. «ب» جُرْح طفيف (١١) خربشة (١٢) صرير خفيف <the ~ of a pen> (١٣) «أ» نقطة المنطلَق: نقطة الانطلاق [في سباقٍ]. «ب» لا شيء <from ~> (١٤) امتحان للشجاعة أو دليلٌ عليها (١٥) «أ» ضربة خاطئة [في البليارد إلخ]. «ب» رمية من غير رامٍ (١٦) متبارٍ شُطِب اسمه من مباراة § (١٧) مُعَدّ للتسويد <~ paper> (١٨) غير مقصود <a ~ hit> (١٩) مُعَدّ كيفما اتّفق أو من غير حسن اختيار <~ dinner>.

scratch line *(n.)* المُنْطَلَق: نقطة الانطلاق في سباق.

scratch paper *(n.)* ورق التسويد؛ ورق الخربشة.

scratch sheet *(n.)* نشرة السّباق: نشرة تحمل أسماء الجياد التي سُحِبت من سباق.

scratch test *(n.)* اختبار الاستهداف: اختبار لمعرفة مدى حساسية المرء لبعض العقاقير [بخدش بشرته وفركها بمادة مثيرة للحساسية].

scratch·y [skrăch′ĭ] *(adj.)* (١) شائك؛ كثير الشوك (٢) صارّ: مُحدِث صريرًا <a ~ pen> (٣) مخربَش: مُنجَزٌ بعجلة أو إهمال <~ drawings> (٤) واخِزٌ أو داعٍ إلى الحكّ <~ wool sweater> (٥) خشِن.

scrawl [skrôl] *(vt.; i.; n.)* (١) يُخَرْبش: يكتب أو يرسم بخُرْقٍ أو عجلة § (٢) خَرْبشة.

scraw·ny [skrô′nĭ] *(adj.)* مهزول؛ أعجف.

screak [skrēk] *(vi.; n.)* (١) يَصْرُخ؛ يصيح (٢) يَصِرّ؛ يَصْرِف § (٣) صرخة؛ صيحة (٤) صرير؛ صريف.
— **screak·y** *(adj.)*

scream [skrēm] *(vi.; t.; n.)* (١) يصرخ؛ يصيح؛ يزعق (٢) يتكلم أو يكتب بتعابير هستيرية (٣) يُقَهْقِه؛ يُغرب في الضحك (٤) يحتجّ بقوّة (٥) يُحدِث أثرًا مُذْهِلًا أو صارخًا x (٦) يُعبِّر عن شيء بالصياح <to ~ an alarm> § (٧) صرخة؛ صيحة (٨) شيء مضحك.

scream·er [skrē′mər] *(n.)* (١) فا scream (٢) الصّيّاح: طائر جنوبأميركي (٣) شيء مثير للدهشة أو الضحك (ع) (٤) علامة تعجّب (ع) (٥) الرأسيّة المثيرة: عنوان صحفي ضخم مثير (ع).

scream·ing *(adj.)* (١) صائح؛ صارخ؛ زاعق (٢) مثير <~ headlines> (٣) صارخ <in ~ colors> (٤) باعث على القهقهة <~ comedy>.

scream·ing·ly *(adv.)* على نحوٍ صارخ؛ إلى حدٍّ بعيد.

scree [skrē] *(n.)* (١) حصاة؛ حجر (٢) رُكام حجارة إلخ.

screech [skrēch] *(vi.; t.; n.)* x (١) يَصْرُخ [ذعرًا أو ألمًا] (٢) يُطلق [صَرْخة ذُعر أو ألم] § (٣) صَرْخة؛ زَعقة.

screech owl

screech owl *(n.)* البُوْم الصَّيّاح.

screech·y [skrēch′ĭ] *(adj.)* صارخ؛ زاعق؛ صارّ.

screed [skrēd] *(n.)* (١) «أ» خُطبة طويلة. «ب» كلمة أو مقالة غير رسميّة (٢) الدليل: قطعة من خشب أو طبقة دهانٍ تمثّل الثخانة المطلوبة توضَع على جدار ليُسْتَرْشد بها في طِلائه.

screen [skrēn] *(n.; vt.; i.)* (١) «أ» حاجز؛ وقاء؛ سِتْر. «ب» حجاب؛ «بارافان». «ج» حجاب المصباح (٢) «أ» الدريئة: كتائب أو سفن أو طائرات تتقدّم قوة أكبر منها لحمايتها. «ب» ستار <a ~ of excessive friendliness> (٣) «أ» غربال؛ مُنْخُل. «ب» الشريط المُنْخُلي: حجاب سلكيّ مُثَقَّب يوضع على النوافذ لمنع البعوض من ولوج الحجرة (٤) «أ» شاشة السينما أو

ă at; **ā** date; **â** care; **ä** car; **ĕ** egg; **ē** me; **ĭ** in; **ī** bite; **ŏ** lot; **ō** bone; **ô** orphan; **oi** boil; **o͝o** good; **o͞o** boot; **ou** out; **ŭ** under; **û** urgent; **ə** = *a* in alone, *e* in system, *i* in easily, *o* in gallop, *u* in circus.

التلفزيون أو الرادار. «ب» صناعة السينما. «ج» الأفلام السينمائية § (٥) «أ» يَحْجُب؛ يَسْتُر. «ب» يفصل بحجاب أو نحوه. «ج» يصون؛ يقي؛ يحمي (٦) يُغَرْبِل؛ ينخل (٧) يحجّب: يزوّد النوافذ بحجاب منخليّ (٨) «أ» يصوِّر سينمائيًّا. «ب» يعرض على الشاشة. «ج» يُعِدّ للسينما: يعيد كتابة قصة أو مسرحيّة لتصبح ملائمة للعرض السينمائي x (٩) «أ» يُعرَض على الشاشة. «ب» يصلح للعرض على الشاشة. **— screen·er** *(n.)*

screen·ing *(n.)* (١) حَجْب؛ غَرْبلة؛ نَخْل إلخ (٢) عَرْض لفيلم سينمائيّ (٣) تنظير شُعاعيّ.

screen·land [-′lănd] *(n.)* صناعة السينما أو المشتغلون فيها.

screen·play [skrēn′plā′] *(n.)* = scenario *b.*

screen test *(n.)* اختبار الشاشة: اختبار عمليّ يُجْرَى للوجه الجديد للتثبّت من صلاحه للتمثيل السينمائي. **— screen–test** *(vt.)*

screen·writ·er [skrēn′rī′tər] *(n.)* كاتب السيناريو.

screw [skrōō] *(n.; vt.; i.)* (١) لَوْلب؛ قلاووظ؛ بُرْغي (٢) screw propeller (٣) فَتْلة؛ بَرْمة (٤) أداة مُلَوْلبة [كالمِبرام أو فتّاحة السّدادات الفلّينية] (٥) جواد عديم النفع (٦) رزمة صغيرة [من تبغ أو سكّر أو فلفل] (٧) البخيل (٨) السَّجّان (٩) راتب؛ مُرتَّب (عب) (١٠) جِماع؛ مضاجعة (ع) (١١) شُرْطيّ § (١٢) يُلَوْلب: «أ» يربط أو يثبِّت أو يسدّ بلولب. «ب» يدير لولبيًّا حول محور. «ج» يجعل للمسمار إلخ أخاديد لولبيّة (١٣) يلوي (١٤) يستغلّ؛ يَخْدع (١٥) يُجامع؛ يضاجِع x (١٦) يتلَوْلب؛ يتلوّى.

screws *1.*

- to ~ out ينتزع بالقوّة؛ يبتزّ.
- to ~ up one's courage يستجمع شجاعته.
- to ~ up one's eyes يغمض عينيه نصف إغماض.
- to ~ up one's face يقطّب؛ يعبس.
- to be ~*ed* سكران؛ مخمور؛ ثَمِل (ع).
- to have one's head ~*ed* on the right way يتمتع بالحصافة وجودة الرأي.
- to put the ~*s* on (*or* to) somebody; to give somebody another turn of the ~, يَعْمد إلى القوة، أو إلى التهديد بالقوة، لإكراه فلانٍ على عمل شيء.

screw·ball [skrōō′bôl′] *(adj.; n.)* أحمق؛ غريب الأطوار.

screw·driv·er [skrōō′drī′vər] *(n.)* (١) مِفكّ؛ مفكّ البراغي (٢) فودكا الليمون [شراب مُسْكر].

screwdriver *1.*

screw eye *(n.)* الرَّزّة: مسمارُ رَزَّةٍ بريميّ (نج).

screw jack *(n.)* = jackscrew.

screw pine *(n.)* الكاذيّ: شجرٌ استوائيّ نحيلُ الساق.

screw pine

screw propeller *(n.)* الداسرة اللولبيّة: مِروحة الدَّفع في الباخرة أو الطائرة.

screw thread *(n.)* سِنّ اللّولب.

screw-up [skrōō′ŭp] *(n.)* اللَّهْوَجة: عملٌ غير مُتْقَن.

screw·y [skrōō′ĭ] *(adj.)* (١) لولبيّ (٢) سكران (ع) (٣) ظالم (٤) بخيل (٥) متعرّج (٦) سخيف؛ أحمق.

scrib·ble [skrĭb′əl] *(vt.; i.; n.)* (١) يُخَرْبِش: يكتب أو يرسم بعجلة ومن غير عناية § (٢) الخربشة: «أ» كتابةٌ متعجِّلٌ فيها. «ب» رسمٌ مُنْجَزٌ بغير عناية.

scrib·bler [skrĭb′lər] *(n.)* (١) المُخَرْبِش (٢) مؤلِّف تافه.

scribe [skrīb] *(n.; vi.; t.)* (١) الكاتب؛ الناسخ (٢) المؤلِّف. وبخاصةٍ: الصحافيّ (٣) المِخطاط (را. scriber) § (٤) يكتب x (٥) يَخُطّ أو يَحُزّ بآلة حادّة. **— scrib·al** *(adj.)*

scrib·er [skrī′bər] *(n.)* المِخْطاط؛ المِحْزاز: أداة قاطعة يُحَزّ بها الخشب أو المعدن تسهيلًا لقطعِهِ.

scrim [skrĭm] *(n.)* السّكْريم: قماش قطنيّ للملابس والستائر.

scrim·mage [skrĭm′ĭj] *(n.; vi.)* (١) «أ» مُناوَشة؛ معركة صغيرة. «ب» شِجارٌ [يختلط فيه الحابلُ بالنابل] § (٢) يُناوش؛ يُشاجر: يشارك في مُناوَشةٍ أو شِجار.

scrimp [skrĭmp] *(vt.; i.)* (١) يُقتّر على (٢) يُقلِّل؛ يُطَفِّف x (٣) يقتصد؛ يَبْخَل.

scrimp·y [skrĭm′pĭ] *(adj.)* (١) زهيد؛ طفيف؛ هزيل؛ ضئيل (٢) مقتصِد.

scrim·shaw [skrĭm′shô′] *(n.; vi.; t.)* (١) المنحوتة العاجية أو العظمية: كل أداةٍ منحوتة من عاج الحوت أو عظمه [يصنعها صيادو الحيتان الأميركيون] § (٢) يُنجز، بإتقان، عملًا ميكانيكيًّا صغيرًا x (٣) يصنع المنحوتات العاجيّة أو العظميّة.

scrip[1] [skrĭp] *(n.)* حقيبة صغيرة (ا. ق).

scrip[2] *(n.)* (١) قطعة صغيرة (٢) شهادة؛ جدول؛ قائمة (٣) صكّ؛ سَنَد؛ مُستَنَد (٤) عملة ورقية.

script [skrĭpt] *(n.; vt.)* (١) «أ» نَصٌّ مكتوب. «ب» مستند أو صكّ أصليّ. «ج» السيناريو: مخطوطة المسرحيّة [أو الفيلم أو الدَّور] (٢) «أ» حرفٌ مطبعي شبيه بخط اليد. «ب» كتابة؛ خطّ. «ج» ألفباء (٣) خُطّة عملٍ § (٤) يَضَعُ نصًّا؛ يكتب سيناريو.

scrip·to·ri·um [skrĭp tōr′ĭ əm] *(n.)* pl. **-ri·a** [-ĭ ə] حُجرة النُّسّاخ [في دير من أديرة القرون الوسطى].

scrip·tur·al [skrĭp′chər əl] *(adj.)* كِتابيّ: ذو علاقة بكتابٍ مقدَّس. وبخاصةٍ: تَوْراتيّ.

scrip·ture [skrĭp′chər] *(n.)* (١) «أ» *cap.*: الكتاب المقدس [ترد بصيغة الجمع عادةً]. «ب» *cap.* عد: مقطع من الكتاب المقدس. «ج» كتاب مقدَّس (٢) شيء مكتوب.

script·writ·er [skrĭpt′-] *(n.)* كاتب السيناريو [لفيلم سينمائي إلخ].

scriv·en·er [skrĭv′-] *(n.)* (١) الكاتب (٢) الكاتب العَدْل (ق).

scrod [skrŏd] *(n.)* القُدَيْدة: سمكة قُدٍّ صغيرة.

scrof·u·la [skrŏf′yə lə] *(n.)* = king's evil.

scrof·u·lous [-ləs] *(adj.)* (١) غُدَبيّ؛ خنازيريّ (٢) ملوَّث أخلاقيًّا.

scroll[1] [skrōl] *(n.)* (١) الدَّرْج: لَفيفة من الرَّق أو ورق البَرْديّ تدوَّن عليها وثيقة (٢) الحِلْية الدَّرْجيّة: حِلية شبيهةٌ بدَرْج نصف منشور أو ذاتُ شكل لولبيّ (٣) كتابة؛ جدول؛ قائمة (٤) الأعقف:

scroll[1] *1.*

رأس الكمنجة المعقوف .

scroll[2] *(vi.; t.)* يَلُفّ : يحرّك نصًّا إلخ على شاشة الكومبيوتر .

scroll saw *(n.)* مِنشار الزخرفة : منشار ضيّق جدًّا لنشر الخشب الرقيق نَشْرًا زخرفيًّا لولبيّ الخطوط .

scroll·work [skrōl'-] *(n.)* الزّخرفة المُلَوْلَبَة (را . المادة السابقة) .

scrooge [skro͞oj] *(n.)* البخيل ؛ الشَّحيح .

scro·tal [skrōt'əl] *(adj.)* صَفَنيّ : خاصّ بالصَّفَن .

scro·tum [skrō'təm] *(n.)* pl. **-ta** *or* **-tums** الصَّفَن : وعاء الخِصْيَتَيْن (ت) .

scrouge [skrouj; skro͞oj] *(vt.; i.)* يَكبِس ؛ يَضْغَط ؛ يَحْشُر (ع) .

scrounge [skrounj] *(vt.; i.)* (١) يَجْمع (٢) يختلس (٣) يستجدي ؛ ينال بالتملُّق x (٤) يبحث عن .

scrub[1] [skrŭb] *(n.)* (١) «أ» شُجيرة ؛ شجرة خفيضة . «ب» أرض ذات أشجار خفيضة (٢) المُهَجَّن : حيوان هجين (٣) شخص حقير أو ضئيل الجسم (٤) فريق رياضي غير مدرَّب ، أو عضوٌ فيه .

scrub[2] *(vt.; i.; n.)* (١) يَحُكّ ؛ يَفْرُك ؛ ينظّف (٢) يغسل [الغازَ] (٣) يُلغي § (٤) حكّ ؛ فَرْك ؛ تنظيف إلخ .

scrub[3] *(adj.)* (١) قميء ؛ ضئيل الجسم (٢) رديء .

scrub·ber [skrŭb'ər] *(n.)* (١) فا scrub (٢) مِغسال الغاز .

scrub brush *(n.)* الفرشاة القاسية الحكّ [للتنظيف الشديد] .

scrub·by [skrŭb'ĭ] *(adj.)* (١) ضئيل الجسم أو رديء النوع (٢) قميء ؛ خفيض <~ trees> (٣) مكسوّ بقصار الشجر <~ forests> (٤) رثّ ؛ بالٍ ؛ حقير <a ~ old coat> .

scrub·wom·an [-'wo͝om'ən] *(n.)* = charwoman.

scruff [skrŭf] *(n.)* القَذال : مؤخَّر العُنُق ؛ قفا العُنُق .

scruff·y [skrŭf'ĭ] *(adj.)* حقير ؛ وضيع ؛ بالٍ .

scrum·mage [skrŭm'ĭj] *(n.)* (١) Rugby (٢) مناوشة ؛ مُشادّة .

scrump·tious [skrŭmp'shəs] *(adj.)* (١) ممتاز (٢) شهيّ .

scrunch [skrŭnch] *(vt.; i.; n.)* (١) «أ» يَقْضِم . «ب» يَسْحَق . «ج» يَعْصِر x (٢) يتحرَّك مطلقًا صوتًا كصوت القَضْم § (٣) القَضْم أو صوته .

scru·ple[1] [skro͞o'pəl] *(n.)* السّكروبل : «أ» وحدة وزن تساوي ١,٢٦٠ غرامًا . «ب» مقدار ضئيل .

scru·ple[2] *(n.; vi.)* (١) وازع (٢) تحرُّج ؛ تورُّع § (٣) يتورّع ؛ يتحرّج .

scru·pu·los·i·ty [skro͞o'pyə lŏs'-] *(n.)* تحرُّج ؛ تورُّع .

scru·pu·lous [skro͞o'pyə ləs] *(adj.)* (١) متحرِّج ؛ متورِّع (٢) مُدَقِّق ؛ شديد التفحّص .

scru·ta·ble [skro͞o'tə bəl] *(adj.)* ممكنٌ حَلُّهُ أو فهمُهُ .

scru·ta·tor [skro͞o tā'tər] *(n.)* المُدَقِّق ؛ المتفحِّص .

scru·ti·neer [-'tə nēr'] *(n.)* المدقِّق ؛ المتفحّص . وبخاصة في الأصوات الانتخابية .

scru·ti·nize [-'tə nīz'] *(vt.; i.)* يُدَقِّق ؛ يتفحّص ؛ يُنْعِم النظرَ .

scru·ti·ny [skro͞o'tə nĭ] *(n.)* تدقيق ؛ تفحُّص ؛ إنعام نظرٍ .

scuba diver *(n.)* ذو الرِّئة المائية (را . aqualunger) .

scud[1] [skŭd] *(vi.)* (١) يعدو ؛ ينطلق (٢) يندفع بقوّة الريح (مل) .

scud[2] *(n.)* (١) عَدْوٌ ؛ انطلاق (٢) اندفاع بقوة الريح (مل) (٣) الزِّبرِج ؛ الجَهام : سحاب رقيق تسوقُهُ الريح (٤) «أ» مطرٌ خفيف مفاجئ . «ب» هبّة ريح . «ج» ضبابٌ أو مطرٌ أو ثلجٌ تَسْفوه الريح .

scu·do [sko͞o'dō] *(n.)* السّكُود : عملة إيطاليّة فضّيّة أو ذهبية قديمة .

scuff [skŭf] *(vi.; t.; n.)* (١) يَجُرّ قدمَيْه [جرًّا] ؛ يمشي من غير أن يرفعهما عن الأرض (٢) يَبْلَى x (٣) يَصْفَع (٤) يُبلي <~*ed* his shoes> § (٥) وَقْع جرّ القدمين (٦) «أ» بِلًى . «ب» إبلاء (٧) خُفّ ؛ مشّاية منزليّة .

scuf·fle [skŭf'əl] *(vi.; n.)* (١) يتشاجر ؛ يتعارك (٢) «أ» ينطلق مسرعًا أو مهتاجًا . «ب» يمشي جارًّا قدميه § (٣) شِجار .

scuffle hoe *(n.)* المِعْزَقة ؛ المِجْرَف : مِعول ذو حدّين يساعدان على دفعه إلى الأمام وردّه إلى الوراء .

scuffle hoe

scull [skŭl] *(n.; vt.; i.)* (١) المُرْدِيّ : «أ» مجذاف خَلْفيّ في مؤخّر المركب . «ب» أحد مجذافين يجذّف بهما شخص واحد (٢) الرَّكوة : زورق سباقٍ يسيِّره مجذِّفٌ واحد أو مجذّفان § (٣) يُرَدِّي : يُسَيِّر مركبًا بمُرْديّ أو مجذاف x (٤) يُجذِّف .

scull·er [skŭl'ər] *(n.)* المُرَدِّي ؛ المُجَذِّف .

scul·ler·y [-'ə rĭ] *(n.)* حجرة غَسْل الأطباق والآنية وحفظها .

scul·lion [skŭl'yən] *(n.)* مساعد الطاهي [يغسل الأطباق غالبًا] .

scul·pin [skŭl'pĭn] *(n.)* الإسقَلْبين : سمك نهريّ وبحريّ .

sculpin

sculp·tor [skŭlp'tər] *(n.)* النحّات ؛ المثّال .

sculp·tress [skŭlp'trəs] *(n.)* النحّاتة ؛ المثّالة .

sculp·tur·al [skŭlp'chə rəl] *(adj.)* (١) نحتيّ (٢) جليل ؛ مَهيب ؛ شبيه بتمثال .

sculp·ture [skŭlp'chər] *(n.; vt.; i.)* (١) فنّ النحت (٢) تمثال § (٣) يَنْحت ؛ يصنع تمثالًا (٤) يَنْحت : يغيّر شكل سطح الأرض بالتعرية والتآكل x (٥) يشتغل نحّاتًا أو مثّالًا .

sculp·tur·esque [skŭlp'chə rĕsk'] *(adj.)* جليل ؛ مَهيب ؛ شبيه بتمثال .

scum [skŭm] *(n.; vi.; t.)* (١) زَبَد ؛ غُثاء ؛ طُفاوة (٢) الجُفاء (را . scoria *1*) (٣) «أ» نُفاية . «ب» حُثالة المجتمع § (٤) يُزْبِد : يكتسي بالزَّبَد x (٥) يَقْشُد : يُزيل الزَّبَد عن .
—scum·my *(adj.)*

scum·ble [skŭm'bəl] *(vt.; n.)* (١) يكمِّد : يجعل [الألوانَ أو الصورة الزيتية] أقلّ إشراقًا بطَلْيها بطبقة رقيقة من لونٍ أكمَدَ أو نصف أكمد (٢) يرقّق : يرقّق الخطوطَ والألوان [في رسم قلميّ] بفركها بالإصبع وغيرها فركًا لطيفًا § (٣) «أ» تكميد . «ب» ترقيق . «ج» نتيجة التكميد أو الترقيق (٤) المُكَمِّدة : المادة المستخدمة في التكميد إلخ .

scun·ner [skŭn′ər] *(n.)* بَغْضاء ؛ كرهٌ شديد .

scup [skŭp] *(n.)* الأُسقوب : سمك بحريّ مضغوط الجسم .

scup·per [skŭp′ər] *(n.)* المَصْرَف : بالوعة السفينة .

scup·per·nong [-nông′] *(n.)* السَّكُبَرْنَج : عنب أميركي .

scurf [skûrf] *(n.)* الهِبْرِيَة : «أ» نُخالة الرأس أو قشرتُه . «ب» كلّ مادة قِشرية تكسو سطحًا .

— **scurf·y** *(adj.)*

scur·ril·i·ty [skə rĭl′-] *(n.)* (١) سَفاهة ؛ بذاءة (٢) ملاحظة بذيئة .

scur·ril·ous [skûr′ə ləs] *(adj.)* (١) سفيه (٢) بذيء .

scur·ry [skûr′ĭ] *(vi.; n.)* (١) يعدو ؛ ينطلق مُسْرِعًا (٢) يدور باضطراب § (٣) عَدْو (٤) دوران مضطرب .

scur·vy [skûr′vĭ] *(n.; adj.)* (١) الحَفَر ؛ الأَسْقَرْبوط : داء من أعراضه تورّم اللثة ونزفها § (٢) خسيس ؛ حقير .

scurvy grass *(n.)* المِلْعقيّة ؛ حشيشة الملاعق (نب) .

scut [skŭt] *(n.)* (١) ذُنَيْب ؛ ذنبٌ صغير (٢) شخص حقير .

scu·tage [skyoo͞′tĭj] *(n.)* البَدَليّة : ضريبة تؤخذ لقاءَ الإعفاء من الخدمة العسكرية [في النظام الإقطاعي] .

scutate leaf

scu·tate [skyoo͞′tāt] *(adj.)* (١) مُحَرْشف (ح) (٢) تُرْسيّ (نب) .

scutch [skŭch] *(vt.; n.)* (١) يَحْلِج § (٢) المِحْلَج : آلة الحلج .

scutch·eon [skŭch′ən] *(n.)* = escutcheon.

scutch·er [-′ər] *(n.)* المِحْلَج : آلةُ حَلْج القطن أو الكتّان .

scute [skyoo͞t] *(n.)* الدِّرْع : «أ» صفيحة عَظْميّة أو قَرْنية في السُّلَحْفاة . «ب» حَرْشفة كبيرة .

scu·tel·late [skyoo͞ tĕl′ĭt] *(adj.)* (١) صَفيحيّ ؛ حَرْشَفيّ (٢) مُصَفَّح ؛ مُحَرْشَف : ذو صفائح أو حراشف .

scu·tel·lat·ed [-′tĕ lāt′ĭd] *(adj.)* = scutellate *2*.

scu·tel·lum [skyoo͞ tĕl′-] *(n.)* pl. **-tel·la** صفيحة أو حَرْشفة صغيرة .

scu·ti·form [skyoo͞′tə fôrm′] *(adj.)* تُرْسيّ ؛ تُرْسيّ الشكل .

scut·ter [skŭt′ər] *(vi.; n.)* = scurry.

scut·tle [1] [skŭt′əl] *(n.)* (١) قُفّة (٢) دَلْو [للفحم] .

scut·tle [2] *(n.; vt.)* (١) الرَّوْزَنة : فتحة أو كوّةٌ ذات غطاء في سطح السفينة أو جانبها أو قعرها (٢) غطاء الرَّوزنة § (٣) يَخْرِق السفينة . وبخاصة : يُغرِق السفينة أو يحاول إغراقَها بخَرْقها (٤) يُدَمِّر .

scut·tle [3] *(n.; vi.)* (١) عَدْو سريع § (٢) يَعْدو .

scut·tle·butt [-bŭt′] *(n.)* (١) برميل ماء [للشُّرب في سفينة] (٢) إشاعة .

scu·tum [skyoo͞′təm] *(n.)* pl. **-ta** [tə] = scute.

scut work *(n.)* عملٌ روتينيّ [حقيرٌ عادةً] .

Scyl·la [sĭl′ə] *(n.)* سِيلة : صخرة في الجانب الإيطالي من مضيق مَسّينا .

between ~ and Charybdis بين نارين ؛ بين بديلَيْن كلاهما خطِر ؛ بين أمرَيْن أحلاهما مُرّ .

scy·phus [sī′fəs] *(n.)* pl. **-phi** [fī] (١) الكأس : جزء كأسيّ الشكل ، كإكليل الزهرة في بعض النباتات (٢) كأس ؛ قَدَح .

scythe [sīth] *(n.; vt.)* (١) مِحَشّ ؛ مِنجَل § (٢) يَحُشّ : يَقْطع بمِنجل .

scythe *1.*

sea [sē] *(n.; adj.)* (١) «أ» موجة عارمة . «ب» اضطراب البحر (٣) مقدار هائل (٤) حياة البحر : اشتغال المرء في البحر بوصفِهِ نوتيًّا أو ملاّحًا (٥) البحر : إحدى البقاع الداكنة المترامية الأطراف على سطح القمر أو المريخ § (٦) بَحْريّ . (١) «أ» بحر . «ب» أوقيانوس . «ج» بُحيرة (٢)

at ~, (١) في عُرض البحر (٢) في رحلة بحرية (٣) ذاهل ؛ مشدوه .

by ~, بحرًا ؛ على متن مَرْكَب .

to follow the ~, يشتغل نوتيًّا ؛ يَعْمل بحّارًا .

to go to ~, (١) يصبح نوتيًّا (٢) يقوم برحلة بحرية .

to put to ~, يركب البحرَ ؛ يقوم برحلة بحرية .

sea anchor *(n.)* مِرساة عائمة .

sea anemone *(n.)* = anemone *2*.

sea bass *(n.)* الشَّبَص ؛ القاروس المنقَّط : سمك بحريّ .

sea·bed [sē′bĕd′] *(n.)* قاع البحر أو الأوقيانوس .

sea bird *(n.)* الطائر البحريّ : طائر يألف البحر أو السواحل البحريّة .

sea biscuit *(n.)* = hardtack.

sea·board [sē′bôrd′] *(n.; adj.)* (١) ساحل ؛ شاطئ § (٢) ساحليّ .

sea·borne [sē′bôrn′] *(adj.)* محمولٌ بحرًا <~ trade> .

sea bread *(n.)* = hardtack.

sea bream *(n.)* الفَرّيدي ؛ المرجان : سمك بحريّ .

sea breeze *(n.)* نسيم البحر .

sea captain *(n.)* الرُّبّان ؛ رُبّان السفينة .

sea change *(n.)* تغيُّر ؛ تحوُّل [إلى ما هو أفضل عادةً] .

sea·coast [sē′kōst′] *(n.)* السّاحل ؛ شاطئ البحر .

sea cow *(n.)* بقرة البحر ؛ بقرة الماء : اسم يُطلق على حيوانات بحرية كثيرة كالأطوم dugong وخروف البحر manatee .

sea·craft [sē′krăft′] *(n.)* (١) مراكب (٢) الملاحة أو البراعة فيها .

sea cucumber *(n.)* خِيار البحر (را . holothurian) .

sea devil *(n.)* = devilfish *1*.

sea·dog [sē′dŏg′] *(n.)* (١) كلب البحر (٢) الفُقْمة ؛ عجل البحر .

sea dog *(n.)* كلب البحر : ملاّح ماهر أو مُحَنَّك .

sea·drome [sē′drōm] *(n.)* المطار البحري : مطار عائم تَحُطّ فيه الطائرات عند الطوارئ .

sea eagle *(n.)* (١) عُقاب البحر (٢) osprey *1* .

sea ear *(n.)* = abalone.

sea fan *(n.)* مِرْوَحة البحر : زَهْريّات شعاعيّة مروحيّة الشكل .

sea·far·er [sē′fâr′ər] *(n.)* (١) الملاّح (٢) المسافر بحرًا .

sea·far·ing *(n.; adj.)* (١) البِحارة ؛ صناعة البحر (٢) السَّفر بحرًا § (٣) بِحاريّ ؛ بحريّ (٤) مسافرٌ بحرًا .

sea fight *(n.)* معركة بحريّة ؛ قتال بحريّ .

sea·folk [sē′fōk] *(n.)* أهلُ البحر : البحّارون أو النوتيّة .

sea·food [sē′-] *(n.)* طعام البحر : الأسماك والمحارات الصالحة للأكل .

sea·fowl [sē′foul′] *(n.)* = sea bird.

sea·front [sē′-] *(n.)* جبهة البحر: جزء من المدينة مواجهٌ للبحر.

sea gate *(n.)* المَدْخل البحريّ: مَنفَذٌ إلى البحر.

sea·girt [sē′gûrt′] *(adj.)* مُحاط أو مكتنف بالبحر.

sea·go·er [sē′gō′ər] *(n.)* (١) المسافر بحرًا (٢) الملاح؛ النوتيّ.

sea·go·ing [sē′gō′ĭng] *(adj.)* (١) مسافرٌ بحرًا (٢) عابرٌ للقارّات.

sea green *(n.)* الأخضر البحريّ: لون أخضر مزرقّ.

sea·gull [sē′gŭl′] *(n.)* = gull[1].

sea hare *(n.)* أرنب الماء: حيوان من الرِّخويات ذو مِجسّات شبيهة بالآذان.

sea hare

sea horse *(n.)* (١) فَرَس البحر: «أ» الفَظّ: حيوان ثديي بحريّ شبيهٌ بالفُقمة. «ب» سمك صغير ذو رأس كرأس الفرس. «ج» مخلوق خرافيّ نصفُهُ فرس ونصفُهُ سمكة (٢) موجة عارمة.

sea horse *1b.*

sea island cotton *(n.)* قطن سي آيلاند: قطنٌ طويل التّيلة حريريُّها.

sea kale *(n.)* الكَرَنْب أو الملفوف البحري.

sea king *(n.)* مَلِك البحر: زعيمُ قراصنةٍ إسكنديناڤيّ.

seal[1] [sēl] *(n.; vi.)* (١) الفُقمة؛ عجل البحر: حيوانٌ لَبونٌ من لواحم البحر (٢) جلد الفُقمة § (٣) يصيد الفُقمة.

seal[1] *1.*

seal[2] *(n.; vt.)* (١) «أ» ضمان. «ب» عَهْد (٢) خَتْم (٣) الخِتام: شَمعٌ يُختَم به (٤) «أ» سِدادٌ مُحْكَمٌ. «ب» مانعُ التسرّب: أداة لمنع تسرّب الغاز أو الهواء (٥) علامة § (٦) «أ» يَخْتِم. «ب» يُقِرّ؛ يصدّق على (٧) «أ» يَسُدّ. «ب» يُحكم الإغلاق. «ج» يمنع التسرّب (٨) يقرِّر نهائيًا <The judge's words ~*ed* her fate.>.

sea–lane [sē′lān′] *(n.)* طريق بَحْريّة.

sea lavender *(n.)* خُزامَى البحر؛ الخُزامى البحرية (نب).

sea lawyer *(n.)* محامي البحر: نوتيّ محبّ للمجادلة وإثارة الاعتراضات.

sea legs *(n. pl.)* السّاق البحريّة: «أ» المقدرة على السّير من غير تمايل على متن سفينة تَمْخر البحر. «ب» التحرّر من دُوار البحر.

seal·er[1] [sē′lər] *(n.)* مُوَثِّق المعايير: موظف يفحص الموازين والمعايير ويختم السليمَ منها بخَتْم رسمي.

seal·er[2] *(n.)* شخصٌ أو مركبٌ يصيد الفُقْمة.

seal·er·y [sē′lə rĭ] *(n.)* (١) صَيْدُ الفُقمة (٢) موضع صيد الفُقْمة.

sea lily *(n.)* = crinoid *2.*

sealing wax *(n.)* الخِتام: شمع أحمر يُختَم به.

sea lion *(n.)* أسد البحر: حيوان بحريّ ثدييّ.

sea lion

seal ring *(n.)* الحِلَق؛ الخاتم المنقوش: خاتم مزدان بنقش بحيث يمكن استعماله بدلًا من الخَتْم.

seal·skin [sēl′skĭn′] *(n.)* (١) جِلد الفُقْمة (٢) الفُقميّة: سِترة أو معطف مَخيطان من جلد الفُقمة.

Sea·ly·ham terrier [sē′lē hăm′; -lē əm] *(n.)* : تَرْيَر سيلاهام.

Sealyham terrier

كلب صيد قصير القوائم، طويل الرأس، أبيض اللون في الأعمّ الأغلب.

seam [sēm] *(n.; vt.; i.)* (١) «أ» دَرْزٌ؛ لَفْقٌ. «ب» دَرْزَة؛ لَفْقَة (٢) الصِّير؛ الشَّق: الفسحة بين لوحين من ألواح المَرْكب (٣) خط الاتصال أو الالتحام (٤) الرّاق (مج)؛ السّامَة؛ العِرق: طبقة معدِن رقيقة (٥) النَّدبة: أثر الجُرْح المندمل (٦) جَعْدة؛ غَضَن § (٧) يَدْرُز؛ يَلْفِق (٨) يَلْحُم (٩) يُجعِّد؛ يُغضِّن؛ يُندِّب x (١٠) يتشقّق؛ يَنْشَق.

sea–maid [sē′mād′] *or* **sea–maid·en** [sē′mād′ən] *(n.)* (١) حُوْرِية الماء (را. mermaid) (٢) إلاهة بَحْرِيّة.

sea·man [sē′mən] *(n.)* (١) نوتيّ؛ ملّاح (٢) جنديّ بَحْريّ.

sea·man·like; sea·man·ly *(adj.)* مَلّاحيّ: مميّز للملّاح البارع.

sea·man·ship [sē′mən-] *(n.)* المِلاحيّة: فنّ المِلاحة.

sea·mark [sē′märk] *(n.)* (١) العلامة البحرية: خطّ على الشاطئ يُظهر حدود المدّ (٢) منارة.

sea mew *(n.)* = seagull.

sea mile *(n.)* = nautical mile.

seam·less [sēm′ləs] *(adj.)* (١) غير مدروز (٢) غير ملحوم.

sea mouse

sea mouse *(n.)* فأر البحر: أيٌّ من عدة ديدان بحرية كبيرة، مُفَصَّصة، ذات أجساد مسطَّحة وحراشفَ متراكبة يعلوها وبرٌ طويل.

seam·ster [sēm′stər] *(n.)* = tailor.

seam·stress [sēm′strəs] *(n.)* الخيّاطة: امرأة حِرْفتُها الخِياطة.

seam·y [sē′mĭ] *(adj.)* (١) مُدَرَّز: ذو دَرَزات (٢) خشِن؛ بغيض (٣) الأسوأ <the ~ side of life>.

sé·ance [sā′äns] *(n.)* (١) جَلْسة (٢) جَلْسة استحضار الأرواح.

sea otter

sea otter *(n.)* القُضاعة البحرية (ح).

sea parrot *(n.)* = puffin.

sea·piece [sē′pēs′] *(n.)* اللّوحة البحرية: صورة زيتيّة تمثّل مشهدًا بحريًا.

sea·plane [sē′plān′] *(n.)* الطائرة المائية (طي).

sea·port [sē′pōrt′] *(n.)* مرفأ؛ ميناء.

sea power *(n.)* (١) الدولة البحرية: دولة ذات أسطول بحريّ ضخم (٢) قوة بحريّة.

sea·quake [sē′kwāk′] *(n.)* زِلزال بحري.

sear[1] [sēr] *(adj.)* = sere.

sear[2] *(vt.; i.; adj.; n.)* (١) يُذْبِل؛ يُذْوي (٢) يَسْفع؛ يلفح (٣) يقسّي؛ يحجِّر x (٤) يَذْبُل § (٥) ذابل § (٦) أثر السَّفْع؛ أثر اللَّفح.

sear[3] *(n.)* اللُّسَيْن: قطعة الأمان في بندقية.

sea raven *(n.)* غُداف البحر: سمك بحريّ أميركيّ كبير.

search [sûrch] *(vt.; i.; n.)* (١) يستكشف؛ يفحص (٢) يَسْبر (٣) تَلْذَع؛ تَنْفُذ؛ تَخْرُقُ [الريحُ أو النار] (٤) يفتّش [شخصًا] (٥) يستقصي <~*ed* out all the facts> x (٦) يَبحث؛ يُجري بحثًا § (٧) بحثٌ؛ تفتيش؛ تَقَصٍّ إلخ.

in ~ of بحثًا عن .

search·ing [sûrch′ĭng] *(adj.)* (١) دقيق <a ~ examination> (٢) ثاقب؛ حادّ <~ eyes> (٣) قارس؛ لاذع <~ cold> .

search·light [sûrch′līt′] *(n.)* (١) المِنْوار: «أ» أداة لإسقاط النور الكشّاف. «ب» نورٌ كشّاف (٢) المِشْعل الكهربائي: بطارية صغيرة ترسل نورًا كشّافًا.

search warrant *(n.)* أمر التفتيش: أمرٌ رسمي بتفتيش منزل إلخ.

sea robin *(n.)* = gurnard.

sea room *(n.)* المُتَّسَع المائي: متّسع مائيّ مأمون [في البحر].

sea rover *(n.)* (١) قُرْصان (٢) سفينة القراصنة.

sea·scape [sē′skāp′] *(n.)* (١) مَشْهد البَحْر (٢) اللوحة البحرية: صورة زيتية تمثّل مشهدًا بحريًّا.

sea scorpion *(n.)* عقربُ البحر: ضربٌ من السمك.

sea scout *(n.)* الكشّاف البحريّ: عضوٌ في فرقة كشفية بحرية.

sea serpent *(n.)* أفعى البحر.

sea·shore [sē′shōr′] *(n.)* شاطئ البحر.

sea·sick [sē′sĭk] *(adj.)* مُهْدَم: مُصابٌ بدُوار البحر.

sea·sick·ness [sē′sĭk nəs] *(n.)* الهُدام؛ دُوار البحر.

sea·side [sē′sīd′] *(n.; adj.)* (١) السّاحل؛ شاطئ البحر § (٢) ساحليّ.

sea·sid·er [-′ər] *(n.)* السواحليّ: المقيم في السواحل أو المتردّد عليها.

sea snake *(n.)* أفعى البحر: حيّة مائيّة سامّة.

sea·son[1] [sē′zən] *(n.)* (١) أوانٌ (٢) فترة غير محدّدة (٣) فترة عطلة رئيسية (٤) موسم (٥) فَصْل <a rainy ~> .

for a ~, فترةً قصيرةً.

in ~, في أوانِهِ؛ في موضعه؛ في موسمه.

in ~ and out of ~, في جميع الأوقات.

out of ~, في غير أوانه أو موضعِهِ أو موسِمِهِ.

sea·son[2] *(vt.; i.)* (١) يُبَهِّر؛ يتبِّل الطعامَ (٢) «أ» يملّح؛ يجفّف. «ب» يُنضج أو يُعدّ للاستعمال [بمعالجة ما]. «ج» يوشّح حديثَهُ [بالمُلَح إلخ] (٣) يمرِّس؛ يعوِّد؛ يُؤَقْلِم (٤) يلطِّف <He ~*ed* justice with mercy.> x (٥) يجفّ إلخ <timber that ~*s* well is the open air>.

sea·son·a·ble [-ə bəl] *(adj.)* (١) في أوانِهِ؛ ملائم للموسم أو الظَّرف؛ موسميّ <~ weather> (٢) ملائم <a ~ time for discussion> .

sea·son·al [sē′zən əl] *(adj.)* موسميّ <~ storms> .

sea·son·er [-ər] *(n.)* (١) مستعمِل التوابل (٢) التابل [كالفلفل ونحوه].

sea·son·ing *(n.)* (١) تبهير (٢) التابل [كالفلفل ونحوه].

season ticket *(n.)* الجَواز: بطاقة تخوّل صاحبها حضور المباريات أو الحفلات أو ركوب القطار أو الأوتوبوس، يوميًّا، طوال فترة معيّنة.

sea star *(n.)* = starfish.

sea·strand [sē′strănd] *(n.)* شاطئ البحر.

seat [sēt] *(n.; vt.; i.)* (١) «أ» مَقْعَد؛ كُرسيّ. «ب» المَقْعَدة: الجزء الذي يُقعَد عليه من كرسي أو بنطلون. «ج» كَفَل؛ عَجيزة (٢) المَقْعَد: «أ» مقعد مخصَّص لأحد النظارة في مسرح إلخ. «ب» عضوية في مجلس تشريعي أو هيئة دولية (٣) الكرسيّ: عرش الأسقف إلخ أو سلطتُهُ (٤) الجِلْسة: نوع الجلوس (٥) «أ» مستقَرّ القاعدة: الجزء الذي تستقرّ عليه قاعدة شيء ما. «ب» القاعدة نفسها (٦) مركز <a ~ of learning> (٧) حاضرة؛ عاصمة (٨) مَقَرّ § (٩) يُجْلِس؛ يُقعِد (١٠) يَتّسع لِـ <a hall that ~*s* 800 persons> (١١) يُصْلِح مقعدة الكرسي إلخ (١٢) يزوِّد بمقعد أو مقاعد (١٣) يركِّز (١٤) ينصِّب **x** (١٥) يستقرّ؛ يتّخذ مكانَهُ.

seat belt *(n.)* حزام المَقْعَد: حزام لتثبيت المرء في مقعده في الطائرة أو السيارة.

seat·ing [sē′tĭng] *(n.)* (١) «أ» تزويدٌ بمقاعد. «ب» ترتيب المقاعد في مبنًى إلخ (٢) كِساء المقاعد (٣) مقعد <a valve ~> .

sea·train [sē′-] *(n.)* القطار البحريّ: باخرة لنقل حافلات السكّة الحديدية.

sea turtle *(n.)* اللَّجَأة: سُلَحْفاة بحرية.

sea urchin *(n.)* قُنْفُذ البحر: حيوان بحريّ صغير.

sea urchin

sea wall *(n.)* السّور البحري: حاجز يقام لصدّ الأمواج عن الشاطئ أو لحماية التربة من التأكّل والتعرية.

sea·ward[1] [sē′wərd] *(n.; adj.)* (١) الجهة البعيدة عن اليابسة § (٢) متقدِّم نحو البحر؛ مواجهٌ للبحر (٣) بحريّ <~ winds> .

sea·ward[2] *also* **sea·wards** *(adv.)* نَحْوَ البحر.

sea·way [sē′wā′] *(n.)* (١) طريق بحريّ (٢) سَيْر السفينة [وسطَ الأمواج] (٣) قناة؛ ممرّ مائيّ (٤) بحر هائج.

sea·weed [sē′wēd′] *(n.)* الفَوْقَس؛ الطُّحلب البحريّ.

sea·wor·thy [sē′wûr thĭ] *(adj.)* صالحٌ للإبحار <a ~ ship> .

sea wrack *(n.)* = seaweed.

se·ba·ceous [sĭ bā′shəs] *(adj.)* (١) دُهنيّ (٢) زَهَميّ: مُفْرِزٌ دُهنًا.

sebaceous glands *(n. pl.)* الغُدَد الزَّهَميّة.

seb·or·rhea [sĕb′ə rē′ə] *(n.)* المَثّ؛ السَّيلان الزَّهَميّ: زيادة غير سَوِيّة في إفراز الغُدَد الزَّهمية (مض).

se·bum [sē′bəm] *(n.)* الزَّهَم: مادة دُهْنية تُفرزها الغُدد الزَّهميّة.

sec [sĕk] *(adj.)* صِرف؛ غير ممزوج بماء <~ wine> .

se·cant [sē′kənt] *(n.)* القاطع: «أ» خطّ مستقيم إذا مُدَّ قَطَع مُنْحنيًا معيَّنًا عند نقطتين أو أكثر (ر). «ب» مقلوب جيب التَّمام (ر).

secant *a.*

sec·a·teur [sĕk′ə tər] *(n.)* المِقراض: مِقَصّ البستاني؛ مِقَصّ التقليم.

sec·co [sĕk′ō] *(n.)* الرَّجْصَفَة: فنّ الرسم على الجصّ الجافّ.

se·cede [sĭ sēd′] *(vi.)* يَنشقّ: ينفصل عن كنيسة أو حزب.

se·cern [sĭ sûrn′] *(vt.)* (١) «أ» يَفْصِل. «ب» يُميِّز (٢) يُفرِز.

se·cern·ent [sĭ sûr′nənt] *(adj.)* مُفْرِز <~ organs> .

se·ces·sion [sĭ sĕsh′ən] *(n.)* (١) انعزال (٢) انشقاق؛ انفصال.

se·ces·sion·ism *(n.)* الانفصاليّة: مبادئ الانفصاليين.

se·ces·sion·ist *(n.; adj.)* (١) الانفصاليّ § (٢) انشقاقيّ.

se·clude [sĭ klōōd′] *(vt.)* (١) يَعْزِل؛ يُفرِد؛ يَفْصِل (٢) يَحْجُب.

se·clud·ed [sĭ klōō′dĭd] *(adj.)* (١) مُنْعَزِل <~ villages> (٢) متوحِّد؛ مُعْتَزِلٌ الناسَ <~ hermits>.

se·clu·sion [-′zhən] *(n.)* (١) «أ» عَزْل. «ب» عُزْلة (٢) مكانٌ منعزِل.

se·clu·sive [-′sĭv] *(adj.)* انعزاليّ: مُحِبٌّ للانعزال.

sec·ond [1] [sĕk′ənd] *(adj.; n.; adv.)* (١) ثانٍ (٢) «أ» إضافيّ. «ب» جديد <a ~ Edison>. «ج» مكتسَب؛ ثانٍ <~ nature> § (٣) الثاني [من حيث المنزلة أو الترتيب] (٤) «أ» المناصر؛ المؤيِّد. «ب» شاهدُ المبارِز. «ج» ظهير الملاكم (٥) سِلعة من الدرجة الثانية (٦) التّثنية على اقتراح [في البرلمان إلخ] (٧) المرتبة الثانية [في امتحان أو مباراة] (٨) الثاني: ناقل السرعة الثاني [في السيّارات] § (٩) «أ» ثانيًا. «ب» في المرتبة الثانية.

every ~ year كلَّ سنتين.

~ to none فوق الجميع؛ لا يُعْلَى عليه.

sec·ond [2] *(n.)* (١) الثانية: جزء من ستين من الدقيقة (٢) لحظة.

sec·ond [3] *(vt.)* (١) يناصر؛ يؤيِّد (٢) يُثَنِّي [على اقتراح].

Second Advent *(n.)* = Second Coming.

sec·ond·ar·y [sĕk′ən dĕr′ĭ] *(adj.; n.)* (١) ثانويّ § (٢) شيء ثانوي (٣) «أ» ظهير دفاع [في كرة القدم]. «ب» وكيل؛ مندوب؛ مساعد (٤) ملفّ ثانوي؛ دارة ثانوية (كب) (٥) الخافية: إحدى الريشات الصغار التي تختفي إذا ضمَّ الطائر جناحه.

secondary cell *(n.)* = storage cell.

secondary color *(n.)* اللون الثانوي: لون يشكَّل بمزج ألوان رئيسية بمقادير متساوية.

secondary emission *(n.)* الانبعاث الثانويّ [للألكترونات].

secondary road *(n.)* طريق ثانوية؛ طريق فرعية.

secondary school *(n.)* الثانوية؛ المدرسة الثانوية.

second banana *(n.)* الشخص الثانوي [في جماعة أو تمثيلية إلخ].

second–best [sĕk′ənd bĕst′] *(adj.)* تالٍ للأفضل مباشرةً.

second childhood *(n.)* الخَرَف: ضعف العقل في الشيخوخة.

second–class *(adj.)* (١) خاصّ بالدرجة الثانية (٢) معتدل الجودة.

second class *(n.)* (١) المرتبة الثانية (٢) الدرجة الثانية [في باخرة].

Second Coming *(n.)* المجيء الثاني [للمسيح] (نص).

second cousin *(n.)* ابن أو بنت عمٍّ إلخ من الدرجة الثانية.

Second Empire *(adj.)* من طراز عصر نابوليون الثالث (١٨٥٢-١٨٧٠) <~ furniture>.

sec·on·der [sĕk′ən-] *(n.)* المُثَنّي: من يُثَنّي على اقتراحٍ ما.

second fiddle *(n.)* دورٌ ثانوي أو القائم به <to play ~>.

sec·ond·hand [sĕk′ənd hănd′] *(adj.; adv.)* (١) مُستعار؛ مُقتبَس <~ ideas> (٢) ثانويّ؛ غير أوّلي (٣) مُستعمَل <a ~ car> (٤) مُتَّجِرٌ بالسِّلع المستعملة <~ bookstores> § (٥) مداورةً؛ بطريقة غير مباشرة.

second lieutenant *(n.)* المُلازِم [رتبة عسكرية].

sec·ond·ly [sĕk′ənd lĭ] *(adv.)* ثانيًا.

second person *(n.)* صيغة المخاطَب (ل).

second–rate *(adj.)* (١) من الدرجة الثانية (٢) رديء.

second sight *(n.)* = precognition.

second–story man *(n.)* رَجُل الدَّور الثاني: لصّ يدخل البيوت من خلال نافذةٍ في دورٍ علويّ.

second thought *(n.)* التفكير التّلْوِيّ: إعادة نظر [في قرار سابق].

se·cre·cy [sē′krə sĭ] *(n.)* (١) تكتُّم (٢) سِرِّيّة.

se·cret [sē′krĭt] *(adj.; n.)* (١) سِرّيّ (٢) مُتَكَتِّم <~ as the grave> (٣) منعزل (٤) مبهم؛ غامض (٥) حاجب: مساعدٌ على الاحتجاب عن الأنظار <~ panels> § (٦) سرّ (٧) صلاةُ الإسرار: صلاة تُتْلَى سرًّا قبل فاتحة القدّاس.

in ~, سرًّا، في السرّ.

secret agent *(n.)* جاسوس؛ عميل سرّيّ.

sec·re·tar·i·al [sĕk′rə târ′ĭ-] *(adj.)* سكرتيريّ: متعلّق بأمانة السِّرّ.

sec·re·tar·i·at [-′ĭ ət] *(n.)* السّكرتيرية: أمانة السِّرّ.

sec·re·tar·y [sĕk′rə tĕr′ĭ] *(n.)* (١) السّكرتير: أمين السرّ (٢) الوزير (٣) مكتب. وبخاصة: مكتب مزوّد بجزء أعلى خاصّ بالكتب.

secretary 3.

secretary bird *(n.)* الكاتب: طائر إفريقيّ كبير الجناحين.

secretary bird

secretary–general *(n.)* السكرتير العامّ؛ الأمين العامّ.

secretary of state *(n.)* وزير الخارجية.

secret ballot *(n.)* الاقتراع السِّرّيّ.

se·crete [sĭ krēt′] *(vt.)* (١) يُفْرِز؛ يُطلِق إفرازًا (٢) يُخفي؛ يكتُم.

se·cre·tin [sĭ krē′tĭn] *(n.)* السيكريتين؛ المُفَرِّزين: هرمون معويّ يحثّ البنكرياس والكبد على الإفراز.

se·cre·tion [sĭ krē′shən] *(n.)* (١) إفراز (٢) المادّة المُفْرَزة (٣) إخفاء.

se·cre·tive [-′tĭv] *(adj.)* (١) كَتوم؛ متكتِّم؛ متحفِّظ (٢) «أ» مُفْرِز. «ب» إفرازي. «ج» حاثّ على الإفراز.

se·cret·ly [sē′krĭt lĭ] *(adv.)* سرًّا؛ خِفيةً؛ في الخفاء.

se·cre·to·ry [sĭ krē′tə rĭ] *(adj.; n.)* (١) «أ» مُفْرِز. «ب» إفرازيّ. «ج» حاثّ على الإفراز § (٢) غدّة مُفْرِزة؛ عضوٌ مُفرز.

secret partner *(n.)* الشريك المحجوب: شريك تظلّ عضويته، في مؤسسةٍ ما، طيَّ الكتمان.

secret police *(n.)* البوليس السِّرّيّ.

secret service *(n.)* دائرة الاستخبارات.

sect [sĕkt] *(n.)* طائفة؛ شِيعة؛ نِحْلة؛ فِرقة.

sec·tar·i·an [sĕk târ′ĭ ən] *(adj.; n.)* (١) طائفيّ (٢) متعصِّب [لطائفة]

§ (٣) عضو في طائفة (٤) شخص متعصّب أو ضيّق التفكير .

sec·tar·i·an·ism (n.) (١) الطائفية؛ الروح الطائفية (٢) التشيُّع لطائفة .

sec·tar·i·an·ize [-ʹĭ ə nīzʹ] (vt.; i.) (١) يُشيِّع : يُشبع بالمبادئ أو المشاعر الطائفية x (٢) يتفرّق شِيَعًا .

sec·ta·ry [sĕkʹtə rĭ] (n.) المُتَشَيِّع [لطائفةٍ ما] .

sec·tile [sĕkʹtĭl] (adj.) ممكنٌ قطعُه [بإمرار السكّين عليه برفق] .

sec·tion [sĕkʹshən] (n.; vt.; i.) (١) قَطْع؛ تقسيم (٢) قِسْم؛ جزء (٣) جزء من فصل (٤) مَقْطَع؛ قِطاع (٥) إقليم؛ دائرة (٦) «أ» شريحة. «ب» شريحة مِجهريّة (٧) شُعْبة (جن) § (٨) يَقطع؛ يَقسِم x (٩) ينقسم .

sec·tion·al [-əl] (adj.) (١) مَقْطَعيّ؛ قِطاعيّ (٢) محلّيّ؛ إقليميّ <~ interests> (٣) قابلٌ للتفكيك <a ~ bookcase> .

sec·tion·al·ism [-ə lĭzʹəm] (n.) الإقليمية : التعصُّب الإقليميّ .

sec·tion·al·ize [-ə līzʹ] (vt.) يُقسِّم؛ يُجَزِّئ [وبخاصة جغرافيًا] .

sec·tor [sĕkʹtər] (n.; vt.) (١) القِطاع : «أ» قطاع الدائرة (هن). «ب» جزء من جبهة عسكرية (جن). «ج» جانب من اقتصاديات بلدٍ ما . «د» أداة رياضية لقياس الزوايا § (٢) يُقطِّع : يُقَسِّم إلى قطاعات .

sector *1a.*

— **sec·to·ri·al** (adj.)

sec·u·lar [sĕkʹyə lər] (adj.; n.) (١) «أ» دنيوي <~ interests> . «ب» غير دينيّ <~ drama> . «ج» مَدَني؛ غير إكليركي <~ jurisdiction> (٢) عالميّ؛ غير قانوني؛ غير منتسب إلى رهبانيّة <~ priests> (٣) «أ» قَرْنِيّ : حادثٌ مرةً كل قرن. «ب» منتقل من جيل إلى جيل § (٤) كاهن عالمي (٥) العامّيّ : واحد العامّة .

sec·u·lar·ism [-ʹyə lə rĭzʹəm] (n.) (١) العِلمانيّة : عدم المبالاة بالدِّين أو بالاعتبارات الدينية (٢) العَلْمَنة : نَزْع الصفة الدينية عن نشاطٍ ما .

sec·u·lar·i·ty [sĕkʹyə lărʹə tĭ] (n.) (١) الصِّفة الدُّنيوية أو المدنية (٢) العلمانية (را . secularism) (٣) شيء دُنيويّ إلخ .

sec·u·lar·ize [sĕkʹyə lə rīzʹ] (vt.) (١) يُدَنْوِي : يجعله دنيويًا (٢) يُعَلمِن : ينزع عنه الصفة الإكليركية (٣) يُشبع بالنزعة الدنيوية أو العلمانية .

— **sec·u·lar·i·za·tion** (n.)

se·cund [sēʹkŭnd] (adj.) أحاديّ الجانب <~ leaves> .

secund leaves

sec·un·dines [sĕkʹən dīnz] (n. pl.) المَشِيمة؛ الحَبْل السُّرّيّ .

se·cure [sĭ kyo͝orʹ] (adj.; vt.; i.) (١) «أ» واثق <was ~ of victory> . «ب» مطمئنّ (٢) آمن : «أ» متحرّر من الخطر. «ب» مُوقِع في النّفس شعورًا بالأمن <a ~ retreat> (٣) مأمون <a ~ investment> (٤) مُحْكَم؛ متين (٥) أكيد؛ مضمون <Victory was ~.> (٦) مَصُون § (٧) يصون؛ يحرر من الخطر (٨) يضمَن؛ يكفُل (٩) يثبِّت؛ يُحْكِم (١٠) يحصُل على (١١) يعتقل (١٢) يَصْرِف [من الخدمة] x (١٣) يتوقّف [عن العمل] .

— **se·cure·ment** (n.)

se·cu·ri·ty [sĭ kyo͝orʹə tĭ] (n.) (١) «أ» أمن؛ سلام. «ب» طمأنينة (٢) «أ» كفالة؛ ضمان. «ب» الكفيل؛ الضامن (٣) «أ» سند. «ب» *pl.* : سندات مالية (٤) «أ» حماية. «ب» تدابير تُتّخذ للوقاية من التجسّس والتخريب بخاصة .

Security Council (n.) مجلس الأمن [في منظمة الأمم المتحدة] .

se·dan [sĭ dănʹ] (n.) (١) مِحَفّة (٢) السِّيدان : سيّارة مقفلة تتّسع لأربعة أشخاص أو أكثر بالإضافة إلى السائق .

sedan *1.*

sedan chair (n.) = sedan *1.*

se·date [sĭ dātʹ] (n.; vt.) (١) رزين؛ رصين § (٢) يُسَكِّن [الآلام إلخ] .

se·da·tion [sĭ dāʹ-] (n.) (١) تسكين؛ تركين (٢) سكون؛ ركون .

sed·a·tive [sĕdʹə tĭv] (adj.; n.) (١) مُسَكِّن § (٢) عقّار مُسَكِّن .

sed·en·tar·y [sĕdʹən tĕrʹĭ] (adj.) (١) مُقيم : غير مهاجر أو مترحّل <~ birds *or* tribes> (٢) جِلِّيس : كثير الجلوس (٣) جُلوسيّ <~ occupations>.

se·de·runt [sə dērʹənt] (n.) جَلْسة طويلة .

sedge [sĕj] (n.) السُّعادَى؛ السُّعد (نب) .

se·di·le [sĭ dīʹlē] (n.) pl. **-dil·i·a** السَّديلة : أحد ثلاثة مقاعد مخصّصة للكهنة المشاركين في القدّاس (كن) .

sed·i·ment [sĕdʹə mənt] (n.; vt.; i.) (١) ثُفْل؛ ثُفالة (٢) الرُّسابَة؛ الرَّسوب : مادة ترسّبها المياه أو الريح إلخ § (٣) يرسِّب x (٤) يترسّب .

sed·i·men·ta·ry [sĕdʹə mĕnʹtə rĭ] (adj.) رُسوبيّ؛ رَسوبيّ .

sed·i·men·ta·tion [-mĕn tāʹshən] (n.) (١) ترسيب (٢) ترسُّب؛ رُسوب (٣) التَّثَفُّل : ترسُّب الثُّفل وتراكمُهُ .

se·di·tion [sĭ dĭshʹ-] (n.) الفِتْنة : تحريض على التمرّد والعصيان .

se·di·tion·ar·y [-ʹə nĕrʹĭ] (adj.; n.) (١) مِفتان : مثيرٌ للفِتَن § (٢) المِفتان : المحرِّض على الفتنة .

se·di·tious [-ʹəs] (adj.) (١) مِفتان : ميّال إلى إثارة الفتن أو مُتَّهَمٌ بإثارتها (٢) «أ» تحريضيّ . «ب» محرِّض على الفتنة .

se·duce [sĭ dyo͞osʹ] (vt.) (١) يُضِلّ؛ يُغري (٢) يُغوي [فتاةً] .

— **se·duce·ment; se·duc·er** (n.)

se·duc·tion [sĭ dŭkʹshən] (n.) (١) إغواء (٢) إغراء .

se·duc·tive [-ʹtĭv] (adj.) (١) مُغوٍ؛ مُغرٍ (٢) ساحر؛ فاتن .

se·duc·tress [-ʹtrəs] (n.) المُغْوِية : امرأة تُغوي الرجال .

sed·u·li·ty [sĭ dyo͞oʹlə tĭ] (n.) كَدٌّ؛ مواظَبَة؛ مثابرة .

sed·u·lous [sĕjʹə ləs] (adj.) كادّ؛ مواظب؛ مُجِدّ؛ مُثابر .

se·dum [sēʹdəm] (n.) السِّيدوم؛ حَيُّ العالَم : عشبة مُزْهِرة .

see[1] [sē] (vt.; i.) (١) يرى؛ يبصر؛ يشاهد (٢) «أ» يتصوّر. «ب» يدرك؛ يفهم (٣) «أ» يفحص؛ يراقب. «ب» يقرأ [في الصحف] <I ~ that the President is sick.> . «ج» يشهد؛ يَحضر [مسرحية إلخ] (٤) يستوثق؛ يتيقّن (٥) «أ» يعتبر؛ يعتقد . «ب» يجد الشيء مقبولًا أو جذابًا أو عمليًا <I still can't ~ the design.> (٦) «أ» يزور. «ب» يستقبل <The minister will ~ you.> (٧) يرافق؛ يشيّع <to ~ the young ladies home> x (٨) يبحث؛ يحقّق «لكي يقتنع» <Go and ~ for yourself.> (٩) يتدبّر الأمر أو يوليه عنايته <*See* to it that these letters are sent to the post.> (١٠) يُصلح؛ يُعنى بِ . . . <This typewriter is out of order; will you ~

(٥) متوعّك الصحة.

see·ing[1] *(n.)* رؤية؛ إبصار؛ مشاهدة إلخ.

see·ing[2] *(conj.)* بما أنّه؛ نظرًا إلى أنه.

Seeing Eye *(n.)* العين المُبْصِرة: كلبٌ مدرّب على قيادة العميان.

seek [sēk] *(vt.; i.)* (١) يَقْصِد؛ يذهب إلى (٢) يتحرّى؛ يبحث عن (٣) يَطلب؛ يتوخّى (٤) يلتمس؛ يجدّ في طلب (٥) يحاول؛ يسعى (٦) يفتقر إلى.

much *sought* after — مطلوبٌ أو رائجٌ جدًا.

unsought-for fame — شهرةٌ تتمّ لصاحبها من غير سعيه لها.

seem [sēm] *(vi.)* (١) يبدو؛ يَظهر (٢) يتراءى لِـ.

I can't ~ to ... — يبدو أني غير قادرٍ على...

seem·ing [sē'mĭng] *(n.; adj.)* (١) مظهر خارجيّ § (٢) ظاهريّ.

seem·ing·ly *(adv.)* ظاهريًّا؛ في ما يبدو.

seem·ly [sēm'lĭ] *(adj.)* (١) «أ» حسَن المظهر. «ب» جذاب (٢) محتشم (٣) ملائم؛ لائق § (٤) على نحو محتشم أو لائق.

seen [sēn] *past part. of* see.

seep [sēp] *(vi.; n.)* (١) ينزّ؛ يتسيَّل؛ يَتسرَّب § (٢) المَنَزّة: بقعة ينزّ منها الماء أو الزيت من تحت الأرض مشكِّلًا بركة عادةً (٣) عين؛ ينبوع صغير (٤) النَّزّ: السائل النازّ أو المُتَسيّل.

seep·age [sē'pĭj] *(n.)* (١) نَزّ؛ تسيُّل (٢) النَّزّ: السائل النازّ.

seep·y [sē'pĭ] *(adj.)* نازّ؛ متحلّب؛ راشح؛ شديد الرطوبة.

se·er[1] [sē'ər *for 1;* sēr *for 2-3*] *(n.)* (١) الناظر؛ الرائي (٢) المتنبّئ (٣) العرّاف؛ الراجم بالغيب.

seer[2] [sēr] *(n.)* السِّير: وحدة وزن هندية أو أفغانية.

seer·ess [sēr'əs] *(n.)* (١) المتنبّئة (٢) العرّافة.

seer·suck·er [sēr'sŭk'ər] *(n.)* اللبن والسُّكّر: قماش قطنيّ مخطّط.

see·saw [sē'sô'] *(n.; adj.; vi.; t.)* (١) نَوسان؛ تأرجُح (٢) السِّجال: صراع تكون فيه الغَلَبة لهذا الفريق حينًا ولذاك حينًا (٣) النوّاسة: لعبة من لُعَب الأطفال § (٤) متأرجح § (٥) يتأرجح x (٦) يُؤرجح.

seesaw 3.

seethe [sēth] *(vt.; i.; n.)* (١) يغلي؛ يسلُق (٢) يَنْقَع x (٣) «أ» يهتاج؛ يضطرب. «ب» يُرْغي؛ يُزبد § (٤) غَلْي إلخ (٥) غليان إلخ.

seeth·ing [sēth'ĭng] *(adj.)* (١) غالٍ؛ حارٌّ جدًّا (٢) مهتاج؛ مضطرب.

see–through [sē'thrōō'] *(adj.; n.)* (١) شفّاف § (٢) ثوب شفّاف.

Se·far·di [sĭ fär'dē] *(n.)* = Sephardi.

seg·ment [sĕg'mənt] *(n.; vt.; i.)* (١) قطعة؛ جزء؛ قِسْم (٢) قِطاع [من الشعب إلخ] (٣) القِطعة الدائرية (مج) (٤) فِلْقة؛ فصّ (أح) § (٥) يَفْصِل أو ينفصل إلى قِطع (٦) يتفلّق؛ يتفصّص.

segment 3.

seg·men·tal [sĕg mĕn'təl] *(adj.)* (١) قِطعيّ (٢) فِلقيّ؛ فَصّيّ.

to it, please.>.

to ~ into — (١) يتحرّى؛ يدرس [قضيّة أو شكوى] (٢) يدرك حقيقة الأمر أو الغرض الخفيّ منه.

to ~ out — (١) يودّع [إلى الباب الخارجي] (٢) يُنهي؛ يُنجز.

to ~ over — (١) يدرس [بيانًا أو تقريرًا] (٢) يلقي نظرةً [على غرف بيت يريد أن يستأجره أو يشتريه].

to ~ round — يتفحّص؛ يلقي نظرةً على.

to ~ somebody through — يساعده في محنته [حتى النهاية].

to ~ something through — يواصل [أمرًا] حتى النهاية.

to ~ the back of somebody — يتخلص منه.

to ~ things — تتراءى له أشياء.

to ~ through — يدرك حقيقة امرئ [أو أمرٍ] أو نواياه.

see[2] [sē] *(n.)* (١) أبرشيّة (٢) الأُسقفيّة: منصب الأسقف (٣) الكرسي الأسقفيّ: مقرّ الأسقف.

see·a·ble [sē'ə bəl] *(adj.)* منظور؛ مُمكنةٌ رُؤيتُهُ.

seed [sēd] *(n.; adj.; vi.; t.)* (١) «أ» بِزْرة؛ بَذْرة. «ب» بزور. «ج» حبّة قمح (٢) «أ» مَنِيّ. «ب» بُيَيْضَة الحشرة إلخ (٣) نَسْل؛ ذرّيّة (٤) أصل؛ منشأ § (٥) بزريّ: منسوبٌ إلى البزرة (٦) صغير <~ eggs> § (٧) يَزرَع (٨) يحمل بزورًا x (٩) يَبْزر؛ ينثر البزور (١٠) يستخرج البزورَ [من الزبيب إلخ] (١١) يُباعد: يوزّع أو ينظّم بحيث يحول دون التقاء اللاعبين المتفوقين، أو الأفرقة المتفوّقة، في الجولات الأولى (رب).

to go (*or* run) to ~, — (١) يُبَزِّر [النبات]: يَدْخل مرحلة حَمْل البزور [بعد التوقف عن الإزهار] (٢) يشيخ؛ يَضْعُف؛ يَبْلَى.

seed·cake [sēd'kāk'] *(n.)* الكعكة البِزرية: كعكة مُحَلّاة تشتمل على بزور عطِرة.

seed capsule *(n.)* = seedcase.

seed·case [sēd'kās'] *(n.)* وعاء البزرة؛ غلاف البزرة (نب).

seed·er [sēd'ər] *(n.)* (١) المِبْذَر: أداة لنثر البزور في الحقل (٢) مِنزعة البزر [من الزبيب ونحوه].

seeder 1.

seed·ful [sēd'fəl] *(adj.)* (١) كثير البزور (٢) منتِج؛ مُوَلِّد.

seed leaf *(n.)* الفِلقة: ورقة جنينية ترافق بزور الزّهريات (نب).

seed·ling [sēd'lĭng] *(n.)* (١) نبتة (٢) نبتة صغيرة (٣) شُجيرة صغيرة.

seed money *(n.)* مال التأسيس [لمشروع اقتصاديّ جديد].

seed oyster *(n.)* المَحار البِزْريّ: محارٌ صغير جدًا.

seed pearl *(n.)* (١) الشَّذْرة: لؤلؤة صغيرة (٢) الشَّذْر: صغار اللؤلؤ.

seed plant *(n.)* النبتة البِزرية: نبتة تحمل بزورًا.

seeds·man [sēdz'-] *(n.)* (١) البازر: ناثر البزور (٢) البَزّار: بائع البزور.

seed·time [sēd'-] *(n.)* (١) موسم البِذار (٢) فترة نشوءٍ أوّليّ.

seed vessel *(n.)* = pericarp.

seed·y [sē'dĭ] *(adj.)* (١) متبزّر: ذو بزور أو كثير البزور <~ fruits> (٢) رثّ؛ بالٍ (٣) رثّ المَلْبس (٤) قذِر؛ رديء السُّمعة <~ districts>

ă at; ā date; â care; ä car; ĕ egg; ē me; ĭ in; ī bite; ŏ lot; ō bone; ô orphan; oi boil; o͝o good; o͞o boot; ou out; ŭ under; û urgent; ə = *a* in alone, *e* in system, *i* in easily, *o* in gallop, *u* in circus.

seg·men·ta·tion [sĕg′mən tā′shən] *(n.)* (١) تقطيع ؛ تجزيء (٢) تجزُّؤ (٣) تفلُّق ؛ تفصُّص (أح).

se·go lily [sē′gō] *(n.)* الصِّيج ؛ زنبقة السِّيغو.

seg·re·gate [*v.* sĕg′rə gāt′; *adj., n.* sĕg′rə gĭt] *(vt.; i.; adj.; n.)* (١) يَعْزِل ؛ يَفْصِل (٢) يَعْزِل [عن سائر أعضاء المجتمع] **x** (٣) ينعزل [عن المجموع متمركزًا في مكان واحد] § (٤) معزول [عن سائر أعضاء المجتمع] § (٥) شخص معزول ؛ جماعة معزولة.

seg·re·gat·ed [sĕg′rə gā′tĭd] *(adj.)* (١) معزول ؛ مفصول عن غيره <a ~ area> (٢) معزول عنصريًّا <in ~ schools> (٣) عَزْليّ : مطبِّق سياسة التمييز العنصري <from ~ states>.

seg·re·ga·tion [sĕg′ rĭ gā′-] *(n.)* (١) عَزْل ؛ فَصْل (٢) عَزْلٌ [عن سائر أعضاء المجتمع] (٣) انعزال [عن المجموع] (٤) العَزْل العِرقيّ ؛ التمييز العُنصريّ.

seg·re·ga·tion·ist *(n.)* العَزْليّ : المؤمن بالعَزْل العِرقي.

seg·re·ga·tive [sĕg′rə gā′-] *(adj.)* (١) عَزْليّ ؛ عازِل (٢) انطوائيّ.

sei [sā; sī] *(n.)* السّاي : حوت ضخم مرقَّط.

sei·cen·to [sĕ chĕn′tô] *(n.)* القرن السابع عشر [وبخاصة بالنسبة إلى الأدب والفنّ الإيطاليَّيْن].

Seid·litz powder(s) [sĕd′ lĭts] *(n.)* مسحوق سِيْدْلِز [أملاح فوّارة].

sei·gneur [sān yûr′] *(n.)* سيِّد. وبخاصة : سيِّد إقطاعيّ.

sei·gneur·y [sān′yə rĭ] *(n.)* الإقطاعة : مقاطعة يحكمها سيِّد إقطاعيّ.

seign·ior [sān′yər] *(n.)* سيِّد. وبخاصة : سيِّد إقطاعيّ.

seign·ior·age *or* **seign·or·age** [sān′yə rĭj] *(n.)* عائد السَّكّ : دخلٌ حكومي ينشأ عن سكّ العملة المعدنية.

seign·ior·y *or* **seign·or·y** [sān′yə rĭ] *(n.)* (١) سلطة ؛ سيادة. وبخاصة : سلطة السيِّد الإقطاعي (٢) الإقطاعة : مقاطعة يحكمها سيِّد إقطاعيّ.

seine [sān] *(n.; vi.; t.)* (١) السَّيْنة : شبكة صيد ضخمة تُدَلَّى عموديًا في الماء § (٢) يَسِيْن : يصيد بالسَّينة.

seine *1.*

sei·sin [sē′zĭn] *(n.)* = seizin.

seism [sī′zəm] *(n.)* زِلزال.

seism- *or* **seismo-** بادئة معناها : زِلزال ؛ هزّة ؛ ارتجاف.

seis·mal [sīz′məl] *(adj.)* = seismic.

seis·mic [sīz′mĭk]; **seis·mi·cal** [-əl] *(adj.)* زِلزاليّ.

seis·mic·i·ty [sīz mĭs′ə tĭ] *(n.)* الزِّلزالية : كون الشيء زلزاليًا.

seis·mism [sīz′mĭz′əm] *(n.)* الزَّلازليّة : الظواهر الزلزاليّة.

seismo- = seism-.

seis·mo·gram [-′mə-] *(n.)* السّيزموغرام : تسجيل الزلزال بالمِرْجَفة.

seis·mo·graph [-′mə grăf′] *(n.)* المِرْجَفَة (مج) ؛ السيزموغراف ؛ مِرْسَمة الزلازل.

seis·mo·graph·ic [sīz′mə grăf′ĭk] *(adj.)* مِرْجَفيّ ؛ سيزموغرافيّ.

seis·mo·log·ic; -al [-lŏj′-] *(adj.)* سيزمولوجيّ ؛ زَلازِليّ.

seis·mol·o·gist [sīz′ mŏl′ə jĭst] *(n.)* السيزمولوجيّ ؛ الزَّلازِليّ : الاختصاصي بعلم الزلازل.

seis·mol·o·gy [sīz mŏl′ə jĭ] *(n.)* السِّيزمولوجيا ؛ علم الزلازل.

seis·mom·e·ter [sīz mŏm′ə tər] *(n.)* مقياس الزلازل : جهاز لقياس قوّة الزلزال ومدّتِه واتّجاهِهِ.

seismometer

seis·mom·e·try [sīz′mŏm-] *(n.)* السّيزمومتريّة : دراسة الزلازل علميًّا.

seis·mo·scope [sīz′mə skōp′] *(n.)* السّيزموسكوب : جهاز لتسجيل حدوث الزلازل ومدّتها فقط.

seize [sēz] *(vt.; i.)* (١) «أ» يستولي على. «ب» يضع يده على. «ج» يصادر (٢) يعتقل (٣) يقبض على ؛ يمسك بِـ (٤) يفهم فهمًا تامًا <~*d* the idea> (٥) يوثق حبلًا بآخر (مل) (٦) ينتهز [فرصةً] **x** (٧) يَلْصَب : يلتصق بجسم متحرك نسبيًّا بسبب من الضغط، أو الحرارة أو الاحتكاك، الشديد.

— seiz·er *(n.)*

sei·zin [sē′zĭn] *(n.)* حيازة المِلْكيّة : «أ» تملُّك للأرض أو للمنقولات (ق). «ب» حيازة أرضٍ مملوكةٍ مِلْكًا مُطْلَقًا.

seiz·ing [sē′zĭng] *(n.)* (١) مص seize (٢) إيثاق حبلٍ بآخر (٣) الوِثاق : سلك أو حبل صغير يُشدّ به حبلٌ إلى آخر.

seizings *3.*

seiz·or [sē′zər] *(n.)* المستولي ؛ المُصادِر ؛ المعتقِل ؛ المُمسِك بِـ. . إلخ.

sei·zure [sē′zhər] *(n.)* (١) مص seize (٢) نوبة مرضٍ مفاجئة.

se·jant [sē′jənt] *(adj.)* مُقْعٍ ؛ رابض <a lion ~>.

se·la·chi·an [sĭ lā′kĭ-] *(n.; adj.)* (١) الأشلاقيّ : واحد الأشلاقيّات Selachii وهي رتبة من الأسماك تشمل القِرش § (٢) أشلاقيّ.

sel·a·gi·nel·la [sĕl′ə jə nĕl′ə] *(n.)* السَّلَنْجَنِيْلّة : نبات شبيه بالسَّرخس.

sel·dom [sĕl′dəm] *(adv.; adj.)* (١) نادرًا ؛ نادرًا ما § (٢) نادر.

se·lect [sĭ lĕkt′] *(vt.; i.; adj.)* (١) يختار ؛ يتخيَّر ؛ ينتقي ؛ يصطفي § (٢) مُختار ؛ مُتَخَيَّر ؛ منتقًى ؛ ممتاز (٣) مُتَخيِّر ؛ مدقِّق في الاختيار ؛ مقصورٌ على فئة مختارة <a ~ club>.

se·lect·ed [sĭ lĕk′-] *(adj.)* مُختار ؛ متخيَّر ؛ مُنْتَقًى. وبخاصة : ممتاز.

se·lect·ee [sĭ lĕk′tē′] *(n.)* المختار. وبخاصة : مَنْ يقع عليه الاختيار لأداء الخدمة العسكرية الإلزامية.

se·lec·tion [sĭ lĕk′-] *(n.)* (١) اختيار ؛ تخيُّر ؛ انتقاء ؛ اصطفاء (٢) المُتخيَّر : شيء مختار أو مُنْتَقًى (٣) نُخبة ؛ صَفْوة ؛ مجموعة أو تشكيلة مختارة (٤) natural selection.

se·lec·tive [-′tĭv] *(adj.)* (١) انتقائيّ (٢) نيِّق (٣) حَسَن الانتقائية (رد).

selective service *(n.)* الخدمة العسكرية الإلزامية.

se·lec·tiv·i·ty [sĭ lĕk′tĭv′-] *(n.)* (١) انتقائية ؛ اصطفائية (٢) الانتقائية ؛ حُسْنُ الانتقائية : خاصّية في الأداة أو الدارة الكهربائية تجعلها لا تستجيب إلا لذبذبات ذات تردّد معيَّن (كب).

se·lec·tor [sĭ lĕk′tər] *(n.)* المختار ؛ المتخيِّر ؛ المنتقي ؛ المُصْطَفِي.

selen- *or* **seleno-** بادئة معناها : قَمَرٌ <*seleno*graphy>.

sel·e·nate [sĕl′ə nāt′] *(n.)* السّلينات : إستر حمض السّلينيك (ك) .

Se·le·ne [sĭ lē′nē] *(n.)* سيليني : إلاهة القمر في الميثولوجيا اليونانية .

se·le·nic [sĭ lē′nĭk] *(adj.)* سِلينيوميّ : متعلّق بالسّلينيوم أو مشتملٌ عليه .

selenic acid *(n.)* حَمْض السّلينيك ؛ الحَمْض السّلينيومي (ك) .

se·le·ni·ous [sĭ lē′nĭ əs] *(adj.)* = selenic.

sel·e·nite [sĕl′ə nīt] *(n.)* السّلينيت : ضربٌ من الجصّ .

se·le·ni·um [sĭ lē′nĭ əm] *(n.)* السّلينيوم : عنصر نصف فِلزّيّ (ك) .

selenium cell *(n.)* الخليّة السّلينيومية (كب) .

seleno- = selen-.

se·le·no·cen·tric [sə lē′nə sĕn′-] *(adj.)* مَرْكزيُقَمَريّ : خاص بمركز القمر .

sel·e·nog·ra·pher [sĕl′ə nŏg′rə fər] *(n.)* السّلينوغرافيّ : العالِم بجغرافيّة القمر الطبيعية .

sel·e·nog·ra·phy [-′rə fĭ] *(n.)* السّلينوغرافيا : «أ» علم يُعْنَى بدراسة معالم القمر الطبيعية . «ب» جغرافية القمر الطبيعية .

— **se·le·no·graph·ic** *(adj.)*

sel·e·nol·o·gist [-′ə jĭst] *(n.)* السّلينولوجيّ : فلكيّ متخصّص بعلم القمر .

sel·e·nol·o·gy [sĕl′ə nŏl′ə jĭ] *(n.)* السّلينولوجيا ؛ علم القمر (فل) .

sel·e·no·sis [-nō′sĭs] *(n.)* التّسمُّم السّلينيوميّ : تسمُّم الماشية بالسّلينيوم .

self[1] [sĕlf] *(pron.)* نفسي ؛ نفسُهُ ؛ نفسُها . . .

self[2] *(adj.)* (١) وحيدُ اللون <a ~ flower> (٢) من نفس مادة [أو لون] الشيء الذي يتصل به <a ~ trimming *or* belt> .

self[3] *(n.)* (١) النفس ؛ الذّات (٢) «أ» طبيعة المرء <Her true ~ was revealed.> . «ب» حالة المرء الطبيعية أو الفضلى <She looked like her old ~.> (٣) المصلحة الشخصيّة <A selfish man puts ~ first.> .

self- [sĕlf] بادئة معناها : «أ» ذاته <*self-* supporting> . «ب» ذاتيًا ؛ أوتوماتيكيًا <*self*-driven> . «ج» ذاتيّ <*self*-government> . «د» بذاته ؛ بطبيعته <*self*-evident> .

self–a·ban·doned [sĕlf′ə băn′-] *(adj.)* خليع ؛ منغمس في الملذّات .

self–a·ban·don·ment *(n.)* (١) نكران الذات (٢) انغماس في الملذّات .

self–a·base·ment [-′ə bās′mənt] *(n.)* إذلال الذات .

self–ab·ne·ga·tion [-′ăb′nĭ gā′shən] *(n.)* نُكران الذات .

self–ab·sorbed [-′ăb sôrbd′] *(adj.)* (١) مستغرق في التفكير (٢) منهمك في شؤونه الذاتية .

self–a·buse [-′ə byo͞os′] *(n.)* (١) توبيخ الذات ؛ لوم الذات (٢) الاستمناء ؛ جَلْد عُمَيْرة ؛ العادة السّرّية .

self–ac·cu·sa·tion [-′ăk yo͞o zā′shən] *(n.)* اتّهام الذات .

self–ac·quired [-′ə kwīrd′] *(adj.)* (١) مكتسَبٌ ذاتيًّا [بجهد المرء نفسِهِ] (٢) مكتسَب لفائدة المرء أو مصلحته .

self–act·ing *or* **self–ac·ti·vat·ing** *(adj.)* ذاتيّ الفعل : آليّ ؛ أوتوماتيكيّ .

self–ac·tion [-′ăk′shən] *(n.)* الفعل الذاتيّ .

self–ac·tive [-′ăk′tĭv] *(adj.)* ذاتيّ النشاط .

self–ac·tiv·i·ty [-′ăk tĭv′ə tĭ] *(n.)* النشاط الذاتي .

self–ad·dressed [-′ə drĕst′] *(adj.)* ذاتيّ العَنْوَنَة : مُعَنْوَن بعنوان المرسِل لكي يُعاد إليه <~ envelope> .

self–ad·just·ing [-′ə jŭs′tĭng] *(adj.)* ذاتيّ التكيُّف .

self–ad·just·ment [-′ə jŭst′-] *(n.)* التكيُّف الذاتيّ .

self–ad·mi·ra·tion [-′ăd mə rā′-] *(n.)* العُجْب ؛ الغرور ؛ الاعتداد بالنفس .

self–af·fect·ed [-′ə fĕk′tĭd] *(adj.)* مغرور ؛ مُعْجَب بذاته .

self–ag·gran·dize·ment [-′ə grăn dĭz-] *(n.)* تعظيم الذات .

self–a·nal·y·sis [-′ə năl′ə sĭs] *(n.)* تحليل الذات : محاولة نظامية يقوم بها الفرد لفهم شخصيّته من غير استعانة بشخص آخر .

self–an·ni·hi·la·tion [-′ə nī′ə lā′shən] *(n.)* انمحاق الذات [كالذي يَحْدث عند استغراق المتصوِّف في التفكير في الله] .

self–ap·point·ed [-′ə poin′tĭd] *(adj.)* متطفِّل ؛ فارضٌ نَفْسَهُ .

self–ap·pro·ba·tion [-′ăp rə bā′shən] *(n.)* الاستحسان الذاتيّ .

self–as·ser·tion [-′ə sûr′shən] *(n.)* توكيد الذات : «أ» إصرار المرء على أهميته وعلى دعاواه ورغباته وآرائه . «ب» توكيد المرء تَفَوُّقَهُ على الآخرين ، أو حرصُهُ على لَفْت أنظار الناس إليه .

— **self–as·ser·tive** *(adj.)*

self–as·sump·tion [-′ə sŭmp′-] *(n.)* العُجْب ؛ الغرور .

self–as·sur·ance [-′ə sho͝or′əns] *(n.)* الثّقة بالنفس .

self–as·sured [-′ə sho͝ord′] *(adj.)* واثقٌ بنفسه .

self–aware·ness [-′ə wâr′nəs] *(n.)* وعي الذات .

self–bind·er *(n.)* الحصّادة الحَزّامة : آلة تَحْصُد القمح وتجمعُهُ حِزَمًا .

self–born [-′bôrn′] *(adj.)* ذاتيّ النّشأة : «أ» ناشئ من باطن الذات <~ sorrows> . «ب» منبثق أو منبعث من نفس سابقة .

self–cen·tered *(adj.)* (١) «أ» مستقلّ . «ب» مُكْتفٍ ذاتيًا (٢) أنانيّ ؛ أثِر .

self–clos·ing *(adj.)* ذاتيّ الانغلاق : منغلقٌ أوتوماتيكيًّا بعد فتحِهِ .

self–col·lect·ed [-′kə lĕk′tĭd] *(adj.)* هادئ؛ رابط الجأش .

self–col·ored [-′kŭl′ərd] *(adj.)* أحاديّ اللّون ؛ وحيد اللون .

self–com·mand [-′kə mănd′] *(n.)* ضبط النّفس ؛ تمالك الذات .

self–com·pla·cent [-′kəm plā′sənt] *(adj.)* راضٍ عن نفسه .

self–com·posed [-′kəm pōzd′] *(adj.)* هادئ؛ رابط الجأش .

self–con·ceit [-′kən sēt′] *(n.)* العُجْب ؛ الغرور ؛ الاعتداد بالنفس .

self–con·ceit·ed [-′kən sēt′ĭd] *(adj.)* مغرور ؛ مُعجَب أو مَزْهُوٌّ بنفسه .

self–con·cerned [-′kən sûrnd′] *(adj.)* منشغل بذاته .

self–con·dem·na·tion [-′kŏn dĕm nā′shən] *(n.)* إدانة الذات .

ă at; **ā** date; **â** care; **ä** car; **ĕ** egg; **ē** me; **ĭ** in; **ī** bite; **ŏ** lot; **ō** bone; **ô** orphan; **oi** boil; **o͝o** good; **o͞o** boot; **ou** out; **ŭ** under; **û** urgent; **ə** = *a* in alone, *e* in system, *i* in easily, *o* in gallop, *u* in circus.

self–con·fes·sion [-ˈkən fĕshˈən] *(n.)* اعتراف؛ إقرار.

self–con·fi·dence [-ˈkŏnˈfə dəns] *(n.)* الثقة بالنفس.

self–con·fron·ta·tion [-ˈkŏn frən tāˈshən] *(n.)* = self–analysis.

self–con·scious [-ˈkŏnˈshəs] *(adj.)* (١) واعٍ ذاتَهُ (٢) خجول.

self–con·se·quence [-ˈkŏnˈsə kwĕns] *(n.)* العُجْب؛ الغرور.

self–con·sis·tent [-ˈkən sĭsˈtənt] *(adj.)* (١) منسجم مع نفسه (٢) مُتساوِق الأجزاء.

self–con·tained [-ˈkən tāndˈ] *(adj.)* (١) تامّ في ذاته: جميع أجزائه الرئيسية العاملة منطوية في هيكل أو صندوق واحد <A watch is ~.> (٢) مُبيَّت: مُرَكَّز في داخل الجدار <~ bookcases> (٣) هادئ؛ رابط الجأش (٤) متحفِّظ (٥) مستقلّ بذاته؛ مكتفٍ ذاتيًّا.

self–con·tam·i·na·tion [-ˈkən tămˈə nāˈshən] *(n.)* التلوُّث الذاتيّ.

self–con·tempt [-ˈkən tĕmptˈ] *(n.)* ازدراء الذات؛ احتقار الذات.

self–con·tent; self–con·tent·ment *(n.)* = self–satisfaction.

self–con·tra·dic·tion [-ˈkŏnˈtrə dĭkˈshən] *(n.)* التناقض الذاتيّ.

self–con·tra·dic·to·ry [-ˈkŏnˈtrə dĭkˈtə rĭ] *(adj.)* متناقض ذاتيًّا.

self–con·trol [-ˈkən trōlˈ] *(n.)* الحِلْم؛ ضَبْط النّفس؛ تمالُكُ الذات.

self–crit·i·cism [-ˈkrĭtˈə sĭz əm] *(n.)* النَّقد الذاتي.

self–cul·ture [-ˈkŭlˈchər] *(n.)* التَّثقُّف الذاتيّ: تثقيف المرء نفسَه بنفسه.

self–de·ceit [-ˈdĭ sētˈ] *or* **self–de·cep·tion** [-ˈdĭ sĕpˈshən] *(n.)* خداع الذات؛ خداع النفس.

self–de·ceiv·er [-ˈdĭ sēˈvər] *(n.)* الخادع نفسَهُ أو ذاتَهُ.

self–de·ceiv·ing [-ˈdĭ sēˈvĭng] *(adj.)* (١) ميّال إلى خداع الذات (٢) خادعٌ للذّات <~ excuses>.

self–de·fense [-ˈdĭ fĕnsˈ] *(n.)* الدفاع عن الذات؛ الدفاع عن النفس.
- in ~, دفاعًا عن النفس.
- the art of ~, الملاكمة.

self–de·lu·sion [-ˈdĭ lo͞oˈzhən] *(n.)* خداع الذات؛ خداع النفس.

self–de·ni·al [-ˈdĭ nīˈəl] *(n.)* نُكْران الذات.

self–de·pend·ence [-ˈdĭ pĕnˈdəns] *(n.)* الاعتماد على الذات.

self–de·pre·ci·a·tion [-ˈdĭ prēˈshĭ āˈshən] *(n.)* الانتقاص من الذات.

self–de·spair [-ˈdĭ spârˈ] *(n.)* يأس؛ قنوط.

self–de·struc·tion [-ˈdĭ strŭkˈ-] *(n.)* (١) تدمير الذات (٢) انتحار.

self–de·ter·mi·na·tion *(n.)* (١) حريّة الإرادة (٢) تقرير المصير.

self–de·vot·ed [-ˈdĭ vōˈtĭd] *(adj.)* مُضَحٍّ بنفسه؛ باذلٌ نفسَهُ.

self–de·vo·tion [-ˈdĭ vōˈshən] *(n.)* التضحية بالذات؛ بَذْل الذات؛ الجود بالنفس.

self–di·ges·tion [-ˈdī jĕs chən] *(n.)* = autolysis.

self–dis·ci·pline [-ˈdĭsˈə plĭn] *(n.)* الانضباط الذاتيّ؛ ضَبْط الذات.

self–dis·cov·er·y [-ˈdĭs kŭvˈə rĭ] *(n.)* اكتشاف الذات: اكتشاف المرء مَقدراتِهِ ومشاعرَه ودوافعه.

self–dis·trust [-ˈdĭs trŭstˈ] *(n.)* عدم الثقة بالذّات.

self–di·vi·sion [-ˈdĭ vĭzhˈən] *(n.)* الانقسامُ الذاتيّ.

self·dom [-ˈdəm] *(n.)* الذّاتية؛ الفَرْدانيّة: جوهر ذات المرء.

self–doubt [-ˈdoutˈ] *(n.)* الارتياب الذاتيّ: عدم الثقة بالذات.

self–driv·en [-ˈdrĭvˈən] *(adj.)* آليّ؛ أوتوماتيكيّ؛ ذاتيّ الحركة.

self–ed·u·cat·ed [-ˈĕjˈə kātˈ ĭd] *(adj.)* ذاتيّ التثقُّف: مُثقِّفٌ نفسَهُ بنفسه.

self–ef·face·ment [-ˈĭ fāsˈmənt] *(n.)* مَحْو الذات: إبقاء المرء نفسَهُ بعيدًا عن الأضواء [حياءً أو خجلًا] إلخ.

self–ef·fac·ing [-ˈĭ fāsˈĭng] *(adj.)* حييّ؛ خجول؛ مُنْزَوٍ.

self–em·ployed [-ˈĕm ploidˈ] *(adj.)* ذاتيّ العِمالة: ذو مهنة حرّة.

self–en·forc·ing [-ˈĕn fōrˈ-] *(adj.)* ذاتيّ التنفيذ <a ~ treaty>.

self–es·teem [-ˈĕs tēmˈ] *(n.)* (١) احترام الذات (٢) الغرور.

self–ev·i·dent [-ˈĕvˈə dənt] *(adj.)* بَدَهيّ؛ بديهيّ: بيِّنٌ بذاته.

self–ex·am·i·na·tion [-ˈĭg zămˈə nāˈshən] *(n.)* = introspection.

self–ex·cit·ed [-ˈĭk sītˈĭd] *(adj.)* ذاتيّ الاستثارة: مستثارٌ بتيّار يُحدثه المولِّد نفسُهُ <~ generators>.

self–ex·e·cut·ing [-ˈĕkˈsə kyo͞o-] *(adj.)* ذاتيّ النَّفاذ: نافذٌ أو ساري المفعول توًّا من غير حاجة إلى تصديق من البرلمان <~ treaties>.

self–ex·iled [-ˈĕgˈzīld] *(adj.)* مَنْفيّ باختياره أو بإرادته.

self–ex·ist·ent [-ˈĭg zĭsˈtənt] *(adj.)* (١) موجودٌ بذاتِهِ: موجود من غير مُوْجِد [كالله سبحانه] (٢) ذو وجود مستقلّ.

self–ex·plain·ing [-ˈĭk splāˈnĭng] *(adj.)* = self–explanatory.

self–ex·plan·a·to·ry [-ˈĭk splănˈə tōrˈĭ] *(adj.)* غنيّ عن البيان؛ مفسِّر نفسَهُ بنفسه.

self–ex·pres·sion [-ˈĭk sprĕshˈən] *(n.)* التعبير عن الذات: «أ» تعبير المرء عن شخصيته من طريق الشعر أو الموسيقى إلخ. «ب» توكيد المرء شخصيته من خلال الحديث أو السُّلوك.

self–fer·tile [-ˈfûrˈtəl] *(adj.)* ذاتيّ الإلقاح أو الإخصاب.

self–fer·ti·li·za·tion [-ˈfûrˈtə lə zāˈ-] *(n.)* الإلقاح أو الإخصاب الذاتي.

self–flat·ter·y [-ˈflătˈə rĭ] *(n.)* إطراء الذات.

self–for·get·ful; self–for·get·ting *(adj.)* مُنْكِرٌ ذاتَهُ: غير أنانيّ.

self–formed [-ˈfôrmdˈ] *(adj.)* ذاتيّ التكوين: مُكَوَّنٌ بجهود المرء الشخصيّة.

self–ful·fill·ment [-ˈfo͝olˈfĭlˈmənt] *(n.)* تحقيق الذات.

self–giv·ing [-ˈgĭvˈĭng] *(adj.)* باذلٌ نفسَهُ؛ مُضَحٍّ بنفسه؛ غير أناني.

self–glo·ri·fi·ca·tion [-ˈglōrˈə fə kāˈshən] *(n.)* تمجيد الذات.

self–glo·ri·fy·ing [-ˈglōrˈə-] *(adj.)* (١) مُتَبجِّح (٢) مُتَّسِم بالتَّبجُّح.

self–glor·y [-ˈglōrˈĭ] *(n.)* خُيَلاء؛ زَهْو؛ غرور؛ اعتدادٌ بالنفس.

self–gov·erned [-ˈgŭvˈərnd] *(adj.)* (١) مستقلّ (٢) ضابطٌ نفسَهُ.

self–gov·ern·ing [-ˈgŭvˈər nĭng] *(adj.)* مُستقلّ: متمتّع بالاستقلال.

self–gov·ern·ment [-ˈgŭvˈərn-] *(n.)* (١) ضبط النّفس (٢) الحُكم

الذاتيّ .

self-grat·i·fi·ca·tion [-ˈgrătˈə fə kāˈshən] *(n.)* الإمتاع الذاتيّ: إمتاعُ المرء نفسَهُ أو إشباعُه لرغباته .

self-hard·en·ing [-ˈhärˈdən-] *(adj.)* ذاتيّ التصلُّد <~ steel> .

self-hate [-ˈhātˈ] *or* **self-ha·tred** [-ˈhāˈtrĭd] *(n.)* كُرْه الذات: بُغض المرء لنفسه .

self-heal [-ˈhēlˈ] *(n.)* الشافية: «أ» كُلّ نبتة يُعتَقَد أنها تتميز بخصائص شفائية . «ب» نبات أزرق الزهر ذو خصائص شافية .

self-heal *b.*

self-help [-ˈhĕlpˈ] *(n.)* التعويل على الذات؛ الاعتماد على النفس .

self·hood [-ˈhŏŏd] *(n.)* (١) الفَرْدانية (٢) الشخصيّة (٣) الأنانية؛ الأَثَرة .

self-ig·ni·tion [-ˈĭg nĭshˈən] *(n.)* الاشتعال الذاتيّ .

self-im·age [-ˈĭmˈĭj] *(n.)* الصورة الذاتيّة .

self-im·por·tance [-ˈĭm pôrˈtəns] *(n.)* الغرور؛ الاعتداد بالنفس .

self-im·por·tant [-ˈĭm pôrˈtənt] *(adj.)* (١) مغرور؛ معتدّ بنفسه .

self-im·posed [-ˈĭm pōzdˈ] *(adj.)* مفروضٌ ذاتيًّا: مفروضٌ على المرء من قِبَل المرء نفسِه <a ~ task> .

self-im·prove·ment [-ˈĭm prōōvˈmənt] *(n.)* تقويم الذات: تحسين المرء نفسَهُ بجهوده الخاصة .

self-in·clu·sive [-ˈĭn klōōˈsĭv] *(adj.)* متكامل؛ تامّ بذاته .

self-in·crim·i·na·tion [-ˈĭn krĭmˈ ə nāˈshən] *(n.)* اتّهام الذات . وبخاصة: إجابة من شأنها أن تفضي إلى اتهام المرء بجريمة ما .

self-in·duced [-ˈĭn dyōōstˈ] *(adj.)* مُسْتَحَثّ ذاتيًّا <a ~ voltage> .

self-in·duc·tance [-ˈĭn dŭkˈtəns] *(n.)* المُحاثّة الذاتية (كب) .

self-in·duc·tion [-ˈĭn dŭkˈshən] *(n.)* الحثّ الذاتيّ (كب) .

self-in·dul·gence [-ˈ ĭn dŭlˈjəns] *(n.)* الانغماس الذاتيّ: إطلاق المرء العنانَ لأهوائه ورغباته وشهواته .

self-in·dul·gent [-ˈjənt] *(adj.)* منغمسٌ ذاتيًّا: مُطْلِق العنان لأهوائه .

self-in·flict·ed [-ˈĭn flĭkˈ-] *(adj.)* ذاتيّ الإنزال؛ مفتَعَل <~ wound> .

self-in·struct·ed [-ˈĭn strŭkˈtĭd] *(adj.)* = self-taught.

self-in·sur·ance [-ˈĭn shōōrˈ-] *(n.)* التأمين الذاتي: تأمين المرء على ممتلكاته ذاتيًّا، أي من طريق إفراد مبلغ معيّن، في فترات نظاميّة، بحيث يجتمع لديه مالٌ كافٍ لتغطية الخسارة التي قد تنشأ عن حريق ونحوه .

self-in·ter·est [-ˈĭnˈtər əst] *(n.)* (١) المصلحة الشخصية (٢) الأَثَرة: الحِرص على المصلحة الشخصيّة [وبخاصة من غير اعتبار لمصالح الآخرين] .

self-in·volved [-ˈĭn vŏlvdˈ] *(adj.)* = self-absorbed.

self·ish [sĕlˈfĭsh] *(adj.)* أثِرٌ؛ أنانيّ .

self-jus·ti·fi·ca·tion [-ˈjŭsˈtə fə kāˈshən] *(n.)* تبرير الذات .

self-knowl·edge [-ˈnŏlˈĭj] *(n.)* معرفة الذات: فَهْمُ المرء لمَقْدراته ومشاعره ودوافعه .
— **self-know·ing** *(adj.)*

self·less [-ˈləs] *(adj.)* غَيْريّ؛ مُؤْثِرٌ على نفسه؛ غير أنانيّ .

self-lim·it·ed [-ˈlĭmˈĭt ĭd] *(adj.)* محدودٌ ذاتيًّا <a ~ disease> .

self-load·er [-ˈlōˈ-] *(n.)* الذّاتيّ المَلء: سلاح ناريّ نصف أوتوماتيكي .

self-loading [-ˈlōˈdĭng] *(adj.)* ذاتيّ الملء: نصف أوتوماتيكي .

self-lock·ing [-ˈlŏkˈĭng] *(adj.)* ذاتيّ القَفل؛ تلقائيّ القَفْل .

self-love [-ˈlŭvˈ] *(n.)* (١) الغرور (٢) الأنانيّة؛ حبّ الذات .

self-lu·bri·cat·ing [-ˈlōō brə kātˈ-] *(adj.)* ذاتيّ التزليق؛ تلقائيّ التزييت .

self-lu·mi·nous [-ˈlōōˈmə nəs] *(adj.)* ذاتيّ التألّق .

self-made [-ˈmādˈ] *(adj.)* (١) ذاتيّ الصّنع: مصنوع من قِبَل المرء أو الشيء نفسِه (٢) عصاميّ <a ~ man> .

self-mail·er [-ˈmāˈlər] *(n.)* المُتَجرِّدة: نشرة مَطوية يمكن إرسالها بالبريد من غير ظَرْف أو غلاف .

self-mail·ing *(adj.)* متجرِّد: ممكن إرسالُهُ بالبريد من غير ظرف .

self-mas·ter·y [-ˈmăsˈtə rĭ] *(n.)* = self-control.

self-mov·ing [-ˈmōōˈvĭng] *(adj.)* متحرِّكٌ بذاتِهِ .

self-mur·der [-ˈmûrˈdər] *(n.)* قتل الذات: الانتحار .

self-naught·ing [-ˈnôtˈĭng] *(n.)* = self-effacement.

self·ness [-ˈnəs] *(n.)* (١) الأَثَرة؛ الأنانية (٢) شخصية المرء .

self-ob·ser·va·tion [-ˈŏb zər vāˈ-] *(n.)* = introspection.

self-op·er·at·ing *or* **self-op·er·a·tive** [-ˈŏp ə rāˈ-] *(adj.)* آليّ؛ أوتوماتيكي .

self-o·pin·ion [-ˈə pĭnˈyən] *(n.)* (١) غرور؛ اعتداد بالذات (٢) عِناد .

self-o·pin·ion·at·ed [-ˈ ə pĭnˈyə nāˈ tĭd] *(adj.)* (١) مغرور (٢) عنيد .

self-o·pin·ioned [-ˈə pĭnˈ yənd] *(adj.)* = self-opinionated.

self-or·gan·i·za·tion [-ˈôrˈgən ə zāˈ shən] *(n.)* التّنظيم الذاتيّ؛ الانتظام الذاتي . وبخاصة: إنشاء نقابة عمالية أو الانضمام إليها .

self-o·rig·i·nat·ing [-ˈə rĭjˈə nā-] *(adj.)* متولِّدٌ ذاتيًّا: ذاتيّ النُّشوء .

self-par·tial·i·ty [-ˈpär shălˈə tĭ] *(n.)* التعصُّب للذّات .

self-per·pet·u·at·ing [-ˈpər pĕchˈōō āˈ-] *(adj.)* أبديّ؛ سَرْمديّ .

self-pit·y [-ˈpĭtˈĭ] *(n.)* الرّثاء للذّات؛ التحسُّر على الذات .

self-poised [sĕlfˈpoizdˈ] *(adj.)* هادئ؛ رابط الجأش .

self-pol·li·na·tion [-ˈpŏlˈə nāˈshən] *(n.)* التلقيح الذاتي (نب) .

self-pol·lu·tion [-ˈpə lōōˈshən] *(n.)* الاستمناء؛ جَلْد عُمَيْرة .

self-por·trait [-ˈpōrˈtrət] *(n.)* الصورة الذاتيّة: صورة المرء بريشتِهِ هُوَ .

self-pos·sessed [-ˈpə zĕstˈ] *(adj.)* هادئ؛ رابط الجأش .

self-praise [-ˈprāzˈ] *(n.)* التمدُّح: مَدْح الذات .

self-pres·er·va·tion [-ˈprĕzˈər vāˈshən] *(n.)* حِفظ الذات .

self-pro·pelled [-ˈprə pĕldˈ] *(adj.)* ذاتيّ الحركة؛ مسيَّر ذاتيًّا .

self–pro·pel·ling [-ˈprə pĕlˈĭng] *(adj.)* = self–propelled.

self–pro·pul·sion [-ˈprə pŭlˈshən] *(n.)* الدَّفع الذاتيّ.

self–pro·tec·tion [-ˈprə tĕkˈ-] *(n.)* (١) وقاية الذات (٢) الدفاع عن النّفس.

self–pub·lished [-ˈpŭbˈlĭsht] *(adj.)* منشورٌ ذاتيًا [على نفقة المؤلف].

self–pun·ish·ment [-ˈpŭnˈĭsh mənt] *(n.)* معاقبة الذات.

self–pu·ri·fi·ca·tion [-ˈpyoorˈə fĭ kāˈ-] *(n.)* التّطهُّر: تطهير الذات.

self–rat·ing [-ˈrātˈĭng] *(n.)* التقييم الذاتيّ: تقدير المرء ذاتَهُ.

self–re·al·i·za·tion [-ˈrēˈəl ə zāˈshən] *(n.)* تحقيق الذات: تحقيق المرء كفاءاتِهِ الكامنة أو إمكاناتِ شخصيّته.

self–re·cord·ing [-ˈrĭ kôrˈdĭng] *(adj.)* ذاتيّ [أوأوتوماتيكيّ] التسجيل.

self–re·flec·tion [-ˈrĭ flĕkˈshən] *(n.)* = introspection.

self–ref·or·ma·tion [-ˈrĕfˈər māˈ-] *(n.)* الإصلاح الذاتي: إصلاح المرءِ ذاتَهُ.

self–re·gard [-ˈrĭ gärdˈ] *(n.)* (١) الاهتمام بالذات (٢) احترام الذات.

self–reg·is·ter·ing [-ˈrĕjˈĭs tər-] *(adj.)* = self–recording.

self–re·gu·lat·ing [-ˈrĕg yə lātˈĭng] *(adj.)* آليّ؛ أوتوماتيكيّ.

self–re·li·ance [-ˈrĭ līˈəns] *(n.)* الاعتماد [أو التعويل] على الذات.

self–re·nun·ci·a·tion [-ˈrĭ nŭnˈsĭ āˈshən] *(n.)* نُكْران الذات.

self–re·proach [-ˈrĭ prōchˈ] *(n.)* تقريع الذات؛ وَخز الضمير.

self–re·spect [-ˈrĭ spĕktˈ] *(n.)* احترام النفس؛ احترام الذات.

self–re·straint [-ˈrĭ strāntˈ] *(n.)* الحِلْم؛ ضبط النفس؛ تمالُك الذات.

self–rev·e·la·tion [-ˈrĕvˈə lāˈshən] *(n.)* البَوْح الذاتي: بَوْح المرء بأفكاره ومشاعره وبخاصة من غير تعمّد أو قصد.

self–re·ward·ing [-ˈrĭ wôrdˈ-] *(adj.)* ذاتيّ المكافأة: مكافأتُهُ مُتضَمَّنَةٌ فيه؛ مُوَلِّدٌ مكافأتَهُ بنفسه <a ~ virtue>.

self–right·eous [-ˈrīˈchəs] *(adj.)* مُزَكٍّ ذاتَهُ: صالح في عين نفسه؛ معتقِد أنه أقوَمُ أخلاقًا من الآخرين.

self–ris·ing [-ˈrīˈzĭng] *(adj.)* ذاتيّ الاختمار: قابلٌ للاختمار بنفسه من غير إضافة خميرة <~ flour>.

self–rule [sĕlfˈroolˈ] *(n.)* = self–government.

self–sac·ri·fice [-ˈsăkˈ-] *(n.)* التضحية بالذات [في سبيل الآخرين أو لقضيّة].

self–same [-ˈsāmˈ] *(adj.)* نَفْس؛ عَيْن؛ ذات <the ~ day>.

self–sat·is·fac·tion [-ˈsătˈĭs făkˈshən] *(n.)* (١) الرِّضا الذّاتيّ: رضا المرءِ عن نفسه ومُنْجَزاتِهِ أو شعورُه بقوّته وجماله إلخ (٢) غرور.

self–sat·is·fied [-ˈsătˈĭs fīdˈ] *(adj.)* (١) راضٍ عن نفسه (٢) مغرور.

self–scru·ti·ny [-ˈskrooˈtə nĭ] *(n.)* = instrospection.

self–seal·ing [-ˈsēˈlĭng] *(adj.)* ذاتيّ الانغلاق <a ~ envelope>.

self–seek·er [-ˈsēˈkər] *(n.)* النَّفعيّ: من لا يفكّر إلا في تحقيق أهدافه.

self–seek·ing [-ˈsēˈkĭng] *(n.; adj.)* (١) النَّفعيّة § (٢) نفعيّ.

self–se·lec·tion [-ˈsĭ lĕkˈshən] *(n.)* الاختيار الذاتيّ: اختيار الزبائن بأنفسهم للسلع التي يرغبون فيها، وذلك من على رفوف إلخ في مَتْجرٍ ما.

self–serv·ice [-ˈsûrˈvĭs] *(n.; adj.)* (١) الاختدام؛ الخدمة الذاتية: خدمة المرءِ نفسَهُ بنفسِهِ في مطعم إلخ § (٢) اختداميّ <a ~ cafeteria>.

self–slaugh·ter [-ˈslôˈtər] *(n.)* قتل الذات: الانتحار.

self–sown [-ˈsōnˈ] *(adj.)* مزروع بنفسِهِ؛ مزروعٌ ذاتيًّا: ناشئ عن بزورٍ ساقطة أو عاملٍ طبيعيّ كالريح أو الماء.

self–start·er [-ˈstärtˈər] *(n.)* المُقْلِع الذاتيّ؛ مُبدئ الحركة الذاتيّ (سي).

self–start·ing [-ˈstärtˈĭng] *(adj.)* ذاتيّ الإقلاع؛ ذاتيّ البدء.

self–stick [-ˈstĭkˈ] *(adj.)* ذاتيّ الالتصاق <~ envelopes>.

self–stud·y [-ˈstŭdˈĭ] *(n.)* دراسة الذات: دراسة المرءِ ذاتَهُ.

self–styled [-ˈstīldˈ] *(adj.)* زائف: مُنْتَحِلٌ لقبًا <a ~ leader>.

self–suf·fi·cien·cy [-ˈsə fĭshˈən sĭ] *(n.)* (١) الاكتفاء الذاتيّ (٢) خُيَلاء؛ زَهْو؛ غرور؛ غلوّ في الثقة بالنفس.

— self–suf·fi·cient; self–suf·fic·ing *(adj.)*

self–sug·ges·tion [-ˈsəg jĕs chən] *(n.)* = autosuggestion.

self–sup·port·ing [-ˈsə pōrtˈ-] *(adj.)* (١) ذاتيّ العَوْل: مُعيلٌ نفسَهُ بنفسِهِ (٢) ذاتيّ الاكتفاء (٣) ذاتيّ الاستناد <a ~ wall>.

self–sur·ren·der [-ˈsə rĕnˈdər] *(n.)* استسلام الذات: الاستسلام المُطْلَق لشخصٍ آخر أو لنفوذٍ ما.

self–sus·tain·ing [-ˈsə stāˈnĭng] *(adj.)* = self–supporting.

self–taught [-ˈtôtˈ] *(adj.)* ذاتيّ التحصيل: «أ» مُعلِّمٌ نفسَهُ بنفسه. «ب» مُتَعلَّم ذاتيًا أو من غير معلِّم <~ knowledge>.

self–tor·ment [-ˈtôrˈmənt] *(n.)* تعذيب الذات؛ التعذيب الذاتيّ.

self–treat·ment [-ˈtrētˈmənt] *(n.)* معالجة الذات: تطبيبُ المرء نفسَهُ أو معالجتُه لمرضِه من غير استعانةٍ بطبيبٍ.

self–trust [-ˈtrŭstˈ] *(n.)* الثّقة بالنفس.

self–un·der·stand·ing [-ˈŭnˈdər stănˈ-] *(n.)* = self–knowledge.

self–un·load·ing [-ˈŭn lōdˈ-] *(adj.)* ذاتيّ التفريغ <a ~ freighter>.

self–will [-ˈwĭlˈ] *(n.)* العِناد؛ التَّشبُّث بالرأي.

self–willed [-ˈwĭldˈ] *(adj.)* عنيد؛ مُتَشَبِّث برأيه.

self–wind·ing [-ˈwīnˈdĭng] *(adj.)* ذاتيّ المَلْء <a ~ watch>.

self–wor·ship [-ˈwûrˈshĭp] *(n.)* عبادة الذات: عبادةُ المرءِ ذاتَهُ.

Sel·juk [sĕl jookˈ] *or* **Sel·ju·ki·an** [-jooˈkĭ ən] *(adj.; n.)* (١) سَلجوقيّ: منسوب إلى سَلجوق مؤسس الأسرة السَّلجوقية § (٢) السَّلجوقيّ: واحد السَّلاجقة.

sell [sĕl] *(vt.; i.; n.)* (١) يخُون: يُسْلِم [شخصًا] إلى أعدائه (٢) «أ» يبيع «ب» يتّجر بـ (٣) «أ» يُقنِع <had a tough time *~ing* his son on the idea>. «ب» يحبّبه بكذا أو يغريه بالإقبال عليه <was *~ing* her children on reading> (٤) يَخْدع <I've been *sold.*> (٥) يروِّج لبضاعة x (٦) يَروج؛ يَحْظَى بالقبول <an idea that will ~> (٧) يباع بسعر معيّن

<These articles ~ at a dollar apiece.> § (٨) خداع ؛ حيلة <was the victim of a ~> (٩) بَيْع .

to ~ off (١) يُجري تصفية على؛ يبيع فائض سِلَع المتْجَر بسعر رخيص (٢) يُمْنَى بهبوط في الأسعار .

to ~ one's life dearly يموت ميتةً غالية : يَقْتل أو يجرح عددًا كبيرًا من مهاجميه قبل أن يُصْرَع .

to ~ out (١) يبيع كلَّ مخزونه من سلعة ما (٢) يبيع ممتلكات المَدين وفاءً للدَّين (٣) يبيع كامل [أو بعض] حصته في شركة (٤) يخون رِفاقه أو بلاده (٥) يَنْفَدُ الكتاب إلخ .

to ~ short ينتقص من قدره؛ يَبْخَسُه حقَّه .

to ~ somebody a pup يخدع؛ يَغُشّ .

to ~ the pass يخون وطنَهُ .

to ~ up (١) يبيع أسهمه [لحاجته إلى نقد] (٢) يَعْرِض ممتلكات المفلس للبيع [سدادًا للدَّين] .

sell·er [sĕl′ər] *(n.)* (١) البائع (٢) سلعة رائجة؛ كتاب رائج .

sell·ing–plat·er [sĕl′ĭng plā′-] *(n.)* جواد العَرْض : جوادٌ يشترك في سباق عَرْضٍ selling race ثمّ يُباع عند انتهاء السباق .

sell–off [sĕl′-] *(n.)* بَيْع التَّصفية : هبوط حادّ في أسعار الأسهم (اد) .

sell·out [sĕl′-] *(n.)* (١) بيع التَّصفية : «أ» بيع كامل المخزون من سلعة ما . «ب» بيع ممتلكات المَدين وفاءً للدَّين . «ج» بيع المرء كامل حصته، أو بعضها، في شركة (٢) خيانة (٣) حفلة أو مباراة نفدت بطاقاتها كلها .

selt·zer [sĕlt′sər] *(n.)* السَّلْتْزَر : ماء معدِنيّ فوّار .

sel·vage *or* **sel·vedge** [sĕl′vĭj] *(n.)* (١) الحاشية : حاشية القُماش (٢) حَرْف؛ حافة؛ حاشية .

selves [sĕlvz] *pl. of* self.

se·man·tic [sĭ măn′-] *(adj.)* دَلاليّ : خاصّ بمعاني الألفاظ أو بعلم الدَّلالة .

se·man·tics [sĭ măn′-] *(n.)* علم الدَّلالة : عِلم دَلالات الألفاظ .

sem·a·phore [sĕm′ə fōr′] *(n.; vt.; i.)* (١) المُلوِّحة (مج)؛ الأُنصُوبَة : «أ» جهاز لتنظيم مرور القاطرات . «ب» إشارة ضوئيّة ميكانيكية لهذا الغرض (٢) الإعلام الإشاري : نظام لإعطاء الإشارات بواسطة عَلَمَيْن يلوِّح بهما المرء بكلتا يديه § (٣) يُلوِّح : يعطي إشارة أو إشاراتٍ بمُلَوِّحةٍ أو عَلَمَيْن .

semaphore *1.*

se·ma·si·ol·o·gy [sĭ mā′sĭ ŏl′ə jĭ] *(n.)* = semantics.

se·mat·ic [sĭ măt′ĭk] *(adj.)* تحذيريّ؛ إنذاريّ .

sem·bla·ble [sĕm′blə-] *(adj.)* (١) شبيه؛ مُشابه (٢) ملائم .

sem·blance [sĕm′bləns] *(n.)* (١) شكل؛ مَظْهر خارجيّ (٢) أضأل الأثر أو المَظْهر (٣) صورة؛ شَبَه (٤) الشبيه : شيء مشابهٌ لشيء آخر .

se·mé [sə mā′] *(adj.)* مُرَقَّش : مُزدانٌ بنجوم أو أزهار إلخ صغيرة .

se·men [sē′mən] *(n.)* المَنيّ؛ السّائل المَنَويّ؛ ماء الرَّجُل .

se·mes·ter [sĭ mĕs′tər] *(n.)* (١) ستة أشهر (٢) الفَصْل : نصف السنة الدراسية .

se·mes·tral *or* **se·mes·tri·al** *(adj.)* (١) فَصْليّ (٢) نصف سنويّ .

semi- بادئة معناها : «أ» نصف <*semi*annual> . «ب» شِبْه؛ جزئيًا <*semi*transparent> . «ج» جزئيّ <*semi*darkness> .

sem·i·ab·stract [-ăb′străkt] *(adj.)* نصف تجريديّ <~ art> .

sem·i·an·nu·al [sĕm′ĭ ăn′yoo əl] *(adj.)* نصف سنويّ .

sem·i·a·quat·ic [-ə kwăt′ĭk] *(adj.)* نصف مائيّ <~ mammals> .

sem·i·au·to·mat·ic [-ô tə măt′-] *(adj.)* نصف أوتوماتيكي؛ نصف آليّ .

sem·i·breve [sĕm′ĭ brēv′] *(n.)* المستديرة : أطول النغمات (مو) .

sem·i·cen·ten·ni·al [-tĕn′ĭ əl]; **sem·i·cen·te·nar·y** [-′tə nĕr′ĭ] *(adj.; n.)* (١) خَمسونيّ؛ نصف قَرْنيّ § (٢) الذكرى السّنوية الخمسون [أو نصف القَرْنية] .

sem·i·cir·cle [-′ĭ sûr′kəl] *(n.)* (١) نصف دائرة (٢) نصف الدائريّ : «أ» شيء نصف دائريّ . «ب» مجموعة أشياء منتظمة على شكل نصف دائرة .

sem·i·cir·cu·lar [sĕm′ĭ sûr′-] *(adj.)* نصف دائريّ؛ شبه دائريّ .

semicircular canal *(n.)* القناة شبه الدائرية [في تِيه الأذن] (ت) .

sem·i·civ·i·lized [-sĭv′ə līzd′] *(adj.)* شبه متمدِّن؛ متمدّن جزئيًّا .

sem·i·clas·sic [-klăs′ĭk] *(n.)* أثرٌ [موسيقيّ إلخ] نصف كلاسيكيّ .

sem·i·clas·si·cal [sĕm′ĭ klăs′-] *(adj.)* نصف كلاسيكيّ .

sem·i·co·lon [-kō′lən] *(n.)* الشَّوْلة المنقوطة : علامة الوقف (؛) .

sem·i·co·lo·ni·al [-kə lō′nĭ əl] *(adj.)* نصف مُسْتَعْمَر : مستقلّ اسميًّا ولكنه في الواقع خاضع للسيطرة الأجنبية .

sem·i·con·duc·tor [-kən dŭk′tər] *(n.)* نصف[أو شبه]المُوَصِّل (كب) .

sem·i·con·scious [-kŏn′shəs] *(adj.)* نصف واعٍ؛ شبه واعٍ .

sem·i·crys·tal·line [-krĭs′tə lĭn] *(adj.)* نصف متبلِّر؛ شبه متبلِّر .

sem·i·dark·ness [-därk′nəs] *(n.)* الغَبَش : ظلمة جزئية .

sem·i·des·ert [-dĕz′ərt] *(n.)* شبه صَحراء .

sem·i·de·tached [-dĭ tăcht′] *(adj.)* شبه مُنْفصِل : صفة للبيت المتصل ببيت آخر، من ناحية واحدة فقط، بجدار مشترك .

sem·i·di·am·e·ter [-dī ăm′ə tər] *(n.)* نصف القُطر؛ الشُّعاع (هن) .

sem·i·di·ur·nal [-dī ûr′-] *(adj.)* نصف يوميّ : «أ» متعلّق بنصف يوم . «ب» مُنجَزٌ في نصف يوم . «ج» حادث كلّ ١٢ ساعة <the ~ tides> .

sem·i·dome [sĕm′ĭ dōm′] *(n.)* نصف القُبّة : سقف الحجرة نصف الدائرية أو سطحها .

semidome

sem·i·do·mes·ti·cat·ed [-də mĕs′tə kāt′ĭd] *(adj.)* نصف مروَّض .

sem·i·dry·ing [-drī′ĭng] *(adj.)* نصف جَفوف [كبعض الزيوت] .

sem·i·el·lip·ti·cal [-ĭ lĭp′tə-] *(adj.)* شبه إهليلجيّ؛ نصف إهليلجيّ .

sem·i·e·rect [-ĭ rĕkt′] *(adj.)* شبه منتصِب <~ primates> .

sem·i·fi·nal [-fī′nəl] *(adj.; n.)* (١) نصف نهائيّ § (٢) مباراة أو دورة نصف نهائية.

sem·i·fi·nal·ist [-fī′nəl ĭst] *(n.)* نِصْف النّهائيّ: لاعب أو فريقٌ مشترك في مباراة نصف نهائية.

sem·i·fin·ished [-fĭn′ĭsht] *(adj.)* (١) نصف مُنجَز؛ غير تامّ (٢) نصف مشغول؛ نصف مصنَّع <~ steel>.

sem·i·flu·id [-flōō′ĭd] *(adj.; n.)* (١) شبه مائع § (٢) مادة شبه مائعة.

sem·i·for·mal [-fôr′məl] *(adj.)* نصف رسميّ <~ gowns>.

sem·i·glob·u·lar [sĕm′ĭ glŏb′yə lər] *(adj.)* نصف كُرَويّ؛ شبه كُرَويّ.

sem·i·gloss [-′glŏs] *(adj.)* نصف لمّاع؛ شبه لمّاع.

sem·i–in·de·pen·dent [-ĭn dĭ pĕn′dənt] *(adj.)* شبه مستقلّ.

sem·i·leg·end·ar·y [-lĕj′ən dĕr′ĭ] *(adj.)* شبه أُسطوريّ.

sem·i·liq·uid [-lĭk′wĭd] *(adj.; n.)* = semifluid.

sem·i·lit·er·ate [-lĭt′ər ĭt] *(adj.; n.)* نصف أمّيّ.

sem·i·lu·nar [-lōō′nər] *(adj.)* هلاليّ؛ هِلاليّ الشكل.

semilunar bone *(n.)* العظم الهلاليّ: أحد عظام رُسْغ اليد (ت).

semilunar valve *(n.)* الصِّمام الهلاليّ [في القلب] (ت).

sem·i·lus·trous [-lŭs′trəs] *(adj.)* نصف صقيل.

sem·i·matte *also* **sem·i·mat** *or* **sem·i·matt** [-′ĭ măt] *(adj.)* نصف لمّاع؛ نصف مُطفَأ اللمعة.

sem·i·met·al [-mĕt′əl] *(n.)* شبه الفِلزّ [كالزّرنيخ وما إليه].

sem·i·moist [-moist′] *(adj.)* نصف رطب: رطبٌ بعضَ الشيء.

sem·i·mo·nas·tic [-mə năs′tĭk] *(adj.)* نصف رَهبانيّ.

sem·i·month·ly [-mŭnth′lĭ] *(adj.; adv.; n.)* (١) نصف شهريّ § (٢) مرّتين في الشّهر § (٣) نصفُ الشهرية: مجلة نصف شهرية.

sem·i·nal [sĕm′ə nəl] *(adj.)* (١) مَنَويّ: ذو علاقة بالمَنيّ (٢) بِزْريّ (٣) إبداعيّ؛ أصيل <a ~ book>.

seminal duct *(n.)* القناة المنوية (ت).

sem·i·nar [sĕm′ə när′] *(n.)* (١) السِّمينار: «أ» الحلقة الدراسية: مجموعة صغيرة من طلاب الجامعة منصرفة إلى موضوع من موضوعات الدراسة العليا والبحث العلمي بإشراف أحد الأساتذة. «ب» موضوع تبحثه حلقة دراسية. «ج» منتدى الحلقة الدراسيّة أو المكان الذي تجتمع فيه (٢) مؤتمر.

sem·i·nar·i·an [sĕm′ə nâr′-] *(n.)* السّميناريّ: طالبٌ في معهد لاهوتيّ.

sem·i·nar·y [sĕm′ə nĕr′ĭ] *(n.)* (١) بُؤرة <a ~ of crime> (٢) معهد للتعليم الثانوي أو العالي، وبخاصة: «أ» ثانوية للإناث. «ب» معهد لاهوتي [لإعداد رجال الدين].

sem·i·nif·er·ous [-nĭf′ər əs] *(adj.)* (١) بِزريّ: حاملٌ أو مُنتج بزورًا (٢) مَنَويّ.

sem·i·niv·or·ous [-nĭv′ər əs] *(adj.)* مُقتات بالبزور <~ birds>.

sem·i·no·mad·ic [-nō′măd′ĭk] *(adj.)* نصف بدويّ؛ شبه مترحِّل.

sem·i·nude [-nōōd′] *(adj.)* نصف عارٍ؛ شبه عارٍ.

sem·i·of·fi·cial [-ə fĭsh′əl] *(adj.)* شبه رسميّ.

se·mi·ol·o·gy [-ŏl′ə jĭ] *(n.)* (١) علم الإشارات (٢) لغةٌ إشاريّة.

se·mi·ot·ic [sē′mĭ ŏt′ĭk] *(adj.)* (١) علاماتيّ: متعلّق بالعلامات (٢) أعراضيّ: متعلّق بالأعراض (ط).

se·mi·ot·ics [sē′mĭ ŏt′ĭks] *(n.)* (١) علم الدَّلالة: دراسة العلاقة بين العلامات وما تَدُلّ عليه (٢) مَبْحث الأعراض (ط).

sem·i·pal·mate; -d [-păl′māt-] *(adj.)* شِبراحيّ؛ شبه راحيّ (را . palmate).

semipalmated foot

sem·i·par·a·sit·ic [-păr′ə sĭt′-] *(adj.)* شِبْطُفَيْليّ؛ شبه طُفيليّ («أح» و«نب»).

sem·i·per·ma·nent [-pûr′mə nənt] *(adj.)* شبه دائم.

sem·i·per·me·a·ble [-pûr′mĭ ə bəl] *(adj.)* شبه مُنفِذ أو نَفِيذ.

sem·i·po·lit·i·cal [-pə lĭt′ə kəl] *(adj.)* شبه سياسيّ.

sem·i·por·ce·lain [-′sə lĭn] *(n.)* شبه الصّينيّ: خزف شبيه بالصّينيّ.

sem·i·por·no·graph·ic [-pôr nə grăf′ĭk] *(adj.)* شبه إباحيّ.

sem·i·post·al [-pōs′təl] *(n.; adj.)* (١) شبه الطابع: طابع بريدي يُباع بسعر أعلى من قيمته البريدية [لأغراض خيرية إلخ] § (٢) شبه بريديّ.

sem·i·pre·cious [-prĕsh′əs] *(adj.)* شبه كريم <~ stones>.

sem·i·pro [-′ĭ prō′] *(adj.; n.)* = semiprofessional.

sem·i·pro·fes·sion·al [-prə fĕsh′ən əl] *(adj.; n.)* (١) شبه مُحترف <~ players> (٢) شبه احترافيّ <~ football> § (٣) شبه المحترِف.

sem·i·qua·ver [-′ĭ kwā′vər] *(n.)* ثُنائيّة الأسنان (مو).

semiquavers

sem·i·re·li·gious [-rĭ lĭj′əs] *(adj.)* شبه دينيّ.

sem·i·re·tired [-rĭ tīrd′] *(adj.)* شبه متقاعد.

sem·i·rur·al [-rōōr′əl] *(adj.)* شبه ريفيّ.

sem·i·sa·cred [-sā′krĭd] *(adj.)* = semireligious.

sem·i·sed·en·tar·y [-sĕd′ən tĕr ĭ] *(adj.)* شبه حَضَريّ: مستقِرّ أو مقيم خلال فترة من السنة ومُتَرَحِّل في سائرها <~ tribes>.

sem·i·skilled [-skĭld′] *(adj.)* متوسِّط المهارة أو مُقْتضٍ مهارةً متوسّطة.

sem·i·soft [-sôft′] *(adj.)* نصف ليِّن. وبخاصة: جامدٌ ولكنه سهلُ القطع <a ~ cheese>.

sem·i·sol·id [sĕm′ĭ sŏl′ĭd] *(adj.; n.)* (١) شِبْصُلب: جامعٌ لخصائص الموائع والجوامد § (٢) الشِّبْصُلْب: مادة شبه صُلبة.

sem·i·sweet [-swēt′] *(adj.)* نصف حُلو <~ chocolate>.

Sem·ite [sĭm′īt] *(n.)* السّاميّ: واحد السّاميين.

Se·mit·ic [sə mĭt′ĭk] *(adj.; n.)* (١) ساميّ § (٢) إحدى اللغات الساميّة أو كُلّها. **— Se·mit·i·cist** *(n.)*

Se·mit·ics [sə mĭt′ĭks] *(n.)* السّاميّات: دراسة اللغات الساميّة وآدابها وتاريخ الشعوب الناطقة بها. وبخاصة: فقه اللغة السّاميّ.

Sem·i·tism [sĕm′ə-] *(n.)* السّاميّة: «أ» الصّفة أو الخصائص الساميّة. «ب» لفظة، أو عبارة اصطلاحية، ساميّة. «ج» محاباة اليهود.

Sem·i·tist *(n.)* (١) العالِم بالساميّات (٢) *not cap.* ا . ك : المناصِر لليهود .

sem·i·tone [sĕm′ĭ tōn′] *(n.)* نصف نَغْمة (مو) .

sem·i·trans·lu·cent [-trăns lo͞o′sənt] *(adj.)* شبه شَفّافيّ .

sem·i·trans·par·ent [-trăns pâr′ənt] *(adj.)* شبه شفّاف .

sem·i·trop·ic; -al [-trŏp′-] *(adj.)* شبه استوائيّ (جغ) .

sem·i·vow·el [sĕm′ĭ vou′əl] *(n.)* شبه الصائت (ل) .

sem·i·week·ly [-wēk′lĭ] *(adj.; adv.; n.)* (١) نصف أسبوعيّ § (٢) مرّتين في الأسبوع § (٣) نصفُ الأسبوعية : مجلة تصدر مرّتين في الأسبوع .

sem·i·works [sĕm′ĭ wûrks] *(n. pl.)* مصنع التجارب : مصنع يعمل على أساس تجاريّ ضيّق لإجراء الاختبارات النهائيّة لأحد المنتجات الصناعيّة .

sem·i·year·ly [-yēr′lĭ] *(adj.; adv.; n.)* (١) نِصف سنويّ § (٢) مرّتين في السَّنة § (٣) نصف السَّنويّ : شيء يَحدث أو يصدر مرتين في العام .

sem·o·li·na [sĕm′ə lē′nə] *(n.)* السَّميد : لُباب الدقيق .

sem·per fi·de·lis [sĕm′pər fĭ dē′lĭs] *(adj.)* ثابت الولاء .

sem·per i·dem [sĕm′pər ī′dĕm] *(adj.)* ثابت ؛ غير متحوِّل .

sem·per pa·ra·tus [-pə rā′təs] *(adj.)* دائم الاستعداد ؛ مستعدّ دائمًا .

sem·per·vi·rent [sĕm′pər vī′rĕnt] *(adj.)* دائم الخُضْرة .

sem·per·vi·vum [-vī′vəm] *(n.)* المُخَلَّدة ؛ حَيُّ العالَم : عُشبة زينيّة .

sem·pi·ter·nal [sĕm′pĭ tûr′nəl] *(adj.)* أبديّ ؛ سَرْمديّ ؛ خالد .

sem·ple [sĕm′pəl] *(adj.)* وضيع المَوْلد (إسك) .

semp·stress [sĕmp′strəs] *(n.)* = seamstress.

sen [sĕn] *(n.)* السَّنّ : عملة يابانيّة أو إندونيسيّة أو كمبوديّة صغيرة .

sen·a·ry [sĕn′ə rĭ] *(adj.)* سُداسيّ : مركَّب من ستة أشياء .

sen·ate [sĕn′ĭt] *(n.)* (١) مجلس الشيوخ (٢) مبنى مجلس الشيوخ (٣) المجلس الأعلى [في جامعة] .

sen·a·tor [sĕn′ə tər] *(n.)* الشيخ ؛ السّناتور : عضوٌ في مجلس الشيوخ .

sen·a·to·ri·al [sĕn′ə tōr′-] *(adj.)* شيخيّ ؛ سَناتيّ : «أ» ذو علاقة بعضوٍ في مجلس الشيوخ . «ب» مميِّز لعضو في مجلس الشيوخ أو لائقٌ به . «ج» مؤلَّف من شيوخ . «د» له الحقّ في انتخاب عضو في مجلس الشيوخ <a ~ district> .

sen·a·tor·ship [sĕn′ə tōr′-] *(n.)* السناتورية : منصب السناتور أو الشيخ .

se·na·tus con·sul·tum [sə nā′təs kən sŭl′ təm] *(n.)* pl. **-sul·ta** [-tə] المرسوم السَّناتيّ : قرار صادر عن مجلس الشيوخ عند الرومان .

send [sĕnd] *(vt.; i.; n.)* (١) «أ» يقذف . «ب» يسدِّد [لكمةً] (٢) «أ» يوفد . «ب» يُرسِل ؛ يبعث (٣) يَصرِف ؛ يَطرد (٤) يجعل <*sent* her mad> (٥) يُطلق [صيحةً] (٦) تُرْسل ؛ تُنزِل ؛ تجود بِـ <clouds *~ing* forth rain> (٧) يَنْشُر [رائحةً] (٨) يُرسِل (كب) (٩) يُبهج ؛ يُثير x (١٠) يعلو المركبُ [أو يرتفع] بفعل الأمواج § (١١) قوة دفع الأمواجِ [أو رَفْعِها] للسفينة (١٢) الدافع ؛ الحافز .

to ~ away (١) يُرسل [رسولًا أو رسالةً] (٢) يُبْعد ؛ يُقصي .

to ~ back يُعيد ؛ يُرجع ؛ يَرُدّ .

to ~ down يَطْرد من الجامعة [مؤقتًا أو نهائيًا] .

to ~ for يستدعي ؛ يُرسل في طلب شخص أو شيء .

to ~ forth (١) يُحدث ؛ يُخْرِج (٢) يُطلع [النبات] أوراقًا (٣) يُطلِق [حرارةً] ؛ يرسل أشعّةً .

to ~ in (١) يبعث [رسالةً] (٢) يُعطي اسمه أو بطاقته إلى الخادم [عند الزيارة] (٣) يُدخل [لاعبًا] في مباراة رياضية (٤) يقدِّم [كتابًا أو رواية أو لوحة فنيّة] للاشتراك في مباراة .

to ~ off (١) يُرْسل (٢) يُودِّع [في المحطة أو المطار] .

to ~ out (١) يُصدر ؛ يوزِّع [بطاقات الدعوة إلخ] (٢) يُرْسِل [ضوءًا] (٣) يُطلق [حرارةً] (٤) يُطلع [النباتُ] أوراقًا جديدة .

to ~ somebody packing يَصْرِفه أو يَطْرُدُه في الحال .

to ~ up (١) يُطلق ؛ يُرسل [صوتًا أو شَرَرًا] (٢) يحكم بالسجن ؛ يسوق إلى السجن (٣) يهزأ بِـ .

sen·dal [sĕn′dəl] *(n.)* السَّنْدل : نسيج حريريّ رقيق .

send–off [sĕnd′ôf′] *(n.)* (١) توديع [في المحطة أو المطار] (٢) تَمَنّي النجاح [لشخص يباشر عملًا جديدًا] .

send–up [-′ŭp′] *(n.)* هُزء ؛ سُخرية ؛ محاكاة تهكّميّة أو ساخرة .

se·nec·ti·tude [sə nĕk′-]; **se·nes·cence** [sə nĕs′-] *(n.)* الشَّيخوخة .

Sen·e·ga·lese [sĕn′ə gô lēz′] *(adj.; n.)* (١) سَنِغاليّ § (٢) السَّنِغاليّ .

se·nes·cent [sə nĕs′ənt] *(adj.)* هَرِم ؛ مُسِنّ .

sen·e·schal [sĕn′ə shəl] *(n.)* القَهْرَمان : وكيل الأمير الإقطاعي .

sen·gi [sĕng′gē] *(n.)* السَّنجيّة : عملة صغيرة في زائير (سابقًا) .

se·nhor [sĭ nyōr′] *(n.)* السِّنيور : سيِّد برتغاليّ أو برازيليّ .

se·nho·ra [sĭ nyōr′ə] *(n.)* السِّنيورة : سيدة برتغالية أو برازيلية .

se·nho·ri·ta [sē′nyə rēt′ə] *(n.)* السِّنيوريتّة : آنسة برتغالية أو برازيلية .

se·nile [sē′nīl] *(adj.)* (١) شيخوخيّ (٢) خرِفٌ .

se·nil·i·ty [sə nĭl′ə tĭ] *(n.)* (١) شيخوخة (٢) خَرَفٌ .

sen·ior [sēn′yər] *(n.; adj.)* (١) الأرشد ؛ الأكبر سنًّا (٢) «أ» الأعلى مقامًا [وبخاصة بفضل الأقدميّة في الخدمة] . «ب» طالب في صف التخرّج (٣) الشيخ ؛ الهَرِم § (٤) «أ» أرشد ؛ أكبر سنًّا . «ب» بالغٌ سنَّ التقاعد <our ~ citizens> (٥) أعلى مقامًا أو منزلةً <the ~ scholars of the university> (٦) تخرّجيّ ؛ منتهٍ <the ~ class> .

senior airman *(n.)* الطيّار الأقدم (جن) .

senior high school *(n.)* المدرسة الثانوية العُلْيا (تر) .

sen·ior·i·ty [sēn yôr′-] *(n.)* (١) الأرشدية : كون المرءِ هو الأكبر سنًّا (٢) «أ» الأسبقيّة . «ب» الأوّليّة [من حيث المنزلة] .

sen·na [sĕn′ə] *(n.)* (١) السَّنا (نب) (٢) السَّنامكّيّ (نب) .

sen·night *also* **se′n·night** [sĕn′īt] *(n.)* أسبوع (ا . ق) .

sen·nit [sĕn′ĭt] *(n.)* جديلةٌ [من حبال أو قشٍّ أو أعشاب] .

ă at; ā date; â care; ä car; ĕ egg; ē me; ĭ in; ī bite; ŏ lot; ō bone; ô orphan; oi boil; o͝o good; o͞o boot; ou out; ŭ under; û urgent; ə = *a* in alone, *e* in system, *i* in easily, *o* in gallop, *u* in circus.

se·nor *or* **se·ñor** [sān yōr′] *(n.)* السِّنيور: سيّد إسباني.

se·no·ra *or* **se·ño·ra** [sān yōr′ə] *(n.)* السِّنيورة: سيدة إسبانية.

se·no·ri·ta *or* **se·ño·ri·ta** [sān′ yə rē′tə] *(n.)* السِّنيوريتة: آنسة إسبانية.

sen·sate [sĕn′sāt] *(adj.)* (١) حِسّيّ؛ مُدْرَكٌ بالحواسّ (٢) مُدْرِكٌ بحواسِّهِ.

sen·sa·tion [sĕn sā′-] *(n.)* (١) حِسّ؛ إحساس (٢) شعور (٣) اهتياج؛ ضجة؛ شعور قويّ <The news created a great ~ throughout the country.> (٤) نبأ مثير؛ حَدَثٌ مثير <The conquest of France was a great ~.> (٥) النَّجم: شخص بارز أو لامع في حقل ما.

sen·sa·tion·al [sĕn sā′-] *(adj.)* (١) حِسّيّ (٢) «أ» مثير <a ~ play>. «ب» ميّال إلى معالجة الموضوعات المثيرة <a ~ writer *or* magazine> (٣) رائع؛ عظيم؛ استثنائيّ.

sen·sa·tion·al·ism *(n.)* (١) الحِسّانيّة؛ المذهب الحِسّيّ: مذهب فلسفيّ يقول بأن جميع الفكرات مستمدّةٌ من الإحساس وحده (٢) الإثارية: معالجة الموضوعات المثيرة، في الأدب والفنّ، أو أثرُ ذلك في النفس.

sen·sa·tion·al·ist [sĕn sā′-] *(n.)* (١) الحِسّانيّ: القائل بالمذهب الحِسّيّ (٢) الإثاريّ: من يلجأ إلى الإثارة في معالجة الموضوعات الأدبية والفنّية.

sense [sĕns] *(n.; vt.)* (١) معنًى (٢) «أ» حاسّة. «ب» إحساس؛ شعور (٣) *pl.* عد: وعي؛ صواب (٤) إدراك (٥) شعور غامضٌ بِـ <a ~ of insecurity> (٦) حسّ أو وعيٌ أخلاقيّ لِـ <lacking any ~ of responsibility> (٧) الحسّ: حُسن الفهم أو التقدير لِـ <a ~ of humor> (٨) «أ» عقل؛ فهم عمليّ سليم <Your son has no ~.>. «ب» شيء معقول <must talk ~> (٩) اتجاه الرأي <The ~ of the assembly was evident before the vote.> (١٠) اتجاه (ر) § (١١) يُحسّ؛ يشعر بِـ (١٢) يُدرك؛ يَفهم.

- in a ~, من بعض النواحي؛ بمعنًى من المعاني؛ إلى حدّ ما.
- in one's (right) ~*s* عاقل؛ مالكٌ قواهُ العقلية.
- out of one's ~*s* مجنون؛ مخبول.
- to frighten somebody out of his ~*s* يُرْعبه إلى حدّ يُفقِده صوابه.
- to make ~, يكون مفهومًا أو معقولًا.
- to make ~ of يَفهم؛ يُدرك المراد من.

sense·ful [sĕns′fəl] *(adj.)* عاقل؛ حصيف؛ رشيد؛ مميِّز.

sense·less [sĕns′ləs] *(adj.)* (١) فاقد الوعي؛ مُغمًى عليه (٢) أحمق (٣) فارغ؛ لا معنى له.

sense of humor *(n.)* حِسُّ الدُّعابة.

sense organ *(n.)* عُضْو الحسّ (فس).

sen·si·bil·ia [sĕn′sə bĭl′yə] *(n. pl.)* المَحْسوسات: كلّ ما يُدْرَك بالحِسّ.

sen·si·bil·i·ty [sĕn′sə bĭl′ə tĭ] *(n.)* (١) إحساس (٢) إدراك؛ وعي (٣) حسّاسيّة (٤) رقّة شعور.

sen·si·ble [sĕn′sə-] *(adj.)* (١) «أ» مَحْسُوس؛ مُدْرَك [بالعقل أو بالحِسّ]. «ب» كبير؛ ضخم <a ~ reduction> (٢) «أ» ذو حسّ أو شعور. «ب» حسّاس (٣) «أ» مدرِك؛ واعٍ. «ب» مقتنعٌ بِـ (٤) معقول <~ plans> (٥) سديد؛ صائب (٦) عاقل؛ حكيم.

sen·si·tive [sĕn′sə tĭv] *(adj.)* (١) حِسّيّ: ذو علاقة بالإحساس أو بالحواسّ (٢) ذو حسّ (٣) «أ» حَسّاس. «ب» رقيق الشعور. «ج» ذو حسّاسيّة <~ to eggs>. «د» سريع التقلّب <a ~ market>. «هـ» بالغ الدِّقّة <a ~ thermometer>.

sensitive plant *(n.)* الحسّاسة؛ المُسْتَحِيَة؛ الخجول (نب).

sen·si·tiv·i·ty [sĕn′sə tĭv′ə tĭ] *(n.)* حَسّاسيّة.

sen·si·tize [sĕn′sə tīz′] *(vt.; i.)* (١) يُحَسِّس: يجعله ذا حسّاسية x (٢) يتحسّس: يصبح ذا حسّاسيّة.

— sen·si·ti·za·tion *(n.)*

sen·si·tom·e·ter [-tŏm′-] *(n.)* المِحْساس: مقياس الحسّاسيّة (فو).

sen·sor [sĕn′sər] *(n.)* (١) مقياس التحسُّس (فز) (٢) sense organ.

sen·so·ri·al [sĕn sōr′ĭ əl] *(adj.)* = sensory.

sen·so·ri·mo·tor [sĕn′sə rĭ mō′tər] *(adj.)* حسِّيحَرَكيّ؛ حِسّيّ حَرَكيّ: ذو علاقة بالنشاط الحِسّي والحَرَكي معًا (فس).

sen·so·ri·neu·ral [-nyŏŏr′əl] *(adj.)* حِسّيعَصَبيّ؛ حِسّيّ عصبيّ.

sen·so·ri·um [sĕn sōr′ĭ əm] *(n.)* pl. **-s** *or* **-ri·a** المَحَسّ: مركز في الدماغ وظيفتُهُ استقبال الأحاسيس ودمجها.

sen·so·ry [-′sə rĭ] *(adj.)* (١) حِسّيّ: ذو علاقة بالإحساس أو بالحواسّ (٢) مُوْرِد: ناقلٌ الاندفاعات العصبية إلى المراكز العصبية (فس).

sen·su·al [sĕn′shōō əl] *(adj.)* (١) حِسّيّ (٢) جسديّ (٣) شهوانيّ (٤) فاسق؛ داعر.

sen·su·al·ism [sĕn′shōō-] *(n.)* (١) الشَّهْوانية: الانغماس في الشَّهَوات الحسّية (٢) الحِسّانيّة؛ المذهب الحِسّيّ: «أ» sensationalism *1*. «ب» القول بأن إشباع الحواسّ هو الخير الأسمى.

sen·su·al·ist [sĕn′shōō-] *(n.)* (١) الشهوانيّ (٢) sensationalist.

sen·su·al·i·ty [sĕn′shōō ăl′-]; **sen·su·al·ness** [sĕn′shōō-] *(n.)* (١) الحِسية؛ البهيميّة (٢) الشهوانية (٣) فسوق؛ فجور.

sen·su·al·ize [sĕn′shōō ə līz′] *(vt.)* يَجعلُه حِسّيًّا أو شهوانيًا أو فاجرًا.

sen·su·ous [sĕn′shōō əs] *(adj.)* حِسّيّ <~ pleasure>.

sent [sĕnt] *past and past part. of* send.

sen·tence [sĕn′təns] *(n.; vt.)* (١) «أ» حُكم [قضائيّ] بعقوبة. «ب» العقوبة نفسُها (٢) الجُملة (ل) § (٣) يَحْكُم [على مُدان].

— sen·ten·tial *(adj.)*

sen·ten·tious [sĕn tĕn′shəs] *(adj.)* (١) جامعٌ مانعٌ؛ مختصر مفيد (٢) «أ» حافل بالحِكم والأقوال الجامعة المانعة. «ب» مُمِلّ؛ وَعظيّ <a ~ speech>. «ج» مُكْثِر من المواعظ المُضجِرة <a ~ speaker>.

sen·tience [sĕn′shəns] *(n.)* (١) الإحساسية: القدرة على الحسّ (٢) إحساس؛ وعيٌ أوّليّ <Some people believe in the ~ of plants.>

sen·tient [sĕn′shənt] *(adj.; n.)* (١) مُحِسّ؛ ذو حِسّ (٢) واعٍ (٣) حسّاس؛ رقيق الحِسّ <~ responsible beings> § (٤) شخص أو شيء حسّاس (٥) العقل؛ العقل الواعي (ا. ق).

sen·ti·ment [sĕn′tə-] *(n.)* (١) رأي (٢) وجدان ؛ عاطفة (٣) رقة شعور (٤) فكرة عاطفية . <Salwa is full of ~.>

sen·ti·men·tal [sĕn′tə mĕn′-] *(adj.)* (١) وِجدانيّ <~ poetry> (٢) عاطفيّ <both for ~ and realistic reasons> (٣) حسّاس ؛ رقيق العاطفة <a ~ girl> .

sen·ti·men·tal·ism [-′tə lĭz′əm] *(n.)* (١) العاطفية : النزعة إلى التأثر بالعاطفة دون العقل (٢) مفهومٌ عاطفيّ ؛ كلام عاطفيّ [إلى حدٍّ مفرط] .

sen·ti·men·tal·ist *(n.)* العاطفيّ : الشديد التأثّر بالعاطفة .

sen·ti·men·tal·i·ty [-mĕn tăl′ə tĭ] *(n.)* = sentimentalism.

sen·ti·men·tal·ize [-′tə līz′] *(vi.; t.)* (١) يستسلم للعاطفة ؛ يتصرف عاطفيًّا x (٢) «أ» ينظر إلى الأشياء نظرة عاطفيّة . «ب» يجعله عاطفيًّا .

sen·ti·nel [sĕn′tə nəl] *(n.; vt.)* (١) خفير ؛ حارس § (٢) يَخْفِر ؛ يَحرُس (٣) يزوِّد بخفير (٤) يُقيمهُ خفيرًا .

to stand ~, يَخْفِر ؛ يَحرُس .

sen·try [sĕn′trĭ] *(n.)* (١) خفير ؛ حارس (٢) خِفارة ؛ حراسة .

sentry box *(n.)* كُشْك الخفير ؛ كُشْك الحارس .

se·pal [sē′pəl] *(n.)* السَّبَلَة ؛ الكأسيّة : إحدى ورقات كأس الزهرة .

se·pal·oid [sē′pəl oid] *(adj.)* سَبَلانيّ : شبيه بالسَّبَلة (نب) .

-sepalous لاحقة معناها : ذو نوع معيَّن أو عددٍ معيَّن من السَّبلات .

sep·a·ra·bil·i·ty [sĕp′ə rə bĭl′-] *(n.)* إمكانية [أو قابلية] الانفصال .

sep·a·ra·ble [sĕp′ə rə-] *(adj.)* ممكنٌ فَصْلُهُ ؛ قابلٌ للانفصال .

sep·a·rate [*v.* sĕp′ə rāt′; *adj., n.* sĕp′ə rĭt] *(vt.; i.; adj.; n.)* (١) «أ» يَفْصِل . «ب» يميّز بين . «ج» يَفْرِز [رسائلَ البريد إلخ] . «د» ينثر ؛ يباعد ما بين (٢) يُفْرِد [لغرضٍ مخصوص] (٣) يفرِّق [بين الزوجين] (٤) يَعْزِل [عن سائر أفراد المجتمع] (٥) يستخلص <~*d* cream from milk> x (٦) ينفصل (٧) ينسحب (٨) «أ» يفترق . «ب» يفترق الزوجان [بالطلاق] § (٩) منعزِل <a ~ room> (١٠) منفصِل <~ confinement> (١١) مستقلّ (١٢) مختلِف § (١٣) offprint (١٤) *pl.* عد : المنفصِلة : قطعة ثياب تُرتَدَى مع ملابس أخرى ، على نحوٍ تَعاوُضيّ ، بحيث تؤلف تشكيلاتٍ من الثياب مختلفة . — **sep·a·rate·ly** *(adv.)*

sep·a·ra·tion [sĕp′ə rā′-] *(n.)* (١) «أ» فَصْل . «ب» انفصال (٢) فَرْز [لرسائل البريد] (٣) عَزْل (٤) اختلاف (٥) انشقاق ؛ انفصال (٦) فجوة (٧) طلاق (٨) صَرْف [من الخدمة أو الجيش] .

sep·a·ra·tism [sĕp′ə rə-] *(n.)* الانفصالية ؛ الانشقاقية ؛ العَزْليّة .

sep·a·ra·tist [sĕp′ə rā′tĭst] *(n.; adj.)* (١) الانفصاليّ : المؤيِّد للانفصال السياسي [عن دولةٍ ما] (٢) الانشقاقي : المؤيِّد للانشقاق الديني [عن كنيسةٍ ما] § (٣) انفصاليّ (٤) انشقاقيّ (٥) عَزْليّ .

sep·a·ra·tive [sĕp′ə rā′-] *(adj.)* (١) مُفَرِّق : مسبِّب للانفصال أو الانشقاق إلخ (٢) انفصاليّ ؛ انشقاقيّ إلخ .

sep·a·ra·tor [sĕp′ə rā′tər] *(n.)* الفاصل ؛ الفارز . وبخاصة : الفرّازة : أداة لفصل القشدة عن الحليب إلخ .

separator

Se·phar·di [sĭ făr′dē] *(n.)* pl. **-dim** السِّفارديّ ؛ اليهودي الشَّرقي .

se·pi·a [sē′pĭ ə] *(n.; adj.)* (١) السَّبيدَج ؛ الصَّبيدَج ؛ الحبّار : حيوان بحريّ من الرّخويات (٢) «أ» حِبر السَّبيدَج : إفراز السَّبيدَج الحِبريّ . «ب» صِبغ يُستخرج منه ويُستخدم في الرسم (٣) الطبعة أو الصورة السَّبيدَجيّة : طبعة أو صورة فوتوغرافية ذات لونٍ بنّيّ داكن شبيه بلون حبر السَّبيدج (٤) السَّبيدَجيّ : لون بُنّيّ داكن § (٥) سَبيدَجيّ : بُنّيّ داكن كحبر السَّبيدَج .

se·pi·o·lite [sē′pĭ ə līt′] *(n.)* = meerschaum *1.*

se·poy [sē′poi] *(n.)* السِّباهيّ : هنديّ مجنَّد في الجيش البريطاني [سابقًا] .

sep·pu·ku [sĕ po͞o′ko͞o] *(n.)* = hara–kiri.

sep·sis [sĕp′sĭs] *(n.)* خَمَج ؛ إنتان ؛ تَعفّن <wound~> .

sept [sĕpt] *(n.)* فخِذ ؛ بَطن ؛ سِبْط ؛ عشيرة .

sept- بادئة معناها : سبعة <*sept*et> .

sep·ta [sĕp′tə] *pl. of* septum.

sep·tal [sĕp′təl] *(adj.)* حِجابيّ ؛ حاجزيّ (را . septum) .

sep·tate [sĕp′tāt′] *(adj.)* مُحَجَّز : ذو حاجز أو حجابٍ فاصل (أح) .

sep·ta·va·lent [sĕp′tə vā′-] *(adj.)* سُباعيّ التّكافؤ (ك) .

Sep·tem·ber [sĕp tĕm′bər] *(n.)* سبتَمْبر ؛ أيلول .

sep·te·nar·i·us [sĕp′tə năr′-] *(n.)* السُّباعيّ ؛ سباعيّ التفاعيل (عر) .

sep·te·nar·y [sĕp′tə nĕr′ĭ] *(adj.; n.)* (١) سبعيّ : متعلّق بالرقم سبعة § (٢) الرقم سبعة (٣) سبعُ سنوات .

sep·ten·ni·al [sĕp tĕn′ĭ əl] *(adj.)* سَبعيّ : «أ» حادثٌ ، أو مصنوع ، كلَّ سبع سنوات . «ب» دائمٌ ، أو مؤلَّف من ، سبع سنوات .

sep·ten·tri·o·nal [sĕp tĕn′trĭ ə nəl] *(adj.)* شَماليّ .

sep·tet *also* **sep·tette** [sĕp′tĕt′] *(n.)* (١) اللحن السُّباعيّ : لحنٌ مُعَدٌّ لسبع آلات أو سبعة مُغَنّين (٢) السُّباعيّ : مجموعة مؤلفة من سبعة . وبخاصة : الموسيقيون الذين يؤدّون لحنًا سُباعيًّا .

sep·tic [sĕp′-] *(adj.)* (١) خمِج ؛ عَفِن ؛ نتِن (٢) مُعفِّن : مسبِّبٌ عَفَنًا .

sep·ti·ce·mi·a [sĕp′tə sē′mĭ ə] *(n.)* خَمَج الدم ؛ تعفّن الدم (ط) .

sep·ti·ci·dal [sĕp′tə sī′dəl] *(adj.)* طوليّ الانفلاق : منفلق طوليًّا أو على امتداد الغشاء الحاجز <a ~ fruit> .

sep·ti·lat·er·al [sĕp′tə lăt′ər əl] *(adj.)* سُباعيّ الأضلاع .

sep·til·lion [sĕp tĭl′yən] *(n.)* السَّبْتِلْيُون : عددٌ يساوي في الولايات المتحدة وفرنسا واحدًا إلى يمينه ٢٤ صفرًا ويساوي في بريطانيا وألمانيا واحدًا إلى يمينه ٤٢ صفرًا .

sep·tu·a·ge·nar·i·an [sĕp′cho͞o ə jə nâr′ĭ ən; -to͞o-] *(n.; adj.)* (١) السّبعونيّ : رجل في السَّبعينات من عمره § (٢) سَبعونيّ .

Sep·tu·a·ge·si·ma [sĕp′cho͞o ə jĕs′ə mə; -to͞o-] *(n.)* أحد السَّبعين :

الأحد الثالث قبل الصوم الكبير (نص).

Sep·tu·a·gint [sĕp′cho͞o ə jĭnt; -to͞o-] *(n.)* الترجمة السَّبعونية: ترجمة يونانية لـ «العهد القديم» [في عهد بَطْلَمْيُوس الثاني ملك مصر].

sep·tum [sĕp′təm] *(n.)* pl. **-ta** [tə] الحجاب؛ الحاجز: جدار أو غشاء فاصل («أح» و«فز»).

sep·tu·ple [sĕp′tyo͞o pəl] *(adj.)* (١) سُباعيّ (٢) مضروب بسبعة.

sep·ul·cher *or* **sep·ul·chre** [sĕp′əl kər] *(n.; vt.)* (١) قَبْر؛ ضريح (٢) المَذْخَر: موضع الذخائر أو الآثار المقدّسة، وبخاصة في مَذْبح (كن) § (٣) يَدْفِن.

se·pul·chral [sə pŭl′krəl] *(adj.)* (١) قَبْريّ (٢) دَفنيّ (٣) كئيب.

sep·ul·ture [sĕp′əl chər] *(n.)* (١) دَفْن (٢) قَبر؛ ضريح.

se·qua·cious [sĭ kwā′shəs] *(adj.)* (١) تَبِعٌ: ميّالٌ إلى اتّباع زَعيم أو قائد (٢) خانع؛ مُذعن بِذِلّة (٣) مُتناغم؛ متساوق.

se·quel [sē′kwəl] *(n.)* (١) نتيجة؛ عاقبة (٢) تتمة؛ تكملة؛ ذيل.

se·que·la [sĭ kwē′lə] *(n.)* pl. **-lae** [lē] (١) العُقبول: حالة مَرَضية تعقب حالةً مرضيّة سابقة (٢) عُقْبَى.

se·quence [sē′kwəns] *(n.; vt.)* (١) ترنيمة [في قدّاس] (٢) المتتالية: سلسلة متعاقبة، مثل: «أ» سلسلة متعاقبة من القصائد الشعرية تنتظمها فكرة رئيسية واحدة <a sonnet ~>. «ب» ثلاثٌ أو أكثر من ورق الشدّة أو الكوتشينة متسلسلةٌ وفقًا لقيمتها. «ج» سلسلة من اللقطات أو المشاهد المتعاقبة تمثّل جانبًا من القصة السينمائية (٣) أو **se·quen·cy**: سِياق؛ تعاقب؛ تتابع؛ تسلسل (٤) نتيجة § (٥) يُسلسِل؛ يرتّب بالتعاقب.

se·quent [sē′kwənt] *(adj.; n.)* (١) تالٍ [وبخاصّةٍ بصورة منطقية أو طبيعية] (٢) متعاقب؛ متتابع § (٣) شيء تالٍ (٤) نتيجة؛ عاقبة.

se·quen·tial [sĭ kwĕn′shəl] *(adj.)* = sequent.

se·ques·ter [sĭ kwĕs′tər] *(vt.; n.)* (١) «أ» يَفْصِل. «ب» يَعْزِل <a ~*ed* place> (٢) يحجز؛ يصادر § (٣) فَصْل؛ عَزْل؛ حَجْز.

se·ques·trate [sĭ kwĕs′trāt] *(vt.)* = sequester.

se·ques·tra·tion [sē′kwĕs trā′-] *(n.)* (١) «أ» فَصْل. «ب» عَزْل (٢) «أ» انفصال. «ب» انعزال (٣) «أ» حَجْز؛ مصادرة. «ب» أمر قضائيّ بذلك (٤) التَّوَشُّظ؛ التَّشظّي: تشكُّل الوشيظ أو الشّظيّة.

se·ques·trum [sĭ kwĕs′trəm] *(n.)* *also* **-tra** [trə] الوشيظ؛ الشَّظِيّة: جزء من عظم مَيْت ينفصل عن عظم سليم مجاور.

se·quin [sē′kwĭn] *(n.)* (١) السّكوينة: قطعة نقدٍ ذهبية إيطاليّة أو تركية قديمة (٢) التِّرتِر؛ اللُّمْعَة: واحدة من التِّار المعدني اللمّاع الملوَّن الذي تزيَّن به بعض الملابس النِّسوية.

se·quined *or* **se·quinned** [sē′kwĭnd] *(adj.)* مُتَرْتَر: مُزَيَّن بالتِّرتر.

se·qui·tur [sĕk′wət ər] *(n.)* نتيجة؛ عاقبة.

se·quoi·a [sĭ kwoi′ə] *(n.)* السّكُوْيَة؛ الجبّارة: شجر أميركي فارع الطول.

se·ra [sēr′ə] *pl. of* serum.

se·rac [sĕ răk′] *(n.)* السَّرَك: كتلة من جليد ضخمةٌ أو شبيهة بالبرج فوق نهر جليديّ.

se·ra·glio [sĭ răl′yō] *(n.)* (١) harem (٢) السراي: قصر السُّلطان.

se·rai [sə rī′] *(n.)* (١) caravansary (٢) السَّراي: قصر السلطان.

se·rail [sä rä′yə; sä rī′] *(n.)* = seraglio.

ser·a·phim [sĕr′ə fĭm] *(n.)* السّاروفيم: «أ» طبقة من الملائكة. «ب» أحد ملائكة الطبقة الأولى الحارسين عرشَ الله [في المعتقد اليهودي القديم].
— ser·aph *(n.)* **— se·raph·ic** *(adj.)*

Se·ra·pis [sĭ rā′pĭs] *(n.)* سيرابيس: إلّه مصري عبدهُ الإغريق واليونان.

Serb [sûrb]; **Ser·bi·an** [sûr′bĭ ən] *(n.; adj.)* (١) الصِّربيّ: أحد أبناء صربيا (٢) الصِّربية: لغة الصِّربيين § (٣) صِربيّ.

sere [sēr] *(adj.)* (١) ذابل؛ ذاوٍ (٢) رثّ؛ بالٍ (ا. ق).

ser·e·nade [sĕr′ə nād′] *(n.; vt.; i.)* (١) السّيرناد: لحنٌ يُعْزَف أو يُغَنّى في ضوء القمر. وبخاصة من قِبل عاشق تحت نافذة محبوبته § (٢) يُسرند: يَعزِف أو يُغنّي سرينادًا.

ser·en·dip·i·tous [sĕr′ən dĭp′ət əs] *(adj.)* سَرَنْديبيّ؛ اتّفاقيّ؛ تصادُفيّ: مكتشَفٌ اتّفاقًا أو مصادفةً.

ser·en·dip·i·ty [-′ə tĭ] *(n.)* السَّرَنْديبية: موهبة اكتشاف الأشياء النفيسة، أو السّارّة، مُصَادفةً [من أسطورة «أمراء سَرَنديب الثلاثة»].

se·rene [sə rēn′] *(adj.; n.)* (١) جليل <His *Serene* Highness> (٢) هادئ؛ ساكن (٣) صافٍ؛ رائق <~ skies> § (٤) سماء صافية؛ بحرٌ رائق (٥) هدوء؛ سكون (٦) صفاء.

se·ren·i·ty [sə rĕn′ə tĭ] *(n.)* (١) هدوء؛ سكون (٢) صفاء.

serf [sûrf] *(n.)* القِنّ؛ عَبْدُ الأرض: رقيقٌ يعمل على أرض سيّد إقطاعيّ وتنتقل ملكيّته من هذا السيّد إلى أيّما سيّد آخر قد تؤول ملكية تلك الأرض إليه.
— serf·hood *(n.)*

serf·dom [sûrf′-]; **serf·age** [sûr′fĭj] *(n.)* القِنانة؛ عُبودية الأرض.

serge [sûrj] *(n.)* الصَّرْج: نسيج صوفيّ متين.

ser·geant [sär′jənt] *(n.)* (١) sergeant at arms (٢) رقيب (جن).

sergeant at arms *(n.)* ضابط النظام: ضابط، في محكمة أو هيئة تشريعية، مهمَّته حفظ النظام وتنفيذ الأوامر إلخ.

sergeant major *(n.)* رقيب أوّل [رتبة عسكرية].

serg·ing [sûr′-] *(n.)* اللَّفْق: حَبْكُ أطراف النسيج لوقايتها من النُّسول.

se·ri·al [sēr′ĭ əl] *(adj.; n.)* (١) تَسَلْسُليّ <in ~ order> (٢) مُسَلْسَل؛ مُتَسَلسِل § (٣) المُسَلْسَلَة؛ المُسَلْسَل: رواية [أو فيلم] تُنشَر في مجلّة [أو تُعْرَض على الشاشة] على نحو مُسَلْسَل (٤) الحَلْقة: حلقة من مُسلْسَلةٍ (٥) عدد [من صحيفة أو مجلة].

se·ri·al·ize [sēr′-] *(vt.)* يُسَلْسِل: يرتِّب أو يَنْشُر إلخ على نحوٍ متسلسل.

serial killer *(n.)* القاتل بالتَّسَلْسُل؛ السَّفّاح.

serial number *(n.)* الرقم المتسلسِل [يدلّ على موقع الشيء في سلسلةٍ ما].

se·ri·ate[1] [sēr′ət; sēr′ĭ āt′] *(adj.)* مُسَلْسَل؛ متسلسل.

se·ri·ate² [sĕr′ĭ āt′] *(vt.)* = serialize.

se·ri·a·tim [sēr′ĭ ā′-] *(adv.; adj.)* (١) بالتّسلسل؛ تِباعًا § (٢) متسلسِل.

se·ri·ceous [sĭ rĭsh′əs] *(adj.)* (١) حريريّ (٢) زَغِبٌ <~ leaves>.

ser·i·cin [sĕr′ə sĭn] *(n.)* السِّرسين: مُرَكَّب هُلاميّ يُستخرج من الحرير.

ser·i·cul·tur·al [sĕr′ə kŭl′chər-] *(adj.)* قِزازيّ: منسوب إلى القِزازة.

ser·i·cul·ture [sĕr′ə kŭl′chər] *(n.)* القِزازة: إنتاج الحرير الخام بتربية دود القزّ.

se·ries [sēr′ēz] *(n.)* (١) سلسلة (٢) المُتَسَلْسِلة (ر) (٣) مُسَلْسَلة تلفزيونية (٤) مجموعة طوابع بريديّة متسلسلة.

series winding *(n.)* اللِّفافة المتوالية (كب).

series–wound motor *(n.)* = series winding.

ser·if [sĕr′ĭf] *(n.)* الذُّنابة: خطّ رقيق يُنهَى به أعلى الحرف أو أدناه.

ser·in [sĕr′ĭn] *(n.)* النُّغَر: عصفور أوروبي صغير.

ser·ine [sĕr′ēn] *(n.)* السِّيرين: حمضٌ أمينيّ متبلّر (ك).

se·ri·o·com·ic [sēr′ĭ ō kŏm′ĭk] *(adj.)* هَزْجَديّ؛ هَزْليّ جِدّيّ: جامعٌ بين الجدّ والهزل <a ~ play>.

se·ri·ous [sēr′ĭ əs] *(adj.)* (١) وقور؛ رصين؛ رزين (٢) جادّ: عاملٌ بجدّ <a ~ worker> (٣) جِدّيّ (٤) عسير؛ صَعْب <a ~ problem> (٥) خطير (٦) هامّ <~ tasks>. **— se·ri·ous·ly** *(adv.)*

se·ri·ous·ness [sēr′ĭ əs-] *(n.)* جِدّ؛ جِدّيّة؛ خطورة إلخ.
in all ~, بكثيرٍ من الجِدّ.

ser·jeant [sär′jənt] *(n.)* = sergeant.

serjeant–at–law [sär′jənt ăt lô′] *(n.)* مُحام من الطراز الأول.

ser·mon [sûr′mən] *(n.)* (١) عِظَة [في كنيسة] (٢) «أ» موعظة في السّلوك أو الواجب. «ب» خُطبة مُمِلّة.

ser·mon·ette [sûr′mə nĕt′] *(n.)* عِظة قصيرة.

ser·mon·ic *or* **ser·mon·i·cal** [sər mŏn′-] *(adj.)* وَعْظيّ.

ser·mon·ize [-′mə nīz′] *(vi.; t.)* (١) يَعِظ [في كنيسة] (٢) يتوعَّظ: يتكلم بأسلوب وَعْظيّ مملّ x (٣) يُوَبِّخ [أو يسترسل في إعطاء المواعظ].

Sermon on the Mount العِظة على الجبل (نص).

sero- بادئة معناها: مَصْل <*sero*logy>.

se·rol·o·gist [sĭr′ə lŏj′ĭst] *(n.)* الأمصاليّ: المتخصص بالأمصاليّات.

se·rol·o·gy [sĭ rŏl′ə jĭ] *(n.)* الأمصاليّات: علمٌ يُعنَى بدراسة الأمصال (ط). **— se·ro·log·ic** *(adj.)*

se·ro·pu·ru·lent [sēr′ə pyŏŏr′ə lənt] *(adj.)* مَصليْصَديديّ؛ مَصْليّ صديديّ: مؤلف من مَصْل وصديد.

se·ro·sal [sĭ rō′zəl] *(adj.)* مَصْليّ؛ أمصاليّ.

se·ros·i·ty [sĭ rŏs′-] *(n.)* (١) المَصْليّة: كون الشيء مَصْليًّا أو مائيّ القوام (٢) المُصالة: سائل مائيّ حيوانيّ رقيق [كالسائل المُزَلِّق] (را. synovia).

se·ro·ti·nal [sə rŏt′nəl] *(adj.)* أواخِرْصيفيّ: ذو علاقة بأواخر الصيف.

se·rot·i·nous [-′ə nəs] *(adj.)* متأخّر أو متخلّف [في التطور أو الإزهار].

se·rous [sēr′əs] *(adj.)* مَصْليّ. وبخاصة: مَصْليّ القوام <~ fluids>.

serous membrane *(n.)* الغشاء المَصْليّ: غشاء يُفرز سائلًا مَصْليّ القَوام.

se·row [sə rō′] *(n.)* السّارُوِيّة: ضرب من بقر الوحش قصير القرون.

ser·pent [sûr′pənt] *(n.)* (١) حيّة؛ أفعى (٢) الشّيطان (٣) الخدّاع؛ المكّار؛ الخبيث (٤) الأفعوانيّة: «أ» آلة موسيقية خشبية قديمة ذات شكل أفعوانيّ. «ب» ضرب من الألعاب النارية أفعوانيّ الحركة أو اللّهَب.

ser·pen·tine [sûr′pən tēn′] *(adj.; n.)* (١) مُحَوًّى؛ أفعوانيّ (٢) شيطانيّ؛ مُغْوٍ (٣) متمعّج؛ مُلْتَفّ <a ~ road> § (٤) شيء متمعّج أو ملتفّ (٥) السَّرْبَنْتِين؛ حَجَر الحيّة: معدن أخضر عادةً مُرَقَّطٌ كجلد الحيّة.

ser·pig·i·nous [sər pĭj′ə nəs] *(adj.)* ساعٍ؛ منتشر؛ زحّاف؛ ثعبانيّ.

ser·pi·go [sər pī′gō] *(n.)* السَّعْفَة: مرضٌ جلديّ يرافقه تبثُّر وتقشّر.

ser·ra·nid [sə ră′nĭd] *(n.; adj.)* (١) القُشرية: سمكة من القُشريات Serranidae وهي فصيلة كبيرة من السّمك البحريّ § (٢) قُشْريّ.

ser·ra·noid [sĕr′ə noid] *(n.; adj.)* = serranid.

ser·rate [sĕr′āt] *(adj.; vt.)* (١) مُؤَشَّر؛ مُسَنَّن؛ مُشَرْشَر؛ مِنشاريّ <~ leaves> § (٢) يُؤَشِّر؛ يُسنِّن؛ يُشَرشِر.

serrate leaf

ser·ra·tion [sĕ rā′-] *(n.)* (١) التّأشُّر؛ التّسنُّن؛ التّشَرْشُر (٢) الشُّرْشُرَة: إحدى الأسنان في حاشية مُسنّنة أو مُشَرْشَرة.

ser·ried [sĕr′ĭd] *(adj.)* (١) مُكْتَظّ؛ مُلْتَزّ؛ مُتَراصّ <~ ranks> (٢) مؤشَّر؛ مُسَنَّن؛ مُشَرْشَر؛ مِنشاريّ <a ~ blade>.

ser·ru·late [sĕr′yə lĭt; -lāt′] *also* **ser·ru·lat·ed** [-lāt ĭd] *(adj.)* أُشَيْريّ: ذو شراشرَ أو أسنانٍ دقيقة.

ser·ru·lation [sĕr′yə lā′-] *(n.)* (١) الأُشَيْريّة: كون الشيء أُشَيْريًّا (را. المادة السابقة) (٢) حاشية أُشَيْريّة.

ser·ry [sĕr′ĭ] *(vt.)* يَحْشُر؛ يَكُظّ؛ يَلُزّ؛ يَرُصّ [الصفوف إلخ].

se·rum [sēr′əm] *(n.)* pl. **-s** *or* **se·ra** (١) «أ» مَصْل الدم. «ب» مُصالة اللبن (٢) المُصالة: الجزء المائيّ من سائل نباتيّ.

ser·val [sûr′vəl] *(n.)* البَجّ؛ القِطُّ النَّمِر: سِنَّور وحشيّ مُرَقَّط.

serval

ser·vant [sûr′vənt] *(n.)* (١) خادم (٢) موظّف؛ موظف حكوميّ.

serve [sûrv] *(vi.; t.; n.)* (١) «أ» يشتغل خادمًا. «ب» يؤدي الخدمة العسكريّة (٢) يساعد الكاهنَ المُحتفل بالقدّاس (٣) «أ» ينفع؛ يفيد؛ يلائم. «ب» يَصلح لِـ؛ يسدّ مسدَّ <That box will ~ for a seat.> «ج» يؤيّد؛ يناصر. «د» يقوم بمهامّ مَنْصِب <~*d* on a jury> (٤) يخدم على المائدة (٥) يخدم الزبائن (٦) يستهلّ ضرب الكرة [في التنس إلخ] x (٧) «أ» يخدم. «ب» يطيع؛ يوقّر [الله أو الملكَ إلخ]. «ج» يُشبع [رغبةً إلخ] (٨) «أ» يُتِمّ مدة خدمة معيّنة <~*d* his time as a congressman>. «ب» يقضي <The

ă at; ā date; â care; ä car; ĕ egg; ē me; ĭ in; ī bite; ŏ lot; ō bone; ô orphan; oi boil; ŏŏ good; ōō boot; ou out; ŭ under; û urgent; ə = *a* in alone, *e* in system, *i* in easily, *o* in gallop, *u* in circus.

thief ~d a term in prison.> (٩) يقدِّم الطعامَ أو الشراب إلى <~d the coffee in the next room> (١٠) يزوِّد <We were well ~d with electricity in that city.> (١١) «أ» يفي بالغرض <This will ~ my purpose.> «ب» يكفي. «ج» يعزِّز (١٢) يعامل أو يتصرَّف بطريقة مُعيّنة <He ~d me shamefully.> (١٣) ينفّذ أو يسلّم أمرًا قضائيًّا (١٤) ينزو؛ يجامعُ [الحيوانُ] (١٥) يبلّغ أو يسلّم [أمرًا قضائيًّا] (١٦) يُطلق النارَ [من بندقية إلخ] (١٧) يمتِّن حبلًا [بأن يلفّ عليه سلكًا أو قطعة من حبل] § (١٨) استهلال ضرب الكرة في التنس أو كرة الطاولة.

as occasion ~s — عندما تُتاح الفرصة.
to ~ one a trick — يحتال عليه؛ يلعب عليه ملعوبًا.
to ~ (somebody) out — يثأر منه؛ ينتقم منه.
to ~ two masters — يَخدِمُ رَبَّين: يكون موزَّع الولاء بين مبدأين متناقضين.

serv·er [sûr′vər] *(n.)* (١) النادل: مَن يخدِم على المائدة (٢) المُستهِلّ: من يستهلّ ضرب الكرة [في التنس إلخ] (٣) صينية الشاي [مع السُّكّرية والإبريق] (٤) مساعد المقدِّس (نص) (٥) الخادم: كومبيوتر مهمّته تأمين العمل للشبكة.

ser·vice [1] [sûr′vĭs] *(n.)* الغُبَيْراء: شجر ذو زهراتٍ عنقودية.

ser·vice [2] *(n.; adj.; vt.)* (١) خِدمة (٢) مساعدة؛ فائدة <to be of ~ to> (٣) الخدمة في الفنادق والمطاعم <The food is good, but the ~ is poor.> (٤) «أ» طَقْس دينيّ. «ب» صلاة عامّة <divine ~> (٥) «أ» معروف؛ فَضْل؛ جميل. «ب» *pl.* عد: خِدْمات <charge for professional ~s>. «ج» استهلال ضرب الكرة [في التنس إلخ] (٦) طَقْم أو مجموعة لاستعمال خاص كطقم أدوات المائدة إلخ <a silver ~ for 24> (٧) «أ» سلك <the consular ~>. «ب» مصلحة؛ مرفق عام <the telephone ~>. «ج» خدمة [يؤدّيها وكيل الشركة إلى زبائنه ابتغاء صيانة ما اشتَرَوْه أو إصلاحه إلخ] <radio and television ~> (٨) «أ» القوّات المسلّحة <in the ~>. «ب» فترة أو مدّة الخدمة العسكرية (٩) نَزْو؛ مُجامعة § (١٠) عسكريّ: خاصّ بالقوات المسلّحة (١١) مُعدّ للاستعمال اليومي: متين (١٢) نافع (١٣) خِدْماتيّ: مقدِّم خِدْماتٍ معيَّنة (١٤) صِيانيّ؛ إصلاحيّ: قائم بأعمال الصيانة أو الإصلاح § (١٥) يَخْدِم: يؤدي خدماتٍ لِـ (١٦) يُصْلِح؛ يقوم بصيانة... <to ~ an automobile> (١٧) ينزو [الحيوانُ].

ser·vice·a·ble [-ə bəl] *(adj.)* (١) نافع؛ مفيد (٢) متين؛ خَدوم (٣) مقبول.

ser·vice·ber·ry [sûr′vĭs bĕr′ĭ] *(n.)* الزُّعروريّة (را. Juneberry).

service book *(n.)* كتاب الصَّلَوات.

service cap *(n.)* قُبّعة الميدان: قبّعة عسكرية ذات حافة أمامية.

service cap

service ceiling *(n.)* السقف العمليّ؛ الارتفاع العمليّ الأقصى (طي).

service charge *(n.)* رسم الخدمة [في الفنادق والمطاعم إلخ].

service club *(n.)* (١) نادٍ لأهل مهنة معيّنة (٢) نادي القوّات المسلّحة.

service dress *(n.)* بزّة الميدان [يرتديها الجندي في ميدان القتال].

service flat *(n.)* الشقّة الخِدْميّة: شِقّة مفروشة أو مؤثّثة تشمل أجرتُها رسمًا إضافيًا مقابلَ الخدمة.

ser·vice·man [sûr′-] *(n.)* (١) جنديّ؛ عسكريّ (٢) عامل الخدمة: عاملٌ مهمّته صيانة الأجهزة أو إصلاحُها <a telephone ~> (٣) عاملٌ في محطّة بنزين.

service medal *(n.)* مدالية الخدمة: مدالية تُمنح لمن أدّى الخدمة العسكريّة في حرب أو حملة معيّنة.

service rifle *(n.)* بُندقية عسكرية.

service station *(n.)* (١) محطّة الخدمة: محطة لتزويد السيارات بالبنزين أو الزيوت إلخ (٢) محطة لإصلاح السيارات أو الأجهزة الكهربائية إلخ.

service tree *(n.)* الغُبَيْراء (را. service [1]).

ser·vice·wom·an [sûr′-] *(n.)* المجنّدة: امرأة ملتحقة بالقوات المسلّحة.

ser·vi·ette [sûr′vĭ ĕt′] *(n.)* مِنديل المائدة؛ «فوطة السُّفرة».

ser·vile [sûr′vĭl; sûr′vīl] *(adj.)* (١) عَبْدِيّ؛ رِقّيّ: خاصّ بالعبيد الأرقّاء <~ revolts> (٢) متذلّل؛ ذليل؛ لائق بالعبيد <~ flattery> (٣) مستسلم بعبودية <~ to public opinion>.

ser·vil·i·ty [sûr vĭl′-]; **ser·vile·ness** [sûr′vĭl-] *(n.)* ذُلّ؛ خُنوع؛ استسلامٌ ذليل.

serv·ing [sûr′-] *(n.)* الحِصّة: حِصّة من الطعام أو الشراب [على المائدة].

ser·vi·tor [sûr′və tər] *(n.)* خادم.

ser·vi·tude [sûr′vĭ to͞od′] *(n.)* (١) عُبودية <political ~> (٢) الأشغال الشاقة <penal ~> (٣) حقّ الارتفاق (ق).

ser·vo [sûr′vō] *(n.)* (١) servomotor (٢) servomechanism.

servo control *(n.)* أداة التحكّم المؤازر (طي).

ser·vo·mech·an·ism [sûr′-] *(n.)* الآليّة المؤازِرة: نظامٌ للتحكّم الأوتوماتيّ.

ser·vo·mo·tor [sûr′vō mō′tər] *(n.)* المحرِّك المؤازِر.

sesame *1.*

ses·a·me [sĕs′ə mĭ] *(n.)* (١) السِّمسِم (نب) (٢) open sesame.

ses·a·moid [sĕs′ə moid′] *(adj.; n.)* (١) سِمسِمانيّ: سِمسِميّ الشكل (ت) § (٢) العُظَيم السِّمسِمانيّ (ط).

sesqui- بادئة معناها: مرّةً ونصف <*sesqui*centennial>.

ses·qui·cen·ten·ni·al [sĕs′kwĭ sĕn tĕn′-] *(n.)* الذكرى الخمسون بعد المئة.

ses·qui·pe·da·li·an [-dā′lĭ ən] *(adj.)* (١) كثيرُ المقاطع اللفظية: طويل (٢) متحذلق: مولع باستخدام الألفاظ الطويلة أو متميّز بكثرتها.

ses·sile [sĕs′ĭl; -īl] *(adj.)* لاطئ؛ مُقْعَد؛ لاعُنُقيّ: متصل بالقاعدة مباشرة <a ~ leaf>.

sessile leaves

ses·sion [sĕsh′ən] *(n.)* (١) انعقادُ [محكمةٍ أو مجلس أو برلمان] (٢) جلسة (٣) «أ» سلسلة جلسات [يعقدها المجلس]. «ب» دورة المجلس: دور انعقاد المجلس (٤) دورة تعليمية يُتَلَقّى التعليمُ خلالها في معهدٍ ما <the summer ~>.

in ~, — مُنْعَقِد؛ في انعقاد.

ses·sion·al [sĕsh′ən əl] *(adj.)* (١) انعقاديّ؛ دَوْريّ: خاصّ بانعقاد

المجلس أو دور انعقاده (٢) دَوْرِيّ: مُكرَّر أو مجدَّد كلَّ دورة.

ses·terce [sĕs′tûrs] *(n.)* السَّسْتَر: قطعة نقد رومانية قديمة.

ses·ter·ti·um [sĕs tûr′shĭ əm] *(n.)* pl. **-tia** [shĭ ə] السَّسْتَرْتيوم: وحدة نقدية رومانية قديمة تساوي ألف سَسْتَر.

ses·tet [sĕs tĕt′] *(n.)* (١) السُّداسيّ: «أ» لحن موسيقيّ لستة مغنين أو ست آلات. «ب» ستّة مغنّين أو عازفين (٢) السُّداسية: «أ» مجموعة من ستّة. «ب» الأبيات الستّة الأخيرة من سونيتة sonnet إيطالية.

ses·ti·na [sĕs tē′nə] *(n.)* المُوَشَّح السُّداسيّ: قصيدة غنائية مؤلَّفةٌ من ستّ مقطوعات يتشكّل كل منها من ستة أبيات (عر).

set [sĕt] *(vt.; i.; adj.; n.)* (١) «أ» يُقْعِد؛ يُجلس. «ب» ينصِّب [مَلِكًا] (٢) يُحْضِن: يُقعِدُ الدجاجةَ على البيض حتى يَفْقس (٣) يهيّئ [نفسَه] للعَدْو عند إعطاء إشارة الانطلاق (٤) «أ» يركّز. «ب» ينقل «الشتلة» من تربة إلى أخرى. «ج» يَنْصب فَخًّا (٥) يدوِّن (٦) يُطلق؛ يُعتق <~ the slave free> (٧) يعيّن (٨) «أ» يضع. «ب» يَسِمُ. «ج» يُلْصِق (٩) «أ» يحدِّد [موعدًا]. «ب» يقرِّر؛ يضع قاعدةً (١٠) «أ» يسجّل [رقمًا قياسيًّا]. «ب» يضرب مثلًا يُحتَذَى [بإخلاصه أو شجاعته إلخ] <to ~ an example> (١١) «أ» يَجْبُرُ [العظمَ]. «ب» ينشر [الأشرعة] (١٢) «أ» يرتِّب <to ~ a table>. «ب» يلحّن [قصيدةً] للغناء. «ج» يُعِدّ المَسرحَ للتّمثيل. «د» ينضِّد أو «يصفّ» طباعيًا (١٣) «أ» يَشْحَذ؛ يسنّ. «ب» يَضْبِط وضع مقياس. «ج» يُغَيِّب رأس المسمار تحت السطح (١٤) «أ» يرصِّع. «ب» يثبِّت [فصّ الخاتم] في إطار معدنيّ (١٥) «أ» يعتبر؛ يضع <Kamal ~s duty before pleasure.>. «ب» يقيِّم؛ يقدِّر (١٦) يوازن بين أو يضع موضع المقارنة <wanted to ~ theory against practice> (١٧) يحرِّض؛ يُثير البغضاء (١٨) يُدير؛ يُعمِل (١٩) يُوجِّه [وجهَهُ نحو] (٢٠) يَضْبِط <she ~ her clock.> (٢١) يُثبِّت؛ يُحْكِم (٢٢) يَجْعله مُعاندًا أو متصلّبًا (٢٣) يُخثِّر؛ يجمِّد (٢٤) يُثمر؛ يُعطي ثمرًا x (٢٥) يجلس (ع) (٢٦) يتلاءم <Salma's behavior does not ~ well with her years.> (٢٧) تحضن البيضَ (٢٨) «أ» تَغْرُب [الشمس]. «ب» يتوارى عن الأنظار؛ يتلاشى (٢٩) يشرع في <~ to work> (٣٠) يتجه <The current ~s to the north.> (٣١) يشير [الكلب] إلى مكان الطريدة (٣٢) يرقص وجهًا لوجه مع (٣٣) يَجْمُد؛ يتخثّر (٣٤) يَثْبُت [اللونُ] (٣٥) ينجبر [العظمُ] (٣٦) يَثْبُت؛ يَرْسخ (٣٧) يستعدّ لِـ (٣٨) ينمو § (٣٩) مُصمِّم على <~ on becoming a doctor> (٤٠) ضارٍ؛ عنيف؛ متلاحم <a ~ battle> (٤١) محدَّد؛ معيَّن (٤٢) مستعدّ (٤٣) متعمَّد <She did it of ~ purpose.> (٤٤) عنيد <was very ~ in her ways> (٤٥) جامد (٤٦) متواصل <~ rains> (٤٧) مدروس؛ مُرَوًّأ فيه <in ~ terms> (٤٨) مُتَّخِذٌ وضعًا مستعدًّا معه للعَدْو أو الغَوْص عند إعطاء الإشارة <ready, ~, go!> § (٤٩) مَيْل؛ نزوع؛ مزاج <a ~ toward philosophy> (٥٠) اتجاه الريح أو التيار (٥١) «أ» طقم <a ~ of dishes>. «ب» المنظومة: مجموعة كاملة من ورق اللعب [أو الطوابع] تؤلف سلسلة تامة. «ج» المجموعة: مجموعة أعداد أو كتب أو مجلات تشكّل وحدة (٥٢) هيئة <the ~ of her shoulders> (٥٣) «أ» وَضْع. «ب» مدى انطباق البذلة على الجسم (٥٤) مقدار الانحراف عن خط مستقيم (٥٥) تغيّر ثابت [في شكل المعدن] نتيجةً لشدة الإجهاد (٥٦) شتلة نبات (٥٧) عرض الحرف المطبعي (٥٨) إعداد المسرح للتمثيل (٥٩) زمرة أو جماعة تربط ما بينها مصالح مشتركة (٦٠) جهاز <television ~> (٦١) تصفيف الشَّعر [بالتجعيد أو التمويج] (٦٢) حَضْنة بيض (٦٣) الدّورة: مجموعة مباريات في التنس.

~ up on — مُصَمِّم على.

His character is ~, — لقد تكوّنت شخصيّته.

to make a dead ~ at — (١) يَشُنّ حملةً على؛ يهاجم بعنف (٢) تحاول [الفتاةُ] جاهدةً أن تحظى بإعجاب الرجل.

to ~ about — (١) يبدأ (٢) يهاجم (٣) يَنْشُر [إشاعةً].

to ~ apart — (١) يَدَّخر؛ يوفّر (٢) يُهْمِل (٣) يَرْفض.

to ~ a price on somebody's head — يقدِّم جائزة معيَّنة لمن يقتل فلانًا.

to ~ aside — (١) يُهمِل (٢) يَدَّخر؛ يُوَفِّر؛ يُفْرِد لغرضٍ مخصوص (٣) يضع جانبًا (٤) يُلغي؛ يُبطل.

to ~ at — يُهاجم.

to ~ at defiance — يتحدّى.

to ~ at ease — يُطَمئِن.

to ~ back — (١) يَعُوق؛ يُوقف (٢) يؤخِّر [وبخاصة عقاربَ الساعة] (٣) يكلِّف؛ تبلغ نفقاته كذا.

to ~ down — (١) يُجْلِس؛ يُقعِد (٢) يضع (٣) يمنع [فارسًا] من الاشتراك في سباق للخيل (٤) يَحُطّ: يهبط بالطائرة على سطح الأرض أو الماء (٥) يدوِّن؛ يسجّل (٦) يَعتبر (٧) يَنسب؛ يعزو (٨) يهزم [خصمًا] في مباراة (٩) يُذِلّ.

to ~ eyes on — يُبْصِر؛ يرى؛ تقع عيناه على.

to ~ fire to — يُضرِم النارَ في.

to ~ forth — (١) يَنْشُر (٢) يُبيِّن؛ يُوْضِح؛ يُعْلن (٣) ينطلق؛ يبدأ رحلةً.

to ~ forward — (١) يُعزِّز (٢) يبدأ رحلةً (٣) يقدِّم الساعة.

to ~ free — يحرِّر؛ يُعْتِق؛ يُطلِقُ سراحَ...

to ~ in — (١) يُدْخِل؛ يُقحِم (٢) يوجه [سفينةً] نحو الشاطئ (٣) يبدأ (٤) يهبّ أو يجري نحو الشاطئ.

to ~ off — (١) يُظهِر أو يبرز بالمغايرة (٢) يزيِّن؛ يجمِّل (٣) يُظهِر أو يُبرِز للعيان (٤) يعوِّض؛ يوازن؛ يعادل (٥) «أ» يُحدِث؛ يُعمِل؛ يُحرِّك. «ب» يحمله على القيام بعملٍ ما (٦) يفجِّر (٧) يبدأ رحلة (٨) يُفْرِد لغرضٍ مخصوص.

to ~ on — (١) يهاجم (٢) يحرِّض [كلبًا] على المطاردة (٣) يحثّ (٤) يحمله على القيام بعمل ما (٥) يتقدَّم.

to ~ oneself to — يصمِّم على.

to ~ one's face against — يقاوم [شيئًا] بعناد.

to ~ one's hand (*or* seal) to a document — يوقِّع [أو يختم] الوثيقة.

to ~ one's heart (hopes, mind) on — يتوق توقًا شديدًا إلى؛ يصمِّم على الحصول على؛ يعلِّق آماله على.

to ~ one's teeth (١) يُطبق فكّيه بإحكام (٢) يعقد العزمَ على .

to ~ out (١) يُعلِن؛ يُبدي (٢) يُظهِر (٣) يصِف؛ يصوّر (٤) يعرض أو يبسط على نحو منظّم (٥) يشرع في (٦) يبدأ رحلة (٧) يعتزم أمرًا .

to ~ pen to paper يشرع في الكتابة .

to ~ right (١) ينظّم (٢) يُصحّح (٣) يُعيد إليه نشاطَهُ .

to ~ sail يُقلِع؛ يُبْحِر .

to ~ somebody on his feet يدعمه أو يُقيل عثرته .

to ~ the ax to (١) يقطع [شجرةً] (٢) يبدأ في تخريب شيء .

to ~ the fashion يُطلق الزِّيَّ؛ يبتدع زيًّا سرعان ما يقلّده فيه الآخرون .

to ~ the pace (١) يحدِّد سرعة الانطلاق [في سباق] بالتقدّم على غيره (٢) يستهلّ عُرْفًا أو تقليدًا [يحتذيه غيره في ما بعد] .

to ~ to (١) يبدأ العمل بنشاط (٢) يبدأ القتالَ .

to ~ up (١) يرفع (٢) ينْصِب؛ يقيم (٣) يقدّم (٤) يُحْدِث (٥) يُطلِق صيحة (٦) يشدّ بإحكام (٧) يُنصِّب؛ يعيّن (٨) يرفع معنويّاته (٩) يُوقِع الغرورَ في نفسه (١٠) يدَّعي (١١) يشيّد (١٢) يركّب [ماكينةً] (١٣) يُعِدّ [ماكينةً] للعمل (١٤) ينضِّد طباعيًّا (١٥) ينشئ؛ يؤسّس (١٦) يزوِّده برأسمال أو بأسباب كسب الرزق (١٧) يعيد إليه الصحة والعافية (١٨) يرسم خطةً [للسرقة إلخ] (١٩) يبني الجسم بالتدريب الرياضي (٢٠) يبدأ عملًا تجاريًّا (٢١) يدفع [ثمنَ الشراب في حانة] .

to ~ upon يُهاجم بعُنْف .

se·ta [sē′tə] *(n.)* pl. **-tae** [′tē] الهُلْبَة: شعرة أو شوكة قاسية .

se·ta·ceous [sĭ tā′shəs] *(adj.)* (١) أهلَب؛ شائك (٢) setiform .

set·back [sĕt′-] *(n.)* (١) عَقَبة؛ عائق (٢) توقُّف [عن التقدُّم] (٣) تراجُع؛ ارتداد <~ in prices> (٤) نَكْسَة؛ هزيمة (٥) الارتداد الجداريّ: ارتداد الجدار الخارجي من مبنًى شاهق لتوفير الهواء والنور للشارع .

set chisel *(n.)* الإزميل المُسَطِّح: إزميل عريض الرأس مُسَطِّحُهُ .

set hammer *(n.)* مطرقة التشكيل أو التسطيح .

se·tif·er·ous [sĭ tĭf′ər əs] *(adj.)* شائك: ذو شوكة أو أشواك .

se·ti·form [sē′tə fôrm′] *(adj.)* شَوْكانيّ: شبيه بالشَّوْكة .

set·line [sĕt′līn′] *(n.)* القَصَبة المُسَلْسَلَة: قَصَبة صيد طويلة، ثقيلة، ذات كلاليب متسلسلة .

set·off [sĕt′-] *(n.)* (١) ضدّ؛ مُغاير (٢) حِلْية؛ زينة (٣) عِوَض (٤) رحيل؛ سَفَر (٥) المُقاصّة: «أ» ردّ دعوى المديونيّة بتقديم ادّعاءٍ مضاد. «ب» الادّعاء المضادّ هذا (ق) (٦) الارتداد: تناقصٌ في ثخانة جدار (عم).

se·tose [sē′tōs] *(adj.)* أهْلَب؛ شائك .

set·out [sĕt′-] *(n.)* (١) «أ» عَرْض. «ب» ترتيب (٢) المأنُسَة: حفلة أُنْس وسَمَر (٣) عُدَّة؛ جهاز (٤) ابتداء (٥) لباس؛ زِيّ (٦) زُمْرة؛ جَماعة .

set point *(n.)* النقطة الختامية [في التّنس] (رب).

set·screw [sĕt′skrōō′] *(n.)* لولب التثبيت أو الإحكام (مك).

set square *(n.)* الكُوْس: مُثَلَّث لرسم الزوايا القائمة (هن).

set square

set·tee [sĕ tē′] *(n.)* أريكة؛ مقعد طويل .

set·ter [sĕt′ər] *(n.)* (١) فا set (٢) السّاطر: كلب صيد كبير .

set theory *(n.)* نظرية المجموعات (ر).

set·ting [sĕt′-] *(n.)* (١) مص set (٢) وَضْع (٣) إطار الفصّ [في خاتم] (٤) محيط؛ خلفيّة (٥) الإطار: مكان وزمان الحدث المسرحيّ أو السينمائيّ (٦) الإطار الموسيقيّ [الموضوع لنصٍّ من النصوص] (٧) طَقْم المائدة (٨) «حَضْنة» بيض (٩) غروب الشمس .

set·tle[1] [sĕt′əl] *(n.)* السَّتْل: مقعد خشبيّ طويل ذو ذراعين وظهرٍ عالٍ .

set·tle[2] *(vt.; i.)* (١) يوطّد؛ يرسّخ (٢) «أ» يُنزل؛ يوطِّن. «ب» يُؤهِل [بالسّكّان] (٣) «أ» يرصّ. «ب» يرسّب. «ج» يروّق؛ يصفّي (٤) يهدّئ [الأعصابَ إلخ] (٥) يُسكته أو يعيده إلى جادة الصواب (٦) «أ» يقضي على. «ب» يحسم مسألةً. «ج» يسوّي [الأمورَ أو الخلافات] (٧) يسدِّد دينًا (٨) يعيّن؛ يُحدِّد؛ يقرر؛ يتفق على (٩) «أ» ينظّم؛ يرتّب. «ب» يصفّي أو يغلق نهائيًا (١٠) يُلَقِّح [الحيوانَ] x (١١) يستقرّ (١٢) «أ» يَرْسب تدريجيًا. «ب» يَرُوق؛ يصفو. «ج» يتراصّ بالترسّب (١٣) يتوطّد؛ يترسَّخ (١٤) «أ» يستوطن. «ب» ينشئ مستعمرة (١٥) «أ» يَهْدأ. «ب» يحيا حياة استقرار [من طريق الزواج] (١٦) يتّخذ شكلًا نهائيًا (١٧) يسدّد أو يصفّي حسابًا (١٨) يُسَوّي الخلافات (١٩) تَحْمِل [أنثى الحيوان].

to ~ on *or* upon (١) يختار: يقع اختيارُهُ على (٢) يُعطي بحكم القانون (٣) يَهَب [مِلكًا] بطريقة شرعية .

set·tled [sĕt′-] *(adj.)* (١) مقرَّر؛ مبتوت فيه (٢) ثابت؛ راسخ؛ وطيد <~ convictions> (٣) مستقِرّ (٤) آهل (٥) مسدَّد؛ مدفوع .

set·tle·ment [sĕt′əl-] *(n.)* (١) مص settle (٢) استقرار (٣) «أ» ترسيخ؛ توطيد. «ب» رسوخ؛ توطّد (٤) تقرير؛ تحديد؛ تعيين (٥) تنظيم؛ ترتيب (٦) دفع؛ تسديد (٧) تسوية (٨) «أ» استيطان. «ب» مستعمرة؛ مُستَوْطَن؛ مُسْتَوْطَنَة. «ج» قرية صغيرة (٩) هِبَة شرعيّة (١٠) مؤسسة اجتماعية؛ مؤسَّسة إنعاش .

set·tler [sĕt′lər] *(n.)* (١) فا settle (٢) المستوطِن؛ المستعمِر .

set·tling [sĕt′-] *(n.)* (١) مص settle (٢) عد *pl.*: ثُفْل؛ راسب .

set–to [sĕt′tōō′] *(n.)* شِجار؛ نزاع؛ مُشادّة؛ مناوَشة .

set·up [sĕt′ŭp′] *(n.)* (١) «أ» قامة؛ مِشية؛ قيافة؛ وبخاصة انتصاب القامة. «ب» بِنية (٢) تركيب أو ترتيب الماكينات أو إعدادها للعمل (٣) طقم المائدة (٤) الوِضعة؛ هيئة الوضع (٥) «أ» مهمة أو مسابقة يُسِّرت عمدًا. «ب» مهمة يسيرة. «ج» شيء سهل المنال. «د» ملاكم يخوض مباراةً ليس له أيّ حظّ من الفوز فيها (٦) عُرْف (٧) مشروع؛ خطّة .

sev·en [sĕv′ən] *(n.; adj.)* (١) سَبْعة (٢) السابع (٣) السُّباعيّ: شيء مؤلَّف من سبع وحدات <a poem in ~*s*> § (٤) سُباعيّ <*seven*-gated> .

sev·en·fold [sĕv′-] *(adj.; adv.)* (١) سُباعيّ (٢) مضاعَفٌ سبع مرات <a ~ increase> § (٣) سبعة أضعاف <increased ~> .

sev·en·teen [sĕv′ən tēn′] *(n.)* سبعة عَشَرَ؛ سَبْعَ عَشْرَةَ .

sev·en·teenth [sĕv′ən tēnth′] *(adj.; n.)* (١) سابعَ عَشَرَ § (٢) جزء من سبعة عشر ($\frac{1}{17}$) (٣) السابعَ عَشَرَ [في مجموعة أو سلسلة].

seventeenth–year locust *(n.)* الجرادة السَّبْعَعَشْرية: زِيز حصادٍ أميركي يظلّ فترة تتراوح ما بين ١٣ و١٧ سنة تحت الأرض، وهو في الطّور اليَرَقانيّ، ثم يخرج من هذا الطور ليعيش بضعة أسابيع ليس غير.

sev·enth [sĕv′ənth] *(adj.; n.)* (١) سابع؛ سابعة § (٢) السُّبع: جزء من

سبعة (١/٧) (٣) السابع؛ السابعة [في مجموعة أو سلسلة].

seventh–day *or* **Seventh–Day** *(adj.)* مُسْبِت: مُنْقطع عن العمل يومَ السبت بوصفه يومَ عطلة <~ Adventists>.

seventh heaven *(n.)* (١) السماء السابعة (٢) سعادة قصوى.

sev·enth·ly [sĕv′ənth lĭ] *(adv.)* سابعًا.

sev·en·ti·eth [-′ən tĭ əth] *(adj.; n.)* (١) السَّبعون § (٢) جزء من سبعين.

sev·en·ty [sĕv′ən tĭ] *(n.)* (١) سبعون (٢) *pl.*: السبعونات؛ السبعينات: العقد الثامن من العمر أو القرن.

sev·en·ty–eight [sĕv′ən tĭ āt′] *(n.)* (١) ثمانية وسبعون (٢) أسطوانة فونوغرافية [تدور ٧٨ دورة في الدقيقة].

seventy–five *(n.)* (١) خمسة وسبعون (٢) بندقية عيار ٧٥ مليمترًا.

sev·en–up [sĕv′ən ŭp′] *(n.)* السَّفْناب: ضرب من لَعِب الورق.

sev·er [sĕv′ər] *(vt.; i.)* (١) يَفْصِل؛ يَقْطع؛ يمزّق x (٢) ينفصل إلخ.

sev·er·a·ble [-ə bəl] *(adj.)* (١) قابلٌ للفصل أو القَطْع (٢) منفصل؛ مستقلّ: قابلٌ لأن يُعْتَبَر منفصلًا عن حقّ أو التزام شرعيّ كامل <a ~ obligation> (٣) يُجزَّأ: قابل للتجزيء إلى حقوق أو التزامات مستقلة <a ~ contract>.

sev·er·al [sĕv′ər əl] *(adj.; pron.)* (١) «أ» مختلِف <union of the ~ states>. «ب» مقصورٌ على فرد أو جماعة <~ fisheries>. «ج» منفصل؛ متعلّق بكلّ من الأفراد المعنيين على حدة <a ~ judgment>. «د» خاصّ <They went their ~ ways.> (٢) «أ» عدّة <read it ~ times>. «ب» بضعة؛ بِضْع <moved ~ centimeters>. «ج» كُثُر؛ كثيرون <~ young men> § (٣) بعض <~ of us decided to stay.>.

sev·er·al·fold [sĕv′ər əl fōld′] *(adj.; adv.)* (١) متعدّد الأجزاء أو المظاهر (٢) مُضاعَف عدّةَ مرات <a ~ increase> § (٣) عدّةَ أضعاف <increased ~>.

sev·er·al·ly [sĕv′ər ə lĭ] *(adv.)* (١) إفراديًّا؛ كُلًّا بمفرده (٢) تباعًا؛ على التوالي.

sev·er·al·ty [-′ər əl tĭ] *(n.)* (١) تميُّز؛ استقلال (٢) التملّك الانفرادي (ق) (٣) المِلك المَحْض: أرضٌ لا شريكَ لمالكها فيها (ق).

sev·er·ance [sĕv′ər əns] *(n.)* (١) قَطْع؛ فَصْل (٢) انقطاع؛ انفصال.

severance pay *(n.)* تعويض إنهاء الخدمة.

se·vere [sĭ vēr′] *(adj.)* (١) «أ» صارم <~ laws>. «ب» متجهّم؛ كالح (٢) متزمّت <~ conformity to standards> (٣) بسيط؛ غير مزخرف <~ style> (٤) قاسٍ <~ winter> (٥) عسير <a ~ test of her capacity> (٦) خطير <a ~ illness> (٧) بليغ <a ~ wound>.

se·vere·ly [-′lĭ] *(adv.)* بصرامة؛ بتجهُّم؛ بقَسْوة؛ على نحوٍ خطير إلخ.

se·vere·ness [sĭ vēr′-]; **se·ver·i·ty** [sĭ vĕr′-] *(n.)* صرامة؛ تجهُّم إلخ.

Sè·vres [sĕv′rə] *(n.)* السّيفر: خزف نفيس منسوب إلى بلدة سيفر الفرنسية.

sew [sō] *(vt.; i.)* (١) يَخيط x (٢) يُمارس الخياطةَ.

to ~ up (١) يُصلح بالخياطة (٢) ينال تأييد فردٍ أو جماعة (٣) يستأثر بحبه أو بإعجابه (٤) يحتكر (٥) يُنهك؛ يُزْهِق (٦) يحسم [أمرًا] أو يقرِّر [نتيجةً] (٧) يَضْمن [الفوزَ].

sew·age [sōō′ĭj] *(n.)* مياه البواليع؛ أقذار البواليع.

sew·er[1] [sōō′ər] *(n.)* (١) كبير خدم المائدة (٢) بالوعة؛ مَصْرَف.

sew·er[2] [sō′ər] *(n.)* الخائط؛ الخيّاط.

sew·er·age [sōō′ər ĭj] *(n.)* (١) sewage (٢) الصَّرْف الصّحّيّ: تصريف المياه والأقذار بواسطة البواليع (٣) شبكة الصَّرْف [الصّحّيّ].

sew·ing [sō′-] *(n.)* (١) خِياطة (٢) المَخِيط: شيء مَخِيطٌ أو مُعَدّ للخياطة.

sewing machine

sewing machine *(n.)* ماكينة الخِياطة.

sewn [sōn] *past part. of* sew.

sex [sĕks] *(n.; adj.; vt.)* (١) الجنس (مج): «أ» الذكورة أو الأنوثة. «ب» مجموع الذكور أو مجموع الإناث، كقولك <the sterner ~> أي الجنس الخشن [الرجال] أو <the gentle ~> أي الجنس الناعم [النساء]. «ج» الغريزة التي تجذب أحد الجنسين إلى الآخر أو مظاهرُها في الحياة والسلوك. «د» الجِماع: الاتصال الجنسي (٢) أعضاء التناسل § (٣) جنسيّ § (٤) يعيِّن جنسَ كذا <It is difficult to ~ the animals at a distance.> (٥) «أ» يقوّي الجاذبية الجنسية عند... «ب» يثير الغريزة الجنسية عند...

sex- *or* **sexi-** بادئة معناها: ستة؛ سُداسي.

sex·a·ge·nar·i·an [sĕk′sə jə nâr′-] *(n.; adj.)* (١) السِّتّونيّ: شخص في العقد السابع من العمر [بين الستين والتاسعة والستين] § (٢) سِتّونيّ.

sex·ag·e·nar·y [sĕks ăj′ə nĕr′ĭ] *(adj.; n.)* (١) سِتّونيّ: «أ» ذو علاقة بالرقم ستين. «ب» في السّتّينات [أو في العقد السابع من العمر] § (٢) السّتّونيّ؛ شخص ستّونيّ: شخص في العقد السابع من العمر [أي في ما بين الستين والتاسعة والستين].

Sex·a·ges·i·ma [sĕk′sə jĕs′ə mə] *(n.)* أحد السّتّين: الأحد الثاني قبل الصوم الكبير (نص).

sex·a·ges·i·mal [-′ə məl] *(adj.; n.)* (١) سِتّونيّ: ذو علاقة بالرقم ستين أو مَبْنيّ عليه § (٢) الكَسْر السّتّونيّ (ر).

sex·an·gu·lar [sĕks′ ăng′gyə lər] *(adj.)* = hexagonal.

sex appeal *(n.)* الجاذبية الجنسية. وتوسّعًا: جاذبية؛ سِحر.

sex·cen·te·nar·y [sĕks sĕn′tə nĕr′ĭ] *(adj.; n.)* (١) سِتّمِئويّ: ذو علاقة بستمئة سنة § (٢) الذكرى السِّتّمِئوية.

sex chromosome *(n.)* صِبْغيّ الجنس؛ الصِّبْغيّ الجنسيّ: كروموسوم حاملٌ لعوامل مقرِّرة للجنس (أح).

sexed [sĕkst] *(adj.)* ذو جنسٍ أو غريزة جنسيّة أو جاذبية جنسية.

sex·en·ni·al [sĕks ĕn′-] *(adj.)* سِتّسَنواتيّ: حادث كلَّ ستّ سنوات.

sex hormone *(n.)* هرمون الجنس: هرمون مؤثّر في نموّ الأعضاء التناسلية وأدائها وظائفَها إلخ.

sex hygiene *(n.)* الصّحّة الجنسيّة: شعبة من علم الصحة تُعنى بدراسة الجنس والسّلوك الجنسي بوصفهما ذَوَيْ أثر في صحة الفرد والمجتمع.

sex·ism [sĕk′-] *(n.)* الجِنسانيَّة: تَحَيُّزٌ على أساس الذكورة والأنوثة.

sex·ist [sĕk′-] *(n.)* الجِنسانيّ: المتحيّز على أساس الذّكورة والأنوثة.

sex·less [sĕks′-] *(adj.)* (١) مُحَيَّر: ليس بالمذكَّر ولا بالمؤنّث (٢) لا جنسيّ.

sex–linked *(adj.)* مرتبط بالجنس <~ genes>.

sex·ol·o·gy [sĕk sŏl′ə jĭ] *(n.)* السّكسولوجيا؛ علم الجنس.

sex·par·tite [sĕks pär′tīt] *(adj.)* سُداسيّ <a ~ treaty>.

sex·ploi·ta·tion [-′ploi tā′-] *(n.)* الاستغلال الجنسيّ [وبخاصة في الأفلام السينمائية].

Sex·tans [sĕks′tənz] *(n.)* كوكبة السُّدس (فل).

sex·tant [-′tənt] *(n.)* آلة السُّدس (مج)؛ السُّدْسيّة: آلة لقياس ارتفاع الأجرام السماويّة من سفينة أو طائرة متحرّكة.

sextant

sex·tet *also* **sex·tette** [sĕks tĕt′] *(n.)* (١) sestet *1* (٢) السُّداسيّ؛ السُّداسية: مجموعة من ستّة (٣) فريق لعبة الهوكي.

sextile aspect [sĕks′tĭl′] *(n.)* المَظْهر السُّداسيّ (فل).

sex·til·lion [sĕks tĭl′yən] *(n.)* السَّكْستِلْيُون: عدد يساوي في الولايات المتحدة الأميركيّة وفرنسا واحدًا إلى يمينه ٢١ صفرًا، ويساوي في بريطانيا وألمانيا واحدًا إلى يمينه ٣٦ صفرًا.

sex·ton [sĕks′tən] *(n.)* القَنْدَلَفْت (كن).

sex·tu·ple [sĕks too′pəl] *(adj.; vt.; i.)* (١) سُداسيّ (٢) مُضاعَفٌ ستّ مرات § (٣) يُضاعِفُ أو يتضاعف ستّ مرات.

sex·tu·plet [sĕks tŭp′lĭt] *(n.)* (١) مجموعة سُداسيّة (٢) أحد توائم ستة.

sex·tu·pli·cate [*adj., n.* sĕks tyoo′ plĭ kĭt; *v.* -kāt] *(adj.; n.; vt.)* (١) مكرَّرٌ ستّ مرّات (٢) مؤلَّف من ستّ نُسخ متماثلة (٣) سادسة <the ~ copy> § (٤) النسخة السادسة (٥) المُسَدَّسة: ستّ نسخ متماثلة § (٦) يُسَدِّس: «أ» يُضاعف ستّ مرات. «ب» يجعله في ستّ نُسَخ.

sex·u·al [sĕk′shoo əl] *(adj.)* جنسيّ؛ تناسليّ.

sexual deviations *(n. pl.)* الانحرافات الجنسيّة.

sexual generation *(n.)* التوالد الجنسيّ (أح).

sexual intercourse *(n.)* الجِماع؛ المضاجعة؛ الاتصال الجنسي.

sex·u·al·i·ty [sĕk′shoo ăl′-] *(n.)* الجنسانيّة: «أ» كون الفرد ذا جنسٍ معيّن [ذَكَرًا أو أُنثى]. «ب» النشاط الجنسيّ. وبخاصة حين يكون مُفْرِطًا. «ج» التأكيد على الشؤون الجنسية.

sex·u·al·ize [sĕk′shoo-] *(vt.)* يجنِّس: يُضفي عليه صفةً جنسيّة.

sex·u·al·ly [sĕk′shoo ăl′ĭ] *(adv.)* جنسيًّا؛ تناسُليًّا.

sexual relations *(n. pl.)* العلاقات الجنسيّة: مضاجَعَة؛ جِماع.

sexual reproduction *(n.)* التكاثر الجنسيّ (اح).

sexual selection *(n.)* الاصطفاء التزاوجيّ (مج).

sex·y [sĕk′sĭ] *(adj.)* (١) مثيرة؛ مغوية؛ ذات إغراء <a ~ woman> (٢) إباحيّ: مثير للغريزة الجنسية <a ~ novel> (٣) مثيرٌ للاهتمام.

sfer·ics [sfĕr′-] *(n.)* (١) atmospherics (٢) كاشفة العواصف.

sfor·zan·do [sfôr tsän′dô] *(adj.; adv.)* (١) مُشَدَّد § (٢) بتشديد (مو).

sh [sh] *(interj.)* صَهْ؛ أُسْكُتْ!

Shab·bat [shä bät′] *(n.)* السَّبت [بوصفه يومَ راحةٍ عند اليهود].

shab·by [shăb′ĭ] *(adj.)* (١) رَثّ المَلْبَس: مُرْتدٍ أسمالًا بالية (٢) رثّ؛ بالٍ (٣) دنيء؛ خسيس <a ~ trick> (٤) جائر؛ غير مُنْصِف (٥) رديء النّوع.
— **shab·bi·ly** *(adv.)* — **shab·bi·ness** *(n.)*

Sha·bu·oth [shä voo′ōth] *(n.)* عيد العَنْصَرة [عند اليهود].

shack [shăk] *(n.; vi.)* (١) كوخ (٢) خزانة § (٣) يحيا؛ يقيم.

shack·le [shăk′əl] *(n.; vt.)* (١) «أ» غُلّ؛ صِفاد؛ قَيْد. «ب» شِكال (٢) *pl.* عد: قيود، عوائق <the ~s of traditions> (٣) الشّاكل: وحدة لطول سلاسل المراسي § (٤) «أ» يَغُلّ؛ يُصَفِّد؛ يُكَبِّل. «ب» يَشْكُل [الدابةَ]: يقيّدها بالشِّكال (٥) يقيّد؛ يَعُوق <was ~*d* by superstition>.

shackle *1a*.

shack·le·bone [shăk′əl bōn′] *(n.)* المِعْصَم؛ الرُّسغ (إسك).

shad [shăd] *(n.)* الشّابل؛ الصابوغة: سمك بحريّ كبير.

shad

shad·ber·ry [shăd′bĕr′ĭ] *(n.)* = Juneberry.

shad·blow [shăd′-]; **shad·bush** [-′boosh′] *(n.)* = Juneberry.

shad·dock [shăd′ək] *(n.)* الشّادوك؛ البُوْمَليّ: ضرب من الحمضيات.

shade [shād] *(n.; vt.; i.)* (١) «أ» ظِلّ؛ فَيء. «ب» عُزْلة نسبية. «ج» مَغْمُورية [عدم شهرة] نسبية (٢) «أ» ظُلّة؛ مكان ظليل. «ب» مُنْعَزَل (٣) *pl.* «أ» عتَمة؛ ظلام. «ب» الجحيم (٤) طيف؛ خيال؛ روح (٥) «أ» كُمّةُ المصباح (مج): ظُلّتُه المخفِّفة لوهج نوره. «ب» الحجاب: ستار النافذة المرِن (٦) الظلّ: الجزء القاتم من الرسم (٧) درجة اللون <in several ~*s* of green> (٨) «أ» فارق دقيق [لا يكاد يُدْرَك]. «ب» درجة أو كمية ضئيلة (٩) سحابة حزن أو شكّ § (١٠) يظلِّل؛ يحجب عن الشمس (١١) يستر؛ يحجب عن النظر (١٢) يقتِّم: يجعله قاتمًا أو مظلمًا (١٣) يظلِّل الرَّسمَ (١٤) يَبُزّ؛ يتفوّق على (١٥) يُدَرِّج: يُعَدِّل بالانتقال التدريجيّ (١٦) يخفض [السعرَ] تخفيضًا ضئيلًا x (١٧) يتدرَّج: ينتقل على نحوٍ غير ملحوظ من لون إلى آخر أو من حالة إلى أخرى.

shad·ing [shā′-] *(n.)* (١) تظليل [في الرَّسم] (٢) فارق طفيف [في اللون أو الصِّفة إلخ].

shad·ow [shăd′ō] *(n.; vt.; i.; adj.)* (١) ظِلّ؛ خيال (٢) صورة منعكسة [عن مرآة] (٣) وِقاء: سِتْر (٤) «أ» صورة باهتة <~*s* of things to come>. «ب» صورة زائفة عن <the ~ of power> (٥) شبح؛ طيف (٦) *pl.*: عتَمة؛ ظلمة جزئية (٧) الظلّ: الجزء القاتم من الصورة (٨) «أ» رفيقٌ ملازِم: ظِلّ. «ب» جاسوس أو بوليس سرّيّ (٩) أثر؛ ذرّة <without a ~ of doubt>

(١٠) «أ» حزن؛ كآبة. «ب» سحابة [تكدّر الصداقة أو الشهرة إلخ] (١١) ظِلّ؛ جِوار (١٢) سيطرة (١٣) الظلّ: ظلّ قاتم ناشئ عن قلة النوم أو اعتلال الصحة <had ~*s* under her eyes> (١٤) مغمورية؛ عدم شهرة § (١٥) يُظلِّل (١٦) يَرْمز أو يُشير إلى [بطريقة غامضة أو نبوئيّة] (١٧) يكدِّر؛ يُحْزِن (١٨) يتعقّبه [خلسةً] **x** (١٩) «أ» يتكدّر. «ب» يكتئب؛ يَحْزن § (٢٠) صُوَريّ؛ شكليّ <the ~ government>.

shad·ow·box·ing [shăd′ō bŏk′sĭng] *(n.)* الملاكمة الوهميّة: ملاكمة مع خصم وهميّ على سبيل التدرُّب.

shadow cabinet *(n.)* الوزارةُ الظلّ؛ حكومة الظلّ: مجموعة من زعماء المعارضة البرلمانيّة المحتمَل اشتراكهم في الوزارة الجديدة التي يُنتَظَر أن تؤلَّف عندما يتولى حزبهم مقاليد الحكم.

shadow factory *(n.)* المصنع الظلّ: مصنعٌ مصمّم بطريقة تجعل من الممكن تحويلَه من إنتاج سِلع الاستهلاك المَدَنيّة إلى إنتاج المعدّات الحربيّة.

shad·ow·graph [shăd′ō grăf′] *(n.)* (١) shadow play (٢) radiograph.

shadow play; shadow show *(n.)* خيال الظلّ: مسرحية تمثَّل بإلقاء ظلال الدمى، أو ظلال الممثّلين، على شاشة أو جدار.

shad·ow·y [-′ō ĭ] *(adj.)* (١) وهميّ (٢) مُبْهَم (٣) مُظَلَّل (٤) ظليل.

shad·y [shā′dĭ] *(adj.)* (١) ظليل (٢) مُظَلَّل (٣) مشبوه؛ مُريب (٤) غامض.

on the ~ side of fifty — متجاوزٌ سنَّ الخمسين.

shaft [shăft] *(n.; vt.)* (١) «أ» قصبة الرمح. «ب» رمح. «ج» عريش العربة: العمود الأفقيّ الذي يُشدّ إليه جوادُها. «د» سَهْم (٢) شعاع؛ بصيص (٣) «أ» جذع الشجرة. «ب» أسطوانة العمود: جزؤه الرئيسيّ الواقع بين القاعدة والتاج (عم). «ج» مِقْبَض. «د» عمود؛ عمود الإدارة (مك). «هـ» عِراق الريشة. «و» سارية العَلَم. «ز» مِسَلّة؛ برج؛ عمود. «ح» مَهْوَى المنجَم أو مدخله. «ط» ممرّ رأسيّ [كبيت المصعد في مبنًى] (٤) «أ» قذيفة. «ب» ملاحظة ساخرة إلخ (٥) ظلم؛ جَوْر § (٦) يُعَرِّش: يزوِّد بعريش أو عمود إدارة أو ممرّ رأسيّ إلخ (٧) يَظْلِم؛ يَجور على (٨) يُشِعّ؛ ينطلق كالشُّعاع.

shaft bearings *(n. pl.)* مَحامِل عمود الإدارة (ك).

shaft furnace *(n.)* الفرن القائم: فرن عموديّ لصهر المعادن يُشْحَنُ من أعلى ويُفْرَغ من أسفل.

shaft·ing [shăf′-] *(n.)* أعمدة الإدارة [أو الموادّ التي تُصنع منها] (مك).

shag [1] [shăg] *(n.; vt.; i.)* (١) شعر أو وبر أشعث (٢) الشّاغ: «أ» قماش صوفيّ خشِن. «ب» تبغ مفروم § (٣) يُشَعِّث **x** (٤) يتشعّث.

shag [2] *(vt.)* (١) يطارد؛ يلاحق؛ يتعقّب (٢) يلاحق امرأةً.

shag [3] *(n.; vi.)* (١) الشّاغ: رقصة تؤدّى بالقفز على إحدى القَدَمَين ثم على الأخرى § (٢) يَرْقص رقصةَ الشّاغ.

shagged [shăgd] *(adj.)* مُرْهَق؛ منهوك القوى.

shag·gi·ness [shăg′ĭ nəs] *(n.)* تَهَلُّب؛ تَشَعُّث؛ تشوُّش؛ خشونة؛ فظاظة.

shag·gy [shăg′ĭ] *(adj.)* (١) «أ» أهْلَب. «ب» خشن الوبر أو النسيج أو السطح (٢) «أ» أشعث. «ب» مُشَوَّش (٣) فظّ.

shag·gy·mane [shăg′ĭ mān′] *(n.)* العُرْف الأشعث: ضربٌ من الفُطر الصالح للأكل ذو مِظلّةٍ متطاولة الشكل، بيضاء خشنة، وأبواغ سوداء (نب).

shaggymane

sha·green [shə grēn′] *(n.)* الشَّغرين: «أ» جلد غير مدبوغ ذو سطح مُبَرْغل أو محبَّب ولونٍ أخضر عادةً. «ب» جلد خشن يُتّخذ من بعض الأقراش sharks ويُستخدَم في الكَشْط.

shah [shä] *(n.)* الشّاه: لقب أباطرة إيران السّابقين.

shai·tan [shī tän′] *(n.)* شيطان.

shake [shāk] *(vi.; t.; n.)* (١) يهتزّ (٢) يرتجّ (٣) يرتعد؛ يرتعش (٤) ينهال؛ يتساقط <Sand ~*s* off readily.> (٥) يتمايل؛ يترنّح **x** (٦) يَهُزّ (٧) يرجّ (٨) يُرْعش (٩) يتخلّص من <to ~ off a cold> (١٠) يزعزع (١١) يَنْفُض (١٢) يصافح (١٣) يثير المشاعر <*shook* me up> § (١٤) اهتزاز أو هَزّ إلخ، مثل: «أ» مصافحة. «ب» ارتعاش. «ج» صدمة. «د» هزّة [رأسٍ إلخ]. «هـ» زلزال (١٥) *pl.*: «أ» قُشَعْرِيرَة. «ب» ملاريا (١٦) صَدْع؛ فَلْق [في الأرض أو الخشب إلخ] (١٧) المخفوق اللَّبَني [را. milk shake] (١٨) تمايُل؛ ترنّح (١٩) لحظة <I'll do it in a ~.> (٢٠) *pl.*: شخص ذو شأن أو براعة <no great ~*s* as a philosopher> (٢١) معاملة <a fair ~> (٢٢) طَرْد؛ صَرْف <gave him the cold ~>.

to ~ down — (١) «أ» يقطن مؤقتًا في. «ب» ينام على سرير مُرتجل (٢) «أ» يألف محيطه أو واجباته. «ب» يستقرّ (٣) يبتزّ منه مالًا بطريقة غير مشروعة (٤) يبحث عن شيء بحثًا دقيقًا (٥) يخفّض (٦) يُسقط [الثمار بهزّ الشجرة] (٧) يجعله يستقرّ (٨) يُجري تجربة نهائية [لسفينة أو طائرة جديدة].

to ~ out — (١) ينفض [غطاء المائدة إلخ] (٢) يَبْسُط.

to ~ up — (١) يَخُضّ؛ يَرُجّ؛ يَمْزُج بالخضّ (٢) يُقلق؛ يثير المشاعر (٣) يعيد التنظيم [على نحوٍ جذريّ].

shake·down [-′doun′] *(n.; adj.)* (١) سريرٌ مرتَجَل (٢) رقصٌ صاخب (٣) ابتزاز (٤) تفتيش دقيق § (٥) تجريبيّ: مقصود به إجراء اختبار نهائي لسفينة أو طائرة جديدة وتعويد الملاحين عليها <~ flight>.

shak·er [shā′kər] *(n.)* (١) فا shake (٢) الرّجاجة: أداةٌ من أدوات الرّجّ أو المزج <cocktail ~> (٣) *cap.*: الهزّاز: أحد أفراد طائفة دينيّة أميركية اشتراكية تُعرف بالهزّازين بسبب من ارتعاد أجساد أعضائها في حالات الانجذاب الروحيّ.

Shake·spear·e·an *or* **Shake·spear·i·an** *also* **Shak·sper·e·an** *or* **Shak·sper·i·an** [shāk spēr′ĭ ən] *(adj.; n.)* (١) شَيْكسبيريّ: خاصّ بشَيْكسبير أو مؤلّفاته § (٢) الشَّيْكسبيريّ: «أ» الباحث المتخصّص في أدب شَيْكسبير. «ب» الشديد الإعجاب بشَيْكسبير.

shake–up [shāk′ŭp′] *(n.)* (١) خضٌّ؛ رجٌّ (٢) إثارة للمشاعر (٣) التعديل: تغيير جذريّ في مؤسسة أو هيئة.

shaking palsy *(n.)* = Parkinson's disease.

shak·o [shăk′ō] *(n.)* الشّاكة: قبعة عسكرية عالية مزدانةٌ بريشةٍ أو نحوها.

shako

shak·y [shā′kĭ] *(adj.)* (١) ذو صدوع <~ timber> (٢) متقلقل؛ متزعزع <~ loyalty> (٣) غير جدير بالثقة والاعتماد <~ methods> (٤) متوعّك الصحّة (٥) مرتعش <a ~ voice> (٦) متداعٍ؛ آيلٌ إلى السُّقوط <a ~ building>.

shale [shāl] *(n.)* الطُّفال؛ الطَّفَل الصَّفحي: طين أو صلصالٌ يتصلَّب على هيئة رقائق سريعة الانفلاق (جي).

shale oil *(n.)* زيت الطَّفَل؛ زيت الطُّفال.

shall [shăl] *(aux. v.)* (١) سَ... سَوْف <I ~ write today.> (٢) هل <*Shall* we be back in time?> (٣) يجب.

shal·loon [shə lo͞on′] *(n.)* الشَّلُون: نسيج صوفيّ رقيق.

shal·lop [shăl′əp] *(n.)* الشَّلُوب: زورق شراعيّ صغيرٌ خفيف.

shal·lot [shə lŏt′] *(n.)* القُفْلُوط؛ الكُرّاث الأندلسيّ؛ بصلُ عَسْقَلان.

shal·low [shăl′ō] *(adj.; n.; vt.; i.)* (١) ضَحْل؛ ضَحْضاح <~ water> (٢) مُسَطَّح قليلًا <a ~ dish> (٣) سطحيّ <a ~ mind> § (٤) *pl.*: الضَّحْضاح: موضع ضَحْل في جسم مائيّ § (٥) يُضْحِل x (٦) يَضْحَل.

sha·lom [shä lōm′] *(interj.)* سلامًا؛ تحيّةً؛ وداعًا [عند اليهود].

shalt [shălt] *archaic pres. 2d sing. of* shall.

sham [shăm] *(n.; adj.; vt.; i.)* (١) خدعة؛ مزحة خادعة (٢) رياء (٣) شيء زائف (٤) دجّال <George is a ~.> § (٥) صُوَرِيّ <~ battles> (٦) كاذب؛ زائف <~ pearls> § (٧) يخدع؛ يحتال على (١.ق) (٨) يزيّف x (٩) يتظاهر بِـ <to ~ illness>.

sha·man [shä′mən] *(n.)* الشّامان: كاهن يستخدم السِّحر لمعالجة المرض وكشف المُخَبّأ والسيطرة على الأحداث.

sha·man·ism [shä′mə-] *(n.)* الشّامانية: «أ» دينٌ بدائيّ من أديان شمالي آسيا وأوروبا يتميّز بالاعتقاد بوجود عالم محجوب، هو عالم الآلهة والشياطين وأرواح السّلَف، وبأن هذا العالم لا يستجيب إلّا للشّامان (را. المادة السابقة). «ب» دين مماثل وبخاصة عند بعض هنود أميركا الشمالية الحمر.

—**sha·man·ist** *(n.)* —**sha·man·is·tic** *(adj.)*

sham·ble [shăm′bəl] *(vi.; n.)* (١) يمشي متثاقلًا § (٢) مشيٌ متثاقل.

sham·bles [shăm′-] *(n. pl.)* (١) مَجْزَر؛ مَسْلَخ (٢) خرائب؛ أرض مخضّبةٌ بدماء القتلى <War turned the town into ~.> (٣) فوضى.

sham·bling [shăm′blĭng] *(adj.)* بطيء الحركة متثاقلُها.

shame [shām] *(n.; vt.)* (١) خجَل؛ حياء (٢) خِزْي؛ عارٌ؛ شيء مُخجل (٣) مصدر خزي أو عار <Olga was a ~ to her family.> § (٤) يُخجِّل (٥) يُخزِي (٦) يُكرهه، من طريق إشعاره بأنّه مذنب أو آثم، على أن يأتي عملًا ما <~*d* him into confessing>. to cry ~ on somebody يقول لفلان إن عليه أن يخجل من نفسه. to put to ~, (١) يُخزِي؛ يُخْجِل (٢) يتفوّق على.

shame·faced [-′fāst′] *(adj.)* (١) حَيِيّ؛ خَجول (٢) «مخجول»؛ خَجِل.

shame·ful [shām′-] *(adj.)* مُخْزٍ؛ مُخْجِل؛ فاضح؛ شائن؛ شنيع.

shame·less [shām′-] *(adj.)* (١) وَقِح؛ صفيق الوجه (٢) مُخْزٍ؛ شائن.

shame–mak·ing [shām′-] *(adj.)* مخزٍ؛ مُخجِل <~ conduct>.

sham·mer [shăm′ər] *(n.)* (١) فا sham (٢) دجّال.

sham·mes [shäm′əs] *(n.)* الشمّاس: خادم الكنيس أو معبد اليهود.

sham·my [shăm′ĭ] *(n.; vt.)* = chamois.

sham·poo [shăm po͞o′] *(vt.; n.)* (١) يَدْلُك (١.ق) (٢) «أ» يُشَمْبي: يغسل الشعرَ وغيره بالماء والصابون أو بالشّامبو. «ب» يَغْسِل شعرَ [شخصٍ] § (٣) الغَسُول؛ الشّامبو: مستحضرٌ لغسل الشعر.

sham·rock [shăm′rŏk′] *(n.)* النَّفَل (را. clover).

shamrock

sha·mus [shä′məs; shā′-] *(n.)* (١) شرطيّ (ع) (٢) الشّاموس: بوليس سرّيّ خصوصي (ع).

Shan [shän; shăn] *(n.)* (١) الشانيّون: مجموعة شعوب مغولانيّة (را. Mongoloid) في جنوب شرقي آسيا (٢) الشّاني: واحد الشانيين (٣) الشانيّة: لغة الشانيين.

shan·dry·dan [shăn′drĭ-] *(n.)* الشَّنْدَرْيان: «أ» مركبةٌ ذات دولابين يجرّها جواد واحد. «ب» مركبةٌ ذات غطاء. «ج» عربةٌ مُخَلّعة الأوصال.

shan·dy [shăn′dĭ]; **shan·dy·gaff** [-găf′] *(n.)* الشَّنْدي؛ الشَّنْديجاف: مُسْكِر قوامُهُ الجعةُ ممزوجةً بجعة الزنجبيل.

shang·hai [shăng′hī] *(vt.)* يُشَنْغِي: «أ» يُسْكِر شخصًا أو يسقيه مخدّرًا ثم يحمله إلى سفينة يُجْبَر على الخدمة فيها كبحّار. «ب» يأخذ بالخديعة والإكراه.

Shan·gri–la [shăng′grə lä′] *(n.)* (١) اليوطوبيا؛ المدينة الفاضلة: دنيا مثالية (٢) مَخْبأ أو مُلْتجأٌ ناءٍ.

shank [shăngk] *(n.)* (١) «أ» ساقٌ. «ب» رِجل. «ج» لحم القائمة: قطعة من لحم قائمة الذبيحة الأماميّة (٢) القَصَبَة؛ الساق: الجزء المستقيم الضيق، وعادةً الأساسي، من شيء ما، مثل: «أ» الجزء المستقيم من مسمار أو دبوس. «ب» ساق النّبتة. «ج» الجزء الواقع بين مقبض المفتاح وسِنّه. «د» ساق البيبة أو الغليون. «هـ» ساق المرساة. «و» حبل قصير. «ز» سِكّين (ع). «ح» الجزء الضيّق من الحذاء المُوْصِلُ بين الجزء العريض من النعل وبين كعبه (٣) العِلاقة: جزء من الشيء يُعلّق أو يُثبّت بواسطته (٤) أواخر <the ~ of the afternoon>.

shank·piece [shăngk′pēs′] *(n.)* بِطانة الساق: سِناد لقوس القدم يُقْحَم في ساق الحذاء.

shan't [shănt; shänt] = shall not.

shan·tey *or* **shan·ty** [shăn′tĭ] *(n.)* = chantey.

shan·tung [shăn′tŭng′] *(n.)* الشَّنْتونغ: ضرب من القماش الحريريّ.

shanty [shăn′tĭ] *(n.)* كوخ؛ سقيفة.

shan·ty·man [shăn′tĭ mən] *(n.)* ساكنُ الكوخ؛ ساكنُ السّقيفة.

shan·ty·town [shăn′tĭ toun′] *(n.)* مدينة الأكواخ: مدينة، أو ناحية من

مدينة، مؤلفة في الأعمّ الأغلب من أكواخ .

shap·a·ble *or* **shape·a·ble** [shā′pə-] *(adj.)* (١) قابل للتشكيل أو الصياغة أو التكييف إلخ (٢) جميل؛ حَسَنُ الشَّكل .

shape [shāp] *(n.; vt.; i.)* (١) شكل (٢) هيئة؛ مظهر (٣) شَبَح (٤) تجسّد <Her intention took ~ in action.> (٥) نظام؛ شكل محدَّد <Get your thoughts into ~.> (٦) ضَرْب؛ نوع (٧) قالب (٨) حالة <affairs in bad ~> (٩) «أ» شيء ذو شكل معيّن. «ب» قالب من الهلام أو الحلوى إلخ § (١٠) يُشَكِّل؛ يُصَوِّر: يعطي الشيءَ شكلًا أو صورةً معيّنة (١١) يصوغ <This hat is ~*d* to fit your head.> (١٢) يكيِّف <to ~ a statement> (١٣) يحدِّد أو يوجّه [مجرى الحياة إلخ] x (١٤) يتشكَّل: يتّخذ شكلًا معيّنًا (١٥) يَحْدُثُ؛ يَقع <if things ~ right> (١٦) يتقدّم: يتطوّر على نحو يبشّر بالنجاح <Your son is *shaping* satisfactorily.> .

to ~ up (١) يتطوّر أو يتّخذ شكلًا معيّنًا (٢) يُظهِر نزعةً معيّنة (٣) يتحسّن [حالُهُ أو سلوكُهُ].

to take ~, يتشكّل؛ يتخذ شكلًا معيّنًا .

shape·less [shāp′-] *(adj.)* (١) عديم الشَّكل (٢) مُشَوَّه (٣) بَشِع .

shape·ly [shāp′lĭ] *(adj.)* جميل؛ حَسَنُ الشَّكل .

shap·en [shā′-] *(adj.)* ذو شكل معيَّن <an ill-*shapen* body> .

shard [shärd] *(n.)* (١) كِسْرَة؛ قطعة (٢) «أ» قِشْرة؛ حَرْشَفَة . «ب» elytron (٣) كِسَرٌ أثرية [من آنية فخارية] (٤) كِسَرٌ زُجاجية .

share [shâr] *(n.; vt.; i.)* (١) حِصّة؛ نصيب (٢) سَهم ماليّ (٣) plowshare § (٤) يُحَصِّص؛ يوزّع الحِصَص (٥) يُقاسم؛ يُشاطر (٦) يتقاسم؛ يُشارك x (٧) يُسْهِم أو يُشارِك أو يشترك في .

on ~*s* على أساس المشاركة في الربح والخسارة .

to go ~*s* يُشارك أو يُسْهِم في .

share certificates *(n. pl.)* شهادات الأسهم المالية .

share·crop·per [shâr′krŏp′ər] *(n.)* المحاصِص: مزارع يستثمر الأرض لمصلحة المالك لقاءَ حصّةٍ من الغلال يقدّمها إليه .

share·hold·er [shâr′hōl′dər] *(n.)* المُساهم: حامل السَّهم المالي .

share–out [shâr′out′] *(n.)* اقتسام؛ تقاسُم .

sha·rif [shə rēf′] *(n.)* الشّريف: سليل العِترة النبوية (إس) .

shark [shärk] *(n.; vi.)* (١) القِرْش: سمك مفترسٌ (٢) المحتال؛ النصّاب (٣) النابغة: المتفوّق تفوّقًا عظيمًا في حقل ما § (٤) يحتال على (ا. ق) (٥) يعيش بالاحتيال والمكائد (ا. ق) .

shark *1.*

shark·skin [shärk′skĭn] *(n.)* (١) جِلد القِرْش (٢) الشَّركِسْكين: ضرب من القماش الصُّوفي أو الحريريّ .

sharp [shärp] *(adj.; adv.; n.; vt.)* (١) «أ» ماضٍ؛ قاطع؛ صارم <a ~ blade>. «ب» قارس (٢) «أ» ذكيّ؛ حادّ الذهن <a ~ lad>. «ب» حادّ؛ ثاقب <~ sight>. «ج» يَقِظٌ؛ حذِرٌ. «د» أثِر: حريص على مصالحه الخاصة إلى حدٍّ لاأخلاقي <a ~ merchant> (٣) نشيط؛ رشيق (٤) نزِق <a ~ temper> (٥) «أ» قاسٍ. «ب» لاذع؛ جارح <his ~ words> (٦) مُبَرِّح <~ pain> (٧) ضارٍ؛ عنيف <was a ~ struggle> (٨) حِرِّيف <~ cheese> (٩) حادّ <a ~ turn> (١٠) حادّ الطَّرْف أو الصوت: ثاقب (١١) واضح؛ صارخ <~ contrast with modern methods> (١٢) أنيق <a ~ suit> § (١٣) بحدّة؛ بمَضاء إلخ (١٤) تمامًا <~ 7 o'clock> (١٥) فجأة <to turn ~ to the right> § (١٦) طَرَفٌ حادّ؛ حافة حادّة (١٧) علامة الرفع (مو) (١٨) الفارعة: إبرة خياطة طويلة حادّة الرأس (١٩) خبير [حقيقيّ أو مزيَّف] (٢٠) المحتال؛ النصّاب. وبخاصة: مقامرٌ مخادعٌ § (٢١) يَرْفع: يَرْفع درجة النغم (مو) (٢٢) يُعَلّي: يُغنّي أو يعزف متجاوزًا درجة النَّغم الصحيحة (مو) .

— **sharp·ly** *(adv.)* — **sharp·ness** *(n.)*

sharp-cut [shärp′kŭt′] *(adj.)* بيِّن؛ واضح المعالم .

sharp·en [shär′pən] *(vt.; i.)* (١) يجعله حادًّا إلخ، مثل: «أ» يَشْحَذ [الموسى]. «ب» يبري [القلَم]. «ج» يزيد في شدة الشهية للطعام x (٢) يصبح حادًّا أو أكثر حدّة إلخ .

sharp·en·er [shärp′ə nər] *(n.)* (١) «أ» الشّاحِذ. «ب» المِسَنّ؛ المِشْحذ (٢) مِبراة القلَم .

sharp·er [shärp′-] *(n.)* المحتال؛ النصّاب. وبخاصة: المُقامِر المُخادِع .

sharp–eyed [-īd′] *(adj.)* (١) حادّ أو حديد البَصَر: ثاقب (٢) فَطِن .

sharp·ie *or* **sharp·y** [shär′pĭ] *(n.)* (١) الشاربيّ: مركب شراعيّ طويل ضيّق (٢) «أ» sharper. «ب» شخص نبيه أو يَقِظٌ إلى حدّ استثنائي .

sharpie *1.*

sharp–nosed [shärp′nōzd′] *(adj.)* (١) مستدقّ الأنف: ذو أنف مُستدقّ الطَّرَف (٢) شَمّام: ذو حاسّة شمّ قوية .

sharp practice *(n.)* احتيال؛ مُخاتلة [وبخاصة في التعامل التجاري] .

sharp–set [-′sĕt′] *(adj.)* (١) مُعَدٌّ للقَطْع <a ~ saw> (٢) «أ» شديد الجوع. «ب» مهزول الجسم [من أثر الجوع] (٣) توّاق؛ شديد الرغبة .

sharp·shoot·er [shärp′shōō′-] *(n.)* الرامي: الماهر في الرماية .

sharp–sight·ed [shärp′sī′tĭd] *(adj.)* = sharp–eyed.

sharp–tongued [-′tŭngd′] *(adj.)* (١) سليط اللسان (٢) عيّاب؛ هجّاء .

sharp–wit·ted [-′wĭt′ĭd] *(adj.)* نبيه؛ ذكيّ؛ متوقّد الذهن .

shash·lik *also* **shash·lick** [shäsh′lĭk] *(n.)* = kabob.

shat·ter [shăt′ər] *(vt.; i.; n.)* (١) يُبَعْثِر (٢) يكسّر؛ يحطِّم (٣) يدمِّر (٤) يُتلف الصحّة؛ يُرهق الأعصاب x (٥) يتكسّر؛ يتحطّم (٦) يتناثر § (٧) كِسْرة؛ شَظيّة (٨) تحطيم (٩) تحطُّم .

shat·ter·proof [shăt′ər prōōf′] *(adj.)* صامدٌ للكَسْر أو التناثر .

shave [shāv] *(vt.; i.; n.)* (١) يَكْشِط؛ يَقْشُر؛ يَسْحَج (٢) يَحْلِق [بالموسى] (٣) يَجُزّ <to ~ a meadow> (٤) يغالي في الحَسْم: يشتري كمبيالة بحَسْم أعلى من سعر الحسم الشرعيّ أو المألوف (٥) يُنقِص؛ يخفّض (٦) يَقْرَب:

ă at; ā date; â care; ä car; ĕ egg; ē me; ĭ in; ī bite; ŏ lot; ō bone; ô orphan; oi boil; ŏŏ good; ōō boot; ou out; ŭ under; û urgent; ə = *a* in alone, *e* in system, *i* in easily, *o* in gallop, *u* in circus.

يدنو من الشيء أو يمسُّهُ مسًّا رفيقًا x (٧) يتقدّم بصعوبة؛ يشقّ طريقه بعُسر § (٨) مِكْشَط؛ مِسْحَج؛ وبخاصة: ماكينة حلاقة كهربائية (٩) قُشارة؛ نُجارة (١٠) كَشْط؛ قَشْر؛ سَحْج؛ حلاقة (١١) مَسٌّ رفيقٌ عابر.

a close ~, نجاة بأعجوبة.

shave·ling [shāv′-] *(n.)* (١) كاهن؛ قَسّ (٢) غُلام؛ فتًى؛ حَدَثٌ.

shav·en [shā′vən] *(adj.)* حَليق؛ محلوق.

shav·er [shā′vər] *(n.)* (١) «أ» فا shave. «ب» الحلّاق؛ المزيِّن (٢) المحتال (ا.ق) (٣) مِكشط؛ مِسْحَج. وبخاصة: مِحلاق كهربائي؛ ماكينة حلاقة كهربائيّة (٤) غلام؛ فتًى؛ حَدَثٌ.

shaves [shāvz] *pl. of* shave *or* shaft.

shave·tail [shāv′tāl′] *(n.)* (١) بغلٌ (٢) مُلازم [بمعنًى ازدرائيّ عادةً].

Sha·vi·an [shā′vĭ ən] *(n.; adj.)* (١) الشُّوانيّ: المعجَب ببرنارد شو أو بآثاره أو بنظرياته الاجتماعية والسياسية § (٢) شُوانيّ.

shav·ing [shā′-] *(n.)* (١) مص shave (٢) نُجارة؛ قُشارة <wood ~s>.

shaving cream *(n.)* معجون الحلاقة.

shawl [shôl] *(n.; vt.)* (١) شال § (٢) يُشَوِّل: يغطي بشال.

shawm [shôm] *(n.)* الشَّوْم: آلة نفخٍ موسيقية قديمة.

shay [shā] *(n.)* = chaise.

she [shē] *(pron.; n.)* (١) هيَ § (٢) الأُنثى: أُنثى الحيوان أو الإنسان <*she*-goat; *she*-cousin>.

s/he [shē′ hē′] *(pron.)* هي أو هو.

sheaf [shēf] *(n.; vt.)* pl. **sheaves** (١) حُزْمة § (٢) يَحْزِم.

shear [shēr] *(vt.; i.; n.)* (١) يَقُصّ؛ يَجُزّ (٢) يَحْصُد [بمنجل] (٣) يجرِّد من x (٤) ينشعب؛ ينشق؛ يتشوّه § (٥) *pl.* عد: مِجزّ؛ جَلَمٌ؛ مِقصّ كبير (٦) إحدى شفرتَي المِجزّ (٧) *pl.* عد: المِزْفرة؛ المرفاع المِقَصّي: جهاز لرفع الأثقال (٨) «أ» قصٌّ؛ جَزٌّ. «ب» جزّة - وتستعمل للتعبير عن أعمار الخراف <a sheep of one ~> أي حَمَلٌ في السنة الأولى من العمر.

shears 5.

shears 7.

shorn of مُجرَّد من؛ محروم من.

shearing force *(n.)* قوّة القصّ؛ القوّة القاصّة (فز).

shearing machine *(n.)* ماكينة القَصّ.

shearing stress *(n.)* إجهاد القَصّ (مك).

shear·ling [shēr′-] *(n.)* (١) حَمَلٌ في سنته الأولى (٢) جِلد هذا الحَمَل.

shears [shērz] *(n. pl.)* مِجزّ؛ جَلَم؛ مِقصّ كبير.

shear·wa·ter [shēr′wô′tər] *(n.)* جَلَمُ الماء: طائر أوقيانوسي oceanic طويل الجناحين يُسِفّ في طيرانه حتى ليبدو وكأنه يَشُقّ عُباب الماء.

sheat·fish [shēt′-] *(n.)* الجِرِّيّ؛ الجِرّيث: سمك نهريّ كبير.

sheath [shēth] *(n.; vt.)* (١) غِمْد؛ قِراب (٢) غلاف؛ إهاب (٣) المِقْنَب: غطاء البُرْثُن أو المِخْلَب (٤) الغِمْد: ثوبٌ نِسْويّ ضيّق § (٥) يُغمد.

sheath·bill [shēth′bĭl] *(n.)* مُغْمَدُ المنقار: طائر بحريّ أبيض.

sheathe [shēth] *(vt.)* (١) يُغمد (٢) يطوّق (٣) يكسو؛ يُغلّف.

sheath·ing [shē′-] *(n.)* (١) إغماد؛ تغليف (٢) غلاف؛ كِساء؛ وِقاء.

sheath knife *(n.)* المُدْية الغِمدية: مُدْية ذات غمد.

shea tree [shē] *(n.)* الشِّيَة: شجرة استوائية تحمل جوزًا.

sheave [shēv] *(n.; vt.)* (١) البَكَرة المحزوزة § (٢) يَحْزِم: يجمع في حُزْمة (٣) يُجَذِّف عكسيًّا: يُعْمِل المجاذيف بطريقة معاكسة.

sheave 1.

sheaves [shēvz] *pl. of* sheaf *and* sheave.

she·bang [shə băng′] *(n.)* (١) كوخ (٢) مؤسَّسة (ع) (٣) مسألة؛ قضية؛ شيء <am tired of the whole ~>.

she·been [shĭ bēn′] *(n.)* الشِّيبين: حانة غير مُرَخّص بها.

shed [shĕd] *(vt.; i.; n.)* (١) يَفْصِل؛ يَعْزِل؛ يَفْرِز (ع) (٢) يَشُقّ الماء (٣) «أ» يُريق؛ يَسْفِك [الدَّمَ]. «ب» يَذْرِف [الدمعَ]. «ج» يَصُبّ؛ يَسْفَح؛ يُسِيل (٤) يَضَعُ [السمكُ بيوضَهُ] (٥) يُلقي ضوءًا (٦) «أ» يَنْسُل: يطرح الطائر ريشه أو يغيّره دوريًّا. «ب» تَطرح [الأفعى إهابَها دوريًّا] (٧) يُسْقِط [البذورَ أو الأوراقَ أو الأحمالَ] (٨) تُشيع [النارُ الدِّفءَ] (٩) يتخلّص من (١٠) يضع أو يؤوي في سقيفة x (١١) يَسْقُط؛ يقع (١٢) يتساقط؛ يتناثر (١٣) يَطْرح [ريشَهُ أو إهابَهُ دوريًّا] § (١٤) الطَّريح: كلّ ما يُطْرَحُ دَوْريًّا من ريشٍ ونحوه (١٥) سقيفة.

she'd [shēd] = she had; she would.

shed·der [shĕd′ər] *(n.)* (١) فا shed (٢) الطارح: السرطان البحري قُبَيْل اطّراحه إهابَه القديم أو بُعَيْده (ح).

she–dev·il [shē′-] *(n.)* الشَّيطانة: امرأة خبيثة أو شريرة أو قاسية.

sheen [shēn] *(adj.; vi.; n.)* (١) جميل (ا.ق) (٢) لامع؛ برّاق (ا.ق) § (٣) يَلمع؛ يَبرق؛ يتألّق § (٤) لَمَعان؛ بريق؛ تألُّق (٥) اللّمعة: سطح القماش اللامع (٦) ثوب لامع؛ قماش لامع (٧) قطعة نقد زائفة (ع).

sheen·y [1] [shē′nĭ] *(adj.)* لامع؛ برّاق؛ متألّق.

sheen·y [2] *(n.)* اليهوديّ: شخص يهوديّ [بمعنًى ازدرائيّ].

sheep [shēp] *(n.)* (١) خَروف؛ كَبْش؛ نَعجة (٢) الضعيف؛ الجبان؛ الخجول (٣) المُغَفَّل؛ السّاذَج (٤) جِلد الخروف.

sheep·ber·ry [shēp′bĕr′ĭ] *(n.)* توت الضَّأن: نبات أميركي أو ثمره.

sheep·cote [shēp′kōt] *(n., chiefly Brit.)* = sheepfold.

sheep–dip [shēp′dĭp] *(n.)* غَسُول الضَّأن: سائل كيميائيّ تُغطَّس فيه الخراف لتطهيرها من الحشرات الطفيليّة.

sheep·dog [shēp′dŏg′] *(n.)* كلب الماشية؛ كلب الراعي.

sheep fescue *(n.)* قَسْتوكة الضَّأن: عشبٌ أوروبيّ من النَّجيليات.

sheep·fold [shēp′fōld′] *(n.)* حظيرة الغنم؛ زريبة الغنم.

sheep·herd·er [shēp′hûr′dər] *(n.)* الراعي؛ راعي الغنم.

sheep·hook *(n.)* المِحْجَن: عصًا معقوفة الرأس يستعين بها الراعي.

sheep·ish [shē′-] *(adj.)* (١) ضعيف؛ جبان (٢) مغفَّل؛ ساذَج (٣) خجول؛ مرتبك.

sheep·man [shēp′mən] *(n.)* الراعي؛ راعي الغنم.

sheep's eye *(n.)* نظرة الغرام: نظرة خجلى تمور بالشوق أو بالغرام.

sheep·shank [shēp′shăngk′] *(n.)* (١) عُقدة التقصير: عُقدةٌ لتقصير حَبْل (٢) شيء تافه أو نحيلٌ أو ضعيف (إسك).

sheeps·head [-ʹhĕdʹ] *(n.)* (١) الأحمق (ا. ق) (٢) الشَّبْسْهِد؛ رأس الخروف: سمك أميركي ذو علامات عموديّة داكنة.

sheep·shear·er [shēpʹshērʹər] *(n.)* جزّاز الغَنَم؛ جزّاز الخِراف.

sheep·shear·ing [shēpʹshērʹĭng] *(n.)* (١) جَزُّ الغَنَم (٢) موسمُ الجزّ [أو مِهرجانٌ يُقام خلالَهُ].

sheep·skin [shēpʹ-] *(n.)* (١) جلد الغَنَم [أو ثوبٌ مصنوع منه] (٢) الرَّقّ: جلدٌ رقيق يُكتب عليه (٣) شهادة؛ دبلوم (عا).

sheep sorrel *(n.)* حُمّاض الغَنَم (نب).

sheep walk *(n. chiefly Brit.)* مَرْعى الغَنَم (بر).

sheer[1] [shēr] *(adj.; adv.; n.)* (١) شفّاف (٢) «أ» تامّ؛ مُطْلَق؛ مُطْبِق <~ folly>. «ب» صِرف؛ مَحْض. «ج» مجرَّد <by ~ chance> (٣) عموديّ؛ شديد التحدّر § (٤) تمامًا؛ كُلّيَّةً (٥) عموديًّا § (٦) قُماش شفّاف.

sheer[2] *(vi.; t.; n.)* (١) تنحرف [السفينةُ عن اتجاهها] x (٢) يَحْرِف السفينة: يجعلها تنحرف § (٣) انحراف الاتجاه (مل) (٤) التقعُّر: انحناء سطح السفينة في ما بين مقدَّمها ومؤخَّرها.

sheer·legs [shērʹlĕgzʹ] *(n. pl.)* = shear legs.

sheet[1] [shēt] *(n.; vt.; i.)* (١) المُلاءة: ما يُفْرش على السّرير (٢) شِراع (٣) الفَرْخ: صحيفة من الورق تُطْوى لِفَقْيَن في حجم محدود: طلحيّة (٤) الملزمة (طع) (٥) جريدة؛ مجلة؛ نشرة (٦) الصَّفحة: امتدادٌ أو سطح عريض <a ~ of ice *or* water> (٧) لوح [من زجاج أو معدن] § (٨) يغطّي؛ يُغَشّي <was ~ *ed* with ice> (٩) يزوِّد بمُلاءة إلخ x (١٠) ينهمر؛ يَهْطل.

in ~*s* مُمَلْزَم؛ غير مجلَّد [صفة للكتاب المؤلف من ملازم متفرّقة معدّة للتجليد].

Rain came down in ~*s*. انهمر المطرُ أو هطل بغزارة.

sheet[2] *(n.; vt.)* (١) حَبْل الشّراع § (٢) يَنْشر أو يثبّت بحبل.

sheet anchor *(n.)* (١) المرساة الكبرى (مل) (٢) الملاذُ الأخير.

sheet bend *(n.)* عُقْدة الوَصْل: عُقدة لوَصْل حَبْلٍ بآخر (مل).

sheet bend

sheet glass *(n.)* الزُّجاج الصَّفحيّ؛ الزُّجاج اللَّوحيّ.

sheet·ing [shētʹ-] *(n.)* (١) مص sheet (٢) قماش المُلاءات أو الشراشف (٣) الكُسْوة: غطاء خشبيّ أو معدنيّ يُتَّخذ لوقاية سطحٍ ما.

sheet iron *(n.)* الصّاج؛ حديد الألواح: حديد على صورة صفائح رقيقة.

sheet lightning *(n.)* البَرْق المستطير أو الصَّفْحيّ؛ البرق الخُلَّب.

sheet metal *(n.)* الصفائح المعدنية: قِطع من صفائحَ معدنية رقيقة.

sheet music *(n.)* الموسيقى الصحائفيّة: موسيقى مطبوعة على صحائفَ عريضةٍ غير مجلّدة.

she–fox [shēʹfŏks] *(n.)* الثعْلبة؛ أنثى الثَّعلب (ح).

sheikh *or* **sheik** [shēk; shāk] *(n.)* (١) الشيخ: شيخ قبيلة، أو حاكمٌ عربيّ (٢) ساحر النساء: رجل فاتنٌ للنّساء على نحوٍ لا يُقاوَم.

sheikh·dom *or* **sheik·dom** [shēkʹdəm; shākʹ-] *(n.)* المَشْيَخة: منطقة يحكمها شيخ.

shek·el [shĕkʹ-] *(n.)* (١) الشّاقل: «أ» وحدة وزن بابليّة الأصل. «ب» عملة فضيّة عبرانية قديمة. «ج» وحدة النقد في إسرائيل (٢) *pl.*: نقود؛ مال.

sheldrake

shel·drake [shĕlʹdrākʹ] *(n.)* الشَّهْرَمان: ضرب من البطّ.

shelf [shĕlf] *(n.)* (١) «أ» رفّ. «ب» محتويات رفٍّ (٢) الرَّفّ الصخريّ: «أ» طبقة صخرية مسطَّحة ناتئة. «ب» سلسلة صخور مسطّحة قرب سطح الماء.

on the ~, مُهْمَل؛ موضوع على الرفّ.

shell [shĕl] *(n.; vt.; i.; adj.)* (١) قوقعة؛ صَدَفة؛ محارة (٢) قشرة [البيضةِ أو الثَّمرةِ أو البذرةِ] (٣) الذَّبْل؛ تُرْس السلحفاة: ظهر السلحفاة العظميّ (٤) غلاف أو غطاء شبيه بالصدفة (٥) هيكل، وبخاصة: هيكل مَبْنًى غير مُنْجَز (٦) غلاف [الفطيرة المَحْشُوّة] (٧) كأس جِعة صغيرة (٨) طبقة صخرية رقيقة (٩) حيوان من الرِّخويّات (١٠) الشَّلّ: قارب سباق خفيف ضيّق (١١) «أ» قذيفة؛ قنبلة [مدفع]. «ب» ظرف بارود [ورقيّ أو مَعدِنيّ] § (١٢) يَقْشُر؛ ينزع القشرة (١٣) ينزع حبات الذُّرة عن القَوْلحة [الجزء الخشبي من الكوز] (١٤) يقذف بالقنابل x (١٥) يتساقط قِطَعًا رقيقة (١٦) يجمع الأصداف [على الشاطئ] § (١٧) ذو صدفةٍ أو قشرة <a ~ animal or fruit>.

to come out of one's ~, يخرج من قوقعته: يطّرح الحياء أو التحفّظ؛ يشارك في الحديث إلخ.

to retire into one's ~, ينكمش في قوقعته: يغلب عليه الحياء والتحفّظ؛ يرفض المشاركة في الحديث إلخ.

to ~ out يدفع [مالًا]؛ يدفع نَصيبَهُ من النّفقات.

she'll [shēl] = she will; she shall.

shel·lac [shə lăkʹ] *(n.; vt.)* (١) الشِّيلاك؛ اللَّكّ المصفًّى (را. lac) (٢) الشِّيلاك: محلول اللَّكّ في الكحول (٣) أسطوانة فونوغرافية قديمة § (٤) يُوَرْنش: يكسو أو يعالج بالشّيلاك (٥) يهزمه هزيمةً مُنْكَرةً [أو مُذِلّة].

shel·lack·ing [-ʹĭng] *(n.)* (١) هزيمة مُنكرة أو مُذِلّة (٢) ضربٌ مبرِّح.

shell·back [shĕlʹbăkʹ] *(n.)* ملّاح عريق أو مُحَنَّك.

shell bean *(n.)* الشَّلبين: ضرب من اللوبياء (نب).

shelled [shĕld] *(adj.)* (١) ذو قشرة (٢) مقشور <~ oysters>.

shell·fire [shĕlʹfī ər] *(n.)* الرَّمْي بالقذائف أو بالقنابل.

shell·fish [shĕlʹfĭsh] *(n.)* المَحاري: حيوان مائيّ صَدَفيّ.

shell jacket *(n.)* المُقَصَّرة: سترة قصيرة ضيّقة.

shell·proof [shĕlʹ-] *(adj.)* صامد للقذائف: لا تقوى القذائف على اختراقِهِ.

shell shock *(n.)* صدمة القذائف: اضطراب عصبيّ أو عقليّ يصيب بعض

الجنود الخائضين غمار الحرب.

shell·y [shĕl′ĭ] *(adj.)* (١) صَدَفيّ أو شبيه بصَدَفة (٢) كثير الأصداف.

shel·ter [shĕl′tər] *(n.; vt.; i.)* (١) وِقاء؛ سِتْر؛ مَفْزَع؛ مُلتَجأ؛ حِمًى (٢) وقاية؛ حماية § (٣) يقي؛ يَستر (٤) يزوِّد بوقاء أو ستر (٥) يحمي [شخصًا] (٦) يؤوي [هاربًا] x (٧) يستظلّ؛ يحتمي؛ يلجأ إلى.

shel·ter·belt [shĕl′tər-] *(n.)* الحزام الأخضر: حاجز من أشجار وشُجَيرات يحمي التربة أو الزَّرع من الرياح والتعرية.

shel·ter·less [shĕl′tər-] *(adj.)* بلا حِمًى؛ بلا سِتْر؛ بلا وقاية.

shelter tent *(n.)* الخِباء المنصَّف: خيمة لشخصين تتألف من قطعتي قماش صامدتين للماء تُزَرَّر إحداهما إلى الأخرى عند نَصْبها.

shelve [shĕlv] *(vt.; i.)* (١) يُرَفِّف: يزوِّد برفوف (٢) يضع على رفّ (٣) «أ» يَصْرِف من الخدمة. «ب» يُهْمِل؛ «يضع على الرفّ» <~d the question> x (٤) ينحدر [تدريجيًّا].

shelves [shĕlvz] *pl. of* shelf.

shelv·ing [shĕl′-] *(n.)* (١) الترفيف: التزويد برُفوف (٢) «أ» وضعُ شيء على رفّ. «ب» إهمالٌ أو «وضعٌ على الرفّ» <the ~ of a claim> (٣) موادّ تُصنع منها الرفوف (٤) رفوف (٥) تحدُّر؛ درجة التحدُّر (٦) مُنْحَدَر.

shel·vy [shĕl′vĭ] *(adj.)* مُنْحدِر؛ مُتحدِّر؛ مائل.

Shem·ite [shĕm′īt] *(n.)* = Semite.

She·mit·ic [shə mĭt′-] *or* **Shem·it·ish** [shĕm′ĭ-] *(adj.)* ساميّ.

she·nan·i·gan [shə năn′ə gən] *(n.)* (١) خُدعة (٢) خِداع.

shend [shĕnd] *(vt.)* (١) يؤذي؛ يُفسِد (ع) (٢) يخرِّب؛ يُدَمِّر (ع).

she·ol [shē′ōl] *(n.)* (١) الجحيم؛ جَهَنَّم (٢) *cap.*: عالم الموتى.

shep·herd [shĕp′ərd] *(n.; vt.)* (١) الراعي؛ الغَنّام (٢) راعي الكنيسة § (٣) يرعى الغَنَم أو الرعيّة (٤) يقود أو يرعى.

shepherd dog *(n.)* = sheepdog.

shep·herd·ess [-′ər dəs] *(n.)* (١) الغَنّامة؛ راعية الغَنَم (٢) فتاة ريفيّة.

shepherd's pie *(n.)* فطيرة الراعي: فطيرة من لحم وبطاطا مهروسة.

shepherd's purse *(n.)* كيس الراعي: عشب ذو زهر أبيض.

sher·bet; sher·bert [shûr′-] *(n.)* الشَّرْبات: عصير فاكهة مثلَّج.

sherd [shûrd] *(n.)* = shard.

she·rif [shĕ rēf′] *(n.)* = sharif.

sher·iff [shĕr′ĭf] *(n.)* الشَّريف: عُمْدة المنطقة؛ ضابط أمن المنطقة.

sher·lock [shûr′lŏk] *(n. often cap.)* شُرطيّ سرّيّ؛ بوليس سِرّيّ.

sher·ry [shĕr′ĭ] *(n.)* الشَّري: نبيذ إسبانيّ الأصل.

she's [shēz] = she is; she has.

Shetland pony *(n.)* جواد شَتْلَنْد القَزَم.

Shetland pony

sheugh [shoo͞kh] *(n.)* خَنْدَق [إسك].

shew·bread [shō′brĕd′] *(n.)* خبز التَّقدِمة [عند اليهود].

she–wolf [shē′woolf′] *(n.)* الذِّئبة؛ أنثى الذِّئب (ح).

Shi·ah [shē′ə] *(n.)* الشِّيعة (إس).

shi·at·su [shē ät′-] *(n.)* الشّياتسو: طريقة يابانية لمعالجة الأمراض بالتدليك.

shib·bo·leth [-′ə lĕth′] *(n.)* (١) شِعار (٢) لهجة مميِّزة (٣) فكرة مكرَّرة.

shied [shīd] *past and past part. of* shy.

shiel [shēl] *(n.)* = shieling.

shield [shēld] *(n.; vt.)* (١) تُرْس؛ مِجَنّ (٢) وِقاء؛ مِدْرَأ؛ حائل (٣) دِرْع النبالَة (٤) shell *3* (٥) حجاب واقٍ. وبخاصةٍ: حاجب الرّيح: الحاجب الزجاجي القائم أمام مقعد السيارة (٦) شارة الشُّرطيّ § (٧) يُتَرِّس أو يقي بترس (٨) يَسْتُر؛ يحجب عن الأنظار.

shields *1.*

shield law *(n.)* القانون الدِّرْعيّ؛ القانون الواقي: قانون يحمي الصحافيين من أي محاولة لإكراههم على الكشف عن مصادر أخبارهم السرّيّة.

shiel·ing [shē′lĭn; -′lĭng] *(n.)* الشِّيلين: «أ» كوخ جبليّ للرّعاة (بر). «ب» مَرْعًى صيفيّ في الجبال (بر).

shift [shĭft] *(vt.; i.; n.)* (١) يُغيِّر؛ يُبَدِّل <to ~ the scenery> (٢) يحوِّل أو ينقل من مكان [أو شخص] إلى آخر <to ~ the blame> x (٣) «أ» ينتقل. «ب» يغيّر اتجاهه. «ج» يغيّر وَضْع ناقل الحركة [أثناء قيادة السيّارة]. «د» يضغط على مفتاح التحويل (را. shift key) (٤) «أ» يتدبّر أمره بنفسه؛ يسعى جاهدًا لكسب رزقه بنفسه <When her parents died, Jane had to ~ for herself.> «ب» يتحايل: يلجأ إلى الخداع أو المراوغة أو الطرق الملتوية (٥) «أ» يتغيّر. «ب» يغيّر ملابسه § (٦) «أ» وسيلة. «ب» حيلة؛ مكيدة (٧) «أ» تغييرُ ملابس. «ب» قميص (ع). «ج» قميص نسويّ تحتانيّ (ع) (٨) تغيّر في الاتجاه <a ~ in the wind> (٩) تحوُّلٌ [في السّلوك أو المواقف إلخ] (١٠) «أ» فريق مُناوَبة. «ب» مُناوَبةٌ (١١) تغيُّر [في موضع شيء] (١٢) انتقال.

- to make ~, (١) يتدبّر أمره؛ يكسب رزقه جاهدًا من غير مساعدة (٢) يبذل قُصارى جهده.
- to ~ off (١) يتخلّص من (٢) يرجئ؛ يؤجل.
- to ~ one's ground يَتّخِذ موقعًا جديدًا؛ يتأتّى للموضوع بطريقة جديدة [أثناء المناقشة]؛ يجرِّب خطّةً جديدة.

shift·er [shĭf′tər] *(n.)* (١) فا shift (٢) المُخادِع؛ المُراوِغ.

shift·i·ness [shĭf′tĭ-] *(n.)* (١) دهاء؛ سَعة حيلة (٢) خِداع؛ مراوَغة.

shift key *(n.)* مفتاح التحويل: مفتاح في لوحة مفاتيح الآلة الكاتبة أو الكومبيوتر يُضغط عليه كلّما أريد الطبع بأحرف استهلاليّة كبيرة capital letters.

shift·less [shĭft′-] *(adj.)* (١) عديم الحيلة أو التدبير (٢) خامِل؛ كسلان.

shift·y [shĭf′tĭ] *(adj.)* (١) داهية؛ واسع الحيلة (٢) مُخادِع؛ مُراوِغ.

shi·gel·la [shĭ gĕl′ə] *(n.)* الشِّيغِلَّة: بكتيريا مسبِّبة للزُّحار (أح).

shih tzu [shēd′zoo͞′] *(n.)* الشيتزو: كلب صيني صغير.

shi·ism [shē′ĭz əm] *(n.)* التشيُّع؛ مذهب الشيعة (اس).

shi·ite [shē′īt] *(n.)* الشيعيّ: واحد الشِّيعة.

shi·kar [shĭ kär′] *(n.; vt. i.)* (١) صَيْد؛ قَنْص § (٢) يصيد.

shi·ka·ri [shĭ kä′rē] *(n.)* صيّاد أو دليل مُحترف.

shik·sa *or* **shik·se** [shĭk′sə] *(n.)* الشِّيكْسيّة: فتاة غير يهودية.

shill [shĭl] *(n.)* الشَّريك الطُّعْم؛ الشَّريك الشَّرَك: شريك للمقامر أو للبائع المتجوّل. وبخاصة: من يستهلّ الشراء إلخ تشجيعًا للآخرين.

shil·le·lagh *also* **shil·la·lah** [shə lā′lĭ;-lə] *(n.)* نبُّوت؛ هِراوة.

shil·ling [shĭl′ĭng] *(n.)* الشِّلِن: $\frac{1}{20}$ من الجنيه الإسترليني إلخ.

shil·ly–shal·ly [shĭl′ĭ shăl′ĭ] *(n., adj., adv., vi.)* (١) تردُّد § (٢) متردِّد § (٣) بتردُّد § (٤) يتردَّد (٥) يتوانى؛ يتلكّأ.

shil·pit [shĭl′-] *(adj.)* (١) سقيم؛ مهزول (٢) مُشَعْشَع؛ مُرَقَّق <~ drinks>.

shim [shĭm] *(n.; vt.)* (١) الرِّفادة: قطعة رقيقة من معدِن أو خشب تُتَّخَذ للحَشْو أو التسوية § (٢) يَرفِد؛ يحشو؛ يُسَوِّي.

shim·mer [shĭm′ər] *(vi.; t.; n.)* (١) يترأرأ؛ يومض؛ يضيء بوَهن **x** (٢) يُرَأرئ: يجعله يترأرأ § (٣) رأرأة؛ وميض. **— shim·mer·y** *(adj.)*

shim·my [shĭm′ĭ] *(n.; vi.)* (١) قميص (ع) (٢) الشِّيميّة: رقصة أميركيّة من رقصات الجاز تتميّز بهزّ الأوراك أو الأكتاف (٣) التَّذَبذُب: تذبذبٌ غير سويّ وبخاصة في دولابَي السيارة الأماميّين § (٤) يرقص الشيميّة (٥) يهتزّ أو يرتعد [وكأنه يرقص الشيميّة] (٦) يتذبذب على نحو غير سَوِيّ.

shin [shĭn] *(n.; vi.; t.)* (١) القَصَبة: مقدَّم السّاق (٢) الظُّنْبُوب: عَظْمُ السّاقِ الأكبرُ. وبخاصة: حَرْف الظُّنبوب أي حافتُهُ الحادّة أو جزؤهُ الأمامي (ت) § (٣) يَعْتَرِش: يتسلّق شجرة، أو صاريًا إلخ، بأن يطوّقها بذراعيه وساقَيْه (٤) يمشي بسرعة **x** (٥) يَرْفس [على مقدَّم السّاق].

shin·bone [shĭn′bōn′] *(n.)* الظُّنبوب: عظم السّاقِ الأكبرُ (ت).

shin·dig [-′dĭg] *(n.)* (١) حفلة راقصة (٢) مُآنسة (٣) شِجار؛ هياج.

shin·dy [shĭn′dĭ] *(n.)* = shindig.

shine [shīn] *(vi.; t.; n.)* (١) يُضيء (٢) يتألّق (٣) يلمع؛ يبرز [في المجتمع إلخ] (٤) يتّضح **x** (٥) يجعله مضيئًا (٦) يلمِّع؛ يصقل [الأحذية إلخ] § (٧) ضياء؛ تألّق؛ لمعان (٨) صحو؛ طقس جميل (٩) *pl.* عد: حيلة؛ مزحة (١٠) وَلَع؛ مَيْل (١١) اجتماع صاخب؛ اجتماع يُعوزُهُ النظام (١٢) «أ» لمعة الحذاء [بعد صقله]. «ب» تلميع الحذاء (١٣) زنجيّ.

rain or ~, سواءٌ أكان الجوّ ماطرًا أم صحوًا.

to ~ up to يتقرّب إليه [محاولًا كَسْب وِدّه أو صداقتِه].

to take a ~ to يُحِبّ أو يُوْلَع بِـ (ع).

shin·er [shī′-] *(n.)* (١) شخصٌ لامع (٢) شيء برّاق [كنجم أو ماسةٍ أو قطعة نقدية] (٣) سمكة فضيّة (٤) كَدْمة حول العين [من أثرِ لَكْمةٍ].

shin·gle¹ [shĭng′gəl] *(n.; vt.)* (١) اللَّوح؛ السقيفة: لوح خشبيّ إلخ صغير تُكْسَى به السّطوح على نحوٍ متراكب أو متداخل (٢) لوحة؛ لافتة صغيرة (٣) المُقَصَّرة: قَصّة شعرٍ نسوية قصيرة § (٤) يلوِّح؛ يُسَقِّف: يكسو بألواح أو سقائف (٥) يُقَصِّر: يقصّ الشَّعرَ قَصًّا قصيرًا (٦) يُراكِب؛ يُداخِل: يضع أو يصفّ على نحوٍ متراكب أو متداخل.

shin·gle² *(n.)* (١) الحاصِب: موضع كثير الحَصَى (٢) حَصْباء؛ حَصًى.

shin·gle³ *(vt.)* يُطرِّق [الحديدَ ويَضْغَطُهُ لإزالة الشوائب منه].

shin·gles [shĭng′gəlz] *(n.)* = herpes zoster.

shin·gly [-′glĭ] *(adj.)* (١) حَصِب: كثير الحَصَب أو الحصى (٢) حَصَويّ.

shin guard *(n.)* وِقاء الظُّنبوب: وقاء لعظم السّاق يَلْبسه الرياضيّون.

shin·ing [shī′nĭng] *(adj.)* (١) مُضيء؛ مُشرق (٢) متألّق (٣) لامع؛ شهير (٤) صَحْو؛ لا غيمَ فيه.

shin·leaf [shĭn′lēf′] *(n.)* البيرولة: عشب أميركي لمّاع الأوراق.

shin·ner·y [shĭn′ə rĭ] *(n.)* أجَمة؛ دَغَل؛ غَيْضة.

shin·ny¹ *also* **shin·ney** [shĭn′ĭ] *(n.)* الشِّينيّ: «أ» ضرب من لعبة الهوكي. «ب» مِضرب الشينيّ أو عصاه.

shin·ny² *(vi.)* يَعْترش: يتسلّق شجرةً إلخ بأن يطوّقها بذراعيه وساقَيْه.

shin·plas·ter [shĭn′plăs′-] *(n.)* لَصُوق الرِّجل: «أ» عملة ورقية متدهورة القيمة لعدم استنادها إلى غطاءٍ كافٍ. «ب» ورقة نقدية ضئيلة القيمة. «ج» لصوق أو لزقة للرِّجل أو لمقدَّم السّاق.

Shin·to [shĭn′-] *(n.; adj.)* (١) الشِّنْتَوِيّة: ديانة اليابان الأهلية التي تؤمن بقوّة مقدَّسة تسمّى الـ«كامي» Kami § (٢) شِنْتَوِيّ.

shin·y [shī′nĭ] *(adj.)* (١) «أ» صَحْو؛ صافٍ؛ مُشمِس. «ب» مُشرِق؛ مُفْعَم بالضياء (٢) لامع؛ مصقول <~ shoes> (٣) لمّاع [نتيجةً للبِلى وذهاب زِئبر القماش] <a ~ coat> (٤) لا أثر فيه لمساحيق التجميل.

ship [shĭp] *(n.; vt., i.)* (١) «أ» سفينة كبيرة. «ب» مركب شراعيّ (٢) زورق بخاريّ أو شراعيّ (٣) البحّارة؛ نوتيّة المركب (٤) ثراء؛ غنًى (٥) طائرة § (٦) يَشحَن [في سفينة] (٧) يُغْمَر باطن المركب بالمياه المتكسِّرة على جوانبه <~*ped* a good amount of water> (٨) يَضع شيئًا في مكانه (٩) يحمل <to ~ a burden> (١٠) يتعاقد معه للعمل في مركب <Sami ~*ped* a new crew.> (١١) يُبْعد أو يتخلّص من (ع) (١٢) يُرسل <~*ped* off young men to the colonies> (١٣) يمتطي [أو يُسافر على] متن السفينة **x** (١٤) يعمل أو يخدم في سفينة <He ~*ped* as cook.>.

to ~ oars يُخرج المجاذيف من الماء ويُدخلها إلى المركب.

when one's ~ comes home *or* in عندما يُصبح غنيًّا.

-ship لاحقة معناها: «أ» حالة <kin*ship*> «ب» عمل؛ منصِب <chancellor*ship*> «ج» مرتبة؛ مقام <lord*ship*>. «د» فنّ؛ براعة <penman*ship*>. «هـ» مجموعة؛ جُمهور <reader*ship*>.

ship biscuit *(n.)* = hardtack.

ship·board [-′bōrd′] *(n.)* السفينة؛ متن السفينة <met on ~>.

ship·borne [-′bōrn′] *(adj.)* محمول على متن السفينة <a ~ aircraft>.

ship·build·ing [shĭp′-] *(n.)* السِّفانة: بناء السُّفن أو وضعُ تصاميمها.

ship canal *(n.)* القَناة الملاحية: قناة صالحة لعبور السُّفن الكبيرة.

ship chandler *(n.)* السَّفائنيّ؛ مُجهِّز السُّفُن: المُتَّجِر بلوازم السُّفن.

ship fever *(n.)* التِّيفوس؛ حُمّى التّيفوس.

ship·load [shĭp′lōd′] *(n.)* (١) حمولة السفينة (٢) عدد ضخم.

ship·man [shĭp′-] *(n.)* (١) بحّار؛ ملّاح (٢) رُبّان السفينة.

ship·mas·ter [shĭp′-] *(n.)* الرُّبّان: رئيس الملاحين العاملين في سفينة.

ship·ment [shĭp′-] *(n.)* (١) الشّحن بالسُّفُن (٢) الشّحنة: السِّلَع المشحونة بالسُّفُن.

ship money *(n.)* ضريبة السُّفُن: ضريبة كانت تُفرض في إنكلترا، أيامَ الحرب، على المرافئ والمُدُن لتعزيز الأسطول الملكيّ.

ship of the desert *(n.)* سفينة الصحراء؛ الجمل.

ship of the line *(n.)* سفينة حربية [كبيرة].

ship·pa·ble [shĭp′ə bəl] *(adj.)* قابلٌ للشّحن [بالسُّفن].

ship·per [shĭp′ər] *(n.)* الشّاحن [بأية وسيلة من وسائل الشّحن].

ship·ping [shĭp′-] *(n.)* (١) السُّفُن جملةً [أو مجموع حمولتها] (٢) الشّحْن: «أ» شَحْن بالسُّفُن. «ب» صناعة الشّحن بالسُّفُن.

shipping agent *(n.)* وكيل الشّحن البحريّ.

shipping articles *(n. pl.)* العَقْد الملاحيّ [بين رُبّان السفينة وبحّارتها].

shipping clerk *(n.)* موظّف الشّحن: موظف في مؤسسة تجارية مُكَلَّف بشحن السِّلع بالبواخر إلخ.

shipping room *(n.)* حجرة الشّحن: حجرة في مصنع تُشحَن منها السِّلع.

ship·shape [shĭp′shāp′] *(adj.; adv.)* (١) مُرتَّب؛ حَسَنُ النظام § (٢) بترتيب؛ بنظام حسَن.

ship·side [-′sīd′] *(n.)* الناحية المحاذية للسفينة. وبخاصة: ميناء؛ مرفأ.

ship's papers *(n. pl.)* أوراق السفينة؛ وثائق السفينة.

ship·way [shĭp′wā′] *(n.)* (١) مَسْنَد السفينة: مُنْشأ منحدِر تُبْنَى عليه السفينة ثم تُنْزَل منه إلى الماء (٢) ship canal.

ship·worm [-′wûrm′] *(n.)* دودة السُّفن: حيوان رخويّ، شبيه بالدودة، يتّخذ مسكنَهُ في الخشب المغمور بالماء ويصيب بأذاهُ السُّفن الخشبية إلخ.

ship·wreck [-′rĕk′] *(n.; vt.)* (١) «أ» سفينة غارقة. «ب» حُطام السفينة (٢) غَرق السفينة (٣) تحطُّم؛ ضَياع؛ خَيْبة § (٤) يُغرق [سفينةً] (٥) يدمِّر.

ship·wright [shĭp′rīt′] *(n.)* نجّار السُّفن [الذي يبنيها أو يرمّمها].

ship·yard [-′yärd′] *(n.)* المَسْفَن: موضع تُبْنَى فيه السفن أو تُرَمَّم.

shire [shīr] *(n.)* (١) مقاطعة؛ قضاء؛ ناحية [في التقسيم الإداري] (٢) الشّاير: حصان إنكليزيّ ضخم من خيول الجرّ.

shire town *(n.)* الحاضرة: عاصمة المقاطعة أو القضاء أو الناحية.

shirk [shûrk] *(vi.; t.; n.)* (١) ينصرف خلسةً (٢) يتهرّب [من عملٍ أو واجب] (٣) يتجنّب [خطرًا إلخ] (٤) ينسحب § (٥) المتهرب إلخ.

shirr [shûr] *(vt.; n.)* (١) يُدرِّز [القماش] (٢) يَقْلي [البَيْض] § (٣) تدريز.

shirt [shûrt] *(n.)* (١) قميص (٢) قميص تحتاني.

to keep one's ~ on يحتفظ بهدوء أعصابِهِ.

to lose one's ~, يفقد كلَّ ما يملك.

to put one's ~ on يراهن بكلّ ما معه [على فرسٍ إلخ].

shirt·ing [shûr′-] *(n.)* قُماش القمصان: قُماش تُصنع منه القمصان.

shirt·mak·er [shûrt′mā′kər] *(n.)* (١) خيّاط القمصان (٢) البلوزة القُمصانية: ثوب نسويّ شبيهٌ بقميص الرَّجُل.

shirt·sleeve [-′slēv′] *(adj.)* (١) غير مُرْتدٍ قميصًا (٢) غير رسمي <~ diplomacy>.

shirt·tail [-′tāl′] *(adj.)* (١) صغير؛ حَدَثٌ <~ boys> (٢) بَعيد القرابة.

shirt·waist [-′wāst′] *(n.)* بلوزة نِسْوية [شبيهة بقميص الرَّجُل].

shirt·y [shûr′tĭ] *(adj. chiefly Brit.)* غاضب؛ مُغْضَب؛ مُثار.

shish ke·bab [shĭsh′ kə bäb′] *(n.)* الكَباب؛ لحم مشويّ.

shit [shĭt] *(n.; vt.; i.)* (١) غائط؛ براز (ع) (٢) تَغوُّط؛ تبرُّز (ع) (٣) هُراء (ع) (٤) مخدِّر § (٥) يتغوّط (ع) x (٦) يتغوّط في (ع).

shit·tah [shĭt′ə] *(n.)* السِّيال: ضربٌ من شجر السَّنْط acacia.

shit·tim [shĭt′ĭm] *also* **shit·tim·wood** *(n.)* خشب السِّيال.

shit·ty [shĭt′ĭ] *(adj.)* (١) قَذِر؛ مُقرِف (٢) كريه؛ بغيض.

shiv [shĭv] *(n.)* مُدْية؛ سِكّين.

Shi·va [shē′və] *(n.)* شيفا: إلٰه الدمار والانبعاث عند الهندوس.

shiv·a·ree [shĭv′ə rē′] *(n.)* السِّرِيناد الزائف: سَريناد serenade صاخب يُعْزَف بآنية المطبخ للعروسَيْن.

— shiv·a·ree *(vt.)*

shive [shīv] *(n.)* (١) سِطام [لسدّ فم القنّينة العريض] (٢) كِسْرة (٣) شَظيّة.

shiv·er[1] [shĭv′-] *(n.; vt.; i.)* (١) شَظِيّة § (٢) يُشَظّي؛ يحطِّم [إلى شظايا] x (٣) يتشظّى؛ يتحطّم.

shiv·er[2] *(vi.; t.; n.)* (١) يرتجف؛ يرتعش؛ يَرْتعد x (٢) يُرْجِف: يجعل الشِّراعَ يرتجف § (٣) رَجْفة؛ رَعْشَة؛ رِعدة.

shiv·er·y[1] [shĭv′ər ĭ] *(adj.)* قَصِف؛ هَشّ؛ قَصِم؛ سَهْل الانكسار.

shiv·er·y[2] *(adj.)* (١) مُرتجف؛ مُرتعش؛ مُرتعِد (٢) مُرْجِف: مسبِّب للارتجاف (٣) بارد؛ قارس (٤) شديد التّأثر بالبرد [إلى حدّ الارتجاف].

shoal[1] [shōl] *(adj.; n.; vi.; t.)* (١) ضَحْل؛ ضَحْضاح § (٢) الضَّحْضَح: موضع ضحل (٣) .*pl*: مخاطر محجوبة § (٤) يَضْحَل: يُصبح ضَحْلاً x (٥) يُضاحل: يبلغ المياه الضحلة أو الجزءَ الضَّحْلَ من... (٦) يُضْحِل: يجعلُهُ ضَحْلاً.

— shoal·y *(adj.)*

shoal[2] *(n.; vi.)* (١) حَشْد؛ قطيع؛ جَمْهَرَة؛ فَوْج؛ جماعة <a ~ of fish> § (٢) يحتشد؛ يتجَمْهر؛ يتجمّع.

shoat [shōt] *(n.)* الخِنّوْص: ولد الخنزير وبخاصة في سنته الأولى.

shock[1] [shŏk] *(n.; vt.)* (١) كَوْمة: كُدْس [من حُزَم الحنطة] § (٢) يكوِّم؛ يكدِّس [حُزَم الحنطة].

shock[2] *(n.; vt.; i.)* (١) تصادُم [في قتال] (٢) رجَّة؛ هَزّة (٣) «أ» صَدْمة. «ب» صَدْمة عصبيّة. «ج» صَدْمة كهربائية (٤) السَّكْتة؛ السَّكتة الدِّماغية (ط) (٥) coronary thrombosis (٦) shock absorber § (٧) يَصْدِم: «أ» يُوْقِع في النفس ذُعرًا أو اشمئزازًا. «ب» يصيب بصدمة عاطفية أو عصبية أو كهربائية x (٨) يتصادم.

shock[3] *(n.; adj.)* (١) كُتلة كَثّة [من الشَّعر إلخ] § (٢) كَثٌّ <~ hair>.

shock absorber *(n.)* مُمتصّ الصَّدَمات [في ماكينة أو سيارة].

shock·er [shŏk′ər] *(n.)* شيء مروِّع. وبخاصة: رواية أو مسرحية مثيرة.

shock·head·ed [-ˈhĕdˈĭd] *(adj.)* أشْعَث : ذو شعر كثٍّ منفوش .

shock·ing [-ˈĭng] *(adj.)* (١) فظيع ؛ مروِّع (٢) مثير للاشمئزاز (٣) رديء جدًا <~ handwriting> (٤) صارخ ؛ قويّ <~ pink> .

shock·proof [shŏkˈpro͞ofˈ] *(adj.)* صامدٌ للصَّدَمات .

shock tactics *(n.)* تكتيك الصدام ؛ تكتيك المصادمة (جن) .

shock therapy *(n.)* المعالجة بالصَّدْمة [الكهربائية وغيرها] .

shock troops *(n. pl.)* (١) جند الصِّدام أو المصادمة (٢) جماعة من المناضلين .

shod[1] [shŏd] *past and past part. of* shoe.

shod[2] *(adj.)* (١) مُنْتعِل : لابسٌ نعلًا (٢) مُعَجَّل : ذو عجلات أو دواليب (٣) مُنْعَل : مزوَّد بنعل أو حَذْوة إلخ .

shod·dy [shŏdˈĭ] *(n.; adj.)* (١) الشُّوْديّ : صوف أو نسيج صوفيّ رديء يُتَّخذ من خيوط الأقمشة والبُسُط القديمة (٢) سَقَطُ المتاع : نُفايات أو أشياء زائفة أو رديئة النوع (٣) «أ» مُدَّعي التفوُّق إلخ . «ب» ادّعاء ؛ تفاخر § (٤) خسيس : مصنوع من موادّ رديئة <~ cloth> (٥) رديء ؛ رديء النوع (٦) مُلَهْوَج : مصنوع على عجل (٧) زائف <~ aristocracy> .

shoe [sho͞o] *(n.; vt.)* (١) حِذاء (٢) نَعْل ؛ حَذْوة الفَرَس (٣) الغلاف الخارجيّ لدولاب السيّارة . وتوسّعًا : دولاب سيارة (٤) «أ» العائق أو الضابط لحركة شيء . «ب» نعل أو كعب العصا المعدني . «ج» حِذاء المِكْبَح : جزء من المِكْبَح ضاغطٌ على الدولاب § (٥) «أ» يُنْعِل . «ب» يُبَيْطِر : يكسو حافر الفَرَس بنعلٍ (٦) يكسو على سبيل الوقاية أو التقوية أو التزيين .

another pair of ~s مسألةٌ مختلفةٌ تمامًا .

to be in another man's ~, يَحلُّ محلَّه أو يكون في مثل حالتِهِ أو ورْطَتِهِ .

to die in one's ~, يموت بطريقةٍ غير طبيعية .

to know where the ~ pinches يعرف أين تكمُنُ العِلّة أو المشكلة الحقيقية .

shoebill

shoe·bill [sho͞oˈbĭl] *(n.)* أبو مركوب : طائر كبير مُخوِّض .

shoe·black [sho͞oˈblăk] *(n.)* ماسح الأحذية .

shoe·horn [-ˈhôrnˈ] *(n.; vt.)* (١) القَرْن [لتسهيل لُبس الأحذية] § (٢) يَحْشُر : يُقحم في حيّزٍ ضيِّق .

shoe·lace [sho͞oˈlāsˈ] *(n.)* رِباط الحِذاء ؛ شريط الحذاء .

shoe·mak·er [sho͞oˈ-] *(n.)* الحذّاء : صانع الأحذية أو مُصْلِحُها .

shoe·pac *or* **shoe·pack** [sho͞oˈpăk] *(n.)* الشُّوْبَك : حذاء صامدٌ للماء يُنْتَعَل في فصل الشتاء .

sho·er [sho͞oˈər] *(n.)* = horseshoer.

shoe·string[1] [sho͞oˈ-] *(n.)* (١) رِباط الحِذاء : شريط الحذاء (٢) مبلغ ضئيل <The company started on a ~.> .

shoe·string[2] *(adj.)* (١) ناحل <a ~ necktie> (٢) هزيل ؛ ضئيل <a ~ budget>.

shoe tree

shoe tree *(n.)* قالَب الأحذية : قالَب يُقْحَم في الحذاء بعد خلعِهِ لكي يحتفظ بأناقة شكله .

sho·lom [shä lōmˈ] *(interj.)* = shalom.

shone [shōn] *past and past part. of* shine.

shoo [sho͞o] *(interj.; vt.)* (١) هتاف لترويع الطَّير § (٢) يُرَوِّع (٣) يَطْرد .

shoo·fly [sho͞oˈ-] *(n.)* طاردُ الذباب : أيّ نبات يُعتقد أنه يَطْرُد الذّباب .

shoo–in [sho͞oˈĭnˈ] *(n.)* مرشَّح [أو مُتبارٍ] مضمونٌ فوزُهُ .

shook[1] [sho͝ok] *past or past part. of* shake.

shook[2] *(n.)* (١) الشُّوكة : «أ» مجموعة أضلاع خشبية مُعَدّة لصُنْع برميل إلخ . «ب» أجزاء صندوقٍ، أو قطعة أثاثٍ، جاهزة للتركيب (٢) الكُدْس : كَوْمة من حُزَم الحنطة .

shook–up [-ˈŭpˈ] *(adj.)* منفعل ؛ مُهتاج ؛ متوتّر الأعصاب (ع) .

shoon [sho͞on] *archaic pl. of* shoe.

shoot [sho͞ot] *(vt.; i.; n.)* (١) «أ» يُطلِق [سهمًا أو نارًا من بندقية إلخ] . «ب» يصوّب [نظرةً] . «ج» يقذف الكرة نحو الهدف . «د» يُصيب [الهدفَ] . «هـ» يلعب <*shot* a round of golf> (٢) «أ» يجرح أو يقتل [بالرصاص إلخ] . «ب» يُعدم رميًا بالرصاص . «ج» يصطاد (٣) يدير لسانَ القُفل [بحيث يُدْخله في النقر المُعَدّ لتثبيته أو يخرجه منه] (٤) «أ» يَطرح بقوّة أو فِجاءةً . «ب» يفرِّغ . «ج» يُنفِق بإسراف ؛ يستنْفِد . «د» يلقي النَّرد (٥) «أ» يُخْرِج ؛ يُبْرِز ؛ يُطلع <The snake *shot* its tongue out.> . «ب» يُطْلِع [النباتُ] براعم أو أغصانًا جديدة (٦) «أ» يُمطره [بالأسئلة إلخ] . «ب» يُرسل [نورًا أو لهبًا] بسرعة أو فجأةً (٧) «أ» يُجري [المركبَ إلخ] فجأةً أو بسرعة . «ب» يُرسل أو ينقل بعجلة أو سرعة (٨) يصوِّر [فوتوغرافيًا] (٩) يحقن أو يلقّح [بمِحْقَنة] (١٠) يُفجِّر <to ~ dynamite> x (١١) ينطلق بسرعة (١٢) ينبثق ؛ ينبجس ؛ ينبعث (١٣) يرتفع فجأةً <Prices have *shot* up.> (١٤) يَبْلغ مدى رَمْيه كذا <a gun that ~*s* many miles> (١٥) يَنتأ ؛ يمتدّ <a cape ~*ing* out into the sea> (١٦) «أ» ينمو ؛ يتطوَّر ؛ ينضج . «ب» يصبح طويل القامة <Jalal is ~*ing* up fast.> (١٧) يقذف [الكرة] نحو الهدف (١٨) ينزلق [لسانُ القفل] في النقر المثبّت له (١٩) يَخِزُ [الألَمُ] (٢٠) يصوِّر مشهدًا [وبخاصة للسينما] (٢١) يبدأ في الكلام § (٢٢) «أ» إطلاعُ النبات براعمَ أو فروعًا جديدة . «ب» بُرْعُم أو فرع جديد (٢٣) «أ» إطلاق السهم أو النار [من بندقية إلخ] . «ب» طلقة . «ج» رحلة صيد . «د» حقّ الصيد في بقعة معيّنة . «هـ» البقعة نفسها . «و» مباراة في الرماية . «ز» تصوير [بالكاميرا] . «ح» إطلاق لصاروخ أو لقذيفة موجّهة وبخاصة على سبيل التجريب (٢٤) «أ» اندفاع أو تقدّم سريع أو مفاجئ . «ب» وَخْزَة ألم . «ج» شعاع (٢٥) «أ» منحدَرٌ مائيّ . «ب» قناة أو أنبوب أو منحدر [لإنزال الماء أو الفحم أو البراميل أو الأخشاب إلى مكان منخفض] (٢٦) انهيار كتلة ثلج [أو تراب] .

to ~ a line (١) يُبالغ (٢) يتبجّح ؛ يتفاخر (٣) يَكْذب ؛ يَخْدع .

to ~ at *or* for — يَهْدِف إلى؛ يكافح من أجل . . .

to ~ away — (١) يواصل إطلاق النّار (٢) يتخلّص من ذخيرته كلها [بإطلاقها من بندقية إلخ] (٣) يمضي قُدُمًا .

to ~ one's bolt — يَبْذُل قُصارَى جهده .

to ~ up — (١) يروّع مدينةً بأن يعيث فيها فسادًا أو يتنقّل في أرجائها مُطلِقًا النارَ على البيوت من غير تمييز (٢) يرتفع [السّعرُ إلخ] .

shoot·er [sho͞oʹtər] *(n.)* (١) فا shoot (٢) بُنْدقية؛ مُسَدَّس إلخ .

shooting gallery *(n.)* رِواق الرَّمي [للتمرّن على إصابة الهدف] .

shooting iron *(n.)* = firearm.

shooting star *(n.)* (١) meteor (٢) الشِّهاب : عشب شمالأميركيّ ذو أوراق مستطيلة .

shooting star 2.

shooting war *(n.)* الحرب السّاخنة : حربٌ يُتبادَل فيها إطلاق النار [بخلاف الحرب الباردة أو حرب الأعصاب] .

shoot–out *(n.)* (١) معركة بالمسدّسات (٢) حسمٌ لقضية مثيرة للجدل .

shop [shŏp] *(n.; vi.; t.)* (١) مَتْجر؛ حانوت؛ دُكّان؛ مخزن (٢) الجناح : شعبة من محلّ تجاريّ كبير يباع فيها نوعٌ من السِّلَع مُعَيّن (٣) مَصنع؛ ورشة (٤) «أ» مختبر مدرسيّ مجهّز بأسباب تعليم الفنون الحِرَفيّة . «ب» فن استخدام الأدوات أو الآلات (٥) مؤسّسة تجاريّة . وبخاصة : مكتب § (٦) يتسوّق؛ يتبضّع x (٧) يزور مَتْجرًا [أو يشتري منه] .

all over the ~, — (١) مُبَعْثر؛ منتشر بغير نظام (٢) في كلّ اتّجاه .

to shut up ~, — يكفّ عن القيام بعمل [تجاريّ أو غيره] .

to talk ~, — يتحدّث عن تجارته أو مهنته أو عمله .

shop·boy [-ʹboi] *(n.)* غلام المَتْجر : غلام يعمل في محلّ تجاريّ .

shop·girl [-ʹgûrlʹ] *(n.)* فتاة المَتْجر : فتاة تعمل في محلّ تجاريّ .

shop·keep·er [-ʹkēʹpər] *(n.)* صاحب المَتْجر أو الدُّكّان .

shop·lift [-ʹlĭft] *(vt.; i.)* يَسْرِق المعروضات : يَسْرِق السِّلَع المعروضة في مَتْجر متظاهرًا بالرغبة في الشراء . — **shop·lift·er; shop·lift·ing** *(n.)*

shop·per [shŏpʹ-] *(n.)* (١) المُتَسوِّق؛ المتبضِّع (٢) المُسَوِّقة؛ صحيفة التسويق : صحيفة تشتمل على إعلانات وتوزَّع مجّانًا .

shopping–bag lady *(n.)* = bag lady.

shopping center *(n.)* مركز التَّسَوُّق .

shop steward *(n.)* ممثِّل النّقابة [في مصنع أو مؤسّسة] .

shop·talk [-ʹtôkʹ] *(n.)* حديث المهنة : حديث عن مهنة المرء أو حِرفته .

shop·walk·er [shŏpʹwôʹkər] *(n.)* = floorwalker.

shop·win·dow [shŏpʹ-] *(n.)* واجهة العَرْض [في مَدْخل المَتْجَر] .

shop·worn [-ʹwōrnʹ] *(adj.)* (١) رَثّ : ناصل اللون أو مُتّسخ لطول بقائه في المَتْجَر أو لكثرة تقليب أيدي الزبائن له (٢) مُبْتذل (٣) بالٍ؛ رَثّ .

shore [shōr] *(n.; vt.)* (١) شاطئ؛ ساحل (٢) دِعْمَة؛ دِعام . وبخاصة : سِناد يَدْعَم، على نحوٍ مائل أو موروب، جانبَ جدار أو سفينةً في حوض للسُّفُن § (٣) يَدْعَم [بِدِعمة] (٤) يَدْعَم؛ يَسْنُد .

shores 2.

shore·bird [-ʹbûrd] *(n.)* طائر الشّواطئ : أيّ طائر يألف الشواطئ .

shore dinner *(n.)* الغَداء البحريّ؛ العَشاء البحريّ : غَداء أو عشاء مؤلَّف من أسماك بحرية في المقام الأول .

shore patrol *(n.)* شرطةُ الشاطئ : البوليس الحربي التابع للشاطئ .

shore·side [shōrʹ-] *(adj.)* ساحليّ : واقعٌ على السّاحل أو قُرْبَهُ .

shor·ing [shōrʹ-] *(n.)* (١) تدعيمٌ بِدِعَم (را . shore 2) (٢) دِعَمٌ .

shorn [shōrn] *(adj.)* مَقْصوص؛ مجزوز .

short [shôrt] *(adj.; adv.; n.; vt.)* (١) «أ» قصير . «ب» منخفض (٢) ضعيف <a ~ memory> (٣) «أ» هزيل؛ غير كافٍ <a ~ supply> . «ب» مُقصِّر عن الهدف <a ~ missile> . «ج» ناقص <~ weights and measures> (٤) سريع <~ work> (٥) يُعْوِزُهُ كذا <~ of food> (٦) ضعيف بالفِطرة <~ on brains> (٧) جافٍ؛ فظّ؛ جارح <She was so ~ with him that he felt hurt.> (٨) سريع الاهتياج (٩) متلاطم المُوَيجات (١٠) قصير الأجل <a ~ bill> (١١) قَصِمٌ؛ قَصِفٌ؛ هَشّ (١٢) مُوجَز؛ مُختصر (١٣) مُنَسِّئ : «أ» غير مالكٍ للسّلعة عند عقد الصَّفقة [على أمل تسليمها في ما بعد عندما تهبط الأسعار] . «ب» ذو علاقة بهذا النوع من البيع <~ sale> (١٤) أقلّ؛ دون <little ~ of the best> (١٥) صغير <a ~ drink> § (١٦) بجفاء؛ باقتضابٍ جافٍ (١٧) باختصار (١٨) على نحوٍ يحول بينه وبين القيام بعمل ما <took him up ~ before he could continue> (١٩) فجأةً <to stop ~> (٢٠) دون الهدف أو على نقطة ما منه <to stop ~ of actual crime> (٢١) نَسِيئةً <to sell stocks ~> § (٢٢) «أ» شيء قصير أو ناقص . «ب» طَلْقة مُقَصِّرة [عن بلوغ الهدف] (٢٣) نُفاية (٢٤) *pl.* : «أ» الشورت : بنطلون قصير . «ب» سروال تَحْتيّ قصير (٢٥) المُنَسِّئ : البائعُ سِلَعًا لا يملكها عند عقد الصَّفقة (٢٦) *pl.* عد : «أ» سندات قصيرة الأجل . «ب» نقائص § (٢٧) يَخْدع (٢٨) ينسّئ <to ~ stocks> .

for ~, — اختصارًا؛ على سبيل الاختصار .

in ~, — وبالاختصار؛ وقُصارى القول .

short·age [shôrʹtĭj] *(n.)* عَجْز؛ نَقْص .

short·bread [shôrtʹbrĕdʹ]; **short·cake** [shôrtʹkākʹ] *(n.)* الغُرَيْبَة : كعك مخبوز بسَمنٍ وسُكّر .

short·change [-ʹchānjʹ] *(vt.)* (١) يَبْخَس : يَرُدّ إليه أقلَّ مما بقي له عنده من قيمة قطعة نقدية كبيرة [عند البيع والشّراء] (٢) يَخْدع .

short circuit *(n.)* الدّارة المُقَصِّرة (كب) .

short–circuit *(vt.)* (١) يُقَصِّر الدارة (٢) يَعُوق (٣) يتجنّب العقبات .

short·com·ing [shôrtʹ-] *(n.)* نَقْص؛ عَيْب؛ موطنُ ضَعْف .

short·cut [-ʹkŭtʹ] *(n.; vt.; i.; adj.)* (١) القادوميّة : طريق مختصَر § (٢) يختصر طريقًا أو إجراءً x (٣) يَسْلك قادوميّةً § (٤) مُختَصر <~ methods> .

short division *(n.)* القِسمة القصيرة (ر) .

short·en [shôrʹ-] *(vt.; i.)* (١) يُقَصِّر [الشيءَ] (٢) يُقلِّل؛ يخفّض (٣) يُطَرّي [عجينةَ الفطيرة بإضافة الزّبدة إليها] x (٤) يَقْصُر؛ يتقاصر .

short·en·ing [shôrʹtən-] *(n.)* (١) التَّقصير : جعل الشّيء قصيرًا (٢) تَقاصُر (٣) سَمْن؛ زُبدة .

short·hand [-ʹhăndʹ] *(n.; adj.)* (١) اختزال § (٢) مُخْتَزِل <a ~ reporter> (٣) مُخْتَزَل <a ~ report> (٤) مُخْتَصَر : موجَز <a ~

history>.

short·han·ded *(adj.)* مفتقرٌ إلى العمّال [أو المساعدين إلخ].

short–haul [-'hôl'] *(adj.)* قصير المسافة <~ flights>.

short·horn [-'hôrn'] *(n.)* قصيرة القَرْنَيْن: بقرة قصيرة القَرْنَيْن.

short·ish [shôrt'-] *(adj.)* قصيرٌ قليلًا؛ قصيرٌ بعضَ الشيء.

short·leaf pine [shôrt'lēf'] *(n.)* الصَّنَوبر قصير السَّعَف (نب).

short line *(n.)* الخطّ القصير: سِكّة حديد إلخ قصيرة المسافة.

short·list *(n.; vt.)* (١) قائمة مختَصَرة § (٢) يُدْرِج اسمَهُ فيها.

short–lived [shôrt'līvd'; shôrt'lĭvd] *(adj.)* قصير الأجَل.

short·ly *(adv.)* (١) باختصار (٢) بفظاظة (٣) قريبًا (٤) بُعَيْد.

short notice *(n.)* إشعارٌ عاجل.

short order *(n.)* الطَّعام السَّريع: طَلَبُ طعام يُمكن طَهْوُهُ بسرعة.

short–range [-'rānj'] *(adj.)* قصير المَدى <~ plans>.

short sale *(n.)* بيع النَّسيئة (را. short *13, 21, 28*).

short shrift *(n.)* (١) المُهْلة القصيرة: مُهلة تُعْطى للاعتراف قبل الإعدام (٢) قليل من الرحمة أو الإمهال (٣) عمل سريع.

short sight *(n.)* = myopia.

short·sight·ed [shôrt'sī'tĭd] *(adj.)* (١) حَسِير: قصير البَصَر (٢) قصير النظر: مُتَّسِم بقلّة التبصُّر أو التمييز.

short snorter *(n.)* (١) عضو في نادٍ غير رسمي مقصورةٍ عضويتُهُ على الطيارين عبر الأوقيانوس (٢) شهادة، هي كناية عن دولار يوقّع عليه أعضاء هذا النادي، تُمنح للعضو الجديد.

short–spo·ken *(adj.)* فَظّ؛ جافٍ؛ مُقْتضَب.

short–stop [shôrt'stŏp'] *(n.)* = stop bath.

short story *(n.)* الأُقصوصة؛ القصّة القصيرة.

short–tem·pered [shôrt'tĕm'-] *(adj.)* نَزِق؛ سريع الغضب.

short–term [-'tûrm'] *(adj.)* قصير الأجَل <a ~ loan>.

short ton *(n.)* الطُّنّ القاصر؛ الطُّن الأميركي [٢٠٠٠ باوند].

short wave *(n.)* (١) الموجة القصيرة (رد) (٢) قصير الموجات: جهاز إرسال أو استقبال يستخدم الموجات القصيرة.

short–weight [-'wāt'] *(vt.)* يُطَفِّف؛ يُخْسِر الميزان.

short–wind·ed [-'wĭn'dĭd] *(adj.)* (١) بَهير؛ مَبْهور: منقطع النَّفَس من الإعياء (٢) مُختصَر (٣) مُفَكَّك؛ غير مترابط <~ prose>.

short·y [shôr'tĭ] *(n.)* القصير: شيء أو شخص قصير.

shot [shŏt] *(n.; adj.)* (١) «أ» الرَّمي: إطلاق نار من بندقيّة إلخ. «ب» طلقة [من سلاح ناريّ]. «ج» رَمْيَة أو قذفة للكرة [نحو الهدف]. «د» حَفْنَة أو جرعة من مخدّر أو عَقّار طبّيّ (٢) «أ» رَشٌّ؛ خُرْدُق. «ب» كُرة الرَّمي: كرة حديدية ثقيلة يُقذف بها إلى مسافةٍ ما (رب). «ج» مدى الرمي. «د» نطاق (٣) مبلغٌ متوجِّبٌ دفعُهُ [وبخاصةٍ في حانة] (٤) الرّامي؛ البارع في الرماية <He is a good ~.> (٥) «أ» احتمال. «ب» محاولة. «ج» حَزْر؛ تخمين (٦) ملاحظة ذات مغزًى (٧) لَقْطة؛ صورة [وبخاصةٍ في التصوير السينمائيّ والتلفزيونيّ] (٨) لَغَمٌ (٩) جَرْعة [من شراب مُسْكِر] (١٠) وحدة؛ قطعة § (١١) متموِّج الألوان <~ silk> (١٢) «أ» مُوَخَّط <Her hair was ~ with gray.>. «ب» مُوَشَّح أو مُتخلَّل بِـ <~ with gleams of tenderness> (١٣) سَكْران (١٤) «أ» بالٍ؛ تالف؛ مُسْتَهْلَك (ع). «ب» مُرْهَق؛ مُتوتّر.

shote [shōt] *(n.)* = shoat.

shot·gun [-'gŭn'] *(n.; adj.)* (١) بُندقيّة الرَّش؛ بُندقيّة الخُرْدُق § (٢) قَسْريّ؛ إكراهيّ <a ~ agreement>.

shotgun marriage *or* **shotgun wedding** *(n.)* الزّواج القَسريّ: زواج يُفرض فَرْضًا بسبب الحَمْل.

shot hole *(n.)* (١) نُقرة التفجير: ثقب تُوضَع فيه الحَشْوة الديناميتيّة المتفجِّرة (٢) النَّخيرة: ثقب تُحْدثه حشرةٌ ناخرة.

shot put *(n.)* رَمْيُ الكُرة الحديدية (رب).

shot·ten [shŏt'-] *(adj.)* (١) حديثُ السَّرْء: واضعٌ بيضَهُ منذ فترة قصيرة. وبالتالي: قليل القيمة الغذائية <~ herring> (٢) تافه.

should [shŏŏd] *(aux. v.)* صيغة الماضي من shall، وتستعمل: «أ» للوجوب <You ~ go.>. «ب» لجعل الحكم أقلّ قسوةً أو فظاظةً <I ~ hardly say that.>. «ج» لتوكيد الشكّ في الجُمَل الشرطيّة <if it ~ be true>. «د» للتعبير عن شرط أو سبب <He was pardoned on the condition that he ~ leave the city.>.

shoul·der [shōl'dər] *(n.; vt.; i.)* (١) كَتِف؛ مَنْكِب (٢) كَتِف؛ جانبُ [الجبلِ أو الطريقِ إلخ] § (٣) يَدْفع بالمَنْكِب؛ يشقّ طريقَهُ وَسْط الحَشْد (٤) يَتَنَكَّب: يحمل على مَنْكِبِهِ (٥) يتحمّل المسؤوليّة أو التبعة.

straight from the ~, بصراحة؛ مباشرةً.

to put one's ~ to the wheel يَنْكبّ على العمل؛ يَبذل جهدًا عظيمًا.

to stand head and ~*s* above others يفوق الآخرين طولًا أو ذكاءً أو حُسْنَ خُلُقٍ.

to turn *or* give a cold ~ to يُعْرِض عن؛ يَنفُر من.

shoulder blade *(n.)* لوح الكتِف؛ عَظْم الكتِف (ت).

shoulder board *(n.)* الكَتِفيّة: إحدى قطعتَي قماش عريضتين صُلْبَتَيْن تكونان على كَتِفَي الجنديّ دلالةً على رتبته.

shoulder girdle *(n.)* = pectoral girdle.

shoulder knot *(n.)* عُقْدة الكَتِف: عُقدة زِينيّة للكتِف.

shoulder mark *(n.)* شارة الكتِف (جن).

shoulder strap *(n.)* (١) حِمالة الكَتِف: أحد سَيْرَيْن قُماشيّين يُثَبَّت بهما الثوب عَبْرَ الكتِف (٢) الكَتِفيّة: شريطة كَتِفيّة (جن).

should·n't [shŏŏd'ənt] = should not.

shout [shout] *(vi.; t.; n.)* (١) يصيح؛ يَصْرُخ (٢) يَلْفِت النظر **x** (٣) يعبِّر [عن شيء] بصيحةٍ [أو أكثر] § (٤) صَيْحة؛ صَرْخة؛ انفجار.

shout song *(n.)* أُنشودة دينية [عند زنوج الولايات المتحدة الأميركية].

shove [shŭv] *(vt.; i.; n.)* (١) يَدْفَع؛ يَدْسُر (٢) يُقحِم (٣) يُكرِه x (٤) ينطلق شاقًّا طريقَهُ [تتبعها off] <Let us ~ off.> (٥) يَرْحل (٦) يبتعد § (٧) «أ» دَفْع؛ دَسْر. «ب» دفعة عنيفة.

shov·el [shŭv'əl] *(n.; vt.; i.)* (١) مِجْرَفة؛ رَفْش؛ جاروف (٢) مِلء مِجرفة § (٣) يَجْرُف؛ يَرْفُش x (٤) يستعمل مِجرفةً.

shovel *1.*

shov·el·bill [shŭv'əl bĭl] *(n.)* = shoveler *2.*

shov·el·er *or* **shov·el·ler** [shŭv'əl ər] *(n.)* (١) الجارف: من يستعمل المِجرفة أو الجاروف (٢) الشَّوْلَر: بطّ برّيّ.

shoveler *2.*

shov·el·ful [shŭv'əl fo͝ol'] *(n.)* الجُرْفة: مِلء مِجرفة أو رَفش.

shovel hat *(n.)* القُبّعة الجاروفيّة: قبّعة يرتديها رجال الدين الإنكليز.

shov·el·head [shŭv'əl hĕd'] *(n.)* السّمك الجاروفيّ.

shov·el·man [shŭv'-] *(n.)* الجرّاف: المشتغِل بمجرفة يدوية.

shov·el·nose [shŭv'əl nōz'] *(n.)* الجاروفيّ الخَطْم.

shov·el–nosed *(adj.)* جاروفيّ الخَطْم: ذو خَطْم أو رأسٍ أو منقار مسطَّح عريض.

show[1] [shō] *(vt.; i.)* (١) يَعْرِض؛ يُري؛ يُبدي (٢) يَعْرض للبيع (٣) يُمثّل أو يُؤدّي [على المسرح] (٤) يُظهِر (٥) يُشير إلى (٦) يقود؛ يُوصِل؛ يُدْخِل إلى (٧) يُعلن؛ يؤكّد (٨) يُبرهن؛ يُثبت (٩) يبيّن؛ يَشرح؛ يُعلِّم x (١٠) يَظْهَر؛ يَبِيْن (١١) يبدو (١٢) يَحِلُّ في المقام الثالث [وبخاصةٍ في سباقٍ للخيل].

to ~ off (١) يَعْرِضُ متباهيًا (٢) يَسْعَى للَفت الأنظار.
to ~ one's hand or cards يكشِف عن نيّاتِهِ أو خُطَطِهِ.
to ~ somebody the door يَطْرُدُه.
to ~ up (١) يبدو بوضوح (٢) يَفضَح (٣) يَصِل؛ يَحْضُر.

show[2] *(n.)* (١) «أ» إظهار؛ رَفْع <voted by a ~ of hands>. «ب» عَرْض <a ~ of force>. «ج» أُبّهة. «د» مَظْهر؛ مَظهر خادع. «هـ» تفاخُر؛ تباهٍ (٢) حَظّ؛ فرصة <She hasn't a ~ of winning.> (٣) مشهد أو شيء غريب؛ أضحوكة؛ موضع سخرية <Don't make a ~ of yourself.> (٤) مَعْرِض (٥) «أ» استعراض مسرحي؛ حفلة مسرحيّة. «ب» برنامج إذاعي أو تلفزيوني (٦) مشروع؛ عمل (٧) دلالة؛ علامة [وبخاصةٍ على وجود معدن في منجم أو نفط في بئر] <a ~ of gold> (٨) المرتبة الثالثة [في سباقٍ للخيل].

show bill *(n.)* إعلان العَرْض: إعلان كبيرٌ يُعلَّق في مكانٍ عامّ.

show·boat [shō'bōt'] *(n.; vi.)* (١) المَسْرح العائم؛ سفينة العَرْض: سفينة بخارية نهرية تقام على متنها الحفلات المسرحية § (٢) يتفاخر؛ يتباهَى.

show·bread [shō'brĕd'] *(n.)* = shewbread.

show business; show biz [bĭz] *(n.)* عالَم الاستعراض.

show·case [shō'kās'] *(n.)* خِزانة العَرْض [في مَتْجرٍ أو متحف].

show·down [shō'-] *(n.)* (١) المُكاشَفة: الكَشْف عن الأوراق في البوكر أو السياسة (٢) المُواجَهة: حَسْمٌ لنزاع أو لقضية مثيرة للجَدَل.

show·er [shou'ər] *(n.; vi.; t.)* (١) «أ» وابل [من المطر أو البَرَد لا يدوم طويلًا]. «ب» الوابل: سَيْل أو مقدار كبير <a ~ of questions> (٢) المَغْدَقَة: حفلة تقام لفتاة على وشك الزواج وتُغْدق فيها الهدايا عليها (٣) «دُش» § (٤) تُرسِل السماءُ وابلًا (٥) يَتدوَّش؛ يغتسِل بالدُّش x (٦) يُبَلِّل؛ يَنضح؛ يَرُشّ (٧) يُمْطر؛ يُغْدِق على. — **show·er·y** *(adj.)*.

shower bath *(n.)* (١) التَّدَوُّش: الاغتسال بالدُّشّ (٢) المِشَنّ (مج): المِسْحاح أو مِرشّة التّدوُّش.

show girl *(n.)* فتاة الاستعراض: فتاة تغنّي أو ترقص في مسرحية موسيقية، أو تَظْهر فيها لمجرّد إمتاع الأبصار.

show·i·ly [shō'ə-] *(adv.)* على نحو رائع أو مُبَهْرَج (را. showy).

show·ing [-'ĭng] *(n.)* (١) عَرْض؛ إظهار (٢) الأداء: عملٌ أو نتيجة في مباراة إلخ (٣) «أ» زَعْم. «ب» مَظهر؛ دليل (٤) لوحة إعلانات.

show·man [shō'-] *(n.)* مُخْرِج المسْرحية أو الاستعراض المَسْرحي.

show–me *(adj.)* تُوْماويّ؛ شكوكيّ: لا يُصَدِّق إلّا بالبرهان الحسّيّ.

show–off [-'ôf'] *(n.)* (١) تفاخُر؛ تباهٍ (٢) المُتَفاخِر؛ المُتَباهي.

show·piece [-'pēs'] *(n.)* الرائعة؛ التُّحفة: نموذج رائعٌ جديرٌ بأن يُعْرَض على الأنظار.

show·place [shō'-] *(n.)* المَرْوَعة: موضع رائع، كقلعةٍ أو قصر قديم إلخ، يقصِده السُّيّاح بوصفه نموذجًا من نماذج الجمال أو الفنّ.

show·room [shō'ro͞om'] *(n.)* صالة العَرْض (تج).

show window *(n.)* (١) واجهة العَرْض (٢) النموذج المختار: عيِّنة للعرض.

show·y [shō'ĭ] *(adj.)* (١) رائع (٢) مُبَهْرَج: مُزَوَّق من غير ذَوْق.

sho·yu [shō'yo͞o'] *(n.)* الشُّوْيُو: صلصة فول الصُّويا.

shrank [shrăngk] *past of* shrink.

shrap·nel [shrăp'nəl] *(n.)* (١) الشِّرِبْنَل؛ القذيفة المِنثار؛ قذيفة الشّظايا (٢) شظايا قذيفةٍ أو لَغَم.

shred [shrĕd] *(n.; vt.; i.)* (١) مِزْقةٌ من شيء [طويلةٌ عادةً] <a ~ of cloth> (٢) أثر؛ ذرّة؛ قَدْر ضئيل § (٣) يُمَزِّق أو يتمزّق [طُوليًّا].

shrew [shro͞o] *(n.)* (١) الزَّبابَة: حيوان من آكلات الحشرات شبيهٌ بالفأر (٢) امرأة سَليطة.

shrew *1.*

shrewd [shro͞od] *(adj.)* (١) عنيف <~ shocks> (٢) قارس؛ لاذع <~ winds> (٣) ماكر؛ داهية <~ politicians>.

shrew·ish [shro͞o'ĭsh] *(adj.)* (١) سَليط (٢) رديء الطّبع.

shrew·mouse [shro͞o'mous'] *(n.)* = shrew *1.*

shri [shrē] *(n.)* الشّرِيّ: لقب احترام يخاطَب به هنديّ ذو شأن.

shriek [shrēk] *(vi.; t.; n.)* (١) يَصْرُخ؛ يَزْعَق § (٢) صَرْخة (٣) أزيز.

shrie·val [shrē'-] *(adj.)* شريفيّ؛ عُمْديّ: ذو علاقة بالشريف أو عُمْدة المنطقة (را. sheriff).

shriev·al·ty [-'vəl tĭ] *(n.)* الشّريفيّة؛ العُمْديّة: منصب الشريف أو عُمْدة المنطقة (را. sheriff).

shrift [shrĭft] *(n.)* (١) اعتراف للكاهن (ا. ق) (٢) غُفران أو حِلّ من الإثم [يُمْنَح بعدَ اعترافٍ أو كفّارة].

shrike [shrīk] *(n.)* = butcher–bird.

shrill [shrĭl] *(vi.; t.; n.; adj.)* (١) يصيح أو يَصْرخ بقوّة § (٢) صَيْحة حادّة § (٣) حادّ؛ ثاقب؛ عالي الطَّبَقة <a ~ cry> (٤) صاحب <~ gaiety> (٥) وهّاج <in ~ blue light> (٦) شديد؛ مُفْرط <~ anger>.

shrimp [shrĭmp] *(n.; vi.)* (١) الإرْبيان؛ الرُّوبيان؛ القُرَيْدس (سمك) (٢) القَمِيء: شخص أو شيء ضئيل الجسم جدًا § (٣) يَصِيد الإربيان.

shrimp *1.*

shrimp·er *(n.)* الإرْبِيانيّ: «أ» صائد الإرْبِيان. «ب» زورق لصيد الإرْبِيان.

shrine [shrīn] *(n.; vt.)* (١) reliquary (٢) حَرَم؛ مَقْدِس (٣) مَقام؛ مَزار؛ ضريح قدِّيس (٤) مِشْكاة (٥) ضريح (٦) موضع أو شيء مقدَّس [بسببٍ من تاريخه أو من الذكريات المتّصلة به] § (٧) enshrine.

shrink [shrĭngk] *(vi.; t.; n.)* (١) ينكمِش [من ألم أو ذُعر] (٢) يَتقلَّص؛ يتقبَّض (٣) يتضاءل [وزنًا أو قيمةً] (٤) يَرْتَدّ؛ يُجْفِل أو يَنْفر من x (٥) يَكْمِش؛ يُقَلِّص؛ يَقبِّض إلخ § (٦) «أ» انكماش؛ تقلُّص؛ تضاؤل. «ب» مقدار الانكماش أو التقلّص إلخ (٧) طبيب نفسانيّ.

shrink·age [shrĭngk′ĭj] *(n.)* = shrink 6.

shrink·ing violet *(n.)* البَنَفْسجة المُنْكمِشة: شخص خَجول أو مُنْطوٍ.

shrive [shrīv] *(vt.; i.)* (١) يُحِلُّهُ من خطاياه (٢) يعترف للكاهن x (٣) يستمع الكاهنُ للاعتراف.

shriv·el [shrĭv′-] *(vi.; t.)* (١) يَذْبُل؛ يَذْوي؛ يتغضَّن (٢) يَهِنُ؛ يَضْعُفُ <faculties that ~> (٣) يتضاءل x (٤) يُذْبِل.

shroff [shrŏf] *(n.; vt.)* (١) مَصْرِفيّ أو صرّاف [في الشرق الأقصى] § (٢) يَنْقُدُ [العُملةَ]: يميِّز جيّدها من رديئها.

Shrop·shire [shrŏp′shĭr] *(n.)* الشُّرُبْشِير: ضرب من الخراف الإنكليزية عديم القرون أسود الوجه والقوائم.

shroud [shroud] *(n.; vt.)* (١) كَفَن (٢) غِطاء؛ حِجاب؛ وِقاء (٣) حَبْل الصاري أو الباراشوت § (٤) يُغَطّي أو يَحْجُب عن النظر (٥) يُكَفِّن.

shroud–laid [-′lād′] *(adj.)* رُباعيّ الطّاقات أو الجدائل <a ~ rope>.

shrove [shrōv] *past of* shrive.

Shrove Sunday *(n.)* أحدُ المَرافع: الأحد السابق لأربعاء الرَّماد.

Shrove·tide [shrōv′tīd′] *(n.)* أيام المَرافع: الأيام الثلاثة السّابقة لأربعاء الرَّماد Ash Wednesday (نص).

shrub[1] [shrŭb] *(n.)* جَنْبة؛ شُجَيْرة.

shrub[2] [shrŭb] *(n.)* الشُّروب: «أ» شراب يتألف من كحول وعصير فاكهة وسكَّر. «ب» شرابٌ من عصير الفاكهة المثلوج.

shrub·ber·y [shrŭb′ə rĭ] *(n.)* المَجْنَبة: «أ» جَنَبات؛ شُجَيْرات. «ب» أرض تكسوها الجَنَبات أو الشُّجَيْرات.

shrub·by [shrŭb′ĭ] *(adj.)* (١) مُجْنِب: كثير الجَنَبات أو الشُّجيرات (٢) «أ» جَنْبيّ؛ شُجَيْريّ. «ب» شبيهٌ بجَنْبةٍ أو شُجَيْرة.

shrug [shrŭg] *(vi.; t.; n.)* (١) يَهُزّ كَتِفَيْه [استخفافًا أو لامبالاةً] § (٢) هَزُّ الكَتِفَيْن [استخفافًا أو لامبالاةً] (٣) الشَّرْغة: سِترة نِسْوية قصيرة.

to ~ off (١) لا يبالي [بأمرٍ ما]؛ يَسْتخِفّ بـِ (٢) ينفُض عنه [غبارَ كذا] (٣) يخلع ثيابه مُتَلوِّيًا.

shrunk [shrŭngk] *past and past part. of* shrink.

shrunk·en *past part. of* shrink مُنكمِش؛ مُتَقَلِّص.

shtick [shtĭk] *(n.)* (١) صفة مميِّزة (٢) موهبة (٣) عَمَل؛ أداء.

shuck [shŭk] *(n.; vt.)* (١) قِشْر § (٢) يَقْشُر؛ يُقَشِّر (٣) يخلع ثيابَه.

shucks [shŭks] *(interj.)* تَبًّا لَهُ!؛ تَعْسًا له!

shud·der [shŭd′-] *(vi.; n.)* (١) يَرْتعِد؛ يرتجف § (٢) رِعْدة؛ ارتجافة.

to give somebody the ~*s* يروِّع فلانًا أو يُخيفُهُ.

shuf·fle [shŭf′əl] *(vt.; i.; n.)* (١) يَخْلِط بغير نظام؛ «يُلَخْبط»؛ «يُخربط» (٢) يُهمِل أو يضع جانبًا (٣) يُخفي (٤) يَخْلِط [ورقَ اللّعِب] (٥) يُعَدِّل؛ يُحوِّل؛ يَنْقُل من مكان إلى مكان (٦) يجرّ قَدَمَيْه جرًّا x (٧) يتملّص <to ~ out of responsibilities> (٨) يُراوغ (٩) يَدْلِف؛ يمشي متثاقلًا أو جارًّا قدمَيْه (١٠) «أ» يرقص ماسحًا الأرض بقدميه. «ب» يُنجز [أو يلبس أو يخلع ثيابه] بطريقة خرقاء § (١١) حيلة؛ مُراوغة؛ تملُّص (١٢) «أ» خَلْط ورق اللعب. «ب» حقّ اللاعب أو دورُهُ في الخَلْط. «ج» مجموعة أشياء مختلطة بغير نظام (١٣) تعديلٌ [في المناصب الوزارية] (١٤) «أ» جرّ القَدَمين. «ب» رقص متميِّز بجرّ القدمين على الأرض.

to ~ off يَنْبُذ؛ يتخلّص من.

shuf·fle·board [-bōrd′] *(n.)* الشَّفْبَرْد: «أ» لعبةٌ تُمارَس بدفع بعض الأقراص الخشبية أو القِطع النقدية، بواسطة عصًا طويلة، فوق مائدة ملساء، نحو نقاطٍ معيَّنة. «ب» المائدة الخاصة بهذه اللعبة.

shuf·ty [shŭf′tĭ] *(n.)* نَظْرة. وبخاصة: لمحة قصيرة.

shul [shōōl] *(n.)* الشُّلّ؛ الكَنيس: مَعْبَد يهوديّ.

shun [shŭn] *(vt.)* يجتنب؛ يتفادى؛ يَنْأى بنفسه عن.

shunt[1] [shŭnt] *(vt.; i.)* (١) يُزيح (٢) يُحَوِّل. وبخاصّة: يُحوِّل القطارَ من خطٍّ إلى آخر (٣) يُفَرِّع: «أ» يحوِّل جزءًا من التيار من طريق الاستعانة بمُفَرِّعة (را. المادة التالية). «ب» يزوِّد بمُفَرِّعة. «ج» يحوِّل الدَّمَ من جزء من الجسم إلى آخر (٤) يتخلّص من x (٥) ينتقل إلى جانب؛ يَنأى عن الطريق (٦) يتحوَّل: ينتقل القطار من خطٍّ إلى آخر أو من نقطة إلى أخرى.

shunt[2] *(n.)* (١) التحويلة؛ المُحوِّلة: أداة لتحويل القطار من خطّ إلى آخر (٢) المُفَرِّعة: مُوَصِّل يمكِّن من إحداث مسارٍ فرعيّ (كب) (٣) تصادُم [سيارتين من سيارات السِّباق].

shunt·er [-′tər] *(n.)* المُحَوِّل: عامل التحويل في القُطُر الحديدية.

shunt winding *(n.)* لَفّة التوازي: لَفيفة متّصلةٌ على التوازي (كب).

shunt–wound [shŭnt′wound′] *(adj.)* مُوَصَّل على التّوازي (كب).

shush [shŭsh] *(interj.; vt.)* (١) صَهْ!؛ أُسْكُتْ! § (٢) يُسْكِت.

shut [shŭt] *(vt.; i.; n.; adj.)* (١) «أ» يُغلِق؛ يُوْصِد. «ب» يَمْنع [من الدخول] (٢) يَحْجُز؛ يَحْبِس (٣) يُقفِل (٤) يُغْمِض [عينَيْه] (٥) يَلْحُم [المعادنَ] x (٦) يَنْغَلِق § (٧) إغلاق؛ إيصاد إلخ (٨) خطّ الالتحام [بين قطعتين مَعْدِنيَّتين] § (٩) مُغْلَق؛ مُوْصَد <a ~ door> (١٠) مُغْمَض <with ~ eyes> (١١) متحرِّر [من شيء بغيض].

to ~ down (١) يُغلق [مصنعًا] (٢) يُوْصِد [المصنعَ] أبوابه (٣) يُنْزِل [زجاجَ النافذة إلخ] (٤) يَهْبِط اللَّيلُ.

to ~ off (١) يُوْقِف (٢) يَفْصِل (٣) يَقْطع [التيار الكهربائي أو الماء عن . . .] (٤) يتوقّف عن العمل.

to ~ out (١) يمنعُهُ من الدخول؛ يوصد البابَ في وجهه (٢) يَحْجُب [الرؤيةَ] (٣) يحول بين الخصم وبين تسجيل هدفٍ [رب].

to ~ to (١) يُغلق [بابًا] (٢) ينغلق [البابُ].

to ~ up (١) يُسْكِت (٢) يَسْكُت (٣) يَكُفّ عن الكتابة (٤) يُغلق جميع أبواب الدار ونوافذها (٥) يُقْفِل المَتْجَر (٦) يَحْفظ في حِرز حريز [كصندوقٍ حديديّ].

shut·down [shŭt′-] *(n.)* وَقْف أو تعليق العمل [في مصنع إلخ].

shute [sho͞ot] *(n.)* = chute.

shut–eye [shŭt′ī] *(n.)* نَوْم؛ رُقاد (ع).

shut–in [-′in′] *(n.; adj.)* (١) القَعيد: شخصٌ يلازم بيتَهُ أو مَصَحّةً من المَصَحّات لمرضٍ أو عجز (٢) النِّفط الحَبيس: نفطٌ لم يُستخرج من بئر تحتويه § (٣) قعيد (٤) مُتكتِّم؛ مُتحفِّظ (٥) انطوائيّ: محبٌّ للعزلة.

shut·off [-′ôf′] *(n.)* (١) المُوْقِف؛ القاطع (٢) وَقْف؛ قَطْع.

shut·out [-′out′] *(n.)* (١) منعٌ من الدخول (٢) المباراة البَتْراء: مباراة يعجز فيها أحد الفريقين عن تسجيل أيّ هدف.

shut·ter [shŭt′ər] *(n.; vt.)* (١) فا shut (٢) مِصْراع [النافذة أو الباب] (٣) السَّديلة: «أ» مصراع الكاميرا، وهو أداة تنفتح وتنغلق أمام عدسة آلة التصوير لإدخال النور أو حَجْبِهِ. «ب» غطاء متحرِّك لفتحةٍ ما § (٤) يُصَرِّع: «أ» يُغلق بمصاريع. «ب» يزوِّد بمصاريع.

shutter 2.

shut·ter·bug [shŭt′ər bŭg′] *(n.)* عاشق الكاميرا.

shut·tle [shŭt′əl] *(n.; vt.; i.)* (١) الوَشيعة: خشبة تُلَفّ عليها ألوان الغَزْل (٢) مَكّوك [في آلة للخياطة] (٣) التّوشُّع: ذهاب وإياب مستمرّان، في عربة ما، على طريق معيّنة [وقصيرة عادةً] (٤) المُتَوَشَّع: طريق التوشُّع (٥) متوشِّعة (٦) مكّوك الفضاء § (٧) يُوَشِّع: يجعله يتوشّع أي يُكثر من التنقّل أو السّفر ذهابًا وإيابًا x (٨) يتوشَّع: «أ» يقوم برحلة مكّوكية. «ب» يتردّد؛ يتحرّك جيئة وذُهوبًا.

shut·tle·cock [-kŏk′] *(n.; vt.)* (١) الشُّطْكُوك: فلّينة مَريشة تُقْذف بمضرب في لعبة تَنِس الريشة § (٢) يَقذِف جَيْئةً وذُهوبًا.

shuttlecock 1.

shuttle diplomacy *(n.)* ديبلوماسيّة المكّوك: مفاوضات بين دولتين متعاديتين يقوم بها وسيط يتنقّل جَيئةً وذُهوبًا بين عاصمتيهما.

shy [1] [shī] *(adj.; vi.; n.)* (١) جبان <a ~ animal> (٢) حذِر (٣) مُتَحَفِّظ (٤) خجول؛ حَيِيّ (٥) مُنعزِل؛ محجوب؛ خفيّ <the ~ recesses of the woodland> (٦) بخيل؛ قليل العطاء <That tree is a ~ bearer.> (٧) يُعْوِزه كذا؛ غير متمتّع بالقَدْر الكافي من . . <~ of funds> (٨) دونَ؛ أقلّ (٩) مشبوه؛ سَيِّئ السُّمعة <a ~ tavern> § (١٠) يَنْفِر من (١١) يَجْفُل § (١٢) إجفال.

to fight ~ of يتجنّب؛ ينأى بنفسه عن.

shy [2] [shī] *(vt.; i.; n.)* (١) يَقْذِف؛ يَرْمي § (٢) قَذْف؛ رَمْي (٣) طَعْن؛ هُزء؛ سُخرية (٤) تجربة؛ محاولة (٥) هَدَف؛ رَمِيّة.

shy·lock [shī′lŏk] *(n.)* شايلوك: مُرابٍ جَشِع؛ مُرابٍ لا يرحم.

shy·ly [shī′lĭ] *(adv.)* بِجُبْن؛ بِحَذَر؛ بتحفُّظ؛ بِحَياء إلخ.

shy·ness [shī′nəs] *(n.)* جُبْن؛ حَذَر؛ تَحَفُّظ؛ حَياء إلخ.

shy·ster [shī′-] *(n.)* المحامي المخادِع: محامٍ يصطنع الأساليبَ الملتوية.

si [sē] *(n.)* سِي: المقام السّابع من السُّلَّم الموسيقيّ (مو).

si·al·a·gog·ic [sī′ə lə gŏj′ĭk]; **si·al·a·gogue** [sī ăl′ə gôg′] *(adj.; n.)* (١) مُرَضِّب: مسيل للرُّضاب § (٢) المُرَضِّب: دواء أو عاملٌ مُسيل للرُّضاب.

sialic acid [sī ăl′ĭk] *(n.)* حَمْض السِّياليك (كح).

si·a·mang [sē′ə-] *(n.)* السِّيمَنْك؛ جِبّون سومطرة الأسود (را. gibbon).

Si·a·mese [sī′ə mēz′] *(adj.; n.)* (١) سِياميّ: منسوب إلى سيام (٢) مُلْتصِق؛ مُلتحِم؛ متماثل § (٣) السِّياميّ: أحد أبناء سيام (٤) اللغة السّيامية.

Siamese cat *(n.)* الهِرّ السِّياميّ: هِرّ أهليّ نحيل أزرق العينين.

Siamese twin *(n.)* التّوأم السِّياميّ: أحد توأمين متلاحمَيْن خِلْقَةً.

sib [sĭb] *(adj.; n.)* (١) نسيب؛ قريب § (٢) أنسباء؛ أقرباء (٣) نَسَب؛ قَرابة (٤) عشيرة؛ قبيلة.

sib·i·lant [sĭb′ə-] *(adj.; n.)* (١) صافر: مُطْلِق صوتًا كالصَّفير (٢) صَفيريّ § (٣) الصافر: حرف أو صوت صفيريّ (ل).
— **sib·i·lance** *(n.)*

sib·i·late [-′ə lāt′] *(vi.; t.)* (١) يَفِحّ (٢) يَصْفِر: ينطق بصوتٍ صفيريّ (ل).

sib·ling [sĭb′lĭng] *(n.)* (١) نسيب؛ قريب (ا. م) (٢) أخ أو أخت.

sib·yl [sĭb′ĭl] *(n.)* العرّافة؛ الكاهنة؛ المُتَنَبِّئة؛ قارئة الكفّ.

si·byl·ic [sĭ bĭl′-] *or* **sib·yl·line** [sĭb′ə līn; -lēn] *(adj.)* عِرافيّ؛ كِهانيّ؛ نبوئيّ.

sic [1] *or* **sick** [sĭk] *(vt.)* (١) يُطارِد [الكلبُ]؛ يهاجم (٢) يُحَرِّض على المطاردة أو الهجوم.

sic [2] [sĭk; sēk] *(adv.)* كذا: تعبير يُشير إلى أن الكلمة أو الجملة التي تسبقُهُ منقولةٌ كما وردت في الأصل من غير تعديل.

sic·ca·tive [sĭk′ə tĭv] *(adj.; n.)* (١) مُجفِّف § (٢) المُجَفِّف: مادة تُستخدم لتجفيف الدهان وحبر المطابع وغيرهما.

Si·cil·i·an [sĭ sĭl′-] *(adj.; n.)* (١) صِقِلّيّ § (٢) الصِّقِلّيّ: أحد أبناء صِقِلّية.

sick [sĭk] *(adj., n.; vi.; t.)* (١) «أ» مريض؛ سَقيم؛ عَليل. «ب» مَرَضيّ <~ leave>. «ج» مَغْثِيّ؛ مصاب بالغَثَيان. «د» حائض (٢) فاسد [روحيًّا أو أخلاقيًّا] (٣) مُتْخَم [حتّى السَّأم] <~ of candy> (٤) مُشْمَئِزّ <Flattery makes me ~.> (٥) مُشتاق إلى <was ~ for home> (٦) شاحب <~ colors> (٧) راكد؛ آخذٌ في الهبوط <a ~ market> § (٨) «أ» المريض. «ب» المَرْضَى (٩) قَيء § (١٠) يتقيّأ.

sick bay *(n.)* (١) مستشفى السفينة (٢) مستشفًى.

sick·bed [sĭk′bĕd′] *(n.)* فراش المَرَض.

sick·en [sĭk′ən] *(vt.; i.)* x (١) يُمْرِض (٢) يُغثي ؛ يُقَزِّز النّفس (٣) يُسئِم (٤) يَمْرَض (٥) يَسأم (٦) يَشْمئِزّ.
— **sick·en·er** *(n.)*

sick·en·ing [sĭk′-] *(adj.)* (١) مُمْرِض (٢) مُغْثٍ ؛ مُقَزِّز للنفس.

sick headache *(n.)* = migraine.

sick·ie [sĭk′ĭ] *(n.)* المريض ؛ السقيم [وبخاصة عقليًّا].

sick·ish [sĭk′ĭsh] *(adj.)* (١) مُنْحرِف الصِّحّة (ا . ق) (٢) مَغْثِيّ ؛ متقزِّز النفس [بعضَ الشيء] (٣) مُغْثٍ ؛ مقزِّز للنفس <~ odors>.

sick·le [sĭk′əl] *(n.; adj.; vt.)* (١) مِنجَل (٢) *cap.* : المِنْجَل : ستة نجوم في برج الأسد شبيهةٌ بالمِنْجَل § (٣) مِنْجَلانيّ : شبيه بالمِنْجَل § (٤) يَحْصُد بمِنْجَل.

sickle *1.*

sick leave *(n.)* إجازة مَرَضيّة.

sick·le·bill [sĭk′əl bĭl′] *(n.)* مِنْجَليُّ المنقار : كل طائر أعقفِ المنقار على نحوِ شبيه بالمِنْجَل.

sickle–cell anemia *(n.)* فقر الدَّم المِنجليّ (مض).

sick·li·ness [sĭk′lĭ-] *(n.)* توعُّك ؛ سَقَم ؛ شحوب ؛ ضَعْف إلخ.

sick·ly [sĭk′lĭ] *(adj.; adv.; vt.)* (١) «أ» مُتَوعِّك ؛ مُنحرِف الصِّحة. «ب» رقيق الصِّحة ؛ كثير المرض (٢) سقيم : ناشئ عن المرض أو مصحوب به <her ~ complexion> (٣) غير صِحّيّ <a ~ climate> (٤) شاحب <~ moonlight> (٥) ضعيف ؛ واهن <~ sentimentality> (٦) باهت <~ colors> (٧) بائس ؛ قَلِق <a ~ smile> (٨) مُغْثٍ ؛ باعث على الغَثَيان <a ~ odor> § (٩) على نحو ضعيف أو سقيم أو شاحب إلخ § (١٠) يُشْحِب : يجعله شاحب اللون.

sick·ness [sĭk′nəs] *(n.)* (١) اعتلال ؛ مَرض (٢) غَثَيان ؛ دُوار.

sick·o [sĭk′ō] *(n.)* = sickie.

sick·room [sĭk′ro͞om′] *(n.)* حُجرة التّمريض.

sic pas·sim [sĭk păs′ĭm] *(adv.)* وهكذا في كل مكان [من الكتاب إلخ].

sid·dur [sĭd′ər; -o͞or′] *(n.)* السِّيدور : كتاب الصلوات عند اليهود.

side [sīd] *(n.; adj.; vt.; i.)* (١) «أ» جَنْب. «ب» جانب (٢) «أ» وَجْه. «ب» جِهة. «ج» ناحية (٣) طَرَف [المُعادلة] (٤) ضِلْع [المثلّث] (٥) مُنْحَدَر (٦) فريق (٧) عَجْرَفة § (٨) جَنْبيّ <a ~ sore> (٩) عَرَضيّ <a ~ issue> (١٠) ثانويّ ؛ فرعيّ <~ remarks> (١١) جانبيّ <a ~ room> (١٢) إضافيّ § (١٣) يؤيِّد ؛ يُناصر (١٤) يَضَعُهُ جانبًا ؛ يرفع عن المائدة <to ~ dishes> (١٥) يرتِّب <to ~ a room up> x (١٦) ينحاز إلى <She ~*d* with our party.>.

on the right ~ of forty — دونَ الأربعين من العُمر.
on the ~, — (١) علاوةً على كذا (٢) بطريقة مشبوهة (٣) سرًّا.
on the wrong ~ of forty — فوق الأربعين من العُمر.
to put on ~, — يتكبّر ؛ يتعجرف.
to split (*or* shake *or* burst) one's ~*s* — يُغْرِب في الضحك.
to take ~*s* with — يؤيِّد [شخصًا أو حِزبًا في نزاع].

side arm *(n.)* السّلاح الجَنْبيّ ؛ السّلاح الأبيض : سلاح يُحْمَل على الجَنْب أو يُعَلَّق بالحزام، كالسّيف والمسدّس والحربة.

side·board [sīd′bōrd′] *(n.)* نَضَدُ المائدة ؛ «البوفيه».

side·burns [sīd′bûrnz′] *(n. pl.)* العِذاران : شعر الخدَّين من شحمة الأذن إلى مَنْبِت اللحية.

side·car [sīd′-] *(n.)* العربة الجانبيّة : «أ» مَقعد لراكب واحد إلى جانب الدرّاجة النارية. «ب» كوكتيل قوامُهُ الكحول وعصير ليمون حامض.

sid·ed [sīd′-] *(adj.)* مُجَنَّب : ذو جانب من نوع معيّن <steep-*sided*>.

side dish *(n.)* الطَّبَق الجانبيّ : لون ثانويّ من ألوان الطعام.

side·dress [sīd′drĕs] *(n.)* (١) سَماد (٢) تَسْميد (نب).

side effect *(n.)* الأثر الجانبيّ : مفعول ثانويّ يُحدِثه عقّار ما.

side–glance [sīd′glăns] *(n.)* (١) النَّظرة الجانبية : نظرة بطَرَف العين (٢) تلميح ؛ إلماعٌ عابر ؛ إشارة غير مباشرة.

side·hill [sīd′hĭl′] *(n.)* = hillside.

side·kick [-′kĭk′] *(n.)* (١) صديق حميم (٢) رفيق [مشارِكٌ في المغامرات].

side·light [sīd′līt′] *(n.)* (١) ضوء جانبيّ (٢) معلومات عَرَضيّة [عن موضوع] (٣) المِضْواة : أحد ضوءين تحملهما باخرة مُبْحِرة ليلًا.

side·line [sīd′-] *(n.; vt.)* (١) الخطّ الجانبيّ : «أ» خطّ على جانب شيءٍ ما. «ب» خطّ يُعيِّن نطاق اللَّعِب يُرْسَم على جانب ملعب كرة القدم إلخ. «ج» الناحية الواقعة خارج هذا الخطّ مباشرة <watched the game from the ~*s*> (٢) عملٌ أو نشاط جانبيّ § (٣) يمنعه من العمل أو الاشتراك في مباراة.

side·lin·er [sīd′lī′-] *(n.)* المُتَفرِّج : من يقف موقفَ المتفرِّج من نشاطٍ ما.

side·ling *or* **sid·ling** [sīd′-] *(adv.; adj.)* (١) جانبيًّا ؛ بانحراف § (٢) جانبيّ ؛ مُنحرِف (٣) مُنْحدِر <~ ground> (٤) غير مُباشر.

side·long [sīd′lông] *(adv.; adj.)* (١) بانحراف ؛ بالوَرْب (٢) إلى جَنْب كذا § (٣) مائل ؛ مُنْحدِر <~ glances> (٤) غير مباشِر.

side·man [sīd′mən] *(n.)* العازف [في أوركسترا أو فرقة موسيقية].

side·piece [sīd′pēs′] *(n.)* القطعة الجانبية : قطعة تُشكِّل جانب شيءٍ ما، أو جزءًا من جانبه، أو تكون مُثَبَّتةً إلى ذلك الجانب.

sider- *or* **sidero-** بادئة معناها : حديد <*siderosis*>.

side reaction *(n.)* = side effect.

si·de·re·al [sī dĕr′ĭ əl] *(adj.)* نجميّ ؛ فَلَكيّ.

sidereal day *(n.)* اليوم النّجميّ : فترةٌ مقدارُها ٢٣ ساعة، و٥٦ دقيقة، و٤,٠٩ ثوانٍ.

sidereal hour *(n.)* الساعة النَّجميّة : $\frac{1}{٢٤}$ من اليوم النجميّ.

sidereal minute *(n.)* الدّقيقة النَّجميّة : $\frac{1}{٦٠}$ من الساعة النّجميّة.

sidereal month *(n.)* الشّهر النّجميّ : فترةٌ مقدارُها ٢٧ يومًا، و٧ ساعات، و٤٣ دقيقة، و١١,٥ ثانية.

sidereal second *(n.)* الثّانية النّجميّة : ١/٦٠ من الدقيقة النجميّة .

sidereal time *(n.)* الزمن النّجميّ : الزمن المبنيّ على أساس اليوم النجميّ .

sidereal year *(n.)* السّنة النّجميّة : الزمن الذي يستغرقُهُ دوران الأرض مرةً واحدة حول الشمس مقيسًا بالنسبة إلى النجوم الثابتة ، ومقدارُهُ ٣٦٥ يومًا ، و٦ ساعات ، و٩ دقائق ، و٩,٥٤ ثوانٍ .

si·de·ro·lite [sĭd′ər ə līt′] *(n.)* السِّيدروليت : نَيْزك حجريّ حديديّ .

sid·er·o·sis [sĭd′ə rō′sĭs] *(n.)* الحُداد ؛ حَدَدُ الرِّئة : مرض يصيب الرئة من تنشُّق دقائق الحديد وما إليها (ط) .

side·sad·dle [sīd′săd′əl] *(n.)* السَّرج الجانبيّ : سَرْج تستقرّ عليه المرأة جاعلةً رجلَيْها كلتَيْهما على جانب واحد من الفَرس .

side·show [sīd′shō′] *(n.)* (١) الاستعراض أو المشهد الجانبيّ [في سِيرْك إلخ] (٢) حادثة أو مسألة ثانوية .

side·slip [sīd′slĭp′] *(vi.; n.)* (١) تَنْزلقُ جانبيًّا [تقال في مَعْرِض الكلام عن سيّارة أو طائرة] § (٢) انزلاق جانبيّ .

sides·man [sīdz′-] *(n.)* جامع الهِبات : شخص يجمع الهِبات في كنيسة .

side·spin [sīd′spĭn′] *(n.)* التّدويم الجانبيّ : حركة دورانية تجعل الكرة تدور أفُقيًّا .

side·split·ting [sīd′-] *(adj.)* شاقّ للخواصر : ظريف أو مُضحك جدًّا .

side·step [sīd′-] *(vi.; t.)* (١) يخطو خطوةً جانبيّة (٢) يتجنّب ؛ يتفادى .

side step *(n.)* الخُطوة الجانبية [في الملاكمة اجتنابًا لضربة] .

side street *(n.)* الشارع الجانبيّ : شارع فرعيّ متّصل بشارع رئيسيّ .

side·stroke [sīd′strōk′] *(n.)* السباحة الجَنْبيّة (رب) .

side·swipe [-′swīp′] *(vt.; n.)* (١) يَصْدِمُهُ جانبيًّا <to ~ a parked car> § (٢) صَدْمٌ جانبيّ (٣) ضربة جانبية (٤) ملاحظة عَرَضيّة .

side·track [sīd′trăk′] *(n.; vt.)* (١) الخطّ الجانبيّ : خطّ قصير مُتّصل بالخطّ الرئيسيّ بتحويلة [في السّكة الحديدية] (٢) مَرْتبة ثانوية [يُنْزَل إليها المرء أو الشيء] § (٣) يحوّل [قطارًا] إلى خطّ جانبيّ (٤) يَصْرِفُهُ عن وجهته أو غايته (٥) يُنزِل إلى مرتبة ثانوية .

side·walk [sīd′wôk′] *(n.)* الطّوار : رصيف المشاة في شارع .

side·ward[1] [sīd′wərd] *(adj.)* جانبيّ .

side·ward[2]; **-s** [sīd′-] *(adv.)* جانبيًّا ؛ إلى الجانب ؛ نحو الجانب .

side·way [sīd′wā′] *(n.; adv.; adj.)* (١) طريق جانبيّ أو فرعيّ (٢) sideways .

side·ways *(adv.; adj.)* (١) جانبيًّا : من أو إلى الجانب (٢) بانحراف ؛ شَزْرًا <to glance ~> § (٣) جانبيّ .

side–wheel [sīd′hwēl′; -′wēl′] *(adj.)* مُغَدَّف : مُزَوَّد بعَجَلة تغديف [كبعض الزّوارق البخارية] (را . paddle wheel) .

side–wheel·er *(n.)* المُغَدَّف : زورق بخاريّ مزوّد بعجلة تغديف .

side whiskers *(n. pl.)* = sideburns.

side·winder [-′wīn′-] *(n.)* (١) لكمة جانبية عنيفة (٢) الصَّوَنْدَر : «أ» حيّة صغيرة من ذوات الجُلجُل . «ب» قذيفة مضادّة للطائرات تُطلق من الهواء .

side·wise [sīd′wīz′] *(adv.; adj.)* = sideways.

sid·ing [sī′dĭng] *(n.)* (١) sidetrack *1* (٢) ألواح الجدران الخارجية [لأحد المباني] .

si·dle [sī′dəl] *(vi.; t.; n.)* (١) يمشي جانبيًّا أو بانحراف [كمِشْية الخَجِيّ] (٢) ينسَلّ خِفيةً **x** (٣) يجعله يتحرّك أو ينعطف جانبيًّا § (٤) مِشية جانبية .

siege [sēj] *(n.; vt.)* (١) حصار (٢) نوبة مرض متواصلة (٣) إقامة متواصلة (٤) مقدار كبير § (٥) يُحاصر [مدينةً] .

Siegfried line [sēg′frēd] *(n.)* خطّ سيغفريد : خطّ دفاعيّ ألماني مواجِهٌ لخط ماجينو الفرنسيّ .

si·en·na [sĭ ĕn′ə] *(n.)* (١) التّرسينة : مادة تُرابية مشتملة على أكاسيد حديد ومَنْغنيز تُستخدم بوصفها صِبْغًا بُنّيًّا [التّرسينة النّيئة ~ raw] ، أو صِبْغًا أحمرَ بُرتُقاليًّا [التّرسينة المحروقة ~ burnt] (٢) اللون التّرسينيّ : لون التّرسينة النّيئة أو المحروقة .

si·er·ra [sĭ ĕr′ə] *(n.)* (١) مُثلّمة القِمَم : سلسلة جبال مُثلّمة القِمم كأسنان المنشار (٢) السّييرا : ضربٌ من سمك الإسْقُمري (را . mackerel) .

si·er·ran [sĭ ĕr′ən] *(adj.)* مُثلّم القِمَم <~ foothills> .

si·es·ta [sĭ ĕs′tə] *(n.)* القائلة ؛ القَيْلولة : ضَجْعة الظهيرة .

sieve [sĭv] *(n.; vt.; i.)* (١) مُنْخُل ؛ غِربال (٢) اللّاكَتُوم [للسرّ] § (٣) يَنْخُل .

sieve cell *(n.)* الخَلِيّة المُنْخُليّة : خليّة ذات جدران مُثقّبة (نب) .

sieve tube *(n.)* الأنبوب المُنْخُليّ : سلسلة من الخلايا المُنْخُليّة مُهِمّتُها إيصال الغذاء إلى لحاء النباتات (نب) .

sift [sĭft] *(vt.; i.)* (١) يَنْخُل ؛ يُغَرْبِل (٢) «أ» يتنخّل ؛ يتخيّر . «ب» يُمَحّص (٣) يَذُرّ ؛ يَنْثُر <~*ed* sugar on the cake> **x** (٤) يَنْفُذ [عَبْرَ مُنْخُل أو نحوه] .

sift·er [sĭf′-] *(n.)* (١) النّاخِل ؛ المُغَرْبِل (٢) المُتَنخِّل (٣) مُنْخُل .

sift·ing [sĭf′-] *(n.)* (١) نَخْل ؛ غَرْبَلة (٢) تَنَخُّل ؛ تمحيص (٣) *pl.* النُّخالة : ما يُفْصَل بالنَّخْل <to discard the ~*s*> .

sigh [sī] *(vi.; t.; n.)* (١) يَتَنَهّد (٢) يَتَلَهّف ؛ يشتاق ؛ يَحِنّ إلى (٣) يَنْدُب ؛ يَتَحَسّر على § (٤) تَنَهُّد (٥) تَلَهُّف ؛ اشتياق ؛ نَدْب ؛ تحسُّر .

sight [sīt] *(n.; vt.; i.; adj.)* (١) «أ» مَشْهَد . «ب» مَعْلَم ؛ شيء جدير بالمشاهدة <the ~*s* of the city> (٢) شيء غريب أو مثير للسُّخرية إلخ <My clothes were a ~.> (٣) مقدار كبير <a ~ of money> (٤) البَصَر : «أ» حاسّة البصر . «ب» القدرة على الإبصار . «ج» مدى البصر (٥) «أ» إدراك . «ب» بصيرة (٦) «أ» نَظَر ؛ رؤية . «ب» اطّلاع . «ج» نَظْرة ؛ لمحة (٧) رأي ؛ وجهة نظر (٨) المِهْداف ؛ المُصَوِّبة : جهاز التّسديد في بندقيّة (٩) *pl.* المَطْمَح : ما يُطْمَحُ إليه § (١٠) «أ» يرى ؛ يُشاهد . «ب» يَرْقُب أو يُلاحظ [وبخاصة بواسطة جهازٍ ما] (١١) يسدِّد ؛ يصوِّب (١٢) «أ» يزوِّد بمِهداف . «ب» يعدِّل المِهداف **x** (١٣) يُنعم النظر في اتجاه معيّن § (١٤) اطّلاعيّ : قابلٌ للدفع بمجرَّد الاطّلاع <a ~ draft> .

at *or* on ~, عند الاطّلاع ؛ بمجرَّد الاطّلاع .

in ~ of على مرأى من [بحيث يَرَى أو يُرَى] .

out of ~, بمنأى عن الأنظار .

sight bill *or* **draft** *(n.)* الحِوالة الاطّلاعيّة : حِوالة تُدْفع بمجرَّد الاطّلاع عليها .

sight·ed [sīt′əd] *(adj.)* ذو بَصَر من نوع مُعَيَّن <clear-*sighted*> .

sight·less [sīt′ləs] *(adj.)* (١) أعمى ؛ ضرير (٢) خفِيّ ؛ غير منظور .

sight·li·ness [sīt′lĭ nəs] *(n.)* (١) جَمال ؛ وسامة (٢) حُسْنُ الإطلالة : كونُ المكان مُطِلًّا على منظرٍ جميل .

sight·ly [sīt′lĭ] *(adj.)* (١) جميل ؛ وسيم (٢) حَسَنُ الإطلالة .

sight reading *(n.)* الارتجال : القراءة أو العَزْف من غير استعداد أو دراسة مُسْبَقة .

— **sight–read** *(vt.; i.)*

sight·see·ing [sīt′sē′ĭng] *(n.; adj.)* (١) ارتياد المعالم : زيارة الأماكن التي تستحقّ المشاهدة § (٢) ارتياديّ : مُخَصَّص لارتياد المعالم <a ~ bus> .

— **sight·see** *(vt.)*

sight·se·er [sīt′sē′ər] *(n.)* مُرتاد المعالم (را . المادة السابقة) .

sig·il [sĭj′əl; sĭg′ĭl] *(n.)* السِّجِل : «أ» خَتْم ؛ خاتَم . «ب» علامة أو لفظة أو أداة يُفترض أن لها قوّة سِحرية .

sig·ma [sĭg′mə] *(n.)* سيغْما : الحرف الثامن عشر من الأبجدية اليونانية .

sigma particle *(n.)* = standard deviation.

sig·mate [sĭg′mĭt; -′māt] *(adj.)* سيغْماويّ ؛ أسِّيّ : شبيه بحرف سيغْما Σ اليونانيّ أو بحرف S اللاتينيّ .

sig·moid [sĭg′moid′] *(adj.)* سِينيّ : شبيه بحرف S أو بحرف C .

sigmoid flexure *(n.)* التَّعريج السِّينيّ : تعريجة القولون colon الواقعة قبل المستقيم rectum مباشرةً (ت) .

sign [sīn] *(n.; vt.; i.)* (١) إشارة ؛ إيماءة (٢) «أ» علامة . «ب» سِمة (٣) لُغة الإشارة (٤) البُرج (فل) (٥) لافتة (٦) رمز (٧) دلائل ؛ أمارات ؛ بشائر <the ~*s* of an early spring> (٨) معجزة أو آية [يُطلب إلى نبيّ أن يأتي بها] § (٩) «أ» يُعلِّم ؛ يَسِم . «ب» يرسم إشارة الصليب على (١٠) يومئ ؛ يشير (١١) يتعاقد مع <The manager has ~*ed* a new player.> **x** (١٢) يُوقِّع [عَقدَ عمل أو خدمة] (١٣) يستخدم لغة الإشارة .

to ~ off (١) يُوقِف البثَّ (رد) (٢) يُذَيِّل بتوقيعه .

to ~ up (١) يلتحق بعمل أو بالقوات المسلَّحة (٢) يُجَنِّد .

sig·nal [sĭg′nəl] *(n.; vt.; i.; adj.)* (١) إشارة (٢) إشارة خطر (٣) حافز (٤) لافتة [للتحذير] § (٥) يومئ ؛ يُبلغ بالإشارة **x** (٦) يُلوِّح ؛ يُرسل إشارةً § (٧) إشاريّ <a ~ flag> (٨) بارز ؛ رائع <~ achievements> .

signal fire *(n.)* نار الإشارة : نار تُضْرَم للتنبيه أو التحذير .

sig·nal·ize [sĭg′nə līz′] *(vt.)* (١) يُمَيِّز : يجعله ذا ميزة بارزة <Great inventions ~ this decade.> (٢) يُبرز بعناية أو بوضوح (٣) يُبلغ بالإشارات ؛ يعلن عن كذا أو يُشير إليه (٤) يَنْصِب إشاراتِ المرور [في ملتقى طريق] .

sig·nal·ly [sĭg′nə lĭ] *(adv.)* على نحو بارز أو مُتميِّز <was ~ wise> .

sig·nal·man *(n.)* المُلَوِّح : عامل الإشارة في سكة الحديد أو في الجيش .

sig·nal·ment [sĭg′nəl-] *(n.)* الوصف التّمييزيّ : وصفٌ دقيق لشخص ما ، مع إبراز لعلاماته الفارقة ، بُغْيَةَ تمييز الهُويّة .

sig·na·to·ry [sĭg′nə tōr′ĭ] *(adj.; n.)* (١) مُوَقِّع <the ~ powers to a treaty> § (٢) المُوَقِّع ، أو أحد المُوَقِّعين ، على وثيقة . وبخاصة : حكومة مشترِكة في التوقيع على معاهدة أو اتفاق .

sig·na·ture [sĭg′nə chər] *(n.)* (١) توقيع ؛ إمضاء (٢) شارة المَلْزَمة : رقمٌ أو كلام يُطبع في أدنى الصفحة الأُولى من المَلْزَمة لإرشاد مُجلِّد الكتاب عند جَمْع ملازمه (٣) المَلْزَمة (طع) (٤) دليل المقام (مو) (٥) الإرشادات : ذلك الجزء من الوصفة الطبيّة المشتمل على إرشادات للمريض (٦) علامة مميّزة . وبخاصة : شارة البرنامج : اللّحن المميّز ، أو الصورة المميّزة ، لبرنامج إذاعيّ أو تلفزيونيّ .

sign·board [sīn′bōrd′] *(n.)* لوحة ؛ لافتة .

sign·er [sī′nər] *(n.)* المُوَقِّع : مَنْ يُوَقِّع أو يُمْضي .

sig·net [sĭg′nət] *(n.; vt.)* (١) خَتْم (٢) الخُتَيْم : خَتْم صغير يُنْقَش على بعض الخواتم § (٣) يَختِم [بخَتْم أو خُتَيْم] .

signet ring *(n.)* = seal ring.

sig·nif·i·cance [sĭg nĭf′-] *(n.)* (١) معنًى ؛ مَغْزًى ؛ دَلالة (٢) أهمّيّة .

sig·nif·i·can·cy [sĭg nĭf′ə kən sĭ] *(n.)* = significance.

sig·nif·i·cant [-′ə kənt] *(adj.)* (١) ذو معنًى أو مغزًى <a ~ glance> (٢) هامّ <~ studies> (٣) ضخم ؛ كبير <a ~ number> .

significant digits *or* **figures** *(n. pl.)* الأرقام المَعْنوية : الأرقام المبتدئة بآخر رقم واقع إلى يسار العدد [دون الأصفار التي على اليسار] .

sig·ni·fi·ca·tion [sĭg′nə fə kā′-] *(n.)* (١) تعبير عن المُراد (٢) إشعار رسميّ <~ of judicial decrees> (٣) significance .

sig·nif·i·ca·tive [sĭg nĭf′ə kā′-] *(adj.)* (١) ذو دَلالة أو مغزًى (٢) رمزيّ .

sig·nif·ics [sĭg nĭf′ĭks] *(n.)* = semantics.

sig·ni·fy [sĭg′nə fī′] *(vt.; i.)* (١) يُفيد ؛ يعني ؛ يَدُلّ على (٢) يُعبِّر أو يُعْرِب عن المراد [بواسطة الكلمات أو الإشارات أو الإيماءات] **x** (٣) يَهُمّ <What an idiot says does not ~.>.

si·gnior [sē′nyôr] *(n.)* = signor.

sign language *(n.)* لُغة الإشارة : «أ» لُغة الصُّمّ . «ب» لغة العاجزين عن التفاهم بلُغةٍ واحدة .

sign manual *(n.)* توقيع . وبخاصة : توقيع الملِك على وثيقة رسمية .

sign of aggregation *(n.)* المُجَمِّعة ؛ علامة التجميع (ر) .

sign of the zodiac *(n.)* البُرج ؛ الصُّورة البُرْجيّة (فل) .

si·gnor [sē′nyôr] *(n.)* pl. **-s** *or* **-gno·ri** [nyô′rē] السِّنيور : سيِّد إيطاليّ .

si·gno·ra [sē nyô′rä] *(n.)* pl. **-s** *or* **-re** [rē] السِّنيورة : سيِّدة إيطالية .

si·gno·re [sē nyô′rĕ] *(n.)* pl. **-ri** [rē] = signor.

si·gno·ri·na [sē′nyô rē′nä] *(n.)* pl. **-s** *or* **-ne** [nā] السِّنيورينة : آنسة إيطالية .

si·gno·ri·no [sēn′yô rē′nō] *(n.)* pl. **-s** *or* **-ni** [nē] السِّنيورينو : شاب إيطاليّ . وبخاصة : شابّ إيطاليّ رفيع المنزلة .

sig·no·ry *or* **sig·nio·ry** [sē′nyə rē] *(n.)* = seigniory.

sign·post [sīn′-] *(n.; vt.)* (١) صُوَّة ؛ مَعْلَم [في طريق] § (٢) يُصَوِّي : يَنْصِب الصُّوَى .

sike [sīk] *(n.)* (١) غدير ؛ جَدْول (بر) (٢) خَنْدَق (بر) .

Sikh [sēk] *(n.; adj.)* (١) السِّيخيّ : أحد مُعتنقي السِّيخية ، وهي ديانة هنديّة موحِّدة تمزج ما بين العقيدتين الهندوسية والإسلامية § (٢) سِيخيّ .
— **Sikh·ism** *(n.)*

si·lage [sī′lĭj] *(n.)* = ensilage *2.*

sild [sĭld] *(n.)* السِّلْد : ضربٌ من الرِّنكة herring يُعَلَّب كالسَّردين .

si·lence [sī′ləns] *(n.; vt.)* (١) صَمْت ؛ سكوت (٢) سُكون (٣) نسيان ؛ إغفال ؛ انطماس ذِكْر (٤) سِرِّية § (٥) يُسْكِت (٦) يُفحم .

si·lenc·er [sī′lən sər] *(n.)* (١) المُسْكِت (٢) خافض الصوت (مك) (٣) كاتم الصوت [في مسدَّس] .

si·lent [sī′lənt] *(adj.)* (١) «أ» صامت ؛ ساكت . «ب» أخرس . «ج» سَكوت ؛ قليل الكلام (٢) «أ» ساكن . «ب» خامد <a ~ volcano> (٣) صامت : «أ» مُغْفِلٌ ذكرَ شيء <The law is ~ on this point.> . «ب» غير مذكور أو مشار إليه <his ~ role in the conspiracy> . «ج» غير ملفوظ <The *b* in *doubt* is a ~ letter.> . «د» خِلْوٌ من الحوار الملفوظ <~ drama> . «هـ» غير ناطق <~ movies> .

silent butler *(n.)* الخادم الصامت ؛ الخادم الأخرس : وعاء ذو غطاءٍ مُمَفْصَل مُعَدٌّ لجمع فُتات الموائد ومحتويات المرامد [أي منافض رماد السَّجاير] .

silent butler

silent partner *(n.)* الشَّريك المُوَصِّي ؛ الشريك الصامت : شريك لا صوت أو رأي له في توجيه العمل .

si·lents [sī′lənts] *(n. pl.)* الصَّوامت : الأفلام السينمائيّة الصّامتة .

silent service *(n.)* المصلحة الصامتة : «أ» الأسطول ؛ القوّات البحريّة [تسبقها *the*] . «ب» سلاح الغوّاصات [تسبقها *the*] .

si·le·sia [sĭ lē′shə; sī-] *(n.)* السِّيليزيّ : قماش كتّانيّ أو قطنيّ رقيق .

si·lex [sī′lĕks] *(n.)* السَّيْلَكس : «أ» silica . «ب» زجاج مُقاومٌ للحرارة .

sil·hou·ette [sĭl′o͞o ĕt′] *(n.; vt.)* (١) المُسَلْوَتَة ؛ المُظَلَّلة : الصورة الظِّلِّية § (٢) يُسَلْوِت : يرسُم صورةً ظِلِّيّة .

silhouette *1.*

silic- *or* **silico-** بادئة معناها : سِليكون <*silico*sis> .

sil·i·ca [sĭl′ə kə] *(n.)* السِّليكا ؛ ثاني أكسيد السِّليكون (ك) .

silica gel *(n.)* هُلام السِّليكا : ضرب هُلاميّ من السِّليكا شديد الامتصاص .

sil·i·cate [sĭl′ə kĭt; -kāt′] *(n.)* السِّليكات : أيّ من الأملاح المشتقّة من الأحماض السِّليكيّة أو من السِّليكا (ك) .

si·li·ceous *or* **si·li·cious** [sĭ lĭsh′əs] *(adj.)* سِليسيّ : «أ» متعلّق بالسِّليكا أو بأحد السِّليكات . «ب» محتوٍ على سِليكا أو سِليكات <~ limestone> .

silici- بادئة معناها : سِليكا <*silici*ferous> .

si·lic·ic [sĭ lĭs′ĭk] *(adj.)* سِليكيّ ؛ سِليكونيّ (ك) .

silicic acid *(n.)* الحَمْض السِّليكيّ ؛ حَمْض السِّليسيك (ك) .

sil·i·cic·o·lous [sĭl′ə sĭk′ə ləs] *(adj.)* سِليسيّ : نامٍ في تربة غنيّة بالسِّليكا <~ plants>.

sil·i·cide [sĭl′ə sīd′; -sĭd] *(n.)* السِّليسيد (ك) .

sil·i·cif·er·ous [sĭl′ə sĭf′ə rəs] *(adj.)* سِليكاويّ : مُنتِج للسِّليكا أو محتوٍ عليها أو مُتَّحِدٌ معها (ك) .

si·lic·i·fi·ca·tion [sĭ lĭs ə fə kā′-] *(n.)* (١) سَلْيَكة (٢) تَسَلْيُك .

si·lic·i·fied wood *(n.)* الخشب المُسَلْيَك : خشب محوَّل إلى كوارتز .

si·lic·i·fy [sĭ lĭs′ə fī′] *(vt.; i.)* (١) يُسَلْيِك : يحوِّل إلى سِلِيكا أو يُشْبِع بها x (٢) يَتَسَلْيَك : يتحوَّل إلى سِلِيكا أو يُشْبَع بها .

si·li·ci·um [sĭ lĭsh′ĭ əm] *(n.)* السِّليسيوم : اسمٌ قديم للسِّليكون .

sil·i·cle [sĭl′ə kəl] *(n.)* الخُرَيْدِلِيّة : ثمرة خَرْدليّة صغيرة يكاد عرضُها يُساوي طولَها (را . silique) .

silicle

silico- = silic-.

sil·i·con [sĭl′ə kən] *(n.)* السِّليكون : عنصرٌ لافِلزّيّ (ك) .

silicon carbide *(n.)* كربيد السِّليكون : مركّب متبلّر شديد الصلادة (ك) .

sil·i·cone [sĭl′ə kōn′] *(n.)* السِّلِيكُون : مركَّب سِليكونيّ عضويّ (ك) .

sil·i·con·ized [sĭl′ə kə nīzd′] *(adj.)* مُسَلْكَن <~ glassware> .

Sil·i·con Valley وادي السِّليكون : منطقةٌ تُعرف بصناعاتها التكنولوجيّة .

sil·i·co·sis [sĭl′ə kō′sĭs] *(n.)* التَّسَمُّم السِّليكي : داء رئويّ ناشئ عن تنشُّق متطاول لغبار السِّليكا .

si·lic·u·lose [sĭ lĭk′yə lōs′] *(adj.)* خُرَيدِلانيّ : «أ» حاملٌ خُرَيدِليّات . «ب» شبيه بِخُرَيْدِليّة (را . silicle) .

si·lique [sĭ lēk′; sĭl′ĭk] *(n.)* الخَرْدَليّة : ثمرة يابسة مستطيلة ذات خِباءَين يَجْمَع بينهما شبه حاجز يقسِم الثّمرةَ ، عند نُضجها ، إلى قسمين (نب) .
— **sil·i·quose** *also* **sil·i·quous** *(adj.)*

silk [sĭlk] *(n.; adj.; vi.)* (١) حرير (٢) ثوب حريريّ (٣) محامي الدولة [أو ثوبُهُ الحريريّ المميِّز] (٤) *.pl* : شِعار الفارس : قَبْعة الفارس وقميصه الملوَّنان باللون الخاص بالإسطبل الذي ينتسب إليه [في سباق الخيل] (٥) شيء كالحرير ؛ وبخاصة : «أ» خيوط العنكبوت . «ب» شُعَيْرات كوز الذُّرة (٦) باراشوت § (٧) حريريّ § (٨) تتشعَّر : تُطلِع الذُّرةُ شُعَيراتها .

silk·a·line *or* **silk·o·line** [sĭl′kə lēn′] *(n.)* الحَرِيرين ؛ السِّلْكَلين : قماش قطنيّ رقيق تُتَّخَذُ منه السَّتائر وغيرها .

silk cotton *(n.)* = kapok.

silk–cotton tree *(n.)* = ceiba.

silk·en [sĭl′-] *(adj.)* (١) حَريريّ (٢) حَريرانيّ : شبيه بالحرير (٣) ناعم <a

<~ touch> (٤) رخيم (٥) «أ» مُكْتسٍ بالحرير . «ب» مُترَف (٦) متملّق .

silk floss *(n.)* = kapok.

silk hat *(n.)* القُبّعة الحريرية : قبّعة مخمليّة عالية، أسطوانية الشكل، يعتمرها الرجال في المواقف الرّسمية .

silk hat

silk·i·ness [sĭlk′ə-] *(n.)* (١) الحريريّة : كون الشيء حريريًا (٢) نعومة .

silk oak *(n.)* الغَريفِليّة ؛ السِّنديان الحريريّ : شجر أستراليّ .

silk–stock·ing [sĭlk′stŏk′-] *(adj.)* (١) أرستوقراطيّ : غَنيّ <~ districts> (٢) أنيق ؛ مُترَف <a ~ audience> .

silk stocking *(n.)* (١) الأرستوقراطيّ (٢) المتأنّق : شخص أنيق المَلْبَس .

silk·weed [sĭlk′wēd′] *(n.)* = milkweed.

silk·worm [-′wûrm′] *(n.)* دودة الحرير ؛ دودة القزّ .

silkworm (moth)

silk·y [sĭl′kĭ] *(adj.)* (١) حريريّ (٢) حَريرانيّ : شبيه بالحرير (٣) ناعم ؛ أملس (٤) متملّق (٥) زَغِب : مَكْسُوّ بالزَّغب <~ leaves> .

sill [sĭl] *(n.)* (١) الأُسْكُفّة : عَتَبة الباب أو النافذة (٢) الجُدَّة المُوازِية : جسمٌ لَوْحيّ من صخر ناريّ قائم بين طبقتين من مقذوفات البراكين (جي) .

sil·la·bub [sĭl′ə bŭb′] *(n.)* (١) السَّلْبوب : «أ» شراب أو طعام يُعَدّ بمزج النبيذ بالحليب . «ب» قِشدة مُحلّاة تُنكَّهُ بالنبيذ، وتُخفق حتى يعلوها الزَّبد (٢) كلّ ما يُشبه الزَّبَد أو الفقاقيع . وبخاصة : لُغة مُنمَّقة .

sil·ler [sĭl′ər] *(n.)* فِضّة ؛ مال ؛ نقود (إسك) .

sil·li·ly [sĭl′ĭ lĭ] *(adv.)* بِسَذاجة ؛ ببلاهة ؛ بحماقة إلخ .

sil·li·man·ite [sĭl′ə mə nīt] *(n.)* السِّلّيمانيت (مع) .

sil·li·ness [sĭl′ə nəs] *(n.)* سَذاجة ؛ بلاهة ؛ حماقة إلخ .

sil·ly [sĭl′ĭ] *(adj.; n.)* (١) ساذَج ؛ بسيط (٢) أبله (٣) سخيف ؛ مُضْحِك ؛ تافه ؛ منافٍ للعقل (٤) ذاهل § (٥) شخص أحمق أو سخيف .

silly season *(n.)* موسم التّوافه : فترة، كأواخر الصّيف، يتعيَّن فيها على الصُّحف اللُّجوء إلى معالجة الموضوعات الثانوية لندرة الأخبار الرئيسية .

si·lo [sī′lō] *(n.)* السِّلْوَة : «أ» مبنًى أسطوانيّ خشبيّ أو إسمنتيّ عالٍ مُحكَم الإغلاق يُحفَظ فيه عَلَفُ الدّوابّ . «ب» قاعدة تحت الأرض تُخزن فيها القذيفة المُوجَّهة .

silo *a.*

silt [sĭlt] *(n.; vt.; i.)* (١) غَرين ؛ طَميٌ § (٢) يُغَرْيِن : يملأ بالغَرين **x** (٣) يَتَغَرْيَن : يمتلئ بالغَرين .
— silt·y *(adj.)*

silt·stone [sĭlt′-] *(n.)* الحجر الغَرينيّ : صخر رُسوبيّ دقيق الحُبَيْبات .

Silurian period [sĭ lo͝or′ĭ ən; sī-] *(n.)* العصر السِّيلوريّ (جي) .

si·lu·rid [sĭ lo͝or′ĭd]; **si·lu·roid** [-′oid] *(adj.; n.)* (١) سِلَّوْريّ § (٢) السِّلَّوْر ؛ الصِّلَّوْر : سمك نهريّ .

silurid *2.*

sil·va [sĭl′və] *(n.)* (١) الأشجار الحِراجيّة [في بلد أو منطقة ما] (٢) وَصْفٌ للأشجار الحِراجية [في بلدٍ أو منطقة ما] .

sil·van [sĭl′vən] *(adj.; n.)* = sylvan.

Sil·va·nus [sĭl vā′-] سيلڤانوس : إلّه الغابات والحقول عند الرومان .

sil·ver [sĭl′vər] *(n.; adj.; vt.; i.)* (١) فِضّة (٢) قطعة نقد فضيّة (٣) طبق فضيّ للمائدة (٤) اللون الفِضّيّ § (٥) فِضّيّ (٦) فِضّانيّ : شبيه بالفضّة (٧) فصيحٌ على نحو مُقنِع <his ~ tongue> (٨) فِضّيّ : خاصّ بالذكرى الخامسة والعشرين لحادثة ما <~ wedding> (٩) خاص بالفضة <~ legislation> (١٠) مؤيّد لاستعمال الفضة كقاعدة للنقد (إد) § (١١) يُفضِّض : «أ» يطلي بالفضة . «ب» يجعله أبيض فضيًّا **x** (١٢) يتفضَّض : يُصبح فِضّيّ البياض .

silver age *(n.)* العَصْر الفِضّيّ : فترة من التاريخ تتميّز بمنجزات هامّة ولكنها ثانويّة بالنسبة إلى مُنْجَزات العصور الذهبية .

silver bell *(n.)* الهاليزيّة : شجرة أميركية ذات زهراتٍ جَرَسيّة .

sil·ver·ber·ry [sĭl′-] *(n.)* التّوت الفِضّيّ : شجيرة أميركية فِضّيّة الورق والثّمر .

silver bromide *(n.)* بروميد الفِضّة [المستخدَم في التصوير الفوتوغرافي] .

silver chloride *(n.)* كلوريد الفِضّة : مُركَّب حسّاس للضّوء يُستخدم لجعل ورق التصوير الفوتوغرافيّ ذا حَساسيّة .

silver cord *(n.)* الرِّباط الفِضّيّ : الرباط العاطفيّ بين الأمّ وولدها .

silver fir *(n.)* التَّنّوب الفِضّيّ (نب) .

silver·fish [sĭl′-] *(n.)* (١) السَّمكة الفِضّيّة (٢) لاحِسَة السُّكّر : حشرة بيتيّة تَقْرِض الورق وتُتلف الملابس المُنَشّاة .

silverfish *2.*

silver foil *(n.)* = silver paper.

sil·ver·ing [sĭl′vər-] *(n.)* التَّفضيض : طَلْيٌ بالفضّة أو ما يشبهها .

silver jubilee *(n.)* اليوبيل الفِضّيّ [ذكرى ٢٥ سنة لحدثٍ ما] .

silver lining *(n.)* الحاشية الفِضّية : «أ» حافةُ السّحابة البيضاءُ . «ب» أَمَلٌ مُشجِّع ؛ الجانب المُشرِق من محنةٍ ما .

sil·vern [sĭl′vərn] *(adj.)* (١) فِضّيّ (٢) فِضّانيّ : شبيه بالفِضّة .

silver nitrate *(n.)* نِترات الفِضّة (ك) .

silver paper *(n.)* الورق الفِضّيّ : ورق معدنيّ فِضّيّ اللون .

silver–plated *(adj.)* مُفَضَّض : مَطْليّ بالفِضّة .

silver screen *(n.)* (١) الشّاشة الفِضّيّة : شاشة السّينما (٢) أفلام سينمائية .

sil·ver·side; -s [sĭl′vər-] *(n.)* الحَسّاس ؛ الهِفّ : سمك فضّيّ الجنبين .

sil·ver·smith [sĭl′vər smĭth′] *(n.)* صائغ الفِضّة .

sil·ver–tongued [sĭl′vər tŭngd′] *(adj.)* فصيح ؛ لَسِنٌ ؛ ذَرِبُ اللِّسان .

sil·ver·ware [-′vər wâr′] *(n.)* الفِضِّيّات . وبخاصة : آنية المائدة الفضّية .

silver wedding *(n.)* ذكرى الزّواج الخامسة والعشرون .

sil·ver·y [sĭl′və rĭ] *(adj.)* (١) رخيم <a ~ voice> (٢) فضّيّ الرّنين <~ notes of church bells> (٣) فِضّانيّ : شبيه بالفضة في اللمعان (٤) فِضّيّ : مشتملٌ على فضّة أو مكوّن منها .

sil·vi·cul·ture [sĭl′və kŭl′chər] *(n.)* التّأجيم : فرع من علم الزراعة يُعنى

بزراعة الغابات والحفاظ عليها.

si·ma [sī'mə] *(n.)* السِّيما: الطبقة الدنيا من قشرة الأرض الخارجيّة (جي).

si·mar [sĭ mär'] *(n.)* السِّيمار: ثوب نِسويّ فضفاض.

sim·a·rou·ba [sĭm'ə ro͞o'bə] *(n.)* السِّيماروبة: شجرة أميركية استوائية.

sim·i·an [sĭm'ĭ ən] *(adj.; n.)* (١) قِرْدِيّ؛ سَعْدانيّ § (٢) قِرْد؛ سَعدان.

sim·i·lar [sĭm'ə lər] *(adj.)* (١) مُشابه؛ مُماثِل (٢) مُتشابه (ر).

sim·i·lar·i·ty [sĭm'ə lăr'ə tĭ] *(n.)* (١) شَبَه (٢) تشابُه.

sim·i·lar·ly [-'lĭ] *(adv.)* وهكذا...؛ وكذلك...؛ وعلى نحوٍ مماثل.

sim·i·le [sĭm'ə lē'] *(n.)* التشبيه (بل).

si·mil·i·tude [sĭ mĭl'ə to͞od'; -tyo͞od'] *(n.)* (١) «أ» الشِّبْهُ؛ الشّبيه. «ب» صورةٌ [طِبقَ الأصل] (٢) «أ» تشبيه. «ب» مَجاز (٣) شَبَه أو وجه شَبَه.

sim·i·lize [sĭm'ə līz'] *(vt.)* يُشبِّه؛ يستخدم التشبيه (بل).

sim·mer [sĭm'ər] *(vi.; t.; n.)* (١) يجيش؛ يغلي برفق [تحت نقطة الغليان أو عندها تمامًا] (٢) يهتاج؛ يضطرب **x** (٣) يطهو ببطء [في سائلٍ كاد يبلغ نقطة الغليان] § (٤) جَيَشان (٥) اهتياج إلخ (٦) طهوٌ ببطء.

sim·nel [sĭm'nəl] *(n.)* السِّمْنَل: كعكة مُحَلّاة.

si·mo·le·on [sə mō'lĭ ən] *(n.)* دولار (عا).

si·mo·ni·ac [sī mō'nĭ ăk'] *(n.)* السِّيمونيّ؛ السِّمعانيّ: مشتري المنصب الكَهنوتيّ أو بائعُه. — **simoniac** *or* **si·mo·ni·a·cal** *(adj.)*

si·mo·nize [sī'mə nīz'] *(vt.)* يُشمِّع: يَصْقُل بالشَّمع ونحوه.

si·mon–pure [sī'mən pyo͝or'] *(adj.)* أصيل؛ حقيقيّ؛ صافٍ.

si·mo·ny [sī'mə nĭ] *(n.)* السِّيمونية: شراء المناصب الكهنوتية أو بيعُها.

si·moom [sĭ mo͞om'] *or* **si·moon** [sĭ mo͞on'] *(n.)* السَّموم؛ ريح السَّموم: ريح حارة جافّة مثقلة بالرمال والغبار.

sim·pa·ti·co [sĭm pä'tĭ kō'] *(adj.)* (١) لطيف؛ جذّاب (٢) متجانس.

sim·per [sĭm'pər] *(vi.; n.)* (١) يتكلّف الابتسام § (٢) ابتسامة مُتَكَلَّفة.

sim·ple [sĭm'pəl] *(adj.; n.)* (١) بسيط: «أ» غير مُرَكَّب أو مُعَقَّد أو صَعْب. «ب» غير مُتْرَف <~ diet> (٢) بريء؛ غير ماكر (٣) متواضع (٤) وضيع المولد أو المنزلة (٥) عاديّ <a ~ soldier> (٦) «أ» جاهل؛ غِرّ؛ غير مُثقَّف. «ب» مُتخلِّفٌ عقليًّا. «ج» ساذَج. «د» مُغَفَّل (٧) صِرْف؛ مَحْض؛ خالص؛ مُجَرَّد <the ~ truth> (٨) أساسيّ (٩) مُطْلَق؛ غير مشروط <~ obligations> § (١٠) «أ» شخص وضيع المولد أو المنزلة. «ب» شخص جاهل أو متخلّف عقليًّا (١١) «أ» نَبتة طبّية. «ب» عقّار نباتيّ بسيط.

simple equation *(n.)* المعادلة البسيطة (ر).

simple fraction *(n.)* الكَسْر البسيط (ر).

sim·ple·heart·ed [sĭm'pəl här'-] *(adj.)* بسيط؛ طيِّب القلب.

simple interest *(n.)* الفائدة البسيطة أو غير المُرَكَّبة (اد).

simple machine *(n.)* الآلة البسيطة [كالرافعة أو العَتَلة والبكرة].

sim·ple·mind·ed [sĭm'pəl mīn'-] *(adj.)* (١) ساذَج (٢) أبله؛ مُغفَّل.

simple sugar *(n.)* السُّكَّر البسيط؛ المونوسَكَريد.

sim·ple·ton [sĭm'pəl tən] *(n.)* السّاذَج؛ المُغَفَّل؛ الأحمق.

simple vow *(n.)* النَّذر البسيط: نَذْرُ ترهُّب يجاز فيه للمترهّب أن يتزوج وأن يحتفظ بممتلكاته (كث).

sim·plex [sĭm'-] *(adj.; n.)* (١) بسيط؛ مُفْرَد (٢) مُفْرَد الإرسال (لا) § (٣) كلمة بسيطة (ل) (٤) الشّقّة المُفْرَدة: شِقّةٌ جميعُ غُرفها في دَوْر واحد.

simplex pump *(n.)* المِضَخّة البسيطة (مك).

sim·plic·i·ty [-plĭs'-] *(n.)* (١) بساطة (٢) سذاجة (٣) حماقة (٤) وضوح.

sim·pli·fi·ca·tion [sĭm'plə fĭ kā'-] *(n.)* تبسيط؛ تيسير؛ إيضاح.

sim·pli·fy [sĭm'plə fī'] *(vt.)* يُبسِّط؛ يُيسِّر؛ يُوْضِح.

sim·plism [sĭm'plĭz'əm] *(n.)* التبسيطيّة: المغالاة في التبسيط [إلى حدّ يؤدّي إلى التشويه أو الخطأ].

sim·ply *(adv.)* (١) «أ» ببساطة. «ب» بوضوح (٢) لِمُجرَّد <They eat ~ to keep alive.> (٣) فحَسْب (٤) حقًّا؛ فعلًا.

sim·u·la·crum [sĭm'yə lā'-] *(n.)* pl. **-cra** [krə] *also* **-crums** (١) صورة <a ~ of democracy> (٢) صورة زائفة عن <a reasonable ~ of reality>.

sim·u·late [*v.* sĭm'yə lāt'; *adj.* -lĭt, -lāt'] *(vt.; adj.)* (١) يتظاهر بـ <to ~ knowledge> (٢) يُحاكي؛ يُقلِّد [في اللون إلخ] على سبيل التَّنكُّر البيئيّ <Certain insects ~ leaves.> § (٣) زائف؛ كاذب.

sim·u·lat·ed [-lā tĭd] *(adj.)* زائف؛ كاذب <~ pearls>.

sim·u·la·tion [-'yə lā'-] *(n.)* (١) تظاهرٌ بـ (٢) شيء زائف (٣) محاكاة؛ تقليد.

simulation language *(n.)* لغة المحاكاة (ألك).

sim·u·la·tor [sĭm'yə lā'-] *(n.)* (١) المُحاكي؛ المقلِّد (٢) المُحاكي: جهاز للتدرّب على قيادة الطائرات أو المركبات الفضائية إلخ.

si·mul·cast [sī'məl-] *(vi.; t.; n.)* <*simul(taneous) (broad)cast*> (١) يُزامِن الإذاعةَ: يذيع بالراديو والتلفزيون في وقت واحد § (٢) الإذاعة المتزامِنة: إذاعة تتمّ على هذا النحو (٣) البرنامج المتزامِن: برنامج يُذاع على هذا النحو.

si·mul·ta·ne·i·ty [sī'məl tə nē'ə tĭ] *(n.)* التَّزامُن؛ التّواقُت.

si·mul·ta·ne·ous [-tā'nĭ əs] *(adj.)* متزامِن؛ متواقِت <~ translation>.

simultaneous equations *(n.)* المُعادَلات الآنيّة (ر).

si·mul·ta·ne·ous·ly [sī'məl tā'nĭ əs lĭ] *(adv.)* معًا؛ في وقتٍ واحد.

sin [sĭn] *(n.; vi.)* (١) إثم؛ خطيئة § (٢) يأثم: يرتكب إثمًا.

Sin·an·thro·pus [sĭ năn'thrə pəs] *(n.)* = Peking man.

sin·a·pism [sĭn'ə pĭz'əm] *(n.)* = mustard plaster.

since [sĭns] *(adv.; prep.; conj.)* (١) منذ ذلك الحين <have stayed there ever ~> (٢) قديمًا؛ في ما مضى <I heard that story long ~.> (٣) بعد ذلك؛ في ما بعد <settled in what has ~ become South Carolina> § (٤) منذ <~ 1958> § (٥) بما أنّ؛ نظرًا لـِ؛ لمّا كان <*Since* we have no money, we can't buy it.>.

sin·cere [sĭn sēr′] *(adj.)* (١) مخلص؛ صادق (٢) صِرف؛ مَحْض <~ wine> (٣) أصيل؛ حقيقيّ؛ غير زائف. **— sin·cere·ness** *(n.)*

sin·cere·ly [sĭn sēr′ly] *(adv.)* بإخلاص؛ بِصِدْق.

sin·cer·i·ty [sĭn sĕr′ə tĭ] *(n.)* إخلاص؛ صِدْق.

sin·cip·i·tal [sĭn sĭp′ə təl] *(adj.)* (١) جَبينيّ (٢) هاميّ (را. المادة التالية).

sin·ci·put [-′sə pət] *(n.)* (١) الجَبين (٢) الهامة: نصف الجُمْجُمَة الأعلى.

Sind·hi [sĭn′dē] *(n.)* (١) السِّنديّ: أحد أبناء السِّند (٢) اللغة السِّنديّة.

sine [sīn] *(n.)* الجَيْب؛ جَيْب الزاوية (ر).

si·ne·cure [sī′nĭ kyoor′; sĭn′ĭ -] *(n.)* (١) وظيفة يسيرة (٢) الوظيفة العاطلة: منصب لا يقوم صاحبه بأيّ عملٍ [أو يقوم بعمل لا يتكافأ مع راتبه الكبير].

sine curve *(n.)* المُنْحَنى الجَيْبيّ: مُنْحَنى جيب الزاوية (ر).

sine die [sī′nĭ dī′ē] *(adv.)* إلى أجلٍ غير مُسَمًّى.

sine qua non [sī′nĭ kwā nŏn′] *(n.; adj.)* (١) شيء أساسيّ؛ شيء لا غِنى عنه § (٢) أساسيّ؛ لا غِنى عنه.

sin·ew [sĭn′yoo] *(n.; vt.)* (١) الوَتَر؛ الطُّنُب (ت) (٢) قوّة <moral ~> (٣) العَصَب: مَصْدر قوّة § (٤) يُقَوّي.

sine wave *(n.)* الموجة الجَيْبيّة (فز).

sin·ew·y [-ĭ] *(adj.)* (١) وَتَريّ (ت) (٢) ليفيّ (٣) قويّ؛ جَزْل <~ prose>.

sin·fo·ni·a [sĭn′fō nē′ə] *(n.)* pl. **-ni·e** [nē′ā] = symphony.

sin·fo·niet·ta [sĭn′fōn yĕt′ə] *(n.)* السِّينفونيتّة: «أ» سِمفونيّة قصيرة [أو لعدد قليل من الآلات]. «ب» أوركسترا سِمفونيّة صغيرة. وبخاصة: أوركسترا وَتَرية ليس غير (مو).

sin·ful [sĭn′-] *(adj.)* (١) أثيم؛ شرّير (٢) مُتَّسِمٌ بالإثم؛ مُفْعَم بالشرّ.

sing [sĭng] *(vi.; t.; n.)* (١) يُغَنّي؛ يُنْشِد (٢) «أ» يُغَرِّد [الطيرُ]. «ب» يَخِرّ [الجدولُ] (٣) «أ» يقصّ، أو يتحدَّث عن، بقالب شِعريّ <Homer *sang* of Troy.>. «ب» يَنظِم الشعر (٤) يُغَنّى؛ يكون [الشِّعرُ] قابلًا للغناء (٥) «أ» يئزّ [الرصاصُ إلخ]. «ب» تَطِنّ [الأُذُنانِ] (٦) يُنادي (٧) يَشِي بِـ؛ يُبَلِّغ عن x (٨) يُغنّي [أغْنيةً] (٩) يُنشِد [قُدّاسًا] (١٠) يتغنّى بِـ <to ~ the deeds of national heroes> (١١) ينوِّم [أو يُحدِث حالةً أخرى معيَّنةً] بالغناء <to ~ a child to sleep> § (١٢) غناء؛ وبخاصة: غناء جَماعيّ (١٣) أزيز؛ طنين.

singe [sĭnj] *(vt.; n.)* (١) يَسْفَع؛ يُشيط؛ يُحْرِق سطحيًّا؛ يُلَوِّح؛ يُحْرِق سَطحيًّا. وبخاصة: يزيل الشعر أو الزَّغَب عن سطح شيء بإمراره فوق اللهب إمرارًا سريعًا § (٢) سَفْعَة؛ حُرْق سطحيّ. **— sing·er** *(n.)*

sing·er [sĭng′ər] *(n.)* (١) مُغَنٍّ؛ مُطرِب (٢) شاعر (٣) طائر غَرِيد.

sing·ing bird *(n.)* = songbird.

singing master *(n.)* مُدَرِّس الموسيقى.

sin·gle [sĭng′gəl] *(adj.; n.; vt.)* (١) «أ» عَزَبٌ؛ أعزب. «ب» عُزُوبيّ <a ~ life> (٢) مُنفَرِد؛ وحيد (٣) مُفْرَد؛ فَرْد واحد (٤) أُحاديّ المَقْطع (ل) (٥) واحد؛ مُوَحَّد <a ~ standard> (٦) فَرْدِيّ: مقصور على فَرْد ضدَّ فَرْد <~ combat> (٧) مُخلص؛ صادق <~ devotion> (٨) كامل؛ غير مُجَزَّأ (٩) فريد؛ فَذّ (١٠) وحيد <my ~ intent> (١١) مستقلّ؛ مُنفرد <a ~ bed> § (١٢) شخص؛ فَرْد (١٣) العَزَب؛ الأعزب (١٤) المُفْرَدَة: أسطوانة فونوغرافية على كلٍّ من وجهيها لحنٌ واحد (١٥) *1* singles (١٦) غرفة مُفْرَدة [في فندق] § (١٧) يُفْرِد؛ يصطفي: يختار شخصًا أو شيئًا من مجموعة.

single bond *(n.)* التّرابُط الأُحاديّ (ك).

sin·gle–breast·ed [sĭng′gəl brĕs′-] *(adj.)* أُحاديّة الصَّفّ: ذات صفّ واحد من الأزرار <a ~ jacket>.

sin·gle–celled [sĭng′gəl sĕld′] *(adj.)* أُحاديّ الخليّة (أح).

single combat *(n.)* القتال الفَرْديّ: معركة بين شخصين ليس غير.

single entry *(n.)* القَيْد المُفْرَد [في مَسْك الدفاتر].

single file *(n.)* = Indian file.

sin·gle–hand·ed *(adj.; adv.)* (١) فَرْديّ (٢) عامِلٌ وحدَهُ أو من غير مُعِين (٣) ذو يدٍ واحدة أو مستعمِلٌ يدًا واحدة § (٤) أو **sin·gle–hand·ed·ly**: فَرْديًّا؛ من غير مساعدة.

sin·gle–heart·ed *(adj.)* (١) مُخلِص؛ صادق (٢) مُوَحَّد الهدف.

sin·gle–mind·ed *(adj.)* (١) مُخْلص (٢) مُوَطَّد العَزْم: ذو هَدَفٍ مُفْرد يستقطب قواهُ كلها (٣) أُحاديّ الهدف <a ~ program>.

single–name paper *(n.)* أُحاديّة التوقيع: كمبيالة تحمل توقيع المَدِين فقط؛ كمبيالة غير مظهَّرة.

sin·gle·ness [sĭng′gəl-] *(n.)* عُزوبة؛ وَحدانيّة؛ فَرْديّة؛ إخلاص إلخ.

sin·gle–phase [sĭng′gəl fāz′] *(adj.)* أُحاديّ الطَّور (كب).

sin·gles [sĭng′gəlz] *(n.; adj.)* (١) المباراة الفردية: مباراة في التنس إلخ تجري بين لاعبَيْن اثنَيْن § (٢) فَرْديّ <a ~ match>.

sin·gle–space *(vt.)* يُفْرِد الفُسْحة: يطبع غيرَ تاركٍ سطرًا فارغًا بين كلّ سطرين (طع).

sin·gle·stick *(n.)* (١) هِراوة (٢) المُهارَوَة: مبارزة بالهراوة.

sin·gle·stick·er *(n.)* أُحاديّ الصّاري: مركب شراعيّ ذو صارٍ واحد.

sin·glet [sĭng′glət] *(n.)* الفَرْدانيّ: قميص تحتاني للرجال.

single tax *(n.)* الضريبة المفردة: ضريبة تُفْرَض على شيء واحد، وبخاصة الأرض، وتشكّل موردَ الدولة الوحيد.

single ticket *(n.)* التَّذكرة المُفْرَدة: تذكرة سفرٍ صالحةٌ للذهاب أو للإياب فقط.

sin·gle·ton [sĭng′gəl-] *(n.)* (١) الورقة المُفرَدة: «أ» ورقة في يد اللاعب

ă at; **ā** date; **â** care; **ä** car; **ĕ** egg; **ē** me; **ĭ** in; **ī** bite; **ŏ** lot; **ō** bone; **ô** orphan; **oi** boil; **o͝o** good; **o͞o** boot; **ou** out; **ŭ** under; **û** urgent; ə = *a* in alone, *e* in system, *i* in easily, *o* in gallop, *u* in circus.

لا يحمل غيرها من نفس «المنظومة» أي من مجموعة ورق اللّعِب ذات النقش الواحد. «ب» عضو متميِّز عن مجموعة (٢) الوليد المُفرَد: وليدٌ غيرُ تَوْأم.

sin·gle–track [sĭng′gəl trăk] *(adj.)* = one–track.

sin·gle–tree [sĭng′gəl trē′] *(n.)* = swingletree.

sin·gly [sĭng′glĭ] *(adv.)* (١) على انفراد <considered each point ~> (٢) فُرادَى؛ واحدًا بعد آخر <Misfortunes never come ~.> (٣) وَحْدَهُ؛ منفرِدًا؛ من غير مساعَدة.

sing·song [sĭng′-] *(n.; adj.)* (١) شِعرٌ أو لحنٌ رتيب § (٢) رتيب.

sin·gu·lar [sĭng′gyə-] *(adj.; n.)* (١) فَرْد؛ منفرِد (٢) مُفْرَد (ل) (٣) رائع؛ استثنائيّ <a ~ triumph> (٤) فريد؛ فذّ (٥) نادر (٦) غريب؛ شاذّ § (٧) المُفْرَد أو صيغة المُفْرَد (ل).

sin·gu·lar·i·ty [sĭng′gyə lăr′-] *(n.)* (١) وَحْدة؛ شيء مُفْرَد (٢) خصوصيّة؛ صفة مميِّزة أو غريبة (٣) تفرُّد؛ فَذاذة (٤) غرابة؛ شذوذ.

sin·gu·lar·ize [sĭng′-] *(vt.)* (١) يُبرِز [بوضوح] (٢) يميِّز: يجعله ذا ميزة بارزة (٣) يُفرِد [اللفظةَ] (٤) يُفرِّد: يجعله فريدًا.

sin·gu·lar·ly *(adv.)* (١) على حِدة (٢) على نحوٍ فريد أو فذٍّ أو غريب إلخ.

singular point *(n.)* النقطة المُفْرَدة أو الشّاذّة (ر).

Sin·i·cism [sĭn′ə sĭz′-] *(n.)* الصِّينيّة: عادةٌ أو طريقةٌ خاصّة بالصينيين.

si·ni·cize [sĭ′nə sīz′]; **si·ni·fy** [sĭ′nĭ fī′] *(vt.)* يُصَيِّن: يجعله صينيًّا.

sin·is·ter [sĭn′ĭs-] *(adj.)* (١) شِرِّير؛ فاسد (٢) أَيْسَر: واقع إلى اليسار (٣) مَشؤوم؛ منحوس (٤) خبيث؛ لئيم؛ مُهَدِّد <~ looks>.

sin·is·tral [sĭn′-] *(adj.)* (١) أيْسَر؛ يَساريّ (٢) أعْسَر: عاملٌ بيُسْراه.

sinistro- بادئة معناها: أيْسَر؛ يَساريّ؛ مُياسِر.

sin·is·tro·man·u·al [sĭn′ĭs trô măn yōō′-] *(adj.)* = left–handed.

sin·is·trorse [sĭn′ĭs trôrs′] *also* **sin·is·tror·sal** [-trôrs′ăl] *(adj.)* مُياسِر: «أ» متحرِّك نحو اليسار. «ب» يساريّ الالتفاف <a ~ vine>.

sin·is·trous [sĭn′ĭs trəs] *(adj.)* = sinister.

Si·nit·ic [sī nĭt′ĭk] *(adj.)* صِينيّ: خاصّ بالصِّينيين أو لُغتِهم إلخ.

sink [sĭngk] *(vi.; t.; n.)* (١) «أ» يَغْطِس؛ يَغُوص. «ب» يُخَوِّض [في الوحل]. «ج» يَغْرَق (٢) «أ» يغور. «ب» يَهْبِط. «ج» يَهْمُد أو يأخذ في الخمود. «د» ينخفض. «هـ» يترسّب. «و» يغيب عن البصر. «ز» ينحدر تدريجيًّا (٣) «أ» يخترق؛ ينفذ إلى <Rain *sank* into the ground.>. «ب» يُفهَم فهمًا جيِّدًا <The lesson of inflation had not *sunk* in.> (٤) يستغرق في <had *sunk* into thought> (٥) «أ» يَفْسُد؛ ينحطّ. «ب» ينقص [من حيث المقدارُ أو القيمة] (٦) «أ» ينهار؛ يَخِرّ. «ب» يَرْزَح؛ يكتئب. «ج» تَضْعُف [صِحّتُهُ] x (٧) «أ» يُغطِّس. «ب» يركِّز [عمودًا في الأرض]. «ج» يُنفِذ (٨) «أ» يُغْرِق. «ب» يَغْمر (٩) «أ» يحفر [بئرًا]. «ب» ينقش [في الحجر] (١٠) يُذِلّ؛ يحقّر (١١) يُضْعِف (١٢) يحطِّم؛ يهزم (١٣) يَخْفِض؛ يُنْزِل (١٤) يَطْرَح؛ يتجاهل <They agreed to ~ their differences.> (١٥) يَكْبَح: يَكْبِت [عواطفَه] (١٦) يُسدِّد [دَيْنًا] (١٧) يوظِّف [أو يخسر] مالًا [وبخاصة في مشروع غير رابح] § (١٨) «أ» بالوعة. «ب» مغسلة [في مطبخ] (١٩) بؤرة فساد أو رذيلة (٢٠) غَوْر أو منخفض من الأرض تتجمّع فيه المياه.

sink·age [sĭng′kĭj] *(n.)* (١) مص sink (٢) مُنْخَفَض؛ غَوْر (٣) التَّغوير: بياض يُتْرَك في أعلى الصفحة المطبوعة.

sink·er [sĭngk′ər] *(n.)* (١) فا sink (٢) الثَّقّالة: ثقل رصاصيّ لإبقاء الصِّنارة أو الشبكة تحت سطح الماء (٣) كعكة مقليّة بالزيت (٤) بَسْكَوِيتة.

sink·hole [sĭngk′hōl′] *(n.)* (١) بالوعة (٢) الغَوْر: حفرةٌ تتجمَّع فيها المياه (٣) بؤرة فسادٍ أو رذيلة.

sink·ing fund *(n.)* احتياطيُّ التّسديد: مالٌ يُفْرَد جانبًا في فترات معيّنة ويُودَع أو يوظَّف لتسديد الدين عند استحقاقه (تج).

sin·less [sĭn′ləs] *(adj.)* بريء؛ طاهر؛ غير آثم.

sin·ner [sĭn′ər] *(n.)* (١) الآثم؛ الخاطئ (٢) الوَغْد؛ الشرير.

Sino- [sī′nō] بادئة معناها: «أ» صِينيّ. «ب» صِينيّ و . . .

Si·no·log·i·cal [sī′nə lŏj′ə kəl; sĭn′ə-] *(adj.)* صِينولوجيّ: خاصّ بلغة الصّينيين وأدبهم وتاريخهم وثقافتهم.

Si·nol·o·gist [sī nŏl′ə jĭst; sĭ-] *(n.)* = Sinologue.

Si·no·logue [sī′nə lôg′; sĭn′ə-] *(n.)* الصِّينولوجيّ: الاختصاصيّ بالصينولوجيا.

Si·nol·o·gy [sī nŏl′ə jĭ; sĭ-] *(n.)* الصِّينولوجيا: دراسة لغة الصينيّين وأدبهم وتاريخهم وثقافتهم.

Sin·o·phile [sī′nō fīl′; sĭn′ə-] *(n.)* مُحِبّ الصِّينيين أو المُعْجَب بهم.

sin·syne [sĭn′sīn′] *(adv.)* مُنذ ذلك الحين (إسك).

sin·ter [sĭn′tər] *(n.; vt.; i.)* (١) السِّنتر (مج)؛ اللَّبيدة؛ القُرارة المُتَلبِّدة [بتبخُّر مياه الينابيع والبُحيرات] § (٢) يُلَبِّد x (٣) يَتَلبَّد.

sin·u·ate [*adj.* sĭn′yōō ĭt; -āt′; *v.* -āt′] *(adj.; vi.)* (١) مُتعَرِّج؛ مُتمعِّج؛ مُتَمَوِّج الحاشية <~ leaves> § (٢) يتعرّج؛ يتمعَّج.

sinuate leaf

sin·u·os·i·ty [sĭn′yōō ŏs′-] *(n.)* (١) تَعَرُّج؛ تَمَعُّج؛ تَلَوٍّ (٢) شيء متعرِّج أو متمعِّج.

sin·u·ous [sĭn′yōō əs] *(adj.)* (١) مُتعرِّج؛ مُتَمَعِّج: مُتَلَوٍّ على نحوٍ أفعُوانيّ (٢) «أ» مُعقَّد. «ب» منحرف؛ غير مباشر (٣) متموّج الحاشية (نب).

si·nus [sī′nəs] *(n.)* (١) فجوة؛ تجويف (٢) الجَيْب (ت) (٣) قناة وَريديّة.

si·nus·i·tis [sī′nə sī′tĭs] *(n.)* التهاب الجيب (مض).

si·nus·oid [sī′nə soid′] *(n.)* (١) المُنْحَنَى الجَيْبيّ (ر) (٢) sine wave.

si·nu·soi·dal [sī′nə soid′əl] *(adj.)* جَيْبانيّ: شبيهٌ بالمُنْحَنى الجَيْبيّ.

sinus ve·no·sus [sī′nəs vĭ nō′səs] *(n.)* الجَيْب الوريديّ (ت).

sip [sĭp] *(vi.; t.; n.)* (١) يَرْشُف § (٢) رَشْف (٣) رَشْفة.

si·phon [sī′fən] *(n.; vt.; i.)* (١) مِثْعَب؛ سَحّارة؛ سِيفون § (٢) يَثْعَب؛ يُسَيْفِن: يُمرّ أو يَسْحَب أو يُفرِغ بواسطة المِثْعَب أو السيفون x (٣) يَنْثَعِب؛ يَتَسَيْفَن.

siphon *1.*

siphon bottle *(n.)* القارورة المِثْعَبيّة؛ القارورة السِّيفونيّة: قارورة تُستخرج مياه الصودا منها.

si·pho·no·phore [sī′fə nə fôr′] *(n.)* السَّحّاريّ: واحدُ السَّحّاريات **Siphonophora** وهي حيوانات بحرية من رتبة الأبابيّات (را hydrozoan).

sip·pet [sĭp′ĭt] *(n.)* كِسْرة [من خبز مُحَمَّص أو مَقْليّ].

sir [sûr] *(n.)* (١) *cap.*: السّير: لقب تشريف إنكليزيّ (٢) سيِّدي.

sir·dar [sər där′] *(n.)* السِّردار: «أ» زعيم؛ قائد. «ب» ضابط كبير. «ج» قائد الجيش العام.

sire [sīr] *(n.; vt.)* (١) «أ» أبٌ. «ب» مُوْجِدٌ؛ مُنشِئ (٢) مولاي [في مخاطبة الملوك] (٣) والد الحيوان [وبخاصة الجواد] § (٤) يُنْجِب (٥) «أ» يُوْجِد؛ يُنشِئ. «ب» يضع؛ يؤلف <*sired* another play>.

si·ren [sī′rən] *(n.; adj.)* (١) «أ» *cap.*: السَّيْرانة: في الميثولوجيا اليونانية، مجموعة من الحوريات البحرية لها رؤوس نسوة وأجساد طيور، كانت تسحر الملّاحين بغنائها فتوردهم موارد الهلاك. «ب» امرأة مُغْوِية أو خطرة. «ج» جهاز لإحداث النغمات الموسيقية [وبخاصة لأغراض دراسة الصوت] (٢) السَّرينة؛ صفّارة الإنذار <air–raid ~*s*> (٣) السَّيران: سَمَنْدل يُشبه الأنقليس § (٤) فاتن؛ ساحر؛ مُغْوٍ <a ~ song>.

si·re·ni·an [sē rē′-] *(n.; adj.)* (١) الخَيْلانيّ: حيوان ثدييّ من الخَيْلانيّات **Sirenia** وهي رتبة من الحيوانات المائية آكلةٌ للعشب (ح) § (٢) خَيْلانيّ.

Sir·i·us [sĭr′ĭ əs] *(n.)* الشِّعْرَى اليَمانيّة: أسطع نجوم السّماء.

sir·loin [sûr′loin] *(n.)* قطعة لحم من خاصرة البقرة.

si·roc·co [sə rŏk′ō] *(n.)* الشَّرقيّة: «أ» ريح حارة مُثْقَلَةٌ بالغبار، تَهُبّ على سواحل البحر الأبيض المتوسط الشمالية. «ب» كل ريح حارّة مزعجة.

sir·up; sir·up·y [sĭr′-] = syrup; syrupy.

-sis pl. -ses لاحقة معناها: عمليّة؛ عَمَلٌ <the*sis*>.

si·sal [sī′səl; sĭs′-] *(n.)* السِّيزال: «أ» نبات تُتَّخَذُ من أليافه حبال متينة بيضاء. «ب» لِيفُ السِّيزالِ الأبيضُ المتينُ.

sis·kin [sĭs′kĭn] *(n.)* السُّمَيْلَى؛ السِّسْكين: عُصفور كالحَسُّون.

sis·si·fied [sĭs′ĭ fīd′] *(adj.)* = sissy 5-6.

sis·sy [sĭs′ĭ] *(n.; adj.)* (١) أُخت (٢) فتاة (٣) فتًى أو رجل مُخَنَّث (٤) الجبان؛ المخلوع الفؤاد § (٥) مُخَنَّث (٦) جبان.

sis·ter [sĭs′tər] *(n.; adj.)* (١) «أ» الشَّقيقة. «ب» أخت غير شقيقة. «ج» أخت الزوج أو الزوجة. «د» امرأة الأخ. «هـ» امرأة أخي الزوج (٢) *cap.* ا.ك: «أ» راهبة؛ أخت. «ب» الأخت: امرأة من أعضاء كنيسة نصرانية ما (٣) ممرِّضة (٤) «أ» فتاة؛ امرأة. «ب» شخص <for the benefit of the weaker ~*s*> § (٥) شقيقة <~ societies>.

sis·ter·hood [sĭs′tər-] *(n.)* (١) الأُخْتيّة: كون الفتاة أو المرأة أختًا (٢) جماعة من الأخوات. وبخاصة: جمعية راهبات؛ رَهبنة نِسويّة.

sis·ter–in–law [sĭs′tər ĭn lô′] *(n.)* (١) أخت الزوج أو الزوجة (٢) امرأة الأخ (٣) السِّلْفَة: امرأة أخي الزوج.

sis·ter·ly [sĭs′tər lĭ] *(adj.; adv.)* (١) أُخْتيّ: منسوب إلى الأخت أو مُتّسِم بخصائصها؛ بالغ الرفق والحنان <a ~ kiss> § (٢) أُختيًّا؛ على نحو بالغ الرفق والحنان.

sis·trum [sĭs′trəm] *(n.)* pl. -s *or* -tra الصَّلاصِل (مج): آلة موسيقيّة مُخَشْخِشة استخدِمت في مصر القديمة.

sistrum

sit [sĭt] *(vi.; t.; n.)* (١) «أ» يَجْلِس؛ يَقْعُد. «ب» يَجْثُم [الطائرُ] (٢) يحتلّ مَقْعدًا [في هيئة رسمية بوصفه عضوًا فيها] <He *sat* in Congress.> (٣) يَنْعَقِد [المجلسُ إلخ] (٤) تَحْضُنُ [الدجاجة البَيْض ليَفْقِس] (٥) «أ» يَسْتوي؛ يَتوضَّع: يتّخذ وَضْعًا أمام الرسّام أو المُصَوِّر. «ب» يشتغل موديلًا (را model) (٦) «أ» «يَلْبَس» الثوبُ الجسمَ: يكون على قَدْرِه ومقياسِهِ <That coat ~*s* well.> «ب» يلائم (٧) يَسْتقرّ (٨) يقع <Our house ~*s* well back from the street.> (٩) تَهُبّ الريح من ناحيةٍ معيّنة (١٠) يستريح (١١) يُقَدّم امتحانًا (١٢) x baby–sit (١٣) يُجلِس؛ يُقْعِد (١٤) يمتطي صَهْوَة الجواد <to ~ a horse> (١٥) يَتَّسِعُ لِـ <The car will ~ six persons comfortably.> § (١٦) الجُلوس أو مُدَّتُه (١٧) اللِّبْسَة: الطريقة التي «يَلْبَسُ» بها الثوبُ الجسمَ [كأن يكون مُحْكَمَ التفصيل على قَدْره، أو ضيّقًا أو واسعًا بالنسبة إليه].

- to make somebody ~ up (and take notice) (١) يُرَوِّع فلانًا (٢) يُثيره إلى العمل أو يحثّهُ عليه.
- to ~ back يستريح؛ لا يقوم بعمل.
- to ~ on (١) يتباطأ في اتّخاذ قرار (٢) يُوَبِّخ (٣) يَدْرس.
- to ~ on a committee يشترك في عضوية لجنة.
- to ~ out (١) يمتنع عن المشاركة [وبخاصة في رقصة] (٢) يبقى إلى آخر الحفلة إلخ (٣) يقْعد في الهواء الطَّلْق.
- to ~ through يبقى إلى آخر الحفلة أو الاجتماع.
- to ~ tight (١) يستقرّ ثابتًا في مكانه [وبخاصة على صَهْوة الجواد] (٢) لا يتحرك (٣) يَلْزَم السّكون [وهو مُخْتَبِئ أو وكأنه مختبئ] (٤) يتمسّك بآرائه أو أهدافه.
- to ~ under يَحْضُر الصَّلاة أو الدروس أو المحاضرات عند كاهنٍ ما أو أستاذٍ ما.
- to ~ up (١) يستوي جالسًا [في فراشه] (٢) يُطيل السَّهَر.
- to ~ upon = to sit on.

si·tar [sĭ tär′] *(n.)* السِّيتار: آلة موسيقية هندية شبيهة بالعُود.

sit·com [sĭt′kŏm] *(n.)* = situation comedy.

sit–down [sĭt′doun′] *(n.)* إضراب القعود؛ الإضراب الملازم: إضراب عن العمل يَلْزَمُ فيه المُضرِبون مراكزَ عملهم إلى أن تُحقَّق مطالبُهُم.

site [sīt] *(n.; vt.)* (١) «أ» مَوْقِع؛ مكان. «ب» موقع الشبكة (را Web site) § (٢) يختار أو يُعَيِّن الموقع [للمبنى يُراد إنشاؤه].

sit–in [sĭt′ĭn′] *(n.)* (١) sit–down (٢) اعتصام [تحقيقًا لمطالب معيّنة].

sito- بادئة معناها: غذاء؛ طعام <*sito*mania>.

si·tol·o·gy [sī tŏl′ə jĭ] *(n.)* علم الأغذية أو التغذية.

si·to·ma·ni·a [sī′tō mā′nĭ ə] *(n.)* النُّهام؛ هَوَس الأكل (مض).

si·to·pho·bi·a [sī'tō fō'-] *(n.)* رُهاب الأكل : النُّفور المَرَضيّ من الطعام .

si·to·ther·a·py [sī'tō thĕr'ə pĭ] *(n.)* المعالجة بالغذاء .

sit·ter [sĭt'ər] *(n.)* (١) فا sit (٢) الحاضِنة : «أ» أنثى الطائر التي تَحْضُن بَيْضها ليَفْقِس . «ب» baby–sitter .

sit·ter–in [sĭt'ər ĭn] *(n.)* = baby–sitter.

sit·ting [sĭt'ĭng] *(n.; adj.)* (١) جلوس ؛ قعود إلخ (٢) جَلْسَة <She read the novel at one ~.> (٣) وِضْعَة ؛ جِلْسة [أمام الرسّام أو المصوِّر] (٤) الحَضْن : «أ» قعود أنثى الطائر على بيضها حتى يفقِس . «ب» حَضْنة بَيْض (٥) جلسة محكمة أو مجلس تشريعيّ (٦) مقعد في كنيسة § (٧) حاضنة <a hen ~> (٨) حاكم ؛ مُتَوَلّ الحكمَ : مُتَرَبِّع على كرسيّ الحكم أو القضاء أو النيابة (٩) يسير : من السَّهل إصابتُهُ <~ targets> (١٠) قُعوديّ <~ position> (١١) مُنجز والمرءُ قاعد <~ shots> .

sitting duck *(n.)* البَطَّة الحاضِنة : هدفٌ هيِّن أو مُعَرَّض للهجوم أو النقد .

sitting room *(n.)* = living room *1.*

sit·u·ate [sĭch'o͞o āt'] *(vt.)* (١) يعيِّن موقعًا لِـ ؛ يَضَعُهُ في موقع معيَّن (٢) يَضَعُهُ في مركزٍ ما أو في ظروف معيَّنة .

sit·u·at·ed [sĭch'o͞o ā'tĭd] *(adj.)* (١) قائمٌ ؛ كائنٌ ؛ واقع على (٢) في وضعٍ [حَسَنٍ أو رديء] ؛ في حالٍ مُعيَّنة <was comfortably ~> .

sit·u·a·tion [sĭch'o͞o ā'-] *(n.)* (١) حالة ؛ ظَرْف ؛ وَضْع (٢) موقع (٣) مكان (ا . ق) (٤) «أ» مَنْصِب ؛ وظيفة . «ب» مركز اجتماعي (٥) مأزِق (٦) الحَرَج : تَعَقُّد في الموقف ، وبخاصةٍ في مسرحية .

— sit·u·a·tion·al *(adj.)*

situation comedy *(n.)* كوميديا المآزِق : مسرحية هزلية مُسَلْسَلة ، إذاعيّة أو تلفزيونية ، تكثر فيها المواقف الحَرِجة المضحكة .

si·tus [sī'təs] *(n.)* مَوْقع ؛ مكان ؛ مَنشأ ؛ مَهْد .

sitz bath [sĭts; zĭts] *(n.)* (١) حَوْض القُعود : حوض يغتسل فيه المرءُ قاعدًا (٢) حمّام القُعود : حمّام يؤخذ في حوض القعود .

sitz·krieg [sĭts'krēg] *(n.)* الحرب الراكدة : حرب ساكنة أو غير عُدْوانيّة .

sitz·mark [sĭts'märk] *(n.)* علامة الاستلقاء : مُنْخَفَض يُخَلِّفهُ في الثلج مُتزلِّج ساقطٌ على ظهره .

Si·va [sē'və; shē'və] = Shiva.

six [sĭks] *(n.)* (١) ستّة (٢) السّادس (٣) السُّداسيّ : شيء مؤلَّف من ستّ وَحَدات . مثل : فريق «هوكي» على الجليد ، أو سيارة ذات ستّ أسطوانات .

at *~es* and sevens في اختلاط ؛ من غير ترتيب أو نظام .

six·fold [sĭks'-] *(adj.; adv.)* (١) سُداسِيّ (٢) مضاعَف ستَّ مرّات <a ~ increase> § (٣) ستّة أضعاف <increased ~> .

six–foot·er [-'fo͝ot'ər] *(n.)* الفارعُ الطول : شخص طولُهُ ستة أقدام .

six–pack [-'păk] *(n.)* الصُّندوق السُّداسيّ : «أ» صندوق كرتونيّ يحتوي ستّ زجاجات من الجِعة ونحوها . «ب» محتويات هذا الصُّندوق .

six·pence [sĭks'pĕns] *(n.)* ستّة بَنْسات ؛ نصف شِلِن .

six·pen·ny *(adj.)* (١) يُساوي أو يكلِّف ستة بنسات (٢) تافه ؛ رخيص .

sixpenny bit *(n.)* ستّة بَنْسات : قطعة نقديّة قيمتُها ستّة بنسات .

six–shoot·er [sĭks'sho͞o'tər] *(n.)* سُداسيّ الطلقات : مُسَدَّس يُطلق ستّ طلقاتٍ من غير أن يُلْقَمَ أو يُعَمَّر من جديد .

six·teen [sĭks'tēn'] *(n.)* ستّة عشر ؛ ستّ عَشْرَة .

six·teenth [sĭks'tēnth'] *(adj.; n.)* (١) السادس عَشَر § (٢) جزء من ستةَ عشَر ($\frac{1}{16}$) (٣) العضو السادس عشَر [في مجموعة] .

sixteenth note *(n.)* = semiquaver.

sixth [sĭksth] *(adj.; n.)* (١) سادِس ؛ سادِسة (٢) سُدْسيّ : بالغٌ سُدْسَ شيء § (٣) السُّدْس : جزء من ستّة (٤) السّادس ؛ السادسة .

sixth·ly [sĭksth'lĭ] *(adv.)* سادسًا .

sixth sense *(n.)* الحاسّة السّادسة : الإدراك من طريق الحَدْس .

six·ti·eth [sĭks'tĭ ĭth] *(adj.; n.)* (١) السِّتّون § (٢) جزء من ستّين .

six·ty [sĭks'tĭ] *(n.)* (١) سِتّون (٢) *pl.* : السِّتّونات ؛ السِّتينات : العقد السّابع من العمر أو القرن .

siz·a·ble [sī'zə bəl] *(adj.)* كبير ؛ ضَخْم <a ~ fortune> .

siz·ar *also* **siz·er** [sī'zər] *(n.)* الطالب المُساعَد : طالب يتلقى مساعدةً من الجامعة تمكِّنُهُ من مواصلة التحصيل .

size [1] [sīz] *(n.; vt.; i.)* (١) «أ» حَجْم <the ~ of a town> . «ب» مدًى ؛ مقدار (٢) كِبَر ؛ ضخامة <She used to seek ~ rather than quality.> (٣) قِياس ؛ قدّ <I take a *size* 8 shoe.> (٤) واقع الحال ؛ الوضع الحقيقيّ <That's about the ~ of it.> § (٥) يجعله في حجم مُعَيّن أو مُناسب (٦) يرتّب أو يُصَنِّف تَبَعًا للحَجْم x (٧) يُضاهي ؛ يُباري .

of a ~, من قياسٍ واحد ؛ بنفس الحجم أو القياس .

to ~ up (١) يكوِّن رأيًا عن ؛ يقدِّر حجم شيء (٢) يبدو .

size [2] *(n.; vt.)* (١) السِّيز : موادُّ غَرَويّة أو دَبِقة § (٢) يسيِّز : يكسو بالسِّيز .

sized [sīzd] *(adj.)* (١) ذو حجم مُعَيَّن (٢) مُرَتَّب تَبَعًا للحجم .

siz·ing [sī'-] *(n.)* (١) size [2] (٢) التَّسييز : معالجة الورق أو المنسوجات والجلد إلخ بالسِّيز .

siz·zle [sĭz'əl] *(vi.; t.; n.)* (١) يَئِزّ ؛ يَطِشُّ [الدُّهنُ عند قَلْيِهِ إلخ] (٢) يتميّز من الغيظ x (٣) «أ» يُئِزّ ؛ يُطِشّ . «ب» يُلهب (٤) يَسْلُقُهُ بألسِنةٍ حِداد ؛ ينتقده بقسوةٍ بالغة § (٥) أزيز ؛ طَشِيش .

siz·zler [sĭz'lər] *(n.)* (١) فا sizzle (٢) يومٌ قائظ .

siz·zling [sĭz'-] *(adj.)* (١) فا sizzle (٢) شديد الحرارة أو الغَضَب .

skald [skôld; skäld] *(n.)* الإسْكَلْد : شاعر إسْكنديناڤي قديم .

skat [skät] *(n.)* السَّكات : ضرب من لَعِب ورق الشَّدّة .

skate [1] [skāt] *(n.)* الوَرَنْك ؛ السَّفَن ؛ الشِّفنين ؛ اللِّياء : سمك غضروفيّ مُفلطَح .

skate[1]

skate [2] *(n.; vi.; t.)* (١) المِزلَج النَّعْلي : «أ» مِزلَج يُشَدُّ إلى نَعْلِ الحِذاء . «ب» roller skate (٢) فترة تَزَلُّج § (٣) يتزلَّج (٤) ينزلق برفق .

to ~ on thin ice (١) يتحدّث عن موضوع يحتاج إلى كثير من اللّباقة (٢) يندفع بتهوّر مُعرِّضًا نفسه للمخاطر .

to ~ over *or* round a delicate problem يشير إليه إشاراتٍ عابرةً أو حَذِرةً .

skate[3] *(n.)* (١) جوادٌ هَرِمٌ أو واهِن (٢) شخص ؛ فتًى .

skat·er [skāt′ər] *(n.)* (١) المُتزلِّج (٢) الزُّخرُف (را . water strider) .

skat·ing [skāt′ĭng] *(n.)* التَّزلُّج ؛ التَّزحلُق (رب) .

skean *or* **skene** [shkēn; skēn] *(n.)* خِنجَر [إيرلنديّ أو إسكتْلنديّ] .

ske·dad·dle [skĭ dăd′əl] *(n.; vi.)* (١) فِرار . وبخاصةٍ : فِرارٌ مذعور (ع) § (٢) يَفِرّ . وبخاصة : يَفِرّ مذعورًا (ع) .

skee [skē] *(n.; vi.; t.)* = ski.

skee·ter [skēt′ər] *(n.)* (١) بَعوضَة (٢) وحيدُ الشِّراع : مَرْكَبُ جَمَدٍ (را . iceboat) صغيرٌ وحيدُ الشِّراع .

skeg [skĕg] *(n.)* الرِّفادة : مؤخَّر الصّالِب keel في مَركب (مل) .

skein [skān] *(n.; vt.)* (١) الكُبّة ؛ الشِّلّة : ما جُمِع من الغَزْل على شكل كُرَةٍ § (٢) يُكبِّب : يَلُفّ على شكل كُبّةٍ .

skel·e·tal [skĕl′-] *(adj.)* هَيْكليّ : خاصّ بالهَيْكل العظميّ أو شبيهٌ به .

skel·e·ton [skĕl′ə tən] *(n.; adj.)* (١) الهَيْكل العظميّ (ت) (٢) الهَيْكل : «أ» شخص أو حيوان نحيلٌ جدًا . «ب» هَيْكل مبنًى أو سفينة . «ج» مُخطَّط كتاب أو مشروع إلخ (٣) الفضيحة المكتومة : فضيحة تبقى طيَّ الكتمان [في أسرةٍ ما] § (٤) هَيْكليّ (٥) هَيْكلانيّ : شبيه بهيكل عظميّ (٦) هزيل ؛ نحيل (٧) مُهَيْكَل : مُخفَّض إلى أقلّ عددٍ ممكن <a ~ staff *or* crew> .

skel·e·ton·ize [skĕl′-] *(vt.)* يُهَيْكِل : «أ» يُحيله إلى هيكل أو شبه هيكلٍ عظميّ . «ب» يوجز ؛ يختصر . «ج» يُخفِّض إلى أقلّ عدد ممكن .

skeleton key *(n.)* المفتاح الهيكليّ : مفتاح يفتح أقفالًا مختلفة .

skeleton key

skel·lum [skĕl′əm] *(n.)* الوَغْد ؛ النَّذْل (إسك) .

skelp [skĕlp] *(vt.; i.; n.)* (١) يَصْفَع x (٢) يخطو بنشاط § (٣) صَفْعة .

skep [skĕp] *(n.)* (١) سَلّة مُدَوَّرة (٢) قَفير ؛ خَلِيّة نَحْل .

skep·sis [skĕp′-] *(n.)* الشَّكِّيّة : شكّ في الحقيقة الموضوعية للظّواهر .

skep·tic [-′tĭk] *(n.; adj.)* (١) الشُّكوكيّ : القائل بالشُّكوكيّة (٢) النزّاع إلى الشّكّ [وبخاصة في مبادئ الدين] § (٣) شُكوكيّ .

skep·ti·cal [-′tə kəl] *(adj.)* (١) شُكوكيّ ؛ شَكّيّ (٢) شَكّاك : كثير الشكّ .

skep·ti·cism [skĕp′-] *(n.)* (١) الشُّكوكيّة : مذهب فلسفيّ يقول بأن المعرفة الحقيقيّة، أو المعرفة في حقل معيَّن، هي غيرُ مُحقَّقة أو مؤكَّدة (٢) الشَّكّيّة : «أ» نزوع إلى الشك . «ب» الشك في مبادئ الدين الأساسية كالخلود والوحي وما إليهما .

sker·ry [skĕr′ĭ] *(n.)* الجُزَيِّرة الصَّخرية : جزيرة صخرية صغيرة .

sketch [skĕch] *(n.; vt.; i.)* (١) المُخطَّط : رسمٌ مُجْمَلٌ أو تخطيطيّ (٢) مُسوَّدة كتابٍ مؤقّتة (٣) «أ» صورة وَصْفيّة أدبيّة . «ب» مقطوعة موسيقية [للبِيان (البيانو) عادةً] . «ج» إسكتش أو مشهد مسرحيّ هزليّ § (٤) يضع مخطَّطًا أو مسوَّدة (٥) يرسم رسمًا تخطيطيًّا إلخ .

sketch·book [skĕch′bo͝ok′] *(n.)* (١) كُرّاسة الرَّسم المُجمَل : كُرّاسة مُعَدَّة لكي تُرْسَم على صفحاتها رسومٌ تخطيطية (٢) كتاب الصُّوَر الأدبيّة : كتاب مشتملٌ على صُوَر أدبيّة وَصْفيّة .

sketch·y [skĕch′ĭ] *(adj.)* (١) تخطيطيّ ؛ تمهيديّ (٢) ناقص ؛ سَطحيّ ؛ غامض ؛ هزيل ؛ ضئيل .

skew [skyo͞o] *(vi.; t.; adj.; n.)* (١) ينحرف ؛ يَميل (٢) يَنظر شَزْرًا x (٣) يَحْرِف ؛ يُمِيل (٤) يُحرِّف ؛ يُشوِّه <to ~ the facts> § (٥) منحرِف ؛ مائل <a ~ arch> (٦) مُتخالِف ؛ غير متماثل § (٧) انحراف ؛ مَيْل .
on the ~, على نحوٍ منحرف أو مائل .

skew arch *(n.)* العَقْد المائل : قوسٌ مائل أو قنطرة مائلة (عم) .

skew·back [skyo͞o′-] *(n.)* المُرْتَكَز المائل : سطحٌ منحدِرٌ يرتكز عليه طَرَف العَقْد (عم) .

S. skewback

skew·bald [-′bôld′] *(adj.)* أبْقَع : موسوم ببُقَع بَيضاء وغير بيضاء .

skew·er [skyo͞o′ər] *(n.; vt.)* (١) سَفُّود ؛ سِيخ § (٢) يُسَفِّد : يَثْقُب بسَفُّود .

skew–eyed [skyo͞o′īd′] *(adj.)* أحْوَل .

skew lines *(n. pl.)* المُستقيمات المتخالِفة : مُستقيمات في الفراغ ليست متقاطعة ولا متوازية (ر) .

skew·ness [-′nəs] *(n.)* (١) انحراف : مَيْل (٢) تحريف : تشويه (٣) تَخالُف .

ski [skē] *(n.; vi.)* (١) الزُّحْلوفَة : إحدى قطعتَيْن طويلتين يُتَزَحْلَق بهما على الثلج § (٢) يَتزَحْلَف : يَتَزَحْلَق على الثلج مستعينًا بزُحْلوفَتَيْن .

skia- بادئة معناها : ظِلّ <*skia*gram> .

ski·a·gram; ski·a·graph [skī′ə-] *(n.)* = radiograph.

ski·a·scope [skī′ə skōp′] *(n.)* = retinoscope.

ski·a·sco·py [skī ăs′kə pĭ] *(n.)* = retinoscopy.

ski·bob [skē′bŏb] *(n.)* درّاجة التّزحلُف [على الثلج] .

ski boot *(n.)* حِذاء التَّزلُّج : حذاء ثقيل، غليظ النَّعل، مرتفعٌ حتى الكاحل، مُعَدٌّ للتزلُّج على الثلج .

ski boot

skid [skĭd] *(n.; vt.; i.)* (١) *pl.* : قُفّاز السفينة : هيكل خشبيّ تُكْسَى به جوانب السفينة وقايةً لها من الأذى عند التحميل والتفريغ (٢) الكامحة : أداة تضغط على دولاب العربة لمنعه من الدوران عند الهبوط من مرتفع (٣) الدُّحروجة : لوح خشبيّ إلخ يُنصَب على نحو مائل ليُدَحْرَجَ عليه شيء ثقيل (٤) المِزْلَقَة : أداة في أسفل الطائرة تسهِّل انزلاقها على أرض المطار عند الهبوط (٥) *pl.* : طريق إلى الهزيمة أو السقوط <on the ~*s*> (٦) المُدَوْلَبَة : مِنَصَّة خفيضة ذات دواليب توضع عليها مختلف المواد لنقلها أو تحريكها (٧) انزلاق [دواليبِ العربة] § (٨) يكبح أو يكمح [دولاب العربة] بالكامحة (٩) يدحرج شيئًا ثقيلًا [على دُحْروجة] x (١٠) ينزلق [الدولابُ أو العَجَلة] على أرض زَلِقة . وبخاصة : تنزلق [السيارةُ أو الطائرة] جانبيًّا (١١) يَسْقط بسرعة أو قوة .

skid·doo *or* **ski·doo** [skĭ do͞o′] *(vi.)* يَنْصَرِف ؛ يَرْحَل .

skid·dy [skĭd′ĭ] *(adj.)* زَلِق <wet ~ roads> .

skid fin *(n.)* زِعنفة الموازَنة الجانبيّة (طي).

skid row *(n.)* شارع السقوط: منطقة حافلة بالحانات والفنادق الرخيصة ووكالات الاستخدام يألفها العمال المهاجرون والسكّيرون والمتشردون.

ski·er [skē′ər] *(n.)* المُتَزَحْلِف (را. ski).

skiff [skĭf] *(n.)* الإسْكِفّ: «أ» مَرْكَبٌ شراعيّ صغير. «ب» مَرْكَبٌ صغير ذو مجاذيف. «ج» زورق بخاريّ صغير سريع.

ski·ing [skē′ĭng] *(n.)* التَّزَحْلُف (را. ski).

ski·jor·ing [skē′jōr′ĭng] *(n.)* التَّزَحْلُف السَّحْبِيّ: رياضة شتوية يُسْحَب فيها المُتزحلِف (را. ski) بواسطة جواد أو عربة.

ski jump *(n.; vi.)* (١) «أ» وثبة التَّزَحْلُف: وثبة يقوم بها المُتَزَحْلِف (را. ski). «ب» مَجاز الوثب التَّزَحْلُفيّ: مجاز مُعَدّ خِصيصًا لهذا النوع من الوثب § (٢) يثب مُتَزَحْلِفًا.

skil·ful [skĭl′fəl] *(adj.)* = skillful.

ski lift *(n.)* مِصْعَد التَّزَحْلُف: مِصعد كهربائيّ مُعَدّ خِصّيصًا لنقل المُتَزَحْلِفين أو المتفرجين إلى أعالي المنحدرات.

skill [skĭl] *(n.)* مَهارة؛ حِذْق؛ براعة.

skilled [skĭld] *(adj.)* (١) ماهر؛ حاذق (٢) مُتَطلِّبٌ مهارةً <~ labor>.

skil·let [skĭl′ĭt] *(n.)* (١) الكَفْت (را. saucepan) (٢) مِقْلاة.

skill·ful [-′fəl] *(adj.)* (١) ماهر؛ حاذق؛ بارع (٢) مُنْجَزٌ ببراعة.

skil·ling [skĭl′-] *(n.)* الإسْكِلِنْغ: عُملة إسكَندنافيّة قديمة صغيرة.

skill–less *or* **skil·less** [skĭl′ləs] *(adj.)* أَخْرَق: عديم المهارة.

skim [skĭm] *(vt.; i.; n.; adj.)* (١) يَقشِد: يُزيل القِشْدة أو الرغوة عن (٢) يستخلص زبدة الشيء (٣) يتصفّح <to ~ a book> (٤) يَقْذِف في مَجاز زَلِق (٥) يُغَشّي: يكسو بغشاء أو طَبَقةٍ خارجية رقيقة جدًا x (٦) «أ» يمرّ بخفّة أو سرعة. «ب» ينزلق أو يُسِفّ [فوق السّطح أو قربه] بسرعة (٧) يكتسي بطبقة خارجيّة رقيقة جدًّا § (٨) الغِشاء: طبقة خارجيّة رقيقة جدًا (٩) قَشْد؛ تصفُّح إلخ (١٠) المَقْشود؛ وبخاصة: حليب نُزِعت القِشدة عنه § (١١) مَقْشود <~ milk> (١٢) مصنوع من حليب مقشود <~ cheese>.

skimble–skamble [skĭm′bəl skăm′bəl] *(adj.; n.)* (١) مُشوَّش؛ غير مترابط؛ فارغ؛ لا معنى له § (٢) هُراء؛ كلام فارغ.

skim·mer [skĭm′-] *(n.)* (١) فا skim (٢) المِقْشَدَة؛ المِرْغاة: أداة لإزالة القِشْدة أو الرَّغوة من السَّوائل (٣) العُجْهوم؛ أبو مِقَصّ: طائر مائيّ (٤) water strider (٥) السِّكْمَر: قبّعة من قشّ مُسَطَّحةُ الذِّروة.

skimmer 2.

skimmer 3.

skim milk *also* **skimmed milk** *(n.)* الحليب المَقْشود.

skim·ming [skĭm′-] *(n.)* (١) قَشْد (٢) القُشادة: ما يُنزع عن سطح السائل بالقَشْد.

skimp [skĭmp] *(adj.; vt.; i.)* (١) ضَئيل؛ هَزيل § (٢) يُلَهْوِج: يعمل بتعجُّل أو إهمال أو بغير سخاءٍ في الإنفاق x (٣) يُقتِّر في النَّفَقة.

skimp·y [skĭm′pĭ] *(adj.)* (١) هَزيل؛ ضئيل <a ~ dinner> (٢) شحيح.

skin [skĭn] *(n.; vt.; i.; adj.)* (١) «أ» جِلْد. «ب» بَشَرة. «ج» زِقّ؛ قِرْبة؛ طَبْل (ع) (٢) جِلْدة؛ قِشْرة (٣) حياة؛ نَفْس (٤) سطحٌ خارجيّ [لسفينة أو طائرة] (٥) المحتال؛ النصّاب (ع) (٦) الخسيس؛ البخيل (ع) (٧) حصان (ع) (٨) دولار (ع) § (٩) يكسو بالجِلد أو نحوِهِ (١٠) يَقْشُر؛ يَسْلُخ (١١) يَهْزِم (١٢) يُعاقب (١٣) يَستحثّ [بغلًا إلخ على الإسراع] x (١٤) يَنْدمل <The wound ~ned over.> (١٥) يتسلّق [تتبعُها up] § (١٦) عُرْبِيّ <~ magazines>.

in *or* with a whole ~, سالمًا؛ لم يُمَسّ بأذى.

to escape by the ~ of one's teeth ينجو بمُعجزة.

to keep one's eyes *skinned* يَحترِس؛ يَحْذَر.

to save one's ~, يجتنب الأذى؛ ينجو بنفسه.

to ~ one alive (١) يعذّبه من غير رحمة؛ «يَسْلُخ جلدَه» (٢) يوبِّخُهُ بقَسْوة (٣) يَهْزِمُهُ هزيمةً تامّة.

skin–deep [skĭn′dēp′] *(adj.)* (١) طفيف؛ بعمق الجلد <The cut is ~.> (٢) سَطحيّ <Love is more than ~.>.

skin–dive [-′dīv′] *(vi.)* يتغوّص: يَسْبح عميقًا تحت سطح الماء [بلا جهاز تنفّس].

skin effect *(n.)* الظاهرة السَّطحيّة (كب).

skin flick *(n.)* الفيلم الداعر: شريط سينمائيّ حافل بالمشاهد العارية.

skin flint *(n.)* البخيل؛ الشَّحيح؛ الخسيس.

skin–food [skĭn′fōōd′] *(n.)* غِذاء البَشَرة؛ مُطَرّي البَشَرة: مُسْتَحْضَر تجميليّ لتطرية بَشَرة الوجه والحِفاظ على نضارتها.

skin·ful [-′fəl] *(n.)* (١) الجَسَد: اللحم والعظام التي يشتمل عليها الجِلد (٢) مِلءُ زِقّ أو قِرْبة (٣) مقدار كبير (٤) مقدارٌ مُسْكِرٌ من الخمر.

skin game *(n.)* حِيلة؛ خُدْعَة: لعبة قِوامُها «النَّصْب» والاحتيال.

skin graft *(n.)* الرُّقعة الجِلْدية: قطعة من الجِلد البشريّ يُرْقَع بها جزء من الجسم أصابه أذًى من حريق أو نحوِه.

skin grafting *(n.)* رَقْعُ الجِلْد (جر).

skink [skĭngk] *(vt.; n.)* (١) يَصُبّ [الشراب] § (٢) السَّقَنْقُور: ضرب من العِظاء صغير الجسم والحراشف (ح).

skink 2.

skink·er [skĭngk′ər] *(n.)* السّاقي [في حانة].

skin·less [skĭn′-] *(adj.)* (١) عديم الجِلدة <a ~ hot dog> (٢) حسّاس.

skinned [skĭnd] *(adj.)* (١) ذو جِلدٍ أو بَشَرة [من نوع معيَّن] (٢) مُقَشَّر (٣) مسلوخ الجلد (٤) أجْرَد: غير مَكْسُوٍّ بالعُشب <a ~ racetrack>.

skin·ner [-′ər] *(n.)* (١) فا skin (٢) «أ» تاجر الجلود. «ب» الدبّاغ (٣) المحتال؛ النَّصّاب. وبخاصّة: المُقامِر المُخادِع (٤) سائق عربات الجرّ.

skin·ner·y [skĭn′ə rĭ] *(n.)* المَدْبَغة: مَحلّ لدبغ جلود الحيوانات.

skin·ny [skĭn′ĭ] *(adj.)* (١) «أ» جِلْديّ. «ب» جِلْدانيّ: شبيه بالجِلد (٢) نحيل؛ مهزول الجسم (٣) بخيل؛ شحيح.

skint [skĭnt] *(adj.)* مُعْدِم؛ مُفْلِس؛ لا يَملِك فَلْسًا.

skin·tight [skĭn′tīt′] *(adj.; n.)* (١) ضيِّق جدًا <~trousers>

§ (٢) ثوب ضيّق جدًا.

skip[1] [skĭp] *(vi.; t.; n.)* (١) يَطْفِر؛ يثب مَرَحًا (٢) يتخطّى: يقفز من نقطة إلى أخرى أو من موضوع إلى آخر أو من صفٍّ مدرسيّ إلى آخر مُفَوِّتًا ما بينهما (٣) ينصرف خِلسةً أو على عَجَل x (٤) يَحْذِف؛ يتخطّى (٥) يُرَفِّع [تلميذًا] من صفّ إلى آخر مُتَخَطِّيًا ما بينهما (٦) يجعله يثب أو ينزلق بسرعة فوق سطحٍ ما (٧) يثب فوق شيء بخفّة ورشاقة (٨) يغادر [مكانًا] خِلسة وبخفّة (٩) يتغيّبُ عن كذا بغير إذن <to ~ school> § (١٠) قفزة؛ وثبة (١١) «أ» حذف. «ب» شيء محذوف.

skip[2] *(n.; vt.)* (١) قائد الفريق الرياضي (٢) skipper[2] § (٣) يقود فريقًا رياضيًا.

ski pants *(n. pl.)* سِروال التَّزَحْلُف (را. ski).

skip·jack [-ˈjăkˈ] *(n.)* (١) الوَثّاب: سمك يثبُ فوق سطح الماء أو يلعبُ عنده (٢) click beetle (٣) سفينة شراعية صغيرة.

ski pole

ski pole *(n.)* عصا التَّزَحْلُف (را. ski).

skip·per[1] [-ər] *(n.)* (١) click beetle (٢) water strider (٣) «أ» فا skip. «ب» فتًى غِرّ (٤) الصُّوريّ: سمك نحيل طويل المنقار (را. saury) (٥) الرَّشيقة: فراشة صغيرة سريعة الانطلاق.

skipper[1] *4.*

skip·per[2] *(n.; vt.)* (١) الرُّبّان: «أ» قائد السفينة أو المَركب. «ب» قائد الطائرة § (٢) يقود سفينةً أو طائرة (٣) يقود فريقًا رياضيًا.

skirl [skûrl] *(vi.; t.; n.)* (١) يَصْدَح [مِزمارُ القِرْبة] x (٢) يَعْزِف [على مِزمار القِرْبة] § (٣) الصُّداح: صوت مِزمار القِرْبة.

skir·mish [skûrˈmĭsh] *(n.; vi.)* (١) المُناوَشة (جن) (٢) مُشادّة [كلامية] § (٣) «أ» يُناوِش. «ب» يُشادّ: ينهمك في مشادّة (٤) ينطلق [باحثًا عن شيء]. — **skir·mish·er** *(n.)*

skirr [skûr] *(vi.; t.; n.)* (١) يفرّ (٢) يطير؛ يعدو؛ ينطلق بسرعة x (٣) يجوبُ البلادَ [بحثًا عن شيء] (٤) يَمَسّ [خلال انطلاقِهِ] مَسًّا رفيقًا § (٥) هدير؛ أزيز؛ طَنين.

skirt [skûrt] *(n.; vt.; i.)* (١) أدنى الثوب: جزؤه السُّفليّ المُتَدَلّي من الخَصْر إلى ما دونه (٢) تَنُّورة (٣) التَّنُّورة: شيء يتدلّى مثل تنّورة. وبخاصّة: حاشية تتدلّى من جانب السَّرج (٤) *pl.*: ضواحي [المدينةِ] (٥) حافة؛ حاشية (٦) فتاة؛ امرأة (ع) § (٧) يُطوِّق (٨) يجعل له حافةً أو حاشية (٩) يجعل للثوب تَنُّورةً (١٠) «أ» يطوف حول حافة شيءٍ ما. «ب» يلتفّ حول شيء أو يبتعد عنه خوفًا من خطر أو فضيحة. «ج» يتجنّب [موضوعًا أو سؤالًا شائكًا]. «د» ينجو بأعجوبة من x (١١) يقوم عند حافة شيء أو حاشيته أو يطوف حولها. — **skirt·er** *(n.)*

skirt·ing *(n.)* (١) حافة؛ حاشية (٢) baseboard *2* (٣) قماش التنانير.

skirt steak *(n.)* شريحة [من اللحم].

ski run *(n.)* مُنْحَدَر التَّزَحْلُف: مُنحدَر صالح للتَّزَحْلُف أو التَّزَلُّج.

ski suit *(n.)* ثوب التَّزَحْلُف أو التزلُّج.

skit [skĭt] *(n.)* (١) ملاحظة ساخرة (٢) مشهد هزليّ أو انتقاديّ (٣) قصة هجائية أو فكاهية (٤) مسرحية قصيرة.

ski tow *(n.)* = ski lift.

skit·ter [skĭtˈ-] *(vi.; t.)* (١) يَنْزلق أو يعدو برشاقة (٢) يَنْتُر: يَسْحب شِصَّ القَصَبة، عَبْرَ سطح الماء، بحركة مرتجفة x (٣) يُزَلِّق: يجعلُهُ يَنزلقُ برشاقة.

skit·tish [skĭtˈ-] *(adj.)* (١) لَعُوب (٢) مُتقلِّب؛ غير مُسْتَقِرّ (٣) جَفُول <~ horses> (٤) «أ» خَجول. «ب» فَزِع (٥) حَذِر (٦) عصبيّ.

skit·tle [skĭtˈəl] *(n.)* = ninepin.

skive [skīv] *(vt.)* (١) يُشَرِّح: يُقطِّع الجِلد أو المطّاط إلى شرائحَ أو قِطَع صغيرة (٢) يَكْشِط [جلدَ الحيوان] (٣) ينصرف بسرعة.

skiv·er [skīˈ-] *(n.)* (١) فا skive (٢) الرَّقّ: جِلد رقيق لتجليد الكُتب إلخ.

skiv·vy [skĭvˈĭ] *(n.)* (١) خادمة (٢) *pl.* عد: السَّكِيف: لباس تحتانيّ للرجال مؤلَّف من قميص تائيّ T-shirt وسروال قصير.

sklent [sklĕnt] *(vi.; t.)* (١) يَنظر شَزْرًا (إسك) x (٢) يُميل (إسك).

skoal [skōl] *(interj.)* نَخْبَك! على صِحّتك!

sku·a [skyōōˈə] *(n.)* السَّكُوَة؛ الكَرْكَر: طائر بحريّ شبيه بالنَّوْرس.

skul·dug·ger·y [skŭl dŭgˈ-] *(n.)* (١) حِيلة خادعة (٢) احتيال؛ خداع.

skulk [skŭlk] *(vi.; t.; n.)* (١) يتسلَّل؛ يمشي خِلْسةً أو بحذَر (٢) يَسْتخفي: يتوارى خوفًا إلخ (٣) يتمارض x (٤) يتهرَّب من § (٥) المُتَسَلِّل؛ المُسْتَخْفي؛ المتمارض؛ المُتَهرِّب (٦) مجموعة ثعالب.

skull [skŭl] *(n.)* (١) الجُمْجُمة (ت) (٢) رأس (٣) عَقْل.

skull and crossbones *(n.)* الجُمْجُمة والعظمان المتصالبان: صورة جُمجمة بشريّة فوق عظمَين متصالبَين تُتَّخذ تحذيرًا من الخطر على الحياة؛ وكانت في ما مضى شعارًا للقراصنة.

skull·cap [skŭlˈkăpˈ] *(n.)* (١) قَلَنْسُوَة ضيِّقة (٢) الدَّرَقة؛ الإسقوتلّاريّة: نبتة من الفصيلة الشَّفَويّة.

skunk *1a.*

skunk [skŭnk] *(n.; vt.)* (١) «أ» الظَّرِبان الأميركيّ: حيوان ثدييّ صغير مُنْتِن الرائحة. «ب» فرو الظَّرِبان الأميركيّ (٢) شخص بغيض حقير § (٣) يَهْزِم (٤) لا يدفع [فاتورةً إلخ] (٥) يَخْدَعُهُ أو يَحْرِمُهُ شيئًا من طريق الخداع.

skunk cabbage *(n.)* الكُرُنب المُنْتِن: نبات شماليّ أميركي ذو رائحة كريهة.

sky [skī] *(n.; vt.)* (١) السَّماء (٢) الجنّة (٣) *pl.*: مُناخ <our temperate English *skies*> § (٤) يَقْذِف [الكرةَ] عاليًا (٥) يُعَلِّق [لوحةً زيتية] فوق خط البصر.

out of a clear ~, فجأةً؛ على حين غِرّة.

sky blue *(n.)* الأزرق السَّماويّ: اللون الأزرق السماويّ.

sky·borne [-ˈbôrnˈ] *(adj.)* مُجَوْقَل: منقول جوًّا أو بالطائرات <~ troops>.

ă at; ā date; â care; ä car; ĕ egg; ē me; ĭ in; ī bite; ŏ lot; ō bone; ô orphan; oi boil; o͝o good; o͞o boot; ou out; ŭ under; û urgent; ə = *a* in alone, *e* in system, *i* in easily, *o* in gallop, *u* in circus.

sky·cap [-ˈkăpˈ] *(n.)* حمّال المطار : حمّال حقائب المسافرين في مطار .

sky·coach [skīˈkōchˈ] *(n.)* الطائرة التجارية : طائرة يُعْوِزُها الكثير من أسباب الرفاهية والخدمات المألوفة في الطائرات الفخمة .

Skye terrier

Skye terrier *(n.)* تَرْيَر سْكاي : كلب صيد صغير .

sky·ey [skīˈĭ] *(adj.)* (١) سَماويّ (٢) شاهق (٣) أزرقُ سماويّ .

sky–high [-ˈhīˈ] *(adv.; adj.)* (١) عاليًا جدًا <Prices have gone ~.> (٢) بحماسة (٣) إرْبًا إرْبًا ؛ مِزَقًا § (٤) شاهق ؛ مرتفعٌ جدًا (٥) غالٍ جدًا .

sky·jack [skīˈjăkˈ] *(vt.)* يختطف طائرةً .

sky·lark [-ˈlärkˈ] *(n.; vi.)* (١) القُبَّرة ؛ قُبَّرة السَّماء § (٢) يلهو ؛ يَمْرَح ؛ يَعْبث .

skylark *1.*

sky·light [skīˈlītˈ] *(n.)* المَنْوَر : كُوّة في سقف بيت أو سطح سفينة .

sky·line [skīˈlīn] *(n.)* (١) الأُفق (٢) الصّورة الظِّلّيّة : الصورة الظِّلّيّة للمباني والجبال كما تبدو على خلفيّة السماء .

sky·man [skīˈmən] *(n.)* الطيّار ؛ الملّاح الجوّيّ (ع) .

sky pilot *(n.)* (١) كاهن ؛ قِسّيس (ع) (٢) طيّار ؛ ملّاح جوّيّ .

sky·rock·et [skīˈ-] *(n.; vi.; t.)* (١) صاروخ ؛ سَهْم ناريّ § (٢) يُحلّق أو يرتفع فجأةً [كالأسعار إلخ] x (٣) يَرْفع أو يزيد فجأةً وبسرعة (٤) يرتفع به فجأةً إلى . . . <His last novel ~*ed* him to fame.> .

sky·sail [-ˈsālˈ] *(n.)* الشِّراع السّماوي : أعلى الأشرعة في سفينة شراعية .

sky·scrap·er [skīˈskrāˈpər] *(n.)* ناطحة سَحاب .

sky·ward [skīˈwərd] *(adv.; adj.)* (١) أو **sky·wards** : نحو السَّماء ؛ عاليًا § (٢) صاعد : مُتَّجِهٌ نحو السَّماء .

sky wave *(n.)* المَوْجة السَّماوية (رد) .

sky·way [skīˈwāˈ] *(n.)* (١) air lane (٢) الطريق العُلْويّة : طريق مرفوعة فوق سطح الأرض .

sky·writ·ing [skīˈ-] *(n.)* الكتابة السَّماوية : كتابة تُرْسَم في السّماء بمادّة مَرْئيّة [كالدُّخان] تنفُثُها الطائرة .

— **sky·write** *(vi.; t.)*

slab [slăb] *(n.; vt.; adj.)* (١) «أ» لوح . «ب» بلاطة . «ج» شريحةُ [لحم أو جُبْن] (٢) مبنًى مستطيل (٣) سِناد ؛ مُسْتَنَد § (٤) يَقْسِم إلى ألواح أو شرائح (٥) يكسو [سقفًا] بالألواح أو [طريقًا] بالبلاط (٦) يدهن بكثافة <~*bed* butter on the bread> § (٧) كثيف ؛ دَبِق (٨) مبالَغٌ فيه .

slab·ber [slăbˈər] *(vi.; t.; n.)* = slobber.

slab–sid·ed [-ˈsīˈdĭd] *(adj.)* (١) مُسَطَّح الجوانب [كاللَّوح أو البلاطة] (٢) مَهْزول : طويل مع هُزال أو ضمور .

slack [slăk] *(adj.; adv.; vt.; i.; n.)* (١) مُهْمِل ؛ متوانٍ <a ~ housekeeper> (٢) «أ» قليل النشاط <I feel ~ this morning.> . «ب» بطيء <at a ~ pace> . «ج» رُخاء <~ tide; ~ wind> . «د» معتدل ؛ وبخاصة : معتدل الحرارة <a ~ oven> (٣) «أ» رِخْو ؛ غير مُحْكَم الشدّ <a ~ rope> . «ب» ضعيف <~ control> (٤) راكد <Trade was ~ last month.> (٥) «أ» منقوص : غير مُكتمِل . «ب» متوسِّط الجودة § (٦) بإهمال ؛ بِتَوانٍ إلخ § (٧) يُهْمِل ؛ يتوانى في (٨) يُخفِّف [السُّرعة إلخ] (٩) يُرخي [حَبْلًا] (١٠) يُطفئ الكِلْس x (١١) يُبْطِئ ؛ يَضْعُف ؛ يتراخى (١٢) يَخْمُد (١٣) يتهرّب [من عملٍ أو واجب] § (١٤) ركود (١٥) تراخٍ (١٦) الجزء المُتدلّي <the ~ of a rope> (١٧) *pl.* : بنطلون فَضْفاض (١٨) فترة ركود تجاريّ إلخ (١٩) فائض (٢٠) عَجْز (٢١) الغَوْر : مُنْخَفَض بين هضبتين أو في سطح الأرض (٢٢) الدُّقاق : فُتات الفحم الحجري .

to ~ away يُرْخي [حبلًا إلخ] .

to ~ off (١) يتوانَى ؛ يتكاسل (٢) يُرْخي .

to ~ up يُخفف السرعة .

slack–baked [slăkˈbāktˈ] *(adj.)* فَطير <~ bread> .

slack·en [-ˈən] *(vt.; i.)* (١) يُخفِّف [السّرعة] (٢) يُرْخي x (٣) يتوانَى (٤) «أ» يَضْعُف . «ب» تخفّ سرعتُهُ (٥) يرتخي ؛ يتراخَى .

slack·er [slăkˈər] *(n.)* المُتَهرِّب من عمل أو واجب . وبخاصة : المتهرّب من الخدمة العسكرية زمنَ الحرب .

slack–jawed [-ˈjôdˈ] *(adj.)* فاغر الفم . وبخاصة : مَشْدوه ؛ مندهش .

slack·ness [-ˈnəs] *(n.)* إهمال ؛ توانٍ إلخ .

slack suit *(n.)* المِبْذَلة : ثوب فضفاض يرتديه الرجال والنساء .

slack water *(n.)* (١) فترة الرّكود [بين المَدّ والجَزْر] (٢) مياه راكدة .

slag [slăg] *(n.)* = scoria.

slag·gy [slăgˈĭ] *(n.)* جُفائيّ ؛ خَبَثِيّ (را . scoria) .

slain [slān] *past part. of* slay.

slake [slāk] *(vi.; t.)* (١) يَخْمُد ؛ يَضْعُف (ا . ق) (٢) ينطفئ الكلس x (٣) يُخَفِّف ؛ يُضْعِف (٤) يُشْبِع ؛ يَنْقَع ؛ يُرْوي (٥) يطفئ الكلسَ .

sla·lom [släˈlōm] *(n.)* (١) التَّزلُّج المتعرِّج : تزلُّج في مجاز متعرِّج أو مُتَمعِّج بين أعلام مركوزة أو نحوها (٢) سباق في التَّزلُّج المُتَعَرِّج .

slam[1] [slăm] *(n.)* فوزٌ ساحق أو شبه ساحق في ورق اللعب .

slam[2] *(n.; vt.; i.)* (١) ضربة عنيفة (٢) «أ» إغلاق [لِلْباب] بعنف . «ب» ضجة داوية [وبخاصةٍ بسبب من إغلاق الباب بعنف] (٣) نقدٌ لاذع (٤) سِجْن § (٥) يَضْرِب بعُنْف (٦) يُغلق بقوّة (٧) يدفع أو يحرّك أو يضع شيئًا في مكانه بقوة أو سرعة أو ضجة (٨) يَخْبِط بشدّة على (٩) ينتقد بقسوة x (١٠) يُحْدِث ضجّةً داويةً (١١) يندفع أو يعمل بصخَب .

slam–bang [-ˈbăngˈ] *(adv.; adj.)* (١) بعُنف وصَخَب (٢) بتهوُّر (٣) تمامًا § (٤) مُدَوٍّ أو عنيف (٥) جَهيد ؛ شديد <a ~ effort> (٦) ممتاز ؛ رائع .

slam·mer [slămˈər] *(n.)* سِجْن .

slan·der [slănˈdər] *(n.; vt.)* (١) قَذْف ؛ تشويه للسُّمعة [أو نَيْلٌ منها] (٢) افتراء § (٣) يَقْذِف ؛ يُشَوِّه السُّمعة (٤) يَفْتري على .

— **slan·der·ous** *(adj.)*

slang [slăng] *(n.; adj.; vi.; t.)* (١) العامّيّة : لغة عامّيّة أو دارجة § (٢) عامّيّ § (٣) يَخْدع (ع) x (٤) يُهاجم بألفاظ قاسية أو نابية .

slan·guage [slăngˈgwĭj] *(n.)* (١) كلام عامّيّ (٢) كتابة عامّيّة .

slang·y [-ˈĭ] *(adj.)* (١) عامّيّ (٢) مُبتذَل (٣) مُكْثِر من استخدام العامّيّة .

slant [slănt] *(vi.; t.; n.; adj.)* (١) يَميل ؛ ينحدر (٢) يَنْزَع ؛ يَميل إلى x

(٣) يُميل ؛ يُحَدِّر (٤) يُحرِّف ؛ يشوِّه <to ~ the news> § (٥) «أ» مَيْل ؛ انحدار . «ب» مُنْحَدَر (٦) ملاحظة ساخرة (ع) (٧) موقف أو رأي شخصيّ (٨) نظرة ؛ لمحة § (٩) مائل ؛ مُنْحدِر (١٠) متحيِّز . — **slant·ing** *(adj.)*

slant height *(n.)* الارتفاع الجانبيّ [للمخروط] (ر) .

slant·ways; slant·wise [slănt′-] *(adv.; adj.)* (١) بمَيْل ؛ بانحدار ؛ بانحراف § (٢) مائل ؛ منحدِر ؛ منحرِف .

slap¹ [slăp] *(n.)* (١) ممرّ [بين هَضبتين] (٢) ثَغْرة ؛ فَجْوة .

slap² *(n.; vt.; adv.)* (١) صَفْعة ؛ لَطْمة (٢) طَقْطَقة (٣) زَجْر ؛ إهانة § (٤) يَصْفَع (٥) يَضع أو يَقذِف بقوّة (٦) يَزْجُر ؛ يُهين § (٧) فجأةً (٨) مباشرة <Our car ran ~ into the wall.>.

to ~ down (١) يَقْمَع ؛ يُخْمِد (٢) يُقَيِّد ؛ يَمنع ؛ يُحظِّر .

slap·bang [-′băng′] *(adv.)* فجأةً وبعُنْف ؛ بقوّة أو عَجَلة مفرِطة .

slap·dash [slăp′dăsh′] *(adv.; adj.; n.)* (١) كيفما اتَّفق (٢) بتسرّع ؛ بتهوّر § (٣) مُتَسرِّع ؛ مُتهوِّر § (٤) تَسَرُّع ؛ تَهَوُّر .

slap·jack [slăp′jăk′] *(n.)* السَّلَبْجَك : «أ» كعكة مُحَلّاة . «ب» ضرب من لَعِب الورق .

slap·stick [-′stĭk′] *(n.; adj.)* (١) مِقْرَعة الممثِّل أو التهريج : مِقرَعة مؤلفة من قطعتَيْ خشب مُسطَّحتين مُثبَّتتين من طرف واحدٍ بحيث تُحدثان صوتًا مُدوِّيًا عندما يضرب بهما الممثّل أو المهرِّج شخصًا آخر (٢) المُقرَّعة : كوميديا رخيصة مُتّسمة بخشونة شديدة § (٣) خشِن ؛ عنيف <~ comedy> .

slap–up [-′ŭp′] *(adj.)* ممتاز ؛ من الطِّراز الأوّل <a ~ restaurant> .

slash [slăsh] *(vt.; i.; n.)* (١) يَشْرُط ؛ يَشْرِم ؛ يَقُدّ [بضربة سيف أو سكّين] (٢) «أ» يَسُوط ؛ يَجْلِد . «ب» يضرِب بالسَّيف (٣) يَشُقّ [طريقَهُ] (٤) يُشَقِّق [ثوبًا بحيث يكشف عمّا تحته من نسيج أو لون] (٥) ينتقد بقَسْوة ولَذْع (٦) يُخفِّض [الرواتبَ أو الأسعار] تخفيضًا كبيرًا x (٧) يَجْرَح بوحشيّة [بسيفٍ أو مديةٍ إلخ] § (٨) شَرْط ؛ شَرْم ؛ قَدّ ؛ جَرْح (٩) الشَّقّ : شَقّ زِينيّ [في ثوب] (١٠) «أ» أرضٌ فضاءٌ [مَكْسُوّة بالأغصان المَيْتة ، في غابة أو نحوها] . «ب» نِثار من الأغصان المَيْتة (١١) أرض سَبِخة منخفضة .

slashed zero *(n.)* الصفر المشقوق : رمز الصفر (ϕ).

slash·ing [slăsh′-] *(n.; adj.)* (١) مص slash (٢) لون مغاير [يتبدّى من خلال شَقّ طويل في ثوب] (٣) slash *10* (٤) تبوُّل (ع) § (٥) لاذع ؛ قاسٍ ؛ جارح (٦) مُفْعَم بالحيوية (٧) ضخم ؛ هائل (٨) غزير ؛ غير منقطع <~ rain> (٩) زاهٍ ؛ ساطع .

slash mark *(n.)* العلامة المائلة (/) [للفصل بين الأرقام أو الكلمات] .

slat¹ [slăt] *(vt.; n.)* (١) يقذِف أو يَضرِب بشدّة § (٢) صَفْعة ؛ لَطْمة .

slat² *(n.; vt.; adj.)* (١) القِدّة : شريحة خشبية [أو مَعْدِنية] طويلة ضيّقة (٢) ضِلْع أو وُصْلة [في ظهر الكرسيّ] (٣) عَجيزة ؛ مؤخَّرة ؛ كَفَل (ع) (٤) أضلاع (ع) § (٥) يُقَدِّد ؛ يُضَلِّع : يَصْنع من قِدَدٍ أو أضلاع § (٦) مقدَّد ؛ مُضَلَّع <~ seats> .

slate¹ [slāt] *(n.; vt.)* (١) الأَرْدُواز : صَخر دقيق الحُبَيْبات قابلٌ للانفلاق إلى ألواح رقيقة (٢) اللوح الأَرْدُوازيّ [للتّسقيف أو للكتابة] (٣) سِجلّ الأعمال أو الأحداث <a clean ~> (٤) قائمة المرشَّحين [للتعيين أو الانتخاب] (٥) الأَرْدُوازيّ : لون رماديّ داكنٌ ضاربٌ إلى الأُرجوانيّ § (٦) يُؤَرْدِز : يكسو بألواحٍ أَرْدُوازية (٧) يُسجِّل [أسماء المُرَشَّحين] (٨) يَضْرِب موعدًا لِـ (٩) يختار لمهمّةٍ ما <~*d* for a prominent role> .

slate² *(vt.)* (١) يَضرِب أو يَلْكُم بعنف (٢) ينتقد أو يُوَبِّخ بقسوة (بر) .

slat·er [slāt′ər] *(n.)* (١) فا slate (٢) pill bug .

slath·er [slăth′ər] *(n.; vt.)* (١) *pl.* عد : مقدار كبير ؛ عدد وافر § (٢) يكسو بطبقة كثيفة <to ~ butter on toast> (٣) يُنفِق بإسراف .

slat·ted [slăt′ĭd] *(adj.)* مُقَدَّد ؛ مُضَلَّع : ذو قِدَدٍ أو أضلاع .

slat·tern [slăt′ərn] *(n.; adj.; vt.)* (١) «أ» امرأة قَذِرة . «ب» فاجرة ؛ بَغِيّ ؛ مومس § (٢) قذِر (٣) مُهْمِل § (٤) يُضَيِّع ؛ يُبَدِّد .

slat·y; slat·ey [slā′tĭ] *(adj.)* (١) أَرْدُوازيّ (٢) رماديّ كالأَرْدُواز .

slaugh·ter [slô′tər] *(n.; vt.)* (١) قَتْل . وبخاصّةٍ : ذَبْحُ الماشية (٢) مَذْبحة ؛ مَجْزَرَة § (٣) يَقْتل ؛ يَذْبح .

slaugh·ter·house [slô′tər-] *(n.)* مَجْزَر ؛ مَسْلَخ .

slaugh·ter·ous [slô′tər əs] *(adj.)* = murderous *1*.

Slav [släv; slăv] *(n.; adj.)* (١) السّلافيّ : واحد السّلافيين § (٢) سلافيّ .

slave [slāv] *(n.; adj.; vt.; i.)* (١) «أ» الرّقيق ؛ العبد . «ب» الأَمَة ؛ الجارية (٢) المُوالِية : أداة ميكانيكيّة تستجيب مباشرةً لأداة أخرى (٣) الكادح : العاملُ مثلَ عبدٍ مُستَرَقّ § (٤) مُسْتَرَقّ ؛ مستَعْبَد <~ peoples> (٥) رَقيقيّ : خاص بالأرقّاء (٦) مُوالِيَة <a ~ device> § (٧) يسترِقّ ؛ يستعبد (ا.ق) x (٨) يَكْدَح : يعمل كالعبد المُسْتَرَقّ (٩) يتَّجر بالرّقيق .

slave ant *(n.)* النّملة المُسْتَرَقّة : نملةٌ تسترقّها نمالٌ من نوع آخر .

slave driver *(n.)* (١) مُناظِر الأرقّاء [أثناء كدحهم] (٢) المُناظِر الفظّ : مراقب عمّالٍ فظٌّ غليظ القلب .

slave·hold·er [slāv′hōl′-] *(n.)* صاحب الرَّقيق ؛ مالِك الرقيق .

slave·hold·ing *(n.; adj.)* (١) امتلاكُ الرقيق § (٢) مُبيحٌ للاسترقاق .

slave–mak·ing ant *(n.)* النّملة المُسْتَرِقّة : نملة تغزو أوكار نِمالٍ من نوع آخر فتحمل منها يَرَقاناتِها لتنشّئها في وكرها وتتّخذَ منها رقيقًا .

slav·er¹ [slăv′ər] *(vi.; n.)* (١) يَريلُ : يَسيل لُعابُهُ § (٢) الرِّيال : لُعاب سائل .

slav·er² [slā′vər] *(n.)* (١) النَّخّاس (٢) سفينة النِّخاسة (٣) نَخّاس الرقيق الأبيض : مَنْ يُكرِهُ النّساء البِيض على البغاء .

slav·er·y [slā′və rĭ] *(n.)* (١) كَدْح (٢) استعباد (٣) «أ» عبوديّة ؛ رِقّ . «ب» الاسترقاق : شراء العبيد وامتلاكهم .

slave state *(n.)* (١) الولاية الاسترقاقية : ولاية أميركية كانت تبيح

الاسترقاق قبل الحرب الأهلية (٢) الدّولة المُسْتَرَقَّة: دولة خاضعة لنظام ديكتاتوري.

slave trade *(n.)* النِّخاسة: تجارة الرقيق.

slav·ey [slā'vĭ] *(n.)* خادمة (عب).

Slav·ic [släv'ĭk; slăv'-] *(adj.; n.)* (١) سلافيّ § (٢) اللغات السّلافية.

Slav·i·cist [släv'ĭ sĭst; slăv'-] *(n.)* العالِم باللغات السّلافيّة.

slav·ish [slā'-] *(adj.)* (١) رقيقيّ: خاصّ بالأرقّاء (٢) خانع؛ صاغر (٣) حقير؛ وضيع (ا. ق) (٤) استبداديّ (ا. ق) (٥) مُتّسِمٌ بالتقليد والمحاكاة.

slav·oc·ra·cy [slā vŏk'rə sĭ] *(n.)* دُعاة الاسترقاق [قبل الحرب الأهليّة الأميركيّة].

Sla·vo·ni·an [slə vō'-] *(n.; adj.)* (١) السّلافونيّ: أحد أبناء سلافونيا (٢) السّلافيّ: واحد السّلاف أو السّلافيين § (٣) سلافونيّ (٤) سلافيّ.

Sla·von·ic [slə vŏn'ĭk] *(adj.)* (١) سلافونيّ (٢) سلافي.

slaw [slô] *(n.)* = coleslaw.

slay [slā] *(vt.; i.)* (١) يَقْتُل؛ يَذْبح (٢) يُسَلّي؛ يُمْتِع.

slay·er [slā'ər] *(n.)* القاتل؛ الذابح.

sleave [slēv] *(vt.; n.)* (١) يَفصِل إلى خيوط أرفع § (٢) خُيَيْط.

slea·zy [slē'zĭ; slā'-] *(adj.)* (١) مُهَلْهَل: ضعيف النّسج (٢) رديء الصنع [أو المادة] (٣) خسيس؛ لاأخلاقيّ (٤) وضيع؛ حقير <a ~ hotel>.

sled [slĕd] *(n.; vt.; i.)* (١) مِزْلَجَة § (٢) يُمَزْلِج: ينقل بمِزْلجة x (٣) يَتَمَزْلَج: «أ» يركب مِزلَجةً. «ب» يَرْحل بمِزلَجة.

sled·ding [slĕd'-] *(n.)* (١) التَّمَزْلُج: رُكوب المِزْلَجة (٢) المَزْلَجَة: النّقل بمِزلَجة (٣) المِزْلاجيّة: الأحوال الملائمة للتّمَزلُج (٤) تَقَدُّم.

hard ~, أحوال غير ملائمة أو غير مؤاتية.

sled (*or* **sledge**) **dog** *(n.)* كلب المَزالج: كلبٌ مدرَّب على جرّ المِزْلجة.

sledge [1] [slĕj] *(n.; vt.; i.)* = sled.

sledge [2]; **sledge·ham·mer** [slĕj'-] *(n.; vt.; i.)* (١) الإرْزَبّة؛ المِرْزَبّة: مِطْرَقة ضخمة ثقيلة § (٢) يُؤَرزِب: يطرق بإرْزَبّةٍ أو نحوها.

sledgehammer *1.*

sleek [slēk] *(vt.; i.; adj.)* (١) «أ» يُملِّس؛ يَجْعله أملس. «ب» يَصْقُل x (٢) يتأنَّق § (٣) أمْلس؛ صقيل <her ~ hair> (٤) أملس الشَّعر أو الصّوف <the ~ cat> (٥) باديةٌ عليه أمارات الصحّة (٦) دَمِث؛ معسول اللّسان <~ salesmen> (٧) مُزْدهِر (٨) أنيق <a ~ car>.

sleek·en [slē'kən] *(vt.)* يملّس؛ يَصْقل إلخ (را. sleek).

sleek·er [slē'kər] *(n.)* = slicker.

sleek·it [slē'kĭt] *(adj.)* (١) أملَس (إسك) (٢) ماكِر؛ مُخادِع (إسك).

sleep [slēp] *(n.; vi.; t.)* (١) نَوم؛ رُقاد (٢) «أ» هُجوع. «ب» موت. «ج» سُبات (را. coma [1] *1*). «د» خَدَرٌ [في الرِّجل أو اليد] (٣) لَيْلة <Nine ~s passed.> (٤) مَسِيرة يوم (٥) نُعاس <Her eyes were heavy with ~.> § (٦) ينام؛ يَرْقُدُ (٧) «أ» يَهْجَع. «ب» يَرْقُدُ مَيْتًا: يُتَوَفّى (٨) يضاجع x (٩) يتخلّص من كذا بالنّوم <to ~ away business cares> (١٠) يتّسِع لِعدد معيَّن من النُّزَلاء.

to ~ on يُواصل النومَ.

to ~ on it يُرجئ مسألةً إلى اليوم التالي.

to ~ the clock round ينام اثنتَيْ عشرة ساعةً متواصلة.

to put to ~, يَقْتل [حيوانًا متوجِّعًا ابتغاء وضع حدٍّ لآلامه].

sleep·er [slē'-] *(n.)* (١) «أ» النائم؛ الراقد. «ب» النَّؤوم: مُحِبُّ النوم (٢) عارضة [خشبية] (٣) الراقدة: عارضة خشبية أو حجرية أو فولاذية تُتَّخذ أساسًا لخط السكّة الحديدية أو دعامةً له (٤) عربة الرقاد [في قطار] (٥) «أ» جواد يُحرز سَبْقًا بعد إخفاق مُتطاوِل. «ب» كتابٌ يتواصل رواجُه عامًا بعد عام من غير إعلان عنه. «ج» شريط سينمائيّ تبلغ عائداته أضعاف ما توقَّعَهُ منتجوه. «د» لحنٌ موسيقي تطير له، على نحوٍ غير متوقَّع، شهرةٌ عريضة (٦) *pl.* بيجاما للأطفال.

sleep·i·ness [slē'pĭ nəs] *(n.)* نُعاس؛ وَسَن.

sleep·ing [slē'-] *(n.; adj.)* (١) نوم § (٢) نائم (٣) مُستعمَل للنوم.

sleeping bag *(n.)* كيس النَّوم: كيس مُبَطَّن للنوم في الهواء الطلق.

sleeping bags

sleeping car *(n.)* عربة الرُّقاد: حافلة مخصصة للنوم في قطار.

sleeping partner *(n.)* = secret partner.

sleeping pill *(n.)* الحَبّة المُنَوِّمة: قرصٌ يحتوي على عقّار منوِّم.

sleeping sickness *(n.)* النُّوام: مرض النوم.

sleep·less [slēp'-] *(adj.)* (١) أرِق؛ قلِق (٢) يَقِظ؛ دائم النشاط.

sleep·walk [slēp'wôk] *(vi.)* يُسَرْنِم: يسير أو يمشي وهو نائم.

sleep·walk·er [-'wô'kər] *(n.)* المُسَرْنِم: السائر وهو نائم.

sleep·walk·ing [-'wô'kĭng] *(n.)* السَّرنمة: السَّير أو المشي أثناء النوم.

sleep·wear [slēp'wâr] *(n.)* ثياب النوم؛ ثياب الرقاد.

sleep·y [slē'pĭ] *(adj.)* (١) «أ» نَعْسان. «ب» ناعس (٢) «أ» بليد <a ~ sense>. «ب» هادئ <a ~ village> (٣) منوِّم <~ drinks>.

sleep·y·head [slē'pĭ hĕd'] *(n.)* النَّعُوس: الكثير النُّعاس.

sleet [slēt] *(n.; vi.)* (١) الشَّفْشاف؛ القِطْقِط؛ جَمَد المطر: مطرٌ متجمِّد أو نصف متجمِّد (٢) الشَّفشافية؛ القِطْقِطيَّة: طبقة جليدية رقيقة تتكوّن على الأشجار والأسلاك عند هطول الشفشاف § (٣) تُشَفشِف؛ تُقَطْقِط: تُرسل السماءُ الشّفشافَ أو القِطْقِط.

sleeve [slēv] *(n.; vt.)* (١) «أ» كُمّ؛ رُدْن. «ب» sleevelet (٢) الجُلْبة: جزء أنبوبيّ قابل للتركيب فوق جزء آخر (مك) (٣) القميص: غلاف ورقيّ أو كرتونيّ للأسطوانة الفونوغرافيّة § (٤) يُرَدِّن: يجعل للثوب رُدْنين (٥) يُجَلِّب: يُزوِّد بجُلْبة.

to have something up one's ~, يَدَّخِر: يحتفظ بفكرة أو خطة أو ورقة لعِب للاستخدام عند الحاجة.

to wear one's heart on one's ~, يُجاهر بحبّه أو بميوله إلخ.

sleeved [slēvd] *(adj.)* مردَّن؛ مُجَلَّب؛ مُقَمَّص (را. المادة السابقة).

sleeve·less [slēv'ləs] *(adj.)* غير مُرَدَّن: بلا رُدْنَيْن أو كُمَّيْن.

sleeve·let [-'lət] *(n.)* الإياد: غطاء للذراع يقي الكُمَّ من البِلى أو الوسخ.

sleigh [slā] *(n.; vi.)* (١) مَرْكبة الجليد؛ عربة الجليد: مَرْكَبَة أو عربة لنقل الأشخاص أو السِّلَع على الجليد أو الثلج

sleigh *1.*

§ (٢) يتنقل بمَرْكَبة جليد؛ يمتطي مَرْكَبة جليد.

sleight [slīt] *(n.)* (١) مَكْر (٢) حيلة؛ خُدعة (٣) براعة؛ رشاقة.

sleight of hand *(n.)* (١) حيلة المُشَعْوِذ: حيلة من حِيَل الشّعوذة تتطلب خِفّة يد (٢) خِفّة يد [في ألعاب الشَّعْوَذة] (٣) براعة في الخداع.

slen·der [slĕn'dər] *(adj.)* (١) «أ» نَحيل. وبخاصة: أَهْيَف. «ب» رفيع (٢) هزيل؛ ضئيل.

slen·der·ize [slĕn'-] *(vt.)* يُنْحِل؛ يُهْزِل: يجعله نحيلًا أو هزيلًا.

slept [slĕpt] *past and past part. of* sleep.

sleuth [slo͞oth] *(n.; vi.)* (١) بوليس سِرّيّ § (٢) يعمل بوليسًا سِرّيًا.

sleuth·hound [-'hound] *(n.)* (١) bloodhound (٢) بوليس سِرّيّ.

slew[1] [slo͞o] *past of* slay.

slew[2] *(n.)* = slough[1] *1-2.*

slew[3] *(vt.; i.; n.)* (١) يُدير؛ يُميل **x** (٢) يستدير؛ يدور [على محور] (٣) ينزلق § (٤) مَيْل؛ انعطاف.

slew[4] *(n.)* جَمْهرة؛ عدد أو مقدار وافر <a ~ of people>.

slice [slīs] *(n.; vt.; i.)* (١) شريحة (٢) قطعة (٣) حُزّةٌ [من البطيخ] (٤) مِلْوَق [لبَسْط الدّهان أو حبر الطباعة] (٥) سِكّين [عريضة النَّصْل رقيقتُه] <a fish ~> (٦) الرّمية المُيامِنة: ضربة لِلْكُرة تجعلها تنحرف إلى اليمين (٧) جزء؛ حِصّة؛ نصيب § (٨) يُشَرِّح؛ يحزّز (٩) يُمَلْوِق: يَبْسط الدِّهان أو حبرَ الطباعة بمِلْوَق (١٠) يُيامِن: يرمي الكرةَ بحيث تنحرف إلى اليمين **x** (١١) يَجْري شاقًّا طريقه.

slic·er [slīs'ər] *(n.)* (١) فا slice (٢) سِكّين (٣) المِشْرَحة: أداة للتقطيع إلى شرائح <a meat ~>.

slick [slĭk] *(vt.; i.; adj.; adv.; n.)* (١) «أ» يُملِّس. «ب» يَصْقُل. «ج» يُزَلِّق **x** (٢) يتهندَم؛ يتأنَّق (٣) ينزلق § (٤) «أ» أملس؛ صقيل. «ب» زَلِقٌ <The glass was ~.> (٥) «أ» بارع. وبخاصة: ماكر. «ب» ماهر (٦) ممتاز § (٧) ببراعة؛ بمَكْر § (٨) موضع زَلِق أو بقعة زَلِقة (٩) المِصْقَل: أداة للصَّقل أو التمليس (١٠) المجلّة الصَّقِيلة: مجلّة شعبيّة تُطْبع على ورق صقيل.

slick·en·side [slĭk'ən-] *(n.)* المَصْقَل: سطحٌ صخريّ أملس (جي).

slick·er [slĭk'-] *(n.)* (١) المُشَمَّع: قماش مُزَيَّت كتيمٌ للماء. وبخاصة: المِمْطَر أو المِعْطَف الواقي من المطر (٢) المُخادِع؛ المُحتال (٣) المدينيّ الغَنْدور: ساكن المدن الكبرى وبخاصة إذا كان متأنقًا أو متكلّفًا.

slide [slīd] *(vi.; t.; n.)* (١) «أ» يَنْزلق. «ب» يتزلّج (٢) «أ» تَزِلّ قدمُهُ. «ب» يزلّ عن موضعِهِ؛ يَزْحَل (٣) يزول؛ يتلاشى؛ يتبدَّد (٤) «أ» يَدِبّ؛ يَزْحَف. «ب» يجري؛ يتدفّق (٥) «أ» ينقضي [الوقتُ] من غير أن يُشْعَر به. «ب» يتحوَّل أو ينصرف. «ج» يتّخذ مجراه الطبيعيّ؛ يجري في أعنّتِه <to let things ~> (٦) ينسلّ أو يمشي خِلسةً (٧) يتحوّل تدريجيًا إلى **x** (٨) يُزَلِّق؛ يُزَلِّج (٩) يجتاز مُنْزَلِقًا (١٠) يَدُسّ <The thief *slid* a gun into his pocket.> § (١١) مص slide، مثل: انزلاق؛ تَزَلُّج إلخ (١٢) انحدار؛ تدهور اقتصادي أو أخلاقي إلخ (١٣) المنزلِق؛ المنزلِقة: جزء منزلِق أو أداة منزلقة (مك) (١٤) «أ» الكتلة المنزلِقة: كتلة تراب أو صخر أو ثلج تنزلق على سفح جبل إلخ. «ب» انزلاق هذه الكتلة (١٥) المنزَلَق: موضع الانزلاق (١٦) الزّلّاقة: هيكل مَعْدِني إلخ ينزلق عليه الأطفال (١٧) الشَّريحة: قطعة زجاجية رقيقة يوضع عليها ما يراد فحصُهُ بالمجهر (١٨) الشَّريحة المنزلقة: شريحة مصوَّرة مُعَدَّة للعَرْض في الفوانيس السِّحرية (١٩) دَبُّوس الشَّعر.

slide 16.

slide fastener *(n.)* = zipper *1.*

slide rule *(n.)* المِسْطَرة الحاسبة؛ المِسْطَرة الانزلاقية.

slide valve

slide valve *(n.)* الصِّمام المُنزلِق (مك).

slide·way [slīd'wā] *(n.)* المُنزَلَق: مَجاز يَنْزلق عليه شيء.

slid·ing [slī'-] *(n.; adj.)* (١) انزلاق إلخ § (٢) انزلاقيّ؛ مُنْزَلِق <a ~ knot; a ~ door>.

sliding scale *(n.)* السُّلَّم المنزلِق أو المتحرِّك [للأجور].

slight [slīt] *(adj.; vt.; n.)* (١) هادئ؛ غير مائج <a ~ sea> (٢) «أ» نحيل. «ب» واهٍ؛ مُهَلْهَل. «ج» تافه؛ سطحيّ (٣) وضيع (٤) طفيف (٥) هزيل § (٦) يستخفّ بـِ (٧) يتجاهل [امرءًا]؛ يعامله بازدراء أو لامبالاة (٨) يُلَهْوِج: يُنجز بتعجُّل وعدم إتقان (٩) يُهْمِل § (١٠) استخفاف (١١) تجاهُل (١٢) ازدراء (١٣) إهمال.

slight·ing [slī'tĭng] *(adj.)* استخفافيّ؛ ازدرائيّ <a ~ remark>.

sli·ly [slī'lĭ] *(adv.)* = slyly.

slim [slĭm] *(adj.; vt.; i.)* (١) نحيل (٢) تافه؛ وضيع. وأيضًا: ماكِر <a ~ thief> (٣) واهٍ؛ ضعيف؛ مُهَلْهَل (٤) ضئيل؛ هزيل § (٥) يُنْحِل؛ يُهْزِل (٦) يُقَلِّل؛ يُصَغِّر (٧) يُضيع وقته سدًى **x** (٨) يَنْحُل؛ يَهْزُل.

slime [slīm] *(n.; vt.; i.)* (١) وَحْل؛ طين (٢) مادّة لَزِجة أو غَرَوِيّة (٣) اللُّزاج: مادة مُخاطيّة تفرزها الأسماك والحلازين وبعض الأسماك (٤) قذارة § (٥) يُلوِّث بالوحل؛ يَكْسو بالطين (٦) يُنَزِّلج: ينزع المادة اللَّزجة من الأسماك عند تعليبها **x** (٧) يتوحَّل؛ يتلزّج.

slime mold *(n.)* = myxomycete.

slim–jim *(adj.; n.)* (١) شديدُ النُّحول § (٢) شخص شديد النُّحول.

slim·ming [slĭm'-] *(n.; adj.)* (١) تَنْحيف § (٢) مُنَحِّف <a ~ dress>.

slim·sy [slĭm'zĭ] *or* **slimp·sy** [slĭmp'-] *(adj.)* مُهَلْهَل؛ ضعيف النَّسج.

slim·y [slī'mĭ] *(adj.)* (١) مُوحِل؛ لَزِج؛ غَرَوِيّ (٢) قَذِر.

sling [slĭng] *(vt.; n.)* (١) يَقْذِف أو يرمي بقوّة (٢) يَخْذِف: يَقْذِف [الحجارة] بمِخْذَفة أو مقلاع (٣) «أ» يضع شيئًا في شبكة حبال [بُغْية رَفْعِهِ أو خفضِهِ]. «ب» يرفع أو يخفض بحبل رفع أو بشبكة حبال (٤) يعلّق؛ يُدَلّي <*slung* a rifle over his shoulder> § (٥) قَذْفٌ؛ خَذْفٌ (٦) «أ» المِخْذَفة؛ المِقلاع: أداة من جِلْد لقذف الحجارة باليد. «ب» المِرْجام؛ النَّقّافة: عود على شكل حرف Y تُشدّ إليه قطعة مطّاط لقذف الحَصَى (٧) المِعلاق: عِصابة مُدَلّاةٌ من

العنق لحَمْل الذراع (٨) حبل الرفع؛ شبكة الحبال [لرفع شيء أو خفضِهِ] (٩) السِّلِنْك: شراب مُسْكِر.

sling·shot [slĭngʹshŏtʹ] *(n.)* = sling *6b*.

slink [slĭngk] *(vi.; t.; n.; adj.)* (١) يَنْسَلّ خِلْسَةً x (٢) تُسْقِط: تضع البهيمة حَمْلَها سِقْطًا § (٣) «أ» السِّقْط: جنين الحيوان يُلْقَى قبل إبّانِهِ. «ب» لحم [أو جلد] عجلٍ جهيضٍ (٤) الضعيف الجسم أو الشخصيّة أو العَقل (ع) § (٥) جهيض <a ~ calf> (٦) نحيل؛ مهزول؛ أعجف (ع) (٧) تافِه (ع).

slink·y [slĭngʹkĭ] *(adj.)* (١) انسِلاليّ <~ movements> (٢) نحيل.

slip¹ [slĭp] *(vi.; t.; n.; adj.)* (١) «أ» ينزلق. «ب» ينساب. «ج» يَنْسَلّ. «د» ينقضي؛ يَمُرّ (٢) «أ» يغيب [عن الذاكرة إلخ]. «ب» يَنِدّ [أو يُلْفَظ على غير وعي] <Her name *~ped* from his lips.>. «ج» يفوت؛ يضيع <Don't let this opportunity ~.> (٣) يزِلّ؛ يخطئ (٤) «أ» يَزِلّ عن موضِعِهِ <The books *~ped* to the floor.> «ب» تزِلّ قدمُهُ. «ج» يتدفّق؛ يجري بسلاسة (٥) يلبس [أو يخلع] ثيابَه بسرعة (٦) «أ» تعتلّ صحتُهُ. «ب» يأفل نجمُهُ. «ج» يهبط؛ ينخفض <Sales will ~.> (٧) تنزلق [السيّارةُ أو الطائرة] جانبيًّا x (٨) يُزْلِق: «أ» يجعله ينزلق <She *~ped* back the bolt.>. «ب» يُفلت مِن (٩) يخلع؛ يَطْرح <The snake *~ped* its skin.> (١٠) يلبس أو يخلع [ثوبًا] بعجلة (١١) «أ» يُطلِق؛ يحرِّر. «ب» يفتح <to ~ a lock>. «ج» يَحُلّ؛ يَفُكّ <to ~ a knot>. «د» يُرْخي (١٢) يغيب [عن ذاكرته] (١٣) «أ» يضع أو يَدُسّ أو يُمِرّ خِلسةً <*~ped* the note into her hand>. «ب» يُعطي أو يدفَع خِلسةً أو سرًّا (١٤) slink *2* (١٥) يَخْلع <*~ped* her shoulder> (١٦) يتجنّب [ضربةً] بإبعاد جسمه أو رأسه إلى جانب § (١٧) المَزْلَق: سطحٌ مائل نحو الماء لإصلاح السفُن أو بنائها (١٨) انسلال؛ فرار (١٩) هفوة؛ زلّة (٢٠) «أ» انزلاق. «ب» حادث غير سعيد (٢١) هبوط؛ انخفاض <a ~ in prices> (٢٢) «أ» قميصٌ تحتيّ. «ب» كيسُ مخدّة (٢٣) الانزلاق الجانبيّ («سي» و«طي») § (٢٤) انزلاقيّ: عاملٌ بالانزلاق <a ~ bar>.

There is many a ~ between the cup and the lip إن بين الكأس والشَّفَة مزالِق كثيرة؛ إن عقبات قد تنشأ فتَحُوْل دون تنفيذ خُطّةٍ ما.

to ~ up يُخْطئ؛ يَغْلط.

to give someone the ~, يُفلِت منه.

to let ~ the dogs of war يبدأ الحربَ.

slip² *(n.; vt.)* (١) «أ» scion *1*. «ب» ابن؛ ولد (٢) قُصاصة ورق (٣) شخص نحيل صغير السِّن <a ~ of fourteen, just fresh from school> (٤) المُضَيَّق: مَقْعَد طويل ضيّق في كنيسة § (٥) يأخُذُ طُعْمًا [من نبتةٍ] (٦) يَقْسِم (٧) يكتب على قُصاصة.

slip·cov·er [slĭpʹ-] *(n.)* (١) الغطاء الانزلاقيّ: غطاء قُماشيّ واقٍ لأريكةٍ أو كرسيّ (٢) القميص: غلاف ورقيّ لكتاب مجلّد.

slipe [slīp] *(vt.)* (١) يقْشُر؛ يُقَشِّر (٢) يُشَرِّح: يُقطِّع إلى شرائح.

slip·knot [slĭpʹnŏtʹ] *(n.)* العُقْدَة المُنْزَلِقة.

slipknot

slip noose *(n.)* الأُنشوطَة المُنْزَلِقة: أُنشوطَة ذات عُقْدةٍ مُنْزَلِقة.

slip–on [slĭpʹŏnʹ] *(n.)* المُنْزَلِق؛ المُنْزَلِقة: كلُّ ما يُلْبَس أو يُخْلَع بسهولة ويُسْر. مثل: «أ» قُفّاز أو حذاء بلا أربطة. «ب» pullover.

slip·o·ver [slĭpʹōʹvər] *(n.)* = pullover.

slip·page [-ʹĭj] *(n.)* (١) مص slip (٢) التَّفويت أو نسبة التَّفويت (مك).

slipped disk *(n.)* الطَّبَق المُنْزَلِق؛ القُرْص المُنْزَلِق؛ «الدِّيسك».

slip·per [slĭpʹər] *(adj.; n.)* (١) slippery § (٢) خُفّ؛ شِبشِب.

slip·per·y [slĭpʹə rĭ] *(adj.)* (١) زَلِق <a ~ road> (٢) فرّار: نزّاع إلى الإفلات من اليد <a ~ fish> (٣) «أ» مُتَقَلْقِل؛ مُتَزَعزِع <a ~ position>. «ب» غامض <a ~ style> (٤) مُراوِغ؛ مُخادِع <~ maneuvers> (٥) خليع؛ فاسِق <~ looks of love>.

slip·py [slĭpʹĭ] *(adj.)* = slippery.

slip ring *(n.)* حَلْقة الانزلاق [في ماكينة] (كب).

slip road *(n.)* طريق جانبيّ.

slip sheet *(n.)* الورقة العازلة: ورقة توضع بين ورقتَيْن حديثَتَي الطبع لمنع تلوُّثهما بالحبر الطَّرِيّ (طع).

slip–sheet [-ʹshēt] *(vt.)* يَعْزِل: يَفْصِل بأوراق عازلة (را. المادة السابقة).

slip·shod [-ʹshŏdʹ] *(adj.)* (١) مُتخفِّف: مُنْتَعِلٌ خُفًّا (٢) رَثّ؛ بالٍ <~ shoes> (٣) «أ» مُهْمِل. «ب» غير دقيق. «ج» مُلَهْوَج: مُنْجَز بتعجّل وعدم إتقان.

slip·slop [-ʹslŏpʹ] *(n.; adj.)* (١) شراب أو حساء مَرِق (٢) لَغْو؛ هَذَر؛ هُراء § (٣) فارغ؛ تافه <talked ~ commonplaces with them>.

slip·sole [-ʹsōlʹ] *(n.)* الضَّبان: نعلٌ رقيق يُقْحَم في باطن الحذاء.

slip·stick [slĭpʹstĭkʹ] *(n.)* = slide rule.

slip stitch *(n.)* غُرزة التَّفويت: غُرزة مَخْفِيّة بين طبقتين من القماش.

slip·stream [slĭpʹstrēmʹ] *(n.)* الطَّرْح [أو الهواء] المُزاح (طي).

slip·up [slĭpʹŭpʹ] *(n.)* خطأ؛ غَلَط؛ هَفْوَة <*~s* in spelling>.

slit [slĭt] *(vt.; n.; adj.)* (١) يَقُدّ؛ يَشْرِم: يَشُقّ طُوليًّا أو بالطُّول (٢) يَقْطَع (٣) يُلَوِّز؛ يُضَيِّق: يجعله على شكل شَقّ طوليّ <*~ted* his eyes against the glare> § (٤) «أ» شَرْم؛ شَقٌّ طُوليّ <the ~ of a letter box>. «ب» كُوّة مُستطيلة § (٥) لَوْزِيّ: مستطيل وضيّق <~ eyes> (٦) مَقْدود؛ مَشْروم: مشقوق طُوليًّا <a ~ skirt>.

slit–eared [slĭtʹērdʹ] *(adj.)* أخْرَب: مَشقوق الأُذُن.

slit–eyed *(adj.)* أَحْوَص: صفة لمن ضاق مؤخّر عينه حتى كأنّها خِيطَت.

slith·er [slĭthʹər] *(vi.; t.; n.)* (١) يَنْزَلِق (٢) يَسْعى كالحيّة x (٣) يُزْلِق: يجعله ينزلق § (٤) انزلاق.

slith·er·y [slĭthʹə rĭ] *(adj.)* زَلِقٌ <~ mud>.

sliv·er [slĭvʹ-] *(n.; vt.; i.)* (١) شَظِيّة (٢) قُطَيْعة <a ~ of land> (٣) ذَرَّة (٤) خُصْلة؛ شِلّة [من صوف أو قطن] § (٥) يُشظّي x (٦) يَتَشَظّى.

sliv·o·vitz [slĭvʹə vĭts] *(n.)* السّليفوڤِتْس: مُسْكِرٌ مألوف في البلقان.

slob [slŏb] *(n.)* (١) «أ» السّاذج؛ الأخْرَق. «ب» الجِلف. «ج» القَذِر أو الزَّرِيّ المَلْبَس (٢) وَحْل (٣) جليد بحريّ.

slob·ber [-ʹər] *(vi.; t.; n.)* (١) يَرِيل: يسيلُ لُعابه (٢) يتكلم بطريقة عاطفيّة

جيّاشة أو غير مكبوحة x (٣) يلوّث باللُّعاب [أو بالطعام والشراب] السائلِ من الفم § (٤) الرِّيال: اللُّعاب السائل (٥) كلام أو عمل عاطفيّ [على نحوٍ متهافتٍ أو صبيانيّ].

— **slob·ber·y** *(adj.)*

to ~ over somebody يَبُثُّ صَبابَتَهُ: يُبدي حُبًّا أو إعجابًا مُفرطًا أو صبيانيًّا نحو شخص ما.

slob·by [slŏb′ĭ] *(adj.)* قَذِر.

sloe [slō] *(n.)* بُرْقوق السِّياج (را. blackthorn).

sloe–eyed [slō′īd′] *(adj.)* (١) داكنُ العَينين (٢) منحرِف العينين.

sloe gin *(n.)* جِنّ البُرقوق: جِنّ (را. gin[3]) مُنَكَّه ببُرقوق السّياج.

slog [slŏg] *(vt.; i.; n.)* (١) يَضْرِب بعنف (٢) يَشُقّ طريقه بصعوبة x (٣) يُخَوِّض [في الوَحْل أو الثلج] (٤) يَكْدَح § (٥) ضربة قويّة (٦) تخويض [في الوحل إلخ] (٧) تقدُّم بصعوبة (٨) كَدْح.

slo·gan [slō′gən] *(n.)* (١) نداء الحرب؛ صرخة الحرب (٢) شِعار.

slo·gan·eer [slō′gə nēr′] *(n.; vi.)* (١) الشِّعاريّ: واضعُ الشِّعارات أو مستخدِمُها § (٢) يُشَعِّر: يصوغ، أو يستخدم، شعارًا بفعّاليّة.

slo·gan·ize [slō gə nīz′] *(vt.)* يُشعِّر: يصوغ على شكل شِعار؛ يُعبِّر عنه على نحوٍ موجز أو جامع أو مُحْكَم.

sloop [slo͞op] *(n.)* السَّلُوْب: مَرْكَب شراعيّ وحيدُ الصاري.

sloop

slop[1] [slŏp] *(n.)* السُّلْب: «أ» ثوبٌ فضفاض. «ب» *pl.*: بنطلون فضفاض [في القرن ١٦]. «ج» *pl.*: ملابس رخيصة جاهزة. «د» ملابس وأدوات أخرى تباع للملّاحين.

slop[2] *(n.; vt.; i.)* (١) وَحْل مائع (٢) *pl.*: شراب أو حَساءٌ مَرِق (٣) الغُسالة: ماء قَذِر (٤) فَضَلات الطعام (٥) *pl.*: غائط § (٦) «أ» يُريق؛ يَدْلُق [من غير قصدٍ عادةً]. «ب» يُوَحِّل: يُلوِّث برَشاش وحل. «ج» يَدْلُق السوائل على <Beer drinkers kept ~*ping* the bar.> (٧) يسكب الطعام بخُرق أو ارتباك (٨) يأكل أو يشرب بنَهَم أو بصوت عالٍ (٩) يُقدِّم فضلاتِ الطعام إلى <to ~ the hogs> x (١٠) يَخُوض في الوحل (١١) يندلق من إناء.

to ~ over (١) يَدْلُق (٢) يَنْدلِق [من إناء] (٣) يتخطّى الحدَّ (٤) يُسْرِف في الانفعال أو الحماسة.

slop chute *(n.)* (١) أنبوب النُّفايات: أنبوب في مؤخَّر السَّفينة مُعَدّ لإلقاء النُّفايات (٢) حانة الجُنْد.

slope [slōp] *(adj.; vi.; t.; n.)* (١) مائل؛ مُنْحَدِر § (٢) يَتحدَّر: يجري في مُنْحَدَر (٣) يَميل؛ يَنحدِر (٤) ينصرف؛ يَرْحَل x (٥) يُميل؛ يُحَدِّر § (٦) مُنْحَدَر (٧) انحدار؛ تحدُّر (٨) المَيْل (ر).

slop·ing [slōp′ĭng] *(adj.)* مائل؛ مُنْحَدِر.

slop pail *(n.)* دَلْو النُّفايات: دَلْو توضع فيه نُفايات المنازل.

slop·py [slŏp′ĭ] *(adj.)* (١) «أ» مُوْحِل. «ب» مُتَّسِخ بالسوائل [المُراقة عليه]. «ج» قذِر. «د» مَرِق؛ رقيق؛ «سايط» <~ drinks> (٢) مُلَهْوَج: غير مُتْقَن (٣) مُفْرِط على نحو صِبيانيّ <~ sentiments>.

slop·sell·er [slŏp′sĕl′ər] *(n.)* بائع الملابس الرخيصة.

slop·shop [slŏp′shŏp′] *(n.)* دكان الملابس الرخيصة.

slop·work [slŏp′wûrk′] *(n.)* (١) صناعة الملابس الرخيصة (٢) المُلَهْوَج: عملٌ مُتعجَّل فيه؛ عملٌ غير مُتْقَن.

slosh [slŏsh] *(n.; vi.; t.)* (١) وَحْل؛ طين (٢) تَخويض [في الوَحْل أو الماء] (٣) المُرَقَّق: شراب رقيق أو مَرِقٌ (٤) لكمة (٥) مقدار ضئيل § (٦) يُخَوِّض [في الوحل أو الماء] (٧) يهيم على وجهه x (٨) يحرِّك شيئًا في سائل [تحريكًا عنيفًا] (٩) يَرُشّ؛ يَرُذّ (١٠) يَدْلُق.

sloshed [slŏsht] *(adj.)* ثمِل؛ مخمور.

slot[1] [slŏt] *(n.; vt.)* (١) الشَّقْب: شَقّ صغير ضيّق (٢) مجاز أو حَيِّز ضيّق (٣) مَوْقِع؛ مَركز [في منظّمةٍ أو قائمة أو برنامج] <the chairman's ~> (٤) slot machine § (٥) يَشْقُب: يُحدِث فيه شَقًّا صغيرًا ضيّقًا (٦) يُشَقِّب: يُقحم في شَقْب.

slot[2] *(n.)* أثر الحيوان. وبخاصة: أثر قوائم الأيِّل.

sloth [slōth; slŏth] *(n.)* (١) كَسَل (٢) الكَسْلان: حيوان ثدييّ من رتبة الدَّرداوات.

sloth 2.

sloth bear *(n.)* الدُّب الكَسْلان: دُبٌّ هنديّ طويلُ الخَطْم.

sloth bear

sloth·ful [slōth′fəl; slôth′-] *(adj.)* كَسْلان؛ كسِلٌ.

slot machine *(n.)* الماكينة الشَّقبيّة: ماكينة تعمل بإقحام قطعة نقدية في شَقْب (را. slot[1] *1*) بارزٍ فيها.

slot machine

slouch [slouch] *(n.; vi.; t.; adj.)* (١) شخص أخرق أو كسلان أو غير كُفْؤ (٢) مِشية أو جِلْسة أو وِقفة مترهّلة § (٣) يمشي أو يجلس أو يقف مترهّلًا (٤) يترهّل؛ يتدلّى x (٥) يُرَهِّل؛ يُدَلّي؛ يَخْفِض § (٦) مترهِّل؛ مُتَدلٍّ <~ ears>.

slouch hat *(n.)* القُبّعة المُتَرَهِّلة: قُبّعة عريضة الحافة مُسْتَرْخِيتُها.

slouch·y [slou′chĭ] *(adj.)* مُترهِّل [المِشْيةِ أو الجِلسة أو الوِقفة إلخ].

slough[1] [slou] *(n.; vt.; i.)* (١) حَمْأة؛ أرض مُوْحِلة؛ أُخدود مُوْحِل (٢) مُسْتَنْقَع (٣) يأس (٤) انحلال خُلُقيّ (٥) حَمأة الرذيلة إلخ § (٦) يَغْمر [بالوحل] (٧) يَسْجن x (٨) يخوِّض [في حَمْأة].

slough[2] *or* **sluff** [slŭf] *(n.; vi.; t.)* (١) السِّلْخ: «أ» جلد الحيّة المُنْسَلِخ عنها انسلاخًا طبيعيًّا. «ب» كتلة من أنسجة مَيْتة منفصلة من قَرْحة § (٢) «أ» ينسلخ. «ب» تَطرح [الأفعى] جلدها. «ج» ينفصل [النسيجُ الميت] عن نسيج حيّ (٣) ينهار x (٤) يطرح <to ~ dead tissue> (٥) ينبذ؛ يتخلص من.

to ~ over يَستخِفّ بِـ؛ يستهين بِـ.

slough of despond *(n.)* حَمْأة القُنوط: أقصى اليأس.

slough·y[1] [slou′ĭ] *(adj.)* مُوْحِل <a ~creek>.

slough·y[2] [slŭf′ĭ] *(adj.)* سِلْخيّ: خاصّ بِسِلخ (را. slough[2]) أو بِنَسيجٍ شبيه به.

Slo·vak [slō'văk] *(n.; adj.)* (١) السّلوڤاكي: أحد أبناء شعب سلافي مقيم في سلوڤاكيا (٢) اللغة السّلوڤاكيّة § (٣) سلوڤاكيّ.

Slo·va·ki·an [slō văk'ĭ ən] *(n.; adj.)* = Slovak *1; 3*.

slov·en [slŭv'ən] *(n.; adj.)* (١) القَذِر: مَنْ لا يُبالي بنظافة جسمه وملابسِهِ § (٢) قَذِرُ الجسم أو المَلْبس (٣) متخلّف؛ غير مُتطوِّر.

Slo·vene [slō vēn'] *(n.; adj.)* (١) السّلوڤيني: أحد أبناء شعب سلافيّ مقيم في سلوڤينيا (٢) اللغة السّلوڤينيّة § (٣) سلوڤينيّ.

slov·en·ly [slŭv'-] *(adj.; adv.)* (١) قَذِر الجسم أو المَلْبَس (٢) مُهمِل (٣) قذِر <~ dress> (٤) مُلَهْوَج: مُنْجَز بتعجُّل § (٥) على نحو قَذِر إلخ.

slow [slō] *(adj.; adv.; vt.; i.)* (١) «أ» غَبِيّ؛ مُتَبلِّد العقل. «ب» بليد (٢) مُتوانٍ (٣) بَطيء (٤) وانٍ <a ~ fire> (٥) تدريجيّ <a ~ change> (٦) مُبْطِئ؛ مُعَوِّق <a ~ track> (٧) متأخِّرة <a ~ clock> (٨) مُضجِر؛ مُمِلّ <a ~ party> (٩) راكد؛ كاسد <Business was ~.> § (١٠) بُطْء؛ بِتَمَهُّل § (١١) يُبطّئ؛ يُعَوِّق x (١٢) يُبْطئ؛ يتمهَّل.

slow·coach [-'kōch] *(n.)* شخص بطيء الحركة أو متبلِّد الذهن أو ذو أفكار بالية.

slow·down [slō'-] *(n.)* (١) إبطاء؛ بُطء (٢) التباطؤ: تباطؤ العمّال في أداء عملهم كوسيلة للحصول على مطالبهم (٣) ركود؛ كساد <a business ~>.

slow–foot·ed [slō'foot'ĭd] *(adj.)* بطيء جدًا.

slow·ish [-'ĭsh'] *(adj.)* بطيء قليلًا؛ بطيء بعضَ الشيء <a ~ reader>.

slow·ly [slō'lĭ] *(adv.)* ببُطء؛ بِتَمَهُّل.

slow match *(n.)* الثِّقاب الأذْعر: ثِقابٌ أو فتيلٌ للتفجير يشتعل ببطء شديد.

slow–motion [-'mō'shən] *(adj.)* بطيء: بطيء الحركة <a ~ dance>.

slow·poke [slō'pōk'] *(n.)* السُّلَحْفائيّ: شخص بطيء جدًا.

slow virus *(n.)* الڤيروس المتمهّل (ط).

slow–wit·ted [slō'wĭt'ĭd] *(adj.)* غبيّ؛ متبلِّد العقل.

slow·worm [slō'wûrm'] *(n.)* = blindworm.

sloyd [sloid] *(n.)* السَّلْوَدَة: طريقة سُوَيديّة لتدريب الأطفال على استعمال أيديهم بواسطة أشغال الخشب.

slub [slŭb] *(vt.)* يُسَحْتِل [سَحَبَ + فَتَلَ]: يَسْحَب ويفتِل قليلًا.

slub·ber [slŭb'ər] *(vt.)* (١) يُلَطِّخ (٢) يُلَهْوِج: يعمل بتعجُّل وعدم إتقان.

sludge [slŭj] *(n.)* (١) وَحْل (٢) الحَمَأ؛ الكُدارة: «أ» راسبٌ متخلِّف (ك). «ب» راسبٌ مُوْحِل في مِرْجَل.
— sludg·y *(adj.)*

slue[1] [sloo] *(n.; vt.; i.)* = slough[1].

slue[2]; **slue**[3] [sloo] = slew[3]; slew[4].

slug[1] [slŭg] *(n.; vt.)* (١) الكَسْلان: النَّزّاع إلى الكسل (٢) «أ» رصاصة [بُندقيّة]. «ب» قذيفة؛ قنبلة. «ج» كتلة مَعْدِنيّة. «د» قُرص الشُّقوب: قرص معدنيّ يُقحم في ماكينة شَقَبيّة slot machine. وبخاصة: قرص زائف يُسْتَخْدَم بطريقة غير شرعيّة بدلًا من قطعة نقد (٣) البَزّاقة العُرْيانة: بزّاقة نحيلة ليس لها صَدَفة (٤) اليرقانة الرِّخوية: يرقانة تَدِبّ مثل حيوان رِخويّ (٥) «أ» شخص أو حيوان بطيء. «ب» عَرَبة بطيئة (٦) جَرْعة من مُسْكِر (٧) الرَّقيقة: شريحة معدنية رقيقة تَفْصِل ما بين السّطور المُنَضَّدة (طع) (٨) المُلْحَم: سطر مسكوبٌ قطعة واحدة بماكينة لينوتيب (طع) (٩) السَّلَج: وحدة بريطانية للكتلة تعادل نحوًا من ٣٢,٢ باوندًا (مك) § (١٠) يفصل ما بين السّطور [برقائق معدنية].

slug[1] *3.*

slug[2] [slŭg] *(n.; vt.)* (١) ضربة قويّة. وبخاصة: لكمة § (٢) يَضرِب بعنف؛ يَلْكُم.

slug·a·bed [slŭg'ə bĕd'] *(n.)* النَّؤوم: من يُلازم فراشَهُ إلى ما بعد وقت الاستيقاظ المألوف أو المفروض. وتوسُّعًا: الكسْلان.

slug·fest [-'fĕst'] *(n.)* (١) مباراة عنيفة [في الملاكمة أو البيسبول] (٢) مُشادّة.

slug·gard [-'ərd] *(n.; adj.)* (١) الكَسْلان § (٢) أو **slug·gard·ly**: كَسِل.

slug·ger [slŭg'ər] *(n.)* الضَّرِب: ملاكم أو لاعب بيسبول شديد الضَّرَبات.

slug·gish [-'ĭsh] *(adj.)* (١) كَسْلان أو بليد (٢) بطيء أو راكد (٣) ضعيف.

sluice [sloos] *(n.; vt.; i.)* (١) السّدّ المُبَوَّب [للتحكُّم بمياه نهر أو قناة] (٢) بوّابة [للتحكُّم بتدفّق المياه] (٣) المياه المُحْتَجَزة [ببوّابة كهذه] (٤) الصِّمام: كلّ ما يضبط تدفُّق المياه إلخ (٥) المُصَوَّل: حوض لغسل الأتربة والرِّمال الحاملة للذهب § (٦) يُحرِّر مياه السّدّ [بفتح بوّابتِهِ] (٧) يَغْسِل بمياه مُتدفِّقة؛ يَسْكب الماء على (٨) يُصَوِّل: يغسِل الأتربة والرمال الحاملةَ للذهب في مُصَوَّل (٩) ينقل الأخشابَ [عَبْرَ قناة خاصّة] x (١٠) «أ» يَتَدفّق. «ب» يَنْهَمِر [المطرُ].

sluice·way [sloos'wā] *(n.)* قناة صُنعيّة [مُتحَكَّم في مياهها].

sluic·y [sloos'ĭ] *(adj.)* (١) مُتدفق (٢) منهمرٌ بغزارة.

slum [slŭm] *(n.; vi.)* (١) حيّ الفقراء: حيّ قذِر مُزْدحم بالسكّان الفقراء § (٢) يَتَصَعْلَك: يرود أحياء الفقراء.

slum·ber [slŭm'-] *(vi.; t.; n.)* (١) «أ» ينام نومًا خفيفًا. «ب» ينام (٢) يَهْجع [الشعبُ أو الضمير] x (٣) يقضي الوقتَ نائمًا [تتبعها *out* أو *away*] § (٤) «أ» نوم. «ب» نوم خفيف (٥) هُجوع؛ سُبات.

slum·ber·ous [slŭm'bər əs] *or* **slum·brous** [-'brəs] *(adj.)* (١) ناعس <~ eyes> (٢) باعث على النّوم (٣) هادئ؛ ساكن (٤) خامل؛ كَسِل.

slum·ber·y [slŭm'bər ĭ] *(adj.)* = slumberous.

slum·ism [slŭm'-] *(n.)* الخرائبيّة: كثرةُ الأحياء الفقيرة في مدينة ما.

slum·my [slŭm'ĭ] *(adj.)* قَذِر؛ حقير؛ مُذكِّرٌ بأحياء الفقراء <~ streets>.

slump [slŭmp] *(vi.; n.)* (١) ينهار؛ يَسْقط فجأة (٢) يمشي مُسْترخيًا أو مُتمهِّلًا (٣) يَهْبِط؛ ينخفض § (٤) هبوط أو سقوط [في الأسعار إلخ].

slump·fla·tion *(n.)* الرُّكود التَّضَخُّميّ: فترة ركود اقتصادي وتضخُّم ماليّ.

slung [slŭng] *past and past part. of* sling.

slung shot *(n.)* القاذوفة: كتلة معدِنية أو حجرية، مشدودة إلى سَيْر أو سلسلة، تُتَّخَذُ سلاحًا.

slunk [slŭngk] *past and past part. of* slink.

slur[1] [slûr] *(n.; vt.; i.)* (١) قَذْف؛ قَدْح؛ تشهير (٢) لطخة؛ وصمة عار

(٣) لطخة مطبعيّة § (٤) «أ» يلطِّخ؛ يُلوِّث. «ب» يَقْدَح؛ يَطعَن في. (٥) يَحْجُب؛ يُخفي x (٦) تزِلُّ [الورقة المُعَدّة للطبع] بحيث تتلطّخ.

slur[2] *(vt.; i.; n.)* (١) يُغفِل؛ يتغاضى عن؛ يمرّ به مَرًّا خاطفًا أو سطحيًّا (٢) يُلَهْوِج: يُنجز بتعجُّل وعدم إتقان (٣) يُغَنّي أو يَعْزِف [نغمتين مختلفتَي الطبقة] من غير توقُّف (٤) يُجَمْجِم: يلفظ الأصوات أو المقاطع والحروف بغير وضوح بحيث يتداخل بعضُها ببعض (٥) يَرْبِط: يَسِم أو يعلِّم برابطة موسيقية x (٦) ينزلق [على الثلج إلخ] (٧) يَدْلِف: يمشي متثاقلًا أو جارًّا قدمَيْه (٨) يخوِّض في الماء إلخ § (٩) الرابطة: علامة الرّبط الموسيقيّة (‿ أو ⁀) (١٠) تداخُلُ النَّغمات (مو) (١١) الجَمْجَمة: تلفُّظٌ يُعوزُهُ الوضوح.

slurp [slûrp] *(vt.; i.)* يَشْرُق: يأكل أو يشرب مُحْدِثًا صوتًا ماصًّا.

slur·ry [slûr'ĭ] *(n.)* الرَّدْغة: طين أو مِلاط رقيق القَوام.

slush [slŭsh] *(n.; vt.; i.)* (١) الثلج المائع: ثلج نصف ذائب (٢) slurry (٣) الوَدَك: نُفاية الشُّحوم يُطْهَى بها في السُّفن (٤) شَحْم [الماكينات] (٥) لُباب الورق [العالِقُ في الماء] (٦) نُفاية؛ حُثالة؛ هُراء (٧) مضمون عاطفيّ رخيص [في كتاب أو فيلم إلخ] § (٨) «أ» يُشَحِّم. «ب» يطلي وقايةً من الصَّدأ (٩) يُمَلِّط: يَحْشو أو يَكْسو بالمِلاط x (١٠) يخوِّض: يَشقّ طريقه في الوحل.

slush fund *(n.)* (١) حَصِيلة النُّفايات: مالٌ يُجْنَى من بيع النُّفايات ويُنْفَق في الترفيه عن ملّاحي السفينة (٢) مالُ الرُّشَى: مالٌ يُفْرَد لرشوة الموظفين إلخ.

slush·y [-'ĭ] *(adj.)* (١) مُوْحِل (٢) عاطفيّ؛ مبتذَل <~ novels>.

slut [slŭt] *(n.)* (١) امرأة قَذِرة (٢) امرأة فاسقة. وبخاصة بَغِيّ؛ مُومِس؛ بنت هوًى (٣) فتاة وَقِحة (٤) الكَلْبة: أنثى الكَلب.

slut·tish [-'ĭsh] *(adj.)* (١) قَذِر <~ servants> (٢) فاسق؛ داعر.

sly [slī] *(adj.)* (١) «أ» حكيم؛ بعيد النظر. «ب» بارع: دالّ على براعة <~ skill> (٢) «أ» ماكر <a ~ fox>. «ب» كتوم؛ متكتِّم. «ج» مُسْتَرَق؛ مُخْتَلَس <a ~ glance> (٣) خبيث <~ jests>.
on the ~, خِلْسَةً؛ سِرًّا.

sly·boots [slī'bo͞ots'] *(n.)* الماكِر: شخص ذو مَكْر.

sly·ly [slī'lĭ] *(adv.)* (١) بِمَكْر (٢) خِلْسَةً؛ سِرًّا (٣) بِخُبث.

slype [slīp] *(n.)* المَجاز الضيّق: مَجاز يَصِلُ ما بين جناح الكاتدرائية ومقرّ الكاهن المسؤول عنها.

smack[1] [smăk] *(n.; vi.)* (١) طَعْم؛ مَذاق؛ نَكهَة (٢) أثر؛ مقدار ضئيل § (٣) تكون فيه نَكْهَة كذا (٤) يُشْتَمّ منه كذا.

smack[2] *(vt.; i.; n.; adv.)* (١) يَتَمَطَّق؛ يتلمّظ (٢) يُقبِّل بقوّة (٣) يضرب أو يَصْفَع [مُحْدِثًا دَوِيًّا] (٤) يُعْمِل السَّوطَ [بحيث يُحدِث دويًّا] x (٥) يَرْتطِم بِـ § (٦) تَمَطُّق؛ تَلَمُّظ (٧) قُبلة قوية أو مدوّية (٨) ضربة أو صفعة عنيفة § (٩) مباشرةً (١٠) تمامًا؛ بالضبط.

smack[3] *(n.)* السُّنْبُوق؛ السَّمّاك: مَرْكَب صَيْد شراعيّ صغير.

smack–dab [smăk'dăb'] *(adv.)* تمامًا؛ بالضَّبط (ع).

smack·er *(n.)* (١) فا smack (٢) قُبلة مُدَوِّية (٣) ضربة عنيفة (٤) دولار أو جنيه استرليني (ع).

smack·ing [smăk'-] *(adj.)* (١) ناشط؛ قويّ (٢) «أ» ضخم. «ب» رائع.

small [smôl] *(adj.; adv.; n.)* (١) «أ» صغير. «ب» صغير: غير استهلاليّ <~ letters>. «ج» ضعيف الجسم (٢) فقير؛ ضئيل النفوذ؛ غير رفيع المنزلة <the ~ people> (٣) مُشَعْشَع؛ ضعيف: قليل الكحول أو خِلْوٌ منها <~ beer> (٤) خفيض <a ~ voice> (٥) قليل؛ ضئيل؛ زهيد؛ طفيف (٦) تافِه <a ~ fault> (٧) متواضع <lived in a ~ way> (٨) محدود (٩) وضيع؛ حقير (١٠) ذليل؛ مَخْزِيّ § (١١) قِطَعًا صغيرة <Cut it up ~.> (١٢) هَمْسًا (١٣) على نحوٍ صغير أو متواضع إلخ (١٤) بازدراء § (١٥) الشيء الصغير (١٦) المُسْتَدِقّ: الجزء الأصغر أو الأضيَق <the ~ of the back> (١٧) *pl.* الصَّغائر: سِلَعٌ أو مُنْتَجات صغيرة الحجم [كالمسامير والبراغي] <a good stock of ~s> (١٨) *pl.*: بنطلون قصير (١٩) *pl.*: ثياب تحتيّة. **— small·ness** *(n.)*

small·age [smô'lĭj] *(n.)* الكَرَفْس. وبخاصة: كَرَفْس برّيّ (نب).

small arms *(n. pl.)* الأسلحة الصغيرة [من مُسَدَّساتٍ وبنادق إلخ].

small beer *(n.)* (١) جِعة رديئة أو قليلة الكحول (٢) شيء تافه.

small capital *(n.)* الحرف الاستهلاليّ الصغير: حرف على صورة الحرف الاستهلاليّ capital letter ولكنه أصغر منه (طع).

small change *(n.)* (١) نُقود صغيرة (٢) شيء أو شخص تافه.

small·clothes *(n. pl.)* (١) بنطلون قصير ضيق (٢) ملابس تحتية.

small–fry [smôl'frī'] *(adj.)* (١) ثانويّ؛ غير ذي شأن <a ~ lawyer> (٢) أطفاليّ: ذو علاقة بالأطفال أو مُعَدّ لهم <~ sports>.

small game *(n.)* صغار الطَّرائد [كالأرانب والحمائم إلخ].

small hours *(n. pl.)* بواكير الصباح: ساعات الصَّباح الأولى.

small intestine *(n.)* المِعَى الدقيق (ت).

small·ish [smô'lĭsh] *(adj.)* صغير بعض الشيء.

small–mind·ed *(adj.)* (١) صغير العقل؛ ضيّق التفكير (٢) أنانيّ؛ وضيع.

smallmouth bass *(n.)* الفَرْخ [أو القاروس] الأسود: سمك نهريّ شماليّ أميركيّ.

small potato *(n.)* شيء أو شخص تافه.

small·pox [smôl'pŏks'] *(n.)* الجُدَريّ (مض).

small–scale *(adj.)* (١) محدود؛ ضيّق النِّطاق (٢) مُصَغَّرة <a ~ map>.

small screen *(n.)* الشاشة الصغيرة؛ التِّلفزيون.

small stores *(n. pl.)* السِّلَع الصغيرة: سِلَعٌ صغيرة كالتبغ والصّابون وبعض الثياب يبيعها موظف تموينٍ لرجال الأسطول.

small·sword [smôl'sōrd'] *(n.)* الشِّيش: سيف المبارَزة.

small talk *(n.)* اللَّغْو ؛ «الدَّرْدَشة» : محادثة حول شؤون تافهة .

small–time [-ˈtīmˈ] *(adj.)* تافه ؛ غير ذي شأن <a ~ politician> .

small–tim·er [smôlˈtīˈmər] *(n.)* شخص تافه .

small–town [smôlˈtounˈ] *(adj.)* قَرَويّ ؛ ريفيّ .

smalt [smôlt] *(n.)* الإسْمَلْت : صبغ أزرق يُتَّخذ خِضابًا للخزف إلخ .

smalt·ite [smôlˈtītˈ] *(n.)* الإسْملتيت : معدن ذو بريق .

smal·to [smälˈtō] *(n.)* pl. **-ti** [tēˈ] السَّمَلْت : زجاجٌ ملوّن [أو قطعةٌ منه] .

sma·ragd [smə răgdˈ] *(n.)* الزُّمُرّد (را . emerald) .

sma·rag·dine [smə răgˈdĭn] *(adj.)* زُمُرُّديّ .

smarm·y [smärˈmĭ] *(adj.)* متملّق ؛ مُتَزَلِّف ؛ مُداهِن .

smart [smärt] *(vi.; adj.; adv.; n.)* (١) يؤلم إيلامًا شديدًا (٢) يتألم ألمًا شديدًا (٣) يستشعر وخز الندم أو لَذْع الظلم (٤) يدفع الثمن ؛ يلقى العقابَ على § (٥) واخز ؛ لاذع (ا.ق) (٦) عنيف ؛ قاسٍ <a ~ blow; ~ punishment> (٧) سريع ؛ ناشط <a ~ pace> (٨) «أ» ذكيّ . «ب» ماكر . «ج» بارع (٩) وقح <a ~ answer> (١٠) أنيق (١١) ضخم ؛ غالٍ <a ~ price> (١٢) مُوَجَّه <~ bombs> (١٣) آليّ ؛ أوتوماتيكيّ <~ machines> § (١٤) بعنف ؛ بقسوة ؛ بسرعة ؛ ببراعة ؛ بأناقة § (١٥) ألمٌ شديد (١٦) حسرة ؛ لوعة (١٧) شخص متكلّف الأناقة (١٨) ذكاء ؛ براعة (ع) (١٩) مقدارٌ ضَخْم (ع) .

smart al·eck *or* **al·ec** [-ˈălˈĭk] *(n.)* المُدَّعي ؛ المغرور [إلى حدّ بغيض] .

smart card *(n.)* البطاقة الذكيّة (ألك) .

smart·en [smärˈtən] *(vt.; i.)* (١) يُؤَنِّق ؛ يُهَنْدِم (٢) يُسَرِّع ؛ ينشِّط **x** (٣) يتأنّق ؛ يَتَهَنْدَم (٤) يشتدّ ؛ يقوى ؛ يَنْشَط .

smart money *(n.)* جُعالة الجرحى : تعويض للجَرْحَى من الجند والعمال .

smart set *(n.)* المجتمع الأرستوقراطيّ .

smart·weed *(n.)* عصا الراعي اللاذعة (نب) .

smartweed

smart·y *or* **smart·ie** [smärˈtĭ] *(n.)* = smart aleck.

smarty–pants [smärˈtĭ păntsˈ] *(n.)* = smart aleck.

smash [smăsh] *(vt.; i.; n.; adv.; adj.)* (١) يُحَطِّم ؛ يُهَشِّم (٢) يقذِف بعنف (٣) يضرب بعُنْف <to ~ a stone> <~ *ed* him in the face> (٤) يَكْبِس ؛ يَضْغط على (٥) يُفَلِّس : يوقعُهُ في الإفلاس (٦) يَسحق ؛ يَمْحق **x** (٧) يندفع بعنف <Our car ~ *ed* into the shop window.> (٨) يُفْلِس (٩) يتحطَّم § (١٠) تحطُّم ؛ انهيار (١١) ضربة عنيفة (١٢) اصطدام عنيف (١٣) هجوم ساحق (١٤) إخفاق ؛ خَيْبة . وبخاصة : إفلاس (١٥) السَّماش : شراب مُسْكِر (١٦) نجاح رائع <a musical ~> § (١٧) على نحوٍ مُحَطِّم أو مُدَوٍّ <The stone went ~ through the window.> § (١٨) رائع ؛ استثنائي ؛ عظيم <a ~ success> .

smashed [smăsht] *(adj.)* ثمِل ؛ سكران ؛ مخمور (ع) .

smash·ing [-ˈĭng] *(adj.)* (١) ماحِق <a ~ defeat> (٢) باهر ؛ رائع .

smash–up [smăshˈŭpˈ] *(n.)* (١) انهيار تامّ (٢) تصادم سيارتين .

smat·ter [smătˈər] *(vt.; i.; n.)* (١) يتكلّم من غير إتقان (٢) يدرسُ نُتَفًا من ؛ يشتغل [في شأنٍ ما على سبيل الهواية] **x** (٣) يَلْغو ؛ يَهْذِر ؛ يُثرثر § (٤) الإلمام : معرفة سطحيّة <a ~ of Spanish> .

smat·ter·ing [smătˈ-] *(n.)* (١) الإلمام : معرفة سطحيّة (٢) قِلّة متناثرة .

smear [smēr] *(n.; vt.)* (١) مادّة دهنية لزجة (٢) لَطْخة (٣) اللُّطاخة ؛ المَسْحة : مادة تُمْسَح أو تُفْرَش على سطح ما [كَسَطْح شريحة مجهرية] (٤) التُّهمة الجُزافيّة : تُهمة غير مؤيَّدة بدليل § (٥) يَفْرُش [مادةً دُهنيةً على] (٦) يَدْهَن : يكسو بمادّة دُهنيّة <to ~ bread with butter> (٧) يُلَطِّخ ؛ يُلَوِّث (٨) يُشَوِّه [السُّمعةَ بضروب الاتهامات والافتراءات] (٩) يُحْبِط أو يَهْزِم (١٠) يَطْمِس : يمحو أو يُخفي معالمَ شيء .

smear·y [smērˈĭ] *(adj.)* (١) مُلَطَّخ ؛ مُلَوَّث (٢) مُلَطِّخ ؛ ملوِّث .

smell [směl] *(vt.; i.; n.)* (١) يَشُمّ (٢) يكتشف ؛ يَسْتَشِمّ ؛ يَشْتَمّ **x** (٣) تَفوح منه رائحة كذا <The plan ~*s* of trickery.> (٤) يكون أو يصبح كريه الرائحة <Her breath ~*s*.> § (٥) «أ» الشَّمّ . «ب» حاسّة الشَّمّ (٦) رائحة (٧) ذرّة <Add only a ~ of garlic.> .

smelling bottle *(n.)* زجاجة أملاح الشَّمّ .

smelling salts *(n. pl.)* أملاح الشَّمّ : مُسْتَحْضر عَطِر ، قوامه كربونات النُّشادر ، يُستنشَق ، بوصفِهِ مُنَبِّهًا ومُجدِّدًا للوعي .

smell·y [směl'ĭ] *(adj.)* ذو رائحة . وبخاصة : كريهُ الرائحة .

smelt[1] [smělt] *past and past part. of* smell.

smelt[2] *(n.)* الهِفّ ؛ الحَسّاس : سمك صغير فضّيّ البياض .

smelt[2]

smelt[3] *(vt.; i.)* (١) يَصْهَر (٢) يُنَقِّي [المعادنَ بالصَّهر] ؛ يُصَفِّي **x** (٣) يَنْصَهِر .

smelt·er [smělˈ-] *(n.)* (١) صاهر المعادن (٢) المَصْهَر : موضعٌ أو مؤسَّسة لصَهْر المعادن (٣) الصَّهّار : صاحب المَصْهَر أو العاملُ فيه .

smelt·er·y [smělˈtə rĭ] *(n.)* = smelter *2*.

smew [smyo͞o] *(n.)* البَلَقْشة البيضاء : ضرب من البطّ .

smid·gen *also* **smid·geon** [smĭjˈən] *(n.)* ذرّة ؛ كِسْرة ؛ مقدار ضئيل (عا) .

smi·lax [smīˈlăks] *(n.)* الفُشاغ ؛ الفُشّاغ : نبات معترش .

smile [smīl] *(vi.; t.; n.)* (١) يبتسم (٢) يَسْخر من (٣) يؤيّد ؛ يُقرّ **x** (٤) يُعبِّر عن شيء بالابتسام <to ~ approval> (٥) يُزيل بالابتسام <to ~ somebody's fears away> § (٦) «أ» ابتسام . «ب» ابتسامة .

smirch [smûrch] *(vt.; n.)* (١) يُلَطِّخ ؛ يُلَوِّث (٢) يَصِم ؛ يُخزي ؛ يُلطِّخ السُّمعة § (٣) لطخة (٤) وَصْمة عارٍ .

smirk [smûrk] *(vi.; n.)* (١) يتكلَّف الابتسام § (٢) ابتسامة متكلَّفة .

smite [smīt] *(vt.; i.)* (١) يَضْرِب بقوّة (٢) يَقتل أو يؤذي أذًى شديدًا (٣) يَطْرُق (٤) يعتري ؛ ينتاب (٥) يُصيب [بآفة أو بذعر شديد مفاجئ] (٦) يُؤنِّب (٧) يَفْتِن ؛ يَسْحَر **x** (٨) يُسَدِّد ضربةً إلى .

smith [smĭth] *(n.)* (١) «أ» المُشتغل بالمعادن [كالصّائغ] . «ب» الحدّاد (٢) الصانع <the ~ of his own fate> (٣) صانع كذا <gun*smith*> .

smith·er·eens [smĭthˈə rēnz] *(n. pl.)* كِسَر ؛ شظايا ؛ فُتات .

smith·er·y [smĭth′ə rĭ] *(n.)* (١) الحِدادة (٢) المَحْدَدة: دُكّان الحدّاد.

smith·son·ite [smĭth′sə nīt′] *(n.)* السِّمِثْسُونيت (مع).

smith·y [smĭth′ĭ] *(n.)* (١) المَحْدَدَة: دُكان الحدّاد (٢) الحدّاد.

smit·ten [smĭt′-] *(adj.)* (١) مضروب (٢) مُصابٌ أو مُبْتَلًى بـ (٣) مُتَيَّم (ع).

smock [smŏk] *(n.; vt.)* (١) السَّمَق: ثوب خارجيّ فضفاض يُرتدى لوقاية الملابس من الاتِّساخ <an artist's ~> § (٢) يُسَمِّق: «أ» يُزوِّد أو يكسو بِسَمَق. «ب» يُطرِّز أو يُدرِّز على شكل نخاريب قرص الشَّهد.

smock frock *(n.)* سَمَق العُمّال: سَمَق (را. smock) يرتديه العمال.

smock·ing [smŏk′-] *(n.)* التَّسميق: تطريز أو تدريز على شكل قرص الشَّهد.

smog [smŏg] *(n.)* الضَّبْخَن [ضباب + دُخان]: ضبابٌ خالطَهُ الدُّخانُ ولوَّثَهُ.

smog·gy [smŏg′ĭ] *(adj.)* ضَبْخَنِيّ: متميِّز بالضَّبْخَن أو حافلٌ به.

smok·a·ble *or* **smoke·a·ble** [smō′kə bəl] *(adj.)* صالحٌ للتّدخين.

smoke [smōk] *(n.; vi.; t.)* (١) دُخان (٢) شيء كالدُّخان، مثل: «أ» بُخار. «ب» ضباب رقيق (٣) شيء تافه (٤) «أ» *pl.*: تبغ. «ب» سيكارة. «ج» تدخين (٥) لون الدُّخان § (٦) يَدْخِن: ينبعث منه دُخان (٧) ينتشر أو يرتفع كالدُّخان **x** (٨) يُدَخِّن: «أ» يُطهِّر بالتعريض للدُّخان. «ب» يَطْرُد [البعوضَ] بالدُّخان. «ج» يُسَوِّد بالدُّخان. «د» يعالج [السمكَ أو اللحمَ] بالتعريض للدخان <~*d* salmon>. «هـ» يُحْرِق التبغَ متعاطيًا إيّاه (٩) يَسْخَر مِن.

to end up in ~, ينتهي إلى لا شيء؛ يُسْفِر عن لا شيء.

smoke bomb *(n.)* القنبلة الدُّخانية: قنبلة تُطلق سحابةَ دخانٍ كثيفة.

smoke·chas·er [smōk′chā′sər] *(n.)* مطارِد النيران: إطفائيّ الغابات.

smoke detector *(n.)* كاشفُ الدُّخان: جهاز يُنْذِر بوجود الدُّخان.

smoke–eat·er [smōk′ē′tər] *(n.)* إطفائيّ (ع).

smoke–filled room *(n.)* الحُجرة الدّاخنة: حُجرة في فندق ونحوِهِ يتفاوض فيها نفر من رجال السياسة.

smoke·house [smōk′hous′] *(n.)* المَدْخَن: مَبْنًى تعالج فيه اللحوم والأسماك من طريق تعريضها لدخانٍ كثيف.

smoke jumper *(n.)* مِظَلّيّ الحرائق: إطفائيّ غاباتٍ يهبط بالمِظلّة أو الباراشوت إلى المَواطن التي يَعْسُر بلوغُها بوسائل أخرى.

smoke·less [smōk′-] *(adj.)* لادُخانيّ: عديم الدُّخان؛ لا دُخانَ له.

smokeless powder *(n.)* البارود اللاّدُخانيّ: بارود بلا دخان.

smoke·proof [smōk′proof′] *(adj.)* صامدٌ للدُّخان. وبخاصة: مُصَمَّم بحيث لا يدخل عَبْرَهُ الدُّخان <~ doors *or* rooms>.

smok·er [smō′kər] *(n.)* (١) المُدَخِّن (٢) الحافلة الدّاخِنة: حافلة قطار، أو مقصورة في حافلة، يُسمح فيها بالتدخين (٣) حَلْقة التدخين: اجتماع غير رسميّ للرّجال يُدخِّنون فيه ويَلْهُوْن.

smoke screen *(n.)* السّاتِر الدُّخانيّ: «أ» ستارٌ من دُخان لحَجْب قُوّاتٍ أو منطقة إلخ عن أنظار العَدُوّ. «ب» كل ما يُقصَد به التَّعمِيَة أو التضليل.

smoke·stack [-′stăk′] *(n.)* مِدْخنة [وبخاصّة في مصنع أو باخرة].

smoking gun *(n.)* البَيِّنة الحاسمة [وبخاصةٍ على ارتكاب جريمةٍ ما].

smoking jacket *(n.)* سِترة التَّدخين: سترة يرتديها الرَّجل في المنزل.

smoking lamp *(n.)* مِصْباح التّدخين: مصباح من مصابيح السفينة يظلّ مُضاءً طوال السّاعات التي يُجاز فيها التّدخين.

smoking room *(n.)* حُجرة التدخين [في فندقٍ أو نادٍ إلخ].

smoking–room *(adj.)* بذيء؛ ماجن؛ إباحِيّ <a ~ story>.

smok·y [smō′kĭ] *(adj.)* (١) داخن: منبعث منه دخان كثيف (٢) دُخانيّ: متعلّق بالدخان أو شبيهٌ به (٣) أدخَن: «أ» ذو لون كلون الدُّخان. «ب» مُفْعَم بالدُّخان <a ~ kitchen>. «ج» مُسْوَدّ من الدُّخان (٤) مُولَعٌ بالتّدخين.

smol·der [smōl′-] *(n.; vi.)* (١) دُخان (٢) العُثان: نارٌ مُدَخِّنة من غير لهب § (٣) عَثَّنَتِ [النار]: دَخَّنت من غير لهب (٤) يحترق نهائيًا (٥) يَكْمُن؛ يَسْتَكِنّ؛ يعتمل في النفس (٦) يَنِمّ عن غضب أو حَسَد أو حِقد مكبوت.

smolt [smōlt] *(n.)* فَرْخ السَّلْمون [البالغ عمره سنتين تقريبًا].

smooch[1] [smo͞och] *(n.; vi.)* (١) قُبْلة § (٢) يُقبِّل؛ يعانق؛ يُلاطف.

smooch[2] *(vt.; n.)* (١) يُلَطِّخ § (٢) لَطْخة.

smooth [smo͞oth] *(adj.; vt.; i.; n.)* (١) أملس؛ ناعم؛ صقيل (٢) أجرد: خالٍ من الشَّعر أو النّتوء <~ skin> (٣) مُمَهَّد <~ highways> (٤) مُتَدَفِّق <a ~ stream> (٥) رفيق؛ سَلِس <Our car came to a ~ stop.> (٦) مُتَملِّق؛ مُداهِن <~ talk> (٧) «أ» هادئ <~ temper>. «ب» لطيف؛ مصقول الحاشية <a ~ talker> (٨) سَلِس؛ رَهْوٌ: خِلْو من الإزعاج أو العُسْر <~ sailing> (٩) سائغ [في السمع أو المذاق إلخ] § (١٠) «أ» يُملِّس. «ب» يَصْقُل (١١) يُهَدِّئ؛ يُسَكِّن (١٢) يُلَطِّف (١٣) يُمَهِّد **x** (١٤) يَمْلَس: يُصبح أملَسَ § (١٥) المَلَس: امتدادٌ أملس. وبخاصة: مَرْج (١٦) الأمْلَس: شيء أو جزء أمْلَس (١٧) تَمليس (١٨) مَلاسَة (١٩) المَلّاسة: أداة تمليس أو تمهيد.

smooth·bore [-′bōr′] *(adj.; n.)* مَلْساء الماسورة [صفة للبندقية].

smooth·en [smo͞o′thən] *(vt.; i.)* (١) يُمَلِّس **x** (٢) يَمْلَس.

smooth–faced *(adj.)* (١) حليق (٢) أملس؛ صقيل (٣) مُداهِن؛ مُتَملِّق.

smooth–spo·ken; smooth–tongued *(adj.)* (١) معسول اللسان (٢) مُتملِّق.

smooth·y *or* **smooth·ie** [smo͞o′thĭ′] *(n.)* (١) شخص معسول اللِّسان (٢) شخصٌ كَيِّس أو مصقول الحاشية (٣) الواثق من نفسه.

smor·gas·bord [smôr′gəs bōrd′] *(n.)* (١) المائدة الشَّطائرية: ضربٌ سُوَيدي من الغَداء أو العَشاء على الطريقة المَقْصَفِيّة (را. buffet[2]) تقدّم فيه ضروب شتّى من الأطعمة، كالمشهِّيات واللحوم والسمك المدخَّن والجبن والسّلطة (٢) خليط؛ مزيج.

smote [smōt] *past of* smite.

smoth·er [smŭth′ər] *(n.; vi.; t.)* (١) «أ» دخان كثيف خانق. «ب» خمود؛ همود (٢) smolder 2 (٣) سحابة غبار أو ضباب أو ثلج (٤) نِثار؛ خليط مشوَّش § (٥) يخنق [بالدُّخان] (٦) «أ» يُخمِد [نارًا]. «ب» يكتُم [سِرًّا]. «ج» يَتَستَّر [على فضيحة]. «د» يَكْبَحُ [غضبَهُ]. «هـ» يُغطّي؛ يكسو بكثافة. «و» يَهْزِم (٧) يطهو [بِقِدْر مُقْفَلَة وعلى نار خفيفة] x (٨) يختنق.

smoul·der [smōl′dər] *(n.; vi.)* = smolder.

smudge [smŭj] *(vt.; i.; n.)* (١) يُلَطِّخ؛ يُوَسِّخ (٢) يمحو؛ يَطْمِس [على نحوٍ مُلَطَّخ] (٣) يجعله ضبابيًا أو غير واضح (٤) يَمْلأ بالدُّخان [لطرد البعوض إلخ] (٥) يجعل النارَ داخنةً x (٦) يتلطَّخ <White shoes ~ easily.> § (٧) «أ» لَطْخة. «ب» تَلَطُّخ (٨) شيء ضبابيّ أو غير واضح (٩) دُخان خانق (١٠) نارٌ داخنة [وبخاصة لطَرْد البَعوض].

smud·gy [-′ĭ] *(adj.)* (١) مُلَطَّخ (٢) داخن (٣) ثقيل الوطأة <~ weather>.

smug [smŭg] *(adj.)* (١) أنيق (٢) نظيف (٣) مغرور؛ مُعْتَدّ بنفسه.

smug·gle [smŭg′əl] *(vt.; i.)* يُهَرِّب <to ~ opium into a country>.

smug·gler [smŭg′lər] *(n.)* المهرّب؛ مُهَرِّب البضائع.

smut [smŭt] *(n.; vt.; i.)* (١) السِّناج؛ السُّخام: دقائق من الكربون تتخلَّف من نقص في حريق الوقود (٢) السُّناج؛ السُّواد: داء فُطريّ يُصيب الحنطة فيُحيلها إلى كتلة ذَرورية سوداء (٣) كلام بذيء؛ نُكَت أو صُوَر ماجنة § (٤) يُسَنِّج؛ يُسَخِّم: «أ» يُلَوِّث بالسِّناج أو السُّخام. «ب» يُصيب بالسُّناج x (٥) يتسنَّج؛ يتسخَّم: «أ» يتلوّث بالسِّناج أو السُّخام. «ب» يصاب بالسُّناج.

smutch [smŭch] *(n.; vt.)* (١) لَطْخة § (٢) يُلَطِّخ.

smut·ty [smŭt′ĭ] *(adj.)* (١) قَذِر؛ مُسَخَّم؛ مُلَوَّث بالسُّخام (٢) مُسَنَّج: مصاب بالسُّناج (را. smut 2) (٣) إباحيّ (٤) بذيء (٥) قاتم أو أسود.

snack [snăk] *(n.; vi.)* (١) التَّصبيرة: وجبة طعام خفيفة أو سريعة يتناولها المرء بين وجبتين رئيسيتين § (٢) يَتَصَبَّر: يتناول وجبة كهذه.

snack bar *(n.)* مَطْعم التَّصابير؛ المطعم الخفيف: مطعم للوجبات الخفيفة.

snack table *(n.)* المائدة الخفيفة: طاولة صغيرة خفيفة يوضع عليها الطعام أو الشراب لشخص واحد.

snack table

snaf·fle [snăf′əl] *(n.; vt.)* (١) الشَّكيمة: حديدة اللِّجام المعترِضةُ في فم الفرس § (٢) يَشْكُم (٣) يختلس (ع) (٤) يعتقل (ع).

snaffle *1.*

sna·fu [snă′fōō′] *(n.; vt.)* (١) اختلاط؛ «لخبطة» § (٢) «يُلَخْبِط»: يُفْسِد نظامَ شيء.

snag [snăg] *(n.; vt.)* (١) الجِذْل: «أ» بقيّة الغُصن المقطوع. «ب» غُصن أو جِذْع شجرة في قاع نهر [يُشكِّل خطرًا على الملاحة] (٢) شجرةٌ مَيْتة مُنتصِبة (٣) «أ» نتوء. «ب» سِنّ ناتئة (٤) الخبيئة: عَقَبة خَفِيّة أو غير مُتَوقَّعة (٥) مَزْق؛ مَزْقة (٦) كِسرة؛ قطعة § (٧) ينزع الأغصان [مُخَلِّفًا أجذالًا] (٨) يَصطدم بغُصنٍ أو جذع شجرة تحت الماء (٩) يَجْعله يَعْلَق [بالأسلاك الشائكة] (١٠) يَعُوق (١١) يُحَرِّر [نهرًا إلخ] من الأغصان إلخ (١٢) ينتزع؛ يختطف.

snag·gle·tooth [snăg′-] *(n.)* سنّ ناتئة أو مكسورة.

snag·gy [snăg′ĭ] *(adj.)* (١) كثير النُّتوءات أو حادّها (٢) زاخر بالعقبات التي تعوق الملاحة <a ~ river> (٣) ناتئ.

snail [snāl] *(n.)* (١) القَوْقَعُ؛ الحَلَزون؛ البَزّاقة (٢) البطيء؛ الكسلان.

snail *1.*

snail mail *(n.)* البريد البطيء [تمييزًا له عن البريد الألكتروني].

snail–paced [-′pāst′] *(adj.)* بطِيء الخَطْو؛ متحرّك ببطء شديد.

snake [snāk] *(n.; vt.; i.)* (١) أفعى؛ حيَّة؛ ثُعبان (٢) شخص تافِهٌ أو غادِر § (٣) يَشُقّ طريقَهُ مُتَلَوِّيًا [على نحوِ ثعبانيّ] (٤) يَجُرّ؛ يَسْحب؛ يُجَرْجر x (٥) يتقدَّم أو يزحف خِلْسةً أو على نحوٍ مُلْتوٍ.

snake·bird [-′bûrd′] *(n.)* الزُّقّة؛ الطائر الأفعوانيّ (را. darter 2).

snakebird

snake·bite [-′bīt′] *(n.)* لَدْغَة الأفعى. وبخاصة: لَدْغة الأفعى السّامة.

snake charmer *(n.)* الحاوي: مُلاعِبُ الأفاعي السّامة.

snake doctor *(n.)* (١) dragonfly (٢) dobson.

snake in the grass *(n.)* (١) عَدُوّ مُسْتَتِر [يتظاهر بالصداقة] (٢) خَطَرٌ غير مُتَوَقَّع.

snake·mouth [snāk′-] *(n.)* فم الأفعى: نبتة شمالأميركية ذات زهر قَرَنْفُليّ شبيه بفم الحيّة المفتوح (نب).

snake pit *(n.)* (١) مستشفى المجاذيب (٢) حالة اختلاط وفوضى.

snake·skin [snāk′skĭn] *(n.)* جلد الأفعى؛ جلد الثُّعبان.

snak·y *also* **snak·ey** [snā′kĭ] *(adj.)* (١) أفعوانيّ؛ ثُعبانيّ (٢) مُتَلوٍّ؛ مُتَمعِّج؛ كالأفعُوان (٣) سامّ؛ غادر إلخ (٤) حافل بالأفاعي.

snap [snăp] *(vi.; t.; n.; adv.; adj.)* (١) يَعَضّ؛ يُطبق فكَّيْه فجأةً على (٢) يتلقَّف (٣) ينتهز [فرصةً] (٤) ينطق بكلماتٍ لاذعة؛ يردّ بحدّة أو نَزَق (٥) ينقصِف؛ ينقصِم: ينقطع فجأةً مُحدِثًا صوتًا حادًّا (٦) ينهار (٧) يُفَرْقع؛ يُطَقْطِق <Wood ~s as it burns.> (٨) ينغلق بحركة مفاجئة <The lid ~ped down.> (٩) ينتصب بخفّة ورشاقة x (١٠) يَنْهَش؛ ينتزع؛ يختطف (١١) يقتني (١٢) يُفيد من (١٣) يَسْرِق (١٤) يخاطب أو يُقاطع شخصًا بسرعة وحدّة (١٥) يقول بسرعة وحِدّة (١٦) يَقْصِف؛ يَقْصِم؛ يَكسِر (١٧) يُفَرْقع: يجعله يُطَقْطق <She ~ped her fingers.> (١٨) «أ» يُدير بحركة مفاجئة أو بصوتٍ حادّ <He ~ped the lock shut.>. «ب» ينزع بمثل هذه الحركة أو الصوت <She ~ped the top from the bottle.> (١٩) يَنْقُف: يقذف بأطراف الأصابع (٢٠) يُؤدّي من غير استعدادٍ (٢١) يُطلق النّارَ على عَجَل [من غير تسديد مُرَوًّأ فيه] (٢٢) يأخذ لقطةً [فوتوغرافية] § (٢٣) عضّ؛ إطباق [للفكّين]. وبخاصة: نَهْش (٢٤) «أ» فرصة لكسب المال بيُسْر أو سُرْعة. وبخاصة: منصب يعود على صاحبه بدخل حَسَن من غير جهد كبير. «ب» شيء سهل (٢٥) مقدار ذرّة (٢٦) «أ» نَزْع؛ انتزاع. «ب» حركة سريعة خاطفة. «ج» انقصاف إلخ مفاجئ حادّ (٢٧) «أ» فرقعة؛ طقطقة. «ب» كلام أو جواب موجز حادّ (٢٨) فترة مفاجئة وقصيرة من الطقس الرديء <a cold ~> (٢٩) إبزيم (٣٠) بسكويتة رقيقة هشّة (٣١) لقطة [فوتوغرافيّة]

(٣٢) نشاط؛ خفّة ‎<She moved with ~.>‎ § (٣٣) «أ» بحركة خاطفة أو صوت حادّ. «ب» بعنف أو على نحو مفاجئ. «ج» بنشاط أو خفّة § (٣٤) مفاجئ؛ سريع؛ خاطف ‎<a ~ judgment>‎ (٣٥) مأخوذ من غير إشعار سابق ‎<~ votes>‎ (٣٦) هيّن جدًّا ‎<a ~ course>‎ (٣٧) مَطْقطِق ‎<a ~ lock>‎.

to ~ a person's head (*or* nose) off — يخاطبه بجلافة أو نزق.

to ~ one's fingers at — يعامله بازدراء أو لامبالاة.

to ~ out of it — يغيّر موقفهُ أو عاداتِهِ إلخ فجأةً.

to ~ up — (١) يَشْتري بسرعة (٢) يقاطع المتحدِّث بِغِلظة.

snap bean *(n.)* الفاصوليا؛ اللّوبياء (نب).

snap–brim [-ʹbrĭm′] *(n.)* السّنَبْريم: قبعة من لبّاد مرفوعةُ الحافة الخلفيّة مخفوضةُ الحافة الأمامية.

snap·drag·on [-ʹdrăg′ən] *(n.)* السَّمَكة؛ أنفُ العِجل؛ زهرة الخَطْم: نبات ذو زهر كِيسيّ مزدوج الشّفة.

snap–on [-ʹŏn′] *(adj.)* مُبَرَّم: مُزَوَّد بإبزيم أو أبازيم ‎<~ cuffs>‎.

snap·per [snăp′ər] *(n.)* (١) فا snap (٢) snapping turtle (٣) click beetle (٤) النَّهّاش: سمك بحريّ ضخم ضارٍ.

snapper–back *(n.)* الأوسط: لاعب كرة قدم موقعُه وسطٌ بين أفراد فريقِهِ.

snapping beetle *(n.)* = click beetle.

snapping turtle *(n.)* السُّلَحْفاة النَّهّاشة: سُلحفاة نهرية ضخمة ذات فكّين قويّين تُطبق بهما بضراوة بالغة على فريستها.

snap·pish [snăpʹ-] *(adj.)* (١) نزق؛ سريع الغَضَب (٢) فظّ؛ جِلْف ‎<a ~ answer>‎ (٣) نهّاش؛ عَضّاض ‎<a ~ dog>‎.

snap·py [-ĭ] *(adj.)* (١) snappish (٢) مفاجئ؛ سريع؛ خاطف (٣) مُفعَم بالحيوية ‎<~ conversation>‎ (٤) بارد على نحوٍ مُنعِش ‎<~ weather>‎ (٥) أنيق ‎<~ clothes>‎ (٦) مُطَقْطِق؛ مُفَرْقِع ‎<a ~ sound>‎.

snap·shoot [-ʹshōōt′] *(vt.)* يأخذ لقطةً [فوتوغرافية خاطفةً].

snap shot *(n.)* الطَّلْقة الخاطفة [تُوَجَّه من غير تسديد مُرَوًّا فيه].

snap·shot [-ʹshŏt′] *(n.)* (١) لَقطة خاطفة (٢) انطباع عن شيء عابرٍ.

snare [snâr] *(n.; vt.)* (١) فخّ؛ أُحبولة؛ شَرَك (٢) السِّنار: أداة جراحية تُستأصَل بها اللّوزتان (ط) § (٣) يَحْتبل؛ يصيدُ بِشَرَكٍ؛ يُوْقع في شَرَك (٤) يَحْصُل على [شيءٍ بالدّهاء] (٥) يُغوي؛ يستهوي.

snare drum *(n.)* الطَّبْلة المُطَوَّقة: طبل صغير مطوّق بحبال أو أوتار.

snare drum

snarl[1] [snärl] *(n.; vt.; i)* (١) عُقدة (٢) تشابُك [الخيوط أو الشَّعر أو الخطوط إلخ] (٣) تَعَقُّد؛ تشابُك؛ فوضى؛ تَعَرْقُل ‎<a traffic ~>‎ (٤) جمهرة؛ حَشْدٌ مختلِط § (٥) يُشابِك: يجعل الخيوط إلخ تتشابك أو تتعقّد (٦) يُعَقِّد تعقيدًا شديدًا (٧) يُربِك؛ يُشَوِّش x (٨) يتشابك؛ يتعقّد؛ يَتَعَرْقل.

snarl[2] *(vi.; t.; n.)* (١) يُزَمْجِر [مكشِّرًا عن أنيابه] (٢) يتكلم بغضب شديد x (٣) يقول شيئًا أو يعبِّر عنه بزمجرة § (٤) زَمجَرَة.

snarl·y [-ʹĭ] *(adj.)* (١) متشابك؛ مُتعقّد ‎<~ yarn>‎ (٢) غاضب؛ نَزِق.

snatch [snăch] *(vi.; t.; n.)* (١) يحاول الإمساك بشيء فجأة ‎<to ~ at a rope>‎ x (٢) «أ» ينتزع؛ يختطف. «ب» ينزع؛ يخلع ‎<~*ed* off his hat>‎. «ج» ينتهز [فرصة]. «د» يَسْتلِب [قبلة] § (٣) «أ» مص snatch. «ب» اختطاف [فتاةٍ إلخ] (٤) فترة قصيرة ‎<had a ~ of sleep>‎ (٥) نُتْفَة [والجمع نُتَف] (٦) رَفْع الخَطف (رب).

snatch block *(n.)* البَكرة المقطوعة: بَكرة حبال ذات فتحة جانبيّة.

snatch·y [-ʹĭ] *(adj.)* متقطِّع؛ غير مُطَّرِد ‎<~ reading; a ~ conversation>‎.

snath [snăth] *or* **snathe** [snāth] *(n.)* مَقْبِض المِنْجَل.

snaz·zy [snăzʹĭ] *(adj.)* (١) أنيق ‎<a ~ suit>‎ (٢) جميل؛ رائع (٣) ساحر: فاتن.

sneak [snēk] *(vi.; t.; n.; adj.)* (١) «أ» يَنْسلّ. «ب» يتسلل (٢) يَجْبُن (٣) يتصرَّف على نحوٍ باعث على الازدراء (٤) ينمّ [الطالب] على زملائه: يُبلغ المدرِّسَ أخطاءهم ومخالفاتهم x (٥) يختلس [نظرةً] (٦) يسرق (ع) § (٧) «أ» المتسلّل؛ وبخاصة: اللّصّ المتسلّل (را. sneak thief). «ب» الجبان. «ج» النَّمّام (٨) «أ» انسلال؛ تسلّل. «ب» فرار (٩) .pl: حذاء خفيف [من قماش غليظ ونعلٍ مطاطيّ] § (١٠) سِرّيّ ‎<in a ~ way>‎ (١١) مفاجئ؛ غادر ‎<a ~ attack>‎.

sneak·er [snēʹkər] *(n.)* (١) فا sneak (٢) .pl عد: sneak 9.

sneak·i·ness [snēkʹĭ nəs] *(n.)* جُبْن؛ حقارة؛ ضَعَة.

sneak·ing [snēʹ-] *(adj.)* (١) حقير؛ جدير بالازدراء (٢) خفيّ؛ سِرّيّ (٣) مكتوم: غير مُفْصَح عنه وكأنه شيء يُخْجَل منه ‎<a ~ sympathy for the thief>‎ (٤) ظنّيّ: لا يعدو أن يكون مجرَّد ظنّ؛ غير مؤيَّد بدليل ولكنه قد يكون صحيحًا ‎<a ~ feeling>‎ (٥) متواصل؛ مُلِحّ ‎<a ~ suspicion>‎.

sneak preview *(n.)* العَرْض المُسَبَّق: عرض مُسبَّق، ومحدود، لشريط سينمائيّ، بُغية استطلاع رأي النَّظّارة فيه.

sneak thief *(n.)* اللّص المُتَسلِّل: لصّ يدخل البيوتَ من أبوابها المُشْرَعة ابتغاء سرقتها.

sneak·y [snēʹkĭ] *(adj.)* (١) جبان؛ حقير؛ وضيع (٢) سِرّيّ (٣) مُخادع.

sneap [snēp] *(vt.)* يُقَرِّع؛ يُعَنِّف؛ يُوَبِّخ (عب).

sneck [snĕk] *(n.)* المِزْلاج؛ سَقّاطة الباب (ع).

sneer [snēr] *(vi.; t.; n.)* (١) يَسْخَر من؛ يهزأ بِـ (٢) يَنْخِر: يُصوِّت بخياشيمه (عب) (٣) يُحدث صوتًا كالنخير x (٤) يلفظ بسخرية وازدراء ‎<~*ed* a reply>‎ § (٥) سُخرية؛ هزء (٦) قول ساخر؛ ملاحظة ساخرة.

sneesh [snēsh] *(n.)* السَّعُوط (را. snuff[3] *1*).

sneeze [snēz] *(vi.; t.; n.)* (١) يَعْطُس x (٢) يعتقل (ع) § (٣) «أ» عُطاس؛

ă at; ā date; â care; ä car; ĕ egg; ē me; ĭ in; ī bite; ŏ lot; ō bone; ô orphan; oi boil; o͝o good; o͞o boot; ou out; ŭ under; û urgent; ə = *a* in alone, *e* in system, *i* in easily, *o* in gallop, *u* in circus.

عَطس . «ب» عَطْسة (٤) اعتقال (ع) .

not to be ~*d* at لا يُستَهان به ؛ جدير بالاعتبار (ع) .

to ~ at يزدري ؛ يستهين بـ (ع) .

sneeze·weed [snēz′wēd′] *(n.)* (١) حشيشة العُطاس : عُشْبة شمالأميركية يُزعَم أن رائحتها تُسَبِّب العُطاس (٢) sneezewort .

sneeze·wort [-′wûrt′] *(n.)* السَّعوط ؛ عودُ العُطاس .

sneez·y [snē′zĭ] *(adj.)* (١) عَطوس : كثير العُطاس (٢) مُعَطِّس : مُسَبِّب للعُطاس .

snell [snĕl] *(adj.; n.)* (١) سريع (٢) حادّ الذكاء (٣) قارس (٤) قاسٍ § (٥) الوُتَيْر : وتر قصير يُشَدّ به الشِّصّ إلى خيط أطول .

snick[1] [snĭk] *(vt.; i.; n.)* (١) يَحُزّ (٢) يَخْدِش : يجرح جَرحًا طفيفًا (٣) يضرب بعنف (٤) يضرب [كرةَ الكريكيت] ضربةً خفيفة § (٥) حَزّ (٦) خَدْش .

snick[2] *(vt.; i.; n.)* (١) يُقَلقِل : يَضَع أو يُحرِّك شيئًا بحيث يُحدث قرقعةً أو طقطقة x (٢) يُقرقع ؛ يُطقطق § (٣) قَرقعة ؛ طَقْطقة .

snick·er [-′ər] *(vi.; t.; n.)* (١) يُهْلِس : يَضحك ضَحِكًا نصف مكبوت x (٢) يقول مُهْلِسًا § (٣) الهَلْسَة : ضِحْكةٌ نصفُ مكبوتة .

snick·er·snee [snĭk′ər snē′] *(n.)* (١) مُدْية كبيرة (٢) سيف .

snide [snīd] *(adj.)* (١) «أ» زائف ؛ مغشوش <~ oils> . «ب» مخادع ؛ غير أمين <~ merchants> (٢) وضيع ؛ حقير <a ~ job> (٣) دَسِّيّ ؛ تعريضيّ : مقصود به الدَّسُّ أو التعريض <~ remarks> .

sniff [snĭf] *(vi.; t.; n.)* (١) يتنشَّق (٢) يزدري ؛ يحتقر x (٣) يَشُمّ (٤) يقول بازدراء (٥) يَسْتَشِمّ : يكتشف بالشَّمّ أو بمثل الشَّمّ <to ~ danger> § (٦) تَنَشُّق (٧) نَشْقَة ؛ نَفَس (٨) رائحة .

sniff·i·ly [snĭf′ə lĭ] *(adv.)* بتشامخ ؛ بِتكبُّر ؛ بازدراء .

sniff·ish [snĭf′ĭsh] *(adj.)* مُتشامخ ؛ مُتكبِّر ؛ مُزْدَرٍ .

snif·fle [snĭf′əl] *(vi.; n.)* (١) يَشْهَق ؛ يَنْشَق تكرارًا [مَنْعًا لسَيَلان المخاط أو كبتًا لانفعالات باكية] (٢) يتكلَّم شاهقًا بتكرار § (٣) شَهْق ؛ نَشْق (٤) *pl.*: زُكام [مصحوبٌ بسائل مُخاطيّ] .

sniff·y [snĭf′ĭ] *(adj.)* (١) متشامخ ؛ مُتَكبِّر ؛ مُزْدرٍ (٢) مُنْتِن .

snif·ter [snĭf′tər] *(n.)* (١) جَرْعة [من شراب مُسْكِر] (٢) كأس [خمرٍ] .

snig·ger [snĭg′ər] *(vi.; t.; n.)* = snicker.

snig·gle [snĭg′əl] *(vi.; t.)* يَصيدُ الأنقَليس .

snip [snĭp] *(vt.; i.; n.)* (١) يَقُصّ [بضربة أو ضربات سريعة من مِقصّ] § (٢) قَصّ ؛ قَصّة (٣) «أ» قُصاصة . «ب» قطعة صغيرة (٤) بياض [على جسم الفَرَس] (٥) شخص تافهٌ أو وقح (٦) *pl.*: مِقراض صغير (٧) خيّاط .

snipe [snīp] *(n.; vi.)* (١) الشُّنْقُب ، الجُهْلول ؛ الشُّكُب ؛ البَكاسين : طائر ذو مِنقار طويل (٢) شخص حقير (٣) طَلْقةٌ [من مكان خَفِيّ] § (٤) يَصْطاد الشُّنقُب (٥) يتقنّص : يتصيَّد جنود العدوّ واحدًا إثر واحد (٦) ينتقد ؛ يُعَرِّض بـ .

snipe *1.*

snip·er [snī′-] *(n.)* القَنّاص : من يتصيَّد الأفراد من مكان خفيّ .

snip·per·snap·per [snĭp′ər snăp′-] *(n.)* شخص صغير تافهٌ أو مُدَّعٍ .

snip·pet [-′ĭt] *(n.)* (١) نُتْفة (٢) الشّاهد : جملة أو فقرة مقتبسة يُستشهد بها .

snip·pet·y [snĭp′ĭt ĭ] *(adj.)* (١) صغير جدًا (٢) مؤلَّف من نُتَف أو شواهد (٣) snippy <a rather ~ anthology> .

snip·py [snĭp′ĭ] *(adj.)* (١) نَزِق ؛ سريع الغضب (٢) جافٍ ؛ مقتضَب على نحو فظّ (٣) متشامخ ؛ متكبِّر .

snit [snĭt] *(n.)* اضطراب ؛ اهتياج ؛ غَلَيان .

snitch [snĭch] *(n.; vi.; t.)* (١) الواشي ؛ النَّمّام (٢) أنف (ع) § (٣) يشي بـ ؛ يَنِمّ أو يُبلِّغ عن x (٤) يأخذ خِلْسةً ؛ يَسْرق بمقادير صغيرة .

sniv·el [snĭv′-] *(vi.; t.; n.)* (١) يسيل أنفُهُ (٢) يَشْرَق المُخاطَ بصوتٍ (٣) يتباكى (٤) يَنْتحِب § (٥) *pl.*: زُكام (٦) مص snivel .

snob [snŏb] *(n.)* (١) الإسكاف (بر) (٢) النَّفّاج : «أ» المقلِّد لمن يعتبرهم أرقى منه ، أو المعجب بهم بتملّق ، أو الساعي إلى صُحبتهم . «ب» المُتَكبِّر على من يعتبرهم أدنى منه . «ج» المقتنع ، وبخاصة من غير مسوِّغ ، بتفوّق معرفته أو ذوقه في حقل من الحقول .

snob appeal *(n.)* نداء النَّفْج : صفاتٌ في السِّلعة ، كارتفاع الثّمن أو النُّدرة أو المَنْشأ الأجنبيّ ، تروق للنَّفّاجين (را . snob *2*) وتغريهم بالشراء .

snob·ber·y [snŏb′-] *(n.)* التَّنَفُّجيّة : سلوك النَّفّاجين (را . snob *2*) .

snob·bish [snŏb′-] *(adj.)* (١) تنفُّجيّ (٢) مُتَنفِّج : مُتَّسِم بصفات النَّفّاجين .

snob·bish·ness; snob·bism [snŏb′-] *(n.)* = snobbery.

snob·by [snŏb′ĭ] *(adj.)* = snobbish.

Sno–Cat [snō′-] *(n.)* السَّنوْكَت : مركبة مُعَدّة للارتحال على الثلج .

snol·ly·gos·ter [snŏl′ĭ gŏs′-] *(n.)* الدَّجّال : شخص بلا مبادئ ولكنه ذكيّ .

snood [snōōd] *(n.; vt.)* (١) السُّنْد ؛ سَنَدُ الشَّعْر : عصابة لشَعْر المرأة (إسك) (٢) الوُتَيْر : وتر قصير يُشَدُّ به الشِّصّ إلى خيط أطول § (٣) يُسنِّد : يَحْصُر الشعر بسُنْد (٤) يُوَتِّر : يَشُدُّ الشِّصَّ بوتر قصير .

snood *1.*

snook [snōōk] *(n.)* السُّنوكة : سمك ضخمٌ من أسماك البحار الدّافئة .

snook·er[1] [snōōk′-] *(n.)* الإسْنوكَر : ضرب من بليارد الجيب .

snook·er[2] *(vt.)* (١) يَهْزِم (٢) يُحْبِط (٣) يَخْدع [بمظهره الكاذب] .

snoop [snōōp] *or* **snoop·er** *(n.)* مُسْتطلِع الأخبار [خِلسةً وتطفُّلًا] .

snoop·y [snōō′pĭ] *(adj.)* مُتطفِّل : مُحِبّ لاستطلاع أخبار الآخرين .

snoot [snōōt] *(n.; vt.)* (١) «أ» خَطْم . «ب» أنف (٢) كشرة معبِّرة عن ازدراء (٣) النَّفّاج : المتكبِّر ، المتشامخ بازدراء § (٤) يعامله بازدراء .

snoot·y [snōō′tĭ] *(adj.)* مُتنفِّج : متكبِّر ؛ متشامخ بازدراء .

snooze [snōōz] *(vi.; n.)* (١) يأخذ غَفْوَةً § (٢) غفوة ؛ سِنَةٌ من النَّوم .

snoo·zle [snōō′zəl] *(vi.; t.)* = nuzzle.

snore [snōr] *(vi.; t.; n.)* (١) يَغِطّ : يصوِّت في نومه x (٢) يُنفق بالغَطيط أو النوم <Randa ~*d* away the time.> § (٣) غَطيط .

snor·kel [snôr′kəl] *(n.; vi.)* = schnorkel.

snort [snôrt] *(vi.; t.; n.)* (١) يَشْخِر : يتردَّد صوته في حلقِهِ من غير كلام (٢) يَصْهَلُ [الجوادُ] (٣) يعبِّر عن الازدراء أو الغضب أو السُّخْط أو الدَّهَش

بِشَخْرَة (٤) يُطلق أصواتًا كالشّخير <The engine ~ed.> (٥) يَتَنَشَّق عَقّارًا x (٦) يعبِّر بالشَّخير أو الصَّهيل § (٧) شَخير (٨) صَهيل (٩) المَجْروع: الشراب المُسْكِر الذي يُتَجَرّع دفعةً واحدة.

snort·er [-ʹər] *(n.)* (١) فا snort (٢) شيء أو شخص ممتاز [إلى أبعد الحدود] (٣) لكمة قوية [على الأنف] (٤) snort 9.

snot [snŏt] *(n.)* (١) مُخاط (٢) «أ» الشِّرّير؛ الخبيث. «ب» المتكبِّر.

snout [snout] *(n.)* (١) الفِنْطيسة: خَطْم الخنزير (٢) الأنف البشريّ [وبخاصةٍ إذا كان ضخمًا أو بَشِعًا] (٣) القَيْدوم: مقدَّم المركب أو الطائرة أو السيارة (٤) البِزْباز: فمُ خُرطوم المياه.

snout beetle *(n.)* الخاطوم: خُنفساء ذات خَطْم.

snow [snō] *(n.; vi.; t.)* (١) ثَلج (٢) تساقُط الثلج (٣) شيء شبيه بالثلج، مثل: الثَّلجيّة؛ الحلوى الثَّلجيّة: حلوى تُعَدّ من بياض البيض والسُّكَّر ولُبّ الفاكهة (٤) كوكايين (ع) (٥) هيروين (ع) (٦) البُقَيْعة: أيّ من عدة بُقَع صغيرة عابرة تُشاهد على شاشة التلفزيون أو شاشة الرادار (ألك) § (٧) تُثلج [السَّماء] (٨) يَسْقط كالثلج x (٩) يَغمر أو يكسو بالثلج ونحوه (١٠) يَحْصُر أو يَحْجُز بالثّلج (١١) يَخْدَع (١٢) يجعله أبيض كالثلج.

to ~ under (١) يَغمر (٢) يَهْزِم هزيمةً مُنْكَرة.

snow·ball [-ʹbôlʹ] *(n.; vt.; i.)* (١) كُرَة ثلج (٢) كُرة الثّلج: شجيرة ذات عناقيد من زهر أبيض § (٣) يرشُقُهُ بكُرات ثلج (٤) يُضاعِف بسرعة متعاظمة x (٥) يتراشق بكُرات الثلج (٦) يتضاعف بسرعة متعاظمة.

snow·bank [-ʹbăngkʹ] *(n.)* (١) رُكام ثلج (٢) مُنْحَدَرٌ ثلجيّ.

snow·ber·ry [-ʹbĕrʹĭ] *(n.)* السّنفورينة البيضاء: شُجيرة ذات ثمار عِنَبيّة.

snow·bird [-ʹbûrdʹ] *(n.)* (١) الطائر الثّلجيّ: أيّ طائر يُشاهَد، أكثرَ ما يُشاهد، في فصل الشتاء (٢) مُدمِن الكوكايين (ع).

snow–blind *or* **snow–blind·ed** *(adj.)* قَمِر: مصاب بالقَمَر.

snow blindness *(n.)* القَمَر؛ العَمى الثّلجيّ: شبه عمًى مؤقّت يُسَبِّبه انعكاس أشعة الشمس عن الثلج أو الجليد.

snow·blink [snōʹblĭngkʹ] *(n.)* الوميض الثّلجيّ: وهجٌ أبيض في السّماء ناشئ عن انعكاس الضوء من سطح مَكْسُوّ بالثلج.

snow·bound [snōʹboundʹ] *(adj.)* محجوزٌ بالثّلج <~ soldiers>.

snow broth *(n.)* (١) ماء مثلوج (٢) ثلج جديد الذَّوَبان.

snow·bush [snōʹ-] *(n.)* السِّيانوطُس: شُجَيْرة شمالأميركيّة بيضاء الزّهر.

snow·cap [snōʹkăpʹ] *(n.)* الإكليل الثّلجيّ: ثلج يُكَلِّل قمّةَ الجبل.

snow·capped [snōʹkăptʹ] *(adj.)* مُكَلَّل بالثلوج.

snow devil *(n.)* شيطان الثّلج: عمود من ثلج ناعم ترفعُهُ الريح عن سطحٍ ما.

snow·drift [snōʹdrĭftʹ] *(n.)* الرُّكام الثّلجي: ثلج كَدَّسَتْهُ الرياح.

snow·drop [snōʹdrŏpʹ] *(n.)* زهرة اللَّبَن الثّلجيّة (نب).

snow·fall [-ʹfôlʹ] *(n.)* تساقُط الثلج أو معدَّلُهُ [خلال فترة معيَّنة].

snow·field [snōʹ-] *(n.)* الحقل الثَّلجيّ: رقعة من الأرض تكسوها الثلوج.

snow·flake [-ʹflākʹ] *(n.)* (١) الكِسْفة الثّلجيّة: قُشَيرة أو رُقاقة من ثلج متساقط (٢) البَصَلة البيضاء: نبتة شبيهة بزهرة اللبن الثلجيّة (را. snowdrop).

snow leopard *(n.)* النَّمِر الثّلجيّ؛ النَّمِر الأبيض (ح).

snow line *or* **snow limit** *(n.)* خطّ الثّلج؛ حَدُّ الثّلج: خط وهميّ في الجبل يكون ما فوقه مكسُوًّا بالثلج على نحو متواصل.

snow·mak·er [-ʹmāʹkər] *(n.)* المِثْلَجَة: أداة لصُنْع الثلج.

snow·man [snōʹ-] *(n.)* الإنسان الثّلجيّ: ثلجٌ مُشكَّلٌ على هيئة إنسان.

snow·melt [snōʹ-] *(n.)* ماء الثلج: المياه الناشئة عن ذوبان الثّلوج.

snow·mo·bile [snōʹmō bēlʹ] *(n.)* سيّارة الثلج: أيّ من عدة مَرْكبات أوتوماتيكية تُستخدم للتّنقّل فوق الثلج.

snowmobile

snow plant *(n.)* نبتة الثّلج: عشب أميركي ينمو قبل ذوبان الثّلج عادةً.

snow·plow [-ʹplouʹ] *(n.)* محراث الثلج: ماكينة لإزالة الثلج من الطرق إلخ.

snow pudding *(n.)* الحلوى الثّلجيّة: حلوى قِوامها هُلام وسُكّر وبيض مخفوق.

snow·shed [snōʹ-] *(n.)* سَقيفة الثلج: سَقيفة تُبنى فوق أجزاء من خطوط السّكة الحديدية للحؤول دون تراكم الثلوج عليها.

snow·shoe [snōʹshōōʹ] *(n.; vi.)* (١) القَبْقاب الثّلجي: قبقاب خفيف بيضويّ الشّكل يُنْتَعَل لتمكين المرء من السّير على الثّلج اللَّيِّن من غير أن يغوص فيه § (٢) يسيرُ منتعلًا قَبْقابًا ثلجيًّا.

snowshoe *1.*

snow·slide [snōʹslīdʹ] *(n.)* التَّيَهور الثّلجيّ (را. avalanche *1*).

snow·storm [snōʹstôrmʹ] *(n.)* العاصفة الثّلجيّة.

snow tire *(n.)* الدولاب الثَّلجيّ: دولاب سيارة أُعِدَّ الجزء الملامِس منه للأرض إعدادًا خاصًّا يقلّل من إمكانية انزلاقه على الثلج أو الجليد.

snow train *(n.)* قِطار الثّلج [المخصَّص للنقل إلى مَواطن الرياضة الشّتوية].

snow–white [snōʹ(h)wītʹ] *(adj.)* ثَلْجيّ البياض: أبيضُ مثل الثّلج.

snow·y [snōʹĭ] *(adj.)* (١) ثلجيّ (٢) مَكْسُوّ بالثلج (٣) ثلجيّ البياض.

snub [snŭb] *(vt.; n.; adj.)* (١) «أ» يَصُدّ؛ يَزْجُر؛ يَنْتَهِر. «ب» يوبِّخ بِشِدّة (٢) «أ» يربِطُهُ أو يَشُدُّهُ [إلى شيء] بحبل. «ب» يوقف فجأةً (٣) «أ» يعامل بازدراء. «ب» يُهْمِل أو يرفض بازدراء (٤) يُكرِهُ امرءًا على شيء بالازدراء <He ~*bed* him into silence.> (٥) يُطفئ بسَحْق العَقِب <She ~*bed* out the cigarette.> § (٦) مص snub § (٧) أخْنَس: مسطَّح وقصير مع ارتفاع قليل في طَرَفه <a ~ nose> (٨) مُستخدَم للرَّبط أو الشّدّ <a ~ rope>.

snubbed [snŭbd] *(adj.)* (١) مَزْجور؛ مُوَبَّخ (٢) أخنس (را. snub 7).

snub·ber [-ʹər] *(n.)* (١) فا snub (٢) ممتصّ الصَّدمات [في سيّارة].

snub·by [-ʹĭ] *(adj.)* (١) أَخْنَس <a ~ nose> (٢) أخنس الأنف <a ~ face>.

ă at; ā date; â care; ä car; ĕ egg; ē me; ĭ in; ī bite; ŏ lot; ō bone; ô orphan; oi boil; ŏŏ good; ōō boot; ou out; ŭ under; û urgent; ə = *a* in alone, *e* in system, *i* in easily, *o* in gallop, *u* in circus.

snub–nosed [snŭb'nōzd'] *(adj.)* (١) أخْنَس (٢) ذو ماسورة قصيرة جدًّا <a ~ revolver>.

snuck [snŭk] *past and past part. of* sneak.

snuff[1] [snŭf] *(n.; vt.; i.)* (١) الزِّهْلِق: الجزء المحترق من فتيل الشمعة § (٢) يُزَهْلِق: يُزيل الزِّهْلِقَ أو الجزء المحترق من فتيل الشَّمعة **x** (٣) ينطفئ.

to ~ it يموت؛ يقضي نحبَهُ (ع).

to ~ out (١) يُطفئ (٢) يقضي على (٣) يموت (ع).

snuff[2] [snŭf] *(vt.; i.; n.)* (١) يَتَنَشَّق (٢) يَشُمّ (٣) يتشمَّم [الحيوانُ] **x** (٤) يتنشّق السَّعوط § (٥) تَنَشُّق.

snuff[3] *(n.)* (١) السَّعوط (٢) قَبْضَة السَّعوط: مقدار منه يُتَنَشَّق دفعةً واحدة.

up to ~, (١) ليس من السَّهل خداعُهُ (٢) في حالةٍ سَوِيّة.

snuff·box [snŭf'bŏks] *(n.)* عُلَيْبة السَّعوط.

snuff·er [-'ər] *(n.)* (١) فا snuff (٢) *pl.* عد: الزِّهْلِقيّة: أداة كالمِقَصّ لقَطْع الجزء المحترق من فتيل الشّمعة أو للإمساك به (٣) مُطفِئة الشّموع: أداة لإطفاء الشّموع (٤) المُتَسعِّط: مُتعاطي السَّعوط.

snuf·fle [snŭf'əl] *(vi.; t.; n.)* (١) يتنشّق بصوت مسموع (٢) يتنفَّس بصوت مسموع [وكأنَّ شيئًا يعترض سبيل النَّفَس في الأنف] (٣) يَخِنّ: يتكلّم من أنفه **x** (٤) يتشمَّم [الحيوانُ] § (٥) تنشُّق أو تنفُّس بصوت مسموع (٦) خُنَّة (٧) *pl.*: زُكام [مصحوب بسائل مُخاطيّ].

snuff·y [snŭf'ĭ] *(adj.)* (١) نزق (٢) snobbish (٣) سَعوطانيّ: شبيه بالسَّعوط (٤) مُتَسعِّط: مُدْمِنٌ تعاطيَ السَّعوط (٥) بغيض؛ سيّئ العادات <a ~ old man>.

snug[1] [snŭg] *(adj.; adv.; vi.; t.)* (١) «أ» حَسَنة البناء؛ صالحة للإبحار؛ قادرة على مواجهة العواصف <a ~ ship>. «ب» أنيق. «ج» مُحْكَم التفصيل: مفصَّل على نحو مريح وعلى قَدْر الجسم <a ~ coat> (٢) «أ» مُريح؛ دافئ. «ب» مستكنّ؛ ناعم بالدفء؛ «مُكَنْكِن». «ج» حَميميّ: مُتَّسِمٌ بالحميميّة ورفع الكلفة وبروح المودَّة وغلبة طابع الانعزال <~ little dinners with old friends> (٣) كافٍ <a ~ little income> (٤) محجوب عن الأنظار <a ~ hideout> (٥) آمِن <to lie ~> (٦) بأناقة؛ بإحكام § (٧) يَتَضامّ التماسًا للدِّفء **x** (٨) يُحكم التفصيلَ: يجعل الثوبَ مُحْكَم التفصيل (٩) يجعله دافئًا أو مُريحًا إلخ (١٠) يُخَبِّئ (١١) يوطِّد أركان السّفينة: يجعلها في وضع يمكّنها من مواجهة العواصف.

snug[2] *(n.)* الحُجَيْرة الخلفيّة: حجرة خلفيّة صغيرة في حانة (بر).

snug·ger·y [snŭg'-] *(n.)* المُسْتَكَنّ: موضع دافئ أو مريح؛ حُجَيْرة.

snug·gle [snŭg'əl] *(vi.; t.)* (١) يتضامّ التماسًا للدِّفء (٢) يدنو [من شخص أو شيء] التماسًا للدّفء أو الحماية إلخ **x** (٣) يُدْني [نفسَهُ أو رأسَهُ إلخ] تودّدًا أو التماسًا للدّفء أو الحماية.

so[1] [sō] *(adv.; conj.; adj.; pron.)* (١) كذلك؛ هكذا؛ على النحو المشار إليه <Salim said he'd attend and did ~.> (٢) وكذلك؛ أيضًا <worked hard and ~ did Kamal> (٣) إلى هذا الحدّ <Do not walk ~ fast.> (٤) جدًّا؛ إلى حدّ بعيد <My head aches ~!> (٥) وبالتالي <The reporter is biased and ~ unreliable.> § (٦) وهكذا (٧) لكي <Be quiet ~ she can sleep.> (٨) إذن <don't want to play, ~ I won't> § (٩) صحيح؛ مطابق للوقائع <They said things that were not ~.> (١٠) نحو ذلك؛ حوالى ذلك <back in 1935 or ~>.

~ far (١) حتى الآن (٢) إلى هذا الحدّ.

~ far from بدلًا من ذلك؛ على النقيض من ذلك.

~ long as (١) ما دام؛ طالما (٢) إذا؛ شريطة أنْ.

~ much nonsense etc. مُجَرّد هُراء إلخ.

~ much ~ that إلى حدّ أنه . . .

and ~ forth; and ~ on وَهَلُمّ جَرًّا؛ وهكذا دَوالَيْك.

in ~ far as بقَدْرِ ما.

so[2] [sō] *or* **sol** [sōl] *(n.)* صو؛ صول [في السُّلَّم الموسيقيّ].

soak [sōk] *(vi.; t.; n.)* (١) ينتقع؛ يُنْقَع في الماء إلخ (٢) «أ» يتخلّل؛ ينفذ إلى. «ب» يتسرَّب إلى العقل أو المشاعر أو يؤثّر فيهما (٣) يُسْرِف في الشراب <was ~*ing* all night at the bar> **x** (٤) يُشبع؛ يُشْرِب (٥) يَنْقَع [في الماء إلخ] (٦) ينظّف أو يُزيل بالغسل والنقع <to ~ the dirt out of the clothes> (٧) يضرب أو يعاقب بقَسْوة (ع) (٨) يمتصّ؛ يتشرَّب (٩) يُرْهِق <were ~*ed* by taxes> (١٠) يَرهَن § (١١) نَقْع أو انتقاع إلخ (١٢) الماء أو السّائل [الذي يُنْقَع فيه الشيء] (١٣) السِّكّير (١٤) الارتهان: كون الشيء مرهونًا <His watch was in ~.> (١٥) البَلَل حتى الإشباع.

soak·age [sō'kĭj] *(n.)* (١) «أ» السّائل المُكْتَسَب بالامتصاص. «ب» السّائل المُكْتَسَب بالنَّزّ (٢) «أ» نَقْع. «ب» انتقاع.

soak·ing [sō'-] *(adv.)* تمامًا؛ بالكُلِّيَّة؛ إلى أبعد الحدود <~ wet>.

so–and–so [sō'ən sō'] *(n.; adv.)* (١) فُلان؛ عَلّان؛ الشيء الفُلانيّ: شخص أو شيء غير مُسَمًّى على وجه التحديد <Mr. *So–and–So*> (٢) كذا وكذا [في السِّباب] <You old ~.> § (٣) إلى درجة غير معيَّنة.

soap [sōp] *(n.; vt.)* (١) صابون (٢) مالٌ. وبخاصة: مالٌ يُرْشَى به § (٣) يُصَوْبِن: يغسِل أو يكسو أو يَفرُك بالصابون (٤) يتملَّق؛ يُداهِن.

but no ~, ولكنْ عَبَثًا؛ ولكنْ بلا جَدْوى.

soap·bark [-'bärk'] *(n.)* الكِلّاجة الصّابونية: شجرة من الفصيلة الورديّة.

soap·ber·ry [sōp'bĕr'ĭ] *(n.)* (١) شجر الصّابون: شجر تُتَّخذ ثمارُه أحيانًا بديلًا من الصّابون (٢) ثمر شجر الصابون.

soap·box [sōp'bŏks'] *(n.; adj.; vi.)* (١) صندوق الصّابون: «أ» صندوق خشبيّ لتعبئة الصابون. «ب» صندوق فارغ يُتّخذ منبرًا مؤقّتًا يعتليه المهيِّجون وغيرهم من الخطباء في الهواء الطَّلْق § (٢) صُندوصابونيّ: ذو علاقة بالخطابة في الهواء الطَّلْق؛ مُلْقًى من على صُندوق صابون ونحوِهِ <~ oratory> § (٣) يخطب في الهواء الطَّلْق.

soap bubble *(n.)* فُقّاعة الصابون: كرة صغيرة جوفاء تتشكّل بالنفخ على رغوة الصابون.

soap·i·ly [sō'pĭ lĭ] *(adv.)* على نحوٍ صابونيّ أو أملَس أو زلِق أو متملِّق.

soap·i·ness [sō'pĭ-] *(n.)* الصابونيّة: كون الشيء صابونيًّا أو زَلِقًا إلخ.

soap opera *(n.)* الأوبرا الصّابونية: مسرحية إذاعية أو تلفزيونية مُسلسلة تعالج مشكلات الحياة اليومية بأسلوب عاطفيّ مثير.

soap plant *(n.)* نبتة الصّابون: نبات تُستعمل ثمارُهُ أو جذورُهُ بدلًا من

الصابون.

soap·stone [sōp′-] *(n.)* الحجر الصّابونيّ: حجر ناعم صابونيّ المَلْمَس.

soap·suds [sōp′sŭdz′] *(n. pl.)* رَغْوَة الصّابون.

soap·wort [-′wûrt′] *(n.)* الصّابونيّة المَخْزَنيّة؛ عِرق الحلاوة.

soap·y [sō′pĭ] *(adj.)* (١) مَكْسُوّ بالصابون (٢) صابونيّ: مُشْبَع بالصابون (٣) أملس؛ زلِق (٤) مُتَمَلِّق <in ~ terms> (٥) صابونيّ <a ~ smell>.

soar [sōr] *(vi.; n.)* (١) يُحلّق أو يُحَوِّم [في الجوّ] (٢) يرتفع <Prices ~ed.> (٣) يَسْمو § (٤) تحليق (٥) مدى الارتفاع [الذي يبلغه المحلّق في تحليقه].

soaring flight *(n.)* الطّيران الشّراعيّ: الطيران بطائرة شراعية.

so·a·ve [sō ä′vā] *(n.)* السُّواف: نبيذ إيطاليّ أبيض.

sob [sŏb] *(vi.; t.; n.; adj.)* (١) يَنْشِج: «أ» يبكي أو يتنهّد بأنفاسٍ سريعة. «ب» يُحْدِث صوتًا كالنشيج x (٢) ينقل [نفسَهُ] إلى وضع معيّن، بالنشيج <~ oneself to sleep> (٣) «أ» يقول أو يروي وهو يَنْشِج. «ب» يُعبّر عن شيء بالنشيج § (٤) نشيج؛ تَنَهُّد § (٥) نشيجيّ؛ عاطفيّ <~ stories>.

SOB [ĕs′ō′bē] *(n.)* <*s(on) o(f) a b(itch)*> ابن الزّانية.

so·ber [sō′bər] *(adj.; vt.; i.)* (١) «أ» مقتصد أو غير مُسْرِف [في تناول الطّعام والشّراب]. «ب» غير مدمِن الخمر. «ج» صاحٍ؛ غير ثَمِل (٢) رَزين؛ رصين؛ وقور (٣) مُتّسِمٌ بالاعتدال والجِدّ وضبط النفس (٤) هادئ؛ غير زاهٍ <~ colors> (٥) «أ» واقعيّ؛ مُرَوًّا فيه <the ~ dictates of reason>. «ب» متّزن؛ خِلْوٌ من التطرّف. «ج» عاقل؛ مالك قواه العقليّة § (٦) يُرصِّن؛ يُصَحّي [من سُكْر إلخ] x (٧) يَرْصُن أو يَصْحُو إلخ.

so·ber·ize [sō′bə rīz′] *(vt.)* يُرَصِّن؛ يُصَحّي [من سُكْر إلخ].

so·ber-mind·ed [sō′bər mīn′-] *(adj.)* رصين؛ رزين؛ راجح العقل.

so·ber·sid·ed [sō′bər sīd′-] *(adj.)* رصين؛ رزين <a ~ treatise>.

so·ber·sides [sō′bər sīdz′] *(n.)* شخص رصين أو رزين.

so·bri·e·ty [sō brī′ə tĭ] *(n.)* (١) اعتدال [في تناول الطعام أو الشّراب] (٢) رصانة؛ رزانة إلخ (را. sober).

so·bri·quet [sō′brĭ kā′] *(n.)* (١) اسم مستعار (٢) لَقَب.

sob sister *(n.)* الأخت العاطفيّة: «أ» صحافيّة [أو صحافيّ] متخصّصة في كتابة القصص النَّشيجيّة (را. المادة التالية). «ب» شخصٌ عاطفيّ نَذَر نفسَهُ للقيام بصالح الأعمال.

sob story *(n.)* القصة النَّشيجيّة: قصة عاطفية مقصودٌ بها إثارة شفقة القرّاء.

so·cage [sŏk′ĭj] *(n.)* السُّكاج: طريقة إنكليزيّة سابقة في استثمار الأرض قِوامُها أن يقدّم المستثمر تعويضًا معيّنًا إلى سيّده، من غير أن يكون مُلْزَمًا تجاه هذا السيّد بأية التزاماتٍ عسكرية.

so–called [-′kôld′] *(adj.)* (١) المُسَمّى؛ المَدْعُوّ؛ المعروف بِـ (٢) المزعوم <Her ~ friend deceived her.>

soc·cer [sŏk′ər] *(n.)* السُّوكَر: ضرب من لعبة كرة القدم (رب).

so·cia·bil·i·ty [sō′shə bĭl′-] *(n.)* المُخالِطيّة؛ الاجتماعيّة: حبُّ الاختلاط بالآخرين.

so·cia·ble [sō′shə bəl] *(adj.; n.)* (١) مُخالِط؛ اجتماعيّ النزعة: محبّ للاختلاط بالآخرين (٢) أنيس؛ حَسَن المخالَطة؛ حُلوُ العِشرة (٣) مُؤنس: مُتّسِم بالمودّة أو بحُسْن العلاقات الاجتماعيّة أو مُفْضٍ إليهما § (٤) المَأنُسَة: حفلة أُنْس لتوثيق أواصر المودّة وبخاصة بين أعضاء جماعة ما.

so·cial [sō′shəl] *(adj.; n.)* (١) اجتماعيّ: «أ» ذو صلة بالنّاس وعلاقات بعضهم ببعض <~ life>. «ب» ذو علاقة بالمجتمع البشريّ <~ institutions>. «ج» اجتماعيّ النَّزعة <Man is a ~ being.>. «د» طَبَقيّ: ذو علاقة بالطبقة الاجتماعية أو مبنيّ على أساسها <a member in his ~ set>. «هـ» ذو علاقة بالطبقات الاجتماعية العُليا أو مميّز لها <wrote a column of ~ gossip>. «و» رسميّ (٢) تناسُليّ <a ~ disease> § (٣) sociable *4*.

his ~ equals أندادُهُ أو أكفاؤه أو أقرانه في المجتمع.

social class *(n.)* الطبقة الاجتماعية.

social contract *(n.)* العَقْد الاجتماعي: عَقْد نظريّ بين أفراد مجتمع ما وبين الحاكم يحدّد حقوق كلّ من الفريقين وواجباته.

social democracy *(n.)* الدّيموقراطيّة الاجتماعيّة: حركة سياسيّة تنادي بالانتقال التّدريجيّ والسّلميّ من الرأسمالية إلى الاشتراكية.

social disease *(n.)* المَرَض الاجتماعيّ: «أ» مرض تناسليّ. «ب» مرض [كالسُّلّ وما إليه] لِنُشوئِهِ صلةٌ مباشرة بالعوامل الاجتماعية والاقتصادية.

social gospel *(n.)* الإنجيليّة الاجتماعيّة: «أ» تطبيق التعاليم الإنجيليّة على المشكلات الاجتماعيّة. «ب» *cap.*: حركة في البروتستانتيّة الأميركيّة وبخاصة في النصف الأول من القرن العشرين ترمي إلى جعل النظام الاجتماعي منسجمًا مع تعاليم المسيح.

social insurance *(n.)* الضمان الاجتماعيّ.

so·cial·ism [sō′shə lĭz′əm] *(n.)* الاشتراكيّة: «أ» أيّ من النظريات الاقتصادية والسياسيّة المختلفة والداعية إلى مِلْكيّة الدولة أو الجماعة لوسائل الإنتاج وسيطرتها على توزيع السّلع. «ب» نظام اجتماعيّ خالٍ من المِلكيّة الشخصيّة. «ج» نظام أو وضعٌ اجتماعيّ تملك فيه الدولة وسائل الإنتاج وتهيمن عليها. «د» مرحلة انتقاليّة [في النظرية الماركسيّة] بين الرأسمالية والشيوعية تتميّز بالتوزيع غير المتكافئ للسّلَع وبدَفْع الرواتب وَفقًا لعمل الفرد.

so·cial·ist [sō′shəl-] *(n.; adj.)* (١) الاشتراكيّ: من يُنادي بالاشتراكيّة أو يمارسُها § (٢) أو **so·cial·is·tic**: اشتراكيّ.

so·cial·ite [sō′shə līt′] *(n.)* النَّجم الاجتماعيّ: عضو بارز في المجتمع.

so·ci·al·i·ty [sō′shē ăl′ə tĭ] *(n.)* (١) sociability (٢) نشاط اجتماعيّ؛ مُخالَطَة اجتماعية (٣) المَأنُسَة: حفلة أُنسٍ وسَمَر.

so·cial·ize [sō′shə līz′] *(vt.; i.)* (١) يُجْتَمِع: «أ» يجعله اجتماعيًّا؛ وبخاصة: يؤهِّلُهُ أو يهيّئُهُ للمجتمع أو لبيئة اجتماعيّة. «ب» يستخدمه للأغراض

الاجتماعية؛ يكيّفه وفقًا للحاجات الاجتماعيّة <to ~ science> (٢) يُشَرِّك: «أ» يُقِيمُهُ على أساس اشتراكيّ <to ~ the country>. «ب» يُؤمِّم: يُخضعه للمِلكية والسيطرة الجماعيتين أو الحكوميتين <to ~ x industry> (٣) يشارك في نشاط جماعة؛ يقيم علاقات شخصيّة مع الآخرين.

socialized medicine *(n.)* التَّطبيب المُشْتَرَك؛ التَّطبيب المُؤَمَّم: تَوَلّي الدولةِ، أو الجماعة المنظَّمة، القيامَ بالخدمات الطبّيّة أو إدارتَها لتتلاءم مع حاجات جميع أفراد طبقة ما أو مع حاجات أفراد الشعب كافة.

so·cial·ly [sō´shəl ĭ] *(adv.)* اجتماعيًّا؛ من ناحية اجتماعية.

so·cial–mind·ed [sō´shəl mīn´-] *(adj.)* اجتماعيُّ النُّزوع. وبخاصة: ذو اهتمام فعّال بالصّالح الاجتماعيّ أو برفاهية المجتمع ككُلّ.

social psychology *(n.)* السيكولوجيا الاجتماعيّة؛ علم النّفس الاجتماعيّ.

social science *(n.)* العِلم الاجتماعي: «أ» عِلم يُعْنَى بدراسة المجتمع البشري أو عناصِره، كالأسرة أو العِرْق أو الدولة، وبالعلاقات الشخصيّة المتبادلة بين الأفراد بوصفهم أعضاء في المجتمع. «ب» أحد العلوم المَعْنِيّة بمظهر من مظاهر المجتمع البشري [كعِلم الاقتصاد وعِلم الاجتماع وعِلم الأخلاق].
— **social scientist** *(n.)*

social secretary *(n.)* السّكرتير الاجتماعيّ: سكرتير شخصيّ يتولّى شؤون المراسلات والمواعيد الاجتماعيّة.

social security *(n.)* الكِفالة الاجتماعية: توفير الدولة الوسائل الضرورية [كالإسكان والتعليم والطبابة] لتمكين المواطن من أن يحيا حياة كريمة.

social service *(n.)* الخِدمة الاجتماعيّة: نشاطٌ يُراد به تحسينُ الأوضاع الاجتماعيّة في بيئة ما. وبخاصة: عَوْنٌ خيريّ منظّم يُسْدَى إلى الفقراء والمرضى المُعْوِزين إلخ.

social studies *(n. pl.)* الاجتماعيّات؛ الدِّراسات الاجتماعيّة: جزء من المنهاج في مدرسة أو كلّية يُعْنَى بدراسة المجتمع والعلاقات الاجتماعية ويتألف عادةً من دروس في التاريخ والجغرافيا والاقتصاد وعلم الاجتماع إلخ.

social welfare *(n.)* الإنعاش الاجتماعيّ: نشاط اجتماعيّ يُقْصَد به مدُّ يد المساعدة إلى الطبقات أو الجماعات المحرومة.

social work *(n.)* العمل الاجتماعيّ: نشاطٌ منظَّم يُراد به دراسة أحوال المُعْوِزين وضحايا التمييز الاجتماعيّ وإسداء العون الماديّ إليهم.

social worker *(n.)* العامِل الاجتماعيّ: شخصٌ ممارِسٌ للعمل الاجتماعيّ.

so·ci·e·tal [sə sī´ə təl] *(adj.)* مُجْتَمَعِيّ؛ اجتماعيّ <~ forces>.

so·ci·e·ty [sə sī´ə tī] *(n.; adj.)* (١) رِفْقَة؛ عِشْرَة (٢) جمعيّة (٣) مجتمع (٤) خاصّ بالمجتمع الراقي <~ page> §.

society verse *(n.)* شِعر المَجالس: شِعر خفيف مُتَّسم بالسُّخرية صالحٌ للرواية في المجالس الراقية.

socio- بادئة معناها: «أ» مجتمَع. «ب» اجتماعيّ. «ج» اجتماعيّ و . . .

so·cio·cul·tur·al [-kŭl´chər əl] *(adj.)* اجتماعيّ ثقافيّ.

so·cio·e·co·nom·ic [-ē´kə nŏm´ĭk] *(adj.)* اجتماعيّ اقتصاديّ.

so·cio·lin·guis·tics [-lĭng gwĭs´tĭks] *(n.)* الألْسُنيّة الاجتماعيّة (ل).

so·ci·ol·o·gese [-jēz´] *(n.)* لُغة الصّوصيولوجيين: أسلوبُ الكتابة المُميِّز لعلماء الاجتماع.

so·cio·log·i·c; -al [sō´sĭ ə lŏj´-] *(adj.)* صوصيولوجيّ: «أ» خاصّ بالصّوصيولوجيا أو عِلْم الاجتماع. «ب» معالِج للحاجات والمشكلات الاجتماعية <~ novels>.

so·ci·ol·o·gist [-lŏ´jĭst] *(n.)* الصوصيولوجيّ: المتخصِّص في الصوصيولوجيا.

so·ci·ol·o·gy [sō´sĭ ŏl´ə jĭ] *(n.)* الصّوصيولوجيا؛ عِلم الاجتماع.

so·ci·om·e·try [sō´sĭ ŏm´ə trĭ] *(n.)* قياس العلاقات الاجتماعية: دراسةُ العلاقات الشخصيّة بين أفراد المجتمع وقياسُها.

so·cio·path [sō´sĭ ə păth´] *(n.)* = psychopath.

so·cio·po·lit·i·cal [sō´sĭ ō pə lĭt´-] *(adj.)* اجتماعيّ سياسيّ.

so·cio·re·li·gious [sō´sĭ ō rĭ lĭj´əs] *(adj.)* اجتماعيّ دينيّ.

sock [1] [sŏk] *(n.)* (١) السُّوك: «أ» جَوْرب قصير. «ب» حذاءٌ خفيف كان ينتعله ممثلو الكوميديا الإغريقية والرومانيّة القديمة (٢) الكوميديا؛ المَلْهاة (٣) الحَصّالة: صندوق يُحفَظ فيه ما يُدَّخَر من نقود.

to ~ away (١) يَدّخِر مالًا (٢) يوظّف مالًا.

sock [2] *(vt.; i.; n.)* (١) يَلْكُم x (٢) يُسَدِّد لكمةً إلى § (٣) لكمة أو ضربة عنيفة.

to ~ it يعمل أو يتكلم أو يهاجم بعنف (ع).

sock [3] *(adj.)* رائع؛ باهر؛ ناجح نجاحًا عظيمًا <wrote a ~ play>.

sock·dol·a·ger *or* **sock·dol·o·ger** [sŏk dŏl´ə jər] *(n.)* (١) شيء حاسم. مثل: «أ» ضربة قاضية. «ب» جواب مُفْحِم (٢) شيء بارز أو استثنائي.

sock·et [sŏk´ĭt] *(n.; vt.)* (١) وَقْب؛ تجويف <candle ~> (٢) «أ» مَحْجِر <~ of the eye>. «ب» مَغْرِز <tooth ~>. «ج» حُقّ <~ of the hip> (٣) مَقْبِس <screwed the light bulb into the ~> § (٤) يُوَقِّب: يزوِّد بوَقْب (٥) يُدْخِل في مقبِس.

sock·eye [sŏk´ī] *(n.)* السَّلْمون الأحمر: سمك سَلْمون صغير.

sock·o [sŏk´ō] *(adj.)* رائع؛ باهر؛ استثنائيّ <a ~ success>.

so·cle [sŏk´əl] *(n.)* الحِذاء: جزء ناتئ عند قَدَم الجدار أو تحت قاعدة العمود إلخ (عم).

soc·man [sŏk´-] *(n.)* socage. السُّكاجيّ: مستثمر الأرض بطريقة السُّكاج.

So·crat·ic [sō krăt´ĭk] *(adj.; n.)* (١) سُقراطيّ: ذو علاقة بسُقراط أو أتباعِهِ أو طريقته الفلسفيّة § (٢) السُّقراطيّ: أحد أتباع سُقراط.

Socratic irony *(n.)* السُّخرية السُّقراطيّة: تظاهرٌ بالجهل أثناء المناقشة.

sod [1] [sŏd] *(n.; vt.)* (١) مَرْج (٢) المَخْضَرة: الطبقة العليا من التربة المشتملةُ على العُشْب وجذوره (٣) مَسْقَط رأس المرء § (٤) يُخَضِّر: يكسو بمَخْضَرة.

sod [2] *(n.)* (١) sodomite (٢) شخص تافه أو بغيض (٣) فتًى؛ شخص.

so·da [sōd´ə] *(n.)* (١) الصُّودا: «أ» كربونات الصوديوم. «ب» بيكربونات

الصّودا. «ج» صوديوم (٢) المياه الغازيّة؛ «الكازوز» (٣) الصّودا: شراب مؤلّف من مياه غازيّة وبعض المُنكّهات والمثلّجات.

soda ash *(n.)* رماد الصّودا؛ كربونات الصوديوم.

soda biscuit *(n.)* (١) بَسْكويتة الصودا: بَسْكويتة يُسْتَخْدَم في إعدادها اللبنُ وصودا الخَبْز (٢) soda cracker.

soda cracker *(n.)* بسكويتة الصّودا الهَشّة: بسكويتة رقيقة هشّة ناشفة تُستخدم في إعدادها بيكربونات الصودا وزُبد الطَّرطير cream of tartar.

soda fountain *(n.)* ينبوع الصودا: «أ» جهاز ذو أنبوب وصُنْبور [حَنَفيّة] لسَحْب المياه الغازيّة. «ب» محلّ أو مَشْرَب لبيع الأشربة الغازيّة والمُثَلَّجات.

soda jerk *or* **jerker** *(n.)* مَشْرَبيّ الصّودا: ساقٍ في ينبوع للصودا (را. المادة السابقة) يقدّم إلى الزبائن الأشربة الغازيّة والمُرَطِّبات.

soda lime *(n.)* كِلْس الصُّودا؛ جير الصّودا: مزيج من هيدروكسيد الصّوديوم والكلس المُطْفأ يُستخدم بخاصةٍ لامتصاص الرطوبة والغازات.

so·da·list [sō′də lĭst] *(n.)* عضو جمعيةٍ [خيرية أو دينية].

so·da·lite [sō′də līt′] *(n.)* الصّوداليت: معدن شفّاف زُجاجيّ البريق.

so·dal·i·ty [sō dăl′-] *(n.)* جمعيّة. وبخاصة: جمعيّة خيريّة أو دينيّة.

soda pop *(n.)* شراب الصّودا: شراب غير مُسْكر مشتملٌ على مياه غازيّة.

soda water *(n.)* (١) ماء الصُّودا (٢) كازوز أو مياه غازيّة.

sod·den [sŏd′ən] *(adj.; vt.; i.)* (١) أَبْلَه. وبخاصة: من فَرْط معاقرة الخمر <~ features> (٢) غَبيّ؛ متبلّد <~ minds> (٣) مُخْضَلّ؛ مُشْبَع بالماء <~ ground> (٤) فَطير: مُنْضَج قبل أن يَخْتمر <~ bread> § (٥) يُبلّه؛ يُبلّد؛ يُخَضِّل x (٦) يخضلّ إلخ.

so·dic [sōd′-] *(adj.)* صوديوميّ: ذو علاقة بالصوديوم أو مشتملٌ عليه.

so·di·um [sō′dĭ əm] *(n.)* الصُّوديوم (ك).

sodium benzoate *(n.)* بَنْزُوات الصُّوديوم (ك).

sodium bicarbonate *(n.)* بيكربونات الصُّوديوم (ك).

sodium carbonate *(n.)* كربونات الصّوديوم (ك).

sodium chlorate *(n.)* كلورات الصّوديوم (ك).

sodium chloride *(n.)* كلوريد الصّوديوم؛ ملح الطَّعام (ك).

sodium dichromate *(n.)* ثُنائيّ كرومات الصّوديوم (ك).

sodium fluoride *(n.)* فلوريد الصُّوديوم (ك).

sodium hydroxide *(n.)* هيدروكسيد الصُّوديوم (ك).

sodium nitrate *(n.)* نِتْرات الصّوديوم (ك).

sodium nitrite *(n.)* نِتْريت الصّوديوم (ك).

sodium phosphate *(n.)* فوسفات الصُّوديوم (ك).

sodium sulfate *(n.)* كبريتات الصّوديوم (ك).

so·di·um–va·por lamp *(n.)* مصباح بُخار الصّوديوم: مصباح كهربائي مشتمل على بُخار الصُّوديوم يُستخدَم لإنارة الشوارع بخاصّة.

Sod·om [sŏd′əm] *(n.)* سَدوم: «أ» مدينة فلسطينيّة جاء في «العهد القديم» أن الله دمّرها لانغماسها في الرذيلة والفساد. «ب» بؤرة رذيلة وفساد.

sod·om·ite [sŏd′ə mīt′] *(n.)* السَّدوميّ: من يُمارس السَّدوميّة sodomy.

sod·om·ize [sŏd′ə mīz′] *(vt.)* يُسادِم: يُمارس السَّدوميّة sodomy مع.

sod·om·y [sŏd′-] *(n.)* السَّدوميّة: «أ» اتّصال جنسيّ مع فرد من الجنس نفسه أو مع حيوان. «ب» جِماع مع فرد من الجنس الآخر من طريق الاسْت أو الفم.

so·ev·er [sō ĕv′ər] *(adv.)* (١) مهما يكن؛ أيًّا كان (٢) ألبتّة؛ على الإطلاق.

so·fa [sō′fə] *(n.)* الصُّفّة؛ الأريكة: مقعد طويل مُنَجَّد ذو ذراعين.

sofa bed *(n.)* الصُّفّة السَّريرية: صُفّة يمكن تحويلها إلى سرير.

sof·fit [sŏf′ĭt] *(n.)* الباطن: الجانب السُّفليّ من قنطرة أو جسر أو دَرَج.

soft [sôft] *(adj.; n.; adv.)* (١) «أ» مُريح <~ slumber>. «ب» غير مسكِر <~ drinks>. «ج» مريح للنظر <~ light *or* color>. «د» ضعيف التباين <a ~ photographic print>. «هـ» خفيض <~ murmurs>. «و» ناعم؛ أملس <a ~ cashmere>. «ز» معتدل <~ weather>. «ح» عليل <a ~ breeze>. «ط» خفيف <~ rain>. «ي» رائق؛ غير مائج <~ sea> (٢) هيِّن؛ سهل <a ~ job> (٣) ليِّن <C is ~ in *city* and hard in *corn*.> (٤) مرتفع تدريجيًّا <a ~ slope> (٥) غير حادّ الزوايا <~ outlines> (٦) «أ» رقيق؛ شفوق <her ~ heart>. «ب» حسّاس؛ سريع التأثّر. «ج» سهل القِياد؛ ليّن العريكة. «د» رفيق؛ غير قاسٍ؛ متساهل <~ terms>. «هـ» لطيف <a ~ answer>. «و» عاطفيّ <~ language>. «ز» معسول <a ~ tongue> (٧) «أ» سقيم؛ عليل؛ رقيق الصحّة. «ب» ضعيف؛ واهن <~ muscles>. «ج» أحمق؛ ضعيف العقل (٨) «أ» طريّ؛ ليّن؛ رطب <~ mud>. «ب» رِخْو: قليل الصلابة نسبيًّا <~ iron> (٩) يَسِر: خلوٌ من الأملاح المعدنيّة وبذلك يساعد الصّابون على إعطاء رغوة وافرة <~ water> (١٠) ضعيف النّفاذيّة <~ X-rays> (١١) هَشّ؛ هَشَّة (را. soft currency) (١٢) منخفِض <~ prices> (١٣) كاسد؛ راكد <a ~ market> (١٤) متردّد؛ حائر <~ voters> (١٥) أحمق؛ مُغَفَّل § (١٦) شيء أو جزء ليِّن <the ~ of the thumb> (١٧) الأحمق؛ المُغَفَّل؛ المخبول § (١٨) بِرِفْق؛ بِلِين؛ بِلُطْف إلخ.
— **soft·ness** *(n.)*

soft·ball [sôft′bôl′] *(n.)* الكُرة اللَّيِّنة: ضرب من البيسبول (رب).

soft–boiled [sôft′boild] *(adj.)* (١) نِيمَرشت: مُنْضَج نصف إنضاج <~ eggs> (٢) عاطفيّ <a ~ lady>.

soft coal *(n.)* = bituminous coal.

soft copy *(n.)* النُّسخة الألكترونيّة: النصّ الظاهر على شاشة الكومبيوتر.

soft–core [-′kōr′] *(adj.)* متلطِّف؛ شبه فاضح <~ pornography>.

soft·cov·er [-′kŭv′ər] *(adj.; n.)* ورقيّ الغلاف؛ غير مجلَّد <~ books>.

soft currency *(n.)* العُملة الهَشّة: عُملة غير قابلة للتحويل إلى ذهب أو إلى أيّ من العملات الصّعبة.

ă at; ā date; â care; ä car; ĕ egg; ē me; ĭ in; ī bite; ŏ lot; ō bone; ô orphan; oi boil; o͝o good; o͞o boot; ou out; ŭ under; û urgent; ə = *a* in alone, *e* in system, *i* in easily, *o* in gallop, *u* in circus.

soft drink *(n.)* الشّراب اللّامُسْكِر : شراب لا يُسْكِر شاربَهُ .

soft·en [sôf′ən] *(vt.; i.)* (١) يُلَيِّن إلخ (٢) يُضْعِف ؛ يُخَنِّث (٣) يَخْفِض [الصوتَ] (٤) يُخَفِّف [وهجَ النُّور] (٥) يُطَرِّي [البَشَرة] <lotions that ~ dry skin> (٦) يُخَفِّض [الأسعار] x (٧) يَلين إلخ .

sof·ten·er [sôf′nər] *(n.)* المُيَسِّرة : مادة تجعل الماء يَسِرًا (را . soft water) .

soft–foot·ed [sôft′fŏŏt′ĭd] *(adj.)* خفيف الوَطء ؛ هادئ المِشْية .

soft goods *(n. pl.)* السِّلع اللّامُعَمِّرة . وبخاصة : أقمشة ؛ منسوجات .

soft·hand·ed [-′hănd′-] *(adj.)* (١) ناعم اليدين (٢) مترفّق أو غير صارِم .

soft·head [sôft′hĕd′] *(n.)* الأحمق ؛ المُغَفَّل ؛ المخبول .

soft·head·ed [sôft′hĕd′ĭd] *(adj.)* أحمق ؛ مُغَفَّل ؛ مخبول .

soft·heart·ed [sôft′härt′ĭd] *(adj.)* شَفوق ؛ رحيم ؛ رقيق القلب .

soft·ish [sôft′ĭsh] *(adj.)* لَيِّن بعض الشيء .

soft·ly [sôft′lĭ] *(adv.)* برِفْق ؛ بلِين إلخ .

soft nothings *(n. pl.)* أحاديث الغرام ؛ مُطارحات الغرام .

soft palate *(n.)* الطَّبَق ؛ الحَنَك الرِّخو : الجزء الخلفيّ اللَّحيم من سقف الفم .

soft pedal *(n.)* (١) الدَّوّاسة أو القَدَميّة الخافِضة : دَوّاسة في بِيان [بيانو] تُستخدم لخَفْض الصوت (٢) المُضائلة : كل أداة تستخدم للإخفات أو التوهين أو التلطيف .

soft–ped·al [sôft′pĕd′əl] *(vt.)* (١) يُخفِت ؛ يُوْهِن ؛ يُلطِّف (٢) يُعمِل الدَّوّاسة الخافضة [أثناء العزف] .

soft sell *(n.)* البَيْع المُلَطَّف : طريقة في البيع قِوامُها استخدامُ الإيحاء والإقناع بدلًا من الإلحاح أو الضغط بإزعاج .

soft–shell crab *(n.)* السَّرطان اللَّيِّن الصَّدَفة (ح) .

soft-shelled turtle

soft–shelled turtle *(n.)* السُّلَحْفاة اللَّيِّنة التُّرس .

soft shoulder *(n.)* كَتِفُ الطَّريق : حافةُ الطريق غيرُ المُعَبَّدة .

soft soap *(n.)* (١) الصابون اللّيِّن : صابون نصفُ سائل (٢) تَمَلُّق ؛ تَزَلُّف .

soft–soap [sôft′sōp′] *(vt.)* يتملّق ؛ يتزلّف ؛ يُداهِن .

soft–spo·ken [sôft′spō′kən] *(adj.)* (١) رقيق الصوت (٢) «أ» معسول اللسان . «ب» لطيف ؛ رقيق .

soft spot *(n.)* (١) ضَعْف عاطفيّ <has a ~ for her> (٢) نقطة ضَعْف .

soft·ware [-′wâr′] *(n.)* (١) المناهج : البرامج المستخدَمة في كومبيوتر معيَّن (٢) المُلْحَقات : موادّ مُعَدّة للاستخدام مع الأجهزة السَّمعيّة البَصَرية .

soft water *(n.)* الماء اليَسِر : الماء الخالي من الموادّ التي تجعل الصابون يُرغي بصعوبة .

soft·wood [sôft′wŏŏd′] *(n.; adj.)* (١) الخشب اللّيِّن : كلّ خشبٍ لَيِّن نسبيًّا أو يَسْهُلُ قطعُهُ (٢) اللّيِّنة الخشب : كل شجرة ذات خشب ليِّن § (٣) لَيِّن الخشب (٤) مصنوع من خشب لَيِّن .

soft·y *or* **soft·ie** [sôf′tĭ] *(n.)* (١) شخص ضعيف أو مُخَنَّث أو مُغَفَّل (٢) شخص عاطفيّ [إلى حدّ مُفرِط] .

sog·gy [sŏg′ĭ] *(adj.)* (١) نديّ ؛ مُشْبَع بالماء <~ ground> (٢) فَطير <~ bread> (٣) فاتر ؛ تعوزُهُ الحيوية <a ~ novel> .

soi–di·sant [swȧ dē zäN′] *(adj.)* مزعوم ؛ مُسَمٍّ نفسه كذا .

soi·gné [swȧ nyā′] *(adj.)* (١) أنيق <a ~ dress> (٢) أنيق المَلْبَس .

soil [1] [soil] *(vt.; i.; n.)* (١) يُلوِّث ؛ يُلطِّخ [معنويًّا] (٢) يوسِّخ (٣) يُشوِّه السُّمعة ؛ يَطعن في الشَّرف x (٤) يتلوّث ؛ يتلطّخ (٥) يَتّسخ § (٦) لَطْخة (٧) تلوّث ؛ اتّساخ (٨) فساد خُلُقيّ (٩) «أ» نُفاية . «ب» مياه البواليع . «ج» قَذَر ؛ غائط ؛ بِراز .

soil [2] *(n.)* (١) «أ» تُربة . «ب» أرض (٢) بَلَد ؛ وَطن <their native ~> (٣) الأرض ؛ الحياة الزراعية <a son of the ~> .

soil [3] *(vt.)* يُخْلِي : يَعْلِف الماشية بالخَلَى ، أي العشب .

soil·age [1] [soi′lĭj] *(n.)* (١) تلويث ؛ تلطيخ ؛ توسيخ (٢) تَلَوُّث ؛ اتّساخ .

soil·age [2] *(n.)* الخَلَى : العُشب الغَضّ تُعْلَف به الماشية .

soil·borne [-′bōrn′] *(adj.)* مُتَرَقَّل [تُربة + نَقْل] : منقول بواسطة التُّربة .

soil pipe *(n.)* أنبوب القاذورات ؛ ماسورة القاذورات .

soil·ure [soil′yər] *(n.)* (١) تلويث ؛ تلطيخ (٢) تلوُّث ؛ تلطُّخ (٣) لطخة .

soi·ree *or* **soi·rée** [swä rā′] *(n.)* سَهْرة ؛ حفلة ساهرة <a musical ~> .

so·journ [sō′jûrn] *(n.; vi.)* (١) المُقام : إقامة مؤقّتة § (٢) يَنْزِل أو يُقيم مؤقّتًا .

— **so·journ·er** *(n.)*

soke [sōk] *(n.)* (١) حَقّ القضاء : حقّ إقامة العدل والقضاء بين الناس [تا إنكليزي قديم] (٢) الحَقَّضائية : مقاطعة يشملها هذا الحق .

soke·man [sōk′mən] *(n.)* = socman.

sol [1] [sōl; sŏl] *(n.)* صول [في السُّلَّم الموسيقي] .

sol [2] *(n.)* الصُّول : «أ» عملة فرنسية قديمة . «ب» وحدة النقد في پيرو سابقًا .

sol [3] *(n.)* الصُّلّ (مج) ؛ الصُّول : محلول غَرَوانيّ في سائل (ك) .

Sol [sŏl] *(n.)* (١) سول : «أ» إلّه الشمس عند الرومان . «ب» الشمس (٢) الذَّهب [عند أصحاب الكيمياء القديمة] .

sol·ace [sŏl′əs] *(n.; vt.)* (١) عَزاء ؛ سُلْوان § (٢) يُعَزّي ؛ يُسَلّي ؛ يؤاسي (٣) يجعل [المكانَ مثلًا] بهيجًا (٤) يتسلّى (٥) يلطّف ؛ يخفّف ؛ يُفرِّج .

so·la·na·ceous [sō′lə nā′shəs] *(adj.)* باذِنجانيّ : ذو علاقة بفصيلة الباذنجانيّات Solanaceae التي تشمل الباذنجان والطّماطم والبطاطس والتبغ وغيرها .

so·lan goose [sō′lən] *(n.)* الأَطَيْش الأبيض : طائر ضخم من طيور الماء .

so·la·nine [sō′lə nēn] *(n.)* الصُّولانين : مادة شبه قِلْوية ، متبلّرة ، سامة .

so·la·num [sō lā′nəm] *(n.)* المَغْد : أيٌّ من نباتات الفصيلة الباذنجانية .

so·lar [sō′lər] *(adj.)* شَمْسيّ <~ system> .

solar battery *(n.)* البطاريّة الشمسيّة : بطارية تَجْمَعُ الطاقةَ الشمسيّة وتحوّلها إلى طاقة كهربائية .

solar constant *(n.)* الثّابت الشَّمسيّ : مقدار الحرارة الشمسية الواقع عادةً على الطبقة الخارجيّة من جوّ الأرض والبالغ نحوًا من ١,٩٤ سُعْرًا غراميًّا في السنتيمتر المربَّع في الدقيقة .

solar eclipse *(n.)* الكُسوف ؛ كُسوف الشمس .

solar energy *(n.)* الطّاقة الشّمسيّة .

solar furnace *(n.)* الفرن الشَّمْسيّ : فرن يستمدّ حرارته من أشعّة الشمس .

solar house *(n.)* البيت الشَّمْسيّ : بيت مزوّد بمساحات زجاجيّة تمكّنه من استخدام أشعة الشمس على نطاق واسع لأغراض التدفئة .

so·lar·i·um [sō lâr′ĭ əm] *(n.)* pl. **-i·a** *also* **-ums** المَشْمَس : حجرة زجاجيّة مُعرَّضة لأشعّة الشمس [في فندق بحريّ أو مستشفًى] .

so·lar·i·za·tion [sō lə rĭ zā′-] *(n.)* (١) التَّشميس : التعريض لأشعة الشمس (٢) التَّشَمُّس : التعرُّض الزائد للضّوء (فو) .

so·lar·ize [sō′lə rīz′] *(vt.)* (١) يُشَمِّس (٢) يُعَرِّض للضّوء بإسراف (فو) .

solar oil *(n.)* زيت السُّولار ؛ زيت السُّلَر : زيتٌ معدنيّ يُتَّخذ وقودًا .

solar plexus *(n.)* (١) الضَّفيرة الشّمسيّة : شبكة من الأعصاب تقع خلفَ المعدة وتجاه الشّريان الأُورْطيّ (ت) (٢) المَعِدة (ع) .

solar system *(n.)* النِّظام الشَّمسيّ ؛ المنظومة الشَّمسيّة (فل) .

so·la·ti·um [sō lā′shĭ əm] *(n.)* pl. **-ti·a** [shĭ ə] التَّرضِية (ق) .

sold [sōld] *past and past part. of* sell.

sol·dan [sŏl′dən] *(n.)* السُّلطان : «أ» حاكم مُسْلِم . «ب» مِلك ؛ عاهِل .

sol·der [sŏd′ər] *(n.; vt.; i.)* (١) سبيكة لِحام (٢) رابط ؛ رابطة § (٣) يَلْحُم [بسبيكة لِحام] (٤) يَلأم **x** (٥) يلتحم ؛ يلتئم .

sol·der·ing iron [sŏd′ə rĭng] *(n.)* حديدة اللِّحام : أداة مستدقّة أو وَتِديّة الشكل تُحَمّى كهربائيًا ، عادةً ، ويُلْحَم بها .

soldering iron

sol·dier [sōl′jər] *(n.; vi.)* (١) جُنديّ (٢) النّملة الجُنْدية : نملة قوية الفَكَّين تحمي الوكر § (٣) يتجنّد : ينخرط في سلك الجندية (٤) يتصرَّف كالجنديّ (٥) يثابر ؛ يكافح (٦) يتمارض (٧) يتظاهر بالعمل .

sol·dier·ly [-lĭ] *(adj.; adv.)* (١) بُطوليّ ؛ باسل § (٢) ببطولة ؛ ببسالة .

soldier of fortune *(n.)* الجُنديّ المرتزق ؛ الجنديّ المغامر .

soldier's medal *(n.)* مدالية الجنديّ : مدالية تُمنح للجنديّ تقديرًا لعمل بُطوليّ قام به في ميدان غير ميدان المعركة .

sol·dier·y [sōl′jər ĭ] *(n.)* (١) جُنْد ؛ جُنود ؛ جماعة الجُنْد (٢) الجنديّة .

sol·do [sŏl′dō] *(n.)* الصُّلْديّ : عُملة إيطاليّة قديمة تساوي ١/٢٠ من اللِّير .

sold-out *(adj.)* محجوزٌ بالكامل <a ~ house for both performances>.

sole[1] [sōl] *(n.; vt.)* (١) أخْمَص القَدَم (٢) نَعْل (٣) أسفلُ الشيء [أو قاعدتُهُ] § (٤) يُنَعِّل : «أ» يجعل لهُ نعلًا . «ب» يضع مِضرب الغولف على الأرض .

sole[2] [sōl] *(n.)* سمك موسى .

sole[3] [sōl] *(adj.)* (١) عَزَبٌ : غير متزوّج . وبخاصةٍ : غير متزوّجة (٢) منفرِد ؛ وحده <sitting ~ by the hearth> (٣) فَرْدٌ <the ~ judge> (٤) وحيد <the ~ survivor> (٥) فريد ؛ فَذّ (٦) حَصْريّ : مقصور على فردٍ أو جماعة <~ rights of publication> .

sol·e·cism [sŏl′ə sĭz′əm] *(n.)* (١) اللَّحن : الخطأ النحويّ إلخ (٢) خطأ ؛ انحراف (٣) خروج عن العُرف [في المَسْلَك الاجتماعي] .

soled [sōld] *(adj.)* (١) ذو نعل من نوع معيَّن (٢) ذو عدد معيَّن من النِّعال .

sole·ly [sōl′lĭ] *(adv.)* (١) وَحْده ؛ منفردًا (٢) لمجرَّد ؛ فَحَسْب <done ~ for money> (٣) كُلِّيًا ؛ حَصْريًا <to rely ~ on oneself> .

sol·emn [sŏl′əm] *(adj.)* (١) مُغَلَّظ ؛ مقدَّس ؛ دينيّ الطابع <took a ~ oath> (٢) فَخْم <a ~ ceremony> (٣) قانونيّ <a ~ writ> (٤) جليل ؛ مَهيب ؛ وَقور <a ~ face> (٥) رزين ؛ جادّ (٦) كئيب <~ music> .

so·lem·ni·fy [sŏ lĕm′nə fī′] *(vt.)* يجعله رزينًا أو وقورًا .

so·lem·ni·ty [-′nə tĭ] *(n.)* (١) إجلال ؛ احتفال مَهيب (٢) حادثة أو مناسبة تتَّسم بالجلال (٣) جلال ؛ وقار <an occasion of great ~> .

sol·em·nize [sŏl′əm nīz′] *(vt.; i.)* (١) يحتفل بـ (٢) يُجري بأبّهة [أو وفقًا للمراسِم المُتَّبَعة] . وبخاصةٍ : يحتفل بالزواج وفقًا للشعائر الدينية (٣) يُجِلّ ؛ يُبَجِّل ؛ يُوَقِّر **x** (٤) يتكلّم أو يعمل برزانة ووقار .

solemn vow *(n.)* النَّذْرُ المقدَّس (كث) .

so·le·noid [sō′lə noid′] *(n.)* الوَشيعة ؛ المَلَفّ (كب) .

so·le·noi·dal [sō′lə noid′əl] *(adj.)* وشيعيّ ؛ مَلَفّيّ .

sole·print [sōl′prĭnt] *(n.)* بَصْمة الأخمَص : بَصْمة باطنِ القدم .

so·le·us [sō′lē əs] *(n.)* العَضَلة الأَخْمصيّة : عضلة تساعد على ثَنْي أخْمَص القدم .

sol-fa [sōl′fä′] *(n.; adj.; vi.; t.)* (١) الصّولفا ؛ المقاطع الصّولفاوية : مجموعة المقاطع الموسيقية <do, re, mi, fa, sol, la, si *or* ti> المستخدمة في الغناء (٢) الصَّلْفَجَة : استخدام المقاطع الصولفاويّة للدلالة على النغمات الموسيقية (٣) التنغيم : غناء باستخدام المقاطع الصّلفاوية § (٤) صولفاويّ <~ syllables> § (٥) ينغِّم : يغنّي المقاطع الصُّولفاوية **x** (٦) يُصَلْفِج : يغنّي لحنًا ما وفقًا للمقاطع الصُّولفاويّة .

sol·fa·ta·ra [sŏl′fə tär′ə] *(n.)* المَنْفَذ الكبريتيّ : مَنْفَذ بركانيّ لا يَنْفُث غير أبخرةٍ وغازات كبريتية .

sol·fège [sŏl fĕzh′; -fāzh′] *(n.)* (١) الصَّلْفَجة : تطبيق المقاطع الصّولفاوية (را . sol-fa) على سُلَّم موسيقيّ أو لحن (٢) التَّنغيم : تدريب غنائيّ تُستخدَم فيه المقاطع الصّولفاوية بخاصة .

sol·feg·gio [sŏl fĕj′ō; -fĕj′ĭ ō] *(n.)* = solfège.

so·li [sō′lē] *pl. of* solo.

so·lic·it [sə lĭs′ĭt] *(vt.; i.)* (١) يُناشد ؛ يتوسَّل إلى ؛ يلتمس من (٢) يَحُثّ على (٣) يُلِحّ على (٤) يُغْوي ؛ يُغري (٥) يَسْتجدي (٦) يتطلَّب ؛ يقتضي (٧) يجتذب **x** (٨) يستعطي (٩) تتحرّش [البَغِيّ بِرَجُل] .

so·lic·i·tant [sə lĭs′ĭt ənt] *(n.)* المُناشِد ؛ المتوسِّل ؛ المُغْوي إلخ .

so·lic·i·ta·tion [sə lĭs′ə tā′-] *(n.)* مناشدة ؛ توسّل ؛ إغواء إلخ .

ă at; ā date; â care; ä car; ĕ egg; ē me; ĭ in; ī bite; ŏ lot; ō bone; ô orphan; oi boil; o͝o good; o͞o boot; ou out; ŭ under; û urgent; ə = *a* in alone, *e* in system, *i* in easily, *o* in gallop, *u* in circus.

so·lic·i·tor [sə lĭs′ə tər] *(n.)* (١) فا solicit، وبخاصةٍ: مُسْتجدي الصَّدقات (٢) محامٍ (٣) محامي مدينة أو ولاية.

solicitor general *(n.)* الوكيل العامّ: مساعد النّائب العامّ (ق).

so·lic·i·tous [sə lĭs′ə təs] *(adj.)* (١) قلِق؛ جَزِع (٢) توّاق (٣) مُوَسْوَس: شديد التّدقيق في التوافه والتّفاصيل.
— so·lic·i·tous·ness *(n.)*

so·lic·i·tude [-′ə t(y)o͞od′] *(n.)* (١) قَلَق؛ جَزَع (٢) عناية مُفرطة (٣) هَمّ.

sol·id [sŏl′ĭd] *(adj.; adv.; n.)* (١) مُصْمَت: «أ» أصمّ؛ غير أجوف <a ~ tire>. «ب» أسطُره متلازّة غير مفصول بينها برقائق معدنيّة <~ black paragraphs>. «ج» مكتوب من غير واصلة (را. hyphen) تربط بين أجزائه <*Earthworm* is a ~ word.> (٢) مُجَسَّم: ذو طول وعرض وارتفاع <a ~ figure> (٣) «أ» جامد. «ب» صُلْب؛ صَلْد (٤) «أ» حقيقيّ <~ comfort>. «ب» وجيه؛ سليم <~ reasons>. «ج» وطيد؛ راسخ <~ walls>. «د» متين <~ furniture> (٥) متواصل <She waited for five ~ hours.> (٦) ممتاز <~ popular music> (٧) إجماعيّ <The ~ vote of our delegation> (٨) مُجْمِع؛ مُوَحَّد <The country is ~ for peace.> (٩) «أ» حصيف؛ حكيم؛ صائب الرأي <a ~ thinker>. «ب» موثوق؛ يُعْتَمَد عليه <a ~ citizen>. «ج» سليم أو قويّ ماليًّا. «د» جدّيّ <~ reading> (١٠) «أ» خالص <~ gold>. «ب» كلّه من لون واحد <The cloth is ~ green.> إلخ § (١١) على نحو مُصْمَت إلخ § (١٢) المُجَسَّم (هن) (١٣) جسم جامدٌ أو صُلْب.

sol·i·da·go [sŏl′ə dā′gō] *(n.)* الصّوليداجة؛ عصا الذهب (عشب).

solid angle *(n.)* الزاوية المجسَّمة (ر).

sol·i·dar·i·ty [sŏl′ə dăr′ə tĭ] *(n.)* التّكافل؛ التّماسك؛ التّضامن.

sol·i·dar·y [sŏl′ə dăr′ĭ] *(adj.)* مُتكافل؛ مُتماسك؛ مُتضامن.

solid geometry *(n.)* الهندسة الفَراغيّة (هن).

so·lid·i·fi·ca·tion [sə lĭd′ə fĭ kā′-] *(n.)* (١) تصليب؛ تجميد؛ توحيد؛ ترسيخ إلخ (٢) صلابة؛ تجمُّد؛ وحدة؛ رسوخ إلخ.

so·lid·i·fy [sə lĭd′ə fī′] *(vt.; i.)* (١) يُصَلِّب؛ يُجَمِّد؛ يُوَحِّد؛ يُرسِّخ؛ يُمَتِّن x (٢) يَصْلُب؛ يَجْمُد؛ يتوحَّد؛ يترسَّخ؛ يَمْتُن.

so·lid·i·ty [sə lĭd′ə tĭ] *(n.)* (١) صُموت؛ صَلابة؛ صَلادة إلخ (٢) سلامة أو قوة [في الأخلاق أو العقل أو المركز المالي] (٣) شيء صُلب.

sol·id·ly [-′lĭ] *(adv.)* (١) بقوّة؛ بمتانة؛ برسوخ (٢) على نحوٍ سليم منطقيًّا (٣) بالإجماع؛ من غير تحفُّظ <~ behind the move>.

sol·ids [sŏl′-] *(n. pl.)* (١) الجوامد: الأجسام الصُّلبة (٢) المجسَّمات (ر).

solid–state *(adj.)* صَلابيّ؛ صُلْبيّ: غير ذي صِمامات ألكترونية.

sol·i·dus [sŏl′ĭ dəs] *(n.)* pl. **-di** [dī] (١) الصُّلْدوس: قطعة نقدية ذهبية رومانية قديمة (٢) الفاصلة المائلة (را. diagonal *4*).

so·li·fluc·tion [sō′lə flŭk-] *(n.)* زَحْلُ التُّربة (جي).

so·lil·o·quist [sə lĭl′ə kwĭst] *(n.)* مُناجي الذات [وبخاصة على المسرح].

so·lil·o·quize [-kwīz′] *(vi.)* يناجي نفسه: يقول لنفسه [وبخاصة على المسرح].

so·lil·o·quy [sə lĭl′ə kwĭ] *(n.)* مُناجاة الذات: مخاطبة المرء نفسَهُ.

so·lip·sism [sŏl′-] *(n.)* الأنانة: نظرية تقول بأنه لا وجود لشيء غير «الأنا».

sol·i·taire [sŏl′ə târ′] *(n.)* (١) الناسك؛ المتوحِّد (٢) الفريدة: ماسةٌ مُفْرَدة في خاتم إلخ (٣) المُفرَّد: حليةٌ ذات ماسةٍ واحدة (٤) السَّلتير؛ الفَرْدانيّ: ضرب من ألعاب الورق يلعبُهُ شخصٌ بمفردِهِ.

sol·i·tar·y [-′ə tĕr′ĭ] *(adj.; n.)* (١) «أ» مُعتزِل؛ مُنْزَوٍ [عن الناس]. «ب» مُرْتحِلٌ وَحْدَهُ. «ج» متوحِّد. «د» متنسّك (٢) منعزِل؛ مهجور (٣) مُفْرَد؛ وحيد <a ~ exception> (٤) مُنفرِد <~ flowers> (٥) لااجتماعيّ <~ bees> § (٦) المُعْتزِل؛ المُنْزوي (٧) الناسِك؛ المتوحِّد (٨) الحَبْس الانفراديّ.

solitary confinement *(n.)* = solitary *8*.

sol·i·tude [-′ə to͞od′] *(n.)* (١) عُزْلة؛ انعزال (٢) القَفْر؛ الأرض المُقْفِرة.

sol·ler·et [sŏl′ə rĕt′] *(n.)* السُّلَّرتيّ: حذاء فولاذيّ يؤلِّف جزءًا من الدِّرع.

sol·mi·za·tion [sŏl′mə zā′shən] *(n.)* الصَّلْفَجة (را. sol–fa).

so·lo [1] [sō′lō] *(n.)* (١) الغُصْن: لحنٌ مُعَدٌّ لكي يؤدّيَه مُغَنٍّ واحد أو آلة واحدة (٢) عملٌ منفرد. مثل: «أ» طيران منفرد. «ب» رقص منفرد (٣) الفُراديّة: كلّ لعبة من ألعاب الورق أو الكوتشينة يلعب فيها المرء ضدّ الآخرين منفردًا من غير شريك.

so·lo [2] *(adv.; adj.)* (١) مُنفردًا <He was left ~> (٢) وحيدًا <to fly ~.> § (٣) مُنْفَرِد <a ~ dance>.

so·lo [3] *(vi.)* ينفرد [في عمل]. وبخاصّة: يطير منفردًا في طائرة.

so·lo·ist [sō′lō ĭst] *(n.)* المُنْفَرِد في عملٍ ما. وبخاصة: «أ» المُغنّي أو العازف المنفرد. «ب» الطيّار المنفرِد.

Solomon's seal *(n.)* العَقْداء؛ خاتَم سُليمان: عشب من الفصيلة الزَّنبقية.

Solomon's seal

so·lon [sō′lən] *(n.)* الصُّولون: «أ» مُتَشَرِّع حكيم. «ب» عضو هيئة تشريعية.

so long *(interj.)* وداعًا؛ إلى اللِّقاء (ع).

so long as *(conj.)* (١) ما دام؛ طالما (٢) إذا؛ شريطةَ أن.

sol·stice [sŏl′stĭs] *(n.)* الانقلاب: انقلاب الشمس الصيفيّ أو الشتائيّ.

sol·sti·tial [sŏl stĭsh′əl] *(adj.)* انقلابيّ (را. المادّة السابقة).

sol·u·bil·i·ty [sŏl′yə bĭl′-] *(n.)* (١) الذَّوبانيّة؛ الذائبيّة؛ الانحلاليّة: قابلية الذوبان أو الانحلال (٢) الحَلِّيّة: قابلية الحلّ والتفسير.

sol·u·bi·lize [sŏl′yə bə-] *(vt.)* (١) يجعله ذوّابًا (٢) يزيد قابليّتَهُ للذّوبان.

sol·u·ble [sŏl′yə bəl] *(adj.)* (١) ذوّاب: قابلٌ للذَّوبان (٢) قابلٌ للحلّ <~ puzzles>.

soluble glass *(n.)* الذَّوْب الزّجاجيّ؛ الزُّجاج المائيّ؛ سِليكات الصّوديوم.

so·lu·nar [sə lo͞o′-] *(adj.)* شَمْقَمَريّ: ناشئ عن فعل الشمس والقمر معًا.

so·lus [sō′ləs] *(adv. or adj.)* وَحْدَهُ؛ منفردًا.

sol·ute [sŏl′yo͞ot] *(n.)* المُذاب: مادّة مُذابة.

so·lu·tion [sə lo͞o′shən] *(n.)* (١) الحَلّ: «أ» إيجاد الجواب عن مسألة ما. «ب» جوابٌ عن مسألة ما (٢) «أ» حلّ؛ إذابة. «ب» انحلال؛ ذوبان. «ج» محلول؛ ذَوْب (٣) إنهاء أو انتهاء [عقد إلخ] (٤) تبدُّد <the gradual ~ of the clouds>.

solv·a·bil·i·ty [sŏl′və bĭl′-] *(n.)* (١) الحَلِّيّة: قابليّة الحَلّ أو التّفسير (٢) الذَّوَبانيّة.

solv·a·ble [sŏl′və bəl] *(adj.)* (١) قابلٌ للحلّ أو التفسير (٢) ذوّاب.

Sol·vay process [sŏl′vā] *(n.)* عمليّة سولفاي: طريقة لصنع كربونات الصوديوم من كلوريد الصّوديوم [ملح الطعام].

solve [sŏlv] *(vt.)* (١) يَحُلّ [مسألةً] (٢) يُسدِّد دَينًا.

sol·ven·cy [sŏl′vən sĭ] *(n.)* (١) الإيفائيّة: القدرة على إيفاء جميع الديون (٢) المُذِيبيّة: القدرة على الإذابة.

sol·vent [sŏl′-] *(adj.; n.)* (١) مِيْفاء: قادر على إيفاء جميع الديون (٢) مُذِيب § (٣) المُذيب: مادةٌ تُذيب مادةً أخرى (٤) حلّ لمشكلة.

sol·vol·y·sis [sŏl vŏl′ə sĭs] *(n.)* الحَلْحَلة (ك).

so·ma [sō′mə] *(n.)* pl. **-s** *or* **-ma·ta** الجَسَد: جَسَد المُتعضّي (أح).

So·ma·li [sō mä′lĭ] *(n.)* (١) الصُّوماليون؛ الشعب الصُّوماليّ (٢) الصُّوماليّ: أحد أفراد الشعب الصّوماليّ (٣) الصُّومالية: لغة الصوماليين.

somat- *or* **somato-** بادئة معناها: جَسَد؛ بَدَن <*somato*logy>.

so·mat·ic [sō măt′-] *(adj.)* (١) جَسَديّ (٢) جِداريّ: خاصّ بجدار عضوٍ ما (ت).

somatic cell *(n.)* الخَلِيّة الجسديّة (أح).

somato- = somat-.

so·ma·tol·o·gy [sō mə tŏl′ə jĭ] *(n.)* علم الجَسَد: فرع من الأنثروبولوجيا يُعْنَى بدراسة خصائص الإنسان الجَسَدية.

so·ma·to·plasm [sō′mə tə-] *(n.)* (١) بروتوبلازما الخلايا الجسدية (٢) somatic cell.

so·ma·to·pleure [sō′mə tə plo͝or′] *(n.)* الطبقة الجِدارية (أج).

so·ma·to·sen·so·ry [-mă′tə sĕn′-] *(adj.)* جَسَدِيحِسّيّ؛ جسديّ حِسّيّ.

so·ma·to·type [sō măt′ə tīp′] *(n.)* = physique.

som·ber *or* **som·bre** [sŏm′bər] *(adj.)* (١) مُظلم؛ مُعتِم (٢) كئيب (٣) متشائم <~ thoughts> (٤) مُكْفَهِرّ <a ~ sky> (٥) قاتم؛ داكن.
— **som·ber·ness** *(n.)*

som·bre·ro [sŏm brâr′ō] *(n.)* الصَّمْبْريرة: قبعة عريضة الحافة مرتفعة الذِّروة.

sombrero

som·brous [sŏm′brəs] *(adj.)* = somber.

some [sŭm] *(adj.; pron.; adv.)* (١) ما <I'll do it ~ day.> (٢) «أ» بعض <for ~ time>. «ب» بِضْعة؛ بِضْع <~ miles> (٣) هامّ؛ عظيم؛ رائع <that was ~ novel> § (٤) بعض؛ بعضُهم <*Some* think he is dead.> § (٥) بعضَ الشيء؛ إلى حدٍّ ما <She felt ~ better.> (٦) حوالى؛ نحو <~ forty books>.

-some [1] لاحقة معناها: «أ» نزّاع إلى <meddle*some*>. «ب» مسبِّب لِـ <trouble*some*>. «ج» مُتّسِم بِـ <burden*some*>. «د» مجموعة أشياء [وبخاصة أشخاص] معيَّنة العدد <four*some*>.

-some [2] لاحقة معناها: جسم <chromo*some*>.

some·bod·y [sŭm′-] *(pron.; n.)* (١) شخصٌ ما § (٢) شخص ذو شأن.

some·day [sŭm′dā′] *(adv.)* يومًا؛ يومًا ما [في المستقبل].

some·deal [sŭm′dēl] *(adv.)* = somewhat.

some·how [sŭm′hou′] *(adv.)* بطريقةٍ ما؛ بطريقة أو بأخرى.

some·one [sŭm′wŭn′] *(pron.)* = somebody *1.*

some·place [sŭm′plās′] *(adv.)* = somewhere.

som·er·sault [sŭm′ər sôlt′] *(n.; vi.)* (١) الشَّقْلَبَة: حركة بهلوانية يَقْلُبُ فيها المرء عَقِبَيْه فوق رأسه (٢) انقلاب تامّ [في الرأي إلخ] § (٣) يَتَشَقْلَب.

som·er·set [-sĕt′] *(n.; vi.; t.)* (١) شَقْلَبَة § (٢) يَتَشَقْلَب x (٣) يُشَقْلِب.

some·thing [sŭm′thĭng] *(pron.; n.; adv.)* (١) شيء؛ شيء ما § (٢) شيء أو شخص هامّ § (٣) إلى حدٍّ ما (٤) إلى حدٍّ بعيد.
~ like ten thousand حوالى عشرة آلاف.

some·time [sŭm′tīm′] *(adv.; adj.)* (١) سابقًا (ا.ق) (٢) أحيانًا (ا.ق) (٣) يومًا ما؛ في وقتٍ ما في المستقبل <I'll do it ~.> (٤) في يوم غير محدَّد <*Sometime* in 1856 or 1857 he was killed.> § (٥) سابق <~ professor of biology> (٦) شِبه <a ~ father>.

some·times [sŭm′tīmz′] *(adv.)* أحيانًا؛ بين الفَيْنَة والفَيْنة.

some·way *also* **some·ways** [sŭm′-] *(adv.)* = somehow.

some·what [sŭm′-] *(n.; adv.)* (١) بعض؛ جزء <told them ~ of her adventures> (٢) شيء أو شخص ذو شأن § (٣) إلى حدٍّ ما.

some·when [sŭm′-] *(adv.)* = sometime.

some·where [sŭm′-] *(adv.; n.)* (١) في مكانٍ ما (٢) إلى مكانٍ ما (٣) تقريبًا <~ about eight o'clock> § (٤) مكانٌ ما <to ~ in Italy>.

some·wheres [sŭm′(h)wârz′] *(adv.)* = somewhere.

some·whith·er [sŭm′(h)wĭth′ər] *(adv.)* إلى مكان ما.

so·mite [sō′mīt] *(n.)* = metamere.

som·me·lier [sŏm′ə lyā′] *(n.)* السّاقي: ساقي الخمر [في مطعم أو نادٍ].

som·nam·bu·lant [sŏm năm′byə lənt] *(adj.)* مُسَرْنِم: سائرٌ، أو مُدْمِنٌ السَّيرَ، وهو نائم.

som·nam·bu·lar [-lər] *(adj.)* سَرْنَميّ: ذو علاقة بالسَّرنمة.

som·nam·bu·late [-lāt′] *(vi.)* يُسَرْنِم [سَيْر + نَوم]: يسير وهو نائم.

som·nam·bu·lism [-lĭz′əm] *(n.)* السَّرْنَمة [سَيْر + نوم]: السَّير في النوم.

som·nam·bu·list [-lĭst] *(n.)* المُسَرْنِم: السائر وهو نائم.

ă at; ā date; â care; ä car; ĕ egg; ē me; ĭ in; ī bite; ŏ lot; ō bone; ô orphan; oi boil; o͝o good; o͞o boot; ou out; ŭ under; û urgent; ə = *a* in alone, *e* in system, *i* in easily, *o* in gallop, *u* in circus.

som·ni·fa·cient [-nə fāʹshĕnt] *(adj.; n.)* (١) مُنَوِّم § (٢) عقّار مُنَوِّم .

som·nif·er·ous; som·nif·ic [-nĭfʹ-] *(adj.)* مُنَوِّم : باعث على النَّوم .

som·nil·o·quy [-nĭlʹə kwĭ] *(n.)* الكَلْنَمَة : التكلُّم في أثناء النوم .

som·no·lence *also* **som·no·len·cy** [sŏmʹnə-] *(n.)* نُعاس .

som·no·lent [sŏmʹnə lənt] *(adj.)* (١) منوِّم (٢) ناعِس ؛ نَعْسان .

son [sŭn] *(n.)* (١) ابن ؛ ولد (٢) *cap.* : الابن : ثاني الأقانيم الثلاثة (نص) .

so·nance [sōʹnəns] *(n.)* صَوْت .

so·nant [sōʹnənt] *(adj.)* صَوْتيّ ؛ صائت ؛ مجهور (ل) .

so·nar [sōʹnärʹ] *(n.)* السُّونار : جهاز لاكتشاف مواقع الأشياء [كالغوّاصات] تحت الماء .

so·nar·man [sōʹnär -] *(n.)* السُّوناريّ : رجل من رجال الأسطول مسؤول عن تشغيل السُّونار (را . المادة السابقة) .

so·na·ta [sə näʹtə] *(n.)* السُّوناتة : لحن موسيقيّ مُعَدٌّ لآلة مُفْردة [كالبيان] أو لآلتين اثنتين [كالبيان والكَمان] .

son·a·ti·na [sŏnʹə tēʹnə] *(n.)* pl. **-nas** *or* **-ne** [nā] السّوناتينة : سوناتة قصيرة مُبَسَّطةٌ عادةً (مو) .

sond·age [sŏndʹĭj] *(n.)* السَّبْر : تنقيب تمهيديّ أو تجريبيّ (آثا) .

sonde [sŏnd] *(n.)* المِسْبار ؛ السّابِر : أيّ أداة تُستخدم لدراسة الأحوال الطبيعية في المرتفعات، أو تحت سطح الأرض، أو في باطن الجسم .

song [sông; sŏng] *(n.)* (١) «أ» الغناء . «ب» فنّ الغناء (٢) شِعر (٣) «أ» أغنية . «ب» مجموعة أغانٍ (٤) «أ» لحن لقصيدة غنائيّة . «ب» قصيدة صالحة للتلحين (٥) ردّ فعل عنيف أو صاخب (٦) طريقة مميَّزة أو مُعتادة (٧) مبلغ ضئيل ؛ ثمن بَخس <sold for a ~> .

an old ~, (١) مبلغ ضئيل (٢) نغمة عتيقة ؛ حكاية قديمة .

nothing to make a ~ and dance about تافه ؛ قليل الأهمية .

song·bird [-ʹbûrdʹ] *(n.)* (١) طائرٌ مُغَرِّد (٢) passerine *2* (٣) المُغَنِّية ؛ الشّادية .

song·fest [-ʹfĕstʹ] *(n.)* مِهرجان الأغاني [تُنْشَد فيه الأغاني الشّعبية جماعيًا] .

song·ful [-ʹfəl] *(adj.)* (١) صَدّاح ؛ غِرّيد ؛ غَرِد (٢) غنائيّ .

song·less [-ʹləs] *(adj.)* غير صدّاح ؛ غير مُغَرِّد <a ~ bird> .

song·smith [sŏngʹsmĭth] *(n.)* ناظم الأغاني .

song·ster [sŏngʹstər] *(n.)* (١) المُغَنّي ؛ الشّادي (٢) «أ» ناظم الأغاني . «ب» شاعر (٣) كتاب أغانٍ شعبية (٤) طائر غِرّيد .

song·stress [sŏngʹstrəs] *(n.)* المُغَنِّية ؛ الشّادية .

song thrush *(n.)* السُّمْنة الغِرِّيدة (طا) .

song·writ·er [-ʹrīʹtər] *(n.)* ناظم أو مُلحِّن الأغاني الشَّعبيّة .

son·ic [sŏnʹĭk] *(adj.)* (١) صَوْتيّ (٢) قادرٌ على إصدار الأصوات .

sonic barrier *(n.)* جدار الصوت ؛ الحاجز الصَّوتيّ (طي) .

sonic boom *(n.)* دَوِيُّ جدار الصوت (طي) .

sonic depth finder *(n.)* = echo sounder.

so·nif·er·ous [sə nĭfʹər əs] *(adj.)* صائت ؛ مُصَوِّت : مُحْدث للصوت .

son–in–law [sŭnʹĭn lôʹ] *(n.)* الصِّهر : زوج الابنة .

son·less [sŭnʹləs] *(adj.)* أبتَر : غير ذي عَقِب أو وَلَدٍ .

son·ly [sŭnʹlĭ] *(adj.)* بَنَويّ : منسوب إلى الابن <~ obedience> .

son·net [sŏnʹĭt] *(n.)* السّونيتّة : قصيدة غنائية تتألف من ١٤ بيتًا .

son·ne·teer [sŏnʹĭ tērʹ] *(n.; vi.)* (١) شاعر ثانويّ أو تافه (٢) السّونيتّيّ : ناظم السّونيتّات § (٣) يُسَوْنِت : يَنْظِم السّونيتّات .

son·net·ize [sŏnʹĭ tīzʹ] *(vi.; t.)* يُسَوْنِت : يَنظِم السّونيتّات .

sonnet sequence *(n.)* المُتَتالية السّونيتّيّة : سلسلة من السّونيتّات يَنْتظِمها موضوع مُوَحَّد .

son·ny [sŭnʹĭ] *(n.)* البُنَيّ : ولد صغير [وتستخدم غالبًا في صيغة الخطاب] .

so·no·buoy [sōʹnə boiʹ] *(n.)* الطّافِيَة الصّوتيّة : طافية مُزَوَّدة بما يُمكِّنها من اكتشاف الأصوات تحت الماء وإرسالها بالراديو .

son of a bitch *(n.)* (١) ابن الكَلْبة (٢) ابن العاهرة ؛ ابن الفاجرة .

son of a gun *(n.)* الهُمام : الرجل المعروف بالشجاعة والإقدام .

so·nom·e·ter [sō nŏmʹə tər] *(n.)* = audiometer.

so·no·rant [sō nōrʹənt] *(n.)* = resonant.

so·nor·i·ty [sə nôrʹ-] *(n.)* (١) المُصَوِّتيّة (٢) الجَهْوَريّة : صَوْت جَهْوَريّ .

so·no·rous [sə nōrʹəs] *(adj.)* (١) مُصَوِّت ؛ رنّان (٢) جَهْوَريّ <a ~ voice> (٣) طنّان ؛ رَنّان <a ~ style> .

son·ship [sŏnʹ-] *(n.)* البُنُوّة : كون المرء ابنًا ؛ علاقة الابن بأبيه .

son·sy *or* **sons·ie** [sŏnʹsĭ] *(adj.)* (١) جميل ؛ وسيم (٢) buxom .

soon [sōōn] *(adv.)* (١) بُعَيْدَ <He'll be ~ after sunset> (٢) قريبًا <Smoke ~ disappears.> (٣) عاجلًا ؛ سريعًا <here very ~.> (٤) باكرًا ؛ مُبَكِّرًا <Summer came ~ this year.> .

soon·er [sōōʹnər] *(n.)* (١) المُستبِق : من يسارع للإقامة في أرض حكومية قبل أن تُفتح أبوابها رسميًّا للمستوطنين لكي يفوز بحقّ الأولوية الذي يمنحه القانون للمقيم الأول (٢) *cap.* : الأوكلاهوميّ : أحد أبناء ولاية أوكلاهوما الأميركية أو المقيمين فيها .

sooner or later *(adv.)* عاجلًا أو آجلًا .

soot [sŏŏt] *(n.; vt.)* (١) السِّناج ؛ السُّخام § (٢) يُسَنِّج : يُلَوِّث بالسِّناج .

soothe [sōōth] *(vt.; i.)* (١) «أ» يُهَدِّئ . «ب» يَسترضي (٢) يُسَكِّن ؛ يُلَطِّف ؛ يُخَفِّف [الألمَ إلخ] .

sooth·ing [sōōʹthĭng] *(adj.)* (١) مُهَدِّئ (٢) مُسَكِّن ؛ مُلَطِّف .

sooth·say [sōōthʹsāʹ] *(vi.)* يَتَكَهَّن ؛ يَتَنَبَّأ ؛ يكشف البَخْت .

sooth·say·er [-ʹsāʹər] *(n.)* المُتَكَهِّن ؛ المُتَنَبِّئ ؛ العَرّاف .

sooth·say·ing [sōōthʹ-] *(n.)* (١) الكِهانة ؛ التَّنَبُّؤ ؛ العِرافة (٢) نُبوءة .

soot·y [sŏŏʹtĭ] *(adj.)* (١) سِناجيّ ؛ سُخاميّ (را . soot) (٢) أسْنَج ؛ أسْخَم : مُلَوَّث بالسِّناج أو السُّخام (٣) قاتم ؛ داكن ؛ بلون السِّناج .

sop [sŏp] *(n.; vt.)* (١) الغَميسة : قطعة من خبز إلخ تُغْمس في سائلٍ ما قبل أكلها (٢) كلّ ما يقدَّم على سبيل التهدئة أو الاسترضاء . وبخاصة : رشوة ؛ هدية إلخ § (٣) «أ» يَغْمِس . «ب» يَنْقَع (٤) يَمْسَح ؛ يُزيل بالامتصاص <Please ~

up that water with cloth>. (٥) يرشو أو يسترضي بهديّة إلخ.

so·pai·pil·la [sō′pī pēl′yə] *(n.)* الزّلابيَة: حلوى قِوامُها عجين يُقلَى.

soph·ism [sŏf′ĭz əm] *(n.)* (١) سَفْسَطة (٢) مُغالطة ؛ قياسٌ فاسد.

soph·ist [sŏf′ĭst] *(n.)* (١) السّوفسْطائيّ: أحد المعلّمين أو الفلاسفة السّوفسطائيّين الإغريق (٢) المفكّر ؛ الفيلسوف (٣) المُغالِط.

so·phis·tic; -al [sŏ fĭs′-] *(adj.)* (١) سوفسَطائيّ: منسوب إلى السُّوفسَطائيين (٢) سَفْسَطيّ ؛ مغالِط <~ reasoning>.

so·phis·ti·cate [*v.* sə fĭs′tə kāt; *n.* -kāt′; -kĭt] *(vt.; n.)* (١) «أ» يَمْذُق ؛ يَغُشّ. «ب» يُحرِّف [نصًّا أو فقرةً إلخ] (٢) يُفقده بساطته أو سذاجته؛ يجعله متكلِّفًا ؛ يحنّكه أو يجعله ذا دراية بشؤون هذا العالم (٣) «أ» يُعقّد. «ب» يَصقُل § (٤) «أ» شخص متكلِّف أو مُحنَّك. «ب» شخص رفيع الثقافة أو مُطّلِع على أحدث الآراء.

so·phis·ti·cat·ed [sə fĭs′tə kā′tĭd] *(adj.)* (١) «أ» ممذوق ؛ مغشوش <~ oils>. «ب» محرَّف <a ~ text> (٢) مُعقَّد <a ~ instrument> (٣) مُتكلِّف أو محنَّك (٤) «أ» مصقول. «ب» رفيع الثقافة <a ~ columnist> (٥) مُمتع عقليًّا ؛ يروق لذوي الثقافة الرفيعة <~ novels> (٦) متطوِّر <~ weapons>.

so·phis·ti·ca·tion [sə fĭs′tə kā′-] *(n.)* (١) مص sophisticate (٢) sophistry.

soph·is·try [sŏf′ĭs-] *(n.)* سَفْسَطة ؛ مُغالَطة.

Soph·o·cle·an [sŏf′ə klē′ən] *(adj.)* سوفوكليّ: ذو علاقة بسوفوكل المسرحي اليوناني (٤٩٦؟-٤٠٦ ق.م) أو بمآسيه.

soph·o·more [sŏf′ə mōr′] *(n.)* السوفومور: طالب في السّنة الثانية من كلّيّة.

soph·o·mor·ic [sŏf′ə môr′ĭk] *(adj.)* (١) مغرور ؛ مُعْتَدٌّ بنفسه [مع ضحالة في الثقافة] (٢) سوفوموريّ (را. المادة السابقة).

-sophy لاحقة معناها: حكمة ؛ معرفة ؛ عِلْم <philo*sophy*>.

so·por [sō′pər] *(n.)* = lethargy *1*.

so·po·rif·er·ous [sō′pə rĭf′ər əs] *(adj.)* = soporific.

so·po·rif·ic [sō′pə rĭf′ĭk] *(adj.; n.)* (١) «أ» مُنَوِّم. «ب» مخدِّر (٢) «أ» نعسان. «ب» نُعاسيّ § (٣) عقّار منوِّم أو مخدِّر.

sop·ping [sŏp′-] *(adj.; adv.)* (١) منقوع ؛ مُشْبَع بالماء § (٢) جدًّا ؛ إلى حدٍّ بعيد <~ wet>.

sop·py [sŏp′ĭ] *(adj.)* (١) نَديّ ؛ مُشْبَع بالماء <~ ground> (٢) ماطر <~ weather> (٣) عاطفيّ [إلى حدّ مُفْرِط أو صِبيانيّ].

so·pran·o [sə prăn′ō] *(n.; adj.)* (١) النّدِيّ ؛ السّوبرانو : «أ» الصوت الأعلى. «ب» الصوت الغنائيّ الأعلى عند النّساء والصّبيان. «ج» صاحب هذا الصوت أو آلة موسيقية تؤدّيه أو دورٌ يُؤدّى به § (٢) نَدِيَويّ : ذو علاقة بالنّدِيّ.

sorb [sôrb] *(n.; vi.)* (١) الغُبَيْراء الأهليّة: «أ» شجر وثيق الصِّلة بالتفّاح والإجّاص. «ب» ثمر الغُبَيْراء الأهلية § (٢) يمتَصّ (٣) يَمْتَزّ (را. adsorb).

sor·bent [sôr′-] *(n.)* (١) مادّة ماصّة (٢) مادّة مُمْتَزّة (را. adsorb).

sor·bet [sôr′bət] *(n.)* الشَّرْبات: شراب مُثلَّج مشتمل على عصير فاكهة.

sor·bic acid *(n.)* حَمْض السّوربيك (ك).

sor·bi·tol [sŏr′bə tôl] *(n.)* السّوربيتول: مادّة سكّرية تُحَلّى بها الأشربة.

Sor·bon·ist [sôr′bən ĭst] *(n.)* السّوربونيّ: طالب في جامعة السّوربون الفرنسيّة أو حاملٌ لشهادة الدكتوراه منها.

sor·cer·er [sôr′sər ər] *(n.)* السّاحر ؛ المُشَعْوِذ.

sor·cer·ess [sŏr′sər əs] *(n.)* السّاحرة ؛ المُشَعْوِذة.

sor·cer·ous [sôr′sər əs] *(adj.)* سِحْريّ ؛ شَعْوَذيّ.

sor·cer·y [sôr′sə rĭ] *(n.)* سِحر ؛ شَعْوَذة.

sor·did [sôr′dĭd] *(adj.)* (١) قَذِر ؛ وَسِخ <~ surroundings> (٢) حقير <~ methods> (٣) خسيس ؛ دنيء <~ motives> (٤) جَشِع (٥) أنانيّ (٦) بخيل ؛ شحيح.

sor·di·no [sôr dē′nô] *(n.)* pl. **-ni** [nē] المِخْفات: أداة عظميّة أو معدنية لتخفيف صوت الآلة الموسيقية (مو).

sore [sōr] *(adj.; n.; adv.)* (١) مُؤلم ؛ مُحْزِن <~ news> (٢) مُمِضّ ؛ مُوجِع <a ~ grief> (٣) حسّاس على نحوٍ مُوجِع <~ muscles> (٤) مُتقرِّح <~ eyes> (٥) شديد ؛ ماسّ <~ need> (٦) مُتألِّم ؛ مُوْجَع <to be ~ at heart> (٧) مُغْضَب ؛ مَغيظ <~ over a remark> § (٨) قَرْح ؛ قَرْحة (٩) بلاء ؛ بلوى ؛ مصدر ألم أو إزعاج § (١٠) sorely.

sore·head *or* **sore·head·ed** [sōr′-] *(adj.)* نزِق ؛ سريع الغضب.

sore·ly [sōr′lĭ] *(adv.)* (١) على نحوٍ موجع <~ vexed> (٢) بِعُنْف <~ exerted> (٣) جدًّا ؛ إلى حدّ بعيد <was ~ tired>.

sore throat *(n.)* التهاب الحَلْق (ط).

sor·ghum [sôr′gəm] *(n.)* (١) السَّرغوم: نبات كالذُّرة يُستخرَج من بعض أنواعه [الذُّرةِ السُّكّرية] عصيرٌ سكّري وتتخذ من بعضها الآخر [ذُرةِ المكانس] مكانسُ وفَراشٍ (٢) عصير الذُّرة السُّكّريّة (٣) شيء مفرط الحلاوة أو متهافت العاطفة.

sor·go [sôr′gō] *(n.)* الذُّرة السُّكّريّة (را. المادة السابقة).

so·ri [sōr′ī] *pl. of* sorus.

sor·i·cine [sôr′ə sīn′] *(adj.)* زَبابيّ: خاصّ بالزَّبابة (را. shrew *1*) أو شبيهٌ بها.

so·ri·tes [sō rī′tēz] *(n.)* القياس المُتَسلسل ؛ القياس المُركَّب مفصولُ النتائج (مق).

so·ro·ral [sə rōr′əl] *(adj.)* = sisterly.

so·ror·ate [sōr′ə rāt′] *(n.)* الزواج من أختَيْن [أو أكثر].

so·ror·i·cide [sə rôr′ĭ sīd′] *(n.)* (١) قَتْلُ الأخت (٢) قاتل أُختِه.

so·ror·i·ty [sə rôr′ə tĭ] *(n.)* (١) نادي الطالبات [في كلّيّة إلخ] (٢) جمعية

الطالبات .

so·ro·sis [sə rō′sĭs] *(n.)* pl. **-ses** [sēz] جمعية أو نادٍ للنّساء .

sorp·tion [sôrp′shən] *(n.)* التَّمَزُّز ؛ الانتشاف : مصطلح عام يشتمل على عمليات الامتصاص absorption والامتزاز adsorption إلخ .

sor·rel [sôr′əl] *(n.)* (١) الكُمْتة : لون أسمر أو بنّيّ مُحْمَرّ (٢) فرس كُمَيْت (٣) الحُمّاض : نبات عشبيّ من فصيلة الحُمّاضيّات .

sorrel 3

sor·row [sŏr′ō] *(n.; vi.)* (١) حُزْن ؛ أسًى (٢) مِحنة ؛ بَليّة (٣) أسَفٌ (٤) الضَّرّاء <in ~ and in joy> § (٥) يَحْزَن ؛ يأسَى .

sor·row·ful [sŏr′ə fəl] *(adj.)* (١) حَزين (٢) مُحْزِن .

sor·ry [sŏr′ĭ] *(adj.)* (١) حزين (٢) آسِف ؛ متأسّف (٣) مُؤسِف ؛ فاجع <came to a ~ end> (٤) تافه ؛ يُرثَى له ؛ مثير لمزيج من الشَّفقة والسُّخرية <a ~ underpaid official>.

sort [sôrt] *(n.; vt.; i.)* (١) نوع ؛ ضَرْب (٢) شخص ؛ شيء <He is not a bad ~ at all.> (٣) مجموعة ؛ طاقم (٤) طريقة ؛ أسلوب (٥) طبيعة ؛ مزاج <people of an evil ~> (٦) حرف من طاقم معيَّن (طع) § (٧) يَفْرِز ؛ يُصَنِّف (٨) يُوضح أو يتَّضح x (٩) يُعاشر (١٠) ينسجم مع .

- after a ~; in a ~, إلى حدٍّ ما .
- of ~*s*; of a ~, رديء النوع ؛ من نوع رديء .
- out of ~*s* (١) متوعِّك (٢) مَغِيظ ؛ ممتعض ؛ غاضب .

sort·er [-′ər] *(n.)* فا sort . وبخاصة : فارز الرسائل [في إدارة البريد] .

sor·tie [sôr′tē] *(n.; vi.)* (١) غارة المحاصَرين : هجمة مفاجئة يَشُنّها الجنود المحاصَرون على قوّات العَدُوّ المحاصِر (٢) هَجْمة ؛ غارة § (٣) يَشُنّ غارة .

sor·ti·lege [sôr′tə lĭj] *(n.)* (١) التَّكَهُّن [بالقِداح والأزلام] (٢) سِحر ؛ شَعْوَذة .

sor·ti·tion [sôr tĭsh′ən] *(n.)* إلقاء القُرْعة أو سَحْبُها [لتقرير أمرٍ ما] .

so·rus [sōr′əs] *(n.)* pl. **so·ri** [sōr′ī] الصّامّة : «أ» عنقود من حافظات الأبواغ على ورقة السَّرْخَس . «ب» مجموعة أبواغ في النباتات الدُّنيا .

SOS [ĕs′ō ĕs′] *(n.)* <*S*ave *O*ur *S*ouls> أنقذونا ؛ أنقذوا أرواحنا : نداء استغاثة .

so–so [sō′sō′] *(adj.; adv.)* بَيْن بَيْن : ليس بالجيّد ولا بالرّديء .

sot [sŏt] *(n.)* السِّكّير : مُدمن الخمر .

so·te·ri·ol·o·gy [sə tēr′ĭ ŏl′ə jĭ] *(n.)* لاهوت الخَلاص ؛ اللاهوت الخَلاصيّ : لاهوت يبحث في الخَلاص وبخاصة من طريق المسيح (نص) .

So·thic [sō′thĭk] *(adj.)* شِعرانيّ : ذو علاقة بالشِّعْرَى اليمانية Sothis .

Sothic year *(n.)* السّنة الشِّعرانية : السنة المصرية القديمة [٣٦٥ ¼ يومًا] .

So·this [sō′thĭs] *(n.)* الشِّعْرَى اليمانية (را . Sirius) .

so·tol [sō′tōl] *(n.)* السُّوتَل : نبات من الفصيلة الزنبقية .

sot·tish [sŏt′ĭsh] *(adj.)* (١) سكران ؛ ثَمِل ؛ مَخْمور (٢) أبله ؛ مُغَفَّل .

sot·to vo·ce [sŏt′ō vō′chĭ] *(adv.)* (١) «أ» هَمْسًا . «ب» على انفراد (٢) بِرِقّة بالغة <to play the finale ~> .

sou [sōō] *(n.)* (١) السُّو ؛ الفَلْس : «أ» sol[2] . «ب» قطعة نقدية فرنسية قيمتها خمسة سنتيمات (٢) شيء تافه ؛ شيء ضئيل القيمة .

sou·bise [sōō bēz′] *(n.)* السُّوبيز : صَلْصة البَصَل البيضاء .

sou·brette [sōō brĕt′] *(n.)* السّوبريت : «أ» فتاة مِغناج أو مستهترة وبخاصة في المسرحيّات الهزلية . «ب» ممثِّلة تؤدّي هذا الدّور .

sou·bri·quet [sōō′brə kā′] *(n.)* = sobriquet.

sou·chong [sōō′shŏng′] *(n.)* السُّوشُنْغ : ضرب من الشاي الأسود .

souf·flé[1] [sōō flā′] *(n.)* النَّفيخة : طعام يُخبَز على نحوٍ منفوخ أو منفوش ويدخل في إعداده البيض المخفوق والصلصة البيضاء إلخ .

souf·flé[2] *or* **souf·fléed** [sōō flād′] *(adj.)* نَفيخ : منفوخ أو منفوش بالخَبْز أو الطَّهْو <~ omelette> .

sough [sŭf; sou] *(vi.; n.)* (١) يئِنّ : يُحْدث صوتًا كالأنين أو التنهّد <wind ~*ing* in the branches> (٢) يغطّ أو يشخر [في نومه] § (٣) «أ» أنين [الريح إلخ] . «ب» تنهّدة عميقة أو عالية .

sought [sôt] *past and past part. of* seek.

souk [sōōk] *(n.)* سُوق [وبخاصة في إفريقيا والشرق الأوسط] .

soul [sōl] *(n.; adj.)* (١) الرُّوح ؛ النَّفْس (٢) جوهر (٣) مُلْهِم ؛ قائد ؛ روح محرِّكة <was the ~ of the rebellion> (٤) حيوية ؛ نشاط (٥) شخص ؛ إنسان <is a dear old ~> (٦) نَسَمة (٧) مِثال ؛ نموذج الشيء مُجَسّدًا <He is the ~ of integrity.> (٨) حسّاسيّة بالغة (٩) الزِّنجيّ § (١٠) زَنجيّ <~ radio stations> .

soul brother *(n.)* (١) الزِّنجيّ (٢) الصديق ؛ الخليل ؛ شقيق الروح .

soul–de·stroy·ing *(adj.)* مُمِلّ ؛ مُضْجِر ؛ غير مُمْتِع ؛ قاتل للنَّفْس أو الرُّوح <~ work>.

souled [sōld] *(adj.)* ذو روح <brave-*souled* pioneers> .

soul·ful [sōl′fəl] *(adj.)* عاطفيّ ؛ مُفْعَم بالعاطفة <a ~ song> .

soul·less [sōl′ləs] *(adj.)* عديم الروح : يُعوزه سُمُوّ العقل أو الشّعور .

soul mate *(n.)* شقيق الرّوح ؛ شقيقة النَّفس . وبخاصة : خليل ؛ خليلة .

soul music *(n.)* موسيقى الزِّنج : موسيقى أميركيّة زنجيّة متفجّرة بالعاطفة .

soul–search·ing [sōl′-] *(n.)* تحليل الذّات : امتحان المرء ضميرَهُ وبخاصة في ما يتصل بالدوافع والقِيَم .

soul sister *(n.)* (١) الزِّنجيّة (٢) الصديقة ؛ الخليلة ؛ شقيقة الروح .

sou mar·kee [sōō′mär kē′] *(n.)* السُّو المُعَلَّم : «أ» قطعة نقدية فرنسية قديمة ضئيلة القيمة . «ب» قُلامة ظُفر <not worth a ~> .

sound[1] [sound] *(adj.; adv.)* (١) «أ» سليم ؛ صحيح . «ب» لا عيب فيه (٢) «أ» راسخ ؛ ثابت . «ب» مستقرّ . «ج» متين <a ~ economy> . «د» مضمون ماليًّا <a ~ investment> (٣) «أ» دقيق ؛ مضبوط <a ~ estimate> . «ب» شرعيّ ؛ قانونيّ <a ~ title to land> . «ج» قويم أو متّفق مع الآراء المقبولة <a ~ doctrine> (٤) «أ» تامّ ؛ كامل <a ~ recovery> . «ب» عميق <~ sleep> . «ج» قاسٍ <a ~ whipping> (٥) موثوق ؛ معتمَد <a ~ friend> (٦) حصيف § (٧) عميقًا ؛ على نحو عميق <slept ~> .

sound[2] *(n.; vi.; t.)* (١) صوت (٢) ضَجّة ؛ ضَجيج (٣) معنًى ؛ مغزًى ؛

انطباعة عاطفية يخلّفها مسموع أو مقروءٌ <The news has a sinister ~.> (٤) مَرْمى السّمع: مدى السمع أو مجالُهُ (٥) المُسَجَّلة: مادة صوتيّة مسجّلة على أسطوانات أو أشرطة § (٦) يُصَوِّت: يُحْدث صوتًا (٧) يترجّع؛ يتردّد [الصّدى] (٨) يبدو <That ~s incredible.> x (٩) يَقْرَع؛ يَعْزِف إلخ (١٠) يَلفظ <to ~ each letter> (١١) يُعْلن؛ يُذيع (١٢) يأمر أو يعطي إشارةً بصوتٍ ما <to ~ retreat> (١٣) يَسْتَصْوِت: يفحص عضوًا بجعلِهِ يُطلق صوتًا <to ~ the lungs>.

to ~ off (١) يجاهر بـ؛ يقول (٢) يقول بصوت عالٍ (٣) يُجاهر بـ؛ يعبِّر عن آرائه بِحُرِّيّة وقوّة.

sound^{3} *(n.)* (١) مَضيق (٢) النّاصِفة: جسم مائيّ ضيّق يصل بين اليابسة وجزيرة قريبة منها (٣) المَثانة الهوائية [في الأسماك].

sound^{4} *(vt.; i.; n.)* (١) يَسْبُرُ (٢) يَجُسّ؛ يدرس إمكانيةَ شيء (٣) يستطلع الآراء [تتبعها out عادةً] x (٤) يغوص فجأة § (٥) المِسْبار (ط).

sound barrier *(n.)* = sonic barrier.

sound·board [sound′bōrd′] *(n.)* = sounding board.

sound bow *(n.)* قَوْس الصوت: الجزء الغليظ من الناقوس الذي يقرعُهُ اللسان أو القارعة.

sound box *(n.)* الصُّندوق المُصوِّت: «أ» حُجَيْرة جوفاء في الآلة الموسيقية تعمل على تقوية جَهْوَريّتها. «ب» جزء من ذراع الفونوغراف تُثَبَّت فيه الإبرة التي تتحرّك فوق الأسطوانة.

sound camera *(n.)* الكاميرا الصّوتيّة: آلة تصوير سينمائية معدّة لتسجيل الصوت والصّورة، في وقت واحد، على نفس الشريط.

sound·er [soun′dər] *(n.)* فا sound. وبخاصة: «أ» السّابر: من يَسْبُر الأغوار. «ب» المِسبار: أداة لسَبْر الأغوار.

sound·ing^{1} [sound′ĭng] *(adj.)* (١) مُصَوِّت: مُحْدِث صَوْتًا (٢) مِرنان؛ مُحْدِث رنينًا (٣) طنّان؛ رنّان <~ phrases>.

sound·ing^{2} *(n.)* (١) «أ» سَبْر الأعماق أو الأغوار. «ب» العُمق المَسْبور. «ج» *pl.*: نتائج السَّبْر. «د» موضع في نهر أو بحر يبلغ خطُّ السَّبْر قَعْرَهُ (٢) رَصْد الأحوال الجوية [على ارتفاعاتٍ مختلفة] (٣) استطلاع للآراء أو للرأي العامّ.

sounding board *(n.)* (١) موجِّهة الصّوت: أداة لتوجيه صوت الخطيب أو الأوركسترا نحو جمهور النظّارة (٢) اللَّوحة المصوِّتة: لوحة خشبية رقيقة تزوَّد بها الآلة الموسيقية الوترية لتزيد الصّوت المنبعث منها وضوحًا وجَهارةً (٣) لوح السَّبْر: شخص أو جماعة تُستطلع ردودُ فعلهما على فكرة ما (٤) المَنْشَرة؛ المِنْبَر: كلّ وسيلة لنشر فكرة أو وجهة نظرٍ ما.

sounding line *(n.)* خَيْط السَّبْر: خيط أو حبلٌ أو سلك يُشَدّ إلى طَرَفِه ثِقلٌ ويُستخدم لأغراض السَّبْر.

sounding rocket *(n.)* صاروخ السَّبْر: صاروخ يُستخدم للحصول على المعلومات الخاصة بالأحوال الجويّة على ارتفاعات مختلفة.

sound·less [sound′-] *(adj.)* (١) لا يُسْبَر غَوْرُهُ؛ بالغُ العمق (٢) صامت.

sound·ly [-′lĭ] *(adv.)* (١) على نحو سليم أو صحيح إلخ (٢) عميقًا <slept ~> (٣) تمامًا <Her wound healed ~.> (٤) بِحصافة أو وفقًا للمبادئ القويمة (٥) بِعُنف؛ بشدّة <shook her ~>.

sound motion picture *(n.)* الفيلم الناطق: شريط سينمائي ناطق.

sound·proof [sound′-] *(n.; vt.)* (١) عازلٌ للصّوت <a ~ studio> § (٢) يجعله عازلًا للصّوت <to ~ floors>.

sound ranging *(n.)* تقدير المدى بالصّوت (صو).

sound reception *(n.)* استقبال الصوت (صو).

sound track *(n.)* المَدْرَج الصّوتيّ: «أ» ذلك الجزء من الفيلم السينمائيّ الحاملُ للتسجيل الصوتيّ. «ب» الصّوت المسجَّل على المَدْرج الصّوتيّ.

sound truck *(n.)* السّيارة المُجَلْجِلة: سيارة مزوَّدة بِمُكبِّرٍ للصوت.

sound wave *(n.)* الموجة الصَّوتيّة (صو).

soup [sōōp] *(n.; vt.)* (١) حَساء (٢) سحابٌ أو ضباب كثيف (٣) مأزق <in the ~> § (٤) يُوَسِّع: يكبِّر <to ~ up a book> (٥) يُعزِّز: يزيد قوة شيء أو فعّاليّتَهُ <to ~ up an engine>.

soup·çon [sōōp sôn′] *(n.)* ذَرَّة؛ أَثَر؛ مقدار ضئيل.

souped–up [sōōpt′ŭp] *(adj.)* مُعَزَّز؛ مُقَوًّى: زيدت قوّتُهُ أو فعّاليته.

soup kitchen *(n.)* مَطعم الفقراء: مؤسسة تقدِّم الحَساء والخبز إلى الفقراء.

soup·y [sōō′pĭ] *(adj.)* (١) حَسائيّ القَوام (٢) كثيف الضَّباب أو السّحاب <~ weather> (٣) مُتهافِت العاطفة: مُتَّسِم بعاطفيّة مُفرِطة.

sour [sour] *(adj.; n.; vi.; t.)* (١) حامض <~ apples> (٢) «أ» رائب <~ milk>. «ب» نَتِن؛ فاسد <a ~ smell> (٣) بغيض؛ كريه؛ مُرّ <a ~ job> (٤) مُخْفِق؛ فاشل (٥) شَكِس؛ نَكِد؛ فظٌّ؛ مُتَجهِّم (٦) مُعادٍ (٧) بارد أو رَطْب <a ~ day> (٨) رديء § (٩) شيء حامض (١٠) المُرّ: شيء بغيض أو كريه (١١) الحَمْضانيّ: شراب مُسْكِر حامض § (١٢) يتحمَّض؛ يتخمَّر؛ يَفْسُد (١٣) يصبح شكسًا أو نكِد المزاج (١٤) تسوء [العلاقات] x (١٥) يحمِّض؛ يخمِّر؛ يُفسِد (١٦) يُغْضِب؛ يُثير.

source [sōrs] *(n.; vt.)* (١) سَبَب (٢) أصل؛ منشأ (٣) «أ» مَنْبعُ [النهر]. «ب» ينبوع (ا. ق) (٤) مَصْدر؛ مَرْجع § (٥) يحدِّد المَصْدَرَ.

source·book [sōrs′bŏŏk′] *(n.)* المَصْدر الأوّلي؛ المَرْجِع الأوليّ.

source language *(n.)* اللّغةُ الأصليّة: لغة النصّ المراد ترجمتُه.

sour cherry *(n.)* الكَرَز الحامض أو ثَمَرُه.

sour·dine [sōōr dēn′] *(n.)* (١) sordino (٢) kit^{2}.

sour dock *(n.)* الحُمّاض: نبات عشبيّ ذو عصارة حَمْضيّة المذاق.

sour·dough^{1} [sour′dō′] *(n.)* خميرة متحمّضة [تُستخدَم في صُنع الخُبْز].

sour·dough^{2} *(n.)* مُنَقِّب عن الذهب [في آلاسكا أو كندا].

sour grapes *(n. pl.)* حِصْرِم حَلَب: التّظاهر بالعزوف عن الشيء مع شدة الرغبة فيه، وذلك عند العجز عن الحصول عليه.

sour·ish [sour′ĭsh] *(adj.)* حامض قليلًا؛ حامض بعضَ الشيء.

sour·ness [sour′-] *(n.)* (١) الحامضيّة (٢) شكاسة ؛ نَكد إلخ (را . sour) .

sour orange *(n.)* (١) النّارَنْج ؛ أبو صُفَير (٢) ثمر النارَنْج .

sour salt *(n.)* = citric acid.

sour·sop [sour′sŏp] *(n.)* القِشدة الشائكة : شجر ذو ثمر حمضيّ المذاق .

soursop

sour·wood [sour′-] *(n.)* الشجرة الحامضة : شجرة ذات زهرات بيضاء وأوراق حَمْضيّة المذاق .

sous [sōō] *(adj.)* مُساعِد <a *sous*-chef> .

sou·sa·phone [sōō′sə fōn′] *(n.)* السّوسافون : آلة موسيقية ذات بوق عريض .

sousaphone

souse [sous] *(vt.; i.; n.)* (١) يُخلِّل : ينقع في الخلّ (٢) «أ» يَغمر ؛ يَنْقع . «ب» يُشبِع ؛ يبلِّل تبليلًا تامًّا (٣) يُمطِره بوابلٍ من (٤) يُسْكِر x (٥) يَنْقَع ؛ يُبلَّل إلخ (٦) يَسْكر § (٧) «أ» المخلَّل . وبخاصة : سمك أو لحم خنزير مخلَّل . «ب» محلول تخليل (٨) تخليل ؛ نَقْع ؛ تبليل (٩) «أ» السّكِّير . «ب» مَرَحٌ صاخب ؛ إسراف في الشّراب .

sou·tache [sōō tăsh′] *(n.)* السُّوتَش : شريط زِينيّ مَجْدول يُطرَّز به .

sou·tane [sōō tän′] *(n.)* الغَفّارة : رِداء الكاهن في الكنيسة (كث) .

sou·ter [sōōt′ər] *(n.)* الحَذّاء : صانع الأحذية (إسك) .

south [south] *(adv.; adj.; n.)* (١) «أ» جَنوبًا . «ب» جنوبيًّا [كذا] (٢) نزولًا § (٣) جنوبيّ § (٤) الجَنوب (٥) منطقة جنوبية .

south·bound [-′bound′] *(adj.)* مسافر أو متوجِّهٌ جنوبًا .

south·east [south′ēst] *(adv.; adj.; n.)* (١) إلى أو نَحْوَ أو في الجنوب الشّرقيّ <windows facing ~> § (٢) جَنوبيّ شرقيّ <a ~ wind> § (٣) الجَنوب الشّرقيّ (٤) إقليم جنوبيّ شرقيّ (٥) .*cap* : المنطقة الجنوبيّة الشرقيّة من الولايات المتّحدة الأميركيّة .

south·east·er *(n.)* ريح أو عاصفة جنوبية شرقية .

south·east·er·ly *(adv.* or *adj.)* من [أو نحوَ] الجَنوب الشّرقيّ .

south·east·ern *(adj.)* جنوبيّ شرقيّ : خاصّ بالجزء الجنوبيّ الشرقيّ من البلاد أو واقعٌ فيه أو مُقْبِل منه أو مميِّز له .

south·east·ern·er *(n.)* الجنوبيّ الشرقيّ : أحد أبناء الجنوب الشرقي .

south·east·ward [-′wərd] *(adv.; adj.; n.)* (١) جنوبًا بشرق ؛ نَحْوَ الجنوب الشرقي § (٢) جنوبيّ شرقيّ § (٣) الجنوب الشرقيّ .

south·east·wards *(adv.)* جنوبًا بشرق ؛ نَحْوَ الجنوب الشرقيّ .

south·er [sou′thər] *(n.)* الريح الجنوبيّة .

south·er·ly [sŭth′ər lĭ] *(adj.; adv.; n.)* (١) جَنوبيّ § (٢) من الجَنوب (٣) نحو الجَنوب <The wind blew ~.> § (٤) الريح الجَنُوبيّة .

south·ern [sŭth′-] *(adj.; n.)* (١) جَنوبيّ § (٢) الجَنوبيّ : أحد أبناء الجنوب .

Southern Cross *(n.)* نُعَيْم ؛ صليب الجنوب (را . Crux) .

Southern Crown *(n.)* = Corona Australis.

Southern English *(n.)* الإنكليزية الجنوبيّة : اللغة الإنكليزية التي ينطق بها المثقّفون من أبناء الأصقاع الجنوبية من إنكلترا .

South·ern·er [sŭth′ər-] *(n.)* الجنوبيّ : أحد أبناء الجنوب .

Southern Hemisphere *(n.)* نِصْف الكُرة الجنوبيّ (جغ) .

South·ern·ism *(n.)* الجَنُوبيّة : لهجةٌ أو خِصّيصةٌ مميِّزة لأهل الجنوب .

southern lights *(n. pl.)* = aurora australis.

south·ern·ly [sŭth′ərn lĭ] *(adj.; adv.)* = southerly.

south·ern·wood *(n.)* الشّجرة الجنوبية ؛ القَيْصوم الذَّكَر (نب) .

south·ing [sou′thĭng] *(n.)* (١) التَّجنيب : حركةٌ نحو الجنوب (٢) المسافة جنوبًا : المسافة المجتازة نحو الجنوب (مل) .

south·land [south′lănd′] *(n. often cap.)* الجزء الجنوبيّ من بلدٍ ما .

south·paw [south′pô′] *(n.; adj.)* (١) الأَعْسَر : العامل بيُسْراه . وبخاصة : لاعب بيسبول أعسر § (٢) أعسَر ؛ «عسراوي» .

South Pole *(n.)* القطب الجنوبيّ («جغ» و«فل») .

South·ron [sŭth′rən] *(adj.; n.)* (١) جَنوبيّ . وبخاصّة : إنكليزيّ § (٢) الجَنوبيّ .

south·ward [south′-] *(adv.; adj.; n.)* (١) جنوبًا ؛ نَحْوَ الجنوب § (٢) جَنوبيّ § (٣) الجنوب <to sail to the ~> .

south·wards [-′wərdz] *(adv.)* جَنوبًا ؛ نَحْوَ الجنوب .

south·west *(adv.; adj.; n.)* (١) إلى أو نَحْوَ أو في الجنوب الغربيّ § (٢) جَنوبيّ غربيّ <a ~ wind> § (٣) الجنوب الغربيّ (٤) إقليم جنوبيّ غربيّ (٥) ريحٌ جنوبية غربية (٦) .*cap* : المنطقة الجنوبيّة الغربيّة من الولايات المتّحدة الأميركيّة .

south·west·er [south′wĕs′-] *(n.)* ريحٌ أو عاصفة جنوبية غربية .

south·west·er·ly *(adv.* or *adj.)* من [أو نَحْوَ] الجنوب الغَرْبيّ .

south·west·ern *(adj.)* جنوبيّ غربيّ <~ towns> .

South·west·ern·er *(n.)* الجنوبيّ الغربيّ : أحد أبناء الجنوب الغربيّ .

south·west·ward [-′wərd] *(adv.; adj.; n.)* (١) جنوبًا بغرب ؛ نحوَ الجنوب الغربيّ § (٢) جَنوبيّ غربيّ § (٣) الجَنوب الغربيّ <to the ~> .

south·west·wards *(adv.)* جنوبًا بغرب ؛ نَحْوَ الجَنُوب الغربيّ .

sou·ve·nir [sōō′və nĭr′] *(n.)* تَذْكار .

souvenir sheet *(n.)* الطوابع التَّذْكارية .

sou·vla·ki·a [sōōv läk′ĭ ə] *or* **sou·vla·ki** [-′ē] *(n.)* = shish kebab.

sou'·west·er [sou′wĕs′-] *(n.)* (١) السَّوَسْتَر : «أ» سِترة طويلة مُشمَّعة تُرتدى في البحر بخاصةٍ عند هبوب العواصف . «ب» قُبَّعة عريضة الحافَة غير مُنفِذة للماء (٢) الريح أو العاصفة الجنوبية الغربية .

sov·er·eign [sŏv′rən] *(n.; adj.)* (١) «أ» عاهِل ؛ مَلِك ؛ مَلِكة . «ب» سيّد ؛ رئيس ؛ زعيم (٢) السَّفْرَن : جنيه إنكليزيّ ذهبيّ § (٣) «أ» مُسَيْطِر ؛ مُهَيْمِن . «ب» مطلَق <the ~ power of the pope> . «ج» مستقلّ ؛ ذو [أو ذات] سيادة <a ~ state> (٤) «أ» رئيسيّ <Character is of ~ importance.> . «ب» ممتاز <the ~ sense of humor> . «ج» فعّال ؛ ناجع <a ~ cure for colds> . «د» غالب ؛ سائد <a ~ conception> (٥) ملكِي ؛ غير مقيّد <a

~ right>.

sov·er·eign·ty [-tĭ] *(n.)* (١) «أ» سُلطة عليا . «ب» نفوذٌ مُهَيْمن . «ج» سيادة؛ استقلال (٢) دولة مستقلّة ذات سيادة .

so·vi·et [sō′vē ĕt′] *(n.; adj.)* (١) السّوفيات : «أ» مجلس حكوميّ منتَخَب في بلد شيوعيّ. «ب» *pl. cap.*: البلاشفة. «ج» *pl. cap.*: شعب الاتحاد السوفياتي؛ وبخاصة: قادتُه السياسيّون والعسكريون § (٢) *cap.* ا.ك: سوفياتيّ .

so·vi·et·ism [sō′vē ə tĭz′əm] *(n. often cap.)* السّوفياتيّة : «أ» نظام الحكم السّوفياتيّ . «ب» الشيوعية .

so·vi·et·i·za·tion [sō′vē ĕt′ə zā′-] *(n. often cap.)* السَّوْفَتَة .

so·vi·et·ize [sō′vē ə tīz′] *(vt. often cap.)* يُسَوْفِت : «أ» يُخْضِع للسيطرة السوفياتية. «ب» يجعله مطابقًا للأنماط الثقافية السوفياتيّة. «ج» يحوّله إلى حكم سوفياتيّ .

sov·khoz [sŏf′kôz′] *(n.)* pl. **-kho·zy** *or* **-khoz·es** السّوفخوز : مزرعة تعاونية في الاتحاد السوفياتيّ السابق تدفع أجورًا للعاملين فيها (قا kolkhoz).

sov·ran [sŏv′rən] *(n.; adj.)* = sovereign.

sow[1] [sou] *(n.)* (١) الخِنْزيرة : أُنثى الخِنْزير (٢) قناة السَّبْك : القناةُ الناقلةُ للمعدن المُذاب إلى قالب السَّبْك (٣) *ingot 2*.

sow[2] [sō] *(vi.; t.)* (١) يَبْذُر [الحَبَّ] x (٢) يزرع؛ يَغْرِس (٣) ينثر؛ يوزِّع (٤) يُثير؛ يَبُثّ <~*ing* a suspicion here and a doubt there> .

sow·bel·ly [sou′-] *(n.)* بطن الخِنزيرة : لحم خنزير مُمَلَّح .

sow bug [sou′] *(n.)* = pill bug.

sow·er [sō′ər] *(n.)* الباذر؛ الزّارع؛ النّاثر إلخ .

sow·ing [sō′ĭng] *(n.)* بَذْر؛ زَرْع؛ نَثْر إلخ .

sown [sōn] *past part. of* sow.

sow thistle [sou] *(n.)* التِّفاف : نبات ذو أوراق شائكة .

sow thistle

sox [sŏks] *pl. of* sock.

soy [soi] *(n.)* (١) صَلْصَة فول الصّويا (٢) فول الصويا .

soy·a [soi′ə]; **soy·bean** [soi′bēn′] *also* **soya bean** *(n.)* فول الصّويا .

soz·zled [sŏz′əld] *(adj.)* سَكْران؛ ثَمِلٌ؛ مخمور .

spa [spä] *(n.)* (١) الحَمَّة : ينبوع مياهٍ مَعْدِنية (٢) المُنْتَجَع المَعْدِنيّ : مُنْتَجَعٌ يرتاده النّاس رغبةً في مياهه المعدنيّة (٣) فندق أو مُنْتَجَع مُتْرَف .

space [spās] *(n.; vt.; i.)* (١) فترة؛ مدّة <There was peace for a ~.> (٢) «أ» مسافة؛ مساحة. «ب» مدًى؛ سَعَة <the seating ~ of an auditorium> (٣) حيِّز؛ مكان؛ فُسحة <parking ~s> (٤) الفضاء: المنطقةُ الواقعة خارجَ جوّ الأرض أو خارجَ النظام الشمسيّ (٥) الفُسْحة؛ البياض: «أ» فراغ بين الكلمات أو السّطور. «ب» رقيقةُ البياض: رقيقة معدنية لإحداث مثل هذا الفراغ (طع) (٦) عَدَد الأسطر [التي تتألف منها مادة مطبوعة أو مكتوبة] (٧) الفراغ (ر) (٨) الفترة المخصَّصة للمُعْلنين [في الإذاعة أو التلفزيون] (٩) مَحَلّ؛ مَقْعد [في طائرة إلخ] <He reserved his ~ three weeks ago.> § (١٠) يُفَسِّح : يباعد بين [الكلمات إلخ].

space–age [spās′sāj′] *(adj.)* عَصْرفضائيّ : «أ» خاصّ بعصر الفضاء . «ب» حديث؛ عصريّ .

space biology *(n.)* البيولوجيا الفضائية .

space charge *(n.)* الشِّحنة الحَيِّزيّة (كب) .

space·craft [spās′krăft′] *(n.)* المَرْكبة الفضائية؛ سفينة الفضاء .

spaced–out *(adj.)* (١) سكران (٢) مُخَبَّل [من أثر المخدِّرات] (٣) غريب؛ عجيب [إلى أبعد الحدود].

space flight *(n.)* الطيران الفضائيّ : الطيران خارجَ جوّ الأرض .

space helmet *(n.)* الخُوذَة الفضائية : خوذة يعتمر بها رُوّاد الفضاء .

space lattice *(n.)* الشَّبيكة الحَيِّزيّة : ترتيب الذّرّات الهندسيّ في بلّورة .

space·less [spās′-] *(adj.)* (١) لامحدود (٢) لاحَيِّزيّ : غير مُحتلّ حيّزًا .

space·man [spās′măn] *(n.)* الفَضائيّ؛ رَجُل الفضاء : «أ» رائد الفضاء . «ب» زائر للأرض قادم من الفضاء الخارجيّ .

space mark *(n.)* علامة الفَصْل؛ علامة التّفسيح : علامة كهذه # يُطلب بها الفصل ما بين الكلمات أو الحروف (طع).

space medicine *(n.)* الطّبّ الفضائيّ : فرع من الطبّ يبحث في الآثار الفيسيولوجية والبيولوجية التي يُخلِّفها الطيران خارجَ جوّ الأرض في الجسم البشريّ .

space navigation *(n.)* المِلاحة الفضائية : المِلاحة في الفضاء الخارجيّ .

space platform *(n.)* = space station.

space·port [spās′pôrt′] *(n.)* الميناء الفضائيّ : قاعدة لاختبار المَرْكبات الفضائية وإطلاقها وإيوائها وصيانتها .

spac·er [spā′-] *(n.)* المباعِدة : أداة للمباعدة بين الكلمات في آلة تنضيد طباعيّة .

space·ship [spās′shĭp′] *(n.)* = spacecraft.

space shuttle

space shuttle *(n.)* مَكّوك الفضاء .

space station *(n.)* المحطّة الفضائيّة : قمرٌ صُنعيّ مُعَدّ للدوران في مدار ثابت حول الأرض، ومُستخدَم بوصفه قاعدةً للبحث العلميّ .

space suit *(n.)* البِذْلَة الفضائية : بِذْلة خاصّة يرتديها روّاد الفضاء .

space suit

space–time [spās′tīm′] *(n.; adj.)* (١) الزَّمَكان؛ الزمان–المكان : المُتَّصِل الرُّباعيّ الأبعاد الناشئ عن اعتبار الزمان – وفقًا لنظرية النسبية – بُعدًا رابعًا [يضاف إلى الطول والعرض والارتفاع] § (٢) زَمَكانيّ؛ زمانيّ مكانيّ .

space walk *(n.; vi.)* (١) السَّير الفضائيّ § (٢) يسير في الفضاء .

space·ward [spās′wərd] *(adv.)* نَحْوَ الفضاء .

space writer *(n.)* الكاتب الحَيِّزيّ : كاتب يُدْفَعُ إليه أجرُهُ على أساس الحَيِّز الطباعيّ الذي تحتلُّه كتاباته .

spac·ey *also* **spac·y** [spā´sĭ] *(adj.)* = spaced–out.

spa·cial [spā´shəl] *(adj.)* = spatial.

spac·ing [spā´-] *(n.)* (١) التَّفسيح : المباعدة بين الكلمات أو السّطور عند كتابتها أو طباعتها (٢) فُسْحة (٣) الفُسْحة : المسافة بين شيئين في سلسلة نظامية .

spa·cious [spā´shəs] *(adj.)* (١) رَحْب ؛ فسيح <a ~ place> (٢) واسع ؛ شامل (٣) مُترَف ؛ باذخ ؛ غنيّ <the ~ life of the wealthy> .

spack·le [spăk´əl] *(vt.; n.)* (١) يُمعْجِن § (٢) *cap.* : معجون [لملء الشقوق] .

spac·y [spā´sĭ] *(adj.)* = spacey.

spade [1] [spād] *(n.; vt.; i.)* (١) مِسْحاة ؛ مِجراف ؛ رَفْش § (٢) يَسْحو ؛ يَجْرُف ؛ يَرْفُش .

spade[1] *1.*

to call a ~ a ~, يتكلّم بصراحة ؛ يسمّي الأشياء بأسمائها .

spade [2] *(n.)* (١) البَسْتوني [في ورق اللَّعِب] (٢) الزّنجيّ .

spade·ful [spād´-] *(n.)* مِلءُ مِسْحاة أو مِجْراف .

spade·work [spād´-] *(n.)* (١) السِّحاية : عملٌ يُنْجَز بالمِسحاة أو المِجراف (٢) كَدْح ؛ عَمَلٌ كادح .

spa·dille [spə dĭl´] *(n.)* الورقة الأقوى [في كثير من ألعاب الورق] .

spa·dix [spā´dĭks] *(n.)* pl. **spa·di·ces** [-də sēz] : الطَّلْع ؛ الطَّلعة ازهرارٌ قِوامُهُ محورٌ يحمل أزهارًا لاطئة وحيدة الشّقّ (نب) .

spadix

spa·ghet·ti [spə gĕt´ĭ] *(n.)* (١) السّباغيتي : معكرونة طويلة الأعواد رفيعتُها (٢) الأنبوب العازل : أنبوب تُدْخَل فيه الأسلاك لعَزْلها (كب) .

spa·gyr·ic [spə jĕr´ĭk] *(n.; adj.)* (١) الخِيمياء (را . alchemy) § (٢) خِيميائيّ .

spa·hi [spä´hē] *(n.)* السباهي : فارس في الجيش العثمانيّ القديم .

spake [spāk] *archaic past of* speak.

spall [spôl] *(n.; vt.; i.)* (١) شَظيّة [وبخاصة من حجارة] § (٢) يُشَظّي x (٣) يتشَظّى .

— **spall·a·tion** *(n.)*

spal·peen [spăl pēn´] *(n.)* = rascal.

span [1] [spăn] *archaic past of* spin.

span [2] *(n.; vt.)* (١) شِبْر (٢) الشِّبر الإنكليزيّ : وحدة إنكليزية للطّول تساوي تسعة إنشات أو ٢٢,٩ سنتيمترًا (٣) امتداد ؛ اتّساع ؛ مدًى . وبخاصة : «أ» فُسْحة العمر : مدة حياة المرء على الأرض <a life ~> . «ب» بَسْطة جناحَي الطائر . «ج» الباع : المسافة بين دعامتَيْ أو كَتِفَيْ جسر . «د» جزء بين دعامتين [في جسر] § (٤) يَشْبُر : «أ» يقيس بالشِّبر . «ب» يقيس (٥) يجتاز (٦) يمتدّ [زمنيًّا] ؛ يستغرق <Her career ~*ned* three decades.> (٧) يمتدّ فوق كذا ؛ يُشَكِّل شبهَ جسرٍ على <A rainbow ~*ned* the lake.> (٨) يمتدّ (٩) يُجسِّر : يُقيم جسرًا على .

span [3] *(n.)* القرينان : بغلان أو جوادان قُرِن أحدهما بالآخر .

span·drel [spăn´drəl] *(n.)* ، السَّبَنْدَل : الفُسْحة المُثلّثيّة المُزخرَفة عادةً، بين المنحنى الخارجيّ الأيمن أو الأيسر من قوس أو قنطرة وبين الزاوية القائمة المطوّقة (عم) .

S. spandrel

spang [spăng] *(adv.)* (١) كُلّيّةً ؛ بكلّ ما في الكلمة من معنًى <~ full> (٢) تمامًا <~ in the middle> .

span·gle [spăng´gəl] *(n.; vt.; i.)* (١) التِّرتِرة ؛ اللُّمْعَة : واحدة التِّرتِر أو اللُّمَع أو «البَرَق» وهو ما توشّى به الملابس إلخ من صفائح معدنية أو لدائنيّة صغيرة لامعة (٢) اللُّمْعَة : شيء صغير لامع § (٣) يُتَرْتِر : «أ» يُوَشّي بالتِّرْتِر . «ب» يُرَصِّع بِلُمَعٍ صغيرة x (٤) يتلألأ .

Span·iard [spăn´yərd] *(n.)* الإسبانيّ : أحد أبناء إسبانيا .

span·iel [spăn´yəl] *(n.)* (١) السَّبَنْيَليّ : كلب صغير قصير القوائم، طويل الشعر متموِّجُهُ، كبير الأذنين مسترخيهما (٢) الذّليل ؛ الخَنُوع ؛ المُتَملّق .

Span·ish [spăn´ĭsh] *(n.; adj.)* (١) الإسبانية : لغة الإسبان (٢) الإسبان ؛ الشّعب الإسبانيّ § (٣) إسبانيّ .

Spanish–American *(n.; adj.)* (١) الأميركيّ الإسبانيّ : «أ» مُقيم في الولايات المتحدة الأميركية لغتُهُ القومية إسبانيّة وثقافتُهُ ذاتُ أصل إسبانيّ . «ب» أحد أبناء بلد أميركيّ إسبانيّ، وبخاصة إذا كان إسبانيَّ الأصل § (٢) أميركيّ إسبانيّ .

Spanish bayonet *(n.)* الحَرْبة الإسبانية : نبات من الفصيلة الزّنبقية .

Spanish broom *(n.)* البَدَشْكان ؛ الوَزّال : نبات عَطِر الرائحة .

Spanish fly *(n.)* الذَّريحة ؛ الذُّرّاح النّافط ؛ الذُّباب الإسبانيّ .

Spanish fly

Spanish influenza *(n.)* الإنفلُوَنزا الإسبانية : داء فيروسيّ حادّ مُعْدٍ .

Spanish mackerel *(n.)* الإسقُمْري الإسبانيّ : سمك بحريّ ضخم .

Spanish omelet *(n.)* الأومْلَت الإسبانية : عُجّة بَيْضٍ تُضاف إليها صلصة مشتملة على فلفل أخضر وبصل وطماطم .

Spanish paprika *(n.)* البَبْريكا الإسبانية : ضرب من الفُلْفُل الحُلْو pimento .

Spanish rice *(n.)* الأرُزّ الإسبانيّ : أرُزٌ مَطْهُوّ مع البصل والفلفل الأخضر والطّماطم .

spank [spăngk] *(vt.; i.; n.)* (١) يَصْفع [وبخاصّةٍ على الكَفَل] (٢) يُوبِّخ بقَسْوة x (٣) يَسْقُط مُحْدِثًا دَوِيًّا (٤) ينطلق بسرعة أو رشاقة § (٥) «أ» صفعة مُدَوِّية . «ب» دَوِيّ هذه الصّفعة .

spank·er [-´ər] *(n.)* (١) شراع المؤخَّرة (مل) (٢) فرس سريع العَدْو (٣) شيء رائع أو ضخم أو استثنائي (٤) المِصْفعة : أداة يُصْفَعُ بها .

spank·ing *(adj.; adv.)* (١) رائع ؛ عظيم (٢) سريع ؛ رشيق § (٣) جدًّا .

span·less [spăn´ləs] *(adj.)* لا يُقاس ؛ مُتَعذِّرٌ قياسُهُ .

span·ner [spăn´ər] *(n.)* مفتاح رَبْط ؛ مفتاح صَمولة .

spanner

span–new [spăn´nyōō´] *(adj.)* = brand–new.

span roof *(n.)* السَّطح المُسَنَّم : سطح ذو جانبين منحدرين .

spar [1] [spär] *(n.)* (١) «أ» عمود غليظ . «ب» سارية ؛ صارٍ ؛ قائم (مل) (٢) العَضُد ؛ الرّافدة : أحد الأجزاء الجانبية الرئيسية من جناح الطائرة .

spar [2] *(vi.; n.)* (١) يتصارع كالدِّيَكة (٢) يتلاكم . وبخاصة : يتظاهر بتوجيه لكمةٍ إلى خصمه (٣) يتجادل ؛ يتشاحن (٤) يتناوش ؛ يتقاتل مُناوَشةً

§ (٥) حركة هجومية أو دفاعية [في الملاكمة] (٦) مباراة ملاكمة (٧) نِزاع .

spar³ *(n.)* السَّبار: معدن مُتبلِّر لمّاع ينقشر بسهولة إلى رقائق .

spar·a·ble [spăr'ə-] *(n.)* مِنقار الدُّوريّ: مسمار للنّعال صغيرٌ لا رأس له .

spare [spâr] *(vt.; i.; adj.; n.)* (١) «أ» يَصْفح عن؛ يعفو عن . «ب» يستبقي؛ يُبقي على (٢) يستثني [من حملة أو هجوم إلخ] (٣) يوفِّر على نفسِهِ <*Spare* yourself the trouble.> (٤) يوفِّر؛ يقتصد (٥) يجتنب؛ يُحْجِم عن (٦) يستغني عن <couldn't ~ the car> (٧) يُضيع سدًى (٨) يألو؛ يَدَّخِر <~*d* no effort> (٩) يضِنّ بـِ؛ يَبْخَل بـِ **x** (١٠) يَبْخَل: يحيا حياةَ البخلاء (١١) يَرِقّ؛ يلين؛ يَرْحم § (١٢) احتياطيّ؛ إضافيّ <a ~ tire> (١٣) إضافيّ <~ time> (١٤) شحيح؛ مقتصِد (١٥) نحيلٌ قليلًا (١٦) هزيل؛ ضئيل؛ طفيف <~ diet> § (١٧) دولاب إضافيّ (١٨) شيء إضافيّ [كبطّاريّة أو نظّارتين] (١٩) قطعة غِيار (٢٠) عضو إضافيّ [في فريق رياضيّ] . —**spare·ly** *(adv.)* —**spare·ness** *(n.)*

spare parts *(n.)* قِطَع الغِيار؛ قِطع التَّبديل .

spare–part surgery *(n.)* الجراحة الاستبدالية (ط) .

spare·ribs [spâr'rĭbz] *(n.)* الإرْب الضِّلْعِيّ: قطعة من لحم الخنزير بخاصةٍ تتألف من أطراف الأضلاع القليلة اللحم .

sparge [spärj] *(vt.; n.)* (١) يَرُشّ؛ يَنْضَح؛ يُبَلِّل § (٢) رشٌّ؛ رَشّة .

spar·ing [spâr'-] *(adj.)* (١) مُقتصِد؛ بخيل؛ مقتِّر (٢) مُتحفِّظ؛ مُقِلّ <~ in speech>.

spar·ing·ly [spâr'ĭng lĭ] *(adv.)* باقتصاد؛ بتقتير؛ بتحفُّظ؛ بإقلال .

spark¹ [spärk] *(n.; vi.; t.)* (١) شَرارة (٢) وَمْضة (٣) جوهرة صغيرة . وبخاصّة: ماسة (٤) ذَرّة؛ مقدار صغير <a ~ of decency> § (٥) يُرسِل أو يُحدِثُ شررًا (٦) يستجيب بحماسة <~ to the idea> **x** (٧) يُنشِّط؛ يحرِّك؛ يُثير (٨) يُشجِّع .

spark² *(n.; vt.; i.)* (١) الغَنْدور: فتًى شديد التأنُّق (٢) امرأة جميلة وذكيّة (٣) «أ» عاشق . «ب» زِيرُ نساء § (٤) يُغازل **x** (٥) يتغازلان .

spark arrester *(n.)* مانعة الشَّرر: أداة تَحول دون انطلاق الشَّرَر .

spark–chamber *(n.)* حُجرة الشَّرَر (فز) .

spark coil *(n.)* المَلَفّ الشَّرَريّ: ملفٌ مُوَصِّل لإحداث الشَّرر (كب) .

spark gap *(n.)* (١) الفَجْوة الشَّررية (كب) (٢) جهاز ذو فجوةٍ شَرَرية .

sparking plug *(n.)* = spark plug.

spar·kle [spär'kəl] *(vi.; t.; n.)* (١) يُطلِق شَرَرًا (٢) يَتلألأ؛ يتوهَّج (٣) يتألَّق: يَعمل ببراعة؛ يُبلي بلاءً حَسَنًا (٤) يفور (٥) يَمُورُ بالحَيَوية (٦) يَضْطَرِم؛ يَتَّقِد ذكاءً أو غضبًا **x** (٧) يُلألئ: يجعله يتلألأ § (٨) الشُّرَيْرة: شرارة صغيرة (٩) تلألؤ؛ تألُّق (١٠) نشاط (١١) فَوَران (١٢) أثرٌ ضئيل <a ~ of her former high spirits>.

spar·kler [spär'klər] *(n.)* (١) شيء مُتلألئ أو مُتألِّق . وبخاصةٍ: ماسة (٢) المُشَرِّرة: ضرب من الألعاب النارية يُطلق عند اشتعاله شراراتٍ لامعة .

spar·kling [spär'-] *(adj.)* (١) متلألئ؛ متألِّق (٢) مُتَّقد ذكاءً (٣) مُفعَمٌ بالحيوية (٤) رائع؛ مُذْهِل <a ~ performance> (٥) فوّار .

spark plug *(n.)* المُوْرِية؛ شمعة الإشعال .

spark plug

spark transmitter *(n.)* المُرْسِل الشَّرَري (ألك) .

spar·ling [spär'lĭng] *(n.)* الهِفّ الأوروبيّ (را . smelt) .

spar·row [spăr'ō] *(n.)* العُصفور الدُّوريّ .

sparrow

sparrow·grass [spăr'ō-] *(n.)* = asparagus.

sparrow hawk *(n.)* الباشِق: طائر صغير من فصيلة الكواسر .

sparse [spärs] *(adj.)* (١) مُتفرِّق؛ مُتناثر؛ غير كثيف <a ~ population> (٢) خفيف؛ غير كثّ <his ~ hair> (٣) ضئيل؛ طفيف <a ~ shade> . —**sparse·ly** *(adv.)* —**sparse·ness; spar·si·ty** *(n.)*

Spar·ta·cist [spär'tə sĭst] *(n.)* السّبارتاكوسيّ: عضو في جماعة سياسية اشتراكيّة متطرِّفة نُظِّمت في ألمانيا عام ١٩١٨ .

Spar·tan [-'tən] *(n.; adj.)* (١) الإسبارطيّ: «أ» أحد أبناء إسبارطة القديمة . «ب» شخص عظيم الشّجاعة أو الجَلَد § (٢) إسبارطيّ: «أ» منسوب إلى إسبارطة . «ب» مُتّسِم بالبساطة، وبالاقتصاد في الإنفاق والكلام، وباجتناب التّرَف، وبضبط النفس، وبالصّرامة والجَلَد . «ج» مُقْتَضَب . «د» شجاع .

spar·te·ine [-'tē ēn'] *(n.)* الإسْپَرْتين: سائل شبه قِلْويّ مريرٌ سامّ (ك) .

spar varnish *(n.)* طِلاء الصّواري: طِلاء خارجيّ صامدٌ للماء .

spasm [spăz'əm] *(n.)* (١) التّشنّج: انقباض عضليّ لاإراديّ وغير سَوِيّ (٢) نَوْبة <a ~ of coughing> (٣) السَّوْرة: فورة نشاط .

spas·mod·ic; -al [spăz mŏd'-] *(adj.)* (١) تَشَنُّجيّ (٢) مُتقطِّع <~ efforts> (٣) اهتياجيّ أو سريع الاهتياج .

spas·mo·lyt·ic [spăz'mə lĭt'-] *(adj.; n.)* حالٌ أو مضادٌّ للتّشنُّج .

spas·tic [spăs'-] *(adj.; n.)* (١) تَشنُّجيّ (٢) مصاب بالشَّلل التّشنُّجيّ <a ~ child> § (٣) المصاب بتشنُّج عضليّ أو بالشَّلل التَّشنُّجيّ .

spastic paralysis *(n.)* الشَّلَل التّشنُّجي (مض) .

spat¹ [spăt] *past and past part. of* spit.

spat² *(n.; vi.)* (١) «أ» بيْض المَحار [وغيره من الحيوانات المائيّة الصَدفيّة] . «ب» مَحارة صغيرة . «ج» صِغار المَحار § (٢) يَضع [المحارُ] بيضَهُ .

spat³ *(n.)* طِماق الكاحل: وقاء للجزء الأعلى من الحذاء مُحيطٌ بالكاحل .

spats³

spat⁴ *(n.; vt.; i.)* (١) مُشاحَنة؛ مُشاجَرة (٢) صفعة (ع) (٣) القَرْع: صوت شبيه بصوت المطر المتساقط بحبّاتٍ كبيرة <the ~ of bullets> § (٤) يَصْفَع (ع) **x** (٥) يتشاحن؛ يتشاجر (٦) يَقْرَع: يَسقط أو يضرب بصوت شبيه بصوت المطر المتساقط بحبّات كبيرة <Bullets were ~*ting* down.>.

spatch·cock [spăch'kŏk] *(vt.)* يَدُسّ: يُقحِم في نصّ مكتوب .

spate [spāt] *(n.)* (١) فَيَضان (٢) فَيْض؛ مقدار وافر (٣) سَورة؛ انفجار

ă at; **ā** date; **â** care; **ä** car; **ĕ** egg; **ē** me; **ĭ** in; **ī** bite; **ŏ** lot; **ō** bone; **ô** orphan; **oi** boil; **o͝o** good; **o͞o** boot; **ou** out; **ŭ** under; **û** urgent; **ə** = *a* in alone, *e* in system, *i* in easily, *o* in gallop, *u* in circus.

مفاجئ <a ~ of anger>.

spathe [spāth̸] *(n.)* الكافور؛ الكُفُرَّى: شبه قِمع يُحيط ببعض أشكال الازهار [ككافور الطَّلعة في النّخل].

spath·u·late [spăth'yə lət] *(adj.)* = spatulate.

spa·tial [spā'shəl] *(adj.)* (١) حَيِّزِيّ؛ مكانيّ (٢) فضائيّ.

spa·tial·ly [spā'shəl ĭ] *(adv.)* حَيِّزِيًّا؛ مكانيًّا؛ فضائيًّا.

spa·tio·tem·po·ral [spā'shĭ ō tĕm'-] *(adj.)* زَمَكانيّ؛ زمانيّ – مكانيّ.

spat·ter [spăt'ər] *(vt.; i.; n.)* (١) يُرَشِّش؛ «يُطَرْطِش»؛ يلوِّث برشاشِ سائل (٢) ينثر بالتّرشيش <to ~ mud> (٣) يُبَقِّع: يكسو بالبُقَع (٤) يُرَشِّش: يُصيب في أماكنَ متعدّدة <Bullets ~*ed* the wall.> (٥) يُشَوِّه [السمعةَ] x (٦) يترشَّش: يتساقط على شكل قطرات أو جُسَيمات (٧) يَطِشّ: يُطلق قطرات أو جُسَيمات [مثل مادّة تُغْلَى على النار] § (٨) ترشيش؛ ترشُّش (٩) تَرْشاش؛ طَشاش (١٠) بقعة أو لطخة؛ مقدار ضئيل.

spat·ter·dock [-dŏk'] *(n.)* النُّوفار؛ النَّيْلُوفَر الأصفر: زنبق مائيّ.

spat·u·la [spăch'ə lə] *(n.)* المِلْوَق؛ المِبْسَط: أداة ذات شفرة عريضة مرنة عادةً تُبْسَط بها العقاقير والمعجونات أو تُمْزَج.

spatula

spat·u·late [-lət] *(adj.)* مِلْوَقيّ الشكل <a ~ tool>. (را. spatula).

spav·in [spăv'-] *(n.)* (١) وَرَم (٢) الجَرَذ: ورمٌ يُصيب عُرقوب الفَرَس.

spawn [spôn] *(vt.; i.; n.)* (١) تَسْرَأ: تضع السمكةُ بَيْضَها (٢) يُحدِث؛ يُنْتِج؛ يُفْرِخ x (٣) تَسْرأ؛ تبيض § (٤) السَّرْء: بيض السّمك (٥) نِتاج؛ ثمرة <the ~ of instinct> (٦) بذرة؛ جرثومة؛ مصدر.

spay [spā] *(vt.)* يَخْصي؛ يستأصل المبايض [من إناث الحيوان].

speak [spēk] *(vi.; t.)* (١) يتكلّم (٢) يُوَبِّخ؛ يؤنِّب (٣) يخطب؛ يلقي خطابًا (٤) ينطق بلسان <Writers ~ for their age.> (٥) يطلب؛ يطالب بِـ (٦) يَشهد أو يدلّ على x (٧) «أ» يقول؛ يلفظ. «ب» يُلقي [قصيدةً إلخ]. «ج» يُفصِح [عما في نفسه] <to ~ one's mind> (٨) «أ» يُخاطب. «ب» يَذْكُر <*Speak* me to her.> (٩) يُمثِّل <ceased to ~ the will of the citizens> (١٠) يُبْدي؛ يُظهر؛ ينطِق بِـ <His eager smile ~*s* devotion.> (١١) يُعلن. وبخاصة: يعلن بإطلاق صوت معيَّن مُمَيَّز <Trumpets ~ his presence.> (١٢) يسأل (١٣) يَصِف (١٤) يتكلَّم.

- so to ~, إذا جاز التعبير.
- to ~ for oneself (١) يُعبِّر عن آرائه أو مشاعره إلخ بطريقته الخاصة (٢) يتكلم عما يتعلّق به فقط.
- to ~ out *or* up (١) يتكلّم جهارًا أو بوضوح (٢) يُعَبِّر عن رأيه بحُرّية ومن غير تردّد أو خوف.

speak·eas·y [spēk'ē'zĭ] *(n.)* حانة. وبخاصة: حانة غير مُرخَّص بها.

speak·er [spē'-] *(n.)* (١) «أ» المتكلِّم. «ب» الخطيب. «ج» الناطق بلسان هيئة إلخ (٢) الرئيس [لهيئةٍ تشريعية]؛ رئيس المجلس (٣) المِجهار: مكبِّر للصوت.

Speaker of the House رئيس المجلس [النيابيّ].

speak·ing [spē'-] *(adj.)* (١) ناطق (٢) مُعَبِّر إلى حدّ بعيد <a ~ face> (٣) خَطابيّ <a ~ tour> (٤) «أ» فصيح؛ بليغ. «ب» قاطع؛ ساطع <a ~ proof> (٥) أمين: شبيه بالأصل شَبَهًا شديدًا <a ~ portrait>.

speaking tube *(n.)* أنبوب التخاطب [بين أجزاء مختلفة من المبنى الواحد].

spear [1] [spēr] *(n.; vt.; i.)* (١) رُمح؛ حَرْبة (٢) الرَّمّاح: حاملُ الرُّمح (٣) ورقةُ [عُشب] جديدة؛ بُرعم أو فرع جديد § (٤) يطعَن برمح أو حَرْبة x (٥) يُطْلِع أوراقًا أو براعم أو فروعًا جديدة.

spear [2] *(adj.)* عَصَبيّ: منسوب إلى عَصَبة الرجل وهم بنوه وقرابتُهُ لأبيه <the ~ side of the family>.

spear·fish [spēr'-] *(n.; vi.)* (١) الرّاموح؛ الحاروب: سمك بحريّ ذو خَطْم طويل شبيه بالرُّمح أو الحَرْبة § (٢) يَرْمَح؛ يَحْتَرِب: يصيد السمك برمحٍ أو حَرْبة.

spearfish *1.*

spear·head [-'hĕd'] *(n.; vt.)* (١) السِّنان: نَصْلُ الرُّمح (٢) رأس الحَرْبة: القوة المُتَقدِّمة أو الرائدة في هجوم أو عمل § (٣) يتقدَّم كرأس حربة <The dive bombers ~*ed* the panzer forces.> (٤) يقوم بدور قياديّ.

spear·man [spēr'mən] *(n.)* الرَّمّاح؛ الرامح: حامل الرُّمح.

spear·mint [spēr'mĭnt] *(n.)* النّعناع السُّنبليّ (نب).

spear·wort [spēr'wûrt'] *(n.)* الحَوْذان اللِّسانيّ: نبات عشبيّ.

spec [1] [spĕk] *(n.)* مجازَفة؛ مخاطَرة؛ مضارَبة [طمعًا في الرِّبح].

spec [2] *(vt.)* يُحدِّد المواصَفات [لمُنْتَج أو آلةٍ أو بناء إلخ].

spe·cial [spĕsh'əl] *(adj.; n.)* (١) استثنائيّ؛ غير اعتياديّ <~ importance> (٢) حَميم؛ عزيز <a ~ friend> (٣) إضافيّ؛ خاصّ <a ~ edition> (٤) خاصّ؛ خصوصيّ <a ~ messenger> (٥) مُفَصَّل <a ~ confession> § (٦) الخاصّ <from the general to the ~> (٧) قطار خاصّ (٨) عدد خاصّ [من جريدة أو مجلّة] (٩) برنامج تلفزيونيّ خاص.

special act *(n.)* القانون الخاصّ: تشريع يُطبَّق على أشخاص معيّنين أو في منطقة معيّنة فقط.

special delivery *(n.)* التوزيع المُستعجِل؛ البريد المُستَعجِل.

special drawing rights *(n.)* حقوق السَّحْب الخاصة (اد).

special effects *(n. pl.)* المؤثّرات الخاصّة [في التصوير السينمائي إلخ].

spe·cial·ism [spĕsh'ə lĭz'əm] *(n.)* (١) تَخَصُّص [في مهنة أو حقل من حقول المعرفة] (٢) حقل اختصاص.

spe·cial·ist [spĕsh'ə lĭst] *(n.)* الاختصاصيّ [في عملٍ أو علمٍ ما].

spe·ci·al·i·ty [spĕsh'ĭ ăl'ə tĭ] *(n.)* (١) «أ» الخاصيّة؛ الخُصوصيّة: صفة أو ميزة خاصة؛ علامة مُمَيِّزة. «ب» *pl.*: تفاصيل (٢) الفريدة [والجمع: فرائد]: «أ» سِلعة [أو صنف من السِّلع] من نوع فريد أو ممتاز يجعلها موضع اهتمام المستهلكين ويُخرجها من نطاق المنافسة التجارية <luxurious ~ shops>. «ب» لون من الطعام يشتهر بإعداده مطعم معيَّن (٣) براعة خاصة (٤) حقل اختصاص (٥) عَقْد؛ صَكّ.

spe·cial·i·za·tion [spĕsh'ə lə zā'-] *(n.)* (١) تخصيص (٢) تَخَصُّص.

spe·cial·ize [spĕsh'ə līz'] *(vt.; i.)* (١) يُخصِّص x (٢) يتخصّص.

spe·cial·ized [-'ə līzd'] *(adj.)* خاصّ؛ مُخْتَصّ <a ~ team>.

special jury *(n.)* هيئة المُحلَّفين الخاصة : هيئة محلَّفين تختارها المحكمة من عناصر تتميّز بالثقافة والحصافة، عند النظر في دعوى خطيرة (ق).

spe·cial·ly [spĕsh′əl ĭ] *(adv.)* (١) خِصِّيصًا (٢) خصوصًا ؛ بخاصةٍ ؛ لا سيّما (٣) إلى حدّ بعيد.

spe·cial·ty [spĕsh′əl tĭ] *(n.)* (١) speciality *1a, 2, 4* (٢) الخصوصية : كون الشيء خصوصيًا أو مميّزًا.

spe·cie [spē′shē; -sē] *(n.)* نقد أو عملة مسكوكة.

in ~, (١) نقدًا (٢) عينًا ؛ من نفس النوع (٣) بدون تعديل.

to return insult in ~, يردُّ الإهانة بمثلها.

spe·cies [spē′shēz; -sēz] *(n.; adj.)* (١) صِنف ؛ ضَرْب (٢) الجنس البشريّ <survival of the ~> (٣) النّوع الأحيائيّ أو أحد أفراده (٤) خُبزُ القربان المقدّس وخمرُهُ (٥) «أ» صورة ذهنيّة. «ب» شكل ؛ مَظْهر. «ج» شيء محسوس § (٦) أحيائيّ : منسوب إلى نوع أحيائيّ مُعيّن <a ~ rose>.

spe·cif·ic [spə sĭf′ĭk] *(adj.; n.)* (١) مُعيَّن ؛ مُحدَّد (٢) دقيق ؛ واضح <a ~ analysis> (٣) خاصّ ؛ مُمَيِّز <a ~ feature> (٤) نوعيّ : «أ» فعّالٌ في معالجة مرضٍ معيّن. «ب» ناشئ عن سبب معيّن <a ~ disease>. «ج» خاصّ بنوع أحيائيّ معيّن <~ characters> § (٥) العلاج النوعيّ : علاج فعّال بالنسبة إلى مرض معيّن <Quinine is a ~ for malaria.> (٦) «أ» صفة مميّزة. «ب» تفاصيل. «ج» *pl.*: مواصَفات.

spe·cif·i·cal·ly *(adv.)* (١) على وجه التخصيص (٢) بدقّة ؛ بوضوح.

spec·i·fi·ca·tion [spĕs′ə fə kā′-] *(n.)* (١) تخصيص ؛ تعيين ؛ تفصيل (٢) *pl.* عد : مُواصفات [والمُفرد : مُواصَفة] (٣) بَندٌ خاصّ (٤) وصفٌ كتابيّ لاختراع [يُقدَّم عند طلب البراءة الخاصة به].

specific duty *(n.)* المَكْس النَّوعيّ ؛ الرَّسم الجمركيّ النّوعيّ.

specific gravity *(n.)* الثِّقل النوعيّ (فز).

specific heat *(n.)* الحرارة النوعية (فز).

spec·i·fic·i·ty [-fĭs′-] *(n.)* الخُصُوصانيّة : كون الشيء خاصًّا بفردٍ أو متعضٍّ معيَّن إلخ.

spe·cif·ics [spə sĭf′ĭks] *(n. pl.)* تفاصيل ؛ مسائل تفصيلية.

specific weight *(n.)* الوزن النوعيّ (فز).

spec·i·fy [spĕs′ə fī′] *(vt.)* (١) يُخَصِّص ؛ يُعَيِّن ؛ يُفَصِّل (٢) يَنُصّ على (٣) يُواصِف : يُدْخِل بندًا في مواصفات مشروع ما.

spec·i·men [spĕs′ə-] *(n.)* (١) عَيْنَة ؛ عيِّنة ؛ نموذج (٢) شَخْص ؛ فَرْد.

spe·ci·os·i·ty [spē shĭ ŏs′ə tĭ] *(n.)* (١) حُسْنٌ ظاهريّ (٢) مَظهر خادع ؛ شيء حَسَن الظاهر.

spe·cious [spē′shəs] *(adj.)* (١) خادع ؛ غرّار ؛ حَسَنُ المَظهر (٢) معقول أو مقبول ظاهرًا <a ~ excuse>.

speck [spĕk] *(n.; vt.)* (١) بُقعة ؛ لَطْخة ؛ نُكْتة ؛ نُمْرة (٢) ذَرّة ؛ مقدار ضئيل <a ~ of salt> (٣) شيء مُبقَّع إلخ. وبخاصة : ثمرة رديئة ولكنها صالحة للطّهو § (٤) يبقّع ؛ يُلَطِّخ.

speck·le [spĕk′əl] *(n.; vt.)* (١) بُقَيْعة ؛ لُطَيْخة ؛ نُقَيْطة ؛ نُمَيْرة § (٢) يُبقِّع ؛ يُلَطِّخ ؛ يُنَمِّر : يُعَلِّم ببُقيعات إلخ (٣) ينثر [كانتثار البُقَيْعات].

speck·led [-′əld] *(adj.)* مُبقَّع ؛ مُلطَّخ ؛ مُنقّط ؛ أنْمَر <a ~ hen>.

specs [spĕks] *(n. pl.)* = spectacles; specifications.

spec·ta·cle [spĕk′tə kəl] *(n.)* (١) «أ» مَشْهَد ؛ وبخاصة : مَشْهَد غير اعتياديّ أو لافتٌ للنّظر أو مُسَلٍّ. «ب» عرض مَسرحيّ إلخ على نطاق ضخم. «ج» موضوع فضول أو سخرية <made a ~ of herself at the party> (٢) *pl.*: نظّارة ؛ «عُوَينات» (٣) كلّ ما يشبه نظّارة أو عُوَينات، مثلًا : حلقتان حول عينَيْ بعض الطيور إلخ.

spec·ta·cled [-′tə kəld] *(adj.)* مُنَظَّر : «أ» لابسٌ نظّارةً. «ب» ذو علامات لونيّة على الجلد تُشبه النّظّارة <~ alligator>.

spec·tac·u·lar [spĕk tăk′yə-] *(adj.; n.)* (١) مَشْهديّ : «أ» ذو علاقة بالمَشاهد. «ب» مقصودٌ به إثارة العَجَب والإعجاب بعَرْضٍ غير مألوف للمَشاهد المُتَّسِمة بالأُبّهة والفخامة <a ~ display of fireworks> (٢) دراماتيكيّ ؛ مُثير ؛ مُذْهِل <a ~ rise in prices> § (٣) شيء مَشهديّ أو مثير [كبرنامج تلفزيونيّ ضخم إلخ].

spec·tate [spĕk′tāt′] *(vi.)* يَشْهَد [مباراةً رياضية إلخ].

spec·ta·tor [spĕk′tā tər] *(n.)* المُشاهِد ؛ المُتَفَرِّج. وبخاصّةٍ : أحد النَّظّارة في حفلة رياضيّة إلخ.

— **spec·ta·tress** *(n. fem.)*

spec·ter *or* **spec·tre** [spĕk′tər] *(n.)* شَبَح ؛ طَيْف.

spec·tral [spĕk′trəl] *(adj.)* (١) شَبَحيّ (٢) طَيْفيّ (ض).

spectral line *(n.)* الخطّ الطَّيفيّ (فز).

spectro- بادئة معناها : طَيْف <*spectro*graph>.

spec·tro·gram [spĕk′trə-] *(n.)* الصّورة الطَّيفيّة ؛ المُخطَّط الطَّيْفيّ (ض).

spec·tro·graph [spĕk′trə grăf′] *(n.)* مِرْسَمَة الطَّيف (ض).

spec·trog·ra·phy [-′trŏg′-] *(n.)* التصوير الطَّيفيّ ؛ الرَّسم الطَّيفيّ (ض).

spec·tro·he·li·o·graph; spec·tro·he·li·o·scope [spĕk′ trō hē′lĭ ə-] *(n.)* المِشْماسة الطَّيْفيّة : جهاز لالتقاط صُوَر طيفية للشمس (ض).

spec·trom·e·ter [spĕk trŏm′ə tər] *(n.)* مقياس الطَّيف (ض).

spec·tro·pho·tom·e·ter [-′trō fō tŏm′-] *(n.)* السّبَكْتروفوتومتر ؛ مقياس الضوء الطَّيفيّ : أداة لقياس شدة الضوء النسبية بين مختلف أجزاء الطَّيف (ض).

spec·tro·scope [spĕk′-] *(n.)* المِطْياف ؛ منظار التحليل الطَّيفيّ (ض).

spec·tros·co·py [spĕk trŏs′kə pĭ] *(n.)* المِطْيافيّة : التحليل الطَّيفيّ باستخدام المِطياف.

— **spec·tro·scop·ic** *(adj.)*

spec·trum [spĕk′trəm] *(n.)* pl. **-tra** *or* **-trums** (١) الطَّيف : صورة مَرْئيّة، كالتي في قوس قُزَح، للألوان التي يتألف منها اللون الأبيض (٢) سلسلة ؛ نطاق ؛ طَيْف <a wide ~ of interests>.

ă at; **ā** date; **â** care; **ä** car; **ĕ** egg; **ē** me; **ĭ** in; **ī** bite; **ŏ** lot; **ō** bone; **ô** orphan; **oi** boil; **o͝o** good; **o͞o** boot; **ou** out; **ŭ** under; **û** urgent; **ə** = *a* in alone, *e* in system, *i* in easily, *o* in gallop, *u* in circus.

spectrum analysis *(n.)* التحليل الطَّيفيّ .

spec·u·lar [spĕk'yə lər] *(adj.)* (١) مِرآويّ : برّاق أو ذو سطحٍ أملسَ عاكسٍ كسَطح المِرآة <a ~ metal> (٢) مِنظاريّ : ذو علاقة بالمنظار الطبّيّ أو مُجْرًى من طريق الاستعانة به <a ~ examination> .

spec·u·late [-lāt'] *(vi.; t.)* (١) يتفكَّر ؛ يتأمّل (٢) يَتحزَّر ؛ يُخَمِّن (٣) يضارب ؛ يشتغل في المضارَبة التجارية **x** (٤) يفترض (٥) يتساءَل بفضول .

spec·u·la·tion [spĕk'yə lā'-] *(n.)* (١) تفكُّر ؛ تأمُّل (٢) تَحَزُّر ؛ تخمين (٣) مُضاربة [في البورصة] .

spec·u·la·tive [spĕk'yə lā'-] *(adj.)* (١) تفكُّريّ ؛ نظريّ ؛ تأمُّليّ (٢) تحزُّريّ ؛ تخمينيّ (٣) فضوليّ (٤) مُضارِب <a ~ trader> (٥) مُضارِبيّ : «أ» محفوف بالمخاطر أو مُتَّسِمٌ بطابع المضاربة <a ~ enterprise> . «ب» مُجْتَذِب للمضاربين بخاصةٍ <a ~ stock> .

spec·u·la·tor [-lāt'ər] *(n.)* المُضارِب : المشتغل في المضاربة [في البورصة] .

spec·u·lum [spĕk'yə ləm] *(n.)* pl. **-la** *also* **-lums** (١) المِنظار (ط) (٢) «أ» مرآة قديمة [برونزية أو فضّية] . «ب» عاكسةٌ ؛ مرآة [في أداة بَصَرية] (٣) الجدول الفلكيّ : جدول أو رسم يُظهر المواقعَ النسبية لجميع الكواكب السيّارة (٤) الرُّقشة : بقعة ملوَّنة في أجنحة البطّ أو غيره من الطيور .

sped [spĕd] *past and past part. of* speed.

speech [spēch] *(n.)* (١) «أ» كلام ؛ قول . «ب» حديث (٢) خُطبة ؛ خِطاب (٣) لُغة ؛ لهجة (٤) مَلَكَة الكلام أو القدرة عليه .

speech defects *(n. pl.)* عِلَلُ النُّطق [كالتَّمْتَمة والفأفأة والتأتأة] .

speech·i·fy [spē'chə fī'] *(vi.)* يَخْطُب : يُلقي خُطبة أو خُطبًا .

speech·less [spēch'-] *(adj.)* (١) أخرس ؛ أبكم (٢) صامت (٣) مُخرِس <~ fright> (٤) لا يوصَف : يعجز اللّسان عن وصفِهِ <~ beauty> .

speech therapy *(n.)* معالجة عِلَل النُّطق ؛ معالجة العيوب الكلامية .

speed [spēd] *(n.; vi.; t.; adj.)* (١) نجاح ؛ حظٌ سعيد (ا. ق) (٢) السُّرعة (فز) (٣) درجة حساسية [فيلم التصوير للضوء] (٤) ناقل السُّرعة (سي) § (٥) يُوَفَّق ؛ يَنْجح (ا. ق) (٦) يُسْرِع **x** (٧) ينطلق بسرعة مُفرِطة <The heart ~s up.> (٨) يساعد (ا. ق) (٩) يُسَرِّع ؛ يُعَجِّل <~*ed* up the engine> (١٠) يُطلِق <to ~ an arrow> § (١١) سُرْعيّ : ذو علاقة بالسُّرعة .

speed·ball *(n.)* السّبيدْبول : لعبة رياضية شبيهة بكرة القدم يجوز فيها تمرير الكرة، الملتَقَطَة في الهواء، باليَدَين .

speed·boat [spēd'bōt'] *(n.)* الزّورق البخاريّ السَّريع .

speed bump *(n.)* مانعُ السُّرعة ؛ المَطَبّ .

speed freak *(n.)* مُدْمن المخدِّرات .

speed·i·ly [spēd'-] *(adv.)* (١) بسُرعة ؛ بعَجَلة (٢) عاجلًا ؛ عمّا قريب .

speed·ing [spēd'-] *(adj.; n.)* (١) مُسْرِع <a ~ car> § (٢) إسراع .

speed limit *(n.)* حَدّ السُّرعة : السّرعة القصوى [أو الدُّنيا] المسموح بها .

speed·om·e·ter [spē dŏm'ə-] *(n.)* عدّاد السُّرعة [في سيّارة إلخ] .

speed·ster [spēd'-] *(n.)* المِسْراع : من يقود سيارته بسرعة فائقة .

speed trap *(n.)* شَرَك السُّرعة : جزء من الطريق، مُزَوّد برادار خفيّ، يكمن فيه الشّرطة لضبط السيارات المُسْرِعة .

speed·up [spēd'ŭp'] *(n.)* إسراع ؛ تَسْريع . وبخاصة : إسراع في العمل يطلبه ربّ العمل من مُستَخدَميه من غير زيادة في الأجر .

speed·way [spēd'wā'] *(n.)* طريقُ السُّرعة : «أ» طريقٌ يُسمَح فيها بالإسراع في قيادة السيارة . «ب» طريق لسباق السيارات إلخ .

speed·well [spēd'-] *(n.)* الوِيْرونِيْكة ؛ زهرة الحواشي : عشبة أوروبية .

speed·y [spē'dĭ] *(adj.)* سريع ؛ عاجل <wished her a ~ recovery> .

speel [spēl] *(vt.; i.)* يتسَلّق .

speer *or* **speir** [spēr] *(vi.; t.)* يَسْأل ؛ يَسْتعلم .

spe·le·ol·o·gy [spē lē ŏl'-] *(n.)* علم الكهوف : دراسة الكهوف أو المَغاوِر واستكشافها .

spell[1] [spĕl] *(n.; vt.)* (١) رُقْية ؛ تَميمة ؛ عُوذة (٢) «أ» سِحر ؛ فِتْنة . «ب» انسحار ؛ افتتان (٣) تأثيرٌ أو سلطانٌ طاغٍ § (٤) يَسْحَر ؛ يَفْتِن .

spell[2] *(vt.; i.)* (١) يتناوب العملَ مع <~*ed* each other> (٢) يُريح **x** (٣) يتناوب <to ~ at the oars> (٤) يستريح فترةً [من عملٍ إلخ] .

spell[3] *(vt.; i.)* (١) يقرأ ببطء وصعوبة [تتبعها *out* عادةً] (٢) يكتشف [تتبعها *out* عادةً] (٣) يَفْهم ؛ يُدرِك [تتبعها *out* عادةً] (٤) «أ» يَتَهَجّى [لفظةً] . «ب» يَرْسُم الكلمةَ [إملائيًّا] . «ج» يؤلِّف ؛ يُشَكِّل <What word do these letters ~?> (٥) يعني ؛ يُفيد ؛ يُسبِّب .

to ~ down يَهْزِم في مباراة في التّهَجية .

to ~ out يوضح بعبارات لا لَبْسَ فيها .

spell[4] *(n.)* (١) النَّوبة : دور المرء في العمل إلخ (٢) فترة تُقضَى في عملٍ ما <a ~ of service in the tropics> (٣) فترة <a long cold ~> (٤) نَوْبة <a ~ of coughing>.

spell·bind [spĕl'bīnd'] *(vt.)* يَسْحَر ؛ يَفتِن .

spell·bind·er [spĕl'bīn'-] *(n.)* مُحدِّث ساحر ؛ خطيب مُفَوَّه .

spell·bound [-'bound'] *(adj.)* مسحور ؛ مفتون <a ~ audience> .

spell checker *or* **spelling checker** *(n.)* فاحص التهجية : برنامج في الكومبيوتر تُفحص بواسطته تهجية نصٍّ ما (ألك) . **— spell·check** *(vt.)*

spell·er [spĕl'ər] *(n.)* (١) المُتَهَجّي (٢) كتاب لتعليم التهجّي .

spell·ing [spĕl'ĭng] *(n.)* تهجئة ؛ هِجاء .

spelt[1] [spĕlt] *past and past part. of* spell.

spelt[2] *(n.)* العَلَس : حِنطة مُكْتسِية قاسية .

spel·ter [spĕl'-] *(n.)* الزّنك . وبخاصة : زنك مُعَدّ للاستخدام التجاري .

spe·lunk·er [spē'lŭngk'-] *(n.)* الكِهافيّ : هاوي اكتشاف الكهوف والمغاور ودراستها .

spe·lunk·ing *(n.)* الكِهافة : هواية اكتشاف الكهوف والمغاور ودراستها .

spence *or* **spense** [spĕns] *(n.)* = pantry.

spen·cer [spĕn'sər] *(n.)* (١) السَّبَنْسَر : سترة قصيرة (٢) شِراع .

Spen·ce·ri·an [spĕn sēr'ĭ ən] *(adj.)* سْپَنْسَريّ : «أ» منسوب إلى هربرت سپَنْسَر (١٨٢٠-١٩٠٣) أو فلسفته . «ب» ذو علاقة بشكل من الخطّ اليدويّ

المائل .

Spen·ce·ri·an·ism [-ˊĭ ə nĭzˊəm] *(n.)* السَّبَنْسَرِيَّة : فلسفة هربرت سبَنْسَر القائلة بتطوّر الكون من البساطة النِّسبية إلى التعقيد النسبيّ .

spend [spĕnd] *(vt.; i.)* (١) يُنْفِق (٢) يُفني ؛ يُنْهِك (٣) يستعمل ؛ يستخدم (٤) يُبدِّد (٥) يَبْذُل [دَمَهُ إلخ] ؛ يُضحّي (٦) يقضي [الشّتاءَ إلخ] x (٧) يُنْفِق أو يبدِّد [الثروة أو القوة] (٨) يُنْفَق <to make money ~ well> .

spend·a·ble [spĕnˊ-] *(adj.)* قابلٌ أو متيسِّر للإنفاق .

spending money *(n.)* = pocket money.

spend·thrift [spĕndˊthrĭftˊ] *(n.; adj.)* (١) المُبذِّر § (٢) مُبَذِّر .

Spen·gle·ri·an [spĕng glērˊĭ ən] *(adj.; n.)* (١) شپنْغْلَريّ : خاص بنظرية في تاريخ العالم وضعها أوزوولد شپنغلر (١٨٨٠–١٩٣٦) تقول بأنَّ جميع الثقافات الرئيسية تخضع لتطورات دوريّة مماثلة من النشوء إلى النضج إلى الفناء § (٢) الشّپَنْغْلَريّ : أحد القائلين بنظرية شپَنْغْلَر .

Spen·se·ri·an [spĕn sērˊĭ ən] *(adj.)* سْپِنْسَرِيّ : ذو علاقة بالشاعر الإنكليزيّ أدموند سْپَنْسَر (١٥٥٢؟–١٥٩٩) أو آثاره .

spent[1] [spĕnt] *past and past part. of* spend.

spent[2] *(adj.)* (١) مُسْتَهْلَك <~ powder> (٢) مُرهَق <~ soldiers> (٣) مَيْتة : أُطلِقَت فهي بعدُ عديمة النفع أو الأثر <a ~ bullet> .

sperm [spûrm] *(n.)* (١) المَنيّ ؛ السّائل المَنَويّ (٢) النُّطْفة ؛ الحُيَيّ المَنَوِيّ (٣) sperm whale (٤) زيت العَنْبر : زيت يُستخرج من رأس الحوت المعروف بالعَنْبر (٥) spermaceti .

sperm- *or* **spermo-** بادئة معناها : بذرة ؛ جُرثومة ؛ مَنيّ .

sper·ma·ce·ti [spûrˊmə sĕtˊĭ] *(n.)* العَنبريّة : مادة شمعية تُستخرج من زيت رأس الحوت المعروف بالعنبر وتُستخدم في صنع المراهم والشّموع إلخ .

sper·ma·duct [spûrˊmə dŭktˊ] *(n.)* = spermatic duct.

sper·ma·ry [spûrˊmə rĭ] *(n.)* المَحْيا المَنَوِي (مج) ؛ الخُصْية (ت) .

spermat- *or* **spermato-** بادئة معناها : بَذْرة ؛ جُرثومة ؛ مَنيّ .

sper·mat·ic [spûr mătˊĭk] *(adj.)* نُطْفي ؛ مَنَويّ (أح) .

spermatic cord *(n.)* الحَبْل المَنَويّ (ت) .

spermatic duct *(n.)* القناة المَنَوِيّة (ت) .

spermatic fluid *(n.)* = semen.

sper·ma·tid [spûrˊmə tĭd] *(n.)* أرومة النُّطفة (أح) .

sper·ma·tism [spûrˊmə tĭz əm] *(n.)* قَذْف المنيّ .

sper·ma·ti·um [spûr māˊshĭ əm] *(n.)* pl. **-tia** [shĭ ə] المَنْوى : المشيج الذَّكَرُ في الطُّحلب الأحمر (نب) .

spermato- = spermat-.

sper·ma·to·ci·dal [spûrˊmə tə sīˊ-] *(adj.)* مبيدٌ أو قاتلٌ لِلْمَنِيّ .

sper·ma·to·cide [-sīdˊ] *(n.)* مبيدُ المَنِيّ : مادّة مُبيدة للمَنِيّ .

sper·ma·to·cyte [-sītˊ] *(n.)* الخليّة المَنَوية : خليّة مُوَلِّدة للخلايا المَنَوية .

sper·ma·to·gen·e·sis [-ˊmə tə jĕnˊ-] *(n.)* الإنطاف : تَكَوُّن النِّطاف أو الخلايا المَنَويّة وتطوُّرها .

sper·ma·to·go·ni·um [spûrˊmə tə gōˊnĭ əm] *(n.)* pl. **-ni·a** بزرة النُّطفة : خليّة منويّة ذَكَريّة بدائية (أح) .

sper·ma·toid [spûrˊmə toidˊ] *(adj.)* مَنَوانيّ : شبيه بالمَنِيّ .

sper·ma·to·phore [-tə fōrˊ] *(n.)* حاملُ المَنِيّ : كُيَيْس حاملٌ للحُييّات المَنَوِيّة .

sper·ma·to·phyte [spûrˊmə tə fītˊ] *(n.)* النبات البَزْرِيّ (نب) .

sper·ma·to·zo·al [-ˊmə tə zōˊəl] *(adj.)* نُطْفيّ ؛ مَنَويّ (أح) .

sper·ma·to·zo·id [spûrˊmə tə zōˊĭd] *(n.)* الحُيَيّ الذَّكَرِيّ (نب) .

sper·ma·to·zo·on [-zōˊŏn] *(n.)* pl. **-zo·a** النُّطفة ؛ الحُيَيّ المَنَوي (أح) .

sperm·ine [spûrˊmēn] *(n.)* السّبَرْمين : مادة قاعديّة دُهنية متبلِّرة توجد بخاصة في المنيّ وبعض الخمائر (ك) .

sperm oil *(n.)* زيت العَنْبر : زيت أصفر شاحب يُستخرج من رأس الحوت المعروف بالعَنْبر .

sper·mo·phile [spûrˊmə fīl] *(n.)* اليَحْبُوب : حيوان من القوارض .

sperm whale *(n.)* العَنْبر : حوت يُستخرج من رأسه زيت العَنْبر .

sperm whale

sper·ry·lite [spĕrˊə lītˊ] *(n.)* السّبَرِّيليت : معدن أبيض متبلِّر .

spew [spyōō] *(vi.; t.; n.)* (١) يَتَقيّأ (٢) يفيض (٣) يَنِزّ § (٤) قَيء .

sphaer- *or* **sphaero-** = spher-.

sphag·num [sfăgˊnəm] *(n.)* الإسفَغْنُون : ضرب من الطّحالب (نب) .

sphal·er·ite [sfălˊə rītˊ] *(n.)* السّفالاريت (مع) .

sphen- *or* **spheno-** بادئة معناها : إسفين ؛ وَتِد ؛ إسفينيّ الشّكل .

sphene [sfēn] *(n.)* السَّفين ؛ الإسفين ؛ التيتانيت (مع) .

spheno- = sphen-.

sphe·noid [sfēˊ-] *or* **sphe·noi·dal** [-noidˊəl] *(adj.; n.)* إسفينيّ ؛ وَتِديّ .

sphenoid bone *(n.)* العظم الإسفينيّ أو الوتديّ [في الجمجمة] (ت) .

spher·al [sfĕrˊəl] *(adj.)* (١) كُرَويّ ؛ مُكَوَّر (٢) متناغم .

sphere [sfēr] *(n.; vt.)* (١) «أ» الكُرَة السَّماوية . «ب» السَّماء . «ج» كُرَة جغرافية (٢) «أ» كُرَة ؛ جسمٌ كُرَويّ . «ب» نجم . «ج» كوكب سيّار (٣) منزلة اجتماعيّة (٤) «أ» منطقة <~ of influence> . «ب» دنيا ؛ عالَم ؛ مجال النشاط أو ميدانه <woman's ~> § (٥) يُحيط بِـ (٦) يجعلُهُ كُرَويًّا .

— **spher·i·cal** *(adj.)*

spherical aberration *(n.)* الزَّيْغ الكُرَوِيّ (ض) .

spherical angle *(n.)* الزاوية الكُرَويّة (ر) .

spherical astronomy *(n.)* علم الفلك الكُرَويّ .

spherical coordinates *(n. pl.)* الإحداثيّات الكُرَوية (ر) .

spherical excess *(n.)* الزّيادة الكُرَويّة (ر) .

الشمسية (فل).

spic·u·lum [spĭk′yə ləm] *(n.)* pl. **-la** [lə] = spicule.

spic·y [spī′sĭ] *(adj.)* (١) تابليّ: «أ» له صفةُ التابل أو نكهتُهُ أو عبيرُه. «ب» مُنتِجٌ توابلَ. «ج» كثير التوابل (٢) مُفعَم بالحيويّة (٣) لاذع <~ criticism> (٤) «أ» بذيء <~ language>. «ب» غير محتشِم <~ magazines>.

spi·der [spī′-] *(n.)* (١) العَنْكَبُوت (ح) (٢) العَنْكبوتية: مقلاة قصيرة القوائم.

spider *1.*

spider crab *(n.)* السَّرَطان العَنْكَبوتيّ: سَرَطان ذو قوائم طويلة وبَدَنٍ صغير.

spider monkey *(n.)* السَّعدان العنكبوتيّ: سعدان أميركيّ صغير طويل الذيل.

spider monkey

spider phaeton *(n.)* الفَيْتون العنكبوتية: مَرْكبة أو عَرَبةٌ عالية البَدَن ذات عجلات كبيرة ونحيلة.

spider phaeton

spider web *also* **spider's web** *(n.)* الشُّعّ: بيت العَنْكبوت.

spider·wort [-′dər wûrt′] *(n.)* العَنْكبوتيّة: نبات أزرقُ الزّهر أو بَنَفسَجيُّهُ (نب).

spi·der·y [spī′də rĭ] *(adj.)* (١) عنكبوتيّ (٢) شُعّيّ: شبيه ببيت العنكبوت (٣) مُعَنْكَب: كثير العناكب.

spie·gel·ei·sen [spē′gəl ī′zən] *also* **spie·gel** *(n.)* فولاذ المَنْغنيز.

spiel [spēl] *(vi.; t.; n.)* (١) يعزف [على آلة موسيقية] (٢) يتحدّث أو يتكلّم باستفاضة x (٣) يقول بإسهاب § (٤) حديث؛ كلامٌ [مُسْهَب].

spi·er [spī′ər] *(n.)* = spy.

spiff·y [spĭf′ē] *(adj.)* (١) أنيق <a ~ jacket> (٢) بديع؛ رائع؛ ممتاز.

spig·ot [spĭg′ət] *(n.)* (١) سِدادة؛ سِطام (٢) حَنَفِيّة.

spike [1] [spīk] *(n.; vt.)* (١) الرَّزّة: مسمار ضخم: «أ» أحد المسامير الشائكة في أعلى الجدار [لمنع التَّسلُّق]. «ب» أحد النتوءات المعدنيّة في النعل لمنع الانزلاق (٢) *pl.*: الحذاء المرزَّز: حذاء مزوَّد بمثل هذه النتوءات (٣) شيء كالمسمار الكبير؛ مثل: «أ» سمكة إسقمريّ صغيرة. «ب» قرنُ الوعِل الصغير غيرُ المتشعِّب § (٤) يُرزِّز: يثبِّت أو يُزَوِّد بمسامير ضخمة (٥) يَكْبِت؛ يَمْحَق <tried to ~ the rumor> (٦) يَثْقُب أو يؤذي بمسمار كبير (٧) يُسَمِّر المِدفع: يُعطِّل عملَ المدفع القديم تعطيلًا مؤقتًا بإقحام مسمار ضخم في فُوَّهتِهِ (٨) يُضيف الكحولَ [أو المُسْكِر] إلى شراب (٩) يُفْسِد؛ يُحْبِط.

spike [2] *(n.)* (١) السُّنْبُلة؛ السَّبَلَة (٢) ازهرار متطاول شبيه بالعُنقود.

spiked [spīkt] *(adj.)* (١) مُسَنبِل؛ مُسَنْبَل إلخ (را. spicate) (٢) شائك.

spike heel *(n.)* الكَعْبُ المِسماريّ: كعبٌ عالٍ جدًا مُستدِقّ الطَّرَف يُزَوَّد به الحذاء النِّسويّ.

spike lavender *(n.)* الخُزامَى السُّنبلية (نب).

spike·let [spīk′-] *(n.)* السُّنَيْبِلة. وبخاصةٍ سُنَيْبِلة تشكّل ازهرارَ الأعشاب.

spike·nard [-′närd] *(n.)* النّاردين السُّنبليّ أو المرهم المُشتقّ منه.

spik·y [spī′kĭ] *(adj.)* (١) شوكيّ (٢) شائك: ذو رأس ناتئ حادّ (٣) عنيد.

spherical geometry *(n.)* الهندسة الكُرَوية (ر).

spherical triangle *(n.)* المُثَلَّث الكُرَويّ (هن).

spherical trigonometry *(n.)* علم المُثلَّثات الكُرَويّة (ر).

sphe·ric·i·ty [sfĭ rĭs′ə tĭ] *(n.)* التَّكوُّر: كون الشيء أو الشكل كُرَويًّا.

spher·ics *(n.)* = sferics; spherical geometry; spherical trigonometry.

spher·oid [1] [sfēr′oid] *(n.)* الكُرَوانيّ: شكل شبيه بالكُرة (هن).

spher·oid [2] *or* **sphe·roi·dal** [sfēr′oid-] *(adj.)* كُرَوانيّ: شبيهٌ بالكُرة.

sphe·rom·e·ter [sfĭ rŏm′ə tər] *(n.)* مقياس التَّكوُّر.

spherometer

spher·ule [sfĕr′ōōl; sfĕr′yōōl] *(n.)* الكُرَيّة: كُرَة صغيرة.

spher·y [sfēr′ĭ] *(adj.)* (١) فَلَكيّ (٢) مستدير؛ كُرَويّ.

sphinc·ter [sfĭngk′-] *(n.)* المَصَرّة؛ الصّارّة؛ العضلة العاصرة (ت).

sphinx [sfĭngks] *(n.)* pl. **-es** *or* **sphin·ges** [-′jēz′] السّفينْكس: *cap.* «أ» كائن خرافيّ في الميثولوجيا اليونانية له رأسُ امرأة وصدرُها، وجسم أسد، وجناحا طائر. «ب» امرؤ مُلْغَزٌ أو غامض. «ج» أبو الهَوْل.

Sphinx *a.*

sphra·gis·tic [sfrə jĭs′-] *(adj.)* خاتميّ: متعلّق بخَتْم أو خاتم منقوش.

sphra·gis·tics *(n. pl.)* الخاتَمِيّات: علم الأختام والخواتم المنقوشة.

sphyg·mic [sfĭg′mĭk] *(adj.)* نَبْضيّ: ذو علاقة بالنَّبْض (ط).

sphyg·mo·gram [sfĭg′mə grăm′] *(n.)* مُخطَّط النّبض (ط).

sphyg·mo·graph [sfĭg′mə grăf′] *(n.)* المِنْباض؛ مِرْسَمة النَّبْض (ط).

sphyg·mo·gra·phy [sfĭg mŏg′rə fĭ] *(n.)* تخطيط النَّبض (ط).

sphyg·mo·ma·nom·e·ter [sfĭg′mō mə nŏm′ə-] *(n.)* المِضغاط: أداة لقياس ضغط الدَّم الشّرياني (ط).

sphyg·mom·e·ter [sfĭg mŏm′ə tər] *(n.)* = sphygmograph.

spi·ca [spī′kə] *(n.)* pl. **-cae** [sē; kē] *or* **-cas** (١) العِصابة أو الضِّمادة السُّنبليّة: عِصابة تتقاطعُ طيّاتُها على شكل حرف V.

Spi·ca [spī′kə] *(n.)* السُّنْبُلة: أسطع النجوم في برج العذراء (فل).

spi·cate [spī′kāt′] *(adj.)* (١) مُسَنبِل: ذو سنابل (٢) مُسَنْبَل: سُنْبُليّ الترتيب <~ flowers> (٣) سُنْبليّ: سُنْبُليّ الشكل <~ inflorescence>.

spice [spīs] *(n.; vt.)* (١) التّابل: أحد التّوابل (٢) نَكْهة؛ إمتاع (٣) مُنكِّه؛ مُطَعِّم (٤) طِيب؛ عِطر (٥) أثر؛ مَسْحة § (٦) يُتبِّل [الطّعامَ] (٧) يُنكِّه؛ يُطَعِّم.

spice·ber·ry [spīs′bĕr′ĭ] *(n.)* = checkerberry.

spice·bush [-′bōōsh] *(n.)* الأَصْطُرك الأميركيّ: شُجَيرة من الفصيلة الغاريّة.

spic·er·y [spī′sə rĭ] *(n.)* (١) توابل؛ أفاويه (٢) نكهة أو رائحة تابليّة.

spick-and-span *or* **spic-and-span** [spĭk′ən spăn′] *(adj.; adv.)* (١) جديدٌ تمامًا <a ~ car> (٢) نظيف؛ حَسَن الترتيب <a ~ room> (٣) أنيق <a ~ uniform> § (٤) على نحوٍ نظيف إلخ.

spic·u·la [spĭk′yə lə] *(n.)* pl. **-lae** [lē] = spicule.

spic·u·late [-lāt′] *(adj.)* ذو سُنَيْبِلات (را. spicule)؛ ذو شُوَيكات.

spic·ule [-′yōōl] *(n.)* (١) الشُّوَيكة (ح) (٢) السُّنَيْبِلة (نب) (٣) الشُّعَيْلة

spile [spīl] *(n.; vt.)* (١) رَكِيزة؛ دِعامة (٢) سِدادة؛ سِطام [للبرميل] (٣) المِثْعَب: أنبوب صغير يُقْحَمُ في الشّجرة لاستخراج نُسْغها § (٤) يَسُدّ؛ يَسْطُم (٥) يَثْعَب: يستخرج النُّسغ بالمِثْعَب (٦) يقوّي؛ يُدَعِّم.

spil·ing [spīl′ĭng] *(n.)* ركائز؛ دعائم.

spill [1] [spĭl] *(vt.; i.; n.)* (١) «أ» يُريق؛ يسفك [الدّمَ]. «ب» يجعله يتناثر <dropped the bag and ~*ed* sugar all over the floor>. «ج» يُسْقِط [من علُ] (٢) يحرِّر الشراع من ضغط الريح (٣) يُسْقِط <Her horse *spilt* her.> (٤) يُفشي [السِّرَّ] x (٥) «أ» يُراق؛ يندلق؛ يتناثر. «ب» يتدفَّق (٦) يَسقط [من عربة أو عن ظهر جواد] § (٧) مص spill. وبخاصة: سقوط [من عربة أو عن ظهر جواد] (٨) شيء مُراقٌ أو مَسْفوح إلخ (٩) spillway.

spill [2] *(n.)* (١) شَظِيَّة خشبية (٢) قضيب مَعدِنيّ (٣) لُفافة ورقيّة؛ رُقاقة خشبية [لإضرام النّار] (٤) مخروط ورقيّ [يُتّخذ وعاءً] (٥) سِدادة؛ سِطام.

spill·age [-′ĭj] *(n.)* (١) إراقة؛ سَفْكُ [دماء] (٢) شيء مُراق؛ دمٌ مسفوك.

spil·li·kin [spĭl′ə kĭn] *(n.)* = jackstraw.

spill·way [-′wā′] *(n.)* المَفِيض: قناة لتصريف فائض المياه من سدٍّ أو نهر.

spilt [spĭlt] *past and past part. of* spill.

spilth [spĭlth] *(n.)* (١) «أ» إراقة. «ب» شيء مُراق (٢) نُفاية؛ حُثالة.

spin [spĭn] *(vi.; t.; n.)* (١) يَغزِل (٢) يَنْسُج (٣) يُدَوِّم؛ يدور بسرعة (٤) يَدور [من أثر الدُّوار] <Her head was *spinning*.> (٥) تَسْقط [الطائرةُ] مُدَوِّمةً (٦) يُصاب بدُوار (٧) يَهبِط لولبيًّا x (٨) يَسْحَب؛ يَمْطُل: يجعل الذّهبَ أو الزّجاج إلخ خيوطًا (٩) يُوَسِّع؛ يُطيل؛ يُمدِّد (١٠) يُدير؛ يجعلُهُ يدور (١١) يَنْبِذ [بالقوّة الطاردة عن المركز أو بمثلها] § (١٢) غَزْل؛ نَسْج؛ تدويم (١٣) دوران سريع (١٤) نزهة في سيارة أو زورق بخاريّ إلخ (١٥) هبوط لولبيّ (طي) (١٦) دُوار عقليّ؛ تشوُّش ذهنيّ.

to ~ a yarn يُلفِّق قصّةً؛ يختلق أكذوبة.

spi·na·ceous [spĭ nā′shəs] *(adj.)* إسفاناخيّ: منسوب إلى الإسفاناخ.

spin·ach [spĭn′ĭch] *(n.)* (١) الإسفاناخ؛ السَّبانخ؛ الرَّحى (نب) (٢) «أ» شيء بغيض أو غير مرغوب فيه. «ب» مَرْجَة أو لِحية إلخ غير مُشَذَّبة.

spi·nal [spī′nəl] *(adj.; n.)* (١) فَقْريّ (٢) شوكيّ؛ نُخاعيّ § (٣) مُخدِّر [يُزْرَق من طريق النَّفَق الشوكيّ].

spinal canal *(n.)* النَّفَق الشّوكيّ (ت).

spinal column *(n.)* العَمود الفَقْري (ت).

spinal cord *(n.)* الحَبْل الشَّوكيّ؛ النُّخاع الشَّوكيّ (ت).

spinal nerve *(n.)* العَصَب الشوكيّ (ت).

spin·dle [spĭn′-] *(n.; vi.; adj.)* (١) مِغزَل (٢) الوشِيعة: ما يُلَفّ عليه الغَزْل (٣) المِبْرَم: عمود دوران؛ مِحور دوران (مك) § (٤) يَسْتطيل؛ يَسْتدقّ: يُصبح طويلًا ودقيقًا § (٥) مِغْزَليّ الشّكل.

spin·dle–legged [-lĕgd′] *(adj.)* أحْمَش: ذو ساقين طويلتين مهزولتين.

spin·dle·legs [spĭn′dəl-] *(n. pl.)* (١) الحَمْشاوان: ساقان طويلتان مهزولتان (٢) الأحْمَش: رَجُلٌ طويل السّاقين مهزولُهما.

spin·dle–shanked [-shăngkt′] *(adj.)* = spindle–legged.

spin·dle·shanks [-shăngks′] *(n. pl.)* = spindlelegs.

spindle tree *(n.)* الأوفونيموس؛ شجرة المَغازل (نب).

spin·dly; spin·dling [spĭnd′-] *(adj.)* (١) أحْمش؛ حَمشاء <~ legs> (٢) ضعيف؛ سقيم <a ~ child>.

spin·drift [spĭn′drĭft] *(n.)* رَذاذ الموج؛ رشاش الموج.

spine [spīn] *(n.)* (١) «أ» العمود الفَقْريّ. «ب» عماد؛ قوة رئيسية؛ مِحور مركزيّ. «ج» backbone 3 (٢) الشَّوكة («نب» و«ح») (٣) عَزْم؛ عزيمة.

spined [spīnd] *(adj.)* شائك: ذو شوكة أو أشواك.

spi·nel *or* **spi·nelle** [spĭ nĕl′] *(n.)* البَلَخْش؛ الإسبينيل (مع).

spine·less [spīn′-] *(adj.)* (١) لا شَوْكيّ (٢) لافَقاريّ (٣) واهن؛ جبان؛ ضعيف الإرادة.

spine·like [spīn′līk] *(adj.)* شَوكانيّ: شبيهٌ بالشَّوْك.

spi·nes·cent [spī nĕs′ənt] *(adj.)* (١) شائك؛ شوكيّ (٢) spinelike.

spin·et [spĭn′ĭt] *(n.)* السِّبْنيت: «أ» آلة موسيقية قديمة تُشبه البِيان أو البيانو. «ب» بيان صغير. «ج» أرغن ألكترونيّ صغير.

spin·na·ker [spĭn′ə kər] *(n.)* السَّبَنْكَر: شراع ضخم مُثَلَّثيّ الشكل (مل).

spin·ner [spĭn′ər] *(n.)* (١) فا spin، مثل: الغازل؛ الناسج إلخ (٢) المُدَوِّم: طُعْمٌ مدوّم أو دوّار لصيد السمك (٣) المُدَوِّمة: كرة تنطلق بحركة دورانيّة [في الكريكيت].

spin·ner·et [-rĕt′] *(n.)* المِغزال: العضو الناسج للخيوط [في العناكب].

spin·ney [spĭn′ĭ] *(n.)* الأَيْكَة؛ الخَميلة: غَيْضة صغيرة الأشجار.

spin·ning [spĭn′-] *(n.)* غَزْل؛ نَسْج؛ إطالة؛ تدويم إلخ (را. spin).

spinning frame *(n.)* المِغْزَل: ماكينة غَزْل.

spinning jenny *(n.)* المِغْزَلة؛ المِغزَل الجَيْنيّ: ماكينة غَزْلٍ قديمة.

spinning wheel *(n.)* دولاب الغَزْل: ماكينة غَزْلٍ منزلية صغيرة.

spinning wheel

spin–off *(n.)* (١) by–product (٢) المُشْتَقّ: شيء مُشْتقّ من عملٍ سابقٍ أو مُقَلَّدٌ له.

spi·nose [spī′nōs] *(adj.)* شائك؛ شوكيّ.

spi·nos·i·ty [spī nŏs′ə tĭ] *(n.)* (١) الشّائكيّة؛ الشَّوكيّة: كونُ الشيء شائكًا أو شوكيًّا (٢) صُعوبة؛ مُشكلة؛ مُعْضِلة (٣) ملاحظة لاذعة أو جارحة.

spi·nous [spī′nəs] *(adj.)* (١) شائك (٢) حادّ.

spinous process *(n.)* النّامية أو النّاشِزة الشَّوكيّة («ت» و«ح»).

Spi·no·zism [spĭ nō′zĭz-] *(n.)* السّپينوزيّة: فلسفة سپينوزا الحلولية.

spin·ster [spĭn′-] *(n.)* (١) الغَزّالة: امرأة حِرفتُها الغَزْل (٢) العانس.

spin·thar·i·scope [spĭn thăr′ə skōp′] *(n.)* كاشف أشعّة ألفا (ألك).

spi·nule [spī′nyoōl; spĭn′yoōl] *(n.)* الشُّوَيكة: شوكة صغيرة.

ă at; ā date; â care; ä car; ĕ egg; ē me; ĭ in; ī bite; ŏ lot; ō bone; ô orphan; oi boil; oo good; oo boot; ou out; ŭ under; û urgent; ə = *a* in alone, *e* in system, *i* in easily, *o* in gallop, *u* in circus.

spin·u·lose [spīn′yə lōs′] *(adj.)* شُوَيْكانيّ : شبيه بشوكةٍ صغيرة .

spin·y [spī′nĭ] *(adj.)* (١) شائك (٢) شَوكيّ (٣) عسير <a ~ problem> .

spiny anteater *(n.)* = echidna.

spin·y–finned [spī′nĭ fĭnd′] *(adj.)* شائكُ الزّعانف .

spin·y–head·ed worm [spī′nĭ hĕd′əd] *(n.)* الدّودة الشائكة الرأس : دودة طُفَيليّة ذات خُرطوم مزوَّد بعقائف تتعلّق بواسطتها بجدران أمعاء المُضِيف .

spiny-headed worm

spiny lobster *(n.)* الكَرْكَنْد الشّائك : سرطان بحر ذو قشرة شائكة .

spiny lobster

spin·y–rayed [-rād′] *(adj.)* = spiny–finned.

spi·ra·cle [spī′rə kəl] *(n.)* مَنْفَس ؛ مَصْرِف ؛ مَنْفَذ .

spi·ral [spī′rəl] *(adj.; n.; vi.; t.)* (١) لَولَبيّ ؛ حَلَزونيّ § (٢) اللَّوْلَب ؛ الحَلَزون : شيء لولبيّ الشكل (٣) الحَلَزون (ر) (٤) طيران لولبيّ § (٥) يتَلَوْلَب : يتّخذ سبيلًا لولبيًّا x (٦) يُلَوْلِب : يجعله يتّخذ سبيلًا لولبيًّا .

spi·ral–bound [-′rəl bound′] *(adj.)* لولبيّ التّجليد <a ~ notebook> .

spiral galaxy *or* **nebula** *(n.)* المَجَرّة اللّولبيّة (فل) .

spiral of Archimedes *(n.)* لولب أرخميدس (ر) .

spiral spring *(n.)* النابض اللّولبيّ ؛ الزُّنْبُرُك اللّولبيّ .

spi·rant [spī′rənt] *(adj.; n.)* = fricative.

spire[1] [spīr] *(n.; vi.)* (١) الخُوصَة : ورقة عشب طويلة مستدقّة الطَّرَف (٢) العُسْلوج (نب) (٣) قِمّة ؛ ذِرْوة (٤) «أ» بُرْج . «ب» قِمّة مُسْتَدِقّة § (٥) يَسْتبرِج : يرتفع عاليًا أو مُسْتَدِقًّا مثلَ برج .

spire[1] *4.*

spire[2] *(n.; vi.)* (١) لَوْلَب ؛ حَلَزون § (٢) يَتَلَوْلَب : يَرتفع أو ينخفض لولبيًّا .

spi·re·a *or* **spi·rae·a** [spī rē′ə] *(n.)* الإكليل ؛ الإكليليّة ؛ الإسبيريّة : شُجَيْرة من الفصيلة الوردية .

spired [spī′ərd] *(adj.)* (١) مُبَرَّج : ذو بُرْج <a ~ church> (٢) مستدقّ الطَّرَف <~ cedars> (٣) لولبيّ ؛ حَلَزونيّ <a ~ shell> .

spi·rif·er·ous [spī rĭf′ər əs] *(adj.)* مُلَوْلَب : «أ» ذو عُضْوٍ أو جزء لولبيّ . «ب» ذو زوائد لولبيّة (أح) .

spi·ril·lum [spī rĭl′-] *(n.)* pl. **-ril·la** الحُلَيْزين : بكتيرٌ حَلَزونيّ الشّكل .

spir·it [spĭr′ĭt] *(n.; vt.)* (١) الرُّوح (٢) «أ» شَبَح . «ب» روح شِرّيرة (٣) *cap.* : الروحُ القُدُس (نص) (٤) «أ» *pl.* : مزاج عقليّ أو نفسيّ <in good ~s> . «ب» حيوية ؛ نشاط . «ج» شجاعة ؛ عزم (٥) شخص ؛ شخصيّة <Amjad was a noble ~.> (٦) الرُّوح : «أ» الاتّجاه السائد أو النزعة الغالبة على شيء <the ~ of the age> . «ب» معنى الشيء أو مقاصدُه الحقيقيّة <the ~ of the law> (٧) «أ» كحول . «ب» محلول كحوليّ . «ج» مُسْكِرٌ قويّ <Salma drinks beer but no ~s.> § (٨) يُنشِّط ؛ يُشجِّع ؛ ينفخ فيه روحًا (٩) يخطف ؛ يخطف بطريقة خفيّة <The girl was ~ed away.>.

in high ~s	مبتهج ؛ جَذْلان .
in poor *or* low ~s out of ~s	حزين ؛ كئيب ؛ منقبض النَّفْس .

spir·it·ed [spĭr′-] *(adj.)* (١) جريء ؛ شجاع ؛ نشيط (٢) مُفْعَم بالحيوية .

spir·it·ism [spĭr′ĭ tĭz′əm] *(n.)* (١) الأرواحيّة : الاعتقاد بأن أرواح الموتى تتصل بالأحياء عَبْرَ وسيطٍ عادةً (٢) تحضير الأرواح .

spir·it·ist [spĭr′-] *(n.)* (١) الأرواحيّ : من يؤمن بالأرواحيّة (٢) مُحضِّر الأرواح .

spirit lamp *or* **stove** *(n.)* المصباح الكحوليّ : مصباح [أو فرن] وقودُهُ الكحول .

spir·it·less [spĭr′ĭt ləs] *(adj.)* (١) مَيْت (٢) «أ» كئيب . «ب» تُعْوِزه الحيوية والنشاط (٣) جبان .

spirit level *(n.)* = level *1.*

spi·ri·to·so [spē′rē tō′sô] *(adj.)* ناشط ؛ مُفْعم بالحيوية (مو) .

spirit rapping *(n.)* مناجاة الأرواح [من طريق القَرْع أو الطَّرق] .

spirit(s) of ammonia *(n.)* روح النُّشادر .

spirit(s) of hartshorn = ammonia water.

spirit(s) of salt = hydrochloric acid.

spirit(s) of turpentine *(n.)* زيت التُّرْبَنْتين .

spirit(s) of wine = alcohol.

spir·it·u·al [spĭr′ĭ cho͞o əl] *(adj.; n.)* (١) روحيّ (٢) دينيّ (٣) كَنَسيّ (٤) «أ» شَبَحيّ ؛ أشباحيّ . «ب» أرواحيّ . «ج» روحانيّ § (٥) *pl.* : الرُّوحانيّات (٦) الرُّوحانيّة : أغنية دينية زنجيّة مفعمة بالعاطفة .

spir·it·u·al·ism [spĭr′ĭ cho͞o-] *(n.)* (١) الرّوحانيّة : «أ» التَّمسُّك بالرّوحانيات . «ب» الاعتقاد بأنّ الحقيقةَ كلَّها روحيّة (٢) «أ» spiritism *1* . «ب» تحضير الأرواح .

spir·it·u·al·ist; spir·it·u·al·is·tic *(adj.)* روحانيّ أو أرواحيّ .

spir·it·u·al·i·ty [spĭr′ĭ cho͞o ăl′-] *(n.)* (١) الكَنَسيّ ؛ الإكليركيّ : شيء متعلّق، وفقًا للقانون الكنسيّ، بالكنيسة ذاتها أو برجال الدِّين بوصفهم رجالَ دين (٢) الإكليروس ؛ رجال الدين (٣) الرّوحية : «أ» التعلّق بالقِيَم الروحيّة أو الحساسيةُ البالغة نحوها . «ب» كون الشيء روحيًّا أو دينيًّا .

spir·it·u·al·ize [spĭr′ĭ cho͞o ə līz′] *(vt.)* يُرَوْحِن : «أ» يجعلُهُ روحيًّا أو روحانيًّا . وبخاصة : يُطهِّره من العوامل الدنيوية المفسِدة . «ب» يُعطيه معنى روحيًّا أو يَفهمه بمعنًى روحيّ .

spir·i·tu·al·ty [spĭr′ĭ cho͞o əl tĭ] *(n.)* = spirituality *1-2.*

spi·ri·tu·el *or* **spi·ri·tu·elle** [spĭr′ĭ cho͞o ĕl′] *(adj.)* رقيق ؛ رشيق ؛ مصقول ؛ حاضر البديهة ؛ مُرْهَف العقل .

spir·it·u·os·i·ty [spĭr′ĭ cho͞o əs-] *(n.)* الكُحوليّة : كونُ الشّراب كُحوليًّا .

spir·it·u·ous [spĭr′ĭ cho͞o əs] *(adj.)* كُحوليّ <~ liquors> .

spirit writing *(n.)* الكتابة الأرواحيّة : كتابة أوتوماتيكية يُعتقد أنها تتمّ تحت تأثيرٍ من الأرواح المحضَّرة .

spiro- بادئة معناها : «أ» تَنَفُّس <*spiro*meter> . «ب» لولبيّ <*spiro*chete>.

spi·ro·chet·al [spī′rə kēt′əl] *(adj.)* مُلْتَوِيّ : ناشئ عن المُلْتويات .

spi·ro·chete *also* **spi·ro·chaete** [spī′rə kēt′] *(n.)* المُلْتَوية : ضرب من البكتيريا يشمل تلك التي تسبّب السِّفلس والحُمّى النّاكسة .

spi·ro·che·to·sis [spī′rə kē tō′sĭs] *(n.)* داء المُلْتَويات : داء ناشئ عن المُلْتَويات (را . المادة السابقة) .

spiro·graph [spī′rə grăf′] *(n.)* مِرسمةُ التنفُّس (ط) .

spi·ro·gy·ra [spī′rə jī′rə] *(n.)* اللَّولبيّة : طُحْلب نهريّ أخضر (نب) .

spi·roid [spī′roid] *(adj.)* لَولبانيّ : شبيهٌ شكلُهُ بشكل اللَّولَب .

spi·rom·e·ter [spī rŏm′ə tər] *(n.)* مِقياس التَّنفُّس (ط) .

spi·rom·e·try [spī rŏm′ə trĭ] *(n.)* قياس التَّنفُّس (ط) .

spirt [spûrt] *(n.; vi.; t.)* = spurt.

spir·u·la [spĭr′yə lə] *(n.)* pl. **-lae** [lē] الحُلَيْزين : حيوان ذو صَدَفة مسطَّحة متمعِّجة .

spirula

spir·y [spī′rĭ] *(adj.)* (١) بُرْجيّ ؛ مُسْتدِقّ : ذو شكل طويلٍ نحيلٍ مُستَدِقّ الطَّرف <~ trees> (٢) لَولَبيّ ؛ حَلَزونيّ ؛ مُلْتَفّ .

spit[1] [spĭt] *(n.; vt.)* (١) سَفُّود ؛ سِيخ (٢) اللِّسان : قطعة أرض رمليّة تمتدّ في البحر § (٣) يُسَفِّد : يَشُكّ في سَفُّود أو نحوه .

spit[2] *(vt.; i.; n.)* (١) يَبْصُق (٢) يَلْفِظ ؛ يَنْفُث [نارًا إلخ] (٣) يُضْرِم النّارَ في (٤) يزدري x (٥) تُمطر [السَّماءُ] رَذاذًا أو تُرْسِل ثَلْجًا خفيفًا (٦) يُفَقِّس <The eggs ~ in the pan.> § (٧) «أ» لُعاب ؛ رُضاب . «ب» بُصاق . «ج» إفراز بُصاقيّ (حش) (٨) مسافة قصيرة (٩) صورة طبق الأصل <the ~ and image of his father> (١٠) «أ» رَذاذ . «ب» ثلج خفيف .

to ~ cotton (١) يُرْغي ؛ يُزبِد (٢) يَغْضَب .
to ~ it out يُعَبِّر عمّا يجول في ذهنه من غير تردّد .

spit and polish *(n.)* (١) جَلْي ؛ جَلْو ؛ صَقْل (٢) التعلُّق المُفْرِط بالنظافة والأناقة [وبخاصة في الأسطول] .

spit·ball [-′bôl] *(n.)* (١) الكُرَة الممضوغة : ورقة تُمْضغ وتُكَوَّر ثم تُلْقَى كما تُلْقَى القذائف (٢) الكُرَة المُرَضَّبة : رمية في كُرة البيسبول تُسَدَّد بعد أن تبلَّل الكرة بالرُّضاب أو بالعَرَق .

spitch·cock [spĭch′-] *(n.; vt.)* (١) أنْقَليس مَشْويّ أو مَقْليّ [بعد تقطيعه] § (٢) يشوي الأنقليس أو يَقْليه [بعدَ أن يَشُقَّه أو يُقَطِّعه] (٣) يُعامِلُهُ بقسوة .

spit curl *(n.)* العَقْصة المُلْصَقة : حُلَيْقة شَعر لولبيّة تُثَبَّت [بالرُّضاب أحيانًا] على الجبين أو الصُّدْغ أو الخدّ .

spite [spīt] *(n.; vt.)* (١) نكاية ؛ كَيْد (٢) حِقْد ؛ ضغينة § (٣) ينكي ؛ يَغيظ .
in ~ of بِرَغْم ؛ على الرغم من .

spite·ful [spīt′-] *(adj.)* حقود ؛ خبيث ؛ ذو غِلّ ؛ مُوْلَع بالإغاظة .

spit·fire [spĭt′fī(ə)r′] *(n.)* (١) نافث اللَّهَب [كبركان أو مِدفع] (٢) الغضوب : شخص سريع الغضب (٣) نافثة اللَّهَب : طائرة حربية .

spitting image *(n.)* صورة طبق الأصل .

spit·tle [spĭt′əl] *(n.)* (١) لُعاب ؛ رُضاب ؛ ريق (٢) إفراز بُصاقيّ .

spit·tle·bug [spĭt′əl bŭg′] *(n.)* = froghopper.

spittle insect *(n.)* = spittlebug.

spit·toon [spĭ to͞on′] *(n.)* المِبْصَقَة : وعاء يُبْصَق فيه .

spitz [spĭts] *(n.)* الإسبتز : كلبٌ صغيرٌ طويل الشعر مُسْتدِقّ الخَطْم .

spitz

spiv [spĭv] *(n.)* (١) المُتَبَطِّل : من يكسب رزقه بطرائقَ مُريبة (٢) المُتهرِّب من أداء واجب .

splanch·nic [splăngk′nĭk] *(adj.)* حَشَويّ ؛ أحشائيّ (ت) .

splash [splăsh] *(vi.; t.; n.)* (١) يُرَشِّش : يجعله يُطلق رَشاشًا (٢) يتساقط أو يتناثر على شكل قطرات إلخ x (٣) ينضح [وجهه] بالماء إلخ (٤) يُلوِّث برشاشٍ ما (٥) يُبَقِّع : يكسو بالبُقَع (٦) ينثر بالترشيش (٧) يشقّ طريقه [في الماء] مُطلِقًا رشاشًا (٨) يُظَهِّر ؛ يُبْرِز : يضع أو ينشر في مكان بارز § (٩) رشاش ؛ تَرْشاش (١٠) بقعة ؛ لطخة (١١) غَوْصَة قصيرة [في الماء] (١٢) «أ» انطباعة قوية . وبخاصة : انطباعة ناشئة عن عمل أو مظهر مقصود به لفت الأنظار . «ب» تباهٍ (١٣) التظهير : إبراز صارخ لنبأ أو مقال في صحيفة <The story got a robust front-page ~.> (١٤) قليلٌ من ؛ مقدار ضئيل . وبخاصةٍ : قليل من المياه الغازية <a whisky with ~> .

to ~ one's money about يُبدِّد أمواله أو يُنفقها بسخاء .
to make a ~, يَلْفِت الأنظار [وبخاصةٍ بعَرْض متباهٍ لثروته] .

splash·board [-′bōrd′] *(n.)* الحاجبة : وِقاء من الماء أو الوحل .

splash·down [-′doun′] *(n.)* هبوط [المركبة الفضائية على سطح الماء] .

splash·er [splăsh′ər] *(n.)* (١) فا splashboard (٢) splash .

splash guard *(n.)* الحاجبة الدولابيّة : حاشيةٌ تُدَلّى وراء عجلة السيارة الخلفية لمنع رشاش الوحل من أن يُصيب واجهاتِ السيارات المُقْبِلة خَلْفَها .

splash·y [-′ĭ] *(adj.)* (١) مُوْحِل (٢) مُتَرَشِّش : مُحْدِثٌ في اندفاعِهِ رشاشًا أو صوتًا كصوت الرَّشاش (٣) مثير <a ~ ad> (٤) مُبقَّع ؛ مُنَقَّط <~ silk> .

splat [splăt] *(n.)* (١) السِّناد الطُّوليّ : قطعة خشبية عريضة مُسَطَّحة تشكِّل الجزء الطُّوليّ من وَسَط ظهر الكرسيّ (٢) صوت ؛ وَقْع (٣) أزيز إلخ .

splat·ter [splăt′ər] *(vt.; i.; n.)* = spatter.

splay [splā] *(vt.; i.; n.; adj.)* (١) يَبْسُط ؛ يَمُدّ (٢) يَحْدُر ؛ يُميل ؛ يُفلطح x (٣) ينبسط ؛ يمتدّ (٤) يَنحدر ؛ يَميل ؛ يتفلطح § (٥) انحدار ؛ مَيَل ؛ تَفَلْطُح ، وبخاصة في جوانب الأبواب والنّوافذ (٦) انبساط ؛ امتداد § (٧) منحدِر ؛ مائل ؛ مُفَلْطَح (٨) مَسْحاء ؛ رَحّاء <~ feet> (٩) أخرق ؛ تُعْوِزُهُ البراعة .

splay·foot[1] [splā′fo͝ot′] *(n.)* = flatfoot *2*.

splay·foot[2] *or* **splay·foot·ed** [splā′-] *(adj.)* أمْسَح ؛ أرَحّ .

spleen [splēn] *(n.)* (١) الطِّحال (ت) (٢) كآبة (ا . ق) (٣) غيظ ؛ حِقْد ؛ نَكَد .

spleen·ful [-′fəl] *(adj.)* (١) كئيب (٢) غاضب ؛ حاقد ؛ نَكِد ؛ شَكِس .

spleen·ish [-′ĭsh] *(adj.)* حاقد ؛ نَكِد .

spleen·wort [-ˈwûrt] *(n.)* حشيشة الطِّحال: ضرب من السَّرْخَس (نب).

spleen·y [splēnˈĭ] *(adj.)* = spleenful.

splen- *or* **spleno-** بادئة معناها: الطِّحال <*splen*ectomy>.

splen·dent [splĕnˈdənt] *(adj.)* (١) نيِّر؛ ساطع؛ لمّاع (٢) بارز؛ شهير.

splen·did [-ˈdĭd] *(adj.)* (١) فخم <a ~ hall> (٢) مُشْرِق؛ ساطع؛ باهر؛ سَنِيّ <~ jewelry> (٣) شهير؛ عظيم (٤) رائع؛ ممتاز.

splen·dif·er·ous [-dĭfˈ-] *(adj.)* (١) ساطع؛ باهر؛ رائع (٢) ساطع أو باهر أو رائع على نحوٍ خادع.

splen·dor *or* **splen·dour** [splĕnˈdər] *(n.)* (١) «أ» إشراق؛ سَناء. «ب» فخامة؛ أُبَّهة (٢) روعة؛ امتياز؛ عظمة (٣) شيء رائع إلخ.

splen·dor·ous; splen·drous [splenˈ-] *(adj.)* = splendid.

sple·nec·to·my [splĭ nĕkˈtə mĭ] *(n.)* استئصال الطِّحال (ط).

sple·net·ic [splĭ nĕtˈ-] *(adj.; n.)* (١) طِحاليّ (٢) نكِد؛ شكِس؛ سريع الغضب.

splen·ic [splĕnˈĭk] *(adj.)* طِحاليّ <~ blood flow>.

sple·ni·us [splēˈnĭ əs] *(n.)* pl. **-ni·i** [nĭ īˈ] العَضَلة الطِّحاليّة: إحدى عضلتَيْن مُسَطَّحتين عند كلّ من جانبَيْ مؤخَّر العُنُق (ت).

spleno- = splen-.

sple·no·meg·a·ly [splē nō mĕgˈ-] *(n.)* الطِّحَل: تضخُّم الطِّحال (مض).

spleu·chan [splo͞oˈkhən] *(n.)* جَيْب؛ كيس [وبخاصة للتبغ أو النقود].

splice [splīs] *(vt.; n.)* (١) يَصِل بالجَدْل: يَصِل حَبْلَين بأن يَجدل طَرَفَيْهما معًا (٢) يَقْرِن بالتَّراكب: يَصِل بين لوحين خشبيين أو قضيبين معدنيين بأن يجعل طرفيهما يتراكبان أو بواسطة وُصلة تراكبيّة (٣) يزوِّج: يربط برباط الزوجيّة § (٤) «أ» وَصْلٌ بالجَدْل أو بالتراكُب. «ب» وُصْلَة مجدولة إلخ (٥) زواج.

spliff [splĭf] *(n.)* سيجارة مَرْهُوانة (را. marijuana).

spline [splīn] *(n.; vt.)* (١) الشَّريحة؛ القِدّة: شريحة خشبية أو معدنية ضيّقة (٢) الخُدّة؛ الفُرْضة؛ اللُّسَيْن (مك) § (٣) يُلَسِّن: يثبِّت بلُسَيْن (٤) يُخدِّد؛ يُفَرِّض: يزوّد بِخُدّةٍ أو فُرْضة (مك).

splint [splĭnt] *(n.; vt.)* (١) شريحة أو صفيحة معدنيّة (٢) «أ» شريحة خشبيّة رقيقة. «ب» شَظِيّة. «ج» جَبيرَة [السّاق أو الذراع] (٣) التَّزَيُّد: تضخُّمٌ عظميّ في الجزء الأعلى من عظم الشَّظيّة (را. المادة التالية) § (٤) «أ» يَجْبُر. «ب» يُثبِّت بجَبيرة.

splint bone *(n.)* عَظْم الشَّظيّة: أحد عَظْمين شبيهَين بشظيّتَين في كلّ من جانبَيْ قصبةِ قائمةِ الفَرَس.

splin·ter [splĭnˈ-] *(n.; vt.; i.)* (١) شَظِيّة؛ كِسْرة (٢) جماعة [صغيرة] مُنشَقّة § (٣) يُشَظّي: يُشَقّق الشيء فِلَقًا أو شظايا (٤) يمزّق؛ يُجَزِّئ x (٥) يتشظّى (٦) يتمزّق أو ينشَقّ إلى فِرَق (٧) ينسحب من حزب إلخ.

split [splĭt] *(vt.; i.; n.; adj.)* (١) يَشُقّ؛ يَفْلِق (٢) «أ» يُمزِّق. «ب» يَشطر أو يفلق الذرَّة (٣) «أ» يقسِّم؛ يجزّئ. «ب» يحصِّص؛ يوزِّع حصصًا. «ج» يُشقّ إلى أحزاب أو طوائف. «د» يقترع لمرشّحين من أحزاب مختلفة. «هـ» يَفْصِل [مُركّبًا كيميائيًّا إلى عناصره المقوِّمة] (٤) يفشي «بقصد أو غير قصد» (ع) (٥) يَمْذُق أو يخفِّف [الشراب المُسْكِر] بالماء x (٦) ينشقّ؛ ينفلق (٧) يتمزَّق (٨) ينفلق من الضحك <~ thought he would> (٩) «أ» ينقسم؛ ينشعب. «ب» يتفرق شِيَعًا. «ج» ينفصل [عن حزب إلخ]. «د» ينفصلان [بالطلاق] (١٠) ينطلق بسرعة خاطفة [في سباق عَدْو] (١١) يخون؛ يشي بِ؛ يبلّغ عن رفاقه <promised not to ~> § (١٢) شَقّ؛ فَلْع؛ صَدْع (١٣) فِلْقة (١٤) «أ» انشقاق أو انقسام [في حزب إلخ]. «ب» جماعة مُنشَقّة [عن حزب إلخ]. «ج» انفصام <a ~ in his personality> (١٥) مص split، مثل: «أ» انفلاق. «ب» الانفساخ: حركة يقعد فيها الراقص على الأرض أو يثِب في الهواء ويُباعد ما بين ساقَيْه حتى تُشكّلا خطًّا مستقيمًا (١٦) المُنَصَّفة: زجاجة [أو كأس] تحتوي على نصف الكمية المعتادة من الخمر (١٧) المُشَرَّحة: حلوى قوامها شرائح من ضروب الفاكهة § (١٨) مشقوق؛ مشقّق (١٩) مُجَزَّأ (٢٠) منقسم (٢١) مُوسَّع أو مباعَد [ما بينه وبين غيره].

to ~ hairs — را. مادة hair.

to ~ one's sides — را. مادة side.

to ~ straws — يتشاحن أو يتنازع [حول خلافات تافهة].

to ~ the difference — يتوصَّل [من طريق تسوية ما] إلى اتّفاق؛ «يقسم الفَرْق بالنصف».

split pea *(n.)* الحبّة المفلوقة: حبة فول أو بازلّا مفلوقة إلى قسمين.

split personality *(n.)* الشخصيّة المُنفَصِمة (نف).

split second *(n.)* لحظة؛ جزء من ثانية <happened in a ~>.

split ticket *(n.)* ورقة الاقتراع المُجَزّأة: ورقة انتخاب يحمِّلها النّاخب أسماء مُرَشَّحين ينتسبون إلى أحزاب مختلفة.

split·ting [splĭtˈ-] *(adj.)* (١) مُقَسِّم؛ مُجَزِّئ إلخ (٢) حادّ؛ مُبَرِّح <a ~ headache> (٣) مُدَوٍّ؛ مُجَلْجِل <a ~ laugh> (٤) خاطف؛ سريع جدًّا.

splotch [splŏch] *(n.; vt.)* (١) بُقعة؛ لَطْخة § (٢) يُبَقِّع؛ يُلَطِّخ.

splurge [splûrj] *(n.; vi.; t.)* (١) تفاخُر؛ تباهٍ [لفتًا للأنظار] (٢) إسراف أو تبذير § (٣) يحاول أن يلفت الأنظار [بمسلكه] x (٤) يُنفِق بتبذير أو بتباهٍ.

splut·ter [splŭtˈər] *(vi.; t.; n.)* (١) يُبَقبِق؛ يُدَمْدِم [كشيء على النار] (٢) يُغَمْغِم؛ يُجَمْجِم: يتكلّم بسرعة وعلى نحوٍ غير مُبين x (٣) يقولُ مُغَمغِمًا: يقول بسرعة وعلى نحوٍ غير مُبين § (٤) غَمْغَمة؛ جَمْجَمة (٥) بَقْبَقة؛ دَمْدَمة.

Spode [spōd] *(n.)* الخَزَف السُّبوديّ: خزف إنكليزيّ فاخر.

spod·u·mene [spŏdˈyə mēnˈ] *(n.)* السّبوديومين (مع).

spoil [spoil] *(vt.; i.; n.)* (١) «أ» يَسْلُب. «ب» يَنْهَب (٢) «أ» يُتلِف؛ يُعطِب. «ب» يُفسِد (٣) «أ» يُدَلِّع: يُفسد شخصية الولد بالإفراط في تدليله أو إطرائه. «ب» يُدَلِّل أو يعامل برفق x (٤) يقوم بأعمال السَّلب والنّهب واللّصوصية (٥) يَتْلَف؛ يَفْسُد (٦) يتوقُ تَوْقًا شديدًا <My brother was ~*ing* for a fight.> § (٧) غَنيمة (٨) سَلْب؛ نَهْب (٩) تَلَف؛ هلاك (١٠) سلعة معطوبة أو مثلومة أثناء الصُّنع.

spoil·age [spoiˈlĭj] *(n.)* (١) مص spoil (٢) التَّلَف: «أ» شيء يَفْسُد أو يتلف أثناء العمل أو النَّقل. «ب» مقدار الخسارة الناشئة عن التَّلف.

spoil·er [-ˈər] *(n.)* (١) السَّلّاب؛ النَّهّاب (٢) المُفْسِد (٣) المُفسِدة: لوحة

فوق السّطح الأعلى من جناح الطائرة تعمل على خفض قوة الدَّفع (طي) (٤) الحارفة: أداة تَحرِف الهواء تخفيفًا لارتفاع الدواليب عن الأرض أثناء السرعة (سي).

spoils·man [spoilz′-] *(n.)* الاغتنامي: «أ» من يؤيّد حزبًا طمعًا في مَغْنَم. «ب» من ينال حصّةً من مغانم الحزب الفائز.

spoil·sport [spoil′spōrt′] *(n.)* مُفسِد المُتْعة: من يُفسِد على الآخرين مُتْعَتَهُم أو لَهْوَهم.

spoils system *(n.)* الاغتنامية؛ نظام الغنائم: تقسيم المناصب الحكومية الرئيسية على أنصار الحزب الفائز في الانتخابات.

spoilt [spoilt] *past and past part. of* spoil.

spoke[1] [spōk] *past and past part. of* speak.

spoke[2] *(n.; vt.)* (١) البَرْمَق؛ شُعاع الدّولاب (٢) دَرَجة [في مِرقاة أو سُلَّم نقّالة] (٣) كابح؛ مِكْبَح § (٤) يُبَرْمِق.

spo·ken [spō′kən] *(adj.)* (١) شَفَهِيّ <a ~ message> (٢) منطوقٌ به؛ ملفوظ.

spoke·shave [spōk′shāv′] *(n.)* مِسْحَجُ التّسنيم (نج).

spokes·man [spōks′-] *(n.)* (١) النّاطق الرّسميّ [باسم جماعة أو هيئة] (٢) النّصير (٣) الخطيب؛ المتكلّم.

— **spokes·wom·an** *(n. fem.)*

spokes·per·son [spōks′-] *(n.)* = spokesman; spokeswoman.

spo·li·ate [spō′lĭ āt′] *(vt.)* = despoil.

spo·li·a·tion [spō lĭ ā′-] *(n.)* (١) سَلْب؛ نَهْب (٢) إتلاف.

spon·da·ic [spŏn dā′ĭk] *(adj.)* إسْبونديّ (را. المادّة التالية).

spon·dee [-′dē′] *(n.)* الإسبوندية: تفعيلة ذات مقطعَيْن طويلين (عر).

spon·dy·li·tis [spŏn′də lī′tĭs] *(n.)* التهاب فِقْرات الظهر (مض).

sponge [spŭnj] *(n.; vt.; i.)* (١) «أ» إسْفَنج. «ب» إسفنجة (٢) شيء كالإسفنج: «أ» ضِمادة من شاش [تُستخدم في الجراحة والطبّ]. «ب» مِمسَحة لتنظيف فُوَّهة المدفع. «ج» عجين. «د» ضربٌ من الحَلْوَى أو من الكعك المحلّى (٣) الطُّفيليّ؛ العالة § (٤) «أ» ينظّف أو يمسح أو يرطّب بإسفنجة أو بنحوها. «ب» يمحو (٥) يُصيب أو ينال [مالًا أو طعامًا] بالتطفّل على الآخرين (٦) يمتصّ أو يتشرّب كالإسفنج x (٧) يتطفّل؛ يعيش عالةً على (٨) يصيد الإسفنج أو يغوص التماسًا له.

to ~ out يمحو؛ يُزيل كلّ أثرٍ لِـ.
to throw up (*or* in) the ~, يستسلم؛ يقرّ بالهزيمة.

sponge cake *(n.)* الكعكة الإسْفَنْجيّة: كعكة محلّاة ذات مَسامّ.

sponge cloth *(n.)* القُماش الإسْفَنْجيّ: نسيج ذو خيوطٍ خشنةٍ ذاتِ عُقَد.

spong·er [spŏn′jər] *(n.)* (١) فا sponge (٢) «أ» صائد الإسْفَنْج. «ب» مَرْكب [لصَيْد الإسْفَنج] (٣) الطُّفَيْليّ؛ العالة على غيره.

sponge rubber *(n.)* المطّاط الإسفَنْجيّ: مطّاط ليّن ذو مَسامّ.

spon·gin [spŭn′jĭn] *(n.)* الإسْفَنْجين: ضربٌ صُلبٌ من البروتين.

spon·gin·ess [spŭn′jĭ nəs] *(n.)* الإسْفَنْجيّة: كَونُ الشيء إسفَنْجيًا.

sponging house *(n.)* مُعْتَقَل المَدِينين: مُعتقَل كان المَدِينون يُحْبَسون فيه ريثما يُزَجُّ بهم في السجن.

spon·gy [-′jĭ] *(adj.)* إسفنجيّ: «أ» ليِّن كثير المَسامّ. «ب» مساميّ ممتصّ. «ج» ليِّن؛ رِخْو. «د» مُشْبَع بالماء <~ clouds>.

spon·sion [spŏn′shən] *(n.)* كَفالة؛ ضَمانة.

spon·son [spŏn′sən] *(n.)* الزِّعْنِفَة: «أ» جزء ناتئ من جانب السفينة أو الدّبّابة يُتَّخَذُ مِنَصّةً للمدفع. «ب» جزء جناحيّ الشكل ناتئ من بدن الطائرة المائية يجعلها أحسنَ توازنًا على سطح الماء.

spon·sor [spŏn′sər] *(n.; vt.)* (١) العَرّاب؛ العَرّابة (نص) (٢) الكفيل؛ الضامن (٣) صاحب الاقتراح؛ مُقدِّم الاقتراح (٤) راعي البرنامج: مؤسسة تجارية، أو غير تجارية، ترعى برنامجًا إذاعيًا أو تلفزيونيًا، أو حَفلًا إلخ، وذلك بأن تدفع مبلغًا من المال لقاء تخصيص فتراتٍ منه للإعلان عن مُنتجاتها § (٥) يَكْفُل؛ يَضْمَن (٦) يرعى [برنامجًا تلفزيونيًا إلخ].

spon·ta·ne·i·ty [-′tə nē′ə tĭ] *(n.)* (١) العَفْويّة؛ التّلقائية (٢) عملٌ عَفْويّ؛ حركة تلقائية.

spon·ta·ne·ous [spŏn tā′nĭ əs] *(adj.)* (١) عَفْويّ <a ~ remark> (٢) تلقائيّ؛ ذاتيّ <The eruption of a volcano is ~.> (٣) طبيعيّ <~ growth>.

spontaneous combustion *(n.)* الاحتراق التّلقائيّ أو الذاتيّ (ك).

spontaneous generation *(n.)* = abiogenesis.

spon·ta·ne·ous·ly [spŏn tā′nĭ əs lĭ] *(adv.)* عَفْويًّا؛ تلقائيًا؛ ذاتيًّا.

spon·toon [spŏn to͞on′] *(n.)* الرُّمَيْح: شبه رمح قصير.

spoof [spo͞of] *(vt.; n.)* (١) يَخْدع (٢) يَسْخَر من § (٣) خِداع؛ خُدعة (٤) هُراء؛ كلام فارغ (٥) محاكاة تهكُّميّة ساخرة.

spook [spo͝ok] *(n.; vt.; i.)* (١) شَبَح § (٢) ينتاب [الشَّبحُ] مكانًا (٣) يُرَوِّع. وبخاصةٍ: يُجَفِّل x (٤) يُجْفِل.

spook·y [spo͝o′kĭ] *(adj.)* (١) شَبَحيّ؛ أشباحيّ (٢) جَفُول؛ عصبيّ.

spool [spo͞ol] *(n.; vt.; i.)* (١) مِكبّ؛ مِسْلكة؛ ملفّ للخيوط (٢) خيوط المِكبّ [أو مقدارها] § (٣) يَلُفّ أو يلتفّ على مِكبّ.

spoon [spo͞on] *(n.; vt.; i.)* (١) مِلْعَقة (٢) شيء كالمِلْعَقة، مثل: «أ» الطُّعم المِلْعَقيّ: طعمٌ معدنيّ لمّاع مِلعَقيّ الشكل يُستخدم في الصّيد بالقصبة. «ب» مجذاف معقوف الرّاحة (٣) مِضْرب غولف [خشبيّ الرأس] (٤) المُغَفَّل؛ السّاذَج § (٥) يَغْرِف أو يَسْكُب بملعقة (٦) يُمَلْعِق: «أ» يُجَوِّف على شكل مِلعقة. «ب» يدفع الكرةَ بحركةٍ رافعة (٧) يغازل x (٨) يتغازل؛ يتطارح الغرام؛ يتبادل القُبُلات <young couples ~*ing* on park seats>.

spoon·bill [-′bĭl′] *(n.)* المَلاعِقيّ؛ أبو مِلْعَقَة: طائر كبير مخوِّض ذو منقارٍ ضخم مِلْعَقيّ الطَّرَف.

spoonbill

spoon–billed [spo͞on′bĭld′] *(adj.)* مِلْعَقيّ المنقار.

spoon bread *(n.)* الخبز المِلْعَقيّ : خبز طريّ يُصنع من دقيق الذُّرة والبيض والحليب والزُّبدة ويكون ذا قوام يُحتِّم تقديمَهُ، إلى الطاعمين، بملعقة.

spoon·drift [spoon′drĭft′] *(n.)* = spindrift.

spoon·er·ism [spoo′-] *(n.)* السّبونريّة : تبديل مواقع الحروف الأولى في كلمتَيْن أو أكثر <كقولك *tons of soil* بدلًا من *sons of toil*>.

spoon·ey [spoo′nĭ] *(adj.; n.)* = spoony.

spoon–fed [-′fĕd′] *(adj.)* (١) «أ» مُلقَّم [بملعقة]. «ب» مُدَلَّل (٢) محروم من أية فرصة للمبادرة أو التفكير الشخصيّ.

spoon–feed [-′fēd′] *(vt.)* (١) يُلَقِّم [بملعقة] (٢) يُلَقِّم [عقليًّا]: «أ» يُلقِّن بطريقة لا تبقي مجالًا لأية مبادرة أو تفكير شخصيّ. «ب» يقدِّم المعلومات أو ضروب الدعاية بطريقة محرَّفة وعلى نحو يجعل من المستحيل على المتلقي مناقشتها أو إعادة النظر فيها.

spoon·ful [spoon′fool′] *(n.)* (١) مِلْءُ مِلْعَقَة (٢) مقدار ضئيل.

spoon meat *(n.)* الطَّعام المِلْعَقيّ : طعام سائلٌ يُتناول بالملعقة.

spoon·y [spoo′nĭ] *(adj.; n.)* (١) سخيف؛ أحمق. وبخاصةٍ: عاطفيّ حتى الإفراط (٢) مُتيَّم بـ <~ on a gypsy girl> § (٣) المُغَفَّل؛ السّاذَج (٤) المُتيَّم؛ المُغْرَم.

spoor [spoor] *(n.; vt.; i.)* (١) الأثر؛ أثر الحيوان: ما يتركهُ الحيوانُ خلفَهُ من أثر § (٢) يقتفي الأثَر.

spor- *or* **spori-** بادئة معناها: بَذْرة؛ بَوْغة <*spor*angium>.

spo·rad·ic [spō răd′-] *(adj.)* متقطِّع؛ متفرِّق؛ مُتَشَتِّت <~ fighting>.

spo·ran·gi·um [spō răn′jĭ əm] *(n.)* pl. **-gi·a** [jĭ ə] كيس البَوْغ؛ حاملة الأبواغ [في اللّازهريّات] (نب).

spore [spōr] *(n.; vi.)* (١) البَوْغة: جسم تكاثريّ في بعض النباتات الدنيا § (٢) يُبوِّغ: يحمل أو يُنتج أبواغًا (نب).

spore case *(n.)* = sporangium.

spori- = spor-.

spo·ri·cid·al [spōr′ə sīd′əl] *(adj.)* مُبيدٌ للأبواغ (نب).

spor·i·cide [spōr′ə sīd′] *(n.)* مُبيد الأبواغ: مادة مُهْلِكة للأبواغ (نب).

spo·rif·er·ous [spō rĭf′-] *(adj.)* مُبَوِّغ: حامل أو مُوَلِّد بوغًا (نب).

spo·ro·blast [spōr′ə blăst] *(n.)* الجرثومة البَوْغيّة (أح).

spo·ro·carp [spōr′ə kärp] *(n.)* الثّمرة البَوْغيّة (نب).

spo·ro·cyst [spōr′ə sĭst] *(n.)* الكُيَيْس البوغيّ (أح).

spo·ro·gen·e·sis [spōr′ə jĕn′ə sĭs] *(n.)* التَّولُّد البَوْغيّ (أح).

spo·ro·go·ni·um [-gō′nĭ əm] *(n.)* pl. **-ni·a** حاملة الأبواغ (أح).

spo·rog·o·ny [spō rŏg′ə nĭ] *(n.)* التّكاثُر البَوْغيّ (نب).

spo·ro·phore [spōr′ə fōr′] *(n.)* حامل البَوْغ (نب).

spo·ro·phyll [spōr′ə fĭl] *(n.)* الورقة البوغيّة (نب).

spo·ro·phyte [-fīt′] *(n.)* (١) الجيل البَوْغيّ: جيلُ النبات المنتج للأبواغ (نب) (٢) النابت البَوْغيّ: فرد من الجيل الحامل للأبواغ (نب).

spo·ro·zo·an [spōr′ə zō′ən] *(n.; adj.)* (١) البَوْغيّ: واحدُ البَوْغيّات **Sporozoa** وهي طائفة من البَرْزَويّات المتطفّلة § (٢) بَوْغيّ.

spo·ro·zo·ite [spōr′ə zō′īt] *(n.)* الحُيَيّ البَوْغيّ (أح).

spor·ran [spŏr′ən] *(n.)* السُّبران؛ الجزدان الأسكتلنديّ: جزدان، أو كيس للدراهم، ضخمٌ يُصنع من الفراء ويُدَلَّى من مُقَدَّم الحزام.

sport[1] [spōrt; spôrt] *(n.; vt.; i.)* (١) «أ» لَهْو؛ تسلية. «ب» مغازلة؛ مداعبة [جنسيّة] (٢) «أ» رياضة بدنية. «ب» لعبة رياضيّة (٣) «أ» مزاح؛ هَزْل. «ب» هزء؛ سخرية (٤) «أ» أُلعوبة. «ب» أُضحوكة (٥) «أ» الرياضيّ: اللاعب الرياضيّ. «ب» المقامِر. «ج» المُتْرَف: الآخذ بأسباب الحياة البهيجة المترَفة. «د» ذو الروح الرياضيّة. «هـ» شخص حلو العِشرة قريب إلى النفس. «و» رفيق؛ فتًى (٦) الشُّذوذ: حيوان أو نبات [أو جزء من نبات] يتكشَّف عن انحراف غير اعتياديّ عن صِفات نوعِهِ السويّة § (٧) «أ» يُبدِي بتَباهٍ <delighted to ~ his learning in company>. «ب» يلبس «بشعور من الارتياح» <~*ed* a trim hat at church>. «ج» يملك؛ يقتني (٨) يُطْلِع [النباتُ] جزءًا شَذُوذًا **x** (٩) «أ» يلهو؛ يعبث. «ب» يشارك أو ينهمك في لعبة رياضية (١٠) «أ» يهزأ بـ؛ يسخر من. «ب» يَمْزَح؛ يَهْزِل (١١) يشذّ: ينحرف عن صفات نوعه السويّة.

for ~; in ~, على سبيل الهَزْل أو المُزاح.

to make ~ of يهزأ بـ؛ يسخر من.

sport[2] *or* **sports** *(adj.)* (١) رياضيّ <a ~ shirt> (٢) غير رسميّ <~ coats>.

sport fish *(n.)* سمكة المُتعة: سمكة تُطلب للمتعة التي توفّرها للصائدين.

sport·fish·ing [spōrt′-] *(n.)* الصَّيد بالقَصَبة: صيد الأسماك بالقَصَبة والصِّنارة.

sport·ful [-′fəl] *(adj.)* (١) «أ» مُسَلٍّ. «ب» لَعُوب؛ مَرِح. «ج» مَزُوح (٢) مَزْحيّ.

sport·ing [-′ĭng] *(adj.)* (١) رياضيّ (٢) مُحْتَمَل (٣) قِماريّ (٤) بِغائيّ.

sporting lady *(n.)* بَغِيّ؛ مُومس؛ بنت هوًى.

spor·tive [spōr′tĭv] *(adj.)* (١) «أ» لَعُوب؛ مَرِح. «ب» مَزْحِيّ؛ غير جِدّيّ (٢) شهوانيّ؛ شديد الشهوة (٣) رياضيّ.

sports car *(n.)* السيارة الرياضيّة: سيّارة مكشوفة سريعة ذات مقعدين عادةً.

sports·cast [-′kăst] *(n.)* البرنامج الرياضيّ: برنامج إذاعيّ أو تلفزيونيّ قِوامُه نقلٌ حيّ لمباراة رياضية أو عرضٌ للأنباء الرياضيّة.

sports editor *(n.)* المحرّر الرياضيّ: محرِّر الأخبار الرياضية.

sport shirt *(n.)* القميص الرياضيّ: قميص خفيف مفتوح العُنق.

sports·man [spōrts′-] *(n.)* (١) الرِّياضيّ (٢) ذو الروح الرياضية.

sports·man·ship [spōrts′-] *(n.)* الرّوح الرياضيّة: روح قِوامُها الإنصاف والكياسة وحُسْن القَبول للنتائج مهما تكن.

sports·wear [-′wâr′] *(n.)* الملابس الرياضيّة: ملابس مُعَدَّة للرياضة.

sports·writ·er [spōrts′rī′tər] *(n.)* = sports editor.

sport·y [spōr′tĭ] *(adj.)* (١) رياضيّ (٢) عابث؛ منغمس في اللهو (٣) «أ» مُبَهْرَج <~ clothes>. «ب» أنيق المظهر أو الملبس.

spor·u·late [spôr′yə lāt′] *(vi.)* يَتَبَوَّغ: يتكاثر بالانقسام البوغيّ (أح).

spor·u·la·tion [spôr′yə lā′-] *(n.)* التَّبَوُّغ: تَشَكُّل الأبواغ. وبخاصة: الانقسام إلى عدة أبواغ صغيرة (أح).

spot [spŏt] *(n.; vt.; i.; adj.; adv.)* (١) وَصْمَة (٢) «أ» بُقعة؛ لَطخة. «ب» كُلْفة [من الكُلَف الشمسيّة]. «ج» نقطة؛ رُقطة (٣) قليل؛ مقدار قليل <doing a ~ of wrestling> (٤) «أ» مكان؛ موضع. «ب» نادٍ ليليّ (٥) النَّعّاب الأرقط: سمكة نعّابة (را. croaker) تتميّز برُقطة سوداء على مقربة من الرأس (٦) «أ» مركز <the top ~*s* in industry and finance>. «ب» مكان في برنامج لهو <deserves a better ~ on the program> (٧) مأزق؛ ورطة <was indeed in a ~> (٨) «أ» فترة بين برنامجين إذاعيّين أو تلفزيونيّين يذاع فيها بيان أو إعلان. «ب» بيان أو إعلان بين برنامجين إلخ § (٩) يُلَطِّخ السمعة (١٠) يُلَطِّخ؛ يُلَوِّث (١١) يُنَقِّط: يَسِم أو يُعلِّم بنقطة مميِّزة (١٢) يكتشف <to ~ a mistake> (١٣) «أ» يستطلع؛ يستكشف؛ يحدِّد بالضبط <~*ted* enemy positions>. «ب» يُحكِم الرميَ <~ the battery's fire> (١٤) «أ» يُرَصِّع <... figures ~*ted* the twilight>. «ب» يَضع في نقاط مختلفة <~*ted* throughout the country>. «ج» يُمَوْضِع: يضع في نقطة معيّنة <to ~ a billiard ball>. «د» يحدِّد له موضعًا أو وقتًا معيّنًا <to ~ a program> (١٥) يُزيل اللطخة من x (١٦) يتلطّخ؛ يتبقّع <cloth that tends to ~ in the rain> § (١٧) «أ» فوريّ <~ coverage of the news>. «ب» حاضر؛ جاهز للتسليم الفوريّ <~ commodities>. «ج» نقديّ <~ sale>. «د» مُذاعٌ بين برنامَجَيْن <~ announcements> (١٨) «أ» اعتباطيّ: مختارٌ كيفما اتّفق <~ questions>. «ب» عَيِّنيّ: مقصورٌ على مَواطن أو عيِّنات نموذجيّة قليلة <a ~ test> § (١٩) تمامًا؛ بالضبط <arrived ~ on time> (٢٠) نقدًا.

on the ~ *or* upon the ~, (١) فورًا؛ تَوًّا؛ في الحال (٢) المكان نفسه [الذي يتحتّم أداء العمل فيه] (٣) في مركز مسؤول (٤) في مأزِق أو خطر.

spot cash *(n.)* النَّقد الفوريّ (تج).

spot–check [-′chĕk′] *(vt.)* يختبر أو يُجري تحقيقًا [بسرعة أو كيفما اتّفق].

spot·less [spŏt′ləs] *(adj.)* نظيف؛ طاهر؛ لا عيبَ فيه.

spot·light [spŏt′līt′] *(n.; vt.)* (١) «أ» ضوء المسرح: ضوء يُسَلَّط على شخص أو شيء أو جماعة فوق خشبة المسرح. «ب» مركزٌ مُسَلَّطةٌ عليه الأضواء <wants to get out of the ~> (٢) «أ» ضوء موضعيّ. «ب» ضوءٌ كشّافٌ § (٣) «أ» يُسلِّط الأضواء على. «ب» يُنير؛ يلقي ضوءًا [على موضوع إلخ].

spot·ted [spŏt′id] *(adj.)* (١) مُنَقَّط؛ مُرَقَّط؛ مُبَقَّع؛ أنمر <a ~ dog> (٢) مُلَطَّخ؛ مُلَوَّث <a ~ name> (٣) مشبوه أو مُراقَب (٤) مُتَقَطِّع.

spotted adder *(n.)* = milk snake.

spotted fever *(n.)* الحُمّى البَقعاء: كل حُمّى تُحدِث بُقَعًا في الجلد. وبخاصة: حُمَّى التِّيفوس (ط).

spot·ter [spŏt′ər] *(n.)* (١) فا spot (٢) «أ» المُراقِب؛ مُراقِب العمّال. «ب» جاسوس. «ج» مستطلعُ مواقع الأهداف العدوّة. «د» مَدَنيّ يراقب طائرات العدوّ المقتربة (٣) طائرة الاستكشاف: طائرة تُستخدم لاكتشاف مواقع العدوّ أو أهدافه (٤) مُزيل البُقَع أو اللُّطَخ (٥) المُمَوْضِع؛ المُمَوْضِعَة: كلّ من يَضعُ الشيء في مكانه المحدَّد.

spot test *(n.)* الاختبار الفَوْريّ: «أ» اختبار يُجرى على الفَوْر للحصول على نتائج عاجلة. «ب» اختبار مقصورٌ على عيِّنات قليلة مختارة أو على نسبة مئوية صغيرة اختيرت كيفما اتّفق.

spot·ty [spŏt′ĭ] *(adj.)* (١) مُنَقَّط؛ مُرَقَّط (٢) متقطِّع <~ attendance> (٣) متفاوت من حيث الجودة إلخ <a ~ novel> (٤) متناثر <~ data>.

spou·sal [spou′zəl] *(n.; adj.)* (١) *pl.* عد: زَواج؛ زفاف § (٢) زَواجيّ؛ زِفافيّ <~ rites>.

spouse [spous; spouz] *(n.)* (١) الزَّوج؛ القَرين (٢) الزَّوجة؛ القَرينة.

spout [spout] *(vt.; i.; n.)* (١) يَبْثُق؛ يَبْجُس؛ يُطلق (٢) يتكلّم [لغةً] بطلاقة وتدفّق وإسهاب x (٣) ينبثق؛ ينبجس؛ ينطلق (٤) يتدفق (٥) يتحدث بإسهاب أو بلهجة خطابيّة إلخ <~*ed* about science> § (٦) «أ» أنبوب. «ب» مِثْعَب؛ ميزاب؛ «مزراب». «ج» صُنْبور؛ بَزْباز (٧) «أ» انبثاق؛ انبجاس. «ب» دَفْق. «ج» مطر غزير. «د» ينبوع.

up the ~, (١) مَرْهُون أو مُرْتَهَن عند شخص آخر (٢) في عُسْر ماليّ؛ مُعانٍ متاعبَ مالية (٣) في حالٍ ميئوس منها.

sprag [sprăg] *(n.)* لِجام العَجَلة: قضيب فولاذيّ، أو نحوُه، يُدَلّى من مؤخَّر العربة لكي يحول دون ارتداد عَجَلتَيْها إلى الوراء.

sprain [sprān] *(n.; vt.)* (١) الوَثْء: ليّ المَفْصِل أو التواؤُه فجأةً وبعنف § (٢) يَثَأ أو يُوثِئ [المَفْصِل].

sprang [sprăng] *past of* spring.

sprat [sprăt] *(n.)* (١) الإسْبْرَط: «أ» نوعٌ صغير من سمك الرَّنكة herring. «ب» سمكة رَنْكةٍ صغيرةٌ (٢) شخص صغير أو تافه.

sprawl [sprôl] *(vi.; t.; n.)* (١) يَدِبّ أو يتسلّق بجهد وصعوبة (٢) يتمدَّد [باسطًا ذراعيه وقدميه] (٣) ينتشر أو يمتدّ في غير نظام أو اتّساق x (٤) يمدّ؛ يَبْسُط § (٥) تمدُّد؛ انبطاح (٦) انتشار في غير نظام أو اتّساق.

spray[1] [sprā] *(n.)* (١) «أ» عُسْلوج أو غصنٌ [مُزْهِرٌ عادةً]. «ب» زهرات منسّقة للتزيين [على ثوب أو مائدة أو نعش] (٢) شيء شبيه بالغصن المزهر [كحليةٍ أو دبّوسٍ أو رسم زِينِيّ].

spray[2] *(n.; vt.; i.)* (١) رَشاش؛ رَذاذ (٢) مِرَشّة؛ مِرَذّة § (٣) يَرُشّ؛ يَرُذّ x (٤) يترذّذ؛ يَتَرشّش.

spray·er [-′ər] *(n.)* (١) الراشّ: «أ» من يَرُشّ الأشجار بمبيدٍ للحشرات. «ب» مَن يرشّ السطوح الخشبية وغيرها بدهان مَرْذوذ (٢) مِرَشّة؛ مِرَذّة.

sprayer 2.

spray gun *(n.)* مُسَدَّس الرَّذّ: أداة على شكل مسدَّس يُرَذّ بها دهان أو مبيدٌ للحشرات.

ă at; ā date; â care; ä car; ĕ egg; ē me; ĭ in; ī bite; ŏ lot; ō bone; ô orphan; oi boil; o͝o good; o͞o boot; ou out; ŭ under; û urgent; ə = *a* in alone, *e* in system, *i* in easily, *o* in gallop, *u* in circus.

spread [sprĕd] *(vt.; i.; n.; adj.)* (١) «أ» يَنْشُر. «ب» يَبْسُط. «ج» يَمُدّ. «د» يَنْثُر. «هـ» يُوَزِّع [العملَ] على عدة أيام أو عدة عمال. «و» يكسو؛ يَفْرُش <to ~ the floor with carpets>. «ز» يُعِدّ [المائدةَ]. «ح» يقدِّم [الطعامَ أو الشراب] على المائدة. «ط» يُذيع [خبرًا] (٢) يَفْصِل؛ يباعد ما بين x (٣) «أ» ينتشر. «ب» يمتدّ إلخ (٤) ينفصل؛ ينفرج § (٥) «أ» انتشار؛ امتداد. «ب» عَرْض؛ مدًى <the ~ of a bird's wings>. «ج» الانتشاريّة: قابليّة الانتشار أو الامتداد <the ~ of an elastic material> (٦) مزرعة (٧) قطيع (٨) «أ» الإعلان الاستغراقيّ: إعلان يستغرق عدة أعمدة أو صفحة كاملة من صحيفة أو مجلّة. «ب» الصفحتان المتواليتان: صفحتان متقابلتان [من جريدة] تتوالى فيهما السطور عَبْرَ الطيّة. «ج» مادة هاتين الصفحتين (٩) «أ» شيء يُمَدّ أو يُفْرَش «على الخبز» <Butter and jam are ~s.>. «ب» مأدبة. «ج» غطاء المائدة أو الفراش (١٠) شِقّة؛ فجوة <the wide ~ between theory and fact> § (١١) مُنْتَشِر؛ مُنبسِط؛ مُمتدّ (١٢) منشور على صفحتين <a two–page ~ advertisement>.

spread eagle *(n.)* (١) العُقاب الباسط: صورة تمثّل عُقابًا باسطًا جَناحَيْه [رمزًا للولايات المتحدة الأميركية] (٢) شيء شبيه بهذا العُقاب. وبخاصة: حركة بهلوانيّة في التزلّج (٣) المتبجّح.

spread–ea·gle [sprĕd'ē'gəl] *(vi.; t.; adj.)* (١) يَسْتَعْقِب: «أ» يقوم بحركة بهلوانية في التزلُّج تجعله أشبهَ شيء بعُقابٍ باسط. «ب» يقف أو يمشي أو يتمدّد باسطًا ذراعَيْه ورِجْلَيْه x (٢) يَسْتَعْقب: يمدّده على شكل عُقاب باسط (٣) ينتشر في <The bank's branches ~*d* the country.> § (٤) طنّان؛ رنّان. وبخاصّةٍ: مُغالٍ في الوطنية <a ~ speech>.

spread·er [sprĕd'-] *(n.)* (١) فا spread (٢) الناشرة؛ الفارشة: «أ» أداة لنشر شيء أو فَرْشِهِ أو بَسْطه أو بَعثرته <trucks with sand ~*s*>. «ب» سكين لنشر الزبدة إلخ على الخبز (٣) الفارجة؛ المُباعِدة: أداة، كقضيب أو نحوه، للفصل ما بين سلكَيْن أو لإبقاء خَطَّي السّكة الحديديَّيْن متباعدين (٤) مُرَوِّج إشاعات.

spree [sprē] *(n.)* (١) فَوْرة؛ انغماس أو انهماك في نشاطٍ ما <a buying ~> (٢) المَصْخَبَة: مَرَح صاخب أو إسراف في الشراب.

sprig [sprĭg] *(n.; vt.)* (١) عُسْلوج؛ غُصَيْن (٢) سَلِيل <a young ~ of nobility> (٣) فتًى؛ غلام (٤) عَيِّنة صغيرة (٥) العُسْلوج؛ الوُرَيقة: حِلْية شبيهة بعُسْلوج أو ورقة نبات (٦) brad *I* § (٧) يُمَسْمِر: يثبِّت بمسامير صغيرة عديمة الرأس (٨) يُعَسْلِج: يُزَيِّن بما يشبه العساليج.

spright [sprīt] *(n.)* = sprite.

spright·ful [sprīt'-] *(adj.)* = sprightly.

spright·ly [-'lĭ] *(adj.; adv.)* (١) مَرِح؛ مُفْعَم بالحيوية والنشاط § (٢) بمَرَح إلخ.

sprig·tail [sprĭg'tāl'] *(n.)* = pintail.

spring [sprĭng] *(vi.; t.; n.; adj.)* (١) «أ» ينطلق [الشَّررُ إلخ]. «ب» يرتدّ على نحو زُنْبُركيّ <A trap ~*s*.> (٢) ينبثق؛ ينبجس؛ يتفجّر (٣) «أ» يطلُع؛ يَنْبت؛ ينمو. «ب» يتحدّر بالولادة <*sprang* from wealthy landowners>. «ج» ينشأ؛ يبرز للوجود <Industries ~ up.>. «د» تهبّ [الريح] (٤) يطفر؛ يَثِب (٥) يرتفع (٦) ينفجر [مثل لَغَم إلخ] (٧) يَدْفع <I'll ~ for the drinks.> x (٨) يُطْلِع؛ يُنبت (٩) يَشُقّ؛ يَفْلع (١٠) يفجّر [لَغَمًا إلخ] (١١) يقتلع (١٢) «أ» يُعْمِل فجأة <to ~ a trap>. «ب» يَلْوِي بقوة. «ج» يُقْحِم باللّيّ أو الفتل (١٣) يثب فوق <The horse *sprang* the fence.> (١٤) يُطلق أو يُحدث أو يصنع فجأة <to ~ a joke> (١٥) يُزْهِق (١٦) يُطلق سراحه أو يُساعد على إطلاق سراحه (١٧) يزوِّده بنوابض أو زُنْبُرُكات § (١٨) نبعٌ؛ ينبوع (١٩) الربيع (٢٠) النّابض؛ الزُّنْبُرُك (مك) (٢١) وَثْب؛ وثبة (٢٢) «أ» النابضيّة؛ الرَّجوعيّة: قدرة الجسم المضغوط عليه على استعادة حجمه أو شكله <the ~ of a bow>. «ب» نشاط؛ حيويّة <a new ~ in their steps> § (٢٣) نابضيّ: مزوَّد بنوابض (٢٤) ربيعيّ <~ flowers>.

spring·ald [sprĭng'əld] *or* **spring·al** [-'əl] *(n.)* فتًى؛ شابّ.

spring·back [sprĭng'-] *(n.)* الارتداد الخَلْفيّ: ارتداد إلى الخلف.

spring beauty *(n.)* حَسْناء الربيع (نب).

spring beetle *(n.)* = click beetle.

spring·board [-'bōrd'] *(n.)* (١) مِنَصَّة الوَثْب (٢) نقطة الانطلاق.

spring·bok [sprĭng'bŏk'] *(n.)* القَوْفَز: ظبي جنوبإفريقيّ رشيق القَفْز.

springbok

spring chicken *(n.)* (١) الفَرُّوج: فَرْخ الدّجاجة (٢) غُلام؛ فتًى.

spring–clean·ing *(n.)* تنظيف تامّ [لمكانٍ ما، يُجْرَى عادة في الربيع].

springe [sprĭnj] *(n.; vt.; i.)* (١) حِبالة؛ شَرَك § (٢) يَحْتَبِل: «أ» يُوْقِع في حِبالةٍ. «ب» يَنصِبُ حِبالةً.

spring·er [sprĭng'ər] *(n.)* (١) فا spring (٢) خَصْر العَقْد (عم) (٣) springer spaniel (٤) المُقْرِبة: بقرة على وشك أن تَلِد.

springer spaniel *(n.)* السَّبَنْيَليّ الوَثّاب: ضرب من كلاب الصَّيد.

spring fever *(n.)* حُمَّى الربيع: شعور بالكَسَل أو القلق يستبدّ بالمرء في مطلع الربيع.

Springfield rifle [-'fēld'] *(n.)* بندقية سْبرينْغفيلد: بندقية أميركية قديمة.

spring·halt [-'hôlt'] *(n.)* العَرَج التَّشنّجيّ: عَرَجٌ في قائمتي الفرس الخَلْفيّتين.

spring·head [sprĭng'hĕd'] *(n.)* = fountainhead.

spring·house *(n.)* بَيْت النَّبْع: مُستودع منخفض الحرارة يُبنى فوق نبع أو جدول وتوضع فيه اللحوم والألبان لحفظها من الفساد.

spring·let [sprĭng'lĭt] *(n.)* النُّبَيْعة: ينبوع صغير.

spring·lock [-'lŏk'] *(n.)* القُفْل النّابضيّ: قُفْلٌ ذو نابض أو زُنْبُرُك.

spring roll *(n.)* = egg roll.

spring·tail [-'tāl'] *(n.)* نابضيّة الذَّيل: حشرة لاجَناحية صغيرة.

springtail

spring·tide [sprĭng'tīd'] *(n.)* الرَّبيع؛ فَصْل الربيع.

spring tide *(n.)* (١) المدّ الأقصى والجزر الأقصى [حين يكون القمر

هلالًا وحين يكتمل بَدْرًا] (٢) فَيْض <a ~ of prosperity>.

spring·time [sprĭng′tīm′] *(n.)* (١) الرَّبيع (٢) ربيع؛ شباب.

spring wagon *(n.)* العَرَبة النّابضيّة: عربة خفيفة مزوّدة بنوابض أو زُنبُركات.

spring·y [-′ĭ] *(adj.)* (١) مَرِن؛ رَجوع؛ نابضيّ <a ~ floor> (٢) رشيق؛ نشيط (٣) كثير الينابيع <a ~ district>.

sprin·kle [sprĭng′kəl] *(vt.; i.; n.)* (١) يَنْثُر؛ يَذُرّ (٢) ينقّط؛ يُرَقِّش (٣) يَرُشّ؛ يَنْضَح x (٤) تُمطر رَذاذًا <It began to ~.> § (٥) «أ» نَثْر؛ ذَرّ. «ب» رَشّ؛ نَضْح (٦) رَذاذ (٧) مطر خفيف 2-4 sprinkling.

sprin·kler [-′klər] *(n.)* (١) فا sprinkle (٢) مِرَشّة [ماءٍ]؛ مِنْضَحَة.

sprinkler system *(n.)* النِّظام النَّضْحيّ: سلسلة أنابيب [في سقف المبنى] ذات صِمامات تنفتح أوتوماتيكيًا، عند حرارة معيّنة، لإطفاء الحرائق.

sprin·kling [-′klĭng] *(n.)* (١) نَثْر؛ ذَرّ؛ رَشّ إلخ (٢) ذرَّة أو قَدْر ضئيلٌ <a ~ of pepper> (٣) رَشّة <He hasn't even a ~ of common sense.> (٤) نِثار متفرّق <a ~ of people>.

sprint [sprĭnt] *(vi.; n.)* (١) يَعْدو بأقصى السُّرعة [وبخاصة مسافةً قصيرةً] § (٢) عَدْو بأقصى السرعة (٣) «أ» سِباقٌ قصيرٌ سريع. «ب» إسراع مفاجئ <a ~ at the finish>.

sprint·er [-′ər] *(n.)* العَدّاء. وبخاصّة: العدّاء المشترك في سباق قصير.

sprit

sprit [sprĭt] *(n.)* عُوْدُ القِلْع: عُوْد لتثبيت الشِّراع ونَشْرِهِ (مل).

sprite [sprīt] *(n.)* (١) شَبَح (٢) جِنّيّة؛ جِنّيّ (٣) المؤذي؛ الخبيث.

sprit·sail [-′sāl′] *(n.)* المُعَوَّد: الشراع المنشور على عُوْد القِلْع sprit.

spritz [sprĭts] *(vt.)* = spray.

sprock·et [sprŏk′-] *(n.)* السِّن؛ الضِّرس: سِنّ أو ضرس العجلة المُسَنَّنة.

sprocket wheel

sprocket wheel *(n.)* العَجَلة المُسَنَّنة أو المُضَرَّسة (مك).

sprout [sprout] *(vi.; t.; n.)* (١) «أ» يَشْطَأُ [الزَّرعُ]: يَخرُجُ شَطْؤه أو أوّل ورقه أو فروعِهِ. «ب» يتبرعم (٢) ينمو بسرعَة x (٣) يُطلع [ورقًا جديدًا إلخ] (٤) يُنْبِت (٥) يُزيل شَطْأه <to ~ potatoes> § (٦) الشَّطْء؛ الشَّطَأ: أول ما ينبت من الورق أو الفروع (٧) بُرْعم <~s of liberal thought> (٨) ولد؛ صبيّ (٩) Brussels sprout.

spruce[1] [sprōōs] *(vt.; i.; adj.)* (١) يُهَنْدِم: يجعلُهُ مُهَنْدَمًا أو أنيقًا x (٢) يَتَهَنْدَم؛ يتأنّق § (٣) مُهَنْدَم؛ أنيق.

spruce[2] *(n.)* البِيْسِيَة؛ الراتينَجيّة: شجرة من الفصيلة الصنوبرية.

spruce beer *(n.)* جِعَة البِيْسِيَة: شراب مُسْكِر يُصْنَع من أغصان البِيْسِيَة (را. المادة السابقة).

sprucy [sprōō′sĭ] *(adj.)* أنيق.

sprue [sprōō] *(n.)* (١) المَصَبّ: فتحةٌ تُصَبّ منها المادّة المَصهورة في قالب التشكيل (٢) الذَّرَب؛ إسهال البلاد الحارّة.

sprung [sprŭng] *past and past part. of* spring.

spry [sprī] *(adj.)* نشيط؛ رشيق؛ خفيف الحركة.

spud [spŭd] *(n.; vt.; i.)* (١) المِعْزَقة؛ المَرّ: مِسحاة صغيرة للحفر وقَطْع جذور الأعشاب (٢) بطاطس § (٣) يَعْزِق: يَحْفِر أو يزيل بالمِعْزَقة.

spume [spyōōm] *(n.; vi.)* (١) زَبَد؛ رَغْوَة § (٢) يُرْغِي؛ يُزْبِد.

spu·mo·ni *or* **spu·mo·ne** [spə mō′nē] *(n.)* الإسبومونيّة: ضرب من الجيلاتي أو المثلّجات [البوظة] ذو طبقات مختلفة الألوان والطعوم.

spun [spŭn] *past and past part. of* spin.

spun glass *(n.)* = fiber glass.

spunk [spŭngk] *(n.; vi.)* (١) الصُّوفان (را. punk[2]) (٢) جرأة؛ نشاط؛ حَيَوية (٣) مَنِيّ (عب) § (٤) يتّقد جرأة أو نشاطًا وحيوية.

spunk·y [-′ĭ] *(adj.)* (١) جريء؛ مِقدام (٢) مُفْعَم بالحيوية والنشاط.

spun rayon *(n.)* الرّايون المغزول (را. rayon).

spun silk *(n.)* الحرير المغزول: غَزْل يُصْنَع من نُفايات الحرير.

spun sugar *(n.)* غَزْل السُّكَّر؛ غَزْل البنات.

spun yarn *(n.)* الفَتْل المغزول: حبلٌ قصير غير مُبْرَم الفَتْل (مل).

spur [spûr] *(n.; vt.; i.)* (١) مِهْماز؛ مِنْخَس (٢) pl.: جائزة؛ مكافأة (٣) مُنَبِّه؛ مُثير؛ حافزٌ [إلى العمل] (٤) المِهْماز؛ شيء كالمِهماز: «أ» جِذْر أو غُصْن ناتئ. «ب» شوكة في رِجل الديك (٥) climbing iron (٦) الرَّعْن: أنف الجَبَل (٧) المِهماز: دِعامة عمود أو حصن § (٨) يَهْمِز؛ يَنْخَس (٩) يَحُثّ؛ يَستحثّ x (١٠) يَحُثّ [الحصانَ] بالمهماز (١١) يمضي مُسْرِعًا.

on the ~ of the moment ارتجالًا؛ عَفْوَ اللحظةِ أو الخاطر.

to win one's ~s يُحرِز أولَ انتصاراته أو نجاحاتِه؛ يبني لنفسه مجدًا أو شهرةً.

spurge [spûrj] *(n.)* الفَرْبيُون: نباتٌ ذو عُصارة لَبَنِيّة مريرة.

spur gear *(n.)* المُسَنَّنة المَعْدُولة: عجلة ذات أسنانٍ شُعاعيّة موازيةٍ لمحورها (مك).

spur gear

spurge laurel *(n.)* دَفْنة عُوْد الغار: شُجَيْرة ذات أوراق دائمة الخضرة.

spu·ri·ous [spyōōr′ĭ əs] *(adj.)* (١) نَغِل؛ غير شرعيّ <her ~ firstborn> (٢) زائف؛ مزوَّر؛ كاذب <a ~ document> (٣) موضوع؛ منحول <~ lines and passages> (٤) غير مَنطقيّ <~ inferences>.

spurn [spûrn] *(vi.; t.; n.)* (١) يقاوم بازدراء x (٢) يَرْفُس؛ يدوس أو يطأ بثِقْل (٣) يزدري؛ يرفض بازدراء <~ed the bribe> § (٤) رَفْسَة (٥) «أ» رفض بازدراء. «ب» ازدراء.

spur–of–the–moment *(adj.)* مُرْتَجَل <a ~ decision>.

spurred [spûrd] *(adj.)* (١) مُمَهْمَز: ذو مِهماز (٢) شائك.

spur·rey *or* **spur·ry** [spûr′ĭ] *(n.)* الإسبرغولة الحَقْليّة: عشبٌ أبيض الزَّهر.

spur·ri·er [spûr'ĭ ər] *(n.)* المِهْمازِيّ: صانع المَهاميز.

spurt¹ [spûrt] *(vi.; t.; n.)* (١) يَتَدَفَّق؛ يتفجَّر؛ ينبجس **x** (٢) يُثَجّ؛ يَلْفُظ الماءَ § (٣) تَدَفُّق أو تفجُّر أو اندلاع مفاجئ.

spurt² [spûrt] *(n.; vi.)* (١) لَحْظة <for a ~> (٢) «أ» جَهْد أو نشاط أو نموٌّ مفاجئ. «ب» تعاظمٌ مفاجئ في النَّشاط الاقتصاديّ § (٣) يَبْذُل جهدًا كبيرًا [وبخاصةٍ في نهاية الشَّوط].

spur·tle [-'əl] *(n.)* المِحْراك: عصًا أو عودٌ لتحريك العَصيدة إلخ (إسك).

spur track *(n.)* الخطّ الفرعيّ: خطّ متفرّع من خطّ حديديّ رئيسيّ.

spur wheel *(n.)* = spur gear.

sput·nik [spoot'nĭk] *(n.)* السّبوتنيك؛ القمر الصُّنعيّ.

sput·ter [spŭt'ər] *(vt.; i.; n.)* (١) يَلفِظ [رَشاشًا من اللُّعاب أو الطعام من فمه] (٢) يَلفِظ [الكلماتِ أو التهديدات إلخ] بسرعة أو اختلاط أو اهتياج **x** (٣) يُفرقع؛ يُبقبق إلخ (٤) يتوقف «مُحدِثًا فرقعةً أو نحوها» <The engine ~*ed*.> § (٥) كلام مختلِط أو مُهْتاج (٦) فرقعة؛ بقبقة إلخ.

spu·tum [spyoo'təm] *(n.)* pl. **-ta** [tə] بُصاق؛ قَشَع؛ نُخامة.

spy¹ [spī] *(vt.; i.)* (١) يستطلع أو يستكشف سِرًّا؛ يُراقب [لأغراض مُعادية] (٢) يَلْمح؛ يَرى (٣) يَفحص بِدِقّة (٤) يبحث بتدقيق [عن] **x** (٥) يَنظر أو يبحث عن (٦) يتجسَّس.

spy² *(n.)* (١) «أ» العَيْن؛ الرَّقيب. «ب» الجاسوس (٢) «أ» مراقَبة. «ب» تَجَسُّس.

spy·glass [spī'-] *(n.)* المِنْظار؛ النَّظّارة المُقَرِّبة؛ تلسكوب صغير.

squab [skwŏb] *(n.; adj.)* (١) الزُّغْلول: فَرْخ الحَمام (٢) الجَحْدَر: شخص قصير بدينٌ (٣) «أ» أريكة. «ب» وسادةُ كرسيّ أو أريكة § (٤) خارجٌ حديثًا من بَيْضة (٥) مُجَحْدَر: قصيرٌ بَدين (٦) عريض؛ غليظ <a ~ nose>.

squab·ble [skwŏb'əl] *(n.; vi.; t.)* (١) «أ» شِجار [لأمور تافهة عادةً]. «ب» نزاع § (٢) يتشاجر؛ يتنازع (٣) تختلط [الأحرف المنضّدة] أو يَفسُد ترتيبُها **x** (٤) يُفْسِد ترتيبَ الأحرف المنضَّدة.

squab·by [skwŏb'ĭ] *(adj.)* مُجَحْدَر: قصيرٌ بَدين.

squad [skwŏd] *(n.; vt.)* (١) «أ» زُمْرَة؛ جماعة. «ب» شِرْذِمة؛ فِرْقة § (٢) يُنَظِّم في زُمَرٍ أو فِرَق.

squad car *(n.)* = prowl car.

squad·ron [skwŏd'rən] *(n.)* (١) «أ» سَرِيَّة خيّالة. «ب» عَمارة؛ أسطول. «ج» سِرْبُ [طائراتٍ] (٢) جَمْهَرَة <a ~ of poets>.

squadron leader *(n.)* قائد السِّرب؛ رائد طيّار (جن).

squal·id [skwŏl'ĭd] *(adj.)* (١) قذِر (٢) بائس (٣) حقير؛ جدير بالازدراء.

squall¹ [skwôl] *(vi.; t.; n.)* (١) يَصْرُخ؛ يَزْعَق **x** (٢) يُطلق بنبرةٍ صارخة § (٣) صَرْخة.

squall² *(n.; vi.)* (١) العَصْفة: ريح شديدة مصحوبة عادةً بمطر أو ثلج (٢) شِجار؛ نزاع؛ مُشاحنة § (٣) تعصِف؛ تهبُّ العَصْفَة.

squall·y [skwô'lĭ] *(adj.)* عاصف: «أ» كثير الرِّياح <a ~ day>. «ب» مشحون بالمنازعات <a ~ life>.

squa·loid [skwā'loid'] *(adj.)* قِرْشانيّ: شبيه بسمك القِرش.

squal·or [skwŏl'ər] *(n.)* (١) قذارة (٢) بؤس (٣) فساد [سياسيّ إلخ].

squam- *or* **squamo-** بادئة معناها: حَرْشَفة؛ سَفَطة؛ قِشرة؛ صَدَفة.

squa·ma [skwā'mə] *(n.)* pl. **-e** حَرْشَفة؛ سَفَطة؛ قِشرة؛ صَدَفة.

squa·mate [-'māt] *(adj.)* مُحَرشَف: كثير الحراشِف <~ reptiles>.

squa·ma·tion [skwā mā'-] *(n.)* (١) الحَرشَفِيّة: كونُ الكائن الحيّ مُحَرْشَفًا أو كثيرَ الحراشف (٢) التَّحَرْشُف: ترتيب الحراشف عند حيوانٍ ما.

squa·mo·sal [skwə mō'səl; -zəl] *(adj.)* = squamous.

squa·mose [skwā'mōs] *(adj.)* = squamous.

squa·mous [skwā'məs] *(adj.)* مُحَرْشَف: مَكسُوّ بالحراشف.

squa·mule [skwā'myool] *(n.)* الحُرَيْشِفة: حَرْشفة صغيرة.

squam·u·lose [skwăm'yə lōs'] *(adj.)* صغير الحراشف.

squan·der [skwŏn'dər] *(vt.; i.; n.)* (١) يُشَتِّت [جيشًا إلخ] (٢) يُبَدِّد [مالًا] **x** (٣) يُبذِّر؛ يُسْرف في الإنفاق (٤) يطوف؛ يجول؛ يهيم (٥) يَتَشَتَّت § (٦) تبذير. — **squan·der·er** *(n.)*

square [skwâr] *(n.; adj.; adv.; vt.; i.)* (١) الكُوس؛ زاوية النّجّار (٢) المُرَبَّع («هن» و«ر») (٣) الخانة: مُرَبَّع من مُرَبَّعات رُقعة الشِّطْرنج وغيره (٤) التَّربيع: مُرَبَّع العدد (٥) «أ» ساحة؛ مَيْدان. «ب» جانب من جوانب السّاحة أو المَيْدان (٦) قالب أو قطعة شبه مُكَعَّبة <a ~ of cheese> (٧) السَّلَفيّ؛ المُحافظ § (٨) مُرَبَّع (٩) قائم الزّاوية <a ~ corner> (١٠) تربيعيّ <~ root> (١١) شبه مُكعَّب <a ~ cabinet> (١٢) عريض جدًا <a ~ jaw> (١٣) «أ» مُحْكَم؛ مُتْقَن. «ب» منصِف؛ عادل؛ أمين؛ شريف <was ~ in all his dealings> (١٤) متوازن؛ مُسَوًّى أو مُسَدَّد <to make an account ~> (١٥) مُرْضٍ؛ مُشبع <a ~ meal> (١٦) متعادل [في المباريات] (١٧) راسخ؛ وطيد؛ صُلْب؛ قويّ (١٨) «أ» مباشِر. «ب» باتّ؛ قاطع <a ~ refusal> (١٩) مُحافظ؛ تقليديّ <~ music> (٢٠) شرعيّ؛ قانونيّ § (٢١) بأمانة؛ باستقامة <treated him ~> (٢٢) وجهًا لوجه <The house stood ~ to the road.> (٢٣) على زاوية قائمة <The road turned ~ to the left.> (٢٤) مباشرةً <ran ~ into them> (٢٥) بثبات؛ بقوّة <He planted his bulk ~ before the enemy> (٢٦) بشكل مُرَبَّع <cut the diamond ~.> § (٢٧) «أ» يُرَبِّع <to ~ a building stone>. «ب» يقيس ليرى مدى الانحراف عن زاوية قائمة أو خطّ مستقيم (٢٨) يُرَبِّع: يجعله على زاوية قائمة، تقريبًا <She ~*d* her shoulders.> (٢٩) يُرَبِّع: يضرب العددَ بنفسه (٣٠) يُسَدِّد؛ يُسَوِّي <to ~ an account> (٣١) يختبر؛ يمتحن (٣٢) يجعل [المباراةَ] متعادلةَ النتائج (٣٣) يرشو **x** (٣٤) يتّفق؛ ينسجم (٣٥) يدفع الفاتورة (٣٦) يتصدَّى لِـ؛ يتّخذ وَضْعَ المُقاتِل <He ~*d* up to him.>.

all ~, متعادل [من حيث النتائج، في مباراة].

on the ~, (١) على زوايا قائمة (٢) باستقامة؛ بأمانة.

out of ~, (١) بانحراف؛ على غير زاوية قائمة (٢) «أ» غير مُرَتَّب. «ب» غير نظاميّ (٣) «أ» خطأ؛ غير صحيح. «ب» خطَأً.

to ~ away (١) يُرَتِّب أو يُهَيِّئ كل شيء (٢) يتخذ موقف المقاتِل.

to ~ off يتصدّى لـ؛ يتّخذ موقفَ المقاتل.

to ~ the circle يُربِّع الدائرة: يحاول عملَ المستحيل.

square bracket *(n.)* المُعَقَّف: إحدى هاتين العلامتين [ ] كتابةً أو طباعةً.

square dance *(n.)* الرَّقصة التربيعيّة: رقصة يشكّل فيها أربعة أزواج من الراقصين مُرَبَّعًا أجوف.

squared circle *(n.)* الحَلْبة؛ الحَلْبة المربَّعة: حَلْقة الملاكمة.

square deal *(n.)* (١) إنصاف؛ عَدْل (٢) صفقة عادلة (٣) استقامة؛ أمانة.

square knot *(n.)* العُقدة التَّربيعيّة أو الشّراعية.

square knot

square·ly *(adv.)* (١) بأمانة؛ باستقامة (٢) تمامًا <~ in the middle> (٣) على نحوٍ وطيد أو مُرَبَّع أو واضح إلخ (٤) مباشرةً.

square measure *(n.)* (١) وحدة قياس المساحات (٢) النِّظام المِساحيّ.

square one *(n.)* البداية؛ نقطة الانطلاق <back to ~>.

squar·er [skwâr′-] *(n.)* المُرَبِّع: عامل يقطّع الحجارة أو الخشب مُرَبَّعاتٍ.

square root *(n.)* الجِذر التربيعيّ (ر).

square sail *(n.)* الشِّراع المُرَبَّع: شراعٌ رُباعيّ الأضلاع (مل).

square shooter *(n.)* الأمين؛ المستقيم [وبخاصة في لَعِب الورق].

square–toed [-′tōd′] *(adj.)* (١) عريض المقدَّم <a ~ shoe> (٢) محافظ؛ مُتَمَسِّك بالقديم.

square–toes [skwâr′tōz′] *(n.)* المُحافظ أو المُتَمَسِّك بالقديم.

squar·ish [skwâr′ĭsh] *(adj.)* مُرَبَّعانيّ: مُرَبَّع الشّكل بعضَ الشيء.

squar·rose [skwăr′ōs′] *(adj.)* أحْرَش: خشِن؛ خشِن المَلْمَس (أح).

squash [skwŏsh] *(vt.; i.; n.; adv.)* (١) يَسْحَق؛ يَهْرُس؛ يَمْعَس (٢) يُخمِد؛ يَقْمع <~*ed* the revolt> **x** (٣) يَنْسَحِق؛ يَنْهَرِس (٤) يُخَوِّض في الوحل (٥) ينحشر؛ يَحْشُر نفسَهُ (٦) يَسْقُط § (٧) سُقوط مفاجئ [لشيء ثقيل ليِّن] أو صوتُ هذا السُّقوط (٨) التَّخويض في الوحل ونحوِهِ (٩) الهَرِيس: شيء مَهْروس (١٠) شيء ليِّن يَسْهُل سَحْقُهُ أو هَرْسُهُ (١١) عصير <a lemon ~> (١٢) القَرْع (نب) § (١٣) مُحْدِثًا صوتًا كالطَّرْطَشة <fell ~ into a bog>.

squash bug *(n.)* بَقّة القَرْع: حَشَرة شمالأميركية، داكنة اللون، كريهة الرائحة، ضارّة بالقَرْع واليقطين والبطّيخ.

squash racquets *(n.)* السّكْواش: لعبة تُجرَى على ملعب رباعيّ الجدران بمِضْرَبٍ طويل المَقْبِض وكُرَةٍ مطاطيّة (رب).

squash tennis *(n.)* تَنِس السّكْواش (را. المادة السابقة).

squash·y [skwŏsh′ĭ] *(adj.)* (١) سَهْلٌ سَحْقُهُ أو هَرْسُه (٢) سَبِخ؛ مستنقعيّ؛ مُوْحِل <~ lands> (٣) ليِّن من شدّة النُّضج <~ melons>.

squat [skwŏt] *(vi.; t.; n.; adj.)* (١) يَجْثُم؛ يَرْبُض (٢) يُقْعِي؛ يَجْلس القُرْفُصاء **x** (٣) «أ» يحتلّ [أرضًا] بغير حقّ أو من غير أجر يدفعُهُ. «ب» يحتلّ [أرضًا] وفي نيّتِهِ امتلاكُها بوَضْع اليد § (٤) «أ» جُثوم. «ب» إقعاء. «ج» قُرْفُصاء (٥) مَجْثَم؛ مَرْبَض (٦) وِجار؛ جُحْر (٧) ضَربة أو سَقْطة شديدة (ع) § (٨) جاثم؛ رابض (٩) مُقَرْفِص: جالسٌ القُرْفُصاء (١٠) «أ» خفيض. «ب» مُجَحْدَر: قصير وغليظ الجسم.

squat·ter [skwŏt′ər] *(vi.; n.)* (١) يندفع أو يُخوِّض في الماء ونحوِهِ § (٢) فا squat. وبخاصة: المحتلّ: من يحتلّ أرضًا أو بيتًا بغير حقّ (٣) ضَجّة مُدَوِّية.

squat·ty [-′ĭ] *(adj.)* (١) خفيض وعريض (٢) مُجَحْدَر: قصير وغليظ البنية.

squaw [skwô] *(n.)* (١) الهندية الحمراء: امرأة أميركية من الهنود الحمر (٢) امرأة؛ زوجة (٣) عَجوز.

squawk [skwôk] *(vi.; n.)* (١) يَصْرُخ: يُطْلق صوتًا عاليًا حادًّا (٢) يشكو أو يحتجّ بصوتٍ عالٍ أو بعُنْف § (٣) صوت عالٍ حادّ (٤) شكوى صارخة. — **squawk·er** *(n.)*

squaw man *(n.)* الأبيض المُسْتَهْنِد: رجل أبيض متزوِّج من هندية أميركية حمراء.

squeak [skwēk] *(vi.; n.)* (١) يَصِرّ؛ يَصْرِف [كالباب على مَفْصِلاته] (٢) يَصِيء: يُطْلق صوتًا قصيرًا حادًّا <A mouse ~*s*.> (٣) يخون أو يُفشي السِّرَّ [خشيةَ العقاب إلخ] (٤) ينجح أو يفوز أو ينجو بمُعْجِزة أو بِشِقّ النَّفس § (٥) «أ» صرير؛ صريف. «ب» صوت قصير حادّ (٦) فرصة <gave her one more ~> (٧) نجاة <كقولك a close ~ أي نجاة بأعجوبة>.

squeak·er *(n.)* (١) فا squeak (٢) مباراة إلخ انتخابية تُكْسَب بفارقٍ بسيط.

squeal [skwēl] *(vi.; n.)* (١) يُطلِق صرخةً طويلةً حادّة (٢) يخون أو يُفشي السِّرّ [خشية العقاب] (٣) يشكو؛ يحتجّ § (٤) صرخة طويلة حادّة.

squea·mish [skwē′mĭsh] *(adj.)* (١) «أ» سريع الغَثَيان. «ب» مُغْثٍ: مصابٌ بالغَثَيان (٢) «أ» مُفرط الاحتشام. «ب» شديد الحساسيّة لأقلّ شيء منافٍ للأخلاق. «ج» مُوَسْوَس.

squee·gee [skwē′jē] *(n.; vt.)* (١) المِمْسَحة المطاطيّة: مِمسحة مطاطيّة أو جلديّة ذات مِقْبَض [لإزالة الماء عن النوافذ بعد غَسْلِها إلخ] (٢) المِدْحاة المطاطيّة: مِدْحاة مطاطيّة صغيرة ذات مِقْبَض يَسْتَخْدِمها المصوِّر الفوتوغرافي أو عامل الطباعة الحجريّة § (٣) «أ» يَمْسَح بممسحة مطاطيّة. «ب» يعالج بمِدْحاة مطاطيّة.

squeegee *1.*

squeeze [skwēz] *(vt.; i.; n.)* (١) يَضْغَط؛ يَكْبِس على (٢) يَعْصِر أو يستخرج بالعَصْر (٣) يُدْخِل؛ يُقْحِم (٤) يَبْتَزّ [المالَ] (٥) يُرْهِق أو يُوقِع في أزمة ماليّة (٦) يُخَفِّض <to ~ profits> (٧) يَحْشُر في حَيِّز ضيِّق (٨) يكسِب أو يفوز بشِقّ النفس **x** (٩) يَنضغط؛ يَنكبس (١٠) يَشُقّ طريقه بالضغط (١١) يفوز [مشروعُ القرار] أو يَقْترن بالموافقة بشِقّ النَّفس § (١٢) «أ» ضَغْط؛ كَبْس؛ عَصْر. «ب» مصافحة. «ج» عِناق (١٣) «أ» عُصارة <a ~ of lemon>. «ب» حَشْد <a ~ of people> (١٤) «أ» عمولة. «ب» ابتزاز المال (١٥) أزمة؛ شِدّة؛ مأزق <She was in a

<tight ~> (١٦) بَصْمة؛ طَبْعة.

squeeze bottle *(n.)* الزُّجاجة المُنْضَغِطة: زجاجة لدائنيّة أو بلاستيكيّة تُسْتَخْرَج محتوياتُها بالضَّغط.

squeeze play *(n.)* ضغط من أجل الابتزاز [أو بُغْية تحقيق هدف].

squelch [skwĕlch] *(vt.; i.; n.)* (١) «أ» يَسْحَق. «ب» يُخمِد. «ج» يُسْكِت **x** (٢) يُخوِّض في الماء أو الوحل (٣) يُطلِق صوتًا كصوت الماء أو الوحل إذا خُوِّض فيه § (٤) صوت التخويض في الماء أو الوحل (٥) «أ» إخماد. «ب» إسكات (٦) جوابٌ مُفْحِم.

sque·teague [skwĭ tēg′] *(n.)* السّكْويتيك: سمك أطلسيّ يُؤكَل.

squib [skwĭb] *(n.; vi.; t.)* (١) متفجِّرة؛ مُفَرْقِعة (٢) «أ» نَقْد ساخر. «ب» سُخرية لاذعة (٣) خبر قصير. وبخاصة: مادة ثانوية يُملأ بها فراغ في عمود أو صفحة (صح) § (٤) ينتقد نقدًا ساخرًا إلخ (٥) ينطلق بسُرعة [وعلى نحوٍ متقطِّع] **x** (٦) يقول بطريقة مُرْتَجَلة (٧) يهجو (٨) يُفَجِّر؛ يُطلق.

squid [skwĭd] *(n.; vi.)* (١) الحَبّار؛ السَّبِيْدَج؛ الصَّبِيْدَج: حيوان رِخْويّ من رأسيّات الأرجل (٢) طُعْم الحَبّار: «أ» طُعْمٌ من الحَبّار. «ب» طُعْم مَعْدِنيّ شبيه بالحَبّار § (٣) يَسْتَحْبِر: يَصيدُ الحَبّارَ أو بطُعْم الحَبّار.

squid *1.*

squiffed [skwĭft] *or* **squif·fy** [skwĭf′ĭ] *(adj.)* سَكْران؛ ثَمِل؛ مَخْمور.

squig·gle [skwĭg′əl] *(vi.; t.; n.)* (١) يَتَلَوّى (٢) يُخَرْبِش: يكتب أو يرسم بعجلة ومن غير إتقان § (٣) خَرْبشة.

squil·gee [skwĭl′jē] *(n.; vt.)* = squeegee.

squill [skwĭl] *(n.)* العُنْصُل؛ العُنْصُلان: نبات من الفصيلة الزَّنبقيّة.

squil·la [skwĭl′ə] *(n.)* pl. **-s** *or* **-e** زيزُ البحر: حيوان قِشريّ يحتفر جُحرًا في الوحل أو تحت الحجارة في المياه الضَّحلة عند شاطئ البحر.

squinch [skwĭnch] *(n.)* الإسْقِنْش: قوسٌ يُبْنى عَبْرَ زاوية الحجرة لتدعيم ما فوقَهُ (عم).

squinch

squint [skwĭnt] *(vi.; t.; adj.; n.)* (١) يَنْحرِف (٢) «أ» يَنْظُر شَزْرًا. «ب» تَحْوَل [عينُهُ]: تُصبح حَوْلاء. «ج» يتخازَر: يضيّق عينيه ليُحَدِّد النظر **x** (٣) يُخزِّر [عَيْنَيْه]: يُضيِّق أجفانهما ليحدِّق إلى الشيء § (٤) شَزْراء <a ~ look> (٥) «أ» حولاوان <~ eyes>. «ب» أحْول § (٦) الحَوَل؛ الخَزَر (٧) «أ» نظرة شَزْراء؛ نَظَرٌ شَزْر. «ب» نَظْرة <Let me have a ~ at it.> (٨) مَيْل؛ نزعة؛ اتجاه <His speech had a leftist ~.>.

squint–eyed [skwĭnt′īd′] *(adj.)* (١) أحْول؛ أخْزَر (٢) مُغْرِض؛ حاسد؛ حاقد؛ ناظرٌ شَزْرًا.

squint·y [-′tĭ′] *(adj.)* حَوْلاوان: فيهما حَوَلٌ <~ eyes>.

squire [skwīr] *(n.; vt.)* (١) حامل الدّروع: تابعُ الفارس الذي يحمل دروعَهُ (٢) «أ» المُرافِق [لشخصية كبيرة]. «ب» مرافق السَّيِّدة. «ج» زيرُ نساء (٣) الإسْكوايَر: «أ» المالكُ الرئيسيّ [في مقاطعة إنكليزية]. «ب» قاضي الصُّلح أو القاضي المحلّيّ [في الولايات المتحدة الأميركية]. «ج» محامٍ. «د» قاضٍ § (٤) يُواكب: يرافق سيّدة على سبيل الحماية أو التكريم.

squirm [skwûrm] *(vi.; n.)* (١) يَتَلَوّى (٢) يرتبك أو يَخْجل أو يتضايَق بِشِدّة § (٣) تَلَوٍّ إلخ.

squirrel[1]

squir·rel[1] [skwûr′əl] *(n.)* (١) السِّنجاب (٢) فَرْو السِّنجاب.

squir·rel[2] *(vt.)* يَدَّخِر: يحتفظ بالشيء لحينِ الحاجة إليه.

squirrel corn *(n.)* ذُرة السَّناجيب: عشب شمالأميركيّ مُزْهِر.

squir·rel·ly [skwûr′-] *(adj.)* (١) غريب الأطوار (٢) معتوه؛ مخبول.

squirrel rifle *or* **gun** *(n.)* البُنْدقيّة السِّنجابيّة: بندقية صغيرة الماسورة.

squirt [skwûrt] *(vi.; t.; n.)* (١) يَنْبَجِس [كالماء من نافورة] **x** (٢) يَثُجّ؛ يَبُخّ [سائلًا] § (٣) «أ» ثَجّاجة؛ بَخّاخة؛ حُقنة. «ب» المُنْبَجِس: سائلٌ مُنبثِق من نافورة أو فتحة ضيِّقة. «ج» انبجاس (٤) فتًى وَقِح (٥) طفل.

squirt·ing cucumber *(n.)* قِثّاء الحِمار: نبات من الفصيلة القَرْعيّة.

squish [skwĭsh] *(vt.; i.)* (١) يَعْصِر؛ يَسْحَق **x** (٢) squelch *3*.

squish·y [skwĭsh′ĭ] *(adj.)* ليِّن؛ طَرِيّ؛ رَطْب.

sri [srē; shrē] *(n.)* = shri.

stab [stăb] *(n.; vt.; i.)* (١) طعنة (٢) محاوَلة § (٣) يَطْعَن (٤) يُقْحِم.

sta·bile [stā′bĭl] *(adj.)* (١) مستقِرّ؛ ثابت (٢) مُسْتقِرّ: مقاوِمٌ للتغيُّر الكيميائيّ.

sta·bil·i·ty [stə bĭl′-] *(n.)* (١) استقرار؛ ثبات؛ رسوخ (٢) الاستقرار (ك) (٣) نَذْر الاستقرار: نَذْر الراهب البقاءَ طوال العمر في ديرٍ واحد (كث).

sta·bi·li·za·tion [stā bə lĭ zā′-] *(n.)* (١) إقرار؛ تثبيت؛ ترسيخ (٢) استقرار؛ ثبات؛ رسوخ (٣) مُوازنة؛ توازُن.

sta·bi·lize [stā′bə līz′] *(vt.; i.)* (١) يُقِرّ؛ يُثَبِّت؛ يُرَسِّخ (٢) يُوازِن: «أ» يُحافظ على توازُن الطائرة. «ب» يَحُدّ من تقلُّبات الأسعار **x** (٣) يَسْتقِرّ؛ يَرْسَخ (٤) يتوازَن.

sta·bi·liz·er [stā′bə lī′zər] *(n.)* المُقِرّ؛ الموازِن، مثل: «أ» مادة تُضاف إلى مادّة أخرى لحفظ خصائصها الطبيعية والكيميائية من التغيّر. «ب» جهاز لحفظ توازن الباخرة أو الطائرة.

sta·ble[1] [stā′bəl] *(n.; vt.; i.)* (١) إسْطَبْل؛ إصْطَبْل (٢) زريبة (٣) مجموعة [من الخيل أو سيّارات السباق يملكها شخص واحد] (٤) العُصْبة: مجموعة من الملاكمين الخاضعين لإدارةٍ واحدة § (٥) يُسَطْبِل: يؤوي في إسطبل (٦) يُزَرِّب **x** (٧) يُقيم في إسْطَبْل أو نحوِهِ.

sta·ble[2] *(adj.)* (١) مستقِرّ؛ ثابت؛ راسخ؛ وطيد (٢) دائم <a ~ peace> (٣) مصمِّم (٤) رصين؛ عَقْلانيّ (٥) متوازن (٦) مستقرّ («ك» و«فز»).

sta·ble·boy [-boi′] *(n.)* صَبيّ الإسطَبْل: صَبيّ يَعْمل في إسْطَبْل.

stable fly *(n.)* ذُبابة الإسْطَبْل: ذبابة مُوجِعة العَقْص تألَفُ الإسْطبلات.

sta·ble·man *(n.)* السّائس: رائض الدَّوابّ، وبخاصة الخيل، ومُدَرِّبها.

sta·bler [stā′blər] *(n.)* الإسْطَبْليّ: صاحب الإسْطَبْل.

sta·bling *(n.)* (١) فُسْحة أو مُتَّسَع في إسْطَبْل (٢) مجموعة إسطبلات.

stab·lish [stăb′lĭsh] *(vt.)* = establish.

stac·ca·to [stə kä′tô] *(adj.; adv.; n.)* (١) مُتقطِّع <~ notes> § (٢) بتقطُّع § (٣) «أ» التَّقطُّع (مو). «ب» مَقْطع موسيقيّ مُتقطِّع (٤) شيء متقطِّع (٥) التَّقطُّعيّة: طريقة في التعبير متّسمة بالتَّقطُّع أو عدم الترابط.

staccato mark *(n.)* علامة التَّقطُّع (مو).

stack [stăk] *(n.; vt.; i.)* (١) «أ» كَوْمة؛ كُدْس؛ رُكام. «ب» مقدار كبير (٢) الكُدْس: وحدة قياس إنكليزية، وبخاصة للحطب (٣) الدّاخون: أنبوبُ المِدخنة (٤) مجموعة دواخين [تشكِّل بِنْيةً واحدة] (٥) أنبوبة العادم (مك) (٦) الحُزْمة المُشَبَّكة: هَرَمٌ مُشكَّلٌ من ثلاث بنادق متشابكة (٧) *pl.* عد: رفوف متراصة [في مكتبة عامة] (٨) رُكام من الفِيَش [يُباع للاعب بوكر أو يكسبه لاعبُ بوكر] (٩) المَكْدَس: ذاكرة لخزن المعلومات مؤقّتًا في الكومبيوتر § (١٠) يُكوِّم؛ يُكدِّس؛ يَرْكُم (١١) يملأ (١٢) يَضْبِن: يُرتِّب ورقَ اللَّعِب سرًّا على سبيل الغشّ (١٣) يرشو (١٤) يَرْكُم: يُعيِّن بالراديو، لطائرةٍ مقتربةٍ من المطار، ارتفاعًا أو موضعًا مُعيَّنًا بين مجموعة من الطائرات المحوِّمة بانتظار الإذن لها بالهبوط (طي) (١٥) يَصُفّ [في رَتَلٍ أو طابور] (١٦) يُقارِن x (١٧) يتكوَّم إلخ (١٨) تحوِّم الطائرة [بانتظار الإذن لها بالهبوط].

stac·te [stăk'tē] *(n.)* مَيْعةُ البَخُور: تابلٌ كان مستخدَمًا في إعداد البَخُور.

stad·dle [stăd'-] *(n.)* (١) المَرْفع: قاعدة لكومة القشّ (٢) ركيزة؛ دِعامة.

sta·di·a[1] [stā'dĭ ə] *pl. of* stadium.

sta·di·a[2] *(n.)* مقياس الأبعاد: جهاز لقياس الأبعاد والارتفاعات قِوامُهُ تلسكوب وقضيب مُدَرَّج.

sta·di·om·e·ter [stā'dĭ ŏm'ə-] *(n.)* الإستاديومتر: أداة لقياس أطوال المُنْحنيات.

sta·di·um [stā'dĭ əm] *(n.)* pl. **-di·a** *or* **-di·ums** (١) الإستِدْيوم: «أ» وحدة إغريقية قديمة من وحدات الطول تتراوح ما بين ٦٠٧ أقدام و٧٣٨ قدمًا. «ب» وحدة رومانيّة قديمة للطول تساوي ٦٠٦,٩٥ قدمًا. «ج» مُدَرَّج إغريقيّ للألعاب الرياضية. «د» مَلعب مُدَرَّج (٢) طور أو مرحلة من مراحل النُّموّ.

stadt·hold·er [stăt'hōl'dər] *(n.)* الإسْتَدْهولْدَر: نائب للملك في مقاطعة هولندية.

staff[1] [stăf; stäf] *(n.; vt.)* (١) «أ» عصًا؛ عكّاز. «ب» عارضة [في كرسيّ]. «ج» درجة [في مِرقاة]. «د» سارية. «هـ» سارية العَلَم. «و» نَبُّوت؛ هِراوة. «ز» قناة الرمح (٢) صولجان الأسقف (٣) المَدْرَج الموسيقيّ: الخطوط الأفقية التي تدوَّن عليها الموسيقى (٤) مقياس مدرَّج (٥) قِوام؛ عِماد <Bread is the ~ of life.> (٦) «أ» هيئة؛ هيئة أساتذة. «ب» أركان حرب. «ج» مجموع المساعدين [لمدير] § (٧) يُزوِّد بالأساتذة أو المساعدين أو العُمّال إلخ (٨) يؤدّي مهمّةً [في هيئة ما].

staff[2] *(n.)* السَّطَف: ضَرْب من الجِصّ (را. plaster).

staff·er [-'ər] *(n.)* عضو في هيئةٍ ما. وبخاصة: مُخْبِر أو محرِّر في جريدة.

staff officer *(n.)* رُكن الحرب: ضابط ذو تأهيل عالٍ (جن).

staff of life *(n.)* قِوام الحياة. وبخاصة: الخُبْز.

Staf·ford·shire terrier [stăf'ərd shĭr'] *(n.)* = bullterrier.

staff sergeant *(n.)* رقيب أوّل (جن).

stag[1] [stăg] *(n.)* (١) الأيِّل؛ ذكَر الأيِّل [أو غيره] (٢) مُهْر (إسك). وبخاصة: مُهْر غير مُرَوَّض أو مُذَلَّل (٣) حيوان مَخْصِيّ (٤) «أ» الحَفْل الرِّجاليّ: حفلة ساهرة أو راقصة يَحضُرُها الرجال فقط. «ب» المُسْتَفْرِد: من يحضر حفلة ساهرة أو راقصة غيرَ مُصْطَحِبٍ فتاةً أو امرأة.

stag[2] *(vt.; i.)* (١) يتجسَّس على (٢) يَسْتَفْرِد (را. stag[1] *4b*).

stag[3] *(adj.; adv.)* (١) رِجاليّ: «أ» مقصور على الرِّجال فقط <a ~ dinner>. «ب» مُعَدّ أو ملائمٌ للرجال فقط <~ movies> (٢) مستفرِد: غير مُصْطَحِبٍ بأحد من الجنس الآخَر <three ~ women> § (٣) مُستفرِدًا.

stag beetle *(n.)* الحُنْظُب: ضرب من الخنافس لذكوره فكّان طويلان شبيهان بقَرْنَي الأيِّل.

stag beetle

stage [stāj] *(n.; vt.; i.)* (١) دَرجة (٢) «أ» مِنَصّة. «ب» خشبة المَسْرح. «ج» الفنّ المَسْرحيّ (٣) وسط <the medical ~> (٤) مسرح الأحداث (٥) سِقالة [للعمّال] (٦) الرُّفَيْف: مِنصّة الميكروسكوب الصغيرة التي يوضَع عليها الشّيء المُرادُ اختبارُهُ (٧) «أ» محطة. «ب» المسافة بين محطّتَين. «ج» stagecoach (٨) طَوْر؛ مَرْحلة (٩) المَرْحلة: عنصر أو جزء من صاروخ أو من أداة ألكترونيّة معقّدة <a *3-stage* rocket> § (١٠) يُخْرِج على المسرح <to ~ a special art exhibition> (١١) يقدِّم للجمهور (١٢) ينظِّم [إضرابًا أو مظاهرة] x (١٣) يسافر بمركبة عموميّة (١٤) يَصْلُح للمسرح <This scene will not ~ well.>.

stage·coach [stāj'kōch'] *(n.)* مَرْكَبة السَّفَر: مَرْكبة جِياد عموميّة مُعَدّة لنقل المسافرين [والبريد عادةً] على خطٍّ نظاميّ.

stage·craft [stāj'krăft] *(n.)* الصِّناعة المسرحية: البراعة أو الخبرة في تأليف المسرحيات أو إخراجها.

stage directions *(n. pl.)* الإرشادات المَسْرحيّة: أوصاف الممثِّلين وحركاتهم مطبوعةً في ثنايا المسرحيّة ليستعين بها المخرج إلخ.

stage director *(n.)* (١) المُخْرِج: المخرج المَسْرحيّ (٢) مدير المَسْرح.

stage door *(n.)* باب المسرح الخلفيّ: باب في مؤخَّرة المسرح يستخدمه الممثِّلون والعُمّال.

stage fright *(n.)* رَهْبة المَسْرح: الارتباك عند مواجهة جمهور النظّارة.

stage·hand [stāj'-] *(n.)* عامل المسرح: عامل يُستخدم في نقل أثاث المسرح وستائره أو ترتيبها إلخ.

stage-man·age [-'măn'ĭj] *(vt.)* (١) يُخْرِج: يُرَتِّب أو يُنظِّم أو يَعرِض وفي نيّته أن يَبْهَر الأنظارَ أو النفوس <to ~ a wedding ceremony> (٢) يدبِّر أو يوجِّه في الخفاء <Arrest and trial had been ~*d* for a sinister purpose.> (٣) يَعْمَل مُديرًا للمَسْرح في . . . (را. المادّة التالية).

stage manager *(n.)* مدير المسرح: مَن يتولّى الإشراف على الجانب الماديّ من الإخراج المسرحي ويُساعدُ المخرجَ أثناء التجارب ويكون مسؤولًا

عن المسرح أثناء التمثيل .

stag·er [stā′jər] (n.) (١) فا stage (٢) المحنَّك ؛ المتمرِّس : ذو الخبرة <an old ~>.

stage set (n.) إعداد المَسْرح : ترتيب الأثاث والسَّتائر المسرحيّة المُعَدّة لمشهد معيَّن من مشاهد التمثيليّة .

stage·struck [stāj′strŭk′] (adj.) مَهْوُوسٌ بالمَسْرح . وبخاصة : تتملَّكُهُ رغبةٌ لا تقاوَم في أن يُصْبح ممثِّلا .

stage whisper (n.) (١) الهَمْسَة المسرحيّة : همسةٌ عالية تصدر عن الممثّل فيسمعها النظّارة ولكن من المفروض ألّا يسمعها الممثلون الآخرون (٢) همسة مسموعة .

stag·fla·tion [stăg′flā′-] (n.) التَّضَخُّم الرُّكوديّ : تَضَخُّم مصحوبٌ بركود .

stag·ger [stăg′ər] (vi.; t.; n.; adj.) (١) يَتَرنَّح ؛ يتهادى (٢) يتمايَل بشدّة (٣) يتردَّد x (٤) يُذْهِل ؛ يَصْعَق (٥) يُرَنِّح ؛ يجعله يترنّح (٦) ينظِّم في سلسلة من المواعيد المتداخلة أو المتعاقبة (٧) يُرَتِّب شِطرنجيًّا <theater seats ~ed for clear viewing> § (٨) دُوار الخيل والماشية إلخ (٩) تَرَنُّح ؛ تَهادٍ ؛ تمايُل (١٠) ترتيب شِطرنجيّ § (١١) شِطرنجيّ الترتيب .

stag·ger·ing [-ĭng] (adj.) مُذْهِل ؛ مُربِك ؛ صاعق <~ medical bills> .

stag·ger·y [stăg′ə rĭ] (adj.) مُتَرنِّح ؛ متمايل ؛ مُتَقَلْقِل .

stag·gy [stăg′ĭ] (adj.) مُسْتَرْجِلة <a ~ woman> .

stag·hound [stăg′-] (n.) كلب الأيائل : كلب يُستخدم في صيد الأيائل .

sta·gi·ly [stā′jə lĭ] (adv.) بطريقة مسرحيّة ؛ على نحوٍ مسرحيّ .

stag·ing [stā′jĭng] (n.) (١) مجموعة سِقالات (٢) «أ» تسيير مَرْكَبات السَّفَر (را . stagecoach) . «ب» الارتحال بمَرْكبة سَفَر (٣) الإخراج المسرحيّ (٤) التنقيل : نَقْل زُمَر المُعْطيات من أداة خزن إلى أخرى (ألك) .

staging area (n.) نقطة التَّجمُّع : مكان يُجمَع فيه المشاركون في عملية [عسكرية] أو مهمّة ما ويُهَيَّأون لما نُدِبوا له .

stag·nan·cy [stăg′nən sĭ] (n.) رُكود؛ أَسَنٌ .

stag·nant [-′nənt] (adj.) (١) راكد <~ water> (٢) آسِن <a ~ pool> (٣) كاسد (٤) متبلِّد <a ~ mind> .

stag·nate [-′nāt] (vi.; t.) (١) يَرْكُد ؛ يأسَن إلخ x (٢) يُركِّد ؛ يُؤَسِّن .

stag·na·tion [stăg nā′-] (n.) ركود؛ كساد إلخ .

stag·y [stā′jĭ] (adj.) (١) مَسْرحيّ (٢) مُتَكلَّف ؛ مُصْطَنَع .

staid [stād] (adj.) رزين ؛ رصين . — **staid·ness** (n.)

stain [stān] (vt.; i.; n.) (١) يُلَطِّخ ؛ يُبَقِّع ؛ يُلَوِّث (٢) يَشِين ؛ يَصِم ؛ يَعِيب (٣) «أ» يُشْرِب بلونٍ ما . «ب» يَصْبغ ؛ يضرِّج [بالدّماء] x (٤) يَتَلطَّخ ؛ يتلوَّث (٥) يَنْصَبغ ؛ يَتَضرَّج [بالدّم] § (٦) لَطْخة ؛ بقعة (٧) وَصْمة (٨) صِباغ ؛ صِبْغ .

stained [stānd] (adj.) (١) مُلَطَّخ ؛ مُبَقَّع ؛ مُلَوَّث (٢) مُصَبَّغ ؛ مُلَوَّن .

stain·er [stā′-] (n.) فا stain . وبخاصة : «أ» الصّابغ ؛ الصَّبّاغ . «ب» صِبْغ .

stain·less [stān′-] (adj.) (١) طاهر ؛ لا شائبةَ فيه (٢) صامد <~ steel>.

stainless steel (n.) الفولاذ الصّامد : فولاذ مقاوم للصدأ والتآكل .

stair [stâr] (n.) (١) سُلَّم ؛ دَرَجٌ (٢) دَرَجة [في سلَّم] .

stair·case [stâr′kās′] (n.) (١) بَيْت السُّلَّم (٢) سُلَّم ؛ دَرَجٌ .

stair·way [stâr′wā′] (n.) سُلَّم ؛ دَرَجٌ .

stair·well [stâr′-] (n.) بئر السُّلَّم ؛ بيت السُّلَّم : الممرّ الرأسي المُحيط بالسُّلَّم .

stake [stāk] (n.; vt.) (١) وَتِد (٢) سِناد ؛ ركيزة [للنبتةِ إلخ] (٣) «أ» الخازوق : عمود يُشَدّ إليه المحكومُ عليه بالموت حَرْقًا . «ب» الإعدام حَرْقًا [بالشَّدِّ إلى خازوق] (٤) «أ» رِهان ؛ مالٌ يُراهَنُ به . «ب» جائزة [سباقٍ أو مباراة] . «ج» حِصّة أو نصيبٌ [في مشروع تجاريّ ونحوِهِ] (٥) الوَتِد المُحْتجِز : واحد من سلسلة أوتاد مغروسة في جانبَيْ بَدَن السيّارة أو مؤخَّره لاحتجاز الحِمْل ووقايته من السُّقوط § (٦) يُوتِّد : «أ» يُعَلِّم حدودَ شيء بمجموعة من الأوتاد . «ب» يَشُدّ حيوانًا إلى وَتِد (٧) يُخَوْزِق : يُميت المرءَ حَرْقًا بشَدِّه إلى خازوق (٨) يُراهن ؛ يُخاطر (٩) يَسْنُد [النبتةَ إلى عود أو سِناد] (١٠) يَدْعَم ماليًّا .

stake body (n.) البَدَن المُوَتَّد : بدنُ سيارةٍ مفتوحٌ يتألف من مِنَصّةٍ غُرِست على جوانبها أوتاد تحتجز الحِمل .

stake·hold·er [stāk′hōl′dər] (n.) مُتَسلِّم الرِّهان : من يُودَع عنده الرِّهان ريثما تُعرَف النتيجة .

stake truck (n.) الشّاحنة المُوتَّدة : شاحنة ذات بَدَن مُوتَّد stake body .

Sta·kha·nov·ite [stä kä′nŏ vīt] (n.) السّتاخانوفيّ : عامل من عمال الصناعة في الاتحاد السوفياتي السابق منحتهُ الدولةُ علاواتٍ وامتيازات خاصة مكافأةً له على تخطّيه النسبة السويّة في الإنتاج .

sta·lac·tites [stə lăk′tīts] (n. pl.) الهوابط ؛ الحُلَيْمات العليا : الأعمدة الحجرية المتدلِّية من سقوف المغاور .

sta·lag [stä′läg′] (n.) السّتالاج : معسكر اعتقال ألمانيّ للجنود وضبّاط الصَّفّ .

a. stalactite
b. stalagmite

sta·lag·mites [stə lăg′ mīts] (n. pl.) الصَّواعد ؛ الحُلَيْمات السُّفلى : الأعمدة الحجرية النابتة من أرض المغاور .

stale[1] [stāl] (adj.; vt.; i.) (١) تَفِهٌ : «أ» غير ذي طعم لقِدَمه . «ب» بائت <~ bread> (٢) مبتَذَل ؛ بالٍ ؛ «بايخ» <a ~ joke> (٣) مُمات : فاقدٌ قوَّتَهُ الشرعيّة بحكم مرور الزمن <a ~ debt> (٤) مُوْهَن ؛ مُجْهَد <a ~ horse> § (٥) يُتَفِّه : يجعله تَفِهًا إلخ x (٦) يَتْفَه : يُصبح تَفِهًا إلخ .

stale[2] (n.; vi.) (١) بَوْل البهيمة § (٢) يبول [البعيرُ أو الفرسُ] .

stale·mate [stāl′māt′] (n.; vt.) (١) إحراج الشّاه : موقف في الشّطرنج يتعذّر فيه على اللاعب تحريك بَيادِقِه كلِّها باستثناء الشّاه الذي يعرِّضه تحريكُه للخطر فتنتهي المباراة بالتعادل (٢) ورطة؛ مأزق § (٣) يُجمِّد : يوصل [المفاوَضات إلخ] إلى طريق مسدود (٤) يُحْرِج الشّاهَ .

Sta·lin·ism [stä′lĭ nĭz′əm] (n.) السّتالينيّة : نظريّة في الشيوعيّة طوَّرها ستالين عن الماركسيّة اللينينيّة وهي تتّسم بالديكتاتوريّة الصارمة، والإرهاب الشامل، وبالتوكيد على القوميّة الروسيّة .

stalk[1] [stôk] (n.) (١) «أ» ساق (نب) . «ب» سُوَيق ؛ عُنيق (نب) . «ج» حَبْل

البُذَيْرة (نب) (٢) ذُنَيْب؛ رُجَيْلة؛ رابط (ح).

stalk[2] *(vi.; t.; n.)* (١) يُطارد خِلْسَةً (٢) يَتَبَخْتر: يمشي ببطء واختيال (٣) يَتَفَشَّى؛ ينتشر x (٤) يطوف ببقعةٍ بحثًا عن الطّرائد § (٥) مُطاردة مُخْتَلَسة؛ تَبَخْتُر؛ طَواف إلخ.

stalk·ing–horse [stô′kĭng] *(n.)* (١) الدَّريئة؛ الجواد الدَّريئة: جواد أو شيء على صورة جواد يستتر به الصائد ليختِلَ الطرائد (٢) قِناع؛ ذريعة (٣) المرشَّحُ الدَّريئةُ: مرشَّحٌ يُرادُ بترشيحه حَجْبُ المرشَّح الأقوى أو حرمانُ المرشَّح المنافس من عدد من الأصوات.

stall[1] [stôl] *(n.; vt.; i.)* (١) «أ» المَرْبِط: مَرْبِط الجواد أو البقرة إلخ في إسطبل أو حظيرة. «ب» الموقف المعلَّم: فُسحة معلَّمة تتَّسع لسيارة واحدة [في ساحة لإيقاف السيارات] (٢) «أ» مقعد في مذبح الكنيسة. «ب» مقعد خشبيّ طويل من مقاعد مثبّتة صفوفًا في كنيسة. «ج» مقعد أماميّ [في مسرح] (٣) كُشْك إلخ [لعرض السِّلَع للبيع] (٤) غِمد الإصبع: غطاء واقٍ للإصبع (٥) حُجَيْرة <a shower ~> (٦) الانهيار؛ الهَوَيان (طي) § (٧) يَضَعُ في مَرْبِط أو موقِفٍ مُعَلَّم (٨) يوقف [عن الحركة] (٩) يُهَوِّر: يسبِّب انهيار الطائرة x (١٠) يتعطّل: يتوقف المحرِّك ونحوُهُ فجأةً عن العمل (١١) يغوص في الوحل أو الثلج (١٢) تنهار [الطائرةُ].

stall[2] *(n.; vi.; t.)* (١) ذريعة؛ خُدْعة (٢) مُساعدُ النَّشّال § (٣) يماطل.

stall–feed [stôl′fēd] *(vt.)* يَعْلِف في مَرْبِطٍ [بُغيةَ التَّسمين].

stall·ing angle *(n.)* زاوية الانهيار (طي).

stall·ing speed *(n.)* سُرعة الانهيار (طي).

stal·lion [stăl′yən] *(n.)* الفَحْل: حصان غير مَخْصِيّ يُتَّخذ للاستيلاد.

stal·wart [stôl′wərt] *(adj.; n.)* (١) قويّ البنية: طويل موفور العَضَل (٢) «أ» شجاع. «ب» راسخ الإيمان <a ~ supporter> § (٣) شخص قويّ البنية إلخ (٤) نصيرٌ راسخ الإيمان.

sta·men [stā′-] *(n.)* pl. **-s** *or* **-mi·na** السَّداة: العضو الذَّكَرِيّ في الزَّهرة.

stamin- *or* **stamini-** بادئة معناها: سَداة.

stam·i·na [stăm′ə nə] *(n.)* قوة؛ جَلَدٌ أو قُدْرة على الاحتمال.

stam·i·nal [-′ə nəl] *(adj.)* سَدَوِيّ: خاصّ بالسَّداة أو ذو أسْدِيَة.

stam·i·nate [stăm′ə nĭt; -nāt] *(adj.)* مُسَدًّى: «أ» ذو سَداة أو أَسْدِيَة. «ب» ذو أَسْدِية ولكنْ ليس له مِدَقّات <a ~ flower>.

stam·i·nif·er·ous [stăm′ə nĭf′-] *(adj.)* مُسَدًّى: ذو سَداة أو أَسْدِيَة.

stam·mer [stăm′ər] *(vi.; t.; n.)* (١) يَتَلَعْثم؛ يُتأتئ؛ يُفأفئ x (٢) يقول مُتَلَعْثِمًا <~*ed* that he was...> § (٣) تَلَعْثُم؛ تَأتأة؛ فأفأة.

stamp [stămp] *(vt.; i.; n.)* (١) يَرُضّ أو يَسْحَق [بمِدقّة أو أداة ثقيلة] (٢) «أ» يضرب [شيئًا] بأخمص قدميه. «ب» يدوس بقوّة. «ج» يطفئ؛ يُخْمِد؛ يقمع [تتبعها *out*] (٣) «أ» يَمْهُر؛ يختِم؛ يَدْمَغ. «ب» يلصق طابعًا بريديًّا على (٤) «أ» يشكّل بالختم أو الكَبْس. «ب» يَسُكّ العملة أو المداليات (٥) «أ» يَطْبَع؛ يَسِم؛ يميّز. «ب» يدلّ على أنّه ذو صفة خاصّة <His speech ~*s* him as a man of letters.> § (٦) رَضّ؛ سَحْق؛ دَوْس إلخ (٧) مِرضَّة؛ مِسْحَقة (٨) خَتْم (٩) علامة؛ طبعة؛ سِمة؛ دَمْغَة (١٠) طابَع أو صفة مميِّزة (١١) ضَرْب؛ طِراز <men of that ~> (١٢) طابع أميريّ أو بريديّ.

stam·pede [stăm pēd′] *(n.; vt.; i.)* (١) التَّهارُب: تَشَتُّت أو فرار مفاجئ لقطيع مواشٍ مذعور أو لجمهرة من الخيل مذعورة (٢) فرار أو اندفاع جَماعيّ § (٣) يحمله على الفرار مذعورًا x (٤) يَفِرّ مذعورًا.

stamp·er [stăm′-] *(n.)* (١) فا stamp (٢) الخَتّام: موظَّف يَخْتِمُ الطوابع المُلْصقة على الرسائل [في دائرة البريد] (٣) مِرَضَّة؛ مِسْحنة.

stamping ground *(n.)* مُنْتَجَع مُفَضَّلٌ أو مألوف.

stamping mill *(n.)* (١) المِرَضَّة: ماكينة لرَضّ الخامات أو سَحْقها (٢) المَرَضّة: موضع لرضّ الخامات أو سَحْقها.

stamp tax *(n.)* رسم الطّابع [وبخاصّة على الصُّكوك والكمبيالات].

stance [stăns] *(n.)* (١) وِقْفَة؛ وِضْعَة (٢) موقف عقليّ أو عاطفيّ (٣) الوِضْعة: وَضْعُ جسم اللاعب وقَدَمَيْه عند ضربِهِ الكرةَ.

stanch[1] [stănch] *(vt.; i.)* (١) يُرْقِئ: يوقف نَزْفَ الدّم أو ذَرْفَ الدَّمع (٢) يُسَكِّن؛ يُخْمِد (ا. ق) (٣) يوقف؛ يضع حدًّا لِـ (٤) يَسُدّ <to ~ a leak> x (٥) يَرْقأ: يَجِفّ الدّم.

stanch[2] [stănch] *(adj.)* = staunch.

stan·chion [stăn′shən] *(n.; vt.)* (١) ركيزة؛ دعامة [عمودية] (٢) قَيْد [يَحُدّ من حركة البقرة في زريبة أو نحوها] § (٣) يُدَعِّم؛ يَدْعَم (٤) يُقيِّد [حركةَ البقرة في زريبة].

stand [stănd] *(vi.; t.; n.)* (١) «أ» يقف. «ب» يبلغ طوله كذا عند الوقوف <She ~*s* six feet.>. «ج» ينتصب (٢) يَصْمُد (٣) يكون في موقف أو وضع معيَّن <~*s* accused of betraying his friend> (٤) يُبْحِر في اتّجاه معيَّن (٥) «أ» يحتلّ مقامًا أو درجة <She ~*s* first in her class.>. «ب» يبلُغ <The temperature ~*s* at 40.> (٦) «أ» يتّخذ موقفًا إلخ <to ~ sponsor for a person>. «ب» يقوم؛ يحتلّ موقعًا <A tall tree ~*s* before the house.> (٧) يترشّح: يخوض معركة الانتخابات (٨) «أ» يَرْكُد <~*ing* water>. «ب» يترقرق <tears ~*ing* in her eyes> (٩) يبدو في شكله المكتوب أو المطبوع <Copy the passage as it ~*s*.> (١٠) يظلّ قائمًا أو نافذًا أو ساريَ المفعول <The order still ~*s*.> (١١) يبقى؛ يستمرّ <*stood* for a hundred years> x (١٢) يتحمّل <cannot ~ criticism> (١٣) يقاوم؛ يَصْمُد لِـ <to ~ an assault> (١٤) يستمتع بِـ <to ~ a drink> (١٥) يَخْضع لِـ <to ~ trial> (١٦) يَخْفِر؛ يَحْرُس (١٧) يتحمّل نفقات كذا <to ~ a treat> (١٨) يُوْقِف <*stood* the child on his feet> (١٩) يتّسع لوقوف عدد معيَّن <The bus ~*s* 54 people.> § (٢٠) «أ» توقُّفٌ [في مكانٍ ما]. «ب» مقاومة <a gallant ~ at the bridge>. «ج» تَوَقُّفُ فرقة مسرحية أو موسيقية [في بلدٍ لتقديم حفلةٍ أو أكثر] <a one-night ~>. «د» البلد الذي تتوقف فيه الفرقة لهذا الغرض

(٢١) «أ» الموقف: مكان الوقوف. «ب» موقف الشاهد: مكان وقوف الشّاهد في محكمة. «ج» جزء من مُدَرَّج ملعب أو مسرح. «د» *pl.* عد: مُحتلُّو ذلك الجزء. «هـ» مِنَصّة (٢٢) كُشْك [لبيع الصُّحف إلخ] (٢٣) مَوْقع. وبخاصة: موقع مُناسب لعمل تجاريّ <a good ~ for a drugstore> (٢٤) موقف السيّارات [بانتظار الرُّكّاب] <taxi ~> (٢٥) القَفِير؛ خَلِيّة النَّحل (٢٦) مِنْضدة (٢٧) حامل؛ حاملة؛ مِشْجَب <an umbrella ~> (٢٨) الوَقِيفة: حاملٌ أو سِناد لعرض الكتب (٢٩) غَيْضَة؛ أيكة (٣٠) وقوف؛ انتصاب.

to ~ a good chance يكون له أمل في النّجاح إلخ.

to ~ aside (١) يقف جانبًا؛ يقف موقف المتفرِّج (٢) يفسح طريقًا لِـ . . . (٣) ينسحب من معركة انتخابيّة.

to ~ back (١) يرجع إلى الوراء (٢) يَقَعُ [المنزلُ إلخ] على مَقربة من . . .

to ~ by (١) يَحْضُر؛ يقف على مقربة (٢) يناصر؛ يؤيد؛ يقف في جانب كذا (٣) يفي بعهده أو وعده (٤) يقف موقفَ المتفرِّج (٥) يستعدّ أو يكون مستعدًّا للعمل.

to ~ clear يبتعد عن؛ يقف بعيدًا عن.

to ~ down (١) يُغادر موقفَ الشاهد [أي المكان الذي يقف فيه الشّاهد في المحكمة] (٢) ينسحب من مباراة أو معركة انتخابية (٣) يتخلّى عن منصب (٤) تُحَلّ [اللجنة].

to ~ fire (١) يَثْبُت في وجه نيران العَدُوّ (٢) يقاوم الحرارةَ.

to ~ for (١) يُمَثِّل (٢) يَرْمِز إلى (٣) يؤيِّد؛ يناضل من أجل (٤) يتحمَّل؛ يترشَّح [للنيابة إلخ].

to ~ in (١) يشترك [في تحمُّل النفقة إلخ] (٢) يَحِلُّ محلَّ ممثِّل رئيسي ريثما يبدأ تصوير الفيلم.

to ~ in with يكون ذا حظوة عند فلان؛ يكون بينه وبين شخص آخر شبه تحالف سرّيّ مُرْبِح.

to ~ off (١) يبقى على مَبْعدة عن شيء (٢) يُبْحر بعيدًا عن الشاطئ (٣) يَصُدّ؛ يَرُدّ (٤) يُماطل؛ يؤجّل بالمواربة أو الحيلة (٥) يستغني عن خدمات العُمّال مؤقّتًا.

to ~ on يُواصل سَيْرَهُ أو تَقَدُّمَهُ.

to ~ on *or* upon (١) يتوقَّف على (٢) يُصِرّ على.

to ~ on an end يَقِفُ الشَّعر [رُعبًا إلخ].

to ~ one's ground (١) يَصْمد؛ يحتفظ بموقِعِهِ في معركة (٢) يُصِرّ على رأيه [في مناقشة].

to ~ out (١) «أ» يَبْرُز؛ ينتأ. «ب» يكون ظاهر التفوّق (٢) يُبْحِر بعيدًا عن الشاطئ (٣) يَصْمُد؛ يقاوم بعناد.

to ~ over (١) يؤجَّل؛ يُرجأ (٢) يؤجِّل (٣) يُراقب بانتباه.

to ~ to (١) يقِفُ على قدم الاستعداد [للقتال] (٢) يُخلص [المبادئِهِ] (٣) يفي بعهده أو وعده (٤) ينكبّ على العمل.

to ~ to one's guns, colors, etc. يَصْمُد؛ يَثْبُت في الميدان.

to ~ to win يكون في وضع يؤهِّله لأن يكسب شيئًا.

to ~ up (١) يقف (٢) يَصْمُد [في وجهِ ضغطٍ أو هجوم] (٣) يُقاوم البِلى (٤) يُخْلِف الوعد (٥) يَتزوَّج.

to ~ up for يؤيِّد؛ يُناصِر؛ يدافع عن.

to ~ up to (١) يَفي بعهده (٢) يواجه بجرأة؛ يدافع عن نفسه أو حقوقه (٣) يقاوم البِلى إلخ.

stand–alone *(adj.)* مُستقِلّ [عن الكومبيوتر الرئيسيّ] <a ~ terminal>.

stand·ard [stănˊdərd] *(n.; adj.)* (١) عَلَم؛ راية؛ لواء (٢) «أ» إمام؛ معيار؛ قياس؛ مقياس. «ب» قاعدة <the gold ~> (٣) مستوى <a high ~ of living> (٤) صفّ [في مدرسة ابتدائيّة] (٥) «أ» حاملٌ أو سِناد عموديّ [لمصباح إلخ]. «ب» عمود؛ سارية. «ج» قاعدة <the ~ for a vase> (٦) شجرة أو شُجيرة ذات ساق طويلة مستقيمة (٧) البَنْد: البَتَلة الكبيرة العليا [في بعض الزهرات] § (٨) إماميّ؛ مِعياريّ: مؤلِّفٌ معيارًا للقياس أو المقابلة أو الحكم <~ weight> (٩) قياسيّ؛ نموذجيّ: «أ» ذو صفات أو خصائص يفرضها القانون أو العرف <~ insurance policy>. «ب» سليمٌ وصالح للاستعمال ولكنّه من نوع غير ممتاز <~ beef>. «ج» متيَسِّرٌ الحصولُ عليه دائمًا؛ غير استثنائيّ أو خُصوصيّ <~ model of automobile>. «د» ذو قيمة باقية معتَرَف بها <~ reference work>. «هـ» فصحى <~ German>.

stan·dard–bear·er *(n.)* (١) حاملُ العَلَم (٢) قائد حركةٍ أو مُنَظَّمة.

standard candle *(n.)* الشَّمعة؛ الشّمعة القياسية (ضو).

standard deviation *(n.)* الانحراف القياسيّ أو المِعياريّ (ر).

Standard English *(n.)* الإنكليزية الفُصحى.

standard gauge *(n.)* المسافة المِعيارية [بين قضيبَي السّكة الحديدية].

stand·ard·i·za·tion [-ˊdərd ə zāˊ-] *(n.)* (١) المعايَرة (٢) المقايَسة؛ التَّقييس.

stand·ard·ize [stănˊ-] *(vt.)* (١) يُعاير: يختبر بمعيار (٢) يُقايس؛ يقيِّس؛ يوحِّد القياس: يجعله مطابقًا لحجم أو وزنٍ قياسيّ أو نوعيّة قياسيّة.

standard of living *(n.)* مُستوى العيش؛ مُستوى المعيشة.

standard solution *(n.)* المحلول القياسيّ [في التحليل الكيميائي].

standard time *(n.)* التوقيت القياسيّ: «أ» الوقت المعتَمَد رسميًا في منطقة أو بلد. «ب» نظام للتوقيت تُقسَّم فيه الأرض على أساس النِّطاق الطولي والدَّرَجة.

stand·by[1] [-ˊbī] *(n.)* (١) «أ» النصير الوفيّ. «ب» موضع الاعتماد [في المُلِمّات] (٢) البديل: كلّ ما يُحتَفَظ به جاهزًا للاستخدام عند الاقتضاء.

stand·by[2] *(adj.)* (١) قريب؛ جاهز؛ في المتناوَل (٢) على لائحة الانتظار.

stand·ee [stănˊdē] *(n.)* الواقف: أحَدُ مُحْتَلّي حيِّز الوقوف في مسرح أو وسيلة نقل (را. standing room).

stand–in [-ˊin] *(n.)* (١) البديل السينمائيّ: مَنْ يَحلّ محلّ نجم سينمائيّ أثناء إعداد الإضاءة وآلات التصوير أو في المشاهد الخطِرة (٢) البديل.

stand·ing [stănˊ-] *(adj.; n.)* (١) واقف؛ منتصِب؛ قائم <the ~ audience> (٢) «أ» عاطل: غير مستخدَم أو مُشَغَّل <a ~ engine>. «ب» راكد <~ water> (٣) «أ» سارٍ: ساري المفعول <a ~ rule>. «ب» دائم؛ مستديم؛ مستقِرّ <a ~ order for newspapers> (٤) مقرَّر بحكم القانون أو العرف <~ prohibition> (٥) ثابت؛ غير متحرِّك <a ~ washtub> (٦) وُقوفيّ: مُنْجَزٌ من نقطة وقوف؛ منجز من غير عَدْو تمهيديّ <a ~ jump> (٧) قائم؛ دائم <~ army> § (٨) «أ» وقوف. «ب» موقف

(٩) «أ» مكانة؛ منزلة؛ مرتبة <a lawyer of high ~> . «ب» صِيتٌ حسن؛ سُمعة حسنة .

of long ~, قديمُ العَهْد .

standing army *(n.)* الجيش القائم؛ الجيش العامل (جن).

standing committee *(n.)* اللجنة الدائمة [وبخاصة في برلمان].

standing dish *(n.)* الطبق الدائم : «أ» لون من ألوان الطّعام يقدَّم يومًا بعد يوم . «ب» موضوع مألوف؛ شكوى مألوفة .

standing order *(n.)* الأمر المستديم : إجراء نافذ المفعول حتى إشعار آخر .

standing room *(n.)* (١) مَوْقِف؛ مكانٌ للوقوف (٢) حَيِّز الوقوف : مُتَّسَعٌ مُتَيَسِّر لوقوف النظّارة في مسرح [أو الركّاب في وسيلة نقل] بعد امتلاء المقاعد كلها .

standing wave *(n.)* المَوْجة المُسْتقِرّة (فز).

stan·dish [stăn′dĭsh] *(n.)* = inkstand.

stand·off [-′ôf′] *(adj.; n.)* (١) متحفِّظ؛ فاتر <a ~ attitude> (٢) مُباعِد : مُبْعِدٌ عن السَّطح <~ insulators> § (٣) تحفُّظ [في العلاقات الاجتماعية] (٤) صَدٌّ؛ ردٌّ (٥) مماطلة (٦) تسريح مؤقَّت [للعُمّال] (٧) استراحة من العمل (بر) (٨) عُنصرٌ [أو عاملٌ] مُعادِل أو موازِن (٩) التعادُل [في المباريات الرياضية].

stand·off·ish [-ôf′ĭsh] *(adj.)* مُتحفِّظ؛ بارد [بعضَ الشيء].

stand oil *(n.)* الزيت الغليظ : زيت غليظ القوام يُستخدم في الدهان والورنيش ويُعَدّ بغَلْي زيت بزر الكتان إلى ٦٠٠° فارنهايتيّة فما فوق .

stand·out [stănd′out′] *(n.; adj.)* (١) شيء أو شخص بارز [بسبب من امتيازه أو تفوّقه] § (٢) بارز؛ ممتاز؛ رائع .

stand·pat [-′păt′] *(n.; adj.)* مُحافِظ : متمسِّك بالقديم؛ مقاوِم للتغيير .

stand·pipe [stănd′pīp′] *(n.)* الماسورة القائمة أو الرأسيّة (مك).

stand·point [-′point′] *(n.)* (١) نقطة الاستشراف [أو النظر إلى الأشياء] (٢) وِجْهة نظر <from the historical ~> .

stand·still [-′stĭl′] *(n.; adj.)* (١) توقّف تامّ § (٢) تجميديّ : مقصودٌ به تجميد الأشياء على وضعها الراهن <a ~ agreement> .

stand–to [-′to͞o] *(n.)* إلى السّلاح : دعوة إلى التأهُّب للقتال (جن).

stand–up [-′ŭp′] *(adj.)* (١) واقف؛ قائم (٢) منتصِب : مُقَسًّى بحيث يبقى منتصبًا من غير انثناء <a ~ collar> (٣) وقوفيّ : متناوَلٌ والمرءُ واقف <a ~ dinner> (٤) عنيف (٥) نِكاتيّ : مُعْتمِد على النكتة أكثر من اعتمادِهِ على التمثيل <a ~ comedy> .

stand–up·per *(n.)* التحقيق القائم : تحقيق مصوَّر في مسرح الأحداث .

stang [stăng] *(vt.) chiefly Scot.* = sting.

stan·hope [stăn′hōp] *(n.)* المَرْكبة الإسْتَنْهوبيّة : مَرْكبة خفيفة مكشوفة، وحيدة المقعد، ذات عجلتين أو أربع .

stanhope

stank[1] [stăngk] *past of* stink.

stank[2] *(n.)* (١) بِركة (٢) أُخْدود مائيّ (بر) (٣) سدّ صغير (بر).

stan·na·ry [stăn′-] *(n.)* مَنْجَمُ قَصْدير أو منطقة حافلة بمناجم القصدير .

stan·nic [stăn′ĭk]; **stan·nous** [-′əs] *(adj.)* قصديريّ .

stan·nif·er·ous [stă′ nĭf′ər əs] *(adj.)* محتوٍ على قصدير .

stan·nite [stăn′īt] *(n.)* الإستانيت : معدن ذو بريقٍ فِلِزّي .

stan·num [stăn′əm] *(n.)* قصدير (را . tin).

stan·za [stăn′zə] *(n.)* المَقْطع الشِّعريّ (عر).

sta·pe·di·al [stə pē′dĭ əl] *(adj.)* رِكابيّ : ذو علاقة بالرِّكاب stapes .

sta·pe·li·a [-′lĭ ə] *(n.)* الإستابيلِيَة : نبات إفريقيّ ذو زهرات كريهة الرائحة .

stapelia

sta·pes [stā′pēz] *(n.)* الرِّكاب؛ العُظَيْم الرِّكابيّ [في الأذن الوسطى].

staph·y·lo·coc·cus [stăf′ə lə kŏk′əs] *(n.)* pl. **-coc·ci** [kŏk′sī; kŏk′ī] المُكَوَّر العِنْقديّ (بك).

sta·ple[1] [stā′pəl] *(n.; vt.)* (١) الرَّزّة : مسمار مزدوج السِّن على شكل **U** يُغْرَز في جدار أو باب إلخ (٢) الرُّزَيْزة؛ الرزّة السّلكيّة : سلك صغير على شكل **U** يُغرز طرفاه في مجموعة رقيقة من الأوراق ثم يُلْوَيان § (٣) يُرَزِّز : يزوِّد برَزّة أو رُزَيْزة أو يثبِّت بهما .

sta·ple[2] *(n.; vt.; adj.)* (١) السُّوق التجارية : مدينة تُعتبَر مركزًا لبيع السِّلَع أو تصديرها بالجملة (٢) مصدر <the chief ~ of news> (٣) السلعة الرئيسية أو الإنتاج الرئيسيّ [في بلد] (٤) «أ» سلعة تُطلَب باستمرار . «ب» شيء [كأغنية أو كتاب] يتمتَّع بانتشار واسع أو يثير إعجابًا متواصلًا . «ج» قِوام؛ مِحْور؛ عنصر رئيسيّ (٥) خامة؛ مادّة خام (٦) «أ» تِيلَة القطن أو الصوف إلخ . «ب» طول هذه التيلة أو درجة جودتها § (٧) يَفْرِز أو يصنِّف على أساس طول التيلة أو جودتها <to ~ wool> § (٨) قياسيّ : مطلوب أو مستخدَم باستمرار على نطاق واسع <such ~ items as sugar and rice> (٩) مُنْتَجٌ باستمرار أو بوفرة <~ crops> (١٠) رئيسيّ <Coffee is the ~ product of Brazil.>.

sta·pler [stā′-] *(n.)* (١) المُتَّجِر بالسِّلَع الرئيسيّة (را . staple[2] *3*) (٢) فارز التِّيلة : فارزُ أو مصنِّفُ تيلة القطن أو الصوف (٣) المُرَزِّز : مَنْ يُزوِّد برَزّة (را . staple[1]) (٤) المُرَزِّزة؛ المِشَكّ السِّلكيّ : أداة صغيرة لضمّ مجموعة رقيقة من الأوراق، بعضها إلى بعض، برُزَيزة .

stapler 4.

star [stär] *(n.; vt.; i.; adj.)* (١) «أ» نَجْم (فل). «ب» نجم المرء أو طالعه (٢) نجمة أو شكل يمثّل نجمًا (٣) نجم سينمائيّ إلخ § (٤) يرصِّع أو يزيِّن بالنجوم (٥) يُنَجِّم : يعلِّم [شيئًا] بنجمة [دلالةً على امتيازِهِ أو أهميّتِهِ إلخ] (٦) يقدِّم [ممثِّلًا] بوصفه نجمَ الفيلم أو بطله إلخ x (٧) يُمَثِّل دورَ البطولة [في فيلم إلخ] (٨) يتألّق [في صناعة أو دَورٍ] <Hemingway *~red* as novelist.> § (٩) «أ» نجميّ . «ب» مؤلَّف من نجوم <a ~ belt> (١٠) لامع؛ متألّق؛ ممتاز <a ~ diplomat> .

ă at; ā date; â care; ä car; ĕ egg; ē me; ĭ in; ī bite; ŏ lot; ō bone; ô orphan; oi boil; o͝o good; o͞o boot; ou out; ŭ under; û urgent; ə = *a* in alone, *e* in system, *i* in easily, *o* in gallop, *u* in circus.

star·board [-ˈbōrdˈ] (n.; adj.; vt.) (١) المَيْمَنة؛ الجانب الأيمن: جانبُ السفينة أو الطائرة الأيمنُ § (٢) أيمن؛ يُمْنَى § (٣) يُدير إلى اليمين.

starch [stärch] (n.; vt.) (١) النَّشا؛ النَّشاء (٢) ترسُّم؛ تمسُّك بالرسميّات (٣) سلوك متزمِّت (٤) قوّة؛ عَزْم § (٥) يُنشّي: يُقَسّي بالنّشا أو نحوه.

star chamber (n.) (١) cap. S; C: قاعة النجوم: محكمة إنكليزية [أُلغيت عام ١٦٤١] اشتهرت بمحاكماتها السرّيّة الاعتباطيّة الظالمة (٢) محكمة سريّة أو ظالمة.

star–cham·ber [stärˈchāmˈ-] (adj.) سِرّيّ؛ اعتباطيّ؛ ظالم.

starch·y [stärˈchĭ] (adj.) (١) نَشَويّ (٢) مُنَشًّى: مُقَسًّى بالنّشا (٣) رسميّ؛ مُتَرَسِّم؛ متكلِّف؛ مُتَزَمِّت.

star–crossed [-ˈkrŏstˈ] (adj.) منحوس؛ سيِّئ الطالع.

star·dom [-ˈdəm] (n.) (١) النَّجميّة؛ النُّجوميّة: كون الممثِّل نجمًا لامعًا؛ مَرْتبة النُّجوم اللامعين (٢) جماعة النجوم السينمائيين إلخ.

star dust (n.) (١) الغُبار النَّجميّ: «أ» كُتَلٌ من النجوم تبدو بالغة الصِّغر وكأنّها ذرّات غُبار. «ب» دقائق من المادة تتساقط من الفضاء إلى الأرض (٢) فتنة؛ سِحر.

stare [stâr] (vi.; t.; n.) (١) يُحدِّق: يُحدِّد النَّظَر إلى (٢) يَتَجلّى: يَبْرُز على نحوٍ صارخ (٣) يَقِف [الشَّعر]: ينتصب بخشونة x (٤) يُرْبِك بالتحديق <intended to ~ her out of countenance> § (٥) «أ» تحديق. «ب» نظرةٌ مُحَدِّقة.

to ~ down يَحْمِلُهُ على التَّردُّد أو الإذعان [بالتحديق إلى وجهه أو نحو ذلك].

to ~ one in the face (١) يحدِّق إلى وجه فلان (٢) يَبْدَهُ المرءَ [بوضوحِهِ على نحو صارخ لا سبيل إلى إنكاره].

sta·rets [stärˈəts] (n.) pl. **star·tsy** [stärtˈsē] المُرشد الروحيّ [في الكنيسة الأرثوذكسيّة الشَّرقيّة].

starfish

star·fish [stärˈfĭshˈ] (n.) نجم البحر: حيوان بحريّ لافقاريّ.

star·flower [stärˈ-] (n.) الزَّهرة النّجميّة: نبتة زهراتُها خُماسيّة نجميّة الشَّكل.

star·gaze [-ˈgāzˈ] (vi.) (١) يحدِّق إلى النُّجوم؛ يَرْعى النُّجومَ (٢) يستغرق في أحلام اليَقَظة.

star·gaz·er [-ˈgāˈzər] (n.) (١) المُحَدِّق إلى النجوم، مثل: «أ» المنجِّم. «ب» الفلكيّ (٢) السمك المنجِّم: ضربٌ من السمك البحريّ عيناه في أعلى رأسه.

stargazer 2.

star·gaz·ing (n.) (١) تحديق إلى النُّجوم (٢) استغراق في أحلام اليقظة.

star grass (n.) العُشْب النَّجميّ: عشب ذو زهرات نجميّة الشكل.

star·ing [stârˈĭng] (adj.) بادٍ للعِيان.

stark [stärk] (adj.; adv.) (١) قويّ؛ شديد (٢) متصلِّب أو متخشِّب كالأموات (٣) صارم <~ discipline> (٤) تامّ؛ مُطلق <~ folly> (٥) مُقْفِر؛ مُوحِش <~ landscapes> (٦) مُدْقِع <~ poverty> (٧) عارٍ <~ branches> (٨) قليل الأثاث (٩) قاسٍ (١٠) صارخ <a ~ contrast> § (١١) بقوّة إلخ (١٢) تمامًا <~ naked>.

star·let [stärˈlət] (n.) (١) نُجَيْم؛ نُجَيْمة (٢) النُّجَيْمة السينمائيّة: ممثلة سينمائية ناشئة تُهَيَّأ للقيام بأدوار البطولة.

star·light [stärˈ-] (n.; adj.) (١) ضوء النُّجوم § (٢) مُضاء بالنُّجوم.

star·like [stärˈ-] (adj.) نَجمانيّ: شبيه بالنُّجوم.

star·ling (n.) (١) الزُّرْزُور (طا) (٢) الرَّكائزيّة: سلسلة ركائز حول دعامة جِسْر.

starling 1.

star·lit [stärˈlĭt] (adj.) مُضاءٌ أو مُنَوَّر بالنجوم.

star–of–Beth·le·hem [stärˈəv bĕthˈlĭ (h) ĕm] (n.) الصّاصَل. وبخاصّة: الصّاصَل الخَيْميّ: نبات من الفصيلة الزَّنبقيّة.

star of Beth·le·hem (n.) نجم بَيْتَ لَحْمَ: نجم يعتقد النَّصارى أنه قاد المجوس إلى يَسوعَ الطفل في بيتَ لَحمَ.

starred [stärd] (adj.) (١) مُرَصَّع بالنُّجوم (٢) نجمانيّ: «أ» نجميّ الشَّكل. «ب» مُعَلَّم بنجمة. «ج» مُزدان بنجمةٍ [دالّةٍ على رتبة في سلكٍ ما] (٣) «أ» حَسَن الطّالع. «ب» منحوس: سيِّئ الطالع <ill-starred> (٤) مُنَجَّم: مُقدَّم إلى الجمهور بوصفِهِ بطلَ الفيلم أو نجمَهُ <a ~ actor>.

star·ry [stärˈĭ] (adj.) (١) مزدان أو مُرصَّع بالنُّجوم (٢) كثيرة النُّجوم <a ~ sky> (٣) نجميّ (٤) نجمانيّ: نجميّ الشَّكل (٥) متألِّق: لامعٌ كالنُّجوم <~ eyes> (٦) مُحلِّق؛ شاهق؛ عالٍ كالنُّجوم.

star·ry–eyed [-īdˈ] (adj.) (١) حالم أو مفرط في التفاؤل (٢) وهميّ؛ خياليّ؛ مثاليّ.

Stars and Bars (n.) راية النُّجوم والخطوط: راية الولايات الجنوبية التي انشقَّت عن الولايات المتحدة الأميركية عام ١٨٦٠–١٨٦١.

Stars and Stripes; Star–Spangled Banner (n.) راية النُّجوم والأشرطة: عَلَم الولايات المتحدة الأميركية.

star sapphire (n.) الصَّفِّير النَّجميّ.

star shell (n.) القذيفة النجميّة: قذيفة تُطلِق عند انفجارها وابلًا من النجوم السّاطعة وتُستخدم لإنارة مواقع العَدُوّ.

star–span·gled or **star–stud·ded** (adj.) مرصَّع بالنُّجوم.

start [stärt] (vi.; t.; n.) (١) «أ» يَثِب؛ يقفز. «ب» يُجْفِل. «ج» يستيقظ فجأةً (٢) «أ» يَنْبَجِس: يتدفق بقوة مفاجئة. «ب» ينشأ؛ يبرز إلى الوجود. «ج» يبدأ (٣) يَجْحَظ؛ ينتأ <~ing eyes> (٤) ينخلع من مكانه <Nails have ~ed.> (٥) ينطلق؛ يبدأ الرحلة (٦) يستهلّ عملًا (٧) يشترك في مباراة إلخ x (٨) يُجَفِّله [مُخرجًا إيّاه من مخبأه] <to ~ a rabbit> (٩) يقدِّم [موضوعًا] للمناقشة إلخ (١٠) «أ» يستهلّ؛ ينشئ [حركة إلخ]. «ب» يؤسِّس <~ed a college> (١١) «أ» يفكّ؛ يحلّ. «ب» يُرْخي <~ed the rope> (١٢) يبدأ باستخدام كذا (١٣) يُدير؛ يشغِّل؛ يسيِّر [المحرِّكَ أو السيارة] (١٤) «أ» يُدخِلهُ ميدانَ العمل. «ب» يُدخله في مباراة (١٥) يتعهّده [في مراحل النّمو الأولى] <to ~ chicks> (١٦) يبدأ أو يباشر عملًا § (١٧) «أ» إجفال. «ب» طَفْرة؛ وَثْبة. «ج» نوبة <~s of fancy> (١٨) بداية (١٩) انطلاق؛ انطلاقة <She gave her car a ~ by pushing it.> (٢٠) نقطة الانطلاق (٢١) مشاركة في مباراة إلخ (٢٢) الأفضليّة: الأفضليّة التي يتمتّع بها مَنْ يبدأ قبل غيره.

start·er [stär′tər] *(n.)* (١) البادئ؛ المُستهِلّ؛ المُنْشِئ إلخ (٢) المُبْدِئ: معطي إشارة البدء [في سباق] (٣) المشترك في مباراة (٤) مُبدِئ الحركة الذّاتيّ (سي) (٥) بداية؛ خطوة أولى. وبخاصة: المُشَهّي (را. appetizer).

star thistle *(n.)* المُرار: نبات شائك ذو زهرات أرجوانية اللون.

starting post *(n.)* المُنْطَلَق: نقطة الانطلاق في سباق.

star·tle [stär′təl] *(vi.; t.; n.)* (١) يُجفِل x (٢) يُروِّع فجأة (٣) يُجَفِّل § (٤) إجفال.

star·tling [stärt′-] *(adj.)* (١) مُجَفِّل؛ مُرَوِّع (٢) مُدهِش؛ مُذْهِل.

start–up [stärt′ŭp′] *(n.)* تشغيل؛ إعمال؛ تسيير [للماكينة].

star turn *(n.)* الفقرة الرئيسية أو الفنان الرئيسيّ [في حفلةٍ إلخ].

star·va·tion [stär′vā-] *(n.)* (١) جُوع؛ سَغَب؛ مَجاعة (٢) الموت جوعًا.

starvation wages *(n.)* أجْرُ الكَفاف: أجر غير كافٍ لتأمين مُتَطلَّبات العيش العادية.

starve [stärv] *(vi.; t.)* (١) يموتُ أو يتضوَّر جوعًا (٢) يتعطَّش إلى؛ يعاني الحرمان x (٣) «أ» يُميت جوعًا. «ب» يُجَوِّع.

starve·ling [stärv′lĭng] *(adj.; n.)* (١) «أ» جائع؛ سَغْبان. «ب» مُعْوِز؛ مُعْدِم § (٢) المهزول [من الجوع أو سوء التغذية].

star war *(n.)* حرب النُّجوم؛ حرب الفضاء.

stash [stăsh] *(vt.; n.)* (١) يُخبِّئ (٢) يُوْقِف؛ يَتْرُك <to ~ the business> § (٣) مَخْبَأ (٤) الخَبء: شيء مَخْبوء.

sta·sis [stā′sĭs] *(n.)* pl. **sta·ses** [-′sēz] رُكود. وبخاصة: «أ» الرُّكود الدَّموي (مض). «ب» الرُّكود المِعَويّ (مض).

-stasis لاحقة معناها: «أ» وَقْف؛ توقيف؛ كَبْح <hemo*stasis*>. «ب» اتّزان؛ استقرار <homeo*stasis*>.

stat [stăt] *(n.)* = statistic.

-stat لاحقة معناها: المُقِرّ؛ المُوازِن؛ الجهاز المُثبِّت <gyro*stat*>.

state[1] [stāt] *(n.)* (١) «أ» حالة. «ب» حالة توتّر أو اهتياج غير سويّ [بسبب غضبٍ أو خوفٍ] <She got into a ~.>. «ج» حالة سيّئة <His affairs are in a ~.> (٢) «أ» مقام؛ منزلة <the ~ of a baron>. «ب» منزلة رفيعة. «ج» أُبَّهة <a hall used on occasions of ~>. «د» احتفاء؛ حَفاوة رسمية (٣) طبقة اجتماعية [كطبقة النبلاء أو رجال الدِّين] (٤) دولة (٥) ولاية.

to lie in ~, يُسَجَّى في نعش مكشوف [لكي يودِّعهُ الناس ويُلقوا عليه النظرةَ الأخيرة].

state[2] *(vt.)* (١) يُعيِّن؛ يُحَدِّد <to ~ one's views> (٢) يَبْسُط؛ يَعْرِض <to ~ a case> (٣) يَذْكُر؛ يقول؛ يَنُصّ على.

state[3] *(adj.)* (١) حكوميّ <~ papers> (٢) «أ» رسميّ <a ~ dinner>. «ب» مُستخدَم في المناسبات الرسمية <the ~ carriage>.

state attorney *(n.)* النّائب العام: ممثّل الحكومة في محكمة (ق).

state bank *(n.)* بنك الدولة؛ المصرف المركزيّ.

state capitalism *(n.)* رأسماليّة الدّولة: نظام اقتصادي تملك فيه الدولة الرأسمالية جانبًا من وسائل الإنتاج، أو تسيطر عليه، بِنِسَبٍ متفاوتة تختلف باختلاف القطاعات.

state church *(n. often cap. S & C)* كنيسة الدَّولة: الكنيسة الرّسمية.

state college *(n.)* كُلِّية الولاية: كُلِّية تُموِّلها حكومة ولاية من الولايات المتحدة الأميركية وتؤلِّف جزءًا من جامعة الولاية.

state·craft [-′krăft] *(n.)* فَنّ الحُكْم: فنّ إدارة شؤون الدولة.

stat·ed [stāt′-] *(adj.)* (١) مُحَدَّد؛ مُعَيَّن؛ نظاميّ (٢) مُعْلَن؛ مُبَيَّن.

stat·ed·ly [stāt′ĭd lĭ] *(adv.)* نظاميًّا؛ على نحوٍ نظاميّ.

state guard *(n.)* حَرَس الولاية [في الولايات المتّحدة الأميركيّة].

state·hood [stāt′-] *(n.)* الوِلائيّة: كونُ المنطقة تكوِّن ولايةً من الولايات.

state·house [stāt′hous′] *(n.)* مبنى البرلمان [في ولاية].

state·less [stāt′-] *(adj.)* (١) لادَوْليّ: ليس فيه دَوْلة (٢) غير ذي جنسيّة.

state·li·ness [stāt′lĭ nəs] *(n.)* (١) جلال (٢) فخامة (٣) ضخامة.

state·ly [-′lĭ] *(adj.; adv.)* (١) جليل (٢) فَخْم (٣) ضخم § (٤) بجلال؛ بفخامة إلخ.

state medicine *(n.)* طِبُّ الدَّولة: هَيْمنة الحكومة على الخدمات الطبيّة كلها ووضعها بتصرُّف الشعب كلّه بالمجّان.

state·ment [stāt′-] *(n.)* (١) بَسْط؛ عَرْض [لقضيّة إلخ] (٢) تعبير <clearness of ~> (٣) رواية؛ إفادة (٤) بيان؛ تصريح (٥) كشف الحساب (تج).

state of the art *(n.)* مستوى الفنّ: المستوى العلميّ أو التِّقْنيّ الذي تبلُغُه صناعةٌ ما، كالكومبيوتر مثلًا، في زمنٍ ما.

state of war *(n.)* حالة الحرب.

state prisoner *(n.)* السَّجين السِّياسيّ.

sta·ter [stā′tər] *(n.)* الإسْطاطِر؛ الدينار المَدِينيّ: نقدٌ ذهبيّ أو فضّي قديم [في دولةٍ مَدِينيّة إغريقيّة].

state·room [stāt′-] *(n.)* (١) حجرة خاصة [في سفينة إلخ] (٢) البَهْو الرسميّ [في قصرٍ].

state's attorney *(n.)* = state attorney.

state's evidence *(n.)* شاهد الدولة (را. king's evidence).

to turn ~, يخون شُرَكاءَهُ؛ يَشْهد ضدَّ شركائه في الجريمة.

States General *(n. pl.)* مَجْلِس الطّبقات: «أ» مجلس طبقات الأمة الثلاث [طبقة النبلاء وطبقة الأكليروس وطبقة الشعب] في فرنسا قبل ثورة عام ١٧٨٩. «ب» برلمان هولندا من القرن ١٥ إلى عام ١٧٩٦.

state·side [-′sīd′] *(adj.; adv.)* (١) أميركيّ: منسوب إلى الولايات المتحدة الأميركية <a ~ newspaper> § (٢) في الولايات المتحدة الأميركيّة أو إليها <went ~>.

states·man [stāts′-] *(n.)* السَّيُوس؛ رَجُل الدَّولة: المُتَمَكِّن من فنّ الحكم.

states·man·ly [stāts′-] *(adj.)* سَيوسيّ: لائق برَجُل دولة.

states·man·ship [stāts′-] *(n.)* السَّيوسيّة؛ الحُنْكة السياسية.

state socialism *(n.)* اشتراكيّة الدَّولة: نظام اقتصاديّ حُقِّق فيه جانب محدود من الأهداف الاشتراكية من طريق العمل السياسيّ التدريجيّ.

states' right·er [stāts′rīt′ər] *(n.)* المنادي بحقوق الولايات: من يدعو إلى الأخذ بتفسير متشدِّد للضمانة الدستوريّة الأميركيّة لحقوق الولايات ويقاوم كلّ سيطرة اتحادية في شؤون التربية والعلاقات العِرْقيّة إلخ.

states' rights *(n. pl.)* حقوق الولايات: جميع الحقوق التي لم يُنِطْها الدستور الأميركي بالحكومة الفيديراليّة ولم يَحْرِم الولايات منها.

state university *(n.)* جامعة الولاية: جامعة تموِّلها وتديرها حكومة إحدى الولايات في الولايات المتحدة الأميركية.

state·wide [stāt′wīd′] *(adj.)* على مستوى الولاية <a ~ movement>.

stat·ic [stăt′ĭk] *(adj.; n.)* (١) «أ» ساكن؛ مُستقِرّ؛ راكد. «ب» متحجِّر؛ غير مُتغيِّر <~ feudal society>. «ج» جامد: تُعْوِزُهُ الحركة أو الحياة <~ character>. «د» خامل <a ~ mind>. «هـ» مستقرّ <a ~ balance> (٢) مُثبَّت في موضعه <a ~ antiaircraft gun> (٣) سكونيّ؛ إستاتيّ (كب) § (٤) الشَّوَاش: تَشَوُّش تُحْدِثُهُ العوامل الجويّة أو الكهربائية في جهاز الراديو أو التلفزيون (٥) المشوِّشات: العوامل الجويّة أو الكهربائية التي تُحدِث الشَّوَاش (٦) مقاومة عنيفة (٧) نقدٌ لاذع.

— **stat·i·cal** *(adj.)*

stat·i·ce [stăt′ə sē] *(n.)* القابضة؛ زهرة القَبْض: عشبٌ مُزْهِر.

static electricity *(n.)* الكهرباء السُّكونيّة؛ الكهرباء الإستاتيّة.

static line *(n.)* حَبْل المِظلّة: حَبْلٌ شُدّ أحد طرفيه إلى جَعْبة مِظلّة الهبوط والآخر إلى الطائرة لفتح المظلّة بعد مغادرة الهابِط الطائرة.

stat·ics [stăt′ĭks] *(n.)* علم السُّكون (مج)؛ السُّكونيّات؛ الإستاتيّات: فرع من الميكانيكا يُعْنَى بدراسة الأجسام الساكنة أو القوى المتوازنة.

sta·tion [stā′shən] *(n.; vt.)* (١) مَوقِف؛ مَوْقِع (٢) وقوف؛ وِقْفة <He maintained a firm ~.> (٣) مَحَطَّة (٤) «أ» مَرْكَز (جن). «ب» مَخْفَر أماميّ (جن) (٥) منزلة اجتماعيّة <a woman of high ~> (٦) مركز للبحث العلميّ (٧) «أ» مَخْفر إطفاء. «ب» مَخْفر شرطة. «ج» مركز بريد فرعيّ (٨) محطة إرسال أو محطة استقبال («رد» و«تلفز») § (٩) يَضع؛ يُرَكِّز؛ يُقيم (١٠) يعيِّن موظَّفًا [أو يقرّهُ في وظيفة].

sta·tion·ar·y [stā′shə nĕr′ĭ] *(adj.)* (١) «أ» ثابت؛ ساكن؛ غير متحرِّك. «ب» ثابت: غير قابل للنَّقل <a ~ engine> (٢) مُسْتَقِرّ؛ غير مُتَغَيِّر.

stationary engine *(n.)* المحرِّك الثابت: محرِّك غير قابل للنقل.

stationary engineer *(n.)* مُهَندس المحرِّكات الثابتة.

stationary front *(n.)* الجَبْهة السّاكنة: التَّخْم أو الحدُّ الواقع بين كُتْلَتَيْن هوائيَّتَيْن لا تَحِلُّ إحداهما محلَّ الأخرى (أر).

stationary wave *or* **vibration** *(n.)* = standing wave.

station break *(n.)* (١) التَّوقُّف التَّعريفيّ: تَوَقُّفٌ عن البثّ الإذاعي أو التلفزيونيّ للإعلان عن هُويّة المحطّة (٢) بيان يذاع خلال هذا التوقُّف.

sta·tion·er [stā′shə-] *(n.)* القِرْطاسيّ: بائع القِرطاسيّة أو أدوات الكتابة.

sta·tion·er·y [-′ĭ] *(n.)* القِرْطاسيّة: أدوات الكتابة من ورق وأقلام إلخ.

station house *(n.)* مَبْنى المحطَّة. وبخاصة: مَخْفَر شُرطة.

sta·tion·mas·ter [stā′-] *(n.)* ناظر المحطّة: ناظر محطّة للسِّكة الحديدية.

stations of the cross *(n.)* مراحل الصَّلب: سلسلة من ١٤ صورة تُعَلَّق على جدار الكنيسة وتُمثِّل مراحل صَلْب المسيح (نص).

station wagon *(n.)* السّتايشِن: سيّارة ذات بَدَنٍ خشبيّ مُقْفَل وصفوف من المقاعد القابلة للطَّيّ، أو للإزالة، خلفَ السّائق.

stat·ism [stā′tĭz əm] *(n.)* الدَّولانية: «أ» الإيمان بسيادة الدولة. «ب» تركيز السُّلطَتَيْن الاقتصادية والسياسية في يد الدولة.

stat·ist [stā′-] *(n.; adj.)* (١) الدَّولانيّ: المؤيِّد للدَّولانيّة § (٢) دَوْلانيّ.

sta·tis·tic [stə tĭs′tĭk] *(adj.; n.)* (١) إحصائيّ § (٢) المُفْرَدة: بَنْدٌ إحصائيّ مُفْرَد (٣) علم الإحصاء.

sta·tis·ti·cal [stə tĭs′tə kəl] *(adj.)* إحصائيّ.

stat·is·ti·cian [stăt′əs tĭsh′ən] *(n.)* الإحصائيّ: الخبير في الإحصاء.

sta·tis·tics [stə tĭs′-] *(n.)* (١) علم الإحصاء (٢) إحصائيّات؛ إحصاءات.

sta·tive [stā′tĭv] *(adj.)* حاليّ: دالّ على حالةٍ <a ~ verb>.

stat·o·cyst [stăt′ə sĭst′] *(n.)* كيسَةُ التّوازُن؛ الحُوَيصلة السّمعية (أح).

stat·o·lith [stăt′-] *(n.)* حَصاة التَّوازُن: جسم حَصَويّ في كيسة التوازن.

sta·tor [stā′tər] *(n.)* السّاكن: جزء ساكن من محرِّك أو ماكينة يدورُ فيه، أو حولَهُ، جزء آخر (مك).

stat·o·scope [stăt′ə skōp′] *(n.)* الستاتوسكوب: «أ» بارومتر لاسائليّ لتسجيل التغيّرات الطفيفة في الضغط الجوّيّ. «ب» جهاز لتبيان التغيّرات الطفيفة في ارتفاع الطائرة.

stat·u·ar·y [stăch′o͞o ĕr′ĭ] *(n.; adj.)* (١) المثّال؛ النَّحّات (٢) المَثَّاليّة: فنّ نَحْت التماثيل (٣) مجموعة تماثيل § (٤) تِمثاليّ: «أ» ذو علاقة بالتّماثيل <~ art>. «ب» صالح لنَحْت التماثيل <~ marble>.

stat·ue [stăch′o͞o] *(n.)* تِمثال؛ نُصُب.

stat·ued [stăch′o͞od] *(adj.)* مُمَثَّل: مُزْدان بالتّماثيل <a ~ park>.

stat·u·esque [stăch′o͞o ĕsk′] *(adj.)* تِمثالانيّ: شبيهٌ بالتِّمثال. وبخاصة من حيث الجلال أو الجمال الكلاسيكيّ.

stat·u·ette [stăch′o͞o ĕt′] *(n.)* التُّمَيْثِيل: تمثال صغير.

stat·ure [stăch′ər] *(n.)* (١) قَوام؛ قامة (٢) «أ» منزلة رفيعة <a poet of ~>. «ب» اعتبار؛ مكانة <Every piece of work you do adds something to your ~.>.

sta·tus [stā′təs] *(n.)* (١) الوَضْع الشرعيّ: وَضْع المرء أو الشيء في نظر القانون (٢) «أ» منزلة؛ مرتبة. «ب» منزلة رفيعة (٣) حالة؛ وَضْع.

status offender *(n.)* الجانح المُتَعَوِّد: مُذنبٌ حَدَثٌ موضوع في عُهدة القضاء لِتَعَوُّدِهِ انتهاك حرمة القانون على نحو موصول (ق).

status quo [kwō] *(n.)* الوَضْع الراهن.

status quo an·te [ăn'tĭ] *(n.)* الوضع السابق.

stat·u·ta·ble [stăch'o͞o tə-] *(adj.)* (١) قانونيّ: «أ» مسموح به قانونيًا. «ب» مطابق للقوانين (٢) معاقب عليه قانونًا <a ~ offense>.

stat·ute [stăch'o͞ot] *(n.)* (١) قانون؛ تشريع (٢) نظام أساسيّ.

statute book *(n.)* مجموعة القوانين؛ سِجِلُّ القوانين.

statute law *(n.)* القانون التشريعيّ: قانون صادرٌ عن هيئة تشريعية.

statute mile *(n.)* المِيل التشريعي؛ المِيْل (را. mile *1a*).

stat·u·to·ry [stăch'o͞o tōr'ĭ] *(adj.)* (١) قانونيّ؛ تشريعيّ (٢) قانونيّ: «أ» مسموح به قانونًا. «ب» مطابق للقانون (٣) معاقَب عليه قانونًا.

statutory rape *(n.)* اغتصاب القاصرة (ق).

staunch[1] [stônch] *(vt.; i.)* = stanch[1].

staunch[2] *(adj.)* (١) صامدٌ للماء؛ لا ينفذ إليه الماء (٢) متين؛ قويّ (٣) مخلص؛ وفيّ <a ~ ally>.

stave [stāv] *(n.; vt.; i.)* (١) دَرَجة [في مِرقاة أو سُلَّم نقّالة] (٢) هِراوة؛ عصًا (٣) ضِلعُ [البرميل] (٤) مَقْطع شِعريّ (٥) *3* staff[1] § (٦) يُضَلِّع: يزوِّد بأضلاع (٧) يثقب [برميلًا أو مَرْكبًا] (٨) يُحطِّم؛ يُهَشِّم (٩) يَضرِب بهِراوة أو عصًا (١٠) يَدْفَع؛ يَدْرأ <to ~ off starvation> **x** (١١) يَنْثقب؛ يتحطّم (١٢) يُسْرِع.

staves [stāvz] *pl. of* staff *or* stave.

staves·a·cre [stāvz'ā kər] *(n.)* حَبُّ الرأس؛ زبيب البَرّ (نب).

stay[1] [stā] *(n.; vt.)* (١) الشَّدّادة: حَبْل يُثَبَّت به الصاري § (٢) يُشَدِّد: يثبِّت بحبل أو سلسلة (٣) يغيِّر وجهة السفينة.

stay[2] *(vi.; t.)* (١) يَقِف؛ يتوقّف (٢) يَكُفُّ عن (٣) «أ» يبقى. «ب» يظلّ (٤) يَثْبُت؛ يَصْمُد (٥) يُقيم؛ ينزل؛ يمكث (٦) يجاري؛ يضاهي؛ يُباري **x** (٧) ينتظر (٨) يُواصل [التّسابق إلخ] حتى النهاية (٩) يَصُدّ؛ يمنع (١٠) يُؤخِّر؛ يُؤجِّل؛ يَعُوق (١١) «أ» يوقف. «ب» يعطِّل (١٢) يهدِّئ؛ يلطِّف (١٣) يسكِّن الجوع مؤقّتًا § (١٤) «أ» وَقْف؛ إيقاف؛ إعاقة. «ب» توقّف (١٥) إرجاء؛ وقفٌ للتنفيذ (١٦) إقامة؛ مُقام؛ لَبْث (١٧) احتمال أو قدرة على الاحتمال (ع).

stay[3] *(n.; vt.)* (١) دِعامة؛ سِناد (٢) *pl.* مشدّ corset: مُخصِّر للسيّدات § (٣) يَدْعَم؛ يَسْنُد (٤) يقيمه أو يبنيه على أساس كذا.

stay–at–home *(adj.; n.)* قُعَدة: ملازِمٌ بيتَهُ أو مَحلّته إلخ.

stay·er [stā'ər] *(n.)* (١) فا stay (٢) دعامة؛ سِناد (٣) قَيْد؛ شِكال (٤) ذو قدرة على الاحتمال <This horse is a good ~.>.

stay·ing power *(n.)* الاحتمال؛ القُدْرة على الاحتمال.

stay–in strike *(n.)* = sit–down.

stay·sail [stā'-] *(n.)* الشِّراع المُشَدَّد: شراع مثبَّتٌ بشدّادةٍ أو حَبْل.

stead [stĕd] *(n.; vt.)* (١) فائدة (٢) بَدَلٌ عن؛ عِوَض عن <sent her brother in her ~> § (٣) يَنفع؛ يُفيد.

to stand in good ~, يَنْفع؛ يُفيد [وبخاصة عند الحاجة].

stead·fast [stĕd'-] *(adj.)* (١) ثابت؛ راسخ؛ وطيد (٢) مُصَوَّب؛ مثبَّت <a ~ gaze> (٣) مُخلص؛ وَفيّ <~ friends>. **— stead·fast·ness** *(n.)*.

stead·ing [stĕd'ĭng] *(n.)* المُزَيْرعة: مزرعة صغيرة.

stead·y[1] [stĕd'ĭ] *(adj.)* (١) ثابت؛ راسخ؛ وطيد (٢) متواصل؛ مُستمرّ (٣) مستقرّ؛ مُطَّرِد <a ~ speed> (٤) هادئ <a ~ temper> (٥) موثوق؛ موضع الاعتماد (٦) مثابر؛ مواظب (٧) موطَّد العزم (٨) معتدل: غير مُسرف في الشراب أو الملذات <a ~ husband>.

stead·y[2] *(vt.; i.; adv.; interj.)* (١) يُثبِّت؛ يُرسِّخ؛ يُقِرّ إلخ **x** (٢) يَثْبُت؛ يَرْسَخ إلخ § (٣) بثبات؛ باطِّراد إلخ § (٤) إهدأ؛ هَدِّئ نَفْسَك.

stead·y[3] *(n.)* (١) القرين؛ الرفيق الدائم (٢) الحبيب؛ المحبوب.

steak [stāk] *(n.)* (١) شريحة [من لحم البقر أو السمك] (٢) لحمٌ مفروم.

steal [stēl] *(vi.; t.; n.)* (١) يَسْرِق (٢) ينسلّ (٣) يمرّ أو ينقضي خِلْسةً (٤) يَتحدَّر بلُطف <Tears *stole* down her face.> (٥) يباغت **x** (٦) «أ» يَسْرِق. «ب» يَسْلُب. «ج» يَنْتَحل. «د» يختلِس [نظرةً أو قُبلةً إلخ] (٧) يُهَرِّب (٨) يُجري خلسةً <to ~ a visit> § (٩) سَرِقة (ع) (١٠) الشّيء المسروق (١١) صفقة رابحة.

steal·ing [stē'-] *(n.; adj.)* (١) سَرِقة (٢) الشّيء المسروق § (٣) سارق؛ سَرّاق <a ~ boy>.

stealth [stĕlth] *(n.)* (١) سَرِقَة (ا. ق) (٢) استراق؛ انسلال؛ تسلُّل.

by ~, (١) خِفيةً (٢) خِلسةً.

stealth·i·ly [stĕl'-] *(adv.)* خِلْسةً؛ خِفيةً <looked out ~>.

stealth·y [stĕl'-] *(adj.)* مختلَس؛ مُسْتَرَق؛ مُنْجَزٌ خلسةً <a ~ glance>.

steam [stēm] *(n.; vi.; t.)* (١) بُخار (٢) قُوّة؛ قُوّة دافعة (٣) تَوَتُّر عاطفيّ (٤) «أ» باخرة. «ب» رحلة بالباخرة § (٥) يَتبخَّر (٦) يَنْفُثُ بُخارًا (٧) يسير أو يسافر بقُوّة البُخار أو نحوِه (٨) يتميَّز من الغَيْظ <was still ~*ing* over the insult she had received> **x** (٩) يُبَخِّر: يُعرِّض للبخار.

to let off ~, (١) يتخلّص من فائض الطاقة (٢) يُنفِّس عن مشاعره.

to ~ up (١) يَتَغَبَّش (٢) يُغَبِّش (٣) يُثير؛ يُغْضِب.

steam·boat [stēm'bōt'] *(n.)* الباخرة: سفينة بُخاريّة.

steam boiler *(n.)* مِرْجَلُ البُخار: غلّاية تُستخدم لتوليد البُخار.

steam chest *or* **box** *(n.)* صندوق البُخار: حُجَيْرة في المحرِّك البُخاري يَدْخل منها البُخار إلى الأسطوانة (مك).

steam engine *(n.)* المحرِّك البُخاريّ (مك).

steam·er [stē'-] *(n.)* (١) المِبْخَرة: أداة أو وعاء لتعريض شيءٍ ما للبُخار (٢) الباخرة: سفينة بخارية (٣) فا steam.

steam fitter *(n.)* مُرَكِّب أو مصلح الأنابيب البخارية.

steam gauge *(n.)* مقياس الضغط البُخاريّ [في الغلّايات].

steam hammer *(n.)* المِطرقة البُخارية: مِطرقة تعمل بقوة البُخار.

steam heating *(n.)* التدفئة البُخارية؛ التدفئة بالبُخار.

steam iron (n.) المِكواة البخارية .

steam·roll·er[1] [stēm′rō′lər] (n.) (١) المِحْدَلة البُخارية (٢) قوة ماحقة أو ساحقة [تُصْطَنَع لقمع المعارضة في غير ما رحمة] .

steam·roll·er[2] also **steam·roll** [-′rōl′] (vt.; i.) (١) يَحْدِل بِمِحْدَلة بُخارية (٢) يَسْحق أو يَقْمع بقوة ماحقة <to ~ the opposition> (٣) يُوفَّق إلى إحداث شيء ما من طريق القوّة الساحقة أو الضغط الشديد <~*ed* the bill to defeat> x (٤) يندفع أو يتقدّم بقوة لا تُقاوم .

steam·ship [stēm′-] (n.) باخرة .

steam table (n.) المائدة البُخارية : طاولةٌ ذات ثقوب مُعَدَّة لحمل أوعية الطعام المطهوّ فوق بُخار أو ماء حارّ يدور من تحتها .

steam turbine (n.) التُّرْبينة البُخاريّة ؛ العَنَفة البُخارية (مك) .

steam·y [stē′mĭ] (adj.) (١) بُخاريّ (٢) شبيه بالبُخار (٣) مُشْبَع بالبُخار (٤) مُطْلِقٌ بُخارًا (٥) داعر ؛ فاجر <a ~ love scene> .

ste·ap·sin [stĭ ăp′sĭn] (n.) الإسْتِيبْسين : الخميرة الحالّة للدُّهن في العُصارة البنكرياسيّة (كح) .

ste·a·rate [stē′ə rāt′] (n.) الإستِيارات ؛ الشَّمعات : مِلح أو إسْتَر الحمض الإستياريّ (ك) .

ste·ar·ic [stĭ ăr′ĭk] (adj.) إسْتِياريّ ؛ دُهْنيّ ؛ شَحْميّ ؛ شمعيّ .

stearic acid (n.) الحَمْض الإستياريّ ؛ حَمض الشَّمع (ك) .

ste·a·rin [stē′ə rĭn] or **ste·a·rine** [-rēn′] (n.) الإستِيارين ؛ الشَّمعين : مادة شمعيّة الملمس تشكّل الجزء الصّلب من الأدهان fats (ك) .

steat- or **steato-** بادئة معناها : دُهن <*steato*rrhea> .

ste·a·tite [stē′ə tīt′] (n.) الإستِيِاتيت : «أ» soapstone . «ب» خزف صينيّ عازل .

ste·a·tol·y·sis [stē′ə tŏl′ə sĭs] (n.) استحلاب الأدهان (كح) .

ste·a·to·py·gi·a [stē′ə tō pī′jĭ ə] (n.) التَّألّي ؛ سِمَن الأَلْيَتَيْن [وبخاصةٍ عند الزّنجيّات] .

ste·a·tor·rhe·a [stē′ə tə rē′ə] (n.) الإسهال الدُّهنيّ : وفرة المواد الدُّهنية في الغائط .

sted·fast [stĕd′făst′] (adj.) = steadfast.

steed [stēd] (n.) جواد . وبخاصة : جواد مُطهَّم أو كريم .

steek [stēk] (vt.) يُوْصِد ؛ يُقفِل ؛ يُغْلِق (إسك) .

steel [stēl] (n.; vt.; adj.) (١) الفولاذ ؛ الصُّلب (٢) شيء مصنوع من فولاذ، مثل : «أ» سيف . «ب» أداة لشحذ السكاكين . «ج» قطعة من فولاذ لاستخراج الشَّرر من الصّوّان . «د» قِدَّة فولاذيّة لتَقْسِيَة المِشَدّ النِّسويّ (٣) الفولاذ : الصلابة أو القوة <nerves of ~> (٤) «أ» صناعة الفولاذ . «ب» أسهم في شركات الفولاذ § (٥) يُفَوْلِذ : «أ» يكسو بالفولاذ أو يجعله شبيهًا به . «ب» يملأه بالعَزْم والتَّصميم § (٦) فولاذيّ .

steel blue (n.) الأزرق الفولاذي : لون أزرق ضارب إلى الرّماديّ .

steel engraving (n.) (١) النقش على الفولاذ (٢) الطبعة الفولاذية : طبعة مأخوذة عن صفيحة فولاذية منقوشة .

steel·head [stēl′hĕd′] (n.) فولاذيّ الرأس : سمك ضخم فضّيّ اللون .

steel–trap [stēl′-] (adj.) مُتوقِّد ؛ شديد الذكاء <a ~ mind> .

steel wool (n.) صوف الفولاذ : بُرادة الفولاذ المستخدمة في التنظيف والصَّقل .

steel·work (n.) (١) أدوات أو أجزاء فولاذيّة (٢) *pl.* : مَصْنع الفولاذ .

steel·work·er [stēl′-] (n.) عامل الفولاذ : عاملٌ في مصنع للفولاذ .

steel·y (adj.) (١) فولاذيّ (٢) شبيه بالفولاذ (٣) صُلبٌ كالفولاذ .

steelyard

steel·yard [stēl′-] (n.) القَبّان ؛ الميزان القَبّانيّ .

steen·bok [stēn′bŏk′] (n.) الظَّبي الصَّخريّ : ظبيٌ صغير يألَفُ المواطن الصَّخرية .

steep[1] [stēp] (adj.; n.) (١) عالٍ ؛ مرتفع <a ~ sea> (٢) مُنْصَبّ ؛ حادّ ؛ شديد الانحدار (٣) «أ» باهظ <a ~ price> . «ب» ثقيل ؛ مُرْهِق <a ~ tax> . «ج» صعبٌ <a ~ task> . «د» غير قابل للتَّصديق <a ~ story> § (٤) الحَدَر ؛ الصَّبَب : موضع شديد الانحدار .

steep[2] (vt.; i.; n.) (١) يَنْقع ؛ يَغْمِس (٢) يُشْرِب ؛ يُشْبِع ؛ يُبَلِّل تبليلًا كاملًا x (٣) ينغمس في (٤) ينتقع § (٥) انتقاع (٦) النُّقاعة : سائل يُنْقَع في شيء ما (٧) النَّقّاع ؛ المِنْقعة : إناء يُنْقَع فيه شيء ما .

steep·en [stē′-] (vt.; i.) (١) يُحَدِّر : يجعلُهُ أشدّ انحدارًا x (٢) يتحدَّر .

stee·ple [stē′pəl] (n.) بُرج الكنيسة .

stee·ple·bush [stē′pəl bŏosh′] (n.) = hardhack.

stee·ple·chase [-chās′] (n.) (١) سباق الضّاحية : سباق للخيل عبر الحقول (٢) سباق الحواجز [للعدّائين أو للجياد] .

— **stee·ple·chas·er** (n.)

stee·ple·jack [-jăk′] (n.) عِفريت المداخن ؛ عِفريت الأبراج : عاملٌ يُصلح المداخنَ أو يُرمِّم أبراج الكنائس بِتَسلُّقها .

steer[1] [stēr] (n.) (١) عجلٌ مَخْصيّ [قبل البلوغ] (٢) العِجْل : ولد الثّور .

steer[2] (vt.; i.; n.) (١) يُوجِّه . وبخاصة : يُدير دَفّة السفينة (٢) يتّخذ سبيلًا أو مسلكًا ما x (٣) يقود سفينة أو سيّارة أو طائرة (٤) يتّجه ؛ يتوجَّه <~ for home> (٥) ينقاد ؛ يُقاد <Your car ~s easily.> § (٦) الإلماعات : معلومات أو تعليمات سرّيّة يُدْلي بها شخص ذو اتصالٍ بالدوائر المختصة [للاستفادة منها في المراهنات أو المضاربات] .

to ~ clear of يتجنّب ؛ يتحاشى ؛ يبتعد عن .

steer·age [stēr′ĭj] (n.) (١) توجيه ؛ إدارة ؛ قيادة (٢) المُدَفَّى : مكان قريب من دفّة السفينة مخصّص للمسافرين بالتعرفة الأرخص .

steer·ing arm [stēr′ĭng] (n.) ذراع التَّوجيه [في السيّارة] .

steering column or **post** (n.) عمود القيادة (سي) .

steering committee (n.) لجنة التوجيه [في جمعية تشريعية بخاصة] .

steering gear (n.) جهاز التوجيه ؛ جهاز القيادة («مل» و«سي») .

steering wheel (n.) عجلة القيادة .

steers·man [stērz′-] (n.) مدير الدَّفّة ؛ مُوَجّه الدَّفّة [في سفينة] .

steeve[1] [stēv] (vt.; n.) (١) يُكدِّس ؛ يُستِّف [في مخزن السفينة]

§ (٢) مِرفاع التكديس: رافعة التَّكديس أو التَّستيف.

steeve[2] *(vi.; t.; n.)* (١) ينحرف إلى الأعلى: ينحرف الدَّقَلُ المائل (را. bowsprit) إلى أعلى بدلًا من امتداده أُفُقيًّا **x** (٢) يَحْرِف [الدَّقَلَ المائل] إلى أعلى § (٣) زاوية انحراف الدَّقَل المائل (مل).

steg·o·sau·rus [stĕgʹə sôrʹəs] *(n.)* الأَسْطَغوروس: دينوصور مُدَرَّع ضخم بائد.

stegosaurus

stein [stīn] *(n.)* الكُوز: «أ» كوب خَزَفيّ للجِعة بخاصّة. «ب» مِلْء كوز.

stein·bok [stīnʹbŏk] *(n.)* = steenbok.

ste·la [stēʹlə] *or* **ste·le** [stēʹlē] *(n.)* pl. **-lae** [lē] الشّاهد: بلاطة عمودية تحمل نقشًا تذكاريًا.
— **ste·lar** *(adj.)*

stel·lar [stĕlʹər] *(adj.)* (١) نَجْميّ أو مؤلف من نجوم (٢) متعلّق بنجم سينمائيّ <~ names> (٣) رئيسيّ <a ~ role> (٤) ممتاز؛ من الطِّراز الأوّل <a ~ performance>.

stel·late [stĕlʹĭt; -āt′] *(adj.)* نجمانيّ؛ نَجْميّ الشَّكل.

stellate leaves

stel·li·form [stĕlʹə fôrm′] *(adj.)* = stellate.

stel·lu·lar [stĕlʹyə lər] *(adj.)* نُجَيْمانيّ: «أ» شبيه بنجم صغير. «ب» مُعَلَّم بنُقَط لونية نجميّة الشَّكل.

stem[1] [stĕm] *(n.; vi.; t.)* (١) «أ» ساقُ [النبات]. «ب» سُوَيْقة؛ زُنَيْد؛ عُنُق؛ فَرْع (نب). «ج» عِذْق [أو قُرط] مَوز. «د» الجؤجؤ؛ الحَيْزوم: مقدَّم السفينة (٢) أرومة؛ سُلالة؛ نَسَب (٣) جِذْع [الكلمة] (ل) (٤) شيء كالسّاق؛ مثل: «أ» ساق البِيبة أو الغليون. «ب» ساق القَدَح أو الكأس § (٥) ينشأ؛ يَنْجُم عن **x** (٦) يُزيل السّاقَ أو العُنقَ من <to ~ cherries> (٧) يجعل [للأزهار الصُّنعيّة إلخ] سُوقًا أو أعناقًا.

from ~ to stern (١) من مقدَّم السفينة إلى مؤخرها (٢) تمامًا.

stem[2] *(vi.; t.)* (١) يتقدّم [المركبُ رغم العقبات] **x** (٢) يتقدَّم [في وجه القوى المضادّة]: يَصُدّ <to ~ the tide of public indignation>.

stem[3] *(vt.; i.; n.)* (١) يُوقِف؛ يكبَح؛ يَصُدّ. وبخاصة: يُرقئ؛ يوقِف النَّزْف (٢) يكبح جماح نفسه **x** (٣) يَرْقأ [الدّم] § (٤) سَدّ؛ حاجز إلخ.

stem cell *(n.)* الخليّة الأصلية (أح).

stem·less [stĕmʹləs] *(adj.)* لاساقيّ: عديم السّاق (نب).

stemmed [stĕmd] *(adj.)* (١) مُسَوَّق: ذو ساقٍ (نب) (٢) منزوع السّاق.

stem·mer *(n.)* نازع السُّوق: مجرِّدُ الأوراق أو الثمار من سُوقها.

stem·my [stĕmʹĭ] *(adj.)* كثيرُ السُّوق [أو الأعناق] <~ hay>.

stem·ware [-ʹwâr] *(n.)* القَدَح المُسَوَّق: كأسٌ ذات ساقٍ أو عُنُق.

stem·wind·er [-ʹwīnʹdər] *(n.)* (١) الساعة المِدْوَريّة: ساعةٌ يُدار لولبُها بمِدْوَرٍ قائم عند طَرَف عمود الإدارة الخارجيّ (٢) شيء ممتاز.

stem·wind·ing *(adj.)* مِدْوَريّ: مُدار بآليّة داخليّة تُشغَّل بواسطة مِدْوَرٍ قائم عند طرف عمود الإدارة الخارجيّ <a ~ watch>.

Sten [stĕn] *(n.)* رُشَيْشة سْتَنْ: رشّاش بريطانيّ خفيف.

sten- *or* **steno-** بادئة معناها: قليل؛ محدود؛ ضيِّق.

stench [stĕnch] *(n.)* (١) رائحةٌ نَتِنة (٢) نَتانة.

stench·ful [stĕnchʹ-]; **stench·y** [-ʹĭ] *(adj.)* نَتِن؛ مُنْتِن.

sten·cil [stĕnʹsəl] *(n.; vt.)*, **-ciled** *or* **-cilled** (١) الرَّوْسَم؛ الإسْتَنْسِل: «أ» صفيحة رقيقة، من معدن أو ورق مُقوًّى أو مُشَمَّع، مخرَّقةٌ على صورة حروف أو رسوم. «ب» كتابة أو رسوم تُطْبَع بتحبير الورق وغيره من خلال خروق هذه الصفيحة (٢) الرَّوْسَمة: الطبع بالرَّوْسم أو الإسْتَنْسِل § (٣) يُرَوْسِم: يُخطِّط أو يطبع بالإسْتَنْسِل.

sten·cil·ize [stĕnʹsə līz] *(vt.)* يُرَوْسِم: «أ» يُخطِّط أو يطبع بالرَّوسَم أو الإستنسِل. «ب» يُخرِّق على شكل رَوْسَم أو إسْتَنْسِل.

stencil paper *(n.)* الوَرق الرَّوْسَميّ: ورقٌ مُشَمَّع مُعَدٌّ للرَّوْسَمة.

sten·o [stĕnʹō] *(n.)* = stenographer *or* stenography.

steno- = sten-.

sten·o·graph [stĕnʹə grăf′] *(n.; vt.)* (١) الاختزال (٢) المُخْتَزِلة: شبهُ آلةٍ كاتبةٍ تُستخدَم في الاختزال § (٣) يَخْتَزِل [الكتابةَ].

ste·nog·ra·pher; ste·nog·ra·phist [stə nŏgʹ-] *(n.)* المُخْتَزِل؛ الكاتب بطريقة الاختزال.

sten·o·graph·ic [stĕnʹə grăfʹĭk] *(adj.)* اختِزاليّ.

ste·nog·ra·phy [stĕ nŏgʹrə fĭ′] *(n.)* = shorthand.

sten·o·pet·al·ous [-pĕtʹə ləs] *(adj.)* ضيِّقةُ البَتَلات <a ~ flower>.

sten·o·pha·gous [-fāʹgəs] *(adj.)* محدود الاغتذاء: آكلٌ أنواعًا قليلةً من الطَّعام <~ insects>.

ste·nosed [stĭ nōzdʹ] *(adj.)* مُتَضيِّق: مُصابٌ بالتَّضيُّق.

ste·no·sis [stĭ nōʹsĭs] *(n.)* التَّضيُّق: ضِيقٌ في مَجْرًى أو وعاء (ط).

sten·o·ther·mal [-thûrʹməl] *(adj.)* محدود الاحتمال الحراريّ <~ fish>.

sten·o·top·ic [stĕnʹə tŏpʹ-] *(adj.)* محدود التكيُّف البيئيّ.

sten·o·type [stĕnʹə tīp′] *(n.)* الكاتبة الفونوغراميّة: آلة صغيرة شبيهة بالآلة الكاتبة لتسجيل الكلام بواسطة الفونوغرامات (را. phonogram).

sten·o·typ·ist [stĕnʹə tī′pĭst] *(n.)* الكاتبُ بكاتبة فونوغرامية.

sten·tor [stĕnʹtôr] *(n.)* الجَهْوَريّ: شخص جَهْوَرِيّ الصَّوت.

sten·to·ri·an [stĕn tōrʹ-] *(adj.)* جَهْوَريّ؛ جهير؛ مُرْتفع <a ~ voice>.

step [stĕp] *(n.; vi.; t.)* (١) دَرَجة [في سُلَّم أو مِرقاة إلخ] (٢) «أ» خُطوة. «ب» مِشْية. «ج» أثرُ القَدَم. «د» وَقْعُ الأقدام (٣) خُطوة: مسافة قصيرة (٤) «أ» درجة؛ رتبة؛ ترقية. «ب» مرحلة؛ طَوْر (٥) سِناد [للجزء الأدنى من الصاري] (٦) إجراء؛ تدبير؛ خطوة (٧) درجة [من درجات السُّلَّم الموسيقيّ] § (٨) «أ» يخطو. «ب» يَرْقُص (٩) «أ» يمشي. «ب» يرحل؛ ينصرف. «ج» يُسرع في السَّير (١٠) يَدُوس <The driver *~ped* on the brake.> **x** (١١) يجتاز سيرًا على القدمين (١٢) يقوم بـ <to ~ a minuet> (١٣) يُثبِّت

[الصاري إلخ] بسناد (١٤) يقيس بالخُطى <~*ped* off the distance from the door to the window> (١٥) يُدرِّج : يجعله دَرَجاتٍ .

~*s* (١) خُطوات؛ إجراءات (٢) stepladder .

to ~ down (١) يخفِّض فُلطيّة التيّار [بواسطة مُحوِّل] (٢) يتنحَّى .

to ~ in (١) يَدْخُل [المنزلَ أو السيّارة] (٢) يتدخَّل [في شأنٍ ما] (٣) يشترك في (٤) يقوم بزيارة قصيرة .

to ~ out (١) يُسْرِع (٢) يَخْرج [من المنزل أو السيّارة] (٣) يخرج أو يبتعد عن مكانٍ ما مسافةً قصيرة ولمدة وجيزة عادةً (٤) يمشي مُسْرِعًا (٥) يموت (٦) ينهمك في النشاطات الاجتماعية (٧) يخون .

to ~ up (١) يزيد؛ يُضاعِف (٢) يزيد فُلطيّة التيّار [بواسطة مُحوِّل] (٣) يعتلي المنبَر (٤) «أ» يندفع؛ يتقدَّم . «ب» يَبْرُز (٥) يتزايد؛ يتضاعف (٦) يُرَقَّى؛ ينال ترقيةً .

step- بادئة معناها : دالٌّ على قرابة ناشئة عن زواج سابق أو لاحق .

step·broth·er *(n.)* أخٌ غير شقيق : أخ من زوجة الأب أو زوج الأمّ .

step–by–step [stĕp′bī stĕp′] *(adj.)* تَدْريجيّ .

step·child [stĕp′-] *(n.)* = stepson *or* stepdaughter.

step·daugh·ter [-′dô-] *(n.)* الرَّبيبة : بنت الزّوج أو الزوجة من زواج سابق .

step–down [stĕp′doun′] *(n.; adj.)* (١) خَفْض؛ نَقْص <a ~ in dosage> § (٢) مُخَفِّضٌ تدريجيًا <a ~ transformer> .

step·fa·ther [stĕp′fä′*th*ər] *(n.)* الرّابّ؛ العمّ : زوج الأم .

step–in [stĕp′ĭn] *(adj.)* مُدخَّل : صفةٌ لما يُلْبس تدخيلًا <a ~ robe> .

step·lad·der [-′lăd′ər] *(n.)* السِّيبة : سُلَّم نقّالٌ يُطوى .

stepladder

step·mother [stĕp′-] *(n.)* الرّابّة؛ الخالة : زوجة الأب .

step·par·ent [stĕp′-] *(n.)* = stepfather *or* stepmother.

steppe [stĕp] *(n.)* السَّهْب : سهل واسع معشوشب خالٍ من الشجر .

stepped [stĕpt] *(adj.)* مُدَرَّج <~pyramids> .

stepped–up *(adj.)* (١) مَزيد؛ مُسَرَّع؛ مُقَوّى (٢) مُكثَّف؛ مُصَعَّد .

step·per [-′ər] *(n.)* الخَطّاء : الكثيرُ الخَطْو . وبخاصة : «أ» جواد سريع . «ب» الرّاقص .

step rocket *(n.)* الصّاروخ المُمَرْحَل أو المُتعدِّد المراحل (فض) .

step·sis·ter *(n.)* أخت غير شقيقة : أخت من زوجة الأب أو زوج الأمّ .

step·son [stĕp′-] *(n.)* الرَّبيب : ابن الزَّوج أو الزَّوجة من زواج سابق .

step–up *(n.; adj.)* (١) تصاعُد <a ~ in production> § (٢) مُصَعِّد : مُسبِّب للتَّصاعد .

step·wise [-′wīz′] *(adj.; adv.)* (١) تدريجيّ <a ~ reaction> § (٢) تدريجيًا .

-ster لاحقة معناها : «أ» الفاعل؛ الصانع إلخ <rhyme*ster*> . «ب» المشترك في <gang*ster*> . «ج» المتّصف بصفة ما <old*ster*> .

ster·co·ra·ceous [stûr′kə rā′shəs] *(adj.)* رَوْثيّ؛ غائطيّ .

ster·co·ric·o·lous [stûr′kə rĭk′ə ləs] *(adj.)* عائش في الرَّوث .

stere [stēr] *(n.)* السَّتير : مترٌ مكعَّب .

stere- *or* **stereo-** بادئة معناها : صُلب؛ مُجَسَّم <*stereo*scopy> .

ster·e·o [stĕr′ĭ ō] *(n.; adj.)* (١) stereoscope (٢) «أ» طريقة مجساميّة أو إستريوسكوبيّة . «ب» صورة فوتوغرافية مجسَّمة (٣) نظام صوتيّ مُجَسَّم § (٤) إستريوسكوبيّ؛ مِجْساميّ (٥) stereotyped (٦) stereophonic .

ster·e·o·bate [stĕr′ĭ ə bāt′] *(n.)* المَوْطِد : قاعدة المَبْنى أو أساسُهُ (عم) .

ster·e·o·chem·is·try [stĕr′ĭ ō kĕm′-] *(n.)* الكيمياء المُجَسَّمة : فرع من الكيمياء يُعْنَى بدراسة ترتيب الذّرّات الحَيِّزيّ في الجُزَيْئات .

ster·e·o·gram [stĕr′ĭ ə-] *(n.)* (١) الرَّسم المِجْساميّ (٢) stereograph .

ster·e·o·graph [stĕr′ĭ ə-] *(n.)* الإسْتَرْيوغراف : الصورة المِجْساميّة أو المُجَسَّمة .

ster·e·o·graph·ic; -al [stĕr′ĭ ə grăf′-] *(adj.)* إسْتريوغرافيّ .

ster·e·og·ra·phy [stĕr′ĭ ŏg′rə fĭ] *(n.)* (١) الإستريوغرافيا؛ التصوير المِجْساميّ : فنّ تصوير الأجسام الصُّلبة على سطحٍ مُسْتوٍ (٢) التصوير الفوتوغرافيّ المِجْساميّ [أو المُجَسَّم] .

ster·e·om·e·try [stĕr′ĭ ŏm′-] *(n.)* قياس الأحجام : قياس أحجام الأجسام الصُّلبة .

ster·e·o·mi·cro·scope [stĕr′ĭ ə mī′-] *(n.)* المِجْهَر المِجْساميّ أو المجسَّم .

ster·e·o·phon·ic [-fŏn′ĭk] *(adj.)* إسْتَرْيوفونيّ؛ مجسَّم الصَّوت : ذو علاقة بالصَّوت الثلاثيّ الأبعاد <~ sound reproduction> .

ster·e·o·pho·tog·ra·phy [-tŏg′-] *(n.)* التصوير الفوتوغرافيّ المِجْساميّ أو المُجَسَّم .

ster·e·op·sis [stĕr′ĭ ŏp′sĭs] *(n.)* الرؤية المِجْساميّة أو ثُلاثيّة الأبعاد .

ster·e·op·ti·con [-′tĭ kən] *(n.)* الإسْتَرْيوبْتيكون : ضرب من الفانوس السِّحري .

ster·e·o·scope [-skōp′] *(n.)* الإسْتَرْيوسْكوب؛ المِجْسام : أداة بصرية تُبْدي الصُّوَر للعَيْن بأبعادها الثلاثة .

stereoscope

ster·e·o·scop·ic; -al [stĕr′ĭ ə skŏp′-] *(adj.)* إسْتَرْيوسْكوبيّ؛ مِجْساميّ .

ster·e·os·co·py [stĕr′ĭ ŏs′kə pĭ] *(n.)* الإسْتَرْيوسْكوبيّة؛ المِجْساميّة : «أ» دراسة الإستريوسكوب وتِقْنيَّتِهِ . «ب» stereopsis .

ster·e·o·tax·is [stĕr′ĭ ə tăk′-] *(n.)* التَّوضُّع اللَّمسيّ (أح) .

ster·e·o·type [stĕr′ĭ ə tīp′] *(n.; vt.)* (١) المُصَفَّحة : صفيحة طباعية تُصْنَع بصبّ المعدن في قالب من الجصّ أو الورق المعجَّن مأخوذٍ عن حروف منضَّدة (٢) التَّصفيحيّة : إعداد هذه الصفائح الطباعيّة أو الطباعةُ بواسطتها (٣) الكليشيه : فكرة أو صيغة مبتذَلة (٤) المثال؛ النّموذج؛ القالب النَّمطيّ : شيء مكرَّر على نحوٍ لا يتغيّر؛ شيء مُتَّفِق مع نمط ثابت أو عامّ وتعوزُهُ السِّمات الفرديّة المميِّزة؛ صورة عقلية يشترك في حملها أفراد جماعة ما وتمثل رأيًا مبسَّطًا إلى حدّ الإفراط المشوَّه أو موقفًا عاطفيًّا من شخص أو عِرق أو قضيّة أو حادثة § (٥) يَسْتَصْفح : يستخرج المُصفَّحات الطّباعيّة عن (٦) يُقَوْلِب : يكرِّر من غير تغيير (٧) يُنَمِّط : يكوِّن الصُّوَر النَّمطية عن شخص إلخ .

ster·e·o·typed [-tīpt′] *(adj.)* (١) مُسْتَصْفَح : مطبوع عن مُصَفَّحة (٢) نَمَطيّ؛ مُقَوْلَب : تُعْوِزُهُ الأصالةُ أو الشّخصية <~ thinking> (٣) مُبْتَذَل .

ster·e·o·typ·y [-′ĭ ə tī′pĭ] *(n.)* (١) التَّصْفيحيَّة : صُنْعُ المُصَفَّحات (را. stereotype *1*) (٢) القَوْلَبِيّة ؛ التَّنميطيّة : «أ» تكرير متواصل شبه ميكانيكيّ للوضعة نفسِها أو للحركة نفسها [كما يحدث في الفُصام]. «ب» تكوين، أو النزعة إلى تكوين، الصُّور النَّمطية عن شخص أو عِرق إلخ.
— **ster·e·o·typ·ic** *(adj.)*

ster·ic [stĕr′ĭk] *(adj.)* حيِّزيّ : متعلّق بالترتيب الحيِّزيّ للذّرّات (فزن).

ster·i·lant [stĕr′ə lənt] *(n.)* المُعَقِّم : مادة مُعَقِّمة.

ster·ile [stĕr′ĭl; -īl] *(adj.)* (١) عقيم : «أ» غير مُنْتِج أو مُثمر. «ب» غير مُجْدٍ <a ~ discussion> (٢) مُجْدِب ؛ قاحل (٣) خامل : تُعْوِزُهُ الحَيَوِيّة (٤) مُعَقَّم <A doctor's instruments must be kept ~.>.

ste·ril·i·ty [stə rĭl′ə tĭ] *(n.)* جَدْب ؛ عُقْم.

ster·i·lize [stĕr′ə līz′] *(vt.)* (١) يُجدِّب : يجعل الأرضَ مُجدِبة (٢) يُعقِّم : «أ» يجعله عقيمًا. «ب» يطهِّر من الجراثيم.
— **ster·i·li·za·tion** *(n.)*

ster·let [stûr′-] *(n.)* الحُفَيْش : ضرب صغير من سمك الحَفش sturgeon.

sterlet

ster·ling [1] [stûr′lĭng] *(n.)* الإسترلينيّ : «أ» العملة البريطانية. «ب» الفضَّة الخالصة أو أدوات مصنوعة منها <a set of ~>.

ster·ling [2] *(adj.)* (١) «أ» إسْتَرْلينيّ. «ب» مدفوع بالإسترلينيّ (٢) «أ» خالص ؛ صِرف ؛ مشتمل على ٩٢,٥٪ من الفضة الخالصة. «ب» مصنوع من فضّة خالصة (٣) أصيل ؛ من الطراز الأول <a ~ character>.

sterling area *or* **sterling bloc** *(n.)* منطقة [أو كتلة] الإسترلينيّ.

stern [1] [stûrn] *(adj.)* (١) صارم <~ discipline> (٢) قاسٍ (٣) مُتَجهِّم ؛ كالح ؛ عابس (٤) مُلِحّ ؛ شديد ؛ ماسّ (٥) قويّ.

stern [2] *(n.)* (١) الكَوْثَل : مؤخَّر السفينة (٢) مُؤَخَّرة.

ster·nal [stûr′-] *(adj.)* قَصِّيّ : ذو علاقة بالقَصّ <a ~ rib>.

stern chase *(n.)* الطِّراد الكَوْثَليّ : طِراد تطارِدُ فيه السفينةُ سفينة أخرى مُتَّبعةً مُؤَخَّرَها.

stern chas·er *(n.)* المِدْفع الكَوْثليّ : مدفع في مُؤخَّر السفينة مُعَدّ لحمايتها من سفينة عَدوّة تطارِدُها.

stern·fore·most [stûrn′fōr′-] *(adv.)* (١) تراجعيًّا ؛ تَقَهْقُريًّا (٢) «أ» بصُعوبة. «ب» على نحوٍ أخرق ؛ بغير براعة.

stern·most *(adj.)* (١) الأقرب إلى مؤخَّر السفينة (٢) الأقرب إلى المُؤَخَّرة.

ster·no·cos·tal [stûr′nō kŏs′təl] *(adj.)* قَصِّيْضِلْعيّ : ذو علاقة بالقَصّ sternum والأضلاع أو واقعٌ بينهما.

stern·post [stûrn′-] *(n.)* القائم الكَوْثَليّ ؛ القائم الخَلْفيّ : الدِّعامةُ العَموديّةُ الرئيسيّةُ القائمةُ عند مؤخَّر السَّفينة (مل).

ster·num [stûr′nəm] *(n.)* pl. **-s** *or* **-na** القَصّ ؛ عَظْم الصَّدْر (ت).

ster·nu·ta·tion [stûr′nyə tā′shən] *(n.)* عَطْس ؛ عُطاس.
— **ster·nu·ta·to·ry** *or* **ster·nu·ta·tive** *(adj.)*

ster·nu·ta·tor [stûr′nyə tā′tər] *(n.)* المُعَطِّس : كلُّ ما يُثير العُطاس.

stern·ward *or* **stern·wards** [stûrn′-] *(adv.)* = astern.

stern·way [-′wā′] *(n.)* تَقَهْقُر السفينة : ارتداد السفينة إلى الوراء.

stern–wheel·er [stûrn′hwē lər] *(n.)* الباخرة المُغَدَّفة : باخرة ذات عجلة تغديف (را. paddle wheel) في مؤخَّرتها.

ster·oid [stĕr′oid] *(n.)* الإسْتَرويْد. — **ste·roi·dal** *(adj.)*

ster·ol [-′ōl] *(n.)* الإستَرول : مادّة كحوليّة صُلبة، كالكولسترول إلخ (كح).

ster·tor [stûr′tər] *(n.)* شَخير ؛ غَطيط.

ster·to·rous [stûr′tə rəs] *(adj.)* شَخيريّ ؛ غَطيطيّ.

stet [stĕt] *(vi.; t.)* (١) أبْقِ ؛ أبْقِها [في إصلاح التجارب المطبعيّة، عندما يُراد الإبقاء على كلمة أو جملة إلخ سبَقَ حَذْفُها] x (٢) يطلب إبقاء لفظة إلخ سبق حذفها ؛ يُعلِّم بإشارة الإبقاء المطبعيّة.

steth·o·scope [stĕth′ə skōp′] *(n.; vt.)* (١) المِسْماع ؛ سَمّاعة الطبيب § (٢) يَسْتَسْمِع : يفحص مريضًا بالمِسْماع.

stethoscope *1.*

steth·o·scop·ic; -al [stĕth′ə skŏp′-] *(adj.)* مِسْماعيّ.

ste·thos·co·py [stĕ thŏs′-] *(n.)* الاستِسْماع : فحصُ المريض بالمِسْماع.

ste·ve·dore [stē′və dōr′] *(n.; vt.)* (١) الوَسّاق : مُحَمِّل السُّفن أو مُفرِّغها (٢) الوَسّاقة : مؤسّسة مختصّة بتحميل السُّفن أو تفريغها § (٣) يُحمِّل السَّفينة أو يفرِّغها.

stevedore knot *or* **stevedore's knot** *(n.)* عُقْدة الوَسّاق : عُقْدة تشكِّل كتلة تَحول دون انزلاق الحبل عَبْرَ ثقب أو نحوه.

Ste·ven·graph [stē′vən grăf′] *(n.)* السّتيفنيّة : صورة من حرير منسوج.

stew [1] [styōō] *(n.; vt.; i.)* (١) حمّام ساخن (٢) «أ» ماخور ؛ مَبْغًى. «ب» pl.عد : حيّ المواخير أو بيوت الدّعارة (٣) اليَخْنة : «أ» لحم وخُضَر مَطْهوّة على نارٍ خفيفة. «ب» خليط ؛ مزيج (٤) شدّة حرارة وازدحام (٥) اهتياج ؛ قلق ؛ ارتباك § (٦) يطهو على نار خفيفة x (٧) يُطهَى على نارٍ خفيفة (٨) يتصبَّب عَرَقًا [من جرّاء الانحباس في جوّ حارّ أو مُكْتَظّ] (٩) يهتاج ؛ يَقْلَق ؛ يرتبك.
to ~ in one's own juice يتحمّل نتائج أعماله.

stew [2] [styōō] *(n.)* = stewardess.

stew·ard [stōō′ərd; styōō′-] *(n.; vt.; i.)* (١) القَهْرَمان : الوكيل المسؤول عن تدبير القصر أو الإقطاعة بما في ذلك الإشرافُ على الخدم وجباية الإيجارات وتدوين الحسابات (٢) shop steward (٣) موظَّف ماليّ (٤) خادم في سفينة (٥) المُضيف [في سَفينة أو قطار أو طائرة] (٦) وكيل المُؤَن [في مؤسَّسة] (٧) المدير ؛ المُشْرِف <the ~ of a jockey club> § (٨) يُدير ؛ يدبِّر x (٩) يقوم بمهامّ القَهْرَمان أو المضيف إلخ.
— **stew·ard·ship** *(n.)*

stew·ard·ess [stōō′-; styōō′-] *(n.)* المُضِيفة [وبخاصة في طائرة].

stewed [styōōd] *(adj.)* (١) مطبوخ على نارٍ خفيفة (٢) سكران ؛ ثَمِل.

ă at; ā date; â care; ä car; ĕ egg; ē me; ĭ in; ī bite; ŏ lot; ō bone; ô orphan; oi boil; ŏŏ good; ōō boot; ou out; ŭ under; û urgent; ə = *a* in alone, *e* in system, *i* in easily, *o* in gallop, *u* in circus.

stew·pan [sto͞o′păn′] *(n.)* الكِفْت: قِدْر صغيرة لِلطّهو على نارٍ خفيفة.

sthen·ic [sthĕn′-] *(adj.)* (١) عنيف؛ شديد؛ مُلْتهب <~ emotions> (٢) مُكْتنِز: قصير وبدينٌ وقويّ.

stib·ine [stĭb′ēn] *(n.)* الإستيبين: غاز سامّ عديم اللون (ك).

stib·i·um [stĭb′ĭ əm] *(n.)* = antimony.

stich [stĭk] *(n.)* البَيْت: بيت من الشِّعر (عر).

stick [stĭk] *(n.; vt.; i.)* (١) «أ» عصًا. «ب» قضيب. «ج» عُود. «د» مِضْرَب. «هـ» عصا المارشال (٢) «أ» مَصَفّ [الأحرف المطبعيّة]. «ب» مِلء مَصَفّ (٣) إصْبَع <a ~ of candy *or* dynamite> (٤) جزء [من مبنًى إلخ] (٥) «أ» فتًى؛ شخص. «ب» شخص بليدٌ أو أحمق <This poor, dim ~> (٦) *pl.* غابات؛ مناطق ريفيّة <back in the ~*s*> (٧) عمود القيادة («طي» و«سي») (٨) صارٍ؛ جزء من صارٍ (مل) (٩) مقدار من مُسْكِر [يُضاف إلى شراب] <a cup of tea with a ~ in it> (١٠) قطعة [من أثاث] (١١) نَسَقُ القنابل [تُطْلَق على التَّتابع من طائرة] (١٢) سيكارة مَرْهُوانة (ع) (١٣) طعنة؛ وَخْزة (١٤) توقُّف <seemed to be at a ~> (١٥) عَقَبة؛ عائق <made no ~ at all> (١٦) الالتصاقيّة: القدرة على الالتصاق (١٧) مادّة دَبِقَة § (١٨) يُكَدِّس: يَرْصُفُ ألواح الخشب أكداسًا (١٩) يَسْنُدُ [نبتةً] بِعُوْدٍ (٢٠) يُنَضِّد [الأحرفَ المطبعيّة] (٢١) «أ» يَطْعن؛ يَخِز. «ب» يقتل [خنزيرًا] بطعنه في الحَنْجَرة (٢٢) يَغْرُزُ؛ يشكُّ (٢٣) «أ» يُقْحِم. «ب» يضع في مكان معيَّن (٢٤) يزوِّد أو يرصِّع بأشياء مثبَّتةٍ بالغَرْز أو نحوِهِ <a coat *stuck* with badges> (٢٥) يُلْصِق (٢٦) «أ» يُكرِه على الدفع وبخاصة بالاحتيال <~*ing* his friends for drinks>. «ب» يقتضيه أو يطلب منه ثمنًا باهظًا <*stuck* the rich> (٢٧) «أ» يُوْقِف؛ يعطِّل عن الحركة. «ب» يحيِّر؛ يُرْبِك (٢٨) يخدع (٢٩) يُرْهِق بعبء أو شيء بغيض (٣٠) يتحمّل؛ يُطيق <None of the girls could ~ him.> (٣١) «أ» ينغرز في. «ب» يلتصق؛ يعلق بِـ (٣٢) يَمْكُث؛ يبقى في مكان أو وضع (٣٣) «أ» يتردّد. «ب» يتوقَّف؛ يعجز عن الحركة أو التقدُّم (٣٤) ينتأ؛ يبرُز <a book ~*ing* from her pocket>.

- to ~ around يبقى أو ينتظر [في مكان أو قُرْبَهُ].
- to ~ at (١) يتردَّد (٢) يتوقَّف [عند الصَّغائر أو التَّوافه] (٣) يعكف [على العمل].
- to ~ down (١) يَضَع (٢) يدوِّن؛ يسجِّل (٣) يُلْصِق.
- to ~ it on يغالي في الثَّمن؛ يتقاضى أسعارًا باهظة.
- to ~ it out يَصْمد: يتحمّل حتى النهاية.
- to ~ on (١) يُلْصِق (٢) يَبْقى [على صهوة جواد إلخ].
- to ~ out (١) يَنْتأ (٢) يَبْرُز (٣) يُلحّ؛ يُصِرّ (٤) يُبْرِز؛ يُخْرِج (٥) يُضْرِب عن العمل (٦) يَصْمُد.
- to ~ out for يرفض أن يتراجع [إلى أن تتحقَّق مطالبُهُ].
- to ~ to (١) يُخْلِصُ [لأصدقائه أو مبادئه] (٢) يُثابر؛ يُواصِل [أداء عملٍ ما].
- to ~ together يظلّ بعضُهم مخلصًا لبعض.
- to ~ up (١) يَنْتأ [إلى أعلى] (٢) يرفع يديه [علامةَ الاستسلام] (٣) يُهدِّده بالقتل [بُغيَةَ السَّرِقة].
- to ~ up for يُؤيِّد؛ يُدافع عن.
- to ~ up to يقاوم [عندما يُهاجَم إلخ].

stick·ball [stĭk′bôl′] *(n.)* كُرَة العصا: ضرب من البَيْسبول (رب).

stick·er [stĭk′ər] *(n.)* (١) الطّاعن [بِمُدْية إلخ] (٢) مُدْية إلخ (٣) «أ» المُلازم [عملَهُ]. «ب» المثابر؛ الشَّديد الاحتمال (٤) سِلْعة غير رائجة (٥) مادة دَبِقة (٦) المُصَمَّغة؛ المُلْتَصِقة: ورقة أو بطاقة مُصَمَّغة تلتصِق بسطحٍ ما.

stick·ful [stĭk′fo͝ol] *(adj.)* مِلء مَصَفّ [من الحروف المطبعية].

stick·i·ness [stĭk′ĭ nəs] *(n.)* لزوجة؛ تَدَبّق إلخ.

stick·ing plaster *(n.)* = adhesive tape.

sticking point *(n.)* النُّقطة العالقة [في المفاوضات ونحوها].

stick insect *(n.)* الحَشَرة العَصَوية: حشرةٌ جسمُها أسطواني طويل كالعصا.

stick–in–the–mud *(n.)* اللّازِب: شخص رَجعيّ محافظ.

stick·le [stĭk′-] *(vi.)* (١) يُماحِك: يُجادل في التَّوافِه (٢) يُثير الاعتراضات.

stick·le·back [stĭk′-] *(n.)* شائك الظَّهر؛ أبو شوكة (سمك).

stickleback

stick·ler [-′lər] *(n.)* (١) المُتزمِّت: الشَّديدُ التَّمسُّكِ بالدِّقة أو الرَّسميّات (٢) أحجية.

stick–on [stĭk′ŏn′] *(adj.)* لَصُوق <a ~ price label>.

stick–out [-′out′] *(adj.)* شخص أو شيء بارز.

stick·pin [stĭk′pĭn′] *(n.)* دَبّوس الأربة: دَبّوس زِينيّ لربطة العُنُق.

stick·seed [stĭk′sēd′] *(n.)* اللّابول: عشبٌ شائك يعلق بالملابس.

stick shift *(n.)* ناقل الحركة العصويّ (سي).

stick·tight [stĭk′tīt′] *(n.)* (١) المُلْتصِقة: عشبة مركَّبة ذات ثمار شائكة تلتصق بالملابس والفِراء (٢) stickseed.

stick·up [stĭk′ŭp] *(n.)* سَلْبٌ [بتصويب السِّلاح إلى المسلوب].

stick·weed [-′wēd′] *(n.)* الدّابوق: أيّ من عدة نباتات ذات بزور دَبِقَة.

stick·y [stĭk′ĭ] *(adj.)* (١) لَزِج؛ دَبِق (٢) شديد الرّطوبة (٣) بغيض؛ مؤلم <a ~ problem> (٤) صعب <a rather ~ past she wants to hide> (٥) نيِّق؛ صعب الإرضاء (٦) مُوْحِل <a ~ road>.

stic·tion [-′shən] *(n.)* اللَّصَب: احتكاك بين جزءين يؤدِّي إلى انعدام الحركة.

stiff [stĭf] *(adj.; adv.; n.; vt.)* (١) «أ» جاسئ؛ صُلب؛ قاسٍ <a ~ collar>. «ب» مُتَيَبِّس؛ مُتَقلِّص <Her muscles were ~.>. «ج» مُعَوَّق الحركة [من الاحتكاك]. «د» ثَمِل؛ سكران <He was pretty ~.> (٢) «أ» ثابت؛ وطيد <a ~ position>. «ب» عنيد. «ج» فخور. «د» رسميّ <a ~ courtesy>. «هـ» جافّ؛ مُتكلَّف <~ manners> (٣) عنيف <a ~ fight> (٤) قويّ <~ wind> (٥) كثيف؛ دَبِق <a ~ grease> (٦) قاسٍ <a ~ penalty> (٧) شاقّ <~ work> (٨) باهظ <a ~ rent> § (٩) بتصلُّب؛ بتيبُّس <a uniform that is starched ~> (١٠) بإفراط <was frightened ~> § (١١) ياقة مُنَشّاة (١٢) مال (١٣) شيك مزيَّف (١٤) جُثّة (١٥) «أ» المتكبِّر؛ المُضجِر. «ب» السّكران. «ج» شخص سيِّئ

السُّمعة (١٦) العامل ؛ الشَّغِّيل § (١٧) «أ» يظلم . «ب» يعامل بقسوة .

stiff·en [stĭf′ən] *(vt.; i.)* (١) يُصَلِّب ؛ يُيبِّس x (٢) يَتصلَّب ؛ يَتيبَّس .

stiff·ish [stĭf′-] *(adj.)* صُلب أو مُتيبِّس إلخ قليلًا .

stiff–necked *(adj.)* (١) مُتيبِّس العُنُق (٢) متشامخ (٣) مُتكلِّف (٤) عنيد .

stiff upper lip *(n.)* ثبات ؛ صمود [في وجه المصاعب] .

sti·fle^{1} [stī′-] *(n.)* الثَّفِنة : مَوْصِل الفَخِذ بالسّاق [في قائمة الدابّة الخلفيّة] .

sti·fle^{2} *(vt.; i.)* (١) يَخنُق (٢) يُخمِد [الصَّوت أو التَّنفُّس] (٣) يَكْظِم ؛ يكبت [غضبه] (٤) يُقيِّد <to ~ free speech> (٥) يَعُوق (٦) يَقْمع x (٧) يختنق .

sti·fling [stī′-] *(adj.)* خانق إلخ <~ heat> .

stig·ma [stĭg′mə] *(n.)* pl. **-ma·ta** *or* **-mas** (١) وصمة عار (٢) علامة أو خاصيّة مُميِّزة . وبخاصة : سِمةُ مَرَضٍ ما (ط) (٣) *pl.* : النُّدوب : علامات كالتي أحدثتها المسامير في جسد المسيح عند صلبه، في اعتقاد النَّصارى (٤) المِيْسَم ؛ السِّمة : الجزء الأعلى من مِدَقَّة الزَّهرة (نب) .

stig·mat·ic [stĭg măt′ĭk] *(adj.; n.)* (١) مُشَوَّه (ا . ق) (٢) «أ» موصوم [بوصمة اجتماعية] . «ب» بغيض ؛ كريه (٣) نُدوبيّ : ذو علاقة بالنُّدوب (را . stigma *3*) (٤) anastigmatic § (٥) المُندَّب : شخص يَحْمل نُدوبًا شبيهة بجراح المسيح .

stig·ma·tist [stĭg măt′ĭst] *(n.)* = stigmatic *5.*

stig·ma·tize [stĭg′-] *(vt.)* (١) يَسِم [بِمِيسَم] (٢) يَصِمُ [بالعار] (٣) يُحَدِّد .

stil·bene [stĭl′bēn′] *(n.)* الإستِلْبين : مُرَكَّب يُسْتَخْدَم في صُنع الأصباغ .

stil·bite [stĭl′bīt′] *(n.)* الإسْتِلْبيت : معدن قِوامُهُ سِليكات الألومنيوم والكلسيوم والصّوديوم المائيّة .

stile [stīl] *(n.)* (١) المَرْقى : دَرَجة أو أكثر تُرْتَقى للقفز من فوق سِياج أو جدار (٢) turnstile (٣) العِضادة (نج) .

sti·let·to [stĭ lĕt′ō] *(n.)* (١) خُنَيْجر (٢) الثَّقّابة : أداة مُسْتَدِقّة الطَّرَف لإحداث العُيَيْنات أو الثقوب [في شُغل الإبرة] .

stiletto *1.*

still^{1} [stĭl] *(adj.; n.; adv.; vt.; i.)* (١) ساكن : «أ» هامد ؛ راكد ؛ غير متحرِّك . «ب» غير فوّار ؛ غير مُكَرْبَن <a ~ wine> (٢) صامت (٣) خفيض ؛ مَكبوح <a ~ small voice> (٤) هادئ § (٥) سُكون ؛ هُمود ؛ رُكود (٦) صورة ساكنة . وبخاصة : صورة فوتوغرافية لمشهد أو ممثِّل سينمائيّ تُستخدم للدعاية إلخ § (٧) ساكنًا ؛ هامدًا (٨) لا يزال <They are ~ there.> (٩) حتى الآن (١٠) في المستقبل كما في الماضي <Objections will ~ be made.> (١١) ومع ذلك <to be a ~ more difficult problem> (١٢) «حتّى» ؛ أيضًا <rich and ~ crave more> § (١٣) «أ» يُسَكِّن ؛ يُهَدِّئ . «ب» يُخمد ؛ يقمع . «ج» يتغلّب على (١٤) يُسْكِت x (١٥) يَسْكُن ؛ يَهْدأ ؛ يَخْمُد إلخ .

still^{2} *(vt.; i.; n.)* (١) يُقَطِّر ؛ يَسْتَقْطِر § (٢) المَقْطَرة : مَعْمل التقطير (٣) الإنْبيق ؛ مِقْطَر السَّوائل .

still^{2} *3.*

still alarm *(n.)* الإنذار الصّامت : إنذار بنشوب الحريق يُبلَّغ تلفونيًّا [من غير إعمال لجهاز الإنذار الخاصّ] .

still and all *(adv.)* ومع ذلك ؛ وبرغم ذلك .

still·birth [stĭl′bûrth′] *(n.)* (١) الإملاص : ولادة الحَمِيل مَيْتًا (٢) المَلِيص : مولودٌ مَيْت .

still·born [stĭl′-] *(adj.; n.)* (١) مَلِيص § (٢) المَلِيص : المولود مَيْتًا (ط) .

still·house [stĭl′-] *(n.)* = still^{2} *2.*

still hunt *(n.)* المُطارَدة المُخْتَلَسة : مطاردة صامتة، أو مُستَخفية، للطرائد .

still–hunt [stĭl′-] *(vi.; t.)* (١) يُطارِد خِلْسةً (٢) يَكْمُنُ لِـ ؛ يدنو خِلْسةً .

still life *(n.)* السّاكنة : صورة زيتيّة تُمَثِّل أشياء غير حيّة .

still·man [stĭl′-] *(n.)* القَطّار : صاحب معملٍ للتقطير .

still·y [*adv.* stĭl′lĭ; *adj.* stĭl′ĭ] *(adv.; adj.)* (١) بِسُكون ؛ بِهُدوء § (٢) ساكن ؛ هادئ .

stilt [stĭlt] *(n.; vt.)* (١) الطُّوالة : «أ» إحدى رِجلَيْن خشبيَّتَيْن يُمْشى بهما على الماء إلخ . «ب» ركيزةُ مبنًى قائم فوق سطح الأرض أو الماء (٢) الطُّوَّل : طائر مائيّ طويل العُنُق والسّاقَيْن § (٣) يَرْفَع على طُوالاتٍ أو ركائز .

stilts *1a.*

stilt·ed [stĭl′tĭd] *(adj.)* (١) طَنّان ؛ رنّان <a ~ style> (٢) مُتكلِّف : رَسْميّ أكثر مما ينبغي <a ~ behavior> (٣) مَرْفوع : قائمٌ على ركائزَ أو نحوها <a ~ arch> .

Stil·ton [stĭl′tən] *(n.)* السِّتِلْتون : جبن شبيهٌ بجُبن الروكفورت .

stim·u·lant [stĭm′yə-] *(n.; adj.)* (١) المُنَبِّه : كلّ ما يزيد في نشاط الجسم الوظيفيّ أو في نشاط أيّ من أعضائه، كالقهوة والشّاي والأشربة الكحولية (٢) stimulus *3* (٣) شرابٌ كحوليّ § (٤) مُنَبِّه (٥) حافز ؛ حاثّ .

stim·u·late [stĭm′yə lāt′] *(vt.; i.)* (١) يَحْفِز ؛ يَحُثّ (٢) يُثير ؛ يُنبِّه .

— stim·u·la·tion *(n.)* **— stim·u·la·tive; stim·u·la·to·ry** *(adj.)*

stim·u·lus [stĭm′yə ləs] *(n.)* pl. **-li** [lī; lē] (١) الحافز ؛ الحاثّ (٢) المُنَبِّه (را . stimulant *1*) (٣) المثير ؛ المُنَبِّه (فس) .

stimulus–response theory *(n.)* نظرية المُثير والاستجابة (نف) .

sting [stĭng] *(vt.; i.; n.)* (١) يَلْسَع ؛ يَلْدَغ ؛ يَخِزُ ؛ يَقْرُص (٢) يَغُشّ ؛ يتقاضى [امرءًا] ثمنًا باهظًا x (٣) يُصاب بألمٍ حادّ لاسع § (٤) لَسْع ؛ لَدْغ ؛ وَخْز (٥) لَسْعة ؛ لَدْغة ؛ وَخْزة (٦) حُمَة ؛ إبرة ؛ زُبانَى [الحَشَرة] (٧) حافز قويّ .

sting·a·ree [stĭng′ə rē′] *(n.)* = stingray.

sting·er [-′ər] *(n.)* (١) شيء لاسع . وبخاصة : ضربة عنيفة ؛ ملاحظة لاذعة (٢) sting *6* (٣) الإسْتِنْغَر : شرابٌ مُسْكِر .

stin·gi·ness [stĭn′jĭ nəs] *(n.)* بُخْل ؛ شُحّ إلخ .

sting·ing [stĭng′ĭng] *(adj.)* لاسِع ؛ لاذِع .

sting·ray [-′rā′] *(n.)* الرّاي اللسّاع (سمك) .

stingray

stin·gy^{1} [stĭn′jĭ] *(adj.)* (١) بخيل ؛ شحيح (٢) هزيل <a ~ crop> .

sting·y^{2} [stĭng′ĭ] *(adj.)* (١) ذو حُمَة (٢) لاسِع ؛ لاذِع ؛ قارِص .

ă at; **ā** date; **â** care; **ä** car; **ĕ** egg; **ē** me; **ĭ** in; **ī** bite; **ŏ** lot; **ō** bone; **ô** orphan; **oi** boil; **o͝o** good; **o͞o** boot; **ou** out; **ŭ** under; **û** urgent; **ə** = *a* in alone, *e* in system, *i* in easily, *o* in gallop, *u* in circus.

stink [stĭngk] *(vi.; n.)* (١) يُنْتِن (٢) يُنافي الأخلاق أو الذوق السَّليم (٣) تَسوءُ سمعتُهُ (٤) يمتلك شيئًا إلى حدّ بغيض <was ~*ing* with money> (٥) يُخْفِق إخفاقًا ذريعًا § (٦) نَتَن؛ رائحة خبيثة (٧) احتجاج عامّ عنيف.

to ~ out يُخرِج طريدة من مَخْبأها بدخان نتِن.

stink·ard [stĭng'kərd] *(n.)* الحَقير: الجدير بالازدراء.

stink·bug [stĭngk'bŭg'] *(n.)* البَقّ المُنْتِن.

stinkbug

stink·er [-'ər] *(n.)* (١) شيء نَتِن. مثل: «أ» شخص حقير أو جدير بالازدراء. «ب» شيء رديء النوع إلى حدّ بعيد (٢) طائر النَّوء النَّتِن: طائر نَوْء (را. petrel) كبيرٌ خبيث الرائحة (٣) شيء صعب إلى أبعد الحدود.

stink·horn [stĭngk'hôrn] *(n.)* الفُطْر المُنْتِن (نب).

stink·ing *(adj.; adv.)* (١) نَتِن (٢) ثمِل جدًا § (٣) إلى أبعد الحدود.

stinking smut *(n.)* السُّناج المُنْتِن (را. smut *2*).

stink·pot [-'pŏt'] *(n.)* القِدْر المُنْتِنة: «أ» جرّة تشتمل على متفجّرات تُحْدِث أبخرةً كريهة خانقة [كانت تُستخدَم في الحروب]. «ب» شيء نَتِن.

stink·stone [-'stōn'] *(n.)* الحَجَر المُنْتِن: حجرٌ تنبعث منه، عند الارتطام أو الحَكّ، رائحةٌ خبيثة ناشئة عن انحلال مادة عضوية فيه.

stink·weed [stĭngk'wēd'] *(n.)* الحشيشة المُنْتِنة: نبتة خبيثة الرائحة.

stink·wood [stĭngk'wŏŏd'] *(n.)* (١) الشَّجر المُنْتِن: أيّ من أشجار عديدة خبيثة الرائحة (٢) الخشب المُنْتِن: خشب الشجر المُنْتِن.

stink·y [stĭng'kĭ] *(adj.)* نتِن؛ مُنْتِن؛ خبيث الرائحة.

stint[1] [stĭnt] *(vi.; t.; n.)* (١) يَبْخَل **x** (٢) يقيِّد أو يَحْصُر [ضمنَ حدود معيَّنة] (٣) يُقَتِّر على (٤) يعيِّن مهمّةً محدَّدة [لشخصٍ ما] § (٥) حدّ؛ قَيْد <gave without ~> (٦) مهمّة؛ عملٌ محدَّد (٧) حصّة؛ نصيب.

stint[2] *(n.)* الدُّرَيْجة: طائر مائيّ يُشْبه الطِّيطَوَى (را. sandpiper).

stint·less [stĭnt'-] *(adj.)* لا حدَّ له؛ لا حَصْر له <~ efforts>.

stipe [stīp] *(n.)* (١) ساق؛ سُوَيْقة. وبخاصة: ساق الفُطْر (٢) جِذع (نب).

sti·pel [stī'pəl] *(n.)* الأُذَيْنة: أذَنةٌ (را. stipule) عند قاعدة الوُرَيقة (نب).

sti·pend [stī'pĕnd] *(n.)* راتب؛ مُرَتَّب؛ معاش؛ أجر.

sti·pen·di·ar·y [stī pĕn'dĭ ĕr ĭ] *(adj.; n.)* <a ~ curate> (١) ذو راتب (٢) راتبيّ؛ مُرَتَّبيّ § (٣) ذو الراتب أو المعاش.

sti·pes [stī'pēz] *(n.)* pl. **stip·i·tes** [stĭp'ə tēz] (١) الإسطابة: الفِلقة الثانية في الفكّ الأعلى عند الحشرات والقِشريات (٢) stipe *1*.

stip·i·tate [stĭp'ə tāt'] *(adj.)* مُسَوَّق: ذو ساق أو سُوَيْقة (نب).

stip·ple [stĭp'əl] *(vt.; n.)* (١) يَرْسم أو ينقش بالنُّقَط أو اللَّمَسات الصغيرة (٢) يُنَقِّط؛ يُرَقِّط § (٣) رسمٌ أو نقش بالنُّقط أو اللَّمَسات الصغيرة (٤) صورة منقَّطة؛ نقشٌ منقَّط.

stip·u·late[1] [stĭp'yə lāt'] *(vi.; t.)* (١) يتعاقد على (٢) يشترط؛ يضع شرطًا **x** (٣) يتعهَّد بـ.

stip·u·late[2] [-lĭt] *(adj.)* مُؤَذَّن؛ مُزَنَّم: ذو أُذَناتٍ أو زَنَماتٍ (نب).

stip·u·la·tion [stĭp'yə lā'shən] *(n.)* (١) تعاقُد (٢) اشتراط (٣) شَرْط.

stip·u·la·to·ry [stĭp'yə lə tōr ĭ'] *(adj.)* تَعاقُديّ؛ اشتراطيّ.

stip·ule [stĭp'yōōl] *(n.)* الأُذَنة؛ الزَّنَمة: زائدة ورقية مزدوجة في قاعدة مِعْلاق الورقة (نب).

— stip·u·lar; stip·uled *(adj.)*

stir [stûr] *(vt.; i.; n.)* (١) يُزَحزِح؛ يُحرِّك (٢) يُثير [الشيءَ] أو يعكِّر صَفْوَهُ (٣) يَمْزُج بالتحريك [بملعقةٍ أو عصًا إلخ] (٤) يُثير موضوعًا أو سؤالاً (٥) يُحَرِّض؛ يَحُثّ؛ يُهيج (٦) يُسَرِّع <to ~ the pulse> (٧) «أ» يُثير الشَّفَقة إلخ <to ~ pity>. «ب» يَهُزّ **x** (٨) «أ» يَتَزَحْزَح. «ب» يَهْتَزّ (٩) يَنْشَط (١٠) يمتزج بالتحريك <This mixture ~*s* easily.> § (١١) «أ» اهتياج؛ نشاط. «ب» قلق. «ج» اضطراب؛ فتنة؛ ثورة (ا. ق) (١٢) ضجّة <created a considerable ~ in the press> (١٣) تَزَحْزُح؛ حركة ضئيلة (١٤) تحريك؛ إثارة (١٥) سِجْن (ع).

stir·a·bout [stûr'ə-] *(n.)* عصيدة [إيرلندية الأصل].

stir–cra·zy [stûr'-] *(adj.)* مُخَبَّل [بسبب من سَجْن طويل الأَمَد].

stirk [stûrk] *(n.)* العُجَيْل؛ العُجَيْلة: عِجْل صغير أو عِجلة صغيرة.

stirp [stûrp] *(n.)* سُلالة؛ ذُرّيّة.

stirps *(n.)* (١) سُلالة [أو فرع من سُلالة] (٢) الجَدّ الأعلى لأسرةٍ ما.

stir·rer [stûr'ər] *(n.)* (١) المثير؛ المحرِّك (٢) المِحْراك: أداة لتحريك شيء أو مزجِهِ (٣) مُثير الفِتَن.

stir·ring [stûr'-] *(n.; adj.)* (١) تحريك؛ إثارة إلخ § (٢) ناشط؛ مُفْعَم بالنشاط أو الحيوية <~ times> (٣) مثير <~ events>.

stir·rup [stûr'əp] *(n.)* (١) الرِّكاب: حَلْقة تُعلَّق في السَّرج يضعُ الراكبُ فيها قَدَمَهُ لامتطاء الدّابّة (٢) أداة شبيهة بالرِّكاب.

stirrup *1.*

stir·rup bone *(n.)* = stapes.

stirrup cup *(n.)* (١) كأس الرِّكاب: كأس من خمر يتجرَّعُها راكبٌ على وشك الرحيل (٢) كأس الوداع.

stirrup leather *or* **strap** *(n.)* سَيْر الرِّكاب: سَيْر يَرْبط الرِّكابَ بالسَّرج.

stirrup pump *(n.)* المِضَخّة الرِّكابيّة: مِضخّة يدويّة صغيرة مزوَّدة بشبه رِكاب لتثبيتها على الأرض بإحدى القدمين [وتُستخدم لإطفاء الحرائق الصغيرة].

stirrup pump

stitch [stĭch] *(n.; vt.; i.)* (١) وَخْزة؛ شَكَّة (٢) دَرْزة؛ غُرْزة؛ قُطْبة (٣) نُتفة؛ مقدار صغير § (٤) «أ» يَدْرُز. «ب» يَقْطِب. «ج» يَخيط. «د» يُطَرِّز. «هـ» يَرْتُق.

in ~*es* في حالة ضحك لا سبيل إلى مقاومته.

stitch·er·y [stĭch'ə rĭ] *(n.)* = needlework.

stith·y [stĭth'ĭ] *(n.)* (١) سِندانُ الحدّاد (٢) دُكّان الحدّاد.

sti·ver [stī'vər] *(n.)* (١) الإستايفر: قطعة نقدية هولندية صغيرة سابقة (٢) قَدْر ضئيل <not a ~ of work>.

sto·a [stō'ə] *(n.)* pl. **-s** *or* **sto·ai** [stō'ī] السُّتُوَّة: رواق إغريقيّ مُعَمَّد (عم).

stoat [stōt] *(n.)* القاقُم ermine. وبخاصة: القاقُم ذو الشَّعر البُنّيّ (ح).

stob [stŏb] *(n.)* عمود؛ سارية؛ قائمة.

stoc·ca·do [stə kä'dō] *(n.)* طعنة بالمِغْوَل (را. rapier).

stock [stŏk] *(n.; vt.; i.; adv.; adj.)* (١) «أ» الجِذْل: أصل الشجرة الباقي بعد قطع جذعها. «ب» زند خشب؛ كتلة خشبية (ع). «ج» شيء عديم الحياة؛ وبخاصة: صنم. «د» شخص بليد أو أحمق (٢) «أ» عمود؛ سِناد؛ دعامة.

«ب» pl.: هيكل خشبيّ يُستَعان به في بناء السفن. «ج» pl.: المُثقَّبة: أداة تعذيب خشبيّة ذات ثقوب كانت تقيَّد فيها رجلا [أو رجلا ويدا] المذنب. «د» مَقبِض البندقية. «هـ» عَقِب السوط أو قَصَبة الصيد. «و» المِلفاف: مَقبِض يُدار به المِثقاب. «ز» قوس المحراث (٣) «أ» جِذع الشجرة. «ب» ساق النّبتة الذي يُقحَم فيه الطُّعْم. «ج» شجرة أو نبتة تُتّخَذ منها الشتلات (٤) عارضة المرساة (٥) «أ» أصل؛ نِجار؛ أرومة؛ مصدر. «ب» سلالة؛ عِرق (٦) أسرة لغات (٧) «أ» أجهزة؛ موادّ. «ب» مواشٍ. «ج» المخزون: الموجود في المخزن من البضائع (٨) «أ» رأسمال. «ب» أسهم في شركة (٩) المَتّيُولا: نبات عشبيّ شبيه بالمنثور (١٠) لِفاع [يطوّق به بعض رجال الدين أعناقهم] (١١) «أ» مَرَقٌ. «ب» خامة؛ مادة خامّ. «ج» الفَتّ: ذلك الجزء من ورق اللعب غير الموزَّع عند ابتداء اللعبة (١٢) تقدير؛ تقييم؛ تثمين (١٣) ثقة <put little ~ in his testimony> (١٤) تقديم الفرقة عددًا من التمثيليات في مسرح واحد (١٥) عربة الماشية [في السّكة الحديدية] § (١٦) يُلقِح أنثى الحيوان: يجعلها حُبْلى (١٧) يجعل للبندقية مَقبِضًا وللمِرساة عارضةً إلخ (١٨) يزوِّد [المزرعةَ] بالماشية (١٩) يموِّن؛ يُجهِّز بـ (٢٠) يَختزِن: يحتفظ بمخزون من السِّلَع <Toy shops ~ toys.> (٢١) يرعى الماشيةَ x (٢٢) تُطلع [النبتةُ] فروعًا جديدة (٢٣) يتموَّن؛ يتزوّد § (٢٤) تمامًا؛ بكل ما في الكلمة من معنًى <was struck *stock*-dumb> § (٢٥) قياسيّ <~ sizes> (٢٦) استيلاديّ: مُعَدٌّ للاستيلاد <a ~ mare> (٢٧) ماشِيَويّ: «أ» مخصَّص لتربية الماشية <a ~ farm>. «ب» مخصَّص أو مستخدَم للماشية <a ~ train> (٢٨) مُختزَن: موجودٌ في المخزَن أو في المتناول باستمرار <~ articles> (٢٩) مألوف؛ عاديّ؛ مُبتذَل <a ~ subject of conversation>.

stocks 2c.

in ~, في المتناوَل؛ جاهز للاستعمال أو البيع.
on the ~*s* قَيْد البناء أو الإنشاء أو الإعداد.
out of ~, نافد.
to take ~, (١) يجرُد البضائع الموجودة (٢) يقدِّر؛ يُقيِّم إلخ.
to take ~ in (١) يشتري أسهمًا في شركة (٢) يُعْنَى بـ؛ يعلِّق أهمية على؛ يضع ثقةً في... إلخ.

stock·ade [stŏ kād′] *(n.; vt.)* (١) حاجز أو خطٌّ دفاعيّ [مؤلَّف من قضبان مغروزة على نحوٍ متلاصِق] (٢) «أ» حظيرة مُنشأة من قضبان مغروزة. «ب» مُعتقَل مطوّق بالأسلاك الشائكة إلخ § (٣) يحصِّن أو يطوِّق بحاجز من قضبان إلخ.

stock·breed·er [stŏk′brē′dər] *(n.)* المستَوْلِد؛ مُستَوْلِد الماشية.

stock·bro·ker [stŏk′brō kər] *(n.)* سِمسار البورصة.

stock car *(n.)* (١) stock *15* (٢) السيارة القياسية: «أ» سيارة عادية عُدِّلت لتشترك في سباق للسيارات. «ب» سيارة من طراز مُنتَج على نحو تجاريّ ومُختزَنٍ باستمرار برسم البيع.

stock certificate *(n.)* شهادة الأسهم: وثيقة تُثبت ملكيّةَ المرء لعددٍ معيَّن من أسْهُم شركةٍ ما.

stock company *(n.)* (١) شَرِكة المُساهَمة (اد) (٢) الفرقة المُنوَّعة: فرقة تقدِّم عددًا من التمثيليات المختلفة في مسرح واحد [بدلًا من مسرحيّة واحدة طَوالَ الموسم]. وبخاصة: فرقة ليس فيها نجوم ذوو شهرة ذائعة.

stock cube *(n.)* مُكعَّب المَرَق: مُكعَّب من مادة غذائية إذا وضع في الماء استحالَ إلى مَرَق.

stock dividend *(n.)* (١) الدَّفْعُ الأسهميّ (٢) الرِّبح الأسهميّ (اد).

stock dove *(n.)* اليَمام: حَمام أوروبيّ برّيّ.

stock dove

stock exchange *(n.)* المَصْفَق؛ البورصة؛ سوق الأوراق المالية.

stock·fish [stŏk′-] *(n.)* السَّمك القَديد: سمك يُقَدَّد من غير تمليح.

stock·hold·er [stŏk′-] *(n.)* حامل الأسهُم: أحد مالكي أسهم الشركة.

stock·i·nette *or* **stock·i·net** [-′ə nĕt′] *(n.)* الإستوكينيت: قماش قطنيّ.

stock·ing [stŏk′ing] *(n.)* (١) الجَوْرب (٢) شيء كالجَوْرب.

stocking cap *(n.)* القَلَنْسُوة الجوربيّة: قَلَنْسُوة طويلة مخروطيّة الشَّكل.

stock–in–trade *(n.)* (١) البضاعة: السِّلع المخزونة بانتظار بَيْعها (٢) عُدّة؛ تجهيزات. وبخاصة: عُدّة الصانع التي لا يستغني عنها في صناعته.

stock·ish [stŏk′ish] *(adj.)* أحمق؛ أبلَه؛ مُغفَّل.

stock·ist [-′ĭst] *(n.)* المُختزِن: تاجر تجزِئة يختزن بعض السِّلَع.

stock·job·ber [stŏk′jŏb′ər] *(n.)* = stockbroker.

stock·man [stŏk′-] *(n.)* مُربّي الماشية.

stock market *(n.)* = stock exchange.

stock·pile [stŏk′pīl′] *(n.; vt.)* (١) المخزون الاحتياطيّ [يُخزَن في بلد لاستخدامه في الأزمات] § (٢) يَخزِن احتياطيًّا.

stock·pot [-′pŏt′] *(n.)* (١) الكَفْت: قِدْر مُخصَّصة للمرق (٢) الكَشْكول: وعاء أو أي شيء آخر مشتملٌ على مزيج من الأشياء (٣) ذخيرة؛ مقدار وافر.

stockpot *1.*

stock room *(n.)* (١) المَخزَن: موضع المخزون (را. stock *7c*) في محل تجاريّ (٢) حجرة العَرض: حجرة في فندق إلخ يعرض فيها التّجّار سِلَعَهم.

stock–still [stŏk′stĭl′] *(adj.)* جامد؛ بلا حَراك.

stock·tak·ing *(n.)* (١) جَرْد محتويات المخزن (٢) تقدير؛ تقييم.

stock·y [stŏk′ĭ] *(adj.)* مُجَخْدَر: قصير قويّ ممتلئ الجسم.

stock·yard [stŏk′yärd′] *(n.)* فِناء الماشية. وبخاصّة: فِناء مؤقَّت للماشية أو الخيل المُعَدّة للذَّبح أو البيع أو التصدير.

stodge [stŏj] *(vt.; i.; n.)* (١) يُتخِم § (٢) المُتخِم: طعام ثقيل مُشْبِع.

stodg·y [-′ĭ] *(adj.)* (١) ثقيل؛ غليظ <~ food> (٢) متثاقل؛ بطيء الحركة وبخاصة لضخامة جسمه (٣) مُمِلّ: مُضجِر <a ~ novel> (٤) محافِظ أو رَجعيّ جدًّا (٥) غير أنيق <~ clothes> (٦) مَحْشوّ؛ مملوء؛ مُثْقَل <~ bags>.

ă at; **ā** date; **â** care; **ä** car; **ĕ** egg; **ē** me; **ĭ** in; **ī** bite; **ŏ** lot; **ō** bone; **ô** orphan; **oi** boil; **o͝o** good; **o͞o** boot; **ou** out; **ŭ** under; **û** urgent; **ə** = *a* in alone, *e* in system, *i* in easily, *o* in gallop, *u* in circus.

sto·gie *or* **sto·gy** [stō´gē] *(n.)* : (١) المَداس : حذاء غليظ (٢) السّتوجيّ : سيجار طويل رفيع رخيص. وتوسُّعًا : سيجار.

sto·ic [stō´ĭk] *(n.; adj.)* (١) الرّواقيّ : «أ» *.cap* : أحد أتباع المذهب الفلسفيّ الذي أنشأه الفيلسوف زينون حوالى العام ٣٠٠ ق.م. والقائل بأنّ العالم كلٌّ عضويّ تتخلّلُهُ قوة الله الفاعلة، وبأنّ على الرجل الحكيم أن يكبح جماح عواطفه ويتحرّر من الانفعال. «ب» شخص رواقيّ المَسْلك. وبخاصة : مَنْ لا يتأثّر، ظاهريًّا، بالفرح أو التّرح § (٢) رِواقيّ : «أ» *.cap* : منسوب إلى الرّواقيين أو إلى مذهبهم. «ب» رصين؛ رزين. — **sto·i·cal** *(adj.)*

stoi·chi·om·e·try [stoi´kĭ ŏm´ə trĭ] *(n.)* الرّياضيّات الكيميائية.

sto·i·cism [stō´ə sĭz´-] *(n.)* (١) *.cap* : الرّواقيّة (را. stoic) (٢) رصانة؛ رزانة.

stoke [stōk] *(vt.; i.)* (١) «أ» يُذْكي النّار. «ب» يزوّد بالوقود (٢) يُتْخِم x (٣) يعمل وقّادًا [في قاطرة أو باخرة].

stoked [stōkt] *(adj.)* (١) متحمِّس (٢) مُبْتهِج.

stoke·hold; stoke·hole *(n.)* المَسْجَر : موضع المواقد في باخرة.

stok·er *(n.)* (١) الوَقّاد [في باخرة أو قاطرة] (٢) الوَقّادة : آلة لِلوَقْد.

stole [1] [stōl] *past of* steal.

stole [2] *(n.)* (١) الروب : ثوب فَضْفاض (٢) البَطْرشيل : نَسيجةٌ طويلة يجعلها الكاهن في عُنقِهِ وعلى صدرِهِ عند الخدمة (كن) (٣) الشّال : دِثار تلقيه النِّسوة على أكتافهنّ.

stoled [stōld] *(adj.)* مُرْتدٍ روبًا أو بَطْرشيلًا أو شالًا.

sto·len [stō´lən] *past part. of* steal.

stol·id [stŏl´ĭd] *(adj.)* مُتَبلِّد الحِسّ [من بلاهة أو غَباء].

sto·lid·i·ty [stə lĭd´ə tĭ] *(n.)* تَبلُّد الحِسّ [من بلاهة أو غَباء].

stol·len [stō´-] *(n.)* الإستولن : خبز يشتمل على زبيب وجوز ولوز.

sto·lon [stō´lən] *(n.)* الرَّكوب؛ الرِّئد : «أ» غصن هوائيّ يزحف على الأرض فتبرُزُ له جذور وتنشأ عنه نبتة جديدة (نب). «ب» نامية شبيهة بالجِذر (ح).

S. stolon *a.*

sto·lon·i·fer·ous [stō´lə nĭf´ər əs] *(adj.)* رَكوبيّ؛ رِئديّ : حامِلٌ أو مُوَلِّدٌ ركائبَ أو رئدانًا (نب).

stom- *or* **stomo-** بادئة معناها : فم.

sto·ma [stō´mə] *(n.)* pl. **sto·ma·ta** *also* **sto·mas** (١) الثُّغَيْر : فتحة صغيرة، في أحد الحيوانات الدُّنيا أو في أَدَمة النبات، شبيهة بالفم شكلًا أو وظيفةً (٢) الفُغْرة : فتحة تُحْدَث جراحيًّا (ط).

stom·ach [stŭm´ək] *(n.; vt.; i.)* (١) «أ» مَعِدة. «ب» بطن (٢) «أ» الشّهوة إلى الطّعام. «ب» رغبة؛ ميل <has no ~ for meeting such a rascal>. «ج» قدرة [على الاحتمال] § (٣) يتحمّل؛ يُطيق <She could not ~ such an insult.> x (٤) يَغْضب؛ يغتاظ.

stomach·ache [-āk´] *(n.)* المَغْص : ألمٌ في المَعِدة أو البطن.

stom·ach·er [stŭm´ə -] *(n.)* المَعِديّة : قطعة ثياب تُغطّي المَعِدة والصّدرَ.

sto·mach·ic [stō măk´ĭk] *(adj.; n.)* (١) مَعِديّ (٢) نافع للمعِدة؛ مُساعد على الهَضْم؛ مُقَوٍّ للشهيّة § (٣) الهاضوم؛ المقوّي المَعِديّ.

stom·ach·y [stŭm´ə kĭ] *(adj.)* (١) سريع الغضب (٢) بَطِين : كبير البَطْن.

stomat- *or* **stomato-** بادئة معناها : فم؛ ثُغَيْر <*stomato*logy>.

sto·ma·ta [stō´mə tə] *pl. of* stoma.

sto·ma·tal [stō´mə təl] *(adj.)* ثُغَيْريّ : «أ» ذو علاقة بثُغَيْر نباتيّ (را. stoma *1*). «ب» ذو ثُغَيْرات.

sto·mate [stō´māt´] *(n.)* ثُغَيْر نباتيّ.

sto·mat·ic [stō măt´-] *(adj.)* (١) فَمّيّ (٢) stomatal.

sto·ma·ti·tis [stō´mə tī´tĭs] *(n.)* التهاب الفم (ط).

sto·ma·tol·o·gy [stō´mə tŏl´ə jĭ] *(n.)* علم الفم وأمراضه.

sto·ma·to·pod [stŏm´ə tə pŏd] *(n.; adj.)* (١) الفَمِّيُّ الأَرْجُل : واحد من فَمِّيّات الأرجل **Stomatopoda** وهي رتبة من القشريّات البحرية ذات أَرْجُل قريبة من الفم (ح) § (٢) فَمِّيّ الأَرْجُل.

sto·ma·tous [stō´mə-] *(adj.)* ثُغَيْريّ : ذو ثُغَيْر أو ثُغَيْرات (را. stoma).

-stome لاحقة معناها : فتحة؛ فم <cyclo*stome*>.

sto·mo·dae·um [stō´mə dē´ŭm] *(n.)* = stomodeum.

sto·mo·de·um [-dē´ŭm] *(n.)* pl. **-de·a** [dē´ə] السبيل الفَمّيّ : التجويف الفَمّيّ الأوّليّ أو البدائيّ عند الجنين («أج» و«ح»).

stomp [1] [stŏmp] *(vt.; i.)* = stamp.

stomp [2] *(n.)* (١) رَضّ؛ سَحْق؛ دَوْس (٢) الإسْطُمْب : ضرب من رقص الجاز.

-stomy لاحقة معناها : الفَغْر : إحداث فتحة جراحية دائمة إلى عضوٍ ما.

stone [stōn] *(n.; adj.; adv.; vt.)* (١) «أ» حَجَر. «ب» صَخْرة. «ج» جوهرة؛ ماسة؛ حجر كريم. «د» شاهد؛ بلاطة ضريح. «هـ» حجر الرَّحا. «و» مِشحذ؛ حجر السَّنّ (٢) حصاة [في الكُلْية] (٣) نواةُ [التَّمرة أو الخَوْخة إلخ] (٤) الحَجَر : وحدة وزن بريطانية تعادل ١٤ باوندًا (٥) حجرُ النَّردِ أو لعبة الطاولة § (٦) حَجَريّ (٧) تامّ؛ مُطْلَق <~ stupidity> § (٨) تمامًا <was *stone*-dead> § (٩) يَرْجُم [بالحجارة] (١٠) يُحَجِّر [الفؤادَ] (١١) يرصف أو يبلِّط بالحجارة (١٢) يَنْزِع النَّوى (١٣) يَفْرك أو يَصقُل بالحجارة.

to cast the first ~, يقذِف الحجرَ الأول؛ يكون أوّل المنتقدين.

to leave no ~ unturned لا يألو جهدًا.

Stone Age *(n.)* العصر الحجريّ.

stone–blind [stōn´blīnd´] *(adj.)* أعمى تمامًا؛ أعمى كُلّيّةً.

stone–broke [-´brōk´] *(adj.)* مفلسٌ تمامًا.

stone·chat [stōn´chăt´] *(n.)* القُلَيْعيّ : طائر مغرِّد أسود الرِّيش.

stonechat

stone–cold *(adj.; adv.)* (١) باردٌ تمامًا § (٢) تمامًا <was ~ drunk>.

stone curlew *(n.)* الكَرَوان الصَّخْريّ : طائر يألف الشّواطئ الصخرية.

stone·cut·ter [stōn´-] *(n.)* (١) الحجّار : قاطع الأحجار أو ناحتُها أو مُشذِّبها (٢) الحجّارة : ماكينة تقوم بعمل الحجّار. — **stone·cut·ting** *(n.)*

stoned [stōnd] *(adj.)* (١) سكران؛ ثَمِل (٢) مُخبَّل [بفِعْل مُخدِّرٍ ما].

stone–deaf [stōn´dĕf´] *(adj.)* أصمّ تمامًا.

stone dresser *(n.)* = stonecutter.

stone fruit *(n.)* المُنَوّاة: ثمرة ذات نواة [كالكرز والخوخ].

stone·less [-ˊləs] *(adj.)* (١) غير مُنَوًّى: غير ذي نواة (٢) منزوع النّواة.

stone·ma·son [-ˊmāˊsən] *(n.)* (١) البنّاء؛ المِعمار (٢) stonecutter.

stone pit *(n.)* المَحْجَر: مَقْلَع الحجارة.

stone plover *(n.)* = stone curlew.

stone's throw *(n.)* مَرْمَى حَجَر؛ مسافة قصيرة جدًا.

stone–still [stōnˊstĭl] *(adj.)* بلا حراك؛ ساكنٌ سُكونَ الحجر.

stone–wall [stōnˊwôlˊ] *(vi.; t.)* (١) يُعاوق: يحاول إعاقة التصديق على مشروع قانون بأن يَعمدَ إلى إلقاء الخُطَب الطويلة (٢) يُعَوِّق؛ يُراوِغ.

stone·ware [stōnˊwârˊ] *(n.)* الآنية الحجرية: آنية خزفيّة ثقيلة غير ذات مَسامّ، تُصْنَع من صلصالٍ وصوّان.

stone·work [stōnˊwûrkˊ] *(n.)* (١) «أ» مبنًى حجريّ. «ب» جزء حجريّ من مبنًى (٢) نَحْت الحجارة أو تشذيبُها.

stone·wort [stōnˊwûrtˊ] *(n.)* الحشيشة الحجرية: طُحْلُب نهريّ أخضر مكسُوٌّ عادةً برواسبَ كلسيّة.

ston·i·ness [stōnˊ-] *(n.)* (١) تحجُّر (٢) إفلاس تامّ.

ston·y *also* **ston·ey** [stōˊnĭ] *(adj.)* (١) حَجَريّ؛ صَخْريّ (٢) «أ» متحجِّر الفؤاد. «ب» مُتَحَجِّر: خلوٌ من التعبير <a ~ face> (٣) مُحَجِّر: صاعق؛ مُرَوِّع (٤) مُفْلس (٥) مُنَوًّى: ذو نَواة (نب).

ston·y·heart·ed [stōˊnĭ-] *(adj.)* متحجِّر الفؤاد؛ غليظ القلب.

stood [stŏŏd] *past and past part. of* stand.

stooge [stōōj] *(n.; vi.)* (١) الأُضحوكة: ممثل في مسرحية هزلية يتخذ منه الممثل الرئيسي موضوعًا لسخريته (٢) الأداة؛ الصَّنيعة: من يعمل لمصلحة شخص آخر، وبخاصة بطريقة مُتَذلِّلة أو سِرّية (٣) العَيْن: جاسوس يَعْمل في خدمة البوليس § (٤) يقوم بدور الأضحوكة أو الأداة أو العَيْن.

stool [stōōl] *(n.; vi.)* (١) «أ» المَقْعَدة: كرسي بلا ظَهْر أو ذراعين. «ب» كرسي القَدَمين؛ مِسْنَد القَدَمين (٢) «أ» كرسيُّ الأسقف أو مَقَرُّهُ. «ب» رئاسة؛ زعامة (٣) «أ» كرسيّ المرحاض أو الكنيف. «ب» غائط؛ براز. «ج» تغوُّط؛ تبرُّز (٤) «أ» جِذع أو جذر النبتة. «ب» فرع نام، أو فروع نامية، من جذع (٥) الأُسْكُفَّة: عَتَبة النافذة (٦) stool pigeon § (٧) تُطْلِع [النبتةُ] فروعًا.

to fall between two *~s* يُخفق أو يُضيع فرصةً سانحةً بسببٍ من تردّده في اختيار واحد من مَسْلَكَيْن.

stool·ie [stōōˊlĭ] *(n.)* = stool pigeon *2*.

stool pigeon *(n.)* (١) الحمامة المُغْوية: حمامة تُسْتَخْدَم لاستدراج غيرها إلى شَرَك (٢) stooge *3*.

stoop[1] [stōōp] *(vi.; t.; n.)* (١) ينحني (٢) يَحْدَوْدِب (٣) يَخْضع؛ يستسلم (٤) «أ» يتنازل أو يَنزل إلى مستوًى أدنى من مرتبته. «ب» ينحطّ إلى (٥) يَحُطّ [الطائرُ على] (٦) يَنْقضّ [على فريسة] x (٧) يُنزل رتبته (٨) يطأطئ رأسه؛ يحني كتفَيْه § (٩) انحناء (١٠) احديداب (١١) انقضاض الطائر [على فريسة] (١٢) «أ» تنازل. «ب» انحطاط [إلى مستوى الكذب أو السَّرقة].

stoop[2] *(n.)* دَرَج أو شُرفة صغيرة [عند مدخل المبنى].

stoop·ball [stōōpˊbôlˊ] *(n.)* كُرَةُ الدَّرَج أو الجدار: ضرب من البَيْسبول.

stop [stŏp] *(vt.; i.; n.; adj.)* (١) يَسُدّ (٢) يصدّ؛ يردّ؛ يمنع (٣) «أ» يُوْقِف؛ يضع حدًّا لِـ. «ب» يَقْطَع (٤) يقتطع مبلغًا مستحقًّا [وفاءً لدين إلخ] (٥) يُعلم المصرفَ بضرورة التوقف عن الدفع <to ~ a check> (٦) يُسْقِط؛ يقتل <to ~ a bird> (٧) يَهْزم <~*ped* his opponents> (٨) يُرْبِك؛ يحيِّر <questions that have ~*ped* the industrial experts> (٩) يعدِّل النغم [بالضغط بالإصبع على وتر الكمان أو بوضع الإصبع على أحد ثقوب آلة من آلات النفخ الموسيقية] x (١٠) «أ» يكفّ [عن العمل إلخ]. «ب» ينتهي فجأة (١١) يقف؛ يتوقف (١٢) يتردَّد (١٣) ينزل أو يقيم مؤقتًا <to ~ at a hotel> (١٤) يَبْقَى <~*ped* in bed all morning> (١٥) يقوم بزيارة قصيرة (١٦) يَنْسَدّ § (١٧) «أ» حدّ؛ نهاية. «ب» وقف: انقطاع [في الكلام] (١٨) المُدَرَّجات: «أ» مجموعة أنابيب مدرّجة من نوع واحد [في أُرغن] أو المقبضُ الضابط لها. «ب» المُعَدِّلة: أداة لتعديل درجة النغم في آلة موسيقية (١٩) «أ» عقبة؛ عائق. «ب» أداة لتعديل حجم الفتحة التي ينفذ الضوء من خلالها إلى عدسة الكاميرا. «ج» سِدادة (٢٠) المُوْقِف؛ المِيقَف؛ المِصَدّ: أداة لوقف الحركة أو تحديدها (٢١) توقيف؛ سدّ إلخ (٢٢) توقُّف؛ انسداد إلخ (٢٣) «أ» توقُّف في رحلة إلخ. «ب» موقف [ترام أو أوتوبوس إلخ] (٢٤) علامة وقف [في الكتابة والطباعة] (٢٥) أمر [موجَّه إلى المصرف] بضرورة التوقُّف عن صَرْف شيك (٢٦) stop order (٢٧) الغَوْر: انخفاض في وجه الحيوان، وبخاصة الكلب، عند مُلتقَى الجبهة والخَطْم § (٢٨) مُوْقِف؛ مانع؛ حاجز؛ مُعَدّ للإيقاف أو المنع <a ~ valve>.

to ~ down يُصَغِّر فتحةَ عدسة الكاميرا.

stop–and–go *(adj.)* (١) كثير التوقُّف (٢) مُنَظَّم بالأضواء <~ driving>.

stop bath *(n.)* حمّام الإيقاف: محلول حَمْضيّ يعمل على إيقاف عملية تظهير الأفلام الفوتوغرافية.

stop·cock [stŏpˊkŏk] *(n.)* المِحْبَس: حنفيّة لِوَقْف تدفق الماء وغيره، أو تعديله، في أنبوب.

stopcocks

stope [stōp] *(n.; vi.; t.)* (١) الحَفِيرة: حفرة في مَنْجم لاستخراج المعدن الخام § (٢) يُعَدِّن بِحفيرة x (٣) يستخرج [المعدنَ الخام] من حفيرة.

stop·gap [-ˊgăp] *(adj.; n.)* (١) مؤقَّت <a ~ program> § (٢) makeshift.

stop·light [stŏpˊlītˊ] *(n.)* (١) ضوء الوقوف: ضوء في مؤخَّر السيارة يضاء عندما يُعمِل السائق دوّاسة المِكْبح (٢) إشارة السير الضوئية.

stop order *or* **stop–loss order** *(n.)* الأمر بوقف الخسارة: أمرٌ إلى سمسار بورصة بأن يبيع أو يشتري عند بلوغ الخسارة مستوًى معيّنًا.

stop·o·ver [stŏpˊōˊvər] *(n.)* توقُّف [أو مَوْقف] في رحلة.

stop·page [-ʹĭj] *(n.)* (١) مص stop، مثل: «أ» توقيف. «ب» توقُّف. «ج» انسداد. «د» توقيف الدَّفع (٢) المُقتَطَع: الجزء المُقتَطَع من الراتب (٣) إضراب (٤) الاستعصاء: تعذُّر شحن السِّلاح الناريّ أو انطلاق النّار منه.

stop payment *(n.)* إيقاف الدَّفع: أمرٌ يُصدِرُهُ المُودِع إلى المصرِف بضرورة الامتناع عن دفع قيمة شيك مُذَيَّل بتوقيعه.

stop·per [-ʹər] *(n.; vt.)* (١) فا stop (٢) سِدادة؛ سِطام؛ صِمام (٣) المِيقَف: أداة لإيقاف الماكينة (٤) المُستَوْقِف؛ المُستَحْوِذ: كل ما يستوقف المرءَ أو يَستَحْوِذ على انتباهه § (٥) يَسُدّ؛ يَسْطِم.

stop·ping [stŏpʹ-] *(n.)* الحَشْوة: حَشْوة الضِّرس [في طب الأسنان].

stop·ple [stŏpʹəl] *(n.; vt.)* (١) سِدادة؛ سِطام § (٢) يَسُدّ؛ يَسْطِم.

stop press *(n.)* الخبر الأخير: إطار في جريدة مخصَّص لآخر نبأ يَرِدها قبل الفراغ من الطبع.

stop valve *(n.)* صِمام المَنْع؛ الصِّمام الحابس.

stop·watch [stŏpʹwŏchʹ] *(n.)* ساعة التوقيت: ساعةٌ ذات عقرب يُستطاع إعمالُهُ أو إيقافه في كلّ لحظة، وتُستخدَم لتوقيت سباقات العَدْو بأجزاء الثانية الواحدة.

stopwatch

stor·a·ble [stōrʹə-] *(adj.; n.)* (١) يُخْتَزَن: قابلٌ للخَزْن <~ commodities> § (٢) مادة قابلة للخَزْن <~s such as wheat and wool>.

stor·age [stōrʹĭj] *(n.)* (١) «أ» المَخْزَن: مكانٌ لخزن السِّلع. «ب» المخزون (٢) «أ» خَزْن. وبخاصة: خزن السِّلع في مستودع. «ب» الأرضيّة؛ رسم الخزن: رسم مفروض لِقاء إبقاء السِّلع في الجمرك (٣) «أ» اختزان (كب). «ب» أداة التخزين؛ الذاكرة (كم).

storage capacity *(n.)* طاقة التخزين [في الكومبيوتر].

storage cell *or* **battery** *(n.)* المِركَم؛ الحاشدة المختزِنة (كب).

sto·rax [stōrʹăks] *(n.)* (١) المَيْعة؛ المَيْعة الجامدة: مادة صَمغيّة عطِرة تُستخرج من لحاء الأَصْطُرَك (٢) الأَصْطُرَك؛ اللُّبْنَى؛ العَبْهَر: شجرة أو شُجَيرة ذات صَمغ يُعرف بالمَيْعة.

store [stōr] *(vt.; n.; adj.)* (١) يُزَوِّد بـ (٢) يَدَّخِر (٣) يَخْزُن (٤) يستوعب؛ يتَّسع لِـ § (٥) مَؤونة؛ ذَخيرة؛ مخزون (٦) مقدار وافر (٧) مَخْزَن؛ مستودَع (٨) مَتْجَر؛ دُكّان؛ مَحَلّ تجاريّ § (٩) جاهزة <~ clothes> (١٠) سُوقيّ: غير مصنوع في البيت <~ bread> (١١) صالحٌ للتَّسمين <~ cattle>.

store·house [stōrʹ-] *(n.)* (١) مُستَوْدَع؛ مَخْزَن؛ عَنْبَر (٢) ذخيرة؛ مَصدر غزير.

store·keep·er [stōrʹ-] *(n.)* (١) أمين المُستَوْدَع (٢) صاحب المَتْجَر.

store·room [stōrʹrōōm] *(n.)* (١) حُجرة الخَزْن (٢) مستودَع.

store·ship [-ʹshĭp] *(n.)* سفينة المُؤَن: سفينة مُخَصَّصة لنقل المؤَن.

store·wide [-ʹwīdʹ] *(adj.)* عامّ: شامل جميع سِلَع المَتْجَر <a ~ sale>.

sto·rey [stōrʹĭ] *(n. chiefly Brit.)* = story [2].

sto·ried [1] [stōrʹĭd] *(adj.)* (١) مُرَسَّم: مُزَيَّن برسوم تمثِّل موضوعاتٍ تاريخيّة أو أسطورية <a ~ tapestry> (٢) تاريخيّ؛ معروف تاريخيًّا <the ~ cities of ancient Greece> (٣) أسطوريّ: مذكور في الأساطير.

sto·ried [2] *or* **sto·reyed** [stōrʹĭd] *(adj.)* ذو طوابق أو أدوار.

sto·ri·ette [stōrʹĭ ĕtʹ] *(n.)* القُصَيْصَة: قصة قصيرة جدًّا.

stork [stôrk] *(n.)* اللَّقْلَق؛ اللَّقلاق (طا).

stork

storks·bill [stôrksʹ-] *(n.)* اللَّقْلقيّ؛ منقار اللَّقلاق: نبات مُزْهِر.

storm [stôrm] *(n.; vi.; t.)* (١) «أ» عاصفة. «ب» مطر أو ثلج أو برد غزير (٢) ثورة <~s of emotion> (٣) «أ» نوبة. «ب» العاصفة: تعاظمٌ مفاجئ في أعراض الداء <~ thyroid>. «ج» تدفّق مفاجئ (٤) وابل من القذائف أو الكلمات (٥) انقضاض؛ اقتحام: هجوم عنيف على موقع مَحْميّ § (٦) «أ» تَعْصِف [الريحُ]. «ب» ترسل [السماء] مطرًا أو ثلجًا أو بَرَدًا، وبخاصة بغزارة وعنف (٧) ينقضّ على (٨) يثور؛ يغضب <She ~ed at the unusual delay.> (٩) يندفع بعنف أو غضب <Rioters ~ed through the streets.> (١٠) يقتحم <~ed the fort> x to take by ~, يقتحم: يحتلّ قلعةً أو موقعًا بهجوم عاصف.

storm boat *(n.)* = assault boat.

storm·bound [-ʹboundʹ] *(adj.)* محجوز بالعاصفة: «أ» معزول عن كل اتّصال خارجيّ بسبب العواصف <~ ports>. «ب» عاجز عن مواصلة الرِّحلة، أو مغادرة المنزل إلخ، بسبب العواصف <~ travelers>.

storm cellar *(n.)* قبو العواصف: قبوٌ يُلجأ إليه عند هبوب العواصف.

storm center *(n.)* (١) مَرْكز العاصفة (٢) مركز الاضطراب.

storm door *(n.)* باب العواصف: باب إضافيّ يقام خارجَ الباب الخارجيّ العاديّ وقايةً من الثلج والعواصف إلخ.

storm·er [stôrʹmər] *(n.)* المُنقضّ؛ المُقْتَحِم إلخ.

storm petrel *(n.)* = stormy petrel *a.*

storm trooper *(n.)* جنديّ العاصفة: «أ» أحد أفراد قوّات الانقضاض النازيّة التي عُرِفت بالقسوة البالغة. «ب» كلّ من يُشْبِه جنديَّ العاصفة النازيّ.

storm troops *(n. pl.)* جُنْد العاصفة: قوّات الانقضاض النازيّة.

storm window *(n.)* نافذة العواصف: نافذة إضافية تُقام خارجَ النافذة العاديّة وقايةً من الثلج والعواصف.

storm·y [stôrʹmĭ] *(adj.)* (١) عاصف <a ~ day> (٢) صاخب (٣) مُنْتَحِب <~ tears>.

stormy petrel *(n.)* طائر النَّوء العاصف: «أ» أيٌّ من عدّة طيور بحريّة صغيرة أَسْوَدُ الجسم، أبيضُ الزِّمِكّى [أي مَنْبت الذَّنَب]. «ب» شخص مسبِّب للمتاعب أو القلاقل. «ج» شخص يُعتقد أن وجوده يُسبِّب القلاقل.

sto·ry [1] [stōrʹĭ] *(n.; vt.)* (١) تاريخ (ا. ق) (٢) «أ» حكاية، وبخاصة للأطفال. «ب» رواية [للوقائع المتصلة بحادثة ما] <His ~ of the robbery was not convincing.> «ج» نادرة (٣) «أ» قصة؛ وبخاصة: قصة قصيرة. «ب» حوادث الرواية أو المسرحيّة أو القصيدة (٤) إشاعة واسعة الانتشار <The ~ goes that she rejected the offer.> (٥) كِذبة (٦) أسطورة (٧) القصة الإخبارية: وصف إخباري لحادثة [في جريدة أو إذاعة] § (٨) يقصّ؛ يروي (ا. ق) (٩) يزيِّن بقصة أو بمشهد من التاريخ.

sto·ry [2] *also* **sto·rey** [stōrʹĭ] *(n.)* (١) دَوْر؛ طابق [من مبنًى] (٢) طَبَقة <the four *stories* of the cave>.

sto·ry·book [stōr′ĭ-] *(n.)* كتاب حكايات [وبخاصة للأطفال].

sto·ry·tell·er [stōr′ĭ tĕl′-] *(n.)* (١) الراوية؛ الراوي (٢) الكذّاب (٣) القصّاص.

sto·ry·writ·er [stōr′ĭ-] *(n.)* = storyteller *3.*

sto·tin·ka [stô tĭng′kä] *(n.)* pl. **-ki** [′kē] السّتوتِنْكة: عُملة بلغارية صغيرة.

stoup [stoop] *(n.)* (١) كأس (٢) جرن الماء المقدَّس (كن).

stour [stoor] *(n.)* (١) فتنة؛ اضطراب (عب) (٢) غُبار (إسك).

stout [stout] *(adj.; n.)* (١) جريء؛ شجاع <a ~ heart> (٢) عنيد؛ ثابت <~ resistance> (٣) قويّ <~ fellows> (٤) متين <~ boots> (٥) عنيف <a ~ attack> (٦) بدينٌ؛ سَمين § (٧) السّتاوْت: جعة قويّة داكنة جدًّا (٨) شخصٌ بدين (٩) القياس البدين: قياس للملابس خاص بذوي السمنة <available in longs and ~*s*>.

stout·en [-′ən] *(vt.; i.)* (١) يُقوّي؛ يثبّت x (٢) يَسْمَن؛ يُصبح بدينًا.

stout·heart·ed [-′här′tĭd] *(adj.)* (١) جريء؛ شُجاع؛ ثَبْت الجَنان (٢) عنيد.

stove [1] [stōv] *(n.; vt.)* (١) المَوْقِد: جهاز للطّبخ أو تدفئة الغرف إلخ (٢) المَخْضرة (را. greenhouse) § (٣) يُحمّي؛ يُسخّن؛ يجفّف على مَوْقِد.

stove [2] [stōv] *past and past part. of* stave.

stove·pipe [-′pīp′] *(n.)* (١) أنبوب المَوْقِد: أنبوب مَعدِنيّ يُستخدَم كمِدخنة للموقد أو لوَصْل الموقد بأنبوب المِدخنة (٢) silk hat.

sto·ver [stō′vər] *(n.)* العَلَف: عَلَفٌ للحيوان.

stow [stō] *(vt.)* (١) يُسْكِن؛ يُؤوي؛ يُنْزِل (٢) يَخْزُن (٣) «أ» يُرتّب؛ يُصنّف؛ يُستّف. «ب» يملأ؛ يُعبّئ؛ يُحمّل (٤) يُوْقِف أو يَكُفّ عن <to ~ questioning> (٥) يلتهم.

to ~ away يستخفي على متن السفينة أو الطائرة [إلى ما بعد إقلاعها] تجنّبًا لدفع الأجرة.

stow·age [-′ĭj] *(n.)* (١) مص stow (٢) بضائع مخزونة [أو مُعدّة للخَزْن] (٣) «أ» سَعَة الاختزان. «ب» مَخْزَن؛ مستودع (٤) اختزان أو أُجرتُه.

stow·a·way [-′ə wā′] *(n.)* المُسْتخفي (را. العبارة الاصطلاحية تحت stow).

stra·bis·mal [strə bĭz′məl] *(adj.)* حَوَليّ: ذو علاقة بالحَوَل.

stra·bis·mic [strə bĭz′mĭk] *(adj.)* (١) حَوَليّ (٢) أحْوَل.

stra·bis·mus [strə bĭz′məs] *(n.)* الحَوَل؛ الخَزَر.

stra·bot·o·my [strə bŏt′ə mĭ] *(n.)* إصلاح الحَوَل [جراحيًّا].

strad·dle [străd′əl] *(vi.; t.; n.)* (١) يُفَرْشِخ؛ يَفْجَ؛ يُباعد ما بين رجليْه [وبخاصة في الجلوس] (٢) ينتشر أو يمتدّ في غير نظام [كالأغصان إلخ] (٣) يتأرجح: يؤيِّد، أو يبدو وكأنه يؤيِّد، جانبَيْ قضيّة أو مسألة (٤) يشتري في سوقٍ ويبيعُ نسيئةً (را. short sale) في سوق أُخرى x (٥) يستقرّ أو يقف أو يجلس عَبْر شيء مُباعدًا ما بين رجليْه حقيقةً أو مجازًا <to ~ a horse; A pair of glasses ~*d* her nose.> (٦) يَتّخذ موقفًا مُلتبسًا من قضيّةٍ ما <to ~ an issue> § (٧) مصدر straddle. وبخاصة: فَرْشَخة (٨) مَوْقفٌ مُلْتَبِس [من قضيّة إلخ] (٩) الخيار المُركَّب: امتياز يُخوّل صاحبه حقّ الاختيار بين تسليم مقدار معيَّن من السِّلع إلخ بسعر محدَّد وبين شراء مقدار معيَّن منها بسعر آخر مُحَدَّد، خلال فترة معيَّنة (تج).

to ~ the fence يتردّد أو يتّخذ موقفًا محايدًا.

strafe [strāf] *(vt.; n.)* (١) «أ» يقصف بالقنابل. «ب» يُهاجم بعُنف (٢) يعاقب (ع) § (٣) قصفٌ أو هجوم عنيف (٤) عِقاب.

strag·gle [străg′əl] *(vi.; n.)* (١) يَشْرُد؛ يَتِيه (٢) ينتشر أو يمتدّ في غير نظام أو اتّساق § (٣) مجموعة منتشرة في غير نظام. **— strag·gler** *(n.)*

strag·gly [-′lĭ] *(adj.)* مُنْتَشِر في غير نظام أو اتّساق <a ~ beard>.

straight [strāt] *(adj.; adv.; n.)* (١) مستقيم (٢) «أ» متّصل؛ غير متقطّع. «ب» سَبْط؛ غير جَعْد <~ hair> (٣) «أ» صحيح؛ قويم <~ thinking>. «ب» حصيف <a ~ thinker>. «ج» صريح <a ~ answer>. «د» موثوق <~ reports>. «هـ» متعاقب <20 ~ days>. «و» متسلسِل؛ مؤلّف من خمس ورقات لعِبٍ مُتَسلسلة من نقش واحد <a ~ flush>. «ز» مستقيم الأسطوانات: ذو أسطوانات مرتبة في خط واحد مستقيم <a ~ eight–cylinder engine> (٤) عموديّ؛ قائم؛ مُسْتوٍ؛ «جالس» <The picture is not quite ~.> (٥) «أ» أمين؛ شريف؛ قويم <~ conduct>. «ب» منصِف؛ عادل <~ dealing>. «ج» مرتّب؛ حسن الترتيب <to set a room ~> «د» صِرْف؛ خالص <~ whiskey; ~ humor> (٦) «أ» صادق الولاء؛ غير متحفّظ في ولائه إلخ <a ~ Republican>. «ب» منطوٍ على تأييد لجميع مرشّحي الحزب <a ~ ballot> (٧) محدَّد السعر للقطعة الواحدة بصرف النظر عن العدد المبيع <pencils 50 cents ~> (٨) تقليديّ (٩) غير متعاطٍ مخدِّرًا أو خمرةً (١٠) مُشتهٍ للمغاير [جنسيًّا] § (١١) «أ» باستقامة؛ بخطّ مستقيم <to walk ~>. «ب» مباشرةً <The arrow flew ~ to the mark.> «ج» بأمانة؛ بشَرَف <swore to go ~ if she got out of the mess> § (١٢) خطّ مستقيم (١٣) جزء مستقيم [من الطريق أو من حلبة السباق] (١٤) استقامة؛ سلوك أو صراط مستقيم <had been on the ~ for several years> (١٥) فوز؛ وبخاصة: فوز بالمقام الأول في سباق (١٦) خمس أوراق متسلسلة [في البوكر].

~ away *or* off حالًا؛ توًّا.

~ out بلا تردّد أو رويّة.

to keep a face ~, يُحجم عن الابتسام أو الضّحك.

straight A *(adj.)* مُتفوّق؛ مُبرِّز <a ~ student>.

straight angle *(n.)* الزاوية المستقيمة: زاوية ذات ١٨٠ درجة (ر).

straight–arm [strāt′ärm′] *(vt.; i.; n.)* (١) يردّ الخَصمَ [في كرة القدم] بذراع ممدودة § (٢) ردٌّ بالذراع الممدودة.

ă at; **ā** date; **â** care; **ä** car; **ĕ** egg; **ē** me; **ĭ** in; **ī** bite; **ŏ** lot; **ō** bone; **ô** orphan; **oi** boil; **oo** good; **oo** boot; **ou** out; **ŭ** under; **û** urgent; ə = *a* in alone, *e* in system, *i* in easily, *o* in gallop, *u* in circus.

straight–arrow *(adj.)* مُتَزَمِّت؛ مستقيم كالسَّهم <a ~ judge> .

straight·a·way [strāt′ə wā′] *(adj.; n.; adv.)* (١) مستقيم (٢) فَوْرِيّ؛ عاجل <a ~ reply> § (٣) الجزء المستقيم [من الطريق أو حلبة السِّباق إلخ] § (٤) طريق مستقيم § (٥) تَوًّا؛ فورًا؛ من غير تردُّد.

straight·edge [strāt′ĕj′] *(n.)* المِسْطَرة العَدْلة: قطعة من معدن أو خشب ذات جانب واحد على الأقلّ مستقيم إلى حدّ دقيق، تُستخدم لاختبار استقامة الخطوط والسطوح أو لرسم الخطوط المستقيمة.

straight·en [strā′tən] *(vt.; i.; adv.)* (١) «أ» يُقَوِّم؛ يُعَدِّل؛ يُسَوِّي. «ب» يُصَحِّح؛ يُصلح x (٢) يستقيم؛ يعتدل؛ يَسْتوي إلخ § (٣) تمامًا.

straight–faced [strāt′fāst′] *(adj.)* رَزين؛ رَصين.

straight fight *(n.)* المعركة الثُّنائيّة: معركة انتخابية بين مرشَّحَيْن فحسب.

straight·for·ward [strāt′fôr′-] *(adj.; adv.)* (١) «أ» مستقيم. «ب» مباشر (٢) صريح؛ أمين (٣) دقيق؛ واضح المعالم § (٤) أو **straight·for·wards**: باستقامة؛ بصراحة؛ بأمانة؛ بِدِقّة إلخ.

straight–grained [strāt′-] *(adj.)* مستقيم الألياف.

straight·jack·et; straight·laced = straitjacket; straitlaced.

straight–line [strāt′līn′] *(adj.)* مستقيم الأجزاء <a ~ machine>.

straight·ness [strāt′-] *(n.)* استقامة إلخ (را. straight).

straight off *(adv.)* تَوًّا؛ فورًا؛ حالًا.

straight–out [strāt′-] *(adj.)* (١) صريح؛ غير مُوارِب <a ~ answer> (٢) مئة بالمئة؛ بكل ما في الكلمة من معنًى <a ~ Democrat>.

straight ticket *(n.)* الاقتراع الجُمْلِيّ: تصويت لجميع مرشّحي حزب واحد.

straight·way [-′wā′] *(adv.)* (١) مباشرةً (٢) تَوًّا؛ فورًا؛ حالًا.

strain[1] [strān] *(n.)* (١) «أ» عِترة؛ سُلالة. «ب» أرومة؛ أصل (٢) نوع؛ ضَرْب (٣) صفة أو نزعة موروثة أو طبيعيّة <a ~ of insanity in the family> (٤) أثر؛ عِرْق؛ عنصر <a ~ of fanaticism> (٥) «أ» لحن. «ب» أغنية. «ج» جزء من قطعة موسيقيّة (٦) مقطوعة شعريّة (٧) «أ» جَرْس؛ نبرة؛ أسلوب <spoke in a noble ~>. «ب» مزاج <in a philosophizing ~>.

strain[2] *(vt.; i.; n.)* (١) «أ» يَشُدّ؛ يُحكم الشدّ. «ب» يُمَطّ إلى أقصى مدًى (٢) يُجهد؛ يُرْهِق [نفسه أو قلبَهُ إلخ] (٣) يوتِّر (٤) يَعْصِر؛ يَهْصِر (٥) يُصفِّي؛ يُرشِّح x (٦) «أ» يَجْهَد. «ب» يتوتَّر (٧) «أ» يتصفّى <This liquid ~*s* readily.>. «ب» يَرْشَح (٨) يقاوم؛ يَحْرَن [الجواد] § (٩) شَدّ؛ مَطّ؛ إرهاق (١٠) «أ» تَوَتُّر. «ب» مَصْدر توتُّر <His responsibilities were a constant ~.> (١١) إجهاد <mental ~> (١٢) الانفعال (مك) (١٣) ذِرْوَة؛ أوج.

to ~ a point يذهب إلى أبعد من الحدّ المألوف أو المقبول.

strained *(adj.)* (١) مُتَكَلَّف <a ~ smile> (٢) مُتَوتِّر <~ relations>.

strain·er [strā′-] *(n.)* (١) «أ» مِصفاة. «ب» مُنْخل (٢) أداة شَدّ أو مَطّ.

strainer *1a*

strain gauge; strain·om·e·ter [-nŏm′-] *(n.)* = extensometer.

strait [strāt] *(adj.; n.)* (١) ضيِّق (ا. ق) (٢) صارم (ا. ق) (٣) عَسِير (٤) فقير؛ مُعْسِر § (٥) *pl.* عد: المضيق؛ البوغاز: مجاز مائيّ ضيِّق يصل ما بين بحرين (٦) *pl.* عد: عُسْر؛ ضِيق؛ شِدّة. — **strait·ness** *(n.)*

strait·en [strā′-] *(vt.)* (١) يُضيِّق (٢) يَحْصُر (٣) يقيِّد؛ يُضيِّق على.

in ~*ed* circumstances في ضِيق؛ في أزمة ماليّة شديدة.

strait·jack·et *or* **straight·jack·et** [strāt′-] *(n.; vt.)* (١) السُّترة الضَّيِّقة: «أ» سترة من خَيْش أو نحوهِ تُصْطَنَع لتقييد جسم المجنون أو السَّجين الخَطِر وذراعَيْه لكي لا يؤذي نفسَهُ أو غيرَهُ. «ب» قَيْد شبيه بهذه السُّترة § (٢) يقيِّد بهذه السِّترة أو نَحْوِها.

strait·laced *or* **straight·laced** [strāt′lāst′] *(adj.)* (١) «أ» مُتَزمِّت؛ متحرِّج؛ مُتَأَثِّم: شديد الاحتشام. «ب» مُدَقِّق [على نحوٍ مُسْرِف] (٢) مُرْتدٍ صِدارًا أو مِشَدًّا مُحْكَمًا.

strake [strāk] *(n.)* (١) خطّ؛ شريط؛ قَلَم (٢) الشَّريط: قطعة ضيِّقة من الأرض (٣) صَفيفة الألواح: مجموعة ألواح مصفوفة على طول بدن السَّفينة.

stra·min·e·ous [strə mĭn′ĭ əs] *(adj.)* (١) قَشّيّ أو شبيهٌ بالقشّ. وبخاصة: لا قيمة له (٢) قشّيّ اللون: ضاربٌ إلى الصُّفرة.

stra·mo·ni·um [strə mō′nĭ əm] *(n.)* الدّاتورة: «أ» نباتٌ عشبيّ سامّ. «ب» أوراق الداتورة المُجَفَّفة المُتَّخَذة علاجًا للنَّسمة أو داء الرَّبو.

strand[1] [strănd] *(n.; vt.; i.)* (١) شاطئ؛ ساحل § (٢) «أ» يَدْفع أو يَسُوق إلى الشّاطئ. «ب» يجعل السفينة تَجْنَح (٣) يُقْطِع: يَتركُهُ في بلدٍ غريب وبخاصة من غير مالٍ أو وسيلةٍ تُمكّنه من الرحيل x (٤) «أ» يُدْفع أو يُساق إلى الشّاطئ. «ب» تَجْنَح [السفينة] (٥) يَنْقطع [في بلدٍ غريب].

strand[2] *(n.)* بحر؛ نهر؛ قناة (إسك).

strand[3] *(n.; vt.)* (١) الطّاق: أيّ من الخيوط أو الأسلاك المجدولة لتُشكِّل حَبْلًا (٢) «أ» جديلة. «ب» سلك مجدول § (٣) يقطع أحد طاقات الحبل [من غير قصد] (٤) يَجْدُل [حبلًا].

strand·er *(n.)* (١) الجدّال (٢) المِجْدَلة: أداة لجَدْل الحبال.

strand line *(n.)* شاطئ. وبخاصة: شاطئ انحسَرَ عنه البحر إلخ.

strange [strānj] *(adj.)* (١) أجنبيّ (ا. ق) (٢) غريب (٣) جديد؛ غير مألوف (٤) عجيب (٥) فاتر؛ بارد؛ مُتَحفِّظ (٦) جاهل؛ غير مُطَّلع على (٧) مضطرب؛ قَلِق. — **strange·ly** *(adv.)* — **strange·ness** *(n.)*

stran·ger [strān′jər] *(n.; adj.)* (١) الأجنبيّ (٢) الغريب (٣) الطارئ؛ الدّخيل (٤) الضَّيف؛ الزّائر (٥) الجاهل بالشّيء [أو غير المُطَّلع عليه]؛ الغريب عن شيء ما (٦) المُتطفِّل § (٧) أجنبيّ؛ غريب.

strange woman *(n.)* المرأة الأجنبيّة: بَغِيّ؛ مومس؛ عاهر.

stran·gle [străng′gəl] *(vt.; i.)* (١) يَشْنُق (٢) يَخْنُق (٣) يكبت [الحريّة] x (٤) يختنق.

strangle hold *(n.)* (١) المَسْكة الخانقة: مَسْكة محظورة يُراد بها خنق الخصم [في الملاكمة] (٢) قوة خانقة أو كابتة [لحرية العمل أو التعبير].

stran·gles [străng′gəlz] *(n.)* النَّحْطَة: حُمّى تصيب الخيل (مض).

stran·gu·late [străng′gyə lāt′] *(vt.; i.)* (١) يَعْصِر؛ يَهْصِر (٢) يَخْنُق x (٣) يختنق [الفَتْقُ إلخ].

stran·gu·la·tion [-lā′-] *(n.)* (١) خَنْق (٢) اختناق (٣) الاختناق؛

الانحباس (مض).

stran·gu·ry [-ˈgyə rĭ] *(n.)* الشَّغَى؛ الشَّغْيَة المؤلمة؛ تَقَطُّر البول (مض).

strap [străp] *(n.; vt.)* (١) «أ» طَوْق؛ رِباط؛ شريط؛ نِطاق؛ حِزام. «ب» سَيْر الحذاء. «ج» الكَتِفيَّة: شريطة كَتِفيَّة <The general wears shoulder ~*s.*> (٢) «أ» سَوْط. «ب» المِشْحَذَة: مِشْحَذ جلديّ للأمواس (٣) حذاء مُسَيَّر [أي مشدود بسيور] (٤) بغيّ؛ مومس § (٥) يَحزِم؛ يَرْبِط؛ يَشُدّ بطوق إلخ (٦) يَسُوط؛ يَجْلِد بالسَّوط (٧) يَشْحَذ [الموسى] بمِشْحَذة.

strap·hang·er [-ˈhăngˈər] *(n.)* المُسْتَحْزِم: راكب ترام أو أوتوبوس لا يجد مقعدًا فيقف متمسِّكًا بأحد الأحزمة المُعَلَّقة في السَّقف.

strap·less [străpˈ-] *(adj.)* عديم الطَّوق إلخ؛ غير ذي طَوق: مَخِيطٌ أو مُرْتَدًى من غير حِمالَتَيْ كتف <a ~ evening gown>.

strap·pa·do [strə pāˈdō] *(n.)* الإستراباد: «أ» شكل قديم من أشكال التعذيب أو العقاب يُرْفع فيه الشخص، بحبل مشدود إلى مِعْصَمَيْه، إلى عارضة خشبية ثمّ يُتْرَك فجأةً ليسقط على الأرض تقريبًا. «ب» الأداة المستخدمة في هذا التعذيب.

strap·per [străpˈər] *(n.)* (١) فا strap (٢) شخص طويل قويّ.

strap·ping [străpˈ-] *(adj.)* (١) طويل قويّ البنية (٢) ضخم.

strass [străs] *(n.)* السّتراس: زجاج برّاق لصنع المجوهرات الزائفة.

stra·ta [strāˈtə; strä-] *pl. of* stratum.

strat·a·gem [strătˈə jəm] *(n.)* (١) «أ» خُدعة حربيّة. «ب» حيلة؛ خُدْعة (٢) براعة في الخداع.

stra·te·gic; stra·te·gi·cal [strə tēˈ-] *(adj.)* إستراتيجيّ.

strat·e·gist [strătˈə jĭst] *(n.)* الإستراتيجيّ: البارع في الإستراتيجية.

strat·e·gy [-ˈə jĭ] *(n.)* الإستراتيجيّة: «أ» علم وفنّ تسخير طاقات الأمة، أو الأمم، السياسية والاقتصادية والنّفسية لخدمة السّياسات المقرَّرة في السّلم أو الحرب. «ب» براعة في التخطيط أو التّدبير. «ج» خطّة إستراتيجيّة.

strath [străth] *(n.)* (١) وادٍ عريض (٢) بَطْنُ الوادي (إسك).

strath·spey [-ˈspā] *(n.)* الإستراسباي: رقصة إسكتلنديّة أو موسيقاها.

strati- بادئة معناها: طبقة <*strati*form>.

stra·tic·u·late [strə tĭkˈyə lĭt; -lātˈ] *(adj.)* رقيق الطبقات متوازيها.

strat·i·fi·ca·tion [strătˈə fə kāˈ-] *(n.)* (١) المطابَقة؛ التَّطَبُّق: كون الشيء مؤلفًا من طبقات (٢) الطِّباق: شيء مؤلَّف من طبقات.

strat·i·fied rocks [strătˈə fīd] *(n. pl.)* الصُّخور الطِّباقيّة (جي).

strat·i·form *(adj.)* طِباقيّ؛ متراصف: ذو طبقات بعضها فوق بعض.

strat·i·fy [strătˈə fīˈ] *(vt.; i.)* (١) يُطابق: «أ» يكوِّن أو يُرَسِّب أو يَرْصُف في طبقات. «ب» يَقْسِم إلى طبقات اجتماعية x (٢) يتطبّق؛ يتراصف.

strat·i·graph·er [strə tĭgˈ-] *(n.)* الطَّبقاتيّ: الاختصاصي بعلم الطبقات.

strat·i·graph·ic [-grăfˈĭk] *(adj.)* طَبَقاتيّ: خاصّ بعلم الطّبقات.

stra·tig·ra·phy [strə tĭgˈrə fĭ] *(n.)* (١) علم الطّبقات: دراسة طبقات الصخور (جي) (٢) تراصُف الطبقات.

strato- بادئة معناها: «أ» رَهَجٌ و... <*strato*cumulus>. «ب» ستراتوسفير <*strato*-flying airplanes>.

stra·toc·ra·cy [-tŏkˈrə sĭ] *(n.)* الحكومة العسكريّة؛ الحكم العسكريّ.

stra·to·cu·mu·lus [strāˈtō ky͞ooˈmyə ləs] *(n.)* pl. **-li** [lī] القَرِد: سحاب مُؤلَّفٌ من كُرات ضخمة داكنة فوق قاعدة أفقية مسطَّحة كثيرًا ما تحْجب السماء كلها وبخاصة في الشِّتاء.

strat·o·sphere [strătˈ-] *(n.)* السّتراتوسفير: الجزء الأعلى من الغلاف الجوّيّ.

stra·tum [strāˈtəm; strătˈəm] *(n.)* pl. **stra·ta** (١) طَبَقة (٢) طَوْر [من أطوار التاريخ أو النموّ].

stra·tus [strāˈtəs; strătˈəs] *(n.)* pl. **-ti** [tī] الرَّهَج: طبقة أفقيّة خفيضة من سحابٍ شبيه بالضَّباب ينبسط فوق رقعة واسعة (ار).

straw [strô] *(n.; adj.)* (١) «أ» قشّ؛ تِبْن. «ب» قَشّة (٢) ذرّة؛ مِثقال ذرَّة؛ شيء ضئيل القيمة (٣) إلماعة أو واقعة طفيفة [تُشْعِر بوَشْكِ وقوع حدَثٍ ما] (٤) شيء مصنوع من قشّ (٥) الشاروقة: أنبوبة وَرَقيّة يُمْتَصّ بها الشراب § (٦) قَشِّيّ: «أ» مصنوع من قشّ <a ~ broom>. «ب» قَشِّيّ اللَّون: أصفر <~ hair> (٧) تافه؛ ضئيل القيمة (٨) زائف؛ وَهْميّ.

a ~ in the wind = straw *3*.

the last ~, القشّة التي تقصِم ظهر البعير.

to make bricks without ~, يَصْنَع اللَّبِنَ من غير قشّ: يحاول أن يصنع شيئًا من غير الاستعانة بالموادّ الضرورية لصنعِهِ.

straw·ber·ry [strôˈbĕrˈĭ] *(n.)* توت الأرض؛ الفريز؛ الفراولة (نب).

strawberry bush *(n.)* عُلَّيق الفريز: شجيرة شمالأميركية.

strawberry shrub *(n.)* القاليقَنْثوس: شجيرة شمالأميركية عَطِرة الزهرات.

strawberry tomato *(n.)* الفيزالِيْس: نبات عشبيّ شمالأميركيّ ذو ثمرٍ عِنَبيّ أصفر حلو المذاق.

strawberry tree *(n.)* القَطْلَب: شُجَيْرة أوروبيّة ثَمَرُها شبيهٌ بالفريز.

straw·board [strôˈ-] *(n.)* الكرتون القَشِّيّ: ورق مُقَوًّى يُصنع من القشّ.

straw boss *(n.)* مساعِد كبير العُمّال.

straw flow·er *(n.)* زهرة القَشّ؛ الخالدة القِنابيّة (نب).

straw hat *(n.)* القُبّعة القَشّيّة: قبّعة من قشّ مجدول.

straw·hat *or* **strawhat theater** [strôˈ-] *(n.)* المَسْرح الصيفيّ.

straw man *(n.)* (١) الرَّجُل القَشّيّ: كتلة من قشّ لترهيب الطيور (٢) الدُّمية القَشّيّة: «أ» شخص يتّخذ منه المرء ستارًا لتغطية نشاطاته المشبوهة. «ب» شخص ضعيف يُتَّخَذُ خصمًا لكي يتمكّن من دَحْره بسهولة.

straw vote *or* **straw poll** *(n.)* الاستفتاء الاستطلاعيّ: استفتاء غير رسميّ لمعرفة اتجاهات الرأي العام بشأن قضيّة أو مُرَشَّح إلخ.

ă at; **ā** date; **â** care; **ä** car; **ĕ** egg; **ē** me; **ĭ** in; **ī** bite; **ŏ** lot; **ō** bone; **ô** orphan; **oi** boil; **o͝o** good; **o͞o** boot; **ou** out; **ŭ** under; **û** urgent; **ə** = *a* in alone, *e* in system, *i* in easily, *o* in gallop, *u* in circus.

straw wine *(n.)* النَّبيذ القَشّيّ: نبيذٌ حلوٌ يُتّخذُ من عنب مُجفّف في الشمس على مِهادٍ من قشّ.

straw·worm [strô'wûrm'] *(n.)* دودة القشّ؛ دودة التِّبن.

straw·y [-'wĭ] *(adj.)* (١) قَشّيّ (٢) شبيه بالقشّ (٣) خفيف؛ فارغ؛ تافِهٌ.

straw yellow *(n.)* الأصفر التِّبنيّ: لون أصفر شاحب.

stray [strā] *(vi.; n.; adj.)* (١) يَضِلّ؛ يتيه؛ يَشْرُد (٢) يَتَسكَّع (٣) يُخطئ؛ يأثم § (٤) الضّالّ؛ التّائه؛ الشّارد (٥) الشُّرود: تَشَوُّش في جهاز الاستقبال غير ناشئ عن محطة الإرسال (رد) § (٦) «أ» ضالّ؛ تائه؛ شارد <a ~ dog>. «ب» طائش <a ~ bullet> (٧) متفرّق؛ متناثر <a few ~ remarks>.

streak [strēk] *(n.; vt.; i.)* (١) خطّ؛ شريط؛ قَلَم [بلونٍ مغاير لِلَوْن القماش وغيره] (٢) التَّخطُّط: مرضٌ ڤيروسيّ يصيب الطّماطم والبطاطس (٣) الشُّعاعة؛ شريط ضوئيّ ضيّق (٤) أثر؛ مَسْحة؛ عِرْق <a ~ of vanity in his character> (٥) بُرْهة؛ فترة قصيرة <a ~ of luck> (٦) سلسلة متّصلة؛ سلسلة متتابعة من غير انقطاع <a long winning ~> (٧) طبقة <~s of fat in meat> § (٨) يُخَطِّط؛ يُقلِّم إلخ x (٩) يتوخّط: يُصبح مُخطَّطًا أو مُقلَّمًا <Her hair began to ~ with gray.> (١٠) يندفع بسرعة؛ ينطلق بسرعة البَرْق.

like ~, كالبَرْق؛ بسُرعة البرق.

streaked [strēkt] *(adj.)* (١) مُخطَّط؛ مُقلَّم (٢) قَلِق؛ مضطرب الفكر (٣) مريض؛ منحرف الصّحّة.

streak·er [strē'-] *(n.)* مُتجرِّد الشوارع: من يعدو عاريًا في الشوارع.

streak·y [strē'kĭ] *(adj.)* (١) مُخطَّط؛ مُقلَّم (٢) قلِق؛ جَزِع <was nervous and ~> (٣) متفاوت؛ مُتقلِّب؛ غير جدير بالثّقة والاعتماد.

stream [strēm] *(n.; vi.; t.)* (١) «أ» نهر. «ب» نُهَيْر. «ج» جدول (٢) سَيْل (٣) تيّار (٤) «أ» دَفْق. «ب» مورد متجدِّد باستمرار. «ج» موكب متّصل (٥) شُعاع (٦) مجرى أو اتجاهٌ سائد <the ~ of opinion> (٧) منهج [تعليميّ] § (٨) يجري؛ يتدفّق (٩) يُرْسل شعاعًا؛ يُخلِّف وراءه ذيلًا لامعًا (١٠) «أ» يفيض [دمًا أو دمعًا]. «ب» يتصبّب عَرَقًا. «ج» يتبلّل حتى لَيَسيلُ منه الماء <~ing umbrellas> (١١) يتموّج (١٢) يتدلّى؛ يَنْسَدِل (١٣) يَنْصبّ؛ يتقاطر؛ يتوافد بأعداد كبيرة x (١٤) يُرْسِل؛ يَذْرِف <Her eyes ~ed tears.> (١٥) يُمَوِّج (١٦) يغسِل الأتربة [لاستخلاص الرِّكاز أو المعدن الخام].

on ~, عاملٌ؛ مُنتِج؛ في وضعٍ يمكّنُهُ من الإنتاج.

stream·bed [strēm'-] *(n.)* مَجْرى النهر.

stream·er [strē'mər] *(n.)* (١) الراية: «أ» عَلَمٌ خفّاق. وبخاصة: علمٌ مُثلّثي الشكل. «ب» القُصاصة المتموّجة: كلّ قُصاصة طويلة ضيّقة متموّجة مثلَ علَم خفّاق. «ج» الرأسيّة العريضة: عنوان أو «ترويسة» ضخمةُ الأحرف، ممتدّة على عرض الصّفحة (صح) (٢) *pl.*: aurora borealis (٣) غاسِل الأتربة [لاستخلاص الرِّكاز أو المعدن الخام].

stream·ing [strē'-] *(adj.; n.)* (١) جارٍ؛ سيّال؛ مُتدفّق § (٢) جَرَيان؛ تدفُّق.

stream·let [strēm'lət] *(n.)* نُهَيْر؛ جَدْول.

stream·line [-'līn'] *(n.; adj.; vt.)* (١) خطّ انسيابيّ § (٢) انسيابيّ: مُصَمَّم لتكونَ مقاوَمةُ الهواء لحركته ضئيلةً <a ~ automobile> § (٣) يجعلهُ انسيابيًا (٤) يُجدِّد؛ يُعَصرِن؛ يُحدِّث: يجعله عَصْريًا (٥) يُنَظِّم (٦) يُبَسِّط: يجعله أبسَطَ أو أكثر فعّاليّة.

stream·lined [-'līnd'] *(adj.)* (١) انسيابيّ (٢) مُحكم؛ مُجمَل: خالٍ من الزيادة أو الحَشْو (٣) مُنظَّم (٤) مُعَصْرَن؛ مُحدَّث.

streamline flow *(n.)* تدفُّق الجَرَيان الانسيابيّ.

stream·lin·er *(n.)* (١) قطار أو أوتوبوس انسيابيّ (٢) طائرة انسيابيّة.

stream·side [strēm'sīd] *(n.)* الضِّفّة؛ ضِفّة النَّهر.

stream·y [strē'mĭ] *(adj.)* (١) كثير الأنهار (٢) جارٍ؛ سيّال؛ متدفّق.

street [strēt] *(n.; adj.)* (١) شارع (٢) سُكّان الشارع (٣) رذيلة؛ بِغاء؛ شوارع <a woman of the ~s> (٤) حُرِّيّة [بعد سَجْن] § (٥) شارعيّ. وبخاصة: «أ» مجاور للشارع <the ~ door>. «ب» جارٍ في الشّوارع <~ fighting>. «ج» عازفٌ في الشّوارع <a ~ band>. «د» ملائم للارتداء في الشّارع <~ clothes>. «هـ» غير مُلامسٍ الأرض [صفة لبعض ملابس النِّساء].

street·car [strēt'-] *(n.)* ترام؛ تراماوي.

street lamp *or* **street light** *(n.)* مصباح الشّارع.

street railway *(n.)* خطّ ترام أو أوتوبوس.

street virus *(n.)* ڤيروس الشوارع: الڤيروس الخبيث أو الطبيعيّ، تمييزًا له عن الڤيروس المُوْهَن في مُختبر.

street·walk·er [strēt'-] *(n.)* بَغِيّ؛ مومس. وبخاصة: مومس الرصيف؛ البَغِيّ المتحرّشة: البَغِيّ التي تتحرّش بالرجال في الشوارع.

street·walk·ing [strēt'-] *(n.)* بِغاء؛ دعارة.

street·wise *(adj.)* شوارعيّ: قادر على كسب الرِّزق في محيطٍ مدينيّ قاسٍ.

strength [strĕngkth] *(n.)* (١) «أ» قوّة. «ب» مَقْدِرة (٢) سَنَد <God is our refuge and ~.> (٣) شدّة (٤) متانة (٥) مقاومة (مك) (٦) أساس (٧) نزعة إلى ارتفاع الأسعار.

on the ~ of (١) بناءً على؛ على أساس كذا (٢) تحسُّبًا لِـ.

strength·en [strĕngk'thən] *(vt.; i.)* (١) يُقوِّي x (٢) يَقْوَى.

stren·u·ous [strĕn'yoo͞ əs] *(adj.)* (١) نشيط <a ~ child> (٢) حافلٌ بالنّشاط <a ~ day> (٣) مُتّقِد؛ مُتحمِّس (٤) شديد؛ قويّ <a ~ opposition> (٥) جاهد؛ عنيف <~ efforts> (٦) شاقّ؛ مُتعِب (٧) عسير؛ صعب <a ~ examination>.

strep [strĕp] *(adj.)* = streptococcal.

strepto- بادئة معناها: «أ» مُلتوٍ؛ سلسلة مُلتويَة. «ب» المُكوَّر العِقديّ.

strep·to·ba·cil·lus [strĕp tə bə sĭl'əs] *(n.)* السِّلسِليّة؛ العُصَيّة العِقْديّة: عُصَيّة مُتّصلة بعُصَيّاتٍ أخرى في سلسلة (بك).

strep·to·coc·cal [-kŏk'əl]; **strep·to·coc·cic** [-kŏk'sĭk; -kŏk'ĭk] *(adj.)* عِقْديّ؛ مُكوَّريْعِقديّ؛ مُكوَّريّ عِقْديّ <~ organisms>.

strep·to·coc·cus [-kŏk'əs] *(n.)* pl. **-coc·ci** [kŏk'sē] العِقْدِيّة؛ المُكوَّر

العِقدِيّ: بكتيريا كُرَوية تتكاثر بالانقسام محدثةً سلاسل أو عقودًا.

strep·to·my·cin [strĕp′tō mī′sĭn] *(n.)* السْتْرِبتومايسين: عقّار من المُرْدِيات antibiotics يُستخدم في معالجة السُلّ وذات الرئة إلخ.

strep·to·thri·cin [-thrī′sĭn] *(n.)* السْتْرِبتوثرايسين: عقّار من المُرْدِيات يُستخدم في مكافحة البكتيريا والفُطور.

stress [strĕs] *(n.; vt.)* (١) ضَغْط؛ وطأة (٢) الإجهاد (مك) (٣) الكَرْب: حالة ناشئة عن كَرْب [كالتوتُّر البدني أو العقلي] (ط) (٤) توكيد؛ أهميّة <to lay ~ on exact sciences> (٥) النَّبْر؛ النَّبرة <In *solid* the ~ is on the first syllable.> (٦) شِدّة؛ ضِيق § (٧) يُجْهِد (٨) يَنْبِر: يضع النَّبرة على (٩) يَضْغط على (١٠) يؤكّد؛ يضع التوكيدَ على. — **stress·ful** *(adj.)*

stretch [strĕch] *(vt.; i.; n.; adj.)* (١) يُمَدِّد (٢) يَمُدّ (٣) يَبْسُط أو ينشر [جناحَيْه إلخ] (٤) يُتْلِع: يَمُدّ عُنُقَهُ (٥) يُسْقط بضربةٍ أو نحوها (٦) «أ» يَمُطّ. «ب» يَشُدّ؛ يُوسِّع (٧) يتوسَّع: يتوسَّع في تفسير شيء إلى أبعد من الحدّ الطبيعيّ أو الصَّحيح <~*ed* the law to suit his purpose> x (٨) يمتدّ (٩) يتمدَّد <Rubber ~*es* easily.> (١٠) يَتَمَطَّط (١١) يَتَمطّى <awoke, yawned, and ~*ed*> (١٢) يُبالغ (١٣) يبذل جهدًا كبيرًا § (١٤) مدًى (١٥) مص stretch (١٦) امتداد <a ~ of meadow> (١٧) مدّة؛ فترة <a ~ of five years> (١٨) نُزهة [على القدمين ترويحًا عن النَّفس] <took a ~ over the countryside> (١٩) إجهاد [بَدَنيّ أو عقليّ] (٢٠) مُدّة المحكوميّة [في سجن] أو الخدمة [في القوات المُسلّحة] (٢١) نهاية المطاف: المرحلة الأخيرة من سباقٍ للخيل أو من حملة انتخابية (٢٢) المَطُوطيّة؛ المُرُونة § (٢٣) مَطُوطيّ؛ مَرِنٌ <~ nylon>.

at a ~, باستمرار؛ على نحوٍ موصول.

to ~ a point يبالغ؛ يتزيّد؛ يتوسَّع أو يتجوّز في الأمر.

stretch·er [-′ər] *(n.)* (١) فا stretch. وبخاصةٍ: المُوَسِّعة: أداة لتوسيع الحذاء أو القُفّاز إلخ (٢) الطُّوبة المُجانِبَة (عم) (٣) المديدة: عارضة ممتدّة بين قائمتَيْ كرسيّ أو مائدة (٤) النَّقّالة: حِمالة لنقل الجَرْحَى أو المَرْضَى.

stretcher 4.

stretch·er·bear·er [-′ər bâr′ər] *(n.)* حاملُ النَّقّالة: أحد حامِلَي النَّقّالة.

stretch limo *(n.)* اللّيموزين الطَّويل: سيارة رُكّاب فخمة طويلة.

stretch–out [-′out′] *(n.)* نظام التَّمديد: نظام يُطلب بموجبه إلى العمال القيام بعمل إضافيّ لقاء أجر ضئيل أو من غير أيّما زيادة في الأجر.

stretch·y [strĕch′ĭ] *(adj.)* مَطوطيّ؛ مَرِن <~ nylon>.

strew [strōō] *(vt.)* (١) يَنْثُر؛ يَبْذُر (٢) يَفْرُش: يكسو أو يغطّي بشيء منثور (٣) يَنْثُر فوق كذا <rocks that ~*ed* the mountainside> (٤) يُشيع؛ يَنْشُر.

strewn [strōōn] *past part. of* strew.

stri·a [strī′ə] *(n.)* pl. **stri·ae** [strī′ē] (١) حَزّ؛ خَدْش؛ ثَلْم (٢) خطّ؛ قلم [من لونٍ مغاير في قطعة من قماش].

stri·ate [*v.* strī′āt; *adj.* -′ĭt; -′āt] *(vt.; adj.)* (١) «أ» يُحَزِّز؛ يُخَدِّش؛ يُثَلِّم. «ب» يخطِّط؛ يُقلِّم § (٢) «أ» مُحَزَّز؛ مُخَدَّش إلخ. «ب» مُخَطَّط؛ مُقَلَّم.

stri·at·ed [strī āt′ĭd] *(adj.)* = striate 2.

stri·a·tion [strī ā′shən] *(n.)* (١) تحزيز؛ تثليم إلخ (٢) تحزُّز؛ تَثَلُّم إلخ (٣) حزّ؛ خَدْش؛ ثَلْم؛ خطّ؛ قَلَم؛ سَطْر.

strick·en [strĭk′ən] *(adj.)* (١) مُتْرَع؛ مَليء (٢) مضروب أو مجروح [بسلاح أو قذيفة إلخ] (٣) مُبْتَلًى: مصاب بداء أو بَلاء إلخ (٤) مُحَطَّم؛ مُعَطَّل؛ كسيح؛ مُعاق.

~ in years هَرِم؛ طاعنٌ في السِّنّ.

strick·le [strĭk′əl] *(n.; vt.)* (١) المِسْواة: «أ» أداة لإزالة الفائض من القمح إلخ حتى يستوي مع سطح المكيال. «ب» أداة لتسوية سطح القالب أو تمليسِهِ [في السِّباكة] § (٢) يسوّي: يُسَوّي بالمسواة.

strict [strĭkt] *(adj.)* (١) صارم <~ orders> (٢) تامّ؛ كامل <told in ~ confidence> (٣) متزمّت <a ~ Catholic> (٤) ضيّق (ا. ق) (٥) دقيق <a ~ statement of facts>. — **strict·ness** *(n.)*

strict·ly [-′lĭ] *(adv.)* (١) بصرامة؛ بتزمُّت؛ بِدِقّة إلخ (٢) على نحوٍ كامل.

stric·ture [strĭk′chər] *(n.)* (١) التَّضيُّق (ط) (٢) قَيْد (٣) نقدٌ قاسٍ.

stride [strīd] *(vi.; t.; n.)* (١) يقف منفرجَ السّاقين (٢) يمشي بخطى واسعة (٣) يفشخ؛ يخطو خطوةً واسعة <She *strode* over the pail.> x (٤) يركب مباعدًا ما بين رجليه (٥) يَذْرَع المكان: يقطعه بسرعة وكأنّه يقيسه § (٦) «أ» فَشْخة؛ خُطوة واسعة. «ب» تقدُّم (٧) مص stride (٨) ذروة الحركة أو النّشاط (٩) المِشْية: طريقة المشي <His ~ was one of majesty.> (١٠) *pl.*: بنطال (بر).

to hit one's ~, يبلغ سرعتَهُ المألوفة أو نشاطه السَّويّ.

to make great *or* rapid ~*s* يتقدَّم بسرعة.

to take in one's ~, يُنْجِزُهُ من غير تردُّد أو عَناء.

stri·den·cy; stri·dence [strī′-] *(n.)* صَرير؛ صَريف.

stri·dent [strī′dənt] *(adj.)* (١) صارّ؛ صارف؛ أجشّ (٢) طنّان؛ رَنّان.

stri·dor [strī′dər] *(n.)* (١) صَرير؛ صَريف (٢) الصَّرير؛ الصَّرْصَرة: صوت أجشّ يُسْمَعُ عند الزَّفير (ط).

strid·u·late [strĭj′ə lāt′] *(vi.)* يَصِرّ: يُطلق صريرًا حادًّا بِحَكّ بعض أجزاء الجسم ببعضها الآخر. — **strid·u·la·tion** *(n.)* — **strid·u·la·to·ry** *(adj.)*

strid·u·lous [strĭj′ə-] *(adj.)* (١) صارّ؛ صارف (٢) صَريريّ؛ صَرْصَريّ.

strife [strīf] *(n.)* (١) نِزاع <political ~> (٢) كِفاح؛ نِضال.

strig·il [strĭj′əl] *(n.)* مِكْشَطة الجِلد: أداة كان الإغريق والرومان يَكْشِطون بها أبدانهم بعد الاستحمام أو التّريُّض.

stri·gose [strī′gōs] *(adj.)* (١) مُهَلَّب: ذو هُلْب أو شعر قاسٍ (٢) مُخَطَّط؛ مُحَزَّز <~ leaves>.

strike [strīk] *(vi.; t.; n.)* (١) يذهب؛ ينطلق <You must ~ west from

ă at; ā date; â care; ä car; ĕ egg; ē me; ĭ in; ī bite; ŏ lot; ō bone; ô orphan; oi boil; o͝o good; o͞o boot; ou out; ŭ under; û urgent; ə = *a* in alone, *e* in system, *i* in easily, *o* in gallop, *u* in circus.

here.> (٢) «أ» يَضرِب. «ب» يَطْرُق (٣) يَرْتطِم بِـ (٤) يَشْطُب؛ يَحْذِف [كلمةً إلخ] (٥) يُنكِّس الراية [دلالةً على الاستسلام إلخ] (٦) يُعْلِن بضربات الساعة إلخ <just after seven o'clock *struck*> (٧) يخترق؛ ينفذ إلى <A chill *struck* through her flesh.> (٨) «أ» يقاتل <to ~ for freedom>. «ب» يقوم بهجوم عسكريّ (٩) يشتعل <The match wouldn't ~.> (١٠) «أ» يجذب الصنّارة لإقحام الشّصّ في فم السَّمَكة. «ب» تعضّ [السمكة] على الطُّعم (١١) يندفع بسرعة (١٢) «أ» تتأصّل [الشتلةُ] أو تتجذّر في الأرض. «ب» يَنْبت [الحَبُّ] (١٣) يُحْدث انطباعًا (١٤) يُضْرِب [عن العمل] (١٥) يبدأ أو يستهلّ فجأةً <*struck* into another waltz> (١٦) يُقْحِم نفسه (١٧) يكافح؛ يناضل x (١٨) يَضْرِب؛ يَطْعن إلخ (١٩) يَقْطع: يزيل بضربةٍ أو نحوها <He *struck* off her head.> (٢٠) يَلْدَغ (٢١) يوجِّه؛ يُسدِّد [ضربةً] (٢٢) يَفْلَع: يَشُقّ بضربة شديدة (٢٣) يُنْزِل [شراعًا أو عَلَمًا أو حُمولة] (٢٤) يَنْزِع؛ يُزيل <to ~ a stage set> (٢٥) يُقوِّض [الخَيْمةَ] (٢٦) يبتلي: يُنزل به بلاءً مفاجئًا (٢٧) يَحْذِف؛ يَشْطُب <*Strike* the second paragraph.> (٢٨) «أ» يَنْقُب. «ب» يمدّ؛ ينشر <to ~ deep roots> (٢٩) يُسوّي بالمِسواة (را. strickle) (٣٠) تُعْلِن بالدّقّات أو الضَّربات <The clock ~*s* the hours.> (٣١) يَرْطُم؛ يَصْدِم (٣٢) يتصافح [تثبيتًا أو توكيدًا لاتّفاق] (٣٣) يُقحِم فجأةً (٣٤) يرتطم بِـ (٣٥) يُصيب بذعر أو خوف (٣٦) يَصْرَع؛ يُميت <*struck* her dead> (٣٧) «أ» يَطْبَع. «ب» يَسُكّ (٣٨) «أ» يَقْدَح النارَ. «ب» يُشْعِل <to ~ a match> (٣٩) يَعْقِد <They have *struck* an agreement.> (٤٠) يَعْزِف على (٤١) يُقحِم الشِّصّ في فم السّمكة [بأن يجذب القصبة فجأةً] (٤٢) يَخْطر في البال <A happy thought *struck* her.> (٤٣) «أ» يَلفِت؛ يستوقف <the first object that ~*s* one's sight>. «ب» يؤثّر في النفس <How does it ~ you?> (٤٤) يفتِن؛ يَسْحَر (٤٥) «أ» يحقّق [تسوية] بالموازنة بين مختلف العناصر والاعتبارات. «ب» يتوصل إلى شيء بعملية حسابيّة إلخ <to ~ an average> (٤٦) «أ» يبلغ؛ يُحرِز. «ب» يكتشف <to ~ oil> (٤٧) يشلّ [عمل الشركة] بالإضراب (٤٨) يتّخذ «وِضْعَةً» أو وِقفةً إلخ <*struck* a pose> (٤٩) يغرس [شتلةً] (٥٠) يشقّ [طريقَهُ] § (٥١) مِسْواة (را. strickle) (٥٢) ضَرْب؛ ضَرْبة (٥٣) إضراب (٥٤) الجَذْب: «أ» جَذْبُ لخيط القَصَبة بُغْيَة إقحام الشِّص في فم السّمكة. «ب» جذبُ السَّمكةِ لهذا الخيط عند عضّها على الطُّعم (٥٥) ضربة حظٍّ سعيد. وبخاصة: اكتشاف مفاجئ للنّفط إلخ (٥٦) رمية صائبة (٥٧) الإسقاط الماحق: إسقاط جميع قوارير البولنغ الخشبية بالكُرَة الأولى (٥٨) عائق؛ عَقَبة <Her racial background was a second ~ against her.> (٥٩) تَجذُّر [النباتِ]؛ تأصُّل (٦٠) «أ» هجوم عسكريّ. وبخاصة: هجوم جوّيّ على هَدَف مُفْرَد. «ب» سِربٌ من الطائرات مشاركٌ في هذا الهجوم.

to ~ in — يتدخّل أو يقاطع على نحو مفاجئ.

to ~ off — (١) يقطع رأس فلان بالفأس إلخ (٢) يَطْبع [عددًا معيَّنًا من نُسَخ الكتاب] (٣) يَشْطُب (٤) يُنشئ أو يَنظِم أو يُلَحِّن بِيُسْر (٥) يَصِف بوضوح ودقّة.

to ~ out — (١) يستهلّ [عملًا] (٢) يَنْدفع بقوّة ونشاط (٣) يُحدِث أو يشكّل بسهولةٍ (٤) يُوَجِّه الضَّربات بقوّة (٥) يَشْطُب.

to ~ up — (١) يفتتح؛ يستهلّ (٢) يُصادِق؛ يَعْقِدُ صداقةً مع (٣) يَشْرَع في العزف أو الغناء (٤) يبدأ بعزف نشيد أو غنائه (٥) يَجْعل [الفرقةَ إلخ] تبدأ في العزف أو الغناء.

strike·bound [strīk′-] *(adj.)* مُخْضَع للإضراب <a ~ factory>.

strike·break·er [strīk′brā′kər] *(n.)* مُفسِد الإضراب: مَنْ يُستأجَر للحلول محلّ عامل مُضرِب.
— **strike·break·ing** *(n.)*

strike force *(n.)* القوة الضّاربة (جن).

strike·less [strīk′-] *(adj.)* عديم الإضراب: لا إضرابات فيه.

strike·o·ver [strī′kō′vər] *(n.)* (١) الضَّرب الفَوْقيّ: ضرب حرف بالآلة الكاتبة فوق حرفٍ مضروبٍ سابقًا (٢) الضَّربة الفَوْقيّة.

strik·er [strī′kər] *(n.)* (١) فا strike، مثل: «أ» اللاعب الضاربُ للكُرَة. «ب» مِطرقةُ الآليّةِ الضاربةِ في ساعة دقّاقة. «ج» مساعد الحدّاد. «د» المُضْرِب [عن العمل]. «هـ» القادح: إبرة الرمي في بندقيّة (٢) الطارق: جنديّ يعمل في خدمة ضابط (٣) الحَرْبون: رمحٌ لصَيْد الحيتان.

strik·ing [strī′-] *(adj.)* (١) ضارب (٢) أخّاذ؛ لافتٌ للنظر <~ beauty> (٣) مُدْهِش؛ عجيب <a ~ resemblance> (٤) مُضْرِب <~ workers>.

string [strĭng] *(n.; vt.; i.)* (١) خَيْط؛ سِلْك؛ شريط (٢) رِباط (٣) عِرق [في ورقة النبات] (٤) «أ» حَبْل. «ب» حَبْل المشنقة (٥) مِقْوَد؛ رَسَن (٦) «أ» وَتَر. «ب» *pl.*: الآلات الوَتَرية [في أوركسترا]. «ج» *pl.*: العازفون على هذه الآلات (٧) السَّلِيكة؛ المِسْكاك: مجموعة أشياء ينتظمها سِلْك <a ~ of fish> (٨) خيط السُّبحة أو العِقْد (٩) رَتَل؛ خطّ <a ~ of cars> (١٠) قافلةُ [حيواناتٍ أو عرباتٍ أو أشخاص] (١١) وسيلة (١٢) المنظومة: «أ» مجموعة جياد يملكها شخص واحد. «ب» مجموعة مؤسّسات تجارية موزَّعة توزيعًا جغرافيًا <a ~ of newspapers>. «ج» مجموعة لاعبين مُرَتَّبين تبعًا للمهارة <the first ~ of the football team> (١٣) سلسلة (١٤) stringboard (١٥) stringcourse (١٦) balkline *b* (١٧) شَرْط؛ قَيْد <a proposal with no ~*s* attached> (١٨) *pl.*: سَيْطرة؛ سُلطان § (١٩) يُوَتِّر: «أ» يُزوِّد الآلة الموسيقية بأوتار. «ب» يُدَوْزِن الأوتار. «ج» يزوّد مضرب التّنس بأوتار. «د» يُثير: يُوَتِّر الأعصاب إلخ (٢٠) يَسْلُك [الخَرَزَ وما شاكلَهُ] في خَيْط (٢١) يَرْبِط أو يُعَلِّق أو يُثبِّت بخيط إلخ (٢٢) يَشْنق (٢٣) يُزيل العروقَ أو الخيوطَ من <to ~ beans> (٢٤) يَمُدّ (٢٥) يَرْصُف؛ يَنْظِم في سلسلة (٢٦) يَخْدع x (٢٧) يُشْنق (٢٨) يتسَلْسَل: «أ» يُشَكِّل سلسلةً. «ب» يتحرَّك على صورة رَتَلٍ أو قافلة (٢٩) تتخيَّط: تتمدَّد المادةُ الدَّبِقة على شكل خيوط.

to pull ~*s* — يستخدم نفوذه سرًّا [لبلوغ غرض].

to ~ along — (١) يوافق؛ يرافق؛ يذهب مع (٢) ينقاد له؛ يحذو حَذْوَهُ (٣) يُبْقيه منتظِرًا (٤) يَخْدَع.

string band *(n.)* الفرقة الوَتَرِيّة: فرقة موسيقية جميع آلاتها وترية.

string bass *(n.)* = contrabass.

string bean *(n.)* (١) الفاصوليا؛ اللّوبياء (نب) (٢) شخص طويل نحيل.

string·board [strĭng′-] *(n.)* كِساء الأطراف: لوحة أو بلاطة تُغَطّي أطراف

درجات السُّلَّم .

stringcourse

string·course [strĭng′-] *(n.)* الطَّوق الحجريّ : طوق من حجارة إلخ يَلُفّ مبنًى (عم) .

stringed [strĭngd] *(adj.)* وَتَرِيّ <a ~ instrument; ~ music> .

stringed instrument *(n.)* الآلة الوترية [كالعود والقيثارة والكَمان] .

strin·gen·cy [strĭn′jən sĭ] *(n.)* (١) صرامة ؛ قسوة (٢) أزمة [مالية] (٣) قوّة الحُجّة ؛ القُدْرة على الإقناع .

strin·gen·do [strĭn jĕn′dô] *(adv.)* بِتَسارُع (مو) .

strin·gent [-′jənt] *(adj.)* (١) «أ» ضيِّق . «ب» شديد ؛ مُتَشدِّد . «ج» صارم <~ laws> . «د» مُلِحّ ؛ ماسّ <~ necessity> (٢) مأزوم : مُتَّسِم بندرة المال وصعوبة الحصول على القروض إلخ <a ~ market for loans> (٣) مُقْنِع ؛ مُفْحِم <a ~ argument> .

string·er [strĭng′-] *(n.)* (١) فا string (٢) السَّليكة : سِلك يضع فيه صائد الأسماك صَيْدَهُ (٣) المَدّادة : «أ» ضلع أُفقي طويل ترتكز عليه الأرضية (عم) . «ب» ضلع مُساعِد [في جسر أو سكة حديد أو جناح طائرة] (٤) bridgeboard (٥) المراسل الصُّحُفيّ (٦) شخص مُعْتَبَرٌ ذا مرتبةٍ معيَّنة من الامتياز أو الفعّاليّة <first-*stringer*> .

string·halt [-′hôlt′] *(n.)* = springhalt.

string·i·ness [strĭng′-] *(n.)* (١) الخيطيّة ؛ اللِّيفيّة (را . stringy) (٢) لزوجة .

string·ing [strĭng′ĭng] *(n.)* أوتار مِضْرَب التِّنِس .

string line *(n.)* = balkline *b*.

string orchestra *(n.)* الأوركسترا الوترية : فرقة موسيقية جميع آلاتها وترية .

string·piece [strĭng′pēs] *(n.)* المَدّادة (را . stringer *3a*) .

string quartet *(n.)* الرُّباعيّة الوترية : «أ» فرقة موسيقية تَعزِف على أربع آلات وترية . «ب» مقطوعة مُعدَّة لكي تعزفها رُباعيةٌ وَتَرِيَّة .

string tie *(n.)* الأُرْبة الخيطيّة : رباطُ عنقٍ ضيِّقٌ جدًا .

string·y [strĭng′ĭ] *(adj.)* (١) خَيْطيّ ؛ ليفيّ (٢) قاسي الألياف <~ meat> (٣) نحيلٌ مفتول العضل <~ old cowboys> (٤) لَزِج ؛ دَبِق ؛ مشكّل خيوطًا <~ syrup> .

strip [strĭp] *(vt.; i.; n.)* (١) يُجرِّد ؛ يُعَرِّي (٢) يَسْلُب (٣) يجرِّد [من الأثاث أو الممتلكات أو الرُّتَب] (٤) يَقْشِر (٥) يَنْزِع ؛ يُزيل (٦) يَحْلُب [البقرة] حتى آخر نقطة في ضَرْعها (٧) يَنْزِع الأضلاع الوسطى من أوراق التَّبغ (٨) يُتْلِف السِّنَّ أو التُّرْس (مك) (٩) يُنْصِل : يَفصِل العناصرَ الأساسيةَ عن مزيج أو محلول x (١٠) يتجرَّد ؛ يَخْلَع [ملابسه] (١١) تتجرَّد : تخلع ملابسَها ، على خشبة المسرح ، على مرأى من النَّظّارة ، قطعةً بعدَ قطعةٍ (١٢) يتقشَّر ؛ ينقشر § (١٣) الشُّقّة ؛ الشَّريط : مساحة أو قطعة طويلة ضيّقة [من الأرض أو القماش] (١٤) comic strip (١٥) المنظومة : ثلاثة طوابع أو أكثر متّصلٌ بعضها ببعض في صفّ أفقيّ أو عموديّ (١٦) airstrip (١٧) شارع تجاريّ .

stripe[1] [strīp] *(n.)* (١) ضَرْبة [بالعَصا] (٢) جَلْدة [بالسَّوط] .

stripe[2] *(n.; vt.)* (١) «أ» خطّ ؛ قلم ؛ سَيْر [بلون مغاير للون الخلفيّة] . «ب» تخطيط أو تقليم [يكون على القماش] . «ج» قماشة مخطَّطة أو مقلَّمة (٢) «أ» شريط [على الكمّ دالّ على الرتبة العسكريّة] . «ب» شارة الرتبة العسكريّة (٣) ضربٌ ؛ نوع ؛ طراز <artists of every ~> § (٤) يُخطِّط ؛ يُقَلِّم .

striped [strīpt; strī′pĭd] *(adj.)* مُخطَّط ؛ مُقلَّم <~ cloth> .

striped bass

striped bass *(n.)* الفَرْخ المُخطَّط ؛ القاروس المُقَلَّم .

strip·er [strī′pər] *(n.)* (١) ذو الشّارة : من يحمل على كُمِّهِ شارةً دالّةً على رتبتِهِ العسكرية (٢) الفَرْخ المُخطَّط (را . المادة السابقة) .

strip·film [strĭp′fĭlm] *(n.)* = filmstrip.

strip·ing [strī′-] *(n.)* (١) خطوط ؛ أقلام ؛ سُيور (٢) تخطيط ؛ تقليم .

strip·ling [strĭp′lĭng] *(n.)* المُراهِق : غلامٌ مُراهِق .

stripped–down *(adj.)* أجْرَد : عاطلٌ عن وسائل التَّرف أو الترفيه .

strip·per [strĭp′ər] *(n.)* (١) فا strip (٢) stripteaser (٣) مِقْشَرة .

strip·tease [strĭp′tēz′] *(n.; vi.)* (١) التَّجرُّد ؛ التعرِّي : خلع المرأة ملابسها ، على خشبة المسرح ، أمام النَّظّارة ، قطعةً بعد أخرى § (٢) تتجرَّد ؛ تتعرّى .

strip·teas·er [-′tē zər] *(n.)* المُتَجرِّدة ؛ المُتَعرِّية (را . المادّة السابقة) .

strip·y [strī′pĭ] *(adj.)* مُخطَّط ؛ مُقَلَّم .

strive [strīv] *(vi.)* يكافح ؛ يناضل ؛ يُجاهد .

stro·bi·la [strō bī′lə] *(n.)* pl. **-lae** [lē] جسم الدودة الشَّريطيّة .

strob·i·la·ceous [strō′bĭ lā′shəs] *(adj.)* مخروطانيّ : مَخْروطيّ الشَّكل .

strob·ile [strŏb′ĭl] *(n.)* المخروط : ثمرة صنوبرية الشكل أو مَخْروطيَّتُهُ .

stro·bo·scope [strō′bə skōp′] *(n.)* السّتروبوسكوب : جهاز لقياس سرعة الدّوران أو التّردُّد .
— stro·bo·scop·ic *(adj.)*

stro·bo·tron [strō′bə trŏn] *(n.)* = flashtube.

strode [strōd] *past of* stride.

stro·ga·noff [strō′gə nŏf′; - nŏv] *(adj.)* ستروغانوفيّ : مُقطَّع إلى شرائحَ رقيقة ومَطْهُوّ بالصّلصة والتّوابل إلخ <beef ~> .

stroke[1] [strōk] *(vt.; n.)* (١) «أ» يُمَسِّد : يُمِرّ يده [على الشَّعر] برفق وفي اتجاه واحد . «ب» يُمَلِّس (٢) يُلاطف § (٣) تمسيد ؛ ملاطفة إلخ .

stroke[2] *(n.; vt.; i.)* (١) ضَرْب . وبخاصة : ضربة بسلاح أو أداة (٢) حركة من سلسلة حركات نظاميّة متكررة <swimming with a slow ~; a fast ~ in rowing> (٣) ضرب للكرة [في التنس إلخ] (٤) الضَّربة : عمل مفاجئ [أو عملية مفاجئة] ذو [أو ذات] أثر قويّ <~ of lightning; ~ of luck> (٥) apoplexy (٦) «أ» جَلْفة ؛ قَرعة ؛ دقّة ؛ خَفْقة ؛ خَبْطة . «ب» مُجذِّف المؤخَّرة [في قارب] (٧) جهد قويّ <a bold ~ for liberty> (٨) مقدار ؛

ă at; ā date; â care; ä car; ĕ egg; ē me; ĭ in; ī bite; ŏ lot; ō bone; ô orphan; oi boil; o͝o good; o͞o boot; ou out; ŭ under; û urgent; ə = *a* in alone, *e* in system, *i* in easily, *o* in gallop, *u* in circus.

قَدْر <a ~ of genius> (٩) عملٌ فذّ <not to do a ~ of work> (١٠) طابَع أو مسحة مميِّزة أو بارعة في أثر أدبيّ (١١) نَبْض؛ خَفَقان [القلب] (١٢) الشَّوْط (مك) (١٣) الدَّقّة: صوت الجرس عند قرعِهِ (١٤) «أ» الخَطَّة (مج): أحد الخطوط التي يتألف منها الحرف الأبجديّ. «ب» جرّة قَلَم [في الكتابة] § (١٥) يُعَلِّم أو يَسِمُ بخطٍّ قصير <to ~ the t's> (١٦) يَشْطُب <He ~*d* out her name.> (١٧) يَضرِب [الكُرة إلخ] x (١٨) يُجَذِّف [بعددٍ معيَّن من الضّربات في الدقيقة].

a ~ of business صَفْقة [تجارية].

stroke oar *(n.)* (١) مِجذاف المؤخَّرة: المِجذاف الأقرب إلى مؤخَّر المَرْكب (٢) مجذِّف المؤخَّرة: المُجَذِّف المسؤول عن مجذاف المؤخَّرة.

stroll [strōl] *(vi.; t.; n.)* (١) يتمشّى [متنزِّهًا] (٢) يتجول. وبخاصة: يتجوَّل طلبًا للعمل أو الكَسْب <~*ing* musicians> x (٣) يجوب متمهِّلًا <~*ed* the town> § (٤) تمشٍّ؛ تجوُّل؛ نزهة.

stroll·er [strō´lər] *(n.)* (١) المتمشّي؛ المتجوِّل إلخ (٢) المتشرِّد؛ المتسكِّع (٣) المُمَثِّل المسرحيّ المتجوِّل (٤) عربة أطفال.

stro·ma [strō´mə] *(n.)* pl. **-ta** السَّدى؛ السَّداة؛ الإسْتْرُوما: «أ» نسيج فُطْريّ يَحْمِلُ أجسامًا ثَمَرِيّة (نب). «ب» النسيج البروتوبلازميّ في كُرَيّات الدّم الحمراء (أح).

stro·mal; stro·ma·tal; stro·mat·ic *(adj.)* سَدَويّ؛ إسْتْرُوميّ.

stro·mey·er·ite [strō´mī ər īt´] *(n.)* السّتروماييريت (مع).

strong [strŏng] *(adj.; adv.)* (١) «أ» قويّ. «ب» شديد (٢) مؤلَّف من عدد معيَّن <an army five thousand ~> أي جيش مُشَكَّل من خمسة آلاف رَجُل (٣) ضخم؛ هامّ <a ~ vein of coal> (٤) «أ» مُرَكَّز <~ coffee>. «ب» كثير الكحول نسبيًّا <~ beer> (٥) «أ» متطرِّف <~ views>. «ب» متحمِّس <a ~ believer in ...> (٦) عسير الهضم نسبيًّا <~ foods> (٧) «أ» منيع <a ~ fortress>. «ب» راسخ <a ~ custom> (٨) كريه الرائحة أو المذاق <~ butter> (٩) فوّاح العبير <~ perfume> (١٠) حِرّيف؛ حادّ المذاق <~ cheese> (١١) خِصب <~ soil> (١٢) مرتفع باطّراد <~ prices> § (١٣) بقوّة <wind blowing ~ from the North>.

strong–arm [strŏng´-] *(n.; adj.; vt.)* (١) قوّة (٢) عُنف § (٣) عنيف <~ methods> § (٤) يستعمل القوّة [مع فلان] (٥) يَسْلُبُ بالقوّة.

strong·box [-´bŏks´] *(n.)* الحَريزة: خزانة حديدية لحفظ النَّفائس.

strong drink *(n.)* شرابٌ مُسْكِر.

strong·hold [strŏng´hōld´] *(n.)* حِصْن؛ مَعْقِل؛ قلعة.

strong·ish [-´ish] *(adj.)* قويّ بعض الشيء <~ wind>.

strong language *(n.)* اللُّغة العنيفة: لغة حافلة بالتجريح أو الشَّتائم إلخ.

strong·ly–word·ed *(adj.)* شديد اللَّهجة <a ~ protest>.

strong·man [strŏng´-] *(n.)* الرَّجُل القويّ: الزَّعيم؛ القائد؛ الطّاغية.

strong–mind·ed *(adj.)* (١) راجحُ العقل (٢) مُسْتقلّ الرأي (٣) عنيد.

strong room *(n.)* الحجرة المنيعة: حُجرة صامدة للنّار، مُمْتَنِعة على اللُّصوص، تُحْفظ فيها الأموال والنّفائس.

strong–willed [-´wĭld´] *(adj.)* (١) قويّ الإرادة (٢) عنيد.

stron·gyle [strŏn´jīl; -jĭl] *(n.)* الإسْتْرُنجيل: ضرب من الديدان الطُّفيليّة.

stron·gy·lo·sis [strŏn jə lō´sĭs] *(n.)* الإسْتْرُنجيليّة: الإصابة بديدان الإسْتْرُنجيل أو بداءٍ ناشئ عنها (ط).

stron·ti·a [strŏn´shĭ ə] *(n.)* = strontium oxide.

stron·ti·an·ite [strŏn´shĭ ə nīt´] *(n.)* الإسْتْرونْشيانيت (مع).

stron·tic [strŏn´tĭk] *(adj.)* إسْتْرَنْشيوميّ: منسوب إلى الإسْتْرَنْشيوم.

stron·ti·um [strŏn´shĭ əm] *(n.)* الإسْتْرَنْشِيوم: عنصر فِلِزّي (ك).

strontium oxide *(n.)* أكسيد الإسْتْرَنْشِيوم (ك).

strop [strŏp] *(n.; vt.)* (١) المِشْحَذة: قطعة من الجلد متطاولةٌ تُشْحَذ عليها الموسى § (٢) يَشْحَذ [الموسى بالمِشْحَذَة].

stro·phan·thin [strō făn´thĭn] *(n.)* الإسْتْروفانتين: مادة سامّة مُرّة يُستخرَج من بزورها الإستروفانتوس وتُسْتَخْدم طبيًّا كمُنَبِّه للقلب.

stro·phan·thus [-´thəs] *(n.)* الاستروفانتوس: شُجيرة إفريقية أو بزرتُها.

stro·phe [strō´fē] *(n.)* (١) الإسْتروفة: جزء من القصيدة الإغريقية القديمة تُنشده المجموعة وهي تنتقل من اليمين إلى اليسار (٢) stanza.

— **stro·phic** *(adj.)*

strop·py [strŏp´ĭ] *(adj.)* مُشاكس؛ عُدوانيّ؛ مُحِبّ للخصام.

stroud [stroud] *(n.)* الإسْتَرُوْد: قماش صوفيّ خشِن.

strove [strōv] *past of* strive.

strow [strō] *(vt.)* = strew.

struck [1] [strŭk] *past and past part. of* strike.

struck [2] *(adj.)* (١) مُغْرَم؛ مُتَيَّم <~ with a girl> (٢) «أ» مُغْلَق بسبب الإضراب أو متأثِّر به <a ~ factory; a ~ employer>. «ب» مُنْجَزٌ في مصنع مغلَق بسبب الإضراب <~ work>.

struc·tur·al [strŭk´chər əl] *(adj.)* (١) بِنْيَوِيّ: ذو علاقة بالتركيب الماديّ لجسم الإنسان أو النبات (٢) بِنائيّ؛ إنشائيّ: ذو علاقة بالبناء أو مُستخدَم فيه <~ clay> (٣) بِنْيَوِيّ: «أ» ذو علاقة بالبِنْيَة الاقتصادية أو السّياسية أو ناشئ عنها <~ unemployment>. «ب» مَعْنِيّ بالبِنْيَة لا بالتاريخ أو المقارَنة <~ linguistics>.

structural iron *or* **steel** *(n.)* حديد [أو فولاذ] الإنشاءات.

struc·tur·al·ism [-lĭz´əm] *(n.)* (١) السَّيكولوجيا البِنْيَوِيّة (٢) الألسنيّة البِنْيَوية.

struc·tur·al·ize [strŭk´chər-] *(vt.)* يُبَنْوِي: يُجَسِّد أو يُنَظِّم بِنْية.

struc·ture [-´chər] *(n.; vt.)* (١) «أ» بناء؛ تشييد. «ب» مَبْنًى (٢) بِنْية؛ تركيب § (٣) ينشئ؛ يُنَظِّم؛ يُنَسِّق؛ يصنِّف (٤) يبني؛ يُشَيِّد.

struc·ture·less [strŭk´chər ləs] *(adj.)* عديم البِنْية. وبخاصة: عديم الخلايا؛ غير ذي خلايا <a ~ membrane>.

stru·del [stroo´dəl] *(n.)* السَّتْرُدَل: ضرب من المُعَجَّنات مشتمل عادةً على فاكهة أو جبن إلخ.

strug·gle [strŭg′əl] *(vi.; t.; n.)* (١) يُكافح؛ يُناضِل؛ يُقاوِم (٢) يتقدَّم بصعوبة أو جهد كبير x (٣) يَشُقّ طريقَهُ بجَهْد § (٤) كِفاح؛ نضال <a ~ for liberty> (٥) نزاع؛ صراع.

struggle for existence *(n.)* تنازع البقاء.

strum [strŭm] *(vt.; i.; n.)* (١) يُداعب الأوتارَ [بطريقة مُرْتَجلة أو غير بارعة] <to ~ a guitar> (٢) يَعْزِف على آلة وتريّة x (٣) يُطْلق صوتًا مُرْتَجًّا § (٤) مداعبة [الأوتار]؛ عَزْف.

stru·ma [strōō′mə] *(n.)* pl. **-mae** [mē] *or* **-mas** (١) الدُّراق (را. goiter) (٢) العُقدة الدَّرَنيّة: تضخُّم في قاعدة العُلَيْبة أو الجِرْو (را. capsule *2*) في بعض الطَّحالب (نب). — **stru·mose; stru·mous** *(adj.)*

strum·pet [strŭm′pĭt] *(n.)* بَغِيّ؛ مومس؛ عاهر.

strung [strŭng] *past and past part. of* string.

strung out *(adj.)* مُدْمِنٌ [مُخدِّرًا ما] أو مُخبَّلٌ نتيجةَ ذلك.

strut[1] [strŭt] *(vi.; t.; n.)* (١) ينتفخ (٢) يَتَبَختَر؛ يختال [في مشيتِهِ] x (٣) يَعْرِض [ملابسَهُ أو مجوهراته أو منجزاته باختيال وتباهٍ] § (٤) تَبَخْتُر؛ اختيال.

strut[2] *(n.; vt.)* (١) دعامة؛ قائم الانضغاط؛ الشِّكال الانضغاطيّ § (٢) يُدعِّم [بقائم انضغاط أو شِكالٍ انضغاطيّ].

stru·thi·ous [strōō′thĭ əs] *(adj.)* نَعاميّ: ذو علاقة بالنَّعامة.

strych·nic [strĭk′nĭk] *(adj.)* إسْتِرِكنينيّ: منسوب إلى الإسْترِكنين.

strych·nine [strĭk′nĭn; -nēn] *(n.)* الإسْترِكنين: عقّار سامّ.

Stu·art [styōō′ərt; stōō′-] *(adj.)* سْتْيُوارتيّ: متعلّق بأسرة سْتْيُووارت التي حكمت أسكتلندا (١٣٧١-١٦٠٣) وبريطانيا (١٦٠٣-١٦٤٩) و(١٦٦٠-١٧١٤).

stub [stŭb] *(n.; vt.)* (١) الجِذْل: «أ» أصل الشجرة الباقي بعد قطع جِذْعها. «ب» أرومة السنّ المكسورة. «ج» ريشة كتابةٍ معدنية ذات سنّ قصيرة عريضة. «د» عَقِب قلم الرَّصاص أو الشَّمعة أو السيجار إلخ. «هـ» شيء بالغ القِصَر مثل مِسمار قصير غليظ. «و» أرومة الشيك أو الوصل § (٢) «أ» يستأصل [الأعشابَ] من جذورها. «ب» يحرِّر [أرضًا] من الأعشاب باستئصالها من جذورها. «ج» يقْطع [شجرةً] غير مُبْقٍ من جذعها شيئًا. «د» يطفئ [سيكارة] بأن يَسْحَق عقِبها بقدمه [تتبعها out]. «هـ» تَصْطدم قَدَمُهُ بِـ.

stub axle *(n.)* المِحور الأبتر: مِحْور في عربة يحمل عجلةً واحدةً.

stub·bed [stŭbd] *(adj.)* مُجَحْدَر: قصير وغليظ البِنْية.

stub·ble [stŭb′əl] *(n.)* (١) الجُذامة: ما يبقى من الزَّرْع بعد الحَصْد (٢) سَطْح خشِن؛ شيء نامٍ على نحوٍ قصير خشِن. وبخاصة: لحية لم تُحْلَق منذ أيام.

stub·bled *or* **stub·bly** [stŭb′-] *(adj.)* (١) جُذاميّ: مَكْسُوّ بالجُذامة <~ field> (٢) جُذامانيّ: شبيهٌ بالجُذامة (٣) كَثّ؛ خشِن <~ hair>.

stub·born [stŭb′ərn] *(adj.)* (١) «أ» عنيد. «ب» حَرون؛ شَموس (٢) مُسْتَعْصٍ؛ مُزْمِن <~ illness> (٣) عسير <~ problems> (٤) تَصْعُب حراثتُهُ <~ soil> (٥) جهيد <a ~ effort> (٦) باقٍ؛ خالد <~ facts>. — **stub·born·ness** *(n.)*

stub·by [stŭb′ĭ] *(adj.)* (١) جِذلانيّ: شبيه بالجِذل (را. stub): «أ» قصير وغليظ <~ fingers>. «ب» مُجَحْدَر: قصير وبدين <a ~ fellow>. «ج» قصير أو عريض أو كليلٌ من طول الاستعمال أو البِلى <a ~ pencil; a ~ blade> (٢) كثّ؛ خشِن <~ hair *or* beard>.

stuc·co [stŭk′ō] *(n.; vt.)* (١) جِصّ (٢) التَّجصيص: زُخْرُف أو نقش مُجَصَّص § (٣) يُجَصِّص: يكسو أو يزخرفُ بالجِصّ.

stuc·co·work [-wûrk′] *(n.)* التَّجصيص: زُخْرُف أو نقش مُجَصَّص.

stuck [stŭk] *past and past part. of* stick.

stuck on *(adj.)* مُغْرَمٌ بِـ؛ مفتون بِـ.

stuck–up [stŭk′ŭp′] *(adj.)* مغرور؛ متكبِّر؛ متشامخ؛ مُتَغَطْرِس.

stud[1] [stŭd] *(n.)* (١) خَيْل الإنجاب: مجموعة من الجياد تُتَّخذ للاستيلاد (٢) المَفْرَسة: مزرعة خاصَّةٌ بخَيْل الإنجاب (٣) المُنْجِب؛ الفَحيل: جواد الإنجاب أو الاستيلاد. وتوسّعًا: كلّ ذَكر يُتَّخذ للاستيلاد (٤) شابّ مكتمل الرُّجولة.

stud[2] *(n.; vt.)* (١) الخَشَبة القائمة: خشبة رأسية تُسَمَّر عليها الألواح المستخدَمة في تشييد جدران المباني (٢) ارتفاع الغرفة (٣) «أ» زرّ زينيّ إلخ. «ب» زرّ التَّثبيت: زرّ ذو رأسين يُدْخَل في عُرْوتين لتثبيت قبّة القميص إلخ (٤) الجَويط: مسمار كبير الرأس § (٥) يزوِّد [مبنًى أو جدارًا] بخَشَباتٍ قائمة (٦) يُرَصِّع (٧) يُنْثَر هنا وهناك.

stud·book [stŭd′-] *(n.)* كتاب أنساب [الخيل والكلاب إلخ].

stud·ding [stŭd′-] *(n.)* أخشاب قائمة (را. stud[2] *1*).

studding sail *(n.)* شراع خفيف [يُنْشَر إلى جانب شراع رئيسيّ].

stu·dent [styōō′dənt] *(n.)* (١) الطالب؛ التلميذ (٢) الدّارس؛ الباحث؛ الملاحِظ <a ~ of theology; a ~ of life>.

student body *(n.)* الجسم الطُّلّابيّ [في مؤسَّسة تربوية].

student government *(n.)* حكومة الطُّلّاب: تنظيم حياة الطلاب ونشاطاتهم والإشراف عليها من قِبل ممثلين عن الطلاب ينتخبهم الطلابُ أنفسهم.

student lamp *(n.)* مصباح الطالب: مصباح للقراءة أو المطالعة.

stu·dent·ship [styōō′-] *(n.)* (١) مِنْحة جامعية (٢) التَّلْمَذة: كَوْن المرء تلميذًا.

student teacher *(n.)* الطالب المعلِّم؛ المعلِّم المتدرِّب (تر).

stud farm *(n.)* المَفْرَسة (را. stud[1] *2*).

stud·horse [stŭd′-] *(n.)* المُنْجِب؛ الفَحِيل؛ جواد الاستيلاد.

stud·ied [-ĭd] *(adj.)* (١) مُطَّلع؛ واسع الاطِّلاع <a ~ journalist> (٢) مدروس؛ مُرَوًّا فيه <a ~ acceptance> (٣) مُتعَمَّد <a ~ insult>.

stu·di·o [stoo͞′dē ō′; styoo͞′-] *(n.)* الإسْتُدْيو : «أ» المَفَنّ : مُحْتَرَف الرّسّام أو النّحّات أو المصوِّر الفوتوغرافيّ . «ب» موضع لدراسة فنٍّ من الفنون كالرَّقص أو الغناء أو التمثيل . «ج» دار صناعة الأفلام السينمائية . «د» موضع مُعَدّ لبثّ البرامج الإذاعية أو التلفزيونية .

stu·di·ous [stoo͞′dē əs; styoo͞′-] *(adj.)* (١) مُجِدّ ؛ مُوْلَع بالدّراسة <a ~ mind> (٢) «أ» دراسيّ <~ habits> . «ب» ملائم للدراسة <a ~ environment> (٣) «أ» حريص ؛ مُوَطَّد العزم <was ~ to compose poetry> . «ب» جَهيد ؛ جاهد <a ~ effort> . «ج» مُتكلَّف <a ~ accent> . «د» مدروس ؛ مُتَعَمَّد <with ~ calm> .

stud·work [stŭd′-] *(n.)* (١) المُخشَّبات : مُنشآت مثبَّتةٌ على أخشاب قائمة (را . *stud*[2] *1*) (٢) المُرَصَّعات : أشغال مرصَّعة بأزرار زِينيّة (را . *stud*[2] *3a*).

stud·y[1] [stŭd′ĭ] *(n.)* (١) تأمُّل ؛ ذهول (٢) درسٌ ؛ دراسة (٣) بحث : رسالة أو دراسة في موضوع ما (٤) مكتب [يخلو فيه المرء للدراسة] (٥) هدف ؛ غرض (٦) «أ» موضوع ؛ فرع من فروع الدراسة . «ب» شيء جدير بالدراسة <Her face was a ~.> . «ج» شيء لافت للنظر (٧) الأثر الإعداديّ : عمل من أعمال الفنّ أو النحت أو الموسيقى يقوم به الفنّان لمجرَّد التمرّن على تقنيّة مُعيّنة إلخ .

stud·y[2] *(vi.; t.)* (١) يَدْرُس (٢) «يُذاكر» : يدرس دروسَهُ (٣) يتأمّل ؛ يُفكِّر (ع) (٤) يحاول ؛ يجرِّب **x** (٥) يُراعي ؛ يأخذ بعين الاعتبار (٦) يُخَطِّط .

study hall *(n.)* (١) حجرة الدَّرس : حجرة في مدرسة مخصَّصةٌ للدراسة أو المطالعة (٢) حِصّة المذاكرة : فترة من اليوم المدرسيّ مُخَصَّصةٌ للدرس وإعداد الفروض المدرسية .

stuff [stŭf] *(n.; vt.; i.)* (١) «أ» قذائف . «ب» أمتعة ؛ ممتلكات شخصيّة (٢) مادّة خام [كالخشب وموادّ البناء إلخ] (٣) نسيج صوفيّ (٤) «أ» سَقط المتاع . «ب» هُراء (٥) «أ» شيء ؛ أشياء . «ب» كلّ ما يُزْدَرَد : طعام ؛ شراب ؛ دواء (٦) «أ» مادّة الشيء : قِوامُهُ أو جوهرُهُ <~ of manhood> . «ب» مادّة الكتاب (٧) «أ» أعمال أو كلام في مناسبات خاصة <Rough ~ isn't tolerated.> . «ب» موضوع للدراسة . «ج» معرفة أو مقدرة خاصة § (٨) «أ» يحشو . «ب» يُتْخِم . «ج» يُحنِّط [حيوانًا أو طيرًا] . «د» يَسُدّ (٩) يُقحم (١٠) يُصيب الهدَفَ [بقوة ومن مسافة قصيرة] (١١) يَنْقَع الجلود [لتطريَتها أو حفظها] (١٢) يملأ صندوق الاقتراع [بأصواتٍ زائفة] **x** (١٣) يأكل بنَهَمٍ أو حتى التُّخَمة .

stuffed shirt *(n.)* المغرور ؛ المزهُوّ [مع نزعة محافِظة شديدة] .

stuff·ing [stŭf′-] *(n.)* (١) حَشْو ؛ مَلْء ؛ إقحام ؛ تحنيط إلخ (٢) حَشْوة . وبخاصة ما يُحشى به الدجاج أو الديك الرومي قبل الطَّهو .

stuffing box *(n.)* المَسيكة ؛ صندوق الحَشْو (مك) .

stuff·y [stŭf′ĭ] *(adj.)* (١) غاضب ؛ متجهِّم الوجه (٢) فاسد الهواء <a ~ room> (٣) «أ» مسدود «من شدة الزكام» <a ~ nose> . «ب» مزكوم : مستشعرٌ انسدادَ المجاري التنفسيّة (٤) مملّ ؛ غير ممتع <a ~ discourse> (٥) ضيّق الاستشراف أو أفق التفكير ؛ معتقد بأنّه أقوَم أخلاقًا من الآخرين .

stull [stŭl] *(n.)* (١) دعامة [لسطح المَنْجم] (٢) مِنَصّة تحميل .

stul·ti·fy [stŭl′tə fī′] *(vt.)* (١) يُسَفِّه : يَدّعي أو يُثبت سَفَه فلانٍ أو جنونه (٢) يجعله يبدو مُضْحكًا أو أحمق أو غير منطقيّ (٣) يُفْسِد ؛ يُحْبِط ؛ يُبْطِل .

— stul·ti·fi·ca·tion *(n.)*

stum [stŭm] *(n.)* عصير عنب [لا متخمّر أو نصف متخمّر] .

stum·ble [stŭm′bəl] *(vi.; t.; n.)* (١) «أ» يزِلّ ؛ يأثم . «ب» يُخطئ (٢) يَتَعثّر ؛ تزِلّ به قدمُهُ (٣) يمشي باضطراب (٤) «أ» يتلعثم . «ب» يتردَّد **x** (٥) يُزِلّ (٦) يُرْبِك § (٧) زلّة ؛ غلطة ؛ عَثْرة إلخ .

to ~ across *or* on *or* upon	يَعْثُر [على شيء مُصادفةً] .

stum·ble·bum [-bŭm] *(n.)* الأَخْرَق . وبخاصة : ملاكم غير بارع .

stum·bling block *(n.)* عَقَبة ؛ عائق ؛ حجر عَثْرة .

stu·mer [styoo͞′-] *(n.)* (١) «أ» ورقة نقدية زائفة . «ب» شيك مُرْتجع (عب) (٢) شخص تافه (عب) (٣) جواد خاسر (٤) غلطة (عب) .

stump [stŭmp] *(n.; vt.; i.)* (١) الجَدَعة : ما بقي من العضو بعد القطع (٢) الجِذْل (را . *stub 1a*) (٣) عِقب [أو بقيّة] قلم الرصاص أو الشمعة أو السيجار (٤) المُجَحْدَر : شخص قصيرٌ بدينٌ (٥) منبر أو موضع أو مناسبة للخطابة السياسيّة (٦) «أ» رِجل خشبية . «ب» رِجل (ع) . «ج» مشية ثقيلة، كمِشْية الأعرج أو ذي الرجل الخشبية (٧) تَحَدٍّ (٨) المِدْعَكة : لفافة من الورق أو الجلد يُدعك بها الرسم القلميّ توحيدًا للونه أو تدريجه § (٩) «أ» يَبْتُر ؛ يَجْدَع . «ب» يشذِّب ؛ يقضِّب (١٠) يتحدّى (١١) يُرْبِك ؛ يُحَيِّر (١٢) «أ» يستأصل [الأشجار] من جذورها . «ب» يزيل الأجذال [من أرضٍ] (١٣) يتجوّل [ملقيًا خطبًا سياسيةً أو مؤيّدًا قضيّة ما] (١٤) يَصْدِمُ أو يَرْطُم بجِذل أو حجر (١٥) يدعك [الرسم القلميّ] بمِدعكة **x** (١٦) يمشي بتثاقل أو جلبة .

on the ~,	مُتجوِّل بُغْيَةَ إلقاء الخطب السياسيّة .
to ~ up	يدفع مالًا أو دَيْنًا [وهو كارِهٌ، عادةً] .
up a ~,	مرتبك ؛ عاجز عن العمل أو الإجابة .

stump·er [stŭm′-] *(n.)* (١) فا stump (٢) سؤال مُرْبك (٣) الخطيب السياسي .

stump speaker *(n.)* الخطيب السياسيّ [وبخاصّة في حملة انتخابية] .

stump speaking *(n.)* الخطابة السياسيّة [وبخاصة في حملة انتخابيّة] .

stump–tailed *(adj.)* أبتَر : مقطوع الذَّنَب أو قصيرُهُ .

stump·y [stŭm′pĭ] *(adj.)* (١) مُجَحْدَر : قصير وبدين (٢) مُجَذَّل : حافل بالأجذال (را . *stump 2*) .

stun [stŭn] *(vt.; n.)* (١) يُدَوِّخ [بضربةٍ إلخ] (٢) «أ» يَصْعَق . «ب» يُذْهِل § (٣) فقدان الصواب [من ضربة إلخ] ؛ انصعاق ؛ ذهول (٤) صدمة .

stung [stŭng] *past and past part. of* sting.

stun gun *(n.)* بندقية التدويخ ؛ بندقية الإذهال .

stunk [stŭngk] *past and past part. of* stink.

stun·ner [stŭn′-] *(n.)* (١) فا stun (٢) الفاتن ؛ السّاحر (٣) الممتاز .

stun·ning [-′ĭng] *(adj.)* (١) مُدَوِّخ ؛ مُذْهِل (٢) فاتن ؛ ساحر ؛ ممتاز .

stun·sail *or* **stun·s'l** *(n.)* = studding sail.

stunt[1] [stŭnt] *(vt.; n.)* (١) يُقَزِّم: يَعُوق النُّموّ الطبيعيّ § (٢) توقُّف عن النُّموّ أو التطوّر (٣) المُقَزَّم: نبات أو حيوان مُعَوَّق النُّموّ (٤) المُقَزِّم: مرض من أمراض النبات يعوقه عن النُّمو.

stunt[2] *(n.; vi.)* (١) العمل المُثير: عملٌ دالٌّ على الجسارة أو البراعة [كالألعاب البهلوانية إلخ] (٢) فكرة بارعة § (٣) يقوم بعمل مثير.

stunt·man [stŭnt′-] *(n.)* (١) رَجُل المثيرات: القائم بالأعمال المثيرة (را. المادة السابقة) (٢) البديل [في أداء المشاهد السينمائيّة الخطِرة].

stu·pa [sto͞o′pə] *(n.)* الإسْطُبَّة: مَزار بوذيّ على شكل هَرَم أو قُبّة.

stupe [sto͞op; styo͞op] *(n.)* (١) كِمادة (٢) الأحمق؛ الأبله؛ المُغَفَّل.

stu·pe·fa·cient [sto͞o′pə fā′shənt] *(adj.; n.)* مُخَدِّر.

stu·pe·fac·tion [sto͞o′pə făk′-] *(n.)* (١) «أ» شَدْهٌ؛ إذهال. «ب» انشداه؛ ذهول (٢) «أ» تخدير؛ تخبيل. «ب» خَدَر؛ خَبَل.

stu·pe·fy [sto͞o′pə fī′] *(vt.)* (١) يَشْدَه؛ يُذْهِل؛ يَصْعَق (٢) يُخَدِّر؛ يُخَبِّل.

stu·pen·dous [sto͞o pĕn′dəs] *(adj.)* (١) مُذْهِل؛ شاذّ؛ عجيب <a ~ sight> (٢) ضخم؛ هائل <a ~ mass of information>.

stu·pid [sto͞o′pĭd; styo͞o′-] *(adj.; n.)* (١) أحمق؛ أبلَه؛ غَبِيّ (٢) «أ» مُخَدَّر؛ مُخَبَّل. «ب» عديم الحسّ (٣) مُمِلّ <a ~ job> § (٤) الأحمق إلخ.

stu·pid·i·ty [-′ə tĭ] *(n.)* (١) حماقة؛ بلاهة (٢) عمل أحمق؛ فكرة بلهاء.

stu·por [sto͞o′pər] *(n.)* (١) خَدَر؛ سُبات؛ غيبوبة (٢) انشداه؛ ذهول.

stu·por·ous [sto͞o′pər əs] *(adj.)* (١) خَدِر (٢) مَشدوه؛ ذاهل.

stur·dy [stûr′dĭ] *(adj.; n.)* (١) قويّ؛ متين (٢) صُلْب؛ عنيد <~ resistance> (٣) ثابت؛ لا هوادة فيه <~ patriotism> § (٤) gid.

stur·geon [stûr′jən] *(n.)* الحَفْش: سمك ضخم يُستخرج منه الكافيار.

sturgeon

Sturm und Drang [shto͝orm′o͝ont drăng′] *(n.)* العاصفة والإجهاد: حركة أدبية ألمانية رومانتيكية ازدهرت في أواخر القرن الثامن عشر كردّ فعل لعَقْلانية حركة التنوير.

stut·ter [stŭt′ər] *(vi.; t.; n.)* (١) يُتَمْتِم؛ يُفأفئ؛ يُتأتئ x (٢) يقول أو ينطق بتمتمة إلخ § (٣) تَمتَمة؛ فأفأة؛ تأتأة.

sty[1] [stī] *(n.; vt.; i.)* (١) زريبة الخنازير (٢) مكان قذِرٌ أو وضيع أو داعر § (٣) يؤوي في زريبة أو مكان قذر x (٤) يقطن مكانًا قذرًا إلخ.

sty[2] *or* **stye** [stī] *(n.)* الشَّعيرة؛ الوَدَقة؛ الشَّحّاذ؛ دُمَّل الجَفْن (مض).

styg·i·an [stĭj′ĭ ən] *(adj.)* (١) أُسْطُقسيّ: منسوب إلى أُسْطُقس (را. Styx) (٢) جَهَنَّميّ؛ جَحيميّ (٣) مُظلم؛ كئيب (٤) لا تُنْتَهَك حرمتُه <a ~ oath>.

styl- *or* **stylo-** بادئة معناها: «أ» عمود. «ب» قلم السِّمة (را. style *9a*).

sty·lar [stī′lər] *(adj.)* قَلَميّ؛ إبَريّ؛ شبيه بالإبرة.

-stylar لاحقة معناها: ذو عددٍ أو نوع معيَّن من الأعمدة.

style [stīl] *(n.; vt.)* (١) لَقَب (٢) «أ» أسلوب. «ب» إبداع أدبيّ أو فنّي. «ج» طريقة عيشٍ مُعيَّنة. «د» طراز؛ نمط (٣) stylus *2* (٤) عَقْرب المِزْوَلة أو الساعة الشمسيّة (٥) قلم (٦) المِرْوَد: مِسْبار طبّيّ (٧) مِنقاش (٨) إبرة الفونوغراف (٩) «أ» قَلَم السِّمة؛ حاملُ السِّمة: ذلك الجزء من المِدَقّة الواقعُ بين المبيض والسِّمة والحاملُ للسِّمة (نب). «ب» القُلَيْم: جزء صغير نحيل مُستدِقّ الطَّرَف (ح) (١٠) تَرَف؛ بَذْخ؛ أناقة <live in ~> (١١) زِيّ؛ موضة (١٢) شكل؛ نوع (١٣) لباقة § (١٤) يُلَقِّب؛ يُسَمّي؛ يدعو <He ~s himself scientist.> (١٥) يُصمِّم أو يصنع وفقًا لزيّ معيَّن أو جديد أو سائد <to ~ an evening dress>.

style·book [stīl′-] *(n.)* (١) كِتاب الترقيم (طع) (٢) كِتاب الأزياء.

sty·let [stī′lĕt] *(n.)* (١) المِرْوَد: مِسْبار طبّيّ (٢) المِحْفار: أداة مستدقّة يُحْفَر بها (٣) style *9a, b* (٤) خَنْجَر.

sty·li·form [stī′lə fôrm′] *(adj.)* = stylar.

styl·ing [stī′-] *(n.)* الأَسْلَبَة: «أ» تزيين؛ تنميق. «ب» تصحيح الأثر الأدبيّ.

styl·ish [stī′lĭsh] *(adj.)* أنيق؛ مطابق للزِّيّ السائد <~ clothes>.

styl·ist [stī′-] *(n.)* (١) صاحب الأسلوب: كاتب أو خطيب متميِّز ببراعة الأسلوب (٢) مصمِّم الأزياء أو تسريحات الشَّعر أو الزَّخارف الداخليّة.

sty·lis·tic [stī lĭs′tĭk] *(adj.)* أسلوبيّ: ذو علاقة بالأسلوب.

sty·lis·tics *(n. pl.)* الأسلوبيّات: تحليل العناصر البلاغيّة والبيانيّة إلخ.

sty·lite [stī′līt′] *(n.)* المُسْتعمِد: ناسك يعيش على رأس عمود (نص).

styl·ize [stī′līz] *(vt.)* يُؤسْلِب: يجعله مطابقًا لأسلوب معيَّن.

stylo- = styl-.

sty·lo·bate [stī′lə bāt′] *(n.)* الأساس؛ القاعدة [في الأعمدة المعمارية].

sty·lo·graph [stī′lə grăf] *(n.)* المِرْقَم؛ المَدّاد: ضرب من أقلام الحبر.

sty·lo·graph·ic [stī′lə grăf′-] *(adj.)* (١) مِرْقَمِيّ (را. المادّة التالية) (٢) مَدّاديّ: ذو علاقة بالمَدّاد أو قلم الحبر <~ writing>.

sty·log·ra·phy [stī lŏg′rə fĭ] *(n.)* المِرْقَمِيّة: الكتابة أو الرّسم بالمِرْقم stylus على ألواح الشَّمْع.

sty·loid [-′loid] *(adj.)* قَلَميّ؛ إبَريّ: نَحيل مُسْتَدِقّ كالقلم أو الإبرة.

sty·lo·lite [stī′lə līt] *(n.)* المُحَزَّز: عمود صغير مُحَزَّز (جي).

sty·lo·po·di·um [stī′lə pō′-] *(n.)* pl. **-di·a** النُّتْأة: انتفاخ مخروطيّ أو قُرْصيّ الشّكل في قاعدة قلم السِّمة (style *9a*) في نباتات الفصيلة الجَزَرية.

sty·lus [stī′ləs] *(n.)* (١) style *9a, b* (٢) المِرقَم: أداة مُسْتدِقَّة الطَّرَف كان القُدامى يستعملونها للكتابة على ألواح الشّمع إلخ (٣) الإبرة: «أ» إبرة التسجيل على الأسطوانات. «ب» إبرة الفونوغراف.

sty·mie [stī′mĭ] *(n.; vt.)* (١) الحَرَج: وضعٌ في لعبة الغولف تعترض فيه كرةُ الخصم كرةَ اللاعب (رب) (٢) وضعُ حرجٍ § (٣) «أ» يُحْرِج: يجعله في وَضْع حرِج. «ب» يعوق؛ يعترض سبيلَ... (٤) يُحْبِط <to ~ a plan>.

styp·sis [stĭp′sĭs] *(n.)* الإرقاء: المعالجة بالرَّقوءات أو العَقولات (ط).

styp·tic [-ˈtĭk] *(adj.; n.)* (١) عَقول: قابضٌ أو زامٌّ للأنسجة الحيّة (٢) رَقُوء: مُوْقِف أو قاطعٌ للنّزف § (٣) العَقُول (را. astringent 4) (٤) الرَّقُوء.

sty·rax [stīˈrăks] *(n.)* = storax.

sty·rene [stīˈrēn] *(n.)* الإستيرين: مادة هيدروكربونية سائلة، عَطِرة، غير مُشْبَعة، تُستخدم في صُنع المطّاط واللّدائن (ك).

Styx [stĭks] *(n.)* أُسْطُقْس: النهر الرئيسيّ في مثوى الأموات عند الإغريق.

su·a·ble [so͞oˈə bəl] *(adj.)* ممكِنٌ مقاضاتُهُ؛ قابلٌ للمحاكمة (ق).

sua·sion [swāˈzhən] *(n.)* (١) إقناع (٢) محاولة إقناع.

sua·sive [-ˈsĭv] *(adj.)* مُقْنِع؛ قادر على الإقناع <a ~ speaker>.

suave [swäv] *(adj.)* (١) رقيق؛ لطيف؛ عليل؛ سائغ (٢) مُهَذَّب؛ مصقول؛ دَمِث.

suav·i·ty [swäˈvĭ tĭ] *(n.)* (١) رِقّة؛ لُطف (٢) تهذيب؛ دَماثة.

sub[1] [sŭb] *(adj.)* ثانوي <a ~ post office>.

sub[2] *(n.; vi.)* (١) بديل؛ عِوَض § (٢) يَعْمل كبديل.

sub[3] *(n.)* = submarine; sublieutenant.

sub- بادئة معناها: «أ» تحت *sub*marine. «ب» دون؛ أدنى <*sub*lieutenant>. «ج» مُساعِد <*sub*editor>. «د» فَرْعيّ <*sub*committee>. «هـ» ثانية <*sub*divide>. «و» قليلًا؛ جزئيًا <*sub*acid>. «ز» تقريبًا <*sub*erect>. «ح» مجاوِر لِـ <*sub*tropical>.

sub·ac·id [sŭb ăsˈĭd] *(adj.)* (١) حامض قليلًا <a ~ fruit> (٢) لاذع؛ جارحٌ؛ حادّ.

sub·a·cute [sŭbˈə kyo͞otˈ] *(adj.)* شبه حادّ <a ~ angle; ~ pain>.

sub·a·dult [-ˈə dŭltˈ] *(adj.; n.)* (١) شِبه بالغ: صفة لمن تجاوز مرحلة الحداثة ولكنه لمّا يكتسبْ، بعدُ، خصائصَ البالغين النموذجية § (٢) شبه البالغ.

sub·aer·i·al [sŭb ârˈĭ əl] *(adj.)* تَحْهوائيّ؛ تحتَ هوائيّ: واقعٌ أو حادثٌ فوق سطح الأرض أو في جواره مباشرةً <~ roots>.

sub·a·gent [-āˈjənt] *(n.)* الوكيل الثّاني أو الفَرْعيّ [لمؤسّسةٍ أو شركةٍ].

su·bah·dar *or* **su·ba·dar** [so͞oˈbä därˈ] *(n.)* الصَّبَهْدار: «أ» حاكم الإقليم. «ب» الضابط الوطنيّ الأول لِسَرِيَّةٍ وطنيّة في الجيش الهندي البريطاني السابق.

sub·al·pine [sŭb ălˈpīn; -pĭn] *(adj.)* تَحْأَلْبِيّ؛ تحتَ أَلْبِيّ: «أ» خاصّ بالمناطق الواقعة عند سفوح جبال الألب. «ب» خاصّ بسُفوح المرتفعات.

sub·al·tern [sŭb ôlˈtərn] *(adj.; n.)* (١) ثانويّ؛ تابع (٢) مُتَداخِل (ق) § (٣) المرؤوس؛ التّابع (٤) ملازم أوّل (جن) (٥) subalternate (٦) المتداخِلة: قضية لازمةٌ عن القضيّة الكليّة (مق).

sub·al·ter·nate [-nĭt] *(adj.; n.)* (١) ثانويّ (٢) شِبه متعاقِب (نب) § (٣) subaltern 6.

sub·ap·i·cal [sŭb āˈpĭ kəl] *(adj.)* تَحْقِمِّيّ: واقع تحت القِمّة.

sub·a·quat·ic [sŭbˈə kwătˈĭk] *(adj.)* شِبْمائيّ؛ شبه مائيّ <~ flora>.

sub·a·que·ous [-āˈkwĭ əs] *(adj.)* تَحْمائيّ: «أ» واقع تحت الماء. «ب» حادثٌ أو مُنْجَزٌ تحت الماء. «ج» مُستخدَم تحت الماء <a ~ helmet>.

sub·arc·tic [-ˈtĭk] *(adj.)* شبه قطبيّ شماليّ: «أ» مجاور للمنطقة القطبية الشمالية. «ب» واقع جنوبيَّ الدائرة القطبية الشمالية أو خاصّ بالأصقاع المجاورة لها.

sub·ar·id [-ărˈĭd] *(adj.)* شبه قاحل أو مجدب <~ areas>.

sub·as·sem·bler [sŭb ə sĕmˈ-] *(n.)* عامل التَّجميع الفَرْعيّ (را. المادّة التالية).

sub·as·sem·bly [-ˈblĭ] *(n.)* (١) المُجَمَّعة الفرعيّة: وحدة منفصلة من وحدات الإنتاج الصناعيّ (٢) التجميع الفرعيّ (ص).

sub·at·mo·spher·ic [-ˈăt məs fĕrˈĭk] *(adj.)* تَحْجَوّيّ؛ تحتَ جوّيّ: أقلّ أو أدنى من حرارة الغلاف الجوّيّ <~ temperatures>.

sub·at·om [sŭbˈătˈ-] *(n.)* الدُّوذَرّة؛ الجزء الذَّرّيّ [كالبروتون والألكترون] (فزن).

sub·a·tom·ic [-ˈə tŏmˈĭk] *(adj.)* دُوْذَرّيّ؛ دُون الذَّرّيّ: ذو علاقة بباطن الذّرّة أو بالجُسَيْمات الأصغر من الذَّرّة <~ particles>.

sub·au·di·tion [sŭbˈô dĭshˈən] *(n.)* (١) الزّكَن؛ فَهْم المُضْمَر (٢) إضمار؛ تلميح (٣) المُضْمَرة: كلمة أو فكرة مُضْمَرة.

sub·av·er·age [-ˈər ĭj] *(adj.)* تَحْمُعَدَّليّ؛ دُومُتَوسِّطيّ <~ education>.

sub·base [sŭbˈbāsˈ] *(n.)* (١) أدنى القاعدة: الجزء السُّفليّ من القاعدة (عم) (٢) قاعدة جويّة إضافيّة.

sub·base·ment [sŭbˈbāsˈ-] *(n.)* السَّرَبُ الأدنى: الدَّور التحتانيّ الأدنى.

sub·cal·i·ber [sŭb kălˈ-] *(adj.)* مُصَغَّرة العيار <a ~ projectile>.

sub·car·ti·lag·i·nous [sŭbˈkär tə lăjˈ-] *(adj.)* (١) جُزْغُضْروفيّ: غُضروفيّ جزئيًا (٢) تَحْغُضْروفيّ: واقع تحت أحد الغضاريف.

sub·ce·les·tial [sŭbˈsə lĕsˈchəl] *(adj.)* تَحْسَماويّ؛ تحتَ سماويّ: واقعٌ تحت السَّماء. وبخاصّة: دُنْيَويّ؛ أرضيّ.

sub·cel·lar [sŭbˈsĕlˈər] *(n.)* القَبْو الأدنى: قبوٌ واقعٌ تحت قَبْو.

sub·cel·lu·lar [sŭbˈsĕl yə-] *(adj.)* تَحْخَلَوِيّ؛ تحتَ خَلَوِيّ <~ particles>.

sub·cen·tral [sŭbˈsĕnˈ-] *(adj.)* (١) تَحْمَرْكزيّ؛ تحتَ مَرْكزيّ: واقعٌ تحت المركز (٢) جُزْمَرْكَزِيّ: مَرْكزيّ جزئيًّا.

sub·chas·er [sŭbˈchā sər] *(n.)* = submarine chaser.

sub·chlo·ride [sŭbˈklōrˈīd] *(n.)* تحت الكلوريد: كلوريد يحتوي على مقدار صغير نسبيًّا من الكلور.

sub·class [sŭbˈ-] *(n.)* فرع رئيسيّ [من طبقة]. وبخاصّةٍ: الطُّوَيْئفَة.

sub·cla·vi·an [sŭbˈklāˈvĭ ən] *(adj.; n.)* (١) تَحْتَرْقُويّ: واقعٌ تحت التَّرْقُوَة (ت) § (٢) شريان أو وريد تَحْتَرْقُوِيّ (ت).

sub·clin·i·cal [sŭbˈklĭnˈ-] *(adj.)* دُوْسَريريّ؛ دونَ السَّريريّ: لا سَوِيّ إلى حدٍّ ما ومتعذِّرٌ اكتشافُهُ بالفحوص السَّريرية المألوفة (ط).

sub·col·le·gi·ate [-ˈkə lēˈjĭt] *or* **sub·col·lege** [-ˈkŏlˈĭj] *(adj.)* دُوكُلِّيّ؛

دون الكُلِّيّ: مكيَّف أو معدَّل وفقًا لحاجات الطلاب غير المعتزمين الانتساب إلى الكُلِّيات أو غير المؤهَّلين لذلك <~ courses>.

sub·com·mit·tee [sŭb′kə mĭt′ĭ] *(n.)* لجنة فرعيّة.

sub·con·scious [-kŏn′shəs] *(adj.; n.)* (١) دووَعْيِيّ؛ دون الوَعي: «أ» قائمٌ أو عاملٌ تحتَ أو وراء نطاق الوعي <the ~ self>. «ب» مشعورٌ به جزئيًا <a ~ state> § (٢) الدُّوْوَعْي؛ ما دون الوَعي؛ ما تحت الشُّعور (نف). **— sub·con·scious·ness** *(n.)*

sub·con·ti·nent [sŭb′kŏn′-] *(n.)* شبه القارّة أو جزء واسع من قارّة.

sub·con·tract [*n.* sŭb kŏn′trăkt; *v.* sŭb′kən trăkt′] *(n.; vt.; i.)* (١) العَقْد الفَرْعيّ؛ عقدٌ من الباطن: عقدٌ بين أحد فريقَيْن موقِّعَيْن على عقد أصلي وبين فريق ثالث، وبخاصة بغية تأمين كامل العمل أو الموادّ [أو جزء من العمل والموادّ] المنصوص عليه أو عليها في العقد الأصلي § (٢) يعاقد من الباطن **x** (٣) يتعاقد من الباطن.

sub·con·trac·tor [-kən trăk′-] *(n.)* المتعاقدُ الفرعيّ؛ المتعاقدُ من الباطن.

sub·cor·ti·cal [-′kôr′tə kəl] *(adj.)* تَحْقِشْرِيّ؛ تحت القِشرة.

sub·cos·tal [sŭb′kŏs′-] *(adj.; n.)* (١) تَحْضِلْعِيّ: واقع تحت ضِلَع <a ~ muscle> § (٢) عَضَلة تَحْضِلْعِيّة؛ شريان تَحْضِلْعِيّ إلخ.

sub·crust·al [sŭb′krŭs′-] *(adj.)* تَحْأديميّ؛ تحت أديميّ.

sub·cul·ture [-′kŭl′chər] *(n.)* الجماعة الفرعيّة: جماعة ذات أنماط من السُّلوك تميِّزها عن الجماعات الأخرى ضمن المجتمع الأشمل.

sub·cu·ta·ne·ous [sŭb′kyōō tā′nĭ əs] *(adj.)* تَحْجِلْدِيّ؛ تحتَ جلديّ.

sub·dea·con [sŭb′dē′kən] *(n.)* مُساعدُ الشَّمّاس (كن).

sub·deb [sŭb′dĕb′] *(n.)* = subdebutante.

sub·deb·u·tante [sŭb′dĕb yōō tănt′] *(n.)* المُراهِقة: فتاة مراهِقة.

sub·den·tate [sŭb′dĕn′tāt] *(adj.)* جُزْمُسَنَّن: مُسَنَّنٌ جُزئيًا.

sub·de·pot [sŭb′dē′pō] *(n.)* مستودع إضافيّ (جن).

sub·di·vide [-′dĭ vīd′] *(vt.; i.)* يُقَسِّم أو ينقسم إلى أجزاء أصغر.

sub·di·vi·sion [-′dĭ vĭzh′-] *(n.)* (١) تقسيم إلى أجزاء أصغر (٢) القُسَيْم: قسم من جزءٍ أكبر (٣) المُقَطَّعة: قطعة أرض مقسّمة إلى أجزاء معروضة للبيع.

sub·dom·i·nant [-dŏm′-] *(n.)* (١) الدُّوغالب؛ دونَ الغالب: شيءٌ غالبٌ أو مُسَيْطِر إلى حدٍّ جُزْئيّ أو إلى حدٍّ أدنى (٢) الدُّوغالِبة: النغمة دون الغالبة (مو).

sub·due [səb dōō′] *(vt.)* (١) يُخضِع؛ يَقْهَر (٢) يُلطِّف؛ يُخفِّف (٣) يَقْمع؛ يَكْبِت (٤) يتمالكُ [نفسَه]. **— sub·dued** *(adj.)*

sub·ed·i·tor [sŭb ĕd′ĭ-] *(n.)* (١) copyreader (٢) مُحرِّر مساعد.

sub·en·try [sŭb′ĕn′trĭ] *(n.)* المَدْخل الفرعيّ [في بيانٍ أو لائحةٍ].

sub·erect [sŭb′ĭ rĕkt′] *(adj.)* جُزْمُنْتَصِب: مُنْتَصِبٌ جُزئيًا.

suberic acid [sōō bĕr′ĭk] *(n.)* الحَمْض الفِلِّينيّ (ك).

su·ber·in [sōō′bər ĭn] *(n.)* السُّبْرين؛ الفِلِّينين: مادة دُهنية مُرَكَّبة تُشكِّل قِوام الفِلِّين.

su·ber·i·za·tion [sōō′bər ə zā′shən] *(n.)* السَّبْرَنة: إشباع جدران الخلايا بالسُّبْرين وتحويلها إلى نسيجٍ فِلِّينيّ (نب).

su·ber·ize [sōō′bə rīz′] *(vt.)* يُسَبْرِن: يُحوِّل إلى نسيجٍ فِلِّينيّ (نب).

su·ber·ose [sōō′bə rōs′]; **su·ber·ous** [-′bər əs] *(adj.)* فِلِّينيّ.

sub·es·sen·tial [sŭb′ə sĕn′shəl] *(adj.)* جُزأساسيّ: أساسيٌّ جزئيًا.

sub·fam·i·ly [sŭb′făm′ĭ lĭ] *(n.)* الفُصَيْلة؛ الفصيلة الفرعية («ح» و«نب»).

sub·fos·sil [sŭb′fŏs′əl] *(adj.)* جُزأُحفوريّ: أُحفوريّ جُزْئيًّا.

sub·freez·ing [sŭb′frē′zĭng] *(adj.)* تَحْتَجْميديّ: أدنى مما هو مطلوب لإحداث التّجميد <~ temperature>.

sub·fusc [sŭb′fŭsk] *(adj.)* داكن؛ قاتم.

sub·ge·nus [sŭb′jē′nəs] *(n.)* الجُنَيْس (أح).

sub·gla·cial [sŭb′glā′shəl] *(adj.)* تَحْمَجْلَديّ: واقعٌ تحت مَجْلَدةٍ أو نهرٍ جليديّ.

sub·group [sŭb′-] *(n.)* (١) العشيرة [في تصنيف النباتات والحيوانات] (٢) الطُّوَيْئفة: جزء من طائفة أو جماعة أو مجموعة (٣) الزُّمرة الجزئية (ر).

sub·head [sŭb′hĕd′] *(n.)* (١) عنوانٌ فرعيّ (٢) الرئيس المساعد [في كلّيّة إلخ].

sub·head·ing [sŭb′hĕd′ĭng] *(n.)* عنوان فرعيّ.

sub·hu·man [sŭb′hyōō′-] *(adj.)* دُوْبَشَريّ: «أ» دون البشر أو أدنى منهم <They treated the natives as ~.>. «ب» غير ملائم أو صالح للبشر <~ living conditions>. «ج» شبه بشريّ <the ~ primates>.

sub·in·feu·da·tion [sŭb′ĭn fyōō dā′-] *(n.)* (١) الإقطاع من الباطن: مَنْحُ صاحب الإقطاع جزءًا من إقطاعته إلى مُقْطَعٍ ثانويّ (٢) إقطاعة من الباطن.

sub·ir·ri·gate [sŭb′ĭr′ə gāt′] *(vt.)* يُرْوي تحتيًا: يُرْوي تحت سطح الأرض بسلسلة من الأنابيب ذات المسامّ. **— sub·ir·ri·ga·tion** *(n.)*

su·bi·to [sōō′bē tô′] *(adv.)* حالًا؛ توًّا؛ فَوْرًا؛ فجأةً (مو).

sub·ja·cent [-jā′sənt] *(adj.)* (١) سُفْلِيّ؛ تَحْتِيّ (٢) سابق؛ سالف.

sub·ject[1] [sŭb′jĕkt′] *(n.)* (١) المرؤوس؛ التابع. مثل: «أ» المُقْطَع: الممنوح إقطاعة ما. «ب» الرعيّة: أحد رعايا دولة ما (٢) «أ» موضوع. «ب» السبب؛ الدافع إلى <a ~ of dispute>. «ج» أساس؛ قِوام (٣) حَقْل [من حقول المعرفة] (٤) ضَحِيّة (٥) الشَّخص؛ الموضوع: شخص تُدْرَس ارتكاساتُهُ أو استجاباته (٦) جُثّة للتشريح (٧) المُسْنَد إليه (مق) (٨) الفاعل: فاعلُ الفعل (ل).

sub·ject[2] [sŭb′jĕkt′] *(adj.)* (١) «أ» تابع؛ خاضع <a ~ race>. «ب» مُطيع؛ مذعن <must be ~ to the laws> (٢) «أ» معرَّض لِـ <~ to colds>. «ب» عُرضةٌ لِـ <All men are ~ to death.>. «ج» رهنٌ بِـ؛

ă at; **ā** date; **â** care; **ä** car; **ĕ** egg; **ē** me; **ĭ** in; **ī** bite; **ŏ** lot; **ō** bone; **ô** orphan; **oi** boil; **o͝o** good; **o͞o** boot; **ou** out; **ŭ** under; **û** urgent; **ə** = *a* in alone, *e* in system, *i* in easily, *o* in gallop, *u* in circus.

متوقف على <Her consent is ~ to your approval.> (٣) قابلٌ لِـ؛ خاضعٌ لِـ <~ to discussion>.

sub·ject³ [səb jĕkt′] *(vt.)* (١) يُخْضِع (٢) يُعَرِّض <~ to ridicule>.

sub·jec·tion [-jĕk′-] *(n.)* (١) إخضاع أو خُضوع (٢) تعريضٌ أو تَعَرُّضٌ لِـ.

sub·jec·tive [səb jĕk′-] *(adj.)* (١) فاعليّ: متعلّق بالفاعل. وبخاصة: دالٌّ على حالة الرَّفع (ل) (٢) شخصيّ <~ judgments> (٣) ذاتيّ؛ غير موضوعيّ (٤) وَهْميّ.

subjective case *(n.)* حالة الفاعليّة: حالة الرَّفع (ل).

sub·jec·tiv·ism [səb jĕk′tĭ-] *(n.)* الذّاتانيّة: مذهب فلسفيّ يقول بأن المعرفة كلها ناشئة عن الخبرة الذاتيّة.

sub·jec·tiv·ist [səb jĕk′tĭ vĭst] *(n.)* الذّاتانيّ: المؤمن بالذّاتانيّة.

sub·jec·tiv·i·ty [səb jĕk′ tĭv′-] *(n.)* (١) الذاتيّة: «أ» كون الشيء ذاتيًّا. «ب» النزعة إلى رؤية الأشياء من زاوية الذات (٢) subjectivism.

sub·jec·tiv·ize [səb jĕk′-] *(vt.)* يُذَيِّتن: يجعله ذاتيًّا subjective.

subject matter *(n.)* الموضوع: موضوع الدراسة أو الكتاب إلخ.

sub·join [səb join′] *(vt.)* يُلحق؛ يُضيف؛ يَضُمّ؛ يُذَيِّل.

sub ju·di·ce [-′də sē′] *(adv.)* أمام القاضي أو القضاء؛ لم يُفْصَل فيه بعد.

sub·ju·gate [sŭb′jə gāt′] *(vt.)* (١) يُخْضِع (٢) يَستعبد.

sub·ju·ga·tion [sŭb′jə gā′shən] *(n.)* (١) إخضاع (٢) استعباد.

sub·junc·tion [-′shən] *(n.)* (١) إلحاق؛ إضافة؛ تذييل (٢) مُلْحَق؛ ذَيْل.

sub·junc·tive [səb jŭngk′-] *(adj.; n.)* (١) شَرْطيّ؛ احتماليّ؛ افتراضيّ: منطوٍ على شكٍّ أو تَمَنٍّ (ل) § (٢) الصيغة الشرطية.

sub·king·dom [sŭb kĭng′-] *(n.)* العُوَيْلِم [في تصنيف الأحياء].

sub·late [sŭb′lāt′] *(vt.)* (١) يُنكِر (٢) يَحْذِف.

sub·lease [*v.* sŭb lēs′; *n.* sŭb′lēs′] *(vt.; n.)* (١) يُؤجّر من الباطن: يؤجّر المستأجِرُ مأجورَه لشخص آخر § (٢) تأجير من الباطن.

sub·let [sŭb lĕt′] *(vt.; n.)* (١) sublease *1* (٢) يُعاقِد من الباطن (را. subcontract) § (٣) المأجور من الباطن: عَقار، وبخاصةٍ مَسْكَنٌ، مؤجَّر أو مُعَدٌّ للتأجير من الباطن <a pleasant ~ near the college>.

sub·lieu·ten·ant [sŭb lo͞o tĕn′ənt; -lĕf-] *(n.)* ملازمٌ ثانٍ (جن).

sub·li·mate¹ [sŭb′lə mĭt; -māt′] *(n.; adj.)* (١) المُتَصَعِّد: نِتاج كيميائيّ يُحْصَل عليه بالتصعيد § (٢) «أ» مُصَعَّد (ك). «ب» مُهَذَّب؛ مصقول.

sub·li·mate² [-māt′] *(vt.; i.)* (١) يُصَعِّد (را. sublimation¹) (٢) يُعْلي؛ يُسامي (را. sublimation²) x (٣) يتصعَّد (ك) (٤) يتعالى (نف).

sub·li·ma·tion¹ [sŭb′lə mā′-] *(n.)* التَّصعيد: تحويل المادّة من حالة الصلابة إلى الحالة الغازيّة ثم من الحالة الغازيّة إلى حالة الصلابة.

sub·li·ma·tion² *(n.)* الإعلاء؛ التّسامي: تحويل طاقةٍ ما، أو غريزةٍ ما، إلى هدفٍ أسمى أخلاقيًّا أو ثقافيًّا (نف).

sub·lime¹ [sə blīm′] *(vt.; i.)* (١) يُصَعِّد (را. sublimation¹) (٢) «أ» يُمَجِّد؛ يُعَظِّم؛ يُشَرِّف. «ب» يُهَذِّب؛ يَصْقُل (٣) يُعْلي؛ يُسامي (را. المادّة السابقة) x (٤) يتصَعَّد (ك) (٥) يتعالَى؛ يتسامى (نف).

sub·lime² *(adj.; n.)* (١) سامٍ؛ رفيع (٢) مَهيب؛ جليل (٣) عظيم (٤) تامّ؛ كامل (٥) خلّاب § (٦) السّامي؛ الرَّفيع (٧) سُمُوّ؛ رفعة (٨) أَوْج؛ ذِروة.

Sublime Porte [pōrt] *(n.)* = Porte.

sub·lim·i·nal [sŭb lĭm′-] *(adj.)* تَحْعَتَبيّ؛ تحت العتبة: «أ» أصغر أو أضعف من أن يُدْرَك أو يُحَسَّ به <a ~ stimulus>. «ب» subconscious.

sub·lim·i·ty [sə blĭm′ə tĭ] *(n.)* (١) سُمُوّ؛ رِفْعَة (٢) شخص سامٍ؛ شيء رفيع.

sub·lin·gual [-lĭng′gwəl] *(adj.)* تَحْلِسانيّ؛ تَحْتَ لسانيّ: واقع أو مُسْتَخْدَم تحت اللسان <~ glands; ~ tablets>.

sub·lit·er·a·ture [-′ər ə chər] *(n.)* الأدب الأدنى: قصص المغامرات والروايات البوليسية التي تُعتبر أحيانًا دون مستوى الأدب الرفيع.

sub·lu·nar [sŭb lo͞o′-]; **sub·lu·nar·y** [-′lo͞o nĕr′ĭ] *(adj.)* (١) تَحْقَمَريّ؛ تحتْ قَمَريّ: واقع تحت القمر (٢) أرضيّ؛ دنيويّ.

sub·ma·chine gun [-′mə shēn] *(n.)* الرَّشَيْشَة: رشّاش قصير (جن).

submachine gun

sub·mar·gin·al [sŭb′mär′jə-] *(adj.)* (١) تَحْهامِشيّ: مجاور للهامش (٢) دون الحدّ الأدنى الضروريّ لتحقيق غرضٍ <a ~ diet> (٣) غير مُنْتِج؛ غير صالح للحراثة <~ lands>.

sub·ma·rine¹ [-′mə rēn′] *(adj.; n.)* (١) تَحْبَحْريّ: واقع أو عاملٌ أو نامٍ تحت سطح البحر <~ plants> § (٢) نبات أو حيوان أو لَغَمٌ تَحْبَحْريّ.

sub·ma·rine² *(n.; vt.)* (١) غَوّاصة § (٢) يهاجم أو يُغرق بغوّاصة.

submarine chaser *(n.)* قانصة الغوّاصات.

sub·ma·ri·ner [sŭb′mə rē-] *(n.)* الغوّاصيّ: أحد رجال الغوّاصة.

sub·max·il·la [sŭb măk sĭl′ə] *(n.)* pl. **-e** [ē; ī] *also* **-s** (١) الفكّ السُّفليّ (٢) عظم الفكّ السُّفليّ.

sub·max·il·lar·y [-′sə lĕr′ĭ] *(adj.)* (١) فَكْسُفليّ: ذو علاقة بالفكّ السُّفلي أو واقعٌ تحته (٢) تَحْفَكّيّ: ذو علاقة بالفكّ السُّفليّ أو واقعٌ تحته (ت).

submaxillary gland *(n.)* الغُدّة التَّحْفَكّيّة؛ الغدّة تحت الفكّ.

sub·me·di·an; sub·me·di·al [sŭb mē′-] *(adj.)* واقعٌ قربَ الوسط.

sub·men·tal [sŭb mĕn′-] *(adj.)* تَحْذَقنيّ: واقع تحت الذَّقن.

sub·merge [səb mûrj′] *(vt.; i.)* (١) يُغطِّس (٢) يَغْمُر (٣) يَحْجُب x (٤) يَغوص [في الماء].

sub·merged [səb mûrjd′] *(adj.)* (١) مغمور بالماء (٢) محروم: غارق في الفقر والشَّقاء (٣) الصعاليك: طبقة الفقراء والمحرومين <the ~ tenth of the population> (٤) محجوب؛ مكبوت؛ خفيّ <~ emotions>.

sub·mer·gi·ble [səb mûr′jə-] *(adj.)* (١) يُغْمَر: قابلٌ للغَمْر <a ~ body> (٢) قابلٌ للعمل تحت الماء <a ~ pump>.

sub·merse [səb mûrs′] *(vt.)* = submerge.

sub·mersed [səb mûrst′] *(adj.)* (١) مغمور بالماء (٢) نامٍ تحت الماء.

sub·mers·i·ble [-mûr′-] *(adj.; n.)* (١) submergible § (٢) غوّاصة.

sub·mer·sion [-ˈmûrʹzhən] *(n.)* (١) تغطيس ؛ غَمر (٢) غَطْس ؛ انغمار .

sub·mi·cron [sŭbˈmīʹkrŏn] *(adj.)* دُومَيْكرونيّ ؛ دونَ المَيْكرون .

sub·mi·cro·scop·ic [-skŏpʹ-] *(adj.)* دومجْهَريّ ؛ دومَيْكروسكوبيّ ؛ دونَ المِجْهَريّ أو المَيْكروسكوبيّ : أصغر من أن يُرى بالمجهر العاديّ .

sub·min·i·a·ture [sŭbˈmĭnʹĭ ə chər] *(adj.)* دقيق ؛ شديدُ الصِّغَر .

sub·mis·sion [səb mĭshʹən] *(n.)* (١) مص submit (٢) خضوع ؛ إذعان (٣) طاعَة .

sub·mis·sive [səb mĭsʹĭv] *(adj.)* خاضِع ؛ مُذْعِن ؛ مُطِيع .

sub·mit [səb mĭtʹ] *(vt.; i.)* (١) «أ» يُسلِّم إلى . «ب» يُخضِع لِـ (٢) «أ» يُحِيل [مسألةً إلى هيئةٍ ما] . «ب» يقدِّم <to ~ a report> (٣) يؤكِّد x (٤) يَخْضَع ؛ يَسْتَسْلِم لِـ .

sub·mon·tane [-ˈtān] *(adj.)* (١) تَحْجَبَليّ (٢) سَفْحيّ : واقع عند سَفْح الجبل .

sub·mul·ti·ple [sŭb mŭlʹtə pəl] *(n.)* القاسم الصحيح (ر) .

sub·nor·mal [sŭb nôrʹ-] *(adj.; n.)* (١) دُوْسَويّ ؛ دون السَّويّ : أقلّ من السويّ (٢) تحت العَموديّ ؛ تحت النّاظم (ر) § (٢) شيء دُوسَويّ . وبخاصة : شخص ذكاؤه دون مستوى الذكاء العاديّ .

sub·nu·cle·ar [sŭb nyo͞oʹklĭ ər] *(adj.)* دُونَوَويّ ؛ دون النَّوَوِيّ (فزن) .

sub·o·ce·an·ic [sŭbˈō shĭ ănʹ-] *(adj.)* تَحْمُحِيطيّ ؛ تحتَ مُحِيطيّ : واقع أو حادث أو مُتَشكِّل تحتَ المحيط <~ oil resources> .

sub·oc·u·lar [sŭb ŏkʹ-] *(adj.)* تَحْعَيْنيّ ؛ تحتَ عَيْنيّ : واقع تحت العين .

sub·or·bic·u·lar [sŭb ôr bĭkʹ-] *(adj.)* شبه كُرَوِيّ <~ leaves> .

sub·or·der [sŭbʹ-] *(n.)* الرُّتبة الفرعية ؛ الرُّتَيْبة [في تصنيف الأحياء] .

sub·or·di·nate [*adj., n.* sə bôrʹdə nĭt; *v.* -nātʹ] *(adj.; n.; vt.)* (١) ثانويّ (٢) تابع ؛ خاضع (٣) إتْباعيّ ؛ مُتعلِّق (ل) <a ~ clause> (٤) التّابع ؛ المرؤوس § (٥) يُخضِع (٦) يَضَعُهُ في مرتبةٍ أدنى ؛ يجعله أو يعتبره أقلّ أهميّةً أو شأنًا .

sub·or·di·na·tion [sə bôr də nāʹ-] *(n.)* (١) «أ» إخضاع . «ب» وضعٌ في مرتبة أدنى (٢) الثانويّة ؛ التّابعيّة (٣) المرؤوسيّة (٤) خضوع ؛ طاعة .

sub·orn [sə bôrnʹ] *(vt.)* (١) يُحرِّض [شخصًا على ارتكاب جريمة إلخ] (٢) «أ» يغريه بأداء شهادة كاذبة . «ب» يَحصل ، من طريق الرشوة ، على شهادة كاذبة إلخ .

sub·or·na·tion [sŭbˈôr nāʹ-] *(n.)* مص suborn . وبخاصّة : الإغراء بشهادة كاذبة : جريمة حَمْل المرء [بالإغراء عادةً] على أداء شهادة كاذبة .

sub·ox·ide [sŭb ŏkʹsīd] *(n.)* تحت الأُكسيد : أكسيدٌ يحتوي على نسبةٍ من الأكسجين صغيرةٍ نسبيًّا .

sub·phy·lum [sŭb fīʹləm] *(n.)* الشُّعَيْبة [في تصنيف الأحياء] .

sub·plot [sŭbʹ-] *(n.)* الحَبْكة الثانوية : حَبْكة فرعيّة في رواية أو مسرحية .

sub·poe·na [sə pēʹnə; səb pēʹnə] *(n.; vt.)* (١) مذكِّرة الإحضار (ق) § (٢) يستدعي [للمثول أمامَ المحكمة] .

sub·poe·na ad tes·ti·fi·can·dum [ădʹtĕs tə fĭ kănʹdəm] *(n.)* مذكِّرة إحضار الشّاهد (ق) .

sub·po·lar [sŭbˈpōʹlər] *(adj.)* شبه قُطْبيّ ؛ دُوْقُطبيّ .

sub·po·tent [sŭbˈpōʹ-] *(adj.)* دُوْفعّال ؛ دونَ الفعّال <~ drugs> .

sub·prin·ci·pal [sŭbˈprĭnʹsə pəl] *(n.)* (١) الرئيس المساعد : مساعد المدير [في مدرسة إلخ] (٢) رافدة أو دعامة ثانوية .

sub·re·gion [-ˈrēʹjən] *(n.)* الصُّقَيْع : صُقْعٌ أو إقليم فرعيّ (جغ) .

sub·rep·tion [səb rĕpʹshən] *(n.)* التّأفيك : «أ» تشويه للحقائق . «ب» نَيْل فائدةٍ ما من طريق إخفاء الحقيقة أو تشويهها .

sub·ro·gate [sŭbʹrō gātʹ] *(vt.)* يَسْتَبْدل ؛ يُحِلُّهُ محلَّ غيرِهِ .

sub·ro·ga·tion [sŭbˈrō gāʹ-] *(n.)* استبدال ؛ إحلال [دائن] محلَّ آخر .

sub ro·sa [sŭb rōʹzə] *(adv.)* سِرًّا ؛ بالسِّرّ .

sub–Sa·ha·ran [sŭbˈsə hârʹ-] *(adj.)* تَحْصَحْراويّ : واقعٌ جنوبَ الصحراء الكبرى في إفريقيا <~ Africa> .

sub·sa·line [sŭb săʹlīn; -lēn] *(adj.)* مُوَيْلح : مالحٌ بعضَ الشيء .

sub·sat·el·lite [sŭb sătʹlītʹ] *(n.)* التابع الثانويّ أو الفرعيّ (فض) .

sub·sat·u·rat·ed [sŭbˈsăchʹə rāʹ-] *(adj.)* دُوْمُشْبَع ؛ شبه مُشْبَع .

sub·scap·u·lar [-skăpʹyə lər] *(adj.)* (١) تَحْكَتِفيّ ؛ تحتَ كَتِفيّ : واقعٌ تحت العظم الكَتِفيّ (ت) (٢) عَضَلة تَحْكَتِفيّة ؛ شِريان تَحْكَتِفيّ .

sub·scribe [səb skrībʹ] *(vt.; i.)* (١) يُوَقِّع ؛ يُمضي (٢) يتعهَّد أو يَعِد بِـ (٣) يُؤيِّد ؛ يُقِرّ x (٤) يشترك في <to ~ to a newspaper> (٥) يكتتب (٦) يتبرَّع (٧) يتعاطف مع . **— sub·scrib·er** *(n.)*

sub·script [sŭbʹskrĭpt] *(adj.; n.)* (١) تَحْحَرْفيّ ؛ تحتَ حَرْفيّ : مكتوب تحت حرف من الحروف § (٢) الرَّمز السُّفليّ أو الدَّليليّ : رقم أو حرف مكتوب في الأسفل إلى جانب رمز ما <مثل ٢ في H_2O> .

sub·scrip·tion [səb skrĭpʹshən] *(n.)* (١) توقيع ؛ إمضاء (٢) اشتراك [في صحيفة إلخ] (٣) اكتتاب (٤) تبرُّع .

sub·sec·tion [-sĕkʹshən] *(n.)* القُسَيْم ؛ الجُزْقِسْم : جزءٌ من قِسْم .

sub·se·quence [-ˈsə kwəns] *(n.)* (١) لَحاق ؛ تالٍ (٢) حادثةٌ لاحقة أو تالية .

sub·se·quent [-ˈsə kwənt] *(adj.)* لاحق ؛ تالٍ <~ events> .

sub·se·quent·ly [sŭbʹ-] *(adv.)* (١) لاحقًا ؛ في ما بعد (٢) من ثَمّ ؛ بالتّالي .

sub·serve [səb sûrvʹ] *(vt.)* (١) يُعين ؛ يُساعد (٢) يَخْدِم [غَرَضًا إلخ] .

sub·ser·vi·ence *or* **sub·ser·vi·en·cy** [səb sûrʹ-] *(n.)* (١) منفعة (٢) تَبَعِيّة (٣) خنوع ؛ إذعان بِذِلّة .

sub·ser·vi·ent [səb sûrʹvĭ ənt] *(adj.)* (١) نافع ؛ مُساعد [على تحقيق

غَرض] (٢) تابعٌ؛ ثانويّ (٣) خانع؛ مُذْعِنٌ بِذِلّة .

sub·side [səb sīd′] *(vi.)* (١) يَرْسُب [الثُّقْلُ إلخ] (٢) يَسيخ؛ يغور؛ ينخسف؛ يهبِط (٣) يستقرّ؛ يستريح (٤) يَخْمُد؛ يَهْمُد .

— sub·si·dence *(n.)*

sub·sid·i·ar·y [səb sĭd′ĭ-] *(adj.; n.)* (١) مساعِد؛ إضافيّ؛ فرعيّ؛ ثانويّ <~ details> (٢) تابعٌ أو خاضع لغيره <a ~ company> (٣) إعانيّ: متعلّق بإعانة أو مُشَكِّلٌ إعانةً <a ~ payment> (٤) مُساعَدٌ بإعانة § (٥) شيء أو شخص مساعِدٌ أو إضافيّ (٦) الشركة التابعة: شركة تملك أكثر من نصف أسهُمِها، أو تُسَيْطر عليها، شركة أخرى .

sub·si·dize [sŭb′sə dīz′] *(vt.)* (١) يرشو: يشتري مساعدَتَهُ بمنحةٍ ماليّة (٢) يقدِّم العونَ الماليّ [إلى شركة أو مؤسسة خصوصية] .

sub·si·dy [sŭb′sə dĭ] *(n.)* إعانة ماليّة [حكوميةٌ عادةً] .

sub·sist [səb sĭst′] *(vi.; t.)* (١) «أ» يُوْجَد؛ يكون . «ب» يستمرّ؛ يبقى (٢) يعيش <to ~ on fish> (٣) x يُعيل؛ يُطعِم <to ~ troops> .

sub·sis·tence [səb sĭs′-] *(n.)* (١) وجود؛ كَيْنونة (٢) بقاء؛ عَيْش؛ حياة (٣) inherency (٤) قِوام (٥) مورد رِزْق .

sub·sis·tent [səb sĭs′-] *(adj.)* (١) كائن؛ موجود (٢) صُلْبيّ؛ متأصِّل؛ مُلازم: مُتَضَمَّنٌ في صُلب الشيء أو في طبيعتِهِ الأساسيّة .

sub·so·cial [sŭb′sō′shəl] *(adj.)* شِبه اجتماعيّ <~ insects> .

sub·soil [sŭb′soil′] *(n.; vt.)* (١) التَّحْتُرْبة: طبقةُ الأرضِ الواقعةُ تحت التربة مباشرةً § (٢) يُحَتْرِب: يحرث بحيث يقلب جزءًا من التَّحْتُرْبة .

sub·so·lar [sŭb sō′lər] *(adj.)* (١) تَحْشَمْسِيّ: واقع تحت الشمس مباشرةً (٢) استوائيّ .

sub·son·ic [sŭb sŏn′ĭk] *(adj.)* (١) دوسُرْصوتيّ: دون سرعة الصَّوت (٢) دُوْسَمْعِيّ؛ دون السَّمعيّ: دون مدى مسموعيّة الأذن البشرية .

sub·spe·cial·ty [sŭb′spĕsh′əl tĭ] *(n.)* حقل الاختصاص الفرعيّ .

sub·spe·cies [sŭb spē′shēz; -sēz] *(n.)* النُّوَيْع [في تصنيف الأحياء] .

sub·stance [sŭb′stəns] *(n.)* (١) جَوْهر؛ كُنْهُ؛ زُبْدة <the ~ of his speech...> (٢) معنًى؛ فائدة؛ أهمّيّة (٣) قُوّة؛ متانة (٤) مادة (٥) ثروة؛ ممتلكات .

in ~, (١) جوهريًا (٢) حَقًّا؛ فِعلًا .

sub·stan·dard [sŭb stăn′dərd] *(adj.)* دُومعياريّ؛ دُوقياسيّ .

sub·stan·tial [səb stăn′shəl] *(adj.; n.)* (١) مادّيّ؛ حقيقيّ؛ واقعيّ (٢) أساسيّ؛ جوهريّ؛ هامّ (٣) سَخِيّ؛ غنيّ؛ عامر؛ مُشْبِع <a ~ table; a ~ dinner> (٤) ثريّ؛ مُوْسِر <a ~ family> (٥) كبير؛ ضخم <a ~ wage> (٦) متين؛ مكين؛ قويّ؛ وطيد <a ~ building> (٧) وجيه <~ reasons> § (٨) شيء حقيقيّ أو جوهريّ أو متين إلخ .

sub·stan·tial·ly [-ĭ] *(adv.)* (١) مادّيًّا؛ فعليًّا (٢) جوهريًّا (٣) بضخامة؛ بمتانة إلخ .

sub·stan·ti·ate [səb stăn′shĭ āt′] *(vt.)* (١) يجعله ذا وجودٍ مادّيّ (٢) يُجَسِّد: يُفْرِغ في شكلٍ مادّيّ (٣) يقوّي؛ يُثَبِّت (٤) يُثْبِت؛ يُقيم الدليلَ على <to ~ a theory> .

sub·stan·ti·a·tion *(n.)* (١) تجسيد؛ تثبيت؛ إثبات (٢) برهان؛ دليل .

sub·stan·ti·val [sŭb′stən tī′-] *(adj.)* اسميّ: عاملٌ عملَ الاسم (ل) .

sub·stan·tive [sŭb′stən-] *(n.; adj.)* (١) اسم . وتوسّعًا: كلمة أو مجموعة كلمات مستعملةٌ كاسم (ل) § (٢) مُستقلّ؛ قائم بذاتِهِ (٣) حقيقيّ؛ واقعيّ (٤) دائم؛ باقٍ (٥) جوهريّ؛ أساسيّ (٦) كَيْنونيّ؛ وجوديّ: دالّ على الكَيْنونة أو الوجود <*to be* is a ~ verb> (٧) اسميّ: مستعملٌ في الجملة كاسم <a ~ adjective> (٨) ضخم؛ كبير (٩) بالغ الأهمّيّة <~ discussions>.

substantive right *(n.)* الحقّ الأساسيّ [كحقّ الحياة وحق الحرية] (ق) .

sub·sta·tion [sŭb′stā′shən] *(n.)* (١) مركز بريد فرعيّ (٢) محطة فرعيّة .

sub·stit·u·ent [sŭb stĭch′o͞o ənt] *(n.; adj.)* (١) البديل . وبخاصة: ذرّة أو مجموعة ذرّات تحلّ محلّ ذرّة أو مجموعة ذرّات أخرى في جُزيْءِ المركَّب الأصليّ (ك) § (٢) بديلٌ .

sub·sti·tute [-′stə tyo͞ot′] *(n.; adj.; vt.; i.)* (١) البديل: شخص أو شيء يَحِلّ محلَّ آخر § (٢) بديل <~ food> § (٣) يَحِلُّ محلَّ [شيء آخر] x (٤) يقوم مقامَ . . .

— sub·sti·tu·tion *(n.)*

sub·sti·tu·tive; sub·sti·tu·tion·al [sŭb′-] *(adj.)* استبداليّ؛ استعاضيّ .

sub·strate [-′strāt′] *(n.)* (١) substratum (٢) القاعدة: الأساس الذي يعيش عليه مُتَعَضٍّ ما (٣) المُنْخَمِرة: المادة الخاضعة لفعل خميرةٍ ما (كح) .

sub·strat·o·sphere [-′străt′ə sfēr′] *(n.)* الطبقة التَّحْستراتوسفيرية: ذلك الجزءُ من الغلاف الجويّ الواقعُ تحت السّتراتوسفير مباشرةً .

sub·stra·tum [-strā′təm] *(n.)* pl. **-stra·ta** (١) أساس (٢) قِوام (٣) «أ» طبقة سُفليّة . «ب» *1* subsoil (٤) *2-3* substrate .

sub·struc·tion; sub·struc·ture [sŭb strŭk′-] *(n.)* أساس [لسَدٍّ أو مبنًى] .

sub·sume [səb so͞om′] *(vt.)* يُصَنِّف؛ يُدْرِج [ضمن مبدأ عامّ أو تحت فئة أكثر شمولًا] .

sub·sump·tion [səb sŭmp′-] *(n.)* (١) تصنيف؛ إدراج (٢) البَنْد: شيء مُدْرَج ضمنَ مبدأ عامّ أو تحت فئة أكثر شمولًا (٣) قضية صغرى (مق) .

sub·sur·face [-sûr′fĭs] *(n.; adj.)* (١) الطَّبقة التَّحْسَطْحِيّة: التُّرْبة الواقعة فوق التَّحْتُرْبة (را . subsoil) مباشرةً (٢) المياه التَّحْسَطْحِيّة: ذلك الجزءُ من مياه البحر أو النهر الواقعُ تحت السَّطح مباشرةً § (٣) تَحْسَطْحِيّ <~ riches>.

sub·tan·gent [sŭb tăn′jənt] *(n.)* تحتَ المُماسّ (ر) .

sub·teen [sŭb′tēn′] *(n.)* اليافع: مَن شارف الاحتلام؛ مَن قاربَ المراهقة . وبخاصة: فتاة دون الثالثة عشرةَ من العمر .

sub·tem·per·ate [-′pər ət] *(adj.)* (١) دُومُعْتدِل؛ دون المُعتدل <a ~ climate> (٢) دُومُعْتدليّ: متعلّق بأصقاع المنطقة المعتدلة الأكثر برودةً .

sub·ten·an·cy [sŭb tĕn′ən sĭ] *(n.)* الاستئجار من الباطن .

sub·ten·ant [sŭb tĕn′ənt] *(n.)* المستأجِر من الباطن: المستأجِر من

مستأجِرٍ أوّل شاغلٍ للعَقار (را . sublease) .

sub·tend [səb tĕnd′] *(vt.)* (١) يُقابل؛ يُواجِه: يقع قبالة كذا (٢) يمتدّ تحت شيء أو عَبْرَه (٣) يُطَوِّق؛ يُحيط بِـ؛ يَحْصُر .

sub·tend·ed angle *(n.)* الزّاوية المقابِلة (ر) .

subter- بادئة معناها: تحتَ أو أقلّ من <*subter*natural> .

sub·ter·fuge [sŭb′tər fyo͞oj′] *(n.)* (١) احتيال (٢) حيلة (٣) ذَريعة .

sub·ter·nat·u·ral [sŭb′tər năch′-] *(adj.)* دُوطبيعيّ؛ دون الطبيعيّ .

sub·ter·ra·ne·an [sŭb′tə rā′-] *(adj.)* (١) تَحْأرضيّ: واقع أو عامِلٌ تحت سطح الأرض (٢) سِرّيّ؛ خفيّ <a ~ influence> .

sub·text [sŭb′-] *(n.)* المعنى الضِّمنيّ أو المجازيّ [للنصّ أدبيّ] .

sub·tile [sŭt′əl; sŭb′tĭl] *(adj.)* = subtle.

sub·til·ize [sŭt′ə līz′; sŭb′tə-] *(vt.; i.)* (١) يَرْفع؛ يُسامي (٢) يُرْهِف الذِّهنَ أو الحواسَّ (٣) يُرَقِّق؛ يُصَفّي؛ يكرِّر **x** (٤) يَعْمل أو يفكِّر بدقّة .

sub·ti·tle [sŭb′tī təl] *(n.; vt.)* (١) عنوان فرعيّ [للكتاب إلخ] (٢) الحاشية السينمائية: كلام مطبوع أو جزء من الحوار يبدو على الشاشة بين مَشاهد الفيلم الصامت أو يبدو كترجمة في أدنى الشاشة أثناء العرض § (٣) يُزوِّد بعنوان فرعيّ إلخ .

sub·tle [sŭt′əl] *(adj.)* (١) «أ» رقيق؛ دقيق؛ لطيف . «ب» مهذَّب؛ مصقول (٢) ثاقب الفكر (٣) حاذق؛ ماهر (٤) مُرْهَف (٥) ماكر؛ خبيث (٦) غامض .

sub·tle·ty [-tĭ] *(n.)* (١) رِقّة؛ دقّة؛ لُطف (٢) حِذق؛ مهارة (٣) مَكْر؛ خُبْث (٤) شيء رقيق أو دقيق أو لطيف إلخ .

sub·to·tal [sŭb′-] *(n.)* الإجماليّ الفرعيّ: حاصل جمع جزء من سلسلة أعداد .

sub·tract [səb trăkt′] *(vt.; i.)* يَطْرَح؛ يُسْقِط من .

sub·trac·tion [səb trăk′-] *(n.)* (١) الطَّرح (ر) (٢) حَبْس الحقّ [عن صاحبه] (ق) .

sub·trac·tive [səb trăk′tĭv] *(adj.)* طَرْحيّ؛ إسقاطيّ .

sub·tra·hend [sŭb′trə-] *(n.)* المطروح: العدد المُراد طرحُهُ من عددٍ أكبر .

sub·tribe [sŭb′trīb] *(n.)* القُبَيْلة؛ القبيلة الفرعيّة: فرع من قبيلة أحيائيّة .

sub·trop·ic; sub·trop·i·cal [sŭb′trŏp′-] *(adj.)* = semitropical.

sub·trop·ics [-′ĭks] *(n. pl.)* المناطق شبه الاستوائيّة .

su·bu·late [so͞o′byə lət; -lāt] *(adj.)* مِخْرَزانيّ: مِخْرَزيّ الشكل .

subulate leaves

sub·urb [sŭb′ûrb] *(n.)* (١) الضاحية؛ الرَّبَض (٢) *pl.*: حافة؛ شَفير .

sub·ur·ban [sə bûr′bən] *(adj.)* (١) ضاحِيِيّ؛ رَبَضيّ: «أ» ذو علاقة بالضاحية، أو الرَّبض، أو ساكنٌ أو واقعٌ فيهما . «ب» مُمَيِّز لضاحية أو رَبَض § (٢) ساكن الضاحية؛ ساكن الرَّبَض .

sub·ur·ban·ite [-′bə nīt′] *(n.)* ساكن الضاحية؛ ساكن الرَّبَض .

sub·ur·bi·a [sə bûr′-] *(n.)* (١) الضَّواحي؛ الأرباض (٢) سكان الضَّواحي .

sub·va·ri·e·ty [sŭb′və rī′ə tĭ] *(n.)* الضُّرَيب: فرعٌ من ضَرْبٍ أحيائيّ .

sub·ven·tion [səb vĕn′-] *(n.)* (١) تقديم العَوْن الماليّ (٢) إعانة ماليّة .

sub·ver·sion [səb vûr′shən; -zhən] *(n.)* (١) تدمير؛ تهديم؛ تخريب (٢) دمار؛ تَهَدُّم؛ خراب .

sub·ver·sive [səb vûr′-] *(adj.; n.)* مُدَمِّر؛ مُهَدِّم؛ مخرِّب .

sub·vert [səb vûrt′] *(vt.)* (١) يُدَمِّر؛ يُهَدِّم؛ يُخَرِّب (٢) يُطيح بِـ (٣) يُفْسِد [أخلاق المرء أو ولاءه إلخ] .

sub·way [sŭb′wā] *(n.)* (١) نَفَق؛ مجازٌ تَحْأرضيّ [للمشاة أو أنابيب المياه إلخ] (٢) القطار الكهربائيّ النَّفَقيّ .

suc·ce·da·ne·um [sŭk′sə dā′nĭ əm] *(n.)* pl. **-s** *or* **-nea** = substitute.

suc·ce·dent [sək sēd′ənt] *(adj.)* لاحق؛ تالٍ .

suc·ceed [sək sēd′] *(vi.; t.)* (١) يَخْلُف . وبخاصّةٍ: يَرِثُ العرشَ (٢) يَنْجَح؛ يُفْلِح **x** (٣) يلي؛ يَتْبَع .

suc·cess [sək sĕs′] *(n.)* (١) نجاح (٢) إحراز الثَّروة أو المنزلة الرفيعة (٣) شخص ناجح (٤) «أ» عملٌ ناجح . «ب» مسرحية إلخ ناجحة .

suc·cess·ful *(adj.)* (١) ناجح <a ~ writer> (٢) فائز <~ candidates>.

suc·ces·sion [sək sĕsh′ən] *(n.)* (١) خلافة؛ وراثة <Who is next in ~ to the throne?> (٢) تعاقُب؛ توالٍ؛ تتابع [كقولك ~ in أي: على التعاقب؛ على التوالي] (٣) سلسلة متوالية <a ~ of victories> (٤) تَرِكة؛ إرث .

succession duty *(n.)* = death tax.

suc·ces·sive [sək sĕs′ĭv] *(adj.)* (١) مُتعاقِب؛ مُتوالٍ؛ مُتتابِع (٢) تَعاقُبِيّ: مُتَّسِمٌ بالتَّعاقُب أو ناشئ عنه .

successive differentiation *(n.)* التَّفاضُل التَّعاقُبيّ (ر) .

suc·ces·sive·ly [-′ĭv-] *(adv.)* على التعاقُب؛ على التَّوالي؛ بالتَّتابع؛ تِباعًا .

suc·ces·sor [sək sĕs′ər] *(n.)* خليفة؛ خَلَف؛ وريث .

suc·cinct [sək sĭngkt′] *(adj.)* (١) ضيِّق <~ suits> (٢) مُحْكَم؛ بليغ؛ بارع الإيجاز <a ~ answer> .
— **suc·cinct·ness** *(n.)*

succinic acid *(n.)* حَمْض السَّكْسِينيك؛ حمض الكَهْرَمان (ك) .

suc·cor *also* **suc·cour** [sŭk′ər] *(n.; vt.)* (١) إسعاف (٢) عون؛ مساعدة (٣) عاملٌ مُسْعِفٌ أو مساعِد (٤) ملجأ (ع) § (٥) يُسْعِف؛ يُعين؛ يُساعد (٦) يُخفِّف؛ يُلطِّف (٧) يُؤوي (ع) .

suc·co·ry [sŭk′ə rĭ] *(n.)* = chicory.

suc·co·tash [sŭk′ə tăsh′] *(n.)* السَّكْتاش: طعام قِوامُهُ ذُرَةٌ خضراء ولوبياء .

suc·cu·ba [sŭk′yə bə] *(n.)* pl. **-bae** [bē; bī] = succubus.

suc·cu·bus [-bəs] *(n.)* pl. **-bi** [bī; bē] السَّقُّوبة: روح شريرة زُعِم أنها تتّخذ شكل امرأة لكي تُضاجِعَ الرجالَ أثناءَ نومهم.

suc·cu·lent [sŭk′yə lənt] *(adj.; n.)* (١) عُصاريّ: كثير العُصارة (٢) رَيّان: ذو أنسجة لحيمةٍ رَيّا (٣) «أ» غضّ؛ نَضِر؛ مُفْعَم بالحيوية. «ب» مُمتِع § (٤) نباتٌ رَيّان. — **suc·cu·lence** *(n.)*

suc·cumb [sə kŭm′] *(vi.)* (١) يَخْضَع؛ يُذْعِن: يستسلم (٢) يموت.

suc·cuss [sə kŭs′] *(n.)* يَهُزّ؛ يَرُجّ. وبخاصة: يَهُزّ المريض لمعرفة ما إذا كان ثمةَ سائلٌ ما في صدره إلخ.

suc·cus·sion [sə kŭsh′ən] *(n.)* (١) هَزّ؛ رَجّ (٢) اهتزاز؛ ارتجاج.

such [sŭch] *(adj.; pron.)* (١) مِثل؛ أمثال <poets ~ as Byron and Hugo> (٢) «أ» كبير؛ هائل <He is ~ a liar.>. «ب» شديد إلخ إلى حدّ أنّه... <Her excitement was ~ that she shouted.> (٣) مُشابِه؛ مُماثِل؛ من النوع نفسِهِ <other ~ hospitals throughout the country> § (٤) هذا؛ هذه؛ ذلك؛ تلك إلخ <~ are the results> (٥) هكذا <She is a brilliant poet and is everywhere recognized as ~.>.

- and ~, وَهَلُمّ جرًّا؛ وما أشبه.
- as ~, (١) بما هو؛ في حدّ ذاته (٢) على هذا النحو.
- ~ and ~, كَيْتَ وكَيْتَ؛ كذا وكذا.
- ~ as كـ؛ مِثل.
- ~ as it is كما هو؛ على علّاتِهِ.
- ~ being the case والحالة هذه؛ والحال كما وصفنا.
- ~ like وما إلى ذلك؛ وما أشبه.

such·like [sŭch′līk] *(adj.)* وما إلى ذلك؛ وما أشبه.

suck [sŭk] *(vt.; i.; n.)* (١) «أ» يَمُصّ. «ب» يمتصّ (٢) يتنشّق [الهواء] x (٣) يَرْضَع (٤) يتذلّل (٥) يتزلّف إلى؛ يتملّق <used to ~ up to the boss> § (٦) مَصّ؛ تَنَشُّق إلخ.

suck·er [sŭk′ər] *(n.; vt.; i.)* (١) الماصّ؛ الممتصّ؛ المُتَشَرِّب (٢) المُتَنَشِّق (٣) الرضيع (٤) كبّاس [أو صِمام] المِضخّة الماصّة (٥) المصّاصَة؛ الشّرّاقة: أنبوبة للمصّ (٦) المِمَصّ: عضو المصّ في بعض الحيوانات (٧) الشُّكير؛ الجُذَيْر: فرع مُنبثق من جذور النبتة أو من أدنى ساقها (٨) السّاقر: سمك نهريّ وثيق الصّلة بالشَّبُّوط (٩) قطعة كراميل [في طَرَف عُود] (١٠) السّاذج: شخص يَسْهُل خداعُهُ (١١) المُولَع: شخص يعجز عن مقاومة إغراءِ شيءٍ ما § (١٢) يُجَرِّد [الأشجار أو الشُّجيرات] من جُذَيراتها (١٣) يَخْدَع [بمظهره الكاذب] x (١٤) تُطلِع [النّبتةُ] جُذَيراتٍ.

suck·er·fish *also* **suck·fish** [sŭk′-] *(n.)* = remora *1*.

suck·ing [sŭk′-] *(adj.)* (١) رضيع (٢) ناعم الأظفار: صغير جدًّا.

suck·le [sŭk′əl] *(vt.; i.)* (١) يُرضِع (٢) يربّي x (٣) يَرْضَع.

suck·ling [sŭk′-] *(n.)* الرَّضيع: طفلٌ لمّا يُفْطَم بعد.

su·cre [sōō′krā] *(n.)* السُّوكر: وحدة النقد في جمهورية الأكوادور.

su·crose [sōō′krōs] *(n.)* السَّكروز: سُكَّر القَصَب أو الشمندر.

suc·tion [sŭk′shən] *(n.)* (١) مص suck، وبخاصة: مصّ؛ امتصاص (٢) أنبوبة المصّ؛ ماسورة المصّ (مك).

suction pump *(n.)* المِضخّة الماصّة (مك).

suction stroke *(n.)* شوطُ المصّ أو السَّحب (مك).

suc·to·ri·al [sŭk tōr′-] *(adj.)* (١) مَصّيّ؛ مِحْجَميّ: مُعَدّ للمصّ أو الالتصاق <~ mouths> (٢) مصّاص: «أ» مُزوَّد بأعضاء ماصّة <a ~ fish>. «ب» مقتات بامتصاص دم الحيوانات أو عُصارات النباتات.

Su·da·nese [sōō′də nēz′] *(n.; adj.)* (١) السُّودانيّ § (٢) سُودانيّ.

su·dar·i·um [sōō dâr′ĭ əm] *(n.)* (١) منشفة؛ مِنديل (٢) sudatorium.

su·da·to·ri·um [sōō′də tōr′ĭ əm] *(n.)* pl. **-to·ri·a** المَعْرَق: حُجْرة التَّعرُّق في حمّام.

su·da·to·ry [-′də tōr′ĭ] *(adj.; n.)* (١) «أ» مُعرِّق. «ب» تَعَرُّقيّ (٢) حُجْرتَعرُّقيّ: ذو علاقة بحجرة التعرُّق في حمّام § (٣) sudatorium.

sudd [sŭd] *(n.)* السَّدّ: أعشاب طافية تعوق الملاحة في النيل الأبيض.

sud·den [sŭd′ən] *(adj.)* (١) مُفاجئ؛ فُجائيّ (٢) سريع؛ عاجِل.

- all of a ~; on a ~, فَجْأةً؛ على نحوٍ مُفاجئ.

sudden death *(n.)* موتُ الفُجاءة.

sud·den·ly [sŭd′ən lĭ] *(adv.)* فجأةً؛ على حينِ غِرّة.

su·dor·if·er·ous [sōō′də rĭf′ər əs] *(adj.)* عَرَقيّ: «أ» مُفْرِزٌ للعَرَق <~ glands>. «ب» ناقلٌ للعَرَق <~ ducts>.

su·dor·if·ic [-′ĭk] *(adj.; n.)* (١) مُعرِّق <~ herbs> § (٢) دواء مُعرِّق.

suds [sŭdz] *(n.; vt.; i.)* (١) «أ» غُسالة الصابون. «ب» رغوة الصابون (٢) رَغْوة؛ زَبَد (٣) جِعَة؛ بيرة (ع) § (٤) يَغْسِل [بغُسالة الصّابون] x (٥) يُرغي؛ يشكِّل رغوةً <a soap that ~*es* easily>.

suds·y [sŭd′zĭ] *(adj.)* (١) مُزْبِد؛ كثير الرَّغوة (٢) صابونيّ.

sue [sōō] *(vt.; i.)* (١) يُغازل (٢) يُقاضي: يُقيم دعوى على x (٣) يلتمس؛ يتوسّل [تتبعها *for* أو *to* عادةً].

suede *or* **suède** [swād] *(n.)* السُّوَيْديّ: جلد أو قماش مُزَأبَر.

su·er [sōō′ər] *(n.)* (١) المُغازِل (٢) المُقاضي (٣) المُلْتمِس؛ المُتوسِّل.

su·et [sōō′ət] *(n.)* الخِلْم: شحم الماشية.

suf·fer [sŭf′ər] *(vt.; i.)* (١) يَلْقَى؛ يتحمّل بوصفِهِ ضحيّةً؛ يُكرَه على تحمّل عقوبة ما <~*ed* martyrdom; ~*ed* a year's imprisonment> (٢) يُعاني؛ يُقاسي؛ يُكابد <to ~ thirst> (٣) يخضع [لعمليّة ما] <to ~ change> (٤) يتحمّل <cannot ~ a cold winter> (٥) يَدَع؛ يترك؛ يَسْمَح لِـ <*Suffer* the little children to come unto me.> x (٦) يتألّم؛ يتعذّب (٧) يدفع الثمن؛ يُعاقَب. — **suf·fer·er** *(n.)*

- to ~ fools gladly يَصْبِر على تصرُّفات الحَمْقى.

suf·fer·ance [sŭf′ər əns; sŭf′rəns] *(n.)* (١) صَبْرٌ (٢) ألمٌ؛ شقاء (٣) السَّماح الإكراهيّ: سماح ناشئ عن عدم القدرة على الاعتراض أو المنع <By ~ only were they allowed to enter the country.> (٤) احتمال؛ قدرة على الاحتمال <It is beyond ~.>.

suf·fer·ing [sŭf′ər-] *(n.; adj.)* (١) مُعاناة؛ مُقاساة (٢) تحمُّل (٣) ألمٌ § (٤) متألِّم؛ متعذِّب (٥) مريض <Is he very ~?>.

suf·fice [sə fīs′; -fīz′] *(vi.; t.)* يكفي ؛ يفي بالغرض .

suf·fi·cien·cy [sə fĭsh′ən sĭ] *(n.)* (١) كفاية ؛ مقدار كافٍ (٢) الاكتفاء : مستوًى متواضع من العيش (٣) قُدْرة ؛ كفاءة (٤) غرور ؛ ثقة بالنفس .

suf·fi·cient [sə fĭsh′ənt] *(adj.)* كافٍ ؛ وافٍ .

suf·fix [*n.* sŭf′ĭks; *v.* sə fĭks′, sŭf′ĭks] *(n.; vt.)* (١) اللّاحقة : مَقْطَع يُضاف إلى آخر اللفظة بغيةَ تغيير معناها أو تشكيل لفظة جديدة [مثل *ment-* أو *less-*] § (٢) يُلْحِق : يُضيف مَقطعًا إلى آخر اللفظة .

suf·fo·cate [sŭf′ə kāt′] *(vt.; i.)* (١) يَخْنُق **x** (٢) يَختنق .

suf·fo·ca·tion [sŭf′ə kā′shən] *(n.)* (١) خَنْق (٢) اختناق .

suf·fra·gan [sŭf′rə gən] *(n.; adj.)* (١) أسقفٌ مساعِدٌ § (٢) مُساعِد .

suf·frage [sŭf′rĭj] *(n.)* (١) تضرُّع أو صلاة قصيرة (٢) موافَقة ؛ مُصادَقة (٣) «أ» صَوْت [في اقتراع] . «ب» تصويت ؛ اقتراع . «ج» حقّ الاقتراع .

suf·frag·ette [sŭf′rə jĕt′] *(n.)* المُسْتَقْرِعة : المنادية بمنح المرأة حقّ الاقتراع .

suf·frag·ist [sŭf′rə jĭst] *(n.)* المُسْتَقْرِع : المنادي بمنح المرأة حقّ الاقتراع .

suf·fuse [sə fyōōz′] *(vt.)* (١) يَغْمُر (٢) يُخَضِّب ؛ يُضَرِّج ؛ يُلوِّن (٣) يَنْشُر .

suf·fu·sion [sə fyōō′zhən] *(n.)* غَمْر ؛ تخضيب ؛ تَضْريج إلخ .

Su·fi [sōō′fĭ] *(n.; adj.)* (١) الصُّوفيّ : أحد المتصوِّفة المُسْلِمين § (٢) صُوفيّ .

Su·fism [sōō′fĭz′əm] *(n.)* الصوفيّة ؛ التَّصَوُّف .

sug·ar [shŏŏg′ər] *(n.; vt.; i.)* (١) سُكَّر (٢) قطعة سُكَّر ؛ مِلعقة سُكّر (٣) السُّكَّريّة : وعاء السُّكَّر § (٤) يُحلّي (٥) يُسكِّر : يكسو أو يمزج بالسُّكَّر **x** (٦) يَتَسكَّر : يتحوَّل إلى سُكَّر (٧) يتبلَّر .

sugar apple *(n.)* = sweetsop.

sugar basin *(n.)* = sugar bowl.

sugar beet *(n.)* الشَّمَنْدَر السُّكَّريّ ؛ البَنْجَر السُّكَّريّ (نب) .

sug·ar·ber·ry [shŏŏg′ər bĕr′ĭ] *(n.)* = hackberry.

sugar bowl *(n.)* السُّكَّريّة : وعاء للسكَّر يوضع على مائدة الطعام .

sugar bush *(n.)* الأَجَمَة السُّكَّريّة : أجَمة حافلة بالقَيْقَب السُّكَّري .

sug·ar·cane [shŏŏg′ər kān′] *(n.)* قَصَب السُّكَّر (نب) .

sug·ar·coat [-kōt] *(vt.)* (١) يُلبِّس بالسُّكَّر (٢) يجعله جذابًا أو سائغًا على نحوِ سطحيّ أو ظاهريّ <to ~ pills> (٣) يُيَسِّر ؛ يُسَهِّل .

sug·ar·coat·ing [shŏŏg′ər-] *(n.)* (١) مص sugarcoat (٢) الغلاف السُّكَّريّ : كلّ ما يجعل الشيء جذابًا أو سائغًا على نحو سطحيّ أو ظاهريّ <used fiction as a ~ for his lectures>.

sugar corn *(n.)* الذُّرة السُّكَّرية (نب) .

sugar daddy *(n.)* (١) المُتصابي : ثريّ متقدّم في السنّ ، عادةً ، ينفقُ بسخاء على خليلةٍ أو معشوقة (٢) المتبرِّع بسخاء [لقضية إلخ] .

sug·ared [-′ərd] *(adj.)* (١) مُسَكَّر : مُلَبَّس أو ممزوج أو مُحلًّى بالسُّكَّر (٢) مَعْسول <~ words> .

sug·ar·house [shŏŏg′ər hous′] *(n.)* مَصْنَع السُّكَّر ؛ مَعْمل السُّكَّر .

sugar loaf *(n.; adj.)* (١) قُمع السُّكَّر : كتلة من السُّكَّر مخروطيّة الشكل (٢) كثيب [أو جبل شاهق] مخروطيّ الشكل (٣) قبّعة عالية مخروطيّة الشَّكل § (٤) مخروطيّ الشَّكل <a ~ mountain> .

sugar maple *(n.)* القَيْقَب السُّكَّريّ : قَيْقب maple يُستخرج منه السُّكَّر .

sugar of lead *(n.)* = lead acetate.

sugar of milk *(n.)* = lactose.

sugar orchard *(n.)* = sugar bush.

sug·ar·plum [shŏŏg′ər plŭm′] *(n.)* = bonbon.

sug·ar·y [-′ə rĭ] *(adj.)* (١) سُكَّريّ (٢) شديد الحلاوة (٣) معسول <~ words> (٤) عاطفيّ <~ fiction> (٥) متبلِّر ؛ مُبَرْغَل <~ marble> .

sug·gest [sə(g) jĕst′] *(vt.)* (١) يقترح (٢) يُوحي بـِ (٣) يَنِمّ عن <The explosion ~*ed* sabotage.> (٤) يخطُر بالبال (٥) يتطلّب ؛ يقتضي .

sug·gest·i·ble [sə(g) jĕs′tə bəl] *(adj.)* (١) سَهل التأثُّر بالإيحاء [أو بآراء الآخرين] (٢) يُقْتَرَح : ممكنٌ اقتراحُهُ .

sug·ges·tion [-′chən] *(n.)* (١) اقتراح (٢) الإيحاء (نف) (٣) مَسْحَة ؛ أثرٌ ضئيل <spoke French with just a ~ of her native accent> .

sug·ges·tive [-′tĭv] *(adj.)* (١) مُوحٍ ؛ نامٌّ عن ؛ مُذكِّر بـِ (٢) مُثير للذِّكريات أو العواطف <~ songs> (٣) مكشوف ؛ غير محتشم .

su·i·cid·al [sōō′ə sī′dəl] *(adj.)* انتحاريّ .

su·i·cide [sōō′ə sīd′] *(n.; vi.; t.)* (١) انتحار (٢) المُنْتَحِر : مُحاوِل الانتحار § (٣) ينتحر **x** (٤) يَقْتُل <He ~*d* himself.> .

su·i ge·ne·ris [sōō′ĭ jĕn′ər ĭs] *(adj.)* فذّ ؛ فريد ؛ نَسيجُ وَحْدِه .

su·i ju·ris [jŏŏr′ĭs] *(adj.)* بحكم حقِّهِ الخاصّ . وبالتّالي : كامل الأهليّة .

su·int [sōō′ĭnt; swĭnt] *(n.)* النُّضاحة : عَرَقُ الخِرافِ الجافُّ .

suit [sōōt] *(n.; vt.; i.)* (١) حاشية ؛ بِطانة حاكم (ا . ق) (٢) «أ» التِماس ؛ شكوى [تُرْفع إلى حاكم] . «ب» دعوى [تُقام ضدّ شخص إلخ] (٣) طلب اليد للزواج (٤) مجموعة ؛ طاقم <~*s* of sails> (٥) بذلة ؛ طقم (٦) المنظومة : «أ» جميع أوراق اللعب ذات النقش الواحد . «ب» جميع حجارة الدومينو ذات الرقم الواحد § (٧) يتلاءم أو يتناسب مع (٨) يكون ملائمًا <This price does not ~.> (٩) يرتدي بزّة رسميّة **x** (١٠) يكسو ؛ يُزَوِّد بالملابس (١١) يُكيِّف : يجعله متلائمًا مع (١٢) يلائم ؛ يُناسب (١٣) يُرْضي <It is hard to ~ everybody.>.

to ~ oneself يعمل على هواه .

suit·a·ble [sōō′tə bəl] *(adj.)* ملائم ؛ مناسب ؛ صالح .

suit·case [sōōt′kās′] *(n.)* الحقيبة : حقيبة سفر مستطيلة مُسَطَّحة .

suite [swēt] *(n.)* (١) حاشية ؛ بِطانةُ حاكمٍ إلخ (٢) مجموعة . وبخاصة :

شِقّة؛ جناح؛ مجموعة غُرَف (٣) السُّويت: لحنٌ أوركَسْتري مؤلَّف من عدة أجزاء (مو) (٤) طَقْم [أثاثٍ أو مفروشات].

suit·ed [so͞o'tĭd] *(adj.)* ملائم؛ مناسب <well ~ to her job>.

suit·ing [so͞o'-] *(n.)* (١) جوخ [تُخاط منه البِذَل] (٢) بذلة [من جوخ].

suit·or [so͞o'tər] *(n.)* (١) المُلْتَمِس: مُقَدِّم الالتماس أو الشَّكوى إلى حاكم (٢) المُدَّعي (ق) (٣) طالب يَدِ المرأة [للزَّواج].

su·ki·ya·ki [so͞o'kē yä kē] *(n.)* السّوكيياكي: طعام ياباني قِوامُهُ شرائح من اللحم وخُضَر وتوابِل.

Suk·koth [so͝ok'əs] *(n.)* السُّكّوس: مهرجان عيد الحَصاد عند اليهود.

sul·cate [sŭl'kāt] *also* **sul·cat·ed** [-ĭd] *(adj.)* مُحَزَّز؛ ذو حُزوز.

sul·cus [sŭl'kəs] *(n.)* pl. **sul·ci** [-kī; -kē; -sī] التَّلم: أحد الأتلام الواقعة بين تلافيف الدماغ (ت).

sulf- *or* **sulph-** بادئة معناها: كبريت أو كبريتيّ <*sulf*ide>.

sul·fa [sŭl'fə] *(adj.)* (١) سَلفانيلاميديّ (را. المادّة بعد التالية) (٢) سَلْفاويّ: ذو علاقة بعقاقير السَّلفا أو محتوٍ عليها.

sulfa drugs *also* **sul·fas** [sŭl'fəz] *(n. pl.)* عقاقير السَّلفا: مجموعة من موانع العفونة شديدة الفعالية مضادّة للجراثيم (ك).

sul·fa·nil·a·mide [-nĭl'ə mīd'] *(n.)* السَّلفانيلاميد: مادة كبريتيّة بيضاء.

sul·fate [sŭl'fāt] *(n.; vt.; i.)* (١) الكبريتات: ملح أو إستر حمض الكبريتيك (ك) § (٢) يُكَبْرِت **x** (٣) يتكَبْرت.

sul·fide [sŭl'fīd] *(n.)* الكِبريتيد (ك).

sulfo- = sulf-.

sul·fon·a·mide [-'fōn'ə mīd] *(n.)* (١) أميدُ السَّلفون (٢) sulfa drug.

sul·fone [sŭl'fōn] *(n.)* الكبريتون؛ السَّلفون (ك).

sul·fon·ic acid *(n.)* حَمْض السَّلفونيك (ك).

sul·fo·ni·um [sŭl fō'nĭ əm] *(n.)* السَّلفونيوم (ك).

sul·fo·nyl [sŭl'fə nĭl] *(n.)* السَّلفونيل (ك).

sul·fur [sŭl'fər] *(n.; vt.)* (١) الكبريت (ك) § (٢) sulfurate.

sul·fu·rate [sŭl'fyə rāt'] *(vt.)* يُكَبْرِت: يمزج أو يُشبع بالكبريت.

sulfur dioxide *(n.)* ثاني أكسيد الكبريت (ك).

sul·fu·re·ous [sŭl fyo͝or'ĭ əs] *(adj.)* = sulfurous.

sul·fu·ret [*n.* sŭl'fyə rĭt; *v.* -rĕt] *(n.; vt.)* (١) sulfide § (٢) يُكَبْرِت.

sul·fu·ric [sŭl fyo͝or'ĭk] *(adj.)* كِبريتيّ.

sulfuric acid *(n.)* حمض الكبريتيك (ك).

sul·fu·rize [sŭl'fyə rīz'] *(vt.)* يُكَبْرِت: يمزج أو يُشبع بالكبريت.

sul·fur·ous [sŭl'fər əs; sŭl fyo͝or'-] *(adj.)* (١) كبريتيّ (٢) أصفر اللون [كالكبريت] (٣) جَحيميّ؛ جَهَنَّميّ (٤) مرير؛ قاسٍ جدًّا <~ denunciation> (٥) تَجْديفيّ <~ language>.

sulfurous acid *(n.)* حَمْض الكبريتوز (ك).

sul·fu·ryl [sŭl'fər ĭl] *(n.)* السَّلفوريل (ك).

sulk [sŭlk] *(vi.; n.)* (١) يَحْرَد: يتجهَّم أو يَعْبِس رافضًا الكلام § (٢) *pl.* حَرَد؛ تجهُّم؛ تقطيب <*to be in the ~s*>.

sulk·y [sŭl'kĭ] *(adj.; n.)* (١) حَرْدان؛ متجهِّم؛ عابس (٢) مُكفَهِرّ (٣) صَلْكيّ: ذو عجلات ومقعد وحيد للسائق <a ~ plow> § (٤) الصَّلْكِيّة: عربة خفيفة ذات عجلتين ومقعد للسائق فحسب، يجرّها جواد واحد.

sul·lage [sŭl'ĭj] *(n.)* (١) نُفاية؛ مياه البواليع وأقذارُها (٢) غَرين؛ طَمْي (٣) طُفاوة [على المعدن المصهور].

sul·len [sŭl'ən] *(adj.)* (١) مُقطَّب الجبين: مُتَجَهِّم الوجه (٢) غاضب؛ نكِد (٣) عنيد؛ حَرون (٤) كئيب؛ حزين (٥) بطيء؛ متحرِّك ببطء.

sul·ly [sŭl'ĭ] *(vt.; i.; n.)* (١) يُلَطِّخ **x** (٢) يتلطّخ § (٣) لَطْخة.

sulph- *or* **sulpho-** = sulf-.

sul·pha [sŭl'fə] *(n.)* = sulfa.

sul·phate [sŭl'fāt] *(vt.)* = sulfate.

sul·phide [sŭl'fīd] *(n.)* = sulfide.

sul·pho·ni·um [sŭl fō'nĭ əm] *(n.)* = sulfonium.

sul·phur [sŭl'fər] *(n.; vt.)* = sulfur.

sulphur dioxide *(n.)* = sulfur dioxide.

sul·phu·re·ous [sŭl fyo͝or'ĭ əs] *(adj.)* = sulfureous.

sul·phu·ret [sŭl'fyə rĭt] *(n.)* = sulfuret.

sul·phu·ric [sŭl fyo͝or'ĭk] *(adj.)* = sulfuric.

sul·phu·rize [sŭl'fyə rīz'] *(vt.)* = sulfurize.

sul·phur·ous [sŭl'fər əs] *(adj.)* = sulfurous.

sulphur yellow *(n.)* الأصفر الكبريتيّ: أصفر متألِّق ضارب إلى الخضرة.

sul·tan [sŭl'tən] *(n.)* (١) سُلطان (٢) الدِّيك السُّلطانيّ (طا).

sul·tan·a [sŭl tăn'ə] *(n.)* (١) السُّلطانة: زوجة السُّلطان أو مَحْظِيَّتُهُ (٢) الكِشْمِش: «أ» عنب صغير الحَبّ لا عَجَمَ له. «ب» زبيب هذا العنب.

sul·tan·ate [sŭl'tə nāt']; **sul·tan·ship** [sŭl'tən-] *(n.)* سَلْطَنَة.

sul·try [sŭl'trĭ] *(adj.)* (١) وَمِدٌ: شديد الحرارة والرُّطوبة <a ~ day> (٢) مُتّقِد <a ~ sun> (٣) «أ» مُتّقدٌ انفعالًا أو غضبًا. «ب» مُثير [للشهوة الجنسية] <a ~ actress>. —**sul·tri·ly** *(adv.)* —**sul·tri·ness** *(n.)*

sum [sŭm] *(n.; vt.; i.)* (١) مبلغ [من المال] (٢) جُمّاع؛ مجموع <the ~ of human knowledge> (٣) ذروة <the ~ of human folly> (٤) «أ» خلاصة. «ب» زبدة <the ~ of the book> (٥) حاصل الجمع (٦) مسألة حسابيّة <to do a difficult ~ in mental arithmetic> § (٧) يجمع (٨) يلخّص <The article ~*s* up the work of the year.> **x** (٩) يكوّن رأيًا أو حُكمًا عن <~*med* up the situation at a glance> (١٠) يبلغ مجموعُهُ [تتبعها *to* أو *into*].

su·mac *also* **su·mach** [sho͞o'măk; so͞o'-] *(n.)* (١) السُّمّاق: «أ» نبات من الفصيلة البُطميّة. «ب» مادة للدِّباغة تُستخرج من السُّمّاق (٢) خشب السُّمّاق.

Su·me·ri·an [so͞o mĕr'ĭ an] *(n.; adj.)* (١) السُّومريّ: أحد أبناء سُومر (٢) السُّومريّة: لغة السّومريين § (٣) سُومريّ.

sum·ma [so͝om'ə; sŭm'ə] *(n.)* pl. **-e** *or* **-s** الجامع. وبخاصة: بحث

شامل من تأليف فيلسوف سكولاستي scholastic [مثل توما الأكويني].

sum·ma cum lau·de [so͝om′ə ko͝om lou′dā] بامتياز عالٍ: لفظتان تُذَيَّل بهما شهادة الطّالب المتفوِّق. <He graduated ~.>

sum·mar·i·ly [sŭm′ə-] *(adv.)* (١) باختصار (٢) بسرعة؛ في غير إبطاء.

sum·ma·ri·za·tion [-ə rə zā′-] *(n.)* (١) تلخيص؛ إجمال (٢) خُلاصة؛ مُجْمَل.

sum·ma·rize [sŭm′ə rīz′] *(vt.; i.)* يُلَخِّص؛ يُجْمِل.

sum·ma·ry [sŭm′ə rĭ] *(n.; adj.)* (١) خُلاصة؛ مُجْمَل § (٢) مُوْجَز <a ~ account> (٣) عاجِل؛ مُعَجَّل <~ punishment>.

sum·mate [sŭm′āt] *(vt.; i.)* (١) يَجمع **x** (٢) يُشكِّل مجموعًا.

sum·ma·tion [sŭm ā′-] *(n.)* (١) جَمْع (٢) مجموع (٣) الجَمْع: حَشْد عدة مثيرات في وقت واحد (نف) (٤) المُحَصَّل: الجزء الأخير من دفاع إلخ، وفيه تُلخَّص النّقاط التي سبق تفصيلُها ويُخْلَص إلى النتائج.

sum·ma·tive [sŭm′āt ĭv] *(adj.)* جَمْعيّ؛ إضافيّ.

sum·mer[1] [sŭm′ər] *(n.; adj.; vi.; t.)* (١) الصَّيف (٢) سنة <a girl of fifteen ~*s*> § (٣) صَيْفيّ <~ school> § (٤) يصطاف: يقضي شُهورَ الصيف **x** (٥) يُؤمِّن المرعى للماشية خلال فصل الصيف.

sum·mer[2] *(n.)* (١) «أ» رافدة أُفقية. «ب» lintel (٢) الحَجَر الأعلى: حجر في أعلى العمود.

summer cypress *(n.)* الكُوْشِيَة المِكْنَسِيّة (نب).

sum·mer·house *(n.)* الظُّلّة الصَّيفيّة: سقيفة في حديقةٍ يُستَظَلُّ بها صيفًا.

summer house *(n.)* المنزل الصَّيفيّ.

summer kitchen *(n.)* المطبخ الصَّيفيّ: سَقيفة مجاورة للمنزل تُتَّخذ مطبخًا في الصيف.

summer resort *(n.)* المَصِيف: مكانٌ يُصطاف فيه.

sum·mer·sault [sŭm′ər sôlt′] *(n.; vi.)* = somersault.

summer sausage *(n.)* السُّجُق الصَّيفيّ: نقانق تُدَخَّن وتُجفَّف في الهواء.

summer savory *(n.)* النَّدْغ الصَّيفيّ؛ نَدْغ البساتين: نبات عُشبيّ أوروبيّ.

summer school *(n.)* المدرسة الصيفيّة.

summer solstice *(n.)* الانقلاب الصيفيّ (فل).

sum·mer·time [sŭm′ər tīm′] *(n.)* الصَّيف؛ فَصْل الصَّيْف.

summer time *(n.)* = daylight saving time.

summer–weight *(adj.)* خفيف <~ clothes>.

sum·mer·y [sŭm′ə rĭ] *(adj.)* صَيْفيّ <a ~ dress>.

sum·mit [sŭm′ĭt] *(n.)* (١) ذِروة؛ قِمّة (٢) مؤتمر الذِّروة أو القِمّة.

sum·mit·eer [sŭm′ə tēr′] *(n.)* القِمِّيّ: المشارِك في مؤتمر قِمّة.

sum·mit·ry [-′ə trĭ] *(n.)* عقد مؤتمر قِمّة [لإجراء مشاورات دولية].

sum·mon [sŭm′ən] *(vt.)* (١) «أ» يدعو [مجلسًا] إلى الاجتماع. «ب» يدعو (٢) «أ» يستدعي للمثول أمام القضاء. «ب» يستدعي [طبيبًا إلخ] (٣) يستجمع [شجاعَتَهُ إلخ] (٤) يدعوه إلى الاستسلام.

sum·mons [-′ənz] *(n.; vt.)* pl. **-es** (١) «أ» استدعاء. «ب» مذكِّرة جَلْب [للمثول أمام القضاء] (٢) دعوة <a ~ to surrender> § (٣) يستدعي [للمثول أمام القضاء].

sum·mum bo·num [sŭm′əm bō′nəm] *(n.)* الخير الأسمى.

su·mo [so͞o′mō] *(n.)* السُّومو: ضرب من المصارعة اليابانيّة يخسر فيه المصارعُ المباراةَ إذا ما طُرِح خارجَ الحلقة أو إذا مسَّ الأرضَ أيُّ جزء من جسمه باستثناء قدميه.

sump [sŭmp] *(n.)* (١) «أ» بالوعة؛ مجرور. «ب» حوض الزّيت: مستودع الزيت في سيارة (٢) علبة المَرافق (را. crankcase) (٣) الحوض المُجمَّع: بركة في قعر المنجم تتجمّع فيها المياه وتُضَخّ منها (٤) مُستنقَع (عب).

sump·ter [sŭmp′tər] *(n.)* دابّة؛ بغل؛ حصان تحميل.

sump·tu·ar·y [sŭm′cho͞o ĕr′ĭ] *(adj.)* إنفاقيّ؛ اقتصاديّ: مُعَدّ لتنظيم الإنفاق الشخصيّ منعًا للتبذير.

sump·tu·ous [sŭm′cho͞o əs] *(adj.)* (١) سَخِيّ: مُنْفَقٌ عليه بسخاء <a ~ banquet> (٢) فَخْم <a ~ residence> (٣) مُتْرَف.

sum total *(n.)* (١) مجموعٌ (٢) نتيجة كُلّيّة (٣) جوهر؛ لُبّ؛ زُبدة.

sum–up [sŭm′ŭp′] *(n.)* خُلاصة؛ مُلَخَّص؛ مُجْمَل.

sun [sŭn] *(n.; vt.; i.)* (١) «أ» الشَّمس (فل). «ب» شمس (٢) حرارة الشَّمس أو أشعَّتها (٣) شروق الشمس أو غروبها <from ~ to ~> (٤) مَجْد؛ عَظَمة؛ روعة § (٥) يُشمِّس: يُعَرِّض لأشعّة الشَّمس **x** (٦) يتشمَّس.

a place in the ~, موقع مَيْمون أو محظوظ.

a touch of the ~, مَسْحة الشمس: اسمرار البشرة أو احمرارها قليلًا من جراء التعرّض لأشعة الشمس.

sun·bath [-′băth] *(n.)* حمّام الشَّمس: التعرُّض المُتطاول لأشعة الشّمس.

sun·bathe [-′bāth′] *(vi.)* يستحمّ بالشَّمس: يأخذ حمّام شمسٍ.

sun·beam [-′bēm′] *(n.)* الشُّعاع الشَّمسيّ: شُعاع من أشعّة الشَّمس.

sun·bird [sŭn′bûrd′] *(n.)* التُّمَيْر؛ التُّمَرة: طائر استوائيّ مغرِّد.

sun·blind [sŭn′blīnd′] *(n.)* = awning.

sun·bon·net [-′bŏn′ət] *(n.)* قَلَنْسُوَة نِسويّة [للوقاية من الشَّمس].

sun·bow [sŭn′bō] *(n.)* قَوْس الشّمس: قوس شبيه بقوس قُزَح يُرى عندما تُرسِل الشمس أشعَّتها عَبْرَ البُخار أو الضَّباب الرقيق.

sun·burn [-′bûrn′] *(vt.; i.; n.)* (١) يَسْفَع [بأشعّة الشَّمس] **x** (٢) يَسْفَع [من طول التعرُّض لأشعّة الشَّمس] § (٣) السَّفعة الشَّمسيّة (مض).

sun·burnt [-′bûrnt] *(adj.)* مَسْفوع؛ أسْفَع؛ لوَّحته الشَّمس.

sun·burst [sŭn′bûrst′] *(n.)* (١) الإشراقة المفاجئة: إشراق الشَّمس فجأةً من خلال فجوة بين الغيوم (٢) البروش الشَّمسيّ: بروش أو دبّوس زِينيّ يمثِّل شمسًا تكتنفها الأشعّة.

sun·dae [sŭn′dĭ] *(n.)* الأَحَدِيّة: ضرب من البوظة أو المثلَّجات.

sun dance *(n.)* رقصة الشَّمس: رقصة دينيّة ذات علاقة بالشمس يؤدّيها هنود أميركا الحمر عند حلول الانقلاب الصيفيّ.

Sun·day [sŭn′dĭ; -dā] *(n.; adj.; vi.)* (١) يوم الأحد (٢) الأَحَدِيّة: صحيفة تصدُر يومَ الأحد § (٣) أحَدِيّ: متعلّق بيوم الأحد (٤) الأفضل؛ الفُضْلَى <~ suit> (٥) هاوٍ؛ غير محترِف <a ~ painter> § (٦) يقضي يومَ الأحد <was *sundaying* in Bhamdoon>.

Sunday best *(n.)* ثياب المرء الفُضلَى [التي يرتديها يومَ الأحد].

Sun·day–go–to–meet·ing [sŭn′dĭ gō′ tə mē′-] *(adj.)* الفُضْلَى: الملائمة للارتداء عند الذهاب إلى الكنيسة يوم الأحد <~ clothes>.

Sunday punch *(n.)* الضربة القاضية: «أ» ضربة في الملاكمة يُقصد بها طَرْحُ الخصم أرضًا بحيث يعجز عن النُّهوض. «ب» ضربة قوية أو مُهلكة.

Sunday school *(n.)* مدرسة الأحد: «أ» مدرسة للتعليم الدينيّ تفتح أبوابها يومَ الأحد. «ب» أساتذةُ مدرسة الأحد وطلّابُها.

sun·der [sŭn′-] *(vt.; i.)* (١) يَفْصِل؛ يَقْطَع؛ يَشْطُر **x** (٢) ينفصل إلخ.
in ~, (١) إرْبًا إرْبًا (٢) متباعدٌ أحدهما عن الآخر.

sun·dew [-′dyōō′] *(n.)* النَّدِيَّة؛ الدُّرُوسِيرَة: نبات عُشبيّ تُفرِز أوراقُهُ عُصارةً لزِجة تعلق بها الحشرات فيمتصُّها ويَهضِمها.

sundew

sun·di·al [-′dī əl] *(n.)* المِزْوَلة؛ السّاعة الشَّمسيّة.

sundial

sun disk *(n.)* قُرص الشمس: قرص مُجَنَّح يرمز إلى «رَعْ» إلَه الشمس في مصر القديمة.

sun·dog [-′dôg] *(n.)* (١) parhelion (٢) قوس قُزَح صغير أو غير كامل.

sun·down [sŭn′doun′] *(n.)* الغروب؛ وقت الغروب.

sun·down·er [sŭn′dou′nər] *(n.)* المُتَشَرِّد؛ المُتَسَكِّع.

sun·dried [sŭn′drīd′] *(adj.)* مُجَفَّف شمسيًّا <~ bricks>.

sun·dries [sŭn′drĭz] *(n. pl.)* أشتات؛ نثريات؛ منوَّعات.

sun·drops [-′drŏps] *(n.)* الأَخْدَرية؛ قَطَرات الشمس (نب).

sun·dry [-′drĭ] *(adj.; pron.)* (١) عِدّة؛ مُتعدِّد؛ مختلِف § (٢) كثير؛ كثيرون: عدد غير معيَّن <danced with ~ who asked her>.
all and ~, الجميع؛ كلّ امرئ.

sun·fast [sŭn′-] *(adj.)* صامدٌ للشَّمس: لا يَبْهت بسببٍ من أشعّة الشمس <~ dyes>.

sun·fish [sŭn′-] *(n.)* سمكة الشَّمس: «أ» سمكة بحرية كبيرة. «ب» سمكة نهرية ذات بدنٍ مضغوط.

sunfish

sun·flower [sŭn′-] *(n.)* عبّاد الشمس؛ دوّار الشمس (نب).

sunflower

sung [sŭng] *past and past part. of* sing.

sun·glass·es [-′glăs′ĭz] *(n. pl.)* نظّارات الشمس؛ نظّارات شمسيّة.

sun–god [sŭn′gŏd] *(n.)* إلّه الشَّمس [في كثير من الوَثَنيّات].

sunk [sŭngk] *past and past part. of* sink.

sunk·en [-′ən] *(adj.)* (١) مغمور. وبخاصةٍ: غارق أو واقع في قاع البحر أو النهر (٢) غائر <~ cheeks> (٣) واقع في شبه غَور <~ gardens>.

sunk fence *(n.)* السِّياج الغائر: جدار أو حاجزٌ يُقام في خندقٍ بغيةَ تقسيم الأراضي من غير تشويه لمنظرها.

sun·lamp [sŭn′lămp′] *(n.)* المصباح الشمسيّ: مصباح كهربائي يُرسل الأشعّةَ فوقَ البنفسجيّة ويُستخدم في الأغراض الطبية والتجميلية.

sun·less [sŭn′ləs] *(adj.)* (١) مُظلم؛ غائم؛ غير مُشْمِس (٢) كئيب.

sun·light [sŭn′līt′] *(n.)* ضوء الشَّمس؛ ضياء الشَّمس.

sun·lit [-′lĭt] *(adj.)* (١) مُشْمِس: مُنار بضوء الشمس (٢) مُشرِق؛ غير مُظلم.

Sun·na [sōōn′ə] *(n.)* السُّنَّة؛ السُّنَّة النَّبوية (اس).

Sun·ni [-′ē] *(n.; adj.)* (١) السُّنّة؛ أهل السُّنَّة (٢) السُّنّيّ § (٣) سُنّيّ.

Sun·nism [sōōn′ĭz əm] *(n.)* مذهب أهل السُّنّة.

Sun·nite [sōōn′īt] *(n.)* السُّنّيّ: واحد من أهل السُّنَّة.

sun·ny [sŭn′ĭ] *(adj.)* (١) مشمِس <a ~ day> (٢) مَرِح؛ متفائل <a ~ nature> (٣) مُشرِق <the ~ side of life> (٤) مغمور بأشعة الشمس <~ rooms>.

sun parlor *or* **sun porch** *or* **sun·room** *(n.)* الحجرة الشَّمسية: حجرة يكتنفها الزّجاج مُعَرَّضة لأشعة الشمس.

sun·rise [-′rīz′] *(n.)* (١) الشُّروق (٢) مَطْلع؛ فَجْر؛ مُنْبَثَق.

sun roof *(n.)* مُنْزَلِقَةُ السَّقف: سيارة ذات سطح يشتمل على جزء مستطيلٍ قابلٍ للانزلاق إلى الوراء.

sun·set [-′sĕt′] *(n.)* (١) الغُروب (٢) أفول (٣) شيخوخة (٤) نهاية.

sun·shade [sŭn′shād′] *(n.)* وِقاء من الشَّمس. مثل: «أ» البارَسول (را. parasol *a*). «ب» الظُّلَّة (را. awning).

sun·shine [-′shīn] *(n.; adj.)* (١) أشعّة الشَّمس (٢) إشراق؛ ابتهاج؛ سعادة § (٣) مُشمِس (٤) مُبتهج؛ مَرِح؛ مُشرق بالتفاؤل.

sunshine roof *(n.)* = sun roof.

sun·shin·y [sŭn′shī′nĭ] *(adj.)* (١) مُشمس (٢) مبتهج؛ سعيد.

sun·spot [sŭn′spŏt] *(n.)* كُلفة الشَّمس: إحدى كُلَف الشّمس وهي بُقَع داكنة تبدو بين فترة وأخرى على سطح الشَّمس (فل).

sun·stroke [sŭn′strōk′] *(n.)* الرَّعْن: ضربة الشَّمس.

sun·struck [-′strŭk′] *(adj.)* (١) مَرعون: مصاب بالرَّعْن أو ضربة الشَّمس (٢) مسفوع [بحرارة الشمس].

sun·suit [sŭn′sōōt′] *(n.)* البذلة الشمسيّة: لباس مختصر يُرتدى للتَّشمُّس واللَّعِب.

sun·tan [-′tăn′] *(n.)* السَّفَع: اسمرار البشرة من طول التعرّض لأشعّة الشَّمس.

sun·up [sŭn′ŭp′] *(n.)* = sunrise.

sun·ward[1] [sŭn′wərd] *or* **sun·wards** *(adv.)* نَحْوَ الشَّمس.

sun·ward[2] *(adj.)* مُواجِهٌ للشَّمس.

sun·wise [sŭn′wīz′] *(adv.)* = clockwise.

sup[1] [sŭp] *(vt.; i.; n.)* (١) يَرْشُف؛ يتجرَّع § (٢) رَشْفة؛ جَرْعة.

sup[2] *(vi.)* يتعشَّى: يتناول طعامَ العَشاء.

su·per[1] [so͞o′pər] *(adj.)* (١) ممتاز جدًا <a ~ gardener> (٢) ضخم أو قويّ جدًا <a ~ bomb> (٣) متطرّف <~ realists> (٤) مُفرِط؛ مغالًى فيه <~ secrecy>.

su·per[2] *(n.)* = superintendent; supernumerary; supervisor.

su·per[3] *(n.)* (١) القفير العُلويّ: جزء عُلويّ قابل للنّزْع من قفير النحل (٢) نوع ممتاز جدًا؛ حجم كبير جدًا.

su·per[4] *(n.; vt.)* (١) السَّوبَر: قماش قطنيّ مُشَمَّع يُستخدم في تجليد الكتب (٢) § يُسَوبِر: يُقَوّي ظهر الكتاب بالسَّوبر.

su·per[5] *(adv.)* (١) جدًا؛ إلى حدّ بعيد <a ~ fast train> (٢) بإفراط؛ بإسراف <to be ~ critical>.

super- بادئة معناها: «أ» فوق؛ أعلى؛ أكبر؛ أعظم <*super*normal>. «ب» إضافيّ <*super*tax>. «ج» فَرْط؛ تجاوزٌ للحدّ <*super*heat>. «د» بإفراط؛ إلى حدّ بعيد <*super*sensitive>. «هـ» فائق؛ متفوّق على الأقران <*super*man>. «و» فَوْقيّ <*super*structure>. «ز» أعظم؛ عُظْمَى <*super*power>. «ح» عنصرُهُ المقوِّم موجودٌ فيه بنسبة كبيرة أو بنسبة كبيرة إلى حدّ غير عاديّ <*super*phosphate>.

su·per·a·ble [so͞o′pər ə bəl] *(adj.)* ممكنٌ التَّغلُّب عليه.

su·per·a·bound [so͞o′pər ə bound′] *(vi.)* يَغْزُر أو يكثُر بإفراط.

su·per·a·bun·dance [-ə bŭn′dəns] *(n.)* (١) غزارة؛ فَرْط؛ وَفرة مُفرِطة <of rain ~> (٢) فائض <to get rid of a ~ of coffee>.

su·per·a·bun·dant [-bŭn′dənt] *(adj.)* (١) غزير؛ فائض <~ crops> (٢) مُفْرِط <~ zeal>.

su·per·add [so͞o′pər ăd′] *(vt.)* يُضيف [إلى أشياء مُتراكمة]؛ يَضُمّ.

su·per·al·loy [-ăl′oi] *(n.)* الأُشابة الفائقة؛ السَّبيكة الفائقة (فز).

su·per·an·nu·ate [-ăn′yo͞o āt′] *(vt.; i.)* (١) يجعله أو يُعلن أو يُثبت أنه لاغٍ أو مُمات أو عتيق الطراز (٢) يُحيله إلى التقاعد [لمرضٍ أو شيخوخة] x (٣) يتقاعد؛ يُحال على المعاش (٤) يُصبح لاغيًا أو عتيقَ الطِّراز.

su·per·an·nu·at·ed [-′yo͞o ā′tĭd] *(adj.)* (١) مُتقاعد (٢) عاجز عن العمل [لمرض أو شيخوخة] (٣) «أ» مُمات؛ لاغٍ. «ب» عتيق الطراز.

su·per·an·nu·a·tion [-ăn′yo͞o ā′-] *(n.)* (١) تقاعُد (٢) راتب التَّقاعد.

su·perb [so͞o pûrb′] *(adj.)* (١) فَخْم؛ مَهيب (٢) رائع؛ فاتن؛ ممتاز.

su·per·car·go [so͞o′-] *(n.)* ناظر الحمولة: المسؤول عن حمولة السفينة.

su·per·cede [so͞o′pər sēd′] *(vt.)*=supersede.

su·per·charg·er [-′pər chär′jər] *(n.)* الشَّحّان؛ الشاحن الفائق: أداة تزيد من قوة محرّك داخليّ الاحتراق من طريق تزويده بقَدْر إضافيّ من الهواء.

su·per·cil·i·ar·y [so͞o′pər sĭl′ĭ ĕr′ĭ] *(adj.)* (١) حاجبيّ: ذو علاقة بحاجب العين أو مجاور له (٢) فَوْعَيْنيّ: واقع فوق العين (ت).

su·per·cil·i·ous [-sĭl′ĭ əs] *(adj.)* متشامخ؛ مُتَكبِّر؛ مُتعجرف.

su·per·cit·y [so͞o′pər sĭt′ĭ] *(n.)* = megalopolis.

su·per·con·duc·tive [-kŏn′ dŭk′tĭv] *(adj.)* مُفرِط المُوَصِّليّة (فز).

su·per·con·duc·tiv·i·ty [-′dək tĭv′ə tĭ] *(n.)* فَرْط المُوَصِّليّة (فز).

su·per·cool [so͞o′pər ko͞ol′] *(vt.; i.)* يُفْرِط في التبريد (فز).

su·per·cur·rent [so͞o′pər kûr′ənt] *(n.)* التيّار الفائق (كب).

su·per·dread·nought [-drĕd′nôt′] *(n.)* البارجة الفائقة: مُدَرَّعة ضخمة.

su·per–du·per [-′pər do͞o′-] *(adj.)* (١) عظيم؛ رائع (٢) ضخم (٣) فعّال.

su·per·e·go [so͞o′pər ē′gō] *(n.)* الأنا العُليا (نف).

su·per·em·i·nent [so͞o′pər ĕm′-] *(adj.)* متفوّق؛ مُبرِّز؛ مُجَلٍّ.

su·per·er·o·ga·tion [so͞o′pər ĕr ə gā′shən] *(n.)* التَّنفيل: أداء عملٍ زائد على ما هو مفروض أو مطلوب.

su·per·e·rog·a·to·ry [-ə rŏg′ə tōr′ĭ] *(adj.)* (١) نافل: زائد على المفروض أو المطلوب (٢) زائد؛ غير ضروريّ أو أساسيّ.

su·per·fam·i·ly [-făm′ə lĭ] *(n.)* الفصيلة العليا [في تصنيف الأحياء].

su·per·fe·ta·tion [-fē tā′shən] *(n.)* الحَمْل المضاعَف (أح).

su·per·fi·cial [so͞o′pər fĭsh′əl] *(adj.)* (١) سَطحيّ <a ~ knowledge> (٢) خارجيّ <~ changes> (٣) ظاهريّ <~ piety>.

su·per·fi·ci·al·i·ty [-fĭsh′ĭ ăl′ə tĭ] *(n.)* (١) السَّطحيَّة (٢) شيء سطحيّ.

su·per·fi·cies [-fĭsh′ĭ ēz′] *(n.)* (١) سطح (٢) مظهر خارجيّ أو سطحيّ.

su·per·fine [-fīn′] *(adj.)* (١) بالغ الرِّقّة [أو النعومة] (٢) بالغ الرَّوعة.

su·per·fluid [-flo͞o′ĭd] *(n.)* (١) المائع الفائق (٢) الميوعة الفائقة (فز).

su·per·flu·i·ty [-flo͞o′ə tĭ] *(n.)* (١) فَيْض؛ وفرة (٢) الفائض: شيء زائد أو غير ضروريّ (٣) «أ» تبذير. «ب» إسراف في التَّرف.

su·per·flu·ous [so͞o′pûr′flo͞o əs] *(adj.)* فائض: زائد أو غير ضروريّ.

su·per·gal·ax·y [-găl′ək sĭ] *(n.)* المَجَرّة العُظمَى: منظومة ضخمة من المجرّات.

su·per·heat [-hēt′] *(vt.; n.)* (١) يُحْمي؛ يُحَمِّص § (٢) فَرْط الاحترار.

su·per·heat·ed steam [-hēt′ĭd] *(n.)* البخار المحمَّص (فز).

su·per·heat·er [-hēt′ər] *(n.)* المِحْماة؛ المُحَمِّصة: أداة لتحميص البُخار.

su·per·het·er·o·dyne [-hĕt′ər ə dīn′] *(adj.; n.)* (١) مُستقبِل بالفعل المتغاير الفوقيّ (رد) § (٢) جهاز استقبال بالفعل المتغاير الفوقيّ (رد).

superhigh frequency *(n.)* التَّردُّد فوق العالي (رد).

su·per·high·way [-hī′wā] *(n.)* الجادّة العُظْمَى؛ الأوتوستراد.

su·per·hu·man [-hyo͞o′mən] *(adj.)* (١) «أ» فَوْبَشَريّ؛ فَوْقْبَشَريّ: فوق مستوى البشر. «ب» إلَهيّ <~ beings> (٢) جبّار <~ efforts>.

su·per·im·pose [-ĭm pōz′] *(vt.)* يُراكِب: يَضَع شيئًا فوق شيء آخر.

ă at; ā date; â care; ä car; ĕ egg; ē me; ĭ in; ī bite; ŏ lot; ō bone; ô orphan; oi boil; o͝o good; o͞o boot; ou out; ŭ under; û urgent; ə = *a* in alone, *e* in system, *i* in easily, *o* in gallop, *u* in circus.

su·per·in·cum·bent [-kŭm′bənt] *(adj.)* (١) فوقيّ : قائم فوق شيء آخر (٢) ثقيل الوطأة؛ ضاغط بقوّة (٣) عُلْويّ؛ فوقيّ <a ~ pressure> .

su·per·in·duce [-ĭn dyōōs′] *(vt.)* (١) يُضيف (٢) يُسَبِّب؛ يُحدِث .

su·per·in·fec·tion [-ĭn fĕk′shən] *(n.)* الإنتان أو الخَمَج الإضافيّ (ط) .

su·per·in·tend [-ĭn tĕnd′] *(vt.)* يُراقب؛ يُناظر؛ يُدير؛ يُشرف على .

su·per·in·ten·dent [-ĭn tĕn′dənt] *(n.)* المُراقِب؛ المُناظِر؛ المدير؛ المُشرِف .

su·pe·ri·or [sə pēr′ĭ ər; sōō-] *(adj.; n.)* (١) أعلى (٢) «أ» أرفع مقامًا أو منزلةً . «ب» أجدر أو أحقّ بالتقديم . «ج» رفيع؛ عالي المنزلة <~ classes of society> . «د» عُلْويّ؛ روحيّ (٣) فوق؛ أسمى من التأثّر بِـ . . . <~ to temptation> (٤) «أ» أهمّ؛ أعظم قيمةً أو نفعًا إلخ . «ب» أقوى؛ أعظم نفوذًا . «ج» أكبر؛ أكثر عددًا (٥) أفضل؛ متفوّق؛ ممتاز إلى حدّ بعيد (٦) مكتوبٌ فوق (را . superscript) (٧) أشمل؛ أعمّ <A genus is ~ to a species.> (٨) متشامخ؛ مترفّع <~ airs> § (٩) الأرفع مقامًا أو منزلةً . وبخاصة : رئيس رهبنة أو دير (١٠) الأفضل؛ المتفوّق على غيره .

superior court *(n.)* المحكمة العُليا (ق) .

superior general *(n.)* الرئيس العامّ [للرّهبنة] .

su·pe·ri·or·i·ty [sə pēr′ĭ ôr′ĭ tĭ; sōō-] *(n.)* (١) الأَعْلَوِيّة : كونُ الشيء هو الأعلى (٢) تفوُّق (٣) تشامخ؛ تكبُّر؛ ترفُّع .

superiority complex *(n.)* مُرَكَّب الأَعْلَويّة؛ مُرَكَّب الاستعلاء (نف) .

su·pe·ri·or·ly [sə pēr′-; sōō-] *(adv.)* (١) نحو الأعلى (٢) على نحوٍ أفضل أو متفوّق <~ equipped troops> (٣) بتشامُخ؛ بتكبُّر؛ بترفُّع .

su·per·ja·cent [-jā′sənt] *(adj.)* فوقيّ : قائم فوق شيء آخر .

su·per·jet [sōō′-] *(n.)* النّفّاثة الفائقة : طائرة نفّاثة أسرع من الصوت .

su·per·la·tive [sə pûr′lə-] *(adj.; n.)* (١) دالّ على صيغة التّفضيل العليا <مثل *best* أو *smoothest*> (٢) أسمى؛ أعلى؛ متفوّق على كلّ ما سواه <~ wisdom> (٣) مُفْرِط؛ مغالًى فيه <~ praise> (٤) ممتاز § (٥) صيغة التفضيل العُليا (٦) ذِروة؛ أوج (٧) شيء أو شخص ممتاز أو متفوّق .

to speak in ~*s* يُبالغ؛ يُغالي .

su·per·lin·er [sōō′-] *(n.)* الباخرة الفائقة : سفينة رُكّاب سريعة ضخمة .

su·per·lu·na·ry *or* **su·per·lu·nar** [sōō′pər lōō′-] *(adj.)* (١) فَوْقَمَريّ؛ فوق قَمَريّ : واقع فوق القمر (٢) سماويّ .

su·per·man [sōō′-] *(n.)* السّوبرمان؛ الإنسان الأسمى : «أ» الإنسان الأمثل كما تصوَّرَهُ نيتشه . «ب» شخص ذو قوة أو مُنجزات استثنائية فَوْقَبَشَرية .

su·per·mar·ket [sōō′pər mär′kĭt] *(n.)* السّوبرماركت؛ السُّوق الفائقة : مخزن كبير تباع فيه السِّلَع بطريقة الخدمة الذاتية .

su·per·mun·dane [sōō′pər-] *(adj.)* فَوْعالميّ؛ فَوْق العالم : عُلْويّ؛ سماويّ؛ غير أرضيّ .

su·per·nal [sōō′pûr′nəl] *(adj.)* عُلْويّ؛ سماويّ <~ deluges> .

su·per·na·tant [sōō′pər nā′tənt] *(adj.; n.)* (١) طافٍ؛ عائم § (٢) مادّة طافية .

su·per·nat·u·ral [-năch′ə rəl] *(adj.; n.)* (١) فَوْطبيعيّ؛ فَوْقَطبيعيّ؛ خارق للطَّبيعة <~ powers> § (٢) قوة أو ظاهرة فَوْطبيعيّة .

su·per·nat·u·ral·ism [-′ə rə lĭz′əm] *(n.)* الفَوْطبيعية؛ الفَوْقَطبيعيّة : «أ» كون الشيء فوق الطبيعة أو خارقًا لها . «ب» الإيمان بقوة خارقة للطبيعة .

su·per·nor·mal [sōō′pər nôr′məl] *(adj.)* (١) فَوْسَويّ : فوق السَّويّ أو المتوسط (٢) خارق للطبيعة : مُتَعَذِّرٌ تعليلُهُ علميًّا .

su·per·no·va [-nō′və] *(n.)* المُسْتَشْعِر الفائق : مُسْتَشعِر nova شديد السُّطوع (فل) .

su·per·nu·mer·ar·y [-nyōō′mə rĕr′ĭ] *(adj.; n.)* (١) فائض؛ زائد : متجاوزٌ العددَ المقرَّر أو المطلوب <a ~ tooth> (٢) الأكثر عددًا <the ~ sex> § (٣) الفائض : شخص أو شيء زائد عن العدد المقرَّر أو المطلوب (٤) الكُمْبَرْس : ممثل ليس له دور مكتوب يظهر بخاصة في المشاهد التي تقتضي حَشْد جمهرة من الأشخاص .

su·per·order [-ôr′dər] *(n.)* الرُّتبة العُليا [في تصنيف الأحياء] .

su·per·or·di·nate [-ôr′də nĭt] *(adj.)* أعلى؛ أسمى <a ~ position> .

su·per·or·gan·ic [-găn′ĭk] *(adj.)* (١) فَوْعُضْويّ : فوق العُضْويّ أو أسمى منه (٢) نَفْسيّ .

su·per·phos·phate [-fŏs′fāt′] *(n.)* السّوبرفوسفات (ك) .

su·per·phys·i·cal [-fĭz′ə-] *(adj.)* (١) فَوْفيزيائي : «أ» واقع فوق العالم الطبيعيّ أو وراءَهُ . «ب» غير قابلٍ للتّعليل بالمبادئ الفيزيائية (٢) ميتافيزيقيّ .

su·per·pose [sōō′pər pōz′] *(vt.)* (١) يُراكب : يضع شيئًا فوق شيء آخر (٢) يُطابق : يضع شكلًا هندسيًا على شكل هندسيّ آخر بحيث تتطابق أجزاؤهما المتماثلةُ كلّها . **— su·per·po·si·tion** *(n.)*

su·per·pow·er [-pou′ər] *(n.)* (١) القُوّة العُظمى : قوة استثنائية أو متفوّقة على القوى القائمة (٢) الدولة العُظمى : دولة قوية إلى حدّ بعيد (٣) السُّلطة الدَّولية العُظمى : هيئة دولية قادرة على فرض إرادتها على معظم الدُّول القوية (٤) الطّاقة الفائقة (كب) .

su·per·sat·u·rate [sōō′pər săch′ə rāt′] *(vt.)* يُشْبِع بإفراط .

su·per·sat·u·ra·tion [-′ə rā shən] *(n.)* فَرْط الإشباع أو التَّشبُّع .

su·per·scribe [-skrīb′] *(vt.)* (١) يُعَنْوِن [رسالة أو رِزمة] (٢) يَرْقُمُ على : يكتب أو ينقش على ظاهر شيء أو أعلاه .

su·per·script [sōō′-] *(adj.; n.)* (١) فَوْقيّ : مرقوم فوق [كحرف أو رقم صغير مطبوع أو مكتوب فوق حرف أو رقم آخر] § (٢) حَرْف أو رقمٌ فوقيّ .

su·per·scrip·tion [sōō′pər skrĭp′-] *(n.)* (١) مص superscribe (٢) الكتابة الفَوْقيّة؛ النَّقش الفَوْقيّ : شيء مكتوب أو منقوش فوق شيء آخر أو على ظاهره أو سطحِهِ (٣) عنوان [رسالةٍ أو رِزمة] .

su·per·sede [sōō′pər sēd′] *(vt.)* (١) يُبْطِل؛ يَنْسَخ (٢) «أ» يَحِلّ محلَّ . «ب» يَخْلُف . **— su·per·se·dure; su·per·ses·sion** *(n.)*

su·per·sen·si·ble [sōō′pər sĕn′sə-] *(adj.)* (١) فَوْحِسِّيّ؛ فوق حِسّيّ : فوق الحِسّ أو وراء متناوَل الحواسّ (٢) روحيّ؛ نفسيّ .

su·per·sen·si·tive; su·per·sen·so·ry [-sĕn′-] *(adj.)* مُفرِط

الحساسيّة .

su·per·son·ic [-sŏn′ĭk] *(adj.; n.)* (١) فَوْسَمعيّ ؛ فوق السَّمعيّ : ذو علاقة بموجات صوتية عالية التردُّد إلى حدّ يجعل سماعَها متعذّرًا (٢) فَوْصَوْتيّ ؛ فوق الصَّوتيّ : أسرع من الصوت § (٣) موجة فَوْسَمعيّة ؛ تردُّد فَوْسمعيّ (٤) الطائرة الفَوْصوتيّة .

su·per·son·ics [-sŏn′ĭks] *(n. pl.)* الفوسَمعيّات ؛ الفَوْصوتيّات : علم الظواهر فوق السَّمعية أو فوق الصّوتية .

su·per·star [sōō′-] *(n.)* النَّجم الفائق [سينمائيًّا أو رياضيًّا إلخ] .

su·per·sti·tion [-stĭsh′ən] *(n.)* خُرافة ؛ مُعْتَقَد خرافيّ .

su·per·sti·tious [-′əs] *(adj.)* (١) خُرافيّ ؛ وَهميّ (٢) مُؤمنٌ بالخُرافات .

su·per·stra·tum [-strā′təm] *(n.)* pl. **-ta** *or* **-tums** الطَّبقة الفَوقيّة .

su·per·string [sōō′pər strĭng′] *(n.)* السِّلْك الفائق (فز) .

su·per·struc·ture [sōō′pər strŭk′chər] *(n.)* البِنْية الفوقية ؛ النَّهيضة : «أ» بِنْية قائمة فوق بِنْيةٍ أخرى . «ب» جميع أجزاء المبنى القائمة فوق السَّرَب (را . basement *1*) . «ج» أجزاء السفينة القائمة فوق سطحها الرئيسيّ .

su·per·tax [sōō′pər tăks] *(n.)* الضَّريبة الإضافية .

su·per·vene [sōō′pər vēn′] *(vi.)* (١) يَعْرِض ؛ يَطرَأ : يحدُث بوصفِهِ شيئًا إضافيًا أو غيرَ مُتوقَّع (٢) يلي ؛ يتلو ؛ يتبع .

su·per·ven·ient [-′yənt] *(adj.)* (١) عارِض ؛ طارئ (٢) تالٍ ؛ تابع .

su·per·vise [sōō′pər vīz′] *(vt.)* يُراقب ؛ يُناظر ؛ يُشرف على .

su·per·vi·sion [sōō′pər vĭzh′ən] *(n.)* مُراقَبة ؛ مُناظَرة ؛ إشراف .

su·per·vi·sor [sōō′pər vī′zər] *(n.)* المُراقِب ؛ المُناظِر ؛ المُشرِف .

su·per·vi·so·ry [sōō′pər vī′zə rĭ] *(adj.)* رِقابيّ ؛ إشرافيّ .

su·pi·nate [sōō′pə nāt′] *(vt.; i.)* (١) يبسُط ؛ يَبْطَح : يدير اليدَ بحيث تكون راحتُها إلى أعلى x (٢) ينبسط ؛ ينبطِح . — **su·pi·na·tion** *(n.)*

su·pi·na·tor [sōō pə nā′tər] *(n.)* العَضَلة الباسطة (ت) .

su·pine [sōō pīn′] *(adj.; n.)* (١) مُنبطِح : مُستلقٍ على ظهره (٢) مُتبلِّد ؛ كسلان ؛ فاتر الهمّة § (٣) اسم الفعل .

sup·per [sŭp′ər] *(n.)* (١) العَشاء ؛ طعام العَشاء (٢) حفلة العَشاء .

sup·plant [sə plănt′] *(vt.)* (١) يَحِلّ محلّه [وبخاصة بالقوّة أو الغدر] <plotted to ~ the king> (٢) يستأصل : ينتزع شيئًا من جذوره [لِيُحِلَّ محلّه شيئًا آخر] <an effort to ~ the vernacular> (٣) يَخْلُف : يحلّ محلَّ شيءٍ وبخاصة لأفضليته عليه <Buses are ~*ing* trams.> .

sup·ple [sŭp′əl] *(adj.; vt.; i.)* (١) مِطواع (٢) ليِّن ؛ طَرِيّ ؛ لَدْن (٣) رَقْراق ؛ ناعم ؛ سَلِس § (٤) يُهدِّئ ؛ يُسكِّن (٥) يُلَيِّن ؛ يُطَرِّي ؛ يُلَدِّن x (٦) يَلين ؛ يَطْرَى ؛ يَلْدُن . — **sup·ple·ly** *(adv.)*

sup·ple·ment [1] [sŭp′lə mənt] *(n.)* مُلحَق ؛ تَكْمِلة ؛ إضافة ؛ ذَيْل .

sup·ple·ment [2] [sŭp′lə mĕnt′] *(vt.)* يُلْحِق ؛ يُكمِّل ؛ يُضيف ؛ يُذَيِّل .

sup·ple·men·tal; sup·ple·men·ta·ry *(adj.)* إضافيّ ؛ تكميليّ .

supplementary angles *(n. pl.)* الزّاويتان المتكاملتان [مجموعهما ١٨٠ درجة] .

sup·ple·to·ry [sŭp′lə tōr′ĭ] *(adj.)* = supplementary.

sup·pli·ance [sŭp′lĭ əns] *(n.)* تَوَسُّل ؛ تَضَرُّع ؛ ابتهال [إلى الله] .

sup·pli·ant [sŭp′lĭ ənt] *(n.; adj.)* مُتَوَسِّل ؛ مُتَضَرِّع ؛ مُبْتَهِل .

sup·pli·cant [sŭp′lə kənt] *(n.; adj.)* = suppliant.

sup·pli·cate [sŭp′lə kāt′] *(vi.; t.)* (١) يتضرَّع . وبخاصةٍ : يَبْتَهِل إلى الله x (٢) يتوسَّل إلى (٣) يلتمس بِضَراعة <to ~ a blessing> .

sup·pli·ca·tion [sŭp′lə kā′-] *(n.)* تَوَسُّل ؛ تَضَرُّع ؛ ابتهال [إلى الله] .

sup·pli·ca·to·ry [sŭp′lə kə tōr′ĭ] *(adj.)* تَوَسُّليّ ؛ تَضَرُّعيّ ؛ ابتهاليّ .

sup·ply [1] [sə plī′] *(vt.; i.; n.)* (١) يُلحق (٢) «أ» يُزَوِّد ؛ يُجَهِّز . «ب» يُمِدّ بـ (٣) يَسُدّ حاجةً ؛ يُشبع رغبةً (٤) يُعَوِّض x (٥) يحلّ محلّ [راعي الكنيسة مؤقتًا] § (٦) الكاهن البديل (نص) (٧) «أ» مؤونة ؛ ذخيرة ؛ مخزون . «ب» زادٌ (٨) تزويد ؛ تجهيز (٩) سَدُّ حاجةٍ ؛ إشباعُ رغبةٍ (١٠) اعتماد ماليّ (اد) .

sup·ply [2] [sŭp′lĭ] *(adv.)* = supplely.

supply and demand العرض والطَّلب (اد) .

sup·ply side *(n.)* الخفض والتعاظُم : نظرية اقتصادية تقول بأن خفض الضرائب يؤدي إلى تنشيط الحركة الاقتصادية وتعاظُم الدَّخل الوطنيّ .

supply teacher *(n.)* المدرِّس البديل .

sup·port [sə pōrt′; -pôrt′] *(vt.; n.)* (١) يحتمل ؛ يتحمَّل (٢) يؤيِّد (٣) يُعين ؛ يُساعد ؛ يُساند (٤) يعمل [مع نجم سينمائي] (٥) يثبِّت ؛ يُوَثِّق ؛ يعزِّز (٦) «أ» يقوم بنفقة كذا . «ب» يُعيل (٧) يَدْعَمُ ؛ يَسْنُد (٨) يقوِّي ؛ يُشَجِّع (٩) يُبقي الشيء دائرًا أو عاملًا § (١٠) تأييد ؛ مساعدة ؛ إعالة ؛ دَعْم إلخ (١١) دِعامة ؛ سِناد ؛ مَحْمِل ؛ حامل . — **sup·port·a·ble; sup·port·ive** *(adj.)*

sup·port·er [sə pōr′-] *(n.)* (١) فا support . وبخاصة : المؤيِّد ؛ النَّصير ؛ المُعِيل (٢) رباط [للجورب إلخ] (٣) المؤيِّد لفريق رياضيّ .

sup·pos·al [sə pō′zəl] *(n.)* (١) فَرْض ؛ افتراض (٢) فَرَضيّة .

sup·pose [sə pōz′] *(vt.; i.)* (١) «أ» يَفترِض . «ب» يَعتقِد . «ج» يَظُنّ ؛ يرى (٢) يتصوَّر (٣) يستلزِم ضِمنًا <Creation ~*s* a creator.> .

sup·posed [sə pōzd′] *(adj.)* (١) مُفْتَرَض <a ~ case> (٢) مُتصوَّر <~ evils> (٣) مزعوم <a ~ beggar who was really a policeman in disguise> (٤) مُتَوَقَّع (٥) مفهوم (٦) مُكَلَّف بـ ؛ مفروض فيه كذا .

sup·posed·ly [sə pō′zəd lĭ] *(adv.)* على ما يُظَنّ ؛ كما يبدو .

sup·pos·ing [sə pō′zĭng] *(conj.)* هَبْ ؛ إفرِضْ ؛ على افتراض .

sup·po·si·tion [sŭp′ə zĭsh′ən] *(n.)* = supposal.

sup·po·si·tion·al [-zĭ′shə nəl] *(adj.)* افتراضيّ .

sup·po·si·tious [sŭp′ə zĭsh′əs] *(adj.)* = supposititious.

sup·pos·i·ti·tious [sə pŏz′ə tĭsh′əs] *(adj.)* (١) «أ» زائف ؛ كاذب . «ب» غير شرعيّ <a ~ child> (٢) خياليّ ؛ خرافيّ (٣) افتراضيّ .

ă at; ā date; â care; ä car; ĕ egg; ē me; ĭ in; ī bite; ŏ lot; ō bone; ô orphan; oi boil; ŏŏ good; ōō boot; ou out; ŭ under; û urgent; ə = *a* in alone, *e* in system, *i* in easily, *o* in gallop, *u* in circus.

sup·pos·i·tive [sə pŏz′ə tĭv] *(adj.)* (١) افتراضيّ (٢) زائف؛ كاذب.

sup·pos·i·to·ry [sə pŏz′ə tôr′ĭ] *(n.)* الحَمُول؛ التَّحميلة؛ الفتيلة (ط).

sup·press [sə prĕs′] *(vt.)* (١) «أ» يَقْمَع؛ يُخمِد [ثورةً إلخ]. «ب» يَحْظُر؛ يَحُلّ؛ يشتّت <to ~ all opposition parties> (٢) «أ» يكتم؛ يُبقي طيّ الكتمان. «ب» يَطمِس؛ يمنع انتشار نبأ إلخ (٣) يَكْبِت؛ يَكْظِم <~*ed* his personal impulses> (٤) يُوْقِف؛ يَكْبَحُ جِماحَ كذا؛ يضع حدًّا لِـ <to ~ a cough> (٥) يَعُوق النموَّ الطبيعيّ.
— **sup·pres·sant** *(n.)*

sup·pres·sion [sə prĕsh′ən] *(n.)* قَمْع؛ إخماد؛ كَبْح إلخ.

sup·pres·sio ve·ri [sə prĕs′ə ō vĕ′rī] *(n.)* طَمْس الحقيقة.

sup·pres·sive [-′ĭv] *(adj.)* (١) قامع؛ كابح؛ كابت (٢) قَمْعيّ إلخ.

sup·pu·rate [sŭp′yə rāt′] *(vi.)* (١) يتقيّح (٢) يُفرِز قَيْحًا.

sup·pu·ra·tive [-rā′tĭv] *(adj.)* (١) مُقَيِّح (٢) تقيُّحيّ؛ مصحوب بتقيُّح.

su·pra [so͞o′prə] *(adv.)* فوق؛ أعلاه؛ آنفًا.

supra- بادئة معناها: «أ» فوق <*supra*orbital>. «ب» وراء؛ مُتَخَطٍّ؛ متجاوزٌ <*supra*national>.

su·pra·glot·tal [so͞o′prə glŏt′-] *(adj.)* فَوْمِزماريّ؛ فوق مِزماريّ (ل).

su·pra·lim·i·nal [-lĭm′ə nəl] *(adj.)* فَوْعَتَبيّ؛ فوق عَتَبيّ: «أ» فوق عَتَبة الشُّعور؛ واعٍ. «ب» مثير لاستجابةٍ ما أو شعورٍ ما <~ stimulus>.

su·pra·mo·lec·u·lar [-mə lĕk′yə lər] *(adj.)* فَوْجُزَيْئيّ؛ فوق جُزَيْئيّ: «أ» أكثر تعقيدًا من الجُزَيء. «ب» مؤلَّف من عدة جُزَيئات.

su·pra·mun·dane [so͞o′prə mŭn′dān] *(adj.)* = supermundane.

su·pra·na·tion·al [-năsh′ən əl] *(adj.)* فَوْقَوْميّ؛ فوق قَوْميّ: مُتَخَطٍّ الحدود أو السلطة القومية <~ economic problems>.

su·pra·or·bit·al [-ôr′bĭt əl] *(adj.)* فَوْمَحْجِريّ؛ فوق مَحْجِريّ: واقع فوق مَحْجِر العين.

su·pra·pro·test [so͞o′prə prō′tĕst] *(n.)* دفع الكمبيالة [من قِبَل شخص ثالث بعد رفض دفعها من قِبَل مُوَقِّعها].

su·pra·ra·tion·al [-răsh′ən əl] *(adj.)* فَوْعقلانيّ؛ فَوْق عَقْلانيّ.

su·pra·re·nal [-rē′nəl] *(adj.; n.)* (١) فَوْكُلْيِيّ؛ فوق كُلِيِيّ: واقع فوق الكُلْية أو عليها § (٢) الكُظْر؛ الغُدّة فوق الكُلْية (ت).

suprarenal gland *(n.)* = suprarenal *2*.

su·prem·a·cist [sə prĕm′ə-] *(n.)* التَّفَوُّقيّ: المؤمن بتفوُّق عِرقٍ أو فئة إلخ <a white ~>.

su·prem·a·cy [sə prĕm′ə sĭ] *(n.)* (١) سيادة (٢) تفوُّق.

su·preme [sə prēm′] *(adj.)* (١) الأسمى [منزلةً أو سلطةً] (٢) الأعلى [درجةً أو نوعًا] (٣) الأبرز؛ الأكثر امتيازًا <~ among poets> (٤) الأهمّ؛ الأشدّ خطورة <the ~ hour in modern history>.
to make the ~ sacrifice — يموت في سبيل الوطن إلخ.

Supreme Being *(n.)* الذّات العُليا: الله.

supreme commander *(n.)* القائد الأعلى (جن).

supreme court *(n.)* المحكمة العُليا (ق).

su·pre·mo [sə prē′mo] *(n.)* الأسمى: الأعلى رتبةً أو سلطةً.

sur- بادئة معناها: «أ» فوق؛ على. «ب» إضافيّ <*sur*charge>.

su·ra [so͞or′ə] *(n.)* السُّورة: إحدى سُوَر القرآن الكريم.

su·rah [so͞or′ə] *(n.)* السُّورات: نسيج يُصنع من حرير أو رايون.

sur·base [sûr′-] *(n.)* الفَوْقاعديّة: حلية معمارية فوق قاعدة جدارٍ (عم).

sur·cease [sûr sēs′] *(vi.; t.; n.)* **x** (١) «أ» يتوقَّف؛ يَكُفّ عن. «ب» ينتهي (٢) يُنهي؛ يضع حدًّا لِـ § (٣) تَوَقُّف [مؤقَّت].

sur·charge [sûr′chärj′] *(n.; vt.)* (١) «أ» ضريبة إضافيّة. «ب» ثَمَنٌ إضافيّ. «ج» أجرة إضافيّة (٢) حِمْل أو عِبء ثقيل (٣) overcharge (٤) «أ» طبعة فَوقيّة [على طابع بريديّ أو ورقة نقدية]. «ب» المدموغ فوقيًّا: طابع بريديّ مدموغ بطبعة فوقيّة § (٥) overcharge (٦) يُثْقِل على؛ يُحَمِّل بإفراط؛ يحمِّله ما لا طاقةَ له بحمله (٧) يَدْمَغ [طابعًا بريديًا أو ورقة نقدية] بطبعة فوقيّة.

sur·cin·gle [sûr′sĭng′gəl] *(n.)* (١) سَيْر السَّرج أو حِزامُهُ (٢) مِنْطقة الغَفّارة: حِزام رداء الكاهن (ا. ق).

sur·coat [sûr′kōt′] *(n.)* مِعْطَف. وبخاصة مِعطف كان يرتديه الفرسان فوق دروعهم [في القرون الوسطى].

sur·cu·lose [sûr′kyə lōs′] *(adj.)* مُشَكِّر؛ مُجَذِّر: مُطْلِع شُكُرًا أو جُذَيرات (را. sucker).

surd [sûrd] *(adj.; n.)* (١) أصَمّ (ر) (٢) مهموس (ل) (٣) لاعقلانيّ: غير منطقيّ ألبتّة § (٤) الجِذْر الأصمّ (ر) (٥) حرف مهموس (ل).

sure [sho͞or] *(adj.; adv.)* (١) ثابت؛ راسخ؛ قويّ <a ~ foundation> (٢) «أ» موثوق؛ معتَمَد <a ~ messenger>. «ب» ناجعٌ؛ لا يخطئ؛ غير مخيِّب للأمل <a ~ remedy> (٣) واثق؛ متأكِّد من <~ of Salim's guilt> (٤) لا ريب فيه <a ~ proof> (٥) «أ» محتوم <Death is ~.>. «ب» مقدَّرٌ له أن... <She is ~ to win.> § (٦) من غير ريب.
— **sureness** *(n.)*
for ~, — من غير ريب.
to be ~, — حقًّا؛ ممّا لا ريب فيه.
to make ~ of — يتأكّد أو يتحقّق من.

sure enough *(adv.)* حقًّا؛ من غير ريب.

sure–enough [sho͞or′ĭ nŭf] *(adj.)* أصليّ؛ حقيقيّ.

sure·fire [-′fīr′] *(adj.)* موثوق؛ مُعتمَد <a ~ advice>.

sure·foot·ed [-′fo͝ot′ĭd] *(adj.)* ثابت أو راسخ القَدَم؛ واثق الخُطوة.

sure–hand·ed *(adj.)* صَناع؛ حاذق؛ بارع في العمل باليدَيْن.

sure·ly [sho͞or′lĭ] *(adv.)* (١) بثبات؛ بثقة (٢) من غير ريب.

sure·ty [sho͞or′tĭ] *(n.)* (١) ثِقة؛ يقين (٢) كَفالة؛ ضَمانة (٣) «أ» العَرّاب (نص). «ب» الكفيل؛ الضامن.

surety bond *(n.)* السَّنَد الضّامن (اد).

surf [sûrf] *(n.; vi.; t.)* (١) الأمواج المتكسِّرة [على الشاطئ] § (٢) يُرَكْمِج: يركب متن الأمواج المتكسِّرة على الشاطئ (را. surfing) (٣) يَسْتَعْرِض: يقلِّب قَنَوات التلفزيون، أو يبحث في الإنترنت إلخ، على نحو سريع.

sur·face[1] [sûr′fĭs] *(n.; adj.)* (١) سَطح (٢) المظهر الخارجيّ أو السّطحيّ <to look below the ~ of a matter> (٣) airfoil § (٤) سطحيّ <~ changes>.

sur·face[2] *(vt.; i.)* (١) «أ» يجعل له سَطحًا . «ب» يُسَطِّح ؛ يُمَلِّس (٢) يُطلِع إلى السَّطح x (٣) يَعمل [المعدِّن] قرب السطح (٤) تصعد [الغوّاصةُ] إلى السّطح (٥) يَبْرز ؛ يبدو للعيان .

surface mail *(n.)* البريد السَّطحيّ : البريد العاديّ غير الجوّيّ .

surface plate *(n.)* صفيحة التَّسَطُّح : لوح يتميز بسطح بالغ الدِّقة يُتَّخَذُ وسيلةً لاختبار استواء السّطوح الأخرى .

surface structure *(n.)* البِنية السَّطحيّة [للتركيب اللغويّ] .

surface tension *(n.)* التوتُّر السَّطحيّ (فز) .

surface–to–air *(adj.)* أرْضْجَوّيّ ؛ أرضيّ جوّيّ <~ missiles> .

sur·fac·ing [sûr′fĭs′ĭng] *(n.)* (١) مص surface (٢) السُّطاحة : مادة تُشَكِّل سطحًا أو تُستخدم لتشكيل سطح .

surf·board [sûrf′bōrd′] *(n.)* لوح الرَّكْمَجَة [ركوب + موج] : لوح طويل ضيّق لركوب الأمواج المتكسِّرة على الشواطئ .

surf·boat [-′bōt′] *(n.)* قارب الرَّكْمَجَة (را . surfing) .

surf clam *(n.)* بطلينوس الأمواج (سمك) .

surf duck *(n.)* = scoter.

sur·feit [sûr′fĭt] *(n.; vt.)* (١) فَرْط ؛ مقدار كبير [من كذا] (٢) إفراط [في تناول الطعام أو الشراب] (٣) تُخَمة § (٤) يُتْخِم .

surf fish *(n.)* سمك السَّرْف : سمك صغير إلى متوسط الحجم يألف شواطئ المحيط الهادئ الضَّحلة في أميركا الشماليّة .

sur·fi·cial [sər fĭsh′əl] *(adj.)* سَطْحيّ .

surf·ing *or* **surf–rid·ing** [sûrf′-] *(n.)* (١) الرَّكْمَجَة [ركوب + موج] : رياضة ركوب متن الأمواج المتكسِّرة على الشاطئ بواسطة ألواح خاصّة (٢) الاستعراض (را . surf *3*) .

surf·y [sûr′fĭ] *(adj.)* تكثُر فيه الأمواج المتكسِّرة <a ~ shore> .

surge [sûrj] *(vi.; t.; n.)* (١) «أ» يَمُوج ؛ يطمو ؛ يَعْرُم . «ب» يجيش ؛ يصطخب . «ج» يندفع ؛ يندفق (٢) يتموَّر : يشتدّ [التيّار] فجأة إلى حدّ مفرط (كب) x (٣) يُرْخي [الحبلَ] § (٤) طُمُوّ ؛ عرامة ؛ جَيَشان ؛ اندفاع إلخ (٥) موجة ؛ موجة عارمة <a ~ of anger> (٦) التموّر (كب) .

sur·geon [sûr′jən] *(n.)* الجرّاح : الطبيب الجرّاح .

sur·geon·cy [-sĭ] *(n.)* الجِراحة : عمل الطبيب الجرّاح أو وظيفته .

sur·geon·fish [sûr′jən-] *(n.)* السَّرجون : سمك استوائيّ زاهي الألوان .

surgeon general *(n.)* كبير الأطبّاء [في الجيش أو في مديرية الصحّة] .

surgeon's knot *(n.)* عُقدة الجرّاح : عُقدة يستخدمها الجراحون في ربط الأوعية الدّموية (جر) .

sur·ger·y [sûr′jə rĭ] *(n.)* (١) الجِراحة (٢) تعديلات جذرية <literary ~> (٣) عملية جراحية (٤) «أ» عيادة الطبيب . «ب» حجرة العمليات .

sur·gi·cal [sûr′jə-] *(adj.)* (١) جراحيّ (٢) ناشئ عن الجِراحة أو تالٍ لها .

su·ri·cate [so͝or′ə kāt′] *(n.)* السُّرقاط : حيوان ثَدْييّ جنوبأميركيّ .

suricate

sur·ly [sûr′lĭ] *(adj.)* (١) فظّ ؛ جافٍ (٢) مُكفهِرّ <a ~ answer> (٣) نكِد المزاج .
— **sur·li·ly** *(adv.)* — **sur·li·ness** *(n.)*

sur·mise [sər mīz′] *(n.; vi.)* (١) ظنّ ؛ حَدْس ؛ تخمين § (٢) يظُنّ إلخ .

sur·mount [-mount′] *(vt.)* (١) يتغلَّب على [المصاعب] (٢) يتسلّق <to ~ a hill> (٣) يعلو ؛ يتوِّج <A cross ~s the steeple.> .

sur·mul·let [sər mŭl′ĭt] *(n.)* = goatfish.

sur·name [sûr′-] *(n.; vt.)* (١) كُنْيَة ؛ لقب (٢) اسم الأُسْرة § (٣) يُكَنِّي ؛ يُلَقِّب .

sur·pass [sər păs′] *(vt.)* (١) يَبُزّ ؛ يتفوّق على (٢) يتجاوز ؛ يتخطّى (٣) يفوق <misery that ~*es* description> [أيْ بؤس يتعذّر وصفُهُ] .

sur·pass·ing [-′ĭng] *(adj.)* فائق ؛ يتعذّر وصفه <~ beauty> .

sur·plice [sûr′plĭs] *(n.)* المِدْرعة : رداء كهنوتي أبيض طويل فضفاض .

sur·plus [sûr′plŭs] *(n.; adj.)* (١) الفائض ؛ الفَضْل ؛ الفَضْلة § (٢) فائض <Europe sells its ~ corn abroad.>.

sur·plus·age [-ĭj] *(n.)* (١) الفائض (٢) حَشْوٌ كلاميّ (٣) الاستطراد (ق) .

surplus value *(n.)* فَضْل القيمة : الفَرْق [في الماركسيّة] بين قيمة العمل المُنْجَز أو السلع المُنْتَجة وبين الأجور التي يتقاضاها العمّال .

sur·print [sûr′prĭnt] *(vt.; n.)* = overprint.

sur·pris·al [sər prī′zəl] *(n.)* مُباغَتَة ؛ مفاجأة .

sur·prise [sər prīz′] *(n.; vt.; i.; adj.)* (١) مباغَتَة ؛ هجوم مفاجئ (٢) مفاجأة <I have some ~*s* in store for you.> (٣) دَهَش <a cry of delighted ~> § (٤) «أ» يباغت . «ب» يستولي [على شيء] بهجوم مباغت . «ج» يفاجئ ؛ يأخذ على حين غِرَّة (٥) «أ» يكشف النقاب [عن شيء بعمل مفاجئ غير متوقَّع] <to ~ a secret> . «ب» يقود امرءًا أو يُكرهه أو يحمله على كذا بطريقة مفاجئة غير متوقّعة <debate ~*d* him into attacking the director> x (٦) يُدهِش ؛ يُذهل § (٧) مباغت ؛ غير متوقَّع <a ~ attack at dawn>.

to take by ~, (١) يُباغت ؛ يُفاجئ (٢) يستولي [على قلعةٍ إلخ] بهجوم مفاجئ (٣) يُدْهِش ؛ يُذهِل .

sur·pris·ing [sər prī′-] *(adj.)* مُدْهِش ؛ مُذهِل <with ~ rapidity> .

sur·real [sə rē′əl] *(adj.)* (١) فَوْواقعيّ ؛ فوق الواقع (٢) سُرْياليّ .

sur·re·al·ism [sə rē′ə-] *(n.)* السُّرياليّة ؛ الفَوْواقعيّة ؛ ما فوق الواقع : حركة في الفن والأدب استهدفت التعبير عن نشاطات العقل الباطن بصُوَرٍ يُعوِزها التّناغم والتّرابط . — **sur·re·al·ist** *(n.; adj.)* — **sur·re·al·is·tic** *(adj.)*

sur·re·but·tal [sûr′rĭ bŭt′əl]; **sur·re·join·der** *(n.)* = surrebutter.

sur·re·but·ter [sûr′rĭ bŭt′ər] *(n.)* ردّ المدّعي على المدَّعَى عليه (ق).

sur·ren·der [sə rĕn′dər] *(vt.; i.; n.)* (١) يُسلِّم: يُسْلِم شيئًا نزولًا عند طلب أو خضوعًا لقوّة قاهرة (٢) يتنازل عن؛ يتخلّى عن <~*ed* his chair to x the lady> (٣) يَسْتَسْلم § (٤) تَسْليم (٥) تنازلٌ أو تخلٍّ عن (٦) استسلام.

sur·rep·ti·tious [sûr′əp tĭsh′əs] *(adj.)* (١) «أ» سِرّيّ؛ مكتوم. «ب» مُخْتَلَس <a ~ glance> (٢) زائف <a ~ copy> (٣) مُسْتَسِرّ: عامِلٌ خِفيةً أو خِلسةً <with a ~ eye>.

surrey

sur·rey [sûr′ĭ] *(n.)* السَّرْية: مركبة خيلٍ خفيفة ذات أربع عجلات ومقعدين.

sur·ro·gate [sûr′ə gāt′] *(vt.; n.; adj.)* (١) يُحِلُّه محلَّ غيره (٢) يُنيب؛ يُوَكِّل؛ يُعيِّن خليفةً له (٣) يستبدل § (٤) نائب؛ وكيل (٥) مدقّق الوصايا: موظف قضائي مكلَّف بإثبات صحة الوصايا إلخ (٦) شخصٌ بديل § (٧) بديل.

sur·round [sə round′] *(vt.; n.)* (١) يُطوِّق § (٢) حدّ؛ محيط (٣) طوق؛ حاشية.

sur·round·ings [-′dĭngz] *(n. pl.)* مُحيط؛ بيئة؛ جوار.

sur·tax [*n.* sûr′tăks; *v.* -′tăks′, sûr tăks′] *(n.; vt.)* (١) ضريبة إضافيّة أو رسم إضافيّ § (٢) يفرض ضريبة إضافيّة أو رسمًا إضافيًّا.

sur·tout [sər to͞ot′; -to͞o′] *(n.)* معطف ضيّق [للرجال].

sur·veil [sər vāl′] *(vt.)* يُراقب؛ يُخضِع للمراقبة.

sur·veil·lance [sər vā′ləns; -vāl′yəns] *(n.)* (١) مُراقبة (٢) إشراف.

sur·veil·lant [-vā′lənt; -vāl′yənt] *(n.)* (١) المُراقِب (٢) المُشْرِف.

sur·vey [*v.* sər vā′; *n.* sûr′vā, sər vā′] *(vt.; i.; n.)* (١) يُقدِّر؛ يُقيِّم (٢) يسأل [للحصول على معلومات مُعيَّنة] (٣) يَمْسَح [الأراضيَ] (٤) يُعايِن: يُلقي نظرةً عامةً أو شاملةً على (٥) يَفحَص؛ يَتفحَّص § (٦) «أ» نظرة عامة. «ب» فَحْص. «ج» تقرير [ينصّ على نتائج ذلك] (٧) «أ» مَسْح الأراضي. «ب» مخطَّط المَسْح أو خريطتُه.

survey course *(n.)* المُقرَّر التمهيديّ؛ المقرّر المَسْحيّ (تر).

sur·vey·ing [sər vā′ĭng] *(n.)* المِساحة؛ مَسْح الأراضي.

sur·vey·or [-′yər] *(n.)* (١) فا survey (٢) المسّاح: ماسح الأراضي.

surveyor's chain *(n.)* سلسلة المسّاح؛ جَنْزير المسّاح.

surveyor's level *(n.)* ميزان المسّاح.

surveyor's measure *(n.)* مقياس المسّاح: نظام وحداتٍ للطّول يُستخدم في مَسْح الأراضي.

sur·viv·al [sər vī′vəl] *(n.)* (١) البقاء: بقاء المرء أو الشيء بعد زوال غيره (٢) الباقي: كل ما يبقى بعد زوال غيره <~*s* of classical sculpture>.

survival of the fittest *(n.)* بقاء الأنسب؛ بقاء الأصلح؛ الاصطفاء الطبيعيّ (را. natural selection).

sur·vive [sər vīv′] *(vi.; t.)* (١) يبقى على قيد الحياة x (٢) يبقى حيًّا بعد وفاة شخص أو زوال شيء أو انقضاء حادثة؛ ينجو من <Only his brother ~*d* him; Only six of the crew ~*d* the shipwreck.> (٣) يواصل العمل أو الازدهار (٤) يَصْمُد.

— sur·viv·or *or* **sur·viv·er** *(n.)*

sus·cep·ti·bil·i·ty [sə sĕp′tə bĭl′-] *(n.)* (١) قابليّة <~ of metals to corrosion> (٢) تعرُّضيّة <~ to disease> (٣) حَساسية (٤) *pl.*: مشاعر؛ أحاسيس (٥) التأثُّرية: الدرجة التي تكون فيها المُعَدّات عرضة لهجمةٍ مؤثِّرة، نتيجةً لعلّةٍ أو أكثر.

sus·cep·ti·ble [sə sĕp′tə-] *(adj.)* (١) قابلٌ لِـ <a theory ~ of proof> (٢) عرضةٌ لِـ <~ to influenza> (٣) «أ» حسّاس <a ~ child>. «ب» سريع التأثر بـِ <~ to flattery>.

sus·cep·tive [-′tĭv] *(adj.)* (١) receptive (٢) قابلٌ لِـ؛ عُرضة لِـ.

su·shi [so͞o′shē] *(n.)* السُّوشيّ: طعام يابانيّ مُنَكَّهٌ بالخلّ.

suslik

sus·lik [sŭs′lĭk] *(n.)* السَّصْلَق: «أ» حيوان من القوارض شبيه بالسِّنجاب. «ب» فَرْوُ السَّصْلَق.

sus·pect [*v.* sə spĕkt′; *n., adj.* sŭs′pĕkt, sə spĕkt′] *(vt.; i.; adj.; n.)* (١) يرتاب أو يَشُكّ في (٢) يَشْتبه بـِ (٣) «أ» يَظُنّ؛ يتوهّم. «ب» يُخامرهُ شعورٌ بوجود شيء إلخ x (٤) يشكّ؛ يتوهّم صحّة شيء § (٥) مَشْبوه (٦) مشتَبَهٌ به (٧) مشكوك فيه § (٨) المَشْبوه؛ المشتبَهُ به.

sus·pend [sə spĕnd′] *(vt.; i.)* (١) يَحْرِم مؤقّتًا من امتياز أو وظيفة؛ يفصِل مؤقّتًا <Salim is ~*ed* from school.> (٢) «أ» يعطّل أو يوقف مؤقّتًا <~ publication of a newspaper>. «ب» يعلّق: يوقف مفعول كذا (٣) يرجئ [تنفيذ حكم أو إصداره] (٤) يُدلّي؛ يعلّق (٥) يُذهِل؛ يحيّر x (٦) يتوقّف مؤقّتًا عن العمل (٧) يتوقّف عن الدّفع (٨) يَتَدَلّى.

— sus·pend·ed *(adj.)*

sus·pend·er [sə spĕn′-] *(n.)* (١) فا suspend (٢) «أ» حِمالة البنطلون. «ب» رِباط الجورب.

suspenders *2a.*

sus·pense [sə spĕns′] *(n.)* (١) تعليق؛ إرجاء (٢) «أ» قَلَقٌ؛ تَرَقُّبٌ قَلِق. «ب» حيرة. «ج» تشويق <a novel of ~>.

in ~, (١) مُعلّق؛ غير مفصول فيه (٢) في تَرَقُّبٍ قلِق.

suspense account *(n.)* الحساب المُعَلّق: حساب مؤقّت يُفتَح وتدوَّن فيه المبالغ التي هي محلّ استفهام ريثما تُنْقَل إلى موضعها الصحيح.

sus·pen·sion [sə spĕn′shən] *(n.)* (١) «أ» حرمان مؤقّت [من امتياز أو منصب إلخ]. «ب» تعطيل مؤقّت. «ج» تعليق. «د» إرجاء. «هـ» توقّف عن الدّفع (٢) تَدْلِيَة؛ تَدَلٍّ (٣) الإرجاء: تأخير الفكرة الأساسية إلى نهاية الجملة (بل) (٤) التَّعلُّق: «أ» حالة من حالات المادة تكون فيها جُزيئاتُها ممزوجةً في سائلٍ أو غازٍ ولكنها غير مُنحلّةٍ فيه. «ب» المُعلَّق [والجمع: المُعلَّقات]: مزيج تكون فيه بعض جُزيئات المادة الصُّلبة عالقةً في سائل أو غاز من غير انحلال فيه (٥) المُعَلَّق: شيء مُعَلَّق <a ~ of steel cables> (٦) المِعْلاق: «أ» أداة لتعليق شيء. «ب» مجموعة من النوابض إلخ تحمل الجزء الأعلى من العربة على محاور العَجَلات.

suspension bridge *(n.)* الجسر المُعلَّق.

suspension points *(n. pl.)* علامة الحَذْف: ثلاث نُقَط مُتتالية تُرْسَم دلالةً على حذف كلمة أو مجموعة كلمات من نصٍّ ما.

sus·pen·sive [sə spĕn′-] *(adj.)* (١) مُعطِّلٌ مؤقّتًا (٢) مُتَرَدِّد؛ ميّال إلى

إرجاء الحكم (٣) حابسٌ للأنفاس <a ~ novel>.

sus·pen·sor [-sər] *(n.)* = suspensory.

sus·pen·so·ry [-ˊsə rĭ] *(adj.; n.)* (١) مُعَلَّق (٢) مِعْلاقيّ: مُلائم للتَّعليق أو مساعدٌ عليه <a ~ ligament> (٣) «أ» مُعَطِّل مُؤقَّتًا. «ب» مُعَلِّق: تاركٌ الشيء مُعَلَّقًا غير مفصول فيه § (٤) المِعْلاق: أداة التّعليق. وبخاصةٍ: مِعلاق للصَّفَن أو وِعاء الخصيتَيْن.

suspensory ligament *(n.)* الرِّباط المِعلاقيّ [في العين أو الكَبِد].

sus·pi·cion [sə spĭshˊən] *(n.; vt.)* (١) شَكّ؛ اشتباه (٢) شُبْهة؛ رِيبة (٣) مَسْحة؛ أثر ضئيل <a ~ of sadness in his voice> § (٤) يرتاب؛ يشكّ في؛ يشتبه بِـ (ع).

above ~, فوق الشُّبُهات؛ لا يَرْقَى إليه الشَّك.

under ~, مَشْبوه؛ مُشْتَبَهٌ فيه.

sus·pi·cious [sə spĭshˊəs] *(adj.)* (١) مشبوه؛ مُرِيب (٢) نزّاع إلى الشكّ والارتياب (٣) مُفْعَم بالشَّكّ أو دالٌّ عليه <a ~ glance>.

sus·pi·ra·tion [sŭsˊpə rāˊshən] *(n.)* تَنَهُّد؛ تَنَهُّدة.

sus·pire [sə spīrˊ] *(vi.)* (١) يَتَنَهَّد (٢) يتنفَّس (٣) يتوق إلى x (٤) يقول مُتَنَهِّدًا.

suss out [sŭs] *(vt.)* (١) يفهم أو يتصوَّر (بر) (٢) يَدْرُس (بر).

sus·tain [sə stānˊ] *(vt.)* (١) يُساند؛ يُؤازر (٢) يُغذّي؛ يُمِدّ بأسباب الحياة (٣) يُبقي؛ يطيل البَقاء (٤) «أ» يَسْنُد؛ يَدعم. «ب» يحمِل (٥) يقوّي؛ يثبِّت؛ يعزِّز <to ~ the morale of the civilian population> (٦) «أ» يتحمّل. «ب» يتكبّد (٧) يُطيق (٨) يؤيّد <The court ~*ed* her claim.> (٩) يُثْبِت؛ يؤكّد (١٠) يؤدّي أو يمثّل ببراعة <to ~ the part of Cleopatra>.

sustainer rocket engine *(n.)* المحرِّك الصّاروخيّ المحافِظ (فض).

sustaining program *(n.)* البرنامج اليتيم أو اللاّمَرْعيّ: برنامج إذاعيّ أو تلفزيونيّ لا ترعاه هيئة أو مؤسسة تجارية.

sus·te·nance [sŭsˊtə nəns] *(n.)* (١) «أ» رزق؛ معيشة. «ب» طعام؛ قوت. «ج» تغذية <in desperate need of physical ~> (٢) «أ» مُساندة؛ مؤازرة إلخ. «ب» إعالة؛ عَوْل (٣) سَنَد؛ عَوْن <God is the ~ of the devout.>.

sus·ten·tac·u·lar [sŭsˊtĕn tăkˊ-] *(adj.)* مؤازِر؛ مساند؛ داعم.

sus·ten·ta·tion [sŭs tĕn tāˊ-] *(n.)* (١) مص sustain (٢) طعام؛ قوت (٣) إعالة (٤) حِفْظ؛ صَوْن <the ~ of peace> (٥) سِناد؛ دعامة.

sus·ten·tion [sə stĕnˊshən] *(n.)* = sustentation.

su·sur·ra·tion [so͞oˊsə rāˊ-] *(n.)* هَمْسٌ.

su·sur·rous [so͞o sûrˊəs] *(adj.)* كثيرُ الهَمْس؛ حافلٌ بالهَمْس.

su·sur·rus [so͞o sûrˊəs] *(n.)* (١) هَمْس (٢) حَفيف.

sut·ler [sŭtˊlər] *(n.)* دُكّانيّ المُعَسكَر: صاحب دكان المُعَسْكَر.

su·tra [so͞oˊtrə] *(n.)* السّوترا: «أ» قاعدة سلوك [في التعاليم البوذية]. «ب» مجموعة من هذه القواعد. «ج» محاوَرة [من محاورات بوذا].

sut·tee [sŭ tēˊ] *(n.)* السُّوتيّة: «أ» إحراق المرأة الهندوسية نفسَها في مَحْرَقة زوجها المُتَوفّى دلالةً على إخلاصها له. «ب» الأرملةُ المُحْرِقةُ نفسَها على هذا النحو.

su·ture [so͞oˊchər] *(n.; vt.)* (١) «أ» خيط [يُستخدم في خياطة الجِراح]. «ب» دَرْزَة (جر). «ج» خِياطة [للجِراح] (٢) الدَّرْز: «أ» خطّ الاتصال بين عظام الجمجمة. «ب» خطّ الاتصال بين الأجزاء المتجاورة من نبات أو حيوان § (٣) يَخيط <to ~ a wound>.

su·ze·rain [so͞oˊzə rĭn; -rānˊ] *(n.)* (١) سَيِّد [إقطاعيّ] أعلى (٢) المُتَسَلِّطة: دولة تفرض سلطانها، في حقل الشؤون الخارجيّة، على دولةٍ تابعة، تاركةً لها حرية التصرف في الشؤون الداخليّة.

su·ze·rain·ty [so͞oˊzə rĭn -; -rānˊ-] *(n.)* (١) الإقطاعة العُليا (٢) سيادة؛ سُلطان؛ سُلْطة.

svelte [svĕlt; sfĕlt] *(adj.)* (١) نحيل؛ أهيف (٢) مُهذَّب؛ مصقول.

swab [swŏb] *(n.; vt.)* (١) مِمسحة [لتنظيف سطح المركب إلخ] (٢) القَطيلَة: «أ» كتلة من مادّة ماصةٍ حول طرف عُودٍ تستخدم لمسح موضع من الجسم بدواء ما، أو لإزالة مادّة ما من موضع. «ب» القُطالة: المادة المزالة بالقَطيلَة (٣) الماسحة: أداة لتنظيف ماسورة السّلاح الناريّ (٤) «أ» شخص تافهٌ أو جديرٌ بالاحتقار. «ب» ملاّح؛ بحّار § (٥) يَمسح أو ينظّف بِمِمْسحة (٦) يَقْطُل: يمسح أو يزيل بالقَطِيلة.

swab·ber [-ˊər] *(n.)* (١) فا swab (٢) مِمْسَحة (٣) شخص تافهٌ أو حقير.

swab·bie *also* **swab·by** [swŏbˊĭ] *(n.)* ملاّح؛ نوتيّ؛ بحّار.

swad·dle [swŏdˊəl] *(vt.; n.)* (١) «أ» يُقمِّط [المولودَ]. «ب» يَلُفّ (٢) يُقَيِّد؛ يَكْبَح؛ يَعُوق § (٣) القِماط: قماشة عريضة يُلَفّ بها المولود.

swad·dling clothes *(n. pl.)* (١) قِماط (را. المادة السابقة) (٢) قيود تُفرَض على الشخص الغِرّ.

swag [swăg] *(vi.; t.; n.)* (١) «أ» يتأرجح. «ب» يتدلّى x (٢) «أ» يُؤَرْجِح. «ب» يُدَلّي § (٣) «أ» تأرجُح. «ب» تَدَلٍّ (٤) «أ» festoon. «ب» عِذْق أو عنقود مُتَدَلٍّ (٥) السَّلَب: «أ» غنيمة أو سِلَعٌ مسروقة. «ب» غنائم؛ أرباح (٦) مقدار كبير (٧) غَوْر؛ مُنخفَض من الأرض [مَلِيء بالماء عادةً] (٨) صُرَّةُ أمتعة.

swage [swāj] *(n.; vt.)* (١) قالب الطَّرْق: أداة تُستخدَم في تطريق المعادن وتشكيلها § (٢) يُشكّل بالتطريق.

swage block *(n.)* زهرة الطَّرْق [في تشكيل المعادن].

swag·ger [swăgˊər] *(vi.; t.; n.; adj.)* (١) يختال؛ يمشي تيّاهًا (٢) يتبجّح x (٣) يُكره أو يحقّق أو ينتزع بالتهديد والوعيد § (٤) اختيال؛ تِيْه (٥) تبجُّح (٦) زَهْو؛ عُجْب § (٧) أنيق.

swagger stick *(n.)* المِخْصَرة: عصًا قصيرة مكسوّة بالجلد يحملها الضُّبّاط عادةً.

swag·man [swăgˊ-] *(n.)* المُتَشَرِّد؛ الأفّاق.

Swa·hi·li [swä hē′lē] *(n.)* (١) الشعب السَّواحليّ [في زنجبار والسواحل المجاورة لها] (٢) السواحليّ: أحد أبناء هذا الشعب (٣) السواحليّة: لغة تجاريّة ورسميّة في كثير من أصقاع إفريقيا الشرقية.

swain [swān] *(n.)* (١) الرِّيفيّ؛ الفلّاح. وبخاصةٍ: الراعي (٢) المُحِبّ؛ العاشق؛ المُتيَّم.

swale [swāl] *(n.)* الخُبَّة: أرض منخفضة مُسْتَنْقَعِيَّة عادةً.

swal·low [1] [swŏl′ō] *(n.)* الخُطّاف؛ السُّنونو: طائر صغير من رتبة الجواثم.

swallow[1]

swal·low [2] *(vt.; i.; n.)* (١) «أ» يَبْتلع؛ يَزْدَرد. «ب» يَلْتَهِم (٢) يَسْتوعب؛ يَفْهم (٣) يَقبل من غير سؤال أو اعتراض. وبخاصة: يُصدِّق بسذاجة (٤) يتراجع عن رأي أو عَرْض إلخ (٥) يَكتُم؛ يَكْبِت <Ali *~ed* his displeasure and smiled.> (٦) يَلفِظ [الكلماتِ] بغير وضوح **x** (٧) يبتلع § (٨) المريء (ت) (٩) القُدرة على الابتلاع؛ «الشَّهيَّة» (١٠) «أ» ابتلاع؛ ازدراد. «ب» مِلء الفم.

swal·low·tail [swŏl′ō tāl] *(n.)* (١) الذَّيل الخُطّافيّ: ذيلٌ مشقوق كذَيْل الخُطّاف أو السُّنونو (٢) السِّترة الخُطّافيّة؛ الفِراك: سِترة طويلة للرجال ذات ذيلٍ مشقوق كذَيْل الخُطّاف (٣) الفراشة الخُطّافيّة.

swallowtail *3.*

swal·low–tailed [swŏl′ō tāld′] *(adj.)* خُطّافيّ الذَّيل: ذو ذيل مشقوق كذَيْل الخُطّاف أو السُّنونو.

swallow–tailed coat *(n.)* = swallowtail *2.*

swal·low·wort [swŏl′ ō wûrt] *(n.)* بَقْلَةُ الخطاطيف (نب).

swam [swăm] *past of* swim.

swa·mi [swä′mĭ] *(n.)* السُّواميّ: «أ» ناسك أو معلِّم دينيّ هندوسيّ. «ب» العالِم؛ المعلِّم. «ج» المُتَصوِّف.

swamp [swŏmp] *(n.; vt.; i.)* (١) مُسْتَنْقَع؛ أرض سَبِخة § (٢) يَغْمر؛ يُغْرِق (٣) يَشُقّ طريقًا [بإزالة الأشجار] **x** (٤) يَنْغَمِر؛ يَغْرَق.

swam·per [swŏm′-] *(n.)* (١) ساكن المستنقعات (٢) المساعد؛ المعاون.

swamp·i·ness [swŏm′pĭ nəs] *(n.)* المُسْتَنْقَعِيّة؛ السَّبخيّة.

swamp·land [swŏmp′lănd] *(n.)* مُستَنْقَع؛ أرضٌ سَبِخة.

swamp·y [swŏm′pĭ] *(adj.)* مُسْتَنْقَعِيّ؛ سَبِخٌ.

swan [swŏn] *(n.; vi.)* (١) التَّمّ؛ الإوزّ العراقيّ (٢) التَّمّ: «أ» شخص فائق الجمال أو الطَّهارة إلخ. «ب» شاعرٌ أو مُغَنٍّ (٣) *cap.*: كوكبة الدَّجاجة (را. Cygnus) § (٤) يَهيمُ على وجهِهِ (٥) يُعلِن؛ يُقسِم.

swan *1.*

swan dive *(n.)* غَطْسَةُ التَّمّ [في السباحة].

swan dive

swang [swăng] *past of* swing.

swan·herd [swŏn′hûrd′] *(n.)* التَّمّام: مُرَبِّي التَّمّ أو الإوزّ العراقيّ.

swank [1] [swăngk] *(adj.)* نشيط؛ مُفْعَم بالحَيَويَّة (إسك).

swank [2] *(vi.; n.)* (١) يختال؛ يزهو؛ يَتِيه § (٢) اختيال؛ زَهْو؛ تِيه (٣) أناقة.

swank [3] *or* **swank·y** [-′ĭ] *(adj.)* (١) مختال؛ مَزْهُوّ (٢) أنيق.

swan·ner·y [swŏn′ə rĭ] *(n.)* مَرْبَى التَّمّ أو الإوزّ العراقيّ.

swans·down [swŏnz′doun] *(n.)* زَغَبُ التَّمّ: «أ» زَغَبُ الإوزّ العراقيّ. «ب» قماش قُطنيّ سميك ذو زِئبر.

swan·skin [swŏn′-] *(n.)* (١) جِلْد التَّمّ: جلد الإوزّ العراقيّ بزغبِهِ أو ريشِهِ (٢) التَّمِّيّ؛ القُماش التَّمِّيّ: قماش شبيه بالفلانلَّة ذو زئبر ناعم.

swan song *(n.)* أنشودة التَّمّ: «أ» أُغنية زعموا أن التَّمّ أو الإوزّ العراقيّ يُنشدها عند موتِهِ. «ب» آخر عمل أو قول يؤدِّيه الأديب أو الفنان أو أيّ شخص آخر قبل وفاتِهِ أو اعتزالِهِ.

swap [swŏp] *(vt.; i.; n.)* (١) يُقايِض § (٢) مُقايَضة.

swap meet *(n.)* سُوق المُقايَضة [لمقايضة السِّلَع المُستَخْدَمَة أو بيعها].

swa·raj [swə räj′] *(n.)* السُّوَاراج: الحكم الذاتيّ في الهند.

sward [swôrd] *(n.)* (١) مَرْج (٢) سطح الأرض المُعشَوْشِب.

swarf [swôrf] *(n.)* بُرادة [الحديد أو نحوِهِ].

swarm [1] [swôrm] *(n.; vi.; t.)* (١) الخَشْرَم: جماعة النَّحل (٢) خليَّة نحل (٣) سِرْب [جراد أو نحوِهِ] (٤) حَشْدٌ مُنْدَفع § (٥) يَرْتحل: يطير النَّحلُ على نحوٍ جماعيّ من قفيرٍ ما ليُنشئ مستعمرةً أخرى (٦) يحتشد (٧) يندفع بأعداد كبيرة (٨) يَعُجّ بِـ **x** (٩) يملأ [بحشود كبيرة].

swarm [2] *(vi.; t.)* (١) يَتَسلَّق **x** (٢) يرتقي؛ يعتلي.

swart [swôrt] *(adj.)* (١) swarthy (٢) مُهلِك؛ مؤذٍ؛ ضارّ.

swarth [swôrth] *(n.; adj.)* (١) سطح الأرض المُعْشَوْشِب § (٢) swarthy.

swarth·y [swôr′thĭ] *(adj.)* داكن اللون أو البشرة.

swash [swŏsh] *(n.; vi.; t.; adj.)* (١) اختيال؛ تِيه؛ زَهْو (٢) «أ» اندفاع الماء نحو الشاطئ [من موجةٍ متكسِّرة]. «ب» صوت ذلك. «ج» حاجز تتكسَّر عليه الأمواج (٣) قناة ماء [وَسطَ قُرارة رمليّة أو بين الشاطئ وقُرارةٍ رملية] § (٤) يختال تِيهًا إلخ (را. swagger) (٥) يتحرّك بعنفٍ وجَلَبة (٦) يندفع [الماءُ] أو يتطاير مُحدِثًا صوتًا رَشَاشيًّا **x** (٧) يُرشِّش الماء: يجعله يُطلق رَشَاشًا (٨) يَرُشّ أو ينضح بالماء § (٩) مُذيَّل (را. swash letters).

swash·buck·ler [-′bŭk′lər] *(n.)* (١) «أ» المتفاخر الطائش. «ب» جنديّ أو مغامر متبجِّح. «ج» قاتلٌ مستأجَر (٢) رواية أو مسرحيّة عن واحد من هؤلاء.

swash·buck·ling [swŏsh′-] *(adj.; n.)* (١) متفاخِر مُتَهوِّر § (٢) تفاخرٌ مُتهوِّر.

swash·er [swŏsh′ər] *(n.)* = swashbuckler.

swash letters *(n. pl.)* الحروف المُذَيَّلة: حروف استهلالية capital مائلة، لكلٍّ منها ذيل زُخرُفيّ في أعلاه أو أدناه.

swas·ti·ka [swŏs′tĭ kə] *(n.)* السُّواستيكا؛ الصليب المعقوف: «أ» صليب معقوف الأذرع [يرمز إلى الشمس أو الحظّ السعيد]. «ب» شعار الحزب النّازي والرايخ الثالث.

swastika

swat [swŏt] *(vi.; t.; n.)* (١) يَضرِب بعنف § (٢) ضربة عنيفة (٣) swatter.

swatch [swŏch] *(n.)* (١) «أ» عَيِّنة [من قماش أو غيره]. «ب» عيِّنة نموذجية (٢) قطعة أو رقعة صغيرة (٣) مجموعة صغيرة.

swath [swŏth] *or* **swathe** [swŏth; swāth] *(n.)* (١) «أ» صفّ من أعشاب أو من سنابل القمح مقطوع بمِنْجَلٍ أو جَزّازة. «ب» الرّقعة التي تشملها ضربة مُفْرَدة من مِنجل أو جزّازة عشب (٢) شِقّة عريضة؛ صفّ عريض (٣) ضربة مِنجل.

swathe [swŏth; swāth] *(vt.; i.; n.)* (١) يَلُفّ؛ يَعْصِب § (٢) رِباط؛ عِصابة.

swats [swŏts] *(n. pl.)* شراب؛ شراب مُسْكر (إسك).

swatter

swat·ter [swŏt′ər] *(n.)* المِذَبّة: مِضْرَب لقتل الذباب.

sway [swā] *(vi.; t.; n.)* (١) يتمايل؛ يترنّح (٢) يتأرجح (٣) «أ» يميل. «ب» ينحني (٤) يَحْكُم؛ يتسلّط (٥) يتقلّب؛ يتردّد x (٦) يَهُزّ (٧) يُميل (٨) يَحْرِف: يجعله ينحرف (٩) يحمله على تغيير رأيه إلخ (١٠) يُسَيْطِر على <His speech ~*ed* the voters.> (١١) يَرْفع <to ~ up a mast> § (١٢) تمايُل؛ تأرجُح؛ مَيْل؛ انحناء إلخ (١٣) حُكم؛ سَيطرة؛ نفوذ <under the ~ of Rome>.

sway·back [swā′băk] *(n.)* السَّرَج: انحناء إلى أدنى، في العمود الفقريّ، وبخاصة في الخيل، ناشئ عن الإرهاق أو نحوه.

sway·backed [swā′-] *(adj.)* أَسْرَجُ: مصابٌ بالسَّرَج <a ~ horse>.

swear [swâr] *(vt.; i.; n.)* (١) يُقسِم؛ يَحْلِف (٢) يؤكّد أو يَعِد جازمًا (٣) يحلِّف <~ the witness> (٤) «أ» ينال شيئًا من طريق القَسَم <to ~ out a warrant for a person's arrest>. «ب» يُحْدِث حالةً معيّنة من طريق الأيمان المتكرِّرة أو من طريق الاسترسال في السِّباب <She *swore* herself hoarse.> x (٥) يَشْتِم؛ يَسُبّ (٦) يتباذأ § (٧) قَسَم؛ يمين.

to ~ at — يَسُبّ؛ يشتِم.
to ~ by — (١) يُقسِم بِـ (٢) يثق ثقةً كبيرةً بِـ.
to ~ for — يَكْفُل؛ يَضْمَن.
to ~ in — يُقلِّده منصبًا [محلِّفًا إياه اليمين].
to ~ off — يُقلِع عن؛ يُقسِم على الإقلاع عن.

swear·word [swâr′wûrd′] *(n.)* شتيمة؛ لعنة؛ لفظة بذيئة.

sweat [swĕt] *(vi.; t.; n.)* (١) «أ» يَعْرَق. «ب» يَكْدَح (٢) يَرْشَح (٣) «أ» يتخمَّر. «ب» يتعفّن (٤) يَقْلَق؛ يأسَى (٥) يَنِزّ x (٦) يُفرِز (٧) يحقق عملًا من طريق الكدح <~*ed* out one novel after another> (٨) يفقد شيئًا من وزن جسمه بالتعرّق أو نحوه (٩) يبلّل بالعرق (١٠) يعرِّق (١١) يُرْهِق (١٢) يستغلّ العُمّال: يشغّل العمالَ بأجور منخفضة أو في أحوال غير صحية إلخ (١٣) يُعذِّب: يُخضِع المتّهَم لألوان التعذيب لكي ينتزع منه اعترافًا (١٤) يرشِّح؛ يخمِّر (١٥) يسلبه مالَهُ إلخ (١٦) يزيل جزءًا من المعدن [من قطعة نقدية ذهبيّة على الأخصّ] بالكشط إلخ (١٧) يُلحِم [معدنًا] (١٨) يستخرج [الزيتَ من مادة] بالتسخين (١٩) يُسَخِّن؛ يُحمي § (٢٠) عَرَق (٢١) كَدْح (٢٢) ارتشاح (٢٣) تَعَرُّق (٢٤) قَلَق؛ نَفادُ صبر إلخ.

to ~ blood — (١) يكدح (٢) يَقلق قلقًا شديدًا.

sweat·band [swĕt′-] *(n.)* عصابة التَّعرُّق: «أ» طوق جِلديّ عادةً تُبَطَّن به حافة القبّعة الداخلية لامتصاص العرق. «ب» عصابة يُلَفّ بها الرأس والرُّسْغ لامتصاص العرق.

sweat·box [swĕt′-] *(n.)* المِعْرَقة: أداة أو مَوضعٌ للتعريق. وبخاصة: صندوق ضيّق يُحْبَسُ فيه السَّجين.

sweated goods [swĕt′ĭd] *(n. pl.)* السِّلَعُ المُعَرَّقة: سِلَعٌ مُنْتَجَةٌ من طريق تشغيل العمال بأجر منخفض وفي ظروف غير صحّية.

sweated labor *(n.)* العمل المُعَرَّق: العمل المُنْتَج من طريق استغلال العُمال على نحوٍ غير إنسانيّ.

sweat·er [swĕt′ər] *(n.)* (١) «أ» المُعَرِّق: علاج أو عملٌ معرِّق. «ب» المتعرِّق: كادح يقوم بعملٍ معرِّق (٢) المُعَرِّق: ربّ العمل الذي يستخدم العمّال بأجور منخفضة وفي ظروف غير صحّية (٣) المُعَرِّقة؛ السُّترة أو الكنزة المعرِّقة: سترة أو كنزة صوفية غليظة.

sweater girl *(n.)* النّاهد: فتاة ناهدة الثديين.

sweat gland *(n.)* الغُدّة العَرَقيّة (ت).

sweat·shirt [swĕt′shûrt] *(n.)* كنزة فضفاضة [يرتديها الرياضيون].

sweat·shop [swĕt′shŏp] *(n.)* المعمل المُعَرِّق: مؤسسة صناعية صغيرة تستخدم العُمّال بأجور منخفضة وأحوال غير صحّية.

sweat suit *(n.)* بذلة التدريب: بذلة يرتديها الرياضيون أثناء تَدَرُّبهم.

sweat·y [swĕt′ĭ] *(adj.)* (١) مُعَرِّق <a ~ day> (٢) مُرْهِق؛ شاقّ <~ work> (٣) مُعَرَّق: مبلَّل أو مُتَّسِخ بالعرق.

swede [swēd] *(n.)* (١) *cap.*: السُّويديّ: أحد أبناء السُّوَيد (٢) الرُّتباج (را. rutabaga).

Swed·ish [swē′dĭsh] *(n.; adj.)* (١) اللغة السُّويديّة (٢) السُّويديون: أبناء السُّوَيد § (٣) سُوَيديّ.

Swedish massage *(n.)* التَّدليك السُّوَيديّ: تدليك بالحركات السُّويدية.

Swedish movements *(n. pl.)* الحَرَكات السُّويديّة: نظام من الحركات الرياضية يُصْطَنَع لتمرين العضلات.

Swedish turnip *(n.)* = rutabaga.

swee·ny [swē′nĭ] *(n.)* انزلاق اللّوح [في كتف الفرس بخاصة].

sweep [swēp] *(vt.; i.; n.)* (١) يَكْنُس (٢) يمحو؛ يَدُكّ؛ يُدَمِّر (٣) يَدْفَع بقوة <*swept* him away into a far corner> (٤) يَجْرُف (٥) يَحْصُد (٦) يكتسِح: يَكسب بفوزٍ ساحق <He *swept* the elections.> (٧) يَمَسّ مسًّا رفيقًا <Her skirt *swept* the floor.> (٨) يجري [فوق شيء] برشاقة أو قوّة (٩) يُلقي نظرةً شاملة على <His green eyes *swept* the room.> x (١٠) يكتسح (١١) يندفع بخفة أو قوة <The children *swept* in.> (١٢) يُجرِّر أذياله؛ يمشي بوقار § (١٣) «أ» الشّادوف: أداة لريّ الأرض. «ب» مجذاف طويل (١٤) كَنْس؛ إزالة (١٥) «أ» نَصْرٌ ساحق. «ب» كَسْبُ جميع الجوائز [في مباراة] (١٦) اندفاع قويّ مُتّصل <the ~ of waves or wind> (١٧) حركة أو ضربة مائلة أو منحرفة (١٨) امتداد <upon a wide

ă at; ā date; â care; ä car; ĕ egg; ē me; ĭ in; ī bite; ŏ lot; ō bone; ô orphan; oi boil; o͝o good; o͞o boot; ou out; ŭ under; û urgent; ə = *a* in alone, *e* in system, *i* in easily, *o* in gallop, *u* in circus.

<~ of farming country> (١٩) مَدًى <beyond the ~ of your eyes> (٢٠) «أ» كنّاس الشوارع. «ب» منظّف المداخن (٢١) انحراف (٢٢) sweepstakes.

sweep·back [-'băk] *(n.)* الامتداد التّراجُعي [في جناح الطائرة].

sweep·er [swē'pər] *(n.)* (١) كنّاس (٢) مِكنسة.

sweep hand *(n.)* = sweep–second.

sweep·ing [swē'-] *(n.; adj.)* (١) كَنْس؛ كِناسة (٢) *pl.*: كُناسة؛ نُفاية § (٣) شامل <a ~ glance> (٤) كاسح <a ~ victory> (٥) واسع <~ reforms> (٦) جارف <~ generalizations>.

sweep–sec·ond [swēp'sĕk'ənd] *(n.)* عقرب الثّواني: عقرب للثّواني متراكب فوق عقربَي السّاعة الآخرَين.

sweep·stakes [-'stāks'] *(n. pl.)* (١) «أ» السّويبْستَيْك: ضرب من المراهنة على الخيل قَدْ يكسب فيه الرابح جميع الأموال المُراهَن بها. «ب» مسابقة (٢) يانصيب.

sweep·y [swē'pĭ] *(adj.)* كاسح؛ جارف.

sweet [swēt] *(adj.; adv.; n.)* (١) حُلو (٢) عَذْب (٣) جميل (٤) رخيم (٥) عَطِر؛ أرِج (٦) حُلْو (٧) لطيف (٨) عزيز؛ أثير <Then pardon him, ~ father, for my sake.> (٩) بارع <a ~ pilot> (١٠) رائع § (١١) بطريقة حُلوة § (١٢) حَلوى (١٣) حلاوة المذاق (١٤) شيء حُلْو <the ~s of life> (١٥) الحبيب؛ المحبوب.

at one's own ~ will على هواه.

to be ~ on *or* upon مولَعٌ أو شغوفٌ أو متيَّمٌ بِـ.

sweet alyssum *(n.)* الآلوسِن البحريّ؛ سَلّة الفضّة (نب).

sweet–and–sour *(adj.)* حُلْوٌ حامضٌ <~ shrimps>.

sweet basil *(n.)* الحَوْك؛ الحَماحِم: حَبَق ذو زُهيرات بِيض.

sweet bay *(n.)* (١) الغار (را. laurel) (٢) المَغْنوليّة الأميركية (نب).

sweet·bread [-'brĕd'] *(n.)* بنكرياس العجل أو الحمل [يُتَّخذُ طعامًا].

sweet·bri·er [swēt'brī'ər] *(n.)* النِّسرين؛ الجُلَنْسرين (نب).

sweet cherry *(n.)* الكَرَز الحُلْو؛ قَراصِيا الطيور (نب).

sweet clover *(n.)* = melilot.

sweet corn *(n.)* الذّرة الصفراء السُّكَّرية (نب).

sweet·en [swē'-] *(vt.; i.)* (١) يُحَلّي؛ يُسَكِّر (٢) يَجْعَلُهُ أحلى نغمةً أو أزكى عبيرًا (٣) يهذِّب؛ يُلَطِّف (٤) يهدِّئ؛ يُسَكِّن x (٥) يحلو: يُصبح حُلوًا.

to ~ the pill يُسَكِّر؛ يُغَلِّف بالسُّكَّر: يجعل الشيء المرير أقلّ مرارةً.

sweet·en·ing [swē'tən-] *(n.)* (١) المُحَلّي: شيءٌ مُحَلٍّ (٢) تَحْلِيَة.

sweet fern *(n.)* السَّرْخَس العِطْريّ (نب).

sweet flag *(n.)* الوَجّ؛ عِرْق أُكَر: عشبة مُسْتَنْقَعِيّة ذات أوراق طويلة.

sweet·heart [swēt'härt'] *(n.)* (١) الحبيب؛ المحبوب (٢) الحبيبة.

sweet·ie [swē'tĭ] *(n.)* (١) *pl.*: حلويات (٢) الحبيب؛ الحبيبة.

sweetie pie *(n.)* = sweetheart.

sweet·ing [swē'-] *(n.)* (١) الحبيب؛ الحبيبة (ا. ق) (٢) تفّاح سُكَّرِيّ.

sweet·ish [swē'tĭsh] *(adj.)* (١) حُلو قليلًا (٢) مُفْرِط الحلاوة.

sweet marjoram *(n.)* = marjoram.

sweet·meat [-'mēt'] *(n.)* (١) فاكهة مجفّفة (٢) مُرَبًّى (٣) حلوى.

sweet oil *(n.)* الزيت الحُلْو: زيت حُلو المذاق [كزيت الزيتون].

sweet pea *(n.)* البِسِلّى العَطِرة؛ الجُلْبان العَطِر (نب).

sweet potato *(n.)* (١) البطاطا الحلوة أو السُّكَّرية (٢) ocarina.

sweet·shop [swēt'shŏp'] *(n.)* دكّان الحلويات.

sweet·sop [swēt'sŏp'] *(n.)* القِشْدة؛ السَّفَرْجل الهندي (نب).

sweet sorghum *(n.)* = sorgo.

sweet talk *(n.)* تملُّق؛ مُداهَنة؛ تزلُّف.

sweet tooth *(n.)* حُبُّ الحلويات؛ الوَلَع بالحلويات.

sweet wil·liam *(n.)* القَرَنْفُل المُلْتحي (نب).

swell [swĕl] *(vi.; t.; n.; adj.)* (١) «أ» ينتفخ. «ب» يعلو؛ يرتفع. «ج» يزداد؛ يتكاثر؛ يتضخم. «د» يتورَّم (٢) «أ» ينتفخ كِبْرًا أو غرورًا. «ب» يتفاخر؛ يتبجّح (٣) يُفْعَم بعاطفة قويّة x (٤) يَنْفُخ إلخ (٥) «أ» يزيد؛ يضخِّم. «ب» يملأه [غرورًا إلخ] § (٦) انتفاخ؛ ازدياد؛ تضخّم إلخ (٧) موجة أو أمواج طويلة (٨) مرتفَع من الأرض؛ هضبة مكوَّرة (٩) أداة في الأرغن لضبط حجم الصوت (١٠) «أ» شخص بالغ الأناقة. «ب» شخص رفيع المنزلة. «ج» الخبير؛ العليم <a real ~ on birds> § (١١) أنيق (١٢) بارز اجتماعيًا (١٣) ممتاز؛ رائع <a really ~ girl>.

swelled head *(n.)* غرور؛ عُجْب. — **swelled–head·ed** *(adj.)*

swell·fish [swĕl'fĭsh] *(n.)* = puffer 2.

swell·head [swĕl'hĕd'] *(n.)* المغرور؛ المُغْتَرّ بنفسه.

swell·ing [swĕl'-] *(n.; adj.)* (١) انتفاخ؛ تَضَخُّم؛ وَرَمٌ § (٢) مُنتفِخ؛ متضخِّم؛ متورِّم (٣) مُفعَم بالغرور (٤) «أ» طنّان؛ رنّان <a ~ speech>. «ب» مُتّسِمٌ بالأُبَّهة <a ~ scene>.

swel·ter [swĕl'-] *(vi.; t.; n.)* (١) يتصبَّب عرقًا، أو يكاد يُغمَى عليه، من القيظ أو شدَّة الحرّ x (٢) يضايق بشدَّة الحرّ؛ يصيب بالإغماء من شدَّة الحرّ؛ يعرِّق بغزارة § (٣) «أ» حرّ شديد [مع رطوبة]. «ب» عَرَق غزير (٤) قلق؛ نفاد صبر؛ اهتياج؛ عصبية.

swel·ter·ing [swĕl'-] *(adj.)* (١) متضايق من القيظ (٢) قائظ؛ شديد الحرّ.

swept[1] [swĕpt] *past and past part. of* sweep.

swept[2] *(adj.)* مُرْتَدّ: مردود إلى الوراء [كجناح طائرة].

swerve [swûrv] *(vi.; t.; n.)* (١) ينحرف x (٢) يَحْرِف: يجعله ينحرف § (٣) حَرْفٌ أو انحراف.

swift [swĭft] *(adj.; adv.; n.)* (١) سريع (٢) مفاجئ (٣) رشيق؛ خفيف الحركة § (٤) بسرعة؛ برشاقة § (٥) عَظاية خفيفة الحركة (٦) بَكْرة؛ مِكَبّ (٧) السَّمامة: طائر شبيه بالسُّنونو.

swift 7.

— **swift·ness** *(n.)*

swig [swĭg] *(n.; vi.; t.)* (١) جرعة كبيرة [من شراب مُسْكِر إلخ] § (٢) يتجرَّع: يأخذ جرعةً كبيرةً من (٣) يشرب بِنَهَم.

swill [swĭl] *(vt.; i.; n.)* (١) يَغْسِل؛ يَشْطُف (٢) يتجرَّع جَرَعاتٍ كبيرةً من

(٣) يُطعم [خنزيرًا إلخ] x (٤) يُسرِف في الشّراب (٥) يندفع بقوّةٍ أو عنف § (٦) «أ» طعام الخنازير. «ب» قُمامة (٧) نُفاية (٨) جرعة من شراب.

swim [swĭm] *(vi.; t.; n.; adj.)* (١) يَسْبح (٢) ينزلق (٣) يطفو (٤) يتغلّب على المصاعب (٥) ينغمر (٦) يصاب بدُوار؛ يَدوخ؛ يَدُور x (٧) يجتاز سباحةً (٨) يُكرِهُهُ على السّباحة <to ~ a horse across a river> (٩) يجعلُهُ يطفو § (١٠) سِباحة (١١) انزلاق (١٢) دُوار (١٣) جزء من النهر إلخ زاخرٌ بالسّمك (١٤) مجرى النشاط [الاجتماعيّ إلخ] الرئيسيّ <to be in the ~> § (١٥) سِباحيّ <~ lessons>.

swim bladder *(n.)* = air bladder.

swim·ma·ble [swĭm'ə-] *(adj.)* قابلٌ للسّباحة <a ~ stream>.

swim·mer [swĭm'ər] *(n.)* السّابح؛ السَّبّاح.

swim·mer·et [swĭm'ə rĕt'] *(n.)* الزائدة السِّباحية [في بعض القِشريّات].

swim·ming [swĭm'-] *(adj.; n.)* (١) سابح <a ~ bird> (٢) مُعَدّ للسّباحة أو مستخدَم فيها <a ~ suit> (٣) مُغْرَورِق بالدّموع <~ eyes> (٤) دائخ؛ مصابٌ بدُوار <a ~ brain> § (٥) سِباحة (٦) دُوار؛ دَوْخة.

swim·ming·ly [swĭm'ĭng lĭ] *(adv.)* بنجاح؛ على نحوٍ رائع.

swimming trunks *(n. pl.)* سروال سباحة [للرجال].

swim·my [swĭm'ĭ] *(adj.)* (١) «أ» دائخ. «ب» مُدَوِّخ (٢) غائم؛ زائغ.

swim·suit [swĭm'so͞ot'] *(n.)* المايوه: ثوب السِّباحة.

swin·dle [swĭn'dəl] *(vi.; t.; n.)* (١) يَغُشّ؛ يَخْدَع x (٢) يَسْلُبُهُ مالَهُ بالخداع (٣) يَنْصُب: ينتزع بالخداع <to ~ money out of somebody> § (٤) خِداع؛ احتيال؛ نَصْب (٥) سِلعة مغشوشة أو تساوي أقلّ ممّا دُفع فيها <This watch is a ~.>.
— swin·dler *(n.)*

swine [swīn] *(n.)* (١) خِنزير (٢) شخص حقير أو جدير بالازدراء.

swine·herd [swīn'hûrd'] *(n.)* راعي الخنازير.

swing [swĭng] *(vt.; i.; n.; adj.)* (١) «أ» يهزّ؛ يلوّح بـ. «ب» يؤرجح. «ج» يُدير على محور. «د» يدير؛ يوجّه؛ يصوِّب (٢) يدلّي؛ يعلّق (٣) ينقل بالتّدلية أو الأرجَحَة <cranes that ~ cargo up over the ship's side> (٤) يسيطر على (٥) ينقله من حال إلى حال (٦) يوفّق إلى إنجاز شيء أو شرائه x (٧) يتأرجح؛ يتمايل (٨) يموت شنقًا <He was caught spying and made to ~ for it.> (٩) يتدلّى (١٠) «أ» يدور على محور أو مِفْصَلة. «ب» يدور [حول زاوية إلخ] (١١) «أ» يكون منتظم الإيقاع. «ب» يعزف موسيقى السوينغ (١٢) ينتقل أو يتقلّب من حالة إلى أخرى <*swung* constantly from optimism to pessimism> (١٣) يضرب؛ يسدِّد ضربة إلى (١٤) يمشي مؤرجحًا يديه (١٥) يندفع بنشاط (١٦) يستهتر: ينغمس في الملذات § (١٧) تأرجُح؛ تمايُل؛ خَطَران (١٨) لَكْمة (١٩) إيقاع مُطَّرِد [في الشِّعر أو الموسيقى] (٢٠) حركة ناشطة مطَّردة (٢١) تغيُّر كبير <a ~ in prices> (٢٢) انتقال دَوْريّ من حالٍ أو شكلٍ أو وضع إلى آخر <constant ~s of style> (٢٣) حُرّية العمل أو التّصرُّف <was given full ~ in the conduct of the business> (٢٤) قوة دافعة (٢٥) سُرعة <The train was approaching full ~.> (٢٦) نشاط؛ تقدّم <The work was in full ~.> (٢٧) زَخْم (٢٨) نطاق التأرجح <a pendulum with a 4-inch ~> (٢٩) «أ» رقّاص الساعة. «ب» أرجوحة (٣٠) موسيقى السّوينغ (را. swing music) § (٣١) دوّار <~ handles> (٣٢) مُتَدلٍّ <~ lamps> (٣٣) سوينغيّ: خاص بموسيقى السوينغ <~ tunes> (٣٤) متردِّد؛ متقلّب <in order to attract the ~ vote>.
— swing·er *(n.)*

swing bridge *(n.)* الجسر الدَّوّار: جسر يدور أفقيًا حول محور.

swinge [swĭnj] *(vt.)* (١) يَضْرِب؛ يَسُوط؛ يُعاقِب (٢) يَسْفَع؛ يُشيط.

swinge·ing *or* **swing·ing** [-'jĭng] *(adj.; adv.)* (١) ضَخْم <~ damages> (٢) عنيف جدًا <a ~ blow> (٣) رائع؛ ممتاز § (٤) جدًا؛ إلى أبعد حدّ <~ bad>.

swin·gle [swĭng'gəl] *(n.; vt.)* (١) مِضْرَب القِنَّب أو الكَتّان § (٢) ينظِّف القنَّب أو الكَتّان [بضربه بالمِضْرَب].

swin·gle·tree [-trē'] *(n.)* عمود العربة الأفقيّ الارتكازيّ المتحرّك الذي يُشَدّ إليه سَيْرا عُدَّةِ الفَرَس والذي بواسطته تُجَرّ العربة أو الآلة.

swing music *(n.)* موسيقى السّوينغ: ضربٌ من موسيقى الجاز.

swing–wing [swĭng'-] *(adj.; n.)* مَرِنَةُ الجناحين <a ~ aircraft>.

swin·ish [swī'-] *(adj.)* (١) خِنزيريّ (٢) بَهيميّ (٣) «أ» قَذِر. «ب» شَرِه.

swink [swĭngk] *(n.; vi.)* (١) كَدْح (ا. ق) § (٢) يَكْدَح (ا. ق).

swipe [swīp] *(vt.; i.; n.)* (١) يَضْرِب بعُنف (ع) (٢) يَسْرِق § (٣) ضربة عنيفة (ع) (٤) ملاحظة جارحة (٥) جَرْعة كبيرة (٦) سائس خَيْل.

swipes [swīps] *(n. pl.)* جِعَة رديئة. وأيضًا: جِعَة.

swirl [swûrl] *(n.; vi.; t.)* (١) دُوّامة؛ دُردور (٢) اختلاط أو تَشَوُّش <a ~ of events> § (٣) يُدَوِّم: يجري مُلْتفًّا كالدُّوّامة x (٤) يُدَوِّم: يجعله يُدَوِّم.

swirl·y [swûr'lĭ] *(adj.)* مدوِّم: ملتفٌّ كالدُّوّامة <~ waters>.

swish [swĭsh] *(vi.; t.; n.; adj.)* (١) يَحِفّ؛ يَهِفّ؛ يُهَسْهِس x (٢) يجعله ذا حفيف إلخ § (٣) حَفيف؛ هَفيف؛ هَسْهَسة § (٤) أنيق <a ~ gown> (٥) متخنّث.
— swish·y *(adj.)*

Swiss [swĭs] *(n.; adj.)* (١) السّويسريّ: أحد أبناء سويسرا (٢) *not cap.* عد: القُماش السّويسريّ: قماش قطنيّ رقيق مزدان بنُقَطٍ نافرة (٣) الجبن السويسري: جبن ضاربٌ لونه إلى الصُّفرة يتميّز بثقوب كبيرة § (٤) سويسريّ.

Swiss chard *(n.)* = chard.

switch [swĭch] *(n.; vt.; i.)* (١) قضيب؛ سَوْط (٢) ضربة بالسَّوط أو نحوه (٣) تحوُّل؛ انتقال (٤) خصلة شعر طويلة [في طرف ذيل البقرة إلخ] (٥) المُحَوِّلة (مج)؛ مفتاح التحويل: أداة لتحويل القطار الحديديّ من سِكّةٍ إلى أخرى (٦) المفتاح الكهربائيّ (٧) الضَّفيرة المستعارة: كتلة من الشعر تضيفها المرأة إلى شعرها لكي يبدو أطول أو أغزرَ § (٨) «أ» يَسُوط؛ يضرب بالسّوط أو

ă at; **ā** date; **â** care; **ä** car; **ĕ** egg; **ē** me; **ĭ** in; **ī** bite; **ŏ** lot; **ō** bone; **ô** orphan; **oi** boil; **o͝o** good; **o͞o** boot; **ou** out; **ŭ** under; **û** urgent; **ə** = *a* in alone, *e* in system, *i* in easily, *o* in gallop, *u* in circus.

نحوه . «ب» يحرّك شيئًا وكأنّه سوط <The cow ~*ed* her tail.> (٩) يحوِّل [من خط من خطوط السكة الحديدية إلى آخر] (١٠) يغيِّر ؛ يبدِّل ؛ يُحَوِّل (١١) يتبادل <to ~ sides> (١٢) يقطع التيار أو يُشعل النور بمفتاح كهربائيّ <to ~ off a current; to ~ on a light> (١٣) ينتزع فجأةً : يختطف x (١٤) يستعيض عن .

switch·back [-ˈbăk] *(n.)* (١) الخطّ المتعرِّج : طريق متعرِّج في منطقة جبلية . وبخاصة : خطّ متعرِّج من خطوط السكّة الحديدية مُعَدّ لارتقاء هضبة شديدة التحدُّر (٢) roller coaster .

switch·blade [-ˈblād] *or* **switchblade knife** *(n.)* المُدْية النّابضيّة : مُدية جيب تنفتح بواسطة نابضٍ أو زُنبرك .

switch·board [swĭchˈbōrdˈ] *(n.)* لوحة التوزيع ؛ لوحة المفاتيح (كب) .

switch·er·oo [swĭchˈə rōō] *(n.)* تحوُّل مفاجئ ؛ انقلاب .

switch–hit·ter [swĭchˈhĭtˈər] *(n.)* الخُنثى .

switch knife *(n.)* = switchblade.

switch·man [swĭchˈ-] *(n.)* المُحَوِّل : عامل تحويل القُطُر الحديدية .

switch·yard [swĭchˈ-] *(n.)* فِناء التحويل [في محطة للسكّة الحديدية] .

swith [swĭth] *(adv.)* حالًا ؛ سريعًا ؛ فورًا (ع) .

swith·er [swĭthˈər] *(vi.; n.)* (١) يَشُكّ ؛ يتردّد § (٢) شَكٌّ ؛ تردُّدٌ (٣) ذُعر (عب) .

Swit·zer [swĭtˈsər] *(n.)* = Swiss.

swiv·el [swĭvˈəl] *(n.; vi.; t.)*, **-eled** *or* **-elled** (١) المِرْوَد ؛ الوُصْلَة المُتَراوحة : «أ» أداة تمكّن الشيء المثبَّت من الدوران فوقها بِحُرِّيّة . «ب» حاملٌ يدور الكرسيّ فوقه . «ج» حلقة تربط بين جزءين من السلسلة بحيث يدور أحدهما من غير أن تؤدي حركته إلى دوران الآخر § (٢) يَدور أو يُدير على محور أو نحوه .

swivels *1.*

swivel chair *(n.)* الكُرْسيّ الدّوّار أو اللّفّاف .

swivel chair

swiv·et [swĭvˈət] *(n.)* اهتياج شديد [عقليًّا كان أو عاطفيًّا] .

swiz·zle [swĭzˈəl] *(n.; vi.; t.)* (١) السّوْزَل : شرابٌ مؤلَّف من رَمّ rum وثلج مسحون وعصير ليمون وسكّر إلخ § (٢) يُسْرِف في الشّراب (٣) يَمزج أو يحرِّك بِعُود السّوْزَلِ أو نحوه (را . المادة التالية) .

swizzle stick *(n.)* عُودُ السّوْزَل : عُود يُستَخدَم في تحريك الأشربة الكحولية الممزوجة .

swob [swŏb] *(n.; vt.)* = swab.

swol·len [swōˈlən] *past part. of* swell.

swoon [swōōn] *(vi.; n.)* (١) «أ» يُغمَى عليه . «ب» ينتشي بالحبور إلخ (٢) يتلاشى أو يضعف تدريجيًّا <The noise ~*ed* away.> § (٣) إغماء (٤) «أ» نشوة . «ب» خَدَر ؛ خُدار .

swoop [swōōp] *(vi.; t.; n.)* (١) ينقضّ على x (٢) يقتلع شيئًا من مكانه (٣) ينتزع (٤) يبتلع ؛ يزدرد § (٥) انقضاض ؛ انتزاع إلخ .

swoosh [swōōsh] *(vi.; t.; n.)* (١) يندفع بصَخَب (٢) يتفجّر ؛ يُدَوِّم x (٣) يُطلِق أو ينقل على نحوِ صاخب § (٤) اندفاع صاخب (٥) تفجُّر ؛ تَدويم إلخ .

swop [swŏp] *(vt.; i.; n.)* = swap.

sword [sōrd; sôrd] *(n.)* (١) سَيْف (٢) قوة عسكرية (٣) حَرْب .

at ~*'s points* على أشدّ الخصام ؛ على استعداد للهجوم المتبادَل .

to put to the ~, يَقْتُلُ بالسَّيف ؛ يُعمل السَّيفَ في الرِّقاب .

sword bayonet *(n.)* الحَرْبة السَّيفيّة : سيفٌ قصير يُشَدّ إلى مقدَّم البندقية .

sword·bill [sōrdˈbĭlˈ] *(n.)* سيفيّ المنقار : طائر جنوبأميركيّ منقارُهُ النحيلُ أطولُ من جسمِهِ .

sword·craft [sōrdˈkrăftˈ] *(n.)* (١) البراعة في الضّرب بالسَّيف (٢) القوة أو البراعة العسكرية .

sword dance *(n.)* رقصة السيوف : «أ» رقصة تحلُّقية يؤديها رجال يحملون سيوفًا . «ب» رقصة تؤدَّى حول السيوف أو فوقها .

sword·fish [sōrdˈ-] *(n.)* السَّيف ؛ أبو سَيْف ؛ سَيّاف البحر : سمك أوقيانوسي ضخم طويل المنقار .

swordfish

sword grass *(n.)* العُشب السَّيفيّ : نبات ذو أوراق شبيهة بالسّيوف .

sword knot *(n.)* عُقدة السَّيف : عقدة زينيّة عند مَقْبِض السَّيف .

sword·play [sōrdˈ-] *(n.)* (١) السِّيافة : فنّ استعمال السَّيف أو البراعة فيه وبخاصةٍ في المثاقفة أو المبارزة بالسَّيف (٢) مُثاقَفَة ؛ مُبارزَة بالسَّيف .

swords·man *(n.)* (١) المُثاقِف ؛ المبارِز بالسَّيف (٢) جنديّ يحمل سَيْفًا (ا . ق) .

swords·man·ship [sōrdzˈ-] *(n.)* = swordplay.

sword·tail [-ˈtālˈ] *(n.)* السّرتيل ؛ السَّيفيّ الذَّيل : سمك نهريّ أميركيّ صغير .

swore [swōr] *past of* swear.

sworn [swōrn] *past part. of* swear.

swot [swŏt] *(n.; vt.)* (١) ضربة عنيفة (٢) دَرْسٌ أو عملٌ مُجْهِد (٣) تلميذ مُجِدّ § (٤) يَضْرِب بعنف (٥) يدرس أو يعمل بإجهاد .

swum [swŭm] *past part. of* swim.

swung [swŭng] *past and past part. of* swing.

swung dash *(n.)* القاطعة المُمالة : علامة (~) تُستخدَم في الطباعة بدلًا من كلمةٍ أو جزء من كلمة سبقت تهجئتُها توفيرًا للمساحة .

syb·a·rite [sĭbˈə rītˈ] *(n.)* (١) *cap.* : السِّيباريسيّ : أحد أبناء سيباريس وهي مدينة إغريقيّة قديمة في جنوب إيطاليا اشتُهِرت بالثراء والتَّرَف (٢) المُتْرَف ؛ المنغمس في الملذّات الجسدية . **— syb·a·rit·ic** *(adj.)*

syc·a·mine [sĭkˈə mĭn; -mīnˈ] *(n.)* = mulberry.

syc·a·more [sĭkˈə mōrˈ; -môrˈ] *(n.)* (١) الجُمَّيز ؛ الجُمَّيْزَى (نب) (٢) القَيْقَب الدُّلبيّ الكاذب (نب) (٣) الدُّلب الغربيّ (نب) .

syce [sīs] *(n.)* التابع ؛ الخادم ؛ السّائس [وبخاصة في الهند] .

sy·cee [sīˈsē] *(n.)* السِّيسِيَّة : عملة صينيّة فضّيّة قديمة .

sy·co·ni·um [sī kōˈnĭ əm] *(n.)* pl. **-ni·a** [nĭ ə] التِّينيّة ؛ الثمرة التِّينيّة : ثمرة لَحِيمة كثمرة التِّين .

sy·co·phan·cy [sĭkˈə fən sĭ]; **sy·co·phant·ism** [-fənt-] *(n.)* تَمَلُّقٌ ذليل .

sy·co·phant [-fənt] *(n.; adj.)* (١) المُتَمَلِّق الذَّليل § (٢) متملِّق ذليلٌ .

sy·co·phan·tic [sĭk′ə făn′-] *(adj.)* (١) تَمَلُّقيّ ؛ تَزَلُّفيّ (٢) متملِّق ؛ مُتَزَلِّف .

sy·co·sis [sī kō′sĭs] *(n.)* التِّينة ؛ الدّاء التِّينيّ : داء من أدواء الشَّعر .

sy·e·nite [sī′ə nīt′] *(n.)* السّيينيت ؛ صخر أسوان : صخر ناريّ، حُبَيْبيّ النسيج، منسوب إلى مدينة أسوان المصرية القديمة .

sy·li [sē′lē] *(n.)* السِّيلي : وحدة النقد في غينيا (من ١٩٧٢–١٩٨٦) .

syl·la·bar·y [sĭl′ə bĕr′ĭ] *(n.)* الأبجدية المَقْطعيّة : جدول بحروف – في اليابانية مثلًا – يُمثّل مقاطعَ صوتيّةً ويُستخدَم كضربٍ من الأبجدية (ل) .

syl·lab·ic [sĭ lăb′ĭk] *(adj.; n.)* (١) مَقْطعيّ : متعلّق بمَقْطَع صوتيّ <~ accent> § (٢) صوت مَقْطعيّ (ل) .

syl·lab·i·cate [sĭ lăb′ə kāt′] *(vt.)* = syllabify.

syl·lab·i·fy [sĭ lăb′-] *(vt.)* يشكِّل مَقاطع أو يُجَزِّئ إلى مقاطعَ صَوتيّة .

syl·la·bize [sĭl′ə bīz′] *(vt.)* = syllabify.

syl·la·ble [sĭl′ə bəl] *(n.; vt.; i.)* (١) مَقْطع صوتيّ (٢) الذَّرّة : أصغر وحدات شيء ما <a ~ of wit> § (٣) يَلْفِظ مُجَزَّئًا إلى مَقاطع ؛ يلفظ بوضوح (٤) يصوِّر أو يُمثِّل بمقاطع **x** (٥) يتكلّم .

syl·la·bub [sĭl′ə bŭb′] *(n.)* = sillabub.

syl·la·bus [sĭl′ə bəs] *(n.)* pl. **-bi** *or* **-es** . مُخطَّط [لبحث أو منهج دراسيّ] .

syl·lep·sis [sĭ lĕp′sĭs] *(n.)* pl. **-ses** [sēz] التَّعَلُّق الثُّنائيّ : تَعَلُّق تركيبَيْن اثنين بالكلمة الواحدة ابتغاء الإيجاز (ل) .

syl·lo·gism [sĭl′ə jĭz əm] *(n.)* القياس ؛ القياس المنطقيّ (مق) .

syl·lo·gis·tic *or* **syl·lo·gis·ti·cal** [sĭl′ə jĭs′-] *(adj.)* قِياسيّ (مق) .

syl·lo·gize [sĭl′ə jīz′] *(vi.; t.)* يقيس : يَصطنع القياس المنطقيّ .

syl·ph [sĭlf] *(n.)* (١) السِّلْف : روحٌ خرافيّة تُقيم في الهواء وتُشكِّل حَلْقة الوصل بين الكائنات المادّيّة وغير المادّيّة (٢) فتاة هيفاء رشيقة .

sylph·id [sĭl′fĭd] *(n.)* السُّلَيْفة : سِلْف صغيرة (را . sylph) .

sylph–like [sĭlf′līk′] *(adj.)* أهْيَف ؛ هَيْفاء .

syl·va [sĭl′və] *(n.)* = silva.

syl·van [sĭl′vən] *(n.; adj.)* (١) السِّلفانة : إحدى ربّات الآجام والغابات (٢) ساكنُ الآجام والغابات § (٣) أَجَميّ ؛ حَرَجيّ .

syl·va·nite [sĭl′və nīt′] *(n.)* السِّلْفانيت (مع) .

syl·vi·cul·ture [sĭl′vĭ kŭl′chər] *(n.)* = silviculture.

syl·vite [sĭl′vīt′] *also* **syl·vine** [-vēn′] *(n.)* السِّلْفيت (مع) .

sym- [sĭm] = syn-.

sym·bi·ont [sĭm bī′-] *(n.)* المُتَكافِل : مُتَعَضٍّ organism يعيش بالتَّكافل .

sym·bi·o·sis [sĭm′bī ō′sĭs; -bĭ-] *(n.)* التَّكافُل : «أ» تآلف متعضِّيَيْن مختلفين تحقيقًا لمنفعة مشتركة . «ب» علاقة تعاونية بين شخصين أو جماعتين .

sym·bi·ot·ic *or* **sym·bi·ot·i·cal** [sĭm′bĭ ŏt′-] *(adj.)* تكافُليّ (أح) .

sym·bol [sĭm′bəl] *(n.; vi.; t.)* (١) عقيدة (٢) رمز § (٣) يَرْمُزُ إلى .

sym·bol·ic *also* **sym·bol·i·cal** [sĭm bŏl′-] *(adj.)* رَمْزيّ .

symbolic logic *(n.)* المَنْطِق الرمزيّ أو الرِّياضيّ : تطوير حديث للمنطق الصُّوريّ قِوامُهُ تمثيل المسائل المنطقية بالرّموز .

sym·bol·ism [sĭm′bə-] *(n.)* (١) الرمزيّة : «أ» فن استخدام الرموز . «ب» المذهب الرمزيّ في الأدب والفنّ (٢) نظامٌ أو مجموعة من الرموز .

sym·bol·ist [sĭm′bəl-] *(n.; adj.)* (١) الرَّمزيّ : «أ» مستخدِم الرُّموز أو الرّمزية . «ب» البارع في تفسير الرُّموز . «ج» الشّاعر أو الفنّان الرمزيّ § (٢) رمزيّ .

sym·bol·is·tic [sĭm bə lĭs′tĭk] *(adj.)* رَمزيّ .

sym·bol·ize [sĭm′bə-] *(vt.; i.)* (١) يَرْمُز إلى **x** (٢) يستخدم الرموز أو الرّمزية .

sym·bol·o·gy [sĭm bŏl′ə jĭ] *(n.)* التَّرميز : «أ» نظامٌ أو مجموعةٌ من الرموز . «ب» فنّ التعبير بالرموز . «ج» دراسة الرُّموز أو تفسيرها .

sym·met·al·lism [sĭm mĕt′-] *(n.)* المَزْجيّة المَعْدِنيّة : نظام للعُملة تتألف وحدة النقد فيه من وزن معيَّن من مزيج معدنين أو أكثر [كالذهب والفضة] .

sym·met·ri·cal *or* **sym·met·ric** [sĭ mĕt′-] *(adj.)* مُتناظِر ؛ مُتناسِق ؛ مُتساوِق .

symmetrical lens *(n.)* العَدَسة المُتَناظِرة (بص) .

symmetric matrix *(n.)* المصفوفة المتناظِرة (ر) .

sym·me·trize [sĭm′ə trīz′] *(vt.)* يُناظِر : يجعل الشيء متناظرًا .

sym·me·try [sĭm′ə trĭ] *(n.)* (١) تناظُر ؛ تماثُل (٢) تناسُق ؛ تساوُق .

sym·pa·thec·to·my [sĭm′pə thĕk′-] *(n.)* قَطْعُ العَصَب الوُدّيّ (جر) .

sym·pa·thet·ic [-thĕt′ĭk] *(adj.)* (١) متجانس ؛ غير متنافر (٢) ملائم لمزاج المرء <Samira found a ~ medium in wood engraving.> (٣) عاطف ؛ مُؤيِّد ؛ ناظرٌ بعين العطف <Ahmad was ~ to the project.> (٤) مُوافِق (٥) متعاطف مع (٦) مثير للعطف (٧) وُدّيّ ؛ سِمْبَثاويّ (ت) .

sympathetic nervous system *(n.)* الجُملة العصبيّة الوُدّيّة ؛ المجموع العَصَبيّ السِّمْبَثاويّ (ت) .

sympathetic strike *(n.)* = sympathy strike.

sympathetic vibration *(n.)* الذَّبذبة التّجاوُبية (فز) .

sym·pa·thize [sĭm′pə thīz′] *(vi.)* (١) يتجانس ؛ يتناغم ؛ يتساوق (٢) يتعاطف : «أ» يُبدي مشاركةً وجدانيةً <to ~ with a friend in trouble> . «ب» يُؤيِّد ؛ يعطف على <to ~ with a proposal *or* party> .

sym·pa·thy [sĭm′pə thĭ] *(n.)* (١) تعاطف ؛ مشاركة وجدانية (٢) تجانس ؛ تناغم ؛ انسجام <*Sympathy* in years, manners, and beauties> (٣) عَطف <to seek ~ from friends> .

sympathy strike *(n.)* إضراب التَّعاطف : إضراب يقوم به عُمال مصانع أو صناعةٍ ما تأييدًا لإضرابٍ أعلنَهُ عُمال مصنع آخر أو صناعة أخرى .

ă at; **ā** date; **â** care; **ä** car; **ĕ** egg; **ē** me; **ĭ** in; **ī** bite; **ŏ** lot; **ō** bone; **ô** orphan; **oi** boil; **o͝o** good; **o͞o** boot; **ou** out; **ŭ** under; **û** urgent; **ə** = *a* in alone, *e* in system, *i* in easily, *o* in gallop, *u* in circus.

sym·pat·ric [sĭm pă′trĭk] *(adj.)* مُتماكِن: حادث في المكان نفسِهِ.

sym·pet·al·ous [sĭm pĕt′əl əs] *(adj.)* = gamopetalous.

sym·phon·ic [-fŏn′-] *(adj.)* (١) متناغم؛ متآلف الأصوات (٢) سيمفونيّ.

symphonic poem *(n.)* القصيدة السّيمفونية: لحن موسيقيّ طويل مُعَدّ للأوركسترا السّيمفونية ولكنه مختلف عن السيمفونيا في أنه أكثر تحرّرًا من حيث الشكل، وفي أنه مبنيّ على موضوع شعريّ محدَّد.

sym·pho·ni·ous [sĭm fō′-] *(adj.)* = symphonic.

sym·pho·nist [sĭm′fə nĭst] *(n.)* السّيمفونيّ: «أ» عضوٌ في أوركسترا سيمفونية. «ب» مؤلف السّيمفونيّات.

sym·pho·ny [-′fə nĭ] *(n.)* (١) «أ» تآلُف الأصوات. «ب» تناغُم الألوان (٢) السّيمفونيا: لحن موسيقيّ طويل مُعَدّ لكي تعزفَهُ أوركسترا سيمفونيّة (٣) الحفلة السّيمفونية: حفلة موسيقية تُحييها أوركسترا سيمفونيّة.

symphony orchestra *(n.)* الأوركسترا السّيمفونية: فرقة موسيقية كبيرة خاصةٌ بعزف السّيمفونيات.

sym·phy·se·al *also* **sym·phys·i·al** [sĭm fĭz′ĭ əl] *(adj.)* ارتفاقيّ.

sym·phy·sis [sĭm′fə sĭs] *(n.)* pl. **-ses** [sēz′] الارتفاق: نموّ الأجزاء أو الأعضاء المتماثلة معًا. وبخاصة: التصاق العظام أو التحامها.

sym·po·di·al [sĭm pōd′ĭ əl] *(adj.)* كاذب المِحور (نب).

sym·po·di·um [sĭm pō′dĭ əm] *(n.)* pl. **-di·a** [dĭ ə] المِحوَر الكاذب: ساقٌ مؤلَّفة من أغصان متعدّدةٍ ناميةٍ معًا على نحوٍ تبدو معه وكأنها ساقٌ عادية (نب).

sympodium

sym·po·si·arch [sĭm pō′zĭ ärk′] *(n.)* رئيس الوليمة أو النّدوة إلخ.

sym·po·si·um [-′zĭ əm] *(n.)* pl. **-si·a** *or* **-si·ums** (١) السِّمبوزيوم: «أ» حفلة شراب. وبخاصة بعد وليمة. «ب» وليمة أو حفلة تُتبادل خلالها الآراء بحرّيّة (٢) «أ» الندوة: اجتماع يتحدث فيه عدة متكلمين أحاديث قصيرة عن موضوع معيّن أو موضوعات شقيقة. «ب» مجموعة آراء حول موضوع. وبخاصة: مجموعة آراء كهذه منشورة في مجلة دورية. «ج» مناقشة.

symp·tom [sĭmp′təm] *(n.)* (١) عَرَض (٢) أمارة؛ علامة (٣) أثر.

symp·tom·at·ic [sĭmp′tə măt′-] *(adj.)* (١) عَرَضيّ: ذو علاقة بعَرَض أو أعراض (٢) أعْراضيّ: وَفقًا للأعراض <a ~ classification of disease> (٣) دالّ على <Her behavior is ~ of her character.>.

symp·tom·a·tol·o·gy [-′təm ə tŏl′ə jĭ] *(n.)* مَبْحث الأعراض (ط).

symp·tom·less [sĭmp′təm ləs] *(adj.)* لاعَرَضيّ: غير متكشِّفٍ عن أعراض <~ infection>.

syn- *or* **sym-** بادئة معناها: «أ» مع؛ معًا. «ب» مُتزامِن؛ مُتَواقِت.

syn·aes·the·sia [sĭn′əs thē′zhə] *(n.)* = synesthesia.

syn·aes·the·sis [sĭn əs thē′sĭs] *(n.)* الانسجام المتزامِن (فج).

syn·a·gogue *or* **syn·a·gog** [sĭn′ə gôg′] *(n.)* (١) جماعة يهودية (٢) اجتماع اليهود للعبادة (٣) الكَنيس: مَعْبد اليهود.

syn·apse [sĭ năps′] *(n.)* المَمَسّ: وُصلة لانتقال الدَّفعة العصبية (فس).

syn·ap·sis [sĭ năp′sĭs] *(n.)* (١) الاقتران الصِّبغيّ: اقتران الصِّبغيّات أو التحامُها (٢) synapse.

syn·ar·thro·di·a [sĭn är thrō′dĭ ə] *(n.)* = synarthrosis.

syn·ar·thro·sis [-′sĭs] *(n.)* pl. **-ses** [sēz′] المَفْصِل الثابت (ت).

syn·car·pous [sĭn kär′pəs] *(adj.)* مُتَّحد الكرابل أو الأخبية (نب).

syncarpous fruit

synchro- بادئة معناها: مُتزامِن؛ مُتواقت <*synchro*scope>.

syn·chro·cy·clo·tron [sĭng′krō sī′-] *(n.)* السَّيكلوترون المتزامن (فز).

syn·chro·flash [sĭng′krō flăsh′] *(adj.)* متزامن الوَمض (فو).

syn·chro·mesh [-mĕsh′] *(n.; adj.)* (١) التّعشيق التّزامنيّ § (٢) مُتزامن التّعشيق (مك).

syn·chro·nal [sĭng′krə nəl] *(adj.)* = synchronous.

syn·chro·ne·i·ty [sĭng′krə nē′ə tĭ] *(n.)* التّزامنيّة؛ التَّواقتيّة.

syn·chron·ic; -al [sĭn krŏn′-] *(adj.)* = synchronous.

syn·chro·nism [sĭng′krə nĭz′əm] *(n.)* (١) التّزامن؛ التّواقُت: الحدوث في زمن أو وقت واحد (٢) الترتيب التّزامنيّ [للأحداث أو الشخصيات التاريخية] (٣) الجدول التاريخيّ التَّزامنيّ.

syn·chro·ni·za·tion [sĭng′krə nə zā′-] *(n.)* (١) مُزامَنة؛ مُواقَتة (٢) تزامُن؛ تواقُت.

syn·chro·nize [sĭng′krə nīz′] *(vi.; t.)* (١) يتزامن؛ يتواقت: يَحْدث في زمن أو وقت واحد x (٢) يُزامِن؛ يواقِت.

syn·chro·nized [sĭng′krə nīzd] *(adj.)* مُتزامِن؛ مُتواقِت.

syn·chro·niz·er [-nīz ər] *(n.)* المُزامِن: «أ» القائم بعملية التزامن. «ب» أداة خزن في الكومبيوتر يُستعان بها عند نقل المُعْطَيات من أداة إلى أخرى (ألك).

syn·chro·nous [-nəs] *(adj.)* (١) متزامِن؛ متواقِت (٢) تزامُنيّ؛ تواقُتيّ.

synchronous computer *(n.)* الكومبيوتر التَّزامُنيّ (ألك).

synchronous motor *(n.)* المحرِّك التزامُنيّ (كب).

syn·chro·ny [sĭng′krə nĭ] *(n.)* تزامُن؛ تواقُت.

syn·chro·scope [-skōp′] *(n.)* السِّنكروسكوب؛ مِكشاف التَّزامُن (فز).

syn·chro·tron [-trŏn′] *(n.)* (١) السِّنكروترون؛ المُسَرِّع التزامنيّ: سَيْكلوترون cyclotron مُعَدّ لتسريع الألكترونات (فز) (٢) الإشعاع السِّنكروترونيّ.

syn·clas·tic [sĭn klăs′-] *(adj.)* مُتساوِق: ذو انحناءات مُقَعَّرة أو مُحَدَّبة متماثلة في جميع الاتجاهات <a ~ surface>.

syn·cli·nal [sĭn klī′-] *(adj.; n.)* (١) مُقَعَّر § (٢) أو **syn·cline**: القَعِيرة: طَيَّة مُقَعَّرة (جي).

synclinal folds

syn·co·pate [sĭng′kə pāt′] *(vt.)* (١) يُسْقِط وَسَطيًّا: يحذف صوتًا أو حرفًا أو أكثر من وسط الكلمة (٢) يَخْتَصِر (٣) يعدِّل الإيقاع الموسيقيّ.

syn·co·pat·ed [-pā′tĭd] *(adj.)* (١) مختَصَر (٢) مُعَدَّل <~ rhythm>.

syn·co·pa·tion *(n.)* (١) مص syncopate (٢) شيء معدَّل (مو).

syn·co·pe [sĭng′kə pĭ] *(n.)* (١) إغماء (٢) الإسقاط الوسطيّ (ل).

syn·cre·tism [sĭng′krə-] *(n.)* (١) التوفيقيّة: نزعةٌ تستهدف إزالة التناقضات القائمة بين المعتقدات المتعارضة (٢) الاندماج: اندماج صيغتين، أو أكثر، من صِيَغ الكلمة الواحدة (ل).

— syn·cre·tist *(n.)* **— syn·cret·ic; syn·cre·tis·tic** *(adj.)*

syn·cre·tize [-tīz′] *(vt.)* يُوفّق [بين المُعتقدات المتعارضة].

syn·dac·tyl *or* **syn·dac·tyle** [sĭn dăk′tĭl] *(adj.; n.)* (١) مُتَّحِدُ الأصابع: ذو إصبعَيْن، أو أكثر، مُتّحدَيْن اتّحادًا كُلّيًا أو جُزئيًا § (٢) مُتّحِدُ الأصابع: طائر أو حيوان ثدييّ مُتّحد الأصابع.

— syn·dac·ty·lism; syn·dac·ty·ly *(n.)*

syn·de·sis [sĭn′də sĭs] *(n.)* الاقتران الصِّبغيّ (را. synapsis *1*).

syn·des·mo·sis [-′dĕs mō′-] *(n.)* المُرْتَبَط: اتّحاد رِباطيّ مَفْصِليّ (ت).

syn·det·ic [sĭn dĕt′ĭk] *(adj.)* (١) رابط؛ واصل <~ pronouns> (٢) رَبْطيّ؛ وَصْليّ <~ construction>.

syn·dic [sĭn′dĭk] *(n.)* الصَّنديق: «أ» المندوب التجاريّ لشركةٍ أو جامعة. «ب» موظَّف حكوميّ.

— syn·di·cal *(adj.)*

syn·di·cal·ism [sĭn′də kə lĭz′əm] *(n.)* النّقابيّة: «أ» مذهب ثوريّ تُسَيْطر نقابات العُمّال بموجبه على الاقتصاد والحكم، من طريق الإضراب العامّ إلخ. «ب» نظام اقتصاديّ يملك فيه العمّال مختلف الصناعات ويديرون شؤونها. «ج» نظرية في الحكم مبنيّة على قاعدة التمثيل المهنيّ لا على قاعدة التمثيل الإقليميّ.

— syn·di·cal *(adj.)* **— syn·di·cal·ist** *(n.)*

syn·di·cate [*n.* sĭn′də kĭt; *v.* -kāt′] *(n.; vt.; i.)* (١) نِقابة (٢) الوكالة: مؤسسة تبيع موادّ للنشر في عدة صُحُف ومجلّات في وقت واحد (٣) الجِمِيعة: مجموعة صحف خاضعة لإدارة واحدة § (٤) يوحِّد في نِقابة (٥) يبيع [إنتاجَهُ القلميّ أو الفنّيّ] لمؤسسة تعمد إلى نشره في عدة صحف ومجلات في وقت واحد **x** (٦) يتّحد في نقابة.

— syn·di·ca·tion *(n.)*

syn·drome [sĭn′drōm′] *(n.)* (١) المُتلازِمة؛ التّناذُر: مجموعة أعراض تظهر في وقت واحد (٢) مجموعة مُتزامنة <a ~ of meanings>.

syn·ec·do·che [sĭ nĕk′də kĭ] *(n.)* المجاز المُرْسَل: صورة بلاغيّة قِوامُها ذكرُ الجزء وإرادة الكلّ أو ذِكر الكلّ وإرادة الجزء.

syn·er·e·sis [sĭ nĕr′ə sĭs] *(n.)* إدغام المَقْطَعَيْن؛ إدغام الصّائتَيْن (ل).

syn·er·get·ic [sĭn′ər jĕt′-] *or* **syn·er·gic** [sĭ nûr′-] *(adj.)* متآزِر؛ مُتضافر؛ متعاون؛ عاملٌ معًا <~ muscles>.

syn·er·gism [sĭn′ər jĭz əm] *(n.)* تآزُر؛ تضافُر؛ تعاوُن.

syn·er·gis·tic [sĭn′ər jĭs′tĭk] *(adj.)* (١) مُؤازِر <~ drugs> (٢) تآزُريّ <a ~ reaction>.

syn·er·gy [sĭn′ər jĭ] *(n.)* = synergism.

syn·e·sis [sĭn′ə sĭs] *(n.)* المُطابَقة المعنوية؛ التّوافق المعنويّ (ل).

syn·es·the·sia [sĭn′əs thē′zhə] *(n.)* الحِسّ المُشارِك أو المتزامن.

syn·gam·ic [sĭn găm′ĭk] *(adj.)* اقترانيّ؛ تناسُليّ.

syn·ga·my [sĭng′gə mĭ] *(n.)* الاقتران: التوالد بالتناسُل أو اتّحاد الأمشاج (أح).

syn·gas [sĭn′găs] *(n.)* = synthesis gas.

syn·gen·e·sis [sĭn jĕn′-] *(n.)* (١) تناسُل (٢) «أ» وحدة الأصل. «ب» قَرابة.

syn·i·ze·sis [sĭn′ə zē′sĭs] *(n.)* = syneresis.

syn·kar·y·on [sĭn kăr′ĭ ən] *(n.)* النَّواة المؤتَلِفَة: نواةُ خَلِيَّةٍ مؤلَّفةٌ من نَواتَيْن سابقتَيْن (أح).

syn·od [sĭn′əd] *(n.)* (١) مَجْلِس (٢) السِّنودُس: مَجْمع كَنَسِيّ.

syn·od·al [-əl] *(adj.)* سِنودُسيّ: ذو علاقة بسِنودُس أو مَجْمَع كَنَسيّ.

syn·od·ic *or* **syn·od·i·cal** [sĭ nŏd′-] *(adj.)* (١) synodal (٢) اقترانيّ (فل).

syn·o·nym [sĭn′ə nĭm] *(n.)* المُرادِف؛ المترادف.

— syn·o·nym·ic *also* **syn·o·nym·i·cal** *(adj.)* **— syn·on·y·mist** *(n.)*

syn·on·y·mize [sĭ nŏn′ə mīz] *(vt.)* يُرَدِّف: «أ» يُوْرِد أو يُحلِّل مرادفاتِ لفظةٍ ما. «ب» يزوِّد معجمًا بالمترادفات.

syn·on·y·mous [sĭ nŏn′ə məs] *(adj.)* مُرادِف؛ مُترادف.

syn·on·y·my [-′ə mĭ] *(n.)* (١) دراسة المترادفات (٢) لائحة بالمترادفات (٣) المُرادَفة: استخدام المترادفات للتوكيد أو الإطناب (بل) (٤) التّرادُف.

syn·op·sis [sĭ nŏp′sĭs] *(n.)* pl. **-ses** [sēz′] المختصَر؛ الموجَز.

syn·op·size [sĭ nŏp′sīz′] *(vt.)* يَختصِر؛ يُوجز <to ~ a novel>.

syn·op·tic *also* **syn·op·ti·cal** [sĭ nŏp′-] *(adj.)* (١) إجماليّ (٢) شامل؛ واسع الأفق <~ genius of Shakespeare> (٣) *cap.* ا.ك: متوافق أو متماثل النّظرة. وبخاصة: ذو علاقة بالأناجيل الثلاثة الأولى من «العهد الجديد» (نص).

syn·os·to·sis [sĭn′ŏs tō′-] *(n.)* pl. **-ses** [sēz′] الالتحام العَظْميّ (ت).

sy·no·vi·a [sĭ nō′-] *(n.)* الزَّلِيل؛ السائل الزَّليليّ: سائل مُزَلِّق تفرزُهُ أغشية المفاصل.

sy·no·vi·al [sĭ nō′vĭ əl] *(adj.)* زليليّ: منسوب إلى الزَّليل أو السائل الزَّليليّ <~ membrane>.

sy·no·vi·tis [sĭn′ə vī′-] *(n.)* التهاب الزَّلِيليّ: التهاب الغشاء الزّليليّ (ط).

syn·sep·al·ous [sĭn sĕp′əl əs] *(adj.)* = gamosepalous.

syn·tac·tics [sĭn tăk′-] *(n.)* (١) علم الرموز (٢) علم الترتيب النَّظْميّ (ل).

syn·tax [sĭn′tăks] *(n.)* (١) ترابط؛ تساوُق؛ تناغم (٢) علم النَّظْم: شُعبة من علم النَّحو تُعنى بدراسة العلاقة بين عناصر الجملة والقواعد التي تَحكُمُ تعاقُبَ تلك العناصر في التركيب (٣) نَظْم الجملة (ل).

— syn·tac·tic *or* **syn·tac·ti·cal** *(adj.)*

ă at; **ā** date; **â** care; **ä** car; **ĕ** egg; **ē** me; **ĭ** in; **ī** bite; **ŏ** lot; **ō** bone; **ô** orphan; **oi** boil; **o͝o** good; **o͞o** boot; **ou** out; **ŭ** under; **û** urgent; **ə** = *a* in alone, *e* in system, *i* in easily, *o* in gallop, *u* in circus.

syn·the·sis [sĭn′thə sĭs] *(n.)* pl. **-ses** [sēz′] (١) تركيب؛ تأليف؛ تجميع [ضدّ *analysis*] (٢) التّخليق؛ الاصطناع: تكوين أيٍّ من المركّبات المُعَقّدة من طريق اتّحاد عناصر أو مركّبات أكثر منه بساطة (ك) (٣) الجَميعَة: نتيجة الجمع بين الطّريحة thesis والنّقيضة antithesis في الديالكتيك الهيغَليّ.

synthesis gas *(n.)* غاز التركيب: مزيج من أُحادي أكسيد الكربون والهيدروجين.

syn·the·size [sĭn′thə sīz′] *(vt.)* (١) يُركّب؛ يُؤلّف (٢) يُخَلّق؛ يصطنع: يُنتج بالطّرائق الصُّنعيّة <to ~ rubber>.

syn·the·siz·er *(n.)* (١) فا synthesize (٢) المُرَكِّب: جهاز ألكترونيّ لضَبْط الصوت.

syn·thet·ic [sĭn thĕt′ĭk] *(adj.; n.)* (١) تركيبيّ؛ تأليفيّ؛ تجميعيّ [ضدّ *analytic*] (٢) تركيبيّة؛ تأليفيّة: معتمِدة في تبيان العلاقات النحوية على التّصريف ودمج الزّوائد بجذور الكلمات <Arabic is a ~ language.> (٣) صُنعيّ؛ اصطناعيّ؛ تخليقيّ: مُنْتَج بطرائق التركيب الكيميائيّ <~ rubber> (٤) مُصطنَع؛ كاذب؛ زائف § (٥) المادة الصُّنعيّة؛ المادة الاصطناعية: مادة مُنْتَجة بطرائق التركيب الكيميائيّ.

— syn·thet·i·cal *(adj.)*

syn·the·tize [sĭn′thə tīz′] *(vt.)* = synthesize.

syphil- *or* **syphilo-** بادئة معناها: السِّفْلِس؛ الزُّهْريّ.

syph·i·lis [sĭf′ə lĭs] *(n.)* السِّفْلِس؛ الزُّهْريّ؛ الإفرنجيّ (مض).

syph·i·lit·ic [sĭf′ə lĭt′-] *(adj.; n.)* (١) سِفْلِسيّ؛ زُهْريّ § (٢) المُسَفْلَس؛ المزهور.

syph·i·lol·o·gist [sĭf′ə lŏl′ə jĭst] *(n.)* الزُّهْرانيّ: الطبيب الاختصاصيّ بالسِّفْلِس أو الزُّهْريّ.

syph·i·lol·o·gy [sĭf′ə lŏl′ə jĭ] *(n.)* مَبحث السِّفْلِس (ط).

syph·i·lo·ma [sĭf′ə lō′mə] *(n.)* (١) وَرَمٌ زُهْريّ (٢) gumma.

sy·phon [sī′fən] *(n.; vt.; i.)* = siphon.

sy·ren [sī′rən] *(n.; adj.)* = siren.

Sy·rette [sĭ rĕt′] *(n.)* السِّيريت؛ المِزْرَقة: مِحْقَنة لزَرْق الإبَر (ط).

Syr·i·ac [sēr′ĭ ăk] *(adj.; n.)* (١) سُريانيّ § (٢) اللغة السُّريانية.

Syr·i·an [sēr′ĭ -] *(adj.; n.)* (١) سوريّ § (٢) السّوريّ: أحد أبناء سوريا.

sy·rin·ga [sə rĭng′gə] *(n.)* (١) الفِيلادِلْفُس (نب) (٢) اللَّيْلَك (نب).

sy·ringe [sĭr′ĭnj] *(n.; vt.)* (١) زَرّاقة؛ مِحْقَنة § (٢) يَزْرُق؛ يَحْقُن.

syringe *1.*

sy·rin·go·my·e·li·a [sə rĭng′gō mī ē′lĭ ə] *(n.)* تَكَهُّف الدِّماغ: داءٌ من أدواء الحَبْل الشّوكيّ يحلّ فيه محلّ النّسيج العصبيّ تجويفٌ مليء بسائل معيَّن.

syr·inx [sĭr′ĭngks] *(n.)* pl. **-es** *or* **sy·rin·ges** [sə rĭn′jēz] (١) panpipe (٢) القناة السّمعية (ت) (٣) أنبوب؛ نَفَق (٤) عُضْو الصّوت [في الطّيور].

— sy·rin·ge·al *(adj.)*

syr·up [sĭr′əp] *(n.)* (١) الشّراب: سائل غليظ القوام، حُلْوٌ، يتألّف من المُنَكِّهات، أو من عصير الفاكهة أو النبات (٢) «أ» حلاوة شديدة. «ب» عاطفيّة مُفرِطة.

syr·up·y [sĭr′əp ĭ] *(adj.)* شَرابيّ: شرابيّ القوام أو الحلاوة؛ شديد الحلاوة؛ مُفرِط الحلاوة.

sys·tal·tic [sĭs tăl′tĭk] *(adj.)* (١) نَبْضيّ (٢) نابض [كالقلب].

sys·tem [sĭs′təm] *(n.)* (١) «أ» نظام <the solar ~; the capitalist ~; a ~ of philosophy>. «ب» الكَوْن؛ العالَم (٢) «أ» جهاز <the digestive ~>. «ب» الجسم: جسم الإنسان أو الحيوان <to expel poison from the ~> (٣) منظومة؛ شبكة <telephone ~> (٤) طريقة <touch ~ of typing> (٥) ترتيب؛ نظام <to have ~ on one's work>.

sys·tem·at·ic *also* **sys·tem·at·i·cal** [sĭs tə măt′-] *(adj.)* (١) نِظاميّ (٢) منظوم: مَصُوْغ في صورة نظام أو مجموعة متماسكة من الفكرات والمبادئ <~ theology> (٣) تصنيفيّ؛ ترتيبيّ: مَعنيّ بالتصنيف أو الترتيب <~ botany>.

— sys·tem·at·i·cal·ly *(adv.)*

sys·tem·at·ics [sĭs′tə măt′-] *(n.)* (١) علم التّصنيف (٢) التّصنيف: نظامٌ تصنيفيّ (٣) التّصنيف الأحيائيّ [إلى طوائف ورُتَب وأجناس وأنواع].

sys·tem·a·tism [sĭs′-] *(n.)* النِّظامانيّة: تشكيل الأنظمة العقلية أو الفكرية.

sys·tem·a·tize [sĭs′təm ə tīz′] *(vt.)* يُنَظِّم؛ يُصَنِّف؛ يُرَتِّب مَنْهَجيًّا.

sys·tem·ic [sĭs tĕm′-] *(adj.; n.)* (١) جِهازيّ: «أ» منسوب إلى جهازٍ ما. «ب» مجموعيّ؛ عامّ؛ شاملٌ الجسمَ كلَّهُ § (٢) مبيدٌ جِهازيّ [للحشرات].

sys·tem·ize [sĭs′tə mīz′] *(vt.)* = systematize.

sys·tem·less [sĭs′təm-] *(adj.)* بلا نظام؛ خِلْوٌ من النِّظام.

systems analysis *(n.)* تحليل الأنظمة: دراسة منهجيّة لنشاطٍ اقتصاديّ أو غير اقتصاديّ ما، لتحديد الأهداف المرجُوّة منه واكتشاف أفضل السُّبُل لتحقيقها.

sys·to·le [sĭs′tə lē′] *(n.)* (١) الانقباض: انقباض القلب الذي يؤدّي إلى دفع الدّم (٢) التّرخيم: تقصير مَقْطع لفظيّ طويل (ل).

sys·tol·ic [sĭs′tŏl′ĭk] *(adj.)* (١) انقباضيّ (٢) ترخيميّ.

systolic pressure *(n.)* ضَغْط الدَّم الانقباضيّ (ط).

syz·y·get·ic [sĭz′ə jĕt′ĭk] *(adj.)* = syzygial.

sy·zyg·i·al [sĭ zĭj′ĭ əl] *(adj.)* اقترانيّ؛ اتّصاليّ (فل).

syz·y·gy [sĭz′ə jĭ] *(n.)* نقطة الاقتران: إحدى نقطتين في مدار القمر تصبح فيها الشّمس والأرضُ والقمر على خطّ مستقيم.

t [tē] *(n. often cap.)* (١) الحرف العشرون من الأبجدية الإنكليزية (٢) شيء مُعْتبرٌ في المقام العشرين من حيث الطبقة أو الترتيب (٣) شيء على صورة حرف **T** .

to a *T* تمامًا؛ إلى حدّ الكمال <That suits me ~.> .

't شكل مختصر لـ *it* كما في قولك <*See't*> .

ta [tä] *(interj.) chiefly Brit.* شُكرًا .

Taal [täl] *(n.)* الطّاليّة؛ الإفريقانيّة: اللغة الهولنديّة الجنوبإفريقيّة .

tab [tăb] *(n.; vt.)* (١) عُرْوَة؛ لسان؛ أُذُن؛ مَقْبِض صغير (٢) مُلْحَق؛ حاشية زينيّة (٣) سُطَيْحُ توازُنٍ إضافي (طي) (٤) مُراقبة شديدة <kept ~s on her> (٥) ثمن؛ سِعر (٦) قُرْص [دواءٍ إلخ] § (٧) يزوِّد أو يُزيِّن بِعُرْوة إلخ (٨) يُسَمِّي؛ يُلَقِّب <They ~ *bed* me the critic's critic.> (٩) يُجَدْوِل: يُرَتِّب على صورة جدول .

tab·a·nid [tăb'ə nĭd] *(n.; adj.)* (١) النُّعَرَة: واحدة من النُّعَر أو النُّعَريات **Tabanidae** وهي فصيلة من الحشرات الماصّة للدّم § (٢) نُعَريّ .

tab·ard [tăb'ərd] *(n.)* الطَّبَرْد: «أ» سِترة قصيرة غليظة كان يرتديها العوامّ والرُّهبان في القرون الوسطى. «ب» رداء فضفاض كان فرسان القرون الوسطى يرتدونه فوق دروعهم .

Ta·bas·co [tə băs'-] *(n.)* <trademark> الطَّبَسْك: صلصة توابل حِرّيفة .

tab·bou·leh [tə bōō'lə] *(n.)* التَّبُّولة: ضرب من المُقَبِّلات اللبنانية .

tab·by [1] [tăb'ĭ] *(n.)* (١) العَتّابيّ: نسيج حريريّ متموِّج (ا. ق) (٢) «أ» الهِرّ العَتّابيّ: هِرّ ذو وبر رماديّ أو بُنّيّ مُخَطَّط ومنقَّط بالسَّواد. «ب» هِرّة أهلية (٣) الهِرّة: «أ» المرأة المغتابة المحبّة للقيل والقال. «ب» العانِس .

tab·by [2] *(adj.)* عتّابيّ: «أ» مَخيطٌ من الحرير العتّابيّ أو منسوبٌ إليه. «ب» مُخطَّط ومنقَّطٌ بالسَّواد <a ~ cat> .

tab·er·nac·le [tăb'ər năk'əl] *(n.; vi.)* (١) *cap.* عد: الخَيْمة: خيمة اتَّخذ منها بنو إسرائيل هيكلًا نقّالًا (٢) «أ» مَسْكن؛ مَثْوًى. «ب» الجسد بوصفِهِ مَثْوًى مؤقّتًا للروح (ا. ق). «ج» مَسْكن مؤقّت؛ خَيْمة (ا. ق) (٣) وعاء خبز القُربان المقدّس (نص) (٤) مَعْبد § (٥) يُقيم مؤقّتًا. وبخاصّةٍ: يتجسّد؛ يتلبَّسُ جسدًا .

ta·bes [tā'bēz] *(n.)* السُّهام: هُزالٌ مصاحبٌ لمرضٍ مُزْمن (ط) .

ta·bes dor·sa·lis [dôr sā'lĭs] *(n.)* = locomotor ataxia .

ta·bet·ic [tə bĕt'ĭk] *(adj.; n.)* (١) «أ» سُهاميّ. «ب» مَسْهوم: مُصاب بالسُّهام § (٢) المسهوم: شخصٌ مُصاب بالسُّهام .

tab·la [täb'lə] *(n.)* الطَّبْلة: طَبْل صغير [في الموسيقى الهندية] .

tab·la·ture [tăb'lə chər] *(n.)* (١) النُّوتة: علامات موسيقية تشير إلى الوتر أو الأصبع الواجب استخدامُهُ (٢) «أ» لوحة [كشاهد القبر] تحمل نقشًا. «ب» صورة زيتية في سقف أو جدار. «ج» وَصْفٌ (٣) التَّصفُّح: الانقسام إلى صفائح <~ of the cranial bones> .

ta·ble [tā'bəl] *(n.; adj.; vt.)* (١) لوح؛ لوحة [تحمل نقشًا] (٢) *pl.* «أ» النَّرْد: لُعبة الطاولة. «ب» أحد شِقَّيْ طاولة النَّرد أو أحد نصفَيْ هذا الشّقّ (٣) «أ» طاولة؛ مائدة؛ مِنْضَدَة. «ب» طعام. «ج» جماعة الجالسين حول طاولة أو مائدة (٤) stringcourse (٥) جدول؛ قائمة (٦) السَّطح الأعلى: السَّطح المستوي الأعلى لحجرٍ كريم (٧) النَّجد: سهل واسع مرتفع (٨) صَفيحة عظميّة (ت) § (٩) طاوِليّ؛ مِنْضَديّ <a ~ radio> § (١٠) يُجَدْوِل: يرتّب على صورة جَدْول (١١) يضع على جدول الأعمال (بر) (١٢) يُرجِئ مناقشة الاقتراح البرلمانيّ (١٣) يضع على الطاولة .

to turn the ~*s* يَقْلِب الطاولة: يَقْلِب، أو يَعْكِس، الأحوالَ أو الظروف قلبًا كاملًا .

tab·leau [tăb'lō] *(n.) pl.* **-leaux** [lōz] *also* **-leaus** [lōz] (١) صورة (٢) لوحة؛ مشهد (٣) التابلوه؛ اللوحة الحيّة: تمثيلٌ ساكن [لِمَشْهدٍ إلخ] يؤدّيه على المسرح جماعة يرتدون ملابس نموذجيّة .

tableau curtain *(n.)* السِّتارة المُجَنَّحة: ستارة مسرحيّة تنفتح في الوسط ولها جناحان يمكن رفعهما إلى أعلى أو سحبهما إلى اليمين أو اليسار .

tab·leau vi·vant [tȧ blō' vē vän'] *(n.)* = tableau *3.*

ta·ble·cloth [tā'bəl klôth'] *(n.)* السِّماط: غطاء يمدّ على المائدة ليوضع عليه الطعام .

ta·ble d'hôte [tăb'əl dōt'; tȧ blə dôt'] *(n.)* مائدة المُضيف: «أ» وجبة طعام تقدَّم في وقت محدَّد وسعر محدَّد إلى جميع نُزلاء الفندق أو المطعم. «ب» وجبة كاملة مؤلّفة من عدة ألوان تقدَّم بسعر محدَّد (قا. à la carte) .

ta·ble·ful [tā'bəl fŏŏl'] *(n.)* مِلْءُ مائدة [من طعام أو طاعِمين] .

ta·ble–hop [tā'bəl hŏp'] *(vi.)* يُسامر الموائدَ: ينتقل من مائدة إلى مائدة [في مطعمٍ إلخ] متحدِّثًا إلى الأصدقاء .

ta·ble·land [tā'bəl lănd'] *(n.)* النَّجْد: سهل واسع مرتفِع .

table linen *(n.)* بياضات المائدة: أغطية المائدة ومناديلها الكتّانيّة.

table manners *(n. pl.)* آداب المائدة.

ta·ble·mate [tā'bəl māt'] *(n.)* جليس المائدة.

table salt *(n.)* ملح المائدة؛ ملح الطَّعام.

ta·ble·spoon [tā'bəl spōōn'] *(n.)* (١) مِلعقة المائدة: ملعقة كبيرة لِسَكْب الطَّعام (٢) مِلعقة الطعام: ملعقةٌ سَعَتُها مقدار ثلاث ملاعق شاي (٣) أو **ta·ble·spoon·ful**: مِلْءُ ملعقةِ مائدةٍ.

tab·let [tăb'lĭt] *(n.)* (١) لَوْح؛ لَوْحة (٢) الإضمامة: مجموعة من ورق الكتابة مُغَرّاة عند أحد أطرافها (٣) قُرْص؛ قُرَيْصَة <a ~ of aspirin>.

table talk *(n.)* حديث المائدة.

table tennis *(n.)* = ping–pong.

ta·ble·ware [tā'bəl wâr'] *(n.)* أدوات المائدة: كل ما يُستخدم على المائدة من أطباق وملاعق وسكاكين إلخ.

table wine *(n.)* خمر المائدة: خمر تشتمل على أقل من ١٤٪ من الكحول تقدَّم مع الطَّعام.

tab·loid [tăb'loid] *(adj.; n.)* (١) مُرَكَّز؛ مُكَثَّف؛ شديد الإيجاز؛ بالغ الصِّغَر <in ~ form; ~ plays> (٢) مُصَغَّر: متعلّق بالصُّحف المُصَغَّرة <~ journalism> § (٣) *tablet 3* (٤) خُلاصة؛ مُلخَّص (٥) الصَّحيفة المصغَّرة: جريدة ذات قَطْع نصفيّ تشتمل على أنباء موجزة ومقدار كبير من الصُّور والرُّسوم.

ta·boo *also* **ta·bu** [tə bōō'] *(adj.; n.; vt.)* (١) معزول أو مُفْرَدٌ جانبًا [بوصفِهِ مقدَّسًا أو نجسًا أو ملعونًا] (٢) محظور؛ مُحَرَّم § (٣) «أ» عَزْل أو إفرادٌ لشيء [بوصفه مقدَّسًا أو نجسًا أو ملعونًا]. «ب» تحظير؛ تحريم (٤) الحرام؛ المَحْرَم؛ الرِّجس § (٥) «أ» يَعْزِل؛ يُفْرِد. «ب» يُحَظِّر؛ يُحَرِّم.

ta·bor *also* **ta·bour** [tā'bər] *(n.; vi.; t.)* (١) الدُّفّ: آلة طَرَب يُنْقَر عليها § (٢) يَنْقُر [على الدُّفّ].

ta·bor·er *also* **ta·bour·er** [-ər] *(n.)* الدَّفّاف: النّاقر على الدُّفّ.

tab·o·ret *or* **tab·ou·ret** [tăb'ə rĕt'; -rā'] *(n.)* (١) كُرسيّ خفيض [لا ظَهْر له ولا ذراعَيْن] (٢) مِنْضدة خفيضة (٣) الدُّفَيْف: دُفّ صغير (مو).

tab·o·rin [tăb'ə rĭn] *also* **tab·o·rine** [tăb'ə rēn'] *(n.)* = tabret.

ta·bret [tăb'rət; tā'brət] *(n.)* الدُّفَيْف: دُفّ صغير (مو).

tab·u·lar [tăb'yə lər] *(adj.)* (١) «أ» مُسَطَّح؛ مُستوي السَّطح. «ب» مُصَفَّح: مؤلَّف من بلّورات صَفَحيّة الشكل <a ~ mineral> (٢) «أ» مُجَدْوَل: مرتَّب على شكل جَدْول. «ب» محسوب بواسطة جدول (٣) جَدْوليّ: منسوب إلى جَدْول أو خاصّ به.

ta·bu·la ra·sa [tăb'yōō lə rä'zə] *(n.)* اللوحة البيضاء: «أ» العقل قبل تلقّيه أية انطباعات خارجية. «ب» شيء محتفِظ بنقائه الأصليّ.

tab·u·late [*v.* tăb'yə lāt'; *adj.* -lĭt, -lāt'] *(vt.; adj.)* (١) يُسَطِّح: يجعله مستويَ السَّطح (٢) يُجَدْوِل: يرتِّبُهُ على صورة جدول؛ يوجز؛ يُجمل <to ~ the results of a poll> § (٣) مُسَطَّح؛ مُستوي السَّطح.

tab·u·la·tor [-lā'tər] *(n.)* (١) منظِّم الجداول (٢) المُجَدْوِلة: «أ» ماكينةٌ منظِّمة للجداول. «ب» أداة في الآلة الكاتبة إلخ لتنظيم الجداول.

tac·a·ma·hac [tăk'ə mə hăk'] *(n.)* (١) الراتينج البَلْسَميّ: مادة راتينجية تُستَخْدم في البخور والمراهم (٢) الحَوْر البَلْسَميّ (نب).

ta·cet [tā'sĕt] *(v. imp.)* صَهْ!؛ اسْكُتْ (مو).

ta·chom·e·ter [tə kŏm'ə-] *(n.)* التاكومتْر: جهاز لقياس سرعة الدَّوران.

tachy- بادئة معناها: سريع؛ مُسَرَّع <*tachy*cardia>.

tach·y·car·di·a [tăk'ə kär'-] *(n.)* الخَفْقة: إسراع القلب أو النبض.

ta·chyg·ra·phy [tă kĭg'-] *(n.)* الاختزال [وبخاصة عند اليونان والرومان].

tach·y·lyte *or* **tach·y·lite** [tăk'ə līt'] *(n.)* التّاكيليت: بازَلْت زجاجيّ أسود.

ta·chym·e·ter [tă kĭm'ə-] *(n.)* التّاكيمتْر: «أ» أداة يستخدمها المسّاحون لقياس المسافات إلخ بسرعة. «ب» مُبيِّن السُّرعة: أداة تبيِّن السرعةَ.

tach·y·on [tăk'ĭ ŏn] *(n.)* التّاكِيُون: جُسَيْم يُزعَم أنه أسرع من الضوء (فزن).

tac·it [tăs'ĭt] *(adj.)* (١) صامت؛ مُضْمَر (٢) ضِمنيّ: مفهوم ضمنًا.

tac·i·turn [tăs'ə tûrn'] *(adj.)* سِكّيت؛ صَموت؛ قليل الكلام.

tack[1] [tăk] *(vt.; i.; n.)* (١) يُثبِّت بمُسَيْمير: يثبِّت بمسمار صغير قصير (٢) «أ» يَضُمّ أو يربط أو يَصِل ما بين شيئين بطريقة مُستعجلة. «ب» يُشَرِّج؛ يُسَرِّج الثوبَ (٣) يُضيف؛ يُلحق (٤) يُغيِّر اتجاه السفينة **x** (٥) تُغيِّر [السفينةُ] وجهتَها (٦) يتّخذ سبيلًا متعرِّجًا (٧) ينقلب: يغيّر سياستَهُ أو موقفَهُ فجأة § (٨) «أ» حبلٌ لتثبيت زاوية الشراع. «ب» زاوية الشِّراع المشدودُ إليها هذا الحبل (٩) المُسَيْمير: مسمار صغير مُستدقّ الطَّرف عريض الرأس (١٠) وجهة السّفينة (١١) حركة متعرِّجة (١٢) سبيل؛ مسلك؛ طريقة عمل (١٣) التَّشريجة؛ التَّسريجة: دَرْزة أو قطبة مؤقَّتة أو متباعدة (١٤) لُزوجة.

tack[2] *(n.)* (١) شيء؛ أشياء. وبخاصة: طعام (٢) hardtack.

tack[3] [tăk] *(n.)* عُدّة الفَرَس [من سرج ولجام إلخ].

tack·i·fy [tăk'ə fī] *(vt.)* يُلَزِّج: يجعلُهُ لزِجًا أو أكثر لزوجة.

tack·le [tăk'əl] *(n.; vt.; i.)* (١) عُدّة <fishing ~> (٢) «أ» حبال الأشْرعة والصواري (مل). «ب» البَكّارة: مجموعة من الحبال والبكرات لرفع الأثقال أو خفضها أو تحريكها (٣) إمساك بالخصم الحامل كرة القدم وتوقيفُهُ (٤) لاعب هجوم [في كرة القدم] § (٥) يُثَبِّت شيئًا في موضِعِه (٦) يعالج <to ~ a problem> (٧) يهاجم؛ يواجِه (٨) يُمسك بخصمِهِ [الحاملِ كرةَ القدم ويوقفُهُ] (٩) يقبض [على لصّ إلخ] (١٠) يُحَدِّثه بصراحة <~ her over the matter>.

tackles 2 b.

tack·ling [tăk'lĭng] *(n.)* عُدّة؛ جهاز.

tack·y [tăk'ĭ] *(adj.)* (١) لزِج؛ دَبِق (٢) لاصِق (٣) «أ» مُبْتَذَل؛ حقير. «ب» ملائم أو مميِّز لشخصٍ وضيع المنزلة الاجتماعية (٤) رثّ؛ بالٍ؛ مُهْمَل (٥) «أ» تُعْوِزُهُ الأناقة أو الذَّوق الرفيع. «ب» مُبَهْرَج.

ta·co [tăk'ō] *(n.)* التّاكو: كعكة مشتملة على لحم وجُبْن إلخ.

tac·o·nite [tăk'ə nīt] *(n.)* التّاكونيت: صخرٌ رسوبيّ دقيق الحُبَيْبات.

tact [tăkt] *(n.)* (١) ذوق؛ حسّاسيّة (٢) حاسّة اللَّمس (٣) لباقة.

tact·ful [tăkt'fəl] *(adj.)* لبق <a ~ reply>.

tac·tic [tăk'tĭk] *(n.; adj.)* (١) وسيلة؛ واسطة (٢) تكتيك حربيّ § (٣) ترتيبيّ؛ نظاميّ: ذو علاقة بالتّرتيب أو النّظام.

tac·ti·cal [-'tə kəl] *(adj.)* (١) تكتيكيّ: «أ» متعلّق بالتكتيك الحربيّ. «ب» مقصودٌ به تحقيق غرضٍ محدود أو مباشر ليس غير <regarded such negotiations as ~ maneuvers>. «ج» مُعَدّ لاكتساب فائدة مؤقّتة <~ decisions> (٢) لَبِق <a ~ statesman>.

tac·ti·cian [tăk tĭsh'ən] *(n.)* التّكتيكيّ: البارع في التكتيك الحربيّ.

tac·tics [tăk'-] *(n.)* (١) التكتيك: «أ» فنّ تنظيم القوى الحربية أو تحريكها للقتال. «ب» البراعة في استخدام الوسائل المتاحة تحقيقًا لغرضٍ ما (٢) طريقة؛ نَهْج.

tac·tile [tăk'tĭl] *(adj.)* (١) ملموس <~ qualities> (٢) لمسيّ.

tac·tion [tăk'shən] *(n.)* لَمْسٌ؛ مَسٌّ.

tact·less [tăkt'ləs] *(adj.)* غير لَبِق؛ تُعْوِزُهُ اللَّباقة.

tac·tu·al [tăk'cho͞o əl] *(adj.)* لَمْسيّ: متعلّق بحاسّة اللَّمْس.

tad [tăd] *(n.)* (١) صبيّ؛ غلام (٢) كِسْرة؛ مقدار ضئيل.

tad·pole [tăd'pōl'] *(n.)* الشَّرْغ؛ الشُّرغوف: فَرْخ الضِّفْدِع.

tadpole

tae kwon do [tī'kwŏn'-] *(n.)* التّيكْوَنْدو: طريقة في الدفاع عن النّفس.

tael [tāl] *(n.)* التّايل: «أ» وحدة وزن في الشرق الأقصى تعادل ١ ⅓ آونس تقريبًا. «ب» وحدة نقد صينيّة يَبْلغ وزنُها مثلَ هذا الوزن من الفضة الخالصة.

tae·ni·a [tē'nĭ ə] *(n.)* pl. **-e** *or* **-s** (١) العِصابة: «أ» عصابة للرأس أو للشَّعر. «ب» عصابة فوق العَتَب architrave في الطِّراز الدُّوريّ (عم) (٢) الشَّريطيّة: دودة من الشّريطيّات (٣) الشَّريطة: شبه عصابة من نسيج عصبيّ (ت).

tae·ni·a·cide *also* **te·ni·a·cide** [tē'nĭ ə sīd'] *(n.)* مُبيد الشَّريطيّات.

tae·ni·a·fuge [tē'nĭ ə fyo͞oj'] *(adj.; n.)* طاردٌ للشَّريطيّات.

tae·ni·a·sis *also* **te·ni·a·sis** [tĭ nī'ə sĭs] *(n.)* داء الشَّريطيّات.

taf·fe·ta [tăf'ə tə] *(n.)* التَّفْتة: نسيج حريريّ ناعم جَعْد صَقيل.

taff·rail [tăf'rāl] *(n.)* (١) أعلى الكَوْثَل: أعلى مؤخَّر المركب الخشبيّ (٢) دَرابَزون الكَوْثَل.

taf·fy [tăf'ĭ] *(n.)* (١) toffee (٢) تملُّق؛ مُداهَنة.

taf·i·a [tăf'ĭ ə] *(n.)* التّافية: شراب مُسْكِر.

tag[1] [tăg] *(n.; vt.; i.)* (١) خِرْقة؛ مِزْقة (٢) طَرَف الشريط: طرف معدنيّ أو لدائنيّ لشريط الحذاء (٣) عُروة أو شريطة [في الثوب تمكّن المرءَ من تعليقِهِ] (٤) «أ» اقتباس مختصَر [للتوكيد أو للزُّخرف البيانيّ]. «ب» قول مُبْتَذَل [لكثرة استخدامه]. «ج» تعبير مميَّز أو مُعادٌ على نحو موصول. «د» شِعار (٥) رُقعة؛ بطاقة [تُثَبَّت على شيء بيانًا للسّعر أو العنوان] (٦) لَقَب (٧) السَّطر الأخير: آخر سطر من سطور الأغنية أو المسرحية أو كلام الممثِّل إلخ (٨) راية (٩) سِعْر (١٠) كِسْرة؛ أثر؛ بقيّة (١١) مغزًى أخلاقيّ [في آخر الحكاية] § (١٢) يُزوِّد برقعة مبيّنة للسعر أو العنوان (١٣) يُلقِّب؛ يدعو (١٤) يُعلِّق المخالفة: يضع الشّرطيّ على السيارة ورقة تشير إلى مخالفتها قانون السَّير (١٥) يُلحق؛ يُضيف؛ يَضُمّ (١٦) يُطارد (١٧) «أ» يعتبره مسؤولًا عن. «ب» يتّهمه بخرق القانون (١٨) يُحدِّد سعر كذا x (١٩) يُلاحق؛ يطارد.

tag[2] *(n.; vt.)* (١) لُعبة المطارَدة: لعبة يطارد فيها طفلٌ رفاقَه ويحاول أن يَمَسّ أحدهم § (٢) يَمَسّ [في لعبة المطارَدة] (٣) يضرب بقوّة (٤) يختار.

Ta·ga·log [tä gä'lŏg] *(n.)* (١) التّاغالوغيّ: أحد أبناء شعب مَلايِيّ يقيم في جزيرة لوزون في الفيليبين (٢) التّاغالوغيّة: لغة التّاغالوغيين.

tag·board [tăg'bōrd] *(n.)* ورق الرُّقَع: ورق مُقَوًّى تُتَّخذ منه الرُّقَعُ الحاملةُ للأسعار أو العناوين.

tag end *(n.)* (١) آخِر؛ نهاية (٢) جزء؛ كِسْرَة.

tag line *(n.)* (١) السَّطر الأخير [من مسرحية أو نُكْتة إلخ] (٢) شِعار.

tag, rag, and bobtail *or* **tagrag and bobtail** *(n.)* الرَّعاع؛ الدَّهماء.

ta·hi·ni [tä hē'nē] *(n.)* الطَّحينة: زيت السِّمسِم قبل أن يُصَفّى.

Ta·hi·ti·an [tä hē'tĭ ən] *(n.; adj.)* (١) التّاهيتيّ: أحد أبناء تاهيتي (٢) التّاهيتيّة: لغة التّاهيتيين § (٣) تاهيتيّ.

tah·sil [tä sēl'] *(n.)* التحصيل: منطقة إدارية أو مالية في الهند.

tah·sil·dar [-'där'] *(n.)* التَّحْصِيلْدار: جابي الضرائب في الهند.

tai·ga [tī'gə] *(n.)* التّيغة: غابة صنوبرية دائمة الخضرة.

tail[1] [tāl] *(n.; vt.; i.; adj.)* (١) «أ» ذَيْل؛ ذَنَب. «ب» رَتَل؛ طابور؛ صف طويل (٢) حاشية؛ بطانة [أميرٍ إلخ] (٣) *pl.* tailcoat (٤) كَفَلٌ؛ عَجيزة (٥) خليلة؛ محبوبة (٦) قفا الشيء أو مؤخَّرُه أو أدناه (٧) قفا القطعة النقدية (٨) شُرطيّ سِرّيّ [يتعقّب شخصًا] (٩) بياض في أدنى الصفحة (١٠) الأثر: آثار قَدَمَيْ هارب أو مُطارَد § (١١) يَصِل: يَشُدّ طرفَ شيء إلى طرف شيء آخر (١٢) يجمع؛ يَضُمّ؛ يُسْلِك (١٣) يَبْتُرُ الذَّيلَ (١٤) يُذَيِّل: يجعل له ذيلًا (١٥) يَتْبعُهُ مثلَ ذيل (١٦) يُثَبِّت العارضة الخشبيّة (١٧) يتعقّب <to ~ a suspect> x (١٨) يَتَرتَّل: يُشكِّل رَتَلًا أو صفًّا طويلًا (١٩) يتضاءل؛ يَضْعف؛ يَخْمُد (٢٠) تُثَبَّتُ العارضة الخشبية من طرفها (٢١) ترسو السّفينةُ ومؤخرها في اتجاه معيَّن (٢٢) يَتْبع أو يبقى على مَقربة من. . § (٢٣) خلفيّ <a ~ wind>.

to ~ after يتعقَّبُهُ أو يلاحقُهُ بشدّة.
to ~ away *or* off يتضاءل [تدريجيًا].
to be unable to make head or ~ of يعجز عن فهم كذا.
to turn ~, يَفِرّ؛ يُوَلّي الأدبار.
to twist the ~ of يَقْهَر؛ يُعَذِّب إلخ.
with the ~ between the legs خائفًا؛ ذليلًا.

tail[2] *(n.)* وقفُ الأملاك أو حَبْسها [على شخصٍ أو أشخاص].

tail·back [tāl'băk] *(n.)* الظَّهير الخلفيّ [في كرة القدم].

tail·board [-'bōrd] *(n.)* الباب الذَّيليّ أو الخلفيّ [وبخاصة في عربة نقل].

tail·bone [tāl′bōn] *(n.)* (١) فَقارة أو فَقَرة ذيليّة (ت) (٢) coccyx.

tail·coat [tāl′kōt′] *(n.)* السِّترة الخُطّافيّة؛ الفِراك: سترة رسمية طويلة مشقوقة الذيل كَذَيْل الخطّاف أو السُّنونو.

tail covert *(n.)* كاسِيَةُ الذَّيل: إحدى كواسي (را. coverts) الذَّيل.

tail end *(n.)* (١) عَجيزة؛ كَفَل (٢) «أ» مؤخَّر؛ نهاية. «ب» خاتمة.

tail·er [tā′-] *(n.)* فا tail. وبخاصة: المطارِد؛ المتعقِّب؛ المُتَجسِّس.

tail fin *(n.)* الزِّعنفة الذَّيليّة [في مؤخَّر السمكة أو الحوت].

tail·gate [-′gāt] *(n.; vi.; t.)* (١) tailboard § (٢) يَزْحَم: يقود سيارته على مقربة دانية من ذيل سيارة أخرى **x** (٣) يتبع [سيارة أخرى] على هذا النحو.

tail·ing [tā′lĭng] *(n.)* (١) .*pl*: نُفاية؛ بقايا؛ رواسب (٢) المُغَيَّب: الجزء المُقْحَم في الجدار من حجر ناتئ.

tail lamp *(n.)* = taillight.

taille [tä′yə; tāl] *(n.)* الطّايَة: ضريبة كانت تُفْرَض على الرؤوس أو على الأراضي في فرنسا المَلَكيّة.

tail·less [tāl′ləs] *(adj.)* أبْتَر؛ لا ذَيْلَ له.

tail·light [tāl′līt′] *(n.)* الضوء الخلفيّ (سي).

tai·lor [tā′lər] *(n.; vi.; t.)* (١) الخيّاط § (٢) يتعاطى مهنةَ الخياطة (٣) يُخاط؛ يَقْبَلُ الخياطة **x** (٤) يَخيط (٥) يَصْنع أو يكيِّف وفقَ حاجة أو غاية معيَّنة (٦) يخيط لهُ <He ~*ed* him a suit.>.

tai·lor·bird [-bûrd′] *(n.)* الطائر الخيّاط: طائر صغير يثقب بمنقاره الحادّ أطراف أوراق الشجر ثم يخيطها بألياف النبات ويتّخذ منها عُشًّا.

tai·lored [tā′lərd] *(adj.)* (١) مَخيطٌ عند خيّاط؛ مفصَّل على قَدْر الجسم (٢) موصًى عليه (را. custom-built) (٣) أنيق.

tai·lor·ing [tā′lər-] *(n.)* (١) الخِياطة: «أ» مهنة الخيّاط. «ب» عملُ الخيّاط (٢) الملاءمة: صُنع شيء أو تكييفُهُ بحيث يلائم غرضًا معيَّنًا.

tai·lor–made [tā′lər mād′] *(adj.)* (١) مُفَصَّل [تفصيلًا]: مَخيطٌ عند خيّاط (٢) أنيق (٣) مُلائم لغرض معيَّن <He is ~ for this job.> (٤) مَعْمليّ: مصنوع في معمل لا ملفوف باليد <~ cigarettes>.

tailor's chalk *(n.)* حَجَر الخيّاط: قطعة من الحجر الصابونيّ يستخدمها الخيّاطون في تخطيط القُماش قبل تفصيله.

tail·piece [-′pēs′] *(n.)* (١) ذَيْل؛ مُلْحَق؛ زائدة (٢) الذَّيل العاجيّ: قطعة عاجيّة مُثَلَّثيّة تُشَدّ إليها أطراف أوتار الكمان الدُّنيا (٣) المُغَيَّبة: عارضة خشبية قصيرة مُقْحَمة في جدار (٤) نقش زينيّ صغير [في نهاية فصلٍ من كتاب].

tail pipe *(n.)* (١) ماسورة السَّحْب [في المِضَخّات] (٢) أنبوب العادم: أنبوب أو ماسورة خروج الغازات المُسْتَنْفَدة (سي).

tail plane *(n.)* سطح الذَّيل الأفقيّ [في الطائرات].

tail·race [tāl′rās] *(n.)* المَهْرَب: مجرًى لتصريف مياه الناعورة إلخ.

tail skid *(n.)* مِزْلَقَةُ الذَّيْل: دُحروج معدنيّ تحت ذيل الطائرة يصونه من الأذى عند الهبوط أو الإقلاع (طي).

tail·spin [tāl′-] *(n.)* (١) الهبوط التَّدويميّ: هبوط لولبيّ شديد التحدُّر (طي) (٢) انهيار [عاطفيّ أو عقليّ] (٣) اضطراب؛ تشوُّش (٤) هبوط [الأسعار].

tail·stock [tāl′stŏk′] *(n.)* غُراب الذَّيل [في مِخْرَطة].

tail wind *(n.)* الريح الخلفيّة: ريح تهبُّ من وراء سفينة أو طائرة.

tain [tān] *(n.)* (١) رُقاقة قصدير (٢) بطانةُ المرآة: طبقة قصدير يُطلَى بها ظهر المرآة.

taint [tānt] *(vt.; i.; n.)* (١) يُلَطِّخ؛ يُلوِّث (٢) يُعَفِّن: يجعله عَفِنًا (٣) يُفسِد **x** (٤) يَفْسُد (ا.ق) § (٥) لطخة؛ وَصْمة (٦) جرثومةُ [أو مصدرُ] فسادٍ؛ عاملٌ [أو نفوذٌ] مُفْسِد.

taint·less [tānt′ləs] *(adj.)* طاهر؛ نقيّ؛ لا عَيْبَ فيه.

tai·pan [tī′păn] *(n.)* التَّيْبان: «أ» رجل أعمال بارز. «ب» أفعى سامة جدًّا.

ta·ka [täk′ə] *(n.)* التّاكا: الوحدة النقدية في بنغلاديش.

take [tāk] *(vt.; i.; n.)* (١) «أ» يأخذ. «ب» يستولي على. «ج» يُلقي القبض على. «د» يصيد. «هـ» يُصادر (٢) يُمْسِك بـ (٣) «أ» يَسْتَحْوذ على. «ب» يباغت؛ يفاجئ؛ يأخذ على حين غِرَّة. «ج» يضرب. «د» يأسر؛ يفتِن؛ يَسْحَر. «هـ» يَلْفِت [النظرَ أو الانتباهَ] (٤) يتناول [طعامًا إلخ] (٥) يتّخذ (٦) يتبنّى (٧) يشتري <I'll ~ this hat.> (٨) يتولّى؛ يضطلع بـ؛ يأخذ على نفسه عهدًا إلخ (٩) «أ» يَنال. «ب» يَكْسِب؛ يفوز في (١٠) يَهْزِم (١١) يختار (١٢) يَسْلُك <*took* a different route> (١٣) يلجأ إلى (١٤) يتطلّب؛ يقتضي (١٥) «أ» يستمدّ. «ب» يستعير؛ يقتبس (١٦) «أ» يُجري [اختبارًا أو إحصاءً إلخ]. «ب» يُدَوِّن <to ~ minutes of a meeting> (١٧) يَقْبَل؛ يتلقّى (١٨) «أ» يتحمَّل. «ب» يُمْنَى بـ. «ج» يَصْمُد لِـ؛ يقاوم بنجاح (١٩) يُصَدِّق <had to ~ her word for it> (٢٠) يعمل وَفْقَ اقتراح أو نصيحة (٢١) يتقبَّل؛ يرتضي (٢٢) يتَّسع لِـ (٢٣) يُصاب بـ <They *took* cold.> (٢٤) يَفْهم؛ يُدرك المعنى (٢٥) يعتبر <He was *taken* to be wealthy.> (٢٦) يَخْتَرِم؛ يُميت (٢٧) يَطْرَح؛ يُسْقِط؛ يحسم (٢٨) يُلْقي [نظرةً] (٢٩) يَشْعُر بـ (٣٠) يتلقّى <*took* music lessons> (٣١) يخدع **x** (٣٢) تَعَضّ [السَّمكةُ] على الطُّعم (٣٣) «أ» يتجذَّر؛ تتأصَّل جذورُهُ؛ يبدأ في النُّموّ. «ب» يأخُذ: يلتحم العُسْلوجُ أو النَّسيجُ الحيّ المستخدَم في التطعيم (٣٤) يمضي؛ ينطلق؛ يجري <to ~ after a purse snatcher> (٣٥) يَنْجح <schemes without ~> (٣٦) يشتعل؛ يحترق <fuel that ~*s* readily> (٣٦) a chance of *taking* (٣٧) يَلْقى نجاحًا عند الجمهور <The play *took* greatly.> (٣٨) ينتقص من؛ يَسْلُب جزءًا من (٣٩) يُصبح <She *took* sick.> (٤٠) «أ» تتفكَّك [الآلةُ أو الدُّمية]. «ب» يُمْتَصّ؛ يُتَشَرَّب. «ج» يكون قابلًا للتصوير الفوتوغرافيّ <colors that ~ well> § (٤١) أخذ؛ استيلاء؛ صَيْد (٤٢) «أ» دَخْل؛ محصول؛ ربح <Egypt's ~ from tourism>. «ب» حِصّة؛ نصيب <wanted a bigger ~>. «ج» الحَصيلة: مقدار المَصيد من أسماك أو طرائدَ دفعةً واحدة (٤٣) «أ» تصوير غير منقطع لمَشْهد. «ب» تسجيل للصّوت [خلال فترة تسجيل مُفْرَدة]. «ج» مَشْهَد يُصَوَّر للسينما أو للتلفزيون دفعةً واحدةً (٤٤) «أ» الأخْذ: ارتكاس دالّ على نجاح التلقيح ضدَّ الجُدَريّ. «ب» التِحامٌ ناجح [الطُّعْم نباتيّ أو جراحيّ]

(٤٥) استجابة؛ ردّ فعل <a delayed ~> .

Take it from me! صدِّقني [عندما أقول لك كذا . . .] .

to ~ account of يحسِب حسابه؛ يأخذه في اعتباره .

to ~ after (١) يحذو حَذْوَهُ؛ يسير على خُطاه (٢) يُشبه .

to ~ aim يُسَدِّد؛ يُصَوِّب [إلى هدف] .

to ~ apart (١) يُفكِّك (٢) يحلِّل؛ يُشَرِّح [وبخاصة لإظهار نواحي الضعف في شيء] (٣) يوبِّخ بقسوة .

to ~ away (١) يَنقل؛ يُزيل؛ يُقصي (٢) يَطْرَح [عددًا] (٣) يَسْلُب؛ يَحرِم (٤) يشتري الطعام جاهزًا ويحمله معه .

to ~ back (١) يستردّ (٢) يَسْحب كلامَهُ .

to ~ care يحاذر؛ يحتاط .

to ~ care of يُعْنَى به أو يتولّى رعايتَهُ .

to ~ down (١) يُنْزِلُ بِنطالَهُ [من غير أن يخلعَهُ] (٢) «أ» يَهْدِم . «ب» يَقطع [شجرةً] . «ج» يُفكِّك . «د» يفرِّق [الأحرفَ المطبعيةَ المنضَّدة] (٣) «أ» يبتلع . «ب» يُذِلّ . «ج» يُضْعِف؛ يُوهن (٤) «أ» يدوِّن . «ب» يُسجِّل [لحنًا موسيقيًا] (٥) يُصاب بِـ .

to ~ effect (١) يكون ذا أثر (٢) يُصبح نافذَ المفعول .

to ~ five *or* ~ ten يأخذ استراحةً قصيرةً .

to ~ for يَحْسَبُهُ أو يَظُنُّهُ كذا .

to ~ for a ride (١) يَخدع (٢) يخطفُه ويقتُله (ع) .

to ~ heart يتشجَّع؛ يتشدَّد؛ «يُقوِّي قلبَهُ» .

to ~ hold (١) «أ» يُمسك بِـ . «ب» يستولي أو يَستحوذ على (٢) يتولى الإدارة أو الإشراف (٣) يَثْبُت؛ يَرْسَخ .

to ~ in (١) «أ» يواكب [سيدةً] إلى حجرة الطعام . «ب» يقود إلى مخفر الشرطة (٢) يُضيِّق؛ يقصِّر [ثوبًا] (٣) «أ» يستقبل [نزيلًا] . «ب» يؤوي (٤) يتلقّى [صحيفةً أو مجلةً] باطّراد (٥) يُسَوِّر؛ يُطوِّق؛ يضُمّ (٦) يشتمل على (٧) يَشْهد؛ يَحْضُر [فيلمًا] (٨) يفهم؛ يستوعب (٩) يَخْدع؛ يحتال على (١٠) يُصدِّق (١١) يبدأ؛ تفتح [المدرسةُ] أبوابها .

to ~ in vain يُجدِّف [على الله] .

to ~ issue يتجادلان؛ يختلفان؛ يتّخذان موقفَيْن متعارضَيْن .

to ~ it upon oneself يأخذ على نفسه أو على عاتقِهِ أمرًا .

to ~ oath يُقسِم؛ يَحْلِف .

to ~ off (١) «أ» ينزع؛ يخلَع . «ب» يقتلع . «ج» يَحُلّ . «د» يقطع؛ يُوقف . «هـ» يحسم . «و» يقتطع (٢) يُزيل (٣) يضع حدًّا لِـ (٤) يُهلِك؛ يقضي على (٥) يزدرد؛ يبتلع (٦) «أ» يَنْسَخ [عن أصل ما] . «ب» يُقلِّد؛ يُحاكي (٧) يَحسب [بآلة حاسبة] (٨) يقود (٩) يُنْقِص (١٠) يَضْعُف؛ يَخْمُد (١١) ينصرف (١٢) يَنْهض؛ يُقْلِع؛ يَشْرع في الطيران (١٣) يتناول مخدِّرًا (١٤) يَبْتُر [جراحيًا] (١٥) يُنقذ [من الغرق] (١٦) يَسْلُب .

to ~ on (١) «أ» يضطلع بِـ . «ب» يقبل التحدِّي؛ يُقاتل (٢) «أ» يستخدم [عمالًا إلخ] . «ب» يقبل [زبائن جددًا إلخ] (٣) يتَّخذ [شكلًا أو مظهرًا أو صفة أو معنًى إلخ] (٤) يتبنَّى [عادةً أو لغةً إلخ] (٥) يُبدي حزنه أو غضبه إلخ بطريقة صارخة؛ يتصرف أو يتحدَّث باهتياج (٦) يتشامخ؛ يتكبّر (٧) ينجح؛ يَلقى رواجًا شعبيًا (٨) يزداد وزنُهُ .

to ~ one's time يتأنّى؛ يتروَّى؛ يتمهَّل .

to ~ out (١) «أ» يُزيل؛ يُخرج . «ب» يقتطع [عمولة إلخ] . «ج» يستثني؛ يحذف . «د» ينفّس عن . «هـ» يتخلّص من؛ يضع حدًّا لِـ (٢) «أ» يُخْرِج إلى الهواء الطَّلْق . «ب» يرافق؛ يواكب (٣) يأخذ سِلَعًا إلخ مقابل دَيْن أو نحوه (٤) يستصدر [إجازة أو جنسية إلخ] (٥) «أ» يُدَمِّر . «ب» يقتل (٦) ينطلق .

to ~ out on somebody ينفِّس عن غضبه بتوبيخ شخص آخر أو إيذائه .

to ~ over (١) يضطلع بِـ (٢) يستعير؛ يتبنّى؛ يقتبس (٣) يتولى الأمر أو السلطة (٤) يَسُود؛ تتمّ له الغلبة .

to ~ to (١) يتولى العناية بِـ (٢) يذهب أو يلجأ إلى (٣) يتعوّد شيئًا أو يكرِّس نفسه له (٤) يُكيِّف نفسه وَفقًا لِـ (٥) يُولَع بِـ .

to ~ to task يؤنِّب؛ يُوبِّخ؛ يُعنِّف .

to ~ up (١) «أ» يلتقط؛ يَرْفع . «ب» يَشْهَر السلاح (٢) يشرع في احتلال أرض (٣) «أ» يشتري . «ب» يقترض بفائدة . «ج» يسدِّد دَينًا أو قرضًا . «د» يُصادر [إجازة سَوْق إلخ] (٤) «أ» يتبنّى معتقَدًا . «ب» يتعوَّد عادةً . «ج» يتخذ مَوقفًا (٥) «أ» يحترف حرفةً . «ب» يختار موضوعًا من موضوعات الدراسة . «ج» يشرع في معالجة كذا . «د» يؤيِّد قضيّةً إلخ (٦) يوبِّخ؛ يعنِّف (٧) يَنزِل؛ يُقيم (٨) يستغرق؛ يَشْغَل؛ يملأ (٩) يعتقل؛ يلقي القبض على (١٠) يقبل [عرضًا أو اقتراحًا] (١١) يتابع؛ يستأنف (١٢) يفهم؛ يدرك (١٣) يتوقّف؛ يَكُفّ عن (١٤) يصحو [الجوّ] (١٥) يتقلّص؛ ينكمش (١٦) يُشجِّعه (١٧) يمتصّ [الحبرَ إلخ] .

to ~ up with (١) يُولَعُ بِـ؛ ينهمك في (٢) يصادق؛ يعاشر؛ يُرافق (٣) يتبنّى رأيًا .

take·a·way [tāk′-] *(adj.)* محمول؛ منقول إلى الخارج <~ meals> .

take·down [tāk′-] *(n.; adj.)* (١) هَدْم؛ تفكيك؛ تفريق؛ إذلال إلخ (را . take down في مادة *take*) (٢) سلاح ناريّ قابل للتفكيك § (٣) قابلٌ للتفكيك <a ~ rifle> .

take–home pay [tāk′hōm′] *(n.)* صافي الدَّخْل: ما يتبقّى من الراتب بعد اقتطاع ضريبة الدَّخل وما إليها .

take–in [tāk′in] *(n.)* خداع؛ احتيال .

tak·en [tā′kən] *past part. of* take.

~ with مفتونٌ بِـ؛ مُوْلَعٌ بِـ .

take·off [tāk′ôf] *(n.)* (١) مُحاكاة هزليّة [وبخاصة من طريق الكاريكاتور] (٢) نهوض؛ وَثْب؛ إقلاع؛ انطلاق؛ شروع في الطَّيران (٣) «أ» المَنْهَض: مكان نهوض الطائرة أو إقلاعها . «ب» المُنْطَلَق: نقطة الانطلاق . «ج» المَوْثِب: مكان الوثوب (٤) إزالة (٥) تقدير لمقدار المادة المطلوبة .

take·out [tāk′-] *(n.)* (١) مص take out (في مادة *take*) (٢) شيء مُزالٌ أو مُقْتَطَعٌ (٣) دراسة مُعَمَّقة؛ تقرير مُسْهَب .

take–o·ver [tāk′-] *(n.)* مص take over، مثل: اضطلاع؛ اقتباس إلخ .

tak·er [tā′kər] *(n.)* فا take بجميع معانيها .

take–up [tāk′-] *(n.)* مص take up، مثل: التقاط؛ رَفْع؛ احتراف إلخ .

ta·kin [täk′ēn′] *(n.)* التّاكين: حيوان ضخم مُجْتَرّ .

tak·ing [tā′-] *(n.; adj.)* (١) مص take (٢) take *42c* § (٣) آسر؛ ساحِر؛ جذّاب (٤) مُعْدٍ؛ سارٍ <~ diseases> .

ta·la [tälʹä] *(n.)* التّالة: وحدة النقد في ساموا الغربية وبنغلاديش.

ta·lar·i·a [tə lârʹ-] *(n.)* الصّندل المُجنّح: حذاء مشدود إلى الكاحلَيْن [كما في التراث اليونانيّ الرومانيّ].

tal·bot [tôlʹbət] *(n.)* التّلبوت: كلب صيد ضخم متدلّي الأذنين.

talc [tălk] *(n.)* الطَّلْق: معدنٌ قِوامُهُ سِليكات المغنسيوم.

talck·y [tălʹkĭ]; **talc·ose** [tălʹkōs] *(adj.)* طَلْقيّ: منسوبٌ إلى الطَّلْق talc أو محتوٍ عليه.

tal·cum powder [tălʹkəm] *(n.)* ذَرور الطَّلْق: «أ» مسحوق الطَّلْق. «ب» مسحوق للتجميل قوامُهُ طَلْقٌ مُعَطَّر.

tale [tāl] *(n.)* (١) إشاعة؛ قصة [عن حياة الناس الخاصة] (٢) كِذْبة؛ أُكذوبة (٣) حكاية (٤) عَدٌّ؛ تَعْداد؛ عَدَد (٥) مجموع <The ~ of dead was 145.>.
 to tell ~*s* يتأفّك: يَنْقل الفضائح والإشاعات.

tale·bear·er [-ʹbârʹ-] *(n.)* الأفّاك: ناقل الفضائح والإشاعات وأحاديث الإفك.

tale·bear·ing [-ĭng] *(n.)* التّأفُّك: نَقْلُ الفضائح والإشاعات.

tal·ent [tălʹənt] *(n.)* (١) الطّالين: وحدة وزنٍ قديمة (٢) «أ» موهبة. «ب» مقدرة (٣) شخص موهوب [أو مجموعة أشخاص موهوبين] في حقلٍ ما.

tal·ent·ed [tălʹən tĭd] *(adj.)* موهوب؛ ذو موهبة.

talent scout *(n.)* كشّاف المواهب: شخص يسعى إلى اكتشاف المواهب للإفادة من أصحابها في حقل من حقول النّشاط.

talent show *(n.)* استعراض المواهب: استعراضٌ مؤلّف من سلسلة من الأغاني أو المعزوفات المنفردة يقدّمُها عدد من الهواة في محاولة لاكتشاف المواهب الناشئة أو الوجوه الجديدة.

ta·ler [täʹlər] *(n.)* الطّالير: نقد جرمانيّ فضّيّ توالى سَكُّهُ من القرن ١٥ إلى القرن ١٩.

tales·man [tālzʹmən] *(n.)* المُحلّف البديل: شخص يُختار من جمهور الحاضرين ويُضاف إلى هيئة المحلّفين تكملةً للعدد (ق).

tale–tell·er [tālʹ-] *(n.)* (١) القاصّ؛ القصّاص؛ الراوي (٢) talebearer.

ta·li [tāʹlīʹ] *pl. of* talus [2].

tal·i·grade [tălʹə grādʹ] *(adj.)* عَظْميكاحليّ: ماشٍ على عظم الكاحل.

tal·i·ped [tălʹə pĕdʹ] *(adj.; n.)* (١) حَنْفاء: مشوّهةٌ خِلقةً [صفة للقَدَم] (٢) أحنف: مشوّه القدم خِلقةً § (٣) شخص أو حيوان أحنف.

tal·i·pes [tălʹə pēzʹ] *(n.)* = clubfoot.

tal·i·pot [tălʹə pŏtʹ] *(n.)* طاليب الهند: «أ» شجرٌ هنديّ من الفصيلة النّخلية. «ب» نَشًا يُستخرج من طاليب الهند.

tal·is·man [tălʹĭs mən; -ĭz-] *(n.)* الطِّلَّسْم: «أ» تَعْويذة يُزْعَمُ أنها تَدْفع الشَّرَّ أو تجلبُ الحظَّ السعيد. «ب» كلّ ما يُحْدِث آثارًا سحرية.

talk [tôk] *(vt.; i.; n.)* (١) يقول (٢) يناقش؛ يدرس <to ~ sense> <to ~ politics> (٣) «أ» يجعله في حالة معيَّنة من طريق الكلام <to ~ oneself hoarse>. «ب» يُقْنِع <could ~ the university into giving me money enough> (٤) يتكلّم لغةً ما <~*ed* French fluently> x (٥) يتحدّث (٦) «أ» يتكلّم. «ب» يثرثر؛ يهذر (٧) «أ» ينشر الإشاعات؛ ينهمك في القيل والقال. «ب» يُفشي سِرًّا (٨) يحاضر § (٩) كلام (١٠) لغة (١١) كلام فارغ (١٢) محادثة؛ مفاوضة؛ تبادل آراء (١٣) قيلٌ وقال (١٤) حديث (١٥) خطاب؛ خطبة؛ محاضرة (١٦) تغريد؛ زقزقة.
 to ~ at يخاطبُهُ بإلحاح وبإطالة مُضْجِرة.
 to ~ away يُواصل الكلام.
 to ~ back يجيب بفظاظة وقلة احترام؛ يَرُدّ بتحدٍّ.
 to ~ big يتبجّح؛ يتكلم بتفاخُر.
 to ~ down (١) يُفْحم أو يُسكت بالحُجّة أو بالكلام بصوت عالٍ (٢) يستخفّ بشيء من طريق الكلام (٣) يتكلّم بطريقة مفرطة في التبسيط متوهمًا أن المخاطَب يجهل الموضوع.
 to ~ one's head off يُضْجِرُهُ أو يُبْرِمُهُ بحديثه المتواصل.
 to ~ out يُوضح أو يُسَوّي [الخلافات] من طريق المحادثة المباشرة.
 to ~ over (١) يدرس؛ يناقش (٢) يقنعُهُ بوجهة نظره.
 to ~ sense يقول كلامًا منطقيًا معقولًا.
 to ~ through one's hat ينطق بكلام غير منطقيّ أو معقول.
 to ~ turkey يتكلّم بصراحة أو فظاظة.
 to ~ up (١) يؤيّد؛ يدافع عن (٢) يتكلّم بصراحة.
 to hold ~*s* يُجري محادثاتٍ أو مُباحثاتٍ.

talk·a·tive [tôʹkə tĭv] *(adj.)* (١) ثرثار؛ مِهذار (٢) زاخرٌ بالكلام.

talk·er [tôʹkər] *(n.)* (١) المتكلّم (٢) الثّرثار؛ المِهْذار (٣) الطائر الناطق.

talk·ie [tôʹkĭ] *(n.)* الفيلم السينمائي النّاطق.

talking book *(n.)* الكتاب النّاطق: أسطوانةٌ أو شريط مسجَّل مشتمل على قراءات مُعَدّة للمكفوفين في المقام الأوّل.

talking machine *(n.)* الحاكي؛ الفونوغراف.

talking picture *(n.)* = talkie.

talking point *(n.)* النقطة السّاندة: حقيقةٌ يَسْنُدُ بها المرء موقفه [في مناظرةٍ أو جدال].

talk·ing–to [tôʹ-] *(n.)* تأنيب؛ توبيخ؛ تعنيف؛ تقريع.

talk show *(n.)* النّدْوة الإذاعية أو التّلفزيونية: برنامج إذاعيّ أو تلفزيوني يتناقش فيه بعض الأعلام أو تُجْرى معهم أحاديث.

talk·y [tôʹkĭ] *(adj.)* = talkative.

tall [tôl] *(adj.)* (١) «أ» طويل [القامةِ]. «ب» ذو طول مُعَيَّن؛ طولُه كذا <six feet ~> (٢) شاهق (٣) باهظ؛ غالٍ <a ~ price> (٤) ضخم (٥) طنّان؛ مُدَّعٍ؛ مُتَبجّح <~ talk> (٦) لا يُصَدَّق <~ stories>.

tal·lage [tălʹĭj] *(n.)* الإتاوَة: ضريبة تُدْفَع إلى سيِّدٍ إقطاعيّ.

tall·boy [tôlʹboiʹ] *(n.)* (١) highboy (٢) خزانة ملابس.

tall·ish [tôlʹĭsh] *(adj.)* طويل القامة قليلًا؛ أقرب إلى الطّول.

tal·lith [tălʹĭth] *(n.)* الطَّلِيْس: رداء يرتديه اليهود في صلوات الصباح.

tall oil *(n.)* زيت الصّنوبر: حصيلة راتينجية ثانية تنشأ عن صنع لُبّ الخشب كيميائيًا وتستخدم في صناعة الصابون.

tal·low [tălʹō] *(n.; vt.)* (١) الوَدَك: شحم حيوانيّ § (٢) يُوَدِّك: يُشَحِّم بالوَدَك.

tal·ly [1] [tălʹĭ] *(n.)* (١) عصا الحساب: عصًا ذات أسنان أو أثلام تمثّل أعدادًا تبيّن مقدار الدَّين أو المبالغ المدفوعة؛ وكثيرًا ما كانت تلك العصا تُفْسَخ، عبرَ

هذه الأثلام، إلى شقّين يحتفظ كلّ من الدائن والمدين بواحدٍ منهما (٢) كلّ ما يُدَوَّن عليه حساب ما (٣) ثَلْم أو علامة في عصًا للحساب (٤) رُقْعة (را label) (٥) سِجِلّ <a daily ~ of accidents> (٦) عدد [أو مجموعة] يُستخدَم في العدّ والحساب <Dishes were counted in *tallies* of 20.> (٧) نقطة مُحْرَزة في مباراة أو مجموعة النقاط المُحْرَزة فيها (٨) القسيم: جزء متمّم (٩) اتّفاق؛ انطباق <One twin is the ~ of the other.>.

tal·ly[2] *(vt.; i.)* (١) «أ» يدوِّن [عددًا إلخ] على عصًا للحساب أو نحوها. «ب» يَعُدّ؛ يحسُب. «ج» يُسجِّل؛ يُجَدْوِل؛ يرتّب على صورة جدول <to ~ the election returns as they are reported>. «د» يدوِّن النقاط المُحْرَزة في مباراة (٢) يجعله مطابقًا لِـ x (٣) ينطبق على <Does your list ~ with mine?>.

tal·ly·ho [tăl'ĭ hō'] *(n.)* (١) تالّيهو: نداء القنّاص عند رؤيته الثعلب [تحريضًا للكلاب على مهاجمته] (٢) التّاليهيّة: مَرْكبة تجرّها أربعة جياد.

Tallyho 2.

tal·ly·man [tăl'ĭ-] *(n.)* (١) البائع بالتقسيط (٢) المُدَوِّن؛ المُسَجِّل.

tally sheet *(n.)* المُدَوَّنة: صحيفة تُدَوَّن عليها النقاط المُحْرَزة في لعبة أو تسجَّل عليها أصوات الناخبين.

Tal·mud [tăl'mōōd'] *(n.)* التَّلمود: مجموعة شرائع وتعاليم يهودية.

Tal·mud·ic *or* **Tal·mud·i·cal** [tăl mōōd'-] *(adj.)* تَلْموديّ.

Tal·mud·ist [tăl mōōd'ĭst] *(n.)* التَّلموديّ: «أ» أحد كُتّاب أو جامعي التَّلمود. «ب» المؤمن بتعاليم التَّلمود. «ج» العالِم بالتَّلمود.

tal·on [tăl'ən] *(n.)* (١) «أ» مِخْلَب؛ بُرْثُن. «ب» إصبع الإنسان أو يدُهُ (٢) ريشةُ القُفْل أو نابضُهُ (٣) الفتّ: بقية ورق اللعب بعد التوزيع (٤) الأسّيّة: حلية معمارية جانبيّتُها profile على شكل حرف S (عم).

ta·lus[1] [tā'ləs] *(n.)* (١) «أ» مُنْحَدَر. «ب» المُنْحَدَر الفِلَذيّ: منحدَر مُتشكّل من تراكم الفِلَذ الصخرية. «ج» الكتلة الفِلَذيّة: كتلة فِلَذٍ صخرية في أسفل جُرُف (٢) الجانب المنحدِر [من جدار حصن].

ta·lus[2] [tā'ləs] *(n.)* pl. **-li** ['lī] (١) عَظْم الكاحل (ت) (٢) الكاحل (ت).

tam [tăm] *(n.)* = tam–o'–shanter.

tam·a·ble [tā'mə bəl] *(adj.)* قابل للتدجين أو الترويض إلخ.

ta·ma·le [tə mä'lĭ] *(n.)* الطّامال: طعام مكسيكيّ مُعَدّ من دقيق الذُّرة ومن لحم مفروم مع الفلفل الأحمر.

ta·man·dua [tä'män dwä'] *(n.)* الطَّمَنْدُوَة: ضرب من آكلات النمل.

tamandua

tam·a·rack [tăm'ə răk'] *(n.)* الطَّمَراق: «أ» شجرٌ ذو ورق إبَريّ الشكل وأكواز صغيرة. «ب» خشب الطَّمَراق.

tam·a·rau [tä'mə rou'] *(n.)* الطَّمارو: جاموس فيلبينيّ صغير.

tam·a·rin [tăm'ə rĭn] *(n.)* الطَّمارين: سعدان جنوبأميركيّ صغير طويل الذَّيل.

tamarin

tam·a·rind [tăm'ə rĭnd] *(n.)* التَّمر الهنديّ: «أ» شجرٌ ذو ثمار مُليِّنة. «ب» ثمار التَّمر الهنديّ (نب).

tam·a·risk [-'ə rĭsk] *(n.)* الطَّرفاء: شجيرة ذات أوراق صغيرة ضيّقة.

tam·bour [tăm'bōōr] *(n.; vt.; i.)* (١) دُفّ؛ طارة (مو) (٢) «أ» طارة التَّطريز. «ب» تطريز مُنجز على طارة § (٣) يُطرِّز على طارة.

— **tam·bour·er** *(n.)*

tam·bou·ra [tăm bōōr'ə] *(n.)* الطُّنبور: آلة موسيقية شبيهة بالعود.

tam·bou·rine [tăm'bə rēn'] *(n.)* الرَّقّ: دُفّ صغير.

tambourine

tam·bu·rit·za [-rĭt'sə] *(n.)* الطَّمبوريقة: آلة موسيقية وترية يوغوسلافية.

tame[1] [tām] *(adj.)* (١) داجن؛ أليف (٢) مذلَّل؛ مُروَّض (٣) وديع (٤) تفِه: تعوزه الحرارة أو المتعة <a ~ book>.

tame[2] *(vt.; i.)* (١) يُدَجِّن (٢) يُذلِّل؛ يُروِّض (٣) يُلطِّف من حدّة شيء أو لهجته x (٤) يتدجَّن إلخ.

— **tam·er** *(n.)*

tame·less [tām'ləs] *(adj.)* (١) غير داجنٍ أو مُروَّض (٢) غير قابلٍ للتَّدجين أو التَّرويض.

Tam·il [tăm'əl] *(n.; adj.)* (١) التّاميليّة: لغة يُنطَق بها في ولاية تاميل نادو [ولاية مَدراس سابقًا] بالهند والأجزاء الشمالية والشرقية من سري لانكا (٢) التّاميليّ: الناطق باللغة التّاميلية § (٣) تاميليّ.

Tam·ma·ny [tăm'ə nĭ] *(n.; adj.)* (١) المنظمة التّامانيّة: منظمة سياسيّة قويّة في نيويورك أنشئت عام ١٧٨٩ كجمعية خيرية فيدرالية § (٢) تامانيّ: «أ» متعلّق بهذه المنظّمة أو بسياستها وأساليبها. «ب» نزّاع إلى التمتّع بالسلطة السياسية بطرائق فاسدة أو مشبوهة غالبًا.

Tam·muz [tăm'ōōz] *(n.)* تَمُّوز: الشَّهر العاشر في التقويم العِبريّ.

tam–o'–shan·ter [tăm'ə shăn'-] *(n.)* التّاميّة: قَلَنْسُوَة صوفيّة ضيّقة.

tamp [tămp] *(vt.; n.)* (١) يَسُدّ؛ يحشو (٢) يَدُكّ؛ يَرُصّ <~*ing* wet concrete> (٣) يَكبح؛ يُخفِّض؛ يُقلِّل § (٤) المِدَكّ؛ المِرَصّ: أداة الدكّ أو الرصّ.

tam·per[1] [tăm'-] *(n.)* فا tamp. وبخاصة: المِدَكّ؛ المِرَصّ (را tamp *4*).

tam·per[2] *(vi.; t.)* (١) يحاول التأثير [في شاهد إلخ] بالرشوة أو الترهيب (٢) يعبث [بقفل محاولًا فتحَهُ بطريقة غير مشروعة] (٣) يتلاعب [بوثيقة إلخ].

tam·pi·on [tăm'pĭ ən] *(n.)* الكِظام: سِدادة من خشب إلخ لفم المدفع (جن).

tam·pon [-'pŏn] *(n.; vt.)* (١) الدَّحْسَة؛ الحشوة؛ القَطيلة: سِدادة قطنية يُحشى بها الجرح أو تجويفٌ ما في الجسد لوقف النَّزْف أو لامتصاص الإفرازات § (٢) يَدْحَس: يَسُدّ بدَحْسة.

tam–tam [tŭm'tŭm] *(n.)* الطَّمْطَم: طبلة صغيرة الرأس، طويلة وضيّقة عادةً (مو).

tam-tam

ă at; ā date; â care; ä car; ĕ egg; ē me; ĭ in; ī bite; ŏ lot; ō bone; ô orphan; oi boil; ōō good; ōō boot; ou out; ŭ under; û urgent; ə = *a* in alone, *e* in system, *i* in easily, *o* in gallop, *u* in circus.

tan [tăn] *(vt.; i. n.; adj.)* (١) يَدْبُغ [الجلودَ] (٢) يَسْفَع [بالتعريض لأشعة الشمس] (٣) يَتَسَوَّط ؛ يَجْلِد x (٤) يندبغ ؛ يَنْسَفِع § (٥) tanbark (٦) دِباغ (٧) سُفْعة أو سُمْرة [تكتسبها البشرة من التعرض للشمس] (٨) لون أسمر ضاربٌ إلى الصفرة § (٩) دِباغيّ (١٠) أسمر ضاربٌ إلى الصفرة .

tanager

tan·a·ger [tăn'ə jər] *(n.)* التَّناجر : طائر أميركيّ صغير .

tan·bark [tăn'bärk'] *(n.)* لِحاء الدَّبّاغين : لحاءٌ يُستخدم في الدباغة .

tan·dem [tăn'dəm] *(n.; adv.; adj.)* (١) «أ» التَّنْدَم : مَرْكبة يجرّها جوادان أحدهما أمام الآخر . «ب» جوادان مُرْدَفان على هذا النحو (٢) الدرّاجة التّرادفيّة : درّاجة ذات مقعدين أحدهما خلف الآخر (٣) مجموعة مترادفة § (٤) ترادُفيًّا : واحدًا خلفَ الآخر <to ride ~> § (٥) ترادُفيّ ؛ مُرْدَف .

tandem 2.

tandem airplane *(n.)* الطائرة التَّرادُفيَّة : طائرة ذات مجموعتين ، أو أكثر ، من الأجنحة المترادفة .

tandem bicycle *(n.)* = tandem 2.

tandem engine *(n.)* المُحَرِّك التَّرادُفيّ : محرِّك مترادف الأسطوانات .

tan·door [tän door'] *(n.)* التَّنُّور : فرن فخّاريّ يُطهَى فيه على الفحم .

tan·door·i [-'ĭ] *(adj.)* مُتَنَّر : مَطْهُوٌّ بالتَّنُّور <~ chicken> .

tang[1] [tăng] *(n.; vt.)* (١) السِّيلان : ما يَدْخُلُ من السَّيف أو السِّكِّين في المَقْبِض (٢) «أ» نَكْهة حادّة مُميَّزة . «ب» رائحة نافذة (٣) «أ» مَسْحة ؛ أثرٌ ؛ مقدار ضئيل <a ~ of enjoyment> . «ب» نَكْهة ؛ صفة مميَّزة § (٤) يَجْعل له سِيلانًا (٥) يجعل له نكهةً مميَّزة أو رائحة نافذة .

tang[2] *(n.)* الفَوْقَس : ضرب من الطُّحلب البحريّ .

tang[3] *(vt.; i.; n.)* (١) يَرِنّ § (٢) رنين .

tan·ge·lo [tăn'jə lō'] *(n.)* الطَّنجال : «أ» شجر مُهَجَّن من المندرين أو اليوسفيّ ومن الليمون الهنديّ أو الغُرَيْب فروت . «ب» ثمر الطَّنجال .

tan·gen·cy [tăn'jən sĭ] *(n.)* مُماسَّة ؛ تَماسّ .

tan·gent [tăn'jənt] *(adj.; n.)* (١) مُماسّ (ر) (٢) خارج عن الموضوع <~ remarks> § (٣) ظلّ الزاوية (ر) (٤) المُماسّ (ر) (٥) انحراف مفاجئ [عن الموضوع إلخ] (٦) جزء مستقيم من طريق أو سكة حديدية .

tangent 4.

to fly off *or* go off at a ~, ينحرف فجأة عن خطّ عمل أو تفكير .

tan·gen·tial [-jĕn'shəl] *(adj.)* (١) «أ» مُماسّ . «ب» تماسّيّ (٢) «أ» منحرف . «ب» استطراديّ ؛ عَرَضيّ . «ج» ماسٌّ مَسًّا رفيقًا <~ comments>.

tangent plane *(n.)* مستوي المُماسّ (ر) .

tan·ge·rine [tăn'jə rēn'] *(n.)* (١) المَنْدَرين ؛ اليوسُفيّ : «أ» شجر من الحمضيات . «ب» ثمر المندرين (٢) المَنْدَرينيّ : لون برتقاليّ مُحْمَرّ .

tan·gi·bil·i·ty [tăn jə bĭl'-] *(n.)* المَلْموسِيّة : كونُ الشيء ملموسًا .

tan·gi·ble [tăn'jə bəl] *(adj.; n.)* (١) «أ» ملموس . «ب» ماديّ (٢) حقيقيّ ؛ واقعيّ § (٣) شيء ملموس أو حقيقيّ .

tangible asset *(n.)* الأصل الملموس ؛ الأصل الحقيقيّ (اد) .

tan·gle[1] [tăng'gəl] *(vt.; i.; n.)* (١) يُورِّط (٢) يَحْتَبِل : يُوقع في شَرَك (٣) يُشابِك ؛ يُحابِك ؛ «يُشَرْبِك» x (٤) يشتبك [في مجادلة أو قتال] (٥) يتشابك ؛ يتحابك § (٦) كتلة متشابكة الخيوط أو الخطوط (٧) تعقُّد ؛ تشوُّش (٨) حيرة ؛ ارتباك ؛ ورطة (٩) جِدال ؛ نِزاع ؛ شِجار .

tan·gle[2] *(n.)* التَّنْجَل : طحلب بحري كبير .

tan·gled [-'gəld] *(adj.)* (١) متشابِك ؛ متحابِك ؛ «مُشَرْبَك» (٢) شديد التعقيد .

tan·gly [tăng'glĭ] *(adj.)* مُتشابِك ؛ مُعَقَّد .

tan·go [tăng'gō] *(n.; vi.)* (١) التّانغو : «أ» رقصة ذات أصل أميركيّ لاتينيّ تتميَّز ببطء الحركة . «ب» موسيقى هذه الرَّقصة § (٢) يَرْقُص التّانغو .

tang·y [tăng'ĭ] *(adj.)* ذو نَكْهة مميَّزة أو رائحةٍ نافذة .

tank [tăngk] *(n.; vt.)* (١) بِرْكة (ع) (٢) صِهْريج ؛ حوض (٣) دبّابة (٤) حُجَيْرة [في سجن] (٥) ضَربة ؛ لَكْمة § (٦) يضع أو يخزن في صِهْريج إلخ .

tank 3.

tank·age [tăngk'ĭj] *(n.)* (١) سَعَةُ الصِّهريج أو محتوياته (٢) مجموعة الصَّهاريج [الضرورية لعملٍ ما] (٣) نُفايات المَسْلَخ [تُجَفَّف وتُتَّخذ سمادًا وعَلَفًا] (٤) الصَّهْرَجة : وَضْع أو خَزْن في الصّهاريج (٥) رسم الصَّهرجة : رسمٌ يُفرَض لقاء الخزن في الصَّهاريج .

tank·ard [-'ərd] *(n.)* إبريق . وبخاصة : إبريق طويل فضّيّ أو معدنيّ ذو غطاء .

tankard

tank car *(n.)* العربة الصِّهريجيّة : شاحنة من شاحنات السّكة الحديدية مُعَدّة لنقل السّوائل أو النّفط .

tank destroyer *(n.)* قانصة الدَّبّابات ؛ مدمِّرة الدَّبّابات : عربة مدرَّعة سريعة مزوّدة بمدافع مضادة للدَّبّابات .

tanked [tăngkt] *(adj.)* سكران ؛ ثَمِل ؛ مخمور (ع) .

tank·er [tăngk'ər] *(n.)* (١) الصِّهريجيّة ؛ ناقلة النّفط : سفينة أو شاحنة أو طائرة مُعَدّة لنقل النفط وما إليه (٢) الدَّبّابيّ ؛ جنديّ الدَّبّابة .

tanker 1.

tank farming *(n.)* = hydroponics.

tank town *(n.)* (١) بلدة الاستقاء : كلّ بلدةٍ كانت القُطُر تتوقّف فيها للتزوّد بالماء (٢) البلدة : مدينة صغيرة .

tan·nage [tăn'ĭj] *(n.)* دَبْغ ؛ دِباغة .

tan·nate [tăn'āt] *(n.)* العَفْصات : ملح حَمْض التَّنّيك (ك) .

tan·ner [tăn'ər] *(n.)* (١) الدَّبّاغ : دابغ الجلود (٢) ستّة بنسات (بر) .

tan·ner·y [tăn'ə rĭ] *(n.)* المَدْبَغَة : المكان الذي تُدْبَغ فيه الجلود .

tan·nic [-'ĭk] *(adj.)* (١) عَفْصيّ ؛ تَنِّيك (٢) عَقُول ؛ قابض <~ wine> .

tannic acid *(n.)* حَمْض التَّنّيك ؛ حَمْض العَفْص ؛ العَفْصين (ك) .

tan·nin [-'ĭn] *(n.)* العَفْصين : مادة قابضة تُستخدم في الدباغة إلخ .

tan·ning [tăn'ĭng] *(n.)* (١) الدِّباغة (٢) السُّفعة : اسمرار البَشَرة بالتعرُّض للشَّمس (٣) جَلْد ؛ ضربٌ بالسِّياط (ع) .

tan·nish [tăn'ĭsh] *(adj.)* أسفعُ قليلًا ؛ أسفعُ بعض الشيء .

tan·sy [tăn'zĭ] *(n.)* حشيشة الشِّفاء ؛ حشيشة الدُّود : نبات مسنَّن الأوراق ،

أصفر الزَّهر، مرّ المذاق، يُتَّخذ تابلًا وطاردًا للديدان.

tan·ta·late [tăn′tə lāt′] *(n.)* التَّنتالات: ملح حمض التَّنتاليك (ك).

tantalic acid *(n.)* حمض التَّنتاليك (ك).

tan·ta·lite [tăn′tə līt′] *(n.)* التَّنتاليت: معدنٌ يُعتبر خامَ التَّنتالوم الرئيسيّ.

tan·ta·lize [tăn′tə līz′] *(vt.)* يُلَوِّب: يُعَذِّب بإدناء شيء مرغوب فيه ثمّ إبعادِهِ على نحو موصول.

tan·ta·liz·ing [-ĭng] *(adj.)* مُشَوِّق: مثير للرَّغبة أو الاهتمام.

tan·ta·lum [tăn′tə-] *(n.)* التَّنتالوم: عنصرٌ فِلزِّيّ شديد الصلابة (ك).

Tan·ta·lus [tăn′tə ləs] *(n.)* (١) تَنْتالوس: ملك تزعم الأسطورة الإغريقية أنه عُوقِب بأن غُمر حتى ذقنه في الماء وقد تَدَلَّت الأغصانُ المثقَلة بالثمر على مقربة من شفتَيْه، فكان كلَّما حاول بلوغ الماء انحسر عنه وكلَّما حاول بلوغ الثمر استعصى عليه منالُهُ (٢) *not cap.*: الصُّندوق التَّنتالوسيّ: صندوق مُقْفَل مشتملٌ على أشياء مَرْئيّة ولكن لا سبيل إلى الفوز بها إلا بالحصول على مفتاح الصُّندُوق.

tan·ta·mount [tăn′tə mount′] *(adj.)* مُعادِل؛ مُساوٍ؛ بِمَثابة.

tan·ta·ra [tăn′tə rə] *(n.)* البُوَاق: صوت البُوق.

tan·tiv·y [tăn tĭv′ĭ] *(adv.; adj.; n.; interj.)* (١) بأقصى السُّرعة <to ride ~> § (٢) سريع § (٣) انطلاق؛ اندفاع § (٤) صَيْحَة قَنْص معناها: أسرِعْ! انطلِق بأقصى السرعة!

tant mieux [tän myœ′] *(adv.)* نِعْمَ الأمر؛ هذا أفضل.

tant pis [tän pē′] *(adv.)* بِئْسَ الأمر؛ هذا أسوأ.

tan·trum [tăn′trəm] *(n.)* نوبة غضب أو نَزَق.

Tao [tou; dou] *(n.)* الطّاو: «أ» المبدأ الأول الذي ينبثق منه كل وجود وتغيُّر في هذا الكون [في الطّاوِيّة]. «ب» سبيل الفضيلة [في الكونفوشيوسيّة].

Tao·ism [tou′ĭz əm; dou′-] *(n.)* الطّاويّة: عقيدة فلسفية مبنيّة على تعاليم لاوتسي، وهي تتّسم بطابع وَحْدِيُوجودي pantheistic صوفيّ.
— **Tao·is·tic** *(adj.)*

Tao·ist [tou′ĭst; dou′-] *(n.; adj.)* طاوِيّ: مؤمنٌ بالطّاويّة.

tap[1] [tăp] *(n.; vt.)* (١) «أ» سِدادة؛ سِطام. «ب» حَنَفية (٢) «أ» شراب مُسْكِر يُسْتَقَى من حنفية. «ب» مَشْرَب؛ بار؛ حانة. «ج» البَزْل: إزالة سائل ما [من تجويف جسديّ إلخ] (٣) ذكَرُ لولبة داخليّة (٤) نقطة التفرّع: نقطة من الشريط الكهربائيّ يُشْتَقّ منها فرع (٥) wiretap § (٦) يُزوِّد بسِدادة أو حنفيّة (٧) يَبْزُل (٨) ينزع السِّدادة (٩) يُجري سائلًا ما [بنَزْع السِّدادة] (١٠) يَشْتَقّ فرعًا [من شريط كهربائيّ] (١١) يُلَوْلِب [من الداخل] (١٢) يحصل على مال [قرضًا كان أو هبة] (١٣) يَصِلُ بفَرْع.

on ~, (١) جاهزٌ لسحبِهِ من برميل [كبعض المُسْكِرات] (٢) في المتناوَل؛ جاهز للاستعمال.

tap[2] *(vt.; i.; n.)* (١) «أ» يضرب ضربًا خفيفًا. «ب» يَنْقُر. «ج» يَقْرَع (٢) يُحْدِث بالضرب أو النقر <A woodpecker ~*ped* a hole in the tree.> (٣) يختار؛ يعيِّن؛ وبخاصة: ينتخب **x** (٤) يمشي بخطًى خفيفة (٥) يرقص رقصًا نقريًّا (را. tap–dance) § (٦) «أ» ضربة خفيفة أو صوتها. «ب» نقرةٌ على طبل (٧) نصف نعل (٨) صفيحة معدنيّة صغيرة [لنعل الحذاء أو كعبِهِ] (٩) tap dance.

ta·pa [tä′pä] *(n.)* التّابة: «أ» لِحاء شجرة توت الورق (را. paper mulberry). «ب» قماش غليظ مزيَّن بالأشكال الهندسية يُصْنَع في جزائر المحيط الهادئ من مسحوق لِحاء توت الورق.

tap dance *(n.)* الرَّقص النَّقريّ: رقصٌ يتميَّز بنقرات قوية بالأقدام أو برؤوسها أو كعوبها.

tap–dance [tăp′dăns] *(vi.)* يَرْقُص رَقْصًا نَقْريًّا.

tape[1] [tāp] *(n.; vt.; i.; adj.)* (١) شريط؛ شريطة (٢) شريط المُنتَهَى: شريط يُمَدّ على ارتفاع الصدر عند منتهى سباق (٣) magnetic tape (٤) تسجيلٌ للصوت § (٥) يُثَبِّت أو يَشُدّ أو يكسو بشريط (٦) يقيس بشريط قياس (٧) يسجِّل على شريط مغنطيسيّ <to ~ a song> **x** (٨) يَقيس § (٩) مُسَجَّل <~ music>.
— **tap·er** *(n.)*

tape machine *(n.)* = tape recorder.

tape measure *(n.)* شريط القياس: شريط يُستخدم في قياس الأشياء.

tape measure

ta·per [tā′pər] *(n.; adj.; vi.; t.)* (١) شمعة. وبخاصة: شمعة نحيلة جدًّا (٢) الفتيل المُشَمَّع: فتيل طويل مَكْسُوّ بالشّمع [تُضاء به الشموع إلخ] (٣) ضوء باهت (٤) «أ» شكل أو شيء مُسْتَدِقّ الطَّرَف. «ب» استدقاق الطَّرَف. «ج» تناقص تدريجيّ § (٥) مُسْتَدِقّ؛ مُسْتَدِقّ الطَّرَف (٦) مُدَرَّج: مُقَسَّم إلى درجات § (٧) يَسْتَدِقّ: يُصبح مُستدقَّ الطَّرَف (٨) يتناقص تدريجيًّا **x** (٩) يجعله مُستدقَّ الطَّرف (١٠) يُنقِصُهُ تدريجيًّا.

to ~ off (١) «أ» يَستدِقّ. «ب» يتناقص تدريجيًّا (٢) يتوقّف تدريجيًّا (٣) يجعله مستدقًّا؛ يُنقِصُه تدريجيًّا.

tape–re·cord [tāp′rĭ kôrd′] *(vt.)* يُسَجِّل [على شريط مغنطيسيّ].

tape recorder *(n.)* المُسَجِّلة الشَّريطيّة؛ آلة التسجيل الشريطيّة.

ta·per·er [tā′pər ər] *(n.)* حامل الشّمعة [في موكبٍ دينيّ].

ta·per·stick [-stĭk′] *(n.)* شمعدان [لحمل الشموع الصغيرة].

tap·es·tried [tăp′ĭs trĭd] *(adj.)* مُنَجَّد: مَكْسُوّ أو مُزْدان بالنُّجود.

tap·es·try [-trĭ] *(n.; vt.)* (١) النَّجْد: «أ» نسيج مُزْدان بالرسوم. «ب» تطريز على «الكَنَفا» شبيه بهذا النسيج. «ج» شيء شبيه بهذا النَّسيج من حيث الغِنَى بالرُّسوم والصُّور § (٢) يُنجِّد: يزوِّد أو يَكْسُو أو يُزيِّن بالنُّجود.

tapestry carpet *(n.)* السَّجّادة النُّجوديَّة: سَجّادة تُطبَع الرُّسوم بالألوان على خيوطها قبل أن يُصار إلى نَسْجها.

tape·worm [tāp′wûrm′] *(n.)* الشَّريطيّة: دودة مسطَّحة شَريطيّة الشَّكل.

tap·hole [tăp′hōl′] *(n.)* فُتحة؛ ثَقْب. وبخاصة في أسفل فرن صهر المعادن.

tap house *(n.)* (١) مَشْرَب؛ بار (٢) حانة.

tap·i·o·ca [tăp′ĭ ō′kə] *(n.)* التَّبيوكة: مُسْتحضَر نَشَويّ لصُنع الحلوى.

ta·pir [tā′pər] *(n.)* التّابير: حيوان شبيه بالخنزير.

tapir

tap·is [tăp′ĭ; tăp′ĭs; tă pē′] *(n.)* بساط؛ سَجّادة (ا . م).
 on the ~, تحت الدَّرس؛ قَيْدَ الدَّرس؛ على بساط البحث.

tap pants *(n. pl.)* التَّبْنْت: سروال نسوي تحتانيّ واسع.

tap·pet [tăp′ĭt] *(n.)* الغَمّازة؛ الإصبع الغَمّاز (مك).

tap·ping [tăp′-] *(n.)* (١) مص tap، وبخاصة: «أ» قَرْع؛ نَقْر. «ب» بَزْل (٢) المبزول: السائل المستخرَج بالبَزْل (٣) المِبْزَل: أداة البَزْل.

tap·room [tăp′ro͞om′] *(n.)* = barroom.

tap·root [tăp′ro͞ot′] *(n.)* (١) الجِنْث؛ الجذر الوَتِديّ: جذر النبتة الرئيسيّ (٢) أصل؛ جوهر.

taps [tăps] *(n.)* نَفْخ البُوق؛ قَرْع الطَّبل [في الجنائز العسكرية أو إيذانًا بضرورة إطفاء الأضواء ليلًا].

tap·ster [tăp′stər] *(n.)* البَزّال؛ السّاقي [في مَشْرب أو بار].

tar [tär] *(n.; vt.)* (١) القَطْران (٢) ملّاح؛ نوتيّ § (٣) يَقْطُر؛ يُقَطرِن: يلوّث أو يطلي بالقَطْران (٣) يَحُثّ؛ يحرِّض [على العمل].

tar·an·tel·la [tăr′ən tĕl′ə] *(n.)* التَّرنتيلّة: رقصة شعبية إيطالية.

tar·an·tism [tăr′ən tĭz′əm] *(n.)* التّارانْتِيّة؛ هَوَس الرَّقص [في أوروبة أواخرَ العصر الوسيط].

ta·ran·tu·la [tə răn′chə lə] *(n.)* pl. **-s** *or* **-e** التّارانتوليّة؛ العنكبوت الذِّئبيّة: عنكبوت طويلة الأرجل.

tarantula

ta·rax·a·cum [tə răk′sə kəm] *(n.)* الطَّرَخْشَقُون: نبات ذو منافع طبّيّة.

tar·boosh *also* **tar·bush** [tär bo͞osh′] *(n.)* طَرْبوش.

tar·di·grade [tär′də grād′] *(n.; adj.)* (١) البَطيء الخَطْو: واحدٌ من بطيئات الخَطو **Tardigrada** وهي مَفْصِليّات مجهرية مائية لكلّ من أفرادها أربعة أزواج من الأرجل (ح) § (٢) بطيء الخَطْو؛ ثقيل الحركة.

tar·di·ly [tär′dĭ lĭ] *(adv.)* (١) بِبُطْء <moved ~> (٢) متأخِّرًا.

tar·di·ness [tär′dĭ nəs] *(n.)* (١) إبطاء (٢) تأخُّر.

tar·do [tär′dô] *(adj.)* بطيء؛ ببطء (مو).

tar·dy [tär′dĭ] *(adj.)* (١) بطيء (٢) متأخِّر.

tare[1] [târ] *(n.)* (١) البِيْقة؛ البِيقيّة: نبات عَلَفيّ من الفصيلة القَرْنيّة (٢) بذرة البِيقة (٣) *pl.*: عنصر غير مرغوب فيه.

tare[2] *(n.; vt.)* (١) الطَّرح: «أ» وزن الغلاف أو الوعاء المشتمل على السلعة. «ب» إسقاط من وزن السلعة غير الصافي معادلٌ لوزن غلافها أو وعائها. «ج» وزن العربة وهي فارغة. «د» الوزن المعادل: ثقلٌ إضافيّ يوضع في إحدى كفّتي الميزان ليقابل وزن الوعاء § (٢) يَزِن مُسْقِطًا وزن غلاف السلعة أو وعائها.

targe [tärj] *(n.)* الطَّرْج: تُرس صغير مستدير؛ مِجَنٌّ خفيف.

tar·get [tär′gĭt] *(n.; vt.)* (١) targe (٢) الرَّمِيّة: كلّ ما يُرْمى بنار البندقية إلخ (٣) موضع سخرية أو نقد إلخ (٤) هَدَفٌ (٥) إشارة التحويل: إشارة قُرصية عند مركز التحويل [في السِّكّة الحديدية] § (٦) يتَّخذه أو يَنْصبه دريئةً أو هدفًا.

tar·get·a·ble [-ə bəl] *(adj.)* استهدافيّ: ممكنٌ تصويبُهُ إلى هدفٍ ما.

target date *(n.)* الميقات المضروب: الموعد المحدَّد للقيام بحَدثٍ أو لإنجاز مشروع.

target language *(n.)* اللغة المُسْتَهْدَفة: اللغة التي يترجَم إليها نصٌّ ما.

Tar·gum [tär′go͞om′] *(n.)* التَّرجومة: ترجمة آرامية لجزء من التوراة.

Tar·heel [tär′hēl′] *(n.)* التّارهيليّ: أحد أبناء ولاية كارولينا الشمالية.

Tar Heel State *(n.)* ولاية تارهيل: لقب ولاية كارولينا الشمالية بالولايات المتحدة الأميركية.

tar·iff [tăr′ĭf] *(n.; vt.)* (١) تَعْرِفة؛ تَعْريفة § (٢) يُخْضِع لِتَعْرِفةٍ ما.

tar·la·tan [tär′lə tən] *(n.)* الطَّرلطان: نسيج قُطني رقيق.

tar·mac [tär′măk] *(n.)* الطَّرْماق: «أ» مادة كالأسفلت تُعبّد بها الطُّرُق. «ب» طريق مُسَفلتة. «ج» مطار مفروش بالطَّرْماق.

tar·mac·ad·am [tär′mə kăd′əm] *(n.)* = tarmac.

tarn [tärn] *(n.)* الطَّرْن؛ القَرارة: بركة أو بُحَيْرة جبليّة صغيرة.

tar·nish [tär′nĭsh] *(vt.; i.; n.)* (١) يُبهِت: يُفقِدُهُ بريقَهُ أو لمعانَهُ (٢) يُفْسِد (٣) يُلَطِّخ؛ يُلوِّث x (٤) يَبْهَت: يفقد بريقَهُ (٥) يتبدَّد [الأملُ إلخ] (٦) يُلَطَّخ؛ يُلوَّث (٧) يتضاءَل؛ يَنْقُص § (٨) البَهَت: فقدانُ البريق أو اللمعان (٩) لَطْخة.

ta·ro [tä′rō] *(n.)* القُلْقاس: بَقْلة ذات دَرَنات نشويّة تؤكل.

tar paper *(n.)* الورق المُقَطرَن: ورق ثقيل مَكْسُوّ أو مُشْبَع بالقَطْران.

tar·pau·lin [tär pô′lĭn] *(n.)* (١) التّربولين: قماش مُشَمَّع أو مُقَطرَن (٢) ملّاح؛ نوتيّ.

tar·pon [tär′pŏn] *(n.)* الطَّرْبون: سمك بحريّ كبير فِضّيّ الحراشف.

tarpon

tar·ra·gon [tăr′ə gŏn′] *(n.)* الطَّرخون: نبات ذو أوراق عطِرة.

tar·ry[1] [tăr′ĭ] *(vi.; n.)* (١) يتوانى؛ يَتَلَكّأ (٢) ينتظر (٣) يَمْكُث؛ يَبْقى § (٤) مَكْث؛ بقاء إلخ.
 — tar·ri·ance *(n.)*

tar·ry[2] *(adj.)* (١) قَطرانيّ (٢) مُقَطرَن: مَطْليّ بالقَطْران.

tar·sal [tär′səl] *(adj.; n.)* (١) كاحليّ؛ رُسْغيّ (٢) غُضْرُوْجفْنيّ؛ غضروفيّ جفنيّ: ذو علاقة بغضروف الجفن § (٣) عظمٌ كاحليّ أو رُسْغيّ.

tar·si·er [tär′sĭ ər] *(n.)* التَّرسير: قرد صغير يقطن الأشجار.

tarsier

tar·sus [tär′səs] *(n.)* pl. **-si** [sī] (١) رُسْغ القَدَم (٢) ساق الطائر (٣) الفَصّ الأخير من رجل الحَشرة (٤) غُضروف الجفن (ت).

tart [tärt] *(adj.; n.)* (١) «أ» حِرّيف. «ب» حامض <~ apples> (٢) لاذع؛ قارص <a ~ remark> § (٣) التُّرْتة: كعكة مُحلّاة محشوّة بالمُربّى أو الفاكهة المطبوخة (٤) فتاة أو امرأة. وبخاصة: بَغِيّ؛ مومس.

tar·tan [tär′tən] *(n.)* الطَّرْطان: «أ» قماش صوفيّ مقلَّم بخطوط مختلفة الألوان متقاطعة على زوايا قائمة. «ب» «نَقشة» هذا القماش. «ج» ثوب مقلّم بمثل خطوط الطَّرطان. «د» مَركب صغير وحيد الصاري.

tartan *d.*

tar·tar [tär′tər] *(n.)* (١) الطَّرطير؛ الدُّرْديّ: حَمْضٌ يترسّب على جوانب براميل الخمر (٢) القُلاح: صُفرة أو خُضرة تعلو الأسنان.

Tar·tar [tär′tər] *(n.; adj.)* (١) التّتاريّ (را . Tatar) (٢) اللغة التّتاريّة (٣) *not cap.*: الغَضُوب: سريع الغضب (٤) المتوحّش؛ المُرْعِب § (٥) تتاريّ.

Tar·tar·e·an [tär târ′ĭ ən] *(adj.)* جحيميّ: منسوب إلى الجحيم.

tartar emetic *(n.)* الطَّرطير المُقَيِّئ: ملح سامّ، متبلّر، فوّار يستخدَم في الصباغة ويُتَّخذ مساعدًا على التَّقيُّؤ (ك).

tar·tar·e·ous *or* **tar·tar·ic** [tär târ′-] *(adj.)* طَرْطيريّ؛ دُرديّ (ك).

tartaric acid *(n.)* حَمْض الطَّرطريك (ك).

tar·tar·ize [tär′tə rīz′] *(vt.)* يُطَرْطِر: يُشبع أو يعالج بالطَّرطير.

Tar·ta·rus [tär′tər əs] *(n.)* الجحيم؛ جَهَنَّم (مث).

tart·ish [tärt′ĭsh] *(adj.)* حِرِّيف أو حامض قليلًا.

tart·let [tärt′lət] *(n.)* التُّرَيْتة: تُرتة صغيرة (را . *tart 3*).

tar·trate [tär′trāt′] *(n.)* الطَّرْطَرات: ملح حَمْض الطَّرْطَريك (ك).

tar·trat·ed [tär′trā′tĭd] *(adj.)* طَرْطيريّ: «أ» مشتمل على طَرطير أو مُشْتقّ منه. «ب» مُشْبَع أو ممزوج بحَمْض الطَّرطريك.

tar·tuffe [tär to͝of′] *(n.)* المُرائي؛ المُنافق؛ مدّعي الورع.

Tar·zan [tär′zən] *(n.)* الطَّرْزان: شخص فارع الطّول قويّ رشيق الحركة.

task [tăsk; täsk] *(n.; vt.)* (١) «أ» مهمّة. «ب» فَرْض؛ واجب (٢) عملٌ شاقّ § (٣) يعهد إليه بمهمّة (٤) يُرْهِق.

to bring, call, *or* take to ~, يُؤنّب؛ يُوَبِّخ؛ يُعَنِّف.

task force *(n.)* الحَمْلة: «أ» قوة تؤلَّف مؤقّتًا من عناصر مختارة من مختلف الوحدات العسكرية وتوضع تحت إمرة قائد واحد يُعْهد إليه أداءُ مهمّة معيَّنة. «ب» مجموعة أشخاص تؤلَّف مؤقّتًا للنظر في قضيّة معيَّنة.

task·mas·ter [tăsk′-; täsk′-] *(n.)* (١) «أ» فارض المهامّ؛ محدِّد المهامّ. «ب» المرهِق غيرَه بالمهامّ الثّقيلة (٢) المُناظِر؛ المراقب.

— **task·mis·tress** *(n. fem.)*

task·work [tăsk′wûrk; täsk′-] *(n.)* (١) piecework (٢) عملٌ شاقّ.

Tas·ma·ni·an [tăz mā′-] *(adj.)* تَسْمانيّ: منسوب إلى تَسْمانيا أو شعبها.

Tasmanian devil *(n.)* العِفريت التَّسمانيّ: حيوان من ذوات الجراب.

Tasmanian devil

Tasmanian wolf *(n.)* الذِّئب التَّسمانيّ: حيوان لاحم من ذوات الجراب.

tas·sel [tăs′əl] *(n.; vt.; i.)*, **-seled** *or* **-selled** (١) شُرّابة (٢) شُرّابة الذُّرة § (٣) يُشَرِّب: يزوِّد بشُرّابة x (٤) يتشرَّب: يُطلع النَّباتُ شراريبَ.

taste [tāst] *(vt.; i.; n.)* (١) يَذُوق (٢) يتذوَّق (٣) يأكل أو يَشْرب [بمقادير صغيرة] (٤) يُدْرِك (٥) يكون ذا مذاقٍ معيَّن <The milk ~s sour.> § (٦) «أ» مقدار ضئيل يُذاق. «ب» مقدار طفيف (٧) حاسّة الذَّوق (٨) مَذاق؛ طَعْم (٩) نَكْهة (١٠) مَيْل؛ وَلَعٌ بـ <a ~ for music> (١١) ذَوْق.

taste bud *(n.)* حُلَيْمة الذَّوق: إحدى حُلَيْمات الذَّوق في غشاء اللسان المخاطيّ.

taste·ful [tāst′-] *(adj.)* (١) حَسَنُ الذَّوق <~ artisans> (٢) دالّ على حُسْن ذوق <Your furniture is very ~.>.

taste·less [-′ləs] *(adj.)* (١) تَفِه: لا طعمَ له <This food is ~.> (٢) فاتر؛ غير مُمْتِع (٣) عديم الذّوق.

tast·er [tā′stər] *(n.)* (١) الذّائق. وبخاصة: من يختبر الشاي إلخ بالذوق (٢) «أ» كوب معدني لاختبار طعم الخمر. «ب» الذّائقة: أداة يُتَناوَل بها مقدار ضئيل من الجبن أو الزبدة لاختبار مذاقهما (٣) مقدار ضئيل [وبخاصة من الطعام أو الشراب يؤخذ لاختبار المذاق أو الطَّعم].

taster 2b.

tast·y [tās′tĭ] *(adj.)* (١) لذيذ المذاق (٢) جذّاب؛ ممتع جدًّا <~ reading> (٣) دالّ على حُسْن ذوق <~ simplicity>.

tat [tăt] *(vi.; t.; n.)* (١) يُخرِّم [تخريمًا ذا عُقَد] § (٢) ضربة؛ لكمة.

ta·ta·mi [tä täm′ē] *(n.)* التّاتاميّة: حصيرة يابانيّة من قشّ.

Ta·tar [tä′tər] *(n.)* (١) التّتاريّ؛ التَّتريّ: واحد التّتار وهم قبيلة مغولية استقرت بعد القرن الخامس للميلاد في منغوليا الشرقية ومنشوريا الغربية (٢) التّتارية؛ لغة التّتار.

ta·ter [tā′tər] *(n.)* بطاطا؛ بطاطس (ع).

tat·ter [tăt′ər] *(n.; vt.; i.)* (١) مِزْقَة؛ خِرْقة (٢) *pl.*: أسمال بالية § (٣) يُبْلي x (٤) يبلَى.

tat·ter·de·mal·ion [tăt′ər dĭ māl′yən] *(n.; adj.)* (١) الصُّعلوك: شخص ذو أسمالٍ بالية § (٢) رثّ الملابس (٣) خرِب؛ متهدِّم (٤) زريّ؛ حقير.

tat·tered [tăt′ərd] *(adj.)* (١) رثّ الملابس (٢) ممزَّق؛ بالٍ (٣) خَرِبٌ.

tat·ting [tăt′-] *(n.)* (١) التخريم العُقَديّ: تخريم ذو عُقَد (٢) صنع المُخرَّمات العُقَدية.

tat·tle [tăt′əl] *(n.; vi.; t.)* (١) ثرثرة؛ قيلٌ وقال § (٢) يُثرثر؛ يَهْذِر (٣) يَشي؛ يَنُمّ x (٤) يُفْشي بالثَّرثرة إلخ.

tat·tler [tăt′lər] *(n.)* (١) tattletale (٢) الثَّرثار: طائر مائيّ نحيل.

tat·tle·tale [tăt′əl tāl′] *(n.; adj.)* (١) الواشي؛ النّامّ § (٢) واشٍ؛ نامّ.

tat·too [1] [tă to͞o′] *(n.; vt.; i.)* (١) دَقّة العودة: دقّة تدعو الجند إلى العودة إلى ثُكُناتهم (٢) مهرجان أو موكب عسكريّ (٣) قَرْع إيقاعيّ سريع § (٤) يَقْرَع على نحوٍ إيقاعيّ.

tat·too [2] *(n.; vt.)* (١) وَشْم § (٢) يَشِم: يُحدث وشمًا.

tat·ty [tăt′ĭ] *(adj.)* (١) رثّ؛ بالٍ (٢) مُتَداعٍ؛ متقوِّض.

tau [tô; tou] *(n.)* التّاو: الحرف التاسع عشر من الأبجدية اليونانية [وهو يُرسم على صورة حرف T في الإنكليزية].

tau cross *(n.)* الصَّليب التاويّ أو التّائيّ: صليب على شكل حرف T.

taught *past and past part. of* teach.

taunt[1] [tônt; tänt] *(vt.; n.)* (١) يوبِّخ بطريقة ساخرة أو مُهينة (٢) يدفعه، بالتوبيخ الساخر، إلى أمرٍ ما <~*ed* him into losing his temper> § (٣) توبيخ ساخر؛ سخرية مُهِينة.

taunt[2] *(adj.)* طويل؛ عالٍ؛ مرتفع جدًّا <a ~ mast>.

tau particle *(n.)* الجُسَيْم التّاويّ؛ الجُسَيْم التّائيّ (فزن).

taupe [tōp] *(n.)* الرّماديّ الدّاكن: لون رماديّ ضاربٌ إلى البُنّيّ.

Tau·re·an [tôr'ĭ ən] *(n.)* الثّوريّ البُرج: مَن كان برجُهُ برجَ الثّور.

tau·rine[1] [tô'rīn] *(adj.)* ثَوريّ: متعلّق بالثّور أو مميّز له.

tau·rine[2] *(n.)* التُّورين: حمض أمينيّ، متبلّر، عديم اللون.

Tau·rus [tôr'əs] *(n.)* (١) الثّور (فل) (٢) برج الثور [في التنجيم] (٣) مولود برج الثور.

taut [tôt] *(adj.)* (١) «أ» مشدود. «ب» متوتّر <~ nerves> (٢) نظيف؛ مُرَتَّب؛ أنيق <a ~ airplane> (٣) مُحْكَم.

taut- *or* **tauto-** بادئة معناها: نَفْس؛ عين <*tauto*logy>.

taut·en [tô'tən] *(vt.; i.)* (١) يَشُدّ؛ يُوتِّر (٢) يُحكِم **x** (٣) يتوتّر إلخ.

tau·tog [tô tŏg'] *(n.)* التّوتوغ؛ السمك الأسود: سمك بحريّ أسود اللون.

tautog

tau·tol·o·gize [tô tŏl'ə jīz'] *(vi.)* يُحَشّي؛ يلغو: يكرّر المعنى لغير ضرورة أو فائدة.
— tau·to·log·i·cal; tau·tol·o·gous *(adj.)*

tau·tol·o·gy [tô tŏl'ə jĭ] *(n.)* الحَشْو؛ اللَّغْو: تكرارٌ للمعنى لا يزيدُهُ قوةً أو وضوحًا.

tav·ern [tăv'ərn] *(n.)* (١) حانة (٢) خان؛ فندق.

ta·ver·na [tä vûr'nə] *(n.)* التافيرنة: مقهًى في بلاد اليونان.

tav·ern·er [tăv'ər nər] *(n.)* (١) صاحب الحانة (٢) صاحب الخان.

taw[1] [tô] *(vt.)* يَدْبُغ [جلودَ الحيوانات].

taw[2] *(n.; vi.)* (١) البِلْيَة: كُرَيَّةٌ من رخام يُقْذَف بها (٢) لُعبة البِلْية (٣) «أ» الخطّ الذي تُقْذَف منه البِلَى. «ب» خط الانطلاق في أية لعبة أو سباق § (٤) يَقْذِفُ البِلْية.

taw·dri·ness [tô'drĭ-] *(n.)* بَهْرَجة؛ تزويق (را. المادة التالية).

taw·dry [tô'drĭ] *(adj.; n.)* (١) مُبَهْرَج: مزوَّق بطريقة تنمّ عن تباهٍ أو ذوق سقيم § (٢) المُبَهْرَجة: حلية مُبَهْرَجة.

taw·ny [tô'nĭ] *(n.; adj.)* (١) غُبْرة § (٢) أغْبَر: أسمر فاتح إلى برتقاليّ مُسْمَرّ.

taw·pie [tô'pĭ] *(n.)* فتًى أحمق أو أخرق.

tax [tăks] *(n.; vt.)* (١) ضريبة (٢) رَسْم (٣) عبء ثقيل؛ مَطْلَب مُرْهِق § (٤) يقدِّر أو يحدِّد المقدارَ أو القيمة <to ~ the costs of an action in court> (٥) يفرض ضريبةً على (٦) يَتَّهم (٧) يُرْهِق.

tax·a·ble [tăk'sə bəl] *(adj.)* خاضعٌ أو مُخْضَع للضّريبة.

tax·a·tion [tăks ā'-] *(n.)* (١) فَرْض الضّرائب (٢) حصيلة الضَّرائب (٣) ضريبة.

tax·eme [tăk'sēm] *(n.)* التاكْسيم؛ السِّمة النحوية (ل).

tax evasion *(n.)* اجتناب الضّرائب: التّهرُّب من دفع الضرائب.

tax–ex·empt *(adj.)* مُعْفًى من الضَّريبة؛ غير خاضع للضَّريبة.

ta·xi [tăk'sĭ] *(n.; vt.; i.)* (١) التّاكسي: «أ» سيارة أُجرة للرّكّاب. «ب» سفينة أو طائرة عاملة بالأجرة § (٢) يركب التاكسي (٣) «أ» تَدْرُج [الطائرةُ] فوق سطح الأرض أو الماء. «ب» يَدْرُج بالطائرة **x** (٤) ينقل بالتاكسي (٥) يُدْرِج الطائرةَ: يجعلها تَدْرُج.

tax·i·cab [tăk'sĭ kăb'] *(n.)* التاكسي: سيارة أُجرة للرُّكّاب.

taxi dancer *(n.)* الراقصة المُؤاجَرة: راقصة محترفة تُستخدم في الحانات إلخ لترقص مع الزبائن لقاء مبلغ من المال يدفعه الزبون عن كل رقصة.

tax·i·der·mal [tăk'sĭ dûr'măl] *(adj.)* تصبيريّ: خاصّ بتحنيط الحيوانات.

tax·i·der·mic [-'mĭk] *(adj.)* = taxidermal.

tax·i·der·my [tăk'sĭ dûr'mĭ] *(n.)* التّصبير: تحنيط الحيوانات.

tax·i·man [tăk'sĭ-] *(n.)* سائق التّاكسي.

tax·i·me·ter [tăk'sĭ mē'tər] *(n.)* عَدّاد التاكسي.

tax·ing [tăk'sĭng] *(adj.)* شاقّ؛ مُرْهِق <a ~ operatic role>.

tax·is [tăk'sĭs] *(n.)* pl. **tax·es** [-sēz] (١) ترتيب؛ نظام (٢) الانجذاب؛ الانتحاء؛ الانحياز (أح) (٣) الرَّدّ: ردّ الفتق باليَد ومن غير جراحة (ط).

-taxis لاحقة معناها: «أ» ترتيب؛ نظام <homo*taxis*>. «ب» انجذاب؛ انتحاء <chemo*taxis*>.

taxi stand *(n.)* موقف التّاكسي: موقف سيارات التّاكسي.

tax·ite [tăk'sīt] *(n.)* التّكسيت: صخر بركانيّ يبدو وكأنه مؤلَّف من فِلَذٍ، وذلك بسبب من اختلاف ألوان أجزائِهِ وأنسجتها (صخ).

tax·i·way [tăk'sĭ wā'] *(n.)* المَدْرَجة: طريق ممهّدة، في مطار، تَدْرُج عليها الطائرة.

tax·on [-'sŏn] *(n.)* pl. **-s** *or* **tax·a** الأُصنوفة: مجموعةٌ أو وحدة تصنيفيّة.

tax·o·nom·ic [tăk'sə nŏm'ĭk] *(adj.)* صِنافيّ؛ تصنيفيّ.

tax·on·o·mist [tăk sŏn'ə-] *(n.)* الصِّنافيّ: العالِم بالصِّنافة.

tax·on·o·my [tăk sŏn'ə mĭ] *(n.)* (١) الصِّنافة؛ علم التصنيف: دراسة المبادئ العامة للتّصنيف العِلْمي (٢) تصنيف. وبخاصة: تصنيف النّباتات والحيوانات إلى شُعَبٍ وطوائفَ ورُتَبٍ وفصائلَ وأجناسٍ وأنواع.

tax·pay·er [tăks'pā'ər] *(n.)* المُكَلَّف: دافع الضَّرائب.

tax·pay·ing [tăks'pā'-] *(adj.)* (١) ضَريبيّ: متعلّق بدفع الضرائب (٢) خاضعٌ للضريبة.

tax stamp *(n.)* الطابع الضَّريبيّ؛ الطابع الأميريّ.

taz·za [tät'sə; tät'tsä] *(n.)* طاسَة؛ كوب.

TB [tē'bē'] *(n.)* = tuberculosis.

T-bone steak [tē'bōn'] *(n.)* الشّريحة التّائيّة: شريحة صغيرة من لحم البقر مشتملة على عظمٍ شبيهٍ شكلُهُ بشكل حرف T.

tea-plant

tea [tē] *(n.)* (١) شاي (٢) شاي الأصيل: شاي يقدّم مع الخبز

والزبدة وضروب الشطائر في ساعة متأخرة من الأصيل (٣) حفلة شاي.

tea ball *(n.)* كُرَة الشاي: كُرَة معدنية مُثَقَّبة تشتمل على بعض أوراق الشّاي وتُسْتَخْدم في إعداد الشاي في إبريق أو كأس.

tea·ber·ry [tē´bĕr´ĭ] *(n.)* = checkerberry.

tea biscuit *(n.)* بسكويت الشّاي: بسكويت يُتناول مع الشّاي.

tea·board [tē´bōrd´] *(n.)* صينيّة الشّاي: صينيّة لتقديم الشاي.

tea·bowl [tē´bōl´] *(n.)* الإستِكان: كوب شاي لا مَقْبِضَ له.

tea caddy *(n.)* = caddy *1.*

tea cake *(n.)* (١) كعكة الشاي (٢) cookie.

tea cart *(n.)* = tea wagon.

teach [tēch] *(vt.; i.)* (١) يُعَلِّم؛ يُدَرِّس؛ يُلَقِّن (٢) يُعَوِّد (٣) يُبَصِّر: يعرِّفه بالعواقب السيّئة المحتمَلة لكذا **x** (٤) يُدَرِّس: ينهض بأعباء التدريس.

teach·a·bil·i·ty [tē´chə bĭl´-] *(n.)* (١) التدريسيّة: صلاحية الاستعمال في التدريس <the ~ of a textbook> (٢) التعلُّميّة: قابليّة التعلّم.

teach·a·ble [tē´chə-] *(adj.)* (١) قابل للتعليم (٢) نزّاع إلى التعلّم (٣) ملائم للتعليم أو مساعد عليه (٤) صالحٌ للتدريس <a ~ textbook>.

teach·er [tē´chər] *(n.)* المُعَلِّم؛ المُدَرِّس.

teachers college *(n.)* دارُ المعلّمين: كُلّيّة لإعداد المعلّمين.

teach·er·ship [tē´chər shĭp] *(n.)* مَنْصِب أو مركز تعليميّ.

teach–in [tēch´ĭn] *(n.)* النّدوة الدّراسيّة [في كلّيّة أو جامعة].

teach·ing[1] [tē´chĭng] *(n.)* (١) تعليم؛ تدريس (٢) مذهب؛ تعاليم.

teach·ing[2] *(adj.)* تعليميّ؛ تدريسيّ <the ~ profession>.

tea·cup [tē´kŭp´] *(n.)* كوب الشّاي؛ فنجان الشّاي.

tea·cup·ful [-fo͝ol´] *(n.)* مِلءُ كوبٍ [أو فنجان] شاي.

tea dance *(n.)* حفلة الشّاي الراقصة: حفلة راقصة تقام في ساعة متأخرة من الأصيل.

tea·house [tē´-] *(n.)* صالة الشّاي: محلّ عامّ لتناول الشّاي والوَجَبات الخفيفة.

teak [tēk] *(n.)* السّاج: «أ» شجرٌ فارع الطول. «ب» خشب السّاج.

tea·ket·tle [tē´kĕt´əl] *(n.)* غلّاية الشّاي: إبريق لإعداد الشاي.

teak·wood [tēk´wo͝od´] *(n.)* خشب السّاج (را. teak).

teal [tēl] *(n.)* الحَذَف: بطّ نهريّ صغير.

teal blue *(n.)* الأزرق الحَذَفيّ: لون أزرق داكن ضارب إلى الخُضرة.

team [tēm] *(n.; vt.; i.; adj.)* (١) القرينان؛ القُرَناء: «أ» زوج من الخيل أو الثيران، أو أكثر من زوج، يُقرنان معًا إلى عربة أو محراث. «ب» هذا الزّوج مع عُدّتِهِ والعربة التي يجرّها أو المحراث الذي يسوقه (٢) «أ» القرين: جواد أو ثور واحد مع عُدّتِهِ وما قُرِنَ إليه من عربة أو نحوها. «ب» عربة مجرورة (٣) سِرب [من صغار الحيوان] (٤) الفريق: «أ» فرقة رياضية. «ب» فريق في مناظرة. «ج» crew[2] *4a*. «د» عدد من العلماء الذين يعملون كوحدةٍ متعاونة § (٥) يَقْرِن إلى عربة أو محراث (٦) ينقل بعربة تجرّها جياد قُرِن بعضها إلى بعض **x** (٧) يسوق شاحنةً أو زوجًا من الخيل أو الثيران (٨) يتعاون: ينتظم في فريق؛ يوحّد الجهود أو القوى § (٩) مقرون: مشدودٌ مع غيره إلى عربة <a ~ horse> (١٠) جَماعيّ <a ~ effort>.

team handball *(n.)* كُرَة اليد الفريقيّة (رب).

team·mate [tēm´māt´] *(n.)* القرين: زميل في فريق أو فرقة.

team·ster [tēm´-] *(n.)* (١) سائق القرينَيْن: سائق زوج الخيل أو الثيران (٢) سائق الشّاحنة.

team·work [tēm´wûrk´] *(n.)* عملُ الفريق؛ العمل الجَماعيّ.

tea party *(n.)* (١) حفلة شاي (٢) مُشادَّة؛ مُناوَشة.

tea·pot [tē´pŏt´] *(n.)* إبريق الشّاي.

tea·poy [tē´poi] *(n.)* (١) منضدة ثلاثية القوائم (٢) مِنضدة الشاي.

tear[1] [tēr] *(n.; vi.)* (١) «أ» دمعة. «ب» *pl.*: دَمْع (٢) *pl.*: بكاء؛ نحيب <to break into ~s> (٣) قَطْرَة § (٤) يَذْرِف [أو يَسْفَح] الدمعَ.

tear[2] [târ] *(vt.; i.; n.)* (١) «أ» يُمزِّق. «ب» يجرح (٢) ينتزع؛ يقتلع؛ يَشُدّ أو يسحب بعنف (٣) يَثْقُب **x** (٤) يتمزّق (٥) يعدو أو يندفع أو يعمل بسرعة وقوة كبيرتين § (٦) «أ» تمزيق. «ب» تمزُّق؛ بِلًى <wear and ~> (٧) ثقب؛ خَرْق <a ~ in her skirt> (٨) «أ» انفعال؛ اهتياج. «ب» اندفاع؛ عجلة فائقة (٩) المَصْخَبة: مرحٌ صاخب.

to ~ around (١) يتنقّل باهتياج أو غضب (٢) يحيا حياة طائشة يُعوزها الاستقرار.

to ~ (oneself) away ينتزع نفسَهُ: يحمل نفسَهُ على الكفّ عن مواصلة النّظر [إلى مشهد] أو المطالعة [في كتاب].

to ~ it يبدّد آمالَهُ أو يقضي عليها.

to ~ off يكتب أو يُنجز بسرعة أو على عجل.

to ~ out يقتلع؛ ينتزع.

to ~ up (١) يَشُقّ؛ يَحْفِر (٢) يمزّق (٣) يقتلع.

tear bomb *(n.)* قنبلة الدمع: قنبلة مُسِيلةٌ للدّموع.

tear·down [târ´-] *(n.)* تفكيك [ماكينةٍ].

tear·drop [tēr´drŏp´] *(n.)* (١) دَمْعة (٢) شيء كالدّمعة المُنْسَكِبة. وبخاصة: جوهرة متدلّية من قُرط أو عِقد.

tear·ful [tēr´-] *(adj.)* (١) دامع؛ باكٍ (٢) حزين (٣) مُحْزِن؛ مُسِيل للدّموع.

tear gas *(n.)* الغاز المُدْمِع؛ الغاز المُسيل للدّموع.

tear·ing [târ´-] *(adj.)* (١) مُوجِع [على نحوٍ موصول] <a ~ cough> (٢) سريع؛ خاطف <~ hurry> (٣) عنيف <~ rage> (٤) رائع.

tear·jerk·er [tēr´jûr´-] *(n.)* المُسْتَدِرّ(ة) للدموع: قصة أو مسرحية [أو شريط سينمائيّ أو برنامج تلفزيوني] محزنة أو مُشْجِيَة حتى الإفراط.

tear·less [tēr´ləs] *(adj.)* غير دامع؛ غير سافحٍ دمعًا.

tea·room [tē´ro͞om´] *(n.)* = teahouse.

tea rose *(n.)* وَرْد الشّاي : ورد ذو عبير شبيه بعبير الشّاي .

tear sheet [târ] *(n.)* المُقْتَطَعَة : صفحة مُقْتطَعة من صحيفة أو مجلة [كدليل يُثبت للمعلن أن إعلانَهُ قد أُدرِج فيها] .

tear·stain [tēr'stān'] *(n.)* بُقْعة [أو خطّ] يخلّفها الدمعُ على الوجه .

tear strip [târ] *(n.)* عِصابة المَزْق : شريط ضيّق يكون عادةً تحت العِصابة الدائريّة المطوّقة لعلبة الجبن أو نحوها لتمكين المرء من فتحها بسهولة .

tear·y [tēr'ĭ] *(adj.)* (١) دامع (٢) محزن ؛ مُشْجٍ <a ~ tale> (٣) دَمْعيّ .

tease [tēz] *(vt.; n.)* (١) يُمَشِّق : يمشِّط الصوفَ إلخ (٢) يُزَأبِر : يجعل للقُماش زئبرًا (٣) يمزِّق . وبخاصة : يقتطع نسيجًا حيًّا لاختباره مجهريًّا (٤) يُضايق أو يُبْرِم [بالسخرية أو الأسئلة أو الملاحظات أو المطالب] (٥) يعذِّب بإثارة رغبةٍ [من غير اعتزام لإشباعها] § (٦) مضايقة ؛ تعذيب (٧) المُضايِق ؛ المعذِّب (٨) مال ؛ نقود (ع) .

tea·sel [tē'zəl] *(n.; vt.)* (١) الدِّبساسيّة : أيٌّ من الدِّبساسيّات *Dipsacaceae* وهي فصيلة نباتية تشمل شوكَ الدُّرّاج أو مُشْط الراعي (٢) المُزَأبِرة : «أ» رأس زهرة دِبْساسيّة شائكٌ يجفَّف لإحداث الزِّئبر على سطح القماش . «ب» أداة آليّة تُستخدم للغرض نفسه § (٣) يُزَأبِر .

teas·er [tēz'-] *(n.)* (١) شخص مضايِق أو مُعذِّب (٢) المُغْوِية المُتَمَنِّعة : امرأة تغوي الرِّجال ولكنها تتجنّب مضاجعتهم (٣) مشكلة أو مهمة عسيرة .

tea service *(n.)* طقم الشّاي : مجموعة كاملة من آنية الشّاي الخزفيّة أو المعدنية تتألّف من إبريق وسكّريّة وأكواب إلخ .

tea set *(n.)* = tea service.

tea shop *(n.)* (١) tearoom (٢) مطعم (بر) .

tea·spoon [tē'spōōn'] *(n.)* (١) مِلعقة الشّاي (٢) مِلء مِلعقة الشّاي .

tea·spoon·ful [tē'spōōn'-] *(n.)* مِلء ملعقة الشّاي .

teat [tēt; tĭt] *(n.)* (١) حَلَمة الثَّدي (٢) شيء كالحَلَمة .

tea·time [tē'-] *(n.)* ميقات الشّاي [في أواخر الأصيل أو عند الغروب] .

tea towel *(n.)* مِنشفة الأطباق : قُماشة لتجفيف الصحون المغسولة .

tea wagon *(n.)* عربة الشّاي : طاولة صغيرة ، ذات عجلات ، تُستخْدَم لتقديم الشّاي إلخ .

tea·zel *or* **tea·zle** [tē'zəl] *(n.)* = teasel.

teched [tĕcht] *(adj.)* مُخَبَّل ؛ ضعيف العقل .

tech·ne·tium [tĕk nē'shĭ əm] *(n.)* التَّكنيتيوم : عنصر فِلزّيّ (ك) .

tech·ne·tron·ic [tĕk'nə trŏn'-] *(adj.)* تَكْنيتروني : متأثر بالتغيّرات الناشئة عن التقدم في التكنولوجيا والألكترونيّات والاتصالات <our ~ society>.

tech·nic [tĕk'-] *(adj.; n.)* (١) تِقْنيّ ؛ تِقانيّ § (٢) تِقْنِيَة (٣) العلم التطبيقيّ .

tech·ni·cal [tĕk'nĭ kəl] *(adj.)* تِقْنيّ ؛ تِقانيّ ؛ فنّيّ : «أ» خاصّ بفنّ أو عِلم أو صنعة أو مميِّز لها <~ details> . «ب» مستخدِمٌ تعابيرَ فنيّة أو معالجٌ موضوعًا ما بطريقة تقنيّة <~ language> . «ج» خبيرٌ عمليًّا بفنّ أو صنعة <~ consultant> . «د» ذو علاقة بالفنون الميكانيكية أو الصناعيّة أو بالعلوم التطبيقيّة <a ~ school> .

— **tech·ni·cal·ly** *(adv.)*

tech·ni·cal·i·ty [tĕk'nə kăl'-] *(n.)* (١) شيء تِقنيّ (٢) الصِّفة التِّقنيّة .

tech·ni·cal·ize [tĕk'nə kə līz'] *(vt.)* يُتَقِّن : يضفي عليه صفةً تقنيّةً .

tech·ni·cian [tĕk nĭsh'ən] *(n.)* التِّقنيّ ؛ التِّقانيّ ؛ الفنّيّ : الاختصاصي بالدقائق التِّقنيّة لموضوع أو حرفةٍ ما .

tech·ni·col·or [tĕk'nə kŭl'ər] *(n.)* التصوير بالألوان : طريقة في التصوير الملوَّن تستخدَم في الأفلام السِّينمائيّة .

tech·nique [tĕk nēk'] *(n.)* التِّقْنِيَة : «أ» أسلوبُ [أو طريقة] معالجة التفاصيل الفنية من قِبَل الكاتب أو الفنان . «ب» البراعة الفنِّيّة . «ج» الطرائق التِّقنيّة وبخاصة في البحث العلمي . «د» طريقة لإنجاز غَرَضٍ منشود .

techno- بادئة معناها : «أ» فنّ ؛ صنعة ؛ براعة . «ب» فنّيّ ؛ تقنيّ .

tech·noc·racy [tĕk nŏk'rə sĭ] *(n.)* التِّكنوقراطيّة : حكومة الفنّيين . وبخاصّة : إدارة المجتمع من قِبَل الاختصاصيّين التِّقنيّين .

— **tech·no·crat** *(n.)*

tech·no·log·i·cal; tech·no·log·ic [-lŏj'ĭ-] *(adj.)* تكنولوجيّ ؛ تِقْنيّ ؛ تِقانيّ <~ progress> .

tech·nol·o·gist [tĕk'nŏl'-] *(n.)* التكنولوجيّ ؛ التِّقانيّ : الخبير بالتكنولوجيا .

tech·nol·o·gize [tĕk nŏl'ə jīz'] *(vt.)* يُتَكْلِج : يجعله تكنولوجيّ الطابع .

tech·nol·o·gy [-ə jĭ] *(n.)* التّكنولوجيا ؛ التِّقانة : «أ» اللغة التِّقنية . «ب» العلم التطبيقيّ . «ج» طريقة علميّة لتحقيق غرض عمليّ . «د» جُمّاع الوسائل المستخدمة لتوفير كلّ ما هو ضروري لمعيشة الناس ورفاهيتهم .

techy [tĕch'ĭ] *(adj.)* = tetchy.

tec·ton·ic [tĕk tŏn'-] *(adj.)* (١) بنائيّ ؛ مِعماريّ (٢) تكْتونيّ : متعلّق بتشوُّه أديم الأرض ، والقِوى المؤدّية إليه ، والأشكال الناشئة عن ذلك .

tec·ton·ics [-'ĭks] *(n.)* (١) فنّ البناء (٢) التكتونيّة : السِّمات الجيولوجية البِنْيَويّة مجتمعةً (٣) التكتونيكا : مَبْحَث في المعالم التركيبية الكبرى للأرض وأسبابها (٤) diastrophism .

ted [tĕd] *(vt.)* يَنْشُر : ينشر التِّبْنَ أو القشّ لتجفيفه .

ted·dy [tĕd'ĭ] *(n.)* القميص : ثوب نِسْويّ تحتانيّ .

ted·dy bear *(n.)* الدُّبّ التَّدّيّ : دُمية تمثّل دُبًّا محشوًّا بموادّ ليّنة .

Te De·um [tē dē'əm] *(n.)* تسبيحة الشُّكْر ؛ ترنيمة الشُّكر .

te·dious [tē'dĭ əs] *(adj.)* مُضْجِر ؛ مُسئم ؛ مُمِلّ .

te·di·um [tē'dĭ əm] *(n.)* (١) ضَجَر ؛ سَأم ؛ مَلَلٌ (٢) فترة مُمِلّة .

tee[1] [tē] *(n.)* (١) الحرف T ؛ t (٢) شيء على صورة حرف T (٣) هدف [يُنْصَب لإطلاق النار في ألعاب مختلفة] .

to a ~, تمامًا ؛ إلى حدّ الكمال <suits me to a ~.> .

tee[2] *(n.; vt.)* (١) القُمْزة : «أ» ركام من الرمل أو نحوه توضع عليه كرة الغولف . «ب» قطعة خشب أو مطاط يُستعاض بها عن هذا الركام § (٢) يُقَمِّز : يضع كرة الغولف على القُمزة .

to ~ off (١) يبدأ ؛ يستهلّ (٢) يضرب بقوة (٣) يوبِّخ ؛ يؤنّب .

teed off [tēd] *(adj.)* غاضب ؛ مُستاء ؛ مُنزعج .

teem[1] [tēm] *(vt.; i.)* (١) تنتج؛ تَلِد (ا . ق) x (٢) تحمِل؛ تحبَل (٣) يَعُجّ بـ (٤) يحتشد؛ يتزاحم . <~s with mosquitoes>

teem[2] *(vi.; t.)* (١) يَهْطُل [المطرُ] بغزارة x (٢) يُفرِّغ؛ يَصُبّ .

teen [tēn]= teenager; teenage.

teen·age [tēn´āj´] *or* **teen·aged** *(adj.)* مُراهِق أو خاصّ بالمراهقين .

teen·ag·er [tēn´-] *(n.)* المُراهِق : شخص في طَوْر المُراهَقة .

teen·er [tē´nər] *(n.)* = teenager.

teens [tēnz] *(n.)* (١) الأعداد ١٣ إلى ١٩ ضمنًا . وبخاصة : السنوات من ١٣ إلى ١٩ من العمر أو القرن (٢) المراهقون .

teen·sy [tēn´sē]; **teen·sy–ween·sy** [-wēn´sē] *(adj.)* = tiny.

tee·ny [tē´nē] *(adj.)* = tiny.

tee·ny–bop·per [-bŏp´ər] *(n.)* المراهِقة : فتاة في سنّ المراهَقة .

tee·ny–wee·ny [tē´nē wē´nē] *(adj.)* = tiny.

tee·pee [tē´pē] *(n.)* = tepee.

tee shirt *(n.)* = T-shirt.

tee·ter [tē´tər] *(vi.; t.; n.)* (١) يتمايل؛ يترنَّح (٢) يتردَّد؛ يتذبذب (٣) يتأرجح x (٤) يؤرجح § (٥) تمايُل؛ ترنُّح؛ تردُّد؛ تذبذُب إلخ .

teeth [tēth] *pl. of* tooth.

teethe [tēth] *(vi.)* يُسِنّ : تَنْبُتُ أسنانه .

teeth·er [tē´thər] *or* **teething ring** *(n.)* حَلْقة الإسنان : حلقة من مطّاط أو لدائن يعضّ عليها الطفل في طور الإسنان .

teeth·ing [tē´thĭng] *(n.)* الإسنان : تكوُّن الأسنان ونموُّها وبروزُها .

tee·to·tal [tē tō´təl] *(adj.)* (١) كُلّيّ الامتناع : «أ» ذو علاقة بالامتناع الكُلّيّ عن المُسْكِرات . «ب» ممتنع امتناعًا كُلّيًّا عن المُسْكِرات (٢) كُلّيّ؛ تامّ؛ كامل <in ~ peace> .

tee·to·tal·er *or* **tee·to·tal·ler** [tē tō´-] *(n.)* الكُلّيّ الامتناع [عن المُسْكِرات] .

tee·to·tal·ism [tē tō´tə-] *(n.)* الامتناع الكلّيّ [عن المُسْكِرات] .

tee·to·tum [tē tō´təm] *(n.)* (١) الخُذَيْرِيف : خُذْروف [أو بلبل] صغير يُدار بالأصابع (٢) خُذْروف الحظّ : خذروف ذو جوانبَ أربعةٍ كلٌّ منها موسوم بحرفٍ مختلف، يُدار بالأصابع في لعبة من لُعَبِ الحظّ القديمة .

teff [tĕf] *(n.)* الطِّيف : نبات يُتَّخذ من حبِّه عَلَفٌ للحيوان .

teg·men [tĕg´mən] *(n.)* pl. **-mi·na** (١) غلاف؛ إهاب (٢) السِّيَراء : الغلاف الباطن للبُيَيْضة والبِزْرة («ح» و«نب») .

teg·men·tum [tĕg mĕnt´əm] *(n.)* pl. **-men·ta** سِيَراء؛ غِشاء؛ إهاب (ت) .

— **teg·men·tal** *(adj.)*

teg·u·lar [tĕg´yə-] *(adj.)* (١) قِرْميديّ (٢) مُتراكِب : قِرْميديّ الترتيب .

teg·u·ment [tĕg´yə mənt] *(n.)* = integument.

teil [tēl] *or* **teil tree** *(n.)* الزَّيْزَفون (را . linden) .

tek·tite [-´tīt] *(n.)* التَّكتيت : جسم زجاجيّ يرجَّح أنه نَيْزكيّ الأصل .

tel-[1] = tele-.

tel-[2] بادئة معناها : نهاية؛ آخر <*tel*encephalon> .

tel·a·mon [tĕl´ə mŏn´] *(n.)* التَّلَمُون : تمثال رجل يقوم مقامَ عمود في مبنًى (قا . caryatid) .

tel·an·gi·ec·ta·sia [tĕl ăn jĭ ĕk´tā zhĭ ə] *or* **tel·an·gi·ec·ta·sis** [-ĕk´tə sĭs] *(n.) pl.* **-ta·ses** تمدُّد الأوعية الشَّعرية (ط) .

tel·au·to·graph [tĕl ô´tə grăf] *(n.)* المُبْرِقة الخاطّة (مج)؛ التّلوتوغراف : تلغراف ناقل للخطّ والرّسوم .

tele [tĕl´ə] *(n.)* = television.

tele- *or* **tel-** بادئة معناها : «أ» بعيد؛ عن بُعْد <*tele*thermoscope> . «ب» تلغراف <*tele*typewriter> . «ج» تلفزيون <*tele*camera> .

tel·e·cam·er·a [tĕl´ə -] *(n.)* كاميرا التلفزيون؛ الكاميرا التلفزيونية .

tel·e·cast [tĕl´ə kăst] *(vt.; i.; n.)* (١) يُتَلْفِز : يبثّ أو يذيع بالتلفزيون § (٢) إذاعة تلفزيونية .

— **tel·e·cast·er** *(n.)*

tel·e·com·mu·ni·ca·tion [-kā´shən] *(n.)* (١) المُواصَلة البعيدة : الاتصال عن بُعد [بالتلغراف أو التلفون إلخ] (٢) *pl.* عد : علم المُواصلة البعيدة <studied ~s>.

tel·e·con·fer·ence [tĕl´ə-] *(n.)* المؤتمر التّواصليّ [بالتلفونات أو التلفزيونات إلخ] .

tel·e·course [-kōrs] *(n.)* المُقَرَّر التّلفزيونيّ : مُقرَّر دراسيّ يُذاع بالتلفزيون .

tel·e·film [tĕl´ə-] *(n.)* الفيلم التّلفزيونيّ : شريط سينمائيّ مُنْتَجٌ للتلفزيون .

tel·e·ge·nic [-jĕn´-] *(adj.)* تلفازيّ : صالحٌ للعرض على شاشة التلفزيون .

tel·e·gram [tĕl´ə grăm´] *(n.; vt.)* (١) بَرْقيّة § (٢) يُبْرِق .

tel·e·graph [tĕl´ə grăf´] *(n.; vt.)* (١) التلغراف : وسيلة أو نظام لنقل الرسائل برقيًّا (٢) بَرْقية؛ تلغراف § (٣) يُبْرِق .

te·leg·ra·pher *also* **te·leg·ra·phist** [tə lĕg´-] *(n.)* عامل التِّلغراف .

tel·e·graph·ese [tĕl´ə grăf ēz´] *(n.)* اللُّغة التّلغرافية أو البَرْقية .

tel·e·graph·ic [-grăf´-] *(adj.)* تلغرافيّ : «أ» برقيّ . «ب» شديد الإيجاز .

telegraph plant *(n.)* المَفْصِلِيّة الدَّوّارة : نبات آسيويّ استوائيّ .

te·leg·ra·phy [tə lĕg´rə fĭ] *(n.)* الإبراق : الإرسال البرقيّ أو التلغرافيّ .

te·lem·e·ter [tə lĕm´ə tər] *(n.; vt.)* التّليمتر؛ مقياس البُعد .

tel·en·ceph·a·lon [tĕl´ĕn sĕf´ə lŏn´] *(n.)* الدّماغ الانتهائيّ (ت) .

tel·e·o·log·i·cal *also* **tel·e·o·log·ic** [tĕl´ĭ ə lŏj´-] *(adj.)* غائيّ .

tel·e·ol·o·gist [tĕl´ĭ ŏl´ə jĭst] *(n.)* الغائيّ : المؤمن أو القائل بالغائيّة .

tel·e·ol·o·gy [-jĭ] *(n.)* الغائيّة : «أ» كَوْنُ الشيء، وبخاصة الطبيعة أو عملياتُها، موجَّهًا نحو غاية . «ب» الاعتقاد بأن كلّ شيء في الطبيعة مقصودٌ به تحقيق غاية معيَّنة . «ج» مذهب يفسِّر الظواهر على ضوء أسبابها النهائية .

tel·e·ost [tĕl′ē ŏst] *(n.; adj.)* (١) العَظْميّة؛ كاملة العظام: سمكة من العظميّات أو كاملات العظام **Teleostei** وهي طائفة كبيرة من الأسماك ذات هياكل عظمية § (٢) عظميّة؛ كاملة العظام.

tel·eo·stome [tĕl′ĭ ə stōm] *(n.)* = teleost *1*.

te·lep·a·thy [tə lĕp′ə thĭ] *(n.)* التّخاطُر: اتّصال عقل بآخر من غير طريق الكلام أو الكتابة أو الإشارة، أو من غير طريق الحواسّ الخمس.

— **tel·e·path·ic** *(adj.)* —**te·lep·a·thist** *(n.)*

tel·e·phone [tĕl′ə fōn′] *(n.; vi.; t.)* (١) التّلِفون؛ الهاتف § (٢) يُتَلْفِن؛ يُهاتف x (٣) يبعث [برسالة] بالتلفون (٤) يخاطب تلفونيًا.

telephone book *(n.)* دليل التّلِفون؛ دليل الهاتف.

telephone booth *(n.)* حُجَيْرة التّلِفون: حجرة صغيرة للتحدّث بالتّلِفون.

telephone box *(n.)* حُجَيْرة التّلِفون العمومية.

telephone directory *(n.)* = telephone book.

telephone exchange *(n.)* مركز التّلِفون؛ سنترال التّلِفون.

telephone operator *(n.)* عامل التّلِفون.

telephone receiver *(n.)* سمّاعة التّلِفون.

telephone set *(n.)* جهاز التّلِفون.

tel·e·phon·ic [tĕl′ə fŏn′ĭk] *(adj.)* تَلِفونيّ؛ هاتفيّ.

tel·e·phon·ist [tĕl′ə fō′nĭst] *(n.)* عامل التّلِفون (بر).

te·leph·o·ny [tə lĕf′ə nĭ] *(n.)* التّلِفونيّة: الإرسال أو الاتصال التّلِفونيّ.

tel·e·pho·to[1] [tĕl′ə fō′tō] *(adj.)* (١) تليفوتوغرافيّ (٢) مُقَرِّبة: صفة لعدسة تصوير مُعَدّة لإعطاء صورة كبيرة عن شيء بعيد.

tel·e·pho·to[2] *(n.)* (١) المُقَرِّبة: عدسة تصوير مقرِّبة (٢) التّليفوتو: «أ» جهاز لنقل الصُّور الفوتوغرافية بالراديو. «ب» صورة منقولة بالراديو.

tel·e·pho·to·graph [tĕl′ə fō′-] *(n.; vt.)* (١) الصورة التليفوتوغرافية: «أ» صورة مأخوذة بكاميرا ذات عدسة مقرِّبة. «ب» صورة منقولة بالراديو § (٢) يُصَوِّر بكاميرا ذات عدسة مقرِّبة (٣) ينقل صورة بالتليفوتوغرافيا.

— **tel·e·pho·to·graph·ic** *(adj.)*

tel·e·pho·tog·ra·phy [-tŏg′rə fĭ] *(n.)* التّليفوتوغرافيا: «أ» تصوير للأشياء البعيدة بكاميرا ذات عدسة مُقَرِّبة. «ب» نقل الصُّور بالراديو.

tel·e·pho·to lens *(n.)* العَدَسة المقرِّبة: عدسة تصوير مُقَرِّبة.

tel·e·play [tĕl′ə-] *(n.)* المسرحية التّلِفزيونية: مسرحية مكتوبة للتلفزيون.

tel·e·print·er [tĕl′ə prĭn′tər] *(n.)* = teletypewriter.

tel·e·ran [tĕl′ə răn′] *(n.)* التّليران: ملاحة جوّيّة تستخدم التلفزيون والرادار في توجيه الطائرات.

tel·e·scope [tĕl′ə skōp′] *(n.; vi.; t.)* (١) التّلِسْكوب؛ المِرْقَب؛ المِقْراب (٢) حقيبة § (٣) يتداخل [بعضُهُ ببعض وبخاصة نتيجةً لاصطدام] x (٤) يجعله يتداخل (٥) يضغط؛ يوجز.

telescope box *(n.)* الصُّندوق المُتداخِل؛ الصُّندوق المتراكب: صندوق ذو قطعتين تتداخل جوانبُهما أو تتراكب.

tel·e·scop·ic [tĕl′ə skŏp′ĭk] *(adj.)* (١) تَلِسْكوبيّ: «أ» منسوب إلى التّلسكوب. «ب» لا يُرى إلا بالتّلسكوب <~ stars> (٢) حديدُ البَصَر (٣) متداخل؛ متراكب: ذو جزأين متداخلين أو متراكبين.

te·les·co·py [tə lĕs′-] *(n.)* التّلِسكوبية: إنشاء التلسكوبات أو استخدامها.

tel·e·script [tĕl′ə-] *(n.)* النّصّ التلفزيونيّ: نصّ لعمل تمثيليّ مُعَدّ للتلفزيون.

tel·e·sis [tĕl′ə sĭs] *(n.)* بلوغ الأرب [من طريق الجهد الإنساني الذكيّ].

tel·e·ster·e·o·scope [tĕl′ə stĕr′ĭ ə skōp′] *(n.)* المجسام المِقرابيّ: أداة بَصَرية تُرِي الأشياءَ البعيدةَ مجسَّمةً.

tele·text [tĕ′lə-] *(n.)* التّلتَكست: تقنيّة بثّ للمعلومات عبر جهاز تلفزيون.

tel·e·ther·mo·scope [tĕl′ə thûr′mə skōp′] *(n.)* الترمومتر المِقرابيّ: ترمومتر يسجّل درجات الحرارة عن بُعْد.

tel·es·th·e·sia [-thē′zhə] *(n.)* الإحساس البُعْدي؛ الإحساس عن بُعْد.

tel·e·thon [tĕl′ə thŏn′] *(n.)* البرنامج الطويل: برنامج تلفزيونيّ طويل مُعَدٌّ بخاصّةٍ لإغراء الناس بالتبرّع لمشروع خيريّ إلخ.

tel·e·tran·scrip·tion [tĕl′ə trăn skrĭp′-] *(n.)* = kinescope *b*.

tel·e·type [tĕl′ə-] *(n.)* (١) teletypewriter (٢) رسالة مُوَجَّهة بآلة مُبْرِقة كاتبة.

tel·e·type·set·ter [tĕl′ə tīp′sĕt′ər] *(n.)* المُنَضِّدة البُعْديّة: جهاز تلغرافيّ لتشغيل ماكينة منضِّدة للحروف تشغيلًا أوتوماتيًّا.

tel·e·type·writ·er [tĕl′ə tīp′rī′tər] *(n.)* المُبْرِقة الكاتبة.

tel·e·typ·ist [tĕl′ə tī′-] *(n.)* المُبْرِق الكاتب: عامل المُبْرِقة الكاتبة.

tel·e·view [tĕl′ə vyōō′] *(vi.)* يشاهد على شاشة التلفزيون.

tel·e·view·er [-ər] *(n.)* مُشاهد التلفزيون: من يُشاهد البرامج التلفزيونية.

tel·e·vise [tĕl′ə vīz′] *(vt.)* (١) يُتَلْفِز: يُرسل الصُّوَر بالتلفزيون (٢) يستقبل [الصُّوَر] تلفزيونيًا.

tel·e·vi·sion [tĕl′ə vĭzh′ən] *(n.)* (١) التلفزة؛ التّلفزيون (٢) التّلفاز؛ التّلفزيون: جهاز تلفزيونيّ مُسْتقبِل.

— **tel·e·vi·sion·al; tel·e·vi·sion·ar·y** *(adj.)*

television tube *(n.)* = picture tube.

tel·e·vi·sor [tĕl′ə vī′zər] *(n.)* (١) التّلفاز: جهاز تلفزيونيّ مُرْسِل أو مستقبِل (٢) مذيع تلفزيونيّ (٣) مُشاهد البرامج التلفزيونية.

tel·e·vi·su·al [tĕl′ə vĭzh′ə wəl] *(adj.)* تلفزيونيّ؛ تَلْفَزِيّ.

tel·ex [tĕl′ĕks] *(n.; vi.)* (١) التّلَكْس: «أ» المُبْرِقة المباشرة. «ب» رسالةٌ مُرْسَلةٌ بالتّلَكْس § (٢) يُتَلْكِس: يُبْرِق بالتّلَكْس.

tel·ic [tĕl′ĭk] *(adj.)* (١) هادفٌ؛ ذو هَدَف (٢) انتهائيّ (ل).

tell[1] [tĕl] *(vt.; i.)* (١) يَعُدّ؛ يُحْصي (٢) «أ» يروي؛ يقصّ. «ب» يقول (٣) «أ» يذيع؛ يعلن؛ يكشف عن. «ب» يعبّر (٤) «أ» يُخبر؛ يُعْلِم. «ب» يؤكّد (٥) يأمر (٦) يقرِّر؛ يدرك؛ يكتشف x (٧) يتحدث عن (٨) يَحْكم؛ يقرِّر <never *told* on each other> (٩) يشي؛ يَنِمّ <Who can ~?> (١٠) يهمّ؛ يؤثّر <a contest in which every stroke ~s> (١١) يُحْدِث أثرًا ظاهرًا أو قاسيًا <The strain was ~*ing* on his health.>

(١٢) يتحدّث؛ يلغو (عب) (١٣) يدلّ على؛ يَنِمّ عن.

to ~ off (١) يُعَيِّن أو يُخَصِّص لمهمّة ما (٢) يُوَبِّخ.

tell[2] *(n.)* تَلّ؛ كَثِيب.

tell·er [-ʹər] *(n.)* (١) القاصّ؛ الرّاوي إلخ (٢) العادّ: «أ» مُحْصِي أصوات المُقْترعين. «ب» أمين الصندوق [في مَصْرِف] (٣) مصرف آليّ.

tell·ing [tĕlʹ-] *(adj.)* (١) قويّ؛ شديد الأثر <a ~ blow> (٢) مُعَبِّر؛ كشّاف <a ~ analysis>.

tell·tale [tĕlʹtālʹ] *(n.; adj.)* (١) النّامّ؛ الواشي؛ المُبَلِّغ (٢) أمارة؛ دلالة (٣) أداة [مثل ساعة الدّوام الأوتوماتيّة] لضبط دوام الموظفين إلخ (٤) المُحَذِّرة: إشارة خطر في موضع من السّكة الحديدية § (٥) نامّ: مُعَبِّر عن شيء لا يُراد إعلانُهُ <a ~ blush> (٦) مُحَذِّر؛ مُنَبِّه <a ~ indicator>.

tellur- *or* **telluro-** بادئة معناها: «أ» أرض. «ب» تَلُّوريوم.

tel·lu·ri·an[1] [tĕ lo͝orʹ-] *(adj.; n.)* (١) أرضيّ § (٢) أحد سكان الأرض.

tel·lu·ri·an[2] *or* **tel·lu·ri·on** *(n.)* التّلُّوريون: أداة تُظْهِر كيفيّة تعاقب الليل والنهار والفصول الأربعة.

tel·lu·ric [-ʹĭk] *(adj.)* (١) تَلُّوريوميّ؛ مُحْتَوٍ على تلّوريوم (٢) أرضيّ.

tel·lu·rite [tĕlʹyə rītʹ] *(n.)* التّلّوريت: «أ» ملح الحَمْض التّلّوريوميّ. «ب» ثاني أكسيد التّلّوريوم (ك).

tel·lu·ri·um [tĕ lo͝orʹĭ əm] *(n.)* التّلُّوريوم: عنصرٌ نِصف فِلِزّيّ وثيق الصِّلة بالكبريت من حيث خصائصُهُ الكيميائية (ك).

tel·lu·rous [tĕlʹyə rəs] *(adj.)* تَلُّوريوميّ: ذو علاقة بالتّلُّوريوم.

tel·ly [tĕlʹĭ] *(n. chiefly Brit.)* = television.

telo- = tel-[2].

tel·o·phase [tĕlʹə fāzʹ] *(n.)* الطّور الانتهائيّ [من التّخيُّط mitosis].

tel·pher [tĕlʹfər] *(n.)* (١) العربة المعلّقة: عربة خفيفة معلّقة بأسلاك هوائية تجري عليها. وبخاصة: عربة كهذه مسيَّرة بالكهرباء (٢) telpherage.

tel·pher·age [tĕlʹfər ĭj] *(n.)* القطار المعلّق: نظام لنقل الكهرباء بواسطة عربات معلّقة.

tel·son [tĕlʹsən] *(n.)* التّلْسون: الفصّ الأخير من جسم الحيوان القِشريّ.

tem·blor [tĕm blôrʹ] *(n.)* زلزال.

tem·er·ar·i·ous [tĕmʹə rârʹĭ əs] *(adj.)* مُتَهوِّر؛ طائش.

te·mer·i·ty [tə mĕrʹə tĭ] *(n.)* تَهَوُّر؛ طيش.

temp [tĕmp] *(n.)* عاملٌ مؤقّت؛ شغّيل مؤقّت.

tem·per[1] [tĕmʹpər] *(vt.)* (١) يُلَطِّف <to ~ justice with mercy> (٢) يحكم؛ يُسيطر على (ا.ق) (٣) يُصْلِح؛ يعالج. مثل: «أ» يُعِدّ الرسّام ألوانه بمزجها بالزّيت. «ب» يَسْقي الفولاذ [لتقسيته] (٤) يقوّي؛ يُضَرِّس؛ يمرِّس <troops ~*ed* in battle> (٥) «أ» يُناغم؛ يُساوِق. «ب» يُعَدِّل أو يضبط درجة النّغم.

tem·per[2] *(n.)* (١) الوَسَط؛ الحالة الوُسطى (ا.ق) (٢) نزعة؛ اتجاه (٣) شجاعة؛ بسالة (٤) «أ» درجة الصّلادة أو المرونة [التي يكتسبها الفولاذ بالسَّقي]. «ب» لون الفولاذ [بعد السَّقي]. «ج» مَلْمَس الجلد وصلابتُهُ النّسبية (٥) مِزاج؛ طَبْع (٦) هدوء؛ رباطة جأش (٧) حدّة؛ انفعال (٨) المِزاج: مادة تُضاف إلى أخرى أو تُمْزَج بها لتعديل خصائص الثانية.

tem·per·a [tĕmʹpər ə] *(n.)* = distemper[2] *2.*

tem·per·a·ment [tĕmʹpər ə mənt] *(n.)* (١) مِزاج؛ طَبْع (٢) حساسية شديدة (٣) «المزاج»: مزاج خاصّ نزّاع إلى التمرُّد على القواعد أو القيود العادية <An artist often has ~.> (٤) مص temper، مثل: تلطيف؛ إصلاح إلخ (٥) السّبيل الوسط؛ الحالة الوسطى.

tem·per·a·men·tal [tĕmʹpər ə mĕnʹ-] *(adj.)* (١) مِزاجيّ؛ طَبْعيّ (٢) حسّاس؛ سريع الاهتياج (٣) غريب المزاج: ذو مزاجٍ خاصّ.

tem·per·ance [tĕmʹpər əns] *(n.)* الاعتدال: «أ» ضبط النّفس. «ب» الاعتدال في معاقرة الخمرة أو الامتناع التّامّ عنها.

tem·per·ate [-ĭt] *(adj.)* (١) مُعْتدل: «أ» غير متطرِّف. «ب» مقتصد في كل ما يتّصل بشهوات النفس. «ج» معتدل في معاقرة الخمرة (٢) معتدل المُناخ (٣) عائش في مناخ معتدل <~ insects>.

temperate zone *(n.)* المنطقة المعتدلة [بين المنطقة الاستوائية والدائرتين القطبيّتين].

tem·per·a·ture [tĕmʹpər ə chər; tĕmʹprə-] *(n.)* (١) درجة الحرارة (٢) درجة حرارة الجسم الطبيعية (٣) حُمّى؛ حرارة عالية (٤) حرارة؛ شدّة؛ متانة <the ~ of their friendship>.

temperature gradient *(n.)* المَمال الحراريّ: نسبة التغيّر في الحرارة وبخاصةٍ تبعًا لازدياد الارتفاع عن سطح البحر.

tem·pered [-ʹpərd] *(adj.)* (١) مُعتدل <~ air> (٢) مُلَطَّف؛ مُخَفَّف (٣) مَسْقِيّ؛ مُعالَج <~ steel> (٤) ذو مزاجٍ معيَّن <short-*tempered*>.

tem·pest [tĕmʹ-] *(n.; vt.)* (١) عاصفة (٢) اضطراب § (٣) يُثير عاصفةً.

tem·pes·tu·ous [tĕm pĕsʹcho͞o əs] *(adj.)* عاصف؛ هائج.

Tem·plar [-ʹplər] *(n.)* (١) الدّاوِيّ: واحد الدّاوية أو فرسان الهيكل (را. Knight Templar) (٢) *not cap.*: محامٍ أو طالب حقوقٍ في لندن.

tem·plate [tĕmʹplət] *(n.)* = templet.

tem·ple [tĕmʹpəl] *(n.)* (١) هيكل (٢) كنيسة [بروتستانتية] (٣) الكَنِيس: معبد يهوديّ (٤) المَحْفَل: مَحْفل ماسونيّ محلّيّ أو مَبْناه (٥) الصُّدغ (ت) (٦) الذِّراع: أحد ذراعَي النظّارة (٧) المُعَرِّضة: أداة لإبقاء القماش مبسوطًا إلى العرض المطلوب [عند حياكته بالنَّول].

temple *1.*

tem·plet [tĕmʹplət] *(n.)* (١) العارضة: رافدة أُفقية قصيرة (عم) (٢) المُعَيِّرة؛ الطَّبعة: قالب أو نموذج مُعايَرة (مك) (٣) القالب (ك).

tem·po [tĕmʹpō] *(n.)* pl. **-pi** [pē] *or* **-pos** (١) درجة السُّرعة: السُّرعة التي يجب اعتمادها في غناء أو مقطع موسيقيّ (٢) درجة الحركة أو النّشاط.

tem·po·ral [-ʹpə rəl] *(adj.)* (١) مؤقّت؛ زائل (٢) زمنيّ؛ دُنيويّ (٣) زمانيّ: متعلّق بالزمان أو دالٌّ عليه (ل) (٤) مُرتَّب زمنيًا (٥) صُدْغيّ.

temporal artery *(n.)* الأَصْدَغ: شريان الصُّدْغ (ت).

temporal bone *(n.)* العَظْم الصُّدْغيّ: عَظْم الصُّدغ (ت).

tem·po·ral·i·ty [tĕmʹpə rălʹə tĭ] *(n.)* (١) السلطة الزمنيّة: السلطة المدنيّة أو السياسيّة بوصفها شيئًا متميّزًا عن السلطة الروحيّة أو الإكليركية (٢) *pl.* أ.ك: ممتلكات أو عائدات إكليركية (٣) «أ» الصفة المؤقّتة أو الزائلة. «ب» الصفة الزمنية أو الدنيوية.

tem·po·ral·ize [-ʹpə rə līzʹ] *(vt.)* (١) secularize (٢) يؤقّت: يحدّد زمنيًا.

tem·po·rar·i·ly [tĕmʹpə rĕrʹə lĭ] *(adv.)* مؤقّتًا؛ إلى حين.

tem·po·rar·y [-ʹpə rĕrʹĭ] *(adj.; n.)* مؤقّت؛ وقتيّ <a ~ solution>.

tem·po·rize [tĕmʹpə rīzʹ] *(vi.)* (١) يُساير الزَّمن: يُساير الظروف أو تيّار الرأي (٢) يُراوِغ: يطيل المناقشة أو المفاوضة كسبًا للوقت.

tempt [tĕmpt] *(vt.)* (١) يُغْرِي؛ يُغْوِي (٢) يُجرِّب (ا م) (٣) يحثّ على (٤) يَرْكب المخاطر.

temp·ta·tion [tĕmp tāʹ-] *(n.)* (١) إغراء؛ إغواء (٢) شيء مُغْرٍ أو مُغْوٍ <Advertisements are ~s to spend money.>.

tempt·er [tĕmpʹ-] *(n.)* (١) المُغْرِي؛ المُغْوي (٢) *cap.* إبليس؛ الشيطان.

tempt·ing [-ʹtĭng] *(adj.)* مُغْرٍ؛ مُغْوٍ <a ~ offer>.

tempt·ress [-ʹtrəs] *(n.)* المُغْرِية؛ المُغْوِية: امرأة تُغْرِي الرجال أو تُغْوِيهم.

ten [tĕn] *(n.)* (١) عَشَرة (٢) العاشر (٣) العُشاريّ: شيء ذو عشر وحدات (٤) العُشارية: ورقة العشرة دولارات.

ten·a·ble [tĕnʹə-] *(adj.)* (١) ممكنٌ الدفاع عنه أو الاحتفاظ به (٢) معقول.

ten·ace [tĕnʹās] *(n.)* التَّناسّ: اجتماع ورقتين هامَّتين من ورق اللَّعِب في يد اللاعب.

te·na·cious [tə nāʹshəs] *(adj.)* (١) متماسك (٢) دَبِق؛ لَزِج (٣) متمسّك أو مُتَشبِّث [بحقوقه إلخ]؛ عنيد <~ of his rights> (٤) ذَكور: قادر على التذكُّر <a ~ memory>.

te·nac·i·ty [tə năsʹə tĭ] *(n.)* (١) تماسُك (٢) لُزوجة (٣) تمسُّك؛ تشبُّث؛ ثبات؛ عناد (٤) قدرة على التذكُّر.

te·nac·u·lum [tə năkʹyə ləm] *(n.)* pl. **-la** *or* **-lums** الخُطّاف؛ القَيْد؛ مِشبك الأنسجة: شبه صِنّارة تُستخدم للإمساك بالشرايين إلخ (جر).

tenaculum

ten·an·cy [tĕnʹən sĭ] *(n.)* (١) استئجار (٢) مُدّة الاستئجار (٣) مِلْكٌ مستأجَر؛ أرض مستأجَرة.

ten·ant [tĕnʹənt] *(n.; vt.; i.)* (١) المستأجِر [أرضًا أو بيتًا] (٢) النَّزيل؛ السّاكن § (٣) يَشْغَل بوصفه مستأجِرًا x (٤) يَسْكُن؛ يُقيم في.

ten·ant·a·ble [tĕnʹən tə bəl] *(adj.)* قابل أو صالح للاستئجار.

tenant farmer *(n.)* المُزارِع المستأجِر: مُزارع يعمل على أرض غيره لقاء إعطائه صاحبَ الأرض أجرًا نقديًّا أو حصّة من المحصول.

ten·ant·less [tĕnʹənt-] *(adj.)* شاغر؛ غير مُستأجَر؛ غير آهِل.

ten·ant·ry [tĕnʹən trĭ] *(n.)* (١) tenancy (٢) جماعة المستأجِرين.

ten–cent store [tĕn sĕntʹ] *(n.)* مَخْزَن السَّنتات العشرة: مخزن للبيع بالتجزئة لا يزيد سعرُ أيٍّ من سِلَعه على عشرة سنتات.

tench [tĕnch] *(n.)* التَّنْش: سمك نهريّ.

Ten Commandments *(n. pl.)* الوصايا العَشْر: وصايا الله لموسى على جبل سيناء.

tend[1] [tĕnd] *(vi.; t.)* (١) ينصرف إلى <*Tend* to your own business.> (٢) يَخْدِم x (٣) يَشْهد؛ يَحضر (ع) (٤) «أ» يُعْنَى بـ؛ يتولى بعنايته [أمرًا]. «ب» يرعى. «ج» ينهض بأعباء عمل ما.

tend[2] *(vi.)* (١) يتّجه إلى (٢) ينزع أو يميل إلى (٣) يُفضي أو يؤدي إلى.

ten·dance [tĕnʹdəns] *(n.)* عناية؛ رعاية.

ten·den·cy [tĕnʹdən sĭ] *(n.)* (١) نزعة؛ مَيْل (٢) هدف؛ غَرَض.

ten·den·tious *also* **ten·den·cious** [tĕn dĕnʹshəs] *(adj.)* (١) متحيِّز؛ مُنْحاز (٢) ذو نزعة معيَّنة أو هدف مُعيَّن <a ~ novel>.

ten·der[1] [tĕnʹdər] *(adj.; vt.; i.)* (١) «أ» سهل المَكْسَر؛ سريع العطب. «ب» سهل المضغ (٢) «أ» واهن؛ ضعيف. «ب» غضّ؛ طريّ؛ رَخْص؛ غير ناضج <children of ~ years>. «ج» عاجز عن مقاومة البرد (٣) محبّ؛ حنون (٤) حسّاس (٥) حَذِر (٦) لطيف؛ رقيق <a ~ wind> (٧) مُوْجِعٌ عند المسّ (٨) دقيق: متطلّب عناية بالغة <The situation was extremely ~ and critical.> § (٩) يوهن؛ يُضْعِف؛ يُرَقِّق إلخ x (١٠) يَهِن؛ يَضْعُف إلخ.

ten·der[2] *(n.; vt.; i.)* (١) عرض لمالٍ أو خدماتٍ [وفاءً لدَيْن أو التزام] (٢) عرض رسميّ <Mary refused his ~ of marriage.> (٣) العَطاء: تقديم للأسعار ابتغاءَ الفوز بمناقصة مطروحة (٤) مالٌ § (٥) يعرض مالًا أو سِلَعًا أو خدماتٍ وفاءً لدَيْن إلخ (٦) يقدِّم رسميًّا <to ~ one's resignation> (٧) يعرض للبيع <to ~ stock> x (٨) يقدِّم عطاءً [للفوز بمناقصة]. — **ten·der·er** *(n.)*

ten·der[3] *(n.)* (١) فا tend (٢) سفينة التموين: سفينة مُمَوِّنة للسفن الأخرى (٣) مركب الانتقال [بين الشاطئ وسفينة أكبر] (٤) سفينة حربية (٥) مقطورة الوقود والماء [في السّكّة الحديدية].

ten·der·foot [tĕnʹdər fo͝otʹ] *(n.)* (١) الوافد الجديد [على منطقة حديثة العهد بالعمران] (٢) الطَّريّ العود: شخص لم يألف الحياة الحافلة بالمشاقّ (٣) المبتدئ؛ الغِرّ <a political ~>.

ten·der·heart·ed [-härʹtĭd] *(adj.)* شَفوق؛ حنون؛ رقيق الفؤاد.

ten·der·ize [tĕnʹdə rīzʹ] *(vt.)* يُطَرِّي [اللّحمَ].

ten·der·loin [tĕnʹdər loinʹ] *(n.)* (١) قطعة طريّة من لحم الخاصرة (٢) الحيّ المُسْتَهْتِر: حيّ في مدينة تشيع فيه الرذيلة والجريمة.

ten·der–mind·ed *(adj.)* غَضُّ العقل: مُتَّسِم بالمثالية والتّفاؤل.

ten·der·ness [tĕnʹdər nəs] *(n.)* رقّة؛ لطف؛ حنان.

ten·di·ni·tis *or* **ten·do·ni·tis** [tĕn′də nīt′əs] *(n.)* التهاب الوَتَر (مض).

ten·di·nous [tĕn′də nəs] *(adj.)* (١) وَتَريّ (٢) sinewy.

ten·don [tĕn′dən] *(n.)* الوَتَر (را. sinew).

ten·dril [tĕn′drĭl] *(n.)* الحالق؛ المِحلاق: جزء لولبيّ رفيع من النبتة المعترشة يساعدها على التعلُّق بِسنادها.

tendrils

ten·e·brif·ic [tĕn′ə brĭf′-] *(adj.)* (١) مُظلِم (٢) مُعتِّم: مُحْدِثٌ ظلمةً.

ten·e·brism [tĕn′ə brĭz′əm] *(n.)* القَتاميّة [في فنّ الرسم].

ten·e·brous [tĕn′ə brəs]; **te·neb·ri·ous** [tə nĕb′rĭ əs] *(adj.)* (١) مُظْلِم؛ قاتم (٢) غامض؛ مُبْهَم (٣) مُعَتِّم: مُحْدِثٌ ظُلْمةً.

1080 *also* **ten–eighty** [tĕn′ā′tĭ] *(n.)* ١٠٨٠: مادة سامّة تُستخدم لإبادة الجِرذان والذُّباب وما إليها.

ten·e·ment [tĕn′ə-] *(n.)* (١) مَسْكن؛ مَنزل (٢) شِقّة [في مَبْنًى] (٣) أو **tenement house**: المبنى الشِّقَقيّ: مبنًى مشتمل على عدة شِقَق [وبخاصة في حي فقير]. **— ten·e·men·ta·ry** *(adj.)*

te·nes·mus [tə nĕz′məs] *(n.)* الزَّحير: إحساسٌ مُلِحّ بضرورة التبوُّل أو التَغوُّط ولكنْ من غير قدرة على ذلك.

ten·et [tĕn′ət] *(n.)* مُعْتَقَد؛ عقيدة.

ten·fold [tĕn′-] *(adj.; adv.; n.)* (١) عُشاريّ (٢) أكبر بعشرة أضعاف § (٣) عَشَرةَ أضعاف <increased ~> § (٤) رقم بالغٌ عشرةَ أضعاف رقم معيَّن.

te·ni·a [tē′nĭ ə] *(n.)* = taenia.

te·ni·a·sis [tĭ nī′ə sĭs] *(n.)* = taeniasis.

ten·ner [tĕn′-] *(n.)* العَشْريّة: ورقة نقدية قيمتها عشرة جنيهات إنكليزيّة أو دولارات أميركيّة.

ten·nis [tĕn′ĭs] *(n.)* التِّنِس؛ كُرَة المِضْرَب (رب).

tennis elbow *(n.)* مِرْفقُ التَّناسين؛ مرفق لاعبي التِّنِس (مض).

tennis shoe *(n.)* حذاء التِّنِس: حذاء خفيف ذو نعلٍ مطاطيّ.

ten·nist [tĕn′ĭst] *(n.)* التَّنَّاس: لاعب التِّنِس.

ten·on [tĕn′ən] *(n.; vt.)* (١) اللِّسان (نج) § (٢) يُلَسِّن.

tenon *1.*

mortise

ten·or [tĕn′ər] *(n.; adj.)* (١) السِّياق؛ مجرى الفكر أو الكلام (٢) مَغْزًى؛ فحوى (٣) «أ» الصّادح: أعلى أصوات الرجال (مو). «ب» مَقْطع يُغَنّى بهذا الصوت. «ج» المُغَنِّي بهذا الصوت. «د» العِران: أداة موسيقية ملائمة لهذا الصوت، وبخاصة: الكمان الأوسط (٤) اتجاه؛ نزعة عامة (٥) صفة؛ خِصِّيصة؛ طبيعة § (٦) صادِحيّ. **— ten·or·ist** *(n.)*

ten·pen·ny [tĕn′-] *(adj.)* عَشْريّ البنسات: بالغٌ أو مُكلِّفٌ عشرة بنسات.

tenpenny nail *(n.)* الثلاثيّ الإنشات: مسمار طوله ثلاثة إنشات.

ten·pin [tĕn′pĭn] *(n.)* (١) القارورة الخَمْسَعْشرية: قارورة خشبية من قوارير لعبة البولنغ يبلغ طولها ١٥ إنشًا (٢) *pl.*: لعبة البولنغ العَشْرية: لعبة بولنغ تستخدم فيها عشر قوارير من هذا النوع وكُرَة كبيرة يبلغ محيطها ٢٧ إنشًا.

tenrec

ten·rec [tĕn′rĕk] *(n.)* التَّنْريق: حيوان ثدييّ آكلٌ للحشرات.

tense[1] [tĕns] *(n.)* الصِّيغة؛ الصِّيغة الزمنيّة <the future ~>.

tense[2] *(adj.; vt.; i.)* (١) مُتوتِّر (٢) مشدود § (٣) يُوَتِّر x (٤) يَتوتَّر.

ten·si·ble [tĕn′sə-] *(adj.)* شَدود؛ مَطوط: قابلٌ للشَّدّ أو المطّ.

ten·sile [tĕn′sĭl] *(adj.)* (١) tensible (٢) شدِّيّ؛ توتُّريّ.

tensile strength *(n.)* مقاومة الشَّدّ (فز).

tensile stress *(n.)* إجهاد الشَّدّ (فز).

ten·sil·i·ty [tĕn sĭl′-] *(n.)* الشَّدوديّة؛ المَطوطيّة: قابلية الشَّدّ أو المطّ.

ten·sim·e·ter [tĕn sĭm′ə-] *(n.)* المِضْغاط: أداة لقياس ضغط الغاز والبُخار.

ten·si·om·e·ter [tĕn′sĭ ŏm′ə-] *(n.)* (١) المِشْداد: أداة لقياس الشدّ أو التوتُّر (٢) المِرطاب: أداة لتقدير رطوبة التُّربة.

ten·sion [tĕn′shən] *(n.; vt.)* (١) الشَّدّ؛ التوتُّر: حالة الخيط المشدود بين نقطتين (٢) الشَّدّادة: أداة لضبط الشّدّ أو تعديله [كشدّادة الخيط في ماكينة الخياطة] (٣) جُهْد (كب) (٤) توتُّر [في العلاقات] (٥) إجهاد؛ إجهاد عقليّ § (٦) يَشُدّ؛ يُوَتِّر. **— ten·sion·al** *(adj.)*

tension member *(n.)* عضو الشّدّ [في المباني].

ten·si·ty [tĕn′sə tĭ] *(n.)* التَّوتُّر: حالة الشيء المتوتِّر.

ten·sive [tĕn′sĭv] *(adj.)* (١) تَوَتُّريّ (٢) مُوَتِّر.

ten·sor [-′sər] *(n.)* (١) المُوتِّرة؛ العضلة الشّادّة (٢) الكمّيّة الممتدّة (ر).

ten–speed [-′spēd′] *(n.)* العَشْريّة: ضرب من الدرّاجات الهوائية.

ten–strike [-′strīk′] *(n.)* (١) الضّربة العَشْريّة: ضربة في لعبة البولنغ العَشْرية (را. tenpin 2) (٢) ضربة موفّقة جدًا؛ نصرٌ مؤزَّر.

tent[1] [tĕnt] *(n.; vi.; t.)* (١) خَيْمة؛ خِباء؛ فُسْطاط (٢) مَسْكن (٣) الخَيْمة: مِظلَّة أكسجين توضع على رأس المريض وكتفيه § (٤) يُخيِّم؛ يُعَسْكر: يقيم في خيمة أو مُعَسْكَر x (٥) يُغطّي بخيمةٍ أو نحوها (٦) يُنزل [قومًا] في الخيام.

tents[1] *1.*

tent[2] *(n.; vt.)* (١) الذُّبالة: سِدادة أو فتيلة من شاشٍ ماصٍّ تنتفخ عندما تُرطَّب وتُستخدم لإبقاء الجرح مفتوحًا § (٢) يُذَبِّل: يُبقي الجرح مفتوحًا بواسطة ذُبالة أو فتيلة (جر).

ten·ta·cle [tĕn′tə kəl] *(n.)* المِجَسّ؛ اللّامسة («ح» و«نب»).

ten·tac·u·lar [tĕn tăk′-] *(adj.)* (١) مِجَسِّيّ (٢) مِجَسّانيّ: شبيه بالمِجَسّ.

ten·tac·u·late [-′yə lĭt] *or* **-lat·ed** [-lā-] *(adj.)* مُجَسَّس: ذو مِجَسّات.

tent·age [tĕn′tĭj] *(n.)* (١) الخيام جملةً (٢) مُعَدّات التَّخييم.

ten·ta·tive [tĕn′tə tĭv] *(adj.)* (١) تجريبيّ؛ مؤقَّت؛ غير نهائيّ <a ~ program> (٢) مُتَرَدِّد <a ~ smile>.

tent·ed [tĕn′tĭd] *(adj.)* (١) مُخيَّم: مُغَطًّى بخيمة أو خيام (٢) خَيْمانيّ:

خَيميّ الشَّكل .

ten·ter [tĕn'tər] *(n.; vt.)* (١) المخيِّم؛ المُعَسْكِر (٢) مسؤول الآلات: المسؤول عن الآلات في مصنع (٣) المِشَدّة: أداة يُشَدّ عليها النسيج حتى يجفّ على نحوٍ مُستوٍ § (٤) يَشُدّ [على مِشدّة].

ten·ter·hook [tĕn'tər hŏŏk'] *(n.)* كُلّاب المِشَدّة: أحد الكلاليب التي تَشُدّ النَّسيج على مِشَدّة.

on ~*s* في قلق أو توتُّر شديد؛ على أحرّ من الجَمْر.

tenth [tĕnth] *(adj.; n.)* (١) عاشِر (٢) عَشْريّ: مؤلَّف جزءًا من عشرة أجزاء متساوية § (٣) العاشر (٤) العُشْر.

tenth–rate *(adj.)* من الدرجة العاشرة؛ من الدرجة الدُّنيا.

tent·i·form [tĕnt'ə fôrm] *(adj.)* خَيْمانيّ: خَيْميّ الشّكل.

tent·less [tĕnt'ləs] *(adj.)* لا خيمةَ له؛ لا مأوى له؛ شَريد.

tent·mak·er [tĕnt'mā'kər] *(n.)* الخَيّام: صانعُ الخِيام.

ten·to·ri·um [tĕn tōr'ĭ əm] *(n.)* pl. **-ria** خَيْمة المُخَيْخ (ت).

tent peg *(n.)* وَتِد الخَيْمة: أحد أوتاد الخيمة.

tent peg·ging *(n.)* سباق الأوتاد: رياضة يرفع فيها الفُرسان، برؤوس رماحهم، وهم منطلقون بأقصى السرعة، وَتِدًا من أوتاد الخيام مُثبَّتًا في الأرض.

tent stitch *(n.)* الغُرزة الخَيْميّة: غُرزة تطريزية منحرفة نحو اليمين.

te·nu·i·ty [tə nyōō'-] *(n.)* (١) وَهَن؛ ضعف (٢) رِقّة؛ نُحول (٣) عدم كثافة.

ten·u·ous [tĕn'yōō əs] *(adj.)* (١) رقيق؛ غير كثيف <~ fluids> (٢) نحيل؛ هزيل؛ غير غليظ <a ~ rope> (٣) ضعيف؛ طفيف (٤) واهٍ (٥) غامض؛ غير واضح: غير محدَّد المعالم <~ influences>.

ten·ure [tĕn'yər] *(n.)* (١) تَوَلٍّ [المنصب إلخ] (٢) التَّملُّك: امتلاك للأرض من قِبَل سيِّدٍ إقطاعيّ أو شروطُ ذلك (٣) الولاية أو مُدّتُها <The ~ of office of the President is six years.> (٤) التَّثْبيت: تثبيت لأستاذ أو مدرِّس بعد فترة من الاختبار (٥) سيطرة.

ten·ured [-'yərd] *(adj.)* مُثبَّت [في منصبه] <a ~ faculty member>.

te·o·cal·li [tē'ə kăl'ĭ] *(n.)* (١) التِّوْكَل: هيكل قديم من هياكل المكسيك أو أميركا الوسطى مُشيَّد عادةً على قمة رابيةٍ هرميّة (٢) رابية التِّوْكَل.

te·o·sin·te [tē'ə sĭn'tĭ] *(n.)* عِرناس الرَّبّ: نبات مكسيكيّ حَوْليّ.

te·pee [tē'pē] *(n.)* التِّيبة: خيمة مخروطيّة جلديّة من خيام هنود أميركا الحمر.

tepee

tep·e·fy [tĕp'ə fī'] *(vt.; i.)* (١) يُفتِّر: يجعله فاترًا x (٢) يَفْتُر.

tep·id [tĕp'ĭd] *(adj.)* فاتر [حقيقةً أو مَجازًا].

te·pid·i·ty [tə pĭd'ə tĭ]; **tep·id·ness** [tĕp'ĭd-] *(n.)* فُتور.

te·qui·la [tə kē'lə] *(n.)* التَّكْويلة؛ التّكيلا: شراب مكسيكيّ كحوليّ.

ter- بادئة معناها: ثلاثة؛ ثلاثة أضعاف <*ter*centenary>.

ter·a·hertz [tĕr'ə hĕrts'] *(n.)* تريليون هيرتز (كب).

te·rai [tə rī'] *(n.)* التَّراية: قبعة لِبادية عريضة الحافة.

ter·aph [tĕr'əf] *(n.)* pl. **ter·a·phim** [-'ə fĭm'] الترافيم؛ التَّراف: واحدٌ من عدة أصنام اتخذها السّاميّون القدماء آلهةً منزليّة.

ter·a·toid [tĕr'ə toid'] *(adj.)* مَسْخانيّ: شبيه بالمَسْخ.

ter·a·to·log·i·cal [tĕr'ə tə lŏj'ə kəl] *(adj.)* (١) شائه؛ عجيب الخلقة (٢) مَسْخِيّانيّ: ذو علاقة بمبحث المَسْخيّات.

ter·a·tol·o·gy [-tŏl'ə jĭ] *(n.)* مبحث المَسْخِيّات أو عجائب المخلوقات.

ter·a·to·ma [tĕr'ə tō'mə] *(n.)* pl. **-s** *or* **-mata** المَسْخوم؛ الورم المَسْخيّ: ورم مؤلف من ضروب من الأنسجة مختلفة.

ter·bi·um [tûr'bĭ əm] *(n.)* التِّرْبيوم: عنصرٌ فِلِزّيّ ليّن (ك).

ter·cel [tûr'səl] *(n.)* صَقْر؛ بازٍ: ذَكَرُ الصَّقر أو البازي.

ter·cen·te·nar·y [tûr sĕn'tə nĕr'ĭ] *(n.; adj.)* (١) الذكرى المئوية الثالثة أو الاحتفال بها § (٢) ذو علاقة بهذه الذكرى أو بإحيائها.

ter·cen·ten·ni·al [tûr sĕn'tĕn ĭ əl] *(adj.)* = tercentenary.

ter·cet [tûr'sĕt] *(n.)* الثلاثية؛ التَّربيت: مجموعة من ثلاثة أبيات (عر).

ter·e·binth [tĕr'ə bĭnth] *(n.)* البُطْم؛ الضِّراوة؛ شجرة التَّربنتين.

ter·e·bin·thine [tĕr'ə bĭn'thĭn] *(adj.)* تَرْبنتينيّ: مؤلف من تَرْبنتين أو شبيهٌ به.

te·re·do [tə rē'dō] *(n.)* pl. **-s** *or* **-re·di·nes** [rēd'ə nēz'] = shipworm.

te·rete [tə rēt'] *(adj.)* مُسْتدَقّ الطرفين: أُسْطُوانيّ طرفاهُ مستدقّان.

ter·gal [tûr'gəl] *(adj.)* ظَهريّ: ذو علاقة بالظَّهر أو خاصّ به.

ter·gi·ver·sate [tûr'jĭ vər sāt'] *(vi.)* (١) يَرْتدّ [عن مُعْتقدٍ]؛ ينقلب [على حزب] (٢) يُوارِب؛ يُراوغ.

— **ter·gi·ver·sa·tion** *(n.)*

ter·gum [tûr'gəm] *(n.)* pl. **ter·ga** [-gə] ظَهْر؛ صفيحة ظهرية (ح).

term [tûrm] *(n.; vt.)* (١) نهاية (٢) «أ» مدّة؛ أجلٌ. «ب» الأوان الطبيعيّ أو السَّوِيّ للمخاض (٣) فترة محدَّدة (٤) دَوْر الانعقاد (ق) (٥) *pl.*: شروط (٦) مُصْطَلَح؛ عبارة؛ تعبير <medical ~*s*> (٧) حدّ؛ طَرَف («ر» و«مق») (٨) علاقات متبادَلة (٩) اتّفاق؛ تفاهم (١٠) الفصل: أحد فصول السَّنة الدّراسيّة § (١١) يدعو؛ يُسَمّي.

in ~*s* of بلُغةِ كذا؛ منظورًا إليه من زاوية معيَّنة.
on good (*or* bad) ~*s* with على علاقات طيّبة أو سيِّئة مع . . .
to be on ~*s* with يكون على علاقات طيّبة مع . . .
to bring a person to ~*s* يحمله على قبول شروطِهِ.
to come to *or* make ~*s* with يتوصَّل إلى تفاهم مع.
to meet somebody on equal ~*s* يقابله مقابلةَ النِّدّ للنِّدّ.

ter·ma·gant [tûr'mə gənt] *(n.; adj.)* (١) امرأة سليطة [أو صَخّابة أو مُشاكِسة] § (٢) سَليط؛ صخّاب؛ مُشاكِس.

term day *(n.)* تاريخ الاستحقاق [لكمبيالة أو سَنَدٍ].

term·er [tûr'-] *(n.)* المُفْتِر: من يقضي فترةً في رئاسة أو سجن إلخ.

ter·mi·na·ble [tûr'mə nə bəl] *(adj.)* (١) قابلٌ للإنهاء (٢) ذو أجل: ينتهي في ميقات مُعَيَّن <a loan ~ in 25 years>.

ter·mi·nal [-nəl] *(adj.; n.)* (١) «أ» أخير. «ب» طَرَفيّ؛ انتهائيّ <a ~ bud> (٢) طَرَفيّ: قائم في أحد طَرَفي خط للمواصلات (٣) فَصْليّ (٤) اختتاميّ: <~ examination> حادث في آخر العمر. وأيضًا: مُهْلِك

(٥) ختاميّ <~ cancer> (٦) مُفْرِط ؛ لا يُحتمل <~ boredom> § (٧) طَرَف ؛ نهاية ؛ آخِر (٨) النِّهائية : المحطة النهائية في السكّة الحديدية أو الطيران إلخ .

terminal velocity *(n.)* السُّرعة الانتهائيّة ؛ السُّرعة الحَدِّيَّة (فز) .

ter·mi·nate[1] [tûr′mə nət] *(adj.)* قابل للانتهاء أو في سبيله إليه .

ter·mi·nate[2] [-nāt′] *(vi.; t.)* (١) ينتهي ؛ ينقضي **x** (٢) يُنهي (٣) يضع حدًّا لِـ (٤) يُشَكِّل نهايةً لِـ (٥) يَصْرِف ؛ يُنهي الخدمةَ .

ter·mi·na·tion [-nā′-] *(n.)* (١) نهاية (٢) suffix (٣) إنهاء (٤) نتيجة .

ter·mi·na·tive [tûr′mə nā′-] *(adj.)* (١) مُنْهٍ : مساعد على الإنهاء (٢) مُنتهٍ : في سبيله إلى الانتهاء .

ter·mi·na·tor [tûr′mə nā′-] *(n.)* (١) فا terminate (٢) الخَيْط الفاصل [بين الشَّطر المُضيء والشَّطر المظلم من القمر أو الكوكب السيّار] (فل) .

ter·mi·nol·o·gy [tûr′mə nŏl′ə jĭ] *(n.)* المُصطَلَحاتيّة : «أ» مجموعة المصطلحات الفنّيّة في علمٍ ما . «ب» علم المصطلحات الفنيّة .
— **ter·mi·no·log·i·cal** *(adj.)*

term insurance *(n.)* التأمين الموقوت : تأمين إلى مدّة محدَّدة تدفع الشركة بموجبه قيمة التأمين إلى الورثة إذا تُوفي المؤمَّن قبل انقضاء المدة ؛ أما إذا بقي على قيد الحياة إلى ما بعد ذلك فلا تدفع الشركة إليه شيئًا .

ter·mi·nus [tûr′mə nəs] *(n.)* pl. **-ni** [nī; nē] *or* **-nus·es** (١) نهاية (٢) «أ» حدّ ؛ تَخْم . «ب» عَمود أو مَعْلَم دالٌّ على حدود شيء (٣) «أ» أول أو آخر خطّ السّكة الحديديّة [أو النَّفَق أو القناة إلخ] . «ب» المحطّة أو المدينة الواقعة في أول هذا الخطّ أو آخره (٤) رأس ؛ قِمّة .

termite

ter·mite [tûr′mīt] *(n.)* الأَرَضَة ؛ النّملة البيضاء .

term·less [tûrm′-] *(adj.)* (١) لا حدَّ له ؛ لا نهايةَ له (٢) غير مشروط .

term paper *(n.)* الرِّسالة الفصليّة : بحثٌ يُفْرَض على الطالب الجامعيّ إعدادُهُ خلال فصل من فصول السنة الدّراسية .

tern [tûrn] *(n.)* الخَرْشَنة ؛ سنونو البحر : طائر مائيّ شبيه بالنَّورس .

tern

ter·na·ry [tûr′nə rĭ] *(adj.)* (١) ثُلاثيّ : «أ» منطلق ثلاثةً ثلاثةً . «ب» مؤلَّف من ثلاثة عناصرَ أو أجزاء أو أقسام إلخ . «ج» ternate (٢) ثالث [من حيث الترتيب أو المنزلة] .

ter·nate [tûr′nĭt; tûr′nāt] *(adj.)* ثلاثيّ : مُرَتَّب ثلاثةً ثلاثةً .

ternate leaves

terne·plate [tûrn′plāt′] *(n.)* اللّوح الحديديّ الرّصاصيّ .

terp·si·cho·re·an [tûrp′sə kə rē′ən] *(adj.)* رَقْصيّ : ذو علاقة بالرَّقص .

ter·ra [tĕr′ə] *(n.)* = earth, land.

ter·race [tĕr′əs] *(n.; vt.)* (١) الرِّواق المُعَمَّد : رواق تكتنفُهُ أعمدة (٢) دَكّة ؛ مَصْطَبة (٣) سَطيحة ؛ سطح بيت (٤) شُقّة من الأرض شبه مستوية في محاذاة بحرٍ أو بحيرة أو نهر (٥) صفّ منازل [على أرض مرفوعة أو موقعٍ منحدِر] (٦) «أ» حديقة مستطيلة وسط شارع . «ب» شارع § (٧) «أ» يَصْطُب . «ب» يزوِّد بمصاطب .

ter·ra–cot·ta [tĕr′ə kŏt′ə] *(n.)* التّراكوتا ؛ الطّين النَّضيج .

ter·ra fir·ma [tĕr′ə fûr′mə] *(n.)* اليابسة ؛ اليَبَس ؛ البَرّ .

ter·rain [tə rān′] *(n.)* (١) «أ» منطقة . «ب» أرض ؛ قطعة أرض . «ج» تضاريس أرضٍ ما (٢) حقل [من حقول المعرفة] (٣) محيط ؛ بيئة .

ter·ra in·cog·ni·ta [tĕr′ə ĭn kŏg′nə tə] *(n.)* (١) أرض مجهولة ؛ مجاهل (٢) المَجْهَل : حقل [من حقول المعرفة] لم يُستكشَف بعد .

Ter·ra·my·cin [tĕr′ə mī′sĭn] *(n.)* التّرامايسين : عقّار مضادّ للجراثيم .

ter·rane [tĕ rān′] *(n.)* (١) تَشَكُّل جيولوجيّ (٢) منطقة ؛ أرض .

ter·ra·pin [tĕr′ə pĭn] *(n.)* الرّقّ ؛ الحَمَسة : سُلَحفاةٌ مائيّة .

terrapin

ter·ra·que·ous [tĕr ā′kwĭ əs] *(adj.)* يابِسيمائي : مؤلَّف من يابسةٍ وماء .

ter·rar·i·um [tĕ râr′-] *(n.)* pl. **-s** *or* **-i·a** المَرْبَى اليابس : مربًى للحيوانات أو النباتات الصغيرة لا ماءَ فيه . وبخاصة : مَرْبًى لحيوانات اليابسة .

ter·raz·zo [tə răz′ō; tĕ rät′sō] *(n.)* التَّرّيسة : أرضية حجرةٍ مؤلفةٌ من قطع رخام أو غرانيت صغيرة مُبالَغٌ في صَقْلها .

ter·rene[1] [tĕ rēn′] *(adj.)* أرضيّ ؛ دُنْيَوِيّ .

ter·rene[2] *(n.)* (١) الأرض (٢) أرض أو منطقة .

ter·re·plein [tĕr′ə plān′] *(n.)* أعلى المتراس [حيث تُنْصَب المدافع] .

ter·res·tri·al [tə rĕs′trĭ əl] *(adj.; n.)* (١) أرضيّ (٢) دُنْيَويّ (٣) بَرِّيّ (٤) يابسيّ <~ plants> § (٥) ساكن الأرض : أحد سكان الأرض .

ter·ret [tĕr′-] *(n.)* حَلْقة العِنان : حَلْقة يُمَرّ فيها عِنان خيل المركَبات .

ter·ri·ble [tĕr′ə bəl] *(adj.)* (١) رهيب ؛ فظيع ؛ مُرَوِّع <a ~ accident> (٢) عسير ؛ شاقّ <a ~ task> (٣) شديد <~ anxiety> (٤) بغيض أو كريه جدًّا <a ~ smell> (٥) رديء <~ whiskey> .

ter·ric·o·lous [tĕ rĭk′-] *(adj.)* بَرِّيّ : عائش على سطح اليابسة .

ter·ri·er [tĕr′ĭ ər] *(n.)* (١) التَّرْيَر : كلب صغير نشيط ذكيّ من كلاب الصَّيد (٢) سِجِلّ الأطيان : سجلّ يبيِّن حدودَ الأراضي ومساحتها إلخ .

ter·rif·ic [tə rĭf′ĭk] *(adj.)* (١) رهيب ؛ مُرَوِّع (٢) شنيع ؛ رديء جدًّا (٣) هائل ؛ استثنائيّ <~ speed> (٤) رائع <a ~ view> .

ter·ri·fy [tĕr′ə fī′] *(vt.)* يُرهِب ؛ يُرَوِّع .

ter·rig·e·nous [tĕ rĭj′ə-] *(adj.)* أرضيّ المنشأ <~ sediments> .

ter·ri·to·ri·al [tĕr′ə tōr′ĭ əl] *(adj.; n.)* (١) مَحَلِّيّ (٢) إقليميّ (٣) ذو علاقة بالمِلْكيّة الخاصة § (٤) جنديّ في وحدة عسكرية إقليميّة .

ter·ri·to·ri·al·i·ty [tĕr′ə tōr′ĭ ăl′-] *(n.)* الإقليميّة ؛ الصّفة الإقليميّة .

ter·ri·to·ri·al·ize [tĕr′ə tōr′-] *(vt.)* يُؤَقْلم : يُنظِّم على أساسٍ إقليميّ .

territorial waters *(n. pl.)* المياه الإقليميّة [لدولةٍ ما] .

ter·ri·to·ry [tĕr′ə tōr′ĭ] *(n.)* (١) «أ» إقليم . «ب» منطقة ؛ مقاطعة (٢) الحقل : حقل من حقول المعرفة أو الاهتمام .

ter·ror [tĕr′ər] *(n.)* (١) «أ» رُعْب؛ ذُعْر. «ب» فظاعة؛ هَوْل (٢) «أ» كلّ ما يوقع الرعب في النفوس. «ب» مظهر رهيب. «ج» مصدر قلق. «د» شخص أو شيء مُرَوِّع؛ وبخاصة: طفلٌ مُزْعِج (٣) إرهاب؛ عهد إرهاب.

ter·ror·ism [tĕr′ə rĭz′əm] *(n.)* إرهاب.

ter·ror·ist [tĕr′-] *(n.; adj.)* (١) الإرهابيّ § (٢) أو **ter·ror·is·tic**: إرهابيّ.

ter·ror·ize [tĕr′ə rīz′] *(vt.)* (١) يُرْهِب؛ يُرَوِّع (٢) يُكرِهُهُ [على أمرٍ] بالتّهديد أو العنف.

ter·ror–strick·en [tĕr′ər strĭk′ən] *(adj.)* مُرَوَّع؛ مذعور.

ter·ry [tĕr′ĭ] *(n.; adj.)* (١) الوَبَرة: حَلْقة غير مقصوصة في زئبر النَّسيج (٢) أو **terry cloth**: المُوَبَّر: نسيج ذو وَبَرٍ أو حَلَقات زئبرية غير مقصوصة [كبعض أصناف المناشف] § (٣) وَبَريّ.

terse [tûrs] *(adj.)* (١) مصقول؛ مهذَّب (٢) جامع؛ مُوجَز؛ مُحْكَم.

ter·tial [tûr′shəl] *(adj.; n.)* (١) طَيَرانيّ § (٢) tertiary *2*.

ter·tian [tûr′shən] *(adj.; n.)* (١) ثِلْثيّ: متكرِّر كلَّ ٤٨ ساعة تقريبًا <a ~ fever> § (٢) الحُمَّى الثِّلْثيّة؛ الملاريا الثِّلْثيّة.

ter·ti·ar·y [tûr′shĭ ĕr′ĭ] *(n.; adj.)* (١) الثّالِثيّ: عضو من الدرجة الثالثة في رهبنة [يشارك في حياتها الدينية ولكنه غير مُلتزم بما يُلْزِم به أفرادُها أنفسَهُم] (٢) الرِّيشة الطَّيرانية: إحدى ريشات الطيران في جناح الطائر (٣) Tertiary period § (٤) «أ» ثالث؛ ثِلْثيّ. «ب» من الرتبة أو الدرجة الثالثة (٥) *cap.*: ثِلْثيّ: ذو علاقة بالعصر الثِّلْثيّ (٦) طَيَرانيّ: ذو علاقة بريشات الطَّيران في جناح الطائر (٧) ثالثيّ: حادث في المرحلة الثالثة [من السِّفلس إلخ].

tertiary color *(n.)* اللّون الثِّلْثيّ: لون يُنْتَج بمزج لونين ثانويين.

Tertiary period *(n.)* العصر الثِّلْثيّ: العصر الأول من الدهر الحديث.

ter·ti·um quid [tûr′shĭ əm kwĭd′] *(n.)* (١) السَّبيل الوسط: شيء متوسِّط بين طرفين أو نقيضَيْن (٢) فريق ثالث [يكتنفُهُ الغموض].

ter·va·lent [tûr vā′lənt] *(adj.)* = trivalent.

ter·za ri·ma [tĕrt′sə rē′mə] *(n.)* مقطع ثلاثيّ الأبيات (عر).

tes·la [tĕs′lə] *(n.)* التِّسْلة: وحدة كثافة التدفُّق المغنطيسيّ (فز).

tes·sel·late [*v.* tĕs′ə lāt′; *adj.* -lĭt, -lāt′] *(vt.; adj.)* (١) يُرَصِّع بالفُسَيْفِساء § (٢) مُرصَّع بالفُسَيْفِساء.

tes·sel·lat·ed [-lāt′ĭd] *(adj.)* (١) فُسَيْفِسائيّ (٢) ذو مربعات أو ترابيع.

tes·sel·la·tion [-lā′-] *(n.)* (١) ترصيع بالفُسَيْفِساء (٢) فُسَيْفِساء أو نحوُها.

tes·ser·a [tĕs′ə rə] *(n.)* pl. **-ser·ae** [-rē; -rī] التَّربيعة: قطعة صغيرة من عظم أو زجاج أو رخام [تستخدم في الأشغال الفُسَيْفِسائيّة].

test [tĕst] *(n.; vt.; i.)* (١) بُوتقة (٢) اختبار (٣) مِقياس؛ مِعيار؛ مِحَكّ (٤) الرائز: سلسلة من الأسئلة لقياس مقدرة الفرد [أو الجماعة] أو معرفته أو ذكائِهِ (٥) نتيجة الاختبار (٦) قِشرة؛ غلافٌ قاسٍ (ح) § (٧) يختبر **x** (٨) يَخْضع لاختبار.

tes·ta [tĕs′tə] *(n.)* pl. **tes·tae** [-tē; -tī] الغِدْفة: غلاف البزرة الخارجيّ الصُّلب (نب).

tes·ta·ceous [tĕs tā′shəs] *(adj.)* (١) قِشْريّ (٢) ذو قِشْرة <a ~ protozoan> (٢) آجُرِّيّ اللون: ذو لونٍ بُنّيّ مُحْمَرّ («نب» و«ح»).

tes·ta·cy [tĕs′tə sĭ] *(n.)* الإيصاء: تَرْكُ المُتوفَّى وصيّةً.

tes·ta·ment [tĕs′tə-] *(n.)* (١) عهد؛ مِيثاق (٢) *cap.*: «أ» «العهد القديم». «ب» «العهد الجديد» (٣) دليل؛ بيِّنة (٤) عقيدة (٥) وصيّة.

tes·ta·men·ta·ry [tĕs′tə mĕn′tə rĭ] *(adj.)* وِصائيّ: «أ» ذو علاقة بوصيّة. «ب» موهوب أو معيَّن بوصيّة.

tes·tate[1] [tĕs′tāt] *(adj.)* مُوْصٍ: تاركٌ وصيّةً شرعية <He died ~.>.

tes·tate[2] *(adj.)* مُغَدَّف: ذو غِدْفة أو غلافٍ خارجيّ صُلب (نب).

tes·ta·tor [tĕs′tā tər] *(n.)* المُوْصِي: من يترك وصيّة شرعيةً.

tes·ta·trix [tĕs tā′trĭks] *(n.)* pl. **-tri·ces** المُوْصِية: تاركة الوصيّة.

test–drive [tĕst′drīv] *(vt.)* يختبر [سيارة إلخ] بالقيادة.

test·ee [tĕs tē′] *(n.)* المُمْتَحَن: المُخْضَع لامتحان أو اختبار.

test·er [tĕs′tər] *(n.)* (١) المُخْتَبِر؛ المجرِّب (٢) التَّسْتَر: ظُلّةٌ فوق سرير أو منبر إلخ (٣) التَّسْتَر: عُملة إنكليزية قديمة.

tes·tes [tĕs′tēz] *pl. of* testis.

tes·ti·cle [tĕs′tə kəl] *(n.)* الخُصْية (ت).

tes·tic·u·lar [tĕs tĭk′-] *(adj.)* = testiculate.

tes·tic·u·late [-′yə lət] *(adj.)* خُصْيَويّ: بَيْضَويّ وصُلْب كالخُصْية <a ~ root>.

testiculate root

tes·ti·fy [tĕs′tə fī′] *(vt.; i.)* (١) يَشْهَد (٢) يُثْبِت (٣) يُظْهِر.

tes·ti·ly [tĕs′tĭ lĭ] *(adv.)* بِنَزَق؛ بنَكَد؛ بشكاسة.

tes·ti·mo·ni·al [tĕs′tə mō′-] *(n.; adj.)* (١) دليل؛ بيِّنة (٢) شهادة (٣) التَّقدير: شيء يقدَّم تقديرًا أو اعترافًا بالجميل (٤) رسالة توصية § (٥) شَهاديّ: ذو علاقة بشهادة أو مُشَكِّلٌ شهادةً (٦) تقديريّ <a ~ dinner>.

tes·ti·mo·ny [tĕs′tə mō′nĭ] *(n.)* (١) دليل؛ بيِّنة (٢) شهادة (ق).

test·ing [tĕs′-] *(adj.)* شاقّ؛ مُقْتضٍ أقصى درجات البراعة أو الجهد.

tes·tis [tĕs′tĭs] *(n.)* pl. **tes·tes** [-′tēz] = testicle.

tes·ton [tĕs′tən] *or* **tes·toon** [tĕs to͞on′] *(n.)* التِّسْتون: عملة فرنسيّة أو إنكليزيّة قديمة.

tes·tos·ter·one [-′tə rōn′] *(n.)* التِّسْتوستيرون: هرمون تُفْرِزُهُ الخُصْية.

test paper *(n.)* (١) ورقة الامتحان (تر) (٢) litmus paper.

test pilot *(n.)* رُبّان الاختبار: رُبّانٌ متخصِّص في اختبار الطائرات.

test tube *(n.)* أنبوب الاختبار (ك).

test–tube *(adj.)* (١) أنبوبيّ <~ babies> (٢) صُنْعيّ؛ تجريبيّ.

tes·tu·di·nate [tĕs tyo͞o′də nĭt] *(adj.; n.)* (١) سُلحفائيّ (٢) مُتقَوِّس [كظهر السُّلَحفاة] § (٣) سُلَحفاة.

tes·tu·do [tĕs to͞o′dō] *(n.)* (١) السِّتر المتحرِّك: ستر متحرِّك صامدٌ للنّار كان الجنود الرومان يحتمون به أثناء عمليات الحصار (٢) السِّتر التُّرسيّ: ستر يتألف من تروس الجند المستطيلة وقد تداخلت فوق رؤوسهم (٣) سِتْر؛ وِقاء.

tes·ty [tĕs′tĭ] *(adj.)* نَزِق؛ نَكِد؛ سريع الغضب.

Tet [tĕt] *(n.)* تيت: عيد رأس السَّنة الفِيتنامية.

te·tan·ic [tĕ tăn′ĭk]; **tet·a·nal** [tĕt′ən əl] *(adj.)* كُزازِيّ.

tet·a·nize [tĕt′ə nīz′] *(vt.)* يُكزِّز: يصيب بداء الكُزاز.

tet·a·nus [tĕt′ə nəs] *(n.)* (١) الكُزاز (ط) (٢) التكزُّز: تقلُّص عضليّ مستمرّ (ط).

tet·a·ny [tĕt′ə nĭ] *(n.)* التَّكزُّز: حالة مرضيّة تتميّز بتقلُّصات عضليّة.

tetch·y [tĕch′ĭ] *(adj.)* نَزِق؛ غَضُوب؛ شديد الحساسية.

tête-à-tête [tāt′ə tāt′] *(n.; adv.; adj.)* (١) المُسارّة: حديث خصوصيّ بين شخصين (٢) الأريكة التَّقابُليّة: أريكة على شكل حرف S مُعَدّة لإجلاس شخصين متقابلين § (٣) مواجهةً؛ وَجْهًا لوجه § (٤) خصوصيّ <a ~ home dinner>.

teth·er [tĕth′ər] *(n.; vt.)* (١) الطِّوَل: حَبْل يُشَدّ إلى وَتِدٍ ويُطوَّل للدّابة فترعَى مقيَّدةً به (٢) مجال؛ نطاق § (٣) يُطوِّل: يُقَيِّد بِطِوَل.

tet·ra [tĕt′rə] *(n.)* التِّتْرة: سمك جنوبأميركي زاهي الألوان.

tetra- *or* **tetr-** بادئة معناها: أربعة؛ رُباعيّ <*tetra*meter>.

tet·ra·ba·sic [tĕt′rə bā′sĭk] *(adj.)* رُباعيّ القواعد (ك).

tet·ra·chlo·ride [tĕt′rə klōr′īd] *(n.)* الكلوريد الرُّباعيّ (ك).

tet·ra·cy·cline [-sī′klēn′] *(n.)* التراسيكلين: عقّار من المُرْديات.

tet·rad [tĕt′răd] *(n.)* (١) الرّابوع: مجموعة من أربعة (٢) عنصر رُباعيّ التكافؤ؛ ذرّة رُباعيّة التكافؤ (ك).

te·trad·y·mite [tĕ trăd′ə mīt′] *(n.)* التّراديميت (مع).

tet·ra·eth·yl lead [tĕt′rə ĕth′əl] *(n.)* رباعيّ أثيل الرَّصاص (ك).

tet·ra·flu·o·ride [tĕ′trə flo͞o′ə rīd] *(n.)* الفلوريد الرّباعيّ (ك).

tet·ra·gon [tĕt′rə gŏn′] *(n.)* الرُّباعيّ الأضلاع أو الزوايا.

te·trag·o·nal [tĕ trăg′ə nəl] *(adj.)* رباعيّ الأضلاع؛ رباعيّ الزوايا.

tetragonal system *(n.)* النِّظام الرُّباعيّ [في البلّورات].

tet·ra·gram [tĕ′trə grăm′] *(n.)* كلمة رُباعيّة الحروف.

tet·ra·gy·nous [tĕt′rə jĭn′əs] *(adj.)* رُباعيّ المِدَقّات أو الأخبية (نب).

tet·ra·he·dral [tĕt′rə hē′drəl] *(adj.)* رُباعيّ السُّطوح (هن).

tet·ra·he·drite [tĕt′rə hē′drīt] *(n.)* التّراهيدريت (مع).

tet·ra·he·dron [-′drən] *(n.)* رُباعيّ السُّطوح؛ المجسَّم الرُّباعيّ (هن).

tetrahedron

tet·ra·hy·drate [tĕt′rə hī′drīt] *(n.)* الهيدرات الرباعيّ: مركَّب كيميائيّ مشتمل على أربعة جزيئات من الماء.

te·tral·o·gy [tĕ trăl′ə jĭ] *(n.)* الرُّباعيّة: سلسلة من أربع مسرحيات أو روايات أو أوبِرات.

te·tram·er·ous [tĕ trăm′ər əs] *(adj.)* رُباعيّ: مؤلَّف من [أو مقسومٌ إلى] أربعة أقسام.

tetramerous flower

te·tram·e·ter [tĕ trăm′ə tər] *(n.)* رُباعيّ التفاعيل (عر).

te·tran·drous [tĕ′trăn′drəs] *(adj.)* رباعيّة الأَسْدِية (نب).

tet·ra·pet·al·ous [tĕ′trə pĕt′əl əs] *(adj.)* رُباعيّة البَتَلات.

tetrapetalous flower

tet·ra·ploid [tĕ′trə ploid] *(n.)* رُباعيّ الصِّبْغِيّات (أح).

tet·ra·pod [tĕ′trə pŏd] *(adj.; n.)* رُباعيّ الأرجل.

te·trap·ter·ous [tĕ trăp′-] *(adj.)* رُباعيّ الأجنحة <~ insect>.

tet·rarch [tĕt′rärk] *(n.)* (١) حاكم الرُّبع: حاكم رُبْع بلدٍ أو مقاطعة، في عهد الرومان (٢) أمير ثانويّ (٣) واحدٌ من حكّام أربعة.

tet·rar·chy [tĕt′rär′kĭ] *(n.)* حكومة الأربعة.

tet·ra·stich [-′trə stĭk] *(n.)* الرباعيّة: مقطوعة من أربعة أبيات (عر).

tet·ra·tom·ic [tĕt′rə tŏm′-] *(adj.)* (١) رباعيّ الذّرّات (٢) رُباعيّ التكافؤ (ك).

tet·ra·va·lent [tĕt′rə vā′lənt] *(adj.)* رُباعيّ التَّكافؤ (ك).

tet·rode [tĕt′rōd] *(n.)* الصِّمام الرُّباعيّ (ألك).

te·trox·ide [tĕ trŏk′sīd′] *(n.)* الأكسيد الرُّباعيّ (ك).

tet·ryl [tĕt′rĭl] *(n.)* التّريل: مادة متفجّرة صفراء اللون.

tet·ter [tĕt′ər] *(n.)* الداء الجِلْديّ [كالأكزيما وما إليها].

Teu·ton [to͞o′tən] *(n.; adj.)* (١) التيوتونيّ: واحد التيوتون، وهم شعب جرمانيّ أو سَلْتيّ قديم (٢) الألمانيّ؛ الجرمانيّ § (٣) ألمانيّ؛ جرمانيّ.

Teu·ton·ic [to͞o tŏn′ĭk] *(adj.; n.)* (١) تيوتونيّ § (٢) اللغات الجرمانيّة.

Teu·ton·ism [to͞o′tən ĭz′əm] *(n.)* = Germanism.

Teu·ton·ist [to͞o′tən ĭst] *(n.)* = Germanist.

Texas fever *(n.)* حُمّى تكساس: مرض مُعْدٍ من أمراض الماشية.

text [tĕkst] *(n.)* (١) النصّ: كلمات المؤلِّف الأصليّة (٢) المتن؛ متن الكتاب: جزؤه الأساسيّ مجرّدًا من الهوامش والمقدمة والملاحق (٣) آية من الكتاب المقدّس تُتَّخَذُ موضوعًا لِعِظَة (٤) مَصْدر معلومات (٥) كتاب مدرسيّ (٦) النَّصّيّ: حرف صالحٌ لطبع النصوص (٧) موضوع (٨) كلماتُ القصيدة الملحَّنة.

text·book [-′bo͝ok′] *(n.)* الكتاب المدرسيّ.

text edition *(n.)* الطَّبعة المدرسية: طبعة مُعَدّة للاستعمال في المدارس.

text hand *(n.)* خطّ النَّسْخ: خطّ كبير الأحرف.

tex·tile [tĕks′tĭl; -′tīl] *(n.; adj.)* (١) نسيج (٢) خيط أو غَزْل [مستخدَم في النسيج] § (٣) منسوج (٤) نسيجيّ <~ industries>.

tex·tu·al [-′cho͞o əl] *(adj.)* نَصّيّ: ذو علاقة بالنّصّ <~ errors>.

textual criticism *(n.)* (١) نَقْد النَّصّ (٢) تحقيق النّصّ.

tex·tu·al·ism *(n.)* النَّصّانيّة: التَّمسُّك بالنَّصّ وبخاصة في الكتاب المقدَّس.

tex·tu·al·ist [tĕks′cho͞o əl ĭst] *(n.)* النَّصّانيّ: المتمسّك بنصّ الكتاب المقدَّس أو المتضلِّع منه.

ă at; ā date; â care; ä car; ĕ egg; ē me; ĭ in; ī bite; ŏ lot; ō bone; ô orphan; oi boil; o͝o good; o͞o boot; ou out; ŭ under; û urgent; ə = *a* in alone, *e* in system, *i* in easily, *o* in gallop, *u* in circus.

tex·tu·ar·y [tĕks′cho͞o ĕr′ĭ] *(n.; adj.)* (١) textualist § (٢) نَصّيّ .

tex·ture [tĕks′chər] *(n.; vt.)* (١) قُماش (٢) «أ» مادّة الشيء أو جوهره؛ قِوام . «ب» صفة مميِّزة (٣) نسيج؛ بِنْية؛ تركيب § (٤) يَنْسج (٥) يجعله ذا نسيج خاصّ .

-th[1] *or* **-eth** لاحقة تُستخدم لصياغة العدد الترتيبيّ <fif*th*; sixti*eth*> .

-th[2] لاحقة معناها: «أ» عمل <spil*th*> . «ب» حالة؛ وَضْع <warm*th*> .

Thai [tä′ē; tī] *(n.)* (١) التّايّ: أحد أبناء تايلند (٢) التّايِيّة: لغة تايلند الرسميّة .

thal·a·men·ceph·a·lon [thăl′ə mĕn sĕf′ə-] *(n.)* = diencephalon.

tha·lam·ic [thə lăm′-] *(adj.)* مِهاديّ . وبخاصة: متعلِّق بالمِهاد البصريّ .

thal·a·mus [thăl′ə məs] *(n.)* pl. **-mi** [mī; mē] (١) الثّلاموس؛ المِهاد البَصَري: الجزء الرئيسيّ من الدِّماغ المتوسط (٢) receptacle *2* (٣) thallus .

thal·as·se·mia [-′ə sē mē ə] *(n.)* الثّلاسيميّة: ضرب من فقر الدم (مض) .

tha·las·sic [thə lăs′ĭk] *(adj.)* بَحْريّ؛ أوقيانوسيّ .

thal·as·soc·ra·cy [thăl′ə sŏk′rə sĭ] *(n.)* السِّيادة البحرية: السّيادة على البحار .
— **tha·las·so·crat** *(n.)*

tha·ler [tä′lər] *(n.)* = taler.

Tha·li·a [thə lī′ə] ثاليا؛ تاليا: «أ» ربّة، أو مُوزية (را. Muse)، الكوميديا والشِّعر الرَّعَويّ أو الريفيّ عند الإغريق. «ب» إحدى إلاهات الحُسْن الثلاث (را. grace *8*).

thal·lic [thăl′ĭk] *(adj.)* ثاليوميّ: ذو علاقة بالثاليوم أو مشتمل عليه .

thal·li·um [thăl′ĭ əm] *(n.)* الثّاليوم: عنصر فِلِزّيّ شبيه بالرّصاص (ك) .

thal·loid [thăl′oid] *(adj.)* مَشْريّ؛ ثالوسيّ .

thal·loph·y·ta [thə lŏf′ə tə] *(n. pl.)* المَشْرِيّات؛ الثالوسيّات: شعبة من النباتات تشمل أكثر أشكال الحياة النباتية بدائيّةً وتضمّ الطّحالب والفُطور .

thal·lous [-′əs] *(adj.)* ثاليوميّ: محتوٍ على ثاليوم أحاديّ التّكافؤ بخاصّة .

thal·lus [thăl′əs] *(n.)* pl. **thal·li** [thăl′ī; -ē] *or* **thal·lus·es** المَشْرة؛ الثّالوس: جسم نباتيّ بسيط عديم الورق والسُّوق والجذور (نب) .

than [thăn] *(conj.; prep.)* (١) مِن <Jawad is taller ~ Ghalib.> (٢) غير؛ إلّا <He's no other ~ a thief.> (٣) على أنْ <He preferred to be called a coward ~ fight.> (٤) حتى <Hardly had the birds dropped ~ she jumped into the water and retrieved them.> § (٥) بالقياس إلى؛ بالمقارنة مع <~ whom> .

than·a·tos [thăn′ə tōs′] *(n.)* غريزة الموت [عند فرويد] .

thane [thān] *(n.)* الثّاين: «أ» سيِّد أنجلوسكسونيّ. «ب» سيِّد إقطاعيّ أسكتلنديّ .

thank [thăngk] *(vt.; n.)* (١) يَشْكُر؛ يَحْمَد (٢) يعتبره مسؤولًا عن § (٣) *pl.*: شُكْر؛ حَمْد .
— **thank·er** *(n.)*
~s to بفضل؛ بسبب؛ نتيجةً لِـ .

thank·ful [-′fəl] *(adj.)* (١) شاكر (٢) مُعَبِّر عن شكر (٣) سعيد .

thank·less [-′ləs] *(adj.)* (١) عَقوق؛ جاحد (٢) عاقّ <a ~ task> .

thanks·giv·ing [-gĭv′ĭng] *(n.)* (١) شُكْر (٢) صلاة شكر (٣) *cap.*: عيد الشُّكر .

thank·worthy [-′wûr′thĭ] *(adj.)* جدير بالشُّكر أو الثناء .

thank–you *(n.)* شُكْر؛ حَمْد؛ ثناء .

thank–you–ma'am [-′yo͞o măm′] *(n.)* نتوء أو مُنْخَفَض في طريق .

that [thăt] *(pron.; conj.; adv.)* (١) ذاك؛ ذلك؛ تلك <Shall I take this hat *or* ~?> (٢) كذلك <Is she smart? She is ~.> (٣) الذي؛ التي <the man ~ I saw yesterday> (٤) بقَدْر ما <have never met her ~ I can recall> § (٥) أنّ <am certain ~ this is true> (٦) لكي <The boy ran fast ~ he might not be late.> (٧) إلى حدّ أنّه <ran so fast ~ she was ten minutes early> (٨) ليت <Oh, ~ she were here!> § (٩) إلى هذا الحدّ <a nail about ~ long> (١٠) إلى حدّ بعيد <She'll be ~ pleased when I tell her the news.>.
all ~, (١) وما أشبه (٢) إلى هذا الحدّ .
and ~, وَهَلُمَّ جرًّا .
at ~, (١) برغم ذلك (٢) علاوة على ذلك (٣) إذا أخذنا كلَّ شيء بعين الاعتبار (٤) على الحال أو الشكل المشار إليه .
in ~, بسببِ كذا .
~ is *or* is to say يعني .

thatch [thăch] *(n.; vt.)* (١) الغِماء: «أ» قشّ أو قصب يُسْقَف به بيت . «ب» سقف البيت يُتَّخذ من قشّ ونحوه . «ج» شعر الرأس § (٢) يُغَمّي: يَسْقُف البيت بقشٍّ أو نحوه .

thau·ma·tol·o·gy [thô′mə tŏl′ə jĭ] *(n.)* المُعْجِزاتِيّات: دراسة المعجزات .

thau·ma·tur·gist [thô′mə tər jĭst] *or* **thau·ma·turge** [-tûrj′] *(n.)* مُجْتَرِح المُعْجِزات؛ صانعُ المُعْجِزات . وبخاصةٍ: ساحر .

thau·ma·tur·gy [-tûr′jĭ] *(n.)* اجتراح [أو صُنْع] المعجِزات . وبخاصة: سِحْر .

thaw [thô] *(vt.; i.; n.)* (١) يُذيب [الثَّلجَ] (٢) يُحرِّر من الخَدَر أو من آثار البرد بالتَّدْفئة x (٣) يَذُوب (٤) يتخلّص بالدفء من آثار البرد (٥) يصبح [الجوّ] دافئًا إلى حدّ يذوب معه الثّلج <It is ~*ing* today.> (٦) «أ» يتخلّى عن التّحفُّظ ونحوه . «ب» يَطَّرح العداوة (٧) يَنْشَط أو يصبح عرضةً للتّغيُّر § (٨) ذَوَبان (٩) دفء [في الجوّ] (١٠) تَخَلٍّ عن التَّحفُّظ ونحوه (١١) انفراج <a ~ in international relations> .

the [thē; thə; thĭ] *(def. art.)* لام التَّعريف؛ «أل» التَّعريف .

the- *or* **theo-** بادئة معناها: رَبّ؛ إلٰه؛ الله <*theo*logy> .

the·a·ter[1] *or* **the·a·tre** [thē′ə tər] *(n.)* (١) «أ» مَسْرح . «ب» دار للسينما (٢) مدرَّج [للمحاضرات أو العمليات الجراحيّة] (٣) مسرح الأحداث: مكان وقوعها (٤) المسرح: الآثار المسرحيّة مجتمعةً [في أدب ما أو عند أمة أو مؤلِّف ما] .

the·a·ter[2] *or* **the·a·tre** *(adj.)* تَكْتيكيّ <~ nuclear weapons> .

the·a·ter·go·er [-gō′ər] *(n.)* إلفُ المسارح: الكثير التّردُّد على المسارح .

theater–in–the–round *(n.)* = arena theater.

theater of operations *(n.)* مسرح العمليات [الحربية].

the·at·ri·cal [thĭ ăt′rə kəl] *(adj.; n.)* (١) مسرحيّ (٢) «أ» متكلَّف. «ب» زائف § *pl.* (٣): التمثيل المسرحيّ (٤) ممثِّل مُحْتِرف.

the·at·ri·cal·ize [thĭ ăt′rə kəl īz′] *(vt.)* = dramatize *1*.

the·at·rics [-′rĭks] *(n. pl.)* (١) التَّمثيل المسرحيّ (٢) تكلُّف في السلوك أو الكلام.

the·be [thā′bā] *(n.)* الثّابايي: وحدة نقد بُوتْسْوانيّة صغيرة.

the·ca [thē′kə] *(n.)* pl. **the·cae** [-sē′; -kē′] (١) كيس؛ عُلَيْبة (نب) (٢) الكيس البَوْغيّ (نب) (٣) الغِمْد: الغطاء المُغَلِّف لحيوان أو لأحد أعضائه.

the·co·dont [thē′kə dŏnt′] *(adj.; n.)* مغروز الأسنان.

thé dan·sant [tā dän sän′] *(n.)* = tea dance.

thee [t͟hē] *(pron.)* ضمير المخاطَب [في حالتَي النَّصب والجرّ] (ا. ق).

theft [thĕft] *(n.)* سَرِقة؛ لصوصيّة.

thegn [thān] *(n.)* = thane.

the·ine [thē′ēn] *(n.)* الشايين؛ التايين: كافيين الشاي.

their [t͟hâr] *(pron.)* هُمْ؛ هنّ؛ هما؛ ها <~ books>.

theirs [t͟hârz] *(pron.)* خاصَّتهم؛ مِلْكُهُم، إلخ <These dogs are ~.>.

the·ism [thē′ĭz-] *(n.)* التّأليه: الإيمان بوجود إلّه أو آلهة. وبخاصة التوحيد.

the·ist [-′ĭst] *(n.; adj.)* مُؤَلِّه: مؤمن بوجود آلهة أو إلّه. وبخاصّة: موحِّد.

them [t͟hĕm] *(pron.)* هُمْ؛ هُنَّ؛ هما؛ ها.

the·mat·ic [thĭ măt′-] *(adj.)* (١) جِذْريّ (ل) (٢) موضوعيّ: متعلِّق بموضوع الكلام.

theme [thēm] *(n.)* (١) موضوع الكلام أو الكتابة (٢) الفكرة الرئيسيّة [في عملٍ فنّيّ] (٣) صفة خصوصيّة أو مميِّزة (٤) جِذْر الكلمة (٥) الإنشاء: مقالة قصيرة يُطْلَب إلى التلاميذ كتابتُها (٦) الفكرة الرئيسية (مو).

theme song *(n.)* (١) اللّحن الرئيسُ [في أوبريت أو مُغنّاة] (٢) اللّحن الرّمز: لحنٌ يرمز إلى برنامج إذاعيّ أو تلفزيونيّ إلخ.

them·selves [-sĕlvz′] *(pron. pl.)* أنفسُهم؛ أنفُسُهنّ؛ نفساهما؛ نفسُها.

then [t͟hĕn] *(adv.; adj.; n.)* (١) آنئذٍ؛ آنذاك (٢) بعدئذٍ (٣) ثُمَّ (٤) فوق ذلك؛ علاوة على ذلك <and ~ there is the interest to be paid> (٥) إذن؛ إذًا § (٦) قائم أو موجود آنذاك <the ~ current of opinion> § (٧) ذلك الحين <till ~>.

the·nar [thē′när′] *(n.; adj.)* (١) راحة اليد؛ الكفّ (ت) (٢) الأَلْيَة: العضلة الناتئة عند قاعدة الإبهام § (٣) راحيّ إلخ.

thence [t͟hĕns] *(adv.)* (١) من ذلك المكان أو الزمان: من ثَمّ (٢) إذن.

thence·forth [t͟hĕns′fōrth′] *(adv.)* من ذلك الحين.

thence·for·ward *also* **-s** [-fôr′-] *(adv.)* من ذلك الحين أو المكان.

theo- = the-.

theo·bro·mine [thē′ə brō′mēn; -mĭn] *(n.)* الثّيوبرومين: مركَّب شبه قِلْويّ، مرّ المذاق، يتواجد في حبّات الكاكاو بخاصة (ك).

the·o·cen·tric [thē′ə sĕn′-] *(adj.)* إلَهيّ المَرْكز <a ~ culture>.

the·oc·ra·cy [thē ŏk′rə sĭ] *(n.)* الثّيوقراطيّة: «أ» حكومة دينيّة؛ حكومة الكهنة. «ب» دولة خاضعة لحكم رجال الدين.

the·oc·ra·sy [thē ŏk′-] *(n.)* الفَناء [في الذات الإلّهية عند الصّوفيّة].

the·o·crat [thē′ə krăt′] *(n.)* الثّيوقراطيّ: «أ» من يحكم على أساس ثيوقراطي. «ب» من يعيش في ظل حكم ثيوقراطيّ. «ج» من يؤيِّد الثّيوقراطيّة.
— **the·o·crat·ic** *also* **the·o·crat·i·cal** *(adj.)*

the·od·o·lite [thē ŏd′ə līt′] *(n.)* المِزْواة: أداة لقياس الزوايا يستخدمها المسّاحون.

theodolite

the·og·o·ny [thē ŏg′ə nĭ] *(n.)* الثّيوغونيا: مَبْحث أصل الآلهة وتحدُّرها.

the·o·lo·gian [thē′ə lō′jən; -jĭ ən] *(n.)* اللّاهوتيّ: العالِم باللّاهوت.

the·o·log·i·cal *also* **the·o·log·ic** [thē′ə lŏj′-] *(adj.)* لاهوتيّ.

the·ol·o·gize [thē ŏl′-] *(vi.; t.)* (١) يتَلَهْوَت: «أ» يُنظِّر لاهوتيًّا. «ب» يتأمل في الموضوعات اللاهوتية x (٢) يُلَهْوِت: «أ» يجعله لاهوتيًّا. «ب» يعطيه دلالةً دينيّة.

the·o·logue *or* **the·o·log** [thē′ə lŏg] *(n.)* اللاهوتيّ: «أ» طالب اللاهوت. «ب» العالِم باللّاهوت.

the·ol·o·gy [thē ŏl′-] *(n.)* (١) اللاهوت (٢) نظرية دينية؛ نظام لاهوتيّ.

the·om·a·chy [thē ŏm′ə kĭ] *(n.)* حرب الآلهة (مث).

the·o·man·cy [-′ə măn′sĭ] *(n.)* التّكهُّن [عبر وُسَطاء الوحي].

the·oph·a·gy [thē ŏf′ə jĭ] *(n.)* أكل الإلّه [عند الشعوب البدائيّة].

the·oph·a·ny [thē ŏf′ə nĭ] *(n.)* التّجلّي: تجلّي الإلّه أو الله للإنسان.

the·o·phyl·line [thē′ə fĭl′ēn; -ĭn] *(n.)* الثّيوفيلين: مادة شبه قلوية، بيضاء، متبلِّرة، مرّة المذاق، تُستخرج من أوراق الشاي.

the·or·bo [thē ôr′bō] *(n.)* الطُّرْبة: آلة موسيقية مهجورة شبيهة بالعود.

theorbo

the·o·rem [thē′ə rəm] *(n.)* (١) المُبَرْهَنَة؛ النّظرية (ر) (٢) قضية (مق).

the·o·ret·i·cal *also* **the·o·ret·ic** [thē′ə rĕt′-] *(adj.)* نظريّ؛ غير عمليّ.

the·o·re·ti·cian [thē′ə rə tĭsh′ən] *(n.)* العالِم النّظريّ: الباحث، أو الضليع، في الجانب النظريّ من موضوعٍ ما.

the·o·rist [thē′ə-] *(n.)* (١) المُنظِّر: واضع النَّظرية (٢) theoretician.

the·o·rize [thē′ə rīz′] *(vt.; i.)* يُنَظِّر: يضع نظريةً أو نظريات.

the·o·ry [thē′ə rĭ] *(n.)* (١) الفكر التجريديّ (٢) فكرة؛ رأي (٣) الجانب النظريّ [من علم أو فنّ] (٤) نَظَريّة.

the·o·soph·ic *also* **the·o·soph·i·cal** [thē′ə sŏf′-] *(adj.)* ثيوصوفيّ.

the·os·o·phist [thē ŏs′ə fĭst] *(n.)* الثّيوصوفيّ: المؤمن بالثّيوصوفيّة.

the·os·o·phy [thē ŏs′ə fĭ] *(n.)* الثِّيوصوفية : «أ» معرفة الله من طريق «الكشف» الصوفيّ أو التأمّل الفلسفيّ أو كليهما . «ب» *cap.* ا.ك : معتقدات حركة حديثة نشأت في الولايات المتحدة الأميركية ١٨٧٥ وبُنيت في المقام الأول على أساس من الصوفية البوذية .

ther·a·peu·tic *also* **ther·a·peu·ti·cal** [thĕr′ə pyōō′-] *(adj.)* علاجيّ .

ther·a·peu·tics [thĕr′ə pyōō′tĭks] *(n.)* فنّ المُداواة .

ther·a·peu·tist [-′tĭst] *(n.)* المُداوي : الخبير بفن المداواة .

ther·a·pist [thĕr′ə-] *(n.)* المعالج : الاختصاصيّ بمعالجة الأمراض وبخاصة بغير العقاقير والجراحة <a speech ~> .

ther·a·py [thĕr′ə pĭ] *(n.)* (١) مُداواة (٢) psychotherapy .

there [t͟hâr] *(adv.; n.; interj.)* (١) هناك (٢) إلى هناك (٣) في تلك المسألة أو النقطة <*There* you are mistaken.> (٤) ثمّة؛ يوجد؛ هناك <*There* are four hospitals in our city.> (٥) هُوَذا <*There's* a good boy!> (٦) ذلك المكان <She comes from ~ too.> § (٧) أداة تستخدم للتعبير عن الرضا أو التشجيع أو التعزية <*There!* It's done!; *There, there!* Don't cry.>.

all ~, (١) منتبه؛ يقظ (٢) عاقل؛ غير مجنون .

there·abouts *or* **there·about** [t͟hâr′ə-] *(adv.)* (١) قريبًا من ذلك المكان [أو الزمان] (٢) نحوَ ذلك؛ حوالى ذلك؛ ما يَقْرُب من ذلك .

there·af·ter [t͟hâr ăf′-] *(adv.)* (١) بعد ذلك (٢) من ذلك الحين فصاعدًا .

there·at [-ăt′] *(adv.)* (١) هناك (٢) حينئذٍ (٣) لذلك؛ بسبب ذلك .

there·by [-bī′] *(adv.)* (١) بذلك؛ بتلك الوسيلة (٢) في ما يتّصل بذلك .

there·for [-fôr′] *(adv.)* لذلك؛ لذلك الغرض؛ من أجل ذلك الغرض .

there·fore [-′fōr′] *(adv.)* لذلك؛ بسبب ذلك؛ بناءً عليه؛ إذَنْ .

there·from [-frŏm′] *(adv.)* من ذلك .

there·in [-ĭn′] *(adv.)* (١) في ذلك المكان أو الشيء (٢) في تلك المسألة .

there·in·af·ter [-′ĭn ăf′tər] *(adv.)* في الجزء التالي [من وثيقة إلخ] .

there·in·to [-ĭn′tōō] *(adv.)* (١) إلى ذلك المكان [أو الشيء] (٢) إلى تلك المسألة .

ther·e·min [thĕr′ə mĭn] *(n.)* الثَّرمين : آلة موسيقيّة ألكترونية .

there·of [t͟hâr ŏv′] *(adv.)* (١) من ذلك (٢) من ذلك المصدر .

there·on [-ŏn′] *(adv.)* (١) على ذلك؛ عليه (٢) بعد ذلك مباشرةً .

there·to [-tōō′] *(adv.)* (١) له؛ إليه (٢) أيضًا؛ علاوةً على ذلك (ا.ق) .

there·to·fore [-′tə fōr′] *(adv.)* حتى ذلك الحين؛ قبل ذلك .

there·un·der [-ŭn′dər] *(adv.)* تحت ذلك؛ أدناه؛ في ما يلي .

there·un·to [-′ŭn tōō′] *(adv.)* = thereto.

there·up·on [-′ə pŏn′] *(adv.)* (١) على ذلك؛ عليه (٢) لذلك؛ إذن (٣) توًّا؛ بعد ذلك مباشرةً .

there·with [-wĭt͟h′] *(adv.)* (١) بذلك (٢) بعد ذلك مباشرةً؛ وعلى الأثَر .

there·with·al [-wĭt͟h ôl′] *(adv.)* (١) علاوةً على ذلك (ا.ق) (٢) بعد ذلك مباشرةً (٣) مع ذلك؛ في الوقت نفسه .

the·ri·ac [thēr′ē ăk′] *(n.)* (١) تِرياق (٢) cure–all .

the·ri·a·ca [thĭ rī′ə kə] *(n.)* التِّرياق : مزيج مضادٌّ للسُّمّ .

the·ri·o·mor·phic [thĭr′ĭ ə môr′-] *(adj.)* حَيَوانيّ الشَّكل <~ gods> .

-therium لاحقة معناها : حيوان؛ بهيمة .

therm [thûrm] *(n.)* الثَّرْم : وحدة لمقدار الحرارة (فز) .

therm- *or* **thermo-** بادئة معناها : حرارة <*thermo*stat> .

-therm لاحقة معناها : حيوان ذو حرارة جسمانية معيّنة <endo*therm*> .

ther·mae [thûr′mē] *(n.)* (١) حَمَّة؛ ينبوع حارّ (٢) حَمّام عموميّ .

ther·mal [-′məl] *(adj.)* (١) حَمّيّ <~ waters> (٢) حَراريّ (٣) حارّ .

thermal capacity *(n.)* السَّعة الحرارية (فز) .

thermal energy *(n.)* الطاقة الحرارية (فز) .

thermal expansion *(n.)* التمدُّد الحراريّ (فز) .

thermal spring *(n.)* = thermae *1*.

ther·mic [thûr′mĭk] *(adj.)* حراريّ .

therm·i·on [thûr′mī′ən] *(n.)* الثَّرمِيون : جُسَيم مشحونٌ كهربائيًّا تُطلقهُ مادّة متوهِّجة (فز) .

— **therm·i·on·ic** *(adj.)*

thermionic current *(n.)* التيّار الثَّرمِيونيّ (فز) .

thermi·on·ics [thûr′mī ŏn′-] *(n.)* الثَّرمِيونيّات : علم الظواهر الثَّرمِيونية .

thermionic valve *or* **tube** *(n.)* الصِّمام الثَّرمِيونيّ (فز) .

ther·mis·tor [thər mĭs′tər] *(n.)* المُقاوِم الحراريّ (فز) .

ther·mit [thûr′mĭt]; **ther·mite** [-′mīt] *(n.)* الثَّرميت : ذَرور من ألومنيوم وأكسيدِ أحدِ الفلزّات، وبخاصة الحديد (ك) .

thermo- = therm-.

ther·mo·chem·is·try [thûr′mō kĕm′-] *(n.)* الكيمياء الحرارية .

ther·mo·couple [thûr′mō kŭp′əl] *(n.)* المُزْدَوجة الحرارية .

ther·mo·dy·nam·ic [-dī năm′ĭk] *(adj.)* ديناميحراريّ؛ ديناميّ حراريّ .

ther·mo·dy·nam·ics [-′ĭks] *(n.)* الدّيناميكا الحرارية : شعبة من الفيزياء تُعْنَى بدراسة العلاقة بين الحرارة والطاقة الميكانيكية .

ther·mo·elec·tric [-ĭ lĕk′trĭk] *(adj.)* كَهْرَبِحراريّ؛ كهربائيّ حراريّ .

thermoelectric couple *(n.)* = thermocouple.

ther·mo·e·lec·tric·i·ty [-ĭ lĕk trĭs′ə tĭ] *(n.)* الكهربائية الحرارية .

ther·mo·elec·tron [-ĭ lĕk′trŏn] *(n.)* الألكترون الحراريّ .

ther·mo·gram [thûr′mə grăm′] *(n.)* المخطَّط الحراريّ .

ther·mo·graph [-grăf] *(n.)* المِرسام الحراريّ : مِحَرّ ذاتيّ التسجيل .

ther·mo·junc·tion [-jŭngk′shən] *(n.)* الوُصلة الحرارية .

ther·mo·la·bile [-lā′bĭl] *(adj.)* عَطوبٌ بالحرارة؛ غير ثابت بالحرارة .

ther·mo·lu·mi·nes·cence [thûr′mō lōō′mə nĕs′əns] *(n.)* التألُّق الحراريّ : تألّق تتكشّف عنه المادة عند تسليط الحرارة عليها (فز) .

ther·mol·y·sis [thər mŏl′-] *(n.)* التحلُّل الحراريّ : تبدُّد حرارة الجسم الحيّ أو انتشارها .

ther·mo·mag·net·ic [thûr′mō măg nĕt′-] *(adj.)* مغنطيسيّ حراريّ .

ther·mom·e·ter [thər mŏm′ə-] *(n.)* المِحَرّ؛ الترمومتر؛ ميزان الحرارة.

thermometer

ther·mom·e·try [-′ə trĭ] *(n.)* الترمومتريّة: قياس الحرارة.

ther·mo·nu·cle·ar [thûr′mō no͞o′klĭ ər; -nyo͞o-] *(adj.)* نَوَوِيحَراريّ <~ weapons>.

ther·mo·phil·ic [-fĭl′ĭk] *(adj.)* أليفٌ للحرارة <~ bacteria>.

ther·mo·pile [-′mə pīl′] *(n.)* عمود الحرارة (مج): جهاز لقياس الحرارة أو الطاقة الإشعاعيّة أو لتوليد التيارات الكهربائية الحرارية.

ther·mo·plas·tic [-′mə plăs′-] *(adj.)* لَدْن بالحرارة <~ resins>.

ther·mo·re·cep·tor [thûr′mō rĭ sĕp′-] *(n.)* المُتَقبِّل الحراريّ (أح).

ther·mo·reg·u·la·tor [-rĕg′yə lā′tər] *(n.)* منظِّم الحرارة: أداة لتنظيم الحرارة.

thermos *or* **thermos bottle** [thûr′məs] *(n.)* = Dewar flask.

ther·mo·scope [thûr′mə skōp′] *(n.)* المِكْشاف الحراريّ.

ther·mo·set·ting [thûr′mō sĕt′-] *(adj.)* صَلْد بالحرارة <~ resins>.

ther·mo·sta·ble [-stā′bəl] *(adj.)* ثابت بالحرارة؛ ثابت على الحرارة.

ther·mo·stat [thûr′mə stăt′] *(n.; vt.)* (١) الثّرموسْتات؛ منظِّم الحرارة § (٢) يُثَرْمِت: يُزوِّد بثَرْموستات.
— **ther·mo·stat·ic** *(adj.)*

thermostat *1.*

ther·mo·tax·is [-′mə tăk′-] *(n.)* (١) تنظيم حرارة الجسد (فس) (٢) الانتحاء الحراريّ: اتجاه المُتَعَضّي نحو مصدر الحرارة أو بعيدًا عنه.

ther·mo·ther·a·py [thûr′mō thĕr′ə pĭ] *(n.)* المعالجة بالحرارة.

-thermy لاحقة معناها: حرارة <dia*thermy*>.

ther·sit·i·cal [thər sĭt′ə kəl] *(adj.)* وقح؛ صفيق الوجه؛ بذيء اللّسان.

the·sau·rus [thĭ sôr′əs] *(n.)* pl. **-sau·ri** [-′ī] *or* **-rus·es** (١) خزينة؛ مستودَع (٢) قاموس. وبخاصة: قاموس للمُترادفات (٣) موسوعة؛ دائرة معارف؛ مَكْنَز.

these [t͟hēz] *pl. of* this.

the·sis [thē′sĭs] *(n.)* pl. **-ses** [′sēz′] (١) الفَرْضيّة: رأي علميّ لمّا يَثْبُت بعدُ (٢) الطَّرِيحة: المرحلة الأولى من مراحل الديالكتيك الهيغليّ (را. synthesis و antithesis) (٣) الأطروحة [الجامعيّة].

thes·pi·an [thĕs′pĭ ən] *(adj.)* (١) مَسْرَحيّ (٢) ممثّل مسرحيّ.

the·ur·gic; -al [thē ûr′-] *(adj.)* سِحريّ إلخ (را. theurgy).

the·ur·gist [thē′ûr jĭst] *(n.)* السّاحِر؛ مُجْتَرِح المُعْجِزات.

the·ur·gy [thē ûr′jĭ] *(n.)* (١) سِحْر (٢) اجتراح المعجزات [بمساعدة فَوْقطبيعية].

thew [thyo͞o] *(n.)* (١) قُوّة عضليّة (٢) قوّة؛ حيويّة (٣) *pl.* عد: عضلات.

they [t͟hā] *pl. of* he, she, *or* it.

they'd [t͟hād] = they had; they would.

they'll [t͟hāl] = they will, they shall.

they're [t͟hâr] = they are.

they've [t͟hāv] = they have.

thi- *or* **thio-** *(n.)* بادئة معناها: كبريتيّ؛ مشتمل على كبريت.

thi·a·mine [thī′ə mēn′; -mĭn] *also* **thi·a·min** [-mĭn] *(n.)* الثِّيامين: فيتامين ضروري لأداء الجهاز العصبي وظيفتَه (أح).

thi·a·zine [thī′ə zēn′] *(n.)* الثِّيازين: مركَّب كيميائيّ عضويّ.

thick [thĭk] *(adj.; adv.; n.)* (١) «أ» ثخين؛ سميك. «ب» مُكْتنز <a ~ man> (٢) «أ» كثيف <a ~ forest>. «ب» وافر. «ج» غليظ؛ غليظ القَوام <~ oil>. «د» مُثْقَل بالأدخنة أو الغبار إلخ <~ air>. «هـ» كثير الضباب <a ~ day>. «و» دامِس <~ darkness>. «ز» مُطْلَق؛ تامّ <~ silence> (٣) «أ» غير مُبين أو واضح <~ speech>. «ب» أجشّ <~ voice>. «ج» غبيّ (٤) بالغةٌ سماكتُهُ <15 inches ~> § (٥) بكثافة؛ بوفرة <Misfortunes came ~ and fast.> § (٦) الجزء الأشدّ كثافةً أو ازدحامًا <into the ~ of a mob> (٧) مَعْمَعان <in the ~ of the battle>.

~ with — مُثْقَل بِـ؛ مُفْعَم بِـ.
a bit ~; rather ~, — لا يُطاق؛ لا يُحْتَمل؛ من غير المعقول.
as ~ as thieves — على صداقة حميمة.
through ~ and thin — أيًّا كانت الظروف؛ في السَّرّاء والضَّرّاء.
to lay it on ~, — يُسْرف في الإطراء أو في اللَّوم.

thick·en [thĭk′ən] *(vt.; i.)* (١) يُثخِّن؛ يُسمِّك؛ يُكثِّف؛ يُغْلِظ إلخ (٢) يجعله غيرَ واضح <Alcohol ~*ed* her speech.> **x** (٣) «أ» يتكاثف. «ب» يحتشد (٤) «أ» يُصبح غير واضح. «ب» يُصبح كثير الضباب إلخ (٥) يَثْخَن؛ يَغْلُظ (٦) يتعقّد <The plot ~*ed*.>.

thick·en·ing [-ĭng] *(n.)* (١) «أ» تثخين؛ تكثيف؛ تغليظ. «ب» تَثَخُّن؛ تكثُّف؛ تغلُّظ (٢) المثخِّن؛ المكثِّف: مادة تستخدم للتثخين أو التكثيف (٣) جزء أو موضع مُثخَّن أو مكثَّف.

thick·et [thĭk′ĭt] *(n.)* أَجَمَة؛ دَغَلٌ؛ أَيْكة.

thick·et·ed [-ĭd] *(adj.)* مُؤَجَّم؛ مُدَغَّل: مَكْسُوٌّ بالآجام أو الأدغال.

thick·head·ed [-′hĕd′ĭd] *(adj.)* غبيّ؛ مُغفَّل؛ أحمق؛ ضعيف العقل.

thick·ly [thĭk′lĭ] *(adv.)* بثخانة؛ بكثافة؛ بوفرة؛ بغِلَظ إلخ.

thick·ness [-′nəs] *(n.)* (١) ثخانة؛ سماكة (٢) «أ» كثافة. «ب» وفرة. «ج» غِلَظ. «د» ضبابيّة (٣) غباء (٤) طبقة.

thick·set [-′sĕt′] *(adj.)* (١) كثيف؛ مُلْتَزّ <~ trees> (٢) مُرصَّع أو مُثْقَل بكذا على نحوٍ مُلْتزّ <a sky ~ with stars> (٣) مُجَحْدَر: غليظ البِنْية؛ قصير وبدين.

thick–skinned [-′skĭnd′] *(adj.)* صفيق الجلد؛ قليل الإحساس.

thick–wit·ted [-′wĭt′ĭd] *(adj.)* غَبيّ؛ مُغَفَّل؛ مُتبلِّد الذهن.

thief [thēf] *(n.)* pl. **thieves** [thēvz] (١) لِصّ (٢) سارِق.

thieve [thēv] *(vi.; t.)* (١) يُمارس السّرقة x (٢) يَسْرِق .

thiev·er·y [thē'vər ĭ] *(n.)* (١) سَرِقة ؛ لُصوصيّة (٢) شيء مسروق (ا . ق) .

thiev·ish [thē'-] *(adj.)* (١) لُصوصيّ (٢) سرّاق : مفطورٌ على اللصوصيّة .

thigh [thī] *(n.)* (١) الفَخِذ (ت) (٢) شيء يُشبه الفخِذَ أو يكسوها .

thigh·bone [thī'bōn'] *(n.)* عَظْمُ الفَخِذ (ت) .

thill [thĭl] *(n.)* عريش العَرَبة [الذي يُشَدّ إليه الحصان] .

thim·ble [thĭm'bəl] *(n.)* (١) كُشْتُبان (٢) حلقة معدنية رقيقة [مطوِّقةٌ لحَبْل] (٣) أنبوب معدنيّ قصير .

thimble *1.*

thim·ble·ber·ry [-bĕr'ĭ] *(n.)* العُلَّيق الكُشْتُبانيّ : عُلَّيق كُشْتُبانيّ الثَّمر .

thim·ble·ful [-fool] *(n.)* (١) مِلءُ كُشْتُبان (٢) مقدار ضئيل جدًا .

thim·ble·rig [-rĭg'] *(n.; vt.)* (١) الكُشْتُبانيّة : لعبة توضَع فيها كرة صغيرة تحت واحد من ثلاثة أكواب كُشْتُبانيّة الشكل ثمّ تُحرَّك هذه الأكواب ويُطلب إلى المشاهدين أن يحزروا تحت أيّ منها توجد الكُرَيّة (٢) أو **thim·ble·rig·ger** : الكُشْتُبانيّ ؛ مُلاعِب الكشاتبين : مدير هذه اللعبة § (٣) يَخْدَع .

thim·ble·weed [-wēd'] *(n.)* الحشيشة الكُشْتُبانيّة [كالرُّدبكيّة rudbeckia والشُّقّار أو شقائق النُّعمان anemone] .

thin[1] [thĭn] *(adj.; adv.)* (١) رقيق (٢) رفيع (٣) متباعد ؛ متفرّق <~ hair> (٤) نحيل ؛ مهزول ؛ نحيف (٥) ضئيل ؛ قليل ؛ هزيل <~ attendance> (٦) مائيّ [أو رقيقُ] القوام <~ milk> (٧) كاسِد <a ~ market> (٨) قاحل ؛ ماحل <a ~ soil> (٩) واهٍ <a ~ excuse> (١٠) ضعيف ؛ واهن <~ light; ~ voice> § (١١) على نحوٍ رقيق أو هزيل إلخ .

thin[2] *(vt.; i.)* (١) يُرَقِّق ؛ يرفِّع إلخ (٢) يجعلهُ مائيَّ القوام أو رقيقَهُ (٣) يُضْعِف ؛ يُوهِن (٤) يُنْحِل ؛ يُهْزِل (٥) يُنْقِص ؛ يُخفِّف x (٦) يَرِقّ (٧) يَضْعُف (٨) يَنْحُل ؛ يَهْزُل .

thin·clad [thĭn'klăd] *(n.)* العَدّاء : أحد العَدّائين الرِّياضيين .

thine [thīn] *(pron.)* لَكَ ؛ مِلْكُكَ ؛ خاصَّتُك .

thing [thĭng] *(n.)* (١) مسألة (٢) *pl.* : حالة ؛ أحوال ؛ أوضاع عامة <*Things* are improving.> (٣) حادثة ؛ حَدَث (٤) عَمَل <to do great ~s> (٥) «أ» شيء . «ب» أمر (٦) *pl.* : أمتعة ؛ أدوات (٧) نقطة (٨) مادّة (٩) ملاحظة (١٠) فكرة (١١) فَرْد ؛ شخص <poor little ~> (١٢) رُهاب [أو خوف مرضيّ] خفيف <She has a ~ about driving.> (١٣) نبأ ؛ خبر (١٤) نشاط مفضَّل .

thing·am·a·bob [-'ə mə bŏb'] *or* **thing·um·bob** [-'əm bŏb'] *(n.)* = thingamajig.

thing·am·a·jig *or* **thing·um·a·jig** [thĭng'ə mə jĭg'] *(n.)* (١) شيء يَصْعُب تصنيفُهُ (٢) شيء مجهول [أو منسيّ] الاسم .

thing–in–itself [thĭng'ĭn ĭt sĕlf'] *(n.)* = noumenon.

think [thĭngk] *(vt.; i.; n.; adj.)* (١) ينوي ؛ يرجو (٢) «أ» يعتقد . «ب» يَحْسَب ؛ يظنّ . «ج» يَعُدّ ؛ يَعتبر (٣) يتفكّر ؛ يُنعِم النظر في (٤) يبتدع ؛ يستنبط ؛ يبتكر (٥) يتوقّع (٦) يتصوّر x (٧) يُفكِّر (٨) يتأمّل § (٩) تفكير <in a deep hard ~> (١٠) فكرة ؛ رأي <Let's exchange ~*s.*> § (١١) فكريّ ؛ مثير للتفكير <a short ~ film> .

think·a·ble [thĭng'kə bəl] *(adj.)* (١) يُتَصَوَّر : ممكنٌ تصوُّرُهُ أو التفكير فيه (٢) مُمْكِن ؛ قابلٌ للتحقيق .

think·er [-'ər] *(n.)* (١) مفكِّر <a superficial ~> (٢) عَقْل ؛ دماغ .

think·ing [thĭngk'ĭng] *(n.; adj.)* (١) تفكير (٢) فكرة (٣) فِكر § (٤) مُفَكِّر <~ people> .

thinking cap *(n.)* مزاج التأمُّل أو التفكير <Put on your ~*s.*> .

think tank *also* **think factory** *(n.)* صِهْريج الفِكر ؛ مصنع الفكر : مؤسسة أبحاث تضع تصوُّرًا للتطوّرات المرتقبة في الحقول الاجتماعية والتكنولوجية إلخ .

thin·ner [thĭn'ər] *(n.)* فا thin . وبخاصة : المُرَقِّق : سائل كزيت التُّربنتينة ونحوه ، يُتَّخذ مُرقِّقًا لِقَوام الطِّلاء وأنواع الورنيش .

thin–skinned *(adj.)* (١) رقيق الجلد أو القِشرة (٢) رقيق الإحساس .

thio- = thi-.

Thi·o·kol [thī'ə kŏl'] *(n.)* الثّايوكول : ضرب من المطاط الصُّنعيّ .

thion- بادئة معناها : كبريت <*thion*ic> .

thi·o·nate [thī'ə nāt] *(n.)* الثّايونات : ملح حمض الثايونيك (ك) .

thi·on·ic [thī ŏn'ĭk] *(adj.)* كبريتيّ (ك) .

thionic acid *(n.)* حَمْض الثايونيك (ك) .

thio·sul·fate [thī'ō sŭl'fāt'] *(n.)* الثايوكبريتات : ملح أو إستر حمض ثيو الكبريتيك (ك) .

thio·sul·fu·ric acid [-fyoor'ĭk] *(n.)* حمض ثيو الكبريتيك (ك) .

third [thûrd] *(adj.; n.)* (١) ثالث (٢) ثُلُثيّ § (٣) الثالث (٤) ثُلْث .

third–class *(adj.; adv.)* (١) خاصّ بالدرجة الثالثة (٢) من الدرجة الثالثة § (٣) بالدرجة الثالثة <to travel ~> .

third class *(n.)* (١) المرتبة الثالثة (٢) الدرجة الثالثة [في باخرة إلخ] .

third degree *(n.)* الدّرجة الثالثة : تعذيب السجين لانتزاع الاعتراف منه .

third dimension *(n.)* البُعْد الثالث : «أ» ثخانة ؛ سماكة . «ب» صفة تُضْفي على الشيء واقعيّة أو تنفخ فيه الحياة <night sounds that give a ~ to the memory>.

third estate *(n.)* الطبقة الثالثة ؛ طبقة الشعب .

third force *(n.)* القوة الثالثة : تكتّل دوليّ أو حزبيّ يتخذ موقفًا وَسَطًا بين قوّتين سياسيتين متخاصمتين .

third·hand *(adj.; adv.)* (١) ثالثيّ : «أ» مشترًى بعد استعماله من قِبَل مالكَيْن سابقَيْن <a ~ car> . «ب» مُتَّجِر بالسِّلَع الثالثيّة <a ~ merchant> § (٢) ثالثيًا ؛ للمرّة الثالثة .

third·ly [thûrd'lĭ] *(adv.)* ثالثًا .

third party *(n.)* (١) «أ» الحزب الثالث [في بلدٍ يتنازع فيه السلطةَ حزبان كبيران] . «ب» حزب الأقليّة (٢) الفريق الثالث [في دعوى] .

third person *(n.)* صيغة الغائب (ل) .

third rail *(n.)* القضيب الثالث : قضيب معدنيّ يُنْقَل به التيّار الكهربائيّ إلى

محرّكات قاطرة كهربائية .

third–rate [-ˈrātˈ] *(adj.)* (١) من الدرجة الثالثة (٢) رديء .

third–rat·er [-ˈrāˈtər] *(n.)* شخص أو شيء من الدرجة الثالثة .

third reading *(n.)* القراءة الثالثة : المرحلة النّهائية من النّظر في مشروعِ قرارٍ برلمانيّ قبل عرضه على التصويت .

Third World *(n.)* العالم الثالث : الدول النامية أو المتنامية مجتمعةً .

thirl [thûrl] *(n.; vt.)* (١) ثَقب § (٢) يَثْقب (٣) يهزّ [النفوسَ]؛ يثير .

thirst [thûrst] *(n.; vi.)* (١) ظَمَأ ؛ عَطَش (٢) شوق؛ تَوْق شديد § (٣) يَظمأ ؛ يَعْطَش (٤) يشتاق أو يَتُوقُ إلى . **— thirst·i·ness** *(n.)*

thirst·i·ly [thûrˈstə lĭ] *(adv.)* بظمأ ؛ بسبب الظّمأ . <drank ~>

thirst·y [thûrsˈtĭ] *(adj.)* (١) ظَمآن؛ ظامئ؛ عطشان (٢) شديد الامتصاص <~ towels> (٣) متعطّش أو توّاقٌ إلى .

thir·teen [thûrˈtēnˈ] *(n.)* ثلاثةَ عشَرَ ؛ ثلاثَ عَشْرَة .

thir·teenth [thûrˈtēnthˈ] *(n.; adj.)* (١) جزء من ١٣ ؛ $\frac{1}{13}$ (٢) الثالث عشر § (٣) ثالث عَشَر (٤) مُشكِّل جزءًا من ثلاثة عشر .

thir·ti·eth [thûrˈtĭ əth] *(adj.; n.)* (١) الثلاثون <the ~ day> (٢) مُشَكِّل جزءًا من ثلاثين <a ~ share of the money> § (٣) الثّلاثون (٤) جزء من ثلاثين . <the ~ of the month>

thir·ty [thûrˈtĭ] *(n.)* (١) ثلاثون (٢) *pl.*: الثّلاثونات؛ الثّلاثينات : العقد الرابع من العمر أو القرن (٣) «أ» علامة [أو أمارة] الإنجاز أو الإتمام. «ب» نهاية (٤) رشّاش من عيار ٣٠ مم (جن).

thirty–eight *(n.)* (١) ثمانية وثلاثون (٢) بندقية من عيار ٣٨ مم .

thirty–three *(n.)* (١) ثلاثة وثلاثون (٢) أسطوانة فونوغرافية ذات ٣٣ $\frac{1}{3}$ دورة في الدقيقة .

thirty–two *(n.)* (١) اثنان وثلاثون (٢) بندقية من عيار ٣٢ مم .

this[1] [t͟his] *(pron.)* pl. **these** [t͟hēz] (١) هذا؛ هذه (٢) هذا الزمان أو المكان <We expected to return home before ~.> .

this[2] *(adv.)* إلى هذا الحدّ <to wait ~ long> .

this·tle [thĭsˈəl] *(n.)* الشَّوك : أيّ من عدّة نباتات كثيرة شائكة .

thistle

this·tle·down [-doun] *(n.)* زَغَب الشَّوك : زغب يكتنف بزورَ النَّبتة الشائكة .

this–world·li·ness *(n.)* الدُّنيَويّة : الاهتمام بشؤون الدُّنيا .

thith·er [thĭt͟hˈər] *(adv.; adj.)* (١) هناك؛ إلى هناك § (٢) بعيد؛ أبعد .

thith·er·to [-tōōˈ] *(adv.)* حتى ذلك الحين .

thith·er·ward *also* **thith·er·wards** [-wərd(z)] *(adv.)* إلى هناك .

tho *or* **tho'** [t͟hō] = though.

thole [thōl] *(n.; vi; t.)* (١) حَكَمَة المجذاف : أحد وَتِدين في جانب المركب يُشَدّ إليهما المجذاف (مل) (٢) وَتِد § (٣) يتحمّل؛ يُطيق .

tho·los [-ˈlŏs] *(n.)* pl. **-loi** الثُّولوس : مبنًى [أو قبر تحارضيّ] مستدير .

Tho·mism [tōˈ-] *(n.)* التُّومائيّة؛ التُّومانيّة : فلسفة توما الأكوينيّ (١٢٢٥-١٢٧٤) اللاهوتية .

Tho·mist [tōˈ-] *(n.)* التُّومائيّ؛ التُّومانيّ : المؤمن بفلسفة توما الأكوينيّ .

Tho·mis·tic [tō mĭsˈtĭk] *(adj.)* تومائيّ؛ تومانيّ : ذو علاقة بالتُّومائية أو التُّومانية أو خاصّ بها .

thong [thŏng] *(n.)* (١) سَيْر؛ سيرٌ جلديّ (٢) الصَّندل المُسَيَّر : خُفٌّ يُشَدّ إلى القدم بِسَيْرٍ متداخل بين الأصابع ورِباط مُطوّق للكاحل .

tho·rac·ic [thō răsˈ-] *(adj.)* صَدْريّ : متعلّق بالصَّدر أو واقعٌ ضمنَهُ .

thoracic duct *(n.)* القناة الصَّدرية (ت) .

tho·ra·co·plas·ty [thōrˈə kō-] *(n.)* رَأْبُ الصَّدر؛ تقويم الصدر (جر) .

tho·ra·cot·o·my [thōrˈə kŏtˈə mĭ] *(n.)* فَغْر الصَّدر (جر) .

tho·rax [thōrˈăks] *(n.)* pl. **-rax·es** *or* **-ra·ces** [-ˈə sēzˈ] الصَّدر (ت) .

tho·ri·a [thōrˈĭ ə] *(n.)* = thorium dioxide.

tho·ri·a·nite [-nītˈ] *(n.)* الثّوريانيت : معدن إشعاعيّ النّشاط .

thor·ic [thōrˈĭk] *(adj.)* ثوريوميّ : ذو علاقة بالثُّوريوم أو مشتملٌ عليه .

tho·rite [thōrˈīt] *(n.)* الثوريت : معدن نادر .

tho·ri·um [thōrˈĭ əm] *(n.)* الثّوريوم : عنصر فِلِزّيّ إشعاعيّ النشاط (ك) .

thorium dioxide *(n.)* ثاني أكسيد الثوريوم (ك) .

thorn [thôrn] *(n.)* (١) النبات الشائك، وبخاصة الزُّعرور (را . hawthorn) (٢) شوكة .

thorn apple *(n.)* (١) الداثورة : نبات شائك سامّ (٢) hawthorn .

thorn·back [thôrnˈ-] *(n.)* شائك الظَّهر : «أ» رايٌّ أو سَفَنٌ ray شائك الظهر (سمك) . «ب» سرطان عنكبوتيّ أوروبيّ ضخم .

thornback *a.*

thorn·bush [thôrnˈ-] *(n.)* (١) الشائكة : شُجيرة شائكة (٢) الأجمة الشائكة : مجموعة شُجيرات شائكة وبخاصة في المناطق الاستوائية .

thorn·like [thôrnˈlīk] *(adj.)* شَوْكانيّ : شبيهٌ بالشَّوك .

thorn·y [thôrˈnĭ] *(adj.)* شائك : «أ» مليء بالشّوك . «ب» حافل بالمصاعب أو نقاط الاختلاف <a ~ issue> .

tho·ron [thôrˈŏn] *(n.)* الثّورون : نظير لعنصر الرادون إشعاعيّ النّشاط (ك) .

thor·ough [thûrˈō] *(adj.)* (١) شامل <a ~ search> (٢) «أ» كامل؛ دقيق <a ~ description> . «ب» بكلّ ما في الكلمة من معنًى؛ مئة بالمئة <a ~ fool> . «ج» مجتهد؛ مُتْقِن : باذلٌ غاية الجهد والعناية <a ~ worker> . «د» تامّ <~ pleasure> . «هـ» ضليع؛ متمكّن <a ~ actor> . **— thor·ough·ly** *(adv.)*

thor·ough·bred [-brĕdˈ] *(adj.)* (١) تامّ البراعة أو التدريب <a ~ soldier> (٢) أصيل <a ~ horse> (٣) «أ» أنيق . «ب» أرستوقراطيّ. «ج» ممتاز؛ من الطراز الأول <a ~ car> .

thor·ough·fare [thûrˈō fârˈ] *(n.)* (١) شارع؛ طريق عامّ (٢) مرور .

thor·ough·go·ing [-gō′ĭng] *(adj.)* (١) متطرّف؛ مئة بالمئة <a ~ democrat> (٢) تامّ؛ كامل <~ cooperation>.

thor·ough–paced [-pāst′] *(adj.)* (١) تامّ التّدريب (٢) كامل؛ مئة في المئة.

thor·ough·pin [-pĭn] *(n.)* المَلَح: ورم فوق عرقوب الفرس مباشرة.

thorp [thôrp] *(n.)* قرية؛ دَسْكَرة (ا . ق).

those [t͟hōz] *pl. of* that.

thou [t͟hou] *(pron.; vt.)* (١) أنتَ؛ أنتِ § (٢) يخاطبه بهذه الصيغة.

though [t͟hō] *(adv.; conj.)* (١) مع ذلك § (٢) برغم ذلك (٣) ولو أنّ.
as ~, وكأنّ؛ وكأنّما.

thought[1] [thôt] *past and past part. of* think.

thought[2] *(n.)* (١) «أ» تفكير. «ب» اهتمام؛ عناية <taking no ~ for her appearance> (٢) «أ» فكر. «ب» فكرة (٣) نيّة؛ قصد (٤) ذرّة؛ مقدار ضئيل <a ~ more salt> (٥) رأي؛ مُعْتَقَد.

thought·ful [thôt′-] *(adj.)* (١) مستغرق في التفكير (٢) عميق التفكير (٣) حَسَن الانتباه؛ كثير الاهتمام (٤) مراعٍ لحقوق الآخرين ومشاعرهم.

thought·less [thôt′-] *(adj.)* (١) غافل؛ مُهمِل (٢) طائش؛ متهوّر (٣) أحمق؛ عديم التفكير (٤) غير مراعٍ لحقوق الآخرين ومشاعرهم.

thought–out [thôt′out′] *(adj.)* مدروس؛ مُرَوًّا فيه.

thought·way [thôt′wā] *(n.)* طريقةٌ في التفكير <scientific ~*s*>.

thou·sand [thou′zənd] *(n.)* (١) ألف (٢) آلاف؛ عدد كبير.

thou·sand·fold [*adj.* thou′zənd fōld; *adv.* -fōld′] *(adj.; adv.)* (١) أكبر ألفَ مرّة؛ ضخم جدًا § (٢) ألفَ مرّة <increased a ~>.

thou·sand–leg·ger [thou′zənd lĕg′-] *(n.)* = millipede.

thou·sandth [thou′zəndth] *(adj.; n.)* (١) الألف <the ~ book> (٢) مُشَكِّل جزءًا من ألف <a ~ share of money> § (٣) العضو الألف [في مجموعة] (٤) جزء من ألف.

thrall [thrôl] *(n.; adj.)* (١) عبد؛ رقيق (٢) عُبُودية § (٣) مُسْتَعْبَد.

thrall·dom *or* **thral·dom** [thrôl′dəm] *(n.)* عُبُودية.

thrash [thrăsh] *(vt.; i.; n.)* (١) يَدْرُس [الحنطةَ]: يدوسها بالنَّوْرَج ونحوه (٢) يَجْلِد؛ يَسُوط (٣) يَهْزِم هزيمةً مُنْكَرة (٤) يقلّب الرأيَ في مسألة إلخ <~*ed* the matter over> (٥) يَرْسُم؛ يصوغ <to ~ out a plan> **x** (٦) يضرب (٧) يتخبّط: يتقلّب [المحمومُ] في فراشِهِ (٨) يَشُقّ [المركبُ] طريقه في وجه الريح § (٩) دَرْس الحنطة (١٠) «أ» جَلْد؛ ضَرْب. «ب» جَلْدة؛ ضَرْبة.

thrash·er [-ər] *(n.)* (١) فا thrash (٢) الدَّرّاس: طائر مغرِّد.

thra·son·i·cal [thrā sŏn′ə kəl] *(adj.)* مُتَبَجِّح؛ متفاخِر؛ متباهٍ.

thread [thrĕd] *(n.; vt.; i.)* (١) «أ» خيط. «ب» مجرًى مائيّ هزيل (٢) «أ» شُعاع. «ب» خطّ لونيّ رفيع. «ج» عِرق <~*s* of gold in the ore> (٣) السّلك الناظم [لأجزاء قصة أو خُطبة] (٤) طابع؛ صِبغة عامّة (٥) سِنّ اللَّوْلَب (٦) مجرى التفكير أو «خيطُهُ» (٧) *pl.*: ملابس § (٨) يُسْلِك [الخيطَ في سَمّ الإبرة] (٩) يَشُقّ طريقه بحَذَر (١٠) يَنظِم [اللؤلؤ أو الخرز] (١١) «أ» يُقحِم الفيلم في الكاميرا. «ب» يضع الفيلم [في المِسْلاط السينمائيّ] استعدادًا لعرضه على الشاشة (١٢) يُوَخِّط؛ يُخالط <black hair ~*ed* with silver> (١٣) يُلَوْلِب؛ يُسَنِّن اللَّولَب **x** (١٤) يتخيَّط: يُشَكِّل خيطًا عند سكبه من ملعقة <Cook the syrup until it ~*s*.>.

thread·bare [-′bâr] *(adj.)* (١) رَثّ؛ بالٍ (٢) هزيل؛ ضئيل (٣) رثّ الملابس (٤) مُبْتَذَل؛ مكرَّر حتى الابتذال <~ jokes>.

thread·fin [thrĕd′fĭn′] *(n.)* الخايوط: سمك خيطيّ الزّعنفة الصدريّة.

thread·like [thrĕd′līk′] *(adj.)* خَيْطانيّ: رفيع طويل مثلَ الخيط.

thread·worm [thrĕd′wûrm′] *(n.)* الدُّودة الخيطيّة؛ الدّودة السِّلكيّة.

thread·y [-′ĭ] *(adj.)* (١) خيطيّ (٢) نحيل (٣) ضعيف؛ واهن <a ~ pulse>.

threat [thrĕt] *(n.; vi.; t.)* (١) تهديد؛ وعيد § (٢) يتهدَّد؛ يهدِّد (ا . ق).

threat·en [thrĕt′ən] *(vt.; i.)* (١) يتهدّد؛ يهدِّد؛ يتوعّد (٢) يُنْذِر بـ.

three [thrē] *(n.; adj.)* (١) ثلاثة؛ ثلاث (٢) الثالث (٣) الثُّلاثيّ.

three–deck·er [thrē′dĕk′ər] *(n.)* (١) ثُلاثية السُّطوح: سفينة ذات سطوح ثلاثة (٢) ثلاثيّ الطبقات. وبخاصة: سندويتش أو شطيرة ذات ثلاث شرائح من الخبز تتخلّلُها حشوتان.

three–dimensional [thrē′dĭ mĕn′shən əl] *(adj.)* (١) ثلاثيّ الأبعاد (٢) مُجَسَّم.

three·fold [-′fōld′] *(adj.; adv.)* (١) ثلاثيّ <a ~ purpose> (٢) أكبر بثلاث مرات <a ~ increase> § (٣) ثلاثةَ أضعاف <increased ~>.

three–handed *(adj.)* ثُلاثيّ: يلعَبُهُ ثلاثةُ لاعبين <~ bridge>.

three–legged *(adj.)* ثُلاثيّ الأرجل أو القوائم <a ~ stool>.

three–mast·er *(n.)* ثُلاثيّة الصَّواري <a ~ ship>.

three–mile limit [thrē′mīl′] *(n.)* حَدُّ الأميال الثلاثة: حدّ الحِزام البحريّ المُعْتَبَر واقعًا ضمنَ المياه الإقليمية لدولةٍ ما (قد).

three–peat [thrē′pēt′] *(n.)* التثليث: إحراز انتصارٍ ما للمرّة الثالثة على التوالي.

three·pence [thrĭp′əns; thrĕp′-] *(n.)* (١) ثلاثة بنسات (٢) قطعة الثلاثة بنسات.

three·pen·ny [thrĭp′ə nĭ; thrĕp′-] *(adj.)* (١) مُكَلِّف أو مُساوٍ ثلاثة بنسات (٢) تافه؛ رخيص؛ قليل القيمة.

three–phase [thrē′fāz′] *(adj.)* ثلاثيّ الأطوار <a ~ circuit>.

three–piece [thrē′pēs′] *(adj.; n.)* (١) ثُلاثيّ الأجزاء (٢) ثلاثيّ القِطَع <a woman's ~ suit> § (٣) شيء ثُلاثيّ الأجزاء أو القِطَع.

three–ply [thrē′plī′] *(adj.)* ثُلاثيّ الطَّبقات؛ ثُلاثيّ الطَّيّات.

three–point landing *(n.)* هبوط [أو حَطٌّ] ثُلاثيّ النُّقَط (طي).

three–quarter [-′kwôr′tər] *(adj.)* ثُلاثيّ الأرباع <a ~ sleeve>.

three R's *(n. pl.)* القراءة والكتابة والحساب.

three·score [-′skōr′] *(adj.; n.)* (١) بالغٌ سِتّين (٣ × ٢٠ = ٦٠) § (٢) سِتّون.

three·some [-′səm] *(adj.; n.)* (١) ثُلاثيّ § (٢) الثُّلاثيّ: مجموعة من

ثلاثة أشخاص أو أشياء (٣) الثُّلاثيّة : لعبة [وبخاصة : مباراة غولف] يُباري فيها لاعبٌ واحد لاعبَيْن اثنين (رب).

three–square file [-ˈskwâr′] *(n.)* مُثَلَّثيّ المَقْطَع : مِبْرَد ذو مَقْطع مُثَلَّثيّ.

threm·ma·tol·o·gy [thrĕm′ə tŏl′ə jĭ] *(n.)* عِلْم الاستيلاد : علم استيلاد الحيوانات والنباتات (أح).

thre·node [thrē′nōd′]; **thren·o·dy** [thrĕn′ə dĭ] *(n.)* = dirge.

thre·o·nine [thrē′ə nēn′] *(n.)* التّريونين : حَمْض أمينيّ متبلّر.

thresh [thrĕsh] *(vt.; i.)* (١) يَدْرُس [الحنطة] (٢) «أ» يقلّب الرأي في مسألة أو مشكلة. «ب» يصوغ؛ يَرْسم [خطّةً] (٣) يَجْلِد؛ يَسُوط.

thresher 2.

thresh·er [-′ər] *(n.)* (١) فا thresh (٢) القِرْش الدَّرّاس.

threshing machine *(n.)* الدَّرّاسة : ماكينة تُدْرَس بها الحنطة.

thresh·old [thrĕsh′ōld] *(n.)* (١) عَتَبَة (٢) بداية؛ مُسْتَهَلّ <the ~ of a new era> (٣) العَتَبَة : أدنى مستوًى لِمُنبِّهٍ يُحدث استجابةً (فس).

threw [thrōō] *past of* throw.

thrice [thrīs] *(adv.)* (١) ثلاثًا (٢) تكرارًا؛ كثيرًا؛ إلى حدٍّ بعيد.

thrift [thrĭft] *(n.)* (١) نموّ مُعافًى (٢) اقتصاد؛ توفير (٣) القابضة البحرية : نبات ذو رؤوس زهرية قَرَنفليّة أو بيضاء (٤) مصرِف ادِّخار.

thrift·less [-′ləs] *(adj.)* (١) تافه؛ عديم القيمة (٢) مُسْرِف؛ مُبَذِّر؛ مِتلاف.

thrift·y [thrĭf′tĭ] *(adj.)* (١) مُزْدهِر (٢) نامٍ بقوّة (٣) مُقتصِد.

thrill [thrĭl] *(vt.; i.; n.)* (١) يُثير (٢) يَهُزّ (٣) يرُجّ؛ يُرْعِش x (٤) يَسْري؛ يتمشّى [في الجسد] (٥) يهتزّ [طَرَبًا أو سرورًا إلخ] (٦) يرتعش؛ يرتعد § (٧) اهتزاز (٨) رِعشة؛ رِعدة (٩) الإثاريّة : صفة الإثارة في رواية أو شريط سينمائيّ.

thrill·er [-′ər] *(n.)* شيء مثير. وبخاصة : رواية أو تمثيلية مثيرة.

thrips [thrĭps] *(n.)* التِّربسة : حشرة تمتصّ عصارات النباتات فتُتْلِفُها.

thrips

thrive [thrīv] *(vi.)* (١) ينمو بقوّة (٢) يزدهر (٣) ينجح [في تحقيق هدف].

thriv·ing [thrīv′-] *(adj.)* مزدهِر؛ ناجح.

thro *or* **thro'** [thrōō] *(prep.)* = through.

throat [thrōt] *(n.; vt.)* (١) الحَلْق؛ البُلْعوم؛ المَزْرَد (ت) (٢) «أ» صوت. «ب» حَنْجَرة (٣) مَجاز ضيّق § (٤) يُغَمْغم (٥) يُغنّي أو يُرنِّم حَلْقيًّا.

throat·wort [thrōt′wûrt′] *(n.)* العُنُقيّة؛ زهرة العُنُق (نب).

throat·y [thrō′tĭ] *(adj.)* (١) حَلْقيّ : ملفوظ من الحَلْق (٢) أجشّ.

throb [thrŏb] *(vi.; n.)* (١) يَخْفِق؛ يَنْبِض § (٢) خَفَقان؛ نَبْض (٣) الخَفْق : ارتجاج الماكينة إلخ.

throe [thrō] *(n.)* (١) ألم مفاجئ أو مبرِّح (٢) نوبة انفعال (٣) *pl.* : مَخاض؛ طَلْق (٤) *pl.* : آلام الاحتضار (٥) *pl.* : نضال عنيف.

thromb- *or* **thrombo-** بادئة معناها : «أ» جَلْطة. «ب» تَخَثُّر الدَّم.

throm·base [thrŏm′bās] *(n.)* = thrombin.

throm·bin [-′bĭn] *(n.)* الثرومبين؛ الخَثْرين : المادّة المُخَثِّرة للدم (كح).

throm·bo·cyte [thrŏm′bō sīt′] *(n.)* = blood platelet.

throm·bo·gen [thrŏm′bō jĕn] *(n.)* = prothrombin.

throm·bo·ki·nase [-kī′nās; -nāz] *(n.)* = thromboplastin.

throm·bo·phle·bi·tis [-flĭ bī′tĭs] *(n.)* التهاب الوريد الخُثاريّ (مض).

throm·bo·plas·tic [-plăs′tĭk] *(adj.)* (١) مُخثِّر [للدم] (٢) تَخَثُّريّ.

throm·bo·plas·tin [-′tĭn] *(n.)* الثرومبوبلاستين : خميرة التخثُّر (كح).

throm·bo·sis [-′sĭs] *(n.)* الخُثار؛ الخَثَر؛ التَّجلُّط : تكوُّن الخَثْرة أو الجَلْطة في القلب أو في أحد الأوعية الدموية (ط).

throm·box·ane [thrŏm′bŏk sān′] *(n.)* الثرومبوكْسَيْن : منظِّم لعمل الخلايا أو وظائفها.

throm·bus [-′bəs] *(n.)* pl. **-bi** [bī; bē] الخَثْرة؛ الدَّمَة؛ الجَلْطة الدموية.

throne [thrōn] *(n.; vt.; i.)* (١) عَرْش (٢) العَرْش : السُّلطة الملكية § (٣) يُجْلِس على العرش (٤) يُنَصِّبُهُ مَلِكًا x (٥) يَجْلِس على العرش (٦) يتقلَّد السلطة الملكيّة.

throne room *(n.)* قاعة العرش : قاعة رسميّة يتصدّرها عرش الملِك.

throng [thrông] *(n.; vt.; i.)* (١) حَشْد [من الناس وغيرهم] (٢) ازدحام (٣) زَحْمة؛ ضغط § (٤) يَزْحَم (٥) يملأ x (٦) يحتشد.

thros·tle [thrŏs′əl] *(n.)* (١) thrush *1* (٢) المِغْزَلة : آلة غَزْل قديمة.

throt·tle [thrŏt′əl] *(vt.; i.; n.)* (١) «أ» يَخْنُق. «ب» يكبت الحريةَ (٢) يخنق المحرِّك : يخفِّف سرعَتَهُ بإعاقة تدفّق البُخار إلخ إليه x (٣) يختنق § (٤) حَلْق؛ حَنْجرة (٥) المِخْنَق؛ الصِّمام الخانق (مك).

throt·tle·hold [-hōld′] *(n.)* القَبْضة الخانقة : سيطرة مُحْكَمة إلى حدٍّ يُشْعِر بالاختناق.

throttle lever *(n.)* ذراع المِخْنَق : الأداة المتحكِّمة بالصِّمام الخانق.

throttle valve *(n.)* = throttle 5.

through *also* **thru** [thrōō] *(prep.; adv., adj.)* (١) «أ» خِلالَ. «ب» من خلال؛ من طريق (٢) عَبْرَ <a new road ~ the desert> (٣) بواسطة (٤) بسبب (٥) من طريق النَّسَب المُشترك <related ~ their grandfather> (٦) بين؛ في ما بين <to walk ~ the trees> (٧) على طول كذا (٨) عَبْرَ أو ضمنَ حدود <traveled ~ the country> (٩) طَوالَ <enjoyed health ~ life> (١٠) إلى كذا مُتَضَمَّنًا <Monday ~ Sunday> (١١) أداة بمعنى الانتهاء من <to be ~ one's work> (١٢) أداة بمعنى الاجتياز بنجاح <to get ~ an examination> § (١٣) من جانب إلى آخر (١٤) حتى النهاية أو التّمام <to think it ~> (١٥) تمامًا <wet ~> (١٦) على مَرْأًى من الناس <Emotion broke ~.> § (١٧) ممتدّ من سطح إلى آخر <a ~ mortise> (١٨) مباشر <a ~ road> (١٩) منطلق من غير توقُّف <a ~ train> (٢٠) خاصّ بقطار منطلق من غير توقُّف <a ~

ticket> (٢١) مُنْتَهٍ [من عمل]؛ مُشْرِف على الغاية <I am almost ~.>.

through and through *(adv.)* مئة بالمئة؛ بكلّ ما في الكلمة من معنًى.

through·out [thrōō out′] *(adv.; prep.)* (١) في كل مكانٍ من كذا <~ the house> (٢) بِرُمَّتِهِ (٣) أبدًا؛ دائمًا § (٤) في طول البلاد وعرضها <cities ~ France> (٥) طَوالَ <~ her life>.

through·put [-′pōōt] *(n.)* نِتاج؛ إنتاج؛ خَرْج <the ~ of a computer>.

through·way [thrōō′-] *(n.)* = expressway.

throve [thrōv] *past of* thrive.

throw [thrō] *(vt.; i.; n.)* (١) «أ» يَرْمي؛ يقذِف؛ يُلقي. «ب» يَطْرح (٢) يَهْزِم (٣) يستخدم؛ يُسَخِّر (٤) يُحَوِّل إلى (٥) يبني؛ ينشئ [سدًّا إلخ] (٦) يُشَكِّل الخزف [بدولاب الخزّاف] (٧) يُسَدِّد ضربةً (٨) يَغْزِل (٩) يُدحْرِج [كُرَةً] (١٠) يتخلّص من (١١) يَنْفُث <to ~ smoke> (١٢) يَضَع؛ يلد (١٣) يُنْتِج <*threw* a good crop> (١٤) يَخْسر [المباراة] متعمِّدًا [بناءً على اتفاق سابق] (١٥) يُعَشِّق أو يفكّ التّعشيق (سي) (١٦) يُقيم [حفلةً] § (١٧) رَمْي؛ قَذْف (١٨) رَمْية (١٩) مغامرة (٢٠) «أ» غطاء. «ب» طَرْحة؛ وشاح؛ لِفاع.

to ~ about (١) يُلْقي أو يَطْرح هنا وهناك (٢) يُبدِّد؛ ينفق بغير حساب.

to ~ away (١) يَطْرح؛ يَنْبِذ (٢) يُبدِّد المالَ [إلخ] (٣) يُضيع [فرصةً إلخ] (٤) يلفظ [الممثِّلُ أو المذيعُ] الكلامَ من غير توكيد.

to ~ back (١) يَعوق؛ يَصُدّ؛ يَرُدّ (٢) يجعله معتمدًا على (٣) يَعكِسُ [الضوءَ] (٤) يتأسَّل: يرتدّ إلى صفات الأسلاف.

to ~ down (١) يطرحُهُ أرضًا؛ يُطيح به (٢) يرمي (٣) يَنْبِذ؛ يتخلّى عن.

to ~ in (١) يضيف أو يضمّ مجانًا [أو على سبيل البقشيش] (٢) يبدي [ملاحظةً إلخ] بصورة عابرة (٣) يُقلع عن محاولة ما؛ يعترف بعجزه عن عمل شيء ما (٤) ينضمّ إلى (٥) يعشّق التروس (سي) (٦) يُلقي [في السّجن].

to ~ off (١) «أ» يتخلّص من. «ب» يطرح (٢) ينفث (٣) يصنع بسرعة أو بسهولة (٤) يحوِّله عن اتجاهه (٥) يضلّل (٦) يَشْرع في الصيد (٧) يذمّ؛ يقدح؛ يطعن.

to ~ oneself at يبذل غاية جهده للفوز بحب شخص أو صداقته أو الحظوة عنده.

to ~ oneself into يشرع في عمل شيء بهمّة ونشاط.

to ~ (something) open (١) يَفْتح (٢) يفتح أبواب قصرِهِ [للجماهير].

to ~ out (١) «أ» يُقْصي؛ يُبْعد؛ يطرد. «ب» ينبذ؛ يطرح (٢) يعبِّر عن (٣) يرفض (٤) يُري؛ يبدي للعيان (٥) يسبقه أو يخلّفه وراءه (٦) يُطلِق؛ ينفث (٧) يَمُدّ؛ ينشر (٨) يشوِّش؛ يفسد نظام شيء (٩) يُبْرِز؛ يوضّح (١٠) يفكّ التعشيق (سي).

to ~ over (١) يتخلّى عن (٢) يَرْفض.

to ~ together (١) يجمع أو يؤلِّف بسرعة (٢) يَجْمع.

to ~ up (١) يرفع بسرعة (٢) «أ» يتخلّى عن. «ب» يستقيل من (٣) يبني بعجلة (٤) يتقيّأ (٥) يُنْتِج؛ يُطلع (٦) يُبْرِز: يجعله أكثر وضوحًا (٧) يذكر تكرارًا على سبيل التوبيخ.

throw·a·way [-′ə wā′] *(n.; adj.)* (١) المُلْقَى: شيء يُلقَى. وبخاصة: إعلان صغير يوزَّع باليد؛ نشرة مجانية § (٢) يُرْمَى؛ يُطْرَح <~ napkins> (٣) لا مبالٍ.

throw·back [-′băk′] *(n.)* التَّأسُّل (را. atavism) أو إحدى نتائجه.

thrown [thrōn] *past part. of* throw.

throw pillow *(n.)* الوُسَيِّدة: وِسادة صغيرة تُتَّخَذُ للزّينة.

throw rug *(n.)* = scatter rug.

throw·ster [thrō′stər] *(n.)* الغَزّال: من يغزل الحرير ونحوه.

thru [thrōō] *(prep.; adv.; adj.)* = through.

thrum[1] [thrŭm] *(n.; vt.)* (١) نُسالة الخيوط أو الغزل (٢) *pl.* «أ» حاشية من هذه النُّسالة. «ب» قِطع صغيرة من خيوط الحبال (مل) (٣) قطعة صغيرة § (٤) يُزوِّد أو يُغطّي بنُسالة الخيوط (٥) يصنع من نُسالة الخيوط.

thrum[2] *(vi.; t.; n.)* (١) يُدَنْدِن: يُداعب أوتار الآلة الموسيقية (٢) يَنْقُر [على الطاولة إلخ] بأصابعه (٣) يلقي على نحو مُضْجِر أو رتيب x (٤) يَطِنّ؛ يَرِنّ: يُطْلق صَوْتًا كصوت الوتر المُداعب <Blood *~med* in my ears.> § (٥) الدَّنْدَنة: صوت مداعبة الأوتار إلخ.

thrush [thrŭsh] *(n.)* (١) السُّمْنة؛ الدُّجّ: طائر مغرِّد (٢) السُّلاق؛ القُلاع: مرض من أمراض الأطفال، بخاصة، يصيب الفَم والحَلْق.

thrush *1.*

thrust [thrŭst] *(vt.; i.; n.)* (١) «أ» يَدْفع. «ب» يُقْحِم (٢) يَغْرِز (٣) يَمُدّ؛ يَنْشُر (٤) يَطْعَن؛ يَثْقُب (٥) يَفْرِض عليه أمرًا؛ يُكرِهُهُ على قبول شيء x (٦) يَشُقّ طريقَهُ إلخ (٧) يبرز؛ ينتأ § (٨) طَعْنة (٩) «أ» تهجُّم. «ب» هجوم [عسكريّ] (١٠) الدَّفع: «أ» قوة دافعة (مك). «ب» ضغط قويّ متواصل (١١) اندفاع [في اتجاه معيَّن] (١٢) معنًى أو هدف أساسيّ.

to ~ aside يردّ؛ يَدْفع؛ يُبعد جانبًا.

thrust·ful [-′fəl] *(adj.)* عُدوانيّ <a ~ young man>.

thud [thŭd] *(vi.; n.)* (١) يتحرَّك أو يرتطم مُحدثًا صوتًا مكتومًا § (٢) ضربة (٣) صوت مكتوم [لضربةٍ أو سقطة].

thug [thŭg] *(n.)* السَّفّاح؛ السَّفّاك؛ قاطع الطريق.

thug·gee [thŭg′ē]; **thug·ger·y** [-′ə rĭ] *(n.)* قَتْل؛ لُصوصيّة؛ سَفكُ دماء.

thu·ja [thōō′jə] *(n.)* = arborvitae.

Thu·le [thōō′lē] *(n.)* أقصى الشّمال [عند الإغريق والرومان].

thu·li·um [-′lĭ əm] *(n.)* الثُّوليوم: عنصرٌ فِلِزّيّ فضّيّ البياض (ك).

thumb [thŭm] *(n.; vt.; i.)* (١) إبهام اليد (٢) ovolo § (٣) «أ» يقلِّب الصفحات بإبهامه. «ب» يوسِّخ أو يُبلي بتقليب متكرّر للصفحات (٤) يُبَهِّم: يطلب الركوب بسيارة منطلقة، أو يُوَفَّق إلى ذلك، بأن يشير بإبهامه إلى الجهة التي يريد الشخوصَ إليها x (٥) يسافر متطفِّلًا [بإيقاف السيارات ليركبها مجانًا].

~s down علامة الاستهجان والرفض.

~s up علامة الموافقة أو القبول.

to ~ one's nose يُبَهِّم: يضع إبهامه على أنفه ويبسط سائر أصابعه استهزاءً أو تحدّيًا.

under the ~ of تحت سلطة فلان أو نفوذه.

thumb·hole [thŭm′hōl′] *(n.)* ثَقب الإبهام [وبخاصة في آلة موسيقيّة].

thumb index *(n.)* الدّليل الإبهاميّ: ثقوب نِصْفيّة في حافة المعجم الأمامية يستعين بها المرء على الاهتداء إلى الحرف الذي يريد مراجعته.

thumb·nail [thŭm′nāl′] *(n.; adj.)* (١) ظفر الإبهام (٢) شيء صغير أو موجز § (٣) مُخْتصر؛ موجز <a ~ sketch>.

thumb nut *(n.)* الصَّمولة [العَزْقة] الإبهامية: صَمولة تُدار بالإبهام والسَّبّابة.

thumb·print [thŭm′prĭnt] *(n.)* بَصْمة الإبهام.

thumb·screw [thŭm′skrōō] *(n.)* (١) اللَّولب أو القلاووظ الإبهاميّ [يُدار بالإبهام والسَّبّابة] (٢) الإبهاميّة: أداة تعذيب يُضْغط بها على الإبهام أو الإبهامين.

thumbscrew 2.

thumbs–down *(n.)* الإشارة الإبهامية الرافضة [تعبيرًا عن الرفض أو الشّجب].

thumbs–up *(n.)* الإشارة الإبهاميّة المؤيِّدة [تعبيرًا عن الموافقة أو التشجيع].

thumb·tack [thŭm′tăk′] *(n.; vt.)* (١) المُسَيْمير الإبهاميّ: مسمار صغير عريض الرأس يُدفَع بالإبهام § (٢) يُثَبِّت بمُسَيْمير إبهاميّ.

thump [thŭmp] *(vt.; i.; n.)* (١) «أ» يَضرب مُحدِثًا صوتًا مكتومًا. «ب» يخبط؛ يَدُقّ (٢) يَجْلِد؛ يَسُوط (٣) يَهْزِم هزيمةً مُنكَرةً **x** (٤) يقع إلخ مُحدِثًا صوتًا مكتومًا (٥) يؤيِّد بشدّة (٦) يَخطو [مُحْدِثًا صوتًا] § (٧) «أ» ضَرْبة عنيفة. «ب» صوت هذه الضربة.

thump·ing [thŭm′-] *(adj.)* (١) ضخم <a ~ majority> (٢) رائع؛ ممتاز <a ~ victory>.

thun·der [thŭn′dər] *(n.; vi.; t.)* (١) رَعْد (٢) وعيدٌ صاخب (٣) وقع؛ دَوِيّ <the ~ of horses' hooves> § (٤) تَرْعُدُ [السّماء] (٥) يتوعّد (٦) يصيح **x** (٧) يَلْفِظ متوعّدًا (٨) يَضرِب [مُحْدِثًا صوتًا كقصف الرعد] (٩) ينتقد بقسوة: يُنَدِّد بـ.

thun·der·bird [-bûrd′] *(n.)* طائر الرَّعد: طائر خُرافيّ يعتقد الهنود الحُمْر أنه يُحدِث البرق والرَّعد.

thun·der·bolt [-bōlt′] *(n.)* (١) صاعقة (٢) وعيد صاخب إلخ.

thun·der·clap [-klăp′] *(n.)* قَصْف الرَّعد؛ هَزيم الرَّعد [أو شيء يُشبهُه].

thun·der·cloud [-kloud′] *(n.)* السَّحابة الرَّعّادة: سحابة تَبْرُق وتَرْعُد.

thunder–gust [thŭn′dər gŭst′] *(n.)* عاصفة رعدية [تَصْحَبُها ريح].

thun·der·head [-hĕd′] *(n.)* طَليعة الرَّعد: سحابة قَزَعيّة (را. cumulus) تظهر قبل العاصفة الرعدية.

thun·der·ing [-ĭng] *(adj.)* (١) راعد (٢) هائل؛ استثنائيّ؛ ضخم جدًا.

thunder lizard *(n.)* = brontosaurus.

thun·der·ous [-əs] *(adj.)* (١) راعد (٢) مُدَوٍّ؛ صاخب <~ applause>.

thun·der·peal [-pēl] *(n.)* = thunderclap.

thun·der·show·er [-shou′ər] *(n.)* الوابل الرَّعديّ: مطر مصحوب ببرق ورعد.

thun·der·stick [thŭn′dər stĭk′] *(n.)* = bull–roarer.

thun·der·storm [-stôrm′] *(n.)* العاصفة الرَّعدية [أي المصحوبة ببرق ورعد].

thun·der·strike [thŭn′dər strīk′] *(vt.)* يَصْعَق؛ يَشْدَه.

thun·der·struck [-strŭk′] *(adj.)* (١) مصعوق؛ مشدوه (٢) مصابٌ بصاعقة (ا. ق).

thun·der·y [-ĭ] *(adj.)* (١) راعد؛ مصحوب برعد (٢) مُتوعِّد: منذِرٌ برعد أو شرّ.

thu·ri·ble [thōōr′ə bəl] *(n.)* المِبْخَرة [وبخاصة في الكنائس].

thu·ri·fer [-fər] *(n.)* المُبَخِّر؛ حامل المِبْخَرة [في الاحتفالات الدينية].

Thurs·day [thûrz′dĭ; -dā] *(n.)* الخميس؛ يوم الخميس.

thus [t̶hŭs] *(adv.)* (١) هكذا؛ بهذه الطريقة (٢) إلى هذا الحدّ <~ wise> (٣) وهكذا؛ وبالتالي؛ وإذن (٤) مثلًا.

~ far إلى هنا؛ حتى هذه النقطة.

thus·ly [t̶hŭs′lĭ] *(adv.)* هكذا؛ بهذه الطريقة.

thwack [thwăk] *(vt.; n.)* (١) يَضْرِب [بشيء مسطَّح أو ثقيل] § (٢) ضربة [بشيء كهذا]؛ ضربة عنيفة.

thwart [thwôrt] *(adv.; adj.; vt.; n.)* (١) بانحراف؛ بالعَرْض § (٢) موروب؛ معترض؛ مستعرض (٣) عنيد؛ شَموس § (٤) يُعارض؛ يقاوم (٥) يَخْذُل؛ يُحبِط (٦) يمتدّ مستعرضًا (٧) يعوق: يحول دون نموّ شيء أو تحقيقِهِ § (٨) مَقعد المجدِّف [في مَرْكب].

thwart·wise [thwôrt′wīz′] *(adv.)* بالعَرْض؛ على نحوٍ مستعرض.

thy [t̶hī] *(pron.; adj.)* ...كَ؛ خاصَّتك؛ مِلْكُك؛ لك.

thyme [tīm; thīm] *(n.)* الصَّعْتَر؛ السَّعْتَر؛ الزَّعتر (نب).

-thymia لاحقة معناها: حالة عَقْليّة <schizo*thymia*>.

thy·mic[1] [thī′mĭk] *(adj.)* صَعْتَريّ: ذو علاقة بالصَّعتر.

thy·mic[2] *(adj.)* تُوتيّ: ذو علاقة بالتُّوتة (را. thymus).

thy·mine [thī′mēn] *(n.)* الثَّيمين؛ الصَّعترين: مركّب عضويّ (كح).

thy·mo·cyte [-′mə sīt′] *(n.)* الخليَّة التُّوتيّة: إحدى خلايا التُّوتة (را. thymus).

thy·mol [-′mōl] *(n.)* الثَّيمول: مركَّب أبيض مشتقّ من زيت الصَّعْتر.

thy·mus [thī′məs] *(n.)* التُّوتة؛ الغُدّة الصَّعتريّة: غُدّة صغيرة صمّاء، هرمية الشَّكل، تقع عند قاعدة العنق (ت).

thy·my *or* **thym·ey** [tī′mĭ; thī′mĭ] *(adj.)* صعتريّ.

thyr- *or* **thyro-** بادئة معناها: دَرَقيّ <*thyr*oxin>.

thy·ra·tron [thī′rə trŏn] *(n.)* الثايراترون: صِمام ألكترونيّ ثلاثيّ مَليء بالغاز (ألك).

thy·roid [thī′roid′] *(adj.; n.)* (١) دَرَقيّ (٢) مُذَكِّر بغُدّة درقيّة مُعتلّة <a ~

personality> § (٣) الغُدّة الدَّرَقية (ت) (٤) الغضروف الدَّرقيّ (ت) (٥) الدَّرَقين : مستحضَر يُستخرج من الغُدد الدَّرَقية لبعض الحيوانات .

thyroid cartilage *(n.)* الغضروف الدَّرَقيّ : غُضروف الحَنْجَرة الرئيسيّ (ت) .

thy·roid·ec·to·my [thī′roid′ĕk′tə mĭ] *(n.)* استئصال الغدة الدَّرَقية .

thyroid gland *(n.)* الغُدّة الدَّرَقية : غدّة صمّاء في العُنُق (ت) .

thy·roid·i·tis [thī′roi dī′tĭs] *(n.)* الدُّراق : التهاب الغُدَّة الدَّرَقية (مض) .

thy·rox·ine *or* **thy·rox·in** [thī rŏk′sēn] *(n.)* الدَّرَقين ؛ الخلاصة الدَّرَقيّة : هرمون مشتمل على اليود تُفرزه الغدّة الدَّرَقية .

thyrse [thûrs] *(n.)* الشِّمراخ : شكل من أشكال الازهرار (نب) .

thyr·sus [thûr′səs] *(n.)* pl. **-si** [sī; sē] (١) التِّرْسوس : صولجان أو رمح يُتوَّج بِحِلْيَةٍ على شكل كوز صنوبر ، ويُلَفّ أحيانًا بأعواد الكَرْمة ، كان يحمله باخوس إلّه الخمر وأتباعه (٢) الشِّمراخ (را. thyrse) .

thy·sa·nop·ter·an [thī sə nŏp′-] *(n.; adj.)* (١) هُدبيَّة الأجنحة : واحدة من هُدبيات الأجنحة **Thysanoptera** وهي رتبة حشرات صغيرة لأجنحتها أهداب طويلة حريرية (حش) § (٢) هُدبيّ الأجنحة .

thy·sa·nu·ran [thī′sə nyo͞or′ən] *(n.; adj.)* (١) هُدبيّة الذَّنَب : واحدة من هُدْبيّات الأذناب **Thysanura** وهي رتبة من الحشرات في مؤخرتها هُلْبات شبيهة بالذَّنَب § (٢) هُدبيّ الذَّنَب .

thy·self [t͟hī sĕlf′] *(pron.)* = yourself.

ti·ar·a [tī âr′ə] *(n.)* التِّيرة : «أ» عمامة [عند قُدامى الفُرس] . «ب» تاج البابا المثلَّث . «ج» عصابة لرأس المرأة مرصَّعة بالجواهر أو مزدانة بالزُّهور .

tiara *b.* tiara *c.*

Ti·bet·an [tĭ bĕt′ən] *(n.; adj.)* (١) التِّبتيّ : أحد أبناء التِّبت (٢) التِّبتيّة : لغة أبناء التِّبت § (٣) تِبتيّ .

tib·i·a [tĭb′ĭ ə] *(n.)* pl. **-i·ae** [ē ē] *also* **-i·as** (١) الظُّنبوب : عظم الساق الأكبر (ت) (٢) التِّبيَّة : مزمار أو «فلوت» قديم .

tibia *1.*

tic [tĭk] *(n.)* (١) العَرَّة : تقلّص لاإراديّ في عضلات الوجه بخاصّة (٢) الخَصْلة : سِمَةٌ من سِمات الشَّخصية أو السُّلوك .

ti·cal [tĭ käl′; tĭ kôl′; tē′kəl] *(n.)* = baht.

tic dou·lou·reux [tĭk′do͞o′lo͞o ro͞o′; -rœ′] *(n.)* عَرّة الوجه المؤلمة : التهاب مؤلم في الوجه (مض) .

tick[1] [tĭk] *(n.)* القُرادة : حيوان مَفْصِليّ ماصّ للدّم .

tick[1]

tick[2] *(n.)* (١) غلاف أو كيس الوسادة (٢) قماش أغلفة الوسائد .

tick[3] *(n.; vi.; t.)* (١) التَّكّة : «أ» إحدى تكّات السّاعة . «ب» لحظة (٢) الإشارة : نقطة أو علامة صغيرة [يُلْفَتُ بها الانتباه إلى شيء أو يُعَلَّم بها بَنْدٌ في لائحة إلخ] § (٣) يَتِكّ ؛ يُتَكْتِك (٤) ينقضي ؛ ينصرم **x** (٥) يؤشِّر على : يَسِم بنقطة أو علامة صغيرة (٦) يُسَجِّل أو يُعلن بتكتكات أو نحوها <a meter ~*ing* off his cab fare>.

to ~ somebody off (١) يُوَبِّخُهُ ؛ يؤنِّبُهُ ؛ يُقَرِّعُهُ (٢) يغضبُهُ .

tick[4] *(n.)* نَسيئة ؛ دَيْن <to buy goods on ~> .

ticked [tĭkt] *(adj.)* (١) مُنقَّط ؛ مُرقَّط (٢) غاضب (٣) قَلِق .

tick·er [tĭk′ər] *(n.)* (١) فا tick (٢) ساعة (٣) التلغراف الكاتب [يطبع أوتوماتيًّا ما يتلقّاه من معلومات على شريط ورقيّ] (٤) القَلْب (ع) .

ticker tape *(n.)* شريط التلغراف الكاتب : شريط ورقيّ يطبع عليه التلغراف الكاتب ما يتلقّاه من معلومات أو أنباء .

tick·et [tĭk′ĭt] *(n.; vt.)* (١) بطاقة [تُبيِّن سعر شيء إلخ] (٢) تذكرة [سفرٍ أو دخولٍ] (٣) مَدْخل ؛ وسيلة <High education is the ~ to a good job.> (٤) لائحة بأسماء مُرَشَّحي حزبٍ (٥) الصّواب ؛ عَيْن الصَّواب <That's the ~.> (٦) بطاقة الجَلْب (ق) § (٧) يُبطِّق : يضع بطاقةً على (٨) يُزوِّده بتذكرة [دخولٍ أو سفرٍ] .

to vote the straight ~, يصوِّت لجميع مرشَّحي حزبٍ ما .

ticket agency *(n.)* وكالة التذاكر (را. المادة التالية) .

ticket agent *(n.)* (١) وكيل التذاكر : وكيل شركة للنقل يبيع تذاكر السفر بالطائرة إلخ (٢) بائع تذاكر المسرح إلخ .

ticket office *(n.)* مكتب التَّذاكر [في شركة نقل أو في مسرح إلخ] .

ticket–of–leave [tĭk′ĭt ŏv lēv′] *(n.; adj.)* (١) بطاقة إطلاق السَّراح : بطاقة تَمْنَحُ السجين حرِّيته قبل انقضاء مدة محكوميَّتِهِ شرطَ خضوعه لشروط معيَّنة § (٢) مُزَوَّد بهذه البطاقة <a ~ man> .

tick fever *(n.)* (١) الحُمَّى القُرادية : حُمَّى ناشئة عن لَسْع القُراد [جمع «قُرادة»] ؛ را. [tick[1]] (٢) Texas fever .

tick·ing [tĭk′ĭng] *(n.)* قماش أغلفة الوسائد إلخ .

tick·le [tĭk′əl] *(vi.; t.; n.)* (١) يستشعر وخزًا خفيفًا **x** (٢) يُرضي ؛ يُبهج (٣) يُدَغْدِغ (٤) يُداعِب (٥) يُسبِّب الشعور بوخز خفيف § (٦) إحساس بوخز خفيف (٧) إبهاج ؛ دغدغة ؛ مداعبة .

tick·ler [tĭk′-] *(n.)* (١) فا tickle . وبخاصة : أداة لوخز وجوه الآخرين في كرنفال إلخ (٢) مُذَكِّرة ؛ مُفَكِّرة إلخ (٣) مشكلة مُحَيِّرة ؛ وَضْعٌ مُرْبِك .

tick·lish [tĭk′-] *(adj.)* (١) سريع التأثّر بالدغدغة (٢) «أ» حسّاس . «ب» سريع الغضب (٣) قَلِق ؛ مُتَقَلْقِل (٤) دقيق <a ~ situation> .

tick·seed [tĭk′sēd′] *(n.)* = coreopsis.

tick·tack *or* **tic·tac** [tĭk′tăk′] *(n.)* (١) تَكْتَكة (٢) النَّقّارة : أداة يستخدمها الأطفال للنَّقر على النوافذ من بعيد .

tick·tack·toe *also* **tic–tac–toe** [tĭk′tăk′tō′] *(n.)* التَّكْتَكْتُو : لعبة يتناوب فيها كلٌّ من اللاعبَيْن رسمَ علامةٍ خاصّةٍ به ضمن مربّع من مربّعات رقعةٍ ما ، ويفوز فيها من يوفَّق قبل غيره إلى مَلء ثلاثة مربّعات متوالية بعلامته الخاصة .

tick·tock [tĭk′tŏk′] *(n.)* تَكْتَكة ساعة كبيرة [وبخاصة ساعة الحائط] .

tick trefoil *(n.)* الدِّسمودِيون : نبات ثلاثيّ الوُرَيْقات .

tid·al [tī′dəl] *(adj.)* مَدِّيجَزْريّ : متعلّق بالمدّ والجَزْر <~ erosion> .

tidal wave *(n.)* (١) الموجة المدِّيّة : موجة بَحْريّة شديدة الارتفاع تَعْقُبُ الزلزالَ أحيانًا (٢) الارتفاع العَصفيّ : ارتفاع مياه الشاطئ على نحو استثنائيّ بسبب من الرياح العاصفة (٣) «أ» موجة عارمة <a ~ of popular indignation> . «ب» انتصارٌ كاسح [في الانتخابات إلخ] .

tid·bit [tĭd′bĭt′] *(n.)* (١) لقمة سائغة ؛ طعام شهيّ (٢) نبأ سارّ .

tid·dle·dy·winks [tĭd′əl dĭ wĭngks] *or* **tid·dly·winks** [tĭd′lĭ-] *(n.)*

لعبة الأقراص والكأس : لعبةٌ قِوامُها قَذْف أقراص صغيرة ملوّنة بحيث تستقرّ في كأس .

tid·dler [tĭd′lər] *(n.)* (١) سمكة صغيرة (٢) طفل صغير .

tid·dly [-′lĭ] *(n.; adj.)* (١) شرابٌ مُسْكِر § (٢) ثمِل ؛ مخمور (٣) أنيق .

tide [tīd] *(n.; vi.; t.)* (١) فرصة ملائمة (٢) موسم <Christmas*tide*> (٣) «أ» المدّ والجَزْر . «ب» المدّ [ضدّ الجَزْر] (٤) القُلَّب : شيء مُتقلِّب كالمدّ والجَزْر (٥) «أ» مياه جارية . «ب» تيّار . «ج» مياه المحيط . «د» فيضان § (٦) يرتفع وينخفض [كالمدّ والجزر] **x** (٧) ينقل شيئًا [أو يجعله يطفو] بالمدّ (٨) يُسْعِف : يُساعد امرءًا على التغلُّب على صعوبة (٩) يتغلّب على صعوبة .

tide·land [tīd′-] *(n.)* أرض المدّ : أرض يغمرها المدُّ عند ارتفاعه .

tide·mark [tīd′-] *(n.)* (١) العلامة المدّيّة أو الجَزْريّة : «أ» علامة تخلّفها مياه البحر عند ارتفاعها أو عند انخفاضها . «ب» علامة توضع إشارةً إلى هذه النقطة (٢) النقطة المدّيّة أو الجَزْرية : النقطة التي بلغها شيء ما أو التي انخفض إلى ما دونها <the ~ of tolerance> .

tide·wait·er [tīd′wā′tər] *(n.)* مفتّش جمركيّ [يعمل على مَتْن السفينة] .

tide·wa·ter [tīd′wô′tər] *(n.)* (١) مياه المدّ (٢) مياه يتجاذبها المدّ والجزر (٣) شاطئ البحر .

tide·way [-′wā′] *(n.)* سبيل [أو مَسْلك] المدّ ؛ قناة تجري فيها مياه المدّ .

ti·dings [tī′dĭngz] *(n. pl.)* أنباء <sad ~> .

ti·dy [tīd′ĭ] *(adj.; vt.; n.)* (١) ريّان ؛ ممتلئ الجسم (٢) ملائم ؛ مُرْضٍ (٣) حَسَن (٤) مرتَّب ؛ أنيق (٥) منهجيّ ؛ دقيق <~ thinking> (٦) ضخم <a ~ sum> § (٧) يرتّب § (٨) غطاء زِينيّ [لظهر الكرسي وذراعيه] (٩) المأبَرة : وعاء لأدوات الخياطة .

— ti·di·ly *(adv.)* **— ti·di·ness** *(n.)*

ti·dy·tips [-tĭps′] *(n.)* اللَّيّا الكاليفورنيّة : نبات من الفصيلة المركّبة .

tie [tī] *(n.; vt.; i.)* (١) «أ» رباط . «ب» شريط الحذاء (٢) «أ» الشّدّادة : عارضة أو زاوية إلخ تشدّ جزءين من المبنى بعضهما إلى بعض . «ب» قضيب الربط : قضيب مستعرض تُشدّ إلى أمثاله قضبان السّكّة الحديدية لتثبيتها في موضعها (٣) صلة ؛ رابطة (٤) الرِّباط : خطّ منحنٍ يربط بين نغمتين على سطر واحد (٥) «أ» التعادُل : تعادلٌ [في الأصوات أو النقاط المحرزة في لعبة] . «ب» التّعادلية : مباراة تُخْتَم بمثل هذا التعادل (٦) طريقة الرَّبط (٧) «أ» الأُرْبَة : رباط العنق . «ب» حذاء أوكسفورد (را. oxford) § (٨) يربط ؛ يعقد (٩) «أ» يربط برباط الزوجية . «ب» يربط برباط موسيقي (١٠) يقيّد (١١) يعادل [في مباراة] **x** (١٢) يُرْبَط ؛ يُعْقَد (١٣) يتعادل <The two teams ~*d.*>.

to ~ in (١) ينطبق على (٢) يَصِل [بين شيئين] .

to ~ into (١) يهاجم أو يباشر عملًا باندفاع ونشاط (٢) يُوَبِّخ بقسوة (٣) يلتهم .

to ~ up (١) يُرْبَط بإحكام (٢) يعطّل [العملَ أو النشاط] (٣) يعوق أو يعرقل [السيرَ إلخ] (٤) يوظّف [المالَ] بحيث يتعذّر استثماره في أغراض أخرى (٥) يَشْغَل امرءًا أو يستغرق وقتَهُ كلَّهُ (٦) يرتبط أو يتصل بِـ (٧) يشترك أو يتشارك مع .

tie·back [tī′băk] *(n.)* (١) المِرَدَّة : حَبْل زِينيّ يُشدُّ به خَصْر السّتارة إلى جانب النافذة (٢) ***pl.*** عد : ستارة ذات مِرَدَّة .

tie beam *(n.)* الشّدّادة : رافدة خشبية رابطة (عم) .

tie·break·er [tī′brā′-] *(n.)* المباراة الفاصلة [بين فريقين تعادلا سابقًا] .

tied up [tīd′ŭp] *(adj.)* مشغول جدًا .

tie–in [tī′ĭn′] *(n.)* (١) صلة ؛ رابط (٢) صلة خفيّة أو سرّيّة .

tie·mann·ite [tē′mə nīt′] *(n.)* التِّيمانِّيت : معدن رماديّ داكن .

tie·pin [tī′pĭn′] *(n.)* = scarfpin.

tier[1] [tēr] *(n.; vt.; i.)* (١) صفّ . وبخاصة : أحد صفوف المدرَّج (٢) طبقة § (٣) يضع أو يرتّب في صفوف مُدرَّجة أو طبقات **x** (٤) يرتفع على هذا النحو .

ti·er[2] [tī′ər] *(n.)* (١) فا tie (٢) مِئزر للأطفال (ع) .

tierce [tērs] *(n.)* (١) الثُّلْثيّة : وحدة وزن قديمة تعادل ٤٢ غالونًا (٢) الثُّلاثيّة : ثلاث ورقات متعاقبة من منظومة واحدة [في وَرَق اللَّعِب] .

tier·cel [tēr′səl] *(n.)* = tercel.

tiered [tērd] *(adj.)* مُصَفَّف ؛ مُطَبَّق : مُرَتَّب في صفوف أو طبقات .

tiers é·tat [tyĕr zā tá′] *(n.)* = third estate.

tie–up [tī′ŭp′] *(n.)* (١) مَرْسًى (٢) زريبة بَقَر أو مَرْبَط بقَرة فيها (٣) توقُّف أو تعطّل [السَّيْرِ أو العملِ] (٤) صلة ؛ ارتباط .

tiff [tĭf] *(vi.; n.)* (١) يتشاحن ؛ يتشاجر § (٢) مُشاحَنة ؛ مُشاجَرة .

tif·fa·ny [tĭf′ə nĭ] *(n.)* التِّيفانيّ : ضرب من القماش الحريريّ أو القطنيّ .

tif·fin [tĭf′ən] *(n.; vi.)* (١) غَداء § (٢) يتغدّى : يتناول طعامَ الغداء .

ti·ger [tī′gər] *(n.)* (١) «أ» بَبْر ؛ نَمِر . «ب» هرّة مُخطَّطة . «ج» سمكة عدوانية كبيرة (٢) «أ» السَّفّاح المُتَعطِّش إلى الدماء . «ب» التَّعطُّش إلى الدماء (٣) الشُّجاع ؛ الشَّرِس .

tiger *1a.*

tiger beetle *(n.)* الخُنْفُساء البَبْرِيّة أو النَّمِريّة : خنفساء مفترسة للحشرات .

tiger cat *(n.)* الهِرّة البَبْرِيّة أو النَّمِريّة : «أ» هِرّة برّيّة . «ب» هرة أهليّة مُخطَّطة .

tiger cat *a.*

ti·ger·eye [tī′gər ī] *or* **ti·ger's–eye** [-′gerz ī] *(n.)* عين البَبْر ؛ عين النَّمِر : ضرب من الكوارتز بُنّيّ مُصْفَرّ .

ti·ger·ish [tī′gər ĭsh] *(adj.)* (١) بَبْريّ ؛ نمِريّ (٢) مفترس ؛ وحشيّ .

tiger lily *(n.)* الزَّنبق البَبْريّ [أو النَّمِريّ] ؛ الزَّنبق المُرَقَّط .

tiger shark *(n.)* القِرش البَبْريّ أو النَّمِريّ : قرش ضخم مفترس .

tight [tīt] *(adj.; adv.)* (١) سَدود ؛ كَتيم <~ roofs> (٢) «أ» مُحْكَم الإغلاق . «ب» مشدود ؛ وثيق ؛ مُحكَم الشَّدّ <a ~ knot> (٣) ضيِّق <a ~ shirt> (٤) مُلْتَزّ ؛ مُتراصّ (٥) بارع ؛ يَقِظ (٦) أنيق (٧) حَرِج <in a ~ situation> (٨) شديد ؛ مُحْكَم <~ control> (٩) بخيل (١٠) متعادل

«ب» انحدار. «ج» مُنْحَدَر. «د» نزعة؛ مَيْل (٦) المثاقفة المائية (رب) § (٧) يُميل؛ يُمَيِّل (٨) يُسَدِّد [رمحًا] x (٩) يَميل؛ ينحدر (١٠) يَنْزِع؛ يَميل (١١) يتطاعن؛ يتثاقف [بالرِّماح] (١٢) يَشُنّ هجومًا <to ~ at vice>.

tilth [tĭlth] *(n.)* (١) أرض محروثة (٢) حراثة؛ فلاحة.

tilt hammer *(n.)* المطرقة السَّقّاطة.

tilt·me·ter [tĭlt′mē tər] *(n.)* المِحدار: أداة لقياس انحدار سطح الأرض.

tilt·yard [tĭlt′yärd′] *(n.)* ساحة المُثاقفة أو المُطاعَنة.

tim·bal [tĭm′bəl] *(n.)* = kettledrum.

tim·bale [tĭm′bəl; tĭm bäl′] *(n.)* الطِّمْبَل: «أ» مزيج من لحم وخُضَر يُخْبَز في قالب. «ب» قالب صغير من المعجّنات يُحْشَى بالطِّمْبَل.

tim·ber *(n.; vt.)* (١) «أ» أشجار. «ب» غابات (٢) خشب [للبناء أو التجارة] (٣) قطعة خشب كبيرة (٤) ضِلع [من أضلاع المَرْكَب] (٥) «أ» مادّة. «ب» مؤهلات شخصية [لشَغل منصبٍ أو وظيفة] (٦) timbre § (٧) يكسو أو يُدَعِّم بالأخشاب.

tim·bered [-′bərd] *(adj.)* (١) خشبيّ: مصنوع من خشب (٢) مَكْسُوّ أو مُزَوَّد بالأخشاب (٣) شاجر: كثير الأشجار <~ acres>.

tim·ber·ing [tĭm′-] *(n.)* (١) أخشاب (٢) شيء مصنوع من أخشاب.

tim·ber·land [tĭm′bər-] *(n.)* المَشْجَرة: غابة ذات أشجار.

tim·ber·line [-līn′] *(n.)* النِّطاق الشَّجَريّ: أقصى ارتفاع لا ينمو الشجر بعده، في الجبال والمناطق القطبية، بسبب البرد.

tim·ber·man [tĭm′bər mən] *(n.)* = lumberman.

timber wolf *(n.)* ذئب الغابات (را. lobo).

tim·ber·work [tĭm′bər wûrk′] *(n.)* شيء مصنوع من خشب.

tim·bre [tĭm′bər; -′brə] *(n.)* جَرْس: نغمة مميِّزة (صو).

tim·brel [tĭm′brəl] *(n.)* = tambourine.

time [tīm] *(n.; vt.; adj.)* (١) «أ» وقت. «ب» وقت كافٍ. «ج» وقت فراغ (٢) الوقت المناسب؛ الفرصة المناسِبة (٣) موعد؛ ميعاد؛ أوان (٤) «أ» زمن. «ب» عصر <ancient ~*s*>. «ج» *pl.*: الأحوال السائدة في الوقت الحاضر أو في فترة معيَّنة من الماضي <the trend of the ~*s*>. «د» العصر الحاضر <important issues of the ~> (٥) مدة حياة المرء أو خدمته العسكريّة أو بقائه في السجن (٦) فَصْل؛ موسم <It's very hot for this ~ of year.> (٧) نسبة السرعة [في السير أو الرقص أو الكلام] (٨) الساعة <What ~ is it?> (٩) توقيت <summer ~> (١٠) «أ» مَرَّة. «ب» *pl.*: أضعاف (١١) «أ» الساعات التي قضاها [أو التي يجب أن يقضيها] المرء في العمل. «ب» الأجر محدَّدًا بالساعة إلخ. «ج» الأجور المدفوعة عند الصرف أو الاستقالة <Pick up your ~ and get out.> (١٢) دورٌ [في اللَّعب] § (١٣) يُوَقِّت (١٤) يُناغِم؛ يجعله منسجمًا مع § (١٥) زمنيّ؛ موقوت <a ~ bomb> (١٦) «أ» تقسيطيّ؛ بالتقسيط <a ~ purchase>. «ب» مقسَّط <a ~ payment>.

ahead of (*or* born before) one's ~, تَقَدُّميّ إلى حدّ بعيد.

at a ~, في كلّ مرّة؛ على حدة.

at one ~, (١) سابقًا (٢) معًا؛ دفعة واحدة.

النتائج تقريبًا <a ~ race> (١١) مَحْشُوٌّ أو مضغوط إلى أبعد حد؛ مَلِيء تمامًا <~ bales> (١٢) ثمِل؛ سكران (١٣) مُكَثَّفٌ جدًا <his ~ literary style> (١٤) مرصوص؛ ملزوز الكلمات <a ~ line> (١٥) نادر: يصعب الحصول عليه <a ~ commodity> (١٦) وثيق؛ حميم § (١٧) بإحكام (١٨) عميقًا <~ to sleep> <The door is shut ~.>.

tight·en [tī′tən] *(vt.; i.)* (١) يَشُدّ؛ يضيِّق إلخ x (٢) يَضيق (٣) يقلّ؛ يندر (٤) يتحسَّن (٥) يتوتَّر.

tight·fist·ed [tīt′fĭs′-] *(adj.)* بخيل؛ منقبض الكفّ؛ مغلول اليد.

tight–lipped [-′lĭpt] *(adj.)* (١) مُطْبَقُ الشَّفَتَيْن (٢) سِكّيت؛ صَموت.

tight·rope [tīt′rōp′] *(n.)* (١) حبل البهلوان (٢) وضع خطِر.

tightrope *1.*

tights [tīts] *(n. pl.)* الرِّداء المُحْكَم: ثوب ضيّق يرتديه الراقص أو البهلوان.

tight·wad [tīt′wŏd] *(n.)* البخيل؛ الشَّحيح؛ المغلول اليد.

tight·wire [tīt′-] *(n.)* = tightrope.

ti·gress [tī′gres] *(n.)* (١) البَبْرة؛ النَّمِرة (٢) المُتَنَمِّرة: امرأة شرسة.

tike [tīk] *(n.)* = tyke.

til [tĭl] *(n.)* السِّمسِم؛ نبات السِّمسِم.

til·bur·y [tĭl′bə rĭ] *(n.)* التِّلبريّة: مَرْكَبة خفيفة ذات عجلتين.

tilbury

til·de [tĭl′də] *(n.)* التِّلْدَة: علامة (~) توضع فوق حرف n في الإسبانية إشارةً إلى أنه يُلْفظ *ny* كما في <cañon> مثلًا.

tile [tīl] *(n.; vt.)* (١) «أ» آجُرّة؛ قرميدة. «ب» آجُرّ؛ قِرميد (٢) أنبوب صَرْف المياه (٣) الرُّقاقة الفلّينيّة أو المطاطيّة [تُكْسَى بها أرضية الحجرة أو جدرانها] (٤) قبّعة. وبخاصة: قبّعة حريرية عالية § (٥) يكسو بالآجرّ إلخ (٦) يُمِدّ أنابيب الصَّرْف في...

tile·fish [tīl′-] *(n.)* التِّلْفيش: سمك بنفسجيّ اللون على رأسه زائدة لحميّة.

til·ing [tī′-] *(n.)* (١) القَرْمدة: تغطيةٌ بالقِرميد (٢) آجرّ؛ قِرميد (٣) سطحٌ مُقَرْمَد.

till[1] [tĭl] *(prep.; conj.)* (١) إلى؛ حتّى (٢) إلى أن.

till[2] *(vt.; n.)* (١) يَحْرُث؛ يَفْلَح § (٢) مستودَع النَّفائس: صندوق أو خزانة أو دُرْج تُحفظ فيه النّفائس (٣) الحَرِيثُ الجليديّ: خليط من الصلصال والرمل والحصى والجلاميد يُرَسِّبُهُ نهرٌ جليديّ (جي).

till·age [tĭl′ĭj] *(n.)* (١) حراثة؛ فلاحة (٢) أرض محروثة.

til·land·si·a [tĭ lănd′zĭ ə] *(n.)* التِّيلّانْدزيا: نبات من فصيلة الأناناس.

til·ler[1] [tĭl′ər] *(n.; vi.)* (١) الشَّطْء؛ الفَرْخ: ساق طارئة في ساق النبتة § (٢) يُشْطِئ: يُطلع أشطاءً.

til·ler[2] *(n.)* (١) الحارث؛ الفلّاح (٢) ذراع الدَّفّة (مل).

tiller[2] *2.*

til·ler·man [tĭl′ər mən] *(n.)* = steersman.

tilt[1] [tĭlt] *(n.; vt.)* (١) ظُلّة عربة أو زورق § (٢) يُظلِّل: يُزَوِّد بِظُلّة [أو غطاء].

tilt[2] *(n.; vt.; i.)* (١) المُثاقَفة: مقارعة بالرماح بين فارسين (٢) مُطاعَنة (٣) مُشادّة كلامية (٤) سُرعة <at full ~> (٥) «أ» إمالة؛ تمييل.

at ~*s* أحيانًا؛ من حين إلى آخر.

behind the ~*s* (را. behind).

in no ~, عاجلًا؛ سريعًا جدًا؛ بمثل لمح البصر.

in ~, (١) في الوقت المحدَّد أو المناسب (٢) عاجلًا أو آجلًا.

near her ~, على وشك الوضع أو الولادة.

the ~ of day الساعة أو الزمن كما تعلنهما الساعة.

the ~ of one's life فترة سعادة أو متعة استثنائية.

~ and again تكرارًا؛ مرةً بعد أخرى.

~*s* without number تكرارًا؛ مَرّاتٍ من غير حَصْر.

to keep good (*or* bad) ~, تعلن الساعةُ الوقتَ على نحو صحيح [أو خاطئ].

time and a half *(n.)* الأجر ونصفُهُ: أجرة العامل، لقاءَ العمل الإضافيّ أو العمل في العُطَل، بمعدّل واحد ونصف من أجره العاديّ.

time bomb *(n.)* قنبلة زمنيّة؛ قنبلة موقوتة.

time capsule *(n.)* كبسولة الزمان: وعاء مشتمل على سجلّ تاريخيّ أو على أشياء ممثِّلة لثقافة العصر يوضع تحت حجر الأساس من مبنًى بحيث يظلّ مصونًا حتى تكتشفه الأجيال القادمة.

time card *(n.)* بطاقة الدَّوام: بطاقة تُستخدم مع ساعة ضبط الدوام ويُسَجَّل عليها زمانُ بدء العامل عملَهُ وتركِهِ إيّاه كل يوم.

time clock *(n.)* ساعة الدَّوام: ساعة تسجّل زمان بدء العامل عملَهُ وتركِهِ إيّاه على بطاقة دوامه الخاصّة.

time–con·sum·ing *(adj.)* (١) مستغرِق وقتًا طويلًا (٢) مُضيع للوقت.

timed [tīmd] *(adj.)* (١) موقوت <a ~ explosion> (٢) ذو توقيت من نوع معيَّن <a poorly ~ speech>.

time deposit *(n.)* الوديعة الموقوتة (تج).

time exposure *(n.)* (١) التعريض الزمنيّ: تعريض الفيلم الفوتوغرافيّ للطاقة الإشعاعيّة فترة معيَّنة تزيد عادةً على نصف ثانية (٢) الصورة التعريضيّة: صورة مأخوذة بالتعريض الزَّمنيّ.

time frame *(n.)* الإطار الزمنيّ [لعمل أو مشروع معيَّن].

time fuse *(n.)* الفتيل الموقوت [لتفجير القنبلة في وقت معيَّن].

time–hon·ored [-′ŏn′ərd] *(adj.)* أثيل؛ قِدَميّ الإجلال <~ customs>.

time immemorial *(n.)* الزمن السَّحيق: زمن مُوْغِل في القِدَم.

time·keep·er [-′kē′pər] *(n.)* (١) ساعة (٢) مُسَجِّل ساعات العمل [في مصنع ما] (٣) ضابط الوقت أو مُعْلِنُهُ [في مباراة رياضيّة].

time killer *(n.)* (١) قاتلُ الوقت أو مُضيعُهُ سدًى (٢) «أ» مَضْيَعَة للوقت. «ب» لهو؛ تسلية.

time·lag *(n.)* التخلُّف الزَّمنيّ: الوقت الفاصل ما بين ظاهرتين مترابطتين.

time·less [tīm′-] *(adj.)* (١) سَرْمديّ؛ أبديّ (٢) خالد؛ لا يُبليهِ كَرُّ الأيام.

time loan *(n.)* القَرْض الموقوت: قرضٌ واجبُ الوفاء في وقتٍ معيَّن.

time·ly [tīm′lĭ] *(adv.; adj.)* (١) في حينه؛ في الوقت المناسب § (٢) حادث في الوقت المناسب (٣) ملائم للعصر أو للمناسبة <~ books>.

time money *(n.)* = time loan.

time note *(n.)* السَّنَد الموقوت: سَنَدٌ واجب الوفاء في وقت معيَّن.

time·ous [tī′məs] *(adj.)* = timely.

time–out [tīm′-] *(n.)* (١) تعطيل؛ تعليق (٢) تعطيل مُؤَقَّت لِلَّعِب (رب).

time·piece [tīm′pēs′] *(n.)* ساعة [يدوية أو جدارية].

tim·er [tī′mər] *(n.)* (١) ساعة. وبخاصة: ساعة التوقيت (را. stopwatch) (٢) timekeeper *2-3* (٣) المُؤَقِّتة: أداة في محرِّك داخليّ الاحتراق تجعل الشَّرارة تنبعثُ في الوقت المناسب.

times [tīmz] *(prep.)* في؛ مضروبًا في <Three ~ three is nine.>.

time–sav·er [-′sā vər] *(n.)* مُوَفِّر الوقت: شيء مُوَفِّر للوقت.

time·sav·ing [-′sā′vĭng] *(adj.)* مُوَفِّر للوقت <~ methods>.

time·serv·er [tīm′sûr′vər] *(n.)* الانتهازيّ: المُساير للرأي العام أو لذوي السلطة تحقيقًا لمصالحه الخاصة.

time·serv·ing [tīm′-] *(n.; adj.)* (١) الانتهازيّة § (٢) انتهازيّ.

time sheet *(n.)* صحيفة الدَّوام أو ساعات العمل.

time signal *(n.)* إشارة الوقت؛ إشارة ضبط الوقت.

time·ta·ble *(n.)* جدول زمني [بمواعيد القُطُر أو الطائرات أو الأحداث].

time·work [tīm′wûrk] *(n.)* العمل المأجور بالساعة أو اليوم.

time·worn [-′wôrn′; -′wōrn′] *(adj.)* (١) بالٍ <~ castles> (٢) عتيق؛ موغل في القِدَم <~ styles> (٣) مُبْتَذَل؛ «بايخ» <~ jokes>.

time zone *(n.)* المنطقة الزمنيّة (جغ).

tim·id [tĭm′ĭd] *(adj.)* جبان؛ رِعديد؛ مخلوع الفؤاد.

ti·mid·i·ty [tĭm ĭd′-] *or* **ti·mid·ness** [-nəs] *(n.)* جُبْن؛ جبانة.

tim·ing [tī′mĭng] *(n.)* (١) توقيت (٢) تسجيل الوقت [بساعة توقيت].

ti·moc·ra·cy [tĭ mŏk′rə sĭ] *(n.)* التِّيموقراطيّة: حكومةٌ أعضاؤها من ذوي الثراء أو ممّن يغلب عليهم حبّ المجد أو الجاه.

— ti·mo·crat·ic *(adj.)*

tim·o·rous [tĭm′ə rəs] *(adj.)* جبان؛ هيّاب.

tim·o·thy [tĭm′ə thĭ] *(n.)* التِّيموثيّة؛ عَصَويّة المروج: عشب معمَّر.

timothy

tim·pa·ni [tĭm′pə nē] *(n.)* الدَّفِّيَّة: دُفّان [أو أكثر] ينقر عليهما عازف واحد في أوركسترا.

— tim·pa·nist *(n.)*

tin [tĭn] *(n.; vt.; adj.)* (١) القصدير؛ الصَّفيح (ك) (٢) تَنَكة: علبة من قصدير (٣) المُعَلَّب: عُلبة طعام محفوظ <a ~ of corn> § (٤) يُقَصْدِر؛ يُبَيِّض: يطلي بالقصدير (٥) يُعَلِّب § (٦) قصديريّ (٧) زائف؛ كاذب.

tin·a·mou [tĭn′ə mōō′] *(n.)* التِّنّام: طائر شبيه بالدّجاجة.

tin·cal [tĭng′kăl] *(n.)* التِّنكال: بَوْرَق خام (را. borax).

tinamou

tin can *(n.)* (١) tin *2* (٢) destroyer *2* (ع) .

tinct [tĭngkt] *(adj.; n.)* (١) مُصَبَّغ ؛ مُلوَّن § (٢) صِبغة ؛ لون .

tinc·to·ri·al [tĭngk tôr′ĭ əl; -tōr-] *(adj.)* تلوينيّ ؛ صِباغيّ .

tinc·ture [tĭngk′chər] *(n.; vt.)* (١) «أ» صِبغ . «ب» لون (٢) صِبغة ؛ طابَعٌ مميِّز (٣) مَسْحة ؛ أثر ضئيل (٤) الصِّبغة (صي) § (٥) يَصْبُغ (٦) يُشْبِع ؛ يُشْرِب .

tin·der [tĭn′-] *(n.)* كلّ مادة سريعة الالتهاب ، وبخاصة : الصُّوفان .

tin·der·box [tĭn′-] *(n.)* (١) عُلبة القَدْح : علبة معدنية تشتمل على صُوفان وحجر قَدْح (٢) اللَّهوب : «أ» شيء أو موضع سريع الالتهاب . «ب» حالةٌ عرضة للتفجّر في أية لحظة .

tinderbox *1.*

tine [tīn] *(n.)* الشَّوكة : كل شيء ناتئ مستَدِقّ الطَّرَف .

tin·ea [tĭn′ĭ ə] *(n.)* = ringworm.

tin ear *(n.)* الأُذُن الصَّفيحيّة : أُذن صمّاء أو فيها وَقْر .

tin·foil [tĭn′foil′] *(n.)* = silver paper.

ting [tĭng] *(n.; vt.; i.)* (١) رنين § (٢) يُرِنّ ؛ يجعله يَرِنّ **x** (٣) يَرِنّ .

tinge [tĭnj] *(vt.; n.)* (١) يُلوِّن [تلوينًا خفيفًا] (٢) يُشْرِب : يُشْبِع برائحة خفيفة أو طعم خفيف (٣) يَشُوب § (٤) لون خفيف (٥) مَسْحة ؛ أثر .

tin·gle [tĭng′gəl] *(vi.; n.)* (١) يستشعر وخزًا أو لَذْعًا خفيفًا [من أثر ضربٍ أو بردٍ إلخ] (٢) يَخِز ؛ يَلْذَع [على نحوٍ طفيف] (٣) يَرِنّ § (٤) وَخز ؛ لَذْع ؛ قَرْص [خفيف] .

tin god *(n.)* إلّه من صفيح : شخص متسلِّط يتولّى مركزًا من مراكز السَّيطرة .

tin hat *(n.)* خوذة فولاذية .

tin·horn [tĭn′hôrn′] *(n.; adj.)* (١) المدَّعي . وبخاصة : مقامر مُتبجِّح رغم قلة مالِهِ أو مقدرته § (٢) تافه أو رخيص .

tin·ker [tĭngk′ər] *(n.; vi.; t.)* (١) الصَّفّاح ؛ السَّمْكريّ (٢) المُلَهْوِج : عامل غير بارع (٣) الغَجَريّ (ع) (٤) سمكة إسقُمريّ صغيرة § (٥) يُصَفِّح ؛ يُسَمْكِر : يَعْمل عملَ الصَّفّاح أو السَّمكريّ (٦) يُلَهْوِج : يعمل بغير براعة (٧) يَعْبث : يَشْغَل نفسَهُ بشيءٍ ما على غير طائل **x** (٨) يُصْلِح أو يعمل بغير براعة .

tinker's damn *or* **dam** [-dăm] *(n.)* سَقَط المتاع : شيء تافه ضئيل القيمة .

tin·kle [tĭng′kəl] *(vi.; t.; n.)* (١) يَرِنّ **x** (٢) يُعْلِن [الوقتَ] بالرَّنين (٣) «أ» يُرِنّ . «ب» يوقِّع نغمةً بهذه الطريقة § (٤) رنين .

tin·kling [tĭng′klĭng]; **tin·kly** [-′klĭ] *(adj.)* رنّان ؛ مِرنان .

tin·man [tĭn′mən]; **tin·ner** [tĭn′ər] *(n.)* الصَّفّاح ؛ السَّمْكَريّ .

tin·ni·tus [tĭ nī′təs] *(n.)* الطَّنين [في الأذنين] (مض) .

tin·ny [tĭn′ĭ] *(adj.)* (١) قصديريّ (٢) شبيه بالقصدير (٣) خفيف ؛ رخيص <~ cars> (٤) تافه ؛ فارغ <~ novels> (٥) صفيحيّ الطَّعم أو الرائحة .

Tin Pan Alley *(n.)* (١) حَيّ الموسيقى الشَّعبيّة : حيّ المشتغلين بتأليف الموسيقى الشعبيّة وناشريها (٢) جماعة من هؤلاء الموسيقيين والناشرين .

tin·plate [tĭn′plāt′] *(n.)* المُقَصْدَرات : صفائح معدنية أو فولاذية مُقَصْدَرة .

tin–plate [tĭn′plāt′] *(vt.)* يُقَصْدِر : يطلي [الصفيحة] بالقصدير .

tin·sel [tĭn′səl] *(n.; adj.; vt.)* (١) البَهْرَجان : «أ» خيوط أو أشرطة معدنيّة أو ورقيّة إلخ لمّاعة تُزَيَّن بها المنسوجات وشجرات الميلاد . «ب» شيء مُبَهْرَج ولكنه تافه § (٢) مُبَهْرَج (٣) خادع ؛ غرّار § (٤) يُبَهْرِج .

tin·smith [tĭn′smĭth′] *(n.)* الصَّفّاح ؛ السَّمْكَريّ .

tin·stone [tĭn′stōn′] *(n.)* = cassiterite.

tint [tĭnt] *(n.; vt.)* (١) لون خفيف (٢) درجة من درجات لون <painted in several ~*s* of green> (٣) مَسْحة ؛ أثر (٤) التَّظليل : تظليل ، في الحفر الزنكوغرافيّ ، ناشئ عن سلسلة من الخطوط الدقيقة المتوازية (٥) الخَلْفيّة : خلفيَّة خفيفة اللون تُطْبَع عليها صورة (طع) (٦) صَبغة الشَّعر § (٧) يُلوِّن ؛ يُضْفي عليه صِبغةً ما .

tin·tin·nab·u·lar·y [tĭn′tĭ năb′yə lər ĭ] *(adj.)* جَرَسيّ ؛ رنينيّ : ذو علاقة بالأجراس أو أصواتها .

tin·tin·nab·u·la·tion [tĭn′tĭ năb′yə lā′-] *(n.)* رنين الأجراس .

tint·less [tĭnt′ləs] *(adj.)* لالَوْنيّ : غير ذي لون .

tint·om·e·ter [tĭn tŏm′ə tər] *(n.)* = colorimeter.

tin·ware [tĭn′wâr′] *(n.)* الأواني الصَّفيحيّة : أوانٍ من صفيح .

tin·work [tĭn′wûrk′] *(n.)* (١) الصَّفيحيّ : شيء مصنوع من صفيح أو قصدير (٢) *pl.* : معمل الصَّفيح .

ti·ny [tī′nĭ] *(adj.)* دقيق ؛ صغير جدًا ؛ بالغُ الصِّغَر .

tip [1] [tĭp] *(vt.; i.; n.)* (١) يَقْلِب (٢) يُميل ؛ يُمَيِّل (٣) يرفع القبّعة أو يلمسها [تحيّةً لفلان] **x** (٤) ينقلب (٥) يميل ؛ ينحرف § (٦) قَلْب ؛ إمالة ؛ ميلان إلخ (٧) المَقْلَب : موضع تُقْلَب أو تُلْقَى فيه القُمامة .

tip [2] *(n.; vt.)* (١) «أ» الأسَلَة : طَرف الشيء المستدقّ . «ب» رأس ؛ قِمّة § (٢) يُؤسِّل : «أ» يجعل له طرفًا مستدقًّا . «ب» يكسو أو يزيِّن طرَفَ الشيء إلخ (٣) يُقلِّم ؛ يُشذِّب (٤) يُلْصِق مُلْحَقًا [في آخر الكتاب] .

tip [3] *(vt.; i.; n.)* (١) يَمَسّ ؛ يضرِب برفق **x** (٢) يقف أو يمشي على رؤوس أصابعه § (٣) ضربةٌ رفيقة ؛ ضربة خفيفة .

tip [4] *(n.; vt.)* (١) فكرة مُفيدة ؛ إلماع مفيد (٢) الإلماعات : معلومات سِرِّية يُدلي بها شخص حَسَن الاطّلاع ويُستفاد منها في المراهنة أو المضاربة § (٣) يزوِّد بمعلومات سِرِّية كهذه [تتبعها *off* عادةً] .

tip [5] *(vt.; i.; n.)* (١) يَمنح ؛ يُعطي (٢) يَنْفَح : يمنحُهُ بقشيشًا § (٣) النَّفحة : بقشيش ؛ راشن .

tip·cart [-′kärt] *(n.)* العَرَبة القَلّابة : عربة ذات بَدَنٍ يُقْلَب لتفريغ حمولتها .

ti·pi [tē′pē] *(n.)* = tepee.

tip–off [tĭp′ôf′] *(n.)* (١) تزويد [أو تزوُّد] بالإلماعات (را . tip [4] *2*) (٢) «أ» إشارة ؛ إلماع . «ب» تحذير .

tip of the iceberg *(n.)* رأس الجبل الجليديّ : الجانب الأبكر ، أو الأوضح ، من جوانب ظاهرةٍ ما .

tip·per [tĭp′ər] *(n.)* (١) فا tip (٢) شاحنة قلّابة .

tip·pet [tĭp′ət] *(n.)* (١) ذيل الكُمّ أو اللِّفاع إلخ (٢) لِفاع مُذَيَّل .

tip·ple [1] [tĭp′əl] *(vi.; t.; n.)* (١) يُدْمِن الخمرَ **x** (٢) يرتشف [الخمرَ]

§ (٣) خمر .

tip·ple[2] *(n.)* (١) المِقْلَب : أداة تقلب بدَنَ بعض الشّاحنات لتفريغها (٢) المَقْلَب : موضع تُقْلَب عنده الشاحنة لتفريغها .

tip·pler [tĭp'lər] *(n.)* (١) مُدْمن الخمر (٢) مُرْتَشِف الخمر .

tip·py [tĭp'ĭ] *(adj.)* قلِق ؛ عرضة للانقلاب <a ~ boat> .

tip·staff [tĭp'stăf'] *(n.)* (١) مَعْدِنية الطَّرَف : عصًا يكسو طرفَها غطاءٌ معدنيّ (٢) شرطيّ أو نحوُهُ [يحمل مثل هذه العصا] .

tip·ster [tĭp'stər] *(n.)* الإلماعيّ ؛ بائع الإلماعات (را . tip[4] 2) .

tip·sy [-'sĭ] *(adj.)* (١) مُترنّح سُكْرًا (٢) عرضة للانقلاب <a ~ boat> .

tip·toe [tĭp'tō'] *(n.; adv.; adj.; vi.)* (١) «أ» رأس إصبع القدم . «ب» رؤوس أصابع القدم § (٢) على رؤوس الأصابع § (٣) «أ» واقف أو ماشٍ على رؤوس أصابعه . «ب» يَقِظ . «ج» حَذِر § (٤) يقف أو يمشي على رؤوس أصابعه (٥) يمشي بهدوء أو حَذَر .

on ~, (١) على رؤوس الأصابع (٢) مُتوقّع بلهفة (٣) حَذِر .

tip·top [tĭp'tŏp'] *(n.; adj.; adv.)* (١) قِمّة ؛ ذِروة <~ of happiness> § (٢) ممتاز ؛ من الطراز الأول § (٣) على أحسن وَجْه <It fitted ~.> .

ti·rade [tī'rād] *(n.)* (١) خطبة مُسْهَبة عنيفة (٢) تقريع مطوَّل .

tire[1] [tīr] *(vi.; t.)* (١) يَتْعب ؛ يكلّ (٢) يَسْأم ؛ يَضْجَر x (٣) يُتعب ؛ يُنْهك (٤) يُضْجِر ؛ يُبْرِم .

tire[2] *(n.; vt.)* (١) عِصابة أو حِلْية لشَعْر المرأة (ا . ق) § (٢) يُزيِّن .

tire[3] *(n.; vt.)* (١) الإطار : إطار العَجَلة المعدنيّ أو المطّاطيّ § (٢) يُؤطِّر .

tired [tīrd] *(adj.)* (١) مُتْعَب (٢) سَئِمٌ ؛ ضَجِرٌ (٣) بالٍ <~ houses> (٤) مُبْتَذَل ؛ «بايخ» <~ jokes> .

tire·less [tīr'ləs] *(adj.)* (١) لا يَتْعَب ؛ لا يَعْرف التَّعَب أو الكَلال <~ workers> (٢) متواصل <~ efforts> .

tire·some [tīr'səm] *(adj.)* مُتْعِب ؛ مُضْجِر ؛ مُبْرِم ؛ مُمِلّ .

tire·wom·an [tīr'wŏŏm'ən] *(n.)* الماشطة ؛ الوصيفة .

tir·ing room *(n.)* حُجرة اللُّبس [أو التزيين] في مسرح .

ti·ro [tī'rō] *(n.)* = tyro.

ti·sane [tĭ zăn'] *(n.)* النُّقاعة : نقيع من أعشاب جافّة يُتَّخذُ شرابًا .

tis·sue [tĭsh'ōō] *(n.)* (١) نسيج رقيق (٢) منديل ورقيّ (٣) النَّسيج (أح) .

a ~ of lies نسيج من الأكاذيب ؛ سلسلة أكاذيب .

tissue culture *(n.)* زراعة الأنسجة (ط) .

tissue paper *(n.)* الورق المُرَقَّق أو النَّسيجيّ : ورق رقيق شبه شفّاف .

tis·su·lar [tĭsh'ə lər] *(adj.)* نسيجيّ <~ grafts> .

tit[1] [tĭt] *(n.)* (١) الحَلَمة : حَلَمة الثَّدي (٢) ثَدْي (ع) .

tit[2] *(n.)* (١) titmouse (٢) فتاة ؛ امرأة شابة (ع) (٣) فرس صغير أو رديء (ع) .

ti·tan [tī'tən] *(n.; adj.)* (١) *cap.* : التِّيتان : واحد من أسرة الجبابرة التي حكمت العالم قبل آلهة الأولمب (مث) (٢) الجبّار : العظيم القوّة أو الحجم (٣) العبقريّ § (٤) جبّار ؛ هائل ؛ ضخم .

ti·tan·ate [tī'tə nāt'] *(n.)* التيتانات : مِلْح حَمْض التيتانيك (ك) .

ti·tan·ic[1] [tī tăn'ĭk] *(adj.)* (١) *cap.* : تيتانيّ : منسوب إلى التيتانيين (را . titan *1*) (٢) جبّار ؛ هائل ؛ عظيم القوة أو الحجم .

ti·tan·ic[2] *(adj.)* تيتانيوميّ : ذو علاقة بالتيتانيوم (ك) .

titanic acid *or* **titanic hydroxide** *(n.)* حَمْض التيتانيك (ك) .

ti·tan·if·er·ous [tī'tə nĭf'ər əs] *(adj.)* تيتانيوميّ : مشتمل على تيتانيوم أو مُنْتِجٌ له <~ minerals> .

Ti·tan·ism [tī'tə nĭz'əm] *(n.)* التِّيتانيّة : الروح المميِّزة للتِّيتان (را . titan *1*) . وبخاصة : الثورة على الأعراف الاجتماعية أو الفنيّة .

ti·ta·ni·um [tī tā'-] *(n.)* التِّيتانيوم : عنصرٌ فِلزّيّ فضّيّ البياض (ك) .

ti·tan·o·saur [tī tăn'ə sôr'] *(n.)* التِّيتَنْصور : دَيْنوصور برمائيّ .

ti·tan·ous [tī tăn'əs] *(adj.)* تيتانيوميّ : ذو علاقة بالتيتانيوم (ك) .

tit·bit [tĭt'bĭt] *(n.)* = tidbit.

ti·ter *also* **ti·tre** [tī'tər] *(n.)* العِيار ؛ العِيار الحجميّ (ك) .

tit·fer [tĭt'fər] *(n.)* قُبّعة .

tit for tat *(n.)* العين بالعين والسِّن بالسِّن ؛ واحدة بواحدة : ثأر .

tithe [tīth] *(vt.; i.; n.)* (١) يدفع أو يقدِّم عُشْر كذا [وبخاصة إلى الكنيسة] (٢) يفرض دفع العُشْر على x (٣) يدفع العُشر [وبخاصة إلى الكنيسة] § (٤) العُشْر : عُشْر الغلة أو المال يُدْفَع إلى الكنيسة بخاصَّة (٥) «أ» عُشْر . «ب» جزء صغير (٦) ضريبة صغيرة .

— **tith·a·ble** *(adj.)*

tith·ing [tī'thĭng] *(n.)* العُشاريَّة : دائرة إدارية صغيرة [في إنكلترا] .

ti·ti[1] [tī'tī'] *(n.)* الطِّيطيَّة : شجرة أميركية ذات أوراق صقيلة .

ti·ti[2] [tē tē'] *(n.)* الطِّيطيّ : سعدان جنوبأميركيّ صغير طويل الذَّيل .

ti·tian [tĭsh'ən] *(adj.)* تيتيانيّ : ذو لون برتقاليّ ضارب إلى البُنّيّ .

tit·il·late [tĭt'ə lāt'] *(vt.; i.)* يُدَغْدِغ .

tit·i·vate *or* **tit·ti·vate** [tĭt'ə vāt'] *(vt.; i.)* (١) يُؤنِّق x (٢) يتأنّق .

tit·lark [tĭt'lärk'] *(n.)* = pipit.

ti·tle [tīt'əl] *(n.; vt.)* (١) اسم [كتابٍ أو قصيدة إلخ] (٢) عنوان [فصلٍ إلخ] (٣) لَقَب (٤) البطولة ؛ لقب البطولة <won the ~> (٥) «أ» حقّ شرعيّ . «ب» title deed (٦) حقّ § (٧) يُسمّي (٨) يُعَنْوِن (٩) يُلَقِّب .

ti·tled [tī'təld] *(adj.)* ذو لقب : حامل لقبًا [من ألقاب النبالة بخاصة] .

title deed *(n.)* الوَصِيرة : صَكّ التمليك ؛ سَنَد المِلْكيَّة .

ti·tle·hold·er [tīt'əl hōl'-] *(n.)* حامل اللَّقب ، وبخاصة لقب البطولة .

title page *(n.)* صفحة العنوان [الحاملة اسم الكتاب ومؤلفِهِ وناشرِهِ] .

title role *(n.)* الدَّور العنوانيّ ؛ دور البطولة : الدور الذي تستمدّ منه المسرحيةُ عنوانها أو اسمها [كدور مَكْبِث أو هَمْلت في مسرحيَّتيْ شيكسبير] .

ti·tlist [tīt'əl ĭst] *(n.)* = titleholder.

tit·mouse [tĭt′mous′] *(n.)* القُرْقُف؛ القُرْقُب: طائر مغرِّد صغير.

titmouse

ti·to·ism [tē′tō ĭz-] *(n.)* التِّيتويّة: مذهب منسوب إلى الزعيم اليوغوسلافيّ تيتو Tito (١٨٩٢–١٩٨٠) قوامُهُ تعلُّق الدولة الشيوعية بأهداب سياسة قومية خاصة بها بمعزل عن الاتحاد السوفياتي وأحيانًا على نحو مناوئ له.

ti·trant [tī′trənt] *(n.)* المحلول المِعياريّ (ك).

ti·trate [tī′trāt] *(vt.; i.)* يُعايِر: يقيس بالمقارنة مع محلولٍ مِعياريّ.

ti·tra·tion [tī trā′shən] *(n.)* المعايَرة (ك).

ti·tre [tī′tər] *(n.)* = titer.

tit–tat–toe [tĭt′tăt tō′] *(n.)* = ticktacktoe.

tit·ter [tĭt′ər] *(vi.; n.)* (١) يُهْلِس: يضحك في خُفوت أو على نحو مكبوت جزئيًّا § (٢) ضِحْكة مُهْلَسَة أو مكبوتة جزئيًّا.

tit·tie [tĭt′ē] *(n.)* أخت؛ شقيقة (إسك).

tit·tle [tĭt′əl] *(n.)* (١) علامة أو نُقطة مميِّزة [فوق حرف أو تحته] (٢) ذَرّة؛ مِثقال ذرّة؛ مقدار ضئيل جدًّا.

tit·tle–tat·tle [tĭt′əl tăt′əl] *(n.)* لَغْوٌ؛ قيلٌ وقالٌ.

tit·tup [tĭt′əp] *(vi.; n.)* (١) يتخطَّر؛ يَتَبَخْتَر § (٢) تَخَطُّر؛ تَبَخْتُر.

tit·u·ba·tion [tĭch′o͞o bā′shən] *(n.)* تَرَنُّح؛ تمايُل؛ تهادٍ.

tit·u·lar [tĭch′ə lər; tĭt′yə-] *(adj.; n.)* (١) اسميّ (٢) فخريّ؛ شرفيّ (٣) ذو لقب؛ حاملٌ لقبًا (٤) لَقَبيّ: ذو علاقة بلقب أو مرتبط به أو ناشئ عنه <~ honors> § (٥) صاحب اللَّقب.

tiz·zy [tĭz′ē] *(n.)* اهتياج شديد [وبخاصة حول مسألةٍ تافهة].

Tme·sis [(tə) mē′sĭs] *(n.)* فَصْل المُتَضامَّيْن [بإقحام كلمة بينهما] (ل).

TNT [tē′ən tē′] *(n.)* <*t(ri)n(itro)t(oluene)*> = trinitrotoluene.

to [to͞o; tə] *(prep.; adv.)* (١) «أ» إلى. «ب» نَحْوَ (٢) على؛ على شَرَف <drank ~ her health> (٣) بِـ؛ بكذا <sentenced ~ death.> (٤) قَبْل <ten minutes ~ six> (٥) بمصاحَبَة <She sang ~ her guitar.> (٦) استجابةً لِـ <came ~ her call> (٧) حتى <was beaten ~ death> (٨) بالقياس إلى؛ بالمقارنة مع <inferior ~ his earlier novels> (٩) وَفْقًا لِـ <Add sugar ~ taste.> (١٠) بِحَسَب <~ the best of my knowledge> (١١) عند؛ لدى <agreeable ~ everyone> (١٢) مَعَ <spoke ~ his son> (١٣) بسبب؛ نتيجةً لِـ؛ تحتَ <He fell ~ his opponent's blows.> (١٤) في رأي فلان <~ her it seems unnecessary> (١٥) أنْ <wanted ~ leave> (١٦) مقابل؛ ضدّ <The score was 8 ~ 5.> § (١٧) إلى حالة الوعي <brought her ~ with smelling salts>.

~ and fro جيئةً وذهوبًا.

toad [tōd] *(n.)* (١) العُلْجوم؛ ضِفْدِع الطِّين (٢) شخص أحمق أو شيء تافه.

toad·eat·er [tōd′ē′tər] *(n.)* = toady.

toad·fish [tōd′-] *(n.)* السَّمك العُلْجوميّ: سمك بحريّ عريض الفم.

toad·stone [tōd′stōn′] *(n.)* الحجر العُلْجوميّ: حجر يُعْتقد أنه تكوَّن في رأس العُلْجوم أو جسده وكانوا قديمًا يتّخذون منه تَميمةً واقية وتِرياقًا.

toad·stool [tōd′sto͞ol′] *(n.)* الغاريقون: ضرب من الفطور. وبخاصة: الغاريقون السّامّ (نب).

toad·y [tō′dĭ] *(n.; vt.; i.)* (١) المُتَملِّق؛ المُتَزلِّف § (٢) يتملَّق؛ يتزلَّف.

to–and–fro [to͞o′ən frō′] *(adj.; n.)* (١) غادٍ رائح § (٢) غُدُوٌّ ورَواح.

toast[1] [tōst] *(vt.; i.; n.)* (١) يُحَمِّص [الخُبْزَ] (٢) يُدَفِّئ؛ يُسَخِّن x (٣) يتحمَّص [الخبزُ] (٤) يَدْفَأ؛ يَسْخُن § (٥) التُّسْت: خبز مُحمَّص (٦) التَّحْميصة: طعام مُعَدّ بخبزٍ مُحَمَّص.

toast[2] *(n.; vt.)* (١) المنخوب: الشَّخص أو الشَّيء الذي يُشْرَب نَخْبُهُ (٢) معبود الجماهير <He was the ~ of Paris.> (٣) شُرب الأنخاب § (٤) يَشْرب نَخْبَهُ.

toast·er [tōs′-] *(n.)* (١) فا toast (٢) الحمّاصة: مِحْمصة خبز كهربائية.

toaster 2.

toast·mas·ter [tōst′-] *(n.)* (١) مُتَصدِّر الوليمة: من يتصدَّر الوليمة ويقدِّم الخطباء (٢) النَّخّاب: الداعي إلى شُرب الأنخاب.

— toast·mis·tress *(n. fem.)*

toast·y [tō′stĭ] *(adj.)* دَفِيء: ناعمٌ بالدِّفء <felt ~ by the fire>.

to·bac·co [tə băk′ō] *(n.)* (١) تَبْغ (٢) سكاير إلخ (٣) تدخين.

tobacco heart *(n.)* القُلاب التَّبغيّ: مرضُ قلبٍ يسبّبه الإفراط في التَّدخين.

tobacco mosaic *(n.)* فُسَيْفِساء التَّبغ: مرضٌ فيروسيّ يصيب نبتة التَّبغ.

to·bac·co·nist [tə băk′-] *(n.)* التَّبّاغ؛ الدَّخاخنيّ: بائع التَّبغ والسكاير إلخ.

to–be [to͞o bē′] *(adj.)* مُقْبِل؛ في المستقبل <a bride-*to-be*>.

to·bog·gan [tə bŏg′ən] *(n.; vi.)* (١) مِزْلَقة (٢) «أ» انحدار. «ب» هبوط شديد [في القيمة إلخ] § (٣) يتزلَّق (٤) يتدهور: يهبط السِّعْرُ فجأةً وبشدَّة.

to·by [tō′bĭ] *(n.)* الطُّوبي: «أ» إبريق للجِعة على شكل رَجُلٍ بَدين يعتمر قُبَّعةً ثلاثية الزوايا. «ب» سيجار طويل، رفيع ورخيص.

toby a.

toc·ca·ta [tə kä′tə] *(n.)* التوكاتيّة: مقطوعة موسيقيّة مُعَدّة لإظهار البراعة في العزف على البِيان أو الأرغن (مو).

to·col·o·gy [tō kŏl′ə jĭ] *(n.)* علم القِبالة؛ صناعة التوليد.

toc·sin [tŏk′sĭn] *(n.)* (١) المِنْذار: ناقوس الخطر (٢) إشارة تحذير.

tod *(n.)* (١) ثَعْلب (إسك) (٢) التَّوْد: وحدة لوزن الصوف [١٣ كلغ].

to·day [tə dā′] *(adv.; n.)* (١) اليَوْمَ (٢) في هذه الأيام § (٣) اليومُ أو الوقتُ أو العصرُ الحاضر <the youth of ~>.

tod·dle [tŏd′əl] *(vi.; n.)* (١) يَدْرُج: يمشي بخُطًى قصيرة قلقةٍ كخُطى الأطفال (٢) يمشي الهُوَيْنى § (٣) الدَّرْج: مشي بخُطًى قصيرة قلقة.

tod·dler [tŏd′lər] *(n.)* (١) فا toddle (٢) طفل صغير.

tod·dy [tŏd′ĭ] *(n.)* (١) التُّودِيَّة: عُصارة النخيل الطازجة أو المخمَّرة (٢) التُّوديّ: شراب حارّ مُسْكِر مُحَلًّى.

to–do [tə do͞o′] *(n.)* لَغَط؛ ضجّة؛ اهتياج.

to·dy [tō′dĭ] *(n.)* التَّوْدَس: عصفور أخضرُ الريشِ أحمَرُهُ.

toe [tō] *(n.; vt.; i.)* (١) الأَبْخَس: إصبع القدم (٢) بُرْثُن [الطائر] (٣) مقدَّم القدم أو الحافر (٤) الأنف: مقدَّم الجورب أو الحذاء (٥) مُرْتَكَزٌ مَحْمِليّ (ك) § (٦) «أ» يُؤَنِّف: يجعل للجورب أنفًا أو مقدَّمًا. «ب» يمسّ أو يَبْلُغ أو يَدْفع بأبخسِهِ <to ~ a football> (٧) يَدُقّ المسمار على نحوٍ مائل (٨) يثبِّت بمسمار مائل الدَّقّ **x** (٩) يقف أو يمشي على رؤوس أصابعه (١٠) يُقارب أو يُباعد بين مقدَّمَيْ قَدَمَيْه [في الوقوف أو المشي].

on one's ~s (١) مُفْعَم بالنّشاط أو الحيوية (٢) مستعدّ للعمل أو لانتهاز الفرصة.

to ~ the line يلتزم قاعدةً أو سياسةً التزامًا شديدًا.

toe cap *(n.)* قَلَنْسُوة الحذاء: قطعة جلد تغطّي مُقَدَّمَه وتُقَوّيه أو تُزَيِّنُه.

toed [tōd] *(adj.)* <five-*toed*> (١) ذو عدد أو نوع معيَّن من أصابع القدم (٢) مائل الدَّقّ: مدقوق على نحوٍ مائل <~ nails> (٣) مثبَّت بمسامير مائلة الدَّقّ.

toe dance *(n.)* رقصة رؤوس الأصابع.

toe·hold [tō′hōld] *(n.)* (١) مَوطِئ لرؤوس الأصابع [في التَّسلُّق] (٢) مَوطِئ إصبع؛ موطِئ قدم بسيط؛ نفوذ ضئيل أو سلطة هزيلة <At that time the Turks had only a ~ in Europe.> (٣) مسكة القَدَم: مسكة في المصارعة يلوي فيها المصارع قدَمَ خصمِهِ.

toe–in [tō′ĭn] *(n.)* تقارب العجلتين الأماميّتين (سي).

toe·less [tō′ləs] *(adj.)* <a ~ shoe> أَجْدَع؛ عديم الأنف.

toe·nail [-′nāl′] *(n.; vt.)* (١) ظفر إصبع القَدَم (٢) مائل الدَّقّ: مسمار مدقوق على نحوٍ مائل § (٣) يُثَبِّت بمسمار مائل الدَّقّ (نج).

toff [tŏf] *(n.)* الغَنْدور: شخص يُعنى بأناقته عناية فائقة.

tof·fee *or* **tof·fy** [tôf′ĭ; tŏf′ĭ] *(n.)* الطُّوفي: حلوى قاسية دبقة.

tof·fee–nosed [tŏf′ĭ nōzd] *(adj.)* مغرور؛ متكبِّر؛ متشامخ؛ مُتغطْرس.

toft [tôft; tŏft] *(n.)* (١) منزل (٢) الأرض التي يقوم عليها منزل.

tog [tŏg] *(n.; vt.)* (١) سِترة (٢) *pl.*: ملابس § (٣) يَلْبَس.

to·ga [tō′gə] *(n.)* pl. **-gas** *or* **-gae** [jē] التُّوجة: «أ» ثوب رومانيّ فضفاض. «ب» رِداء مِهنيّ أو رسميّ أو جامعيّ فضفاض.

toga *a.*

to·geth·er [tōō gĕth′ər] *(adv.; adj.)* <sat talking for hours ~> (١) معًا (٢) من غير انقطاع (٣) معًا؛ ككلّ § (٤) هادئ؛ رابط الجأش.

~ with بالإضافة إلى؛ علاوةً على.

tog·ger·y [tŏg′ə rĭ] *(n.)* ملابس؛ ثياب (ع).

tog·gle [-′əl] *(n.; vt.)* (١) مِسمار العُقدة: مسمار يُقْحَم في عقدةٍ بُغْيَة تثبيتها (٢) الوُصلة المَفْصِليّة أو أداة مزوَّدة بها § (٣) يثبِّت أو يزوِّد بمسمار عقدة.

toggle joint *(n.)* الوُصْلَة المَفْصِليّة: أداة ذات ذراعين موصولين عند طَرَفيهما الداخليَّيْن وموصولين مع أجزاء أخرى عند طرفيهما الخارجيين.

toggle switch *(n.)* المفتاح المَفْصِليّ (كب).

toggle switch

togs [tŏgz] *(n. pl.)* <riding ~> ثياب؛ ملابس [لغرض مخصوص].

toil [toil] *(vi.; n.)* (١) يكدح (٢) يتقدَّم بمشقّة أو جهد § (٣) كَدْح (٤) عمل شاقّ (٥) شبكة؛ شَرَك؛ أُحبولة.

toile [twäl] *(n.)* التّوال: قماش رقيق شفّاف.

toi·let [toi′lĭt] *(n.; vi.; t.)* (١) تَزَيُّن؛ تبرُّج (٢) «أ» حمّام. «ب» مِرحاض (٣) «أ» تنظيف لجرح. «ب» تنظيف استعدادًا لعملية جراحية § (٤) يتزيَّن (٥) يَبُول؛ يتغوَّط **x** (٦) يُلْبِس؛ يَكسو (٧) يُعوِّد الطِّفلَ استخدامَ المرحاض.

toilet paper *(n.)* ورق المِرحاض؛ ورق التَّغَوُّط؛ ورق التّواليت.

toi·let·ry [toi′lĭt rĭ] *(n.)* مُسْتَحْضَر التَّزيُّن [كالصابون المعطَّر ومعجون الحلاقة وماء الكولونيا؛ تَرِد بصيغة الجمع عادةً].

toilet soap *(n.)* صابون الزِّينة: صابون معطَّر ملوَّن.

toi·lette [twä lĕt′] *(n.)* (١) تزيُّن؛ تَبَرُّج (٢) مَلْبَس أنيق أو رسميّ.

toilet water *(n.)* ماء الزِّينة: سائل كحوليّ مُعَطَّر؛ «كولونيا».

toil·ful; toil·some [toil′-] *(adj.)* شاقّ؛ مُرْهِق؛ مُنْهِك.

toil·worn [toil′wôrn′; -wōrn′] *(adj.)* <a ~ worker> مُتْعَب؛ مُرْهَق.

To·kay [tō kā′] *(n.)* التُّوكيّ: عنب شديد الحلاوة أو نبيذ يُعتصر منه.

to·ken [tō′kən] *(n.; adj.)* (١) علامة؛ أمارة (٢) رمز (٣) خِصِّيصة؛ ميزة (٤) تَذْكار (٥) نموذج (٦) العُملة الرمزية: «أ» مسكوكة معدنية تُستخدم كعُمْلة في نطاق محدود كالأوتوبوس إلخ. «ب» عُملة ورقية؛ عُملة معدنيّة صغيرة (٧) قسيمة؛ كوبون § (٨) رمزيّ <a ~ payment>.

by the same ~, للسَّبب نفسِهِ؛ وفوق ذلك.

token money *(n.)* العُملة الرمزية: عملة ورقية أو معدنية تُصدرها الحكومة وتكون قيمتها الاسميّة أكبر من قيمتها الحقيقيّة.

token payment *(n.)* الدفعة الرمزيّة: دفعة صغيرة يدفعها المرء دلالةً على الالتزام باتّفاق أو اعترافًا بدَيْن عليه.

to·la [tō′lä] *(n.)* التّولا: وحدة وزن هندية (١١,٦٦٤ غرامًا).

tol·booth [tōl′-] *(n.)* (١) قاعة المدينة [تُدْفَع فيها المكوس] (إسك) (٢) سِجن (إسك).

told [tōld] *past and past part. of* tell.

tol·er·a·ble [tŏl′ər ə-] *(adj.)* <It was a ~ pain.> (١) مُحْتَمَل: ممكنٌ احتمالُهُ (٢) مقبول؛ جيِّد نوعًا؛ لا بأسَ به.

tol·er·ance [tŏl′ər əns] *(n.)* (١) التَّحمُّل: القدرة على احتمال الألم أو مقاومة عَقّار أو سُمّ (٢) تسامُح (٣) التَّفاوُت المسموح (مك).

tol·er·ant [tŏl′ər ənt] *(adj.)* (١) صبور؛ قادر على الاحتمال (٢) متسامح.

tol·er·ate [tŏl′ə rāt′] *(vt.)* (١) يحتمل؛ يُطيق (٢) يجيز؛ يتسامح بِـ.

tol·er·a·tion [tŏl′ə rā′-] *(n.)* (١) مص tolerate (٢) سياسة التسامح الدينيّ.

toll[1] [tōl] *(n.; vt.; i.)* (١) مَكْس أو رَسْم [على عبور طريق أو جسر أو على مخابرة تلفونية] (٢) ضريبة؛ جزية (٣) ثمن باهظ. وبخاصة: ثمن يدفعه المرء

من صحته أو حياته § (٤) يفرض أو يجبي مَكْسًا أو رسمًا أو ضريبةً على .

toll [2] *or* **tole** [tōl] *(vt.)* يُغري ؛ يَسْتَدْرِج [وبخاصة الطَّرائدَ أو الأسماك] .

toll [3] [tōl] *(vt.; i.; n.)* (١) يَقْرع ناقوسًا (٢) يَدُقّ ؛ يقرع x (٣) يُقْرَع [الناقوسُ] § (٤) قَرْع الناقوس أو دقّة من دقّاتِهِ .

toll bar *(n.)* حاجز المكوس : حاجز عَبر طريق أو جسر لجباية المكوس .

toll bridge *(n.)* جسر المُكوس : جسر يُتقاضى عنده مَكْسُ العبور .

toll call *(n.)* المخابرة البعيدة : مخابرة تلفونية يُتقاضى عنها رسمٌ خاصّ .

toll·gate [tōl′gāt′] *(n.)* بوّابة المُكوس : نقطة يتعيَّن على العربات التوقُّفُ عندها لدفع المُكوس المفروضة .

toll·house [tōl′hous′] *(n.)* مكتب المُكوس : مكتب لتحصيل المكوس .

toll·keep·er; toll·man *(n.)* المَكّاس : مُحَصِّل المكوس على طريق أو جسر .

toll·way [tōl′-] *(n.)* طريق المُكوس : طريق تُفْرَض المكوسُ على مُجتازيها .

to·lu [tə lo͞o′] *(n.)* = balsam of Tolu.

tol·u·ene [tŏl′yo͞o ēn′] *(n.)* التُولْيُووِين : سائل عديم اللون شبيه بالبنزين .

toluic acid *(n.)* حمض التُّولْيُووين ؛ الحمض التوليوويني (ك) .

to·lu·i·dine [tə lo͞o′ə dēn′] *(n.)* التُّوليودين : مركّب أمينيّ يُشْتَقّ من التولْيووين ويُستخدم في صنع الأصباغ والأدوية (ك) .

tol·u·ol [tŏl′yo͞o ōl′] *(n.)* = toluene.

tom [tŏm] *(n.)* الذَّكر [من بعض الحيوان] . وبخاصة : هِرّ .

tom·a·hawk [tŏm′ə hôk′] *(n.; vt.)* (١) التَّمْهوك : فأس خفيفة يتّخذها هنود شمال أميركا الحمر سلاحًا وأداةً § (٢) يَقْطع أو يَضرب أو يقتل بتَمْهوك .

tomahawks *1.*

to·mal·ley [tŏ măl′ē] *(n.)* التَّوْمَل : كبِد الكَرْكَنْد أو سرطان البحر .

Tom and Jer·ry *(n.)* توم وَجيري : شراب حارّ قِوامُهُ رَمّ (را . rum) وماء، أو لبن، وبيض مخفوق .

to·ma·to [tə mā′tō] *(n.)* pl. **-toes** الطَّماطم ؛ البَنَدورة (نب) .

tomb [to͞om] *(n.; vt.)* (١) قَبْر ؛ ضريح ؛ جَدَث ؛ لَحْد § (٢) يَدْفِن .

tom·bac [-′băk] *(n.)* التُّمْبَك : أُشابة نُحاس وزنك لِصُنْع الحلى الرخيصة .

tom·bo·la [tŏm′bə lə] *(n.)* التّمبولة : أيّ من عدّة ألعاب قِوامُها سَحْب بعض البطاقات طمعًا في الحصول على جوائزَ عينيّة أو نقدية .

tom·boy [-′boi′] *(n.)* الغُلاميّة : فتاة صَخّابة تحبّ أن تلعب ألعابَ الصِّبيان .

tomb·stone [to͞om′stōn′] *(n.)* = gravestone.

tom·cat [tŏm′kăt′] *(n.)* هِرّ ؛ قِطّ .

tom·cod [tŏm′kŏd′] *(n.)* التُّمكود : ضربٌ صغير من سمك القُدّ .

Tom Collins *(n.)* التُّومْكولِنْز : مُسْكرٌ قوامُه جِنّ gin وليمون وصودا .

Tom, Dick and Har·ry *(n.)* إنسان ؛ كلّ إنسان ؛ كل من هَبَّ ودَبَّ <Every ~ came to the party>.

tome [tōm] *(n.)* (١) جزء أو مجلَّد [من كتاب] (٢) كتاب كبير .

-tome لاحقة معناها : «أ» جزء ؛ فَصّ . «ب» أداة قاطعة .

to·men·tose [tō′mən tōs] *(adj.)* جَثِيل : كَثّ الزَّغَب أو الشَّعر .

tom·fool [tŏm′fo͞ol′] *(n.; adj.)* أحمق ؛ مُغَفَّل .

tom·fool·er·y [tŏm′fo͞o′-] *(n.)* (١) حماقة (٢) هُراء ؛ كلام فارغ .

Tom·my [tŏm′ĭ] *also* **Tommy At·kins** *(n.)* التُّومي : جنديّ بريطانيّ .

tom·my gun *(n.)* الرُّشَيْش ؛ مِدفع تومي : رشّاش قصير .

Tom·my·rot [tŏm′ĭ rŏt′] *(n.)* حَماقة بالغة ؛ سخافة مُفْرِطة .

To·mo·gram [tō′mə-] *(n.)* الصورة المَقْطَعِيّة (را . المادة التالية) .

to·mog·ra·phy [tō mŏg′rə fĭ] *(n.)* التصوير المَقْطعيّ : استخدام أشعة إكس لتصوير مقاطعَ مستويةٍ من الأجسام أو الأشياء .

to·mor·row [tə môr′ō] *(adv.; n.)* (١) غدًا § (٢) الغَد (٣) المستقبل .

tom·pi·on [tŏm′pĭ ən] *(n.)* = tampion.

Tom Thumb [-′thŭm′] *(n.)* (١) توم ثام : قَزَم إنكليزيّ خرافيّ (٢) قَزَم .

tom·tit [tŏm′tĭt] *(n.)* طائر صغير . وبخاصة : القُرْقُف (را . titmouse) .

tom–tom [tŏm′tŏm] *(n.)* (١) tam–tam (٢) إيقاع رتيب ؛ نَقَرات طبلٍ رتيبة .

-tomy لاحقة معناها : بَضْع ؛ بتر ؛ استئصال <appendec*tomy*> .

ton [1] [tŭn] *(n.)* الطُّنّ : «أ» وحدة وزن تساوي ٢٢٤٠ باوندًا في إنكلترا و ٢٠٠٠ باوند في الولايات المتحدة الأميركيّة وكندا . «ب» الطن المتريّ : ألف كيلوغرام . «ج» وحدة للسعة الداخلية [مئة متر مكعب] أو للسعة الحَمْلية [٤٠ مترًا مكعبًا] في سفينة . «د» مقدار أو عدد كبير .

ton [2] [tôn] *(n.)* (١) الزِّيّ السّائد (٢) أناقة .

to·nal [tō′nəl] *(adj.)* نَغْميّ : منسوب إلى النَّغْمة أو النَّغْميّة .

to·nal·i·ty [tō năl′ə tĭ] *(n.)* (١) النَّغْميَّة : صفة اللحن المتوقِّفة على سُلَّمِهِ الموسيقيّ (٢) الصِّبغيَّة : النَّسَق اللَّونيّ في لوحة فنيّة .

tone [tōn] *(n.; vt.; i.)* (١) نَبْرة [الصوت] (٢) «أ» نغمة (مو) . «ب» نغمة الهاتف (٣) لهجة (٤) أسلوب (٥) «أ» درجة اللون أو الضوء («رم» و«فو») . «ب» الوقع الصِّبغيّ : الأثر الذي يُخلِّفُهُ الضوء والظلّ ، في النفس ، علاوةً على ألوان الصورة (٦) صحة ؛ نشاط <recovered mental ~> (٧) «أ» روح . «ب» طابَع . «ج» اتجاه عام في السلوك الأخلاقي أو الاجتماعي (٨) مزاج <philosophical ~> § (٩) يُعطيه نبرة صوتٍ أو درجَةَ لونٍ معيَّنة x (١٠) يتناغم ؛ ينسجم .

to ~ down (١) يُلطِّف [اللونَ أو العبارة إلخ] (٢) يَلْطُف : يُصبح أقلّ شِدّة .

to ~ up (١) يُقَوّي (٢) يَقْوَى .

tone arm *(n.)* ذراع الحاكي ؛ ذراع الفونوغراف .

tone color *(n.)* اللّون النَّغْميّ ؛ الجَرْس (را . timbre) .

tone·less [tōn′-] *(adj.)* (١) لانَغْميّ (٢) خِلوٌ من التعبير أو الحيوية .

tone poem *(n.)* = symphonic poem.

to·net·ics [tō nĕt′-] *(n.)* التَّنْغيميَّة : دراسة النغمات المستخدَمة في الكلام (ل) .

to·nette [tō nĕt′] *(n.)* التّونيت : آلة موسيقية بسيطة شبيهة بالفلوت .

tone value *(n.)* القيمة الصِّبغيّة [في الرسم والتصوير] .

tong [tông] *(vt.; i.; n.)* (١) يلتقط [بمِلْقَط] (٢) التَّنْغة: جمعية سرّيّة صينيّة.

tongs [tôngz] *(n.; usually constructed as plural)* مِلْقَط؛ مِلْقَطة.

tongs

tongue [tŭng] *(n.; vt.; i.)* (١) اللِّسان (ت) (٢) كلام (٣) لُغة (٤) نُباح (٥) شيء كاللِّسان، مثل: «أ» قطعة أرض طويلة ضيّقة داخلة في البحر. «ب» لسان الإبزيم. «ج» لسان الناقوس. «د» عريش العربة [الفاصلُ بين جوادَيْها]. «هـ» لسان الحذاء [الواقعُ تحت شريطِهِ] § (٦) يُوَبِّخ (ا.ق) (٧) يَمَسّ أو يَلْعق باللِّسان (٨) يُلَسِّن أو يُعَشِّق الخشب x (٩) يمتدّ على شكل لسان (١٠) يَنْبح (١١) «أ» يتكلّم. «ب» يثرثر (١٢) ينفخ في مزمار.

to give ~, (١) يَنْبَح (٢) يتكلم بصوتٍ عالٍ.

to hold one's ~, يَلْزَمُ الصَّمتَ؛ يَبقى صامتًا.

tongue and groove

tongue and groove *(n.)* وُصلة لسانٍ وثَلْم (نج).

tongued [tŭngd] *(adj.)* (١) مُلَسَّن؛ ذو لسان (٢) ذو لسانٍ من نوع معيَّن.

tongue–lash [tŭng'lăsh] *(vt.; i.)* يُوبِّخ؛ يُعنِّف؛ يقرِّع.

tongue·less [-'ləs] *(adj.)* (١) غير ذي لسان (٢) أبكم؛ أخرس.

tongue–tied [tŭng'tīd'] *(adj.)* معقود اللِّسان [حياءً أو ارتباكًا].

tongue twister *(n.)* المُعاظَلة: لفظة أو عبارة أو جملة يصعب النُّطق بها.

ton·ic [tŏn'ĭk] *(adj.; n.)* (١) تَوَتُّريّ <~ contraction of muscles> (٢) مُتوتِّر <a ~ spasm> (٣) مُقوٍّ؛ مُنشِّط (٤) قَراريّ: خاصّ بالقرار (مو) (٥) نَبْريّ: «أ» متعلِّق بالنَّبرة. «ب» منبور (ل) § (٦) عقّار مُقوٍّ أو منشِّط (٧) المُنْعِش؛ المنشِّط (٨) شرابٌ غازيّ فوّار (٩) التَّوْنَق: مُسْتَحْضرٌ سائل [لفَرْوة الرأس] (١٠) القرار (را. keynote).

to·nic·i·ty [tō nĭs'ə tĭ] *(n.)* (١) التَّوتُّرية؛ التَّوَتُّر العَضَليّ (٢) قوّة؛ صحة.

to·night [tə nīt'] *(adv.; n.)* (١) الليلةَ؛ في هذه الليلة (٢) هذه الليلة.

ton·ka bean [tŏng'kə] *(n.)* فُول التُّنْكة: نبات استوائيّ أو حَبُّهُ.

ton·nage [tŭn'ĭj] *(n.)* (١) الرَّسم الطُّنِّيّ: رسم يُفرض على أساس الطُّنّ (٢) الطُّنِّيَّة: «أ» السُّفن من حيث مجموع حمولتها بالطنّ <the ~ built in American shipyards>. «ب» الحمولة أو الوزن بالطنّ (٣) عدد ضخم.

ton·neau [tŭ nō'] *(n.)* pl. **-neaus** *or* **-neaux** المَقْعَد الخَلْفيّ [في سيارة].

ton·ner [tŭn'ər] *(n.)* الطُّنِّيَّة: سفينة، أو نحوُها، ذات حمولة طُنِّيَّة معيَّنة.

to·nom·e·ter [tō nŏm'ə-] *(n.)* التّونومتر: «أ» أداة لقياس درجة تذبذُب النَّغمات. «ب» أداة لقياس توتُّر المُقْلة أو ضغط الدّم أو الغاز أو البخار.

ton·sil [tŏn'səl] *(n.)* اللَّوزة: إحدى لوزتَي الحَلْق (ت).

ton·sil·lec·to·my [tŏn'sə lĕk'tə mĭ] *(n.)* استئصال اللَّوزتين (جر).

ton·sil·li·tis [tŏn'sə lī'tĭs] *(n.)* التهاب اللّوزتين (مض).

ton·sil·lot·o·my [-lŏt'ə mĭ] *(n.)* بَضْع اللَّوزة: شَقّ لوزة الحَلْق بالمِبْضَع.

ton·so·ri·al [tŏn sōr'ĭ əl] *(adj.)* حِلاقيّ: ذو علاقة بالحِلاقة أو الحلّاقين.

ton·sure [tŏn'shər] *(n.; vt.)* (١) جَزُّ التَّرَهُّب: حَلْق جزء من شعر رأس المترهِّب (كن) (٢) الجزء الحليق [من رأس الراهب] (٣) بقعة جرداء § (٤) يحلق [رأسَ فلان]. وبخاصة: يحلق جزءًا من شعر رأس المترهِّب.

ton·tine [-'tēn] *(n.)* التأمين التّكافُليّ: ضرب من التأمين يتشارك بموجبه عدد من الأشخاص بحيث توزَّع حقوق أحدهم، عند وفاته، على سائر رفاقه، حتى إذا توفّوا جميعًا، إلا واحدًا، انتقلت حقوقهم كلّها إليه.

to·nus [tō'nəs] *(n.)* التّوتُّر: توتُّر العضلة السَّويّ (فس).

ton·y [tō'nĭ] *(adj.)* أرستوقراطيّ؛ مُتْرَف <a ~ nightclub>.

too [tōō] *(adv.)* (١) أيضًا؛ كذلك (٢) إلى حدّ بعيد؛ أكثرَ مما ينبغي.

took [to͝ok] *past of* take.

tool [tōōl] *(n.; vt.; i.)* (١) أداة (٢) وسيلة (٣) النَّقْش: نقش تُزَيَّن به جِلدة الكتاب (٤) آلة؛ عُدَّة § (٥) «أ» يسوق؛ يقود [سيارةً]. «ب» ينقل بسيارة (٦) يُصنِّع: يُشَكِّل أو يَصْنع أو يزيِّن بأداة (٧) يزوِّد [مصنعًا] بالأدوات والآلات.

tool·bar [tōōl'bär] *(n.)* قائمة الأدوات [على شاشة الكومبيوتر].

tool·box [tōōl'bŏks] *(n.)* صُندوق الأدوات؛ صُندوق العُدَّة.

tool engineering *(n.)* الهندسة الأداتيّة: فرع من الهندسة الصِّناعيّة يُعْنَى بتطوير الأدوات والآلات وباستنباط الوسائل المفضِية إلى إنتاج السِّلَع بأقلّ نفقة ممكنة وأقصر وقت ممكن.

tool·hold·er [tōōl'-] *(n.)* مِمْسَك العُدَّة: آليّة تُمسك بالعُدّة (مك).

tool·house [tōōl'hous'] *(n.)* مَخْزَن الأدوات؛ مَخْزَن العُدَد.

tool·ing [tōō'lĭng] *(n.)* (١) شُغل بالعُدّة؛ زخرفة بالعُدّة (٢) الإعداد: تزويد المصنع بالعُدَد والآلات التي تساعده على الإنتاج.

tool·mak·er [tōōl'-] *(n.)* صانع [أو مُصْلِح] الأدوات [أو العُدَد].

tool·room [tōōl'rōōm'] *(n.)* حُجرة الأدوات؛ حجرة العُدَد.

tool·shed [tōōl'shĕd] *(n.)* سَقيفة الأدوات؛ سقيفة العُدَد.

toom [tōōm] *(adj.)* فارغ (إسك).

toon [tōōn] *(n.)* التُّون: شجر خشبُهُ أحمر داكن ذو رائحة عطِرة.

toot [tōōt] *(vi., t., n.)* (١) «أ» يُبَوِّق <The horn ~ *ed.*>. «ب» يُطلق نفخةً أو صيحةً تُشبه الصوت الحادَّ لآلةٍ نفخيّة x (٢) ينفخ [في بوق]؛ يَصْفر [صفّارةً] § (٣) «أ» بُواق. «ب» صفير (٤) spree.

tooth [tōōth] *(n.; vt.; i.)* pl. **teeth** [tēth] (١) سِنّ؛ ضِرْس (ت) (٢) وَلُوع؛ تعلُّق <~ for candy> (٣) سِنّ المنشار أو الدولاب أو المشط إلخ (٤) قوّة؛ وسيلة فعّالة [لفَرْض أمر ما] § (٥) يُسَنِّن <to ~ a saw> x (٦) تعشَّق [تُروس الآلة].

armed to the *teeth* مُدجَّج بالسلاح.

to fight ~ and nail يقاتل بالنّاب والظفر: يقاتل بضراوة.

to show one's *teeth* يُكشِّر عن أنيابه: يهدِّد بتحدٍّ.

tooth·ache [tōōth'āk'] *(n.)* وجع السنّ أو الأسنان.

toothache tree *(n.)* = prickly ash.

tooth–billed [tōōth'bĭld] *(adj.)* مُسنَّن [أو مثلَّم] المِنقار.

ă at; ā date; â care; ä car; ĕ egg; ē me; ĭ in; ī bite; ŏ lot; ō bone; ô orphan; oi boil; o͝o good; ōō boot; ou out; ŭ under; û urgent; ə = *a* in alone, *e* in system, *i* in easily, *o* in gallop, *u* in circus.

tooth–brush [to͞oth′brŭsh′] *(n.)* فرشاة الأسنان .

tooth decay *(n.)* تَلَف الأسنان ؛ تسوُّس الأسنان ؛ نَخَر الأسنان .

toothed [to͞otht] *(adj.)* (١) ذو أسنان (٢) مسنَّن ؛ مثلَّم .

tooth fairy *(n.)* جِنِّيَّة الأسنان : جنيّة يُزعم أنها تترك مالًا تحت مِخدَّة الطفل مكان سِنٍّ فَقَدها .

tooth·less [-′ləs] *(adj.)* (١) أدْرَد : غيرُ ذي أسنان (٢) غير حاسم ؛ غير فعّال .

tooth·paste [to͞oth′pāst′] *(n.)* معجون الأسنان .

tooth·pick [-′pĭk′] *(n.)* الخِلال : عود الأسنان الذي يُتَخَلَّل به .

tooth powder *(n.)* ذَرُور الأسنان : مسحوق لتنظيف الأسنان .

tooth·some [-′səm] *(adj.)* (١) لذيذ (٢) لطيف (٣) جذّاب [جنسيًّا] .

tooth·y [to͞oth′ē] *(adj.)* (١) بارز الأسنان ؛ متكشِّفٌ عن أسنان بارزة <~ smiles> (٢) فعّال <a ~ pact> (٣) لذيذ .

too·tle [to͞ot′əl] *(vi.; t.; n.)* (١) يَصْفِر أو يبوِّق برفق أو تكرار أو استمرار (٢) يتبختر § (٣) الصفير أو التبويق برفق أو تكرار أو استمرار .

toot·sie [to͞ot′sĭ] *(n.)* (١) حبيبة ؛ معشوقة (٢) بَغِيّ ؛ فاجرة ؛ مومِس .

toot·sy *also* **toot·sie** [to͞ot′sĭ] *(n.)* قَدَمُ الإنسان (ع) .

top [tŏp] *(n.; adj.; vt.; i.)* (١) «أ» قِمّة ؛ رأس . «ب» قِمّة الرأس . «ج» الطُّفْطاف ؛ رأس النبتة . «د» غطاء (٢) «أ» المرتبة العُليا . «ب» صاحب المرتبة العُليا <s~ Congress> (٣) أوج ؛ ذِرْوَة (٤) الورقة العُليا [في لَعِبِ الورق] (٥) خُذْرُوف ؛ بُلْبُل § (٦) أعلى ؛ عُليا <~ shelf> (٧) ذو مكانة بارزة <the ~ physician> § (٨) «أ» يُزيل أو يقطع رأسَ شيء ما . «ب» يشذِّب ؛ يُقلِّم . «ج» يُزيل الموادَّ الأكثر تطايرًا [من النفط الخام] (٩) يُتوِّج <arches that ~ the window> (١٠) «أ» يبلغ القمّة . «ب» ينوف على . «ج» يُبزّ ؛ يتفوّق على (١١) «أ» يعتلي . «ب» يتخطّى . «ج» يحتلّ ذِروة شيء x (١٢) يختتم <to ~ off a meal with coffee> .

top- *or* **topo-** بادئة معناها : مكان ؛ موقع <*topo*logy> .

to·paz [tō′păz] *(n.)* (١) التوباز ؛ الياقوت الأصفر (٢) طائر الطَّيْف : طير طنّان ذو ألوان برّاقة .

top banana *(n.)* الشخص الرئيسيّ [في عرض فكاهيّ أو مشروع] .

top billing *(n.)* (١) المركز الأول [في قائمة أسماء ممثلي فيلم إلخ] <Few of these events have received ~ in the French press.> (٢) توجيه ؛ تظهير <Samira got ~.>.

top boot *(n.)* حذاء طويل الساق ؛ «جزمة» .

top·coat [-′kōt] *(n.)* (١) مِعطف خفيف (٢) طبقة خارجية من الدهان إلخ .

top dog *(n.)* الرّأس : المُتمتِّع بالسُّلْطة العُليا [إثرَ انتصار باهظ الثمن] .

top dollar *(n.)* الثمن الأعلى [لقاء سلعة أو خدمة ما] .

top drawer *(n.)* الطبقة العليا : أعلى طبقات المجتمع أو السُّلطة .

top–dress [tŏp′-] *(vt.)* (١) يعبِّد [سطح الطريق] (٢) يسمِّد ظاهر الأرض .

tope [tōp] *(vi; t.; n.)* (١) يُسرف في معاقرة الخمر § (٢) التُّوب : ضربٌ صغير من سمك القِرش (٣) الإسْطَبّة (را . stupa) .

to·pee *or* **to·pi** [tō pē′] *(n.)* التُّوبيّة : قُبَّعة هنديّة من فِلِّين .

top·er [tō′pər] *(n.)* السِّكِّير ؛ الشِّرِّيب : المدمن شربَ الخمر .

top flight *(n.)* = top drawer.

top·flight *(adj.)* من الدرجة الأولى ؛ ممتاز .

top·ful *or* **top·full** [tŏp′fo͝ol′] *(adj.)* مُترَع ؛ طافح .

top·gal·lant [tŏp găl′ənt] *(n.; adj.)* (١) «أ» الدَّقَل الأعلى : الجزء الثالث من الدَّقَل أو الصاري . «ب» الشراع الأعلى (مل) (٢) قِمّة ؛ ذِرْوة § (٣) دَقَليّ عُلْويّ <the ~ mast> (٤) أعلى (٥) بارز ؛ مرتفع .

top gun *(n.)* الأبرع : شخص هو الأفضل في عمله .

top hat *(n.)* القبّعة الرسمية : قبّعة عالية سوداء يعتمر بها الرجال في الحفلات الرسمية .

top–heav·y [tŏp′hĕv′ĭ] *(adj.)* (١) ثقيل الرأس : رأسه ثقيلٌ جدًّا بالنسبة إلى جزئه الأدنى ؛ غير مستقرّ (٢) overcapitalized (٣) مُثْقَل .

top–hole [tŏp′hōl′] *(adj.)* ممتاز ؛ من الطراز الأوّل أو الأفضل .

to·phus [tō′fəs] *(n.)* pl. **-phi** [fī; fē] (١) الجِير[على الأسنان] (٢) chalkstone *2* .

to·pi [tō′pē] *(n.)* الظَّبي الإفريقي (ح) .

to·pi·ar·y [tō′pĭ ĕr′ĭ] *(adj.; n.)* (١) مشذَّب [على نحوٍ فنّيّ جميل] (٢) تَشْذِيبيفنِّيّ : خاصٌّ بالتشذيب الفنّيّ § (٣) التشذيب الفني (٤) حديقة مشذَّبة فنيًّا .

top·ic [tŏp′ĭk] *(n.)* (١) موضوع [مقالة أو حديث إلخ] (٢) نقطة أو جانب من موضوع عامّ (٣) علاج موضعيّ خارجيّ (ط) .

top·i·cal [tŏp′ĭ kəl] *(adj.)* (١) موضوعيّ : متعلِّق بموضوع مقالةٍ أو حديث (٢) موضعيّ <a ~ remedy> (٣) مَحلّيّ (٤) ذو علاقة بالأحداث الجارية ؛ محلّيّ [أو آنيّ] الأهمية <a ~ news film> .

top·i·cal·i·ty [tŏp′ĭ kăl′-] *(n.)* الموضوعيّة : كون الأمر موضوعيًّا .

topic sentence *(n.)* جملة الموضوع : جملة تعبِّر عن الفكرة الرئيسية لفقرة ما .

top·kick *also* **top kick** [tŏp′kĭk′] *(n.)* رقيب أوَّل (جن) .

top·knot [tŏp′nŏt] *(n.)* القُنْزُعَة : «أ» حِلْيةٌ للرأس قِوامُها أشرطة معقودة أو كتلة من ريش أو زهر . «ب» ريش أو شعر يكسو قِمّة الرأس [كالريش المجتمع في رأس الديك] .

top·less [tŏp′-] *(adj.)* (١) دون قبّة أو قمّة أو غطاء <a ~ jar> (٢) عاري الصَّدر .

top lift *(n.)* أسفل الكعب : الطَّبقة الدُّنيا من كعب الحذاء .

top·loft·y [tŏp′lŏf′tĭ] *also* **top·loft·i·cal** [tŏp′lŏf′-] *(adj.)* متكبِّر ؛ متغطرس .

top·mast [tŏp′-] *(n.)* الدَّقَل المتوسط : الصاري الذي يعلو الصاريَ الأدنى (مل) .

top·min·now [-′mĭn′ō] *(n.)* المِنُّوَة العائمة : سمك يألف المياه العذبة .

top·most [tŏp′mōst′] *(adj.)* الأعلى ؛ الأسمى .

top·notch [tŏp′nŏch′] *(n.)* أوج؛ قمّة، ذروة.

top–notch *(adj.)* من الطراز الأول <a ~ job>.

top–notch·er [tŏp′nŏch′ər] *(n.)* شيء أو شخص من الطراز الأول.

topo- = top-.

top–of–the–line *(adj.)* الأجود أو الأفضل أو الأغلى في فئته.

to·pog·ra·pher [tə pŏg′rə fər] *(n.)* الطوبوغرافي: العليم بالطوبوغرافيا.

to·po·gra·ph·ic; -al [tŏp′ə grăf′-] *(adj.)* طوبوغرافيّ.

topographic survey *(n.)* المسح الطوبوغرافيّ؛ المسح المكانيّ.

to·pog·ra·phy [tə pŏg′rə fē] *(n.)* (١) الطوبوغرافيا: الوصف أو الرسم الدقيق للأماكن أو لِسِماتها السطحية (٢) السِّمات السطحية لموضع أو إقليم [وتشمل الهضاب والأودية والبحيرات والأنهار والطرق والجسور إلخ].

to·pol·o·gy [tə pŏl′ə jē] *(n.)* الطوبولوجيا: «أ» الدراسة الطوبوغرافية لمكان معيَّن. وبخاصة تاريخ إقليم ما كما تدلّ عليه طوبوغرافيّتُه. «ب» التركيب البنيويّ لناحية معيَّنة من الجسد. «ج» الهندسة اللاكمّيّة أو اللامقداريّة: فرع من الرياضيات يُعنى بدراسة موقع الشيء بالنسبة إلى الأشياء الأخرى [لا بالمسافة أو الحجم]. «د» الوضع النسبيّ للذرّات في الجُزيء <~ of a molecule>.
— to·po·log·i·cal *(adj.)*

top·o·nym [tŏp′ə nĭm] *(n.)* اسم الموقع: اسمٌ لموقع جغرافيّ.

to·pon·y·my [tŏ pŏn′ə mĭ] *(n.)* الطوبونيما: «أ» أسماء الأماكن في منطقة ما أو لُغة ما. «ب» دراسة هذه الأسماء. «ج» تسمية أعضاء الجسد باعتبار مواقعها.

to·pos [tō′pōs] *(n.)* pl. **-poi** التقليد [خاصة في عمل أدبيّ أو محاكاة بلاغية].

top·per [tŏp′ər] *(n.)* (١) فا top (٢) «أ» شخص أو شيء ممتاز. «ب» غطاء أو جزء أعلى أو طبقة عليا (٣) «أ» silk hat. «ب» opera hat (٤) الغالب: شيء [كالنكتة مثلًا] يبزّ كلّ ما سَبَقَهُ (٥) المِعْطَف الخفيف: معطف نسويّ خفيف قصير فضفاض.

top·ping [tŏp′-] *(n.; adj.)* (١) مص top (٢) شيء [ككتلة من شعر أو ريش] يشكّل قمة أو ذروة (٣) الكِسْوة؛ الغِشاية: «أ» طبقة علوية تُجعل على قرص من الحلوى أو المعجّنات أو المرطّبات. «ب» طبقة مِلاط أخيرة يُكْسَى بها الإسمنت (٤) شيء [كالأغصان] يُزال بالتشذيب § (٥) رفيع؛ سامٍ؛ عالٍ (٦) ممتاز.

top·ple [tŏp′əl] *(vi.; t.)* (١) ينقلب؛ يقع؛ يسقط (٢) يتداعى للسقوط x (٣) يَقْلِب؛ يُسْقِط؛ يُطيح بِـ.

tops [tŏps] *(adj.)* متفوّق على الأقران [من حيث الجودة أو المقدرة].

top·sail [-′sāl′] *(n.)* (١) الشراع الثاني [على دَقَل أو صارٍ] (٢) الشراع الأعلى.

top secret *(adj.)* بالغ السِّرّيّة؛ سِرّيّ للغاية <~ correspondence>.

top sergeant *(n.)* رقيب أوّل (جن).

top·side [1] [tŏp′sīd′] *(n.)* (١) الجانب الأعلى (٢) *pl.* عد: الجزء الأعلى من جانب السفينة (٣) السلطة العليا أو أصحابها.

top·side [2] *(adv. or adj.)* (١) أو **top·sides**: على ظهر المركب (٢) إلى أو على السطح أو الجزء الأعلى (٣) في مركز السلطة.

top·soil [tŏp′soil′] *(n.)* التُّربة الفوقيّة: سطح التربة أو جزؤها الأعلى.

top·sy–tur·vy [tŏp′sĭ tûr′vĭ] *(adv.; adj.)* (١) في حالة فوضى واضطراب (٢) رأسًا على عَقِب § (٣) معكوس؛ مقلوب رأسًا على عقب (٤) مُتَّسِم بالفوضى والاضطراب.
— top·sy–tur·vi·ness *(n.)*

toque [tōk] *(n.)* (١) التُّوكة: قبّعة نسوية بدون حافة (٢) tuque.

tor [tŏr] *(n.)* هضبة؛ نتوء صخريّ (بر).

To·rah [tōr′ə] *(n.)* التوراة: الأسفار الخمسة الأولى من «العهد القديم».

tor·bern·ite [tôr′bər nīt′] *(n.)* التوربِرْنيت؛ يورانيت النحاس (مع).

torch [tôrch] *(n.; vt.)* (١) مِشْعَل (٢) مِشْعَل دِهان أو لِحام إلخ (٣) مشعل كهربائي: بطاريّة صغيرة ترسل نورًا كاشفًا (٤) مُشعِل الحرائق (ع) § (٥) يُشعِل؛ يُنير.

torch 3.

torch·bear·er [-′bâr′ər] *(n.)* (١) حامل المِشْعَل (٢) قائد حملة أو حركة إلخ.

torch·light [-′līt′] *(n.)* (١) ضوء المِشعل أو المشاعل (٢) torch *1*.

torch song *(n.)* الأغنية العاطفية: أغنية شعبية موضوعُها حبّ غير متبادَل.

torch·wood [tôrch′wood′] *(n.)* (١) خشب المشاعل (٢) شجر خشب المشاعل: كل شجرة تُتَّخذ المشاعل من خشبها.

tore [tôr; tōr] *past of* tear.

to·re·a·dor [tôr′ē ə dôr′] *(n.)* مُصارِع الثيران [الفارس].

to·re·ro [tə râr′ō] *(n.)* مُصارع الثيران [الراجِل].

to·reu·tic [tə root′ĭk] *(adj.)* مرقّش: مُتَعلّق بالنقش النافر على المعادن.

to·reu·tics [-′ĭks] *(n.)* التطريق؛ الرّقش؛ الدّق: فَنُّ النقش النافر على المعادن.

to·ri [tôr′ī] *(n.) pl. of* torus.

tor·ic [tôr′ĭk] *(adj.; n.)* (١) محدَّب § (٢) عدسة لاصقة محدَّبة.

tor·ment [*n.* tôr′mĕnt; *v.* tôr mĕnt′] *(n.; vt.)* (١) تعذيب (٢) عذاب [جسديّ أو روحيّ] (٣) أداة تعذيب (٤) مَصْدرُ عذاب أو إزعاج § (٥) يعذِّب (٦) يَهيج [البحرَ إلخ] (٧) يُقْلِق (٨) يحرِّف [النُّصوصَ إلخ].

tor·men·til [tôr′mən tĭl′] *(n.)* عِرْق إنْجبار: نبات أصفر الزَّهر.

tor·men·tor *also* **tor·men·ter** [-′tər] *(n.)* (١) فا torment (٢) سِتارة جانبيّة.

torn [tôrn] *past part. of* tear.

tor·na·dic [tôr nād′ĭk; -năd′-] *(adj.)* إعصاريّ.

tor·na·do [tôr nād′ō] *(n.)* (١) التُّرناد؛ النَّكباء؛ الإعصار القُمْعيّ

ă at; ā date; â care; ä car; ĕ egg; ē me; ĭ in; ī bite; ŏ lot; ō bone; ô orphan; oi boil; o͝o good; o͞o boot; ou out; ŭ under; û urgent; ə = *a* in alone, *e* in system, *i* in easily, *o* in gallop, *u* in circus.

(٢) إعصار أو زوبعة (٣) الإعصار: انتفاضة عاطفية عنيفة.

to·ro [tō′rō] *(n.)* = bull.

to·roid [tôr′oid′; tōr′-] *(n.)* (١) الطّارة؛ الحلقة (ر) (٢) جسم محدَّب.

to·roi·dal coil *(n.)* = toroidal magnetic circuit.

toroidal magnetic circuit *(n.)* الدارة المغنطيسية الحَلَقيّة (كب).

to·rose [tôr′ōs] *(adj.)* (١) مُنتفِخ؛ متكتّل (٢) ذو عُقَد (نب).

tor·pe·do [tôr pē′dō] *(n.; vt.)* (١) electric ray (٢) الطُّربيد: «أ» قذيفة ذاتية الانطلاق لنسف سفن العدوّ إلخ. «ب» لَغَمٌ للغوّاصات (٣) مفرقعة صغيرة [تنفجر حين تصطدم بشيء صلب] (٤) القاتل أو السفّاح المحترف § (٥) يضرب أو يدمِّر أو يُغرق بطُربيد (٦) يُفسِد؛ يُحبِط؛ ينسف <~ a plan>.

torpedo boat *(n.)* زورقُ الطُّربيد.

torpedo–boat destroyer *(n.)* مُدَمِّرة زوارق الطُّربيد.

torpedo body *(n.)* البَدَن الطُّربيديّ: بَدَنُ سيّارةِ سِباقٍ على شكل قذيفة شبيهة بالسيجار.

tor·pe·fy [tōr pē′fī] *(vt.)* يبلّد؛ يخدِّر: يجعله بليدًا أو خَدِرًا.

tor·pid [tôr′pĭd] *(adj.)* (١) خَدِر (٢) بليد (٣) مُسْبِت؛ خادِر (ح).

tor·por [-′pər] *(n.)* (١) خَدَرٌ (٢) بلادةٌ (٣) سُبات؛ خُدار (ح).

tor·por·if·ic [tôr′pə rĭf′ĭk] *(adj.)* مخدِّر: مسبِّب للخَدَر.

tor·quate [tôr′kwāt′] *(adj.)* مطوَّق: ذو طوقٍ لونيّ حول العُنُق (ح).

torque [1] [tôrk] *(n.)* الطَّوْق: طوقٌ معدنيّ للعُنق [عند قُدامَى الفرنسيين والجرمان إلخ].

torque[1]

torque [2] *(n.)* العَزْم؛ عَزْم اللَّيّ؛ عزم الدَّوَران (مك).

torque·meter [tôrk′mēt′ər] *(n.)* المِعْزام؛ مِقياس العزم (مك).

tor·re·fy [tôr′-] *(vt.)* يشوي؛ يحرق؛ يعرّض لحرارة شديدة؛ يحمِّص.

tor·rent [tôr′-] *(n.; adj.)* (١) نُهَيْر (٢) سَيْل (٣) وابل § (٤) torrential.

tor·ren·tial [tô rĕn′shəl] *(adj.)* (١) تدفُّقيّ <~ stream> (٢) سَيْليّ <~ gravel> (٣) غزير؛ مِدْرار؛ هَتون <~ rain> (٤) عنيف؛ متّقِد <~ applause>.

tor·rid [tôr′-] *(adj.)* (١) حارٌّ جدًّا <~ zone> (٢) مُحْرِق (٣) عاطفيّ.

tor·sade [tôr säd′] *(n.)* المَلْويّ: حبلٌ مَلْويّ [أو عصابة مَلْويّة] تزيَّن به قُبَّعة.

tor·si·bil·i·ty [tôr′sə bĭl′ĭ tē] *(n.)* مُقاوَمةُ اللَّيّ (مك).

tor·sion [-′shən] *(n.)* (١) لَيّ؛ فتل؛ الْتواء (٢) العَزْمُ المضادّ (مك).

torsion balance *(n.)* الميزان الالتوائيّ (مك).

tor·so [-′sō] *(n.)* pl. **-s** *or* **-si** (١) جذع الإنسان أو التمثال (٢) أثر غير مُنْجَز.

tort [tôrt] *(n.)* الضَّرر: أذًى مقصودٌ أو غيرُ مقصودٍ يُلحَق بشخص المرء أو بممتلكاته أو سمعتِه (ق).

torte [tôrt′ə; tôrt] *(n.)* pl. **-n** *or* **-s** التُّورتة: قالب من «الكاتو».

tor·tel·li·ni [tôrt′əl ē′nĭ] *(n.)* التُّرتِلّيني: ضربٌ من المعكرونة.

tor·ti·col·lis [-′ə kŏl′ĭs] *(n.)* الصَّعَرُ: داءٌ في الرقبة يتعذَّر معه الالتفات.

tor·ti·lla [tôr tē′yə] *(n.)* التُّرتِيّة: كعكة مُسطَّحة مُدوَّرة من دقيق الذُّرة.

tor·tious [tôr′shəs] *(adj.)* ضَرَرِيّ؛ منطوٍ على ضَرَر (ق).

tor·toise [tôr′təs] *(n.)* (١) سُلَحْفاة (٢) شخص أو شيء بطيء جدًّا؛ مُتَلَكِّئ؛ متقاعس.

tortoise 1.

tortoise beetle *(n.)* الخُنفساء السُّلحفائيّة: خُنفساء سُلحفائيّة الشكل.

tor·toise·shell [-shĕl′] *(n.; adj.)* (١) الذَّبْل: عظمُ ظهر السُّلَحْفاة (٢) الفراشة السُّلحفيّة (حش) § (٣) ذَبْليّ: مصنوعٌ من الذَّبْل أو ملوَّن بمثل ألوانه.

tor·to·ni [tôr tō′nĭ] *(n.)* التُّرتونيّة: ضربٌ من البوظة أو المثلَّجات.

tor·trix [tôr′-] *(n.)* العُثّة الفاتلة: عُثّة تفتل أوراق النبات لصُنْع أعشاشها.

tor·tu·os·i·ty [tôr′chōō ŏs′-] *(n.)* (١) تمعُّج؛ تعرُّج (٢) الْتواء؛ انحناء.

tor·tu·ous [-′chōō əs] *(adj.)* (١) متعرِّج (٢) ملتوٍ؛ مخادع (٣) معقَّد.

tor·ture [tôr′chər] *(n.; vt.)* (١) تعذيب (٢) أداة تعذيب (٣) عذاب (٤) تحريف؛ تشويه § (٥) يعذِّب (٦) يشوِّه؛ يحرِّف (٧) يلوي.

tor·tur·ous [-əs] *(adj.)* (١) معذِّب (٢) مُلْتوٍ؛ منحرف. — **ness** *(n.)*

to·rus [tôr′əs; tōr′-] *(n.)* pl. **-ri** [-′ī] (١) الحَدَبة؛ البَرْزة (ت) (٢) الطارة: حلية محدَّبة (عم) (٣) الطارة (ر) (٤) كُرْسِيّ الزَّهرة (نب).

To·ry [tôr′ĭ; tōr′ĭ] *(n.; adj.)* (١) «أ» التُّوري: عضو في حزب سياسيّ بريطانيّ مؤيّد للسُّلطة المَلَكية ومقاوِم للتغيير والإصلاح [نشأ حوالى عام ١٦٧٩، وهو الحزب الذي يُدعى اليوم «حزب المحافظين»]. «ب» أميركيّ مؤيِّد لإنكلترا [في أيام الثورة الأميركية] (٢) *not cap.*: المُحافِظ: شخص مقاوِمٌ للإصلاح والتغيير § (٣) تُوريّ (٤) *not cap.*: محافِظ.

To·ry·ism [tōr′ĭ ĭz əm] *(n.)* التُّوريّة: مبادئ المحافظين وسلوكهم.

tosh [tŏsh] *(n.)* هُراء (عب).

toss [tôs; tŏs] *(vt.; i.; n.)* (١) «أ» يتقاذف [الموجُ السفينة]. «ب» يناقش. «ج» يخلط [السَّلَطة] (٢) «أ» يُقلِق. «ب» يهزّ (٣) «أ» يقذِف. خاصةً بغير اهتمام <~ a ball around>. «ب» ينقر: يقذف القطعة النقدية بظفره مطيِّرًا إياها في الهواء ثم يرى على أيّ وجهٍ استقرّت (٤) «أ» يرفع [رأسه] بحركة مفاجئة. «ب» يَعُبّ [الشرابَ] بجرعة واحدة. «ج» يطرح؛ يتخلص من. «د» يرتدي على عَجَل. «هـ» يصنع أو ينظِم أو يستنبط بسرعة x (٥) «أ» يتمايل [كالسفينة في بحر هائج]. «ب» تخفق [الراية] مع النسيم. «ج» يجري باندفاع متشنّج. «د» يتقلّب في فراشه <~*ed* in his sleep> (٦) يَنْقُر: يقرِّر أو يقترع بنقر قطعة نقدية بظفره § (٧) مص toss. وبخاصة: «أ» قذف القطعة النقدية بالظفر إلخ. «ب» رفع الرأس [أو ردُّه إلى الوراء] بحركة مفاجئة.

toss·er [-′ər] *(n.)* (١) فا toss (٢) شخص حقير أو غيرُ محبوبٍ (عب).

toss·pot [tôs′pŏt′] *(n.)* السِّكّير: المدمنُ شُربَ الخمر.

toss·up [tôs′ŭp′] *(n.)* (١) النَّقْر: قذفُ القطعة النقديّة في الهواء لتقرير أمر ما بسقوطها (٢) تعادُل الفُرَص [في إمكانية حصول شيء أو عدم حصوله].

tot [1] [tŏt] *(n.)* (١) طفل صغير (٢) جرعة صغيرة [من شراب قويّ].

tot [2] *(vt.; i.; n.)* (١) يُحصي x (٢) يبلغ مجموعُه § (٣) مجموع؛ حاصل.

to·tal [tôt′l] *(adj.; n.; adv.; vt.; i.)*, **to·taled** *or* **to·talled** (١) إجماليّ <~ amount> (٢) تامّ؛ كامل <~ abolition> (٣) ديكتاتوري <a ~ state> (٤) كامل؛ كُلّيّ <~ war> § (٥) «أ» مجموع؛ حاصل. «ب» مبلغ كُلّيّ (٦) وحدةٌ كلّيّةٌ § (٧) totally § (٨) يجمع، يحسِب (٩) يبلغ في مجموعه (١٠) يحطِّم كُلّيًّا <~*ed* the car>.

to·tal·i·tar·i·an [tō tăl′ə târ′-] *(adj.; n.)* (١) ديكتاتوري؛ استبدادي (٢) كُلّيّانيّ: ذو علاقة بنظام سياسيّ مبنيّ على إخضاع الفرد للدولة، وعلى السيطرة الصارمة على جميع مظاهر حياة الأمة وطاقاتها المنتجة (٣) مؤيِّد للديكتاتوريّة أو الكُلّيّانية (٤) احتكاريّ § (٥) مَن يؤيّد الديكتاتورية أو يمارسها.
— to·tal·i·tar·i·an·ism *(n.)*

to·tal·i·ty [tō tăl′-] *(n.)* (١) مجموع كُلّيّ (٢) المجموعيّة: وحدة كاملة.

to·tal·iza·tor *or* **to·tal·isa·tor** [tōt′-] *(n.)* = pari–mutuel 2.

to·tal·ize [tōt′l īz′] *(vt.)* (١) يَحْسِب المجموعَ الكُلّيَّ لِـ (٢) يُجمِل؛ يُلَخِّص.

to·tal·iz·er *(n.)* (١) فا totalize (٢) pari–mutuel 2 (٣) الآلة الحاسبة.

to·tal·ly [tōt′l ĭ] *(adv.)* تمامًا؛ بالكُلّيّة <~ blind>.

to·ta·quine [tō′tə kwīn] *or* **to·ta·qui·na** [tō tə kwī′nə] *(n.)* التُّوتاكين: عَقّارٌ مُضادٌّ للملاريا.

tote [tōt] *(vt.; n.)* (١) يَحْمِل (٢) يَنْقُل (٣) يحسب مجموع شيء § (٤) حِمْل (٥) حَمْل؛ نَقْل (٦) pari–mutuel 2.

to·tem [tō′təm] *(n.)* (١) الطَّوْطم: «أ» شيء [كحيوان أو نبات] يُتَّخذ رمزًا للأُسرة أو العشيرة. «ب» وَثَنٌ يُمثِّل هذا الشيء. «ج» أسرة أو عشيرة يجمع ما بين أفرادها طوطمٌ مشترَك (٢) رمز مقدَّس.
— to·tem·ic; to·tem·is·tic *(adj.)*

to·tem·ism [tō′-] *(n.)* الطَّوْطميّة: «أ» الإيمان بوجود صِلَة خفيّة بين جماعة أو شخص وبين طَوْطَم ما. «ب» نظام اجتماعيّ قوامُه الانتماء الطَّوْطميّ.

totem pole *(n.)* (١) العمود الطَّوْطَميّ: عمودٌ منحوتٌ مزدانٌ بِرُسُوم طوطميّة يقيمه بعض الهنود الحمر أمام منازلهم (٢) تسلسل أو رتبة (ع).

totem pole *1.*

toth·er *or* **t'oth·er** [tŭth′ər] *(pron.; adj.)* الآخَر؛ ذلك الآخَر.

to·ti·pal·mate [tō′tĭ păl′māt′] *(adj.)* كَفِّيّ القَدَم؛ كلّيّ التكفّف: أصابع قَدَمه الأربع متّصلٌ بعضُها ببعض [كبعض الطيور].

tot·ter [tŏt′ər] *(vi.; n.)* (١) يترنّح؛ يتمايل (٢) يهتزّ؛ يرتجف § (٣) ترنُّح؛ تمايُل إلخ.

tot·ter·ing [-ĭng] *(adj.)* (١) متداعٍ (٢) مترنّح (٣) متقلقل؛ غير مستقر.

tot·ter·y [tŏt′ə rĭ] *(adj.)* غير ثابت؛ متقلقل.

tou·can [too͞′kăn′; -kän′] *(n.)* الطُّوقان: طائر أميركي ضخم المنقار.

toucan

tou·ca·net [too͞′kə nĕt′] *(n.)* الطُّوَيْقين؛ الطُّوقان الصغير (طا).

touch [tŭch] *(vt.; i., n.)* (١) «أ» يلمِس؛ يَمَسّ. «ب» يجُسّ (٢) «أ» يضرب أو يعتدي على. «ب» يسرق (ع) (٣) يقنعه بضرورة الدفع أو الإعارة <~*ed* him for thirty dollars> (٤) «أ» يحاذي. «ب» يبلغ؛ يصل إلى. «ج» يضاهي. «د» يماسُّ (ر) (٥) يتصل أو يتعلّق بِـ (٦) يؤذي أو يفسد قليلًا (٧) يرسم بخطوط خفيفة (٨) يجرح مشاعر فلان (٩) يحرّك مشاعره: يتأثّر <x ~*ed* by the loyalty of his men> (١٠) يتلامس؛ يتَمَاسّ (١١) يُقارب؛ يجاور <Their actions ~ on treason.> (١٢) يتوقف [في موانئ مختلفة] أثناء رحلة بحرية (١٣) يمسّ [الموضوع] مسًّا رفيقًا: يعالجه باختصار أو على نحو عَرَضيّ § (١٤) «أ» لمسة. «ب» لمْس. «ج» حاسة اللمس. «د» مَلْمس <velvety ~> (١٥) «أ» حكّ الذهب أو الفضة لاختبار مقدار خلوصهما. «ب» تجربة؛ اختبار (١٦) مَسْحَة <a ~ of sarcasm> (١٧) مَسّ [من جنون]؛ ضَعْف؛ علّة (١٨) «أ» أثر؛ طرَف <a ~ of fever>. «ب» مقدار طفيف <a ~ of garlic in the salad> (١٩) «أ» ضربة خفيفة. «ب» لمْسة فنية <added a few finishing ~*es* to the portrait> (٢٠) طابع؛ صفة مميِّزة <the ~ of the master> (٢١) «أ» طلبُ مال أو الحصول عليه (ع). «ب» المالُ نفسُهُ (ع) (٢٢) صلة؛ اتصال <in ~ with public opinion> (٢٣) ما بعد خطّ التماسّ [في كرة القدم] (٢٤) أسلوب العزف (مو).

out of ~, (١) على غير اتصال بِـ . . . (٢) غير عصريٍّ.
to ~ down تحطُّ [الطائرةُ]؛ تهبط.
to ~ off (١) يصِف أو يصوِّر بدقّة أو براعة (٢) يُفجِّر (٣) يُطلِق؛ يُثير [عاصفةَ احتجاج إلخ].
to ~ on *or* upon (١) يُلْمِع إلى (٢) يُقارِب (٣) يخصُّ؛ يتعلّق بِـ.
to ~ up (١) ينقّح؛ يهذِّب (٢) يُثير؛ يحرِّك؛ يدفع إلى العمل (٣) يداعب بحيث يثير جنسيًّا (عب).

touch·a·ble [tŭch′ə-] *(adj.)* (١) يُمْسَك؛ مُمْكِنٌ إمساكُه (٢) يؤكَل؛ ممكنٌ أكلُه.

touch and go *(n.)* (١) انتقال سريع [من نقطة إلى أُخرى] (٢) وضعٌ دقيق أو خَطِر.

touch–and–go *(adj.)* (١) دَقيقٌ أو خَطِر (٢) متعجِّلٌ فيه.

touch·down *(n.)* (١) حطُّ الطائرة أو هبوطها (٢) لحظة الحطّ.

tou·ché [too͞ shā′] *(interj.)* (١) أصبتُكَ!: تعبير يُستعمل للدلالة على حصول إصابة أو لمسة في المبارزة (٢) صَحّ!؛ أصبتَ!: تعبير يُستعمل تأكيدًا لصحّة قولٍ ما.

touched [tŭcht] *(adj.)* (١) متأثِّر [عاطفيًّا] (٢) مَمْسُوس.

touch football *(n.)* كرة القدم اللمسيّة: لعبة كرة قدم أميركيّة.

touch·hole [tŭch′hōl′] *(n.)* فُرجَةُ الإشعال: فُتحة في البنادق والمَدافع القديمة كان يُشعل منها البارود.

touch·i·ly [tŭch′ĭ lĭ] *(adv.)* بِنَزَق؛ بسوء خُلُق إلخ.

touch·i·ness [tŭch′ĭ-] *(n.)* (١) نَزَق؛ سُوء خُلُق (٢) حسّاسيّة.

touch·ing [-´ĭng] *(adj.; prep.)* (١) مؤثّر <a ~ story> (٢) مُلامِس؛ مُماسّ § (٣) في ما يتعلّق بـ؛ في ما يخصّ؛ حولَ.

touch·line [tŭch´līn´] *(n.)* خَطّ التّماسّ (رب).

touch–me–not [tŭch´mē nŏt´] *(n.)* المِجْزاعة؛ السَّمُر؛ أمّ غَيْلان: نبتةٌ تتفتّح أوعيةُ بزورها إذا لُمِسَت (نب).

touch pad *(n.)* لوحة المفاتيح اللمسيّة [في آلة ألكترونيّة].

touch screen *(n.)* شاشة اللَّمْس [في كومبيوتر].

touch·stone [tŭch´-] *(n.)* (١) مِحَكُّ الذَّهَب: حجرٌ أسودُ كان يُختبر به نقاء الذهب والفضّة بِحَكّه عليهما (٢) مِحَكّ؛ معيار؛ وسيلة اختبار.

touch system *(n.)* طريقة اللمس [في الضَّرب على الآلة الكاتبة إلخ].

Touch–Tone *(n.)* اللَّمْس النَّغَمي [في أزرار الهاتف].

touch–type *(vt.; i.)* يَضْرِبُ لمسيًّا [على الآلة الكاتبة إلخ].

touch up *(vt.)* (١) يحسّن؛ ينقّح؛ يهذّب (٢) يُحرّك: يدفع إلى العمل.

touch·wood [tŭch´wŏŏd´] *(n.)* (١) خَشَب الإشعال (٢) الصُّوفان (را. amadou).

touch·y [-´ĭ] *(adj.)* (١) وَعْقٌ؛ سيّئ الخُلُق؛ سريع الغضب (٢) شديد الحسّاسيّة (٣) شديد التفجّر أو الالتهاب (ك) (٤) دقيق <a ~ matter>.

tough [tŭf] *(adj.; vt.; n.)* (١) مَتين <a ~ fabric> (٢) عَسيرُ المَضْغ (٣) لَزِج (٤) صارِم؛ حازِم <a ~ policy> (٥) قاسٍ؛ شديد <a ~ winter> (٦) عَسيرٌ جدًّا <a ~ puzzle> (٧) قَويّ؛ صُلْب <~ soldiers> (٨) عنيف <~ struggle> (٩) جِلف؛ شَكِس (١٠) واقعيّ [إلى حدّ القَسْوَة] <a ~ book> (١١) رائع؛ ممتاز (ع) (١٢) مؤسِف؛ يؤسَف له <a ~ break> (ع) § (١٣) يتحمّل؛ يقاسي بدون وَجَل § (١٤) شخص جِلف أو شكِس. — **tough·ness** *(n.)*

tough·en [tŭf´ən] *(vt.; i.)* (١) يُمتّن؛ يُلزّج؛ يُخَشّن؛ يُقسّي x (٢) يَمْتُن؛ يَخْشُن إلخ.

tough·ie *or* **tough·y** [tŭf´ĭ] *(n.)* (١) شخصٌ جِلْف (٢) مسألةٌ عسيرة.

tough–mind·ed [tŭf´-] *(adj.)* (١) واقِعيُّ المزاج أو التفكير (٢) قويّ الإرادة.

tou·pee [tōō pā´; -pē´] *(n.)* الجُمَيْمة: «أ» خُصْلَة من شَعر مستعار تعلو قمّة الرأس. «ب» لِمَّة أو كتلة من شَعر مستعار تغطي جزءًا أصلعَ من الرَّأس.

tour [tŏŏr] *(n.; vi.; t.)* (١) نَوْبةٌ أو دَوْرٌ في العمل (٢) رِحلة (٣) الدَّوْرة: مباريات للمحترفين (رب) (٤) جَولة جماعية (٥) زيارة [لمتحف أو موقع أثريّ إلخ] § (٦) يقوم برحلة إلخ (٧) يقوم بجولة فنيّة x (٨) يجول أو يطوف (٩) يقدِّم [مسرحية إلخ] في جولة.

tou·ra·co [tŏŏr´ə kō´] *(n.)* الطَّورَق: طائر إفريقيّ شبيهٌ بالوقواق.

touraco

tour·bil·lion [tŏŏr bĭl´yən] *or* **tour·bil·lon** [-bē yōn] *(n.)* (١) زَوْبَعة (٢) دُرْدُور (٣) اللولبيّة: ضَرْبٌ من الألعاب النّارية لَوْلَبيّ الطيران.

tour de force [tŏŏr´ də fôrs´] *(n.)* (١) عَمَلٌ خارق؛ «ضربة مُعَلِّم»؛ إنجاز عبقريّ (٢) مناورة؛ أسلوب بارع (٣) عَمَلٌ بُطوليّ.

tour·ing [tŏŏr´-] *(n.)* (١) اشتراك في جولة أو دورة (٢) التزلُّج الترفيهيّ.

touring car *(n.)* (١) phaeton *b* (٢) سيّارة عصرية ذات بابين.

tour·ism [tŏŏr´ĭz əm] *(n.)* (١) السياحة (٢) الإرشاد السياحيّ.

tour·ist [tŏŏr´-] *(n.; adj.)* (١) سائح (٢) tourist class § (٣) سياحيّ.

tour·is·ta *or* **tu·ris·ta** [tōō rē´stə] *(n.)* إسهال السيّاح (مض).

tourist card *(n.)* البطاقة السياحية [تُعطى للسائح بدلًا من جواز السفر].

tourist class *(n.)* الدرجة السياحية [في سفينة أو طائرة أو قطار].

tourist court *(n.)* = motel.

tour·is·tic *also* **-al** [tōō rĭs´-] *(adj.)* سياحيّ.

tour·ist·y [-´ĭ stē] *(adj.)* سياحيّ: خاصٌّ بالسيّاح أو مرغوبٌ من قِبَلهم.

tour·ma·line [tŏŏr´mə lĭn; -lēn´] *(n.)* التُّرمالين: حجرٌ نصف كريم.

tour·na·ment [tŏŏr´nə mənt; tûr´-] *(n.)* (١) مُسابَقة: مباراة بالسيوف [بين الفُرسان في القرون الوسطى] (٢) الدَّورة: سلسلة مباريات بين عددٍ من اللاعبين <a tennis ~>.

tour·ne·dos [tŏŏr´nə dō´] *(n.)* شريحة لحم [من خاصرة البقرة].

tour·ney [tŏŏr´nē; tûr´-] *(n.; vi.)* (١) tournament § (٢) يشترك في مباراة أو دَوْرَة.

tour·ni·quet [tŏŏr´nĭ kĭt; tûr´-] *(n.)* المِرْقأة: مِلْوًى أو ضاغط لوقف النَّزف من وعاء دَمَويّ.

tourniquet

touse [touz] *(vt.; n.)* (١) tousle § (٢) إزعاجٌ مفعمٌ بالضجيج.

tou·sle [-´zəl] *(vt.; n.)* (١) يُشَعّث [الشَّعْرَ] (٢) يعامل بخشونة § (٣) شعرٌ أشعث.

tout [tout] *(vi.; t.; n.)* (١) يستجدي: يطلب عملًا أو يسعى للحصول على أصوات الناخبين وما شابه، بوقاحة أو إلحاح (٢) يستطلع: يتسقّط أخبار الإسطبلات أو يتجسّس على تمارين سباق الخيل لأغراض متصلة بالمراهنة (٣) يزوّد بمعلومات سِرّيّة يُستفاد منها في المراهَنة x (٤) يتجسّس؛ يراقب بانتباه (٥) يستطلع [أخبار الإسطبلات بخاصة] (٦) يُعطي معلومات سِرّيّة [عن سباق خيل] (٧) يستجدي؛ يُلِحّ على الزّبائن (٨) «أ» يُطري بإسراف وإلحاح. «ب» يصف؛ يُعْلِن بفَخْر <a politician *~ed* as a friend of the people> § (٩) «أ» الجاسوس [في عالم سباقات الخيل]. «ب» من يتّخذ من إعطاء المعلومات السِّرّيّة الخاصة بسباق الخيل مهنةً له (١٠) المُلِحّ [على الزبائن].

tout à fait [tōō tä fĕ´] *(adv.)* كُلّيًّا؛ تمامًا؛ بكل معنى الكلمة.

tout de suite [tōōt swēt´] *(adv.)* حالًا؛ على الفور.

tout·er [tou´tər] *(n.)* فا tout: المستجدي؛ المُلِحّ؛ المتجسّس إلخ.

tout le monde [tōōl´ mônd´] *(n.)* كلُّ الناس؛ الجميع.

to·va·rich *or* **to·va·rish** [tə vär´ĭch; -ĭsh] *(n.)* رفيق [في حزب شيوعيّ].

tow [tō] *(vt.; i, n.)* (١) يقْطُر؛ يجرّ؛ يسحب x (٢) يُجَرّ؛ يُدفع؛ يُسحب § (٣) حبل أو سلسلة للقطر أو الجر (٤) قَطْرٌ؛ جرٌّ (٥) باخرة أو سيارة مقطورة (٦) حَبْل (٧) نُسالة الكَتّان (٨) قماش من نُسالة الكتان.

tow·age [tō´ĭj] *(n.)* (١) مص tow (٢) رَسْمُ القَطْرِ أو السَّحب.

to·ward[1] [tôrd; tōrd; tə wôrd´] *(adj.)* (١) أو **towards**: «أ» وشيك؛

قريب . «ب» حادثٌ الآنَ؛ جارٍ (٢) مؤاتٍ <a ~ breeze> .

to·ward[2] *or* **to·wards** [tôrd(z); tōrd(z); tə wôrd(z)′] *(prep.)* (١) نَحْوَ (٢) مِن <attitude ~ the plan> (٣) عندَ؛ حوالى؛ قُربَ (٤) مِن أجل <would do what he could ~ getting supper ready>.

to·ward·ly [tō′(ə)rd lĭ; tô′-] *(adj.; adv.)* (١) واعد؛ مرجوّ (را. promising) (٢) دَمِث (٣) ملائم؛ مؤاتٍ § (٤) على نحوٍ واعد (٥) بِدَماثة .

tow·a·way [tō′ə-] *(n.; adj.)* (١) قَطْر (٢) سفينة أو سيّارة مقطورة .

tow·boat [tō′bōt′] *(n.)* زورق القَطْر أو السَّحب .

tow car [tō′kär′] *(n.)* سيارة القَطْر أو السَّحب .

tow·el [tou′əl] *(n.; vt.; i.)* (١) مِنْشَفة § (٢) ينشِّف x (٣) يتنشَّف .

tow·el·ing *or* **tow·el·ling** [tou′ə lĭng] *(n.)* قُماش المناشف .

tow·er [tou′ər] *(n.; vt.)* (١) بُرْج (٢) قَلْعَة (٣) مَلْجأ [في مبنًى] § (٤) يرتفع؛ يحلِّق (٥) «أ» يتفوّق . «ب» يعلو أو يسمو على .

tower block *(n.)* بناية مرتفعة؛ برج (بر) .

tow·er·ing [tou′ər-] *(adj.)* (١) شاهق <a ~ oak> (٢) كبير؛ ضَخْم (٣) عنيف؛ شديد (٤) مُفْرِط؛ مُسْرِف <~ ambitions> .

tow·er·y [tou′ə rĭ] *(adj.)* (١) مُبرَّج : ذو أبراج (٢) شاهق .

tow·head [tō′hĕd′] *(n.)* الكَتّانيّ الشَّعْر : رأس أو شخص ذو شعر ناعم مُبْيَضّ . — **tow·head·ed** *(adj.)*

towhee

tow·hee [tō′hē; tou′-] *(n.)* التَّوْهِيّ : حَسُّون شمالأميركيّ .

to wit [tə wĭt′] *(adv.)* يعني؛ وبكلمة أُخرَى .

tow·line [tō′līn′] *also* **tow·ing–line** *(n.)* حبل القَطْر أو السحب إلخ .

tow·mond [tō′mŏnd′] *(n.)* سنة؛ اثنا عشر شهرًا (إسك) .

town [toun] *(n.; adj.)* (١) قرية (عب) (٢) «أ» بلدة . «ب» مدينة (٣) حياةُ المدينة (٤) سكان المدينة (٥) حكومة مدينيّة § (٦) مَدِينيّ .

town clerk *(n.)* أمين السِّجِلّ البلديّ : أمين سجلّات البلدة .

town council *(n.)* المجلس البلديّ .

town councillor *(n.)* عضو المجلس البلديّ .

town crier *(n.)* مُنادي البلدة : موظَّف يطوف الشوارع مُذيعًا البيانات على الناس .

town·ee [tou nē′]; **town·er** [tou′nər] *(n.)* = townsman.

town hall *(n.)* دار البلديّة .

town house *(n.)* بيت في المدينة [يملكُهُ شخصٌ ذو بيتٍ في الرِّيف] .

town·let [toun′lət] *(n.)* مدينةٌ صغيرة جدًّا؛ بلدة؛ بُلَيْدة .

town meeting *(n.)* اجتماع عامٌّ : لقاء عامّ لأهالي المدينة إلخ .

town·scape [-′skāp′] *(n.)* (١) مَنْظَرُ المدينة (٢) رسمٌ لمشهد مدينة .

towns·folk [tounz′fōk′] *(n. pl.)* = townspeople.

town·ship [toun′-] *(n.)* ناحية؛ منطقة؛ مقاطعة؛ دائرة انتخابيّة .

towns·man [tounz′-] *(n.)* (١) المَدِينيّ : أحد أبناء المُدُن (٢) المُواطن البَلَديّ : أحد أبناء بلدة المرءِ أو مدينتِه . — **towns·wom·an** *(n. fem.)*

towns·peo·ple *(n. pl.)* (١) سكان المدينة (٢) المَدِينِيُّون : أهل المُدُن .

tow·rope [tō′rōp′] *(n.)* حبل القطر أو السَّحب .

tow truck [tō′trŭk′] *(n.)* شاحنةُ القَطْر أو السَّحْب .

tox- *or* **toxo-** *or* **toxi-** بادئة معناها : سامّ؛ سُمّ <*tox*emia> .

tox·al·bu·min [tŏk′săl byōō′-] *(n.)* التُّكْسَلْبُومين : مادة بروتينيّة سامّة .

tox·e·mi·a [tŏk sē′mĭ ə] *(n.)* انسمام [أو تسمّم] الدَّم (مض) .

tox·e·mic [tŏk sē′-] *(adj.)* (١) انسمامِيدَمَوِيّ (٢) مصابٌ بانسمام الدّم .

tox·ic [tŏk′sĭk] *(adj.; n.)* (١) سُمِّيّ (٢) سامّ § (٣) سُمّ .

toxic- *or* **toxico-** بادئة معناها : سُمّ <*toxico*logy> .

tox·i·cant [tŏk′sĭ kənt] *(adj.; n.)* (١) سامّ § (٢) سُمّ .

tox·ic·i·ty [tŏk sĭs′ĭ tē] *(n.)* (١) السُّمِّيَّة (٢) درجة السُّمِّيَّة .

tox·i·co·gen·ic [tŏk′sĭ kō jĕn′ĭk] *(adj.)* مُوَلِّدٌ سُمومًا .

tox·i·co·log·ic; -al *(adj.)* عِلْمِيسُمُوميّ : متعلّقٌ بعلم السُّمُوم .

tox·i·col·o·gist [tŏk′sĭ kə lŏ′-] *(n.)* السُّمُوميّ : الاختصاصيّ بِعِلْم السُّمُوم .

tox·i·col·o·gy [tŏk′sĭ kŏl′ə jĭ] *(n.)* علمُ السُّمُوم .

tox·i·co·sis [tŏk′sĭ kō′sĭs] *(n.)* pl. **-ses** [sēz] الانسمام؛ التَّسَمُّم .

toxic shock syndrome *(n.)* متلازمة الصَّدمة السُّمِّيَّة [عند الحائض] .

tox·i·gen·ic [tŏk′sə jĕn′-] *(adj.)* مُوَلِّدٌ سُمًّا <~ bacteria> .

tox·in [tŏk′sĭn] *(n.)* الذِّيفان؛ السُّمِّين؛ التُّكْسِين .

tox·oid [tŏk′soid′] *(n.)* السُّمِّين المُوَهَّن [يُستخدم في التلقيح] .

tox·oph·i·lite [tŏk sŏ′fə līt′] *(n.)* المُولَع [أو البارع] في الرماية بالقوس .

tox·o·plas·mo·sis [-plăz mō′sĭs] *(n.)* داء البلازميّات السُّمِّية .

toy [toi] *(n.; adj.; vi.)* (١) لُعبة؛ دُمية (٢) اللُّعبة : شيء [وبخاصة حيوان] شديد الصِّغَر (٣) أُلعوبة (٤) شيء تافه (٥) تسلية؛ تبديد وقت (٦) بِلْيَة؛ «كلَّة» § (٧) دُمْيَوِيّ : «أ» مصنوعٌ لِلَّعب <a ~ stove> . «ب» كالدُّمْية، وبخاصة من حيث الصِّغَرُ <a ~ house> § (٨) يلهو؛ يعبث؛ يلعب (٩) يتسلَّى (١٠) يغازل .

toy·on [toi′ŏn] *(n.)* اللامعة : شُجَيْرة أميركيّة ذات ثمر أحمر لمّاع .

tra·be·at·ed [trā′bĭ ā′tĭd] *(adj.)* مُؤَفَّق : مَبْنِيّ بعوارضَ أُفُقِيّة (هن) .

tra·bec·u·la [trə bĭk′yə lə] *(n.)* pl. **-lae** [lē′] *or* **-las** الحُوَيْجِز : حاجزٌ صغير («ت» و«نب») . — **tra·bec·u·lar** *(n.)*

trace [trās] *(n.; vt.; i.)* (١) «أ» أثر . «ب» آثار [أو أثر] أقدام . «ج» الأثارة : مقدار ضئيل (٢) «أ» خط؛ شكل؛ رَسم . «ب» الرَّسِيم : ما ترسمه المِرسَمة الأوتوماتيكية [كمِرسمة الزلازل إلخ] من خطوط (٣) السَّير : أحد السَّيْرَين أو الحبْلَين اللذين يجرّ بهما الحيوانُ مركبةً أو عربةً (٤) ذراع التوصيل (مك) § (٥) «أ» يرسم . «ب» يستشفّ : ينسخ رسمًا بورقة شفافة . «ج» يسجّل [بخطوط

متموّجة أو متكسّرة] (٦) «أ» يتقصّص [أو يقتفي] الأثر. «ب» يتتبّع [سيرَ شيء أو تطوّره أو تاريخه] <to ~ a political movement>. «ج» يُرجع؛ يردّ؛ يعزو <~d the failure of the project to indifference>. «د» يكتشف (٧) يشجّر: يزخرف بخطوط مشجّرةٍ (عم) x (٨) يَرجع <a family that ~s to the Norman conquest>.

— **trace·a·ble** (adj.)

trace fossil (n.) الأثرُ الأُحْفوريّ؛ المَسْلَكُ الأُحْفوريّ (جي).

trac·er [trā′sər] (n.) (١) فا trace (٢) المتتبِّع: «أ» موظّف مهمته التحقيق في ضياع الطرود أو الرسائل إلخ. «ب» استعلام يُرسَل عند القيام بمثل هذا التحقيق (٣) رسّام (٤) مِرسَمة؛ مخطِّطة (٥) الخَطّاط؛ الطَّرّاق: عيار ناريّ يحتوي على مركّب كيميائي يبيّن خط انطلاق القذيفة بواسطة ذيل من الدخان (٦) العنصر الاستشفافي: عنصر يمكن تتبّعه خلال العمليات البيولوجية أو الكيميائية بسببٍ من نشاطه الإشعاعيّ.

tracer bullet (n.) الرَّصاصة الطَّرّاقة أو الخطّاطة.

trac·er·y [trā′sə rē] (n.) الزَّخرفة التشجيرية: زخرفةٌ قوامُها خطوطٌ مُشجَّرة، وبخاصة في أعلى نافذة قُوطيّة (عم).

tracery

trache- *or* **tracheo-** بادئة معناها: «أ» رُغامَى. «ب» رُغامَى و....

tra·che·a [trā′kĭ ə] (n.) pl. **-e** [-kĭ ē′]; **-s** الرُّغامَى: القَصَبة الهوائية.

tra·che·al [trā′kĭ əl] (adj.) رُغامَويّ: متعلّق بالرُّغامَى أو شبيهٌ بها.

tra·che·ar·y [trā′kĭ ĕr ē] (adj.) رُغامَويّ التَّنَفُّس.

trache·ate [trā′kĭ āt′] (adj.) قَصَبيّ: ذو رُغامَى أو قصبة هوائية.

tra·che·id [trā′kĭ əd; -kēd] (n.) القُصَيْبة؛ الخليّة الوِعائيّة (نب).

tra·che·i·tis [trā′kĭ ī′tĭs] (n.) التهابُ الرُّغامَى أو القصبة الهوائية.

tracheo- = trache-.

tra·che·os·to·my [trā′kĭ ŏs′tə mĭ] (n.) فَغْرُ الرُّغامَى (جر).

tra·cho·ma [trə kō′mə] (n.) التّراخوما؛ الحُثار؛ الحَثَر (مض).

tra·chyte [trā′kīt′; trā′-] (n.) التراكيت: صخر بركانيّ فاتح اللون.

trac·ing [trā′sĭng] (n.) (١) مص trace (٢) الرَّسْم الاستشفافيّ: رسمٌ منسوخ بواسطة ورقة شفافة (٣) الرَّسِيم: ما ترسمه المِرسمة الأوتوماتيكية [كمِرسمة الزلازل ونحوها] من خطوط.

tracing cloth (n.) قُماش الاستشفاف (رم).

tracing paper (n.) ورق الاستشفاف (رم).

tracing wheel (n.) دولاب الاستشفاف؛ المِطْرَسة: دولاب مستدقّ الرأس يستخدمه الخيّاطون لرسم الخطوط على القماش عند تفصيله.

tracing wheel

track [trăk] (n.; vt.; i.) (١) «أ» أثر [أقدام أو دولابٍ أو مركب]. «ب» مَجاز؛ طريق؛ دَرب. «ج» حَلْبة [للسباق]. «د» خطّ [للسكة الحديدية] (٢) مَسْلَك؛ سبيل؛ مسار (٣) تسلسل الأحداث أو الأفكار؛ وعي لحقيقةٍ أو تسلسل <to keep *or* lose ~> (٤) «أ» العَرْض: عرض العربة من الدولاب إلى الدولاب. «ب» أثر دواليب السيارة (٥) سباقات المضمار والميدان (رب) § (٦) «أ» يقتفي الأثر. «ب» يتعقّب (٧) يراقب خطّ انطلاق القذيفة بتلسكوب أو نور كشّاف (٨) يجتاز <to ~ a desert> (٩) يترك أثر قدميه إلخ على x (١٠) يمشي؛ يذهب؛ يرحل (١١) تسير [إبرة الأسطوانة على التَّلَم] (١٢) يرحل؛ يسافر؛ يقطع.

— **track·er** (n.)

track·age [trăk′ĭj] (n.) (١) خطوط السِّكّة الحديديّة (٢) الخُطوطيّة: حقّ شركة من شركات السكة الحديدية في استعمال خطوط شركة أُخرى (٣) رسم الخُطوطيّة: الرَّسم المدفوع مقابل هذا الحقّ.

track–and–field [trăk′ən fēld′] (adj.) مضماريّ؛ ميدانيّ: ذو علاقة بسباق من سباقات المضمار أو الميدان [كالركض والقفز والرمي] (رب).

track·ing [trăk′-] (n.) التّرشيد: وضعُ الطّلّاب في صفٍّ ما تبعًا لقدراتهم.

track·lay·er [trăk′lā′ər] (n.) الجرّارة؛ التراكتور.

track·less [trăk′-] (adj.) (١) غيرُ مطروق <~ forests> (٢) غيرُ مُخَلِّفٍ أثرًا <~ footprints> (٣) غير جارٍ على قضبان <a ~ train>.

trackless trolley (n.) = trolleybus.

track·man [trăk′mən] (n.) عَدّاء [في مسابقات المضمار والميدان].

track record (n.) سِجلّ الإنجاز: سِجلّ إنجازات شخصٍ ما.

track·side [trăk′sīd′] (n.; adj.) (١) جانبُ المِضمار § (٢) مُحاذٍ للمضمار.

track system (n.) = tracking.

track·walk·er [trăk′wō′kər] (n.) مَشّاءُ الخطّ: عاملٌ مسؤولٌ عن صيانة جزء من خطّ السكة الحديدية.

tract (n.) (١) فترة زمنية (٢) قطعة أرض (٣) «أ» بقعة. «ب» صُقْع (٤) جهاز <the respiratory ~> (٥) كُرّاسةُ دعاية [سياسية أو دينية].

trac·ta·ble [trăk′tə bəl] (adj.) (١) docile (٢) طَرِيّ: قابلٌ للطَّرْق أو المَطْل.

— **trac·ta·bil·i·ty** (n.)

trac·tate [trăk′tāt′] (n.) رسالة؛ مقالة؛ بحث.

trac·tile [-′tĭl′] (adj.) (١) مَطِيل: قابل للسحب طوليًّا (٢) ممكنٌ جرّه.

trac·tion [trăk′shən] (n.) (١) «أ» جَرّ؛ سَحْب. «ب» انجرار؛ انسحاب. «ج» القوّة المبذولة في الجرّ والسَّحب (٢) الاحتكاك الالتصاقي [لجسم ما فوق سطح يجري عليه، كدولابٍ جارٍ على خطٍّ حديديّ] (٣) السحب التثبيتيّ: شدُّ العظم المكسور [لإعادته إلى مَوْضِعِه].

traction engine (n.) (١) قاطرة الجرّ: قاطرة لجرّ العربات في الطُّرُق أو الحقول (٢) قاطرة السكّة الحديدية.

trac·tive [trăk′tĭv] (adj.) جارّ أو مستخدَمٌ أو مبذولٌ في الجرّ.

trac·tor [trăk′tər] (n.) (١) traction engine *1* (٢) الجرّارة؛ التّراكتور (٣) أماميّة المِروحة: طائرة مِدْسَرتها [مِروحتُها] أمامَ أجنحتها.

tractor 2.

trade [trād] (n.; vi.; t.; adj.) (١) «أ» مِهنة؛ حِرفة. «ب» أهلُ مِهنة أو حِرفة أو صناعة ما <a lecture of interest only to the ~> (٢) «أ» تجارة <foreign ~>. «ب» زبائن محلٍّ تجاريّ. «ج» المؤسسات المشتغلة بتجارة أو صناعة ما (٣) صناعة (٤) سُوق عمل <the tourist ~> (٥) مقايَضة § (٦) يتَّجر بِـ (٧) يقايض x (٨) يتاجر (٩) يتسوَّق؛ يشتري حاجته من السلع § (١٠) تجاريّ (١١) حَضَريّ: مقدِّمٌ خدماتِه للآخرين من

أهل المهنة نفسها لا لكلّ زبون <a ~ club> .

— trad·a·ble; trade·a·ble *(adj.)*

trade book *(n.)* (١) الكتاب الشعبي؛ الكتاب التجاري: كتاب مُعَدّ لجمهور القرّاء (٢) الطبعة الشعبية [من كتاب].

trade–in [trād'ĭn'] *(n.)* (١) المُقايَض جزئيًّا: سِلْعَة [كسيارة قديمة إلخ] تؤخذ كجزء من ثمن سِلعة أُخرى جديدة (٢) عملية المقايضة نفسها.

trade·mark [trād'-] *(n.; vt.)* (١) العلامة التّجاريّة § (٢) يدمغ [بعلامة تجارية] (٣) يسجّل [العلامة التجارية] في دائرة حماية الملكيّة.

trade name *(n.)* الاسم المتداول [لسلعة أو شركة إلخ].

trade·off; trade–off [trād'ôf'] *(n.)* مقايَضة: إبدال شيء بآخر.

trade price *(n.)* سعر الجُملة (اد).

trad·er [trā'dər] *(n.)* (١) التاجر (٢) الباخرة التجارية (مل).

trade route *(n.)* الطريق التجارية: طريق للقوافل أو للسفن التجارية.

trad·es·can·tia [trā'də skăn'chĭ ə] *(n.)* = spiderwort.

trade school *(n.)* المدرسة المِهنيّة.

trades·man [trādz'-] *(n.)* (١) التاجر؛ صاحب المتجر (٢) الحِرَفيّ.

trades·peo·ple [trādz'-] *(n. pl.)* (١) التُّجّار (٢) الحِرَفيّون.

trade union *also* **trades union** *(n.)* نقابة عمّال.

trade unionism *(n.)* (١) النِّقابيّة العمّالية (٢) نِقابات العمّال.

trade unionist *(n.)* (١) النّقابيّ: عُضْوُ نِقابةٍ عُمّاليّة (٢) المؤيِّد للحركة النِّقابيّة.

trade wind *(n.)* *pl.* عد: الرياح التجاريّة: رياح تهبُّ باطِّراد نحو خطّ الاستواء.

trading post *(n.)* المحطة التجارية [في منطقة قليلة السكّان].

tra·di·tion [trə dĭ'shən] *(n.)* (١) التَّحْدار: انتقال العادات أو المعتقَدات من جيل إلى جيل (٢) تقليد؛ عُرْف (٣) المَرْويّات: تعاليم أو نواميس دينية غير مدوَّنة (٤) .*cap*: الحديث الشريف (اس).

tra·di·tion·al; tra·di·tion·ar·y [trə dĭsh'-] *(adj.)* تقليديّ.

tra·di·tion·al·ism [trə dĭsh'-] *(n.)* (١) التقليديّة: شدَّة الاحترام للتقاليد. وبخاصة في المسائل الدينية (٢) فيضُ المعرفة: الاعتقاد بأن كلّ المعارف مُستقاةٌ من وحي إلهيّ (فف).

tra·di·tion·al·ist [trə dĭsh'ən ə lĭst] *(n.)* المُتمسِّك بالتقاليد.

tra·di·tion·al·ize [trə dĭsh'-] *(vt.)* يُمَقْلِدُ؛ يجعله تقليديًّا.

tra·di·tion·al·ly [trə dĭ'shən-] *(adv.)* (١) على نحوٍ تقليديّ (٢) تقليديًّا؛ عادةً (٣) تَحْداريًّا: وَفْقًا للاعتقاد المنتقل من جيل إلى جيل.

trad·i·tor [trăd'ĭ tər] *(n.)* pl. **-to·res** [tôr'ēz] الخائن [من المسيحيين الأوّلين أيام الاضطهاد الرومانيّ].

tra·duce [trə do͞os'] *(vt.)* (١) يطْعن في؛ يقدح في (٢) ينتهك، يخون.

traf·fic [trăf'ĭk] *(n.; vi.; t.)*, **-ficked** (١) تجارة؛ مقايضة (٢) «أ» السَّيْر؛ حركة المرور <~ light> . «ب» المشاة [والعربات المتحرِّكة] في الطريق (٣) «أ» الحُمولة: عدد الرُّكّاب المنقولين، أو مقدار الحُمولة المنقولة [في خط من خطوط المواصلات]. «ب» النَّقْل: صناعة نقلِ الرُّكّاب أو البضائع (٤) حجم الزبائن [في مؤسسة تجارية] § (٥) يتاجر أو يقايض (٦) يشتغل بتجارة غير مشروعة <to ~ in opium> **x** (٧) يروح ويجيء (٨) يُتاجر؛ يُقايض.

— traf·fic·a·ble *(adj.)*

traffic court *(n.)* محكمة السَّيْر: محكمة تنظر في مخالَفات السَّيْر.

traffic engineering *(n.)* هندسة الطُّرُقات [وتنظيم حركة السَّيْر].

traf·fick·er [trăf'ĭk ər] *(n.)* التّاجر.

traffic light *or* **signal** *(n.)* إشارة السَّيْر الضوئيّة.

traffic warden *(n.)* ناظر السَّيْر: موظَّف مهمّته تنظيم السير (بر).

trag·a·canth [trăg'ə kănth'; trăj'-] *(n.)* (١) الكَثيراء؛ الأسْطَراغالُس: شُجَيْرة شائكة (٢) صَمغُ الكَثيراء.

tra·ge·di·an [trə jē'dĭ ən] *(n.)* (١) الكاتب التراجيديّ أو المأساويّ (٢) الممثِّل التراجيديّ أو المأساويّ.

tra·ge·di·enne [trə jē'dĭ ĕn'] *(n.)* الممثِّلة التراجيدية أو المأساوية.

trag·e·dy [trăj'ə dĭ] *(n.)* (١) التراجيديا؛ المأساة (٢) حادثٌ مأساويّ.

trag·ic; -al [trăj'-] *(adj.)* (١) تراجيديّ؛ مأساويّ (٢) فاجع (٣) مؤسف.

tragic irony *(n.)* السخرية المأساوية: سُخرية دراميّة في مأساة.

trag·i·com·e·dy [trăj'ĭ kŏm'ə dĭ] *(n.)* الدراما التراجيدية الكوميدية.

tragi·com·ic; -al [trăj'ĭ kŏm'-] *(adj.)* تراجيديّ كوميديّ.

trag·o·pan [trăg'ə păn'] *(n.)* التَّدْرُج الآسيويّ (طا).

tragopan

tra·gus [trā'gəs] *(n.)* pl. **-gi** [gī; jī] (١) الوَتَدَة: الهُنَيَّة الناشزة في مقدَّم الأُذن (ت) (٢) شعر الأذن [على فتحة الأُذن الخارجية].

trail [trāl] *(vi.; t.; n.)* (١) «أ» يَتَجَرجر [على الأرض]. «ب» يتدلَّى [بحيث يَمَسُّ الأرضَ]. «ج» ينتشر: ينتشر [فوق سطح] في غير اتِّساق أو نظام. «د» ينمو إلى ارتفاع يجعلُهُ يتدلَّى على الأرض (٢) «أ» يَدِبُّ؛ يَزْحَف. «ب» يتبع [من غير تفكير وكأنه مَقُود]. «ج» يمشي بتثاقُل. «د» يقصِّر عن الآخرين [في سَيْر أو سباق أو مباراة]؛ يخسَر (٣) يجري أو ينطلق أو ينتشر ببطء ورِقَّة (٤) «أ» يمتدُّ في خطٍّ غير مستقيم. «ب» يتضاءل؛ يَخْفُتُ <His voice *~ed* off.> (٥) يتعقَّب؛ يقتفي الأثر (٦) يصل متأخرًا **x** (٧) «أ» يُجَرْجِر. «ب» يسحب <a ~ fugitive> (٨) يَتْبَع أو يُلاحِق [في سباق أو غيره] (٩) يتأخر [عن خصْم] <*~ed* behind others in opinion polls> § (١٠) «أ» ذَيْل [ثوب]. «ب» قافلة. «ج» *2* trailer. «د» أخمص الحاضن: الطَّرَف الأدنى من عربةِ المدفع (١١) قافلة؛ حَشْد <a ~ of supporters> (١٢) أثر؛ رائحة <a ~ of blood> (١٣) مَمَرٌّ [في طريق وَعِرة أو بقعة غير آهلة] (١٤) شيء متهدِّل أو متدَلٍّ.

trail·blaz·er [trāl'blā'zər] *(n.)* (١) pathfinder (٢) الرّائد.

trail·blaz·ing *(adj.)* (١) رِياديّ <~ legislation> (٢) مُبتكَر <~>

ă at; ā date; â care; ä car; ĕ egg; ē me; ĭ in; ī bite; ŏ lot; ō bone; ô orphan; oi boil; o͝o good; o͞o boot; ou out; ŭ under; û urgent; ə = *a* in alone, *e* in system, *i* in easily, *o* in gallop, *u* in circus.

methods>.

trail·er [trā′lər] *(n.; vi.; t.)* (١) فا trail (٢) المُتَنَشِّرة: نبتةٌ تَنْتَشِر فوق سطح الأرض مُتَسلِّقةً ما يعترضُ سبيلها (٣) عَرَبة مقطورة (٤) القَطِيرة: عربةٌ مقطورة على شكلِ بيتٍ مُتحرِّكٍ قائم على عَجَلتَيْن أو أربع (٥) فيلم قصير [يُمثِّل مشاهدَ بارزةً من فيلم سيُعْرَض قريبًا] § (٦) يعيش أو يسافر في قَطِيرة أو مقطورة x (٧) يَقْطُر <to ~ a boat>.

trail·er camp *or* **court** *or* **park** *(n.)* مُعَسْكَر القطائر: بقعة تتجمّع فيها القطائر (را. trailer *4*).

trail·er·ite [trā′lə rīt′] *(n.)* القَطائريّ: ساكنُ القَطِيرة أو العربة المقطورة على شكل بيت متحرِّك (را. trailer *4*).

trail·ing arbutus *(n.)* القَطْلَب (را. arbutus) المُتَنَشِّر (نب).

trailing edge *(n.)* الحافَة الخلفيّة [من الجناح أو ريشة المروحة] (طي).

train [trān] *(n.; vt.; i.)* (١) ذَيْل [ثوب] (٢) بِطانة؛ حاشية أمير أو ملك إلخ (٣) «أ» قافلة. «ب» قافلةُ تموين (جن). «ج» موكب (٤) نِظام <Matters were in good ~.> (٥) «أ» سلسلة [أحداث إلخ]. «ب» تسلسل مُنتظِم [للأفكار] (٦) سلسلة مسنَّنات أو تُروس (٧) خط البارود [لإيصال النار إلى الشِّحنة أو الحشوة] (٨) قِطار (٩) جرّارة آلية (١٠) سلسلة موجات أو ذبذبات إلخ (فز) (١١) ذيل المذنَّب (فل) § (١٢) يَسْحَب؛ يجُرّ (١٣) يوجِّهُ نُمُوَّ النبتة [باللَّيّ أو الرَّبط أو التشذيب] (١٤) «أ» يُدَرِّب. «ب» يثقِّف (١٥) يُسدِّد؛ يُوجِّه <~ a cannon upon a fort> (١٦) يُرَوِّض [حيوانًا] x (١٧) «أ» يتدرَّب. «ب» يَتَرَيَّض (١٨) يسافر بالقطار.

train·band [trān′-] *(n.)* العُصْبَة المُدَرَّبة: جماعة من المواطنين المُدرَّبين على حمل السِّلاح نُظِّمَت في أميركا وإنكلترا في القرنين ١٧ و١٨.

train·bear·er [trān′bâr′ər] *(n.)* الذَّيّال؛ حاملُ الذَّيل: مُرافقٌ يحمل ذَيْل ثوب العروس إلخ.

train case *(n.)* حَقيبةُ الزِّينة.

train case

train·ee [trā nē′] *(n.)* المُخضَع للتدريب [المِهنيّ أو العسكريّ].

train·er [trā′-] *(n.)* (١) المُدَرِّب (٢) المُرَوِّض (٣) جنديّ غيرُ نظاميّ (٤) طائرة تدريب (٥) المُسْعِف [في فريق رياضيّ].

train·ing [trā′nĭng] *(n.)* مص train. وبخاصة: «أ» تدريب أو تدرُّب. «ب» تسديد؛ توجيه. «ج» تعلُّم؛ معرفة؛ خبرة.

training college *(n.)* دار المعلِّمين (بر).

training school *(n.)* (١) المدرسة المِهنيّة (٢) إصلاحيّةُ الأحداث.

train·load [trān′lōd′] *(n.)* سَعَةُ القطار؛ حمولة القطار.

train·man [trān′mən] *(n.)* عاملٌ في قِطار.

train oil *(n.)* زَيْت الحوت [وغيرِه من الحيوانات البحرية].

train·sick [trān′sĭk] *(adj.)* مُصابٌ بدُوار القِطار.

traipse [trāps] *(vi.; t.; n.)* (١) «أ» يمشي. «ب» يتسكَّع § (٢) سَيْرٌ مُتْعِبٌ.

trait [trāt] *(n.)* (١) ضربة خفيفة (٢) مَسْحَة؛ أَثَر؛ نبرة <a ~ of sarcasm> (٣) مِيزة؛ سِمَة <a recessive ~>.

trai·tor [trā′tər] *(n.)* (١) خائنُ العهدِ أو الأمانةِ (٢) الخائنُ [وطنَهُ].

trai·tor·ous [trā′tə rəs] *(adj.)* (١) خائن؛ غادِر؛ خاتِل (٢) خيانيّ.

trai·tress [trā′trĭs] *(n.)* الخائنة [للعهد أو الأمانة أو الوطن].

tra·ject [trə jĕkt′] *(vt.)* = transmit.

tra·jec·to·ry [trə jĕk′tə rĭ] *(n.)* (١) المَسار: المَسار المُنْحني لقذيفة أو مُذَنَّب أو كوكب (٢) المنحني القاطع (ر) (٣) اتجاه مختار <a moral ~>.

tram[1] [trăm] *(n.; vi.; t.)* (١) ترام (بر) (٢) عَرَبة ترام (٣) شاحنة [في منجم] § (٤) يركب الترام x (٥) ينقل [الفحمَ إلخ] بشاحنة [في منجم].

tram[2] *(n.)* السَّداة واللُّحمة: خيطٌ حَريريّ مزدوج الفَتْل.

tram·car [-′kär] *(n.)* (١) ترام (بر) (٢) عَرَبة ترام [في منجم].

tram·line [trăm′līn′] *(n.)* خَطُّ الترام (بر).

tram·mel [trăm′əl] *(n.; vt.)* (١) الشَّبكة الثُّلاثيّة: شبكة [لِصيد الطيور أو الأسماك] ذات ثلاث طبقات (٢) شِكال (٣) كُلّاب [في مَوْقِد] لتعليق القُدُور إلخ فوق النار (٤) .pl عد: قَيْد؛ عائق (٥) الفِرجار ذو العاتِق؛ مِرسامُ القطع الناقص § (٦) «أ» يصطاد بشبكة. «ب» يُوقِع في شَرَك (٧) يقيِّد؛ يَعُوق.

tra·mon·tane [trə mŏn′tān] *(adj.; n.)* (١) قائمٌ في الجانب الآخر من الجبال. وبخاصةٍ جبال الألب، أو قادمٌ من هُناك (٢) أجنبيّ § (٣) المقيم في الجانب الآخر من الجبال. وتوسُّعًا: الغريب؛ الأجنبيّ.

tramp[1] [trămp] *(vi.; t.; n.)* (١) يدوس أو يطأ أو يمشي. وخاصة بِثِقَل (٢) يسافر [سيرًا على القدمَيْن] (٣) «أ» يتسكَّع؛ يتشرَّد. «ب» يطوف متسوِّلًا (٤) يمشي بثبات واجتهاد x (٥) يجتاز سيرًا على القدمين <to ~ the streets> (٦) يدوس § (٧) «أ» المسافر سيرًا على القدمَيْن. «ب» المُتَجَوِّل ابتغاءَ التَّسوُّل أو السَّرِقة. «ج» المُومِس (٨) رحلة [سيرًا على القدمين] (٩) وَقْعُ الأقدام (١٠) الواقية: صفيحة معدنية لوقاية نعل الحِذاء (١١) سفينة شحن غير نظامية. **— tramp·er** *(n.)*

tramp[2] *(adj.)* شارِد <a ~ dog>.

tram·ple [trăm′-] *(vi.; t.; n.)* (١) يطأ؛ يَدُوس؛ يسحق بقدميهِ (٢) يَدُوس: يتصرف بقسوة واستعلاء x (٣) يسحق؛ يَدُوس (٤) يعامل بقسوة أو بدون رَحمة § (٥) «أ» وطء؛ دَوْس. «ب» صوت الوطء أو الدَّوْس.

tram·po·line [trăm′pə lēn′] *(n.)* البَهْلَوانيّة؛ مِنَصَّة البهلوان؛ الترامبولين.

trampoline

tram·road [trăm′rōd′] *(n.)* خَطٌّ حديديّ [في مَنْجم].

tram·way [trăm′wā′] *(n.)* (١) tramroad (٢) خطُّ الترام.

trance [trăns; träns′] *(n.; vt.)* (١) غَشْية (٢) نَشْوَة (٣) حالةُ نُعاس [كما في التنويم المغنطيسيّ] § (٤) يُغشي؛ يُنشي.

trance channeling *(n.)* الاتصال الرُّوحيّ [في التنويم المغنطيسي].

tran·quil [trăng′kwĭl] *(adj.)* (١) هادِئ (٢) ساكِن (٣) ثابت؛ مُسْتَقِرّ.

tran·quil·ize *also* **tran·quil·lize** [trăng′kwə līz′] *(vt.; i.)* (١) يهدِّئ؛ يُشعِر بالأمان (٢) يُسكِّن [الأعصاب] x (٣) يهدأ.

tran·quil·iz·er [-lī′zər] *(n.)* شخص أو عَقّار مهدِّئ للأعصاب.

tran·quil·li·ty *or* **tran·quil·i·ty** [trăng kwĭl′-] *(n.)* هدوء؛ سكون.

trans- بادئة معناها : «أ» عَبْر ؛ وراء ؛ ما وراء <*trans*atlantic> . «ب» إلى مكان آخر أو حالة أخرى <*trans*port> . «ج» عَبْرَ <*trans*cutaneous> .

trans·act [-săkt′; -zăkt′] *(vi.; t.)* (١) يتعامل مع x (٢) يُجري ؛ يقوم بـ.

trans·ac·tion [trăn zăk′-; -săk′-] *(n.)* (١) تعامُل (٢) إجراءٌ ؛ قِيامٌ بِـ (٣) صفقة ؛ معاملة تجاريّة (٤) *pl.* : مَحضَر جلسة (٥) تفاعُل شخصيّ .

trans·al·pine [-ăl′pīn′] *(adj.; n.)* (١) وراءَألْبِيّ : واقعٌ وراءَ جبال الألْب (٢) عابرٌ الألب <a ~ railway> § (٣) المُقيم في بَلَدٍ واقعٍ وراءَ الألْب .

trans·am·ina·tion [trăns′ă mə nā′-] *(n.)* الأَمْيَنَة العابِرة (ك) .

trans·at·lan·tic [-ət lăn′tĭk] *(adj.)* (١) «أ» عابرٌ الأطلسيّ <a ~ liner> . «ب» مُمْتَدٌّ عَبْرَ الأطلسيّ <a ~ cable> (٢) واقعٌ وراءَ الأطلسيّ <a ~ country> (٣) بَيْأَطْلَسيّ : متعلّق بالبلاد الواقعة على جانِبَي الأطلسيّ <a ~ company>.

trans·ax·le [trăns ăk′səl] *(n.)* مِحْوَرُ التَّحويل (مك) .

trans·ceiv·er [trăn sē′vər] *(n.)* <*trans(mitter) + (re)ceiver*> المُرْسِل المستقبِل (ألك) .

tran·scend [trăn sĕnd′] *(vt.; i.)* (١) يَتجاوزُ [حُدُودَ أمرٍ ما] (٢) يسمو فوق [الوجود الماديّ] (٣) يبُزُّ ؛ يفوق x (٤) يتفوّق على .

tran·scen·dence; tran·scen·den·cy [trăn sĕn′-] *(n.)* تجاوُز ؛ سُمُوٌّ ؛ تفوُّق .

tran·scen·dent [trăn sĕn′-] *(adj.)* (١) فائقٌ ؛ متجاوزٌ الحدَّ (٢) واقعٌ وراءَ نطاق الإدراك (٣) تجاوزيّ : متجاوِزٌ المقولات الأرِسْطِيَّة (مق) (٤) متسامٍ ؛ متعالٍ : كائنٌ فوق الوجود الماديّ (٥) مُبهَم ؛ غامض .

tran·scen·den·tal [trăn′sĕn dĕn′-] *(adj.)* (١) غامض : واقعٌ وراءَ نطاق الخبرة العملية (٢) supernatural (٣) مجرَّد (٤) غير مُدْرَك [بالفكر الإنسانيّ] (٥) مثاليّ ؛ خياليّ (٦) «أ» مُتَسامٍ ؛ أصمّ (ر) . «ب» مُصْمَت (ر) (٧) فائق ؛ متجاوزٌ الحدّ (٨) مُبْهَم .

transcendental function *(n.)* الدّالّة المتسامية (ر) .

tran·scen·den·tal·ism [-′təl ĭz′əm] *(n.)* (١) الفلسفة المتعالية : كلُّ فلسفة تقول بأن اكتشاف الحقيقة يتم بدراسة عمليات الفِكر القَبْلية a priori لا من طريق الخبرة أو التجربة (٢) تجاوز ؛ تعالٍ إلخ (٣) إبهام ؛ غموض .
— **tran·scen·den·tal·ist** *(adj.; n.)*

transcendental meditation *(n.)* التأمُّل التجاوزيّ .

trans·con·ti·nen·tal [trăns′-] *(adj.; n.)* (١) مُمْتدٌّ عَبْر قارّة <a ~ railroad> (٢) في الجانب الآخر من القارّة § (٣) خَطُّ قِطار عابر للقارّات أو القِطارُ نفسُه .

tran·scribe [trăn skrīb′] *(vt.)* (١) «أ» ينسخ . «ب» ينقل ؛ يحوِّل : ينقل من شكل من أشكال التدوين إلى آخر [كأن ينقل مادّةً مختزلة أو مسجَّلة إلى الكتابة العاديّة] . «ج» يدوِّن ؛ يُسجِّل (٢) «أ» يكتب صوتيًّا ؛ يمثِّل برموز صوتية (ل) . «ب» يترجم . «ج» ينسخ : يغيِّر نظامَ حفظِ المعلومات وتخزينها (كم) . «د» يسجِّل برنامجًا لإعادة بثِّه لاحقًا (٣) «أ» يكتب قطعةً موسيقية . «ب» يكيِّف لحنًا [بحيث يلائم آلةً لم يُجْعَل لها في الأصل] .
— **tran·scrib·er** *(n.)*

tran·script [trăn′skrĭpt′] *(n.)* (١) نسخة عن رسالة أو وثيقة ؛ نسخة طبق الأصل (٢) السِّجِلُّ المدرسي : دفتر علامات الطالب .

tran·scrip·tion [-skrĭp′-] *(n.)* (١) مص transcribe (٢) نُسْخة (٣) لحنٌ مكيَّف [بحيث يلائم آلة لم يُجْعَل لها في الأصل] (٤) البرنامج المسجَّل : برنامج مُعَدٌّ تسجيلُه للبثّ الإذاعيّ أو التلفزيونيّ (٥) الكتابة الصوتيّة (ل) (٦) الانتساخ (ك) .

trans·cul·tur·al [-′chə rəl] *(adj.)* عَبْرثقافيّ : متعلّق بثقافتين أو أكثر .

trans·cu·ta·ne·ous [-kyōō tā′nĭ əs] *(adj.)* عَبْرَ الجِلد <a ~ injection>.

trans·duce [trăns d(y)ōōs′] *(vt.)* يُحوِّل ؛ يَنقُل [من شكل إلى آخر] .

trans·duc·er [trăns d(y)ōō′sər] *(n.)* المِحوال ؛ محوِّل الطاقة (فز) .

trans·duc·tion [trăns dŭk′-] *(n.)* التنبيغ ؛ النقلُ بالوِساطة (أح) .

tran·sect [trăn sĕkt′] *(vt.)* يقطع بالعَرْض ؛ يقطع استعراضًا .

tran·sept [trăn′sĕpt′] *(n.)* جناحُ الكنيسة (عم) .

trans·fec·tion [trăns fĕk′-] *(n.)* العَدْوَى العابرة (كح) .

trans·fer [*v.* trăns fûr′; *n.* trăns′fər] *(vt.; i.; n.)* (١) «أ» يَنْقُل . «ب» يُحوِّل ؛ يغيِّر . «ج» يُمرِّر (٢) «أ» يَنْقُل [حقوقًا أو مِلكيّة] . «ب» يتنازل [عن حقوق أو مِلكيّة] (٣) يَنْقُل أو ينسخ رسمًا [من سطح إلى سطح بالاحتكاك، كأن ينقل رَسْمًا من سطحٍ خشبيّ إلى قِطعة قُماش] x (٤) ينتقل [من قطار إلى قطار أو من معهد ثقافيّ إلى آخر إلخ] § (٥) «أ» نَقْل ؛ انتقال . «ب» تحويل ؛ تحوُّل (٦) نقل المِلكية [إلى شخص آخر] (٧) المنقول : رسم منقول من سطح إلى آخر بالاحتكاك (٨) نقطة [أو مركز] تحويل (٩) الناقلة : تذكرة تخوِّل حاملَها حقَّ مواصلة الرِّحلة في ترام أو أوتوبوس أو قطار آخر (١٠) المُنْتَقِل [من مدرسة إلى أُخرى] (١١) النقل : تأثير المعرفة السابقة في تعلّم لاحق (تر) (١٢) حوالة .

trans·fer·a·ble [trăns fûr′ə bəl] *(adj.)* قابلٌ للنَّقل أو التَّحويل .

trans·fer·al [-fûr′əl] *(n.)* (١) نقل ؛ انتقال (٢) التنازل ؛ نقل المِلكيّة (ق) .

trans·fer·ee [trăns′fə rē′] *(n.)* (١) المَنْقول إليه ؛ المُتَنازَل له (ق) (٢) المنقول [من مكان إلى آخر] .

trans·fer·ence [-fûr′əns] *(n.)* (١) نَقْل أو انتقال (٢) تحويل أو تحوُّل .
— **trans·fer·en·tial** *(adj.)*

trans·fer·or [-fûr′ər] *(n.)* النّاقل : المتنازل عن حقّ أو مِلكيّة (ق) .

transfer RNA *(n.)* حَمْض الـ«رنا» الناقِل (كح) .

trans·fig·u·ra·tion [trăns fĭg′yə rā′-] *(n.)* (١) «أ» التحوّل : تغيير المظهَر أو الشكل الخارجيّ أو تغيُّره . «ب» تحوُّل رُوحيّ (٢) *cap.* : «أ» التَّجلِّي : تغيُّر هيئة المسيح على الجبل . «ب» عيد التَّجَلّي (نص) .

trans·fig·ure [trăns fĭg′yər; -fĭg′ər] *(vt.)* (١) يحوِّل : يغيِّر المظهر أو الشكل الخارجيّ (٢) يمجِّد : يغيِّر الهيئة على نحوٍ ماجِدٍ أو مُحاطٍ بهالة من

الجلال .

trans·fi·nite [-fī'nīt'] *(adj.)* عَبْرُمُتَناهٍ؛ مُوْغِل <~ numbers> (ر) .

trans·fix [trăns fĭks'] *(vt.)* (١) يطعن (٢) يثبِّت بالطَّعْن <plunged their spears into his belly and ~ *ed* him to the earth> (٣) يخوزِق : يضع على الخازوق (٤) يُحجِّر ؛ يَشُلّ ؛ يحوّل <An idea occurred to her and ~*ed* her into a statue.>.

trans·form[1] [trăns fôrm'] *(vt.; i.)* (١) يحوِّل x (٢) يتحوّل .

trans·form[2] [trăns'fôrm'] *(n.)* (١) المحوَّل (ر) (٢) بناءٌ لُغَويّ محوَّل .

trans·for·ma·tion [trăns'fər mā'-] *(n.)* (١) تَحويل (٢) تَحوُّل ؛ استِحالة (٣) شَعْرٌ مستعار . وبخاصةٍ : شَعْر نِسائيّ مُسْتَعار (٤) التحويل (ر) (٥) التحويل («ر» و«ل») .

transformational grammar *(n.)* النحو التحويليّ (ل) .

trans·form·er [-fôr'mər] *(n.)* (١) المحوِّل (٢) محوِّل التَّيّار (كب) .

trans·fuse [-fyōōz'] *(vt.)* (١) «أ» ينقل . «ب» يتخلَّل ؛ يخترق (٢) «أ» يُصْفِق : ينقل [الدَّم] إلى وريد شخص أو حيوان . «ب» يُخضِع [مَريضًا] لعمليّة نقل الدَّم (ط) . — **trans·fus·i·ble** *or* **trans·fus·a·ble** *(adj.)*

trans·fu·sion [-fyōō'zhən] *(n.)* (١) مص transfuse (٢) شيء منقول .

trans·gress [-grĕs'] *(vt.; i.)* (١) ينتهك ؛ يخالف (٢) يتخطَّى ؛ يتجاوز x (٣) يأثَم . — **trans·gressive** *(adj.)* — **trans·gress·sor** *(n.)*

trans·gres·sion [-grĕsh'ən] *(n.)* (١) انتهاك (٢) تجاوُزٌ (٣) إثم ؛ خطيئة .

tran·ship [trăn shĭp'] *(vt.; n.)* = transship.

trans·his·tor·i·cal [-hĭs tôr'-] *(adj.)* عَبْرْتاريخيّ : متجاوزٌ الحدودَ التاريخيّة .

tran·sience [trăn'shəns; -zē əns]; **tran·sien·cy** [-sĭ] *(n.)* سُرعة الزَّوال .

tran·sient [-'shənt; -zē ənt] *(adj.; n.)* (١) زائل ؛ عابر (٢) انتقاليّ <~ authority> § (٣) شخص متجوِّل [بحثًا عن عمل] (٤) تيّار كهربائي عابر .

transient ischemic attack *(n.)* نَوْبةُ احتباسِ الدم العابرة (مض) .

trans·il·lu·mi·nate [-ĭ lōō'mə nāt'] *(vt.)* (١) يُشِفّ : يجعل الضوء يمرّ عَبْره (٢) يُعايِن شُفوفيًّا : يفحص عضوًا بتعريضِهِ لِنُور يخترقه (ط) .

tran·sis·tor [-zĭs'tər] *(n.)* الترانْزِسْتور : أداة ألكترونيّة أصغر من صِمام الراديو بكثير تؤدِّي الوظائف الرئيسية لصِمام ألكترونيّ [كالتضخيم والتحويل إلخ] .

tran·sis·tor·ize [-'tə rīz'] *(vt.)* يُزوِّد [آلةً ما] بالترانزستور .

tran·sit [-'sĭt; -zĭt] *(n.; vi.; t.)* (١) عُبور ؛ مُرُور (٢) انتقال (٣) «أ» نقل ؛ «ترانزيت» : وبخاصة : نقلُ الأشخاص إلخ من مكان إلى آخر . «ب» جهازُ هذا النَّقْل أو مركباتُه (٤) العبور (فل) § (٥) يعبُر x (٦) يعبِّر : يمكِّنه من العبور .

transit instrument *(n.)* تلسكوب العبور (فل) .

tran·si·tion [-zĭsh'ən] *(n.; vi.)* (١) انتقال ؛ تحوُّل ؛ تحرُّك (٢) المَقْطَع الانتقاليّ (مو) § (٣) ينتقل ؛ يتحوّل .

— **tran·si·tion·al; tran·si·tion·ar·y** *(adj.)*

tran·si·tive [trăn'sĭ tĭv; -zĭ-] *(adj.; n.)* (١) مُتَعَدٍّ <a ~ verb> (٢) انتقاليّ § (٣) فعل مُتَعَدٍّ .

transit lounge *(n.)* رَدهة العبور : غرفة مسافري «الترانزيت» في مطار .

tran·si·to·ri·ly [-sə tōr'ə lē] *(adv.)* (١) مؤقَّتًا (٢) على نحو عابر أو زائل .

tran·si·to·ry [trăn'sĭ tôr'ē] *(adj.)* (١) مُؤقَّت ؛ عابر <~ love> (٢) زائل ؛ سريع الزّوال <~ worldly pleasures> .

trans·lat·a·ble [-lāt'-] *(adj.)* يُنقَل ؛ يُتَرْجَم ؛ ممكِنٌ نقلُهُ أو ترجمتُه .

trans·late [trăns lāt'] *(vt.; i.)* (١) «أ» يَحْمِل ؛ يَنْقُل [من مكان إلى آخر] . «ب» يحوِّل . «ج» يرفعه الله إلى السماء [من غير أن يتوفّاه] . «د» ينقل [أُسقفًا] من أبرشية إلى أخرى (٢) «أ» يُتَرْجِم . «ب» يشرح ؛ يفسِّر (٣) يُبْهِج إلى أقصى حدّ x (٤) «أ» يُترجِم . «ب» يُتَرْجَم ؛ يقبَل الترجمة <poems that ~ into every language> (٥) يُفْضي إلى ؛ يَنْتُجُ عنه .

trans·la·tion [-lā'shən] *(n.)* مص translate . وبخاصة : ترجمة .

trans·la·tor [-lā'tər] *(n.)* (١) فا translate . وبخاصة المترجِم (٢) مُفَسِّر ؛ شارح .

trans·liter·ate [-lĭt'ə rāt'] *(vt.)* يُنَقْحِر : ينقل حروفَ لُغة إلى حروف لغة أُخرى ؛ يكتب لُغةً بحروف لغة أُخرى . — **trans·lit·er·a·tion** *(n.)*

trans·lo·cate [trăns lō'kāt'] *(vt.)* ينقل [من مكان إلى آخر] .

trans·lu·cence; trans·lu·cen·cy [trăns lōō'-] *(n.)* الشَّفّانيّة .

trans·lu·cent [-'sənt] *(adj.)* (١) شفّانيّ ؛ نصف شفّاف (٢) واضح ؛ بيِّن .

trans·lu·cid [trăns lōō'sĭd] *(adj.)* = translucent.

trans·lu·nar·y [-'lōō nĕr'ĭ] *(adj.)* (١) أبعد من القمر (٢) أثيريّ <~ dreams>.

trans·ma·rine [-mə rēn'] *(adj.)* (١) مقيمٌ وراء البحر <a ~ people> (٢) آتٍ من وراء البحر أو عَبْرَه (٣) ممتدٌّ عَبْرَ البحر (٤) عابرٌ للبحر .

trans·mi·grate [-mī'grāt'] *(vi.)* (١) يُهاجر (٢) ينتقل (٣) يتقمّص . — **trans·mi·grant** *(n.; adj.)*

— **trans·mi·gra·tion; trans·mi·gra·tor; trans·mi·gra·to·ry** *(n.)*

trans·mis·si·bil·i·ty [trăns mĭs ə bĭl'-] *(n.)* المنقوليّة : قابليّة النَّقْل .

trans·mis·si·ble [trăns mĭs'-] *(adj.)* قابل للنقل أو البثّ إلخ .

trans·mis·sion [trăns mĭsh'ən] *(n.)* (١) «أ» نَقْل . «ب» انتقال (٢) رسالة (٣) «أ» إنفاذ . «ب» نفاذ (٤) الإرسال (ألك) (٥) gearbox .

trans·mis·sive [-mĭs'ĭv] *(adj.)* (١) ناقل ؛ نقليّ (٢) يُنْقَل ؛ ممكِنٌ نقلُهُ ؛ قابل للنقل .

trans·mis·som·e·ter [trăns'mĭ sŏm'-] *(n.)* المِنْفاذ ؛ مقياس الإنفاذ .

trans·mit [-mĭt'] *(vt.)* (١) ينقُل (٢) يُنْفِذ [ضوءًا] (٣) يُرسِل («رد» و«تلفز») (٤) ينقل [أخبارًا أو معلومات] ؛ يُبلِغ (٥) ينقل ؛ يُورِث .

trans·mit·ta·ble [trăns mĭt'-] *(adj.)* ممكنٌ نَقلُهُ <~ infections> .

trans·mit·tal [trăns mĭt'l] *(n.)* = transmission.

trans·mit·tance [-′ns] *(n.)* (١) transmission (٢) الإنفاذيّة (فز).

trans·mit·ter [trăns mĭt′ər] *(n.)* (١) فا transmit (٢) المُرْسِلة؛ جهاز الإرسال («لا» و«رد») (٣) المُرسِلة: آلة إرسال تلغرافية.

trans·mit·ting set [-′ĭng] *(n.)* المُرْسِلة: جهاز الإرسال («لا» و«رد»).

transmitting station *(n.)* مَحطّة الإرسال («لا» و«رد»).

trans·mog·ri·fy [-mŏg′rə fī′] *(vt.)* يُحوِّل؛ يغيِّر [بمِثْلِ فِعل السِّحْر].

trans·mon·tane [trăns mŏn′tān′] *(adj.)* = tramontane.

trans·moun·tain [-moun′tən] *(adj.)* عَبْرْجَبَليّ: قاطعٌ جبلًا <a ~ road>.

trans·mu·ta·tion [trăns′myo͞o tā′-] *(n.)* (١) تحويل (٢) تحوُّل (٣) الإنفاس: تحويل المعادن الخسيسة إلى أحد المعدنين النفيسين، الذهب والفضة (٤) التطوُّر: تحوّل نوع من الأحياء إلى نوع آخر (أح).

trans·mute [trăns myo͞ot′] *(vt.; i.)* (١) يحوِّل x (٢) يتحوَّل.

trans·na·tion·al [-năsh′nəl] *(adj.)* عَبْرْدَوْليّ؛ متخطٍّ الحدودَ القوميّة.

trans·nat·u·ral [trăns′năch′ə rəl] *(adj.)* = supernatural.

trans·o·ce·an·ic [-ō shĭ ăn′ĭk] *(adj.)* (١) واقعٌ أو مقيمٌ وراءَ المحيط (٢) عابرٌ المحيطَ أو ممتدٌّ عَبْرَه <a ~ telephone cable>.

tran·som [trăn′səm] *(n.)* (١) الرافدة المُسْتعرِضة [في بناء]، مثل: «أ» lintel. «ب» الرافدة الأفقيّة عبر نافذة، أو فوق باب، أو بين باب ونافذة فوقه (٢) اللِّجاف: نافذة فوق باب أو فوق نافذة أُخرى (عم).

tran·son·ic *also* **trans·sonic** [trăn sŏn′ĭk] *(adj.)* (١) مقارِبٌ سرعةَ الصوت (طي) (٢) عابرٌ الصوتَ: متحرِّكٌ بسرعة مقاربة لسرعة الصوت.

trans·pa·cif·ic [-pə sĭ′fĭk] *(adj.)* (١) عابرٌ المحيط الهادِئ أو ممتدٌّ عَبْرَه <~ airlines; a ~ cable> (٢) واقع وراء المحيط الهادئ.

trans·par·ence [trăns pâr′əns] *(n.)* = transparency *1*.

trans·par·en·cy [-′ən si] *(n.)* (١) الشَّفّافيّة: كونُ الشيء شفّافًا (٢) شيء شفّاف (٣) «أ» المَجْلُوَّة: صورة أو رسمٌ أو نصٌّ إلخ على زجاج أو ورق أو فيلم أو قماش رقيق تُجْلَى للعِيان بنور مشعٍّ من خلفها. «ب» المَجْلُوّ: إطارٌ مكسوٌّ بقماش أو ورق [يُضاء من الداخل ويحمل إعلانًا إلخ].

trans·par·ent [-′ənt] *(adj.)* (١) شفّاف (٢) صريح (٣) جَلِيّ؛ واضح.

trans·per·sonal [-pûr′sə nəl] *(adj.)* متخطٍّ «الأنا» (نف).

tran·spic·u·ous [trăn spĭk′-] *(adj.)* واضح؛ شفّاف <~ motives>.

trans·pierce [trăns pērs′] *(vt.)* يَخْتَرِق؛ يَنْفُذُ إلى.

tran·spi·ra·tion [trăn′spə rā′shən] *(n.)* (١) «أ» تعرُّق. «ب» عَرَق (٢) النَّتْح: عَرَق النبات.

tran·spire [trăn spīr′] *(vi.; t.)* (١) يَعْرَق (٢) يرتشح (٣) يَرشَح؛ يتبيّن: يصبح معروفًا أو بيِّنًا <It ~*d* that the fire was caused by a careless smoker.> (٤) يَحْدُث <She gave an honest account of what ~*d*.> x (٥) يُعْرِق.

trans·pla·cen·tal [-plə sĕn′təl] *(adj.)* عَبْرْمَشِيميّ <~ infection>.

trans·plant [*v.* trăns plănt′; *n.* trăns′plănt′] *(vt.; i.; n.)* (١) يَزْدَرِع: ينقل غرسةً إلى تُربةٍ أُخرى (٢) يَنْقُل (٣) يَزْدرع تعويضيًّا: ينقل عضوًا أو نسيجًا حيًّا من جزء أو فَرْد إلى آخر (ط) x (٤) يحتمل أو يقبل الازدراع <Some plants do not ~ as well as others.> § (٥) ازدِراع <heart ~> (٦) شيءٌ مُزْدَرَع.

trans·po·lar [trăns pō′lər] *(adj.)* عَبْرْقُطْبيّ: ممتدٌّ عَبْرَ القطب الشماليّ أو الجنوبيّ.

tran·spond·er [trăn spŏn′-] *(n.)* <*trans(mitter)* + *(res)ponder*> المُتَلَقّي المُسْتَجيب: جهاز راديو أو رادار لا يكاد يتلقّى إشارةً معيَّنة حتى يُرسِل بدورِهِ إشارةً لاسلكيّة (رد).

trans·pon·tine [-pŏn′tĭn; -tīn] *(adj.)* (١) عَبْرْجِسْريّ: واقعٌ على الجانب الآخر من الجسر (٢) عَبْرَالتايمز: مميِّزٌ للندن جنوبيَّ نهر التايمز.

trans·port [*v.* trăns pôrt′; *n.* trăns′pôrt] *(vt.; n.)* (١) يَنْقُل (٢) ينتشي: يستخفُّه الطَّرب أو الابتهاج إلخ (٣) يَنْفي؛ يُبعِد [مجرمًا إلخ] § (٤) نَقْل (٥) نشوة؛ خِفّةٌ [طربٍ إلخ] (٦) «أ» الناقلة: سفينة لنقل الجُند أو المعدّات العسكرية. «ب» شاحنة أو طائرة [لنقل الأشخاص أو السِّلع]. «ج» نظام نقل [للرُّكّاب] <public ~> (٧) مجرمٌ مَنْفِيّ. — **trans·port·a·ble** *(adj.)*

trans·por·ta·tion [trăns′pər tā′-] *(n.)* (١) نَقْل (٢) انتقال (٣) نَفْي؛ إبعاد (٤) «أ» وسيلة نقل أو مواصلات. «ب» أجرة النَّقْل. «ج» تذكرة النَّقْل؛ جواز النَّقْل (٥) مهنة النَّقْل. — **trans·por·ta·tion·al** *(adj.)*

transposable element *(n.)* العُنْصُرُ النَّقول (أح).

trans·pose [-pōz′] *(vt.; i.; n.)* (١) يُحوِّل (٢) يُترجِم (٣) يغيِّر موضعَ شيء أو وضعَهُ (٤) يغيِّر السُّلَّم (مو) (٥) ينقل [من أحد جانبَي المعادلة الجبرية إلى الآخر] (ر) x (٦) يكتب أو يعزف على مفتاح آخر (مو) § (٧) منقول المصفوفة: مصفوفة matrix تنتج من مصفوفة أصليّة بالمُناقَلة بين صفوفها وأعمدتها (ر). — **trans·po·si·tion** *(n.)*

trans·ra·cial [-rā′shəl] *(adj.)* عَبْرْعُنْصريّ <~ adoptions>.

trans·sex·u·al [-′sho͞o əl] *(n.)* (١) المنحرف جنسيًّا (٢) المتحوِّل جنسيًّا [بالجراحة].

trans·shape [trăns shāp′] *(vt.)* يحوِّل؛ يغيِّر شكلَ كذا (ا. ق).

trans·ship [trăns shĭp′] *(vt.; i.)* (١) ينقل من سفينة أو سيارة إلخ إلى أُخرى x (٢) ينتقل من سفينة إلخ إلى أُخرى.

trans·tho·rac·ic [-thə ră′sĭk] *(adj.)* عَبْرْصَدْريّ <~ surgery>.

tran·sub·stan·ti·ate [trăn′səb stăn′shĭ āt′] *(vt.; i.)* (١) يُحيل: يحوِّل من مادّة إلى أخرى (٢) يحوِّل: يحوِّل خُبْزَ القُربان وخمرَهُ إلى جسد المسيح ودمه (نص) x (٣) يستحيل: يتحوَّل من مادّة إلى أُخرى.

tran·sub·stan·ti·a·tion [-ā′shən] *(n.)* (١) «أ» إحالة؛ تحويل. «ب» استحالة؛ تحوُّل (٢) استحالة خبزِ القُربان وخمرِهِ إلخ (را. المادّة السابقة).

tran·su·date [trăn′sōō dāt′] *(n.)* مادّة متحلِّبة أو متفصِّدة .

tran·su·da·tion [trăn′sōō dā′-] *(n.)* (١) تحلُّب ؛ تفصُّد
(٢) transudate .

tran·sude [trăn sōōd′; -syōōd′] *(vi.; t.)* (١) يتحلّب ، يتفصّد x
(٢) يُفرز .

trans·u·ra·nic [trăn syōō ră′-] *(adj.)* وراء اليورانيوم : ذو عدد ذرّيّ أكبر من عدد اليورانيوم الذّرّيّ <~ elements> .

trans·u·ra·ni·um [-rā′nĭ əm] *(adj.)* = transuranic.

trans·val·u·ate; trans·val·ue [trăns văl′-] *(vt.)* يُعيد التّقييم : يقيِّم على أساس مختلِف .
— **trans·val·u·a·tion** *(n.)*

trans·ver·sal [-vûr′səl] *(n.; adj.)* (١) خطٌّ مُستعرِض أو معترِض §
(٢) مُستعرِض .

trans·verse [-vûrs′] *(adj.; n.)* (١) مُستعرِض § (٢) شيء مُستعرِض .

transverse axis *(n.)* المِحْوَر المُسْتَعْرِض (هن) .

transverse colon *(n.)* القولون المُستعرِض (ت) .

transverse wave *(n.)* المَوْجة قائمة الزّاوية ؛ الموجة المستعرِضة (فز) .

trans·ves·tite [-′tīt] *(n.)* المنحرِف المَلْبَس ؛ المنحرِف التصرّف : شخصٌ [وخاصّةً ذَكَرٌ] يرتدي ملابس الجنس الآخر ويتصرَّف مثلَه (نف) .
— **trans·ves·tism** *(n.)*

trap[1] [trăp] *(n.: vt.; i.)* (١) «أ» شَرَك ؛ فَخّ . «ب» مَكيدة (٢) المُطْلِقة ؛ القاذِفة : أداة لإطلاق الأشياء في الهواء لكي تُصوَّب إليها النّار (٣) مَرْكبة بحصان : مركبةٌ ذات عَجَلتَيْن وجواد واحد (٤) مِحْبَس الرّوائح : أداة [في أنبوب] لمنع تَسرُّب الغاز أو الهواء الفاسد (٥) .pl عد : آلة النَّقر (مو) (٦) شرطي (عب) (٧) فَمٌ (ع) <!~ Shut your> § (٨) يُوقِع في شَرَك (٩) يزوِّد [مكانًا] بالأشراك إلخ (١٠) يَعوق ؛ يَصُدّ x (١١) يُطلِق ؛ يَقْذِف (١٢) يفخِّخ : ينصب الأفخاخ للحيوانات .

trap[2] *(vt.; n.)* (١) يُجمِّل [بحلًى أو بملابس زينيّة] § (٢) traps .

trap·door [-′dōr′] *(n.)* الباب المسحور : بابٌ أُفُقيّ في أرضيّة أو سقف .

trapeze

tra·peze [tră pēz′] *(n.)* أُرجوحة البهلوان أو الرّياضي .

tra·pe·zi·um [trə pē′zĭ əm] *(n.)* pl. **-s; -zi·a** (١) المُعَيَّن المُنْحَرِف : شكل ذو أربعة أضلاع ليس بينها اثنان متوازيان (ر) (٢) trapezoid *1a* (بر) (٣) العَظْم الإبهاميّ : عظم في الرُّسغ عند قاعدة الإبهام (ت) .

trapezium *1.*

tra·pe·zi·us [-′zĭ əs] *(n.)* العضلَة المثلّثيّة [في كلٍّ من جانبَي الظّهر] .

tra·pe·zo·he·dron [-hē′drən] *(n.)* pl. **-s; -dra** مسطّح المعيَّن المنحرف (بلو) .

trap·e·zoid [trăp′ĭ zoid′] *(n.)* (١) «أ» شِبه المنحرِف : شكلٌ ذو ضلعَيْن متوازِيَيْن وضلعَيْن غير متوازيين (هن) . «ب» trapezium *1* (بر) (٢) العظم السَّبّابيّ : عظم في الرُّسغ عند قاعدة السَّبّابة (ت) .

trapezoid *1a.*

trap·light [-′līt′] *(n.)* الفخّ الضوئيّ : أداة تستخدم الضوء للإيقاع بالحشرات .

trap·pings [trăp′-] *(n. pl.)* (١) الجُلّ : غِطاء مُزركش لسَرج الفَرَس (٢) حُلًى ؛ زخارف (٣) صفات مميّزة <the ~ of democracy> .

Trap·pist [trăp′ĭst] *(n.; adj.)* (١) اللاترابيّ : أحد رُهبان دير «لاتراب» La Trappe الذين يمتنعون عن الكلام § (٢) لاترابيّ .

trap·py [trăp′ē] *(adj.)* (١) صعبٌ أو مخادِع (٢) سريع العَدْو [صفة لفَرَس] .

traps [trăps] *(n. pl.)* أمتعة ؛ أمتعة شخصيّة ؛ حوائج .

trap·shoot·ing [trăp′-] *(n.)* صيد الحمائم الصلصاليّة (را . clay pigeon) المُطْلَقة في الهواء .
— **trap·shoot·er** *(n.)*

trash [trăsh] *(n.; vt.)* (١) «أ» نُفاية ؛ قُمامة . «ب» هُراء ؛ كلام فارغ . «ج» عملٌ فنّيٌّ تافِه (٢) قُلامة ؛ قُطاعة إلخ (٣) «أ» شخص تافه . «ب» الدَّهْماء ؛ الرَّعاع § (٤) يدمِّر ؛ يُخرِّب (٥) يهاجم (٦) يُفْسِد (٧) يقلِّم .

trash·can [-′kăn] *(n.)* وِعاء القُمامة : «أ» وعاء معدنيّ للقُمامة . «ب» موضع على شاشة الكومبيوتر تُنقل إليه الملفّات المُراد مَحْوُها (ألك) .

trash·y [-′ĭ] *(adj.)* (١) تافِه <~ novels> (٢) عديم القيمة ؛ رخيص ؛ رديء <~ merchandise> .

trass [trăs] *(n.)* الطِّراس : صخرٌ بركانيّ في حوض الراين الأدنى .

trat·to·ri·a [tră′tə rē′ə] *(n.)* التراتوريا : مطعم إيطاليّ صغير .

trau·ma [trou′mə; trô-] *(n.; adj.)* pl. **-mas; -ma·ta** (١) رَضٌّ ؛ جُرح ؛ أذًى ؛ صَدْمة ؛ رَضْح <surgical ~> (٢) تجربة مؤلِمة § (٣) جراحيّ <a ~ clinic>.
— **trau·mat·ic** *(adj.)*

trau·ma·tism [trou′mə tĭ zəm; trô′-] *(n.)* (١) الآفة الرَّضّيّة : حالة مَرضيّة ناشئة عن رَضّ (٢) رَضّ ؛ جُرح .

trau·ma·tize [trou′mə tīz′; trô′-] *(vt.)* يَرُضّ ؛ يجرح ؛ يؤذي .

trau·ma·tol·o·gy [trou′mə tŏl′-; trô′-] *(n.)* عِلْم الجِراح ؛ الرَّضْحيّات (ط) .

tra·vail [trə vāl′; trăv′āl′] *(n.; vi.)* (١) «أ» عمل ؛ كَدْح . «ب» مُهِمّة . «ج» عذاب ؛ ألَم (٢) مَخاض § (٣) يكدح (٤) يجيئُها المَخاضُ .

trave [trāv] *(n.)* (١) الرّافدة المستعرِضة أو المعترِضة (٢) جزء [في سقفٍ] مشكّل بروافدَ كهذه .

trav·el [tră′vəl] *(vi.; t.; n.; adj.)*, **-eled** *or* **-elled** (١) يسافر ؛ يرتحل (٢) يطوف ؛ يجول (٣) يمشي ؛ يسير (ع) (٤) يتحرّك ؛ يتنقّل (٥) يتجوّل [بوصفه مندوبَ شركةٍ تجاريّة] (٦) ينتقل <news ~*ed* fast> x (٧) يجتاز ؛ يقطع (٨) يَسلك (٩) يزور [مكانًا أو منطقة] بوصفِه مندوب مؤسّسةٍ تجاريّة إلخ § (١٠) رحلة (١١) .*pl* «أ» رحلات . «ب» كتاب يضعه المرءُ عن رحلاته (١٢) سَفَر ؛ تَرَحُّل (١٣) حركة (١٤) حركة المرور (١٥) مدى الحركة (مك) § (١٦) سَفَريّ <a ~ knife> .

travel agency *or* **bureau** *(n.)* وكالة السَّفَر ؛ مكتب السَّفَر .

travel agent *(n.)* وكيل السَّفَر : شخص يبيع تذاكر السَّفَر أو ينظِّم الرحلات .

trav·eled *or* **trav·elled** [trăʹvəld] *(adj.)* (١) متمرّس بالأسفار <a widely ~ reporter> (٢) مألوف عند المسافرين <a ~ road> .

trav·el·er *or* **trav·el·ler** [trăʹ-] *(n.)* (١) «أ» المُسافِر . «ب» الرَّحّالة (٢) المندوب المتجوّل [لمؤسّسة تجاريّة] (٣) «أ» المُترَحِّلة : حَلقة معدنيّة تنزلق على حبل أو قضيب في سفينة . «ب» حبل [أو قضيب] التَّرَحّل : الحبل [أو القضيب] الذي تنزلق عليه هذه الحلقة المعدنيّة (٤) المرفاع [أو الوِنش] الرَّحّال .

traveler's check *(n.)* شيك السائح ؛ الشيك السياحي .

traveling crane *(n.)* المِرفاع [أو الوِنش] الرَّحّال .

traveling salesman *(n.)* = commercial traveler.

traveling wave *(n.)* الموجة المرتحِلة (فز) .

trav·el·ogue *or* **trav·el·og** [trăʹvə lôgʹ] *(n.)* (١) المحاضرة المصوَّرة : محاضرةٌ [أو حديثٌ] عن رِحلةٍ مصحوبةٌ بعَرْض مصوَّر (٢) كتابةٌ عن رِحلة .

travel sickness *(n.)* دُوار السَّفَر ؛ غَثَيان السَّفَر .

tra·verse [trăʹvərs] *(n.; vt.; i.; adj.)* (١) «أ» حاجز . «ب» رافدة معترضة أو مستعرضة (٢) عقبة ؛ عائق (٣) إنكار (ق) (٤) «أ» مقصورة أو حُجيرة مُشَكَّلة بستارةٍ أو فاصل . «ب» شرفة [ممتدة من جانب إلى جانب] في مبنًى كبير (٥) طريق . وبخاصة : طريق متعرج تسلكه السفينة بسبب من رياح أو تيارات غير مؤاتية (٦) اجتياز ؛ عبور (٧) الحاجز الوقائي : جدار يحمي خندقًا أو موضعًا مكشوفًا في حصن (٨) الحركة الجانبيّة [لسفينة أو جزء من ماكينة إلخ] أو أداةٌ لإحداث هذه الحركة (٩) خطّ معترض [خطوطًا أخرى] § (١٠) «أ» يقاوم ؛ يعارض . «ب» يُنكِر (ق) (١١) يتخلّل ؛ ينفُذ إلى <light rays ~*ing* a crystal> (١٢) يجتاز ؛ يقطع (١٣) يدرس ؛ يفحص (١٤) يعترض أو يمتدّ عبر كذا (١٥) يجوز خلال المكان [جيئةً وذهوبًا] (١٦) يدير [المدفعَ] يَمنةً أو يَسْرة x (١٧) يتحرَّك جيئةً وذهوبًا (١٨) يدور على محور أو نحوه (١٩) يتسلق أو يتزلَّج في خطّ متعرِّج § (٢٠) معترض ؛ مستعرِض ؛ جانبيّ .

trav·erse jury [trăvʹərs] *(n.)* = petit jury.

trav·er·tine [-ʹər tēnʹ] *(n.)* الترافرتين : حجرٌ جِيريّ من رواسب الينابيع .

trav·es·ty [-ʹvə stē] *(n.; vt.)* (١) تقليد ساخر ؛ محاكاة مضحكة (٢) صورة زائفة [عن العدالة أو الديموقراطية إلخ] § (٣) يقلِّد على نحوٍ ساخر أو مضحك .

tra·vois [trə voiʹ; trăvʹoiʹ] *(n.)* التَّرِفة : عربة بدائية [عند الهنود الحُمْر] .

trawl [trôl] *(n.; vi.; t.)* (١) الجاروفة ؛ التَّرْوَل : شبكة صَيْد كبيرة مخروطيّة تُسْحَب عبر قاع البحر (٢) setline § (٣) يُتَرْوِل : يصيد بالجارُوفة أو التَّرْوَل x (٤) يجرف الجاروفة مع صيدها .

trawl·er [trôʹ-] *(n.)* (١) المُتَرْوِل (٢) قارب التَّرْوَلة (را . المادة السابقة) .

tray [trā] *(n.)* الصينيَّة : طبقٌ تقدم عليه أواني الطعام والشراب .

treach·er·ous [trĕchʹ-] *(adj.)* (١) خائن (٢) غادر (٣) غرّار .

treach·er·y [trĕchʹə rĭ] *(n.)* (١) خيانة (٢) غَدْر .

trea·cle [trēʹkəl] *(n.)* (١) ترياق (٢) دِبْس السُّكَّر .

tread [trĕd] *(vt.; i.; n.)* (١) «أ» يطأ ؛ يدوس . «ب» يمشي على (٢) يُخضع ؛ يسحق (٣) يَسْفِد : يجامع الطائر أنثاه (٤) يوطِّئ : ينشئ بالوطء أو الدَّوس <to ~ a path> (٥) يؤدي بالخطو أو الرقص x (٦) يمشي ؛ يخطو § (٧) «أ» وَطْء ؛ دوس . «ب» أثر الوَطْء أو صوته . «ج» خطوة (٨) المُلامِس : الجزء الملامس للأرض من القَدَم أو الحذاء أو عجلة السيّارة إلخ (٩) «أ» الجزء الأفقيّ الأعلى من درجة السلّم . «ب» عرض هذا الجزء .

to ~ in somebody's steps يحذو حذوَه .

to ~ on air يستشعر السعادة والبهجة .

to ~ on somebody's toes يكدِّره أو يجرح مشاعره .

to ~ water يجتنب الغرق بتحريك القدمين إلى أعلى وإلى أدنى .

trea·dle [trĕʹdəl] *(n.; vi.; t.)* (١) المِدْوَس : ذراعٌ يُحرَّك بالقدم [كدوّاسة ماكينة الخياطة إلخ] § (٢) يُعْمِلُ المِدْوَس x (٣) يُشغِّل [ماكينةً] بالمِدْوَس .

treadle *1.*

tread·mill [trĕdʹmĭlʹ] *(n.)* (١) «أ» طاحون الدَّوْس : جهاز لإحداث الحركة الدائريّة بالدَّوس على مواطئ للأقدام في دولاب أو نحوه [لتعذيب المجرمين] . «ب» جهاز المشي : جهازٌ ذو سَيْرٍ belt متحرّك يُمشى عليه (٢) رُوتين مُضجِر .

treadmill *1 a.*

trea·son [trēʹzən] *(n.)* (١) خيانة (٢) الخيانة العُظمى (ق) .

trea·son·a·ble [trēzʹnə bəl; treʹzən ə -] *(adj.)* (١) خِيانِيّ : منطوٍ على خيانة (٢) خائنٌ ؛ غادِرٌ .

trea·son·ous [trēʹzən əs] *(adj.)* = treasonable.

trea·sur·a·ble [trĕzhʹ(ə) rə bəl] *(adj.)* نفيس ؛ ثمين .

trea·sure [trĕzhʹər] *(n.; vt.)* (١) كَنْز (٢) ثروة § (٣) يدَّخِر (٤) يُعِزّ <to ~ happy memories> (٥) يختزن [معلومات في عقله] .

trea·sur·er [trĕzhʹ-] *(n.)* (١) الخازِن : المسؤول عن كنز إلخ (٢) أمين الصندوق .

treasure trove *(n.)* (١) كَنْز دفين [يُعثر عليه] (٢) اكتشاف ؛ لُقية .

trea·sur·y [trĕzhʹə rĭ] *(n.)* (١) خزينة ؛ خزانة (٢) مال ؛ أموال (٣) *cap.* : الماليّة ؛ وزارة المال (٤) *cap.* : سندات ماليّة حكوميّة .

Treasury bill *(n.)* الورقة النقديّة التَّعهُّديّة (اد) .

Treasury bond *(n.)* سَنَد الخزينة (اد) .

treasury notes *(n. pl.)* أوراق نقد الخزينة (اد) .

treat [trēt] *(vi.; t.; n.)* (١) يفاوض (٢) يبحث في ؛ يعالج أو يتكلم عن [تتبعها *of* عادةً] (٣) يدفع نفقات وليمة x (٤) يعامل (٥) يعتبر (٦) يستضيف : يقدِّم الطعام أو الشراب إلخ على نفقته إلى فلان (٧) يعالج <~ an issue> (٨) يعالج طبيًّا § (٩) دعوة [إلى طعام أو شراب] (١٠) متعة .

treat·a·ble [trēʹtə-] *(adj.)* ممكنٌ علاجه ؛ يُعالَج <a ~ disease> .

trea·tise [trēʹtĭs; -tĭz] *(n.)* بحث ؛ رسالة <a ~ on ethics> .

treat·ment [trēt′-] *(n.)* (١) مُعامَلة (٢) معالَجة (٣) وضعٌ تجريبيّ .

trea·ty [trē′tĭ] *(n.)* (١) مفاوَضة (ا . ن) (٢) مُعاهَدة .

tre·ble [trĕb′əl] *(n.; adj.; vt.; i.)* (١) soprano *1-2* § (٢) ثُلاثيّ (٣) بالغٌ ثلاثة أضعاف (٤) «أ» متعلّق بالنَّدِي أو «السوپرانو» (مو). «ب» عالي الطَّبقة § (٥) يزيده ثلاثة أضعاف **x** (٦) يتكلّم أو يغنّي بصوت عالي الطبقة (٧) يزداد ثلاثة أضعاف . **— tre·bly** *(adv.)*

treble staff *(n.)* المَدْرَج الموسيقيّ الثلاثيّ .

treb·u·chet [trĕb′yōō shĕt′] *or* **treb·uc·ket** [trĕ′bŭk′ĭt] *(n.)* مَنْجَنيق .

tre·cen·to [trē chĕn′tô] *(n.)* القرن الرابع عشر . وبخاصة في الأدب والفنّ الإيطاليَّيْن .

tree [trē] *(n.; vt.)* (١) شجرة (٢) «أ» عمود؛ رافدة؛ عارضة؛ قضيب؛ مَقبِض إلخ. «ب» الصليب (ا . ق). «ج» مشنقة (ا . ق) (٣) قالب الأحذية (٤) هيكل السَّرج (٥) محور العربة : قضيب يربط بين عجلتي عربة (٦) شجرة النَّسَب § (٧) «أ» يُلجِئ [طريدةً أو شخصًا مطارَدًا] إلى شجرة أو إلى أعلى الشجرة . «ب» يضع في مركز حرِج (٨) يزوِّد بعمود أو رافدة أو عارضة أو مقبض (٩) يوسّع إلخ الحذاءَ [بوضعه في قالب]. up a ~, (١) مُلْجَأ إلى شجرة (٢) في مركز حَرِج .

treed [trēd] *(adj.)* مُشَجَّر : مَزْروعٌ بالأشجار .

tree fern *(n.)* السَّرخس [أو الخنشار] الشجري : سَرْخَسٌ ينمو إلى ارتفاع الأشجار .

tree fern

tree frog *(n.)* ضِفْدع الشجر : ضِفدع صغير يسكن الأشجار .

tree heath *(n.)* الخَلَنْج الشجريّ .

tree·less [trē′-] *(adj.)* أجرد؛ بَراح : لا شَجَر فيه <a ~ land> .

tree line *(n.)* = timberline.

tre·en [trē′ən] *(n.; adj.)* (١) الأواني الخشبيّة [من أطباق وملاعق إلخ] § (٢) خشبيّ .

tree·nail [-′nāl′] *(n.)* الدِّسار : وَتِد ينتفخ في ثقبِه إذا أصابه البلل .

tree of heaven *(n.)* شجرة السماء : شجرة آسيوية زِينيّة وارفة الظلال .

tree of life *(n.)* (١) نخلة الحياة : نخلة جنوبأميركية (٢) شجرة الزِّينة .

tree shrew *(n.)* زَبابة الأشجار : حيوان شبيه بالسِّنجاب يألف الأشجار .

tree surgery *(n.)* جِراحة الأشجار : معالجة الأشجار بإزالة الأجزاء المَؤوفة ومَلْء الفجوات ووضع حدّ للنَّخَر إلخ . **— tree surgeon** *(n.)*

tree toad *(n.)* عُلجوم الشجر : عُلجوم صغير يسكن الأشجار .

tree·top [trē′tŏp′] *(n.)* أعلى الشجرة .

tre·foil [trē′foil] *(n.)* (١) النَّفَل؛ البِرسيم . وتوسّعًا : أيّ من أعشاب كثيرة ثلاثية الوُرَيقات (٢) ثلاثية الوُرَيقات : «أ» ورقة نبات ثلاثية الوريقات . «ب» حلية أو رمز على شكل ورقة ثلاثية الوريقات .

tre·ha·lose [trē′hə lōs′; -lōz′] *(n.)* التريهالوز : سكّر متبلّر يكون في الخميرة وبعض الفطور (ك) .

treil·lage [trĕ yäzh′; trā′lĭj] *(n.)* تَعريشة؛ تعريشة للكَرْم .

trek [trĕk] *(n.; vi.)* (١) رحلةٌ بعربة ثيران . وبخاصةٍ : هجرة جَماعيّة (٢) رحلة أو حركة [وبخاصة إذا انطوت على مصاعب أو تنظيم معقّد] § (٣) يرحل أو يهاجر بعربة ثيران (٤) يشقّ طريقه ببطء ومشقّة .

trel·lis [trĕl′ĭs] *(n.; vt.)* (١) تَعْريشة؛ شَعْريّة § (٢) يُعَرِّش (٣) يسيِّج بتعريشة (٤) يطرِّز [بطريقة التعريش] .

trellis *1.*

trel·lis·work [trĕl′ĭs wûrk′] *(n.)* تعريشة؛ شَعْريّة .

trem·a·tode [trĕm′ə tōd′; trē′mə-] *(n.)* المُثَقَّبة : واحدة المثقّبات **Trematoda** وهي طائفة من الديدان الطُّفيلية العريضة .

trem·ble [trĕm′bəl] *(vi.; n.)* (١) «أ» يرتجف؛ يرتعش؛ يرتعد . «ب» يهتز . «ج» يقلق؛ يخاف على <I ~ for her.> § (٢) «أ» ارتجاف؛ ارتعاش؛ ارتعاد . «ب» رجفة؛ رعشة؛ رعدة [أو سلسلة متتابعة من ذلك] (٣) *pl.*: رُعاش الماشية : تسمّم يصيب الماشية إذا أكلت بعض الأعشاب ويتسبّب بارتعاشات عضلية .

trem·bly [trĕm′blĭ] *(adj.)* مُرتجِف؛ مُرْتعِش .

tre·men·dous [trĭ mĕn′dəs] *(adj.)* (١) مروِّع (٢) ضخم؛ هائل .

trem·o·lite [trĕm′ə līt′] *(n.)* التريموليت : معدن مؤلّف من سِليكات الكلسيوم والمغنسيوم .

trem·o·lo [trĕm′ə lō′] *(n.)* (١) اهتزاز (مو) (٢) الهزّازة : أداة في الأرغن لإحداث الاهتزاز (مو) .

trem·or [trĕm′ər] *(n.)* (١) ارتجاف؛ ارتعاش (٢) رجفة؛ رعشة .

trem·u·lant *or* **trem·u·lent** [trĕm′yə-] *(adj.)* مُرتجِف؛ مُرتعِش؛ مُرتعِد .

trem·u·lous [-ləs] *(adj.)* (١) مُرتجِف؛ مُرتعِش؛ مُرْتَعِد (٢) جبان؛ هيّاب (٣) مضطرب؛ مرتجف <a ~ handwriting> (٤) مُفْرِط الحسّاسيّة .

tre·nail [trē′nāl] *(n.)* = treenail.

trench [trĕnch] *(n.; vt.; i.)* (١) خَنْدَق § (٢) يحفر؛ ينقش (٣) يحمي بخندق أو نحوه (٤) يحفر خندقًا في **x** (٥) يتعدّى <~*ing* on other domains> (٦) يقترب من [تتبعها *on* أو *upon*] (٧) يُخندِق : يحفر خندقًا .

tren·chant [trĕn′chənt] *(adj.)* (١) حادّ؛ ماضٍ (ا . ق) (٢) لاذِع (٣) فعّال؛ مؤثِّر (٤) شديد الملاحَظة (٥) واضح؛ محدَّد المعالم . **— tren·chan·cy** *(n.)*

trench coat *(n.)* المِمْطَر : مِعْطَفٌ واقٍ من المطر .

tren·cher [trĕn′chər] *(n.; adj.)* (١) حافِرُ الخنادق (٢) صَحْفَة أو صينية خشبية § (٣) طعاميّ : متعلقٌ بالصَّحْفة أو الطعام .

tren·cher·man [-mən] *(n.)* (١) الأكُول (٢) الطُّفَيْليّ (ا . ق) .

trench fever *(n.)* حُمَّى الخنادق : حُمَّى تُصيب الجُنْد في الخنادق .

trench foot *(n.)* القَدَم الخَنْدقيّة : مَرَضٌ يصيب أقدامَ الجُند المُخَنْدِقين .

trench mouth *(n.)* = Vincent's angina.

trench warfare *(n.)* حَرْب الخنادق (جن) .

trend [trĕnd] *(vi.; n.)* (١) يتَّجه (٢) ينْحَني (٣) ينزع أو يميل إلى <prices ~*ing* lower> § (٤) اتجاه (٥) نزعة؛ مَيْل (٦) الزِّيّ الدارج؛ المُوضة .

trend·y [trĕn′dĭ] *(adj.)* (١) أنيق؛ على الموضة <~ suits> (٢) سطحيّ .

trente–et–qua·rante [trän tĕ kȧ ränt′] *(n.)* الثلاثون والأربعون: لُعبة قِمار [بورق اللَّعِب].

tre·pan [trĭ păn′] *(n.; vt.)* (١) منشار الجمجمة (٢) مِثقب ضخم [لمداخل المناجم] (٣) المحتال؛ المخادع (ا.ق) (٤) شَرَك (ا.ق) § (٥) ينشر [الجمجمة] (٦) يثقب [مدخل المنجم] (٧) يخدع؛ يُغوي؛ يوقع في شَرَك (ا.ق).

tre·pang [trĭ păng′] *(n.)* = bêche–de–mer *1*.

tre·phine [trĭ′fīn′] *(n.; vt.)* (١) منشار الجمجمة § (٢) ينشر [الجمجمة] (ط).

trep·id [trĕ′pəd] *(adj.)* جَبان؛ هَيّاب.

trep·i·da·tion [trĕ′pə dā′-] *(n.)* (١) ارتعاش؛ ارتجاف (ا.ق) (٢) خوف؛ ذُعر.

trep·i·dant [trĕ′pə dənt] *(n.)* جبان؛ رِعْدِيد.

tres·pass [trĕs′pəs] *(n.; vi.; t.)* (١) «أ» إثم؛ خطيئة. «ب» انتهاك لحرمة (٢) «أ» تَعَدٍّ [على أملاك امرئ أو حقوقه أو شخصه]؛ تجاوُز. «ب» دعوى تقام بسبب من هذا التَّعَدِّي § (٣) «أ» يأثم. «ب» ينتهك حرمة كذا؛ يتجاوز حدود اللياقة أو الكياسة (٤) يتعدّى على. وبخاصة: يدخل أراضي شخص آخر دخولاً غير مشروع x (٥) ينتهك. **—tres·pass·er** *(n.)*

tress [trĕs] *(n.)* (١) ضفيرة (ا.ق) (٢) غديرة؛ خُصلة شَعر.

tres·tle *or* **tres·sel** [trĕs′əl] *(n.)* (١) مِنْصَبة؛ مِسْنَد؛ حامِل؛ «جحش» (٢) دِعامة الجسر أو الطريق.

trestle *1.*

trestle bridge *(n.)* الجِسْر المِنْصَبيّ: جسر قائم على مناصب.

trestle table *(n.)* الطاولة المِنْصَبيّة: طاولةٌ تُصنَع بوضع لوح خشبيّ على مِنْصَبة أو أكثر.

trestle table

trews [tro͞oz] *(n. pl.)* التِّرْوز: بنطلون إسكتلنديّ ضيّق مَخِيط من الطَّرطان (را. *tartan 1*).

trey [trā] *(n.)* ثلاثة [في النَّرد أو الدومينو أو لَعِب الورق].

tri- بادئة معناها: «أ» ثلاثة؛ ثلاثيّ؛ مثلّث؛ ذو ثلاثة أجزاء <*tri*cycle>. «ب» إلى ثلاثة <*tri*sect>. «ج» ثلاثَ مرات في <*tri*weekly>. «د» مرة كل ثلاثة ... <*tri*monthly>. «هـ» ذو ثلاث ذرّات إلخ من مادة معيّنة <*tri*chloride>.

tri·a·ble [trī′ə-] *(adj.)* (١) يُجَرَّب؛ يُختبر: قابلٌ للتَّجربة والاختبار (٢) يُحاكَم: قابلٌ للمحاكمة (ق).

tri·ac·e·tate [trī′ă′sə tāt′] *(n.)* ثلاثيّ الخَلّات؛ ثلاثيّ الأستات (ك).

tri·ac·id [trī ăs′ĭd] *(n.)* ثُلاثيّ الحَمْض (ك).

tri·ad [trī′ăd′] *(n.)* الثّالوث؛ الثُّلاثيّ: مجموعة من ثلاثة أشخاص أو أشياء.

tri·al [trī′əl] *(n.; adj.)* (١) تجربة؛ اختبار (٢) محاكمة (٣) مِحنة (٤) محاولة؛ جهد § (٥) تجريبيّ <كقولك a ~ trip أي رحلة تجريبيّة لسفينة جديدة>. on ~, (١) على سبيل التجربة (٢) عند الاختبار أو التجربة.

trial and error *(n.)* التَّجربة والخطأ؛ المُحاولة والخطأ.

trial balance *(n.)* ميزان المراجعة أو الاختبار [في الحساب التجاري].

trial balloon *(n.)* مُنطاد الاختبار: «أ» مُنطاد يُطلق لاختبار تيّارات الهواء وسرعة الريح. «ب» ما يُعْلَن للرأي العامّ استطلاعًا لموقفه من عملٍ يهيّأ أو خطوةٍ سوف تُتَّخذ إلخ.

trial court *(n.)* المَحْكَمَة البَدْئيّة (ق).

trial jury *(n.)* = petit jury.

tri·a·logue [trī′ə lôg] *(n.)* الحوار الثلاثيّ: حديثٌ يدور بين ثلاثة أشخاص.

trial run *(n.)* تَجْرِبة؛ اختبار.

tri·an·gle [trī′ăng′gəl] *(n.)* (١) مُثَلَّث (هن) (٢) المُثلَّث: آلة من آلات النَّقر قِوامُها قضيبٌ من فولاذ مَلْوِيٌّ على شكل مثلّث (مو) (٣) المِسطرة الزّاوِيّة (هن) (٤) شيء مثلَّث الشكل <a ~ of land> (٥) المثلّث الغرامي: حُبُّ اثنين لشخص واحد من الجنس الآخر وما ينشأ عن ذلك من مضاعفات <the eternal ~>.

triangle *2.*

tri·an·gu·lar [trī ăng′gyə lər] *(adj.)* (١) مُثلَّثيّ؛ مثلَّث الشكل (٢) ثلاثيّ: <a ~ trade between France, Italy and India>.

tri·an·gu·late [*adj.* trī ăng′gyə lĭt; *v.* -lāt′] *(adj.; vt.)* (١) مُثَلَّثاتيّ: مؤلَّفٌ من مثلّثات أو موسومٌ بها § (٢) يثلّث: «أ» يقسم الشيء إلى مثلّثات، أو يجعله مثلّث الشكل. «ب» يمسح الأراضي بتقسيمها إلى مثلّثات وبقياس زواياها (٣) يقيس [ارتفاعَ جبل] بحساب المثلثات.

tri·an·gu·la·tion [trī′ăng gyə lā′-] *(n.)* التثليث: «أ» التقسيم إلى مثلثات. «ب» المسح أو القياس بالاستعانة بعلم حساب المثلثات.

tri·ar·chy [trī′är kĭ] *(n.)* (١) حكومة الثلاثة (٢) بَلَدٌ خاضعٌ لحكّام ثلاثة.

Tri·as·sic [trī ăs′ĭk] *(n.; adj.)* (١) العصر التِّرياسيّ أو الثُّلاثيّ: أقدم عصور الدَّهر الوسيط وفيه سادت الزواحفُ الأرضَ (جي) § (٢) تِرياسيّ.

tri·ath·lon [trī ăth′lən] *(n.)* المُباراة الثلاثيّة: مُباراة [من ثلاثة سباقات مختلفة].

tri·a·tom·ic [trī′ə tŏm′-] *(adj.)* (١) ثُلاثيّ الذَّرّات (ك) (٢) ثلاثيُّ التكافؤ.

tri·ax·i·al [trī ăk′sĭ əl] *(adj.)* ثُلاثيّ المِحوَر؛ ثُلاثيّ المَحاوِر.

trib·ade [trĭb′əd] *(n.)* السِّحاقيّة: امرأة مُساحِقة.

trib·al [trī′bəl] *(adj.)* قَبَليّ: منسوبٌ إلى القبيلة <~ feuds>.

trib·al·ism [trī′-] *(n.)* القَبَليّة: «أ» الوعي القَبَليّ. «ب» العصبيّة القَبَليّة.

tri·ba·sic [trī bā′sĭk] *(adj.)* ثُلاثي القاعدة (ك).

tribe [trīb] *(n.)* (١) قبيلة (٢) عِمارة (أح).

tribes·man [trībz′mən] *(n.)* رَجُل القبيلة: أحد رجال القبيلة.

ă at; ā date; â care; ä car; ĕ egg; ē me; ĭ in; ī bite; ŏ lot; ō bone; ô orphan; oi boil; o͝o good; o͞o boot; ou out; ŭ under; û urgent; ə = *a* in alone, *e* in system, *i* in easily, *o* in gallop, *u* in circus.

tribo- بادئة معناها : احتكاك <*tribo*physics> .

tri·bo·e·lec·tric·i·ty [trī′bō ĭ lĕk′trĭs′ə tĭ] *(n.)* كهرباء الاحتكاك [كالتي تنشأ عن فرك الزُّجاج بالحرير] . **— tri·bol·o·gy; tri·bol·o·gist** *(n.)*

tri·bo·phys·ics [trī′bō fĭz′ĭks] *(n.)* فيزياء الاحتكاك .

tri·brach [-′brăk] *(n.)* ثُلاثيّ المَقاطِع : تفعيلة ذات ثلاثة مقاطع قصيرة .

trib·u·late [trĭ′byə lāt′] *(vt.)* يَبْتَليه ببَلِيّة ؛ يمتحنُه بمحنة .

trib·u·la·tion [trĭ′byə lā′shən] *(n.)* (١) بَلِيّة (٢) مِحنة .

tri·bu·nal [trī byōō′nəl; trĭ-] *(n.)* (١) محكمة (٢) كُرسيّ القضاء أو مِنبرُه .

tri·bu·nate [trĭ′byə nāt′; trĭ byōō′nĭt] *(n.)* = tribuneship.

tri·bune [trĭ′byōōn] *(n.)* (١) التّريبيُون : المُدافِع عن حقوق العامة ومصالحها [عند الرومان] (٢) المُدافِع عن الشعب (٣) مِنبَر .

tri·bune·ship [-shĭp′] *(n.)* التّريبيُونيّة : وظيفة التريبيون أو مدّة ولايته .

trib·u·tar·y [trĭ′byə tĕr′ĭ] *(adj.; n.)* (١) تابع ؛ خاضع ؛ دافعٌ جزية (٢) مدفوع كجزية (٣) رافد : صابٌ في نهر أكبر منه (٤) مساعد ؛ إضافيّ § (٥) دافع الجزية : حاكم أو بلدٌ يدفع جزيةً إلى الفاتح (٦) الرافد : نهر يصبّ في نهر أكبر منه .

trib·ute [trĭ′byōōt] *(n.)* (١) «أ» جِزْية ؛ إتاوة . «ب» ضريبة ثقيلة . «ج» خُوَّة (٢) «أ» تقدمة . وبخاصة : شيءٌ يُعمَل أو يُقال أو يُقدَّم تعبيرًا عن الاحترام والإعجاب <floral ~> . «ب» إجلال ؛ تقدير ؛ ثناء .

tri·car·pel·lar·y [trī kär′-] *(adj.)* ثُلاثيّ الكَرْبلات أو الأخبية (نب) .

trice [trīs] *(vi.; n.)* (١) يرفع [شراعًا] ويُثبِّتُه بحبل § (٢) لحظة [وبخاصّة في قولك in a ~ أي بمِثْل لَمْح البَصَر] .

tri·ceps [trī′sĕps′] *(n.)* ثُلاثيّة الرُّؤوس : عضلة في مؤخَّر العَضُد (ت) .

tri·cer·a·tops [trī sĕr′ə-] *(n.)* ثُلاثيّ القُرون : دينوصورٌ ضخم عاشب يتميّز بقرونه الثلاثة .

triceratops

trich- *or* **tricho-** بادئة معناها : شَعْر <*trich*osis> .

tri·chi·a·sis [trĭ kī′ə sĭs] *(n.)* انحراف الأهداب (مض) .

tri·chi·na [trĭ kī′nə] *(n.)* pl. **-nae** [nē] *also* **-nas** الشَّعْرِيّة ؛ التّرخينة : دودة صغيرة رفيعة تعيش في أمعاء الإنسان وبعض الحيوان .

trich·i·nize [trĭ′kə nīz] *(vt.)* يُتَرخِن : يُصيب بالتّرخينات .

trich·i·no·sis [trĭ′kə nō′sĭs] *(n.)* داء الشَّعْرِيّة أو التّرخينة : داء ينشأ عن وجود التّرخينات في الأمعاء والأنسجة العضلية .

tri·chi·nous [trĭ′kə nəs; trĭ kī′nəs] *(adj.)* (١) مُتَرخَن <~ meat> (٢) تِرخينيّ : ذو علاقة بالتّرخينات <~ infection> .

trich·ite [trĭk′īt′] *(n.)* التّرخيت : جِسمٌ مَعْدِنيّ شَعريّ الشكل يكون في بعض الصخور الناريّة .

tri·chlor·fon [trī klōr′fŏn′] *(n.)* ثُلاثيّ الكلورفون (ك) .

tri·chlo·ride [trī klôr′īd′; -klōr′-] *(n.)* ثُلاثيّ الكلوريد (ك) .

tricho- = trich-.

trich·o·cyst [trĭk′ə sĭst] *(n.)* الكُيَيْس الخَمْليّ : عضوٌ دقيق لاسعٌ في أجسام البَرْزَويّات (را . protozoan) .

trich·oid [trĭk′oid′; trĭ′koid′] *(adj.)* شَعْرانيّ : شبيهٌ بالشَّعْر .

tri·chol·o·gist [trĭ kŏ′lə jĭst] *(n.)* مُصَفِّفُ الشَّعْر ؛ مُزيِّن الشَّعْر .

tri·chol·o·gy [trĭ kŏl′ə jĭ] *(n.)* علمُ الشَّعْر وأمراضِه .

tri·chome [trĭ′kōm′; trī′-] *(n.)* التّرخوم : نامية شَعْريّة في أَدَمة النَّبات .

tri·cho·sis [trĭ kō′sĭs] *(n.)* عاهةُ الشَّعْر : كلُّ مرضٍ من أمراض الشَّعْر .

tri·chot·o·my [-kŏt′-] *(n.)* التفرُّع الثلاثيّ : الانقسام إلى ثلاثة عناصر .

-trichous لاحقة معناها : ذو شَعْر [من نوع معيَّن] .

tri·chro·mat·ic [trī′krō mă′-] *(adj.)* ثِلصِبْغيّ : ثلاثيّ الألوان .

tri·chro·ma·tism [trī krō′-] *(n.)* الثِّلْصِبغيّة : «أ» كون الشيء ثِلْصِبْغيًّا أو ثلاثيّ الألوان . «ب» استخدام ألوان ثلاثة [في التصوير الفوتوغرافي إلخ] .

trick [trĭk] *(n.; adj.; vt.)* (١) حيلة (٢) «أ» خدعة . «ب» عمل حقير <a dirty ~> (٣) عمل بارع <~s in horsemanship> (٤) «أ» عادةٌ خاصةٌ <She has a ~ of rubbing her chin when she is thinking.> . «ب» خاصّيّة ؛ سِمَة مميِّزة <a ~ of speech> . «ج» خداعٌ بَصريّ (٥) الفَتّ : مجموع أوراق اللعب في دورة واحدة (٦) «أ» النَّوْبة : دور المرء في أداء واجب أو عمل . «ب» السَّفْرة : رحلة يقوم بها المرء كجزء من عملِه (٧) طفل وسيم ؛ فتاة جميلة § (٨) حِيَليّ (٩) أنيق (١٠) «أ» حَرون : يخطئ فلا يَعْمل أحيانًا <~ locks> . «ب» غادر : عرضة لأن يكبو على نحو غير متوقَّع <~ knees> § (١١) يخدع ؛ يحتال على (١٢) يجمّل ؛ يزيّن ؛ يزخرف [تتبعها *out*] .

trick·er [trĭk′ər] *(n.)* المُحتال ؛ المُخادِع .

trick·er·y [trĭk′ə rĭ] *(n.)* خِداع ؛ مخادعة ؛ تحايُل .

trick·ish [trĭk′ĭsh] *(adj.)* خدّاع ؛ مخادِع ؛ خادع .

trick·le [trĭk′əl] *(vi.; t.; n.)* (١) يقطُر (٢) يسيل أو يجري هزيلًا رقيقًا (٣) يفِدُ أو يجيء شَيئًا فشيئًا <The audience ~*d* in.> (٤) يزُول بطيئًا x (٥) يجعله يقطُر أو يسيل هزيلًا رقيقًا § (٦) الوَشَل : مجرًى هزيل أو رقيق <The stream had shrunk to a mere ~.>.

trickle–down theory *(n.)* نظرية التَّمويل المُقطَّر (اد) .

trick·let [trĭk′-] *(n.)* الوَشَل : مجرًى رقيق أو هزيل لا يكاد قَطْرُه يتصل .

trick·ster [trĭk′stər] *(n.)* المحتال ؛ المخادِع .

trick·sy [trĭk′sĭ] *(adj.)* (١) أنيق (ا . ق) (٢) عابث ؛ لَعُوب (٣) مُخادِع أو خادِع (٤) عسير <~ jobs> .

trick·track [trĭk′trăk′] *(n.)* النَّرد : لعبة الطاولة .

trick·y [trĭk′ĭ] *(adj.)* (١) مُخادِع (٢) دقيق : متطلِّبٌ براعةً أو حَذَرًا (٣) trick *10* .

tri·clin·ic [trī klĭn′ĭk] *(adj.)* ثُلاثي المَيْل (بلو) .

tri·col·or [trī′-] *(n.; adj.)* (١) عَلَم مثلَّث الألوان <the French ~> (٢) حيوان مثلَّث الألوان § (٣) أو **tri·col·ored** : مُثلَّث الألوان (٤) فرنسي <~ politics> .

tri·corn [trīʹkôrnʹ] *(adj.; n.)* (١) ثُلاثيّ الأطراف أو الزوايا § (٢) أو **tri·corne** : قُبَّعة ثلاثيّة الزَّوايا .

tri·cor·nered [trīʹkôrʹnərd] *(adj.)* ثُلاثيّ الزَّوايا : ذو ثلاث زوايا .

tri·cos·tate [trī kôsʹtātʹ] *(adj.)* ثُلاثيّ الأضلاع («نب» و«ح») .

tri·cot [trēʹkō; trīʹkət] *(n.)* التِّريكو : نسيج مسرود أو محبوك .

tri·co·tine [trĭkʹə tēnʹ] *(n.)* التِّريكوتين : نسيجٌ صُوفيّ مُضلَّع .

tric·trac [trĭkʹtrăkʹ] *(n.)* = tricktrack.

tri·cus·pid [trī kŭsʹpĭd] *(adj.; n.)* (١) «أ» ثلاثيّ الأطراف أو النتوءات <a ~ tooth> . «ب» ثلاثيّ الشُّرُفات <a ~ valve> § (٢) ضِرس ثلاثيّ الأطراف (٣) صِمام ثلاثيّ الشُّرُفات .

tri·cus·pi·date [trī kŭsʹpə dātʹ] *(adj.)* = tricuspid.

tricycle

tri·cy·cle [trīʹsĭk əl] *(n.)* الدَّرّاجة الثلاثيّة .

tri·dac·tyl *also* **tri·dac·ty·lous** [trī dăkʹ-] *(adj.)* ثلاثيّ الأصابع .

tri·dent [trīʹdənt] *(n.; adj.)* (١) رُمحٌ ثُلاثيّ الشُّعَب § (٢) ثُلاثيّ الشُّعَب .

trident *1.*

tri·den·tate [trī dĕnʹtāt] *(adj.)* ثُلاثيّ الشُّعَب أو الأسنان .

tri·di·men·sion·al [trīʹdĭ mĕnʹ-] *(adj.)* ثُلاثيّ الأبعاد <~ space> .

tried [trīd] *(adj.)* (١) مُجَرَّب ؛ موثوق (٢) مبتلًى ؛ مُمْتَحَن .

tried–and–true *(adj.)* مُجرَّب وموثوق <a ~ surgery technique> .

tri·en·ni·al [trī ĕnʹĭ əl] *(adj.; n.)* (١) «أ» ثُلاثيّ السَّنوات . «ب» دائمٌ ثلاث سنوات (٢) حادثٌ أو واقعٌ أو مصنوعٌ كُلَّ ثلاث سنوات § (٣) ثلاثُ سنوات (٤) ذكرى سنويّة ثالثة .

tri·en·ni·um [trī ĕnʹĭ əm] *(n.)* pl. **-s** *or* **-en·ni·a** ثلاث سنوات .

tri·er [trīʹər] *(n.)* (١) فا try . وبخاصة : «أ» القاضي . «ب» الفاحص . «ج» المُجرِّب . «د» المُحاوِل (٢) أداةٌ مُصَفِّية [من الشوائب] (٣) امتحان [لِخُلُق المرء أو جوهره] .

tri·fa·cial [trī fāʹshəl] *(adj.; n.)* = trigeminal.

tri·fect·a [trīʹfĕkʹtə] *(n.)* الرِّهان الثُّلاثيّ [في سباق الخيل] .

tri·fid [trīʹ-] *(adj.)* ثُلاثيّ الشقوق ؛ ثُلاثيّ الشُّعَب أو الأسنان <a ~ organ>.

tri·fle [trīʹfəl] *(n.; vi.; t.)* (١) شيء تافه . وبخاصة : مقدار ضئيل [من المال إلخ] (٢) التَّرفيل : كعكة منقوعة بالخمر تشتمل على مُربًّى وفاكهة وكريما مخفوقة (٣) بيوتر (را. pewter) متوسّط الصلابة § (٤) يمزح ؛ يَسْخر (٥) يعبث (٦) يُضيع الوقتَ سدًى **x** (٧) يبدِّد [الوقت أو الجهد أو المال] على التوافه <to ~ away money> **— tri·fler** *(n.)*

tri·fling [trīʹ-] *(adj.)* (١) تافه (٢) عابث <~ talk> (٣) كسلان (ع) .

tri·fo·cal [trī fōʹkəl] *(adj.; n.)* (١) ثلاثيّ الأطوال البُؤريّة § (٢) عَدَسةٌ ثلاثية الأطوال البؤريّة (٣) *pl.* : نظّارات ثلاثيّة الأطوال البؤريّة .

tri·fo·li·ate [trī fōʹlĭ ĭt] *(adj.)* (١) ثلاثيّ الأوراق <a ~ plant> (٢) ثلاثية الوُرَيقات <a ~ leaf> .

tri·fo·li·at·ed [trī fōʹlĭ āt ĭd] *(adj.)* = trifoliate *1.*

tri·fo·li·o·late [trī fōʹlĭ ə lāt] *(adj.)* ثُلاثيّة الوُرَيْقات [صفة لورقة نبات مركَّبة] <a ~ leaf> .

tri·fo·li·um [trī fōʹlĭ əm] *(n.)* النَّفَل ؛ الشَّبْذَر : عشبٌ ورقتُهُ مؤلَّفة من ثلاث وُرَيْقات .

tri·fo·ri·um [trī fōrʹĭ əm] *(n.)* pl. **-ri·a** [-ē ə] شرفةٌ فوق ممشًى جانبيّ [في كنيسة] .

tri·form [trīʹfôrm] *(adj.)* ثُلاثيّ الأشكال أو الطبائع .

tri·fur·cate [trī fûrʹkĭt] *(adj.)* ثُلاثيّ الشُّعَب أو الفروع <~ antennae>.

trig [trĭg] *(adj.; vt.; n.)* (١) أنيق (٢) سليم ؛ قَويّ § (٣) يُهندِم ؛ يرتِّب (٤) يُوقِف [دولابًا أو برميلًا] عن الحركة بوضع وَتِد أو حَجَر تحته § (٥) وَتِد أو حَجَر [يُستخدم لوقف دولاب أو برميل عن الحركة] (٦) trigonometry .

tri·gem·i·nal [trī jĕmʹə nəl] *(adj.; n.)* (١) مُثلَّث التوائم أو الوجوه (ت) § (٢) عَصب مثلَّث التوائم أو الوجوه .

trigeminal neuralgia *(n.)* ألم العَصَب المثلَّث التوائم (مض) .

trig·ger [trĭgʹər] *(n.; vt.)* (١) مِقداح ؛ زَنْد البندقيّة (٢) المنبِّه ؛ المثير («فس» و«نف») § (٣) «أ» يقْدَح [زَنْد البندقيّة] . «ب» يُنجِّر [قذيفة] (٤) يُطلِق ؛ يُحدِث <His reaction ~*ed* the violence.> .

trig·ger·fish [trĭgʹər-] *(n.)* القادُوح : سَمَك استوائيّ مُفَلْطَح .

trig·ger–hap·py *(adj.)* متسرِّع [في إطلاق النار أو اتخاذ قرارات الحرب] .

trig·ger·man [trĭgʹər mən] *(n.)* (١) القاتل المحترف (٢) القنّاص .

tri·glyc·er·ide [trī glĭsʹə rīdʹ] *(n.)* الترايغليسيريد : مركَّب عضويّ دُهنيّ .

tri·glyph [trīʹglĭf] *(n.)* الطَّرْغَلِيْف : بُروزٌ مستطيل في إفريز مشيَّد وفقَ الطِّراز الدُّوري (عم) .

triglyphs

tri·gon [trīʹgŏn] *(n.)* (١) مُثلَّث (٢) الثلاثيّة : مجموعة ثلاث علامات في دائرة البُرُوج (فل) (٣) المُثَلَّثِيّة : قيثارة قديمة مثلّثة الشكل . **— tri·go·nal** *(adj.)*

trig·o·no·met·ric; -al [trĭʹgə nə mĕʹ-] *(adj.)* مُثلَّثاتيّ : متعلِّق بعلم المُثلَّثات .

trigonometric function *(n.)* الدّالَّة المثلَّثاتيّة أو الدّائرية (ر) .

trig·o·nom·e·try [trĭʹgə nŏʹ-] *(n.)* المثلَّثات ؛ عِلْم المثلَّثات (ر) .

trig·o·nous [trĭgʹə nəs] *(adj.)* مثلَّث الزَّوايا .

tri·graph [trīʹgrăfʹ] *(n.)* الثُّلْحَرْف : ثلاثة أحرف يُرسم بها صوت واحد [مثل *eau* في لفظة *beau*] . **— tri·graph·ic** *(adj.)*

tri·he·dral [trī hēʹdrəl] *(adj.)* ثُلاثيّ السُّطوح <~ angle> .

tri·he·dron [trī hē′drən] *(n.)* pl. **-s** *or* **-dra** ثلاثيّ السُّطوح : شكلٌ ثلاثيّ السُّطوح (ر) .

tri·jet [trī′-] *(n.)* النفّاثة الثُّلاثيّة : طائرة مزوّدة بثلاثة محرّكات نفّاثة .

tri·ju·gate [trī′jo͞o gāt] *(adj.)* ثِلزَوْجيّة : ذات ثلاثة أزواج من الوريقات <a ~ leaf>.

tri·lat·er·al [trī lăt′ər əl] *(adj.)* ثلاثيّ الأضلاع .

tri·lin·e·ar [trī lĭn′ĭ ər] *(adj.)* ثلاثيّ الخطوط .

tri·lin·gual [trī lĭng′gwəl] *(adj.)* ثلاثيّ اللُّغات .

tri·lit·er·al [trī lĭt′ər əl] *(adj.; n.)* (١) ثلاثيّ الحروف <Arabic ~ roots> § (٢) جذْر أو لفظ ثلاثيّ الحروف .

trill¹ [trĭl] *(vi.; t.)* (١) يدور (٢) يَقْطُر أو يسيل هزيلًا رقيقًا **x** (٣) يجعله يَقْطُر أو يسيل هزيلًا رقيقًا .

trill² *(n.; vt.; i.)* (١) ارتعاش أو رعشة [في الغناء أو العَزف أو الصوت] (٢) تردّدٌ سريع في اللسان [على طريقة الإسبان في لفظ حرف *r*] (٣) الحرف المردَّد [كحرف *r* في الإسبانيّة] § (٤) يردِّد : يلفظ بترديد اللسان على نحو سريع **x** (٥) يغنّي أو يعزف أو يتكلم بصوت مرتعش .

tril·lion [trĭl′yən] *(n.)* (١) التريليون : رقم مؤلَّف من واحد إلى يمينه ١٢ صفرًا [في الولايات المتحدة الأميركية وفرنسا] أو ١٨ صفرًا [في بريطانيا وألمانيا] (٢) عدد ضخم جدًا .

tril·li·um [trĭl′ĭ əm] *(n.)* الإطْرِلْيُون؛ الزَّهرة الثلاثية (نب) .

trillium

tri·lo·bate *or* **tri·lo·bat·ed** [trī lō′-] *(adj.)* = trilobed.

tri·lo·bed [trī′lōbd′] *(adj.)* ثُلاثيّ الفصوص .

trilobed leaves

tri·lo·bite [trī′lə bīt′] *(n.)* الثُّلاثيّ الفصوص : واحدٌ من ثلاثيات الفصوص **Trilobita** وهي طائفةٌ من المَفْصِليّات المنقرضة (ح) .

tri·loc·u·lar [trī lŏk′-] *(adj.)* ثُلاثيّ الخلايا أو التجاويف («ح» و«نب») .

tril·o·gy [trĭl′ə jĭ] *(n.)* الثُّلاثية : سلسلة من ثلاث مسرحيّات أو ثلاثة مؤلَّفات أدبيّة أو موسيقيَّة كلٌّ منها تامٌّ في ذات نفسه ولكنه شديد الصِّلة بشقيقيه يشكِّل وإياهما موضوعًا واحدًا .

trim [trĭm] *(vt.; i.; adj.; adv.; n.)* (١) «أ» يزيّن؛ يزركش . «ب» يرتّب المعروضات [في واجهة محل تجاري] (٢) «أ» يضرب؛ يَجلد . «ب» يهزم هزيمة منكرة . «ج» يخدع (٣) يقلّم؛ يشذّب؛ يهذّب (٤) «أ» يوزِّع حمولة السفينة أو الطائرة ليحفظ توازنها . «ب» يجعل الشراع في الوضع الملائم . «ج» يوزّع الحمولة توزيعًا حسنًا [في مركب إلخ] (٥) يوبّخ؛ يعنّف (ع) **x** (٦) يُعادِل : يتخذ موقف الحياد من فريقين متصارعين أو يؤيدهما تأييدًا متساويًا (٧) يُخاتل : يغيِّر آراءه ومواقفه تبعًا للظروف (٨) يتوازن [المركبُ إلخ] § (٩) مُهيّأ أو مزوَّد على نحو ملائم (ا. ق) (١٠) «أ» أنيق . «ب» حسَن الترتيب § (١١) بأناقة؛ على نحو حَسَن الترتيب § (١٢) وضعٌ أو نظامٌ حَسَن (١٣) حالة؛ وضع <in poor ~ for a voyage> (١٤) «أ» ملابس المرء أو مظهره . «ب» زينة؛ زركشة . «ج» الأشغال الخشبية المنظورة داخل مبنًى . «د» زخرفة خشبية خارج مبنًى . «هـ» الزخارف الداخلية أو الخارجية في سيارة . «و» عرض السلع فنيًا [في واجهة محل تجاري] (١٥) توازن [السفينة أو الطائرة] (١٦) «أ» قُلامة؛ شُذابة؛ قُصاصة . «ب» ما يُحذف أو يُقتطع من شريط سينمائي إلخ .

— **trim·ly** *(adv.)* — **trim·ness** *(n.)*

trim·er·ous [trĭm′ər əs] *(adj.)* ثُلاثيّ . وبخاصة : ثلاثيّ الانتظام : ذو ثلاثة أجزاء في كلّ حلقة من حلقات الزَّهر المنتظمة حول المِحور (نب) .

tri·mes·ter [trī mĕs′tər] *(n.)* (١) الفَصْل : فترة ثلاثة أشهر (٢) الفصل المدرسيّ : أحد فصول السنة الدراسية الثلاثة .

tri·mes·tral [-trəl]; **tri·mes·tri·al** [-trĭ əl] *(adj.)* فَصْليّ .

trim·mer [trĭm′ər] *(n.)* (١) فا trim (٢) أداة [أو آلة] تشذيب وتهذيب (٣) المُستِّف : جهاز لِتَستيف الحمولة أو ترتيبها [في سفينة] (٤) رافدة معترضة (نج) (٥) الحُوَّل؛ القُلَّب : من يغيِّر سياستَه أو مواقفَه أو آراءَه تبعًا للظروف .

trim·ming [trĭm′ĭng] *(n.)* (١) مص trim (٢) زَرْكَشَة (٣) هزيمة (٤) قُلامة؛ شُذابة؛ قُصاصة .

tri·mo·lec·u·lar [trī′mə lĕk′-] *(adj.)* ثلاثيّ الجُزيئات (ك) .

tri·month·ly [trī mŭnth′lĭ] *(adj.)* حادثٌ أو صادرٌ كلَّ ثلاثةِ أشهر .

tri·morph [trī′môrf] *(n.)* (١) الثُّلْشَكْليّة : مادة تُوجد في ثلاثة أشكال متميِّزة (بلو) (٢) أحد هذه الأشكال الثلاثة .

tri·mor·phic [trī môr′-] *(adj.)* ثِلْشَكْليّ : ذو ثلاثة أشكال متميِّزة .

— **tri·mor·phism** *(n.)*

tri·mor·phous [trī môr′fəs] *(adj.)* = trimorphic

tri·mo·tor [trī′mō tər] *(n.)* ثُلاثيّة المحرِّك : طائرة ذات ثلاثة محرِّكات .

trim size *(n.)* الحجم الفعليّ [لصفحة الكِتاب إلخ بعد قصّ أطرافه] .

Tri·mur·ti [trĭ mo͝or′tĭ] *(n.)* الثّالوث الهندوسيّ [ويتألّف من «براهما» الخالق، و«فيشنو» الحافظ، و«سِيفا» المخرِّب] .

tri·nal [trī′nəl] *(adj.)* ثُلاثيّ : مُؤلَّف من ثلاثة أجزاء .

tri·na·ry [trī′nə rĭ] *(adj.)* = ternary.

trin·dle [trĭn′-] *(n.; vi.)* (١) شيء مستدير . وبخاصة : دولاب § (٢) يدور .

trine [trīn] *(adj.; n.)* (١) ثُلاثيّ § (٢) ثالوث (٣) البُعد الثلاثي (فل) .

trine immersion *(n.)* التغطيس الثلاثيّ (نص) .

trin·i·tar·i·an [trĭn′ə târ′ĭ ən] *(adj.; n.)* (١) *cap.* : ثالوثيّ : ذو علاقة بعقيدة الثالوث الأقدس أو بمعتنقيها (٢) ثلاثيّ : ذو ثلاثة أجزاء أو مظاهر § (٣) *cap.* : الثالوثيّ : المؤمن بالثالوث الأقدس (نص) .

tri·ni·tro·cre·sol [trī nī′trō krē′sōl′] *(n.)* الترينيتروكريسول : متفجِّر شديد .

tri·ni·tro·glyc·er·in [-glĭs′ər ĭn] *(n.)* = nitroglycerin.

tri·ni·tro·tol·u·ene [-tŏl′yo͞o ēn′] *(n.)* ثالث نترات التُّولُيُوين : متفجِّرٌ شديد . يسمَّى أيضًا TNT (ك) .

Trin·i·ty [trĭn′ə tĭ] *(n.)* (١) الثّالوث الأقدس : الآب والابن والرُّوح القُدُس (نص) (٢) *not cap.* : ثالوث (٣) عيد الثالوث الأقدس : الأحد الثامن بعد الفِصح (نص) .

trin·ket [trĭng′kĭt] *(n.; vi.)* (١) «أ» شيء صغير طريف. «ب» حِلْية صغيرة (٢) شيء تافه أو قليل القيمة § (٣) يتآمر.

trin·ket·ry [trĭng′kə trī] *(n.)* حِلًى صغيرة [كالخواتم والأقراط إلخ].

trin·oc·u·lar [trī′nŏk′-] *(adj.)* ثُلاثيّ العينيّة <a ~ microscope>.

tri·no·mi·al [trī nō′mĭ əl] *(adj.; n.)* (١) ثلاثيّ الحدود (ر) (٢) ثلاثيّ الكَلِم: مؤلَّف من ثلاث كلمات § (٣) تعبيرٌ ثلاثيّ الحدود (ر) (٤) اسم ثلاثيّ الكَلِم [من أسماء الحيوان والنَّبات].

tri·o [trē′ō] *(n.)* (١) الثُّلاثيّة: مقطوعة موسيقيّة لثلاثة أصوات أو ثلاث آلات (٢) الثلاثيّ: ثلاثة مغنّين أو عازفين يؤدّون مقطوعة ثلاثية (٣) مجموعة من ثلاثة.

tri·ode [trī′ōd′] *(n.)* الصِّمام الثُّلاثيّ.

tri·ol [trī′ôl′] *(n.)* التِّريول: مُرَكَّب ذو ثلاث مجموعات من الهيدروكسيل.

tri·o·let [trī′ə lĭt; trē′-] *(n.)* التِّريوليت: قصيدة ثُمانيّة الأبيات ذاتُ قافيتين اثنتين ليس أكثر.

tri·ox·ide [trī ŏk′sīd′] *(n.)* ثالث أكسيد (ك).

trip [trĭp] *(vi.; t.; n.)* (١) يرقص أو يطفر أو يمشي بخطًى رشيقة سريعة (٢) يتعثّر؛ تزلّ به القَدَم (٣) يخطئ؛ يزلّ (٤) يتلعثم (٥) يقوم برحلة (٦) تعمل الآلةُ [نتيجةً لإعمال أداة معيّنة] x (٧) «أ» يُزِلّ؛ يُوْقِع. «ب» يوقف؛ يعترض (٨) يُمْسِكُه في زلة أو غلطة (٩) يرفع المرساة (١٠) يُعْمِل الآلةَ [بتحريرها من حابسةٍ أو سَقّاطة] § (١١) ضربة أو مَسْكَة [تطرحُ المُصارع أرضًا] (١٢) رحلة (١٣) غلطة؛ زلّة (١٤) خطوة رشيقة سريعة (١٥) عَثْرة؛ كَبْوَة (١٦) «أ» الحابسة؛ السّقّاطة. «ب» جسم معدني ثقيل [كرأس المطرقة أو ثِقل رقاص الساعة].

tri·par·tite [trī pär′tīt] *(adj.)* ثلاثيّ <a ~ agreement>.

tri·par·ti·tion [trī pär tĭsh′-] *(n.)* تقسيم [أو انقسام] إلى ثلاثة أجزاء إلخ.

tripe [trīp] *(n.)* (١) الكَرِش: المَعِدة الأولى والثانية لحيوان مجترّ تُتَّخذ طعامًا (٢) شيء تافه أو كريه.

tri·per·son·al [trī pûr′-] *(adj.)* ثالوثيّ: مكوّن من أو متحقّق في ثالوث (نص).

tri·pet·al·ous [trī pĕt′ə ləs] *(adj.)* ثلاثيّ البَتَلات (نب).

trip–ham·mer [trĭp′-] *(n.; adj.)* (١) المِطرقة السقّاطة (مك) § (٢) متواصل الطَّرْق: صفة لصوتٍ مُوحٍ بمِطرقة سقّاطة.

tri·phane [trī′fān] *(n.)* الترايفين: معدن من البيروكسينات.

tri·phase [trī′fāz] *(adj.)* = three–phase.

tri·phib·i·an [trī fĭb′ĭ ən] *(adj.; n.)* (١) بَرْماجيّ: «أ» قادرٌ على القتال في البرّ والبحر والجو معًا. «ب» مُعَدٌّ أو مُجَهَّزٌ للعمل من البَرّ أو الماء أو الثَّلج بالإضافة إلى العمل في الجوّ <a ~ airplane>. «ج» مُستخدَم أو مُنطوٍ على استخدام قوّات البرّ والبحر والجوّ معًا <a ~ operation> § (٢) القائد العسكريُّ البرماجيّ (٣) الطائرة البرماجيّة.

tri·phib·i·ous [trī fĭb′ĭ əs] *(adj.)* = triphibian.

tri·phos·phate [trī fŏs′fāt′] *(n.)* ثلاثيّ الفوسفات (ك).

triph·thong [trĭf′thông] *(n.)* (١) الصائت الثلاثيّ (ل) (٢) trigraph.

triph·y·lite [trĭf′ə līt′]; **triph·y·line** [-′ə līn; -lēn] *(n.)* التريفيليت؛ التريفيلين: مَعْدِنٌ قِوامُهُ فوسفات اللِّيثيوم والحديد والمنغنيز.

tri·plane [trī′plān′] *(n.)* ثُلاثية الأجنحة: طائرة ذات ثلاثة أجنحة أحدها فوق الآخر.

tri·ple [trĭp′əl] *(vt.; i.; n.; adj.)* (١) يضاعف أو يتضاعف ثلاثَ مرّات § (٢) مِقدار أو عدد مضاعف ثلاث مرّات (٣) الثلاثيّ؛ الثّالوث § (٤) ثُلاثيّ (٥) أكبر بثلاث مرّات (٦) مكرَّر ثلاثَ مرّات.

triple bond *(n.)* التّرابُط الثُّلاثيّ (ك).

tri·ple–deck·er [-dĕk′ər] *(n.)* الثلاثيّ الطبقات <a ~ sandwich>.

triple expansion engine *(n.)* المحرِّك التمدّديّ الثلاثيّ (مك).

triple sec *(n.)* التريبْلِسِك: شراب كحوليّ عديم اللون منكّه بالبرتقال.

tri·ple–space *(vt.; i.)* يُضاعِف الفُسحة ثلاثًا: يُضاعِف المسافة بين السطور. وبخاصة: يطبع تاركًا سطرين فارغين بعد كلِّ سطر مطبوع.

trip·let [trĭp′lĭt] *(n.)* (١) الثُّلاثيّة: وَحدة من ثلاثة أبيات من الشِّعر (٢) الثُّلاثيّ: مجموعة من ثلاثة (٣) أحد توائم ثلاثة (٤) الثُّلاثيّة: ثلاث نغمات تُؤدّى بوقت نغمتَيْن (مو).

tri·ple·tail [trĭp′əl tāl′] *(n.)* ثُلاثيّ الذَّيل: سمك أطلسيّ ضخم.

tripletail

tri·ple–threat *(adj.)* مثلَّث البراعة: بارعٌ في ثلاثة حقول من المعرفة.

tri·plex [trĭp′lĕks; trī′-] *(adj.; n.)* (١) ثُلاثيّ: «أ» ذو ثلاثة أجزاء <a ~ window>. «ب» ذو ثلاثة طوابق <a ~ apartment> § (٢) شيء ثلاثيّ.

trip·li·cate [*v.* trĭp′lə kāt; *adj., n.* -kĭt] *(vt.; adj.; n.)* (١) يُضاعف ثلاثَ مرات (٢) يطبع ثلاثيًّا: يطبع بحيث يحصل على ثلاث نُسَخ <typed in ~> § (٣) بثلاث نُسخ (٤) ثالثة <file a ~ copy> § (٥) النُّسخة الثالثة.

trip·li·ca·tion [trĭp′lə kā′-] *(n.)* (١) مص triplicate (٢) شيء ثلاثيّ النُّسخ.

tri·plic·i·ty [trĭ plĭs′ə tĭ] *(n.)* (١) الثُّلاثيّة: «أ» مجموعة ثلاث علامات في دائرة البُروج (فل). «ب» كونُ الشيء ثلاثيًّا (٢) ثلاثيّ؛ ثالوث.

trip·lite [trĭp′līt] *(n.)* التربليت: مَعدِن أسمر داكن.

trip·ly [trĭp′lē] *(adv.)* ثلاثَ مرّات <~ inflated prices>.

tri·pod [trī′pŏd] *(n.; adj.)* (١) مِرْجَل إلخ ثُلاثيّ القوائم (٢) مِنصَب أو حامل ثلاثيّ القوائم § (٣) ثلاثيّ القوائم <a ~ vase>.

tripod 2.

tri·po·dal [trĭp′ə dəl] *(adj.)* ثُلاثيّ القوائم.

trip·o·li [trĭp′ə lĭ] *(n.)* الطَّرابُلسيّة: مادة معدنيّة تُصقَل بها المعادن والحجارة.

tri·pos [trī′pŏs] *(n.)* التريبوس: امتحان لدَرَجة الشَّرف في جامعة كيمبريدج [أو لائحة بالناجحين فيه].

trip·per [trĭp′ər] *(n.)* (١) فا trip . وبخاصة: السائح (٢) «أ» الحابسة: السَّقّاطة؛ المُعْتِقة (مك). «ب» أداة لتشغيل إشارة خطر [في سكّة حديد] أو أيّة آليّة أُخرى.

trip·pet [trĭp′ĭt] *(n.)* الصّافقة: حَدَبة أو كامّةٌ أو أيّة قطعة ناتئة تَصفِق [تضرب] قطعةً أُخرى في فترات معيّنة (مك).

trip·ping·ly [trĭp′-] *(adv.)* بخِفّة؛ بسهولة؛ بانسياب؛ بحيويّة.

trip·tane [trĭp′tān′] *(n.)* التِّرِبْتين: وقود سائلٌ لتقوية بنزين الطائرات.

trip·tych [trĭp′tĭk] *(n.)* اللَّوح الثلاثيّ: «أ» لوح للكتابة ثلاثيّ الأجزاء. «ب» نقش أو رسم على ثلاثة ألواح مُمَفْصَلة.

trip wire *(n.)* (١) سِلْك المُشاة: سلكٌ منخفض يوضع حول الحشيش منعًا للدَّوْس عليه (٢) سِلْك الشَّرَك: سلكٌ يُنصب في العمليّات العسكريّة بحيث يؤدّي تحريكُه أو سحبُه إلى تفجير لغم مربوط به.

tri·que·trous [trī′kwē′-] *(adj.)* ثلاثيّ الزّوايا الحادة <~ mandibles>.

tri·ra·di·ate [trī rā′dē ət] *(adj.)* ثلاثيّ الشعاع: ذو ثلاثة فروع متشعّعة.

tri·reme [trī′rēm] *(n.)* ثلاثيّة المجاذيف: سفينة قديمة في كلٍّ من جانبَيْها ثلاثة صفوف من المجاذيف.

tri·sac·cha·ride [trī săk′ə rīd′; -rĭd] *(n.)* ثلاثيّ السُّكّريد (كح).

tri·sect [trī sĕkt′] *(vt.)* يُثَلِّث: يقسم [الزّاوية] إلى ثلاثة أقسام متساوية.

— tri·sec·tion *(n.)*

tri·sep·tate [-sĕp′tāt] *(adj.)* ثلاثيّ الحُجُب أو الحواجز («نب» و«ح»).

tris·kai·dek·a·pho·bi·a [trĭs kī dĕk′ə fō′-] *(n.)* الخوف من الرقم ١٣.

tri·skel·i·on [trĭ skĕl′ĭ ən; trī-] *or* **tri·skele** [trī′skēl; trĭ′-] *(n.)* ثُلاثيّ الأرجُل: شكل يتألَّف من ثلاثة فروع مَلويّة متشعّعة من مركز.

triskelions

tris·mus [trĭz′məs] *(n.)* = lockjaw.

tris·oc·ta·he·dron [trĭs ŏk′tə hē′-] *(n.)* ذو الأربعة والعشرين وجهًا («بلو» و«ر»).

tri·so·di·um [trī sō′dē əm] *(adj.)* ثلاثيّ الصوديوم (ك).

tri·state [trī′stāt′; -stāt′] *(adj.)* ثلاثيّ الولايات <~ areas>.

triste [trēst] *or* **trist·ful** [trĭst′fəl] *(adj.)* حزين؛ كئيب.

tris·tich [trĭs′tĭk] *(n.)* ثلاثيّة الأبيات: مقطوعة من ثلاثة أبيات.

tris·ti·chous [trĭs′tə kəs] *(adj.)* ثلاثيّ الصفوف <a ~ leaf>.

tri·syl·lab·ic [trī sĭ lăb′-] *(adj.)* ثلاثيّ المقاطع <a ~ word> (ل).

tri·syl·la·ble [trī′sĭl′ə bəl] *(n.)* كلمة ثلاثيّة المقاطع (ل).

trite [trīt] *(adj.)* مُبْتَذَل؛ «بايخ»؛ بالٍ [من كثرة الاستعمال].

tri·the·ism [trī′thē ĭz′əm] *(n.)* التَّثليث: الإيمان بثلاثة آلهة. وبخاصة: الاعتقاد بأن الآب والابن والرُّوح القُدُس ثلاثة آلهة متميِّزة (نص).

tri·ti·at·ed [trĭ′tē ā′təd; trĭ′shē-] *(adj.)* تِرِيتيوميّ: محتوٍ على تريتيوم.

tri·ti·um [trĭ′tē əm; trĭ′shē-] *(n.)* التّريتيوم: نظيرٌ للهيدروجين وزنه الذَّرّيّ ٣.

Triton 1.

tri·ton [trī′tən] *(n.)* (١) *.cap*: تريتون: نِصف إلّه من أنصاف آلهة البحر عند الإغريق له جسمُ رَجُل وذيلُ سمكة (٢) التريتون: «أ» حيوان بحريّ رِخْويّ من بطنيّات الأقدام أو صَدَفَتُه. «ب» newt (٣) نواة التريتيوم (ك).

trit·u·rate [*v.* trĭch′ə rāt′; *n.* -rət] *(vt.; n.)* (١) يسحق؛ يسحن § (٢) مسحوق.

trit·u·ra·tion [trĭ′chə rā′shən] *(n.)* (١) سَحْق؛ سَحْن (٢) مسحوق.

tri·umph [trī′əmf] *(n.; vi.)* (١) حَفْلُ النَّصْر: احتفال رومانيّ قديم تكريمًا لقائد أحرز نصرًا حاسمًا على عدوٍّ أجنبيّ (٢) فرحة النصر أو النجاح (٣) «أ» انتصار عسكريّ. «ب» نَصْر § (٤) ينتصر (٥) يسود (٦) يَنْجَح (٧) يبتهج بالنَّصْر.

tri·um·phal [trī ŭm′fəl] *(adj.)* انتصاريّ؛ نَصْرِيّ.

tri·um·phant [-′fənt] *(adj.)* (١) مُنْتَصِر (٢) مُبتَهِج بالنَّصْر (٣) ناجحٌ بامتياز.

tri·um·vir [trī ŭm′vər] *(n.)* pl. **-s** *also* **-vi·ri** عُضوُ حكومة ثُلاثيّة.

tri·um·vi·rate [trī ŭm′və rĭt; -rāt′] *(n.)* (١) حكومة الثلاثة أو أعضاؤها (٢) ثُلاثيّ؛ ثالوث.

tri·une [trī′yōōn′] *(adj.; n.)* (١) ثالوثيّ § (٢) *.cap*: الثالوث الأقدس (نص).

tri·va·lence *or* **tri·va·len·cy** [trī vā′-] *(n.)* ثُلاثيّة التكافؤ (ك).

tri·va·lent [trī vā′lənt; trĭv′ə-] *(adj.)* ثُلاثيّ التكافؤ (ك).

tri·valve [trī′vălv′] *(adj.)* ثلاثيّ الصِّمامات؛ ثلاثيّ المصاريع.

triv·et [trĭ′vət] *(n.)* (١) مِنصَبٌ أو حاملٌ ثُلاثيّ القوائم (٢) حاملُ الطَّبَق: مِنصبٌ يوضع تحت طبق ساخن.

trivet 2.

triv·i·a [trĭv′ĭ ə] *(n. pl.)* توافه؛ أُمور تافهة.

triv·i·al [-′ĭ əl] *(adj.)* (١) مبتذَل؛ عاديّ (ا. ق) (٢) تافِه أو متعلّق بالتوافه.

triv·i·al·i·ty [trĭv′ĭ ăl′ə tĭ] *(n.)* (١) تفاهة (٢) شيء تافه.

triv·i·al·ize [trĭv′ĭ ə līz] *(vt.)* يُتَفِّه: يجعله تافهًا.

trivial name *(n.)* الاسم الشائع؛ الاسم الدّارج: اسم يُطلق على المركَّب قبل أن تُعْرَف بِنْيَتُه الجُزيئيّة (كح).

triv·i·um [trĭv′ĭ əm] *(n.)* pl. **triv·ia** [-ĭ ə] الثُّلاثيّة: الفنون الحُرَّة الثلاثة [النحو والبلاغة والمنطق] التي كانت تؤلِّف الجزء التمهيدي من الفنون الحرّة السبعة في مدارس العصر الوسيط.

tri·week·ly [trī wēk′lĭ] *(adj.; n.)* (١) حادثٌ أو صادرٌ ثلاث مرّات في الأسبوع (٢) حادثٌ أو صادرٌ مَرّةً كلَّ ثلاثة أسابيع § (٣) الثُّلاثيّة: نشرة تصدر ثلاث مرات في الأسبوع أو مرّةً كلَّ ثلاثة أسابيع.

-trix لاحقة معناها: امرأة ذات صِلة بشيء <avia*trix*>.

tro·car *also* **tro·char** [trō′kär′] *(n.)* المِبْزَلَة (جر).

tro·cha·ic [trō kā′ĭk] *(adj.)* تَرُويشيّ: ذو علاقة بالترويشة أو مؤلَّف من ترويشات (را. trochee).

tro·chal [trō′kəl] *(adj.)* دولابانيّ: شبيه بدولاب (ح).

tro·chan·ter [trō kăn′-] *(n.)* (١) الرَّضْفَة: نُتوء في الجزء الأعلى من عظم الفَخِذ («ت» و«ح») (٢) المَدْوَر: الشُّدفة الثانية في ساق الحشرة.

tro·che [trō′kĭ] *(n.)* القُرْصة : قرص طِبّيّ ملطِّف للسُّعال إلخ .

tro·chee [trō′kĭ] *(n.)* التَّرْوِيْشَة : تفعيلة مؤلَّفة من مقطع طويل يتبعه مقطع قصير (عر) .

troch·i·lus [trŏk′ə ləs] *(n.)* pl. **-li** [lī] (١) السَّقساق؛ الزَّقزاق؛ طير التمساح (٢) الدُّخَّلَة؛ الهازِجة (طا) (٣) hummingbird .

troch·le·a [trŏk′lĭ ə] *(n.)* البَكَرة؛ المَفْصِل البَكَريّ (ت) .

troch·le·ar [-′lĭ ər] *(adj.)* (١) بَكَريّ : منسوب إلى البَكَرة أو المَفصِل البَكَريّ (ت) (٢) بَكَرانيّ : مستدير وضيِّق عند الوسط مثل البَكَرَة (نب) .

tro·choid [trō′koid] *(n.; adj.)* (١) العَجَليّ : المنحنَى الذي ترسمه نقطة في شعاع دائرةٍ تدور على خط مستقيم ثابت (هن) § (٢) مِدْوَريّ؛ دولابيّ الدوَران .

trod [trŏd] *past and past part. of* tread.

trod·den [trŏd′ən] *past part. of* tread.

trof·fer [trŏf′-] *(n.)* الصندوق المقلوب [تركَّب عليه المصابيح في السقف] .

trog·lo·dyte [trŏg′lə dīt′] *(n.)* (١) ساكنُ الكهوف (٢) المتوحِّد : شخص لااجتماعيّ مُؤْثِرٌ للعزلة (٣) قرد شبيه بالإنسان .

tro·gon [trō′gŏn] *(n.)* الطَّرغُون : طائر استوائيّ لمّاع الرِّيش .

troi·ka [troi′kə] *(n.)* (١) التَّرْيُوكة : عربة روسيّة يجرّها ثلاثة جياد متراصَّة (٢) جياد التَّريوكة (٣) الثلاثيّ : مجموعة ثلاثيّة .

troilus butterfly [troi′ləs] *(n.)* فراشة تْرُوْيلوس : فراشة أميركية ضخمة سوداء منقَّطة الأجنحة باللونَيْن الأصفر والأزرق .

Tro·jan [trō′jən] *(n.; adj.)* (١) الطَّرواديّ : «أ» أحد أبناء طَروادة . «ب» ذو العزم أو الجَلَد أو الإقدام § (٢) طَرواديّ .

Trojan horse *(n.)* حصان طَروادة : «أ» حصان خشبيّ ضخم أجوف مُلِئ بجنودٍ من الإغريق وأُدخِل بخدعة إلى ما وراء حصون طروادة خلال الحرب الطروادية . «ب» شيء معدٌّ للتَّدمير من الداخل . «ج» برنامج كومبيوتر يبدو مفيدًا في ظاهره ولكنه يُخْفي توجيهات تؤذي الكومبيوتر (ألك) .

troll [trōl] *(vt.; i.; n.)* (١) يُنشِد على التعاقب أو بصوتٍ عالٍ (٢) «أ» يصيد بالصنّارة في . . . «ب» يجذب [الخيطَ أو الطعمَ] أثناء الصيد بالصنارة . «ج» يُغري x (٣) يدور (٤) يغنّي بمرح (٥) يتكلّم بسرعة § (٦) «أ» طُعْم . «ب» خيط الصنارة [المشتمل على الطعم والكُلّاب] (٧) أغنية تُنْشَد بالتعاقب (٨) الترول : قزم أو جبّار خُرافيّ يسكن الكهوف أو يقيم تحت الأرض [في الميثولوجيا الإسكندينافية] .

trol·ley *also* **trol·ly** [trŏl′ĭ] *(n.; vt.; i.)* (١) عربة (٢) التَّروليّ : «أ» بكرة ذراع الترام المحتكّة بشريطه العلويّ . «ب» أوتوبوس كهربائيّ (٣) الحامل المتحرِّك : بكرة تجري على شريط منصوب [لنقل الرزم في محل تجاري إلخ] § (٤) ينقل بحاملٍ متحرِّك x (٥) يركب الأوتوبوس الكهربائيّ .

trolley *1.*

trolleybus

trol·ley·bus [trŏl′ĭ-] *(n.)* التَّروليّ : أوتوبوس كهربائيّ .

trolley car *(n.)* عَرَبَة التَّروليّ .

trol·lop [trŏl′əp] *(n.)* (١) امرأة قَذِرة (٢) بَغِيّ؛ مُومِس .

trom·bi·di·a·sis [trŏm′bĭ dī′-] *(n.)* التَّبرغُث : الابتلاء بالبراغيث .

trom·bone [trŏm′bōn] *(n.)* المترَدِّدة : آلة نفخ موسيقيّة .

trombone

— **trom·bon·ist** *(n.)*

trom·mel [-′əl] *(n.)* غِربال [للحجارة أو الفحم الحجريّ أو المعدن الخام] .

tromp [trŏmp] *(vi.; t.)* (١) يتسكع (٢) يضغط بقوة؛ يكبس <~ on the brakes> x (٣) يضرب [أحدًا ما] (٤) يهزم بقوة؛ يسحق .

trompe l'oeil [trônp lœ′y] *(n.)* الخِداع البَصَريّ [في الرسم] .

tro·na [trō′nə] *(n.)* الطرُون؛ الترونا : معدن زجاجيّ .

troop [tro͞op] *(n.; vi.)* (١) *pl.* عد : جُنْد (٢) «أ» جماعة . «ب» عدد كبير (٣) فرقة كشّافة § (٤) يحتشد؛ يتجمهر (٥) يَمضي؛ يمشي؛ يذهب (٦) يندفع بأعداد كبيرة .

troop carrier *(n.)* ناقلة الجُنْد : طائرة لنقل الجُنْد .

troop·er [tro͞o′pər] *(n.)* (١) «أ» فارس . «ب» جواد الفارس . «ج» المظلّيّ (٢) شرطي راكب [وبخاصة من شرطة الولاية] .

troop·ship [tro͞op′shĭp] *(n.)* سفينة الجُنْد : سفينة لنقل الجند .

tro·pae·o·lum [trō pē′ə-] *(n.)* السَّلَبيّة؛ الكَبُّوسين : عشب متسلّق .

trope [trōp] *(n.)* (١) المجاز (بل) (٢) كلمة أو عبارة مجازيّة .

troph- *or* **tropho-** بادئة معناها : تغذية؛ غذائيّ .

tro·phic [trŏ′fĭk; trō′fĭk] *(adj.)* غذائيّ : ذو علاقة بالتغذية .

tro·pho·blast [trō′fə blăst] *(n.)* الجرثومة الغذائية (أج) .

tro·pho·plasm [trŏf′ə plăz′əm] *(n.)* الجِبْلة الغذائية (أح) .

tro·phy [trō′fĭ] *(n.)* (١) النُّصُب التذكاريّ : نصب يُقام تَذكارًا لنصر (٢) «أ» تذكار الصيد [كجلد الأسد أو رأسه] . «ب» غنيمة . «ج» تذكار الانتصار أو الدّليل عليه . «د» تذكار (٣) إكليل؛ مدالية إلخ .

-trophy لاحقة معناها : تغذية؛ نموّ <dys*trophy*> .

trop·ic [trŏp′ĭk] *(n.; adj.)* (١) المَدار (فل) (٢) المدار الاستوائيّ (جغ) (٣) *pl.* وفي كثير من الأحيان *cap.* المنطقة الاستوائيّة § (٤) استوائيّ (٥) انتحائيّ : ذو علاقة بالانتحاء (را . tropism) (٦) مؤثّر في نشاط غدَّة ما <a ~ hormone>.

trop·i·cal [trŏp′ə kəl] *(adj.)* (١) «أ» مداريّ (فل) . «ب» استوائيّ (جغ) (٢) مجازيّ (بل) .

tropical aquarium *(n.)* المَربى المائيّ الاستوائيّ : مَرْبًى مائيٌّ للأسماك الاستوائيّة .

tropical fish *(n.)* سمكة استوائيّة [تُحفَظ في مَرْبًى مائيّ استوائيّ] .

tropical storm *(n.)* العاصفة الاستوائيّة (أر) .

tropic bird *(n.)* الطائر الاستوائيّ : طائر بحري استوائيّ كَفّيّ القائمتين (را . webfoot) .

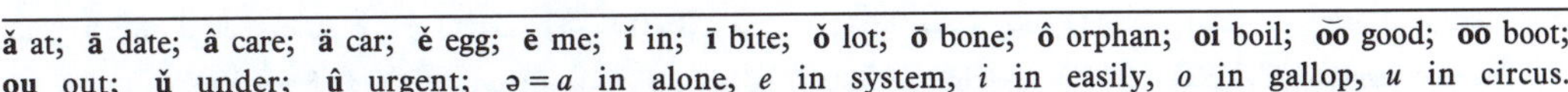
ă at; ā date; â care; ä car; ĕ egg; ē me; ĭ in; ī bite; ŏ lot; ō bone; ô orphan; oi boil; o͝o good; o͞o boot; ou out; ŭ under; û urgent; ə = *a* in alone, *e* in system, *i* in easily, *o* in gallop, *u* in circus.

tropic of Cancer *(n.)* مَدار السَّرَطان («فل» و«جغ»).

tropic of Capricorn *(n.)* مَدار الجَدي («فل» و«جغ»).

tro·pism [trō′-] *(n.)* (١) الانتحاء: نزعة الحيوان أو النبات إلى الحركة أو الدوران استجابةً لمنبِّه ما (٢) مَيْل؛ نزعة: رغبة خِلقيَّة في القيام بردّ فعل مُعيَّن.

tro·po·log·i·cal [trŏp′ə lŏj′-] *(adj.)* (١) مجازيّ (٢) أخلاقيّ.

tro·pol·o·gy [trō pŏl′ə jĭ] *(n.)* (١) المجاز (بل) (٢) التفسير المجازيّ [للكتاب المقدَّس مع تأكيد على المغزى الأخلاقيّ].

tro·po·pause [trŏp′ə pôz] *(n.)* التروبوبوز: أعلى التروبوسفير (أر).

tro·poph·i·lous [trō′pŏf ə ləs] *(adj.)* مُواسِم: مُهَيَّأ فيسيولوجيًّا للعيش في محيط متميز بتغيرات موسمية في الحرارة أو الرطوبة أو الضوء.

tro·po·sphere [trŏp′ə-] *(n.)* التُّروبوسفير: الطبقة السُّفلَى من الغلاف الجوّيّ (أر).

-tropous لاحقة معناها: «أ» دائرٌ ومنحنٍ بطريقة معيَّنة. «ب» ذو انتحاء معيَّن.

-tropy لاحقة معناها: «أ» دوران أو انحناء بطريقة معيَّنة. «ب» انتحاء.

trot [trŏt] *(n.; vi.; t.)* (١) «أ» الخَبَب: ضربٌ من عَدْوِ الفرس ينقل فيه أيامِنَهُ وأياسِرَهُ معًا تقريبًا. «ب» الهرولة: جريٌ بين المشي والعَدْو. «ج» رحلة أو نزهة على صهوة الجواد (٢) «أ» طفل. «ب» امرأة عجوز (٣) الترجمة الحرفية: ترجمة تُستعمل في دراسة نصٍّ أجنبيّ أو لغة أجنبيَّة (ع) (٤) trotline § (٥) يَخِبُّ [الفرسُ] (٦) يهرول؛ يُسْرِع x (٧) يجعل [الفرسَ] يَخِبُّ (٨) يجتاز خَبَبًا.

to ~ out (١) يعرض على أنظار الآخرين (٢) يقدِّم اقتراحًا.

troth [trŏth; trôth; trōth] *(n.; vt.)* (١) أمانة؛ إخلاص (٢) «أ» عَهْد؛ مَوْثِق. «ب» خِطبة § (٣) «أ» يعاهد. «ب» يخطب [فتاةً].

troth·plight [trŏth′plīt′] *(n.)* = betrothal.

trot·line [trŏt′līn′] *(n.)* = setline.

Trots·ky·ism [trŏt′skē ĭz əm] *(n.)* التروتسكية: نظرية تروتسكي (١٨٧٩-١٩٤٠) في الشيوعية، وقوامُها التأكيد على الثورة العالمية الدائمة.

trot·ter [trŏt′ər] *(n.)* (١) فا trot. وبخاصة: جوادٌ مُدرَّبٌ على الخَبَب (٢) قَدَم الخروف أو الخنزير [تُتَّخذ طعامًا].

tro·tyl [trō′tĭl; -tēl] *(n.)* = trinitrotoluene.

trou·ba·dour [trōō′bə dōr; -dōōr] *(n.)* التروبادوريّ: واحدٌ من طبقة من الشعراء الغنائيين و«الشعراء الموسيقيين» الذين اشتهروا في جنوبي فرنسا وشمالي إيطاليا من القرن الحادي عشر إلى نهاية القرن الثالث عشر للميلاد.

trou·ble [trŭb′əl] *(vt.; i.; n.)* (١) يُقلِق (٢) يُوجِع (٣) يُزعج (٤) يُثير؛ يعكِّر x <The wind ~d the sea.> (٥) يَقْلَق (٦) يتجشَّم عناء كذا § (٧) ضِيق؛ حَرَج (٨) قلق؛ بلاء؛ مشكلة (٩) اضطراب <labor ~> (١٠) عناء <took the ~ to call> (١١) عِلَّة؛ مَرَض <mental ~> (١٢) خَلَل <engine ~> (١٣) مصدر إزعاج < I don't want to be a ~ to you.>.

trou·bled [-′əld] *(adj.)* (١) قَلِق؛ مَهموم؛ مكدَّر (٢) مُشَوَّش [عقليًّا أو عاطفيًّا] <a ~ child> (٣) مُعَنًّى؛ مُعَكَّر؛ مُبتَلًى <a ~ region>.

trou·ble·mak·er [trŭb′-] *(n.)* مُثير المتاعب؛ مسبِّب المشاكل للآخرين.

trou·ble·shoot·er [trŭb′-] *(n.)* (١) قنّاص الخَلَل: عاملٌ خبير في تحديد موطن الخَلل في الآلات وفي إصلاحها (٢) حلّال العُقَد: الخبير في حلّ النزاعات الديبلوماسية والسياسية إلخ.

— trou·ble·shoot *(vi.; t.)*

trou·ble·some [trŭb′əl səm] *(adj.)* (١) مُزعِج (٢) عسير؛ شاقّ.

trou·blous [-′ləs] *(adj.)* (١) «أ» قَلِق؛ مضطرِب. «ب» عاصِف (٢) مُزعِج.

trou–de–loup [trōō′ də lōō′] *(n.)* جُحْر الذِّئب: واحدة من مجموعة حُفَر مَسْتورة مغروسٌ في وسط كل منها عمود مُسْتَدَقّ الرأس [تقام لإعاقة تقدُّم العدوّ].

trough [trôf; trôth] *(n.)* (١) حَوْض؛ جُرْن (٢) مِذْوَد؛ مَعْلَف (٣) وِعاء (٤) قناة؛ مجرًى (٥) غَوْر أو مُنخفَض طويل ضيِّق [بين الأمواج أو الهِضاب] (٦) المنخفَض: «أ» نِطاق مستطيل من الضغط البارومتري المنخفِض. «ب» النقطة الدُّنيا في دورة من دورات النشاط الاقتصاديّ (٧) الدَّرْك: أدنى نقطة في الموجة.

trounce [trouns] *(vt.)* (١) يجلد؛ يَسُوط (٢) يُعاقِب (٣) يَهزِم.

troupe [trōōp] *(n.; vi.)* (١) جماعة؛ فرقة [من المغنّين أو الممثلين إلخ] § (٢) «أ» يسافر في فرقة. «ب» يؤدِّي كعضوٍ في فرقة مسرحية.

troup·er [trōō′pər] *(n.)* (١) عضوٌ في فرقة مسرحية (٢) ممثِّل عريق.

trou·pi·al [trōō′pĭ əl] *(n.)* الأُقْطَرُوس: طائرٌ أميركيّ.

trou·ser [trou′zər] *(adj.)* بِنطاليّ: منسوب إلى البِنطال أو البنطلون.

trou·sers [trou′zərz] *(n. pl.)* (١) بنطال؛ بنطلون (٢) سروال.

trous·seau [trōō sō′] *(n.)* pl. **-x** *or* **-s** جهاز العَروس.

trout [trout] *(n.)* التَّرُوتَة: السَّلمون المرقَّط.

trou·vère [trōō vĕr′] *(n.)* التّروفيريّ: واحد من جماعة من الشعراء اشتهرت في شماليّ فرنسا بين القرنين ١١ و١٤ للميلاد.

trove [trōv] *(n.)* (١) اكتشاف (٢) مجموعة نفيسة.

tro·ver [trō′vər] *(n.)* دعوى [تُقام استردادًا لقيمة ممتلَكات شخصية استخدمها شخص آخر بغير وجه حقّ].

trow [trō] *(vi.; t.)* (١) يعتقد (ا م) (٢) يظن؛ يحسب (ا ق).

trow·el [trou′əl] *(n.; vt.), -eled; -elled* (١) المالَج: «أ» أداةٌ يُطيَّن بها. «ب» أداة تُرفَع بها النباتات الصغيرة § (٢) يَمْلُج: يُسوِّي أو يمزج إلخ بالمالَج.

trowels *a.*

trow·sers [trou′zərz] *(n. pl.)* = trousers *1*.

troy [troi] *(adj.)* بالوَزْن التُّرُوْيسيّ (را. المادة التالية).

troy weight *(n.)* الوَزْن التُّرُوْيسيّ: سلسلة من الوحدات لوزن الجواهر والمعادن النفيسة.

tru·an·cy [trōō′ən sĭ] *(n.)* التهرُّب من أداء الواجب.

tru·ant [-′ənt] *(n.; adj.; vi.)* (١) المُتَهرِّب من أداء واجبه. وبخاصة: الطالب المتغيِّب عن المدرسة بغير إذن § (٢) مهملٌ واجبَهُ (٣) متغيِّب عن المدرسة بغير إذن (٤) كسلان § (٥) «أ» يتهرَّب من أداء واجبه. «ب» يتغيَّب

بغير إذن.

to play ~, يتهرّب من أداء واجب مفروض؛ يتغيّب عن المدرسة بغير إذن.

truant officer *(n.)* ضابط التغيُّب: موظَّف تعهد إليه إدارة المدرسة بالتحقيق في تغيُّب الطلاب المتكرِّر.

truce [tro͞os] *(n.; vi.; t.)* (١) هُدنة § (٢) يعقِد هُدنةً x (٣) يُنهي بهُدنة.

truck [1] [trŭk] *(vt.; i.; n.)* (١) يُقايِض x (٢) يتعامل مع § (٣) مقايَضة (٤) سلع للمقايضة (٥) تعامُل (٦) المُسالَعة: دفع الأجور سِلَعًا [لا عملةً] (٧) المُسَوَّقات: خُضَر تزرع لتُباع في السُّوق (٨) «أ» سَقَط المَتاع: أدوات صغيرة ضئيلة القيمة. «ب» نُفاية.

to have *or* want no ~ with لا يرغب في التعاطي مع . . . (ع).

truck [2] *(n.; vt.; i.)* (١) دولاب صغير، وبخاصة لعربة مدفع (٢) القُرْص المثقَّب: قُرصٌ خشبيّ [في أعلى الصاري أو سارية العَلَم] ذو ثقوب للحبال (٣) «أ» عربة نَقل. «ب» عربة خفيضة مسطَّحة. «ج» الشاحنة: سيّارة شحن كبيرة § (٤) ينقل بشاحنة x (٥) يقود شاحنة.

truck·age [trŭk'ĭj] *(n.)* (١) أُجرة النَّقل بشاحنة (٢) النقل بشاحنة.

truck·er [trŭk'ər] *(n.)* (١) المُقايِض (٢) زارع المُسَوَّقات أو الخُضَر (را. truck[1] 7) (٣) سائق الشّاحنة (٤) المُشتغل بنقل البضائع بالشّاحنات.

truck farm *(n.)* مزرعة المُسَوَّقات أو الخُضَر: مزرعة لإنتاج الخُضَر للسُّوق.

truck·ing [trŭk'ĭng] *(n.)* (١) مُقايَضة (٢) زراعة المُسَوَّقات أو الخُضَر [لبيعها في السُّوق] (٣) الشّحن أو النّقل بالشاحنات.

truck·le [trŭk'əl] *(n.; vi.)* (١) بَكَرة؛ دولاب صغير § (٢) يخضَع؛ يُذعِن [لإرادة شخص آخر].

truckle bed *(n.)* السَّرير المُدَوْلَب: سرير منخفض يجري على دواليب صغيرة ويمكن دفعُهُ تحت سرير عاديّ.

truck·ler [trŭk'lər] *(n.)* الخاضِع؛ المُذعن؛ الخانع.

truck·line [-'līn'] *(n.)* خط الشاحنات: خط نقل قِوامُه الشاحنات.

truck·load [-'lōd'] *(n.)* (١) حِمْلُ شاحنة (٢) حمل الشاحنة الأدنى.

truck·man *(n.)* (١) سائقُ الشاحنة (٢) الشّاحِن: المشتغِل بشحن البضائع.

truck system *(n.)* المُسالَعة: نِظامُ دفعِ الأجورِ سِلَعًا لا عُمْلةً.

tru·cu·lence *also* **tru·cu·len·cy** [trŭk'-] *(n.)* وحشيّة؛ ضراوة إلخ.

tru·cu·lent [trŭk'yə lənt] *(adj.)* (١) وحشيّ؛ ضارٍ (٢) مُهْلك (٣) قاسٍ؛ لاذع (٤) مشاكس؛ مُولَع بالخِصام أو القتال.

trudge [trŭj] *(vi.; t.; n.)* (١) يمشي مُجْهَدًا x (٢) يجتاز بِمَشْيٍ مُجْهِد § (٣) مشيٌ طويلٌ مُجْهِد.

true [tro͞o] *(adj.; n.; vt.; adv.)* (١) «أ» صَادق. «ب» صادق الولاء. «ج» مُخلِص (٢) «أ» صحيح. «ب» مثاليّ؛ أساسيّ <~ values> (٣) طِبق الأصل <a ~ copy> (٤) واقعيّ <This is a ~ story.> (٥) حقيقيّ؛ أصليّ <~ gold> (٦) دقيق <is a ~ balance> (٧) شرعيّ <the ~ owner> (٨) موثوق <a ~ indication> (٩) ضيِّق <in the *truest* sense> § (١٠) الحقيقة (١١) الوضع الصحيح <A slanting door is out of ~.> § (١٢) يعدِّل؛ يسوِّي؛ يقوِّم § (١٣) بِصِدْق (١٤) بدِقَّة (١٥) من غير تغيُّر.

to come ~, يتحقّق [الحلمُ أو الأمل]؛ يصبح حقيقةً.

true bill *(n.)* الاتهام المقبول: اتِّهام تَجِدُ هيئة المحلَّفين الابتدائية أن البيِّنات التي تعززه تسوِّغ سماعه أو النظر فيه تحت قوس المحكمة.

true blue *(n.)* (١) إخلاص شديد؛ صِدقٌ في الولاء (٢) شخص شديد الإخلاص أو صادق الولاء.

true–blue [tro͞o'-] *(adj.)* شديد الإخلاص؛ صادق الولاء.

true·born [tro͞o'-] *(adj.)* أصيل؛ صميم <a ~ German>.

true·bred [tro͞o'brĕd'] *(adj.)* = purebred.

true–false test [tro͞o'fôls'] *(n.)* اختبار الصواب والخطأ: اختبار مؤلَّف من جُمَل يتعيَّن على المرء أن يميِّز صحيحها من خطأها.

true·heart·ed [tro͞o'här'tĭd] *(adj.)* مخلص؛ وفيّ؛ صادق.

true–life [tro͞o'līf'] *(adj.)* مطابِقٌ للواقع <a ~ romance>.

true·love [tro͞o'lŭv'] *(n.)* (١) المُحِبّ (٢) المحبوب.

truelove knot *(n.)* عقدة الحُبّ الصّادق: عقدة زينيّة يصعب حلُّها تمثّل الحب الصادق الباقي.

true lover's knot *(n.)* = truelove knot.

true·ness [tro͞o'nĭs] *(n.)* صِدق؛ إخلاص؛ صِحّة إلخ.

true·pen·ny [tro͞o'pĕn'ĭ] *(n.)* المخلِص؛ الوفيّ؛ المقيم على العهد.

true rib *(n.)* الضِّلْع الحقيقيّة؛ الضِّلْع القَصِّيّة (ت).

true skin *(n.)* = dermis.

truf·fle [trŭf'əl; tro͞o'fəl] *(n.)* الكَمْء؛ الكمأة (نب).

tru·ism [tro͞o'ĭ zəm] *(n.)* الحقيقة البَدَهيّة.

trull [trŭl] *(n.)* بَغِيّ؛ مُومِس؛ بنت هوًى.

tru·ly [tro͞o'lĭ] *(adv.)* (١) بإخلاص <yours ~> (٢) بِصِدق (٣) بِرِقّة (٤) حقًّا؛ في الواقع.

trump [1] [trŭmp] *(n.; vt.; i.)* (١) ورقة رابحة [في ورق اللعب] (٢) الثِّقة: شخص معتمَدٌ أو موثوق أو ممتاز (٣) مَلاذ [يُلجأ إليه عند الضرورة] § (٤) يأخذ بورقة رابحة (٥) يَبُزّ؛ يفوق x (٦) يلعب الورقة الرابحة.

to ~ up يختلق؛ يلفّق؛ «يفبرك».

trump [2] *(n.)* (١) البُوق (مو) (٢) Jew's harp (٣) البُواق: صوت البوق.

trumped–up [-'tŭpt'] *(adj.)* ملفَّق؛ كاذب <~ charges>.

trum·per·y [trŭm'pə rĭ] *(n.; adj.)* (١) «أ» أشياء تافهة. «ب» حلًى كاذبة (٢) هُراء § (٣) «أ» تافِه؛ عديم النفع أو القيمة. «ب» مُبَهْرَج.

trum·pet [-ˊpĭt] *(n.; vi.; t.)* (١) البُوق (مو) (٢) البَوّاق: العازف على البوق (٣) صوت كالبُواق أو صوت البُوق (٤) صرخة مدوّية § (٥) يبوّق؛ ينفخ في البوق **x** (٦) يعلن بصوتٍ عالٍ.

trumpet *1.*

trumpet creeper *(n.)* المُتسلّقة البوقيّة: نبات متسلّق زَهْرُه بوقيّ الشكل.

trum·pet·er [trŭmˊpə tər] *(n.)* (١) «أ» البَوّاق: العازف على البوق. «ب» المُطْري أو المؤيّد (٢) المُعلن بصوتٍ عالٍ (٣) المبوِّق: «أ» طائر جنوبأميركي طويل العُنق والرِّجلين. «ب» تَمٌّ أو إوَزٌّ شمالأميركي أبيض جهوريّ الصوت. «ج» ضرب من الحَمام الآسيوي كثيف ريش القَدَمَيْن. «د» سمك بحريّ أستراليّ شائك الزعانف.

trumpeter *3a.*

trumpeter swan *(n.)* التَّمُّ المُبَوِّق: تَمٌّ شمالأميركي يتميّز بصوته الرَّنّان.

trumpet flower *(n.)* الزَّهرة البُوقيّة: «أ» كلُّ نبتةٍ ذات زهر بُوقيّ. «ب» زهرة هذه النبتة.

trumpet·like [trŭmˊpĭt-] *(adj.)* بُوقانيّ: شبيه بالبُوق شكلًا أو صوتًا.

trumpet vine *(n.)* = trumpet creeper.

trun·cate [trŭngˊkāt] *(vt.; adj.)* (١) «أ» يبتر. «ب» يقلّم؛ يشذِّب § (٢) أبْتَرُ (٣) أقْطَعُ: مُربَّعُ الطَّرَف أو عريضُهُ.

trun·cat·ed [-ˊkā tĭd] *(adj.)* (١) مقتضَب؛ مختصَر (٢) مختزَل <a ~ syllable> (٣) أقطع؛ مقطوع (هن).

truncated pyramid

trun·cheon [trŭnˊchən] *(n.; vt.)* (١) عصًا؛ هراوة (٢) صولجان السُّلطة [كعصا الماريشالية ونحوها] § (٣) يضرب بعصًا أو هراوة (ا. ق).

trun·dle [trŭnˊdəl] *(n.; vt.; i.)* (١) بَكَرة؛ دُحروجة؛ دولاب صغير (٢) «أ» عربة خفيضة صغيرة الدواليب. «ب» سرير مزوَّد القوائم بدواليب صغيرة § (٣) يُدحرج (٤) يدوِّر **x** (٥) يتدحرج (٦) يجري على دولاب أو دواليب.

trundle bed *(n.)* = truckle bed.

trunk [trŭngk] *(n.; adj.)* (١) جِذْع؛ ساقٌ (٢) البَدَن: «أ» جسم الإنسان باستثناء الرّأس والذّراعين والرِّجلين. «ب» الجزء المركزي من الشيء <the ~ of a column> (٣) «أ» صندوق الثياب. «ب» صندوق السيارة (٤) خرطوم (ح) (٥) *pl.*: بنطلون رياضيّ قصير للرجال (٦) «أ» قناة. «ب» التّرانك: دائرة اتّصال بين مركزين من مراكز التبادل التلفوني § (٧) رئيسيّ؛ أساسيّ <the ~ line of a railway>.

trunk·back [trŭngkˊbăk] *(n.)* = leatherback.

trunk call *(n.)* مخابرة تلفونية طويلة المسافة.

trunked [trŭngkt] *(adj.)* ذو جذع؛ ذات جذع <a ~ tree>.

trunk·fish [trŭngkˊ-] *(n.)* السَّمك المُصَنْدَق: سَمَكٌ ذو جسم يحيط به شبهُ صندوق من الصفائح العظمية.

trunkfish

trunk hose *(n. pl.)* بنطلون [رجالي] قصير [القرنان ١٦ و١٧].

trunk line *(n.)* (١) الخطّ الرَّئيسي [في السِّكّة الحديدية إلخ] (٢) «أ» قناة رئيسيّة. «ب» حلقة اتصال مباشرة [كدائرة تلفونية بين لوحَتَيْ مفاتيح].

trunk road *(n.)* طريق رئيسيّة (بر).

trun·nel [trŭnˊəl] *(n.)* = treenail.

trun·nion [trŭnˊyən] *(n.)* المِبرَم؛ مُرتَكَز الدَّوران (مك).

truss [trŭs] *(vt.; n.)* (١) «أ» يَحْزِم. «ب» يُوثِق؛ يقيِّد. «ج» يُكَتِّف الدَّجاجة إلخ قُبيل طَهْوِها (٢) يدعم [سقفًا أو جسرًا] بِجِمالون § (٣) طوق حديديّ [حول صارٍ منخفض] (٤) كَتِيفة (را. bracket *1*) (٥) الجِمالون: مجموعة روافد على صورة مثلَّث أو عدد من المثلَّثات لتدعيم سقف أو جسر (٦) حزام الفَتْق (ط) (٧) «أ» حزمة. «ب» حزمة قشّ (٨) عنقود زهريّ أو ثَمَريّ مُلتَزّ الوحدات.

truss bridge *(n.)* الجِسر الجِمالونيّ: جسر مدعوم بِجِمالون.

truss·ing [trŭsˊĭng] *(n.)* (١) مص truss (٢) أجزاء الجِمالون (٣) جِمالونات (را. truss 5).

trust [trŭst] *(n.; vi.; t.)* (١) «أ» ثِقة. «ب» ائتمان. «ج» موضع ثقة أو ائتمان (٢) «أ» أمل؛ رجاء. «ب» دَيْن؛ نسيئة <to sell on ~> (٣) وديعة؛ أمانة (٤) التّروست؛ شركة الائتمان: اتحاد احتكاريّ بين عدد من الشركات للحدّ من المنافسة (٥) مسؤولية [يُحَمَّلُها شخص بحكم الثقة التي يتمتع بها] (٦) منصب مسؤول (٧) رعاية؛ عناية § (٨) يثق (٩) يأمل؛ يرجو **x** (١٠) يستودعه شيئًا أو يأتمنه عليه (١١) يتّكل على (١٢) يبيع [المرءَ] بالدَّيْن.

in ~, في رعاية قيِّم أو أمين.

on ~, (١) نسيئةً؛ بالدَّيْن (٢) من غير تحقيق أو برهان.

to ~ to يعتمد على؛ يتّكل على.

trust·a·ble [trŭsˊtə-] *(adj.)* مُؤْتَمَن؛ موثوق؛ موضع ثِقة.

trust company *(n.)* المَصرِف التِّجاريّ؛ البنك التِّجاريّ.

trust·ee [trŭs tēˊ] *(n.; vt.; i.)* (١) الوصيّ؛ الأمين؛ القيِّم (٢) الوَصيّ: بلد يتولّى الوصاية على مقاطعة غير مستقلة § (٣) يعهد بشيء إلى وصيّ أو قيِّم **x** (٤) يقوم بمهامّ الوصيّ أو القيِّم.

trust·ee·ship [-ˊshĭp] *(n.)* (١) وصاية؛ أمانة (٢) وصاية دولة أو دُول [على مقاطعة إلخ] (٣) بَلَدٌ تحت الوصاية.

trust·ful *(adj.)* (١) واثق؛ مُفعَم بالثقة (٢) نزّاع إلى الثقة بالآخرين.

trust fund *(n.)* المؤتمَنات: ممتلكات أو ضمانات موضوعة في الأمانة.

trust·i·ness [trŭsˊ-] *(n.)* الموثوقية: كون الشيء أو الشخص موثوقًا أو موضع ثقة.

trust·less [trŭstˊləs] *(adj.)* (١) غادِرٌ؛ خَوّان؛ غير مُؤْتَمَن (٢) نزّاع إلى الارتياب وعدم الثقة.

trust territory *(n.)* منطقة الوصاية: منطقة واقعة تحت الوصاية الدوليّة.

trust·wor·thi·ness *(n.)* المُعْتَمَديّة: كونُ الشيء جديرًا بالثقة والاعتماد.

trust·wor·thy [-ˊwûrˊthĭ] *(adj.)* مُعْتَمَد؛ جديرٌ بالثِّقة أو الاعتماد.

trust·y [trŭsˊtĭ] *(adj.; n.)* (١) موثوق؛ موضع ثقة § (٢) شخص موثوق. وبخاصة: سجين موثوق تمنحه إدارة السجن امتيازات خاصة.

truth [tro͞oth] *(n.)* (١) إخلاص (ا. ق) (٢) صدق (٣) الصِّحّة: مطابقة الحقيقة أو الواقع (٤) فكرة صائبة أو مسلَّم بها (٥) حقيقة؛ واقع (٦) *cap.* عد: الحقيقة: حقيقةٌ روحيّةٌ أو واقعةٌ وراء نطاق الخبرة.

in ~, في الحقّ؛ في الواقع.

truth·ful [tro͞othˊfəl] *(adj.)* صادق [صفة للمرء أو الشيء].

truth·ful·ness [-nəs] *(n.)* الصادقيّة: كون المرء أو الشيء صادقًا.

truth–value *(n.)* القيمة الحقيقية : كونُ الطَّرْح صوابًا أو خطأً (مق).

try [trī] *(vt.; i.; n.)* (١) «أ» ينظر في [قضائيًا]. «ب» يُحاكِم. «ج» يُسهِم [بوصفه محاميًا] في نظر الدَّعوى (٢) «أ» يُجرِّب ؛ يختبر. «ب» يبتلي. «ج» يبلو ؛ يمتحن : يُخضِعه لتجربة قاسية إلى حدٍّ يَفقد معه الاحتمالَ <enough to ~ the patience of a saint>. «د» يُرْهِق <Small print *tries* the eyes.> (٣) يُذيب [الدُّهن إلخ] (٤) يستخلص أو يكرِّر بالحرارة (٥) يحاول **x** (٦) يقوم بمحاولة § (٧) محاولة ؛ تجربة.

try·ing [trī′ĭng] *(adj.)* مُرْهِق ؛ شاقّ ؛ مُفْقِدٌ القدرة على الاحتمال.

trying plane *(n.)* مِسْحَجُ مَسْح ؛ مِسحاجُ مَسْح (نج).

try on [trī ôn′; -ŏn′] *(vt.)* (١) يقيس ثوبًا (٢) يختبر.

try·out [trī′out′] *(n.)* (١) اختبار [لممثِّل أو لاعب رياضيّ إلخ] (٢) تجربة [لمسرحية قبل عرضها رسميًا].

try·pan·o·some [trĭp′an ə sōm′] *(n.)* المِثْقَبيّة : واحدة المِثْقَبيّات **Trypanosoma** وهي حيوانات دُنيا طُفَيْليّة.

try·pan·o·so·mi·a·sis [trĭp ə nə sō mī′ə sĭs] *(n.)* pl. **-a·ses** [-sēz′] داء المِثْقَبيّات : داءٌ ناشئٌ عن الإصابة بالمثقبيّات.

tryp·sin [trĭp′sĭn] *(n.)* التِّربسين : خميرة في العُصارة البنكرياسيّة (كح).

tryp·sin·o·gen [trĭp sĭn′ə jən] *(n.)* مولِّد التِربسين (كح).

tryp·to·phan [trĭp′tə făn′] *or* **tryp·to·phane** [-fān′] *(n.)* التِّريبتوفان : حَمْض أمينيّ متبلِّر (كح).

try·sail [trī′sāl′] *(n.)* شراع العواصف : شراع يُنشَر عند هبوب العواصف.

try square *(n.)* زاوية الضبط القائمة (نج).

tryst [trĭst; trīst] *(n.; vi.)* (١) موعد [أو مكان] اللقاء § (٢) يأتي في موعد لقاء.

try square

tryst·ing place *(n.)* مكانُ اللقاء [بناءً على موعد متَّفق عليه].

tsar [tsär] *(n.)* = czar.

tset·se [tsĕt′sĭ; tsē′tsē′] *(n.)* الشَّذاة : ذُبابة مَرَضِ النَّوم.

tsetse

T-shirt [tē′shûrt] *(n.)* (١) القميص التائيّ : قميصٌ قصير الكُمَّين لا قَبَّة له (٢) الكنزة التائيّة : كنزة شبيهةٌ بالقميص التائيّ.

T square *(n.)* المِسطرة التائيّة : مِسْطرة على شكل T.

T-square

tsu·na·mi [(t)sōō näm′ĭ] *(n.)* السُّونامي : موجةٌ بحرية ضخمة يتسبَّب بها تحرُّكٌ تَحْأَرْضيّ أو اضطراب بُركانيّ.

tsu·ris *also* **tzu·ris** [tsoor′ĭs] *(n.)* ضِيق ؛ عناء ؛ كَرْب (ع).

tsu·tsu·ga·mu·shi disease [(t)sōōt sə gə moo′shĭ] *(n.)* الحُمَّى النَّهريّة اليابانية (مض).

Tua·reg [twä′rĕg] *(n.)* الطّوارقيّ : واحد الطّوارق وهم بدوٌ مسلمون منتشرون في الأرجاء الوسطى والغربية من الصحراء الكُبرى.

tu·a·ta·ra [tōō′ə tär′ə] *(n.)* التّوتارا : حيوان زاحف شبيه بالعظاءة.

tuatara

tub [tŭb] *(n.; vt.; i.)* (١) حوض [خشبيّ أو معدنيّ للسوائل أو النباتات أو لغسل الملابس] (٢) حوض استحمام (٣) حمّام <She took a cold ~ before breakfast.> (٤) مركب قديم أو بطيء § (٥) يَغسل أو يضع في حوض **x** (٦) يغتسل أو يُغسَل.

tuba

tu·ba [tyōō′bə] *(n.)* التُّوبة : ضربٌ من الأبواق (مو).

tub·al [tyōō′bəl] *(adj.)* قَناتيّ (را. *tube 2*) <~ infection>.

tubal ligation *(n.)* ربط الأنابيب [جراحيًّا لمنع الإخصاب عند الإناث].

tu·bate [tyōō′bāt] *(adj.)* أُنبوبيّ.

tub·by [tŭb′ĭ] *(adj.)* (١) بدين (٢) قصير وبدين (٣) كَليل الصوت (مو).

tube [tyōōb] *(n.)* (١) أُنبوب (٢) قناة (ت) <fallopian ~> (٣) «أ» نَفَق [للسكة الحديدية]. «ب» السكّة الحديديّة (٤) الإطار الداخلي [في عجلة السيّارة] (٥) «أ» صِمام ألكترونيّ. «ب» صِمام مفرَّغ.

tube foot *(n.)* القَدَم القِنابيّة [في قُنْفُذيّات الجِلد].

tube·less tire [tyōōb′lĭs] *(n.)* الإطار اللّاأُنبوبيّ : إطار للسيّارات غير مشتمل على إطار داخليّ مختزن للهواء.

tube·let [tyōōb′lət] *(n.)* = tubule.

tube pan *(n.)* الوعاء الأُنبوبيّ ؛ القالب الأُنبوبي : وعاء أو قالب دائريّ الشكل في وسطه أنبوب مخروطيّ يُستخدم لعمل قوالب الحلوى على شكل حلقة.

tube pan

tu·ber [tyōō′bər] *(n.)* (١) دَرَنة [في جِذر] (نب) (٢) حَدَبة (ت).

tu·ber·cle [tyōō′bər kəl] *(n.)* (١) عُجْرة (٢) دُرَيْنة ؛ حُدَيْبَة.

tu·ber·cled [tyōō′bər kəld] *(adj.)* = tuberculate.

tubercul- بادئة معناها : «أ» باسيل السُّلّ. «ب» سُلّ.

tu·ber·cu·lar [tyōō bûr′-] *(adj.; n.)* (١) دَرَنيّ (٢) سُلّيّ (٣) مسلول § (٤) المسلول.

tu·ber·cu·late [tyōō bûr′kyə lĭt] *also* **tu·ber·cu·la·ted** [-lāt ĭd] *(adj.)* (١) دَرَنيّ ؛ مُتدرِّن (٢) «أ» سُلّيّ. «ب» مسلول.

tu·ber·cu·lin [tyōō bûr′kyə lĭn] *(n.)* السُّلّين : لقاحُ السُّلّ.

tuberculo- = tubercul-.

tu·ber·cu·loid [tyōō bûr′kyə loid] *(adj.)* سُلّانيّ : شبيهٌ بالسُّلّ.

tu·ber·cu·lo·sis [tyōō bûr′kyə lō′-] *(n.)* pl. **-lo·ses** السُّلّ (مض).

tu·ber·cu·lous [-′kyə ləs] *(adj.)* (١) دَرَنيّ (٢) سُلّيّ (٣) مسلول.

tube·rose [tyōōb′rōz′] *(n.)* مِسْكُ الرُّوم : نبات من النَّرجسيّات.

tu·ber·os·i·ty [tyōō′bə rŏs′ə tĭ] *(n.)* حَدَبة (ت).

tu·ber·ous [tyōō′bər əs] *(adj.)* دَرَنيّ.

tuberous root *(n.)* الجِذْر الدَّرَنيّ (نب).

tubi- بادئة معناها : أُنبوب ؛ أُنبوبيّ <*tubi*form>.

tu·bi·fex [tyōō′bə fĕks′] *(n.)* الهُلَيْبيّة : دودة حمراء صغيرة.

tub·ing [tyōō′bĭng] *(n.)* (١) أنبوب (٢) أنابيب ؛ شبكة أنابيب.

tu·bo·plas·ty [tyōō′bō plăs′tē] *(n.)* الجراحة الأنبوبيّة التعويضيّة.

tu·bu·lar [tyōō′byə lər] *(adj.)* أُنبوبيّ <a ~ calyx>.

tubular floret *(n.)* = disk flower.

tu·bule [tyōō′byōōl] *(n.)* (١) الأُنَيْبيب: أُنبوب صغير (٢) قُنَيَّة (ت).

tubuli- بادئة معناها «أ» أنبوب صغير. «ب» أنبوبيّ.

tu·bu·lif·er·ous [tyōō′byə lif′ər əs] *(adj.)* أُنَيْبيبيّ: ذو أُنَيْبيبات؛ مؤلَّف من أنابيب صغيرة.

tu·bu·li·flo·ral; tu·bu·li·flo·rous *(adj.)* أنبوبيّ الزّهر (نب).

tu·bu·lous [tyōō′-] *(adj.)* أنبوبانيّ: على شكل أنبوب أو مؤلَّف من أنابيب.

tu·bu·lure [tyōō′byə lər] *(n.)* المَسال الأنبوبيّ: فتحة أنبوبية قصيرة.

tu·chun [dōō′jōōn′] *(n.)* قائد عسكريّ أو أمير حرب صينيّ.

tuck [tŭk] *(vt.; i.; n.)* (١) «أ» يرفعُ [طرفَ الثّوب] مشمِّرًا عن. «ب» يُثْنّي: يُحدِث في الثوب ثنْيات مَخيطة. «ج» يزمُّ (٢) يَدُسّ [الكتابَ تحت إبطِه إلخ] (٣) يُدخِل [طرف القميص أو الغطاء في موضعه] (٤) يُغطّي [طفلًا بإقحام أطراف غطاء السّرير في مواضعها] x (٥) يَثْبُتُ [في موضعه] تحت رباط أو نحوه <tailored skirt which ~s in> § (٦) ثنية؛ طيّة (٧) مص tuck (٨) قرع الطّبول (٩) قوة؛ نشاط.

to ~ away *or* in يأكل أو يشرب بِنَهَم.

tuck·er [-′ər] *(n.; vt.)* (١) فا tuck (٢) تخريم حَوْلَ عُنُق الفستان § (٣) يُرهِق.

tuck·er–bag [tŭk′ər-] *(n.)* المِزْوَد: وعاء للزاد يحمله المسافر.

tuck·et [tŭk′ĭt] *(n.)* التّبويق: نَفْخٌ بالأبواق.

tuck-shop [tŭk′shŏp′] *(n.)* دكّان الحلوانيّ؛ دكان بيع الحلويات (بر).

-tude لاحقة معناها: حالة؛ وضع؛ صِفة؛ درجة.

Tu·dor [tyōō′dər] *(n.; adj.)* (١) أُسرة تيُوْدَر: أُسرة حكمت إنكلترا من ١٤٨٥ إلى ١٦٠٣ (٢) التيُوْدَريّ: أحد أفراد أسرة تيودر § (٣) تيودريّ: ذو علاقة بأُسرة تيودَر أو مميَّزٌ لعهدها.

Tues·day [tyōōz′dĭ; -dā] *(n.)* الثُّلاثاء؛ يوم الثُّلاثاء.

tu·fa [tyōō′fə] *(n.)* (١) tuff (٢) التُّوفة: حَجَر مَساميّ [ذو مَسامّ].

tuff [tŭf] *(n.)* الطَّفَّة: حجر مساميّ يتشكّل من رماد البراكين.

tuf·fet [tŭf′ĭt] *(n.)* (١) tuft *1c* (٢) مقعد خفيض.

tuft [tŭft] *(n.; vt.; i.)* (١) «أ» خُصلة شَعر. «ب» عنقود. «ج» باقة أعشاب أو أوراق أو زُهيرات نامية؛ كُتّة من الكلأ. «د» القُنْزُعة: الرِّيش المجتمع في رأس الدِّيك (٢) حِلْيَة الخيوط: حُزمة خيوط زَغِبة تُتَّخذ حِلْيَة (٣) أجمة صغيرة (٤) رابية § (٥) يخصِّل؛ يُعنقِد: يزوِّد بخُصَل أو عناقيد إلخ x (٦) يتخصَّل؛ يتعنقد إلخ.

— **tuft·y** *(adj.)*

tug [tŭg] *(vi.; t.; n.)* (١) يشدّ بقوّة (٢) يناضل (٣) يكدح x (٤) يجرّ؛ يسحب (٥) يحمل بمشقّة أو جهد (٦) يَقْطر [بزورق قطر] § (٧) السَّيْر: «أ» أحد السَّيرَيْن أو الحبلَيْن اللذين يجرّ بهما الحيوان مركبة أو عربة. «ب» حبل أو سلسلة [للسحب أو القطر] (٨) «أ» شدٌّ. «ب» شَدّةٌ عنيفة (٩) «أ» جهد جهيد. «ب» صراع بين شعبين أو قوتين متعارضتين (١٠) زورق قطر أو سحب.

to ~ at someone's heartstrings يقطع نِياط قلبه: يؤثّر [الفيلمُ السينمائيُّ أو الروايةُ] في امرئٍ ما تأثيرًا كبيرًا.

tugboat

tug·boat [tŭg′bōt′] *(n.)* زَوْرق القطر أو السحب.

tug of war *(n.)* (١) صراع عنيف (٢) شدّ الحبل (رب).

tu·grik [tōō′grĭk] *(n.)* الطُّغْريق: وحدة النَّقد في منغوليا.

tu·i·tion [tōō ĭsh′ən] *(n.)* (١) تعليم (٢) رَسم التعليم أو أُجرتُه.

tu·la·re·mia [tōō′lə rē′mĭ ə] *(n.)* داء التُّلَريّات: داء يصيب القوارض والإنسان وبعض الحيوانات الداجنة، ويتّخذ في الإنسان شكل حُمّى متقطعة تستمر عدة أسابيع (مض).

tu·le [tōō′lĕ] *(n.)* الدِّيس: عشب مائيّ أميركيّ (نب).

tu·lip [tyōō′lĭp] *(n.)* التُّوليب؛ الخُزامى: نباتٌ من الفصيلة الزَّنبقيّة.

tulip

tulip tree *(n.)* شجرة التوليب: شجرة شمالأميركية ذات زهر كزهر التوليب.

tu·lip·wood [tyōō′-] *(n.)* خشب التوليب: خشب شجرة التوليب.

tulle [tōōl] *(n.)* التُّول: حريرٌ رقيق تُتَّخذ منه حُجُب النساء.

tul·li·bee [tŭl′ə bē′] *(n.)* التَّولَبيّ: ضربٌ من سمك السَّيْسَك cisco.

tum·ble [tŭm′bəl] *(vi.; t.; n.)* (١) يَتَشَقْلَب (٢) «أ» يعثر؛ يقع على الأرض. «ب» يتدهور؛ ينخفض [السِّعرُ] فجأةً. «ج» ينهار؛ يهوي (٣) يتقلّب <~*d* in her sleep> (٤) يسقط أو يتدفّق بسرعة واختلاط (٥) يهرول باضطراب (٦) يصادف؛ يقع أو يعثر على شيء مصادفةً (٧) يعي فجأة [حقيقةً أو أمرًا]؛ يفتح عينيه على واقع ما <suspicious for some time and all of a sudden I ~*d* to it> x (٨) «أ» يَقْلِب؛ يُسقِط. «ب» يصرع؛ يطرح أرضًا (٩) يُلقي أو يطرح أو يضع بسرعة وبغير نظام (١٠) يُفسد نظام شيء (١١) يُدير: يضع [القطعَ المعدنية أو الملابس] في برميل دوّار (را tumbler 5.) بغية صقلها أو طَلْيها أو تجفيفها § (١٢) «أ» كَوْمة؛ رُكام. «ب» فوضى (١٣) مص tumble.

tum·ble·bug [-bŭg′] *(n.)* البَقّة المتقلِّبة: ضربٌ من الخنافس.

tum·ble·down [tŭm′-] *(adj.)* متداعٍ؛ متداعٍ للسقوط <a ~ shack>.

tum·bler [tŭm′-] *(n.)* (١) «أ» البهلوان. «ب» الحَمام البهلوانيّ (٢) قَدَح؛ كأس (٣) ريشة القفل [التي تحرِّك لسانَ القفل] ونحوها (٤) الدُّمية المتمايلة: دمية تتمايل إذا مُسَّت ثمّ لا تلبث أن تستعيد توازنها (٥) البرميل الدّوّار: برميل دوّار [لصقل المعادن أو تجفيف الملابس] (٦) عاملٌ يشغِّل برميلًا دوّارًا.

tum·ble·set [tŭm′bəl sĕt] *(n.)* = somersault *1.*

tum·bling [tŭm′-] *(n.; adj.)* (١) البهلوانيّة: البراعةُ في الألعاب البهلوانيّة أو ممارستُها § (٢) منحرِف [صفة لوَسْم الخِراف إلخ].

tumbling barrel *(n.)* = tumbler 5.

tum·brel *or* **tum·bril** [tŭm′brəl] *(n.)* (١) عَرَبة [من عَرَبات المَزارع] (٢) عَرَبة لنقل السُّجناء المحكومين إلى المقصلة [أيام الثورة الفرنسية].

tumbrel *1.*

tu·me·fac·tion [tyōō′mə făk′-] *(n.)* (١) تَوَرُّم (٢) وَرَم.

tu·me·fac·tive [-′tĭv] *(adj.)* مُوَرِّم: مُحدِثٌ وَرَمًا.

tu·me·fy [to͞o'mə fī'; tyo͞o'-] *(vi., t.)* (١) يَرِمُ؛ يتورّم x (٢) يُوَرِّم.

tu·mes·cence [tyo͞o mĕs'əns] *(n.)* تَوَرُّم؛ انتفاخ.

tu·mes·cent [tyo͞o mĕs'ənt] *(adj.)* متورِّم؛ وَرِم؛ مُنتفِخ.

tu·mid [tyo͞o'-] *(adj.)* (١) وَرِم؛ منتفِخ (٢) طَنّان؛ رَنّان <~ style>.

tu·mid·i·ty [tyo͞o mĭd'ə tĭ] *(n.)* (١) تَوَرُّم؛ انتفاخ (٢) الطَّنّانيّة: صفةُ الأسلوب الطَّنّان.

tum·my [tŭ'mĭ] *(n.)* المَعِدة أو البطن.

tu·mor *or* **tu·mour** [tyo͞o'mər] *(n.)* (١) وَرَم (٢) وَرَم خبيث.

tu·mor·ous [-əs] *(adj.)* وَرَميّ؛ وَرَمانيّ: متعلّق بالورم أو شبيهٌ به.

tump [tŭmp] *(n.)* (١) رابية (٢) اللَّفيف: مجتمعُ أشجار أو شُجَيْرات أو أعشاب [وبخاصة حين يُحْدِثُ بقعة جافة في مستنقع].

tu·mu·lar [tyo͞o'myə lər] *(adj.)* هَضَبيّ: «أ» منسوب إلى هَضَبة. «ب» على شكل هضبة.

tu·mult [tyo͞o'mŭlt] *(n.)* (١) «أ» شَغَب. «ب» فتنة؛ اضطراب (٢) جَلَبة (٣) «أ» اضطراب نفسيّ. «ب» نَوْبة [بكاءٍ أو ابتهاج إلخ].

tu·mul·tu·ar·y [-'cho͞o wĕr'ĭ] *(adj.)* (١) tumultuous (٢) مُختلِط؛ مضطرب.

tu·mul·tu·ous [tyo͞o mŭl'cho͞o əs] *(adj.)* (١) عنيف؛ صاخب (٢) مشاغب؛ نزّاع إلى إحداث الفِتَن (٣) هائج؛ مضطرب.

tu·mu·lus [tyo͞o'myə ləs] *(n.)* pl. **-li** [lī'] رُكام من تراب [فوق قبر].

tun [tŭn] *(n.)* (١) برميل للخَمْر (٢) التَّنّ: وحدة سعة تساوي ٢٥٢ غالونًا.

tu·na [to͞o'nə] *(n.)* (١) prickly pear (٢) التُّنّ؛ سمك التُّنّ.

tun·a·ble *also* **tune·a·ble** [tyo͞o'nə bəl] *(adj.)* (١) متناغِم (ا ق) (٢) قابل للدَّوزنة أو المؤالَفة.

tun·dra [tŭn'drə] *(n.)* التَّنْدرَة: سهلٌ أجرد في المنطقة القطبيّة الشماليّة.

tune [tyo͞on] *(n.; vt.; i.)* (١) مَوْقف؛ مِزاج ذهنيّ (٢) «أ» مقطوعة موسيقية. «ب» لحن (٣) درجة النغم الصحيحة (٤) تناغم؛ انسجام <out of ~ with his surroundings> (٥) حالة جيِّدة <to keep the body in ~> (٦) مقدار <turns out electricity from coal to the ~ of 200,000 kilowatts> § (٧) يَبِضّ؛ يُدَوْزِن أوتار الآلة الموسيقية (٨) يناغم (٩) يضبط أو يعدِّل المحرِّك إلخ (١٠) يؤالف؛ يوفِّق (رد) x (١١) يتناغم (١٢) يتآلف؛ يتوافق (رد).

to ~ in يُوفِّق؛ يؤالف: يعدِّل الجهاز المستقبِل بحيث يسمع ما يريد سماعه (رد).

to ~ out يَفُضُّ المؤالفة: يعدِّل الجهاز المستقبِل بحيث يتخلّص من غير المرغوب فيه (رد).

tune·ful [tyo͞on'fəl] *(adj.)* موسيقيّ؛ رخيم؛ متآلف النَّغمات.

tune in *(vt.; i.)* يسمع أو يشاهد البَثّ.

tune out *(vt.; i.)* (١) يتجاهل x (٢) يتجاهَل ما حوله.

tun·er [tyo͞o'nər] *(n.)* فا tune، مثل: «أ» المُدَوْزِن. «ب» المُوفِّق: جهاز التوفيق أو المؤالفة (رد).

tune·smith [tyo͞on'-] *(n.)* الملحِّن: مؤلِّف الألحان، وبخاصة الشعبيّة منها.

tune–up [tyo͞on'ŭp'] *(n.)* (١) «دَوْزَنَة»؛ ضبط؛ تعديل (٢) تجربة تمهيدية [استعدادًا لمسابقة].

tung oil [tŭng] *(n.)* زيت التّانغ (را. tung tree).

tungst- *or* **tungsto-** بادئة معناها: تُنْجِسْتِين.

tung·state [tŭng'stāt'] *(n.)* التُّنجستات: ملح حمض التُّنْجستين (ك).

tung·sten [tŭng'stən] *(n.)* التُّنْجِستين؛ الوُلْفرام: عنصر فلزّيّ يتميّز بأعلى نقطة انصهار بين الفلزّات جميعًا (ك).

tung·sten·ic [tŭng stĕn'-]; **tung·stic** [tŭng'-] *(adj.)* تُنجِسْتينيّ.

tung·stite [tŭng'stīt] *(n.)* التُّنجستيت (مع).

tung tree *(n.)* شجرة التانغ: شجرة صينيّة يُستخرج منها زيت التانغ الجَفُوف.

tu·nic [tyo͞o'nĭk] *(n.)* (١) التُّنُك: «أ» رداء إغريقيّ أو رومانيّ طويل يُشدُّ بحزام حول الخصر. «ب» surcoat. «ج» سترة قصيرة ضيّقة يرتديها الجنود والشرطة إلخ. «د» رداء كهنوتيّ. «هـ» تنورة فوقيّة قصيرة. «و» بلوزة أو سترة طويلة (٢) غشاء؛ غلاف؛ إهاب («نب» و«ح»).

tu·ni·ca [-'nə kə] *(n.)* pl. **-cae** [kē'; sē'] غشاء؛ غلاف؛ إهاب («نب» و«ح»).

tu·ni·cate [-'nə kĭt; -kāt] *(adj.; n.)* (١) مُغَشًّى؛ مغلَّف؛ مؤهَّب (٢) متراكز الطَّبقات: ذو طبقات متّحدة المركز <An onion is a ~ bulb.> § (٣) الزِّقّيّ: واحدُ الزِّقِّيّات **Tunicata** وهي طائفة من الحيوانات البحرية ذات أجسام شبيهة بالزِّقاق.

tu·ni·cle [tyo͞o'nə kəl] *(n.)* التُّنُكُل: رداء كَهنوتيّ قصير.

tuning fork *(n.)* الشوكة الرنّانة (مو).

tuning fork

tun·nel [tŭn'əl] *(n.; vt.; i.)* (١) «أ» قِمع (ع). «ب» أُنبوب (٢) «أ» نَفَق. «ب» جُحْر § (٣) يشقّ نفقًا أو نحوه عبرَ شيء أو تحته x (٤) يشقّ [أو يستخدم] نفقًا.

tun·ny [tŭn'ĭ] *(n.)* التُّنّ: سمك التُّنّ (را. *tuna 2*).

tup [tŭp] *(n.; vt.; i.)* (١) كَبْش؛ خروف (٢) جسم معدنيّ ثقيل [كرأس المطرقة أو ثِقل رقّاص السّاعة] § (٣) يسافد؛ يُجامع [نعجةً].

tu·pe·lo [to͞o'pə lō] *(n.)* الطُّوبال: شجر شمالأميركيّ ضخم أو خَشَبُه.

-tuple لاحقة معناها: مجموعة من عناصر متعدّدة <quin*tuple*>.

tup·pence [tŭp'əns] *(n.)* = twopence.

tup·pen·ny [tŭp'ə nĭ] *(adj.)* = twopenny.

tuque [tyo͞ok] *(n.)* التُّوكة: قلنسوة كنديّة محبوكة.

Tu·ra·ni·an [tyo͞o rā'-] *(adj.; n.)* (١) طورانيّ: متعلّق بمجموعة من

الشعوب أو اللغات الآسيوية ليست بآريّة ولا ساميّة § (٢) الطورانيّ: أحد أفراد شعبٍ ناطقٍ بلسانٍ طورانيّ (٣) اللغات الطُّورانية [كالفنلنديّة والمجريّة والتركيّة والصّينيّة].

tur·ban [tûr′bən] *(n.)* (١) عِمامة (٢) التُّربان: قبّعة نسوية ضيّقة لا حرفَ لها.

turban 2.

tur·baned or **tur·banned** [-′bənd] *(adj.)* (١) معمَّم (٢) مُتَرْبَن (را. turban).

tur·bel·lar·i·an [tûr′bə lâr′ĭ ən] *(n.; adj.)* (١) المُثيرة: دودة من المثيرات **Turbellaria** وهي طائفة من الدِّيدان المسطَّحة ذات أهداب تثير في الماء تيّارات دقيقة § (٢) مُثيريّ.

tur·bid [tûr′bĭd] *(adj.)* (١) عَكِر؛ كَدِر <a ~ river> (٢) كثيف <~ clouds> (٣) مشوَّش؛ مضطرب <~ thought>.

tur·bi·dim·e·ter [tûr′bĭ dĭm′-] *(n.)* المِكدار: مقياس الكُدُورة.

tur·bid·i·ty [tûr bĭd′-] *(n.)* (١) عَكَر؛ كَدَر؛ كُدُورة (٢) كثافة (٣) تشوُّش.

tur·bi·nal [tûr′bə-] *(adj.; n.)* (١) turbinate § (٢) العظم المفتول.

tur·bi·nate[1] [tûr′bə nĭt; -nāt] or **tur·bi·nat·ed** [-nā′təd] *(adj.)* (١) مفتول؛ لولبيّ (٢) على صورة مخروط مقلوب.

turbinate[2] *(n.)* الصفيحة المطويّة [على جدران الجيوب الأنفيّة] (ت).

tur·bine [tûr′bĭn] *(n.)* التُّربينة؛ العَنَفة: محرِّك ذو دُولاب يُدار بقوّة الماء أو البخار أو الهواء.

tur·bit [tûr′bĭt] *(n.)* التَّربيت: حَمام قصيرُ الرأس والمنقار.

tur·bo [tûr′bō] *(n.)* (١) turbosupercharger (٢) تُربينة؛ عَنَفة (را. turbine).

turbo- بادئة معناها: تُربينيّ <*turbo*car>.

tur·bo·car [tûr′bō-] *(n.)* السيّارة التُّربينيّة: سيّارة تعمل بتُربينة غاز.

tur·bo·charg·er [-chär′jər] *(n.)* = turbosupercharger.

tur·bo·fan [tûr′bō făn′] *(n.)* (١) المِرْوحة التُّربينيّة (مك) (٢) المحرِّك التُّربينيّ المِرْوحيّ: محرِّك طائرة ذو مروحة تُربينيّة.

tur·bo·gen·er·a·tor [tûr′bō jĕ′-] *(n.)* المُوَلِّد التُّربينيّ (كب).

tur·bo·jet [tûr′-] *(n.)* النَّفّاثة التُّربينيّة: طائرة ذات محرِّكات تربينيّة نفّاثة.

turbojet engine *(n.)* المحرِّك النَّفّاث التُّربينيّ (طي).

tur·bo·prop [tûr′-] *(n.)* المحرِّك المِروحيّ التُّربينيّ أو طائرة مزوّدة به.

turbo–propeller engine *(n.)* المحرِّك المِروحيّ التُّربينيّ (طي).

turboprop–jet engine *(n.)* = turbo–propeller engine.

tur·bo·su·per·charged [-′pər chärjd] *(adj.)* مُزَوَّد بشحّان تُربينيّ (طي).

tur·bo·su·per·charg·er [-chär′jər] *(n.)* الشَّحّان التُّربينيّ («مك» و«طي»).

tur·bot [tûr′bət] *(n.)* التُّربوت؛ سمك التُّرس: ضربٌ من سمك موسى.

turbot

tur·bu·lence or **tur·bu·len·cy** [tûr′byə-] *(n.)* (١) تمرُّد؛ شَغَب؛ فِتنة (٢) اضطراب.

tur·bu·lent [tûr′-] *(adj.)* (١) متمرِّد؛ مشاغب (٢) مضطرب (٣) عنيف؛ هائج.

turbulent flow *(n.)* الدَّفق المضطرب؛ الدَّفق الدُّوّاميّ.

Tur·co- or **Tur·ko-** بادئة معناها: «أ» تُركي. «ب» تركيّ و . . .

turd [tûrd] *(n.)* (١) رَوْث؛ غائط <sheep ~s> (٢) شخص حقير (ع).

tu·reen [to͞o rēn′; tyo͞o-] *(n.)* السُّلطانيّة: وعاءٌ يُسكَب منه الحَساء أو الخُضَر إلخ.

tureen

turf [tûrf] *(n.; vt.)* (١) «أ» الطَّبقة العُليا من التربة [المشتملة على العشب وجذوره]. «ب» مَرج (٢) الخُثّ أو قطعة منه (را. peat) (٣) «أ» حلبة سباق الخيل. «ب» سباق الخيل § (٤) يكسو بالأعشاب (٥) يطرد (ع).

turf·man [tûrf′-] *(n.)* المُولَع بسباق الخيل. وبخاصة: مالك جياد السِّباق.

turf·ski [-′skē′] *(n.)* زُحلوفة العشب: زحلوفة صالحة للتزحلق على العشب.

turf·y [tûr′fĭ] *(adj.)* (١) مُعشَوشِب (٢) خُثِّيّ: منسوب إلى الخثّ (را. peat) (٣) خاصّ بسباق الخيل.

tur·ges·cence [tûr jĕs′əns] *(n.)* (١) وَرَم؛ انتفاخ (٢) الطَّنّانيّة: صفة الأسلوب الطَّنّان.

tur·ges·cent [tûr jĕ′sənt] *(adj.)* (١) وَرِم؛ مُنتفِخ (٢) طنّان.

tur·gid [tûr′jĭd] *(adj.)* (١) وَرِم؛ مُنتفِخ (٢) طنّان <~ style>.

tur·gor [tûr′gər] *(n.)* وَرَمٌ؛ انتفاخ.

tu·ris·ta [to͞o rē′stə] *(n.)* السُّوَاح: إسهال يصيب السُّيّاح.

Turk [tûrk] *(n.)* (١) التُّركيّ: أحد أبناء تركيا (٢) المُسلِم. وبخاصة: أحد رعايا السُّلطان العثمانيّ المسلمين (٣) جواد تركيّ.

tur·key [tûr′kĭ] *(n.)* (١) الدِّيك الروميّ (طا) (٢) إخفاق؛ عَمَلٌ مُخفِق (٣) شخص أحمق.

turkey 1.

turkey buzzard *(n.)* النَّسر التركيّ: نَسْر أميركيّ ذو رأس أحمر.

turkey buzzard

turkey–cock [tûr′kĭ kŏk′] *(n.)* (١) الدِّيك الرُّوميّ (ح) (٢) شخص مغرور أو تيّاه.

turkey hen *(n.)* الدَّجاجة الرُّوميّة: أنثى الدِّيك الرُّوميّ.

Turkey red *(n.)* (١) اللون الأحمر الزّاهي (٢) قُماش أحمر زاهٍ.

turkey shoot *(n.)* رَمْيُ الدِّيَكة الرُّوميّة: مباراة في الرماية على الدُّيوك الرُّوميّة الحيّة.

turkey trot *(n.)* رقصة الدُّيوك الرُّوميّة: رقصة زنجيّة الأصل.

turkey vulture *(n.)* = turkey buzzard.

Turk·ic [tûr′kĭk] *(adj.; n.)* (١) تُوركيّ: متعلّق بأسرة من اللغات تشمل التركية والأذربيجانيّة والتّركمانية والقيرغيزية إلخ (٢) تركيّ § (٣) أسرة اللغات التُّوركيّة.

Turk·ish [tûr′-] *(adj.; n.)* (١) تركيّ (٢) Turkic § (٣) اللغة التركية .

Turkish bath *(n.)* الحَمّام التُّركيّ: حَمّام يُوضع فيه المُستحِمُّ في حُجرة محمّاة حتى يأخذ في التعرُّق ثم يُدَلَّك جسمُهُ ويُغسل .

Turkish coffee *(n.)* القهوة التُّركية: قهوة محلّاة من البن المطحون .

Turkish delight *(n.)* راحة الحلقوم: ضربٌ من الحلوَى .

Turkish towel *(n.)* المِنشفة التركيّة: منشفة قطنيّة طويلة الوَبَر .

Turk·ism [tûr′kĭz əm] *(n.)* الأتراكيّات: عادات الأتراك ومعتقداتُهم ومؤسساتُهم ومبادئهم .

Turko- = Turco-.

Tur·ko·man *or* **Tur·co·man** [tûr′kə mən] *(n.)* (١) التُّركُماني: أحد أفراد مجموعة من القبائل المقيمة حول بحر آرال وفي أجزاء من إيران وأفغانستان (٢) التُّركمانيّة: لغة التُّركمان .

Turk's head *(n.)* رأس التُّركيّ: «أ» عقدة بَحريّة على شكل عِمامة . «ب» أو **Turk's cap**: زنبق المَرْتاغُون (نب) .

tur·mer·ic [tûr′mə rĭk; tyōō′-] *(n.)* (١) الكُرْكُم: نبات من الفصيلة الزَّنجبيليّة (٢) مسحوق جذور الكُرْكُم [يُتخذ تابلًا أو صبغًا أصفرَ أو منبّهًا] .

tur·moil [tûr′moil] *(n.)* اضطراب أو اهتياج عظيم .

turn [tûrn] *(vt.; i.; n.)* (١) «أ» يدير . «ب» يلوي (٢) «أ» يقلّب . «ب» يحرِّك . «ج» يقلّب رأيًا أو مسألة (٣) «أ» يَقْلِب . «ب» يحرث . «ج» يدوِّخ . «د» يُغْثي؛ يصيب بالغثيان (٤) «أ» يحوّل . «ب» يصدّ أو يفرّق [الحشود] . «ج» يدور حول [منعطف] . «د» يتجاوز [ساعةً أو سنًّا معيّنة] (٥) «أ» يصرف [الانتباه] إلى أو عن . «ب» يحمله على تغيير طريقة حياته أو مذهبِهِ . «ج» يردّ [كيده إلى نحره إلخ] . «د» يثير؛ يبغّض؛ يحرِّضه على <to ~ a child against its father> . «هـ» يوجِّه . «و» يسوق [الماشية] (٦) «أ» يخثّر . «ب» يغيِّر [اللون] . «ج» يُحيل؛ يحوِّل إلى <to ~ water into ice> . «د» يترجم؛ ينقل (٧) «أ» يدوِّر: يعطيه شكلًا مستديرًا . «ب» يشكّل أو يصوغ ببراعة وفنّ <to ~ a sentence> (٨) «أ» يشكّل بالطيّ أو الثّني . «ب» يجعله كليلَ الحَدّ (٩) «أ» يدوِّر: يتخلص من بضاعة مخزونة ليفسح المجال لغيرها . «ب» يجني ربحًا [وبخاصة بالتجارة] x (١٠) «أ» يدُور . «ب» يصاب بدُوار (١١) «أ» يتخذ سبيلَهُ . «ب» يتخذ وجهةً مختلفة . «ج» يرتدّ؛ ينقلِب على عقبيه . «د» ينعطف (١٢) «أ» يلتفت . «ب» ينقلب على . «ج» ينقضّ؛ يثب فجأة (١٣) «أ» ينتقل . «ب» يغيِّر طريقة حياته أو تفكيره . «ج» يغيّر مذهبه الديني أو السياسي <He's a Catholic and I'm going to ~.> . «د» يرجع أو يلجأ إلى . «هـ» ينكبّ [على دراسة شيء إلخ] (١٤) «أ» يتغيّر لونُهُ <The leaves have *~ed.*> . «ب» يتخثّر <The milk had *~ed.*> . «ج» يضطرب عقليًّا . «د» يتحوَّل؛ ينقلب إلى . «هـ» يصبح <to ~ pale> . «و» يصاب بالغثيان (١٥) يخرط [الخشب] بمخرطة § (١٦) «أ» دَوَران . «ب» دَوْرَة (١٧) «أ» انعطاف . «ب» انحراف . «ج» منعطف؛ زاوية (١٨) جولة؛ نزهة قصيرة <a ~ through the garden> (١٩) «أ» نوبةُ عمل . «ب» مباراة . «ج» دور <It's my ~ to play.> . «د» فصل قصير [في برنامج منوَّعات] . «هـ» الفنّان المُؤدّي لهذا الفصل (٢٠) «أ» مِخرطة . «ب» دولاب غَزْل . «ج» سَقّاطة (٢١) مَطْلب؛ حاجة؛ غرض <This will serve your ~.> (٢٢) «أ» تغيُّر؛ تحوُّل؛ انقلاب <hoped for a ~ in her luck> . «ب» المنقَلَب: نقطة التغيّر أو أوانُه <at the ~ of the century> (٢٣) «أ» صفة مميِّزة <*~s* of the Greek genius> . «ب» صياغة لغوية . «ج» طريقة في التعبير خاصةٌ . «د» شكل؛ قالب (٢٤) «أ» التفاف . «ب» لَفّة (٢٥) «أ» مَيْل <a ~ for philosophy> . «ب» اتجاه <The conversation took an interesting ~.> . «ج» نزعة (٢٦) «أ» نوبة مرض أو إغماء أو دُوار . «ب» صدمة [عصبية] (٢٧) صفقة أو ربح ناشئ عنها .

a good ~, خدمة؛ معروف؛ عملٌ ودّيّ .

an ill ~, عملٌ جافٍ؛ معاملة سيئة .

at every ~, دائمًا؛ في كلّ مناسبة .

by *~s* بالتناوب؛ «بالدَّور» .

in ~, تباعًا؛ على التعاقب .

out of ~, (١) بغير الترتيب الصحيح (٢) على نحو غير حكيم؛ في غير الزمان أو المكان الصحيح .

to a ~, على الوجه الأكمل أو الأفضل .

to ~ a blind eye يتجاهل؛ يغضّ الطَّرْف .

to ~ a deaf ear يتجاهل؛ يرفض الاستماع .

to ~ away (١) يصرف؛ يطرد (٢) يردّ؛ يصدّ (٣) يرفض قبوله أو إدخاله (٤) ينصرف؛ يرحل .

to ~ back (١) يعود؛ يرجع؛ ينكص (٢) يردّ؛ يصدّ (٣) يقلب إلى الوراء .

to ~ color (١) يتغيّر لونه (٢) يحمَرّ وجهه (٣) يشحُب .

to ~ down (١) ينطوي (٢) يطوي (٣) يقلب رأسًا على عقب (٤) يخفِّف [نور المصباح] (٥) يخفض [صوت المذياع] (٦) يرفض .

to ~ in (١) يقدِّم؛ يسلِّم (٢) يُخبر أو يبلِّغ [الشرطة] عن (٣) ينعطف ويدخل (٤) يأوي إلى الفراش (ع) .

to ~ informer يخون أصحابه أو يفشي سرَّهم .

to ~ King's *or* Queen's evidence يشهد ضدّ شركائه في الجريمة [مقابل الوعد بإطلاق سراحه] .

to ~ loose (١) يُعتِق؛ يحرِّر (٢) يطلق النار من (٣) يفتح النّار على (٤) يُسهِب في الكلام .

to ~ off (١) يصرف؛ يطرد (٢) يبيع؛ يتخلص من (٣) يتجنّب؛ يتفادى (٤) ينجز؛ يصنع (٥) يوقف تدفق الماء إلخ (٦) يطفئ [النور] (٧) يشنق (٨) ينحرف [عن الطريق الرئيسي] (٩) يَفْسُد (١٠) يصبح .

to ~ on (١) يفتح [حنفيّة] (٢) يُشعل [النور] (٣) يُدير [جهاز الراديو] (٤) يهاجم؛ يقاوم (٥) يُنْشي: يجعله ينتشي بإعطائه المخدرات (ع) (٦) يثير اهتمامه (٧) يثيره جنسيًّا .

to ~ one's back يُنْكِر؛ يرفض .

to ~ one's coat يتخلى عن حزبه [طمعًا في ربح أو التماسًا للسلامة] .

to ~ one's hand
to ~ a hand } (١) ينهمك في عمل يدويّ (٢) ينكبّ على .

to ~ out (١) يطرد (٢) يقلب ظهرًا لبطن (٣) «أ» يُفرغ بغية التنظيف . «ب» ينظّف (٤) يصنع ؛ يُنتج (٥) يُجهِّز ؛ يكسو (٦) يطفئ [النورَ] (٧) يغادر المنزل [تلبية لدعوة أو نداء] (٨) يغادر الفراشَ (٩) يَثْبُت في النهاية أنه . . . (١٠) ينتهي (١١) يصبح .

to ~ over (١) يقلِب (٢) يقلّب (٣) يفكّر في (٤) يتصفّح (٥) يسلّم إلى (٦) يتلقى [بضاعة] ثم يبيعها (٧) يبيع من السلَع ما مقداره كذا (٨) ينقلب (٩) يدور (١٠) «تنقلب» معدتُهُ من الغثيان (١١) يثب قلبُهُ هَلَعًا .

to ~ the scale (١) يزن ؛ يبلغ وزنه (٢) يحسم أمرًا .

to ~ the tables يغيّر وضعًا ما لمصلحته .

to ~ the trick يُحدث الأثرَ المطلوب .

to ~ to ينكبّ على العمل ؛ يعمل بهمّة ونشاط .

to ~ turtle ينقلب رأسًا على عقب .

to ~ up (١) يكتشف (٢) «أ» يرفع [فتيل المصباح] . «ب» يقوّي [النور أو صوتَ المذياع] . «ج» يَثْني أو يردّ أو يقْلب إلى أعلى (٣) «أ» يبحث [عن كلمة أو حقيقة] في كتاب . «ب» يرجع إلى كتاب (٤) يقتل (٥) ينتج الطاقة بنسبة كذا (٦) يَبرز ؛ يَظْهر (٧) يجيء ؛ يحضر (٨) يَثْبُت أنه . . . (٩) يَحْدث على غير توقّع (١٠) يتخلى عن (١١) يُطلق ؛ يحرّر .

to ~ up one's nose يُبدي الازدراء .

turn·a·bout [tûrn′-] *(n.)* (١) تحوّل أو انقلاب [في الاتجاه أو الرّأي أو السّياسة أو الولاء] (٢) المُرْتدّ ؛ الخارج على حزبه (٣) merry–go–round .

turn·a·round [tûrn′-] *(n.)* (١) الدّوْرة : تجهيز الطائرة أو السفينة إلخ للإقلاع بعد وصولها (٢) turnabout *1* (٣) مكان الدّوران : المساحة اللازمة للسيارة لتلتفّ حول نفسها .

turn bridge *(n.)* = swing bridge.

turn·buck·le [-′bə kəl] *(n.)* الشّدّادة : أداة تَشُدّ عصًا أو حبلًا .

turnbuckle

turn·coat [-′kōt] *(n.)* المُرتدّ ؛ الخارج : المتخلّي عن عقيدته أو حزبه .

turn·cock [tûrn′kŏk′] *(n.)* = stopcock.

turn·down [tûrn′doun] *(adj.; n.)* (١) قابلٌ للطّيّ أو القلب . وبخاصة : يُلبس مطويًّا أو مقلوبًا <a ~ collar> § (٢) رَفْضٌ (٣) شيء مطويّ أو مقلوب (٤) downturn .

turned–on *(adj.)* (١) تابعٌ الموضةَ (ع) (٢) «أ» مُثارٌ [بعقّار منبّه] . «ب» مُثار جنسيًّا (ع) .

turn·er [tûr′nər] *(n.)* (١) فا turn (٢) الخرّاط : المُشتغل في الخِراطة (٣) عضو نادٍ رياضيّ .

turn·er·y [tûr′nə rĭ] *(n.)* (١) الخِراطة (٢) مُنتجاتُ الخرّاط أو معملُه .

turn·ing [tûr′nĭng] *(n.)* (١) مص turn (٢) مُنْعطَف (٣) خِراطة .

turning chisel *(n.)* إزميل الخِراطة (نج) .

turning point *(n.)* نقطة التحول ؛ نقطة الانعطاف .

tur·nip [tûr′nəp] *(n.)* (١) لِفت ؛ سَلْجَم (نب) (٢) ساعة جيب كبيرة .

tur·nix [tûr′nĭks] *(n.)* الطّرنيق : طائر صغير .

turn·key [-′kē] *(n.; adj.)* (١) السّجّان § (٢) جاهز ؛ مُنْجَز ؛ صالحٌ للعمل .

turn·off [tûrn′nôf′] *(n.)* (١) مص turn off (٢) طريق جانبيّة (٣) شيء [أو شخص] مُضْجِر أو سقيم الذّوق <The party was a ~.> .

turn–on [tûrn′ŏn′] *(n.)* المُثير : شيء يسبّب اللذّة أو الألم (ع) .

turn·out [tûr′nout′] *(n.)* (١) مص turn out (٢) «أ» إضراب . «ب» عاملٌ مُضْرِب (٣) اجتماع (٤) جانبٌ موسَّع من الطّريق [يمكّن السيّارات من التجاوز أو الوقوف] (٥) side–track *1* (٦) «أ» المَرْكَبة [بخَيْلها وتجهيزاتها] . «ب» جهاز ؛ تجهيزات . «ج» مَلْبَس (٧) صافي الإنتاج .

turn·over [tûr′nō′vər] *(n.; adj.)* (١) مص turn over (٢) انقلاب ؛ تحوّل (٣) إعادة تنظيم [دائرةٍ أو مؤسّسةٍ] (٤) شيء يُطوى أو يُقلب (٥) فطيرة ؛ كعكة محلّاة (٦) إجماليّ الحركة ؛ رقم المبيعات (تج) (٧) دورة رأس المال ؛ تدوير المال (تج) (٨) عدد الأشخاص المُستأجَرين [خلال مدة معيّنة] للاستعاضة عن العمال المتخلّفين إلخ § (٩) قَلّاب ؛ ذو جزء يُقْلَب <a ~ collar>.

turn·pike [tûrn′pīk′] *(n.)* (١) tollgate (٢) طريق رئيسيّة .

turn·sole [tûrn′sōl′] *(n.)* (١) الدّوّار : أيٌّ من عدّة نباتات تدور مع حركة الشمس ، مثل : عبّاد الشّمس أو دوّار الشمس (٢) رقيب الشمس : نبات زهراته أرجوانية اللون (٣) صبغٌ أرجوانيّ .

turn·spit [-′spĭt] *(n.)* (١) مُدير السَّفّود [على النّار] (٢) كلبٌ صغير (٣) سَفّود .

turn·sti·le [tûrn′stīl′] *(n.)* الباب الدّوّار : بابٌ دَوّار لدخول شخص واحد أو خروجه .

turnstiles

turn·stone [tûrn′stōn′] *(n.)* قُنبرة الماء : طائر مائيّ صغير .

turnstone

turn·ta·ble [tûrn′tā′bəl] *(n.)* (١) المائدة الدّوّارة : سطح دوّار تُوضَع عليه قاطرةُ السّكة الحديدية بغية تغيير اتجاهها (٢) الصينيّة الدّوّارة (را . lazy Susan) (٣) القرص الدّوّار : قرصُ الحاكي المستدير الحامل للأسطوانة (٤) المستنطِقة : آلةٌ «لاستنطاق» الأسطوانة وإذاعة مادّتها الكلامية عبر أمواج الأثير (رد) .

turn·tail [tûrn′tāl′] *(n.)* (١) الجبان ؛ الرِّعديد (٢) الهارب ؛ الآبِق .

turn·up [tûr′nŭp′] *(n.; adj.)* (١) شيء مثنيّ أو مَردُود إلى أعلى . وبخاصة ثنية ساق البنطلون (٢) شِجار § (٣) مَثْنيّ [أو قابلٌ للثّني] إلى أعلى <~ collars>.

turn·ver·ein [tûrn′və rīn′; tōōrn′-] *(n.)* نادٍ رياضيّ .

tu·ro·phile [tyoor′ə fīl′] *(n.)* ذَوّاقة الجبنة ؛ محبّ الجبنة .

tur·pen·tine [tûr′pən tīn′] *(n.; vt.)* (١) التّربنتينة ؛ زيت التّربنتينة § (٢) يعالج بالتربنتينة (٣) يستخرج التربنتينة [من أشجار الصّنوبر] .

tur·pi·tude [tûr′pə tyood] *(n.)* (١) فسادٌ [خُلُقيّ] (٢) عملٌ شائن .

tur·quoise [tûr′koiz] *(n.)* (١) فَيْرُوز (٢) الفيروزيّ : لون أزرق مخضرّ .

tur·ret [tûr′ĭt] *(n.)* (١) البُرَيج : بُرْجٌ تزيينيّ صغير عند زاوية مبنًى (٢) برج الهجوم : شبهُ برج جارٍ على عجلات كانوا قديمًا يستخدمونه في الهجوم على الحصون أو المدن المسوّرة (٣) بُرج [في بارجة أو دبّابة أو طائرة إلخ] (٤) أداة تصوير فوتوغرافية أو تلفزيونيّة متعدّدة العدسات .

turret *1.*

tur·ret·ed [tûr′ĭt ĭd] *(adj.)* مُبَرَّج: ذو أبراج أو نحوها.

turret lathe *(n.)* المِخْرَطة البرجيّة (مك).

tur·tle[1] [tûr′təl] *(n.)* = turtledove.

tur·tle[2] *(n.; vi.)* (١) سُلحفاة § (٢) يصيد السَّلاحف.

turtle[2] *1.*

tur·tle·back [-băk′] *(n.; adj.)* (١) سطحٌ حَدِبٌ § (٢) ذو سطح حَدِب.

tur·tle–backed [-băkt′] *(adj.)* = turtleback *2*.

tur·tle·dove [-dŭv′] *(n.)* القُمْريّة: ضرب من اليمام البرّيّ.

turtledove

tur·tle·head [-hĕd′] *(n.)* زهرة السُّلَحْفاة: نبات عشبيّ شمالأميركي.

tur·tle·neck [tûr′təl nĕk′] *(n.)* (١) قَبّة أو ياقة واقفة ضيّقة (٢) كنزة ذات قبّة كهذه.

turves [tûrvz] *pl.* of turf.

Tus·can [tŭs′kən] *(n.; adj.)* (١) التوسكانيّ: أحد أبناء توسكانا Tuscany [في أواسط إيطاليا] (٢) «أ» التوسكانيّة: الإيطالية المنطوق بها في توسكانا. «ب» الإيطالية الفصحى § (٣) توسكانيّ.

tu·sche [to͝osh′ə] *(n.)* حبر الطباعة الحجريّة.

tush[1] [tŭsh] *(n.)* نابٌ. وبخاصة: نابُ الفَرَس.

tush[2] *(interj.)* صيغة ازدراء أو نفاد صبر.

tusk [tŭsk] *(n.; vt.)* (١) نابٌ § (٢) يمزّق إلخ بالأنياب.

tusk·er [tŭs′kər] *(n.)* ذو النّاب. وبخاصة: فيل.

tusk tenon *(n.)* اللّسان المتدرّج (نج).

tus·sah [tŭs′ə] *or* **tus·sore** [tŭs′ōr] *(n.)* (١) التُّوسة: دودة قزّ؛ دودة حرير (٢) حرير التُّوسة أو نسيجٌ منه.

tus·sis [tŭs′ĭs] *(n.)* = cough.

tus·sive [tŭs′ĭv] *(adj.)* سُعاليّ: ذو علاقة بالسُّعال.

tus·sle [tŭs′əl] *(vi.; n.)* (١) يتصارع § (٢) صراع (٣) مُشادّة.

tus·sock [tŭs′ək] *(n.)* الكُشّة: كُتلة من عُشبٍ نامٍ أو نحوِه.

tut [tŭt] *or* **tut–tut** *(interj.)* صيغة استهجان أو شَكّ.

tu·tee [to͞o tē′; tyo͞o-] *(n.)* المدرَّب: شخص يَتِمّ تدريبُه.

tu·te·lage [tyo͞o′tə lĭj] *(n.)* (١) وصاية (٢) إرشاد (٣) تأثير؛ نفوذ.

tu·te·lar [tyo͞o′tə lər] *(adj.)* = tutelary.

tu·te·lar·y [tyo͞o′tə lĕr′ĭ] *(adj.; n.)* (١) حارس؛ حافظ (٢) وصائيّ § (٣) إلَه أو قدّيس حارس.

tu·tor [tyo͞o′tər] *(n.; vt.; i.)* (١) مُعلّم خصوصيّ (٢) مُرشِد الطَّلَبة [في جامعة] (٣) مُدرِّس [في جامعة إنكليزية] § (٤) يتولّى الوصاية على (٥) «أ» يدرِّس تدريسًا خصوصيًّا. «ب» يُدرِّب؛ يعوِّد. «ج» يضبط [عواطفه إلخ] x (٦) يقوم بمهامّ المدرِّس الخصوصيّ (٧) يتلقّى دروسًا خصوصيّة.

tu·tor·age [tyo͞o′tə rĭj] *(n.)* (١) وظيفة المعلّم الخصوصيّ أو المرشِد إلخ (٢) تعليم؛ إرشاد إلخ (٣) رسم التعليم الخصوصيّ.

tu·tor·ess [tyo͞o′tər əs] *(n.)* (١) معلِّمة خصوصيّة (٢) مُرشِدة.

tu·to·ri·al [tyo͞o tō′rĭ əl] *(adj.; n.)* (١) متعلّق بمدرِّس خصوصيّ § (٢) دَرْس خصوصيّ.

tu·tor·ship [tyo͞o′tər shĭp] *(n.)* (١) tutorage *1* (٢) إرشاد؛ رعاية.

tu·toy·er [tʏ twȧ′yā′] *(vt.)* يَرْفَع الكُلْفة: يخاطبه بصيغة المفرد.

tu·trix [tyo͞o′trĭks] *(n.)* pl. **-es** *or* **-trices** [trĭ sēz] = tutoress.

tut·ti [to͞o′tĭ] *(adj. or adv.; n.)* (١) جميعًا؛ جميع الأصوات والآلات معًا (مو) § (٢) الموحَّد: مقطعٌ موسيقيّ يؤدّيه، في وقت واحد، جميع العازفين.

tut·ti–frut·ti [to͞o′tĭ fro͞o′tĭ] *(n.)* التشكيلة؛ جميعة الفاكهة: حَلْوَى أو مثلّجات مشتملة على ضروب الفاكهة.

tut–tut *(interj.; vi.)* (١) tut § (٢) يتذمّر [بإصدار صوت «تَت» tut].

tu·tu [to͞o′to͞o] *(n.)* الإزار: تنورة منتفخة شديدة القِصَر [للراقصة الباليه].

tu–whit tu–whoo [to͞o (h)wĭt′to͞o (h)wo͞o′] *(n.)* نعيبُ البوم.

tux [tŭks]; **tux·e·do** [tŭk sē′dō] *(n.)* التّكسيدو: «أ» سِترة للرِّجال سوداء عادةً. «ب» ملابس سهرة [نصف رسمية] للرِّجال.

tu·yere [twē yâr′] *(n.)* القَصَبة: أُنبوب للنَّفخ [في فرن].

TV [tē′vē′] *(n.)* = television.

twa [twȧ] *or* **twae** [twȧ; twē] *(n.)* = *Scot. variant of* two.

twad·dle [twŏd′-] *(n.; vi.)* (١) ثَرْثَرة؛ هَذْر (٢) الثّرثار § (٣) يُثرثر؛ يهذر.

twain [twān] *(adj.; pron.; n.)* (١) اثنان (ا.ق) § (٢) اثنان. وبخاصة قامتان (را. fathom) § (٣) اثنان (٤) زَوْج [من شيءٍ ما].

twal *or* **twall** [twôl] *(n.)* = *Scot. variant of* twelve.

twang[1] [twăng] *(n.; vi.; t.)* (١) رنين [القوس] (٢) «أ» خُنّة أو صوتٌ أنفيّ. «ب» اللَّهجة المميِّزة [لإقليم أو جماعة] (٣) ألم حادٌّ مفاجئ § (٤) تَرِنّ [القوسُ] (٥) يتكلّم بخُنّة (٦) ينبض من ألم أو توتّر x (٧) يُرِنُّ: يجعله يطلق صوتًا مُرِنًّا (٨) يقول بخُنّة (٩) ينقر الوتر (مو).

twang[2] *(n.)* (١) طَعْم؛ نكهة (٢) مَسحة؛ أثر ضئيل.

'twas [twŭz; twŏz; twəz] = it was.

twat [twăt] *(n.)* (١) الفَرْج (ع) (٢) المرأة [ازدراءً] (ع).

tweak [twēk] *(vt.; i.; n.)* (١) يَمْرُز؛ يقرص؛ «يشمط» (٢) يَمْرُز أنف فلان (٣) «ينتش»؛ ينتزع بحركة مفاجئة <~*ed* a bud from the stem> (٤) يعدِّل [تعديلات طفيفة] x (٥) يقتلع؛ يقطف § (٦) مَرْز؛ قرص؛ «شَمْط» (٧) «أ» اهتياج؛ اضطراب. «ب» distress.

twee [twē] *(adj.)* زائد الرِّقّة؛ زائد اللُّطف [على نحوٍ متصنَّع] (بر).

tweed [twēd] *(n.)* (١) التَّويد: نسيجٌ صوفيّ خَشِن (٢) بذلة تويديّة.

Twee·dle·dum and Twee·dle·dee [twē′dəl dŭm′ən twē′dəl dē′] *(n.)* التّوأمان: شخصان أو شيئان متماثلان إلى حدٍّ يتعذّر معه التّمييز بينهما.

tweed·y [twē′dĭ] *(adj.)* (١) تويديّ (را. tweed) (٢) غير رسميّ؛ ريفيّ <a ~ lifestyle>.

tween [twēn] *(prep.)* = between.

tweet [twēt] *(n.; vi.)* (١) السَّقسقة: صوت الطائر الصغير § (٢) يُسَقسق.

tweet·er [twē'tər] *(n.)* مكبِّرُ التردّد العالي (صو).

tweeze [twēz] *(vt.)* ينتف أو يُزيل بملقط صغير.

twee·zer [twē'zər] *(n.)* مِلقاطٌ صغير.

twelfth [twĕlfth] *(adj.; n.)* (١) ثاني عَشَر (٢) مُؤلِّفٌ جزءًا من اثني عشر § (٣) الثاني عشر (٤) جزء من اثني عشر.

Twelfth Day *(n.)* عيد الغِطاس أو الظهور (نص).

Twelfth Night *(n.)* ليلة عيد الغِطاس أو اللَّيلة السابقة له (نص).

twelve [twĕlv] *(n.)* اثنا عشر؛ اثنتا عشرة.

twelve·mo [twĕlv'mō] *(n.)* = duodecimo.

twelve·month [twĕlv'mŭnth'] *(n.)* عام؛ سَنَة؛ حَوْل.

twen·ti·eth [twĕn'-] *(adj.; n.)* (١) العشرون <the ~ day> (٢) مؤلِّفٌ جزءًا من عشرين § (٣) العشرون من <the ~ of June> (٤) جزء من عشرين.

twen·ty [twĕn'tĭ] *(n.)* (١) عشرون (٢) *pl.*: العَقْد الثالث من العُمر أو القرن (٣) العشرونية: ورقة العشرين دولارًا.

twen·ty–one [twĕn'tĭ wŭn'] *(n.)* (١) واحدٌ وعشرون (٢) الواحد والعشرون: ضربٌ من لَعِب الورق أو الكوتشينة.

twen·ty–two [twĕn'tĭ tōō'] *(n.)* (١) اثنان وعشرون (٢) الاثنان والعشرون: مسدَّس أو بندقية عيار ٢٢ ملم.

'twere [twûr] = it were.

twerp [twûrp] *(n.)* شخص تافه أو مزدرًى.

twi- بادئة معناها: اثنان؛ مضاعَف <*twi*child>.

twice [twīs] *(adv.)* (١) مَرَّتين <once or ~> (٢) ضِعف <He's ~ the man he was.>.

twice–born *(adj.)* (١) مولود من جديد (٢) متجدِّد [روحيًّا وأخلاقيًّا].

twice–laid *(adj.)* مُعاد الصُّنع: مصنوع من طاقات حبل مستعمَل.

twice–told *(adj.)* (١) مُعادٌ: مَرْويٌّ مَرَّتَيْن (٢) مَكْرور (٣) مبتذَل؛ بالٍ.

twi·child [twī'chīld] *(n.)* (١) الخَرِف: شخصٌ خَرِف (٢) خَرَف.

twid·dle [twĭd'əl] *(vi.; t.; n.)* (١) «أ» ينشغل بالتّوافه. «ب» يعبث بـ (٢) يدور x (٣) يفتل أو يُدير على نحو عابث § (٤) دورة؛ لَفّة.
to ~ one's thumbs يُضيع الوقت سُدًى.

twig [twĭg] *(n.; vt.; i.)* (١) أُملُود؛ غُصَين (٢) زِيّ؛ موضة (٣) divining rod § (٤) يلاحظ؛ يلمح (٥) يفهم؛ يُدرِك.

twig·gy [twĭg'ĭ] *(adj.)* (١) كثير الأماليد والغُصينات (٢) أُملوديّ.

twig·let [twĭg'lət] *(n.)* غُصَيْن: غُصن صغير.

twi·light [twī'līt'] *(n.)* (١) الشَّفَق: حُمرة الأفق عند غروب الشمس (٢) الفجر الكاذب: ضوء ضئيل يكون قُبيل الشروق (٣) الفجر: فترة موغلة في القِدَم لا يُعرف عنها إلا شيء قليل <in the ~ of history> (٤) فترة انحطاط.

twilight sleep *(n.)* الخُدار: خَدَر ناشئ عن حَقْن بالمورفين.

twilight zone *(n.)* (١) منطقة الشَّفق: حالة وَسَطيّة غير محدَّدة <a ~ between right and wrong> (٢) المنطقة الحالمة: عالَمٌ من الأوهام والخيالات.

twi·lit [twī'lĭt'] *(adj.)* شَفَقيّ: مضاءٌ أو كأنه مضاءٌ بنور الشَّفَق.

twill [twĭl] *(n.; vt.)* (١) التَّويل: نسيج قطنيّ متين مضلَّع § (٢) يتوِّل: ينسج على نحوٍ مضلَّع.
— twilled *(adj.)*

twin [twĭn] *(n.; adj.; vt.; i.)* (١) التَّوأم (٢) *pl. cap.*: Gemini § (٣) «أ» توأميّ؛ مُتائم <~ sisters>. «ب» مزدوج <a ~ vase>. «ج» مناسب؛ ملائم. «د» مُتاءَم <~ cities> § (٤) يزاوج (٥) ينسخ؛ يطابق **x** (٦) تُتْئِم: تضع توأمين أو أكثر.

twin bed *(n.)* السَّرير المزدوج: أحد سريرين مُفْرَدَين متطابقين.

twin·ber·ry [twĭn'-] *(n.)* (١) honeysuckle (٢) partridgeberry.

twin·born [twĭn'-] *(adj.)* مُتائم: مولودٌ مع آخرَ <~ brothers>.

twin crystal *(n.)* البِلَّورة التوأمية أو المزدوجة.

twine [twīn] *(n.; vt.; i.)* (١) خَيْط قِنّبيّ؛ خيط مَصِّيص (٢) جَدْل؛ فتل (٣) «أ» جَدْلة. «ب» شيء مَجدول § (٤) يَجْدِل (٥) يلفّ **x** (٦) يلتفّ (٧) يتمعَّج [النهر إلخ].

twin–en·gine [twĭn'-] *(adj.)* ذو محرِّكين <a ~ aircraft>.

twin·flow·er [twĭn'-] *(n.)* اللِّيْنة: نباتٌ معترِش دائم الخُضرة.

twinflower

twinge [twĭnj] *(vt.; i.; n.)* (١) يَخِزُ **x** (٢) يستشعر وخزًا أو ألمًا موضعيًا حادًا مفاجئًا § (٣) وَخز <a ~ of remorse>.

twin·jet [twĭn'jĕt'] *(n.)* النفّاثة المزدوجة (طي).

twin·kle [twĭng'kəl] *(vi.; t.; n.)* (١) يتلألأ؛ يُومِض (٢) «أ» تَطْرِفُ [العين]. «ب» تلمع [العينان] فرحًا (٣) يتحرَّك برشاقة <The dancer's feet ~*d*.> **x** (٤) يُلألِئ إلخ § (٥) «أ» طَرْفَة عين. «ب» لحظة (٦) تلألؤ؛ وميض؛ بريق (٧) حركة سريعة.

twin·kling [twĭng'-] *(n.)* (١) «أ» طَرْفة عين. «ب» لحظة (٢) تلألؤ؛ وميض.

twinned [twĭnd] *(adj.)* (١) توأميّ (٢) مزدوج: مصاحبٌ شيئًا مماثلًا.

twin screw [twĭn'skrōō] *(adj.)* مزدوج الدّاسرة اللَّوْلبيّة (را. screw propeller).

twin–size *or* **twin–sized** *(adj.)* مزدوج القياس <a ~ bed>.

twirl [twûrl] *(vt.; i.; n.)* (١) يُدَوِّر؛ يبرُم؛ يُدير <to ~ a baton> (٢) يلفّ [حول شيء] **x** (٣) يَدُور؛ يبرُم (٤) يقذف [في البيسبول] § (٥) «أ» دوران. «ب» تدوير (٦) دورة؛ لَفّة (٧) شيء ذو شكل حَلَزونيّ.

twist [twĭst] *(vt.; i.; n.)* (١) يَجْدِل (٢) يَفْتِل (٣) «أ» يلوي بعنف. «ب» يحرِّف <~*ed* facts>. «ج» يكسر بالفَتْل الشديد. «د» يحرِّك حركة دائرية. «هـ» يلولب: يجعله لولبيَّ الشكل. «و» يشوِّه. «ز» يشقّ [طريقَه] بصورة ملتوية **x** (٤) «أ» يتلوَّى. «ب» يلتوي؛ ينفتل (٥) يتلولب: يتخذ شكلًا لولبيًّا (٦) تدور [الكرة] متقدمة في اتجاه منحرف (٧) يدُور؛ ينعطف § (٨) «أ»

خيط؛ حبل. «ب» كعكة هلالية. «ج» لفّة أسطوانية من أوراق التبغ (٩) «أ» جَدْل؛ فتل؛ ليّ إلخ. «ب» انجدال؛ انفتال؛ التواء إلخ (١٠) رقصة التويست (١١) انحراف (١٢) «فَتْلة» عقلية؛ غرابة أطوار (١٣) تحريف [للمعنى] (١٤) انعطاف أو تطوّر غير متوقَّع (١٥) وسيلة؛ حيلة (١٦) فتاة؛ امرأة؛ وبخاصة: بغيّ؛ مومس (ع).

twist drill

twist drill *(n.)* المِثْقَب الالتوائيّ (مك).

twist·ed [twĭs′təd] *(adj.)* مخبول.

twist·er [twĭs′tər] *(n.)* (١) فا twist (٢) المنفتِلة: كرة مندفعة بحركة دائرية (٣) إعصار (٤) «أ» مشكلة (ع). «ب» مهمَّة عسيرة (ع) (٥) شخص مخادع أو غير أمين (ع).

twit [twĭt] *(vt.; n.)* (١) «أ» يلوم. «ب» يسخر من § (٢) «أ» لَوْم. «ب» سُخرية.

twitch[1] [twĭch] *(vt.; i.; n.)* (١) «أ» ينتزع. «ب» ينشِل؛ «ينتش» x (٢) يشدّ بقوّة (٣) «أ» ينتفض. «ب» يرتعش § (٤) انتزاع؛ نشل (٥) شَدّ (٦) انتفاض؛ ارتعاش (٧) ألم حادّ مفاجئ.

twitch[2] *also* **twitch grass** *(n.)* = couch grass.

twitch·y [-′ē] *(adj.)* (١) مُنْتَخِع؛ متشنّج؛ مُرْتَجّ (٢) عصبيّ؛ نَزِق؛ نَيِّق.

twit·ter [twĭt′ər] *(vi.; t.; n.)* (١) يُسقسِق؛ يغرِّد (٢) يلغو؛ يَهْذر؛ يثرثر (٣) يضحك على نحوِ نصف مكبوت (٤) يرتعش؛ يرتجف x (٥) يَهُزّ § (٦) ارتعاش؛ ارتجاف (٧) سقسقة؛ تغريد (٨) لغو؛ هَذْر (٩) ضحكة نصف مكبوتة.

twixt [twĭkst] *or* **'twixt** *(prep.)* = between.

two [tōō] *(n.; pron.; adj.)* (١) اثنان؛ اثنتان (٢) الثاني [من حيث الترتيب] (٣) الثُّنائي: شيء فيه وحدتان أو عضوان § (٤) فردان غير محدَّدين <He took ~.> (٥) عدد صغير تقريبي <a bottle or ~> § (٦) ثانٍ؛ الثاني. يستنتج من الوقائع. to put ~ and ~ together

two–bit [tōō′bĭt′] *(adj.)* (١) بالغةٌ قيمتُهُ رُبعَ دولار (٢) تافِه.

two bits *(n.)* (١) رُبع دولار (٢) شيءٌ تافه أو ضئيل القيمة.

two–by–four [tōō′bī fôr′] *(adj.; n.)* (١) اثنان بأربعة: ثخانتُهُ إنشان إلخ وعرضُهُ أربعة إنشات إلخ (٢) صغير؛ ضيِّق؛ محدود § (٣) الاثنان بأربعة: قطعة خشب ثخانتُها إنشان وعرضُها أربعة إنشات.

two cents *(n.)* سِنْتان: كمّيّة أو شيء ذو قيمة ضئيلة جدًا.

two–di·men·sion·al *(adj.)* (١) ثُنائيّ البُعد؛ ذو بُعْدَين (٢) سطحيّ: يعوزه العُمق في تصوير الشخصيات <~ fiction>.

two–edged [tōō′ĕjd′] *(adj.)* ذو حَدَّيْن.

two–faced [tōō′fāst′] *(adj.)* (١) ثنائي الوجه (٢) ذو وجهَيْن: مُراءٍ.

two–fist·ed [tōō′fĭs′tĭd] *(adj.)* قويّ.

two·fold [tōō′fōld′] *(adj.; adv.)* (١) ثُنائيّ (٢) مضاعَف § (٣) على نحوٍ مضاعَف؛ بصورة مضاعَفة.

two–hand·ed [tōō′-] *(adj.)* (١) مستخدَم بكلتا اليدين (٢) متطلِّب شخصين <a ~ saw> (٣) قويّ (٤) ذو يدَين أو مستخدِمٌ كلتا يديه بفعالية؛ أعسرُ يَسَرٌ.

two–party [tōō′-] *(adj.)* ثنائيّ الحزب <a ~ political system>.

two·pence [tŭp′əns] *(n.)* بَنسان.

two·pen·ny [tŭp′ən ĭ] *(adj.)* (١) قيمتُه بَنسان (٢) تافه.

two–phase [tōō′fāz′] *(adj.)* ثنائيّ الطَّوْر؛ ذو طَوْرين (كب).

two–piece [tōō′pēs′] *(adj.)* ذو قطعتين [من الثياب] <a ~ swimsuit>.

two–ply [tōō′plī′] *(adj.)* ذو طَيَّتَين أو طبقتين أو طاقين.

two–seat·er [tōō′sē′tər] *(n.)* ذات المقعدين: «أ» سيارة لراكبَيْن. «ب» سيارة بمقعدين أماميّ وخلفيّ.

two–sid·ed [tōō′sīd′ĭd] *(adj.)* (١) ذو جانبين (٢) مُراءٍ؛ منافق.

two·some [tōō′səm] *(n.)* (١) اثنان؛ زَوْج (٢) مباراة فرديّة [في الغولف].

two–step [tōō′-] *(n.; vi.)* (١) ذات الخطوتين: رقصة تتميَّز بنغم مزدوج وخطوات منزلقة § (٢) يرقص ذاتَ الخطوتين.

two–time [tōō′tīm′] *(vt.)* (١) يخون زوجته أو حبيبته؛ تخون زوجَها إلخ (٢) يخون.

— two·tim·er *(n.)*

two–toed [tōō′tōd′] *(adj.)* ثُنائيّ أصابع القَدَم <a ~ sloth>.

two–tone [tōō′tōn′] *(adj.)* ذو لَوْنَيْن <a ~ garment>

two–way [tōō′wā′] *(adj.)* (١) ذو سِكَّتَيْن [صفة للصِّمام إلخ] (٢) ثنائي الاتجاه <a ~ street> (٣) مُرسِلٌ مستقبِلٌ <a ~ radio> (٤) متبادَل <a ~ guarantee> (٥) ثنائيّ: جارٍ بين شخصَيْن اثنين <a ~ race for the governorship> (٦) قابلٌ للاستعمال بطريقتين <is a ~ collar>.

two–wheel·er *(n.)* ذات الدُّولابين: عَربة لها دولابان [كالدراجة].

-ty لاحقة معناها: صِفة؛ وضع؛ حالة؛ درجة.

ty·coon [tī kōōn′] *(n.)* (١) ملك من ملوك المال (٢) زعيم قويّ.

tyke [tīk] *(n.)* (١) كلب (٢) شخص غريب الأطوار (٣) طفل.

tym·bal [tĭm′bəl] *(n.)* نَقّارِيّة؛ طَبلة.

tym·pan [tĭm′pən] *(n.)* (١) طَبلة (٢) رِفادة (طع).

tym·pa·ni [tĭm′pə nē′] *(n.)* = timpani.

tym·pan·ic [tĭm păn′-] *(adj.)* (١) متعلّق بطبلة الأُذن (٢) طَبْلانيّ: شبيهٌ بالطَّبل.

tympanic bone *(n.)* العظم الطَّبْليّ (ت).

tympanic cavity *(n.)* التجويف الطَّبْليّ (ت).

tympanic membrane *(n.)* طبلة الأُذن؛ الغشاء الطَّبْليّ (ت).

tym·pa·nist [tĭm′pə-] *(n.)* النَّقّار: العازف على النَّقّاريّة tympan (مو).

tym·pa·ni·tes [tĭm′pə nī′tēz] *(n.)* تطبُّل البطن (مض).

tym·pa·ni·tis [-′tĭs] *(n.)* التهاب طبلة الأُذن (مض).

tym·pa·num [tĭm′pə nəm] *(n.)* pl. **-s** *or* **-na** [nə] (١) طبلة الأُذن (ت) (٢) الأُذن الوسطى (ت) (٣) طبلة (٤) طبلة التلفون: غشاءُ سمّاعة التلفون المتذبذبُ (٥) قلب القَوْصرة (را. pediment) الغائر (عم).

tym·pa·ny [tĭm′pə nĭ] *(n.)* (١) tympanites (٢) «أ» انتفاخ. «ب» غرور. «ج» الطنّانيّة: كونُ الأسلوب طنّانًا إلخ.

tyne [tīn] *(n.)* الشَّوْكة: كلُّ شيء ناتئ مستدقّ الطَّرَف.

typ·al [tī′pəl] *(adj.)* (١) منسوب إلى type (٢) نموذجيّ.

type [tīp] *(n.; vt.; i.)* (١) «أ» رمز. «ب» نموذج؛ مِثال (٢) سِمَة؛ علامة مميِّزة (٣) «أ» حرف مطبعيّ. «ب» مجموعة حروف مطبعيّة. «ج» حروف مطبوعة (٤) صورة أو كلام أو نقش على أيٍّ من جانبَي الميداليّة أو القطعة النقدية (٥) طراز؛ نمط (٦) ضرب؛ نوع § (٧) يمثِّل سبقيًّا (را. prefigure *1*)؛ يرمز إلى (٨) يمثِّل (٩) يطبع [على الآلة الكاتبة أو الكومبيوتر] (١٠) يصنِّف: يحدِّد زمرة الدم x (١١) يستعمل الآلة الكاتبة أو الكومبيوتر.

type·cast [-′kăst′] *(vt.)* يُماثِل: «أ» يعطي الممثِّل دورًا مناسبًا لشخصيته أو مَظْهره. «ب» يعطي الممثِّل أدوارًا متشابهة تكرارًا.

type·face [-′fās′] *(n.)* (١) سطح الحرف المطبعيّ (٢) الحروف المطبعيّة.

type·found·er [tīp′foun′dər] *(n.)* سابك الحروف [المطبعية].

type·found·ry [tīp′foun′drĭ] *(n.)* مَسْبَك الحروف [المطبعية].

type genus *(n.)* الجنس الطِّرازي (أح).

type–high [tīp′hī′] *(adj.; adv.)* (١) ذو ارتفاع مساوٍ لارتفاع الحرف المطبعيّ § (٢) على ارتفاع مساوٍ لارتفاع الحرف المطبعيّ.

type metal *(n.)* مَعْدِن الحروف المطبعية: «الرَّصاص».

type·script [tīp′skrĭpt′] *(n.)* نسخة مطبوعة [على الآلة الكاتبة إلخ].

type·set [tīp′sĕt] *(vt.; adj.)* (١) ينضِّد أو يصفّ [بأحرف مطبعيّة] § (٢) منضَّد أو مصفوف [بأحرف مطبعيّة].

type·set·ter [tīp′sĕt′ər] *(n.)* منضِّد [أو جمّاع أو صَفّاف] الحروف المطبعيّة.

type·set·ting [tīp′sĕt′ĭng] *(n.; adj.)* (١) تنضيد الحروف المطبعيّة § (٢) خاصّ بتنضيد الحروف (طع).

type species *(n.)* النَّوْع الطِّرازيّ (أح).

type specimen *(n.)* النَّموذج الطِّرازيّ؛ الفرد الطِّرازيّ (أح).

type·style [tīp′stīl′] *also* **type style** *(n.)* شكل الحرف الطباعيّ.

type·write [tīp′rīt′] *(vt.; i.)* يطبع على الآلة الكاتبة.

type·writ·er [tīp′rī′tər] *(n.)* (١) الآلة الكاتبة (٢) الطابع على الآلة الكاتبة.

type·writ·ing [tīp′rī′tĭng] *(n.)* (١) الطَّبع على الآلة الكاتبة (٢) المطبوع: عَمَلٌ مُنجَزٌ على الآلة الكاتبة.

typh·li·tis [tĭf′lī′tĭs] *(n.)* التهاب المصران الأعور (مض).

typh·lol·o·gy [tĭf′lŏl′ə jĭ] *(n.)* الضِّرارة؛ عِلمُ العَمَى.

Ty·pho·eus [tī fō′yōōs′] *(n.)* تيفويوس: مخلوق خرافيّ له مئة رأس وصوتٌ مروِّع [في الميثولوجيا الإغريقية].

ty·phoid[1] [tī′foid] *(adj.)* تِيفيّ: متعلّق بالتيفوس أو التيفوئيد.

typhoid[2]; typhoid fever *(n.)* التيفوئيد؛ الحُمَّى التِّيفيّة (مض).

typhoid fly *(n.)* = housefly.

ty·phoon [tī fōōn′] *(n.)* (١) التَّيفُون: إعصار استوائيّ [في منطقة الفيليبين أو بحر الصِّين] (٢) زوبعة؛ عاصفة.

ty·phous [tī′fəs] *(adj.)* تيفوسيّ: متعلّق بحمَّى التِّيفوس.

ty·phus [tī′fəs] *(n.)* التيفوس؛ الحُمَّى النَّمَشيّة (مض).

typ·i·cal [tĭp′ə kəl] *or* **ty·pic** [tĭp′ĭk] *(adj.)* نموذجيّ؛ مثاليّ.

typ·i·cal·ly [-kə lĭ] *(adv.)* نموذجيًا؛ على نحو نموذجيّ؛ إلى حدٍّ نموذجيّ.

typ·i·fy [tĭp′ə fī′] *(vt.)* (١) «أ» يمثِّل؛ يصوِّر. «ب» يمثِّل سبقيًّا؛ يرمز إلى (٢) يمثِّل: يجسِّد الخصائص الأساسية لِـ.

typ·ist [tī′pĭst] *(n.)* الطابع [أو الضارب] على الآلة الكاتبة إلخ.

ty·po [tī′pō] *(n.)* (١) «أ» الطابع. «ب» منضِّد الحروف (٢) غلطة مطبعيّة.

ty·pog·ra·pher [tī pŏg′rə fər] *(n.)* (١) منضِّد الحروف (٢) الطّابع.

ty·po·graph·ic *or* **ty·po·graph·i·cal** [tī′pə gră′-] *(adj.)* مَطْبعيّ.

ty·pog·ra·phy [tī pŏg′rə fĭ] *(n.)* (١) الطِّباعة (٢) أُسلوب [ترتيب أو مظهر] المادَّة الطِّباعية.

ty·pol·o·gy [tī pŏl′ə jĭ] *(n.)* (١) دراسة الرُّموز (٢) دراسة رموز الكتاب المقدَّس (٣) التصنيف النوعيّ (٤) علم النماذج الشخصية (نف).

ty·po·script [tī′pō′skrĭpt] *(n.)* = typescript.

Tyr [tēr] *(n.)* تير: إلٰه الحرب في الميثولوجيا الإسكندينافيّة.

ty·ran·ni·cal *also* **ty·ran·nic** [tə ră′-] *(adj.)* (١) استبداديّ (٢) مستبدّ.

ty·ran·ni·cide [tĭ răn′ə sīd′] *(n.)* (١) قتلُ المستبِدّ (٢) قاتل المستبِدّ.

tyr·an·nize [tĭr′ə nīz′] *(vt.; i.)* (١) يستبدّ x (٢) يظلم؛ يضطهد (٣) يطغى: يحكم بوصفه طاغية.

ty·ran·no·saur [tĭ răn′ō sôr′] *(n.)* التيرانوصور: دَيْنوصور ضخمٌ لاحِم (ح).

tyrannosaur

ty·ran·no·sau·rus [tĭ răn′ō sôr′əs] *(n.)* = tyrannosaur.

tyr·an·nous [tĭr′ə nəs] *(adj.)* استبداديّ؛ ظالم.

tyr·an·ny [tĭr′ə nĭ] *(n.)* (١) الحكم الاستبداديّ؛ حكم الطُّغيان (٢) حكومة استبدادية (٣) استبداد؛ طغيان (٤) عملٌ استبداديّ.

ty·rant [tī′rənt] *(n.)* (١) المستبدّ؛ الطّاغية (٢) مغتصب الحكم.

tyrant flycatcher *or* **tyrant bird** *(n.)* صائدُ الذُّباب الجبّار: صائد ذباب أميركيّ كبير (طا).

tyre [tīr] *(n.)* = tire.

Tyr·i·an [tĭr′ē ən] *(adj.)* (١) صُوريّ: متعلّق بصُور القديمة أو بسكّانها (٢) أُرْجُوانيّ؛ أُرْجُوانيصوري: متعلّق بلون الأُرجوان الصُّوريّ.

Tyrian purple [tĭr′ē ən] *(n.)* الأُرجوان الصوريّ.

ty·ro [tī′rō] *(n.)* غِرّ؛ قليل التجربة؛ مبتدئ.

ty·ro·ci·dine *or* **ty·ro·ci·din** [tī rə sĭd′ən] *(n.)* التيروسيدين: ضربٌ من المُرْدِيات antibiotics.

ty·ros·i·nase [tī′rō sĭ nās′] (*n.*) التيروسيناز: أنزيمة أو خميرة مؤكسِدة تكون في أنسجة النبات والحيوان (كح).

ty·ro·sine [tī rə sēn′] (*n.*) التيروسين: حَمْضٌ أمينيّ ينشأ عن تحلُّل البروتين مائيًا (كح).

tzar [zär; tsär] (*n.*) = czar.

tzar·e·vich [tsär′ə vĭch] (*n.*) = czarevich.

tza·rev·na [zä rĕv′nə] (*n.*) = czarevna.

tza·ri·na [tsä rē′nə] (*n.*) = czarina.

tzar·ism [tsär′ĭz əm] (*n.*) = czarism.

tzet·ze [tsĕt′sĭ; tsē′tsē′] (*n.*) = tsetse.

tzi·gane [tsē gȧn′] (*n.; adj.*) (١) الغَجَريّ (٢) لغة الغَجَر § (٣) غجريّ.

u [yo͞o] *(n. often cap.)* (١) الحرف الحادي والعشرون من الأبجدية الإنكليزية (٢) شيء معتبرٌ في المقام الحادي والعشرين من حيث الطَّبقة أو الترتيب (٣) شيء على صورة حرف **U**.

u·bi·e·ty [yo͞o bī′ə tĭ] *(n.)* المَوْقِعيّة: كونُ الشيء أو الإنسان إلخ موجودًا في موقعٍ معيَّن.

u·biq·ui·tous [yo͞o bĭk′wə təs] *(adj.)* = omnipresent.

u·biq·ui·ty [yo͞o bĭk′wə tĭ] *(n.)* = omnipresence.

ubi supra [yo͞o′bī so͞o′prə] في الصفحة أو الفقرة المشار إليها سابقًا.

U-boat [yo͞o′bōt′] *(n.)* اليُوبوتة: غوّاصة ألمانيّة.

ud·der [ŭd′ər] *(n.)* الضَّرْع: ثدي البقرة بخاصّة.

u·dom·e·ter [yo͞o dŏm′ĭ tər] *(n.)* = rain gauge.

UFO [yo͞o′ĕf′ō′] *(n.)* <*u(nidentified) f(lying) o(bject)*> الطائر غير المحدَّد: أيّ جسم طائرٍ لا تُعرف ماهيّته. وبخاصة: صحن طائر.

u·fol·o·gy [yo͞o fŏl′ə jĭ] *(n.)* دراسة الصحون [أو الأجسام] الطائرة.

ugh [o͞okh] *(interj.)* أُخ: هُتافٌ يفيد معنى الاشمئزاز أو الذُّعر إلخ.

ug·li·fy [ŭg′lə fī′] *(vt.)* يبشِّع؛ يقبِّح: يجعله بشعًا أو قبيحًا.

ug·li·ness [ŭg′lĭ nĭs] *(n.)* (١) بشاعة؛ قُبح (٢) شيءٌ قبيح أو بشع.

ug·ly [ŭg′lĭ] *(adj.; adv.)* (١) مروِّع؛ فظيع (٢) بشع؛ قبيح (٣) كريه <an ~ smell> (٤) شَنيع <~ crimes> (٥) مُزعِج؛ مُضايِق <~ weather> (٦) نَكِد؛ مُشاكِس <an ~ disposition> § (٧) على نحوٍ بَشِعٍ أو كريه إلخ <He was acting ~.>.

uh·lan [o͞o′län′; yo͞o′lən] *(n.)* الأُولَن: فارس بروسيّ (جن).

u·in·ta·ite [yo͞o ĭn′tə īt] *(n.)* الونتات: نوعٌ من الأسفلت.

uit·land·er [īt′lăn′-] *(n.)* الأجنبيّ؛ الغريب [وبخاصة في جنوب إفريقيا].

u·kase [yo͞o kās′; -kāz′] *(n.)* (١) أمر أمبراطوريّ [في روسيا القيصريّة] (٢) مرسوم.

U·krain·i·an [yo͞o krā′nĭ ən] *(n.; adj.)* (١) الأوكرانيّ: أحد أبناء أوكرانيا (٢) الأوكرانيّة: اللُّغة الأوكرانية § (٣) أوكرانيّ.

ukulele

u·ku·le·le [yo͞o′kə lā′lĭ] *(n.)* الأُكُلال: قيثارة برتغاليّة الأصل.

-ular لاحقة معناها: متعلِّقٌ بـ؛ شبيهٌ بـ <valv*ular*>.

ul·cer [ŭl′sər] *(n.; vt.; i.)* (١) قَرْحَة § (٢) يقرِّح **x** (٣) يتقرَّح.

ul·cer·ate [ŭl sə rāt′] *(vt.; i.)* (١) يُقرِّح **x** (٢) يتقرَّح.

ul·cer·a·tion [ŭl′sə rā′shən] *(n.)* (١) تقرُّح (٢) قَرْحَة.

ul·cer·a·tive [ŭl′sə rā′tĭv] *(adj.)* (١) مُقرِّح (٢) قَرْحِيّ.

ul·cero·gen·ic [ŭl′sə rō jĕ′nĭk] *(adj.)* مُقَرِّح: مُحْدِثٌ قَرْحَةً.

ul·cer·ous [ŭl′sər əs] *(adj.)* (١) «أ» قَرْحِيّ. «ب» تقرُّحيّ (٢) مقروح: مصابٌ بقَرحة.

-ule لاحقة معناها: صغير <glob*ule*>.

u·le·ma *or* **u·la·ma** [o͞o′lə mä′] *(n. pl.)* العُلَماء: عُلماء الدِّين والفِقه المسلمون.

-ulent لاحقة معناها: كثيرُ الـ... <fraud*ulent*>.

u·lex·ite [yo͞o′lĭk sīt′] *(n.)* اليولكسيت: معدن أبيض متبلِّر.

ul·lage [ŭl′ĭj] *(n.)* النَّقْص [في زُجاجة شِبه ممتلئة].

ul·na [ŭl′nə] *(n.)* pl. **-s** *or* **-nae** [nē] عَظْمُ الزَّند [المقابلُ للإبهام].

ul·nar [ŭl′nər] *(adj.)* عَظْمِيْزَنديّ: متعلّق بعظم الزَّند (ت).

u·lot·ri·chous [yo͞o lŏt′rə kəs] *(adj.)* جَعْد الشَّعر.

-ulous لاحقة معناها: ميّال إلى <cred*ulous*>.

ul·ster [ŭl′stər] *(n.)* الأولْستر؛ اليُولْستر: مِعطفٌ طويل فضفاض.

ul·te·ri·or [ŭl tēr′ĭ ər] *(adj.)* (١) تالٍ <~ actions> (٢) «أ» أبعد؛ أقصى. «ب» واقع في الجانب الأقصى (٣) خفيّ <~ motives>.

ul·ti·ma [ŭl′tə mə] *(n.)* المقطع الأخير [من كلمةٍ ما].

ul·ti·ma·cy [-sĭ] *(n.)* (١) النهائيّة: كونُ الشيء نهائيًّا أو أخيرًا إلخ (٢) الأبْعَد؛ الأكثر بُعدًا.

ul·ti·ma ra·tio [o͞ol′tə mə rä′tĭ ō] *(n.)* (١) الحُجّة الأخيرة (٢) السَّهم الأخير [كاللجوء إلى القوّة].

ul·ti·mate [1] [ŭl′tə mĭt] *(adj.; n.)* (١) أبْعَد (٢) نهائي؛ أخير (٣) أقصى <to the ~ sacrifice> (٤) مُطْلَق <~ truth> (٥) أساسيّ؛ جوهريّ؛ أوَّليّ <the ~ nature of things> § (٦) شيء نهائيّ أو مُطلَق أو أساسيّ إلخ (٧) قِمّة؛ ذِروة.

ul·ti·mate [2] [ŭl′tə mĭt; -māt′] *(vt.; i.)* (١) يُنهِي **x** (٢) يَنْتَهِي.

ul·ti·mate·ly [-lĭ] *(adv.)* (١) أخيرًا؛ في النِّهاية (٢) أساسِيًّا؛ جَوْهريًّا.

ul·ti·ma Thu·le [ŭl′tə mə tho͞o′lĭ] *(n.)* (١) أقصى الشَّمال (٢) أقصى حَدٍّ مُمكن (٣) أقصى درجة ممكنة (٤) هدفٌ بعيد؛ غاية بعيدة.

ul·ti·ma·tum [ŭl′tə mā′təm] *(n.)* pl. **-s** *or* **-ta** إنذار؛ إنذار أخير.

ul·ti·mo [ŭl′tə mō′] *(adv.)* في الشَّهر المنصرم؛ من الشَّهر المنصرم.

ul·ti·mo·gen·i·ture [ŭl′tə mō jĕn′ə chər] *(n.)* وراثة الأصغر: نظام

يؤول فيه الميراثُ كلُّه إلى أصغر أبناء المتوفَّى سنًّا .

ul·tra [ŭl′trə] *(adj.; n.)* (١) متطرِّف § (٢) شخصٌ متطرِّف .

ultra- بادئة معناها : «أ» فوق <*ultra*violet> . «ب» مُسْرِف أو مُغالٍ في <*ultra*modern>.

ul·tra·cen·tri·fuge [ŭl′trə sĕn′trə fyo͞oj′] *(n.; vt.)* (١) مِمْخَضة أو نابذة فائقة السُّرعة § (٢) يعرِّض لِمِمْخَضة فائقة السُّرعة .

ul·tra·con·ser·va·tive [-sûr′və-] *(adj.)* مُسْرِفٌ أو مُغالٍ في المحافظة .

ul·tra·fash·ion·a·ble [-făsh′ən ə bəl] *(adj.)* مُسْرِفٌ أو مُغالٍ في الأناقة .

ul·tra·fiche [ŭl′trə fēsh′] *(n.)* بطاقة المعلومات المصَغَّرةُ .

ul·tra·high frequency [ŭl′trə hī′] *(n.)* التَّردُّد فوق العالي (كب) .

ul·tra·ism [ŭl′trə ĭz′əm] *(n.)* (١) التَّطَرُّف (٢) عملٌ أو رأيٌ مُتَطرِّف .

ul·tra·light [ŭl′trə līt′] *(adj.)* خفيفٌ جدًّا <an ~ sweater> .

ul·tra·ma·rine [ŭl′trə mə rēn′] *(n.; adj.)* (١) اللاّزَوَرد ؛ صِبغ لازورديّ § (٢) «أ» واقع وراء البحر . «ب» آتٍ من وراء البحر .

ul·tra·mi·cro·chem·is·try *(n.)* كيمياء المقادير الفائقة الصِّغَر .

ul·tra·mi·cro·scope [ŭl′trə mī′krə skōp′] *(n.)* المِجْهَر الفَوْقيّ : مِجْهَر يُري ما لا يُرَى بالمجهر العاديّ .

ul·tra·mi·cro·scop·ic [-mī′krə skŏp′ĭk] *(adj.)* مِجْهَريفَوْقيّ ؛ مِجْهَريّ فَوْقيّ : «أ» شديد الصِّغَر . «ب» متعلِّق بالمجهر الفوقيّ .

ul·tra·mod·ern [-mŏd′-] *(adj.)* فوق العصريّ : مُسرِفٌ أو مغالٍ في العَصْريّة .

ul·tra·mon·tane [ŭl′trə mŏn′tān] *(adj.; n.)* (١) «أ» واقعٌ وراء الجبال . «ب» واقعٌ جنوبيَّ الألب . «ج» إيطاليّ (٢) مؤيِّد لسيادة البابا المطلَقة [في مسائل الإيمان والأخلاق إلخ] § (٣) المقيم جنوبيَّ الألب (٤) المؤيِّد لسيادة البابا المطلَقة .
— ul·tra·mon·tan·ism *(n.)*

ul·tra·mun·dane [ŭl′trə mŭn′dān′] *(adj.)* واقعٌ وراءَ العالَم أو وراء تخوم النِّظام الشَّمسيّ .

ul·tra·na·tion·al·ism [ŭl′trə năsh′-] *(n.)* المُغالاة في القوميّة .

ul·tra·short [ŭl′trə shôrt′] *(adj.)* شديد القِصَر . وبخاصة : ذو طولٍ موجيّ أقل من عشرة أمتار (فز) .

ul·tra·son·ic [ŭl′trə sŏn′ĭk] *(adj.; n.)* = supersonic.

ul·tra·son·ics [-′ĭks] *(n. pl.)* = supersonics.

ul·tra·sound [ŭl′trə-] *(n.)* (١) الصوت الفَوْسَمْعيّ أو فوق السَّمْعيّ (٢) التشخيص فوق السَّمْعي : تشخيص الأمراض بالاستعانة بالصوت فوق السَّمْعيّ .

ul·tra·vi·o·let [ŭl′trə vī′ə lĭt] *(adj.; n.)* (١) فَوْبَنَفْسَجيّ ؛ فوق البنفسجيّ (فز) § (٢) الإشعاع الفَوْبَنَفْسَجيّ (فز) .

ultra violet light *or* **radiation** *(n.)* الإشعاع الفَوْبَنَفْسَجيّ (فز) .

ul·tra·vi·rus [ŭl′trə vī′rəs] *(n.)* الفيروس الفوقيّ : فيروس شديد الصِّغَر .

ul·u·lant [ŭl′yə lənt; -yo͞ol′-] *(adj.)* (١) نابِح (٢) مُعْوِل .

ul·u·late [ŭl′yə lāt′; -yo͞ol′-] *(vi.)* (١) يَنبَح (٢) يُعْوِل .

um·bel [ŭm′bəl] *(n.)* الخَيْمَة ؛ الازهرار الخَيْميّ (نب) .

umbel

um·bel·lar; um·bel·late; -d [ŭm′-] *(adj.)* خَيْميّ (نب) .

um·bel·let [ŭm′bəl ət]; **um·bel·lule** [ŭm′bəl yo͞ol′] *(n.)* الخُيَيْمة : خيمة (را . umbel) ثانويّة في إزهار خيميّ (نب) .

um·bel·lif·er·ous [ŭm′bə lĭf′-] *(adj.)* خَيْميّ الازهرار [كالجزر ونحوه] .

um·ber [ŭm′bər] *(n.; adj.)* (١) اللَّبِيس الأوروبيّ : ضربٌ من السَّمَك (٢) صِبغٌ بُنّيّ مصفرّ § (٣) بُنّيّ مُصفَرّ .

um·bil·i·cal [ŭm bĭl′ə kəl] *(adj.)* سُرِّيّ : متعلِّق بالسُّرّة أو بالحبل السُّرّيّ .

umbilical cord *(n.)* الحبل السُّرّيّ (ت) .

um·bil·i·cate [ŭm′bĭl′ĭ kĭt] *also* **um·bil·i·cat·ed** [-kā′tĭd] *(adj.)* (١) سُرِّيّ الشَّكل (٢) ذو سُرَّة .
— um·bil·i·ca·tion *(n.)*

um·bil·i·cus [ŭm bĭl′ĭ kəs] *(n.)* (١) سُرَّة (٢) قلب ؛ وَسَط .

um·bles [ŭm′bəlz] *(n. pl.)* أحْشاء الحيوان [وبخاصةٍ الغزال] .

um·bo [ŭm′bō] *(n.)* pl. **-s** *or* **um·bo·nes** [ŭm bō′nēz] (١) عُقدة أو زِرّ زِينيّ [في دِرع] (٢) ارتفاع مستدير [في طبلة الأذن إلخ] .

um·bra [ŭm′brə] *(n.)* pl. **-s** *or* **-e** [ē] (١) ظِلّ (٢) «أ» موضع ظليل . «ب» ظلمة (٣) الظلّ (فل) .

um·brage [ŭm′brĭj] *(n.)* (١) ظلّ (٢) أغصان ظليلة (٣) ريبة (٤) استياء ؛ امتعاض .

um·bra·geous [ŭm brā′jəs] *(adj.)* (١) ظليل (٢) سريع الاستياء .

um·brel·la [ŭm brĕl′ə] *(n.; adj.; vt.)* (١) مِظَلَّة (٢) «أ» المظلَّة الجوِّيّة : تشكيلة من الطائرات لحماية العمليّات العسكرية البرّيّة . «ب» سدّ من النِّيران (را . barrage *1*) § (٣) مِظلّيّ (٤) شامل <an ~ organization> § (٥) يُظلِّل : يقي بمظلّة .

umbrella bird *(n.)* الطائر المِظلّيّ : طائر ذو عُرْفٍ مظلّيّ الشَّكل .

umbrella bird

umbrella plant *also* **umbrella sedge** *(n.)* السُّعادَى تبادليّة الوَرَق : سُعادَى إفريقيّة تُزرع للزينة (نب) .

umbrella tree *(n.)* المِظلّيّة ؛ المَغْنوليّة المِظلّيّة (نب) .

Um·bri·an [ŭm′brĭ ən] *(n.; adj.)* (١) الأمبريّ : أحد أبناء مقاطعة «أمبريا» الإيطاليّة (٢) الأمبريّة : لغةُ أمبريا القديمة § (٣) أمبريّ .

u·mi·ak [o͞o′mĭ ăk′] *(n.)* الأُمْيَك : زَوْرَقٌ من زوارق الأسكيمو مكسوٌّ بالجلد .

umiak

um·laut [o͞om′lout] *(n.)* (١) الإبدال الصائتيّ : تغيُّر في صوت حرف العلّة [في اللُّغات الجرمانيّة] تُشير إليه نقطتان فوق رسم ذلك الحرف [كما في كلمة *Männer* جمعًا لكلمة *Mann* في الألمانيّة] (٢) المُغَيِّرة : علامةٌ (¨) الدالّة على

الإبدال الصائتيّ .

um·pir·age [ŭmʹpĭr ĭj] *(n.)* (١) وظيفة الحَكَم (٢) فصْلٌ في نزاع (٣) قرار الحَكَم .

um·pire [ŭmʹpīr] *(n.; vt.)* (١) حَكَم § (٢) يَحْكُم؛ يَفْصِل في نزاع .

ump·teen [ŭmpʹtēn] *(adj.)* كثير جدًّا؛ لا يُحْصَى <~ reasons> .

un- بادئة معناها : «أ» غير <*un*seen> . «ب» ينقض؛ يعكس <*un*fold> . «ج» يُزيل <*un*sex> .

un·a·bashed [ŭnʹə băsht] *(adj.)* (١) غير مخجول أو مرتبك (٢) جليّ؛ صريح .

un·a·bat·ed [ŭn ə bāʹ-] *(adj.)* غير مُضْعَف أو مُخْمَد؛ في كامل قوّته .

un·a·ble [ŭn āʹbəl] *(adj.)* عاجز؛ غير قادر .

un·a·bridged [ŭnʹə brĭjdʹ] *(adj.)* كامل؛ غير مُخْتَصَر .

un·ac·cept·a·ble [ŭnʹĭk sĕpʹtə-; -ăk-] *(adj.)* غير مقبول؛ مردود .

un·ac·com·mo·dat·ed [ŭnʹə kŏmʹə dāʹtĭd] *(adj.)* (١) غير ملاءَم أو مكيَّف (٢) غيرُ مجهَّز؛ غير مزوَّد بأسباب الرّاحة إلخ .

un·ac·com·pa·nied [ŭnʹə kŭmʹpə nēd] *(adj.)* غير مُصاحَب أو مصحوب [بعزف على الآلات] .

un·ac·count·a·ble [ŭnʹə kounʹtə bəl] *(adj.)* (١) غير قابل للتعليل (٢) غير مسؤول .

un·ac·count·ed [ŭnʹə kounʹtĭd] *(adj.)* غير معلَّل أو مُفَسَّر أو معروف المصير [تتبعها عادةً *for*] .

un·ac·cus·tomed [ŭnʹə kŭsʹ-] *(adj.)* (١) غريب؛ غير مألوف (٢) غير متعوَّد .

un·a·dorned [ŭnʹə dôrndʹ] *(adj.)* غير مزخرَف؛ بسيط .

un·a·dul·ter·at·ed [ŭnʹə dŭlʹtə rāʹ-] *(adj.)* صِرْف؛ مَحْض؛ خالص .

un·ad·vised [ŭnʹəd vīzdʹ] *(adj.)* (١) طائش؛ غير مُرَوًّأ فيه (٢) غير حكيم؛ أرعن .

un·af·fect·ed [ŭnʹə fĕkʹtĭd] *(adj.)* (١) غير متأثّر (٢) صادق؛ غير متكلِّف (٣) بسيط؛ طبيعي .

un·al·ien·a·ble [ŭnʹālʹĭ yə nə-] *(adj.)* = inalienable.

un·a·ligned [ŭnʹə līndʹ] *(adj.)* مُحايد؛ غير مُنحاز؛ غير متحيِّز .

un·al·loyed [-loidʹ] *(adj.)* صِرْف؛ خالص؛ مَحْض؛ غير مَشُوب .

un·al·ter·a·ble [ŭnʹôlʹtər ə bəl] *(adj.)* راسخ؛ غير قابل للتّغيير .

un·am·big·u·ous [ŭnʹăm bĭgʹ-] *(adj.)* غير غامض؛ واضح؛ دقيق .

un–A·mer·i·can [ŭnʹə mĕrʹə kən] *(adj.)* غير أميركيّ : غير متَّفق مع التقاليد أو المبادئ الأميركيّة .

un·an·chored [ŭnʹăngʹkərd] *(adj.)* غير مُرْسًى <an ~ boat> .

una·nim·i·ty [yo͞oʹnə nĭmʹə tĭ] *(n.)* إجماع .

unan·i·mous [yo͞o nănʹə məs] *(adj.)* (١) مُجْمِع (٢) إجماعيّ : مأخوذ أو متَّفَق عليه بالإجماع .
— **unan·i·mous·ly** *(adv.)*

un·an·swer·a·ble [ŭnʹănʹsər ə bəl] *(adj.)* (١) لا جوابَ له (٢) قاطع؛ مُفحِم؛ لا يُدحَض <an ~ argument> .

un·ap·peal·a·ble [ŭnʹə pēʹlə-] *(adj.)* غير قابل للاستئناف <an ~ sentence>.

un·apt [ŭnʹăptʹ] *(adj.)* (١) غير مناسب (٢) غير متعوِّدٍ أو ميّالٍ (٣) متبلِّد الذِّهن .
— **un·apt·ness** *(n.)*

un·arm [ŭnʹärmʹ] *(vt.; i.)* = disarm.

un·armed [ŭnʹärmdʹ] *(adj.)* أَعْزَل .

un·a·shamed [ŭnʹə shāmdʹ] *(adj.)* غير مخجول؛ غير نادم .

un·asked [ŭnʹăsktʹ] *(adj.)* (١) بلا طَلَب؛ من تلقاء نفسه (٢) غير مطلوب <~ advice>.

un·as·sis·ted [ŭnʹə sĭsʹ-] *(adj.)* (١) غير مُعان؛ غير مُساعَد (٢) منفرِد [في البيسبول بخاصة] .

un·as·sum·ing [ŭnʹə so͞oʹmĭng] *(adj.)* متواضع؛ غير مُدَّعٍ .

un·at·tached [ŭnʹə tăchtʹ] *(adj.)* (١) مُستقِلّ؛ غير مُنْتَمٍ (٢) أعزب (٣) مُنفصِل؛ غير متَّصل .

un·a·vail·a·ble energy [ŭnʹə vāʹ-] *(n.)* الطّاقة غير المستفادة .

un·a·vail·ing [ŭnʹə vāʹ-] *(adj.)* غير مُجْدٍ؛ لا غَناء فيه؛ لا طائلَ تحته .

un·a·venged [-vĕnjdʹ] *(adj.)* غير منتقَم له؛ غير مأخوذ بثأره .

un·a·void·a·ble [ŭnʹə voiʹdə bəl] *(adj.)* محتوم؛ لا مفرَّ منه؛ لا سبيل إلى اجتنابه .

un·a·ware[1] [ŭnʹə wârʹ] *(adv.)* = unawares.

unaware[2] *(adj.)* جاهل؛ غير مُدرِك؛ غافلٌ عن .

un·a·wares *(adv.)* (١) لا شعوريًّا؛ من غير قصد (٢) على حين غِرَّة .

un·backed [ŭnʹbăktʹ] *(adj.)* (١) غير مروَّض (٢) غير مساعَد؛ مخذول (٣) غير ذي ظَهْر <~ stools> .

un·baked [ŭn bāktʹ] *(adj.)* (١) غير مخبوز (٢) غير ناضج .

un·bal·ance [ŭn bălʹəns] *(vt.; n.)* (١) يُخِلّ بتوازن كذا (٢) يخبِّل؛ يُفقِد العقل § (٣) اللاتوازُن؛ اختلال التّوازن .

un·bal·anced [-ʹənst] *(adj.)* (١) غير متوازن (٢) مضطرب العقل؛ مختلّ .

un·bar [ŭnʹbärʹ] *(vt.)* (١) يفتح؛ يرفع الرِّتاج أو المِزلاج عن (٢) يُزيل الحاجز .

un·bat·ed [ŭn bāʹtĭd] *(adj.)* = unabated.

un·bear·a·ble [ŭnʹbârʹə bəl] *(adj.)* لا يُطاق؛ لا يُحتَمَل .

un·beat·a·ble [ŭnʹbētʹə bəl] *(adj.)* لا يُقْهَر؛ لا يُهْزَم .

un·beat·en [ŭnʹbēʹtən] *(adj.)* (١) غير مسحوق؛ غير مخفوق (٢) غير مطروق <~ paths> (٣) غير مهزوم .

un·be·com·ing [ŭnʹbĭ kŭmʹĭng] *(adj.)* غير لائق .

un·be·knownst [-nōnstʹ]; **un·be·known** [-nōnʹ] *(adj.)* مجهول؛ غير معروف .

un·be·lief [ŭnʹbĭ lēfʹ] *(n.)* شكٌّ؛ كُفر [وبخاصة بصحة الكتب المقدَّسة] .

إلخ].

un·be·liev·a·ble [ŭn′bĭ lē′və bəl] *(adj.)* لا يُصدَّق.

un·be·liev·er [ŭn′bĭ lē′vər] *(n.)* (١) الشاكّ؛ المتشكّك (٢) الكافر.

un·be·liev·ing [ŭn′bĭ lē′vĭng] *(adj.)* شاكٌّ؛ غير مصدِّق أو مؤمن بِـ.

un·bend [ŭn′bĕnd′] *(vt.; i.)* (١) يقوِّم: يجعله مستقيمًا (٢) يُرخي (٣) يَحُلّ؛ يَفُكّ **x** (٤) يسترخي: يتصرَّف بطريقة خالية من التوتُّر أو الرَّسميّات (٥) يستقيم (٦) ينحلّ.

un·bend·ing [ŭn′bĕn′dĭng] *(adj.; n.)* (١) inflexible (٢) مُتحفِّظ (٣) ميّال إلى الاسترخاء § (٤) استرخاء.

un·be·seem·ing [ŭn′bĭ sē′mĭng] *(adj.)* غير لائق.

un·bi·ased [ŭn bī′əst] *(adj.)* عادل؛ غير متحيِّز.

un·bid·den [ŭn bĭd′ən] *or* **un·bid** [-bĭd′] *(adj.)* = unasked.

un·bind [ŭn bīnd′] *(vt.)* (١) يَفُكّ؛ يَحُلّ (٢) يُطلِق [سراحه].

un·bit·ted [ŭn bĭt′ĭd] *(adj.)* غير مَشْكوم أو مُلْجَم.

un·blessed *also* **un·blest** [ŭn blĕst′] *(adj.)* (١) غير مبارَك (٢) ملعون؛ شقيّ (٣) محرومٌ نعمةً ما <a hut ~ with electricity>.

un·blind·ed [ŭn′blīn′dĭd] *(adj.)* منوَّر؛ مُحَرَّر من الأوهام.

un·blink·ing [ŭn′blĭng′kĭng] *(adj.)* (١) لا تَطْرِف عَيْنُه (٢) جريء.

un·blush·ing [ŭn blŭsh′ĭng] *(adj.)* = shameless.

un·bod·ied [ŭn bŏd′ĭd] *(adj.)* (١) «أ» غير ذي جسد. «ب» لاجسديّ (٢) محرَّر من الجسد (٣) لاشكليّ؛ لاصُوريّ: عديم الشكل أو الصُّورة.

un·bolt·ed [ŭn bōl′tĭd] *(adj.)* (١) مفتوح؛ مرفوع الرِّتاج أو المزلاج (٢) «أ» غير منخول. «ب» خشن.

un·boned [ŭn bōnd′] *(adj.)* (١) غير ذي عَظْم؛ عديم العظم (٢) غير مجلوم: غير منزوع العظم أو الحسك <~ fish>.

un·bon·net [ŭn bŏn′ĭt] *(vi.; t.)* (١) يرفع قُبَّعَتَهُ [احترامًا] **x** (٢) يرفع الغطاء عن.

un·bon·net·ed [ŭn bŏn′ĭt ĭd] *(adj.)* حاسرُ الرَّأس.

un·born [ŭn bôrn′] *(adj.)* (١) لم يُولَد بعد (٢) مُقْبِل.

un·bos·om [ŭn bo͝oz′əm] *(vt.; i.)* (١) يكشف عن؛ يُبدي للعيان (٢) يبوح بسريرة نفسه.

un·bound [ŭn bound′] *(adj.)* (١) غير مقيَّد أو محصُور؛ مفكوك (٢) غير مجلَّد.

un·bound·ed [-′dĭd] *(adj.)* (١) غير محدود؛ غير متناهٍ (٢) مطلق؛ غير مقيَّد.

un·bowed [ŭn boud′] *(adj.)* (١) غير مُتقوِّس أو منحنٍ (٢) غير مُخْضَع.

un·brace [-brās′] *(vt.)* (١) يحرِّر من رباط (٢) يُرْخي؛ يُريح (٣) يُضْعِف.

un·braid [ŭn brād′] *(vt.)* يَحُلُّ [جَديلَةً].

un·brand·ed [ŭn′brăn′-] *(adj.)* (١) غير موسوم: لا يحمل اسم مالكه <~ cattle> (٢) غُفْل: لا يحمل اسمًا تجاريًّا <~ merchandise>.

un·bred [ŭn brĕd′] *(adj.)* غير مُعلَّم؛ غير مُدرَّب.

un·bri·dle [ŭn brīd′əl] *(vt.)* (١) ينزع اللِّجام (٢) يطلق العِنان لِـ.

un·bro·ken [ŭn brō′-] *(adj.)* (١) صحيح؛ غير مكسور (٢) تامّ؛ كامل (٣) غير مروَّض (٤) متواصل؛ غير منقطع (٥) غير محروث (٦) منظَّم.

un·buck·le [-bŭk′əl] *(vt.; i.)* (١) يَفُكّ إبزيمَ [الحذاء إلخ] **x** (٢) يسترخي.

un·build [ŭn bĭld′] *(vt.; i.)* يَدُكّ؛ يدمِّر.

un·built [-bĭlt′] *(adj.)* (١) غير مَبْنِيّ (٢) غير مبنيّ عليه <an ~ land>.

un·bur·den [ŭn bûr′dən] *(vt.)* (١) يحرِّر من عبءٍ (٢) يُفضي بهمومه أو سريرة نفسه.

un·but·ton [ŭn bŭt′ən] *(vt.; i.)* يفكّ [الزِّرَّ أو الأزرار].

un·but·toned [ŭn bŭt′ənd] *(adj.)* (١) غير مزرَّر (٢) غير ذي أزرار (٣) غير مقيَّد؛ متحلِّل من القيود.

un·cage [ŭn kāj′] *(vt.)* (١) يُطلِق من قفص (٢) يُطلِق سراحَ.

un·called–for [ŭn kôld′-] *(adj.)* (١) غير ضروريّ (٢) لا مسوِّغَ له.

un·can·ny [ŭn kăn′ĭ] *(adj.)* (١) غريب (٢) ممتاز؛ خارق للطبيعة.

un·cap [ŭn kăp′] *(vt.; i.)* (١) ينزع الغطاء (٢) يرفع الحدّ؛ يُطْلِق <~ the age of retirement> **x** (٣) يرفع قبَّعته [احترامًا].

un·caused [ŭn kôzd′] *(adj.)* غير معلول؛ غير مخلوق؛ موجود بذاته.

un·ceas·ing [ŭn sē′sĭng] *(adj.)* متواصل؛ مستديم؛ غير منقطع.

un·cel·e·brat·ed [ŭn′sĕl′-] *(adj.)* (١) مغمور (٢) غير مُحْتَفًى به.

un·cer·e·mo·ni·ous [ŭn′sĕr ə mō′nĭ əs] *(adj.)* (١) غير رسميّ (٢) جافٍ؛ فظّ؛ تُعوزه الكياسة.

un·cer·tain [ŭn sûr′tən] *(adj.)* (١) غير محدَّد المقدار (٢) غير أكيد؛ غير مؤكَّد الحدوث (٣) غير جدير بالثِّقة أو الاعتماد (٤) «أ» عُرضة للشَّكّ؛ مشكوك فيه. «ب» شاكّ؛ غير واثق (٥) غامض؛ مُلْتَبِس (٦) متقلِّب.

un·cer·tain·ty [-tĭ] *(n.)* (١) شكّ؛ شُبهة (٢) شيء مجهول أو مشكوك فيه.

uncertainty principle *(n.)* مبدأ الرِّيبة (فز).

un·chain [ŭn chān′] *(vt.)* يُحرِّر؛ يُطلِق [من عِقال أو قَيْد].

un·chan·cy [-′chăn′sĭ] *(adj.)* (١) خطير (إسك) (٢) ill–fated (إسك).

un·change·a·ble [ŭn chān′jə bəl] *(adj.)* ثابت؛ غير قابل للتَّغيير.

un·charged [ŭn chärjd′] *(adj.)* (١) غير محشوّ <an ~ gun> (٢) غير متَّهَم رسميًّا (ق) (٣) لا شِحنة كهربائية فيه.

un·char·i·ta·ble [ŭn chăr′ə tə bəl] *(adj.)* قاسٍ؛ غير متساهل أو متسامح أو غافر.

un·chart·ed [ŭn chärt′ĭd] *(adj.)* مجهول: غير ذي مَعالم يُهتدى بها؛ غير مدوَّن على خريطة إلخ <~ territory>.

un·chaste [-chāst′] *(adj.)* غير عفيف؛ غير مُحْصَن؛ تُعوزُه العِفَّة.

ă at; ā date; â care; ä car; ĕ egg; ē me; ĭ in; ī bite; ŏ lot; ō bone; ô orphan; oi boil; o͝o good; o͞o boot; ou out; ŭ under; û urgent; ə = *a* in alone, *e* in system, *i* in easily, *o* in gallop, *u* in circus.

un·checked [ŭn′chĕkt′] *(adj.)* (١) غير مقيَّد أو مكبوح (٢) غير مدقَّق فيه .

un·chris·tian [ŭn krĭs′chən] *(adj.)* (١) غير مسيحيّ (٢) «أ» مضادّ للرُّوح المسيحيّة . «ب» غير لائق .

un·church [ŭn chûrch′] *(vt.)* (١) يَحرم : يَطرد من الكنيسة أو من شركة المؤمنين (٢) يَنْزِع عنه مَنْزِلَتَه الكَنَسيّة [كطائفة أو مبنًى] .

un·churched [-chûrcht′] *(adj.)* غير منتسب إلى الكنيسة أو غير ذي صلة بها .

un·cial [ŭn′shĭ əl] *(n.; adj.)* (١) الحرف الإنشيّ أو البوصيّ : ضربٌ من الحرف اللّاتينيّ نقع عليه في بعض المخطوطات القديمة § (٢) إنشيّ : منسوبٌ إلى الحرف الإنشيّ .

ROMAN UNCIAL
uncial

un·ci·form [ŭn′sə fôrm′] *(adj.)* شِصّيّ الشَّكل ؛ كُلّابيّ الشكل .

un·ci·nar·i·a [ŭn′sə nâr′ĭ ə] *(n.)* = hookworm.

un·ci·na·ri·a·sis [ŭn′sə nə rī′ə sĭs] *(n.)* = ancylostomiasis.

un·ci·nate [ŭn′sə nĭt; -nāt] *(adj.)* أَعْقَف ؛ مَعقوف .

un·cir·cu·lat·ed [-′sûr′-] *(adj.)* (١) غير متداوَل <~ coins> (٢) غير مُدار <~ air> .

un·cir·cum·cised [ŭn sûr′kəm sīzd′] *(adj.)* (١) غير مختون ؛ أقلف ؛ أغرل ؛ أغلف (٢) «أ» وَثَنِيّ . «ب» غير يهوديّ .

un·civ·il [ŭn sĭv′əl] *(adj.)* (١) هَمَجيّ ؛ غير متمدِّن (٢) غير مهذَّب أو لطيف .

un·civ·i·lized [ŭn sĭv′ə līzd′] *(adj.)* (١) هَمَجيّ ؛ بربريّ ؛ غير متمدِّن (٢) بعيدٌ عن المَدَنيّة .

un·clasp [ŭn klăsp′] *(vt.; i.)* (١) يَحُلّ ؛ يَفُكّ (٢) يفتح [يدًا مقبوضةً] x (٣) يُرخي قبضته .

un·clas·si·fied [ŭn klăs′-] *(adj.)* (١) غير مصنَّف (٢) غير سِرّيّ ؛ مُباح .

un·cle [ŭng′kəl] *(n.)* (١) العم ؛ الخال (٢) زوج العمّة أو الخالة (٣) المُسانِد ؛ النّاصح ؛ المشجِّع (٤) pawnbroker (٥) cap. : Uncle Sam .

un·clean [ŭn klēn′] *(adj.)* (١) غير طاهر [أخلاقيًّا أو روحيًّا] (٢) نَجِس (٣) قذِر ؛ دَنِس .

—**un·clean·ness** *(n.)*

un·clean·ly [1] [ŭn klĕn′lĭ] *(adj.)* قَذِرٌ [أخلاقيًّا أو جسميًّا] .

un·clean·ly [2] [ŭn klēn′lĭ] *(adv.)* بقذارة ؛ على نحوٍ قَذِر .

un·clench [ŭn klĕnch′] *(vt.; i.)* (١) يرخي قَبْضَتَهُ (٢) يُفلتُه x (٣) ترتخي [القبضةُ] .

Un·cle Sam [ŭng′kəl săm′] *(n.)* العمّ سام : «أ» الحكومة الأميركيّة . «ب» الشّعب الأميركيّ .

un·cloak [ŭn klōk′] *(vt.; i.)* (١) «أ» ينزع الغطاء أو القناع عن . «ب» يكشف x (٢) يخلع معطفَه .

un·clog [-′klŏg′] *(vt.)* يزيل العائق أو الانسداد <to ~ a drain> .

un·close [-klōz′] *(vt.; i.)* (١) يفتح (٢) يُفْشي ؛ يبوح بِـ x (٣) ينفتح .

un·clothe [ŭn klōth′] *(vt.)* (١) يُعرّي ؛ يجرِّده من ملابسه (٢) «أ» يجرِّد . «ب» يكشف عن .

un·cloud·ed [ŭn′klou′-] *(adj.)* (١) غير غائم (٢) واضح ؛ جليّ (٣) هانئ ؛ غير معكَّر <~ serenity> .

un·co [1] [ŭng′kō] *(adj.; adv.)* (١) غريب ؛ مجهول (إسك) (٢) عجيب (٣) استثنائيّ § (٤) إلى حدٍّ مُفرط (٥) على نحوٍ رائع .

un·co [2] *(n.)* (١) *pl.* : أخبار ؛ أنباء (إسك) (٢) شخص غريب (إسك) .

un·coil [ŭn koil′] *(vt.; i.)* (١) يَحُلّ ؛ يَفُكّ x (٢) ينحلّ ؛ ينفكّ .

un·coined [ŭn koind′] *(adj.)* (١) غير مضروب أو مسكوك (٢) طبيعيّ ؛ غير متكلَّف ؛ غير زائف .

un·com·fort·a·ble [ŭn kŭm′fər tə bəl; -kŭmf′tə-] *(adj.)* (١) مضايِق ؛ غير مريح (٢) متضايق .

un·com·mer·cial [ŭn′kə mûr′shəl] *(adj.)* (١) غير تجاريّ (٢) غير مُرْبح ؛ غير مُجْزٍ .

un·com·mit·ted [ŭn′kə mĭt′ĭd] *(adj.)* غير ملتزم أو مرتبط [بعقيدة أو ولاء أو برنامج] .

un·com·mon [-kŏm′ən] *(adj.)* (١) غير مألوف (٢) رائع ؛ بارز ؛ فائق ؛ استثنائيّ .

un·com·mu·ni·ca·tive [ŭn′kə myoo′nə kā′tĭv; -kə-] *(adj.)* (١) صَمُوت (٢) متحفِّظ .

un·com·pli·cat·ed [ŭn′kŏm′-] *(adj.)* (١) بسيط ؛ غير معقَّد (٢) بلا مضاعفات .

un·com·pli·men·ta·ry [-′kŏm plə mĕn′tə rē] *(adj.)* = derogatory.

un·com·pro·mis·ing [ŭn kŏm′prə mī′zĭng] *(adj.)* عنيد ؛ متصلِّب .

un·con·cern [ŭn′kən sûrn′] *(n.)* (١) لامبالاة (٢) اطمئنان ؛ راحة بال .

un·con·di·tion·al [ŭn′kən dĭsh′ə nəl] *(adj.)* (١) تامّ ؛ من غير قيد أو شرط (٢) غير متحفِّظ .

un·con·di·tioned [-′ənd] *(adj.)* (١) مُطلَق ؛ غير مشروط (٢) طبيعيّ .

un·con·for·mi·ty [ŭn′kən fôr′-] *(n.)* لاتوافق ؛ لاانتظام ؛ استقلاليّة .

un·con·quer·a·ble [ŭn kŏng′kər ə-] *(adj.)* لا يُقهَر ؛ لا يُغلَب ؛ مَنيع .

un·con·scion·a·ble [ŭn kŏn′shən ə bəl] *(adj.)* (١) عديم الضَّمير (٢) مُفْرِط ؛ غير معقول (٣) outrageous .

un·con·scious [-kŏn′shəs] *(adj.; n.)* (١) غير دارٍ (٢) لاواعٍ (نف) (٣) مغمًى عليه (٤) غير مقصود § (٥) العقل اللاواعي ؛ اللاوعي (نف) .

un·con·sid·ered [ŭn kən sĭd′-] *(adj.)* (١) غير معتبَر أو غير جدير بالاعتبار <~ trifles> (٢) غير مدروس ؛ غير مُرَوًّأ فيه <~ opinions> .

un·con·sti·tu·tion·al [ŭn′kŏn stə tyoo′shə nəl] *(adj.)* غير دُسْتُوريّ .

un·con·straint [ŭn′kən strānt′] *(n.)* طمأنينة ؛ راحة بال .

un·con·trol·la·ble [ŭn′kən trō′lə bəl] *(adj.)* متعذِّرٌ ضبطُه أو مراقبتُه أو التَّحكُّم فيه ؛ جامح .

un·con·ven·tion·al [ŭn′kən vĕn′-] *(adj.)* غير تقليديّ <~ weapons>.

un·cool [ŭn kōōl′] *(adj.)* (١) غير واثق (٢) غير أنيق <an ~ dress> .

un·cork [ŭn kôrk′] *(vt.)* (١) ينزع السِّدادة (٢) «أ» يحرِّر . «ب» يُطلِق .

un·corked [ŭn kôrkt′] *(adj.)* غير ذي سِدادة أو فِلّينة .

un·count·ed [ŭn koun′tĭd] *(adj.)* (١) غير معدود أو محسوب (٢) لا يُعدّ؛ لا يُحْصَى .

un·cou·ple [ŭn kŭp′əl] *(vt.)* (١) يَفُكّ التّقارن (٢) يفصِل [عربات السِّكّة الحديديّة] .

un·couth [-kōōth′] *(adj.)* (١) فظّ؛ جِلْف؛ أخْرَق (٢) غريب؛ غير مألوف .

un·cov·er [ŭn kŭv′ər] *(vt.; i.)* (١) يكشف الغطاء أو النِّقاب عن؛ يفضح (٢) يُعرّي (٣) يحرمُهُ الحماية: يجعله عرضةً لنيران العدوّ أو هجماته x (٤) يرفع قبّعته [احترامًا] .

un·cre·at·ed [ŭn krē āt′ĭd] *(adj.)* (١) أزليّ؛ غير مخلوق (٢) لم يُخْلَق بعد .

un·crit·i·cal [ŭn krĭt′ə kəl] *(adj.)* (١) ضعيف التمييز؛ غير ممحِّص (٢) غير متّفِق مع قواعد النّقد النّزيه .

un·crown [ŭn kroun′] *(vt.)* يخلع عن العرش .

unc·tion [ŭngk′shən] *(n.)* (١) مَسْح بالزّيت أو المرهم [لأغراض دينيّة أو طبّيّة] (٢) زيت؛ مرهم (٣) طلاوة أو حماسة زائفة عادةً [في الحديث] (٤) استمتاع شديد .

unc·tu·ous [ŭngk′chōō əs] *(adj.)* (١) «أ» زيتيّ؛ دُهنيّ . «ب» أملس؛ زَلِق (٢) غنيّ بالمادّة العضويّة؛ مِطواع <~ soil> (٣) متملِّق؛ مُداهِن <an ~ waiter>.

un·curl [-kûrl′] *(vi.; t.)* (١) ينسدل [بعد انعقاص أو التفاف] x (٢) يَسْدُل .

un·cut [ŭn kŭt′] *(adj.)* (١) غير مقطوع أو مقصوص أو مُهَنْدَم أو مُشَذَّب (٢) غير مُختَصَر .

un·daunt·ed [ŭn dôn′tĭd] *(adj.)* شُجاع؛ باسل؛ مِقدام؛ غير هيّاب .

un·dead [ŭn′dĕd′] *(n.)* (١) مَصّاص الدِّماء (٢) zombie *1 c* .

un·de·bat·a·ble [ŭn′dĭ bā′tə-] *(adj.)* = indisputable.

un·de·ceive [ŭn′dĭ sēv′] *(vt.)* ينوِّر؛ يحرِّر من الأوهام إلخ .

un·de·cid·ed [ŭn′dĭ sī′-] *(adj.)* (١) غير مفصول فيه (٢) متردِّد؛ غير عاقد العزم .

un·de·fined [ŭn′dĭ fīnd′] *(adj.)* (١) غير محدَّد أو مفسَّر (٢) غير محدود <an ~ feeling of pleasure>.

un·de·mon·stra·tive [ŭn′dĭ mŏn′strə tĭv] *(adj.)* متحفّظ [في التّعبير عن العواطف أو المشاعر] .

un·de·ni·a·ble [ŭn′dĭ nī′-] *(adj.)* (١) لا يُنْكَر؛ لا يُجْحَد (٢) ممتاز .

un·der [ŭn′dər] *(adv.; prep.; adj.)* (١) تحت (٢) «أ» تحت سطح الماء . «ب» وراء الأُفق (٣) أقلّ <fifty dollars or ~> (٤) مكبوحًا <kept her ~> <childern of seven and ~> (٥) فما دون disappointment ~> § (٦) «أ» دون. «ب» أدنَى. «ج» تحت سطح كذا <~ water> § (٧) سفليّ <*under*lip> (٨) ثانٍ؛ ثانويّ <*under*secretary> (٩) أقلّ من المألوف أو المطلوب <~ dose of medicine> .

under- بادئة معناها: «أ» تحت . «ب» أدنى؛ أقلّ .

un·der·a·chiev·er [ŭn′dər ə chē′vər] *(n.)* المقصِّر: شخص، وخاصةً طالب، يفشل في تحقيق مستوى متوقَّع من الإنجاز .

un·der·act [ŭn′dər ăkt′] *(vt.; i.)* يقصِّر: يمثّل [دورًا مسرحيًّا] ببراعة أو حيويّة أو توكيد أدنى من المطلوب .

un·der·age [-āj′] *(adj.)* قاصر: تحت سِنّ البلوغ أو السِّنّ القانونيّة .

un·der·arm[1] [ŭn′dər ärm′] *(adj.)* تَحْذِراعيّ: واقعٌ تحت الذِّراع .

un·der·arm[2] [ŭn′dər ärm′] *(n.)* الإبْط: حفرة العَضُد؛ باطن الكتِف (ت) .

un·der·bid [ŭn′dər bĭd′] *(vt.)* يعرِض ثمنًا أقلَّ [من منافسه] .

un·der·bred [-brĕd′] *(adj.)* (١) ill–bred (٢) هجين؛ مهجَّن .

un·der·brush [ŭn′dər brŭsh′] *(n.)* الشُّجَيْرات الدُّنيا: الشُّجَيْرات النّامية تحت الأشجار الكبيرة [في غابة إلخ] .

un·der·bud·get·ed [-bŭ′jə-] *(adj.)* مَنْقوص الميزانيّة <~ projects> .

un·der·buy [-bī′] *(vt.; i.)* (١) يشتري بسعرٍ أقلّ (٢) يشتري أقلّ من حاجته .

un·der·car·riage [ŭn′dər kăr′ĭj] *(n.)* (١) مَحْمِل السّيّارة: الجزء الذي يرتكز عليه بَدَنُها (٢) عجلات الهبوط (طي) .

un·der·charge [*v.* ŭn′dər chärj′; *n.* ŭn′dər chärj′] *(vt.; n.)* (١) يحمِّل بأقلّ من الكفاية (٢) يتقاضى منه سعرًا أقلّ من المعتاد § (٣) حمولة أقلّ من المعتاد أو المناسب (٤) رسمٌ أو سعرٌ أقلُّ من المعتاد .

un·der·class [-klăs′] *(n.)* الطبقة الدُّنيا: أدنى طبقات المجتمع وأفقرُها .

un·der·class·man [ŭn′dər klăs′mən] *(n.)* طالب في السّنة الأولى أو الثانية [في الجامعة] .

un·der·clothes [-′dər klō(t͟h)z′] *(n. pl.)* الملابس الدّاخليّة أو التّحتيّة .

un·der·cloth·ing [ŭn′dər klō′t͟hĭng] *(n.)* = underclothes.

un·der·coat [ŭn′dər kōt] *(n.)* (١) سِترة تحتيّة [كانوا يرتدونها تحت سترة أخرى] (٢) الشَّعر التّحتيّ؛ الفروة التّحتيّة: شعر قصير يكاد يختفي تحت شعر أطول <a dog's ~> (٣) طَلْيَة تحتيّة أو سفليّة [من الدِّهان] (٤) تنُّورة. وبخاصة: تنُّورة تحتيّة .

un·der·cov·er [ŭn′dər kŭv′ər] *(adj.)* سِرِّيّ. وبخاصّة: مستخدَمٌ أو منهمِك في التّجسُّس <~ agents> .

un·der·croft [ŭn′dər krôft′] *(n.)* حُجرة تحت الأرض. وبخاصة: سرداب (را . crypt) .

un·der·cur·rent [ŭn′dər kûr′ənt; -kŭr′-] *(n.)* التّيّار التّحتيّ: «أ» تيّار

مائيّ تحت السّطح أو تحت التّيّارات العُليا . «ب» اتّجاه خفيّ من اتّجاهات الرّأي أو الشّعور مناقضٌ عادةً للاتجاه الظّاهر .

un·der·cut [*v.* ŭn′dər kŭt′; *n.* ŭn′dər kŭt′] *(vt.; n.)* (١) «أ» يقطع الجزء الأدنى من . «ب» يقتطع جزءًا من قاعدة شيء (٢) يعرض سِلَعَهُ أو خدماته بسعرٍ أدنى [من سعر المنافسين] (٣) يضرب عاليًا : يضرب [كرة الغولف] بحيث ترتفع عاليًا ثمّ تستقرّ ولمّا تبلغ حدًّا بعيدًا § (٤) قَطْع الجزء الأدنى إلخ (٥) قطعة من لحم خاصرة البقرة (٦) الثّلْم القاعديّ : ثلم يُحْدَث في قاعدة الشجرة قبل قطعها لتحديد اتّجاه سقوطها .

un·der·de·vel·oped [ŭn′dər dĭ vĕl′əpt] *(adj.)* (١) ناقص النّموّ <~ muscles> (٢) متخلّف <technical assistance for ~ areas> .

un·der·do [ŭn′dər dōō′] *(vi.; t.)* (١) يعمل أقلّ مما يستطيع أو مما هو مطلوب **x** (٢) يطهو من غير إنضاج .

un·der·dog [ŭn′dər dôg′] *(n.)* (١) الخاسر [أو المتوقَّع أن يخسر] في مباراة (٢) ضحيَّة ظلم واضطهاد .

un·der·done [ŭn′dər dŭn′] *(adj.)* نصف نضيج ؛ غير مُنْضَج جيّدًا .

un·der·draw·ers [ŭn′dər drô′ərz] *(n. pl.)* سروال تحتيّ أو تحتانيّ .

un·der·ed·u·cat·ed [ŭn′dər ĕj′-] *(adj.)* منقوص الثقافة : غير مكتمل الثقافة .

un·der·es·ti·mate [*v.* -ĕs′tə māt′; *n.* -mĭt] *(vt.; n.)* (١) يَبْخَس التَّقْدير (٢) يستخفّ بِـ § (٣) تقديرٌ بَخْس . — **un·der·es·ti·ma·tion** *(n.)*

un·der·ex·pose [ŭn′dər ĭk spōz′] *(vt.)* يُعرِّض [فيلمًا فوتوغرافيًّا للنور] تعريضًا ناقصًا .

un·der·ex·po·sure [-ĭk spō′zhər] *(n.)* التّعريض النّاقص (فو) .

un·der·feed [ŭn′dər fēd′] *(vt.)* (١) يُنْقِص التّغذية (٢) يغذّي [بالوقود] من أسفل .

un·der·felt [-fĕlt′] *(n.)* اللّبّاد التحتيّ : طبقة من اللّبّاد تُبطَّن بها السجّادة .

un·der·floor [-flōr′] *(adj.)* تحتيأرضيّ ؛ تحتيّ أرضيّ <~ heating> .

un·der·foot[1] [ŭn′dər fŏŏt′] *(adj.)* (١) مَدُوس (٢) مُحْتَقَر .

un·der·foot[2] *(adv.)* (١) «أ» تحت قَدَم المرء أو قَدَميه . «ب» على الأرض . «ج» تحت (٢) بين الأقدام ؛ في الطريق ؛ معترِض <pets getting ~> .

un·der·fund [-fŭnd′] *(vt.)* يَبْخَس الاعتماد <to ~ a project> .

un·der·fur [ŭn′dər fûr′] *(n.)* = undercoat *2*.

un·der·gar·ment [ŭn′dər gär′mənt] *(n.)* ثوب تحتيّ .

un·der·gird [ŭn′dər gûrd′] *(vt.)* (١) يثبّت أو يدعِّم مِن تحتُ <to ~ a ship> (٢) يقوّي [حُجَّةً] ؛ يدعم [رأيًا] .

un·der·go [ŭn′dər gō′] *(vt.)* (١) يتحمَّل ؛ يقاسي ؛ يكابد (٢) «أ» يخضَع [لتغيير إلخ] . «ب» يجتاز [اختبارًا] .

un·der·grad·u·ate [ŭn′dər grăj′ōō ĭt] *(n.; adj.)* (١) اللّامتخرِّج : طالب لم يتخرَّج بعد § (٢) لامتخرِّجيّ : متعلّق باللّامتخرِّجين .

un·der·ground [*adv., adj.* ŭn′dər ground′; *n.* ŭn′dər ground′] *(adv.; adj.; n.)* (١) تحت سطح الأرض (٢) سرًّا § (٣) تحأرْضيّ : واقعٌ أو نام أو عاملٌ تحت سطح الأرض (٤) سرّيّ <~ revolutionary activity> § (٥) سِكّة حديد تحأرضيّة (٦) سَرَبٌ : ممرٌّ تحت الأرض (٧) حركة أو جماعة سرّيّة .

un·der·growth [ŭn′dər grōth′] *(n.)* (١) underbrush (٢) الفروة التَّحتيَّة : شعر دقيق تحت الشَّعر الخارجيّ .

un·der·hand [ŭn′dər hănd′] *(adv.; adj.)* (١) «أ» سِرًّا . «ب» بمكر (٢) واليدُ تحت مستوى الكَتِف <to pitch ~> § (٣) «أ» سِرّيّ . «ب» مخادع ؛ ماكر (٤) مُنجَزٌ واليدُ تحت مستوى الكتف <an ~ shot for the basket>.

un·der·hand·ed[1] [ŭn′dər hăn′-] *(adj.; adv.)* = underhand.

un·der·hand·ed[2] *(adj.)* مَنْقوص التزويد : غيرُ مزوَّد بالعدد الكافي من العمّال .

un·der·hung [ŭn′dər hŭng′] *(adj.)* (١) «أ» بارز ؛ ناتئ ؛ أقْعَم [صِفة للفكّ الأسفل] . «ب» بارز الفكّ الأسفل (٢) مُعلَّق من أسفل .

un·der·in·sured [-shŏŏrd′] *(adj.)* منقوص التأمين <~ against fire> .

un·der·laid [-lād′] *(adj.)* (١) موضوعٌ تحتُ (٢) مزوَّد بطبقة تحتيَّة ؛ مبطَّن .

un·der·lay [*v.* ŭn′dər lā′; *n.* ŭn′dər lā′] *(vt.; n.)* (١) يبطِّن (٢) «أ» يضع شيئًا تحت شيء آخر . «ب» يزوِّد بطبقة تحتيّة (٣) يرفع أو يسند بشيء موضوع تحتُ § (٤) طبقة تحتيّة . وبخاصة : قطعة أو قِطع من الورق تُوضع تحتَ الأحرف المطبعيّة إلخ لرفعها إلى المستوى المطلوب .

un·der·let [ŭn′dər lĕt′] *(vt.)* (١) يؤجِّر بأقلّ [من القيمة الحقيقيّة] (٢) sublet .

un·der·lie [ŭn′dər lī′] *(vt.)* (١) يكون أو يقع تحت شيء آخر (٢) يشكِّل الأساسَ [النظريّة أو مذهب إلخ] (٣) تكون له الأولويّة على <A first mortgage ~s a second.>.

un·der·line [ŭn′dər līn] *(vt.; n.)* (١) يرسم خطًّا تحتَ [كلمة] (٢) يؤكِّد ؛ يضع التَّوكيد على § (٣) خطّ التوكيد : خطّ أفقيّ تحت كلمة [لتوكيدها] .

un·der·ling [ŭn′dər-] *(n.)* (١) التّابع ؛ المرؤوس (٢) شخص ضئيل الشّأن .

un·der·lip [ŭn′dər lĭp′] *(n.)* الشّفة السُّفلى .

un·der·ly·ing [ŭn′dər lī′ĭng] *(adj.)* (١) تحتيّ (٢) أساسيّ (٣) ضمنيّ ؛ مفهوم ضمنًا (٤) له حقّ الأولويّة .

un·der·men·tioned [-′shənd] *(adj.)* مذكورٌ أدناه [في النصّ إلخ] .

un·der·mine [ŭn′dər mīn′] *(vt.)* (١) يشقّ مجازًا أو يحفر حفرة [تحت جدار] (٢) يقوِّض ؛ يُبلي أساسَ كذا <cliffs ~*d* by the waves> (٣) يُضعِف [مكانتَهُ] أو يشوِّه [سُمعتَهُ] بوسائل سرّيّة أو ظالمة (٤) يُتلِف [الصِّحةَ إلخ] تدريجيًّا .

un·der·most [ŭn′dər mōst′] *(adj.; adv.)* (١) أسفل ؛ سُفلَى <~ layer> § (٢) في الأسفل .

un·der·neath [ŭn′dər nēth′] *(prep.; adv.; adj.; n.)* (١) «أ» تحت

[شيء ما] مباشرةً. «ب» تحت § (٢) في الأسفل § (٣) واقعٌ في الأسفل § (٤) الأسفل.

un·der·nour·ished [-nûr'ĭsht] *(adj.)* (١) منقوص التَّغذية؛ مُرَمَّق التغذية: مُغَذًّى تغذيةً ناقصة (٢) منقوص التجهيز <laboratories ~>.

un·der·nour·ish·ment [ŭn'dər nûr'ĭsh-] *(n.)* نَقص التَّغذية.

un·der·pants [ŭn'dər pănts] *(n. pl.)* سِروال تحتيّ أو تحتانيّ.

un·der·part [ŭn'dər-] *(n.)* (١) جزء أسْفَل (٢) دَوْرٌ ثانويّ [في مسرحيّة إلخ].

un·der·pass [ŭn'dər păs'] *(n.)* المجاز السُّفليّ: طريق تحت سِكّة حديد أو تحت طريق أخرى.

un·der·pay [-'dər pā'] *(vt.)* يَبْخَس؛ يدفع أقلّ [ممّا هو معتاد أو مطلوب].

un·der·pin [ŭn'dər pĭn'] *(vt.)* (١) يُدعِّم أساسَ مبنًى (٢) يشكِّل جزءًا من أساس كذا <principles which should ~ a free society> (٣) يعزِّز؛ يؤيِّد [نظريّةً إلخ] بالشّواهد أو بالحواشي.

un·der·pin·ning [ŭn'dər pĭn'-] *(n.)* (١) أساس المبنى (٢) «أ» أساس جديد تحت جدار. «ب» دعامة (٣) *pl.* عد: رِجلا الإنسان (٤) *pl.* عد: ملابس تحتيّة.

un·der·plot [ŭn'dər plŏt'] *(n.)* الحبكة الثّانويّة [في رواية أو مسرحيّة].

un·der·pop·u·lat·ed [ŭn'dər pŏp'-] *(adj.)* قليل السُّكّان.

un·der·pow·ered [-pou'ərd] *(adj.)* منقوص القُدرة <an ~ truck>.

un·der·pre·pared [ŭn'dər prĭ pârd'] *(adj.)* ناقص الاستعداد.

un·der·priv·i·leged [-prĭv'ə lĭjd] *(adj.)* (١) فقير؛ مُعدِم (٢) محروم.

un·der·pro·duc·tion [-dŭk'shən] *(n.)* نَقص الإنتاج؛ قِلّة الإنتاج.

un·der·proof [ŭn'dər proof'] *(adj.)* قليل الكحول: نسبة الكحول فيه أدنى مما هي في المُسْكِر القياسيّ.

un·der·quote [-kwōt'] *(vt.)* يعطي أو يقدِّم سعرًا أقلَّ من غيره؛ يُهاوِد.

un·der·rate [ŭn'dər rāt'] *(vt.)* = underestimate.

un·der·rep·re·sent·ed *(adj.)* منقوص التمثيل <~ minorities>.

un·der·run [ŭn'dər rŭn'] *(vt.; n.)* (١) يمرُّ أو يجري تحت شيء § (٢) ما يمرّ أو يجري تحت شيء [كالتّيّار ونحوه].

un·der·score [*v.* -skōr'; *n.* ŭn'dər skōr'] *(vt.; n.)* = underline.

un·der·sea [ŭn'dər sē'] *(adj.; adv.)* (١) تَحْبَحْريّ: «أ» كائنٌ أو جارٍ تحت سطح البحر <~ fighting>. «ب» مُعَدّ للاستخدام تحت سطح البحر <~ fleet> § (٢) أو **underseas**: تحت سطح البحر.

un·der·sec·re·tar·y [ŭn'dər sĕk'rə tĕr'ĭ] *(n.)* (١) السّكرتير الثّاني أو المساعد (٢) وكيل الوزارة.

un·der·sell [ŭn'dər sĕl'] *(vt.)* يبيع بسِعر أقلّ من . . .

un·der·sexed [ŭn'dər sĕkst'] *(adj.)* بارد جنسيًّا.

un·der·shirt [ŭn'dər shûrt'] *(n.)* قميص تحتيّ أو داخليّ.

un·der·shoot [ŭn'dər shoot'] *(vt.)* (١) يُطلِق مُقَصِّرًا عن الرَّمِيّة أو تحتها (٢) ينبو عن المطار [عند الهبوط].

un·der·shot [ŭn'dər shŏt'] *(adj.)* (١) أقْعَم: بارزُ الأسنان الدُّنيا أو الفكّ الأسفل (٢) جارٍ بالدَّفع السُّفلي <wheel ~>.

undershot waterwheel

un·der·shrub [ŭn'dər shrŭb'] *(n.)* شُجَيْرة [أو جَنْبَة] خفيضة.

un·der·side [ŭn'dər sīd'] *(n.)* (١) الجانب السُّفليّ (٢) الجانب الخفيّ.

un·der·signed [ŭn'dər sīnd'] *(n.)* المُوقِّع أدْناه.

un·der·sized [-sīzd'] *also* **un·der·size** *(adj.)* أصغر من الحجم العاديّ.

un·der·skirt [ŭn'dər skûrt'] *(n.)* تَنُّورة تحتيّة أو سُفلَى.

un·der·slung [-slŭng'] *(adj.)* (١) معلَّق من أسفل (٢) مُسْنَد من فوق.

un·der·song [ŭn'dər sông'] *(n.)* الأُغنية المصاحِبة: أُغنيةٌ تُنشَد بِرِقَّة مع أغنية أخرى.

un·der·spin [ŭn'dər spĭn'] *(n.)* = backspin.

un·der·stand [ŭn'dər stănd'] *(vt.; i.)* (١) يَفْهَم (٢) يُدرِك (٣) يَسْتَنتِج (٤) يعطف على.

un·der·stand·ing [ŭn'dər stăn'dĭng] *(n.; adj.)* (١) فَهْم (٢) ذَكاء (٣) تفاهم § (٤) عاطف؛ مُبدٍ عطفًا أو تسامحًا.

un·der·state [ŭn'dər stāt'] *(vt.)* يَكْبَح: يصرِّح أو يصوِّر على نحو أضعف أو أقلّ مما تقتضيه الحقيقة.

un·der·state·ment [-'mənt] *(n.)* التصريح [أو الحُكم] المكبوح: تصريحٌ مقصودٌ به أن يصوِّر الفكرةَ على نحوٍ أضعف أو أقلّ مما تقتضيه الحقيقة.

un·der·steer [-stēr'] *(vi.)* يقصِّر في الدَّوَران <The car ~ *ed.*>.

un·der·stood[1] [-stood'] *past and past part. of* understand.

un·der·stood[2] *(adj.)* (١) مفهومٌ جيِّدًا (٢) مُتَّفَقٌ عليه (٣) مفهومٌ ضمنًا.

un·der·strap·per [ŭn'dər străp'ər] *(n.)* = underling.

un·der·stra·tum [ŭn'dər strā'-] *(n.)* pl. **-s** *or* **-ta** = substratum.

un·der·stud·y [ŭn'dər stŭd'ĭ] *(vt.; i.; n.)* (١) يدرس دَوْرَ ممثِّل مسرحيّ [لكي يحلّ محلّه عند الضّرورة] § (٢) البديل الجاهز: ممثِّل [أو شخص] جاهز لأداء دور ممثِّل آخر [أو للقيام بمهامّه].

un·der·sup·ply [-'dər sŭp'lī'] *(vt.)* يَبْخَس التجهيز <to ~ an army>.

un·der·sur·face[1] [ŭn'dər sûr'fĭs] *(n.)* الجانب السُّفليّ.

un·der·sur·face[2] [ŭn'dər sûr'fĭs] *(adj.)* تَحْسَطحيّ: واقعٌ أو جارٍ تحت السَّطح.

un·der·take [-tāk'] *(vt.; i.)* (١) يباشر؛ يشرع في (٢) يتعهَّد (٣) يتولّى: يأخذ على عاتقه [أمر العناية بشيء أو شخص] **x** (٤) يُعطي ضمانة (ا . ق).

un·der·tak·er [ŭn'dər tā'kər *for* 1; ŭn'dər tā'kər *for* 2] *(n.)* (١) المتعهِّد؛ المقاوِل (٢) الحانوتيّ؛ الجَنّاز: مجهِّز الموتى للدَّفن.

un·der·tak·ing [ŭn'dər tā'-] *(n.)* (١) مص undertake (٢) مقاوَلة (٣) مشروع (٤) تعهُّد؛ ضمان (٥) دَفن الموتى.

un·der·ten·ant [ŭn′dər-] *(n.)* المستأجِر من باطن : المستأجِر من مستأجِر .

under–the–counter *(adj.)* (١) غير شرعيّ أو مشروع <~ sale of> (٢) مَبيعٌ بسرِّيّة <~ drugs> .

under–the–table *(adj.)* سرّيّ ؛ غير عَلَنيّ <~ payments> .

un·der·things [ŭn′-] *(n. pl.)* ملابس داخليّة . وبخاصة للفتيات أو النساء .

un·der·tone [ŭn′dər tōn′] *(n.)* (١) صوتٌ خفيض (٢) لونٌ خافت (٣) مسحة باطنة <an ~ of sadness in his gaiety> .

un·der·took [ŭn′dər to͝ok′] *past of* undertake.

un·der·tow [ŭn′dər tō′] *(n.)* التَّيار التَّحْسَطْحيّ : «أ» تيّار قويّ ، تحت سطح الماء ، مندفعٌ في اتِّجاهٍ مضادٍّ لاتِّجاه التَّيار السَّطحيّ . «ب» دَفْقٌ ارتجاعيّ ، تحت سطح الماء ، من الأمواج المتكسِّرة على الشّاطئ .

un·der·used [-yo͞ozd′] *(adj.)* منقوص الاستخدام <an ~ facility> .

un·der·val·ue [ŭn′dər văl′yo͞o] *(vt.)* (١) يَبْخس التَّقييم : يقدِّر بأقلَّ من القيمة الحقيقيّة (٢) يستخفّ بـ .
— **un·der·val·u·a·tion** *(n.)*

un·der·vest [ŭn′dər vĕst′] *(n.)* = undershirt.

un·der·wa·ter [ŭn′dər wô′tər] *(adj.; adv.)* (١) تَحْمائيّ : «أ» واقعٌ أو حادثٌ تحتَ الماء . «ب» مُعَدٌّ للاستخدام تحت الماء . «ج» واقعٌ تحت خطّ الماء [من سفينة] § (٢) تحتَ الماء .

under way *(adv.)* (١) جاريًا : غيرَ واقفٍ أو مُرْسًى (٢) منطلقًا بعد توقُّف (٣) جاريًا مجراه <Construction was ~.> .

un·der·way [-wā′] *(adj.)* جارٍ أثناء الرِّحلة أو الحركة <~ refueling> .

un·der·wear [ŭn′dər wâr′] *(n.)* ثوبٌ تحتيّ أو داخليّ .

un·der·weight [*n.* ŭn′dər wāt′; *adj.* ŭn′dər wāt′] *(n.; adj.)* (١) وزن ناقص [عن السَّويّ أو المطلوب] § (٢) أخفّ من السَّويّ أو المطلوب .

un·der·went [ŭn′dər wĕnt′] *past of* undergo.

un·der·whelm [-(h)wĕlm′] *(vt.)* يقصِّر في الإثارة أو الحَفْز أو التأثير إلخ .

un·der·wing [ŭn′dər wĭng′] *(n.; adj.)* (١) جناح الحشرة الخلفيّ § (٢) تَحْجَناحيّ : واقعٌ أو نامٍ تحت الجناح <~ coverts> .

un·der·wood [ŭn′dər wo͝od′] *(n.)* = underbrush.

un·der·world [ŭn′dər wûrld] *(n.)* (١) الأرض (ا . ق) (٢) الجحيم (٣) الجانب المقابل من الأرض (٤) عالم الرَّذيلة والإجرام .

un·der·write [ŭn′dər rīt′] *(vt.)* (١) «أ» يُذَيِّل : يكتب تحت كلام مكتوب . «ب» يوقِّع وثيقةً إلخ (٢) يوقِّع سندَ تأمين [بوصفه مؤمَّنًا لديه] (٣) يؤمِّن على (٤) يوافق على (٥) «أ» يَضْمَن السَّندات : يوافق على شراء سندات إصدارٍ ما في موعد محدَّد وبسعر معيَّن . «ب» يتعهَّد بتقديم العون المالي لِـ .

un·der·writ·er [ŭn′dər rī′-] *(n.)* (١) الضّامن (٢) المؤمَّن لديه (٣) ضامن السَّندات .

un·de·scend·ed [-′dĭ sĕn′-] *(adj.)* شامرة ؛ غير هابطة <an ~ testicle>.

un·de·served [-′dĭ zûrvd′] *(adj.)* غير مُسْتَحَق أو مستأهَل <an ~ punishment>.

un·de·signed [ŭn′dĭ zīnd′] *(adj.)* غير مقصود ؛ غير متعمَّد .

un·de·sign·ing [-zī′nĭng] *(adj.)* صادق ؛ مستقيم ؛ سليم النِّيّة ؛ غير ماكر .

un·de·sir·a·ble [ŭn′dĭ zīr′ə-] *(adj.; n.)* (١) غير مرغوب فيه § (٢) شخص أو شيء غير مرغوب فيه .
— **un·de·sir·a·bil·i·ty** *(n.)*

un·did [ŭn dĭd′] *past of* undo.

un·dies [ŭn′dēz] *(n. pl.)* ملابس تحتيّة أو داخليّة [وبخاصّة للنِّساء] .

un·dine [ŭn dēn′; ŭn′dēn′] *(n.)* = water nymph.

un·dip·lo·mat·ic [ŭn′dĭ plə mă′-] *(adj.)* غير ديبلوماسي ؛ غير لَبِق .

un·di·rect·ed [ŭn′dĭ rĕk′tĭd; -dī-] *(adj.)* (١) غير موجَّه <~ efforts> (٢) غير مُعَنْوَن <an ~ letter> .

un·dis·closed [-′klōzd′] *(adj.)* مكتوم ؛ سرّيّ <an ~ destination> .

un·dis·guised [ŭn′dĭs gīzd′] *(adj.)* صريح ؛ واضح ؛ منفتح .

un·di·vid·ed [-vī′-] *(adj.)* كامل ؛ غير موزَّع أو مشتَّت <~ attention> .

un·do [ŭn do͞o′] *(vt.; i.)* (١) «أ» يَحُلّ . «ب» يفكّ ؛ يفتح (٢) يُبطل ؛ يُعطِّل ؛ يُفسد (٣) يُصيبُهُ بكارثةٍ ؛ يحطِّم آمالَ شخص أو سمعته أو معنويّاته (٤) يُقلِق (٥) يُغري ؛ يُغوي x (٦) ينفكّ ؛ ينفتح .

un·do·ing [ŭn do͞o′ĭng] *(n.)* (١) حَلّ ؛ فَكّ (٢) «أ» خراب . «ب» سبب الخراب (٣) إبطال ؛ تعطيل .

un·done [ŭn dŭn′] *(adj.)* (١) غير مصنوع أو مُنْجَز (٢) مُهْمَل (٣) خَرِبٌ (٤) مفكوك ؛ غير مربوط .

un·dou·ble [ŭn dŭb′əl] *(vt.)* ينشر أو يفتح [شيئًا مطويًا] .

un·doubt·ed [ŭn dou′tĭd] *(adj.)* لا شكَّ فيه ؛ لا جِدال فيه ؛ محقَّق .

un·doubt·ed·ly [-′tĭd lĭ] *(adv.)* يقينًا ؛ من غيرِ شكّ أو ريب .

un·drape [ŭn′drāp′] *(vt.)* يكشف النِّقاب أو الغطاء عن .

un·draw [ŭn drô′] *(vt.)* يردّ [السِّتارة] جانبًا ؛ يفتح .

un·dress [ŭn drĕs′] *(vt.; i.; n.)* (١) يُعرِّي (٢) يُجرِّده من الزِّينة ونحوها (٣) ينزع الضِّمادة [عن جرح] x (٤) يتعرّى ؛ يخلع ملابسه § (٥) «أ» ثوب غير رسميّ فضفاض . «ب» ملابس عاديّة (٦) عُرْي .

un·due [ŭn dyo͞o′] *(adj.)* (١) لم يستحِقّ بعدُ (٢) غير ضروريّ . وبخاصّة : مُفْرِط <~ haste> (٣) غير ملائم أو مناسب .

un·du·lant [ŭn′dyə lənt] *(adj.)* مُتَمَوِّج .

undulant fever *(n.)* الحُمّى المتموِّجة ؛ الحُمّى المالِطيّة (مض) .

un·du·late [*v.* ŭn′dyə lāt′; *adj.* -lĭt′, -lāt′] *(vi.; t.; adj.)* (١) يتموّج x (٢) يموِّج § (٣) متموِّج .

un·du·la·tion *(n.)* [ŭn′dyə lā′-] (١) تموُّج (٢) تمويج (٣) موجة .

un·du·la·to·ry [ŭn′dyə lə tōr′ĭ] *(adj.)* (١) تموُّجيّ (٢) متموِّج .

undulatory theory *(n.)* = wave theory.

un·du·ly [ŭn dyo͞o′lĭ] *(adv.)* على نحوٍ غير ملائم . وبخاصّة : بإفراط .

un·dy·ing [ŭn dī′ĭng] *(adj.)* خالد ؛ سرمديّ ؛ أبديّ ؛ لا يموت .

un·earned [ŭn ûrnd′] *(adj.)* (١) لامَكْسُوب: غير مكسوب بالجهد أو البراعة <~ income> (٢) غير مستحَقّ <~ luck>.

unearned increment *(n.)* الزِّيادة اللامكسوبة: زيادة في قيمة الأرض إلخ ناشئة، لا عن جهدٍ أو إنفاق مبذول من قِبل المالك، ولكن لأسباب طبيعيّة [كتكاثر السُّكّان] تؤدّي إلى زيادة الطَّلب عليها.

un·earth [ŭn ûrth′] *(vt.)* (١) يُخرِج [كنزًا دفينًا إلخ] من الأرض؛ ينبش (٢) يكتشف <to ~ a plot>.

un·earth·ly [ŭn ûrth′lĭ] *(adj.)* (١) غير أرضيّ (٢) غريب؛ خارق للطَّبيعة (٣) روحيّ؛ مثاليّ؛ سماويّ.

un·eas·y [ŭn ē′zĭ] *(adj.)* (١) صَعْب (ا.ق) (٢) مرتبك؛ مضطرب (٣) خائف؛ مرتقبٌ شرًّا (٤) قَلِق (٥) متقلقل؛ غير مستقرّ <an ~ peace>.
— **un·ease; un·eas·i·ness** *(n.)*

un·ed·it·ed [ŭn ĕd′-] *(adj.)* (١) غير محرَّر (٢) غير مراقَب <~ films>.

un·ed·u·cat·ed [ŭn ĕj′o͞o kā′tĭd] *(adj.)* غير مثقَّف؛ أمّيّ.

un·em·ploy·a·ble [ŭn′ĕm ploi′ə-] *(adj.)* غير صالح للاستخدام.

un·em·ployed [ŭn′ĕm ploid′] *(adj.)* (١) غير مُستخدَم أو مُستعمَل <~ tools> (٢) عاطل عن العمل <~ workers> (٣) غير موظَّف <~ capital>.

un·em·ploy·ment [ŭn′ĕm ploi′-] *(n.)* (١) البطالة (٢) نسبة البطالة.

un·en·cum·bered [ŭn ĭn kŭm′-] *(adj.)* غير مَعوق.

un·end·ing [ŭn′ĕn′-] *(adj.)* لانهائيّ؛ غير منقطع؛ مُسْتَديم.

un·e·qual [ŭn ē′kwəl] *(adj.; n.)* (١) غير متساوٍ (٢) «أ» غير منتظم أو مستوٍ <~ pulsations>. «ب» متفاوت: أجزاؤه متفاوتة الجودة <an ~ poem> (٣) «أ» غير كفؤ <I feel ~ to the task.>. «ب» غير كافٍ أو غير وافٍ <strength ~ to the task> (٤) غير متكافئ <~ marriages *or* ~ treaties> (٥) ظالم؛ غير مُنصِف (ا.ق) § (٦) اللامتساوي إلخ <a society of ~*s*>.

un·e·qualed *or* **un·e·qualled** [ŭn ē′kwəld] *(adj.)* (١) فَذّ؛ منقطع النَّظير (٢) لا يُجارَى.

un·e·quiv·o·cal [ŭn′ĭ kwĭv′ə kəl] *(adj.)* (١) بيِّن؛ جَلِيّ؛ صريح؛ لا لبس فيه <~ evidence> (٢) مُطْلَق؛ تامّ <an ~ refusal>.

un·err·ing [ŭn ûr′ĭng] *(adj.)* (١) معصوم (٢) سَدِيد أو أكيد على نحوٍ لا يخطئ أو يُخفِق <~ power>.

un·e·ven [ŭn ē′vən] *(adj.)* (١) وَتْريّ؛ غير شَفْعيّ (مثل: ٣ أو ٥ أو ٧) (٢) «أ» غير مستوٍ. «ب» غير مستقيم أو متوازٍ. «ج» متقطِّع؛ غير منتظم <~ earnings>. «د» متفاوت: أجزاؤه متفاوتة الجودة <an ~ performance>.

un·e·vent·ful [ŭn′ĭ vĕnt′fəl] *(adj.)* هادئ: خِلوٌ من الأحداث الهامّة <an ~ day>.

un·ex·am·pled [ŭn ĭg zăm′pəld] *(adj.)* فذّ؛ منقطع النَّظير؛ لم يُسبَق إلى مثله.

un·ex·cep·tion·a·ble [ŭn ĭk sĕp′shən ə bəl] *(adj.)* (١) فوق النَّقد أو الاعتراض (٢) رائع جدًّا.

un·ex·pect·ed [ŭn′ĭk spĕk′tĭd] *(adj.)* فُجائيّ؛ غير متوقَّع.

un·ex·pect·ed·ly [-lĭ] *(adv.)* على نحوٍ فُجائيّ؛ على نحوٍ غير متوقَّع.

un·ex·pressed [-′prĕst′] *(adj.)* غير معبَّر عنه <~ feelings>.

un·ex·pur·gat·ed [-pûr′gā′-] *(adj.)* غير مهذَّب: منشور بنصّه الأصليّ.

un·fad·able [-′fād′-] *(adj.)* (١) ثابت اللَّوْن؛ لا يَبْهَتُ لونُه (٢) لا يُنْسَى.

un·fail·ing [ŭn fā′lĭng] *(adj.)* (١) ثابت؛ لا يكِلّ أو يفتر (٢) لا ينضب <~ pleasure> (٣) صَدُوق؛ لا يَخْذُل <an ~ friend> (٤) لا يخطئ؛ لا يُخْفِق <an ~ test>.

un·fair [ŭn fâr′] *(adj.)* (١) جائر؛ ظالم؛ غير مُنْصِف (٢) مخادع؛ غير مستقيم أو أمين.

un·faith·ful [ŭn fāth′-] *(adj.)* (١) خائن؛ غير مخلص؛ غير مُوالٍ (٢) غير دقيق؛ غير جدير بالاعتماد <an ~ copy of a document>.

un·fall·en [ŭn fô lən] *(adj.)* بريء؛ طاهر؛ غير ساقط أخلاقيًّا.

un·fal·ter·ing [ŭn fôl′tə-] *(adj.)* قويّ؛ ثابت؛ مصمِّم؛ وَطيد.

un·fa·mil·iar [ŭn′fə mĭl′yər] *(adj.)* (١) غريب؛ غير مألوف (٢) غريب عن؛ غير حَسَن الاطِّلاع على.

un·fas·ten [ŭn făs′ən] *(vt.; i.)* (١) يَفُكّ؛ يَحُلّ x (٢) ينفكّ؛ ينحلّ.

un·fa·thered [ŭn fä′thərd] *(adj.)* (١) نَغِل؛ غير شرعيّ؛ ابن أبيه (٢) مجهول الأصل.

un·fath·om·a·ble [ŭn făth′əm ə-] *(adj.)* (١) لا يُسْبَر غَوْرُه؛ لا يُدْرَك كُنْهُه (٢) متعذِّرٌ فهمُهُ.

un·fa·vor·a·ble [ŭn fā′vər ə-] *(adj.)* (١) مُعارِض <~ to the proposal> (٢) سلبيّ <an ~ response> (٣) «أ» مُعادٍ. «ب» غير مؤاتٍ <an ~ wind> (٤) غير سارّ؛ غير مرغوب فيه <an ~ feature of the plan> (٥) سلبيّ: قيمة الواردات فيه تفوق قيمة الصّادرات.
— **un·fa·vor·a·bly** *(adv.)*

un·feel·ing [ŭn fē′-] *(adj.)* (١) عديم الشُّعور (٢) وحشيّ؛ قاسي الفؤاد.

un·feigned [ŭn fānd′] *(adj.)* صادق: غير متكلَّف أو زائف.

un·fet·ter [ŭn fĕt′-] *(vt.)* يحرِّر [من الأغلال أو من القيود الاجتماعية].

un·fil·i·al [ŭn fĭl′ĭ əl] *(adj.)* (١) غير مطيع (٢) غير لائق بابنٍ أو ابنةٍ؛ عَقوق.

un·fin·ished [ŭn fĭn′ĭsht] *(adj.)* (١) ناقص؛ غير منجَز (٢) غير مصقول أو مصبوغ إلخ.

un·fit[1] [ŭn fĭt′] *(adj.)* (١) غير صالح أو ملائم (٢) غير كفؤ أو مؤهَّل.
— **un·fit·ness** *(n.)*

un·fit[2] *(vt.)* (١) يُعْجِزُه: يجعله عاجزًا عن (٢) يجرّده من الأهليّة.

un·fix [ŭn fĭks′] *(vt.)* (١) يَفُكّ؛ يَحُلّ (٢) «أ» يُقلِق. «ب» يزعزع.

un·flag·ging [ŭn flă′-] *(adj.)* (١) غير واهن؛ غير وانٍ؛ لا يَفْتُر (٢) مثابِر.

un·fledged [ŭn flĕjd′] *(adj.)* (١) لا ريش له؛ لم ينبت ريشُهُ (٢) غِرّ؛ غير ناضج.

un·flinch·ing [ŭn flĭn′chĭng] *(adj.)* غير مُحْجِم؛ ثابت؛ عنيد.

un·fold [ŭn fōld′] *(vt.; i.)* (١) يَنْشر [شيئًا مطويًّا] (٢) يفتح؛ يفضّ (٣) يكشف؛ يُظهِر للعِيان. وبخاصة: يَبْسُط؛ يوضح تدريجيًّا <~*ed* her story through dialogue> **x** (٤) «أ» ينتشر [الشّيء المطويّ]. «ب» يتفتّح [الزّهر]. «ج» ينمو؛ يترعرع (٥) يتجلّى للعِيان أو للذِّهن [تدريجيًّا].

un·fore·seen [ŭn′fər sēn′] *(adj.)* غير متوقَّع <~ developments>.

un·for·get·ta·ble [ŭn fər gĕt′ə bəl] *(adj.)* لا يُنْسَى.

un·formed [ŭn fôrmd′] *(adj.)* (١) غير مشكَّل [كحكومة] (٢) غير متطوِّر أو ناضج <an ~ character> (٣) غير مصقول (٤) amorphous.

un·for·tu·nate [ŭn fôr′chə nĭt] *(adj.; n.)* (١) تعيس؛ قليل الحظّ؛ مَنْكود (٢) مشؤوم؛ غير سارّ أو سعيد (٣) غير ملائم أو مناسب (٤) يُؤسَف له § (٥) التَّعيس (٦) المنبوذ [كسجينٍ أو مُومِس].

un·for·tu·nate·ly [-lĭ] *(adv.)* (١) على نحوٍ مؤسف (٢) للأسف؛ مؤسف أنه.

un·found·ed [ŭn foun′dĭd] *(adj.)* لا أساس له [من الصّحّة إلخ].

un·freeze [ŭn frēz′] *(vt.)* (١) يُذيب [الثلج] (٢) يرفع الحَظْر عن؛ يُبيح.

un·fre·quent·ed [-′frĭ kwĕn′-] *(adj.)* (١) غير مطروق (٢) شبه مهجور.

un·friend·ed [ŭn frĕn′dĭd] *(adj.)* غير ذي أصدقاء؛ لا أصدقاء له.

un·friend·li·ness [ŭn frĕnd′lĭ-] *(n.)* عِداء؛ جَفْوَة.

un·friend·ly [ŭn frĕnd′lĭ] *(adj.)* (١) غير ودّيّ؛ مُجافٍ (٢) معادٍ <an ~ nation> (٣) فاتر؛ بارد <received an ~ reception> (٤) غير ملائم <a place ~ to meditation>.

un·frock [ŭn frŏk′] *(vt.)* يجرِّد كاهنًا [من ثوبه أو سلطته].

un·fruit·ful [ŭn froot′fəl] *(adj.)* (١) غير مثمر (٢) عقيم؛ باطل <~ efforts> (٣) مُجْدِب <~ soil>.

un·ful·filled [ŭn′fəl fĭld′] *(adj.)* غير مُنْجَز؛ غير متحقِّق.

un·furl [ŭn fûrl′] *(vt.; i.)* (١) ينشر [شراعًا أو رايةً]؛ يَبْسُط (٢) يُبدي للعِيان **x** (٣) يتنشَّر؛ ينتشر (٤) يتجلّى للعِيان.

un·gain·ly [ŭn gān′lĭ] *(adj.)* (١) أخرق؛ تُعوِزه البراعة (٢) صعب المراس [لثِقَلِه أو ضخامته] (٣) بشِع؛ غليظ.

un·gen·er·ous [ŭn jĕn′ər əs] *(adj.)* (١) حقير (٢) بخيل.

un·gird [ŭn gûrd′] *(vt.)* يَحُلّ الحزامَ أو الوِثاق.

un·girt [ŭn gûrt′] *(adj.)* (١) محلول [أو منزوع] الحزام (٢) رِخْو.

un·glue [ŭn gloo′] *(vt.)* يفصل أو ينزع [بإزالة التَّغْرِية].

un·glued [ŭn glood′] *(adj.)* (١) مرخِيّ أو مفصول (٢) مضطرب (ع).

un·god·ly [ŭn gŏd′lĭ] *(adj.)* (١) «أ» غير تقيّ؛ غير وَرِع. «ب» شرِّير؛ آثم (٢) atrocious.

un·gov·ern·a·ble [ŭn gŭv′ər nə bəl] *(adj.)* صعب المراس؛ مُسْتَعْصٍ: لا سبيل إلى ضبطه أو السَّيطرة عليه.

un·grace·ful [ŭn grās′-] *(adj.)* أخرق؛ غليظ؛ بشِع؛ غير أنيق.

un·gra·cious [ŭn grā′shəs] *(adj.)* (١) فظّ؛ سَمْج؛ غليظ (٢) كريه.

un·grate·ful [ŭn grāt′fəl] *(adj.)* (١) عاقّ؛ عَقوق <an ~ child> (٢) كريه؛ بغيض.

un·ground·ed [-groun′-] *(adj.)* (١) لا أساس له (٢) غير مؤرَّض (كب).

un·gual [ŭng′gwəl] *(adj.)* ظُفْرِيّ؛ مِخْلَبِيّ؛ بُرْثُنيّ؛ حافريّ.

un·guard [ŭn gärd′] *(vt.)* يُعرِّضه لهجمات العدوّ؛ يتركه من غير حماية.

un·guard·ed [ŭn gär′dĭd] *(adj.)* (١) غير محميّ أو مَصُون (٢) غير حَذِر (٣) مكشوف.
— un·guard·ed·ness *(n.)*

un·guent [ŭng′gwənt] *(n.)* مَرْهَم؛ بَلْسَم.

un·guic·u·late [ŭng gwĭk′yə lĭt; -lāt′] *(adj.; n.)* (١) ذو ظُفْر أو مِخلَب § (٢) حيوان ذو ظفر أو مِخلب.

un·guis [ŭng′gwĭs] *(n.)* pl. **un·gues** [-gwēz′] (١) ظُفر؛ مِخلَب؛ حافر (٢) القاعدة الظُّفريّة: قاعدةُ البتلةِ الضَّيِّقةُ المستدقّةُ (نب).

un·gu·lar [ŭng′gyə lər] *(adj.)* = ungual.

un·gu·late [ŭng′gyə lĭt; -lāt] *(adj.; n.)* (١) ذو حافر (٢) متعلّق بذوات الحافر § (٣) ذو الحافر: واحدُ ذوات الحافر **Ungulata** وهي مجموعة من الثدييّات تضمّ جميع الحيوانات ذات الحافر.

un·gu·li·grade [-lĭ grād′] *(adj.)* ماشٍ على حافر.

un·hair [ŭn hâr′] *(vt.; i.)* (١) يُزيل الشَّعر **x** (٢) يَفْقِد الشَّعرَ.

un·hal·lowed [ŭn hăl′ōd] *(adj.)* (١) غير مقدَّس أو مُبارَك (٢) profane (٣) غير شرعيّ (٤) لاأخلاقيّ؛ مستخدَم لأغراض لاأخلاقيّة.

un·hand [ŭn hănd′] *(vt.)* يترك؛ يُخَلّي؛ يرفع يده عن.

un·hand·some [ŭn hăn′səm] *(adj.)* (١) بشع (٢) غير لائق (٣) فظّ؛ قليل الكِياسة.

un·hand·y [ŭn hăn′dĭ] *(adj.)* (١) غير ملائم [للاستعمال إلخ] (٢) أخرق؛ غير صَناع؛ تُعوِزه البراعة.

un·hap·py [ŭn hăp′ĭ] *(adj.)* (١) تعيس؛ شقيّ (٢) حزين؛ كئيب (٣) محزِن؛ مثبِّط؛ غير مشجِّع (٤) أخرق: تُعْوِزه البراعة (٥) كريه؛ بغيض.
— un·hap·pi·ly *(adv.)* **— un·hap·pi·ness** *(n.)*

un·har·ness [ŭn hăr′-] *(vt.)* (١) ينزع الطَّقم أو العُدَّة [عن فرس] (٢) ينزع الدِّرع [عن مُرْتَديها] (٣) يُطلق أو يحرِّر [طاقةً أو عاطفةً إلخ].

un·health·y [ŭn hĕl′thĭ] *(adj.)* (١) غير صحّيّ <~ climate> (٢) سقيم؛ معتلّ الصّحّة (٣) خطِر؛ محفوف بالمخاطر (٤) رديء؛ ضارّ <an ~ habit> (٥) فاسد [أخلاقيًّا].

un·heard [ŭn hûrd′] *(adj.)* (١) غير مسموع (٢) متروكٌ سماعُه: غير معطًى فرصةً للإدلاء بوجهة نظره.

un·heard–of *(adj.)* (١) جديد (٢) لا سابقَ له (٣) مُهين ؛ شائن .

un·hinge [ŭn hĭnj′] *(vt.)* (١) يرفع [بابًا] عن مِفْصَلاته (٢) ينزع المِفْصَلات عن (٣) يفصل [عن شيء] (٤) يُقلِق ؛ يشوِّش .

un·hitch [ŭn hĭch′] *(vt.)* يَفُكّ ؛ يَحُلّ .

un·ho·ly [ŭn hō′lĭ] *(adj.)* (١) غير مقدَّس (٢) شرِّير ؛ آثم ؛ فاحش (٣) فظيع ؛ مروِّع .

— **un·ho·li·ness** *(n.)*

un·hood [ŭn ho͝od′] *(vt.)* ينزع القَلَنْسوة أو الغطاء عن .

un·hook [ŭn ho͝ok′] *(vt.)* (١) ينزع من الكُلّاب أو الخُطّاف (٢) يَفُكّ ؛ يَحُلّ (٣) يحرِّر من عادة .

un·horse [ŭn hôrs′] *(vt.)* (١) يطرح [عن صهوة الجواد] (٢) يَعزِل [من منصب] ؛ يُطيح بـ .

un·hu·man [ŭn′hyo͞o′mən] *(adj.)* (١) غير بَشَريّ (٢) وحشيّ .

uni- بادئة معناها : أحاديّ ؛ مُفْرَد <*uniaxial*> .

u·ni·ax·i·al [-′sĭ əl] *(adj.)* (١) أُحاديّ المحور (٢) أُحاديّ السّاق (نب) .

u·ni·cam·er·al [yo͞o′nə kăm′ər əl] *(adj.)* أُحاديّ المجلس : ذو مجلس تشريعيّ واحد .

u·ni·cel·lu·lar [yo͞o′nə sĕl′yə-] *(adj.)* أُحاديّ الخليّة (أح) .

u·ni·corn [yo͞o′nə kôrn′] *(n.)* أُحاديّ القرن : حيوان خرافيّ له جسم فَرَس وذيلُ أسدٍ وقرنٌ وحيد في وسَط الجبهة .

unicorn

u·ni·cy·cle [yo͞o′nə sī′kəl] *(n.; vi.)* (١) الدَّرّاجة الأُحاديّة : درّاجة وحيدة العجلة § (٢) يركب درّاجة أحاديّة .

— **uni·cy·clist** *(n.)*

u·ni·di·rec·tion·al [yo͞o′nə dĭ rĕk′-; -dī-] *(adj.)* أُحاديّ الاتّجاه .

unidirectional current *(n.)* التّيّار الأُحاديّ الاتّجاه (كب) .

u·nif·ic [yo͞o′nĭf′ĭk] *(adj.)* توحيديّ : قادرٌ على التوحيد .

u·ni·fi·ca·tion [yo͞o′nə fə kā′-] *(n.)* (١) توحيد (٢) اتّحاد .

u·ni·fi·lar [yo͞o′nə fī′lər] *(adj.)* أُحاديّ السِّلك أو الخيط .

u·ni·fo·li·ate [yo͞o′nə fō′lĭ ĭt; -āt′] *(adj.)* (١) أُحاديّ الورقة (٢) أُحاديّ الوُرَيقة (را . المادة التالية) .

unifoliate leaf

u·ni·fo·li·o·late [-′lĭ ə lāt′] *(adj.)* أُحاديّ الوُرَيْقة : مركَّب ولكنه ذو وُرَيقة واحدة [كورقة البرتقال] .

u·ni·form [yo͞o′nə-] *(adj.; n.; vt.)* (١) منتظم ؛ متَّسق (٢) متماثل ؛ مشاكل (٣) مطَّرِد § (٤) بِزّة أو بذلة نظاميّة § (٥) يجعله منتظمًا أو متَّسقًا إلخ .

u·ni·formed [yo͞o′nə fôrmd′] *(adj.)* مبزَّز : مُرْتَدٍ بِزّة نظاميّة .

u·ni·for·mi·ty [yo͞o′nə fôr′-] *(n.)* (١) انتظام ؛ اتّساق (٢) تماثل ؛ تشاكل .

u·ni·fy [yo͞o′nə fī] *(vt.)* يُوَحِّد .

u·ni·lat·er·al [yo͞o′nə lăt′-] *(adj.)* (١) أُحاديّ : مَعْنِيّ بجانب واحد من المسألة فحسب (٢) من جانب واحد <~ reduplication of a treaty> (٣) مُلزِمٌ طرفًا واحدًا فحسب <a ~ simple contract> (٤) مرتَّب على طرف واحد <~ flowers> (٥) أُحاديّ الجانب .

u·ni·lin·e·al [yo͞o′nĭ lĭ′nē əl] *(adj.)* أُحاديّ السُّلالة : متتبِّعٌ تحدُّر السُّلالة من خلال الأمّ وحدها أو الأب وحده <a ~ clan> .

u·ni·lin·gual [-lĭng′gwəl] *(adj.)* أُحاديّ اللغة <a ~ community> .

u·ni·lo·bar [yo͞o′nə lō′bər] *(adj.)* أُحاديّ الفَصّ : ذو فَصٍّ واحد .

u·ni·loc·u·lar [yo͞o′nĭ lŏk′-] *(adj.)* أُحاديّ التجويف ؛ أُحاديّ الحُجَيْرة (نب) .

un·im·peach·a·ble [ŭn′ĭm pē′chə-] *(adj.)* (١) موثوق : لا يرقى إليه الشّكُّ أو الاتّهام (٢) منزَّه عن العيب أو الخطأ .

un·im·proved [ŭn′ĭm pro͞ovd′] *(adj.)* غير محسَّن : «أ» غير مزروع أو محروث أو مبنيّ عليه . «ب» غير مستخدَم أو مستفادٍ منه .

un·in·hab·it·able [ŭn′ĭn hăb′ĭ tə-] *(adj.)* غير صالح للسَّكَن .

un·in·i·ti·ate [ŭn′ĭ nĭsh′ē ĭt] *(adj.)* غِرّ ؛ قليل التجربة .

un·in·tel·li·gi·ble [ŭn′ĭn tĕl′ə jə-] *(adj.)* غامض ؛ لا يمكن فهمُه .

un·in·ten·tion·al [-tĕn′shə nəl] *(adj.)* غير مقصود ؛ غير متعمَّد .

u·ni·nu·cle·ate [yo͞o′nĭ nyo͞o′klē ĭt] *also* **u·ni·nu·cle·ar** [-klē ər] *(adj.)* أُحاديّ النَّواة .

un·in·vit·ing [ŭn′ĭn vī′-] *(adj.)* غير سارّ ؛ غير مُغْرٍ أو جذّاب .

un·ion [yo͞on′yən] *(n.; adj.)* (١) توحيد (٢) اتّحاد (٣) رمز الاتّحاد [كما يتمثَّل في راية] (٤) «أ» زواج <a happy ~> . «ب» اتّصال جنسيّ (٥) وئام <live in perfect ~> (٦) نقابة [عُمّال] (٧) الوَصِلة : أداة تُقرَن بها الأنابيب وما شابهها <a pipe ~> (مك) § (٨) اتحاديّ ؛ نقابيّ <~ affairs> .

pipe union

the *Union* الولايات المتّحدة الأميركيّة .

union card *(n.)* البطاقة النِّقابيّة : بطاقة الانتساب إلى نقابة عمّاليّة .

un·ion·ism [yo͞on′yə nĭz′əm] *(n.)* (١) *cap.* : الاتّحاديّة : التّمسُّك بسياسة الاتّحاد الوثيق بين الولايات الأميركيّة وبخاصّة خلال الحرب الأهليّة (٢) النِّقابيّة : نظام [أو مبادئ أو طرائق] نقابات العمّال .

un·ion·ist [yo͞on′yən ĭst] *(n.)* (١) الاتّحاديّ : المؤيِّد للاتّحاد (٢) النِّقابيّ : عضو نقابة عمّاليّة .

un·ion·ize [yo͞on′-] *(vt.; i.)* (١) يضمّ : يجعله عضوًا في نقابة عمّاليّة [أو يُخضعه لقواعدها] (٢) يوحِّد في نقابة x (٣) ينضمّ إلى نقابة عمّاليّة .

— **un·ion·i·za·tion** *(n.)*

union jack *(n.)* (١) راية الاتّحاد (٢) الرّاية البريطانيّة .

union shop *(n.)* المؤسَّسة النِّقابيّة : «أ» مؤسَّسة تُحدَّد فيها شروط الاستخدام بالتفاهم بين صاحب العمل ونقابةٍ عمّاليّة . «ب» مؤسَّسة تجعل من الانتساب إلى إحدى نقابات العمّال شرطًا للاستخدام ولكن في استطاعة صاحبها أن يشغِّل عمّالًا غير نقابيين شرط أن ينتسبوا إلى النّقابة بعد مدّة معيَّنة [٣٠ يومًا عادةً] .

u·ni·pod [yoo͞′nə pŏd] *(n.)* مِنْصَب أُحاديّ القائمة [لآلة التَّصوير].

u·ni·po·lar [yoo͞′nə pō′lər] *(adj.)* أُحاديّ القُطْب («كب» و«أح»).

u·nique [yoo͞ nēk′] *(adj.)* (١) وحيد؛ مُفْرَد (٢) فَذّ؛ فريد (٣) استثنائيّ.

u·ni·sex [yoo͞′-] *(adj.)* مُشْتَرَك [بين الجنسين] <a ~ haircut>.

u·ni·sex·u·al [-sĕk′shoo͞ əl] *(adj.)* (١) أُحاديّ الجنس (نب) (٢) unisex.

u·ni·son [yoo͞′nə sən] *(n.)* (١) تساوُق النغمات (مو) (٢) انسجام.

u·nit [yoo͞′nĭt] *(n.)* (١) واحد (٢) مجموعة متكاملة (٣) وحدة [القياس الطُّول أو الوقت إلخ] (٤) وحدة عسكرية إلخ (٥) رقم خانة الآحاد (ر).

u·nit·age [yoo͞′nə tĭj] *(n.)* الوَحديّة: «أ» مواصفات الكمّيّة التي تشكّل وَحدة. «ب» الكمّيّة مَقيسةً بالوَحَدات.

u·ni·tar·i·an [yoo͞′nə târ′ĭ ən] *(n.; adj.)* (١) *cap.* عد: الموحِّد: «أ» القائل بإلٰه واحد. «ب» أحد أفراد طائفة مسيحيّة ترفض التَّثليث وتقول بالتوحيد (٢) الوَحْدَويّ: القائل بالوحدة أو بالمركزيّة الحكوميّة § (٣) *cap.* عد: مُوَحِّديّ: ذو علاقة بالموحِّدين.

u·ni·tar·y [yoo͞′nə tĕr′ĭ] *(adj.)* (١) وَحْديّ: «أ» مستخدَم كوحدة. «ب» ذو علاقة بوحدة أو وَحَدات (٢) وَحْدويّ؛ مركزيّ <a ~ policy> (٣) متكامل؛ تكامليّ <a ~ process>.

unit cost *(n.)* كُلفة الوَحدة (اد).

u·nite[1] [yoo͞ nīt′] *(vt.; i.)* (١) يوحِّد (٢) يُلْصِق؛ يُلحم (٣) يَرْبط (٤) يجمع [في ذات نفسه] صفتين أو أكثر <The bride ~*d* beauty and intelligence.> x (٥) يتَّحد (٦) يلتحم؛ يلتئم [العظمُ] (٧) يتعاون؛ يتضافر.

u·nite[2] [yoo͞′nīt] *(n.)* الجُنَيْه الاتّحاديّ: جنيه ذهبيّ قديم سُكَّ عام ١٦٠٤ بُعَيْد اتحاد إنكلترا وإسكتلندا.

u·nit·ed [yoo͞ nī′tĭd] *(adj.)* (١) مُتَّحِد (٢) مشترَك <a ~ effort> (٣) منسجم؛ متآلف <a ~ family>.

u·ni·tive [yoo͞′nə tĭv] *(adj.)* (١) متَّحِد (٢) مُوَحِّد.

u·nit·ize [yoo͞′nĭ tīz′] *(vt.)* (١) يُوحِّد: «أ» يجعله وَحدةً. «ب» يحوّله إلى وَحدة (٢) يقسِّم إلى أو يرتِّب في وَحَدات.

unit magnetic pole *(n.)* القُطب المغنطيسيّ المقياسيّ (مغ).

unit price *(n.)* سعر الوَحْدة (اد).

u·ni·trust [yoo͞′nĭ-] *(n.)* التّروست الموحَّد؛ شركة الائتمان الموحَّدة.

u·ni·ty [yoo͞′nə tĭ] *(n.)* (١) وحدة (٢) انسجام؛ اتِّفاق (٣) العدد واحد.

u·ni·va·lent [yoo͞′nə vā′lənt] *(adj.)* أُحاديّ التَّكافؤ (ك).

u·ni·valve [yoo͞′nə vălv′] *(adj.; n.)* (١) أُحاديّ المصراع أو الصِّمام § (٢) الأحاديّ المصراع: حيوان من الرِّخويّات أحاديّ المصراع.

u·ni·ver·sal [yoo͞′nə vûr′səl] *(adj.; n.)* (١) «أ» عامّ. «ب» شامل (٢) عالميّ؛ كَوْنيّ (٣) كُلِّيّ (٤) جامع § (٥) القضيّة الكُلِّيّة (مق).

universal grammar *(n.)* النحو العالميّ (ل).

u·ni·ver·sal·ism [yoo͞′nə vûr′sə-] *(n.)* (١) *cap.* عد: الخَلاصيّة: عقيدة الخلاصيين (را. المادة التالية) (٢) universality *1*.

U·ni·ver·sal·ist [yoo͞′nə vûr′səl ĭst] *(n.)* الخَلاصيّ: أحد أفراد كنيسة بروتستانتيّة تقول بأن جميع النّاس سينعمون آخر الأمر بالخلاص.

u·ni·ver·sal·i·ty [yoo͞′nə vər săl′-] *(n.)* (١) العموميّة؛ الشُّموليّة؛ العالميّة؛ الكُلِّيّة إلخ (٢) عالميّة المَدى. وبخاصة: اتِّساع أُفق الفِكر.

u·ni·ver·sal·ize [yoo͞′nə vûr′sə līz′] *(vt.)* يجعله عامًّا أو عالميًّا.

universal joint *or* **universal coupling** *(n.)* الوُصلة الجامعة (مك).

universal joint

u·ni·ver·sal·ly [yoo͞ nə vûr′-] *(adj.)* عمومًا؛ في جميع الأحوال والأمكنة؛ بغير استثناء.

universal negative *(n.)* سلب العموم (مق).

universal suffrage *(n.)* حقّ الاقتراع العامّ [في مجتمعٍ ما].

u·ni·verse [yoo͞′nə vûrs′] *(n.)* (١) الكَوْن (٢) البشر؛ الجنس البشريّ (٣) كمّيّة كبيرة (٤) النِّطاق: المنطقة التي يوجد فيها الشيء أو يحدث.

universe of discourse *(n.)* عالَم المَقالة: جملة المعاني أو الأفكار أو الأجناس والأنواع المتعلّقة بمقالة أو نقاش أو نظريّة إلخ.

u·ni·ver·si·ty [yoo͞′nə vûr′-] *(n.)* (١) جامعة (٢) الطُّلّاب؛ الجسم الطّالبيّ أو الطُّلّابيّ [في الجامعة].

u·niv·o·cal [yoo͞ nĭv′ə kəl] *(adj.)* أُحاديّ المعنَى: ذو معنًى واحد فحسب.

un·joint [ŭn joint′] *(vt.)* = disjoint.

un·just [ŭn jŭst′] *(adj.)* (١) جائر؛ ظالم؛ غير عادل (٢) خائن (ا. ق).

un·kempt [ŭn kĕmpt′] *(adj.)* (١) أَشْعَث (٢) «أ» مُهمَل. «ب» غير مصقول أو مهذَّب <~ prose>.

un·kenned [ŭn kĕnd′] *(adj.)* مجهول؛ غريب (ع).

un·ken·nel [ŭn kĕn′əl] *(vt.)* (١) «أ» يُخْرِج: يحمل [الثَّعلبَ] على الخروج من مخبأه. «ب» يُخرِج [الكلبَ] من وِجاره (٢) يكشف؛ يفضح.

un·kind [-kīnd′] *(adj.)* (١) قاسٍ؛ فظّ؛ غير كريم (٢) عاصف <an ~ winter>.

un·kind·ly [ŭn kīnd′lĭ] *(adj.; adv.)* (١) قاسٍ؛ فظّ § (٢) بقسوة؛ بفظاظة.

— **un·kind·li·ness** *(n.)*

un·knit [ŭn nĭt′] *(vt.; i.)* (١) يفكّك؛ يَحُلّ (٢) يسوّي أو يملِّس [شيئًا متجعِّدًا] x (٣) ينفكّ؛ ينحلّ.

un·know·a·ble [ŭn nō′ə bəl] *(adj.; n.)* (١) لا سبيل إلى معرفته؛ فوق معرفة البشر § (٢) شيء لا سبيل إلى معرفته.

un·known [ŭn nōn′] *(adj.; n.)* (١) مجهول (٢) مغمور <an ~ poet> § (٣) شيء أو شخص مجهول (٤) أو **unknown quantity**: الكمّيّة المجهولة (ر).

Unknown Soldier *(n.)* الجندي المجهول.

un·lace [ŭn lās′] *(vt.)* (١) يحلّ الرباط (٢) يحلّ أو ينزع ثياب أحد.

un·lade [ŭn lād′] *(vt.; i.)* (١) يُنْزِل الحِمْل عن (٢) يُفرِغ الحمولة.

un·lash [ŭn lăsh′] *(vt.)* يَفُكّ ؛ يَحُلّ .

un·latch [ŭn lăch′] *(vt.; i.)* (١) يفتح [يرفع المِزلاج أو السَّقّاطة] **x** (٢) ينفتح .

un·law·ful [ŭn lô′fəl] *(adj.)* (١) محظور ؛ محرَّم (٢) نَغِل ؛ غير شرعيّ (٣) غير قانونيّ .

un·lay [ŭn lā′] *(vt.; i.)* (١) يَنْقُض الحبْلَ : يَحُلّ طاقات الحبل **x** (٢) ينحلّ .

un·lead·ed [ŭn lĕd′ĭd] *(adj.)* (١) غير مفصول : سطوحُه غير مفصولة بصفائحَ أو رقائقَ فاصلة (طع) (٢) بلا رصاص <~ fuel> .

un·learn [ŭn lûrn′] *(vt.)* (١) يطّرِح أو يطرد شيئًا من ذاكرته أو معلوماته ؛ ينسَى (٢) ينبذ عادةً أو ممارسة <to ~ drinking> .

un·learned [ŭn lûr′nĭd *for* 1, 2; -lûrnd′ *for* 3] *(adj.)* (١) جاهل (٢) دالٌّ على جهل (٣) طبيعيّ ؛ غير مُكتسَب .

un·leash [ŭn lēsh′] *(vt.)* يحرِّر ؛ يُسَيِّب ؛ يُطلق العِنان لِـ .

un·leav·ened [ŭn lĕv′-] *(adj.)* فَطير ؛ غير خامر <~ bread> .

un·less [ŭn lĕs′] *(conj.; prep.)* (١) إلّا إذا ؛ ما لم (٢) إلّا ؛ إلّا و . . . § (٣) باستثناء .

un·let·tered [ŭn lĕt′ərd] *(adj.)* (١) «أ» غير مثقَّف . «ب» أُمِّيّ (٢) غير موسوم بأحرف .

un·licked [ŭn lĭkt′] *(adj.)* غير مُهَنْدم أو مهذَّب أو مصقول .

un·like [ŭn līk′] *(prep.; adj.)* (١) «أ» مختلف عن . «ب» غير متَّفق مع خصائصه أو ميزاتِه <It was ~ him to be late.> (٢) بخلاف كذا ؛ على خلاف كذا § (٣) متخالف ؛ غير متشابه <Men are profoundly ~.> (٤) غير متساوٍ <~ amounts> .

un·like·ly *(adj.)* (١) بعيد الاحتمال (٢) بغيض ؛ غير مرغوب فيه <~ companions> (٣) مرتَقَبٌ عَدَمُ وفائه بالغَرَض <~ places> .

— **un·like·li·hood** *(n.)*

un·lim·ber [ŭn lĭm′-] *(vt.)* (١) يفُكُّ قادمةَ المدفع (٢) يُعِدّ للعمل .

un·lim·it·ed [ŭn lĭm′-] *(adj.)* (١) مُطْلَق <~ ambition> (٢) غير محدود ؛ لانهائيّ (٣) غير محدَّد ؛ غير مشروط <~ Internet access> .

un·link [ŭn lĭngk′] *(vt.; i.)* (١) يفُكّ [حلقاتِ سلسلةٍ أو نحوها] ؛ يفصِل **x** (٢) ينفصل .

un·list·ed [ŭn lĭs′tĭd] *(adj.)* غير مُدْرَج [على جدول أو قائمة] .

un·live [ŭn lĭv′] *(vt.)* يُلغي ؛ يُبطِل .

un·load [ŭn lōd′] *(vt.; i.)* (١) يُفرِّغ الحمولة (٢) يحرِّر من عبء (٣) يفرِّغ المسدَّس إلخ من شحنته (٤) يبيع بمقادير كبيرة : يُغرِق **x** (٥) يفرِّغ [المركبُ] حمولتَه .

un·lock [ŭn lŏk′] *(vt.; i.)* (١) يفتح القُفْلَ (٢) يفتح (٣) يحرِّر ، يُطْلِق (٤) يحُلّ [رموز الشيفرة إلخ] **x** (٥) ينفتح ؛ ينحلّ إلخ .

un·look·ed–for [ŭn lo͝okt′fôr′] *(adj.)* غير مُتوقَّع أو مُرْتَقَب .

un·loose [ŭn lo͞os′] *(vt.)* (١) يُرْخي (٢) يُطْلِق (٣) يَفُكّ ؛ يَحُلّ .

un·loos·en [ŭn lo͞o′sən] *(vt.)* = unloose.

un·love·ly [ŭn lŭv′lĭ] *(adj.)* بغيض ؛ كريه ؛ بشِع .

un·luck·i·ly [ŭn lŭk′ə lĭ] *(adv.)* لسوء الحظّ .

un·luck·y [ŭn lŭk′ĭ] *(adj.)* (١) مشؤوم (٢) منحوس (٣) قليل الحظّ (٤) يؤسف له .

un·make [ŭn māk′] *(vt.)* (١) يحطِّم (٢) يَعْزِل ؛ يخلع (٣) يُغيِّر .

un·man [ŭn măn′] *(vt.)* (١) يُضْعِفُهُ أو يفقده الشَّجاعة ؛ يَحُلّ عزيمتَه (٢) يَخصي (٣) يجرِّده من الرِّجال أو الملّاحين <to ~ a ship> .

un·man·age·a·ble [ŭn măn′ĭj ə bəl] *(adj.)* (١) صعب المِراس ؛ عنيد <an ~ boy> (٢) صعب المأخذ ؛ مُرْبِك <~ bundles> (٣) غير قابل للضبط أو التحكّم <an ~ budget deficit> .

un·man·ly [-′lĭ] *(adj.)* (١) جبان ؛ عديم الرُّجولة (٢) مخنَّث .

un·manned [ŭn mănd′] *(adj.)* غير مزوَّد بالرِّجال أو الملّاحين .

un·man·nered [ŭn măn′ərd] *(adj.)* (١) فظّ ؛ سفيه ؛ قليل الكِياسة (٢) غير متكلِّف .

un·man·ner·ly [ŭn măn′ər lĭ] *(adj.; adv.)* (١) فظّ ؛ غليظ ؛ سفيه ؛ قليل الكياسة § (٢) بفظاظة ؛ بِغِلظة .

un·mar·ried [ŭn mă′rĭd] *(adj.; n.)* أعزب ؛ عَزْباء ؛ عَزَب .

un·mask [ŭn măsk′] *(vt.; i.)* (١) يكشف القناع عن (٢) يفضح : يُظهِر حقيقة شيء ما أو طبيعته **x** (٣) يخلع القناع ؛ يُسْفِر .

un·matched [ŭn măcht′] *(adj.)* (١) متنافر (٢) لا يُبارى ؛ عديم النظير .

un·mean·ing [ŭn mē′nĭng] *(adj.)* (١) لا معنى له (٢) خِلْوٌ من المعنى أو التَّعبير [كنظرة إلخ] .

un·meant [ŭn mĕnt′] *(adj.)* غير مقصود ؛ غير متعمَّد .

un·meet [ŭn mēt′] *(adj.)* غير لائق ؛ غير ملائم .

un·men·tion·a·ble [ŭn mĕn′shən-] *(adj.; n.)* (١) لا يَصِحّ ذِكره § (٢) ما لا يَصِحّ ذِكره (٣) *pl.* : «أ» بنطلون . «ب» ملابس داخليّة .

un·mer·ci·ful [ŭn mûr′sĭ fəl] *(adj.)* (١) عديم الرَّحمة ؛ جَبّار (٢) «أ» مُفرط . «ب» مَديد <for an ~ period> .

un·mind·ful [ŭn mīnd′fəl] *(adj.)* غافل عن ؛ غير منتبه إلى .

un·mis·tak·a·ble [ŭn mĭs tā′kə bəl] *(adj.)* جَليّ ؛ بَيِّن ؛ واضح .

un·mit·i·gat·ed [ŭn mĭt′ə gā′tĭd] *(adj.)* (١) غير مُلَطَّف <~ harshness> (٢) تامّ ، كامل <~ triumph> .

un·mixed [ŭn mĭkst′] *(adj.)* خالص ؛ صِرف ؛ مَحْض .

un·mold [ŭn mōld′] *(vt.)* يُفرِغ من القالب .

un·moor [ŭn mo͝or′] *(vt.; i.)* (١) يفكّ مراسيَ المراكب **x** (٢) يتحرَّر المركب من مراسيه .

un·mor·al [ŭn môr′əl] *(adj.)* = amoral.

un·moved [-mo͞ovd′] *(adj.)* (١) هادئ؛ لامُبالٍ (٢) ثابت؛ باقٍ في مكانه.

un·muf·fle [ŭn mŭf′əl] *(vt.)* يكشف اللِّفاع أو القِناع عن.

un·muz·zle [-mŭz′əl] *(vt.)* (١) ينزع الكِمامة [عن فم الكلب] (٢) يرفع الرقابة.

un·nail [ŭn nāl′] *(vt.)* ينزع المسامير من.

un·nat·u·ral [ŭn năch′ə rəl] *(adj.)* (١) غير طبيعيّ (٢) غير سَوِيّ (٣) «أ» متكلّف. «ب» متكلّف (٤) غريب (٥) غير شرعيّ <~ children> (٦) غير منطقيّ؛ غير متوقَّع <an ~ alliance>.

un·nec·es·sar·i·ly [-nĕs ə sĕr′ə lĭ] *(adv.)* على نحوٍ غير ضروري.

un·nec·es·sar·y [ŭn nĕs′ə sĕr′ĭ] *(adj.)* غير ضروريّ.

un·nerve [ŭn nûrv′] *(vt.)* (١) يُفقِده شجاعتَه أو رباطة جأشه إلخ؛ يَحُلّ عزيمتَه (٢) يثير أعصابه.

un·num·bered [ŭn nŭm′-] *(adj.)* (١) لا يُعدّ ولا يُحصَى (٢) غير مرقَّم.

un·ob·tru·sive [ŭn əb tro͞o′-] *(adj.)* (١) غير واضح (٢) غير ناتئ.

un·oc·cu·pied [ŭn ŏk′yə pīd′] *(adj.)* (١) غير مشغول [بعمل ما] (٢) شاغر؛ خالٍ.

un·op·posed [ŭn ə pōzd′] *(adj.)* غيرُ منازَع <an ~ candidate>.

un·or·ga·nized [-′gə nīzd′] *(adj.)* (١) غير منظَّم (٢) غير منتسب إلى نقابة عماليّة (٣) لامُعَضًّى: غير ذي خصائص عضويّة (اح).

un·or·tho·dox [ŭn ôr′thə dŏks] *(adj.)* (١) غير قويم الرّأي أو المعتَقَد (٢) غير تقليديّ.
— **un·or·tho·dox·y** *(n.)*

un·pack [ŭn păk′] *(vt.; i.)* (١) «أ» يُفرِغ [محتويات حقيبة إلخ]. «ب» يُفضي بمكنون صدره (٢) يفكّ [شيئًا محزومًا].

un·paged [ŭn pājd′] *(adj.)* غير مُرقَّم [الصَّفَحات].

un·paid [ŭn pād′] *(adj.)* (١) غير مأجور؛ عاملٌ من غير أجر <an ~ guest speaker> (٢) غير مدفوع أو مُسَدَّد <an ~ bill> (٣) مجّانيّ (٤) غير ذي راتب <an ~ position>.

un·paired [ŭn pârd′] *(adj.)* (١) فريد (٢) لاثُنائيّ <~ electrons>.

un·pal·at·a·ble [-păl′ə tə-] *(adj.)* (١) غير لذيذ المذاق (٢) بغيض؛ كريه.

un·par·al·leled [ŭn păr′ə lĕld′] *(adj.)* فذّ؛ فريد؛ لا نظير له.

un·par·lia·men·ta·ry [ŭn′pär lə mĕn′tə rĭ] *(adj.)* غير برلمانيّ؛ منافٍ للتّقاليد البرلمانيّة.

un·peg [ŭn pĕg′] *(vt.)* (١) يُزيل الوتد من (٢) يفكّ بإزالة الوتد.

un·peo·ple [ŭn pē′pəl] *(vt.)* = depopulate.

un·pick [ŭn pĭk′] *(vt.)* يَفُكّ الدّرزات والقُطَب [في الخياطة].

un·pile [ŭn pīl′] *(vt.; i.)* (١) يفصِل عن كَوْمة x (٢) «أ» ينفصل عن كومة. «ب» يتفرَّق.

un·pin [ŭn pĭn′] *(vt.)* (١) ينزع الدّبّوس من (٢) يفكّ؛ يحلّ.

un·pleas·ant [ŭn plĕz′ənt] *(adj.)* كريه؛ بغيض؛ منفِّر؛ مقزِّز.

un·plug [ŭn plŭg′] *(vt.)* ينزع السِّدادة [أو القابسَ الكهربائيّ] من.

un·plumbed [ŭn plŭmd′] *(adj.)* (١) غير مُمْتَحَن [أو مَسْبُور] بفادن (را. plumb *1*) (٢) لم يُسبَر غوره.

un·po·lit·i·cal [ŭn pə lĭt′ə kəl] *(adj.)* غير معنيّ بالسِّياسة.

un·pop·u·lar [ŭn pŏp′yə lər] *(adj.)* غير شعبيّ.

un·prac·ticed [-prăk′tĭst] *(adj.)* (١) غير ممارِس (٢) غير متمرِّس.

un·prec·e·dent·ed [ŭn prĕs′ə-] *(adj.)* مُحْدَث؛ جديد؛ لم يُسْبَق إلى مثله.

un·pre·dict·able [ŭn prĭ dĭk′tə bəl] *(adj.)* لا يمكن التَّنبُّؤ به.

un·prej·u·diced [-prĕj′ə dĭst] *(adj.)* غير متحامل أو متحيِّز أو متغرِّض.

un·pre·pared [ŭn prĭ pârd′] *(adj.)* (١) غير مستعِدّ (٢) غير مُهيّأ أو مُعَدّ (٣) غير متوقَّع.

un·pre·tend·ing [ŭn prĭ tĕn′dĭng] *(adj.)* غير مُدَّعٍ؛ متواضع.

un·pre·ten·tious [-′shəs] *(adj.)* بسيط؛ متواضع.

un·prin·ci·pled [-prĭn′sə pəld] *(adj.)* مُجرَّد من المبادئ [الخُلُقيّة].

un·print·a·ble [-prĭn′-] *(adj.)* غير صالح للطَّبع [وبخاصة لمنافاته للأخلاق].

un·pro·duc·tive [-prə dŭk′-] *(adj.)* (١) غير مُثمِر (٢) غير إنتاجيّ (اد).

un·pro·fessed [ŭn prə fĕst′] *(adj.)* غير معلَن أو معتَرَف به.

un·pro·fes·sion·al [ŭn prə fĕsh′ən əl] *(adj.)* (١) هاوٍ؛ غير محترف (٢) منافٍ لأخلاق المهنة.

un·prof·it·a·ble [ŭn prŏf′ĭt ə bəl] *(adj.)* (١) غير مُكسِب أو مُربِح (٢) عديم الجدوَى.

un·prom·is·ing [-prŏm′-] *(adj.)* غير واعد: غير مرجوّ النَّجاح أو الفائدة.

un·prompt·ed [ŭn prŏmp′tĭd] *(adj.)* عَفويّ؛ تِلقائيّ.

un·pro·nounce·a·ble [-prə noun′-] *(adj.)* (١) متعذِّرُ النّطق (٢) لا يليق ذِكْرُه.

un·pro·voked [ŭn prə vōkt′] *(adj.)* غير مُسْتَثار <an ~ attack>.

un·qual·i·fied [ŭn kwŏl′ə fīd′] *(adj.)* (١) غير مؤهَّل (٢) باتّ؛ قاطع <~ refusal> (٣) تامّ <~ failure> (٤) مُفرِط <~ praise>.

un·quench·a·ble [ŭn kwĕn′chə-] *(adj.)* (١) لا يُرْوَى؛ لا يُنقَع <~ thirst> (٢) لا يُخمَد <an ~ fire> (٣) لا يُكْبَت <~ enthusiasm>.

un·ques·tion·a·ble [ŭn kwĕs′chən ə bəl] *(adj.)* (١) لا يرقَى إليه الشّكّ (٢) لا نزاع فيه.

un·ques·tion·a·bly [-blĭ] *(adv.)* من غير رَيْب؛ على نحوٍ لا يرقى إليه الشّكّ أو لا نزاع فيه.

un·ques·tioned *(adj.)* (١) غير مفنَّد؛ من غير تفنيد (٢) لا نزاع فيه؛ لا نقاش فيه (٣) لا يرقى إليه الشّكّ.

un·ques·tion·ing [ŭn kwĕs′chə-] *(adj.)* كامل؛ تامّ؛ مُنجَز من غير تردُّد أو مناقشة أو اعتراض <his ~ obedience>.

un·qui·et [ŭn kwī′ət] *(adj.)* (١) مضطرِب (٢) قلِق .

un·quote [ŭn kwōt′; -kōt′] *(n.; vi.)* (١) نهاية الاقتباس § (٢) يُنهي اقتباسًا [بإغلاق علامة الاقتباس أو نحوها] .

un·ra·vel [ŭn răv′əl] *(vt.; i.)* (١) يحلّ خيوط القماش (٢) يحلّ الألغاز أو الغموض <a mystery ~> x (٣) ينحَلّ .

un·read [ŭn rĕd′] *(adj.)* (١) غير مقروء (٢) غير مطّلِع [على علم ما] .

un·re·al [ŭn rē′əl; -rēl] *(adj.)* (١) غير حقيقيّ (٢) مصطَنَع (٣) كاذب ؛ زائف (٤) وهميّ .

un·re·al·is·tic [ŭn rē ə lĭs′tĭk] *(adj.)* غير واقعيّ .

un·re·al·i·ty [ŭn′rē ăl′-] *(n.)* (١) اللاواقعيّة (٢) شيء متخيَّل أو ملفَّق .

un·rea·son [ŭn rē′zən] *(n.)* لاعقلانيّة ؛ جنون .

un·rea·son·a·ble [ŭn rē′zən ə-] *(adj.)* (١) غير عاقل <the ~ beasts> (٢) غير عقلانيّ (٣) مُفرِط أو غير معقول .

un·rea·soned [-′zənd] *(adj.)* لاعقلانيّ ؛ غير عقلانيّ <~ prejudices>.

un·rea·son·ing [ŭn rē′zən-] *(adj.)* (١) مَسُوقٌ بالعاطفة الجامحة (٢) مُفرِط ؛ شديد ؛ بالغ <~ terror> .

un·re·con·struct·ed [ŭn rē kən strŭk′-] *(adj.)* متزمّت ؛ متحفِّظ : متمسّك بعناد بالمبادئ أو الأساليب أو المعتقدات البالية <~ politicians> .

un·reel [ŭn rēl′] *(vt.; i.)* (١) يَكُرّ [شيئًا ملفوفًا على بَكَرة] (٢) يؤدّي بنجاح x (٣) يَنْكَرّ (٤) يُقدَّم <The rehearsal ~*ed* smoothly.> .

un·reeve [ŭn rēv′] *(vt.)* يسحب [الحبلَ] من ثقب أو حَلَقة .

un·re·flec·tive [ŭn′rĭ flĕk′tĭv] *(adj.)* طائش .

un·re·ge·ner·ate [ŭn′rĭ jĕn′ər ĭt] *(adj.)* (١) ضالّ : غير مهتدٍ إلى نور الإيمان (٢) «أ» عنيد . «ب» متمسّك بعناد بالمعتقدات البالية .

un·re·lent·ing [-rĭ lĕn′-] *(adj.)* (١) قاسٍ ؛ صارم (٢) لا يلين أو يضعُف .

un·re·li·a·ble [ŭn′rĭ lī′ə bəl] *(adj.)* غير جدير بالثِّقة أو الاعتماد .

un·re·lieved [ŭn′rĭ lēvd′] *(adj.)* تامّ ؛ كُلّيّ <~ despair> .

un·re·lig·ious [ŭn rĭ lĭj′əs] *(adj.)* (١) irreligious (٢) لادينيّ .

un·re·mit·ting [ŭn rĭ mĭt′ĭng] *(adj.)* متواصل ؛ مطّرد ؛ غير منقطع .

un·re·quit·ed [ŭn′rĭ kwī′-] *(adj.)* غير متبادَل <~ love> .

un·re·serve [ŭn′rĭ zûrv′] *(n.)* (١) لاتحفُّظ (٢) صراحة .

un·re·served [ŭn′rĭ zûrvd′] *(adj.)* (١) تامّ ؛ كامل ؛ غير متحفِّظ <~ enthusiasm> (٢) صريح (٣) غير محجوز <an ~ seat> .

un·re·serv·ed·ly [ŭn′rĭ zûr′-] *(adv.)* (١) بغير تحفُّظ (٢) بصراحة .

un·rest [ŭn rĕst′] *(n.)* (١) قَلَق (٢) اضطراب ؛ اهتياج <social ~> .

un·re·strained [ŭn′rĭ strānd′] *(adj.)* (١) مُفرِط ؛ مُسْرِف ؛ غير مقيَّد (٢) عَفْويّ ؛ غير مرتبك .
— un·re·straint *(n.)*

un·re·strict·ed [ŭn′rĭ strĭk′-] *(adj.)* غير مقيَّد أو محدود إلخ ؛ مُطْلَق .

un·re·venged [ŭn′rĭ vĕnjd′] *(adj.)* غير مُثأَر أو مُنتَقَم له ؛ مطلول .

un·re·ward·ed [ŭn′rĭ wôr′dĭd] *(adj.)* غير مُكافَأ ؛ غير مُجازًى .

un·rid·dle [ŭn rĭd′əl] *(vt.)* (١) يحُلّ لُغزًا أو أحجيّة (٢) يجعله مفهومًا ؛ يفسِّر .

un·rig [ŭn rĭg′] *(vt.)* (١) ينزع أشرعة المركب (٢) ينزع الملابس .

un·righ·teous [ŭn rī′chəs] *(adj.)* (١) آثم ؛ شِرِّير (٢) جائرٌ ؛ ظالمٌ ؛ مخالفٌ للعدالة .

un·rip [ŭn rĭp′] *(vt.)* (١) يَفْتُق ؛ يمزِّق ؛ يَشْرُط (٢) يكشف عن .

un·ripe [-rīp′] *(adj.)* (١) فِجٌّ ؛ غير ناضج (٢) غير مستعدّ أو مُهَيّأ لِـ (٣) غير مؤاتٍ ؛ غير مناسب <The time seemed ~.> . **— un·ripe·ness** *(n.)*

un·ri·valed *or* **un·ri·valled** [ŭn rī′vəld] *(adj.)* فذّ ؛ منقطع النَّظير ؛ لا يُضارَع .

un·robe [ŭn rōb′] *(vt.; i.)* يخلع الثِّياب .

un·roll [ŭn rōl′] *(vt.; i.)* (١) يَنْشُر ؛ يَبْسُط (٢) يكشف عن x (٣) ينتشر ؛ ينبسط .

un·roof [ŭn ro͞of′] *(vt.)* ينزع سقفَه أو غطاءَه .

un·root [ŭn ro͞ot′] *(vt.; i.)* (١) يجتثّ ؛ يستأصل [من الجذور] x (٢) يُستأصَل .

un·round *(adj.)* غير مدوَّر : ملفوظ بدون تدوير الشَّفتين (ل) .

un·ruf·fled [ŭn rŭf′əld] *(adj.)* (١) هادئ (٢) أملَس .

un·ru·ly [-ro͞o lĭ] *(adj.)* (١) عنيد ؛ صَعب المِراس (٢) جامح ؛ عاصف .

un·sad·dle [ŭn săd′əl] *(vt.; i.)* (١) ينزع السَّرج عن (٢) يطرح عن صهوة الجواد x (٣) ينزع السَّرج عن الحصان .

un·safe [ŭn sāf′] *(adj.)* خطِر ؛ غير مأمون ؛ لا يُوثَق به .

un·sat·u·rate [ŭn săch′ə rĭt] *(n.)* مُركَّب [كيميائي] غير مُشْبَع .

un·sat·u·rat·ed [-′ə rā′tĭd] *(adj.)* غير مُشْبَع <~ fats> (ك) .

un·saved [ŭn sāvd′] *(adj.)* غير منقَذ . وبخاصَّة : غير مُنقَذ من القصاص الأبديّ .

un·sa·vor·y [ŭn sā′və rĭ] *(adj.)* (١) تَفِه ؛ لا طعمَ له (٢) كريه (٣) بغيضٌ أخلاقيًّا .

un·say [ŭn sā′] *(vt.)* يسحب كلامه ؛ يرجع عن كلامه .

un·scathed [ŭn skāt͟hd′] *(adj.)* سالِم ؛ لم يُصَب بأذًى .

un·schooled [ŭn sko͞old′] *(adj.)* (١) غير معلَّم أو مدرَّب (٢) طبيعيّ ؛ فِطريّ <~ talents> .

un·sci·en·tif·ic [ŭn sī ən tĭf′-] *(adj.)* غير عِلميّ : «أ» غير متَّفق مع العلم أو الأساليب العلميّة <~ management> . «ب» غير عامل وفقًا للطَّرائق العِلميّة <an ~ farmer> . «ج» غير مستعمَل في الطرائق العلميّة .

un·scram·ble [ŭn skrăm′-] *(vt.)* (١) يردُّ شيئًا مختلطًا إلى عناصره الأصليّة : يحلّ ؛ يُوضِح (٢) يردّ [رسالةً لاسلكيّة] إلى شكلها المفهوم .

un·screw [-skrōō′] *(vt.; i.)* (١) يفكّ اللولب أو اللوالب x (٢) ينفكّ .

un·scru·pu·lous [ŭn skrōō′pyə ləs] *(adj.)* عديم الضَّمير ؛ مجرَّدٌ من المبادئ الخُلقيّة .

un·seal [ŭn sēl′] *(vt.)* (١) يفضّ الختم عن (٢) يفتح .

un·sealed [ŭn sēld′] *(n.)* غير مختوم .

un·seam [ŭn sēm′] *(vt.)* يَفْتُق ؛ يَمْزُق ؛ يفتح الدَّرزة .

un·search·a·ble [ŭn sûr′chə bəl] *(adj.)* غامض ؛ خفيّ ؛ لا يُسْبَر غَوره <~ ways of Providence>.

un·sea·son·a·ble [ŭn sē′zən ə bəl] *(adj.)* (١) في غير أوانه (٢) غير مألوف أو مرغوبٍ فيه [في فصلٍ معيّن من السَّنة] (٣) متَّسم بأحوال جوّيّة كهذه <suffered from the ~ summer>.

un·sea·soned [ŭn sē′zənd] *(adj.)* (١) غِرٌّ : تُعْوزه الخبرة (٢) «أ» غير ناضج . «ب» غير متبَّل : لم تُضَف إليه التَّوابل .

un·seat [ŭn sēt′] *(vt.)* (١) يُنزله عن مقعده [وبخاصّة عن السَّرج] (٢) يعزل ؛ يخلع .

un·seem·ly [ŭn sēm′lĭ] *(adj.; adv.)* (١) غير ملائم أو لائق (٢) في غير أوانه § (٣) على نحوٍ غير ملائم إلخ .

un·seen [ŭn sēn′] *(adj.)* (١) غير مرئيّ ؛ غير منظور (٢) مُرْتَجَل .

un·seg·re·gat·ed [ŭn sĕg′-] *(adj.)* خالٍ أو مجرَّد من التمييز العنصريّ .

un·self·ish [ŭn sĕl′fĭsh] *(adj.)* إيثاريّ ؛ غير أنانيّ ؛ كريم .

un·set [ŭn sĕt′] *(adj.)* (١) غير منعقِد : غير مركَّب في إطار الفَصّ [صفة لجوهرة إلخ] (٢) غير مصلَّد <~ concrete> .

un·set·tle [ŭn sĕt′əl] *(vt.; i.)* (١) يُزيح (٢) يشوِّش (٣) يزعزع [المعتقدات إلخ] (٤) يُقلِق ؛ يُثير x (٥) يتشوَّش ؛ يتزعزع إلخ .

un·set·tled [-′əld] *(adj.)* (١) مضطرب <~ political conditions> (٢) متقلِّب <The weather was ~.> (٣) متردِّد ؛ مرتاب (٤) مُتَنازَع فيه ؛ غير مفصول فيه <~ questions> (٥) غير مستقرّ <an ~ life> (٦) غير مأهول <an ~ territory> (٧) مضطرب [عقليًّا] (٨) غير مسدَّد أو مُسوًّى <an ~ debt>.

un·set·tling [ŭn sĕt′-] *(adj.)* مزعج ؛ جالب للاضطراب ؛ مثير ؛ مقلِق .

un·sew [ŭn sō′] *(vt.)* يَفْتُق أو يَمْزُق [المَخِيط] .

un·sex [ŭn sĕks′] *(vt.)* (١) يُفْقِده الجنس أو القوّة الجنسيّة (٢) يُفقِد الأنوثة (٣) يَخصي .

un·shack·le [ŭn shăk′əl] *(vt.)* يحرِّر من الأغلال أو الأصفاد .

un·shaped [ŭn shāpt′] *(adj.)* (١) عديم الشكل (٢) شائه ؛ مشوَّه .

un·shap·en [ŭn shā′pən] *(adj.)* = unshaped.

un·sheathe [ŭn shēth′] *(vt.)* يستلّ [من غِمدٍ] .

un·shel·tered [ŭn′shĕl′-] *(adj.)* (١) مكشوف (٢) غير مَحْميّ <an ~ industry>.

un·ship [ŭn shĭp′] *(vt.)* (١) يُنْزِل [الرُّكّاب أو السِّلَع] من سفينة (٢) ينزع [المجذاف إلخ] من مكانه (٣) يُزيل أو يتخلّص من (ع) .

un·shod [ŭn shŏd′] *(adj.)* حافٍ ؛ غير منتعِل .

un·sight[1] [ŭn sīt′] *(adj.)* غير مُعايَن أو ممتحَن أو مفحوص .

unsight[2] *(vt.)* يُغَشّي ؛ يمنع من الرُّؤية .

un·sight·ly [ŭn sīt′lĭ] *(adj.)* بَشِع ؛ قبيح .

un·skilled [ŭn skĭld′] *(adj.)* (١) غير بارع (٢) غير متطلِّب براعةً .

un·skill·ful [ŭn skĭl′fəl] *(adj.)* غير بارع .

un·slaked lime [ŭn slākt′] *(n.)* جير غيرُ مُطْفأ .

un·sling [ŭn slĭng′] *(vt.)* ينزع ؛ يخلع ؛ يقلع .

un·snag [ŭn snăg′] *(vt.)* يُزيل العائق ؛ يذلّل الصعوبة .

un·snap [ŭn snăp′] *(vt.)* (١) يفكّ الإبزيم (٢) يفتح .

un·snarl [ŭn snärl′] *(vt.)* يحلّ [خيوطًا متشابكة أو أمورًا معقَّدة] .

un·so·ci·a·ble [ŭn sō′shə-] *(adj.)* (١) منطوٍ على نفسه ؛ متوحّد (٢) انطوائيّ .

un·so·cial [ŭn sō′shəl] *(adj.)* = antisocial.

un·so·phis·ti·cat·ed [ŭn′sə fĭs′tə-] *(adj.)* (١) غير ممذوق أو مغشوش (٢) غير مَشُوب (٣) ساذَج (٤) بسيط : غير مزخرف أو معقَّد .

un·sought [ŭn sôt′] *(adj.)* (١) غير ملتَمَس أو منشود (٢) غير مكتَسَب بالجهد أو البحث .

un·sound [ŭn sound′] *(adj.)* (١) معتلّ الصِّحّة أو العقل (٢) فاسد : غير صالح للأكل (٣) فاسد أخلاقيًّا (٤) غير ثابت أو راسخ (٥) «أ» غير صحيح . «ب» غير سليم (٦) خفيف <~ slumber> .

un·spar·ing [ŭn spâr′ĭng] *(adj.)* (١) قاسٍ ؛ عديم الرَّحمة (٢) «أ» وافر . «ب» سخيّ .

un·speak·a·ble [ŭn spē′-] *(adj.)* (١) «أ» لا يوصَف ؛ يجلّ عن الوصف <~ joy> . «ب» رهيب ؛ مريع <~ deprivation> (٢) «أ» لا يليق ذكره . «ب» صعب لفظه <~ words> .

un·sports·man·like [ŭn spōrts′-] *(adj.)* غير ذي روحٍ رياضيّة .

un·spot·ted [ŭn spŏt′ĭd] *(adj.)* (١) غير ملطَّخ أو ملوَّث ؛ نقيّ (٢) طاهر ؛ سليم الخُلق : خِلوٌ من العيوب الأخلاقية .

un·sprung [ŭn sprŭng′] *(adj.)* لانابضيّ : غير مزوَّد بنوابض أو زنبركات .

un·sta·ble [ŭn stā′-] *(adj.)* (١) غير مستقرّ (٢) مُزَعْزَع ؛ مُتَقَلْقِل (٣) ضعيف (٤) متقلِّب (٥) لامستقِرّ (ك) (٦) عاجز عن ضبط عواطفه .

un·stead·y [ŭn stĕd′ĭ] *(adj.; vt.)* (١) مقلقَل ؛ مُتَقَلْقِل ؛ غير مستقرّ (٢) متقلِّب (٣) غير مطَّرد § (٤) يجعله مقلقَلًا أو متقلِّبًا إلخ .

un·step [ŭn stĕp′] *(vt.)* ينزع [صاريًا] عن السِّناد .

un·stick [ŭn stĭk′] *(vt.)* يفصل [شيئًا ملتصقًا إلخ] .

un·stint·ing [ŭn stĭn′tĭng] *(adj.)* مُجزٍ أو مُجْزًى بسخاء <an ~ donor; ~ praise>.

un·stop [ŭn stŏp′] *(vt.)* (١) ينزع السِّدادة (٢) يفتح .

un·strap [ŭn străp′] *(vt.)* يُرخي أو ينزع الحزام إلخ .

un·string [ŭn strĭng′] *(vt.)* (١) يُرخي أو ينزع أوتار الآلة الموسيقيّة إلخ

(٢) يُخرِج [حبّات السُّبحة] من السِّلك (٣) يوتّر [الأعصاب].

un·strung [ŭn strŭng′] *(adj.)* (١) مَرْخِيّ أو منزوع الأوتار (٢) متوتّر الأعصاب.

un·stuck [ŭn stŭk′] *(adj.)* (١) غير ملصَق أو مثبَّت (٢) مخفِق؛ فاشل.

un·stud·ied [ŭn stŭd′ĭd] *(adj.)* (١) غير متضلّع [من علم ما] (٢) طبيعيّ؛ غير متكلَّف (٣) مرتَجَل.

un·sub·stan·tial [-′shəl] *(adj.)* (١) «أ» لا أساس له. «ب» وهميّ (٢) ضعيف؛ واهٍ.

un·suc·cess [ŭn′sək sĕs′] *(n.)* إخفاق؛ لانجاح.

un·suc·cess·ful [ŭn′sək sĕs′fəl] *(adj.)* مُخْفِق؛ غير ناجح.

un·suit·a·ble [ŭn so͞o′tə bəl] *(adj.)* غير ملائم أو لائق.

un·sung [ŭn sŭng′] *(adj.)* (١) غير مغنًّى (٢) غير متغنًّى به في الأغاني والقصائد.

un·sur·passed [ŭn sûr′păst] *(adj.)* لا يُعْلَى عليه؛ فريد؛ فذّ.

un·sur·pris·ing [ŭn′sər prī′zĭng] *(adj.)* متوقَّع؛ غير مفاجئ.

un·swathe [ŭn swāth′] *(vt.)* يحرِّر من عِصابة أو رِباط.

un·swear [ŭn swâr′] *(vi.; t.)* (١) يرجع عن قسَمِهِ **x** (٢) ينقض قسَمَهُ [بقسَم ثانٍ].

un·swerv·ing [ŭn swûr′-] *(adj.)* (١) غير منحرف أو متعرِّج (٢) ثابت.

un·sym·met·ri·cal [ŭn sĭ mĕt′rə kəl] *(adj.)* = asymmetric.

un·tamed [ŭn tāmd′] *(adj.)* (١) وحشيّ؛ غير مدجَّن (٢) جامح؛ هائج.

un·tan·gle [ŭn tăng′gəl] *(vt.)* يَحُلّ؛ يَفُكّ.

un·taught [ŭn tôt′] *(adj.)* (١) جاهل (٢) طبيعيّ؛ عفويّ.

un·teach [ŭn tēch′] *(vt.)* (١) يجعله يطَّرح فكرة إلخ (٢) يُثبت خطأ فكرةٍ شائعة؛ يحطِّم أسطورة أو كذبة.

un·ten·a·ble [ŭn tĕn′ə bəl] *(adj.)* (١) متعذِّرٌ الدِّفاعُ عنه أو الاحتفاظ به (٢) متعذِّرٌ احتلالُهُ.

un·teth·er [ŭn tĕ′thər] *(vt.)* يُحرِّر من طِوَل أو عِقالٍ.

un·thank·ful [-′fəl] *(adj.)* (١) جاحد للجميل؛ عاقّ (٢) كريه؛ بغيض.

un·think·a·ble [ŭn thĭngk′ə bəl] *(adj.)* (١) لا يُتصوَّر (٢) لا يصدَّق (٣) غير وارد؛ لا مجال للتفكير فيه.

un·think·ing [ŭn thĭngk′ĭng] *(adj.)* (١) غافل؛ غير مفكِّر؛ طائش (٢) غير دالّ على تفكير <a round ~ face> (٣) غير عاقل <~ animals>.

un·thread [ŭn thrĕd′] *(vt.)* (١) يسحب خيطًا (٢) يحلّ الخيوط أو الألغاز (٣) يشقّ طريقه عبرَ كذا.

un·throne [ŭn thrōn′] *(vt.)* يخلع عن العرش أو نحوه.

un·ti·dy [ŭn tī′dĭ] *(adj.)* (١) مُهْمَل؛ غير مرتَّب (٢) مُهمِل؛ غير منظَّم <~ mind> (٣) غير منفَّذ جيِّدًا (٤) غير ملائم (٥) قَذِر.

un·tie [-tī′] *(vt.; i.)* (١) «أ» يفكّ. «ب» يحلّ **x** (٢) «أ» ينفكّ. «ب» ينحلّ.

un·til [ŭn tĭl′] *(prep.; conj.)* (١) إلى؛ حتّى <~ June> (٢) قبلَ <not available ~ tomorrow> § (٣) إلى أن؛ إلى ما بعد كذا <waited ~ the sun had set>.

un·time·ly [-tīm′-] *(adv.; adj.)* (١) في غير أوانه (٢) قبلَ الأوان <died ~> § (٣) مبكِّر <~ death> (٤) غير ملائم؛ في غير محلّه <an ~ joke>.

un·tir·ing [-tīr′-] *(adj.)* (١) غير مُتْعِب (٢) لا يَتْعَب؛ لا يَكِلّ <~ efforts>.

un·to [ŭn to͞o′] *(prep.)* (١) إلى؛ حتّى <to fast ~ death> (٢) بِـ؛ بنفسه <They became a world ~ themselves>.

un·told [ŭn tōld′] *(adj.)* (١) «أ» لا يُعَدّ ولا يُحصَى. «ب» غير محدود (٢) «أ» غير مَرْوِيّ. «ب» مكتوم: مُحْتَفَظٌ به طيَّ الكتمان.

un·touch·a·ble [ŭn tŭch′ə-] *(adj.; n.)* (١) «أ» مُحظَّرٌ مَسُّه. «ب» لا يُمسّ؛ فوق النقد (٢) واقعٌ وراء المتناوَل (٣) نجِس § (٤) المنبوذ: أحد أفراد الطَّبقة الاجتماعيّة الدُّنيا في الهند. —**un·touch·a·bil·i·ty** *(n.)*

un·touched [-tŭcht′] *(adj.)* (١) غير ملموس (٢) بدائيّ؛ على حاله الأولى.

un·to·ward [ŭn tôrd′; -tōrd′] *(adj.)* (١) «أ» شكِس. «ب» صعب المراس. «ج» قاحل (٢) مشؤوم (٣) معاكس؛ غير مؤاتٍ <~ conditions>.

un·tram·meled [ŭn trā′-] *(adj.)* (١) غير مقيَّد (٢) هانئ: غير مكدَّر.

un·trav·eled [ŭn trăv′-] *(adj.)* (١) غير مطروق <~ deserts> (٢) «أ» غير ممرّس بالأسفار؛ لم يسافر إلى مواطن بعيدة. «ب» ريفيّ؛ ضيِّق الأُفق.

un·tra·versed [ŭn trăv′ərst] *(adj.)* غير مطروق؛ لم تطأه الأقدام.

un·tread [ŭn trĕd′] *(vt.)* يرجع من حيث أتى (ا. ق).

un·tried [ŭn trīd′] *(adj.)* (١) غير مجرَّب (٢) غير مُحاكَم <an ~ prisoner>.

un·trod [ŭn trŏd′] *or* **un·trod·den** [ŭn trŏ′-] *(adj.)* = untraversed.

un·true [ŭn tro͞o′] *(adj.)* (١) خائن؛ غير وفيّ (٢) غير دقيق؛ غير منطبق على القاعدة (٣) كاذب؛ غير صحيح.

un·truss [-trŭs′] *(vt.; i.)* (١) يفكّ؛ يحلّ (ا. ق) (٢) يعرّي أو يتعرّى (ا. ق).

un·truth·ful [ŭn tro͞oth′fəl] *(adj.)* كاذب؛ غير صحيح.

un·tune [ŭn to͞on′; -tyo͞on′] *(vt.)* (١) يُفسِد الدَّوْزَنة <~ that string> (٢) يشوِّش [الذِّهن].

un·tu·tored [ŭn tyo͞o′tərd] *(adj.)* (١) غير مثقَّف (٢) ساذَج (٣) فِطريّ: غير مكتَسَب بالثَّقافة.

un·twine [ŭn twīn′] *(vt.; i.)* (١) يَحُلّ؛ يَفُكّ **x** (٢) ينحلّ.

un·twist [ŭn twĭst′] *(vt.; i.)* = untwine.

un·used [ŭn yo͞ozd′] *(adj.)* (١) غير متعوِّد <~ to noise> (٢) جديد؛

غير مُستعمَل (٣) شاغر <~ apartments> (٤) متراكِم .

un·u·su·al [ŭn yo͞oʹzho͞o əl] *(adj.)* (١) نادر؛ استثنائيّ (٢) فريد؛ فذّ .

un·ut·ter·a·ble [ŭn ŭtʹər ə bəl] *(adj.)* = unspeakable.

un·val·ued [ŭn vălʹyo͞od] *(adj.)* (١) نفيس (ا . م) (٢) غير مثمَّن أو مُخمَّن <an ~ jewel> (٣) غير مقدَّر أو معظَّم .

un·var·nished [ŭn värʹnĭsht] *(adj.)* (١) بسيط؛ غير مزخرف (٢) صريح؛ عارٍ <the ~ truth> (٣) غير مصقول (٤) غير منمَّق؛ صريح .

un·veil [ŭn vālʹ] *(vt.; i.)* (١) يكشف النِّقاب عن (٢) يكشف؛ يفضح؛ يُفشي x (٣) يميط اللِّثام [عن وجهه] (٤) يفضح نفسه .

un·versed [ŭn vĕrstʹ] *(adj.)* غير متضلّع [من موضوع ما]؛ غِرّ؛ جاهل .

un·vo·cal [ŭn vōʹkəl] *(adj.)* (١) غير فصيح (٢) متنافر النَّغمات .

un·voiced [-voistʹ] *(adj.)* (١) غير معبَّر عنه بالأصوات (٢) صامت (ل) .

un·war·rant·a·ble [ŭn wôrʹ-] *(adj.)* لا مبرَّرَ له؛ غير لائق أو مشروع .

un·war·rant·ed [ŭn wôrʹən tĭd] *(adj.)* (١) غير مُجاز أو مُرخَّص به (٢) لا مبرِّر له .

un·war·y [ŭn wârʹĭ] *(adj.)* (١) غافل؛ غير حذر (٢) متهوِّر .

un·washed [ŭn wôshtʹ] *(adj.; n.)* (١) غير مغسول (٢) عامّيّ؛ جاهل § (٣) الرَّعاع .

un·wea·ried [ŭn wĭrʹēd] *(adj.)* (١) غير مُتْعَب (٢) لا يعرف التَّعب أو الكَلال .

un·weave [ŭn wēvʹ] *(vt.)* (١) يَنْقُض النَّسج (٢) يَحُلّ؛ يفكّ .

un·wed [ŭn wĕdʹ] *(adj.)* غير متزوِّج أو متزوِّجة .

un·well [ŭn wĕlʹ] *(adj.)* (١) مريض؛ معتلّ الصِّحّة (٢) حائض .

un·whole·some [ŭn hōlʹ-] *(adj.)* (١) ضارّ؛ مُؤذٍ (٢) فاسد (٣) كريه .

un·wield·y [ŭn wēlʹdĭ] *(adj.)* (١) صَعب المأخذ [لِثِقَلِه أو ضخامته] (٢) غير عمليّ .

un·willed [ŭn wĭldʹ] *(adj.)* لاإراديّ؛ غير مقصود .

un·will·ing [ŭn wĭlʹĭng] *(adj.)* (١) مُعارِض (٢) غير مقصود (٣) كارِهٌ لِـ (٤) عنيد؛ شَمُوس .

un·wind [ŭn wīndʹ] *(vt.; i.)* (١) يَحُلّ؛ يَفُكّ؛ يَبْسط؛ ينشر (٢) يجعله يسترخي x (٣) ينحلّ (٤) يسترخي <enabled him to ~> .

un·wis·dom [ŭn wĭzʹdəm] *(n.)* حماقة، طَيْش .

un·wise [ŭn wīzʹ] *(adj.)* أحمق؛ طائش؛ غير حكيم .

un·wit·nessed [-ʹnəst] *(adj.)* غير مشهود عليه <an ~ contract> .

un·wit·ting [ŭn wĭtʹ-] *(adj.)* (١) غير متعمَّد (٢) غير عالمٍ أو دارٍ .

un·wont·ed [-wônʹ-] *(adj.)* (١) نادر؛ غير عاديّ (٢) غير متعوِّد (ا . م) .

un·world·ly [-wûrldʹ-] *(adj.)* (١) رُوحيّ؛ غير أرضيّ (٢) ساذَج (٣) رُوحانيّ .

un·worn [-wôrnʹ; -wōrnʹ] *(adj.)* (١) غير بالٍ (٢) جديد (٣) غير مستهلَك .

un·wor·thy [ŭn wûrʹthĭ] *(adj.)* (١) تافه (٢) حقير (٣) جائر <~ treatment> (٤) غير جدير بِـ؛ غير لائق بِـ (٥) غير مستحِقّ .

un·wrap [-răpʹ] *(vt.; i.)* (١) يفتح؛ يفضّ (٢) يَبْسُط؛ يَنْشُر x (٢) ينفتح؛ ينفضّ؛ ينبسط إلخ .

un·wreathe [ŭn rēthʹ] *(vt.)* يَحُلّ؛ يَفُكّ .

un·writ·ten [ŭn rĭtʹən] *(adj.)* (١) غير مكتوب : شفهيّ؛ تقليديّ (٢) خالٍ من الكتابة .

un·yield·ing [ŭn yēlʹdĭng] *(n.)* (١) قاسٍ؛ صُلْب (٢) عنيد .

un·yoke [ŭn yōkʹ] *(vt.)* (١) يحرِّر من النِّير (٢) يفكّ .

un·zip [ŭn zĭpʹ] *(vt.; i.)* (١) يفتح السَّحّاب x (٢) يفتح بسحّاب .

up [ŭp] *(adv.; adj.; vi.; t.; prep.; n.)* (١) فوق (٢) إلى فوق (٣) مستيقظًا <stayed ~ all night long> (٤) عاليًا <~ in the mountains> (٥) على قدميه (٦) فما فوق <rent from $ 400 ~> (٧) بغير إبطاء <spoke right ~> (٨) بحروف استهلاليّة <Put all of these words ~.> (٩) لكلّ فريق <The score is 17 ~.> § (١٠) مُشْرِق <The sun is ~.> (١١) واقف على قدميه (١٢) مستيقظ (١٣) عالٍ نسبيًا <The river is ~.> (١٤) مرفوع <The windows are ~.> (١٥) مُشيَّد؛ مبنيّ <Bridges are ~.> (١٦) مُمْتَطٍ «جوادًا» <with a new jockey ~> (١٧) فائر؛ ثائر إلخ <His fighting blood was ~.> (١٨) مستعدّ <was ~ to any party of pleasure> (١٩) جارٍ؛ حادث <to find out what is ~> (٢٠) مُنقضٍ؛ منتهٍ <Our time is ~.> (٢١) حسَن الاطلاع <~ on the news> (٢٢) متقدّم على خصمِهِ (٢٣) متّهَمٌ أمام القضاء <~ for robbery> (٢٤) مُراهَنٌ به <Thousands of dollars were ~ on the match.> § (٢٥) يُقْدِم فجأةً على <He ~ and married a call girl.> (٢٦) «أ» ينهض. «ب» يرتفع x (٢٧) يرفع (٢٨) يزيد [الأجور إلخ] (٢٩) يرفع؛ يرقّي § (٣٠) نحو أو إلى أو في داخل كذا <is traveling ~ the country> (٣١) ضد <~ the wind> § (٣٢) حركةٌ صاعدة؛ حُدورٌ صاعد (٣٣) فترة [أو حالة] نجاح أو ازدهار (٣٤) ارتفاع في القيمة أو السعر (٣٥) المتقدِّم: شخص في وضعٍ مؤاتٍ أو مُساعِد (٣٦) upper [3] .

Parliament is ~. انفضّ البرلمان .

There's something ~, هناك شيء غير اعتياديّ يجري أو يُدبَّر .

~ and down (١) جيئةً وذهوبًا (٢) صعودًا ونزولًا .

~ to (١) مشغول أو منهمك بِـ (٢) كفؤ أو أهل لِـ (٣) حتى أو إلى كذا (٤) مطلوب منه؛ من واجبه كذا (٥) بمستوى كذا؛ على مستوى كذا .

~s and downs صَرْف الزَّمان؛ سُعود الحياة ونحوسها .

up·aith·ric [ŭpʹāthʹrĭk] *(adj.)* = hypaethral.

up–and–coming *(adj.)* مرجوّ؛ متوقَّع له النَّجاح أو الازدهار .

up–and–down *(adj.; adv.)* (١) «أ» متعاقب الارتفاع والانخفاض . «ب» متقلّب (٢) عموديّ § (٣) جيئةً وذهوبًا (٤) صعودًا ونزولًا (٥) تمامًا؛ بالكُلّيَّة .

up–and–up [ŭpʹən ŭpʹ] *(n.)* ازدهار؛ تعاظُم؛ تقدُّم .

u·pas [yo͞oʹpəs] *(n.)* (١) الأُوباس: شجر يُتَّخذ من نُسغه سُمّ (٢) نسغ الأوباس السامّ (٣) تأثير سامّ أو مؤذٍ .

up·bear [ŭp bârʹ] *(vt.)* يرفع؛ يسند؛ يدعم .

up·beat [ŭp′bēt′] *(n.; adj.)* (١) الإيعاز الخِتاميّ (مو) (٢) تقدُّم: زيادة أو تحسُّن في النشاط إلخ § (٣) متفائل؛ مبتهج؛ سعيد.

up·braid [ŭp brād′] *(vt.)* يلوم أو ينتقد أو يوبِّخ بقسوة.

up·breathe [ŭp′brēth′] *(vt.)* = exhale.

up·bring·ing [ŭp′brĭng′ĭng] *(n.)* تنشئة؛ تربية.

up·build [ŭp′bĭld′] *(vt.)* يَبْني، يُنشئ، يؤسِّس.

up·cast [ŭp′kăst] *(n.; adj.)* (١) المَهْوَى الصّاعِد: مَجاز ينطلق عبره الهواء [من منجم] § (٢) موجَّهٌ إلى أعلى.

up·chuck [ŭp′chŭk′] *(vt.; i.)* يتقيّأ؛ يقيء (ع).

up close *(adv. or adj.)* من مسافة قريبة.

up·com·ing [ŭp′kŭm′ĭng] *(adj.)* آتٍ قريبًا؛ وشيك.

up·coun·try [ŭp′kŭn′trĭ] *(adj.; adv.; n.)* (١) ذو علاقة بالجزء الدّاخليّ من البلاد أو مميِّز له § (٢) إلى أو في الجزء الدّاخليّ من البلاد § (٣) الجزء الدّاخليّ من البلاد.

up·date [1] [ŭp′dāt′] *(vt.)* يُحدِّث؛ يعصِّر: يجعله حديثًا أو عصريًّا.

up·date [2] [-′dāt′] *(n.)* (١) تحديث (٢) المستجدّات: معلومات يراد بها تحديث شيء ما أو إطلاع المهتمّين به على تطوّراته الأخيرة.

up·draft [ŭp′drăft] *(n.)* تيّار [هوائي] صاعد.

up·end [ŭp ĕnd′] *(vt.)* (١) يَقْلِب [الشيءَ] (٢) «أ» يؤثِّر بشدّة. «ب» يهزم.

up front *(adv.)* (١) في المقدِّمة (٢) سَلَفًا (٣) بطريقة مباشرة: بصراحة.

up·grade [ŭp′-] *(vt.)* (١) يُرَقّي: يرفع إلى درجة أعلى (٢) يحسِّن النَّسل.

up·growth [ŭp′grōth′] *(n.)* (١) نُموّ؛ نشوء (٢) شيء تامّ.

up·heav·al [ŭp hē′vəl] *(n.)* (١) ارتفاع [يصيب جزءًا من قشرة الأرض] (٢) جَيَشان؛ ثَوَران.

up·heave [ŭp hēv′] *(vt.; i.)* (١) يرفع (٢) يُوقِع الاضطراب في x (٣) يرتفع؛ يجيش.

up·hill [*n., adj.* ŭp′hĭl; *adv.* ŭp′hĭl′] *(n.; adv.; adj.)* (١) مُرتَقًى؛ حُدور صاعد § (٢) صُعُدًا [في هضبة إلخ] § (٣) قائم على مرتفَع (٤) صاعد (٥) شاقّ؛ عسير.

up·hold [-hôld′] *(vt.)* (١) يدعم (٢) يؤيِّد (٣) يُبقيه مرتفعًا (٤) يرفع [يده].

up·hol·ster [ŭp hōl′stər] *(vt.)* (١) يُنَجِّد [كرسيًّا إلخ] (٢) يزوِّد [غرفة] بالسَّتائر والسَّجّاد إلخ.

up·hol·ster·er [ŭp hōl′stər ər] *(n.)* المنجِّد؛ مُنجِّد الأثاث.

up·hol·ster·y [ŭp hōl′stə rĭ] *(n.)* (١) مواد التَّنجيد (٢) التَّنجيد.

up·keep [ŭp′kēp′] *(n.)* (١) صيانة (٢) أجر الصِّيانة.

up·land [ŭp′lănd′] *(n.; adj.)* (١) نَجْدٌ؛ مرتفَع من الأرض § (٢) نَجْديّ.

up·lift [*v.* ŭp lĭft′; *n.* ŭp′lĭft] *(vt.; i.; n.)* (١) يرفع (٢) يُرَقّي؛ ينهض بـ x (٣) يرتفع § (٤) «أ» رفع. «ب» ارتفاع (٥) ترقية؛ نهوض بـ (٦) حركة إنهاض [أخلاقيّ أو ثقافيّ].

up·load [ŭp′lōd′] *(vt.)* يُرسِل؛ يعبِّئ: يَنْقل [معلومات وبرامج] من كومبيوتر صغير إلى كومبيوتر رئيسيّ (ألك).

up·most [ŭp′mōst] *(adj.)* = uppermost.

up·on [1] [ə pŏn′; -pôn′] *(prep.)* (١) على (٢) فوق (٣) على وشك (ا. ق) (٤) حوالى (ا. ق) (٥) بُعَيْدَ (٦) نزولًا [عند طلب] (٧) عند؛ حين.

up·on [2] *(adv.)* (١) على السَّطح (ا. م) (٢) بعد ذلك مباشرةً.

up·per [1] [ŭp′ər] *(adj.)* (١) عُلْويّ (٢) أعلى (٣) فوقيّ <~ clothes> (٤) الأعلى: مؤلِّفُ الفرعَ المقصور على الأعيان من هيئة تشريعيّة ثنائيّة [كمجلس اللوردات *Upper* House في إنكلترا] (٥) الأبعد عن الباب <the ~ end of the room> (٦) متعلِّق بحقبة أحدث (جي) (٧) شماليّ.

up·per [2] *(n.)* (١) الفَرْعَة: الجزء الأعلى من الحذاء (٢) *pl.*: الأسنان العُليا.

on one's ~*s* (١) بالي النَّعل (٢) مُعْدِم؛ فقير.

up·per [3] *(n.)* (١) عقّار منشِّط (ع) (٢) شيء مُبْهِج أو مُنْعِش.

upper case *(n.)* الصُّندوق الأعلى: صندوق الأحرف الاستهلاليّة (طع).

up·per·case [-kās′] *(adj.; n.; vt.)* (١) استهلاليّ؛ كبير <~ letters> § (٢) حروف استهلاليّة § (٣) يطبع أو يصفّ بحروف استهلاليّة.

upper-class [ŭp′ər klăs′] *(adj.)* أرستوقراطيّ: خاصّ بالطَّبقة الاجتماعيّة العُليا أو مميِّز لها.

up·per·class·man [ŭp′ər klăs′-] *(n.)* الطالب المتقدِّم: طالب في السَّنة الثالثة أو الرّابعة من كلّيّة أو مدرسة عالية.

upper crust *(n.)* الطَّبقة الاجتماعيّة العُليا.

up·per·cut [ŭp′ər kŭt′] *(n.; vt.; i.)* (١) لكمة موجَّهة من تحت إلى فوق [نحو ذقن الخصم] § (٢) يلكم على هذا النَّحو.

upper hand *(n.)* هيمنة؛ سيطرة؛ سُلطة.

up·per·most [ŭp′ər mōst′] *(adj.; adv.)* (١) الأعلى؛ الأرفع؛ الأسمى § (٢) إلى أو نحو الأعلى (٣) أوّلًا.

upper respiratory *(adj.)* تنفُّسيُّ عُلويّ <~ infection>.

up·pish [ŭp′ĭsh] *(adj.)* مغرورٌ؛ معتدٌّ بنفسِه.

up·pi·ty [ŭp′ĭ tē] *(adj.)* مغرور؛ وقح؛ معتدّ بنفسه (ع).

up·raise [ŭp rāz′] *(vt.)* يرفع.

up·rear [ŭp rēr′] *(vt.; i.)* (١) يرفع (٢) يشيِّد x (٣) يرتفع.

up·right [ŭp′rīt′] *(adj.; n.)* (١) «أ» عموديّ. «ب» منتصب (٢) مستقيم [أخلاقيًّا] § (٣) وضع عموديّ (٤) شيء عموديّ إلخ.

upright piano *(n.)* البِيان العموديّ: بِيان عموديّ الأوتار.

up·rise [*v.* ŭp rīz′; *n.* ŭp′rīz′] *(vi.; n.)* (١) «أ» يرتفع. «ب» يقف [على قدميه]. «ج» ينهض [من الفراش]. «د» يبرز من وراء الأفق. «هـ» يَبرز؛ يَظهر § (٢) ارتفاع؛ بروز؛ ظهور إلخ.

up·ris·ing [ŭp′rī′zĭng] *(n.)* (١) مص uprise (٢) ثورة.

ă at; ā date; â care; ä car; ĕ egg; ē me; ĭ in; ī bite; ŏ lot; ō bone; ô orphan; oi boil; o͝o good; o͞o boot; ou out; ŭ under; û urgent; ə = *a* in alone, *e* in system, *i* in easily, *o* in gallop, *u* in circus.

up·riv·er [ŭp′rĭv′ər] *(adv.)* أعلى النّهر <to row ~>.

up·roar [ŭp′rōr′] *(n.)* (١) اضطراب ؛ اهتياج (٢) صَخَب ؛ ضجيج.

up·roar·i·ous [-rōr′-] *(adj.)* (١) صاخب ؛ ضاجّ (٢) مضحكٌ جدًّا <~ jokes>.

up·root [ŭp ro͞ot′] *(vt.)* (١) يجتثّ ؛ يستأصل [من الجذور] (٢) يقتلع.

up·rose [ŭp rōz′] *(vt.) past of* uprise.

up·rouse [ŭp rouz′] *(vt.)* يُوقِظ ؛ يُنهِض.

up·rush [ŭp′-] *(n.)* (١) اندفاعٌ صاعد [كارتفاع الغاز] (٢) زيادة مفاجئة.

up·scale [-′skāl′] *(adj.)* مُترَف ؛ باذخ <~ neighborhoods>.

up·set [*v., adj.* ŭp sĕt′; *n.* ŭp′sĕt′] *(vt.; i.; adj.; n.)* (١) يُغلِّظ أو يُفلطِح [الحديدَ] بالطَّرْق (٢) يَقْلِب (٣) يُقْلِق ؛ يزعج (٤) يُفسِد [نظامَ شيء] (٥) يُبْطِل [وصيةً إلخ] (٦) يهزم على نحو غير متوقَّع (٧) يوعّك الصحة **x** (٨) ينقلب § (٩) مقلوب (١٠) مضطرب أو مُفسَد النظام (١١) قَلِق § (١٢) قلبٌ [رأسًا على عقب] (١٣) «أ» إفساد لنظام شيء. «ب» اضطراب ؛ اختلاط. «ج» شجار. «د» هزيمة غير متوقَّعة (١٤) «أ» اعتلال بسيط. «ب» قَلَق.

up·set price [ŭp′sĕt′] *(n.)* السِّعر الأساسيّ: السِّعر الأدنى المحدَّد لسلعة تُباع في مزاد علنيّ.

up·shot [ŭp′shŏt] *(n.)* (١) نتيجة (٢) زبدة ؛ جوهر.

up·side [ŭp′sīd′] *(n.)* (١) الجانب أو الجزء الأعلى (٢) مَظهر إيجابيّ.

upside down *(adv.)* (١) رأسًا على عَقِب (٢) في فوضى كبيرة.

up·side–down *(adj.)* مقلوبٌ رأسًا على عقب.

up·si·lon [ŭp′sə lŏn′; yo͞op′-] *(n.)* أُوبسِلون: الحرف العشرون في الأبجديّة اليونانية.

up·spring [ŭp sprĭng′] *(vi.)* (١) يَنْبُت (٢) يبرز ؛ يظهر للوجود.

up·stage[1] [ŭp′stāj′] *(adv.; adj.)* (١) نحو أو في مؤخَّر المسرح § (٢) متعلّق بمؤخَّر المسرح (٣) متكبِّر.

up·stage[2] [-′stāj′] *(vt.)* (١) يُكرِه [الممثّل] على البقاء في مؤخَّر المسرح (٢) يَسْلُبُه فرصة الظُّهور على المسرح إلخ (٣) يعامله بتكبُّر أو تعجرف.

up·stairs [ŭp′stârz′] *(adv.; adj.; n.)* (١) فوق (٢) في أو إلى دَوْرٍ أعلى [من مبنًى] (٣) في أو إلى ارتفاع أو مركز أعلى § (٤) «أ» عُلويّ <an ~ room>. «ب» خاصّ بالأدوار العُلويّة <~ servant> (٥) أعلى ؛ عُليا <~ politics> § (٦) دَوْر أعلى ؛ أدوار عُليا [من مبنًى].

up·stand·ing [ŭp stăn′dĭng] *(adj.)* (١) منتصب (٢) معافًى ؛ صحيح الجسم <~ children> (٣) مستقيم ؛ شريف.

up·start [*v.* ŭp stärt′; *n., adj.* ŭp′stärt′] *(vi.; n.; adj.)* (١) يثب فجأةً § (٢) مُحْدَث النِّعمة § (٣) مدَّعٍ ؛ مغرور.

up·state [ŭp′stāt′] *(adj.; n.)* (١) خاصّ بشماليّ ولاية ما § (٢) الجزء الشَّماليّ من ولاية.

up·stay [ŭp′stā′] *(vt.)* يدعم ؛ يسند ؛ يؤازر ؛ يعزِّز.

up·stream [ŭp′strēm′] *(adv.)* في أو نحو أعلى النَّهر ؛ ضدَّ التّيّار.

up·surge [ŭp′sûrj] *(n.)* زيادة سريعة ؛ ارتفاع مفاجئ.

up·sweep [*v.* ŭp swēp′; *n.* ŭp′swēp′] *(vt.; n.)* (١) يصعِّد: يردّ إلى أعلى § (٢) التَّسريحة المصعَّدة: تسريحة يُرَدُّ فيها الشَّعر إلى قِمّة الرّأس.

up·swell [ŭp swĕl′] *(vi.)* ينتفخ ؛ يتورّم ؛ يتضخّم.

up·swept [ŭp′swĕpt] *(adj.)* مُصَعَّد: مردود إلى قِمّة الرأس.

up·swing [ŭp′swĭng′] *(n.)* (١) حركة صاعدة (٢) تحسُّن واضح ؛ ازدياد ملحوظ [في النَّشاط إلخ].

up·take [ŭp′tāk′] *(n.)* (١) فَهْم (٢) أنبوبٌ أو مأخذ صاعد (٣) امتصاص ؛ تمثُّل.

up–tem·po [ŭp′tĕm′pō] *(adj.)* عالي الدَّرَجة (مو).

up·throw [ŭp′thrō′] *(n.; vt.)* (١) upheaval § (٢) يرمي عاليًا.

up·thrust [ŭp′-] *(n.)* دَفْع عُلْويّ. وبخاصّة: ارتفاع جزء من قشرة الأرض.

up·tight [ŭp′tīt′] *(adj.)* (١) عصبيّ ؛ متشنِّج (٢) مواجهٌ صعوبات ماليّة.

up to *(prep.)* (١) إلى: حتى مكان معيَّن (٢) حتَّى: إلى حدٍّ معيَّن.

up–to–date *(adj.)* (١) ممتدّ حتى الوقت الحاضر (٢) مُجارٍ للعصر.

up·turn [ŭp′tûrn′] *(vt.; i.; n.)* (١) «أ» يقلب. «ب» يقلب رأسًا على عقب (٢) يُوقع الاضطراب في (٣) يرفع إلى أعلى **x** (٤) يرتفع إلى أعلى § (٥) اضطراب ؛ جَيَشان (٦) ارتفاع ؛ تحسُّن ؛ تقدُّم.

up·ward[1] [ŭp′wərd] *or* **up·wards** *(adv.)* (١) «أ» إلى فوق ؛ نحو الأعلى. «ب» نحو المنبع أو الدّاخل (٢) فصاعدًا ؛ فما فوق.

up·ward[2] *(adj.)* (١) صاعد ؛ متّجه إلى أعلى (٢) أعلى ؛ عُليا.

upwards of *or* **upward of** *(adv.)* (١) أكثر من (٢) حوالى ؛ تقريبًا.

up·well [ŭp wĕl′] *(vi.)* ينبع. وبخاصة: يتحرَّك أو يتدفّق صاعدًا.

ur-[1] *or* **uro-** بادئة معناها: (١) «أ» بَوْل. «ب» بَوْليّ (٢) ذَيْل.

ur-[2] بادئة معناها: أصليّ ؛ بدائيّ <*ur*text>.

u·rae·mi·a [yo͞o rē′mĭ ə] *(n.)* = uremia.

u·rae·us [yo͞o rē′əs] *(n.)* pl. **u·rae·i** [-rē′ī′] يُوريوس: صورة الثُّعبان المقدَّس التي ترمز إلى السُّلطة والمَلَكيّة والتي اتّخذها الحكّام المصريّون القدامى شعارًا يزيّن أغطية رؤوسهم.

uraeus

U·ra·li·an [yo͞o rā′-] *(adj.)* (١) أوراليّ: منسوب إلى جبال الأورال (٢) Uralic *2*.

U·ral·ic [yo͞o răl′ĭk] *(adj.; n.)* (١) Uralian *1* (٢) أوراليّ: ذو علاقة باللغات الأوراليّة § (٣) اللغات الأوراليّة.

uran- *or* **urano-** بادئة معناها: «أ» سماء. «ب» يورانيوم.

U·ra·ni·a [yo͞o rā′nē ə] يورانيا: رَبَّة [أو موزيّة] علم الفلك في الميثولوجيا اليونانية (را. muse).

u·ran·ic [yo͞o răn′ĭk] *(adj.)* يورانيوميّ: منسوب إلى اليورانيوم (ك).

u·ran·i·ferous [yo͝or ə nĭf′-] *(adj.)* يورانيوميّ: محتوٍ على يورانيوم (ك).

u·ra·ni·nite [yo͞o rā′nə nīt] *(n.)* = pitchblende.

u·ra·nism [yo͝or′ə nĭ′zəm] *(n.)* = homosexuality.

u·ra·ni·um [yo͞o rā′nĭ-] *(n.)* اليورانيوم: عنصرٌ فلزّيّ إشعاعي النشاط.

urano- = uran-.

u·ra·nog·ra·phy [yŏŏr ə nŏg′rə fī] *(n.)* الأورانوغرافيا : «أ» عِلم وصف السّماء والأجرام السّماويّة . «ب» وضع الخرائط السّماوية .

u·ra·nol·o·gi·cal [yŏŏr ə nō lŏj′ə kəl] *(adj.)* فَلَكيّ .

u·ra·nol·o·gy [yŏŏr ə nŏl′ə jĭ] *(n.)* (١) عِلم الفلك (٢) دراسة عن السّماء والأجرام السّماويّة .

u·ra·no·met·ry [yŏŏr ə nŏm′-] *(n.)* (١) مصوَّر فلكيّ (٢) قياس السّماء .

u·ra·nous [yŏŏr′ə nəs] *(adj.)* يورانيوميّ : منسوب إلى اليورانيوم (ك) .

U·ra·nus [yŏŏr′ə-] *(n.)* أورانوس : «أ» إلّه إغريقيّ . «ب» سابع الكواكب السيّارة (فل) .

u·rate [yŏŏr′āt] *(n.)* البَوْلات ؛ اليُورات : ملح الحامض البوليّ (ك) .

ur·ban [ûr′bən] *(adj.)* مدينيّ : منسوب إلى المدينة <~ districts> .

ur·bane [ûr bān′] *(adj.)* مهذَّب ؛ لطيف ؛ مصقول .

ur·ban·ism [ûr′bă nĭz′əm] *(n.)* (١) المدينيَّة : طريقة الحياة المميِّزة لأهل المدن (٢) تمدُّن ؛ تحضُّر (٣) تخطيط المُدُن .

ur·ban·ist [ûr′bə-] *(n.)* المُدُنيّ : الاختصاصيّ في تخطيط المدن .

ur·ban·ite [ûr′bə nīt] *(n.)* المدينيّ : أحد سكّان المُدُن .

ur·ban·i·ty [ûr băn′ĭ tē] *(n.)* تهذيب ؛ لطف ؛ كياسة .

ur·ban·i·za·tion [ûr bə nə zā′-] *(n.)* تمدُّن ؛ تحضُّر (مج) .

ur·ban·ize [ûr′bə nīz′] *(vt.)* يمدِّن : يخلع الصِّفة المدينيّة [على منطقة زراعيّة] .

urban legend *(n.)* الأُسطورة المَدينيّة : خبرٌ غيرُ موثَّق متعلّقٌ بالحياة المعاصرة يصدّقه الناس ويتداولونه .

urban sprawl *(n.)* التمدُّد المَدينيّ [على نحوٍ غير مخطَّط له] .

ur·ce·o·late [ûr′sĭ ə lĭt; -lāt] *(adj.)* جَرِّيّ : على صورة جرّة .

ur·chin [ûr′chĭn] *(n.)* (١) قُنْفُذ (را . hedgehog) (٢) ولد صغير أو فقير أو شرير (٣) قنفذ البحر (را . sea urchin) .

Ur·du [ŏŏr′dŏŏ] *(n.)* الأورديّة : لغة الباكستان الأدبيّة .

-ure لاحقة معناها : «أ» عَمَل ؛ عمليّة <exposure> . «ب» نتيجة عمل ما <picture> . «ج» حالة <pleasure> . «د» منصب ؛ وظيفة <prefecture> . «هـ» هيئة تقوم بعمل معيَّن <legislature> .

u·re·a [yŏŏ rē′ə] *(n.)* البَوْلة : مادّةٌ متبلِّرة تكون في البَوْل (كح) .

u·re·ase [yŏŏr′ĭ ās; -āz] *(n.)* البَوْلاز : خميرة محلِّلة للبَوْلة (كح) .

u·re·do·spore [yŏŏ rē′də spôr′] *(n.)* بَوْغ الشَّقِرانيّات الصدئيّة (نب) .

u·re·mi·a [yŏŏ rē′mĭ ə] *(n.)* تَبَوْلُن الدَّم ؛ اليوريميا (مض) .

u·re·o·tel·ic [yŏŏ rē′ə tĕl′-] *(adj.)* مُفْرِزٌ البَوْلَة <~ mammals> .

u·re·ter [yŏŏ rē′-] *(n.)* الحالب : قناة ناقلة للبَوْل من الكُلية إلى المثانة (ت) .

urethr- *or* **urethro-** بادئة معناها : الإحليل ؛ مجرى البَوْل .

u·re·thra [yŏŏ rē′thrə] *(n.)* pl. **-s** *or* **-e** [ē] الإحليل ؛ مجرى البول .

u·re·thri·tis [yŏŏr′ĭ thrī′tĭs] *(n.)* التهاب الإحليل (مض) .

u·re·thro·scope [yŏŏ′rē′thrə skōp′] *(n.)* منظار الإحليل (ط) .

u·ret·ic [yŏŏ rĕ′tĭk] *(adj.)* بَوْليّ : ذو علاقة بالبول .

urge [ûrj] *(vt.; i.; n.)* (١) «أ» يُلِحّ على . «ب» يطالب [أو يبسط وجهة نظره] بإلحاح (٢) يتابع [القيامَ بأمر] بقوّة وعزم (٣) «أ» يستحثّ . «ب» يستعجل أمرًا (٤) يدفع بقوّة (٥) يثير ؛ ينبِّه x (٦) يُحاجّ ؛ يجادل (٧) يندفع (٨) يَحْفِز § (٩) إلحاح ؛ استعجال إلخ (١٠) دافعٌ ؛ حافز .

ur·gen·cy [ûr′jən sĭ] *(n.)* (١) إلحاح (٢) الإلحاحيّة : كون الشيء مُلِحًّا أو متطلِّبًا عملًا عاجلًا <a matter of great ~> (٣) *pl.* : حاجات أو مطالب مُلِحّة .

ur·gent [ûr′jənt] *(adj.)* مُلِحّ : «أ» متطلِّبٌ عملًا عاجلًا <problems of an ~ nature> . «ب» لجوج ؛ كثير الإلحاح . «ج» عاجل ؛ هامّ .

-urgy لاحقة معناها : تِقنيّة ؛ تكنيك <metall*urgy*> .

-uria لاحقة معناها : «أ» وجود مادّة معيَّنة في البول <albumin*uria*> . «ب» حالة مَرَضيّة متميِّزة بوجود مادّة معيَّنة في البول <py*uria*> .

u·ric [yŏŏr′ĭk] *(adj.)* بَوْليّ : ذو علاقة بالبول .

uric acid *(n.)* الحَمْض أو الحامض البوليّ ؛ حَمْض البوليك (ك) .

u·ri·co·sur·ic [yŏŏr′ĭ kə sŏŏr′-] *(adj.)* مُدِرٌّ الحَمْضَ البوليَّ .

u·ri·nal [yŏŏr′ə nəl] *(n.)* المَبْوَلة : إناء أو مكان يُبال فيه .

u·ri·nal·y·sis [yŏŏr′ə năl′-] *(n.)* pl. **-ses** [sēz′] تحليل البول [كيميائيًّا] .

u·ri·nar·y [yŏŏr′ə nĕr′ĭ] *(adj.)* بَوْليّ .

urinary bladder *(n.)* المَثانة البوليّة (ت) .

u·ri·nate [yŏŏr′ə nāt] *(vi.)* يَبُول ؛ يُبَوِّل .

u·ri·na·tion [yŏŏr ə nā′shən] *(n.)* تَبَوُّل (مج) .

u·rine [yŏŏr′ĭn] *(n.)* بَوْل .

u·ri·nif·er·ous [yŏŏr′ə nĭf′ər əs] *(adj.)* ناقلٌ للبَوْل .

u·ri·no·gen·i·tal [yŏŏr′ə nō jĕn′ə təl] *(adj.)* = urogenital.

u·ri·nom·e·ter [yŏŏr′ə nŏm′ə tər] *(n.)* المقياس البوليّ : أداة لتقدير الثِّقل النوعيّ للبَوْل .

u·ri·nous [yŏŏr′ə nəs] *or* **u·ri·nose** [-nōs′] *(adj.)* بَوْليّ .

ur·man [ûr′mən] *(n.)* = taiga.

urn [ûrn] *(n.)* (١) جرّة [لحفظ رماد الموتى مثلًا] (٢) وعاء معدنيّ ضخم للشّاي أو القهوة [وبخاصة في مقهًى] .

urns 2.

uro- = ur-.

u·ro·chor·date [-′ə kôr′dāt] *(n.)* الزِّقّيّ ؛ الحَبْلَذَيْليّ (را . tunicate) .

u·ro·gen·i·tal [yŏŏr′ō jĕn′-] *(adj.)* بَوْلِيّتناسُليّ : متعلّق بالبول والتّناسل .

u·ro·lith [yŏŏr′ə lĭth] *(n.)* الحصاة البوليّة (مض) .

u·rol·o·gist [yŏŏ rŏl′-] *(n.)* الاختصاصي بالبول والمجرى البَوْلي .

u·rol·o·gy [yŏŏ rŏl′ə jĭ] *(n.)* مَبْحث البول .

-uronic لاحقة معناها : بَوْليّ ؛ ذو علاقة بالبول .

u·ro·py·gi·al gland [yŏŏr ə pĭj′ĭ əl] *(n.)* الغُدّة الزِّمِكِّيّة (طا).

u·ro·py·gi·um [-pĭ′jĭ əm] *(n.)* الزِّمِكّ: منبت ذيل الطائر.

u·ros·co·py [yŏŏ rŏs′kə pĭ] *(n.)* فحص البَوْل [لأغراض تشخيصيّة].

-urous لاحقة معناها: ذو ذيل أو ذَنَب.

Ur·sa Ma·jor [ûr′sə mā′jər] *(n.)* الدُّبّ الأكبر (فل).

Ur·sa Mi·nor [ûr′sə mī′nər] *(n.)* الدُّبّ الأصغر (فل).

ur·si·form [ûr′sə fôrm′] *(adj.)* دُبّانيّ: شبيهٌ بالدُّبّ.

ur·sine [ûr′sīn] *(adj.)* دُبّيّ: متعلّق أو شبيهٌ بالدُّبّ أو بالدِّببة.

ursine baboon *(n.)* = chacma.

ur·text [ŏŏr′-] *(n.)* النصّ الأصليّ [لمقطوعة موسيقيّة مثلًا].

ur·ti·cant [ûrt′ĭ kənt] *(adj.; n.)* (١) قارص؛ لاسع § (٢) مادّة قارصة.

ur·ti·car·i·a [ûr′tə kâr′-] *(n.)* الشَّرَى: طفحٌ جلديّ ذو بثور حكّاكة.

ur·ti·cate [-′tĭ kāt] *(vt.; adj.)* (١) يَخِز أو يجلد [بالقُرّاص] § (٢) شَرَوِيّ.

u·rus [yŏŏr′əs] *(n.)* = aurochs.

us [ŭs] *(pron.)* نا: ضمير جماعة المتكلّمين في حالَي النَّصب والجرّ (ل).

us·a·bil·i·ty [yōō zə bĭl′-] *(n.)* قابليّة الاستعمال؛ الصُّلوح للاستعمال.

us·a·ble *also* **use·a·ble** [yōō′zə-] *(adj.)* قابل أو صالح للاستعمال.

us·age [yōō′sĭj; -zĭj] *(n.)* (١) عُرف؛ عادة (٢) الاستعمال: طريقة استعمال الألفاظ (٣) «أ» استعمال. «ب» معاملة؛ تعامُل.

us·ance [yōō′zəns] *(n.)* (١) عُرف (٢) استعمال (٣) «أ» مرابَاة (ا.م). «ب» فائدة (٤) المدَّة العُرفيّة [لدفع الكمبيالات في التِّجارة الخارجيّة].

use [*v.* yōōz; *n.* yōōs] *(vt.; i.; n.)* (١) يعوِّد (٢) يستعمل؛ يستخدم (٣) يدمن [الخمر أو المخدِّرات إلخ] (٤) يعامل <~*d* the prisoners with brutality> (٥) يستفيد من استعمال كذا x (٦) يتعوَّد § (٧) «أ» استعمال. «ب» طريقة الاستعمال (٨) «أ» عُرْف. «ب» عادة (٩) «أ» حقّ استعمال شيء. «ب» القدرة على استعمال [عضو أو مَلَكة إلخ] (١٠) غَرَض؛ هَدَف (١١) فائدة؛ نفع (١٢) حاجة؛ ضرورة (١٣) مَيْل؛ وَلُوع؛ تقدير <has very little ~ for modern music>.

in ~, رَهْن الاستعمال؛ قَيْد الاستعمال.
out of ~, غير مستعمَل؛ لم يعد مستعمَلًا.
to come into ~, يبدأ استعماله.
to make (good) ~ of يُفيد من.
to ~ up يستنفد؛ يستهلك.

use·a·ble [yōō′zə bəl] *(adj.)* = usable.

used [yōōzd; yōōst] *(adj.)* (١) مُستخدَم (٢) عتيق؛ مستعمَل <~ cars> (٣) متعوِّد <~ to hard work>.

Life isn't so easy here as it ~ to be. الحياة ليست يسيرة أو هيِّنة كما كانت من قبل [أو كعهدها من قبل].

use·ful [yōōs′-] *(adj.)* (١) نافع؛ مُفيد (٢) قَيِّم <a ~ experience>.

use·less [yōōs′lĭs] *(adj.)* عقيم؛ عديم الجدوى؛ غير ذي غَناء.

us·en [yōō′zən] *(adj.)* = used.

us·er [yōō′zər] *(n.)* (١) المستعمِل (٢) «أ» التَّمتُّع بحقّ الاستعمال. «ب» الحقّ المكتَسَب [النّاشئ عن طول الاستعمال] (٣) مستخدِمُ الكومبيوتر.

us·er–friend·ly *(adj.)* سهلُ التَّعلُّم أو الاستعمال <a ~ computer>.

ush·er [ŭsh′ər] *(n.; vt.)* (١) الحاجب: «أ» بوّاب في محكمة إلخ. «ب» موظّف يسعَى أمام شخصٍ ذي شأن (٢) الدَّليل: مرشد النَّظّارة إلى مقاعدهم [في مسرح إلخ] (٣) مدرِّس مساعد (ا.ق) § (٤) «أ» يقود أو يُرشد امرءًا إلى مَقْعَده. «ب» يُدخِل. «ج» يواكب (٥) يُعلن؛ يبشِّر باقتراب شيء <The change of government ~*ed* in a period of prosperity.>.

ush·er·ette [ŭsh′ə rĕt′] *(n.)* المرشدة؛ الدَّليلة إلخ.

us·nea [ŭs′nĭ ə; ŭz′-] *(n.)* الأُشْنة: واحدة من فصيلة الأُشْنيّات **Usneaceae** وهي أجسام نباتية بسيطة معلّقة ذات لون رماديّ أو أصفر.

us·que·baugh [ŭs′kwĭ bô′] *(n.)* ويسكي (إسك).

us·tu·late [ŭs′chə lĭt; -lāt] *(adj.)* مسفوع؛ شِبه محروق.

us·tu·la·tion [-′chə lā′-] *(n.)* (١) سَفْع؛ إحراق (٢) تجفيف؛ تحميص (صي).

u·su·al [yōō′zhōō əl] *(adj.)* معتاد؛ مألوف؛ اعتياديّ.

u·su·fruct [yōō′zyōō frŭkt′] *(n.)* (١) حقّ الانتفاع. وبخاصّة: بممتلكات شخص آخر من غير أن يُنزِل بها أيَّ أذًى (٢) حق استعمال شيء أو الاستمتاع به.

u·su·fruc·tu·ary [yōō′zyōō frŭk′chōō ĕr′ĭ] *(n.; adj.)* (١) المنتفِع؛ صاحب حقّ الانتفاع (٢) المستعمِل شيئًا أو المستمتِع به § (٣) انتفاعيّ.

u·su·rer [yōō′zhə rər] *(n.)* المُرابي.

u·su·ri·ous [yōō zhŏŏr′ĭ əs] *(adj.)* (١) مرابٍ (٢) رِبَويّ: خاصّ بالرِّبا.

u·surp [yōō zûrp′; -sûrp′] *(vt.; i.)* (١) يغتصب [العرشَ إلخ] (٢) يحلّ محلّه [عنوةً] x (٣) يستولي: يسطو عنوةً على. — **u·surp·a·tion** *(n.)*

u·su·ry [-′zhə rĭ] *(n.)* (١) «أ» فائدة (ا.ق). «ب» مرابَاة (٢) ربًا فاحش.

u·ten·sil [yōō tĕn′səl] *(n.)* (١) إناء؛ وعاء؛ ماعون (٢) أداة؛ أداة نافعة.

u·ter·ine [-′tər ĭn] *(adj.)* (١) من ناحية الأمّ <~ uncle> (٢) رَحِميّ.

u·ter·us [yōō′tər əs] *(n.)* pl. **-es** *or* **u·ter·i** [-rī′] الرَّحِم (ت).

u·tile [yōō′tĭl] *(adj.)* عَمَليّ؛ نافع؛ مفيد.

u·til·i·tar·i·an [yōō tĭl′ə târ′-] *(adj.; n.)* (١) مَنْفعيّ (٢) هادفٌ إلى المنفعة [لا إلى الجمال أو الأسلوب إلخ] § (٣) المَنْفعيّ: القائل بمذهب المنفعة.

u·til·i·tar·i·an·ism *(n.)* مذهب المنفعة: «أ» مذهب يقول بأنّ تحقيق أعظم الخير لأكبر عدد من النّاس يجب أن يكون هدف السُّلوك البشري. «ب» مذهب يقول بأنّ الأعمال تكون صالحة إذا كانت نافعة.

u·til·i·ty [yōō tĭl′ə tĭ] *(n.; adj.)* (١) منفعة؛ نفع؛ فائدة (٢) شيء نافع أو معدّ للاستعمال (٣) مؤسّسة ذات منفعة عامة § (٤) ممكن استخدامه كبديل <a ~ actor> (٥) «أ» منفعيّ: مَعْنيّ به للمنفعة [كإنتاج اللحم أو اللبن أو البيض] لا لمجرّد الاستمتاع إلخ <~ livestock>. «ب» صالح للاستعمال ولكنه من نوع غير جيّد <~ beef>. «ج» مُعَدّ للنفع في المقام الأول وعلى

حساب الجمال أو الذوق في كثير من الأحيان <~ furniture> . «د» مُعَدّ لأغراض عمليّة متعدِّدة <~ knives *or* vehicles> .

u·ti·lize [yōō'tə līz'] *(vt.)* (١) يفيد من؛ ينتفع بِـ (٢) يستخدم؛ يحوِّل لغرض نافع.

—**u·ti·li·za·tion** *(n.)*

ut·most [ŭt'mōst'] *(adj.; n.)* (١) أعظم؛ أكبر <of the ~ importance> (٢) أقصى؛ أبعد <the ~ point of the earth> (٣) آخِر <the ~ penny> § (٤) الحدّ الأقصى <enjoyed herself to the ~> . Do your ~. أَبْذُلْ أقصَى جهدِك.

u·to·pia [yōō tō'pĭ ə] *(n.)* (١) الطُّوبَى: مكان خياليّ قصيّ جدًّا (٢) *cap.* عد: اليوطوبيا؛ المدينة الفاضلة: دنيا مثاليّة، وبخاصة من حيث قوانينها وحكومتُها وأحوالها الاجتماعيّة (٣) خطّة غير عمليّة للإصلاح السياسي والاجتماعيّ.

u·to·pi·an[1] [yōō tō'pĭ ən] *(adj. often cap.)* (١) «أ» يوطوبيّ: منسوب إلى اليوطوبيا أو مميِّز لها. «ب» منادٍ بإصلاحات اجتماعيّة وسياسيّة مثاليّة إلى حدٍّ يتعذَّر معه تطبيقها (٢) خياليّ؛ وهميّ.

utopian[2] *(n.)* اليوطوبيّ: مُصلِح سياسيّ أو اجتماعيّ متحمِّس ولكنه غير عمليّ.

u·to·pi·an·ism [yōō tō'-] *(n.)* اليوطوبيّة: «أ» معتقدات اليوطوبيين وأهدافهم. «ب» نظريّة مثاليّة غير عمليّة للإصلاح السِّياسيّ والاجتماعيّ.

utopian socialism *(n.)* الاشتراكيّة اليوطوبيّة.

u·to·pism [yōōt'ə pĭz əm] *(n.)* = utopianism *a*.

u·tri·cle [yōō'trĭ kəl] *(n.)* (١) قُرَيْبة؛ عُيَيْبة؛ حُوَيصلة («نب» و«ح») (٢) قُرَيْبة الأذن الباطنيّة (ت).

u·tric·u·lar [yōō trĭk'-] *(adj.)* (١) قُرَيْبيّ؛ عُيَيْبيّ؛ حُوَيصليّ (٢) ذو قُرَيْبة أو عُيَيْبة أو حُوَيصلة [أو أكثر] (٣) رَحِميّ: متعلّق بالرَّحِم.

u·tric·u·lus [-'yə ləs] *(n.)* قُرَيبة، وبخاصّة: قُرَيبة الأذن الباطنية.

ut·ter[1] [ŭt'ər] *(adj.)* تامّ؛ كُلّيّ؛ مُطْلَق <an ~ impossibility> .

utter[2] *(vt.; i.)* (١) «أ» يُطلِق [صوتًا]. «ب» يلفظ؛ يفوه أو ينبس بِـ. «ج» يعبِّر عن (٢) يضع [الأوراق النَّقديّة] في التَّداول. وبخاصة: يروِّج العملة الزّائفة (٣) يُطْلِق؛ ينفث x (٤) يقول كلامًا أو يُطْلِق صوتًا.

ut·ter·a·ble [ŭt'ə rə bəl] *(adj.)* ممكنٌ التفوُّه به أو التعبير عنه إلخ.

ut·ter·ance[1] [ŭt'ər əns] *(n.)* = bitter end.

ut·ter·ance[2] *(n.)* (١) تفوُّه؛ تعبير (٢) نطق؛ كلام؛ قول (٣) مَلَكة الكلام أو القدرة عليه أو طريقتهُ (٤) وضعٌ في التَّداول.

ut·ter·ly [ŭt'ər lĭ] *(adv.)* تمامًا؛ بكلّ ما في الكلمة من معنًى.

ut·ter·most [ŭt'ər-] *(adj.; n.)* (١) أقصى <to the ~ parts of the earth> (٢) «أ» أعظم؛ أكبر <the ~ confidence> . «ب» أعلى؛ أسمى § (٣) «أ» منتهًى؛ غاية. «ب» قُصارَى الجهد <the ~ peak of...> .

U-turn *(n.)* الدورة الالتفافيّة: دورة أو لفّة تُشبه الحرف U.

u·ve·a [yōō'vĭ ə] *(n.)* العِنَبيَّة؛ طبقة العين الوعائيّة (ت).

u·ve·al [yōō'vĭ əl]; **u·ve·ous** [yōō'vĭ əs] *(adj.)* عِنَبيّ (ت).

u·ve·i·tis [yōō'vĭ ī'tĭs] *(n.)* التهاب العِنَبيّة؛ التهاب عنبيّة العين (مض).

u·vu·la [yōō'vyə lə] *(n.)* pl. **-s** *or* **-e** [lē'; lī'] اللَّهاة؛ لَهاة الحلق (ت).

u·vu·lar [yōō'vyə lər] *(adj.)* لَهَويّ: منسوب إلى اللَّهاة.

u·vu·li·tis [yōō'vyə lī'tĭs] *(n.)* التهاب اللَّهاة (مض).

ux·o·ri·al [ŭk sōr'ĭ əl] *(adj.)* خاصٌّ بزوجة أو مميِّزٌ لها أو لائق بها.

ux·or·i·cide [ŭk sōr'ə sīd'] *(n.)* (١) قتلُ الزَّوجة (٢) قاتل زوجته.

ux·o·ri·ous [ŭk sōr'ĭ əs] *(adj.)* مفتونٌ بزوجته أو خانعٌ لها.

Uz·bek [ŭz'bĕk'] *or* **Uz·beg** [ŭz'bĕg'] *(n.)* (١) الأوزبكيّ: أحد أفراد شعب تركيّ مقيم في تركستان، وبخاصة في جمهورية أوزبكستان (٢) الأوزبكيّة: لغة الأوزبكيين.

ă at; **ā** date; **â** care; **ä** car; **ĕ** egg; **ē** me; **ĭ** in; **ī** bite; **ŏ** lot; **ō** bone; **ô** orphan; **oi** boil; **ŏŏ** good; **ōō** boot; **ou** out; **ŭ** under; **û** urgent; **ə** = *a* in alone, *e* in system, *i* in easily, *o* in gallop, *u* in circus.

v [vē] *(n. often cap.)* (١) الحرف الثّاني والعشرون من الأبجدية الإنكليزيّة (٢) خمسة (٣) شيء معتبر في المقام الثاني والعشرين من حيث التّرتيب أو الطّبقة (٤) شيء على صورة حرف **V**.

va·can·cy [vā′kən sĭ] *(n.)* (١) بطالة (٢) خُلُوّ؛ شُغُور (٣) «أ» فراغ. «ب» غرفة أو شقّة خالية. «ج» وظيفة شاغرة.

va·cant [vā′kənt] *(adj.)* (١) شاغر <a ~ office> (٢) فارغ: لا عملَ فيه <~ hours> (٣) أحمق؛ أبله <her ~ mind> (٤) خِلْوٌ من التّعبير <his ~ face> (٥) مهجور <in a ~ estate> (٦) قاحل <~ land>.

va·cate [vā′kāt] *(vt.; i.)* (١) يُبطل؛ يُلغي (٢) يُشْغِر؛ يُخلي: يجعله شاغرًا أو خاليًا (٣) يتخلّى عن [منصب إلخ] **x** (٤) يكرّس نفسَه لِـ (٥) «أ» يذهب؛ ينصرف. «ب» يأخذ عطلة.

va·ca·tion [vā kā′shən; və-] *(n.; vi.)* (١) مص vacate (٢) عطلة؛ إجازة § (٣) «أ» يأخذ عطلة. «ب» يقضي عطلة.

va·ca·tion·er [vā kā′shə nər] *(n.)* = vacationist.

va·ca·tion·ist [-nĭst] *(n.)* الآخذ عطلة؛ المستمتع بعطلة.

va·ca·tion·land [vā kā′shən lănd] *(n.)* أرض العُطلات: منطقة تزوِّد أصحاب العطلات بمختلف وسائل المتعة والاستجمام.

vac·ci·nal [văk′sə nəl] *(adj.)* (١) لَقاحيّ (٢) تلقيحيّ.

vac·ci·nate [văk′sə nāt] *(vt.; n.)* (١) يُلقّح [ضد الجُدريّ أو غيره] § (٢) شخصٌ ملقّح [ضد مرض ما].

vac·ci·na·tion [văk′sə nā′shən] *(n.)* (١) تلقيح (٢) نُدبة التّلقيح [الظّاهرة على الجلد].

vac·ci·na·tor [văk′sə nā′tər] *(n.)* (١) الملقّح [ضدَّ مرض] (٢) أداة التّلقيح.

vac·cine [văk′sēn] *(adj.; n.)* (١) بقريّ أو مستمَدّ من البقر (٢) «أ» تلقيحيّ. «ب» جُدَرِيْبَقَريّ: متعلّق بجدريّ البقر § (٣) لَقاح [ضدّ الجُدَري أو غيره] (٤) اللَّقاح: برنامج مهمّته البحثُ عن الڤيروسات (را. virus 5 كم) وإزالتُها.

vac·ci·nee [văk sə nē′] *(n.)* الملقّح: شخص ملقّح.

vac·cin·i·a [văk sĭn′ĭ ə] *(n.)* جُدَريّ البَقَر.

vac·cin·i·al [-′ĭ əl] *(adj.)* جُدَرِيْبَقَريّ: متعلّق بجُدَري البقر.

vac·il·late [văs′ə lāt′] *(vi.)* (١) يتذبذب؛ يتخطّر؛ يترجّح (٢) يتردّد.

vac·il·lat·ing [-′ə lā′tĭng] *(adj.)* (١) متذبذب؛ متخطّر؛ مترجّح (٢) متردِّد.

vac·il·la·tion [văs′ə lā′-] *(n.)* (١) تذبذب؛ تخطُّر؛ ترجُّح (٢) تردُّد.

vac·il·la·to·ry [văs′ə lə tōr′ĭ] *(adj.)* = vacillating.

vac·u·a [văk′yoo ə] *a plural of* vacuum.

va·cu·i·ty [vă kyoo′ə tĭ] *(n.)* (١) فراغ (٢) فقدان (٣) بلاهة.

vac·u·o·lar [văk′yoo ə lər] *(adj.)* حُوَيْصِليّ: ذو علاقة بحُوَيْصِلة.

vac·u·o·late [văk′yoo ə lĭt; -lāt′] *or* **vac·u·o·lat·ed** [-lāt′əd] *(adj.)* مُحَوْصَل: ذو حُوَيصِلة أو حُوَيصلات.

vac·u·o·la·tion [văk′yoo ə lā′-] *(n.)* التّحَوْصُل: نشوء الحُوَيْصِلات.

vac·u·ole [văk′yoo ōl′] *(n.)* الحُوَيْصِلة: تجويفٌ في خليّة حيّة (أح).

vac·u·ous [văk′yoo əs] *(adj.)* (١) فارغ (٢) أبلَه؛ غبيّ (٣) متبطِّل.

vac·u·um [văk′yoo əm; -′yoom] *(n.; adj.; vt.; i.)* pl. **-s** *or* **vac·u·a** (١) فراغ؛ خُلُوّ (٢) الخَواء [ضد plenum] (٣) عُزْلة؛ انعزال (٤) أداة خَوائيّة. وبخاصة: المكنسة الكهربائيّة § (٥) خَوائيّ: «أ» مفرَّغ كلّيًّا أو جزئيًّا. «ب» متعلّق بأداة خَوائيّة § (٦) ينظّف بمكنسة كهربائيّة إلخ **x** (٧) يشغِّل مكنسة كهربائية.

vacuum bottle *(n.)* الزّجاجة الخَوائيّة: زجاجة محاطة بوعاء بينها وبينه خَواء، وذلك لتأخير انتقال الحرارة.

vacuum brake *(n.)* المِكبح الخَوائيّ (مك).

vacuum cleaner *(n.)* المنظِّفة الخَوائيّة؛ المكنسة الكهربائيّة.

vacuum flask *(n.)* = Dewar flask.

vacuum gauge *(n.)* مقياس التّفريغ.

vac·u·um·ize [văk′yoo ə mīz] *(vt.)* (١) يُخَوّي: يُحدث خَواءً في (٢) ينظّف أو يجفّف إلخ بآلة خَوائيّة.

vacuum–packed [-păkt′] *(adj.)* مُخوًّى <~ containers>.

vacuum pump *(n.)* (١) pulsometer (٢) المِضَخّة الخَوائيّة: مِضخّة لإحداث خَواءٍ جزئيّ.

vacuum tube *or* **valve** *(n.)* الصِّمام المفرَّغ: أنبوب ألكترونيّ أُفرِغ من الغاز على نحوٍ كُلّيّ أو شبه كُلّيّ.

va·de me·cum [vā′dĭ mē′kəm] *(n.)* الرّفيق الملازِم: كُتَيِّب [أو أي شيء آخر] يحمله المرء في جيبه إلخ لمراجعته أو للاستعانة به عند الحاجة.

vae victis [vē vĭk′tĭs] *(L.)* ويلٌ للمغلوب.

vag·a·bond [văg′ə bŏnd′] *(adj.; n.; vi.)* (١) متشرِّد؛ متسكّع؛ عيّار (٢) «أ» تشرُّديّ. «ب» تافه؛ حقير؛ عائشٌ حياةً مشبوهة يُعْوِزُها الاستقرار

§ (٣) «أ» المتشرِّد؛ المتسكِّع؛ العَيّار. «ب» شخص حقير سيِّئ السُّمعة § (٤) «أ» يتشرَّد. «ب» يتنقَّل من مكان إلى مكان.

vag·a·bond·age [-ˈdĭj] *(n.)* (١) التَّشرُّد؛ التَّسكُّع (٢) جماعة المتشرِّدين.

va·gal [vāˈgəl] *(adj.)* عَصَبْجَوّاليّ: متعلِّق بالعَصَب الجوّال vagus.

va·gar·i·ous [vā gârˈĭ əs] *(adj.)* نَزْوِيّ؛ كثير النَّزَوات.

va·ga·ry [və gârˈĭ; vāˈgə rĭ] *(n.)* (١) هَوًى [والجمع: أهواء]؛ نَزْوة (٢) تقلُّب يصعب تعليله أو التَّنبؤ به <the *vagaries* of politics> (٣) وَهْم.

vag·ile [văˈjəl; -jīlˈ] *(adj.)* حُرٌّ في التَّحرُّك [ضمن بيئة معيّنة] (أح).

va·gi·na [və jīˈnə] *(n.)* pl. **-e** [ē] *or* **-s** (١) مَهْبِل (ت) (٢) غِمد (نب).

vag·i·nal [văjˈə nəl] *(adj.)* (١) غِمديّ (نب) (٢) مَهْبِليّ (ت).

vag·i·nate [văjˈə nāt] *or* **vag·i·nat·ed** [-nāˈtĭd] *(adj.)* (١) مغمَّد؛ مزوَّد بغِمد (٢) مُغْمَد: مُدْخَل في غِمد (٣) غِمْدانيّ: شبيهٌ بالغِمْد.

vag·i·nec·to·my [văjˈə nĕkˈ-] *(n.)* استئصال المَهْبِل [أو جزءٍ منه] (جر).

vag·i·ni·tis [văjˈə nīˈtĭs] *(n.)* التهاب المَهْبل (مض).

va·got·o·my [vā gŏtˈə mĭ] *(n.)* شقّ العصب الجَوّال vagus (جر).

va·go·to·nia [vā gə tōˈnĭ ə] *(n.)* توتُّر العصب الجَوّال vagus (مض).

va·gran·cy [vāˈgrən sĭ] *(n.)* (١) تشرُّد (٢) فِكرٌ سارح أو متجوِّل.

va·grant [-ˈgrənt] *(n.; adj.)* (١) «أ» المتشرِّد؛ المتسكِّع؛ العَيّار. «ب» سِكِّير متشرِّد؛ بَغِيّ متشرِّدة؛ بائع متجوِّل من غير رخصة (٢) الطَّوّاف؛ الجوّال § (٣) متشرِّد (٤) تائه؛ زائغ (٥) غير مكبوح <a ~ impulse>.

vague [vāg] *(adj.)* (١) غامض؛ مُبهَم؛ غير واضح (٢) قليل؛ ضئيل <lacks the *vaguest* notion> (٣) أبله؛ أحمق (٤) ضبابيّ.

vague·ness [vāgˈ-] *(n.)* (١) غموض؛ إبهام (٢) شيء غامض أو مُبهم.

va·gus [vāˈgəs] *(n.)* pl. **-gi** [gī; jī] = vagus nerve.

vagus nerve *(n.)* العَصَب الجوّال؛ المُبْهَم: عَصَبٌ قِحْفيّ يمتدّ من أسفل الدِّماغ إلى الحلق والرِّئتين والقلب والمعدة (ت).

vail [vāl] *(vt.; i.)* (١) يَخْفِض [احترامًا أو خضوعًا] (٢) يرفع [قُبَّعته] احترامًا (ا.ق) x (٣) ينخفض (٤) يرفع قُبَّعته.

vain [vān] *(adj.)* (١) فارغ؛ تافه <~ pomp> (٢) عقيم؛ غير مُجْدٍ <~ attempts> (٣) مَزْهُوّ؛ مُختال <~ as a peacock> (٤) أحمق (ا.ق).

in ~, (١) عبثًا (٢) هُزُؤًا؛ بغير احترام.

vain·glo·ri·ous [vān glōrˈĭ əs] *(adj.)* مزهوّ؛ مُختال؛ مُفعم بالغرور.

vain·glo·ry [-ˈĭ] *(n.)* (١) زَهْوٌ؛ خُيَلاء؛ عُجْب (٢) تفاهة؛ فراغ.

vain·ly [vānˈlĭ] *(adv.)* (١) عَبَثًا (٢) بزَهْوٍ؛ بخُيلاء؛ بعُجْب.

vair [vâr] *(n.)* الفَيْر: فراءُ ضربٍ من السَّناجيب.

va·lance [vălˈəns] *(n.; vt.)* (١) الفالنسيّ: غطاء زِينيّ يُعلَّق على حافة السرير أو الطّاولة أو الرَّف إلخ § (٢) يزوِّد بغطاءٍ كهذا.

vale[1] [vāl] *(n.)* وادٍ [بلغة الشِّعر خاصةً].

va·le[2] [vāˈlĭ; wäˈlā] *(interj.; n.)* (١) وَداعًا § (٢) وَداع.

val·e·dic·tion [vălˈə dĭkˈ-] *(n.)* (١) وداع؛ توديع (٢) خطبة الوداع.

val·e·dic·to·ri·an [vălˈə dĭk tōrˈĭ ən] *(n.)* خطيب الوداع؛ ملقي خطبة الوداع: طالب متفوِّق يُلقي خطبة الوداع في حفلة التَّخرُّج.

val·e·dic·to·ry[1] [vălˈə dĭkˈtə rĭ] *(adj.)* وداعيّ؛ توديعيّ.

val·e·dic·to·ry[2] *(n.)* خطبة الوداع.

va·lence *also* **va·len·cy** [vāˈ-] *(n.)* (١) التَّكافؤ (ك) (٢) التكافؤ: انجذاب المرء نحو شيء أو حدث معيّن، أو انكفاؤه عنه (نف) (٣) القدرة على التفاعل.

valence bonds *(n. pl.)* روابط التَّكافؤ (ك).

valence electron *(n.)* ألكترون التَّكافؤ (ك).

Va·len·ci·ennes [və lĕnˈsĭ ĕnzˈ; vä län syĕnˈ] *(n.)* الفَلَنْسِيِنيّ: ضربٌ من المخرَّمات.

va·len·tine [vălˈən tīnˈ] *(n.)* (١) المحبوب؛ المحبوبة: محبوب [أو محبوبة] يُختار أو يُحيّى في عيد القدِّيس فالنتين (٢) هدية عيد الحبّ: بطاقة أو هديَّة صغيرة تُرسل في هذا العيد.

Valentine's Day *or* **Valentine Day** *(n.)* عيد القدِّيس فالنتين (١٤ فبراير).

va·le·ri·an [və lērˈĭ ən] *(n.)* النّارِدين: «أ» نبات ذو زهر صغير أبيض أو قرنفليّ. «ب» عقّار قويّ الرائحة مهدِّئ للأعصاب يُستخرج من زهور النّاردين.

valerian *a.*

va·let [vălˈĭt; vălˈā] *(n.; vt.; i.)* (١) خادم خصوصيّ [يُعنى بملابس سيِّده أو يساعده على ارتدائها إلخ] (٢) مستخدَم في فندق [ينظِّف الملابس أو يكويها إلخ] § (٣) يخدم بهذه الصفة.

valet de chambre [vä lĕˈdə shänˈbr] *(n.)* = valet *1*.

valet parking *(n.)* خدمةُ رَكْنِ السيّارات [في مطعم أو فندق إلخ].

val·e·tu·di·nar·i·an [vălˈə too də nârˈ-]; **val·e·tu·di·nar·y** [-ˈdə nĕrˈĭ] *(n.; adj.)* (١) المريض؛ السَّقيم (٢) المتوهِّم أنّه مريض § (٣) مريض؛ سقيم (٤) كثير التفكير بأمر الصِّحّة.

val·gus [vălˈgəs] *(adj.; n.)* (١) تقوُّسيّ § (٢) عظمة متقوِّسة.

Val·hal·la [văl hălˈə; väl häˈlə] *(n.)* فالهالا؛ مَثوَى الشُّهداء: حجرة الخلود التي تُستَقبل فيها أرواح الشُّهداء [في الميثولوجيا الإسكندينافية].

val·iance *or* **val·ian·cy** [vălˈ-] *(n.)* شجاعة؛ بسالة.

val·iant [vălˈyənt] *(adj.; n.)* (١) شجاع؛ باسل (٢) بُطُوليّ <a ~ warrior> § (٣) الشُّجاع.

val·id [vălˈĭd] *(adj.)* (١) شرعيّ؛ قانونيّ (٢) صحيح [منطقيًّا] <a ~ argument> (٣) مسوَّغ؛ سليم <a ~ theory> (٤) «أ» مُلزِم <a ~ contract>. «ب» فعّال <a ~ method>.

val·i·date [vălˈə dātˈ] *(vt.)* (١) «أ» يجعله شرعيًّا. «ب» يصادق رسميًّا

على كذا. «ج» يعلن شرعيّة شيء. «د» يعلن انتخاب مرشّح (٢) يؤيِّد؛ يثبّت. تشريع؛ مصادَقة؛ تأييد إلخ.

val·i·da·tion [vă′lə dā′shən] *(n.)* تشريع؛ مصادَقة؛ تأييد إلخ.

va·lid·i·ty [və lĭd′ə tĭ] *(n.)* (١) شرعيّة (٢) صِحّة (٣) سَرَيان مفعول.

va·lise [və lēs′] *(n.)* حقيبة؛ حقيبة سفر.

val·la·tion [və lā′shən] *(n.)* (١) خندق؛ متراس؛ استحكام (٢) خندقة.

val·lec·u·la [və lĕk′yə lə] *(n.)* pl. **-u·lae** [-lē] أُخدُود؛ حَزّ (ت).

val·lec·u·lar [və lĕk′yə lər] *(adj.)* أُخدوديّ؛ حَزّيّ (ت).

val·lec·u·late [-′yə lāt′] *(adj.)* مخدَّد؛ محزَّز: ذو أخاديد أو حُزوز (ت).

val·ley [văl′ĭ] *(n.)* (١) وادٍ؛ غَوْر (٢) الوادي: منخَفَض مشكَّل بتقابل جانبين مائلين [من سقف] (٣) فَجْوَة؛ هُوّة؛ وَهْدَة.

va·lo·ni·a [və lō′nĭ ə] *(n.)* الفَلُّون: أقماع ثمر البلُّوط المجفَّفة المستخدَمة في الدِّباغة.

valonia oak *(n.)* المَلُّول: بلُّوط تُستخدَم أقماعُهُ في الدِّباغة.

val·or *or* **val·our** [văl′ər] *(n.)* شجاعة؛ بسالة.

val·o·ri·za·tion [văl ə rə zā′-] *(n.)* تثبيت أسعار السّلَع [بتدخُّل أو دعم حكوميّ].

val·o·rize [văl′ə rīz] *(vt.)* تُثبِّت [الحكومة] أسعار السِّلَع.

val·o·rous [văl′ə rəs] *(adj.)* شجاع؛ باسل.

val·our [văl′ər] *(n.)* = valor.

valse [väls] *(n.)* الفالس: رقصة الفالس أو موسيقاها (را. waltz).

valu·a·ble [văl′yoo ə bəl; -yə-] *(adj.; n.)* (١) ذو قيمة ماليّة (٢) نفيس؛ ثمين (٣) «أ» نافع. «ب» قيِّم § (٤) *pl.* عد: شيء ذو قيمة.

val·u·ate [văl′yoo āt] *(vt.)* يقيِّم؛ يثمِّن؛ يُخمِّن.

val·u·a·tion [văl′yoo ā′shən] *(n.)* (١) تقييم؛ تخمين (٢) القيمة المقدَّرة (٣) تقدير <set a high ~ on loyalty>.

val·u·a·tor [văl′yoo ā′tər] *(n.)* المقيِّم؛ المثمِّن؛ المخمِّن.

val·ue [văl′yoo] *(n.; vt.)* (١) قيمة؛ سعر؛ ثمن (٢) سعر السوق [لسلعةٍ ما] (٣) قَدْر؛ أهمّيّة (٤) المدلول الدَّقيق [لكلمة] (٥) الجلاء: المقدار النِّسبيّ لإشراق اللون (رم) (٦) فئة [من فئات العملة أو الطوابع إلخ] (٧) مدّة «النوتة» (مو) § (٨) يقيِّم؛ يثمِّن (٩) يُقدِّر؛ يُعظِم؛ يُجِلّ (١٠) يُسَعِّر [عملة مثلًا].
— **val·u·er** *(n.)*

value–added tax *(n.)* ضريبة القيمة المضافة (اد).

val·ued [-′yood] *(adj.)* (١) موضع التقدير أو الاحترام (٢) ذو قيمة معيَّنة <two-*valued*>.

value judgment *(n.)* الحُكْم التقييميّ [على الأشياء أو الأفعال].

val·ue·less [văl′yoo lĭs] *(adj.)* تافه؛ عديم القيمة.

va·lu·ta [və loo′tə] *(n.)* سِعر الصَّرف [لعملة ما].

val·vate [văl′vāt] *(adj.)* صِماميّ؛ مِصراعيّ: ذو صِمامات أو مصاريع.

valve [vălv] *(n.)* (١) صِمام (٢) صِمام ألكترونيّ (بر) (٣) المِغلاق [في بعض الرِّخويّات] (٤) «أ» المِصراع. «ب» غطاء المِئبَر (نب).

valve chest *also* **valve box** *(n.)* صندوق الصِّمامات (مك).

valved [vălvd] *(adj.)* مصرَّع: ذو مصاريع أو صِمامات.

valve–in–head engine *(n.)* المحرِّك الرّأسيّ الصِّمام (مك).

valve·less [vălv′lĭs] *(adj.)* لاصِماميّ؛ لامِصراعيّ: غير مزوَّد بصِمامات أو مصاريع.

valve·let [vălv′lĭt] *(n.)* = valvula.

val·vi·fer·ous [văl vĭf′ə rəs] *(adj.)* = valvate.

val·vu·la [văl′vyə lə] *(n.)* pl. **-lae** [lē′; lī′] الصُّمَيِّم؛ المُصَيْرِيع: صِمام أو مِصراع صغير.

val·vu·lar [văl′vyə lər] *(adj.)* صِماميّ؛ مِصراعيّ.

val·vule [văl′vyool′] *(n.)* = valvula.

val·vu·li·tis [văl′vyə lī′tĭs] *(n.)* التهاب صِمام القلب (مض).

val·vu·lo·plas·ty [văl′vyə lə plăs′tĭ] *(n.)* جراحة الصِّمام التعويضيّة.

va·moose [vă moos′] *or* **va·mose** [-mōs′] *(vt.)* يرحل؛ يرتحل (ع).

vamp [1] [vămp] *(n.; vt.)* (١) مقدَّم فرْعَة الحذاء (٢) رُقْعَة (٣) شيء مرقَّع § (٤) «أ» يزوِّد فرعةَ الحذاء بمقدَّم جديد. «ب» يَرْقَع؛ يُرقِّع (٥) يخترع؛ يُلفِّق <~*ed* up an excuse>.

vamp [2] *(n.; vt.; i.)* (١) مُغْوِيةُ الرِّجال: امرأة تستغلّ فتنتها لإغواء الرِّجال § (٢) تُغْوي [الرّجلَ] بمفاتنها.

vam·pire [văm′pīr′] *(n.)* (١) الهامَة: جثّة يُعتَقَد أنها تُفارق القبر ليلًا لتمتصّ دماء النّائمين (٢) «أ» مصّاص الدِّماء؛ مبتزّ أموال النّاس. «ب» مُغْوِية الرِّجال (٣) النَّزّافة؛ المصّاصة: خُفّاش يمتصّ الدِّماء.

vam·pir·ism [văm′pīr ĭz′əm] *(n.)* (١) الهامَويَّة: الإيمان بالهامة (را. vampire) (٢) «أ» ابتزاز؛ إغواء. «ب» مصّ الدِّماء.

van [1] [văn] *(n.)* (١) مِروَحة (عب) (٢) جَناح.

van [2] *(n.)* الرَّبيئة: طليعة الجيش؛ مقدّمة الجيش.

van [3] *(n.; vt.; i.)* (١) عربة أو شاحنة مقفلة [لنقل السِّلَع والحيوانات] (٢) caravan *2* § (٣) ينقل بواسطة عربة أو شاحنة x (٤) يقود أو يسافر في عربة أو شاحنة.

va·na·dic [və năd′-] *(adj.)* ڤاناديوميّ: متعلّق بالڤاناديوم أو محتوٍ عليه.

vanadic acid *(n.)* = vanadium pentoxide.

va·na·di·nite [-′ə nīt′] *(n.)* الڤانادِينيت: معدن على شكل بِلّورات مسدَّسة (مع).

va·na·di·um [və nā′dĭ əm] *(n.)* الڤاناديوم: عنصر فِلِزّيّ نادر (ك).

vanadium pentoxide *(n.)* خامس أوكسيد الڤاناديوم (ك).

va·na·dous [văn′ə dəs] *(adj.)* = vanadic.

van·dal [văn′dəl] *(n.; adj.)* (١) *cap.* الوَنْداليّ: أحد أفراد قبيلة جرمانية اجتاحت فرنسا وإسبانيا وشمالي إفريقية في القرن الخامس الميلادي، وفي عام ٤٥٥ ب.م. احتلت رومة ونهبتها (٢) مخرِّب ممتلكات الآخرين أو الممتلكات العامة § (٣) *cap.* عد: وَنْداليّ.
— **Van·da·lic** *(adj.)*

van·dal·ism [văn′də lĭz′əm] *(n.)* الوَنْدَلَة؛ الإفساد؛ التخريب: تخريب متعمَّد للممتلكات العامة أو الخاصة.
— **van·dal·is·tic** *(adj.)*

van·dal·ize [-īz] *(vt.)* يُوَنْدِل: يخرِّب الممتلكات عمدًا.

Van de Graaff generator [văn'də grăf] *(n.)* مولِّد ڤان دي غراف: أداة لتوليد الفُلطيّة العالية جدًا، تُستخدم لتسريع الجُسيمات الذَّرِّية.

Van·dyke [văn dīk'] *(n.)* الوَندكيّة: «أ» قَبّة أو ياقة عريضة مسنّنة. «ب» لحية قصيرة مستدقّة الطَرَف.

vane [vān] *(n.)* (١) الدَّوّارة: «أ» دليل اتّجاه الرِّيح. «ب» المتغيِّر؛ المتقلِّب (٢) ريشة المروحة أو التُّربينة أو الطّاحونة الهوائية (٣) البَنْد: الجزء العريض اللّيِّن من ريشة الطّائر (٤) ريشة السهم. **— vaned** *(adj.)*

vane *1 a.*

van·guard [văn'gärd'] *(n.)* (١) van ² (٢) طليعة حركة ما.

va·nil·la [və nĭl'ə] *(n.; adj.)* (١) الوَنيلِيّة: نبات أميركيّ استوائيّ، أو ثَمَرُه، أو عِطرُهُ الذي تُعطَّر به بعض المآكل § (٢) مُنكَّه بالوَنيليّة (٣) بسيط؛ عاديّ.

va·nil·lic [və nĭl'ĭk] *(adj.)* وَنيليّ: منسوب إلى الونيليّة أو الونيلِّين.

van·il·lin [văn'ə lĭn] *(n.)* الوَنيلِّين: مُركَّب أبيض متبلِّر يُتَّخذ بديلًا عن الوَنيليّة في العطور والتّنكيه.

van·ish [văn'ĭsh] *(vi.; t.)* (١) يغيب [عن النَّظر]: يختفي؛ يتوارى (٢) يتلاشَى؛ يزول نهائيًّا (٣) يُصبح صِفرًا (ر) x (٤) يُخفي.

vanishing cream *(n.)* الكريم الزّائل: مستحضَر لتجميل الوجه.

vanishing fractions *(n. pl.)* الكسور الفانية أو غير المعيَّنة (ر).

van·ish·ing·ly *(adv.)* حتّى التّلاشي أو العَدَم <a ~ small amount>.

vanishing point *(n.)* نقطة التّلاشي (رم).

van·i·ty [văn'ə tĭ] *(n.)* (١) الباطل: شيء فارغ أو تافه أو عديم القيمة (٢) فراغ؛ تفاهة (٣) خُيَلاء؛ عُجب؛ زَهْو؛ غرور؛ تيه (٤) حلية تافهة؛ شيء أنيق تافه (٥) علبة أو حقيبة صغيرة لمستحضرات التجميل (٦) dressing table.

vanity case *(n.)* الحُقَيْبة: حقيبة يدٍ نسويّة [لمستحضرات التجميل إلخ].

vanity case

vanity fair *(n.)* عد *cap. V & F*: دار الغُرور: موضع مُتَع فارغة وتباهٍ بالأباطيل.

van·load [văn'lōd'] *(n.)* حُمولة العَرَبة أو الشاحنة.

van·quish [văng'kwĭsh] *(vt.)* (١) يَهزِم؛ يَقْهَر (٢) يتغلَّب على (٣) يكبح.

van·tage [văn'tĭj] *(n.)* (١) أفضليّة (٢) حالة تمنح المرء أفضليّة (٣) فرصة مؤاتية (٤) ربح؛ مَكْسَب (ا. ق).

vantage ground *(n.)* موقع أو وضع ممتاز [يمنح صاحبَه أفضليَّةً ما].

vantage point *(n.)* وجهة نظر.

van·ward [văn'wərd] *(adj.; adv.)* (١) طليعيّ؛ في المقدَّمة § (٢) نحو الطَّليعة أو المقدَّمة.

va·pid [văp'ĭd; vā'pĭd] *(adj.)* تفِه؛ غَثّ؛ مبتذَل؛ مُضجِر؛ «بايخ».

va·pid·i·ty [və pĭd'-; vă-] *(n.)* (١) تفاهة؛ ابتذال (٢) شيء تَفِه أو مبتذَل.

va·por [vā'pər] *(n.; vi.; t.)* (١) «أ» بُخار. «ب» ضباب. «ج» دُخان (٢) وَهْم (٣) *pl.*: كآبة أو حالة هستيريّة § (٤) يطلق بخارًا (٥) يتبخَّر (٦) يتبجَّح؛ يتفاخر x (٧) يُبَخِّر: يجعله يتبخَّر.

va·por·es·cence [vā'pə rĕs'əns] *(n.)* تكوُّن البُخار.

va·por·if·ic [vā'pə rĭf'ĭk] *(adj.)* (١) مولِّدٌ بخارًا (٢) بخاريّ.

va·por·i·me·ter [vā'pə rĭm'ə tər] *(n.)* المِبْخار: ميزان لقياس ضغط البخار أو حجمه.

va·por·ing [vā'pər ĭng] *(n.)* عد *pl.*: تبجُّح؛ تَفاخُر.

va·por·ish [vā'pər ĭsh] *(adj.)* (١) «أ» بخاريّ. «ب» رقيق؛ ناعم (٢) كثير البخار (٣) كئيب؛ هستيريّ (ا. ق).

va·por·i·za·tion [vā'pər ə zā'shən] *(n.)* (١) تبخير (٢) تبخُّر.

va·por·ize [vā'-] *(vt.; i.)* (١) يبخِّر (٢) يُشَتِّت؛ يُبَدِّد: يجعله يتشتّت أو يتبدّد x (٣) يتبخّر (٤) يتبجّح؛ يتفاخر.

va·por·iz·er [vā'pə rī'zər] *(n.)* (١) فا vaporize (٢) المِرذاذ (٣) المِبخار: أداة لتحويل سائل إلى بخار يُستَنشَق (ط).

va·por·ous [vā'pər əs] *(adj.)* (١) «أ» بخاريّ. «ب» متطاير؛ طيّار (٢) «أ» ضبابيّ. «ب» غامض (٣) «أ» وهميّ. «ب» سريع الزَّوال (٤) رقيق <~ silk> (٥) متبجِّح.

va·por·y [vā'pə rĭ] *(adj.)* (١) بخاريّ؛ ضبابيّ (٢) غامض.

va·pour *(n.; vi.; t.)* = vapor.

va·que·ro [vä kĕ'rô] *(n.)* (١) الرّاعي (٢) راعي البقر.

va·ra [vä'rä] *(n.)* الوارَة: مقياس للطُّول [٣١-٣٤ إنشًا].

vari- *or* **vario-** بادئة معناها: «أ» مختلف؛ متعدِّد. «ب» اختلاف؛ تعدُّد.

var·ia [vâr'ĭ ə; văr'-] *(n. pl.)* مختارات. بخاصة: مختارات أدبيّة.

var·i·a·bil·i·ty [vâr ĭ ə bĭl'-] *(n.)* (١) المُتقلِّبيّة (٢) المُتغيِّريّة.

var·i·able [vâr'ĭ ə-] *(adj.; n.)* (١) متقلِّب (٢) متغيِّر أو قابل للتَّغيير (٣) زائغ (أح) § (٤) شيء متقلِّب أو متغيِّر (٥) المتغيِّر أو رَمْزُه (ر).

variable logic *(n.)* المنطق المتغيِّر [في بَرْمَجَة الكومبيوتر].

variable star *(n.)* النَّجم المتغيِّر: نجم يتغيَّر بريقُهُ دوريًّا (فل).

var·i·ance [vâr'ĭ əns] *(n.)* (١) اختلاف؛ تفاوت؛ فَرْق (٢) خلاف؛ نزاع (٣) إجازة؛ رخصة [تمكِّن حاملها من مخالفة قاعدة أو قانون] (٤) التَّبايُن: مربَّع الانحراف القياسيّ (إحص) (٥) التغايُر (ك).

at ~, على خلاف أو نزاع أو تعارض مع.

var·i·ant [vâr'ĭ ənt] *(adj.; n.)* (١) متنوِّع (٢) عُرْضة للتغيُّر (٣) مختلف [قليلًا أو جزئيًّا] <a ~ spelling of a word> § (٤) المتخالف: الشَّكل المختلف [عن معيار أو قاعدة] (٥) تهجية مختلفة للكلمة.

var·i·ate [vâr'ē ĭt; -āt'; văr-] *(n.)* المتغيِّر العشوائيّ (إحص).

var·i·a·tion [vâr'ĭ ā'-] *(n.)* (١) تغيير؛ تنويع (٢) تغيُّر؛ اختلاف

ă at; ā date; â care; ä car; ĕ egg; ē me; ĭ in; ī bite; ŏ lot; ō bone; ô orphan; oi boil; o͝o good; o͞o boot; ou out; ŭ under; û urgent; ə = *a* in alone, *e* in system, *i* in easily, *o* in gallop, *u* in circus.

(٣) شكل مختلف لشيء ما (٤) declination 6 (٥) الانحراف: «أ» انحراف الجِرم السماوي عن مداره المألوف. «ب» انحراف الحيوان أو النبات عن نوعه الطِّرازيّ. «ج» فرد منحرف [أو جماعة منحرفة] عن النوع الطِّرازيّ (٦) المنوَّع: لحن يكرَّر مع بعض التغيير (مو) (٧) رقصة منفردة في «الباليه».
— **var·i·a·tion·al** *(adj.)*

var·i·cel·la [văr′ə sĕl′ə] *(n.)* = chicken pox.

var·i·ces [vâr′ə sēz′] *(n.)* *pl. of* varix.

var·i·co·cele [vâr′ə kō sēl] *(n.)* دَوالي الحبل المَنَويّ (مض).

vari·col·ored [vâr′ĭ kŭl′ərd; vă-] *(adj.)* مُلوَّن؛ كثير الألوان.

var·i·cose [văr′ə kōs′] *also* **var·i·cosed** [-kōst′] *(adj.)* (١) دَواليّ: «أ» متوسِّع <~ veins>. «ب» مسبِّبٌ الدَّوالي أو توسُّعَ الأوردة. «ج» متعلِّق بتوسُّع الأوردة (٢) مصاب بالدَّوالي أو بتوسّع الأوردة (٣) دواليّ: مُشْبِهٌ الأوردةَ [على سطح صَدَفة].

var·i·cos·i·ty [-′ə tĭ] *(n.)* (١) توسُّع الأوردة (٢) تكوُّن الدَّوالي (٣) وريد متوسِّع.

var·i·cot·o·my [văr′ĭ kŏt′ə mē] *(n.)* استئصال الدَّوالي (جر).

var·ied [vâr′ĭd] *(adj.)* (١) مغيَّر؛ معدَّل (٢) متنوِّع (٣) متعدِّد الألوان.

var·ie·gate [vâr′ĭ ə gāt′] *(vt.)* (١) يُرَقِّش؛ يلوِّن (٢) ينوِّع.

var·ie·gat·ed [vâr′ĭ ə gā′tĭd] *(adj.)* (١) مرقَّش؛ ملوَّن (٢) منوَّع.

var·ie·ga·tion [vâr′ĭ ə gā′-] *(n.)* (١) ترقيش (٢) ترقُّش؛ تعدُّد الألوان.

var·i·er [vâr′ĭ ər] *(n.)* المغيِّر؛ المنوِّع.

va·ri·e·tal [və rī′ə təl] *(adj.)* (١) تنوُّعيّ (٢) مُبايِن (أح).

va·ri·e·ty [və rī′ə tĭ] *(n.)* (١) تنوّع (٢) تشكيلة؛ مجموعة منوَّعة (٣) ضرب؛ نوع (٤) الضرب [في تقسيم الأحياء] (٥) حفلة منوَّعات [تشتمل على غناء ورقص وتمثيل وألعاب بهلوانية إلخ].

variety show *(n.)* حفلة المنوَّعات (را. variety 5).

variety store *(n.)* مخزن المنوَّعات: محلٌّ لبيع ضروب السِّلَع بالتَّجزئة.

var·i·form [vâr′ə fôrm′; văr′-] *(adj.)* متعدِّد الأشكال.

va·ri·o·coup·ler [vâr′ĭ ə kŭp-] *(n.)* المِقْرَنة المتغيِّرة (را. coupler 2b).

va·ri·o·la [və rī′ə lə; vâr′ĭ ō′lə] *(n.)* = smallpox.

va·ri·o·lar [və rī′ə lər] *(adj.)* = variolous.

var·i·o·late [vâr′ĭ ə lāt′] *(adj.)* بَثْريّ؛ مبثَّر؛ ذو بُثور.

var·i·o·lite [-′ĭ ə līt′] *(n.)* الفريوليت: صخرٌ بركانيّ يتميّز بمظهره المُبَثَّر.

var·i·o·loid [vâr′ĭ ə loid′] *(n.; adj.)* (١) نظير الجُدَريّ: جُدَريّ خفيف يُصيب الملقَّحين بلقاح الجدريّ § (٢) شبيه بالجدريّ.

va·ri·o·lous [və rī′ə ləs] *(adj.)* (١) متعلِّق بالجُدَريّ (٢) مَجْدور: مصاب بالجدري (٣) مجدَّر: ذو ندوب كتلك التي يخلِّفها الجدريّ.

var·i·om·e·ter [vâr′ĭ ŏm′ə tər] *(n.)* المقياس المتغيِّر: inductor مِحَثّ متغيِّر يُستعمل لقياس تغيُّرات المغنطيسيّة الأرضيّة.

var·i·o·rum [vâr′ĭ ōr′əm] *(n.; adj.)* (١) الطبعة المحقَّقة: «أ» طبعة من كتاب [كلاسيكي بخاصة] تشتمل على تعليقات بأقلام عددٍ من النقّاد. «ب» طبعة تشتمل على قراءات مختلفة للنصّ § (٢) محقَّقة <a ~ edition> (٣) مستقًى من مصادر مختلفة.

var·i·ous[1] [vâr′ĭ əs] *(adj.)* (١) ملوَّن؛ كثير الألوان (٢) «أ» متنوِّع؛ متعدِّد الأشكال. «ب» متباين (٣) متعدِّد المظاهر أو الخصائص <~ genius> (٤) كثير؛ مختلِف؛ شتّى (٥) متغيِّر؛ متقلِّب (ا.ق).
— **var·i·ous·ness** *(n.)*

var·i·ous[2] *(pron. pl.)* عددٌ من؛ شتّى <~ of the officers>.

var·i·sized [vâr′ĭ sīzd′] *(adj.)* متعدِّد القياسات.

var·ix [văr′ĭks] *(n.)* pl. **var·i·ces** [-ĭ sēz′] (١) «أ» الدَّوالي: توسُّع الأوردة (مض). «ب» وريد متوسِّع (٢) ضلع [من أضلاع صَدَفة].

var·let [vär′lĭt] *(n.)* (١) خادم؛ مرافق (٢) page[1] *1* (٣) الوغد؛ النَّذل.

var·let·ry [vär′lĭ trē] *(n.)* (١) الحاشية؛ البطانة (ا.ق) (٢) الغوغاء؛ الرَّعاع (ا.ق).

var·mint [vär′mənt] *(n.)* (١) vermin (٢) شخص [حقير عادةً].

var·nish [vär′nĭsh] *(n.; vt.)* (١) البَرْنيق؛ الورنيش: سائل يُصْقَل به الخشب أو المعدن (٢) «أ» طلاء. «ب» لمعة. «ج» مظهر كاذب أو خادع (٣) طلاء الأظفار (بر) § (٤) يُبَرْنِق؛ يصقل؛ يورنش (٥) يُخفي تحت مظهر كاذب أو خادع (٦) يزيِّن؛ يجمِّل.

varnish tree *(n.)* شجرة البَرْنيق؛ شجرة الوَرْنيش (نب).

var·si·ty [vär′sə tĭ] *(n.)* (١) جامعة (بر) (٢) المنتخَب: منتخَب رياضيّ ممثِّل لجامعة أو نادٍ.

Var·u·na [văr′ōō nə] ڤارونا: خالق الكون وإله السَّماء عند الهندوس.

var·us [vâr′əs; văr′-] *(n.)* متقوِّس. وتوسُّعًا: متقوِّس السّاقَيْن.

var·y [vâr′ĭ; văr′-] *(vt.; i.)* (١) يغيِّر؛ يعدِّل (٢) ينوِّع **x** (٣) يتغيَّر (٤) يختلف؛ يتفاوت <of ~*ing* degrees of accuracy> (٥) «أ» ينحرف. «ب» ينحرف عن نوعه الطِّرازيّ (أح) (٦) يأخذ قِيَمًا متتالية <*y varies* inversely with *x*.>.

vas [văs] *(n.)* pl. **va·sa** [vā′sə] وعاء أو قناة (ت).

vas- بادئة معناها: «أ» وعاء دمويّ. «ب» القناة الدّافقة. «ج» وعائيّ و...

vas·cu·lar [văs′kyə lər] *(adj.)* (١) وعائيّ: متعلِّق بالأوعية الدَّمويّة (٢) مُفْعَم بالحيويّة.

vascular bundle *(n.)* الحزمة الوعائيّة (نب).

vascular tissue *(n.)* النَّسيج الوعائيّ (نب).

vas·cu·li·tis [văs′kyə lī′-] *(n.)* التهابُ الوعاءِ الدمويّ أو اللنفاويّ (مض).

vas def·er·ens [văs′dĕf′ə rĕnz′] *(n.)* pl. **va·sa def·er·en·tia** [vā′zə dĕf′ə rĕn′shĭ ə] القناة الدافقة (ت).

vase [vās; vāz; väz] *(n.)* الزَّهريّة: إناء للزِّينة أو للزُّهور.

va·sec·to·my [vă sĕk′tə mĭ] *(n.)* قطع القناة الدّافقة (جر).

vas ef·fer·ens [văs′ĕf′ər ənz; -ə rĕnz′] *(n.)* القناة النّاقلة (ت).

Vas·e·line [văs'ə lēn] *(n.)* <trademark> الفازلين : مرهم يُصْنَع من النِّفط .

va·si·form [vās'ə-; văz'-] *(adj.)* (١) وعائيّ ؛ أنبوبيّ (٢) على شكل زهريَّة .

vaso- = vas-

va·so·con·stric·tion [văs'ō kən strĭk'-] *(n.)* انقباض الأوعية ؛ تقلُّص الأوعية الدَّمويّة (فس) .

va·so·con·stric·tor [-'tər] *(n.)* مقبِّضُ [أو مقلِّص] الأوعية الدَّمويّة .

va·so·di·la·ta·tion [văs'ō dĭl ə tā'-] *(n.)* توسُّع الأوعية [الدمويّة] .

va·so·di·la·tor [văs'ō dī lā'tər] *(n.)* موسِّع الأوعية [الدّمويّة] .

va·so·mo·tor [văs'ō mō'tər] *(adj.)* محرِّك للأوعية [الدّمويّة] .

va·so·spasm [-spăz'əm] *(n.)* التقلّص الوعائيّ : تشنُّج وعاء دمويّ .

vas·sal [văs'əl] *(n.; adj.)* (١) المُقْطَع : شخص يُقطعه السيِّد الإقطاعي أرضًا لقاء تعهُّده بتقديم المساعدة إليه (٢) التّابع ؛ الخادم § (٣) مُقْطَعيّ : منسوب إلى مُقْطَع (٤) خانع ؛ ذليل إلخ .

vas·sal·age [văs'əl ĭj] *(n.)* (١) المُقْطَعيَّة : حالة المُقْطَع أو وضعُهُ أو الخدمات المفروضة عليه (٢) إقطاعة (٣) جماعة المُقْطَعين (٤) خضوع ؛ عبوديّة .

vast [văst; väst] *(adj.; n.)* (١) وسيع ؛ فسيح (٢) ضخم § (٣) اتِّساع (٤) مقدار ضخم .

vas·ti·tude *also* **vas·ti·ty** [văs'-] *(n.)* = vastness.

vast·ness [văs(t)'nĭs] *(n.)* اتِّساع ؛ انفساح ؛ ضخامة .

vast·y [văs'tĭ; väs'tĭ] *(adj.)* واسع ؛ فسيح ؛ ضخم .

vat [văt] *(n.; vt.)* (١) الرّاقود ؛ الخابية : وعاء ضَخْم للسوائل يُستخدم للتَّكرير أو التَّخمير أو الصِّباغة أو الدِّباغة § (٢) يضع في راقود ؛ يعالج براقود .

vat·ic [văt'ĭk] *(adj.)* نبوئيّ ؛ كِهانيّ .

Vat·i·can [văt'ə kən] *(n.)* الفاتيكان : «أ» المقرّ البابويّ في رومة . «ب» الحكومة البابوية .

va·tic·i·nal [və tĭs'ə nəl] *(adj.)* نُبُوئيّ .

va·tic·i·nate [-'ə nāt'] *(vt.; i.)* (١) يتنبّأ ؛ يتكهَّن بـ x (٢) يكون نبيًّا .

va·tic·i·na·tion [vă tĭs'ə nā'shən] *(n.)* (١) نبوءة (٢) تنبُّؤ .

vaude·ville [vōd'vĭl] *(n.)* (١) الڤودڤيل ؛ الملهاة : مسرحية هزلية خفيفة تشتمل على غناء ورقص وتمثيل إيمائي (٢) حفلة المنوَّعات .

vaude·vil·lian [vōd vĭl'yən] *(n.; adj.)* (١) كاتب الڤودڤيل (٢) ممثِّل أو مغنٍّ أو راقصٌ في ڤودڤيل § (٣) ڤودڤيليّ .

vault[1] [vôlt] *(n.)* (١) عَقْد ؛ قنطرة (٢) السَّماء ؛ القُبَّة الزَّرقاء (٣) جزء مقوَّس [من الجسم] (ت) (٤) «أ» سرداب . «ب» قبو (٥) خشخاشة ؛ مدفن [تحت الأرض] .

vaults[1] *1.*

vault[2] *(vt.)* (١) يَعْقِد ؛ يُقنطِر (٢) يقوِّس : يجعله كالقوس (٣) يدفن (ع) .

vault[3] *(vt.; i.; n.)* (١) يَثِب ؛ يقفز . وبخاصة : بالاعتماد على اليدين أو على عصًا إلخ x (٢) يثب بقوّة (٣) يتسنّم : يحقّق شيئًا وكأنّه يقفز إليه بقوّة <~*ed* into a position of power> § (٤) وَثْب ؛ وَثْبة .

vault·ed [vôl'tĭd] *(adj.)* (١) معقود ؛ مُقَنْطَر (٢) مُسَرْدَب ؛ ذو سراديب .

vault·er [vôl'-] *(n.)* فا vault . وبخاصة : لاعب في مباراة القفز العالي بالعصا .

vault·ing[1] [vôl'tĭng] *(n.)* (١) إنشاء العقود والقناطر إلخ (٢) «أ» عَقْد ؛ قنطرة . «ب» سقف معقود .

vault·ing[2] *(adj.)* (١) واثب ؛ قافز (٢) وثبيّ ؛ قفزيّ : مستخدَم في القفز أو الوثب <a ~ pole> (٣) مغالٍ أو مبالَغ فيه <~ conceit> .

vaulting horse *(n.)* حصان الوَثْب : حصان خشبيّ للتمرُّن على الوثب .

vaulting horse

vaunt [vônt; vŏnt] *(vi.; t.; n.)* (١) يتبجَّح ؛ يتفاخر ؛ يتباهى x (٢) يتبجَّح بـ § (٣) تبجُّح ؛ تفاخُر ؛ تباهٍ (٤) كلامٌ تبجُّحيّ .

vav·a·sor *or* **vav·a·sour** [văv'ə sōr; -sôr; -so͝or] *(n.)* صاحب إقطاعة .

va·ward [vou'ôrd'; -wôrd'] *(n.)* الطَّليعة ؛ المقدَّمة ؛ الصَّدر (١. ق) .

VCR [vē'sē är'] *(n.)* المسجِّلة العُلَبِيَّة : مسجِّلة ڤيديو .

V-day [vē'dā'] *(n.)* <*v(ictory) day*> يوم النَّصر .

veal [vēl] *(n.; vt.)* (١) عِجل (٢) لحم العجل § (٣) يذبح عجلًا .

veal·er [vē'lər] *(n.)* عِجْل مُعَدّ أو صالحٌ للذَّبح .

veal·y [vē'lĭ] *(adj.)* (١) عِجْلانيّ : شبيه بِعجل (٢) غير ناضج .

vec·tor [vĕk'tər] *(n.; vt.)* (١) المُتَّجِه ؛ الكمِّيَّة الموجَّهة (ر) (٢) النّاقل : حشرة إلخ ناقلة للجراثيم (أح) (٣) القوَّة الموجَّهة (٤) قوّة أو تأثير § (٥) يوجِّه : يوجِّهُ [طائرة إلخ] بواسطة متَّجهات راديويّة .

vec·to·ri·al angle [vĕk tōr'ĭ əl] *(n.)* زاوية التوجيه (ر) .

vector product *(n.)* مضروب كمِّيَّتَيْن مُوَجَّهَتَيْن (ر) .

vector space *(n.)* الفضاء المتَّجِهيّ (ر) .

vector sum *(n.)* مجموع الكمِّيّات الموجَّهة (ر) .

Ve·da [vā'də] *(n.)* الڤيدا : كُتُب الهندوس الدِّينيَّة الأربعة أو واحد منها .

Ve·dan·ta [vĭ dän'tə] *(n.)* الڤيدانتا : نظام فلسفيّ هندوسيّ مبنيّ على الڤيدا (را . المادة السابقة) .

Ve·dan·tic [-'tĭk] *(adj.)* (١) ڤيدانتاويّ : خاصّ بالڤيدانتا (٢) ڤيداويّ : خاصّ بالڤيدا .

Ved·da *also* **Ved·dah** [vĕd'ə] *(n.)* الڤَدِّيّ : أحد أهل سيلان الأصليين .

ve·dette *also* **vi·dette** [vĭ dĕt'] *(n.)* (١) الدَّيْدَب : رقيب من الخيّالة يحرس مخافر الجيش الأماميّة (٢) زورق استكشاف .

Ve·dic [vā'dĭk] *(adj.)* ڤيداويّ : متعلّق بالڤيدا Veda .

vee [vē] *(n.)* (١) شيء شكله كحرف *v* (٢) حرف *v* .

vee·jay [vē'jā'] *(n.)* فارس الڤيديو : مذيع في برنامج [تلفزيونيّ مثلًا] .

يتضمّن موسيقى مصوَّرة .

veep [vēp] *(n.)* = vice president.

veer[1] [vēr] *(vt.)* يمدّ أو يُرخي [حبلًا أو سلسلة] .

veer[2] *(vi.; t.; n.)* (١) يغيِّر اتجاهه أو طريقه أو مقصده ؛ ينحرف ؛ يميل (٢) يغيِّر المركبُ اتِّجاهه ؛ ينحرف **x** (٣) يغيّر اتجاهَ كذا § (٤) تغيُّر الاتجاه .

vee·ry [vēr′ĭ] *(n.)* الفيريّ : الدُّج الأميركيّ ؛ السُّمنة الأميركية .

veery

veg [vĕj] *(vi.)* يتبطّل : يُمضي الوقتَ في كسل وتبطُّل .

Ve·ga [vē′gə] *(n.)* النَّسْر الواقع (فل) .

ve·gan [vē′gən; vĕj′ən] *(n.)* النَّباتيّ المتشدِّد : شخص يقتصر طعامه على المنتجات النَّباتيّة .

veg·e·ta·ble [vĕj′tə bəl] *(n.; adj.)* (١) نبات (٢) نبات من الخُضَر (٣) الخامل : «أ» شخصٌ بليد أو خامل . «ب» شخص أُعيقت قُدراته العقليّة والجسديّة إعاقةً بالغة § (٤) نباتيّ (٥) رتيب ؛ بليد ؛ أبله .

vegetable butter *(n.)* الزُّبدة النَّباتيّة .

vegetable ivory *(n.)* العاج النَّباتيّ .

vegetable marrow *(n.)* الكوسا (نب) (بر) .

vegetable oil *(n.)* الزَّيت النَّباتيّ .

vegetable oyster *(n.)* = salsify.

vegetable plate *(n.)* الطَّبق النَّباتيّ : طعام من خُضَر منوَّعة مطهوّة بغير لحم .

vegetable silk *(n.)* الحرير النَّباتيّ : مادّة ليفيَّة شبيهة بالقطن تُستخرَج من أغلفة بزور بعض النّباتات .

vegetable tallow *(n.)* الشَّحم النَّباتيّ : مادّة شحميَّة نباتيّة الأصل تُستخدَم في صُنع الشموع والصّابون وفي التَّزييت أو التَّشحيم .

vegetable wax *(n.)* الشَّمع النَّباتيّ : مادّة شمعيّة تُستخرَج من بعض النَّباتات .

veg·e·tal [vĕj′ĭ təl] *(adj.)* (١) نباتيّ (٢) vegetative .

veg·e·tar·i·an [vĕj′ə târ′ĭ ən] *(n.; adj.)* (١) النَّباتيّ : المقتصِر في طعامه على الخُضَر والحبوب والفاكهة (٢) العاشب : حيوانٌ مقتات بالأعشاب § (٣) نباتيّ : «أ» خاصّ بالنَّباتيين . «ب» مؤلَّف كله من خُضَر <~ diets> .

veg·e·tar·i·an·ism [-′ĭ ə nĭz′əm] *(n.)* النَّباتيّة : نظريّة العيش على الخُضَر والحبوب والفاكهة أو تطبيقُها .

veg·e·tate [vĕj′ə tāt′] *(vi.; t.)* (١) يَنْبُت (٢) يحيا حياةَ بلادة وخمول **x** (٣) يزرع .

veg·e·ta·tion [vĕj′ə tā′shən] *(n.)* (١) نموّ النَّبات (٢) الحياة النَّباتيّة [في إقليم ما] (٣) حياة بلادة وخمول (٤) النَّابتة : نامية غير سويّة في عضو ما (ط) .

— **veg·e·ta·tion·al** *(adj.)*

veg·e·ta·tive [vĕj′ə tā′tĭv] *(adj.)* (١) نامٍ (٢) «أ» نمائيّ . «ب» مساعِد على نموّ النَّباتات . «ج» لاتزاوجيّ (٣) نباتيّ (٤) بليد ؛ خامل <a ~ life> .

veg·e·tive [vĕj′ə tĭv] *(adj.)* = vegetable; vegetative.

veg·gie *also* **veg·ie** [vĕ′jē] *(n.)* (١) vegetable (٢) نباتيّ (ع) .

ve·he·mence [vē′ə məns] *(n.)* شدَّة ؛ عُنف ؛ اتِّقاد إلخ .

ve·he·ment [vē′ə mənt] *(adj.)* (١) شديد ؛ عنيف (٢) متَّقد ؛ ملتهب (٣) متحمِّس <~ extremists> .

ve·hi·cle [vē′ə kəl; -′hĭ′kəl] *(n.)* (١) مَرْكَبة ؛ عَرَبة (٢) أداة نقل [للفكر أو الصَّوت إلخ] <Language is a ~ for thought.> (٣) الحمّال : سائلٌ تُذوَّب فيه الأدوية (صي) .

ve·hic·u·lar [vē hĭk′-] *(adj.)* (١) مَرْكَبيّ (٢) منقول بمركبة (٣) ناقل للفكر .

veil [vāl] *(n.; vt.; i.)* (١) حِجاب ؛ خِمار ؛ بُرقُع (٢) سِتار (٣) توحُّد الراهبة : عَيْشُها متوحّدة منعزلة § (٤) يحجِّب (٥) يَسْتُر **x** (٦) يتحجّب . to take the ~, تترهَّب ؛ تصبح راهبة .

veiled [vāld] *(adj.)* (١) محجَّب (٢) مبطَّن <~ threats> .

veil·ing [vā′lĭng] *(n.)* (١) حِجاب ؛ بُرقع (٢) نسيج شفّاف .

vein [vān] *(n.; vt.)* (١) وريد (ت) (٢) العِرْق : «أ» ضلع الورقة أو جناح الحشرة . «ب» عِرق معدنيّ . «ج» عِرق في الخشب أو الرُّخام (٣) مَسْحَة <There is a ~ of melancholy in her character.> (٤) مزاج <Salma writes humorous songs when she is in the right ~.> (٥) طبقة مياه معدنيّة (٦) موهِبة § (٧) يعرِّق ؛ يجزِّع .

veined [vānd] *(adj.)* مُعرَّق ؛ مُجزَّع <~ marble> .

vein·ing [vā′nĭng] *(n.)* (١) تعريق ؛ تجزيع (٢) تعرُّق ؛ تجزُّع .

vein·let [vān′lət] *(n.)* العُرَيْق ؛ الضُّلَيْع : عِرق أو ضلع صغير .

vein·stone [vān′stōn′] *(n.)* = gangue.

vein·ule [vān′yo͞ol] *(n.)* العُرَيْق : عِرق صغير .

vein·y [vā′nĭ] *(adj.)* مُعرَّق ؛ مُجزَّع .

ve·la·men [və lā′mĭn] *(n.)* pl. **-lam·i·na** غِشاء («ت» و«نب») .

ve·lar [vē′lər] *(adj.)* (١) غشائيّ (٢) حَلْقيّ ؛ طَبَقيّ (ل) .

ve·lar·i·um [vĭ lâr′ĭ əm] *(n.)* pl. **-ia** [ĭ ə] الظُّلَّة : ظُلَّة فوق مسرح أو مدرَّج رومانيّ [وقاية له من الشَّمس أو المطر] .

ve·lar·i·za·tion [vē′lə rə zā′-] *(n.)* إطباق ؛ تفخيم (ل) .

ve·late [vē′lĭt] *(adj.)* (١) محجَّب ؛ مبرقَع (٢) مُغَشًّى («نب» و«ح») .

veld *or* **veldt** [vĕlt; fĕlt] *(n.)* المَرْج المتناثر : مَرْج ذو أشجار متناثرة .

ve·li·ta·tion [vĕ lə tā′shən] *(n.)* (١) مناوشة (٢) مُشادَّة ؛ نزاع .

vel·le·i·ty [və lē′ə tĭ] *(n.)* مَيْل أو رغبة ضعيفة .

vel·lum [vĕl′əm] *(n.; adj.)* (١) الرَّقّ : جِلد للكتابة أو للتَّجليد (٢) الورق الرَّقّيّ : ورق متين شبيه بالرَّقّ § (٣) رَقّيّ (٤) مجلَّد بالرَّقّ (٥) خَشِنٌ قليلًا .

ve·lo·ce [vĕ lō′chĕ] *(adv.; adj.)* بسرعة [إيعاز موسيقيّ] .

ve·loc·i·pede [və lŏs′ə pēd′] *(n.)* العَجّالة : «أ» درّاجة ثُلاثيّة . «ب» عَربة يد ثلاثيّة العجلات تُدْفَع على سِكّة .

velocipede *a.*

ve·loc·i·ty [və lŏs′ə tĭ] *(n.)* (١) سرعة الحركة [كالصَّوت والضَّوء] (٢) عَجَلة ؛ سرعة تَحرُّك (٣) السُّرعة المتَّجهة (فز) (٤) سرعة دورة رأس المال (اد) .

velocity ratio *(n.)* النِّسبة السُّرعيّة (مك) .

ve·lo·drome [vē′lə drōm′] (n.) ميدان سباق الدرّاجات.

Ve·lo·me·ter [vĭ lŏm′ə tər] (n.) <trademark> مقياس السُّرعة : مقياس سرعة الهواء.

ve·lour or **ve·lours** [və lo͝or′] (n.) الفَيْلور : ضربٌ من المُخْمَل.

ve·lum [vē′ləm] (n.) pl. **-la** [lə] (١) غِشاء (أح) (٢) soft palate.

ve·lu·ti·nous [və lo͞o′tə nəs] (adj.) مُخْمَليّ.

vel·vet [vĕl′vĭt] (n.; adj.) (١) مُخْمَل (٢) نُعومة (٣) «أ» ربح من طريق المقامرة أو المضاربة. «ب» ربح يتعدّى حدود المتوقَّع (٤) غِطاء القرن : الجلد الناعم الذي يكسو قَرْنَي الوَعل § (٥) مُخْمَليّ (٦) ناعم.

vel·ve·teen [vĕl′və tēn′] (n.; adj.) (١) المُخْمَلين : مُخمَل قُطني (٢) *pl.*: ملابس مُخْمَلينيّة § (٣) مُخْمَلينيّ.

velvet plant (n.) = mullein.

vel·vet·y [vĕl′vĭ tĭ] (adj.) (١) مُخْمَليّ؛ ناعم (٢) غير حادّ المذاق.

ven- or **veni-** or **veno-** بادئة معناها : «أ» عِرق. «ب» وريد.

ve·na [vē′nə] (n.) pl. **ve·nae** [-nē] = vein.

ve·na ca·va [vē′nə kā′və] (n.) pl. **venae ca·vae** [vē′nē kā′vē] الوريد الأجوف (ت).

ve·nal [vē′nəl] (adj.) (١) قابل للرَّشوة <a ~ judge> (٢) مشترًى بالمال <~ votes> (٣) فاسد؛ قائم على الرَّشوة <a ~ agreement>.

ve·nal·i·ty [vē năl′ə tĭ] (n.) الفساد؛ القابليّة للرَّشوة.

ve·nat·ic [vē năt′ĭk] also **ve·nat·i·cal** [-ĭ kəl] (adj.) (١) طَرَديّ : خاصّ بالصَّيد (٢) مُولَع بالصَّيد؛ عائش على الصَّيد <~ tribes>.

ve·na·tion [vē nā′shən] (n.) التَّعرُّق : نظام انتشار العروق في ورقة نبات أو جناح حشرة.

venation

vend [vĕnd] (vt.; i.) (١) يبيع. وبخاصة كبائع متجوّل أو بآلة بيع (را. vending machine) (٢) يذيع؛ يعلن [رأيًا إلخ] للعموم x (٣) يبيع؛ يتعاطى البيع.

ven·dace [vĕn′dĭs; -dās] (n.) الفَنْداس : سمك إسكتلنديّ صغير.

vend·ee [vĕn dē′] (n.) المُشتري؛ المَبيع له.

vend·er [vĕn′dər] (n.) = vendor.

ven·det·ta [vĕn dĕt′ə] (n.) الثأر [للقتيل بقتل قاتله أو أحد أنسبائه].

ven·deuse [vän do͞oz′] (n.) البائعة. وبخاصة في مجال صناعة الأزياء.

vend·ibil·i·ty [vĕn də bĭl′-] (n.) المُباعِيّة : قابليّة السِّلعة للبيع.

vend·i·ble[1] or **vend·a·ble** [vĕn′də bəl] (adj.; n.) (١) قابلٌ للبَيْع؛ ممكنٌ بيعُهُ؛ يُباع § (٢) شيء قابلٌ للبيع.

vend·i·ble[2] (n.) سلعة قابلة للبَيْع [ترد بصيغة الجمع عادةً].

vend·ing machine [vĕn′dĭng] (n.) آلة البيع [بإسقاط قطعة نقديّة في ثقب].

vend·i·tion [vĕn dĭsh′ən] (n.) بَيْع.

ven·dor [vĕn′dər] (n.) (١) البائع (٢) vending machine.

ven·due [vĕn′do͞o; -dyo͞o] (n.) مَزاد عَلَنيّ.

ve·neer [və nēr′] (n.; vt.) (١) قشرة خشبية (٢) طبقة خارجية للوقاية أو الزينة [من حجر أو آجرّ] (٣) مظهر خادع § (٤) يكسو الخشب إلخ بقشرة زينيّة (٥) يخفي [عيبًا من عيوب الشخصيّة] تحت مظهر خادع.

ve·neer·ing [və nēr′ĭng] (n.) (١) مص veneer (٢) قشرة زِينيّة (٣) مظهر خادع (٤) سطح ذو قشرة زِينيّة.

ven·e·na·tion [vĕn′ə nā′-] (n.) (١) التَّسميم (٢) الانسمام؛ التسمُّم.

ven·er·a·ble [vĕn′ə rə bəl] (adj.) (١) مبجَّل؛ مُوَقَّر (٢) جليل؛ مَهيب (٣) مقدَّس <~ relics>.

ven·er·ate [vĕn′ə rāt′] (vt.) (١) يبجّل؛ يوقِّر (٢) يُجِلُّ [بطقوسٍ وشعائرَ].

ven·er·a·tion [vĕn′ə rā′-] (n.) (١) تبجيل؛ توقير؛ إجلال (٢) مهابة؛ وقار.

ve·ne·re·al [və nēr′ĭ əl] (adj.) (١) تناسليّ <~ diseases> (٢) مُصاب بمرض تناسليّ (٣) مُعَدّ لمعالجة الأمراض التَّناسليّة <a ~ remedy> (٤) جنسيّ؛ شهوانيّ.

ve·ne·re·ol·o·gist [və nēr ĭ ŏl′-] (n.) الطَّبيب الاختصاصيّ بالأمراض التَّناسليّة.

ve·ne·re·ol·o·gy or **ve·ner·ol·o·gy** [vĕn ə rŏl′-] (n.) مَبْحَث الأمراض التَّناسليّة.

ven·er·y[1] [vĕn′ə rĭ] (n.) (١) صيد؛ اصطياد (٢) الحيوانات المَصِيدة.

ven·er·y[2] (n.) (١) الانغماس في الملذّات الجنسيّة (٢) جِماع.

ve·ne·sec·tion or **ve·ni·sec·tion** [vĕn′ə sĕk′-] (n.) الفَصْد : شَقُّ الوريد.

Ve·ne·tian [və nē′shən] (adj.; n.) (١) ڤينيسيّ؛ بندقيّ § (٢) الڤينيسيّ : أحد مواطني ڤينيسيا أو سكّانها (٣) الڤينيسيّة : لهجة ڤينيسيا الإيطاليّة.

Ve·ne·tian blind (n.) الحاجبة الڤينيسيّة : ستارة ذات أضلاع يمكن تعديلها لإدخال القَدْر المطلوب من النُّور.

Venetian glass (n.) الزُّجاج الڤينيسيّ : زجاج زِينيّ مصنوع في البندقيّة.

venge [vĕnj] (vt.; i.) = avenge.

ven·geance [vĕn′jəns] (n.) انتقام؛ اثّار؛ أَخْذ الثأر.

with a ~, (١) بعنف (٢) بإفراط؛ إلى حدٍّ بعيد.

venge·ful [vĕnj′-] (adj.) (١) حاقد؛ توّاق إلى الانتقام (٢) انتقاميّ.

veni- or **veno-** = ven-.

ve·ni·al [vē′nĭ əl] (adj.) (١) ممكنٌ اغتفاره أو الصَّفح عنه (٢) عَرَضيّ <~ sins>.

venial sin (n.) الخطيئة العَرَضيّة؛ الخطيئة غير المميتة (كث).

ven·in [vĕn′ĭn; vē′nĭn] (n.) الزِّبيب : مادّة سامّة في سُمّ الأفعى.

ve·ni·punc·ture [vĕn′ə pŭngk′chər] *(n.)* ثَقب الوريد (جر).

ve·ni·re [və nī′rē; -nēr′ē] *(n.)* جَدْوَل المحلَّفين (ق).

ve·ni·re facias [və nī′rē fā′shĭ əs] *(n.)* الاستدعاء : أمر قضائيّ باستدعاء شخص أو أكثر للعمل كمُحلَّف أو محلَّفين (ق).

ve·ni·re·man [və nī′rē-] *(n.)* المستدعَى : محلَّف يُستدعَى بأمر قضائيّ (ق).

ven·i·son [vĕn′ə sən; -zən] *(n.)* (١) لحم الطَّرائد (٢) لحم الغزال.

ve·nog·ra·phy [vĭ nŏg′rə fĭ] *(n.)* تخطيط الأوردة (ط).

ven·om [vĕn′əm] *(n.; vt.)* (١) سُمّ (٢) حِقْد؛ غِلّ § (٣) يسمِّم.

ven·om·ous [-əs] *(adj.)* (١) سامّ (٢) مُفرِز للسُّمّ (٣) حَقود؛ ضَغين.

ve·nose [vē′nōs′] *(adj.)* = venous.

ve·nos·i·ty [vĭ nŏs′ĭ tĭ] *(n.)* الاحتقان الوريديّ (مض).

ve·nos·ta·sis [vĭ nə stā′sĭs] *(n.)* الرُّكود الوريديّ (مض).

ve·nous [vē′nəs] *(adj.)* (١) «أ» عِرقيّ. «ب» كثير العروق (٢) وريديّ.

vent[1] [vĕnt] *(n.; vt.)* (١) ثَقْب؛ فُتْحة (٢) مَنْفَذ؛ مَصْرَف؛ مَنْفَس؛ مَخْرَج (٣) شَرَج؛ اسْت (٤) فجوة أنبوبية [في بركان] (٥) فُتحة الإطلاق [في مؤخّرة البندقية] § (٦) يزوِّد بفتحة أو مَصْرَف إلخ (٧) «أ» يصرِّف؛ يكون مَصْرَفًا لِـ. «ب» يطرد (٨) يصبّ [جام غضبه] (٩) ينفِّس عن.

vent[2] *(n.)* شَقّ طوليّ. وبخاصة في مؤخَّر السُّترة.

vent·age [vĕn′tĭj] *(n.)* ثَقْب صغير [كثَقْب الإصبع في مزمار إلخ].

ven·tail [vĕn′tāl] *(n.)* = aventail.

ven·ter [vĕn′tər] *(n.)* (١) زوجة أو أمّ مُنجِبة (ق) (٢) «أ» بطن. «ب» الرَّبْلَة : الجزء اللحميّ الناتئ من العَضَل.

ven·ti·duct [vĕn′tə dŭkt′] *(n.)* مَسْلَك [أو ممرّ] تهوية.

ven·ti·late [-lāt′] *(vt.; i.)* (١) يبحث؛ يُناقش <to ~ family quarrels before strangers> (٢) يُعلن أو يعبِّر عن [شكوى إلخ] (٣) يُهوِّي [حجرةً إلخ] (٤) يُؤكْسِج : يُشبِع الدَّم بالأكسجين x (٥) يتهوّى : يتعرّض للهواء.

ven·ti·la·tion [vĕn′tə lā′-] *(n.)* (١) مص ventilate. وبخاصةٍ : تهوية <a hall lacking ~> (٢) وسيلة تهوية؛ جهاز تهوية.

ven·ti·la·tor [vĕn′-] *(n.)* (١) فا ventilate (٢) مِهواة؛ مروحة تهوية (٣) جهاز تنفُّس اصطناعيّ (ط).

— ven·ti·la·to·ry *(adj.)*

vent peg *or* **plug** *(n.)* سِدادة فتحة التَّنفيس.

ventr- *or* **ventro-** بادئة معناها : «أ» بَطْن. «ب» بَطْنيّ و...

ven·trad [vĕn′trăd] *(adv.)* صَوْبَ البَطْن («ت» و«ح»).

ven·tral [vĕn′trəl] *(adj.; n.)* (١) بَطْنيّ § (٢) زِعْنِفة بطنيّة.

ven·tri·cle [vĕn′trə kəl] *(n.)* تجويف صغير أو حجرة [في جسم أو عضو]. وبخاصة : «أ» بُطَيْن القلب. «ب» أيّ من التَّجاويف المترابطة في الدِّماغ.

ven·tri·cose [vĕn′trə kōs] *or* **ven·tri·cous** [-kəs] *(adj.)* (١) مُنتفِخ. وبخاصة : من جهة واحدة (٢) كبير البطن.

ven·tric·u·lar [vĕn trĭk′yə lər] *(adj.)* بُطَيْنيّ (ت).

ven·tric·u·lus [-ləs] *(n.)* pl. **-li** [lī′; lē′] (١) مَعِدة (٢) قانصة الطير.

ven·tri·lo·qui·al [vĕn′trə lō′kwĭ-] *(adj.)* تَكَلُّمِيبَطْنيّ؛ تكلُّميّ بطنيّ.

ven·tril·o·quism [vĕn trĭl′ə kwĭz′əm]; **ven·tril·o·quy** [-kwĭ] *(n.)* التَّكلُّم البَطْنيّ : إصدار الصوت وكأنه آتٍ من خارج أعضاء النطق.

ven·tril·o·quist [vĕn trĭl′ə kwĭst] *(n.)* المتكلِّم من بطنِهِ.

ven·tril·o·quize [-′ə kwīz′] *(vi.; t.)* (١) يتكلّم من بطنه x (٢) يلفظ على ذلك النحو.

ventro- = ventr-.

ven·tro·lat·er·al [vĕn′trō lăt′-] *(adj.)* بَطْنِيجانبيّ؛ بَطْنيّ جانبيّ.

ven·ture [vĕn′chər] *(n.; vt.; i.)* (١) مغامرة؛ مجازفة (٢) مضاربة (تج) (٣) مالٌ إلخ مغامَرٌ به [في مضاربة أو مشروع تجاري] § (٤) يغامر بِـ (٥) يتجرّأ على x (٦) يغامر؛ يقوم بمغامرة (٧) يتقدم رغم الخطر.

ven·tur·er [vĕnch′(ə) rər] *(n.)* المغامر، وبخاصة في ميدان التِّجارة.

ven·ture·some [vĕn′chər səm] *(adj.)* (١) مغامِر (٢) منطوٍ على مغامرة <a ~ trip>.

ven·tu·ri [vĕn tōō′rĭ] *(n.)* أنبوبُ «فنتوري» [لقياس كمّيّة السائل المتدفّق].

ven·tu·rous [vĕn′chər əs] *(adj.)* (١) مغامِر (٢) منطوٍ على مغامرة.

ven·ue [-′yōō] *(n.)* (١) موقع حدوثِ الجريمة أو السَّبب الموجب للدَّعوَى (٢) مكان إقامة الدَّعوَى (٣) مَسْرَح الحوادث (٤) مكان للتَّجمعات الكبيرة.

ve·nule [vĕn′yōōl] *(n.)* الوُرَيْد؛ العُريق : وَريد أو عِرق صغير.

Ve·nus [vē′nəs] *(n.)* (١) ڤينوس : إلاهة الحبّ والجمال والخصب عند الرومان (٢) الزُّهَرة (فل).

Ve·nus·hair [-hâr′] *(n.)* شَعر الغُول : ضَرْبٌ من السَّرْخَس fern (نب).

Ve·nu·sian [vĭ nōō′zhən] *(adj.)* زُهَريّ : منسوب إلى كوكب الزُّهَرة.

Ve·nus's–fly·trap [vē′nəs ĭz flī′trăp′] *(n.)* : خَنّاق الذُّباب : نبتة مُلتهِمة للحشرات.

Venus's-flytrap

ve·ra·cious [və rā′shəs] *(adj.)* (١) صادق (٢) صحيح؛ دقيق.

ve·rac·i·ty [və răs′ə tĭ] *(n.)* (١) صِدق (٢) صِحّة؛ دِقّة (٣) حقيقة.

ve·ran·da *or* **ve·ran·dah** [və răn′də] *(n.)* شُرْفة؛ «فارندة».

ve·ran·daed *also* **ve·ran·dahed** [-′dəd] *(adj.)* ذو شُرفة.

verb [vûrb] *(n.)* الفعل (ل).

ver·bal [vûr′bəl] *(adj.; n.)* (١) «أ» لفظيّ. «ب» كلاميّ (٢) فِعليّ (ل) (٣) شفهيّ (٤) حَرْفيّ <~ translation> § (٥) اسم أو نعت مشتقّ من فعل (ل).

verbal auxiliary *(n.)* الفعل المساعِد (ل).

ver·bal·ism [vûr′bə lĭz′əm] *(n.)* (١) لَفْظة؛ عبارة (٢) جُملةٌ خِلوٌ من المعنَى أو تكاد (٣) اللَّفظيّة : غلبة اللَّفظ على المعنَى (٤) إطناب؛ إسهاب.

ver·bal·ist [vûr′bəl ĭst] *(n.)* (١) اللَّفظيّ : من يُسْرِف في العناية بالألفاظ [على حساب المعنَى] (٢) الصّائغ اللَّفظيّ : شخص بارع في استخدام الألفاظ أو اختيارها.

ver·bal·ize [vûr′-] *(vi.; t.)* (١) يتكلّم أو يكتب بطريقة لفظيّة أو فارغة (٢) يعبِّر عن نفسه بالكلمات x (٣) يَصِف بالكلمات (٤) يحوِّل إلى فعل (ل).

ver·bal·ly [vûr′bəl ĭ] *(adv.)* (١) لفظيًّا (٢) شفهيًّا (٣) حرفيًّا.

verbal noun *(n.)* الاسم الفِعليّ: اسم مشتقٌّ من الفعل مباشرةً (ل).

ver·ba·tim [vər bā′tĭm] *(adj.; adv.)* (١) حَرْفيّ § (٢) حرفيًّا.

ver·be·na [vər bē′nə] *(n.)* رِعْيُ الحمام: نبات زهرُهُ مختلِف الألوان.

ver·bi·age [vûr′bĭ ĭj] *(n.)* (١) الحشو [في الكلام] (٢) طريقة التَّعبير [في الكلام]؛ بيان.

ver·bid [vûr′bĭd] *(n.)* = verbal.

verb·i·fy [vûr′bĭ fī′] *(vt.)* يحوِّل إلى فعل (ل).

ver·bose [vər bōs′] *(adj.)* (١) مُطنِب؛ مُضْجِر (٢) مُطنِب.

ver·bos·i·ty [vər bŏs′ə tĭ] *(n.)* إطناب؛ إسهاب.

ver·bo·ten [vər bō′tən] *(adj.)* ممنوع؛ محظَّر؛ محرَّم.

ver·bum sa·pi·en·ti sat est [vûr′bəm săp′ĭ ĕn′tī săt′ĕst′] اللَّبيب تكفيه الإشارة؛ إن اللَّبيب من الإشارة يَفْهَم.

ver·dan·cy [vûr′dən sĭ] *(n.)* (١) خُضْرَة؛ اخضرار (٢) غَرارة؛ قِلَّة اختبار.

ver·dant [vûr′dənt] *(adj.)* (١) أخضر (٢) مُخْضَوضِر <~ fields> (٣) غِرّ؛ قليل الاختبار.

verd an·tique *or* **verde an·tique** [vûrd′ăn tēk] *(n.)* الأخضر العتيق: رخام أخضر مرقَّش أو معرَّق يُستعمل للديكور الدّاخليّ.

ver·der·er *or* **ver·der·or** [vûr′dər-] *(n.)* القيِّم على الغابات المَلكيّة.

ver·dict [vûr′dĭkt] *(n.)* (١) حُكم المحلَّفين (٢) رأي؛ حُكم.

ver·dig·ris [vûr′də grēs] *(n.)* الزِّنجار: صدأ النُّحاس والبرونز.

ver·din [-′dĭn] *(n.)* الوَرْدَن: قُرقف titmouse صغير أصفر الرّأس (طا).

ver·dure [vûr′jər] *(n.)* (١) خُضرة. وبخاصة: «أ» خُضرة النَّبات. «ب» النَّبت الأخضر (٢) نَضْرة؛ عافية.
— ver·dur·ous *(adj.)*

ver·dured [vûr′jərd] *(adj.)* مُخْضوضِر: مكسوّ بالنَّبت الأخضر.

verge [vûrj] *(n.; vi.)* (١) «أ» صَوْلَجان. «ب» محور دوران [في ميزان السّاعة] (٢) حافة؛ حَدّ (٣) شَفا؛ شَفير (٤) أُفق (٥) كَتِف الطريق (بر) § (٦) «أ» يجاور؛ يتاخم. «ب» يُشرف على (٧) تميل الشَّمسُ إلى الغروب (٨) ينحدر؛ يميل (٩) يتحوّل؛ ينتقل.

verg·er [vûr′jər] *(n.)* (١) حامل الصَّوْلجان [أمام أُسقُف إلخ] (بر) (٢) القَنْدَلَفت: خادم الكنيسة.

ve·rid·i·cal [və rĭd′ə kəl] *(adj.)* (١) صادق (٢) حقيقيّ؛ غير وهميّ.

ver·i·fi·a·ble [vĕr′ə fī′ə-] *(adj.)* ممكنٌ إثباتُه أو التَّحقُّقُ منه.

ver·i·fy [vĕr′ə fī′] *(vt.)* (١) يؤكِّد صِحّة شيء [مُقسِمًا أمام القضاء] (٢) يُثبِت (٣) يتحقَّق من.
— ver·i·fi·ca·tion *(n.)*

ver·i·ly [vĕr′ə lĭ] *(adv.)* (١) من غير ريب (٢) حقًّا؛ يقينًا.

ver·i·sim·i·lar [vĕr′ə sĭm′ə-] *(adj.)* (١) مُحتمَل: يبدو عليه مظهر الصِّدق (٢) واقعيّ؛ مصوِّرٌ الواقع [كما في الفن أو الأدب].

ver·i·si·mil·i·tude [vĕr′ə sĭ mĭl′ə-] *(n.)* (١) احتمال [الصحّة أو الصِّدق] (٢) المحتمِل: شيء يَحتمل أن يكون صادقًا أو صحيحًا.

ver·ism [vēr′ĭz əm] *(n.)* الحاصليّة: إيثار العاديّ على البطوليّ أو الأسطوريّ [في الفن].

ve·rist [vēr′ĭst] *(n.)* الحاصليّ: القائل بإيثار العاديّ على البطوليّ أو الأسطوريّ [في الفن].

ver·i·ta·ble [vĕr′ə tə bəl] *(adj.)* (١) حقيقيّ (٢) صحيح.

ver·i·ty [vĕr′ə tĭ] *(n.)* (١) حقيقة (٢) صدق.

ver·juice [vûr′jo͞os′] *(n.)* (١) عُصارة الحِصْرِم ونحوه (٢) نَكَد المِزاج.

ver·meil [vûr′mĭl; -māl; *for 2* vər mā′] *(n.; adj.)* (١) vermilion (٢) فضّةٌ مُذَهَّبة؛ برونز مُذَهَّب؛ نُحاس مُذَهَّب § (٣) أحمر فاتح.

vermi- بادئة معناها: دودة <*vermi*form>.

ver·mi·cel·li [vûr′mə chĕl′ĭ; -sĕl′ĭ] *(n.)* الشُّعَيْريّة: فتائل من عجين تُشبه المعكرونة ولكنها أرفع منها.

ver·mi·cide [vûr′mə sīd′] *(n.)* مُبيدُ الدِّيدان.

ver·mic·u·lar [vər mĭk′yə lər] *(adj.)* (١) دوديّ؛ ديدانيّ (٢) vermiculate.

ver·mic·u·late; -d [vər mĭk′yə-] *(adj.)* (١) دُوديّ الشَّكل (٢) دُوديّ الحركة (٣) متمعِّج (٤) كثير الدِّيدان.
— ver·mic·u·la·tion *(n.)*

ver·mi·form [vûr′mə fôrm′] *(adj.)* دُوَيْديّ؛ دُوديّ الشَّكل.

vermiform appendix *(n.)* الزّائدة الدُّوديّة (ت).

ver·mi·fuge [vûr′mə fyo͞oj′] *(adj.; n.)* = anthelmintic.

ver·mil·ion *or* **ver·mil·lion** [vər mĭl′yən] *(n.; adj.; vt.)* (١) الزُّنْجُفْر: صِبغٌ كبريتور الزِّئبقيك (٢) اللون القِرْمِزيّ § (٣) قِرْمِزيّ اللون § (٤) يصبغ بِلَوْنٍ قِرْمِزيّ.

ver·min [vûr′mĭn] *(n.)* (١) هوامّ؛ حشرات طُفَيْليّة إلخ (٢) طيور أو حيوانات ضارّة بالحيوانات الأخرى (٣) شخص مؤذٍ أو قذر.

ver·min·ous [-əs] *(adj.)* (١) مؤذٍ؛ قذر (٢) دُوديّ؛ هَواميّ المنشأ.

ver·miv·o·rous [vər mĭv′ər əs] *(adj.)* مقتاتٌ أو مغتذٍ بالدِّيدان.

ver·mouth [vər mo͞oth′] *(n.)* الفيرموت: خمر منكَّهة بالأعشاب العطريّة.

ver·nac·u·lar [vər năk′yə-] *(adj.; n.)* (١) عاميّ (٢) بَلَديّ؛ وَطَنيّ (٣) مستعمِلٌ العامّيّة أو الدارجة <a ~ writer> (٤) مستوطِنٌ <a ~ disease> § (٥) العاميّة؛ الدارجة؛ لغة إقليم أو جماعة أو مهنة ما (٦) لهجة (٧) الاسم الدّارج [غير العلميّ] لنبات أو حيوان.
— ver·nac·u·lar·ize *(vt.)*

ver·nal [vûr′nəl] *(adj.)* (١) ربيعيّ (٢) جديد؛ نَضِر؛ شابّ.

vernal equinox *(n.)* الاعتدال الرَّبيعيّ (فل).

ver·nal·ize [vûr′nə līz′] *(vt.)* يعجِّل إثمار [أو إزهار] النَّباتات بمعالجة بزورها إلخ.
— ver·nal·i·za·tion *(n.)*

ver·na·tion [vər nā′-] *(n.)* التَّرتيب البُرعميّ: ترتيب الأوراق في البُرعم.

ver·ni·er [vûr′nē ər] *(n.)* الوَرْنِيَّة: مقياس صغير مدرَّج ينزلق على مقياس رئيسيّ لتبيان كسوره التفصيليّة.

vernier caliper *(n.)* المِسْماك المُوَرَّن: مِسماك ذو وَرْنِيَّة.

vernier micrometer *(n.)* المِصْغَر المُوَرَّن: مِصْغَر ذو وَرْنِيَّة.

Ve·ro·nal [věr′ə nəl] *(n.)* = barbital.

ve·ron·i·ca [və rŏn′ĭ kə] *(n.)* (١) الويرونيكة: زهرة الحواشي (نب) (٢) الوَرْنيقة: منديل [أو قطعة قماش] رُسم عليه وجه السيّد المسيح.

ver·ru·ca [vě ro͞o′kə] *(n.)* pl. **-cae** [kē′; kī′; sī′] ثُؤْلول.

ver·ru·cose [və ro͞o′kōs′] *(adj.)* مُثأْلَل: مكسوّ بالثآليل.

ver·sant [vûr′sənt] *(n.)* (١) سَفح جبل (٢) مُنْحَدَر.

ver·sa·tile [vûr′sə tĭl; -tīl] *(adj.)* (١) متقلِّب؛ متحوِّل (٢) متعدِّد الجوانب أو البراعات (٣) طليق الحركة؛ قابلٌ لأن يُقلَب أو يُعكس (٤) متعدِّد الاستعمالات.
— ver·sa·til·i·ty *(n.)*

vers de so·ci·é·té [věr də sô syě tě′] *(n.)* = society verse.

verse [vûrs] *(n.; vi.; t.)* (١) بيت من الشِّعر (٢) «أ» نَظْم. «ب» شِعر. «ج» قصيدة (٣) مقطع شِعريّ (٤) آية <a Quranic ~> § (٥) يَنْظِم x (٦) يروي بقالب شِعريّ.
— ver·sic·u·lar *(adj.)*

versed [vûrst] *(adj.)* متمكِّن؛ متضلِّع [من موضوع ما].

versed cosine *(n.)* فرق جيب الزاوية عن الواحد (ر).

versed sine *(n.)* فرق جيب التَّمام عن الواحد (ر).

verse·man [vûrs′mən]; **ver·ser** [-′sər] *(n.)* = versifier.

ver·si·cle [vûr′sə kəl] *(n.)* (١) المُرَدَّدة: جملة أو آية يقولها الكاهن أو ينشدها فيردِّدها المؤمنون بَعدَه (٢) «أ» بيت من الشِّعر. «ب» قصيدة قصيرة.
— ver·sic·u·lar *(adj.)*

ver·si·col·or [vûr′sə kŭl′ər] *or* **ver·si·col·ored** [-ərd] *(adj.)* (١) متعدِّد الألوان (٢) متغيِّر الألوان.

ver·si·fi·ca·tion [vûr′sə fə kā′-] *(n.)* (١) نظم الشِّعر (٢) أسلوب عَروضيّ؛ بِنية عَروضيّة (٣) صيغة شعريّة [لأثَر نثريّ الأصل].

ver·si·fi·er [vûr′sə-] *(n.)* (١) النّاظم. وبخاصة: النَّظّام (٢) ناقل النّثر إلى شِعر.

ver·si·fy [vûr′sə fī] *(vi.; t.)* (١) ينظم شِعرًا x (٢) يروي أو يصف بقالب شِعريّ (٣) يحوِّل إلى شِعر.

ver·sine *or* **ver·sin** [vûr′sīn] *(n.)* = versed sine.

ver·sion [vûr′zhən] *(n.)* (١) ترجمة. وبخاصة: ترجمةٌ للكتاب المقدَّس (٢) رواية <contradictory ~s of what happened> (٣) نسخة معدَّلة من أثَر أدبيّ <a stage ~ of his novel> (٤) «أ» مَيْل الرَّحِم (مض). «ب» إمالة؛ قَلْب؛ تحويل [للرَّحِم].

vers li·bre [věr lē′brə] *(n.)* الشِّعْر الحُرّ؛ الشِّعر المُرسَل.

vers–li·brist [věr lē′brĭst] *(n.)* النّاظم للشِّعر الحُرّ أو المُرْسَل.

ver·so [vûr′sō] *(n.)* (١) الصَّفحة اليُسرى (٢) قفا [الكتاب أو العملة].

verst [vûrst] *(n.)* الفَرْسَت: مقياس روسيّ للطول يعادل ٣٥٠٠ قدم تقريبًا (١,٠٦٧ كلم).

ver·sus [vûr′səs] *(prep.)* (١) ضِدّ (٢) مقابل؛ إزاء.

vert [vûrt] *(n.)* (١) «أ» الخُضارة: كلُّ نبات أخضر الورق (ا. ق). «ب» حَقّ قطع هذه النَّباتات أو حقّ رَعْي القطعان في غابة (٢) اللَّون الأخضر [شعارًا للنَّبالة].

ver·te·bra [vûr′tə brə] *(n.)* pl. **-e** *or* **-s** فَقارة؛ فَقْرَة (ت).

ver·te·bral [-brəl] *(adj.)* (١) فَقاريّ؛ فَقْريّ (٢) ذو فَقرات.

vertebral canal *(n.)* القناة الفَقْريّة: القناة التي تضمّ الحبل الشَّوكيّ (ت).

vertebral column *(n.)* الصُّلْب (مج)؛ العمود الفَقْريّ (ت).

ver·te·brate [vûr′tə brāt; -brĭt] *(n.; adj.)* (١) الفَقاريّ: حيوان من الفقاريّات **Vertebrata** وهي الحيوانات ذات العمود الفَقْريّ كالأسماك والبرمائيّات والزواحف والطيور والثَّدييّات § (٢) فَقاريّ (٣) منظَّم؛ حَسَن التَّرابط <a ~ composition>.

ver·te·bra·tion [vûr′tə brā′shən] *(n.)* تماسُك؛ ترابُط.

ver·tex [vûr′těks] *(n.)* pl. **-es** *or* **-ti·ces** [′tə sēz] (١) رأس؛ قِمّة؛ قُنّة؛ قُلّة (٢) قِمَّة الرأس (ت) (٣) السَّمْت (فل) (٤) الرّأس؛ القِمّة (ر) (٥) ذروة.

ver·ti·cal [vûr′tə kəl] *(adj.; n.)* (١) فَوْسَمْتيّ: واقع فوق سَمْت الرَّأس (٢) عموديّ؛ رأسيّ؛ شاقوليّ § (٣) شيء عموديّ [كخطّ أو مسطَّح] (٤) وضعٌ عموديّ.

vertical angle *(n.)* الزّاوية المقابلة (هن).

vertical circle *(n.)* الدائرة الرّأسيّة (فل).

ver·ti·cal·i·ty [vûr′tə kăl′ə tĭ] *(n.)* العموديّة؛ الرّأسيّة؛ الشّاقوليّة.

ver·ti·cal·ly [vûr′tə kə lĭ] *(adv.)* عموديًّا؛ رأسيًّا؛ شاقوليًّا.

ver·ti·ces [vûr′tə sēz′] *pl. of* vertex.

ver·ti·cil [vûr′tə sĭl] *(n.)* الكوكب؛ الدُّوّارة؛ السِّوار: عددٌ من الأوراق أو الزَّهرات أو الأعضاء المتشابهة متحلِّقٌ حولَ نقطة واحدة من المحور.

verticils

ver·ti·cil·late [vûr′tĭ sĭl′ĭt; -āt] *(adj.)* مُكَوْكَب (را. المادّة السّابقة).

ver·tig·i·nous [vər tĭj′ə nəs] *(adj.)* (١) متقلِّب (٢) «أ» دُواريّ. «ب» مصابٌ بدُوار (٣) مُدَوِّخ (٤) دَورانيّ <~ motion>.

ver·ti·go [vûr′tə gō] *(n.)* pl. **-s** *or* **-es** (١) دُوار؛ دَوْخة (٢) تشوُّش الذِّهن.

ver·tu [vər to͞o′] *(n.)* = virtu.

ver·vain [vûr′vān] *(n.)* = verbena.

verve [vûrv] *(n.)* (١) نشاط؛ حيويّة (٢) قُدرة؛ موهبة (ا. ق).

ver·vet monkey [vûr′vĭt] *(n.)* الفَرْفَت: قرد إفريقيّ صغير.

vervet monkey

ver·y [věr′ĭ] *(adj.; adv.)* (١) حقيقيّ؛ فِعليّ <my ~ son> (٢) مُطْلَق

(٣) بالذّات <the ~ essence of truth> (٤) عين؛ نفس <the ~ man I saw> (٥) مجرَّد <The ~ thought terrified her.> (٦) بسيط؛ واضح <in ~ truth> § (٧) جدًّا؛ إلى حدٍّ بعيد (٨) فِعلًا <the ~ best school in town> (٩) تمامًا <She expected the ~ opposite result.>.

very high frequency *(n.)* التردُّد العالي جدًّا (رد).

Ve·ry light [vĕr′ĭ] *(n.)* ضوء فيري: ضوء للإشارة يُطلَق من مسدّس.

very low frequency *(n.)* التردُّد المنخفض جدًّا (رد).

Very pistol *(n.)* مُسَدَّس فيري: مسدَّس لإطلاق أضواء فيري.

Very Reverend جزيل الاحترام [لقبٌ لبعض الموظَّفين الإكليركيّين].

ve·si·ca [və sē′kə] *(n.)* pl. **-cae** [kē; sē] (١) مَثانة (٢) المثانة البَوْليّة.

ves·i·cal [vĕs′ə kəl] *(adj.)* مَثانيّ. وبخاصة: متعلّق بالمَثانة البَوْليّة.

ves·i·cant [vĕs′ə kənt] *(adj.; n.)* (١) مُنَفِّط: مُحْدِثٌ تنفُّطًا أو تبثُّرًا § (٢) المُنَفِّط: عقّار أو سلاح كيميائيّ مُنَفِّط.

ves·i·cate [vĕs′ə kāt′] *(vt.; i.)* = blister.

ves·i·ca·to·ry [vĕs′ə kə tōr′ĭ] *(adj.; n.)* = vesicant.

ves·i·cle [-kəl] *(n.)* (١) «أ» حُوَيْصِلة (ت). «ب» كُيَيْس (ت) (٢) بثرة.

ve·sic·u·lar [və sĭk′yə lər] *(adj.)* (١) حُوَيْصِليّ (٢) «أ» مبثَّر. «ب» بَثْريّ. «ج» فراغيّ <~ lava>.

ve·sic·u·late [*adj.* və sĭk′yə lĭt; *v.* -lāt′] *(adj.; vt.; i.)* (١) مبثَّر (٢) حُوَيصِليّ § (٣) يبثِّر أو يتبثَّر.

ves·per [vĕs′pər] *(n.; adj.)* (١) *cap.*: نجمة المساء (٢) ناقوس أو صلاة المساء (٣) المساء (ا. ق) § (٤) مسائيّ.

ves·per·al [-əl] *(adj.; n.)* (١) مسائيّ (٢) صلاتيّ مسائيّ: متعلّق بصلوات المساء § (٣) كتاب صلوات المساء (نص) (٤) غطاء للمذبح.

ves·pers [vĕs′pərz] *(n. pl.)* صلاة الغروب أو المساء (نص).

ves·per·til·ian [-′pər tĭl′-] *(adj.)* خُفّاشيّ: متعلّق بالخُفّاش أو شبيهٌ به.

ves·per·tine [vĕs′pər tĭn; -tīn]; **ves·per·ti·nal** [-tī′nəl] *(adj.)* (١) مسائيّ (٢) غَسَقيّ: ناشطٌ في الغَسَق [كالخُفّاش والبوم].

ves·pi·ar·y [vĕs′pĭ ĕr′ĭ] *(n.)* وَكْرُ الزُّنبور أو الزَّنابيرُ التي فيه.

ves·pid [vĕs′pĭd] *(n.; adj.)* (١) الزُّنبور (حش) § (٢) زُنبوريّ.

ves·pine [vĕs′pīn; -pĭn] *(adj.)* زُنبوريّ.

ves·sel [vĕs′əl] *(n.)* (١) إناء؛ وعاء (٢) «أ» مَرْكَب. «ب» طائرة (٣) الوعاء الدَّمويّ: شريان؛ وريد (٤) الوعاء النُّسغيّ: أنبوبٌ حاملٌ أو ناقلٌ للنُّسغ (نب) (٥) رسول [يجسِّد قيمةً من القِيم] <a ~ of mercy>.

vest [vĕst] *(vt.; i.; n.)* (١) «أ» يقلِّد؛ يُخوِّل. «ب» يعهد به إلى؛ يُنيطه به (٢) يُلبِس. وبخاصة: يُلْبِس أرديةً كهنوتيّةً x (٣) يُصبح مِلكًا لفلان أو حقًّا من حقوقه (٤) يَلْبس § (٥) ثوب (ا. ق) (٦) صُدْرة.

ves·ta [vĕs′tə] *(n.)* (١) *cap.*: فيستا: «أ» ربَّةُ نار الموقد عند الرُّومان. «ب» أكثر الكُوَيْكبات لمعانًا (٢) عود كبريت شمعي [أو خشبي] قصير.

ves·tal [vĕs′təl] *(n.; adj.)* (١) عذراء فيستا: عذراء مكرَّسة لخدمة فيستا، ربة نار الموقد عند الرُّومان (٢) «أ» عذراء. «ب» راهبة § (٣) فيستاويّ: ذو علاقة بـ«فيستا» (٤) طاهر؛ بتوليّ.

vestal virgin *(n.)* (١) vestal *1* (٢) امرأة عفيفة.

vest·ed [vĕs′tĭd] *(adj.)* (١) «أ» مَنوطٌ بـ. «ب» راسخ؛ ثابت (٢) مُكْتَسَب؛ مكتَسَب كحقّ (٣) مكسوّ [بثياب إكليركية].

vested interest *(n.)* (١) الفائدة المكتَسَبة (ق) (٢) مَصْلحة فرديّة أو خاصّة.

vest·ee [vĕs tē′] *(n.)* (١) شبه صُدْرة [للرِّجال] (٢) صُدْرة نسائيّة زِينيّة.

ves·ti·ar·y [vĕs′tĭ ĕr′ĭ; -chē-] *(n.)* (١) حجرة الثِّياب [في دَيْر أو غيره] (٢) ملابس. وبخاصة: أردية إكليركيّة.

ves·tib·u·lar [vĕs tĭb′yə-] *(adj.)* (١) مَجازيّ؛ رَدْهيّ (٢) دِهليزيّ.

ves·ti·bule [vĕs′tə byo͞ol′] *(n.; vt.)* (١) مَجاز أو رَدْهة (٢) مَدْخل مسقوف [في طَرَف حافلة من حافلات الرُّكّاب في السِّكّة الحديديّة] (٣) دِهليز (ت) <the ~ of the ear> § (٤) يجعله ذا مجاز أو رَدْهة.

vestibule school *(n.)* مدرسة المصنع [يُدرَّب فيها العمّال الجُدد].

ves·tige [vĕs′tĭj] *(n.)* (١) «أ» أثَر. «ب» أثر القدم. «ج» ذرَّة؛ بقيّة ضئيلة (٢) عضوٌ أثاريّ؛ عضوٌ لاوظيفيّ (أح).

ves·tig·i·al [vĕ stĭj′ē əl] *(adj.)* (١) أثريّ (٢) أثاريّ؛ لاوظيفيّ (أح).

ves·tig·i·um [-′ē əm] *(n.)* pl. **-i·a** [ē ə] = vestige.

vest·ment [vĕst′-] *(n.)* (١) ثوب؛ رداء (٢) *pl.*: ملابس (٣) رداء كهنوتيّ.

vest–pock·et [vĕst′pŏk′ĭt] *(adj.)* (١) جَيْبيّ: مُعَدٌّ لِلحَمْل في جيب الصُّدْرة (٢) صغير جدًّا <~ political parties>.

ves·try [vĕs′trē] *(n.)* (١) sacristy (٢) حجرة للاجتماعات والصُّفوف الكَنَسيّة (٣) مجلس الكنيسة.

ves·try·man [vĕs′trē mən] *(n.)* عضوٌ في مجلس الكنيسة.

ves·try·wo·man [vĕs′-] *(n.)* امرأةٌ عضوٌ في مجلس الكنيسة.

ves·ture [vĕs′chər] *(n.; vt.)* (١) «أ» ثوب. «ب» ثياب (٢) غطاء § (٣) يكسو.

ve·su·vi·an [və so͞o′-] *(adj.; n.)* (١) *cap.*: «أ» فيزوفيّ: منسوب إلى بركان فيزوف بإيطاليا. «ب» بركانيّ § (٢) عود كبريت لإشعال السيجار.

vet [vĕt] *(n.; vt.; i.)* (١) طبيب بيطريّ (٢) veteran § (٣) يطبِّب [حيوانًا أو إنسانًا] (٤) «أ» يفحص. «ب» يدقِّق x (٥) يعمل في حقل الطِّبّ البيطريّ.

vetch [vĕch] *(n.)* البِيقيّة؛ البيقة: نبات عَلَفيّ.

vetch·ling [vĕch′lĭng] *(n.)* الجُلْبان: نباتٌ عُشبيّ صغير.

vet·er·an [vĕt′ər ən] *(n.; adj.)* (١) «أ» المتمرِّس: جنديّ أو بحّار محنّك أو عريق. «ب» محارب قديم. «ج» شخص ممرَّس في السِّياسة أو في مهنة ما (٢) شجرة معمِّرة § (٣) محنَّك؛ ممرَّس؛ عريق (٤) متعلِّق بالمحاربين القدماء

<~ allowances>.

Veterans Day *(n.)* = Remembrance Day.

vet·er·i·nar·i·an [vĕt′ər ə nâr′ĭ ən] *(n.)* طبيب بيطريّ .

vet·er·i·nar·y [-′ər ə nĕr′ĭ] *(adj.; n.)* (١) بيطريّ § (٢) طبيب بيطريّ .

veterinary surgeon *(n.)* طبيب بيطريّ (بر) .

vet·i·ver [vĕt′ə vər] *(n.)* (١) نَجيل الهند : عشب عطريّ الجذور (٢) جذور نجيل الهند .

ve·to [vē′tō] *(n.; vt.)* (١) مَنْع ؛ تحريم (٢) الفيتو : «أ» حَقّ النَّقض أو الرَّفض . «ب» بيان [يُصدره الملك أو رئيس الجُمهوريّة] بالأسباب الداعية إلى رفضه مشروعَ قرارٍ ما § (٣) يأبى الموافقةَ على (٤) يرفض [مستخدمًا الفيتو] .

vex [vĕks] *(vt.)* (١) يَغيظ ؛ يُناكِد ؛ يُثير (٢) يُحيِّر ؛ يُربِك (٣) يناقش [المسألةَ] مطوَّلًا (٤) يَهيج ؛ يتقاذف (٥) يسبِّب ألمًا جسديًّا .

vex·a·tion [vĕks ā′-] *(n.)* (١) إغاظة إلخ (٢) مصدر إغاظة (٣) انزعاج .

vex·a·tious [vĕks ā′shəs] *(adj.)* (١) «أ» مُغيظ . «ب» مقصودٌ به الإغاظة (٢) مضطرب <a ~ period in her life> .

vexed [vĕkst] *(adj.)* (١) مَغيظ (٢) مُناقَشٌ مطوَّلًا ؛ مطروحٌ تكرارًا <a ~ question> (٣) مُهاج ؛ متقاذَف .

vex·il·lar·y [vĕks′ə lĕr′ĭ] *(n.; adj.)* (١) مقاتل رومانيّ [تحت لواءٍ معيَّن] (٢) حامل اللواء § (٣) لِوائيّ (٤) بَنْدِيّ (را . *2* vexillum) .

vex·il·late [vĕk′sə lāt; -lĭt] *(adj.)* مُبنَّد : ذو بَنْد («نب» و«ح») .

vex·il·lol·o·gy [vĕk′sə lŏl′ə jĭ] *(n.)* الأعلاميّة : دراسة الأعلام أو البُنود .

vex·il·lum [vĕk sĭl′əm] *(n.)* pl. **-la** [-lə] (١) لواء أو عَلَم مربَّع (٢) البَنْد : «أ» البَتَلة الكبيرة العُليا في بعض الزَّهرات . «ب» الجزء العريض اللَّيِّن من ريشة الطائر (٣) اللِّواء : كتيبة رومانيّة .

vi·a [vī′ə; vē′ə] *(prep.)* (١) من طريق كذا (٢) بواسطة كذا .

vi·a·ble [vī′ə bəl] *(adj.)* (١) قابلٌ للحياة أو للنُّموّ (٢) قابلٌ للحياة خارجَ الرَّحِم ؛ عَيّاش <a ~ fetus> (٣) قابلٌ للنجاح أو للتطبيق : عَمَليّ .

via·duct [vī′ə dŭkt′] *(n.)* جِسْر [مُقام على سلسلة من العقود والأعمدة] .

viaduct

vi·al [vī′əl] *(n.; vt.)* (١) قنّينة ؛ زُجاجة ؛ قارورة § (٢) يضع في قنّينة .

via me·dia [vī′ə mē′dĭ ə] *(n.)* طريق وسط ؛ نقطة متوسِّطة .

vi·and [vī′ənd] *(n.)* (١) صنفٌ من الطَّعام (٢) *pl.* : مُؤَن ؛ أطعِمة .

vi·at·i·cum [vī ăt′ə kəm] *(n.)* pl. **-cums** *or* **-ca** [kə] (١) «أ» تعويض نفقات السَّفَر . «ب» زادُ المسافر (٢) قربان الموت (نص) .

vi·a·tor [vī ā′tôr] *(n.)* المسافر .

vibe [vīb] *(n.)* <good ~*s*> *pl.* عد : الجوّ : حالة سائدة [عاطفيّة عادةً] .

vib·ist [vī′bĭst] *(n.)* النَّقّار : عازف النَّقّارة أو الفيبرافون vibraphone .

vi·brac·u·lum [vī brăk′yə ləm] *(n.)* pl. **-la** [lə] السَّوْط : زائدة في بعض الحيوانات شبيهةٌ بالسَّوط .

vibracula

vi·bran·cy [vī′brən sĭ] *(n.)* = vibration.

vi·brant [vī′brənt] *(adj.)* (١) «أ» مُهْتَزّ ؛ مُرْتَجّ ؛ مُتَذبذِب . «ب» نابض بالحياة أو النَّشاط <her ~ personality> . «ج» شديد الحساسية (٢) مدوٍّ ؛ رنّان (٣) برّاق ؛ لمّاع <a ~ color> .

vi·bra·phone [vī′brə-] *(n.)* الفيبرافون ؛ النَّقّارة : آلة موسيقيّة من آلات النَّقر .

vi·brate [vī′brāt] *(vt.; i.)* (١) يَهُزّ ؛ يُذَبْذِب (٢) يقيس بالتَّذبذب أو النَّوسان <a pendulum *vibrating* seconds> (٣) يجعله يرتجف x (٤) يَهْتَزّ ؛ يَتذَبْذب ؛ يَنُوس (٥) يتردَّد (٦) يستجيب لـ (٧) يرتجف .

vi·bra·tile [vī′brə tĭl; -tīl] *(adj.)* (١) مُهتزّ (٢) اهتزازيّ .

vi·bra·tion [vī brā′-] *(n.)* (١) اهتزاز ؛ ذبذبة ؛ نَوسان (٢) ارتجاف (٣) تردُّد .

vi·bra·tive [vī′brā tĭv] *(adj.)* = vibratory.

vi·bra·to [və brä′tō; vĭ-] *(n.)* الأثَر الاهتزازيّ ؛ الرجرجة (مو) .

vi·bra·tor [vī′brā tər] *(n.)* (١) فا vibrate (٢) الهزّازة : أداة تُحدِث الاهتزاز وتُستعمَل في التَّدليك (٣) أداة اهتزازيّة [كالجرس الكهربائيّ] .

vi·bra·to·ry [vī′brə-] *(adj.)* (١) اهتزازيّ (٢) مُهتزّ (٣) مسبِّب للاهتزاز .

vib·rio [vĭb′rĭ ō′] *(n.)* الضَّمّة ، الذَّبّ : بكتيرٌ شبيه الشَّكل بالفاصلة أو بحرف s (كح) .

vib·ri·o·sis [vĭb rĭ ō′-] *(n.)* الضَّمِّيّ : داءٌ ناشئ عن ضمّات (را . vibrio) .

vi·bris·sa [vī brĭ′sə] *(n.)* pl. **-e** [ē] الشَّعْرة الأنفيّة : إحدى شَعَرات الأنف القاسية عند كثير من الثدييّات [كشَعْر شاربَي القطّة] .

vi·bro·graph [vī′brə-] *(n.)* مِرسمة الاهتزاز : أداة لمراقبة الاهتزازات وتسجيلها .

vi·brom·e·ter [vī brŏm′ə tər] *(n.)* = vibrograph.

vi·bron·ic [vī brŏn′ĭk] *(adj.)* اهتزازيألكتروني ؛ اهتزازيّ ألكترونيّ (فز) .

vi·bur·num [vī bûr′nəm] *(n.)* (١) الوِيبُرنوم : شُجَيْرة يُستخدم لحاؤها المجفَّف طبِّيًّا (٢) لحاءُ الويبرنوم المجفَّفُ .

vic·ar [vĭk′ər] *(n.)* (١) وكيل ؛ نائب ؛ ممثِّل (٢) قَسّ ؛ كاهن .

vic·ar·age [vĭk′ər ĭj] *(n.)* مقرُّ القَسّ أو وظيفتُهُ أو راتبُهُ .

vic·ar·ate [vĭk′ər ĭt; -āt′] *(n.)* = vicariate.

vicar fo·rane [fō rān′] *(n.)* النّائب الأسقفي (كث) .

vicar–general *(n.)* (١) النّائب الأسقفيّ العامّ (كث) (٢) رأس رهبنة (كث) .

vi·car·i·al [vī kâr′ĭ əl] *(adj.)* وكيليّ ؛ نائبيّ <~ duties> .

vi·car·i·ate [vī kâr′ĭ ĭt: -āt′] *(n.)* منصبُ القسّ أو منطقتُهُ .

vi·car·i·ous [vī kâr′ĭ əs] *(adj.)* (١) غَيْريّ : مُنْجَزٌ أو متحَمَّلٌ نيابةً عن الآخرين أو لمصلحتهم <~ sacrifice> (٢) بديليّ ؛ نائبٌ مَناب .

Vicar of Christ البابا ؛ الحَبْر الأعظم .

vice [1] [vīs] *(n.)* (١) رذيلة (٢) عَيْب ؛ شائبة ؛ نَقيصة (٣) فساد (٤) شرّ ؛ أذًى (٥) فُسوق ؛ بغاء (٦) مهرِّج ؛ بهلوان .

vice [2] [vīs] *(n.; vt.)* = vise.

vice [3] [vīs; vī′sē] *(prep.)* بدلًا من ؛ خَلَفًا لِـ .

vice- بادئة معناها : نائب <*vice*-president> .

vice admiral *(n.)* (١) لواءٌ بحريّ ؛ نائب أميرال (٢) رتبة نائب الأميرال .

vice–chan·cel·lor *(n.)* نائب رئيس دَولة ؛ نائب المستشار [في ألمانيا] .

vice–con·sul [vīs'kŏn'səl] *(n.)* نائب قنصل .

vice·ge·rent [-jēr'ənt] *(n.)* نائب أو وكيل إداريّ لملك أو حاكم .

vic·e·nar·y [vĭs'ə nĕr'ĭ] *(adj.)* عِشْرونيّ : متعلّق بالعدد عشرين .

vi·cen·ni·al [vī sĕn'ĭ əl] *(adj.)* عِشْروني : «أ» حادثٌ ، أو مصنوعٌ ، كلَّ عشرين سنة . «ب» دائمٌ ، أو مؤلَّفٌ من ، عشرين سنة .

vice–pres·i·den·cy [vīs'prĕz'ə dən sĭ] *(n.)* نيابة الرِّئاسة .

vice–pres·i·dent [vīs'prĕz'ə dənt] *(n.)* نائب الرَّئيس .

vice·re·gal [vīs rē'gəl] *(adj.)* نائبمَلِكيّ : ذو علاقة بنائب المِلك .

vice–re·gent [vīs'rē'jənt] *(n.)* نائب الوصيّ [على العرش] .

vice·reine [vīs'rān'] *(n.)* (١) زوجة نائب المِلك (٢) نائبة المِلك .

vice·roy [vīs'roi] *(n.)* (١) نائب مِلك (٢) نائب المِلك : فراشة أميركيّة .

viceroy 2.

vice·roy·al·ty [vīs roi'əl tĭ] *(n.)* نيابة المِلك : منصب نائب المِلك .

vice·roy·ship [vīs'roi shĭp] *(n.)* = viceroyalty.

vice squad *(n.)* فرقة الأخلاق : فرقة من الشُّرطة مكلَّفة بمكافحة الرَّذيلة .

vice ver·sa [vī'sĭ vûr'sə; vīs'-] *(adv.)* والعكس بالعكس .

Vi·chy water [vĭ'shē] *(n.)* مياه ڤيشي [المعدنيّة الفوّارة] .

vic·i·nage [vĭs'ə nĭj] *(n.)* = vicinity.

vic·i·nal [vĭs'ə nəl] *(adj.)* (١) مجاور (٢) محلّيّ (٣) تجاوريّ (ك) .

vi·cin·i·ty [vĭ sĭn'ə tĭ] *(n.)* (١) قُرْب (٢) جِوار ؛ منطقة مجاورة .

vi·cious [vĭsh'əs] *(adj.)* (١) فاسد [أخلاقيًّا] ؛ شرِّير ؛ أثيم (٢) «أ» رديء . «ب» باطل <a ~ bill> . «ج» فاسد <~ reasoning> (٣) ضارٍ ؛ وحشيّ (٤) شديد ؛ قاسٍ <a ~ headache> (٥) خبيث <a ~ tumor> .

vicious circle *(n.)* الدَّور ؛ الحَلْقة المُفْرَغة .

vi·cis·si·tude [vĭ sĭs'ə tyood] *(n.)* (١) تقلُّب ؛ تغيُّر (٢) تعاقُب .

vi·cis·si·tu·di·nous [vĭ sĭs'ə tyoo'də nəs] *(adj.)* متقلِّب ؛ متغيِّر .

vic·tim [vĭk'-] *(n.)* (١) ضحيّة (٢) الأُضْحِيَة البشريّة [في بعض الطقوس البدائيّة] .

vic·tim·ize [vĭk'tə mīz'] *(vt.)* (١) «أ» يُضحِّي بـ . «ب» يذبح كضحيّة (٢) يخدع ؛ يحتال على .

— **vic·tim·i·za·tion** *(n.)*

vic·tim·less [vĭk'-] *(adj.)* بلا ضحيّة <a ~ crime> .

vic·tor [vĭk'tər] *(n.)* المنتصِر ؛ المتغلِّب ؛ الظّافر ؛ الفائز .

Vic·tor. *v* ڤيكتور : كلمة شيفرة للاتصالات ترمز إلى الحرف *v* .

vic·to·ri·a [vĭk tōr'ĭ ə] *(n.)* الفِكْتوريَّة : «أ» مركبة أو سيّارة مكشوفة . «ب» نبات أميركيّ مائيّ .

victoria *a.*

victoria *b.*

Victoria Cross *(n.)* صليب ڤيكتوريا : وِسام بريطانيّ لأبطال الحرب .

Vic·to·ri·an [vĭk tōr'-] *(adj.; n.)* (١) ڤيكتوريّ : منسوب إلى الملكة ڤيكتوريا الإنكليزية (١٨٣٧-١٩٠١) § (٢) الڤيكتوريّ : أحد أبناء عصر الملكة ڤيكتوريا .

Vic·to·ri·an·ism [-ĭ ə nĭz'əm] *(n.)* الڤيكتوريانيّة : خصائص العصر الڤيكتوريّ أو الاتّجاهات الفكريّة والأخلاقيّة التي سادت فيه .

vic·to·ri·ous [vĭk tōr'ĭ əs] *(adj.)* (١) منتصر ؛ غالب ؛ ظافر (٢) انتصاريّ .

vic·to·ry [vĭk'tə rĭ] *(n.)* (١) انتصار [على عدوّ أو خصم] (٢) نَصْر ؛ ظَفَر .

vic·tress [vĭk'trĭs] *(n.)* المنْتصِرة ؛ الظّافرة .

vict·ual [vĭt'əl] *(n.; vt.; i.)* (١) طعام [للإنسان] (٢) *pl.* : مُؤَن § (٣) يزوِّد بالطَّعام **x** (٤) يأكل (٥) ترعَى [الماشيةُ] (٦) يتزوَّد بالمؤَن .

vict·ual·ler *or* **vict·ual·er** [vĭt'əl ər] *(n.)* (١) صاحب مطعم أو نُزُل (٢) المموِّن : مزوِّد الجيش أو الأسطول بالطَّعام (٣) سفينة تموين .

vi·cu·ña *or* **vi·cu·na** [vĭ koon'yə] *(n.)* (١) الفِكّونة : حيوان جنوبأميركيّ ثديّ مُجْترّ (٢) وبر الفِكّونة أو نسيج مصنوع منه .

vicuña *1.*

vi·de [vī'dĭ; vē'dā'] *(v. imp.)* أُنظُرْ ؛ راجعْ .

vi·de·li·cet [vĭ dĕl'ə sĕt; vī-; wĭ dā'lĭ kĕt] *(adv.)* أيْ ؛ يعني .

vid·e·o [vĭd'ĭ ō'] *(adj.; n.)* (١) تلفزيونيّ (٢) ڤيديويّ § (٣) تلفزيون (٤) شريط ڤيديو .

video camera *(n.)* كاميرا الڤيديو ؛ آلة التصوير بالڤيديو .

video camera

vid·e·o·cas·sette [vĭ'dĭ ō kə sĕt'] *(n.)* عُلَيْبَة الڤيديو ؛ الڤيديو كاسيت .

videocassette recorder *(n.)* المسجِّلة العُلَيْبيّة (را . VCR) .

vid·e·o·con·fer·ence *(n.)* المؤتَمر الڤيديويّ : مؤتمر تواصليّ بواسطة الڤيديو .

vid·e·o·disc [vĭd'ĭ ō-] *(n.)* أسطوانة الڤيديو ، أو مادّة مسجَّلة عليها .

video game *(n.)* لُعْبَة الڤيديو : لُعبة ألكترونيّة على شاشة الڤيديو .

vid·e·o·gen·ic [-jĕn'ĭk] *(adj.)* ڤيديويّ : ذو مظهر جذّاب على الڤيديو .

vid·e·og·ra·phy [vĭd'ĭ ŏg'-] *(n.)* التَّصوير الڤيديويّ : فنّ التَّصوير بكاميرا الڤيديو .

video jockey *(n.)* = veejay.

vid·e·o·phone [vĭd'ĭ ə fōn'] *(n.)* التّلفون أو الهاتف الڤيديويّ .

vid·e·o·tape [vĭd'ĭ ō tāp'] *(n.; vt.)* (١) شريط الڤيديو § (٢) يصوِّر على شريط ڤيديو .

vid·e·o·tex [-tĕks'] *also* **vid·eo·text** *(n.)* الڤيديوتكس ؛ الڤيديوتكست : تقنيّة بث للمعلومات عبر كابلات التلفزيون أو خطوط الهاتف والتقاطها على شاشة التلفزيون أو الكومبيوتر .

vi·dette [vĭ dĕt'] *(n.)* = vedette.

vie [vī] *(vi.; t.)* (١) يتنافس **x** (٢) يُباري ؛ ينافس (ا . ق) .

Viet·minh [vē'ĕt mĭn'] *(n.)* الڤيتْمِنْه : النصير للحركة الشيوعية الڤيتناميّة .

ă at; **ā** date; **â** care; **ä** car; **ĕ** egg; **ē** me; **ĭ** in; **ī** bite; **ŏ** lot; **ō** bone; **ô** orphan; **oi** boil; **oo** good; **oo** boot; **ou** out; **ŭ** under; **û** urgent; **ə** = *a* in alone, *e* in system, *i* in easily, *o* in gallop, *u* in circus.

Viet·nam·ese [vĭ ĕt′nä mēz′; -mēs′] *(n.; adj.)* (١) الفيتناميّ : أحد أبناء فيتنام (٢) الفيتناميّة : لغة فيتنام الرَّسميّة § (٣) فيتناميّ .

view [vyōō] *(n.; vt.)* (١) «أ» رؤية . «ب» معاينة (٢) «أ» تمحيص . «ب» دراسة ؛ بحث (٣) فكرة ؛ رأي (٤) ملخَّص (٥) مشهد ؛ منظر (٦) «أ» مرأًى . «ب» العِيان <The ship came into ~.> (٧) هدف <with no ~ in mind> (٨) شيء متوقَّع (٩) صورة § (١٠) يشاهد ؛ يراقب (١١) يفحص (١٢) يدرس [مشكلة أو طلبًا] .

in ~ of نظرًا لِ ؛ بالنَّظر إلى ؛ بسبب .

on ~, معروض [على الأنظار] .

with a ~ to بقصْدِ كذا ؛ لكَيْ ؛ رجاءَ أن .

view·er [vyōō′ər] *(n.)* (١) فا view (٢) مِنظار (٣) مُشاهد التّلفزيون .

view·er·ship [-shĭp′] *(n.)* مشاهدو التلفزيون [من حيث عددُهم أو نوعيَّتُهم] .

view·less [vyōō′ləs] *(adj.)* (١) غير منظور (٢) غير مُبْدٍ رأيًا .

view·point [vyōō′point′] *(n.)* وجهة نظر .

view·y [vyōō′ĭ] *(adj.)* (١) خياليّ ؛ غير عَمَليّ (٢) «أ» مُبَهْرَج ؛ مُزَوَّق . «ب» spectacular .

vi·ges·i·mal [vī jĕs′ə məl] *(adj.)* عِشرونيّ : مبنيّ على الرَّقم ٢٠ .

vig·il [vĭj′əl] *(n.)* (١) عشيّة العيد . وبخاصة : حين تُقضَى بالصلاة والصِّيام (٢) .pl عد : صلوات المساء (٣) سَهَر ؛ يقظة (٤) مراقبة .

vig·i·lance [vĭj′ə ləns] *(n.)* يَقظة ؛ حَذَر ؛ احتراس .

vigilance committee *(n.)* لجنة الأمن الأهليّة : لجنةٌ من المواطنين تأخذ على عاتقها مُهِمَّة توطيد النِّظام ومعاقبة المجرمين [وبخاصة حين يعجز القانون عن ذلك] .

vig·i·lant [vĭj′ə lənt] *(adj.)* يَقِظ ؛ حَذِر ؛ محترس .

vig·i·lan·te [vĭj′ə lăn′tĭ] *(n.)* عضوٌ في لجنة أمنٍ أهليّة .

vi·gnette [vĭn yĕt′] *(n.; vt.)* (١) المزخرَفة : نقش صغير يُوضَع في أوّل الكتاب أو آخره (٢) الصورة المتدرِّجة : صورة تتلاشى ألوانُها تدريجيًّا لتشاكلَ اللونَ المحيطَ بأطرافها (٣) «أ» مقطع أدبيّ وصفيّ قصير . «ب» حادث أو مشهد [في مَسْرحيّة أو فيلم] § (٤) يدرِّج : يرسم صورة متدرِّجة (٥) يصف أو يصوِّر بإيجاز .

vig·or *or* **vig·our** [vĭg′ər] *(n.)* (١) نشاط ؛ قوّة ؛ زَخْم (٢) حماسة (٣) سَرَيان مفعول <That law is still in ~.> .

vi·go·ro·so [vĭg′ə rō′sō; -zō] *(adj. or adv.)* بنشاط (مو) .

vig·or·ous [-′ər əs] *(adj.)* (١) نشيط ؛ قويّ (٢) متَّسِم أو مؤدًّى بقوَّة ونشاط .

—vig·or·ous·ly *(adv.)*

Vi·king [vī′kĭng] *(n.)* (١) «أ» الفايكنغ : قرصان إسكندينافيّ . «ب» *not cap.* : قرصان (٢) الإسكندينافيّ : شخص إسكندينافيّ .

vi·la·yet [vē′lä yĕt′] *(n.)* الولاية : تقسيم إداريّ في تركيا .

vile [vīl] *(adj.)* (١) تافه ؛ حقير (٢) «أ» رديء ؛ كريه . «ب» فاسد ؛ قَذِر (٣) خسيس ؛ وضيع (٤) جدير بالازدراء .

—vile·ly *(adv.)*

vil·i·fi·er [vĭl′ə fī ər] *(n.)* (١) الحاطُّ [من القَدْر] (٢) الذّامّ ؛ المشوِّه للسُّمعة .

—vil·i·fi·ca·tion *(n.)*

vil·i·fy [vĭl′ə fī] *(vt.)* (١) يحطّ من قدره (٢) يذمّ ؛ يشوّه السُّمعة .

vil·i·pend [vĭl′ə pĕnd′] *(vt.)* (١) يزدري (٢) يستخِفّ بِـ .

vill [vĭl] *(n.)* (١) الناحية ؛ الدائرة [في نظام الإقطاع] (٢) قرية .

vil·la [vĭl′ə] *(n.)* دارَة ؛ مَغْنًى ؛ فيلّا [في الرِّيف أو الضواحي] .

vil·la·dom [vĭl′ə dəm] *(n.)* دُنيا الدّارات ونُزَلائها (بر) .

vil·lage [vĭl′ĭj] *(n.; adj.)* (١) قرية (٢) أهل القرية § (٣) قَرَويّ .

vil·lag·er [vĭl′ĭj ər] *(n.)* القَرَويّ : أحد أبناء القرية .

vil·lage·ry [vĭl′ĭj ə rĭ] *(n.)* قُرًى .

vil·lain [vĭl′ən] *(n.)* (١) villein (٢) السّاذج ؛ الجِلف (٣) النَّذل ؛ الوغد ؛ الدُّون .

vil·lain·ess [vĭl′ə nĭs] *(n.)* النَّذلة ؛ الجِلفة إلخ .

vil·lain·ous [vĭl′ən əs] *(adj.)* (١) نَذْل ؛ خسيس (٢) حقير ؛ رديء ؛ بغيض (٣) شرِّير <a ~ scheme> .

vil·lain·y [vĭl′ən ĭ] *(n.)* (١) نَذالة ؛ خِسَّة (٢) جريمة (٣) خيانة .

vil·la·nel·la [vĭl′ə nĕl′ə] *(n.)* الفيلانيلّة : أغنية إيطاليّة ريفيّة من القرن ١٦ .

vil·la·nelle [vĭl′ə nĕl′] *(n.)* الفِيلانِلِّية : قصيدة ثُنائيّة القافية .

vil·lat·ic [vĭ lăt′ĭk] *(adj.)* قَرَويّ ؛ ريفيّ .

vil·lein [vĭl′ən; -ān′] *(n.)* فلّاح نِصف حُرّ [في النِّظام الإقطاعي] .

vil·li·form [vĭl′ə-] *(adj.)* (١) زَغَبيّ (٢) زِئْبريّ : شبيهٌ بزِئْبر المخمل .

vil·los·i·ty [vĭ lŏs′ə tĭ] *(n.)* (١) الزَّغَبيّة : كون الشيء زَغِبًا (٢) زَغْبة (٣) سطحٌ أو إهابٌ زَغِبٌ .

vil·lous [vĭl′əs] *(adj.)* (١) زَغِب ؛ أَزْغَب : مكسوّ بالزَّغَب (٢) زَغَبيّ .

villous membrane

vil·lus [vĭl′əs] *(n.)* pl. **vil·li** [-ī′; -ē′] الزَّغْبة : واحدة الزَّغَب («أح» و«نب») .

vim [vĭm] *(n.)* حيويّة ؛ هِمَّة ؛ نشاط .

vi·min·e·ous [vĭ mĭn′ĭ əs] *(adj.)* (١) أُمْلُوديّ (٢) مُطْلِعٌ أماليدَ أو غُصَيْنات (نب) .

vi·na [vē′nä] *(n.)* الفِينة : آلة موسيقيّة هنديّة .

vina

vi·na·ceous [vī nā′shəs] *(adj.)* (١) خَمْريّ ؛ عِنَبيّ (٢) خمريّ اللَّون .

vin·ai·grette [vĭn′ə grĕt′] *(n.; adj.)* (١) المثقَّبة : قارورة مثقَّبة [لأملاح الشمّ وما إليها] § (٢) مقدَّم مع صلصة الخلّ <~ asparagus> .

vinaigrette sauce *(n.)* صلصة الخلّ : صلصةٌ قِوامُها خلّ وزيت وبصل وأعشاب .

vi·nasse [vĭ năs′] *(n.)* الثُّفْل : ما يرسب في المِقْطَر بعد التَّقطير .

Vin·cent's angina *or* **Vincent's infection** [vĭn′sənts; văn sänz′] *(n.)* خُناق فَنْسان الغِشائيّ المتقرِّح (مض) .

vin·ci·ble [vĭn′sə bəl] *(adj.)* يُقْهَر ؛ يُغْلَب : ممكنٌ قهرُهُ أو التَّغلُّب عليه .

vin·cu·lum [vĭng′kyə-] *(n.)* pl. **-s** *or* **-la** (١) رابطة ؛ صِلة (٢) المُعَلّاة : خطّ يُرْسَم فوق كمّيّة رياضيّة متعدِّدة الأجزاء لربطها معًا .

vin·di·cate [vĭn′də kāt′] *(vt.)* (١) يبرّئ (٢) يُثبِت (٣) يبرِّر؛ يسوِّغ (٤) يصون؛ يحمي؛ يدافع عن (٥) يدَّعي لنفسه حقًّا في كذا (٦) ينتقم؛ يثأر.

vin·di·ca·tion [vĭn′də kā′shən] *(n.)* مص vindicate. وبخاصة: تبرئة؛ إثبات؛ تبرير؛ دفاع إلخ.

vin·di·ca·tor [vĭn′də kāt′-] *(n.)* المبرِّئ؛ المُثبِت؛ المُبرِّر؛ المُدافع إلخ.

vin·di·ca·to·ry [vĭn′də kə tōr′ĭ] *(adj.)* (١) تبريريّ؛ دفاعيّ (٢) قِصاصيّ؛ انتقاميّ.

vin·dic·tive [vĭn dĭk′tĭv] *(adj.)* (١) حقود؛ محبّ للانتقام (٢) انتقاميّ.

vine [vīn] *(n.; vi.)* (١) الكَرْمة (٢) نبات مُعْترِش أو ساقُهُ § (٣) يتعرّش.

vin·e·al [vĭn′ĭ əl] *(adj.)* خمريّ: منسوب إلى الخمرة أو ذو علاقة بها.

vine·dress·er [vīn′-] *(n.)* الكَرْمِيّ: من يشذِّب الكرمة أو يتعهّدها بالعناية.

vin·e·gar [vĭn′ə gər] *(n.)* (١) خَلّ (٢) نَكَد؛ مرارة (٣) حيويّة.

vin·e·gared [vĭn′ə gərd] *(adj.)* مُخَلَّل: مُنكَّه بالخَلّ أو منقوع فيه.

vinegar eel *(n.)* دودة الخلّ.

vin·e·gar·ish [vĭn′ə gər ĭsh] *(adj.)* (١) خَلّيّ أو حامضٌ بعضَ الشَّيء (٢) شَكِس؛ نَكِد؛ لاذع الملاحظة.

vin·e·gar·roon [vĭn′ə gə ro͞on′] *(n.)* العقرب الخَلّيّ: عقرب سَوْطيّ (را. whip scorpion) يُطلِق حين يُستثار رائحةً كرائحة الخلّ.

vinegarroon

vin·e·gar·y [vĭn′ə gə rĭ] *(adj.)* (١) خلّيّ (٢) نَكِد؛ شَرِس.

vin·er·y [vī′nə rĭ] *(n.)* (١) كَرْم (٢) المَعْنَبَة: دفيئة لاستنبات الكرمة بالحرارة.

vine·yard [vĭn′yərd] *(n.)* (١) كَرْم (٢) حقلُ نشاط المرء.

vingt–et–un [văn tē œn′] *(n.)* = twenty–one 2.

vi·nic [vī′nĭk] *(adj.)* خمريّ؛ كحوليّ <~ ether>.

vi·ni·cul·ture [vĭn′ə kŭl′chər] *(n.)* الكِرامة: زراعة الكَرْمة.

vi·ni·fi·ca·tion [vĭn′ə fĭ kā′-] *(n.)* صُنعُ الخمر [بتخمير عصير الفاكهة].

vi·nom·e·ter [vĭ nŏm′-] *(n.)* المِكْحال: أداة لقياس نسبة الكحول.

vi·nos·i·ty [vī nŏs′ə tĭ] *(n.)* الخَمْريّة: قَوام الخمر أو نكهتُها أو لونُها.

vi·nous [vī′nəs] *(adj.)* (١) خَمْريّ (٢) سُكْريّ: ناشئ عن السُّكْر (٣) خمريّ اللَّون.

vin·tage [vĭn′tĭj] *(n.; adj.)* (١) «أ» غَلّةُ الكَرْم. «ب» خمر. وبخاصة: خمر معتّقة. «ج» جماعة؛ زُمْرة (٢) قَطف العنب؛ صنع الخمر [أو موسمُهما] (٣) «أ» عهد نشوء شيء أو صنعه <a car of 1920 ~>. «ب» عُمْر § (٤) «أ» كلاسيكيّ. «ب» عتيق. «ج» عتيق الزيّ (٥) ممتاز؛ مختار: منتخَب باعتباره الأكثرَ تمثيلًا لخصائص كذا <~ Shakespeare>.

vin·tag·er [vĭn′tĭj ər] *(n.)* قاطف العنب [لصنع الخمر].

vintage year *(n.)* (١) سنة صنع الخمر المعتّقة (٢) سنة ممتازة.

vint·ner [vĭnt′nər] *(n.)* (١) تاجر الخمر (٢) صانع الخمر.

vin·y [vī′nĭ] *(adj.)* (١) كَرْميّ؛ شبيهٌ بالكَرمة (٢) مكسوّ بالعرائش.

vi·nyl [vī′nĭl; vĭn′ĭl] *(n.)* (١) الفينيل (ك) (٢) أسطوانة فونوغراف فينيليّة.

vinyl resin *(n.)* الرّاتينج الفينيليّ (ك).

vi·ol [vī′əl] *(n.)* الفِيول: ضرب من الكمان (مو).

vi·o·la 1 [vē ō′lə] *(n.)* الكَمان الأوسط أو عازفُه (مو).

vi·o·la 2 [vī′ə lə] *(n.)* البنفسج (نب).

vi·o·la·ble [vī′ə lə-] *(adj.)* ممكن انتهاكُهُ أو اغتصابه أو الاعتداء عليه.

vi·o·la·ceous [vī′ə lā′shəs] *(adj.)* بَنَفْسَجيّ اللَّوْن.

vi·o·la da brac·cio [vē ō′lä dä brä′chô] *(n.)* كمان الذِّراع (مو).

viola da gam·ba [gäm′bə] *(n.)* كَمان السّاق (مو).

viola d'amore [vē ō′lä dä mô′rĕ] *(n.)* كَمانُ الحُبّ (مو).

vi·o·late [vī′ə lāt′] *(vt.)* (١) ينتهك [حرمة كذا] (٢) «أ» يعتدي على. «ب» يغتصب [فتاةً] (٣) يدنِّس [المقدسات].

vi·o·la·tion [vī′ə lā′shən] *(n.)* (١) انتهاك (٢) تدنيس [للمقدَّسات] (٣) اعتداء؛ اغتصاب [لفتاة].

vi·o·lence [vī′ə ləns] *(n.)* (١) عُنْف (٢) أذًى (٣) اغتصاب [لفتاة] (٤) «أ» اتِّقاد [في الشُّعور]. «ب» شدَّة؛ قسوة (٥) التَّحريف: تعديل لا مبرِّر له لألفاظ نصّ ما أو لمعانيه (٦) قوّة جامحة (٧) خلاف؛ نزاع.

vi·o·lent [vī′ə lənt] *(adj.)* (١) عنيف (٢) شديد؛ قاسٍ (٣) صارخ <~ colors> (٤) متّقد؛ شديد الانفعال؛ مهتاج عاطفيًّا؛ فاقدٌ السيطرةَ على نفسه (٥) غير طبيعيّ: ناشئ عن عمل من أعمال العنف <a ~ death> (٦) مشوَّه؛ محرَّف <a ~ interpretation>.

vi·o·let [vī′ə lĭt] *(n.; adj.)* (١) «أ» البنفسج. «ب» بنفسجة (٢) اللَّوْن البنفسجيّ § (٣) بنفسجيّ.

violet ray *(n.)* الشُّعاعة البنفسجيّة.

vi·o·lin [vī′ə lĭn′] *(n.)* (١) الكَمان؛ الكَمَنجة (مو) (٢) عازف الكمان.

vi·o·lin·ist [vī′ə lĭn′ĭst] *(n.)* الكَمانيّ: عازف الكَمان.

vi·o·list [vē′əl ĭst] *(n.)* عازفُ الكمانِ الأوسطِ (را. viola 1).

vi·o·lon·cel·list [vē′ə lən chĕl′-] *(n.)* عازف الفيولونسيل.

vi·o·lon·cel·lo [vē′ə lən chĕl′ō] *(n.)* الفيولونسيل (را. cello).

violoncello

vi·os·ter·ol [vī ŏs′tə rōl′] *(n.)* الفيوستيرول: فيتامين د٢ مذابًا في زيت نباتيّ يؤكَل (صي).

VIP [vē ī pē′] *(n.)* شخص عظيم الشّأن.

vi·per [vī′pər] *(n.)* (١) الأفعَى الخبيثة: أفعَى سامّة (٢) الخبيث؛ الغادر؛ المخادع.

viper *1.*

vi·per·ine [vī′pər ĭn; -pə rīn] *(adj.)* (١) أفْعَويّ (٢) سامّ؛ خبيث.

vi·per·ish [vī′pər ĭsh] *(adj.)* (١) أفْعَويّ (٢) خبيث؛ غادر (٣) سامّ.

vi·per·ous [vī′pər əs] *(adj.)* = viperish.

ă at; ā date; â care; ä car; ĕ egg; ē me; ĭ in; ī bite; ŏ lot; ō bone; ô orphan; oi boil; o͝o good; o͞o boot; ou out; ŭ under; û urgent; ə = *a* in alone, *e* in system, *i* in easily, *o* in gallop, *u* in circus.

vi·ra·go [vĭ rä′gō] *(n.)* (١) امرأة سليطة أو مشاكسة (٢) امرأة مُسْتَرْجِلة .

vi·ral [vī′rəl] *(adj.)* فِيروسيّ : متعلّق بفيروس أو ناشئ عنه (ط) .

vir·e·lay [vēr′ə lā′] *(n.)* الفيرلاي : شكل قديم من أشكال القصيدة الفرنسيّة .

vi·re·mi·a [vī rē′mē ə] *(n.)* ڤيروسيّة الدَّم (مض) .

vir·e·o [vēr′ĭ ō] *(n.)* الأُخَيْضِر : عصفور أميركيّ زيتونيّ اللَّوْن .

vi·res·cence [vī rĕs′əns] *(n.)* اخضِيرار ؛ اخضِرار .

vi·res·cent [vī rĕs′ənt] *(adj.)* مخضوضِر ؛ مُخْضَرّ .

vir·gate[1] [vûr′gĭt] *(n.)* الفرجيت : مقياس إنكليزيّ قديم للمساحة .

vir·gate[2] [vûr′gāt′] *(adj.)* (١) عَصَويّ : طويلٌ نحيلٌ مستقيمٌ كالعصا (٢) مُمَلَّد : كثير الأماليد أو الغُصَيْنات .

vir·gin [vûr′jĭn] *(n.; adj.)* (١) .*cap* : مريم العذراء (٢) «أ» العذراء . «ب» البَتُول : شخص لم يعرف الاتّصال الجنسيّ (٣) الغِرّ ؛ قليل التجربة § (٤) عُذْريّ ؛ بتوليّ (٥) طاهر ؛ عفيف (٦) بِكْر <~ forests; ~ iron> (٧) أوّل ؛ أُوْلَى <~ steps> (٨) سُلاف : مُنْتَجٌ من العَصْرَة الأُوْلَى <~ oil>.

vir·gin·al [vûr′jə-] *(adj.; n.)* (١) عُذْريّ ؛ بَتُوليّ (٢) بريء ؛ طاهر (٣) نقيّ § (٤) العُذْراويّة : آلة موسيقيّة شبيهةٌ ببيان صغير عديم القوائم .

virgin birth *(n.)* الولادة البَتُوليّة : عقيدة الحَبَل بلا دَنَس (نص) .

Virginia creeper *(n.)* مُعْتَرِش ڤيرجينيا : نبتة شمالأميركيّة معترشة .

vir·gin·i·ty [vər jĭn′-] *(n.)* (١) بُتولة (٢) عزوبة (٣) طهارة ؛ عِفّة .

vir·gin·i·um [vər jĭn′ĭ əm] *(n.)* الفَرجينيوم : عنصرٌ فِلزّيّ نادر (ك) .

Virgin Mary *(n.)* مريم العذراء .

virgin's bower *(n.)* تعريشة العذراء : ضربٌ معترشٌ من الظَّيّان clematis.

Vir·go [vûr′gō] *(n.)* (١) العذراء ؛ السُّنبلة (فل) (٢) بُرج العذراء [في التنجيم] (٣) مولود برج العذراء .

vir·gu·late [vûr′gyə lĭt; -lāt] *(adj.)* عَصَوِيّ الشَّكل .

vir·gule [vûr′gyōōl] *(n.)* الفاصلة المائلة (را .diagonal *4*) .

vi·ri·ci·dal [vī rə sīd′əl] *(adj.)* مُبيدٌ للفيروسات .

vi·ri·cide [vī′rə sīd′] *(n.)* = virucide.

vi·rid [vĭr′ĭd] *(adj.)* أخضر مُشرِق ؛ مخضوضر <~ fields> .

vir·i·des·cent [vēr′ə dĕs′ənt] *(adj.)* ضارب إلى الخُضرة .

vi·rid·i·an [və rĭd′ē ən] *(n.)* الأخضر الزَّبَرْجديّ (لون) .

vi·rid·i·ty [və rĭd′ə tĭ] *(n.)* (١) خُضرة ؛ اخضرار (٢) «أ» نَضارة . «ب» براءة ؛ سذاجة .

vir·ile [vĭr′əl] *(adj.)* (١) «أ» رُجوليّ . «ب» مكتمل الرُّجولة (٢) نشيط (٣) ذُكوريّ : خاصّ بالذُّكور (٤) حاسم ؛ قويّ .

vir·il·ism [vĭr′ə lĭz′əm] *(n.)* الاسترجاليّة ؛ التفحُّل : ظهور بعض صفات الرِّجال الثّانوية عند المرأة .

vi·ril·i·ty [və rĭl′ə tĭ] *(n.)* (١) رجولة ؛ رجوليّة (٢) نشاط ؛ قوّة .

vi·rol·o·gist [vī rŏl′ə-] *(n.)* الڤيروسيّ : الاختصاصيّ بالڤيروسات .

vi·rol·o·gy [vī rŏl′ə jĭ] *(n.)* مَبْحَث الڤيروسات (ط) .

vi·ro·sis [vī rō′sĭs] *(n.)* pl. **-ses** الدّاء الڤيروسيّ : داء ناشئ عن ڤيروس .

vir·tu [vər tōō′] *(n.)* (١) حُبّ الطُّرَف الفنّيّة (٢) طُرَف فَنّيّة .

vir·tu·al [vûr′chōō əl] *(adj.)* عمليّ ؛ فعليّ ؛ واقعيّ .

virtual image *(n.)* الصُّورةُ التَّقديريّة (ض) .

vir·tu·al·i·ty [vûr′chōō ăl′-] *(n.)* (١) الجوهر : جوهرُ الشيء أو كُنْهُه (٢) الاحتماليّة : إمكانية الحدوث .

vir·tu·al·ly [vûr′chōō ə-] *(adv.)* (١) عمليًّا ؛ فعليًّا ؛ واقعيًّا (٢) تقريبًا .

virtual value *(n.)* القيمة الافتراضيّة (كب) .

vir·tue [vûr′chōō] *(n.)* (١) فَضيلة (٢) مَنْقَبة ؛ مَزِيّة (٣) قوّة ؛ فعّاليّة ؛ تأثير (٤) طهارة ؛ عِفّة (٥) .*pl* : الطبقة الخامسة من طَبَقات الملائكة (كن) .

by *or* in ~ of (١) بفضل (٢) بمقتضى ؛ استنادًا إلى .

vir·tue·less [-lĭs] *(adj.)* (١) تافه ؛ عديم القيمة (٢) عديم الأخلاق .

vir·tu·os·i·ty [vûr′chōō ŏs′ə tĭ] *(n.)* (١) الولوع بالتُّحَف الفنّيّة (٢) براعة فنّيّة فائقة .

vir·tu·o·so [vûr′chōō ō′sō; -zō] *(n.)* pl. **-s** *or* **-si** [sē] (١) الباحث ؛ العالِم (٢) «أ» الفنّان . «ب» متذوّق الفنّ (٣) عازف الكمان إلخ .

vir·tu·ous [vûr′chōō əs] *(adj.)* (١) قويّ ؛ فعّال (٢) فاضل (٣) مستقيم [أخلاقيًّا] (٤) طاهر ؛ عفيف .

vi·ru·cide [vī′rə sīd] *(n.)* مُبيد الڤيروسات : عاملٌ مبيدٌ للڤيروسات .

vir·u·lence *or* **vir·u·len·cy** [vĭr′yə-] *(n.)* (١) خُبْث (٢) مرارة ؛ حِقد (٣) الفَوْعة : مِقدار حدّة الجرثوم أو الڤيروس .

vir·u·lent [vĭr′yə-] *(adj.)* (١) خبيث ؛ مُعْدٍ للغاية <a ~ illness> (٢) سامّ جدًّا (٣) قاسٍ (٤) شرّير ؛ عِدائيّ (٥) مُحْدِثٌ للمرض <a ~ pathogen>.

vir·u·lif·er·ous [vĭr′yə lĭf′-] *(adj.)* حاملٌ ڤيروسًا <~ aphids> .

vi·rus [vī′rəs] *(n.)* (١) سُمّ (٢) «أ» الڤيروس ؛ الحُمَة : عاملٌ محدِث للمرض . «ب» داء ڤيروسيّ (٣) لَقاح (٤) سُمّ أخلاقيّ أو عقليّ (٥) الڤيروس : برنامج يؤدّي إلى إتلاف المعلومات المختزَنة في الكومبيوتر .

vi·rus·tat·ic [vī rə stăt′ĭk] *(adj.)* عائق لنموّ الڤيروسات .

vis [vĭs] *(n.)* pl. **vi·res** [vī′rēz] قوّة .

vi·sa [vē′zə] *(n.; vt.)* (١) تأشيرة ؛ سِمَة [دخول] (٢) الفَسْح : توقيع بالموافقة [على وثيقة] § (٣) يؤشّر [على جواز السَّفر] ؛ يعطي تأشيرة (٤) يَفْسَح .

vis·age [vĭz′ĭj] *(n.)* (١) سيماء ؛ طَلْعَة ؛ مُحَيّا (٢) مَظْهر .

vis-à-vis[1] [vē′zə vē′] *(adv.)* (١) وجهًا لوجه (٢) معًا .

vis-à-vis[2] *(prep.)* (١) قُبالة (٢) تجاه ؛ إزاء (٣) بالمقارنة مع .

vis-à-vis[3] *(n.)* (١) المُواجِه . وبخاصة : شخص مواجِه لآخَر في الرَّقص أو اللَّعِب (٢) رفيق ؛ مرافق [في حفلة] (٣) tête-à-tête (٤) opposite number .

vis·ca·cha [vĭs kä′chə] *(n.)* الفِسْكاش : حيوان جنوبأميركيّ من القواضم .

vis·ce·ra [vĭs′ər ə] *(n. pl.)* (١) أحشاء (٢) أمعاء.

vis·cer·al [vĭs′ər əl] *(adj.)* (١) عميق (٢) غَرَزِيّ (٣) أحشائيّ ؛ أمعائيّ.

vis·cid [vĭs′ĭd] *(adj.)* (١) لَزِج ؛ دَبِق (٢) مكسوّ بمادّة لَزِجة.

vis·cid·i·ty [vĭs ĭd′ə tĭ] *(n.)* لُزُوجة ؛ تَلَزُّج ؛ تَدَبُّق.

vis·com·e·ter [vĭs kŏm′ə tər] *(n.)* المِلْزاج : مقياس اللُّزوجة.

vis·cose [vĭs′kōs′; -kōz′] *(n.; adj.)* (١) الفِسْكُوْز : مادّة لدائنيّة تُستخدم في صُنْع الحرير الصِّناعيّ إلخ § (٢) فِسْكوزيّ (٣) لَزِج ؛ دَبِق.

vis·co·sim·e·ter [vĭs′kō sĭm′ə tər] *(n.)* = viscometer.

vis·cos·i·ty [vĭs kŏs′-] *(n.)* (١) لُزوجة ؛ تلزُّج ؛ تدبُّق (٢) مُعامِل اللُّزوجة (فز).

vis·count [vī′kount] *(n.)* الفيكونت : نبيل دون الكونت وفوق البارون.

vis·count·cy [-sĭ]; **vis·count·ship** *(n.)* الفيكونتيّة : رتبة الفيكونت.

vis·count·ess [vī′koun tĭs] *(n.)* الفيكونتيسّة : «أ» زوجة الفيكونت أو أرملتُهُ. «ب» امرأة كالفيكونت رتبةً.

vis·count·y [vī′koun tĭ] *(n.)* الفيكونتيّة : «أ» رتبة الفيكونت. «ب» مقاطعة خاضعة لفيكونت.

vis·cous [vĭs′kəs] *(adj.)* لَزِج ؛ دَبِق.

vis·cus [vĭs′kəs] *(n.)* pl. **vis·cera** [vĭ′sə rə] (١) الحشا : واحد الأحشاء (٢) *pl.* : العواطف ؛ الانفعالات.

vise [vīs] *(n.; vt.)* (١) المِلْزَمة : أداة لها فكّان يُوضَع بينهما خشبٌ أو معدنٌ إلخ ويُشَدّ بالفتل والبرم ليثبت § (٢) يُمَلْزِم : يشدّ بملزمة.

vise *1.*

vi·sé[1] [vē′zā; vē zā′] *(n.)* = visa[1].

vi·sé[2] *(vt.)*, **vi·séd** *or* **vi·séed**; **vi·sé·ing** = visa *3-4*.

Vish·nu [vĭsh′nōō] *(n.)* فيشنُو : أحد أقانيم الثّالوث الهندوسيّ.

vis·i·bil·i·ty [vĭz′ə bĭl′-] *(n.)* (١) رؤية (٢) مجال الرُّؤية (٣) ظُهور ؛ جلاء <a researcher with high ~> (٤) قياس الإشعاع (ض).

vis·i·ble [vĭz′ə-] *(adj.)* (١) مَرْئيّ ؛ منظور (٢) واضح (٣) مُدْرَك ؛ متصوَّر (٤) ظاهر ؛ بيِّن <no ~ end to the conflict>. **—vis·i·ble·ness** *(n.)*

Vis·i·goth [vĭz′ĭ gŏth] *(n.)* القُوطيّ الغربيّ : واحد القوط الغربيين.

vi·sion [vĭzh′ən] *(n.; vt.)* (١) «أ» طَيْف ؛ خيال. «ب» رؤيا (٢) تخيُّل (٣) بصيرة (٤) الكَشْف : تجلّي الذات الإلٰهية (للصوفيّ إلخ) (٥) رؤية (٦) حاسّة البصر (٧) «أ» شيء مَرْئيّ. «ب» شخص أو مشهد فاتن § (٨) يتخيّل ؛ يتصوَّر.

vi·sion·ar·y [vĭzh′ə nĕr′ĭ] *(adj.; n.)* (١) «أ» كثير الرّؤى. «ب» حالم (٢) «أ» وهميّ. «ب» خياليّ. «ج» مثاليّ ؛ غير عمليّ § (٣) شخصٌ كثير الرؤى (٤) الحالم : شخص تغلب الصفة غير العملية على فكراته ومشاريعه.

vi·sioned [vĭzh′ənd] *(adj.)* (١) مرئيّ في رؤيا (٢) حافل بالرُّؤى (٣) مُلْهَم <~ sleep>.

vi·sion·less [vĭzh′ən-] *(adj.)* (١) أعمى (٢) غير مُلْهَم.

vis·it [vĭz′ĭt] *(vt.; i.; n.)* (١) يعود [مريضًا] (٢) يزور (٣) يتفقد ؛ يفتّش (٤) يُصيب [ببلاءٍ ما] x (٥) يزور (٦) يتحدث <Let's sit and ~ together.> § (٧) زيارة (٨) إقامة.

vis·i·tant [vĭz′ə tənt] *(n.; adj.)* (١) الزّائر (٢) الطّير الزّائر أو المهاجر § (٣) زائر.

vis·i·ta·tion [vĭz′ə tā′-] *(n.)* (١) زيارة (٢) تفقُّد ؛ تفتيش (٣) حقّ الزيارة (٤) عقاب [أو ثواب] إلٰهيّ (٥) *cap.* : عيد زيارة العذراء (٢ يوليو).

visiting card *(n.)* بطاقة الزِّيارة.

visiting nurse *(n.)* المُمَرِّضة الزّائرة : ممرِّضة تزور المرضى في منازلهم.

visiting professor *(n.)* الأستاذ الزّائر [في جامعة غير جامعته الأصليّة].

vis·i·tor [vĭz′ə tər] *(n.)* (١) الزّائر (٢) المُتفقِّد ؛ القائم بزيارة تفتيشيّة.

vi·sor [vī′zər] *(n.)* (١) مقدَّم الخوذة : جزؤها الأماميّ المتحرِّك المغطّي للوجه (٢) قناع (٣) حافةُ القُبَّعةِ [النّاتئةُ في مقدمتها] (٤) حافة زجاج السيّارة الأماميّ.

vis·ta [vĭs′tə] *(n.)* (١) «أ» مَشْهَد [من خلال مجاز ضيّق أو صَفَّي أشجار]. «ب» المجاز الضيّق [الذي يُرى المشهد من خلاله] (٢) «أ» صورة ذهنية [للماضي أو المستقبل]. «ب» أفق. **—vis·taed** *(adj.)*

vi·su·al [vĭzh′ōō əl; vĭzh′wəl] *(adj.)* (١) بَصَريّ (٢) مَرْئيّ (٣) مُفْعَم بالحيويّة ؛ مثير للصُّوَر الذِّهنيّة <~ narratives>. **—vi·su·al·ly** *(adv.)*

visual acuity *(n.)* حِدَّة الإبصار [النِّسبيّة].

visual aids *(n. pl.)* المُعينات أو المُساعِدات البَصَريّة (تر).

visual field *(n.)* حقل الرُّؤية ؛ مرمَى النَّظَر.

vi·su·al·ize [vĭzh′ōō ə līz′] *(vt.; i.)* (١) يتصوَّر ؛ يتخيَّل [شيئًا أو أمرًا ما] (٢) يُبدي [للعِيان] x (٣) يتصوَّر ؛ يتخيَّل. **—vi·su·al·i·za·tion** *(n.)*

vi·su·o·mo·tor [vĭzh′ōō ō mō′-] *(adj.)* بَصَريحَرَكيّ ؛ بَصَريّ حَرَكيّ.

vi·ta [vī′tä; -tə; vē′tə] *(n.)* pl. **vi·tae** [vē′tē; -tī] (١) النُّبْذَة : لمحة عن سيرة المؤلِّف مكتوبةً بقلمه [في رسالة للدّكتوراه إلخ] (٢) curriculum vitae.

vi·tal [vī′təl] *(adj.)* (١) حيويّ (٢) مفعَم بالحيوية والنشاط (٣) «أ» مُحْيٍ <the ~ rays of heaven's sun>. «ب» قاتل ؛ مُهلِك <~ wounds> (٤) أساسيّ ؛ جوهريّ <~ points to the argument> (٥) أساسيّ : مدوَّنٌ المعلومات الأساسية المتصلة بحَيَوات الأشخاص <the ~ records>.

vi·tal·ism [vī′-] *(n.)* الحيوية ؛ المذهب الحيوي : مذهب يقول بأن الحياة مستمَدَّة من مبدأ حيوي وأنها لا تعتمد اعتمادًا كليًّا على العمليات الفيزيائيّة الكيميائية.

vi·tal·ist [vī′tə lĭst] *(n.)* الحيويّ : القائل بالمذهب الحيويّ.

vi·tal·i·ty [vī tăl′ə tĭ] *(n.)* (١) الحيويّة : «أ» القدرة على الحياة والنَّماء. «ب» النَّشاط (٢) القدرة على البقاء.

vi·tal·ize [vī´tə līz´] *(vt.)* يُحْيِي أو ينفخ الحيويّة والنَّشاط في . . .

vi·tals [vī´təlz] *(n. pl.)* (١) الأعضاء الحيويّة [كالدِّماغ والقلب] (٢) مقوِّمات؛ أجزاء أساسيّة.

vital signs *(n. pl.)* الدلائل الحيويّة [كالنَّبْض والتَّنَفُّس وضغط الدم إلخ].

vital statistics *(n. pl.)* الإحصاءات الحيويّة: الإحصاءات المتعلِّقة بالمواليد والوفيات وبالزَّواج والصِّحّة والمَرَض وما إليها.

vi·ta·min [vī´tə mĭn] *(n.)* الفيتامين؛ الحَيَمين: مادّة عضويّة أساسيّة في تغذية معظم الحيوانات وبعض النباتات.

vitamin A *(n.)* فيتامين - أ؛ حَيَمين - أ.

vitamin B *(n.)* فيتامين - ب؛ حَيَمين - ب.

vitamin B complex *(n.)* فيتامين - ب المركَّب.

vitamin B_2 *(n.)* فيتامين - ب٢؛ حَيَمين - ب٢. يسمَّى أيضًا: riboflavin.

vitamin B_3 *(n.)* = nicotinic acid.

vitamin B_6 *(n.)* فيتامين - ب٦؛ حَيَمين - ب٦.

vitamin B_{12} *(n.)* فيتامين - ب١٢؛ حَيَمين - ب١٢.

vitamin C *(n.)* فيتامين - ج؛ حَيَمين - ج. يسمَّى أيضًا: ascorbic acid.

vitamin D *(n.)* فيتامين - د؛ حَيَمين - د.

vitamin D_2 *(n.)* فيتامين - د٢؛ حَيَمين - د٢. يسمَّى أيضًا: calciferol.

vitamin D_3 *(n.)* فيتامين - د٣؛ حَيَمين - د٣.

vitamin E *(n.)* فيتامين - هـ؛ حَيَمين - هـ.

vitamin G *(n.)* فيتامين - ز؛ حَيَمين - ز. يسمَّى أيضًا: riboflavin.

vitamin H *(n.)* فيتامين - ح؛ حَيَمين - ح.

vi·ta·mi·nize [vī´tə mə nīz] *(vt.)* (١) يُفَتْمِن؛ يُحَيْمِن: يزوِّد بالفيتامين (٢) يقوّي؛ ينشِّط.

vitamin K *(n.)* فيتامين - ك؛ حَيَمين - ك.

vitamin P *(n.)* فيتامين - پ؛ حَيَمين - پ.

vitamin PP *(n.)* فيتامين - پ پ؛ حَيَمين - پ پ.

vi·ta·scope [vī´tə-] *(n.)* الفيتاسكوب: مِسْلاط [بروجكتور] سينمائيّ قديم.

vi·tel·lin [vĭ tĕl´ĭn; vī-] *(n.)* الفيتالين: بروتينٌ في صفار البيض (كح).

vi·tel·line [vĭ tĕl´ĭn; vī-] *(adj.)* (١) مُحِّيّ؛ صَفاريّ: خاصّ بصفار البَيْض (٢) أصفر.

vi·tel·lus [vĭ tĕl´əs; vī-] *(n.)* المُحّ: صَفار البَيْض.

vi·ti·ate [vĭsh´ĭ āt] *(vt.)* (١) يُفسِد (٢) يُبْطِل.

vi·ti·a·tion [vĭsh ĭ ā´shən] *(n.)* (١) إفساد؛ فساد (٢) إبطال؛ بُطلان.

vi·ti·cul·ture [vĭt´ə kŭl´chər; vī´-] *(n.)* الكِرامة: زراعة الكروم.

vit·i·li·go [vĭt´ə lī´gō] *(n.)* الوَضَح: مَرَض جلديّ يتميَّز بظهور بقع بيضاء على البشرة.

vit·rec·to·my [vĭ trĕk´-] *(n.)* استئصال الرطوبة الزجاجيّة [من العين].

vit·re·ous [vĭt´rĭ əs] *(adj.; n.)* (١) زجاجيّ: مصنوع من زجاج أو متعلّق أو شبيهٌ به § (٢) vitreous humor.

vitreous enamel *(n.)* الطِّلاء الزُّجاجيّ.

vitreous humor *(n.)* الرُّطوبة الزُّجاجيّة [في العين].

vitreous silica *(n.)* = quartz glass.

vi·tres·cent [vĭ trĕs´ənt] *(adj.)* (١) قابل للتَّزجيج أو للتحويل إلى زجاج (٢) نزّاع للتَّزجُّج أو للتَّحوُّل إلى زجاج. **— vi·tres·cence** *(n.)*

vit·ri·fi·a·ble [vĭt´rə fī ə bəl] *(adj.)* يُزَجَّج؛ قابل للتَّزجيج.

vit·ri·fi·ca·tion [vĭt´rə fə kā´shən] *(n.)* (١) تزجيج (٢) تزجُّج.

vit·ri·fy [vĭt´rə fī] *(vt.; i.)* (١) يزجِّج: يحوِّل إلى زجاج x (٢) يتزجَّج.

vi·trine [vē trēn´] *(n.)* الفِتْرينة؛ الواجهة: خزانةُ عرضٍ [للسِّلع أو الآنية الدقيقة أو التُّحَف إلخ].

vit·ri·ol [vĭt´rĭ əl] *(n.)* (١) الزّاج (ك) (٢) نقدٌ لاذع أو قاسٍ.

vit·ta [vĭt´ə] *(n.)* pl. **-e** [´ē; ´ī] (١) أنبوب الزَّيت [في ثمار بعض النَّباتات] (٢) قَلَم؛ خَطّ [على منقار بعض الطُّيور].

vit·tate [vĭt´āt] *(adj.)* (١) ذو أنابيب زيتيّة (نب) (٢) مقلَّم؛ مخطَّط طُوليًّا.

vit·tle [vĭt´əl] *(n.; vt.; i.)* = victual.

vi·tu·per·ate [vī t(y)o͞o´pə rāt´] *(vt.; i.)* (١) يقدح؛ يذمّ (٢) يوبِّخ بقسوة.

vi·tu·per·a·tion [vī t(y)o͞o pə rā´shən] *(n.)* (١) قَدْح؛ ذمّ (٢) توبيخ قاسٍ.

vi·tu·per·a·tive; vi·tu·per·a·to·ry [vī t(y)o͞o´-] *(adj.)* قَدْحيّ؛ ذَمّيّ.

vi·va [vē´vä] *(interj.; n.)* (١) فَلْيَعِشْ! فليَحْيَ! § (٢) هتاف تعييش.

vi·va·ce [vē vä´chā] *(adv. or adj.)* بنشاط؛ بحيويّة؛ بسرعة (مو).

vi·va·cious [vī vā´shəs] *(adj.)* مَرِح؛ نشيط؛ مفعم بالحيويّة.

vi·va·cious·ness [vī vā´shəs nəs] *(n.)* مَرَح؛ نشاط؛ حيويّة.

vi·vac·i·ty [vī văs´ə tĭ] *(n.)* = vivaciousness.

vi·van·dière [vē vän dyâr´] *(n.)* المُمِيرَة: بائعة الخمر والمؤن للجند.

vi·var·i·um [vī vâr´ĭ əm] *(n.)* pl. **-s** *or* **-ia** [ē ə] = terrarium.

vi·va vo·ce [vī´və vō´sĭ] *(adv.; adj.; n.)* (١) شفهيًّا § (٢) شفهيّ § (٣) امتحان شفهيّ.

vi·vax malaria [vī´văks] *(n.)* الملاريا الحيّة؛ الملاريا المتعاقبة (مض).

vive [vēv] *(interj.; adj.)* (١) فلْيَحْيَ! فَلْيَعِشْ! § (٢) حيويّ؛ نشيط (إسك).

vi·ver·rine [vī vĕr´ĭn] *(adj.; n.)* (١) زَبادِيّ: متعلّق بالزَّباديّات **Viverridae** وهي فصيلة من الثَّدييّات الصَّغيرة اللّاحمة § (٢) أحد الزَّباديّات.

viv·id [vĭv´ĭd] *(adj.)* (١) حيّ؛ مُفْعَم بالحيويّة (٢) مُشْرِق؛ زاهٍ (٣) قويّ؛ شديد (٤) ناشط. **— viv·id·ness** *(n.)*

vi·vif·ic [vī vĭ´fĭk] *(adj.)* مُضْفٍ نشاطًا أو حيويّة.

viv·i·fy [vĭv´ə fī] *(vt.)* (١) يُحيي (٢) ينشِّط؛ يفعِم بالحيويّة والنَّشاط.

vi·vi·par·i·ty [vĭv´ə păr´ə tĭ] *(n.)* الوَلُوديّة: كونُ الحيوانِ وَلودًا لا بَيُوضًا.

vi·vip·a·rous [vī vĭp′ə-] *(adj.)* (١) وَلُود: وَلُود للأحياء [تمييزًا له عن البَيُوض] (٢) مُبْصِل: منتِجٌ بُصَيْلات <a ~ lily>.

viv·i·sect [vĭv′ə sĕkt] *(vt.; i.)* (١) يشرِّح الأحياء [لأغراض علميّة].

viv·i·sec·tion [vĭv′ə sĕk′-] *(n.)* (١) تشريح الأحياء [لأغراض علميّة] (٢) نقدٌ قاسٍ؛ تمحيص.

vix·en [vĭk′sən] *(n.)* (١) الثَّعلبة: أُنثى الثَّعلب (٢) امرأة مشاكسة.

viz· *(usually read* «namely») = videlicet.

viz·ard [vĭz′ərd] *(n.)* (١) visor (٢) قناع (٣) تنكُّر.

viz·ca·cha [vĭs kä chə] *(n.)* = viscacha.

vi·zier [vĭ zēr′; vĭz′yər] *(n.)* وزير. **—vi·zier·ate** *(n.)*

vi·zor [vī′zər; vĭz′ər] *(n.)* = visor.

VJ [vē′jā′] *(n.)* = veejay.

V neck *(n.)* الرِّداء المطوَّق: قميص [أو كنزة إلخ] على هيئة الحرف V.

vo·ca·ble [vō′kə-] *(n.; adj.)* (١) لفظة (٢) اللَّفظة: الكلمة بوصفها مجموعة أصوات أو حروف بصرف النَّظر عن قيمتها الدلاليّة § (٣) يُلفَظ؛ قابلٌ للَّفظ.

vo·cab·u·lar·y [vō kăb′yə lĕr′ĭ] *(n.)* (١) المُعْجَم (٢) المعجميّة: «أ» مجموع مفردات اللُّغة. «ب» مجموع المفردات التي يستخدمها شخص أو طبقة ما (٣) لائحة أو مجموعة من المصطلحات [كالمعجم أو المَسْرَد].

vo·cal [vō′kəl] *(adj.; n.)* (١) «أ» ملفوظ. «ب» صوتي (٢) vocalic (٣) «أ» مصوِّت. «ب» ذو صوت. «ج» معبِّر. «د» ضاجّ بالأصوات. «هـ» صريح. «و» معبَّر عنه بالألفاظ § (٤) صوتٌ ملفوظ (٥) أغنية.

vocal cords *or* **vocal folds** *(n. pl.)* الأوتار الصَّوتيّة (ت).

vo·cal·ic [vō kăl′ĭk] *(adj.)* (١) عِلِّيّ (ل) (٢) مؤلَّف من أحرف عِلَّة.

vo·cal·ism [vō′kə lĭz əm] *(n.)* (١) vocalization (٢) غِناء (٣) حروف العلّة [في لغة] (٤) حرف عِلَّة.

vo·cal·ist [vō′kə lĭst] *(n.)* المغنّي؛ المنشِد؛ المُطرِب.

vo·cal·i·za·tion [vō kə lə zā′-] *(n.)* (١) لَفْظ؛ نُطق؛ تعبير عن (٢) غناء (٣) التصويت؛ إرسال الأصوات (٤) الإعلال: القَلْبُ إلى حرف عِلَّة.

vo·cal·ize [vō′kə līz] *(vt.)* (١) يلفظ؛ ينطق؛ يعبِّر عن (٢) يغنّي (٣) يُعِلّ: يقلب إلى حرف عِلَّة (٤) يحرِّك؛ يَشْكُل: يزوِّد بحركات العِلّة.

vo·ca·tion [vō kā′shən] *(n.)* (١) «أ» النِّداء الباطنيّ: شعور المرء بأنّه مدعوّ للقيام بعمل [اجتماعيّ أو دينيّ بخاصة]. «ب» مُهِمَّة؛ وظيفة (٢) «أ» مهنة. «ب» أهل المهنة الواحدة (٣) كفاءة؛ موهبة.

vo·ca·tion·al [-nəl] *(adj.)* (١) مِهْنيّ <a ~ school> (٢) تدريبيّ؛ حِرَفيّ: متعلِّق بالتدريب على مهارة أو حِرفة.

vocational guidance *(n.)* التوجيه أو الإرشاد المِهْنيّ.

voc·a·tive [vŏk′ə tĭv] *(adj.; n.)* (١) ندائيّ § (٢) صيغة المنادى.

vo·cif·er·ance [vō sĭf′ər əns] *(n.)* صَخَب؛ صِياح.

vo·cif·er·ant [-ənt] *(adj.; n.)* (١) صخّاب؛ صيّاح § (٢) الصخّاب؛ الصيّاح.

vo·cif·er·ate [vō sĭf′ə rāt′] *(vi.; t.)* (١) يَصْخَب؛ يصيح **x** (٢) يقول أو ينطق صائحًا.

vo·cif·er·ous [vō sĭf′ər əs] *(adj.)* (١) صخّاب (٢) صاخب.

vod·ka [vŏd′kə] *(n.)* الفودكا: شراب روسيّ مُسْكِر.

vo·gie [vō′gē] *(adj.)* (١) مزهُوّ؛ متكبِّر (إسك) (٢) مبتهج؛ مَرِح (إسك).

vogue [vōg] *(n.)* (١) زِيّ؛ مُوْضة (٢) شعبيّة؛ رواج.
in ~, دارج؛ رائج.

vogu·ish [vō′gĭsh] *(adj.)* (١) أنيق <a ~ suit> (٢) دارجٌ فجأةً أو مؤقَّتًا <~ meanings>.

voice [vois] *(n.; vt.)* (١) صَوْت (٢) مُغَنٍّ (٣) مَقْدِرة غنائيّة (٤) الصَّوْت؛ اللَّحْن: جزء من قطعة موسيقيّة لنوع من المغنّين أو الآلات (٥) صيغة الفعل (ل) <the active ~> (٦) تعبير <They gave ~ to their joy.> (٧) الزَّفير (ل) (٨) إرادة؛ خِيار <~ of the nation> § (٩) يعبِّر عن (١٠) يُدَوْزِن [آلةً موسيقيّة] (١١) يلفظ [حرفًا] بصوت مجهور.
in ~, في حالة ملائمة لحُسن الغناء أو الكلام.
with one ~, بالإجماع.

voice box *(n.)* الحَنْجَرة؛ صندوق الصَّوت (را. larynx).

voiced [voist] *(adj.)* (١) ذو صوت <low-*voiced*> (٢) معبَّر عنه صوتيًّا <~ opinions> (٣) مجهور <~ consonants> (ل).

voice·ful [vois′fəl] *(adj.)* (١) ذو صوت (٢) «أ» عالي الصَّوت. «ب» كثير الأصوات.

voice·less [vois′lĭs] *(adj.)* (١) أبكم (٢) مهموس؛ غير مجهور (ل).

voice mail *(n.)* البريد الصوتيّ (ألك).

voice part *(n.)* الجزء الصوتيّ: جزء من لحنٍ صوتيّ أو آليّ.

voice·print [vois′-] *(n.)* بَصْمة الصوت: تسجيلٌ ألكترونيّ لخصائص صوت الفرد.

voic·er [voi′-] *(n.)* (١) المعبِّر <a ~ of disapproval> (٢) مُدَوْزِن الأُرْغُن.

void [void] *(adj.; n.; vt.)* (١) خالٍ (٢) فارغ: غير مُنْفَق في العمل <~ hours> (٣) شاغر (٤) خِلْوٌ من؛ يعوزه كذا <is ~ of common sense> (٥) عقيم؛ لا طائل تحته (٦) باطل؛ لاغٍ (ق) § (٧) فراغ (٨) فجوة (٩) فقدان § (١٠) يُفرِغ؛ يُخْلي (١١) يُخرِج؛ يطرد (١٢) يُبطِل [عَقْدًا إلخ].

void·a·ble [voi′də bəl] *(adj.)* يُبْطَل؛ يُلْغَى: ممكنٌ إبطالُهُ أو إلغاؤهُ [كعقد من العقود].

void·ance [voi′dəns] *(n.)* (١) إفراغ؛ إخلاء (٢) إخراج (٣) إبطال؛ إلغاء (٤) خُلُوّ؛ شُغور.

ă at; **ā** date; **â** care; **ä** car; **ĕ** egg; **ē** me; **ĭ** in; **ī** bite; **ŏ** lot; **ō** bone; **ô** orphan; **oi** boil; **o͝o** good; **o͞o** boot; **ou** out; **ŭ** under; **û** urgent; **ə** = *a* in alone, *e* in system, *i* in easily, *o* in gallop, *u* in circus.

void·ness [void′nəs] *(n.)* (١) فراغ؛ خُلُوّ (٢) بُطْلان .

voi·là [vwä lä′] *(interj.)* هو ذاك! هكذا! [لَفْتًا للانتباه أو تعبيرًا عن الرِّضى] .

voile [voil; vwȧl] *(n.)* الفَوَال : نسيج رقيق تُصنع منه الألبسة والستائر .

voir dire [vwȧr dēr′] *(n.)* اليمين : يمين يؤدِّيها الشّاهد أو المحلَّف .

vo·lant [vō′lənt] *(adj.)* (١) طائر أو قادرٌ على الطَّيران (٢) سريع؛ رشيق .

vo·lan·te [vō län′tā] *(adj.)* طائر : متحرِّك بسرعة (مو) .

Vo·la·pük [vō′lə pʏk′] *(n.)* اللُّغة العالميّة : لغة دوليّة وَضْعيّة مبنيّة في الدَّرجة الأُولى على اللُّغة الإنكليزيّة .

vo·lar [vō′lər] *(adj.)* (١) راحيّ : متعلّق براحة اليد (٢) أخمَصِيّ : متعلّق بأخمَص القَدَم .

vol·a·tile [vŏl′ə tĭl; -tīl′] *(adj.; n.)* (١) طائر أو قادر على الطيران (٢) متطاير؛ طيّار <a ~ oil> (٣) خَليّ؛ جَذِل؛ خالٍ من الهموم (٤) «أ» سريع الاستثارة أو التأثر . «ب» متفجّر (٥) متقلّب (٦) سريع الزَّوال § (٧) طائر؛ حشرة (٨) مادةٌ متطايرة .

vol·a·tile·ness [-nĭs] *(n.)* = volatility.

vol·a·til·i·ty [vŏl ə tĭl′ə tĭ] *(n.)* التَّطايريّة : قابلية التَّطاير .

vol·a·til·i·za·tion [-zā′shən] *(n.)* (١) تطيير؛ تصعيد (٢) تطايُر؛ تصعُّد .

vol·a·til·ize [vŏl′ə-] *(vt.; i.)* (١) يطيِّر؛ يصعِّد x (٢) يتطاير؛ يتصعَّد .

vol·a·tize [vŏl′ə tīz] *(vt.; i.)* = volatilize.

vol·can·ic [vŏl kăn′ĭk] *(adj.; n.)* (١) بُركانيّ (٢) عنيف؛ متفجِّر § (٣) صخر بركانيّ .

volcanic glass *(n.)* الزُّجاج البركانيّ : زجاج طبيعيّ ينشأ عندما تبرد الحِمَم البركانيّة بسرعة فائقة .

vol·ca·nic·i·ty [vŏl′kə nĭs′ə tĭ] *(n.)* = volcanism.

vol·ca·nism [vŏl′kə-] *(n.)* البركانيّة : القوّة البركانيّة؛ الفعل البركانيّ .

vol·ca·nist [vŏl′-] *(n.)* البراكينيّ : المتخصِّص في دراسة الظَّواهر البركانيّة .

vol·ca·nize [vŏl′kə nīz] *(vt.)* يُبَرْكِن : يُخْضِع أو يعرِّض لحرارة البراكين أو فعلها .

vol·ca·no [-kā′nō] *(n.)* pl. **-es** *or* **-s** (١) بُركان (٢) شيء قابلٌ للتفجّر .

vol·ca·no·gen·ic [-′kə nə jĕn′-] *(adj.)* بُركانيّ المنشأ <~ sediments>.

vol·ca·no·log·ic; -al [-′kən ə lŏj′ĭk] *(adj.)* عِلمبُركانيّ : متعلّق بعلم البراكين .

vol·ca·nol·o·gist [vŏl′kə nŏl′ə jĭst] *(n.)* = volcanist.

vol·ca·nol·o·gy [-′ə jĭ] *(n.)* عِلم البراكين : علم الظَّواهر البركانيّة .

vole¹ [vōl] *(n.)* الفوز السّاحق [في ورق اللعب] .

vole² *(n.)* الفَوْل؛ فأر الحقل .

vole²

vol·i·tant [vŏl′ĭ tnt] *(adj.)* (١) طائر (٢) متحرِّك بسرعة .

vo·li·tion [vō lĭsh′ən] *(n.)* (١) اختيار (٢) أمر مُختار (٣) إرادة؛ عزم . of my own ~, بملء اختياري أو إرادتي .

vo·li·tion·al; vo·li·tion·ar·y [vō lĭsh′-] *(adj.)* (١) اختياريّ (٢) إراديّ .

vol·i·tive [vŏl′ə tĭv] *(adj.)* إراديّ : متعلّق بالإرادة أو ناشئ عنها .

volks·lied [fôlks′lēt′; fōks-] *(n.)* pl. **-lie·der** [lē dər] أغنية شعبيّة .

vol·ley [vŏl′ĭ] *(n.; vt.; i.)* (١) الرَّشْق : وابل من السهام أو الرصاصات أو القذائف [ينطلق في وقت واحد] (٢) وابل من الكلمات أو التهديدات (٣) «أ» الانسياب : طيران الكرة [في التنس إلخ] أو عودتها قبل أن تمسّ الأرض (رب) . «ب» الرَّشْق : تسديد الكرة قبل أن تمسَّ الأرض (رب) § (٤) «أ» يَرْشُق : يطلق وابلًا من القذائف دفعة واحدة . «ب» يضرب أو يعيد [كرةَ التنس إلخ] قبل أن تمسّ الأرض x (٥) تنطلق القذائف دفعةً واحدة .

vol·ley·ball [vŏl′ĭ bôl′] *(n.)* الكرة الطّائرة (رب) .

vol·plane [vŏl′plān] *(vi.; n.)* (١) ينزلق [بالطّائرة نحو الأرض من غير استعانة بالقوّة المحرِّكة] (٢) يشقّ طريقه بالانزلاق § (٣) الانزلاق (طي) .

volt¹ *or* **volte** [vōlt] *(n.)* (١) وثبة [في المبارزة بالسَّيف] اجتنابًا لطعنة (٢) حركة دائريّة [يقوم بها فَرَس] .

volt² [vōlt] *(n.)* الفُلْط؛ الفولت : وحدة القوّة المحرِّكة الكهربائيّة .

volt·age [vōl′tĭj] *(n.)* (١) الفُلْطيّة؛ الجهد : القوّة المحرِّكة الكهربائيّة مَقِيسةً بالفُلطات (كب) (٢) قوّة الشُّعور أو حِدَّتُه .

voltage divider *(n.)* مُقسِّم الفُلطيّة (كب) .

vol·ta·ic [vŏl tā′ĭk] *(adj.)* فُلْطائيّ؛ كَلْفانيّ (را . galvanic) .

voltaic cell *(n.)* = primary cell.

vol·ta·ism [vŏl′tə ĭz′əm] *(n.)* = galvanism.

vol·tam·e·ter [vŏl tăm′ə-] *(n.)* الفُلطامتر؛ مقياس التَّحليل الفُلطيّ؛ مقياس التيّار بالتَّحليل الكهربائيّ .

volt–am·me·ter [vōlt′ăm′mē-] *(n.)* مقياس الفُلط والأمبير (كب) .

volt–am·pere [vōlt′ăm′pēr] *(n.)* فُلط–أمبير (كب) .

volte–face [vŏlt fȧs′] *(n.)* = about–face.

volt·me·ter [vōlt′-] *(n.)* الفُلْطْمَتر : مقياس الفُلطيّة أو فرق الجهد (كب) .

vol·u·ble [vŏl′yə bəl] *(adj.)* (١) دوّار؛ لفّاف (٢) ذَرِب؛ مِهذار .

vol·ume [vŏl′yo͞om; -yəm] *(n.; vt.; i.)* (١) كتاب؛ مجلَّد (٢) سلسلة أعداد [من مجلّة دوريّة] (٣) حجم (٤) مقدار؛ كتلة (٥) الحَجْم : جهارة الصَّوْت § (٦) يتكثّف [حجمُه]؛ ينتشر كُتَلًا <The smoke ~*d*.> x (٧) ينفث أو يبثّ [كُتَلًا] .

vol·u·me·ter [və lo͞o′mə tər] *(n.)* المِحجام : أداة لقياس الأحجام .

vol·u·met·ric [vŏl′yə mĕt′-] *(adj.)* مِحْجاميّ؛ حَجْميّ : متعلّق بقياس الحجم .

volumetric analysis *(n.)* التحليل المِحْجاميّ أو الحجميّ (ك) .

vo·lu·mi·nous [və lo͞o′mə nəs] *(adj.)* (١) مُلْتَفّ؛ كثير اللفّات (٢) «أ» ضخم؛ كبير؛ فضفاض؛ منتفخ <a ~ cloak> . «ب» كثير؛ متعدد (٣) «أ» غزير <a ~ flow of lava> . «ب» يملأ مجلَّدات <~ notes> . «ج» مُكثِر؛ وافر الإنتاج <a ~ poet> . **— vo·lu·mi·nos·i·ty** *(n.)*

vol·un·tar·i·ly [vŏl′ən tĕr′-] *(adv.)* طوعًا؛ اختيارًا؛ عن رِضًى؛ «بطيبة خاطر».

vol·un·tar·i·ness [vŏl′ən tĕr ĭ-] *(n.)* الطَّوعيّة؛ الاختياريّة.

vol·un·ta·rism [vŏl′ən-] *(n.)* (١) الطَّوعيّة؛ الاختياريّة (٢) الإراديّة؛ مذهب الإرادة (فف).
— vol·un·ta·rist *(n.)* **— vol·un·ta·ris·tic** *(adj.)*

vol·un·tar·y [vŏl′ən tĕr′ĭ] *(adj.; n.)* (١) «أ» إراديّ؛ اختياريّ <~ action>. «ب» طَوْعيّ <~ contributions> (٢) متعمَّد؛ مقصود <~ murder> (٣) حرّ؛ عاملٌ بإرادته <a ~ worker> (٤) متمتّع بحريّة الاختيار <Man is a ~ agent.> (٥) مدعوم بمساعدات طوعيّة <~ societies> § (٦) كلّ ما يُفعَل أو يقدَّم طوعًا (٧) المتطوّع (٨) المقطوعة المختارة: قطعة موسيقية، عفويّة أو مرتجَلة عادةً، تُعزف كمقدمة لقطعة أكبر منها. وبخاصة: قطعة من موسيقى الأرغن تعزف قبل [أو خلال أو أثناء] الصلاة في الكنيسة.

vol·un·tar·y·ism [vŏl′ən tĕr′ĭ ĭz′əm] *(n.)* = voluntarism.

voluntary muscle *(n.)* العضلة الإراديّة (ت).

vol·un·teer [vŏl′ən tēr′] *(n.; adj.; vt.; i.)* (١) المتطوّع [وبخاصة للخدمة العسكرية] (٢) النبتة التلقائيّة § (٣) «أ» مؤلَّف من متطوّعين <a ~ fire department>. «ب» طوعي؛ إرادي <~ advice> (٤) نابتٌ تلقائيًّا § (٥) يقدِّم متطوِّعًا <to ~ one's services> x (٦) يتطوَّع.

vo·lup·tu·ar·y [və lŭp′chōō ĕr ĭ] *(n.; adj.)* (١) الشَّهوانيّ: المنغمس في الشَّهوات الحسِّيّة § (٢) شهوانيّ؛ حِسّيّ.

vo·lup·tuous [-′chōō əs] *(adj.)* (١) «أ» شهوانيّ <a ~ woman>. «ب» حِسِّيّ <~ desires> (٢) مُبهج للحواسّ <~ music *or* beauty>.

vo·lup·tuous·ness *(n.)* (١) الشَّهوانيّة؛ الحِسّيّة (٢) القُدرة على إبهاج الحواسّ.

vo·lute [1] [və lōōt′] *(n.)* (١) شكل حَلَزُونيّ أو دَرَجيّ (را. scroll) (٢) الحِلية الحَلَزُونيّة أو الدَّرَجيّة (عم) (٣) لفَّة غلافٍ حَلَزُونيّ (ح) (٤) حَلَزُون بحريّ (ح).

volute[1] 2.

volute [2] *or* **vo·lu·ted** [-′tĭd] *(adj.)* حَلَزُونيّ؛ دَرَجيّ؛ ملتفّ.

volute spring *(n.)* النّابض أو الزُّنْبُرُك الحَلَزُونيّ (ك).

vo·lu·tion [və lōō′-] *(n.)* (١) حركة دورانيّة (٢) التفاف حَلَزُونيّ [حول مِحْور].

vol·va [vŏl′və] *(n.)* غشاء الفُطر: كيس أو كأس غشائيّ حول قاعدة السُّوَيقة في بعض النَّباتات الفطريّة.

vol·vox [vŏl′-] *(n.)* الطُّحْلُب المدوَّر: ضرب من الطحالب الخضراء.

vol·vu·lus [vŏl′vyə ləs] *(n.)* الانفتال: التواء المِعَى (مض).

vo·mer [vōm′ər] *(n.)* عَظْم المِيكَعَة [في تشريح الرّأس].

vom·it [vŏm′ĭt] *(n.; vi.; t.)* (١) «أ» تَقَيُّؤ. «ب» قَيْء (٢) المقيِّئ: دواء مُقيِّئ § (٣) يتقيّأ (٤) يتجشّأ بقوّة x (٥) يَلْفِظ؛ يُخرج <The volcano ~*ed* lava.> (٦) يُقَيِّئ: يجعله يتقيّأ.
— vom·i·tive *(adj.)*

vomiting gas *(n.)* الغاز المُقَيِّئ (را. chloropicrin).

vom·i·to·ry [-′ə tō rĭ] *(n.)* (١) مَدْخل [يخترق مقاعد المسرح] (٢) مُقَيِّئ.

vom·i·tu·ri·tion [vŏm′ə chōō rĭsh′ən] *(n.)* التَّقرُّث: محاولة التَّقيُّؤ عبثًا أو بلا نتيجة.

vom·i·tus [vŏm′ĭ təs] *(n.)* القَيء؛ المادّة المتقيَّأة.

V-1 [vē′wŭn′] *(n.)* ف١: قذيفة ألمانيّة موجّهة.

voo·doo [vōō′dōō] *(n.; vt.; adj.)* (١) الوَدّونيّة (را. المادة التالية) (٢) المُشَعْوِذ؛ الساحر (٣) «أ» تعويذة. «ب» شيء مسحور § (٤) يَسْحَر § (٥) وَدّونيّ: خاصّ بالودّونيّة.

voo·doo·ism [vōō′dōō ĭz′əm] *(n.)* (١) الوَدّونيّة: دين زنجيّ، إفريقيّ الأصل، منتشر بين زنوج هايتي ويقوم في الدرجة الأولى على أساس من السحر والعِرافة (٢) سِحر؛ شعوذة.

voo·doo·ist [-ĭst] *(n.)* الوَدّونيّ: المؤمن بالوَدّونيّة أو مُمارسُها.

voo·doo·is·tic [-ĭs′tĭk] *(adj.)* وَدّونيّ: منسوب إلى الودّونيّة أو خاصّ بها.

vo·ra·cious [vō rā′shəs] *(adj.)* (١) شَرِه؛ نَهِم (٢) مولَعٌ بِـ.

vo·ra·cious·ness [vō rā′-]; **vo·rac·i·ty** [vō răs′-] *(n.)* شَرَه؛ نَهَم.

vor·la·ge [fōr′lä gə] *(n.)* الفَرْلَجة: وَضعٌ ينحني فيه المتزلّج إلى الأمام من غير أن يرفع عَقِبيه عن الزُّحلوفة (را. ski).

-vorous لاحقة معناها: آكلٌ لِـ <carni*vorous*>.

vor·tex [vôr′teks] *(n.)* pl. **-es** *or* **-ti·ces** [sēz′] دُوّامة؛ دُرْدُور.

vor·ti·cal [vôr′tĭ kəl] *(adj.)* (١) دُرْدُوريّ؛ دُوّاميّ (٢) دائر في دُوّامة.

vor·ti·cel·la [vôr′tə sĕl′ə] *(n.)* pl. **-e** *or* **-s** الدُّردُوريّ؛ اللَّوْلَبيّ: حيوان من الدُّردُوريّات أو اللَّولبيّات **Vorticella** وهي حيوانات مائيّة وحيدة الخليّة ذات جسم ناقوسيّ الشَّكل مرتكز على سُوَيْقٍ نحيل.

vor·ti·ces [vôr′tə sēz′] *(n.) pl. of* vortex.

vor·ti·cism [-′tĭ sĭz′əm] *(n.)* الحركة الدُّوّاميّة: حركة أدبيّة وفنيّة تجريديّة.

vor·tic·i·ty [vôr tĭs′ə tĭ] *(n.)* (١) الدُّردوريّة: كون السّائل دائرًا في حركة دُردوريّة (٢) قياس للحركة الدُّردوريّة.

vor·ti·cose [vôr′tə kōs] *(adj.)* = vortical.

vo·ta·ress [vō′tə rĭs] *(n.) fem. of* votary.

vo·ta·ry [vō′tə rĭ] *or* **vo·ta·rist** [-rĭst] *(n.)* (١) المنذور: شخص ينضمّ إلى سِلك الرُّهبان وفاءً لِنَذر (٢) «أ» المُدمِن شيئًا. «ب» المُعْجَب؛ المُريد (٣) «أ» العابد الورع. «ب» النَّصير المتحمِّس؛ باذلُ نَفْسِه.

vote [vōt] *(n.; vi.; t.)* (١) «أ» صوت [وبخاصة في انتخاب أو في تصويت على اقتراح]. «ب» مجموع الأصوات في انتخاب. «ج» ورقة اقتراع (٢) «أ» تصويت؛ اقتراع. «ب» طريقة في التصويت (٣) حقّ الاقتراع (٤) قرار

ă at; ā date; â care; ä car; ĕ egg; ē me; ĭ in; ī bite; ŏ lot; ō bone; ô orphan; oi boil; ŏŏ good; ōō boot; ou out; ŭ under; û urgent; ə = *a* in alone, *e* in system, *i* in easily, *o* in gallop, *u* in circus.

يُتَّخَذ بالتصويت (٥) «أ» المقترع. «ب» فئة من المقترعين [ذات ميول خاصة أو مشتركة] (٦) اقتراح مطروح على التصويت (بر) § (٧) يصوِّت؛ يقترع (٨) يعبّر عن رأي x (٩) «أ» ينتخب. «ب» يُقِرّ [مشروعَ قرار] (١٠) يُعْلِن؛ يصرّح بِـ <They all ~*d* the trip a great success.> (١١) يقترح <I ~ that we avoid her in future.> (١٢) يقترع وفقًا لِـ <~ one's conscience>.

to ~ down يخذل أو يهزم [اقتراحًا] بالتَّصويت.

to ~ in ينتخِب.

vote·less [vōt′ləs] *(adj.)* غير ذي صوت. وبخاصة: محرومٌ حقَّ الاقتراع أو الانتخاب.

vot·er [vō′tər] *(n.)* (١) المقترِع (٢) النّاخب: مَن يملك حَقَّ الانتخاب.

voting machine *(n.)* آلة الاقتراع: آلة تسجِّل وتُحصي أصوات المقترعين في الانتخابات.

vo·tive [vō′tĭv] *(adj.)* (١) نَذْرِيّ: مقدَّم وفاءً بنَذْر <a ~ offering> (٢) رَغْبِيٌّ: معبِّر عن رَغبة <a ~ prayer>.

votive candle *(n.)* الشَّمعة النَّذريّة: شمعةٌ تُضاء وَرَعًا وامتنانًا.

votive mass *(n.)* القُدّاس الخاصّ: قُدّاس يُقام لغَرَض خاصّ.

vouch [vouch] *(vt.; i.)* (١) يدعو للشّهادة [أمام القضاء] (٢) «أ» يؤكّد؛ يجزم (ا. ق). «ب» يَشْهَد؛ يدلي بشهادة (٣) يستشهد بِـ (ا. ق) (٤) يُثْبِت؛ يُبَرْهِن x (٥) يَضْمَن؛ يكفل [تتبعها *for*] (٦) يشهد على صحة كذا.

vouch·ee [vou chē′] *(n.)* (١) المُسْتَشْهَد به [لتأييد واقعةٍ أو دعوَى] (٢) المستشهَد له: شخص يشهد له آخر.

vouch·er [vou′chər] *(n.; vt.)* (١) فا أو مص vouch (٢) وَصْل؛ إيصال؛ مُسْتَنَد؛ إثبات (٣) الضّامن؛ الكفيل (٤) سِجِلّ للنفقات أو الصفقات إلخ § (٥) يُثبت [أو يتحقَّق من] صِحَّة شيء.

vouch·safe [vouch sāf′] *(vt.)* (١) يمنح؛ يعطي [كجواب] (٢) يُجيز (٣) يتعطف أو يتلطَّف بِـ.

vous·soir [vo͞o swär′] *(n.)* لَبِنة [من لَبِنات عَقْد] (عم).

vow [vou] *(n.; vt.; i.)* (١) نَذْر § (٢) يُقْسِم (٣) يَنْذُر <to ~ a pilgrimage> (٤) يأخذ على نفسه عهدًا (٥) يكرّس أو يقف [لغرض خاص] (٦) يعلن؛ يصرِّح بِـ.
— **vow·er** *(n.)*

vow·el [vou′əl] *(n.)* (١) الصائت؛ صَوْت اللِّين (٢) الحرف الصائت؛ حرفُ اللِّين.

vow·el·ize [vou′ə līz′] *(vt.)* يَشْكُل [كلمةً عربيّةً مثلًا].

vowel mutation *(n.)* الإبدال الصائتيّ [بتأثير صوائت مجاورة] (ل).

vowel point *(n.)* الحَرَكة: إحدى العلامات الكتابية [كالفتحة في العربية].

vox po·pu·li [vŏks′pŏp′yo͞o lī′] *(n.) (L.)* صوتُ الشَّعب أو رأيُهُ.

vox populi, vox De·i [dē′ī] *(n.) (L.)* صوتُ الشَّعب هو صوت الله.

voy·age [voi′ĭj] *(n.; vi.; t.)* (١) رِحلة (٢) «أ» رحلة بحرية. «ب» رحلة جويّة أو فضائيّة (٣) الرِّحلة: رواية عن رحلة بحرية بخاصة § (٤) يقوم برحلة x (٥) يجتاز؛ يَقْطَع.
— **voy·ag·er** *(n.)*

voy·a·geur [vwä yä zhœr′] *(n.)* الرَّحّالة. وبخاصّة: كَنَديّ متعوِّدٌ التَّرحُّل على قدميه أو بِكَنُو (را. canoe) إلى المناطق غير المأهولة.

voy·eur [vwä yœr′] *(n.)* (١) peeper 3 (٢) المراقبُ بهَوَسٍ [لكل ما هو فضائحيّ].

vrouw *or* **vrow** [vrou] *(n.)* امرأة أو زوجة [هولنديّة أو إفريقانيّة].

V sign *(n.)* علامة النَّصر [تؤدَّى برفع السبّابة والوسطَى على شكل V].

V-2 [vē′to͞o′] *(n.)* ف٢: قنبلة ألمانيّة موجَّهةٌ بصاروخ.

vug *or* **vugg** *or* **vugh** [vŭg] *(n.)* الهُزَيْمَة: تجويف صغير في عِرق معدنيّ أو في صخر.

Vul·can [vŭl′kən] *(n.)* (١) فُلكان: إلَه النّار وصُنع الأدوات المعدنيّة عند الرُّومان (مث) (٢) فُلْكان: كوكبٌ افتُرِض وجوده خطأً.

vul·ca·ni·an [vŭl kā′nĭ ən] *(adj.)* (١) *cap.*: فُلكانيّ: ذو علاقة بفُلكان (را. المادّة السابقة) أو بصنع الأدوات المعدنيّة (٢) بُركانيّ.

vul·ca·nite [vŭl′kə nīt′] *(n.)* الفلكانيت: مطّاط صَلْدٌ مُعالَج بالكبريت [تُصْنَع منه الأزرار والأمشاط إلخ].

vul·ca·ni·za·tion [vŭl kə nə zā′-] *(n.)* الفَلْكَنَة: «أ» تقسية المطّاط بمعالجته بالكبريت. «ب» معالجة يُراد بها التَّقسية أو غيرها بطرائق مختلفة.

vul·can·ize [vŭl′kə nīz′] *(vt.; i.)* (١) يُفَلْكِن: «أ» يُقَسّي المطّاطَ بمعالجته بالكبريت تحت درجة حرارة مرتفعة. «ب» يعالج بطرائق مختلفة بغيةَ التَّقسية أو غيرها x (٢) يتفلكَنُ.
— **vul·ca·niz·er** *(n.)*

vul·can·ized *(adj.)* مُفَلْكَن: معالَجٌ بغيةَ التَّقسية بخاصّة.

vul·ca·nol·o·gist [vŭl kə nŏl′ə jĭst] *(n.)* = volcanologist.

vul·ca·nol·o·gy [vŭl′kə nŏl′ə jĭ] *(n.)* = volcanology.

vul·gar [vŭl′gər] *(adj.)* (١) مألوف؛ دارج (٢) «أ» عاميّ؛ سُوقيّ؛ رَعاعيّ. «ب» شائع <~ errors>. «ج» عاديّ. «د» مُبْتَذَل. «هـ» مُعَدٌّ للتباهي ولفت الأنظار (٣) خَشِن؛ فَظّ؛ جِلْف؛ غير مصقول (٤) بذيء.

the ~ herd العامّة؛ السُّوقة؛ الرَّعاع.

vulgar era *(n.)* = Christian era.

vulgar fraction *(n.)* = common fraction.

vul·gar·i·an [vŭl gâr′ĭ ən] *(n.)* السُّوقيّ: شخص [وبخاصةٍ غنيّ] سُوقيّ الذَّوْق والعادات.

vul·gar·ism [vŭl′gə rĭz əm] *(n.)* (١) كلمة أو عبارة أو تعبير من كلام السُّوقة (٢) كلمة فاحشة (٣) vulgarity.

vul·gar·i·ty [vŭl găr′ə tĭ] *(n.)* (١) «أ» السُّوقيّة: كون الشّيء سُوقيًّا أو مبتذَلًا. «ب» فظاظة؛ خشونة؛ قلّة تهذيب أو ذوق (٢) عَمَلٌ أو مَسْلَكٌ أو كلامٌ سُوقيّ.

vul·gar·ize [vŭl′gə rīz] *(vt.)* (١) يبسِّط؛ ينشر؛ يجعله مبتذَلًا أو في متناوَل الجمهور (٢) يحطّ؛ يُفسِد <to ~ a taste>.
— **vul·gar·i·za·tion** *(n.)*

Vulgar Latin *(n.)* اللاتينيّة العاميّة [غير الفُصحَى].

vul·gate [vŭl′gāt; -gĭt] *(n.; adj.)* (١) *cap.*: النُّسخة اللاتينيّة: التَّرجمة اللاتينيّة للكتاب المقدَّس المعتَمَدة عند الكنيسة الكاثوليكيّة (٢) قراءةٌ أو نصٌّ مقبول عند الجمهور § (٣) عاميّ؛ شائع القبول.

vul·ner·a·bil·i·ty [vŭl nər ə bĭl′-] *(n.)* قابليّة الجَرْح أو الانجراح أو السقوط بِيَد الأعداء إلخ.

vul·ner·a·ble [vŭlʹnər ə bəl] *(adj.)* (١) قابلٌ للجَرح أو الانجراح أو العطب (٢) معرَّض للهجوم؛ غير حصين؛ عُرضة للسُّقوط بيد الأعداء (٣) «أ» عُرضة للانتقاد إلخ . «ب» حسّاس أو سريع التّأثُّر بالنَّقد أو ضروب الإغراء إلخ <Most poets are ~ to ridicule.> .

vul·ner·ar·y [vŭlʹnə rĕrʹĭ] *(adj.; n.)* (١) شافٍ أو لائمٌ للجراح § (٢) دواءٌ شافٍ أو لائمٌ للجراح .

vul·pine [vŭlʹpīn; -pĭn] *(adj.)* (١) ثَعْلَبيّ (٢) ماكر .

vul·ture [vŭlʹchər] *(n.)* (١) النَّسْر (طا) (٢) شخصٌ جَشِعٌ وحشيّ .

vulture *1.*

vul·tur·ine [vŭlʹchə rīnʹ] *(adj.)* (١) نَسْريّ (٢) «أ» جَشِع . «ب» نهّاب .

vul·tur·ous [vŭlʹchər əs] *(adj.)* نَسْرانيّ : شبيهٌ بالنَّسْر . وبخاصة من حيث الجَشَع أو النَّهب .

vul·va [vŭlʹvə] *(n.)* pl. **vul·vae** [-vēʹ; -vīʹ] الفَرْج (ت) .

vul·val *or* **vul·var** [vŭlʹ-] *(adj.)* فَرْجيّ : منسوب إلى الفَرْج .

vul·vate [vŭlʹvāt] *(adj.)* = vulval.

vul·vec·to·my [vŭl vĕkʹtə mē] *(n.)* استئصال الفَرْج [جراحيًّا] .

vul·vi·form [vŭlʹvə fôrm] *(adj.)* فَرْجيّ الشَّكل : ذو شكل بيضويّ وشَقٍّ أوسط وحافتين ناتئتين .

vul·vi·tis [vŭl vīʹtĭs] *(n.)* التهاب الفَرْج (ط) .

vul·vo·vag·i·ni·tis [vŭl vō văj ə nīʹ-] *(n.)* التهاب الفَرْج والمَهْبِل (ط) .

V valley *(n.)* الوادي المثلَّثيّ : وادٍ على هيئة الحرف V .

vy·ing [vīʹĭng] *pres. part. of* vie.

ă at; ā date; â care; ä car; ĕ egg; ē me; ĭ in; ī bite; ŏ lot; ō bone; ô orphan; oi boil; o͝o good; o͞o boot; ou out; ŭ under; û urgent; ə = *a* in alone, *e* in system, *i* in easily, *o* in gallop, *u* in circus.

w [dŭb′əl yo͞o] *(n. often cap.)* (١) الحرف الثالث والعشرون من الأبجديّة الإنكليزيّة (٢) شيء معتَبَرٌ في المقام الثّالث والعشرين من حيث التَّرتيب أو الطبقة (٣) شيء على صورة حرف **W**.

wab·ble [wŏb′əl] *(vi.; t.; n.)* = wobble.

Wac [wăk] *(n.)* <*W(omen's) A(rmy) C(orps)*> الواك: عضوٌ في الفرقة النِّسائيّة من الجيش الأميركيّ [التي أُنشئت خلال الحرب العالميّة الثانية].

wack [wăk] *(n.)* الأحمق؛ غريب الأطوار (ع).

wack·o [wăk′ō] *(adj.)* = wacky.

wack·y [wăk′ĭ] *(adj.)* أحمق؛ غريب الأطوار؛ لاعقلانيّ؛ غريب على نحوٍ مضحك (ع). **—wack·i·ly** *(adv.)* **—wack·i·ness** *(n.)*

wad [wŏd] *(n.; vt.)* (١) حَشْوَة [من قطن ونحوه] (٢) سِطام [من لبّاد أو ورق مقوًّى لتثبيت البارود أو العيار النّاري في موضعه من الخرطوشة أو البندقيّة] (٣) «أ» لفيفة أوراق مالية. «ب» مال. «ج» مقدار كبير من المال § (٤) يلفّ (٥) يَسْطُم [عيارًا في بندقيّة إلخ] (٦) يحشو.

wad·a·ble *or* **wade·a·ble** [wā′də bəl] *(adj.)* يخوَّض فيه: ممكنٌ التَّخويض فيه [كنهرٍ أو جدول].

wad·die [wŏd′ĭ] *(n.)* = waddy.

wad·ding [wŏd′ĭng] *(n.)* (١) wad (٢) موادّ للحشو أو السَّطْم.

wad·dle [wŏd′əl] *(vi.; n.)* (١) يتهادَى أو يترنّح [في مشيته] § (٢) تهادٍ.

wad·dy [wŏd′ĭ] *(n.; vt.)* (١) نَبُوت (٢) راعي بقر § (٣) يضرب بالنَّبُّوت.

wade [wād] *(vi.; t.; n.)* (١) يخوِّض أو يَخُوض [في الماء أو الوحل إلخ] (٢) يتقدَّم بصعوبة أو جهد (٣) يهاجم [أو ينصبّ على العمل] بقوة أو عزم **x** (٤) يجتاز أو يعبر مخوِّضًا <~*d* the stream> § (٥) تخويض <a ~ in the stream>.

wad·er [wā′dər] *(n.)* (١) فا wade (٢) wading bird (٣) «أ» حذاء التخويض: جزمة صامدة للماء صالحة للتخويض فيه. «ب» بِنْطال التخويض: بنطلون صامد للماء صالح للتخويض فيه.

waders *3a.*

wa·di [wä′dĭ] *(n.)* (١) وادٍ (٢) نهر؛ جدول (٣) واحة.

wad·ing bird [wād′ĭng] *(n.)* الطّائر المخوِّض: طائر يخوِّض في الماء بحثًا عن الطعام.

wading pool *(n.)* بِركة التَّخويض: بركة ثابتة أو متنقِّلة مُعَدَّة لكي يخوِّض الأطفال في مياهها.

wad·mal *or* **wad·mol** or **wad·mel** [wŏd′məl] *(n.)* الوَدْمَل: نسيج صُوفيّ غليظ.

wae·sucks [wā′sŭks′] *(interj.)* للأسف! (إسك).

Waf [wăf] *(n.)* <*W(omen) in the A(ir) F(orce)*> الواف: عضوٌ في سلاح الطَّيران النِّسائيّ الأميركيّ [الذي أُنشئ بعد الحرب العالميّة الثانية].

wa·fer [wā′fər] *(n.; vt.)* (١) الرُّقاقة: «أ» بسكويتة رقيقة هشّة. «ب» رُقاقة من حلوى أو شوكولا أو دواء. «ج» رُقاقة مدوَّرة من خبز فطير تُستخدَم في العشاء الربانيّ (كث) (٢) الخِتام: قطعة من ورق دَبِق أو معجون مجفَّف تُتَّخذ خَتْمًا أو مثبِّتًا (٣) الحلقة الرُّقاقيّة: حلقة شبيهة بالرُّقاقة تستخدم لأغراض مختلفة [في صِمام إلخ] § (٤) يختم أو يثبِّت أو يسدّ برقاقة أو حلقة رقاقيّة (٥) يقسّم [قضيبَ سِليكون مثلًا] إلى رُقاقات (ألك).

waff [wăf] *(n.; vi.; t.)* (١) تلويح؛ رفرفة (إسك) (٢) نسمة؛ هبّة (٣) يلوِّح أو يرفرف.

waf·fle [1] [wŏf′əl] *(n.)* الوَفْل: كعكة تُعَدّ من دقيق وحليب وبيض وتحمَّص في أداة تحميص خاصّة (را. المادّة بعد التالية).

waffle [2] *(vi.; n.)* (١) يراوغ؛ يوارب [مستخدمًا معنَيَيْن] § (٢) كلام أو كتابة مراوِغة أو غامضة (٣) كلمات فارغة أو مدَّعية.

waffle iron *(n.)* مِحْمَصة الوَفْل: أداة لتحميص الوَفْل waffle تُحْدِث في سطح الكعكة نتوءاتٍ مربعة أو مدوَّرة أو بيضويّة.

waffle iron

waft [wăft] *(vt.; i.; n.)* (١) يَدْفَع؛ يَسُوق [فوق الماء أو عبر الهواء] <The waves ~*ed* the boat to shore.> **x** (٢) ينبعث أو ينطلق [كالرائحة أو الصوت أو النغم] § (٣) رائحة خفيفة (٤) نَسْمة؛ نسيم؛ هبّة (٥) صوت (٦) راية [تُتَّخَذ إشارةً أو تُصْطَنَع لتبيان وجهة الريح].

waft·age [wăf′tĭj] *(n.)* (١) مص waft (٢) نَقْل [بالمراكب أو نحوها].

waf·ture [wăf′chər] *(n.)* (١) مص waft (٢) شيء تدفعه أو تنقله الرِّيح أو أمواج البحر.

wag [wăg] *(vi.; t.; n.)* (١) يتحرَّك (٢) يهتزّ؛ يتأرجح (٣) يتحرَّك بالقيل والقال <Salma's tongue ~*s* incessantly.> (٤) يتهادى [في مشيته] **x** (٥) يهزّ [الرأس أو الإصبع أو الذنَب] (٦) يحرِّك بذرابةٍ [في الحديث] <a scandal that set the villagers to ~*ging* their tongues> § (٧) هَزّ؛ هَزّة [رأسٍ إلخ].

wage [wāj] *(vt.; i.; n.)* (١) يشنّ [حربًا] (٢) يستخدم؛ يستأجر عاملًا (ع) **x** (٣) يَنْشَب <The riot ~*d* for several days.> § (٤) *pl.* عد: أجر؛ أجرة (٥) *pl.* عد: عاقبة <The ~*s* of sin is death.>.

wage earner *(n.)* الأجير؛ الكاسب: «أ» المشتغل مقابل أجر أو راتب. «ب» شخص دَخْلُهُ يُعيل أو يُساعِد على أن يُعيل أُسْرَتَه.

wage·less [wāj′-] *(adj.)* غير ذي أجْر <a ~ menial>.

wage level *(n.)* مستوَى الأُجور [وبخاصة في الصِّناعة].

wa·ger [wā′jər] *(n.; vt.; i.)* (١) «أ» رِهان. «ب» ما يُراهَن عليه § (٢) يراهن <to ~ money on a horse>.

wage scale *(n.)* (١) سُلَّم الأُجور (٢) مستوَى الأُجور.

wage slave *(n.)* عَبْد الأجر: المعتمِد على أجْرِهِ من أجل معيشته.

wage·work·er [wāj′wûr′kər] *(n.)* = wage earner.

wag·ger·y [wăg′ə rĭ] *(n.)* (١) مُزاح (٢) مَزحة. وبخاصة: مداعبة سَمِجة.

wag·gish [wăg′ĭsh] *(adj.)* (١) مزّاح: مُولَعٌ بالمُزاح (٢) هَزْليّ.

wag·gle [wăg′əl] *(vt.; i.; n.)* (١) يهزّ x (٢) يهتزّ (٣) يتهادَى في مشيته § (٤) هزّة [إصبع إلخ].

Wag·ne·ri·an [väg nēr′-] *(adj.; n.)* (١) ڤاغنريّ: منسوب إلى ڤاغنر أو موسيقاه § (٢) الڤاغنريّ: المعجب بمذهب ڤاغنر (١٨١٣–١٨٨٣) الموسيقيّ (٣) مؤدّي موسيقَى ڤاغنر [عَزْفًا أو غِناءً].

wag·on *or* **wag·gon** [wăg′ən] *(n.; adj; vi.; t.)* (١) «أ» عَرَبة [تجرُّها الخيول]. «ب» سيّارة مُقْفَلَة [لنقل السُّجناء] (٢) حافلة [من حافلات نقل البضائع بالسِّكّة الحديديّة] (٣) station wagon (٤) *cap.*: Ursa Major § (٥) خاصّ بالعَرَبة أو بالعَرَبات <a ~ engineer> § (٦) يسافر أو ينقل السِّلع بعربة x (٧) ينقل [السِّلع] بعربة.
off the ~, مرتدٌّ إلى معاقرة الخمرة بعد اجتنابها.
on the ~, مجتنبُ الخمر؛ ممتنع عن معاقرتها.

wagon *1a.*

wag·on·er [wăg′-] *(n.)* (١) سائق عربة (٢) *cap.*: «أ» Auriga. «ب» Ursa Major.

wag·on·ette [wăg′ə nĕt′] *(n.)* عربة خفيفة [للنُّزهة إلخ].

wa·gon–lit [vȧ gôn lē′] *(n.)* عربة نوم [في قطار].

wag·on·load [wăg′ən lōd′] *(n.)* حُمولة العَرَبة أو الحافلة إلخ.

wagon train *(n.)* القافلة: قافلة من عربات وخيلٍ وبخاصة لنقل المؤن العسكرية إلخ.

wag·tail [wăg′tāl] *(n.)* الذُّعَرَة: طائر صغير ذو ذنب طويل جدًّا يرفعه ويخفضه على نحو انتفاضيّ [وكأنّه مذعور].

wagtail

Wah·habi *also* **Wa·habi** [wä hä′bē] *(n.)* الوهّابيّ: واحد الوهّابيّين.

Wah·hab·ism [wä hä′bĭz′əm] *(n.)* الوهّابيّة: مذهب الوهّابيّين.

wa·hoo[1] [wä hōō′] *(n.)* الواحيّة: شُجَيرة شماليّة أميركية نفضيّة (نب).

wa·hoo[2] *(n.)* صيحة مليئة بالفرح والحيوية.

waif [wāf] *(n.)* (١) *pl.*: بضائع مسروقة [يلقي بها في الطريق لصّ هارب] (٢) اللُّقطة: شيء مجهول المالك يُعثر عليه مصادفةً (٣) شخص أو حيوان ضالّ أو شارد. وبخاصة: طفل متشرّد (٤) رايةٌ [تُتَّخَذ إشارة أو تُصطنَع لتبيان وجهة الريح].

wail [wāl] *(vi.; t.; n.)* (١) يُعْوِل؛ ينتحب (٢) يشكو x (٣) يندب (ا. ق) § (٤) إعوال؛ عويل؛ نحيب (٥) شكوَى.

wail·ful [wāl′fəl] *(adj.)* (١) حزين (٢) مُعْوِل؛ منتحِب.

Wail·ing Wall *(n.)* (١) حائط المبكَى [عند اليهود] (٢) مصدر راحة.

wain [wān] *(n.)* (١) عربة ضخمة [تُستخدم في المزارع] (٢) *cap.*: الدُّبّ الأكبر (فل).

wain·scot [wān′skət] *(n.; vt.)* (١) خشب سنديان فاخر (بر) (٢) «أ» كُسوة خشبيّة [أو غير خشبيّة] لجدار داخليّ. «ب» أسفل الجدار: الأقدام الثّلاثة أو الأربعة السُّفلَى من جدار داخليّ [حين تكون مزخرفةً على نحوٍ مختلف عن سائر الجدار] § (٣) يكسو بألواح خشبيّة إلخ.

wain·scot·ing *or* **wain·scot·ting** [wān′skət ĭng; -skŏt-] *(n.)* (١) مادّة تُكسَى بها الجدران الدّاخليّة (٢) wainscot *2*.

wain·wright [wān′rīt′] *(n.)* صانعُ العَرَبات أو مُصلِحُها.

waist [wāst] *(n.)* (١) خَصْر؛ حَقْو (٢) وَسَط [السَّفينة أو جسم الطّائرة] (٣) صُدْرة (٤) blouse (٥) waistline *b*.

waist·band [wāst′bănd′] *(n.)* حِزام؛ نِطاق [وبخاصة بوصفِه جزءًا من تنُّورة أو بنطلون إلخ].

waist·cloth [wāst′klôth] *(n.)* = loincloth.

waist·coat [wāst′kōt′] *(n.)* صُدْرة؛ صُدريّة.

waist·line [wāst′līn′] *(n.)* محيط الخَصْر: «أ» خطٌّ افتراضيّ يحيط بالخصر. «ب» جزء من الثَّوب يغطِّي هذا الخطّ أو يقع فوقه أو تحته تبعًا لمقتضيات الزِّيّ. «ج» محيط الجسم عند الخصر.

wait [wāt] *(vt.; i.; n.)* (١) «أ» ينتظر. «ب» ينتظر [أملًا في تغيُّرٍ مُؤاتٍ في كذا] <to ~ out the storm> (٢) يؤخّر أو يؤجّل [بانتظار حضور شخص] <Don't ~ dinner for me.> (٣) يخدم [بوصفه نادلًا] <earned a few shillings *~ing* on table> § (٤) «أ» المطوِّف: عضو في فرقة من المغنّين والموسيقيّين تطوّف في الشوارع في عيد الميلاد. «ب» لحن المطوِّفين: قطعة موسيقيّة تعزفها فرقة كهذه (٥) كمين (٦) «أ» ترقُّب؛ توقُّع <We anchored in ~ for early morning fishing.> «ب» انتظار. «ج» فترة استراحة؛ انقطاع؛ توقف <without *~s*>.
to lie in ~ (for) يَكْمُنُ؛ يَكْمُنُ لـ.
to ~ on *or* upon (١) يخدم [فلانًا]؛ يقوم على خدمة فلان (٢) يزوره زيارة رسميّة (٣) يتلوه بوصفه نتيجةً (٤) ينتظر.
to ~ up يطيل السَّهر؛ يأوي إلى فراشه متأخرًا.
~ and see انتظرْ وتَرَقَّبْ [قبل أن تتصرّف أو تكوّن رأيًا إلخ].

wait–a–bit; wait–a–minute [wāt′-] *(n.)* انتظرْ قليلًا: نبات شائك.

wait·er [wā′tər] *(n.)* (١) النّادِل: القائم على خدمة الزَّبائن في مطعم أو حانة (٢) طبق؛ صينيّة [وبخاصّة لتقديم الطَّعام أو المشروبات].

wait·ing [wā′-] *(n.)* (١) انتظار؛ خدمة؛ خدمة على المائدة (٢) فترة انتظار.

ă at; **ā** date; **â** care; **ä** car; **ĕ** egg; **ē** me; **ĭ** in; **ī** bite; **ŏ** lot; **ō** bone; **ô** orphan; **oi** boil; **ŏŏ** good; **ōō** boot; **ou** out; **ŭ** under; **û** urgent; ə = *a* in alone, *e* in system, *i* in easily, *o* in gallop, *u* in circus.

waiting game *(n.)* لعبة الانتظار: أسلوب في اللَّعِب إلخ يُحْجِم بموجبه لاعبٌ أو أكثر عن القيام بأيّ نشاط ارتقابًا للفرصة المؤاتية.

waiting list *(n.)* جدول [أو قائمة] الانتظار: جدول يشتمل على أسماء الأشخاص الذين ينتظرون دورهم في التَّوظيف أو في الالتحاق بمؤسَّسة ما أو في السَّفر بالطَّائرة إلخ.

waiting maid *or* **woman** *(n.)* (١) الخادمة (٢) الوصيفة.

waiting man *(n.)* (١) الخادم (٢) الوصيف.

waiting room *(n.)* حجرة الانتظار [في عيادة طبيب أو محطّة قطارات إلخ].

wait·per·son [wāt'pûr'sən] *(n.)* النادِل أو النادِلة.

wait·ress [-'trĭs] *(n.)* النّادِلة: القائمة على خدمة الزَّبائن في مطعم إلخ.

wait·ron [wā'trən] *(n.)* = waiter *1*; waitress.

waive [wāv] *(vt.)* (١) يهجر أو يتخلّى عن (ا . ق) (٢) يَطْرَح [سِلَعًا مسروقة] (٣) يتجنَّب [خَطَرًا إلخ] (ا . ق) (٤) «أ» يتنازل [عن حقّ شرعيّ]. «ب» يُمسِك أو يمتنع [عن المطالَبة بحقّ أو تنفيذ قاعدة] (٥) يُرجئ أو يؤجِّل النَّظر في (٦) يَصْرِف شخصًا أو فكرةً إلخ [بالإشارة باليد أو بمثل الإشارة باليد] <Evils are not magically ~*d* out of existence.>.

waiv·er [wā'vər] *(n.)* (١) تخلٍّ؛ تنازل (٢) وثيقة تنازل (٣) إعفاء.

wa·ka·me [wä kä'mĕ] *(n.)* الواكامي: طُحْلُب بحريّ يؤكل.

wake [1] [wāk] *(vi.; t.; n.)* (١) «أ» يَسْهَر. «ب» يَسهر قرب فراش مريض أو جثّة فقيد (٢) يستيقظ x <He ~*d* up at 4 o'clock in the morning.> (٣) يوقظ <*woke* up his son> (٤) يُثير؛ يحرِّك § (٥) يقظة <between ~ and sleep> (٦) «أ» احتفال بِعيد شفيع كنيسة. «ب» عطلة سنوية (بر) (٧) الرِّقبة: السّهر عند جثّة الميت قبل دفنها.

(loud) enough to ~ the dead عالٍ جدًّا [حتى لَيَكادُ الميتُ يَسْمعه].

wake [2] *(n.)* الأثر: ما تخلِّفه السَّفينة الجارية في المياه من أثَر. وتوسُّعًا: كل أثر يخلِّفه جسم متحرِّك.

in the ~ of (١) بَعْد؛ على أثر؛ في أعقاب كذا (٢) نتيجةً لِ.

wake·ful [wāk'-] *(adj.)* (١) أرِق: «أ» عاجز عن النَّوم. «ب» متَّسم بالأرَق <a ~ night> (٢) يَقِظ؛ سهران؛ محترس <a ~ foe>.

wake·less [wāk'-] *(adj.)* عميق؛ غير متقطِّع <~ sleep>.

wak·en [wā'kən] *(vi.; t.)* (١) يَنْشَط؛ يتنبَّه (٢) يستيقظ x (٣) «أ» يُثير <~*ed* the reader's sympathy>. «ب» ينبِّه (٤) يوقِظ.

wake·rife [wāk'rīf] *(adj.)* يَقِظ؛ متنبِّه (إسك).

wake–rob·in [wāk'rŏb'ĭn] *(n.)* (١) cuckoopint (نب) (٢) السَّحْلَب الأبقع (٣) الإطْرِلْيُون؛ الزَّهْرة الثُّلاثية (نب) (٤) اللِّفت الهنديّ (نب).

wake–up *(n.; adj.)* (١) النَّقّار: طائر أميركيّ (ع) § (٢) مُوقِظ <a ~ call>.

wak·ing [wā'-] *(adj.)* واعٍ: متَّسِمٌ بالوعي واليَقَظة <~ hours>.

Wal·den·ses [wŏl dĕn'sēz] *(n. pl.)* الوُلْدوويون؛ الوُلْداويّة: فرقة نصرانيّة نشأت في جنوب فرنسا بعد عام ١١٧٠ بزعامة پيير وُلدو Waldo.

wald·grave [wôld'grāv'] *(n.)* ناظرُ الأحراج.

Wal·dorf salad [wôl'dôrf] *(n.)* سَلَطَة وُلدورف: سَلَطَة تُعدّ من تُفّاح مقطَّع وجوز وكَرَفس ومَيُونيز.

wale [1] [wāl] *(n.; vt.)* (١) «أ» الحَبار: أثر الضَّرب بالسِّياط. «ب» ridge 5 (٢) ضِلْعٌ رابطةٌ [في مركَب] (٣) «أ» الضِّلع: واحدة من سلسلة أضلاع مستوية في نسيج. «ب» طبيعة النَّسيج أو ضَرْب حياكته (٤) الدِّعامة الأُفُقيّة (عم) § (٥) يُحبِّر: يترك في الجسم آثار ضرب بالسِّياط.

wale [2] *(n.; vt.)* (١) اختيار (بر) (٢) صَفْوَة؛ نخبة (بر) § (٣) يختار (عب).

wal·er [wā'-] *(n.)* *cap.* عد: الويلزيّ: فَرَسٌ مستوردٌ من أستراليا.

Wal·hal·la [wăl hăl'ə; väl-] *(n.)* = Valhalla.

walk [wôk] *(vi.; t.; n.)* (١) «أ» يظهرُ [الشَّبَحُ]. «ب» تجري [السفينةُ] (٢) «أ» يمشي؛ يسير. «ب» يمشي ابتغاء النزهة أو الرياضة x (٣) «أ» يجتاز؛ يَذْرَع <to ~ the avenue>. «ب» يؤدّي [مهمةً] بالسير على قدميه <to ~ guard> (٤) يسيِّر؛ يمشِّي؛ يُجْري (٥) يرافق [سيرًا على الأقدام]؛ يسير مع <He ~*ed* them about the park.> (٦) يُكرِهه على المشي أو يساعده عليه <They ~*ed* him into jail.> (٧) يقيس أو يمسح أو يتحرّى بالمشي <to ~ a track> (٨) يُنفِق أو يسلخ إلخ بالمشي <~*ed* the entire afternoon away> (٩) يطرد إلخ بالمشي <to ~ off a headache> (١٠) يجعله – من طريق المشي – في حالة معيّنة <to ~ one's companion to exhaustion> § (١١) مشي؛ سَيْر. وبخاصة: نزهة سيرًا على القدمين <to take a ~> (١٢) ممشًى أو مكان مُعَدّ خصيصًا للمشي، مثل: «أ» مَجاز في حديقة أو بين صفوف من الأشجار. «ب» رصيف المشاة. «ج» شارع يُتَنَزَّه فيه. «د» مصنع الحِبال (١٣) «أ» مَرْعًى للحيوانات. «ب» حظيرة يسرح فيها الدجاج بحرّيّة (١٤) مَسِيرة <five minutes' ~ to the station> (١٥) موكب (بر) (١٦) سلوك؛ مَسْلك (١٧) أدنى درجات السرعة <Shortage of raw materials slowed production down to a ~.> (١٨) طريق الحارس [أو الشحاذ أو موزِّع البريد] المألوفة (١٩) المِشية: طريقة خاصة في المشي <Salma's ~ is just like her mother's.> (٢٠) مرتبة اجتماعيّة أو اقتصاديّة <persons from every ~> (٢١) دنيا؛ عالم؛ حقل <distinguished figures in science... and in the ~ of letters> <persons in the humbler ~*s* of life> (٢٢) مهنة؛ حرفة؛ عملٌ (٢٣) المصفَّف: بستان رُتِّبَتْ أشجاره صفوفًا تفصل بينها مَجازات عريضة (٢٤) المَشْي: احتفاظُ لاعب كرة السلّة بالكرة والسيرُ بها خلافًا للمسموح به (رب).

to ~ away from (١) يهزمه أو يتغلّب عليه بغير صعوبة (٢) ينجو من حادثة [سالمًا أو من غير أن يُصاب بأذًى].

to ~ away with يأخذ ما ليس له [عامدًا أو غير عامد].

to ~ into (١) «أ» يهاجم. «ب» ينتقد أو يوبِّخ بقسوة (٢) «أ» يلتهم: يأكل أو يشرب بنَهَم. «ب» يستهلك أو يستنفد بسرعة.

to ~ off with (١) «أ» يسرق. «ب» ينتحل [لنفسه ما ليس له]. «ج» يأخذ ما ليس له [عامدًا أو غير عامد] (٢) يكسب أو يربح [وبخاصة بالتغلّب على منافسيه من غير صعوبة].

to ~ one's chalks ينصرف أو يرحل بسرعة.

to ~ out (١) يُضرِب عن العمل (٢) ينسحب [استنكارًا أو احتجاجًا]

(٣) يمشي بخطًى واسعة .

to ~ out on (١) يتخلى عنه [حين يكون في أمسّ الحاجة إلى المساعدة] (٢) يهجر [مهنةً لينصرف إلى أخرى] .

to ~ out with تَعَشَّقُ [الخادمةُ بخاصةٍ] شخصًا .

to ~ over يدوس عليه : يستخفّ بمشاعره أو رغباته ؛ يعامله بازدراء .

to ~ the chalk line يسير على الصراط المستقيم ؛ يلزم جانب الحشمة أو الفضيلة .

to ~ the plank (١) يُكْرَه على السّيْر [وبخاصة من قِبل القرصان] فوق حافة المركب حتى يسقط في البحر (٢) يتخلّى عن منصب إلخ [كَرْهًا أو تحت الضغط] .

to ~ the streets تَفْجُر ؛ تَفْسُق ؛ تتعاطى الدعارة .

to ~ tall يمشي مرفوعَ الرّأس ؛ يعتزّ بنفسه (ع) .

to ~ through يؤدي [عملًا من الأعمال] بطريقة ميكانيكية أو روتينيّة .

walk·a·way [wôk′-] *(n.)* (١) انتصارٌ سهْلٌ أو يسير (٢) شيء سَهْل .

walk·er [wô′kər] *(n.)* (١) الماشي إلخ . مثل : «أ» مراقب الأحراج إلخ (ا . م) . «ب» المشترك في سباق في المشي . «ج» البائع المتجوّل (٢) شيء يُستخدَم في المشي ، مثل : «أ» المُمَشِّي : هيكل مُعَدّ لمساعدة الطفل ، أو المريض ، على المشي . «ب» حذاء خاصّ بالمشي .

walk·ie–look·ie [wô′kĭ lōō′kĭ] *(n.)* الكاميرا التّلفزيونيّة النَّقّالة : كاميرا تلفزيونيّة قابلةٌ للحمل أو النّقل مُعَدَّةٌ ليستخدمَها شخصٌ واحد .

walk·ie–talk·ie [-tô′kĭ] *(n.)* المِذياع المحمول : جهازُ راديو مُرسِل ومستقبِل ، صغيرٌ عاملٌ بالبطّاريّة ، مُعَدّ ليحمله المرء معه .

walk–in [wôk′ĭn] *(adj.; n.)* (١) ضخم [إلى درجة تمكّن من السَّير فيه] <~ refrigerator> (٢) مباشر : مُعَدّ بحيث يُدْخَل إليه مباشرةً لا من خلال رَدْهة <~ apartment> (٣) طارئ : آتٍ من غير موعد <~ patients> § (٤) ثلّاجَة ضخمة أو حجرة تبريد كبيرة (٥) انتصار سهل [في الانتخابات] .

walk·ing [wô′kĭng] *(n.; adj.)* (١) المشي ؛ السَّير إلخ (٢) المَسِير : حالة الطَّريق بالنسبة إلى السّائر عليها <The ~ is slippery.> § (٣) «أ» حيّ ؛ بشريّ ؛ متجوّل <a ~ encyclopedia> . «ب» قادر على المشي [رغم المرض إلخ] <talked to the ~ wounded> (٤) «أ» مَشْيِيّ : مُستخدَم في المشي <~ shoes> . «ب» ملائم للمشي <a ~ town> (٥) متذبذب <a ~ beam> (٦) غير مُقْعِد : غير مُقْتَضٍ ملازمةَ المريضِ للفراش <~ pneumonia> (٧) سيّار : يوجِّهه أو يديره المرء سيرًا على قدميه <a ~ cultivator>.

walking delegate *(n.)* المندوب المتجوِّل : ممثِّل لإحدى نقابات العمّال مكلَّف بزيارة أعضائها ومراكز عملهم للتّأكّد من حسن تنفيذ الاتفاقات النّقابيّة ، وقد يقوم بتمثيل النّقابة تجاه أرباب العمل .

walking fern *(n.)* = walking leaf *1*.

walking leaf 2.

walking leaf *(n.)* (١) أو **walking fern** : السَّرخَس الجوّال : ضَرْبٌ من السَّرخَس دُعِي بذلك لأنّه يبدو وكأنّه يتنقّل من مكان إلى مكان (٢) الورقة السَّيّارة : ضَرْبٌ من الحشرات ذو أجنحة وقوائم شبيهة بأوراق النَّبات .

walking papers *or* **ticket** *(n.)* أوراق الصَّرْف [من الخدمة] .

walking stick *(n.)* (١) عصًا ؛ عصا المشي (٢) الحشرة العَصَويّة : حشرة ذات جسم طويل مستدير شبيه بالعصا .

Walk·man [wôk′-] *(n.)* الوُوكْمَن : راديو ، أو جهاز كاسيت ، محمول ومزوّد بسمّاعتين خفيفتين .

walk–on [wôk′ŏn] *(n.)* دَوْر ثانويّ [صامتٌ عادةً] في مسرحيّة .

walk·out [wôk′out′] *(n.)* (١) إضراب عمّاليّ (٢) انسحاب من اجتماع أو منظَّمة [استنكارًا أو احتجاجًا] .

walk out *(vi.)* (١) ينسحب [استنكارًا أو احتجاجًا] (٢) يُضرِب عن العمل .

walk·over [wôk′-] *(n.)* (١) انتصار هيِّن أو سَهْل ؛ سِباق تنعدم فيه المنافسةُ أو تكاد : نزهة <The race was a ~ for Salim.> (٢) شيء هيِّنٌ .

walk–up [wôk′-] *(n.; adj.)* (١) الدَّرَجيّ : مبنًى [أو شقَّة] ذو عدّة طوابق بدون مصعد § (٢) عُلْويّ : واقعٌ فوق الطابق الأرضيّ في مبنًى غير مزوَّد بمصعد <a ~ apartment>.

walk·way [wôk′wā′] *(n.)* مَمْشًى [في حديقة أو مصنع إلخ] .

wall[1] [wôl] *(n.; vt.; adj.)* (١) «أ» سُوْر . «ب» حائط ؛ جدار (٢) وضعٌ حَرِجٌ أو يائسٌ : خراب ؛ إفلاس ؛ إخفاق ؛ هزيمة <was driven to the ~ financially> (٣) الجِدار المغلِّف : طبقة من مادّة مغلِّفة <heart ~s> § (٤) يحوِّط ؛ يسوِّر ؛ يحيط بجدار (٥) «أ» يفصل أو يعزل بجدار أو نحوه <~ed off our world from the rest of human society> . «ب» يطوِّق ؛ يحيط بِـ <Trees ~ the avenue.> (٦) «أ» يَحْصِر أو يحبس ضمن جدران <~ed the monster up> . «ب» يَسُدّ بجدار أو بمثل الجدار <He ~ed up the crevice.> (٧) يغطّي الجدران بشيء <His study is ~ed with books.> § (٨) جداريّ <of ~ plants> .

to run one's head against a ~, يحاول أمرًا مستحيلًا .

to see through a brick ~, يتمتّع ببصيرة نافذة [تخترق الحُجُب] .

with one's back to the ~, في وضع يتعذّر فيه التَّراجع أو الفرار .

wall[2] *(vi.; t.)* (١) تتقلّب العين [ناظرةً في اتجاه بعد آخر] على نحوٍ انفعاليّ x (٢) يقلِّب نظراته [في اتجاه بعد آخر] .

wal·la·by [wŏl′ə bĭ] *(n.)* الوَلَّب : كَنْغر صغير يألف الغابات في أستراليا (ح) .

wallaby

wal·lah [wä′lä] *(n.)* (١) «أ» صاحب ؛ مالك . «ب» عامل ؛ خادم ؛ ساعٍ [في الاصطلاح الإنكليزيّ الهنديّ] (٢) شخص (ع) .

wal·la·roo [wŏl′ə rōō′] *(n.)* الوَلَّر : كنغر أستراليّ كبير (ح) .

wall·board [wôl′bōrd′] *(n.)* الألواح الجداريّة : ألواح رقيقة تُصنَع من لُبّ الخشب أو من اللَّدائن تُكسَى بها جدران الغرف أو سقوفها .

walled [wôld] *(adj.)* مُسَوَّر : مُحاط بأسوار أو جدران إلخ .

wal·let [wŏl′ĭt] *(n.)* (١) حقيبة سَفَر (٢) محفظة جَيب .

wall·eye [wôl′ī] *(n.)* (١) العين البيضاء : «أ» عين [كعين الفَرَس] ذات حدقة ضارب لونُها إلى البياض . «ب» عين ذات قَرْنية كثيفة بيضاء . «ج» عين جاحظة تُبْدي عن قَدْر من البياض أكثر من المألوف (٢) «أ» كثافة قرنية العين . «ب» الحَوَل الجاحظ : حَوَل مصحوب بجحوظ في العين (٣) *pl.* : عينان حولاوان (٤) الجاحظ : أيّ من أسماك مختلفة تتميّز بعيونها الكبيرة الجاحظة .

wall·eyed [wôl′īd] *(adj.)* (١) أبيض العين : ذو عين بيضاء (را . المادّة السّابقة) (٢) أحْوَل العينَيْن (٣) جاحظ العينَيْن <a ~ fish> .

wall fern *(n.)* = polypody.

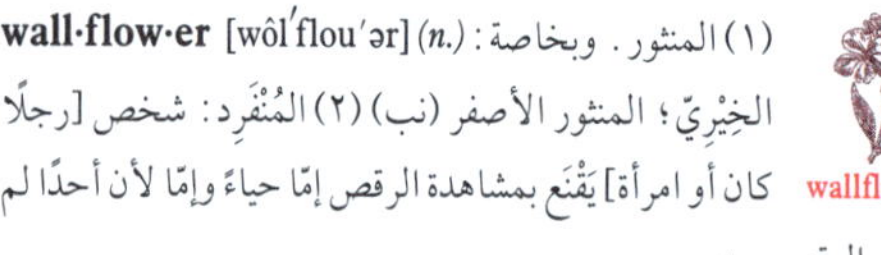
wallflower *1.*

wall·flow·er [wôl′flou′ər] *(n.)* : (١) المنثور . وبخاصة : الخِيْرِيّ ؛ المنثور الأصفر (نب) (٢) المُنْفَرِد : شخص [رجلًا كان أو امرأة] يَقْنَع بمشاهدة الرقص إمّا حياءً وإمّا لأن أحدًا لم يَدْعُه إلى الرقص معه .

wall hanging *(n.)* السّتارة أو السَّجّادة الجداريّة [تُعلَّق للتّزيين] .

Wal·loon [wŏ lōōn′] *(n.; adj.)* (١) الوَلُونيّ : أحد أفراد شعب يقطن الأجزاء الجنوبيّة والجنوبية الشرقيّة من بلجيكا والمناطق الفرنسيّة المجاورة لها (٢) الوَلُونيّة : لغة الوَلُونيّين الفرنسيّة § (٣) وَلُونيّ .

wal·lop [wŏl′əp] *(n.; vi.; t.)* (١) «أ» لكمة ؛ ضربة عنيفة . «ب» القدرة [وبخاصة قدرة الملاكم] على الضرب بعنف <Sami had a terrific ~ in his left hand.> (٢) «أ» تأثير عاطفي أو نفسي <a movie with a dramatic ~> . «ب» إثارة § (٣) «أ» يندفع بتهوّر . «ب» يتقدَّم متعثرًا (٤) يئزّ [من شدة الغليان] **x** (٥) «أ» يضرب بعنف . «ب» يهزمه هزيمةً حاسمةً أو نكراء .

wal·lop·ing [wŏl′əp ĭng] *(adj.; n.)* (١) كبير ؛ ضخم (٢) «أ» رائع . «ب» ساحق § (٣) ضربٌ بشدّة (٤) هزيمة منكرة .

wal·low [wŏl′ō] *(vi.; n.)* (١) يتمرَّغ (٢) «أ» يتقدَّم متعثّرًا . «ب» يندفع ؛ يندفق (٣) ينغمس [في الملذّات إلخ] (٤) «أ» يَزْخر بـِ <baby talk in which some books ~> . «ب» يتقلّب في النِّعمة أو الثّراء أو التّرف <film stars who ~ in luxury> (٥) يتخبَّط § (٦) تمرُّغ ؛ انغماس إلخ (٧) المَراغة : المكان الذي تتمرَّغ فيه الدّابّة (٨) تفسُّخ ؛ انحطاط .

wall painting *(n.)* = fresco.

wall·pa·per [wôl′pā′pər] *(n.; vt.; i.)* (١) ورق الجدران : ورقٌ زينيّ تُكْسَى به جدران الغُرَف § (٢) يكسو [جدارًا] بورق الجدران .

wall pellitory *(n.)* حشيشة الجدران القديمة : عشب أوروبي مدرّ للبول ينمو بخاصة على الجدران القديمة (نب) .

wall pepper *(n.)* الفُلْفُل الجداريّ : نبات حِرِّيف معترش .

wall plate *(n.)* اللّوح الجداريّ : عارضة أُفقيّة في [أو على] جدار (عم) .

wall plug *(n.)* القابس الجداريّ : قابس (را . plug 6) في جدار (كب) .

wall rock *(n.)* الصخر الجداريّ : صخر يتخلّله عِرْقٌ معدنيّ .

wall rocket *(n.)* الجرجير الجداريّ : نبتة ذات أزهار صفراء كبيرة تنمو على الجدران القديمة إلخ (نب) .

Wall Street [wôl] *(n.)* وول ستريت : «أ» شارع في مدينة نيويورك يُعتبر المركز الماليّ الأوّل في الولايات المتّحدة الأميركيّة . «ب» سوق المال ؛ السُّوق الماليّة .
— Wall Street·er *(n.)*

wall–to–wall *(adj.)* من الحائط إلى الحائط <~ carpeting> .

wal·nut [wôl′nŭt] *(n.)* (١) «أ» جَوْز . «ب» شجر الجوز . «ج» خشب الجوز (٢) الجوزيّ : اللّون الجوزيّ .

Wal·pur·gis Night [väl pōōr′gĭs] *(n.)* (١) ليلة القدّيس والبورجا : ليلة أوّل مايو ، عيد القدّيس والبورجا ، التي تزعم الأسطورة الجرمانيّة أنّ العرّافات يأخذن فيها بأسباب القصف والعربدة ويراقصن الشّيطان (٢) وَضْعٌ أو حَدَثٌ مروِّع .

walrus

wal·rus [wôl′rəs] *(n.)* الفَظّ : حيوان بحريّ شبيه بالفقمة .

waltz[1] [wôlts] *(n.)* (١) رقصة الفالس أو موسيقاها (٢) شيء سهل .

waltz[2] *(vi.; t.)* (١) يرقص الفالس (٢) يَنْدفع : ينطلق على نحو مهتاج أو صاخبٍ أو محاولًا لفتَ النَّظر <~*ed* out to the ladies' room to talk and smoke> (٣) ينطلق بسرعة ويُسْر [تتبعها *through*] (ع) (٤) يقترب بشجاعة [تتبعها *up*] (ع) **x** (٥) يرقص الفالس مع (٦) يُسَيِّر ؛ يجُرّ : يقوده بعجلة وتصميم ومن غير ترفُّق أو مجاملة <grabbed Salma's arm and ~*ed* her upstairs> (ع) .
— waltz·er *(n.)*

wam·ble [wŏm′bəl] *(vi.; n.)* (١) «أ» تجيش نفسُهُ [من الغثيان] . «ب» تُقَرْقِر المعدةُ (٢) «أ» يتلوّى . «ب» يترنّح . «ج» يدور ؛ يَلُفّ § (٣) «أ» جَيَشان النفس . «ب» قَرْقَرَة المعدة (٤) «أ» تلوٍّ . «ب» ترنُّح . «ج» دوران ؛ التفاف .

wam·pum [wŏm′pəm] *(n.)* (١) الوَمْبَم ؛ عقد الصَّدَف : عقْد من أصداف يتزيَّن به هنود أميركا الشّماليّة الحُمْر أو يتعاملون به بوصفِهِ عملةً (٢) دراهم ؛ نقود (ع) .

wam·pum·peag [wŏm′pəm pēg′] *(n.)* = wampum.

wan [wŏn] *(adj.; vi.; t.)* (١) «أ» شاحب <a ~ face> . «ب» ضعيف <~ stars; a ~ light> باهت ؛ كامد (٢) ~ personality> (٣) سقيم ؛ دالّ على تعاسة أو انحراف في الصحة إلخ <a ~ look; a ~ smile> (٤) غير مُجدٍ أو فعّال <our ~ efforts> § (٥) يَشْحُبُ [الوجهُ] **x** (٦) يُشْحِبُ : يجعله يبدو شاحبًا .
— wan·ness *(n.)*

wand [wŏnd] *(n.)* (١) صولجان (٢) عصا السّاحر أو المشعوذ (٣) الرَّميّة : قطعة خشب تُتَّخَذ هدفًا في الرِّماية (٤) عصا قائد الفرقة الموسيقيّة (٥) المُطيلة : زيادة كالماسورة تُطيل يد أداة معيّنة .

wan·der [wŏn′dər] *(vi.; t.; n.)* (١) «أ» يتجوَّل ؛ يطوف حول . «ب» يهيم ؛ يطوِّف في (٢) يتمعّج ؛ يتلوّى <~*ing* streams> (٣) «أ» يتيه أو يحيد عن . «ب» يَضِلّ [عن السبيل القويم] . «ج» يُخالَط في عقلِهِ ؛ يَخْرَف **x** (٤) يجول في <wanted to ~ woodlands> § (٥) تجوُّل ؛ طواف .
— wan·der·er *(n.)*

wan·der·ing [wŏn′-] *(n.; adj.)* (١) *pl.* ا.ك : تجوُّل ؛ تطوُّف إلخ (٢) *pl.* ا.ك : تيه ؛ ضلال : انحراف عن السبيل السويّ أو المألوف § (٣)

«أ» متمعِّجٌ؛ مُتَلوٍّ. «ب» تائه؛ ضالّ. «ج» مترحّل؛ متنقّل من مكان إلى مكان <a ~ tribe>. «د» متنشّر: مُنْتَشِر فوق سطح الأرض متسلّقًا ما يعترض سبيله <~ plants>. «هـ» عائم <~ kidney> (را. floating *2b*).

wandering albatross *(n.)* القُطْرس المتجوّل: قطرس ضخم أبيض (طا).

Wandering Jew *(n.)* اليهودي التائه: «أ» يهودي تذهب الأسطورة إلى أنّه قد حُكم عليه بالطواف حول الأرض. «ب» *not cap. W*: نبات بعضُهُ متنشّر (را. المادة قبل السابقة) وبعضه معترش.

wan·der·lust [wŏn′dər lŭst′] *(n.)* شهوة التَّجوال أو التَّسفار.

wan·der·oo [wŏn′də ro͞o′] *(n.)* الوَندرو: قرد سيلانيّ أو هنديّ.

wanderoo

wane [wān] *(vi.; n.)* (١) يتضاءل؛ يتناقص؛ مثل: «أ» ينمحق [القمرُ]: يدخل في المُحاق. «ب» يَبْهت [الضوءُ أو اللونُ]. «ج» ينحسر [المَدّ] (٢) يأخذ في الضعف <*waning* political parties> § (٣) تضاؤل؛ تناقص (٤) المُحاق: فترة تناقص القمر بعد اكتماله.

wane·y *or* **wan·y** [wā′nĭ] *(adj.)* متضائل؛ متناقص.

wan·gle [wăng′gəl] *(vi.; t.)* (١) يتخلص [من ورطة أو زحام] (٢) يحتال؛ يلجأ إلى الأساليب الخادعة أو الملتوية **x** (٣) يهزّ (٤) يتلاعب بِـ <to ~ accounts> (٥) «أ» يحتال لِـ؛ يحقّق أمرًا بالحيلة أو نحوها. «ب» يدبّر أو ينال بالحيلة <to ~ an invitation to a party> (٦) يُقنع شخصًا بكذا [مستخدمًا أساليبَ خادعةً أو ملتوية]. **— wan·gler** *(n.)*

wank [wăngk] *(vi.; t.; n.)* (١) يستمني § (٢) الاستمناء؛ جَلْدُ عُمَيْرة (ع).

Wan·kel engine [väng′kəl] *(n.)* محرِّك ڤانكل: محرِّك دورانيّ المكبس.

wank·er [wăng′ker] *(n.)* (١) شخص حقير أو تافه (٢) المُسْتمني.

wan·na–be [wä′nə bē′] *(n.)* المتمثِّل؛ المقلِّد: شخص يطمحُ أن يكونَ امرءًا مختلفًا [عمّا هو عليه]، أو يحاولُ تقليد امرئ آخر في تصرّفاته أو هيئته إلخ.

want [wônt; wŏnt] *(vt.; i.; n.)* (١) يُعوِزه كذا (٢) «أ» يريد؛ يرغب في. «ب» يتوق توقًا شديدًا إلى (٣) يتطلّب؛ يقتضي (٤) يحتاج إلى (٥) يتعيّن أو يتوجّب على <You ~ to act decently.> (٦) يطارد؛ يلاحق <is ~*ed* for war crimes> (٧) يميل إلى؛ يحبّ **x** (٨) يُمْلِق: يصبح فريسة الفاقة أو الحاجة <They would never allow their children to ~.> (٩) يحتاج (١٠) يشاء؛ يرغب § (١١) حاجة؛ رغبة (١٢) فاقة؛ عِوَز <~*s* for nothing> (١٣) نقيصة؛ عيب؛ موطن ضعف <nations living in ~> <Whatever her ~*s*, she has always been honest.>.

want ad *(n.)* إعلان الطَّلب: إعلان عن الحاجة إلى عمل أو عمّال إلخ.

want·ing [wŏn′-] *(adj.; prep.)* (١) غائب؛ مفقود (٢) ناقص؛ غير بالغ المستوى المطلوب أو المتوقّع (٣) ضعيف؛ غير كفؤ § (٤) من غير؛ بدون <a dictionary ~ a cover> (٥) إلّا <a year ~ five days>.

wan·ton [wŏn′tən] *(adj.; n.; vi.; t.)* (١) «أ» بهيج؛ مفعم بالمرح <a ~ party>. «ب» لَعُوب <a ~ child> (٢) «أ» خليع؛ داعر <~ stories>. «ب» شهوانيّ. «ج» مُتْرَف (٣) غَشُوم؛ وحشيّ؛ لا يرحم <~ conquerors> (٤) جائر؛ متعمَّد؛ لا مبرِّر له <~ insults> (٥) «أ» مفرط؛ مُسْرِف؛ لا يعرف قيدًا أو حدًّا <~ imagination>. «ب» مُطْلَق العِنان <~ breezes> § (٦) ولدٌ مدلّل (٧) طفل أو حيوان لَعُوب (٨) «أ» العابث؛ المستهتِر؛ المُنغمِس في المُتَع الحسّيّة. «ب» الخليع؛ الفاسق § (٩) يعبث؛ يستهتِر؛ ينغمس في الملاذّ (١٠) يُسرف في القسوة أو الوحشية (١١) ينمو بإفراط **x** (١٢) يبدّد [المال إلخ] في العبث والاستهتار. **— wan·ton·ness** *(n.)*

wa·pi·ti [wŏp′ə tĭ] *(n.)* الوَبّيت: الأيِّل الأميركيّ.

wapiti

wap·pen·schaw·ing [wăp′ən shô′ĭng] *(n.)* عرض أو استعراض للسِّلاح [كان يُقام في إسكتلندا].

wap·per–jawed [wŏp′ər jôd′] *(adj.)* أقْعَم؛ ألْوَى: مُلتوي الفكّ الأسفل أو بارزُه.

war [wôr] *(n.; vi.)* (١) «أ» حرب. «ب» حالة حرب. «ج» فن أو علم الحرب. «د» فترة الحرب (٢) «أ» عِداء؛ خصام. «ب» كِفاح؛ صراع § (٣) يقاتل؛ يشنّ الحربَ على (٤) يتصارع (٥) يهزم؛ يَقْهر (إسك).

war·ble [wôr′bəl] *(n.; vi.; t.)* (١) لَحْن؛ وبخاصة: أغنية بهيجة (٢) تغريد؛ صُداح؛ شَدْو (٣) الانتفاخ النِّبْريّ: انتفاخ تحت جلد ظهر الحيوان [كالبقرة والفرس] ناشئٌ عن يَرَقة النِّبْر (را. botfly) أو يَرَقة الذبابة النِّبرية (٤) يَرَقة الذبابة النِّبرية § (٥) يغرِّد؛ يصدح؛ يشدو (٦) يغنّي أو يُنشد بتهدّج **x** (٧) يؤدّي [أغنيةً] بتهدّج.

warble fly *(n.)* الذُّبابة النِّبْريّة: ذُبابة تحيا يَرَقاتُها تحت جلد ظهور الماشية والخيل وتسبِّب الانتفاخ النِّبري (را. المادّة السّابقة).

war·bler [wôr′-] *(n.)* (١) المغنّي؛ الشّادي (٢) الدُّخَّلة؛ الهازِجة: طائر مغرِّد.

warbler 2.

war bride *(n.)* عروس الحرب: امرأة تزوّجت جنديًّا خلال الحرب.

war chest *(n.)* صندوق الحرب: صندوق لتمويل حرب أو الإنفاق عليها. وتوسُّعًا: مالٌ مخصَّص لغَرَض أو عمل معيَّن أو لحملة معيَّنة.

war club *(n.)* نَبُوت الحرب أو القتال: أداة نَبُّوتيّة الشَّكل يتَّخذها هنود أميركا الحمر سلاحًا.

war correspondent *(n.)* مُراسِل الحرب: مراسل لصحيفة إلخ خلال حربٍ ما.

war crime *(n.)* جريمة الحرب: جريمة [كالإبادة الجماعية لفئة ما أو التَّنكيل بالأسرَى] تُقْتَرَف خلال الحرب [ترد بصيغة الجمع عادةً].

war cry *(n.)* صيحة الحرب: «أ» صيحة يطلقها جماعة من المقاتلين في الميدان. «ب» شعار يُستخدَم لحثّ الناس على نُصْرة قضيّة ما.

ward [wôrd] *(n.; vt.)* (١) «أ» حراسة؛ حماية؛ خفارة؛ عناية. «ب» حَرَس (٢) «أ» اعتقال؛ سَجْن. «ب» وصاية <a child in ~> (٣) جناح [من

مستشفًى أو سجن إلخ] (٤) حيّ؛ دائرة [من مدينة] (٥) «أ» سِنّ أو شَقْب [شقّ صغير ضيّق] في مفتاح. «ب» تسنّنٌ أو تشقّبٌ مقابلٌ في قفل (٦) «أ» القاصر الموضوع تحت الوصاية. «ب» شخص [وأحيانًا جماعة أو إقليم] موضوع تحت وصاية القضاء أو الحكومة (٧) وِقاء؛ أداة وقاية من كذا § (٨) يَحْرُس (٩) يتفادى <to ~ off a blow> (١٠) يدفع [أذى شيء] <a ~ed off all enemies> (١١) يردّ؛ يصدّ <magic charm to ~ off evil>.

-ward *also* **-wards** لاحقة معناها: «أ» المواجِه؛ المقابل؛ المتَّجِه نحو <on the river*ward* side>. «ب» نحو؛ إلى <down*ward*>.

war dance *(n.)* رقصة الحرب: رقصة تؤدّيها الشُّعوبُ البدائيّة استعدادًا لخوض المعركة أو ابتهاجًا بالنّصر.

ward·ed [wôr′dĭd] *(adj.)* مُسَنَّن؛ مُشَقَّب <~ keys>.

war·den [wôr′dən] *(n.)* (١) الحافظ؛ القيِّم؛ الأمين (٢) «أ» الوصيّ على العرش. «ب» حاكم المدينة أو المقاطعة أو القلعة. «ج» عضو في الهيئة الإداريّة لنقابة من نقابات التُّجار والصُّنّاع [في القرون الوسطى] (٣) «أ» المُراقِب؛ المُناظِر. «ب» آمر السِّجن (٤) ناظر الكُلِّيّة.

— **war·den·ship; war·den·ry** *(n.)*

ward·er [wôr′dər] *(n.)* (١) الحارس؛ الخفير (٢) السَّجّان (٣) صَوْلجان السُّلطة [كعصا المارشاليّة].

— **war·der·ship** *(n.)*

ward heeler *(n.)* التابع: تابع لأحد رجال السِّياسة يطوف في الدّائرة الانتخابيّة داعيًا النّاسَ إلى تأييد صاحبه.

ward·ress [wôrd′rĭs] *(n.)* السَّجّانة: مؤنّث السَّجّان.

ward·robe [-′rōb] *(n.)* (١) «أ» خزانة الثِّياب. «ب» حجرة الملابس. «ج» حقيبة الملابس: حقيبة ضخمة تُعلَّق فيها الملابس تعليقًا (٢) ملابس المرء أو الفرقة المسرحيّة (٣) دائرة الملابس أو الحُليّ [في بلاط إلخ].

ward·room [wôrd′-] *(n.)* (١) جناح الضُّبّاط [في سفينة حربيّة]. وبخاصّة: حجرة طعام الضُّبّاط فيها (٢) الضُّبّاط المتناولون طعامَهم في هذه الحجرة.

ward·ship [wôrd′shĭp] *(n.)* (١) حراسة (٢) وصاية (٣) تَلْمَذة.

ware[1] [wâr] *(adj.; vt.)* (١) واعٍ؛ مُدرِك؛ عالِم بـِ § (٢) يَحْذر؛ يتجنَّب؛ ينتبه إلى (٣) يُنفق (إسك).

ware[2] *(n.)* (١) *pl.* عد: سِلَع؛ بضاعة <peddlers selling their ~s> (٢) نوع من السِّلَع أو الأدوات أو الآنية معيَّن <silver*ware*> (٣) خزف أو نوع معيَّن منه <delft*ware*>.

ware·house [*n.* wâr′hous′; *v.* -′houz′, -′hous′] *(n.; vt.)* (١) مستودَع [للسِّلَع أو البضائع] § (٢) يخزن [في مستودَع].

ware·room [wâr′ro͞om′] *(n.)* دُكّان؛ مَتْجر؛ صالة عرض.

war·fare [wôr′fâr′] *(n.)* (١) حرب (٢) صراع؛ نضال.

war·fa·rin [wôr′fə rĭn] *(n.)* الوَرْفرين: مركَّب متبلِّر يُستخدَم في الطِّبّ ويُتَّخَذ سُمًّا للقوارض.

war footing *(n.)* حالة الاستعداد للحرب (را. footing).

war game *(n.)* لعبة الحرب: مناورة عسكريّة اختباريّة يقوم بها ضباط الجيش فقط أو تشترك فيها عناصر من القوّات المسلَّحة.

war gas *(n.)* الغاز الحربيّ: غاز يُستخدم لأغراض حربيّة.

war hawk *(n.)* صَقْر الحرب: المؤيّد للحرب أو الداعي لها.

war·head [wôr′hĕd′] *(n.)* رأسُ النَّسِيفة؛ رأسُ الطُّربيد (جن).

war·horse *also* **war–horse** [wôr′hôrs] *(n.)* جواد الحرب: «أ» جواد يُستَخدَم في الحرب. «ب» جنديّ أو سياسيّ إلخ محنَّك. «ج» تمثيليّة أو قطعة موسيقيّة إلخ كُرِّر تقديمُها على المسارح حتى ابتُذِلت.

war·i·ly [wâr′ə lĭ] *(adv.)* بحَذَر؛ باحتراس.

war·i·ness [wâr′ĭ nĭs] *(n.)* حَذَر؛ احتراس.

war·i·son [wăr′ə sən] *(n.)* بُواق الهجوم: دَقّة بالبُوق تدعو الجُنْد إلى الهجوم.

war·like [wôr′līk′] *(adj.)* (١) مُولَع بالحرب <~ tribes> (٢) حربيّ.

war·lock [wôr′lŏk′] *(n.)* السّاحر؛ المشعوِذ؛ العرّاف إلخ.

war·lord [wôr′lôrd′] *(n.)* اللواء؛ الجنرال؛ القائد العسكريّ.

warm [wôrm] *(adj.; vt.; i.; adv.)* (١) «أ» دافئ؛ حارّ. «ب» مدفِئ <~ clothes> (٢) «أ» رخيّ؛ مطمئنّ؛ راضٍ <a ~ existence in her old age>. «ب» غنيّ (٣) «أ» متّقد؛ قويّ <in ~ terms>. «ب» حماسيّ، قلبيّ <a ~ welcome>. «ج» حامٍ <a ~ debate>. «د» منفعل؛ غاضب <to become ~ when contradicted> (٤) حميم <~ friends> (٥) «أ» رقيق <a ~ heart>. «ب» راشح بالمحبة أو الحنان أو السعادة أو عرفان الجميل <His eyes met hers with ~ regard.> (٦) «أ» شَهواني <a ~ girl>. «ب» مثيرٌ جنسيًّا <~ passages of a novel> (٧) مصحوب بخطر أو ألم شديد (٨) قويّ أو مُنعِش [لحداثته] <a ~ scent> (٩) قريب من الهدف أو الحلّ المنشود <indicative words... show the searcher... when he is getting ~> (١٠) مُوحٍ بالدفء؛ دافئ <~ colors> § (١١) يدفّئ (١٢) «أ» يُسْعِد؛ يُبهِج <It ~s my soul.>. «ب» يُلْهِب: يُفعِم بالغضب أو الحماسة أو الانفعال <~ed the words of the man>. «ج» يُفعِم بالحيويّة أو النشاط (١٣) يُعيد التسخين <bitter coffee ~ed over from the night before> (١٤) يحمّي: يهيّئه للعمل بالتمرين أو الإعمال المبدئيّ <~ing their boat motors> x (١٥) يَدفأ؛ يصبح دافئًا (١٦) «أ» يَعْنُف؛ يتحمّس؛ يغضب؛ ينفعل. «ب» يستشعر المحبة والمودة الشديدة <always ~ed toward anyone who praised his son>. «ج» يَسْعَد؛ يبتهج (١٧) يَحْمَى: يصبح مستعدًّا للعمل § (١٨) على نحو دافئ <*warm*-clad>.

— **warm·ness** *(n.)*

to ~ up (١) يسخِّن أو يطبخ ثانية (٢) يجعل [أو يصبح] أكثر اهتمامًا أو مودّةً (٣) يتمرن بضع دقائق قبل خوض المباراة إلخ (٤) يَحمَى؛ يَعْنُف؛ يشتدّ.

warm–blood·ed [-′blŭd′ĭd] *(adj.)* (١) ثابت الحرارة: ذو حرارة جسمانيّة عالية نسبيًّا وثابتة لا تتأثّر بتغيُّر حرارة البيئة (ح) (٢) شديد الحماسة؛ سريع الانفعال.

— **warm·blood·ed·ness** *(n.)*

warm body *(n.)* (١) شخص؛ إنسان (٢) الغِرّ: موظَّف قليل الخبرة.

warmed–o·ver [wôrmd′ō′vər] *(adj.)* (١) مُعاد التَّسخين؛ مسخَّنٌ ثانيةً <~ coffee> (٢) تَفِهٌ؛ بالٍ؛ غير جديد <~ plays>.

war memorial *(n.)* نُصُب الحرب: نُصُب تذكاريّ لتخليد ضحايا الحرب.

warm·er [wôr′-] *(n.)* (١) المدفئ؛ المسخّن (٢) أداة تدفئة أو تسخين.

warm front *(n.)* الجبهة الدّافئة (أر).

warm·heart·ed [wôrm′här′tĭd] *(adj.)* كَريم؛ عَطُوف؛ وَدُود.

warming pan *(n.)* مِدفأة السُّرُر: كانون نحاسيّ ذو غطاء كان يُستخدم لتدفئة السُّرُر قبل الإيواء إليها.

warm·ish [wôr′mĭsh] *(adj.)* دافئ قليلًا؛ دافئ بعضَ الشّيء.

war·mon·ger [wôr′mŭng′gər] *(n.)* مُثير الحرب.

— **war·mon·ger·ing** *(adj.; n.)*

war·mouth [wôr′-] *(n.)* الوَرْمَوْث: سمك نهريّ يتميّز بفمه الكبير.

warm spot *(n.)* (١) النُّقطة الدّافئة: عضو حِسّ متطرّف يُستثار بارتفاع الحرارة (٢) محبّة دائمة [لشخص أو شيء معيَّن].

warmth [wôrmth] *(n.)* دِفء؛ لُطف؛ ودّ؛ حماسة؛ شِدَّة؛ عنف.

warm–up [wôrm′ŭp] *(n.)* (١) فترة تمرين [أو سلسلة تمرينات] تسبق خوض المباراة (٢) التَّحمية: إدارة المحرِّك فترة قصيرة قبل إعماله أو تشغيله، بغيةَ تزويده بالحرارة التي تكفل سيره على الوجه الأفضل (٣) التمهيد: عملٌ أو استعدادٌ ممهِّد لحدَث هامّ أو رئيسيّ.

warn [wôrn] *(vt.; i.)* (١) «أ» يُحذِّر. «ب» يُنْذِر. «ج» ينبّه إلى ضرورة كذا (٢) يُشْعِر؛ يُخْبِر <to ~ a person of an intended visit> (٣) يأمر؛ يدعو x <~*ed* him to appear in court> (٤) يحذِّر؛ ينبِّه.

warn·ing [wôr′nĭng] *(n.; adj.)* (١) تحذير؛ إنذار؛ تنبيه؛ إشعار إلخ (٢) عِبرة [للآخرين] § (٣) تحذيريّ؛ إنذاريّ <a ~ signal>.

war of nerves *(n.)* حرب الأعصاب [للإرباك أو إضعاف المعنويّات].

warp [wôrp] *(n.; vt.; i.)* (١) «أ» السَّداة: ما مُدَّ من خيوط النسيج طولًا [وهو خلاف اللُّحمة]. «ب» خُيوط الأساس: الخيوط المشكِّلة للجزء الأساسي من دولاب السيّارة. «ج» أساس؛ قاعدة (٢) حَبْل [مشدود إلى مرساة أو نحوها] يُجَرّ به المركب (٣) «أ» طَمْي؛ راسب غرينيّ. «ب» طبقة مترسّبة (٤) «أ» انفتال؛ التواء؛ اعوجاج. «ب» زَيْغ؛ ضلال § (٥) «أ» يَفْتِل؛ يَلْوي. «ب» يُزيغ؛ يُضِلّ؛ يُفْسِد. «ج» يحرِّف؛ يشوِّه. «د» يَحْرِف؛ يعطف؛ يحوِّل [شيئًا عن خط سيره] (٦) يُسَدِّي: يرتّب الخيوط بحيث تشكّل سَداةً (٧) يجرّ [مركبًا] بحبل مشدود إلى مرساة إلخ x (٨) «أ» ينفتل؛ يلتوي. «ب» يَزيغ؛ يَضِلّ. «ج» ينحرف؛ ينعطف عن السبيل (٩) ينجرّ المركب [بحبل مشدود إلى مرساة إلخ].

— **warp·age; warp·er** *(n.)*

war paint *(n.)* (١) طِلاء الحرب: طلاء يكسو به هنود أميركا الحُمْر أجزاءً من أجسامهم [كالوجه إلخ] دلالةً على اعتزامهم خوضَ غِمار الحرب (٢) اللِّباس الرَّسمي (٣) مُسْتَحْضَرات التَّجميل.

warp and woof *(n.)* أساس؛ قاعدة.

war·path [wôr′păth′] *(n.)* (١) سبيل الحرب: الطَّريق الذي يسلكهُ هنود أميركا الحُمْر حين يَمضون إلى القتال (٢) عِداء؛ خِصام إلخ.

on the ~, (١) مستعِدّ للحرب (٢) غاضب؛ توّاق إلى القتال.

warp beam *(n.)* لفّاف السَّداة [في النَّول].

warp knit *(n.)* المحبوك الطُّوليّ: قُماش محبوك في اتجاه طوليّ.

war·plane [wôr′plān′] *(n.)* الطّائرة الحربية أو العسكريّة.

war power *(n.)* القوّة العسكريّة؛ القوّة الحربيّة.

war·rant [wôr′ənt] *(n.; vt.)* (١) «أ» إجازة؛ رخصة؛ ترخيص. «ب» ضمانة؛ كفالة. «ج» مُبرِّر؛ مسوِّغ. «د» برهان؛ بيّنة (٢) تفويض؛ مذكّرة § (٣) يؤكّد (٤) «أ» يضمن؛ يكفل. «ب» يتعهّد بِـ (٥) يجيز؛ يبيح؛ يسمح بِـ (٦) يُثْبِت (٧) يبرِّر؛ يسوِّغ <Nothing can ~ such harshness.>.

war·rant·a·ble [wôr′ənt ə bəl] *(adj.)* مبرَّر؛ ممكنٌ تبريرُه.

war·ran·tee [wôr′ən tē′] *(n.)* الضَّمين: من يُعْطَى ضَمانةً.

war·ran·ter; war·ran·tor [wôr′ən-] *(n.)* الضّامن؛ الكافل.

warrant officer *(n.)* ضابط صفّ؛ «صفّ ضابط» (جن).

war·ran·ty [wôr′ən tĭ] *(n.)* (١) ضمانة؛ كفالة (٢) «أ» إجازة؛ تفويض. «ب» مبرِّر؛ مسوِّغ. «ج» برهان؛ دليل.

war·ren [wôr′ən] *(n.)* (١) «أ» المَطْرَدَة: أرض تُفْرَد أو تخصَّص لصغار الطرائد [كالأرانب الوحشية إلخ]. «ب» حقّ الصيد في مَطْرَدَة (٢) «أ» المَأْرَبة: أرض تتوالد فيها الأرانب. «ب» أرانب المأربة (٣) منطقة [أو حيّ] مكتظة بالسكان.

war·ren·er [wôr′ən ər] *(n.)* (١) المَطْرَدِيّ: ملاحِظ المَطْرَدَة (را. المادّة السّابقة) (٢) المأربيّ: صاحب المأربة (را. المادة السّابقة).

war·ri·or [wôr′ĭ ər] *(n.)* المحارب؛ المقاتل؛ الجنديّ.

war risk insurance *(n.)* التّأمين ضدّ مخاطر الحرب: تأمين تقدِّمه الحكومة إلى أفراد قوّاتها المسلَّحة، أو تبيعه شركات التأمين إلى زبائنها.

war·saw [wôr′sô] *(n.)* الغُواسيّ: سمكٌ كبير يألف قيعان البحار الدّافئة.

war·ship [wôr′shĭp] *(n.)* سفينة حربيّة.

war·sle *or* **wars·tle** [wär′səl] *(vt.; i.)* يصارع؛ يناضل (إسك).

wart [wôrt] *(n.)* (١) ثُؤْلُول (٢) نتوء صغير (نب) (٣) نقص؛ عَيْب.

wart·ed [wôr′tĭd] *(adj.)* مُثَألَل؛ ذو ثآليل.

wart·hog [wôrt′hôg; -hŏg] *(n.)* الخنزير المُثَألَل: خنزير إفريقيّ وحشيّ.

warthog

war·time [wôr′-] *(n.; adj.)* (١) زمن الحرب § (٢) حاصلٌ في زمن الحرب <~ rationing>.

warts–and–all *(adj.)* مُظْهِرٌ للعيوب؛ غير تنزيهيّ.

war·ty [wôr′tĭ] *(adj.)* (١) مُثَألَل: ذو ثآليل (٢) ثُؤْلُوليّ.

war vessel *(n.)* سفينة حربيّة.

war whoop *(n.)* صيحة الحرب (را. war cry) وبخاصة عند الهنود الحُمْر.

war·y [wâr′ĭ] *(adj.)* حَذِر ؛ مُحترِس ؛ يَقِظ.

war zone *(n.)* منطقة حربيّة ؛ منطقة عسكريّة.

was [wŭz; wŏz] *past 1st and 3d sing. of* be.

wash [wôsh; wŏsh] *(vt.; i.; n.; adj.)* (١) يَغْسِل (٢) يلعق [الحيوان] فروه أو ينظفه ببرثن مندًّى بالرِّيق (٣) يَنْقَع (٤) يَغْمر (٥) يَجْرُف <Several houses were ~*ed* away in the flood.> (٦) يُصَوِّل : «أ» يُخضع [الأتربة المعدنيّة] لفعل المياه بغية استخلاص المواد النفيسة منها. «ب» يفصل [الدقائق النفيسة كالذهب ونحوه] بهذه الطريقة. «ج» ينقّي أو يطهّر بالغاز أو بمزيج غازيّ (٧) «أ» يدهن [بطبقة رقيقة من الورنيش إلخ]. «ب» يموّه؛ يلبّس؛ يطلي <to ~ brass with gold> (٨) يدوِّم : يجعله يدور في دوّامة أو نحوها **x** (٩) يغتسل (١٠) «أ» يتحاتّ أو يتآكل بفعل المياه [تتبعها *away*]. «ب» يمّحي؛ يَبْلَى؛ يَفسد <Their identity ~*ed* away after some centuries.> (١١) «أ» ينجرف [بفعل تيّار مائيّ]. «ب» يندفع أو يجري [في تيّار أو نحوه] (١٢) ينغسل [من غير أن يتلف إلخ] <This cloth doesn't ~ well.> (١٣) يصمد : يَثْبُت على مِحَكّ النقد أو التحليل <Her story sounds good, but it won't ~.> (١٤) يترقرق أو يخرّ [الماءُ] § (١٥) «أ» غَسْل. «ب» انغسال. «ج» اغتسال (١٦) الغسيل : الثياب المغسولة أو التي تنتظر الغسل (١٧) «أ» اندفاع الموج أو اصطخابُه. «ب» موجة <as a great ~ of fresh air> (١٨) «أ» جزء من اليابسة تغسله أمواج البحر أو النهر. «ب» مستنقع. «ج» جدول؛ بركة صغيرة (١٩) «أ» الغُسالة : ماءٌ اغتُسِل به. «ب» ثُفْل؛ رواسب؛ حُثالة (٢٠) «أ» شراب مَهْوٌ أو رقيق القَوام؛ شراب «سايط». «ب» قول أو كلام مبتذل (٢١) «أ» طبقة رقيقة من طلاء أو دهان. «ب» طِلاء؛ دهان (٢٢) الغَسول : مستحضَر سائل يستخدم لأغراض تجميلية أو طبّية خارجية (٢٣) طَمْي؛ راسب غرينيّ (٢٤) «أ» الاجتراف الخلفيّ (را. *backwash 1*). «ب» اضطراب في الهواء [ناشئ عن اندفاع الطائرة فيه] § (٢٥) يُغْسَل؛ قابلٌ للغسل <a ~ dress>.

- to ~ down; to ~ out (راجعها في موضعها).
- to ~ (one's) hands of (١) يتنصّل من المسؤوليّة (٢) يتخلّى عن.
- to ~ up (١) يغسل وجهه ويديه (٢) يغسل الأطباق [بعد رفعها عن المائدة] (٣) يُزيل بالغسل (٤) «أ» يستنزف. «ب» يقتل الموضوع بحثًا. «ج» يقضي على (٥) يَجْرُف.

wash·a·ble [wôsh′ə-] *(adj.)* يُغْسَل؛ قابل للغَسْل [من غير أن يَتلَف].

wash–and–wear *(adj.)* يُغْسَل ويُلْبَس : صفة للقُماش أو الثَّوب الذي لا يحتاج بعد غسله إلى كيّ <a ~ garment>.

wash·a·te·ri·a [wŏsh′ə tēr′ē ə] *(n.)* = launderette.

wash·ba·sin [wŏsh′bā′sən] *(n.)* = washbowl.

wash·board [wŏsh′bōrd] *(n.)* (١) «أ» لوح الموج : لوحٌ رقيق يُثبّت إلى جانب المركب إلخ لصدّ الأمواج عنه. «ب» baseboard (٢) لوح النَّقر (مو) (٣) «أ» لوح الغسيل : لوح مستطيل مموّج تُفْرَك عليه الملابس عند غسلها. «ب» طريق أو رصيف أَبْلَتْهُ حركة المرور.

wash·bowl [-′bōl′] *(n.)* حَوْض الغَسْل : حَوْض لغَسْل الوجه واليَدَيْن.

wash·cloth [wŏsh′-] *(n.)* نسيجة الغَسْل : قماشة لغسل الوجه والجسد.

wash down *(vt.)* (١) يدفع أو يُنْزِل بقوّةِ سائلٍ ما. وبخاصة : يسهّل ازدراد الطعام بجرعات من الشراب (٢) يغسل كاملَ الباب أو النافذة إلخ.

wash drawing *(n.)* الصُّورة المائيّة : صورة بالألوان المائيّة.

washed–out [wŏsht′out′] *(adj.)* (١) ناصِل ؛ باهِت (٢) مُرْهَق.

washed–up [wŏsht′ŭp′] *(adj.)* (١) مُرْهَق جدًّا ؛ هالك ؛ مقضيّ عليه (٢) قَرِف أو مشمئزّ [إلى حدِّ هَجْرِ كذا أو قَطْعِ صلته به].

wash·er [-′ər] *(n.)* (١) «أ» الغاسل إلخ. «ب» المِغْسَلة : الغسّالة الآليّة (٢) الفَلْكَة : حلقة رقيقة مطّاطيّة أو معدنيّة لإحكام الوصل أو منع الارتشاح.

wash·er·man [wŏsh′ər mən] *(n.)* = laundryman.

wash·er·wom·an [wŏsh′ər-] *(n.)* = laundress.

wash·house [wŏsh′hous] *(n.)* المَغْسَل : مَبْنًى لغسل الملابس.

wash·ing [wŏsh′ĭng] *(n.)* (١) غَسْل : اغتسال إلخ (٢) الغُسالة : ماء غُسِلَ أو اغتُسِلَ به (٣) طَلْيَة؛ طبقة رقيقة <a ~ of gold> (٤) الغسيل : الثِّياب المغسولة أو التي تنتظر الغَسْل.

washing club *(n.)* المِخْباط : هِراوة يُضرب بها الغسيل لتنظيفه.

washing machine *(n.)* المِغسَلَة : الغسّالة الآليّة.

washing soda *(n.)* صودا الغسيل (ك).

Washington pie [wŏsh′ĭng tən] *(n.)* فطيرة واشنطن : كعكة محلّاة تُصْنَع من «كريما» وشوكولا ومربًّى إلخ.

wash·out [wŏsh′out′] *(n.)* (١) «أ» اجتراف التُّربة [بفعل المياه أو المطر]. «ب» موضعٌ مُجتَرَفٌ (٢) إخفاق (٣) شيء أو شخص مخفِق.

wash out *(vt.; i.)* (١) ينظِّف (٢) «أ» ينصِّل اللونَ : يجعله باهتًا. «ب» يستنزف القوة أو الحيويّة. «ج» يعوِّض عن. «د» ينبذ؛ يستبعد [مرشَّحًا للوظيفة أو الدراسة] لعدم الكفاءة (٣) «أ» يخرِّب [جسرًا إلخ] بفعل المياه أو قوّتها. «ب» يَحول المطرُ دون إجراء مباراة رياضيّة **x** (٤) يَنْصُل؛ يَبْهَت (٥) يقصّر [عن بلوغ مستوًى معيّن].

wash·rag [wŏsh′răg] *(n.)* = washcloth.

wash·room [wŏsh′-] *(n.)* المَغْسَل : الكَنيف؛ المِرحاض في مطعم إلخ.

wash·stand [wŏsh′-] *(n.)* المَغْسَلة : «أ» مِنْضَدة يوضع عليها حوض أو إبريق إلخ لغسل الوجه واليدين. «ب» مَغْسَلة جدارية ذات حنفية [أو أكثر] ومياه جارية.

washstand *a.*

wash·tub [wŏsh′tŭb′] *(n.)* حوض الغسيل [تُغسَل فيه الملابسُ أو تُنقَع قبل غسلها].

wash·wom·an [wŏsh′wo͝om′ən] *(n.)* = laundress.

wash·y [wŏsh′ĭ] *(adj.)* (١) «أ» مَهْو : رقيق أو كثير الماء؛ «سايط» <~ coffee>. «ب» شاحب. «ج» ضعيف؛ واهن (٢) مترهِّل أو كثير التَّعرُّق عند بذلِه أقلَّ جهد <a ~ horse>.

wasn't [wŭz′ənt; wŏz′ənt] = was not.

wasp [wŏsp] *(n.)* زُنْبُور؛ دبُّور (حش).

wasp

Wasp *or* **WASP** *(n.)* <*w(hite) A(nglo)–S(axon) P(rotestant)*> الواسب : أميركيّ بروتستانتيّ من أصل أنجلوسكسونيّ.

wasp·ish [wŏs′pĭsh] *(adj.)* زُنْبوريّ؛ كالزُّنبور: «أ» لاسع؛ نزِق؛ سريع الغضب. «ب» نحيل؛ رقيق الخصر.

wasp waist *(n.)* الخَصْر الزُّنْبوريّ: خصر رقيق جدًّا.

was·sail [wŏs′əl; wŏ sāl′] *(n.; vi.; t.)* (١) نَخْبَك! على صحّتك! (٢) الوَسّال: شراب إنكليزيّ مُسْكِر يُحْتَسَى حارًّا (٣) حفلة سُكْر معربِد § (٤) يُسْرِف في الشراب (٥) يطوِّف: ينشد ترانيم الميلاد متنقّلًا من منزل إلى آخر (بر) **x** (٦) يشرب نخب فلان.

was·sail·er [wŏs′ə-; wŏ sā′-] *(n.)* المسترسل في السُّكْر والعربدة.

Wassermann test *(n.)* اختبار ڤاسَّرْمان: اختبار تشخيصيّ للسِّفلس.

wast [wŏst] *archaic past 2d sing. of* be.

wast·age [wās′tĭj] *(n.)* فقدٌ أو خسارة [بسبب البِلَى أو الارتشاح إلخ].

waste [wāst] *(n.; vt.; i.; adj.)* (١) «أ» قَفْر؛ صحراء. «ب» أرضٌ بور. «ج» رقعة مترامية الأطراف [من ثلج أو ماء أو فضاء] <a ~ of snow>. «د» امتداد زمني لانهائي <throughout the long ~*s* of time> (٢) «أ» تبديد؛ إضاعة. «ب» تبدّد؛ ضياع (٣) «أ» فساد أو تلف تدريجيّ <the ~ and repair of bodily tissue>. «ب» خرابٌ؛ دمار [بسبب من حرب أو حريق] (٤) «أ» فَضلَة؛ نُفاية. «ب» نفاية القطن. «ج» سائل [كالغازولين إلخ] يضيع فلا يُستَفاد منه. «د» قُمامة. «هـ» *pl.* عد: غائط. «و» مياه البواليع أو أقذارها (٥) الحُتات المجتَرَف: فُتات الصخور تجرفه السيول إلخ § (٦) «أ» يخرِّب؛ يدمِّر. «ب» يَقْتُل (ع) (٧) يُهْزِل؛ يُضْعِف (٨) يُبْلي أو يُفسِد تدريجيًّا؛ يُنْقص بالفقد المستمرّ؛ يستهلك (٩) يبدِّد؛ يبذِّر؛ يُضيع **x** (١٠) يَهْزُل؛ يَضْعُف [تتبعها *away* عادةً] (١١) «أ» يتضاءل؛ يبلى تدريجيًّا؛ يذوب <A candle ~*s* in burning.>. «ب» يتبدَّد؛ يضيع. «ج» ينقضي؛ يمرّ <Time ~*s* too fast.> (١٢) يبذِّر؛ يسرف في الإنفاق § (١٣) «أ» قَفْر؛ غير عامر أو آهل. «ب» مُجْدِب؛ قاحل. «ج» خالٍ؛ خاوٍ. «د» بور؛ غير محروث (١٤) خرِب؛ مهدَّم (١٥) مُهْمَل: مطَّرَح بوصفه تافهًا أو عديم النفع <~ paper> (١٦) ضائع؛ مضيَّع؛ غير مستعمَل <~ energy> (١٧) إفرازيّ؛ بِرازيّ: يُفرزه أو يطّرحه جسمُ المتعضّي <~ matter> (فس) (١٨) «أ» ناقلٌ للنُّفايات <~ pipe>. «ب» مستوعِبٌ للنُّفايات <a ~ bin>.

— **waste·ness** *(n.)*

to go *or* run to ~, يَضيع؛ يتبدَّد.

to lay ~, يخرِّب؛ يدمِّر.

waste·bas·ket [wās(t)′băs′kĭt] *(n.)* سَلّة المهمَلات.

wast·ed [wās′tĭd] *(adj.)* (١) خَرِب؛ مُتهدِّم (٢) مهزُول؛ مصابٌ بالهزال (٣) مبدَّد؛ مضيَّع سُدًى <~ money> (٤) مخدَّر؛ سكران (ع).

waste dump *(n.)* مَقْلَب النُّفايات: المكان الذي تُلْقى فيه النُّفايات.

waste·ful [wāst′fəl] *(adj.)* (١) مخرِّب؛ مدمِّر <~ war> (٢) مبذِّر؛ مُسْرِف في الإنفاق <a ~ woman> (٣) مِتْلاف؛ مِضياع: مُؤدٍّ إلى كثير من التَّلَف والضَّياع <~ processes>.

waste·land [wāst′-] *(n.)* الأرض اليَباب: أرضٌ قاحلةٌ أو غير محروثة.

waste·paper [wāst′-] *(n.)* الأوراق المهمَلة أو التّالفة.

waste pipe *(n.)* ماسورة الصَّرف؛ ماسورة المياه القذرة.

waste products *(n. pl.)* الفَضَلات؛ المُنْتَجات المهمَلة.

wast·er [wās′-] *(n.)* (١) «أ» المبذِّر؛ المُسرِف في الإنفاق. «ب» الفاسق؛ المنغمس في الملذّات. «ج» المتبطِّل؛ المتشرِّد؛ العالة [على الآخرين]. «د» المضيِّع [للوقت إلخ]. «هـ» المخرِّب؛ المدمِّر (٢) سلعة من نوع رديء.

waste silk *(n.)* نُفاية الحرير.

wast·ing [wās′tĭng] *(adj.)* (١) مخرِّب؛ مدمِّر (٢) مُضْنٍ؛ مُهْزِل؛ مسبِّب للهُزال <~ diseases>.

wast·rel [wās′trəl] *(n.)* (١) المتبطِّل؛ المتشرِّد؛ مَنْ لا يصلح لشيء (٢) المبذِّر؛ المبدِّد؛ المضيِّع.

watch [wŏch; wôch] *(vi.; t.; n.)* (١) «أ» يتهجّد: يَسْهَر لأغراضٍ دينيّة. «ب» يَسْهَر. «ج» يَسْهَر إلى جانب فراش المريض (٢) «أ» ينتبه؛ يتنبّه؛ يكون يقظًا. «ب» يحرس؛ يخفر (٣) يراقب (٤) يرتقب؛ ينتظر (٥) يُعْنَى بِـ (٦) يتأكّد؛ يتيقّن § (٧) «أ» سَهَرٌ. «ب» سَهَرٌ أمام جثمان مَيْت. «ج» تيقُّظ؛ انتباه. «د» مراقبة؛ حراسة؛ خِفارة (٨) هزيعٌ من الليل (٩) «أ» الحارس؛ الخفير. «ب» الحَرَس (١٠) «أ» فترةُ مناوَبةٍ [وبخاصة على متن سفينة]. «ب» فريقُ مناوَبة (١١) «أ» ساعة الجَيْب أو اليد. «ب» ساعة السفينة (١٢) سربٌ من العنادل [جمع عندليب].

to ~ one's time ينتظر الفرصة المناسبة.

to ~ out يَحْذَر؛ يحترِس؛ ينتبه إلى.

watch·band [wŏch′bănd] *(n.)* سِوار [أو جِلْدَة] ساعة اليد.

watch cap *(n.)* قَلَنْسُوَة البحّار: قلنسوة ضيِّقة يرتديها رجال الأسطول الأميركيّ في الجوّ العاصف أو البارد.

watch·case [wŏch′kās′] *(n.)* غطاء السّاعة المعدنيّ.

watch chain *(n.)* سلسلة الساعة: سلسلة تُربط بها ساعةُ الجيب.

watch·dog [wŏch′-] *(n.; vt.)* (١) كلب الحراسة (٢) المراقِب: الحارس أو الحامي من التَّبديد والسَّرِقة إلخ § (٣) يحرس؛ يحمي؛ يراقب.

watch·er [-′ər] *(n.)* (١) «أ» السّاهر. «ب» السّاهر أمام جثمان مَيْتٍ. «ج» السّاهر [ليلًا] على صِحّة مريض (٢) الحارس (٣) «أ» المراقِب. «ب» المُشاهِد.

watch·eye [wŏch′ī′] *(n.)* = walleye *1*.

watch fire *(n.)* نار الحِراسة؛ نار الحَرَس.

watch·ful [wŏch′-] *(adj.)* (١) مؤرَّق (ا. ق) (٢) أرِق (٣) يَقِظ.

watch glass *(n.)* زجاجة السّاعة: غطاء السّاعة الزُّجاجيّ أو البلاستيكيّ.

watch guard *(n.)* سلسلة [أو شريط] سَاعة الجَيْب.

watch·mak·er [wŏch′-] *(n.)* السّاعاتيّ: صانع السّاعات أو مصلحُها.

watch·man [wŏch′mən] *(n.)* الحارس؛ الخفير.

watch night *(n.)* صلاة التَّهجُّد: صلاة تمتدّ إلى ما بعد منتصف اللَّيل، وبخاصة عشيّةَ العام الجديد.

watch strap *(n.)* طَوْق الساعة: طَوْق تُربط به الساعة حول المِعْصَم (بر).

watchtower

watch·tow·er [wŏch′-] *(n.)* المَرْقَب: بُرْج المُراقبة.

watch·word [-′wûrd′] *(n.)* (١) كلمة السِّرّ (٢) شِعار.

wa·ter [wô′tər; wŏt′ər] *(n.; vt.; i.; adj.)* (١) «أ» الماء. «ب» *pl.* عد: المياه المعدنية (٢) «أ» بحر؛ بُحيرة؛ نهر. «ب» مقدار [أو عمق] من المياه ملائم لغرض معيّن [كالملاحة أو الصيد]. «ج» *pl.*: المياه الإقليمية [لدولة ما] (٣) السفر أو النقل بحرًا (٤) المَدّ (٥) ماء <rose ~> (٦) «أ» مستحضَر صيدليّ أو تجميليّ مائيّ. «ب» شراب كحوليّ مقطَّر. «ج» دمع. «د» بول. «هـ» رُضاب. «و» نُسْغ (٧) «أ» صفاء الحجر الكريم [وبخاصة الماس] وبريقُهُ. «ب» درجة <a critic of the first ~>. «ج» تموّج صقيل [على الأقمشة الحريريّة أو السطوح المعدنيّة] (٨) «أ» الأسهم الإضافيّة: أسهم أو سندات مالية تُصْدَر من غير زيادة مقابِلَةٍ في رأس المال. «ب» التخمين المُغالي: تخمين قيمة شركة ما على نَحْوٍ مُغالًى فيه (اد) § (٩) ينَدّي أو ينضح أو يَنْقع أو يَرْوي بالماء (١٠) «أ» يزوِّد [جيشًا أو سفينة إلخ] بماء الشرب. «ب» يطفئ ظمأ الخيل إلخ أو يقودها إلى مياه جارية لتشرب. «ج» يزوِّد [مِرجلًا أو آلةً] بالماء (١١) يضفي على القماش أو السطح المعدني تموّجًا صقيلًا (١٢) «أ» يَمْذُق؛ يُضيف الماء إلى <to ~ soup>. «ب» يلطِّف؛ يخفِّف <~*ed* his radicalism down>. «ج» يُضيف: يُصْدِر أسهمًا أو سنداتٍ إضافيّة من غير زيادة مقابِلَةٍ في رأس المال. «د» يخمِّن تخمينًا مُغالًى فيه **x** (١٣) «أ» تَدْمَع <My eyes ~*ed*.>. «ب» يمتلئ بالرضاب <His mouth ~*ed*.> (١٤) «أ» يتزوَّد بالماء <Our ship ~*ed* at Beirut.>. «ب» يشرب الماء <tigers ~*ing* at dusk> § (١٥) مائيّ <~ birds>.

- above ~, في نجوة من المحنة أو البلاء.
- in deep ~, في ورطة أو محنة.
- in low ~, في ضائقة؛ في عُسْر ماليّ.
- in smooth ~, متقدِّم من غير عائق.
- on the ~, (١) بالمركب؛ بالباخرة إلخ (٢) في الطريق على متن باخرة مُبْحِرَة <The shipment is still on the ~.>.
- to drink the ~s يَقْصِدُ إلى مُنْتَجَع ذي مياهٍ معدنيّة التماسًا للشّفاء.
- to get into (*or* be in) hot ~, يقع في ورطة [وبخاصة بسببٍ من سلوكِهِ الأحمق].
- to go on the ~ wagon يمتنع عن معاقرة الخمرة.
- to go through fire and ~, يعاني أزمةً أو محنةً شديدة.
- to hold ~, تصحّ [النظريةُ] أو تَثْبُتُ على محكّ النقْد.
- to keep one's head *or* oneself above ~, يتجنّب المتاعب [وبخاصة الماليّة منها].

water back *(n.)* ظِهارةُ الماء: خزّان أو مجموعة أنابيب في مؤخَّر الموقد لتزويد المنزل بالماء الحارّ.

water bag *(n.)* غشاء الجنين؛ السَّلَى (أح).

water ballet *(n.)* باليه الماء: سلسلة من الحركات تقوم بها، في آنٍ معًا، جماعةٌ من السبّاحين.

water bear *(n.)* = tardigrade *1.*

Water Bearer *(n.)* = Aquarius *1, 2.*

water bed *(n.)* سرير الماء: سريرٌ فراشُه كيسٌ مملوء بالماء.

water beetle

water beetle *(n.)* خُنْفَساء الماء: ضرب من الخنافس المائيّة.

water biscuit *(n.)* بسكويتة الماء: بسكويتة مصنوعة من دقيق وماء.

water blister *(n.)* النَّفْطة أو البثرة المائيّة: نفطة أو بثرة مائيّة المحتوَى خاليةٌ من الصَّديد أو الدَّم.

wa·ter·borne [wô′tər bôrn′] *(adj.)* (١) طافٍ على سطح الماء (٢) مائيّ: «أ» منقول بالماء، وبخاصة بالسُّفن. «ب» منتقل بالماء، وبخاصة بمياه الشَّفَة <a ~ disease>.

water bottle *(n.)* (١) زجاجة ماء (٢) مَزادة (را. canteen *1*).

water boy *(n.)* السَّقّاء: مَن يُزَوِّد جماعة [كفريق رياضيّ] بمياه الشُّرب.

wa·ter·brain [wô′tər brān′] *(n.)* الجِدّ: داء يصيب الخِراف ناشئ عن يَرَقات دودةٍ شريطيّة في الدِّماغ.

water brash *(n.)* = heartburn.

wa·ter·buck [-bŭk′] *(n.)* ظبي الماء: ظبي إفريقيّ يألف الأنهار والمستنقعات.

waterbuck

water buffalo *(n.)* جاموس الماء؛ الجاموس الهندي (ح).

water buffalo

water bug *(n.)* (١) بَقَّة الماء (حش) (٢) صُرصور كبير.

water cannon *(n.)* مدفع الماء: خرطوم ضخم يركَّب على عربة ليوجِّه دفقًا عاليَ الضَّغط من المياه تجاه حشد من المشاغبين أو المتظاهرين.

water chestnut *or* **water caltrop** *(n.)* كستناء الماء (نب).

water chinquapin *(n.)* زنبق الماء الأميركيّ (نب).

water clock *(n.)* السّاعة المائيّة: ساعة تعمل بسقوط كَمِّيَّة من المياه أو جريانها.

water closet *(n.)* كَنِيف؛ مِرْحاض؛ بيت خلاء.

wa·ter·col·or [wô′-] *(n.)* (١) اللَّون المائيّ: صِبْغٌ للرَّسم يُمْزَج بالماء لا بالزَّيت (٢) الرَّسم المائيّ: فنّ الرَّسم بالألوان المائيّة (٣) اللَّوحة المائيَّة: لوحة أو صورة بالألوان المائيّة. **— wa·ter·col·or·ist** *(n.)*

water-cool [wô′tər-] *(vt.)* يبرِّد [محرِّكًا خاصةً] بالماء.

wa·ter cool·er [wô′tər-] *(n.)* مبرِّد الماء: جهاز لتبريد مياه الشرب.

wa·ter·course [-kôrs′] *(n.)* (١) قناة؛ مجرًى مائيّ (٢) نهر؛ جَدْوَل.

wa·ter·craft [wô′tər krăft′] *(n.)* (١) البراعة المائيّة: البراعة في ركوب الزَّوارق وفي الرِّياضات المائيّة (٢) «أ» مركب؛ زورق. «ب» مراكب؛ زوارق.

water crake *(n.)* (١) الدُّنْقُلة؛ الجُنْقُلة: طائر صغير يألف الماء (٢) التَّفْلِق: طائر من طيور الماء.

wa·ter·cress [wô′tər krĕs′] *(n.)* قُرَّة العين؛ الحُرْف: بقلة مائيّة.

water cure *(n.)* = hydropathy; hydrotherapy.

water cycle *(n.)* الدَّرّاجة المائيّة: درّاجة تُركَب في الماء.

wa·ter·i·ness [wô'tər ĭ nĭs] *(n.)* المائيّة: كون الشيء مائيًا.

wa·ter·ing [-ĭng] *(n.)* (١) مص water. مثل: نَضح؛ نقع؛ إرواء إلخ (٢) تموُّج صقيل [على الأقمشة الحريريّة أو السُّطوح المعدنيّة].

watering hole *(n.)* المَشْرَب: مكان [أو حانة] يُقدَّم فيه الشَّراب.

watering place *(n.)* (١) مَنْهَل؛ مَوْرِد (٢) مُنتَجَع أو مصحّ مائيّ.

watering pot *or* **can** *(n.)* المِرَشّة: وعاء يُرَشّ منه الماء على النّباتات.

watering pot

wa·ter·ish [wô'tər ĭsh] *(adj.)* = watery.

water jacket *(n.)* الدِّثار المائيّ: غلاف مشتمل على ماء أو يجري الماء خلالَهُ لتبريد الأجزاء الدّاخليّة. وبخاصة: حُجَيْرة الماء المحيطة بأسطوانات السّيّارة لتبريدها.

water jump *(n.)* المَوْثِبُ المائيّ: عقبة مائيّة [كبركة أو خندق مائيّ] يتعيَّن على الجياد الوثوب من فوقها في بعض سباقات الخيل.

water lentil *(n.)* عَدَس الماء: نبات عشبيّ مائيّ وحيد الفلقة.

wa·ter·less [wô'tər-] *(adj.)* (١) جافّ؛ خِلْوٌ من الماء <~ wells> (٢) غير محتاج إلى ماء [لطبخِهِ أو تبريدِهِ].

water level *(n.)* (١) الميزان المائيّ: أداة لتِبْيان المستوَى بواسطة سطح الماء في حوض أو أنبوب (٢) منسوب الماء أو مستواه (٣) خطّ الماء (را. waterline) (٤) النِّطاق المائيّ (را. water table *b*).

water lily *(n.)* النَّيْلوفر؛ زنبق الماء. وبخاصة: زنبق الماء الأبيض (نب).

water lily

wa·ter·line [-līn'] *(n.)* خطّ الماء: واحد من عِدَّة خطوط على جانب السَّفينة يُظْهِر العُمقَ الذي تبلغُهُ عندما تكون فارغة وعندما تكون محمَّلةً جزئيًّا أو كُلِّيًّا (مل).

wa·ter·logged [-lôgd'] *(adj.)* مُثقَلٌ بالماء: «أ» مُثْقَل بالمياه المتسرِّبة إليه إلى حدٍّ يجعله ثقيلًا صعبَ القِياد <~ ships>. «ب» مُشْبَع بالماء «حتى الإفراط» <~ ground>. **— wa·ter·log** *(vt.)*

wa·ter·loo [wô'tər lo͞o'] *(n.)* هزيمة حاسمة.

water main *(n.)* الأنبوب الرَّئيسيّ؛ أنبوب الماء الرَّئيسيّ.

wa·ter·man [wô'tər mən] *(n.)* (١) المَراكبيّ (٢) المجذِّف.

wa·ter·man·ship *(n.)* البراعة المائيّة: البراعة في السِّباحة أو التَّجذيف.

wa·ter·mark [wô'tər-] *(n.; vt.)* (١) العلامة المائيّة: «أ» علامة تدلّ على الارتفاع الذي بلَغَتْه المياه. «ب» علامة في نسيج الورق لا تُرى إلا عند رفعه بحيث يصبح بين العين والنور. «ج» الرسم أو القالب المعدني المستخدَم في إحداث هذه العلامة § (٢) «أ» يدمغ [الورقَ] بعلامة مائيّة. «ب» يطبع [رسمًا] كعلامة مائيّة.

wa·ter·mel·on [wô'tər mĕl'ən] *(n.)* البِطِّيخ الأحمر (نب).

water meter *(n.)* عدّاد الماء؛ العدّاد المائيّ.

water milfoil *(n.)* الألفيّة المائيّة (نب).

water dog *(n.)* كلب الماء: «أ» كلبٌ مدرَّب على صيد الطُّيور المائيّة. «ب» otter. «ج» mud puppy. «د» ملّاح بارع. «هـ» سحابة صغيرة يُزعَم أنّها تُشير إلى هطول المطر.

water down *(vt.)* يَخْفِض [أو يُنْقِص] قوّة أو تأثيرَ شيء ما.

wa·ter·er [wô'tər ər] *(n.)* (١) فا water (٢) المُمَوِّهة: أداة لتزويد الماشية والطُّيور الدّاجنة بالماء.

wa·ter·fall [-fôl'] *(n.)* (١) شلّال؛ مَسقط ماء (٢) شعر طويل متموِّج.

water–fast [wô'tər făst] *(adj.)* مَسِيك؛ سَدُود للماء.

wa·ter·find·er [wô'tər fīn'dər] *(n.)* القُناقِن: الباحث عن الماء مستعينًا بعصا الاستنباء (را. divining rod).

water flea *(n.)* بُرغوث الماء (را. cyclops *2*).

wa·ter·fowl [wô'tər foul'] *(n.)* (١) طير الماء. وبخاصة: الطّائر السّابح (٢) طيور الماء. وبخاصة: الطُّيور السّابحة.

wa·ter·fow·ler [-fou'lər] *(n.)* صائد طيور الماء.

wa·ter·front [wô'tər frŭnt'] *(n.)* الواجهة المائيّة: أرضٌ [أو أرضٌ ومبانيها، أو ناحيةٌ من المدينة] مواجهةٌ لجسم مائيّ أو محاذيةٌ له.

water gap *(n.)* الفجوة المائيّة: مَجازٌ في سلسلة جبال يجري خلاله نهرٌ.

water gas *(n.)* الغاز المائيّ: غازٌ سامّ يُتَّخذ وقودًا.

Wa·ter·gate [-gāt'] *(n.)* ووترغيت: فضيحة أساسُها سوء استخدام المنصب، وخيانة ثقة الشَّعب، والرَّشوة، ومحاولة إعاقة مجرى العدالة.

water gate *(n.)* = floodgate.

water gauge *(n.)* مِقياس منسوب الماء: أداة لمعرفة ارتفاع المياه في خزّان أو مِرجل إلخ.

water glass *(n.)* (١) water clock (٢) كأس أو كوب ماء (٣) الزُّجاجة المائيّة: أداة زجاجيّة القعر لمراقبة الأشياء تحت سطح الماء (٤) الزُّجاج المائيّ؛ الذَّوب الزُّجاجيّ (٥) water gauge.

water gum *(n.)* صَمْغِيّة الماء: شجرة صَمغيّة تنمو قرب الماء.

water gun *(n.)* = water pistol.

water hammer *(n.)* الطَّرْق المائيّ: صوت طَرْق الماء على جوانب الأنبوب الذي يحتويه.

water haul *(n.)* صَيْد الماء؛ غنيمة الماء: جَهْدٌ غير مُثْمِر.

water heater *(n.)* مِسْخَن الماء: جهاز لتسخين الماء.

water hemlock *(n.)* شَوْكَران الماء؛ الشَّوكران السّامّ (نب).

water hen *(n.)* دجاجة الماء (طا).

water hole *(n.)* (١) الثَّقب المائيّ: «أ» ثَقْبٌ طبيعيّ محتوٍ على ماء. «ب» ثَقب في سطح الجليد (٢) watering hole (ع).

water ice *(n.)* المَثْلوجة المائيّة: حلوى منجمدةٌ مؤلَّفة من ماء وسكَّر وبعض المنكِّهات.

water–inch [wô'tər ĭnch'] *(n.)* الإنش المائيّ؛ البوصة المائيّة.

ă at; ā date; â care; ä car; ĕ egg; ē me; ĭ in; ī bite; ŏ lot; ō bone; ô orphan; oi boil; o͝o good; o͞o boot; ou out; ŭ under; û urgent; ə = *a* in alone, *e* in system, *i* in easily, *o* in gallop, *u* in circus.

water mill *(n.)* الطّاحونة المائيّة: طاحونة تُدار بالماء.

water mint *(n.)* نعناع الماء؛ الفَوْتَنْج النهريّ (نب).

water moccasin *(n.)* مُقَسِين الماء؛ صِلّ الماء: ضرب من الأفاعي.

water moccasin

water nymph *(n.)* حوريّة الماء (مث).

water oak *(n.)* بلُّوط الماء: بلُّوط أميركي ينمو على ضِفاف الأنهار وفي المستنقعات (نب).

water of crystallization *(n.)* ماء التبلُّر (ك).

water of hydration *(n.)* ماء الإماهة (ك).

water ouzel *(n.)* الدُّنْقُلَة؛ الجُنْقُلَة: طائر صغير يألف الماء.

water ouzel

water ox *(n.)* = water buffalo.

water parsley *(n.)* مَقْدُونس الماء؛ قُرَّة العَيْن (نب).

water parting *(n.)* الحاجز المائيّ: خطّ أرضيّ مرتفع يفصل بين نهرين.

water pepper *(n.)* الفلفل المائيّ: ضرب من عصا الرّاعي ينمو في الأرض الرَّطبة ويتميَّز بعُصارة فلفليّة حِرِّيفة جدًّا (نب).

water pimpernel *(n.)* كزبرة الثَّعلب المائيّة (نب).

water pipe *(n.)* (١) أنبوب الماء (٢) نارجيلة؛ «أركيلة».

water pistol *(n.)* المسدَّس المائيّ: «مسدَّس» للأطفال ينطلق من فوّهته رَشَاشُ ماء.

water plantain *(n.)* مِزمار الرّاعي: عشب مائيّ أو مُستنقعيّ (نب).

water polo *(n.)* كُرة الماء (رب).

wa·ter·pow·er [wô′tər pou′ər] *(n.)* (١) القُوَّة المائيّة: «أ» قُوّة الماء مستخدَمةً في تسيير الآلات. «ب» شلّال صالحٌ لمثل هذا الاستخدام (٢) حَقّ المياه [تملكُهُ طاحونةٌ ما].

wa·ter·proof [wô′-] *(adj.; n.; vt.)* (١) صامدٌ للماء § (٢) قماش صامدٌ للماء (٣) المِمْطَر: مِعْطف واقٍ من المطر § (٤) يصمِّد [يجعله صامدًا] للماء.

wa·ter·proof·er [wô′-] *(n.)* المصمِّد المائيّ: جاعلُ السُّقوف أو الأقمشة صامدةً للماء [شخصًا كان أو مادّة].

wa·ter·proof·ing *(n.)* (١) التَّصميد أو الصُّمود للماء (٢) المصمِّد المائيّ: شيء [كطَلْيةٍ أو طبقةٍ خارجيّة] يجعل السَّطح صامدًا للماء.

water rat *(n.)* جُرَذ الماء: «أ» أيٌّ من قَوارضَ مختلفة تألَف الماء. «ب» متسكِّع أو لِصّ يألف أحياء البلدة المحاذية للماء إلخ.

wa·ter–re·pel·lent [wô′tər rĭ pĕl′ənt] *(adj.)* مُنفِر للماء: معالَجٌ بمادّة تخفِّف من امتصاصه للماء من غير أن تجعله صامدًا له.

wa·ter–re·sis·tant [wô′tər rĭ zĭs′tənt] *(adj.)* مقاومٌ للماء: مقاومٌ لمفعول الماء أو نفاذِهِ ولكنّه غير صامد لهما تمامًا.

water right *(n.)* حَقّ المياه: حقّ الإفادة من مياه نهرٍ أو قناة ريّ إلخ.

water sapphire *(n.)* الصَّفِّير المائيّ: ضرب من الحجارة الكريمة.

wa·ter·scape [wô′tər skāp′] *(n.)* = seascape.

water scorpion *(n.)* عقرب الماء: حشرة مائيّة.

wa·ter·shed [wô′tər shĕd′] *(n.)* (١) water parting (٢) مستجْمَع الأمطار (را. catchment area) الذي يُمِدّ نهرًا ما بالمياه (٣) خطّ أو حَدّ فاصل <a ~ in modern history>.

water shield *(n.)* تُرس الماء: ضرب من النّباتات المائيّة.

wa·ter·side [wô′tər sīd′] *(n.; adj.)* (١) جانب الماء: أرض محاذية لجسم مائيّ § (٢) جانِبْمائيّ: منسوب إلى جانب الماء <~ insects> (٣) «أ» مستخدَم في جانب الماء أو عاملٌ فيه <~ workers *or* police>. «ب» متعلّق بالعمّال المشتغلين في جانب الماء <a ~ strike>.

water ski *(n.)* الزُّحلوفة المائيّة: أداة للتَّزلُّج على الماء مقطورةٌ إلى زورق بخاريّ سريع. **— wa·ter–ski** *(vi.)* **— wa·ter–ski·er** *(n.)*

wa·ter·skin [wô′tər skĭn] *(n.)* زِقّ الماء؛ قِرْبة الماء.

water snake *(n.)* حَيّة الماء: حَيّة تألف المياه العذبة.

water snake

wa·ter–soak [wô′tər sōk′] *(vt.)* يَنْقَع في الماء.

water spaniel *(n.)* سَبَنْيَليّ الماء: كلب كثيف الشَّعر متجعِّدُهُ يُستعان به في صيد طيور الماء.

water spaniel

water spider *(n.)* عنكبوت الماء: عنكبوت تغزل خيوطَها تحت الماء.

water spot *(n.)* الرُّقطة المائيّة: مَرَض من أمراض الفاكهة.

wa·ter·spout [-spout′] *(n.)* (١) «أ» ميزاب؛ «مزراب». «ب» فوّهة؛ بزباز؛ فم خرطوم المياه (٢) عمود الماء: إعصار في الأوقيانوس إلخ يتَّخذ شكلَ كتلة هواء مدوِّمة مُثْقَلَةٍ بالضَّباب والرَّذاذ (٣) مطرٌ غزير مفاجئ.

water sprite *(n.)* = water nymph.

water strider *(n.)* الزُّخرُف؛ القَمَص؛ الخَيْتَعُور: بَقّ طويل القوائم يجري فوق الماء الرّاكد.

water supply *(n.)* (١) الإمداد المائيّ (٢) المأخذ المائيّ.

water system *(n.)* (١) النِّظام المائيّ: النَّهر وروافده (٢) water supply.

water table *(n.)* النِّطاق المائيّ: «أ» طَوْق حجريّ ناتئ يردّ أو يعطف الماءَ عن مَبْنًى. «ب» المستوَى الذي تكون الأرض تحته مُشْبَعَةً بالماء.

water taxi *(n.)* تاكسي الماء: مركب يعمل كتاكسي [ضمن ميناء مثلًا].

water thrush *(n.)* دُجّ الماء: طائرٌ مغرِّد يألف المياه العذبة.

wa·ter·tight [wô′tər tīt′] *(adj.)* (١) مَسِيك؛ سَدُودٌ للماء (٢) مانع؛ لا لَبْسَ فيه؛ لا يحتمل غير تفسير واحد.

water tower *(n.)* بُرْج الماء: «أ» ماسورة قائمة أو رأسيّة. «ب» أداة لإطفاء الحريق تقذف الماء إلى الأجزاء العُليا من مَبْنًى شاهقٍ تلتهمه النِّيران.

water turkey *(n.)* = snakebird.

water vapor *(n.)* بُخار الماء: ماء في الحالة البُخاريّة، وبخاصة حين يكون دون نقطة الغليان [تمييزًا له عن البخار].

wa·ter–vas·cu·lar system *(n.)* المجموع الوعائيّ المائيّ: مجموع من الأوعية المشتملة على سائل مائيّ [في قنفذيّات الجلد؛ را. echinoderm].

water wave *(n.)* التَّمويج أو التَّموُّج المائيّ [في تصفيف الشَّعر].

wa·ter–wave [wô′tər wāv′] *(vt.)* يُموِّج مائيًّا: يصفِّف الشَّعر بطريقة

— **wa·ter–waved** *(adj.)* التّمويج المائيّ.

wa·ter·way [wô′tər wā′] *(n.)* المجرَى المائيّ: «أ» قناة أو مجرًى للماء. «ب» مجرَى الماء عند حافة سطح المركب. «ج» جسم مائيّ [نهر؛ قناة إلخ] صالح للملاحة.

wa·ter·weed [-wēd′] *(n.)* حشيشة الماء: عشبة شمالأميركيّة مائيّة.

wa·ter·wheel [wô′-] *(n.)* الدُّولاب المائيّ: ساقية؛ سانية؛ ناعورة.

water wings *(n. pl.)* الجناحان المائيّان: أداة مطّاطيّة على شكل جناحَيْن يُنْفَخان لمساعدة المرء على تعلُّم السِّباحة.

water witching *(n.)* العِرافة المائيّة: محاولة اكتشاف الماء بالاستعانة بعصا الاستنباء.

water witch *or* **water witcher** *(n.)* المستنبئ: من يستخدم عصا الاستنباء (را. divining rod) بحثًا عن الماء.

wa·ter·works [wô′tər-] *(n. pl.)* (١) محطّة المياه: محطّة تزوّد مدينة ما بالمياه العذبة (٢) الكُلْيَتان (ع) (٣) «أ» دموع. «ب» بكاء؛ سفح الدُّموع (٤) ينبوع أو شلّال صُنعيّ [للزّينة أو العَرْض].

wa·ter·worn [-wōrn′] *(adj.)* بالٍ أو مصقول بفعل المياه الجارية.

wa·ter·y [wô′tə rĭ] *(adj.)* (١) مائيّ (٢) رطب؛ سَبِخ <~ soil> (٣) مَذِق؛ رقيق؛ غير مركَّز <a ~ soup> (٤) دامع <~ eyes> (٥) ضعيف؛ هزيل؛ رديء <a ~ style in writing>.

watt [wŏt] *(n.)* الواطّ: وحدة القوّة الكهربائيّة (كب).

watt·age [wŏt′ĭj] *(n.)* الواطّيّة: القوّة الكهربائيّة مقِيسةً بالواط.

watt·er [wŏt′ər] *(n.)* الواطّيّ: شيء [كمحطّة إذاعة أو مصباح كهربائي] ذو واطّيّة معيَّنة <The new station is a 250 ~.>.

watt–hour [wŏt′our′] *(n.)* الواطّ السّاعيّ؛ واطّ - ساعة (كب).

watt–hour meter

watt–hour meter *(n.)* المقياس الواطّيّ السّاعيّ (كب).

wat·tle [wŏt′əl] *(n.; vt.)* (١) الوَتَل: «أ» قضبان تُضْفَر مع الأغصان والقصب [تُستخدَم في إنشاء الأسيجة أو الجدران أو السقوف]. «ب» القضبان التي تشكّل هيكل سقف مصنوع من قشّ (٢) «أ» الغَبَب؛ اللُّغْد: زائدة لحميّة تتدلى من أعناق الدجاج أو الدِّيَكة الروميّة إلخ. «ب» العَذَبة (را. barbel 2) (٣) سَنْط؛ أقاقيا (را. acacia) (نب) § (٤) يُوَتِّل: «أ» ينشئ أو يبني من أوتال. «ب» يَضْفِر؛ يَجْدُل.

wat·tle·bird [wŏt′əl-] *(n.)* المغبَّب: طائر أستراليّ من نوع آكل العَسَل honey eater يتدلّى من كلٍّ جانب من حنجرته غَبَبٌ أو زائدة لحميّة.

watt·me·ter [wŏt′mē′tər] *(n.)* الواطْمِتْر؛ المقياس الواطّيّ (كب).

wave [wāv] *(vi.; t.; n.)* (١) يرفرف [العَلَم إلخ] (٢) يلوّح [بيديه إلخ] (٣) يَمُوج؛ يتموّج (٤) يَنُوس؛ يتذبذب x (٥) ينوِّس؛ يُذبذب (٦) يموّج (٧) «أ» يشير [إلى شخص ما] بالتوقف أو بالاتجاه وجهة معيّنة. «ب» يعبّر عن كذا بالتلويح باليدين إلخ <Salwa ~*d* farewell from the ship's rail.> (٨) يلوّح [بالسلاح] مهدِّدًا § (٩) موجة (١٠) ماء؛ بحر إلخ (١١) تموّج (١٢) تلويح [باليد إلخ] (١٣) رَفْرَفَة (١٤) الموجة (فز) (١٥) الموجة (أر) <a cold ~>.

Wave [wāv] *(n.)* <*W(omen) A(ccepted) for V(olunteer) E(mergency) Service*> المجنَّدة البحريّة: امرأة تقوم بالخدمة العسكريّة في الأسطول البحريّ الأميركيّ.

wave band *(n.)* الحزمة الموجيّة (رد).

waved [wāvd] *(adj.)* (١) مموَّج؛ متموِّج (٢) مثلَّم؛ مسنَّن؛ مضرَّس.

wave equation *(n.)* المعادَلة الموجيّة (فز).

wave front *(n.)* الجبهة الموجيّة؛ صَدْر المَوْجة (فز).

wave·guide [wāv′gīd′] *(n.)* الدَّليل المَوْجيّ (رد).

wave·length [wāv′-] *(n.)* (١) الطُّول المَوْجيّ («فز» و«رد») (٢) الموجة: طريقة التفكير التي تفضي إلى التفاهم <Are we on the same ~?>.

wave·less [wāv′lĭs] *(adj.)* ساكن؛ رائق؛ غير مائج.

wave·let [wāv′lĭt] *(n.)* المُوَيجة: مَوجة صغيرة.

wave·like [wāv′līk′] *(adj.)* مَوْجيّ: مَوْجيّ الحركة أو الشَّكل.

wave mechanics *(n.)* الميكانيكا الموجيّة: نظريّة تقول بأنّ للألكترونات خصائصَ مَوْجيّة (فز).

wave number *(n.)* العدد المَوْجيّ (فز).

wa·ver [wā′vər] *(vi.; n.)* (١) يتردَّد (٢) «أ» يتذبذب؛ يتمايل. «ب» يرتعش؛ يضطرب؛ يَخْفق. «ج» يترنّح؛ يمشي مضطربًا (٣) يتهدَّج § (٤) تردُّد؛ تذبذُب؛ ارتعاش؛ اضطراب؛ ترنُّح؛ تَهَدُّج.

wa·ver·ing [wā′-] *(adj.)* متردِّد؛ متذبذب؛ متمايل؛ مرتعش إلخ.

wa·ver·y [wā′vər ĭ] *(adj.)* = wavering.

wave theory *(n.)* النَّظريّة الموجيّة (فز).

wave train *(n.)* الرَّتَل المَوْجيّ: سلسلة من الموجات المتماثلة تتعاقب في فترات متساوية (فز).

wave trap *(n.)* مِرْشَحة الموجات: أداة ألكترونيّة لكَبْت الأصوات المشوَّشة.

wav·y [wā′vĭ] *(adj.)* (١) مائج <~ lakes> (٢) متذبذب؛ مضطرب؛ خافق <~ flames> (٣) متموِّج؛ تموُّجي <~ hair> (٤) مَوْجانيّ: شبيهٌ بالأمواج <a ~ pattern>. — **wav·i·ly** *(adv.)* — **wav·i·ness** *(n.)*

wax[1] [wăks] *(n.; vt.; adj.)* (١) شَمْع (٢) إفراز شمعيّ. وبخاصة الصِّملاخ (را. cerumen) (٣) أسطوانة فونوغرافيّة § (٤) يشمِّع: يعالج أو يفرك بالشَّمع بُغيةَ الصَّقل أو التَّقسية (٥) يسجِّل على أسطوانة فونوغرافيّة <a duet ~*ed* 50 years ago> § (٦) مصنوع من الشَّمع <a ~ statue>.

wax[2] *(vi.; n.)* (١) «أ» يزداد؛ يتعاظم؛ يَقْوَى. «ب» يكبر؛ يَطُول. «ج» ينمو [الهلالُ إلخ] (٢) يُصبح؛ يصير <to ~ strong> § (٣) ازدياد؛ نموّ (٤) فترة نموّ الهلال [حتَّى يصير بدرًا] (٥) غضبة؛ نوبة غضب.

ă at; ā date; â care; ä car; ĕ egg; ē me; ĭ in; ī bite; ŏ lot; ō bone; ô orphan; oi boil; o͝o good; o͞o boot; ou out; ŭ under; û urgent; ə = *a* in alone, *e* in system, *i* in easily, *o* in gallop, *u* in circus.

wax bean *(n.)* الفُول الشَّمعيّ (نب).

wax·ber·ry [wăks′bĕr′ĭ] *(n.)* (١) «أ» الشَّمعيّة أو التُّوت الشَّمعيّ (را. wax myrtle). «ب» ثمر الشَّمعيّة (٢) snowberry.

wax·bill [-′bĭl′] *(n.)* شمعيّ المنقار: طائرٌ ذو منقار شمعيّ المظهر.

waxed paper *(n.)* الورق المشمَّع.

wax·en [wăk′-] *(adj.)* (١) «أ» شمعيّ. «ب» مشمَّع (٢) شَمْعانيّ: شبيه بالشَّمع. مثل: «أ» لَدْن؛ طَوِيّ؛ مَرِن. «ب» شاحب. «ج» صقيل؛ أملسُ لامعٌ.

wax·er *(n.)* المشمِّع: «أ» الفارك أو الصّاقل بالشَّمع. «ب» جهاز للتشميع.

wax·flow·er [wăks′-] *(n.)* زهرة الشَّمع؛ الهُوْيَة: نبات معترش.

wax·ing [wăk′sĭng] *(n.)* (١) تشميع أو صَقْل بالشَّمْع (٢) صُنع الأسطوانات الفونوغرافيّة (٣) أسطوانة فونوغرافيّة <new orchestral ~*s*> (٤) التشميع: إزالة شعر الجسم بالشَّمع.

wax insect *(n.)* حشرة الشَّمع: حشرة يُفرِز جسمُها شمعًا.

wax light *(n.)* شمعة [مصنوعة من الشَّمع لا من مادّة أخرى].

wax museum *(n.)* مُتْحَف الشَّمع؛ مَعْرِض الشَّمْع.

wax myrtle *(n.)* الشَّمْعيّة: شجرة أو شُجيرة عطرة الأوراق. وبخاصة: الشَّمعيّة الأميركيّة: شُجَيْرة يُستخدَم ثمرُها في صُنع الشُّموع.

wax palm *(n.)* النَّخل الشَّمعيّ: نخلٌ يُتَّخذ منه شمع (نب).

wax palm

wax plant *(n.)* نبتة الشَّمْع؛ الهُوْيَة اللَّحِيمة (نب).

wax·wing [wăks′wĭng′] *(n.)* شمعيّ الجناح: طائر من الجواثم تتميّز أطراف ريشِهِ بـ«خرزات» شمعيّة حمراء.

wax·work [wăks′-] *(n.)* (١) التِّمثال الشَّمعيّ: تمثال من شمع لشخصٍ عادةً (٢) *pl.*: مَعْرِض الشَّمع (٣) فن القولبة بالشَّمع.

wax·y [wăk′sĭ] *(adj.)* (١) «أ» شمعيّ. «ب» مُشمَّع (٢) شَمْعانيّ: شبيه بالشَّمع؛ مثل: «أ» لَدْن؛ طَوِيّ؛ مَرِن. «ب» ناعم أو ناصع البياض <had a ~ complexion> (٣) مشمَّع: محتوٍ على مخزون نَشَويّ <a ~ organ> (مض).

way [wā] *(n.; adj.; adv.)* (١) «أ» طريق. «ب» ممرّ (٢) سبيل (٣) «أ» طريقة؛ أسلوب؛ منوال. «ب» وسيلة (٤) ناحية؛ موطن؛ نقطة <His plan was defective in several ~*s*.> (٥) نطاق <a field of activity which I had entered in a small ~> (٦) طريقة مميَّزة أو معتادة <That is only her ~.> (٧) حالة؛ وضع <The sick man was in a bad ~.> (٨) مسافة <Let us go back a little ~.> (٩) اتجاه؛ وجهة <is looking this ~> (١٠) حيّ؛ مَحَلّة <lived in Stepney *Way*> (١١) فريقٌ مشارك <a four-*way* discussion> (١٢) فرصة؛ حرّيّة «في العمل» <Let me have ~ to find this practice out.> (١٣) *pl.*: مسند بناء السفن أو إنزالها <owned a marine ~*s* and several landing fleets> (١٤) *pl.* أ.ك: عاداتٌ <I don't like her ~*s*.> (١٥) مهنة؛ حرفة <in the grocery ~> (١٦) تقدّم؛ سرعة؛ حركة <The ship on starting gathers ~.> § (١٧) أوسط؛ متوسط؛ قائم في نقطة وسطى من الطريق <~ station> § (١٨) بعيدًا جدًّا؛ متجاوزًا <~ off line> (١٩) إلى الآخِر <Pull the switch ~ back.>.

by the ~, (١) أثناء الرحلة (٢) وبالمناسبة؛ و«على فِكرَة».

by ~ of (١) بواسطة (٢) على سبيل كذا (٣) بُغْيَة؛ بقَصْد كذا (٤) عَبْرَ؛ من طريق.

on the ~ out على وشك أن يصبح مُبْطَلَ الزِّيّ.

out of the ~, (١) «أ» في غير محلّه. «ب» خطأ؛ غير لائق (٢) «أ» بعيدٌ؛ ناءٍ. «ب» بعيدًا (٣) استثنائيّ؛ غير مألوف؛ لافت للنظر (٤) منتهٍ؛ مُنْجَز.

to gather *or* lose ~, تتعاظم [أو تتناقص] سرعته.

to get one's own ~, ينال ما يريد.

to get something out of the ~, يزيحه من الطريق؛ يتخلّص منه.

to get under ~, ينطلق؛ يشرع في التقدّم.

to give ~, (١) يُفسح الطَّريق (٢) يتحطّم أو يسقط [كجسر مثلًا].

to go one's ~ *or* ~*s* ينصرف؛ يمضي لسبيله.

to go *or* take one's own ~, يتصرَّف بحماقة؛ يركب رأسَه.

to go out of one's ~ (to do something) يتعمّد كذا؛ يبذل جهدًا خاصًا لكي...

to have it both ~*s* يختار أحد الأمرين ثم ثانيهما تأمينًا لمصلحته أو تأييدًا لحجّته.

to have one's own ~, يفعل ما يريد.

to make ~, يتقدَّم.

to make ~ for يتنحّى مفسحًا الطريقَ لِـ.

to my ~ of thinking في رأيي.

to put oneself out of the ~ (to do something) يتجشَّم عناءً لكي يساعد فلانًا.

under ~, (١) مبحرًا؛ ماخرةً [في الكلام على مركب أو سفينة] (٢) مرفوعَ المرساة؛ غير مشدود بمرساة (٣) متقدِّم؛ ماضٍ قُدُمًا؛ في الطريق إلى.

way·bill [wā′bĭl′] *(n.)* بيان الشِّحنة: وثيقة تشتمل على تفاصيل خاصة بالسِّلَع المشحونة ونفقات شحنها والطَّريق التي ستُنقَل عَبْرَها.

way·far·er [wā′fâr′ər] *(n.)* عابر السَّبيل؛ ابن السبيل.

way·far·ing [wā′fâr′ĭng] *(n.; adj.)* (١) السَّفَر. وبخاصة: سيرًا على القدمين § (٢) مسافرٌ. وبخاصة: سيرًا على القدمين.

wayfaring tree *(n.)* الوِيبُرنوم الملتوي: جَنْبة نفضيّة ذات ثمار عُلَّيْقيّة.

way·go·ing [wā′gō′ĭng] *(n.; adj.)* (١) رحيل § (٢) راحل.

way·lay [wā′lā′] *(vt.)* يكمن لِـ؛ يهاجم من مَكْمَن.

way·less [wā′lĭs] *(adj.)* بدون طريق أو ممرّ.

Way of the Cross = stations of the cross.

-ways لاحقة معناها: بطريقة معيَّنة أو اتجاه معيَّن أو وضع معيَّن.

ways and means *(n. pl.)* (١) الطَّرائق والوسائل [لتحقيق أمرٍ ما] (٢) *cap. W; M* أ.ك: «أ» الطَّرائق والموارد [لتأمينَ الأموال الضَّرورية لسدّ نفقات الدَّولة]. «ب» لجنة تشريعيّة مَعْنِيّة بذلك.

way·side [wā′sīd′] *(n.; adj.)* (١) جانبُ الطَّريق § (٢) قائم على جانب الطَّريق <~ taverns>.

way station *(n.)* (١) المحطَّة المتوسِّطة: محطّة متوسِّطة بين محطّتَيْن

رئيسيَّتَيْن من محطات السِّكة الحديديّة إلخ (٢) مكان توقُّف متوسّط .

way·ward [wā'wərd] *(adj.)* (١) «أ» عاصٍ ؛ متمرِّد ؛ مُعاند <a ~ son> . «ب» شَكِس ؛ صعب المراس <a ~ disposition> (٢) متقلِّب (٣) معاكِس <~ fate>.

way·worn [wā'wôrn'] *(adj.)* أَنْهكه السَّفَر ؛ أضناه السَّفَر .

wa·zoo [wä zoo'] *(n.) vulgar slang* = anus.

we [wē] *(pron.)* نَحْنُ .

weak [wēk] *(adj.)* (١) ضعيف ؛ واهن (٢) «أ» أحمق ؛ غير حكيم <~ indulgence> . «ب» ضعيف العقل . «ج» متردِّد (٣) غير قادر ؛ عاجز (٤) واهٍ <~ arguments> (٥) ركيك <a ~ style> (٦) مُشَعْشَع ؛ مَذِق ؛ غير مركَّز ؛ «سايط» <~ tea> (٧) هابط [في السِّعر] <a ~ copper market>.

weak·en [wē'kən] *(vt.; i.)* (١) يُضْعِف x (٢) يَضْعُف .

weak·fish [wēk'-] *(n.)* الرّاخوص : سمك بحريّ رَخْص اللَّحْم طريُّه .

weak–head·ed [-'hĕd'-] *(adj.)* (١) أحمق (٢) ضعيف العقل (٣) سريع السُّكْر .

weak·heart·ed [wēk'här'tĭd] *(adj.)* جبان ؛ رِعديد ؛ مخلوع الفؤاد .

weak·ish [wē'kĭsh] *(adj.)* (١) ضعيف أو واهنٌ قليلًا أو بعضَ الشَّيء (٢) مُشَعْشَعٌ أو مَذِق أو «سايط» قليلًا <~ coffee> .

weak–kneed [wēk'nēd'] *(adj.)* متردِّد ؛ ضعيف الإرادة .

weak·ling [wēk'lĭng] *(n.; adj.)* (١) الضَّعيف : شخص ضعيف الجسم أو الشَّخصيّة أو العقل § (٢) ضعيف .

weak·ly [-'lĭ] *(adj.; adv.)* (١) ضعيف ؛ واهن § (٢) بِضَعْف ؛ بِوَهَن .
— **weak·li·ness** *(n.)*

weak–mind·ed [wēk'mīn'-] *(adj.)* (١) أحمق (٢) ضعيف العقل .

weak·ness [wēk'-] *(n.)* (١) ضَعْف (٢) نقيصة ؛ مأخذ ؛ موطن ضَعف (٣) وَلَع ؛ رغبة شديدة <has a ~ for sports cars> .

weak–sight·ed [wēk'sīt'ĭd] *(adj.)* أَخْفَش ؛ كَليلُ البَصَر .

weak–spir·it·ed [wēk'spĭr'-] *(adj.)* ضعيف الإرادة ؛ متخاذل ؛ هَيّاب .

weal [wēl] *(n.)* (١) خير ؛ صالح ؛ سعادة ؛ رخاء (٢) خير المجتمع ؛ الصّالح العامّ (٣) الحَبار : أثر الضَّرب في جسم المضروب .

weald [wēld] *(n.)* (١) غابة ؛ غاب (٢) نَجْد .

wealth [wĕlth] *(n.)* (١) غِنًى ؛ يَسار (٢) وفرة ؛ غزارة (٣) ثروة .

wealth·y [wĕl'thĭ] *(adj.)* (١) غنيّ ؛ مُوسِر ؛ ثريّ ؛ مُثْرٍ (٢) مِعطاء <a ~ land>.
— **wealth·i·ly** *(adv.)* — **wealth·i·ness** *(n.)*

wean [wēn] *(vt.)* يَفْطِم : «أ» يَقْطَع الرَّضِيعَ عن الرِّضاع . «ب» يقطعه عن عادةٍ أو رَغيبَةٍ ما <~ed him off alcohol> .
— **wean·er** *(n.)*

wean·ling [wēn'-] *(n.; adj.)* (١) الفَطيم : المفطوم حديثًا § (٢) فطيم .

weap·on [wĕp'ən] *(n.; vt.)* (١) سلاح § (٢) يُسَلِّح .

weap·on·eer [wĕp'ə nēr'] *(n.)* (١) مصمِّم السِّلاح (٢) مُطْلِق السِّلاح .

weap·on·less [wĕp'ən lĭs] *(adj.)* أعزل ؛ غير مسلَّح .

weap·on·ry [wĕp'-] *(n.)* (١) أسلحة (٢) السِّلاحة : تصميم الأسلحة وصُنعها .

wear [wâr] *(vt.; i.; n.)* (١) يرتدي ؛ يلبس (٢) «أ» يتقلد . «ب» يحمل . «ج» ترفع [السفينة] عَلَمًا (٣) يُبْلي (٤) يُحْدِث تدريجيًا بالاحتكاك <Walking *wore* a hole in her shoe.> (٥) يُنْهِك ؛ يُرْهِق (٦) يضع <~*s* glasses> (٧) يُظهِر <to ~ a smile> (٨) يُغيِّر اتجاه المركب [مُبْعِدًا مقدَّمَه عن الريح] x (٩) «أ» يتحمّل [طولَ الاستعمال] ؛ يدوم ؛ «يضاين» <This coat material will ~ for years.> . «ب» يحتفظ بجودته أو حيويته (١٠) ينقضي [الوقت] ببطء أو تثاقل <Autumn *wore* away.> (١١) يَبْلى <His shoes are *worn* out.> (١٢) يُصْبِح ؛ يأخذ في <My patience is ~*ing* thin.> (١٣) يستدير المركبُ [بحيث يبتعد مقدَّمُهُ عن الريح] § (١٤) «أ» ارتداء . «ب» لُبْس (١٥) «أ» لباس ؛ ملابس <children's ~> . «ب» زِيّ ؛ موضة (١٦) بِلًى <The carpet is showing ~.> (١٧) قدرة على الاحتمال أو البقاء <There's not much ~ left in my shoes.> .

to ~ down (١) يُبْلي ؛ يَحُتّ (٢) يُرهِق أو يُضْعِف [بالهجمات المتكرِّرة] .

to ~ off (١) يُزيل أو يزول بالحكّ (٢) يتناقص تدريجيًّا .

to ~ on (١) ينقضي [الوقتُ] ببطء أو تثاقل (٢) يُنْهِك أو يُثير [الأعصابَ] .

to ~ the breeches *or* the trousers *or* the pants تسيطر المرأة على زوجها .

to ~ out (١) يُبْلي (٢) يُرْهِق (٣) يمحو (٤) يستمرّ أو يصمد [إلى ما بعد انقضاء العاصفة إلخ] (٥) يقطِّع الوقت أو الأيام (٦) يَبْلَى .

to ~ thin (١) يضعف تدريجيًّا (٢) يصبح أقلَّ إقناعًا .

the worse for ~, في حالٍ أسوأ نتيجةً للبِلى أو كثرة الاستعمال .

wear and tear *(n.)* البِلَى والتَّمزُّق : البِلَى بالاستعمال .

wear·i·ful [wēr'ĭ-] *(adj.)* (١) مُضجِر ؛ مُمِلّ (٢) ضَجِرٌ ؛ مُتْعَبٌ .

wear·i·less [wēr'ĭ lĭs] *(adj.)* لا يكلّ ؛ لا يتعب .

wea·ri·ly [wēr'ĭ lĭ] *(adv.)* بِضَجَر ؛ بِسَأَم ؛ بِمَلَل .

wea·ri·ness [wēr'ĭ-] *(n.)* (١) تَعَب ؛ إرهاق (٢) ضَجَر ؛ مَلَل ؛ سَأم .

wear·ing [wâr'ĭng] *(adj.)* (١) مُعَدٌّ للُّبس <~ apparel> (٢) شاقّ ؛ مرهِق <~ trips> (٣) آخذٌ في البِلَى ؛ عُرضةٌ للبِلَى .

wearing apparel *(n.)* ثياب ؛ ملابس .

wea·ri·some [wēr'ĭ-] *(adj.)* (١) مُرْهِق ؛ مُتْعِب (٢) مُضجِر ؛ مُمِلّ .

wear·proof [wâr'proof'] *(adj.)* مقاومٌ للبِلى <a ~ tool> .

wea·ry [wēr'ĭ] *(adj.; vi.; t.)* (١) مُرْهَق <~ eyes> (٢) ضَجِر ؛ سَئِم (٣) حزين ؛ كئيب <~ of life> (٤) مُرْهِق ؛ شاقّ <a ~ walk> (٥) مُضجِر ؛ مُمِلّ <a ~ wait> (٦) دالّ على التعب أو الضجر ~ a sigh> § (٧) يَتْعَب (٨) يَضْجر؛ يملّ؛ يسأم x (٩) يُرْهِق؛ يُتْعِب (١٠) يُضْجِر؛ يُمِلّ؛ يُسْئِم.

wea·sand [wē´zənd] *(n.)* (١) throat (٢) الرُّغامَى (را. trachea).

wea·sel [wē´zəl] *(n.; vi.)* (١) *or pl.* **weasel**: ابن عِرْس (ح) (٢) شخص ماكر (٣) *pl.* **-s** العِرْسِيّة: مركبة خفيفة آليّة التسيير تجري على قضبان حديديّة وتُستخدَم برمائيًّا أو للانطلاق على الثَّلْج أو الجليد أو الرَّمل § (٤) يروغ؛ يراوغ؛ يوارب (٥) يتملّص؛ يتجنّب؛ يَجْبُن عن [تتبعها *out* عادةً].

weasel *1.*

weasel word *(n.)* الكلمة المراوِغة: كلمة غامضة يُراد بها اجتنابُ اتّخاذِ موقفٍ صريح أو الانسحابُ منه.

weath·er [wĕth´ər] *(n.; adj.; vt.; i.)* (١) الجوّ؛ الطَّقْس: حالة الجوّ (٢) حالة؛ وضع (٣) مطر؛ عاصفة؛ أحوال جوّيّة سيئة <I am expecting some ~.> (٤) هواء بارد مع رطوبة <clothing to keep out the ~> (٥) مَهَبّ الرّيح (٦) weathering § (٧) مواجِهٌ أو مقابلٌ للريح § (٨) يجوّي: يعرِّض للهواء الطَّلْق أو لفعل العوامل الجوّيّة (٩) يُبْحِر في اتجاه مهبّ الريح من كذا <to ~ a cape> (١٠) ينجو [من عاصفة أو خطر] x (١١) يَتَجَوَّى: يتفكّك أو يتحلّل أو يتغيّر لونه بتأثير الجوّ (١٢) يَصمد: يتحمّل أو يقاوم التعرّض للجوّ <Some paints ~ better than others.>. under the ~, (١) متوعّك الصِّحّة (٢) سكرانُ بعضَ الشَّيء.

weath·er·a·bil·i·ty [wĕth´ər ə bĭl´ə tĭ] *(n.)* الجَوّانيّة: القدرة على الصُّمود لتأثير العوامل الجوّيّة <~ of a paint>.

weath·er–beat·en [wĕth´ər bē´tən] *(adj.)* (١) بالٍ نتيجةً للتَّعرُّض للرِّيح أو للعوامل الجوّيّة الأخرى (٢) أسفع؛ مسفوع: صائرٌ بلون البرونز نتيجةً للتَّعرُّض للشَّمس إلخ <a ~ face>.

weath·er·board [-ər bōrd´] *(n.)* (١) clapboard (٢) جانبُ المركبِ المواجهُ للرِّيح. — **weath·er·board·ed** *(adj.)*

weath·er·board·ing [wĕth´ər bōr´-] *(n.)* = clapboard(s).

weath·er–bound [wĕth´ər bound´] *(adj.)* مُوثَقٌ بحالة الجوّ: مُكْرَهٌ على البقاء في المرفأ أو على إرجاء السَّفَر أو الاشتراك في لعبة رياضيّة بحُكم رداءة الأحوال الجوّيّة.

weather bureau *(n.)* مكتب الأحوال الجوّيّة.

weather–burned [wĕth´-] *(adj.)* مسفوعٌ [بالتعرّض للشمس أو الريح].

weath·er·cast [wĕth´-] *(n.)* التوقّعات الجوّيّة [على التلفزيون إلخ].

weath·er·cock [wĕth´ər kŏk´] *(n.)* (١) ديك الرِّياح: أداة على شكل ديك لإظهار اتّجاه الرِّيح (٢) المتقلِّب: شخص أو شيء يتقلّب كثيرًا أو بسرعة.

weathercock *1.*

weather deck *(n.)* السَّطح المكشوف [في سفينة].

weath·ered [wĕth´ərd] *(adj.)* (١) مُجَوًّى: معالَجٌ أو مُغيَّر اللّون أو التَّركيب أو الشَّكل بالتَّعريض للعوامل الجوّيّة (٢) مُمالٌ أو مُحَدَّرٌ [منعًا لتجمّع المياه] (عم).

weather eye *(n.)* (١) العين الجوّيّة: عَيْن الشَّخص الذي يُلاحِظ سريعًا التَّغيُّراتِ المرتقبة في الأحوال الجوّيّة (٢) مراقبة دائمة؛ تيقُّظ حادّ.

weath·er·glass [wĕth´ər glăs´] *(n.)* = barometer.

weath·er·ing [wĕth´ər ĭng] *(n.)* التَّجْوِية: أثر العوامل الجوّيّة في لون الأشياء المعرَّضة لها أو في تركيبها أو شكلها. وبخاصة: تحلّلُ التُّربةِ والصُّخورِ الطبيعيُّ والكيميائيّ.

weath·er·ize [wĕth´-] *(vt.)* يحصِّن ضدَّ الطَّقس: يصمِّد أو يحمي من العوامل الجوّيّة [بموادّ عازلة مثلًا].

weath·er·ly [wĕth´ər lĭ] *(adj.)* لامُنْحَرِف؛ لامُنْحَرِفة: منحرفٌ [أو منحرفة] قليلًا جدًا عند الإبحار في اتّجاه معاكس للرِّيح (مل).

weath·er·man [wĕth´ər măn´] *(n.)* = meteorologist.

weather map *(n.)* خريطة الجوّ: خريطة [أو رسم بيانيّ] تبيِّن الأحوال الجوّيّة في منطقة واسعة خلال فترة معيَّنة.

weath·er·per·son [wĕth´ər-] *(n.)* = meteorologist.

weath·er·proof [wĕth´ər prōōf´] *(adj.)* صامدٌ للجوّ [أو للعوامل الجوّيّة].

weather ship *(n.)* سفينة الرَّصد: سفينة مُعَدَّة لجمع الملاحظات التي يُفيد منها علماء الأرصاد.

weather station *(n.)* محطّة الرَّصد؛ محطّة الأرصاد الجوّيّة.

weather strip *(n.)* سَيْر الجوّ: سَيْر من مَطّاط إلخ يملأ الفراغ بين الباب أو النّافذة وبين إطارهما بُغْيَةَ صَدِّ المطر أو الثّلج أو الرِّيح.

weath·er–strip [wĕth´ər strĭp´] *(vt.)* يسيِّر: يزوِّد الباب أو النّافذة بسَيْر من سيور الجوّ (را. المادّة السّابقة).

weather strip·ping *(n.)*= weather strip(s).

weath·er·tight [wĕth´ər tīt´] *(adj.)* صادّ للجوّ: صادّ للرِّيح والمطر.

weather vane *(n.)* = vane *1a*.

weath·er–wise [wĕth´-] *(adj.)* فارس؛ ذو فِراسة: بارع في التَّنبُّؤ بتقلُّبات الجوّ أو الرّأي العامّ <a ~ politician>.

weath·er·worn [-wōrn´] *(adj.)* مُجَوًّى: أبلاه التعرُّض للعوامل الجوّيّة.

weave [wēv] *(vt.; i.; n.)* (١) يَنْسُج؛ يحوك (٢) يحبك (٣) يرسم [خطّةً] (٤) يُفْرِغ [عنصرًا ما] في كلٍّ متماسك (٥) يتمعّج؛ يتلوّى: يشقّ طريقه على نحوٍ متمعّج أو متلوٍّ <*wove* his way through the traffic> (٦) تنسج العنكبوت خيوطها x (٧) يعمل على النَّوْل (٨) يتّخذ سبيلًا متمعّجًا <She *wove* in and out through the traffic.> (٩) يتمايل؛ يترنّح؛ يتذبذب § (١٠) نسيج (١١) طريقة النَّسج.

weav·er [wē´-] *(n.)* (١) النّاسج؛ الحائك؛ الحابك (٢) weaverbird.

weav·er·bird [wē´vər bûrd´] *(n.)* الحبّاك: طائرٌ جَثومٌ يحبك أعشاشًا ذات مداخل سُفليّة شبيهة بالأنفاق.

web [wĕb] *(n.; vt.; i.)* (١) نسيج (٢) «أ» نَسْج العنكبوت. «ب» شرَك؛ مؤامرة (٣) نسيج أو غشاء حيوانٍ أو نباتٍ؛ وبخاصة: الوَتَرَة: الجُلَيْدَة التي بين كلّ إصبعين [سواء عند الإنسان أو عند طيور الماء] (٤) «أ» سَيْر أو صفيحة معدنية رقيقة. «ب» crank[1] *1* (٥) شبكة [طُرُق أو أراضٍ أو علاقات عامّة أو راديو وتلفزيون أو اتصالات دولية على «الإنترنت» إلخ] (٦) vane *3* (٧) ملفّ

ضخم من ورق الطباعة (٨) المقوَّس: ذلك الجزء من القناطر الواقع بين أقواسها (عم) § (٩) تنسج العنكبوت خيوطها على... (١٠) يغطي أو يغلّف بشبكة أو نحوها (١١) يحتبل: يوقع في شَرَك أو أحبولة x (١٢) يتشابك: يشكّل شبكةً أو نحوها. **— web·by** *(adj.)*

webbed [wĕbd] *(adj.)* كفّيّ؛ مكفَّف؛ ذو وَتَرات [كأقدام الإوزّ].

web·bing [wĕb′-] *(n.)* (١) الشَّريط المَنْسوج: شريط منسوج من قطن أو قِنَّب يسمَّر تحت نوابض [أو رفّاصات] الأثاث المنجَّد تثبيتًا لها وتدعيمًا (٢) شيء مكوَّن لشبكة.

Web browser *(n.)* متصفِّح الشبكة: برنامج تُستعرض بواسطته صفحات الشَّبكة العالميّة WWW المخزونة على الإنترنت.

we·ber [vā′bər; wĕb′-] *(n.)* الفَبْر: الوحدة العمليّة للدَّفق المغنطيسيّ (فز).

web·foot [wĕb′fo͝ot] *(n.)* (١) القَدَم الكفّيّة أو المكفَّفة: قَدَم ذات أصابع متّصلة بوَتَرات أو جُلَيْدات (٢) الكفّيّ القدمَيْن: حيوان كفّيّ القَدَمَيْن.

webfoot *1.*

web–foot·ed [wĕb′fo͝ot′ĭd] *(adj.)* كَفّيّ القَدَم.

Web page *(n.)* صفحة الشبكة (كم).

web press *(n.)* الطّابعة الرَّحويّة أو الدَّوّارة.

Web server *(n.)* خادم الشَّبكة (كم).

Web site *(n.)* موقع الشبكة (كم).

web spinner *(n.)* العنكبوتيّة: حشرة تنسج مثل بيت العنكبوت (حش).

web–toed [wĕb′tōd′] *(adj.)* = web–footed.

web·worm [wĕb′wûrm′] *(n.)* اليُسْروع العنكبوتيّ: يُسروع (را. caterpillar) ينسج بيوتًا عنكبوتيّة كبيرة (حش).

wed [wĕd] *(vt.; i.)* (١) يتزوَّج (٢) يزوِّج (٣) يَشُدُّه [إلى كذا] بإحكام x <She was *~ded* to the place.> (٤) يتزوَّج.

we'd [wēd] = we had; we would; we should.

wed·ded [wĕd′ĭd] *(adj.)* (١) متزوِّج (٢) زوجيّ <~ love>.

wed·ding [wĕd′ĭng] *(n.)* (١) عُرْس؛ زِفاف (٢) قِران أو اقتران [بين شيئين متناقضَيْن عادةً] (٣) عيد الزَّواج؛ ذكرى الزَّواج [كقولك golden ~ أي ذكرى الزَّواج الخمسون].

wedding cake *(n.)* (١) كعكة الزِّفاف (٢) المُزَخْرَف: شيء مُتْقَن الزِّينة والزخرفة.

wedding march *(n.)* لحن الزِّفاف: لحن يُعزَف في موكب العرس.

wedding ring *(n.)* خاتَم الزَّواج.

we·del [vād′l] *(vi.)* يتأرجح: يقوم بحركات التأرجُح.

wedge [wĕj] *(n.; vt.; i.)* (١) إسفين؛ وَتِد (٢) الحذاء الوَتِديّ: حذاء ذو كعب يمتدّ من مؤخَّره إلى مقدَّم القَصَبة shank (٣) حرف مسماريّ [مثلَّث الشكل] (٤) المَضْرِب الرافع: مَضْرِب غولف حديديّ يُستخدم لرفع الكرة من الرمل § (٥) يسفِّن؛ يوتِّد: يثبِّت بإسفين أو وَتِد (٦) يَحْشُر؛ يُقْحِم في (٧) يفلق بإسفين x (٨) يتسفَّن؛ يتوتَّد؛ ينحشر. the thin edge of the ~, شفرة الإسفين: خطوة أُولَى [أو إجراء أو تغيير] من الرَّاجح أن تكون لها نتائج خطيرة.

wedge *1.*

wedged [wĕjd] *(adj.)* (١) إسفينيّ الشَّكل (٢) عالق أو منحشر أو مُقْحَم [بين شيئين].

Wedg·wood [wĕj′wo͝od′] *(n.)* <trademark> الوَجْوُود: ضرب من الخزف النَّفيس.

wedg·y [wĕj′ĭ] *(adj.)* إسْفينيّ الشَّكل.

wed·lock [wĕd′lŏk′] *(n.)* الزَّواج؛ الزَّوجيّة. out of ~, خارجَ نطاق الزَّوجيّة: في وضع يكون فيه الأب والأمّ غيرَ متزوجَيْن شرعًا.

Wednes·day [wĕnz′dĭ; -dā′] *(n.)* الأربعاء؛ يوم الأربعاء.

wee [wē] *(adj.)* (١) صغير جدًّا (٢) مبكِّر جدًّا < in the ~ hours of the morning>.

weed [1] [wēd] *(n.; vi.; t.)* (١) «أ» عشبة ضارَّة [تعوق نموّ النباتات المفيدة]. «ب» عشبٌ ضارّ. «ج» نبتة مائية. وبخاصة: طحلب بحري. «د» تبغ. «هـ» سيجار أو سيجارة. «و» مَرْهوانة (را. marijuana) (٢) شخص أو شيء أو نماء ضارّ (٣) حيوان غير صالح للاستيلاد § (٤) يزيل العشب الضارّ [أو كلّ ما هو مؤذٍ] x (٥) «أ» يحرِّر [حديقة إلخ] من الأعشاب الضارّة. «ب» يحرِّر من شيء مؤذٍ أو كريه (٦) يُغَرْبِل (٧) يتخلّص من [تتبعها *out*].

weed [2] *(n.)* (١) *pl.* أ.ك: ثوب؛ بِزّة (٢) *pl.* عد: «أ» ثوب الحِداد. «ب» عِصابة الحِداد [تُطوَّق بها القبّعة أو الذِّراع].

weed·ed [wēd′ĭd] *(adj.)* (١) محرَّر من الأعشاب الضّارّة (٢) كثير الأعشاب الضّارّة.

weed·er [wēd′ər] *(n.)* فا weed. وبخاصة: أداة لإزالة الأعشاب الضّارّة.

weeder

weed·i·cide [-′ə sīd] *(n.)* مبيدة العُشب: مادّة مُتلِفة للأعشاب الضّارّة.

weed·less [wēd′-] *(adj.)* بلا أعشاب ضارّة؛ خِلْوٌ من الأعشاب الضّارّة.

weed·y [wēd′ĭ] *(adj.)* (١) كثير الأعشاب الضّارّة أو مؤلَّف منها (٢) متعلِّق بالأعشاب الضّارّة أو شبيهٌ بها [وبخاصة من حيث سرعة الانتشار] (٣) شديد النُّحول أو الهُزال <a ~ young man>.

week [wēk] *(n.)* (١) أسبوع (٢) «أ» أسبوع قبل يوم معيَّن <It was Sunday a ~ when they came.>. «ب» أسبوع بعد يوم معيَّن <The game will be played on Monday ~.>.

week·day [wēk′dā′] *(n.)* يوم الأسبوع: أيُّ يوم من أيّام الأسبوع ما عدا الأحد، وأحيانًا ما عدا السَّبت والأحد.

week·days [wēk′dāz′] *(adv.)* كلَّ يوم من أيّام الأسبوع.

week·end [wēk′-] *(n.; vi.; adj.)* (١) نهاية الأسبوع § (٢) يقضي نهايةَ الأسبوع § (٣) مخصَّص لنهاية الأسبوع <a ~ cottage>.

— **week·end·er** *(n.)*

week·end·er [wēk′ĕn′dər] *(n.)* (١) المستريح آخرَ الأسبوع، أو الزائر آخرَ الأسبوع (٢) حقيبة نهاية الأسبوع: حقيبة صغيرة لحمل الثّياب وأدوات الزّينة لعطلة نهاية الأسبوع.

weekender 2.

week·ends [wēk′ĕndz′] *(adv.)* كلَّ نهاية أسبوع.

week·long [wēk′lông′] *(adj.)* دائمٌ أسبوعًا <a ~ fast>.

week·ly [wēk′lĭ] *(adv.; adj.; n.)* (١) أسبوعيًّا؛ كلَّ أسبوع § (٢) أسبوعيّ <~ rate> § (٣) الأسبوعيّة: صحيفة أو مجلّة أسبوعيّة.

week·nights [wēk′nīts′] *(adv.)* كلَّ ليلة من ليالي الأسبوع.

ween [wēn] *(vt.)* يعتقد؛ يتصوّر؛ يتخيّل؛ يظنّ؛ يَحْسَب (ا. ق).

wee·nie [wē′nĭ′] *(n.)* (١) نقانق فرانكفورت (٢) آلة الرَّجُل (ع) (٣) nerd.

wee·ny [wē′nĭ] *also* **ween·sy** [-′sĭ] *(adj.)* شديد الصِّغَر؛ بالغ الصِّغَر.

weep [wēp] *(vt.; i.; n.)* (١) يبكي أو يندب [فقيدًا إلخ] (٢) يذرف (٣) يُطلِق [عُصارةً أو سائلًا] بطريقة ارتشاحيّة x (٤) يبكي (٥) يَنِزّ (٦) يَقْطُر (٧) ينحني؛ يتدلّى § (٨) *pl.* عد: نوبة بكاء (٩) ارتشاح (١٠) lapwing.

weep·er [wē′-] *(n.)* (١) الباكي؛ النادب إلخ (٢) النّدّاب المُستأجَر [في مأتم] (٣) «أ» عِصابة [أو شارة] الحِداد. «ب» *pl.* عد: حِجاب الأرملة الأسود (٤) capuchin 3 (٥) المُبْكي: عَمَلٌ فنّيٌّ عاطفيّ جدًّا.

weep·ing [wē′-] *(adj.)* (١) باكٍ (٢) مُمْطِر (٣) متهدّل الأغصان.

weeping willow *(n.)* الغَرَب؛ الصَّفْصاف المُستحيي أو المُتهدِّل.

weep·y [wē′pĭ] *(adj.)* بكّاء؛ كثير البُكاء.

wee·ver [wē′vər] *(n.)* الطَّرْخِيْن: سمك بحريّ صغير.

wee·vil [wē′vəl] *(n.)* السُّوسة: سُوسة الفاكهة أو الحنطة أو اللَّوْز.

weevil

wee·viled *or* **wee·villed** [wē′vəld] *(adj.)* = weevily.

wee·vily *or* **wee·vil·ly** [wē′və lĭ] *(adj.)* مُسَوَّس؛ كثير السُّوْس.

weft [wĕft] *(n.)* (١) اللُّحْمَة: ما نُسِج عَرْضًا من خيوط الثّوب [وهو خِلاف السَّداة] (٢) «أ» نسيج؛ قماش. «ب» ثوب إلخ.

wei·ge·la [wī gē′lə; -jē′-] *(n.)* الوَجِيلة: شُجَيرة نفضيّة جميلة الزَّهر.

weigh[1] [wā] *(vt.; i.)* (١) «أ» يَزِن [شيئًا]. «ب» يَرْجح: يفوقه وزنًا أو قيمة. «ج» counterbalance (٢) يقلِّب الرأيَ؛ يفكّر مليًّا (٣) يرفع المرساة [استعدادًا للإبحار] x (٤) يزِن <It ~s thirty tons.> (٥) يكون ذا أهمية أو شأن <Wealth ~s little in this case.> (٦) يُرهِق؛ يُثْقِل؛ يكون ثقيل الوطأة على <Such responsibility ~ed upon her.> (٧) يَزِن الأمورَ أو يمحّصها <He ~s well before making a move.>.

to ~ down (١) يُثْقِل؛ يُرْهِق (٢) يوقع الكآبة في النفس.

to ~ in (١) «أ» يُوزَن [المرءُ أو أمتعتُه] قُبيل إقلاع الطائرة. «ب» يُوزَن [المصارع أو الملاكمُ] يومَ المباراة. «ج» يُوزَن [الفارسُ] بعد السباق (٢) يتدخّل أو يتوسط [لحلّ نزاع] (٣) يزن [المرءَ أو المصارعَ أو الفارسَ] قُبيل إقلاع الطائرة أو يوم المباراة أو بعد السباق.

to ~ out (١) يزن مقادير الدقيق والسكّر والزّبدة إلخ عند إعداد قرص الحلوى إلخ (٢) يُوزَن [الفارسُ] قبل بَدْء السباق (٣) يزن [الفارسَ] قبل بدء السباق.

weigh[2] *(n.)* = way.

weigh·a·ble [wā′ə bəl] *(adj.)* يُوزَن: قابلٌ للوَزْن.

weigh·bridge [wā′brĭj] *(n.)* قَبّان المرور؛ القَبّان الأرضيّ: قَبّان ذو مِنَصّة تمرّ عليها الأشياء المُراد وزنُها [كالشاحنات أو الأغنام إلخ].

weight [wāt] *(n.; vt.)* (١) «أ» ثِقْل. «ب» وَزْن (٢) «أ» كرة حديديّة (رب). «ب» حِمْل. «ج» وطأة (٣) ثِقَل (٤) «أ» أهمّيّة؛ شأن <a debate of considerable ~>. «ب» نفوذ. «ج» سلطان؛ سيطرة (٥) الوزن الذَّرّيّ (ك) (٦) الثِّقَل النِّسبيّ؛ الكتلة (فز) (٧) السَّماكة: درجة سماكة الحروف الطِّباعية § (٨) يُثقِّل (٩) يُرْهِق (١٠) «أ» يَزِن. «ب» يَرُوز (١١) يعيِّن وزنًا («ر» و«إحص»).

to put on ~, يَسْمن؛ يصبح بدينًا.

worth one's ~ in gold يساوي وزنه ذهبًا: ثمينٌ جدًّا.

weight·ed [wā′tĭd] *(adj.)* معيَّنُ الوزن أو القيمة <a ~ index>.

weight·less [wāt′-] *(adj.)* (١) عديم الوزن (٢) عديم الأهمّيّة.

weight lifter *(n.)* رافع الأثقال (رب).

weight lifting *(n.)* رفع الأثقال (رب).

weight·y [wā′tĭ] *(adj.)* (١) «أ» خطير؛ عظيم الشّأن أو الأهمّيّة <a ~ affair>. «ب» ذو نفوذ <a ~ merchant> (٢) «أ» ثقيل. «ب» بدين (٣) وجيه <~ reasons *or* arguments> (٤) جِدّيّ؛ رزين <~ music>.

wei·ma·ra·ner [vī′mə rän′ər] *(n.)* الوايمريّ: كلب صيد ألمانيّ.

weir [wēr] *(n.)* (١) سياج قضبان [يُقام في مجرًى مائيّ لصيد السَّمك] (٢) سدّ [لرفع مستوى الماء أو تحويل مجراه].

weird [wērd] *(n.; adj.)* (١) حَظّ؛ قَدَر. وبخاصّة: حظٌّ عاثر؛ قَدَر مشؤوم (٢) *cap.* إلاهات القضاء والقَدَر الثّلاث (مث) (٣) المتكهّن؛ العرّاف؛ كاشف البخت § (٤) سِحريّ (٥) عجيب؛ غريب؛ غير اعتياديّ.

weird·o [wēr′dō] *(n.)* (١) شخص غريب الأطوار (٢) شخص مخبول وخَطِر.

Weird Sisters *(n. pl.)* إلاهات القَدَر الثلاث (مث).

weka [wā′kä] *(n.)* الوَيْكَة: طير نيوزيلنديّ مائيّ.

weka

welch [wĕlch; wĕlsh] *(vi.)* = welsh.

Welch [wĕlch; wĕlsh] *(n.; adj.)* = Welsh.

welcome *(vt.; interj.; adj.; n.)* (١) يرحِّب بـ؛ يحتفي بـ؛ يَستقبل بِبِشْر § (٢) أهلًا وسهلًا § (٣) مرحَّب به؛ مُحتفًى به (٤) سارّ؛ مُتَقَبَّل بسرور § (٥) ترحيب (٦) استقبال [عند الوصول].

welcome wagon *(n.)* عَرَبة التَّرحيب: عربة تَحْمِل هدايا [كنماذج من سِلَع التُّجّار المحليين] إلى وافد جديد إلى منطقة ما.

weld[1] [wĕld] *(vt.; i.; n.)* (١) يَلْحَم؛ يُلْحِم [الأجزاء المعدنيّة] (٢) يوائم: يوحِّد على نحوٍ حميم x (٣) يلتحم § (٤) وُصْلة ملحومة (٥) «أ» لَحْم؛ إلحام؛ لِحام. «ب» التحام.

weld[2] *(n.)* (١) البَلْيَحاء: نبتة يُتَّخَذ منها صِبغٌ أصفر (٢) صِبغ البَلْيَحاء.

weld·er [wĕl′-] *(n.)* (١) اللّحّام: عامل اللِّحام (٢) اللّحّامة: ماكينة لِحام.

weld·ing [wĕld′ĭng] *(n.)* لَحْم؛ إلحام؛ لِحام؛ تلحيم.

weld·ment [wĕld′mənt] *(n.)* (١) لَحْم؛ إلْحام؛ لِحام؛ تلحيم (٢) المُلْحَمَة: وحدة مؤلَّفة من عِدَّة قطع ملحومة.

wel·dor [wĕl′dər] *(n.)* اللّحّام: عامل اللِّحام.

wel·fare [wĕl′fâr′] *(n.; adj.)* (١) خَيْر؛ صالح؛ سعادة؛ رفاهة (٢) الإنعاش: الخدمة الاجتماعيّة المنظَّمة لتحسين أحوال فئة أو جماعة <was engaged in child ~> § (٣) خِدْمِياجتماعي: متعلّق بالخدمة الاجتماعيّة <~ legislation>.

welfare state *(n.)* دولة الرَّفاهة: «أ» نظام اجتماعيّ تكون الدَّوْلة، بموجبه، مسؤولةً عن رفاهة مواطنيها. «ب» دولة تُطبِّق هذا النِّظام.

welfare work *(n.)* الإنعاش (را. welfare *2*).

wel·kin [wĕl′kĭn] *(n.)* (١) السَّماء (٢) الجوّ؛ الفضاء.

well[1] [wĕl] *(n.; vi.; t.)* (١) ينبوع (٢) بئر (٣) حُفْرة عموديّة عميقة. وبخاصّة: «بئر» المصعد أو السُّلّم في مبنًى (٤) وعاء لسائل <an ink*well*> (٥) حُجَيْرة حول مضخّات السَّفينة (٦) مقصورة المحامين [أمام كرسي القاضي في محكمة] (٧) *pl.*: الحَمّة: ينبوع المياه المعدنية (را. spa) (٨) مَعين؛ مَنْجَم <a ~ of information> § (٩) يتفجَّر؛ ينبجس؛ يَنْبَع x (١٠) يدفُق [الينبوعُ] مياهَهُ المتفجِّرة.

well[2] *(adv.; interj.; adj.; n.)* (١) جيِّدًا (٢) خَيْرًا (٣) كثيرًا؛ إلى حدٍّ بعيد <~ ahead> (٤) تمامًا؛ كُلِّيَّةً <She is ~ out of sight.> (٥) بِصِدْق <as the writer ~ says> (٦) بحقّ؛ بِعَدْل؛ على نحوٍ مبرَّر أو مُسْتَصْوَب <You can't ~ refuse to help her.> (٧) بيُسر؛ بسهولة <nor were the refugees such as a country can ~ spare> (٨) حقًّا؛ في الواقع (٩) برفاهيَة (١٠) برباطة جأش؛ بصدر رحب <took the disappointment ~> (١١) بكثير <a population of ~ over a million> (١٢) بمهارة <sings ~> (١٣) على نحوٍ حميم <I know her ~.> § (١٤) عجبًا! (١٥) حسنًا! § (١٦) على مودّة أو علاقة حسنة <to be ~ with the German government> (١٧) راضٍ [عن نفسه] (١٨) حَسَن؛ سارّ؛ مُرْضٍ؛ جَيِّد <The affair ended ~.> (١٩) «أ» غنيّ؛ مُوسِر. «ب» في حالة حَسَنة أو مُرضية (٢٠) مُسْتَصْوَب؛ مستحسَن؛ مرغوب فيه <It is not ~ to anger her.> (٢١) معافًى: متمتّع بصِحّة جيِّدة <She looks ~.> (٢٢) «أ» مُنْدَمِل <His wound is nearly ~.>. «ب» مَبْروءٌ منه؛ مَشْفِيّ منه <The malaria is now near quite ~.> § (٢٣) الأصِحّاء <the ~>.

Let ~ alone. لا تغيِّر ما هو حَسَن أو مقبول.

we'll [wēl] = we will, we shall.

well–ad·just·ed [wĕl′ə jŭs′tĭd] *(adj.)* (١) حَسَن التكيُّف <a ~ new employee> (٢) well–balanced *2*.

well–ad·vised [wĕl′ăd vīzd′] *(adj.)* (١) حكيم (٢) مدروس؛ مُرَوًّأ فيه.

well–ap·point·ed [wĕl′ə poin′-] *(adj.)* حَسَن التّجهيز؛ كامل الأثاث.

wel·la·way [wĕl′ə wā′] *(interj.)* واأسفاه! (ا. ق).

well–ba·lanced [wĕl′băl′ənst] *(adj.)* (١) متوازن؛ حسن التوازُن <a ~ diet> (٢) سليم عقليًّا؛ متوازن عاطفيًّا ونفسيًّا.

well–be·haved [wĕl′bĭ hāvd′] *(adj.)* حَسَن السُّلُوك.

well–be·ing [wĕl′bē′ĭng] *(n.)* خير؛ صالح؛ رفاهة؛ سعادة.

well–be·loved [-lŭvd′] *(adj.)* (١) حبيب؛ محبوب (٢) جزيل الاحترام.

well·born [wĕl′bôrn′] *(adj.)* حَسِيب: كريم المحتِد أو الأصل.

well–bred [-′brĕd′] *(adj.)* (١) مهذَّب (٢) أصيل <a ~ horse>.

well–cho·sen *(adj.)* مُختار بعناية؛ منتقًى جيّدًا <~ words>.

well–con·di·tioned [-dĭsh′ənd] *(adj.)* (١) حَسَنُ الخُلق أو الأخلاق أو السُّلُوك (٢) مُعافًى؛ متمتّع بِصِحَّة حسنة.

well–con·nec·ted *(adj.)* قويّ الارتباط؛ متشعِّب العلاقات.

well–de·fined *(adj.)* (١) محدَّد المعالم (٢) بَيِّن؛ موضَّح جيّدًا.

well–dis·posed [-′dĭ spōzd′] *(adj.)* عاطفٌ؛ مستعِدٌ للمساعدة.

well–do·er [wĕl′do͞o′ər] *(n.)* المُحسِن؛ الحَسَنُ الفِعال.

well–done [wĕl′dŭn′] *(adj.)* (١) مُنْجَز ببراعة (٢) مَطْهُوّ جيِّدًا.

well–earned [-′ûrnd′] *(adj.)* مُسْتَحَقّ؛ مُسْتَأهَل <a ~ promotion>.

well–es·tab·lished *(adj.)* (١) موطَّد؛ ثابت (٢) راسخ؛ مستقرّ.

well–fa·vored *or* **well–fa·voured** *(adj.)* جميل؛ وسيم.

well–fed [wĕl′fĕd′] *(adj.)* (١) حَسَن التغذية (٢) سمين؛ بدين.

well–fixed [wĕl′fĭkst′] *(adj.)* غنيّ؛ ثريّ؛ ذو سَعة.

well–found [wĕl′found′] *(adj.)* كامل العتاد أو التَّجهيز.

well–found·ed [wĕl′foun′dĭd] *(adj.)* (١) راسخ الأساس <a ~ castle> (٢) ذو أساس من الصِّحّة؛ مبنيّ على معلومات موثوقة <a ~ charge> (٣) له ما يبرِّره <~ fears>.

well–groomed [-′gro͞omd′] *(adj.)* (١) أنيق (٢) مشذَّب (٣) مُهَنْدَم.

well–ground·ed [-′groun′dĭd] *(adj.)* = well–founded.

well–han·dled [wĕl′hăn′-] *(adj.)* (١) معالَج أو مُدار أو مُستَخدَم ببراعة (٢) مَسَّتْهُ الأيدي، أو تعاقبت عليه كثيرًا [كسلعة في متجر].

well·head [wĕl′hĕd′] *(n.)* (١) مَنْبع [نهر إلخ] (٢) المَعِين؛ المصدر الرئيسيّ (٣) بِناء فوق بئر.

well–heeled [wĕl′hēld′] *(adj.)* غنيّ؛ ثريّ؛ ذو سَعة.

well–in·formed [wĕl′-] *(adj.)* (١) حَسَنُ الاطِّلاع (٢) واسع المعرفة.

Wel·ling·ton [wĕl′ĭng tən] *(n.)* الوِلِينْغتونيّة: جزمة [أو حذاء طويل الساق] يتخطّى أعلاها الرُّكبة.

well–knit [wĕl′nĭt′] *(adj.)* (١) مُحْكَم؛ متماسك (٢) قويّ البنية.

well–known [wĕl′nōn′] *(adj.)* (١) معروف (٢) مشهور.

well–man·nered [wĕl′măn′-] *(adj.)* مهذَّب؛ لطيف؛ دَمِث.

ă at; **ā** date; **â** care; **ä** car; **ĕ** egg; **ē** me; **ĭ** in; **ī** bite; **ŏ** lot; **ō** bone; **ô** orphan; **oi** boil; **o͝o** good; **o͞o** boot; **ou** out; **ŭ** under; **û** urgent; ə = *a* in alone, *e* in system, *i* in easily, *o* in gallop, *u* in circus.

well–mean·ing *(adj.)* (١) حَسَنُ النِّيّة (٢) صادرٌ عن حُسْن نيّة.

well·ness [wĕl′-] *(n.)* العافية: كونُ المرء متمتّعًا بصِحّة جيّدة.

well–nigh [wĕl′nī′] *(adv.)* تقريبًا <~ perfect>.

well–off [wĕl′ôf′] *(adj.)* (١) حَسَنُ الأحوال؛ في وضع مُرْضٍ أو ملائم أو حَسَن (٢) غنيّ: ثريّ؛ ذو سَعة.

well–or·dered [wĕl′ôr′-] *(adj.)* حَسَن التنظيم أو الترتيب.

well–read [wĕl′rĕd′] *(adj.)* واسع الاطّلاع [من طريق المطالعة].

well–round·ed [wĕl′roun′-] *(adj.)* (١) حَسَنُ الصَّقْل؛ متكامل الثقافة <a ~ graduate> (٢) شامل <a ~ curriculum>.

well–set [wĕl′sĕt′] *(adj.)* = well–knit.

well–spo·ken [wĕl′-] *(adj.)* (١) فصيح؛ حَسَن العبارة؛ عَذْب الحديث [مع كياسة ولطف] (٢) بارع: مَقُولٌ ببراعة أو وَفقًا لمقتضى الحال.

well·spring [wĕl′sprĭng′] *(n.)* (١) مَعِين لا يَنضب (٢) يَنبوع.

well–tak·en [wĕl′-] *(adj.)* مسوَّغ؛ يستحقّ الأخذَ به <a ~ advice>.

well–thought–of [wĕl′thôt′ŏv′] *(adj.)* حَسَن السُّمعة أو الصِّيت.

well–tim·bered [wĕl′tĭm′-] *(adj.)* (١) «أ» مدعَّم بالخشب جيّدًا <~ mines>. «ب» قويّ البنية <a ~ mule> (٢) وافر الشَّجر.

well–timed [wĕl′tīmd′] *(adj.)* (١) حَسَن التَّوقيت؛ حادثٌ أو منجَزٌ في الوقت المناسب <~ social reforms> (٢) دقيق التوقيت: متميِّز بالدِّقّة البالغة في قياس الوقت <a ~ watch>.

well–to–do [-′tə dōō′] *(adj.; n.)* (١) غنيّ؛ ثريّ؛ مُوسِر § (٢) الأغنياء.

well–turned [wĕl′tûrnd′] *(adj.)* (١) جميل؛ حَسَن الصُّورة؛ حَسَن التَّقويم (٢) مُحْكَم <a ~ sentence>.

well–versed [-′vĕrst′] *(adj.)* متمكِّن؛ متضلِّع [من أمر ما].

well–wish·er [wĕl′wĭsh′ər] *(n.)* مُتَمَنّي الخير [لغيره].

well–wish·ing [wĕl′wĭsh′ĭng] *(n.; adj.)* (١) تمنّي الخير [للآخرين] § (٢) متمنٍّ الخيرَ [للآخرين].

well–worn [wĕl′wōrn′] *(adj.)* (١) «أ» بالٍ؛ مُتهرِّئ. «ب» مُبْتَذَل (٢) مُسْتَحَقّ؛ مكسوب عن جدارة <~ fame>.

Wels·bach [wĕlz′băk] *(n.)* مِصباح أو موقد وَلْزباك.

welsh [wĕlsh] *(vi.)* (١) يَخْدَع [بالتَّهرُّب من دفع رِهان أو أجر] (٢) يُخْلِف وعدًا.

Welsh [wĕlsh] *(n.; adj.)* (١) الويلزيّون: سُكّان ويلز ببريطانيا (٢) الويلزيّة: لغة إقليم ويلز (٣) سُلالة من الماشية أو الخنازير الويلزيّة § (٤) ويلزيّ.

Welsh cob *(n.)* الجواد الويلزيّ.

Welsh cor·gi [kôr′gĭ] *(n.)* الكلب الويلزيّ.

Welsh·man [wĕlsh′mən] *(n.)* الويلزيّ: أحد أبناء ويلز.

Welsh rabbit *(n.)* الأرنب الويلزيّة: جُبن مُذاب فوق خبز محمَّص.

Welsh rare·bit [râr′bĭt] *(n.)* = Welsh rabbit.

Welsh springer spaniel *(n.)* الوثّاب الويلزيّ: ضربٌ من كلاب الصَّيد الويلزيّة ذو فرو حريريّ أبيض وأحمر.

Welsh terrier *(n.)* التَّرْيَر الويلزيّ: ضرب من كلاب الصَّيد.

Welsh·wom·an [wĕlsh′-] *(n.)* الويلزيّة: إحدى نساء ويلز.

welt [wĕlt] *(n.; vt.)* (١) النِّجاش: سَيْر يُجْعَل بين نَعْل الحذاء وفَرْعَتِه ثمّ يُخْرَزُ بينهما (٢) حاشية أو سَيْر [للتّقوية أو التَّزيين] (٣) «أ» الحَبَار: أثر الضَّرب في جسم المضروب. «ب» ضربة أو لكمة شديدة § (٤) يزوِّد بنجاش أو حاشية أو سَيْر (٥) «أ» يحبِّر: يُحْدِث حَبارًا على جسم فلان. «ب» يضرب ضربًا مبرِّحًا.

Welt·an·schau·ung [vĕlt′än′shou′ōōng] *(n.)* pl. **-s** *or* **-en** النَّظرة العالميّة: فلسفة فرديّة أو عِرْقيّة في تفسير التّاريخ أو تفسير الغاية من العالم ككُلّ.

wel·ter [wĕl′tər] *(vi.; n.)* (١) يتقلّب؛ يتمرَّغ؛ يتخبَّط (٢) يَمُوج؛ يطمو؛ يتلاطم (٣) ينغمس في (٤) يترنَّح (٥) يصطخب: يكون في حالة اضطراب أو اهتياج عظيم § (٦) فوضى؛ اضطراب (٧) كتلة مختلِطة؛ خليط مشوَّش (٨) welterweight.

wel·ter·weight [-wāt′] *(n.)* (١) الوَلْتَر: ثِقلٌ مِقدارُه ٢٨ باوندًا يُفرَض أحيانًا على فرس السِّباق علاوةً على الثِّقل الخاصّ بالسِّنّ (٢) ملاكم الوَلْتَر: ملاكم أو مصارع يتراوح وزنُه ما بين ١٣٦ و١٤٧ باوندًا.

Welt·schmerz [vĕlt′shmĕrts′] *(n.)* (١) الأسَى العالميّ: أسًى ناشئ عن المقارنة بين واقع العالم وصورته المثاليّة (٢) حزن أو تشاؤم عاطفيّ.

wen [wĕn] *(n.)* الكيس الدُّهْنيّ (مض).

wench [wĕnch] *(n.; vi.)* (١) «أ» فتاة. «ب» خادمة (٢) بغِيّ؛ مُومِس § (٣) «أ» يعاشر البغايا. «ب» يزني.

wend [wĕnd] *(vi.; t.)* (١) يَمضي؛ ينطلق؛ يتَّخِذ سبيلَه؛ يضرب في الأرض x (٢) يُتابع طريقَهُ.

Wend [wĕnd] *(n.)* الوَنْديّ: واحد الوَنْديّين وهم شعب سلافيّ مُقيم في شرق ألمانيا.

Wend·ish [wĕn′dĭsh] *(adj.; n.)* (١) وَنْديّ: متعلّق بالوَنديّين أو بلغتهم § (٢) الوَنديّة: لغة الوَنديّين السّلافيّة.

went [wĕnt] *past of* go.

wen·tle·trap [wĕn′təl trăp′] *(n.)* (١) الدَّرَج اللَّوْلَبيّ: حِلزون بحريّ أبيض الصَّدَفة لولبيُّها (٢) صَدَفة الدَّرج اللَّولَبيّ.

wept [wĕpt] *past and past part. of* weep.

were [wûr] *past 2d sing., past pl. or past subjunctive of* be كنتَ؛ كُنّا؛ كانوا؛ كُنَّ؛ كانت؛ كُنتم إلخ.

we're [wēr] = we are.

weren't [wûrnt; wûr′ənt] = were not.

were·wolf *also* **wer·wolf** [wâr′wōōlf′; wēr′-] *(n.)* = lycanthrope *2*.

wer·gild [wûr′gĭld] *or* **wer·geld** [-′gĕld] *(n.)* الدِّية: دِيَةُ القتل [في القانون الأنجلوسكسونيّ والقانون الجرمانيّ].

wer·ner·ite [-′nə rīt′] *(n.)* الوَرْنَريت؛ الإسكابوليت (را. scapolite).

wert [wûrt] *(archaic past 2d sing. of* be) كُنتَ؛ كُنتِ (ا. ق).

wes·kit [wĕs′kĭt] *(n.)* = waistcoat.

Wes·ley·an [wĕs′-] *(adj.; n.)* (١) ويزليّ: منسوب إلى تشارلز ويزلي (١٧٠٧-١٧٨٨) أو جون ويزلي (١٧٠٣-١٧٩١) قائِدَي الحركة الميثوديّة (را. *methodist 2*) (٢) ميثوديّ § (٣) الويزليانيّ؛ الميثوديّ: أحد أتباع الويزليانيّة أو الميثوديّة. **— Wes·ley·an·ism** *(n.)*

west [wĕst] *(adv.; adj.; n.)* (١) «أ» غَرْبًا. «ب» غربيّ [كذا] § (٢) غربيّ § (٣) الغرب (٤) الغرب الأميركي (٥) الريح الغربية.

west·bound [-′bound′] *(adj.)* مغرِّب: متّجه نحو الغرب.

west·er [wĕs′tər] *(vi.; n.)* (١) يغرِّب: ينطلق أو ينعطف غربًا § (٢) الرِّيح الغربيّة: الرِّيح الهابّة من الغرب. وبخاصة: العاصفة الغربيّة؛ العاصفة الهابّة من الغرب.

west·er·ly [-lĭ] *(adj.; adv.; n.)* (١) غَرْبيّ <a ~ wind> § (٢) غَرْبًا؛ نحو الغرب <We sailed ~.> (٣) من الغرب § (٤) الرِّيح الغربيّة.

west·ern [wĕs′tərn] *(adj.; n.)* (١) غربيّ § (٢) الغربيّ: المقيم في منطقة أو بلاد غربيّة (٣) *cap.* ا.ك: «أ» الغربيّة: رواية تصوِّر الحياة في الأقاليم الغربية من الولايات المتَّحدة الأميركيّة خلال النِّصف الثّاني من القرن التّاسع عشر. «ب» الغربيّ: فيلم سينمائيّ أو تلفزيونيّ يصوِّر هذه الحياة.

West·ern·er [wĕs′-] *(n.)* (١) الغربيّ: أحد أبناء الغرب. وبخاصّة: أحد سكّان الجزء الغربيّ من الولايات المتَّحدة الأميركيّة (٢) المُسْتغرِب: المنادي بضرورة الأخذ بالثّقافة الأوروبيّة الغربيّة، وبخاصّة في الروسيا خلال القرن التاسع عشر.

Western Hemisphere *(n.)* نِصف الكرة الغربيّ.

west·ern·ize [wĕs′-] *(vt.; i.)* (١) يغرِّب: يجعله غربيَّ السِّمة أو الثّقافة x (٢) يتغرَّب: يُصبح غربيَّ السِّمة أو الثّقافة. **— west·ern·i·za·tion** *(n.)*

west·ern·most [wĕs′tərn mōst′] *(adj.)* واقعٌ في أقْصَى الغرب.

Western Wall *(n.)* = Wailing Wall *1*.

West Germanic *(n.)* اللُّغات الجرمانيّة الغربيّة: فرع من اللُّغات الجرمانيّة يشمل الإنكليزيّة والهولنديّة والألمانيّة.

west·ward [-′wərd] *(adj.; adv.; n.)* (١) غربيّ § (٢) غربًا؛ نحو الغرب <turned ~> § (٣) الغرب <sailing to the ~>.

west·ward·ly [-lĭ] *(adj.; adv.)* (١) غربيّ § (٢) نحو الغرب (٣) من الغرب.

west·wards [-′wərdz] *(adv.)* غربًا؛ نحو الغرب <turned ~>.

wet [wĕt] *(adj.; n.; vt.; i.)* (١) بَليل؛ مُبتَلّ؛ مُخْضَلّ؛ مُخَضَّل (٢) مَطير؛ مثل: «أ» كثير الأمطار <the ~ season>. «ب» مبشِّر بالمطر <the ~ sky>. «ج» مُثْقَل بالرطوبة أو البخار <~ winds>. «د» مصحوب بالمطر (٣) رَطْب؛ نديّ؛ غير جافّ <~ ink *or* paint> <a ~ welcome> (٤) طازج <~ fish> (٥) «أ» مخمور: مكرَّس لمعاقرة الخمر <a ~ night>. «ب» مدمنُ الخمرَ. «ج» ثَمِل؛ سكران. «د» مؤلَّف من خمور <~ cargo>. «هـ» مُتَّجِرٌ بالخمور <~ canteens>. «و» مُبيحٌ صنعَ الخمور أو بيعها <~ states>. «ز» مؤيِّد لإباحة صنع الخمور أو بيعها <~ candidates> (٦) محفوظ في سائل (٧) سائليّ؛ كحوليّ: «أ» منجَزٌ بواسطة الماء أو أيّ سائل غيره <~ extraction of copper>. «ب» مستخدِم للماء أو أيّ سائل آخر <a ~ process> (٨) مخطئ؛ بعيد عن الصواب <She is all ~.> § (٩) «أ» ماء. «ب» بَلَل؛ رطوبة؛ نداوة (١٠) مطر؛ جوّ ماطر <Salma stayed all night in the ~.> (١١) المُبيح: المؤيِّد لإباحة صنع الخمور وبيعها § (١٢) يبلِّل؛ يُخضِّل؛ يرطِّب؛ يُندّي (١٣) يبول في كذا أو عليه x (١٤) يَبْتَلّ؛ يخضلّ؛ يتندّى (١٥) يَبُول.

to ~ down يرطِّب [بالنَّضح أو الرَّشّ بالماء].

to ~ one's whistle يأخذ جرعة [من الخمر بخاصّة].

wet·back *(n.)* المبلَّل الظَّهر: مكسيكيّ يدخل الولايات المتَّحدة خلسة.

wet blanket *(n.)* المثبِّط للهمّة؛ المُفسِد للبهجة.

wet–blan·ket [wĕt′blăng′kĭt] *(vt.)* يثبِّط الهمّة؛ يُفسِد البهجة.

wet cell *(n.)* الخليّة المبلَّلة: بطارية ذات ألكتروليت سائل (كب).

wet dock *(n.)* الحوض المائيّ: حوض السُّفن المائيّ.

wet fly *(n.)* الطُّعْم: دودة أو ذبابة صنعيّة تُستخدم في صيد السمك.

wet goods *(n. pl.)* السِّلَع السّائلة [كالدِّهانات والزُّيوت والخُمور].

weth·er [wĕth′ər] *(n.)* (١) كبش مَخْصيّ (٢) شيء بَليلٌ أو رطبٌ أو نَدِيّ (٣) تَيْس مَخْصِيّ.

wet·ness [wĕt′-] *(n.)* (١) بَلَل؛ رطوبة؛ نداوة (٢) طَقْسٌ مُمْطر.

wet nurse *(n.)* الظِّئْر: المُرْضِعة لولد غيرها.

wet–nurse [wĕt′nûrs′] *(vt.)* (١) تُظائر: تُرْضِع وَلَدَ غيرها (٢) يخُصّ [شيئًا أو أحدًا] بعناية بالغة.

wet steam *(n.)* البُخار الرَّطب أو المُبْتَلّ.

wet·ta·ble [wĕt′ə bəl] *(adj.)* قابل للتَّبليل أو الابتلال.

wet·ter [wĕt′ər] *(n.)* (١) فا wet (٢) wetting agent.

wet·ting agent *(n.)* العامِل المُبلِّل؛ المادّة المبلِّلة.

wet·tish [wĕt′ĭsh] *(adj.)* مبتلّ أو مُخضَلّ قليلًا: رَطْب.

wet·ware [-′wâr′] *(n.)* العقل البشريّ [بإزاء software في الكومبيوتر].

we've [wēv] = we have.

whack [(h)wăk] *(vt.; i.; n.)* (١) يَضرب بشدَّة (٢) يَقْطَع؛ يحتزّ (٣) يهزم؛ يتغلَّب على x (٤) يسدِّد ضربةً شديدة إلى § (٥) «أ» ضربة شديدة أو مدوِّية. «ب» دويّ هذه الضربة (٦) حصة؛ نصيب (٧) حالة <is in fine ~> (٨) فرصة أو محاولة لعمل شيء (٩) «أ» ضربةٌ أو عملٌ مفرد <She made several style changes with one ~.> «ب» دفعة <all at one ~>.

whacked–out [(h)wăkt′-] *(adj.)* (١) مُتْعَب؛ مُنهَك (٢) أحمق؛ مجنون (٣) مخدَّر.

ă at; ā date; â care; ä car; ĕ egg; ē me; ĭ in; ī bite; ŏ lot; ō bone; ô orphan; oi boil; o͝o good; o͞o boot; ou out; ŭ under; û urgent; ə = *a* in alone, *e* in system, *i* in easily, *o* in gallop, *u* in circus.

whack·ing [(h)wăk′ĭng] *(adj.; adv.)* (١) ضخم؛ كبير جدًّا § (٢) جدًّا؛ إلى حَدٍّ بعيد <a ~ big pearl>.

whack off *(vt.; i.)* يستمني (ع).

whack up *(vt.)* يُقسِّم؛ يُوَزِّع؛ يُحَصِّص.

whacky [(h)wăk′ĭ] *(adj.)* = wacky.

whale[1] [(h)wāl] *(n.; vi.)* (١) حوت (٢) شخص أو شيء ضخم أو ممتاز <a ~ of a novel> § (٣) يصيد الحيتان.

whale[1] *1.*

whale[2] *(vt.; i.)* (١) يجلد؛ يَسُوط (٢) يضرب بعنف (٣) يهزم هزيمةً ساحقةً **x** (٤) يهاجم بعنف.

whale·back [(h)wāl′băk′] *(n.)* مُحَوَّت الظَّهْر: شيء على شكل ظهر الحوت. وبخاصة: باخرة شحن سطحُها الأعلى محدَّب.

whale·boat [(h)wāl′bōt′] *(n.)* الحوتيّ: «أ» مركب لصيد الحيتان. «ب» مركب طويل ضيّق كثيرًا ما تحمله السُّفن الحربيّة والتِّجاريّة.

whaleboat *b.*

whale·bone [(h)wāl′bōn′] *(n.)* البَلِّين: عظم فك الحوت.

whalebone whale *(n.)* الحوت البَلِّينيّ: حوت ضخم يحلّ البَلِّينُ (را. المادة السابقة) عندَه محلَّ الأسنان.

whalebone whale

whal·er [(h)wā′lər] *(n.)* (١) الحوّات: صائد الحيتان (٢) الحوتيّ: مركب طويل ضيّق تحمله السُّفن الحربيّة والتِّجاريّة (٣) سفينة صيد الحيتان.

whal·ing [(h)wā′lĭng] *(n.)* الحِواتة: حِرفة صَيْد الحِيتان.

wham [(h)wăm] *(n.; vt.; i.)* (١) دويّ اصطدام أو انفجار (٢) ضربة أو لكمة عنيفة § (٣) يضرب بقوّة مُحْدِثًا دويًّا **x** (٤) يصطدم أو ينفجر بِدَوِيّ.

wham·my [(h)wăm′ĭ] *(n.)* (١) الجالب للنَّحس (٢) ضربة قاتلة.

whang [(h)wăng] *(n.; vt.; i.)* (١) «أ» سَيْر جلديّ. «ب» سَيْر السَّوْط. «ج» سَوْط (٢) ضربة مدوِّية (٣) صوت مُدَوٍّ (٤) قطعة كبيرة [من شيء ما] (بر) (٥) آلة الرَّجل (ع) § (٦) يضرب؛ يجلد (٧) يقذف أو يضرب بقوّة **x** (٨) يهاجم بعنف (٩) يُحْدِث دويًّا.

whan·gee [(h)wăng gē′] *(n.)* (١) الوَنْج: خيزران صينيّ (٢) الوَنجيّة: عصًا للمشي تُصْنَع من خشب هذا الخيزران.

whap [(h)wŏp] *(vt.; n.)* = whop.

wharf [(h)wôrf] *(n.; vt.; i.)* (١) رصيف؛ رصيف المرفأ [لتحميل السُّفن أو تفريغها] § (٢) يرصِّف: يضع على [أو يقود إلى] رصيف المرفأ (٣) يجهِّز برصيف تحميل **x** (٤) تُرْصِف: تَمضي السَّفينةُ إلى الرَّصيف.

wharf·age [(h)wôr′fĭj] *(n.)* (١) الإرصاف: استعمال رصيف المرفأ (٢) التَّرصيف: خَزْن السِّلَع في رصيف المرفأ (٣) الرَّصيفيّة: رسْمُ استخدام رصيف المرفأ (٤) أرصفة المرفأ.

wharf·in·ger [(h)wôr′fĭn jər] *(n.)* مدير [أو ناظر] الرَّصيف.

wharf·mas·ter [(h)wôrf′măs′tər] *(n.)* = wharfinger.

wharve [(h)wôrv] *(n.)* فَلْكَة المِغْزَل.

wharves [(h)wôrvz] *(n.) pl. of* wharf *or* wharve.

what [(h)wŏt; (h)wŭt] *(pron.; adv.; adj.; conj.; interj.)* (١) ما <~ is her name?> (٢) ماذا <~ did she say?> (٣) كم <~ does supper cost?> (٤) ما؛ الذي <This is ~ she says.> (٥) شيء ما <I'll tell you ~.> § (٦) جزئيًّا <~ with the wind and ~ with the rain, our picnic was spoilt.> § (٧) أيّ؟ <Of ~ person do you speak?> (٨) يا له من! يا لها من! <~ folly!; ~ a suggestion!> (٩) أيّما <made up ~ loss was incurred> (١٠) بقدر الممكن <will give you ~ help I can> § (١١) قَدْرَ ما <He helped me ~ he could.> § (١٢) ماذا!: هتاف يفيد معنَى التَّعجُّب والاستغراب.

and ~ not وهَلُمَّ جرًّا؛ وما شاكل.

but ~, إلّا و... <There wasn't a day but ~ it rained.>.

to know *what's what*, يعرف الصّالح من الطّالح أو الغثّ من السَّمين.

~ does it matter? وماذا يهمّ؟

~ for (١) لماذا؛ لأيّ سببٍ أو غَرَض (٢) تعنيف؛ توبيخ؛ قِصاص؛ ضرب <gave them ~ for in violent German.>.

~ if? (١) وماذا يحدث إذا..؟ (٢) وماذا يهمّ إذا..؟

~ though? وماذا يهمّ؟

what·cha·ma·call·it [(h)wŏch′ə mə kôl′ĭt] *(n.)* = thingamajig.

what·ev·er[1] [-ĕv′ər] *(pron.; adj.)* (١) كلّ ما؛ أيّ شيء <Take ~ you like.> (٢) «أ» مهما <Don't change your plans, ~ happens.>. «ب» مهما يكن؛ أيًّا كان <~ the cause, this hatred grew deeper and deeper.> (٣) وغير ذلك؛ وما شاكل <They constantly walk in... arguing, complaining, or ~.> (٤) ماذا؟ <~ were you saying?> § (٥) أيّما <Put it in ~ place you like.> (٦) «أ» ألبتّة <no damage ~.>. «ب» على الإطلاق <the most charming girl ~>.

what·ev·er[2] *(adv.)* في أيّ حال؛ مهما تكن الحال.

what–if [(h)wŏt′ĭf′] *(n.)* سؤال افتراضيّ.

what·man [(h)wŏt′-] *(n.)* الهَوتْمَن: ورق [أو كرتون] رسم ممتاز.

what·not[1] [(h)wŏt′nŏt′] *(pron.)* أيّما شيء آخر <washing machines, radios, television sets, or ~>.

what·not[2] *(n.)* (١) مزيج؛ خليط <an army of human ~> (٢) الرُّفوفيّة: مجموعة رفوف خفيفة مكشوفة، بعضُها فوق بعض، تُوضع عليها الكتب أو التُّحَف.

whatnot[2] *2.*

what·sit [(h)wŏt′sət] *or* **what·sis** [-səs] *(n.)* = thingamajig.

what·so·ev·er [(h)wŏt′sō ĕv′ər] *(pron.; adj.)* = whatever.

whaup [(h)wôp; (h)wäp] *(n.)* = curlew.

wheal [(h)wēl] *(n.)* (١) welt *3a* (٢) نَفْطة؛ بَثْرة.

wheat [(h)wēt] *(n.)* (١) قمح؛ حِنطة (٢) لون أصفر فاتح.

wheat·ear [(h)wēt′ēr′] *(n.)* الأبلق؛ أبو بُلَيْق (طا).

wheatear

wheat·en [(h)wē′tən] *(adj.; n.)* قَمْحِيّ؛ حِنْطِيّ.

wheat germ *(n.)* جرثومة القمح؛ بزرة القمح.

wheat rust *(n.)* صدأ الحِنطة: «أ» مرض من أمراض القمح تسبّبه بعض الفُطور. «ب» فُطر طُفيليّ يُسبِّب هذا المرض.

Wheat·stone bridge [(h)wēt′stōn′] *(n.)* قَنْطَرة هُوِيتْستون (كب).

wheat·worm [(h)wēt′wûrm′] *(n.)* أُنَيْقِليس القمح؛ دودة القمح.

whee [(h)wē] *(interj.)* وِي: هُتاف معبِّر عن الابتهاج والمرح.

whee·dle [(h)wē′dəl] *(vt.; i.)* (١) يتملّق (٢) ينال أو يكسب بالتَّملُّق.

wheel [(h)wēl] *(n.; vi.; t.)* (١) عَجَلة؛ دولاب (٢) «أ» دولاب التَّعذيب [في القرون الوسطى بخاصّة]. «ب» درّاجة هوائيّة (٣) دولاب النّار: ضرب من الألعاب النّاريّة يدور وهو يحترق (٤) *pl.* العَجَلات: قوّة تؤمِّن الطّاقة أو الحركة أو التَّوَجُّه <the ~*s* of justice> (٥) *pl.*: آليّة ذات دواليب. وبخاصة: سيّارة (٦) دَوَران (٧) «أ» قوّة موجِّهة أو مُسَيْطِرة. «ب» شخص ذو شأن. «ج» زعيم سياسيّ (٨) قرار الأغنية (٩) السِّلسلة: عدد من المسارح أو الملاهي يديره شخص واحد أو تتعاقب عليه مجموعة واحدة من الممثِّلين إلخ § (١٠) «أ» يَدُور. «ب» ينعطف (١١) يندفع في درّاجة أو عربة أو نَحْوِهما (١٢) يطير في مجرًى مُنْحَنٍ أو دائريّ (١٣) يغيّر رأيه x (١٤) يدوِّر: يجعله يدور (١٥) «أ» ينقل بعربة إلخ. «ب» يسوق بسرعة فائقة <Taxicab drivers ~ their vehicles through the streets.> (١٦) يُنجِز على نحو دائريّ أو لولبيّ <where the beetle ~*s* his flight> (١٧) يجعله ينعطف [في اتّجاه مختلِف] (١٨) يزوِّد بدواليب.

wheel and axle *(n.)* المِلفاف؛ الدولاب والجُزْع (مك).

wheel animal *or* **wheel animalcule** *(n.)* = rotifer.

wheel·bar·row [(h)wēl′băr′ō] *(n.; vt.)* (١) عَجَلة اليد: عَرَبةُ يدٍ ذات دولاب واحد أو أكثر § (٢) ينقل بعجلة يد.

wheelbarrow *1.*

wheel·base [(h)wēl′bās′] *(n.)* قاعدة اللَّفّ: المسافة بالإنشات بين محورَي العَجَلة الأماميّة والخلفيّة في السيّارة.

wheel bug *(n.)* البَقّة الدولابيّة: بقّة على نَحْرها (را. prothorax) ناتئة مسنَّنة شبيهة بالدولاب (حش).

wheel bug

wheel·chair [(h)wēl′-] *(n.)* الكُرْسيّ المُدَوْلَب: كُرْسيّ المُقعَدِين.

wheelchair

wheeled [(h)wēld] *(adj.)* (١) مُدَوْلَب: ذو دواليب أو عَجَلات (٢) دواليبيّ؛ عَجَلاتيّ: متحرِّك أو عاملٌ بواسطة العجلات أو الدّواليب.

wheel·er [(h)wē′-] *(n.)* (١) فا wheel (٢) wheelhorse *a* (٣) ذات الدُّولاب: سفينة أو عربة مزوَّدة بدواليب أو عجلات <a four-*wheeler*>.

wheel·er–deal·er [(h)wē′lər dē′-] *(n.)* شخصٌ وصوليّ محنَّك.

wheel·horse [(h)wēl′hôrs′] *(n.)* حصان الدُّولاب: «أ» حصانُ العربة الأشدّ قربًا إلى العجلات الأماميّة. «ب» عضوٌ فعّال لا يعرف الكَلال [وبخاصّة في حزب سياسيّ].

wheel·house [(h)wēl′hous′] *(n.)* = pilothouse.

wheel·ing [(h)wē′lĭng] *(n.)* (١) مص wheel (٢) حالة الطَّريق.

wheel lock *(n.)* زَنْد البندقيّة (را. gunlock) الدُّولابيّ.

wheel·man [(h)wēl′-] *(n.)* (١) مدير الدَّفّة [في مركب أو سفينة] (٢) السائق: سائق السيّارة (٣) الدَّرّاج: راكب الدَّرّاجة الهوائيّة.

wheels·man [(h)wēlz′-] *(n.)* مدير الدَّفّة [في مركب أو سفينة].

wheel–thrown [-′thrōn′] *(adj.)* مُنْتَجٌ بدُولاب الخزّاف <~ pottery>.

wheel·work [(h)wēl′-] *(n.)* مجموعة الدَّواليب أو التُّرُوس (مك).

wheel·wright [-′rīt′] *(n.)* صانع العَجَلات أو العربات أو مصلحُها.

wheen [(h)wēn] *(adj.; n.)* (١) قليل § (٢) عدد أو مقدار كبير (بر).

wheeze [(h)wēz] *(vi.; n.)* (١) يَصْفِر: يتنفّس بجهد محدِثًا صوتًا كالصَّفير (٢) يئزّ <The bullets ~*d*.> § (٣) «أ» صفير [عند التَّنفُّس]. «ب» أزيز (٤) «أ» نكتة مسرحيّة مبتذَلة. «ب» قولٌ أو مَثَلٌ مبتذَل.

wheez·y [(h)wē′zĭ] *(adj.)* (١) «أ» صافر [عند التَّنَفُّس]. «ب» مصفور: مصاب بعُسْر التَّنفُّس مع صفير (٢) آزّ؛ ذو أزيز <a ~ old car>.

whelk [(h)wĕlk] *(n.)* (١) الوِلْك: حَلَزون بحريّ كبير (٢) بَثْرة؛ نَفْطة (٣) الحَبار: أثر الضرب في جسم المضروب.

whelk *1.*

whelm [(h)wĕlm] *(vt.; i.)* (١) «أ» يقلب رأسًا على عَقِب [ليغطِّيَ شيئًا]. «ب» يضع [بحيث يغطّي شيئًا] (٢) يَغْمُر (٣) يَسْحَق x (٤) يفيض <The river ~*ed*.>.

whelp [(h)wĕlp] *(n.; vt.; i.)* (١) «أ» صغير الحيوان: جَرْو؛ شِبْل إلخ. «ب» صبيّ؛ فتاة (٢) شخص حقير (٣) «أ» *pl.* عد: الطُّولانيّ: أحد الأضلاع الطُّولانيّة في الرَّحَويّة (را. capstan) وما إليها. «ب» الضِّرس: سِنّ العَجَلة المسنَّنة (مك) § (٤) تَلِد [الكلبةُ وغيرها].

when [(h)wĕn] *(adv.; conj.; pron.; n.)* (١) متى؟ <~ will they arrive?> (٢) وإذ ذاك؛ ومن ثَمّ <The tree will die of old age ~ the problem solves itself.> (٣) سابقًا، وبخاصّة في أيّام العُسْر <Her old friends brag fondly of having known her ~.> § (٤) عندما (٥) مع أنَّ؛ برغم أنّ؛ في حين <My brother gave up politics ~ he might have made a great career in it.> (٦) الوقت الذي؛ وقتُ كذا <Humor is ~ you laugh.> (٧) أيّ وقت؛ متى <Since ~ has he started smoking?> § (٨) زمان [حدوثِ الشَّيء أو صُنعِهِ] <the ~ and the where of an act>.

when·as [(h)wĕn ăz′] *(conj.) archaic* = when.

whence [(h)wĕns] *(adv.; conj.)* (١) من أين <~ came those guests?> § (٢) من حيث؛ الذي منه؛ التي منها <Let her return to that land ~ she came.> (٣) لذلك؛ من أجل ذلك...

whence·so·ev·er [-ĕv′ər] *(conj.)* من أيّ مكانٍ كان.

when·ev·er [-ĕv′ər] *(conj.; adv.)* (١) كلّما (٢) متى § (٣) متى؟

when·so·ev·er [(h)wĕn′sō ĕv′ər] *(conj.)* = whenever.

where [(h)wâr] *(adv.; conj.; n.)* (١) أين؟ إلى أين؟ § (٢) أين (٣) أينما؛ حيثما (٤) حَيْثُ § (٥) مكان؛ مكان حدوث <They discussed the ~ and the how of the accident.>.

where·a·bouts *also* **where·a·bout** [(h)wâr′-] *(adv.; conj.; n.)* (١) أين؛ قربَ أيّ مكان <~ do you live?> § (٢) أين <I know ~ he lives.> § (٣) مكان؛ مكان وجود .

where·as [(h)wâr ăz′] *(conj.; n.)* (١) حيث إن؛ لمّا كان (ق) (٢) في حين (٣) رغمَ أنّ <Some people hate fat meat, ~ others like it.> § (٤) مقدِّمةُ [وثيقةٍ قانونيّة] (٥) حَيْثِيّة [والجمع حيثيّات] <read the ~*es* in the will>.

where·at [(h)wâr ăt′] *(conj.; adv.)* (١) حيث (٢) من أجل ذلك § (٣) علامَ؛ ممَّ <~ are you angry?> .

where·by [(h)wâr bī′] *(conj.; adv.)* (١) الذي به أو بواسطته أو وفقًا له § (٢) كيف (ا . م) .

where’er [(h)wâr âr′] *(adv.; conj.)* = wherever.

where·fore [(h)wâr′fōr′] *(adv.; n.)* (١) لماذا؟ (٢) لذلك؛ ومن أجل ذلك؛ وهكذا § (٣) سببٌ .

where·from [(h)wâr′-] *(conj.)* (١) حيث؛ من حيث (٢) من أين؟

where·in [(h)wâr ĭn′] *(adv.; conj.)* (١) أين؛ في ماذا؛ في أيِّ شيء أو ناحية؛ كيف § (٢) «أ» حيثُ؛ الذي به أو فيه . «ب» الذي خِلاله؛ التي خِلالَها (٣) كيف .

where·in·to [(h)wâr ĭn′to͞o] *(conj.)* إلى حيث .

where·of [(h)wâr ŏv′] *(conj.)* (١) عمَّ؛ عن أيِّ شيء (٢) ممَّ؛ من أيّ شيء (٣) الذي منه أو عنه (٤) مِمَّن؛ عَمَّن .

where·on [(h)wâr ŏn′] *(conj.)* (١) علامَ؛ على أيّ شيء (ا . ق) (٢) الذي عليه .

where·so·ev·er [(h)wâr′sō ĕv′ər] *(conj.)* = wherever.

where·through [(h)wâr thro͞o′] *(conj.)* الذي خلالَه؛ التي خلالها .

where·to [(h)wâr to͞o′] *(adv.; conj.)* (١) إلامَ؛ إلى أين (٢) لماذا § (٣) حيث؛ إلى حيث .

where·un·to [(h)wâr ŭn′to͞o] *(adv.; conj.)* = whereto.

where·up·on [(h)wâr′ə pŏn′] *(conj.)* (١) الذي عليه أو فوقه؛ التي عليها أو فوقها (٢) وإذ ذاك؛ وعندئذٍ؛ ومن ثَمَّ؛ وهكذا .

wher·ev·er [(h)wâr ĕv′ər] *(adv.; conj.)* (١) أين؛ من أين (٢) «أ» حيثما؛ أينما . «ب» في أيّ مكان (٣) كُلَّما .

where·with [(h)wâr′wĭth′] *(conj.; pron.; adv.)* (١) الذي به أو بواسطته § (٢) الشّيء الذي به أو بواسطته § (٣) بماذا؟ (ا . م) .

where·with·al[1] [(h)wâr′wĭth ôl′] *(conj.; pron.)* = wherewith.

where·with·al[2] *(n.)* المال؛ المال الكافي أو الضّروريّ .

wher·ry [(h)wĕr′ĭ] *(n.)* الوِهْرِيّ: مركب أو زورق تجذيف خفيف .

whet [(h)wĕt] *(vt.; n.)* (١) يَشْحَذ [مُدْيَةً] (٢) يُحرِّك؛ يُنبِّه؛ يُثير § (٣) «أ» مَرّة <I’ll bear this ~.> . «ب» فترة <Dina stood talking a long ~.> (٤) كلُّ ما يَشحذ أو يُحرِّك أو يُنبِّه (٥) «أ» المُشَهّي (را . appetizer) . «ب» جرعة من شراب مُسْكِر .

wheth·er [(h)wĕth′ər] *(pron.; conj.)* (١) أيّ الاثنين (ا . ق) § (٢) ما إذا (٣) سواء (٤) أ . . . . أم . . . .

whether or no *also* **whether or not** *(adv.)* على أيّة حال .

whet·stone [(h)wĕt′stōn′] *(n.)* (١) حَجَر الشَّحْذ (٢) مِشْحَذ .

whew [hwo͞o] *(n.; interj.)* (١) صَفْرة تعجُّب § (٢) يا سلام!

whey [(h)wā] *(n.)* مَصْل اللَّبَن [يُفْصَل عند صُنْع الجُبْن] .

whey·ey [(h)wā′ĭ] *(adj.)* مَصْلِيْلَبَنِيّ: متعلّق بمصل اللّبن أو شبيهٌ به .

whey–face [(h)wā′fās′] *(n.)* المذعور؛ الشّاحب الوجه [من خوف] .

whey–faced [(h)wā′fāst′] *(adj.)* مذعور؛ شاحب الوجه .

whey·ish [-′ĭsh] *(adj.)* (١) مَصْلانيّ: شبيه بمَصْل اللّبن (٢) ماصلٌ قليلًا .

which [(h)wĭch] *(adj.; pron.)* (١) أيّ؛ أيّة § (٢) أيّهما؛ أيّ الأمرين أو الشّخصين (٣) الذي؛ التي؛ ما (٤) ذاك؛ ذلك .

which·ev·er [-ĕv′ər] *(pron.; adj.)* (١) أيّ؛ أيّما؛ أيّ الاثنين (٢) أيّما شيء .

which·so·ev·er [(h)wĭch′sō ĕv′ər] *(pron.; adj.)* = whichever.

whick·er [(h)wĭk′ər] *(vi.; n.)* (١) يَصْهَل [الفَرَسُ] § (٢) صَهيل .

whid [(h)wĭd] *(vi.)* يتحرَّك برشاقة وهدوء .

whid·ah [(h)wĭd′ə] *(n.)* الهَوِيد: طائر إفريقيّ نسّاج يتميَّز ذكَرُه بذيلِهِ الطَّويل .

whiff [(h)wĭf] *(n.; vi.; t.)* (١) هَبّة؛ نَفْحة؛ نفْخة (٢) نَشْقة [من هواء أو تبغ] (٣) حفيف (٤) أثرٌ ضئيل § (٥) يَهُبّ (٦) يُدخِّن [التّبغ] (٧) يستنشق [الرائحة] (٨) ينفخ على (٩) ينتشر أو يرتفع كالدُّخان x (١٠) يُطيِّر (١١) يزفُر؛ ينفُث (١٢) يُخرِج [الضاربَ] من لعبة البيسبول .

whif·fet [(h)wĭf′ĭt] *(n.)* (١) كلب صغير جدًّا (٢) شخص صغير أو حَدَثٌ غير ذي شأن .

whif·fle [(h)wĭf′əl] *(vi.; t.)* (١) يَهُبّ [على نحو متقطِّع] (٢) يتذبذب؛ يترجّح؛ يتردَّد x (٣) يُطيِّر؛ يشتِّت [بنفخة أو نحوها] .

whif·fler [(h)wĭf′lər] *(n.)* (١) المُخلي: مَنْ يُخلي الطَّريق [من السّابلة إلخ] أمام الموكب (٢) المتردِّد؛ المتذبذب (٣) المراوغ .

whif·fle·tree [(h)wĭf′əl trē′] *(n.)* = swingletree.

whif·fy [(h)wĭf′ĭ] *(adj.)* نَتِنُ الرائحة؛ زَخِم؛ زَنِخ .

Whig [(h)wĭg] *(n.; adj.)* (١) الهُوِيغيّ: «أ» عضوٌ في حزب بريطانيّ مؤيِّد للإصلاح عُرِف في ما بعد بحزب الأحرار . «ب» أميركيّ مؤيّد للثّورة على إنكلترا . «ج» عضو في حزب أميركيّ أُنشِئ عام ١٨٣٤ لمقاومة الحزب الديموقراطيّ، ثمّ خَلَفَهُ الحزبُ الجمهوريّ حوالى عام ١٨٥٤ § (٢) هُوِيغيّ .

Whig·gery [-′ə rĭ] *(n.)* الهُوِيغانيّة: مبادئ الهُوِيغيّين (را . المادّة السّابقة) .

whig·ma·lee·rie [(h)wĭg′mə lēr′ē] *(n.)* نَزْوة؛ هَوًى (إسك) .

while [(h)wīl] *(n.; conj.; prep.; vt.)* (١) فترة؛ بُرهة؛ مُدّة قصيرة (٢) جهد؛ مشقّة؛ عناء <I will make it worth your ~.> § (٣) «أ» بينا؛ بينما . «ب» ما دام (٤) «أ» في حين . «ب» على الرَّغم من § (٥) حتّى؛ حتّى ذلك الحين (ا . ق) § (٦) يقطِّع أو يقتل الوقت <may ~ away the time> .

between ~*s* أحيانًا؛ بين حين وآخر .

once in a ~, بين فترة وأخرى؛ بين حين وآخر .

worth one's ~, مستحقٌّ العناءَ المبذولَ في سبيله .

whiles [(h)wīlz] *(conj.; adv.)* (١) while (ا . ق) § (٢) أحيانًا (إسك) .

whi·lom [(h)wī′ləm] *(adv.; adj.)* (١) سابقًا ؛ في ما مَضَى (ا . ق) § (٢) سابق .

whilst [(h)wĭlst] *(conj.)* = while.

whim [(h)wĭm] *(n.)* (١) نَزْوَة ؛ هَوًى (٢) رَحوِيّة المناجم : رَحَويّة (را . capstan) ضخمة ذات ذراع أو أكثر يُشَدّ إليها فَرَسٌ أو أفراس وتُستخدَم في المناجم لرفع الماء أو المعدن الخام .

whim 2.

whim·brel [(h)wĭm′brəl] *(n.)* الفَيُّوب : كَرَوان صغير .

whim·per [(h)wĭm′pər] *(vi.; t.; n.)* (١) يَنْشِج ؛ يَئِنّ (٢) يتذمَّر ؛ يشكو x (٣) يعبِّر عن كذا بالأنين § (٤) نشيج ؛ أنين (٥) تذمُّر ؛ شكوى .

whim·si·cal [(h)wĭm′zĭ kəl] *(adj.)* (١) نَزْوِيّ ؛ كثير النَّزَوات (٢) حُوَّل ؛ قُلَّب (٣) غريب ؛ غريب الأطوار . **— whim·si·cal·i·ty** *(n.)*

whim·sied [(h)wĭm′zĭd] *(adj.)* نَزَوانيّ ؛ كثير النَّزَوات .

whim·sy *also* **whim·sey** [-′zĭ] *(n.)* (١) نَزْوة (٢) غرابة ؛ طرافة .

whim–wham [(h)wĭm′(h)wăm′] *(n.)* (١) حِلْية صغيرة (٢) نَزْوة (٣) *pl.* : نرْفزة شديدة ؛ اهتياج عصبيّ .

whin [(h)wĭn] *(n.)* (١) furze (٢) الطَّرّاب : صَخْر بُركانيّ .

whin·chat [(h)wĭn′chăt′] *(n.)* القُلَيْعيّ الأحمر : طائر مغرِّد .

whinchat

whine [(h)wīn] *(vi.; t.; n.)* (١) يَعْوِي (٢) «أ» ينتحب . «ب» يئِنّ (٣) يتذمَّر ناحبًا [كالأطفال] (٤) يَطِنّ [البعوضُ] ؛ يئِزّ [الرَّصاصُ] إلخ x (٥) يعبِّر عن كذا بالانتحاب والأنين <The prisoner ~*d* his innocence.> § (٦) عُواء (٧) «أ» انتحاب . «ب» أنين . **— whin·y** *or* **whin·ey** *(adj.)*

whing–ding [(h)wĭng′dĭng] *(n.)* = wingding.

whinge [(h)wĭnj] *(vi.)* يتذمّر ؛ يُكثِر التشكّي (بر) .

whin·ny [(h)wĭn′ĭ] *(vi.; t.; n.)* (١) يَصْهَل x (٢) يعبِّر عن كذا بالصَّهيل <The horses ~ their greeting.> § (٣) صهيل .

whin·stone [(h)wĭn′stōn′] *(n.)* الطَّرّاب : صخر بُركانيّ .

whip [(h)wĭp] *(vt.; i.; n.)* (١) يتناول أو ينزع أو يستلّ بسرعة وقوّة (٢) «أ» يسوط ؛ يضرب بالسياط . «ب» يستحثّ بالسياط أو بمثلها (٣) «أ» يمتّن الحبل إلخ أو يَقيه بخيوط تُلَفّ عليه . «ب» يلفّ [حول شيء] (٤) يوبِّخ ؛ يعنِّف (٥) يضرِّب : يخيط بإمرار الدُّرزات تكرارًا فوق الحاشية (٦) يهزم <Our team shall ~ theirs.> (ع) (٧) يحرِّك ؛ يثير [تتبعها *up* عادةً] (٨) يصنع أو ينجز بعَجَلة (٩) يحاول الصيد في <to ~ a stream> (١٠) يخفق البيضَ أو الكريما x (١١) ينطلق أو ينعطف برشاقة أو بسرعة (١٢) تخفُق [الرايةُ] § (١٣) سَوْط (١٤) جَلدةٌ بالسَّوْط (١٥) المخفوقة : حلوى تُعَدّ بخفق بعض العناصر المكوِّنة لها [كالبيض أو الكريما] (١٦) الخفّاقة : أداة لخفق البيض أو الكريما (١٧) أحد أذرع الطاحونة الهوائية (١٨) رافعة [مؤلّفة من حبل وبكرة] (١٩) السائط : الضارب بالسوط ، مثل : «أ» الحوذيّ ؛ سائق العربة . «ب» السَّوّاط : مساعد للصيّاد يجلد كلاب القنص بسوطه (٢٠) «أ» حامل السّوط : عضو في البرلمان يَعْهد إليه حزبه بتطبيق الأنظمة الحزبيّة ويحمل نوّاب الحزب على حضور الجلسات الهامّة . «ب» المذكّرة السَّوْطيّة : شبه جدول بالأعمال القادمة يرسَل أسبوعيًّا إلى كلّ عضو من أعضاء حزب سياسيّ في مجلس العموم البريطاني (٢١) خَفَقان ؛ تذبذب إلخ (٢٢) مرونة (٢٣) الخَفّاق : جزء نابض من ماكينة (٢٤) السَّوطيّ : هوائيّ صغير شبيه بالسّوط لجهاز راديو مستقبِل نقّال . **— whip·per** *(n.)*

to ~ in (١) يَحُول بين كلاب القَنْص والتَّشتُّت [بجلدها بالسَّوْط]
(٢) يجمع أعضاء الحزب السّياسيّ إلخ أو يبقيهم مجتمعين [لأداء مهمّة تشريعيّة] .

~ and spur بأقصى السُّرعة أو العَجَلة .

whip·cord [-′kôrd′] *(n.)* (١) «أ» المُبْرَم : حبل رفيع مُحكَم الجَدْل . «ب» وَتَر (٢) المضلَّع : قماش مضلَّع (٣) السِّياطيّة : ضرب من الأُشنة أو الطَّحالب البحريّة ذو أوراق مسرفة في الطُّول والنُّحول والمرونة .

whip hand *(n.)* (١) اليد التي يُمْسَك بها السَّوط عند قيادة العربة : اليد اليُمْنَى (٢) السيطرة ؛ الهيمنة ؛ اليد العُليا : وضع يمنح صاحبَهُ مِيزةً أو أفضليّةً على منافسيه .

whip·lash [-′lăsh′] *(n.)* (١) الجِلاز : السَّيْر المشدود في طَرَف السَّوط (٢) ضَربة بالسَّوْط (٣) اهتزاز الرقبة : إصابة الرَّقبة نتيجة انتخاع الرأس [في حادث مثلًا] .

whip·per–in [(h)wĭp′ər ĭn′] *(n.)* (١) السَّوّاط : مساعد للصَّيّاد يجلد كلاب القنص بِسَوْطه (٢) حامل السَّوْط (را . whip 20 *a*) .

whip·per·snap·per [(h)wĭp′ər snăp′-] *(n.)* الصَّغير ؛ التّافه ؛ المُدَّعي .

whip·pet [(h)wĭp′ĭt] *(n.)* (١) الوِبْت : كلب صغير نحيل سريع العَدْو (٢) الوِبْتة : دبّابة صغيرة استخدمها الحُلَفاء في الحرب العالميّة الأولى .

whippet *1.*

whip·ping [(h)wĭp′-] *(n.)* (١) مص whip . مثل : «أ» جَلْد ؛ ضَرْب بالسِّياط . «ب» تضريب . «ج» صَيْد بالصِّنّارة . «د» خَفق (٢) اللَّفيفة : خيوط تُلَفّ على طَرَف الحبل تمتينًا له .

whipping boy *(n.)* (١) كَبْش الفِداء : غلام جرت العادة قديمًا بأن يُلَقَّى العِلْم مع أحد الأمراء ويعاقَب بدلًا عنه (٢) كبش فداء .

whipping cream *(n.)* قِشْدة الخَفْق : قِشْدة صالحة للخَفْق .

whipping post *(n.)* سارية الجَلْد : سارية يُشَدّ إليها المذنِبُ ثمَّ يُجْلَد .

whip·ple·tree [(h)wĭp′əl trē′] *(n.)* = swingletree.

whip·poor·will [(h)wĭp′ər wĭl′] *(n.)* السُّبَد الأميركيّ : طائر يطير في الغَسَق أو اللَّيل ذو ريش مختلِف الألوان .

whip·py [(h)wĭp′ĭ] *(adj.)* (١) سَوْطيّ أو شبيه بالسَّوْط (٢) مَرِن ؛ لَدْن .

whip–round [(h)wĭp′-] *(n.)* جَمْعٌ للنُّقود [يتمّ عادة لغرض خيريّ] .

whip·saw [-ˈsô'] *(n.; vt.)* (١) المنشار السَّوطيّ: منشار طويل ضيِّق الشَّفرة يكتنف طرفَيْه إطار بحيث يستخدمه شخصان § (٢) ينشر بمنشار سَوْطيّ (٣) «أ» يوقعه في خسارة مزدوجة. «ب» يهزمه هزيمة مزدوجة.

whip scorpion *(n.)* العقرب السَّوْطيّ: عقربٌ كاذب لا حُمَة له ولكن بطنه ينتهي بجزء رفيع شبيهٍ بالسَّوْط.

whip snake *(n.)* الأفعَى السَّوطيّة: أفعى دقيقة ذات ذيل يشبه السَّوط.

whip·stitch [(h)wĭpˈ-] *(vt.; n.)* (١) يُضرِّب: يَخيط بإمرار الدَّرزات تكرارًا فوق الحاشية § (٢) دَرْزة [من دَرَزات التَّضريب] (٣) لحظة؛ فترة قصيرة.

whip·stock [(h)wĭpˈstŏk'] *(n.)* مَقْبِض السَّوْط.

whip·worm [(h)wĭpˈwûrm'] *(n.)* الدُّودة السَّوْطيّة: دُودة سِلكيّة أو خَيْطيّة طُفيليّة في مُقدَّمها زائدةٌ شبيهةٌ بالسَّوْط.

whir *also* **whirr** [(h)wûr] *(vi.; t.; n.)* (١) يئزّ؛ يطنّ x (٢) يحرِّك أو يَنْقُل مُحْدِثًا أزيزًا أو طنينًا § (٣) أزيز؛ طنين.

whirl [(h)wûrl] *(vi.; t.; n.)* (١) يُدَوِّم؛ يَلُفّ؛ يَدُور (٢) ينعطف فجأةً (٣) يندفع؛ ينطلق مسرعًا (٤) يُصاب بدُوار x (٥) يسوق أو ينقل بحركة دائريّة أو شبهها (٦) يدوِّر؛ يجعله يدور (٧) يَعْطف [يجعله ينعطف] فجأةً § (٨) تدويم؛ دورانٌ سريع (٩) دُرْدُور (١٠) دُوّامة (١١) اندفاع (١٢) محاولة؛ تجربة (١٣) تعاقُب؛ تَوالٍ سريع للأحداث (١٤) رحلة قصيرة (ع).

whirl·i·gig [(h)wûrˈlĭ gĭg] *(n.)* (١) المدوِّمة: لُعبة أطفال ذات حركة دُوّاميّة (٢) دُوّامة الخيل (را. merry–go–round) (٣) شيء أو شخص دائم الحركة أو التّغيُّر أو التّقلُّب (٤) دَوَران.

whirligig beetle *(n.)* الخُنْفُساء المُدَوِّمة: خنفساء مائيّة تدور بحركة دُوّاميّة فوق سطح الماء.

whirligig beetle

whirl·pool [(h)wûrlˈpōōl'] *(n.)* دُوّامة؛ دُرْدُور.

whirl·wind [-ˈwĭnd'] *(n.)* (١) زَوْبعة؛ رِيحٌ دُوّاميّة (٢) قوّة مدمِّرة.

whirl·y [(h)wûrˈlĭ] *(adj.; n.)* (١) دُوّاميّ § (٢) زوبعة صغيرة.

whirly·bird [(h)wûrˈlĭ bûrd'] *(n.)* = helicopter.

whir·ry [(h)wûrˈē] *(vt.; i.)* (١) يُبْلِغ بسرعة x (٢) يُسْرِع.

whish [(h)wĭsh] *(vt.; i.; n.)* (١) يسوقه أو يدفعه مُحْدِثًا حفيفًا أو هفيفًا أو هَسْهَسَةً x (٢) يَحِفّ؛ يَهِفّ؛ يُهَسْهِس (٣) ينطلق مسرعًا § (٤) حفيف؛ هفيف؛ هَسْهَسة.

whisk [(h)wĭsk] *(n.; vi.; t.)* (١) «أ» مَسْحة سريعة خفيفة. «ب» ضربة لطيفة خاطفة. «ج» انطلاق سريع؛ حركة سريعة رشيقة (٢) المِخْفَقَة: خَفّاقة البَيْض و«الكريما» إلخ (٣) مِقَشّة § (٤) يتحرَّك أو ينطلق بخفّة ورشاقة x (٥) يُحرِّك أو ينقل برشاقة (٦) يخفق [البيضَ إلخ] (٧) يقشّ؛ يكنس.

whisk 2.

whisk broom

whisk broom *(n.)* مِقَشّة صغيرة [تُستخدَم كفرشاة للثّياب].

whisk·er [(h)wĭsˈkər] *(n.)* (١) شعرة من شعرات اللِّحية (٢) *pl.*: السَّبَلَة: ذلك الجزء من اللِّحية النّامي على جانِبَي الوجه أو على الذَّقن (٣) شعرة من شاربَي الهِرّة إلخ (٤) عرض شعرة؛ فارق ضئيل <lost the election by a ~> (٥) الشّارب: أحد قضيبَيْن خشبيَّيْن أو حديديَّيْن مُمْتَدَّيْن على كلٍّ من جانِبَي الدَّقَل المائل (مل). **— whis·kered** *(adj.)*

whisk·er·y [(h)wĭsˈkə rĭ] *(adj.)* مُسَبَّل: ذو سَبَلة أو شبيهٌ بها.

whis·key *or* **whis·ky** [(h)wĭsˈkĭ] *(n.)* (١) الويسكي (٢) جرعة ويسكي.

whis·per [(h)wĭsˈpər] *(vi.; t.; n.)* (١) يَهْمِس x (٢) يُخاطب هامسًا؛ يهمس في أذنه (٣) يقول أو ينطق بكذا هامسًا § (٤) هَمْس؛ هَمْسة (٥) أثر أو قَدْر ضئيل: ذَرّة (٦) إشاعة <~s of scandal>.

whis·per·er [(h)wĭsˈpər ər] *(n.)* الهامِس. وبخاصّة: مروِّج الإشاعات.

whis·per·ing [(h)wĭsˈpər ĭng] *(n.; adj.)* (١) «أ» هَمْس. «ب» إشاعة (٢) همسة § (٣) «أ» هامس. «ب» مُرَوِّج للإشاعات.

whispering campaign *(n.)* حَمْلة الهَمْس: حملة إشاعات ضدّ مرشَّح لمنصب إلخ.

whis·pery [(h)wĭsˈpə rĭ] *(adj.)* (١) شبيهٌ بالهَمْس (٢) حافلٌ بالهَمَسات.

whist [(h)wĭst] *(vi.; interj.; adj.; n.)* (١) يصمت § (٢) صَهْ! اسكتْ! § (٣) صامت؛ ساكن § (٤) الهويست: ضرب من لَعِب الوَرَق.

whis·tle [(h)wĭsˈəl] *(n.; vi.; t.)* (١) صَفّارة (٢) «أ» صَفير. «ب» صَفْرة (٣) الفم والحَنْجَرة <to wet one's ~> § (٤) يَصْفِر (٥) يَطْلب على غير طائل؛ يَطْلب فلا يُجاب (٦) يدعو [إلى الحضور] بالصَّفير x (٧) يدعو أو يطرد أو يعبِّر عن كذا بالصَّفير.

whistle pig *(n.)* = woodchuck.

whis·tler [(h)wĭsˈlər] *(n.)* الصّافر: «أ» من يَصْفِر. «ب» ضربٌ من البطّ أصفر العينَيْن يُعْرَف بذهبيّ العين. «ج» مرموط (را. marmot) أميركيّ ضخم. «د» فَرَس مصاب بالرَّبو.

whis·tle–stop [(h)wĭsˈəl stŏp'] *(n.; vi.)* (١) «أ» محطّة الإشارة: محطّة لا يتوقّف فيها القطار إلّا إذا أُعطِيَت له الإشارة بذلك. «ب» بلدة صغيرة (٢) المُواجَهة: ظهور المرشّح أمام جمهور النّاخبين [من على متن القطار عادةً] خلال جولة انتخابيّة § (٣) يطوِّف: يقوم بجولة انتخابيّة متوقِّفًا فترات قصيرة في مختلف المدن الصَّغيرة.

whis·tling [(h)wĭsˈlĭng] *(n.; adj.)* (١) صفير § (٢) صافر.

whit [(h)wĭt] *(n.)* ذَرّة؛ مِثْقال ذَرّة؛ مِقدار ضئيل.

white [(h)wīt] *(adj.; n.; vt.)* (١) «أ» أبيض. «ب» أشيب. «ج» شاحب. «د» فضّيّ (٢) طاهر؛ بريء (٣) أبيض: غير مؤذٍ <~ magic> (٤) «أ» مُتّشح بالبياض <~ knights>. «ب» مُثْلَج؛ مصحوب بالثلج <a ~ winter>. «ج» مكسوّ بالثلج <~ hills> (٥) «أ» مُحَمًّى حتى الابيضاض. «ب» متّقد؛ هائج <~ fury> (٦) محافظ أو رجعيّ (٧) غُفْل: خالٍ من الكتابة؛ فارغ § (٨) «أ» البياض؛ اللون الأبيض. «ب» الآح؛ زلال البيض. «ج» بياض العَين (٩) «أ» ملابس بيضاء؛ بَياض. «ب» فرس أو خنزير أبيض. «ج» *pl.* عد: شيء أبيض: طحين؛ سُكّر إلخ (١٠) *pl.*: السيلان الأبيض أو المَهْبليّ (١١) الأبيض: أحد أفراد العرق الأبيض (١٢) عضو في حزبٍ محافظ أو رجعيّ (١٣) «أ» نبيذ أبيض. «ب» صِبغ أبيض § (١٤) يُبَيِّض (ا.ق) (١٥) يترك مساحات فارغة [في مادّة مطبوعة].

white ant *(n.)* الأَرَضة: حشرة تقرض الخشب.

white·bait [(h)wīt′bāt′] *(n.)* البَلَم : كلُّ صغير من الأسماك .

whitebait

white·bark pine [(h)wīt′bärk′] *(n.)* الصنوبر أبيض اللِّحاء (نب).

white·beard [(h)wīt′bērd′] *(n.)* العجوز؛ الشَّيْخ؛ المُسِنّ.

white blood cell *(n.)* = leukocyte.

white book *(n.)* الكتاب الأبيض : تقرير أبيض الغلاف تصدره الدَّولة حول قضيّة ما .

white·cap [(h)wīt′kăp′] *(n.)* (١) *pl.* عد : الموجة المُزْبِدة (٢) ذو القَلَنْسُوة البيضاء : عضو في لجنة غير شرعيّة تهدف إلى اضطهاد أو طرد من تَعتبرهم خصومًا لها [كالزُّنوج إلخ].

white chip *(n.)* شيء [أو كمّيّة] ذو قيمة ضئيلة .

white–col·lar [(h)wīt′kŏl′ər] *(adj.)* مُنَشًّى؛ أبيض الياقة أو القَبَّة : دالٌّ على [أو متعلّق بـ] فئةٍ من ذوي الرَّواتب [كالمدرِّسين والموظَّفين إلخ] الذين تقتضيهم وظائفُهم الظُّهورَ أمام النّاس بمظهر أنيق <~ jobs> .

white corpuscle *(n.)* = leukocyte.

whit·ed [(h)wīt′əd] *(adj.)* (١) مكلّس؛ مكسوّ بالكلس (٢) مبيَّض .

whited sepulcher *(n.)* القبر المُبَيَّض : المُرائي؛ المنافق .

white elephant *(n.)* الفيل الأبيض : «أ» فيل هنديّ أبيض . «ب» مِلْكٌ يحتاج إلى عناية ونفقة ولكن مردوده ضئيل . «ج» شيء لم تَعُدْ له في نظر صاحبه قيمةٌ ما وإن لم يكن عديم القيمة بالنِّسبة إلى أشخاص آخرين . «د» جهد ينتهي بفشل واضح .

white ensign *(n.)* الراية البيضاء : راية البحريّة البريطانيّة .

white–eye [(h)wīt′ī] *(n.)* حَوَرْوَر العَيْن : عصفور صغير أخضر اللون .

white–faced [(h)wīt′-] *(adj.)* (١) شاحب الوجه (٢) أغرّ : أبيض الوجه .

white feather *(n.)* علامة الجبن؛ رمز الجبن .

white·fish [(h)wīt′-] *(n.)* (١) السَّمَك الأبيض أو لحمه (٢) beluga .

white flag *(n.)* الرّاية البيضاء : راية الهدنة أو الاستسلام .

white fox *(n.)* الثَّعلب الأبيض : ثعلب القُطب الشَّمالي .

White Friar *(n.)* الرّاهب الأبيض : الرّاهب الكَرْمِليّ .

white gas *(n.)* الغازولين الأبيض : بنزين خالٍ من الرَّصاص .

white gold *(n.)* الذَّهَب الأبيض : ذَهب ممزوج بـ ٢٥٪ من النيكل والزِّنك يشبه البلاتين من حيث المظهر .

white goods *(n. pl.)* السِّلَع البيضاء : «أ» منسوجات بيضاء قطنيّة أو كتّانيّة . «ب» شراشف؛ مناشف . «ج» ثلّاجات؛ أفران طبخ إلخ .

white grease *(n.)* الدُّهن الأبيض : دهنُ خنزير غيرُ صالح للأكل .

white grouse *(n.)* = ptarmigan.

White·hall [(h)wīt′hôl′] *(n.)* الحكومة البريطانيّة .

white·head [(h)wīt′hĕd′] *(n.)* (١) ذو الرَّأس الأبيض : واحد من عِدّة طيور بيضاء الرَّأس كثيرًا أو قليلًا (٢) milium .

white–head·ed [(h)wīt′hĕd′ĭd] *(adj.)* (١) «أ» أبيض الرَّأس . «ب» أَشْيَب . «ج» أشقر الشَّعر (٢) أثير؛ مفضَّل <her ~ boy> .

white heat *(n.)* (١) الحرارة البيضاء : حرارة عالية جدًّا تجعل الشيء يُطلِق ضوءًا أبيض (٢) نشاط أو اهتياج أو انفعال شديد .

white hole *(n.)* الثَّقْب الأبيض : ثَقب افتراضيّ في الفضاء الخارجيّ تنبثق منه الطّاقة والنُّجوم إلخ .

white–hot *(adj.)* (١) شديد الاتِّقاد [حتى الابيضاض] (٢) متحمِّس؛ مهتاج؛ عنيف .

White House *(n.)* البيت الأبيض : «أ» السُّلطة التنفيذيّة العليا لحكومة الولايات المتَّحدة الأميركيّة . «ب» مقرّ الرَّئيس الأميركيّ .

white–knuck·le [(h)wīt′nŭk′əl] *(adj.)* عَصيب؛ متّسم بالتوتّر .

white lead *(n.)* الرَّصاص الأبيض : ذَرور أبيض سامّ (ك) .

white lie *(n.)* الكذبة البيضاء : كذبة بريئة لا يُقصد بها الأذى .

white line *(n.)* الخطّ الأبيض [يُرْسَمُ على الطّريق تنظيمًا للسَّيْر] .

white–liv·ered [(h)wīt′lĭv′-] *(adj.)* (١) جبان؛ رِعديد (٢) سقيم؛ عَليل .

white man's burden *(n.)* عبء الرَّجل الأبيض : الادّعاء بأنّ من واجب الشُّعوب البيضاء أن تتولّى تثقيفَ الملوَّنين وتمدينَهم .

white marriage *(n.)* الزواج الأبيض : زواج لا تصاحبه علاقات جنسيّة .

white matter *(n.)* المادّة البيضاء : نسيج عصبيّ أبيض مؤلَّف كلُّهُ من ألياف [في الدِّماغ والحبل الشَّوكيّ بخاصّة] .

white metal *(n.)* المَعْدِن الأبيض .

whit·en [(h)wīt′ən] *(vt.; i.)* (١) يبيِّض x (٢) يَبْيَضّ .

whit·en·er [(h)wīt′nər] *(n.)* (١) المبيِّض (٢) مادّة مبيِّضة .

white·ness [(h)wīt′nĭs] *(n.)* (١) «أ» بياض . «ب» شحوب . «ج» نقاء؛ صفاء (٢) مادّة بيضاء .

whit·en·ing [(h)wī′-] *(n.)* (١) «أ» تبييض . «ب» ابيضاض (٢) مستحضَر مبيِّض .

white oak *(n.)* البلُّوط الأبيض : بلُّوط شمالأميركيّ ضخم .

white oil *(n.)* الزَّيْت الأبيض : زَيْت مَعْدِنيّ عديم الطَّعم واللَّوْن يُستخدَم في الطِّبّ وفي إعداد المستحضرات الصَّيدليّة والتَّجميليّة .

white paper *(n.)* البيان الأبيض : تقرير حكوميّ رسميّ .

white perch *(n.)* الفَرْخ الأبيض : سمك فِضّيّ صغير .

white perch

white pine *(n.)* (١) الصَّنوبر الأبيض (٢) خشب الصَّنوبر الأبيض .

white plague *(n.)* الطّاعُون الأبيض : داء السُّلّ .

white primary *(n.)* الانتخابات الأوَّليّة البيضاء : انتخابات أوّليّة في ولاية أميركيّة جنوبيّة مقصورةٌ على النّاخبين البِيض فحسب .

white rust *(n.)* الصَّدأ الأبيض : مرض فُطريّ المنشأ يُصيب النبات .

white sauce *(n.)* الصَّلصة البيضاء : صلصة قوامُها طحين وحليب وزبدة إلخ .

white slave *(n.)* الرَّقيقة البيضاء : امرأةٌ أو فتاة تُحْتَجَز بالرَّغم منها للاتّجار بجسدها .

white slaver *(n.)* نخّاس الرَّقيق الأبيض ؛ المتَّجِر بالرَّقيق الأبيض .

white slavery *(n.)* الرِّقّ الأبيض : البغاء الإكراهيّ .

white·smith [(h)wīt′-] *(n.)* (١) الصَّفّاح ؛ السَّمكريّ (٢) المبيِّض : صاقل الحديد .

white supremacist *(n.)* التفوّقيّ الأبيض : القائل بتفوّق البيض على الملوّنين .
— **white supremacy** *(n.)*

white·tail [(h)wīt′-] *(n.)* أبيض الذَّيل : أيّل شمالأميركيّ ذيلُه أبيضُ القفا .

white·throat [(h)wīt′-] *(n.)* أبيض الحَنْجَرة : كلُّ طائر أبيض الحنجرة .

white tie *(n.)* (١) أُرْبة فَراشيّة (را . bow tie) بيضاء (٢) لباس سهرة رسميّ للرِّجال .

white vitriol *(n.)* = zinc sulfate.

white·wash [(h)wīt′wŏsh′] *(vt.; n.)* (١) يبيِّض [بماء الكلس أو بأيّة مادَّة مبيِّضة] (٢) «أ» يموِّه [الرذائلَ أو الجرائم] . «ب» يبرِّئ [بإجراء تحقيق شكليّ أو بتقديم بيانات محرَّفة أو كاذبة] (٣) يهزِمُهُ هزيمةً منكرة [لا يسجّل فيها الخصم أية إصابة] § (٤) «أ» محلول مبيِّض . «ب» ماء الكلس [لطلاء الجدران] (٥) «أ» تمويه . «ب» تبرئة [بإجراء تحقيق شكليّ أو بتقديم بيانات محرَّفة أو كاذبة] (٦) هزيمة منكرة .
— **white·wash·er** *(n.)*

white way *(n.)* المَبْهَرة ؛ الطَّريق الباهر : شارع يبهر العيون بأضوائه السّاطعة [في حَيٍّ تجاريّ أو مسرحيّ من أحياء المدينة] .

white whale *(n.)* = beluga.

white·wing [(h)wīt′-] *(n.)* ذو البِزَّة البيضاء . وبخاصّة : كنّاس الشَّوارع .

white·wood [(h)wīt′-] *(n.)* الخشب الأبيض : شجرٌ نفضيّ أو خَشَبُه .

whit·ey [(h)wī′tĭ] *(n.)* الرَّجل الأبيض ؛ المجتمع الأبيض [ازدرائيًّا] (ع) .

whith·er [(h)wĭth′-] *(adv.; conj.)* (١) إلى أين § (٢) حيث ؛ إلى حيث (٣) حيثما .

whith·er·so·ev·er [(h)wĭth′ər sō ĕv′ər] *(adv. or conj.)* حيثما ؛ إلى حيثما .

whith·er·ward [(h)wĭth′ər wərd] *(adv.)* إلى أين ؛ إلى أيّ مكان أو جهة .

whit·ing [(h)wī′-] *(n.)* الأبيض : «أ» سمك من فصيلة القُدّ . «ب» ذَرُور الطَّباشير الأبيض .

whiting *a.*

whit·ish [(h)wī′tĭsh] *(adj.)* ضاربٌ إلى البياض .

whit·low [(h)wĭt′lō] *(n.)* داحس ؛ داحوس (مض) .

Whit·mon·day [(h)wĭt′-] *(n.)* إثنين السَّجْدَة [التّالي لأحد العَنْصَرة (نص)] .

Whit·sun [-′sən] *(adj.)* عَنْصَريّ : متعلّق بأحد [أو بأسبوع] العَنْصَرة (نص) .

Whit·sun·day [(h)wĭt′sŭn′dĭ] *(n.)* أحَد أو عيد العَنْصَرة (نص) .

Whit·sun·tide *(n.)* أسبوع العَنْصَرة : الأسبوع البادئ بأحد العَنْصَرة (نص) .

whit·tle [(h)wĭt′əl] *(n.; vt.; i.)* (١) مُدْية ؛ سِكّين (ا . ق) § (٢) يبري ؛ يَنْجُر (٣) يخفِّض [النَّفقات] تدريجيًّا **x** (٤) يَضْوَى أو يُضْوي بالهمّ والقلق .

whit·tling [(h)wĭt′-] *(n.)* (١) بَرْي ؛ نَجْر (٢) *pl.* عد : نُجارة الخشب .

whit·tret [(h)wĭ′trət] *(n.)* = weasel.

whit·y *or* **whit·ey** [(h)wī′tĭ] *(adj.)* = whitish.

whiz[1] *or* **whizz** [(h)wĭz] *(vi.; t.; n.)* (١) يئزّ ؛ يطنّ (٢) ينطلق أو يطير مُحدِثًا أزيزًا أو طنينًا **x** (٣) يجعله يئزّ أو يطنّ (٤) يُدير بسرعة فائقة § (٥) أزيز ؛ طنين (٦) انطلاق أو طيران مصحوب بأزيز أو طنين (٧) رحلة خاطفة (٨) صفقة رابحة .

whiz[2] *(n.)* pl. **whiz·zes** شخص عظيم البراعة .

whiz·bang *also* **whizz·bang** [(h)wĭz′-] *(n.; adj.)* (١) القنبلة أو المفرقعة الأزّة (٢) شخص أو شيء ناجح أو فعّال § (٣) ممتاز ؛ بارع <a ~ physician>.

whiz kid *(n.)* (١) فتًى عبقريّ (٢) شخص مُبدع أو فائق الذكاء .

whiz·zer [(h)wĭz′ər] *(n.)* (١) فا whiz (٢) الأزّة : آلة عاملة بالطَّرْد المركزيّ تُستَخدَم لتجفيف السُّكَّر أو الحِنطة أو الثِّياب إلخ .

who [hōō] *(pron.)* (١) من؟ (٢) الذي ؛ التي ؛ الذين ؛ اللواتي ؛ اللذان إلخ .

whoa [(h)wō] *(interj. or v. imp.)* قف! [في زَجْر الخيل بخاصّة] .

who·dun·it *also* **who·dun·nit** [hōō dŭn′ĭt] *(n.)* مَنِ المجرم؟ : «أ» رواية أو تمثيليّة بوليسيّة . «ب» شريط سينمائيّ بوليسيّ .

who·ev·er [-ĕv′ər] *(pron.)* (١) كلّ مَنْ ؛ أيّما امرئ (٢) أيًّا كان (٣) مَن؟

whole[1] [hōl] *(adj.)* (١) «أ» سالم ؛ لم يُمَسّ ؛ لم يُصَبْ بأذًى . «ب» صحيح ؛ سليم . «ج» معافًى (٢) كامل : مشتمل على جميع العناصر المقوِّمة <~ milk> (٣) تامّ ؛ كامل ؛ برمَّته (٤) غير مقسوم أو مكسور (٥) شقيق : من نفس الأب والأمّ <~ brother> (٦) صحيح ؛ غير كَسْريّ (ر) .

whole[2] *(n.)* (١) كل ؛ جميع (٢) كلٌّ تامّ ؛ وحدة كاملة .
as a ~, ككُلّ ؛ جملةً .
in ~, كلِّيًّا .

whole·heart·ed [hōl′här′-] *(adj.)* (١) عاقد العزم (٢) صادق ؛ مخلص ؛ قلبيّ <a ~ approval> .
— **whole·heart·ed·ly** *(adv.)* — **whole·heart·ed·ness** *(n.)*

whole meal *(n.)* الدَّقيق أو الطَّحين الكامل أو الأسمر .

whole·ness [hōl′nĭs] *(n.)* تمام ؛ كمال .

whole note *(n.)* النَّغمة الكاملة ؛ النّوتة الكاملة (مو) .

whole number *(n.)* العدد الصحيح (ر) .

whole·sale [hōl′sāl′] *(n.; adj.; adv.; vt.; i.)* (١) البيع بالجملة § (٢) جُمْليّ § (٣) بالجملة § (٤) يبيع أو يُباع بالجملة .

whole·sal·er [hōl′sāl′ər] *(n.)* تاجر الجملة ؛ البائع بالجملة .

whole·some [hōl′səm] *(adj.)* (١) صِحّيّ : «أ» نافع للصِّحَّة . «ب» دالّ

على الصِّحَّة <a ~ appearance> (٢) مفيد <~ advice; ~ books> (٣) حَذِر؛ حكيم: مبنيّ على خوف له ما يبرّره (٤) مأمون: غير منطوٍ على مخاطرة.

whole–souled [hōl′sōld′] *(adj.)* = wholehearted.

whole wheat *(adj.)* مُعَدّ من الدَّقيق الكامل أو الأسمر <~ bread>.

whole wheat flour *(n.)* دقيق القمح الكامل أو الأسمر.

whol·ly [hō′lĭ] *(adv.)* (١) كلّه؛ برمّتِه (٢) تمامًا: كلّيّةً.

whom [ho͞om] *(pron.)* (١) مَنْ (٢) الذي؛ التي؛ الذين؛ اللواتي إلخ.

whom·ev·er [ho͞om ĕv′ər] *(pron.)* أيًّا كان؛ أيّما شخص كان.

whomp [(h)wŏmp; (h)wômp] *(n.; vi.; t.)* (١) ضجّة داوية § (٢) يُحدِث ضجّةً x (٣) يهزم (٤) يضرب بحِدّة (٥) يضع؛ يلفّق [تتبعها *up* عادةً].

whomp up *(vt.)* يُثير.

whom·so·ev·er [ho͞om′sō ĕv′ər] *(pron.)* أيًّا كان؛ أيّما شخص كان.

whoop [h(w)o͞op] *(vi.; t.; n.)* (١) يهتف (٢) ينعق [البومُ] (٣) يَشْهق (٤) ينطلق هادرًا x (٥) ينطق بكذا أو يعبّر عنه هاتفًا <She ~*ed* a welcome.> (٦) يحثّ أو يسوق أو يشجّع [أثناء اللعب] بالهتاف (٧) يروّج لقضيّة إلخ (٨) يزيد؛ يرفع [الأسعار إلخ] § (٩) هتاف (١٠) نعيق (١١) شهقة (١٢) فتيل؛ ذَرّة؛ مثقال ذرّة.

to ~ it up (١) يحتفل بصخب (٢) يثير الحماسة.

whoop–de–do *(n.)* (١) مَرَحٌ صاخبٌ [للَفْت الأنظار] (٢) جدالٌ حادّ.

whoop·ee [(h)wo͝o′pē] *(interj.; n.)* (١) هُووبي! هتافُ ابتهاج شديد § (٢) قَصْف؛ مَرَح صاخب (٣) مداعبة جنسيّة.

whooping cough [ho͞o′pĭng; (h)wo͞o′-] *(n.)* الشَّهْقة؛ السُّعال الدِّيكيّ.

whoop·la [ho͞o′plä] *(n.)* (١) ضَجّة (٢) قَصْف؛ مَرَح صاخب.

whoops [(h)wo͞ops] *(interj.)* وُوبس! [تعبير عن الاعتذار أو الدهشة].

whoosh [(h)wo͞osh] *(vi.; t.; n.)* (١) يندفع [محدثًا صوتًا انفجاريًّا] x (٢) يحرِّك [باندفاع سريع أو صوت انفجاريّ] § (٣) «أ» هَبّة. «ب» اندفاع سريع أو انفجاريّ.

whop [(h)wŏp] *(vt.; n.)* (١) يسحب؛ ينزع؛ يستلّ (٢) يضرب (٣) يهزم هزيمة منكرة § (٤) ضربة عنيفة.

whop·per [(h)wŏp′ər] *(n.)* (١) شيء ضخم (٢) كذبة كبيرة.

whop·ping [(h)wŏp′-] *(adj.)* (١) ضخم؛ هائل (٢) رائع؛ لا يصدَّق.

whore [hōr; hôr] *(n.; vi.)* (١) بَغِيّ؛ مُومِس؛ بنت هوًى (٢) شخصٌ نَذْلٌ § (٣) يزني؛ يعاشر البغايا (٤) تَفْجُر؛ تحيا حياةَ البغايا.

whore·dom [hōr′dəm] *(n.)* (١) بغاء؛ دعارة (٢) عبادة الأوثان.

whore·house [hōr′hous′] *(n.)* مَبْغًى؛ ماخُور؛ بيت دَعارة.

whore·mas·ter [hōr′-] *(n.)* (١) إلْف البغايا: الدّاعر؛ مُعاشِر البغايا (٢) قَوّاد.

whore·mon·ger [hōr′mŭng′gər] *(n.)* = whoremaster.

whore·son [hōr′-] *(n.)* (١) ابن زِنًى؛ ابن سِفاح؛ ابن حرام (٢) شخص مَقيت.

whor·ish [hōr′ĭsh] *(adj.)* داعر؛ فاسق.

whorl [(h)wûrl; (h)wôrl] *(n.)* (١) فَلْكَة المِغزَل؛ الثَّقّالة: هَنَة مستديرة في أعلى المغزل (٢) verticil (٣) كلّ شيء ملتفّ أو حلزونيّ (٤) الثَّنْيَة: إحدَى ثنيّات الصَّدَفة الحلزونيّة أو قوقعةِ الأذن.

whorled [(h)wôrld] *(adj.)* ذو ثنايا <~ flower parts>.

whort [(h)wûrt] *also* **whor·tle** [-′əl] *(n.)* = whortleberry.

whor·tle·ber·ry [(h)wûrt′əl bĕr′ĭ] *(n.)* (١) العِنَبيّة: نبات ذو ثمرة تشبه العِنَبة الصَّغيرة (٢) ثمرة العِنَبيّة.

whose [ho͞oz] *(adj.; pron.)* (١) لِمَنْ <~ purse is that?> (٢) الذي؛ التي؛ الذين إلخ § (٣) لِمَنْ <~ is that purse?>.

who·so [ho͞o′sō]; **who·so·ev·er** [ho͞o′sō ĕv′ər] *(pron.)* = whoever.

whump [(h)wŭmp] *(vi.)* يدوّي: يُحْدِث ضجّة مدوّية.

why [(h)wī] *(adv.; conj.; n.; interj.)* (١) لماذا؟ <*Why* did she cry?> § (٢) لماذا <I know ~ she cried.> § (٣) سببٌ (٤) لُغز؛ أُحجيّة <the great ~s of life> § (٥) هتاف يعبّر عن الدَّهَش أو التردُّد أو الموافقة أو الاعتراض أو نفاد الصَّبر.

whyd·ah [(h)wĭd′ə] *(n.)* = whidah.

wick [wĭk] *(n.; vt.; i.)* (١) فتيل؛ فتيلة؛ ذُبالة [في شمعة أو مِصباح زيت إلخ] § (٢) يَنْقل أو يُنقَل بالفِعل الشَّعريّ capillary action (فز).

wick·ed[1] [wĭk′ĭd] *(adj.)* (١) شِرّير؛ أثيم (٢) حَرُون (٣) مؤذٍ؛ مُولَعٌ بالأذى (٤) كريه <~ odors> (٥) خَطِر <~ storms> (٦) مزعج (٧) فظيع؛ هائل <a ~ fire loss> (٨) باهظ <~ prices> (٩) بارع؛ ممتاز <danced a ~ Charleston> (١٠) لا يُجارَى أو يُبارَى.

— **wick·ed·ness** *(n.)*

wick·ed[2] *(adv.)* جدًّا؛ إلى أبعد حَدّ <~ fast>.

wick·er [wĭk′ər] *(n.; adj.)* (١) الأُملود: غصن صغير لَدْن (٢) «أ» أماليد مجدولة [لصُنع السِّلال إلخ]. «ب» سَلّة أو شيء مصنوع من أماليد مجدولة § (٣) مُمَلَّد: مؤلَّف أو مصنوع من أماليد مجدولة أو مكسوّ بها <a ~ birdcage>.

wick·er·work [wĭk′-] *(n.)* المُمَلَّد: كلّ ما صُنع من أماليد مجدولة.

wick·et [wĭk′ĭt] *(n.)* (١) البُوَيْب: بابٌ صغير. وبخاصّة: الخَوْخة: الباب الصَّغير في الباب الكبير أو قُربَهُ (٢) شُبّاك [لبَيْع التَّذاكر إلخ] (٣) الوَكَت: «أ» إحدَى مجموعتَيْن من العِصيّ يحاول فريق الكريكيت إصابتهما بالكرة. «ب» رُقعة مستوية بين وَكَتَيْن. «ج» جولة حامِلِ المضرب في الكريكيت (رب).

wicket *3a.*

wick·et·keep·er [wĭk′ĭt kē′-] *(n.)* حارس الوَكَت (را. المادّة السّابقة).

wick·ing [wĭk'ĭng] *(n.)* الفُتالة: خيط قطنيّ مجدول لصُنع الفتائل.

wick·i·up [wĭk'ĭ ŭp'] *(n.)* الوَقَب: كُوخ إهليلجيّ الشَّكل يصنعه هنود أميركا الحُمْر.

wickiup

wic·o·py *or* **wick·a·pe** [wĭk'ə pĭ] *(n.)* = leatherwood.

wid·dy [wĭd'ĭ] *(n.)* حَبل المِشْنَقة (إسك).

wide [wīd] *(adj.; adv.)* (١) «أ» واسع. «ب» عريض. «ج» رحيب. «د» شامل (٢) ذو عَرْضٍ معيَّن <8 meters ~> (٣) مفتوح على مداه <Sami stared with ~ eyes.> (٤) كبير؛ هائل <a ~ drop in prices> (٥) بعيد عن <a guess ~ of the truth> (٦) لَيِّن <a ~ vowel> (ل) § (٧) بعيدًا؛ إلى مدًى بعيد (٨) تمامًا؛ على مصراعيه <The door was ~ open.> (٩) بعيدًا عن الهدف <The bullet went ~.>.

— **wide·ness** *(n.)*

wide–an·gle [wīd'ăng'gəl] *(adj.)* متّسِعة الزّاوية [صِفة للعَدَسة].

wide–a·wake [wīd'ə wāk'] *(adj.)* (١) يَقْظان (٢) يَقِظ؛ حَذِر.

wide·a·wake·ness [-'nĭs] *(n.)* يَقَظة.

wide–body [wīd'bŏd'ĭ] *(n.)* طائرة نَفّاثة ضَخمة.

wide–eyed [wīd'īd'] *(adj.)* (١) فاغر العينَيْن (٢) مَشْدُوه (٣) ساذَج.

wide·ly [wīd'lĭ] *(adv.)* (١) كثيرًا؛ جِدًّا؛ إلى حَدٍّ بعيد (٢) على نحوٍ واسع أو عريض.

wide·mouthed [wīd'mouthd'] *(adj.)* (١) واسع الفم أو الفتحة (٢) فاغر الفم (٣) مُدَوٍّ؛ ملفوظ بملء الفم (٤) نَهِم؛ جَشِع.

wid·en [wī'dən] *(vt.; i.)* (١) يوسِّع؛ يُعرِّض x (٢) يتَّسِع؛ يَعْرُض.

wide–rang·ing *(adj.)* متّسع؛ متنوّع <his ~ interests>.

wide·spread [-'sprĕd'] *(adj.)* (١) مُمتَدّ؛ مُنتشر (٢) واسع الانتشار.

wide–spread·ing *(adj.)* (١) واسع؛ فسيح (٢) واسع الانتشار.

wid·geon [wĭj'ən] *(n.)* الوَدْجُون؛ الصَّوّاي: بطّ نهريّ.

widgeon

wid·ish [wīd'ĭsh] *(adj.)* واسعٌ أو عريضٌ بعضَ الشَّيء.

wid·ow [wĭd'ō] *(n.; vt.)* (١) الأرملة: «أ» امرأة مات عنها زوجها. «ب» «توزيعة» إضافيّة من أوراق اللَّعِب [كالتي تُطْرَح على المائدة]. «ج» كلمة مفرَدة أو أكثر تُختَتم بها الفقرة وتُنقَل إلى أعلى الصفحة التالية (طع). «د» سطر قصير في أدنى الصفحة أو العمود أو الفقرة (طع) § (٢) يرمِّل (٣) تُرْمِل [المرأة] (٤) يحرِمُهُ شيئًا عزيزًا عليه أو مضطرًّا إليه.

widow bird *(n.)* = whidah.

wid·ow·er [wĭd'ō ər] *(n.)* الأرمل: رجلٌ ماتت عنه زوجتُه.

wid·ow·er·hood [-hood'] *(n.)* التَّرمُّل أو مُدَّتُه [للرَّجُل].

wid·ow·hood [wĭd'ō hood'] *(n.)* (١) التَّرمُّل أو مُدَّتُه [للمرأة] (٢) widowerhood.

widow lady *(n.)* الأرملة: امرأة مات عنها زوجُها (ع).

widow's cruse *(n.)* مَعِين لا يَنْضَب.

widow's mite *(n.)* فَلْس الأرملة: مبلغ زهيد يتبرَّع به المرء ويكون كلَّ ما عنده من مال.

widow's walk *(n.)* مَمْشَى الأرملة: مَرْقَب تستخدمه زوجات البحّارة مُحاط بدرابزون فوق سطح بيت ساحليّ.

widow's walk

width [wĭdth; wĭtth] *(n.)* (١) عَرْض (٢) «أ» نطاق. «ب» سعة؛ اتِّساع. «ج» رحابة؛ شمول؛ تحرُّر (٣) قطعة [من قماش أو خشب].

width·ways [wĭdth'wāz'] *(adv.)* بالعَرْض.

width·wise [wĭdth'wīz'] *(adv.)* = widthways.

wield [wēld] *(vt.)* (١) يُدبِّر الأمر [أو يَسُوسه أو يعالجه] بنجاح (٢) يستخدم [أداة إلخ] ببراعة (٣) يسيطر على (٤) يستخدم [نفوذَه].

wield·y [wēl'dĭ] *(adj.)* (١) قويّ <~ hands> (٢) طيِّع؛ سَهْل القِياد.

wie·ner [wē'nər] *(n.)* = frankfurter.

wie·ner·wurst [wē'nər wûrst'] *(n.)* = frankfurter.

wie·nie [wē'nĭ] *(n.)* = frankfurter.

wife [wīf] *(n.)* (١) زوجة؛ عقيلة؛ قرينة؛ حَرَم (٢) امرأة (ع).

wife·hood [wīf'hood'] *(n.)* الزَّوجيّة: كونُ المرأة زوجةً.

wife·less [wīf'lĭs] *(adj.)* أعزب؛ غير متزوِّج؛ غير ذي زوجة.

wife·like [wīf'-] *(adv.; adj.)* (١) على طريقة الزَّوجات § (٢) لائق بزوجة.

wife·ly [wīf'lĭ] *(adj.)* خاصّ بالزَّوجة أو شبيهٌ أو لائقٌ بها.

wig [wĭg] *(n.; vt.)* (١) اللِّمّة؛ الجُمّة: الشَّعر المستعار (٢) توبيخ؛ تعنيف § (٣) يُزَوِّد بلِمّة (٤) يوبِّخ؛ يُعنِّف.

wig·an [wĭg'ən] *(n.)* الوَيْغَن: قماش شبيه بالخيش يُبطَّن به.

wigged [wĭgd] *(adj.)* مُلَمَّم: لابسٌ لِمّةً أو شعرًا مستعارًا.

wigged–out *(adj.)* فاقدُ الصِّلة بالواقع؛ مخبَّل؛ مجنون.

wig·gle [wĭg'əl] *(vi.; t.; n.)* (١) يتذبذب؛ يتهزهز (٢) يتلوّى؛ يتمعَّج x (٣) يذبذِب؛ يهزهِز § (٤) ذبذبة إلخ (٥) سمك مطهوّ بالصَّلصة إلخ.

— **wig·gly** *(adj.)*

to get a ~ on يُعَجِّل؛ يُسْرِع.

wig·gler [wĭg'lər] *(n.)* (١) فا wiggle (٢) يَرَقة الحَشَرة.

wight[1] [wīt] *(n.)* مخلوق؛ كائنٌ حيّ. وبخاصّة: إنسان (ا. ق).

wight[2] *(adj.)* شجاع (ا. ق).

wig·let [wĭ'glət] *(n.)* اللُّمَيْمة: لِمّة صغيرة (را. wig *1*).

wig·mak·er [wĭg'-] *(n.)* اللِّمَمِيّ: صانع اللِّمَم (را. wig) أو بائعُها.

wig·wag [wĭg'wăg'] *(vi.; t.; n.)* (١) يُلاوِح: يخاطِب من طريق التَّلويح بعَلَم أو ضوءٍ وَفقًا لنظام خاصّ (٢) يُلوِّح [بيده أو ذراعه] x (٣) يحرِّك [العَلَمَ] ملوِّحًا (٤) يُرسِل إشارة بالملاوَحة § (٥) الملاوَحة: مخاطَبة بالتَّلويح بعَلَم إلخ (٦) الملوَّحة: رسالة منقولة بالتَّلويح أو الملاوحة.

wig·wam [wĭg'wŏm'] *(n.)* الوَغَم: كوخ بَيْضَويّ أو مستدير الشَّكل [عند هنود أميركا الحُمر].

wigwam

wild [wīld] *(adj.; n.; adv.)* (١) بَرّيّ؛ وَحشيّ (٢) بُورٌ؛ قَفْر؛ غير محروث أو مأهول (٣) جامح؛ هائج (٤) «أ» مستسلِم [للحُزن إلخ]. «ب» شديد التَّوق أو الحماسة أو الغضب. «ج» حَرُون. «د» متهوِّر؛ طائش. «هـ» عاصف. «و» متطرِّف؛ مفرِط. «ز» مَسْعُور؛ ضارٍ (٥) هَمَجيّ (٦) جافٍ؛ غليظ (٧) شاذّ

(٨) بلا أساس <a ~ guess> (٩) شارد؛ طائش <a ~ bullet> (١٠) رائع <a ~ idea> § (١١) بَرِّيّة؛ قَفْر (١٢) الحالة البَرِّيّة أو الوحشيّة أو الطَّبيعيّة § (١٣) على نحوٍ جامحٍ أو متهوِّر أو مُفْرِط إلخ.

wild bergamot *(n.)* البَرْغَمُوت البَرِّيّ: نعناع عشبيّ شمالأميركيّ عَطِر.

wild boar *(n.)* الرَّتّ؛ العِفْر؛ الخنزير البَرِّيّ (ح).

wild boar

wild carrot *(n.)* = Queen Anne's lace.

wild·cat [wīld′kăt′] *(n.; adj.; vi.)* (١) السِّنَّوْر أو الهِرّ البَرِّيّ (٢) «أ» الهمجيّ. «ب» السَّريع الغضب (٣) إضراب غير مشروع (٤) مالٌ غير مضمون § (٥) «أ» غير جدير بالثِّقة والاعتماد [ماليًّا] <a ~ bank>. «ب» مغامِر؛ متهوِّر <~ companies>. «ج» جامح <a ~ locomotive>. «د» جزافيّ: محفور في منطقة غير معروفة بإنتاج البترول إلخ <~ wells>. «هـ» غير مشروع: منفَّذ من غير موافقة رسميّة من النِّقابة أو على نحوٍ يشكِّل خرقًا لاتّفاق أو عقد <a ~ strike> § (٦) يجازف: ينقِّب عن البترول إلخ في منطقة غير معروفة بإنتاجه (٧) يُضْرِب لاشرْعيًّا.

wildcat *1.*

— **wild·cat·ter** *(n.)*

wild dog *(n.)* = dingo.

wil·de·beest [wĭl′də bēst′] *(n.)* = gnu.

wil·der [wĭl′dər] *(vt.; i.)* (١) يُضِلّ (ا. ق) (٢) يُربك (ا. ق) x (٣) يَضِلّ (ا. ق) (٤) يرتبك (ا. ق).

wil·der·ness [wĭl′dər nĭs] *(n.)* (١) قَفْر؛ بَرِّيّة (٢) عدد أو مقدار ضخم [من كذا] (٣) المَتاهة: شيء كالقَفْر في اتّساعه <the ~ of the city>.

wild–eyed [wīld′īd′] *(adj.)* (١) هائج؛ مسعور (٢) متطرِّف؛ راديكاليّ.

wild fig *(n.)* = caprifig.

wild·fire [wīld′fīr′] *(n.)* (١) حريق هائل (٢) النّار الإغريقيّة: نار تشتعل في الماء (٣) ignis fatuus (٤) بَرْق بلا هزيم.

like ~, كالنّار في الهشيم.

wild flax *(n.)* = gold of pleasure.

wild·flow·er [wīld′-] *(n.)* (١) الزَّهرة البَرِّيّة (٢) النَّبتة البرِّيّة.

wild·fowl [wīld′foul′] *(n.)* الطَّريدة. وبخاصّة: بطّة أو إوزّة برِّيّة.

wild–goose chase *(n.)* محاولة عقيمة؛ مشروع أحمق لا طائل تحته.

wild·ing [wīl′dĭng] *(n.; adj.)* (١) «أ» نبتة برِّيّة. وبخاصّة: تفّاح برِّيّ. «ب» ثمرة برِّيّة (٢) حيوان برِّيّ أو وحشيّ § (٣) برِّيّ؛ وحشيّ.

wild land *(n.)* قَفْر؛ صَحْراء.

wild·life [wīld′līf′] *(n.)* البَراريّات: الحيوانات والنباتات البَرِّيّة.

wild·ling [wīld′lĭng] *(n.)* (١) نبتة بَرِّيّة (٢) حيوان بَرِّيّ.

wild·ly [wīld′-] *(adv.)* (١) بطريقة وحشيّة (٢) إلى حدٍّ بعيد.

wild mad·der *(n.)* = madder 1 *a*, *b*.

wild marjoram *(n.)* = oregano.

wild mustard *(n.)* = charlock.

wild pansy *(n.)* البَنْصة البَرِّيّة؛ زهرة الثّالوث (نب).

wild pink *(n.)* السِّلينوس: نبات أميركيّ يفرز مادّةً دَبِقة تعلَق بها الحشرات الصَّغيرة.

wild type *(n.)* الطراز الوحشيّ: الطراز الأصليّ للمتعضّي [في الطبيعة].

Wild West *(n.)* الغرب الضّاري: غرب الولايات المتَّحدة الأميركيّة قبل خضوعه لسلطان القانون.

wild·wood [wīld′wo͝od′] *(n.)* الغابة الوحشيّة: غابة لم تطأها قدما الإنسان ولم تمسَسْها يداه بتعديل ما.

wile [wīl] *(n.; vt.)* (١) خُدْعة (٢) خِداع (٣) حِيلة § (٤) يخدع أو يُغوِي (٥) يقطِّع أو يقتل الوقت.

wil·ful [wĭl′fəl] *(adj.)* = willful.

wil·i·ly [wī′lĭ lĭ] *(adv.)* بمكر؛ بطريقة ماكرة.

wil·i·ness [wī′lĭ nĭs] *(n.)* مَكْر.

will[1] [wĭl] *(v. aux.)* فعل مساعد يفيد معنى الرَّغبة أو العادة أو التَّسويف [الاستقبال] أو الحتميّة أو الأمر إلخ.

will[2] *(vt.; i.)* يشاء؛ يرغب؛ يريد <Say what you ~.>.

will[3] *(vt.; i.)* (١) يوصي [أو يُورِث] بوصيّة (٢) يختار (٣) يأمر (٤) يرغب في كذا.

will[4] *(n.)* (١) «أ» مَيْل؛ رَغْبة. «ب» شهوة [إلى الطَّعام]؛ هَوًى. «ج» عزم؛ تصميم (٢) إرادة؛ مشيئة (٣) الإرادة (نف) (٤) الوصيّة (ق).

at ~, (١) ساعةَ يشاء المرء (٢) ممكن إخلاؤه فورًا (ق).

with a ~, بعزم وتصميم.

willed [wĭld] *(adj.)* ذو إرادة [من نوع مُعَيَّن] <iron-*willed*>.

wil·lem·ite [wĭl′ə mīt′] *(n.)* الوَلَمِيت: معدن عديم اللون.

wil·let [wĭl′ĭt] *(n.)* الوِلِّيت: طائر أميركيّ من طيور السَّواحل.

will·ful *or* **wil·ful** [wĭl′-] *(adj.)* (١) عنيد؛ متصلِّب (٢) متعمَّد؛ مقصود.

wil·lies [wĭl′ĭz] *(n. pl.)* نرفزة شديدة؛ اهتياج عَصَبيّ بالغ.

will·ing [wĭl′ĭng] *(adj.)* (١) مُسْتعِدّ (٢) «أ» راغب؛ مُريد. «ب» راغب في العَمَل أو الاستجابة <~ workers>. «ج» صاغٍ؛ واعٍ <turned a ~ ear to...> (٣) تلقائيّ؛ طَوْعيّ <a ~ sacrifice> (٤) إراديّ.

— **will·ing·ness** *(n.)*

will·ing·ly [-lĭ] *(adv.)* تلقائيًّا؛ طوعيًّا؛ برغبة؛ عن طيب خاطر.

wil·li·waw [wĭl′ĭ wô′] *(n.)* الصَّرْصَر: ريح عاصفة باردة أو مفاجئة.

will–less [wĭl′ləs] *(adj.)* (١) لا إراديّ (٢) مسلوب الإرادة.

will–o'–the–wisp [wĭl′ə thə wĭsp′] *(n.)* (١) ignis fatuus (٢) سراب؛ أملٌ خادع (٣) شخص مُراوِغ.

— **will–o'–the–wisp·ish** *(adj.)*

wil·low [wĭl′ō] *(n.; vt.)* (١) الصَّفْصاف (نب) (٢) شيء مصنوع من خشب

ă at; **ā** date; **â** care; **ä** car; **ĕ** egg; **ē** me; **ĭ** in; **ī** bite; **ŏ** lot; **ō** bone; **ô** orphan; **oi** boil; **o͝o** good; **o͞o** boot; **ou** out; **ŭ** under; **û** urgent; **ə** = *a* in alone, *e* in system, *i* in easily, *o* in gallop, *u* in circus.

الصَّفصاف. وبخاصّة: مِضرَب الكريكيت (٣) مِنْدَف [للقُطن أو الصُّوف] § (٤) يندف [القطنَ أو الصُّوف].

to wear the ~, يَأْسَى على؛ يلبس ثوبَ الحِداد على.

wil·low·er [wĭl′ō ər] *(n.)* (١) النّدّاف: العامل بالمِندف (٢) مِندَف.

willow herb *(n.)* السِّنْفِيّة؛ الأبيلوبيون: نباتٌ أُرجوانيّ الزَّهر (نب).

willow oak *(n.)* بلُّوط صفصافيّ الوَرَق (نب).

willow pattern *(n.)* الرَّسم أو النَّقش الصَّفصافيّ: رسمٌ أو نقش يُصْطَنَع في زخرفة الآنية الصَّفصافيّة (را. المادّة التّالية).

willow pattern

wil·low·ware [wĭl′ō wâr′] *(n.)* الآنية الصَّفصافيّة: آنية مائدة من الخزف الصِّينيّ المزيَّن برسم يمثِّل صفصافةً ضخمة قربَ جسر صغير.

wil·low·y [wĭl′ō ĭ] *(adj.)* (١) كثير الصَّفصاف؛ زاخرٌ بالصَّفصاف (٢) طَوِيّ؛ مَرِن؛ سَهْل الانثناء (٣) رشيق؛ ممشوق القوام.

will·pow·er [wĭl′pou ər] *(n.)* قُوّة الإرادة.

will·y [wĭl′ĭ] *(n.; vt.)* (١) مِندَف [للقُطن] § (٢) يندف [القطنَ].

wil·ly–nil·ly [-nĭl′ĭ] *(adv.; adj.)* (١) طَوْعًا أو كَرْهًا؛ شاء المرء أم أبَى (٢) عشوائيًّا (٣) تلقائيًّا § (٤) عشوائيّ (٥) متردِّد: يُعْوِزه العزم والتقرير.

wilt[1] [wĭlt] = *archaic present 2d sing. of* will.

wilt[2] *(vi.; t.; n.)* (١) يَذْبُل؛ يَذْوِي (٢) يشعر بإرهاق x (٣) يُذْبِل؛ يُذْوِي (٤) يُرْهِق § (٥) ذُبول؛ ذَوِيّ (٦) داء الذُّبول: «أ» مرض يُصيب بعضَ النَّباتات فيُفْقِدها نضارتها. «ب» مرض يُصيب اليساريع (را. caterpillar).

Wil·ton [wĭl′tən] *(n.)* الولتُن: سجّادة ذات سطح مخمليّ.

Wilt·shire [wĭlt′shēr; - shər] *(n.)* الولتْشيريّ: خروف من سُلالة أغنام إنكليزيّة بيضاء ذات قرون طويلة لولبيّة.

wi·ly [wī′lĭ] *(adj.)* ماكِر؛ مخادِع؛ مراوِغ.

wim·ble [wĭm′bəl] *(n.; vt.; i.)* (١) مِثْقَب § (٢) يثقب (ا. ق).

wimp [wĭmp] *(n.)* شخص ضعيف أو جبان أو غير فعّال.

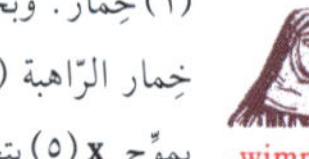
wimple *1.*

wim·ple [wĭm′pəl] *(n.; vt.; i.)* (١) خِمار. وبخاصّة: خِمار الرّاهبة (٢) ثَنْيَة؛ طيَّة § (٣) يغطّي بخمار (٤) يجعِّد؛ يموِّج x (٥) يتجعَّد؛ يتموَّج (٦) يتمعّج؛ يتعرّج (إسك).

wimp out *(vi.)* (١) يَجْبُن؛ يتراجع (٢) يختار أسهل الطُّرُق المُتاحة.

win [wĭn] *(vi.; t.; n.)* (١) يفوز؛ يَظْفر (٢) يوفَّق إلى بلوغ موضع ما أو حالة ما x (٣) يربح [معركة أو مباراة]؛ يكسب (٤) يستميل؛ يستهوي <to ~ the audience over> (٥) يستخرج [الخامات أو الفحم أو الطِّين] (٦) يهيِّئ للتَّنقيب (٧) يستخلص [المعدنَ مثلًا] من رِكاز أو خامة (٨) يجمع؛ يحصد (ع) (٩) يجفِّف [التِّبنَ إلخ] بتعريضه للهواء أو الحرارة (عب) § (١٠) فَوْز. وبخاصّة: «أ» فوز الفَرَس بالمقام الأوّل في سباق. «ب» المقام الأوّل في سباق (١١) مِقدار ما يُكْسَب أو يُجْنَى.

to ~ hands down ينجح بسهولة فائقة.

to ~ out ينجح؛ يفوز؛ ينتصر.

to ~ through يتغلّب على المصاعب.

wince [wĭns] *(vi.; n.)* (١) يُجْفِل § (٢) إجفال.

winch [wĭnch] *(n.; vt.)* (١) وِنْش؛ رافعة؛ مِرفاع (٢) ذراع إدارة أو كَرَنْكٌ ذو مقبض [لتشغيل آلةٍ ما] § (٣) يرفع بوِنْش.

winch *1.*

wind[1] [wĭnd] *(n.)* (١) ريح (٢) نزعة؛ اتّجاه (٣) «أ» نَفَس. «ب» تَنَفُّس. «ج» فم المعدة (٤) ريح البطن (٥) هواء أو غاز مضغوط (٦) «أ» هُراء؛ كلام فارغ. «ب» لا شيء؛ عَدَم <theories based on ~>. «ج» غرور (٧) «أ» رائحة الصَّيّاد أو الطَّريدة. «ب» معلومات طفيفة [عن شيء يُراد إبقاؤه طيَّ الكتمان] (٨) «أ» آلات النَّفخ الموسيقيّة <music for strings and for ~>. «ب» *.pl*: العازفون على هذه الآلات وبخاصة في أوركسترا (٩) «أ» إحدى الجهات الأربع. «ب» مَهَبّ الرِّيح (١٠) هواء (ا. ق) (١١) قوّة مدمِّرة.

before the ~, نحو اتّجاه الرِّيح.

in the ~, في الجوّ؛ على وشك الحدوث.

near the ~, (١) قريبًا من نقطة الخطر (مل) (٢) مقاربٌ الحدَّ المسموح به (مل) (٣) قريب من الريح (مل).

off the ~, بعيدًا عن مهبّ الرِّيح (مل).

sound in ~ and limb في صحّة ممتازة.

to get the ~ up (١) يهتاج؛ يثور (٢) يرتاع.

to get ~ of (١) تَسْتَرْوِح [الطَّريدةُ] رائحةَ الصَّيّاد إلخ (٢) يَعْلَم بـ؛ يكتشف [مؤامرةً إلخ].

to put the ~ up someone يروِّعه أو يُخيفه.

to raise the ~, يحصل على المال المطلوب (ع).

to take the ~ out of somebody's sails يحول بينه وبين قول شيء أو عملِهِ وذلك بأن يسبقه إلى قول ذلك الشيء أو عملِهِ.

wind[2] [wĭnd] *(vt.; i.)* (١) يَسْتَروِح: يجد ريحَ كذا أو رائحته (٢) يهوِّي؛ يعرِّض للهواء؛ يجفِّف بالتَّعريض للهواء (٣) يُريحُ [الفرسَ إلخ] حتى يستردَّ أنفاسه (٤) يسبِّب انقطاعًا أو قصورًا في النَّفَس x (٥) يشمّ طريدةً (٦) يتمهّل [كي يستردّ أنفاسه] (ع).

wind[3] [wīnd; wĭnd] *(vt.; i.)* ينفخ أو يُصَوِّت بالنَّفخ في بوق.

wind[4] [wīnd] *(vt.; i.; n.)* (١) يَحُوك (ا. م) (٢) يورِّط (٣) يَدُسّ [نَفْسَهُ]؛ يتسلَّل إلى (٤) يلفّ (٥) يرفع [بمرفاع أو وِنْش إلخ] (٦) «أ» يملأ؛ يعبِّئ؛ يدوِّر <to ~ a clock>. «ب» يُدير [بكَرَنْك أو ذراع إدارة] (٧) يغيِّر اتِّجاهَ السَّفينة (٨) «أ» يخترق متمعِّجًا <.A river ~s that valley>. «ب» يشقّ [طريقَه] متلوِّيًا أو متمعِّجًا x (٩) يلتفّ؛ يلتوي (١٠) يتمعّج [الطَّريقُ] (١١) ينعطف المركب [وهو مشدود إلى مراسيه] (١٢) يُعبَّأ؛ يدوَّر <a clock that ~s with difficulty> § (١٣) مِرفاع؛ وِنْش (١٤) التواء (١٥) رَفْع [بمرفاع أو وِنش] (١٦) تعبئة الساعة أو مَلؤها أو تدويرها (١٧) لفّة؛ دَوْرة.

to ~ off يحلّ أو «يكرّ» الخيوط [من وَشيعة أو بكرة].

to ~ down *or* up انظرهما في موضعيهما.

wind·age [wĭn′dĭj] *(n.)* (١) المُنْفَسَح: الفسحة التي بين المقذوف وبين سطح الماسورة (جن) (٢) الانحراف: «أ» مقدار الانحراف البَصَريّ الضَّروريّ للتَّعويض عن انحراف المقذوف بسبب الرِّيح. «ب» انحراف [المقذوف] النّاشئ عن الرِّيح (٣) اضطراب الهواء [النّاشئ عن مرور شيء فيه، كقذيفة أو نحوها] (٤) سطح السَّفينة المعرَّض للرِّيح (مل).

wind·bag [wĭnd′băg′] *(n.)* المُتَبَجِّح؛ المُدَّعِي؛ الثَّرثار المتبطِّل.

wind·blast [wĭnd′blăst′] *(n.)* العَصْفة: هَبّة ريح قويّة جدًّا.

wind·blown [wĭnd′blōn′] *(adj.)* (١) تَذْرُوه أو تعصف به الرِّيح <~ sands> (٢) ريحيّ النموّ: نام على شكل معيَّن بسبب من الرِّياح القويّة السّائدة <~ trees along the coast> (٣) مقصوصٌ قصًّا قصيرًا بحيث تتّجه أطرافه نحو الجبين <~ hair>.

wind–borne [wĭnd′bôrn′] *(adj.)* محمول بالرِّيح؛ تحمله الريح <~ ashes>.

wind·bound [wĭnd′bound′] *(adj.)* مُوثَق بالرِّيح: صِفة للمركب الذي تَحُول الرِّيح المعاكسة دون إبحاره.

wind·break [wĭnd′brāk′] *(n.)* وِقاء من الرِّيح. وبخاصّة: أشجار تُتَّخذ وِقاءً من الرِّيح.

wind·break·er [wĭnd′-] *(n.)* حاجبة الرِّيح: سِترة قصيرة مقاومة للرِّيح.

wind–bro·ken [wĭnd′-] *(adj.)* مَرْبُوّ: مُصابٌ بالرَّبْو [صِفةٌ لفَرَس].

wind·burn [wĭnd′-] *(n.)* حَرْق الرِّيح: تهيُّج للجِلد تسبِّبه الرِّيح.

Wind·cheat·er [wĭnd′chē-] *(n.)* <trademark> = windbreaker.

wind·chill [wĭnd′chĭl′] *(n.)* عاملُ البَرْد: حرارةُ الهواءِ الساكنِ التي يعادل أثرُها في جسم الإنسان أثرَ سرعة الريح وحرارة الهواء مجتمِعَيْن.

windchill factor *or* **index** *(n.)* = windchill.

wind cone

wind cone [wĭnd] *(n.)* مخروط الرِّيح: كُمّ مخروطيّ الشَّكل يُنْصَب [على سارية إلخ] لتبيين اتّجاه الرِّيح («طي» و«أر»).

wind down [wĭnd] *(vi.; t.)* (١) يسحب تدريجيًّا [باتجاه نهاية أو حدٍّ ما] (٢) يرتاح؛ يسترخي x (٣) يخفّض تدريجيًّا [وصولًا إلى نهاية محدَّدة].

wind·er [wīn′dər] *(n.)* (١) اللّافّ؛ اللَّفّاف (٢) لفّافة الخيوط (مك) (٣) المالئ؛ المعبِّئ: مِفتاح لملء السّاعة أو تعبئتها أو تدويرها (٤) درجة [في سُلَّم لَوْلَبيّة].

wind·fall [wĭnd′-] *(n.)* (١) السُّقاطة؛ طَرْح الرِّيح: ما تُسْقِطه أو تطرحه الرِّيح من شجر أو ثَمَر (٢) حظٌّ غير مُرْتَقَب؛ كسبٌ مفاجئ أو غير متوقَّع.

wind·flaw [wĭnd′flô′] *(n.)* عَصْفة؛ هَبّة ريح مفاجئة.

wind·flow·er [wĭnd′flou′ər] *(n.)* = anemone.

wind·gall [wĭnd′gôl′] *(n.)* وَرَمٌ أو انتفاخ [في رسغ الفَرَس].

wind gap [wĭnd] *(n.)* فجوة الرِّيح: ثلمٌ في قِمّة الجَبَل.

wind guage [wĭnd] *(n.)* = anemometer.

wind harp [wĭnd] *(n.)* = aeolian harp.

wind·hov·er [wĭnd′hŭv′ər] *(n.)* العَوْسَق (را. kestrel) (بر).

windi·ly [wĭnd′ĭ lĭ] *(adv.)* على نحوٍ عاصف أو فارغ (را. windy).

wind·ing [wīn′-] *(n.; adj.)* (١) «أ» لفيفة [من أسلاك أو حبال]. «ب» لَفّة مفردة [من المادّة الملفوفة] (٢) لفّ (٣) مُنْعَطَفٌ (٤) رَفْعٌ [بمِرفاع أو وِنش] (٥) مَلء السّاعة أو تدويرها (٦) التواء § (٧) لولبيّ (٨) متمعِّج <~ roads>.

wind·ing–sheet [wīn′dĭng shēt′] *(n.)* كَفَنٌ.

wind instrument [wĭnd] *(n.)* آلة النَّفْخ (مو).

wind·jam·mer [wĭnd′jăm′ər] *(n.)* (١) سفينة مُبْحِرة أو أحد ملّاحيها (٢) الثّرثار (ع) (٣) النافخ: العازف على آلة نفخ موسيقيّة (ع).

windlass *1a.*

wind·lass [wĭnd′ləs] *(n.; vt.)* (١) «أ» مِرفاع. «ب» مِرفاع للمرساة § (٢) يرفع بمرفاع أو وِنش.

win·dle·straw [wĭn′dəl strô′] *(n.)* (١) سُوَيْقة عشب جافّة (نب) (بر) (٢) شيء ضعيف أو خفيف. وبخاصة: شخص نحيل أو ضعيف (إسك).

windmill *1a.*

wind·mill [wĭnd′mĭl′] *(n.; vt.; i.)* (١) «أ» الطّاحونة الهوائيّة. «ب» دولاب الطّاحونة الهوائيّة (٢) «أ» دولاب الهواء (را. pinwheel). «ب» المِرْوحيّة؛ الحوّامة؛ الطّائرة العموديّة؛ الهليكوبتر (ع) (٣) عدوّ أو شرّ وهميّ <to fight ~s> § (٤) يُدير [أو يَدُور] مثلَ طاحونة هوائيّة.

win·dow [wĭn′dō] *(n.; vt.)* (١) نافذة؛ شُبّاك (٢) لَوْح زُجاجيّ [في نافذة] (٣) مِصْراع؛ صِمام؛ شَقّ [شِقّ صغير ضيِّق] (٤) النّافذة: الجزء الشّفّاف الكاشف عن العنوان [في بعض ظروف الرَّسائل] (٥) النافذة: مساحة صغيرة على الشّاشة يُعرض عليها ملفّ (كم) § (٦) يُنَفِّذ: يزوِّد بنوافذَ أو نحوها.

window box *(n.)* أُصِيص النّافذة: وِعاء تُزرَع فيه الرَّياحين ويُوضع على عتبة النّافذة.

window–dress [wĭn′dō drĕs′] *(vt.)* يجمِّل؛ يُهَنْدِم؛ يُزَخرِف.

window dresser *(n.)* مُزَخرِف الواجِهة: «أ» مَنْ يُزخرف واجهات المتاجر ويرتّب معروضاتها ترتيبًا جذّابًا. «ب» مَنْ يحرِّف الحقائق إلخ أو يُقيم «الواجهات» الخادعة بُغيةَ إعطاء الجمهور صورةً غير صحيحة عن واقع المؤسَّسة أو المشروع أو الحزب إلخ. **— window dressing** *(n.)*

win·dowed [wĭn′dōd′] *(adj.)* (١) ذو نوافذَ أو فتحات (٢) ممزَّق؛ رَثّ.

window envelope *(n.)* الظَّرف المنفَّذ: ظرف ذو جانب شفّاف يكشف عن العنوان المدوَّن على الرِّسالة.

win·dow·pane [wĭn′dō pān′] *(n.)* لَوْحٌ زُجاجيّ [في نافذة].

window sash *(n.)* إطار الألواح الزُّجاجيّة [في نافذة].

window seat *(n.)* (١) مقعد النّافذة: مقعد تحت عتبة نافذةٍ متراجعة (٢) مقعد قرب النّافذة [في باص أو طائرة].

window shade *(n.)* حِجاب [أو ستارة] النّافذة.

win·dow–shop *(vi.)* يستعرض معروضات الواجهة [من دون أن يدخل إلى المتجر ويشتري منه شيئًا]. **— win·dow–shop·per** *(n.)*

win·dow·sill [wĭn′dō sĭl′] *(n.)* عتبة النّافذة.

wind·pipe [wĭnd′pīp′] *(n.)* الرُّغامَى: القَصَبة الهوائيّة (ت).

wind–pol·li·nat·ed [wĭnd′pŏ′-] *(adj.)* ملقَّح بالرِّيح [الحاملة لغُبار الطَّلْع].

wind·proof [wĭnd′proof′] *(adj.)* كَتيم أو صامِدٌ للرِّيح.

wind rose [wĭnd′rōz′] *(n.)* وردة الرِّياح: رسمٌ بيانيّ يُظهِر تواتُرَ الرِّياح وشدَّتها من مختلف الجهات (أر).

wind·row [wĭnd′rō] *(n.; vt.)* (١) صَفّ من التِّبن أو الذُّرة إلخ [يُعَرَّض للرِّيح حتى يجفّ] (٢) المركوم: «أ» كلّ ما تَرْكمه الرِّياح من أتربة وأوراق نبات جافّة. «ب» رُكام من الحَصَى إلخ مطروحٌ في جانب الطَّريق (٣) كَوْمة؛ رُكام § (٤) يصفّ؛ يركم.

wind·screen [wĭnd′-] *(n.)* (١) حاجز يحمي من الرِّيح (٢) windshield.

wind shake [wĭnd] *(n.)* صَدْع الرِّياح: صَدْع في الخَشَب يُعْزَى إلى أثَر الرِّياح القويّة في جذع الشَّجرة. **— wind–shak·en** *(adj.)*

wind·shield [wĭnd′shēld′] *(n.)* حاجب الرِّيح: الحاجب الزُّجاجيّ الذي يقي سائق السَّيّارة من الرِّيح (سي).

wind sleeve *or* **wind sock** [wĭnd] *(n.)* = wind cone.

Wind·sor chair [wĭn′zər] *(n.)* كُرْسيّ وندسور: كرسيّ خشبيّ ذو ظهرٍ مِغْزَليّ الشَّكل وقوائمَ مائلةٍ نحو الخارج.

Windsor chair

Windsor tie *(n.)* أُرْبة وندسور: رباط رقبة حريريّ يُعقَد على نحوٍ فَراشيّ الشَّكل.

wind sprint [wĭnd] *(n.)* انطلاقة الرِّيح: عَدْوٌ سريع لتحسين التَّنَفُّس (رب).

wind·storm [wĭnd′-] *(n.)* العاصفة الرِّيحيّة: عاصفة تصحبها رياح شديدة ولكنّها عديمة المطر أو ضئيلتُه.

wind·surf [wĭnd′-] *(vi.)* يُرَكْمِج: يَرْكب الأمواج [على لَوح شراعيّ].

wind·swept [wĭnd′swĕpt′] *(adj.)* مَذْرُوّ بالرِّيح؛ تذروه الرِّياح.

wind tee [wĭnd] *(n.)* تاء الرِّيح: دليلٌ لاتّجاه الرِّيح، على شكل حرف T أُفقيّ، يُنصَب في مهبط الطّائرات أو قربه (طي).

wind·throw [wĭnd′-] *(n.)* المُقْتَلَع: ما تقتلعه الريح من الشَّجَر.

wind tunnel [wĭnd] *(n.)* النَّفَق الهوائيّ: مَجاز نَفَقيّ الشَّكل يُنْفَخ فيه الهواءُ لتقرير أثر ضغط الرِّياح على طائرة أو قذيفة موجَّهة إلخ.

wind·up [wīnd′ŭp′] *(n.; adj.)* (١) «أ» إنهاء. «ب» نهاية؛ خاتمة § (٢) ذو نابضٍ أو زنبركٍ يُدار باليد <~ toys>.

wind up [wīnd] *(vt.; i.)* (١) يُنهي (٢) يختم (٣) يصفّي عملًا تجاريًّا x (٤) يصل إلى نتيجة أو خاتمة (٥) ينتهي إلى موضع أو وضعٍ ما <*wound up* as refugees>.

wind·ward [wĭnd′wərd] *(adv.; adj.; n.)* (١) نحو الرِّيح؛ مواجهًا للرِّيح § (٢) متَّجه نحو مهبّ الرِّيح؛ مُبحِر ضدّ الرِّيح (مل) (٣) مواجهٌ للرِّيح § (٤) مَهبّ الرِّيح: النّاحية أو الجهة التي تهبّ منها الرِّيح.

wind·way [wĭnd′wā′] *(n.)* المَجاز الهوائيّ: مَسْلَكٌ للهواء [وبخاصّة في منجم].

wind–wing [wĭnd′wĭng] *(n.)* الجناح الهوائيّ: لوح زجاجيّ صغير في نافذة من نوافذ السَّيّارة يُمْكِن إدارتُه إلى الخارج للتَّهوية.

wind·y [wĭn′dĭ] *(adj.)* (١) مذرُوّ بالرِّياح: تذروه أو تعصف به الرِّياح <~ hills> (٢) «أ» عاصف <a ~ day>. «ب» عنيف (٣) «أ» متطبِّل [من أثر الغازات في الأمعاء أو المعدة]. «ب» مطبِّل للبطن <~ cakes> (٤) «أ» طنّان؛ فارغ <~ talk>. «ب» متبجِّح؛ مِهْذار <~ politicians>.

wine [wīn] *(n.; vt.; i.)* (١) خَمْرٌ؛ راحٌ؛ نبيذ (٢) عصير؛ شراب (٣) شيء مُسْكر أو مبهج (٤) الخَمْريّ: لون أحمر داكن § (٥) يقدِّم الخمرَ إلى x (٦) يعاقر الخمر؛ يشرب الخمر.

wine·bib·ber [wīn′bĭb′ər] *(n.)* السِّكّير: مُدْمِنُ الخمر.

wine cellar *(n.)* (١) قَبْوُ الخمر (٢) مخزون من الخمر.

wine·glass [wīn′glăs′] *(n.)* كأس الخمر؛ قَدَح الخمر.

wine·grow·er [wīn′grō′ər] *(n.)* زارع الخمر: مَنْ يزرع الكَرْمة ويصنع منها خمرًا.

wine·mak·ing [wīn′mā′-] *(n.)* الخِمارة: صناعة الخَمْر.

wine palm *(n.)* النَّخيل الخمريّ: نخلٌ يُصْنَع من نُسْغِهِ أو عُصارته ضربٌ من الخمر.

wine·press [wīn′prĕs′] *(n.)* مِعْصَرة العِنَب: «أ» راقود يُعْصَر فيه العِنَب بالدَّوس أو بواسطة مِكْبَس. «ب» آلة تستخرج العصير من العِنَب.

win·er·y [wī′nə rĭ] *(n.)* المَخْمَرة: مَصْنع الخَمْر.

wine·shop [wīn′shŏp′] *(n.)* خمّارة؛ حانة.

wine·skin [wīn′skĭn′] *(n.)* الزِّقّ: وعاء جِلديّ تُوضع فيه الخمر.

wine taster *(n.)* (١) ذائق الخمر: مَنْ يختبر الخمر بتذوُّقها (٢) المِذْوَقَة: طاس صغيرة مسطَّحة تُوضَع فيها عيِّنة من الخمر بُغيَةَ تذوُّقها.

win·ey [wī′nĭ] *(adj.)* = winy.

wing [wĭng] *(n.; vt.; i.)* (١) جَناح (٢) شيء كالجناح شكلًا أو مَظهرًا أو موضعًا. مثل: «أ» دولاب الطّاحونة الهوائيّة. «ب» شِراع (٣) طيران (٤) ذراع الإنسان (٥) منطقة قصيّة أو نائية (٦) الجَناح: «أ» جناحٌ من مستشفًى إلخ. «ب» أحد الجدران المدهونة الممثِّلة لمنظر ما في جانب من خشبة المسرح. «ج» *pl.*: جزء جانبيّ من خشبة المسرح لا يراه النَّظّارة. «د» جناحُ الجيشِ أو الأسطولِ الأيمنُ أو الأيسرُ. «هـ» أحد المواقع أو اللّاعبِين في كلٍّ من جانبَي الملعب الرِّياضيّ. «و» إحدى جماعتَيْن يمثِّل كلٌّ منهما اتّجاهًا متعارضًا [في حزب أو هيئة إلخ]. «ز» وحدة من وحدات سلاح الطَّيران (٧) إحدى بَتَلات زهرة البازلّا (نب) (٨) المطويّ: جزء يُطوَى من بابٍ مزدوج أو حاجزٍ قابلٍ للطيّ § (٩) يجنِّح: يزوِّد بأجنحة (١٠) يساعده على الطَّيران أو الإسراع <Fear ~*ed* her feet.> (١١) «أ» يَهيض الجَناحَ. «ب» يُسقِط طائرةً (١٢) يجرحه [برصاصة إلخ] من غير أن يقتله (١٣) يخترق أو يجتاز مستعينًا بأجنحة (١٤) يشقّ طريقَهُ [بالطَّيران] (١٥) يوجّه [أو يسدِّد الضَّربات] على جناح السُّرعة (١٦) يُرَيِّش: يزوِّد [سهمًا] بالرِّيش (١٧) يرتجل x (١٨) «أ» يطير. «ب» يُبحِر.

on the ~, (١) طائرًا؛ أثناء الطَّيران (٢) مرتحلًا؛ مسافرًا.

on the ~s of the wind على جناح الرِّيح؛ بسرعة بالغة.

to take to itself ~s يتبدَّد أو يتلاشَى بسرعة.

to take ~, (١) يطير (٢) ينصرف مسرعًا (٣) يفرّ.

under the ~ of في كَنَفِهِ؛ في حمايتِهِ أو رعايتِهِ.

wing and wing *(adv.)* منشورَ الأشرعة على الجانبَيْن (مل).

wing·back [wĭng′-] *(n.)* ظهير الجناح [في كرة القدم الأميركيّة].

wing case *(n.)* = elytron.

wing chair *(n.)* الكُرْسيّ المُجَنَّح: كرسيّ ذو ذراعَيْن يتميَّز ظَهْرُه بجانبَيْن ناتِئَيْن يُريح عليهما الجالسُ رأسَهُ.

wing chair

wing commander *(n.)* قائد الجَناح [في سِلاح الطَّيران].

wing coverts *(n. pl.)* كواسي الجَناح (را. coverts).

wing·ding [wĭngʹdĭng] *(n.)* سهرة أو حفلة اجتماعيّة صاخبة.

winged [wĭngd] *(adj.)* (١) مجنَّح؛ ذو جناحَيْن (٢) سائر؛ ذائع [وكأنَّ له جناحَيْن] <~ words> (٣) سامٍ؛ رفيع <~ love> (٤) سريع <~ days> (٥) مَهيض الجناح؛ وبالتّالي: «أ» جريح. «ب» قتيل.

wing·er [wĭngʹ-] *(n.)* لاعب الجَناح [في كرة القدم أو هوكي الجليد].

wing–foot·ed [wĭngʹfŏotʹĭd] *(adj.)* مُجَنَّحُ القَدَمَيْن: سريع.

wing·less [wĭngʹlĭs] *(adj.)* لاجَناحِيّ؛ غير مجنَّح؛ غير ذي جناحَيْن.

wing·let [wĭngʹlĭt] *(n.)* الجُنَيْح: جَناح صغير.

wing·like [wĭngʹ-] *(adj.)* شبيهٌ بالجناح [في الشَّكل أو الوضع الجانبيّ].

wing loading *or* **load** *(n.)* حمولة الجناح (طي).

wing nut *(n.)* الصَّمولة أو الحَزقَة أو العَزَقَة المجنَّحة.

wing·o·ver [wĭngʹ-] *(n.)* الانقلاب على الجناح [في المناورات بالطائرة].

wings [wĭngz] *(n.)* الشّارة الجناحيّة: شارة على شكل جناح مرفرِف تُمنَح للطَّيّار بعد إتمامه قدرًا معيَّنًا من التَّدريب.

wing shooting *(n.)* رَمْيُ الجَناح: «أ» إطلاق النّار على الطَّير أثناء طيرانها. «ب» إطلاق النّار على الأهداف الطّائرة.

wing·span [wĭngʹspănʹ] *(n.)* باعُ الجناح: المسافة بين أقصَى جناح الطّائرة الأيمن وأقصَى جناحها الأيسر (طي).

wing·spread [-ʹsprĕdʹ] *(n.)* بَسْطةُ الجناح: المسافة بين أقصَى جناح الطّائر الأيمن وأقصَى جناحه الأيسر حين يُنْشَران أو يُبْسَطان على مداهما.

wing·tip [-ʹtĭpʹ] *(n.)* طَرَف جناح العصفور أو الخُفّاش أو الحَشَرة إلخ.

wing·y [wĭngʹĭ] *(adj.)* (١) «أ» مُجنَّح؛ ذو جناحين. «ب» سريع (٢) سامٍ؛ رفيع (٣) شبيه بالجناح شكلًا أو موضعًا <~ sleeves>.

wink [wĭngk] *(vi.; t.; n.)* (١) يَغْمِز [بعينه] (٢) تَطرِف [عينُه لاإراديًّا] (٣) يتغاضى عن [تتبعها *at* عادةً] (٤) يُومِض (٥) ينتهي أو ينطفئ [تتبعها *out* عادةً] (٦) يوجِّه رسالةً [بواسطة الضَّوء] <The destroyer was *~ing* urgently.> x (٧) يغمِز (٨) يعبِّر بالغمز § (٩) سِنة؛ نومٌ قصير (١٠) «أ» غمزة. «ب» غَمْزٌ (١١) لحظة (١٢) طَرْفة عَيْن.

forty ~*s* إغفاءة؛ سِنة؛ نومٌ قصير.

to tip a person the ~, يغمزه [تنبيهًا أو تحذيرًا].

wink·er [-ʹər] *(n.)* (١) فا wink (٢) «أ» الغِمامة: جزء من اللِّجام يَحُول بين الفَرَس والنَّظَر جانبيًّا. «ب» عَيْن. «ج» هُدْب العَيْن.

win·kle [wĭngʹkəl] *(n.; vi.; t.)* (١) البَرْوَنَق (را. periwinkle²) (ح) § (٢) twinkle x (٣) يُخْرِج [من مكان معيَّن] [تتبعها *out* عادةً] (بر).

win·na·ble [wĭnʹə-] *(adj.)* يُكْسَب؛ يُرْبَح: ممكنٌ كسبُهُ أو ربحُهُ.

win·ner [wĭnʹər] *(n.)* فا win. وبخاصّة: الفائز؛ الظّافر؛ الرّابح.

winner's circle *(n.)* حَلْقة المُجَلِّي: حظيرة قرب حلبة السِّباق يُقاد إليها الفرس الفائز وفارسُهُ لكي تؤخذ لهما صورة فوتوغرافيّة.

win·ning [wĭnʹ-] *(n.; adj.)* (١) كَسْب؛ فَوْز؛ توفيق (٢) *pl.* عد: مَكْسَب؛ رِبح (٣) «أ» مَهْوَى المَنْجَم أو مدخلُهُ. «ب» جزء منعزل [من مَنْجَم] § (٤) فاتن؛ ساحر <a ~ smile> (٥) رابح.

win·ning·est [wĭnʹĭng ĭst] *(adj.)* الأكثر فوزًا؛ الأكثر توفيقًا <one of the ~ days for our party> (ع).

win·now [wĭnʹō] *(vt.; i.; n.)* (١) يُذَرِّي [الحنطة] (٢) «أ» يغربل. «ب» يتنخَّل (٣) تهبّ [الرِّيح] على (٤) يحذف <to ~ out the errors> x (٥) يطير [مرفرفًا بجناحيه] (٦) تهبّ الرِّيح (٧) يُذَرِّي § (٨) مِذْراة (٩) مص winnow.

win·now·er [wĭnʹə wər] *(n.)* (١) المُذَرِّي؛ المغربِل إلخ (٢) مِذْراة.

win·o [wīʹnō] *(n.)* pl. **win·os** السِّكّير؛ مُدْمِن الشَّراب.

win·some [wĭnʹsəm] *(adj.)* (١) فاتن؛ ساحر (٢) مَرِح؛ مُبتَهِج.

win·ter [wĭnʹtər] *(n.; adj.; vi.; t.)* (١) الشِّتاء (٢) سَنة <a woman of forty ~*s*> (٣) فترة برد أو كآبة أو عُقم § (٤) شَتَويّ § (٥) يُشَتّي؛ يقضي فصلَ الشِّتاء (٦) يحيا على كذا [أثناء الشِّتاء] <birds *~ing* on the seeds of weeds> x (٧) يُقيت [أثناء الشِّتاء] <*~ing* young cattle on straw> (٨) يُسكِن أو يعتني بِـ [أثناء الشِّتاء] <*~ing* the animals in the shed>.

win·ter·ber·ry [wĭnʹtər bĕrʹĭ] *(n.)* عُلَّيْق الشِّتاء (نب).

win·ter·bourne [-bōrnʹ] *(n.)* الغدير الشَّتَويّ [يجفّ ماؤه صيفًا ويجري شتاءً].

winter cherry *(n.)* الكاكنْج: نبات ذو ثمرات عُلَّيقيّة حمراء.

win·ter·er [wĭnʹtər ər] *(n.)* (١) المُشَتّي: شخص يقضي الشِّتاء في مكان ما (٢) النَّزيل أو الزّائر الشَّتَويّ.

win·ter·green [wĭnʹ-] *(n.)* (١) الغُلْطيرة المسطَّحة؛ شاي كندا: شُجَيْرة شماأميركيّة بيضاء الزَّهر حمراء الثَّمَر (٢) زَيْت الغُلطيرة المسطَّحة.

win·ter·ize [wĭnʹtə rīzʹ] *(vt.)* يُهَيِّئ [المنزلَ أو السَّيّارة إلخ] لفصل الشِّتاء. — **win·ter·i·za·tion** *(n.)*

win·ter–kill [wĭnʹtər kĭlʹ] *(vt.; i.; n.)* (١) يقضي على [النباتات إلخ] بالتَّعريض للبرد الشَّديد x (٢) يموت [النباتُ خاصّةً] من شدَّة البرد § (٣) الموت من شِدَّة البرد.

winter lettuce *(n.)* = endive.

win·ter·ly [wĭnʹtər lĭ] *(adj.)* (١) شَتَويّ (٢) كئيب.

winter melon *(n.)* الشَّمّام الشَّتَويّ؛ البِطّيخ الأصفر الشَّتويّ (نب).

winter solstice *(n.)* الانقلاب الشَّتَويّ (فل).

win·ter·tide; win·ter·time [wĭnʹtər-] *(n.)* فصل الشِّتاء.

win·tle [-ˊtəl] *(vi.)* (١) يترنّح ؛ يتهادى (إسك) (٢) يتلوّى ؛ يتمعّج (إسك).

win·try [wĭnˊtrĭ] *also* **win·tery** [-ˊt(ə)rĭ] *(adj.)* (١) شَتويّ <~ skies> (٢) بارد ؛ عاصف (٣) مُوحٍ بالشّتاء : «أ» عجوز . «ب» أبيض . «ج» كئيب . «د» بارد ؛ فاتر <a ~ welcome> .
— **win·tri·ly** *(adv.)* — **win·tri·ness** *(n.)*

win–win *(adj.)* في صالح كِلا الطَّرَفَيْن <a ~ situation> .

win·y [wīˊnĭ] *(adj.)* (١) خمريّ (٢) مُنعِش <~ air> (٣) مُسْكِر (٤) سكران .

winze [wĭnz] *(n.)* (١) المَهْبِط المنجميّ : ممرّ يصل بين طبقة من طبقات مَنْجَم وأخرى أدنى منها (٢) لعنة (إسك).

wipe [wīp] *(vt.; n.)* (١) «أ» يَمْسَح . «ب» يُنظّف أو يُنَشّف بالمَسْح . «ج» يُمِرّ أو يُحَرِّك [بُغيَةَ المَسْح] <~*d* her hand across her forehead> (٢) «أ» يُزيل بالمَسْح . «ب» يكفكف <~*d* her tears off> (٣) «أ» يَطْمِس ؛ يمحو ؛ يُزيل . «ب» يَدُكّ ؛ يُبيد [تتبعها *out*] (٤) يبسط أو ينشر [طبقةً من دهان] بالمسح أو نحوه § (٥) ضَرْبَة (٦) هزء ؛ ملاحظة ساخرة (٧) «أ» مَسْح . «ب» مَسْحة (٨) «أ» مِنديل . «ب» مِمْسحة .
to ~ up يمحو ؛ يهزم ؛ يدكّ ؛ يدمّر .

wiped out *or* **wiped–out** [wīptˊ-] *(adj.)* (١) ثَمِل (ع) (٢) مُرْهَق (ع).

wipe·out [wīpˊ-] *(n.)* (١) تدمير شامل (٢) سقطة [بسبب فقدان التّوازن].

wip·er [wīˊpər] *(n.)* (١) فا wipe (٢) «أ» مِنديل . «ب» مِمْسحة ؛ كلّ ما يُمْسح به (٣) أداةُ تلامُسٍ contact متحرّكة (كب).

wire [wī(ə)r] *(n.; vt.; i.)* (١) سِلك ؛ سِلْك معدنيّ (٢) ساق رفيعة (نب) (٣) *pl.* عد : الأسلاك : نظام من الأسلاك لإعمال الدُّمى المتحرّكة (٤) «أ» سلك كهربائيّ أو تلفونيّ أو تلغرافيّ . «ب» الهاتف ؛ التلفون . «ج» البرق ؛ التّلغراف <sent the message by ~> . «د» برقيّة (٥) سياج من أسلاك شائكة (٦) الشَّرَك المعدنيّ : شَرَك من أسلاك [للأرانب إلخ] (٧) خطّ النّهاية [في سباق للخيل] (٨) ميكروفون خفيّ (ع) (٩) دبّوس الطابعة (كم) § (١٠) يزوّد أو يربط إلخ بسلك أو أسلاك (١١) يَصِيد [أرنبًا إلخ] بِشَرَكٍ معدنيّ (١٢) يرسل تلغرافيًّا <~*d* his condolences> (١٣) يركّب أجهزة للتنصُّت x (١٤) يُبْرِق <She ~*d* home for money.> .
by ~, بالبرق ؛ بالتلغراف ؛ برقيًّا ؛ تلغرافيًّا .
to pull (the) ~s (١) يُعمِل الدُّمى المتحرّكة (٢) يستخدم نفوذًا سرّيًّا أو غير مباشر [توجيهًا للأحداث وفقَ ما يشتهي أو طمعًا في الفوز بما يتمنّى].
to ~ in يعمل بعَجَلة وهِمّة كبيرتَيْن .
under the ~, (١) عند خطّ النّهاية [في سباق للخيل] (٢) في اللحظة الأخيرة .

wire cloth *(n.)* النَّسيج السِّلْكيّ : نسيج من أسلاك معدنيّة .

wire coat *(n.)* الفروة السِّلْكيّة : شَعر كَثّ [كشعر بعض الكلاب].

wire cutter *(n.)* مِقراض الأسلاك : أداة لقطع الأسلاك .

wired [wī(ə)rd] *(adj.)* (١) مُسَلَّك : «أ» مقوًّى بالأسلاك . «ب» مزوّد بأسلاك كهربائيّة أو تلفونيّة . «ج» مطوّق بأسلاك . «د» محاطٌ بسياج سِلْكيّ . «هـ» مزوّد بأجهزة تنصُّت خفيّة (ع) (٢) مُهتاجٌ (ع).

wire·draw [wīrˊdrôˊ] *(vt.)* (١) يحرِّف [المعنى] (٢) «أ» يُطيل حتى الإفراط . «ب» يُنحِل ؛ يُهْزِل (٣) يَسْحب المَعْدِنَ أسلاكًا .

wire·draw·ing [wīrˊ-] *(n.)* سَحْبُ الأسلاك : سحب المعدن أسلاكًا .

wire·drawn [wīrˊdrônˊ] *(adj.)* بالغ الدِّقّة <~ comparisons> .

wire entanglement *(n.)* شَرَك الأسلاك : حاجز من الأسلاك (جن).

wire gauge *(n.)* مِعيار الأسلاك : أداة يُقاس بها قُطر السِّلك أو ثخانة الصَّفيحة المعدنيّة .

wire gauge

wire gauze *(n.)* الشّاش السِّلْكيّ : نسيج سِلكيّ ناعم .

wire glass *(n.)* الزُّجاج المسلَّك : زجاج مُدَّت فيه سبيكةٌ من أسلاك رفيعة .

wire grass *(n.)* النَّجيل ؛ عِرق النَّجيل ؛ النَّجير [عُشب].

wire·hair [wīrˊhârˊ] *(n.)* ذو الفروة السِّلكيّة : كلب صغير من كلاب الصَّيد ذو شعر سِلكيّ كَثّ .

wirehair

wire·haired [-ˊhârdˊ] *(adj.)* سِلْكيّ الشَّعر : ذو شعر سِلكيّ كَثّ .

wire·less [wīrˊlĭs] *(adj.; n.; vt.; i.)* (١) لاسِلْكيّ § (٢) اللاسِلكيّ : الإرسال التلغرافيّ اللاسلكيّ (٣) radiotelephony (٤) راديو <heard on the ~> (بر) § (٥) يُبرق أو يُتَلْفِن لاسِلْكيًّا .

wireless telegraphy *(n.)* الإرسال التّلغرافيّ اللاسِلْكيّ .

wireless telephone *(n.)* التّلفون أو الهاتف اللاسِلْكيّ .

wire·man [wīrˊmən] *(n.)* (١) lineman *1* (٢) wiretapper .

wire netting *(n.)* الشَّبَك السِّلكيّ : نسيجٌ من أسلاك شبيهٌ بالشّاش السِّلكيّ (را . wire gauze) ولكن عيونه أوسع .

wire·pho·to [wīrˊfōˊtō] *(n.)* الصُّورة السِّلْكيّة : صُورة فوتوغرافيّة مرسَلة بالإشارات الكهربائيّة عبر أسلاك التّلفون .

wire–pull·er *(n.)* المحرِّك المحتجب : «أ» مَنْ يُحرِّك خيوط الدُّمى المتحرّكة . «ب» مَنْ يستخدِم مختلِف الوسائل السِّرّيّة للتّأثير في أفعال امرئ أو منظَّمة إلخ .

wire·pull·ing *(n.)* التَّحريك من وراء حجاب (را . المادّة السابقة).

wir·er [wīrˊər] *(n.)* فا wire . وبخاصّة : الصّائد بشَرَك مَعْدِنيّ .

wire–re·cord [wīr rĭ kôrdˊ] *(vt.)* يسجِّل سِلْكيًّا : يسجِّل على سِلكٍ مغنطيسيّ .

wire recorder *(n.)* المسجِّلة السِّلْكيّة : آلة التَّسجيل السِّلكيّة .

wire recording *(n.)* التَّسجيل السِّلْكيّ : «أ» التَّسجيل المغنطيسيّ على سِلْك مغنطيسيّ . «ب» تسجيل مُنْجَزٌ على هذا النَّحْو .

wire rope *(n.)* الحَبْل السِّلْكيّ : حَبْل مصنوع من أسلاك .

wire service *(n.)* وكالة الأنباء : وكالة تزوِّد مشتركيها بالأخبار برقيًّا أو بواسطة الأقمار الصناعيّة .

wire·tap [wīrˊtăpˊ] *(vi.; t.; n.)* (١) يسترق الأسلاكَ : يقيم اتّصالًا غير مشروع بأسلاك البرق أو الهاتف بُغيةَ الاطّلاع على المخابرات الجارية بواسطتها (٢) يركِّب جهاز تنصُّت أو مراقبة [للخطوط الهاتفيّة] x (٣) يراقب [هاتفًا] بواسطة جهاز خَفيّ § (٤) استراق الأسلاك ؛ مراقبة [الخطوط الهاتفيّة]

(٥) المُسْتَرِقة : توصيلة كهربائيّة لاستراق الأسلاك (٦) المُسْتَرِق : جهازُ تنصُّتٍ أو تسجيل خَفِيٌّ .
— **wire·tap·per; wire·tap·ping** *(n.)*

wire·walk·er [wīr′-] *(n.)* بَهْلَوان السِّلك : بهلوان يسير على الأسلاك .

wire·work [wīr′-] *(n.)* (١) السِّلْكيّات : أدوات أو أنسجة مؤلَّفة من أسلاك (٢) السَّير على الأسلاك [وبخاصة بهلوانيًّا] .

wire·worm [wīr′wûrm′] *(n.)* (١) الدُّودة السِّلْكيّة : يَرَقة نحيلة لبعض الخنافس تحيا تحت الثَّرى عادةً وتقتات بجذور النَّباتات فتُتْلِفها (٢) millipede .

wire–wove [wīr′-] *(adj.)* صقيل ؛ مصقول <~ writing paper> .

wir·ing [wīr′-] *(n.)* (١) مص wire (٢) شبكة أسلاك («كب» و«رد») .

wir·y [wīr′ĭ] *(adj.)* (١) سِلْكيّ (٢) سِلْكانيّ : «أ» شبيه بالسِّلك شكلًا ومرونةً . «ب» ناشئ عن تذبذُب الأسلاك أو شبيهٌ به <a ~ tone> (٣) وَتَرِيّ : نحيل ولكنّه قويّ .
— **wir·i·ly** *(adv.)* — **wir·i·ness** *(n.)*

wis·dom [wĭz′-] *(n.)* (١) معرفة (٢) حكمة (٣) تصرُّف حكيم ؛ حَصافة .

Wisdom *(n.)* الحكمة : كتاب وَعظيّ يوازي، في الكنيسة الكاثوليكيّة، «حكمة سليمان» في «أبوكريفا» apocrypha الكنيسة البروتستانتيّة (كث) .

wisdom tooth *(n.)* ضِرْس العقل .

wise[1] [wīz] *(n.)* طريقة <in any ~> .

wise[2] *(adj.)* (١) حكيم ؛ عاقل (٢) واسع الثَّقافة أو الاطِّلاع (٣) واعٍ ؛ منتبهٌ لِـ (٤) ذكيّ أو ماكر (٥) بارع (٦) وَقِح (ع) .

wise[3] *(vt.; i.)* (١) يُعلِم ؛ يُطْلِع على [تتبعها *up*] (٢) ينصح ؛ يُقنِع (إسك) (٣) يوجِّه ؛ يقود (إسك) **x** (٤) يَعْلَم ؛ يَطَّلِع على [تتبعها *up*] .

-wise لاحقة معناها : «أ» مثلَ كذا ؛ على طريقة كذا . «ب» في اتِّجاه كذا . «ج» في ما يتعلَّق أو يتَّصِل بكذا .

wise·acre [wīz′ā′kər] *(n.)* المُتعالِم ؛ المغرور [إلى حدٍّ بغيض] .

wise·ass [wīz′ăs′] *(n.)* = smart aleck.

wise·crack [wīz′krăk′] *(n.; vi.)* (١) مُلاحَظةٌ بارعةٌ ؛ جواب بارع § (٢) يُدلي بملاحظة بارعة ؛ يعطي جوابًا بارعًا .

wised–up [wīzd′ŭp′] *(adj.)* عارف ؛ مُطَّلِع .

wise guy *(n.)* المغرور ؛ المتعالِم ؛ مدَّعي العِلم بكلِّ شيء .

wise·ness [wīz′nĭs] *(n.)* حِكْمة .

wi·sen·hei·mer [wīz′ən hī′mər] *(n.)* = wiseacre.

wi·sent [vē′zənt] *(n.)* = aurochs.

wise use *(n.)* حُسن الاستخدام [للموارد الطبيعة حفاظًا عليها] .

wise·wom·an [wīz′-] *(n.)* (١) السّاحرة ؛ العرّافة (٢) القابلة ؛ المولِّدة .

wish [wĭsh] *(vt.; i.; n.)* (١) يروم ؛ يبتغي ؛ يريد ؛ يرغب في (٢) يتمنّى (٣) يدعو [للفلان] بِـ <He ~ed her luck.> (٤) يريده أو يطلب إليه [أن يفعل كذا] : يأمره (٥) يفرض عليه [قبول شيء غير مرغوب فيه] <This task was ~ed on him.> **x** (٦) يشتهي ؛ يتوق إلى (٧) يرجو له [الخيرَ أو الشَّرَّ] § (٨) أُمنيّة (٩) رغبة ؛ رجاء ؛ مَرام ؛ مُبْتغًى (١٠) إرادة (١١) تمنٍّ .
— **wish·er** *(n.)*

wish·bone [wĭsh′bōn′] *(n.)* الشَّعْباء ؛ عَظْم التَّرْقُوَة [في الطُّيور] .
wishbone

wish·ful [wĭsh′fəl] *(adj.)* (١) دالٌّ على رَغْبة (٢) تائق ؛ تَوّاق (٣) رَغْبِيّ : مبنيٌّ على الرَّغبة لا على الحقيقة والواقع <was indulged in ~ dreams of an easy peace>.

wish fulfillment *(n.)* إشباع الرغبة أو النَّزوة [من خلال الأحلام مثلًا] .

wishful thinking *(n.)* التَّفكير الرَّغْبي : اعتقاد المرء بصحّة شيء لمجرَّد رغبته في أن يكون ذلك الشَّيء صحيحًا .

wish·ing [wĭsh′ĭng] *(n.; adj.)* (١) تمنٍّ ؛ تَوْق ؛ رَغْبة § (٢) مُعْتَقَدٌ بقدرته على تحقيق الأمنيات <~ cap> .

wishing cap *(n.)* قَبَّعة لَبَّيْك : قبّعة سحريّة خرافيّة تُلَبّي رغبات لابسها وتحقِّق أمنياته مهما تكن .

wish–wash [-′wŏsh′] *(n.)* (١) كلُّ شَرابٍ مَذِقٍ رقيقِ القَوام (٢) كلامٌ تافه .

wish·y–wash·y [wĭsh′ĭ wŏsh′ĭ] *(adj.)* (١) مَذِق ؛ رقيق القَوام ؛ غير مركَّز <~ soup> (٢) ضعيف ؛ ضعيف الشَّخصيّة ؛ واهنُ العَزْم .

wisp [wĭsp] *(n.; vt.; i.)* (١) حفنة ؛ حزمة صغيرة [من قشّ إلخ] (٢) خصلة ؛ كتلة صغيرة <a ~ of hair> (٣) «أ» شقّة أو قطعة رفيعة من شيء . «ب» «خيط» رفيع <a ~ of smoke> . «ج» شيء هزيل أو ضعيف <a mere ~ of a smile> (٤) لفافة ورقيّة [لإضرام المشعل إلخ] (٥) مِقَشّة (٦) ignis fatuus (٧) سِرْب من الطُّيور § (٨) يَلُفّ ؛ يفتل **x** (٩) ينبعث [الدخانُ إلخ] ملتفًّا .

wisp·ish; wisp·y [wĭs′-] *(adj.)* (١) قَشِّيّ (٢) هَشّ ؛ ضعيف .

wis·tar·i·a [wĭs târ′ĭ ə] *(n.)* = wisteria.

wis·te·ri·a [wĭs tēr′ĭ ə] *(n.)* الوِستاريّة ؛ الحُلْوَة : نبات معترِش ذو زهر عنقوديّ أزرق أو أبيض أو أُرجوانيّ .

wist·ful [wĭst′fəl] *(adj.)* (١) حزين ؛ كئيب (٢) توّاق [مع كآبة] .

wit [wĭt] *(vt.; i.; n.)* (١) يَعْلَم ؛ يُدرِك § (٢) «أ» عَقْل ؛ ذاكرة . «ب» ذَكاء (٣) «أ» *pl.* عد : حاسّة . «ب» *pl.* عد : حَصافة ؛ سلامة عَقْل . «ج» فطنة ؛ دَهاء . «د» حِذْق (٤) «أ» ظَرْف ؛ خِفَّة دَم . «ب» سُخرية (٥) «أ» المفكِّر ؛ الموهوب ؛ ذو المقدرة العقليّة الفائقة . «ب» الظَّريف ؛ شخص ذو ظَرْف (٦) ملاحظة ذكيّة .

out of one's ~*s* فاقدٌ صوابَه [من غَضَب أو خوف] .
to live by one's ~*s* يكسب رزقَهُ بأساليبَ بارعةٍ ولكنّها ليست دائمًا شريفة .

wi·tan [wĭt′ən; wĭt′ăn] *(n. pl.)* مجلس شورى الملِك (تا . إنكليزيّ) .

witch [wĭch] *(n.; vt.; i.)* (١) «أ» السّاحر ؛ العرّاف (عب) . «ب» السّاحرة ؛

العرّافة. «ج» الحَيْزَبُون: عجوز قبيحة. «د» الباحث عن الماء أو المعادن [مستعينًا بعَصا الاستنباء] (٢) الفاتنة: امرأة فائقة الجمال (٣) البارع في عمله <a ~ of a trader> § (٤) يَسْحَر؛ يَفْتِن؛ يُغوي x (٥) يستنبئ [بواسطة عَصا الاستنباء].

witch·craft [wĭch′krăft′] *(n.)* (١) سِحْر؛ عِرافة (٢) سِحْر؛ فتنة؛ تأثيرٌ لا يُقاوَم <the ~ of music>.

witch doctor *(n.)* العَرّاف؛ الطَّبيب المشعوِذ أو الدَّجّال.

witch·ery [wĭch′ə rĭ] *(n.)* = witchcraft.

witch·es'–broom *(n.)* مِقَشَّة العرّافات: كتلة من غُصَيْنات رفيعة تنمو على غُصن شجرة نتيجةً لبعض الفطور أو الفيروسات.

witch·grass [wĭch′grăs′] *(n.)* = couch grass.

witch hazel *(n.)* (١) المشترِكة؛ الهاماماليس؛ بُندق الساحرة: شُجَيْرة صفراء الزَّهر. وبخاصة: المشترِكة الفيرجينيّة (٢) محلول المشترِكة: محلول كحوليّ يُستخرَج من لِحاء المشترِكة الفيرجينيّة.

witch–hunt [wĭch′hŭnt′] *(n.)* (١) مُطارَدة السّاحرات [وتعذيبهن] (٢) حَمْلة ضدَّ الخوارج والمنشقّين. **— witch–hunt·ing** *(adj.; n.)*

witch·ing [wĭch′-] *(n.; adj.)* (١) سِحْر § (٢) سِحْرِيّ (٣) ساحر؛ فاتن.

witch moth *(n.)* الأرْبوس: فَراشٌ ضَخْم مختلِف الألوان باهتُها.

witch·y [wĭch′ĭ] *(adj.)* (١) كالسّاحرات: حاقد؛ مضطغِن؛ متمنٍّ الشَّرَّ للآخرين (٢) سِحْريّ.

wite [wīt] *(vt.; n.)* (١) يَلُوم (إسك) § (٢) لَوْم؛ خطأ؛ مسؤوليّة (إسك).

wi·te·na·ge·mot; -e [wĭt′ə nə gə mōt′] *(n.)* = witan.

with [wĭth; wĭth] *(prep.)* (١) ضِدّ <The British fought ~ the Germans.> (٢) مَع <walked ~ me> (٣) عن <parting ~ friends> (٤) على <had great influence ~ her> (٥) «أ» بِـ <stuffed ~ straw>. «ب» بِـ؛ في <worked ~ zeal>. «ج» بِـ؛ بواسطة <cut it ~ a knife> (٦) من؛ بسبب؛ من جَرّاء <to die ~ thirst> (٧) وَ... <She stood there ~ her hat on.> (٨) لَدَى؛ عند <left her dog ~ me> (٩) ذو <a man ~ a hot temper> (١٠) عِنْد؛ بُعَيْد <~ that she paused.> (١١) بنسبة كذا؛ تبعًا لِـ <Pressure varies ~ the depth.> (١٢) مِن؛ في ما يتَّصِل بِـ <to be pleased ~ someone> (١٣) على الرَّغم <~ all her cleverness, she failed.> (١٤) لَوْلا (١٥) في اتِّجاه <~ the wind> (١٦) بالنِّسبة إلى <*With* me, it is a matter of principle.>.

with·al [wĭth ôl′] *(adv.)* (١) كذلك؛ أيضًا؛ فوق ذلك؛ بالإضافة إلى ذلك (٢) مع ذلك؛ بِرَغم ذلك؛ من ناحية ثانية.

with·draw [wĭth drô′] *(vt.; i.)* (١) «أ» يستردّ؛ يسترجع. «ب» يسحب (٢) يُشيح [بناظرَيْه] عن (٣) يَصْرِف؛ يحوِّل؛ يُلْهِي [عن شيء] x (٤) ينسحب؛ يتراجع؛ يرتدّ (٥) ينقطع [عن تعاطي المخدِّرات].

with·draw·al [wĭth drô′əl] *(n.)* (١) انسحاب؛ ارتداد (٢) «أ» سَحْب. «ب» استرجاع؛ استرداد (٣) انقطاع [عن تعاطي المخدِّر] <~ symptoms> (٤) عدم تواصل اجتماعيّ أو عاطفيّ (٥) تراجُع.

withdrawing room *(n.)* قاعة استقبال.

with·drawn [wĭth drôn′] *(adj.)* (١) مُنعَزِل (٢) منطوٍ على نفسه.

with·drew [wĭth drōō′] *past of* withdraw.

withe [wĭth; wĭth; wĭth] *(n.)* الأُملود: غُصَيْن طريّ [وبخاصّة حين يُتَّخذ عِصابةً أو حبلًا].

with·er [wĭth′ər] *(vi.; t.)* (١) يَذْبُل؛ يَذْوي (٢) يفقد حيويَّتَهُ x (٣) يُذْبِل؛ يُذْوِي (٤) يُشِلّ؛ يُشْدِه؛ يَصْعَق <~*ed* her with a look>.

with·er·ing [wĭth′-] *(adj.)* مُدَمِّر؛ مُهْلِك <~ sarcasm>.

with·er·ite [wĭth′ə rīt′] *(n.)* الوِذْريت (مع).

withe rod *(n.)* الوِيبُرْنوم: شجر من الفصيلة الخَمانيّة.

with·ers [wĭth′ərz] *(n. pl.)* الحارك: أَعْلَى كاهل الفَرَس وغيره.

with·er·shins [wĭth′ər shĭnz] *(adv.)* = contraclockwise.

with·hold [wĭth hōld′; wĭth-] *(vt.; i.)* (١) يكبح (٢) يحتبس: يُبقي أو يحتفظ لنفسه بـِ (٣) يُمسِك أو يمتنع عن <~ permission> x (٤) يمتنع عن.

with·hold·ing tax *(n.)* الضَّريبة المُحْتَبَسة: ضريبة على دَخْل الموظَّفين أو المساهِمين تقتطعها المؤسَّسة من رواتبهم أو أرباحهم وتدفعها إلى الدَّولة مباشرة.

with·in [wĭth ĭn′] *(adv.; prep.; n.; adj.)* (١) «أ» داخلًا؛ من الدّاخل. «ب» داخلَ الجسم (٢) الدّاخل <from ~> (٣) «أ» داخلَ المبنَى. «ب» في حجرة داخليّة. «ج» مِن وراء السِّتار. «د» في البيت (٤) باطنيًّا § (٥) ضِمْنَ؛ داخلَ؛ في باطن كذا (٦) إلى <fled ~ the German lines> (٧) ضمنَ حدود أو نطاق أو مدَى كذا <~ sight> (٨) ضِمْنَ حدود وقت ما أو مسافة ما <~ two weeks> § (٩) الجزء الدّاخليّ أو المُقْفَل من كذا؛ الدّاخل <treason from ~> § (١٠) مضمَّن؛ موجودٌ طيَّهُ <the ~ complaint>.

~ an hour — في أقلَّ من ساعة.

~ reach — في المتناوَل؛ في متناوَل اليد.

with·in·doors [wĭth ĭn′dōrz′] *(adv.)* = indoors.

with·out [wĭth out′] *(prep.; adv.; conj.; n.)* (١) «أ» خارجَ كذا <stood ~ the door>. «ب» خارج نطاق أو حدود كذا <not ~ our grasp>. «ج» وراء <just ~ the trees> (٢) من غير؛ بدون <came ~ her> § (٣) خارجيًّا <The house was clean ~ and within.> (٤) خارجًا؛ خارجَ المنزل (٥) بدون كذا <had to do ~> § (٦) ما لَمْ؛ إلّا (ع) § (٧) الخارج <came from ~>.

to do *or* go ~, — يستغني عن.

with·out·doors [wĭth out′dōrz′] *(adv.)* في الخارج؛ خارجَ المنزل.

with·stand [wĭth stănd′] *(vt.; i.)* يقاوِم؛ يصمد [أمامَ].

with·y [wĭth′ĭ] *(n.; adj.)* (١) الصَّفصاف. وبخاصّة: صفصاف السّلّالين (را. osier *1*) (٢) الأُملود: غُصَيْن طريّ (٣) حَبْلٌ مصنوع من أماليد § (٤) لَدْن؛ مَرِن كالأُملود.

wit·less [wĭt′lĭs] *(adj.)* أحمق؛ مُخَبَّل؛ معتوه.

wit·ling [wĭt′-] *(n.)* (١) مدَّعي الفَهْم (٢) الغبيّ؛ القليل الفَهْم.

wit·loof [wĭt′lōf′; -lo͞of′] *(n.)* . chicory (٢) endive (١)

wit·ness [wĭt′nĭs] *(n.; vt.; i.)* (١) شَهادة [وبخاصّة أمام القضاء] (٢) «أ» الشّاهد. «ب» شاهد العِيان (٣) علامة؛ شاهد [والجمع: شواهد] (٤) *cap.*: أحد شهود يَهْوَه § (٥) «أ» يَشْهَد على. «ب» يوقِّع بوصفه شاهدًا (٦) يَشْهَد [حفلةً أو حَدَثًا] (٧) يُلاحِظ x (٨) يشهد؛ يقدِّم دليلًا.

witness box *or* **witness stand** *(n.)* مَوْقِف الشّاهد؛ مِنَصّة الشّاهد: مكان وقوف الشّاهد في المحكمة (ق).

wit·ted [wĭt′ĭd] *(adj.)* ذو عَقْل أو فَهْم <slow-*witted*>.

wit·ti·cism [wĭt′ə sĭz′-] *(n.)* مُلْحة؛ لطيفة؛ نكتة؛ ملاحظة ساخرة.

wit·ti·ly [wĭt′ĭ lĭ] *(adv.)* ببراعة أو ذكاء أو ظَرْف إلخ.

wit·ti·ness [wĭt′ĭ nĭs] *(n.)* براعة؛ ذَكاء؛ ظَرْف إلخ.

wit·ting [wĭt′ĭng] *(n.; adj.)* (١) عِلْم؛ دراية؛ اطِّلاع (بر) (٢) نبأ؛ أنباء § (٣) عالِم؛ مطَّلِع؛ دارٍ (٤) متعمَّد <~ lies>.

wit·tol [wĭt′l] *(n.)* (١) الدَّيُّوث؛ القَرنانُ: زوج المرأة الفاسقة (ا. ق) (٢) الأحْمَق؛ الأبْلَه (ا. ق).

wit·ty [wĭt′ĭ] *(adj.)* (١) بارع؛ ذكيّ (٢) ظريف؛ فَكِه (٣) سريع الخاطر (٤) لافتٌ للنَّظر [لبراعته أو أصالته إلخ] <a ~ sculpture>.

wive [wīv] *(vi.; t.)* (١) يتزوَّج x (٢) يزوِّجه امرأةً (٣) يتَّخذها زوجةً.

wi·vern [wī′vərn] *(n.)* = wyvern.

wives [wīvz] *pl. of* wife.

wiz [wĭz] *(n.)* شخص عظيم البراعة.

wiz·ard [wĭz′ərd] *(n.; adj.)* (١) السّاحر؛ العرّاف؛ المُشَعْوِذ (٢) شخص عظيم البراعة (٣) الحكيم (ا. ق) § (٤) «أ» سِحريّ. «ب» ساحر. «ج» مَسْحور (٥) ممتاز <The cake was ~.>.

wiz·ard·ly [-lĭ] *(adj.)* (١) سِحْرِيّ؛ ساحر (٢) لافتٌ للنَّظر؛ مُذْهِل.

wiz·ard·ry [wĭz′ər drĭ] *(n.)* (١) سِحْر؛ عِرافة (٢) قوّة سِحريّة.

wiz·en[1] [wĭz′ən] *(vi.; t.)* (١) يَذْبُل؛ يَذْوي x (٢) يُذْبِل؛ يُذْوي.

wizen[2] *or* **wiz·ened** [wĭz′-] *(adj.)* ذابلٌ؛ ذاوٍ.

woad [wōd] *(n.)* الوَسْمَة: «أ» نبات عشبيّ أوروبيّ يُسْتخرَج من أوراقه صِبغٌ أزرق. «ب» هذا الصِّبغُ نفسُه.

wob [wŏb] *Scot. variant of* web.

wob·ble [wŏb′əl] *(vi.; t.; n.)* (١) «أ» يتذبذب؛ يتمايل؛ يَتَهادَى؛ يتراوَح. «ب» يرتعش؛ يرتعد؛ يرتجف. «ج» يتردَّد [في آرائه أو مشاعره] x (٢) يُذَبْذِب إلخ § (٣) تَذَبْذُب؛ تمايُل؛ تَهادٍ؛ تراوُحٌ؛ ارتعاش إلخ (٤) صوت متقطِّع أو متهدِّج <a vocal ~>.

wobble pump *(n.)* المِضَخّة التَّراوحيّة: مِضخّة يدويّة إضافيّة يُسْتَعان بها على تزويد مُكَرْبِن [كاربوراتور] الطّائرة بالوقود عند تعطُّل المضخّة الميكانيكيّة.

wob·bly [wŏb′lĭ] *(adj.)* متذبذب؛ غير مستقرّ.

woe [wō] *(interj.; n.)* (١) واأسفاه! واويلتاه إلخ § (٢) ويلٌ؛ بلاء؛ كَرْب (٣) كارثة؛ بَلِيّة؛ مِحْنة.

in weal and ~, في السَّرّاء والضَّرّاء.

~ be to... الويل لِـ...

~ is me! واأسفاه!

woe·be·gone [wō′bĭ gôn′] *(adj.)* (١) مَكْروب؛ مُثْقَل بالهموم (ا. ق) (٢) كئيب <~ faces> (٣) مَهْجور؛ خَرِب؛ كئيب المظهَر <~ villages>.

woe·ful *also* **wo·ful** [wō′fəl] *(adj.)* (١) حزين؛ بائس؛ تعيس (٢) فاجع؛ محزِن؛ يُرْثَى له؛ مثير للشَّفَقة (٣) فظيع؛ خَطِر <~ ignorance>.

wok [wŏk] *(n.)* الوَك: مقلاة معدنيّة تُستخدم في الطبخ الصينيّ.

woke [wōk] *past of* wake.

wok·en [wō′kən] *past part. of* wake.

wold[1] [wōld] *(n.)* سهلٌ مرتفع؛ أرضٌ لا غاباتٍ فيها.

wold[2] [wōld] *(n.)* = weld[2].

wold[3] [wôld] *(v.) obsolete past part. of* will[1].

wolf [wo͝olf] *(n.; vt.)* (١) «أ» الذِّئب (ح). «ب» جِلْد الذِّئب (٢) شخصٌ ضارٍ أو مخرِّب أو ماكر (٣) زير نساء (ع) (٤) مَجاعة؛ ضَبُع؛ فَقْرٌ مُدْقِع <to keep the ~ from the door> (٥) سُوس الحَبّ أو الحنطة (٦) نَشاز (مو) § (٧) يَلتهِم؛ يأكل بنَهَم.

wolf *1.*

a ~ in sheep's clothing ذِئب في ثوب حَمَل.

to cry ~, يُطلِق استغاثةً كاذبة.

wolf·ber·ry [-′bĕr′ĭ] *(n.)* السِّنفورينة الغربيّة؛ شجرة التُّوت الذِّئبيّ.

wolf dog *(n.)* الكلب الذِّئبيّ: «أ» كلبٌ ضخم كانوا يستعينون به على صيد الذِّئاب. «ب» كلبٌ هجينٌ ينشأ عن تزاوج ذئب وكلبة أو ذئبة وكلب.

wolf·er [wo͝ol′fər] *(n.)* صائد الذِّئاب.

Wolff·i·an [wo͝ol′fĭ ən] *(adj.)* وُلْفيّ: مكتشَف من قِبَل عالِم التَّشريح الألمانيّ كاسبار فريدريتش وُلْف (١٧٣٣–١٧٩٤).

Wolffian body [wo͝ol′fĭ ən] *(n.)* = mesonephros.

wolf·fish [wo͝olf′fĭsh] *(n.)* السَّمَك الذِّئبيّ: سَمَك بحريّ كبير يتميَّز بضراوته وبأسنانه القويّة.

wolf·hound [wo͝olf′hound′] *(n.)* الكلب الذِّئبيّ: كلب يُستخدَم في صيد كبار الطَّرائد كالذِّئاب ونحوها.

wolf·ish [wo͝ol′-] *(adj.)* (١) ذِئبيّ (٢) ذِئبانيّ: شبيهٌ بالذئب (٣) ضارٍ؛ مفترِس.

wolf pack *(n.)* (١) الزُّمرة الذِّئبيّة: مجموعة من الغوّاصات تشنّ هجومًا منظَّمًا على قافلة بحريّة (٢) السِّرب الذِّئبيّ: طائرتان مقاتلتان [أو أكثر] تقومان بهجوم منظَّم.

wolf·ram [wo͝ol′frəm] *(n.)* . wolframite (٢) tungsten (١)

wolf·ram·ite *(n.)* [-mīt′] الوُلفراميت: خامُ التُّنجستين الرئيسيُّ (مع).

wolfs·bane [wo͝olfs′bān′] *(n.)* خانق الذِّئب: نبات سامّ أصفر الزَّهر.

ă at; ā date; â care; ä car; ĕ egg; ē me; ĭ in; ī bite; ŏ lot; ō bone; ô orphan; oi boil; o͝o good; o͞o boot; ou out; ŭ under; û urgent; ə = *a* in alone, *e* in system, *i* in easily, *o* in gallop, *u* in circus.

wolf snake *(n.)* الأفعى الذِّئبيّة : أفعى غير مؤذية تتميّز بأنيابها الطويلة .

wolf spider *(n.)* = tarantula.

wol·las·ton·ite [wool′əs tə nīt′] *(n.)* الوولاستونيت (مع) .

wol·ver·ine [wool′ və rēn′] *(n.)* (١) الشَّره : حيوان شماليّ أميركيّ قصير القوائم (٢) .*cap* : الوولْفرينيّ : أحد أبناء ميشيغان .

wolverine *1.*

wolves [woolvz] *pl. of* wolf.

wom·an [woom′ən] *(n.; adj.)* pl. **wom·en** [wĭm′ĭn] (١) امرأة (٢) المرأة ؛ الجنس اللَّطيف (٣) الأُنوثة ؛ الطَّبيعة النِّسْويّة (٤) زوجة (٥) خادمة (٦) خليلة § (٧) أُنثَى <~ doctor> (٨) نِسْويّ ؛ نسائيّ .

wom·an·ful·ly *(n.)* [woom′-] *(adv.)* أنثويًّا ؛ نِسْويًّا : على نحو مميِّز للنساء .

wom·an·hood [woom′-] *(n.)* (١) النِّسْويّة ؛ الصِّفة النِّسْويّة (٢) الأُنوثة : خصائص المرأة المميِّزة (٣) النِّساء <the ~ of France> .

wom·an·ish [woom′ən ĭsh] *(adj.)* (١) نِسْويّ ؛ أنثويّ (٢) مخنَّث .

wom·an·iz·er [woom′ə nī zər] *(n.)* الفاسِق : من يُطارد النِّساء أو يعاشرهن على نحوٍ غير شرعيّ .

— **wom·an·ize** *(vt.; i.)*

wom·an·kind [woom′ən kīnd′] *(n.)* النِّساء ؛ الجنس اللَّطيف .

wom·an·like [woom′ən līk′] *(adj.; adv.)* (١) نِسْويّ ؛ أنثويّ (٢) مخنَّث (٣) شبيهٌ بامرأة <a ~ statue> § (٤) نِسويًّا ؛ بطريقة نِسْويّة .

wom·an·ly [woom′ən lĭ] *(adj.)* (١) نِسْويّ ؛ أُنثويّ (٢) لائق بامرأة ؛ ملائم لامرأة <wearing a ~ sort of bonnet> .

woman of letters *(n.)* (١) امرأة عالِمة (٢) مؤلِّفة ؛ أديبة .

woman of the street *or* **town** *(n.)* بغيّ ؛ مومِس .

womb [woom] *(n.)* (١) الرَّحِم (ت) (٢) الرَّحِم : مكانُ تولُّدِ شيء ما .

wom·bat [wŏm′băt′] *(n.)* الوُمْبَتْ : حيوان أستراليّ من ذوات الجراب .

wombat

wom·en [wĭm′ĭn] *pl. of* woman.

wom·en·folk; -s [wĭm′ĭn fōk(s)] *(n. pl.)* النِّساء ؛ جماعة النِّساء .

women's wear *(n.)* ملابس النِّساء ؛ الثِّياب النِّسْويّة .

womp [wŏmp] *(n.)* السُّطوع : ازدياد مفاجئ في إضاءة الشّاشة التّلفزيونيّة ناشئٌ عن تعاظم مفاجئ في قوّة الإرسال (تلفز) .

won[1] [wŭn] *past and past part. of* win.

won[2] [wôn] *(n.)* الوُن : العملة المستعملة في الكوريتَين .

won·der [wŭn′dər] *(n.; adj.; vi.; t.)* (١) «أ» العَجَب : شيء يُثير الدَّهَش . «ب» معجزة ؛ أُعجوبة . «ج» عجيبة [والجمع : عجائب] (٢) تعجُّب ؛ دَهَشٌ ؛ انشداه (٣) شكّ ؛ حَيْرة § (٤) عجيب ؛ رائع (٥) عجائبيّ ؛ سِحْريّ : فعّال إلى حدٍّ يُوقِع الدَّهَش في النَّفْس <~ drugs> § (٦) يَذْهل ؛ يَنْشدِه (٧) يَعْجَب ؛ يتعجَّب (٨) يتساءل ؛ يشُكّ x (٩) يتمنَّى لو يعرف .

— **won·der·er** *(n.)*

for a ~, من العجيب ؛ ومن عَجَب .

I ~, تُرى ؛ إنّي لأتساءل ؛ إنّي توّاقٌ إلى أن أعلم .

no ~, لا عَجَب .

signs and ~*s* معجزات ؛ أعاجيب .

to work ~*s* يجترح المعجزات ؛ يصنع الأعاجيب .

what a ~ (it is)! يا لَلْعَجب! يا له من شيء عجيب!

won·der·ful [wŭn′-] *(adj.)* (١) عجيب ؛ مدهش (٢) رائع .

won·der·land [wŭn′-] *(n.)* أرض العجائب : «أ» عالَمٌ خياليّ شبيهٌ بالعوالِم التي تصوِّرها حكايات الجنّيّات . «ب» مكانٌ مثيرٌ للإعجاب أو الدَّهَش .

won·der·ment [wŭn′-] *(n.)* (١) دَهَش ؛ عَجَب (٢) شيء مثير للدَّهَش أو الإعجاب (٣) روعة (٤) تساؤل .

won·der·work [wŭn′-] *(n.)* (١) مُعْجِزة ؛ عجيبة (٢) شيء مثير للدَّهَش .

won·der·work·er [wŭn′-] *(n.)* مُجترِحُ المعجزات ؛ صانعُ المعجزات .

won·drous [wŭn′drəs] *(adj.)* رائع ؛ مدهش ؛ عجيب .

wonk [wŏngk] *(n.)* = nerd.

won·ky [wŏng′kĭ] *(adj.)* (١) متزعزِع ؛ متقلقِل (٢) مُعْتَلّ ؛ أصابَهُ خَلَل .

wont [wônt; wōnt] *(adj.; n.; vt.; i.)* (١) متعوِّد (٢) نزّاع ؛ ميّال § (٣) عادةٌ § (٤) يعوِّد x (٥) يتعوّد .

won't [wōnt; wŭnt] = will not.

wont·ed [wôn′tĭd; wōn′-] *(adj.)* (١) مُعتاد ؛ مألوف (٢) متعوِّد .

woo [woo] *(vt.; i.)* (١) يتودّد إلى ؛ يخطب وُدَّ المرأة (٢) يتوسَّل إلى ؛ يحاول إقناعه بكذا (٣) يتلمَّس ؛ يَسْعَى وراء <to ~ wealth> (٤) يجلب على نفسه <to ~ one's own destruction> x (٥) يغازل [امرأةً] .

wood [wood] *(n.; adj.; vt.; i.)* (١) .*pl* ك : «أ» أيْكة ؛ خَميلة . «ب» غابة (٢) «أ» خشب . «ب» حَطَب (٣) شيء مصنوع من خشب . وبخاصّة : «أ» مضرب غولف خشبيّ الرَّأس . «ب» مقبض خشبيّ . «ج» برميل خشبيّ . «د» woodwind (مو) § (٤) خشبيّ : مصنوع من الخشب (٥) أو woods : عائشٌ أو نام في الغابات <~ birds> (٦) مناسب لقَطْع الخشب <a ~ saw> § (٧) يزوِّد بالحطب [للوَقود] (٨) يشجِّر ؛ يحرِّج x (٩) يحتطِب أو يتزوّد بالحطب .

dead ~, الخَشَب المَيْت : شيء أو شخص لم يعد إليه من حاجة أو لم يَعُدْ نافعًا .

in the ~, في برميل خشبي [تُقال في الخمر] .

out of the ~ *or* ~*s* ناجٍ من خطر أو بَلاء .

to be unable to see the ~ for the trees يعجز عن تكوين فكرة واضحة عن كامل الشَّيء بسبب من كثرة التَّفاصيل .

wood alcohol *(n.)* الميثانول (را . methanol) ؛ كحول الخشب .

wood anemone *(n.)* الشُّقّار الحَرَجيّ ؛ شقائق النُّعمان الحَرَجيّة (نب) .

wood·bin; wood·box [wood′-] *(n.)* صُندوق الحَطَب .

wood·bine [wood′bīn′] *(n.)* (١) صريمة الجَدْي (را . honeysuckle) وبخاصّة : صريمة الجدي الحَرَجيّة (نب) (٢) Virginia creeper .

wood·block [wood′blŏk′] *(n.)* (١) الرَّوْسَم الخشبيّ ؛ الكليشيه الخشبيّة (طع) (٢) طبعة عن رَوْسم خشبيّ .

wood-block [wood′blŏk′] *(adj.)* مطبوع عن كليشيهات خشبيّة .

wood·bor·er [wood′bôr′ər] *(n.)* مجوِّف الخشب ؛ الدُّعْرَة (حش) .

wood-carv·er [wood′kär′vər] *(n.)* حفّار الخشب (فح) .

wood carving *(n.)* (١) حَفْر الخشب : فنّ الحفر على الخشب

(٢) المحفور : شيء خشبيّ محفورٌ حفرًا فنّيًا .

wood·chat [wo͝od′chăt′] *(n.)* الدِّقْناش الشّاميّ أو القِبطيّ (طا) .

wood·chop·per [wo͝od′chŏp′ər] *(n.)* الحطّاب ؛ قاطع الأشجار .

wood·chuck [wo͝od′chŭk′] *(n.)* مَرْموط (را . marmot) الخمائل (ح) .

woodchuck

wood coal *(n.)* (١) الفَحم ؛ الفحم النَّباتيّ (٢) lignite .

wood·cock [wo͝od′kŏk′] *(n.)* (١) دجاجة الأرض (٢) السّاذج ؛ المغفَّل .

woodcock *1.*

wood·craft [wo͝od′-] *(n.)* (١) الغِوابة : البراعة في كلّ ما يتّصل بالغابات وبخاصّة في اختراقها أو الصّيد فيها إلخ (٢) الخِشابة : فنّ صُنع الأشياء الخشبيّة أو حفرها .

wood·cut [wo͝od′kŭt′] *(n.)* = woodblock.

wood·cut·ter [-′kŭt′ər] *(n.)* الحطّاب ؛ قاطع الأخشاب .

wood·cut·ting *(n.)* (١) woodblock (٢) الحِطابة ؛ قطع الخشب .

wood·ed [-′ĭd] *(adj.)* (١) مُشَجَّر ؛ محرَّج (٢) ذو خشب [من نوع معيَّن] .

wood·en [wo͝od′ən] *(adj.)* (١) خَشَبيّ (٢) متخشِّب ؛ متيبِّس (٣) أَخْرَق ؛ جافّ ؛ عديم الحيويّة <a ~ gait> (٤) غبيّ ؛ متبلِّد .
— wood·en·ly *(adv.)* **— wood·en·ness** *(n.)*

wood engraver *(n.)* حفّار الخشب . وبخاصّة : حفّار الرّواسم أو الكليشيهات الخشبيّة .

wood engraving *(n.)* (١) «أ» حفر الرّواسم أو الكليشيهات الخشبيّة . «ب» رَوْسَم خشبيّ ؛ كليشيه خشبيّة (٢) صورة مطبوعة عن رَوْسم خشبيّ .

wood·en·head [wo͝od′ən hĕd′] *(n.)* الأحمق ؛ الأبله .

wood·en–head·ed [wo͝od′ən hĕd′ĭd] *(adj.)* أحمق ؛ أبله .

wooden horse *(n.)* = Trojan horse.

wooden Indian *(n.)* الهنديّ الخشبيّ : تمثال خشبيّ لمحارب هنديّ أحمر منتصِب [كان يُرمز به سابقًا إلى محلّ لبيع السّيجار] .

wooden Indian

wood·en·ware [wo͝od′ən wâr′] *(n.)* الآنية الخشبيّة .

wood fretter *(n.)* = woodborer.

wood hyacinth *(n.)* = harebell.

wood ibis *(n.)* أبو مِنْجَل ؛ أبو قَدُّوم : طير يشبه اللَّقْلق .

wood·i·ness [wo͝od′ĭ nĭs] *(n.)* (١) الأشجاريّة : كونُ الأرض كثيرة الأشجار (٢) الخَشَبيّة : كون الشّيء خشبيًّا .

wood·land [-′lənd] *(n.; adj.)* (١) غابة § (٢) غابيّ : «أ» ذو علاقة بغابة أو منسوبٌ إليها . «ب» نامٍ أو عائش في غابة . **— wood·land·er** *(n.)*

wood·lark [wo͝od′lärk′] *(n.)* قُبَّرة الأغصان : قُبَّرة تغرّد أثناء طيرانها .

wood·lore [wo͝od′lōr′] *(n.)* = woodcraft *1.*

wood·lot [-′lŏt] *(n.)* الغابيّة : قطعة أرض مخصّصة للأشجار الحَرَجيّة .

wood louse *(n.)* = pill bug.

wood·man [wo͝od′mən] *(n.)* (١) ساكن الغاب أو الغابات (٢) الحطّاب ؛ قاطع الأشجار (٣) حارس الغابات المَلَكيّة (بر) .

wood·note [wo͝od′nōt′] *(n.)* صوت الطّائر [أو تغريدُه] في الغابة .

wood nymph *(n.)* (١) حُوريّة الغابات (٢) فراشة الغابات .

wood·peck·er [wo͝od′pĕk′ər] *(n.)* القرّاع ؛ النَّقّار : نقّار الخشب أو الشَّجَر (طا) .

woodpecker

wood pigeon *(n.)* الوَرَشان ؛ الحمامة المطوّقة (را . ringdove) .

wood·pile [wo͝od′pīl′] *(n.)* رُكام حَطَب ؛ كَوْمة حطب .

wood·print [wo͝od′prĭnt′] *(n.)* = woodblock.

wood pulp *(n.)* لُباب الخشب [يُستخدَم في صُنع الورق إلخ] .

wood pussy *(n.)* = skunk.

wood rabbit *(n.)* = cottontail.

wood rat *(n.)* هِرّ الغاب : حيوان أميركي من القوارض .

wood·ruff [-′rŭf′] *(n.)* الجُوَيْسِئة . وبخاصّة : الجُوَيْسِئة العطريّة (نب) .

wood·shed[1] [-′shĕd′] *(n.)* سَقيفة الحَطَب : سقيفةٌ يُخْزَن فيها الحطب .

wood·shed[2] *(vi.)* يتمرَّن ؛ يتدرَّب . وبخاصّة : على آلة موسيقيّة (ع) .

woods·man [wo͝odz′mən] *(n.)* (١) ساكن الغابات أو المتردّد عليها (٢) البارع في اجتياز الغابات أو الصّيد فيها (٣) الحطّاب .

wood sorrel *(n.)* الحُمّاض ؛ الحُمَّيض (را . oxalis) .

wood sorrel

wood spirit *(n.)* = methanol.

wood stork *(n.)* = wood ibis.

woods·y [wo͝od′zĭ] *(adj.)* غابيّ : متعلّق بالغابات أو مميّزٌ لها أو شبيهٌ بها .

wood tar *(n.)* قار [أو قطران] الخشب .

wood thrush *(n.)* دُجّ الغابات ؛ سُمْنة الغابات : طائر شجيّ التغريد .

wood·turn·er [wo͝od′-] *(n.)* خرّاط الخشب (را . المادة التّالية) .

wood turning *(n.)* خِراطة الخشب ؛ تشكيل الخشب : خَرْط الخشب إلى أشكال مختلِفة بمِخْرَطة خاصّة .

wood·wax·en [-′wăk′sən] *(n.)* جِنِسْتا الصَّبّاغين : شُجَيْرة صفراء الزّهر .

wood·wind [-′wĭnd′] *(n.; adj.)* (١) آلة من آلات النَّفخ الموسيقيّة (٢) *pl.* : «أ» آلات النَّفخ [في جوقة أو أوركسترا] . «ب» عازفو آلات النَّفخ [باعتبارهم مجموعة] § (٣) نَفْخيّ : خاصّ أو شبيه بآلة نفخ أو بعازفها أو بموسيقاها .

wood·work [wo͝od′wûrk′] *(n.)* أشغال الخشب : «أ» أشياء أو أجزاء مصنوعة من خشب . «ب» المَنْجُور الدّاخليّ [في مبنًى] .

wood·work·er [-′wûr′kər] *(n.)* النَّجّار : المشتغل بالنِّجارة .

wood·work·ing *(adj.; n.)* (١) مستعمَلٌ للنِّجارة § (٢) النِّجارة .

wood·worm [wo͝od′wûrm′] *(n.)* سُوسة الخشب .

wood·y [wo͝od′ĭ] *(adj.)* (١) مُدْغِل ؛ مُلْتفّ الأشجار (٢) خشبيّ .

wood·yard [-′yärd′] *(n.)* فِناء الخَشَب : فِناء لخَزْن الخشب أو نشره .

woo·er [woo͞'ər] *(n.)* فا woo . مثل : المتودِّد ؛ المتوسِّل إلخ .

woof [wo͝of] *(n.; vi.)* (١) لُحمة (را . weft) (٢) نسيج (٣) عُنْصرٌ أساسيّ <the ~ of the chorus> (٤) نُباح أَجَشّ (٥) صوت خفيض يرسله مكبِّر للصَّوْت إلخ § (٦) يُصْدِر صوتًا أجَشّ (٧) يتبجَّح .

woof·er [wo͝of'ər] *(n.)* مكبِّرٌ للصوت [خاصّ بالأصوات ذات التردّد المنخفض] .

wool [wo͝ol] *(n.)* (١) صُوف (٢) «أ» نسيج صُوفيّ . «ب» ثوبٌ من صوف (٣) وَبَر ؛ زَغَب (٤) شَعْر الإنسان [وبخاصة حين يكون قصيرًا كثًّا جَعْدًا] (٥) الحاجب ؛ العائق : شيء يحجب الحقيقة أو يَعوق التَّفاهم .

wool·ball [wo͝ol'bôl'] *(n.)* كُبَّة الصوف ؛ لفيفة الصوف .

wool clip *(n.)* محصول الصُّوف السَّنويّ .

wooled [wo͝old] *(adj.)* (١) ذو صُوْف (٢) غير مجزوز الصُّوف .

wool·en [wo͝ol'ən] *(adj.; n.)* (١) صُوفيّ (٢) خاصّ بإنتاج المنسوجات الصُّوفيّة أو بيعها <a ~ mill; ~ workers> § (٣) نسيج صُوفيّ (٤) *pl.* عد : ملابس صُوفيّة .

wool·er [wo͝ol'ər] *(n.)* الصَّوّاف : كُلُّ حيوانٍ يُربَّى لِصُوفِهِ .

wool fat *(n.)* = lanolin.

wool·fell [wo͝ol'fĕl'] *(n.) Brit.* = woolskin.

wool·gath·er [wo͝ol'-] *(vi.)* يستسلم للأوهام أو الأحلام .

wool·gath·er·ing [wo͝ol'-] *(n.; adj.)* (١) جَمْع الصُّوف (٢) الاستسلام للأوهام أو الأحلام § (٣) غافل ؛ ذاهل .

wool grease *(n.)* = wool fat; lanolin.

wool·li·ness [wo͝ol'ĭ nĭs] *(n.)* الصُّوفيّة ؛ الصُّوفانيّة : كونُ الشَّيء صُوفيًّا أو شبيهًا بالصُّوف .

wool·ly [1] *also* **wool·y** [wo͝ol'ĭ] *(adj.)* (١) «أ» صُوفيّ . «ب» صُوفانيّ : شبيه بالصُّوف (٢) «أ» غامض ؛ غائم ؛ مشوَّش <~ ideas> . «ب» غير واضح ؛ مشوَّش <~ TV reception> (٣) مُتَّسِمٌ بالفَوْضَى أو بالعنف ؛ شبيه بأجواء العنف التي سادَت الغرب الأميركيّ في أيّامه الأُولى .

wool·ly [2] *also* **wool·ie** *or* **wool·y** *(n.)* (١) *pl.* عد : ثَوْب صُوفيّ . وبخاصّة : ملابس صُوفيّة تحتيّة (٢) خروف [في أُستراليا بخاصة] .

woolly aphid *(n.)* الأَرْقة الصوفيّة ؛ مَنَّة التفّاح .

woolly bear *(n.)* الدُّبّ الصّوفيّ : عُثّة كبيرة كثيرة الوَبَر .

wool·ly–head·ed [wo͝ol'ĭ hĕd'ĭd] *(adj.)* (١) أَصْوَف الشَّعر : ذو شعر شبيه بالصُّوف (٢) غامض أو مشوَّش التفكير .

wool·pack [-'păk'] *(n.)* (١) كيس الصُّوف : كيس ضخم [من قُماش] لِنَقْل الصُّوف (٢) بالة صوف [تزن ٢٤٠ باوندًا] (٣) سَحاب مُدَوَّر رقيق [شبيه بالصُّوف] .

wool·sack [-'săk'] *(n.)* (١) «أ» كيس صوف . «ب» كيسٌ للصُّوف (٢) «أ» الحَشِيَّة التي يجلس عليها رئيس مجلس اللوردات . «ب» مكتب رئيس مجلس اللوردات .

wool·shed [-'shĕd'] *(n.)* سقيفة الصُّوف : مبنًى [أو عدد من المباني] يُجَزّ فيه صُوف الخِراف ويُحَضَّر للبيع في السُّوق .

wool·skin [-'skĭn'] *(n.)* الجِلْد الأَصْوَف : جِلد الخروف مدبوغًا من غير أن يُنْزَعَ عنه الصُّوف .

wool·sort·er's disease [wo͝ol'sôr'tərz] *(n.)* داءُ فرّازي الصُّوف : داء صَدْريّ ينشأ عن الاشتغال بفَرْز الصُّوف الملوَّث .

wool sponge *(n.)* الإسفنج الصُّوفيّ : إسفنج متين ناعم الألياف .

wool stapler *(n.)* تاجر الصُّوف .

woo·zy [woo͞'zĭ] *(adj.)* (١) مخبَّل أو مشوَّش الذِّهن أو فاقد الرُّشد [من أثر المخدِّرات إلخ] (٢) مريض ؛ مُصاب بدُوار أو بغَثَيان خفيف .

wop [wŏp] *(n.)* إيطاليّ [بمعنًى ازدرائيّ] (ع) .

Worces·ter china [wo͝os'tər] *(n.)* خَزَف وُوسْتَر : خَزَف صُنع في وُوسْتَر بإنكلترا منذ عام ١٧٥١ .

Worces·ter·shire sauce [-shēr'; -shər; -shĭr'] *(n.)* صَلْصة وُوسْتَرشير : صلصة حِرِّيفة تشتمل على خلٍّ وتوابل إلخ منسُوبة إلى وُوسْتَر بإنكلترا .

word [wûrd] *(n.; vt.; i.)* (١) «أ» كلمة . «ب» لفظة . «ج» *pl.* : كلام ، لغة . «د» *pl.* : نصّ الأغنية أو كلماتها . «هـ» حديث قصير (٢) أمر <Don't move till I give the ~.> (٣) *cap.* عد : الإنجيل ؛ التوراة ؛ كلمة الله (٤) «أ» نبأ ؛ رسالة <*Word* came that we had won the match.> . «ب» إشاعة (٥) القول <is loyal in ~ and deed> (٦) مَثَلٌ ؛ قولٌ مأثور (٧) وعد ؛ عَهْد <Never break your ~.> (٨) *pl.* عد : مُشادَّة ؛ نزاع كلاميّ <some ~*s* between him and his mother> (٩) كلمة السرّ ؛ كلمة المرور ؛ كلمة التعارف (١٠) الكلمة : مجموعة من البِتّات (را . bit [3]) مختزَنة في موقع واحد في ذاكرة الكومبيوتر (ألك) § (١١) يعبِّر أو يصوغ في كلمات <a strongly ~*ed* letter> (١٢) يتكلَّم (ا . ق) .

a ~ in season	نصيحة في محلِّها [أو وقتِها المناسب] .
big ~*s*	تبجُّح ؛ ادِّعاء فارغ .
by ~ of mouth	شفهيًّا ؛ مشافهةً .
good ~,	(١) تعليق ملائم (٢) خبر طيِّب .
in a ~; in one ~,	وبكلمة ؛ وبالاختصار ؛ وخلاصة القول .
in so many ~*s*	(١) حرفيًّا ؛ بالحرف الواحد (٢) بلغة واضحة ؛ بصراحة .
man of his ~,	رجلٌ صادق العهد أو الوعد .
My *word!*	يا إلَهي! عجبًا!
My ~ upon it!	شَرفًا ؛ قسمًا بشرفي .
the last ~ in	أحدث المبتكرات [في حقل ما] .
the last ~ on	القول الفَصْل [في موضوع ما] .
to have a ~ with	يتحدث إليه حديثًا قصيرًا .
to have ~*s* (with)	يتشاجر ؛ يتشاحن .
to keep one's ~,	يفي بعهده أو وعدِه .
to take a person at his ~,	يعمل على أساس الاعتقاد بأن فلانًا صادقٌ في ما يقول .
Upon my *word!*	(١) شرفًا ؛ قسمًا بشرفي (٢) عجبًا ؛ يا إلَهي!
~ for ~,	(راجعها في موضوعها) .

word·age [wûr′dĭj] *(n.)* (١) «أ» كلمات. «ب» حشوٌ في الكلام (٢) «أ» عدد الكلمات. «ب» الصِّياغة: طريقة التَّعبير في كلمات؛ اختيار الكلمات واستخدامها.

word–association test *(n.)* اختبار تداعي الأفكار (نف).

word blindness *(n.)* العَمَى القِرائيّ (را. alexia).

word·book [wûrd′bo͝ok] *(n.)* مُعْجَم؛ قاموس.

word class *(n.)* = part of speech.

word for word *(adv.)* حرفيًّا؛ بالحرف الواحد.

word·i·ly [wûr′dĭ lĭ] *(adv.)* على نحوٍ مُطْنِبٍ أو كلاميّ.

word·i·ness [-nĭs] *(n.)* الإطناب؛ الإسهاب؛ كَثْرة الكلام.

word·ing [wûr′dĭng] *(n.)* (١) التَّعبير [بواسطة الألفاظ] (٢) الصِّياغة: طريقة التَّعبير في كلمات؛ اختيارُ الكلمات واستخدامُها.

word·less [wûrd′-] *(adj.)* (١) صامت: غير مُعبَّر عنه بكلمات؛ غير مصحوب بكلمات <~ fury> (٢) صامت؛ غير متكلِّم <~ spectators>.

word·mon·ger [-′mŭng′gər] *(n.)* المتعسِّف: متكلِّفُ الكلماتِ تبجُّحًا.

word of mouth *(n.)* (١) مشافَهة (٢) شهرة أو دعاية شفهيّة.

word order *(n.)* النَّسَق اللَّفْظِيّ: ترتيب الكلمات في عبارة أو جملة.

word proc·ess·ing *(n.)* معالَجة الكلمات؛ التَّحرير الألكترونيّ.

word processor *(n.)* جهاز معالجة الكلمات؛ جهاز التحرير الألكتروني.

word square *(n.)* المربَّع اللَّفْظيّ: عِدَّة كلمات متساوية الطُّول مرتَّبةٌ في مربَّع بحيث تكون قراءتُها عموديًّا مطابقةً لقراءتها أُفُقيًّا.

HEART
EMBER
ABUSE
RESIN
TREND

word square

word·y [wûr′dĭ] *(adj.)* (١) «أ» مُطْنِب. «ب» كثير الكلام (٢) كلاميّ.

wore [wōr] *past of* wear.

work [wûrk] *(n.; adj.; vt.; i.)* (١) «أ» عمل؛ شغل. «ب» مهمّة (٢) «أ» حِصْن؛ مَعقِل؛ خندق إلخ. «ب» *pl.*: أشغال هندسيّة [كالمباني والجسور والأحواض] (٣) *pl.*: مصنع؛ معمل <iron ~s> (٤) الأجزاء العاملة أو المتحركة من آلة <cleaning the ~s of a watch> (٥) رغوة؛ زَبَد [ناشئ عن تخمّر] (٦) أثرٌ أدبيّ أو فني [كمؤلَّف أو لوحة زيتية] (٧) *pl.*: العمل الصالح: القيام بصالح الأعمال بموجب التعاليم الدينية بخاصة (٨) «أ» أثر؛ مفعول؛ نتيجة. «ب» الأداء: طريقة العمل (٩) «أ» قطعة الشغل: القطعة التي تكون قيد الإعداد في أية مرحلة من مراحل الصنع. «ب» خامة؛ معدن خام (١٠) *pl.*: كلّ ما في يد المرء أو في متناوله (١١) اضطهاد؛ تعذيب؛ قَتْل <gave her the ~s> § (١٢) خاص بالعمل <~ shoes> (١٣) مستخدَم في العمل <~ elephant> § (١٤) «أ» يُحدِث <to ~ a change>. «ب» يجترح <to ~ miracles> (١٥) «أ» يحوِّل <to ~ flint into tools>. «ب» يعمل أو يزخرف بالإبرة؛ وبخاصة: يطرِّز (١٦) «أ» يُعِدّ من طريق التحريك أو العجن <~ed the putty>. «ب» يخمِّر: يجعله يتخمَّر. «ج» يشكِّل: يجعله في الشكل المطلوب من طريق التطريق أو الضغط أو السحب <They ~ed cold steel.> (١٧) «أ» يُدير. «ب» يُعمِل. «ج» يجعله مُنْتِجًا [كمنجم أو مزرعة] (١٨) يحلّ [مسألةً] (١٩) «أ» يشغِّل. «ب» يستخدم؛ يستغلّ <Salma ~ed her charm to get her way.> (٢٠) «أ» يسدِّد [من طريق العمل أو الخدمة] <~ed off his debt>. «ب» يدفع نفقات كذا [من طريق العمل أو الخدمة] <My brother ~ed his way through college.> (٢١) يصنع أو يحقِّق بالعمل (٢٢) «أ» يُحرز [مكانة إلخ] أو يُخرِج [شيئًا] من موضع أو يتحرَّر [من قيوده إلخ] تدريجيًّا. «ب» يدبِّر طريقة؛ يوجِد وسيلة؛ يحتال للأمر <We can ~ it so that you can take your vacation.> (٢٣) يحتال على [تحقيقًا لغرض] <Adib ~ed the management for a free ticket.> (٢٤) يُثير؛ يُهيِّج x (٢٥) يعمل؛ يشتغل (٢٦) يَعْمَل على؛ يساعد على (٢٧) ينجح <They hoped the plan would ~ out.> (٢٨) يشقّ طريقه أو يتقدَّم بجهدٍ <He ~ed up from office boy to president.> (٢٩) يُبْحِر نحو مَهَبّ الريح (٣٠) «أ» يهتاج؛ يضطرب <The sea ~s high.>. «ب» يتخمّر؛ يختمر. «ج» يصبح [تدريجيًّا أو بحركاتٍ غير ملحوظة] <The knots ~ed loose.> (٣١) ترتخي مفاصلُ السفينة [تحت الضغط] (مل).

at ~, (١) مشغول؛ منهمك في العمل (٢) فعّال؛ ذو أثر.

in ~, (١) قَيْد الصنع أو الإعداد (٢) قيد التدريب.

out of ~, عاطلٌ عن العمل.

to ~ away يواصل العمل.

to ~ in *or* into (١) يُقحِم أو يُدخِل بجهد متكرِّر أو موصول (٢) يدسّ [شيئًا] بلباقة (٣) يمزج.

to ~ in with يتلاءم؛ يتوافق؛ ينسجم مع.

to ~ off يتخلّص من.

to ~ on (١) يؤثّر في (٢) يحاول إقناعه أو التأثير فيه.

to ~ one's will (upon) يفرض إرادته [على].

to ~ out (١) يُحْدِث؛ يحقّق؛ يَصْنَع (٢) يحلّ [مسألةً] (٣) يوجِد؛ يستنبط؛ يرسم [خطةً] (٤) يتخلص [من دَين] بالعمل أو بالخدمة بدلًا من دفع المال (٥) يستنفد [منجمًا] (٦) يعمل بنجاح (٧) يطوِّر؛ يوسِّع (٨) يبلغ مقدارُهُ كذا (٩) يتدرَّب.

to ~ up (انظرها في موضعها).

to ~ upon (١) يؤثّر في (٢) يحاول إقناعه.

work·a·ble [wûr′kə bəl] *(adj.)* (١) يُشغَّل؛ يُشكَّل: ممكنٌ تشغيلُه أو جعلُه في الشَّكل المطلوب <~ plastic> (٢) عَمَليّ <~ plan>.

work·a·day [wûr′kə dā′] *(adj.)* (١) خاصّ بأيّام العمل أو ملائم لها <~ clothes> (٢) يوميّ؛ عاديّ؛ مبتذَل <~ things>.

work·a·hol·ic [wûr′kə hô′-] *(n.)* مُدمِن العمل: شخص يعمل على نحوٍ موصول.

work·bag [wûrk′băg′] *(n.)* كيس الشُّغل: «أ» كيسُ عُدّةِ العمل أو أدواتِه أو موادِّه. «ب» كيسُ شُغلِ الإبرة.

work·bank [wûrk′-] *(n.)* مِنْضَدة التَّصحيح أو التَّركيب: منضدة تُصحَّح عليها المادّة الطِّباعيّة المنضَّدة وتُقطَّع إلى أعمدة أو صفحات.

work·bas·ket [wûrk′băs′kĭt] *(n.)* سَلَّة شُغل الإبرة.

work·bench [wûrk′bĕnch′] *(n.)* نَضَد العمل؛ طاولة الحِرَفيّ.

work·book [wûrk′-] *(n.)* دفتر العمل: «أ» كُتَيِّبٌ يشتمل على موجز في حقل من حقول المعرفة. «ب» كتابٌ يرسم القواعد للقيام بعمل معيَّن. «ج» دفترٌ تُدَوَّن فيه ملاحظاتٌ خاصّة بعملٍ مُنْجَز أو بعَمَل يُعْتَزَمُ القيامُ به. «د» دفتر مدرسيّ يشتمل على مجموعة من التَّمارين والأسئلة يجب أن تُحَلَّ أو يُجابَ عنها على صفحاته نفسها.

work·box [wûrk′-] *(n.)* عُلبة الشُّغل: علبة لأدوات الشُّغل أو موادِّه.

work camp *(n.)* (١) معسكر العمل أو العمّال. وبخاصّة: معسكر السُّجناء: معسكر خاصّ بالسُّجناء الذين تثقُ بهم السُّلطة والذين تستخدمهم في بعض مشروعاتها (٢) المعسكر التَّطوُّعيّ: معسكر للعمل التطوّعيّ.

work·day [wûrk′dā′] *(n.; adj.)* (١) يوم العمل: «أ» يومٌ يَفْرغ فيه المرءُ للعمل [تمييزًا له عن يوم الأحد أو يوم العطلة]. «ب» ساعات العمل في مثل هذا اليوم § (٢) workaday.

worked [wûrkt] *(adj.)* مشغول؛ مُشَغَّل: صِفة للقطعة التي أُخضِعَت لعمليّةٍ ما من عمليّات التَّطوير أو المعالجة أو الصُّنع.

worked up *(adj.)* مُهتاج؛ ثائر؛ غاضب.

work·er [wûr′kər] *(n.)* (١) العامل؛ الشَّغّيل (٢) العاملة: «أ» نحلة أو نملة إلخ تعمل من أجل مجتمعها. «ب» صَفيحة كَهْرَليّة (را. electrotype) يُطبَع عنها شيء (طع).

work farm *(n.)* مزرعة التَّشغيل: مزرعة يُحْجَز فيها الجانحون أو صِغارُ المجرمين ويُشغَّلُون.

work·flow [wûrk′flō] *(n.)* سَيْر العَمَل: جَرَيان العمل أو تطوّره.

work·folk [wûrk′fōk′] *also* **work·folks** [-fōks′] *(n. pl.)* العُمّال؛ الطبقة العاملة. وبخاصة: عُمّال المَزارع.

work force *or* **work·force** [wûrk′fôrs′] *(n.)* القوّة العاملة: «أ» جماعة العمّال في مصنع. «ب» قوّةُ الأمّةِ العاملةُ <additions to the nation's ~>.

work·horse [wûrk′-] *(n.)* (١) حصان الشُّغل: حصان يُستَخْدَم في العمل تمييزًا له عن حصان الجرّ أو جواد الرُّكوب أو السِّباق (٢) «أ» الحَمُول؛ حمار الشُّغل: شخص ينهض بالشّاقّ من الأعمال. «ب» الحَمُولة: مَرْكَبة أو آلة تتميَّز بالمتانة البالغة والنَّفع العظيم.

work·house [wûrk′hous′] *(n.)* (١) poorhouse (٢) إصلاحيّة الأحداث.

work·ing [wûr′-] *(adj.; n.)* (١) عاملٌ. وبخاصّة: «أ» مساعِدٌ على العمل؛ كافٍ من حيث القوّة أو العدد لإحداث النَّتائج المرجوّة؛ فاعلٌ <Our party has a ~ majority.>. «ب» مصطَنَعٌ أو مُتبنًّى بُغيةَ إفساح المجال لعملٍ أو نشاط إضافيّ أو بُغيَة تسهيل ذلك العمل <a ~ draft of a peace treaty> (٢) «أ» مشتغل؛ عامل <a ~ mother>. «ب» «شغّال»؛ غير معطَّل <a ~ machine> (٣) كافٍ [من الناحية العمليّة] <a ~ knowledge of French> § (٤) عَمَل؛ شُغل (٥) تشغيل؛ تشكيل؛ جَعْل الشَّيء في الشَّكل المطلوب (٦) حَلّ [لمسألة] (٧) تخمُّر (٨) *pl.*: حفريّات [في مَنْجَم إلخ].

working capital *(n.)* رأس المال العامل (اد).

working class *(n.)* الطَّبقة العاملة؛ طبقة العُمّال.

working-class *(adj.)* عُمّاليّ: خاصّ بطبقة العمّال أو بالطَّبقة العاملة.

working day *(n.)* = workday.

working drawing *(n.)* الرَّسم التَّشغيليّ: رسمٌ لشيء يُراد صُنعُه أو تشييدُه يُوضَع بين يَدَي العامل كي يستهدي به في عمله.

working girl *(n.)* (١) فتاة عاملة (٢) عاهر (ع).

work·ing·man [wûr′kĭng măn′] *(n.)* = workman *1*.

working papers *(n. pl.)* أوراق التَّشغيل: وثائق رسميّة تشتمل على مختلف المعلومات التي يتعيَّن على طالبي العمل تقديمُها عادةً.

working substance *(n.)* المشغِّلة؛ المادة المشغِّلة: مادّة سائلة عادةً تُستخدَم في تشغيل المِكْبَس أو البِستُون (مك).

working week *(n.)* = workweek.

work·less [wûrk′lĭs] *(adj.)* عاطلٌ عن العمل.

work·man [wûrk′-] *(n.)* (١) العامل؛ الشَّغّيل (٢) الصّانع؛ الحِرَفيّ.

work·man·like *or* **work·man·ly** [wûrk′mən-] *(adj.)* بارع.

work·man·ship [-shĭp′] *(n.)* (١) صَنْعة؛ براعة في العمل (٢) عمل؛ نتيجة جهد.

work·mate [wûrk′māt′] *(n. chiefly Brit.)* زميل (بر).

work of art *(n.)* الأثر الفنّيّ. وبخاصّة: لوحة زيتيّة رائعة.

work·out [wûrk′-] *(n.)* (١) التَّجريب؛ التَّدريب: تجربة أو تمرينات يقوم بها اللّاعب الرِّياضيّ اختبارًا لأهليّته للاشتراك في مباراة ما، أو استعدادًا لهذا الاشتراك (٢) اختبار القُدرة: اختبار شاقّ للقدرة والتَّحمُّل.

work out *(vt.; i.)* انظرها في العبارات الاصطلاحية تحت work.

work·peo·ple [wûrk′-] *(n. pl.)* العمّال؛ جماعة العمّال (بر).

work·piece [wûrk′pēs′] *(n.)* القِطعة: أيّما مُنْتَج في طورِ تصنيعِه.

work·room [wûrk′-] *(n.)* حجرة العمل؛ حجرة الشُّغل.

work·shop [wûrk′shŏp′] *(n.)* (١) مَشْغَل؛ وَرْشَة؛ مَعْمَل (٢) الحلقة الدِّراسيّة الحُرّة: حلقة دراسيّة لا يُشارِك فيها عادةً غيرُ البالغين الذين سبق لهم العملُ في الموضوع المدروس وتتميَّز بحريّة المناقشة وتبادُل وجهات النَّظر وبالتَّطبيق العمليّ لمختلف الطَّرائق والبراعات <summer ~ in short-story writing>.

work·shy [wûrk′shī′] *(adj.)* (١) كسلان؛ بطيء (٢) مُحجِم عن العمل.

work·sta·tion [wûrk′stā′shən] *(n.)* المَحَطَّة؛ محطَّة العمل (كم).

work stoppage *(n.)* وَقف العمل: توقُّف عن العمل يقوم به جماعةٌ من العمّال ويكون عادةً أكثرَ عفويّةً وأقلَّ خطورةً من الإضراب.

work·ta·ble [wûrk′-] *(n.)* طاولة العمل: طاولة يجلس إليها العاملُ وغالبًا ما تكون ذاتَ أدراج تُوضع فيها أدواتُ العمل [كأدوات الخياطة إلخ].

work–to–rule *(n.)* العمل بالجهد الأدنى : التزام العمّال بالقَدْر الأدنى من الجهد، من ضمن قوانين العمل، بقصد إبطاء الإنتاج .

work–up [wûrk′ŭp′] *(n.)* الفَرَق الصّاعد : لطخة غير مقصودة بين كلمات الصَّفحة المطبوعة ناشئة عن ارتفاع إحدَى الرُّقاقات المَعْدنيّة المستخدَمة للمُباعدة بين هذه الكلمات (طع) .

work up *(vt.; i.)* (١) يُحدِث (٢) يُثير [المشاعرَ] (٣) يُنشئ أو يؤسّس تدريجيًّا وبجهد x (٤) يرتفع تدريجيًّا [من حيث النبرة العاطفية أو القوّة] .

work·week [wûrk′wēk′] *(n.)* أُسبوع العمل : ساعات أو أيّام العمل في الأسبوع <48-hour ~; a 6-day ~> .

work·wom·an [wûrk′wo͝om′ən] *(n.)* العاملة؛ الشَّغِّيلة .

world[1] [wûrld] *(n.)* (١) الدنيا؛ الحياة الدنيا (٢) العالم (٣) الناس؛ البشر (٤) الشؤون الدنيوية (٥) الكون (٦) عالَم؛ دُنْيا <the ~ of art> (٧) المجتمع البشري <She withdrew from the ~.> (٨) مقدار كبير <a ~ of trouble> (٩) كوكب؛ جرم سماوي .

all the ~ and his wife — كلّ النّاس؛ جميع أفراد الطَّبَقة الرّاقية .
a ~ of difference — فرق عظيم؛ فرق شاسع .
for the (whole) ~, — لأيما سبب؛ لأي سبب كان .
for ~*s* — لأيما سبب؛ ولو أعطيتُ ثروة العالم كلّه .
in the ~, — (١) في العالم أو الوجود (٢) تُرَى؛ يا تُرَى .
out of this ~, — رائع؛ باهر؛ ممتاز .
the other *or* next ~; the ~ to come — الآخرة؛ العالم الآخر .
to carry the ~ before one — يحرز نجاحًا سريعًا كاملًا .
to make a noise in the ~, — يُحْدِث أو يترك في الدنيا دَوِيًّا؛ يشتهر؛ يصبح حديث الناس .
to the ~, — تمامًا؛ كليَّةً؛ بكل معنى الكلمة .
~ without end — إلى الأبد .

world[2] *(adj.)* (١) عالميّ <a ~ champion> (٢) حول العالم <a ~ tour>.

world–beat·er [wûrld′bē′tər] *(n.)* البطل؛ المتفوِّق على غيره .

world–class *(adj.)* عالميّ : ذو مستوًى ممتاز <a ~ poet> .

World Court *(n.)* محكمة العالَم : محكمة العدل الدَّوليّة في لاهاي .

World Federalism *(n.)* الفيديراليّة العالميّة : حركة نشأت بعد الحرب العالميّة الثّانية ودَعَتْ إلى إقامة اتّحاد فيديراليّ بين دُوَل العالَم .

World Island *(n.)* جزيرة العالَم : كتلة اليابسة المؤلَّفة من أوروبا وآسيا وإفريقيا .

world·li·ness [wûrld′lĭ-] *(n.)* الدُّنيويّة : «أ» كونُ الشَّيء دُنيويًّا . «ب» الانهماكُ بالشُّؤون الدُّنيويّة [على حساب الشُّؤون الرُّوحيّة] .

world·ling [wûrld′-] *(n.)* مُحِبّ الدُّنيا : المنغمس في شؤون الدُّنيا ومباهجها إلخ .

world·ly [wûrld′lĭ] *(adj.)* (١) دُنيويّ (٢) خبير بالحياة والنّاس .

world·ly–mind·ed [wûrld′lĭ mīn′-] *(adj.)* دُنيويّ التّفكير؛ منصرفٌ إلى شؤون الدُّنيا أو منهمكٌ فيها . — **world·ly–mind·ed·ness** *(n.)*

world·ly–wise [wûrld′lĭ wīz′] *(adj.)* خبير بالحياة والنّاس .

world power *(n.)* الدَّوْلة الكُبرَى؛ القُوّة العالميّة : دَولة [أو منظمة إلخ] قويّة إلى درجةٍ تمكِّنها من التّأثير في مجرَى الأحداث العالميّة .

world premiere *(n.)* العرض العالميّ الأوّل [لعملٍ فنّيّ] .

world–shak·ing [wûrld′shā′kĭng] *(adj.)* مُزَلْزِل؛ هازٌّ للعالَم : هامّ بحيث يترك أثرًا في طول العالم وعرضه .

world war *(n.)* الحرب العالميّة .

world–wea·ry [wûrld′wēr′ĭ] *(adj.)* ضَجِرٌ من الحياة أو الوجود . وبخاصّة : سَئِمٌ من شِدّة الانغماس في الملذّات <this ~ generation> .

world·wide *(adj.; adv.)* (١) عالميّ الانتشار أو النِّطاق § (٢) عبرَ العالم .

World Wide Web *(n.)* الشّبكة العالميّة : مجموع المواقع والصَّفحات التي تؤلِّف مجتمعةً ذلك الجزء من الإنترنت الذي يراه مستخدِمو الشبكة (كم) .

worm [wûrm] *(n.; vi.; t.)* (١) دودة (٢) شخص جدير بالازدراء أو الرِّثاء (٣) أفعى (ا. ق) (٤) *pl.* عد : الدَّوَد : داء الديدان الطُّفيلية (٥) شيء لولبيّ أو دوديّ الشكل، مثل : «أ» سِنّ اللولب . «ب» مُسنَّنة دودية؛ تُرْس دوديّ . «ج» لولب أرخميدس (را . Archimedes' screw) (٦) الفيروس (را . virus 5) (كم) § (٧) يتمعّج : يمشي مِشية الديدان (٨) يتسلّل (٩) يتملّص [تتبعها *out of*] x (١٠) يحرِّر [حيوانًا] من الديدان (١١) يمعِّج : يجعله يتحرّك أو يتقدّم كالديدان (١٢) يُلَوْلِب : يفتل الخيوط فتلًا لولبيًّا حول الحبل بحيث يملأ الفجوات بين طاقاته (١٣) «أ» ينتزع بالحيلة <determined not to let her ~ the secret from him> . «ب» ينال بالتوسّل أو السؤال أو الإقناع <was trying to ~ a pension from the government>.

worm–eat·en [wûrm′ē′tən] *(adj.)* (١) نَخِر؛ متسوِّس (٢) منقَّر؛ مليء بالحُفَر (٣) بالٍ؛ عتيق <~ methods> .

worm gear *(n.)* العَجَلة والتُّرس الدُّوديّ (مك) .

worm gear
a worm
b worm wheel

worm·grass [wûrm′grăs] *(n.)* = pinkroot.

worm·hole [-′hōl′] *(n.)* الثَّقب الدُّوديّ؛ المسلك الدُّوديّ : «أ» ثقب تحفره الدُّودة أو مسلكٌ تسلكُه . «ب» بنْية افتراضيّة في الزَّمَكان space–time (فز) .

worm·root [wûrm′ro͞ot′] *(n.)* = pinkroot.

worm·seed [wûrm′-] *(n.)* (١) بزرة الدُّود : أيُّ نبات لبزوره خصائصُ طاردة لديدان الأمعاء (٢) شاي المكسيك (نب) (٣) الشِّيح الخُراساني (نب) .

worm snake *(n.)* الأفعَى الدُّوديّة : أفعى صغيرةٌ تحفر نفقًا في التُّربة .

worm wheel *(n.)* العَجَلة الدُّوديّة؛ الدُّولاب الدُّوديّ : عَجَلة مُعَشَّقة مع ترسٍ دوديّ (را . worm gear) .

worm·wood [wûrm′-] *(n.)* (١) الأفَسنْتِين : نبات عطريّ (٢) مرارة؛ شيء مرير <It was ~ for Sami to accept charity.> .

worm·y [wûr′mĭ] *(adj.)* (١) «أ» كثير الدِّيدان . «ب» مدوِّد (٢) نَخِر؛ متسوِّس (٣) دُودانيّ : شبيهٌ بالدُّود . وبالتّالي : زاحف؛ متذلِّل؛ وضيع .

worn [1] [wôrn] *past part. of* wear.

worn [2] [wôrn] *(adj.)* (١) بالٍ؛ رَثّ (٢) مُرْهَق؛ مُتْعَب.

worn–out [wōrn′out′] *(adj.)* (١) «أ» بالٍ؛ رَثّ. «ب» مُتَهرِّئ؛ تالف (٢) مُرْهَق (٣) مُبْتَذَل <~ figures of speech>.

wor·ried [wûr′ĭd] *(adj.)* قَلِق؛ مهموم؛ مضطرب البال.

wor·ri·ment [wûr′ĭ-] *(n.)* (١) مص worry (٢) قَلَق.

wor·ri·some [wûr′ĭ-] *(adj.)* (١) مُقْلِق؛ مُزْعِج (٢) نَزّاع إلى القَلَق.

wor·ry [1] [wûr′ĭ] *(vt.; i.)* (١) يخنق (عب) (٢) «أ» يَنْهَش. «ب» يَعَضّ. «ج» يهزّ [أو يسحب] بأسنانه <a terrier ~*ing* a rat>. «د» يمسّ أو يحرّك باستمرار. «هـ» يُزيح: يُغيِّر وضعَ شيء أو يركِّزه في مكان معيَّن بدفعه أو بتحريكه يَمنةً ويَسرةً على نحوٍ موصول (٣) يُعذِّب؛ يُزعِج (٤) يُجْهِد؛ يُرْهِق (٥) يُبْرِم: يُزعِج بِكَثْرة الأسئلة أو المَطالب (٦) يُقْلِق x (٧) يتقدَّم بجهد <The old car *worries* up the hill.> (٨) يكافِح؛ يُناضِل؛ يتدبَّر الأمرَ بطريقةٍ ما [تتبعها *along* أو *through*] (٩) يقلَق (١٠) يختنق (عب) (١١) يسحب [شيئًا] بأسنانه.

— **wor·rier** *(n.)*

wor·ry [2] *(n.)* (١) قَلَقٌ (٢) بلاء؛ مشكلة؛ هَمّ <His biggest ~ is transportation.> (٣) سحبُ الحيوان بالأسنان وهَزُّه حتى يموت أو يكاد.

worry beads *(n. pl.)* السُّبْحة؛ سُبْحة القَلَق: سُبْحة تتداول الأصابعُ خَرَزاتِها، وبخاصة في أوقات القلق أو الضَّجَر.

wor·ry·wart [wûr′ĭ wôrt′] *(n.)* المتشائم؛ النَّزّاع إلى القَلَق.

worse [wûrs] *(adj.; n.; adv.)* (١) أسوأ؛ أَرْدأ (٢) أصعب (٣) أكثر شرًّا؛ أكثر فسادًا (٤) أكثر مرضًا § (٥) الأسوأ؛ الأردأ إلخ § (٦) على نحوٍ أسوأ أو أردأ؛ إلى درجة أسوأ أو أردأ إلخ.

none the ~, أكثر؛ إلى حَدٍّ أبعد.
the ~ for wear (راجعها تحت wear).
to put to the ~, يَهْزِم؛ يَقْهَر.
~ and ~, أسوأ فأسوأ.
~ off في حالٍ أسوأ أو أشدَّ فقرًا.

wors·en [wûr′sən] *(vt.; i.)* (١) يجعلُه أسوأ x (٢) يُصبِح أسوأ.

wor·ship [1] [wûr′-] *(n.)* (١) «أ» مَقامٌ رفيع <a man of ~>. «ب» فضيلة؛ سيادة <his *Worship* the Judge; his *Worship* the Sheriff> (٢) عبادة (٣) ديانة (٤) تأليه.

worship [2] *(vt.; i.)* (١) يَعبُد (٢) يُبجِّل؛ يؤلِّه x (٣) يتعبَّد.

wor·ship·ful [wûr′-] *(adj.)* (١) مُبَجِّل (٢) مُبَجَّل (٣) مميَّز (ا. ق).

wor·sle·ya [wûrz′lē ə] *(n.)* الوُرْسليّة: نبتة برازيليّة بَصَليّة.

worst [wûrst] *(adj.; n.; adv.; vt.)* (١) الأسوأ؛ الأردأ (٢) الأكثر صعوبةً أو شرًّا أو فسادًا § (٣) *pl.*: **worst**: الشيء أو الشخص الأسوأ § (٤) إلى أسوأ حدٍّ أو درجة؛ على النَّحو الأسوأ § (٥) يَهْزِم؛ يَقْهَر؛ يتغلَّب على.

at ~, في أسوأ الأحوال.
to give one the ~ of it يَهْزِمه؛ يتغلَّب عليه.

wor·sted [wŏŏs′tĭd; wûr′-] *(n.; adj.)* (١) الغَزْل الصُّوفيّ [يُستخدَم في الحياكة] (٢) نسيج من الغزل الصُّوفي § (٣) صُوفيّ <~ socks>.

wort [wûrt; wôrt] *(n.)* (١) نبتة. وبخاصّة: عُشبة أو حشيشة (٢) الوَرْت: نَقيع المَلْت (را. malt) الذي يُصبح بعد تخمُّره جِعَةً أو بيرة إلخ.

worth [1] [wûrth] *(vi.)* يحدُث؛ يقع (ا. ق).

woe ~ the day! لعنَ اللهُ اليوم!

worth [2] *(adj.; prep.; n.)* (١) ذو قيمة مالية أو مادية (ا. ق) (٢) جدير بالاحترام أو الإجلال (ا. ق) § (٣) يساوي كذا <The house is ~ $70,000.> (٤) ذو دخل أو ممتلكات تساوي كذا <He is ~ at least $300,000.> (٥) يستحق؛ يستأهل؛ جدير بِـ <a city ~ visiting> (٦) في طوقه أو قدرته <ran for all she was ~> § (٧) قيمة مالية (٨) ما يساوي كذا <$650 ~ of sugar> (٩) «أ» قيمة. «ب» قيمة أخلاقيّة أو شخصيّة أو عقلية (١٠) استحقاق؛ كفاءة (١١) ثروة.

~ it يستحِقّ ذلك الجهد أو العناء إلخ.

worth·ful [wûrth′-] *(adj.)* (١) شريف؛ نبيل (٢) قَيِّم.

wor·thi·ly [wûr′thĭ lĭ] *(adv.)* بجدارة؛ باستحقاق؛ بكفاءة إلخ.

wor·thi·ness [wûr′thĭ-] *(n.)* جدارة؛ استحقاق؛ كفاءة إلخ.

worth·less [wûrth′-] *(adj.)* (١) «أ» عديم القيمة. «ب» باطل؛ عديم الجدوَى (٢) حقير؛ تافه.

worth·while [wûrth′(h)wīl′] *(adj.)* (١) ذو شأن (٢) جديرٌ بالاهتمام؛ مستحِقٌّ العناءَ المبذولَ في سبيله.

wor·thy [wûr′thĭ] *(adj.; n.)* (١) حَسَنٌ؛ قيِّم (٢) وجيه؛ هامّ (٣) فاضل؛ شريف؛ نبيل (٤) «أ» جدير؛ مستحِقّ. «ب» كفؤ § (٥) شخص بارز أو مشهور.

wot [wŏt] *(vt.; i.)* يعلم؛ يعرف (بر).

would [wŏŏd] *(past of* will*)* (١) يتمنّى <I ~ I were young again.> (٢) يريد؛ يرغب <What ~ you?> (٣) فعل مساعد معناه: «أ» سوف <said she ~ come>. «ب» من عادته أن <He ~ stand blows without shedding a tear.>. «ج» لو؛ لو أنّه <I wish that she ~ go.>. «د» يستطيع <No stone ~ break that glass.>. «هـ» ليت <~ I were dead!>. «و» هل لك أن... <~ you help me, please?>.

would–be [wŏŏd′bē′] *(adj.; n.)* (١) مُدَّعٍ كذا؛ راغب في أن يكون كذا <a ~ poet> § (٢) المدَّعي؛ شخصٌ مدَّعٍ.

wouldn't [wŏŏd′nt] = would not.

wound [1] [wōōnd] *(n.; vt.; i.)* (١) جُرْح § (٢) يَجْرَح.

wound [2] [wound] *past and past part. of* wind.

wound·ed [wōōn′-] *(adj.; n. pl.)* (١) مجروح؛ جريح § (٢) الجَرْحَى.

wound·wort [wōōnd′wûrt′] *(n.)* حشيشة الجِراح: إحدى نباتات مختلِفة استُخْدِمَتْ أوراقُها الزَّغِبة في تضميد الجِراح.

wove [wōv] *past and occasional past part. of* weave.

wo·ven [1] [wō′vən] *past part. of* weave.

wo·ven [2] *(adj.; n.)* (١) مَحِيك <a ~ fabric> § (٢) قماش مَحِيك.

wow [wou] *(interj.; n.; vt.)* (١) آه!: هُتافٌ يعبَّر به عن الابتهاج أو التَّعجُّب أو الانفعال § (٢) نجاح باهر؛ شيء ناجحٌ نجاحًا باهرًا (٣) الوَوّ: تَشَوُّه في

طبقة الصَّوت ناشئٌ عن تفاوت في سرعة التَّسجيل (مو) § (٤) يُثير إعجابَ السّامعين أو المشاهدين إلخ الحماسيَّ .

wow·ser [wou′zər] *(n.)* المتزمِّت: شخص متزمِّت إلى حدّ بغيض .

wrack[1] [răk] *(n.)* (١) خراب؛ دمار (٢) بقيّة باقية [من خراب] .

wrack[2] *(n.; vt.; i.)* (١) «أ» سفينة غارقة . «ب» حُطام . «ج» تحطُّمُ السَّفينة أو غرقُها . «د» إخفاق . «هـ» انهيار؛ تحطُّم (٢) «أ» نباتات بحريّة . «ب» حشائش بحريّة مجفَّفة § (٣) يحطِّم؛ يدمِّر **x** (٤) يتحطَّم .

wrack[3] *(n.)* المِخْلَعَة: أداة تعذيب قديمة يُمَطّ عليها الجَسَد .

wrack[4] *(n.)* القَزَع: سَحابٌ عالٍ متفرِّق تسوقه الرِّيح .

wrack[5] *(vt.; i.)* = rack[2] *7-11.*

wrack·ful [răk′fəl] *(adj.)* مُخرِّب؛ مُدَمِّر .

wraith [rāth] *(n.)* (١) «أ» الطَّيف النَّذير: طيفُ إنسانٍ حيّ يُرَى في المنام ويُفتَرَض أن يكون نذيرًا بوفاة صاحبه . «ب» شبح (٢) خيال (٣) عمود من دُخان أو بُخار إلخ .

wran·gle [răng′gəl] *(vi.; t.; n.)* (١) «أ» يتشاحَن؛ يتخاصَم . «ب» يتجادل **x** (٢) ينال أو ينتزع بالجدَل المتواصل (٣) يرعَى الماشيةَ . وبخاصّة: يُعْنَى بالخيل § (٤) مشاحَنة؛ خصام؛ نزاع (٥) مجادَلة؛ جَدَل .

wran·gler [răng′glər] *(n.)* (١) المُشاحِن؛ المُخاصِم إلخ (٢) راعي البقر .

wrap [răp] *(vt.; i.; n.; adj.)* (١) «أ» يغطّي . «ب» يلفّ؛ يغلّف؛ يَرْزم (٢) «أ» يطوّق؛ يقيّد <~*ped* in chains> . «ب» يحيط بـِ . «ج» يستغرق في <I walked along ~*ped* in my own thoughts.> (٣) «أ» يُخفي . «ب» يحجب <Clouds ~*ped* the minaret from view.> **x** (٤) يلتفّ <A vine ~*s* round the pillar.> (٥) يرتدي [ملابسه]؛ يتدثَّر [تتبعها *up*] (٦) يُغَطَّى؛ يُغلَّف؛ يُرْزَم § (٧) «أ» غلاف . «ب» مادّة تغليف . «ج» دِثار؛ معطف إلخ . «د» بطانية؛ حِرام (٨) لفّة؛ طيّة (٩) *pl.*: «أ» قيد؛ قيود . «ب» سِرِّيّة، كتمان § (١٠) wraparound *2* .

to ~ up يُنهي؛ يَختِم .

wrap·a·round [răp′ə-] *(n.; adj.)* (١) دِثار؛ إزار؛ عباءة § (٢) مصمَّمٌ ليلتفّ [حول الجسم] <a ~ robe> (٣) مُنحنٍ [عند جانبَيْه] <~ eyeglasses>.

wrap·per [răp′ər] *(n.)* (١) الغلاف: «أ» ورقة تبغ يغلَّف بها السيكار . «ب» قميص ورقيّ [للكتاب المجلّد] . «ج» غلاف ورقيّ [للكتاب غير مجلّد] . «د» ورقة تُلَفّ حول الصحيفة أو المجلة المُبْرَدة [أي المرسَلة بالبريد] (٢) المغطِّي؛ المغلِّف؛ اللافّ إلخ (٣) دِثار؛ إزار .

wrap·ping [răp′ĭng] *(n.)* غِلاف؛ غطاء [تَرِد بالجمع عادةً] .

wrap–up *(n.)* (١) تقرير ملخَّص [للأخبار إلخ] (٢) خِتام [نشاطٍ ما] .

wrasse [răs] *(n.)* الرّاسّ؛ اللَّبروس: سَمَك بحريّ شائك الزَّعانف .

wrath [räth; răth; rôth] *(n.)* (١) حَنَق؛ غَيْظٌ؛ غَضَبٌ شديد (٢) عِقاب إلّهيّ [بسبب خطيئة] .

wrath·ful [räth′fəl; răth-] *(adj.)* مُحْنَق؛ مَغيظ؛ غاضبٌ جدًّا .

wrath·y [răth′ĭ] *(adj.)* = wrathful.

wreak [rēk] *(vt.)* (١) ينتقِم لِـ (ا . ق) (٢) يُنزِل به عقوبةً أو أذًى (٣) يشفي غليلَ غضبه (٤) يُحْدِث <~*ed* havoc among...> .

wreak·ful [rēk′fəl] *(adj.)* = revengeful.

wreath [rēth] *(n.)* (١) إكليل . وبخاصّة: إكليل من الزَّهر (٢) شكل دائريّ .

wreathe [rēth] *(vt.; i.)* (١) يَلْوِي؛ يجعِّد (٢) يَجْدُل؛ يَضْفِر (٣) يلُفّ؛ يطوي [بحيث يطوِّق شيئًا] (٤) يكلِّل: يزيِّن بإكليل أو نحوه **x** (٥) يلتفّ (٦) يَنْجَدِل؛ يَنْضَفِر (٧) يتحرَّك أو يمتدّ على نحوٍ دائريّ أو لَوْلَبيّ .

wreath·y [rē′thĭ; -thĭ] *(adj.)* (١) إكليليّ الشَّكل (٢) ملتفّ؛ متجعِّد؛ لَوْلَبيّ .

wreck [rĕk] *(n.; vt.; i.)* (١) حُطام السَّفينة الغارقة [يقذفه البحر إلى الشاطئ] (٢) «أ» تحطُّم السفينة أو غرقها . «ب» سفينة غارقة (٣) «أ» تحطيم؛ تدمير . «ب» تحطُّم؛ دمار (٤) خراب؛ مبنًى خربٌ إلخ (٥) شخص أو حيوان مريض إلخ <Such work left them tubercular ~*s*.> § (٦) يَطْرَح [البحر] حُطامَ السفينة إلى الشاطئ (٧) «أ» يحطِّم . «ب» يُتْلِف . «ج» يؤدّي به إلى الإفلاس . «د» يُحْبط [خطةً] (٨) «أ» يحطِّم سفينة أو يغرقها . «ب» يُتلِف أو يؤذي أو يعرِّض للخطر [نتيجةً لغرق السفينة] (٩) يُحدِث <to ~ havoc> **x** (١٠) يَغرقُ [المركبُ]؛ يتحطَّم (١١) يحاول إنقاذ السفينة الغارقة أو ترميمها أو نَهْبها إلخ .

wreck·age [rĕk′ĭj] *(n.)* (١) مص wreck (٢) حُطام السَّفينة الغارقة [يقذفه البحر إلى الشّاطئ] (٣) مَنْبوذو المجتمع .

wreck·er [rĕk′ər] *(n.)* (١) فا wreck (٢) هادمُ المباني: مَنْ يحترف هدم المباني تمهيدًا لشقّ شوارعَ جديدةٍ أو توسيعِها (٣) الباحث عن السُّفن الغارقة [لإنقاذها أو نَهبها] (٤) «أ» المُنْقِذ: مركب يعمل على إنقاذ المراكب الغارقة أو حمولتها . «ب» سيّارة القَطْر أو السَّحْب [لجرّ السَّيّارات المحطَّمة أو الغائصة في الثَّلج أو الطِّين] . «ج» مَن يشتري حُطام السَّيّارات إلخ .

wreck·er's ball *(n.)* كُرة الهادِم: كرة حديديّة ثقيلة لهَدْم المباني .

wren [rĕn] *(n.)* طائر: الصَّعْو؛ النُّمْنِمة؛ السِّكْسُوكة؛ الدُّغْوَيْقَة: مغرِّد صغير .

wren

wrench [rĕnch] *(vi.; t.; n.)* (١) يلوي أو يلتوي **x** (٢) «أ» يلوي . «ب» يشوِّه؛ يُحرِّف؛ يَعْدِل به عن غرضه الأصلي (٣) «أ» يسحب أو يَنْتُر أو يخلع أو ينزع بقوَّة . «ب» ينتزع (٤) يُوجِع؛ يعذِّب § (٥) «أ» ليّ؛ لَوْي؛ خَلْع [المَفْصِل إلخ] . «ب» تشويه؛ تحريف (٦) أسًى شديد؛ انقلاب أو تغيّر نفسانيّ عنيف مفاجئ (٧) مِلْوًى؛ مفتاح رَبْط (مك) .

wrenches 7.

wrest [rĕst] *(vt.; n.)* (١) «أ» يسحب أو يُحرِّك أو يدفع بحركات التوائيّة عنيفة . «ب» يلوي أو ينزع بقوّة . «ج» ينتزع . «د» يغتصب (٢) «أ» يَعْدِل به عن غرضه الأصليّ أو الطَّبيعيّ . «ب» يتعمَّد إساءةَ تفسير [أو تطبيق] قانونٍ ما . «ج» يحرِّف § (٣) لَيّ؛ لَوْي إلخ (٤) مِلْوًى أو مِفتاح الدَّوزنة [في آلة موسيقيّة وَتَريّة] .

ă at; **ā** date; **â** care; **ä** car; **ĕ** egg; **ē** me; **ĭ** in; **ī** bite; **ŏ** lot; **ō** bone; **ô** orphan; **oi** boil; **o͝o** good; **o͞o** boot; **ou** out; **ŭ** under; **û** urgent; **ə** = *a* in alone, *e* in system, *i* in easily, *o* in gallop, *u* in circus.

wres·tle [rĕs′əl] *(vi.; t.; n.)* (١) «أ» يتصارع. «ب» يُكافح؛ يناضل (٢) يُقاوِم؛ يُصارع <She ~d with her conscience.> **x** (٣) «أ» يُصارِع. «ب» يُحرِّك أو يدفع شيئًا [وكأنَّه في صراع معه] § (٤) كِفاح؛ صِراع. وبخاصّة: مُصارَعة.
— **wres·tler** *(n.)*

wres·tling [rĕs′lĭng] *(n.)* كِفاح؛ صِراع. وبخاصّة: مُصارَعة.

wrest pin *(n.)* = wrest *4*.

wretch [rĕch] *(n.)* (١) البائس؛ التَّعِس (٢) الحقير؛ الخسيس.

wretch·ed [rĕch′ĭd] *(adj.)* (١) بائس (٢) قَذِر؛ حقير؛ جدير بالازدراء (٣) «أ» هزيل؛ ضئيل. «ب» رثّ؛ بالٍ. «ج» مهزول؛ مُرهَق (٤) «أ» فاجع. «ب» رهيب؛ مُفرِط (٥) «أ» رديء النَّوْع. «ب» تافِه.
— **wretch·ed·ly** *(adv.)* — **wretch·ed·ness** *(n.)*

wrig·gle [rĭg′əl] *(vi.; t.; n.)* (١) يتلوّى (٢) يتمعَّج (٣) «أ» يتملَّص أو يتخلَّص من كذا بالحيلة والمكر. «ب» يتسلَّل أو يشقّ طريقَهُ إلى كذا بأساليب ملتوية **x** (٤) يُلوِّي؛ يُمعِّج (٥) يشقّ [طريقَهُ] متمعِّجًا § (٦) تَلَوٍّ؛ تمعُّج إلخ (٧) مَمَرٌّ أو خطٌّ متمعِّج.

wrig·gler [rĭg′lər] *(n.)* (١) المتلوِّي؛ المتمعِّج (٢) يَرَقَةُ الحشرة أو البعوضة.

wright [rīt] *(n.)* (١) صانع كذا (٢) واضع أو كاتب كذا.

wring [rĭng] *(vt.; i.; n.)* (١) يَعْصِر (٢) يَنتزع؛ يَغتصب؛ يَبْتَزّ؛ يستنزف (٣) «أ» يلوي. «ب» يلوي يديه المتشابكتَيْن [تَوَجُّعًا إلخ] (٤) يُمِيل (٥) يضع أو يُقْحِم بحركة التوائيّة (٦) يُعذِّب؛ يُوجِع (٧) يَهُزّ اليدَ بقوّة وحرارة [ترحيبًا بشخص إلخ] (٨) يَلُفّ **x** (٩) يتلوّى § (١٠) عَصْر؛ انتزاع؛ اغتصاب إلخ.

wring·er [rĭng′ər] *(n.)* (١) العصّارة: آلة عصر [الثِّياب] (٢) شيء مسبِّب للألم.

wrin·kle [rĭng′kəl] *(n.; vi.; t.)* (١) «أ» جَعْدة؛ غَضَن [في قماش إلخ]. «ب» تَجَعُّد؛ تغضُّن [في البشرة] (٢) طريقة أو معلومات عن طريقة ما <learned countless little ~*s* on how to care for clothes in summer> (٣) تجديد [في الطَّريقة أو التِّقنية أو التَّجهيزات]؛ طريقة جديدة (٤) شائبة؛ نقيصة § (٥) يتجعَّد؛ يتغضَّن **x** (٦) يُجعِّد؛ يُغضِّن.

wrin·kly [rĭng′klĭ] *(adj.)* متجعِّد؛ كثير التَّجاعيد.

wrist [rĭst] *(n.)* (١) المِعْصَم؛ الرُّسْغ (ت) (٢) مِعْصَم السِّترة أو القُفّاز.

wrist·band [rĭst′bănd′] *(n.)* (١) سِوار القميص: طَرَفُ رُدْن القميص أو كُمِّهِ المطوِّقُ للمعصم (ا.ق) (٢) عِصابة المِعْصَم: شيء على شكل عصابة تطوِّق المِعصَم (ا.ق).

wrist·let [rĭst′lĭt] *(n.)* (١) سِوار (٢) عِصابة المِعْصَم. وبخاصّة: عِصابة يُطَوَّق بها المِعصَمُ التماسًا للدِّفء (٣) قَيْد؛ غُلّ.

wrist·lock [rĭst′lŏk′] *(n.)* مَسْكَة المِعْصَم: مَسْكة في المصارعة يُلْوَى بها مِعْصَمُ الخصم على نحوٍ يُفْقِدُه القدرة على الدِّفاع.

wrist pin *(n.)* = gudgeon pin.

wrist·watch [rĭst′wŏch′] *(n.)* ساعة المِعْصَم؛ ساعة اليد.

wristwatch

wrist wrestling *(n.)* المصارعة الرُّسغيّة (رب).

wrist·y [rĭs′tĭ] *(adj.)* مِعْصَميّ: متطلِّب استخدامَ المِعْصَم بكثرة.

writ [rĭt] *(n.)* (١) شيء مكتوب: كتابة؛ كتاب. وبخاصّة في قولهم Holy *Writ* أي الكتاب المقدَّس (نص) (٢) وثيقة رسميّة. وبخاصّة: «أ» أمرٌ مَلَكيّ؛ إرادة مَلَكيّة. «ب» أمرٌ قضائيّ.

writ·a·ble [rīt′ə-] *(adj.)* يُكْتَب؛ قابلٌ للكتابة: مُمْكِنٌ إفراغُه في قالب كتابيّ <~ thoughts>.

write [rīt] *(vt.; i.)* (١) يكتب (٢) يؤلِّف [كتابًا إلخ] (٣) ينظِم [قصيدةً] (٤) يُلَحِّن أو يضع الألحان الموسيقيّة (٥) يكتب رسالة (٦) يهجِّئ [كلمةً] (٧) يقضي؛ يقدِّر؛ «يكتب» <It was *written* that war would resume.> (٨) يكتب: يسجِّل [المعلومات] على أداة تخزين (كم) **x** (٩) يُنتِج موادَّ مكتوبة [كالكتب] (١٠) يُراسِل.

to ~ down (١) يدوِّن؛ يسجِّل (٢) يُظْهِر [نفسَه] بمظهر معيَّن (٣) يسيء إلى سمعته أو ينتقص من قدره بالكتابة (٤) «أ» يخفض قيمته أو منزلته. «ب» يخفض قيمة الموجودات (تج) (٥) ينزل [في الكتابة] إلى مستوى الجمهور إلخ؛ يبسِّط موضوعًا إلخ.

to ~ in (١) يُقحِم في وثيقة أو نصّ (٢) يُقحِم: «أ» يُضيف إلى ورقة الاقتراع اسمًا غيرَ مدوَّنٍ عليها. «ب» يقترع بهذه الطَّريقة (٣) يكتب إلى الإدارة أو المركز.

to ~ off (١) يخفض القيمة المقدَّرة (٢) يشطب؛ يحذف (٣) يقضي على (٤) يكتب بسرعة أو من غير تردُّد.

to ~ (one's) own ticket يُملي شروطَه أو يتصرّف تبعًا لحاجاته ورغباته.

to ~ out (١) يكتب؛ يدوِّن (٢) يستنزف طاقتَه أو مقدرته الأدبيّة بالإسراف في الإنتاج (٣) يكتب الكلمة كاملةً [بدون اختصار].

to ~ up (١) يصِفُ بتفصيل (٢) يصوغ في قالب كتابيّ أخير (٣) يجعله عصريَّ الأسلوب إلخ (٤) يقرِّظ؛ يكتب مقالًا تقريظيًّا عن (٥) يُبالِغ في تقدير قيمة الموجودات (تج) (٦) يستدعي للمثول أمام القضاء؛ يحرِّر بحقِّه مخالفةً قانونيّة إلخ.

write–down [rīt′doun′] *(n.)* خفض قيمة الموجودات (تج).

write–off [rīt′ôf′] *(n.)* (١) حَذْف (٢) خفض قيمة الموجودات (تج).

writ·er [rī′tər] *(n.)* (١) الكاتب (٢) المؤلِّف.

writer's cramp *(n.)* عُقّال الكاتب: تشنُّج مؤلم في عضلات اليد أو الأصابع ناشئ عن الإفراط في الكتابة.

write–up [rīt′ŭp′] *(n.)* (١) مقال. وبخاصة: تقريظ؛ مقال تقريظيّ (٢) مبالغة في تقدير قيمة الموجودات (تج).

writhe [rīth] *(vt.; i.; n.)* (١) «أ» يلُفّ؛ يطوي. «ب» يلوي (٢) يَضْفِر؛ يَجْدُل **x** (٣) يتمعَّج (٤) «أ» يتلوّى [ألمًا]. «ب» يتضوَّر [جوعًا] § (٥) تَلَوٍّ إلخ.

writh·en [rĭth′ən] *(adj.)* مَلويّ؛ مُلْتَوٍ؛ مُلتَفّ <a ~ tree>.

writ·ing [rī′tĭng] *(n.)* (١) كتابة (٢) خطّ (٣) رسالة؛ مذكِّرة (٤) كتاب؛ مؤلَّف (٥) قطعة موسيقيّة (٦) صَكّ؛ عَقْد (٧) مادّة قرائيّة (٨) أُسلوب أدبيّ أو موسيقيّ (٩) صناعة الكتابة أو التَّأليف.

writing desk *(n.)* المكتب؛ طاولة الكتابة.

writing paper *(n.)* ورق الكتابة.

writ of assistance *(n.)* مُذكِّرة العَوْن: أمرٌ قضائيّ بتنفيذ حُكْم صادرٍ عن محكمة أو بضرورة المساعدة على البحث عن السِّلَع المهرَّبة إلخ.

writ of certiorari *(n.)* = certiorari.

writ of election *(n.)* الدَّعوة الانتخابيّة: دعوةٌ إلى الانتخابات تُصدِرُها السُّلْطة. وبخاصّة حين يَشْغر مقعدٌ أو مَنْصِب يُنْتَخَب صاحبُه انتخابًا (ق).

writ of prohibition *(n.)* أمرُ الكَفّ: أمرٌ تُصْدِره محكمة عُليا إلى محكمةٍ دُنيا بضرورة الكَفّ عن النَّظر في دَعْوى معيَّنةٍ (ق).

writ of right *(n.)* أمر الاسترجاع: أمرٌ قضائيّ بإعادة المِلْكيّة إلى صاحبها بعد أن انتُزِعت منه.

writ of summons *(n.)* أمرُ الاستدعاء [للمُثولِ أمام محكمة] (ق).

writ·ten [rĭt′ən] *past part. of* write.

wrong [rông] *(n.; adj.; adv.; vt.)* (١) حَيْف؛ جَوْر؛ ضَيْم؛ ظلم؛ بَغْي (٢) الباطل <to know right from ~> (٣) أذًى؛ ضرر (٤) «أ» الخطأ: شيء خاطئ. «ب» الضلال: كون المرء على خطأ (٥) المُذْنِبيّة: كونُ المرء مُذنبًا أو مرتكبًا جريمةً (٦) اعتداء على حقوق الآخرين الشرعيّة § (٧) «أ» من الإثم أو اللاأخلاق <It is ~ to steal.> «ب» لاأخلاقيّ <Cheating is ~.> (٨) طالح؛ غير صالح أو لائق (٩) غير مناسب <said the ~ thing> (١٠) «أ» خاطئ. «ب» مغلوطٌ فيه. «ج» غير صحيح (١١) غير مُرْضٍ؛ فيه خللٌ أو علّة (١٢) مخالف للمألوف أو الشرعي أو المرغوب فيه (١٣) مخطئ؛ على خطأ (١٤) مخبَّل؛ مضطرب العقل § (١٥) خطأً؛ على نحو خاطئ <to answer ~> (١٦) على نحو غير مناسب أو لائق § (١٧) «أ» يَظْلِم؛ يؤذي؛ يسيء إلى. «ب» يعامِل بازدراء إلخ (١٨) يسلبه [مالَهُ أو حقّه] بالاحتيال.

- in the ~, مخطئ؛ مَلُوم؛ مسؤول.
- in the ~ box في ورطة إلخ.
- on the ~ side of fifty فوق الخمسين [من العمر].
- to do ~ to somebody يَظْلِمُ فلانًا؛ لا يُخْلِص لِـ...
- to go ~, (١) يَضِلّ السبيلَ (٢) يُخْفِق؛ يُمْنَى بالإخفاق.
- to put a person in the ~, يجعله يبدو وكأنّه هو المخطئ أو الملوم أو المسؤول.
- to take the ~ turning *or* path يحيد عن جادّة الفضيلة أو الصلاح؛ يسلك سبيلَ الرذيلة.

wrong·do·er [rông′do͞o′ər] *(n.)* الآثم؛ المعتدي؛ الحائف؛ المرتكب.

wrong·do·ing [rông′do͞o′ĭng] *(n.)* إثم؛ اعتداء؛ إيذاء؛ شرّ.

wronged [rôngd] *(adj.)* مظلوم؛ مُعْتَدًى عليه؛ مُنْزَلٌ به أذًى.

wrong font *(n.)* الحرف النّابي: حرف من نوع أو حجم غيرِ النَّوْع أو الحجم المُستخدَم في تنضيد مادّة طباعيّة ما.

wrong·ful [rông′fəl] *(adj.)* (١) ظالم؛ جائر (٢) غير شرعيّ؛ غير قانونيّ.

wrong·ful·ly *(adv.)* (١) ظُلْمًا وعُدْوانًا (٢) على نحوٍ غير شرعيّ.

wrong·head·ed [rông′hĕd′ĭd] *(adj.)* عنيد؛ مُتَشبِّث برأيه الخاطئ.

wrong·ly [rông′lĭ] *(adv.)* (١) خطأً (٢) ظُلْمًا (٣) بطريقة غير مناسبة.

wrote [rōt] *past of* write.

wroth [rôth] *(adj.)* مُحْنَق؛ مَغِيظ؛ غاضب جدًّا.

wrought[1] [rôt] *past and past part. of* work.

wrought[2] *(adj.)* (١) مَعْمُول؛ مُشَكَّل؛ مخلوق (٢) مُزخرَف؛ منمَّق؛ مُطرَّز (٣) مشغول؛ مصنوع؛ غير خام <a garment of ~ silk> (٤) مُطَرَّق <a tray of ~ copper> (٥) مُنْفَعِل؛ مُهْتاج <was highly ~>.

wrought iron *(n.)* الحديد المُطاوِع أو المُلَيَّف.

wrought–up *also* **wrought up** [rôt′ŭp′] *(adj.)* مُهْتاج؛ مُثار.

wrung [rŭng] *past and past part. of* wring.

wry [rī] *(vi.; t.; adj.)* (١) يلتوي x (٢) يلوي (٣) «أ» يصعِّر [خَدَّه]. «ب» يُعَجِّي [وجهَهُ أو فمَه]: يُزَوِّيه ويُميله تعبيرًا عن اشمئزاز أو استياء § (٤) «أ» مُصَعَّر؛ مُلْتَوٍ <~ neck>. «ب» مُعَجًّى <~ face> (٥) ساخر <with a ~ smile> (٦) عنيد؛ متشبِّث برأيه أو بمبدأه الخاطئ (٧) ظريف [مع تجهُّم ومرارة وسخرية عادةً].

— **wry·ly** *(adv.)* — **wry·ness** *(n.)*

- to make a ~ face يُعَجِّي وجهَهُ (را. (٣) «ب» أعلاه).

wry·neck [rī′nĕk′] *(n.)* (١) اللَّوّاء: طائر صغير طويل العنق (٢) «أ» الصَّعَر (را. torticollis). «ب» المَصْعُور: المصاب بالصَّعَر.

wryneck 1.

wud [wo͝od] *(adj.)* مخبَّل؛ معتوه؛ مجنون (إسك).

wul·fen·ite [wo͝ol′fə nīt′] *(n.)* الوُلفنيت: معدن بِلَّوْرِيّ.

wun·der·kind [vo͝on′dər kĭnt′] *(n.)* (١) طفل عبقريّ (٢) شخص موهوب.

wurst [wo͝orst; wûrst] *(n.)* نقانق؛ سُجُق.

wuth·er [wŭ′t͟hər] *(vi.)* تَهْدِر [الريحُ] (عب).

wy·an·dotte [wī′ən dŏt′] *(n.)* الوايَنْدوتيّة: دَجاجة من سُلالة دجاج أميركيّ متوسِّطة الحجم مشهورة ببيضها.

Wyc·liff·ite [wĭk′lĭf īt′] *(n.; adj.)* (١) الويكلفيّ: أحد أتباع المُصلح الدِّينيّ الإنكليزيّ ويكلف (المتوفَّى عام ١٣٨٤) § (٢) ويكلفيّ.

wye [wī] *(n.)* (١) حرف *y* (٢) شيء على هيئة الحرف Y.

wylie·coat [wī′lĭ kōt′] *(n.)* تَنُّورة. وبخاصة تَنُّورة تحتانيّة (إسك).

wynd [wīnd] *(n.)* زُقاق؛ شارع ضيِّق جدًّا (إسك).

wy·vern [wī′vərn] *(n.)* التِّنِّين المجنَّح: حيوان خرافيّ يُمثَّل عادةً على شكل مخلوق مجنَّح شبيه بالتِّنِّين.

x[1] [ĕks] *(n. often cap.)* (١) الحرف الرّابع والعشرون من الأبجدية الإنكليزية (٢) عشرة (٣) «أ» شيء معتبَر في المقام الرّابع والعشرين من حيث التّرتيب أو الطَّبقة. «ب» شيء معتبَر أوّلَ في ترتيب [أو طبقة] يشمل x وy وأحيانًا z (٤) سين: كمِّيّة مجهولة (ر) (٥) شيء على صورة حرف **X** (٦) شيء أو شخص مجهول.

x[2] *(vt.)* يُؤَكِّس: «أ» يُعلِّم بـ x؛ يضع علامة x أمام كذا. «ب» يُلْغي بسلسلة من العلامات الشَّبيهة بحرف x [تتبعها *out* عادةً].

X [ĕks] *(n.; adj.)* (١) إكس: علامة تحدِّد نوعيّة الفيلم § (٢) إكسيّ: صفة لفيلم لا يجوز حضورُه لمن هم دون سنّ معيّنة <an *X* movie>.

Xan·a·du [zăn′ə dōō] *(n.)* زانَدُو: مكان جميل هانئ ذو طبيعة رَعَوية.

xanth- بادئة معناها: «أ» أصفر. «ب» حامض صفراويك (ك).

xan·thate [zăn′thāt′] *(n.)* الزّنثات: ملح الحامض الصّفراويك (ك).

xan·thene [-′thēn′] *(n.)* الزّنثين: مُركَّب عُضويّ ضارب إلى الصُّفرة (ك).

xan·thene dye [zăn′thēn′] *(n.)* الصِّبْغ الزّنثينيّ (ك).

xan·thic [zăn′thĭk] *(adj.)* (١) أصفر؛ صفراويّ (٢) مصفرّ (٣) صفراويك (ك).

xanthic acid *(n.)* حامض صفراويك (ك).

xan·thin [zăn′thĭn] *(n.)* الزّانتين: مادّة صفراء ملوِّنة غير قابلة للذَّوَبان تُستخلص من الزُّهور الصَّفراء (ك).

xan·thine [zăn′thēn′] *(n.)* (١) الزّنثاين: مُركَّب نتروجينيّ متبلِّر وثيق الصِّلة بالحامض البَوْليّ (ك) (٢) أيٌّ من مشتقّات هذا المركَّب.

Xan·thip·pe [zăn thĭp′ĭ] *or* **Xan·tip·pe** [-tĭp′ĭ] *(n.)* (١) زَنْتيب: زوجة سُقراط (وقد اشتُهرت بالسّلاطة] (٢) امرأة شكِسة رديئة الطَّبع.

xantho- = xanth-.

xan·tho·chroid [zăn′thə kroid′] *(adj.; n.)* (١) أشقر (٢) الأشقر.

xan·tho·ma [zăn thō′mə] *(n.)* الزّانثوما؛ الصُّفْرُوم؛ قَمَعُ الجِلد (مض).

xan·tho·phyll [zăn′thə fĭl] *(n.)* اليَصْفُور: صِبغٌ جَزَرانيّ (را. carotenoid) أصفر يكون في النّباتات الخضراء والحبوب إلخ (كح).

— xan·tho·phyl·lic *or* **xan·tho·phyl·lous** *(adj.)*

xan·thous [zăn′thəs] *(adj.)* (١) أصفر (٢) مُغوليّ (را. *1*. Mongolian).

x–ax·is [ĕks′ăk′sĭs] *(n.)* pl. **x–ax·es** [-sēz] المِحْوَر السِّينيّ (ر).

X chromosome *(n.)* الصِّبغيّ السِّينيّ: صِبغيّ من صِبغيّات الجنس (أح).

x–co·or·di·nate [ĕks′kō ôr′də nət; -nāt′] *(n.)* الإحداثيّ السِّينيّ (ر).

X–dis·ease [ĕks′dĭ zēz′] *(n.)* الدّاء السِّينيّ؛ الدّاء المجهول: واحد من أمراض فيروسيّة متعدِّدة مجهولة الأصل والسَّبب. وبخاصّة: التهاب دماغٍ فيروسيّ يُصيب الإنسان اكتُشف في أستراليا (مض).

xe·bec [zē′bĕk′] *(n.)* القُرْصانيّة: سفينة صغيرة ثُلاثيّة الصَّواري استُخدِمت قديمًا لأغراض القرصنة.

xebec

x–ed *also* **x'd** *or* **xed** [ĕkst] *past of* x[2].

xen- or **xeno-** بادئة معناها: «أ» ضَيف؛ نَزيل. «ب» غريب؛ دخيل؛ أجنبيّ؛ مختلف <*xeno*phobe>.

xe·ni·a [zē′nĭ ə] *(n.)* التَّلقاح: الأثر المباشر الذي يُحدِثه اللَّقْح في الثّمرة أو البِزرة عند الإلقاح التّهجينيّ (نب).

xe·n·o·bi·ot·ic [zĕn′ə bī ŏt′ĭk] *(adj.)* حيويّ غريب: صفة لمركَّب كيميائي غريب عن المتعضّي أو الكائن الحيّ (كح).

xe·nog·a·my [zĭ nŏg′ə mĭ] *(n.)* الإخصاب التّهجينيّ («نب» و«أح»).

xen·o·gen·e·sis [zĕn′ə jĕn′-] *(n.)* التَّخْلاق: خَلْقٌ مُفْتَرَض لمُتَعَضٍّ مختلِفٍ عن نَتُوجِه (را. *1* parent) اختلافًا كُلّيًّا وسرمديًّا (أح).

— xen·o·ge·ne·ic *(adj.)*

xen·o·lith [zĕn′ə lĭth] *(n.)* الصَّخْر الدَّخيل: فِلْذةٌ من صَخْر متضَمَّنةٌ في صخر آخر (صخ).

xe·non [zē′nŏn′] *(n.)* الزّينون: عنصر غازيّ نادرٌ خامل (ك).

xen·o·phile [zĕn′ə fīl′] *(n.)* مُحِبُّ الأجنبيّ؛ مُحِبُّ الأجانب.

xen·o·phobe [-′ə fōb′] *(n.)* المُصاب بِرُهاب الأجانب؛ مُبْغِضُ الأجانب.

xen·o·pho·bia [zĕn′ə fō′bĭ ə] *(n.)* رُهاب الأجانب: الخوفُ من الأجانب وكُرْهُهم [أو الخوف من كلّ ما هو غريب أو أجنبيّ].

xen·o·plas·tic [zĕn′ə plăs′tĭk] *(adj.)* أباعِديّ أو حادثٌ بين الأباعِد <a successful ~ graft between plants>.

xer- *or* **xero-** بادئة معناها: جافّ <*xero*derma>.

xer·arch [zēr′ärk′] *(adj.)* جَفافيّ النشأة: ناشئ في مَوطِن جافّ.

xe·ric [zēr′-] *(adj.)* جَفافيّ: متعلِّق بموطن شديد الجفاف <a ~ plant>.

xe·ro·der·ma [zēr′ō dûr′mə] *(n.)* الصَّوْمَلَة؛ جُفاف الجلد: داء يسبِّب جَفاف البشرة وتَصَلُّبها وتقشُّرها (مض).

xeroderma pig·men·to·sum [-tō′-] *(n.)* جُفاف الجِلد الملوَّن (مض).

xe·ro·des [zēr´ō´dēz] *(n.)* الوَرَم الجافّ (مض).

xe·rog·ra·phy [zə rŏg´rə fī] *(n.)* التّصوير الجافّ: طريقة في التّصوير تُشبه الفوتوغرافيا ولكنّها لا تتطلّب أوراقًا أو رقائقَ ذاتَ حساسية للضّوء، مستخدِمةً بدلًا منها رُقاقة خاصّة مشحونةً كهربائيًّا ومتميِّزة بالمُوَصِّليّة الضّوئيّة.

xe·ro·morph [zēr´ə môrf´] *(n.)* = xerophyte.

xe·ro·phile [zēr´ə fīl´] *(adj.)*=xerophilous.

xe·roph·i·lous [zĭ rŏf´ə ləs] *(adj.)* نامٍ في الجفاف.

xe·roph·thal·mia [zēr´ŏf thăl´mĭ ə] *(n.)* جُفاف العيْن (مض).

xer·o·phyte [zēr´ə fīt´] *(n.)* الجافوف؛ النّبات الصّحراويّ.

xer·o·phyt·ic [zēr´ə fĭt´ĭk] *(adj.)* جافوفيّ؛ صحراويّ.

xe·ro·sis [zĭ rō´sĭs] *(n.)* تَجْفاف الأنسجة [بتقدّم السنّ].

xer·o·ther·mic [zēr´ə thûr´-] *(adj.)* حَرْجَفِيّ: «أ» مُتَّسِمٌ بالحرارة والجفاف <a ~ climate>. «ب» نامٍ في المناطق الحارّة الجافّة.

xer·ox [zēr´ŏks] *(vt.; adj.)* (١) يَنْسَخ؛ يصوِّر [على آلة ناسخة] § (٢) منسوخ [على آلة ناسخة، أو مصوَّر عليها] <a ~*ed* card>

xi [zī; ksī; ksē] *(n.)* إكْسِي: الحرف الـ ١٤ من الأبجديّة اليونانيّة.

xiph-; xiphi-; xipho- بادئة معناها: سَيْف؛ سَيْفيّ الشّكل.

xiph·i·ster·num [zĭf´ə stûr´-] *(n.)* pl. **-na** مُؤَخَّر القَصّ (ت).

xiph·oid [zĭf´oid´] *(adj.; n.)* (١) سَيْفيّ الشّكل؛ سَيْفيّ («ت» و«ح») (٢) متعلّق بمؤخَّر القَصّ § (٣) مؤخَّر القَصّ (ت).

Xiph·o·su·ra [zĭf ə soor´ə] *(n.)* سيفيّات الذيل: رتبة من المَفْصِليّات *Arthropoda* تشمل ملك السراطين king crab وبعض الأشكال الشقيقة المنقرضة. **— xiph·o·su·rous** *(adj.)*

xiph·o·su·ran; xiph·o·sure [zĭf´ə-] *(n.; adj.)* سَيْفيّ الذَّيل.

X·mas [krĭs´məs; ĕks´məs] *(n.)* = Christmas.

X–ra·di·a·tion [ĕks´rā´dē ā´shən] *(n.)* (١) أو **X–irradiation**: التعرُّض أو التّعريض لأشعّة إكس [بُغيةَ المعالَجة] (٢) الإشعاع السِّينيّ: إشعاع مؤلَّف من أشعة إكس.

X–rat·ed *(adj.)* فاحش؛ داعر <an ~ novel>. **— X–rat·ing** *(n.)*

x–ray [ĕks´rā´] *(vt.)* عد *cap.*: «أ» يفحص أو يعالج بالأشعّة السِّينيّة. «ب» يُصوِّر بالأشعّة السِّينيّة.

X–ray [ĕks´rā´] *(n.)* (١) *pl.*: الأشعّة السِّينيّة؛ أشِعّة إكس؛ أشعّة رونتجن (٢) شُعاع من الأشعّة السِّينيّة (٣) صورة بالأشعّة السِّينيّة.

X–ray diffraction *(n.)* انحراف الأشعّة السِّينيّة.

X–ray microscope *(n.)* المِجْهَر سِينيّ الأشعّة.

X–ray photograph *(n.)* صورة بالأشعّة السِّينيّة.

X–ray therapy *(n.)* المعالَجة بالأشعّة السِّينيّة (ط).

X–ray tube *(n.)* أنبوب الأشعّة السِّينيّة.

xyl- *or* -xylo بادئة معناها: «أ» خشب <*xylo*graph>. «ب» زيلين (را. xylene).

xy·lan [zī´lăn´] *(n.)* الزِّيلان: بنتوزان pentosan أصفر صَمْغيّ يكون في جُدُر الخليّة النّباتيّة وفي أنسجة الخشب.

xy·lem [zī´-] *(n.)* الزِّيليم؛ نسيج الخشب: الجزء الخشبيّ من النّبات.

xy·lene [zī´lēn´; zī lēn´] *(n.)* الزِّيلين: واحدٌ من ثلاثة مركّبات هيدروكربونيّة متجازئة [أيسومريّة isomeric] تُستَخْرَج من قطران الفحم (ك).

xy·lic acid [zī´lĭk] *(n.)* الحامض الزِّيلينيّ (ك).

xy·li·dine [zī´lĭ dēn´] *(n.)* الزِّيليدين: أيٌّ من ستّة متجازئات isomers سامّة مشتقّة من الزِّيلين تُتَّخذ وسائطَ صِبغيّة (ك).

xy·li·tol [zī´lĭ tôl] *(n.)* الزِّيليتول: كُحول متبلّر يُتَّخذ مُحَلِّيًا (ك).

xylo- = xyl-.

xy·lo·graph [zī´lə grăf´] *(n.; vt.)* (١) نَقْشٌ على الخشب [أو طبعةٌ مأخوذةٌ عن هذا النقش] § (٢) يطبع عن نقشٍ خَشَبيّ.

xy·log·ra·phy [zī lŏg´rə fī] *(n.)* (١) فنّ النَّقش على الخشب (٢) الرَّوْسَمَة: فنّ طباعة النُّصوص أو الرّسوم عن رواسمَ خشبيّة.

xy·loid [zī´loid´] *(adj.)* خشبيّ؛ خَشَبانيّ: شبيهٌ بالخشب.

xy·lol [zī´lōl; -lôl] *(n.)* = xylene.

xy·lo·phage [zī´lə fāj´] *(n.)* آكلُ الخشب: مُتَعَضٍّ آكلٌ للخشب.

xy·loph·a·gous [zī lŏf´ə gəs] *(adj.)* (١) آكلٌ للخشب [كبعض الحشرات] (٢) ثاقبٌ أو ناخرٌ للخشب [كبعض الرِّخويّات والقِشريّات].

xy·loph·i·lous [zī lŏf´ə ləs] *(adj.)* نامٍ أو عائش في الخشب أو عليه.

xy·lo·phone [zī´lə fōn´] *(n.)* الخشبيّة: آلة موسيقيّة مؤلَّفة من صَفٍّ من القُضبان الخشبيّة يُعْزَف عليها بالضَّرب على هذه القضبان بمطرقتين خشبيَّتَيْن صغيرتَيْن (مو).

xylophone

xy·lose [zī´lōs´; -lōz´] *(n.)* الزِّيلوز؛ الخَشَبوز؛ سكّر الخشب.

xy·lot·o·mous [zī´lŏt´ə məs] *(adj.)* ثاقبٌ أو قاطعٌ للخشب.

xy·lot·o·my [zī lŏt´ə mĭ] *(n.)* قَطْعُ الخشب [لأغراضِ الفَحْص المِجْهَريّ]. **— xy·lot·o·mic** *(adj.)*

xys·ter [zĭs´tər] *(n.)* المِحَكّة؛ مِبْرَد الجرّاح: أداة لبَرْد العظام.

ă at; ā date; â care; ä car; ĕ egg; ē me; ĭ in; ī bite; ŏ lot; ō bone; ô orphan; oi boil; o͝o good; o͞o boot; ou out; ŭ under; û urgent; ə = *a* in alone, *e* in system, *i* in easily, *o* in gallop, *u* in circus.

y [wī] *(n. often cap.)* (١) الحرف الخامس والعشرون من الأبجديّة الإنكليزيّة (٢) «أ» شيء معتبَر في المقام الخامس والعشرين من حيث التّرتيب أو الطّبقة. «ب» شيء معتبَر ثانيًا في ترتيب [أو طبقة] يشمل *x* و *y* وأحيانًا *z* (٣) صادٌ؛ كَمّيّة مجهولة (ر) (٤) شيء على صورة حرف **Y**.

-y[1] *also* **-ey** لاحقة معناها: «أ» مُؤَلَّف من؛ ذو صِفة معيَّنة <stony; watery>. «ب» شبيهٌ بكذا <homey> «ج» مُولَعٌ بِـ؛ مُدمِنٌ على <horsy>. «د» ميّال أو نزّاع إلى <sleepy>. «هـ» قليلًا؛ بعض الشّيء <purply>.

-y[2] لاحقة معناها: «أ» حالة؛ صفة <jealousy>. «ب» عمل؛ عمليّة <delivery>. «ج» مَوْضِع عمل أو نشاط معيَّن <laundry>. «د» جماعةٌ كاملةٌ <soldiery>.

-y[3] لاحقة معناها: عَمَل معيَّن <inquiry>.

-y[4] *or* **-ie** لاحقة تفيد: «أ» التّصغير <doggy>. «ب» التّحبُّب <sweetie>.

yacht [yät] *(n.; vi.)* (١) اليَخْت: سفينة شراعيّة أو بُخاريّة صغيرة مخصَّصة للمُتعة والسِّباق وما إلى ذلك من الأغراض غير التِّجاريّة § (٢) يُيَخِّت: «أ» يُبْحِر بِيَخْت. «ب» يشترك في سباق لليُخوت.

yacht·ing [yä'tĭng] *(n.)* التَّيْخيت: الإبحار أو التسابق باليخوت.

yacht rope *(n.)* الحَبْل اليَخْتِيّ: حَبْل من نوع ممتاز يُصنَع عادةً من قِنَّب مانيلّا الأبيض الفاخر.

yachts·man [yäts'mən] *(n.)* اليَخْتِيّ: صاحب اليخت أو قائدُه.

yachts·wom·an [yäts'-] *(n.)* اليَخْتِيّة: صاحبةُ اليَخْت أو قائدتُه.

yack [yăk] *(n.; vi.)* (١) ثرثرة (ع) § (٢) يُثرثِر (ع).

yack·e·ty–yack [yăk'ĭ tē yăk'] *(n.)* ثرثرة (ع).

ya·gi [yä'gĭ; yăg'ĭ] *(n.)* هوائيُّ «ياغي» («رد» و«تلفز»).

ya·hoo [yä'hōō] *(n.)* (١) *.cap* الياه: واحد من جنس من البهائم له شكل الإنسان وجميع رذائله [في كتاب «رحلات غاليفر» لمؤلِّفه جوناثان سويفت (١٦٦٧–١٧٤٥)] (٢) الجِلْف؛ الفَظّ.

Yah·weh [yä'wĕ] *also* **Yah·veh; Yah·vè** [-'vĕ] *(n.)* يَهْوَه: رَبُّ العبرانيين.

Yah·wism [yä'wĭz'əm] *(n.)* اليَهْوِيّة: عبادة يَهْوَه عند العبرانيين.

yak[1] [yăk] *(n.)* الياك؛ القَوتاش؛ الخُشْقاء: ثور التِّيبت البَرِّيّ الضَّخْم الطَّويل الصُّوف.

yak[1]

yak[2] [yäk; yăk] *(n.; vi.)* (١) ضحكة (٢) نكتة (٣) ثرثرة § (٤) يثرثر.

ya·ku·za [yä'kōō zä'] *(n.)* الياكوزيّ: رجل عصابات يابانيّ.

yam [yăm] *(n.)* (١) اليام: نبات استوائيّ معترِش (٢) البطاطا الحلوة (عأ).

yam *1.*

ya·men [yä'mən] *(n.)* السَّراي: مَقَرّ الحكومة أو الحاكم في الصِّين [في ظِلّ النِّظام الأمبراطوريّ].

yam·mer [yăm'ər] *(vi.; n.)* (١) يُعْوِل؛ ينتحب (٢) يتذمَّر (٣) يثرثِر § (٤) إعوال؛ تذمُّر؛ ثرثرة.

yank [yăngk] *(vt.; i.; n.)* (١) يَنْتُر؛ يخلع؛ ينتزع؛ يجذب أو يسوق بعنف **x** (٢) يدفع شيئًا بعنف § (٣) نَتْر؛ خَلْع؛ انتزاع؛ جَذْبٌ بعنف.

Yank [yăngk] *or* **Yan·kee** [yăng'kĭ] *(n.)* اليانكيّ: «أ» أحد أبناء نيو إنغلند بالولايات المتَّحدة الأميركيّة. «ب» أحد أبناء ولاية من ولايات الشَّمال الأميركيّة. «ج» الأميركيّ: أحد أبناء الولايات المتَّحِدة الأميركيّة.

Yankee–Doodle [dōō'dəl] *(n.)* (١) يانكي دُودل: أُغنية شعبيّة راجت أثناء الثَّورة الأميركيّة (٢) اليانكيّ (را. المادة السابقة).

Yan·kee·ism [yăng'kē ĭz'əm] *(n.)* اليانكيّة: عادات اليانكيّ أو مميِّزاته.

Yan·qui [yăng'kĭ] *(n.)* الأميركيّ اليانكيّ: أميركيّ من أبناء الولايات المتَّحدة الأميركيّة [تمييزًا له عن أبناء أميركا اللّاتينيّة].

yap [yăp] *(n.; vi.; t.)* (١) نُباح (٢) لَغْوٌ؛ ثَرثرة (٣) شخص ريفيّ جاهلٌ أو أخرق (ع) (٤) فمٌ <told Sami to shut his ~> (ع) § (٥) يَنْبَح (٦) «أ» يلغو؛ يثرثر. «ب» يلوم؛ يعنِّف **x** (٧) ينطق لغوًا.

ya·pock *or* **ya·pok** [yə pŏk'] *(n.)* اليابوق؛ اليابوك: أوبوسوم (را. opossum) مائيّ جنوبأميركيّ كثيف الفرو طويل الذَّيل.

yard[1] [yärd] *(n.)* (١) «أ» الياردة: وَحْدَة لقياس الطُّول تعادل ٣ أقدام أو ٣٦ إنشًا أو ٩١,٤٤ سنتيمترًا. «ب» ياردة مكعَّبة (٢) عارضة الشِّراع: خشبة أُسطوانيّة مستعرضة تُشَدّ إلى الصّاري بُغيةَ تثبيت الأشرعة (مل) (٣) كَمّيّة كبيرة؛ مسافة طويلة (٤) مئة دولار (ع).

yard[2] [yärd] *(n.; adj.; vt.; i.)* (١) فِناء؛ ساحة (٢) زريبة (٣) «أ» حَوْض [لِصُنْع السُّفُن أو إصلاحها]. «ب» فِناء مخصَّص لصناعة ما <brickyard>. «ج» الفِناء المُقَضَّب: فِناء في محطَّة للسِّكّة الحديديّة مُدَّت في أرضه قضبان حديديّة [يُستخدم لإيواء الحافلات أو لتحويلها من خطٍّ إلى خطّ] (٤) مرعَى الظِّباء الشَّتَويّ [في غابة] (٥) حَرَمُ الكلّيّة أو الجامعة <~ of a college> § (٦) زَريبيّ: متعلِّق بزريبة <~ dung> § (٧) يزرُب [في زريبة أو فِناء] **x** (٨) يجتمع؛ يحتشِد.

yard·age[1] [yär′dĭj] *(n.)* (١) مقدار من اليارادات (٢) الطُّول أو المساحة أو الحجم مقدَّرًا باليارادات (٣) yard goods .

yard·age[2] *(n.)* (١) الزِّرابة : استخدام زرائب الحيوانات التّابعة لسكَّة من سِكك الحديد [بانتظار نقل هذه الحيوانات بالقطار أو بُعَيدَ وصولها به إلى محطّةٍ ما] (٢) رسم الزِّرابة .

yard·arm [yärd′ärm′] *(n.)* طَرَف عارضة الشِّراع (را . yard[1] *2*) .

yard·bird [-′bûrd′] *(n.)* (١) الجنديّ المعاقَب : جُنْديّ مكلَّفٌ بمهمّة حقيرة أو وضيعة عِقابًا له (٢) المجنَّد الغِرّ : مجنَّد تُعْوِزُه الخبرةُ .

yard goods *(n. pl.)* السِّلَع الياردِيّة : سِلَعٌ [كالأقمشة] تُباع بالياردة .

yard grass *(n.)* حَشيشة الأفنِية : عُشب شائك يكثر في الأفنية والحقول .

yard·man [yärd′-] *(n.)* (١) الفِنائيّ ؛ الزَّريبيّ : المُستَخدَم في فِناء أو زريبة . وبخاصّة : رجلٌ يُستخدَم لجزّ المروج ، أو جَرْف الثُّلوج ، أو غَسْل السَّيّارات (٢) مسؤول التَّسليم [في فِناء مؤسَّسة تجاريّة] .

yard·mas·ter [yärd′măs′tər] *(n.)* ناظر الفِناء المقضَّب : موظَّف في السِّكّة الحديديّة مكلَّف بالإشراف على الفِناء المقضَّب (را . yard[2] *3c*) .

yard·stick [-′stĭk′] *(n.)* (١) العَصا الياردِيّة : عصًا للقياس مدرَّجةٌ طولها ياردة واحدة (٢) مِقياس معتمَد أو مِعياريّ (٣) مِحَكّ ؛ مِعيار .

yare [yâr] *(adj.)* (١) مستعِدّ (ا . ق) (٢) أو **yar** : سريع ؛ رشيق .

yar·mul·ke *also* **yar·mel·ke** [yär′məl kə; yä′məl-] *(n.)* اليَرْمُلْك : قَلَنْسُوَة يعتمر بها متديِّنو اليهود في الكُنُس والمنازل .

yarn [yärn] *(n.; vi.)* (١) «أ» غَزْل [قُطنيّ أو صُوفيّ] . «ب» غَزْل معدنيّ أو زُجاجيّ أو لَدائنيّ إلخ . «ج» خَيْط (٢) «أ» حكاية ؛ قِصّة . «ب» حديث ؛ محادثة § (٣) يروي حكايةً (٤) يتحدَّث .

yarn–dye [yärn′dī′] *(vt.)* يَصْبغ قَبْلَ النَّسج أو الحبك .

yar·row [yăr′ō] *(n.)* = milfoil.

yash·mak *also* **yash·mac** [yăsh mäk′] *(n.)* اليَشْمَق : حجاب المرأة .

yat·a·ghan [yăt′ə găn′] *(n.)* اليَطَقان : سيف تركيّ محدَّب .

yataghan

yauld [yôld; yäd; yäld] *(adj.)* نشيط ؛ مُفْعَم بالنَّشاط (إسك) .

yaup [yôp] *(vi.; n.)* = yawp.

yau·pon [yô′pən; yo͞o′pŏn′] *(n.)* البَهْشِيّة المُقَيِّئة (نب) .

yau·tia [you′tĭ ə] *(n.)* اليُوتيّة : نبات استوائيّ ذو دَرَنات تؤكل .

yaw [yô] *(vi.; t.; n.)* (١) ينعرج : يَنْحَرِف عن الخطّ المُستقيم أو المقرَّر («مل» و«طي» و«جن») (٢) يتمايل ؛ يترنَّح **x** (٣) يجعله ينعرج § (٤) الانعراج ؛ الانحراف ؛ التّمايُل (٥) زاوية الانعراج .

yawl[1] [yôl] *(n.)* اليَوْل : «أ» dandy *3* . «ب» jolly boat .

yawl[2] *(vi.; n.)* (١) ينبَح ؛ يُعْوِل (عب) § (٢) نُباح ؛ عَويل (عب) .

yawn [yôn] *(vi.; t.; n.)* (١) «أ» يَنْفَغِر : ينفتح كالفم . «ب» ينشقّ (٢) يتثاءب **x** (٣) يقول متثائبًا <to ~ a reply> § (٤) فَجْوَة ؛ ثُغْرة ؛ حُفْرة <leaning over the ~ of a grave> (٥) تثاؤب (٦) شخصٌ أو شيء مُضْجِر .

yawn·er [yô′nər] *(n.)* (١) المُتثائب (٢) المُضْجِر : شيء يسبِّب الضَّجر .

yawn·ing [yôn′-] *(n.; adj.)* (١) تثاؤب § (٢) منفغِر ؛ غائر ؛ واسع <at a ~ hole> (٣) متثائب [سأمًا أو ضجرًا] <the ~ congregation> .

yawp *or* **yaup** [yôp; yäp] *(vi.; n.)* (١) يصرخ أو يُطْلِق صَوْتًا عاليًا حادًّا (٢) يتكلَّم بصوت عالٍ أو أجشّ (٣) يشكو ؛ يتذمَّر (٤) يحدِّق [فاغرًا فمه] § (٥) صَرْخة ؛ صُراخ (٦) حديث . وبخاصّة : كلامٌ أحمقُ مفعمٌ بالشَّكوى (٧) لغة فَظَّة أو عنيفة .

yaws [yôz] *(n.)* المَضع : داءٌ مُعْدٍ شبيهٌ بالسِّفْلِس .

y–ax·is [wī′ăk′sĭs] *(n.)* pl. **y–ax·es** [-sēz] المِحْوَر الصّاديّ (ر) .

Y chromosome *(n.)* الصِّبغيّ الصاديّ : صِبغيّ من صِبْغيّات الجنس (أح) .

y–co·or·di·nate [wī′kō ôr′də nət; -nāt′] *(n.)* الإحداثيّ الصّاديّ (ر) .

ye[1] [yē] *(pron.)* (١) أنتم ؛ أنتنّ (ا . ق) (٢) أنتَ ؛ أنتِ (ع) .

ye[2] [yē; thē] *(def. art.)* = the.

yea [yā] *(adv.; n.)* (١) نَعَم ؛ بَلَى (٢) ليس هذا فحسب ، بل . . . <has opened, ~, broken the gate> § (٣) موافَقة (٤) صوت إيجابيّ [في اقتراع أو انتخاب] (٥) المُدْلي بصوت إيجابيّ [في اقتراع أو انتخاب] .

yean [yēn] *(vi.; t.)* تَلِد ؛ تُنْتِج [النَّعجةُ أو الشّاةُ] .

yean·ling [yēn′-] *(n.; adj.)* (١) حَمَلٌ ؛ جَدْيٌ § (٢) وليد ؛ رضيع .

year [yēr] *(n.)* (١) عامٌ ؛ سَنة ؛ حَوْل (٢) *pl.* : عُمْر . وبخاصّة : كُهُولة ؛ شيخوخة ؛ سِنٌّ عالية <a man of ~s> (٣) *pl.* : فترة طويلة .

year·book [yēr′bo͝ok′] *(n.)* الحَوْليّة ؛ الكتاب السَّنوي : كتاب يُنْشَر سَنويًّا حاملًا مَعلوماتٍ أو إحصاءاتٍ عن عام معيَّن .

year–end *(n.)* نهايةُ السَّنة . وبخاصة : نهاية السَّنة الماليّة .

year·ling [yēr′-] *(n.; adj.)* (١) الحَوْليّ : حيوان عُمْرُه سنة أو في السَّنة الثّانية من العمر § (٢) حَوْليّ ؛ عمرُهُ سنة <a ~ colt> .

year·long [yēr′lông′] *(adj.)* دائمٌ سنةً .

year·ly [yēr′lĭ] *(adj.; adv.; n.)* (١) سَنَوِيّ <~ interest> § (٢) سنويًّا ؛ كلَّ سنة ؛ مرَّةً في السَّنة § (٣) الحَوْليّة : نشرة أو مطبوعة سنويّة .

yearn [yûrn] *(vi.)* (١) يَتُوق ؛ يشتاق ؛ يَحِنّ إلى (٢) يُشْفِق على ؛ يرثي لِـ <Her heart ~*ed* for the starving child.> . **— yearn·ing** *(n.)* .

year of grace *(n.)* السَّنة الميلاديّة : إحدى سنوات التَّقْويم المسيحيّ <to the present ~; the ~ 2015>.

year–round [yēr′round′] *(adj.)* عاملٌ أو متاحٌ أو مُشْرَعُ الأبواب طَوال السَّنة : غير موسميّ <a ~ theater; ~ enjoyments> .

yea–say·er [yā′sā′ər] *(n.)* (١) المؤكِّد ؛ المصدِّق : شخص ينبع موقفه الإيجابيّ من ثقةٍ بالنفس (٢) الإمَّعة (را . yes–man) .

yeast [yēst] *(n.; vi.)* (١) خميرة (٢) رَغْوَة ؛ زَبَد (٣) عُنْصُر إثارة أو تهييج § (٤) يختمِر (٥) يُرْغي ؛ يُزْبِد : يكتسي بالرَّغوة أو الزَّبَد .

yeast infection *(n.)* الخَمَج الخميريّ: خَمَجٌ في جهاز المرأة التناسُليّ.

yeast·y [yēs'tĭ] *(adj.)* (١) خَميريّ: منسوبٌ إلى الخميرة أو شبيهٌ بها (٢) فِجّ؛ غير ناضج (٣) متقلِّب؛ متغيِّر؛ مُثْقَلٌ بالأمارات الدالّة على أحداث أو تطوُّرات مقبلة (٤) مُفْعَم بالحيويّة أو الحماسة (٥) «أ» مُرْغٍ؛ مُزْبِد. «ب» تافِه؛ فارغ ‎<~ chatter>‎.

yech [yĕkh; yŭkh; yĕk] *(interj.)* يَخ! يَك! [للتعبير عن الازدراء أو القرف].

yegg [yĕg]; **yegg·man** [yĕg'măn'] *(n.)* لِصّ.

yell [yĕl] *(vi.; t.; n.)* (١) يَصْرُخ؛ يصيح (٢) يَهْتِف. وبخاصّة: جماعيًّا، في مباراة رياضيّة (٣) يَضِجّ؛ يَهْدِر (٤) يشكو؛ يحتجّ **x** (٥) يقول أو يُعْلِن بصوتٍ عالٍ § (٦) صَرْخة؛ صَيْحة (٧) هُتاف [في مباراة رياضيّة].

yel·low [yĕl'ō] *(adj.; n.; vt.; i.)* (١) «أ» أصفر. «ب» شاحب. «ج» أصفر البَشَرة (٢) «أ» صفراء: معنيّة بالفضائح أو الأخبار المُثيرة أو الأنباء المحرَّفة على نحوٍ مثير ‎<~ journalism>‎. «ب» حقير؛ وَغد؛ جبان (ع) (٣) آسيويّ الأصل [ازدراءً] § (٤) «أ» الأصفر؛ اللَّون الأصفر. «ب» صِبغٌ أصفر (٥) شيء أصفر؛ مثل: «أ» شخص أصفر البشرة. «ب» مُحّ البيضة أو صَفارُها (٦) *pl.*: الصَّفَر؛ اليَرَقان (مض) (٧) *pl.*: الصَّفار: واحد من أمراضٍ عِدَّة تُصِيب النَّبات فتصفرُّ أوراقُه § (٨) يُصَفِّر: يجعله أصفرَ ‎<paper ~*ed* by age>‎ **x** (٩) يَصْفَرّ.

yellow bark *(n.)* شجرة القِرْفة الصفراء أو قِشْرُها.

yellow bile *(n.)* الصَّفْراء: خِلْطٌ من أخلاط الجسد كان القدماء يعتقدون أن الكَبِدَ تُفْرِزُه وأنّه يُسَبِّب سرعةَ الغضب.

yel·low·bird [yĕl'ō bûrd'] *(n.)* الطّائر الأَصْفر: «أ» الحَسُّون الأميركيّ الطائر (طا). «ب» الدُّخَّلة الأميركيّة (طا).

yellow book *(n.)* الكتاب الأصفر: تقرير رسميّ أصفرُ الغِلاف تُصْدِرُه الحكومةُ عن قضيّة سياسيّة ما.

yel·low·cake [yĕl'ō kāk'] *(n.)* الكعكة الصَّفراء: أكسيدُ اليورانيومِ المُركَّزُ.

yellow daisy *(n.)* الرُّدْبكيّة: عُشبة من المركَّبات.

yel·low–dog [yĕl'ō dôg'] *(adj.)* (١) حقير؛ جدير بالازدراء (٢) مُقاوِم لنقابات العُمّال.

yellow–dog contract *(n.)* العقد التَّنَصُّليّ: عَقْد استخدام يتنصَّل فيه العاملُ من أيِّما صِلة بنقابة العمّال ويتعهَّد بعدم الانتساب إليها طوال مدّة استخدامه.

yellow dye *(n.)* العُصْفُر؛ البَهْرام.

yellow fever *or* **jack** *(n.)* الحُمّى الصَّفْراء: حُمّى من حُمَّيات المناطق الحارَّة تتميَّز بالبَوْل الزُّلاليّ وباليَرَقان والنَّزْف (مض).

yellow–fever mosquito *(n.)* بَعوضة الحُمّى الصَّفراء.

yellow grease *(n.)* الشَّحْم الأَصْفَر: دُهْن خِنزيرٍ يُستخدَم في التشحيم.

yel·low–green [yĕl'ō grēn'] *(n.; adj.)* (١) الأَصْفَرَخْضَرُ: لونٌ وَسَطٌ بين الأصفر والأخضر § (٢) أَصْفَرَخْضَر.

yellow–green alga *(n.)* الأُشْنة الصَّفْرَخْضَريّة (نب).

yel·low·ham·mer [yĕl'ō hăm'ər] *(n.)* اليَلْمَر؛ الطّائر الأصفر: «أ» دُرَّسَة أوروبيّة وغربآسيويّة صغيرة صفراءُ الرِّيش. «ب» نقّار الخشب أو الشجر (طا).

yel·low·ish [yĕl'ō ĭsh] *(adj.)* مُصْفَرّ: ضاربٌ إلى الصُّفرة.

yellow jack *(n.)* (١) yellow fever (٢) الرّاية الصَّفراء: رايةٌ ترفعها السَّفينة في المَحْجَر الصِّحّيّ (٣) اليَلْجَك: سمك فِضِّيّ وذَهَبيّ من أسماك فلوريدا وجزائر الهند الغربيّة.

yellow jacket *(n.)* السِّتْرة الصَّفراء: زُنْبُور معلَّم الجسم بلون أصفرَ فاقع.

yellow jacket

yellow journalism *(n.)* الصحافة الصفراء: الصحافة التي تعتمد الإثارة من طريق التركيز على الأخبار المحرَّفة وعلى الفضائح والجرائم إلخ.

yel·low·legs [yĕl'ō lĕgz'] *(n.)* أصفرُ القدمَيْن: طائرٌ شماأميركيّ شُطآنيّ مخوِّض wading ذو قائمتين طويلتَيْن صفراوَيْن.

yellowlegs

yellow metal *(n.)* المَعْدِن الأصفر: «أ» الذَّهَب. «ب» أُشابة (را. alloy) مؤلَّفة من نُحاس وزِنك.

yel·low·ness [yĕl'ō nĭs] *(n.)* الصُّفرة: كونُ الشَّيء أصفرَ.

yellow ocher *(n.)* (١) المَغْرة الصَّفراء (٢) اللون البرتقاليّ الأَصْفر.

yellow peril *(n.)* الخَطَر الأصفر: «أ» خطر على العِرق الأبيض والحضارة الغربيّة يُزعَم أنّه ناشئ عن تعاظم قوّة العِرق الأصفر بملايينه التي تفوق الحَصْر. «ب» العِرق الأصفر بوصفه مصدر هذا الخطر.

yellow pine *(n.)* (١) الصَّنَوْبر الأصفر (٢) خشب الصنوبر الأصفر.

yellow pop·lar *(n.)* (١) شجرة التوليب (٢) خشب شجرة التوليب.

yellow race *(n.)* العِرق الأصفر [ويشمل المنغوليّين والصِّينيّين والكوريّين واليابانيّين والتايلنديّين والبورميّين وأهل التِّبت إلخ].

yellow rocket *(n.)* الرَّشاد الأصفر؛ حشيشة النَّجّارين.

yel·lows [yĕl'ōz] *(n. pl.)* اليَرَقان [وبخاصّة في الحيوانات الدّاجنة].

yel·low–shaft·ed flicker *(n.)* = yellowhammer *b.*

yellow sheet *(n.)* الصَّحيفة الصَّفراء: سِجِلٌ إجراميّ (ع).

yellow spot *(n.)* البُقعة الصَّفراء: الجزء الأكثر حساسية في شبكيّة العَيْن.

yel·low·tail [yĕl'ō tāl'] *(n.)* أصفر الذَّيْل: أيٌّ من أسماك مختلفة تتميَّز بأذيالها الصَّفراء أو الضّاربة إلى الصُّفرة.

yel·low·throat [yĕl'ō thrōt'] *(n.)* أصفر النَّحر: دُخَّلةٌ صفراءُ النَّحر أو الصَّدر (طا).

yel·low·ware [yĕl'ō wâr'] *(n.)* الخَزَف الأصفر [المصنوع من طين أصفر برتقاليّ].

yel·low·weed [yĕl'ō wēd'] *(n.)* (١) عصا الذَّهَب: نبتة ذات زُهَيْراتٍ صفراءَ على سُوقٍ طويلة متفرِّعة (٢) الشَّيخة: زهرةُ الشَّيخ (نب).

yel·low·wood [yĕl'ō wŏŏd'] *(n.)* (١) صفراء الخشب: أيّ من أشجار مختلفة ذات خشب ضاربٍ إلى الصُّفرة أو ذات عُصارات يُتَّخَذ منها صِبغٌ أصفر (٢) الخشب الأصفر: خشب هذه الأشجار.

yel·low·y [yĕl′ō ĭ] *(adj.)* مُصْفَرّ؛ ضاربٌ إلى الصُّفْرَة.

yelp [yĕlp] *(vi.; t.; n.)* (١) يعوي؛ ينبح <~*ing* dogs> **x** (٢) يقول بصوتٍ أشبهَ بالعُواء § (٣) عُواء؛ نُباح؛ صُراخ حادّ.

yel·per [yĕl′pər] *(n.)* (١) العاوي؛ النّابح؛ الصارخ. وبخاصّة: كلب نابح (٢) المُوَقْوِقة: أداة يستخدمها الصّيّادون لإحداث صوتٍ شبيهٍ بصوت إناث الدِّيَكة الرُّوميّة.

yen [yĕn] *(n.; vi.)* (١) اليَنّ: وَحدة العملة اليابانيّة (٢) «أ» تَوْقٌ شديد؛ رَغْبةٌ مُلِحّة. «ب» دافعٌ § (٣) يتوق توقًا شديدًا.

yen·ta [yĕn′tə] *(n.)* المُتَطَفِّل. وبخاصّة: امرأة متطفِّلة أو ثرثارة.

yeo·man [yō′mən] *(n.; adj.)* (١) اليَوْمَن؛ الخَوَل؛ الخائل: «أ» خادمٌ أو تابع أو موظَّف صغير في قصر ملك أو نبيل. «ب» المُساعِد؛ المُعاوِن. «ج» أحد أفراد الحَرَس الملكيّ البريطانيّ. «د» ضابط صغير [في البحريّة] يقوم بأعمال مكتبيّة عادةً. «هـ» فلّاح صغير يملك أرضًا يزرعها. وبخاصّة: أحد أفراد طائفةٍ من صِغار مالكي الأرض الأحرار في إنكلترا (٢) القائم بخدمة جُلّى أو تأييد صادق § (٣) yeomanly (٤) قويّ أو بارع <gave ~ help>.

yeo·man·ly [-lĭ] *(adj.; adv.)* (١) يَوْمَنيّ: منسوب إلى اليَوْمَن (را. المادّة السّابقة) أو ملائمٌ له أو لائقٌ به (٢) قويّ؛ ثابت؛ بارع؛ مُخْلِص § (٣) على طريقة اليَوْمَن أو على نحوٍ لائق به: بشجاعة؛ ببسالة (ا. ق).

yeoman of the guard *(n.)* يَوْمَن الحَرَس: أحد أفراد الحرس الملكيّ البريطانيّ.

yeo·man·ry [yō′mən rĭ] *(n.)* اليَوامِنة: «أ» جماعةُ اليوامنة. وبخاصّة: صغار مالكي الأرض من الطَّبَقة الوسطى. «ب» حَرَس وطنيّ من الفرسان الإنكليز أُنْشِئ عام ١٧٦١ من اليوامنة.

yeoman's service *or* **yeoman service** *(n.)* خِدْمة جُلّى؛ عَوْنٌ أو تأييد صادق أو عظيم.

yer·ba bue·na [yâr′bə bwā′nə] *(n.)* العُشبة الطَّيِّبة (نب).

yerba ma·té [mä′tā; mä tā′] *(n.)* = maté.

yerba san·ta [săn′tə] *(n.)* العُشبة المقدّسة (نب).

yerk [yûrk] *(vt.; n.)* (١) يجلد أو يضرب بعنف (٢) «أ» يُهاجِم بقوّة. «ب» ينخس بمهماز § (٣) «أ» جَلْد. «ب» رَفْسة؛ طعنة (٤) نخعة أو حركة سريعة.

yes [yĕs] *(adv.; n.; vt.)* (١) نَعَمْ؛ بَلَى؛ أَجَلْ § (٢) «أ» مُوافَقة. «ب» صوت أو قرار إيجابيّ § (٣) يوافق: يعطي جوابًا بالموافقة.

yes–man [yĕs′măn′] *(n.)* الإمَّعة: مَنْ يُقِرّ أو يؤيِّد، مِن غير انتقاد، كلَّ رأي أو اقتراح يُبْدِيه زميل له أو رئيس.

yester- بادئة معناها: البارح؛ الماضي؛ الفائت <*yester*year>.

yes·ter [yĕs′tər] *(adj.)* أمسيّ: ذو علاقة بالأمس (ا. ق).

yes·ter·day [yĕs′tər dĭ; -dā′] *(adv.; n.; adj.)* (١) أمسِ؛ البارحة (٢) منذ عهد قريب § (٣) الأمس (٤) *pl.* عد: الماضي؛ الزَّمن الماضي (٥) زَمَن قريب § (٦) ماضٍ؛ منصرِم <~ morning>.

yes·ter·eve·ning [yĕs′tər ēv′-] *also* **yes·ter·eve** [-ēv′] *(adv.; n.)* (١) مساءَ أمس؛ ليلةَ أمس § (٢) مساءُ أمس؛ ليلةُ أمس.

yes·ter·morn·ing; yes·ter·morn [yĕs′-] *(adv.; n.)* صباح أمس.

yes·tern [yĕs′tərn] *(adj.)* = yester.

yes·ter·night [yĕs′tər nīt′] *(adv.; n.)* اللَّيلة البارحة.

yes·ter·year [-yēr′] *(adv.; n.)* (١) السنة الماضية (٢) الأيام الخالية.

yes·treen [yĕs trēn′] *(adv.; n.)* اللَّيلة البارحة؛ مساء أمس (إسك).

yet [yĕt] *(adv.; conj.)* (١) فوق ذلك؛ علاوةً على ذلك <gives ~ another reason> (٢) أيضًا؛ حتى؛ بل و . . . <at a ~ faster speed> (٣) بَعْدُ؛ حتى الآن <The guests have not ~ arrived.> (٤) الآن <Be thankful you are ~ alive.> (٥) لا يزال <Can't you tell me ~?> (٦) يومًا؛ ذاتَ يوم؛ في النهاية <The murderer will be caught ~.> (٧) مع ذلك؛ على الرغم من ذلك <strange and ~ true> § (٨) ومع ذلك <She worked well, ~ she failed.>.

ye·ti [yĕt′ĭ] *(n.)* = abominable snowman.

yeuk [yo͝ok] *(vi.)* = itch.

yew [yo͞o] *(n.)* (١) الطَّقْسوس: شجر دائم الخُضرة من الفصيلة الصَّنَوْبريّة (٢) خشب الطَّقسوس (٣) قَوْس للرِّماية من خشب الطَّقسوس.

yew *1.*

Ygg·dra·sil [ĭg′drə sĭl′] *(n.)* الإغدراصيلة: شجرة دَرْدار تزعُم الأساطير الإسكندينافيّة أنَّ جُذورَها وأغصانها تصل ما بين الأرض والجنّة والجحيم (مث).

yid [yĭd] *(n.)* اليِد: اليهوديّ [ازدراءً] (ع).

Yid·dish [yĭd′ĭsh] *(n.)* اليِدّيّة: لهجةٌ من لهجات اللغة الألمانيّة تكثُر فيها الكلمات العبريّة والسّلافيّة وتُكتب بحروف عبريّة.

yield [yēld] *(vt.; i.; n.)* (١) يمنَح؛ يَهَب؛ يقدِّم إلى (٢) يُسْلِم الروح (٣) «أ» يتخلّى عن. «ب» يستسلم لِـ. «ج» يتنازل عن (٤) «أ» يُغِلّ: يعطي غلّة أو محصولًا أو عائداتٍ مالية. «ب» يُثْمِر؛ يُنْتِج. «ج» يُحْدِث؛ يسبِّب **x** (٥) يَخضع؛ يُذْعِن؛ يرقّ أو يلين (٦) «أ» يُثْمِر. «ب» يُغِلّ (٧) يكون دون غيره جودةً إلخ (٨) يُخْلي مكانَه لِـ . . . § (٩) غلّة؛ محصول؛ حصيلة (١٠) الإنتاجيّة: مدى القدرة على الإنتاج (١١) الزَّخم: الطّاقة التي يسبِّبها انفجارٌ ما.

yield·er [yēl′dər] *(n.)* (١) فا yield (٢) مَوْرِد؛ مصدر غَلَّة إلخ.

yield·ing [yēl′-] *(adj.)* (١) مُثْمِر (٢) لَدْن؛ لَيِّن (٣) مِطواع؛ مِذعان؛ مائع.

yield point *(n.)* نقطة الخضوع: النُّقْطة المُمَثِّلة لنهاية حدِّ المُرونة.

yill [yĭl] *(n.)* = ale.

yip [yĭp] *(vi.; n.)* (١) يعوي؛ ينبح § (٢) عُواء؛ نُباح؛ صراخ حادّ.

yip·pee [yĭp′ĭ] *(interj.)* يِپّي: هتاف يعبِّر عن فرح عظيم أو انتصار.

yip·pie [yĭp′ĭ] *(n.)* اليِپّي: شخص مُنْتمٍ إلى جماعةٍ من الهِپّيِّين hippies

ناشطةٍ سياسيًّا .

yird [yûrd] *(n.; vt.; i.)* = earth.

y·lang–y·lang [ē′läng-] *(n.)* الأَيْلَنْغ : شجرة استوائية أو العطرُ المستقطَر منها .

yob [yŏb] *(n.)* شابٌّ مشاكس أو متبطِّل (بر) .

yock [yŏk; yŭk] *(vi.; n.)* (١) يضحك بِصَخَب § (٢) ضحكة مجلجلة .

yoc·to·sec·ond [yŏk′tə sĕ′kənd] *(n.)* اليوكتو – ثانية : جزء من سَبْتِلْيُون (را . septillion) من الثانية (قا . zeptosecond) .

yo·del [yō′dəl] *(vi.; t.; n.)*, **-deled** *or* **-delled** (١) يُيَوْدِل : «أ» يُغَنِّي مكثرًا من الانتقال من الصَّوْت العاديّ إلى صوت عالي الطَّبقة . «ب» يصيح أو ينادي بهذه الطَّريقة x (٢) يغنّي [أغنيةً] باليَوْدَلة § (٣) أغنية أو صَيحة مُيَوْدَلة .

yo·ga [yō′gə] *(n.)* اليوغا : «أ» *cap.* فلسفة دينية هندية قِوامُها التأمّل وضبط النفس توصّلًا إلى اتّحاد النفس بالذات الإلهيّة . «ب» نظام من التَّمرينات غايتُهُ تمتُّعُ المرء بجسم وعقل سليمَيْن وتعزيزُ سيطرته عليهما .

yo·gi [yō′gē] *or* **yo·gin** [yō′gən] *(n.)* اليوغانيّ ؛ اليوغيّ : «أ» مُزاوِل أو مُمارِس تمرينات اليوغا . «ب» *cap.* : أحد أتباع فلسفة اليوغا . «ج» شخص مولَعٌ بالتأمّل أو التصوّف .

yo·gurt *or* **yo·ghurt** [yō′gərt] *(n.)* اللَّبْنة : لَبَن مُصَفًّى .

yo·him·bé [yə hĭm′bā] *(n.)* اليُوهِمْبي ؛ الأفْرودين : شجرة إفريقيّة استوائيّة .

yoke [yōk] *(n.; vt.; i.)* (١) نِيْر (٢) قضيب الدَّقّة (مل) (٣) إطار الجَرَس (٤) المِقرَن (مك) (٥) الفدّان : ثَوران يُقرَن بينهما بنِير (٦) «أ» عبوديّة . «ب» رباط ؛ صِلة . وبخاصّة : زواج (٧) النِّير : «أ» جزء من الثَّوْب يطوِّق العنق والكتفَيْن . «ب» أعلى التَّنُّورة § (٨) يشدّ إلى نِير (٩) يشدّ حيوانًا إلى عربة (١٠) يربط ؛ يَجْمَع (١١) يَستعبد ؛ يُخْضِع (ا . ق) (١٢) يُعْمِل ؛ يُشغِّل x (١٣) يرتبط ؛ يتَّصِل ؛ يزدوج .

yoke·fel·low [yōk′fĕl′ō] *(n.)* (١) رفيق ؛ قرين ؛ خَدِين (٢) زوج ؛ زوجة .

yo·kel [yō′kəl] *(n.)* الفَلّاح ؛ الرِّيفيّ ؛ الجِلْف .

yolk [yōk; yōlk] *also* **yoke** [yōk] *(n.)* المُحُّ : «أ» الجزءُ الأصفرُ من البيضة . «ب» شحم طبيعي يُسْتَخْرَج من صوف الخِراف .
— **yolked; yolky** *(adj.)*

yolk gland *(n.)* الغُدّة المُحِّيّة (أح) .

Yom Kip·pur [yôm′ kĭp′ər] *(n.)* يوم التَّكفير [عند اليهود] .

yon [yŏn]; **yond** [yŏnd] *(adj.; adv.)* = yonder.

yon·der [yŏn′dər] *(adv.; adj.; pron.)* (١) هُناك ؛ هُنالِك <Look ~!> § (٢) قائمٌ هناك ؛ مَرْئيّ <~ trees are maples.> (٣) أبْعَدُ ؛ أشدُّ بُعْدًا <on the ~ side> § (٤) الذي هناك .

yonks [yŏnks] *(n. pl.)* وقت طويل ؛ مدّة طويلة (ع) .

yoo–hoo [yo͞o′ho͞o′] *(interj.)* ياهُوْ : هُتافٌ لِلَفْتِ النَّظَر .

yore [yōr; yôr] *(n.)* الماضي ؛ الأيّام الخالية <men of ~> .

York·ist [yôrk′ĭst] *(adj.; n.)* (١) يُوْركيّ : ذو علاقة بأسرة يورك المَلَكيّة الإنكليزية (١٤٦١–١٤٨٥) § (٢) اليوركيّ : أحد أفراد [أو مناصِرِي] تلك الأسرة .

York·shire [yôrk′shēr; -shər] *(n.)* اليوركشيريّ : خِنْزير أبيض منسوب إلى يوركشير بإنكلترا .

Yorkshire pudding *(n.)* حَلْوَى يوركشير : حَلْوَى تُعَدّ من بيض ودقيق وحليب وتُخبَز في عَرَق شِواءِ (را . dripping 3) العِجْل .

Yorkshire terrier *(n.)* تَرْيَر يوركشير : كلب إنكليزيّ قصير القوائم، طويل الجسم، حريريّ الشَّعر .

Yorkshire terrier

Yo·ru·ba [yôr′ə bə; yō′ro͞o bä] *(n.)* (١) اليُوروبيّ : واحد اليُوروبيِّين، وهم شعب زنجيّ يُقيم في ساحل إفريقيا الغربي وبخاصّةٍ بين بينين والنِّيجر (٢) اليُوروبيّة : لغة اليُوروبيِّين .
— **Yo·ru·ban** *(adj.)*

yot·ta·byte [yŏt′ə bīt′] *(n.)* اليوتابَيْتة : سَبْتِلْيُون بَيْتة (را . septillion و byte ؛ قا . zettabyte) .

you [yo͞o] *(pron.)* ضمير المُخاطَب : أنتَ ؛ أنتِ ؛ أنتُما ؛ أنتُم ؛ أنتنَّ ؛ لكَ ؛ لكِ ؛ لكُما ؛ كم ؛ كُنَّ .

you'd [yo͞od] = you had; you would.

you'll [yo͞ol; yo͝ol] = you will; you shall.

young [yŭng] *(adj.; n.)* (١) صغير ؛ حَدَث ؛ ناشئ (٢) الابن [تُستعمَل لتمييز ابن يحمل نفس اسم أبيه كقولك <the ~ Mr. Smith>] (٣) غِرّ ؛ قليل الخبرة (٤) جديد <a ~ ship> (٥) شابّ أو خاصّ بالشَّباب (٦) *cap.* : الفتاة : مُشَكِّلٌ أو ممثِّلٌ جماعةً أو حركة سياسيّة جديدة أو مجدِّدة الشَّباب <*Young* Italy> (٧) في بدايته ؛ فَتِيّ <The night is still ~.> § (٨) «أ» الأحداث ؛ النّاشئة ؛ الشَّباب . «ب» صِغار الإنسان أو الحيوان (٩) الجَرْو : الصَّغير من أولاد الحيوان .
with ~, حامل ؛ حُبْلَى [وبخاصة : أنثى حيوان] .

young·ber·ry [yŭng′bĕr′ĭ] *(n.)* تُوت يونغ : ضرب من التُّوت الأميركيّ ثمره أحمر غامق .

young·er [yŭng′gər] *(adj.; n.)* (١) أصْغَر سِنًّا § (٢) شخص أصغر [سِنًّا] <She is five years his ~.>.

young·est [yŭng′gəst] *(adj.; n.)* (١) الأصْغَر § (٢) أصغر الأبناء .

young·ish [yŭng′ĭsh] *(adj.)* صغير أو حَدَثٌ بعضَ الشَّيء .

young·ling [yŭng′lĭng] *(n.; adj.)* (١) الصَّغير . وبخاصة من الإنسان أو الحيوان § (٢) صغير ؛ حَدَث ؛ ناشئ .

young·ster [-′stər] *(n.)* (١) «أ» شابّ . «ب» طفل (٢) طالب في السَّنة الثّانية بالأكاديميّة البحريّة الأميركيّة (٣) صغير الحيوان الثديّ أو الطائر أو النَّبات .

Young Turk *(n.)* (١) أحد أفراد حزب تركيا الفتاة [وهو حزب ثوريّ حكم تركيّا من ١٩٠٨ إلى ١٩١٨] (٢) الثَّوريّ ؛ المتطرِّف ؛ الرّاديكاليّ .

youn·ker [yŭng′kər] *(n.)* (١) فتًى ؛ شابّ (٢) طفل .

your [yo͝or; yôr; yōr; yər] *(pron.; adj.)* كافُ المِلْك : صيغة المِلْكيّة من you <~ room; ~ books>.

you're [yo͝or; yər] = you are.

yours [yo͝orz; yôrz; yōrz] *(pron.)* (١) لكَ؛ لكِ؛ لكُما؛ لكُم؛ لكُنَّ (٢) ما هو لكَ أو لكِ إلخ <That car is ~.> <She likes ours better than ~.> (٣) تحت تصرُّفك؛ في خدمتك <I remain ~ to command.>.

your·self [yo͝or sĕlf'] *(pron.)* (١) نفسك؛ لنفسك؛ بنفسك (٢) وحدَك.

your·selves [yo͝or sĕlvz'] *(pron. pl.) pl. of* yourself.

yours truly (١) لك بإخلاص: صيغة تُخْتَم بها الرِّسالة (٢) نفسي؛ ذاتي <I can take care of *yours truly.*>.

youth [yo͞oth] *(n.)* (١) الشَّباب؛ الصِّبا (٢) «أ» فتًى؛ شابّ. «ب» الشُّبّان؛ الشَّبيبة؛ الشَّباب (٣) فترة النُّشوء <a college in its ~>.

youth·ful [-'fəl] *(adj.)* (١) شابّ؛ فتِيّ (٢) غضّ؛ نَضِير <~ plants> (٣) قويّ؛ نشيط (٤) غضّ الإهاب: لم يُحْدِث كثيرًا [أو لم يخضع لكثير من التَّعرية <~ rivers; ~ islands>. **—youth·ful·ness** *(n.)*

youth hostel *(n.)* بيت الشَّباب (را. hostel *2*).

you–uns [yo͞o'ənz] *(pron.)* أنتما؛ أنتم (عأ).

you've [yo͞ov] = you have.

yowl [youl] *(vi.; t.; n.)* **x** (١) يَعْوي؛ يَمُوء (٢) يُعْوِل (٣) يَصْرُخ محتجًّا (٤) يُعَبِّر عن كذا بالعُواء أو نحوه § (٥) عُواء؛ مُواء إلخ.

yo–yo [yō'yō'] *(n.; vi.)* (١) اليويو: لُعبة مؤلَّفة من قرص مزدوج محزُوز مزوَّد بسلكٍ أحدُ طَرَفَيْهِ ملفوفٌ حولَ الحَزِّ والآخرُ مشدودٌ إلى يد المرء أو إصبعه على نحوٍ يمكِّنه من قذف القرص في اتِّجاهٍ ما وإعادته من ثمّ إلى اليد وهكذا (٢) شخص متذبذب أو متردِّد § (٣) يتأرجح؛ يتذبذب؛ يتقلَّب.

y·per·ite [ē'pə rīt'] *(n.)* = mustard *3.*

Y potential *or* **Y-po·ten·tial** *(n.)* الجهد الصاديّ (كب).

yt·ter·bi·a [ĭ tûr'bĭ ə] *(n.)* أُكسيد الإيتَرْبيوم (ك).

yt·ter·bic [ĭ tûr'bĭk] *(adj.)* إيتَرْبيوميّ: منسوب إلى الإيتربيوم (ك).

yt·ter·bi·um [ĭ tûr'bĭ əm] *(n.)* الإيتَرْبيوم: عنصر فِلِزِّيّ نادر (ك).

yt·ter·bous [ĭ tûr'bəs] *(adj.)* إيتَرْبيوميّ: منسوب إلى الإيتربيوم (ك).

yt·tri·a [ĭt'rē ə] *(n.)* أُكسيد الإيتْريوم (ك).

yt·tric [ĭt'rĭk] *(adj.)* إيتْريوميّ: منسوب إلى الإيتْريوم (ك).

yt·tri·um [ĭt'rē əm] *(n.)* الإيتْريوم: عنصر فِلِزِّيّ نادر (ك).

yttrium metals *(n. pl.)* المعادن الإيتْريوميّة.

yu·an [yo͞o än'] *(n.)* اليُوان: وَحدة النَّقد في الصِّين وتايوان.

yuc·ca [yŭk'ə] *(n.)* (١) اليُكّة: نبات من الفصيلة الزَّنْبقِيّة (٢) cassava.

yucca *1.*

yuck [yŭk] *(interj.)* يَك! [تعبير عن الرَّفض أو الاشمئزاز].

yuck·y [yŭk'ĭ] *(adj.)* مُغْثٍ؛ كريه؛ مثير للاشمئزاز (ع).

yu·ga [yo͝og'ə] *(n.)* الحِقْبة؛ العَصْر: إحدى الحِقَب الأربع في دَوْرة من دَوْرات وجود العالَم [في الفلسفة الهنديّة].

Yu·go·slav [yo͞o'gō släv'] *(n.; adj.)* (١) اليوغوسلافيّ: أحد أبناء يوغوسلافيا § (٢) يوغوسلافيّ.

Yu·go·sla·vi·an [yo͞o'gō släv'ĭ ən] *(adj.; n.)* = Yugoslav.

Yu·go·sla·vic [yo͞o'gō släv'ĭk] *(adj.)* يوغوسلافيّ.

yule [yo͞ol] *(n.)* *cap.* عد: عيد الميلاد: عيد ميلاد المسيح (نص).

yule log *or* **block** *or* **clog** *(n.)* حَطَبة الميلاد: حَطبة ضَخمة كانت تُتَّخذ أساسًا لنار الموقد في عيد الميلاد (نص).

yule·tide [yo͞ol'tīd'] *(n.)* *cap.* عد: موسم الميلاد (نص).

Yu·man [yo͞o'mən] *(n.; adj.)* (١) اليُومانيّة: أُسْرة من اللُّغات الهنديّة الأميركيّة § (٢) يُومانيّ.

yum·my [yŭm'ĭ] *(adj.)* (١) لذيذ؛ شهيّ (٢) جذّابٌ جدًّا (٣) مبهجٌ.

yup·pie [yŭp'ĭ] *(n.)* اليَپِّي: شابٌّ مثقَّف من ذوي الدخل العالي يُقيم في مدينة كبيرة أو في جوارها.

yurt [yûrt; yo͞ort] *(n.)* اليُورْتة: خيمة جِلديّة أو لُبّاديّة من خيام بَدْوِ سيبيريا المنغوليِّين.

yurt

ă at; ā date; â care; ä car; ĕ egg; ē me; ĭ in; ī bite; ŏ lot; ō bone; ô orphan; **oi** boil; o͝o good; o͞o boot; **ou** out; ŭ under; û urgent; ə = *a* in alone, *e* in system, *i* in easily, *o* in gallop, *u* in circus.

z [zē; zĕd] *(n. often cap.)* (١) الحرف السادس والعشرون والأخير من الأبجديّة الإنكليزية (٢) «أ» شيء مُعْتَبَرٌ في المقام السّادس والعشرين من حيث التّرتيب أو الطّبقة. «ب» شيء مُعْتَبَرٌ ثالثًا في ترتيب [أو طبقة] يشمل *x* و *y* (٣) شيء على صورة حرف **Z**.

za [zä] *(n.)* = pizza *(slang)*.

za·ba·glio·ne [zä'bəl yō'nĭ] *(n.)* الزّابليونيّة: مَزيجٌ من صفار البيض والسُّكّر والخمر أو عصير الفاكهة يُخفق بالماء الحارّ ويُقدَّم ساخنًا أو باردًا في كأس.

zaf·fer *also* **zaf·fre** [zăf'ər] *(n.)* الزَّعْفَر: مزيجٌ من أُكسيد الكوبالت وسِليكا يُستخدَم لتلوين الزُّجاج والخزف باللَّون الأزرق.

zag [zăg] *(n.; vi.)* (١) انعطافٌ حادّ؛ تعرُّج § (٢) ينعطف فجأة.

zai·bat·su [zī'bät so͞o'] *(n.)* الزّايباتسو: تكتُّل تجاريّ يابانيّ.

za·ire [zī'ēr; zä ēr'] *(n.)* الزّائير: عُملة جمهوريّة الكونغو الدِّيموقراطيّة.

za·mi·a [zā'mĭ ə] *(n.)* الزّامية: شجر من السّيكاسيّات *Cycadaceae* نخليّ الأوراق مستطيل الأكواز (نب).

za·min·dar [zăm'ən där'; zĕm'-] *(n.)* الزَّمِنْدار [والجمع زَمادرة]: «أ» جابي الرُّسوم المفروضة على الأرض خلال الحكم الإسلاميّ للهند. «ب» إقطاعيّ في الهند البريطانيّة أو في أوائل عهد الهند بالاستقلال يدفع إلى الحكومة ضريبةً محدَّدة.

za·min·dar·i [-där'ĭ] *(n.)* الزَّمِنداريّة: «أ» نظام جباية الرُّسوم أو امتلاك الأرض مِن قِبَل الزَّمادرة. «ب» أرض خاضعة لسُلطة الزَّمِندار.

zan·der [zăn'dər] *(n.)* الزَّنْدَر: سمك نهريّ أوروبيّ من فصيلة الفَرْخ الرّامح (را. pike perch).

za·ny [zā'nĭ] *(n.; adj.)* (١) المُتَمَلِّق؛ المُتَزَلِّف (٢) المُهَرِّج الثانويّ؛ المُضحِك [في ملهاة قديمة] (٣) الأحمق؛ المُغفَّل؛ السّاذَج § (٤) مُضحِك؛ هَزْليّ؛ تَهريجيّ (٥) أحمق؛ مغفَّل؛ ساذَج. **— za·ni·ly** *(adv.)* **— za·ni·ness** *(n.)*

zap [zăp] *(interj.; vt.; i.; n.)* (١) زاپ! [محاكاة صوت البندقية عند الإطلاق] § (٢) يَصْعَق: يقتل أو يدمِّر أو يصدم [على نحوٍ مُباغت وقويّ] (٣) يعرِّض للأشِعّة (٤) يهاجم [عدوًّا] بقوّة ناريّة كثيفة؛ يقصف (٥) يتحكَّم: يسيطر من بُعد على تشغيل التلفزيون أو تغيير أقنيته x (٦) يتحرَّك برشاقة وسرعة § (٧) ضربة مفاجئة وقوية.

zap·per [zăp'ər] *(n.)* (١) الصاعق: أداة كهربائيّة أو إشعاعيّة قاتلة [للحشرات بخاصّة] (٢) جهاز التَّحكُّم من بُعد [في التلفزيون].

za·re·ba *or* **za·ri·ba** [zə rē'bə] *(n.)* الزَّريبة: حظيرة مرتَجَلة تُقام من بعض النَّباتات الشّائكة في السُّودان وغيره من البلدان الإفريقيّة.

zar·zue·la [zärz'(ə) wā'lə] *(n.)* الزَّرْزُويلة: أوبرا إسبانيّة هزليّة عادةً، مشتملةٌ على حِوار ملفوظ.

z–ax·is [zē'ăk'sĭs; zĕd'-] *(n.)* المِحْوَر العَيْنيّ (ر).

za·zen [zä'zĕn'] *(n.)* الزّازِن: ضربٌ بوذيّ من التأمُّل.

zeal [zēl] *(n.)* حَماسة: اندفاع في سبيل قضيّة أو هَدَف.

zeal·ot [zĕl'ət] *(n.; adj.)* (١) *cap.* الزَّيلوت: واحدٌ من طائفة يهوديّة قديمة عُرِفَت بمقاومتها الشَّديدة للسَّيطرة الرُّومانيّة على فلسطين (٢) المتحمِّس. وبخاصة الوطنيّ المتعصِّب § (٣) متحمِّس متعصِّب.

zeal·ot·ry [zĕl'ət rĭ] *(n.)* (١) حماسة مُفْرِطة (٢) تعصُّب.

zeal·ous [zĕl'əs] *(adj.)* متحمِّس؛ حماسيّ. **— zeal·ous·ly** *(adv.)*

zeal·ous·ness [zĕl'əs nĭs] *(n.)* حماسة؛ تحمُّس.

ze·bec *or* **ze·beck** [zē'bĕk'] *(n.)* = xebec.

ze·bra [zē'brə] *(n.)* العتّابيّ؛ حمار الزَّرَد: حِمار وَحشيّ مخطَّط.

zebra

zebra fish *(n.)* السَّمَكة المخطَّطة؛ سمكة الزَّرَد.

ze·bra·wood [zē'brə wo͝od'] *(n.)* (١) شجر الزَّرَد: أيٌّ من عِدّة أشجار إفريقيّة أو جنوبأميركيّة تتميّز بخشبها المخطَّط (٢) الخشب المزرّد: خشبُ هذه الأشجار المستخدمُ في صُنع الأثاث.

ze·brine [zē'brīn'] *(adj.)* زَرَديّ: متعلّق بحمار الزَّرَد أو شبيهٌ به.

ze·broid [-'broid'] *(n.)* الزَّرْحصان: حيوان هَجين من حمار الزَّرَد

ze·bu [zē'bo͞o] *(n.)* الدِّرْبانيّ: حيوان ثديّ مجترّ من الفصيلة البقريّة على غاربه سَنامٌ.

zebu

zec·chi·no [zĕ kē'nō; tsĕk kē'nô] *(n.)* pl. **-ni** *or* **-nos** = sequin *1*.

ze·chin [zĕk'ĭn] *(n.)* = sequin *1*.

zed [zĕd] *(n.)* الحرف z (بر).

zed·o·ar·y [zĕd'ō ĕr'ĭ] *(n.)* الجَدْوار: «أ» عشب هنديّ يُستَخْدَم في الطِّبّ وفي صُنْع العطور ومستحضرات التَّجميل. «ب» عَقّار مُنَبِّه مُستخرَج منه.

zee [zē] *(n.)* الحرف z.

ze·in [zē'ĭn] *(n.)* الزِّيْن: بروتين يُستخرَج من الذُّرة ويُستخدَم في صُنْع اللَّدائن.

والورنيش وخيوط النَّسيج وحِبر الطِّباعة.

zeit·geist [tsīt′gīst′; zīt′-] *(n.)* عادة *cap.*: رُوح العَصْر: طابعُ العَصرِ العقليُّ والأخلاقيّ والثَّقافيّ.

zel·ko·va [zĕl′kə və] *(n.)* الزِّلْكوفا: شجرة زِينيّة يابانيّة.

zem·in·dar [zăm′ən där′; zĕm′-] *(n.)* = zamindar.

zem·in·dar·y [zăm′ən där′ĭ; zĕm′-] *(n.)* = zamindari.

Zen [zĕn] *or* **Zen Buddhism** *(n.)* البُوذيّة الزِّنّيّة أو التّأمُّليّة: فرقة بوذية تؤمن بأنّ في ميسور المرء أن ينفذَ إلى طبيعة الحقيقة من طريق التأمّل.

ze·na·i·da [zə nā′ə də] *(n.)* الزِّنيدي: ضرب من الحمام البَرّيّ.

ze·na·na [zə nä′nə] *(n.)* الزِّنانة؛ الحريم: جزء من البيت مخصَّص للنِّساء [في جنوب غرب آسيا].

Zend–Aves·ta [zĕnd′ə vĕs′tə] *(n.)* = Avesta.

ze·nith [zē′nĭth; zĕn′ĭth] *(n.)* (١) السَّمْت؛ سَمْت الرَّأس (فل) (٢) أَوْج؛ ذِرْوة؛ عَلْياء <at the ~ of her fame>.

ze·nith·al [-əl] *(adj.)* سَمْتيّ: منسوب إلى السَّمْت (فل).

zenith distance; zenith angle *(n.)* البُعْد السَّمْتيّ؛ الزاوية السَّمْتيّة (فل).

ze·o·lite [zē ə līt′] *(n.)* الزّيوليت: أيّ من مجموعة من سِليكات الألومنيوم المائية تُعرف بالزيوليتات.

Zeph·i·ran [zĭf′ĭ răn′] *(n.)* الزِّفيران: مادّةٌ مُطَهِّرة.

zeph·yr [zĕf′ər] *(n.)* (١) «أ» الدَّبُور: الرِّيح الغربيّة. «ب» نسيمٌ عليل (٢) «أ» الزَّفير: قُماش رقيق. «ب» قُبَّعة خفيفة؛ شال أو مئزر رقيق.

Zeph·y·rus [-əs] زفيروس: إلَه الدّبور أو الريح الغربية عند اليونان.

zep·pe·lin [zĕp′ə lĭn] *(n.)* مُنْطاد؛ مُنطاد زَبْلِن.

zep·to·sec·ond [zĕp′tə sĕ′kənd] *(n.)* الزِبتو – ثانية: جزء من سَكْسْتِلْيُون (را. sextillion) من الثانية (قا. yoctosecond).

ze·ro [zē′rō] *(n.; adj.; vt.)* (١) صِفْر (٢) نقطة البداية [في ميزان حرارة إلخ] (٣) النَّكِرة: شخص عديم الشَّأن (٤) الحضيض؛ الدَّرْك الأسفل § (٥) صِفْريّ؛ صِفْر: متعلّق بالصِّفر أو كائنٌ صفرًا § (٦) يَضْبُط [جهازًا أو آلةً] على نقطة الصِّفر (٧) يصوِّب [إطلاقَ النّار على الهَدَف] بدقّة.
to ~ in on... (١) يُسدِّد مباشرةً [نحو الهدف] (٢) يعدِّل التسديد (٣) يركِّز انتباهه على؛ يُطبق على.

zero coupon *(adj.)* صِفْريّ المَردود <a ~ bond>.

zero–emission vehicle *(n.)* المَرْكَبة عديمة الانبعاث: مركبة لا تنبعث منها غازاتٌ ملوِّثة.

zero hour *(n.)* ساعة الصِّفر: «أ» السّاعة المحدَّدة لتنفيذ عمليّة عسكريّة مرسومة. «ب» الزَّمن المحدَّد للبدء بعملٍ ما أو اتِّخاذ قرارٍ مهمّ.

ze·ro–rate [zēr′ō rāt′] *(vt.)* يُعفي [من دَفْع قيمة الضَّريبة] (بر).

zest [zĕst] *(n.; vt.)* (١) «أ» المُنَكِّه: كلُّ ما يُضاف إلى الشَّيء لإعطائه نكهةً ما. وبخاصة: قشرة البرتقال أو اللَّيمون. «ب» نكهة سائغة (٢) فتنة؛ سِحر؛ مُتعة؛ حيويّة (٣) تَلَذُّذ أو استمتاع شديد § (٤) «أ» ينكِّه. «ب» يجعله ذا فتنة أو حيويّة. — **zest·ful** *(adj.)* — **zest·ful·ly** *(adv.)* — **zest·ful·ness** *(n.)*

zes·ter [zĕs′tər] *(n.)* المُقَشِّرة: أداة لقَشْر البرتقال أو الليمون قَشْرًا رقيقًا.

zest·y [zĕs′tĭ] *(adj.)* = piquant.

ze·ta [zā′tə; zē′tə] *(n.)* زيتا: الحرف السّادس من الأبجديّة اليونانيّة.

zet·ta- بادئة معناها: سَكْسْتِلْيُون <*zetta*byte>.

zet·ta·byte [zĕt′ə bīt′] *(n.)* الزِّتابَيْتة: سَكْسْتِلْيُون بَيْتة (را. sextillion وbyte؛ قا. yottabyte).

zeug·ma [zo͞og′mə] *(n.)* (١) حذف النَّسَق (ل) (٢) syllepsis.

Zeus [zo͞os] زيوس؛ زَفْس: كبير الآلهة في الميثولوجيا اليونانية.

zib·e·line *or* **zib·el·line** [zĭb′ə līn′: -lēn′] *(n.)* السّابلين: «أ» نسيج ناعم صقيل يتكوَّن من الصُّوف وشعر حيوان آخر كالمخيَّر mohair أو وبر الجَمَل. «ب» السَّمُّور sable أو فروه.

zib·et *also* **zib·eth** [zĭb′ĭt] *(n.)* زَباد الهِند: سِنَّوْر الزَّباد (را. civet cat) الهنديّ.

zig [zĭg] *(n.; vi.)* (١) انعطافٌ حادّ؛ تعرُّج § (٢) ينعطف فجأةً.

ziggurat

zig·gu·rat [zĭg′o͝o răt′] *(n.)* الزِّكُّورة: هيكل بابليّ أو أشوريّ هرميّ الشكل مؤلف من عدة أدوار أو طوابق.

zig·zag [zĭg′zăg′] *(n.; adv.; adj.; vt.; i.)* (١) «أ» خطٌّ متعرِّج. «ب» أحد أقسام هذا الخطّ (٢) شيء متعرِّج [كطريق أو تصميم هندسيّ] § (٣) بتعرُّج § (٤) مُتعرِّج § (٥) يُعرِّج: يجعله متعرِّجًا أو يحرِّكه بشكل متعرِّج x (٦) يتعرَّج: ينطلق في خطٍّ متعرِّج <The car ~ *ged* through the mountains.>.

zilch [zĭlch] *(n.)* (١) صِفر؛ لا شيء (ع) (٢) النَّكِرة: شخص عديم الشأن (ع).

zil·lion [zĭl′yən] *(n.)* الزِّليون: عددٌ ضخمٌ غيرُ محدود.

zil·lion·aire [zĭl′yə nâr′] *(n.)* الزِّليونير: رجل فاحش الثَّراء.

zinc[1] [zĭngk] *(n.)* الزِّنْك؛ الخارصِين: عُنصرٌ فِلزّيّ أبيض مزرقّ.

zinc[2] *(vt.)* يُزَنِّك؛ يُخَرْصِن: يُعالِج أو يكسو بالزِّنك أو الخارصين.

zinc·ate [zĭng′kāt′] *(n.)* الزِّنكات: مُرَكَّب يتشكَّل من تفاعُل الزِّنك أو أُكسيد الزِّنك مع محاليل الموادِّ القلويّة (ك).

zinc blende *(n.)* الزِّنْكبْلَنْد: كبريتيد الزِّنك.

zinc·ic [zĭngk′ĭk] *(adj.)* زِنكيّ؛ خارصِينيّ.

zinc·ite [zĭng′kīt′] *(n.)* الزِّنكيت: أُكسيد الزِّنك الأحمر.

zinck·y *or* **zink·y** *or* **zinc·y** [zĭng′kĭ] *(adj.)* = zincic.

zinc·o·graph [zĭng′kə grăf′] *(n.)* (١) الزِّنكوغراف. صفيحة الحَفْر الزِّنكيّ (طع) (٢) الصُّورة الزِّنكيّة (طع).

zinc·og·ra·phy [zĭng kŏg′rə fĭ] *(n.)* الحَفْر الزِّنكيّ؛ الحفر بالزِّنكوغراف.

(طع).

zinc·oid [zĭngʹkoidʹ] *(adj.)* (١) زِنكيّ؛ خارِصِينيّ: منسوب إلى الزِّنك أو الخارصين (٢) زِنكانيّ؛ خارِصانيّ: شبيهٌ بالزِّنك أو الخارِصين.

zinc·ous [zĭngʹkəs] *(adj.)* زِنكيّ؛ خارِصِينيّ.

zinc oxide *(n.)* أُكسيد الزِّنك: مُركَّب من زنك وأُكسجين يُستخدم في إعداد المُستحضرات الصَّيدليّة والتَّجميليّة.

zinc sulfate *(n.)* سُلفات الزِّنك؛ كبريتات الزِّنك؛ الزّاج الأبيض.

zinc white *(n.)* أبيض الزِّنك: صِبغ أبيض مؤلَّف من أُكسيد الزِّنك يُستخدَم في صُنع ضروب الدِّهان.

zin·fan·del [zĭnʹfən dĕl] *(n.)* الزِّنْفَنْدَليّة: «أ» خَمرٌ تُعْتَصَر من عِنَب كاليفورنيا الصَّغير الأسود. «ب» العِنَب الذي تُعْتَصَر منه تلك الخمر.

zing [zĭng] *(n.; vi.; t.)* (١) أزيز (٢) حيويّة؛ نشاط (٣) نكهة حادّة § (٤) يَئزّ (٥) ينبض بالحياة x (٦) ينتقِد بِحِدّة أو ببراعة (٧) يصعق: يصدم فجأةً.

zing·er [zĭngʹər] *(n.)* (١) فا zing (٢) الْتِماعة: ملاحظة ذكيّة ولاذعة.

zing·y [-ʹē] *(adj.)* (١) مُمْتِع؛ مُبْهِج؛ مُثير (٢) جذّاب جدًّا (٣) حادُّ النَّكهة.

zink·en·ite [zĭngʹkə nītʹ] *(n.)* الزِّنْكَنِيت: معدنٌ رصاصيٌّ داكنٌ.

zin·ni·a [zĭnʹĭ ə; zĭnʹyə] *(n.)* الزِّينيّة: نبات من الفصيلة المركَّبة.

Zi·on [zīʹən] *also* **Si·on** [sīʹ-] *(n.)* (١) صِهْيُون: تلّة في بيت المقدس (٢) بيت المَقْدِس (٣) الشَّعب اليهوديّ (٤) كنيسة الله (٥) utopia (٦) السماء.

Zi·on·ism [zīʹə nĭzʹəm] *(n.)* الصِّهيونيّة؛ الحركة الصِّهيونيّة.

Zi·on·ist [zīʹə nĭst] *(n.; adj.)* (١) الصِّهْيُونيّ § (٢) صِهيونيّ.

Zi·on·ist·ic [zīʹə nĭsʹtĭk] *(adj.)* صِهيونيّ.

zip[1] [zĭp] *(vi.; t.; n.)* (١) يندفع أو يعمل بسرعة وبنشاط (٢) ينطلق محدثًا أزيزًا (٣) ينفتح أو ينغلق بزمام مُنْزَلِق x (٤) يزيده سرعةً أو قوّةً (٥) يُمِدّه بالحيويّة؛ يجعله ممتعًا (٦) يفتحه أو يغلقه بزمام منزلق (٧) يفتح زمامًا منزلقًا أو يُغلقه § (٨) أزيز (٩) حيويّة؛ نشاط (١٠) zipper (بر) (١١) فتح الزِّمام المنزلق أو إغلاقه.

zip[2] *(n.)* لا شيء؛ صِفْر (ع). <The final score was ~.>

zip code [zĭpʹkōdʹ] *(n.)* رقم المنطقة: رقم خُماسيّ يعيِّن منطقة التَّوزيع البريديّ في الولايات المتَّحدة الأميركيّة. **— zip–code** *(vt.)*

zip fastener *(n.)* الزِّمام المُنْزَلِق (را. zipper) (بر).

zip·per [zĭpʹ-] *(n.; vt.)* (١) أو **zip fastener**: الزِّمام المنزلق؛ «السَّحّاب» § (٢) يَفْتَح أو يُغْلِق بزمام منزلق.

zip fastener

zip·pered [zĭpʹərd] *(adj.)* مُزَمْلَق: مزوَّد [أو مغلَق] بزمام منزلق.

zip·py [zĭpʹĭ] *(adj.)* رشيق؛ مُفْعَم بالحيويّة والنَّشاط.

zir·con [zûrʹkŏnʹ] *(n.)* الزِّرْكُون؛ أُكسيد الزِّركونيوم (مع).

zir·co·nate [zûrʹkə nātʹ] *(n.)* الزِّرْكونات: ملح الحامض الزِّركونيّ (ك).

zir·co·ni·a [zûrʹkōʹnĭ ə] *(n.)* الزِّركونيا؛ أُكسيد الزِّركونيوم (ك).

zir·co·nic [zûr kŏnʹĭk] *(adj.)* زِرْكونيّ: منسوب إلى الزِّركون.

zirconic acid *(n.)* الحامض الزِّركونيّ (ك).

zir·co·ni·um [zûr kōʹnĭ əm] *(n.)* الزِّركونيوم: عنصر فِلِزّيّ نادر (ك).

zirconium oxide *(n.)* أُكسيد الزِّركونيوم (را. zirconia).

zit [zĭt] *(n.)* بَثْرة (ع).

zith·er [zĭthʹər; zĭt͟hʹ-] *(n.)* القانون: آلة موسيقيّة وَتَريّة.

zither

zizz [zĭz] *(n.; vi.)* (١) أزيز (٢) غفوة قصيرة § (٣) يئزّ (٤) ينام؛ يغفو.

zlo·ty [zlôʹtĭ] *(n.)* الزَّلوتي: وحدة النَّقد البولنديّة.

zo- *or* **zoo-** بادئة معناها: «أ» حيوان <*zoo*logy>. «ب» متحرِّك.

-zoa لاحقة معناها: حيوانات <Proto*zoa*>.

Zo·an·thar·i·a [zōʹən thârʹĭ ə] *(n. pl.)* الحيوانات الزهريّة [كالمرجان وشقائق البحر].

zo·ca·lo [sōʹkə lōʹ] *(n.)* السُّقالة: ساحة البلدة [وبخاصّة في المكسيك].

zo·di·ac [zōʹdĭ ăkʹ] *(n.)* (١) منطقة البُروج (فل) (٢) دائرة البروج أو رسمٌ يمثِّلها [في علم التَّنجيم].

zodiac 2.

zo·di·a·cal [zō dīʹ-] *(adj.)* بُروجيّ: خاصّ بمنطقة البروج أو بدائرة البروج.

zodiacal light *(n.)* الضَّوء البُروجيّ: وَهْجٌ مُنْتَشِر في السَّماء يُرَى في الغرب بعد المغيب ويُرَى في الشَّرق قبل الشُّروق.

-zoic لاحقة معناها: «أ» ذو طراز مُعيَّن من الوجود الحيوانيّ. «ب» خاصّ بحقبة جيولوجيّة معيَّنة <Meso*zoic*>.

zoi·site [zoiʹsītʹ] *(n.)* الزّوسيت: سِليكات الكلسيوم والألومنيوم.

Zoll·ver·ein [tsôlʹfər īn; zōlʹ-] *(n.)* الزُّلْفَراين: اتحاد جمركيّ. وبخاصة: اتحاد جمركيّ بين الدُّويلات الألمانية أُنشئ عام ١٨٣٤ بزعامة پروسيا، وهو يُعتبر الخطوة الأولى على طريق الوحدة الألمانية.

zom·bie *or* **zom·bi** [zŏmʹbĭ] *(n.)* (١) زومبي: «أ» الأفْعَى المؤلَّهة في الدِّيانة الوَدُونيّة (را. voodooism). «ب» القوّة الفَوْقطبيعيّة التي يَزْعُم المعتقَدُ الوَدُونيّ أنّها تدخل أجساد الموتى فتحييها. «ج» مَيْت أُعيد إلى الحياة بهذه الطَّريقة من غير أن يستعيد القدرةَ على الكلام وحرِّيّة الإرادة (٢) الزُّومبيّ: شخص يتحرَّك كما لو كان شخصًا آليًّا (٣) الزُّومبيّة: شراب مُسْكِر يتألّف من عصير الفاكهة ومزيج من الخمور المختلِفة.

zo·nal [zōʹnəl] *(adj.)* (١) مِنْطَقيّ (٢) نطاقيّ <a ~ division>.

zo·na·ry [zōʹnə rĭ] *(adj.)* = zonal.

zo·nate [zōʹnātʹ] *also* **zo·nat·ed** [-ʹnāʹtĭd] *(adj.)* مُمَنْطَق: «أ» ذو مناطق. «ب» مطوَّق بحزام. «ج» ذو دوائر. «د» مخطَّط بخطوط.

zo·na·tion [zō nāʹshən] *(n.)* تَمَنْطُق: توزُّعٌ إلى مناطق.

zone [zōn] *(n.; vt.; i.)* (١) المِنطَقَة الكُرويّة: أحد أجزاء خمسة كبيرة من سطح الأرض تحدّها خطوط موازية لخطّ الاستواء وتحمل أسماء تتّفق والمناخَ السّائدَ فيها (جغ) (٢) نِطاق؛ طَوْق؛ حزام (ا.ق) (٣) مِنْطقة (٤) النِّطاق: طبقة أو مجموعة صغيرة من الطَّبقات تتميَّز بنوع خاصّ من الأحافير (جي) § (٥) يطوِّق [بحزام] (٦) يُمَنْطِق: يقسِّم إلى مناطق x (٧) يتمنطق: يتوزَّع إلى مناطق.

terrestrial zones

zoned [zōnd] *(adj.)* : (١) مُمْنْطَق : مقسَّم إلى مناطق (٢) مُتَنَطِّق ؛ مُتَمَنْطِق : شادٌّ على وَسَطِه حِزامًا أو نطاقًا (٣) عذراء ؛ طاهرة ؛ لابسةٌ حزامَ العِفّة <fair ~ damsels>.

zonk [zôngk; zŏngk] *(vt.; i.)* (١) يَصْعَق ؛ يُذهِل (٢) يخدِّر [بالأدوية أو الكحول] **x** (٣) يتخدَّر [بسبب من الأدوية أو الكحول].

zon·ule [zōn'yōōl] *(n.)* (١) منطقة صغيرة (٢) نطاق أو طوق أو حِزام صغير.
— **zon·u·lar** *(adj.)*

zoo [zōō] *(n.)* حديقة الحيوان ؛ حديقة الحيوانات.

zoo- = zo-.

zo·o·chem·is·try [zō'ə kĕm'ĭs trĭ] *(n.)* الكيمياء الحيوانيّة.

zo·oe·ci·um [zō ē'shē əm] *(n.)* pl. **-cia** كِيسُ الطُّحْلُب (أح).

zo·o–e·co·lo·gy [zō ə ĭ kŏl'-] *(n.)* عِلم التَّبَيُّؤ الحيوانيّ : فرع من عِلم التَّبَيُّؤ (را. ecology) يبحث في علاقة الحيوانات ببيئتها وبالحيوانات الأُخرى.

zo·o·ga·mete [zō ə gə mēt'] *(n.)* المَشِيج المتحرِّك : مشيج متحرِّك. وبخاصّة : مَشِيج الأُشْنة أو الطَّحالب المتحرِّك (أح).

zo·o·gen·ic [zō'ə jĕn'ĭk] *(adj.)* حيوانيّ <a ~ virus>.

zo·og·e·nous [zō ŏj'ə nəs] *(adj.)*=zoogenic.

zo·o·ge·og·ra·pher [zō'ə jĭ ŏg'rə fər] *(n.)* الجغرافيّ الحيوانيّ : العالِم بالجغرافيا الحيوانيّة (را. المادّة بعد التّالية).

zo·o·ge·o·graph·ic; -al [zō'ə jē'ə grăf'-] *(adj.)* جغرافِيْحَيَوانيّ ؛ جغرافيّ حيوانيّ : ذو علاقة بالجغرافيا الحيوانيّة (را. المادّة التّالية).

zo·o·ge·og·ra·phy [zō'ə jĭ ŏg'rə fĭ] *(n.)* الجغرافيا الحيوانيّة : فرع من الجغرافيا الحيويّة biogeography يبحث في تَوَزُّع الحيوانات الجغرافيّ.

zo·o·gle·a [zō'ə glē'ə] *(n.)* pl. **-s** *or* **-e** المُهَلَّمة : كتلة هُلاميّة من البكتيريا تتشكّل عند انتفاخ جدران الخليّة نتيجةً لامتصاص الماء (بك).
— **zo·o·gle·al** *(adj.)*

zo·og·ra·phy [zō ŏg'rə fĭ] *(n.)* (١) عِلم الحيوان الوصفيّ : فرع من علم الحيوان يبحث في وصف الحيوانات (٢) الجغرافيا الحيوانيّة (را. zoogeography).
— **zoo·graph·ic; -al** *(adj.)*

zo·oid [zō'oid'] *(n.; adj.)* (١) الشِّبْحَيَوان ؛ شبه الحيوان : «أ» خليّةٌ أو جسمٌ عُضويّ قادر على الحركة المستقِلّة أو الذّاتيّة (٢) polyp § (٣) أيضًا : **zo·oid·al** شِبْحَيَوانيّ ؛ شبيهٌ بالحيوان.

zo·ol·a·try [zō ŏl'ə trĭ] *(n.)* عِبادة الحيوان أو الحيوانات.

zo·o·log·i·cal [zō'ə lŏj'ĭ kəl] *also* **zo·o·log·ic** [zō'ə lŏj'ĭk] *(adj.)* حيوانيّ : «أ» ذو علاقة بِعلم الحيوان. «ب» ذو علاقة بالحيوان.

zoological garden *(n.)* حديقة الحيوان ؛ حديقة الحيوانات.

zo·o·log·i·cal·ly [zō'ə lŏj'ə kə lĭ] *(adv.)* حيوانيًّا ؛ من الوجهة الحيوانيّة.

zo·ol·o·gist [zō ŏl'ə jĭst] *(n.)* العالِم الحيوانيّ ؛ العالِم بالحيوان.

zo·ol·o·gy [zō ŏl'ə jĭ] *(n.)* (١) عِلم الحيوان (٢) رِسالة أو كتابٌ في عِلم الحيوان (٣) «أ» حيوانات منطقة ما أو عصرٍ ما. «ب» الخصائص والظّواهر الحيويّة التي يتكشَّف عنها حيوان ما أو طائفة من الحيوان معيَّنة.

zoom [zōōm] *(vi.; t.; n.)* (١) يئزّ أزيزًا متواصِلًا (٢) تَزُوْم : «أ» تصعد الطّائرة صعودًا شمعدانيًّا ؛ تصعد الطّائرة فجأةً وبسرعة كبيرة مسافةً قصيرة. «ب» تقترب الكاميرا السِّينمائيّة أو التّلفزيونيّة من الشّيء أو تبتعد عنه بسرعة بحيث تبدو الصورةُ وكأنّها تزداد قُربًا من المُشاهِد أو تزداد بُعدًا عنه (٣) تتضخّم الأسعار أو ترتفع على نحوٍ غير طبيعيّ **x** (٤) يُزَوِّم : «أ» يجعل الطّائرة أو الكاميرا تَزُوم. «ب» يكبِّر النصّ على شاشة الكومبيوتر § (٥) أزيز (٦) ارتفاع مفاجئ. وبخاصّة : زَوَمان (٧) المزوَّمة : صورة سينمائية أو تلفزيونيّة تؤخَذ بالتّزويم.

zo·om·e·try [zō ŏm'ĭ trĭ] *(n.)* قياس الحيواناتِ أو أعضائها.

zoom lens *(n.)* عَدَسة التَّزْويم [في كاميرا سينمائيّة أو تلفزيونيّة].

zo·o·mor·phic [zō'ə môr'fĭk] *(adj.)* (١) حيوانيّ الشَّكل ؛ ذو شكلٍ حيوانيّ (٢) تَشْخِيْصِيْحَيَوانيّ : ذو علاقة بالتَّشخيص الحيوانيّ (را. المادّة التّالية).

zo·o·mor·phism [zō'ə môr'fĭz'əm] *(n.)* التَّشْخيص الحيوانيّ : «أ» تصوير الآلهة في شكل حيوانات أو خَلْعُ صِفات الحيوانات الدُّنيا عليها. «ب» استخدام الأشكال الحيوانيّة في الفنّ أو في الرَّمزيّة.

zo·on[1] [zō'ŏn'] *(n.)* pl. **-s** *or* **zo·a** [zō'ə] (١) «أ» حُيَيّ ؛ حُيَيْوِين. «ب» نِتاج البُيَيْضة الملقَّحة [واحدًا كان أو أكثر] (٢) zooid.

zoon[2] [zōōn] *(vi.)* يطير آزًّا (عا).

-zoon لاحقة معناها : حيوان أو شبه حيوان <hemato*zoon*>.

zo·o·nal [zō'ən əl] *(adj.)* حُيَيِّيّ ؛ حُيَيْوِينيّ.

zo·o·par·a·site [zō'ə păr'ə sīt'] *(n.)* حيوان طُفَيليّ.

zo·oph·a·gous [zō ŏf'ə gəs] *(adj.)* لاحِمٌ : آكلٌ لحمَ الحيوانات.

zo·o·phile [-'ə fīl'] *(n.)* محبُّ الحيوانات. وبخاصّة : المُعارِض لتشريح الحيوانات الحيّة.

zo·oph·i·lous [zō ŏf'ə ləs] *(adj.)* مُحِبٌّ أو مفضِّلٌ للحيوان. وبخاصّة : «أ» حيوانيّ التَّلَقُّح : مُعَدٌّ للتَّلَقُّح من قِبَل الحيوانات لا من قِبَل الحشرات (نب). «ب» حيوانيّ الاغتذاء <~ insects>.

zo·o·pho·bi·a [zō'ə fō'-] *(n.)* رُهاب الحيوانات : خوف من الحيوانات غيرُ سويّ.

zo·o·phyte [zō'ə fīt'] *(n.)* المَريجيّ ؛ الحيوان النَّباتيّ : واحدٌ من حيوانات لافقاريّة متعدِّدة [كالمرجان وشقيق البحر والإسفنج] تبدو أشبهَ بالنَّبات من حيث الشَّكل وطريقةُ النُّموّ (أح).

zo·o·plas·ty [zō'ə-] *(n.)* الجراحة التَّعويضيّة الحيوانيّة : جراحة تعويضيّة تُجرَى بِنَقْل النَّسيج الحيّ من أحد الحيوانات الدُّنيا إلى الجسم البشريّ (جر).

zo·o·sperm [zō'ə spûrm'] *(n.)* (١) «أ» الحُيَيّ الذَّكَريّ (نب). «ب» الحُيَيّ المَنَويّ (أح) (٢) البَوْغ الحيوانيّ (را. المادّة بعد التّالية).

zo·o·spo·ran·gi·um [zō′ə spə răn′jĭ əm] *(n.)* pl. **-gi·a** [jĭ ə] حاملة البَوْغ الحيوانيّ : كيسٌ بَوْغيّ حاملٌ للبَوْغ الحيوانيّ (نب).

zo·o·spore [zō′ə spôr′; -spōr′] *(n.)* البَوْغ الحيوانيّ : بَوْغٌ قادرٌ على الحركة يكون في بعض الأُشنة والفُطُور (نب).

zo·os·ter·ol [zō ŏs′tə rôl′; -rōl′] *(n.)* الأستيرول الحيوانيّ : أيٌّ من إستَرولات (را . sterol) عديدة [كالكولسترول] ذات منشأ حيوانيّ (كح).

zo·o·tech·ni·cal [zō′ə tĕk′-] *(adj.)* تَرْبِيْدَواجنيّ : ذو علاقة بتربية الدَّواجن.

zo·o·tech·ni·cian [zō′ə tĕk nĭsh′-] *(n.)* الدَّواجنيّ : العالِم بتربية الدَّواجن.

zo·o·tech·nics [zō′ə tĕk′nĭks]; **zo·o·tech·ny** [zō′ə tĕk′nĭ] *(n.)* تربية الدَّواجن أو الحيوان.

zo·ot·o·my [zō ŏt′ə mĭ] *(n.)* (١) علم تشريح الحيوان (٢) تشريح الحيوانات.

zo·o·tox·in [zō′ə tŏk′sĭn] *(n.)* سُمّ حيوانيّ [المصدر].

zoot suit [zo͞ot] *(n.)* بِذْلة زُوت : بذلة رجاليّة تتألّف من صُدْرة ضَيِّقة، وسِترة طويلة تبلغ الرُّكبَتَيْن، وبنطلون ضيِّق (ع).

zoot·y [zo͞o′tĭ] *(adj.)* مُبَهْرَج <a ~ haircut>.

zor·ille *also* **zor·il** [zôr′ĭl; zŏr′-] *(n.)* الظَّرِبان : حيوان ثدييّ إفريقيّ.

Zo·ro·as·tri·an [zōr′ō ăs′-] *(adj.; n.)* (١) زَرادَشْتيّ : منسوب إلى المُصْلِح الدينيّ الفارسي زَرادَشت (٦٢٨؟-٥٥١؟ ق.م) أو إلى تعاليمه § (٢) الزَّرادَشْتيّ : أحد أتباع زَرادَشت.

Zo·ro·as·tri·an·ism [zōr′ō ăs′-] *(n.)* الزرادشتية : ديانة فارسية قديمة أسسها زرادَشْت، وهي تقول بوجود إلَهين أحدهما يمثِّل الخيرَ والآخرُ يمثِّل الشرَّ، وبأن الصراع بينهما لا ينقطع.

zos·ter [zŏs′tər] *(n.)* (١) الحزام : زُنّار أثينيّ قديم (٢) herpes zoster.

Zou·ave [zo͞o äv′; zwäv] *(n.)* الزَّواويّ : «أ» جنديّ من فرقة مشاة فرنسيّة كانت تتألّف في الأصل من جنود جزائريين يرتدون ملابسَ شرقيّةً مزركشة. «ب» جنديّ من جنود فرقة شبيهة بهذه.

Z score *(n.)* مِقدار البُعد [عن المتوسّط في الانحراف القياسيّ] (احص).

zuc·chet·to [zo͞o kĕt′ō; tso͞ok kĕt′tô] *(n.)* السُّكَيْتة : قَلَنْسُوَة خاصّة برجال الدِّين الكاثوليك، يدلُّ لونُها على رتبة لابسها.

zuc·chi·ni [zo͞o kē′nĭ] *(n.)* القَرْع الصَّيفيّ (نب).

Zu·lu [zo͞o′lo͞o] *(n.; adj.)* (١) الزُّولُوويّ : واحد الزُّولو [في ناتال بجنوب إفريقيا] (٢) الزُّولُوويّة : لغة الزُّولو § (٣) زُولُوويّ.

zulu *(n.)* الزُّولو : ذُبابة صيد اصطناعيّة تعلَّق بالصِّنّارة.

zulu time *(n.)* توقيت غرينتش الوَسطيّ (جن).

Zu·ni [zo͞o′nē] *also* **Zu·ñi** [-′nyē] *(n.)* (١) الزُّون : قبيلة من هنود أميركا الحُمْر (٢) الزُّونيّ : واحد الزُّون (٣) الزُّونيّة : لغة الزُّون.

— Zu·ni·an; Zu·ñi·an *(adj.)*

zwie·back [tswē′băk; swī′-] *(n.)* البُقسماط : ضربٌ من الخبز مُحَلًّى ومضافٌ إليه البَيْض، يُقَطَّع إلى شرائحَ ثمَّ يحمَّص في الفرن.

zwing·er [tsfĭng′ər; tsvĭng′-] *(n.)* القلعة الحامية : قلعة تحمي مدينة ما.

Zwing·li·an [tsvĭng′lē ən; zwĭng′-] *(adj.; n.)* (١) إتْزْوِنْغليّ : منسوب إلى المُصْلِح البروتستانتيّ أولْريخ إتْزْوِنغلي (١٤٨٤-١٥٣١) أو إلى مذهبه § (٢) الإتْزْونْغليّ : أحد أتباع «إتْزْونْغلي».

— Zwing·li·an·ism *(n.)*

zwit·ter·i·on [tsvĭt′ər ī ən; zwĭt′-] *(n.)* الأيون الهجين : أيونٌ ذو شِحْنَتَيْن مُوجبة وسالبة (كف).

zyg- *or* **zygo-** بادئة معناها : «أ» نِيْر؛ مِقْرَن. «ب» زوجيّ؛ مُزْدَوِج. «ج» اتِّحاد؛ اقتران.

zyg·a·poph·y·sis [zĭg′ə pŏf′ĭ sĭs] *(n.)* النّامية المِقْرَنيّة : إحدى نَوامٍ مَفْصِليّة أربع [ناميتان منها أماميّتان وناميتان خلفيّتان] في قَوْس الفَقارة الظَّهْريّ. وهي تشدّ كلَّ فَقارة بتلك التي فوقها وتلك التي تحتها (ت).

zygodactyl foot

zy·go·dac·tyl [zī′gə dăk′tĭl] *(adj.; n.)* (١) زوجيّ البراثن : ذو أو ذات براثنَ زوجيّة اثنانِ منها أمام القائمة واثنان خلفَها [صفةٌ لطائرٍ أو قائمتِه] § (٢) الزَّوجيّ البراثن : طائر زوجيّ البراثن [كالبَبَّغاء].

zy·go·dac·ty·lous [zī′gə dăk′tə ləs] *(adj.)* = zygodactyl.

zy·goid [zī′goid′] *(adj.)* = zygotic.

zy·go·ma [zī gō′mə] *(n.)* pl. **-s** *or* **-ma·ta** (١) العَظْم الوَجْنيّ (ت) (٢) القَوْس الوَجْنيّ (ت) (٣) zygomatic process.

zy·go·mat·ic [zī′gə măt′-] *(adj.)* وَجْنيّ <a ~ muscle>.

zygomatic arch *(n.)* القَوْس الوَجْنيّ (ت).

zygomatic bone *(n.)* = cheekbone.

zygomatic process *(n.)* النّامية أو النّاشزة الوجنيّة (ت).

zygomatic suture *(n.)* الدَّرْز الوَجْنيّ (ت).

zy·go·mor·phic; zy·go·mor·phous [zī′gə môr′-] *(adj.)* (١) مِقْرَنيّ أو نِيْريّ الشَّكل : على شكل مِقْرَنٍ أو نِيْر (٢) ثُنائيّ التَّجانُس (نب).

zy·go·phyl·la·ceous [zī gō fə lā′shəs] *(adj.)* قِدِّيسيّ؛ رُطَيْطيّ : خاصّ بالقِدِّيسيّات أو الرُّطَيطيّات **Zygophyllaceae** وهي فصيلة نباتيّة تشمل خشبَ القِدِّيسين وعُودَ الأنبياء إلخ.

zy·go·phyte [zī′gə fīt′] *(n.)* اللّاقحيّ : نبات يتكاثر بواسطة الأبواغ اللّاقحيّة (را . zygospore).

zy·gose [zī′gōs] *(adj.)* اقترانيّ : متعلّق بالاقتران (را . المادّة التّالية).

zy·go·sis [zī gō′sĭs] *(n.)* pl. **-ses** [sēz] الاقتران : تَكَوُّن اللَّواقح نتيجةً لاتِّحاد الأمشاج (أح).

zy·go·spore [zī′gə spōr′] *(n.)* البَوْغ اللّاقحيّ : بَوْغ ينشأ من اقتران خَلِيَّتَيْن جنسيَّتَيْن متماثلتَيْن (نب).

— zy·go·spor·ic *(adj.)*

zy·gote [zī′gōt′] *(n.)* اللّاقحة : خليّةٌ تنشأ من اندماج مَشِيجَيْن (أح).

zy·got·ic [zī gŏt′ĭk] *(adj.)* لاقِحيّ : منسوبٌ إلى اللّاقحة (أح).

zym- *or* **zymo-** بادئة معناها : «أ» اختمار. «ب» خميرة؛ أنزيمة.

zy·mase [zī′mās′; -māz′] *(n.)* الزِّيماز؛ الكُحولاز : خميرة تحوِّل السُّكَّر

zy·mom·e·ter [zī mŏm′ĭ tər] *(n.)* الزِّيمومتر ؛ المِخمار : أداة تُبَيِّن مَدَى التَّخمُّر أو الاختمار .

zy·mo·plas·tic [zī′mō′plăs′tĭk] *(adj.)* مخمِّر ؛ مولِّد للخمائر .

zy·mo·scope [zī′mə skōp′] *(n.)* الزِّيموسكوب ؛ مقياس التَّخْميريّة : جهاز لقياس قدرة الخميرة على التَّخمير .

zy·mo·sis [zī mō′sĭs] *(n.)* (١) تخمُّر ؛ اختمار (٢) مرضٌ مُعْدٍ .

zy·mos·then·ic [zī′mŏs thĕn′ĭk] *(adj.)* مُنَشِّطٌ لِفِعل الخمائر .

zy·mot·ic [zī mŏt′-] *(adj.)* (١) «أ» تخمُّريّ ؛ اختماريّ . «ب» مخمِّر (٢) مُعْدٍ .

zy·mur·gy [zī′mûr′jĭ] *(n.)* الكيمياء الاختماريّة : فَرْعٌ من الكيمياء يبحث في العمليّات الاختماريّة وبخاصّة ما اتَّصَل منها بإعداد الخمرة والجِعة .

zy·thum [zī′thəm] *(n.)* الزَّيتوم : «أ» جِعة مِصْر القديمة . «ب» جِعة شعوب الشَّمال القديمة .

ZZZ *or* **zzz** إزّ : محاكاة لصوت الشخير .

إلى كحول وثاني أُكسيد الكربون (كح) .

-zyme لاحقة معناها : خميرة ؛ أنزيمة .

zymo- = zym-.

zy·mo·gen [zī′mə jən] *(n.)* الزِّيموجين ؛ مولِّدة الخمائر (كح) .

zy·mo·gen·ic [zī mə jĕn′ĭk] *(adj.)* (١) مخمِّر (٢) زيموجينيّ : متعلِّق بمولِّدات الخمائر (كح) .

zy·mog·e·nous [zī′mə jĕn əs] *(adj.)* = zymogenic.

zy·mo·log·ic [zī′mə lŏj′ĭk] *(adj.)* زيمولوجيّ : متعلِّق أو خاصّ بالزِّيمولوجيا أو عِلم الخمائر .

zy·mol·o·gist [zī mŏl′ə jĭst] *(n.)* الزِّيمولوجيّ : العالِم بالزِّيمولوجيا أو عِلم الخمائر .

zy·mol·o·gy [zī mŏl′ə jĭ] *(n.)* الزِّيمولوجيا ؛ عِلم الخمائر : عِلمٌ يبحث في التَّخمُّر وفي فِعل الخمائر .

zy·mol·y·sis [zī mŏl′ĭ sĭs] *(n.)* (١) الأنزيميّة : فِعل الخمائر الهَضْميّ والتَّخميريّ (٢) تَخمُّر ؛ اختمار .
— **zy·mo·lyt·ic** *(adj.)*

CUSTOMARY ABBREVIATIONS USED IN MODERN WRITING AND PRINTING

A

a **1.** about. **2.** acceleration. **3.** acre; acres. **4.** adjective. **5.** adult. **6.** amateur. **7.** are (measurement). **8.** area. **9.** author.

A **1.** ace. **2.** adenine. **3.** ampere. **4.** *Phys.* angstrom unit. **5.** *Chem.* argon.

AA **1.** Alcoholics Anonymous. **2.** antiaircraft. **3.** Associate in Arts مشارك في الآداب. **4.** author's alterations. **5.** Automobile Association جمعية السيارات.

AAA **1.** American Automobile Association الجمعية الأميركية للسيارات. **2.** antiaircraft artillery.

AAAL American Academy of Arts and Letters المَجْمَع الأميركي للفنون والآداب.

AAAS American Association for the Advancement of Science الجمعية الأميركية لتقدّم العلوم.

AAFP American Academy of Family Physicians الأكاديمية الأميركية لأطباء العائلة.

AAMC American Association of Medical Colleges الجمعية الأميركية لكليّات الطبّ.

A and M **1.** agricultural and mechanical. **2.** ancient and modern.

AAR against all risks ضدّ جميع الأخطار.

AARP American Association of Retired Persons الجمعية الأميركية للمتقاعدين.

AAS Associate in Applied Science مشارك في العلوم التطبيقية.

AASCU American Association of State Colleges and Universities الجمعية الأميركية لكليّات وجامعات الولايات.

AAU Amateur Athletic Union اتحاد الرياضيين الهواة.

AAUP American Association of University Professors الجمعية الأميركية لأساتذة الجامعات.

AAUW American Association of University Women الجمعية الأميركية للجامعيات.

ab about.

AB **1.** able–bodied (seaman). **2.** Alberta (مقاطعة كندية). **3.** (L. *Artium Baccalaureus*) Bachelor of Arts بكالوريوس في الفنون أو الآداب.

ABA **1.** Amateur Boxing Association جمعية هواة الملاكمة. **2.** American Bankers Association الجمعية الأميركية للمصرفيّين. **3.** American Booksellers Association الجمعية الأميركية للكُتُبيّين.

abbr abbreviation.

abd abdomen.

abl ablative.

abn airborne.

abp archbishop.

abr **1.** abridged. **2.** abridgment.

abs **1.** absent. **2.** absolute. **3.** abstract.

ABS **1.** American Bible Society الجمعية الأميركية للكتاب المقدس. **2.** antilock braking system.

abstr abstract.

ac **1.** account. **2.** acre.

Ac *Chem.* actinium.

AC **1.** air conditioning. **2.** *Elect.* alternating current. **3.** (L. *ante Christum*) before Christ. **4.** area code. **5.** athletic club.

acad **1.** academic. **2.** academy.

acc **1.** account. **2.** accusative.

ACD automatic call distribution.

ACE American Council on Education المجلس الأميركي للتربية.

ack **1.** acknowledge. **2.** acknowledgment.

ACLU American Civil Liberties Union الاتحاد الأميركي للحريات المدنيّة.

ACP **1.** African, Caribbean and Pacific (states). **2.** American College of Physicians الكلّيّة الأميركية للأطباء.

acpt acceptance.

ACS **1.** American Chemical Society الجمعية الكيميائية الأميركية. **2.** American College of Surgeons الكلّيّة الأميركية للجرّاحين.

act **1.** active. **2.** actor. **3.** actual.

actg acting.

ACV **1.** actual cash value القيمة النقديّة الفعليّة. **2.** air–cushion vehicle المركبة الموسَّدة بالهواء.

AD **1.** active duty. **2.** air–dried. **3.** anno Domini. **4.** assistant director. **5.** athletic director.

A/D analog/digital.

ADA **1.** American Dental Association الجمعيّة الأميركية لطبّ الأسنان. **2.** average daily attendance.

ADC **1.** aide–de–camp. **2.** Aid to Dependent Children. **3.** Air Defense Command. **4.** assistant division commander.

ADD **1.** American Dialect Dictionary. **2.** attention deficit disorder.

addn addition.

addnl additional.

ADF automatic direction finder.

ad int ad interim (را. المادة).

adj **1.** adjective. **2.** adjourned. **3.** adjunct. **4.** adjustment. **5.** adjutant.

adjt adjutant.

ad lib (L. *ad libitum*) at one's pleasure.

ad loc (L. *ad locum*) at *or* to the place في [أو إلى] المكان.

adm **1.** administration. **2.** administrative. **3.** admiral.

admin **1.** administration. **2.** administrative.

ADP automatic data processing.

adv **1.** ad valorem. **2.** adverb. **3.** adverbial. **4.** adverbially. **5.** advertisement. **6.** advisory. **7.** (L. *adversus*) against.

ad val ad valorem (را. المادّة).

advt advertisement.

AEC Atomic Energy Commission لجنة الطاقة الذرّية.

aeq (L. *aequalis*) equal.

aero **1.** aeronautical. **2.** aeronautics.

aet *or* **aetat** (L. *aetatis*) at the age of.

af affix.

AF **1.** air force. **2.** Anglo–French. **3.** audio frequency.

AFB air force base قاعدة جوية.

AFC automatic frequency control.

aff affirmative.

afft affidavit.

AFL *or* **AF of L** American Federation of Labor اتحاد العمل الأميركي.

Afr **1.** Africa. **2.** African.

aft afternoon.

AFT **1.** American Federation of Teachers الاتحاد الأميركي للمعلّمين. **2.** automatic fine tuning.

AFTRA American Federation of Television and Radio Artists الاتحاد الأميركي لفنّاني التلفزيون والراديو.

Ag *Chem.* (L. *argentum*) silver.

AG **1.** adjutant general. **2.** attorney general.

AGC advanced graduate certificate.

agcy agency.

agl above ground level.

agr *or* **agric** **1.** agricultural. **2.** agriculture.

Agt *or* **agt** agent.

ah **1.** ampere–hour (را. المادة). **2.** anno Hegirae (را. المادة).

AHA **1.** American Heart Association الجمعيّة الأميركيّة للقلب. **2.** American Historical Association الجمعية التاريخية الأميركية. **3.** American Hospital Association الجمعية الأميركية للمستشفيات.

AI *or* **ai** **1.** ad interim (را. المادة). **2.** airborne intercept. **3.** air interception. **4.** artificial insemination. **5.** artificial intelligence.

AIA American Institute of Architects المعهد الأميركي للمهندسين المعماريين.

AID **1.** Agency for International Development وكالة التّنمية العالميّة. **2.** artificial insemination by donor الإخصاب الصُّنعيّ من الواهب.

AIDS [ādz] acquired immunodeficiency syndrome.

AIEE American Institute of Electrical Engineers المعهد الأميركي للمهندسين الكهربائيين.

AIM American Indian Movement الحركة الأميركية الهندية.

AK Alaska (إحدى الولايات المتحدة الأميركية).

aka also known as.

Al *Chem.* aluminum.

AL Alabama (إحدى الولايات المتحدة الأميركية).

Ala Alabama (إحدى الولايات المتحدة الأميركية).

ALA American Library Association جمعية المكتبات الأميركية.

Alb **1.** Albania. **2.** Albanian.

alc **1.** alcohol. **2.** alcoholic.

ald alderman.

alg algebra.

alk **1.** alkali. **2.** alkaline.

alky alkalinity.

alt **1.** alternate. **2.** altitude. **3.** alto.

Alta Alberta (إحدى المقاطعات في كندا).

alum aluminum.

alw allowance.

am *or* **AM** ante meridiem (را. المادة).

Am **1.** America. **2.** American.

AM *or* **MA** (L. *Artium Magister*) Master of Arts ماجستير في الفنون أو الآداب.

AM **1.** airmail. **2.** Air Medal. **3.** (L. *anno mundi*) in the year of the world.

AMA American Medical Association الجمعية الطبية الأميركية.

amb ambassador.

amdt amendment.

AmE American English.

Amer **1.** America. **2.** American.

AmerInd American Indian.

Amn airman.

amp ampere.

amp hr ampere–hour (را. المادة).

AMSLAN American Sign Language لغة الإشارة الأميركية.

amt amount.

AMU atomic mass unit وحدة الكتلة الذرية (فز).

ANA American Nurses Association الجمعية الأميركية للممرِّضات.

anal **1.** analogous. **2.** analogy. **3.** analysis.

anat **1.** anatomical. **2.** anatomy.

anc ancient.

ANC African National Congress المؤتمر الإفريقي الدّولي.

Angl Anglican.

anhyd anhydrous.

ANI automatic number identification.

ann **1.** annals. **2.** annual.

anon **1.** anonymous. **2.** anonymously.

ANOVA analysis of variance.

ans answer.

ANSI American National Standards Institute المؤسَّسة الأميركية الوطنية للمعايير .

ant **1.** antenna. **2.** antonym.

Ant **1.** Antarctica. **2.** Antrim (إقليم في إيرلندا الشمالية) .

anthrop **1.** anthropological. **2.** anthropology.

antiq **1.** antiquarian. **2.** antiquary.

a/o *or* **A/O** **1.** account of. **2.** and others.

ap apostle.

Ap April.

AP **1.** additional premium. **2.** adjective phrase. **3.** antipersonnel. **4.** arithmetic progression. **5.** Associated Press. **6.** author's proof.

API air position indicator.

APO army post office.

Apoc **1.** Apocalypse. **2.** Apocrypha. **3.** apocryphal.

app **1.** apparatus. **2.** apparent. **3.** appendix. **4.** appliance. **5.** appointed. **6.** apprentice.

appl applied.

appro approval.

approx **1.** approximate. **2.** approximately.

appt **1.** appoint. **2.** appointed. **3.** appointment.

apptd appointed.

Apr April.

APR annual percentage rate.

apt **1.** apartment. **2.** aptitude.

APT automatically programmed tools.

aq **1.** (L. *aqua*) water. **2.** aqueous.

AQ **1.** accomplishment quotient. **2.** achievement quotient.

ar **1.** arrival. **2.** arrive; arrives.

Ar **1.** Arabic. **2.** Arabist. **3.** Aramaic. **4.** *Chem.* argon.

AR **1.** accounts receivable. **2.** acknowledgment of receipt. **3.** all rail. **4.** all risks. **5.** annual return. **6.** Arkansas (إحدى الولايات المتحدة الأميركية). **7.** army regulation. **8.** autonomous republic.

Arab **1.** Arabia. **2.** Arabian. **3.** Arabic.

ARC **1.** AIDS–related complex. **2.** American Red Cross الصليب الأحمر الأميركي .

arch **1.** archaic. **2.** archaism. **3.** archery. **4.** archipelago. **5.** architect. **6.** architectural. **7.** architecture.

Arch Archbishop.

archeol archeology.

arg **1.** argent. **2.** argument.

arith **1.** arithmetic. **2.** arithmetical.

Ariz Arizona (إحدى الولايات المتحدة الأميركية) .

Ark Arkansas (إحدى الولايات المتحدة الأميركية) .

Arm Armenian.

ARM adjustable rate mortgage.

ARP air–raid precautions.

arr **1.** arranged. **2.** arrival. **3.** arrive(d).

art **1.** article. **2.** artificial. **3.** artillery.

arty artillery.

As *Chem.* arsenic.

AS **1.** after sight. **2.** airspeed. **3.** Anglo–Saxon. **4.** antisubmarine. **5.** Associate in Science مشارك في العلوم .

ASAP as soon as possible.

asb asbestos.

ASCAP American Society of Composers, Authors and Publishers الجمعية الأميركية للملحّنين والمؤلّفين والناشرين .

ASCE American Society of Civil Engineers الجمعية الأميركية للمهندسين المدنيين .

ASE American Stock Exchange بورصة التبادل الأميركية .

ASEAN Association of Southeast Asian Nations آسيان: تجمُّع دول جنوب شرق آسيا .

asg **1.** assigned. **2.** assignment.

asgmt assignment.

ASI airspeed indicator.

ASL American Sign Language لغة الإشارة الأميركية .

ASME American Society of Mechanical Engineers الجمعية الأميركية للمهندسين الميكانيكيين .

ASPCA American Society for the Prevention of Cruelty to Animals الجمعية الأميركية للرّفق بالحيوان .

ASR **1.** airport surveillance radar. **2.** air–sea rescue.

assn association.

asso *or* **assoc** **1.** associate. **2.** associated. **3.** association.

ASSR Autonomous Soviet Socialist Republic.

asst **1.** assistant. **2.** assorted.

asstd **1.** assented. **2.** assorted.

assy assembly.

Assyr Assyrian.

AST Alaska standard time.

ASTP army specialized training program.

astrol **1.** astrologer. **2.** astrological. **3.** astrology.

astron **1.** astronomer. **2.** astronomical. **3.** astronomy.

ASV American Standard Version.

ASW antisubmarine warfare.

at **1.** airtight. **2.** atmosphere. **3.** atomic.

At *Chem.* astatine.

AT **1.** air temperature. **2.** ampere–turn. **3.** antitank. **4.** automatic transmission.

Atl Atlantic.

atm **1.** atmosphere. **2.** atmospheric.

ATM **1.** automated teller machine. **2.** automatic teller machine.

at no atomic number.

att **1.** attached. **2.** attention. **3.** attorney.

attn attention.

attrib **1.** attribute. **2.** attributive(ly).

atty attorney.

atty gen attorney general.

ATV all–terrain vehicle.

at wt atomic weight.

Au *Chem.* (L. *aurum*) gold.

AU angstrom unit.

AUC **1.** (L. *ab urbe condita*) from the year of the founding of the city (of Rome). **2.** (L. *anno urbis conditae*) in the year from the founding of the city (of Rome).

aud **1.** audit. **2.** auditor.

aug augmentative.

Aug August.

AUS Army of the United States.

Austral **1.** Australia. **2.** Australian.

auth **1.** authentic. **2.** author. **3.** authority. **4.** authorized.

auto **1.** automatic. **2.** automobile. **3.** automotive.

aux **1.** auxiliary. **2.** auxiliary verb.

av **1.** avenue. **2.** average. **3.** avoirdupois.

AV **1.** arteriovenous. **2.** audiovisual. **3.** Authorized Version (of the Bible).

A/V ad valorem (را. المادة).

avdp avoirdupois.

ave avenue.

avg average.

avn aviation.

AW **1.** actual weight. **2.** aircraft warning. **3.** articles of war. **4.** automatic weapon.

AWACS [ā'wăks] airborne warning and control system.

AWOL *Mil.* absent without leave.

ax axiom.

AYC American Youth Congress المؤتمر الأميركي للشباب.

az **1.** azimuth. **2.** azure.

AZ Arizona (إحدى الولايات المتحدة الأميركية).

B

b **1.** bacillus. **2.** base. **3.** bay. **4.** billion. **5.** black. **6.** blue. **7.** bolivar. **8.** book. **9.** born. **10.** breadth. **11.** brick. **12.** brightness. **13.** brother. **14.** bulb.

B **1.** bachelor. **2.** Baumé scale. **3.** bay. **4.** Bible. **5.** *Chem.* boron. **6.** British. **7.** Brotherhood.

Ba *Chem.* barium.

BA **1.** (L. *Baccalaureus Artium*) Bachelor of Arts بكالوريوس في الفنون أو الآداب. **2.** Buenos Aires.

BAA Bachelor of Applied Arts بكالوريوس في الفنون التطبيقية.

bac (L. *Baccalaureus*) bachelor.

bact **1.** bacterial. **2.** bacteriology. **3.** bacterium.

BAE **1.** Bachelor of Aeronautical Engineering بكالوريوس في هندسة الطيران. **2.** Bachelor of Agricultural Engineering بكالوريوس في الهندسة الزراعية. **3.** Bachelor of Art Education بكالوريوس في التربية الفنية. **4.** Bachelor of Arts in Education بكالوريوس في التربية.

BAEd Bachelor of Arts in Education بكالوريوس في التربية.

BAeE Bachelor of Aeronautical Engineering بكالوريوس في هندسة الطيران.

BAg Bachelor of Agriculture بكالوريوس في الزراعة.

bal balance.

BAM **1.** Bachelor of Applied Mathematics بكالوريوس في الرياضيات التطبيقية. **2.** Bachelor of Arts in Music بكالوريوس في الموسيقى.

B and B *or* **B & B** bed–and–breakfast.

B and E breaking and entering.

B and W *or* **B & W** black and white.

Bap *or* **Bapt** Baptist.

bar **1.** barometer. **2.** barometric. **3.** barrel.

B Arch *or* **BArch** Bachelor of Architecture بكالوريوس في فن العمارة.

Bart *or* **Bt** baronet.

BAS *or* **BASc** **1.** Bachelor of Applied Science بكالوريوس في العلوم التطبيقية. **2.** Bachelor of Arts and Sciences بكالوريوس في الآداب والعلوم.

bat **1.** batallion. **2.** battery.

BAT Bachelor of Arts in Teaching بكالوريوس في التعليم.

Bav Bavarian.

BBA Bachelor of Business Administration بكالوريوس في إدارة الأعمال.

BBB Better Business Bureau.

BBC British Broadcasting Corporation هيئة الإذاعة البريطانية.

bbl *pl.* **bbls** barrel.

BBQ barbecue.

BC **1.** Bachelor of Chemistry بكالوريوس في الكيمياء. **2.** before Christ. **3.** British Columbia كولومبيا البريطانية.

BCE Bachelor of Civil Engineering بكالوريوس في الهندسة المدنية.

BChE Bachelor of Chemical Engineering بكالوريوس في الهندسة الكيميائية.

BCL **1.** Bachelor of Canon Law بكالوريوس في القانون الكنسي. **2.** Bachelor of Civil Law بكالوريوس في القانون المدني.

BCS Bachelor of Commercial Science بكالوريوس في علم التجارة.

bd *pl.* **bds** **1.** board. **2.** bond. **3.** bound. **4.** bundle.

b/d barrels per day.

BD **1.** Bachelor of Divinity بكالوريوس في اللاهوت. **2.** bills discounted. **3.** bomb disposal.

B/D bank draft.

bd ft **1.** board feet. **2.** board foot.

bdl *or* **bdle** bundle.

bdrm bedroom.

BDS Bachelor of Dental Surgery بكالوريوس في جراحة الأسنان.

Be *Chem.* beryllium.

BE **1.** Bachelor of Education بكالوريوس في التربية. **2.** Bachelor of Engineering بكالوريوس في الهندسة. **3.** bill of exchange. **4.** Black English.

B/E bill of exchange.

Bé Baumé.

BEC Bureau of Employees' Compensation.

BEd Bachelor of Education بكالوريوس في التربية.

BEE Bachelor of Electrical Engineering بكالوريوس في هندسة الكهرباء.

bef before.

BEF British Expeditionary Force(s).

beg **1.** begin. **2.** beginning.

Belg **1.** Belgian. **2.** Belgium.

BEM **1.** Bachelor of Engineering of Mines بكالوريوس في هندسة المناجم. **2.** British Empire Medal مدالية الأمبراطورية البريطانية.

BEngr Bachelor of Engineering بكالوريوس في الهندسة.

BEngS Bachelor of Engineering Science بكالوريوس في علم الهندسة.

bet between.

BEV **1.** billion electron volts. **2.** Black English vernacular.

bf boldface.

BF **1.** Bachelor of Forestry بكالوريوس في الحِراجة. **2.** board foot. **3.** brought forward.

BFA Bachelor of Fine Arts بكالوريوس في الفنون الجميلة.

bg **1.** background. **2.** bag.

BG *or* **B Gen** brigadier general.

BH bill of health.

bhd bulkhead.

BHL **1.** Bachelor of Hebrew Letters بكالوريوس في الآداب العبرية. **2.** Bachelor of Hebrew Literature بكالوريوس في الأدب العبري.

bhp **1.** bishop. **2.** brake horsepower.

BHP brake horsepower.

Bi *Chem.* bismuth.

BIA **1.** Bachelor of Industrial Administration بكالوريوس في الإدارة الصناعية. **2.** Bureau of Indian Affairs مكتب الشؤون الهندية.

bib **1.** Bible. **2.** biblical.

bibliog **1.** bibliographer. **2.** bibliography.

bid (L. *bis in die*) twice a day.

BID Bachelor of Industrial Design بكالوريوس في التصميم الصِّناعي.

BIE Bachelor of Industrial Engineering بكالوريوس في الهندسة الصِّناعية.

bil billion.

biochem biochemistry.

biog **1.** biographical. **2.** biography.

biol **1.** biological. **2.** biology.

BJ Bachelor of Journalism بكالوريوس في الصحافة.

bk **1.** bank. **2.** book. **3.** break. **4.** brook.

Bk *Chem.* berkelium.

bkg banking.

bkgd background.

bks **1.** barracks. **2.** books.

bkt **1.** basket. **2.** bracket.

bl **1.** bale; bales. **2.** barrel; barrels. **3.** black. **4.** block. **5.** blue.

BL Bachelor of Law بكالوريوس في القانون.

B/L bill of lading.

BLA Bachelor of Liberal Arts بكالوريوس في الفنون العقليّة أو الفنون الحرّة.

bld **1.** blond. **2.** blood. **3.** boldface.

bldg building.

bldr builder.

BLit Bachelor of Literature بكالوريوس في الأدب.

BLitt Bachelor of Letters بكالوريوس في الآداب.

blk **1.** black. **2.** block. **3.** bulk.

BLL Bachelor of Laws بكالوريوس في القانون.

BLM Bureau of Land Management مكتب إدارة الأراضي.

bls bales.

BLS **1.** Bachelor of Library Science بكالوريوس في علم المكتبات. **2.** Bureau of Labor Statistics مكتب إحصاء العمل.

blvd boulevard.

bm **1.** beam. **2.** bill of material. **3.** board measure. **4.** bowel movement. **5.** bronze medal.

BM **1.** Bachelor of Medicine بكالوريوس في الطب. **2.** Bachelor of Music بكالوريوس في الموسيقى. **3.** British Museum المُتْحَف البريطاني.

BME **1.** Bachelor of Mechanical Engineering بكالوريوس في الهندسة الميكانيكية. **2.** Bachelor of Mining Engineering بكالوريوس في هندسة المناجم.

BMR basal metabolic rate.

BMS Bachelor of Marine Science بكالوريوس في العلوم البحريّة.

BMT Bachelor of Medical Technology بكالوريوس في التِّقانة الطِّبيّة.

BMus Bachelor of Music بكالوريوس في الموسيقى.

bn **1.** baron. **2.** battalion. **3.** beacon. **4.** been.

BN **1.** Bachelor of Nursing بكالوريوس في التمريض. **2.** bank note. **3.** Bureau of Narcotics.

BNDD Bureau of Narcotics and Dangerous Drugs مكتب المخدِّرات والعقاقير الخطرة.

BNS Bachelor of Naval Sciences بكالوريوس في العلوم البحريّة.

BO **1.** back order. **2.** best offer. **3.** box office. **4.** buyer's option.

BOD biochemical oxygen demand.

BoE Bank of England مصرف إنكلترا.

bor **1.** *Chem.* boron. **2.** borough.

bot **1.** botanical. **2.** botanist. **3.** botany. **4.** bottle. **5.** bottom.

botan botanical.

bp **1.** baptized. **2.** below proof. **3.** birthplace. **4.** bishop. **5.** boiling point.

BP **1.** beautiful people. **2.** before the present (in radiocarbon dating). **3.** bills payable. **4.** blood pressure. **5.** blue print. **6.** boiling point.

B/P bills payable.

bpd *or* **BPD** barrels per day.

BPE Bachelor of Physical Education بكالوريوس في التربية البدنية.

BPH Bachelor of Public Health بكالوريوس في الصحة العامة.

BPh *or* **Bphil** Bachelor of Philosophy بكالوريوس في الفلسفة.

BPharm Bachelor of Pharmacy بكالوريوس في الصّيدلة.

bpi **1.** bits per inch. **2.** bytes per inch.

bpl birthplace.

bps bits per second.

br 1. branch. 2. brass. 3. bronze. 4. brother. 5. brown.

br *or* **B/R** bills receivable.

Br 1. Britain. 2. British. 3. *Chem.* bromine.

Braz 1. Brazil. 2. Brazilian.

BRE Bachelor of Religious Education بكالوريوس في التربية الدينية .

brig 1. brigade. 2. brigadier.

Brig Gen brigadier general.

Brit 1. Britain. 2. British.

brl barrel.

bro 1. brother. 2. brothers.

bros brothers.

BS 1. Bachelor of Science بكالوريوس في العلم . 2. Bachelor of Surgery بكالوريوس في الجراحة . 3. balance sheet. 4. bill of sale. 5. British standard. 6. bullshit.

BSA 1. Bachelor of Scientific Agriculture بكالوريوس في الزراعة العلمية . 2. Boy Scouts of America كشافة أميركا .

BSAA Bachelor of Science in Applied Arts بكالوريوس علوم في الفنون التَّطبيقية .

BSc (L. *Baccalaureus Scientiae*) Bachelor of Science بكالوريوس في العلم (أو العلوم) .

BSE bovine spongiform encephalopathy (را. المادة) .

BSEc *or* **BSEcon** Bachelor of Science in Economics بكالوريوس علوم في الاقتصاد .

BSEd *or* **BSE** Bachelor of Science in Education بكالوريوس علوم في التربية .

bsh bushel.

BSI British Standards Institution مؤسَّسة المقاييس البريطانية .

bskt basket.

Bt baronet.

BT *or* **BTh** (L. *Baccalaureus Theologia*) Bachelor of Theology بكالوريوس في اللاهوت .

btry battery.

bu 1. bureau. 2. bushel. 3. bushels.

Bulg 1. Bulgaria. 2. Bulgarian.

bull bulletin.

bur bureau.

bus 1. bushel. 2. bushels. 3. business.

BV Blessed Virgin.

BVM Blessed Virgin Mary.

bvt 1. brevet. 2. brevetted.

BW 1. bacteriological warfare. 2. biological warfare. 3. black and white.

BWI British West Indies.

bx box.

by billion years.

BYOB bring your own beer *or* booze *or* bottle.

byp bypass.

C

c 1. (L. *circa, circiter, circum*) about. 2. calm. 3. calorie. 4. Canadian. 5. canceled. 6. candle. 7. capacity. 8. carat. 9. carton. 10. case. 11. cent.; cents. 12. center. 13. centi-. 14. centime. 15. centimeter. 16. century. 17. chairman. 18. chapter. 19. church. 20. circa. 21. circuit. 22. circumference. 23. clockwise. 24. cloudy. 25. colon. 26. color. 27. congress. 28. consul. 29. copy. 30. copyright. 31. corps. 32. cost. 33. cubic. 34. cup. 35. curie. 36. cycle.

C 1. Cape. 2. carbon. 3. Catholic. 4. Celsius. 5. Celtic. 6. centigrade. 7. Conservative. 8. coulomb. 9. a hundred–dollar bill.

ca (L. *circa*) about حوالى (عام كذا) .

Ca *Chem.* calcium.

CA 1. California. 2. Central America. 3. chief accountant. 4. coast artillery. 5. commercial agent. 6. controller of accounts. 7. current account.

C/A 1. cash account. 2. credit account.

CAA 1. Civil Aeronautics Administration إدارة الطيران المدني . 2. Civil Aviation Authority سُلْطة الطّيران المدني .

CAB 1. Citizens' Advice Bureau مكتب الإرشاد المَدَني . 2. Civil Aeronautics Board مجلس الطيران المدني .

CAD/CAM computer–aided design and computer–aided manufacturing.

CAF cost and freight.

CAGS Certificate of Advanced Graduate Study شهادة الدراسات العليا المتقدّمة .

CAI 1. computer–aided instruction. 2. computer–assisted instruction.

cal 1. calendar. 2. caliber. 3. calorie. 4. calories.

Cal *or* **Calif** California (إحدى الولايات المتحدة الأميركية) .

calc 1. calculate. 2. calculated. 3. calculation. 4. calculus.

Calif California.

cam camera.

CAM computer–aided manufacturing.

Can *or* **Canad** 1. Canada. 2. Canadian.

canc *or* **can** canceled.

C and F cost and freight.

C and LC capitals and lower case.

C and W country and western.

Cant 1. Canticle of Canticles. 2. Cantonese.

Cantab (L. *Cantabrigiensis*) of Cambridge.

cap 1. capacity. 2. capital. 3. capitalize. 4. capitalized.

CAP Civil Air Patrol.

caps 1. capitals. 2. capsule.

capt captain.

CAR civil air regulations.

card cardinal.

CAS certificate of advanced study شهادة الدراسات المتقدّمة .

cat 1. catalog. 2. catalyst. 3. catechism.

CAT 1. clear–air turbulence. 2. college ability test. 3. computerized axial tomography التصوير المَقْطعي المحوري بالكومبيوتر.

cath 1. cathedral. 2. cathode.

Cath Catholic.

CATV community antenna television.

caus causative.

cav 1. cavalier. 2. cavalry. 3. cavity.

CAVU ceiling and visibility unlimited.

Cb 1. *Chem.* columbium. 2. cumulonimbus.

CB 1. (L. *Chirurgiae Baccalaureus*) Bachelor of Surgery بكالوريوس في الجراحة. 2. citizens band.

CBC 1. Canadian Broadcasting Corporation هيئة الإذاعة الكندية. 2. complete blood count.

CBD cash before delivery.

CBE Commander of the Order of the British Empire.

CBI 1. computer–based instruction. 2. cumulative book index.

CBO Congressional Budget Office.

CBS Columbia Broadcasting System.

CBT computer–based training.

CBW Chemical and Biological Warfare.

cc 1. cubic centimeter. 2. cubic centimeters.

Cc cirrocumulus.

CC 1. carbon copy. 2. chief clerk. 3. community college. 4. country club.

CCC Civilian Conservation Corps.

CCD Confraternity of Christian Doctrine.

CCF 1. Chinese communist forces. 2. Cooperative Commonwealth Federation (of Canada).

CCTV closed–circuit television.

CCU 1. cardiac care unit. 2. critical care unit.

ccw counterclockwise.

cd 1. candle. 2. cord. 3. cords.

Cd *Chem.* cadmium.

CD 1. carried down. 2. certificate of deposit. 3. civil defense. 4. compact disc. 5. current density. 6. (F. *corps diplomatique*) diplomatic corps.

CDC Centers for Disease Control.

CDD certificate of disability for discharge.

cdg commanding.

Cdn Canadian.

CDP certificate in data processing شهادة معالَجة المُعْطَيات.

cdr *or* **CDR** commander.

CDT central daylight time.

Ce *Chem.* cerium.

CE 1. Chemical Engineer. 2. Civil Engineer.

cem cement.

CEMF counter electromotive force.

cen central.

cent 1. centigrade. 2. central. 3. century.

CEO chief executive officer.

CERN (F. *Conseil Européen pour la Recherche Nucléaire*) European Organization for Nuclear Research.

cert 1. certificate. 2. certified. 3. certify.

CETA Comprehensive Employment and Training Act.

CEU continuing education credit.

cf (L. *confer*) compare.

Cf *Chem.* californium.

CF 1. centrifugal force. 2. cost and freight.

C/F carried forward.

CFC chlorofluorocarbon.

CFI cost, freight, and insurance.

cfm cubic feet per minute.

CFO chief financial officer.

cfs cubic feet per second.

CFS chronic fatigue syndrome. (را المادة).

cg *or* **cgm** 1. centigram. 2. centigrams.

CG 1. center of gravity. 2. coast guard.

cgs centimeter–gram–second (system).

ch 1. chain. 2. chains. 3. champion. 4. chaplain. 5. chapter. 6. chief. 7. child. 8. children. 9. church.

CH 1. clearing house. 2. courthouse. 3. customhouse.

chan channel.

chap 1. chaplain. 2. chapter.

CHD coronary heart disease.

chem 1. chemical. 2. chemist. 3. chemistry.

chg 1. change. 2. charge.

Chin Chinese.

chm 1. chairman. 2. checkmate.

chron 1. chronicle. 2. chronology.

Ci 1. cirrus. 2. curie.

CI 1. cast iron. 2. certificate of insurance. 3. cost and insurance.

cia (Sp. *compañía*) company.

CIA Central Intelligence Agency وكالة الاستخبارات المركزية (الأميركية).

CIAA Central Intercollegiate Athletic Association.

CIC counterintelligence corps.

cid cubic inch displacement.

CID Criminal Investigation Department (Scotland Yard) دائرة المباحث الجنائية «سكوتلانديارد».

cie (F. *compagnie*) company.

CIF cost, insurance, and freight (included in the price quoted) الثمن والتأمين وأجر الشحن متضمَّنة في السعر المحدّد.

C in C commander in chief.

CIO Congress of Industrial Organizations.

CIP Cataloging in Publication.

cir *or* **circ** 1. circle. 2. circuit. 3. circular 4. circumference.

cit 1. citation. 2. cited. 3. citizen.

civ 1. civil. 2. civilian. 3. civilization.

CJ Chief Justice.
ck 1. cask. 2. check.
cl 1. carload. 2. centiliter. 3. class. 4. classification. 5. clause. 6. close. 7. closet. 8. cloth.
Cl *Chem.* chlorine.
cld 1. called. 2. cleared.
clin clinical.
clk clerk.
clm column.
clo clothing.
clr clear.
cm 1. centimeter. 2. centimeters.
Cm *Chem.* curium.
CM 1. center matched. 2. center of mass. 3. *Comp.* central memory. 4. circular mil. 5. common meter. 6. court–martial.
CMA certified medical assistant.
cmd *or* **comd** command.
cmdg commanding.
cmdr commander.
cml commercial.
CMSgt chief master sergeant.
CN credit note.
CNC computer numerical control.
CNS central nervous system.
co 1. company. 2. county.
c/o care of.
Co *Chem.* cobalt.
CO 1. cash order. 2. Colorado (إحدى الولايات المتحدة الأميركية). 3. commanding officer. 4. conscientious objector.
cod codex.
COD 1. carrier onboard delivery. 2. cash on delivery. 3. collect on delivery.
coeff *or* **coef** coefficient.
C of C Chamber of Commerce غرفة التجارة.
C of S Chief of Staff. رئيس الأركان
cog cognate.
col 1. collect. 2. collector. 3. college. 4. collegiate. 5. colonel. 6. colonial. 7. colony. 8. color. 9. colored. 10. column. 11. counsel.
COL 1. colonel. 2. cost of living.
COLA cost–of–living allowance.
coll 1. collection. 2. collective. 3. collector. 4. college. 5. collegiate. 6. colloquial.
Collat collateral.
colloq 1. colloquial. 2. colloquialism.
Colo Colorado (إحدى الولايات المتحدة الأميركية).
colog cologarithm.
com 1. comedy. 2. command. 3. commandant. 4. commander. 5. commerce. 6. commission. 7. commissioner. 8. committee. 9. commodore. 10. common. 11. commonly. 12. communications. 13. communist.
comb 1. combination. 2. combining. 3. combustion.
comd command.
comdg commanding.
comdr *or* **cmdr** commander.
comdt commandant.
COMECON Council for Mutual Economic Assistance مجلس المساعدة الاقتصادية المتبادلة.
coml commercial.
comm 1. commander. 2. commerce. 3. commission. 4. committee. 5. commoner. 6. commonwealth. 7. communication. 8. communist. 9. community.
commo commodore.
comp 1. companion. 2. comparative. 3. compare. 4. compensation. 5. compiled. 6. compiler. 7. complete. 8. composition. 9. compound. 10. comprehensive. 11. comprising. 12. comptroller.
compar comparative.
compd compound.
comr commissioner.
con 1. concerto. 2. conclusion. 3. (L. *conjunx*) wife. 4. consolidated. 5. consul. 6. continued. 7. (L. *contra*) against.
conc 1. concentrate. 2. concentrated. 3. concentration. 4. concrete.
concn concentration.
cond 1. condition. 2. conductivity.
conf 1. (L. *confer*) compare. 2. conference.
Confed Confederate.
cong 1. congregational. 2. congress. 3. congressional. 4. (L. *congius*) gallon.
conj 1. conjugation. 2. conjunction. 3. conjunctive.
Conn Connecticut (إحدى الولايات المتحدة الأميركية).
cons 1. consecrated. 2. conservative. 3. consigned. 4. consol. 5. consolidated. 6. consonant. 7. constable. 8. constitution. 9. construction.
consol consolidated.
const 1. constant. 2. constitution. 3. constitutional. 4. construction.
constr construction.
cont 1. containing. 2. contents. 3. continent. 4. continental. 5. continued. 6. contract. 7. contraction. 8. control.
contd continued.
contg containing.
contr 1. contract. 2. contracted. 3. contraction. 4. contralto. 5. contrary. 6. control.
contrib 1. contribution. 2. contributor.
conv 1. convention. 2. convertible. 3. convocation.
COO chief operating officer.
cop 1. copper. 2. copulative. 3. copy. 4. copyright.
Cop *or* **Copt** Coptic.
cor 1. corner. 2. coroner. 3. corpus. 4. corrected. 5. correction. 6. correspondent. 7. corresponding.
CORE Congress of Racial Equality مؤتمر المساواة بين الأعراق.

corp 1. corporal. 2. corporation.

corr 1. corrected. 2. correction. 3. correspondence. 4. corresponding. 5. corrugated. 6. corrupt. 7. corruption.

cos 1. companies. 2. consul. 3. cosine. 4. counties.

COS 1. cash on shipment. 2. chief of staff.

cosec cosecant.

cot cotangent.

cp 1. compare. 2. coupon.

CP 1. candlepower. 2. center of pressure. 3. chemically pure. 4. command post. 5. Common Prayer. 6. Communist Party. 7. custom of port.

CPA certified public accountant.

CPB Corporation for Public Broadcasting.

CPCU Chartered Property and Casualty Underwriter.

cpd compound.

CPFF cost plus fixed fee.

cpi characters per inch.

CPI consumer price index (را المادة).

cpl 1. complete. 2. compline. 3. corporal.

CPM 1. cost per thousand (L. *mil*). 2. cycles per minute.

CPO chief petty officer.

CPOM master chief petty officer.

CPOS senior chief petty officer.

CPR cardiopulmonary resuscitation الإنعاش القلبي الرئوي.

CPS 1. cards per second. 2. certified professional secretary. 3. characters per second. 4. Civilian Public Service. 5. cycles per second.

CPSC Consumer Product Safety Commission.

CPT captain.

CPU central processing unit.

CQ 1. call to quarters. 2. charge of quarters. 3. commercial quality.

cr 1. credit. 2. creditor. 3. crown.

Cr *Chem.* chromium.

CR 1. conditioned reflex. 2. conditioned response. 3. consciousness-raising. 4. Costa Rica. 5. critical ratio.

cresc crescendo.

crim 1. crime. 2. criminal.

criminol 1. criminologist. 2. criminology.

crit 1. critical. 2. criticism.

CRNA certified registered nurse anesthetist.

CRT cathode–ray tube.

cryst 1. crystalline. 2. crystallized.

cs 1. case. 2. cases.

c/s cycles per second.

Cs *Chem.* cesium.

CS 1. capital stock. 2. chief of staff. 3. civil service. 4. conditioned stimulus. 5. county seat.

CSA Confederate States of America.

csc cosecant.

CSF cerebrospinal fluid.

csk cask.

CSM command sergeant major.

CST central standard time.

ct 1. carat. 2. cent. 3. certificate. 4. count. 5. court.

CT 1. central time. 2. certified teacher. 3. computerized tomography. 4. Connecticut (إحدى الولايات المتحدة الأميركية).

ctf certificate.

ctn 1. carton. 2. cotangent.

C to C center to center.

ctr center.

cts 1. cents. 2. certificates.

cu 1. cubic. 2. cumulative.

Cu (L. *cuprum*) copper.

CU close–up.

cur 1. currency. 2. current.

cv *or* **cvt** convertible.

CV 1. cardiovascular. 2. curriculum vitae.

cw clockwise.

CW chemical warfare.

CWO 1. cash with order. 2. chief warrant officer.

cwt hundredweight.

cy county.

CY calendar year.

cyc *or* **cycl** cyclopedia.

cyl cylinder.

CYO Catholic Youth Organization منظمة الشباب الكاثوليكي.

cytol 1. cytological. 2. cytology.

CZ 1. Canal Zone منطقة القناة. 2. cubic zirconia.

D

d 1. date. 2. daughter. 3. day. 4. days. 5. dead. 6. deceased. 7. deci-. 8. degree. 9. delete. 10. (L. *denarius*) penny. 11. (L. *denarii*) pence. 12. density. 13. departure. 14. deputy. 15. dialect. 16. dialectal. 17. diameter. 18. died. 19. dime. 20. dimensional. 21. distance. 22. dividend. 23. dollar. 24. dorsal. 25. dose. 26. driving.

D 1. December. 2. Democrat. 3. Democratic. 4. doctor. 5. dollar. 6. dose. 7. drachma.

DA 1. delayed action. 2. deposit account. 3. district attorney. 4. Don't answer.

DAB Dictionary of American Biography.

DAE Dictionary of American English.

dag dekagram.

dal dekaliter.

dam dekameter.

Dan 1. Daniel. 2. Danish.

D&C dilation and curettage.

DAR 1. damage assessment routine. 2. Daughters of the American Revolution.

DARE Dictionary of American Regional English.

dat dative.

DAT **1.** differential aptitude test. **2.** digital audiotape.

dau daughter.

DAV Disabled American Veterans.

db **1.** debenture. **2.** decibel. **3.** decibels.

DB day book.

d/b/a doing business as.

DBA Doctor of Business Administration دكتور في إدارة الأعمال.

DBE Dame Commander of the Order of the British Empire.

dbl double.

DBMS data base management system.

DBS direct broadcast satellite.

DC **1.** da capo (را. المادة). **2.** decimal classification. **3.** direct current. **4.** District of Columbia. **5.** doctor of chiropractic.

DCC digital compact cassette.

DCL Doctor of Civil Law دكتور في القانون المدني.

DCM Distinguished Conduct Medal مدالية السلوك الممتاز.

dd **1.** dated. **2.** delivered.

DD **1.** days after date. **2.** demand draft. **3.** Doctor of Divinity دكتور في اللاهوت. **4.** due date.

DDD direct distance dialing.

DDE direct data entry.

DDS **1.** Doctor of Dental Science دكتور في طب الأسنان. **2.** Doctor of Dental Surgery دكتور في جراحة الأسنان.

DDT (را. المادة).

DE **1.** defensive end. **2.** Delaware (إحدى الولايات المتحدة الأميركية). **3.** Doctor of Engineering دكتور في الهندسة.

DEA Drug Enforcement Administration.

deb debenture.

dec **1.** deceased. **2.** decimeter. **3.** declaration. **4.** declared. **5.** declination. **6.** decorated. **7.** decorative. **8.** decrease. **9.** decrescendo.

Dec December.

decd deceased.

def **1.** defective. **2.** defendant. **3.** defense. **4.** deferred. **5.** defined. **6.** definite. **7.** definition.

deg **1.** degree. **2.** degrees.

del **1.** delegate. **2.** delegation. **3.** delete.

Del Delaware (إحدى الولايات المتحدة الأميركية).

dely delivery.

dem **1.** demonstrative. **2.** demurrage.

Dem **1.** Democrat. **2.** Democratic.

Den Denmark.

dent **1.** dental. **2.** dentist. **3.** dentistry.

dep **1.** depart. **2.** department. **3.** departure. **4.** dependency. **5.** deponent. **6.** deposed. **7.** deposit. **8.** depot. **9.** deputy.

depr **1.** depreciation. **2.** depression.

dept department.

der **1.** derivation. **2.** derivative. **3.** derived.

Derby Derbyshire (إقليم في أواسط إنكلترا).

deriv **1.** derivation. **2.** derivative.

det **1.** detached. **2.** detachment. **3.** detail. **4.** determine.

detd determined.

detn determination.

Deut Deuteronomy سِفر تَثْنية الاشتراع.

dev deviation.

Devon Devonshire (إقليم في إنكلترا).

DEW distant early warning.

DF **1.** damage free. **2.** Defender of the Faith. **3.** direction finder.

DFA Doctor of Fine Arts دكتور في الفنون الجميلة.

dft **1.** defendant. **2.** draft.

dg **1.** decigram. **2.** decigrams.

DG **1.** (L. *Dei gratia*) by the grace of God. بنعمة الله **2.** director general.

DH Doctor of Humanities دكتور في الإنسانيّات.

dia *or* **diam** diameter.

diag **1.** diagonal. **2.** diagram.

dial **1.** dialect. **2.** dialectical.

dict **1.** dictation. **2.** dictator. **3.** dictionary.

dif *or* **diff** **1.** difference. **2.** different.

dig digest.

dil dilute.

dim **1.** dimension. **2.** diminished. **3.** diminuendo. **4.** diminutive.

din dinar.

DIN (G. *Deutsche Industrie–Normen*) German Industrial Standards.

dip diploma.

dir director.

dis **1.** discharge. **2.** discount. **3.** distance. **4.** distant.

disc **1.** discount. **2.** discovered.

disp dispensary.

diss dissertation.

dist **1.** distance. **2.** distinguish. **3.** distinguished. **4.** district.

distn distillation.

distr **1.** distribute. **2.** distribution.

div **1.** divergence. **2.** diversion. **3.** divided. **4.** dividend. **5.** division. **6.** divisor. **7.** divorced.

dj dust jacket.

DJ **1.** disk jockey. **2.** district judge. **3.** Doctor of Law (L. *Doctor Jūris*) دكتور في الحقوق.

DJIA Dow–Jones Industrial Average مؤشّر «داو جونز» الصّناعيّ الوَسَطي.

dk **1.** dark. **2.** deck. **3.** dock.

dkg decagram.

dkl decaliter.

dkm decameter.

dks decastere.

dl deciliter.

DL disabled list.

D/L demand loan.

DLit *or* **DLitt** (L. *Doctor Litterarum*) Doctor of Letters *or* Doctor of Literature دكتور في الأدب.

DLO 1. dead letter office. 2. dispatch loading only.

DLS Doctor of Library Science دكتور في علم المكتبات.

dm decimeter.

DM Deutsche mark (را. المادة).

DMA 1. *Comp.* direct memory access. 2. Doctor of Musical Arts دكتور في الفنون الموسيقية.

DMD (New L. *dentariae medicinae doctor*) Doctor of Dental Medicine دكتور في طب الأسنان.

DML Doctor of Modern Languages دكتور في اللغات الحديثة.

DMus Doctor of Music دكتور في الموسيقى.

DMZ demilitarized zone.

dn down.

DNB Dictionary of National Biography.

DNF did not finish.

DNR do not resuscitate.

do ditto.

DO 1. defense order. 2. Doctor of Osteopathy دكتور في المعالجة العظمية.

DOA dead on arrival.

DOB date of birth.

doc document.

DOD Department of Defense.

DOE Department of Energy.

dol 1. dolce. 2. dollar.

dom 1. domain. 2. domestic. 3. dominant. 4. dominion.

DOS disk operating system.

doz 1. dozen. 2. dozens.

DP 1. data processing. 2. degree of polymerization. 3. dew point. 4. direct port. 5. displaced person. 6. documents against payment. 7. documents for payment. 8. double play.

DPH Doctor in Public Health دكتور في الصحة العامة.

DPh *or* **DPhil** Doctor of Philosophy دكتور في الفلسفة.

dpi dots per inch.

dpt 1. department. 2. deponent.

DPT diphtheria, pertussis and tetanus.

DQ disqualification.

dr 1. debit. 2. debtor. 3. drachma. 4. drachmas. 5. dram. 6. drams. 7. drive. 8. drum.

Dr doctor.

DR 1. dead reckoning. 2. dining room.

dram 1. dramatic. 2. dramatist.

DRAM dynamic random access memory.

Ds *Chem.* dysprosium.

DS 1. (It. *dal segno*) from the sign. 2. data set. 3. days after sight. 4. detached service. 5. document signed.

DS *or* **DSc** Doctor of Science دكتور في العلم.

DSC 1. Distinguished Service Cross. 2. Doctor of Surgical Chiropody دكتور في جراحة الأقدام.

DSM Distinguished Service Medal.

DSO Distinguished Service Order.

DSP (L. *decessit sine prole*) died without issue.

DST daylight saving time.

DSurg dental surgeon.

DSW 1. Doctor of Social Welfare دكتور في الإنعاش الاجتماعي. 2. Doctor of Social Work دكتور في العمل الاجتماعي.

DT 1. daylight time. 2. Doctor of Theology دكتور في اللاهوت. 3. double time.

DTh(eol) Doctor of Theology دكتور في اللاهوت.

DTP 1. desktop publishing. 2. diphtheria, tetanus and pertussis.

Du 1. duke. 2. Dutch.

dup duplicate.

DV Deo volente (را. المادة).

DVD digital versatile disc.

DVM Doctor of Veterinary Medicine دكتور في الطب البيطري.

DVMS Doctor of Veterinary Medicine and Surgery دكتور في الطبابة والجراحة البيطريتين.

DW 1. deadweight. 2. distilled water. 3. dust wrapper.

dwt pennyweight.

DX *Radio* distance.

dy 1. delivery. 2. deputy. 3. duty.

Dy *Chem.* dysprosium.

dynam *or* **dyn** dynamics.

dz 1. dozen. 2. dozens.

E

e 1. eldest. 2. electron. 3. entrance. 4. erg.

E 1. earth. 2. east. 3. eastern. 4. edge. 5. *Chem.* einsteinium. 6. electromotive force. 7. empty. 8. end. 9. energy. 10. engineer. 11. English. 12. error. 13. excellent. 14. exponent.

ea each.

E and OE errors and omissions excepted ما عدا الخطأ والسّهو.

EB 1. eastbound. 2. Encyclopaedia Britannica دائرة المعارف البريطانية.

EC European Community.

ECB European Central Bank المصرف المركزي الأوروبي.

eccl 1. ecclesiastic. 2. ecclesiastical.

Eccles Ecclesiastes سِفر الجامعة.

ECG electrocardiogram.

ech echelon.

ECM 1. electronic countermeasure. 2. European Common Market.

ecol 1. ecological. 2. ecology.

econ 1. economics. 2. economist. 3. economy.

ECT electroconvulsive therapy.

Ecua Ecuador.

ed 1. edited. 2. edition. 3. editor. 4. education.

ED 1. election district. 2. extra duty.

EdB Bachelor of Education بكالوريوس في التربية.
EdD Doctor of Education دكتور في التربية.
EDD English Dialect Dictionary.
EDI electronic data interchange.
Edin Edinburgh.
edit 1. edited. 2. edition. 3. editor.
EdM Master of Education ماجستير في التربية.
EDP electronic data processing.
eds 1. editions. 2. editors.
EdS Specialist in Education.
EDT eastern daylight time.
educ 1. educated. 2. education. 3. educational.
EE 1. electrical engineer. 2. electrical engineering. 3. errors excepted.
EEC European Economic Community.
EEG electroencephalogram.
EENT eye, ear, nose and throat.
EEO equal employment opportunity.
EER energy efficiency ratio.
eff efficiency.
EFL English as a foreign language.
EFT *or* **EFTS** electronic funds transfer (system).
eg (L. *exempli gratia*) for example.
Eg 1. Egypt. 2. Egyptian.
Egypt Egyptian.
EHF extremely high frequency.
EHP 1. effective horsepower. 2. electric horsepower.
EHV extra high voltage.
EI 1. East Indian. 2. East Indies.
EKG electrocardiogram.
el *or* **elev** elevation.
elec 1. electric. 2. electrical. 3. electrician. 4. electricity.
elem 1. elementary. 2. elements.
elev elevation.
ELF extremely low frequency.
EM 1. electromagnetic. 2. electron microscope. 3. end matched. 4. engineer of mines. 5. enlisted man.
embryol embryology.
emer emeritus.
EMF electromotive force.
EMG electromyogram.
emp 1. emperor. 2. empire. 3. empress.
EMP electromagnetic pulse.
EMS *Comp.* expanded memory system.
emu electromagnetic unit.
enc *or* **encl** 1. enclosed. 2. enclosure.
ency *or* **encyc** encyclopedia.
ENE east–northeast.
eng 1. engine. 2. engineer. 3. engineering.
Eng 1. England. 2. English.
engr 1. engineer. 2. engraved. 3. engraver. 4. engraving.
engrs engineers.
enl 1. enlarged. 2. enlisted.
ens ensign.
ENT ear, nose and throat.
entom *or* **entomol** 1. entomological. 2. entomology.
env envelope.
EO exclusive order.
EOE equal opportunity employer.
EOM end of month نهاية الشهر.
EP 1. estimated position. 2. European plan. 3. extended play.
EPA Environmental Protection Agency وكالة حماية البيئة.
eq 1. equal. 2. equation. 3. equivalent.
equip equipment.
equiv 1. equivalence. 2. equivalency. 3. equivalent.
Er *Chem.* erbium.
ER emergency room.
ERA 1. earned run average. 2. Equal Rights Amendment.
ERISA Employee Retirement Income Security Act.
Es *Chem.* einsteinium.
ESB electrical stimulation of the brain.
ESE east–southeast.
Esk Eskimo.
ESL English as a second language.
ESOP employee stock ownership plan.
esp especially.
ESP extrasensory perception.
esq *or* **esqr** esquire.
est 1. established. 2. estimate. 3. estimated.
EST eastern standard time.
Et *Chem.* ethyl.
ET 1. eastern time. 2. elapsed time.
ETA estimated time of arrival وقت الوصول المقدَّر.
et al (L. *et alii*) and others وأشياء أخرى؛ وآخرون.
etc et cetera (را. المادة).
ETD estimated time of departure وقت المغادرة المقدَّر.
ethnol ethnology.
ETO European theater of operations.
et seq *pl.* **et seqq** *or* **et sqq** (L. *et sequens*) and what follows وما يلي.
et ux (L. *et uxor*) and wife.
ETV educational television.
Eu *Chem.* europium.
Eur 1. Europe. 2. European.
EV electron volt.
eval evaluation.
evap evaporate.
eve *or* **evg** evening.
EW enlisted woman.
ex 1. examination. 2. examined. 3. example. 4. except. 5. exception. 6. exchange. 7. excursion. 8. executed. 9. executive. 10. express. 11. extra.
Ex Exodus سِفر الخروج.
exc 1. excellent. 2. except. 3. exception. 4. excursion.
Exc Excellency.
exch 1. exchange. 2. exchanged. 3. exchequer.

excl 1. exclamation. 2. exclude. 3. excluded. 4. excluding. 5. exclusive.

ex div without dividend.

exec 1. executive. 2. executor.

exhbn exhibition.

exor executor.

exp 1. expense(s). 2. experience. 3. experiment. 4. experimental. 5. expired. 6. exponent. 7. exponential. 8. export. 9. exportation. 10. exported. 11. exporter. 12. express.

expt experiment.

exptl experimental.

expwy expressway.

exr executor.

exrx executrix.

exs examples.

ext 1. extension. 2. exterior. 3. external. 4. externally. 5. extinct. 6. extra. 7. extract.

exx examples.

Ez *or* **Ezr** Ezra.

Ezech Ezechiel.

F

f 1. failure. 2. false. 3. family. 4. farad. 5. faraday. 6. farthing. 7. feast. 8. female. 9. feminine. 10. femto-. 11. fermi. 12. fine. 13. finish. 14. fluid. 15. focal length. 16. following. 17. force. 18. forte. 19. fragile. 20. franc. 21. frequency. 22. from. 23. full.

F 1. Fahrenheit. 2. February. 3. fellow. 4. fluorine. 5. French. 6. Friday.

fa fire alarm.

FA 1. field artillery. 2. Football Association.

FAA 1. Federal Aviation Agency وكالة الطيران الاتحادية. 2. free of all average.

fac 1. facsimile. 2. factor. 3. factory. 4. faculty.

facsim facsimile.

FAdm fleet admiral.

Fahr Fahrenheit.

fam 1. familiar. 2. family.

F and A fore and aft.

FAO Food and Agriculture Organization of the United Nations منظمة الأغذية والزراعة التابعة لهيئة الأمم المتحدة.

FAQ 1. fair average quality. 2. frequently asked question.

far 1. faraday. 2. farthing.

FAS 1. fetal alcohol syndrome. 2. firsts and seconds. 3. Foreign Agriculture Service. 4. free alongside ship.

fasc fascicle.

fath fathom.

FB 1. foreign body. 2. freight bill فاتورة الشَّحن.

FBA Fellow of the British Academy زميل في الأكاديمية البريطانية.

FBI Federal Bureau of Investigation مكتب المباحث الاتحادي (أو الفيديرالي).

fc fielder's choice.

FC 1. fire control. 2. follow copy. 3. food control. 4. footcandle.

FCA Farm Credit Administration.

FCC Federal Communications Commission وكالة الاتصالات الفيديرالية.

fcp foolscap.

FD 1. Fidei Defensor (Defender of the Faith). 2. fire department. 3. focal distance. 4. free dock.

FDA Food and Drug Administration إدارة الأغذية والأدوية.

Fe *Chem.* (L. *ferrum*) iron.

Feb February.

fec (L. *fecit.*) He *or* She made.

fed 1. federal. 2. federation.

fedn federation.

fem 1. female. 2. feminine.

FEPA Fair Employment Practices Act قانون الممارسات التوظيفية العادلة.

ff 1. folios. 2. and the following (pages, verses, etc.). 3. fortissimo.

FIC Fellow of the Institute of Chemistry زميل في معهد الكيمياء.

fict 1. fiction. 2. fictitious.

FIFO first in, first out.

fig 1. figurative. 2. figuratively. 3. figure.

figs figures.

fin 1. finance. 2. financial. 3. finish.

Finn Finnish.

fin sec financial secretary.

fl 1. floor. 2. florin. 3. flourished. 4. fluid.

FL 1. Florida. 2. focal length. 3. foreign languages.

Fla Florida (إحدى الولايات المتحدة الأميركية).

fl dr fluidram.

Flem Flemish.

FLIR forward-looking infrared.

fl oz fluid ounce.

fm 1. fathom. 2. from.

Fm *Chem.* fermium.

FM frequency modulation.

fn footnote.

fo *or* **fol** folio.

FO 1. field officer. 2. finance officer. 3. flight officer. 4. Foreign Office.

fob *or* **FOB** free on board (را. المادة).

FOC free of charge.

for 1. foreign. 2. forest. 3. forestry.

4WD four-wheel drive.

fp 1. foolscap. 2. freezing point.

FPC fish protein concentrate.

fpm feet per minute.

FPO fleet post office.

fps 1. feet per second. 2. foot-pound-second.

fr 1. father. 2. franc. 3. friar. 4. from.

Fr 1. France. 2. *Chem.* francium. 3. French. 4. Friday.

FR family room.

FRB Federal Reserve Board مجلس الاحتياط الفيدرالي.

FRCM Fellow of the Royal College

of Music زميل في الكلية الملكية للموسيقى.

freq 1. frequency. 2. frequent. 3. frequentative. 4. frequently.

FRGS Fellow of the Royal Geographical Society زميل في الجمعية الملكية الجغرافية.

Fri Friday.

FRM fixed rate mortgage.

front frontispiece.

FRS 1. Federal Reserve System نظام الاحتياط الفيديرالي. 2. Fellow of the Royal Society. زميل في الجمعية الملكية

frt freight.

frwy freeway.

fs 1. femtosecond. 2. foot–second.

FS 1. filmstrip. 2. Foreign Service. 3. Forest Service.

ft 1. feet. 2. foot. 3. fort. 4. fortification. 5. (L. *fiat*) let it be made. 6. (L. *fiant*) let them be made.

FT 1. free throw. 2. full time.

FTC Federal Trade Commission لجنة التجارة الاتحادية.

FTE full–time equivalent.

fth *or* **fath** fathom.

ft–lb foot–pound.

fund fundamental.

fur furlong.

furl furlough.

fut future.

fv (L. *folio verso*) on the back of the page. على قفا الصفحة

fwd 1. foreword. 2. forward.

FWD front–wheel drive.

FX foreign exchange.

FY fiscal year. (را. المادة)

FZS Fellow of the Zoological Society زميل في جمعية علم الحيوان.

G

g 1. (acceleration of) gravity. 2. game. 3. gauge. 4. gelding. 5. gender. 6. genitive. 7. gram. 8. grams. 9. grand. 10. guinea.

G 1. German. 2. giga- 3. good. 4. guilder. 5. gulf. 6. (specific) gravity.

ga gauge.

Ga *Chem.* gallium.

Ga *or* **GA** Georgia (إحدى الولايات المتحدة الأميركية).

GA 1. general agent. 2. general assembly. 3. general average. 4. general of the army. 5. graduate assistant.

gal 1. gallon. 2. gallons.

galv galvanized.

gar garage.

GAR Grand Army of the Republic جيش الجمهورية العظيم.

GATT General Agreement on Tariffs and Trade الغات: الاتفاقية العامّة للتّعْرِفات والتجارة.

GAW guaranteed annual wage الأجر السنوي المضمون.

gaz 1. gazette. 2. gazetteer.

GB Great Britain. بريطانيا العظمى

GBF Great Books Foundation.

GC gigacycle.

GCD greatest common divisor.

GCF greatest common factor.

gd good.

Gd *Chem.* gadolinium.

GD grand duchy.

GDP gross domestic product.

gds goods.

Ge *Chem.* germanium.

GE gilt edges.

geb (G. *geboren*) born.

gen 1. gender. 2. general. 3. generator. 4. generic. 5. genitive. 6. genus.

Gen 1. General. 2. Genesis. 3. Geneva.

genl general.

Geo George.

geog 1. geographer. 2. geographic. 3. geographical. 4. geography.

geol 1. geologic(al). 2. geologist. 3. geology.

geom 1. geometric(al). 2. geometry.

geophys 1. geophysical. 2. geophysics.

ger gerund.

Ger 1. German. 2. Germany.

GFWC General Federation of Women's Clubs الاتحاد العام لنوادي السيدات.

GHQ general headquarters.

gi gill.

GI 1. galvanized iron. 2. gastrointestinal. 3. general issue. 4. government issue.

Gib Gibraltar. جبل طارق

GIGO garbage in, garbage out.

Gk Greek.

Gl *Chem.* glucinum.

gloss glossary.

gm 1. gram. 2. grams.

GM 1. general manager. 2. grand master. 3. guided missile.

GMT Greenwich Mean Time.

gn guinea.

GNI gross national income.

GNP gross national product.

GOP Grand Old Party (the Republican Party). الحزب الجمهوري الأميركي

Goth Gothic.

gov 1. government. 2. governor.

govt government.

gp group.

GP 1. general practitioner. 2. geometric progression.

GPA grade point average.

gpd gallons per day.

gph gallons per hour.

gpm gallons per minute.

GPO 1. General Post Office مكتب البريد العام. 2. Government Printing Office. مكتب الطباعة الحكومي

gps gallons per second.

GQ general quarters.

gr 1. grade. 2. grain. 3. grains. 4. gram. 5. grams. 6. gravity. 7. great. 8. gross. 9. group.

Gr 1. Grecian. 2. Greece. 3. Greek.

grad 1. graduate. 2. graduated.

gram 1. grammar. 2. grammatical.

GRAS generally recognized as safe.

Gr Br *or* **Gr Brit** Great Britain بريطانيا العظمى .

GRE Graduate Record Examination.

gro gross.

GRP glass–reinforced plastic.

gr wt gross weight.

gs guineas.

GS 1. general staff. 2. giant slalom. 3. government service. 4. ground speed.

GSA Girl Scouts of America مرشدات أميركا .

GSC general staff corps.

GSL Guaranteed Student Loan.

GSO general staff officer.

GSR galvanic skin response.

GST Greenwich sidereal time.

gt 1. gilt. 2. great. 3. (L. *gutta*) drop.

Gt Br *or* **Gt Brit** Great Britain بريطانيا العظمى .

gtc *or* **GTC** 1. good till canceled. 2. good till countermanded.

gtd guaranteed.

gtt (L. *gutta*) drop.

gyn *or* **gynecol** gynecology.

Gy Sgt gunnery sergeant.

H

h 1. half. 2. harbor. 3. hard. 4. hardness. 5. hecto-. 6. height. 7. henry. 8. heroin. 9. high. 10. *Music* horn. 11. hour. 12. hours. 13. house. 14. humidity. 15. hundred. 16. Hungary. 17. husband.

H *Chem.* hydrogen.

ha 1. hectare. 2. (L. *hoc anno*) in this year في هذا العام .

HA hour angle.

handbk handbook.

Hb hemoglobin.

HBM His (*or* Her) Britannic Majesty.

HC 1. Holy Communion. 2. House of Commons. 3. hydrocarbon.

HCF highest common factor.

HCL high cost of living.

hd 1. hand. 2. head.

HD heavy–duty.

hdbk handbook.

HDD *Comp.* hard disc drive.

hdkf handkerchief.

hdqrs headquarters.

hdwe hardware.

He *Chem.* helium.

HE 1. high explosive. 2. His Eminence. 3. His/Her Excellency.

Heb 1. Hebrew. 2. Hebrews.

her heraldry.

HEW Department of Health, Education and Welfare.

hex 1. hexagon. 2. hexagonal.

hf 1. half. 2. high frequency.

Hf *Chem.* hafnium.

HF 1. height finding. 2. home forces.

hg 1. hectogram. 2. hectograms. 3. heliogram. 4. hemoglobin.

Hg (L. *hydrargyrum*) mercury.

HGH human growth hormone.

hgt height.

hgwy highway.

HH 1. Her Highness. 2. His Highness. 3. His Holiness.

hhd 1. hogshead. 2. hogsheads.

HHD (L. *humanitatum doctor*) Doctor of Humanities دكتور في الإنسانيّات .

HI 1. Hawaii. 2. Hawaiian Islands. 3. high intensity. 4. humidity index.

HIH 1. Her Imperial Highness. 2. His Imperial Highness.

HIM 1. Her Imperial Majesty. 2. His Imperial Majesty.

hist 1. historian. 2. historical. 3. history.

HJ (L. *hic jacet*) here lies هنا يَرْقُدُ .

HJS (L. *hic jacet sepultus*) here lies buried هنا يَرْقُدُ دفينًا .

hl hectoliter.

HL House of Lords مجلس اللوردات .

hld hold.

hlqn harlequin.

HLS (L. *hoc loco situs*) laid in this place.

hlt halt.

hm hectometer.

HM 1. Her Majesty. 2. His Majesty.

HMO Health Maintenance Organization منظمة الحفاظ على الصحة .

HMS 1. Her Majesty's Ship. 2. His Majesty's Ship.

HN head nurse.

ho house.

Ho *Chem.* holmium.

HO 1. habitual offender. 2. Head Office. 3. Home Office.

hon 1. honor. 2. honorable. 3. honorary.

Hond Honduras هندوراس (جمهورية في أميركا الوسطى).

HOPE Health Opportunity for People Everywhere.

hor 1. horizon. 2. horizontal. 3. horology.

hort 1. horticultural. 2. horticulture.

hosp hospital.

hp horsepower.

HP 1. half pay. 2. high pressure.

HPA high–power amplifier.

HPF 1. highest possible frequency. 2. high power field.

HPV human–powered vehicle.

HQ headquarters.

hr 1. hour. 2. hours.

Hr (G. *Herr*) Mr. هرّ؛ سيّد؛ مستر .

HR House of Representatives مجلس النواب .

HRE Holy Roman Empire.

HRH 1. Her Royal Highness. 2. His Royal Highness.

HRIP (L. *hic requiescit in pace*) here

rests in peace . هنا يَرْقُدُ بسلام

hrs hours.

hs (L. *hoc sensu*) in this sense بهذا المعنى .

HS **1.** high school. **2.** *Brit.* Home Secretary.

HSE (L. *hic sepultus est*) here is buried هنا يَرْقُدُ .

HSH **1.** Her Serene Highness. **2.** His Serene Highness.

ht height.

HT **1.** half time. **2.** high–tension. **3.** *also* **ht** (L. *hoc tempore*) at this time. **4.** (L. *hoc titulo*) under this title.

HTML Hypertext Markup Language.

HTTP Hypertext Transfer Protocol.

Hung **1.** Hungarian. **2.** Hungary.

HV *or* **hv** high velocity.

HVAC heating, ventilating and air conditioning.

hvy heavy.

HW **1.** high water. **2.** hot water.

hwy highway.

hy henry . (را . المادة)

hyd **1.** hydraulics. **2.** hydrostatics.

hydraul hydraulics.

hyp *or* **hypoth** **1.** hypotenuse. **2.** hypothesis. **3.** hypothetical.

Hz hertz.

I

i **1.** imperator. **2.** incisor. **3.** interest. **4.** intransitive. **5.** island. **6.** isle.

I **1.** *Elect.* current. **2.** inclination. **3.** independent. **4.** industrial. **5.** initial. **6.** institute. **7.** intelligence. **8.** intensity. **9.** international. **10.** interstate. **11.** *Chem.* iodine. **12.** *Biochem.* isoleucine. **13.** moment of inertia.

ia (L. *in absentia*) in absence.

Ia Iowa (إحدى الولايات المتحدة الأميركية) .

IAEA International Atomic Energy Agency . الوكالة الدولية للطاقة الذَّرِّيَّة

IAP international airport.

IATA International Air Transport Association إياتا : الجمعية الدولية للنَّقل الجوّيّ .

IB **1.** in bond **2.** incendiary bomb. **3.** International Baccalaureate.

ibid ibidem . (را . المادة)

IBRD International Bank for Reconstruction and Development البنك الدولي لإعادة الإعمار والتنمية .

ICA **1.** International Cooperation Administration . إدارة التعاون الدولي **2.** International Cooperative Alliance . اتحاد التعاون الدولي

ICAO International Civil Aviation Organization منظمة الطيران المدني الدولية .

ICBM intercontinental ballistic missile . قذيفة بالِسْتيّة بَيْقاريّة

ICC **1.** International Chamber of Commerce . غرفة التجارة الدولية **2.** Interstate Commerce Commission . لجنة التجارة بين الولايات

Ice Iceland.

ICE internal combustion engine.

ICJ International Court of Justice محكمة العدل الدولية (في لاهاي).

ICU intensive care unit وحدة العناية الفائقة .

id (L. *idem*) same . مثلُهُ ؛ «شَرْحُهُ»

ID **1.** Idaho (إحدى الولايات المتحدة الأميركية) . **2.** identification.

IDA International Development Association . الجمعية الدولية للتنمية

IDDM insulin–dependent diabetes mellitus.

IDP international driving permit إجازة سَوْق دولية .

ie (L. *id est*) that is . يعني ؛ أعني

IE industrial engineer.

IF intermediate frequency . تردُّد متوسِّط

IFC International Finance Corporation . الشركة الدوليّة للتمويل

IFF identification, friend or foe.

IFO identified flying object.

IFR instrument flight rules.

IFS Irish Free State . دولة إيرلندا الحرة

IG **1.** Indo–Germanic. **2.** inspector general.

IGY International Geophysical Year السنة الجيوفيزيائية الدولية .

IHS (L. *Iesus Hominum Salvator*) Jesus, Saviour of Men . يسوع مخلّص البشر

Il *Chem.* illinium.

ill **1.** illustrated. **2.** illustration. **3.** illustrator.

Ill Illinois (إحدى الولايات المتحدة الأميركية) .

illus **1.** illustrated. **2.** illustration.

ILO International Labor Organization . منظمة العمل الدولية

ILS instrument landing system.

IM **1.** individual medley. **2.** intramural.

IMF International Monetary Fund صندوق النقد الدولي .

imit **1.** imitation. **2.** imitative.

imp **1.** imperative. **2.** imperfect. **3.** imperial. **4.** import. **5.** important. **6.** imported. **7.** importer. **8.** imprimatur.

Imp **1.** (L. *Imperator*) Emperor. **2.** (L. *Imperatrix*) Empress.

IMP international match point.

imper imperative.

imperf imperfect.

in **1.** inch. **2.** inches. **3.** inlet.

In *Chem.* indium.

IN Indiana (إحدى الولايات المتحدة الأميركية) .

inc **1.** inclosure. **2.** included. **3.** including. **4.** inclusive. **5.** income. **6.** incomplete. **7.** incorporated. **8.** increase.

incl **1.** inclosure. **2.** including. **3.** inclusive.

incog **1.** incognita. **2.** incognito.

incor **1.** incorporated. **2.** incorrect.

incr **1.** increase. **2.** increased. **3.** increasing. **4.** incremental.

ind 1. independent. 2. index. 3. indicative. 4. industrial. 5. industry.

Ind 1. India. 2. Indian. 3. Indiana (إحدى الولايات المتحدة الأميركية).

IndE industrial engineer.

indef indefinite.

indic 1. indicating. 2. indicative.

individ individual.

indus 1. industrial. 2. industry.

inf 1. infantry. 2. inferior. 3. infinitive. 4. infinity. 5. information. 6. (L. *infra*) below; after.

INF intermediate range nuclear forces.

infin infinitive.

infl 1. influence. 2. influenced.

init initial.

inorg inorganic.

inq inquire.

INRI (L. *Iesus Nazarenus, Rex Iudaeorum*) Jesus of Nazareth, King of the Jews يسوع الناصري ملك اليهود.

ins 1. inches. 2. inspector. 3. insulated. 4. insulation. 5. insurance.

insol insoluble.

insp 1. inspected. 2. inspector.

inst 1. instant. 2. institute. 3. institution. 4. institutional. 5. instrumental.

instr 1. instructor. 2. instrument. 3. instrumental.

int 1. intelligence. 2. intercept. 3. interest. 4. interim. 5. interior. 6. interjection. 7. intermediate. 8. internal. 9. international. 10. interpreter. 11. intersection. 12. interval. 13. interview.

intel intelligence.

intens intensive.

interj interjection.

internat international.

Interpol International Criminal Police Organization.

interrog 1. interrogation. 2. interrogative.

intl international.

intr *or* **intrans** intransitive.

in trans (L. *in transitu*) in transit.

intro *or* **introd** 1. introduction. 2. introductory.

inv 1. invented. 2. invention. 3. inventor. 4. invoice.

Io *Chem.* ionium.

I/O input/output.

IOC International Olympic Committee اللجنة الأولمبية الدولية.

Ion Ionic.

IOU I owe you. (را. المادة).

IP 1. initial point. 2. intermediate pressure. 3. Internet protocol.

IPA International Phonetic Alphabet الأبجدية الصوتية الدولية.

ipm inches per minute.

IPO initial public offering.

ips inches per second.

iq (L. *idem quod*) the same as.

IQ (را. المادة).

Ir 1. Ireland. 2. *Chem.* iridium. 3. Irish.

IR 1. information retrieval. 2. infrared. 3. intelligence ratio.

IRA Irish Republican Army الجيش الجمهوري الإيرلندي.

IRBM intermediate range ballistic missile قذيفة بالِسْتيّة متوسّطة المدى.

Ire Ireland.

irid iridescent.

irred irredeemable.

irreg 1. irregular. 2. irregularly.

IRS Internal Revenue Service مصلحة الضرائب.

is *or* **isl** 1. island. 2. isle.

ISBN International Standard Book Number.

ISC interstate commerce.

isls islands.

ISO International Organization for Standardization المنظمة الدولية للمقايَسة.

isoln isolation.

ISSN International Standard Serial Number.

ISV International Scientific Vocabulary المعجمية العلمية الدولية.

It *or* **Ital** 1. Italian. 2. Italy.

IT information technology.

ital 1. italic. 2. italicized.

ITO International Trade Organization منظمة التجارة الدولية.

ITU International Telecommunication Union الاتحاد الدولي للمواصَلة البعيدة.

ITV instructional television.

IU 1. international unit. 2. international units (را. المادة).

IV 1. intravenous. 2. intravenously.

IVF in vitro fertilization.

IW 1. inside width. 2. isotopic weight.

IWW Industrial Workers of the World عمال العالم الصناعيون.

J

J 1. jack. 2. Japanese. 3. joule. 4. journal. 5. judge. 6. justice.

Ja January.

JA 1. joint account. 2. judge advocate.

JAG Judge Advocate General.

Jam Jamaica.

Jan January.

Jap 1. Japan. 2. Japanese.

Jav Javanese.

JC 1. Jesus Christ يسوع الناصري. 2. junior college.

JCB (L. *Juris Civilis Baccalaureus*) Bachelor of Civil Law بكالوريوس في القانون المدني.

JCD (L. *Juris Civilis Doctor*) Doctor of Civil Law دكتور في القانون المدني.

JCL (L. *Juris Civilis Licentiatus*) Licentiate in Civil Law مُجاز في القانون المدني.

JCS joint chiefs of staff.

jct *or* **jctn** junction.

JD 1. Doctor of Jurisprudence دكتور في الفقه. 2. (L. *Juris Doctor*) Doctor of Law دكتور في الحقوق. 3. (L. *Jurum Doctor*) Doctor of Laws دكتور في القانون. 4. justice department. 5. juvenile delinquent.

Je June.

Jg junior grade.

JIT 1. job instruction training. 2. just in time.

JND just noticeable difference.

jnr junior.

Jon Jonah, Jonas يونان؛ سِفر يونان (يونُس).

jour 1. journal. 2. journeyman.

JP 1. jet propulsion. 2. justice of the peace.

Jpn 1. Japan. 2. Japanese.

jr junior.

JRC Junior Red Cross.

JSD (L. *juris scientiae doctor*) Doctor of Juristic Science دكتور في علم التشريع.

jt *or* **jnt** joint.

Judg Judges سِفر القضاة.

Jul July.

jun junior.

Jun June.

junc junction.

JurD (L. *Juris Doctor*) Doctor of Law دكتور في الحقوق.

juv juvenile.

JV 1. joint venture. 2. junior varsity.

jwlr jeweler.

Jy July.

K

k 1. *Elect.* capacity. 2. karat *or* carat. 3. kilo. 4. kindergarten. 5. *Chess* king. 6. kitchen. 7. knight. 8. knit. 9. knot. 10. koruna. 11. kosher.

K 1. *Comp.* the number 1024 or 2^{10}. 2. *Phys.* kaon. 3. Kelvin. 4. *Comp.* kilobyte. 5. (abbr. of *kilo-*) the number 1000. 6. kindergarten. 7. kopeck. 8. krone. 9. kroner. 10. (New L. *kalium*) *Chem.* potassium. 11. strikeout.

ka cathode.

Kan *or* **Kans** Kansas (إحدى الولايات المتحدة الأميركية).

kb kilobar.

KB kilobyte.

kc 1. kilocycle. 2. kilocycles.

KC 1. Kansas City. 2. King's Counsel.

kcal kilocalorie.

kc/s kilocycles per second.

KD 1. kiln-dried. 2. knockdown. 3. knocked down.

Ken Kentucky (إحدى الولايات المتحدة الأميركية).

kg 1. keg. 2. kegs. 3. kilogram. 4. kilograms.

KGB (Russ. *Komitét Gosudarstvennoĭ Bezopa-snosti*) Soviet State Security Committee.

kgps 1. kilogram per second. 2. kilograms per second.

kHz kilohertz.

KIA killed in action (action را).

kil 1. kilometer. 2. kilometers.

kit kitchen.

KJV King James Version.

KKK Ku Klux Klan.

kl kiloliter.

km 1. kilometer. 2. kilometers. 3. kingdom.

kmph kilometers per hour.

kmps *or* **km sec** kilometers per second.

kn knot.

KO knockout.

K of C Knight of Columbus.

kop kopeck.

kpc kiloparsec.

kph kilometers per hour.

kr krone.

Kr *Chem.* krypton.

KS Kansas (إحدى الولايات المتحدة الأميركية).

kt 1. karat. 2. knight. 3. knot.

KT kiloton.

kv kilovolt.

kva kilovolt-ampere.

kw kilowatt.

kwhr *or* **kwh** kilowatt-hour.

Ky Kentucky (إحدى الولايات المتحدة الأميركية).

L

l 1. lady. 2. late. 3. latitude. 4. law. 5. left. 6. length. 7. line. 8. liquid. 9. liter. 10. little. 11. low. 12. lumen.

L 1. lake. 2. lambert. 3. large. 4. Latin. 5. (L. *Libra*) pound. 6. lira. 7. lire.

La 1. *Chem.* lanthanum. 2. Louisiana (إحدى الولايات المتحدة الأميركية).

LA 1. law agent. 2. legislative assistant. 3. Los Angeles (مدينة في كاليفورنيا بالولايات المتحدة الأميركية).

Lab Labrador.

lam laminated.

Lam Lamentations المراثي؛ مراثي إرْميا.

lang 1. language. 2. languages.

lat latitude.

Lat 1. Latin. 2. Latvia.

lav lavatory.

lb (L. *libra*) 1. pound. 2. pounds.

lbs pounds.

lc *Print.* lowercase.

LC 1. landing craft. 2. left center. 3. letter of credit. 4. Library of Congress مكتبة الكونغرس (الأميركية).

LCD 1. least common denominator. 2. lowest common denominator.

LCDR lieutenant commander.

LCL less-than-carload lot.

LCM 1. least common multiple. 2. lowest common multiple. 3. (L. *legis comparativae magister*) Master of Comparative Law ماجستير في القانون المقارَن.

LCpl lance corporal.

LCS League Championship Series.

LCT local civil time.

ld 1. load. 2. lord.

LD 1. learning disability. 2. learning disabled. 3. lethal dose. 4. line of departure.

LDC less developed country.

ldg 1. landing. 2. loading.

ldr leader.

LDS Latter–day Saints.

LE leading edge.

lea leather.

Leb 1. Lebanese. 2. Lebanon.

lect 1. lecture. 2. lecturer.

LED light–emitting diode.

leg 1. legal. 2. legate. 3. legato. 4. legislative. 5. legislature.

legis 1. legislative. 2. legislature.

LEP 1. limited English proficiency. 2. limited English proficient.

Lev *or* **Levit** Leviticus . سِفر اللّاويّين

lf lightface.

LF 1. ledger folio. 2. low frequency.

lg 1. large. 2. long.

lge large.

LH 1. left hand. 2. lower half.

LHD (L. *Litterarum Humaniorum Doctor*) Doctor of Humanities دكتور في العلوم أو الدراسات الثقافية أو الإنسانية .

li 1. link. 2. links.

Li *Chem.* lithium.

lib 1. (L. *liber*) book. 2. liberal. 3. librarian. 4. library.

lic license.

lieut lieutenant.

LIFO last in, first out.

lin 1. lineal. 2. linear.

Lincs Lincolnshire . (إقليم في إنكلترا)

ling linguistics.

liq 1. liquid. 2. liquor.

lit 1. liter. 2. literal. 3. literally. 4. literary. 5. literature.

Lit B (L. *Litterarum Baccalaureus*) 1. Bachelor of Letters بكالوريوس في الآداب . 2. Bachelor of Literature بكالوريوس في الأدب .

Lit D (L. *Litterarum Doctor*) 1. Doctor of Letters . دكتور في الآداب 2. Doctor of Literature . دكتور في الأدب

Lith 1. Lithuania. 2. Lithuanian.

lith *or* **litho** *or* **lithog** 1. lithograph. 2. lithographic. 3. lithography.

Litt B (L. *Litterarum Baccalaureus*) 1. Bachelor of Letters بكالوريوس في الآداب . 2. Bachelor of Literature بكالوريوس في الأدب .

Litt D (L. *Litterarum Doctor*) 1. Doctor of Letters . دكتور في الآداب 2. Doctor of Literature دكتور في الأدب .

Lk Luke . لوقا ؛ إنجيل لوقا

ll lines.

LL 1. Late Latin. 2. lending library. 3. limited liability. 4. lower left.

LLB (L. *Legum Baccalaureus*) Bachelor of Laws . بكالوريوس في الحقوق

LLD (L. *Legum Doctor*) Doctor of Laws . دكتور في الحقوق

LLM (L. *Legum Magister*) Master of Laws . ماجستير في الحقوق

lm *Phys.* lumen.

LM 1. Legion of Merit. 2. long meter. 3. lunar module.

LMG light machine gun.

LMT local mean time.

ln 1. lane. 2. natural logarithm.

LOA length overall.

loc cit (L. *loco citato*) in the place, *or* passage, already mentioned في الموضوع أو المقطع المشار إليه آنفًا .

log 1. logarithm. 2. logic.

Lond London.

long longitude.

loq (L. *loquitur*) he *or* she speaks.

LOS 1. line of scrimmage. 2. line of sight.

LP low pressure.

LPG liquified petroleum gas.

LPGA Ladies Professional Golf Association جمعيّة لاعبات الغولف المحترفات .

LPM lines per minute.

LPN licensed practical nurse.

LQ letter–quality.

Lr *Chem.* lawrencium.

LR 1. living room. 2. lower right.

LS 1. left side. 2. letter signed. 3. library science. 4. long shot. 5. (L. *locus sigilli*) place of the seal.

LSI 1. large–scale integrated circuit. 2. large–scale integration.

LSS 1. lifesaving service. 2. lifesaving station.

LST 1. landing ship, tank. 2. local sidereal time.

lt 1. lieutenant. 2. light.

LT 1. local time. 2. long ton. 3. low–tension.

lt col lieutenant colonel.

lt comdr lieutenant commander.

ltd *or* **Ltd** limited . المحدود؛ المحدودة

lt gen lieutenant general.

lt gov lieutenant governor.

ltr 1. letter. 2. lighter.

Lu *Chem.* lutetium.

lub 1. lubricant. 2. lubricating.

Lux Luxembourg . إمارة لوكسمبورغ

lv 1. leave. 2. livre.

LW low–water.

LWM low–water mark.

lx lux.

LZ landing zone.

M

m 1. male. 2. manual. 3. mark. 4. married. 5. martyr. 6. masculine. 7. mass. 8. measure. 9. medium. 10. (L. *meridies*) noon. 11. meter. 12. meters. 13. middle. 14. mile. 15. miles. 16. mill. 17. minim. 18. minute. 19. minutes. 20. molal. 21. molar. 22. mole. 23. month. 24. moon.

25. morning. 26. muscle.

M 1. majesty. 2. March. 3. master. 4. May. 5. metal. 6. (L. *mille*) thousand. 7. million. 8. molecular weight. 9. Monday. 10. monsieur. 11. mountain.

mA milliampere.

Ma *Chem.* masurium.

MA 1. Massachusetts (إحدى الولايات المتحدة الأميركية). 2. (L. *Magister Artium*) Master of Arts ماجستير في الفنون أو الآداب 3. mental age. 4. military academy.

MAA Master of Applied Arts ماجستير في الفنون التطبيقية.

mach 1. machine. 2. machinery. 3. machinist.

MAD mutual assured destruction.

Madag Madagascar.

mag 1. magazine. 2. magnesium. 3. magnet. 4. magnetism. 5. magneto. 6. magnitude.

MAgr Master of Agriculture ماجستير في الزراعة.

maj major.

maj gen major general.

MALS Master of Arts in Library Science ماجستير آداب في علم المكتبات.

man manual.

Man Manitoba (إقليم في أواسط كندا).

M&A mergers and acquisitions.

manuf 1. manufacture. 2. manufacturer. 3. manufacturing.

mar 1. maritime. 2. married.

Mar March.

MARC machine readable cataloging.

MARV maneuverable reentry vehicle.

masc masculine.

MASH mobile army surgical hospital.

Mass Massachusetts (إحدى الولايات المتحدة الأميركية).

MAT Master of Arts in Teaching ماجستير في التعليم.

math 1. mathematical. 2. mathematician. 3. mathematics.

Matt Matthew متّى؛ إنجيل متّى.

MATV master antenna television.

max maximum.

mb millibar.

MB 1. (L. *Medicine Baccalaureus*) Bachelor of Medicine بكالوريوس في الطب. 2. megabyte. 3. municipal borough.

MBA Master of Business Administration ماجستير في إدارة الأعمال.

mbd million barrels per day.

MBE member of the Order of the British Empire.

MBS Mutual Broadcasting System.

mc 1. megacycle. 2. millicurie.

MC 1. master of ceremonies. 2. member of Congress.

MCAT Medical College Admission Test.

mcf thousand (L. *mille*) cubic feet.

mcg microgram.

MCL 1. Master of Civil Law ماجستير في القانون المدني. 2. Master of Comparative Law ماجستير في القانون المقارن.

MCP male chauvinist pig.

Md 1. Maryland (إحدى الولايات المتحدة الأميركية). 2. *Chem.* mendelevium.

MD 1. (It. *mano destra*) right hand. 2. medical department. 3. (L. *Medicinae Doctor*) Doctor of Medicine دكتور في الطب. 4. months after date. 5. muscular dystrophy.

Mdme madame.

mdnt midnight.

MDS Master of Dental Surgery ماجستير في جراحة الأسنان.

mdse merchandise.

MDT mountain daylight time.

Me 1. Maine (إحدى الولايات المتحدة الأميركية). 2. *Chem.* methyl.

ME 1. Maine (إحدى الولايات المتحدة الأميركية). 2. managing editor. 3. mechanical engineer. 4. medical examiner. 5. Middle East. 6. Middle English. 7. mining engineer.

meas measure.

mech 1. mechanical. 2. mechanics. 3. mechanism.

med 1. medical. 2. medicine. 3. medieval. 4. medium.

MEd Master of Education ماجستير في التربية.

meg megohm.

MEGO my eyes glaze over.

mem 1. member. 2. memoir. 3. memorandum. 4. memorial.

MEng Master of English ماجستير في الإنكليزية.

MEP member of the European Parliament.

mer meridian.

Messrs messieurs.

met 1. metaphor. 2. metaphysics. 3. meteorological. 4. meteorology. 5. metropolitan.

metal 1. metallurgical. 2. metallurgy.

metall metallurgy.

metaph 1. metaphysical. 2. metaphysics.

metaphys metaphysics.

meteor *or* **meteorol** 1. meteorological. 2. meteorology.

MEV million electron volts.

Mex 1. Mexican. 2. Mexico.

mf 1. medium frequency. 2. *Music* mezzo forte. 3. millifarad.

MF 1. medium frequency. 2. microfiche.

MFA Master of Fine Arts ماجستير في الفنون الجميلة.

mfd manufactured.

mfg manufacturing.

MFH master of foxhounds.

MFN most favored nation الدولة الأكثر رعاية.

mfr 1. manufacture. 2. manufacturer.

mg 1. milligram. 2. milligrams.

Mg *Chem.* magnesium.

MG **1.** machine gun. **2.** major general. **3.** military government.

MGB (Russ. *Ministerstvo gosudarstvennoi bezopasnosti*) Ministry of State Security.

mgd million gallons per day.

mgr **1.** manager. **2.** monseigneur. **3.** monsignor.

mgt management.

mh millihenry.

MH **1.** medal of honor مدالية الشرف. **2.** mental health. **3.** mobile home.

MHA Master of Hospital Administration ماجستير في إدارة المستشفيات.

MHD magnetohydrodynamics.

mhg mahogany.

MHR member of the house of representatives عضو مجلس النواب.

MHW mean high water.

MHz megahertz.

mi **1.** mile. **2.** miles. **3.** mill. **4.** mills.

MI military intelligence.

MI *or* **Mich** Michigan (إحدى الولايات المتحدة الأميركية).

mid middle.

mil **1.** military. **2.** militia. **3.** million.

min **1.** mineralogical. **2.** mineralogy. **3.** minim. **4.** minimum. **5.** mining. **6.** minister. **7.** minor. **8.** minute. **9.** minutes.

mineral **1.** mineralogical. **2.** mineralogy.

Minn Minnesota (إحدى الولايات المتحدة الأميركية).

MIO minimum identifiable odor.

MIPS *or* **mips** million instructions per second.

misc **1.** miscellaneous. **2.** miscellany.

Miss Mississippi ١. إحدى الولايات المتحدة الأميركية. ٢. نهر الميسيسيبي في الولايات المتحدة الأميركية.

mixt mixture.

mk **1.** mark. **2.** markka.

MKS system meter–kilogram–second system. (را. المادة).

mkt market.

mktg marketing.

ml **1.** mail. **2.** milliliter. **3.** milliliters.

mL millilambert.

MLA **1.** Member of the Legislative Assembly. **2.** Modern Language Association.

MLD **1.** median lethal dose. **2.** minimum lethal dose.

MLF multilateral force.

Mlle mademoiselle.

Mlles mesdemoiselles.

MLS Master of Library Science ماجستير في علم المكتبات.

MLW mean low water.

mm **1.** measures. **2.** (L. *millia*) thousands. **3.** millimeter. **4.** millimeters.

MM **1.** messieurs. **2.** mutatis mutandis.

Mme madame.

Mmes mesdames.

mmf magnetomotive force.

Mn *Chem.* manganese.

MN **1.** magnetic north. **2.** Minnesota (إحدى الولايات المتحدة الأميركية).

mo **1.** month. **2.** months.

Mo **1.** Missouri (إحدى الولايات المتحدة الأميركية). **2.** *Chem.* molybdenum. **3.** Monday.

MO **1.** mail order. **2.** medical officer. **3.** modus operandi. **4.** money order.

mod **1.** moderate. **2.** modern. **3.** modification. **4.** modified. **5.** modulus.

modif modification.

mol **1.** mole. **2.** molecular. **3.** molecule.

mol wt molecular weight.

mon **1.** monastery. **2.** monetary.

Mon Monday.

Mont Montana (إحدى الولايات المتحدة الأميركية).

mor morocco.

morph *or* **morphol** morphology.

mos months.

mp melting point.

MP **1.** melting point. **2.** member of parliament. **3.** metropolitan police. **4.** milepost. **5.** military police. **6.** military policeman. **7.** mounted police.

MPA Master of Public Administration ماجستير في الإدارة العامّة.

MPAA Motion Picture Association of America الجمعية الأميركية للسينما.

mpg miles per gallon.

mph miles per hour.

MPH Master of Public Health ماجستير في الصحّة العامّة.

MPhil Master of Philosophy ماجستير في الفلسفة.

mpm meters per minute.

mps meters per second.

MPV multi–purpose vehicle.

MPX multiplex.

mr milliroentgen.

Mr mister.

MR **1.** map reference. **2.** mentally retarded.

MRE meals ready to eat.

MRI magnetic resonance imaging.

Mrs mistress.

MS **1.** (It. *mano sinistra*) left hand. **2.** manuscript. **3.** Master of Science ماجستير في العلم (أو العلوم). **4.** Master of Surgery ماجستير في الجراحة. **5.** military science. **6.** Mississippi. **7.** motor ship. **8.** multiple sclerosis.

MSc Master of Science ماجستير في العلم (أو العلوم).

msec millisecond.

msg message.

MSG monosodium glutamate.

msgr **1.** monseigneur. **2.** monsignor.

MSL mean sea level.

MSN Master of Science in Nursing ماجستير علوم في التمريض.

MSS manuscripts.

MST mountain standard time.

MSTS Military Sea Transportation

Service.

MSW 1. Master of Social Welfare ماجستير في الإنعاش الاجتماعي. 2. Master of Social Work ماجستير في العمل الاجتماعي.

mt 1. mount. 2. mountain.

MT 1. machine translation. 2. metric ton. 3. Montana (إحدى الولايات المتحدة الأميركية). 4. mountain time.

mtg 1. meeting. 2. mortgage.

mth month.

mtn mountain.

mts mountains.

mun *or* **munic** municipal.

mus 1. museum. 2. music. 3. musical. 4. musician.

Mus B (L. *Musicae Baccalaureus*) Bachelor of Music بكالوريوس في الموسيقى.

Mus D (L. *Musicae Doctor*) Doctor of Music دكتور في الموسيقى.

mV millivolt.

Mv *Chem.* mendelevium.

MV 1. main verb. 2. mean variation. 3. megavolt. 4. motor vessel.

MVP most valuable player.

mW milliwatt.

MW megawatt.

MWe megawatts electric.

mxd mixed.

my million years.

myc *or* **mycol** mycology.

mym myriameter.

Myr million years.

mythol 1. mythological. 2. mythology.

N

n 1. (L. *natus*) born. 2. name. 3. nano-. 4. navy. 5. nephew. 6. net. 7. neuter. 8. new. 9. nominative. 10. noon. 11. normal. 12. north. 13. northern. 14. note. 15. noun. 16. number.

N 1. nationalist. 2. new. 3. *Phys.* newton. 4. *Chem.* nitrogen. 5. noon. 6. Norse. 7. north. 8. northern. 9. November.

Na *Chem.* (L. *natrium*) sodium.

NA 1. national academy. 2. national army. 3. national association. 4. North America. 5. not applicable. 6. not available.

NAACP National Association for the Advancement of Colored People الجمعية الوطنية لتقدّم الملوّنين.

NAB New American Bible.

NAD no appreciable disease.

NAFTA North American Free Trade Agreement الاتفاقية الشمالأميركيّة للتجارة الحرّة.

NAM National Association of Manufacturers الجمعية الوطنية للصناعيين.

NAS National Academy of Sciences الأكاديمية الوطنية للعلوم.

NASA National Aeronautics and Space Administration النّاسا : الإدارة الوطنية للطيران والفضاء.

NASCAR National Association for Stock Car Auto Racing الجمعية الوطنية لسباق السيارات القديمة.

NASD National Association of Securities Dealers الجمعية الوطنية للمتعاملين بالسندات المالية.

NASDAQ [năs′ dăk] National Association of Securities Dealers Automated Quotation System الناسداك: نظام التسعير الآلي التابع للجمعية الوطنية للمتعاملين بالسندات المالية.

NASW National Association of Social Workers الجمعية الوطنية للعمال الاجتماعيين.

nat 1. national. 2. native. 3. natural. 4. naturalist.

natl national.

NATO North Atlantic Treaty Organization حلف شمال الأطلسي.

naut nautical.

nav 1. naval. 2. navigable. 3. navigation.

Nb *Chem.* niobium.

NB 1. New Brunswick. 2. northbound. 3. nota bene ملحوظة؛ حاشية.

NBA 1. National Basketball Association الجمعية الوطنية لكرة السلة. 2. National Boxing Association الجمعية الوطنية للملاكمة.

NBC National Broadcasting Company شركة الإذاعة الوطنية.

NBS National Bureau of Standards المكتب الوطني للمقاييس.

NC 1. no charge. 2. no credit. 3. North Carolina (إحدى الولايات المتحدة الأميركية). 4. nurse corps.

NCAA National Collegiate Athletic Association الجمعية الوطنية للرياضة في الكُلّيّات.

NCE New Catholic Edition (of the Bible).

NCO noncommissioned officer.

NCTE National Council of Teachers of English المجلس الوطني لمدرّسي اللغة الإنكليزية.

NCV no commercial value.

Nd *Chem.* neodymium.

ND no date لا تاريخ.

N Dak *or* **ND** North Dakota (إحدى الولايات المتحدة الأميركية).

NDE near–death experience.

Ne *Chem.* neon.

NE 1. New England. 2. northeast. 3. northeastern.

NEA National Education Association جمعية التربية الوطنية.

NEB New English Bible.

Nebr *or* **Neb** Nebraska (إحدى الولايات المتحدة الأميركية).

NED New English Dictionary.

neg 1. negative. 2. negatively. 3. negotiable.

NEI not elsewhere included.

nem con (New L. *nemine contradicente*) no one contradicting.

nem diss (New L. *nemine dissentiente*) no one dissenting.

NEP New Economic Policy.

NES not elsewhere specified.

Neth Netherlands هولندا .

neurol **1.** neurological. **2.** neurology.

neut neuter.

Nev Nevada (إحدى الولايات المتحدة الأميركية).

New Eng New England.

NF **1.** Newfoundland. **2.** no funds.

NFC National Football Conference المؤتمر الوطني لكرة القدم.

NFL National Football League الرابطة الوطنية لكرة القدم.

NFP natural family planning.

NFS not for sale.

ng nanogram.

NG **1.** National Guard الحرس الوطني. **2.** natural gas. **3.** no good.

NGF nerve growth factor.

NGO nongovernmental organization.

NH New Hampshire (إحدى الولايات المتحدة الأميركية).

NHL National Hockey League الرابطة الوطنية للهوكي.

Ni *Chem.* nickel.

NI Northern Ireland.

NIC **1.** newly industrialized country. **2.** newly industrializing country.

nih not invented here.

NIH National Institutes of Health المؤسسات الوطنية للصحّة.

NIU network interface unit.

NJ New Jersey (إحدى الولايات المتحدة الأميركية).

NL **1.** National League. **2.** New Latin. **3.** new line. **4.** night letter (را. المادة). **5.** (L. *non licet*) it is not permitted. **6.** north latitude.

NLF National Liberation Front جبهة التحرير الوطنية.

NLRB National Labor Relations Board المجلس الوطني لعلاقات العمل.

NLT night letter (را. المادة).

nm nanometer.

NM **1.** nautical mile. **2.** New Mexico. **3.** no mark. **4.** not marked.

N Mex *or* **NM** New Mexico (إحدى الولايات المتحدة الأميركية).

no **1.** north. **2.** northern. **3.** number.

No *Chem.* nobelium.

NOAA National Oceanic and Atmospheric Administration الإدارة الوطنية للمحيطات والأجواء.

nom nominative.

non obst *or* **non obs** non obstante (را. المادة).

non seq non sequitur (را. المادة).

NOP not otherwise provided for.

Nor **1.** Norway. **2.** Norwegian.

NORAD North American Air Defense Command القيادة الشمالأميركية للدفاع الجوي.

norm normal.

Norw **1.** Norway. **2.** Norwegian.

nos **1.** numbers. **2.** Numbers سِفر العدد.

NOS not otherwise specified.

nov novelist.

Nov November.

NOW National Organization for Women المنظمة الوطنية للنساء.

NO_x nitrogen oxide.

np **1.** no pagination. **2.** no place (of publication).

Np *Chem.* neptunium.

NP **1.** neuropsychiatry. **2.** no protest. **3.** notary public. **4.** noun phrase.

NPF not provided for.

n pl noun plural.

NPR National Public Radio.

NPS National Park Service.

nr **1.** near. **2.** number.

NR not rated.

NRA **1.** National Recovery Administration الإدارة الوطنية للمُسْتَعادات. **2.** National Rifle Association الجمعية الوطنية للبنادق.

NRC **1.** National Research Council المجلس الوطني للبحوث. **2.** Nuclear Regulatory Commission اللجنة التنظيمية للذرّة.

ns *also* **nsec** nanosecond.

NS **1.** new series. **2.** new style. **3.** nimbostratus. **4.** not specified. **5.** not sufficient.

NSA National Security Agency الوكالة الوطنية للأمن.

NSC National Security Council مجلس الأمن الوطني.

nsec = ns.

NSF **1.** National Science Foundation المؤسسة الوطنية للعلوم. **2.** not sufficient funds.

NSPCA National Society for the Prevention of Cruelty to Animals الجمعية الوطنية للرفق بالحيوان.

NSW New South Wales (ولاية في أستراليا).

NT **1.** New Territories. **2.** New Testament.

ntp normal temperature and pressure.

nt wt *or* **n wt** net weight.

NU name unknown.

num **1.** numeral. **2.** numerals.

Num *or* **Numb** Numbers سِفر العَدَد.

numis **1.** numismatic. **2.** numismatics.

NV **1.** Nevada (إحدى الولايات المتحدة الأميركية). **2.** nonvoting; not voting.

NW **1.** northwest. **2.** northwestern.

NY New York (إحدى الولايات المتحدة الأميركية).

NYC New York City.

NYSE New York Stock Exchange بورصة نيويورك.

NZ *or* **N Zeal** New Zealand.

o **1.** (L. *octarius*) pint. **2.** octavo. **3.** off. **4.** ohm. **5.** old. **6.** only. **7.** order. **8.** oriental. **9.** over.

O **1.** ocean. **2.** octavo. **3.** Ohio (إحدى الولايات المتحدة الأميركية). **4.** *Chem.*

oxygen.

o/a on account. على الحساب.

OAS Organization of American States. منظمة الدول الأميركية.

OAU Organization of African Unity منظمة الوحدة الإفريقية.

ob 1. (L. *obiit*) He *or* She died. 2. (L. *obiter*) incidentally. 3. *Music* oboe.

Ob *or* **Obad** Obadiah. سِفر عوبَدْيا.

OB 1. obstetric. 2. obstetrician. 3. obstetrics.

obdt obedient.

OBE 1. officer of the Order of the British Empire. 2. out–of–body experience.

obj 1. object. 2. objection. 3. objective.

obl 1. oblique. 2. oblong.

obs 1. obscure. 2. observation. 3. observatory. 4. obsolete. 5. obstetric. 6. obstetrics.

obstet 1. obstetric. 2. obstetrics.

obv obverse.

oc ocean.

OC 1. off center. 2. officer commanding 3. Old Catholic. 4. on center. 5. on course. 6. over–the–counter.

occas 1. occasional. 2. occasionally.

oceanog oceanography.

OCR 1. optical character reader. 2. optical character recognition.

OCS officer candidate school.

oct octavo.

Oct October.

OD 1. (L. *oculus dexter*) right eye. 2. officer of the day. 3. olive drab. 4. outside diameter. 5. overdraft. 6. overdrawn.

Oe oersted. (را. المادة)

OE Old English.

OECD Organization for Economic Cooperation and Development منظمة التعاون الاقتصادي والتنمية.

OED Oxford English Dictionary.

OEEC Organization for European Economic Cooperation منظمة التعاون الاقتصادي الأوروبي.

OER officer efficiency report.

OF outfield.

off 1. offered. 2. office. 3. officer. 4. official.

offic official.

OH Ohio (إحدى الولايات المتحدة الأميركية).

OHMS 1. On Her Majesty's Service في خدمة صاحبة الجلالة. 2. On His Majesty's Service في خدمة صاحب الجلالة.

OIT Office of International Trade مكتب التجارة الدولية.

OJ orange juice.

OJT on–the–job training.

Okla Oklahoma (إحدى الولايات المتحدة الأميركية).

OM order of merit. وسام الاستحقاق.

ON *or* **Ont** Ontario. (مقاطعة في كَندا)

ONI Office of Naval Intelligence مكتب الاستخبارات البحرية.

ONR Office of Naval Research مكتب الأبحاث البحرية.

OOD officer of the deck.

op 1. opera. 2. operation. 3. operator. 4. opportunity. 5. opposite. 6. opus. 7. out of print. نافد.

OP observation post. مركز مراقبة.

op cit (L. *opere citato*) in the work cited في المرجع المشار إليه؛ المصدر نفسه.

OPEC Organization of Petroleum Exporting Countries أوپيك: منظمة الدّوَل المصدِّرة للنفط.

opp 1. opposed. 2. opposite.

opt 1. optical. 2. optician. 3. optics. 4. optimum. 5. optional.

OR 1. operating room. 2. operational research. 3. Oregon (إحدى الولايات المتحدة الأميركية).

orch orchestra.

ord 1. order. 2. ordinal. 3. ordinance. 4. ordinary. 5. ordnance.

Oreg *or* **Ore** Oregon (إحدى الولايات المتحدة الأميركية).

org 1. organic. 2. organization. 3. organized.

orig 1. origin. 2. original. 3. originally. 4. originator.

Ork Orkney Islands.

ornith ornithology.

ORV off–road vehicle.

o/s out of stock. نافد.

Os *Chem.* osmium.

OS 1. (L. *oculus sinister*) left eye. 2. old series. 3. old style. 4. ordinary seaman. 5. out of stock.

OSHA Occupational Safety and Health Administration إدارة السّلامة والصحّة في العمل.

OSS Office of Strategic Services مكتب الخدمات الاستراتيجيّة.

OT 1. occupational therapy. 2. Old Testament. 3. overtime.

OTA Office of Technology Assessment. مكتب تقييم التكنولوجيا.

OTB offtrack betting.

OTC over–the–counter.

OTR occupational therapist, registered.

OTS officers' training school.

OW one–way.

Oxfam Oxford Committee for Famine Relief لجنة أوكسفورد للإنقاذ من المجاعة.

Oxon (L. *Oxonia*) Oxford.

oz 1. ounce. 2. ounces.

P

p 1. page. 2. part. 3. participle. 4. past. 5. pence. 6. penny. 7. per. 8. peseta. 9. peso. 10. piano. 11. pint. 12. pipe. 13. pitch. 14. pole. 15. population. 16. port. 17. post. 18. power. 19. president. 20. prince. 21. pro. 22. purl.

P 1. pawn. 2. *Chem.* phosphorus. 3. pressure. 4. *Phys.* proton.

pa (L. *per annum*) annually . سنويًا

Pa **1.** Pennsylvania (إحدى الولايات المتحدة الأميركية). **2.** *Chem.* protactinium.

PA **1.** particular average. **2.** passenger agent. **3.** Pennsylvania (إحدى الولايات المتحدة الأميركية). **4.** personal appearance. **5.** personal assistant. **6.** power amplifier. **7.** power of attorney. **8.** private account.

Pac Pacific.

PAC political action committee.

paleon paleontology.

pam pamphlet.

Pan Panama.

p and h postage and handling.

P and I principal and interest.

P and L profit and loss الربح والخسارة.

par **1.** paragraph. **2.** parallel. **3.** parenthesis. **4.** parish.

part **1.** participle. **2.** particle. **3.** particular.

pass **1.** passenger. **2.** passive.

pat patent.

PAT point after touchdown.

path *or* **pathol** **1.** pathological. **2.** pathology.

PAU Pan American Union منظمة اتحاد الدول الأميركية.

PAYE *Brit.* pay as you earn.

payt payment.

pb paperback.

Pb *Chem.* (L. *plumbum*) lead.

PB **1.** personal best. **2.** power brakes. **3.** prayer book.

PB&J peanut butter and jelly.

PBS Public Broadcasting Service.

pc **1.** parsec. **2.** percent. **3.** petty cash. **4.** piece. **5.** postal card. **6.** prices.

PC **1.** Peace Corps. **2.** percent. **3.** percentage. **4.** personal computer. **5.** petty cash. **6.** police constable. **7.** politically correct. **8.** postcard. **9.** (L. *post cibum*) after meals. **10.** post commander. **11.** printed circuit. **12.** Privy Council. **13.** professional corporation.

PCP primary care physician.

pcs pieces.

pct percent.

pd paid.

Pd *Chem.* palladium.

PD **1.** (L. *per diem*) by the day (ا المادة). **2.** police department. **3.** postal district.

PDA **1.** predicted drift angle. **2.** public display of affection.

PDD past due date.

PDT Pacific daylight time.

PE **1.** printer's error. **2.** probable error خطأ محتَمَل.

P/E price/earnings.

pen peninsula.

PEN International Association of Poets, Playwrights, Editors, Essayists and Novelists الجمعية الدولية للشعراء وكتّاب المسرحية والمحرِّرين وكتّاب المقالة والروائيين.

Penn *or* **Penna** Pennsylvania (إحدى الولايات المتحدة الأميركية).

per **1.** period. **2.** person.

perf **1.** perfect. **2.** perforated. **3.** performance.

perh perhaps.

perm permanent.

perp perpendicular.

pers **1.** person. **2.** personal.

Pers **1.** Persia. **2.** Persian.

pert pertaining.

pet petroleum.

petrol petrology.

pf **1.** pfennig. **2.** preferred.

PF **1.** pianoforte. **2.** (It. *più forte*) louder. **3.** power factor.

pfd preferred.

PFD personal flotation device.

pg page.

Pg **1.** Portugal. **2.** Portuguese.

PG **1.** parental guidance. **2.** paying guest. **3.** postgraduate.

PGA Professional Golfers' Association جمعية لاعبي الغولف المحترفين.

ph phase.

Ph *Chem.* phenyl.

PH **1.** public health. **2.** Purple Heart.

phar **1.** pharmacopoeia. **2.** pharmacy.

pharm **1.** pharmaceutical. **2.** pharmacist. **3.** pharmacy.

Pharm B Bachelor of Pharmacy بكالوريوس في الصيدلة.

Pharm D Doctor of Pharmacy دكتور في الصيدلة.

Pharm M Master of Pharmacy ماجستير في الصيدلة.

PhB (L. *Philosophiae Baccalaureus*) Bachelor of Philosophy بكالوريوس في الفلسفة.

PhC Pharmaceutical Chemist صيدلي كيميائي.

PhD (L. *Philosophiae Doctor*) Doctor of Philosophy دكتور في الفلسفة.

phil **1.** philosophical. **2.** philosophy.

phil *or* **philol** **1.** philological. **2.** philology.

Phila Philadelphia (مدينة في ولاية بنسلفانيا بالولايات المتحدة الأميركية).

philos **1.** philosopher. **2.** philosophical. **3.** philosophy.

phon **1.** phonetics. **2.** phonology.

photog **1.** photographic. **2.** photography.

phr phrase.

PHS Public Health Service إدارة الصحة العامة.

phys **1.** physical. **2.** physician. **3.** physics. **4.** physiology.

physiol **1.** physiologist. **2.** physiology.

pi *or* **pias** piaster.

PI **1.** Philippine Islands. **2.** private investigator. **3.** programmed instruction.

PID pelvic inflammatory disease.

PIK payment in kind.

PIN personal identification number.

PINS persons in need of supervision.

pinx (L. *pinxit*) He (*or* She) painted it.

PIRG Public Interest Research Group.

pizz pizzicato.

pj pajama.

pk 1. pack. 2. park. 3. peak. 4. peck. 5. pike.

pkg *or* **pkge** package.

pkt 1. packet. 2. pocket.

pkwy parkway.

pl 1. place. 2. plate. 3. plural.

PL 1. partial loss. 2. private line. 3. Public Law.

PL and R postal laws and regulations قوانين البريد وأنظمتُهُ .

plat 1. plateau. 2. platoon.

PLC *Brit.* public limited company.

plf plaintiff.

PLO Palestine Liberation Organization منظمة التحرير الفلسطينية .

pls please.

PLSS portable life–support system.

plu plural.

pm 1. post meridiem. 2. premium.

Pm *Chem.* promethium.

PM 1. paymaster. 2. permanent magnet. 3. police magistrate. 4. postmaster. 5. postmortem. 6. prime minister. 7. provost marshal.

pmk postmark.

PMS premenstrual syndrome.

pmt payment.

PN promissory note.

pneum 1. pneumatic. 2. pneumatics.

pnxt (L. *pinxit*) He (*or* She) painted it.

Po *Chem.* polonium.

PO 1. (L. *per os*) by mouth. 2. orally. 3. personal officer. 4. petty officer. 5. postal order. 6. post office.

POB post office box.

POC port of call.

POD 1. pay on delivery الدفع عند التسليم . 2. post office department إدارة البريد .

POE 1. port of embarkation. 2. port of entry.

pol political.

Pol 1. Poland. 2. Polish.

polit 1. political. 2. politician.

poly *or* **polytech** polytechnic.

pon pontoon.

pop 1. popular. 2. popularly. 3. population.

POP point of purchase.

por portrait.

POR 1. pay on return. 2. price on request.

Port 1. Portugal. 2. Portuguese.

pos 1. position. 2. positive.

POS point of sale.

poss 1. possession. 2. possessive. 3. possible.

pot 1. potential. 2. potentiometer.

POV point of view.

POW prisoner of war.

pp 1. pages. 2. past participle. 3. (L. *per procurationem*) by proxy. 4. pianissimo.

PP 1. parcel post. 2. parish priest. 3. past participle. 4. postpaid. 5. prepaid.

ppa per power of attorney.

ppb parts per billion.

ppd 1. postpaid. 2. prepaid.

pph pamphlet.

PPI plan position indicator.

ppm 1. pages per minute. 2. parts per million.

PPS (L. *post postscriptum*) an additional postscript.

ppt 1. parts per thousand. 2. parts per trillion. 3. precipitate.

pptn precipitation.

pq previous question.

PQ Province of Quebec مقاطعة كُوِيْبَك (في كندا) .

pr 1. pair. 2. pairs. 3. paper. 4. power. 5. preference. 6. preferred. 7. present. 8. price. 9. priest. 10. printed. 11. printing. 12. pronoun.

Pr 1. *Chem.* praseodymium. 2. Prince. 3. *Chem.* propyl.

PR 1. payroll. 2. proportional representation. 3. public relations. 4. Puerto Rico بورتو ريكو؛ جزيرة بورتو ريكو .

PRC People's Republic of China جمهورية الصين الشعبية .

prec preceding.

pred predicate.

pref 1. preface. 2. preference. 3. preferred. 4. prefix.

prelim preliminary.

prem premium.

prep 1. preparation. 2. preparatory. 3. prepare. 4. preposition.

prepd prepared.

prepg preparing.

prepn preparation.

pres 1. present. 2. president.

prev previous.

prf proof.

PRF 1. pulse recurrence frequency. 2. pulse repetition frequency.

prim 1. primary. 2. primitive.

prin 1. principal. 2. principle. 3. *Comp.* printer.

priv 1. private. 2. privately. 3. privative.

PRN (L. *pro re nata*) for the emergency, as needed.

PRO public relations officer ضابط العلاقات العامة .

prob 1. probable. 2. probably. 3. probate. 4. problem.

proc proceedings.

prod 1. produce. 2. production. 3. products.

prof 1. professional. 2. professor.

prog program.

pron 1. pronoun. 2. pronounced. 3. pronunciation.

prop 1. propeller. 2. proper. 3. property. **4.** proposition. **5.** proprietor. **6.** proprietress.

pros prosody.

Prot Protestant.

prov **1.** province. **2.** provincial. **3.** provisional. **4.** provost.

Prov Proverbs سِفر الأمثال.

prox proximo.

prs pairs.

ps pieces.

Ps *or* **Psa** Psalms سِفر المزامير.

PS **1.** postscript. **2.** public school.

PSA public service announcement.

pseud **1.** pseudonym. **2.** pseudonymous.

psf pounds per square foot.

PSG platoon sergeant.

psi pounds per square inch.

psig pounds per square inch gauge.

PST Pacific standard time.

psych **1.** psychological. **2.** psychology.

psychol **1.** psychologist. **2.** psychology.

pt **1.** part. **2.** payment. **3.** pint. **4.** pints. **5.** point. **6.** port. **7.** preterite.

Pt *Chem.* platinum.

PT **1.** Pacific time. **2.** part–time. **3.** physical therapy.

pta peseta.

PTA Parent Teacher Association.

pte private.

ptg printing.

PTO please turn over اقلب (الصفحة) من فضلك.

pts **1.** parts. **2.** payments. **3.** pints. **4.** points. **5.** ports.

PTV public television.

pty proprietary.

Pu *Chem.* plutonium.

PU pickup.

pub **1.** public. **2.** publication. **3.** published. **4.** publisher. **5.** publishing.

publ **1.** publication. **2.** published.

PUD pickup and delivery.

pulv (L. *pulvis*) powder.

pvt private.

PVT pressure, volume, temperature.

PW prisoner of war.

PWA **1.** person with AIDS. **2.** Public Works Administration إدارة الأشغال العامة.

pwr power.

pwt pennyweight.

PX **1.** please exchange. **2.** post exchange.

PYO pick your own.

Q

q **1.** quart. **2.** quarter. **3.** quarterly. **4.** quartile. **5.** quarto. **6.** query. **7.** question. **8.** quetzal. **9.** quintal. **10.** quire.

Q **1.** queen. **2.** question.

QA quality assurance.

QB **1.** quarterback. **2.** queen's bench.

QC **1.** quality control. **2.** queen's counsel.

qd (L. *quaque die*) daily.

QED (را. المادة).

QEF (را. المادة).

QF quick–firing سريع الطَّلَقات.

qid (L. *quater in die*) four times a day.

qm (L. *quoque matutino*) every morning.

QM quartermaster.

QMC quartermaster corps.

QMG quartermaster general.

qn question.

q pl (L. *quantum placet*) as much as you please قَدْرَ ما تحبّ أو تريد.

qq questions.

qq v (L. *quae vide*) which see فلتُراجَع (هذه الكلمات إلخ..).

qr **1.** quarter. **2.** quire.

QR *Chess* queen's rook.

qs (L. *quantum sufficit*) as much as suffices بما فيه الكفاية؛ بالقَدْر الكافي.

qt **1.** quantity. **2.** quart. **3.** quiet.

qtd quartered.

qto quarto.

qts quarts.

qty quantity.

qu **1.** quart. **2.** quarter. **3.** quarterly. **4.** queen. **5.** query. **6.** question.

quad **1.** quadrangle. **2.** quadrant. **3.** quadrilateral.

qual **1.** qualitative. **2.** quality.

quant quantitative.

quar quarterly.

Que Quebec مقاطعة كُويبَك (في كندا).

ques question.

quot quotation.

qv (L. *quod vide*) which see فلتُراجَع (هذه الكلمة إلخ..).

qy query.

R

r **1.** rabbi. **2.** radius. **3.** rain. **4.** range. **5.** rare. **6.** recto. **7.** red. **8.** repeat. **9.** retired. **10.** return. **11.** right. **12.** river. **13.** roentgen. **14.** rubber. **15.** run. **16.** rupee.

R **1.** rabbi. **2.** radical. **3.** radius. **4.** railroad. **5.** railway. **6.** real. **7.** Réaumur. **8.** registered trademark. **9.** Republican. **10.** resistance. **11.** response. **12.** rex. **13.** road. **14.** rook. **15.** rough. **16.** royal. **17.** ruble. **18.** rupee.

Ra **1.** *Chem.* radium. **2.** range.

RA **1.** regular army. **2.** royal academy.

RAAF Royal Australian Air Force سلاح الجوّ الملكي الأسترالي.

rad **1.** radical. **2.** radio. **3.** radius. **4.** radix.

RAdm *or* **RADM** rear admiral.

RAF Royal Air Force سلاح الجوّ الملكيّ.

RAM Royal Academy of Music الأكاديمية الملكية للموسيقى.

R and R rest and recreation.

rap rapid.

Rb *Chem.* rubidium.

RBA Royal Society of British Artists الجمعية الملكية للفنانين البريطانيين .

RBC 1. red blood cells. 2. red blood count.

RBE relative biological effectiveness.

RBS Royal Society of British Sculptors الجمعية الملكية للنحّاتين (أو المَثّالين) البريطانيين .

RC 1. Red Cross. 2. Roman Catholic.

RCAF Royal Canadian Air Force سلاح الجو الملكي الكَنَديّ .

RCCh Roman Catholic Church.

RCP Royal College of Physicians الكلّية الملكية للأطباء .

rcpt receipt.

RCS Royal College of Surgeons الكلّية الملكية للجرّاحين .

rct recruit.

rd 1. road. 2. rod. 3. rods. 4. round.

RD 1. registered dietitian. 2. rural delivery.

RDA recommended daily allowance.

RDF radio direction finder.

re 1. reference. 2. regarding.

Re 1. *Chem.* rhenium. 2. rupee.

REA Rural Electrification Administration إدارة الكهرباء في الرِّيف .

reas reasonable.

Réaum Réaumur (thermometer).

rec 1. receipt. 2. recipe. 3. record. 4. recorder. 5. recording. 6. recreation.

recd received.

recip 1. reciprocal. 2. reciprocity.

rec sec recording secretary.

rect 1. receipt. 2. rectangle. 3. rectangular. 4. rectified. 5. rector.

red 1. reduce. 2. reduction.

ref 1. referee. 2. reference. 3. referred. 4. refining. 5. reformation. 6. reformed. 7. refunding.

refl 1. reflection. 2. reflective. 3. reflex. 4. reflexive.

refr refraction.

reg 1. regent. 2. regiment. 3. region. 4. register. 5. registered. 6. registrar. 7. registry. 8. regular. 9. regularly. 10. regulation. 11. regulator.

regd registered.

regt 1. regent. 2. regiment.

REIT real estate investment trust.

rel 1. relating. 2. relative. 3. relatively. 4. released. 5. religion. 6. religious.

relig religion.

rep 1. repair. 2. repeat. 3. repetition. 4. report. 5. reported. 6. reporter. 7. representative. 8. reprint. 9. republic.

Rep Republican.

repl 1. replace. 2. replacement.

rept report.

req 1. request. 2. require. 3. required. 4. requisition.

reqd required.

res 1. research. 2. reserve. 3. reservoir. 4. residence. 5. resident. 6. resigned. 7. resolution.

resp 1. respective. 2. respectively.

ret 1. retain. 2. retired. 3. return. 4. returned.

retd 1. retained. 2. retired. 3. returned.

rev 1. revenue. 2. reverend. 3. reverse. 4. review. 5. reviewed. 6. revise. 7. revised. 8. revision. 9. revolution. 10. revolving.

rf 1. radio frequency. 2. rapid–fire. 3. reef. 4. refund. 5. refunding.

Rf *Chem.* rutherfordium.

RF radio frequency.

RFD rural free delivery.

RFP request for proposal.

RGS Royal Geographical Society الجمعية الجغرافية الملكية .

Rh *Chem.* rhodium.

RH 1. relative humidity. 2. right hand. 3. Royal Highness.

rhet rhetoric.

RI Rhode Island (إحدى الولايات المتحدة الأميركية) .

RIO radar intercept officer.

RIP (L. *requiescat in pace*) may he *or* she *or* they rest in peace (أو فَلْيَرْقُد فَلْتَرْقُد أو فَلْيَرْقُدوا) بسلام .

RISC reduced instruction–set computer.

rit ritardando.

riv river.

RJ road junction.

rm 1. ream. 2. room.

RM reichsmark.

RMA Royal Military Academy الأكاديمية العسكرية الملكية .

rms root mean square.

RMS 1. Royal Mail Service مصلحة البريد الملكي . 2. royal mail steamer باخرة البريد الملكي . 3. royal mail steamship باخرة البريد الملكي .

Rn *Chem.* radon.

RN 1. registered nurse ممرضة مسجَّلة . 2. Royal Navy الأسطول الملكيّ .

rnd round.

RNZAF Royal New Zealand Air Force سلاح الجوّ الملكي النيوزيلندي .

ROC Republic of China (Taiwan).

Rom 1. Roman. 2. Romance. 3. Romania. 4. Romanian.

ROM *Comp.* read–only memory.

ROP run–of–paper.

ROR release on own recognizance.

rot 1. rotating. 2. rotation.

RP 1. Received Pronunciation. 2. relief pitcher. 3. reply paid. 4. reprint.

RPh registered pharmacist.

rpm revolutions per minute.

rps revolutions per second.

rpt 1. repeat. 2. report.

RQ respiratory quotient.

RR 1. railroad. 2. Right Reverend. 3. rural route.

Rs 1. reis. 2. rupees.

RS 1. revised statutes. 2. right side. 3. Royal Society.

RSA Royal Scottish Academy

الأكاديمية الملكية الإسكتلندية.

RSFSR Russian Soviet Federated Socialist Republic جمهورية روسيا الاتحادية الاشتراكية السوفياتية.

RSV Revised Standard Version (of the Bible) النسخة القياسيّة المنقّحة (من الكتاب المقدّس).

RSVP (F. *répondez s'il vous plaît*) تفضّلْ بالجواب؛ أجِبْ من فضلك.

rt right.

RT **1.** radiotelephone. **2.** respiratory therapy. **3.** room temperature. **4.** round trip.

RTA ready to assemble.

rte route.

rtw ready–to–wear.

Ru *Chem.* ruthenium.

Rum **1.** Rumania. **2.** Rumanian.

Russ **1.** Russia. **2.** Russian.

RV Revised Version (of the Bible) النسخة المنقّحة (من الكتاب المقدّس).

r/w read/write.

rwy *or* **ry** railway.

S

s **1.** scruple. **2.** second. **3.** secondary. **4.** section. **5.** semi. **6.** series. **7.** shilling. **8.** shillings. **9.** sine. **10.** singular. **11.** snow. **12.** son. **13.** sou. **14.** south. **15.** southern. **16.** stem. **17.** stem of. **18.** substantive. **19.** symmetrical.

S **1.** Sabbath. **2.** Saint. **3.** Saturday. **4.** senate. **5.** signor. **6.** small. **7.** smooth. **8.** society. **9.** south. **10.** southern. **11.** subject. **12.** sulfur. **13.** Sunday.

SA **1.** Salvation Army جيش الإنقاذ. **2.** seaman apprentice. **3.** sex appeal. **4.** (L. *sine anno*) without date من غير تاريخ. **5.** (F. *société anonyme*) شركة مُغْفَلَة. **6.** South Africa. **7.** South America. **8.** South Australia. **9.** subject to approval.

Sab Sabbath.

sac sacrifice.

SAC **1.** special agent in charge. **2.** Strategic Air Command.

SAD seasonal affective disorder.

SAE **1.** self–addressed envelope. **2.** stamped addressed envelope.

SAG Screen Actors Guild نقابة ممثّلي الشاشة.

sal salary.

SALT Strategic Arms Limitation Talks محادثات الحدّ من الأسلحة الاستراتيجية.

Sam *or* **Saml** Samuel صموئيل؛ سِفر صموئيل.

san sanatorium.

S&H shipping and handling.

S and M **1.** sadism and masochism. **2.** sadist and masochist. **3.** sadomasochism.

sanit **1.** sanitary. **2.** sanitation.

SAR search and rescue.

SARS [särz] severe acute respiratory syndrome.

SASE self–addressed stamped envelope.

sat **1.** saturate. **2.** saturated. **3.** saturation.

Sat **1.** Saturday. **2.** Saturn.

satd saturated.

S Aust South Australia.

sb substantive.

Sb (L. *stibium*) antimony.

SB **1.** (L. *Scientiae Baccalaureus*) Bachelor of Science بكالوريوس في العلوم. **2.** simultaneous broadcast. **3.** southbound. **4.** South Britain (England and Wales).

SBA Small Business Administration.

SbE south by east.

SBN Standard Book Number.

sc **1.** scale. **2.** scene. **3.** science. **4.** scientific. **5.** (L. *scilicet*) namely يعني؛ وبكلمة أخرى. **6.** screw. **7.** scruple. **8.** (L. *sculpsit*) He carved *or* engraved it; She carved *or* engraved it نَحَتَهُ أو نَقَشَهُ؛ نَحَتَتْهُ أو نَقَشَتْهُ. **9.** small capitals.

Sc **1.** *Chem.* scandium. **2.** Scotch. **3.** Scotland **4.** Scots. **5.** Scottish.

SC **1.** Security Council. **2.** South Carolina (إحدى الولايات المتحدة الأميركية). **3.** supreme court.

Scan Scandinavia.

Scand **1.** Scandinavia. **2.** Scandinavian.

s caps small capitals.

SCAT **1.** School and College Ability Test. **2.** supersonic commercial air transport.

ScB (L. *Scientiae Baccalaureus*) Bachelor of Science بكالوريوس في العلوم.

ScD (L. *Scientiae Doctor*) Doctor of Science دكتور في العلوم.

sch school.

sci **1.** science. **2.** scientific.

scil (L. *scilicet*) namely يعني؛ وبكلمة أخرى.

ScM (L. *Scientiae Magister*) Master of Science ماجستير في العلوم.

Scot **1.** Scotch. **2.** Scotland. **3.** Scottish.

SCPO senior chief petty officer.

scr scruple.

Script Scripture.

sct scout.

sctd scattered.

sd **1.** said. **2.** sewed. **3.** sine die (*without a day*) (را. المادة). **4.** sound.

SD **1.** sea damaged. **2.** sight draft. **3.** South Dakota (إحدى الولايات المتحدة الأميركية). **4.** special delivery. **5.** stage direction. **6.** standard deviation.

S Dak *or* **SD** South Dakota.

SDI Strategic Defense initiative مبادرة الدفاع الإستراتيجي.

SDRs special drawing rights حقوق السحب الخاصّة.

SDS Students for a Democratic Society طلّاب من أجل مجتمع ديموقراطيّ .

Se *Chem.* selenium.

SE **1.** self–explanatory. **2.** southeast. **3.** southeastern. **4.** Standard English. **5.** stock exchange.

SEAL sea, air, land (team).

SEATO Southeast Asia Treaty Organization منظمة حلف جنوب شرق آسيا .

sec **1.** secant. **2.** second. **3.** secondary. **4.** seconds. **5.** secretary. **6.** section. **7.** sector. **8.** (L. *secundum*) according to وفقًا لِـ . **9.** security.

secs **1.** seconds. **2.** sections.

sect **1.** section. **2.** sectional.

secy *or* **sec'y** secretary.

sed **1.** sediment. **2.** sedimentation.

sel **1.** select. **2.** selected. **3.** selection. **4.** selectivity.

sem semicolon.

Sem **1.** seminar. **2.** seminary. **3.** Semitic.

sen **1.** senate. **2.** senator. **3.** senior.

sep **1.** separate. **2.** separated. **3.** separation.

Sep September.

SEP simplified employee pension.

sepd separated.

sepg separating.

sepn separation.

Sept September.

seq (L. *sequens*) the following (one) والصفحة التي بعدها .

seqq (L. *sequentia*) the following (ones) والصفحات التي بعدها .

ser **1.** serial. **2.** series. **3.** sermon. **4.** service.

serg *or* **sergt** sergeant.

serv **1.** servant. **2.** service.

SES socioeconomic status.

sess session.

sf science fiction القصة أو الرواية العلمية .

sf *or* **sfz** sforzando.

SF **1.** sinking fund. **2.** square feet. **3.** square foot.

sg specific gravity.

Sg Song of Songs.

SG **1.** senior grade. **2.** sergeant. **3.** solicitor general. **4.** surgeon general.

sgd signed.

sgt sergeant.

Sgt Maj sergeant major.

sh **1.** share. **2.** sheep. **3.** sheet. **4.** shilling.

Shak Shakespeare.

shf superhigh frequency.

shp shaft horsepower.

shpt *or* **shipt** shipment.

sht sheet.

shtg shortage.

Si *Chem.* silicon.

SI (F. *Système International d'Unités*) International System of Units.

SIDS sudden infant death syndrome.

sig **1.** signal. **2.** signature. **3.** signor.

SIG special interest group.

sing singular.

SIS Secret Intelligence Service *(Brit.)* الاستخبارات السرّيّة (البريطانية) .

SJ Society of Jesus جمعية يسوع ؛ الجمعية اليسوعية أو الجزويتية (را . مادة Jesuit) .

SJD (L. *Scientiae Juridicae Doctor*) Doctor of Juridical Science دكتور في العلم العَدْلي .

sk sack.

Skt Sanskrit.

sl **1.** slightly. **2.** slow.

SL **1.** sea level. **2.** south latitude.

slan (L. *sine loco, anno, vel nomine*) without place, year, or name خِلْوٌ من ذكر المكان أو السنة أو الاسم .

SLBM submarine–launched ballistic missile.

sld **1.** sailed. **2.** sealed. **3.** sold.

SLR single–lens reflex (camera).

sm small.

Sm *Chem.* samarium.

SM **1.** (L. *Scientiae Magister*) Master of Science ماجستير في العلوم . **2.** sergeant major. **3.** service mark. **4.** Soldier's Medal. **5.** stage manager. **6.** station master.

S–M *or* **S/M** = S and M.

SMA sergeant major of the army.

SMV slow–moving vehicle.

sn (L. *sine nomine*) without name.

Sn (L. *stannum*) tin.

SN seaman.

SNF skilled nursing facility.

SNG **1.** substitute natural gas. **2.** synthetic natural gas.

Snr *Brit.* senior.

so **1.** south. **2.** southern.

SO **1.** seller's option. **2.** strikeout.

soc **1.** social. **2.** socialist. **3.** societies. **4.** society. **5.** sociology.

sociol **1.** sociologist. **2.** sociology.

sol **1.** solicitor. **2.** soluble. **3.** solution.

soln solution.

Som Somalia.

sop soprano.

SOP **1.** standard operating procedure. **2.** standing operating procedure.

soph sophomore.

SOS (را . المادة) .

SO_x sulfur oxide.

sp **1.** special. **2.** specialist. **3.** species. **4.** specific. **5.** specimen. **6.** spelling. **7.** spirit.

Sp **1.** Spain. **2.** Spaniard. **3.** Spanish.

SP **1.** self–propelled. **2.** shore patrol. **3.** shore patrolman. **4.** shore police. **5.** single pole.

Span Spanish.

SPCA Society for the Prevention of Cruelty to Animals جمعية الرفق بالحيوان .

SPCC Society for the Prevention of Cruelty to Children جمعية الرفق بالأطفال .

spd speed.

spec **1.** special. **2.** specialist. **3.** specially. **4.** specifically. **5.** speculation.

specif 1. specific. 2. specifically.

sp gr specific gravity.

sp ht specific heat.

SPOT satellite positioning and tracking.

spp species (*pl. of* specie).

sq 1. squadron. 2. square.

sq ft 1. square feet. 2. square foot.

sq in 1. square inch. 2. square inches.

sq mi 1. square mile. 2. square miles.

sqq = seqq.

sq yd 1. square yard. 2. square yards.

sr senior.

Sr 1. senor. 2. Sir. 3. sister. 4. *Chem.* strontium.

SR 1. seaman recruit. 2. sedimentation rate. 3. shipping receipt.

Sra senora.

Srta senorita.

ss 1. (L. *scilicet*) namely يعني؛ وبكلمة أخرى. 2. sections. 3. (L. *semis*) one half نِصْف.

SS 1. Saints. 2. same size. 3. Social Security. 4. steamship. 5. Sunday school. 6. sworn statement.

SSA Social Security Administration إدارة الكِفالة الاجتماعية.

SSgt staff sergeant.

SSI supplemental security income.

SSN Social Security number.

ssp subspecies.

SSR Soviet Socialist Republic جمهورية سوفياتية اشتراكية.

SSS selective service system.

SST supersonic transport.

st 1. stanza. 2. start. 3. state. 4. statute. 5. stitch. 6. stone. 7. strait. 8. street. 9. strophe.

St saint.

ST 1. short ton. 2. standard time.

sta 1. station. 2. stationary.

START strategic arms limitation talks محادثات الحدّ من الأسلحة الإستراتيجيّة.

stat 1. (L. *statim*) immediately. 2. statuary. 3. statue. 4. statute (miles).

STB 1. (L. *Sacrae Theologiae Baccalaureus*) Bachelor of Sacred Theology بكالوريوس في اللاهوت المقدَّس. 2. (L. *Scientiae Theologicae Baccalaureus*) Bachelor of Theology بكالوريوس في اللاهوت.

stbd starboard.

std standard.

STD 1. (New L. *Sacrae Theologiae Doctor*) Dotor of Sacred Theology دكتور في اللاهوت المقدَّس. 2. sexually transmitted disease.

Ste (F. *sainte*) saint (female) قدِّيسة.

stg *or* **ster** sterling.

stge storage.

stk stock.

STL (New L. *Sacrae Theologiae Licentiatus*) Licentiate of Sacred Theology مجاز في اللاهوت المقدَّس.

STM (New L. *Sacrae Theologiae Magister*) Master of Sacred Theology ماجستير في اللاهوت المقدَّس.

STOL short takeoff and landing.

stor storage.

STP standard temperature and pressure.

str 1. steamer. 2. strait. 3. string. 4. stringed. 5. strings. 6. strophe.

stud student.

STV subscription television.

Su Sunday.

sub 1. subaltern. 2. subscription. 3. substitute. 4. subtract. 5. suburb. 6. suburban. 7. subway.

subg subgenus.

subj 1. subject. 2. subjective. 3. subjunctive.

subsec subsection.

suf *or* **suff** 1. sufficient. 2. suffix.

suffr suffragan.

Sun Sunday.

sup 1. superior. 2. superlative. 3. supine. 4. supplement. 5. supplementary. 6. supply. 7. (L. *supra*) above.

super 1. superfine. 2. superior.

superl superlative.

supp *or* **suppl** 1. supplement. 2. supplementary.

supr supreme.

supt superintendent.

supvr supervisor.

sur 1. surface. 2. surplus.

surg 1. surgeon. 2. surgery. 3. surgical.

surv 1. survey. 2. surveying. 3. surveyor.

Suss Sussex (إقليم سابق في جنوب شرقي إنكلترا).

SUV sport–utility vehicle.

sv 1. sailing vessel. 2. saves.

svc *or* **svce** service.

svgs savings.

sw switch.

Sw *or* **Swed** 1. Sweden. 2. Swedish.

SW 1. seawater. 2. shipper's weight. 3. shortwave. 4. South Wales. 5. southwest. 6. southwestern.

SWA South West Africa جنوب غرب إفريقيا.

SWAK sealed with a kiss.

SWAT Special Weapons and Tactics.

swbd switchboard.

SWG standard wire gauge.

Switz Switzerland.

syl *or* **syll** syllable.

sym 1. symbol. 2. symmetrical. 3. symphony. 4. symptom.

syn 1. synonym. 2. synonymous. 3. synonymy.

syst system.

T

t 1. taken from. 2. tare. 3. target. 4. teaspoon. 5. technical. 6. temperature. 7. tempo. 8. (L. *tempore*) in the time of. 9. tenor. 10. *Gram.* tense.

11. territory **12.** tertiary. **13.** time. **14.** tome. **15.** ton. **16.** town. **17.** township. **18.** transitive. **19.** troy. **20.** true.

T **1.** tablespoon. **2.** tension. **3.** tera-. **4.** territory. **5.** tesla. **6.** Testament. **7.** thymine. **8.** toddler. **9.** township. **10.** tritium. **11.** true. **12.** T–shirt. **13.** Tuesday.

Ta *Chem.* tantalum.

TA **1.** teaching assistant. **2.** transactional analysis.

TAC Tactical Air Command.

tan tangent.

TAT thematic apperception test.

taxon **1.** taxonomic. **2.** taxonomy.

Tb *Chem.* terbium.

TB **1.** thoroughbred. **2.** trial balance. **3.** tubercle bacillus. **4.** tuberculosis.

TBA to be announced.

TBD to be determined.

tbs *or* **tbsp** **1.** tablespoon. **2.** tablespoonful.

TBS talk between ships.

tc tierce.

Tc *Chem.* technetium.

TC **1.** teachers college. **2.** terra–cotta. **3.** till countermanded.

tchr teacher.

TD **1.** tank destroyer. **2.** teaching diploma دبلوم التعليم. **3.** touchdown. **4.** Treasury Department.

TDD telecommunications device for the deaf.

TDN total digestible nutrients.

TDY temporary duty.

Te *Chem.* tellurium.

tec **1.** technical. **2.** technician.

tech **1.** technical. **2.** technically. **3.** technician. **4.** technological. **5.** technology.

technol **1.** technological. **2.** technology.

TEFL teaching English as a foreign language.

tel **1.** telegram. **2.** telegraph. **3.** telegraphic. **4.** telephone.

TEL tetraethyl lead.

teleg **1.** telegram. **2.** telegraph. **3.** telegraphic. **4.** telegraphy.

temp **1.** temperance. **2.** temperature. **3.** template. **4.** temporal. **5.** temporary. **6.** (L. *tempore*) in the time of.

Tenn Tennessee (إحدى الولايات المتحدة الأميركية).

ter **1.** terrace. **2.** territorial. **3.** territory.

term **1.** terminal. **2.** termination.

terr = ter.

TESL teaching English as a second language.

TESOL Teachers of English to Speakers of Other Languages.

Test Testament.

Tex Texas (إحدى الولايات المتحدة الأميركية).

TF **1.** task force. **2.** territorial force.

tfr transfer.

TFR total fertility rate.

tg type genus.

TG transformational grammar.

TGIF thank God it's Friday.

tgt target.

Th **1.** *Chem.* thorium. **2.** Thursday.

TH true heading.

Thai Thailand.

ThD (L. *Theologiae Doctor*) Doctor of Theology دكتور في اللاهوت.

theat **1.** theater. **2.** theatrical.

theol **1.** theologian. **2.** theological. **3.** theology.

theor theorem.

theoret **1.** theoretical. **2.** theoretically.

therap **1.** therapeutic. **2.** therapeutics.

therm thermometer.

ThM (L. *Theologiae Magister*) Master of Theology ماجستير في اللاهوت.

thou thousand.

Thurs *or* **Thu** Thursday.

Ti *Chem.* titanium.

TID (L. *ter in die*) three times a day ثلاث مرات يوميًا (في الوصفات الطبية).

TIN taxpayer identification number.

tinct tincture.

tit title.

tk **1.** tank. **2.** truck.

TKO *pl.* **TKOs** *or* **TKO's** technical knockout.

tkt ticket.

Tl *Chem.* thallium.

TL **1.** (in Turkey) lira. **2.** total loss. **3.** trade–last. **4.** truckload.

T/L time loan.

TLC tender loving care.

TLO total loss only.

tlr tailor.

Tm *Chem.* thulium.

TM **1.** trademark. **2.** transcendental meditation.

TMO telegraph money order.

tn **1.** ton. **2.** town. **3.** train.

TN Tennessee (إحدى الولايات المتحدة الأميركية).

tng training.

tnpk turnpike.

TNT (را. المادة).

TO **1.** telegraph office. **2.** traditional orthography. **3.** turn over.

TOEFL Test of English as a Foreign Language.

tonn tonnage.

topo **1.** topographic. **2.** topographical.

topog *or* **topo** topography.

tot total.

TOT time on target.

tp **1.** title page. **2.** township.

TP triple play.

tps townships.

tr **1.** transitive. **2.** translated. **3.** translation. **4.** translator. **5.** transpose. **6.** transposition. **7.** troop. **8.** trustee.

Tr *Chem.* terbium.

TR *or* **T–R** transmit–receive.

trag 1. tragedy. 2. tragic.

trans 1. transaction. 2. transfer. 3. transferred. 4. transitive. 5. translated. 6. translation. 7. translator. 8. transmission. 9. transportation. 10. transpose. 11. transposition. 12. transverse.

transf 1. transfer. 2. transferred.

transl 1. translated. 2. translation.

transp transportation.

trav 1. travel. 2. traveler. 3. travels.

treas 1. treasurer. 2. treasury.

treasr treasurer.

trib tributary.

trig 1. trigonometric. 2. trigonometry.

trit triturate.

trop 1. tropic. 2. tropical.

ts tensile strength.

TSgt technical sergeant.

TSH thyroid–stimulating hormone.

tsp 1. teaspoon. 2. teaspoonful.

TSS toxic shock syndrome.

TT 1. task team. 2. teetotal (را المادة). 3. telegraphic transfer. 4. teletypewriter. 5. Trust Territories.

TTY teletypewriter.

Tu 1. *Chem.* thulium. 2. Tuesday.

TU 1. trade union. 2. transmission unit.

TUC Trades Union Congress مؤتمر نقابات العمّال.

Tues *or* **Tue** Tuesday.

Turk 1. Turkey. 2. Turkish.

TV 1. television. 2. terminal velocity. 3. transvestite.

2WD two–wheel drive.

twp township.

TWX teletypewriter exchange.

TX Texas (إحدى الولايات المتحدة الأميركية).

typo *or* **typ** typographical.

typog 1. typographer. 2. typography.

U

u 1. uncle. 2. unit. 3. university. 4. unsymmetrical. 5. upper.

U 1. university. 2. unsatisfactory. 3. uracil. 4. *Chem.* uranium.

UAE United Arab Emirates.

UAR United Arab Republic الجمهورية العربية المتحدة [الاتحاد بين مصر وسوريا من ١٩٥٨ إلى ١٩٦١].

uc 1. undercharge. 2. *Print.* upper case (capital letter or letters).

UGT urgent.

UHF *or* **uhf** ultrahigh frequency.

UI unemployment insurance.

UK United Kingdom المملكة المتحدة (بريطانيا).

ult 1. ultimate. 2. ultimately. 3. ultimo.

ulto ultimo.

UN United Nations هيئة الأمم المتحدة.

unan unanimous.

UNESCO United Nations Educational, Scientific, and Cultural Organization الأونيسكو: منظمة التربية والعلم والثقافة التابعة لهيئة الأمم المتحدة.

uni uniform.

UNICEF United Nations Children's Fund اليونيسيف: صندوق رعاية الطفولة التابع لهيئة الأمم المتحدة.

univ 1. universal. 2. university.

unp unpaged.

UNRWA United Nations Relief and Works Agency الأونروا: وكالة الإغاثة والتشغيل التابعة لهيئة الأمم المتحدة.

uns unsymmetrical.

up upper.

UP underproof.

UPC Universal Product Code.

UPI United Press International وكالة الصحافة الدولية المتحدة.

UPU Universal Postal Union اتحاد البريد العالمي.

Ur *Chem.* uranium.

urol 1. urological. 2. urology.

US 1. (L. *ubi supra*) where above mentioned حيث ذُكِرَ سابقًا. 2. United States الولايات المتحدة (الأميركية).

USA 1. Union of South Africa اتحاد جنوبي إفريقيا. 2. United States Army جيش الولايات المتحدة الأميركية. 3. United States of America الولايات المتحدة الأميركية.

USAF United States Air Force سلاح الجوّ الأميركي.

USCG United States Coast Guard حرس خفر السواحل الأميركي.

USG United States Government حكومة الولايات المتحدة الأميركية.

USIA United States Information Agency وكالة الإعلام الأميركية.

USM United States Mail بريد الولايات المتحدة الأميركية.

USMA United States Military Academy الأكاديمية العسكرية الأميركية.

USN United States Navy الأسطول الأميركي؛ أسطول الولايات المتحدة الأميركية.

USNA 1. United States National Army جيش الولايات المتحدة الأميركية الوطني. 2. United States Naval Academy الأكاديمية البحرية الأميركية.

USNG United States National Guard الحرس الوطني الأميركي.

USPS United States Postal Service خدمة البريد الأميركية.

USS United States Senate مجلس الشيوخ الأميركي.

USSR Union of Soviet Socialist Republics اتحاد الجمهوريات الاشتراكية السوفياتية.

usu 1. usual. 2. usually.

usw (G. *und so weiter*) et cetera. وهلمّ جرًّا؛ إلى آخره؛ إلخ..

Ut 1. universal time. 2. Utah (إحدى الولايات المتحدة الأميركية).

ut dict (L. *ut dictum*) as directed.

util utility.

UV ultraviolet.

UW 1. underwriter. 2. underwritten.

ux (L. *uxor*) wife.

UXB unexploded bomb.

V

v 1. valve. 2. vector. 3. verb. 4. verse. 5. version. 6. verso. 7. versus. 8. very. 9. vice. 10. (L. *vide*) see انظُرْ ؛ راجِعْ . 11. voice. 12. volume. 13. vowel.

V 1. *Chem.* vanadium. 2. velocity. 3. venerable. 4. victory. 5. viscount. 6. volt. 7. voltage.

Va Virginia (إحدى الولايات المتحدة الأميركية) .

VA 1. vicar apostolic. 2. vice admiral. 3. visual aid. 4. volt–ampere.

vac vacuum.

VAdm vice admiral.

val 1. valley. 2. valuation. 3. value.

var 1. variable. 2. variant. 3. variation. 4. variety. 5. various.

VAR 1. visual–aural range المدى البَصَريّ السَّمْعيّ . 2. volt–ampere reactive.

VAT value–added tax.

vb 1. verb. 2. verbal.

VC 1. venture capital. 2. vice–chairman. 3. vice–chancellor. 4. vice–consul. 5. Victoria Cross. 6. Vietcong.

VCR videocassette recorder.

vd 1. vapor density. 2. various dates.

Vd *Chem.* vanadium.

VD venereal disease.

VDT video display terminal.

VDU visual display unit.

veg vegetable.

vel 1. vellum. 2. velocity.

Ven 1. venerable. 2. Venezuela. 3. Venice فينيسيا ؛ مدينة البندقية .

ver 1. verse. 2. version.

vers versed sine.

vert 1. vertebrate. 2. vertical.

Vert Vertebrata.

ves vessel.

vet 1. veterinarian. 2. veterinary.

VF 1. very fair. 2. very fine. 3. video frequency. 4. visual field. 5. voice frequency.

VFD volunteer fire department.

VFR visual flight rules.

vg (L. *verbi gratia*) for example.

VG 1. very good. 2. vicar–general.

VHF *or* **vhf** very high frequency.

vi 1. verb intransitive. 2. (L. *vide infra*) see below انظر أدناه .

Vi *Chem.* virginium.

VI 1. Virgin Islands. 2. viscosity index. 3. volume indicator.

vic 1. vicar. 2. vicinity.

Vic Victoria.

vil village.

VIN vehicle identification number.

VIP very important person (را . المادة) .

vis 1. visibility. 2. visible. 3. visual.

Vis 1. viscount. 2. viscounty.

viz (L. *videlicet*) namely أيْ ؛ يعني .

VJ veejay.

VLCC very large crude (oil) carrier.

VLF *or* **vlf** very low frequency.

VMD (New L. *Veterinariae Medicinae Doctor*) Doctor of Veterinary Medicine دكتور في الطبّ البيطري .

vn verb neuter.

vo verso.

VO verbal order.

VOA Voice of America.

voc 1. vocational. 2. vocative.

vocab vocabulary.

vol 1. volcano. 2. volume. 3. volunteer.

vols volumes.

VOM volt–ohmmeter.

vou voucher.

vp verb passive.

VP 1. variable pitch. 2. various places. 3. verb phrase. 4. vice–president.

VRM variable rate mortgage.

vs 1. verse. 2. versus.

VS 1. (L. *vide supra*) see above انظر أعلاه . 2. veterinary surgeon.

vss 1. verses. 2. versions.

vt verb transitive.

Vt Vermont (إحدى الولايات المتحدة الأميركية) .

VT 1. vacuum tube. 2. variable time. 3. Vermont. 4. voice tube.

VTOL vertical takeoff and landing.

VTR videotape recorder.

VU volume unit.

vulg vulgar.

Vulg Vulgate.

vv 1. verses. 2. vice versa. 3. violins.

w 1. warden. 2. water. 3. watt. 4. week. 5. weight. 6. west. 7. western. 8. white. 9. wicket. 10. wide. 11. width. 12. wife. 13. with. 14. withdrawal. 15. won. 16. work.

W 1. Wales. 2. Wednesday. 3. Welsh. 4. west. 5. western. 6. wolfram.

WA 1. Washington. 2. Western Australia. 3. with average.

war warrant.

Wash Washington.

WATS Wide–Area Telecommunications Service.

Wb *Phys.* weber.

WB 1. water ballast. 2. waybill. 3. weather bureau. 4. westbound. 5. wheelbase.

WBC 1. white blood cells. 2. white blood count.

WBF wood–burning fireplace.

WbN west by north.

WbS west by south.

WC 1. water closet. 2. without charge.

wd 1. wood. 2. word. 3. would.

WD War Department.

We *or* **Wed** Wednesday.

wf wrong font.

WFTU World Federation of Trade Unions الاتحاد العالمي لنقابات العمال .

wg 1. wing. 2. wire gauge.

wh 1. watt–hour. 2. which. 3. white.

whf wharf.

WHO World Health Organization منظمة الصحة العالمية .

whr watt–hour.

whs *or* **whse** warehouse.

whsle wholesale.

wi when issued.

WI 1. West Indian. 2. West Indies. 3. Wisconsin (إحدى الولايات المتحدة الأميركية) .

WIA wounded in action.

wid 1. widow. 2. widower.

Wis *or* **Wisc** Wisconsin (إحدى الولايات المتحدة الأميركية) .

wk 1. week. 2. work.

wkly weekly.

WL 1. waterline. 2. wavelength.

wm wattmeter.

wmk watermark.

WMO World Meteorological Organization منظمة الأرصاد العالمية .

WNW west–northwest.

w/o without.

WO warrant officer.

WOC without compensation من غير تعويض .

WP 1. weather permitting. 2. white phosphorus. 3. without prejudice. 4. word processing. 5. word processor.

WPB wastepaper basket سلّة المهملات .

wpc 1. watts per candle. 2. watts per channel.

wpm words per minute كلمةً في الدقيقة .

wpn weapon.

WR world record.

WRAC Women's Royal Army Corps.

WRAF Women's Royal Air Force.

WRNS Women's Royal Naval Service.

wrnt warrant.

WSW west–southwest.

wt weight.

WT 1. watertight. 2. wireless telegraphy.

wtd wanted.

WV *or* **W Va** West Virginia (إحدى الولايات المتحدة الأميركية) .

w/w wall–to–wall.

WW 1. warehouse warrant. 2. with warrants. 3. world war.

WWW World Wide Web.

Wyo Wyoming (إحدى الولايات المتحدة الأميركية) .

X

X 1. Christ. 2. Christian. 3. cross. 4. ex. 5. experimental. 6. extra.

X–C cross–country.

xd *or* **x–div** without dividend.

Xe *Chem.* xenon.

x–in *or* **x–int** without interest.

XL 1. extra large. 2. extra long.

Xn Christian.

Xnty Christianity.

XO executive officer.

xr without rights.

XS extra small.

Xt Christ.

Y

y 1. yard. 2. yards. 3. year. 4. years.

Y 1. yen. 2. yeoman. 3. Young Men's Christian Association جمعية الشبان المسيحيين . 4. *Chem.* yttrium.

YA young adult.

Yb *Chem.* ytterbium.

YB yearbook.

yd 1. yard. 2. yards.

yds yards.

yeo *or* **yeom.** 1. yeoman. 2. yeomanry.

YMCA Young Men's Christian Association جمعية الشبان المسيحيين .

YMHA Young Men's Hebrew Association جمعية الشبان اليهود .

YO year old.

YOB year of birth.

Yorks Yorkshire.

yr 1. year. 2. younger. 3. your.

yrbk yearbook.

yrs 1. years. 2. yours.

Yt *Chem.* yttrium.

ytd year to date.

YWCA *or* **YW** Young Women's Christian Association جمعية الشابات المسيحيات .

YWHA Young Women's Hebrew Association جمعية الشابات اليهوديات .

Z

z 1. zero. 2. zone.

Z 1. *Chem.* atomic number. 2. impedance.

Z *or* **ZD** zenith distance (را . المادة) .

Zech Zechariah زكريا ؛ سفر زكريا .

ZEG zero economic growth.

ZI zone of interior.

Zl zloty.

Zn 1. azimuth. 2. *Chem.* zinc.

zoochem zoochemistry.

zoogeog zoogeography.

zool 1. zoological. 2. zoologist. 3. zoology.

ZPG zero population growth.

Zr *Chem.* zirconium.

IRREGULAR VERBS*

Infinitive	*Past Tense*	*Past Participle*
abide	abode; abided	abode; abided
arise	arose	arisen
awake	awoke; awaked	awaked; awoken; awoke
backbite	backbit	backbitten; backbit
backslide	backslid	backslid; backslidden
be (am; *art*; is; are)	was; *wast; wert*; were	been
bear	bore; *bare*	borne; born
beat	beat	beaten; beat
become	became	become
befall	befell	befallen
beget	begot; *begat*	begotten
begin	began	begun
behold	beheld	beheld
bend	bent, *bended*	bent; *bended*
bereave	bereaved; bereft	bereaved; bereft
beseech	besought; beseeched	besought; beseeched
beset	beset	beset
bespeak	bespoke	bespoken; bespoke
bestride	bestrode; bestrid	bestridden; bestrid; bestrode
bet	bet; betted	bet; betted
betake	betook	betaken
bethink	bethought	bethought
bid	bade; bid	bidden; bid; bade
bide	bode; bided	bided
bind	bound	bound
bite	bit	bitten; bit
bleed	bled	bled
blend	blended; blent	blended; blent
bless	blessed; blest	blessed; blest
blow	blew	blown
break	broke	broken; *broke*
breed	bred	bred
bring	brought	brought
broadcast	broadcast; broadcasted	broadcast; broadcasted
browbeat	browbeat	browbeaten
build	built	built

(*) الصِّيَغ المُنَضَّدة بحروف مائلة *italic* هي صِيَغٌ قديمة، ولذلك لم نورد بعضها في مواضعها من المعجم.

Infinitive	*Past Tense*	*Past Participle*
burn	burnt; burned	burnt; burned
burst	burst	burst
bust	busted; bust	busted; bust
buy	bought	bought
cast	cast	cast
catch	caught	caught
chide	chid; chided	chidden; chid; chided
choose	chose	chosen
cleave	cleaved; clove; cleft	cleaved; cloven; cleft
cling	clung	clung
clothe	clothed; *clad*	clothed; *clad*
come	came	come
cost	cost	cost
creep	crept	crept
crow	crowed; *crew*	crowed
cut	cut	cut
dare	dared; *durst*	dared
deal	dealt	dealt
deepfreeze	deepfroze; deepfreezed	deepfrozen; deepfreezed
dig	dug; *digged*	dug; *digged*
dive	dived, dove	dived
do	did	done
draw	drew	drawn
dream	dreamed; dreamt	dreamed; dreamt
drink	drank	drunk
drive	drove	driven
dwell	dwelt; dwelled	dwelt; dwelled
eat	ate	eaten
fall	fell	fallen
feed	fed	fed
feel	felt	felt
fight	fought	fought
find	found	found
flee	fled	fled
fling	flung	flung
fly	flew	flown
forbear	forbore	forborne
forbid	forbade; forbad	forbidden
forecast	forecast; forecasted	forecast; forecasted

Infinitive	*Past Tense*	*Past Participle*
forego	forewent	foregone
foreknow	foreknew	foreknown
foresee	foresaw	foreseen
foretell	foretold	foretold
forget	forgot	forgotten; forgot
forgive	forgave	forgiven
forgo	forwent	forgone
forsake	forsook	forsaken
forswear	forswore	forsworn
freeze	froze	frozen
gainsay	gainsaid	gainsaid
get	got	got; gotten
gild	gilded; gilt	gilded; gilt
gird	girded; girt	girded; girt
give	gave	given
go	went	gone
grave	graved	graven; graved
grind	ground	ground
grow	grew	grown
hamstring	hamstringed; hamstrung	hamstringed; hamstrung
hang	hung; hanged	hung; hanged
have (*hast*; has)	had; *hadst*	had
hear	heard	heard
heave	heaved; hove	heaved; hove
hew	hewed	hewed; hewn
hide	hid	hidden; hid
hit	hit	hit
hold	held	held
hurt	hurt	hurt
inlay	inlaid	inlaid
inset	inset; insetted	inset; insetted
keep	kept	kept
kneel	knelt; kneeled	knelt; kneeled
knit	knitted; knit	knitted; knit
know	knew	known
lade	laded	laden
lay	laid	laid
lead	led	led

Infinitive	*Past Tense*	*Past Participle*
lean	leant; leaned	leant; leaned
leap	leapt; leaped	leapt; leaped
learn	learnt; learned	learnt; learned
leave	left	left
lend	lent	lent
let	let	let
lie	lay	lain
light	lighted; lit	lighted; lit
lose	lost	lost
make	made	made
mean	meant	meant
meet	met	met
melt	melted	melted; *molten*
miscast	miscast	miscast
misdeal	misdealt	misdealt
misgive	misgave	misgiven
mislay	mislaid	mislaid
mislead	misled	misled
misspell	misspelled; misspelt	misspelled; misspelt
misspend	misspent	misspent
mistake	mistook	mistaken
misunderstand	misunderstood	misunderstood
mow	mowed	mowed; mown
offset	offset	offset
outbid	outbade; outbid	outbidden; outbid
outdo	outdid	outdone
outfight	outfought	outfought
outgo	outwent	outgone
outgrow	outgrew	outgrown
outride	outrode	outridden
outrun	outran	outrun
outshine	outshone	outshone
outspread	outspread	outspread
outwear	outwore	outworn
overbear	overbore	overborne
overcast	overcast	overcast
overcome	overcame	overcome
overdo	overdid	overdone
overdraw	overdrew	overdrawn
overeat	overate	overeaten
overfeed	overfed	overfed
overgrow	overgrew	overgrown

Infinitive	*Past Tense*	*Past Participle*
overhang	overhung	overhung
overhear	overheard	overheard
overlay	overlaid	overlaid
overleap	overleapt; overleaped	overleapt; overleaped
overlie	overlay	overlain
override	overrode	overridden
overrun	overran	overrun
oversee	oversaw	overseen
overset	overset	overset
overshoot	overshot	overshot
oversleep	overslept	overslept
overspread	overspread	overspread
overtake	overtook	overtaken
overthrow	overthrew	overthrown
overwork	overworked; *overwrought*	overworked; *overwrought*
partake	partook	partaken
pay	paid	paid
plead	pleaded; *pled*	pleaded; *pled*
prove	proved	proved; proven
put	put	put
quit	quit; quitted	quit; quitted
read	read	read
rebind	rebound	rebound
rebuild	rebuilt	rebuilt
recast	recast	recast
redo	redid	redone
relay	relaid	relaid
remake	remade	remade
rend	rent	rent
repay	repaid	repaid
rerun	reran	rerun
reset	reset	reset
restring	restrung	restrung
retell	retold	retold
rethink	rethought	rethought
rewind	rewound	rewound
rid	ridded; rid	rid; ridded
ride	rode	ridden
ring	rang; rung	rung
rise	rose	risen
rive	rived	riven; rived

Infinitive	*Past Tense*	*Past Participle*
run	ran	run
saw	sawed	sawn; sawed
say	said	said
see	saw	seen
seek	sought	sought
sell	sold	sold
send	sent	sent
set	set	set
sew	sewed	sewn; sewed
shake	shook	shaken
shave	shaved	shaved; shaven
shear	sheared; *shore*	shorn; sheared
shed	shed	shed
shine	shone; shined	shone; shined
shit	shit; shat	shit
shoe	shod; shoed	shod; shoed
shoot	shot	shot
show	showed	shown; showed
shred	shredded; *shred*	shredded; *shred*
shrink	shrank; *shrunk*	shrunk; shrunken
shrive	shrove; shrived	shriven; shrived
shut	shut	shut
sing	sang; *sung*	sung
sink	sank; *sunk*	sunk; sunken
sit	sat	sat
slay	slew	slain
sleep	slept	slept
slide	slid	slid; slidden
sling	slung	slung
slink	slunk	slunk
slit	slit	slit
smell	smelt; smelled	smelt; smelled
smite	smote; *smit*	smitten; *smote; smit*
sow	sowed	sown; sowed
speak	spoke; *spake*	spoken
speed	sped; speeded	sped; speeded
spell	spelt; spelled	spelt; spelled
spend	spent	spent
spill	spilt; spilled	spilt; spilled
spin	spun; span	spun
spit	spat; *spit*	spat; *spit*
split	split	split
spoil	spoilt; spoiled	spoilt; spoiled

Infinitive	*Past Tense*	*Past Participle*
spread	spread	spread
spring	sprang; *sprung*	sprung
stand	stood	stood
stave	staved; stove	staved; stove
steal	stole	stolen
stick	stuck	stuck
sting	stung	stung
stink	stank; *stunk*	stunk
strew	strewed	strewn; strewed
stride	strode	stridden; strid; strode
strike	struck	struck; stricken
string	strung	strung
strive	strove; strived	striven; strived
sunburn	sunburned; sunburnt	sunburned; sunburnt
swear	swore; *sware*	sworn
sweat	sweat; sweated	sweat; sweated
sweep	swept	swept
swell	swelled	swollen; swelled
swim	swam; *swum*	swum
swing	swung	swung
take	took	taken
teach	taught	taught
tear	tore	torn
telecast	telecast; telecasted	telecast; telecasted
tell	told	told
think	thought	thought
thrive	throve; thrived	thriven; thrived
throw	threw	thrown
thrust	thrust	thrust
tread	trod; treaded	trodden; trod
unbend	unbent	unbent
unbind	unbound	unbound
underbid	underbid	underbid; *underbidden*
undergo	underwent	undergone
undersell	undersold	undersold
understand	understood	understood
undertake	undertook	undertaken
underwrite	underwrote	underwritten
undo	undid	undone
unfreeze	unfroze	unfrozen
unmake	unmade	unmade

Infinitive	*Past Tense*	*Past Participle*
unwind	unwound	unwound
uphold	upheld	upheld
upset	upset	upset
wake	woke; waked	waked; woken; woke
waylay	waylaid	waylaid
wear	wore	worn
weave	wove	woven; wove
wed	wedded; wed	wedded; wed
weep	wept	wept
wet	wet; wetted	wet; wetted
win	won	won
wind	winded; wound	winded; wound
withdraw	withdrew	withdrawn
withhold	withheld	withheld
withstand	withstood	withstood
work	worked; *wrought*	worked; *wrought*
wring	wrung	wrung
write	wrote; *writ*	written; *writ*

موسوعات ومعاجم
صدرت عن دار العلم للملايين

موسوعات

موسوعة المورد

تأليف الأستاذ منير البعلبكي

موسوعة إنكليزية - عربية تُعتبر أضخم مشروع ثقافي ظهر في مطلع الثمانينات من القرن العشرين.

تغطي كل ما يتوق المثقف العربي إلى معرفته في ميادين العلوم والآداب والفلسفة والتاريخ والجغرافيا والمعتقدات الدينية والمذاهب الفلسفية والفنون الجميلة، بالإضافة إلى مجموعة ضخمة من أعلام الرجال الذين أطلعتهم الإنسانية منذ فجر الحضارة حتى اليوم.

تستند في كل سطر من سطورها إلى أوثق المراجع وأجدرها بالاعتماد، وتلتزم في موادّها جميعاً منهجاً علميًّا متكاملاً.

تتميز بإخراج فني رائع غنيّ بالصور واللوحات المطبوعة بالألوان الطبيعية مما يجعل منها موسوعة فريدة بين موسوعات العالم الكبرى.

تقع في أحد عشر مجلداً

100 ❖ مجلد ـ 17×24 ـ 1256 ص

موسوعة المورد العربية

تأليف الأستاذ منير البعلبكي

إعداد الدكتور رمزي البعلبكي

موسوعة عربية بنيت على أساس موسوعة المورد الإنكليزية العربية، ونهجت نهجها في الدقة العلمية وفي الاعتماد على أوثق المراجع.

تشمل موضوعاتها العلوم والآداب والفلسفة والتاريخ والجغرافية والمعتقدات الدينية والمذاهب الفلسفية والفنون الجميلة وأعلام الرجال والنساء، مع اهتمام خاص بكل ما يتصل بالإسلام والعرب. تزدان صفحاتها بمجموعة كبيرة من الصور واللوحات. تُعتبر أوسع عمل ثقافي من نوعه في اللغة العربية حتى الآن.

(تقع في أربعة مجلدات)

112 ❖ مجلد ـ 22×20 ـ 1250 ص

معجم أعلام المورد

تأليف الأستاذ منير البعلبكي

إعداد الدكتور رمزي البعلبكي

موسوعة تراجم لأبرز أعلام الشرق والغرب قديماً وحديثاً.

116 ❖ مجلد ـ 22×30 ـ 542 ص

معاجم
(إنكليزي - عربي)

المورد الأكبر

تأليف الأستاذ منير البعلبكي

أضخم وأوثق قاموس إنكليزيّ - عربيّ في مطلع القرن الحادي والعشرين.

أكثر من ألفي صفحة على ثلاثة أعمدة تستغرق متن اللغة الإنكليزيّة برُمّته، وتنتظم كلّ ما يحتاج إليه الطالب والمدرّس والمترجم والباحث من المصطلحات العلميّة والفنيّة والحضاريّة الحديثة، ومن الموادّ الموسوعيّة، وذلك في أجرأ محاولة علميّة منهجيّة أسست على هَدْيٍ من قاموس «المورد» للارتقاء بصناعة المعاجم الإنكليزيّة - العربيّة إلى مستوى المعاجم العالميّة من حيث الدّقة والشمول والحداثة والإخراج.

216 ❖ مجلد ـ 22×30 ـ 2156 ص

المورد الوسيط

للطلاب الثانويين.

211 ❖ مجلد ـ 17×24 ـ 672 ص

المورد الميسَّر

212 ❖ مجلد ـ 14×21 ـ 576 ص

المورد القريب

قاموس جيب للطلاب.

213 ❖ غلاف ـ 10×14 ـ 464 ص

المورد القريب

قاموس جيب طبعة شعبية.

208 ❖ غلاف ـ 10×14 ـ 464 ص

المورد الصغير

قاموس جيب للمبتدئين.

214 ❖ غلاف ـ 10×14 ـ 240 ص

المورد

(طبعة ممتازة تحتوي

على لوحة جسم الإنسان)

تأليف الأستاذ منير البعلبكي

أحدث معجم إنكليزي - عربي (طبعة منقحة ومزيدة). يشتمل

على مئة ألف كلمة مع ملاحق خاصة بمشاهير الأعلام من شرقيين وغربيين، وبالكلمات الإنكليزية ذات الأصل العربي، وبالأمثال الإنكليزية ومرادفاتها العربية، وبالمختصرات المعتمدة في الكتابة والطباعة العصريتين، فضلاً عن لوحات بلاستيكية شفافة تمثل جسم الإنسان.

016 ❖ مجلد ـ 17×14 ـ 1328 ص

المورد

(بدون لوحة جسم الإنسان)

015 ❖ مجلد ـ 17×24 ـ 1328 ص

معاجم مزدوجة
(إنكليزي ـ عربي وعربي ـ إنكليزي)

المورد القريب (مزدوج)

تأليف الأستاذ منير البعلبكي

والدكتور روحي البعلبكي

قاموس جيب مزدوج ذو قسمين مخصص لاستعمال الناشئة بصورة عامة والطلاب بصورة خاصة.

230 ❖ غلاف ـ 10×14 ـ 944 ص

المورد الوسيط (مزدوج)

تأليف الأستاذ منير البعلبكي

والدكتور روحي البعلبكي

قاموس للطلاب الثانويين.

يحوي المفردات الأكثر شيوعاً والمعاني الأكثر استعمالاً، ويلبّي حاجة قطاع عريض من القراء.

231 ❖ مجلد ـ 17×24 ـ 1488 ص

المورد الميسَّر (مزدوج)

قاموس مزدوج مبسَّط للطلاب

تأليف الدكتور روحي البعلبكي

212 ❖ مجلد ـ 14×21 ـ 1150 ص

المورد (مزدوج)

تأليف الأستاذ منير البعلبكي والدكتور روحي البعلبكي

المورد الكبير المزدوج أحدث وأوسع قاموس، فيه ما يربو على 200,000 مادة، يلبّي حاجة القارئ في بحثه عن معنى الكلمة الإنكليزية ومقابلات المفردات العربية بالإنكليزية في آن معاً. يغني عن العودة إلى مصادر متعددة لأن فيه من مصطلحات العلم الحديث وفنون الحضارة ما ينشده المثقف العربي. وقد رُتّب القسم العربي ـ الإنكليزي منه ترتيباً ألفبائيًّا، تسهيلاً لعمل الباحث.

232 ❖ مجلد ـ 17×24 ـ 2376 ص

معاجم متعددة اللغات

المورد المرئي

تأليف الدكتور روحي البعلبكي

أعظم تطوُّر علمي أُنجز في صناعة المعاجم الحديثة.

قاموس مُمتِع تُشاهد صُوَرَه النّاصعة بالألوان الكاملة فتدرُس تفاصيلها بصورة فوريَّة بأربَع لغات: الإنكليزية والعربية والفرنسية والإسبانية. تقنية معلوماتية مباشرة تشمل 600 موضوع وتُحدِّد 25,000 مصطلح (في كل لغة) باستعمال 3500 صورة من أبهى الصُّوَر الخلابة المُنْتَجَة بواسطة الكمبيوتر بطريقة مُذْهِلة.

القاموس الوحيد الذي يتيح لك أن ترى ما تبحثَ عنه، وأن تبحث عمَّا تراه!

248 ❖ غلاف مقوى ـ 15×22 ـ 976 ص

المورد المصوَّر للطلاب

تأليف الدكتور روحي البعلبكي

هذا القاموس مزدوج اللغة (إنكليزي ـ إنكليزي ـ عربي) تم إعداده خصيصاً للأطفال من سن 8 فما فوق لاستعماله في البيت أو المدرسة، وهو أداة ضرورية لتعلّم الكلمات واستيعاب معانيها باللغتين العربية والإنكليزية.

249 ❖ غلاف مقوى ـ 14×20 ـ 640 ص

المورد المصوَّر للطلاب

تأليف الدكتور روحي البعلبكي

245 ❖ غلاف مقوى ـ 15×21،5 ـ 640 ص

المورد الثلاثي

تأليف الدكتور روحي منير البعلبكي

عربي ـ إنكليزي ـ فرنسي

أول قاموس يجمع اللغات العربية والإنكليزية والفرنسية بأسلوب منهجي واضح ويقدّم شروحاً وافية وأمثلة عصرية.

يلبّي حاجة التمازج اللغوي المعاصر، ويغطّي متطلبات البحث الفوري، والمقارن لمختلف المعاني والمصطلحات والاستعمالات الشائعة باللغات الثلاث.

219 ❖ مجلد ـ 17×24 ـ 1956 ص

المورد الثلاثي للطلاب

قاموس أساسي مبسَّط

تأليف الدكتور روحي منير البعلبكي

أوّل مرجع معجمي أساسي للعربية والإنكليزية والفرنسية يسهِّل على الطالب والباحث المعاصر استعمال اللغات الثلاث بشكل حديث وسليم وعملي. يحدِّد المعاني بدقة وإيجاز، ويُخصِب مفردات الباحث ويعمِّق معرفته، ويتيح له المقارنة الفورية بين ثقافات ثلاث عبر غنى المصطلحات وغزارة المترادفات.

إنّه اختصار «للمورد الثلاثي» وتكثيف لمحتوياته، خفيف الحمل، قريب المنال، سهل الاستعمال.

227 ❖ مجلد ـ 14×21 ـ 800 ص

معاجم
(عربي ـ إنكليزي)

المورد الوسيط

تأليف الدكتور روحي البعلبكي

قاموس للطلاب الثانويين.

201 ❖ مجلد ـ 17×24 ـ 816 ص

المورد

تأليف الدكتور روحي البعلبكي

أحدث وأوسع قاموس عربي - إنكليزي صدر حتى الآن، يشتمل على حوالي خمسين ألف كلمة عربية ومقابِلاتها الإنكليزية. يمتاز بتفريع المعاني التي تفيدها الكلمة الواحدة، وبإثبات المصطلحات التي أهملتها القواميس السابقة في شتى العلوم والمعارف من فيزياء وكيمياء وطب ورياضيات وهندسة وفلسفة وعلم نفس واقتصاد ولغة وموسيقى إلخ.

200 ❖ مجلد - 17×24 - 1256 ص

المورد الميُسَّر

تأليف الدكتور روحي البعلبكي

قاموس مبسَّط.

203 ❖ مجلد - 14×21 - 556 ص

المورد الصغير

تأليف الدكتور روحي البعلبكي

قاموس جيب للمبتدئين.

204 ❖ غلاف - 10×14 - 240 ص

المورد القريب

تأليف الدكتور روحي البعلبكي

قاموس جيب للطلاب.

202 ❖ غلاف - 10×14 - 470 ص

الإلكترونيات

المورد الإلكتروني

أول برنامج إلكتروني في العالم يضمّ أشهر وأوثق قاموسين من نوعهما في العالم هما المورد إنكليزي - عربي والمورد عربي - إنكليزي.

268

الرائد الإلكتروني

برنامج إلكتروني يتضمن، بالإضافة إلى معجم الرائد عربي - عربي، خمسة معاجم عربية متخصصة بعرض النصوص، بثلاثة أحجام بغية الوضوح والتسهيل.

265

قاموس المورد الناطق

أحدث وأوسع قاموس إنكليزي/عربي - عربي/إنكليزي على الإطلاق، يتميز بقدرته على نطق الكلمات المطلوبة وبشاشة كبيرة تتضمن جداول وقوائم ومعلومات لغوية غنية.

يعدّ أهمّ مرجع لغوي إلكتروني للطلاب والباحثين والمترجمين.

9653

قاموس المورد

غير الناطق

9654

قاموس للأطفال

قاموسي الأول

قاموس - عربي - إنكليزي - فرنسي (للأطفال) مزدان برسوم إيضاحية كبيرة وملونة.

255 ❖ مجلد - 14×20 - 128 ص

معاجم مزدوجة
(فرنسي - عربي وعربي - فرنسي)

معجم عبد النور
الثنائي الوجيز

تأليف الدكتور جبور عبد النور

247 ❖ غلاف - 12×17 - 1008 ص

معاجم
(فرنسي - عربي)

معجم عبد النور المفصَّل

تأليف الدكتور جبور عبد النور

أحدث معجم فرنسي - عربي.

240 ❖ مجلد - 17×24 - 1120 ص

معجم عبد النور الوسيط

تأليف الدكتور جبور عبد النور

241

معجم عبد النور الوجيز

تأليف الدكتور جبور عبد النور

قاموس جيب.

242 ❖ غلاف - 12×17 - 408 ص

معاجم
(عربي - فرنسي)

معجم عبد النور الحديث

تأليف الدكتور جبور عبد النور أحد مؤلفي معجم المنهل الشهير.

أحدث معجم صدر حتى الآن. عدد صفحاته 1128 صفحة تشتمل على حوالى 50000 كلمة عربية ومرادفاتها بالفرنسية. مستلّ من معجم عبد النور المفصّل، ومتقيّد بمنهجيته، مع توخّي الاقتصاد في المفردات البائدة والغريبة والنادرة، والتخفيف من الألفاظ

المغالية في التقنيات. وهو مع ذلك واف بمتطلبات العصر، وسهل الاستعمال، مع إحاطته بما في المعارف العصرية.

250 ❖ مجلد ـ 17×24 ـ 1128 ص

معجم عبد النور الوسيط

تأليف الدكتور جبور عبد النور

معجم عربي ـ فرنسي.

252 ❖ مجلد ـ 14×20 ـ 952 ص

معجم عبد النور الوجيز

تأليف الدكتور جبور عبد النور

قاموس جيب.

253 ❖ غلاف ـ 12×17 ـ 592 ص

معجم عبد النور المُفصَّل

تأليف الدكتور جبور عبد النور

معجم عربي ـ فرنسي. (في مجلدين)

251 ❖ مجلد ـ 17×24 ـ 2032 ص

معاجم
(عربي ـ عربي)

الرائد

تأليف الأستاذ جبران مسعود

معجم لغوي عصري يسهّل على الباحث الاهتداء إلى معاني الكلمات من حيث إيجازه في إيضاح المعنى وترتيبه المفردات وفقاً لحروفها الأولى. ضَمَّ بين دفَّتيه حوالي ستين ألف كلمة.

263 ❖ مجلد ـ 17×24 ـ 1381 ص

الرائد

معجم ألفبائي في اللغة والأعلام

تأليف الأستاذ جبران مسعود

264❖ مجلد ـ 17×24 ـ 1272 ص

رائد الطلاب

تأليف الأستاذ جبران مسعود

معجم للطلاب في المرحلة المتوسطة.

طبعة جديدة مزيدة ومنقّحة وملوّنة.

جديد في هذه الطبعة:

❖ قاموس الحيوان: يشتمل على أسمائها، إناثها، أولادها، أصواتها، بيوتها، جموعها.

❖ لوحات تعليمية: دورة الماء في الطبيعة، جسم الإنسان، مجموعات الطعام الأربع، طبقات الأرض.

❖ أعلام الدول.

❖ خريطة العالم.

❖ أعلى القمم الجبلية في العالم.

❖ أطول أنهار العالم.

❖ الزلازل.

أشهر قاموس للطلاب في العالم العربي.

261 ❖ مجلد ـ 12×17 ـ 944 ص

الرائد الصغير

تأليف الأستاذ جبران مسعود

معجم للمبتدئين.

262 ❖ مجلد ـ 10×14 ـ 512 ص

معاجم مختلفة

قاموس الإعراب

تأليف الأستاذ جرجس عيسى الأسمر

285 ❖ كرتونيه ـ 14×20 ـ 160 ص

المعجم الأدبي

تأليف الدكتور جبور عبد النور

275 ❖ مجلد ـ 17×24 ـ 672 ص

معجم الأفعال المتعدّية بحرف

تأليف الأستاذ موسى بن محمد الملياني الأحمدي

280 ❖ غلاف ـ 17×24 ـ 448 ص

قاموس القرآن

(أو إصلاح الوجوه والنظائر في القرآن الكريم)

تأليف الدامغاني

تحقيق الأستاذ عبد العزيز سيد الأهل

290 ❖ مجلد ـ 17×24 ـ 512 ص

المورد عربي ـ إيطالي

تأليف الدكتور روحي البعلبكي

بُني هذا القاموس على قاموس المورد عربي إنكليزي، وعمل على إعداده جماعة من المتخصصين باللغتين العربية والإيطالية فضلاً عن الإنكليزية. وقد تمّ تبنّي الخطة نفسها التي اعتُمدت في تأليف المورد عربي ـ إنكليزي.

أحدث معجم عربي ـ إيطالي.

235 ❖ مجلد ـ 14×27 ـ 690 ص

المورد عربي ـ إسباني

تأليف الدكتور روحي البعلبكي

بُني هذا القاموس على قاموس المورد عربي ـ إنكليزي، وعمل على إعداده جماعة من المتَخصصين باللغتين العربية والإسبانية فضلاً عن الإنكليزية. وقد تمّ تبنّي الخطة نفسها التي اعتُمدت في تأليف المورد عربي ـ إنكليزي.

أحدث معجم عربي ـ إسباني.

237 ❖ مجلد ـ 17×24 ـ 690 ص

المورد عربي ـ ألماني

تأليف الدكتور روحي البعلبكي

بُني هذا القاموس على قاموس المورد عربي ـ إنكليزي، وعمل على إعداده جماعة من المتَخصصين باللغتين العربية والألمانية فضلاً عن الإنكليزية. وقد تم تبنّي الخطة نفسها التي اعتُمدت في تأليف المورد عربي ـ إنكليزي.

أحدث معجم عربي ـ ألماني.

239 ❖ مجلد ـ 17×24 ـ 744ص

المورد المفهرس لألفاظ القرآن الكريم

تأليف الدكتور روحي البعلبكي

معجم حديث يسهّل لك المراجعة والتفتيش كلّما أردت البحث عن آية أو جزء من آية من القرآن الكريم للتأكّد من صحتها أو للتحقّق من كيفية ضبط بعض كلماتها، أو لمعرفة مكانها في المصحف.

233 ❖ مجلد ـ 17×24 ـ 1490 ص

القاموس العمليّ للقانون الإنسانيّ

تأليف فرنسواز بوشييه سولنييه

مرجع أصدرته منظمة أطبّاء بلا حدود يسلّط الضوء على حقل العمل الإنساني فيقترح:

تعريفات وتحليلات لأكثر من 300 مصطلح والحقوق المتّصلة بها، مثل المحاكم الجنائيّة الدوليّة، جرائم الحرب، التطهير العرقي وسواها.

المشاكل والانتهاكات التي تحدث في مختلف المواقف.

قائمة بمراجع وعناوين كاملة (هاتف، فاكس، إنترنت) للمنظمات المختلفة المذكورة.

قائمة تبين حالات التصديق على الاتفاقيات والمعاهدات المتعلقة بحقل العمل الإنساني وحقوق الإنسان مما يجعل من القاموس أداة لا غنى عنها لمن لهم صلة بالقانون الإنساني.

337 ❖ غلاف مقوى ـ 16×24 ـ 720 ص

قاموس دار العلم الهندسي الشامل

أحدث وأضخم قاموس هندسي في العالم العربي. من أهم المراجع العلمية في مجال الهندسة ومجالات الصناعة والتجارة والاتصالات والكمبيوتر والقانون والنقل وغيرها.

يضم بين دفّتيه أكثر من 000, 150 مفردة، تجمع بين المصطلحات القديمة والمستحدثة.

يستعرض المصطلحات ويشرح معانيها واستعمالاتها بأسلوب سهل وعمليّ.

يلبّي حاجة جميع المهندسين والفنيين والباحثين.

يغني عن استخدام عدة قواميس هندسية وتقنية.

رُتِّبت مفرداته وفق تسلسل ألفبائي سهل وحديث.

269 ❖ مجلد ـ 21×28 ـ 1402 ص

قاموس دار العلم التكنولوجي للمعلومات والاتصالات

تأليف د. بشير العلاق

معجم حديث يحتوي على تعريفات وشروح لتكنولوجيا المعلومات والاتصالات، وقد حرص المؤلّف على توضيح مفهوم المصطلح والاستخدام الإنكليزي المرادف له باللغة العربيّة بدقة.

تمّ عرض موادّ هذا المعجم على خبراء عرب في التكنولوجيا والعديد من الأساتذة الجامعيّين المتخصّصين ضمانة لدقّته وشموليّته.

وقد أضيف إليه مسرد هجائي باللغة العربيّة يشمل جميع المصطلحات يسهّل على القارئ العودة إليها.

إنّ هذا المعجم لا غنى عنه لجميع التوّاقين للخوض في مجال التكنولوجيا المتجدّد.

338 ❖ غلاف مقوى ـ 17×24 ـ 340 ص

قاموس دار العلم الفلكي

تأليف عبد الأمير مؤمن

أشمل مرجع عربي في علم الفلك حتى يومنا هذا.

يتناول هذا القاموس كل ما عرفه الإنسان عن الكون الذي يحيط به: مجرّات وكواكب، أحداث كونيّة، ملاحة فضائيّة، محطات وآلات، روّاد ورحلات... كل ذلك تم ذكره بشرح دقيق وأسلوب مبسّط يجعل من هذا القاموس أداةً علميّةً وثقافيّةً للمتخصصين ولكل مثقف يرغب في تطوير معرفته الفلكيّة.

334❖ غلاف مقوى ـ 17×24 ـ 688 ص

قاموس دار العلم الزراعيّ

تأليف: د. عصام الميّاس

إنّه مرجع لا غنى عنه للمثقّفين والمطّلعين عامّة، وللباحثين والمدرّسين والطلاب المهتمّين بالعلوم الزراعيّة خاصّة، وهو قاموس متخصّص. من مميزاته أنه:

❖ يضع لكل مصطلح زراعي باللغة الإنكليزية مقابله العربي الدقيق. ويربو عدد المصطلحات الواردة فيه على الآلاف.

❖ رُتّب ترتيباً هجائيّاً إنكليزيّاً وأُرفق بمسرد ألفبائيّ يمكّن من معرفة المقابل الإنكليزيّ للمصطلح العربيّ بيُسْر.

❖ يشرح المصطلح شرحاً علميًّا وافيًا وليس فيه اختصار مخلّ ولا حشو مملّ.

❖ تجمع لغته بين السهولة والرصانة، وتضمّ الوضوح إلى المتانة.

❖ يضمّ صوراً لكثير من النباتات الواردة أسماؤها في المداخل أو الشروح.

325 ❖ مجلد ـ 17×24 ـ 472 ص

قاموس دار العلم لمصطلحات التربية

تحرير: جون كواينز ونانسي باتريشيا أوبراين

أحدث، وأشمل، وأول قاموس ألفبائي تربوي من نوعه في العالم العربي.

❖ يقدم تعريفات لأكثر من 2600 مصطلح في ميادين التربية النظرية والتطبيقية.

❖ يلبّي حاجة المختصّين، وطلاب التربية، والأساتذة، والباحثين والدارسين في مستويات تدريسهم المختلفة من صفوف الروضة حتى الدراسات الثانوية.
❖ يُعَدّ مدخلاً قيّماً ومميّزاً لدراسة مجموع مفردات اللغة العربية التي تتدرج ضمن اختصاص التربية.

339❖ غلاف مقوى ـ 17×24 ـ 390 ص

قاموس اللغة الجميلة للمتلازمات اللفظية

تأليف: د. حسن أبو غزالة

المتلازمات اللفظية أو المتواردات اللفظية عبارات يتألف كل منها من كلمتين أو أكثر ويتلازم تواجدها معًا، كقولك في العربية: يستلُّ سيفًا، عناية فائقة.. وفي الإنكليزية fast sleep ومن معانيها في العربية سبات عميق.
من هنا تبدو أهمية هذا القاموس وحاجة الدارسين إليه، بدءاً من المرحلة المتوسطة حتى ما بعد التخرج من الجامعة والانطلاق في الدراسات والأبحاث الخاصة والعامة.
يقع القاموس في 1500 صفحة فيها ما يقرب من 12000 مادة و120000 متلازمة لفظية مترجمة إلى ما يزيد على 150000 من مقابلاتها.

336 ❖ غلاف ـ 17×24 ـ 1536 ص

الصحاح

تأليف العلاّمة الجوهري

تحقيق الأستاذ أحمد عبد الغفور عطار

(في سبعة مجلدات)

270 ❖ مجلد ـ 20×28 ـ 3048 ص

معجم الألفاظ المُثنّاة

تأليف الأستاذ شريف يحيى الأمين

295 ❖ مجلد ـ 17×24 ـ 520 ص

معجم الإعراب والإملاء

جمع وتنسيق الدكتور إميل بديع يعقوب

300 ❖ مجلد ـ 17×24 ـ 472 ص

معجم الطلاب في الإعراب والإملاء

جمع وتنسيق الدكتور إميل بديع يعقوب

301 ❖ غلاف ـ 17×24 ـ 288 ص

موسوعة النحو والصرف والإعراب

جمع وتنسيق الدكتور إميل بديع يعقوب

302 ❖ مجلد ـ 17×24 ـ 584 ص

المعجم المفصَّل في اللغة والأدب

تأليف الدكتور ميشال عاصي

والدكتور إميل بديع يعقوب

معجم ينتظم معجمات مختلفة في باب العربية وآدابها. فهو، في حقل اللغة، معجم للصّرف والنحو والإعراب؛ وفي ميدان البلاغة، معجم لعلوم المعاني والبيان والبديع؛ وفي علم العروض، معجم لبحور الشعر وجوازاته وقوافيه؛ وفي مجال الفكر الأدبي والنقدي، معجم للأنواع الأدبية والمذاهب النقدية والآثار العربية والعالمية ومشاهير مؤلّفيها.
(في مجلدين)

303 ❖ مجلد ـ 17×24 ـ 1324 ص

معجم الخطأ والصواب في اللغة

تأليف الدكتور إميل بديع يعقوب

305 ❖ غلاف ـ 17×24 ـ 384 ص

قاموس المصطلحات اللغوية والأدبية

تأليف الدكتور إميل بديع يعقوب

والدكتور بسام بركة

والأستاذة مي شيخاني

306 ❖ مجلد ـ 17×24 ـ 480 ص

معجم التراكيب والعبارات الاصطلاحية العربية، القديم منها والمولَّد

تأليف الأستاذ أحمد أبو سعد

معجم يضم مختلف التراكيب والعبارات التي اصطلح الناس على استعمالها في معانٍ خاصة ومناسبات معينة. جمعها المؤلف من أمهات المصادر وأثبتها مع النصوص الواردة فيها، واجتهد في تحليلها وردّها إلى أصولها والاستشهاد عليها، بما يكشف عن مكنونها ويجعلها مادة غزيرة للدراسة والتحليل.

307 ❖ مجلد ـ 17×24 ـ 376 ص

جمهرة اللغة (٣ أجزاء) لابن دريد

تحقيق الدكتور رمزي البعلبكي

من أضخم المعجمات العربية وأقدمها، ومن أبعدها أثراً في المعجمات المتأخرة. اعتمد محققه في تحقيقه على أصحّ مخطوطة، وفي مقدمته وتخريج شواهده على مئات المصادر القديمة، كالدواوين وكتب النحو والأمثال والمجاميع الشعرية. يزخر بآلاف الشواهد القرآنية والشعرية وغيرها، مخرّجة على نحو لم يسبق في أي معجم عربي. وتزدان هذه الطبعة بعشرين فهرساً مفصّلاً.
(في 3 مجلدات)

308 ❖ مجلد ـ 22×30 ـ 1784 ص

معجم عين الفعل

تأليف د. جوزيف الياس

والأستاذ جرجس ناصيف

معجم مختص مميز يغني قليله عن الكثير من المعجمات العربية، ضمّنه مؤلّفاه خمسة آلاف جذر لغوي تقريباً هي الجذور الثلاثية في

لغة الضاد جميعها، وقد جاءت مشفوعة بمصادرها. هذا المعجم هو الأول من نوعه في اللغة العربية.

281 ❖ غلاف ـ 17×24 ـ 564 ص

معجم المصطلحات اللغوية

تأليف الدكتور رمزي منير البعلبكي

إنكليزي ـ عربي (مع 16 مسرداً عربيّاً)

319 ❖ مجلد ـ 17×24 ـ 808 ص

معجم المذكر والمؤنث في اللغة العربية

جمع وتنسيق الدكتور محمد أحمد قاسم

274 ❖ غلاف ـ 17×24 ـ 248 ص

معجم فصيح العامّة

تأليف الأستاذ أحمد أبو سعد

309 ❖ غلاف ـ 17×24 ـ 520 ص

الكافي في الصرف والنحو والإعراب

تأليف د. جوزيف الياس

والأستاذ جرجس ناصيف

ليست كتب الصَّرف والنَّحو بالقليلة في المكتبة العربيّة، بيد أنّ المسألة ليست في الكَمّ بل في النَّوع، وليست في النَّقل، وهو واقع في النَّوع من المؤلَّفات، بل في ما ينطوي عليه من فرادة، وفي ما يحمله من تطوير وتجديد، وإلا كان ضرباً من النَّقل الميت، وبات أشبهَ بـ «الاستنساخ الجيني». هذا كتاب ضمَّ بين دفّتيه أبواب الصَّرف والنَّحو كلِّها، وهي أبواب روعيَ الاعتدالُ في عرضها، فإذا هي تجمع في متنها القليلَ إلى الكثير، والإيجازَ إلى الإطناب، واللمح إلى التفصيل. وهو، فضلاً عن كونه كتاب صرف ونحو، كتاب تدريب على الإعراب، فما فيه من أمثلة وشواهد جاء معرباً، كيلا يقرأ الطالب النظريَّ منه ويقف حائراً أمام التطبيق.

هذا كتاب جاء ثمرة تجربةٍ طويلة دامت عشرات السنين، وراوحت بين التعليم المنهجي في المدرسة والتّدريس الأكاديمي في الجامعة.

لهذا الكتاب ميزاتٌ ليست لِسواهُ من كتب الصَّرف والنَّحو، لذا نرى أنَّه جاء يسدّ في المكتبة العربيّة فراغاً ليس لغيره أن يسدَّه.

282 ❖ مجلد ـ 17×24 ـ 486 ص

المعجم الحديث

عربي ـ عبري

تأليف الدكتور ربحي كمال

320 ❖ مجلد ـ 17×24 ـ 572 ص

المعجم الذهبي

فارسي ـ عربي

تأليف الدكتور محمد التونجي

310 ❖ مجلد ـ 17×24 ـ 624 ص

الوجيز في الصرف والنحو والإعراب

تأليف د. جوزيف الياس

والأستاذ جرجس ناصيف

كتاب يضمّ بين دفّتيه دروس الصرف والنحو كلّها، وقد عُرضت بإيجاز، واقتصاد يجمع القليل إلى الكثير واللمح إلى الإيضاح. إنه كتاب غنيٌّ بالأمثلة المفيدة، أُعدَّ ليكون مرجع الطالب الأول وكتابه الأيسر، ومرجع الطالب الجامعي إذ يتوخى الإيجاز.

283 ❖ مجلد ـ 17×24 ـ 320 ص

معجم علم النفس

إنكليزي ـ فرنسي ـ عربي

تأليف الدكتور فاخر عاقل

315 ❖ مجلد ـ 17×24 ـ 200 ص

المعجم الجامع في المصطلحات الأيوبية والمملوكية والعثمانية

حسان حلاق وعباس صباغ

يُعَدُّ هذا الكتاب مرجعاً للمؤرخ والباحث، ومشعلاً يسلّط الضوء على مفردات على ألسنتنا تختصر حقباً من تاريخنا، ما زالت تتفاعل في تعابير، وتُتداول في لغتنا. كما يتضمن كنى وألقاباً ما زالت بعض العائلات في مصر وبلاد الشام تحملها، هي في الأصل من مصطلحات وتاريخ الدولتين في ما يتعلق بالمناصب العامة، إضافة إلى مصطلحات عربية أُهملت لزوال سبب وجودها، لكنها ما زالت، في مصادر، تشكّل لغزاً لقرائها.

323 ❖ غلاف ـ 17×24 ـ 248 ص

القاموس الجغرافي الحديث

عربي ـ فرنسي ـ إنكليزي

تأليف الدكتور محمد زكي الأيوبي

318 ❖ مجلد ـ 17×24 ـ 648 ص

قاموس الأسماء العربية

تأليف الأستاذ شفيق الأرناؤوط

معجم يشتمل على أكثر من ثلاثة آلاف اسم استُقيت من أمّهات الكتب والصحف وجداول تسجيل الطلاب في المدارس والجامعات. وقد شرح المؤلّف كلّ اسم منها شرحاً موجزاً، مبيّناً دوافع التسمية وأهدافها ومعانيها، ومثبتاً أسماء من اشتُهر بها. وخليق بهذا الكتاب أن يكون مرجعاً نختار منه أسماء أبنائنا وبناتنا من جملة الأسماء اللطيفة والمستحبّة التي يزخر بها تراثنا.

332 ❖ غلاف ـ 17×24 ـ 192 ص

قاموس الأسماء العربية الموسّع

تأليف الأستاذ شفيق الأرناؤوط

لكل أبوين، وللناس كافة، يقدّم هذا الكتاب دراسة عن الاسم وماهيته وأهمية التسمية عند العرب، ويعدّد أسماء الله الحسنى وأسماء الأنبياء، والرسل، وأسماء الذكور والإناث، مع فقرة لكل اسم تتضمّن معناه ونبذة عمّن اشتهر به.

333 ❖ غلاف ـ 24× 17 ـ 280 ص

قاموس الأحلام

(المكتب العلمي للتأليف والترجمة)

يساعد القارئ في تفسير حلمه مهما كان نوعه، ومهما بلغت غرائبه. رُتّب ألفبائيّاً، وتضمّنت مادته معنى الكلمة - الرمز - المفتاح - وتفسيرات لأحلام كنماذج لها.

313 ❖ غلاف - 17×24 - 420 ص

معجم الألقاب والأسماء المستعارة في التاريخ العربي والإسلامي

تأليف الدكتور فؤاد صالح السيد

312 ❖ مجلد - 20×28 - 360 ص

العربية المهاجرة معجم الألفاظ الفرنسية من أصل عربي

تأليف الأستاذ محمد خليل الباشا

يتتبع هجرة الكلمات العربية إلى اللغة الفرنسية وسواها من اللغات الأجنبية عبر العصور، فيتناول عدة مئات من الكلمات العربية الفصحى أو العامية التي دخلت مباشرة، أو من خلال لغات أخرى، إلى الفرنسية خصوصاً، ويبيّن كيف تغيّر لفظها وبقي معناها، أو كيف تغيّر كلاهما، أو كيف أُخذ جزء من الكلمة، وكيف تم وضع معانٍ لكلمات عربية لم نعرفها، مع تعليقات.

314 ❖ مجلد - 17×24 - 360 ص

قاموس التعابير المجازية والتشابيه والمجاز المركب

تأليف د. عبد الفتاح أبو سيدة

في اللغة الإنكليزية الكثير من الكلمات التي تدلّ على معانٍ كثيرة إذا ما وضعت في جمل مختلفة...

في هذا القاموس الألفبائي السهل، يشرح المؤلف الدكتور عبد الفتاح أبو سيدة معنى كل كلمة إنكليزية (غير معناها المعتاد)، لها أمثلة مشروحة باللغة العربية.

335 ❖ مجلد - 17×24 - 240 ص

المعجم الجامع لغريب مفردات القرآن

ترتيب الشيخ عبد العزيز السيروان

331 ❖ مجلد - 17×24 - 480 ص

معجم روائع الحكمة والأقوال الخالدة

إعداد الدكتور روحي البعلبكي

يحتوي الكتاب على أهم الحِكم والأقوال والأمثال العربية مرتبة ترتيباً معجميًّا. فيه خلاصة للأفكار الإنسانية رُتّبت بحسب موضوعاتها وفق الترتيب الأبجدي. تضمّن كل موضوع أبرز الآيات القرآنية والأحاديث النبوية وأبلغ الآيات الشعرية والأقوال النثرية العربية والعالمية.

322 ❖ غلاف - 17×24 - 260 ص

معجم الفرائد المكنونة

تأليف محمد مصطفى العريضي

321 ❖ مجلد - 15×22 - 336 ص

الرفيق قاموس عربي - تركي

تأليف الأستاذ حسين شمس

311 ❖ مجلد - 12×17 - 448 ص

معجم أسماء الأسر والأشخاص ولمحات من تاريخ العائلات

تأليف الأستاذ أحمد أبو سعد

الأول من نوعه في بيان أسماء الأشخاص وشرح معناها وتحديد اللغة التي أُخذت منها. يتعدى أسماء الأشخاص إلى الأسر اللبنانية فيكشف عن تاريخها ويبين الأصول العرقية التي انحدرت منها والفروع التي انبثقت من مناشئها حتى الأماكن التي استقرت فيها وأهم أعلامها.

317 ❖ مجلد - 17×24 - 1104 ص

قاموس الأضداد

تأليف الأستاذ راجي الأسمر

قاموس فريد من نوعه، متعدّد الفائدة، لا بدّ منه للطالب والباحث على حدّ سواء. فيه مقدّمة عن الطباق والمقابلة، وهما من باب الأضداد في علم البديع، مع نماذج عن ظاهرة التضاد في اللغة، وثبت لكتاب الصغاني في التضاد. هو قاموس سهل المتناول، فيه الشائع من المفردات، والشائع من أضدادها مدرجة وفق ترتيب نطقي ألفبائي.

221 ❖ غلاف - 14×20 - 320 ص

الشَّذَر: جبن صُلْبٌ (1661) > was first made أبيض اللون أو أصْفَرُهُ.

che.der [kāʹdər; khäʹ-] *(n.)* (1882) الكُتّاب: مدرسة ابتدائية دينية يهودية (را. heder).

chee.cha.ko [chē chäʹkō] *(n.)* pl. **-kos** <Chinook jargon *chee chahco*, from *t'shi* new + *chako* to come> (1897) الوافد الجديد: القادم الجديد وبخاصة إلى منطقة حديثة العهد بالعمران.

cheek [chēk] *(n.; vt.)* <Mid. Eng. *cheeke*, from Old Eng. *cēce*, *cēace*> (bef. 12c) (١) خدّ؛ وَجْنَة (٢) جانب (٣) وقاحة؛ صَفاقة (ع) (٤) الرِّدف؛ الكَفَل؛ العَجيزة (ع) § (٥) يخاطِب بوقاحة <Students should never ~ their teachers.>.

idioms عبارات اصطلاحية

~ by jowl <people who live (١) جنباً إلى جنب

~ by jowl and breathe the same air — *Virginia Woolf*> (٢) على نحو متلاصق أو مُتلازٍ.

to say (*or* speak *or* talk) with one's tongue in one's ~, يقول شيئاً ويقصد شيئاً آخر، وبخاصة بطريقة تنمّ عن خبث أو سوء أدب.

to turn the other ~, يُدير الخدّ الآخر: يُقابل العنف باللاعنف [وأصلُهُ من قول السيد المسيح: مَنْ لَطَمَكَ على خدِّكَ الأيمن فحوِّل له الآخر ـ متّى ٥: ٣٩].

cheek.bone [chēkʹbōnʹ] *(n.)* <*cheek* + *bone*> (ca. 1755) العظم الوجني: العظم البارز في أعلى الوجنة أو الخدّ (ت).

–cheeked [chēkt] لاحقة معناها: ذو وجنتين من نوع معيَّن <rosy-*cheeked*>.

cheek.i.ly [chēʹkĭ lĭ] *(adv.)* بوقاحة؛ بصفاقة.

cheek.i.ness [chēʹkĭ nəs] *(n.)* وقاحة؛ صفاقة.

cheek pouch *(n.)* كيس الضَّهوة؛ الجراب الوجنيّ: كيس في خدود بعض السعادين والقوارض تستخدمه لحمل الطعام.

cheek strap *(n.)* العِذار: ما سالَ من اللِّجام على خدّ الفَرَس.

cheek.y [chēʹkĭ] *(adj.)*, **cheek.i.er; cheek.i.est** (1859) (١) وَقِح؛ صفيق (٢) ممتلىء الخدين <a ~ bulldog>.

cheep [chēp] *(vi.; n.)* <imitative> (1513) (١) يُسَقسِق؛ يزقزق [العصفور] § (٢) سَقْسَقة؛ زقزقة (٣) إشارة؛ كلمة؛ صوت <not a ~ out of him>.

cheer [chēr] *(n.; vt.; i.)* <Old F. *chiere* face, from Late L. *cara*, from Gk. *karē* = head> (13c) (١) وجه؛ مُحَيّا (م.ا) (٢) تعبير [من تعابير الوجه؛ ا.ق] (٣) شعور؛ حالة نفسية (٤) ابتهاج؛ انشراح؛ مَرَح (٥) ترحيب (٦) طعام وشراب (٧) شيء مُبهج؛ شيء مشجِّع؛ شيء مُؤاسٍ <She spoke words of ~.> (٨) هُتاف؛ تهليل [يُراد به التشجيع] § (٩) يُواسي: يُرَفِّه عن (١٠) يُبهج (١١) يُشجِّع (١٢) يَهْتِف لِـ x (١٣) يبتهج [تتبعها *up* عادةً].

idioms عبارات اصطلاحية

Be of good ~! ابتهج! طِبْ نفساً؛ قَرَّ عَيْناً.

Cheer up! ابتهج! لا تَحْزن! لا تبتئس!

to ~ on يُشجِّع بالهُتاف [أثناء اللَّعِب].

to ~ up يبتهج؛ يُسَرّ.

What *cheer?* كيف أنت؟ كيف حالُك؟

cheer.ful [chērʹfəl] *(adj.)* <*cheer* + *-ful*> (15c) (١) مبتهج؛ مُفعم بالابتهاج <a ~ girl> (٢) مُبْهِج؛ بهيج؛ باعث على البهجة <~ surroundings> (٣) مرح: دالّ على الابتهاج أو صادرٌ من نفس مبتهجة <a ~ song> (٤) قلبيّ: صادرٌ من القلب؛ غير مَضْنونٍ به؛ غير مشوب بتذمُّر أو شكوى <~ giving> (٥) تلقائيّ: متقبَّل بطيب خاطر <a ~ acceptance of responsibility>.

synonyms: *buoyant, gay, happy, joyous, lighthearted, merry, sprightly.* :مرادفات

antonyms: *dejected, gloomy, morose, sad, sullen.* :أضداد

cheer.ful.ly [chērʹfəl ĭ] *(adv.)* بابتهاج؛ بمَرَح.

cheer.ful.ness [chērʹfəl nəs] *(n.)* ابتهاج؛ مَرَح.

cheer.ing [chērʹĭng] *(n.; adj.)* (١) الهُتاف؛ التهليل: هُتاف أو تهليلٌ يُراد به تشجيع فريق رياضيّ إلخ. § (٢) مُشجِّع؛ مُبْهِج؛ سارّ <~ news>.

cheer.i.o [chērʹĭ ō] *(interj.)* <*cheery* + exclamatory *o*> (1910) (١) وداعاً! إلى اللقاء! (٢) على صحّتك!: هُتاف يُقال عند شُرْب الأنخاب.

cheer.lead [chērʹlēdʹ] *(vt.)* <*cheer* + *lead*> يقود الهتّافين [في ملعب رياضيّ إلخ.].

cheer.lead.er [chērʹlēʹdər] *(n.)* <*cheer* + *leader*> (1903) قائد الهتّافين [في ملعب رياضيّ].

cheer.less [chērʹləs] *(adj.)* <*cheer* + *-less*> (1579) كئيب؛ قاتم؛ مُوحِش <~ surroundings>.

cheer.ly [chērʹlĭ] *(adv.)* = cheerfully.

cheers [chērz] *(interj.)* (1919) على صحّتك!: هُتاف يُقال عند شُرْب الأنخاب.

cheer.y [chērʹĭ] *(adj.)*, **cheer.i.er; cheer.i.est** (15c) (١) مَرِح؛ مبتهج (٢) مُبهِج؛ سارّ.

cheese[1] [chēz] *(n.)* <Mid. Eng. *chese*, from Old Eng. *cēse*, from L. *caseus*> (bef. 12c) (١) الجُبْن: مادة غذائية تنتج من خُثارة اللبن (٢) قالب جُبْن (٣) الجُبْن: شيء كالجُبن شكلاً أو قَواماً.

cheese[2] [chēz] *(vt.)*, **cheesed; chees.ing** <origin unknown> (1812) يُوقِف؛ يضع حداً لِـ.

idioms عبارات اصطلاحية

Cheese it! (١) انتبه! احذَرْ! (٢) إمضِ! اُهرُب! وَلِّ الأدبار!

to ~ off يُزعِج؛ يُضايق.

cheese[3] [chēz] *(n.)* <perhaps from Urdu *chiz* = thing> (1910) (١) شيء ممتاز؛ شيء من الطراز الأول <That car is certainly a ~.> (٢) القُطْب: شخصٌ ذو شأن <Khalid is a big ~ in the country.>.

cheese.burg.er [chēzʹbûrʹgər] *(n.)* <*cheese* + *(ham)burger*> (1938) الشِّيزْبَرْغِيَة: سندويشة من لحم البقر المفروم مع شريحة جبن مُحَمَّص.

cheese.cake [chēzʹkākʹ] *(n.)* <*cheese* + *cake*> (15c) «أ» فطيرة الجُبْن: فطيرة من بيض وجُبن وسُكّر إلخ. «ب» صورة فوتوغرافية مُبرِزة لمفاتن المرأة [في صحيفة شعبية].

cheese.cloth [chēzʹklôthʹ] *(n.)* <*cheese* + *cloth* (so called because first used to wrap cheese)> (14c) قماش القُماش الجُبْنيّ: قماش قطنيّ رقيق جداً استُعمِلَ أصلاً لِلَفّ الجُبْن.

cheese.mak.er [chēzʹmāʹkər] *(n.)* <*cheese* + *maker*> صانعُ الجُبْن؛ مُنْتِج الجُبْن.

cheese.mak.ing [chēzʹmāʹkĭng] *(n.)* <*cheese* + *making*> صُنع الجُبْن؛ صناعة الجُبْن.

cheese.par.ing [chēzʹpârʹĭng] *(n.; adj.)* <*cheese* + *paring*> (1597) (١) التافه: شيء ضئيلُ القيمة أو عديمها (٢) بُخْل؛ شُحّ § (٣) بخيل؛ شحيح.

chees.y [chēʹzĭ] *(adj.)*, **chees.i.er; chees.i.est** (14c) (١) جُبنيّ: «أ» شبيه بالجُبن وبخاصة من حيث الرائحة أو القوام. «ب» مُحْتوٍ على جُبن (٢) تافه؛ رديء؛ رخيص <~ comedy>.

chee.tah [chēʹtə] *(n.)* <Hin. *cītā*, from Skt. *citrakāya* = tiger> (1610) الفَهْد (ح). موسوعيا: حيوانٌ من السِّنَّوْريات *Felidae* encyclo- يُشبه النَّمِر ولكنْ له بعض خصائص الكلاب، وكثيراً ما يدرَّب على اقتناص الأيائل. وهو صغير الرأس، طويل الذَّيل، مهزول الجسم، ذو قوائم طويلة مُعَدَّة للعَدْو، ولونٍ ضارب إلى الحمرة أو إلى الصُّفرة مع بُقَعٍ سوداء.

chef [shĕf] *(n.)* <F., short for *chef de cuisine* = head of the kitchen> (1826) (١) الرئيس. وبخاصة: رئيس الطُّهاة (٢) الطاهي.

chef d'œu.vre [shĕ dœʹvr] *(n.)* pl. **chefs d'œuvre** [shĕ dœʹvr] <F. *chef-d'œuvre* = chief work> (1619) التُّحْفة: رائعة أدبية أو فنية.

Che.khov [chĕkʹôf], **Anton Pavlovich** تشيكوف، أنطون پاڤلوڤيتش (١٨٦٠ ـ ١٩٠٤): كاتب مسرحي ومؤلف أقاصيص روسيّ. يُعتبر أحد أبرز نجوم القصة القصيرة في الأدب العالميّ كلِّه.

Anton Chekhov

Che.kiang [chĕʹkyăngʹ; *Chin.* jŭʹjyängʹ] تشيكيانغ؛ جوجيانغ: مقاطعة في الصين. تقع على بحر الصين الشرقي. مساحتها ١٠١,٨٠٠ كيلومتر مربَّع. سكانها ٤٥,٠٠٠,٠٠٠. عاصمتها: هانغشاو Hangchow.

che.la[1] [kēʹlə] *(n.)* pl. **-lae** [lē] <New L., from Gk. *chēlē* = claw> (1646) المِخْلَب؛ الكُلّاب: زائدة شبيهة بالكمّاشة تكون في أطراف القِشريات والعنكبوتيات (ح).

chela[1]

che.la[2] [chäʹlä] *(n.)* <Hin. *celā*, from Skt. *ceṭa* = slave, servant> (1883) المُريد: أحد تلاميذ معلِّم دينيّ هنديّ.

che.late [kēʹlāt] *(adj.; n.; vt.; i.)*, **-lat.ed; -lat.ing** <*chel(a)* + *-ate*> (1826) (١) مِخلبيّ؛ كُلّابيّ (ح) (٢) مُمَخْلَب: ذو مِخلب أو كُلّاب (ح) (٣) مُتَمَخْلِب: «أ» ذو بنية حَلَقِيَّة تشتمل على أيون فِلزّيّ مركزيّ ring structure مرتبط بذرّتين غير فِلزّيتين [أو أكثر] في الجُزَيْء نفسه (ك). «ب» دالّ على مُرَكَّب ذي بنية دَوْرية cyclic structure ناشئة عن تكوُّن رابطة هيدروجينية واحدة [أو أكثر] في الجُزَيْء نفسه (ك) § (٤) المُتَمَخْلِب: مُرَكَّب مُتَمَخْلِب (ك) § (٥) يُمَخْلِب: يجعله مُتَمَخْلِباً (ك) x (٦) يَتَمَخْلَب: يُصبح مُتَمَخْلِباً (ك).

che.lic.er.a [kə lĭsʹər ə] *(n.)* pl. **-er.ae** [ə rēʹ] <New L.: *chela* (claw) + Gk. *keras* horn> (1835) القَرْن المِخْلَبيّ: إحدى الزائدتين الأماميتين الشبيهتين بالكمّاشة في العنكبوتيات (ح).

Che.lo.nia [kĭ lōʹnē ə] *(n. pl.)* رتبة السُّلَحْفيات؛ السَّلاحف: رتبة من الزواحف تشمل مختلف السلاحف البحرية والنهرية والبرية (ح).

che.lo.ni.an [kĭ lōʹnĭ ən] *(n.; adj.)* <Gk. *chelōnē* = tortoise> (1826) (١) سُلَحْفاة § (٢)

المرادفات والأضداد
تقطيع الكلمات
الطرق المختلفة للَّفظ
الإحالات على الموادّ
سنة استخدام الكلمات
سنة استخدام الكلمات
العبارات الاصطلاحيّة
العبارات المنسوبة إلى قائليها
تأثيل الكلمات المركّبة
اللواحق
الكلمات المشتقّة بمحاكاة الأصوات
تفريع اللفظة الواحدة ذات الأصول المختلفة
الأمثلة الإنكليزيّة في داخل المادّة
صيغتا التفضيل وتقطيعهما
الموادّ الموسوعيّة
صيغة الجمع ولفظها
مداخل الأعلام
طريقة اللفظ في اللغة الأصليّة
صيغة الماضي
الأنواع الصرفيّة
حقول الاستخدام
ك = كيمياء
ح = حيوان
المصطلحات متبوعة بشروحها

BIOGRAPHICAL NAMES

معجم أعلام

الفاصلة العليا ، في الرموز الخاصة بطريقة اللفظ ، تفيد أن المقطع الذي يسبقها يُلفظ بنبرة مشدَّدة ، في حين أنها تقوم ، في أسماء الأعلام العربية ، مقام الهمزة (مثلاً **abul-Fida'**) . أما الفاصلة العليا المقلوبة (') ، في أسماء الأعلام العربية ، فتقوم مقام حرف العين (مثلاً **'Abdullah**) .

Abbas I [ăb băs'] عباس الأول (١٥٧١ – ١٦٢٩) : شاه فارس (١٥٨٨ – ١٦٢٩) . يُعتبر أحد أعظم ملوك الأسرة الصَّفوية . يُعرف بـ « الكبير » *the Great* .

'Abbas II ['ăb'bâs]; **'Abbas Hilmi Pasha** عباس الثاني ، عباس حلمي باشا (١٨٧٤ – ١٩٤٤) خديوي مصر (١٨٩٢ – ١٩١٤) . حاول مقاومة الاحتلال البريطاني . خُلع عن العرش

'Abbas, al- [ăl 'ăb'bâs] العبّاس ، العبّاس بن عبد المُطّلب (٥٦٦ ؟ – ٦٥٢ م .) : عمّ الرسول محمد عليه السلام . آزره بعد وفاة أبي طالب إليه ينتسب العباسيون .

Abbas Effendi [ăb băs' ĕ fĕn'dē] Abdul Baha

'Abbud ['ăb'bōōd], **Marun** عبّود ، مارون (١٨٨٦ – ١٩٦٢) : قاصّ وناقد لبناني . اتّسم أدبه بالسُّخرية واللون المحلّي .

'Abd-el-Kader ['ăb dĕl'kä'dĭr] عبد القادر الجزائري (١٨٠٨ – ١٨٨٣) : زعيم عربي جزائري . قاد المقاومة ضد الاحتلال الفرنسي لبلاده .

'Abd-el-Krim ['ăb dĕl'krēm] عبد الكريم الخَطّابي (١٨٨٢ – ١٩٦٣) : زعيم عربي مغربي . حارب محتلي بلاده من الإسبان والفرنسيين

'Abdel-Nasser ['ăb dĕl'nä'sər], **Gamal** = Nasser, Gamal 'Abdul-.

Abdul-Aziz [äb dül'ä zēz] عبد العزيز (١٨٣٠ – ١٨٧٦) : سلطان عثماني (١٨٦١ – ١٨٧٦) . وضع أول قانون عثماني مدني . خُلع عن العرش ثم قُتِل .

'Abdul-'Aziz IV ['ăb dōōl' 'ă zēz'] عبد العزيز الرابع (١٨٧٨ – ١٩٤٣) : سلطان المغرب (١٨٩٤ – ١٩٠٨) . حاول إصلاح الإدارة . تخلّى عن العرش .

'Abdul-'Aziz ibn-Sa'ud [ĭb'ən să' ōōd'] = Sa'ud, 'Abdul-'Aziz ibn-.

Abdul Baha[äb dōōl'bă hä] عبد البهاء (١٨٤٤ – ١٩٢١) : زعيم ديني فارسي . ابن بهاء الله وخليفته في زعامة المذهب البهائي .

Abdul-Hamid I [äb dül' hä mēd'] عبد الحميد الأول (١٧٢٥ – ١٧٨٩) : سلطان عثماني (١٧٧٤ – ١٧٨٩) . عُني بإصلاح الإدارة والجيش .

Abdul-Hamid II عبد الحميد الثاني (١٨٤٢ – ١٩١٨) : سلطان عثماني (١٨٧٦ – ١٩٠٩) . حكم البلاد حكماً استبدادياً . خُلع عن العرش .

'Abdul-Ilah ['ăb dōōl'ĭ lâh'] عبدُ الإله (١٩١٣ – ١٩٥٨) : أمير عربي هاشمي تولى الوصاية على عرش العراق (١٩٣٩ – ١٩٥٣) . قُتِل .

'Abdul-Karim Qasim ['ăb dōōl' kă rēm' qäs'ĭm] عبد الكريم قاسم (١٩١٤ – ١٩٦٣) : ضابط عراقي . أطاح بالنظام الملكي في العراق (١٤ يوليو ١٩٥٨) . قُتِل .

'Abdullah ibn-'Abdil-Muttalib ['ăb dōōl'läh ĭb'ən 'ăb dĭl'mōōt' tä lĭb] عبد الله بن عبد المُطّلب (٥٤٥ ؟ – ٥٧٠ م .) : والد الرسول محمد عليه السلام . توفي والرسولُ ما يزال جنيناً في بطن أمه .

'Abdullah ibn-al-Husein ['ăb dōōl' läh ĭb nōōl'hōō sān'] عبد الله بن الحسين (١٨٨٢ – ١٩٥١) مؤسس الأسرة الهاشمية الأردنية . اغتيل

'Abdul-Malik ibn-Marwan ['ăb dōōl' mă lĭk' ĭb'ən măr wân'] عبد الملك بن مروان (٦٤٦ ؟ – ٧٠٥ م.) خامس الخلفاء الأمويين (٦٨٥ – ٧٠٥م.) وطّد أركان الدولة .

Abdul-Mejid I [äb dül'mĕ`jēd'] عبد المجيد الأول (١٨٢٣ – ١٨٦١) سلطان عثماني (١٨٣٩ – ١٨٦١) . أحدث إصلاحات عُرفت بـ « التنظيمات » .

Abdul-Mejid II عبد المجيد الثاني (١٨٦٨ – ١٩٤٤) : آخر الخلفاء العثمانيين (١٩٢٢ – ١٩٢٤)

'Abdul Muttalib ['ăb dōōl' mōōt'tä lĭb] عبد المُطّلب (توفي عام ٥٧٨ م .) : جدّ الرسول محمد عليه السلام . كفلهُ بعد وفاة أبيه عبد الله .

'Abd-el-Kader

'Abd-ur-Rahman I ['ăb dōōr' räh' mân] عبد الرحمن الأول (٧٣١ – ٧٨٨ م .) أمير أموي . نجا من بطش العباسيين وأنشأ الدولة الأموية في الأندلس (عام ٧٥٦ م .) . يُعرف بـ « الداخل » .

'Abd-ur-Rahman III ؛ عبد الرحمن الثالث ؛ عبد الرحمن الناصر (٨٩١–٩٦١م.) . أول خليفة أموي في الأندلس (٩٢٩ – ٩٦١ م .) . بنى قَصْر الزهراء في قرطبة .

Abélard [ăb'ə lär], **Pierre** أبيلار ، بيير (١٠٧٩ – ١١٤٤ ؟) : لاهوتي وفيلسوف أخلاقي فرنسي . اتُّهم بالهرطقة .

Abraham [ā'brə hăm] إبراهيم (القرن التاسع عشر قبل الميلاد) : إبراهيم الخليل . أبو الأنبياء . والد إسحق وإسماعيل .

abu-Bakr [ă bōō'băk'r] أبو بكر الصدّيق (٥٧٣ – ٦٣٤ م .) : أول الخلفاء الراشدين (٦٣٢ – ٦٣٤ م .) . صَحِبَ الرسول في الغار والهجرة إلى المدينة . قاتلَ المرتدّين .

abu-Firas [ă bōō'fĭ'räs] أبو فِراس الحَمْداني (٩٣٢ – ٩٦٨ م .) : أمير وشاعر عربي . أسرهُ الروم فنظم قصائده المعروفة بـ « الروميات » .

abu-Hanifah [ă bōō'hă nē'făh] أبو حنيفة (٦٩٩ – ٧٦٧ م .) : فقيه وإمام مسلم . صاحب المذهب الحنفيّ أحد المذاهب السّنيّة الأربعة .

Iliya abu-Madi

Konrad Adenauer

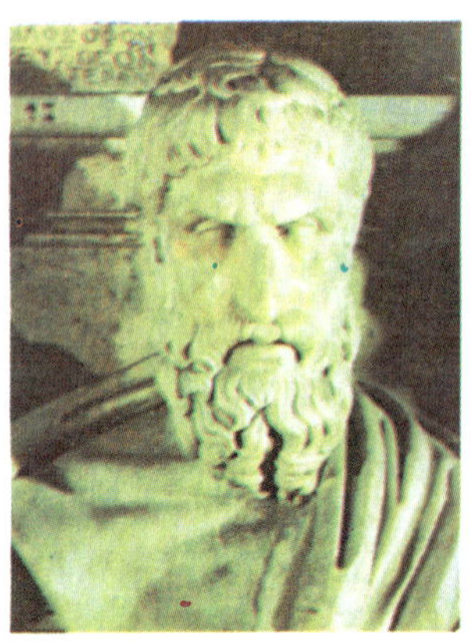

Aeschylus

abu-Hayyan al-Tawhidi [ă boo' hăy'yân ăt tăw hē'dē] أبو حيّان التوحيدي (توفي عام ١٠٢٣ م .) : كاتب وفيلسوف عربي . من آثاره : «المقابَسات» و « الإمتاع والمؤانسة » .

abul-'Abbas al-Saffah [ă bool' 'ăb'bâs ăs săf'fâh] أبو العباس السفّاح (٧٢٢ – ٧٥٤ م .) : أول الخلفاء العباسيين (٧٥٠–٧٥٤م.) . أمر بقتل جميع أفراد الأسرة الأموية .

abul-'Ala'al-Ma'arri [ă bool'ă lâ' ăl mă'ăr'rē] أبو العلاء المعري (٩٧٣– ١٠٥٧ م.) : شاعر عربي عباسي . مكفوف البصر . غلبت الفلسفة على شعره .

abul-'Atahiyah [ă bool' 'ă tâ'hĭ yăh] : أبو العتاهية (٧٤٨ – ٨٢٦ ؟ م.) : شاعر عربي عباسي. غلبت النزعة الزهدية على شعره .

abul-Faraj al-Isfahani [ă bool' fă răj' ăl ĭs'fă hâ nē] أبو الفرج الإصفهاني (٨٩٧ – ٩٦٧ م.) : أديب عربي عباسي . صاحب كتاب « الأغاني » .

abul-Fida'[ă bool'fĭ dâ'] أبو الفِداء (١٢٧٣ – ١٣٣١ م .) : جغرافي ومؤرخ عربي . صاحب كتاب « تقويم البلدان » .

abu-Madi [ă boo'mä'dē], **Iliya** أبو ماضي ، إيليا (١٨٨٩ – ١٩٥٧) : شاعر عربي . يُعتبر أبرز شعراء المهجر الأميركي .

abu-Ma'shar [ă boo'mă'shăr] أبو معْشَر (٧٨٧ – ٨٨٦ م .) : فلكيّ ومنجم عربي . يُعتبر أكبر المنجّمين المسلمين غيرَ منازَع .

abu-Muslim al-Khurasani [ă boo' moos'lĭm ăl khoo rä'sâ nē] أبو مُسلم الخُراساني (توفي عام ٧٥٥م.): قائد عباسي . لعب دوراً بارزاً في إقامة الدولة العباسية .

abu-Nuwas [ă boo'noo wâs'] أبو نُواس (٧٥٦ ؟–٨١٤ م.) : شاعر عربي عباسي . يُعتبر أعظم شعراء الخمرة في تاريخ الأدب العربي .

abu-Shabakah [ă boo'shă'bă kăh], **Ilyas** أبو شبكة ، إلياس (١٩٠٤ – ١٩٤٧) : شاعر عربي لبناني . عُرِف بالنزوع إلى التجديد .

abu-Sufyan [ă boo'soof'yân] أبو سُفيان (توفي عام ٦٥٢ م .) : زعيم المكيّين المناوئين لدعوة الرسول محمد عليه السلام . أسلم بعد فتح مكة .

abu-Talib [ă boo'tä'lĭb] أبو طالب (توفي عام ٦٢٠ م .) : عمّ الرسول محمد عليه السلام ووالد الإمام عليّ . كفِل الرسولَ وربّاه وآزره .

abu-Tammam [ă boo'tăm mâm] أبو تمّام (توفي عام ٨٤٥ م .) : شاعر عربي عباسي . تميّز شعره بالغوص على المعاني الجديدة .

abu-'Ubaydah ibn-al-Jarrah [ă boo' 'oo băy'dăh ĭb'ən ăl jăr'răh] أبو عُبيدة بن الجرّاح (توفي عام ٦٣٩ م.) : قائد عربي . تولى قيادة الجيوش الإسلامية المقاتلة في الشام .

Adams [ăd'əmz], **John** آدمز ، جون (١٧٣٥ – ١٨٢٦) : ثاني رئيس للولايات المتحدة الأميركية (١٧٩٧ – ١٨٠١) .

Adams, John Quincy آدمز ، جون كوينسي (١٧٦٧ – ١٨٤٨) : سادس رئيس للولايات المتحدة الأميركية (١٨٢٥ – ١٨٢٩) .

Addison[ăd'ə sən], **Thomas** أديسون ، توماس (١٧٩٣ – ١٨٦٠) : طبيب إنكليزي . كان أول من وصف « داء أديسون » Addison's disease .

Adenauer [ă'də nou ər], **Konrad** أديناوَر ، كونراد (١٨٧٦ – ١٩٦٧) : سياسي ألماني . مستشار ألمانيا الغربية (١٩٤٩ – ١٩٦٣) .

Adler [ăd'lər], **Alfred** أدْلَر ، ألْفرد (١٨٧٠ – ١٩٣٧) : طبيب نفساني نمساوي . يُعتبر مؤسس « علم النفس الفردي » .

Adrian I [ā'drē ən] أدْريان الأول (توفي عام ٧٩٥) : بابا رومة (٧٧٢ – ٧٩٥) . عزّز النفوذ البابوي بالتحالف مع شارلمان.

Adrian IV أدريان الرابع (١١٠٠ ؟ – ١١٥٩) : بابا رومة (١١٥٤ – ١١٥٩) . يُعتبر البابا الوحيد الإنكليزي المولد .

'Adud al-Dawlah ['ă'dood ăd dăw' lăh] عَضُد الدولة (٩٣٦ – ٩٨٣ م.) : أعظم السلاطين البُوَيهيين (٩٤٩–٩٨٣م.).

Aeschylus [ĕs'kə ləs] إيسخيلوس (٥٢٥– ٤٥٦ ق. م.) : شاعر يوناني . يُعتبر أبا المأساة أو التراجيديا اليونانية .

Aesop [ē'sŏp] إيسوب (٦٢٠ ؟ – ٥٦٠ ؟ ق. م.) : كاتب يوناني . وضع عدداً من الحكايات على ألسنة الحيوان .

Afghani [ăf găn'ē], **Jamal-ud-din al-** الأفغاني ، جمال الدين (١٨٣٨ – ١٨٩٧) : مصلح ديني مسلم . نادى بالوحدة الإسلامية الشاملة .

Aga Khan III [ä'gə kän] آغا خان الثالث (١٨٧٧ – ١٩٥٧) : زعيم الإسماعيليين (١٨٨٥ – ١٩٥٧) . أيد قضية الحلفاء خلال الحرب العالمية الأولى .

Agamemnon [ăg ə mĕm'nŏn] آغاممنون : في الميثولوجيا اليونانية ، القائد الأعلى للحملة الإغريقية ضدّ طروادة .

Agricola [ə grĭk'ə lə], **Georgius** أغريقولا ، جيورجيوس (١٤٩٤ – ١٥٥٥) : عالم ألماني . يُعتبر مؤسس علم المعادن .

Agricola, Gnaeus Julius [nē'əs jo͞ol'yəs] أغريقولا ، نيياس جولياس (٤٠ – ٩٣ م.) : قائد روماني . فتح شماليّ إنكلترا واحتلّ أسكتلندا .

Agrippa [ə grĭp'ə], **Marcus Vipsanius** أغريبّا ، ماركوس فيبسانيوس (٦٣ – ١٢ ق. م.) : قائد روماني . كان رجل الأمبراطورية الثاني في عهد الأمبراطور أوغسطوس .

Ahmad Shah [ä mĕd'shä] أحمد شاه (١٧٢٢ ؟ – ١٧٧٣) : مؤسس دولة أفغانستان وأول ملوكها (عام ١٧٤٧) .

Ahmed I [ä mĕt'] أحمد الأول (١٥٩٠ – ١٦١٧) : سلطان عثماني (١٦٠٣ – ١٦١٧) . بنى الجامع المعروف باسمه في إستانبول .

Ahmed II أحمد الثاني (١٦٤٢ – ١٦٩٥) : سلطان عثماني (١٦٩١ – ١٦٩٥) . نشبت في عهده اضطرابات واسعة في سوريا والعراق والحجاز .

Ahmed III أحمد الثالث (١٦٧٣ – ١٧٣٦) : سلطان عثماني (١٧٠٣ – ١٧٣٠) . خاض الحرب ضد الروسيا (١٧١١ – ١٧١٣) فكاد يقضي على قواتها.

'A'ishah ['ä'i shäh] عائشة (٦١٤ – ٦٧٨ م.): بنت أبي بكر الصِّدّيق وزوجة الرسول محمد عليه السلام . حاربت الإمام عليّاً في معركة الجمل (عام ٦٥٦ م.).

Akbar [ăk'bär] أكبر (١٥٤٢ – ١٦٠٥): أمبراطور هندي مغولي (١٥٥٦ – ١٦٠٥). عُرف بتسامحه الديني . فتَحَ البنغال وأخضع كشمير والسِّند .

Akhenaton [ä kə nä'tən] أخناتون (توفي عام ١٣٦٢ ق. م.) : فرعون مصر (١٣٧٩–١٣٦٢ ق. م.). نادى بالوحدانية .

Akhtal, al- [ăl ăkh'täl] الأخطل (٦٤٠ ؟ – ٧١٠ م.) : شاعر عربي نصراني . يُعتبر أحد أبرز شعراء العصر الأموي .

al- أل .... لام التعريف في العربية . إذا لم تجد الاسم العربي الذي تطلبه تحت al- فاطلبُهُ في موضعه مجرَّداً من لام التعريف.

Alaric [ăl'ə rĭk] ألارك (٣٧٠ ؟ – ٤١٠ م.) . ملك القوط الغربيين (٣٩٥ – ٤١٠ م.) . احتلّ رومة (عام ٤١٠ م.) .

al-Asad [ăl ä'săd], **Hafiz** الأسد ، حافظ (١٩٣٠ –) : زعيم عسكري وسياسي سوري . رئيس الجمهورية (١٩٧١ –) .

al-Asma'i [ăl äs mä'ē] الأصْمَعي (٧٤٠ ؟ – ٨٢٨ م.): راوية ولغوي عربي. أشهر آثاره : « الأصمعيات » .

al-Atasi [ăl ă tâ'sē], **Hashim** الأتاسي ، هاشم (١٨٧٥ – ١٩٦٠) : سياسي سوري . ناضل من أجل تحرير بلاده . تولى رئاسة الجمهورية مرتين (عام ١٩٣٦) و (عام ١٩٥٠) .

al-Awza'i [ăl ăw zâ'ē] الأوزاعي (٧٠٧ – ٧٧٤ م.) : فقيه ومحدِّث مسلم . كان صاحب مذهب انتشر فترة في بلاد الشام .

al-Bakr [ăl'băkr], **Ahmad Hasan** البَكْر ، أحمد حسن (١٩١٦ –) : زعيم عسكري وسياسي عراقي . رئيس الجمهورية (١٩٦٨ – ١٩٧٩) استقال .

al-Banna [ăl băn'nâ], **Hasan** البنّا، حسن (١٩٠٦ – ١٩٤٩) : مؤسس « جمعية الإخوان المسلمين » في مصر (عام ١٩٢٨) .

al-Barudi [ăl bâ'ro͞o dē], **Mahmud Sami** البارودي ، محمود سامي (١٨٤٠ – ١٩٠٤) : شاعر وضابط مصري . يُعتبر من أبرز أركان النهضة الأدبية الحديثة .

Albertus Magnus [ăl bûr'təs măg'nəs], **Saint** ألبرت الكبير ، القديس (١٢٠٠ ؟ – ١٢٨٠) : فيلسوف ولاهوتي ألماني . حاول التوفيق بين اللاهوت وفلسفة أرسطو .

Albucasis [ăl bo͞o kä'sĭs] = Zahrawi, al-.

Albumazar [ăl bo͞o măz'ər] = abu-Ma'shar.

al-Bustani [ăl bo͞os'tâ nē], **Butros** البُستاني ، بطرس (١٨١٩ – ١٨٨٣) : لغوي وموسوعي لبناني . صاحب « محيط المحيط » و « دائرة المعارف » .

al-Bustani, Sulayman البستاني . سليمان (١٨٥٦ – ١٩٢٥) : سياسي وشاعر لبناني . عرّب « إلياذة » هوميروس شعراً .

Alembert [dä län bĕr'], **Jean Le Rond d'-** دالامبير ، جان لو رون (١٧١٧ – ١٧٨٣) : فيلسوف وفيزيائي ورياضي فرنسي . شارك في تحرير « الموسوعة الفرنسية » .

Alexander I [ăl ĭg zăn'dər] ألكْسَنْدر الأول (١٧٧٧ – ١٨٢٥) . قيصر الروسيا (١٨٠١ – ١٨٢٥) . في عهده غزا نابوليون بونابرت الروسيا (عام ١٨١٢) .

Alexander II ألكْسَنْدر الثاني (١٨١٨ – ١٨٨١) : قيصر الروسيا (١٨٥٥ – ١٨٨١). حرّر الأقنان أو عبيد الأرض .

Alexander VI ألكْسَنْدر السادس (١٤٣١ – ١٥٠٣) : بابا رومة (١٤٩٢ – ١٥٠٣) . عُرف برعايته للفن والفنانين.

d'Alembert

Alexander I

Alexander Severus [sə vîr′əs] ألكسَنْدر سفيروس (٢٠٨ ؟ – ٢٣٥ م.) : أمبراطور روماني (٢٢٢ – ٢٣٥ م.) . تمرّد عليه جنده فقتلوه .

Alexander the Great الإسكندرالكبير ؛ الإسكندر المقدوني (٣٥٦ – ٣٢٣ ق. م.) : ملك مقدونيا (٣٣٦ – ٣٢٣ ق. م.) . يُعتبر أحد عباقرة الحرب في كل العصور .

Alfieri [al fyĕ′rē], **Vittorio** ألفييري ، فيتّوريو (١٧٤٩ – ١٨٠٣) : شاعر وزعيم وطني إيطالي . عبّر في آثاره عن تمجيده للحرية .

Alfonso I [al fŏn′sō] ألفونسو الأول (١١٠٩ ؟ – ١١٨٥) : أول ملوك البرتغال (١١٣٩ – ١١٨٥) . يعتبره البرتغاليون قديساً .

Alfonso XIII ألفونسو الثالث عشـــر (١٨٨٦ – ١٩٤١) : ملك إسبانيا (١٨٨٦ – ١٩٣١) . نودي به ملكاً في نفس العام الذي وُلد فيه . خُلع عن العرش .

Alfred the Great[ăl′frĕd] ألفرد الكبير (٨٤٩ – ٨٩٩ م.) : ملك إنكلترا (٨٧١– ٨٩٩) . عزّز التعليم وناصر العلماء .

al-Ghafiqi [ăl gä′fi qē], **Abd-ur-Rahman** الغافقي ، عبد الرحمن (توفي عام ٧٣٢ م.) : قائد عربي . لقي مصرعه في معركة بواتييه (عام ٧٣٢ م.) .

al-Ghazzali [ăl găz zä′lē], **abu-Hamid** الغزّالي، أبو حامد (١٠٥٨ – ١١١١ م.) : مصلح ديني مسلم . أشهر آثاره : « إحياء علوم الدين » .

al-Ghifari [ăl gĭ fâ′rē], **abu-Dharr** الغِفاريّ ، أبو ذرّ (توفي عام ٦٥٢ م.) : صحابيّ زاهد . نادى بأن للفقراء حقاً في مال الأغنياء .

Alhazen [ăl hä zĕn′] = ibn-al-Haytham.

‘Ali [‘ä lĭ′] علي بن أبي طالب (٦٠٠ ؟ – ٦٦١ م.) : ابن عمّ النبي محمّد عليه السلام وزوج فاطمة ابنته . رابع الخلفاء الراشدين (٦٥٦ – ٦٦١ م.) . اشتهر بشجاعته وفصاحته وزهده .

‘Ali ibn-Husain [‘ä lĭ′ ĭb′ən hōō sān′] علي بن الحُسَين (١٨٧٨ – ١٩٣٥) : ملك الحجاز (١٩٢٤ – ١٩٢٥). أُكرهَ على التنازل عن العرش .

al-Jahiz [ăl jâ′hĭz] الجاحظ (؟ – ٧٧٣ ٨٦٩ م.) : أديب عربي . عُرف بالظّرف والسّخرية البارعة . من آثاره : كتاب « الحيوان » و كتاب « البخلاء » .

al-Jazzar [ăl jăz′zär], **Ahmed** الجزّار ، أحمد (١٧٣٤ ؟ – ١٨٠٤) : والي سوريا العثماني (١٧٧٥ – ١٨٠٤) . اتخذ عكا مقراً له وبالغ في تحصينها .

al-Khalil ibn-Ahmad [ăl khă′lēl ĭb′ən ăh′măd] الخليـــل بن أحمـــد (٧١٨ ؟ – ٧٩١ م.) : لغوي عربي . وضع علم العروض وألّف أول معجم عربي .

al-Khansa’ [ăl khăn sâ′] الخنســاء (توفيت بعد عام ٦٣٠ م.) : شاعرة عربية مُخَضرمة (عاشت في عصري الجاهلية والإسلام) . اشتهرت بالرثاء .

al-Khwarizmi [ăl khwâ rĭz′mē] الخُوارزمي (٧٨٠–٨٥٠ ؟ م.): عالم رياضي عربي . يُعتبر واضع علم الجبر . تُرجمت كتبه إلى اللاتينية .

Alexander the Great

al-Kindi [ăl kĭn′dē] الكِنْدي (٧٩٦ ؟ – ٨٧٣ ؟ م.) : فيلسوف عربي . عُني بدراسة الطب والفلك والهندسة والموسيقى أيضاً .

Allenby [ăl′ən bē′], **Edmund** أللنبي ، أدموند (١٨٦١ – ١٩٣٦) : مارشال إنكليزي . قائد القوات البريطانية في مصر وفلسطين (١٩١٧ – ١٩١٨) .

al-Mansur [ăl măn sōōr′], **abu-Ja‘far** المنصور ، أبو جعفر (٧١٢ ؟ – ٧٧٥ م.) : ثاني الخلفاء العباسيين (٧٥٤ – ٧٧٥ م.) . بنى بغداد وجعلها عاصمة الخلافة (عام ٧٦٢ م.) .

al-Mansur, Muhammad ibn-abi-‘Amir المنصور ، محمد بن أبي عامر (٩٣٩–١٠٠٢ م.) : وزير عربي أندلسي . شجع العلم والعلماء .

Alma-Tadema [ăl′mə tăd′ə mə], **Sir Lawrence** آلما تاديما، السير لورنس (١٨٣٦ – ١٩١٢) : رسام إنكليزي . عُني بتصوير الحياة اليومية .

al-Mu‘izz [ăl mōō′ĭz] المعزّ لديـــن الله (٩٣١–٩٧٥ م.) : خليفة فاطمي (٩٥٢ – ٩٧٥م.) . فتح مصر وأسس القاهرة والأزهر الشريف .

al-Musta‘sim [ăl mōōs tă‘sĭm′] المستعصم ؛ المستعصم بالله (١٢١٢ – ١٢٥٨ م.) : آخر الخلفاء العباسيين (١٢٤٢– ١٢٥٨م.) .

al-Mutanabbi [ăl mōō tă năb′bē] المُتَنَبّي ، أبو الطّيّب أحمد بن الحسين (٩١٥ – ٩٦٥ م.) : أشهر شعراء العرب . فَهِمَ أسرار النفس البشرية وصاغ تجاربه حِكَماً جرت مجرى الأمثال .

al-Mu‘tasim [ăl mōō‘tă sĭm] المُعتَصم (٧٩٤ – ٨٤٢ م.) : ثامن الخلفاء العباسيين (٨٣٣ – ٨٤٢ م.) . بنى مدينة سامرّاء وقاتل البيزنطيين .

al-Mutawakkil [ăl mōō tă wăk′kĭl] المتوكّل (٨٢٢ – ٨٦١ م.) : عاشر الخلفاء العبــاسيين (٨٤٧ – ٨٦١ م.) . عُرف بتعصّبه لمذهب السنّة ومحاربته للمعتزلة .

al-Mu‘tazz[ăl mōō‘tăz] المُعْتزّ (٨٤٦– ٨٦٩ م.) : الخليفة العباسي الثالث عشر (٨٦٦–٨٦٩ م.) . قتلَهُ الجند الأتراك.

al-Nabighah al-Dhubyani [ăn nâ′ bĭ găh ăth thōōb′yâ nē] النابغةالذُّبياني (توفي عام ٦٠٤ ؟ م .) : شاعر جاهلي . من أصحاب المعلقات .

Alp Arslan [ălp ärs′län] ألب ارسلان (١٠٢٩ – ١٠٧٢ م.) : سلطان سلجوقي . هزم القوات البيزنطية(عام ١٠٧١) .

al-Razi [ăr rä′zē] الرازي ، أبو بكـــر (٨٦٥ ؟ – ٩٢٥ ؟ م.) : أعظم الأطباء العرب . صاحب كتاب « الحاوي » ورسالة « الجُدَري والحصبة » .

al-Rihani [ăr rē′hâ nē], **Amin** الريحاني ، أمين (١٨٧٦ – ١٩٤٠) : كاتب لبناني . دعا إلى الإصلاح والتجديد . قام برحلات عديدة إلى مختلف البلدان العربية .

al-Rusafi [ăr rōō′sä fē], **Ma‘ruf** الرُّصافي ، معروف (١٨٧٧ – ١٩٤٥) : شاعر عراقي . غلب على شعره الطابع السياسي والاجتماعي .

al-Sayyab [ăs săy′yâb], **Badr Shakir** السَّيّاب ، بدر شاكر (١٩٢٦ – ١٩٦٤) : شاعر عراقي . أحد أبرز روّاد المدرسة الحديثة في الشعر العربي.

Qasim Amin

Andrea del Sarto's portrait of his wife

André Marie Ampère

Ammonius Saccas [ăm'ə nĭ əs săk'əs] أمونيوس سَكّاس (النصف الأول من القرن الثالث الميلادي) : فيلسوف إسكندري . مؤسس الأفلاطونية المُحْدَثة .

Ampère [än pâr'], **André Marie** أمبير ، أندريه ماري (١٧٧٥ – ١٨٣٦) : رياضي وفيزيائي فرنسي . يُعتبر أبا المغنطيسية الكهربائية .

Amundsen [ä'mən sən], **Roald** آمنْيسن ، روولد (١٨٧٢ – ١٩٢٨ ؟) : مستكشف نروجي . أول من وصل إلى القطب الجنوبي (عام ١٩١١) .

Anaxagoras [ăn ăk săg'ə rəs] أناكْسَغوراس (٥٠٠ ؟ – ٤٢٨ ؟ ق.م.) : فيلسوف يوناني . قال بأنه لا يوجد شيء من العدم .

Anaximander [ə năk'sə măn dər] أناكْسِمَنْدَر (٦١١ – ٥٤٧ ق. م.) : فيلسوف يوناني . قال بأن الكون نشأ من مادة لامتناهية تشتمل على مختلف المتناقضات .

Anaximenes [ăn ăk sē mē'nĭs] أناكْسيمينيس (توفي عام ٤٨٠ ق. م.): فيلسوف يوناني . قال بأن الهواء هو أصل الأشياء كلها .

Andersen[ăn'dər sən], **Hans Christian** أنْدَرْسن ، هانز كريستيان (١٨٠٥ – ١٨٧٥) : شاعر وروائي دانمركي . وضع حكايات خرافية للأطفال .

Anderson [ăn'dər sən], **Carl David** أندرسون ، كارل دايفيد (١٩٠٥ –) : فيزيائي أميركي . مُنح جائزة نوبل في الفيزياء (بالمشاركة) لعام ١٩٣٦ .

Anderson, Maxwell أندرسون، ماكسْويل (١٨٨٨ – ١٩٥٩) : مؤلف مسرحي أميركي . تمثّل آثاره محاولةً جادّةً لبعث المسرح الشِّعري .

Anderson, Sherwood أندرســون ، شيروود (١٨٧٦ – ١٩٤١) : كاتب أميركي . يُعتبر أحد رواد الأقصوصة الأميركية الحديثة .

Andrea del Sarto [än drā'ä dĕl sär'tō] أندريا دِلْ سارتو (١٤٨٦ – ١٥٣٠) : رسام إيطالي . يُعتبر أحد أعظم الفنانين في عصر النهضة .

Andreev [än drā'yĕf], **Leonid** آندرييف ، ليونيد (١٨٧١ – ١٩١٩) : روائي وكاتب مسرحي روسي .

Andrews [ăn'drōōz], **Thomas** أندروز ، توماس (١٨١٣ – ١٨٨٥) : كيميائي وفيزيائي إيرلندي . أثبت أن جميع الغازات قابلة للإسالة .

al-Shafi'i [ăsh'shâ fi'ē] الشافعي ، محمد ابن إدريس (٧٦٧ – ٨٢٠ م.): فقيه وإمام مسلم . صاحب المذهب الشافعي ، أحد المذاهب السُّنِّية الأربعة .

al-Sharif al-Radiyy [ăsh shă rēf' ăr rä dĭyy'] الشريف الرَّضيّ (٩٧٠ – ١٠١٦ م.) : شاعر عباسي . تميّز شعره بالنصاعة والشّفافية .

al-Shidyaq [ăsh shĭd'yâq], **Ahmad Faris** الشِّدياق ، أحمد فارس (١٨٠٤ – ١٨٨٨) : أديب ولغوي وصحافي لبناني . اعتنق الإسلام وتسمّى بـ « أحمد » .

al-Solh [ăs'sŏlh], **Riyad** الصُّلح ، رياض (١٨٩٤ – ١٩٥١) : سياسي لبناني . لعب دوراً أساسياً في تحقيق استقلال لبنان .

al-Tahtawi [ăt täh'tä wē], **Rifa'ah** الطَّهطاوي، رِفاعة (١٨٠١ – ١٨٧٣) : عالم وصحافي مصري . يعتبر رائد النهضة الفكرية الحديثة في مصر .

al-Tha'alibi [ăth'thă'ā'lĭ bē], **abu-Mansur** الثعالبي ، أبو منصور (٩٦١ – ١٠٣٨ م.):لغوي ومؤرخ عربي. صاحب « يتيمة الدهر في شعراء أهل العصر » .

al-Tirmidhi [ăt tĭr'mĭ thē] التِّرمذي (توفي عام ٨٩٢ م.) : محدِّث مسلم . صاحب كتاب « الجامع الصحيح » في الحديث .

al-Tusi [ăt tōō'sē] الطُّوسي ، نصير الدين (١٢٠١ – ١٢٧٤ م.) : عالم فلك ورياضيات مسلم . من آثاره : « تربيع الدائرة » .

al-Walid [ăl wă lēd'] الوليد بن عبد الملك (٦٦٨ – ٧١٥ م.) : خليفة أموي (٧٠٥ – ٧١٥ م.) . اتسعت في عهده الأمبراطورية العربية . بنى الجامع الأموي بدمشق .

Amenhotep IV [ä mən hō'tĕp] = Akhenaton.

Amin, al- [ăl ă mēn'] الأمين (٧٨٧ – ٨١٣ م.) : سادس الخلفاء العباسيين (٨٠٩ – ٨١٣ م.) . ابن هارون الرشيد . قُتل .

Amin [ă mēn'], **Ahmad** أمين، أحمد (١٨٨٦ – ١٩٥٤) : كاتب وباحث مصري . أشهر آثاره : « فجر الإسلام » و « ضحى الإسلام » .

Amin, Qasim أمين ، قاسم (١٨٦٥ – ١٩٠٨) : مصلح اجتماعي مصري . دعا إلى تحرير المرأة .

Aminah [â mĭ năh'] آمنة بنت وَهْب (توفيت عام ٥٧٦ م.) : أمّ النبيّ محمد عليه السلام .

Andromache [ăn drŏm'ə kē]
أندروماك : في الميثولوجيا اليونانية ، زوجة هكتور الوفيّة .

Angelico [ăn jĕl'ĭ kō], **Fra** [frä]
آنجيليكو ، فرا (١٤٠٠ ؟ – ١٤٥٥) : راهب ورسام إيطالي . معظم أعماله دينيّ الموضوع .

Angström [ăng'strəm], **Anders Jonas**
آنغسْتروم ، آنْدَرْس جونـاس (١٨١٤ – ١٨٧٤) : فيزيائي وفلكي سُويدي . يُعتبر رائد المطيافية أو التحليل الطيفيّ .

Anne [ăn]
آنّ ؛ آنّ سْتْيُوْوارت (١٦٦٥– ١٧١٤) : ملكة بريطانيا (١٧٠٢ – ١٧١٤) . في عهدهـا اتحدت إنكلتـرا وأسكتلندا .

Anne Boleyn [ăn bo͝ol'ĭn]
آن بولـين (١٥٠٧ – ١٥٣٦) : ثانية زوجـات هنري الثامن ملك إنكلترا .

Anne of Cleves [klēvz]
آن أوف كليفز (١٥١٥ – ١٥٥٧) : رابعة زوجات هنري الثامن ملك إنكلترا .

'Antarah ['ăn tă räh']
عَنْترة ؛ عنترة بن شَدّاد (٥٢٥ ؟ – ٦١٥ م.) : شاعر عربي جاهلي . من أصحاب المعلقات . اشتهر بالفروسية وبحبّه لابنة عمه عبلة .

Anthony of Egypt [ăn'thə nē], **Saint**
أنطونيوس المصري ، القديس (٢٥٠ ؟ – ٣٥٥ ؟ م.) : ناسك مصري . يعتبر أبا الرهبانيات في التاريخ المسيحي .

Anthony of Padua, Saint
أنطونيوس البَدْواني ، القديس (١١٩٥ – ١٢٣١م.) : راهب فرانسسكاني برتغالي . عُرف بنشاطه التبشيري .

Antisthenes [ăn tĭs'thə nēz]
أنتيسْثينيس (٤٤٤ ؟ – ٣٦٥ ق. م.) : فيلسوف يوناني . مؤسس المذهب الكلبيّ Cynicism .

Antoninus [ăn tə nī'nəs], **Marcus Aurelius**
أنطونينوس ، ماركوس أوريليوس (١٢١ – ١٨٠ م.) : أمبراطور روماني (١٦١ – ١٨٠ م.) . اشتهر بوصفه فيلسوفاً رواقياً .

Antoninus Pius [ăn tə nī'nəs pī'əs]
أنطونينوس بيوس (٨٦ – ١٦١ م.) : أمبراطور روماني (١٣٨ – ١٦١ م.) . أخضع ثورة على الحكم الروماني في بريطانيا .

Antonius [ăn tō'nē əs], **Marcus**
أنطونيوس ، ماركوس (٨٢ ؟ – ٣٠ ق.م.): قائد روماني . اشتهر بحبّه لكليوباترا .

Antony [ăn'tə nĭ], **Mark** *or* **Marc** = Antonius, Marcus.

Apollinaire [ȧ pô lē nâr'], **Guillaume**
أبولينير ، غليوم (١٨٨٠ – ١٩١٨) : شاعر فرنسي . بولندي المولد . مهّدت آثاره لظهور السُّريالية .

Appleton [ăp'əl tən], Sir **Edward**
أبلْتون ، السِّير أدوَرْد (١٨٩٢ – ١٩٦٥) : فيزيائي بريطاني . درس الأيونوسفـير أو الغلاف الأيوني .

Aquinas [ə kwī'nəs],**Saint Thomas**
الأكويني ، القديس توما (١٢٢٥–١٢٧٤): راهب وفيلسوف ولاهوتي إيطالي . وضع مذهباً فلسفياً يُعرف بـ « التومائية » .

'Arabi Pasha ['ȧ rä'bē pä'shä], **Ahmad**
عرابي باشا ، أحمد (١٨٤١ – ١٩١١) : زعيم عسكري مصري . أعلن الثورة على الخديوي توفيق (عام ١٨٨٢) .

Arcadius [är kā'dē əs]
أركاديـوس (٣٧٧ ؟ – ٤٠٨ م.) : أول أباطرة الأمبراطورية الرومانية الشرقية (٣٩٥ – ٤٠٨م.) .

Archimedes [är kə mē'dēz]
أرخميدس (٢٨٧ ؟ – ٢١٢ ق. م.) : رياضي وفيزيائي يوناني . اكتشف مبدأ الثّقل النوعي .

Arcimboldo [är sĭm'bōl dō], **Giuseppe**
آرسيمبولدو ، جيوزيبي (١٥٣٠– ١٥٩٣) : رسام إيطالي . تأثر به نفرٌ من رسامي القرن العشرين .

Aretino [ä rā tē'nō] , **Pietro**
آريتينو ، بييترو (١٤٩٢ – ١٥٥٦) : كاتب وشاعر إيطالي . من أدباء عصر النهضة . عُرف بهجائه اللاذع .

Ariosto [ä rē ô'stō], **Lodovico**
أريوسطو ، لودوفيكو (١٤٧٤ – ١٥٣٣): شاعر وكاتب مسرحي إيطالي . صاحب ملحمة «أورلندو الحانق» *Orlando Furioso*.

Aristides [ăr ĭs tī'dēz]
أريستيديـس (القرن الخامس قبل الميلاد) : قائد عسكري وسياسي أثيني . يُعتبر مؤسس « حِلف ديلوس » (عام ٤٧٨ ق. م.) .

Aristippus [ăr ĭs tĭp'əs]
أريستيبّـوس (٤٣٥ – ٣٦٦ ق. م.): فيلسوف يوناني . مؤسس المذهب القوريني Cyrenaic school.

Aristophanes [ăr ĭs tŏf'ə nēz]
أريستوفان (٤٥٠ ؟ – ٣٨٨ ؟ ق. م.) : مؤلف مسرحي يوناني . يُعتبر أعظم شعراء الكوميديا في الأدب الإغريقي القديم .

Aristotle [ăr'ĭs tŏt əl]
أرسطو (٣٨٤ – ٣٢٢ ق. م.) : فيلسوف يوناني . يُعدّ واحداً من أعظم الفلاسفة في جميع العصور .

Antonius Pius

Aristophanes

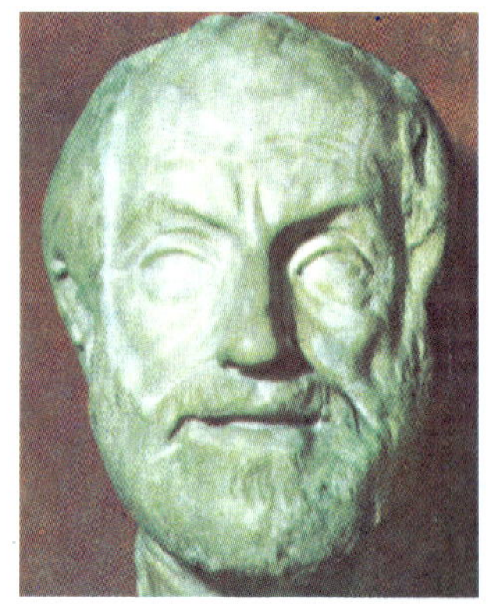

Aristotle

Arius [ə rī'əs; âr'ē əs] آريوس (٢٥٠ ؟ — ٣٣٦ ؟ م.) : لاهوتي نصراني يوناني . قال بأن المسيح مخلوق وليس إلهاً .

Arkwright [ärk'rīt], **Richard** آركرايت ، ريتشارد (١٧٣٢ — ١٧٩٢) : مخترع إنكليزي . أدخل تحسينات على المغزل الآلي .

Arnold [är'nəld], **Matthew** آرنولد ، ماثيو (١٨٢٢ — ١٨٨٨) : شاعر وناقد إنكليزي .

Arp [ärp], **Jean** آرب ، جان (١٨٨٧ — ١٩٦٦) : رسام ونحّات وشاعر فرنسي . ارتبط اسمه بالدّادية أولاً ثمّ بالسُّريالية .

Arslan [ârs'lân], Amir **Shakeeb** أَرْسلان ، الأمير شكيب (١٨٦٩ — ١٩٤٦) : سياسي وكاتب ومؤرخ لبناني . وقف حياته على خدمة الإسلام والعرب.

Artaud [ȧr tō'], **Antonin** آرتـــو ، أنطونين (١٨٩٦ — ١٩٤٨) : شاعر سُريالي وممثّل وناقد مسرحي فرنسي .

Asquith[ăs'kwĭth], **Herbert Henry** آسكويث ، هربرت هنري (١٨٥٢ — ١٩٢٨) : سياسي بريطاني . رئيس الوزراء (١٩٠٨ — ١٩١٦) .

Attila [ăt'ə lə] أتيلاّ (٤٠٦ — ٤٥٣ م.) : ملك الهُوْن (٤٣٤ — ٤٥٣ م.) . اجتاح جزءاً كبيراً من الأمبراطوريتين البيزنطية والرومانية.

Attlee [ăt'lē], **Clement** أتلي ، كليمنت (١٨٨٣ — ١٩٦٧) : سياسي بريطاني . رئيس الوزراء (١٩٤٥ — ١٩٥١) .

Auden [ô'dən], **Wystan** أودن ، ويستان (١٩٠٧ — ١٩٧٣) : شاعر وناقد أميركي . إنكليزي المولد .

Augustine [ô'gə stēn], **Saint** أوغُسْطين ، القديس (٣٥٤ — ٤٣٠ م.) : لاهوتي وفيلسوف كاثوليكي . حاول التوفيق بين الفكر الأفلاطوني والعقيدة النصرانية.

Augustus [ô gŭs'təs] أوغسطوس (٦٣ ق. م. — ١٤ م.) : أول أباطرة الرومان (٢٧ ق. م. — ١٤ م.) . أعاد تنظيم الجيش.

Aurelian [ô rēl'yən] أوريليـــان ؛ أوريليانوس (٢١٥ ؟ — ٢٧٥ م.) : أمبراطور روماني (٢٧٠ — ٢٧٥ م.) . دمّر تدمر وأسر ملكتها زنوبيا .

Auriol [ô ryôl'], **Vincent** أوريول ، فَنْسان (١٨٨٤ — ١٩٦٦) : سياسي فرنسي . رئيس الجمهوريـــة (١٩٤٧ — ١٩٥٤) .

Austen [ôs'tən], **Jane** أوستن ، جَيْن (١٧٧٥ — ١٨١٧) : روائية إنكليزية . عُنيت بتصوير حياة الطبقة المتوسطة.

Avempace [ä vəm pä'thā] ابن باجّـــه (توفي عام ١١٣٨ م.) : فيلسوف عربي أندلسي . شرح عدداً من كتب أرسطو .

Avenzoar [ăv ən zō'ər] ابـــن زُهـــر (١٠٩٠ ؟ — ١١٦٢ م.) : طبيب عربي أندلسي . حارب الشعوذة والخرافات في الطب .

Averroës [ə vĕr'ō ēz] ابن رُشد (١١٢٦ — ١١٩٨ م.) : فيلسوف عربي أندلسي . حاول التوفيق بـــين الشريعة الإسلامية والفلسفة اليونانية .

Avicenna [ăv ə sĕn'ə] ابن سينا (٩٨٠ — ١٠٣٧ م.) : طبيب وفيلسوف عربي . تجاوزت مصنّفاته المئة ، ومن أشهرها كتاب « القانون » في الطب .

Avogadro [ä vô gä'drō], **Amedeo** آفوغادرو ، أميديو (١٧٧٦ — ١٨٥٦) : فيزيائي وكيميائي إيطالي .

Augustus

Ayub Khan [ăy'yōōb kän'], **Mohammad** أيّوب خان ، محمد (١٩٠٧ — ١٩٧٤) : زعيم عسكري وسياسي باكستاني . رئيس الجمهورية (١٩٥٨ — ١٩٦٩) .

Jean Arp : *la Planche à œufs* جان آرب : « صحفة البيض »

B

Baber [bä'bər] : بابَر (١٤٨٣ ــ ١٥٣٠) : أمبراطور الهند (١٥٢٦ ــ ١٥٣٠) . فتح مدينة دلهي (عام ١٥٢٦) .

Bach [bäkh], **Johann Sebastian** باخ ، جوهان سيباستيان (١٦٨٥ ــ ١٧٥٠) : مؤلف موسيقي ألماني . عُرِف بغزارة الإنتاج .

Bacon [bā'kən], **Francis** بايكون ، فرنسيس (١٥٦١ ــ ١٦٢٦) : سياسي وفيلسوف إنكليزي . يُعتبر أحد رواد العلم التجريبي الحديث .

Bacon, Roger بايكون، روجر (١٢٢٠ ؟ ــ ١٢٩٢) : عالم وفيلسوف إنكليزي . عُني بعلم البَصَريات خاصة .

Baden-Powell [bād'ən pō'əl], **Robert** بايدن بوويل ، روبرت (١٨٥٧ ــ ١٩٤١) . مؤسس الحركة الكشفية (عام ١٩٠٨) .

Baber

Badoglio [bä dô'lyô], **Pietro** بادوليو ، بييترو (١٨٧١ ــ ١٩٥٦) : مارشال إيطالي . تولى رئاسة الحكومة بعد سقوط موسوليني (عام ١٩٤٣) .

Baffin [băf'ĭn], **William** بافن ، وليم (١٥٨٤؟ ــ ١٦٢٢) : ملاح ومستكشف إنكليزي .

Bahaullah [bä hä o͞o lä'] بهاء الله (١٨١٧ ــ ١٨٩٢) : زعيم ديني فارسي . مؤسس البهائية .

Baldwin [bôld'wĭn], **Stanley** بولدوين ، ستانلي (١٨٦٧ ــ ١٩٤٧) : سياسي بريطاني. رئَسَ الوزارة ثلاث مرات .

Robert Baden – Powell

Balfour [băl'fo͝or], **Arthur** بلفور ، آرثر (١٨٤٨ ــ ١٩٣٠) : سياسي بريطاني. رئيس الوزراء (١٩٠٢ ــ ١٩٠٥) . وزير الخارجية (١٩١٦ــ١٩١٩) . صاحب وعد بلفور المشؤوم .

Balzac [bȧl zȧk'], **Honoré de** بلزاك ، أونوريه دو (١٧٩٩ ــ ١٨٥٠) : روائي فرنسي . يُعتبر أحد أركان المدرسة الواقعية.

Banting [băn'tĭng] , **Frederick Grant** بانتنغ ، فريدريك غرانت (١٨٩١ ــ ١٩٤١) : طبيب كندي . مكتشف الإنسولين .

Banville [bȧn vēl'], **Théodore de** بانفيل ، تيودور دو (١٨٢٣ ــ ١٨٩١) : شاعر فرنسي . من أركان المدرسة البرناسية .

Johann Sebastian Bach

Barrès [bȧ rĕs'], **Maurice** باريس ، موريس (١٨٦٢ ــ ١٩٢٣) : روائي وسياسي فرنسي .

Barth [bärt], **Karl** بارت ، كارل (١٨٨٦ ــ ١٩٦٨) : لاهوتي بروتستانتي سويسري . أكدّ على ضرورة العودة إلى ينابيع النصرانية ، أي إلى الكتاب المقدس .

Bartholdi [bȧr tôl dē'], **Frédéric** بارتولدي ، فريدريك (١٨٣٤ ــ ١٩٠٤) : نحّات فرنسي .

Basil I [băz'əl] باسيل الأول (٨١٢ ؟ ــ ٨٨٦ م.) : أمبراطور بيزنطي (٨٦٧ ــ ٨٨٦ م.) . قام بإصلاحات قانونية ومالية مختلفة .

Basil II باسيل الثاني (٩٥٧ ؟ ــ ١٠٢٥م.): أمبراطور بيزنطي (٩٦٣ ــ ١٠٢٥م.) . اتسعت الأمبراطورية في عهده اتساعاً كبيراً .

Honoré de Balzac

Battani, al- [ăl băt tâ'nē] البَتّاني (٨٥٨ ؟ – ٩٢٩ م.) : عالم فلك عربي . حدّد طول الفصول بدقة .

Baudelaire [bōd lâr'], **Charles** بودلير ، شارل (١٨٢١ – ١٨٦٧) : شاعر فرنسي . تميّز شعره بطابع إباحيّ .

Baudouin I [bō dwăn'] بُودْوان الأول (١٩٣٠ –) : ملك بلجيكا (١٩٥١ –) .

Baybars [bī bârs'] بَيْبَرْس ، الملك الظاهر (١٢٢٣ – ١٢٧٧ م.) : أعظم سلاطين المماليك والمؤسس الحقيقي لدولتهم .

Beaumarchais [bō mär shě'], **Pierre Augustin Caron de** بومارشيه ، بيير أوغوستين كارون دو (١٧٣٢–١٧٩٩) : كاتب مسرحي فرنسي .

Beauvoir [bō vwär'], **Simone de** بوفوار ، سيمون دو (١٩٠٨ –) : كاتبة وروائية فرنسية . زوجة جان بول سارتر .

Beckett [běk'ĭt], **Samuel** بيكيت ، صموئيل (١٩٠٦ –) : روائي وكاتب مسرحي إيرلندي . مُنح جائزة نوبل في الأدب لعام ١٩٦٩ .

Becquerel [běk rěl'], **Antoine Henri** بيكيريل ، أنطوان هنري (١٨٥٢ – ١٩٠٨) : فيزيائي فرنسي . منح جائزة نوبل في الفيزياء (بالمشاركة) لعام ١٩٠٣ .

Beethoven [bā'tō vən], **Ludwig van** بتَهوفن ، لودفيك فان (١٧٧٠ – ١٨٢٧) : مؤلف موسيقي ألماني . يُعتبر أحد أبرز عباقرة الموسيقى في جميع العصور .

Bell [běl], **Alexander Graham** بل ، ألكَسَندر غراهام (١٨٤٧ – ١٩٢٢) : مخترع أميركي . أسكتلندي المولد . اخترع التلفون (عام ١٨٧٦) .

Bellini [bəl lē'nē], **Giovanni** بلّيني ، جيوفاني (١٤٣٠ ؟ – ١٥١٦) : رسام إيطالي . عرف ببراعته في استخدام الألوان .

Bellini, Jacopo بلّيني ، يعقوب (١٤٠٠ ؟ – ١٤٧٠ ؟) : رسام إيطالي . والد جيوفاني بلّيني .

Ben Bella [běn běl'ə], **Ahmad** بن بلاّ ، أحمد (١٩١٨ –) : سياسي جزائري . رئيس الجمهورية (١٩٦٣ – ١٩٦٥) .

Benedict XV [běn'ə dĭkt] بنيديكْت الخامس عشر (١٨٥٤ – ١٩٢٢) : بابا رومة (١٩١٤ – ١٩٢٢) . شجَب فظائع الحرب العالميّة الأولى .

Beneš [bě'něsh], **Eduard** بينيش ، أدوار (١٨٨٤ – ١٩٤٨) : سياسي تشيكوسلوفاكي . رئيس الجمهورية (١٩٣٥ – ١٩٣٨) و (١٩٤٦ – ١٩٤٨) .

Bennett [běn'ĭt], **Arnold** بينيت ، آرنولد (١٨٦٧ – ١٩٣١) : روائي وكاتب مسرحي إنكليزي . صوّر مصاعب الحياة في المصانع الإنكليزية .

Bentham [běn'thəm], **Jeremy** بنثام ، جيريمي (١٧٤٨ – ١٨٣١) : فيلسوف إنكليزي . قال بأن المتعة هي غاية الحياة الأساسية .

Berdyaev [běr dyä'əf], **Nikolai** بَرْدييف ، نيقولاي (١٨٧٤ – ١٩٤٨) : فيلسوف وجوديّ روسي .

Bergson [běrg'sən], **Henri** برغسون ، هنري (١٨٥٩ – ١٩٤١) : فيلسوف فرنسي . مُنح جائزة نوبل في الأدب لعام ١٩٢٧ .

Bering [bîr'ĭng], **Vitus** بيرنغ ، فيتوس (١٦٨١ – ١٧٤١) : ملاح ومستكشف دانمركي . راد البحار القطبية الشمالية .

Berkeley [bärk'lē], **George** باركلي ، جورج (١٦٨٥ – ١٧٥٣) : فيلسوف إيرلندي . قال بأن الأشياء المادية ليس لها وجود مستقلّ .

Berlioz [běr'lē ōz], **Hector** برليوز ، هكتور (١٨٠٣ – ١٨٦٩) : مؤلف موسيقي فرنسي . يغلب على أعماله الطابع الرومانتيكي .

Bernadotte [bûr'nə dŏt], Count **Folke** برنادوت ، الكونت فولك (١٨٩٥ – ١٩٤٨) : نبيل سويدي . وسيط الأمم المتحدة بين العرب واليهود (عام ١٩٤٨) . اغتاله الصهاينة .

Bernard [běr när'], **Claude** برنار ، كلود (١٨١٣ – ١٨٧٨) : عالم فيسيولوجي فرنسي . درس الجهازين العصبي والهضمي .

Bernardin de Saint-Pierre [běr när dăn'dě săn pyâr'], **Jacques Henri** برناردين دو سان بيير ، جاك هنري (١٧٣٧-١٨١٤) : روائي فرنسي .

Bernini [běr nē'nē], **Giovanni** برنيني ، جيوفاني (١٥٩٨ – ١٦٨٠) : رسام ونحات ومهندس معمار إيطالي .

Berzelius [bər zā'lē əs], Baron **Jöns Jakob** برزيليوس ، البارون جونس جاكوب (١٧٧٩ – ١٨٤٨) : كيميائي سويدي . اكتشف عدداً من العناصر .

Bevin [běv'ĭn], **Ernest** بيفن ، أرنست (١٨٨١ – ١٩٥١) : سياسي بريطاني . وزير الخارجية (١٩٤٥ – ١٩٥١) .

Charles Baudelaire

Ludwig van Beethoven

Jeremy Bentham

Bergson

Bierce [bîrs], **Ambrose** بيرس . آمبروز (١٨٤٢ — ١٩١٤ ؟) : كاتب أميركي . يُعتبر أحد رواد الأقصوصة الأميركية الحديثة.

Binet [bi nā'], **Alfred** بينيه ، ألفرد (١٨٥٧ — ١٩١١) : عالم نفس فرنسي . عمل في حقل اختبارات الذكاء .

Biruni, al- [äl bē rōō'nē] البيروني (٩٧٣ — ١٠٤٨ م.) : مؤرخ ورياضي وعالم فلكي عربي . قال بأن الأرض تدور حول محورها .

Bismarck [bĭz'märk], Prince **Otto von** بسمارك . الأمير أوتو فون (١٨١٥ — ١٨٩٨) : سياسي ألماني . أول مستشار (أو رئيس وزارة) للأمبراطورية الألمانية (١٨٧١ — ١٨٩٠) .

Otto von Bismarck

Blake [blāk], **Robert** بلايك . روبرت (١٥٩٩ — ١٦٥٧) : أميرال إنكليزي . يُعتبر أحد أشهر أمراء البحر في تاريخ إنكلترا كله .

Blake, William بلايك، وليم (١٧٥٧ — ١٨٢٧) : شاعر ورسام إنكليزي . تتسم أعماله بالطابع الرمزي .

Blanc [blän], **Louis** بلان ، لويس (١٨١١ — ١٨٨٢) : اشتراكي فرنسي .

Blum [blōōm], **Léon** بلوم . ليون (١٨٧٢ — ١٩٥٠) : سياسي وزعيم اشتراكي فرنسي . رئيس الوزراء (١٩٣٦ — ١٩٣٧) و (١٩٤٦ — ١٩٤٧) .

Blumenbach [blōō'mən bäkh], **Johann** بلومنْباخ . جوهان (١٧٥٢ — ١٨٤٠) : عالم أنثروبولوجي ألماني .

Boccaccio [bə kä'chē ō], **Giovanni** بوكاتشيو . جيوفاني (١٣١٣ — ١٣٧٥) : شاعر وكاتب إيطالي . يُعْرف بـ « أبي النثر الإيطالي الكلاسيكي » .

Bohr [bōr], **Niels** بور . نيلز (١٨٨٥ — ١٩٦٢) : فيزيائي دانمركي . درس تركيب الذرّة .

Boileau [bwä lō'], **Nicolas** بوالو . نيقولا (١٦٣٦ — ١٧١١) : شاعر وناقد فرنسي .

Bolivar [bō lē'vär], **Simón** بوليفار . سيمون (١٧٨٣ — ١٨٣٠) : زعيم عسكري وسياسي فنزويلي . حرّر بلاده من الاستعمار الإسباني .

Bonaparte [bō'nə pärt], **Joseph** بونابرت . جوزيف (١٧٦٨ — ١٨٤٤) : أكبر إخوة نابوليون بونابرت . ملك نابولي (١٨٠٦ — ١٨٠٨) . ملك إسبانيا (١٨٠٨ — ١٨١٣) .

Bonaparte,Napoleon = Napoleon I.

Boole [bōōl], **George** بُول ، جورج (١٨١٥ — ١٨٦٤) : عالم رياضيات ومنطق إنكليزي . يُعتبر أحد رواد المنطق الرياضي الحديث .

Borgia [bôr'jä], **Alfonso** بورجيا ، ألفونسو (١٣٧٨ — ١٤٥٨) : بابا رومة (١٤٥٥ — ١٤٥٨) .

Borgia, Cesare بورجيا ، سيزار (١٤٧٥ ؟ — ١٥٠٧) : كاردينال وزعيم سياسي وعسكري إيطالي .

Borgia, Lucrezia بورجيا . لوكريزيا (١٤٨٠ — ١٥١٩) : نبيلة إيطالية . اشتهرت برعايتها للعلم والفنون .

Borgia, Rodrigo = Alexander VI .

Jacques Bossuet

Bormann [bôr'män], **Martin Ludwig** بورمان ، مارتن لودفيغ (١٩٠٠ — ١٩٤٥ ؟) : زعيم ألماني نازي .

Bossuet [bô swĕ'], **Jacques** . بوسوويه . جاك (١٦٢٧ — ١٧٠٤) : أسقف ومؤرخ ومفكر سياسي فرنسي .

Boswell [bŏz'wĕl], **James** بوزْويل . جيمس (١٧٤٠ — ١٧٩٥) : محامٍ وكاتب أسكتلندي .

Botticelli [bŏt ĭ chĕl'ē], **Sandro** بوتيشيلي . ساندرو (١٤٤٥ — ١٥١٠) : رسام إيطالي . من مواليد فلورنسا .

Boumedienne [bōō mĕd'yăn], **Houari** [hōō wä'rē] بومَدْيَن ، هواري (١٩٢٥ — ١٩٧٨) : زعيم سياسي جزائري . رئيس الجمهورية (١٩٦٥ — ١٩٧٨) .

William Blake

Bourguiba [bōōr gē'bə], **al-Habib** بورقيبة ، الحبيب (١٩٠٣ —) : زعيم سياسي تونسي . رئيس الجمهورية (١٩٥٧ —) .

Boyle [boil], **Robert** بُويْل . روبرت (١٦٢٧ — ١٦٩١) : كيميائي وفيزيائي إنكليزي .

Brahe [brä'ə], **Tycho** براهي . تيكو (١٥٤٦ — ١٦٠١) : عالم فلك دانمركي . حدّد مواقع النجوم بدقة .

Brahms [brämz], **Johannes**. برامز . جوهانس (١٨٣٣ — ١٨٩٧) : مؤلف موسيقي ألماني . يُعتبر أحد أكبر الموسيقيين في العالم .

Braille [brāl], **Louis** بْرَيْل . لويس (١٨٠٩ — ١٨٥٢) : معلّم فرنسي ضرير . ابتكر طريقة في الكتابة خاصةً بالعميان .

Bramante [brä män'tā], **Donato** برامنْتي ، دوناتو (١٤٤٤ — ١٥١٤) : مهندس معماري إيطالي . يُعتبر من أشهر فناني عصر النهضة .

Marcus Brutus

Brunelleschi [broo̅ nə lĕs'kē], **Filippo** برونلّسكي ، فيليبّو (١٣٧٧ – ١٤٤٦) : رسام ونحات ومهندس معمار إيطالي .

Bruno [broo̅'nō], **Giordano** برونو ، جيوردانو (١٥٤٨ – ١٦٠٠) : فيلسوف وعالم فلك إيطالي . أعدم إحراقاً بالنار .

Brutus [broo̅'təs], **Marcus** بروتوس، ماركوس (٨٥ – ٤٢ ق . م .) : سياسي وقائد عسكري روماني . انتحر .

Buck [bŭk], **Pearl** باك ، بيرل (١٨٩٢– ١٩٧٣) : روائية أميركية . مؤلفة « الأرض الطيبة » *The Good Earth* (عام ١٩٣١) .

Buddha [bo͝od'də], **Gautama** بوذا، غوتاما (٥٦٣ ؟ – ٤٨٣ ق . م .) : فيلسوف هندي . مؤسس الديانة البوذية .

Brancusi [brăn ko͞o'sē], **Constantin** برانكوسي ، قسطنطين (١٨٧٦ – ١٩٥٧) : نحّات فرنسي . معظم أعماله من النوع التجريدي .

Brandt [bränt], **Willy** برانت ، ويلي (١٩١٣ –) : سياسي ألماني . مستشار ألمانيا الغربية (١٩٦٩ – ١٩٧٤) .

Braque [bräk], **Georges** بـراك ، جورج (١٨٨٢ – ١٩٦٣) : رسام فرنسي . يُعتبر أحد مؤسسي المدرسة التكعيبية .

Brecht [brĕkht], **Bertolt** بْرَخْت ، برتولت (١٨٩٨ – ١٩٥٦) : شاعر وكاتب مسرحي ألماني . قال بأن المسرح وسيلة للتعليم لا للتسلية .

Breton [brə tôn'], **André** بريتون ، أندريه (١٨٩٦ – ١٩٦٦) : شاعر فرنسي . مؤسس المذهب السُّريالي .

Breughel [brœ'gəl], **Pieter** بروغل، بيتر (١٥٢٥ ؟ – ١٥٦٩) : رسام فلمنكي . عني بتصوير الحياة في الريف .

Brezhnev [brĕzh'nĕf], **Leonid** بريجنيف ، ليونيد (١٩٠٦ – ١٩٨٢) : سياسي سوفياتي . السكرتير الأول للحزب الشيوعي السوفياتي (١٩٦٤-١٩٨٢) . رئيس مجلس السوفيات الأعلى (١٩٧٧– ١٩٨٢).

Briand [brē än'], **Aristide** بريان، أريستيد (١٨٦٢ – ١٩٣٢) : سياسي فرنسي . تولى رئاسة الوزارة إحدى عشرة مرة .

Bright [brīt], **Richard** برايـت ، ريتشارد (١٧٨٩ – ١٨٥٨) : طبيب بريطاني . شخّص التهاب الكُلْية المزمن .

Brontë [brŏn'tē], **Charlotte** برونتي، شارلوت (١٨١٦ – ١٨٥٥) : روائيـة إنكليزية . مؤلفة « جين إيير » *Jane Eyre* عام ١٨٤٧) .

Brontë, Emily برونتي، إميلي (١٨١٨ – ١٨٤٨) : روائية إنكليزية . شقيقة شارلوت برونتي . مؤلفة « مرتفعات وذَرينـغ » *Wuthering Heights* (عام ١٨٤٧) .

Brown [broun], **John** براون ، جون (١٨٠٠ – ١٨٥٩) : زعيم أميركي . دعا إلى إلغاء الاسترقاق . أُعدم .

Browning [brou'nĭng], **Robert** براوننغ (١٨١٢ – ١٨٨٩) : شاعر إنكليزي . يتميز شعره بالرقة والتعاطف مع البائسين .

Bruckner [bro͝ok'nər], **Anton** بروكنر، أنطون (١٨٢٤–١٨٩٦) : مؤلف موسيقي نمساوي .

Brancusi : *Princesse X.* برانكوسي : « الأميرة المجهولة » .

Buffon [bü fôn′], Comte **Georges Louis Leclerc de** بوفون ، الكونت جورج لويس لوكليرك دو(١٧٠٧–١٧٨٨): كاتب وعالم طبيعي فرنسي .

Buhturi, al-[ăl bo͝oh′to͞o rē]البُحتُري (٨٢١ – ٨٩٧ م .) : شاعر عربي عباسي . عُرف بحُسْن الديباجة وروعة الوصف .

Bukhari, al- [ăl bo͞o khä′rē] البُخاري (٨١٠ – ٨٧٠ م .) فقيه مسلم . صاحب « صحيح البخاري » وهو أعظم كتب الحديث .

Bulganin [bo͝ol gä′nĭn], **Nikolai** بولغانين ، نيقولاي (١٨٩٥ – ١٩٧٥): سياسي ومارشال سوفياتي . رئيس مجلس الوزراء (١٩٥٥ – ١٩٥٨) .

Bunsen [bŭn′sən], **Robert Wilhelm** بَنْزن ، روبرت ولهلم (١٨١١ – ١٨٩٩) : كيميائي ألماني . مخترع « مصباح بنزن » Bunsen burner (عام ١٨٥٥) .

Bunyan [bŭn′yən], **John** بَنْيان ، جون (١٦٢٨ – ١٦٨٨) : واعظ وكاتب إنكليزي . صاحب كتاب « رحلة الحاجّ » *The Pilgrim's Progress* (عام ١٦٧٨) .

Byron

Burke [bûrk], **Edmund** بيرك ، أدموند (١٧٢٩ – ١٧٩٧) : سياسي بريطاني . عُرف بعدائه للثورة الفرنسية .

Burns[bûrnz], **Robert** بيرنز ، روبرت (١٧٥٩ – ١٧٩٦) : شاعر أسكتلندي . نظم باللهجة الأسكتلندية .

Burton [bûr′tən], Sir **Richard** بورتون ، السير ريتشارد (١٨٢١ – ١٨٩٠) : مستشرق بريطاني . ترجم كتاب « ألف ليلة وليلة » إلى الإنكليزية .

Butler [bŭt′lər], **Samuel** بتلر ، صموئيل (١٦١٢ – ١٦٨٠) : شاعر إنكليزي ساخر .

Butler, Samuel بتلر ، صموئيل (١٨٣٥ – ١٩٠٢) : روائي إنكليزي .

Byrd [bûrd], **Richard** بيرد ، ريتشارد (١٨٨٨ – ١٩٥٧) : طيار ومستكشف أميركي . أول من طار فوق القطبين الشمالي والجنوبي

Byron [bī′rən], **George Gordon** بايرون ، غوردون (١٧٨٨–١٨٢٤) : شاعر إنكليزي . قاتَلَ دفاعاً عن استقلال اليونان .

Braque : *la Carafe*

براك « الغرّافة » أو « الإبريق الزجاجي »

C

Cabot [kăb′ət], **John** كابوت ، جون (١٤٥٠ ؟ – ١٤٩٨ ؟) : مستكشف إيطالي . اكتشف كندا (عام ١٤٩٧) .

Cabot, Sebastian كابوت ، سيباستيان (١٤٧٦ ؟ – ١٥٥٧) : مستكشف إنكليزي . ابن جون كابوت .

Cabral [kə bräl′], **Pedro Alvares** كابرال ، بيدرو آلفاريس (١٤٦٧ ؟ – ١٥٢٠) : ملاح برتغالي . اكتشف البرازيل (عام ١٥٠٠) .

Cadmus [kăd′məs] قَدْمُـوس : في الأساطير ، أمير فينيقيّ نشر الأبجدية فـي الغرب .

Caesar [sē′zər], **Gaius Julius** قيصر ، غايوس يوليوس (١٠٠ – ٤٤ ق. م.) : سياسي وقائد عسكري روماني . ديكتاتور رومة (٤٩ – ٤٤ ق. م.) . قُتـل .

Calder [kôl′dər], **Alexander** كالدر ، ألكْسندر (١٨٩٨ –) : نحات أميركي . صنع تماثيله التجريدية من معادن وأسلاك ملويّة .

Calderón de la Barca [käl dā rôn dā lä bär′kä], **Pedro** كالديرون دي لا باركا ، بيدرو (١٦٠٠ – ١٦٨١) : شاعر وكاتب مسرحي إسباني .

Caldwell [kôl′dwĕl], **Erskine** كالدويل ، أرسكين (١٩٠٣ –) : روائي أميركي . تتّسم آثاره بالسّمة الإباحية .

Caligula [kə lĭg′yə lə] كاليغولا (١٢ – ٤١ م.) : أمبراطور روماني (٣٧–٤١ م.) . عُرف بسياسته الاستبدادية . اغتيل .

Callisthenes [kə lĭs′thə nēz] كاليسثينيس (٣٦٠ ؟ – ٣٢٨ ق. م.) : فيلسوف ومؤرخ يوناني . صحبَ الإسكندر الكبير في حملاته الشرقية .

Calvin [kăl′vĭn], **John** كالفِن ، جون (١٥٠٩ – ١٥٦٤) : لاهوتي فرنسي . مؤسس المذهب الكالفني . نشر راية الإصلاح البروتستانتي في فرنسا ثم في سويسرا .

Cambyses II [kăm bī′sēz] قمبيز الثاني (توفي عام ٥٢٢ ق. م.) : ملك الفرس (٥٢٩ – ٥٢٢ ق. م.) . فتـحَ مصر .

Camoëns [kăm′ō ənz], **Luis Vaz de** كامويينز ، لويز فاز دي (١٥٢٤ – ١٥٨٠) : شاعر البرتغال القومي . عاش حياة حافلة بالمغامرة .

Campbell [kăm′bəl], **Alexander** كامبل ، ألكْسَندر (١٧٨٨ – ١٨٦٦) : قسّ أميركي . أسّس هو وأبوه توماس فرقة « حواريي المسيح » .

Campbell, Thomas كامبل ، توماس (١٧٦٣ – ١٨٥٤) : قسّ أميركي . والد ألكْسَندر كامبل . أسس هو وابنه ألكسندر فرقة « حواريي المسيح » .

Campbell, Thomas كامبل ، توماس (١٧٧٧ – ١٨٤٤) : شاعر أسكتلندي .

Campbell-Bannerman [kăm′bəl băn′ər mən], Sir **Henry** كامبل بانرمان ، السّير هنري (١٨٣٦ – ١٩٠٨) : سياسي بريطاني . رئيس الوزراء (١٩٠٥ – ١٩٠٨) .

Campion [kăm′pē ən], **Thomas** كامبيون ، توماس (١٥٦٧ – ١٦٢٠) : شاعر وموسيقي إنكليزي .

Camus [kȧ mü′], **Albert** كامو ، ألبير (١٩١٣ – ١٩٦٠) : روائي فرنسي . مُنح جائزة نوبل في الأدب عام ١٩٥٧ . أشهر آثاره : « الطاعون » *la Peste* (عام ١٩٤٧) .

Canaletto [kä nä lāt′tō], **Antonio** كاناليتّو ، أنطونيو (١٦٩٧ – ١٧٦٨) : رسام إيطاليّ . عُني بتصوير المدن وبخاصة مسقط رأسه البندقية .

Canning [kăn′ĭng], **George** كاننغ ، جورج (١٧٧٠ – ١٨٢٧) : سياسي بريطاني . رئيس الوزراء (عام ١٨٢٧) . ناصر قضية الاستقلال في اليونان وأميركا اللاتينية .

Canova [kä nō′vä], **Antonio** كانوفا ، أنطونيو (١٧٥٧ – ١٨٢٢) : نحات إيطالي . مؤسس المدرسة الكلاسيكية الحديثة في النحت .

Canute [kə nōōt′; kə nyōōt′] كانوت (٩٩٤ ؟ – ١٠٣٥) : أمير دانمركي . ارتقى عروش إنكلترا والدانمرك والنروج .

John Cabot

John Calvin

Antonio Canova

Catherine II

Capet [kȧ pĕ'], **Hugh** كابيه ، هيو (٩٤٠ – ٩٩٦ م.) : ملك فرنسا (٩٨٧ – ٩٩٦). مؤسس السّلالة الكابيّة Capetian dynasty .

Capote [kə pō'tē], **Truman**. كابوتي ، ترومان (١٩٢٤ –) : روائي وكاتب مسرحي أميركي .

Caprivi [kä prē'vē], Count **Leo von** كابريفي ، الكونت ليو فون (١٨٣١ – ١٨٩٩) : سياسي وقائد عسكري ألماني . مستشار ألمانيا (١٨٩٠ – ١٨٩٤) .

Caracalla [kăr ə kăl'ə] كَراكَـلاّ (١٨٨ – ٢١٧ م.) : أمبراطور روماني (٢١١ – ٢١٧ م.) . اغتيل .

Caravaggio [kä rä väd'jō], **Michelangelo** كارافادجو ، ميكال آنجلو (١٥٧٣ – ١٦١٠ م.) : رسّام إيطالي .

Carlyle [kär līl'], **Thomas** كارلايل ، توماس (١٧٩٥ – ١٨٨١) : كاتب ومؤرخ وفيلسوف إنكليزي .

Carnegie [kär'nā gē], **Andrew** كارنيجي ، آندرو (١٨٣٥ – ١٩١٩) : متموّل أميركي . وقف أموالاً طائلة للأغراض التّربوية .

Carnot [kär nō'], **Nicolas Léonard Sadi** كارنو ، نيقولا ليونار سادي (١٧٩٦ – ١٨٣٢) : فيزيائي فرنسي .

Carol II [kăr'əl] كارول الثاني (١٨٩٣ – ١٩٥٣) : ملك رومانيا (١٩٣٠ – ١٩٤٠) . تخلّى عن العرش .

Carranza [kə răn'zə], **Venustiano** كارّانزا ، فينوستيانو (١٨٥٩ – ١٩٢٠) : ثائر وسياسي مكسيكي . رئيس الجمهورية (١٩١٥ – ١٩٢٠) .

Carrel [kăr'əl], **Alexis** كاريل ، ألكسيس (١٨٧٣ – ١٩٤٤) : جراح وعالم بيولوجي فرنسي . صاحب كتاب « الإنسان ذلك المجهول » *l'Homme, cet inconnu* (عام ١٩٣٥) .

Carter [kär'tər], **Jimmy** كارتر ، جيمي (١٩٢٤ –) : سياسي أميركي . الرئيس التاسع والثلاثون للولايات المتحدة الأميركية (١٩٧٦ – ١٩٨٠) .

Cartier [kär tyā'], **Jacques**. كارتييه ، جاك (١٤٩١ – ١٥٥٧) : ملاح ومستكشف فرنسي .

Cartwright [kärt'rīt], **Edmund** كارترايت ، أدموند (١٧٤٣ – ١٨٢٣) : مخترع إنكليزي . صنع أول نول آلي (عام ١٧٨٥) .

Casanova [kăz ə nō'və], **Giovanni** كازانوفا ، جيوفاني (١٧٢٥ – ١٧٩٨) : مغامر وكاتب ومقامر وزير نساء إيطالي .

Cassatt [kə săt'], **Mary** كاسات ، ماري (١٨٤٤ – ١٩٢٦) : رسامة أميركية . برعت بتصوير الطفولة والأمومة .

Cassirer [kä sē'rər], **Ernst** كاسيرَر ، أرنست (١٨٧٤ – ١٩٤٥) : فيلسوف ألماني .

Cassius Longinus [kăsh'əs lŏn jī'nəs], **Gaius** كاسيوس لونجينوس ، غايوس (توفي عام ٤٢ ق. م.) : قائد روماني .

Castagno [käs tä'nyō], **Andrea del** كاستانيو ، آندريا دَلْ (١٤٢١ ؟ – ١٤٥٧) : رسام إيطالي . اتجه في فنه اتجاهاً واقعياً .

Castiglione [käs tē lyō'nā], Conte **Baldassare** كاستيليوني ، الكونت بالداسّاري (١٤٧٨ – ١٥٢٩) : سياسي وكاتب إيطالي .

Castlereagh [kăs'əl rā], **Viscount** كاسيلراي ، الفيكونت (١٧٦٩ – ١٨٢٢) : سياسي بريطاني . وزير الخارجية (١٨١٢ – ١٨٢٢) .

Castro [kăs'trō], **Fidel** . كاسترو ، فيدل (١٩٢٦ –) : ثائر وسياسي اشتراكي كوبي . رئيس وزراء كوبا (١٩٥٩ –) .

Catherine I [kăth'rĭn] كاثرين الأولى (١٦٨٤ – ١٧٢٧) : أمبراطورة الروسيا (١٧٢٥ – ١٧٢٧) . زوجة بطرس الأكبر وخليفته .

Catherine II كاثرين الثانية (١٧٢٩ – ١٧٩٦) . أمبراطورة الروسيا (١٧٦٢ – ١٧٩٦) . أصلحت الادارة . وسّعت نطاق الأمبراطورية .

Thomas Carlyle

Catherine de Médicis [kăth'rĭn də mĕd'ə chē] كاثرين دي مديتشي (١٥١٩–١٥٨٩) : ملكة فرنسا (١٥٤٧ – ١٥٥٩) بوصفها زوجة هنري الثاني .

Catherine of Aragon [à rà gôn'] كاثرين أوف آراغون (١٤٨٥ – ١٥٣٦) . أولى زوجات هنري الثامن (١٥٠٩ – ١٥٣٣) .

Cato [kā'tō], **Marcus Porcius** كاتو ، ماركوس بورسيوس (٢٣٤ – ١٤٩ ق. م.) : سياسي روماني . اشتهر بعدائه الشديد لقرطاجة . يُعرف بـ « الأرشد » *the Elder*.

Cato, Marcus Porcius كاتو ، ماركوس بورسيوس (٩٥ – ٤٦ ق. م.) : زعيم سياسي وعسكري روماني . حفيد كاتو الأرشد . يعرف بـ « الأصغر » *the Younger*.

Catullus [kə tŭl'əs], **Gaius Valerius** كاتولوس ، غايوس فاليريوس (٨٤ ؟ – ٥٤ ق. م.) : شاعر غنائي روماني .

Cavendish [kăv'ən dĭsh], **Henry** كافندش ، هنري (١٧٣١ – ١٨١٠) : كيميائي وفيزيائي بريطاني . اكتشف الهيدروجين .

Cavour [kä vo͞or'], Conte **Camillo Benso di** كافور ، الكونت كاميلّو بنسو دي (١٨١٠ – ١٨٦١) : زعيم وطني إيطالي . يعتبر الصانع الحقيقي للوحدة الإيطالية .

Cecil [sĕs'əl], **Robert Arthur** سيسيل ، روبرت آرثر (١٨٣٠ – ١٩٠٣) : سياسي بريطاني . رئيس الوزراء (١٨٨٥ – ١٩٠٢) . عرف بسياسته الاستعمارية .

Cecil, William سيسيل ، وليم (١٥٢٠ – ١٥٩٨) : سياسي بريطاني . الوزير الأول للملكة أليزابيث الأولى .

Cervantes Saavedra [sər văn'tēz sä ä vē'drä], **Miguel de** سرفانتس سافيدرا ، ميغل دي (١٥٤٧ – ١٦١٦) : روائي إسباني . مؤلف رواية « دون كيخوته » *Don Quixote*.

Cézanne [sā zăn'], **Paul** سيزان ، بول (١٨٣٩ – ١٩٠٦) : رسام فرنسي . تأثر أولاً بالانطباعيين ، ثم تحرّر من نفوذهم .

Chadwick [chăd'wĭk], Sir **James** تشادويك ، السّير جيمس (١٨٩١ –) : فيزيائي بريطاني . اكتشف النيوترون (عام ١٩٣٢) .

Chagall [shə gäl'], **Marc** شاغال ، مارك (١٨٨٧ – ١٩٨٥) : رسام فرنسي . روسيّ المولد . عرف بغنى الألوان واتساع الخيال .

Chamberlain [chām'bər lĭn], **(Arthur) Neville** تشمبرلين ، آرثر نيفل (١٨٦٩ – ١٩٤٠) : سياسي بريطاني . رئيس الوزراء (١٩٣٧ – ١٩٤٠) . اتبع سياسة تهدئة إزاء هتلر وموسوليني .

Chamberlain, Joseph تشمبرلين ، جوزيف (١٨٣٦ – ١٩١٤) : سياسي بريطاني . وزير المستعمرات (١٨٩٥ – ١٩٠٣). والد « نيفل » و « جوزيف أوستن » تشمبرلين .

Chamberlain, Sir **(Joseph Austen)** تشمبرلين ، السّير جوزيف أوستن (١٨٦٣ – ١٩٣٧) : سياسي بريطاني . وزير الخارجية (١٩٢٤ – ١٩٢٩) .

Champollion [shän pô lyôn'], **Jean François** شامبوليون ، جان فرانسوا (١٧٩٠ – ١٨٣٢) : عالم آثار فرنسي . حلّ طلاسم اللغة الهيروغليفية المصرية .

Channing [chăn'ĭng], **William** تشاننغ ، وليم (١٧٨٠ – ١٨٤٢) : قسّ بروتستانتي أميركي . أسس فرقة دينية تُنكر القول بالتثليث .

Chaplin, [chăp'lĭn], **Charles** تشابلن ، تشارلز (١٨٨٩ – ١٩٧٧) : ممثّل هزلي بريطاني . عمل في الولايات المتحدة الأميركية (١٩١٣ – ١٩٥٢) .

Charcot [shär kô'], **Jean Baptiste** شاركو ، جان باتيست (١٨٦٧ – ١٩٣٦) : مستكشف فرنسي . راد سواحل القارة القطبية الجنوبية .

Charcot, Jean Martin شاركو ، جان مارتن (١٨٢٥ – ١٨٩٣) : طبيب أعصاب فرنسي . عُرف باستخدامه التنويم المغنطيسي .

Charlemagne [shär'lə mān] *also* **Charles I** شارلمان ؛ شارل الأول (٧٤٢ – ٨١٤ م.) : ملك الفرنجة أو الفرنكيين (٧٦٨ – ٨١٤) وأمبراطور الغرب (٨٠٠ – ٨١٤) .

Charles I [chärlz] تشارلز الأول (١٦٠٠ – ١٦٤٩) : ملك إنكلترا وأسكتلندا وإيرلندا (١٦٢٥ – ١٦٤٩) . في عهده نشبت الحرب الأهلية (١٦٤٢ – ١٦٥٢) . أُعدم .

Charles II تشارلز الثاني (١٦٣٠ – ١٦٨٥) : ملك إنكلترا وأسكتلندا وإيرلندا (١٦٦٠ – ١٦٨٥) . ابن تشارلز الأول . شهد عهدهُ توسّعاً استعمارياً .

Charles V شارل الخامس ؛ شارلكان (١٥٠٠ – ١٥٥٨) : ملك إسبانيا (١٥١٦ – ١٥٥٦) . رأس الأمبراطورية الرومانية المقدسة (١٥١٩ – ١٥٥٦) . تخلّى عن العرش .

Cavour

Champollion

Charles V

Anton Chekhov

Charles VI شارل السادس (١٦٨٥ — ١٧٤٠) : رأس الأمبراطورية الرومانية المقدّسة (١٧١١ — ١٧٤٠). ورّط الأمبراطورية في حرب الوراثة الإسبانية.

Charles VII شارل السابع (١٤٠٣ — ١٤٦١) : ملك فرنسا (١٤٢٢ — ١٤٦١). هزم الإنكليز وأخرجهم من معظم الأراضي الفرنسية.

Charles IX شارل التاسع (١٥٥٠ — ١٥٧٤) : ملك فرنسا (١٥٦٠ — ١٥٧٤). في عهده انفجر الصراع بين الكاثوليك والبروتستانت.

Charles X شارل العاشر (١٧٥٧ — ١٨٣٦) : ملك فرنسا (١٨٢٤ — ١٨٣٠). أكره على التخلّي عن العرش.

Charles XII شارل الثاني عشر (١٦٨٢ — ١٧١٨) : ملك السُّويد (١٦٩٧ — ١٧١٨). يُعتبر أحد عباقرة الحرب في التاريخ. هزم الدانمرك (عام ١٧٠٠) وبولندا (عام ١٧٠٣).

Chateaubriand [shȧ tō brē än'], Vicomte **François René de** شاتوبريان، الفيكونت فرانسوا رينيه دو (١٧٦٨ — ١٨٤٨) : كاتب وزعيم سياسي فرنسي. اتسم أدبه بالطابع الرومانتيكي.

Chaucer [chô'sər], **Geoffrey** تشوسر، جيفري (١٣٤٠ ؟ — ١٤٠٠) : شاعر إنكليزي. يُعتبر أبرز الشعراء الإنكليز قبل شكسبير. صاحب «حكايات كانتربري» *The Canterbury Tales*.

Chekhov [chěk'ôf], **Anton Pavlovich** تشيكوف، أنطون بافلوفيتش (١٨٦٠ — ١٩٠٤) : كاتب مسرحي ومؤلف أقاصيص روسيّ. يعتبر إمام القصة القصيرة في العصر الحديث.

Chénier [shā nyā'], **André** شينييه، أندريه (١٧٦٢ — ١٧٩٤) : شاعر فرنسي. أُعدم بالمقصلة خلال الثورة الفرنسية.

Cheops [kē'ŏps] خوفو (٢٥٩٠ ؟ — ٢٥٦٨ ؟) : فرعون مصري. بنى الهرم الأكبر في الجيزة.

Chesterfield [chěs'tər fēld], **Fourth Earl of** إيرل تشيسترفيلد الرابع (١٦٩٤ — ١٧٧٣) : سياسي ومؤلف بريطاني. احتلّ مكاناً بارزاً في أدب القرن الثامن عشر.

Chesterton [chěs'tər tən], **Gilbert Keith** تشيسترتون، جيلبرت كيث (١٨٧٤ — ١٩٣٦) : روائي وشاعر وناقد إنكليزي. هاجم الحضارة الصناعية.

Chiang Kai-shek [chyäng'kī'shěk'] شيانغ كاي شيك (١٨٨٧ — ١٩٧٥) : قائد عسكري صيني. حاكم الصين (١٩٢٨ — ١٩٤٩). رئيس جمهورية الصين الوطنية (١٩٤٩ — ١٩٧٥).

Chopin

Christian X

Childe [chīld], **Vere Gordon** تشايلد، فير غوردون (١٨٩٢ — ١٩٥٧) : مؤرخ بريطاني. عني بدراسة التاريخ القديم.

Chopin [shō'păn], **Frédéric François** شوبان، فريديريك فرانسوا (١٨١٠ — ١٨٤٩) : مؤلف موسيقي وعازف بيان بولندي. تتميز آثاره بنبرة رومانتيكية ساحرة.

Chou En-lai [jō'ěn'lī'] تشو إن لاي (١٨٩٨ — ١٩٧٦) : زعيم شيوعي صيني. رئيس الوزراء (١٩٤٩ — ١٩٧٦). يُعتبر أحد بُناة جمهورية الصين الشعبية.

Christian IV كريستيان الرابع (١٥٧٧ — ١٦٤٨) : ملك الدانمرك والنروج (١٥٨٨ — ١٦٤٨). غزا ألمانيا (عام ١٦٢٥).

Christian X كريستيان العاشر (١٨٧٠ — ١٩٤٧) : ملك الدانمرك (١٩١٢ — ١٩٤٧) وإيسلندا (١٩١٨ — ١٩٤٤). قاوم الاحتلال النازي لبلاده.

Christie [krĭs'tē], **Agatha** كريستي، آغاثا (١٨٩١ — ١٩٧٦) : روائية إنكليزية. اشتهرت في حقل الرواية البوليسية.

Christina [krĭs tē'nə] كريستينا (١٦٢٦ — ١٦٨٩) : ملكة السويد (١٦٣٢ — ١٦٥٤). شجعت الفنون. تنازلت عن العرش.

Christophe [krē stôf'], **Henri** كريستوف، هنري (١٧٦٧ — ١٨٢٠) : ملك هايتي (١٨١١ — ١٨٢٠). عُرف بالقسوة البالغة. انتحر.

Chrysostom [krĭs'əs təm], Saint **John** فم الذهب، القديس يوحنا (٣٤٥ ؟ — ٤٠٧ م). بطريرك القسطنطينية (٣٩٨ — ٤٠٤).

Churchill [chûr'chĭl], **Winston** تشرتشل، ونستون (١٨٧١ — ١٩٤٧) : روائي أميركي. اشتهر برواياته التاريخية.

Churchill, Sir **Winston** تشرتشل، السير ونستون (١٨٧٤ — ١٩٦٥) : سياسي بريطاني. رئيس الوزراء (١٩٤٠ — ١٩٤٥) و (١٩٥١ — ١٩٥٥). قاد بريطانيا إلى النصر في الحرب العالمية الثانية.

Sir Winston Churchill

Cicero [sĭs′ə rō], **Marcus Tullius** شيشرون ، ماركوس توليوس (١٠٦ – ٤٣ ق. م.) : سياسي وخطيب روماني . تُعتبر خطبه آية في البلاغة اللاتينية .

Cimabue [chē mä bo͞o′ā], **Giovanni** تشيمابووي ، جيوفاني (١٢٤٠ ؟ – ١٣٠٢ ؟) : رسام إيطالي . يُعتبر رائد المذهب الواقعي في الرسم .

Cinna [sĭn′á], **Lucius Cornelius** سِينّا ، لوسيوس كورنيليوس (توفي عام ٨٤ ق. م.) : سياسي وقائد عسكري روماني. تمردت عليه قواته فقتلته .

Clarendon [klăr′ən dən], **Earl of** كليرندون ، إيرل أوف (١٦٠٩ – ١٦٧٤): سياسي إنكليزي . كان رئيس الحكومة الفعلي في عهد الملك تشارلز الثاني .

Claudel [klō dĕl′], **Paul Louis Charles** كلوديل، بول لويس شارل (١٨٦٨ – ١٩٥٥) : شاعر وكاتب مسرحي فرنسي . عُرِف بتحمُّسه للكثلكة .

Claudius I [klô′dē əs] كلوديوس الأول (١٠ ق. م. – ٥٤ م.) : أمبراطور روماني (٤١ – ٥٤ م.) . غزا بريطانيا (عام ٤٣م.).

Clausewitz [klou′zə vĭts], **Karl von** كلاوزيفيتس ، كارل فون (١٧٨٠ – ١٨٣١) : جنرال ومُنظِّر عسكري بروسيّ . دعا إلى الحرب الكليّة أو الشاملة .

Clay [klā], **Cassius** = Muhammad Ali.

Clay, Henry كلاي ، هنري (١٧٧٧– ١٨٥٢) : سياسي أميركي . وزير الخارجية (١٨٢٥ – ١٨٢٩) . عُرِف بنزعته إلى التهدئة .

Clemenceau [klĕ män sō′], **Georges** كليمنصو، جورج (١٨٤١ – ١٩٢٩) : سياسي فرنسي . رئيس الوزراء (١٩٠٦ – ١٩٠٩) و(١٩١٧ – ١٩٢٠). قاد فرنسا إلى النصر في الحرب العالمية الأولى.

Clement V [klĕm′ənt] كليمنت الخامس (١٢٦٤ – ١٣١٤) : بابا رومة (١٣٠٥ – ١٣١٤) . نقل مقرّ البابوية إلى أفينيون بفرنسا .

Clement VII كليمنت السابع (١٤٧٨ – ١٥٣٤) : بابا رومة (١٥٢٣ – ١٥٣٤) . رفض الموافقة على طلاق هنري الثامن .

Cleon [klē′ŏn] كليون (توفي عام ٤٢٢ ق. م.) : قائد سياسي وعسكري أثيني . انتصر على قوات إسبارطة (عام ٤٢٥ ق.م.).

Cleopatra VII [klē ə păt′rə] كليوباترا السابعة (٦٩ – ٣٠ ق. م.) : ملكة مصر (٥١ – ٤٩ ق. م.) و (٤٨ – ٣٠ ق. م.) . انتحرت .

Cleveland [klēv′lənd], **Grover** كليفلَنْد ، غروفر (١٨٣٧ – ١٩٠٨) : سياسي أميركي . الرئيس الثاني والعشرون (١٨٨٥ – ١٨٨٩) والرابع والعشرون (١٨٩٣ – ١٨٩٧) للولايات المتحدة الأميركية .

Clinton [klĭn′tən], Sir **Henry** كلينتون، السير هنري (١٧٣٨ – ١٧٩٥) : جنرال بريطاني . القائد العام للقوات البريطانية خلال الثورة الاميركية .

Clive [klīv], **Robert** كلايف ، روبرت (١٧٢٥ – ١٧٧٤) : جنرال بريطاني . أسس الأمبراطورية البريطانية في الهند .

Clough [klŭf], **Arthur Hugh** كلاف، آرثر هيو (١٨١٩ – ١٨٦١) : شاعر إنكليزي . غلب على شعره طابع الشكّ الديني .

Clovis I [klō′vĭs] كلوفيس الأول(٤٦٦؟– ٥١١ م.) : ملك الفرنجة أو الفرنكيين (٤٨١ – ٥١١) . أسس مملكة الفرنجة .

Clytemnestra [klī təm nĕs′trə] كليتَمْنَسْترا : في الميثولوجيا اليونانية ، زوجة آغاممنون .

Cockcroft [kŏk′krôft], Sir **John Douglas** كوككروفت ، السير جون دوغلاس (١٨٩٧ – ١٩٦٧) : فيزيائي بريطاني . منح جائزة نوبل في الفيزياء عام ١٩٥١ .

Cocteau [kôk tō′], **Jean** كوكتو ، جان (١٨٨٩ – ١٩٦٣) : شاعر وروائي وكاتب مسرحي فرنسي . عمل في حقلَيْ الرسم والزخرفة أيضاً .

Colbert [kôl bâr′], **Jean Baptiste** كولبير ، جان باتيست (١٦١٩ – ١٦٨٣) : كبير وزراء لويس الرابع عشر . أعاد تنظيم مالية الدولة وأصلح نظام الضرائب .

Coleridge [kōl′rĭj], **Samuel Taylor** كولريدج ، صموئيل تايلور (١٧٧٢ – ١٨٣٤) : شاعر رومانتيكي إنكليزي . يُعتبر من أعظم المنظِّرين الأدبيين في عصره .

Colette [kô lĕt′] كوليت (١٨٧٣ – ١٩٥٤) : روائية وأديبة فرنسية . تميّزت بالتحليل البارع للعواطف والمتع الحسيّة .

Coligny [kô lē nyē′], **Gaspard de** كولينيي ، غاسبار دو (١٥١٩ – ١٥٧٢): أميرال فرنسي . زعيم البروتستانت الفرنسيين . قتل في مذبحة عيد القديس برتلماوُس .

Collins [kŏl′ənz], **Michael** كولنز، ميخائيل (١٨٩٠ – ١٩٢٢) : زعيم وثائر إيرلندي . اغتاله بعض الجمهوريين المتطرفين.

Claudius I

Cleopatra VII

Jean Cocteau

Colbert

Columbus

Collins, Wilkie كولنز، ويلكي (١٨٢٤ – ١٨٨٩) : روائي إنكليزي . يُعتبر أحد روّاد الرواية البوليسية .

Collins, William كولنز، وليم (١٧٢١ – ١٧٥٩) : شاعر غنائي إنكليزي . يُعَدّ أحد أكبر الشعراء الغنائيين في القرن الثامن عشر .

Colman [kōl'mən], **George** كولمان، جورج (١٧٣٢ – ١٧٩٤) : كاتب مسرحي إنكليزي . يُعتبر من أساطين التمثيلية الهزلية .

Columbus [kə lŭm'bəs], **Christopher** كولومبُس، كريستوفر (١٤٥١ – ١٥٠٦) : ملاح إيطالي . اكتشف أميركا (عام ١٤٩٢) من غير أن يدري أنه فعل .

Comines [kô mĕn'], **Philippe de** كومين، فيليب دو (١٤٤٧ ؟ – ١٥١١ ؟) : سياسي ومؤرخ فرنسي . وضع مذكرات تُعدّ مرجعاً تاريخياً أساسياً .

Commodus [kŏm'ə dəs], **Lucius Aelius Aurelius** كومودوس، لوسيوس إيليوس أوريليوس (١٦١ – ١٩٢ م.) . أمبراطور روماني (١٨٠–١٩٢م.) . عُرِف بالطغيان والاستهتار .

Compton [kŏmp'tən], **Arthur Holly** كومبتون، آرثر هولي (١٨٩٢ – ١٩٦٢) : فيزيائي أميركي . مُنح جائزة نوبل في الفيزياء (بالمشاركة) عام ١٩٢٧ .

Comte [kônt], **Auguste** كونت، أوغوست (١٧٩٨ – ١٨٥٧) : رياضي وفيلسوف فرنسي . مؤسس الفلسفة الوضعية positivism.

Condorcet [kŏn dŏr sā'], **Marquis de** كوندورسيه، المركيز دو (١٧٤٣ – ١٧٩٤) : رياضي وفيلسوف فرنسي . لعب دوراً بارزاً في الثورة الفرنسية . انتحر .

Confucius [kən fyōō'shəs] كونفوشيوس (٥٥١ – ٤٧٩ ق. م.) : فيلسوف ومصلح اجتماعي صينيّ . مؤسس الكونفوشيوسية .

Congreve [kŏn'grēv], **William** كونغريف، وليم (١٦٧٠ – ١٧٢٩) : كاتب مسرحي إنكليزي . اشتهر بكوميدياته الاجتماعية .

Conrad [kŏn'răd], **Joseph** كونراد، جوزيف (١٨٥٧ – ١٩٢٤) : روائي إنكليزي . بولندي المولد . اتخذ من البحر موضوعاً لكثير من رواياته .

Constable [kŭn'stə bəl], **John** كونستابل، جون (١٧٧٦ – ١٨٣٧) : رسام إنكليزي . يُعتبر أعظم رسّامي الريف الإنكليزي .

James Cook

Constant [kôn stän'], **Benjamin** كونستان، بنجامين (١٧٦٧ – ١٨٣٠) : سياسي وكاتب فرنسي . أشهر آثاره رواية «أدولف» *Adolphe* (عام ١٨١٦) .

Constantine I [kŏn'stən tēn] قُسْطنطين الأول أو الكبير (٢٨٠ ؟ – ٣٣٧ م.) : أمبراطور روماني (٣٠٦ – ٣٣٧ م.) . أعاد بناء بيزنطة وسمّاها القسطنطينية .

Constantine II قسطنطين الثاني (١٩٤٠ –) : ملك اليونان (١٩٦٤ – ١٩٧٣) . خُلِع عن العرش .

Constantine XI قسطنطين الحادي عشر (١٤٠٤ – ١٤٥٣) : آخر الأباطرة البيزنطيين (١٤٤٩ – ١٤٥٣) . صُرِع في ميدان المعركة .

Cook [kŏŏk], **James** كوك، جيمس (١٧٢٨ – ١٧٧٩) : ملاح ومستكشف بريطاني . قام باكتشافات هامة في أستراليا ونيوزيلندا .

Coolidge [kōō'lĭj], **Calvin** كوليدْج، كالفن (١٨٧٢ – ١٩٣٣) : الرئيس الثلاثون للولايات المتحدة الأميركية (١٩٢٣ – ١٩٢٩) .

Cooper [kōō'pər], **Gary** كوبر، غاري (١٩٠١ – ١٩٦١) : ممثل سينمائي أميركي .

Cooper, James Fenimore كوبر، جيمس فينيمور (١٧٨٩ – ١٨٥١) : روائي أميركي . صوّر الصراع الدامي بين الغزاة البيض والهنود الحمر .

Copernicus [kō pûr'nə kəs], **Nicolaus** كوبرنيكوس، نيقولاوس (١٤٧٣ – ١٥٤٣) : عالم فلك بولندي . قال بأن الأرض وسائر الكواكب السيارة تدور حول الشمس وحول نفسها .

Copley [kŏp'lē], **John Singleton** كوبلي، جون سينغلتون (١٧٣٨ – ١٨١٥) : رسام أميركي . عُني برسم الوجوه .

Coppée [kô pā'], **François** كوبيه، فرانسوا (١٨٤٢ – ١٩٠٨) : شاعر وكاتب مسرحي فرنسي . أشهر مسرحياته: «في سبيل التاج» *Pour la couronne* (عام ١٨٩٥) .

Copernicus

Corneille [kôr nā'y], **Pierre** كورنيّ، بيير (١٦٠٦ – ١٦٨٤) : شاعر مسرحي فرنسي . يعتبر أحد أعظم المسرحيين الكلاسيكيين في تاريخ الأدب كله .

Cornwallis [kôrn wŏl'ĭs], **Charles** كورنوالس ، تشارلز (١٧٣٨ – ١٨٠٥) : جنرال إنكليزي . قائد القوات البريطانية أثناء الثورة الأميركية .

Coronado [kô rô nä'dô], **Francisco Vâsquez de** كورونادو ، فرانسيسكو فاسكيز دي (١٥١٠ – ١٥٥٤) : مستكشف إسباني .

Corot [kô rō'], **Jean Baptiste Camille** كورو ، جان باتيست كميل (١٧٩٦ – ١٨٧٥) : رسام فرنسي . يُعتبر من رواد المدرسة الانطباعية .

Correggio [kō rĕd'jō], **Antonio Allegri da** كوريدجو ، أنطونيو أليغري دا (١٤٩٤ – ١٥٣٤) : رسام إيطالي . عني بتصوير الموضوعات الأسطورية .

Cortez *also* **Cortés** [kôr tĕz'], **Hernando** كورتيز ، هيرناندو (١٤٨٥ – ١٥٤٧) : مستكشف إسباني . غزا المكسيك (عام ١٥١٩) .

Cotman [kŏt'mən], **John Sell** كوتمان ، جون سَلْ (١٧٨٢ – ١٨٤٢) : رسام إنكليزي . برع في استخدام الألوان المائية .

Coulomb [kōō lôn'; kōō'lŏm], **Charles Augustin de** كولوم ، شارل أوغسطين دو (١٧٣٦ – ١٨٠٦) : فيزيائي فرنسي . وضع قانوناً يُعرف باسمه .

Courbet [kōōr bĕ'], **Gustave** كوربيه ، غوستاف (١٨١٩ – ١٨٧٧) : رسام فرنسي . يعتبر أحد زعماء المدرسة الواقعية .

Cousin [kōō zăn'], **Jean** كوزان، جان (١٤٩٠ ؟ – ١٥٦١ ؟) : رسام فرنسي .

Cousin, Victor كوزان ، فيكتور (١٧٩٢ – ١٨٦٧) : فيلسوف فرنسي . يعتبر أشهر المفكرين الفرنسيين في عصره .

Coward [kou'ərd], **Noel** كاوارد ، نوويل (١٨٩٩ – ١٩٧٣) : ممثل وكاتب مسرحي إنكليزي . تتميّز آثاره بالحركة والحيوية .

Cowley [kou'lē], **Abraham** كاولي ، أبراهام (١٦١٨ – ١٦٦٧) : شاعر إنكليزي . وضع ملحمة لم تتمّ عن حياة النبيّ داود .

Cowper [kōō'pər], **William** كوبر ، وليم (١٧٣١ – ١٨٠٠) : شاعر إنكليزي . تميّزت آثاره بالبساطة والبعد عن التكلّف .

Crabbe [krăb], **George** كراب، جورج (١٧٥٤ – ١٨٣٢) : شاعر إنكليزي . نادى بالإصلاح الاجتماعي .

Cranach [krä'näkh], **Lucas** كراناخ، لوقا (١٤٧٢ – ١٥٥٣) : رسام ألماني . عُني برسم الوجوه ، وصوّر موضوعات دينية وأسطورية .

Crane [krān], **(Harold) Hart** كراين، هارولد هارت (١٨٩٩ – ١٩٣٢) : شاعر أميركي .

Crane, Stephen كراين، ستيفان(١٨٧١ – ١٩٠٠) : كاتب أميركي . يُعتبر أحد رواد الأقصوصة الحديثة .

Cranmer [krăn'mər], **Thomas** كرانمَر ، توماس (١٤٨٩ – ١٥٥٦) : مصلح ديني إنكليزي . أول قسّ بروتستانتيّ تولى منصب كبير أساقفة كانتربري .

Crashaw [krăsh'ô], **Richard** كراشو، ريتشارد (١٦١٣ ؟ – ١٦٤٩) : شاعر ميتافيزيقي إنكليزي . عبّر في قصائده عن الشعور الديني بلغة الحبّ الأرضي .

Crawford [krô'fərd], **Francis Marion** كروفورد ، فرانسيس ماريون (١٨٥٤ – ١٩٠٩) : روائي أميركي .

Crawford, Thomas كروفورد ، توماس (١٨١٤ – ١٨٥٧) : نحّات أميركي. قضى معظم أيام حياته في رومة .

Crazy Horse [krā'zē hôrs] كرايزي هوس (١٨٤٢ ؟ – ١٨٧٧) : زعيم هندي أميركي أحمر . قاوم البيض وقاتلهم فقُتل .

Cripps [krĭps], Sir **Stafford** كريبس، السير ستافورد (١٨٨٩ – ١٩٥٢) : سياسي بريطاني . وزير المال (١٩٤٧ – ١٩٥٠) . اتخذ إجراءات اقتصادية صارمة .

Croce [krō'chā], **Benedetto** كروتشي، بنيديتّو (١٨٦٦ – ١٩٥٢) : فيلسوف ومؤرخ وسياسي إيطالي . قاوم الفاشيّة وعمل على تحرير إيطاليا منها .

Croesus [krē'səs] كريسوس (توفي عام ٥٤٦ ق. م.) : آخر ملوك ليديا (٥٦٠ – ٥٤٦ ق. م.) . وسّع حدود المملكة . هزمه الفرس (عام ٥٤٦ ق. م.) .

Crome [krōm], **John** كروم ، جون (١٧٦٨ – ١٨٢١) : رسام إنكليزي . عُني بتصوير الريف الإنكليزي .

Cromwell [krŏm'wĕl], **Oliver** كرومويل ، أوليفر (١٥٩٩ – ١٦٥٨) : زعيم سياسي وعسكري إنكليزي . هزم الملكيين وأعلن الجمهورية (عام ١٦٥٣) .

Cromwell, Richard كرومويل، ريتشارد (١٦٢٦ – ١٧١٢) : زعيم سياسي وعسكري إنكليزي . ابن أوليفر كرومويل وخليفته (١٦٥٨ – ١٦٥٩) . خُلـع .

Pierre Corneille

Charles Cornwallis

Lucas Cranach

Paul Cézanne : *les Joueurs de cartes*

بول سيزان : « لاعبا الورق »

Cromwell, Thomas كروموِيل، توماس (١٤٨٥ ؟ – ١٥٤٠) : زعيم سياسي إنكليزي . مستشار الملك هنري الثامن . لعب دوراً بارزاً في إخراج إنكلترا من الحظيرة الكاثوليكية .

Crookes [kro͝oks], Sir **William** كروكس ، السير وليم (١٨٣٢ – ١٩١٩) : كيميائي وفيزيائي إنكليزي . اخترع أنبوب كروكس .

Cugnot [kü nyō'], **Nicolas Joseph** كونيو ، نيقولا جوزيف (١٧٢٥ – ١٨٠٤) : مهندس ميكانيكي فرنسي . يُعتبر رائد صناعة السيارات .

Cullen [kŭl'ən], **Countee** كالِنْ ، كاونتي (١٩٠٣ – ١٩٤٦) : شاعر زنجي أميركي .

Cummings [kŭm'ĭngz], **Edward Estlin** كامِنغْز ، أدْوَرْد أستلين(١٨٩٤– ١٩٦٢) : شاعر أميركي . غلبت النزعة الغنائية على شعره .

Curie [kyo͝or'ē], **Irène** = Joliot-Curie, Irène.

Curie, Marie كوري ، ماري (١٨٦٧– ١٩٣٤) : كيميائية فرنسية . بولندية المولد . مُنحت جائزة نوبل في الكيمياء ، عام ١٩١١ ، لاكتشافها الراديوم والبولونيوم .

Curie, Pierre كوري ، بيير (١٨٥٩– ١٩٠٦) : كيميائي فرنسي . مُنح جائزة نوبل في الفيزياء (بالمشاركة) ، عام ١٩٠٣ ، تقديراً لعمله في حقل النشاط الإشعاعي .

Curry [kûr'ē], **John** كاري ، جون ستيوارت (١٨٩٧ – ١٩٤٦) : رسام أميركي . برع في رسم اللوحات الجدارية الزيتية .

Curtis [kûr'tĭs], **Charles** كورتس تشارلز (١٨٦٠ – ١٩٣٦) : سياسي أميركي . نائب رئيس الجمهورية في عهد هربرت هوفر (١٩٢٩ – ١٩٣٣) .

Curzon [kûr'zən], **George Nathaniel** كورزون ، جورج ناثانيال (١٨٥٩ – ١٩٢٥) : سياسي بريطاني . نائب الملك في الهند (١٨٩٩ – ١٩٠٥) . وزير الخارجية (١٩١٩ – ١٩٢٤) .

Cushing[ko͞osh'ĭng],**Harvey** كوشنغ ، هارفي (١٨٦٩ – ١٩٣٩) : طبيب أعصاب أميركي . يُعتبر رائداً في جراحة الدماغ .

Cuvier [ko͞o'vē ā], **Georges Léopold** كوفييه ، جورج ليوبولد (١٧٦٩ – ١٨٣٢) : عالم حيوان فرنسي . يُعَدّ رائد علم التشريح المقارن .

Cyrano de Bergerac [sē rȧ nō'də bĕr zhə rȧk'] سيرانو دو بيرجيراك (١٦١٩– ١٦٥٥) : جندي وروائي وكاتب مسرحي فرنسي .

Cyril [sĭr'əl], **Saint** القديس ، سيريل (٨٢٧ – ٨٦٩ م) : لاهوتي مسيحي يوناني . عمل مع أخيه القديس ميثوديوس Methodius (٨٢٥ – ٨٨٤) على تنصير سلافيي الدانوب .

Cyrus [sī'rəs] كورُش ؛ قورش (توفي عام ٥٢٩ ق. م.) : ملك فارس (٥٥٠ – ٥٢٩ ق.م.) . مؤسس الأمبراطورية الفارسية . قضى على مملكة الميديين (عام ٥٥٠ ق. م.) .

D

Daguerre [də gâr'], **Louis Jacques Mandé** داغير ، لويس جاك مانديــه (١٧٨٩ — ١٨٥١) : رسام فرنسي . يُعتبر أبا التصوير الفوتوغرافي .

Daimler [dīm'lər], **Gottlieb** دايملر ، غوتليب (١٨٣٤ — ١٩٠٠) : مهندس ميكانيكي ألماني . صنع أول سيارة تعمل بمحرِّك داخلي الاحتراق (عام ١٨٨٩) .

Dakiki [dä kē'kē], **abu-Mansur** دقيقي ، أبو منصور (توفي حوالى عام ٩٨٠ م.) : شاعر فارسي . نظم ملحمة تغنّى فيها بمآثر أبطال الفرس الأسطوريين .

Daladier [då lå dyā'], **Edouard** دالاديه ، أدوار (١٨٨٤ — ١٩٧٠) : سياسي فرنسي . رئس الوزارة عدة مرات . اعتُقل بعد هزيمة فرنسا (يونيو ١٩٤٠) .

Dale [dāl], Sir **Henry Hallet** دايل ، السّير هنري هاليت (١٨٧٥ — ١٩٦٨) : عالم فيسيولوجي بريطاني . مُنح جائزة نوبل في الفيسيولوجيا والطب عام ١٩٣٦ .

d'Alembert [då län bâr'] = Alembert, Jean Le Rond d'.

Dali [dä'lē], **Salvador** دالي ، سَلفادور (١٩٠٤ —) : رسام إسباني . يعتبر من أبرز ممثلي المذهب السّريالي .

Dante Alighieri

Dalton [dôl'tən], **John** دالتون ، جون (١٧٦٦ — ١٨٤٤) : فيزيائي وكيميائي بريطاني . وضع أول نظرية ذرية عملية ، وكان أول من وصف عمى الألوان .

Damiri, al- [ăd dă mē'rē] الدَّميري ، كمال الدين محمد بن موسى (١٣٤١ — ١٤٠٥) : فقيه عربي . عالم بالحيوان . صاحب كتاب « حياة الحيوان » .

Dampier [dăm'pē ər], **William** دامبيير ، وليم (١٦٥٢ — ١٧١٥) : قرصان ومستكشف إنكليزي . استكشف سواحل أستراليا وغينيا الجديدة .

Daniel [dăn'yəl] دانيال : نبي يهودي من أهل القرن السادس قبل الميلاد .

D'Annunzio [dän nōōn'tsyō], **Gabriele** دانونزيو ، غابرييل (١٨٦٣ — ١٩٣٨) : شاعر وروائي وكاتب مسرحي إيطالي .

Dante Alighieri [dän'tā ä lē gyâ'rē] دانتي آليغييري (١٢٦٥ — ١٣٢١) : كبير شعراء إيطاليا . صاحب ملحمة « الكوميديا الإلّهية » *Divina Commedia* (١٣٠٨ — ١٣٢٠) .

Danton [dän tôn'], **Georges Jacques** دانتون ، جورج جاك (١٧٥٩ — ١٧٩٤) : أحد زعماء الثورة الفرنسية . أُعدم بالمقصلة .

Darius I [də rī'əs] داريوس الأول ؛ دارا الأول (٥٥٠ ؟ — ٤٨٦ ق. م.) : ملك الفرس (٥٢٢ — ٤٨٦ ق. م.) . أعاد تنظيم الأمبراطورية ووسّع رقعتها . يُعرف بـ « الكبير » .

Darius III داريوس الثالث ؛ دارا الثالث (٣٨٠ ؟ — ٣٣٠ ق. م.) : ملك الفرس (٣٣٦ — ٣٣٠ ق. م.) . هزمه الإسكندر في معركة إيسّوس Issus (عام ٣٣٣ ق.م.) .

Darlan [där län'], **François** دارلان ، فرانسوا (١٨٨١ — ١٩٤٢) : أميـرال فرنسي . نادى بالتعاون مع ألمانيا بعد هزيمة فرنسا عام ١٩٤٠ . اغتيل .

Darwin [där'wĭn], **Charles Robert** داروين ، تشارلز روبرت (١٨٠٩ — ١٨٨٢) : عالم طبيعة بريطاني . صاحب النظرية الداروينية . أشهر آثاره « في أصل الأنواع » *On the Origin of Species* (عام ١٨٥٩) .

Daubigny [dō bē nyē'], **Charles François** دوبينيي ، شارل فرانسوا (١٨١٧ — ١٨٧٨) : رسام فرنسي . يعتبر أحد الطلائع الذين مهّدوا لظهور المدرسة الانطباعية .

Daudet [dō dā'], **Alphonse** دوديه ، ألفونس (١٨٤٠ — ١٨٩٧) : قاصّ وروائي فرنسي .

Daumier [dō myā'], **Honoré** دومييه ، أونوريه (١٨٠٨ — ١٨٧٩) : رسام ونحّات فرنسي . اشتهر برسومه الكاريكاتوريـة البارعة .

Danton

Charles Darwin

Claude Debussy

Thomas De Quincey

David [dā'vĭd] داود ؛ النبي داود (توفي عام ٩٦٢ ق. م.) : أبو سليمان الحكيم. نُسِب إليه عددٌ كبير من المزامير.

David [dȧ vēd'], **Jacques Louis** دافيد . جاك لويس (١٧٤٨ — ١٨٢٥) : رسام فرنسي . حظيت رسومه التاريخية بشعبية واسعة في عصره .

Davis [dā'vĭs] = Davys.

Davisson [dā'vĭ sən], **Clinton Joseph** دايفيسّون ، كلينتون جوزيف (١٨٨١ — ١٩٥٨) : فيزيائي أميركي . مُنح جائزة نوبل في الفيزياء (بالمشاركة) عام ١٩٣٧ .

Davy [dā'vē], Sir **Humphry** دايفي ، السِّير هَمفري (١٧٧٨ — ١٨٢٩) : كيميائي بريطاني . اكتشف عدداً من العناصر الكيميائية.

Davys [dā'vĭs], **John** دايفيس . جون (١٥٥٠ ؟ — ١٦٠٥) : ملاح إنكليزي . اكتشف جزر فوكلند (عام ١٥٩٢) .

Dawes [dôz], **Charles Gates** دوز . تشارلز غايتس (١٨٦٥ — ١٩٥١) : سياسي أميركي . نائب رئيس الجمهورية (١٩٢٥ — ١٩٢٩) . وضع مشروعاً لإمداد ألمانيا بالقروض .

de Beauvoir, Simone = Beauvoir, Simone de.

Debierne [dĕ'byĕrn], **André Louis** دوبيرن . أندريه لويس (١٨٧٤ — ١٩٤٩) : كيميائي فرنسي .

Debussy [də bü sē'], **Claude** دوبوسّي . كلود (١٨٦٢ — ١٩١٨) : مؤلف موسيقي فرنسي . أحد أبرز ممثلي المدرسة الرمزية في الموسيقى .

Debye [də bī'], **Peter Joseph Wilhelm** ديباي ، بيتر جوزيف ولهلم (١٨٨٤ — ١٩٦٦) : فيزيائي أميركي . مُنح جائزة نوبل في الكيمياء عام ١٩٣٦ .

Defoe [dĭ fō'], **Daniel** ديفو ، دانيال (١٦٦٠ — ١٧٣١) : كاتب إنكليزي . مؤلف رواية «روبنسون كروزو» *Robinson Crusoe* (عام ١٧١٩) .

De Forest [dĭ fôr'ĭst], **Lee** . ديفوريست لي (١٨٧٣ — ١٩٦١) : مخترع أميركي . أحد رواد التلغراف اللاسلكي والسينما الناطقة .

Degas [də gä'], **Edgar** ديغا . أدغار (١٨٣٤ — ١٩١٧) : رسام فرنسي . من أركان المدرسة الانطباعية .

de Gaulle [də gōl'], **Charles** ديغول ، شارل (١٨٩٠ — ١٩٧٠) : جنرال فرنسي . تزعّم قوات فرنسا الحرة خلال الحرب العالمية الثانية . رئيس الجمهورية (١٩٥٩ — ١٩٦٩) .

Delacroix [də lȧ krwä'], **Eugène** دولاكروا ، أوجين (١٧٩٨ — ١٨٦٣) : رسام فرنسي . يُعتبر زعيم المدرسة الرومانتيكية في الرسم .

De la Mare [də lə mâr'], **Walter John** ديلامار ، وولتر جون (١٨٧٣ — ١٩٥٦) : شاعر إنكليزي . حفل شعره بصُوَر الليل والسِّحر والزَّهر .

Democritus [dĭ mŏk'rə təs] ديمُقْريطُس (٤٦٠ ؟ — ٣٧٠ ق. م.) : فيلسوف يوناني . قال بأن العالم يتألف من ذرّات مختلفة شكلاً وحجماً ووزناً .

Demosthenes [dĭ mŏs'thə nēz] ديموسثينيس ؛ ديموستين (٣٨٤ ؟ — ٣٢٢ ق. م.) : خطيب وزعيم سياسي يوناني . ألقى خطباً ضد الملك فيليب المقدوني عُرِفت بـ «الخطب الفيليبينية» .

De Quincey [dĭ kwĭn'sē], **Thomas** دي كوينسي . توماس (١٧٨٥ — ١٨٥٩) : كاتب وناقد إنكليزي. عُرف بإدمانه الأفيون.

Derain [də răn'], **André** . ديران أندريه (١٨٨٠ — ١٩٥٤) : رسام فرنسي . ارتبط اسمه بالمدرسة الفوفية Fauvism أولاً ثم بالمدرسة التكعيبية cubism .

Descartes [dā kärt'], **René** ، ديكارت رينيه (١٥٩٦ — ١٦٥٠) : فيلسوف وفيزيائي ورياضي فرنسي . يُعتبر مؤسس الفلسفة الحديثة .

Desmoulins [dā mōō lăn'], **Camille** ديمولان ، كميل (١٧٦٠ — ١٧٩٤) : أحد زعماء الثورة الفرنسية . عُرِف باعتداله ومقاومته للتطرف . أُعدم .

Descartes

J. L. David

d'Estaing [dĕs'tân], **Valéry Giscard**[vȧ lə rē' jĭs'kȧr] ديستان، فاليري جيسكار (١٩٢٧ —) : سياسي فرنسي . رئيس الجمهورية (١٩٧٤ — ١٩٨١) .

de Valera [dĕv ə lâr'ə], **Eamon** ديفاليرا ، إيمون (١٨٨٢ — ١٩٧٥) : سياسي إيرلندي . تزعّم حركة الاستقلال عن بريطانيا . رئّس الوزارة الإيرلندية عدة مرات .

Dewar [dyōō'ər], Sir **James** ديوار، السّير جيمس (١٨٤٢— ١٩٢٣) : كيميائي وفيزيائي أسكتلندي . اخترع « إناء ديوار » Dewar flask .

Dewey [dyōō'ē], **John** دْيُوْوي، جون (١٨٥٩ — ١٩٥٢) : فيلسوف أميركي . طوّر الفلسفة الذرائعية أو البراغماتية .

Dewey, Melvil دْيُوْوي ، ملفيل (١٨٥١ — ١٩٣١) : أمين مكتبة أميركي . وضع « التصنيف العَشْري » المنسوب إليه .

Dias [dē'əs], **Bartholomeu** *also* **Diaz** [dē'əs] دياز ، بارتولوميو (١٤٥٠ ؟ — ١٥٠٠) : ملاح برتغالي . اكتشف رأس الرجاء الصالح (عام ١٤٨٧) .

Dick [dĭk], **George** دك ، جورج (١٨٨١ — ١٩٦٧) : طبيب أميركي . أعدّ لقاحاً واقياً من الحمّى القرمزية (عام ١٩٢٣).

Dickens [dĭk'ənz], **Charles** ديكنز ، تشارلز (١٨١٢ — ١٨٧٠) : روائي إنكليزي . تميّز أسلوبه بالدُّعابة البارعة والسخرية اللاذعة .

Diderot [dēd rō'], **Denis** ديدرو ، دونيس (١٧١٣ — ١٧٨٤) : فيلسوف وموسوعي فرنسي . شارك في تحرير « الموسوعة الفرنسية » .

Diesel [dē'zəl], **Rudolf** ديزل، رودولف (١٨٥٨ — ١٩١٣) : مخترع ألماني . اخترع محرِّك ديزل diesel engine .

Diocletian [dī ə klē'shən] ديوقليتيانُس (٢٤٥ — ٣١٦ م.) : أمبراطور روماني (٢٨٤ — ٣٠٥ م.) . أصلح الإدارة المالية والجيش .

Diogenes [dī ŏj'ə nēz] ديوجينُس ، ديوجين (٤١٢ ؟ — ٣٢٣ ق. م.) : فيلسوف يوناني . دعا إلى التقشّف وعاش في برميل .

Dionysius [dī ə nĭsh'ē əs] ديونيسيوس (٤٣٠ ؟ — ٣٦٧ ق. م.) : طاغية سيراقوسة في صقلية (٤٠٥ — ٣٦٧ ق. م.) . قاتلَ القرطاجيين .

Dirac [dĭ răk'], **Paul Adrien Maurice** ديراك ، بول أدريان موريس (١٩٠٢ —) : فيزيائي بريطاني . مُنح جائزة نوبل في الفيزياء (بالمشاركة) عام ١٩٣٣ .

Disney [dĭz'nē], **Walt** ديزني ، وولت (١٩٠١ — ١٩٦٦) : مُخرج صور متحركة أميركي . مخترع شخصية « ميكي ماوس » .

Disraeli [dĭz rā'lē], **Benjamin** دزرايلي ، بنجامين (١٨٠٤ — ١٨٨١) : سياسي بريطاني . رئيس الوزراء (عام ١٨٦٨) و (١٨٧٤ — ١٨٨٠) . اشترى حصة مصر من أسهم قناة السويس (عام ١٨٧٥) .

Djemal Pasha [jĕ mäl'pä shä], **Ahmed** جمال باشا ، أحمد (١٨٧٢ ؟ — ١٩٢٢) : قائد عسكري تركي . أصدر الحكم بالإعدام على عدد من أحرار سوريا ولبنان ، خلال الحرب العالمية الأولى .

Dollfuss [dôl'fōōs], **Engelbert** دولفوس ، أنغلبرت (١٨٩٢ — ١٩٣٤) : سياسي نمساوي . رئيس الوزراء (١٩٣٢ — ١٩٣٤) . اغتاله بعض النازيين النمساويين .

Domagk [dō'mäk],**Gerhard** دوماك ، جيرهارد (١٨٩٥ — ١٩٦٤) : كيميائي ألماني . مُنح جائزة نوبل في الفيسيولوجيا والطب عام ١٩٣٩ لدراساته الخاصة بعقاقير السَّلفا .

Dominic [dŏm'ə nĭk], **Saint** دومينيك ، القديس (١١٧٠ ؟ — ١٢٢١) : راهب كاثوليكي . مؤسس الرهبانية الدومينيكانية (عام ١٢١٥) .

Domitian [də mĭsh'ən] دوميتيان(٥١ — ٩٦ م.) : أمبراطور روماني (٨١ — ٩٦م.) . نظّم الإدارة. اتّسم حكمه بالقسوة والوحشية.

Donatello [dŏn ə tĕl'ō] دوناتللو (١٣٨٦ ؟ — ١٤٦٦) : نحات إيطالي . يُعتبر مؤسس فن النحت الحديث .

Dönitz [də'nəts], **Karl** دونتز ، كارل (١٨٩١ —) : أميرال ألماني . تولى رئاسة الدولة ، طوال بضعة أيام ، بعد انتحار هتلر (عام ١٩٤٥) .

Donizetti [dŏn ə zĕt'ē], **Gaetano** دونيزيتّي ، غايتانو (١٧٩٧ — ١٨٤٨) : مؤلف موسيقي إيطالي . وضع أكثر من ثلاثين أوبرا .

Diderot

Diocletian

Benjamin Disraeli

Gaetano Donizetti

Don Juan [dôn hwän'] : دون خُوان
شخصية خيالية اخترعها المسرحي الإسباني دي مولينا de Molina في مسرحيته« خدّاع إشبيلية » *El Burlador de Sevilla* .

Donne [dŭn], **John** دَنّ ، جون (١٥٧٢ – ١٦٣١) : شاعر ولاهوتي إنكليزي . تميّز شعره باتقاد العاطفة .

Doppler [dŏp'lər], **Christian Johann** دوبلر ، كريستيان جوهان (١٨٠٣ – ١٨٥٣) : فيزيائي نمساوي . اكتشف ما يُعرف بـ « ظاهرة دوبلر » (عام ١٨٤٢) .

Doré [dô rā'], **Paul Gustave** دوريه ، بول غوستاف (١٨٣٢ – ١٨٨٣) : رسام فرنسي . وضع رسوماً للكتاب المقدس و « جحيم » دانتي وغيرهما .

Dos Passos [dəs păs'əs], **John** دوسباسوس ، جون (١٨٩٦ – ١٩٧٠) : روائي أميركي . يُعتبر من أبرز ممثلي « الجيل الضائع » .

Dostoevski [dôs tô yĕf'skē], **Feodor Mikhailovich** دوستويفسكي ، فيودور ميخايلوفيتش (١٨٢١ – ١٨٨١) : روائي روسي . أشهر آثاره « الإخوة كرامازوف » *The Brothers Karamazov* (عام ١٨٨٠).

Dou *also* **Dow** [dou], **Gerard** داو ، جيرارد (١٦١٣ – ١٦٧٥) : رسام هولندي. اشتهر بلوحاته التي تصوّر مشاهد من الحياة اليومية .

Doughty [dou'tĭ], **Charles Montagu** داوتي ، تشارلز مونتاغو (١٨٤٣ – ١٩٢٦) : مستكشف إنكليزي . قام برحلة إلى شبه الجزيرة العربية (١٨٧٦ – ١٨٧٨) .

Dostoevski

Douglas-Home [dŭg'ləs hyōōm'], Sir **Alec** دوغلاس هيوم ، السّير ألك (١٩٠٣ –) : سياسي بريطاني . رئيس الوزراء (١٩٦٣ – ١٩٦٤) .

Dowson [dou'sən], **Ernest Christopher** داوسون ، أرنست كريستوفر (١٨٦٧ – ١٩٠٠) : شاعر إنكليزي . يُعتبر من أبرز القائلين بنظرية « الفن للفن » .

Dozy [dō'zē], **Reinhart** دوزي ، راينهارت (١٨٢٠ – ١٨٨٣) : مستشرق هولندي . عُني بالدراسات الأندلسية بخاصة .

Drake [drāk], Sir **Francis** دْرايك ، السّير فرانسيس (١٥٤٠ ؟ – ١٥٩٦) : ملاح وأميرال إنكليزي . يُعتبر أشهر رجال البحر في عصر الملكة أليزابيث .

Drayton [drā'tən], **Michael** درايتون ، مايكل (١٥٦٣ – ١٦٣١) : شاعر إنكليزي . نظم قصيدة طويلة تحدّث فيها عن طبيعة إنكلترا وتاريخها ومعالمها .

Dreiser [drī'sər; drī'zər], **Theodore** درايزر ، ثيودور (١٨٧١ – ١٩٤٥) : روائي أميركي . يعتبر أحد أركان المذهب الطبيعي في الأدب الأميركي .

Dreyfus [drā'fəs], **Alfred** دْريفوس ، ألفْرد (١٨٥٩ – ١٩٣٥) : ضابط فرنسي يهودي . اتّهم بالخيانة العظمى . شغلت قضيته فرنسا كلها (١٨٩٤ – ١٩٠٦) .

Drinkwater [drĭngk'wô tər], **John** دْرِنكووتر ، جون (١٨٨٢ – ١٩٣٧) : شاعر ومؤلف مسرحي إنكليزي .

Dryden [drī'dən], **John** درايدن ، جون (١٦٣١ – ١٧٠٠) : شاعر وناقد وكاتب مسرحي إنكليزي . يُعتبر أبا النقد الإنكليزي .

Dubos [dü bôs'], **René Jules** دوبوس ، رينيه جول (١٩٠١ –) : عالم بكتيريولوجي أميركي . فرنسي المولد . اكتشف الغراميسيدين gramicidin (عام ١٩٣٩) .

Dubuffet [dü bü fĕ'], **Jean** دوبوفيه ، جان (١٩٠١ –) : رسام فرنسي . عُرف بلوحاته التي تمثّل الحياة المعاصرة على نحو هزلي ساخر .

Duchamp [dü shän'], **Marcel** دوشان ، مارسيل (١٨٨٧ – ١٩٦٨) : رسام فرنسي . أحد مؤسسي المدرسة الدادية والمدرسة السّريالية .

Dufy [dü fē'], **Raoul** دوفي ، راوول (١٨٧٧ – ١٩٥٣) : رسام فرنسي . برع في التصوير بالألوان المائية .

Sir Francis Drake

Duhamel [dü há'mĕl], **Georges** دوهاميل ، جورج (١٨٨٤ – ١٩٦٦) : كاتب فرنسي . بدأ حياته طبيباً ثم خاض غمار الأدب . لمع نجمه في سماء الرواية بخاصة .

Dulles [dŭl'əs], **John Foster** دالِس ، جون فوستر (١٨٨٨ – ١٩٥٩) : سياسي أميركي . وزير الخارجية (١٩٥٣ – ١٩٥٩). عرف بعدائه الشديد للشيوعية .

Duluth [də lōōth'], **Daniel Greysolon** دولوث ، دانيال غرايسولون (١٦٣٦ – ١٧١٠) : مستكشف فرنسي . رادَ كندا ومنطقة البحيرات العظمى .

Dumas [dü má'], **Alexandre** دوما ، ألكسَنْدر (١٨٠٢ – ١٨٧٠) : روائي فرنسي . وضع عدداً كبيراً من الروايات التاريخية . يُعرف بـ « دوما الأب » .

Dumas, Alexandre دوما ، ألكسَنْدر (١٨٢٤ – ١٨٩٥) : روائي وكاتب مسرحي فرنسي . الابن غير الشرعي لألكسندر دوما الأب . يُعرف بـ « دوما الابن » .

Dumas, Jean-Baptiste دوما ، جان باتيست (١٨٠٠ – ١٨٨٤) : كيميائي فرنسي . أسهم إسهاماً بارزاً في تطوير الكيمياء العضوية .

du Maurier [dōō môr'ē ā], **Daphne** دو مورييه ، دافني (١٩٠٧ –) : روائية بريطانية . أشهر آثارها « ريبيكا » *Rebecca* (عام ١٩٣٨) .

Dunant [dü nän'], **Jean Henri** دونان ، جان هنري (١٨٢٨ – ١٩١٠) : مُحسن سويسري . مؤسس الصليب الأحمر .

Dunbar [dŭn'bär], **William** دانبار ، وليم (١٤٦٠ ؟ – ١٥٣٠) : شاعر أسكتلندي. يعتبر أعظم شعراء أسكتلندا في جميع العصور .

Durant [dyōō rănt′], **Will** دْيُورانت، ويل (١٨٨٥ –١٩٨١) : مؤلف أميركي . استهدف في آثاره تبسيط التاريخ والفلسفة .

Durkheim [dür kĕm′], **Emile** دوركايم ، أميل (١٨٥٨ – ١٩١٧) : فيلسوف فرنسي . أحد مؤسسي علم الاجتماع الحديث .

Dupleix [dü plĕks′], Marquis **Joseph François** دوبلكس ، المركيز جوزيف فرانسوا (١٦٩٧ – ١٧٦٣) : مدير شركة الهند الشرقية الفرنسية والحاكم العام لجميع الممتلكات الفرنسية في الهند (١٧٤٢ – ١٧٥٤) .

Duncan I [dŭng′kən] دانكــان الأول (توفي عام ١٠٤٠) : ملك أسكتلندا (١٠٣٤ – ١٠٤٠) . ثار عليه ابن عمه الأمير مكبث Macbeth .

Duns Scotus [dŭnz skō′təs], **John** دانز سكوطَس ، جون (١٢٦٥ ؟ – ١٣٠٨) : لاهوتي أسكتلندي . أكّد أن الإيمان عمل من أعمال الإرادة .

Raoul Dufy : *Henley Regatta*

راوول دوفي : « هنلي ريغاتا »

E

Eakins [ā'kĭnz], **Thomas** آيكنــز ، توماس (١٨٤٤ – ١٩١٦) : رسام أميركي . يُعتبر أحد أعظم الرسامين الواقعيين الأميركيين .

Eastman [ēst'mən], **George** إيستمان، جورج (١٨٥٤ – ١٩٣٢) : مخترع أميركي. أنتج آلة تصوير يدوية صغيرة دعاها « كوداك » .

Eck [ĕk], **Johann** إيك ، جوهــان (١٤٨٦ – ١٥٤٣) : لاهوتي ألماني . يُعتبر الخصم الرئيسي لحركة الإصلاح الديني .

Eckhart [ĕk'härt], **Johannes** إيكهارت ، جوهانس (١٢٦٠ ؟ – ١٣٢٧ ؟): لاهوتي ألماني . يُعتبر مؤسس التصوّف الألماني .

Eddington [ĕd'ĭng tən], Sir **Arthur Stanley** أدّينغتون ، السير آرثر ستانلي (١٨٨٢ – ١٩٤٤) : عالم فلك بريطاني . عُرف بدراساته في نشوء النجوم وتطوّرها .

Eddy [ĕd'ē], **Mary Baker** أدّي ، ماري بَيْكر (١٨٢١ – ١٩١٠) : زعيمة دينية أميركية . أسست فرقة « العِلم النصراني » Christian Science.

Eden [ē'dən], Sir **Anthony** إيدن ، السير أنطوني (١٨٩٧ – ١٩٧٧) : سياسي بريطاني . رئيس الوزراء (١٩٥٥ – ١٩٥٧). اعتزل العمل السياسي (عام ١٩٥٧) بعد إخفاق العدوان الثلاثي على مصر .

Edinburgh [ĕd'ən bûr'ə], **Prince Philip, duke of** الأمير فيليب، دوق أدنبره (١٩٢١ –) : أمير يوناني الأصل . تزوج عام ١٩٤٧ من الأميرة أليزابيث البريطانية (الملكة أليزابيث الثانية في ما بعد) .

Edison [ĕd'ə sən], **Thomas Alva** أديسون ، توماس آلفا (١٨٤٧ – ١٩٣١) : مخترع أميركي . اخترع الفونوغراف وأسهم في تطوير التلغراف والتلفون والإضاءة الكهربائية وغيرها .

Edward I [ĕd'wərd] أدْوَرْد الأول (١٢٣٩ – ١٣٠٧) : ملك إنكلترا (١٢٧٢ – ١٣٠٧) . فتح ويلز (١٢٨٢ – ١٢٨٣) .

Edward II أدْوَرْد الثاني (١٢٨٤ – ١٣٢٧) : ملك إنكلترا (١٣٠٧ – ١٣٢٧) . استفحلت في عهده الاضطرابات الداخلية .

Edward III أدْوَرْد الثالث (١٣١٢ – ١٣٧٧) : ملك إنكلترا (١٣٢٧ – ١٣٧٧) . انتصر على الفرنسيين في معركة كريسي Crécy (عام ١٣٤٦) .

Edward IV أدْوَرْد الرابع (١٤٤٢ – ١٤٨٣) : ملك إنكلترا (١٤٦١ – ١٤٧٠) و (١٤٧١ – ١٤٨٣) . أول ملوك أسرة يورك York .

Edward VII أدْوَرْد السابع (١٨٤١ – ١٩١٠) : ملك بريطانيا وإيرلندا (١٩٠١ – ١٩١٠) : ابن الملكة فيكتوريا وخليفتها . تولى العرش وهو في الستين من العمر .

Edward VIII أدْوَرْد الثامن (١٨٩٤ – ١٩٧٢) : ملك بريطانيا وإيرلندا (٢٠ يناير – ١٠ ديسمبر ١٩٣٦) . أُكرِهَ على التنازل عن العرش بعد أن أعلن اعتزامه الزواج من سيدة أميركية مطلّقة .

Edward « *the Confessor* » أدْوَرْد « المعترف » (١٠٠٣ ؟ – ١٠٦٦) : ملك إنكلترا (١٠٤٢ – ١٠٦٦) . أهمل شؤون الحكم ووقف نفسه لخدمة الدين .

Ehrenburg [ā'rən bo͝org], **Ilya Grigorievich** أهرنبورغ ، إيليا غريغوريفيتش (١٨٩١ – ١٩٦٧) : روائي سوفياتي . لعب دوراً بارزاً في تطوّر الفكر السوفياتي بعد ستالين .

Ehrlich [âr'lĭkh], **Paul** إيرليخ، بول (١٨٥٤ – ١٩١٥) : بكتيريولوجي ألماني . مُنح جائزة نوبل في الفيسيولوجيا والطب عام ١٩٠٨ .

Eichmann [īkh'män], **Adolf** آيخمان ، أدولف (١٩٠٦ – ١٩٦٢) : زعيم نازي . اختطفه الصهاينة ثم أعدموه .

Eiffel [ā fĕl'], **Alexandre Gustave** إيفل ، الكَسَنْدْر غوستاف (١٨٣٢ – ١٩٢٣) : مهندس فرنسي . بنى برج إيفل في باريس (عام ١٨٨٩) .

Eijkman [īk'män], **Christiaan** آيكمان ، كريستيان (١٨٥٨ – ١٩٣٠) : طبيب هولندي . اكتشف أن مرض البري بري beriberi ينشأ عن تناول الأرزّ المقشور .

Einstein [īn'stīn; īn'shtīn], **Albert** آينشتاين ، ألبرت (١٨٧٩ – ١٩٥٥) : فيزيائي أميركي . ألماني المولد . صاحب نظرية النسبية . مُنح جائزة نوبل في الفيزياء عام ١٩٢١ .

Edward VII

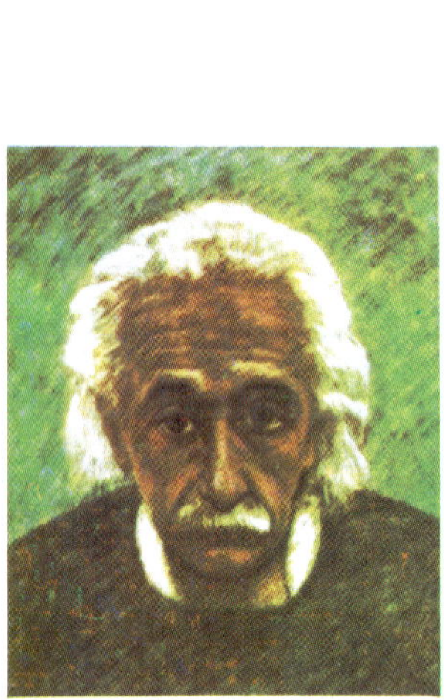

Einstein

George Eliot

T. S. Eliot

Elizabeth I

Ralph Emerson

Ellis [ĕl'ĭs], **(Henry) Havelock** أليس، هنري هافلوك (١٨٥٩-١٩٣٩) : عالم نفس بريطاني. عُني بدراسة السلوك الجنسي.

Eluard [ā lü är'], **Paul** أيلُوار، بول (١٨٩٥ - ١٩٥٢) : شاعر فرنسي. يُعتبر أحد أبرز شعراء حركة المقاومة الفرنسية ضد الاحتلال النازي.

Emerson [ĕm'ər sən], **Ralph Waldo** أمرسون، رالف والْدو (١٨٠٣ - ١٨٨٢) : فيلسوف وشاعر أميركي. يُعرف مذهبه بـ « مذهب التعالي ».

Emmet[ĕm'ĭt], **Robert** إيميت، روبرت (١٧٧٨ - ١٨٠٣) : وطني وثائر إيرلندي. عمل من أجل استقلال بلاده.

Emmet, Thomas إيميت، توماس (١٧٦٤ - ١٨٢٧) : محامٍ إيرلندي. أحد زعماء الحركة الاستقلالية في بلاده.

Engels [ĕng'əls], **Friedrich** أنجلز، فريدريك (١٨٢٠ - ١٨٩٥) : فيلسوف اشتراكي ألماني. أسهم مع كارل ماركس في وضع « البيان الشيوعي ».

Enver Pasha [ĕn'vĕr pä' shä] أنور باشا (١٨٨١ - ١٩٢٢) : قائد عسكري تركي. يُعتبر أحد أبرز زعماء حزب تركيا الفتاة.

Epictetus [ĕp ĭk tē'təs] أبيقطيتس (٥٥ ؟ - ١٣٥م ؟) : فيلسوف يوناني رواقيّ. كان عبداً رقيقاً أعتقه سيّده.

Epicurus [ĕp ĭ kyōōr'əs] أبيقور(٣٤١- ٢٧٠ ق. م.) . فيلسوف يوناني. قال بأن المتعة هي الخير الأسمى.

Epstein[ĕp'stīn], Sir **Jacob** أبستاين، السّير جاكوب (١٨٨٠ - ١٩٥٩) : نحات بريطاني، أميركي المولد. تأثر بالمدرسة التكعيبية.

Erasistratus [ĕr ə sĭs'trə təs] إيراسيستراتوس : طبيب وعالم تشريح يوناني من أهل القرن الثالث قبل الميلاد. يُعتبر أبا الفيسيولوجيا.

Erasmus [ĭ răz'məs] إيرازموس (١٤٦٦ ؟ - ١٥٣٦) : لاهوتي وفيلسوف هولندي. يُعتبر أبرز وجوه « الحركة الإنسانية » في عصره.

Erastus[ĭ râs'təs],**Thomas** إيراستوس، توماس (١٥٢٤ - ١٥٨٣) : لاهوتي سويسري. قال بسيادة الدولة في الشؤون الكنسيّة.

Eratosthenes of Cyrene [ĕr ə tŏs' thə nēz ŏv sī rē'nē] إيراتوسثينيز القُوريني (٢٧٦ ؟ - ١٩٤ ؟ ق. م.) : رياضي وجغرافي وفلكي يوناني. كان أول من حسب محيط الأرض.

Eisenhower[ī'zən hou ər], **Dwight David** آيزنهاور، دوايت دايفيد (١٨٩٠ - ١٩٦٩) : جنرال أميركي. الرئيس الرابع والثلاثون للولايات المتحدة الأميركية (١٩٥٣ - ١٩٦١).

Electra[ĭ lĕk'trə] إلكترا : في الميثولوجيا اليونانية، بنت آغاممنون. قتلت أمها كليتمنسترا وعشيق أمّها إيجسثوس.

Elgar [ĕl'gär], Sir **Edward William** ألغار، السّير أدْوَرْد وليم (١٨٥٧ - ١٩٣٤) : مؤلف موسيقي بريطاني. اتسمت أعماله بطابع إنكليزي متميّز.

Elijah [ĭ lī'jə] إيليا : نبيّ يهودي من أهل القرن التاسع قبل الميلاد.

Eliot [ĕl'ē ət], **George** إيليوت، جورج (١٨١٩ - ١٨٨٠) : روائية إنكليزية. من أشهر آثارها « سايلاس مارنر » *Silas Marner* (عام ١٨٦١).

Eliot, T.S. إيليوت، ت. س. (١٨٨٨ - ١٩٦٥) : شاعر وناقد إنكليزي. يُعتبر أحد أبرز ممثلي الشعر الحرّ.

Elizabeth [ĭ lĭz'ə bəth] أليزابيث ؛ أليصابات (١٧٠٩ - ١٧٦٢) : أمبراطورة الروسيا (١٧٤١ - ١٧٦٢). شغلتها حياة البلاط الباذخة عن الاهتمام بشؤون الدولة.

Elizabeth I أليزابيث الأولى ؛ أليصابات الأولى (١٥٣٣ - ١٦٠٣) : ملكة إنكلترا وإيرلندا (١٥٥٨ - ١٦٠٣). يُعتبر عصرها من أزهى العصور في التاريخ الإنكليزي.

Elizabeth II أليزابيث الثانية ؛ أليصابات الثانية (١٩٢٦ -) : ملكة بريطانيا وإيرلندا الشمالية (١٩٥٢ -).

Dwight Eisenhower

Ludwig Erhard

Euripides

Erhard [ĕr'härt], **Ludwig** إيرهارت ، لودفيغ (١٨٩٧ – ١٩٧٧) : سياسي ألماني غربي . وزير المالية (١٩٤٩ – ١٩٦٣) . مستشار ألمانيا الغربية (١٩٦٣ – ١٩٦٦) .

Eric «*the Red*» [ĕr'ĭk] أريك الأحمر (ازدهر في أواخر القرن العاشر للميلاد) : ملاح نروجيّ . رادَ سواحل غرينلندا الجنوبية الغربية (٩٨٢ – ٩٨٥) .

Eric IX أريك التاسع (توفي عام ١١٦٠) : ملك السويد (١١٥٠ – ١١٦٠) . شنّ حملة صليبية على فنلندا .

Eric XIV أريك الرابع عشر (١٥٣٣ – ١٥٧٧) : ملك السّويد (١٥٦٠ – ١٥٦٨) . عزّز سلطة العرش .

Ericson [ĕr'ĭk sən], **Leif** أريكسون ، ليف (ازدهر في القرن الحادي عشر للميلاد) : ملاح نروجي . ابن « أريك الأحمر » .

Ericsson [ĕr'ĭk sən], **John** . أريكسون ، جون (١٨٠٣ – ١٨٨٩) : مخترع أميركي . أدخل تحسينات على الآلات البخارية .

Erigena [ĕ rĭj'ə nə], **Johannes Scotus** أريجينا ، جوهانس سكوتس (٨١٠ – ٨٧٧ م.) : لاهوتي إيرلندي . حاول التوفيق بين العقل والإيمان .

Ernst [ĕrnst], **Max** أَرْنْسْت ، ماكس (١٨٩١ – ١٩٧٦) . رسام فرنسي . ألماني المولد . يُعتبر أحد مؤسسي المدرستين الدادية والسُّريالية .

Esarhaddon[ē sär hăd'ən] أَسَرْحَدّون (توفي عام ٦٦٩ ق.م.) : ملك أشور (٦٨١ – ٦٦٩ ق. م.) . أعاد بناء بابل وأخضع الكلدانيين .

Esau [ē'sō] عيسو : ابن اسحق بن إبراهيم . والشقيق التوأم ليعقوب .

Etherege [ĕth'ər ĭj], Sir **George** أثيريج ، جورج (١٦٣٥ ؟ – ١٦٩٢ ؟) : كاتب مسرحي إنكليزي . وضع عدداً من الكوميديات صوّر فيها الحياة اليومية .

Eucken [oi'kən], **Rudolf Christoph** أوْيكن ، رودولف كريستوف (١٨٤٦ – ١٩٢٦) : فيلسوف ألماني . مُنح جائزة نوبل في الآداب عام ١٩٠٨ .

Euclid [yōō'klĭd] أُقليدُس (٣٣٠ ؟ – ٢٧٥ ؟ ق. م.) : عالم رياضيات يوناني . وضع مبادىء الهندسة المستوية .

Eugénie [œ zhā nē'] أوجيني (١٨٢٦ – ١٩٢٠) : أمبراطورة فرنسا (١٨٥٣ – ١٨٧٠) بوصفها زوجة نابوليون الثالث .

Euhemerus [yōō hē'mər əs] أوهيميروس (القرن الرابع قبل الميلاد) : فيلسوف يوناني . قال إن الآلهة ليست غير أبطال حقيقيين ألّهتهم الأساطير .

Euler-Chelpin[oi'lər kĕl'pĭn] ,**Hans von** أويلركَلْبين . هانس فون (١٨٧٣ – ١٩٦٤) : كيميائي سويدي . مُنح جائزة نوبل في الكيمياء (بالمشاركة) عام ١٩٢٩ .

Eunus [yōō'nŭs] يونوس (ازدهر في النصف الثاني من القرن الثاني قبل الميلاد) : عبدٌ من أرقاء صقلية . أعلن الثورة على الرومان .

Euripides [yōō rĭp'ə dēz] يوريبيديز (٤٨٤ ؟ – ٤٠٦ ق. م.) : كاتب مسرحي يوناني . يُعتبر أحد أعظم شعراء التراجيديا اليونان . وضع نحواً من ٩٢ مسرحية .

Eutyches [yōō tĭ'kēz] أوطيخا ، يوتيخيس (٣٧٨ ؟ – ٤٥٠ م.) : لاهوتي من رجال الكنيسة الشرقية . قال بأن للمسيح طبيعة واحدة هي الطبيعة الإلهية .

Evans [ĕv'ənz], Sir **Arthur John** إيفانز ، السير آرثر جون (١٨٥١ – ١٩٤١) : عالم آثار بريطاني . كشف عن آثار الحضارة المينوية في كريت .

Ewald *also* **Evald**[ĭ'väl], **Johannes** إيفال ، جوهانس (١٧٤٣ – ١٧٨١) : شاعر دانمركي . يعتبر أعظم شعراء الدانمرك الغنائيين .

Ezekiel [ĭ zē'kē əl] حَزْقيال : نبي يهودي من أهل القرن السادس قبل الميلاد .

Eugénie

F

Fabius Maximus [fā'bĭ əs măk'sə məs] فابيوس مكسيموس (توفي عام ٢٠٣ق.م.) . قائد روماني . حاول أن يعوق زحف هنيبعل .

Fadeyev [fə dyā'yĕf], **Aleksandr Aleksandrovich** فيدييف ، ألكسَنْدر ألكسَندروفيتش (١٩٠١ — ١٩٥٦) : روائي سوفياتي . صوّر أعمال المقاومة السرية ضد الاحتلال النازي لأوكرانيا .

Fahd [făhd] فَهْد بن عبد العزيز (١٩٢٢ -): ملك المملكة العربية السعودية (١٩٨٢ -) خلفاً لأخيه الملك خالد .

Fahrenheit [fä'rən hīt], **Gabriel Daniel** فارنْهايت ، غابرييل دانيال (١٦٨٦ — ١٧٣٦) : فيزيائي ألماني . ابتكر مقياس الحرارة الفارنْهايتي .

Faisal [fī'säl; fāy'säl] فيصل؛ فيصل ابن عبد العزيز آل سعود (١٩٠٦—١٩٧٥): ملك المملكة العربية السعودية (١٩٦٤ — ١٩٧٥) : عمل من أجل تحقيق الوحدة الإسلامية .

Faisal I فيصل الأول ؛ فيصل بن الحسين (١٨٨٥ — ١٩٣٣) : ملك العراق (١٩٢١— ١٩٣٣) : لعب دوراً بارزاً في الثورة العربية.

Faisal II فيصل الثاني (١٩٣٥ — ١٩٥٨): ملك العراق (١٩٣٩ — ١٩٥٨) . لقي مصرعه في انقلاب ١٤ يوليو ١٩٥٨ .

Fakhr-ud-din II [făkh'rōōd'dēn] فخر الدين الثاني (١٥٧٢ — ١٦٣٥) : أمير لبناني . عُرف بنزوعه إلى الاستقلال عن الدولة العثمانية .

Fakhr-ud-din al-Razi [ăr rä'zē] فخر الدين الرازي (١١٤٩ — ١٢٠٩) : فقيه مسلم . دافع عن آراء أهل السُّنة .

Fakhuri [fâ khōō'rē], **'Umar** فاخوري ، عُمر (١٨٩٦ — ١٩٤٦) : كاتب لبناني . دعا إلى التحرر في الفكر والحياة .

Falla [fä'lyä], **Manuel de** فاليا ، مانيوويل دي (١٨٧٦ — ١٩٤٦) : مؤلف موسيقي إسباني . يُعتبر أبرز الموسيقيين الإسبان في صدر القرن العشرين .

Farabi, al- [ăl fâ rä'bē] الفارابي (٨٧٨ ؟ — ٩٥٠ م.) : فيلسوف عربي . حاول التوفيق بين الشريعة الإسلامية والفلسفة اليونانية .

Faraday [făr'ə dā], **Michael** فاراداي ، مايكل (١٧٩١ — ١٨٦٧) : كيميائي وفيزيائي بريطاني . اكتشف بعض الظواهر الكهربائية والمغنطيسية .

Farazdaq, al- [ăl fă räz'däq] الفَرَزْدَق (٦٤٠ ؟ — ٧٣٠ م .) : شاعر عربي أموي . اشتهر بنقائضه مع جرير والأخطل .

Farghani, al- [ăl făr gä'nē] الفَرْغاني (القرن التاسع للميلاد) : عالم فلك عربي . أشهر آثاره « المدخل إلى علم هيئة الأفلاك » .

Farouk I [fə rōōk'] فاروق الأول (١٩٢٠ — ١٩٦٥) : ملك مصر (١٩٣٦ — ١٩٥٢) : اتّسم حُكمه بالصّراع الطويل مع حزب الوفد .

Farquhar [fär'kwər; fär'kər], **George** فاركْوَر ، جورج (١٦٧٨ — ١٧٠٧) : كاتب مسرحي إنكليزي . يُعتبر أبرز كتّاب الكوميديا الإنكليزية في مطلع القرن الثامن عشر .

Fatimah [fä'tĭ măh] فاطمة ؛ فاطمة الزهراء (٦٠٦ ؟ — ٦٣٣ م .) : بنت الرسول محمد عليه السلام . زوجة الإمام عليّ ووالدة الحسن والحسين .

Faulkner [fôk'nər], **William** فوكنر ، وليم (١٨٩٧ — ١٩٦٢) : روائي أميركي . مُنح جائزة نوبل في الآداب عام ١٩٤٩ .

Faure [fōr], **Edgar** فور ، أدغار (١٩٠٨ —) : سياسي فرنسي . رئيس الوزراء (عام ١٩٥٢) و (١٩٥٥ — ١٩٥٦).

Faisal

Manuel de Falla

Faraday

Faure, Félix — فور ، فيليكس (١٨٤١ — ١٨٩٩) : سياسي فرنسي . رئيس الجمهورية (١٨٩٥ — ١٨٩٩) .

Fauré [fō rā'], **Gabriel** فوريه ، غابرييل (١٨٤٥ — ١٩٢٤) : مؤلف موسيقي فرنسي . عمل على تحرير الموسيقى الفرنسية من نفوذ الموسيقى الألمانية .

Faust [foust] فاوسْتْ : في الأساطير الألمانية ، منجّم باع روحه للشيطان لقاء حصوله على الشباب والمعرفة .

Fayruzabadi, al- [ăl făy rōō'ză bâ dē] : الفَيْروزابادي (١٣٢٩ — ١٤١٤ م.) : معجميّ عربي . صاحب « القاموس المحيط » .

Fechner [fěkh'nər], **Gustav Theodor** — فَخْنَر ، غوستاف ثيودور (١٨٠١ — ١٨٨٧) : فيزيائي وعالم نفس ألماني . درس العلاقة بين الفيسيولوجيا وعلم النفس .

Feininger [fī'nĭng ər], **Lyonel** فاينِنغر ، ليونيل (١٨٧١ — ١٩٥٦) : رسام أميركي . قضى شطراً من حياته في ألمانيا . تأثر بالمدرسة التكعيبية .

Fénelon [fān lôn'], **François** فينيلون ، فرانسوا (١٦٥١ — ١٧١٥) : أسقف وكاتب فرنسي . أشهر آثاره « مغامرات تليماك » *les Aventures de Télémaque* (عام ١٦٩٩) .

Ferdinand I [fûr'dĭ nănd] فرديناند الأول (١٠١٨ ؟ — ١٠٦٥) : ملك قشتالة (١٠٣٥ — ١٠٦٥) . اتخذ لقب « أمبراطور إسبانيا » (عام ١٠٥٦) .

Ferdinand I — فرديناند الأول (١٥٠٣ — ١٥٦٤) : رأس الأمبراطورية الرومانية المقدّسة (١٥٥٨ — ١٥٦٤) .

Ferdinand I — فرديناند الأول (١٧٩٣ — ١٨٧٥) : أمبراطور النمسا (١٨٣٥ — ١٨٤٨) . استبدّ بأمر الدولة في عهده المستشار مِتَرْنيخ .

Ferdinand I — فرديناند الأول (١٨٦٥ — ١٩٢٧) : ملك رومانيا (١٩١٤ — ١٩٢٧) . انضمّ إلى معسكر الحلفاء (عام ١٩١٦) .

Ferdinand II — فرديناند الثاني (١٥٧٨ — ١٦٣٧) : رأس الأمبراطورية الرومانية المقدّسة (١٦١٩ — ١٦٣٧) . صرفَ همّته لمقاتلة البروتستانت .

Ferdinand III — فرديناند الثالث (١٦٠٨ — ١٦٥٧) : رأس الأمبراطورية الرومانية المقدّسة (١٦٣٧ — ١٦٥٧) . قاد القوات الأمبراطورية في حرب السنوات الثلاثين .

Ferdinand V — فرديناند الخامس (١٤٥٢ — ١٥١٦) : ملك آراغون . تزوج إيزابيلا ملكة قشتالة (عام ١٤٦٩) وبذلك توحدت إسبانيا كلها تقريباً .

Ferdinand VI — فرديناند السادس (١٧١٣ — ١٧٥٩) : ملك إسبانيا (١٧٤٦ — ١٧٥٩) . رعى الثقافة والفنون .

Ferdinand VII — فرديناند السابع (١٧٨٤ — ١٨٣٣) : ملك إسبانيا (عام ١٨٠٨) و (١٨١٤ — ١٨٣٣) . في عهده فقدت إسبانيا أمبراطوريتها في العالم الجديد .

Fermat [fěr mà'], **Pierre de** فيرما ، بيير دو (١٦٠١ — ١٦٦٥) : عالم رياضيات فرنسي . يُعتبر أحد أعظم الرياضيين في القرن التاسع عشر .

Fermi [fěr'mē], **Enrico** فيرمي ، أنريكو (١٩٠١ — ١٩٥٤) : فيزيائي أميركي . إيطالي المولد . ساعدت دراساته على صنع القنبلة الذرية .

Fénelon

Fernandel [fər năn'dəl] فيرنانديـل (١٩٠٣ — ١٩٧١) : ممثل سينمائي فرنسي . يعتبر نجم الكوميديا الفرنسية في عصره .

Fernández [fər năn'děz], **Juan** فيرنانديز ، خُوان (١٥٣٦ ؟ — ١٦٠٤ ؟) : ملاح إسباني . راد السواحل الغربية من أميركا الجنوبية .

Ferry [fěr'ē], **Jules** فيرّي ، جـول (١٨٣٢ — ١٨٩٣) : سياسي فرنسي . رئيس الوزراء (١٨٨٠ — ١٨٨١) و (١٨٨٣ — ١٨٨٥) . عُرف بسياسته الاستعمارية .

Fetti [fět'tē], **Domenico** فِتّـي ، دومينيكو (١٥٨٩ — ١٦٢٣) : رسام إيطالي . تميّزت أعماله بطابع واقعي .

Feuerbach [foi'ər bäkh], **Ludwig** فويَرْباخ ، لودفيغ (١٨٠٤ — ١٨٧٢) : فيلسوف ألماني . تتلمذ على هيغل ثم انتقد فلسفته بقسوة .

Feydeau [fā'dō], **Georges** فَيْـدو ، جورج (١٨٦٢ — ١٩٢١) : كاتب مسرحي فرنسي . عُرف بكوميدياته الخفيفة .

Fichte [fĭkh'tə], **Johann Gottlieb** فيخته ، جوهان غوتليب (١٧٦٢ — ١٨١٤) : فيلسوف ألماني . طوّر مثالية كَنْت Kant .

Fielding [fēl'dĭng], **Henry** فيلدنغ ، هنري (١٧٠٧ — ١٧٥٤) : روائي إنكليزي . يُعتبر أحد مؤسسي الرواية الإنكليزية .

Fillmore [fĭl'môr], **Millard** فيلمور ، ميلارد (١٨٠٠ — ١٨٧٤) : سياسي أميركي . الرئيس الثالث عشر للولايات المتحدة الأميركية (١٨٥٠ — ١٨٥٣) .

Firdausi [fĭr dou'sē] الفِرْدَوْسي (٩٣٥ ؟ — ١٠٢٠ ؟ م.) : شاعر فارسي . صاحب ملحمة « الشاهنامه » (كتاب الملوك) .

Fischer [fĭsh'ər], **Emil Hermann** فيشر ، أميل هيرمان (١٨٥٢ — ١٩١٩) : كيميائي عضوي ألماني . مُنح جائزة نوبل في الكيمياء عام ١٩٠٢ .

Fischer, Hans — فيشر ، هانز (١٨٨١ — ١٩٤٥) : كيميائي ألماني . مُنح جائزة نوبل في الكيمياء عام ١٩٣٠ .

Fisher, Herbert Albert Laurens فيشر ، هربرت ألبرت لورنس (١٨٦٥ — ١٩٤٠) : مؤرخ إنكليزي . وضع تاريخاً لأوروبا في ثلاثة مجلدات .

Fisher, Irving — فيشر ، إيرفينغ (١٨٦٧ — ١٩٤٧) : عالم اقتصاد أميركي . عُني بدراسة المسائل المالية .

Ferdinand VII

Fisher, Saint **John** فيشر، القديس جون (١٤٦٩ – ١٥٣٥) : أسقف كاثوليكي إنكليزي . أعدم لرفضه الاعتراف بهنري الثامن رئيساً لكنيسة إنكلترا .

Fiske[fĭsk], **John**—١٨٤٢ (فيسك، جون ١٩٠١) : فيلسوف ومؤرخ أميركي . عُرف بتأييده للداروينية .

Fitzgerald [fĭts jĕr′əld], **Edward** فيتسجيرالد ، أدوَرْد (١٨٠٩ – ١٨٨٣) : شاعر إنكليزي . نقل « رباعيات الخيام » إلى الإنكليزية (عام ١٨٥٩) .

Fitzgerald, Francis Scott فيتسجيرالد ، فرانسيس سكوت (١٨٩٦ – ١٩٤٠) : كاتب أقصوصة أميركي . يُعتبر من أبرز ممثلي « الجيل الضائع » .

Fitzgerald, Lord **Thomas** فيتسجيرالد ، اللورد توماس (١٥١٣ – ١٥٣٧) : زعيم إيرلندي . قاد ثورة مخفقة ضدّ الإنكليز (عام ١٥٣٤) .

Fizeau [fē zō′], **Armand** فيزو ، آرمان (١٨١٩ – ١٨٩٦) : فيزيائي فرنسي . قاس سرعة الضوء .

Flammarion [flȧ mȧ ryôn′], **Camille** فلاماريون ، كميل (١٨٤٢ – ١٩٢٥) : عالم فلك فرنسي . حاول في آثاره تبسيط علم الفلك .

Flaubert [flô bâr′], **Gustave** فلوبير ، غوستاف (١٨٢١ – ١٨٨٠) : روائي فرنسي . اعتبره بعض النقاد رائد الواقعية في الأدب الحديث .

Fleming [flĕm′ĭng], **Alexander** فليمينغ ، ألكْسَنْدَر (١٨٨١ – ١٩٥٥) : بكتيريولوجي بريطاني . مكتشف البنيسيلين (عام ١٩٢٨) .

Fleming, Ian Lancaster فليمينغ ، إيان لانكاستر (١٩٠٨ – ١٩٦٤) : روائي إنكليزي . مبتدع شخصية « جيمس بوند » .

Fleury [flœ rē′], **André Hercule de** فليري ، أندريه هركول دو (١٦٥٣ – ١٧٤٣) : كاردينال فرنسي . الوزير الأول (١٧٢٦ – ١٧٤٣) للويس الخامس عشر .

Flinders [flĭn′dərz], **Matthew** فليندَرْز ، ماتيو (١٧٧٤ – ١٨١٤) : ملاح إنكليزي . رادَ المحيط الهادىء الجنوبي .

Florey [flôr′ē], Sir **Howard Walter** فلوري ، السِّير هاوارد وولتر (١٨٩٨ – ١٩٦٨) : طبيب بريطاني . مُنح جائزة نوبل في الفيسيولوجيا والطب عام ١٩٤٥ (بالمشاركة) .

Flügel [flōō′gəl], **Gustav** فلوغِل ، غوستاف (١٨٠٢ – ١٨٧٠) : مستعرب ألماني . وضعَ فهرساً لألفاظ القرآن الكريم .

Foch [fôsh], **Ferdinand** فوش ، فردينان (١٨٥١ – ١٩٢٩) : مارشال فرنسي . لمع نجمه في معركة المارن Marne (عام ١٩١٤) .

Ford [fôrd], **Gerald** فورد ، جيرالد (١٩١٣ –) : سياسي أميركي . الرئيس الثامن والثلاثون للولايات المتحدة الأميركية (١٩٧٤ – ١٩٧٦) . تولى الرئاسة بعد استقالة الرئيس نيكسون .

Ford, Henry – ١٨٦٣ (فورد ، هنري ١٩٤٧) : صناعيّ أميركي . أحد رواد صناعة السيارات .

Forster[fôr′stər], **Edward Morgan** فورسْتر ، أدْوَرْد مورغان (١٨٧٩ – ١٩٧٠) : روائي وناقد إنكليزي . تحفل كتاباته بالنقد الاجتماعي والسياسي .

Fort [fōr], **Paul** – ١٨٧٢ (فور ، بول ١٩٦٠) : شاعر فرنسي . ارتبط اسمه بالمدرسة الرمزية .

Foucault [fōō kō′], **Jean Bernard Léon** فوكو ، جان برنار ليون (١٨١٩ – ١٨٦٨) : فيزيائي فرنسي . صنع بندولاً عُرف بـ « بندول فوكو » .

Fourier [fōō ryā′], **Charles** فورييه ، شارل (١٧٧٢ – ١٨٣٧) : عالم اقتصاد فرنسي . رائد من رواد الاشتراكية .

Fourier, Jean Baptiste Joseph فورييه ، جان باتيست جوزيف (١٧٦٨ – ١٨٣٠) : فيزيائي فرنسي . قام بتجارب هامة في موضوع الحرارة .

Fox [fŏks], **Charles James** فوكس ، تشارلز جيمس (١٧٤٩ – ١٨٠٦) : سياسي بريطاني . عارض سياسة جورج الثالث وأيّدَ المستعمرات الأميركية .

Fox, George – ١٦٢٤ (فوكس ، جورج ١٦٩١) : زعيم ديني إنكليزي . مؤسس « جماعة الأصدقاء » أو « الفرندز » . أكد على التجربة الروحية النابعة من أعماق الذات .

Fracastoro [frȧ kȧs′tō rō], **Girolamo** فراكاستورو ، جيرولامو (١٤٧٨ ؟ – ١٥٥٣) : طبيب وعالم فلك إيطالي . سبق باستور وروبرت كوخ إلى التحدّث عن الجراثيم المُحْدِثة للأمراض .

Fragonard [frȧ gō nȧr′], **Jean Honoré** فراغونار ، جان أونوريه (١٧٣٢ – ١٨٠٦) : رسام فرنسي . تميّزت ريشته بالرشاقة والحيوية .

Edward Fitzgerald

Flaubert

Anatole France

François I

Franco

France [fräns], **Anatole** فرانس، أناتول (١٨٤٤ – ١٩٢٤) : كاتب وروائي فرنسي . مُنح جائزة نوبل في الآداب عام ١٩٢١ .

Francis I [frăn'sĭs] فرنسيس الأول (١٧٠٨ – ١٧٦٥) : رأس الأمبراطورية الرومانية المقدّسة (١٧٤٥ – ١٧٦٥) . تزوّج ماريا تيريزا عام ١٧٣٦ .

Francis II فرنسيس الثاني (١٧٦٨ – ١٨٣٥) : آخر أباطرة الأمبراطورية الرومانية المقدّسة (١٧٩٢ – ١٨٠٦) . في عهده حُلّت هذه الأمبراطورية .

Francis of Assisi [ə sē'zē], **Saint** فرنسيس الأسّيزي ، القديس (١١٨٢ – ١٢٢٦) : راهب إيطالي . مؤسس الرهبانية الفرنسيسكانية .

Francis of Sales [sālz], **Saint** فرنسيس السّاليزي ، القديس (١٥٦٧ – ١٦٢٢) : واعظ فرنسي . مؤسس رهبانية « أخوات الزيارة » .

Franck [frängk], **James** فرانك ، جيمس (١٨٨٢ – ١٩٦٤) : فيزيائي نووي أميركي . مُنح جائزة نوبل في الفيزياء (بالمشاركة) عام ١٩٢٥ .

Franco [fräng'kō], **Francisco** فرانكو، فرانسيسكو (١٨٩٢ – ١٩٧٥) : جنرال إسباني . ديكتاتور إسبانيا (١٩٣٩ – ١٩٧٥).

François I [frän'swä'] فرانسوا الأول (١٤٩٤ – ١٥٤٧) : ملك فرنسا (١٥١٥ – ١٥٤٧) : بلغت « النهضة الفرنسية » في عهده أوج ازدهارها .

Franjiyyah [frăn jĭy'yăh], **Sulayman** فرنجية ، سليمان (١٩١٠ –) : سياسي لبناني . رئيس الجمهورية (١٩٧٠ – ١٩٧٦) .

Frank [frăngk], **Ilya Mikhaylovich** فرانك ، إيليا ميخايلوفيتش (١٩٠٨ –) : فيزيائي سوفياتي . مُنح جائزة نوبل في الفيزياء (بالمشاركة) عام ١٩٥٨ .

Franklin [frăngk'lĭn], **Benjamin** فرانكلين ، بنجامان (١٧٠٦ – ١٧٩٠) : سياسي وعالم أميركي . قام بتجارب متعددة في حقل الكهرباء .

Franklin, Sir **John** فرانكلن ، السّير جون (١٧٨٦ – ١٨٤٧) : مستكشف بريطاني . قام بعدة رحلات إلى المحيط القطبي الشمالي .

Franz Ferdinand [fränts fûr'dĭ nănd] فرانز فيرديناند (١٨٦٣ – ١٩١٤): أرشيدوق النمسا ووليّ عهدها . اغتيل في سيراجيفو (٢٨ يونيو ١٩١٤) .

Franz Joseph [fränts jō'zĕf] فرانز جوزيف (١٨٣٠ – ١٩١٦) : أمبراطور النمسا (١٨٤٨ – ١٩١٦) وملك المجر (١٨٦٧ – ١٩١٦) . في عهده أنشئت أمبراطورية « النمسا – المجر » (عام ١٨٦٧).

Frazer [frā'zər], Sir **James George** فرايزر ، السّير جيمس جورج (١٨٥٤ – ١٩٤١) : عالم أنثروبولوجي بريطاني . صاحب كتاب « الغصن الذهبي » *The Golden Bough* (عام ١٨٩٠ – ١٩١٥) .

Frederick I [frĕd'rĭk] فريدريك الأول، فريدريك برباروسّا (١١٢٣ ؟ – ١١٩٠) : رأس الأمبراطورية الرومانية المقدسة (١١٥٥ – ١١٩٠) . شجّع الثقافة ووسّع الأمبراطورية.

Frederick I فريدريك الأول (١٦٥٧ – ١٧١٣) : أول ملوك بروسيا (١٧٠١ – ١٧١٣) . شجع العلوم والفنون .

Frederick II فريدريك الثاني (١١٩٤ – ١٢٥٠) : رأس الأمبراطور الرومانية المقدّسة (١٢٢٠ – ١٢٥٠) . قاد الحملة الصليبية السادسة وتوّج نفسه ملكاً على القدس (عام ١٢٢٩) .

Frederick II فريدريك الثاني، فريدريك الكبير (١٧١٢ – ١٧٨٦) : ملك بروسيا (١٧٤٠ – ١٧٨٦) . هزم النمسا وعزّز الجيش .

Frederick III فريدريك الثالث (١٦٠٩ – ١٦٧٠) : ملك الدانمرك والنروج (١٦٤٨ – ١٦٧٠). قام باصلاحات واسعة في الإدارة.

Frederick IX فريدريك التاسع (١٨٩٩ – ١٩٧٢) : ملك الدانمرك (١٩٤٧ – ١٩٧٢) .

Franz Joseph

Fuad I [fü äd′] فؤاد الأول (١٨٦٨ – ١٩٣٦) : سلطان مصر (١٩١٧ – ١٩٢٢) . ملك مصر (١٩٢٢ – ١٩٣٦) . تميّز عهده بالصراع مع حزب الوفد .

Funk [fŭngk], **Casimir** فانك، كازيمير (١٨٨٤ – ١٩٦٧) : كيميائي أميركي . اكتشف عدداً من الفيتامينات .

Furneaux [fûr′nō], **Tobias** فيرنو ، توبياس (١٧٣٥ – ١٧٨١) : ملاح بريطاني . اكتشف جزُر فيرنو الأسترالية .

Sigmund Freud

Fragonard : *l'Escarpolette*

فراغونار : « الأرجوحة » .

Frederick William I فريدريك وليم الأول (١٦٨٨ – ١٧٤٠) : ملك بروسيا (١٧١٣ – ١٧٤٠) . عُني بتعزيز الجيش البروسي .

Frederick William II فريدريك وليم الثاني (١٧٤٤ – ١٧٩٧) : ملك بروسيا (١٧٨٦ – ١٧٩٧) . قاوم الثورة الفرنسية وخاض الحرب ضدّها (١٧٩٢ – ١٧٩٥).

Frederick William III فريدريك وليم الثالث (١٧٧٠ – ١٨٤٠) : ملك بروسيا (١٧٩٧ – ١٨٤٠) . هزمه نابوليون بونابرت في معركة يينا (عام ١٨٠٦) .

Frederick William IV فريدريك وليم الرابع (١٧٩٥ – ١٨٦١) : ملك بروسيا (١٨٤٠ – ١٨٦١) . عُرف بكرهه للأنظمة الدستورية .

Freeman [frē′măn], **Mary Eleanor** فريمان ، ماري إيليانور (١٨٥٢ – ١٩٣٠): روائية أميركية . أشهر آثارها رواية «بمبروك» *Pembroke* (عام ١٨٩٤) .

Frémy [frā′mē], **Edmond** فريمي ، أدمون (١٨١٤ – ١٨٩٤) : كيميائي فرنسي . اكتشف عدداً من أملاح الفلور .

Frescobaldi [frĕs kō bäl′dē], **Girolamo** فريسكوبالدي ، جيرولامو (١٥٨٣ – ١٦٤٣) : مؤلف موسيقي إيطالي .

Fresnel [frā nĕl′], **Augustin Jean** فرينل ، أوغسطين جان (١٧٨٨ – ١٨٢٧) : فيزيائي فرنسي .

Freud [froid], **Sigmund** فْرُويْد ، سيغموند (١٨٥٦ – ١٩٣٩) : طبيب أمراض عصبية نمساوي . مؤسس طريقة التحليل النفسي psychoanalysis .

Freycinet [frā cē′nā], **Charles Louis de** فريسينيه ، شارل لويس دو (١٨٢٨ – ١٩٢٣) : سياسي فرنسي . تولى رئاسة الوزارة عدة مرات .

Frobisher [frō′bĭ shər], Sir **Martin** فروبيشر ، السِّير مارتن (١٥٣٥ ؟ – ١٥٩٤) : ملاح إنكليزي .

Froebel [frœ′bəl], **Friedrich Wilhelm August** فروبل، فريدريتش ولهلم أوغست (١٧٨٢ – ١٨٥٢) : مربٍّ ألماني . مبتدع نظام رياض الأطفال .

G

Vasco da Gama

Galileo

Gandhi

Gabo [gä'bō], **Naum** غابو . ناحوم (١٨٩٠ - ١٩٧٧) : نحات أميركي . روسي المولد . يُعتبر مؤسس المدرسة « التشييدية » أو « البنائية » constructivism .

Gaboriau [gä bô ryō'], **Emile** غابوريو . أميل (١٨٣٢ - ١٨٧٣) : كاتب فرنسي . يُعتبر مبتكر فن الرواية البوليسية .

Gabriel [gā'brē əl] *also* **Gabriel Prosser** [prŏs'ər] غابرييل ؛ غابرييل بروسّر (١٧٧٦ ؟ - ١٨٠٠) : زعيم زنجي أميركي . قام بأول ثورة زنجية رئيسية في التاريخ الأميركي (عام ١٨٠٠) .

Gabrieli [gä brē ə'lē], **Giovanni** غابرييلي . جيوفاني (١٥٥٧ - ١٦١٢) : مؤلف موسيقي إيطالي .

Gaddafi [găd'dä fē] = **Kazzafi.**

Gagarin [gä gä'rin], **Yuri** غاغارين . يوري (١٩٣٤ - ١٩٦٨) : رائد فضاء سوفياتي . أول من قام برحلة فضائية حول الأرض (عام ١٩٦١) .

Gainsborough [gānz'bûr ō], **Thomas** غاينزبورو . توماس (١٧٢٧ - ١٧٨٨) : رسام إنكليزي . اشتهر بلوحاته الريفية .

Gale [gāl], **Zona** غايل . زونا (١٨٧٤ - ١٩٣٨) : روائية أميركية . تُعتبر من رواد المدرسة الواقعية .

Galen [gā'lən] جاليـنوس (١٢٩ - ١٩٩ ؟ م .) : طبيب يوناني . يُعَدّ أحد أكبر الأطباء في العصور القديمة .

Galerius [gə lēr'ē əs] غاليريوس (توفي عام ٣١١ م .) : أمبراطور روماني (٣٠٥ - ٣١١ م .) . اضطهد النصارى .

Galileo [găl ə lā'ō]. *full name* **Galileo Galilei** غاليليو ؛ غاليليو غاليلي (١٥٦٤ - ١٦٤٢) : عالم فلك إيطالي . أيّد نظرية كوبرنيكوس بأن الأرض تـدور حول الشمس .

Galland [gä län'], **Antoine** غالاّن . أنطوان (١٦٤٦ - ١٧١٥) : مستشرق فرنسي . ترجم « ألف ليلة وليلة » إلى الفرنسية .

Galle [gäl'ə], **Johann Gottfried** غالي . جوهان غوتفريد (١٨١٢ - ١٩١٠) : عالم فلك ألماني . اكتشف الكوكب السيار نبتون (عام ١٨٤٦) .

Gallup [găl'əp], **George Horace** غالوب ، جورج هوراس (١٩٠١ -) : عالم إحصاء أميركي .

Galsworthy [gôlz'wûr thē], **John** غولزْوورذي ، جون (١٨٦٧ - ١٩٣٣) : روائي وكاتب مسرحي إنكليزي . أحد أبرز ممثلي المدرسة الواقعية .

Galton [gôl'tən], Sir **Francis** غولتون . السير فرنسيس (١٨٢٢ - ١٩١١) : عالم إنكليزي . يُعتبر مؤسس اليوجينيا أو علم النسل .

Galvani [gäl vä'nē], **Luigi** غالفاني . لُويجي (١٧٣٧ - ١٧٩٨) : فيسيولوجي إيطالي .

Gama [gä'mə], **Vasco da** غاما . فاسكو دا (١٤٦٩ ؟ - ١٥٢٤) : ملاح ومستكشف برتغالي . قام بأول رحلة بحرية إلى الهند من طريق رأس الرجاء الصالح (١٤٩٧ - ١٤٩٨) .

Gamal Abdel-Nasser = Nasser, Gamal Abdel- .

Gambetta [găm bĕt'ə], **Léon** غامبيتا . ليون (١٨٣٨ - ١٨٨٢) : سياسي فرنسي . أعلن الجمهورية الفرنسية الثالثة (عام ١٨٧٠) .

Gandhi [gän'dē], **Indira Nehru** غاندي . إنديرا نهرو (١٩١٧ - ١٩٨٤) : سياسية هندية . رئيسة الوزراء (١٩٦٦ - ١٩٧٧) و (١٩٨٠ - ١٩٨٤) . عُرفت بسياستها التقدمية في الحقلين الاقتصادي والاجتماعي .

Gandhi, Mohandas Karamchand غاندي . موهانداس كَرَمْشَنْد (١٨٦٩ - ١٩٤٨) : زعيم سياسي وروحيّ هندي . نادى باللاعنف ، وبالمقاومة السلبية . وعملَ لاستقلال الهند .

Gardner [gärd'nər], **Erle Stanley** غاردنر . إيرل ستانلي (١٨٨٩ - ١٩٧٠) : روائي أميركي . كتب نحواً من مئة رواية بوليسية .

Garfield[gär'fēld], **James Abram** غارفيلد ، جيمس أبرام (١٨٣١–١٨٨١): سياسي أميركي . الرئيس العشرون للولايات المتحدة الأميركية (عام ١٨٨١) . اغتيل .

Garibaldi[gä rē bäl'dē], **Giuseppe** غاريبالدي ، جوزيبي (١٨٠٧–١٨٨٢) : قائد وزعيم قومي إيطالي . يُعتبر أحد صانعي الوحدة الإيطالية .

Garrison [găr'ĭ sən], **William Lloyd** غاريسون ، وليم لويد (١٨٠٥ – ١٨٧٩) : زعيم أميركي . دعا إلى إبطال الاسترقاق .

Gaskell [găs'kəl], **Elizabeth** ، غاسكل ، أليزابيث (١٨١٠ – ١٨٦٥) : روائية إنكليزية . عُنيت بوصف حياة العمال .

Gaudi [gō'dē], **Antonio** ، غــودي ، أنطونيو (١٨٥٢ – ١٩٢٦) : مهندس معماري إسباني . يُعتبر أحد أركان « الفنّ الجديد » art nouveau .

Gauguin [gō găn'], **Paul** ، غوغــان ، بول (١٨٤٨ – ١٩٠٣) : رسام فرنسي . بدأ حياته الفنية انطباعياً ثم آثر البساطة في الشكل .

Gautier [gō tyā'], **Théophile** ، غوتييه ، تيوفيل (١٨١١ – ١٨٧٢) : شاعر وروائيّ فرنسي . يعتبر من أركان المدرسة البرناسية .

Gay [gā], **John** ، غاي ، جون (١٦٨٥ – ١٧٣٢) : شاعر وكاتب مسرحي إنكليزي .

Gay-Lussac [gā lü săk'], **Joseph Louis** غاي لوساك ، جوزيف لويس (١٧٧٨ – ١٨٥٠) : كيميائي وفيزيائي فرنسي . اكتشف عنصر البورون (عام ١٨٠٩) .

Geber[jē'bĕr] = Jabir ibn-Hayyan.

Genghis Khan [jĕn'gĭz kän'] جنكيز خان (١١٦٢ – ١٢٢٧) : فاتح وأمبراطور مغولي . فتح شمالي الصين واحتل مناطق واسعة في آسيا الوسطى والجنوبية .

Gentile [jĕn tē'lā], **Giovanni** ، جنتيلي ، جيوفاني (١٨٧٥ – ١٩٤٤) : فيلسوف وسياسي إيطالي . يُعرف أحياناً بـ « فيلسوف الفاشيّة » .

George I [jôrj] جورج الأول (١٦٦٠ – ١٧٢٧) : ملك بريطانيا العظمى وإيرلندا (١٧١٤ – ١٧٢٧) . أول ملوك أسرة هانوفر .

George I : جورج الأول (١٨٤٥ – ١٩١٣) : ملك اليونان (١٨٦٣ – ١٩١٣) . اغتيل في سالونيك .

George II : جورج الثاني (١٦٨٣ – ١٧٦٠) : ملك بريطانيا العظمى وإيرلنــدا (١٧٢٧ – ١٧٦٠) . تورّط في عدة حروب في القارة الأوروبية .

George III جورج الثالث (١٧٣٨ – ١٨٢٠) : ملك بريطانيا العظمى وإيرلندا (١٧٦٠ – ١٨٢٠) : في عهده نشبت الثورة الأميركية (١٧٧٥ – ١٧٨٣) .

George IV جورج الرابع (١٧٦٢ – ١٨٣٠) : ملك بريطانيا العظمى وإيرلندا (١٨٢٠ – ١٨٣٠) . عُرف بانغماسه في الملذات .

George V جورج الخــامس (١٨٦٥ – ١٩٣٦) : ملك بريطانيا العظمى وأمبراطور الهند (١٩١٠ – ١٩٣٦) . في عهده نشبت الحرب العالمية الأولى (١٩١٤ – ١٩١٨) .

George VI جورج السادس (١٨٩٥ – ١٩٥٢) : ملك بريطانيا وإيرلندا الشمالية (١٩٣٦ – ١٩٥٢) . رقي العرش بعد تنازل اخيه أدْوَرْد الثامن عنه .

George [gĕ ôr 'gə], **Stefan** ، جيورجي ، ستيفان (١٨٦٨ – ١٩٣٣) : شاعر ألماني . يُعتبر من زعماء المدرسة القائلة بالفن من أجل الفن .

Gerard of Cremona[jĭ rärd'] جيرارد الكريموني (١١١٤ ؟ – ١١٨٧) : أحد أكبر علماء القرون الوسطى . نقل إلى اللاتينية كتباً كثيرة من تراث اليونان المترجم إلى العربية .

Géricault [zhā rē kō'], **Jean Louis André Théodore** جيريكو ، جان لويس أندريه تيودور (١٧٩١ – ١٨٢٤) : رسام فرنسي . برع في رسم الوجوه والجياد .

Gérome [zhā rōm'], **Jean Léon** جيروم ، جان ليون (١٨٢٤ – ١٩٠٤) : رسام فرنسي . عرف بعدائه الشديد للمدرسة الانطباعية .

Gershwin [gûrsh'wĭn], **George** غيرشْوين جورج (١٨٩٨ – ١٩٣٧) : مؤلف موسيقي أميركي . وضع عدداً من ألحان « الجاز » السيمفونية .

Ghazi I [gä'zē] غازي الأول (١٩١٢ – ١٩٣٩) : ملك العراق (١٩٣٣ – ١٩٣٩) . لقي مصرعه في حادث سيارة .

Ghazzali, al- [ăl găz zâ'lē] = al-Ghazzali.

Ghiberti [gē bĕr'tē], **Lorenzo** غيبَرْتي ، لورانزو (١٣٧٨ – ١٤٥٥) : رسام ونحات إيطالي . أبدع عدة لوحات جصّية جدارية .

Ghirlandajo [gîr län dä'yō], **Domenico** غيرلَنْدايو ، دومينيكو (١٤٤٩ – ١٤٩٤) : رسام إيطــالي . تميّز أسلوبه بالواقعية .

Gauguin

George V

John Gay

Gibran Khalil Gibran

André Gide

Jean Giraudoux

Giacometti [jä kō mĕt′tē], **Alberto**
جاكومتّي ، ألبرتو (١٩٠١ — ١٩٦٦) : نحات سويسري . ارتبط اسمه بالحركة السُّريالية .

Giauque [jē ōk′], **William Francis**
جييوك ، وليم فرنسيس (١٨٩٥ —) : كيميائي أميركي . مُنح جائزة نوبل في الكيمياء عام ١٩٤٩ .

Gibb [gĭb], **Hamilton Alexander**
غِبّ (أو جبّ) ، هاملتون ألكسندر (١٨٩٥ —) : مستشرق إنكليزي . عُني بتعريف الغربيين بالتراث الإسلامي .

Gibbon [gĭb′ən], **Edward** غيبون ، أدْوَرْد (١٧٣٧ — ١٧٩٤) : مؤرّخ إنكليزي . يعتبر أعظم المؤرخين الإنكليز في عصره .

Gibran [jōōb rän′], **Gibran Khalil**
جُبران ، جُبران خليل (١٨٨٣ — ١٩٣١) : كاتب وشاعر ورسام لبناني . تميّزت أعماله بسعة الخيال وبالثورة على التقاليد .

Gide [zhēd], **André** جيد ، أندريه (١٨٦٩ — ١٩٥١) : كاتب وناقد فرنسي . مُنح جائزة نوبل في الآداب عام ١٩٤٧ .

Gilbert [gĭl′bərt], **William**، جيلبرت وليم (١٥٤٠ — ١٦٠٣) : طبيب وفيزيائي إنكليزي . يُلقّب بأبي الكهرباء .

Giolitti [jō lēt′tē], **Giovanni**
جيوليتّي ،جيوفاني (١٨٤٢ — ١٩٢٨) : سياسي إيطالي . تولى رئاسة الوزارة عدة مرات .

Giordano[jōr dä′nō], **Luca** جيوردانو، لوقا (١٦٣٢ — ١٧٠٥) : رسام إيطالي . يعتبر أبرز رسامي نابولي في عصره .

Giorgione [jôr jō′nā] ، جيورجيوني (١٤٧٨ ؟ — ١٥١٠) : رسام إيطالي . مزج في لوحاته بين الوجوه والمشاهد .

Mikhail Glinka

Giotto [jôt′tō] جيوتّـو (١٢٦٦ — ١٣٣٧) : رسام ونحات إيطالي . يُعَدّ أحد مبدعي فنّ الرسم الحديث .

Giraudoux [zhē rō dōō′], **Jean**
جيرودو ، جان (١٨٨٢ — ١٩٤٤) : روائي وكاتب مسرحي فرنسي . تتميز آثاره بالشاعرية وبُعد الخيال .

Girtin [gûr′tĭn], **Thomas** ، غورتن (١٧٧٥ — ١٨٠٢) : رسام إنكليزي . مؤسس فن الرسم المائي الحديث .

Giulio Romano [jōō′lyō rō mä′nō]
جوليو رومانو (١٤٩٩ — ١٥٤٦) : رسام إيطالي . تلميذ رافاييل ومساعده .

Glackens [glăk′ənz], **William James** غلاكنز ، وليم جيمس (١٨٧٠ — ١٩٣٨) : رسّام أميركي . صوّر في رسومه حياة أبناء المدن اليومية .

Gladstone [glăd′stōn], **William Ewart** غلادْستون ، وليم إيـوارت (١٨٠٩ — ١٨٩٨) . سياسي بريطانيا . تولى رئاسة الوزارة عدة مرات .

Glaser [glā′sər], **Donald Arthur**
غلايزر ، دونالد آرثر (١٩٢٦ —) : فيزيائي نووي أميركي . مُنح جائزة نوبل في الفيزياء عام ١٩٦٠ .

Glauber [glou′bər], **Johann Rudolf**
غلاوبر ، جوهان رودولف (١٦٠٤ — ١٦٦٨) : كيميائي ألماني . يُلقّب بأبي الكيمياء الألمانية .

Glenn [glĕn], **John** غليـن ، جـون (١٩٢١ —) : أول أميركي قام برحلة فضائية (٢٠ فبراير ١٩٦٢) .

Glinka [glĭng′kə], **Mikhail Ivanovich** غلينكا ، ميخائيل إيفانوفيتش (١٨٠٤ — ١٨٥٧) : مؤلف موسيقي روسي .

Goddard [gŏd′ẽrd], **Robert Hutchings** غودّارد ، روبرت هاتشينغز (١٨٨٢ — ١٩٤٥) : فيزيائي أميركي . يُعتبر أبا علم الصواريخ الحديث .

Godunov [gə də nôf′], **Boris Fedorovich** غودونـوف ، بـوريس فيدوروفيتش (١٥٥١ ؟ — ١٦٠٥) : قيصر الروسيا (١٥٩٨ — ١٦٠٥) . وسّـع الأمبراطورية .

Godwin[gŏd′wĭn],**William**، غودْوين وليم (١٧٥٦ — ١٨٣٦) : فيلسوف اجتماعي بريطاني . مهّد السبيل لظهور الحركة الأدبية الرومانتيكية في إنكلترا .

Goebbels [gœb′əls], **Joseph**،غوبلـز جوزيف (١٨٩٧ — ١٩٤٥) : زعيم نازي ألماني . وزير الدعاية (ابتداء من عام ١٩٣٣) .

Goering[gœ′rĭng], **Hermann** غورنغ، هرمان (١٨٩٣ – ١٩٤٦) : زعيم نازي ألماني . قائد سلاح الطيران (ابتداء من عام ١٩٣٣) .

Goethe[gœ′tə], **Johann Wolfgang von** غوته ، جوهان فلفغانغ فون (١٧٤٩– ١٨٣٢) :شاعر ألماني . يعتبر أعظم الشعراء الألمان في جميع العصور .

Gogol[gō′gəl], **Nikolai Vasilievich** غوغول ، نيقولاي فاسيلييفيتش (١٨٠٩ – ١٨٥٢) : روائي وكاتب مسرحي روسي . يعتبر أحد أبرز الأدباء الروس في القرن التاسع عشر .

Goldoni [gōl dō′nē], **Carlo** غولدوني، كارلو (١٧٠٧ – ١٧٩٣) : كاتب مسرحي إيطالي . يُعتبر أبا الكوميديا الإيطالية الواقعية .

Goldsmith [gōld′smĭth], **Oliver** غولد سمِث ، أوليفر (١٧٣٠ – ١٧٧٤): شاعر وروائي وكاتب مسرحي بريطاني .

Goldziher [gōld′tsē ər], **Ignaz** غولدزير ، إيغناتس (١٨٥٠ – ١٩٢١) : مستشرق هنغاري .

Golgi [gôl′jē], **Camillo** غولجي، كيلّو (١٨٤٣ – ١٩٢٦) : طبيب إيطالي . مُنح جائزة نوبل في الطب والفيسيولوجيا عام ١٩٠٦ (بالمشاركة) .

Goncourt [gôn ko͞or′], **Edmond Louis Antoine de** غونكور ، أدمون لويس أنطوان دو (١٨٢٢ – ١٨٩٦) : كاتب فرنسي . وضع هو وأخوه « جول » Jules مذكرات شهيرة .

Gorki [gôr′kē], **Maxim** غوركي ، مكسيم (١٨٦٨ – ١٩٣٦) : روائي وكاتب مسرحي سوفياتي . عُني بتصوير حياة الكادحين .

Gounod [go͞o nō′], **Charles François** غونو ، شارل فرانسوا (١٨١٨ – ١٨٩٣) : مؤلف موسيقي فرنسي . أحد أبرز المؤلفين الموسيقيين الفرنسيين في القرن التاسع عشر .

Goya [gō′yä], **Francisco de** غويا ، فرانسيسكو دي (١٧٤٦ – ١٨٢٨) : رسام إسباني . شجبَ في آثاره الحربَ والتعصّب .

Graham [grā′əm],**Thomas** غراهام ، توماس (١٨٠٥ – ١٨٦٩) : كيميائي أسكتلندي . وضع قانوناً خاصاً بانتشار الغازات .

Gramme [gräm], **Zénobe Théophile** غرام ، زينوب تيوفيل (١٨٢٦ – ١٩٠١) : مخترع بلجيكي . عمل في حقل الكهرباء .

Granados [grä′nä dōs], **Enrique** غرانادوس ، أنريك (١٨٦٧ – ١٩١٦) : مؤلف موسيقي إسباني . حاول أن يُضفي على الموسيقى الإسبانية طابعاً قومياً .

Grant [grănt], **Ulysses Simpson** غرانت ، يوليسيس سيمبسون (١٨٢٢ – ١٨٨٥) : الرئيس الثامن عشر للولايات المتحدة الأميركية (١٨٦٩ – ١٨٧٧) .

Granville [grăn′vĭl], **John** غرانفيل ، جون (١٦٩٠ – ١٧٦٣) : سياسي إنكليزي. رئيس الوزراء (١٧٤٢ – ١٧٤٤) .

Gray [grā], **Thomas** غراي ، توماس (١٧١٦ – ١٧٧١) : شاعر إنكليزي . يُعتبر أحد رواد الحركة الرومانتيكية .

Greco [grĕk′ō; grā′kō], **El** غريكو ، أل (١٥٤٨ ؟ – ١٦١٤ ؟) : رسام إسباني . في أعماله نبرة صوفية واتقاد روحيّ .

Greene[grēn], **Graham** غرين، غراهام (١٩٠٤ –) : روائي وكاتب مسرحي إنكليزي . من آثاره : « الأميركي الهادىء » *Quiet American* (عام ١٩٥٥) .

Gregory I [grĕg′ə rē], **Saint** غريغوريوس الأول ، القديس (٥٤٠ ؟ – ٦٠٤) : بابا رومة (٥٩٠ – ٦٠٤) . قوّى البابوية وأعاد تنظيمها .

Gregory IX غريغوريوس التاسع (١١٧٠ ؟– ١٢٤١) : بابا رومة (١٢٢٧ – ١٢٤١) . أنشأ ديوان التفتيش Inquisition (عام ١٢٣١) .

Gregory XIII غريغوريوس الثالث عشر (١٥٠٢ – ١٥٨٥) : بابا رومة (١٥٧٢ – ١٥٨٥) . يُنسب اليه التقويم الغريغوري .

Grenville[grĕn′vĭl],**George** غرينفيل ، جورج (١٧١٢ – ١٧٧٠) : سياسي إنكليزي . رئيس الوزراء (١٧٦٣ – ١٧٦٥) .

Goethe

Goya

Maxim Gorki

Thomas Gray

Greuze [grœz], **Jean Baptiste** غروز، جان باتيست (١٧٢٥ – ١٨٠٥) : رسام فرنسي . عُرف بلوحاته ذات الموضوعات العاطفية والأخلاقية .

Grey [grā] , **Charles** غراي ، تشارلز (١٧٦٤ – ١٨٤٥) : سياسي إنكليزي . رئيس الوزراء (١٨٣٠ – ١٨٣٤) . ألغى الاسترّقاق (عام ١٨٣٣) .

Gris [grēs], **Juan** غريس، خوان (١٨٨٧– ١٩٢٧) : رسام إسباني . يُعتبر أحد رواد المدرسة التكعيبية .

Gromyko [grō mē'kō], **Andrei** غروميكو ، أندراي (١٩٠٩ –) : سياسي سوفياتي . وزير الخارجية (١٩٥٧–) .

Grosz [grōs], **George** غروس ، جورج (١٨٩٣ – ١٩٥٩) : رسام أميركي . ألماني المولد . تنطق آثاره بعداء للبورجوازية والحرب .

Grotius [grō'shē əs], **Hugo** غروشيوس، هوغو (١٥٨٣ – ١٦٤٥) : فقيه وسياسي هولندي . يُعتبر أبا القانون الدولي العام .

Guevara [gā vär'ə] , **Ernesto** («Che») غيفارا ، أرنستو « تشي » (١٩٢٨– ١٩٦٧): ثائر كوبي. قاد حرب العصابات في بوليفيا حتى أسره عام ١٩٦٧ .

Guillaume [gē yōm'], **Charles Edouard** غييوم ، شارل أدوار (١٨٦١ – ١٩٣٨) : فيزيائي فرنسي . مُنح جائزة نوبل في الفيزياء عام ١٩٢٠ .

Gustavus Adolphus

Guitry [gē'trĭ], **Sacha** غيتري، ساشا (١٨٨٥ – ١٩٥٧) : كاتب وممثل مسرحيّ فرنسي . ألَّف مئة وثلاثين مسرحية .

Guizot [gē zō'], **François Pierre Guillaume** غيزو، فرانسوا بيير غييوم (١٧٨٧ – ١٨٧٤) : مؤرخ وسياسي فرنسي . رئيس الوزراء (١٨٤٧ – ١٨٤٨).

Gustavus II *also* **Gustavus Adolphus** غوستاف الثاني ؛ غوستاف أدولفوس (١٥٩٤ – ١٦٣٢) : ملك السُّويد (١٦١١ – ١٦٣٢) . جعل من السويد دولة كبرى .

Gustavus III غوستاف الثالث (١٧٤٦– ١٧٩٢) : ملك السُّويد (١٧٧١ – ١٧٩٢) . رعى الفنون وعزّز حرية التجارة .

Gutenberg [gōōt'ən bûrg], **Johann** غوتَنْبَرْغ ، جوهان (١٤٠٠ ؟ – ١٤٦٨ ؟): طابع ألماني . اخترع الطباعة بالحروف المعدنية المنفصلة (١٤٣٦ – ١٤٣٨) .

Gutzkow [gōōts'kō], **Karl** غوتْسْكو ، كارل (١٨١١– ١٨٧٨) : روائي وكاتب مسرحي ألماني . يُعتبر أحد رواد الرواية الاجتماعية الحديثة في ألمانيا .

Gainsborough : *The Morning Walk*

غاينزبورو : « نزهة الصباح »

H

Haakon I [hô′ko͞on] هوكون الأول (٩١٤ ؟ –٩٦١) : ملك النروج (٩٤٦ ؟ – ٩٦١) . عمل على نشر المسيحية في بلاده .

Haakon IV هوكون الرابع (١٢٠٤ – ١٢٦٣) : ملك النروج (١٢١٧ – ١٢٦٣) . بسط السيادة النروجية على غرينلندا وإيسلندا .

Haakon VII هوكون السابع (١٨٧٢ – ١٩٥٧) : ملك النروج (١٩٠٥ – ١٩٥٧). لجأ إلى إنكلترا إثر الغزو النازي لبلاده (عام ١٩٤٠) ، ثم عاد اليها بعد انقضاء الحرب .

Haber [hä′bər], **Fritz** هابر ، فريتز (١٨٦٨ – ١٩٣٤) : كيميائي ألماني . مُنح جائزة نوبل في الكيمياء عام ١٩١٨ .

Hadrian [hā′drē ən] ، هادْريـــان هادْريانوس (٧٦ – ١٣٨ م .) : أمبراطور روماني (١١٧ – ١٣٨ م .) . شجّع الثقافة وفنّ العمارة .

Haeckel [hĕk′əl], **Ernst Heinrich** هِيْكل ، أرنسْت هاينريتش (١٨٣٤ – ١٩١٩) : بيولوجي ألماني . كان من أكبر أنصار الداروينية في عصره .

Hafiz [hä fĭz′], **Shams-ud-din Mohammed** حافظ ، شمس الدين محمد (١٣٢٥ – ١٣٩٠) : شاعر فارسي . يُعدّ أكبر شعراء الفرس الغنائيين .

Hafiz Ibrahim [hä fĭz′ ĭb rä hēm′] حافظ إبراهيم (١٨٧٢ – ١٩٣٢) : شاعر مصري . يُعتبر أحد أبرز شعراء العربية في العصر الحديث .

Hafsah [hăf′säh] حفْصة بنت عمر بن الخطاب (توفيت عام ٦٦٥ م.) : إحدى زوجات الرسول محمد عليه السلام .

Hahn [hän], **Otto** هان، أوتو ١٨٧٩– ١٩٦٨) : كيميائي نووي ألماني . مُنح جائزة نوبل في الكيمياء (بالمشاركة) لعام ١٩٤٤ .

Haile Selassie [hī′lē sə lăs′ē] هيلا سيلاسي (١٨٩٢ – ١٩٧٥) : أمبراطور إثيوبيا (١٩٣٠ – ١٩٧٤) . خلِع عن العرش .

Hajjaj, al-[ăl hăj′jâj] الحجاج بن يوسف الثّقفيّ (٦٦١ – ٧١٤ م.) : عاملٌ أموي . وطّد دعائم الدولة الأموية بكثير من القسوة .

Hakam II, al- [ăl hă kăm′] الحَكَم الثاني (٩١٣ ؟ – ٩٧٦ م.) : خليفة أموي في الأندلس (٩٦١ – ٩٧٦ م.) . شجّع العلم والثقافة .

Hakeem [hă kēem′], **Tawfiq al-** الحكيم ، توفيق (١٨٩٨ –) : روائي وكاتب مسرحي مصري . من أشهر آثاره رواية « عودة الروح » ومسرحية « شهرزاد » .

Hakim, al- [ăl hâ′kĭm] الحاكم بأمر الله (٩٨٥ – ١٠٢١ م.) : خليفة فاطميّ (٩٩٦ – ١٠٢١ م.) . يؤمن الدروز بإمامته .

Haldane [hôl′dān], **John Scott** هولداين ، جون سكوت (١٨٦٠ – ١٩٣٦) : فيسيولوجي بريطاني . درس فيسيولوجيا التنفّس والدم .

Hales [hālz], **Stephen** هَيْلز، ستيفان (١٦٧٧ – ١٧٦١) : فيسيولوجي وعالم نبات بريطاني . لاحظ ان ثمة علاقة بين عملية التمثّل وضوء الشمس .

Halifax [hăl′ə făks], **Edward** هاليفاكس ، أدْوَرْد (١٨٨١ – ١٩٥٩) : سياسي بريطاني . وزير الخارجية (١٩٣٨ – ١٩٤٠) .

Hallaj, al- [ăl hăl′lâj] الحلاّج، الحسين ابن منصور (٨٥٨ ؟ – ٩٢٢ م.) : صوفيّ مسلم . قال بالحلول . اتُّهم بالزندقة فقُتل .

Halley [hăl′ē], **Edmund** هالي، أدموند (١٦٥٦ – ١٧٤٢) : عالم فلك بريطاني . كان أول من تنبأ بعودة المُذنَّبات comets .

Hals [häls], **Frans** هالس ، فرانس (١٥٨٠ ؟ – ١٦٦٦) : رسام هولندي . يُعدّ أحد أبرز رسامي الوجوه في القرن السابع عشر .

Ham [hăm] حام : ثاني أبناء نوح الثلاثة .

Hamadhani, al- [ăl hă mä t̶h̶ä′nē] الهَمَذاني ، بديع الزمان (٩٦٩ – ١٠٠٨م.): كاتب عربي . مؤسس فن « المقامة » في الأدب العربي .

Hamdani, al- [ăl hăm′dâ nē] الهَمْداني (٨٩٣ ؟ – ٩٤٥ ؟ م.) : جغرافي ومؤرخ عربي . صاحب كتابَي « الإكليل » و« صفة جزيرة العرب » .

Hafiz Ibrahim

Haile Selassie

Knut Hamsun

Hannibal

Thomas Hardy

Hamdani [hăm'dâ nē], **Sayf al-Dawlah al-** الحَمْداني ، سيف الدولة (٩١٦ – ٩٦٧ م.) : أمير عربي . أسس الدولة الحمدانية في حلب . قاتل الروم البيزنطيين .

Hamid-ud-din [hă mē dŏŏd'dēn], **Yahya** حَمِيْد الدين ، يحيى (١٨٦٩ – ١٩٤٨) : ملك اليمن وإمام الزيدية (١٩٠٤– ١٩٤٨) . عُرِف بالاستبداد والرجعية .

Hamilcar Barca [hä mĭl'kär bär'kə] هَمِلْقار بَرْقة (٢٧٠ ؟ – ٢٢٨ ق.م.) : قائد قرطاجي . فتـحَ إسبانيا (٢٣٧ – ٢٢٨ ق. م.) . والد هنيبعل .

Hamilton [hăm'əl tən], **Alexander** هاملتون ، ألكْسَندر (١٧٥٧ – ١٨٠٤) : سياسي أميركي . شارك في حرب الاستقلال .

Hammad al-Rawiyah [hăm'mâd ăr rä'wĭ yăh] حَمّاد الراوية (٦٩٤ ؟ – ٧٧٢ ؟ م.) : لغوي عربي . اشتهر بحفظه الشعر الجاهلي وبروايته له .

Hammarskjöld [häm'är shœld], **Dag** هامَرْشولد ، داغ (١٩٠٥ – ١٩٦١) : سياسي سُويدي . الأمين العام للأمم المتحدة (١٩٥٣ – ١٩٦١) . توفي بحادث طائرة .

Hammurabi [hä mŏŏ rä'bē] حَمورابي (توفي عام ١٧٥٠ ق. م.) : ملك بابل . اشتهر بمجموعة القوانين المنسوبة اليه .

Hampden [hăm(p)'dən], **John** هامبدن ، جون (١٥٩٤ – ١٦٤٣) : سياسي إنكليزي . تزعّم المعارضة البرلمانية للملك تشارلز الأول .

Hamsun [häm'sŏŏn], **Knut** هَمْسون ، كنوت (١٨٥٩ – ١٩٥٢) : روائي وكاتب مسرحي وشاعر نروجي . يُعتبر أبرز زعماء الثورة الرومانتيكية المُحْدثة في الأدب النروجي .

Hamzah [hăm'zăh] حَمزة بن عبد المُطّلب (توفي عام ٦٢٥ م.) : عمّ الرسول محمد عليه السلام . أبلى في موقعة بدر بلاءً حسناً . استُشهد في معركة أُحد .

Handel [hăn'dəl], **George Frederick** هاندل ، جورج فريدريك (١٦٨٥ – ١٧٥٩) : مؤلف موسيقي إنكليزي . وضع أكثر من أربعين أوبرا .

Hannibal [hăn'ə bəl] هَنِّيبعل (٢٤٧ – ١٨٣ ق. م.) : قائد قرطاجيّ . عبر جبال الألب في محاولة للاستيلاء على رومة (عام ٢١٨ ق. م.) .

Hanno [hăn'ō] هانّو (القرن السادس – القرن الخامس ق. م.) : ملاح قرطاجي . ارتاد ساحل إفريقيا الغربي .

Hanno «*the Great*» هانو « الكبير » (القرن الثالث ق. م.) : سياسي قرطاجي . دعا إلى الصلح مع رومة .

Harding [här'dĭng], **Warren** هاردينغ ، وارن (١٨٦٥ – ١٩٢٣) : سياسي أميركي . الرئيس التاسع والعشرون للولايات المتحدة الأميركية(١٩٢١–١٩٢٣). مات قبل أن يُتمّ ولايته .

Hardy [här'dē], **Thomas** هِاردي ، توماس (١٨٤٠ – ١٩٢٨) : روائي وشاعر إنكليزي . يُعتبر أحد أبرز روائيي العصر الفيكتوري وشعرائه .

Hariri, al- [ăl hă rē'rē] الحريـري (١٠٥٤ – ١١٢٢ م.) : كاتب عربي . صاحب « مقامات الحريري » .

Harold II [hăr'əld] هارولد الثاني (١٠٢٠؟–١٠٦٦):ملك إنكلترا (٥ يناير – ١٤ أكتوبر ١٠٦٦) . صُرع في معركة هيستينغز Hastings .

Harrison [hăr'ĭ sən], **Benjamin** هاريسون ، بنجامان (١٨٣٣ – ١٩٠١) : سياسي أميركي . الرئيس الثالث والعشرون للولايات المتحدة الأميركية (١٨٨٩ – ١٨٩٣) .

Harrison, William Henry هاريسون ، وليم هنري (١٧٧٣ – ١٨٤١) : الرئيس التاسع للولايات المتحدة الأميركية (عام ١٨٤١) . مات بعد تنصيبه بشهر واحد .

Hartung [här'tŏŏng], **Hans** هارتونغ ، هانس (١٩٠٤ –) : رسام فرنسي . ألماني المولد . أحد أبرز ممثلي الفن التجريدي .

Harun al-Rashid [hâ rōōn' ăr'ră shēd] هارون الرشيد (٧٦٤ ؟ – ٨٠٩ م.): خليفة عباسي . حكم أمبراطورية امتدّت من سواحل البحر الأبيض المتوسط إلى الهند .

Harvey [här'vē], **William** هارفي ، وليم (١٥٧٨ – ١٦٥٧) : طبيب وعالم تشريح إنكليزي . اكتشف الدورة الدموية .

Hasan, al- [ăl hă săn'] الحَسَـن ؛ الحَسَن بن عليّ (٦٢٤ ؟ – ٦٦٩ ؟ م.) : حفيد الرسول محمد عليه السلام . تخلّى عن الخلافة لمعاوية بن أبي سُفيان .

Hasan II, al- الحسن الثاني (١٩٢٩ –) : ملك المملكة المغربية (١٩٦١ –) .

Hasan al-Basri, al- [ăl bŭs'rē] الحَسَن البَصْري (٦٤٢ – ٧٢٨ م.) : فقيه مسلم . دعا إلى العزوف عن عَرَض الحياة الدنيا .

Hasan al-Sabbah, al- [ăl hăs săn' ăs säb bâh'] الحسن الصَّبّاح (توفي عام ١١٢٤ م.) : داعية فاطمي . تزعّم فرقة سرية متطرّفة تعرف بفرقة « الحشّاشين » .

Hasdrubal [hăz'drōō bəl] هَسْدروبعل (توفي عام ٢٠٧ ق. م.) : قائد قرطاجي . أخو هنيبعل .

Hassam [hăs'əm], **Childe** هسّام ، تشايلد (١٨٥٩ – ١٩٣٥) : رسام أميركي . يُعَدّ أحد رواد المدرسة الانطباعية الأميركية .

Hassan ibn-Thabit [hăs'sân ĭb'ən thâ'bĭt] حسّان بن ثابت (توفي عام ٦٧٤ م.) : شاعر عربي مُخضرم . يُعتبر شاعر الرسول محمد عليه السلام .

Hatim al-Ta'i [hâ'tĭm ăt'tä ē] حاتم الطائي (توفي عام ٦٠٥ م.) : شاعر عربي جاهلي . عُرف بالفروسية والجود .

Haworth [hou'ərth], Sir **Walter Norman** هاوورث ، السِّير وولتر نورمان (١٨٨٣ – ١٩٥٠) : كيميائي إنكليزي . مُنح جائزة نوبل في الكيمياء (بالمشاركة) عام ١٩٣٧ .

Hawthorne [hô'thôrn], **Nathaniel** هوثورن ، ناثانيال (١٨٠٤ – ١٨٦٤) : روائي أميركي . أشهر آثاره « الحرف القرمزي » *The Scarlet Letter* (عام ١٨٥٠) .

Haydn [hā'dən; hī'dən], **Franz Joseph** هايْدن ، فرانز جوزيف (١٧٣٢ – ١٨٠٩) : مؤلف موسيقي نمساوي . وضع مئة وأربع سيمفونيات .

Hayes [hāz], **Rutherford Birchard** هايز ، روذَرْ فورد بيرتشارد (١٨٢٢– ١٨٩٣) : سياسي أميركي . الرئيس التاسع عشر للولايات المتحدة الأميركية (١٨٧٧ – ١٨٨١) .

Hazlitt [hăz'lĭt], **William** هازْلت ، وليم (١٧٧٨ – ١٨٣٠) : كاتب إنكليزي . اتّسم أسلوبه بالبساطة والبعد عن التكلّف الفني .

Heath [hēth], **Edward** هيث ، أدْوَرْد (١٩١٦ –) : سياسي بريطاني . رئيس الوزراء (١٩٧٠ – ١٩٧٤) . في عهده انضمت بريطانيا إلى السوق الأوروبية المشتركة .

Hébert [ā bâr'], **Jacques René** إيبير ، جاك رينيه (١٧٥٧ – ١٧٩٤) : صحافي وثوري فرنسي . أحد أكثر رجال الثورة الفرنسية تطرّفاً . أُعدم .

Hector [hĕk'tər] هكتور : في الميثولوجيا اليونانية ، أشجع أبطال طروادة . قتله أخيل Achilles.

Hegel [hā'gəl], **Georg Wilhelm Friedrich** هيغل ، جورج ولهلم فريدريك (١٧٧٠ – ١٨٣١) : فيلسوف ألماني . صاحب « المنطق الجدلي الهيغليّ » .

Heidegger [hī'dĕg ər], **Martin** هايديجر ، مارتن (١٨٨٩ – ١٩٧٦) : فيلسوف ألماني . يُعتبر مؤسس الفلسفة الوجودية .

Heine [hī'nə], **Heinrich** هايــني ، هاينريتش (١٧٩٧ – ١٨٥٦) : شاعر ألماني . أحد أعظم الشعراء الألمان الغنائيين .

Heliogabalus [hē lē ə găb'ə ləs] هليوغابالوس (٢٠٤ – ٢٢٢ م.) : أمبراطور روماني (٢١٨ – ٢٢٢ م.). عُرف بالاستهتار والخلاعة .

Helmholtz [hĕlm'hōlts], **Hermann Ludwig Ferdinand von** هَلْمْهولْتْس ، هرمان لودفيغ فرديناند فون (١٨٢١ – ١٨٩٤) : فيزيائي وفيسيولوجي ألماني .

Helvétius [hĕl vē'shəs], **Claude Adrien** هَلْفيتيوس ، كلود آدريان (١٧١٥ – ١٧٧١) : فيلسوف فرنسي . قال بأن النشاط البشري قائم على المصلحة الشخصية .

Hemingway [hĕm'ĭng wā], **Ernest Miller** همنْغْواي ، أرنست ميلر (١٨٩٩ – ١٩٦١) : روائي أميركي . مُنح جائزة نوبل في الآداب عام ١٩٥٤ . انتحر .

Henry III [hĕn'rē] هنري الثالث (١٢٠٧ – ١٢٧٢) : ملك إنكلترا (١٢١٦ – ١٢٧٢) . كان بعيد المطامح ولكنه أخفق في الميادين السياسي والعسكري .

Henry IV هنري الرابع (١٠٥٠ – ١١٠٦) : رأس الأمبراطورية الرومانية المقدسة (١٠٥٦ – ١١٠٦) . نشب صراع بينه وبين البابا غريغوريوس السابع .

Henry IV هنري الرابع (١٣٦٧ – ١٤١٣) : ملك إنكلترا (١٣٩٩ – ١٤١٣) . أول ملوك أسرة لانكاستر .

Henry IV هنري الرابع (١٥٥٣ – ١٦١٠) : ملك فرنسا (١٥٨٩ – ١٦١٠) . أول ملوك آل بوربون .

Henry V هنري الخامس (١٣٨٧ – ١٤٢٢) : ملك إنكلترا (١٤١٣ – ١٤٢٢) . جعل من إنكلترا أقوى مملكة في أوروبا .

Henry VII هنري السابع (١٤٥٧ – ١٥٠٩) : ملك إنكلترا (١٤٨٥ – ١٥٠٩) . أول ملوك أسرة تيُودر .

Henry VIII هنري الثامن (١٤٩١ – ١٥٤٧) : ملك إنكلترا (١٥٠٩ – ١٥٤٧) . في عهده انفصلت الكنيسة الإنكليزية عن رومة (عام ١٥٣٤) .

Henry, O. هنري، أو (١٨٦٢–١٩١٠) : قاصّ أميركي . صوّر في أقاصيصه حياة الناس العاديين بمدينة نيويورك .

Heine

Nathaniel Hawthorne

Ernest Hemingway

Henry VIII

Thomas Hobbes

Homer

Henry the Navigator هنري الملاّح (١٣٩٤ – ١٤٦٠) : أمير برتغالي . رعى رحلات الاستكشاف البرتغالية .

Heraclitus [hər ə klī'təs] هِرَقليط ، هِرَقليطُس (٥٤٠ ؟ – ٤٨٠ ق. م.) : فيلسوف يوناني . قال بأن النار هي الجوهر الأول .

Heraclius [kər ə klī'əs] هِرَقْــل (٥٧٥ ؟ – ٦٤١ م.) : أمبراطور بيزنطي (٦١٠ – ٦٤١ م.) . هزَمَ العربُ قواتِه في معركة اليرموك (عام ٦٣٦ م.) .

Herbert [hûr'bərt], **George** هربرت ، جورج (١٥٩٣ – ١٦٣٣) : شاعر ورجل دين إنكليزي . في آثاره صراع بين حبّ الله وبين الإغراءات الدنيوية .

Heredia [ā rā dyä'], **José Maria de** هيريديا ، خوسيه ماريا دو (١٨٤٢ – ١٩٠٥) : شاعر فرنسي . كوبيّ المولد . يُعتبر من أركان المدرسة البرناسية .

Hero [hē'rō] *also* **Heron** [hē'rən] هيرو ؛ هيرون الإسكندري (القرن الأول للميلاد) : عالم يوناني . كان أول من طوّع البُخار .

Herodotus [hĭ rŏd'ə təs] هيرودوتس (٤٨٥ ؟ – ٤٢٥ ؟ ق.م.): مؤرخ يوناني. يُعرف بـ « أبي التاريخ » .

Herophilus [hĭ rŏf'ə ləs] هيروفيلوس (٣٣٥ ؟ – ٢٨٠ ؟ ق. م.) : جراح وعالم تشريح يوناني . يُعرف بـ « أبي علم التشريح » .

Herriot [ĕ ryō'], **Edouard** هريو ، أدوار (١٨٧٢ – ١٩٥٧) : سياسي فرنسي . رئيس الوزراء (١٩٢٤ – ١٩٢٥) و (عام ١٩٣٢) .

Hertz, Heinrich Rudolf هيرتز ، هاينريتش رودولف (١٨٥٧ – ١٨٩٤) : فيزيائي ألماني . ساعدت دراساته على ظهور الراديو .

Herzl [hĕr'tsəl], **Theodor** هَرْتْزل ، ثيودور (١٨٦٠ – ١٩٠٤) : كاتب نمساوي . هنغاري المولد . مؤسس الحركة الصهيونية .

Hesiod [hē'sē əd] هَسِيُوْد (القرن الثامن قبل الميلاد) : شاعر يوناني . يعرف بـ « أبي الشعر اليوناني التعليمي » .

Hess, Rudolf هس ، رودولف (١٨٩٤–) : زعيم ألماني نازي . حُكم عليه بالسجن مدى الحياة (عام ١٩٤٦) .

Hess [hĕs], **Victor Franz** هـس ، فيكتور فرانتز (١٨٨٣ – ١٩٦٤) : فيزيائي أميركي . نمساوي المولد . اكتشف الأشعة الكونية .

Himmler [hĭm'lər], **Heinrich** هِمْلر ، هاينريتش (١٩٠٠ – ١٩٤٥) : زعيم ألماني نازي . انتحر متجرّعاً السُّمّ .

Hindenburg [hĭn'dən bûrg], **Paul von** هندنبورغ ، بول فون (١٨٤٧ – ١٩٣٤) : مارشال ألماني . رئيس الجمهورية الألمانية (١٩٢٥ – ١٩٣٤) .

Hipparchus [hĭ pär'kəs] هيبارخوس (القرن الثاني قبل الميلاد) : عالم فلك يوناني . وضع أول خريطة للسّماء .

Hippocrates [hĭ pŏk'rə tēz] أبُقْراط (٤٦٠ ؟ – ٣٧٧ ؟ ق. م.) : طبيب يوناني . يُعتبر أبا الطبّ .

Hiram [hī'răm] حيرام (٩٨٩ ؟ – ٩٣٦ ق. م.) : ملك صور الفينيقي (٩٦٩ – ٩٣٦ ق. م.) .

Hirohito [hĭr ō hē'tō] هيروهيتو (١٩٠١ –) : أمبراطور اليابان (١٩٢٦–) . في عهده هُزمت اليابان في الحرب العالمية الثانية .

Hisham ibn-'Abd-al-Malik [hĭ shäm' ĭb'ən 'ăbdĭl'mă lĭk] هشام بن عبد الملك (٦٩١ – ٧٤٣ م.) : خليفة أموي (٧٢٤ – ٧٤٣) . أصلح نظام الزراعة .

Hitler [hĭt'lər], **Adolf** هتلر ، أدولف (١٨٨٩ – ١٩٤٥) : زعيم ألمانيا النازية . أدت سياسته التوسعية إلى نشوب الحرب العالمية الثانية . انتحر .

Hobbes [hŏbz], **Thomas** هوبز ، توماس (١٥٨٨ – ١٦٧٩) : فيلسوف إنكليزي . أيّد الحكم الملكيّ المطلق .

Ho Chi Minh [hō' chē' mĭn'] هو تشي منْه (١٨٩٠ – ١٩٦٩) : زعيم فيتنامي . رئيس جمهورية فيتنام الشمالية (١٩٥٤ – ١٩٦٩) . قاتل الفرنسيين والأميركيين .

Hofmann [hŏf'män], **Hans** هوفمان ، هانس (١٨٨٠ – ١٩٦٦) : رسام أميركي. ألماني المولد . يُعتبر أحد أبرز رسامي القرن العشرين .

Hogarth [hō'gärth], **William** هوغارث ، وليم (١٦٩٧ – ١٧٦٤) : رسّام إنكليزي . تغلب على أعماله روح النقد اللاذع .

Holst [hŏlst], **Gustav Theodore** هولْسْت ، غوستاف ثيودور (١٨٧٤ – ١٩٣٤) : مؤلف موسيقي إنكليزي . طعّم موسيقاه بعناصر أوروبية وهندية .

Home [hyōōm], Sir **Alec Douglas-** = Douglas-Home, Sir Alec.

Homer [hō'mər] هوميروس (القرن التاسع أو الثامن قبل الميلاد) : شاعر يوناني . صاحب ملحمتَيْ « الإلياذة » *Iliad* و « الأوذيسّة » *Odyssey* .

Honorius [hō nôr'ĭ əs], **Flavius** هونوريوس، فلافيوس (٣٨٤ – ٤٢٣ م.): أمبراطور روماني (٣٩٥ – ٤٢٣ م.). رقي عرش الأمبراطورية الغربية بعد تقسيم الأمبراطورية الرومانية إلى شرقية وغربية.

Hoover [hōō'vər], **Herbert Clark** هوفر، هربرت كلارك (١٨٧٤ – ١٩٦٤): سياسي أميركي. الرئيس الحادي والثلاثون للولايات المتحدة الأميركية (١٩٢٩ – ١٩٣٣).

Hopkins [hŏp'kĭnz], Sir **Frederick Gowland** هوبكنز، السّير فريدريك غاولند (١٨٦١ – ١٩٤٧): كيميائي حيوي بريطاني. مُنح جائزة نوبل في الفيسيولوجيا والطب عام ١٩٢٩ (بالمشاركة).

Hopper [hŏp'ər], **Edward** هوبّر، أدْوَرْد (١٨٨٢ – ١٩٦٧): رسّام أميركي. تميّزت أعماله بأساوبها الواقعي.

Horace [hôr'ĭs]: هوراس (٦٥ – ٨ ق.م.): شاعر روماني. تدور قصائده على محور الحب والصداقة والفلسفة.

Hugo [hyōō'gō; *French* ü gō'], **Victor Marie** هوغو، فيكتور ماري (١٨٠٢ – ١٨٨٥): شاعر وروائي وكاتب مسرحي فرنسي. أشهر آثاره رواية «البؤساء» *les Misérables* (عام ١٨٦٢).

Hulagu [hōō lä'gōō] هولاغو (١٢١٧ – ١٢٦٥): أمبراطور مغولي. حفيد جنكيز خان. دمّر بغداد وأطاح بالخلافة العباسية (عام ١٢٥٨).

Hume [hyōōm], **David** هْيوم، دايفيد (١٧١١ – ١٧٧٦): فيلسوف أسكتلندي. قال بأن الاختبار مصدر المعرفة كلها.

Husain, al- [ăl hōō sän'] الحُسَيْن، الحُسين بن علي (٦٢٩ ؟ – ٦٨٠ م.): حفيد الرسول محمد عليه السلام. قاتل قوات يزيد بن معاوية في كربلاء فاستُشهد ودُفن فيها.

Husain ibn-ʿAli [hōō sän'ĭb ən'ʿä lĭ'] الحسين بن عليّ (١٨٥٦ – ١٩٣١): شريف مكة (١٩٠٨ – ١٩١٦). ملك الحجاز (١٩١٦ – ١٩٢٤). أعلن الثورة العربية (عام ١٩١٦). تخلّى عن العرش.

Husain ibn-Talal [hōō sän' ĭb'ən tä'lâl] الحسَين بن طلال (١٩٣٥ –): ملك المملكة الأردنية الهاشمية (١٩٥٢ –).

Husain, Taha [tä'hâ] حُسَين، طه (١٨٨٩ – ١٩٧٣): كاتب مصري. عُرف بآرائه الجريئة في الأدب والحياة. أشهر آثاره: «الأيام».

Huss [hŭs], **John** هَس، جون (١٣٧٣ ؟ – ١٤١٥): مصلح ديني تشيكي. اتُّهم بالهرطقة فأُعدم إحراقاً.

Huxley [hŭk'slē], **Aldous** هَكْسْلي، أولدوس (١٨٩٤ – ١٩٦٣): روائي وناقد إنكليزي.

Huxley, Julian هَكْسْلي، جوليان (١٨٨٧ –): بيولوجي ومؤلف إنكليزي. أول مدير لمنظمة اليونسكو (١٩٤٦ – ١٩٤٨).

Huxley, Thomas Henry هَكْسْلي، توماس هنري (١٨٢٥ – ١٨٩٥): بيولوجي إنكليزي. كان من أشدّ المتحمسين لنظرية داروين.

Huygens [hī'gənz], **Christiaan** هايجنز، كريستيان (١٦٢٩ – ١٦٩٥): فيزيائي وعالم فلك هولندي. اخترع أول ساعة مزوّدة برقّاص أو بندول (عام ١٦٥٦).

Victor Hugo

Taha Husain

I

ibn-'Abbad [ĭb'ən 'ăb'bâd] ابـن عبّاد ، أبو القاسم (توفي عام ١٠٤٢ م.) : مؤسس دولة بني عبّاد في الأندلس .

ibn-'Abbad, al-Sahib ابن عبّــاد ، الصاحب (٩٣٨ — ٩٩٥ م.) : كاتب ووزير مسلم . كان أحد أئمّة البيان العربي .

ibn-'Abbas [ĭb'ən 'ăb'bâs], **'Abdullah** ابن عبّاس ، عبد الله (٦١٩ — ٦٨٧ م.) : صحابي جليل . كان عالماً بالفقه والتفسير والشعر .

ibn-'Abd-Rabbih [ĭb'ən 'ăbd răb' bĭh] ابن عبد ربّه ، أحمد بن محمد (٨٦٠ — ٩٤٠ م.) : أديب عربي أندلسي . أشهر آثاره كتاب « العقد الفريد » .

ibn-al-Aftas [ĭb nŏŏl'ăf'tăs] ابـن الأفطس ، عبد الله بن محمد (توفي عام ١٠٤٥ م.) : مؤسس دولة بني الأفطس في الأندلس .

ibn-al-Aghlab [ĭb nŏŏl' ăg'lăb] **, Ibrahim** ابن الأغلب ، إبراهيم (٧٥٧ — ٨١٢ م.) : مؤســس دولة الأغالبــة في الأندلس .

ibn-al-'Amid [ĭb nŏŏl' 'ă mēd'] ابن العميد ، أبو الفضل (توفي عام ٩٧٠م.) : كاتب ووزير مسلم . يُعتبر من أئمة البيان العربي .

ibn-al-'As [ĭb nŏŏl' 'äs], **'Amr** ابن العاص ، عمرو (٥٩٤ ؟ — ٦٦٣ م.) : قائد عربي . فتح مصر (٦٤٠ — ٦٤٢ م.) .

ibn-al-Athir [ĭb nŏŏl' ă thēr'], **Diya'-ud-din** ابن الأثير ، ضياء الدين (١١٦٣ — ١٢٣٩ م.) : أديب عربي . صاحب « المثل السائر في أدب الكاتــب والشاعر » .

ibn-al-Athir, 'Izz-ud-din ابن الأثير ، عزّ الدين (١١٦٠ — ١٢٣٣ م.) : مؤرخ عربي . صاحب « الكامل في التاريخ » .

ibn-al-Baytar [ĭb nŏŏl'băy'tär] ابن البَيْطار ، عبد الله بن أحمد (توفي عــام ١٢٤٨ م.) : عالم نبات عربي . أشهر مصنّفاته : « الأدوية المُفْردة » .

ibn-al-Farid [ĭb nŏŏl'fä'rĭd], **'Umar** ابن الفارض ، عُمر (١١٨١ — ١٢٣٥ م.) : شاعر عربي صوفيّ . تغزّل بالذّات الإلَهية .

ibn-al-Haytham [ĭb nŏŏl'hăy'thăm] ابن الهَيْثم ، أبو عليّ الحسن (٩٦٥ ؟ — ١٠٣٩ م.) : عالم فلك وبَصَريات عربي . صاحب « كتاب المناظر » .

ibn-al-'Ibri [ĭb nŏŏl' 'ĭb'rē] ابــنُ العبري ، أبو الفرج (١٢٢٦ — ١٢٨٦م.) : مؤرخ سرياني مستعرب. أشهر آثاره: «مختصر الدوَل » .

ibn-al-Jawzi [ĭb nŏŏl'jăw'zē] ابن الجوزي ، أبو الفرج (١١٢٠ ؟ — ١٢٠٠م.) : فقيه ومؤرخ عربي . من آثاره : « مناقب عمر بن عبد العزيز » .

ibn-al-Jawzi ابــن الجوزي ، سِبْط (١١٨٥ — ١٢٥٦ م.) : مؤرّخ عربي . صاحب « مرآة الزمان في تاريخ الأعيان » .

ibn-al-Khatib [ĭb nŏŏl'khă tēb'] ابن الخطيب ، لسان الدين (١٣١٣ — ١٣٧٤ م.) : وزير وشاعر ومؤرخ أندلسي. صاحب « الإحاطة في أخبار غرناطة » .

ibn-al-Muqaffa' [ĭb nŏŏl' mŏŏ qăf'fă'] ابن المُقفّع ، عبد الله (٧٢٤ — ٧٥٩ م.) : أديب عربي. عُرف ببيانه السّهل الممتنع . ترجم « كليلة ودمنة » عن الفارسية.

ibn-al-Mu'tazz [ĭb nŏŏl'mŏŏ'tăz] ابن المُعْتزّ ، عبد الله (٨٦١ — ٩٠٨ م.) : شاعر وخليفة عباسي . تولى الخلافة يومــاً وليلة ، ثم خُلع وقُتل .

ibn-al-Nadim [ĭb nŏŏn' nă dēm'] ابن النّديم ، أبــو الفرج (توفي حــوالى ١٠٠٠ م.) : ورّاق (كتبيّ) عربي . أشهر آثاره كتاب : « الفهرست » .

ibn-al-Nafis [ĭb nŏŏn'nă fēs'] ابن النّفيس ، علاء الدين (توفي عام ١٢٨٨ م.) : طبيب عربي اكتشف الدورة الدموية الصغرى .

ibn-al-Qasim [ĭb nŏŏl' qä'sĭm] ابن القاسم (الثّقفي) ، محمد (٦٨١ — ٧١٧م.) : قائد عربي . فتح بلاد السِّند (عام ٧١٢ م.) . مات قتلاً أو انتحاراً .

ibn-al-Rumi [ĭb nŏŏr'rōō'mē] ابن الرومي ، علي بن العباس (٨٣٦ — ٨٩٦م.) : شاعر عربي عباسي . عُرف بالوصف البارع والهجاء اللاذع .

ibn-'Arabi [ĭb'ən 'ă rä bē'] ابـن عَرَبي ، محيي الدين (١١٦٥ — ١٢٤٠م.) : متصوّف وشاعر مسلم . قال بوحدة الوجود .

ibn-'Asakir [ĭb'ən 'ă sâ'kĭr] ابـن عساكر ، علي بن الحسن (١١٠٥ — ١١٧٥ م.) : مؤرخ عربي . صاحب « تاريخ دمشق الكبير » .

ibn-Bajjah [ĭb'ən bâj'jăh] = Avempace.

ibn-Batutah [ĭb'ən bă tōō'tăh] ابن بَطُوطة (١٣٠٤ — ١٣٧٧ م.) : رحالة مسلم . صاحب « تحفة النُّظار في غرائب الأمصار وعجائب الأسفار » .

ibn-Burd [ĭb'ən bŏŏrd'], **Bashshar** ابن بُرْد ، بشّار (٧١٠ — ٧٨٢ م.) : شاعر عربي عباسي . مكفوف البصر . اتُّهم بالزندقة .

ibn-Firnas [ĭb'ən fĭr'nâs] ابـن فِرناس ، عبّاس (توفي عام ٨٨٧ م.) : مخترع عربي أندلسي . قام بمحاولة للطيران .

ibn-Hanbal [ĭb'ən hăn'băl], ابـن حَنْبل ، الإمام أحمد (٧٨٠ — ٨٥٥ م.) : فقيه ومحدّث عربي. مؤسس المذهب الحنبلي، أحد المذاهب السّنية الأربعة .

ibn-Hani' [ĭb'ən hâ'nĭ'] ابن هانــيء الأندلسي (٩٣٨ — ٩٧٣ م.): شاعر عربي أندلسي . لُقّب بـ « متنبي المغرب » .

ibn-Hawqal [ĭb'ən hăw'qăl] ابـن حَوْقَل ، محمد (توفي عام ٩٧٧ م.) : جغرافي ورحالة عربي . صاحب « المسالك والممالك » .

ibn-Hayyan [ĭb'ən hăy'yân], **Jabir** = Jabir ibn-Hayyan.

ibn-Hazm [ĭb'ən hăzm] ، ابــن حَزْم ، علي بن أحمد (٩٩٤ — ١٠٦٤ م.) : فقيه مسلم أندلسي . صاحب : « الفِصَل في الملل والأهواء والنِّحَل » .

ibn-Hisham [ĭb'ən hĭ shâm'] ابن هشام ، عبد الملك (توفي عام ٨٣٠ م.) : مؤرخ عربي . صاحب كتاب « السيرة النبوية » المعروف بـ « سيرة ابن هشام » .

ibn-Ishaq [ĭb'ən ĭs'hâq], **Hunayn** ابن إسحق ، حُنَيْن (٨٠٨ — ٨٧٣ م.) : طبيب عربي . نقل إلى العربية عدداً من مؤلفات أفلاطون وأرسطو وجالينوس .

ibn-Ishaq, Muhammad ابن إسحق، محمد (توفي عام ٧٦٨ م.) : مؤرخ عربي . صاحب كتاب « السيرة النبوية » المعروف بـ « سيرة ابن اسحق » .

ibn-Jinni [ĭb'ən jĭn'nē] ابن جِنّي ، عثمان (٩٤٢ – ١٠٠٢ م.) : لغوي عربي . صاحب كتاب « الخصائص » .

ibn-Jubayr [ĭb'ən jo͞o bāyr'] ابن جُبَيْر، محمد (١١٤٥– ١٢١٧ م.): رحالة عربي أندلسي . صاحب « رحلة ابن جبير ».

ibn-Khafajah [ĭb'ən khă fâ'jăh] ابن خَفَاجة ، إبراهيم (١٠٥٨ – ١١٣٨ م.) : شاعر عربي أندلسي . عُرف بوصف مشاهد الطبيعة .

ibn-Khaldun [ĭb'ən khăl'do͞on] ابن خَلْدون ، عبد الرحمن (١٣٣٢ – ١٤٠٦ م.) : مؤرخ وفيلسوف عربي . يعتبر مؤسس فلسفة التاريخ وعلم الاجتماع .

ibn-Khallikan [ĭb'ən khăl'lĭ kân] ابن خَلّكان ، شمس الدين (١٢١١ – ١٢٨٢ م.) : كاتب سِيَر عربي . اشتهر بكتابه « وفيات الأعيان وأنباء أبناء الزمان » .

ibn-Kulthum [ĭb'ən ko͝ol tho͞om'], **'Amr** ابن كُلْثوم ، عَمْرو (توفي عام ٥٨٤ م.) : شاعر عربي جاهلي . من أصحاب المعلّقات .

ibn-Majah [ĭb'ən mâ'jăh] ابن ماجه، محمد بن يزيد (٨٢٤–٨٨٧ م.) : محدِّث ومفسِّر مسلم . صاحب كتاب « السُّنن » .

ibn-Majid [ĭb'ən mâ'jĭd] ابن ماجد ، شهاب الدين (توفي عام ١٤٩٨ م.) : ملاح عربي . قاد فاسكو دا غاما من سواحل إفريقيا الشرقية إلى سواحل الهند (عام ١٤٩٨) .

ibn-Manzur [ĭb'ən măn'zo͞or] ابن منظور ، محمّد بن مكرّم (١٢٣٢ – ١٣١١ م.) : لغوي عربي . وضع معجماً ضخماً دعاه « لسان العرب » .

ibn-Maymun [ĭb'ən măy'mo͞on] = Maimonides.

ibn-Munqiz [ĭb'ən mo͞on'qĭz], **Usamah** ابن مُنْقذ ، أسامة (١٠٩٥ – ١١٨٨ م.) : أمير وشاعر عربي . قاد عدة حملات على الصليبيين . صاحب كتاب « الاعتبار » .

ibn-Qurrah [ĭb'ən qo͞or'răh], **Thabit** ابن قُرّة ، ثابت (٨٣٦ – ٩٠١م.) : طبيب ورياضي وعالم فلك عربي . من آثاره كتاب « الذخيرة في علم الطب » .

ibn-Qutaybah [ĭb'ən qo͞o tăy'băh] ابن قُتَيْبَة، عبد الله (٨٢٨ – ٨٨٩ م.): أديب ومؤرخ عربي . صاحب « الشعر والشعراء » .

ibn-Rushd [ĭb'ən ro͞oshd] = Averroës.

ibn-Sa'd [ĭb'ən să'd] ابن سَعْد ، محمد (٧٨٤ – ٨٤٥ م.) : محدِّث ومؤرخ مسلم . صاحب « كتاب الطبقات الكبير » .

ibn-Sa'ud [ĭb'ən să'o͞od'] = Sa'ud, 'Abdul-'Aziz ibn-.

ibn-Sidah [ĭb'ən sē'dăh] ابن سِيْده ، علي بن اسماعيل (١٠٠٧ – ١٠٦٦ م.) : لغوي عربي أندلسي . صاحب كتاب « المخصَّص » .

ibn-Sina [ĭb'ən sē'nâ] = Avicenna.

ibn-Tashfin [ĭb'ən tâsh'fēn], **Yusuf** ابن تاشفين ، يوسف (١٠١٩ – ١١٠٦م.): أبرز ملوك دولة المرابطين في الأندلس (امتدّ حكمه من عام ١٠٦١ إلى عام ١١٠٦م.) .

ibn-Taymiyyah [ĭb'ən tăy mĭy'yăh] ابن تَيْمِيَّة، تقي الدين (١٢٦٣–١٣٢٨م.): فقيه عربي حنبلي . يُلقّب بـ « مُحيي السُّنّة وإمام المجتهدين » .

ibn-Tufayl [ĭb'ən to͞o făyl'] ابن طُفَيل ، أبو بكر محمد (١١٠٠ – ١١٨٥م.): طبيب وفيلسوف عربي أندلسي . صاحب « حيّ بن يقظان » .

ibn-Tulun [ĭb'ən to͞o'lo͞on], **Ahmad** ابن طولون ، أحمد (٨٣٥ – ٨٨٤ م.) : مؤسس الدولة الطولونية في مصر . امتدّ حكمه من عام ٨٦٨ إلى عام ٨٨٤ م.

ibn-Tumart [ĭb'ən to͞o'mărt] ابن تومَرْت ، أبو عبد الله محمد (١٠٨٠ ؟ – ١١٣٠ م.) : مصلح ديني مراكشي . على أساس تعاليمه قامت دولة الموحدين في شمال إفريقيا والأندلس .

ibn-Yunus [ĭb'ən yo͞o'no͞os] ابن يُونُس ، علي بن عبد الرحمن (توفي عام ١٠٠٩ م.) : عالم فلك عربي . من آثاره : « جداول السَّمت » .

ibn-Yunus ابن يُونُس ، أبو الفتح موسى (١١٥٦ – ١٢٤٢ م.) : فيلسوف ورياضي عربي . من آثاره : « شرح الأعمال الهندسية ».

ibn-Zaydun [ĭb'ən zăy'do͞on] ابن زَيْدون ، أحمد بن عبد الله (١٠٠٣ – ١٠٧١ م.) : وزير وشاعر أندلسي . لقِّب بـ « بُحتري المغرب » .

ibn-Zuhr [ĭb'ən zo͞ohr] = Avenzoar.

Ibrahim Pasha [ĭb'rä hēm pä'shä] إبراهيم باشا (١٧٨٩ – ١٨٤٨) : قائد عسكري مصري . ابن محمد علي باشا . قاد الحملة المصرية على اليونان (عام ١٨٢٤) .

Henrik Ibsen

Jean Ingres

Ibsen [ĭb'sən], **Henrik** إبْسِن ، هنريك (١٨٢٨ – ١٩٠٦) : شاعر وكاتب مسرحي نروجي . يُعتبر أحد أعظم الكتاب المسرحيين في كل العصور .

Iddeh [ĭd'dĕh], **Emile** إدّه ، إميل (١٨٨١ – ١٩٤٩) : سياسي لبناني . رئيس الجمهورية (١٩٣٦ – ١٩٤١) .

Idrisi, al- [ăl ĭd rē'sē] الإدريسي ، أبو عبد الله محمد (١١٠٠ – ١١٦٦ م.) : جغرافي ورحالة عربي أندلسي . صاحب « نزهة المشتاق في اختراق الآفاق » .

Ignatius Loyola [ĭg nā'shəs loi ō'lə], **Saint** أغناطيوس لُويُولا ، القديس (١٤٩١ – ١٥٥٦) : كاهن إسباني . مؤسس الرهبانية اليسوعية .

Ikhshidi [ĭkh'shē dē], **Kafur al-** الإخشيدي ، كافور (توفي عام ٩٦٨ م.) : عبدٌ أسود . بسط سلطانه على مصر في عهد الدولة الإخشيدية .

Ingres [ăn'gr], **Jean Auguste Dominique** أنْغْرْ ، جان أوغوست دومينيك (١٧٨٠ – ١٨٦٧) : رسام فرنسي . يُعتبر أحد زعماء المدرسة الكلاسيكية الفرنسية في الرسم .

Inness [ĭn'ĭs], **George** إنِّس ، جورج (١٨٢٥ – ١٨٩٤): رسام أميركي. صوَّر المشاهد الطبيعية بأسلوب رومانتيكي .

Innocent II [ĭn'ə sənt] إينوسنت الثاني (توفي عام ١١٤٣) : بابا رومة (١١٣٠ – ١١٤٣) : اضطُرَّ إلى اللجوء إلى فرنسة فترةً من الزمن .

Innocent III إينوسنت الثالث (١١٦١ ؟ – ١٢١٦) : بابا رومة (١١٩٨ – ١٢١٦) : قال بأن السلطة الروحية يجب أن تكون فوق السلطة الزمنية .

Innocent IV إينوسنت الرابع (١١٩٠ ؟ – ١٢٥٤) : بابا رومة (١٢٤٣ – ١٢٥٤) . يُعتبر أحد أعظم الباباوات في العصر الوسيط .

Innocent XI إينوسنت الحادي عشر (١٦١١ – ١٦٨٩) : بابا رومة (١٦٧٦ – ١٦٨٩) . يُعَدّ أبرز الباباوات في القرن السابع عشر .

Innocent XII إينوسنت الثاني عشر (١٦١٥ – ١٧٠٠) : بابا رومة (١٦٩١ – ١٧٠٠) . حسَّن العلاقات بين الكرسي البابوي وفرنسا .

Inönü [ē nœ'nü], **Ismet** إينونو ، عصمت (١٨٨٤ – ١٩٧٣) : سياسي تركي . رفيق كمال أتاتورك وخليفته . رئيس الجمهورية (١٩٣٨ – ١٩٥٠) .

Ionesco [yə nĕs'kō; ē ə nĕs'kō], **Eugène** يونسكو ، يوجين (١٩١٢ –) : كاتب مسرحي فرنسي . يُعتبر من أبرز أركان مسرح اللامعقول .

Iqbal [ĭq'bâl], **Mohammad** إقبال ، محمّد (١٨٧٥ – ١٩٣٨) : شاعر وفيلسوف هندي مسلم . كان أول من دعا إلى إنشاء دولة باكستان .

Irving [ûr'vĭng], **Washington** إيرفنغ ، واشنطن (١٧٨٣ – ١٨٥٩) : كاتب قصصي أميركي . عدّه بعضهم « أبا الأدب الأميركي » وعدّه آخرون « مخترع الأقصوصة » .

Isaac [ī'zək] إسحق : ابن إبراهيم أبي الأنبياء . والد عيسو ويعقوب .

Isabella I [ĭz ə bĕl'ə] إيزابيلاّ الأولى (١٤٥١ – ١٥٠٤) : ملكة قشتالة (١٤٧٤ – ١٥٠٤) . تزوجت فرديناند ملك أراغون (عام ١٤٦٩) وبذلك توحدت إسبانيا كلّها تقريباً .

Isabella II ايزابيلاّ الثانية (١٨٣٠ – ١٩٠٤) : ملكة إسبانيا (١٨٣٣ – ١٨٦٨) . اتسم عهدها بالاضطراب وعدم الاستقرار . خُلعت عن العرش .

Isaiah [ī zā'ə; ī zī'ə] أشْعيا : نبي يهودي من أهل القرن الثامن قبل الميلاد .

Ishmael [ĭsh'mē əl] إسماعيل : ابن إبراهيم أبي الأنبياء من زوجته « هاجر » .

Ismail I [ĭs mâ'ēl] إسماعيل الأول (١٤٨٧ – ١٥٢٤ م.) : شاه إيران (١٥٠١ – ١٥٢٤ م.) . أسس السلالة الصَّفوية .

Ismail Pasha [ĭs mâ'ēl pä'shä] إسماعيل باشا (١٨٣٠ – ١٨٩٥) : خديوي مصر (١٨٦٣ – ١٨٧٩) . تمَّ في عهده فتحُ قناة السويس . خُلع عن العرش عام ١٨٧٩ .

Istakhri, al- [ăl ĭs tăkh'rē] الإصْطَخْري ، أبو إسحق (توفي عام ٩٥٧ م.) : جغرافي ورحالة عربي . طاف بلاد العرب وبعض بلاد الهند .

Ives [īvz], **Charles Edward** آيفز ، تشارلز أدْوَرْد (١٨٧٤ – ١٩٥٤) : مؤلف موسيقي أميركي . عُرف بنزعته إلى التجديد .

George Inness : *Two Sisters in the Garden* جورج إنِّس : « شقيقتان في الحديقة »

J

Jabir ibn-Hayyan [jä'bĭr ĭb'ən hăy'yân] جابر بن حَيَّان (توفي عام ٨١٥ م .) : كيميائي عربي . يُعتبر « أبا الكيمياء العربية » .

Jackson [jăk'sən], **Andrew** جاكسون ، آندرو (١٧٦٧ — ١٨٤٥) : جنرال وسياسي أميركي . الرئيس السابع للولايات المتحدة الأميركية (١٨٢٩ — ١٨٣٧) .

Jacob [jā'kəb] يَعقوب : ابن إسحــق والشقيق التوأم لـ « عيسو » Esau .

Jacquard [zhä kär'], **Joseph Marie** جاكار ، جوزيف مـاري (١٧٥٢ — ١٨٣٤) : مخترع فرنسي . اخترع النَّول الآليّ الكامل (عام ١٨٠١) .

Ja'far al-Sadiq [jă'făr ăs sä'dĭq] جَعْفر الصادق (٦٩٩ — ٧٦٥ م .) : سادس الأئمة الشيعة . صاحب المذهب الجعفري .

Jalal-ud-din al-Rumi [jă lâ lo͝od' dēn ăr ro͞o'mē] جلال الدين الرومي (١٢٠٧ — ١٢٧٣ م .) : شاعر فارسي . يُعتبر أعظم شعراء الحب الإلهي عند الفرس .

Jamal Abdel-Nasser = Nasser, Gamal Abdel-.

Jamal Pasha = Djemal Pasha, Ahmed.

James I [jāmz] جَيْمـس الأول (١٥٦٦ — ١٦٢٥) : ملك إنكلترا (١٦٠٣—١٦٢٥) وملك أسكتلندا (١٥٦٧— ١٦٢٥) . أول ملوك أسرة ستيُوْوارت .

James II جَيمس الثاني (١٦٣٣ — ١٧٠١) : ملك إنكلترا وأسكتلندا وإيرلندا (١٦٨٥ — ١٦٨٨) . عُرف بتعصبـه للكثلكة .

James, Henry جَيمس، هنري (١٨٤٣— ١٩١٦) : روائي وناقد أميركي . أخو وليم جيمس .

James, William جَيمس وليــم (١٨٤٢ — ١٩١٠) : فيلسوف وعـالم نفس أميركي . طوّر الفلسفة الذرائعيـة أو البراغماتية .

Jami [jä'mē] جامي ، نور الدين عبد الرحمن (١٤١٤ — ١٤٩٢) : شاعر فارسي . يُعتبر آخر الشعراء المتصوّفين الكبار عند الفرس .

Jamil Buthaynah [jă mēl' bo͞o thăy'năh] جميل بُثَينة : (توفي عام ٧٠١ م .) : شاعر عربي أموي . عُرف بغزله العُذريّ العفيف .

Janet [zhä'nā], **Pierre Marie Félix** جانيه ، بيير ماري فيليكس (١٨٥٩ — ١٩٤٧) : عالم نفس فرنسي . عُني بدراسة الهستيريا والعُصابات .

Jansen [jăn'sən; yän'sən], **Cornelius** يانسين ، كورنيليوس (١٥٨٥ — ١٦٣٨) : لاهوتي هولندي . اعتبرته الكنيسة الكاثوليكية مُهَرْطقاً .

Jarir [jă rēr'] جَريــر (٦٥٣ ؟ — ٧٢٩ م .) : شاعر عربي أموي . اشتهر بنقائضه مع الفرزدق والأخطل .

Jaspers [yäs'pərs], **Karl** ياسبرز ، كارل (١٨٨٣ — ١٩٦٩) : فيلسوف وجودي ألماني .

Jaurès [zhô rĕs'], **Jean** جوريـس ، جان (١٨٥٩ — ١٩١٤) : زعيم اشتراكي فرنسي . اغتاله وطنيّ فرنسيّ متطرف .

Jay [jā], **John** جاي ، جون (١٧٤٥ — ١٨٢٩) : سياسي أميركي . يُعتبر أحد « آباء » الولايات المتحدة الأميركية .

Jeanne d'Arc [zhän därk'] = Joan of Arc, Saint.

Jeans [jēnz], Sir **James** جينز ، السِّير جَيمس (١٨٧٧ — ١٩٤٦) : فيزيـائي ورياضي وعالم فلك بريطاني . قال بأن المادة تُخلق على نحو موصول في الكون .

Jeffers [jĕf'ərz], **John Robinson** جَفَرْز ، جون روبنسون (١٨٨٧ — ١٩٦٢) : شاعر أميركي . عُرف بتشاؤمه وازدرائه للحضارة .

Jefferson [jĕf'ər sən], **Thomas** جَفَرسون ، توماس (١٧٤٣ — ١٨٢٦) : سياسي أميركي . الرئيس الثالث للولايات المتحدة الأميركية (١٨٠١ — ١٨٠٩) . يُعتبر الواضع الرئيسي لوثيقة إعلان الاستقلال .

Jenner [jĕn'ər], **Edward** جَنَرْ ، أدْوَرْد (١٧٤٩ — ١٨٢٣) : طبيب بريطاني . ابتكر لقاحاً ضدّ الجدريّ .

Jensen [jĕn'sən], **Johannes** جَنْسين ، جوهانس (١٨٧٣ — ١٩٥٠) : روائي وشاعر دانمركي . حاول أن يصوّر تطوّر الإنسان في ضوء نظرية داروين .

Jeremiah [jĕr ə mī'ə] إرميا (٦٥٠ ؟ — ٥٧٠ ؟ ق. م.) : نبيّ يهودي . تنبأ بسقوط أورشليم .

Jerome [jə rōm'], **Saint** جيــروم ، القديس (٣٤٧ ؟ — ٤٢٠ م.) : لاهوتي نصراني . يُعتبر أحد أكبر لاهوتيي الكنيسة في عهودها الأولى .

Henry James

Jervis [jär'vĭs; jûr'vĭs], **John** جيرفس ، جون (١٧٣٥ — ١٨٢٣) : أميرال بريطاني . انتصر على الأسطول الإسبـاني (عام ١٧٩٧) .

Jespersen [yĕs'pər sən], **Otto** يَسْبَرسِن ، أوتو (١٨٦٠ — ١٩٤٣) : لغوي دانمركي . وضع لغةً دولية صُنعية تعرف بلغة « النوفيال » Novial .

Jesus [jē'zəs] *also* **Jesus Christ** [krīst] يسوع ؛ يسوع المسيح (٦ ؟ ق.م.— ٣٠ ؟ م .) : عيسى بن مريم عليه السّلام . نبيّ النصارى . ولد ببيت لحم وعاش في الناصرة. يعتقد المسيحيون أنه مات على الصليب.

Jiménez [hē mĕ'nĕs], **Juan Ramón** خيمينيز ، خوان رامون (١٨٨١ — ١٩٥٨) : شاعر إسباني . تميّزت آثاره بتحرّرها من قيود الشكل .

Joséphine de Beauharnais

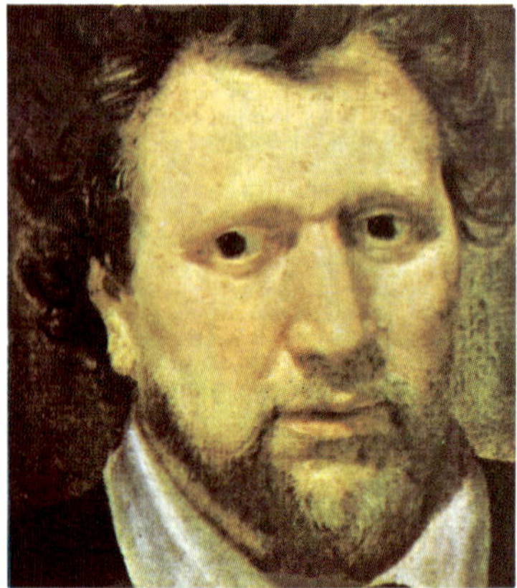

Ben Jonson

Jinnah [jĭn′ə], **Mohammad Ali** جناح ، محمد علي (١٨٧٦ – ١٩٤٨) : سياسي هندي مسلم . مؤسس دولة باكستان وأول رئيس لها (١٩٤٧ – ١٩٤٨) .

Joan of Arc [jōn′ŏv ärk′], **Saint** جان دارك ، القديسة (١٤١٢ – ١٤٣١) : بطلة قومية فرنسية . قاتلت الإنكليز في حرب الأعوام المئة . حُكم عليها بالموت إحراقاً .

Joffre [zhôf′r], **Joseph** جوفــــر ، جوزيف (١٨٥٢ – ١٩٣١) : مارشال فرنسي . قائد القوات الحليفة في الجبهة الغربية خلال السنتين الأوليين من الحرب العالمية الأولى .

John [jŏn] يُوحَنّا؛ (توفي حوالى عام ١٠٠ م .) : أحد رُسُل المسيح الاثني عشر . يُعرف بـ « الحبيب » .

John : يُوحَنّا؛ جون (١١٦٧ ؟ – ١٢١٦) ملك إنكلترا (١١٩٩ – ١٢١٦) . أُكرِهَ على إقرار « الوثيقة العظمى » *Magna Charta* (عام ١٢١٥) .

John II : يوحنّا الثاني (١٣١٩ – ١٣٦٤) ملك فرنسا (١٣٥٠ – ١٣٦٤) . أسره الإنكليز في معركة « بواتييه » (عام ١٣٥٦) .

John XXIII يوحنا الثالث والعشرون (١٨٨١ – ١٩٦٣) : بابا رومة (١٩٥٨ – ١٩٦٣) . دشّن عهد الانفتاح الكاثوليكي على التغيّر .

John the Baptist, Saint يوحنا المعْمدان ، القديس (توفي حوالى عام ٣٠ م .) : نبيّ يهودي . بشّر بمجيء المسيح وعمّده في نهر الأردن .

Johnson [jŏn′sən], **Andrew** جونسون ، آندرو (١٨٠٨ – ١٨٧٥) : سياسي أميركي . الرئيس السابع عشر للولايات المتحدة الأميركية (١٨٦٥–١٨٦٩) . اتهمه مجلس النواب بالتقصير والفساد .

Johnson, Lyndon جونسون ، لِنْدون (١٩٠٨ – ١٩٧٣) : سياسي أميركي . الرئيس السادس والثلاثون للولايات المتحدة الأميركية (١٩٦٣ – ١٩٦٩) . تولى الرئاسة بعد مصرع جون كندي .

Johnson, Samuel جونسون ، صموئيل (١٧٠٩ – ١٧٨٤) : كاتب وناقد ومعجميّ إنكليزي . يعرف عادةً بـ « الدكتور جونسون » .

Joliot-Curie [zhô lyō′kü rē], **Frédéric** جوليو - كوري ، فريدريك (١٩٠٠ – ١٩٥٨) : فيزيائي فرنسي . زوج إيرين كوري . مُنح هو وزوجته جائزة نوبل في الكيمياء لعام ١٩٣٥ .

Joliot-Curie, Irène جوليو - كوري ، إيرين (١٨٩٧ – ١٩٥٦) : فيزيائية فرنسية . زوجة فريدريك جوليو - كوري . مُنحت هي وزوجها جائزة نوبل في الكيمياء لعام ١٩٣٥ .

Jonson [jŏn′sən], **Ben** جونسون ، بن (١٥٧٢ ؟ – ١٦٣٧) : شاعر وكاتب مسرحي إنكليزي . يُعتبر أعظم مسرحيي عصره بعد شكسبير .

Jorn [jôrn], **Asger** جورن ، آسْغــر (١٩١٤ – ١٩٧٣) : رسام دانمركي . يُعتبر أحد أبرز ممثلي المدرسة التعبيرية .

Joseph [jō′zəf] يوسف : ابن يعقوب . كان أحبَّ أولاد يعقوب إلى قلبه فحسده إخوته وتآمروا عليه .

Joseph I جوزيف الأول (١٦٧٨ – ١٧١١) : ملك ألمانيا (١٦٩٠ – ١٧١١) ورأس الأمبراطورية الرومانية المقدسة (١٧٠٥ – ١٧١١) .

Joseph II جوزيف الثاني (١٧٤١ – ١٧٩٠) : ملك ألمانيا (١٧٦٤ – ١٧٩٠) ورأس الأمبراطورية الرومانيـــة المقدسة (١٧٦٥ – ١٧٩٠) .

Joséphine de Beauharnais [zhō zā fēn′ də bō är nĕ′] جوزفين دو بو آرنيه (١٧٦٣ – ١٨١٤) : أمبراطورة فرنسا بوصفها زوجة نابوليون بونابرت (١٨٠٤ – ١٨٠٩) .

Joule [joul; jo͞ol], **James Prescott** جول ، جَيمس بريسكوت (١٨١٨ – ١٨٨٩) : فيزيائي بريطاني . اكتشف القانون المنسوب إليه (قانون جول) .

Joyce [jois], **James** جُوْيْس ، جَيْمس (١٨٨٢ – ١٩٤١) : روائي إيرلندي . يُعتبر أحد أبرز ممثلي الرواية النفسية .

Juan Carlos [hwän′ kär′lōs] خُوان كارلوس (١٩٣٨ –) : أمير إسباني . اختاره فرانكو خليفة له ، عام ١٩٥٤ . ملك إسبانيا (١٩٧٥ –) .

Juárez [hwä′rās], **Benito Pablo** خواريز ، بنيتو بابلو (١٨٠٦ – ١٨٧٢) : سياسي مكسيكي . يُعتبر بطل المكسيك القومي . تولى رئاسة الجمهورية غير مرة .

Jubran [jo͝ob rän′] = Gibran, Gibran Khalil.

Judas [jo͞o′dəs] *also* **Judas Iscariot** [ĭs kâr′ĭ ət] يَهُوْذا؛ يهوذا الإسخريوطي؛ يوداس (توفي حوالى ٣٠ م .) : أحد تلاميذ المسيح الاثني عشر . خانَ معلّمه .

Julian [jo͞ol′yən] جوليان ؛ جوليانـــوس (٣٣١ – ٣٦٣ م .) : أمبراطور روماني (٣٦١ – ٣٦٣ م .) . اضطهد النصارى .

Julius II [jo͞ol′yəs] يوليـــوس الثـــاني (١٤٤٣ – ١٥١٣) : بابا رومة (١٥٠٣ – ١٥١٣) : يُعتبر أكبر نصير للفنّ بين الباباوات .

Julius Caesar [jo͞ol′yəs sē′zər] = Caesar, Gaius Julius.

Jung [yo͝ong], **Carl Gustav** يونغ ، كارل غوستاف (١٨٧٥ – ١٩٦١) : عالم نفس سويسري . يُعتبر أحد أعظم علماء النفس في العصر الحديث .

Jurjani, al- [ăl jo͝or′jâ nē] الجُرْجاني ، عبد القاهر (توفي عام ١٠٧٨ م .) : بلاغيّ عربي . صاحب « أسرار البلاغة » و « دلائل الإعجاز » .

Justinian I [jŭ stĭn′ē ən] يوستنيانوس الأول ؛ جوستنيان الأول (٤٨٣ – ٥٦٥ م.) : أمبراطور بيزنطي (٥٢٧ – ٥٦٥ م .) . جمع الشرائع الرومانية ودوّنها .

Juvenal [jo͞o′vĕ nəl] جوفينال (٦٠ ؟ – ١٣٥ ؟ م .) : شاعر روماني . يُعتبر أكبر شعراء الهجاء عند الرومان .

K

Kabir [kä'bēr] كبير (١٤٤٠ – ١٥١٨) : شاعر ومتصوّف هندي . حاول التوفيق بين الفكر الهندوسي والفكر الإسلامي.

Kafka [käf'kä], **Franz** كافكا ، فرانز (١٨٨٣ – ١٩٢٤) : روائي نمساوي . تميّزت آثاره بتصوير قلق الإنسان الحديث .

Kaiser [kī'zər], **Georg** كايزر ، جورج (١٨٧٨ – ١٩٤٥) : كاتب مسرحي ألماني يُعَدّ أحد أركان المذهب التعبيري .

Kandinski [kăn dĭn'skē], **Vasili** كاندينسكي ، فاسيلي (١٨٦٦ – ١٩٤٤) : رسام سوفياتي . يُعتبر ، أحياناً ، رائد الرسم التجريدي .

Kant [kănt; känt], **Immanuel** كَنْت ، عمانوئيل (١٧٢٤ – ١٨٠٤) : فيلسوف ألماني . يُعتبر أحد أعظم الفلاسفة في جميع العصور .

Karrer [kär'ər], **Paul** كارّر ، بول (١٨٨٩ – ١٩٧١) : كيميائي سويسري . مُنح جائزة نوبل في الكيمياء (بالمشاركة) لعام ١٩٣٧ .

Kasavubu [kä zä vōō'bōō], **Joseph** كازافوبو ، جوزيف (١٩١٠ – ١٩٦٩) : أول رئيس لجمهورية الكونغو (١٩٦٠ – ١٩٦٥) .

Kashi, al- [ăl kä'shē] الكاشي ، غياث الدين (القرن الخامس عشر للميلاد) : رياضي وعالم فلك عربي . قدّر نسبة محيط الدائرة إلى قطرها .

Kawakibi, al- [ăl kä wä'kĭ bē] الكواكبي ، عبد الرحمن (١٨٥٤ – ١٩٠٢) : مفكر عربي سوري . انصرف إلى العمل من أجل قضية التحرير والإصلاح .

Kazzafi [käz'zä fē], **Mu'ammar al-** القذّافي ، مُعَمَّر (١٩٤٣ –) : زعيم ليبي . مفجّر ثورة الفاتح من سبتمبر ١٩٦٩ في ليبيا . قاد حركة الضباط الوحدويين الأحرار التي أطاحت بالنظام الملكي .

Keats [kēts], **John** كيتس ، جون (١٧٩٥ – ١٨٢١) : شاعر إنكليزي . يُعتبر أحد زعماء المدرسة الرومانتيكية .

Keitel [kī'təl], **Wilhelm** كايتل ، ولهلم (١٨٨٢ – ١٩٤٦) : مارشال ألماني . اعتُبر مجرم حرب ونفِّذ فيه حكم الإعدام (عام ١٩٤٦) .

Keller [kĕl'ər], **Helen** كيلر ، هيلين (١٨٨٠ – ١٩٦٨) : مؤلفة أميركية . أُصيبت بالعمى والصمم وهي في الثانية من عمرها .

Kemal Atatürk [kə mäl' ä tä türk'] كمال أتاتورك (١٨٨١ – ١٩٣٨) : قائد وزعيم تركي . مؤسس تركيا الحديثة . رئيس الجمهورية (١٩٢٣ – ١٩٣٨) . ألغى الخلافة الإسلامية (عام ١٩٢٤) .

Kendall [kĕn'dəl], **Edward** كَنْدال ، أدْوَرْد (١٨٨٦ – ١٩٧٢) : كيميائي حيوي أميركي . مُنح (بالمشاركة) جائزة نوبل في الفيسيولوجيا والطب لعام ١٩٥٠ .

Kennedy [kĕn'ə dē], **John** كنيدي ، جون (١٩١٧ – ١٩٦٣) : سياسي أميركي . الرئيس الخامس والثلاثون للولايات المتحدة الأميركية (١٩٦١ – ١٩٦٣) . اغتيل .

Kennedy, Robert كنيدي ، روبرت (١٩٢٥ – ١٩٦٨) : سياسي أميركي . أخو جون كنيدي . اغتيل .

Kennelly [kĕn'əl ē], **Arthur Edwin** كينيلي ، آرثر أدوين (١٨٦١ – ١٩٣٩) : مهندس كهربائي أميركي . تنبأ بوجود الأيونوسفير (عام ١٩٠٢) .

Kent [kĕnt], **Rockwell** كَنْت ، روكْويل (١٨٨٢ – ١٩٧١) : رسام أميركي . عُني بتصوير المشاهد الطبيعية .

Kenyatta [kĕn yä'tə], **Jomo** كينياتا ، جومو (١٨٩٤ ؟ –) : زعيم كينيا الحديثة . قاد الثورة على البريطانيين . رئيس الجمهورية (١٩٦٤ –) .

Kepler [kĕp'lər], **Johannes** كَبْلر ، جوهانّس (١٥٧١ – ١٦٣٠) : عالم ألماني . يعتبر أحد مؤسسي علم الفلك الحديث .

Kerensky [kə rĕn'skē], **Aleksandr** كيرينسكي ، ألكسندر (١٨٨١ – ١٩٧٠) : سياسي روسي . رئيس الحكومة الروسية المؤقتة من يوليو إلى أكتوبر ١٩١٧ . أطاحت به ثورة أكتوبر الاشتراكية .

Kesselring [kĕs'əl rĭng], **Albert** كيسلرينغ ، ألبرت (١٨٨٥ – ١٩٦٠) : مارشال ألماني . اعتُبر مجرم حرب وحكم عليه بالسجن مدى الحياة . أطلق سراحه عام ١٩٥٢ .

Immanuel Kant

John Keats

John Kennedy

Keynes [kānz], **John Maynard** كَيْنْز ، جرن ماينارد (١٨٨٣ – ١٩٤٦) : عالم اقتصادي بريطاني . نادى بضرورة توسُّع الدولة في الإنفاق على المشاريع العامة بغية القضاء على البطالة .

Keyserling [kī'zər lĭng], Count **Hermann Alexander** كايزرلينغ ، الكونت هرمان ألكْسَندر (١٨٨٠ – ١٩٤٦) : فيلسوف اجتماعي ألماني .

Khadijah [khă dē'jăh] خَدِيجة بنت خُوَيْلِد (توفيت عام ٦١٩ م .) : زوجة الرسول محمد عليه السلام . تُعتبر أول المسلمين بلا استثناء .

Khalid ibn-al-Walid [khä'lĭd ĭb nōōl' wä'lēd] خالد بن الوليد (توفي عام ٦٤٢ م .) : قائد عربي . هزم الروم البيزنطيين في معركة اليرموك (عام ٦٣٦م .) .

Khalid ibn-'Abdil-'Aziz [khä'lĭd ĭb'ən 'ăb dĭl' 'ă zēz'] خالد بن عبد العزيز (١٩١٣ – ١٩٨٢) : ملك المملكة العربية السعودية (١٩٧٥ – ١٩٨٢) خلفاً لأخيه الملك فيصل .

Khayyam [kī yäm'], **Omar** = Omar Khayyam.

Kheraskov [kə räs'kôf], **Mikhail** خيراسكوف ، ميخائيل (١٧٣٣ – ١٨٠٧). شاعر روسي . يُلقّب بـ « هوميروس الروسيا » .

Khlebnikov [khlĕb'nē kôf], **Velemir** خْليبنيكوف ، فيليمير (١٨٨٥ – ١٩٢٢) : شاعر روسي . نادى بضرورة إنزال الشعر إلى مستوى لغة الشارع .

Khrushchev [krōōsh chôf'], **Nikita** خروشْوف ، نيكيتا (١٨٩٤ – ١٩٧١) : زعيم سوفياتي . رئيس الوزراء (١٩٥٨ – ١٩٦٤) . شنّ الحرب على الستالينيّة .

Khuri [khōō'rē], **Bisharah al-** الخوري ، بشارة (١٨٨٥ – ١٩٦٨) : شاعر لبناني . عُرِف بغزله الرقيق . تلقّب بـ « الأخطل الصغير » .

Khuri, Sheikh Bisharah al- الخوري ، الشيخ بشارة (١٨٩٠ – ١٩٦٤) : سياسي لبناني . رئيس الجمهورية (١٩٤٣ – ١٩٥٢) . يُعتبر « أبا الاستقلال » .

Kierkegaard [kĭr'kə gärd], **Soren** كيركغارد ، سورين (١٨١٣ – ١٨٥٥) : فيلسوف ولاهوتي دانمركي . يُعتبر مؤسس الفلسفة الوجودية .

Kim Il Sung [kĭm' ēl' sōōng] كيم إيل سونغ (١٩١٢ –) : زعيم كوري . رئيس جمهورية كوريا الشمالية (١٩٤٨ –) .

King [kĭng], **Martin Luther** كينغ ، مارتن لوثر (١٩٢٩ – ١٩٦٨) : زعيم زنجي أميركي . مُنح جائزة نوبل للسلام لعام ١٩٦٤ . اغتيل .

Kingsley [kĭngz'lē], **Charles** كينغزلي ، تشارلز (١٨١٩ – ١٨٧٥) : روائي وقسّ إنكليزي . حاول التوفيق بين العلم الحديث والعقيدة النصرانية .

Kinsey [kĭn'zē], **Alfred** كينزي ، ألفرد (١٨٩٤ – ١٩٥٦) : بيولوجي وعالم اجتماع أميركي . عُني بدراسة السلوك الجنسي البشري .

Kipling [kĭp'lĭng], **Rudyard** كِبْلنغ ، رُدْيارد (١٨٦٥ – ١٩٣٦) : شاعر وروائي إنكليزي . عُرِف بتمجيده للاستعمار البريطاني .

Kissinger [kĭs'ən jər], **Henry** كيسنجر ، هنري (١٩٢٣ –) : سياسي أميركي . وزير خارجية الولايات المتحدة الأميركية (١٩٧٣ – ١٩٧٦) .

Nikita Khrushchev

Oscar Kokoschka

Kitchener [kĭch'ə nər], **Horatio Herbert** كِتشْنَر ، هوراشيو هربرت (١٨٥٠ – ١٩١٦) : مارشال بريطاني . وزير الحربية (١٩١٤ – ١٩١٦).

Klee [klā; klē], **Paul** كلي ، بول (١٨٧٩ – ١٩٤٠) : رسام سويسري . في لوحاته حنين إلى عفوية الطفولة .

Knox [nŏks], **John** نوكس ، جون (١٥١٤ ؟ – ١٥٧٢) : مصلح بروتستانتي أسكتلندي . أسس الكنيسة المشيخية الأسكتلندية .

Koch [kōkh], **Robert** كوخ ، روبرت (١٨٤٣ – ١٩١٠) : عالم بكتيريولوجي ألماني . اكتشف الجراثيم التي تسبّب التيفوئيد والسلّ والكوليرا .

Kokoschka [kə kŏsh'kə], **Oscar** كوكوشكا ، أوسكار (١٨٨٦ –) : رسام بريطاني . نمساوي المولد . يُعتبر أحد أركان المدرسة التعبيرية .

Kooning [kōō'nĭng], **Willem de** كوننغ ، وليم دو (١٩٠٤ –) : رسام أميركي . هولندي المولد . أحد أبرز ممثلي المدرسة الانطباعية التجريدية .

Kornberg [kôrn'bûrg], **Arthur** كورنبرغ ، آرثر (١٩١٨ –) : طبيب وكيميائي حيوي أميركي . عُني بدراسة الأنزيمات أو الخمائر .

Korolenko [kôr ə lĕng'kō], **Vladimir** كورولنكو ، فلاديمير (١٨٥٣ – ١٩٢١) : روائي روسي . عُرِف بتصويره لحياة المعذبين في الأرض .

Kosygin [kə sē'gĭn], **Aleksei** كوسيغين ، ألكسي (١٩٠٤ –) : سياسي سوفياتي . رئيس الوزراء (١٩٦٤ –) خلفاً لنيكيتا خروشوف .

Krebs [krĕbz], Sir **Hans Adolf** كريْبز ، السّير هانس أدولف (١٩٠٠ –) : كيميائي حيوي بريطاني . منح جائزة نوبل (بالمشاركة) في الفيسيولوجيا والطب لعام ١٩٥٣ .

Kublai Khan [kōō'blī kän'] قبلاي خان (١٢١٥ – ١٢٩٤) : أمبراطور مغولي (١٢٦٠ – ١٢٩٤) . حفيد جنكيز خان . فتح الصين وأخضع كوريا وبورما .

Kurchatov [kōōr chä'tôf], **Igor** كورتشاتوف ، إيغور (١٩٠٣ – ١٩٦٠) : فيزيائي نووي سوفياتي . يُعتبر رائداً في صنع القنابل الذرية والهيدروجينية .

Kuthayyir 'Azzah [kōō thăy'yĭr 'ăz'zăh] كُثَيِّر عزّة (توفي عام ٧٢٣ م.) : شاعر عربي أموي . أحبّ فتاةً اسمها عزّة فعُرِف بها .

L

Labiche [lȧ bēsh′], **Eugène Marin**
لابيش ، أوجين مارين (١٨١٥ – ١٨٨٨) : كاتب مسرحي فرنسي . اشتهر بكوميدياته الخفيفة .

Labid [lă bēd′] لَبيد بن ربيعة (٥٦٠ ؟– ٦٦١ ؟ م.) : شاعر عربي مُخَضرم . أحد أصحاب المعلقات . تميّزت قصائده بنفحة دينية .

La Bruyère [lȧ brü yâr′], **Jean de**
لا برويير ، جان دو (١٦٤٥ – ١٦٩٦) : كاتب فرنسي . عُرف برسمه للشخصيات والنماذج البشرية .

Lachaise [lȧ shâz′], **Gaston** لاشيز ، غاستون (١٨٨٢ – ١٩٣٥) : نحّات أميركي . فرنسي المولد . ارتبط اسمه فترةً بحركة « الفن الجديد » art nouveau .

La Farge [lȧ färzh′], **John** لا فارج ، جون (١٨٣٥ – ١٩١٠) : رسام أميركي . عُني برسم الأزهار والمشاهد الطبيعية .

La Fayette [lȧ fȧ yĕt′], **Marquis de**
لا فاييت ، المركيز دو (١٧٥٧ – ١٨٣٤) : جنرال وسياسي فرنسي . قاتلَ في صفوف الأميركيين أثناء حرب الاستقلال (١٧٧٧ – ١٧٨٢) .

La Fontaine [lȧ fôn tĕn′], **Jean de**
لا فونتين ، جان دو (١٦٢١ – ١٦٩٥) : شاعر فرنسي . اشتهر بحكاياته الرمزية الموضوعة على ألسنة الحيوانات .

Lagerlöf [lä′gər lœf], **Selma**
لا غَرْلوف ، سلمى (١٨٥٨ – ١٩٤٠) : روائية سويدية . مُنحت جائزة نوبل في الآداب لعام ١٩٠٩ .

Lamarck [lȧ märk′], **Jean Baptiste**
لامارك ، جان باتيست (١٧٤٤ – ١٨٢٩) : بيولوجي فرنسي . وضع مذهباً في التطوّر العضوي يُعرف بـ « اللاماركيّة » .

Lamartine [lȧ mȧr tēn′], **Alphonse de** لامارتين ، ألفونس دو (١٧٩٠ – ١٨٦٩) : شاعر وسياسي فرنسي . يُعتبر أحد أكبر شعراء المدرسة الرومانتيكية الفرنسية .

Lamb [lăm], **Charles** لام ، تشارلز (١٧٧٥ – ١٨٣٤) : كاتب وناقد إنكليزي . يُعدّ أحد أبرز كتاب المقالة في الأدب الإنكليزي .

Lamb, William لام ، وليم (١٧٧٩ – ١٨٤٨) : سياسي إنكليزي . رئيس الوزراء (عام ١٨٣٤) و (١٨٣٥ – ١٨٤١) .

Lambert [lăm′bərt], **Johann Heinrich** لامبرت ، جوهان هاينريتش (١٧٢٨ – ١٧٧٧) : فيزيائي وعالم رياضيات وفلك ألماني . عُني بدراسة الحرارة والضوء .

Landau [län dou′], **Lev Davidovich**
لانداو ، ليف دافيدوفيتش (١٩٠٨ – ١٩٦٨) : فيزيائي نوويّ سوفياتي . مُنح جائزة نوبل في الفيزياء لعام ١٩٦٢ .

Landseer [lănd′sîr], Sir **Edwin Henry** لاندسير ، السير أدوين هنري (١٨٠٢–١٨٧٣) : رسام إنكليزي . اشتهر بتصوير الحيوانات .

Landsteiner [lănd′stī nər], **Karl**
لاندشتاينر ، كارل (١٨٦٨ – ١٩٤٣) : طبيب أميركي . اكتشف زُمر الدم البشري .

Lao-tse *also* **Lao-tzu** [lou′dzŭ′]
لاوتسي ؛ لاوتزو (٦٠٤ ؟ – ٥٣١ ق.م.) : فيلسوف صيني . مؤسس الطاويّة .

Laplace [lȧ plȧs′], **Marquis de**
لابلاس ، المركيز دو (١٧٤٩ – ١٨٢٧) : عالم فلك ورياضيات فرنسي . درس حركة القمر ، والمشتري ، وزُحل .

La Salle [lȧ sȧl′], Saint **Jean Baptiste de** لا سال ، القديس جان باتيست دو (١٦٥١ – ١٧١٩) : كاهن فرنسي . أنشأ رهبانية « الإخوة المسيحيين » .

Latimer [lăt′ə mər], **Hugh** لاتيمر ، هيو (١٤٨٥ ؟ – ١٥٥٥) : مصلح بروتستانتي إنكليزي . حُكم عليه بالموت حرْقاً بتهمة الهرْطقة .

La Tour [lȧ′to͞or], **Georges de**
لاتور ، جورج دو (١٥٩٣ – ١٦٥٢) : رسام فرنسي . اشتهر بلوحاته التي تبرز فيها الشموع أو المصابيح المضاءة .

Laurent [lô rän′], **Auguste** لوران ، أوغوست (١٨٠٧ – ١٨٥٣) : كيميائي فرنسي . اكتشف عدداً من المركّبات العضوية .

Laval [lȧ vȧl′], **Pierre** لافال ، بيير (١٨٨٣ – ١٩٤٥) : سياسي فرنسي . رئيس حكومة فيشي (١٩٤٢ – ١٩٤٤) . أُعدم بتهمة الخيانة العظمى .

La Fontaine

Lamartine

Charles Lamb

Lavoisier and his wife

Lavoisier [lä vwä zyā'], **Antoine** لافوازييه ، أنطوان (١٧٤٣ – ١٧٩٤) : كيميائي فرنسي . يُعتبر مؤسس الكيمياء الحديثة .

Lawrence[lôr'əns], **David Herbert** لورنس ، دايفيد هربرت (١٨٨٥ – ١٩٣٠) : روائي إنكليزي . تغلب السِّمة الإباحية على آثاره .

Lawrence, Ernest Orlando، لورنس، أرنست أورلندو (١٩٠١ – ١٩٥٨) : فيزيائي أميركي . اخترع السيكلوترون (عام ١٩٣٢) .

Lawrence, Sir **Thomas** ، لورنس، السِّير توماس (١٧٦٩ – ١٨٣٠) : رسام إنكليزي . عُني بتصوير الوجوه .

Lawrence, Thomas Edward لورنس ، توماس أدْوَرْد (١٨٨٨ – ١٩٣٥) : ضابط بريطاني . قاتل في صفوف العرب ضد الأتراك في الحرب العالمية الأولى .

Lebrun [lə brœn'], **Albert** ،لوبران، ألبير (١٨٧١ – ١٩٥٠) : سياسي فرنسي . رئيس الجمهورية (١٩٣٢ – ١٩٤٠) .

Lebrun, Charles لوبران ، شارل (١٦١٩ – ١٦٩٠) : رسام فرنسي . زيّن قصر فرساي بعدد من الرسوم الخالدة .

Le Chatelier [lə shä tə lyā'], **Henry Louis** لو شاتيلييه ، هنري لويس (١٨٥٠ – ١٩٣٦) : كيميائي فرنسي . وضع مبدءاً كيميائياً يحمل اسمه .

Le Corbusier [lə kôr'bü zyā] لو كوربوزييه (١٨٨٧ – ١٩٦٥) : مهندس معماري ورسام فرنسي .

Lee[lē], **Robert Edward** لي ، روبرت أدْوَرْد (١٨٠٧ – ١٨٧٠) : قائد عسكري أميركي . تولى خلال الحرب الأهلية (١٨٦١ – ١٨٦٥) منصب القائد العام للقوات الجنوبية .

Léger [lā zhā'], **Fernand** ، ليجيه ، فرنان (١٨٨١ – ١٩٥٥) : رسام فرنسي . غلب على فنّه « الطابع الميكانيكي » .

Lehár [lā'här], **Franz** ليهار ، فرانز (١٨٧٠ – ١٩٤٨) : مؤلف موسيقى هنغاري . من أشهر آثاره : « الأرملة المرحة » *The Merry Widow* (عام ١٩٠٥) .

Lehmbruck [lām'brŏŏk], **Wilhelm** ليَمْبروك ، وِلهلم (١٨٨١ – ١٩١٩) : رسام ألماني . أحد أركان المدرسة التعبيرية .

Leibnitz [līb'nĭts], Baron **Gottfried Wilhelm von** لايبنتز ، البارون غوتفريد وِلهلم فون (١٦٤٦ – ١٧١٦) : فيلسوف ورياضي ألماني . قال بعدم التعارض بين الإيمان والعقل .

Lenard [lā'närt], **Philipp** ، لينارد ، فيليب (١٨٦٢ – ١٩٤٧) : فيزيائي ألماني . مُنح جائزة نوبل في الفيزياء لعام ١٩٠٥ .

Lenin [lĕn'ĭn], **Nikolai** لينين ، نيقولاي (١٨٧٠ – ١٩٢٤) : زعيم الثورة الشيوعية في روسيا ومؤسس الاتحاد السوفياتي . طوّر الماركسية لتواجه مشكلات القرن العشرين .

Leo III [lē'ō], **Saint** ليو الثالث، القديس (٧٥٠ ؟ – ٨١٦) : بابا رومة (٧٩٥ – ٨١٦) . توّج شارلمان أمبراطوراً على الغرب .

Leo X : ليو العاشر (١٤٧٥ – ١٥٢١) : بابا رومة (١٥١٣ – ١٥٢١) . عُرف بمناصرته الفنّ والأدب .

Leo XIII ليو الثالث عشر (١٨١٠ – ١٩٠٣) : بابا رومة (١٨٧٨ – ١٩٠٣) . جعل البابوية أكثر استجابة لمطالب العصر .

Leonardo da Vinci [lē ə när'dō də vĭn'chē] ليوناردو دا فينشي (١٤٥٢ – ١٥١٩) : رسام ونحات وموسيقي ومهندس إيطالي . يُعتبر أحد أعظم العباقرة في جميع العصور .

Leopardi [lĕ ô pär'dē], Count **Giacomo** ليوباردي، الكونت جاكومو (١٧٩٨ – ١٨٣٧) : فيلسوف وشاعر إيطالي . غلب التشاؤم على آثاره كلها .

Leopold I [lē'ə pōld] ليوبولد الأول (١٦٤٠ – ١٧٠٥) : رأس الأمبراطورية الرومانية المقدسة (١٦٥٨ – ١٧٠٥) . حرّر معظم الأراضي الهنغارية الخاضعة للحكم التركي .

Leopold I ليوبولد الأول (١٧٩٠ – ١٨٦٥) : أول ملوك بلجيكا المستقلة (١٨٣١ – ١٨٦٥) .

Leopold II ليوبولد الثاني (١٧٤٧ – ١٧٩٢) : رأس الأمبراطورية الرومانية المقدسة (١٧٩٠ – ١٧٩٢) . يُعتبر أحد أبرز « الطغاة المستنيرين » في عصره .

Leopold II ليوبولد الثاني (١٨٣٥ – ١٩٠٩) : ملك بلجيكا (١٨٦٥ – ١٩٠٩) . جعل من بلاده دولة صناعية واستعمارية .

Lermontov [lĕr'mŏn tôf], **Mikhail** ليرمونتوف ، ميخائيل (١٨١٤ – ١٨٤١) : شاعر وروائي روسي . أحد ألمع الشعراء الرومانتيكيين الروس .

Lesseps [lĕs'əps], **Ferdinand Marie de** ليسَبْس ، فردينان ماري دو (١٨٠٥ – ١٨٩٤) : مهندس فرنسي . وضع مشروع قناة السويس ونفّذه (١٨٥٤ – ١٨٦٩) .

Lessing [lĕs'ĭng], **Gotthold Ephraim** ليسِنْغ ، غوتهولد أفرايم (١٧٢٩ – ١٧٨١) : ناقد وكاتب مسرحي ألماني . يُعدّ أول مسرحي ذي شأن في تاريخ الأدب الألماني .

Le Verrier [lə vĕ ryā'], **Urbain Jean Joseph** لوفيرييه ، أوربان جان جوزيف (١٨١١ – ١٨٧٧) : عالم فلك فرنسي . تنبأ بوجود الكوكب السيار « نبتون » .

Leonardo da Vinci

Lewis [lo͞o′ĭs], **Sinclair** لُويس، سنكلير
(١٨٨٥ – ١٩٥١) : روائي أميركي . مُنح جائزة نوبل في الآداب لعام ١٩٣٠ .

Lie [lē], **Trygve** [trĭg′və] لي، تريغفي
(١٨٩٦ – ١٩٦٨) : سياسي نروجي . أول أمين عام للأمم المتحدة (١٩٤٦ – ١٩٥٢) .

Lincoln [lĭng′kən], **Abraham**
لنكولن ، أبراهام (١٨٠٩ – ١٨٦٥) : سياسي أميركي . الرئيس السادس عشر للولايات المتحدة الأميركية (١٨٦١ – ١٨٦٥) . شنّ الحرب على الولايات الجنوبية الثائرة وألغى الاسترقاق .

Lindbergh [lĭnd′bûrg], **Charles**
ليندبَرْغ ، تشارلز (١٩٠٢ – ١٩٧٤) : طيار أميركي . أول من قام بالطيران منفرداً عبر المحيط الأطلسي (عام ١٩٢٧) .

Lippi [lĭp′ē], **Filippino** ليبّي ، فيليبّينو
(١٤٥٧ ؟ – ١٥٠٤) : رسام إيطالي . ابن فرا فيليبّو ليبّي (را . المادة التالية) .

Lippi, Fra Filippo ليبّي ، فرافيليبّو
(١٤٠٦ ؟ – ١٤٦٩) : رسام إيطالي . أحد أبرز فناني عصر النهضة في منتصف القرن الخامس عشر .

Lister [lĭs′tər], **Joseph** ليسْتَـر ،
جوزيف (١٨٢٧ – ١٩١٢) : جراح بريطاني . أول من استخدم مضادّات العفونة في الجراحة .

Liszt [lĭst], **Franz** ليسْـت ، فرانز
(١٨١١ – ١٨٨٦) : مؤلف موسيقي هنغاري . يُعتبر أحد أشهر الموسيقيين الرومانتيكيين في عصره .

Livingstone [lĭv′ĭng stən], **David**
ليفنغسْتون ، دايفيد (١٨١٣ – ١٨٧٣) : مبشِّر ومستكشف أسكتلندي . عمل في إفريقيا الوسطى . اكتشف شلالات فيكتوريا (عام ١٨٥٥) .

Lloyd George [loid jôrj′], **David**
لُويْد جورج ، دايفيد (١٨٦٣ – ١٩٤٥) : سياسي بريطاني . رئيس الوزراء (١٩١٦ – ١٩٢٢) . قاد بلاده إلى الانتصار في الحرب العالمية الأولى .

Locke [lŏk], **John** لـوك ، جـون
(١٦٣٢ – ١٧٠٤) : فيلسوف إنكليزي . عارض نظرية الحق الإلهي وقال بأن الاختبار أساس المعرفة .

Lockyer [lŏk′yər], Sir **Joseph Norman** لوكْيَر ، السِّير جوزيف نورمان
(١٨٣٦ – ١٩٢٠) : عالم فلك بريطاني . اكتشف عنصر الهِلْيوم (عام ١٨٦٨) .

Lombroso [lôm brō′sō], **Cesare**
لومبروزو ، تشيزاريه (١٨٣٥ – ١٩٠٩) : طبيب إيطالي . يُعتبر مؤسس علم الجريمة .

London [lŭn′dən], **Jack** لَنْدن ، جاك
(١٨٧٦ – ١٩١٦) : روائي أميركي . عُرف بنزعته الاشتراكية .

Longfellow [lông′fĕl ō], **Henry Wadsworth** لونغفيلـو ، هنـري
وادْسْوُورْث (١٨٠٧ – ١٨٨٢) : شاعر أميركي . اشتهر بقصائده القصصية ذات الموضوع التاريخي .

Lorca [lôr′kä], **Federico Garcia**
لوركا ، فيديريكو غارسيا (١٨٩٨ – ١٩٣٦) : شاعر وكاتب مسرحي إسباني . يُعتبر أحد أشهر الأدباء في العصر الحديث .

Lorentz [lō′rĕnts], **Hendrik**
لورنتْس ، هندريك (١٨٥٣ – ١٩٢٨) : فيزيائي هولندي . مُنح جائزة نوبل في الفيزياء (بالمشاركة) لعام ١٩٠٢ .

Loti [lō tē′], **Pierre** لـوتي ، بيـير
(١٨٥٠ – ١٩٢٣) : روائي فرنسي . من أشهر آثاره : « صياد إيسلندا » *Pêcheur d'Islande* (عام ١٨٨٦) .

Lotto [lôt′tō], **Lorenzo** لوتّو ، لورنزو
(١٤٨٠ ؟ – ١٥٥٦) : رسام إيطالي . اشتهر بلوحاته ذات الموضوع الديني .

Louis I [lo͞o′ĭs] لويس الأول (٧٧٨ – ٨٤٠) : ملك فرنسا (٨١٤ – ٨٤٠) . ورث عن أبيه ، شارلمان ، أمبراطورية واسعة تفكّكت في عهده .

Louis IX لويس التاسع (١٢١٤ – ١٢٧٠) : ملك فرنسا (١٢٢٦ – ١٢٧٠) . تزعّم الحملة الصليبية السابعة فأسر في المنصورة بمصر (عام ١٢٥٠) .

Lloyd George

Louis XI لويس الحادي عشر (١٤٢٣ – ١٤٨٣) : ملك فرنسا (١٤٦١ – ١٤٨٣) . عمل على تقوية فرنسا وتوحيدها بعد حرب الأعوام المئة .

Louis XII لويس الثاني عشر (١٤٦٢ – ١٥١٥) : ملك فرنسا (١٤٩٨ – ١٥١٥) . تمتّع بشعبية واسعة فعُرف بـ « أبي الشعب » .

Louis XIII لويس الثالث عشر (١٦٠١ – ١٦٤٣) : ملك فرنسا (١٦١٠ – ١٦٤٣) . استبدّ بالأمر في عهده كبير وزرائه الكاردينال ريشيليو .

Abraham Lincoln

Louis XIV

Martin Luther

Luke [lŏŏk], **Saint** : لوقا ، القديس
رفيق بولس الرسول في رحلاته . يُنسب إليه «إنجيل لوقا» .

Lumière [lü myâr'], **Auguste**
لوميير ، أوغوست (١٨٦٢ – ١٩٥٤) : كيميائي فرنسي . ابتكر هو وأخوه لويس (١٨٦٤ – ١٩٤٨) آلة تصوير سينمائية دُعيت بـ « السينماتوغراف » .

Lumumba [lŏŏ mŏŏm'bə], **Patrice**
لومومبا ، باتريس (١٩٢٥ – ١٩٦١) : سياسي كونغولي . ناضل من أجل تحرير الكونغو من الاستعمار البلجيكي .

Luther [lŏŏ'thər], **Martin** لوثر ، مارتن (١٤٨٣ – ١٥٤٦) : راهب ألماني . تزعَّم حركة الإصلاح البروتستانتي في ألمانيا .

Lyautey [lyō tĕ'], **Louis** ، لْيوتي
لويس (١٨٥٤ – ١٩٣٤) : مارشال فرنسي . شغل منصب المقيم الفرنسي العام في مراكش (١٩١٢ – ١٩٢٥) .

Lysias [lĭs'ĭ əs] – ليسياس (٤٤٥ ؟ – ٣٨٠ ؟ ق. م.) : خطيب أثيني . تميّزت خطبه بالبساطة والبعد عن التأنّق البلاغي .

Lysippus [lī sĭp'əs] ليسيبّوس (القرن الرابع قبل الميلاد) : نحات يوناني . لمع نجمه في عهد الإسكندر المقدوني .

Lytton [lĭt'ən], **Edward George**
ليتّون ، أدْوَرْد جورج (١٨٠٣ – ١٨٧٣) : روائي وكاتب مسرحي إنكليزي .

Lytton, Edward Robert ، ليتّون
أدْوَرْد روبرت (١٨٣١ – ١٨٩١) : سياسي وشاعر إنكليزي . ابن أدورد جورج ليتون .

Louis XIV – لويس الرابع عشر (١٦٣٨ – ١٧١٥) : ملك فرنسا (١٦٤٣ – ١٧١٥) : وسّع رقعة الدولة . شيّد قصر فرساي (١٦٦١ – ١٦٨٦) .

Louis XV – لويس الخامس عشر (١٧١٠ – ١٧٧٤) : ملك فرنسا (١٧١٥–١٧٧٤) . خسر الفرنسيون في عهده معظم ممتلكاتهم وراء البحار .

Louis XVI – لويس السادس عشر (١٧٥٤ – ١٧٩٣) : ملك فرنسا (١٧٧٤ – ١٧٩٢) . في عهده نشبت الثورة الفرنسية (عام ١٧٨٩) . أُعدم (عام ١٧٩٣) .

Louis XVIII – لويس الثامن عشر (١٧٥٥ – ١٨٢٤) : ملك فرنسا (١٨١٤ – ١٨١٥) و (١٨١٥ – ١٨٢٤) .

Louis Napoléon [lŏŏ'ē nȧ pô lĕ ôn'] = Napoleon III.

Louis Philippe [lŏŏ'ē fĭ lēp'] لويس فيليب (١٧٧٣ – ١٨٥٠) : ملك فرنسا (١٨٣٠ – ١٨٤٨) . تخلّى عن العرش إثر ثورة ١٨٤٨ .

Lowell [lō'əl], **Percival** ، لوويل
برسيفال (١٨٥٥ – ١٩١٦) : عالم فلك أميركي . عُني بدراسة قَنَوات المرّيخ .

Lucretius [lŏŏ krē'shəs] لوكريتيوس (٩٦ ؟ – ٥٥ ق. م.) : شاعر وفيلسوف روماني .

Ludendorff [lŏŏ'dən dôrf], **Erich**
لودَنْدورف ، أيريخ (١٨٦٥ – ١٩٣٧) : جنرال ألماني . لمع نجمه في الحرب العالمية الأولى .

Ludwig [lŏŏd'vĭkh], **Emil** ، لودفيخ
أميل (١٨٨١ – ١٩٤٨) : كاتب ألماني . اشتهر بما وضع من سِيَر لعظماء الرجال والنساء .

Leonardo da Vinci : *La Gioconda*

ليوناردو دا فينشي : « لا جوكوندا »

M

Maʻbad [măʻbăd] مَعْبَد (توفي عام ٧٤٣ م.): مُغَنٍّ عربي. سطع نجمه في عهد بني أميّة.

MacArthur [mək är′thər], **Douglas** ماك آرثر، دوغلاس (١٨٨٠ – ١٩٦٤): جنرال أميركي. القائد الأعلى لقوات الأمم المتحدة في كوريا (١٩٥٠ – ١٩٥١).

Macaulay [mə kô′lĭ], **Thomas** ماكولي، توماس (١٨٠٠ – ١٨٥٩): سياسي وكاتب ومؤرخ بريطاني.

Macbeth [măk bĕth′] مَكْبَث (توفي عام ١٠٥٧): ملك أسكتلندا (١٠٤٠ – ١٠٥٧). انترع العرش من ابن عمه دانكان الأول Duncan I.

MacDonald [mək dŏn′əld], **Ramsay** ماكدونالد، رمزي (١٨٦٦ – ١٩٣٧): سياسي بريطاني. رئيس الوزراء (عام ١٩٢٤) و (١٩٢٩ – ١٩٣٥).

Mach [mäkh], **Ernst** ماخ، أرنست (١٨٣٨ – ١٩١٦): فيزيائي وفيلسوف نمساوي. أنكر وجود الزمن المطلق والفضاء المطلق.

Machiavelli [măk ē ə vĕl′ē], **Niccolò** مَكْيافلّي، نيقولو (١٤٦٩ – ١٥٢٧): فيلسوف إيطالي. قال بأن الوسائل كلّها مبرَّرة من أجل تحقيق السلطان السياسي.

Mackensen [mäk′ən zən], **August von** ماكينزن، أوغوست فون (١٨٤٩– ١٩٤٥): مارشال ألماني. لمع نجمه في الحرب العالمية الأولى.

Mackenzie [mə kĕn′zē], Sir **Alexander** ماكينزي، السير ألكسندر (١٧٥٥ ؟– ١٨٢٠): مستكشف أسكتلندي. رادَ سواحل كندا الشمالية الغربية.

MacLeish [mək lēsh′], **Archibald** ماكليش، آرتشيبالد (١٨٩٢ –): شاعر أميركي. يُعتبر من أبرز ممثلي «الجيل الضائع».

Macleod [mə kloud′], **John James Rickard** ماكلاوْد، جون جيمس ريكارد (١٨٧٦ – ١٩٣٥): فيسيولوجي أسكتلندي. مُنح جائزة نوبل في الفيسيولوجيا والطب لعام ١٩٢٣ (بالمشاركة).

Macmillan [mək mĭl′ən], **Harold** ماكميلان، هارولد (١٨٩٤ –): سياسي بريطاني. رئيس الوزراء (١٩٥٧ – ١٩٦٣).

Madero [mä dĕ′rō], **Francisco** ماديرو، فرانسيسكو (١٨٧٣ – ١٩١٣): سياسي وزعيم ثوري مكسيكي. رئيس الجمهورية (١٩١١ – ١٩١٣). اغتيل.

Madison [măd′ĭ sən], **James** ماديسون، جيمس (١٧٥١ – ١٨٣٦): سياسي أميركي. الرئيس الرابع للولايات المتحدة الأميركية (١٨٠٩ – ١٨١٧).

Maeterlinck [mā′tər lĭngk], **Maurice** ماترلينك، موريس (١٨٦٢ – ١٩٤٩): شاعر وكاتب مسرحي بلجيكي. مُنح جائزة نوبل في الآداب لعام ١٩١١.

Magellan [mə jĕl′ən], **Ferdinand** ماجلاّن، فرديناند (١٤٨٠ – ١٥٢١): ملاح برتغالي. يُعتبر أول من قام برحلة بحرية حول العالم.

Maginot [măzh′ĭ nō], **André** ماجينو، أندريه (١٨٧٧ – ١٩٣٢): سياسي فرنسي. تولى وزارة الحرب غير مرة. صاحب فكرة إنشاء «خط ماجينو».

Mahdi, al- [ăl măh′dē] المَهْدي (٧٤٤–٧٨٥ م.): الخليفة العباسي الثالث (٧٧٥–٧٨٥ م.). قاتل الروم فبلغت قواته مضيق البوسفور.

Macaulay

Mahdi, the المَهْدي، محمّد أحمد (١٨٤٤ – ١٨٨٥): زعيم ديني سوداني. بسط سلطانه على معظم الأراضي السودانية.

Mahmud I [mä mo͞od′] محمود الأول (١٦٩٦–١٧٥٤): سلطان عثماني (١٧٣٠–١٧٥٤). استولت قواته على بلغراد (عام ١٧٣٩).

Mahmud II محمود الثاني (١٧٨٥ – ١٨٣٩): سلطان عثماني (١٨٠٨ – ١٨٣٩). قضى على الإنكشارية (عام ١٨٢٦).

Mahmud of Ghazna [gäz′nə] محمود الغَزْنوي (٩٧١ – ١٠٣٠ م.): أعظم السّلاطين الغَزْنويين (٩٩٧ – ١٠٣٠ م.). غزا الهند سبع عشرة مرة.

Maillol [mä yôl′], **Aristide** مايول، آريستيد (١٨٦١ – ١٩٤٤): نحات فرنسي. يُعتبر أحد أبرز النحاتين في القرن العشرين.

Maimonides [mī mŏn′ə dēz], **Moses** ابن ميمون، موسى (١١٣٥ – ١٢٠٤): فيلسوف وطبيب يهودي. أندلسي المولد. يُعتبر أكبر مفكر يهودي في القرون الوسطى.

Malherbe [mäl ĕrb′], **François de** ماليرب، فرانسوا دو (١٥٥٥ – ١٦٢٨): شاعر فرنسي. أكّد على جمال الشكل وصفاء اللغة.

Maeterlinck

Mallarmé

Marie Antoinette

Marconi

Malik ibn-Anas [mâ'lĭk ĭb'ən ă'năs] مالك بن أنَس (٧١٥ – ٧٩٥ م .) : إمام وفقيه مسلم . صاحب المذهب المالكي ، أحد المذاهب السّنية الأربعة .

Mallarmé [mȧ lȧr mā'], **Stéphane** مالارميه ، إسطفان (١٨٤٢ – ١٨٩٨) : شاعر فرنسي . يُعتبر مؤسس المدرسة الرمزية وزعيمها .

Malory [măl'ə rē], Sir **Thomas** مالوري ، السّير توماس (توفي عام ١٤٧١) : كاتب إنكليزي . اشتهر بملحمته النثرية « موت آرثر » *Morte d'Arthur* (نُشرت عام ١٤٨٥) .

Malraux [mȧl rō'], **André** ، مالرو أندريه (١٩٠١ – ١٩٧٦) : روائي وكاتب وسياسي فرنسي . أشهر آثاره رواية « المصير البشري » *la Condition humaine* (عام ١٩٣٣) .

Malthus [măl'thəs], **Thomas Robert** مالثوس ، توماس روبرت (١٧٦٦ – ١٨٣٤) : عالم اقتصاد إنكليزي . دعا إلى كبح التزايد المتعاظم في عدد سكان العالم من طريق ضبط النسل .

Ma'mun, al- [ăl mă'mōōn] ، المأمون عبد الله (٧٨٦ – ٨٣٣ م .) : سابع الخلفاء العباسيين (٨١٣ – ٨٣٣ م .) . شجّع العلم والعلماء . نشطت في عهده حركة التّرجمة .

Manet [mȧ nē'], **Edouard**. مانيه أدوار (١٨٣٢ – ١٨٨٣) : رسام فرنسي . يُعتبر أحد رواد المدرسة الانطباعية .

Mani [mä'nē] : مانيّ (٢١٦ ؟ – ٢٧٤ ؟م) . نبيّ فارسي . مؤسس الديانة المانوية .

Mann [män], **Heinrich** مانّ ، هاينرخ (١٨٧١ – ١٩٥٠) : كاتب وروائي ألماني . عُرف بنزعته الاشتراكية .

Mann, Thomas — مانّ ، توماس (١٨٧٥ – ١٩٥٥) : كاتب وروائي ألماني . عُرف بعدائه للفاشيّة .

Mansfield [măns'fēld], **Katherine** مانسْفيلد ، كاثرين (١٨٨٨ – ١٩٢٣) : كاتبة إنكليزية . تميّزت قصصها بالتركيز على الصراعات النفسية الباطنية .

Mao Tse-tung [mou'tsĭ tōōng'] ماو تسي تونغ (١٨٩٣ – ١٩٧٦) : زعيم صيني . انتصر على قوات شيانغ كاي شيك وأسّس جمهورية الصين الشعبية (عام ١٩٤٩) .

Marc [märk], **Franz** مارك فرانز (١٨٨٠ – ١٩١٦) : رسام ألماني . يُعَدّ من أبرز ممثلي المدرسة التعبيرية .

Marconi [mär kō'nē], **Guglielmo** ماركوني ، غولْيَلْمو (١٨٧٤ – ١٩٣٧) : مهندس كهربائي إيطالي . وُفّق إلى نقل الإشارات اللاسلكية عبرَ الأثير (عام ١٨٩٦).

Marcuse [mär'kōō zə], **Herbert** ماركوزي ، هربرت (١٨٩٨ – ١٩٧٩) : فيلسوف أميركي . ألماني المولد . دعا إلى إحداث تغييرات ثورية في المؤسسات الاجتماعية .

Maria Theresa [mə rē'ə tə rā'zə] ماريا تيريزا (١٧١٧ – ١٧٨٠) : أرشيدوقة النمسا وملكة هنغاريا وبوهيميا (١٧٤٠ – ١٧٨٠) .

Marie Antoinette [mə rē' ăn twə nĕt'] : ماري أنطوانيت (١٧٥٥ – ١٧٩٣) : ملكة فرنسا (١٧٧٤ – ١٧٩٣) بوصفها زوجة لويس السادس عشر . أُعدمت .

Marie Louis [mə rē'lōō ēz'] ماري لويز (١٧٩١ – ١٨٤٧) : ملكة فرنسا بوصفها زوجة نابوليون بونابرت الثانية (١٨١٠ – ١٨١٥) .

Marie Thérèse [mə rē'tā râz'] ماري تيريز (١٦٣٨ – ١٦٨٣) : ملكة فرنسا بوصفها زوجة لويس الرابع عشر (١٦٦٠ – ١٦٨٣) .

Marin [măr'ĭn], **John** ماران، جون (١٨٧٠ – ١٩٥٣) : رسام أميركي . اشتهر بلوحاته المائية التعبيرية .

Marinetti [mär ə nĕt'tē], **Philippo** مارينيتّي ، فيليبّو (١٨٧٦ – ١٩٤٤) : شاعر وروائي وكاتب مسرحي إيطالي . يُعتبر مؤسس المدرسة المستقبليّة futurism .

Marivaux [mȧ'rē vō'], **Pierre** ماريفو ، بيير (١٦٨٨ – ١٧٦٣) : كاتب مسرحي فرنسي . حظيت كوميدياتُه بشعبية واسعة .

Mark [märk], **Saint** مُرقُس، القديس (القرن الأول للميلاد) : صاحب إنجيل مُرقُس .

Mark Antony [märk ăn'tə nĭ] = Antonius, Marcus.

Marlowe [mär'lō], **Christopher** مارلو ، كريستوفر (١٥٦٤ – ١٥٩٣) : شاعر وكاتب مسرحي إنكليزي .

Marshall [mär'shəl], **George** مارشال ، جورج (١٨٨٠ – ١٩٥٩) : جنرال أميركي . وزير الخارجية (١٩٤٧ – ١٩٤٩) . وزير الدفاع (١٩٥٠ – ١٩٥١) . صاحب « مشروع مارشال » .

Martini [mär tē'nē], **Simone** مارتيني ، سيمون (١٢٨٤ ؟ – ١٣٤٤) : رسام إيطالي . تميزت أعماله بالتناغم والرّشاقة .

Marwan II [măr'wân] ؛ مَرْوان الثاني مروان بن محمد (توفي عام ٧٥٠ م .) : آخر الخلفاء الأمويين (٧٤٤ – ٧٥٠ م.) .

Marx [märks], **Karl** ماركس ، كارل (١٨١٨ — ١٨٨٣) : فيلسوف اجتماعي ألماني . أشهر آثاره : « رأس المال » *Das Kapital* (١٨٦٧ — ١٨٩٥) .

Mary I [mâr'ē] *also* **Mary Tudor** ماري الأولى ؛ ماري تيودور (١٥١٦ — ١٥٥٨) . ملكة إنكلترا وإيرلندا (١٥٥٣ — ١٥٥٨) . اضطهدت البروتستانت .

Mary II ماري الثانية (١٦٦٢ — ١٦٩٤) : ملكة إنكلترا وأسكتلندا وإيرلندا (١٦٨٩ — ١٦٩٤) . ابنة الملك جيمس الثاني .

Mary Stuart [styōō'ərt] ماري ستيُوارت (١٥٤٢ — ١٥٨٧) : ملكة أسكتلندا (١٥٤٢ — ١٥٦٧) . اضطرت إلى التنازل عن العرش . أعدمتها الملكة أليزابيث الأولى .

Masaryk [măs'ə rĭk], **Tomas** مازاريك ، توماس (١٨٥٠ — ١٩٣٧) : أول رئيس لجمهورية تشيكوسلوفاكيا (١٩١٨ — ١٩٣٥) .

Mas'udi, al- [ăl măs'ōō'dē] المَسْعودي ، (توفي عام ٩٥٦ م .) : مؤرخ وجغرافي عربي . صاحب « مروج الذهب ومعادن الجوهر » .

Matisse [mȧ tēs'], **Henri** ماتيس ، هنري (١٨٦٩ — ١٩٥٤) : رسام ونحات فرنسي . يعتبر زعيم المدرسة الفوفيّة .

Matthew [măth'yōō], **Saint** مَتّى ، القديس : أحد رُسُل المسيح الاثني عشر . صاحب « إنجيل متّى » .

Maugham [môm], **William Somerset** موم . وليم سومرسَت (١٨٧٤ — ١٩٦٥) : روائي وكاتب مسرحي إنكليزي .

Maupassant [mō pȧ sän'], **Guy de** موباسّان . غي دو (١٨٥٠ — ١٨٩٣) : كاتب أقصوصة فرنسي . يُعتبر رائد الأقصوصة الفرنسية الأول .

Mauriac [mô ryȧk'], **François** مورياك ، فرانسوا (١٨٨٥ — ١٩٧٠) : روائي فرنسي . مُنح جائزة نوبل في الآداب لعام ١٩٥٢ .

Maurois [mô rwȧ'], **André** موروا ، أندريه (١٨٨٥ — ١٩٦٧) : كاتب فرنسي . اشتهر بكتابة سِيَر الأعلام .

Maximilian I [măk sə mĭl'yən] مكسيميليان الأول (١٤٥٩—١٥١٩): ملك ألمانيا (١٤٨٦ — ١٥١٩) ورأس الأمبراطورية الرومانية المقدسة (١٤٩٣ — ١٥١٩) .

Maxwell [măks'wĕl], **James Clerk** ماكْسْويل . جيمس كلارك (١٨٣١ — ١٨٧٩) : فيزيائي أسكتلندي . يُعتبر ، أحياناً ، أعظم الفيزيائيين بعد نيوتن .

Mayakovski [mȧ yȧ kôf'skē], **Vladimir** ماياكوفسكي ، فلاديمير (١٨٩٣— ١٩٣٠) : شاعر روسي . يُعتبر أعظم شعراء الثورة الاشتراكية السوفياتية .

Mayy Ziadah [măyy zĭ â'dăh] مَيّ زيادة (١٨٨٦ — ١٩٤١) : كاتبة لبنانية . مصرية النشأة . عُرفت بأدبها الوجداني المتميز بالرقة والشفافية .

Mazarin [mȧ zȧ răn'], **Jules** مازاران ، جول (١٦٠٢ — ١٦٦١) : كردينال فرنسي . كبير وزراء الملك لويس الرابع عشر .

Mazdak [măz'dăk] مَزْدَك (القرن الخامس للميلاد) : زعيم ديني فارسي . مؤسس الديانة المَزْدكيّة .

Mazzini [mät tsē'nē], **Giuseppe** ماتزيني ، جوزيبّي (١٨٠٥ — ١٨٧٢) : ثائر وبطل قومي إيطالي . عمل من أجل إيطاليا موحدة جمهورية النظام .

McCarthy [mə kär'thē], **Joseph** مَكارثي ، جوزيف (١٩٠٨ — ١٩٥٧) : شيخ أميركي جمهوري . قاد حملة ضد العناصر اليسارية الأميركية (١٩٥٠ — ١٩٥٤) .

McDougall [mək dōō'gəl], **William** ماكدوغل ، وليم (١٨٧١ — ١٩٣٨) : عالم نفس بريطاني .

McKinley [mə kĭn'lē], **William** ماكينلي ، وليم (١٨٤٣ — ١٩٠١) : سياسي أميركي . الرئيس الخامس والعشرون للولايات المتحدة الأميركية (١٨٩٧ — ١٩٠١) .

Medici [mĕ'dē chē], **Cosimo de'** [kô zē mô dĕ] مديتشي ، كوزيمو دي (١٣٨٩ — ١٤٦٤) : مصرفي إيطالي فلورنسي . حاكم جمهورية البندقية .

Medici, Lorenzo de' مديتشي ، لورانزو دي (١٤٤٩ — ١٤٩٢) : سياسي إيطالي فلورنسي . حاكم جمهورية البندقية .

Matisse : *le Rideau jaune* ماتيس : « الستارة الصفراء »

Melchers [mĕl′chĕrz], **Gari** مَلْتْشَرْز ، غاري (١٨٦٠ – ١٩٣٢) : رسام أميركي . اتخذ من الحياة اليومية مادةً لرسومه .

Melville [mĕl′vĭl], **Herman** مَلْفيل ، هرمان (١٨١٩ – ١٨٩١) : روائي أميركي . عُني بتصوير حياة البحر .

Menander [mə măn′dər] ميناندَر (٣٤٢ – ٢٩٢ ق. م.) : مؤلف مسرحي يوناني . يُعتبر أحد أبرز شعراء الكوميديا الإغريقية .

Mendel [mĕn′dəl], **Gregor Johann** مَنْدَل ، غريغور جوهان (١٨٢٢ – ١٨٨٤) : راهب نمساوي . يُعتبر مؤسس علم الوراثة .

Mendeleev [mĕn də lā′əf], **Dmitri** مَنْدَلْييف ، دمتري (١٨٣٤ – ١٩٠٧) : كيميائي روسي . وضع أول جدول دَوْريّ للعناصر الكيميائية (عام ١٨٦٩) .

Mendelssohn [mĕn′dəl sən], **Felix** مَنْدَلسون ، فيليكس (١٨٠٩ – ١٨٤٧) : مؤلف موسيقي ألماني . تتميز أعماله بغنائية مُفعَمة بالحيوية .

Menes [mē′nēz] مينا (ازدهر حوالى ٣١٠٠ ق. م.) : فرعون مصري . وحّد مملكتي الشمال والجنوب .

Mercator [mər kā′tər], **Gerhardus** مركاتور ، جرهاردوس (١٥١٢ – ١٥٩٤) : جغرافي وواضع خرائط فلمنكي . مبتكر طريقة « الإسقاط المركاتوري » .

Meredith [mĕr′ə dĭth], **George** مريديث ، جورج (١٨٢٨ – ١٩٠٩) : روائي وشاعر إنكليزي . تتميز آثاره الروائية ببراعة الحوار .

Mérimée [mā rē mā′], **Prosper** ميريميه ، بروسبر (١٨٠٣ – ١٨٧٠) : روائي وكاتب مسرحي فرنسي .

Messier [mās′yā], **Charles** ميسييه ، شارل (١٧٣٠ – ١٨١٧) : عالم فلك فرنسي. اكتشف واحداً وعشرين مُذَنَّباً .

Metchnikoff [mĕch′nē kôf], **Elie** مَتْشْنيكوف ، إيليا (١٨٤٥ – ١٩١٦) : بكتِريولوجي وعالم حيوان روسي . مُنح جائزة نوبل (بالمشاركة) في الفيسيولوجيا والطب لعام ١٩٠٨ .

Metternich [mĕt′ər nĭkh], Prince **Klemens von** مَتَرنيخ ، الأمير كليمنس فون (١٧٧٣ – ١٨٥٩) : سياسي نمساوي . مستشار النمسا (١٨٠٩ – ١٨٤٨) . قاوم الحركات التحررية .

Meyer [mī′ər], **Adolf** ماير ، أدولف (١٨٦٦ – ١٩٥٠) : طبيب نفساني أميركي. سويسري المولد . يُعتبر رائد « علم الأحياء النفسي » .

Michelangelo [mī kəl ăn′jə lō] ميكال آنجلو (١٤٧٥ – ١٥٦٤) : نحّات ورسام ومهندسُ معمار إيطالي . يُعَدّ أحد أعظم الفنانين في جميع العصور .

Michelson [mī′kəl sən], **Albert Abraham** مايكلْسون ، ألبرت أبراهام (١٨٥٢ – ١٩٣١) : فيزيائي أميركي . ألماني المولد . مُنح جائزة نوبل في الفيزياء لعام ١٩٠٧ .

Michurin [mĭ chōō′rēn], **Ivan** ميتشورين ، إيفان (١٨٥٥ – ١٩٣٥) : عالم بيولوجي روسي . وضع مذهباً في التطور العضوي يُعرف بـ « الميتشورينية » .

Middleton [mĭd′əl tən], **Thomas** ميدلتون ، توماس (١٥٧٠ ؟ – ١٦٢٧) : كاتب مسرحي إنكليزي . تميّزت أعماله بالسخرية اللاذعة .

Midhat Pasha [mĭd′hăt pä′shä] مِدحت باشا (١٨٢٢ – ١٨٨٣) : سياسي عثماني . يُعتبر أعظم رجال الإصلاح العثمانيين في القرن التاسع عشر .

Mignard [mē nyȧr′], **Pierre** مينيار ، بيير (١٦١٠ – ١٦٩٥) : رسام فرنسي . عُرف برسم الوجوه .

Mill [mĭl], **John Stuart** مِلْ ، جون ستيوارت (١٨٠٦ – ١٨٧٣) : عالم اقتصاد إنكليزي . نادى بالحرية الفردية ودعا إلى الأخذ بمذهب المنفعة .

Millikan [mĭl′ĭ kən], **Robert Andrews** ميليكان ، روبرت آندروز (١٨٦٨ – ١٩٥٣) : فيزيائي أميركي . درس الأشعة الكونية وأشعة أكس .

Milton [mĭl′tən], **John** ملتون ، جون (١٦٠٨ – ١٦٧٤) : شاعر إنكليزي . يعتبر أعظم شعراء الإنكليز بعد شكسبير . أشهر آثاره ملحمة « الفردوس المفقود » *Paradise Lost* (عام ١٦٦٧) .

Minot [mī′nət], **George Richards** ماينوت ، جورج ريتشاردز (١٨٨٥ – ١٩٥٠) : طبيب أميركي . عُني بدراسة فقر الدم الخبيث .

Mirabeau [mē rȧ bō′], **Comte de** ميرابو ، الكونت دو (١٧٤٩ – ١٧٩١) : سياسي وثائر فرنسي . يُعْرف بـ « خطيب الثورة الفرنسية » .

Metternich

Michelangelo

John Stuart Mill

Mohammad II

Mohammad Ali

Monteverdi

Mistral [mēs trälʹ], **Gabriela** ميسترال ، غابرييلا (١٨٨٩ – ١٩٥٧) : شاعرة تشيلية . مُنحت جائزة نوبل في الآداب لعام ١٩٤٥ .

Mitchell [mĭchʹəl], **Margaret** ميتشيل ، مَرْغريت (١٩٠٠ – ١٩٤٩) : روائية أميركية . صاحبة « ذهبَ مع الريح » *Gone with the Wind* (عام ١٩٣٦) .

Modigliani [mō dē lyäʹnē], **Amedeo** موديلياني ، أميديو (١٨٨٤ – ١٩٢٠) : رسام ونحات إيطالي . تتميّز لوحاته بالميل إلى إطالة الشكل .

Mohammad [mō hămʹăd] *also* **Muhammad** [mŏŏ hămʹəd] محمد ابن عبد الله (٥٧٠ – ٦٣٢ م.) : رسول الله صلى الله عليه وسلّم . وُلد في مكة المكرّمة . بُعث ، وهو في الأربعين من عمره ، لهداية الناس إلى الإسلام . اضطهدته قريش فهاجر مع أصحابه إلى يثرب (عام ٦٢٢ م.) . نصره الله على المشركين في معركة بدر . فتح مكة وحطّم أصنام الكعبة (عام ٦٣٠ م.) معجزته الكبرى القرآن الكريم .

Mohammad II محمد الثاني ؛ محمد الفاتح (١٤٣٢ – ١٤٨١) : سلطان عثماني (١٤٤٤ – ١٤٤٦) و (١٤٥١ – ١٤٨١) . فتح القسطنطينية (عام ١٤٥٣) .

Mohammad V مُحَمّد الخامس ، محمّد رشاد (١٨٤٤ – ١٩١٨) : سلطان عثماني (١٩٠٩ – ١٩١٨) : في عهده دخلت الدولة العثمانية الحرب العالمية الأولى .

Mohammad V مُحمّد الخامس (١٩٠٩ – ١٩٦١) : سلطان المغرب (١٩٢٧ – ١٩٦١) : نفَتْهُ سلطات الاحتلال الفرنسي (عام ١٩٥٣) ثم سمحت له بالعودة إلى الوطن (عام ١٩٥٥) .

Mohammad VI محمّد السادس (١٨٦١ – ١٩٢٦) : آخر السلاطين العثمانيين (١٩١٨ – ١٩٢٢) . خُلِع عن العرش .

Mohammad ʻAbduh مُحمد عَبْدُه ، الشيخ (١٨٤٩ – ١٩٠٥) : مصلح ديني مسلم . تولّى الإفتاء في الديار المصرية . من أشهر آثاره « رسالة التوحيد » .

Mohammad ʻAli [ʻä lēʹ] محمّد علي (١٧٦٩ – ١٨٤٩) : والي مصر (١٨٠٥ – ١٨٤٨) . مؤسس الأسرة العلوية التي حكمت مصر حتى عام ١٩٥٢ .

Mohammad ibn-ʻAbdil-Wahhab [ibʹən ʻăb dĭlʹwăhʹhâb] محمّد بن عبد الوهاب (١٧٠٣ – ١٧٩٢) : مصلح ديني مسلم . أسّس الوهابية . دعا إلى الأخذ بصريح الكتاب والسنّة .

Molière [mŏ lyârʹ] موليير (١٦٢٢ – ١٦٧٣) : كاتب مسرحي وممثّل فرنسي . يُعتبر أحد أعظم الكوميديين في جميع العصور .

Molotov [mŏlʹə tôf], **Vyacheslav** مولوتوف ، فييتْشِسْلاف (١٨٩٠ –) : سياسي سوفياتي . وزير الخارجية (١٩٣٩ – ١٩٤٩) و (١٩٥٣ – ١٩٥٦) .

Moltke [môltʹkə], Count **Helmuth von** مولْتْكه ، الكونت هلموث فون (١٨٠٠ – ١٨٩١) : مارشال بروسي . بطل معركة سادوفا (عام ١٨٦٦) .

Mondrian [mônʹdrē än], **Piet** [pēt] موندريان ، بيت (١٨٧٢ – ١٩٤٤) : رسام تجريدي هولندي . عُرف برسومه اللاموضوعية المؤلفة من مجرد خطوط ومساحات لونية .

Monet [mō nāʹ], **Claude** مونيه ، كلود (١٨٤٠ – ١٩٢٦) : رسام فرنسي . يُعتبر أحد مؤسسي المدرسة الانطباعية .

Monroe [mən rōʹ], **James** مونرو ، جيمس (١٧٥٨ – ١٨٣١) : سياسي أميركي . الرئيس الخامس للولايات المتحدة الأميركية (١٨١٧ – ١٨٢٥) . وضع « مبدأ مونرو » .

Montaigne [môn tĕnʹy], **Michel Eyquem de** مونتينْيْ ، ميشال إيكيم دو (١٥٣٣ – ١٥٩٢) : أديب ومُرَبٍّ فرنسي . اشتهر بكتابه « مقالات » *Essais* .

Montesquieu [môn tĕs kyœʹ] مونتيسكيو (١٦٨٩ – ١٧٥٥) : كاتب وفيلسوف سياسي فرنسي . أشهر آثاره : « روح القوانين » *l'Esprit des lois* (عام ١٧٤٨) .

Montessori [mŏn tə sôrʹē], **Maria** مونتيسّوري ، ماريا (١٨٧٠ – ١٩٥٢) : مربية إيطالية . عُنيت بدراسة مشكلات الأطفال المتخلّفين عقلياً .

Monteverdi [mŏn tə vârʹdē], **Claudio** مونتيفيردي ، كلوديو (١٥٦٧ – ١٦٤٣) : مؤلف موسيقي إيطالي . أسهمَ في الثورة الموسيقية الإيطالية في مطلع القرن السابع عشر .

Montgolfier [môn gôl fyāʹ], **Joseph** مونغولفييه ، جوزيف (١٧٤٠ – ١٨١٠) : مخترع فرنسي . صنع هو وأخوه جاك أول منطاد عملي وأطلقاه في الجوّ (عام ١٧٨٣) .

Montgomery [mənt gŭmʹrē], **Bernard Law** مونتغمري ، برنارد لو (١٨٨٧ – ١٩٧٦) : مارشال بريطاني . انتصر على رومل في معركة العلمين (عام ١٩٤٢) .

Moore [mŏŏr], **George Edward** مور ، جورج أدْوَرْد (١٨٧٣ – ١٩٥٨): فيلسوف إنكليزي واقعي . يُعتبر أحد أبرز المفكرين البريطانيين في العصر الحديث .

Morandi [mə rän'dē], **Giorgio** موراندي ، جورجيو (١٨٩٠ – ١٩٦٤) : رسام إيطالي . عُرف بـ « رسومه الساكنة » التي تمثّل الطبيعة الصامتة .

More [môr; mōr], Sir **Thomas** مور ، السير توماس (١٤٧٧ – ١٥٣٥) : سياسي وكاتب إنكليزي . صاحب كتاب « المدينة الفاضلة » *Utopia* (عام ١٥١٦) .

Morgan [môr'gən], **Thomas Hunt** مورغـان ، توماس هانـت (١٨٦٦ – ١٩٤٥) : عالم بيولوجي أميركي . مُنح جائزة نوبل في الفيسيولوجيا والطبّ لعام ١٩٣٣ .

Morse [môrs], **Samuel** مـورس ، صموئيل (١٧٩١–١٨٧٢): مخترع أميركي . اخترع التلغراف (عام ١٨٣٦) .

Mosaddeq [mō säd'dĕq], **Mohammad** مُصَدّق ، محمّد (١٨٨٠ – ١٩٦٧) : زعيم سياسي إيراني . رئيس الوزراء (١٩٥١ – ١٩٥٣) . أمّمَ شركة البترول البريطانية الإيرانية (عام ١٩٥١) .

Moses [mō'zĭz] موسى (القرن الثالث عشر قبل الميلاد) : موسى النبيّ . كليمُ الله . مؤسس الديانة اليهودية .

Mozart [mōt'särt], **Wolfgang** موتسارت ، فولفغانغ (١٧٥٦ – ١٧٩١) : مؤلف موسيقي نمساوي . يُعتبر أحد أعظم عباقرة الموسيقى في كل العصور .

Mu'awiyah I [mŏŏ'â'wĭ yăh] مُعاوية الأول ؛ معاوية بن أبي سفيان (٦٠٢ ؟ – ٦٨٠ م .) : مؤسس الدولة الأموية (عام ٦٦١) . اشتهر بالدهاء والحلم .

Muhammad Ali [mŏŏ hăm'əd ä'lē] محمد علي (١٩٤٢ –) : رياضي أميركي . من المسلمين السّود . بطل العالم في الملاكمة للوزن الثقيل . اسمه الأصلي : كاسيوس كلاي Cassius Clay .

Mujib-ur-Rahman [mŏŏ jēb'ûr räh' mân] مُجيب الرحمن ، الشيخ (١٩٢٠ – ١٩٧٥): زعيم باكستاني. أول رئيس وزراء لدولة بنغلاديش (١٩٧٢ – ١٩٧٥) . قُتل .

Müller [mül'ər], **Georg Elias** مولر ، جورج إلياس (١٨٥٠ – ١٩٣٤) : عالم نفس ألماني . يُعتبر أحد رواد علم النفس التجريبي .

Müller, Otto مولر ، أوتو (١٨٧٤ – ١٩٣٠) : رسام ألماني . يُعَدّ أحد أركان المدرسة التعبيرية الألمانية .

Murad I [mŏŏ räd'] مُـراد الأول (١٣٢٦ ؟ –١٣٨٩) : سلطان عثماني (١٣٦٠ – ١٣٨٩) . شهد عهده توسع الدولة في الأناضول والبلقان .

Murad II مراد الثاني (١٤٠٤ – ١٤٥١): سلطان عثماني (١٤٢١ – ١٤٥١) : انتصر على القوات الهنغارية في معركة فارنا (عام ١٤٤٤) .

Murad IV مُراد الرابع (١٦١٢ – ١٦٤٠): سلطان عثماني (١٦٢٣ – ١٦٤٠) : خاض الحرب ضد الفرس واستردّ منهم مدينة بغداد (عام ١٦٣٨) .

Musa ibn-Nusayr [mŏŏ'sâ ĭb'ən nŏŏ'sâyr] موسى بن نُصَيْر (توفي عام ٧١٤ ؟ م .) : قائد عربي . وجّه طارق بن زياد لفتح الأندلس (عام ٧١١ م .) ثم واصلَ هذا الفتحَ بنفسه .

Musaddaq [mŏŏ säd'däq], **Mohammad** = Mosaddeq, Mohammad.

Musset [mü sĕ'], **Alfred de** موسيه ، ألفرد دو (١٨١٠ – ١٨٥٧): شاعر وكاتب فرنسي . يُعتبر أحد أبرز وجوه الحركة الرومانتيكية الفرنسية .

Mussolini [mŏŏs sō lē'nē], **Benito** موسوليني ، بنيتو (١٨٨٣ – ١٩٤٥) : زعيم إيطاليا الفاشيّة (١٩٢٢ – ١٩٤٣) . هُزمت قواته في الحرب العالمية الثانية . قُتل .

Mustafa II [mŏŏs tä'fâ] مُصطفى الثاني (١٦٦٤ – ١٧٠٣) : سلطان عثماني (١٦٩٥ – ١٧٠٣) . قاتل النمساويين . خُلـِع عن العرش .

Mustafa III مُصطفى الثالث (١٧١٧ – ١٧٧٤) : سلطـان عثمـاني (١٧٥٧ – ١٧٧٤) . قام بعدة إصلاحات إدارية وعسكرية .

Mustafa IV مُصطفى الرابع (١٧٧٩ – ١٨٠٨) : سلطان عثمانـي (١٨٠٧ – ١٨٠٨) . عُرف برجعيّتـه . خُلع عن العرش .

Mustafa Kamil [mŏŏs tä'fâ kâ mĭl'] مصطفى كامل (١٨٧٤ – ١٩٠٨) : زعيم وطني مصري . عمل من أجل تحرير مصر من الاحتلال البريطاني .

Mustansir, al- [ăl mŏŏs tăn'sĭr] المُسْتنصر ؛ المُستَنصر بالله (١١٩٢ – ١٢٤٢ م .) : خليفة عباسي (١٢٢٦ – ١٢٤٢ م .) . أنشأ المدرسة المستنصرية .

Mutran [mŏŏt'rän], **Khalil** مُطران ، خليل (١٨٧١ – ١٩٤٩) : شاعر عربي . عُرف بطول النّفَس وبراعة التصوير .

Manet : *le Balcon* مانيه : « الشُرفة »

N

Nabokov [nä bô'kôf], **Vladimir** نابوكوف ، فلاديمير (١٨٩٩ — ١٩٧٧) : روائي وشاعر أميركي . روسيّ المولد . أشهر آثاره رواية « لوليتا » *Lolita* (عام ١٩٥٥) .

Nabopolasser [năb ō pō lăs'ər] نبوبولاسَّر (توفي عام ٦٠٥ ق. م.) : ملك بابل (٦٢٥ — ٦٠٥ ق. م.) . أسس الأمبراطورية الكلدانية (عام ٦٢٥ ق. م.) .

Nadir Shah [nä'dĭr shä'] نادر شاه (١٦٨٨ — ١٧٤٧) : ملك فارس (١٧٣٦ — ١٧٤٧) . استولى على دلهي (عام ١٧٣٩) . اغتيل .

Naguib [nə gēb'], **Muhammad** نجيب ، محمد (١٩٠١ —) : ضابط مصري . رئسَ حركة الضباط الأحرار التي أطاحت بالملك فاروق (٢٣ يوليو ١٩٥٢) . رئيس الجمهورية (١٩٥٣ - ١٩٥٤) .

Nahhas[năh'häs], **Mustafa** النحّاس ، مصطفى (١٨٧٦ — ١٩٦٥) : سياسي وزعيم وطني مصري . تزعّم حزب الوفد (عام ١٩٢٧) . تولى رئاسة الوزارة خمس مرات .

Nanak [nä'nək] ناناك (١٤٦٩ — ١٥٣٩) : زعيم ديني هندي . أسس الديانة السِّيخية .

Napier [nā'pē ər], Sir **Charles James** نَيْبير ، السير تشارلز جيمس (١٧٨٢ — ١٨٥٣) : جنرال بريطاني . يُلقب بـ « فاتح السِّند » .

Napier, John نَيْبير ، جون (١٥٥٠ — ١٦١٧) : عالم رياضيات أسكتلندي . وضع أول جدول للّوغارثمات (عام ١٦١٤) .

Napoleon I [nə pō'lē ən] *also* **Napoleon Bonaparte** [bō'nə pärt] نابوليون الأول ؛ نابوليون بونابرت (١٧٦٩ — ١٨٢١) : أمبراطور فرنسا (١٨٠٤ — ١٨١٥) . دوّخ بفتوحاته أوروبا . هُزم هزيمة حاسمة في واترلو (عام ١٨١٥) فنُفي إلى جزيرة سانت هيلانة .

Napoleon III نابوليون الثالث (١٨٠٨ — ١٨٧٣) : رئيس الجمهورية الفرنسية الثانية (١٨٤٨ — ١٨٥٢) . أمبراطور فرنسا (١٨٥٢ — ١٨٧٠) . هُزم في الحرب الفرنسية البروسية فخُلع عن العرش (عام ١٨٧٠) .

Nasser [nä'sər], **Gamal 'Abdul-** عبد الناصر ، جمال (١٩١٨ — ١٩٧٠) : زعيم عسكري وسياسي مصري . يُعتبر مُفجِّر ثورة ٢٣ يوليو ١٩٥٢ . رئيس الجمهورية (١٩٥٦ — ١٩٧٠) .

Nebuchadnezzar I [nĕb ə kəd nĕz'ər] نَبُوخَذْنَصَّر الأول (توفي عام ١١٠٣ ق. م.) : ملك بابل (١١٢٤ ؟ — ١١٠٣ ؟ ق. م.) .

Nebuchadnezzar II نبوخَذْنصَّر الثاني (٦٣٠ ؟ — ٥٦٢ ق. م.) : ملك بابل (٦٠٥ — ٥٦٢ ق. م.) . يُعتبر أعظم ملوك الأمبراطورية الكلدانية .

Necker [nĕ kâr'], **Jacques** نيكَر ، جاك (١٧٣٢ — ١٨٠٤) : سياسي فرنسي . تولى وزارة المالية في عهد الملك لويس السادس عشر .

Nehru [nā'rōō], **Jawaharlal** نِهرو ، جواهر لال (١٨٨٩ — ١٩٦٤) : زعيم وطني هندي . يُعتبر أحد بُناة الهند الحديثة . رئيس الوزارة (١٩٤٧ — ١٩٦٤) .

Nasser, Gamal 'Abdul-

Napoleon I

Jawaharlal Nehru

Florence Nightingale

Nicholas I

Nelson [nĕl′sən], **Horatio**
نلسون ، هوراشيو (١٧٥٨ – ١٨٠٥) : أميرال بريطاني . لمع نجمه في الحروب ضدّ فرنسا الثورية والنابوليونية .

Nero [nĭr′ō] نيرون (٣٧ – ٦٨ م .) : أمبراطور روماني (٥٤ – ٦٨ م .) . تميَّز عهده بالطغيان والوحشية . أحرق رومة (عام ٦٤ م .) .

Neruda [nā ro͞o′də], **Pablo** نيرودا . بابلو (١٩٠٤ – ١٩٧٣) : شاعر تشيليّ . عُرف بنزعته اليسارية . مُنح جائزة نوبل في الآداب لعام ١٩٧١ .

Nestorius [nĕs tōr′ĭ əs] نَسْطوريوس (٣٨٠ ؟ – ٤٥١ ؟ م .) : بطريرك القسطنطينية (٤٢٨ – ٤٣١ م .) . اعتبره مَجمع أفسُس مُهَرْطقاً .

Newcomen [nyo͞o′kô mən], **Thomas**
نيوكومن . توماس (١٦٦٣ – ١٧٢٩) : مهندس إنكليزي . اخترع الآلة البخارية.

Newton [nyo͞o′tən], Sir **Isaac** نيوتن . السِّير إسحق (١٦٤٣ – ١٧٢٧) : رياضي وفيزيائي إنكليزي . وضع قانون الجاذبية العام وقوانين الحركة .

Ney [nā], **Michel** نـاي . ميشـال (١٧٦٩ – ١٨١٥) : مارشال فرنسي . قاتل تحت لواء نابوليون بونابرت في النمسا وألمانيا وإسبانيا والروسيا .

Nezami [nē zä′mē] نظامي (١١٤١ ؟ – ١٢١٧ ؟ م .) : شاعر إيراني . يُعتبر أعظم الشعراء الرومانتيكيين في الأدب الفارسي .

Nicholas I [nĭk′ə ləs] نقولا الأول (١٧٩٦ – ١٨٥٥) : قيصر الروسيا (١٨٢٥–١٨٥٥) . عُرف برجعيته الشديدة. سحق ثورة الديسمبريين (عام ١٨٢٥) .

Nicholas II نقولا الثاني (١٨٦٨–١٩١٨) : آخر قياصرة الروسيا (١٨٩٥ – ١٩١٧) . خُلع عن العرش (عام ١٩١٧) . أعدمه البلاشفة (عام ١٩١٨) .

Nicolle [nē kôl′], **Charles** نيكول ، شارل (١٨٦٦ – ١٩٣٦) : طبيب وعالم بكتيريولوجي فرنسي . اكتشف أن القمل ينقل حمّى التيفوس (عام ١٩٠٩) .

Niebuhr [nē′bo͝or], **Barthold Georg**
نيبور ، بارتولد جورج (١٧٧٦ – ١٨٣١) : مؤرخ ألماني . عُرف بمنهجه القائم على نَقْد المصادر .

Nietzsche [nē′chə], **Friedrich**
نيتشه ، فريدريك (١٨٤٤ – ١٩٠٠) : فيلسوف ألماني . بشّر بالإنسان الأعلى أو « السوبرمان » .

Nightingale [nī′tən gāl], **Florence**
نايتنغيل . فلورنس (١٨٢٠ – ١٩١٠) : ممرضة إنكليزية . تُعتبر مؤسسة علم التمريض .

Nixon [nĭk′sən], **Richard** نكسون . ريتشارد (١٩١٣ – ١٩٩٤) : سياسي أميركي . الرئيس السابع والثلاثون للولايات المتحدة الأميركية (١٩٦٩ – ١٩٧٤) . اضطُرّ إلى الاستقالة بسبب من فضيحة ووترغيت .

Nobel [nō bĕl′], **Alfred** نوبل ، ألفرد (١٨٣٣ – ١٨٩٦) : كيميائي سويدي . اخترع الديناميت (عام ١٨٦٧) . أوصى بثروته لإنشاء جوائز عالمية عُرفت باسمه .

Noguchi [nō go͞o′chē], **Hideyo**
نيغوتشي ، هايديو (١٨٧٦ – ١٩٢٨) : بكتيريولوجي أميركي . ياباني المولد . عُني بدراسة التراخوما وشلل الأطفال .

Nolde [nōl′də], **Emil** نولدي ، أميل (١٨٦٧ – ١٩٥٦) : رسام ألماني . يُعتبر من أركان المدرسة التعبيرية .

Nu‘aymah [no͞o‘ăy măh], **Mikhail**
نُعَيمة ، ميخائيل (١٨٨٩ –) : أديب لبناني . تمتاز آثاره بنبرتها الفلسفية وشفافيتها الصوفية .

Numayri [no͞o măy′rē], **Ja‘far**
النُّميري ، جعفر (١٩٣٠ –) : ضابط سوداني . استولى على الحكم ، في السودان ، عام ١٩٦٩ . رئيس الجمهورية (١٩٧١ – ١٩٨٥) .

Newton

O

O'Casey [ō kā'sē], **Sean** [shôn] أوكايسي ، شون (١٨٨٠ – ١٩٦٤) : كاتب مسرحي إيرلندي . اشتهر بتصويره لحياة الكادحين والمُعْوِزين .

Ockham [ŏk'əm], **William of** أوكام ، وليم أوف (١٢٨٥ ؟ – ١٣٤٩ ؟) : فيلسوف إنكليزي . هاجم المبدأ القائل بأن سلطة البابا تعلو كل سلطة دنيوية أخرى .

O'Connor [ō kŏn'ər], **Frank** أوكونر ، فرانك (١٩٠٣ – ١٩٦٦) : كاتب أقصوصة إيرلندي . عُرف بتصويره الرائع للحياة الإيرلندية .

Octavian [ŏk tā'vĭ ən] = Augustus.

Odoacer [ō dō ā'sər] أودوفاسر (٤٣٣– ٤٩٣ م.) : زعيم جرماني . أطاح بالأمبراطورية الرومانية الغربية (عام ٤٧٦م.)

Offenbach [ô'fən bäk], **Jacques** أوفنباك ، جاك (١٨١٩ – ١٨٨٠) : مؤلف موسيقي فرنسي . ألماني المولد . يُعتبر مبتدع « الأوبريت » .

O'Hara [ō hăr'ə], **John Henry** أوهارا ، جون هنري (١٩٠٥ – ١٩٧٠) : روائي وكاتب أقصوصة أميركي . عُني بتصوير حياة الطبقة الاجتماعية « الراقية » .

O. Henry [ō hĕn'rē] = Henry, O.

Ohm [ōm], **Georg Simon** أوم ، جورج سايمون (١٧٨٧ – ١٨٥٤) : فيزيائي ألماني . وضع القانون المعروف بـ « قانون أوم » Ohm's law (عام ١٨٢٧) .

Olaf II [ô'ləf] *also* **Olav II** [ō'läv] أولاف الثاني (٩٩٥ ؟ – ١٠٣٠ م.) : ملك النروج (١٠١٦ – ١٠٢٨ م) . يُعرف بـ « القديس أولاف » .

Olaf III أولاف الثالث (توفي عام ١٠٩٣) : ملك النروج (١٠٦٦ – ١٠٩٣) . يُعرف بـ « أولاف الهادىء » .

Olbers [ôl'bərs], **Heinrich** أولبرز ، هنريتش (١٧٥٨ – ١٨٤٠) : عالم فلك ألماني . اكتشف خمسةً من المُذَنَّبات comets .

Omar ibn-'Abd-al-'Aziz [ō'mär ĭb'ən 'äbdĭl' 'ä zēz'] عمر بن عبد العزيز (٦٨٢ – ٧٢٠ م .) : الخليفة الأموي الثامن (٧١٧ – ٧٢٠ م.) . عُرف بالتقوى والزهد . عُني بالإصلاح الداخلي .

Omar ibn-abi-Rabi'ah [ō'mär ĭb'ən ä bē rä bē'äh] عمر بن أبي ربيعة (٦٤٤– ٧١٢ م.) : شاعر أموي . وقفَ شعره كله تقريباً على الغزل .

Omar ibn-al-Khattab [ō'mär ĭb nool'khät'täb] عمر بن الخطّاب (٥٨٦ ؟– ٦٤٤ م.) : ثاني الخلفاء الراشدين (٦٣٤ – ٦٤٤ م.) . أسّس الأمبراطورية الإسلامية . اغتيل .

Omar Khayyam [ō'mär kī yäm'] عُمَر الخيّام (١٠٤٨ ؟ – ١١٢٢ م.) : شاعر ورياضي وعالم فلك فارسي . اشتهر بمجموعته الشعرية المعروفة بـ « الرباعيّات » .

O'Neill [ō nēl'], **Eugene** أونيل ، يوجين (١٨٨٨ – ١٩٥٣) : كاتب مسرحي أميركي . يُعتبر من أبرز أركان المذهب التعبيري في المسرح .

Oppenheimer [ŏp'ən hī mər], **Julius Robert** أوبنهايمر ، يوليوس روبرت (١٩٠٤ – ١٩٦٧) : فيزيائي نووي أميركي . أسهم في إنتاج القنبلة الذرية .

Oppenheimer

آنگه که نهال عمر من کنده شود　　واجزام زیکدگر پراکنده شود

گر زانکه صراحی کنند از گل من　　حالی که پر از میش کنی زنده شود

Ruba'iyyat of Omar Khayyam

Orlando [ôr län′dō], **Vittorio Emanuele** أورلاندو، فيتّوريو عمانويل (١٨٦٠ – ١٩٥٢) : سياسي إيطالي . رئيس الوزراء (١٩١٧ – ١٩١٩) . رئس وفد بلاده إلى مؤتمر الصلح في فرساي .

Orozco [ō rōs′kō], **José Clemente** أوروزكو ، خوسيه كليمانتي (١٨٨٣ – ١٩٤٩) : رسام مكسيكي . يُعتبر أحد أعظم مبدعي الرسوم الجدارية في العصر الحديث .

Orwell [ôr′wĕl], **George** أورويل ، جورج (١٩٠٣ – ١٩٥٠) : روائي إنكليزي . أشهر رواياته : « مزرعة الحيوان » *Animal Farm* (عام ١٩٤٥) .

Oscar I [ŏs′kər] – أوسكار الأول (١٧٩٩ – ١٨٥٩) : ملك السُّويد ونروج (١٨٤٤ – ١٨٥٩) . عُرِف بآرائه التقدمية .

Oscar II – أوسكار الثاني (١٨٢٩ – ١٩٠٧) : ملك السُّويد (١٨٧٢ – ١٩٠٧) ونروج (١٨٧٢ – ١٩٠٥) . عُرِف بنزعته المحافظة .

Osman I [ŏs män′] عثمان الأول (١٢٥٨ – ١٣٢٦ ؟) : أمير تركي . أسس الأمبراطورية العثمانية (حوالى عام ١٢٨٨م.)

Ostwald [ôst′vält], **Wilhelm** أوستوالد ، ولهلم (١٨٥٣ – ١٩٣٢) : كيميائي ألماني . يُعتبر مؤسس الكيمياء الطبيعية .

Othman ibn-'Affan [ŏth mân′ ĭb′ən ′ăf′fân] – عُثمان بن عفّان (٥٧٥ ؟ – ٦٥٦ م.) : ثالث الخلفاء الراشدين (٦٤٤ – ٦٥٦ م.) . اتُّهم بمحاباة أقربائه فقُتِل .

Otto I [ŏt′ō] : أوتو الأول (٩١٢ – ٩٧٣) : ملك ألمانيا (٩٣٦ – ٩٧٣) . أول أباطرة الأمبراطورية الرومانية المقدسة (٩٦٢ – ٩٧٣) .

Otto I : أوتو الأول (١٨١٥ – ١٨٦٧) : أمير بافاري . أول ملك ارتقى عرش اليونان (١٨٣٢ – ١٨٦٢) بعد استقلالها .

Otto II : أوتو الثاني (٩٥٥ – ٩٨٣) : ملك ألمانيا (٩٦١ – ٩٨٣) . رأس الأمبراطورية الرومانية المقدّسة (٩٧٣ – ٩٨٣) . قمع عدداً من الثورات .

Otto III : أوتو الثالث (٩٨٠ – ١٠٠٢) : ملك ألمانيا (٩٨٣ – ١٠٠٢) . رأس الأمبراطورية الرومانية المقدّسة (٩٩٦ – ١٠٠٢) . اتخذ لقب « أمبراطور العالم » .

Otto IV – أوتو الرابع (١١٧٥ ؟ – ١٢١٨ ؟) : ملك ألمانيا . (١٢٠٨ – ١٢١٥) . رأس الأمبراطورية الرومانية المقدسة (١٢٠٩ – ١٢١٥) . خُلع عن العرش .

Otto, Nikolaus August أوتو، نيقولاوس أوغست (١٨٣٢ – ١٨٩١) : مهندس ميكانيكي ألماني . اخترع المحرّك ذا الاحتراق الداخلي (عام ١٨٧٦) .

Otway [ŏt′wā], **Thomas** أوتواي ، توماس (١٦٥٢ – ١٦٨٥) : كاتب مسرحي وشاعر إنكليزي . برع في تصوير الانفعالات الإنسانية .

Ovid [ŏv′ĭd] – أوفيد (٤٣ ق. م. – ١٧ م.) : شاعر روماني. يُعتبر أحد أعظم الشعراء في العصور القديمة .

Owen [ō′ĭn], **Robert** أووين، روبرت (١٧٧١ – ١٨٥٨) : اشتراكي ومصلح اجتماعي بريطاني . كان رائداً في تأسيس الجمعيات التعاونية .

Ozenfant [ō zän fän′], **Amédée** أوزانفان ، آميديه (١٨٨٦ – ١٩٦٦) : رسام فرنسي . تمثّل آثاره ردّ فعل ضدّ المذهب التكعيبي .

Orozco : *The Soldiers* أوروزكو : « الجنود »

P

Paganini [păg ə nē′nē], **Nicolò** باغانيني ، نيقولو (١٧٨٢ – ١٨٤٠) : مؤلف موسيقي إيطالي . عُرف بشخصيته الرومانتيكية المغامرة وبراعته في العزف على الكمان .

Paget [păj′ət], Sir **James** ، باجيت ، السِّير جيمس (١٨١٤ – ١٨٩٩) : فيسيولوجي وجرّاح إنكليزي . شخّصَ سرطان الثدي .

Pahlavi [pä′lə vē], **Mohammed Riza** بَهْلوي ، محمد رضا (١٩١٩ – ١٩٨٠) : شاه إيران (١٩٤١ – ١٩٧٩).

Pahlavi, Riza Shah بَهْلوي ، رضا شاه (١٨٧٨ – ١٩٤٤) : شاه ايران (١٩٢٥ – ١٩٤١) . أكرهته بريطانيا والاتحاد السوفياتي على التخلّي عن العرش .

Paine [pān], **Thomas** بَيْن، توماس (١٧٣٧ – ١٨٠٩) : زعيم سياسي من زعماء الثورة الأميركية . بريطاني المولد . من آثاره : كتاب « حقوق الإنسان » *Rights of Man* (عام ١٧٩١) .

Palmerston [pä′mər stən], **Lord** بلمرستون ، اللورد (١٧٨٤ – ١٨٦٥) : سياسي بريطاني . رئيس الوزراء (١٨٥٥ – ١٨٥٨) و (١٨٥٩ – ١٨٦٥) . لعب دوراً بارزاً في الشؤون الأوروبية .

Papen [päp′ən], **Franz von** ، بابن ، فرانز فون (١٨٧٩ – ١٩٦٩) : سياسي ألماني . مستشار ألمانيا (يونيو – ديسمبر ١٩٣٢) . ساعد هتلر على الوصول إلى مركز السلطة .

Paré [pȧ rā′], **Ambroise** [än brwȧz′] باريه ، آنبرواز (١٥١٠ – ١٥٩٠) : جراح فرنسي . يُعتبر أحد أبرز الجراحين في عصر النهضة .

Pareto [pä rā′tō], **Vilfredo** ، باريتو ، فليفريدو (١٨٤٨ – ١٩٢٣) : عالم اقتصاد واجتماع إيطالي . حاول أن يجعل من علم الاقتصاد ضرباً من الميكانيكا .

Parker [pär′kər], **Dorothy** ، باركر ، دوروثي (١٨٩٣ – ١٩٦٧) : شاعرة وقاصّة أميركية . صوّرت حماقات المجتمع المديني وبخاصة في نيويورك .

Parker, Theodore باركر ، ثيودور (١٨١٠ – ١٨٦٠) : قسّ ومصلح أميركي . رفض كثيراً من المعتقدات النصرانية التقليدية .

Parry [păr′ē], **William Edward** باريّ ، وليم أدْوَرْد (١٧٩٠ – ١٨٥٥) : مستكشف إنكليزي . رادَ المحيط القطبي الشمالي .

Pascal [pȧs′kȧl], **Blaise** باسكال ، بليز (١٦٢٣ – ١٦٦٢) : رياضي وفيلسوف وكاتب فرنسي . وضع قانون تعادل السوائل المعروف بـ « مبدأ باسكال » Pascal's principle .

Pasternak [păs′tər năk], **Boris** باسترناك ، بوريس (١٨٩٠ – ١٩٦٠) : روائي وشاعر ومترجم سوفياتي . مُنح جائزة نوبل في الأدب لعام ١٩٥٨ .

Pasteur [pȧ stûr′], **Louis** ، باستور ، لويس (١٨٢٢ – ١٨٩٥) : كيميائي وبيولوجي فرنسي . كشف دور الجراثيم في الإصابة بمختلف الأمراض .

Paul [pôl], **Saint** بولس ، القديس (٥؟ – ٦٧ ؟ م .) : أحد دعائم الكنيسة المسيحية القدامى . يُعرف بـ « بولس الرسول » .

Paul I : بولس الأول (١٧٥٤–١٨٠١) : قيصر الروسيا (١٧٩٦ – ١٨٠١) . اتخذ إجراءات مختلفة لصالح الفلاحين والأقنان (أو عبيد الأرض) .

Paul III : بولس الثالث (١٤٦٨ – ١٥٤٩) : بابا رومة (١٥٣٤ – ١٥٤٩) . أنشأ « ديوان التفتيش الروماني » (عام ١٥٤٢) .

Paul VI بولس السادس (١٨٩٧ – ١٩٧٨) : بابا رومة (١٩٦٣ – ١٩٧٨) . عمل من أجل إعادة اللُّحمة بين الكنيستين الغربية والشرقية .

Pavlov [päv′lôf], **Ivan Petrovich** بافلوف ، إيفان بيتّروفيتش (١٨٤٩ – ١٩٣٦) : فيسيولوجي روسي . منح جائزة نوبل في الفيسيولوجيا والطب لعام ١٩٠٤ .

Peale [pēl], **Charles** بيل ، تشارلز (١٧٤١ – ١٨٢٧) : رسام أميركي . عُرف برسومه التي خلّد بها زعماء الثورة الأميركية .

Paganini

Pascal

Pasteur

Robert Peel

Peary [pĭr'ē], **Robert Edwin** بيري، روبرت أدوين (١٨٥٦ – ١٩٢٠) : مستكشف أميركي . كان أول من وصل إلى القطب الشمالي (عام ١٩٠٩) .

Pedro I [pā' tħroo] بيذرو الأول ؛ بيدرو الأول (١٧٩٨ – ١٨٣٤) : أمبراطور البرازيل (١٨٢٢ – ١٨٣١) . أعلن استقلال البلاد عام ١٨٢٢ وتوّج أمبراطوراً عليها في العام نفسه .

Pedro II بيذرو الثاني ؛ بيدرو الثـــاني (١٨٢٥ – ١٨٩١) : أمبراطور البرازيل (١٨٣١ – ١٨٨٩) . تخلّى عن العرش .

Peel[pēl], Sir **Robert** بيل، السّير روبرت (١٧٨٨ – ١٨٥٠) : سياسي بريطاني . رئيس الوزراء (١٨٣٤ – ١٨٣٥) و (١٨٤١ – ١٨٤٦) . أحدث عـــدداً من الإصلاحات .

Peirce [pûrs], **Charles Sanders** بيرس ، تشارلز ساندرز (١٨٣٩ – ١٩١٤) : فيلسوف وفيزيائي وعالم منطق أميركي . مؤسس الفلسفة الذرائعية أو البراغماتية .

Pelagius [pə lā'jē əs] بيلاجيـــوس (٣٥٤ ؟ – ٤١٨ ؟ م .) : راهب ولاهوتي بريطاني . حرمته الكنيسة من شركة المؤمنين واعتبرته مُهَرْطقاً (عام ٤١٧) .

Pelletier [pĕl tyā'], **Pierre Joseph** بَلْتييه ، بيير جوزيف (١٧٨٨ – ١٨٤٢) : كيميائي فرنسي ، عزل الكلوروفيل (عام ١٨١٧) واكتشف الكينين (عام ١٨٢٠) .

Pepin the Short [pĕp'ĭn] بيبين القصير (٧١٤ ؟ – ٧٦٨ م.) : ملك الفرنجة أو الفرنكيين (٧٥١ – ٧٦٨ م.) . مؤسس أسرة الكارولنجيين .

Pergolesi [pĕr gō lā'zē], **Giovanni** برغوليزي ، جيوفاني (١٧١٠ – ١٧٣٦) : مؤلف موسيقي إيطالي . لمع في حقل الأوبرا . أصيب بالسّل فمات في ريعان الشباب .

Pericles [pĕr'ə klēz] بـــيريكليس (٤٩٥ ؟ – ٤٢٩ ق. م.) : سيـــاسي أثيني . بلغت أثينا في عهده أوج ازدهارها السياسي والثقافي .

Perkin [pûr'kĭn], Sir **William Henry,** بيركِن ، السّير وليم هنري (١٨٣٨ – ١٩٠٧) : كيميائي إنكليزي . وضع الأساس لصناعة الأصباغ الصُّنعية .

Perón [pā rōn'], **Juan Domingo** بيرون ، خوان دومينغو (١٨٩٥ – ١٩٧٤) : جنرال وسياسي أرجنتيني . رئيس الجمهورية (١٩٤٦ – ١٩٥٥) و (١٩٧٣ – ١٩٧٤) . اتّسم عهده الأول بالإصلاح .

Perrin [pĕ răn'], **Jean Baptiste** بيرّين ، جان باتيست (١٨٧٠ – ١٩٤٢) : فيزيائي فرنسي . أقام الدليل على الطبيعة الذرية للمادة .

Perry [pĕr'ē], **Ralph Barton** بيري ، رالف بارتون (١٨٧٦ – ١٩٥٧) : فيلسوف ومربٍّ أميركي . طوّر الفلسفـــة الذرائعية أو البراغماتية .

Peter the Great

Perugino [pā rōō jē'nō] بيروجينو (١٤٥٠ ؟ – ١٥٢٣) : رسام إيطالي . أستاذ رافاييل . يُعتبر واحداً من أشهر فناني عصر النهضة .

Peruzzi [pā rōōt'tsē], **Baldassare** بيروتزي ، بَلْداسار (١٤٨١ – ١٥٣٦) : رسام ومهندس معمار إيطالي . عاصر رافاييل .

Pétain [pā tăn'], **Henri Philippe** بيتان ، هنري فيليب (١٨٥٦ – ١٩٥١) : مارشال فرنسي . تولى رئاسة الدولة بعد هزيمة عام ١٩٤٠ . اتُّهم بالخيانة وسُجن (عام ١٩٤٥) .

Peter [pē'tər], **Saint** بطرس، القديس (توفي حوالى ٦٤ م.) : كبير رُسُل المسيح الاثني عشر . تولى زعامة الكنيسة بعد المسيح. يُعرف بـ « بطرس الرسول » .

Peter I *also* **Peter the Great** بطرس الأول ؛ بطرس الأكبر (١٦٧٢ – ١٧٢٥) : قيصر الروسيا (١٦٨٢ – ١٧٢٥) . جعل من الروسيا دولةً أوروبية ذات شأن .

Peter the Hermit بطـــرس الناسك (١٠٥٠ ؟ – ١١١٥) : راهب فرنسي . حرّض الجماهير على الاشتراك في الحملـــة الصليبية الأولى (١٠٩٦ – ١٠٩٩) .

Petrarch [pē'trärk] بترارك (١٣٠٤ – ١٣٧٤) : عالم وشاعر إيطالي . يعتبر أحد أبرز روّاد عصر النهضة الأوروبية .

Phaedrus [fē'drəs] فيدروس (القـــرن الاول للميلاد) : شاعر روماني . نظم عدداً من الحكايات الموضوعة على ألسنة الحيوان .

Phidias [fĭd'ē əs] فيديـــاس (٥٠٠ ؟ – ٤٣١ ؟ ق. م.) : نحات يوناني . عهـــد اليه بيريكليس بتجميل أثينا .

Philip II [fĭl'ĭp] فيليب الثاني (٣٨٢ – ٣٣٦ ق. م.) : ملك مقدونيا (٣٥٩ – ٣٣٦ ق. م.) . جعـــل مقدونيا الدولة العظمى في بلاد اليونان . والد الإسكندر الكبير .

Philip II : فيليب الثاني (١٥٢٧ – ١٥٩٨) : ملك إسبانيا (١٥٥٦ – ١٥٩٨) . عملَ على تعزيز مكانة إسبانيا السياسية والعسكرية .

Philip II : فيليب الثاني (١١٦٥ – ١٢٢٣) : ملك فرنسا (١١٧٩ – ١٢٢٣) . حرّر أجزاء كبـــيرة من التراب الفرنسي من سلطان الإنكليز .

Philip IV : فيليب الرابع (١٢٦٨ – ١٣١٤) : ملك فرنسا (١٢٨٥ – ١٣١٤) . عزّز السلطة الملكية على حساب سلطة رجال الإقطاع .

Philip VI فيليب السادس (١٢٩٣ – ١٣٥٠) : ملك فرنسا (١٣٢٨ – ١٣٥٠) : في عهده نشبت حرب السنوات المئة .

Philip the Arabian فيليب العربـــي (توفي عام ٢٤٩ م.) : أمبراطور روماني (٢٤٤ – ٢٤٩ م.) . تحدّر من أسرة عربية عريقة .

Philip II of Spain

Piazzetta [pyät tsät'tä], **Giovanni** بياتزيتّا ، جيوفاني (١٦٨٢ — ١٧٥٤) : رسام إيطالي . يُعتبر أحد أبرز الرسامين الفينيسيين في القرن الثامن عشر .

Piazzi [pyät'tsē], **Giuseppi** بياتزي ، جيوزيبّي (١٧٤٦ — ١٨٢٦) : راهب وعالم فلك إيطالي . اكتشف السُّيَيْر سيريز Ceres عام ١٨٠١ .

Picabia [pē kȧ byȧ'], **Francis** بيكابيا ، فرنسيس (١٨٧٩ — ١٩٥٣) : رسام فرنسي . ارتبط اسمه بالمدرستين الدادية والسريالية .

Picard [pē kȧr'], **Jean** بيكار ، جان (١٦٢٠ — ١٦٨٢) : عالم فلك فرنسي . قام بأول قياس دقيق لشعاع الأرض (أي نصف قُطرها) .

Picasso [pĭ kä'sō], **Pablo** بيكاسو ، بابلو (١٨٨١ — ١٩٧٣) : رسام ونحّات إسباني . يُعتبر أغزر فناني القرن العشرين إنتاجاً وأكثرهم إبداعاً .

Piccard [pē kȧr'], **Auguste** بيكار ، أوغوست (١٨٨٤ — ١٩٦٢) : فيزيائي ومخترع سويسري . صنع منطاداً لدراسة الأشعة الكونية (عام ١٩٣٠) .

Piccinni [pĭt chē'nē], **Niccolo** بيتشيني ، نيقولو (١٧٢٨ — ١٨٠٠) : مؤلف موسيقي إيطالي . وضع أكثر من ١٣٠ أوبرا .

Pierce [pĭrs], **Franklin** بيرس ، فرانكلين (١٨٠٤ — ١٨٦٩) : سياسي أميركي . الرئيس الرابع عشر للولايات المتحدة الأميركية (١٨٥٣ — ١٨٥٧) . استفحلت في عهده مشكلة الاسترقاق .

Piero della Francesca [pyâ'rō dĕl' lä frän chās'kä] بييرّو ديلاّ فرانسيسكا (١٤٢٠ ؟ — ١٤٩٢) : رسام إيطالي . يُعتبر واحداً من أعظم فناني عصر النهضة .

Luigi Pirandello

Piero di Cosimo [pyâ'rō dē kô'zē mō] بييرّو دي كوزيمو (١٤٦٢ — ١٥٢١) : رسام إيطالي . رسم عدداً من اللوحات الدينية والأسطورية .

Pilate [pī'lĭt], **Pontius** بيلاطُس البُنْطي : الحاكم الروماني لبلاد « اليهودية » في أيام السيد المسيح . حاكمَ المسيح وأمرَ بقتله بضغط من اليهود .

Pindar [pĭn'dər] بندار (٥٢٢ — ٤٣٨ ق. م.) : شاعر يوناني . يُعتبر أعظم الشعراء الغنائيين في العصور القديمة .

Pinel [pē nĕl'], **Philippe** بينيلّ ، فيليب (١٧٤٥ — ١٨٢٦) : طبيب فرنسي . مؤسس طبّ النفس الحديث psychiatry .

Pinturicchio [pēn to͞o rēk'kyō] بينتوريكيو (١٤٥٤ ؟ — ١٥١٣) : رسام إيطاليّ . عُرف بغزارة الإنتاج وغنى الألوان .

William Pitt *(the Younger)*

Pirandello [pĭr ən dĕl'ō], **Luigi** بيرانديللو ، لويجي (١٨٦٧ — ١٩٣٦) : روائي وكاتب مسرحي إيطالي . مُنح جائزة نوبل في الآداب لعام ١٩٣٤ .

Piscator [pĭs kȧ'tôr], **Erwin** بيسكاتور ، إرفن (١٨٩٣ — ١٩٦٦) : مخرج مسرحي ألماني . تعاون مع برتولت برخت Brecht .

Pisistratus [pī sĭs'trə təs] بيزيستّراتوس (٦٠٥ ؟ — ٥٢٧ ق. م.) : طاغية أثينا (٥٦٠ — ٥٢٧ ق. م.) . وسّع سلطان أثينا فشمل البحر الإيجي وساحل آسيا الصغرى .

Pissarro [pē sȧ rō'], **Camille** بيسارو ، كميل (١٨٣٠ — ١٩٠٣) : رسام فرنسي . يُعَدّ أحد زعماء المدرسة الانطباعية .

Pitt [pĭt], **William** بتّ ، وليم (١٧٠٨ — ١٧٧٨) : سياسي بريطاني . رئيس الوزراء (١٧٥٦ — ١٧٦١) و (١٧٦٦ — ١٧٦٨) . قاد دفة السياسة البريطانية خلال حرب السنوات السبع . يُعرف بـ « الأرشد » *the Elder* .

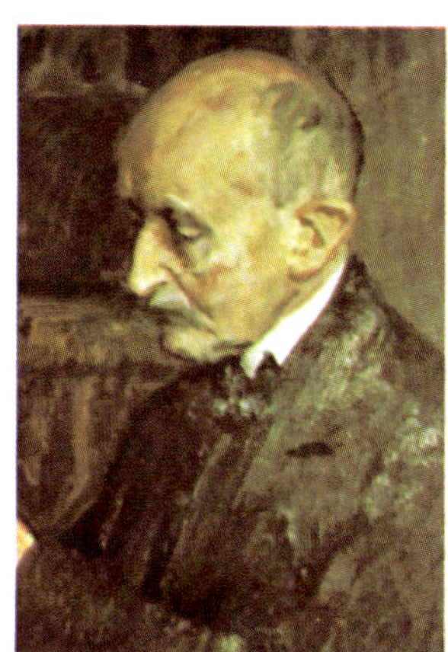

Max Planck

Pitt, William بتّ ، وليم (١٧٥٩ — ١٨٠٦) : سياسي بريطاني . رئيس الوزراء (١٧٨٣ — ١٨٠١) و (١٨٠٤ — ١٨٠٦) . قاد دفة السياسة البريطانية خلال الحروب الثورية الفرنسية . يُعرف بـ « الأصغر » *the Younger* .

Pius V [pī'əs], **Saint** بيوس الخامس ، القديس (١٥٠٤ — ١٥٧٢) : بابا رومة (١٥٦٦ — ١٥٧٢) . عمل على إصلاح الكنيسة الكاثوليكية .

Pius IX : بيوس التاسع (١٧٩٢ — ١٨٧٨) بابا رومة (١٨٤٦ — ١٨٧٨) . في عهده استولت المملكة الإيطالية الجديدة على « المقاطعات البابوية » ثم على رومة نفسها (عام ١٨٧٠) .

Pius X, Saint بيوس العاشر ، القديس (١٨٣٥ — ١٩١٤) : بابا رومة (١٩٠٣ — ١٩١٤) . عُني بالمسائل الاجتماعية وبخاصة تحسين أحوال الفقراء .

Pius XI بيوس الحادي عشر (١٨٥٧ — ١٩٣٩) : بابا رومة (١٩٢٢ — ١٩٣٩) . عقد معاهدة لاتران Lateran مع الحكومة الإيطالية (عام ١٩٢٩) .

Pius XII بيوس الثاني عشر (١٨٧٦ — ١٩٥٨) : بابا رومة (١٩٣٩ — ١٩٥٨) . عمل ، على غير طائل ، للحؤول دون نشوب الحرب العالمية الثانية .

Planck [plängk], **Max** بلانك ، ماكس (١٨٥٨ — ١٩٤٧) : فيزيائي ألماني . وَضَع « نظرية الكمّ » quantum theory .

Plato [plā'tō] أفلاطون (٤٢٨ ؟ — ٣٤٧ ق. م.) : فيلسوف يوناني . تلميذ سقراط . أشهر كتبه : « الجمهورية » *The Republic*.

Plautus [plô'təs], **Titus** ، بلوتُـــس تيطَس (٢٥٤ ؟ – ١٨٤ ق. م.) : كاتب مسرحي هزلي روماني . كان لأعماله أثرٌ باقٍ في الأدب الغربي .

Pliny [plin'ē] : بلينيوس (٢٣ – ٧٩ م.) : عالم روماني . صاحب موسوعة « التاريخ الطبيعي » *Historia Naturalis* . يُعرف بـ « الأرشد » *the Elder* .

Pliny بلينيوس (٦٢ – ١١٣ م.) : قنصل وخطيب روماني . ترك مجموعة ضخمة من الرسائل الشخصية التي تتميز بقيمة أدبية كبرى . يعرف بـ « الأصغر » *the Younger* .

Plotinus [plō tī'nəs] أفلوطين (٢٠٥ ؟ – ٢٧٠ ؟ م.) : فيلسوف روماني . يُعتبر أبرز ممثلي « الأفلاطونية المُحْدَثة » Neo-platonism.

Plutarch [ploo'tärk] بلوتـــارك (٤٦ ؟ – ١٢٠ م.) : كاتب سِيَر يوناني . أشهر آثاره كتاب « حيوات متوازيـة » *Parallel Lives* .

Alexander Pope

Proudhon

Podgorny [pŏd gôr'nē], **Nikolai Viktorovich** بودغورني ، نيقـولاي فيكتوروفيتش (١٩٠٣ –) : سياسي سوفياتي . رئيس مجلس السوفيات الأعلى (١٩٦٥ – ١٩٧٧) .

Poe [pō], **Edgar Allan** بــو ، أدغار آلين (١٨٠٩ – ١٨٤٩) : كاتب وشاعر أميركي . يُعَدّ أحد أبرز كتّاب الأقصوصة في العالم .

Poincaré [pwăn kȧ rā'], **Jules Henri** بوانكاريه ، جـول هنـري (١٨٥٤ – ١٩١٢) : فيزيائي ورياضي وعالم فلك فرنسي .

Poincaré, Raymond بوانكاريـه ، ريمون (١٨٦٠ – ١٩٣٤) : سياسي فرنسي . رئيس الجمهورية (١٩١٣ – ١٩٢٠) .

Polignac [pō lē nyȧk'], **Prince de** بولينياك ، البرنس دو (١٧٨٠ – ١٨٤٧) : سياسي فرنسي . رئيس الوزراء (١٨٢٩ – ١٨٣٠) . عجّلت سياستُهُ الرجعية في نشوب ثورة عام ١٨٣٠ .

Polk [pōk], **James Knox** [nŏks] بوك ، جيمس نوكس (١٧٩٥ – ١٨٤٩) : الرئيس الحـادي عشر للولايات المتحدة الأميركية (١٨٤٥ – ١٨٤٩) . في عهده نشبت الحرب المكسيكية (١٨٤٦ – ١٨٤٨) .

Pollock [pŏl'ək], **Jackson** بولّـوك ، جاكسون (١٩١٢ – ١٩٥٦) : رسام أميركي . يُعتبر أحد زعماء المدرسة التعبيرية التجريدية .

Polo [pō'lō], **Marco** بولو ، ماركو (١٢٥٤ – ١٣٢٤) : رحـالة بُندقيّ (فينيسي) . قام برحلة إلى الصين (١٢٧١ – ١٢٧٥) .

Polybius [pə lib'ē əs] بوليبيـوس (٢٠٠ ؟ – ١١٨ ؟ ق. م.) : مؤرخ يوناني . أرّخ لفتوح رومة وسيطرتها على العالم .

Polyclitus [pŏl ĭ klī'təs] بوليكليتُـس (القرن الخامس قبل الميلاد) : نحّات يوناني . عُرف بحرصه على بلوغ الكمال .

Pompadour [pôn pȧ door'], **Madame de** بومبادور ، مدام دو (١٧٢١ – ١٧٦٤) : مَحْظيّة لويس الخامس عشر . ناصرت الأدب والفنون .

Pompey [pŏm'pē] بومبي (١٠٦ – ٤٨ ق. م.) : زعيم عسكري وسياسي روماني . هزمه يوليوس قيصر (عام ٤٨ ق. م.) . اغتيل .

Pompidou [pŏm'pē doo], **Georges** بومبيدو ، جورج (١٩١١ – ١٩٧٤) : سياسي فرنسي . رئيس الجمهورية (١٩٦٩ – ١٩٧٤) خلفاً للرئيس ديغول .

Pope [pōp], **Alexander** بــوب ، ألكْسَندر (١٦٨٨ – ١٧٤٤) : شاعر إنكليزي . يعتبر أحد أبرز الشعراء في تاريخ الأدب الإنكليزي .

Popov [pə pôf'], **Aleksandr** بوبوف ، ألكْسَندر (١٨٥٩ – ١٩٠٦) : فيزيائي روسي . صنع جهـاز استقبال لالتقـاط الإشارات اللاسلكية (عام ١٨٩٦) .

Porphyry [pôr'fĭ rē] فَرْفوريوس ؛ بَرْفوريوس الصُّوري (٢٣٤ ؟ – ٣٠٥ ؟ م.) : فيلسوف يوناني . يُعتبر أحد أبرز ممثلي الفلسفة الأفلاطونية المُحْدَثة .

Potemkin [pō tĕm'kĭn], **Grigori** بوتمكين ، غريغوري (١٧٣٩ – ١٧٩١) : مارشال وسياسي روسي . لمع نجمه في الحرب الروسية التركية (١٧٦٨ – ١٧٧٤) .

Potter [pŏt'ər], **Paul** بوتـر ، بـول (١٦٢٥ – ١٦٥٤) : رسام هولندي . عُرف برسم الحيوانات والأرياف .

Pound [pound], **Ezra** باوند ، عَزْرا (١٨٨٥ – ١٩٧٢) : شاعر أميركـي . تميّزت أعماله بالغموض .

Poussin [poo săn'], **Nicolas** بوسّان ، نيقولا (١٥٩٤ – ١٦٦٥) : رسام فرنسي . عُني بتصوير الموضوعات الدينية والرمزية .

Prévost [prā vō'], **Marcel** بريفو ، مارسيل (١٨٦٢–١٩٤١) : روائي فرنسي . يغلب على آثاره الطابع السيكولوجي .

Priam [prī'əm] بريام : في الميثولوجيا اليونانية ، آخر ملوك طروادة . قُتل عند سقوطها في أيدي اليونان .

Priestley [prēst'lē], **Joseph** بريستلي ، جوزيف (١٧٣٣ – ١٨٠٤) : لاهوتي وكيميائي بريطاني . أيّد الثورة الفرنسية فأُحرق مختبره وهاجر إلى أميركا (عـام ١٧٩٤) .

Primrose [prĭm'rōz], **Archibald Philip** بريمروز ، آرتشيبالد فيليـب (١٨٤٧ – ١٩٢٩) : سياسي بريطاني . رئيس الوزراء (١٨٩٤ – ١٨٩٥) .

Protagoras [prō tăg'ər əs] بروتاغورس (٤٨٥ ؟ – ٤١٠ ؟ ق. م.) : فيلسوف يوناني . يُعتبر أول السّوفسطائيين وأشهرهم .

Proudhon [proo dôn'] **Pierre** برودون ، بيير (١٨٠٩ – ١٨٦٥) : اشتراكي فرنسي . شجَب الملكية الشخصية .

Proust [proost], **Joseph Louis** بروست ، جوزيف لويس (١٧٥٤ – ١٨٢٦) : كيميائي فرنسي . وضع قانوناً كيميائياً نُسِب إليه .

M

Ma'bad [mă'băd] مَعْبَد (توفي عام ٧٤٣ م.) : مُغَنٍّ عربي. سطع نجمه في عهد بني أميّة.

MacArthur [mək är'thər], **Douglas** ماك آرثر، دوغلاس (١٨٨٠ – ١٩٦٤) : جنرال أميركي. القائد الأعلى لقوات الأمم المتحدة في كوريا (١٩٥٠ – ١٩٥١).

Macaulay [mə kô'lĭ], **Thomas** ماكولي، توماس (١٨٠٠ – ١٨٥٩) : سياسي وكاتب ومؤرخ بريطاني.

Macbeth [măk bĕth'] مَكْبِث (توفي عام ١٠٥٧) : ملك أسكتلندا (١٠٤٠ – ١٠٥٧). انتزع العرش من ابن عمه دانكان الأول Duncan I.

MacDonald [mək dŏn'əld], **Ramsay** ماكدونالد، رمزي (١٨٦٦ – ١٩٣٧) : سياسي بريطاني. رئيس الوزراء (عام ١٩٢٤) و (١٩٢٩ – ١٩٣٥).

Mach [mäkh], **Ernst** ماخ، أرنست (١٨٣٨ – ١٩١٦) : فيزيائي وفيلسوف نمساوي. أنكر وجود الزمن المطلق والفضاء المطلق.

Machiavelli [măk ē ə vĕl'ē], **Niccolò** مَكْيافلّي، نيقولو (١٤٦٩ – ١٥٢٧) : فيلسوف إيطالي. قال بأن الوسائل كلّها مبرَّرة من أجل تحقيق السلطان السياسي.

Mackensen [mäk'ən zən], **August von** ماكينزن، أوغوست فون (١٨٤٩ – ١٩٤٥) : مارشال ألماني. لمع نجمه في الحرب العالمية الأولى.

Mackenzie [mə kĕn'zē], **Sir Alexander** ماكينزي، السير ألكسندر (١٧٥٥ ؟ – ١٨٢٠) : مستكشف أسكتلندي. رادَ سواحل كندا الشمالية الغربية.

MacLeish [mək lēsh'], **Archibald** ماكليش، آرتشيبالد (١٨٩٢ –) : شاعر أميركي. يُعتبر من أبرز ممثلي «الجيل الضائع».

Macleod [mə kloud'], **John James Rickard** ماكلاوْد، جون جيمس ريكارد (١٨٧٦ – ١٩٣٥) : فيسيولوجي أسكتلندي. مُنح جائزة نوبل في الفيسيولوجيا والطب لعام ١٩٢٣ (بالمشاركة).

Macmillan [mək mĭl'ən], **Harold** ماكميلان، هارولد (١٨٩٤ –) : سياسي بريطاني. رئيس الوزراء (١٩٥٧ – ١٩٦٣).

Madero [mä dĕ'rō], **Francisco** ماديرو، فرانسيسكو (١٨٧٣ – ١٩١٣) : سياسي وزعيم ثوري مكسيكي. رئيس الجمهورية (١٩١١ – ١٩١٣). اغتيل.

Madison [măd'ĭ sən], **James** ماديسون، جَيمس (١٧٥١ – ١٨٣٦) : سياسي أميركي. الرئيس الرابع للولايات المتحدة الأميركية (١٨٠٩ – ١٨١٧).

Maeterlinck [mā'tər lĭngk], **Maurice** ماترلينك، موريس (١٨٦٢ – ١٩٤٩) : شاعر وكاتب مسرحي بلجيكي. مُنح جائزة نوبل في الآداب لعام ١٩١١.

Magellan [mə jĕl'ən], **Ferdinand** ماجلاّن، فرديناند (١٤٨٠ – ١٥٢١) : ملاح برتغالي. يُعتبر أول من قام برحلة بحرية حول العالم.

Maginot [măzh'ĭ nō], **André** ماجينو، أندريه (١٨٧٧ – ١٩٣٢) : سياسي فرنسي. تولى وزارة الحرب غير مرة. صاحب فكرة إنشاء «خط ماجينو».

Mahdi, al- [ăl măh'dē] المَهْدي (٧٤٤–٧٨٥ م.) : الخليفة العباسي الثالث (٧٧٥–٧٨٥ م.). قاتل الروم فبلغت قواته مضيق البوسفور.

Macaulay

Mahdi, the المَهْـدي، محمّد أحمد (١٨٤٤ – ١٨٨٥) : زعيم ديني سوداني. بسط سلطانه على معظم الأراضي السودانية.

Mahmud I [mä mōōd'] محمود الأول (١٦٩٦–١٧٥٤) : سلطان عثماني (١٧٣٠–١٧٥٤). استولت قواته على بلغراد (عام ١٧٣٩).

Mahmud II محمود الثاني (١٧٨٥ – ١٨٣٩) : سلطان عثماني (١٨٠٨ – ١٨٣٩). قضى على الإنكشارية (عام ١٨٢٦).

Mahmud of Ghazna [gäz'nə] محمود الغَزْنوي (٩٧١ – ١٠٣٠ م.) : أعظم السّلاطين الغَزْنويين (٩٩٧ – ١٠٣٠ م.). غزا الهند سبع عشرة مرة.

Maillol [mä yôl'], **Aristide** مايول، آريستيد (١٨٦١ – ١٩٤٤) : نحات فرنسي. يُعتبر أحد أبرز النحاتين في القرن العشرين.

Maimonides [mī mŏn'ə dēz], **Moses** ابن ميمون، موسى (١١٣٥ – ١٢٠٤) : فيلسوف وطبيب يهودي. أندلسي المولد. يُعتبر أكبر مفكر يهودي في القرون الوسطى.

Malherbe [mäl ĕrb'], **François de** ماليرب، فرانسوا دو (١٥٥٥ – ١٦٢٨) : شاعر فرنسي. أكّد على جمال الشكل وصفاء اللغة.

Maeterlinck

Mallarmé

Marie Antoinette

Marconi

Malik ibn-Anas [mâ'lĭk ĭb'ən ă'năs] مالك بن أنَس (٧١٥ – ٧٩٥ م .) : إمام وفقيه مسلم . صاحب المذهب المالكي ، أحد المذاهب السّنية الأربعة .

Mallarmé [má lár mā'], **Stéphane** مالارميه ، إسطفان (١٨٤٢ – ١٨٩٨) : شاعر فرنسي . يُعتبر مؤسس المدرسة الرمزية وزعيمها .

Malory [măl'ə rē], Sir **Thomas** مالوري ، السّير توماس (توفي عام ١٤٧١) : كاتب إنكليزي . اشتهر بملحمته النّثرية « موت آرثر » *Morte d'Arthur* (نُشرت عام ١٤٨٥) .

Malraux [mál rō'], **André** مالرو ، أندريه (١٩٠١ – ١٩٧٦) : روائي وكاتب وسياسي فرنسي . أشهر آثاره رواية « المصير البشري » *la Condition humaine* (عام ١٩٣٣) .

Malthus [măl'thəs], **Thomas Robert** مالثوس ، توماس روبرت (١٧٦٦ – ١٨٣٤) : عالم اقتصاد إنكليزي . دعا إلى كبح التزايد المتعاظم في عدد سكان العالم من طريق ضبط النسل .

Ma'mun, al- [ăl mă'mōōn] المأمون ، عبد الله (٧٨٦ – ٨٣٣ م .) : سابع الخلفاء العباسيين (٨١٣ – ٨٣٣ م .) . شجّع العلم والعلماء . نشطت في عهده حركة التّرجمة .

Manet [má nē'], **Edouard** مانيــه ، أدوار (١٨٣٢ – ١٨٨٣) : رسام فرنسي . يُعتبر أحد رواد المدرسة الانطباعية .

Mani [mä'nē] ماني (٢١٦ ؟ – ٢٧٤ ؟م) : نبيّ فارسي . مؤسس الديانة المانوية .

Mann [män], **Heinrich** مانّ ، هاينرخ (١٨٧١ – ١٩٥٠) : كاتب وروائي ألماني . عُرف بنزعته الاشتراكية .

Mann, Thomas مانّ ، توماس (١٨٧٥ – ١٩٥٥) : كاتب وروائي ألماني . عُرف بعدائه للفاشيّة .

Mansfield [mănś'fēld], **Katherine** مانسْفيلد ، كاثرين (١٨٨٨ – ١٩٢٣) : كاتبة إنكليزية . تميّزت قصصها بالتّركيز على الصراعات النفسية الباطنية .

Mao Tse-tung [mou'tsĭ tŏŏng'] ماو تسي تونغ (١٨٩٣ – ١٩٧٦) : زعيم صيني . انتصر على قوات شيانغ كاي شيك وأسّس جمهورية الصين الشعبية (عام ١٩٤٩) .

Marc [märk], **Franz** مــارك فرانــز (١٨٨٠ – ١٩١٦) : رسام ألماني . يُعَدّ من أبرز ممثلي المدرسة التعبيرية .

Marconi [mär kō'nē], **Guglielmo** ماركوني ، غولْيَلْمو (١٨٧٤ – ١٩٣٧) : مهندس كهربائي إيطالي . وُفّق إلى نقل الإشارات اللاسلكية عبرَ الأثير (عام ١٨٩٦).

Marcuse [mär'kōō zə], **Herbert** ماركوزي ، هربرت (١٨٩٨ – ١٩٧٩) : فيلسوف أميركي . ألماني المولد . دعا إلى إحداث تغييرات ثورية في المؤسسات الاجتماعية .

Maria Theresa [mə rē'ə tə rā'zə] ماريا تيريزا (١٧١٧ – ١٧٨٠) : أرشيدوقة النمسا وملكة هنغاريا وبوهيميا (١٧٤٠ – ١٧٨٠) .

Marie Antoinette [mə rē' ăn twə nĕt'] : ماري أنطوانيت (١٧٥٥ – ١٧٩٣) : ملكة فرنسا (١٧٧٤ – ١٧٩٣) بوصفها زوجة لويس السادس عشر . أُعدمت .

Marie Louis [mə rē'lōō ēz'] مــاري لويز (١٧٩١ – ١٨٤٧) : ملكة فرنسا بوصفها زوجة نابوليون بونابرت الثانية (١٨١٠ – ١٨١٥) .

Marie Thérèse [mə rē'tā râz'] مــاري تيريز (١٦٣٨ – ١٦٨٣) : ملكة فرنسا بوصفها زوجة لويس الرابع عشر (١٦٦٠ – ١٦٨٣) .

Marin [mär'ĭn], **John** ماران، جون (١٨٧٠ – ١٩٥٣) : رسام أميركي . اشتهر بلوحاته المائية التعبيرية .

Marinetti [mär ə nĕt'tē], **Philippo** مارينيتّي ، فيليبّو (١٨٧٦ – ١٩٤٤) : شاعر وروائي وكاتب مسرحي إيطالي . يُعتبر مؤسس المدرسة المستقبليّة futurism .

Marivaux [má'rē vō'], **Pierre** ماريفو ، بيير (١٦٨٨ – ١٧٦٣) : كاتب مسرحي فرنسي . حظيت كوميدياتُهُ بشعبية واسعة .

Mark [märk], **Saint** مُرقُس، القديس (القرن الأول للميلاد) : صاحب إنجيل مُرقُس .

Mark Antony [märk ăn'tə nĭ] = Antonius, Marcus.

Marlowe [mär'lō], **Christopher** مارلو ، كريستوفر (١٥٦٤ – ١٥٩٣) : شاعر وكاتب مسرحي إنكليزي .

Marshall [mär'shəl], **George** مارشال ، جورج (١٨٨٠ – ١٩٥٩) : جنرال أميركي . وزير الخارجية (١٩٤٧ – ١٩٤٩) . وزير الدفـاع (١٩٥٠ – ١٩٥١) . صاحب « مشروع مارشال » .

Martini [mär tē'nē], **Simone** مارتيني ، سيمون (١٢٨٤ ؟ – ١٣٤٤) : رسام إيطالي . تميزت أعماله بالتناغم والرّشاقة .

Marwan II [măr'wân] مَرْوان الثاني ؛ مروان بن محمد (توفي عام ٧٥٠ م .) : آخر الخلفاء الأمويين (٧٤٤ – ٧٥٠ م.) .

Proust, Marcel بروست ، مارسيل (١٨٧١ – ١٩٢٢) : روائي فرنسي . يُعتبر أحد أبرز ممثلي الرواية النفسية .

Prout [prout]**, William** براوت ، وليم (١٧٨٥ – ١٨٥٠) : كيميائي إنكليزي . درسَ كيمياء الدم والبول .

Ptolemy [tŏl'ə mē] بَطْلَمْيوس (القرن الثاني للميلاد) : رياضي وجغرافي وعالم فلك يوناني . قال بأن الأرض ثابتة في وسط الكون وأن الشمس والقمر والكواكب تدور حولها.

Ptolemy I بَطْلَمْيوس الأول (٣٦٧ – ٢٨٣ ق. م.) : ملك مصر (٣٢٣ – ٢٨٥ ق. م.) . كان أحد قواد الإسكندر المقدوني وبعد وفاته أسس دولة البطالمة في مصر .

Ptolemy II بَطْلَمْيوس الثاني (٣٠٨– ٢٤٦ ق. م.) : ملك مصر (٢٨٥ – ٢٤٦ ق. م.) : جعل من مدينة الإسكندرية مركزاً للثقافة الهلّينية .

Ptolemy III بَطْلَمْيوس الثالث (٢٨٢؟– ٢٢١ ق. م.) : ملك مصر (٢٤٦ – ٢٢١ ق. م.) . بسط سلطانه على البحر الأبيض المتوسط الشرقي .

Puccini [pōōt chē'nē]**, Giacomo** بوتشيني ، جياكومو (١٨٥٨ – ١٩٢٤) : مؤلف موسيقي إيطالي . حظيت أوبراتُهُ بنجاح شعبي منقطع النظير .

Pushkin

Pushkin [pōōsh'kĭn]**, Aleksandr** بوشكين ، ألكسَندر (١٧٩٩ – ١٨٣٧) : شاعر وروائي وكاتب مسرحي روسي . يُعتبر أبا الأدب الروسي الحديث .

Puvis de Chavannes [pü'vē də shä vän']**, Pierre** بوفي دو شافان ، بيير (١٨٢٤ – ١٨٩٨) : رسام فرنسي . عُرِف برسم الجداريات (أو اللوحات الزيتيّة الجدارية) .

Pyrrho [pĭr'ō] بيرّو (٣٦٥؟ – ٢٧٥؟ ق. م.) : فيلسوف يوناني . دعا إلى الشك في كل شيء ، وحتى في الإدراك الحسيّ .

Pythagoras [pĭ thăg'ər əs] فيثاغورَس (٥٨٠ ؟ – ٥٠٠ ؟ ق. م.) : رياضي وفيلسوف يوناني . قال بأن الحقيقة هي في أعمق أعماقها رياضيّة ، وبأن العدد أساس كل شيء .

Pytheas [pĭth'ē əs] بيثياس (القرن الرابع قبل الميلاد) : ملاح وجغرافي وعالم فلك يوناني . ارتاد شواطىء أوروبا الأطلسية .

Picasso : *Portrait de J. Sarbatès* بيكاسو : « وجه ج. سارباتيس » .

Q

Qaddafi [qäd′dâ fē], **Mu'ammar**= Kazzafi, Mu'ammar.

Qalawun [qä lâ′wōōn] قــلاوون، المنصور سيف الدين (توفي عام ١٢٩٠ م.) : سلطان مصر المملوكي (١٢٨٠ – ١٢٩٠م.). قضى على الخطر المغولي الذي كان يتهدّد بلاده.

Quasimodo [kwä′s ə mōd ō], **Salvatore** كواسيمودو، سالفاتور (١٩٠١– ١٩٦٨) : شاعر وناقد ومترجم إيطالي. مُنح جائزة نوبل في الآداب لعام ١٩٥٩.

Quesnay [kā nā′], **François** كينيه، فرانسوا (١٦٩٤ - ١٧٧٤) عالم اقتصاد فرنسي. يُعتبر مؤسس المدرسة الفيزيوقراطية.

Quiller-Couch [kwĭl′ĕr kōōch′], Sir **Arthur Thomas** كُويلر كوتش، السِّير آرثر توماس (١٨٦٣ – ١٩٤٤) : كاتب ومؤلف إنكليزي. اشتهر باسمه القلمي «ك» «Q».

Quintilian [kwĭn tĭl′yən] كوينتليانُس (٣٥ ؟ م. – ٩٦ ؟ م.) : خطيب وبلاغيّ روماني. أنشأ في رومة معهداً لتعليم الخطابة.

Quirino [kĭ rē′nō], **Elpidio** كيرينو، ألبيديو (١٨٩٠ – ١٩٥٦) : سياسي فيليبيني. رئيس الجمهورية (١٩٤٨ – ١٩٥٣). استشرى الفسادُ في عهده.

Quisling [kwĭz′lĭng], **Vidkun** كُويزلنغ، فيدكُن (١٨٨٧ – ١٩٤٥) : سياسي نروجي. ألف حكومة موالية للنازيين (١٩٤٠ – ١٩٤٥) خلال الاحتلال الألماني للنروج. أُعدم.

Quwatli [qōōw′wăt lē], **Shukri al-** القُوَّتلي، شكري (١٨٩١ – ١٩٦٧) : سياسي سوري. عُرف بنضاله من أجل الاستقلال. رئيس الجمهورية (١٩٤٣ – ١٩٤٩) و(١٩٥٥ – ١٩٥٨).

R

Rabelais [răb'ə lā], **François**
رابليه ، فرانسوا (١٤٩٣ ؟ – ١٥٥٣) : كاتب فرنسي . بدأ حياته راهباً ثم انصرف إلى الطب والتربية والأدب .

Rabi'ah al-'Adawiyyah [rä'bĭ 'äh ăl 'ă dă wĭy'yăh] رابعة العدَوية (٧١٣ ؟ – ٨٠١ م.) : زاهدة وشاعرة عربية . عبّرت في شعرها عن حبّ لله نابع من الشوق إليه والتطلّع إلى استجلاء جماله الأزلي .

Rachmaninoff [răkh mä'nĭ nôf], **Sergei**
رخمانينوف ، سيرجي (١٨٧٣– ١٩٤٣) : مؤلف موسيقي روسي . اتّسمت آثاره بطابع قومي رومانتيكي تغلب عليه الكآبة .

Racine [rȧ sēn'], **Jean Baptiste**
راسين ، جان باتيست (١٦٣٩–١٦٩٩) : شاعر مسرحي فرنسي . يُعتبر أحد أعظم المسرحيين الكلاسيكيين في تاريخ الأدب كله .

Radcliffe [răd'klĭf], **Ann** ، رادكليف ، آنّ (١٧٦٤ – ١٨٢٣) : روائية إنكليزية . يكتنف آثارها جوٌّ من الغُموض والرعب حابسٌ للأنفاس .

Raeburn [rā'bərn], Sir **Henry**
رايبورن ، السِّير هنري (١٧٥٦ – ١٨٢٣) : رسام أسكتلندي . عُرِف برسم الوجوه .

Raleigh [räl'ē], Sir **Walter** ، رالي ، السِّير وولتر (١٥٥٤ – ١٦١٨) : ملاح ومستكشف إنكليزي . تمتّع بحظوة كبيرة في بلاط الملكة أليزابيث الأولى . أُعدم .

Ramakrishna [rä mə krĭsh'nə]
راماكريشنا (١٨٣٦ – ١٨٨٦) : صوفيّ ومصلح ديني هندوسي . نادى بأن جميع الأديان تقود إلى الذات المطلقة .

Rambouillet [rän bōō yā'], **Marquise de** رامبوييه، المركيزة دو (١٥٨٨– ١٦٦٥) : نبيلة فرنسية . اشتهرت بصالونها الأدبي الذي كان يختلف إليه نخبة من رجال الأدب والثقافة .

Rameses II [răm'ə sēz] رمسيس الثاني (توفي عام ١٢٣٧ ق. م.) : فرعون مصر (١٣٠٤ – ١٢٣٧ ق. م) . يُعتبر أعظم فراعنة مصر قاطبةً .

Rameses III رمسيس الثالث (توفي عام ١١٦٦ ق. م.) : فرعون مصري (١١٩٨ – ١١٦٦ ق. م.) . فتح ليبيا وقبرص ، وعزّز التجارة والصناعة .

Ramsay [răm'zē], **Allan** ، رمزي ، آلان (١٧١٣ – ١٧٨٤) : رسام أسكتلندي . يُعَدّ أحد أعظم الرسامين الأسكتلنديين في مختلف العصور .

Ramsay, Sir **William** رمزي ، السير وليم (١٨٥٢ – ١٩١٦) : كيميائي بريطاني . اكتشف « الغازات الخاملة » inert gases.

Ram Singh [räm sĭng] رام سينغ (١٨١٦ – ١٨٨٥) : فيلسوف ومصلح هندي سيخي . اتخذ من اللاتعاون ومقاطعة السّلع البريطانية سلاحاً سياسياً .

Ranke [räng'kə], **Leopold von**
رانكه ، ليوبولد فون (١٧٩٥ – ١٨٨٦) : مؤرخ ألماني . يُعتبر في رأي كثير من الباحثين أبا علم التاريخ الحديث .

Raoult [rȧ'ōōl], **François Marie**
راوول ، فرانسوا ماري (١٨٣٠–١٩٠١) : كيميائي فرنسي . وضع قانوناً كيميائياً يُعرف باسمه .

Raphael [răf'ē əl] رافاييل (١٤٨٣ – ١٥٢٠) : رسام ومهندس معمار إيطالي. يُعتبر أحد أعظم الفنانين العالميين في مختلف العصور .

Rasputin [răs pyōō'tĭn], **Grigori**
راسبوتين ، غريغوري (١٨٧٢ – ١٩١٦) : راهب روسي . تمتّع بنفوذ كبير في بلاط القيصر نيقولا الثاني . عُرِف بفسقه وتهتّكه .

Ravel [rä vĕl'], **Maurice Joseph**
رافيل ، موريس جوزيف (١٨٧٥ – ١٩٣٧) : مؤلف موسيقي فرنسي . يُعتبر أحد أكثر المؤلفين الموسيقيين أصالةً في عصره .

Rawlinson [rô'lĭn sən], Sir **Henry**
رولنسون ، السِّير هنري (١٨١٠ – ١٨٩٥) : مستشرق إنكليزي . وُفِّق إلى حلّ رموز الكتابة المسمارية .

Rayleigh [rā'lē], **Lord** رايلي ، اللورد (١٨٤٢ – ١٩١٩) : فيزيائي بريطاني . قام باكتشافات هامة في علم الصوت وعلم البَصَريات .

Rabelais

Raphael

Racine

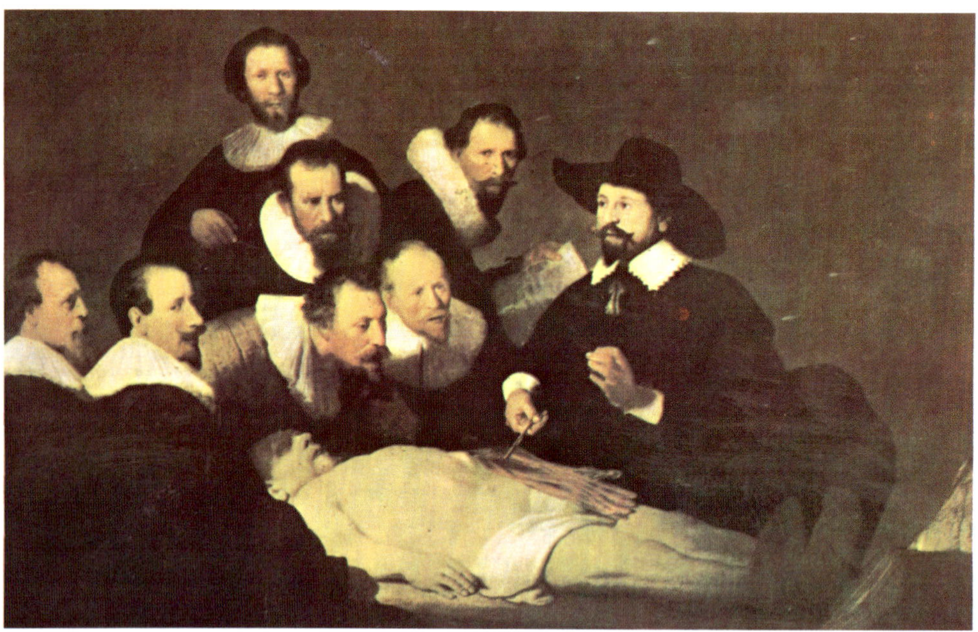

Rembrandt : *The Anatomy Lesson*

رامبرانت : « درس التشريح »

Reade [rēd], **Charles** ريد ، تشارلز (١٨١٤ – ١٨٨٤) : روائي ومؤلف مسرحي إنكليزي . كتب أربعين مسرحية وأربع عشرة رواية .

Réaumur [rā ō mür′], **René** رومير ، رينيه (١٦٨٣ – ١٧٥٧) : عالم فرنسي . اخترع المِحرّ أو الترمومتر المنسوب إليه (عام ١٧٣٠) .

Récamier [rā kȧ myā′], **Madame** ريكامييه ، مدام (١٧٧٧ – ١٨٤٩) : سيدة فرنسية . اشتهرت بصالونها الأدبي الذي كان ملتقى رجال الفكر والأدب والسياسة .

Redon [rĕ′dôn], **Odilon** ريدون ، أوديلون (١٨٤٠ – ١٩١٦) : رسام فرنسي . من المدرسة الرمزية . تأثر بـه أصحاب المدرستين الدادية والسُّريالية .

Reed [rēd], **Walter** ريد ، وولتر (١٨٥١ – ١٩٠٢) : طبيب وبكتيريولوجي أميركي . عُني بدراسة الحمّى الصّفراء .

Regiomontanus [rē jē ō mŏn tā′ nəs] ريجيومونتانوس (١٤٣٦–١٤٧٦) : رياضي وعالم فلك ألماني . أسهم إسهاماً ذا شأن في إحياء علم المثلّثات وتطويره .

Remarque [rə märk′], **Erich Maria** ريمارك ، إيريخ ماريا (١٨٩٨ – ١٩٧٠) : روائي أميركي . أشهر آثاره : « كلّ شيء هادىء في الجبهة الغربية » *All Quiet on the Western Front* (عام ١٩٢٩) .

Rembrandt [rĕm′brănt] رامبرانت (١٦٠٦ – ١٦٦٩) : رسام هولندي . يُعتبر واحداً من أساتذة الفن الكبار في العالم كله .

Renan [rə nän′], **Ernest** رينان ، أرنست (١٨٢٣ – ١٨٩٢) : مؤرخ وفيلسوف فرنسي . أشهر آثاره : « حياة المسيح » *Vie de Jésus* (عام ١٨٦٣) .

Reni [rā′nē], **Guido** [gwē′dô] ريني ، غويدو (١٥٧٥ – ١٦٤٢) : رسام إيطالي . عُني بتصوير الموضوعات الدينية والأسطورية .

Renoir [rĕn′wär], **Pierre Auguste** رينوار ، بيير أوغوست (١٨٤١ – ١٩١٩) : رسام فرنسي . يُعتبر أحد أبرز ممثلي المدرسة الانطباعية .

Retz [rĕts], **Cardinal de** ريتز ، الكاردينال دو (١٦١٤ – ١٦٧٩) : كاردينال وزعيم سياسي فرنسي . عُرف بخصومته للكاردينال مازاران .

Reynolds [rĕn′əldz], Sir **Joshua** رينولدز ، السّير يشوع (١٧٢٣ – ١٧٩٢) : رسّام إنكليزي . يُعتبر ، أحياناً ، أعظم الرسّامين الإنكليز في كل العصور .

Ribbentrop [rĭb′ən trôp], **Joachim von** ريبينتروب ، جواتشيم فون (١٨٩٣– ١٩٤٦) : سياسي ألماني . وزير الخارجية (١٩٣٨ – ١٩٤٥) . اعتُبر مجرم حرب فأعدم (عام ١٩٤٦) .

Ribera [rē vĕ′rä], **José de** ريفيرا ، خوسيه دي (١٥٩١ – ١٦٥٢) : رسام إسباني . تميّز أسلوبه بموضوعية صارمة .

Ricardo [rĭ kär′dō], **David** ريكاردو ، دايفيد (١٧٧٢ – ١٨٢٣) : عالم اقتصاد إنكليزي . يُعتبر مؤسس المدرسة الكلاسيكية في علم الاقتصاد .

Richard I [rĭch′ərd] ريتشارد الأول ، ريكاردوس الأول (١١٥٧ – ١١٩٩) : ملك انكلترا (١١٨٩–١١٩٩) . شارك في الحروب الصليبية . يلقّب بـ « قلب الأسد».

Richard II ريتشارد الثاني (١٣٦٧ – ١٤٠٠) : ملك إنكلترا (١٣٧٧ – ١٣٩٩) . في عهده نشبت ثورة الفلاحين (عام ١٣٨١).

Richards [rĭch′ərdz], **Theodore William** ريتشاردز ، ثيودور وليم (١٨٦٨ – ١٩٢٨) : كيميائي أميركي . حدّد الوزن الذري للأكسجين . مُنح جائزة نوبل في الكيمياء لعام ١٩١٤ .

Richardson [rĭch′ərd sən], Sir **Owen** ريتشاردسون ، السّير أووين (١٨٧٩ – ١٩٥٩) : فيزيائي إنكليزي . وضع « قانون ريتشاردسون » . مُنح جائزة نوبل في الفيزياء لعام ١٩٢٨ .

Richelieu [rē shə lyœ′], **Armand Jean du Plessis** ريشيليو ، آرمان جان دو بليسيس (١٥٨٥ – ١٦٤٢) : كاردينال وسياسي فرنسي . كبير وزراء لويس الثالث عشر والحاكم الفعلي لفرنسا (١٦٢٤ – ١٦٤٢) .

Riemann [rē män′], **Georg** ، ريمان ، جورج (١٨٢٦ – ١٨٦٦) : عالم رياضي ألماني . وضع نوعاً من الهندسة اللاّإقليدية .

Rilke [rĭl′kə], **Rainer Maria** ريلكه ،رَيْنَر ماريا (١٨٧٥– ١٩٢٦) : شاعر نمساوي ـ ألماني . يُعتبر أحد عمالقة الأدب الحديث .

Rimbaud [răn bō′], **Arthur** ، رينبو ، آرتُور (١٨٥٤ – ١٨٩١) . شاعر فرنسي . تأثر به شعراء المدرسة الرمزية . هجر الشعر وهو بعدُ شابّ وعاش عيش المغامرين .

Rimsky-Korsakov [rím′skē kôr′sə kôf], **Nikolai** ريمسكي كورساكوف ، نيقولاي (١٨٤٤ – ١٩٠٨) : مؤلف موسيقي روسي . حاول إبداع موسيقى وطنية مستمدّة من التراث الشعبي .

Rivera [rē vĕ′rä], **Diego** [dyĕ′gô] ريفيرا ، دييغو (١٨٨٦ – ١٩٥٧) : رسام مكسيكي . عُني بتصوير حياة الطبقات الكادحة .

Robert II [rŏb′ərt] روبرت الثـاني (١٣١٦ – ١٣٩٠) : ملك أسكتلندا (١٣٧١ – ١٣٩٠) . مؤسس أسرة ستيووارت المالكة .

Robespierre [rô bəs pyâr′], **Maximilien de** روبسبيير ، مكسيميليان دو (١٧٥٨ – ١٧٩٤) : أحد أبرز رجال الثورة الفرنسية . بدأ عهدَ الإرهاب فقضى على معظم خصومه السياسيين .

Rockefeller [rŏk′ə fĕl ər], **John** روكفلر ، جون (١٨٣٩ – ١٩٣٧) : رجل مال وأعمال أميركي . سيطر على صناعة تكرير النفط في الولايات المتحدة الأميركية . يُعرف بـ « جون روكفلر الأب » .

Rockefeller, John روكفلر ، جون (١٨٧٤ – ١٩٦٠): أحد ملوك النفط في الولايات المتحدة الأميركية. يُعرف بـ « جون روكفلر الابن » .

Rodin [rō dăn′], **Auguste** ، رودان ، أوغوست (١٨٤٠ – ١٩١٧) : نحـات فرنسي . تنزع آثاره إلى التعبير عن « فكر » تجريدي الطابع .

Roentgen [rĕnt′gən], **Wilhelm Konrad** رونتجـن ، ولهلم كونراد (١٨٤٥ – ١٩٢٣) : فيزيائي ألماني . اكتشف أشعة أكس (عام ١٨٩٥) .

Rolland [rô län′], **Romain** ،رولان ، رومان (١٨٦٦ – ١٩٤٤) : روائي وكاتب مسرحي فرنسي . يُعتبر أحد أبرز الأدباء الفرنسيين في النصف الأول من القرن العشرين .

Romains [rô măn′], **Jules** ، رومان ، جول (١٨٨٥ – ١٩٧٢) : روائي وكاتب مسرحي وشاعر فرنسي .

Rommel [rŏm′əl], **Erwin** ، رومـل ، أرفين (١٨٩١ – ١٩٤٤) : مارشال ألماني . لمع نجمه خلال الحرب العالمية الثانية بوصفه قائداً للقوات الألمانية في إفريقيا الشمالية . انتحر .

Romney [rŏm′nē], **George** ، رومني ، جورج (١٧٣٤ – ١٨٠٢) : رسام إنكليزي . برع في رسم الوجوه .

Ronsard [rôn sâr′], **Pierre de** رونسار ، بيير دو (١٥٢٤ – ١٥٨٥) : شاعر فرنسي . يُعتبر أحد أعظم شعراء عصر النهضة الفرنسية وأغزرهم إنتاجاً .

Roosevelt [rō′zə vĕlt], **Franklin** روزفلت ، فرانكلن (١٨٨٢ – ١٩٤٥) : سياسي أميركي . الرئيس الثاني والثلاثون للولايات المتحدة الأميركية (١٩٣٣ – ١٩٤٥) . في عهده دخلت الولايات المتحدة الأميركية الحرب العالمية الثانية .

Roosevelt, Theodore ، روزفلـت ، ثيودور (١٨٥٨ – ١٩١٩) : سياسي أميركي . الرئيس السادس والعشرون للولايات المتحدة الأميركية (١٩٠١–١٩٠٩).

Roscelin [rôs lăn′]– روسلان (١٠٥٠ ؟ – ١١٢٠ ؟) : فيلسوف فرنسي . أسس فلسفة عُرفت بـ « الاسمانية » nominalism.

Rosenberg [rōz′ən bûrg], **Alfred** روزنبرغ ، ألفرد (١٨٩٣ – ١٩٤٦) : زعيم وكاتب ألماني . وضع النظرية النازيّة في الأعراق . أُعدم .

Ross [rôs], Sir **James Clark** ،رُسّ ، السّير جيمس كلارك (١٨٠٠ – ١٨٦٢) : مستكشف أسكتلندي . اكتشف بحر رُسّ Ross Sea (عام ١٨٤١) .

Franklin Roosevelt

Rilke

Rimbaud

Robespierre

Ross, Sir **John** رُس ، السّير جون (١٧٧٧ – ١٨٥٦) : مستكشف أسكتلندي. اكتشف شبه جزيرة بوثيا Boothia (عام ١٨٣٣) .

Ross, Sir **Ronald** رُس ، السّير رونالد (١٨٥٧ – ١٩٣٢) : طبيب بريطاني . اكتشف أن البعوض ينقل الملاريا (عام ١٨٩٨) .

Rossetti [rō zĕt'ē], **Dante Gabriel** روزيتّي ، دانتي غابرييل (١٨٢٨ – ١٨٨٢) : شاعر ورسام إنكليزي . إيطاليّ الأصل .

Rossini [rô sē'nē], **Gioacchino Antonio** روسّيني ، جيواتشينو أنطونيو (١٧٩٢ – ١٨٦٨) : مؤلف موسيقي إيطالي . وضع أربعين أوبرا في أربعين عاماً .

Rostand [rō stän'], **Edmond** روستان ، أدمون (١٨٦٨ – ١٩١٨): كاتب مسرحي فرنسي . أشهر آثاره « سيرانو دو بيرجيراك » *Cyrano de Bergerac* (عام ١٨٩٧) .

Rousseau [rōō sō'], **Henri** روسّو ، هنري (١٨٤٤ – ١٩١٠) : رسام فرنسي . عُني برسم الأدغال والوحوش والغجر .

Rousseau, Jean Jacques روسّو ، جان جاك (١٧١٢ – ١٧٧٨) : كاتب فرنسي . كان لآرائه السياسية أثرٌ كبير في تطور الديموقراطية الحديثة .

Rousseau, Théodore روسّو ، تيودور (١٨١٢ – ١٨٦٧) : رسام فرنسي . عُرف ببراعته في استخدام الألوان .

Royce [rois], **Josiah** رويس ، جوسيا (١٨٥٥ – ١٩١٦) : فيلسوف أميركي . كان من أبرز القائلين بـ « المثالية المطْلقة » .

Rubens [rōō'bənz], **Peter Paul** روبنز ، بيتر بول (١٥٧٧ – ١٦٤٠) : رسام فلمنكي . عُني برسم الوجوه وتصوير الموضوعات الدينية والميثولوجية .

Rumi, al- [ăr rōō'mē] = Jalal-ud-din al-Rumi.

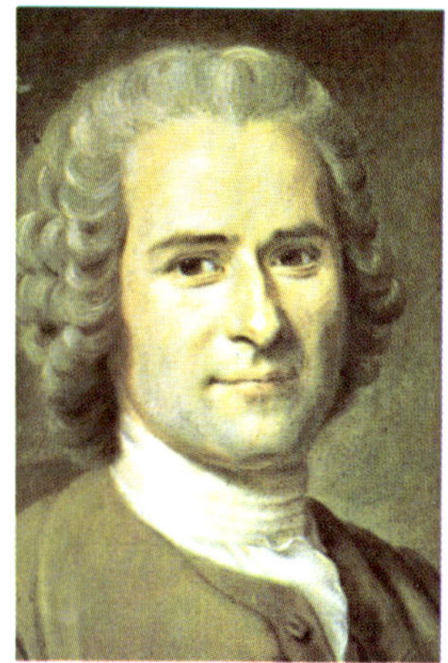

Jean Jacques Rousseau

Rusk [rŭsk], **Dean** راسْك ، ديـــن (١٩٠٩ –) : سياسي أميركي . وزير الخارجية (١٩٦١ – ١٩٦٩) في عهدَيْ جون كندي ولِينْدون جونسون .

Ruskin[rŭs'kĭn], **John** راسْكِن ، جون (١٨١٩ – ١٩٠٠) : كاتب وناقد فنيّ إنكليزي . أكـّدَ على مساوىء المجتمع الصناعي الجديد .

Russell [rŭs'əl], Lord **Bertrand** راسِل ، اللــورد برتراند (١٨٧٢ – ١٩٧٠) : رياضي وفيلسوف إنكليزي . من آثاره : « تحليل المادة » *The Analysis of Matter* (عام ١٩٢٧) .

Russell, Lord **John** راسِل ، اللورد جون (١٧٩٢ – ١٨٧٨) : سياسي بريطاني . رئيس الوزراء (١٨٤٦ – ١٨٥٢) و (١٨٦٥ – ١٨٦٦) .

Rutherford [rŭth'ər fərd], **Daniel** رَذَرْفورد ، دانيال (١٧٤٩ – ١٨١٩) : كيميائي أسكتلندي . اكتشف النيتروجين (عام ١٧٧٢) .

Rutherford, Ernest رَذَرْفــورد ، أرنَسْت (١٨٧١ – ١٩٣٧) : فيزيائي بريطاني . مُنح جائزة نوبل في الكيمياء لعام ١٩٠٨ .

Ruysdael [rois'däl], **Jacob van** رُويْسْدال ، جاكوب فان (١٦٢٨ ؟ – ١٦٨٢) : رسّام هولندي . برع في تصوير الأشجار بخاصة .

Ryder [rī'dər], **Albert** رايدر ، ألبرت (١٨٤٧ – ١٩١٧) : رسّام أميركي . عُني بتصوير المشاهد الطبيعية .

Renoir : *le Moulin de la Galette*

رينوار : « ملهى لو مولين دو لا غاليت »

S

Sabbah [säb'bâh], **Hasan Kamil al-** الصَّبَّاح، حسن كامل (١٨٩٤ – ١٩٣٥) : عالمٌ لبناني . سجّل عدداً من المخترعات في حقل الكهرباء .

Sabin [sā'bin], **Albert Bruce** سابن ، ألبرت بروس (١٩٠٦ –) : طبيب أميركي . ابتكر لقاحاً ضدّ شلل الأطفال .

Sachs [zăks], **Hans** زاكس ، هانس (١٤٩٤ – ١٥٧٦) : شاعر ألماني . عُرف بغزارة الإنتاج .

Sadat [sâ'dât], **Muhammad Anwar** السادات ، محمد أنور (١٩١٨ – ١٩٨١) : زعيم عسكري وسياسي مصريّ . رئيس الجمهورية (١٩٧٠ – ١٩٨١) خلفاً للرئيس جمال عبد الناصر .

Sade [sâd], **Marquis de** ساد، المركيز دو (١٧٤٠ – ١٨١٤) : روائي فرنسي . عُني بتصوير حالات الانحراف الجنسي .

Sa'di [sä'dē] سَعدي (١٢١٣ ؟ – ١٢٩٢ م .) : شاعر فارسي . يُعتبر أحد أكثر الشعراء الفرس شعبيةً .

Saint [sānt] إذا لم تجد طلبتَك بين المواد المبدوءة بلفظة Saint فراجع الاسم الذي يلي هذه اللفظة . مثلاً : أطلب Saint Paul تحت مادة Paul.

Sainte-Beuve [sănt bœv'], **Charles Augustin** سانت بوف ، شارل أوغسطين (١٨٠٤ – ١٨٦٩) : ناقد أدبي فرنسي .

Saint-Exupéry [săn tĕg zü pā rē'] **Antoine de** سان أكزوبيري، أنطوان دو (١٩٠٠ – ١٩٤٤) : طيار وكاتب فرنسي . أشهر آثاره : « طيران الليل » *Vol de nuit* (عام ١٩٣١) .

Saint-Just [săn zhüst'], **Louis Antoine Léon de** سان جوست ، لويس أنطوان ليون دو (١٧٦٧–١٧٩٤) : أحد زعماء الثورة الفرنسية . أعدم بالمقصلة .

Saint-Saëns [săn säns'], **Camille** سان سانس ، كميل (١٨٣٥ – ١٩٢١) : مؤلف موسيقي فرنسي . من أشهر آثاره : « شمشون ودليلة » *Samson et Dalila* (عام ١٨٧٧) .

Saint-Simon [săn sē môn'], **Comte de** سان سيمون، الكونت دو (١٧٦٠– ١٨٢٥) : فيلسوف اشتراكي فرنسي . دعا إلى إلغاء السلطة السياسية .

Saladin [săl'ə dĭn] ؛ صلاح الدين ؛ صلاح الدين الأيوبي (١١٣٨ ؟ – ١١٩٣) : أحد أعظم أبطال الإسلام . مؤسس الدولة الأيوبية (عام ١١٧١) . هزم الصليبيين في معركة حِطّين الفاصلة (عام ١١٨٧) .

Salazar [sä lə zär'], **Antonio de Oliveira** سالازار ، أنطونيو دي أوليفيرا (١٨٨٩ – ١٩٧٠) : ديكتاتور البرتغال (١٩٣٢ – ١٩٦٨) .

Salk [sôlk], **Jonas Edward** سولك ، جوناس أدْوَرْد (١٩١٤ –) : بيولوجي أميركي . صنع أول لقاح ضد شلل الأطفال (عام ١٩٥٤) .

Sand [sänd], **George** ساند ، جورج (١٨٠٤ – ١٨٧٦) : روائية فرنسية . برعت في تصوير الحياة الريفية .

Sanger [săng'ər], **Margaret** سانغر ، مارغريت (١٨٨٣ – ١٩٦٦) : مصلحة اجتماعية أميركية . تعتبر رائدة في الدعوة إلى تحديد النسل .

San Martín [săn mär tēn'], **José de** سان مارتين، خوسيه دي(١٧٧٨–١٨٥٠) : جنرال وسياسي أرجنتيني . ناضل من أجل استقلال بلاده .

Santayana [săn tə yä'nä], **George** سانتيانا ، جورج (١٨٦٣ – ١٩٥٢) : شاعر وفيلسوف أميركي . إسباني المولد . صاحب كتاب « حياة العقل » *The Life of Reason* (عام ١٩٠٥) .

Sapir [sə pĭr'], **Edward** سابير ، أدْوَرْد (١٨٨٤ – ١٩٣٩) : عالم أنثروبولوجي ولغوي أميركي . درس هنود أميركا الحمر ولغاتهم .

Sappho [săf'ō] سافو (أواخر القرن السابع – أوائل القرن السادس قبل الميلاد) : شاعرة غنائية يونانية . لم يبق لنا من آثارها غير شذرات قليلة .

Sargent [sär'jənt], **John Singer** سارجَنْت ، جون سينغر (١٨٥٦ – ١٩٢٥) : رسام أميركي . عُني برسم اللوحات المائية .

Sargon II [sär'gŏn] سَرجون الثاني (توفي عام ٧٠٥ ق . م .) : ملك أشور (٧٢١ – ٧٠٥ ق . م .) .

Saroyan [sə roi'ən], **William** ساروبان ، وليم (١٩٠٨ – ١٩٨١) : روائي وكاتب مسرحي أميركي . من أشهر آثاره رواية « الكوميديا الإنسانية » *The Human Comedy* (عام ١٩٤٣) .

Sartre [sár'tr], **Jean Paul** سارتر ، جان بول (١٩٠٥ – ١٩٨٠) : روائي وكاتب مسرحي وفيلسوف فرنسي . يُعتبر زعيم المدرسة الوجودية الفرنسية .

Saint-Saëns

Sartre

Abdul-'Aziz ibn-Sa'ud

Savonarola

Schopenhauer

Sa'ud [sä'ōōd'], **'Abdul-'Aziz ibn-** سَعود ، عبد العزيز بن (١٨٨٠ – ١٩٥٣) : ملك المملكة العربية السعودية ومؤسسها (١٩٣٢ – ١٩٥٣) . خطت البلاد في عهده خطوات واسعة في ميداني العمران والثقافة .

Sa'ud ibn-'Abdil-'Aziz [sä'ōōd' ĭb' ən 'ăbdĭl''ä zēz'] سَعود بن عبد العزيز (١٩٠٢ – ١٩٦٩) : ملك المملكة العربية السعودية (١٩٥٣ – ١٩٦٤) . تنازل عن العرش .

Savonarola [săv ə nə rō'lə], **Girolamo** سافونارولا ، جيرولامو (١٤٥٢– ١٤٩٨) : راهب ومصلح ديني إيطالي . شنّ حملة على الفساد الأخلاقي الذي عرفته الكنيسة في عصره .

Sayyid Darwish [săy'yĭd dăr'wēsh] سيِّد درويش (١٨٩٣ – ١٩٢٣) : موسيقي ومغنٍّ مصريّ . يُعتبر رائد النهضة الموسيقية العربية الحديثة .

Scarlatti [skär lät'ē], **Alessandro** سكارلاتّي، ألسَّندرو (١٦٦٠ – ١٧٢٥) : مؤلف موسيقي إيطاليّ . وضع أكثر من مئة أوبرا .

Scarlatti, Domenico ، سكارلاتّي دومينيقو (١٦٨٥ – ١٧٥٧) : مؤلف موسيقي إيطالي . ابن ألسَّندرو سكارلاتي .

Scheele [shā'lə], **Karl Wilhelm** شايلي ، كارل ولهلم (١٧٤٢ – ١٧٨٦) : كيميائي سويدي . اكتشف عدداً من الأحماض والغازات والعناصر .

Schelling [shĕl'ĭng], **Friedrich** شَلّينغ ، فريدريتش (١٧٧٥–١٨٥٤) : فيلسوف ألماني . ارتبط اسمه بالحركة الرومانتيكية .

Schiller [shĭl'ər], **Johann** ، شيلّر جوهان (١٧٥٩ – ١٨٠٥) : شاعر وكاتب مسرحي ألماني . من أشهر آثاره مسرحية « وليم تلّ » *Wilhelm Tell* (عام ١٨٠٤).

Schlegel [shlā'gəl], **August Wilhelm von** شليغل ،أوغوست ولهلم فون (١٧٦٧ – ١٨٤٥) : شاعر وناقد ألماني . يُعتبر أحد طلائع الحركة الرومانتيكية.

Schleiden [shlī'dən], **Matthias Jakob** شلايدن ، ماتياس جاكوب (١٨٠٤– ١٨٨١) : عالم نبات ألماني . أسهم إسهاماً بارزاً في إنشاء علم الخلايا .

Schliemann [shlē'män], **Heinrich** شليمان ، هاينريتش (١٨٢٢ – ١٨٩٠) : عالم آثار ألماني . قام بحفريات في طروادة وميسيني .

Schmidt [shmĭt], **Bernhard** . شميت، برنهارد (١٨٧٩ – ١٩٣٥) : عالم فلك وبصريات ألماني . أدخل بعض التحسينات على التلسكوب .

Schönberg [shœn'bûrg], **Arnold** شونبورغ ، آرنولد (١٨٧٤ – ١٩٥١) : مؤلف موسيقي أميركي . عُرف بتحرره من قيود الشكل الموسيقية التقليدية .

Schopenhauer [shō'pən hou ər], **Arthur** شوبنهاور ، آرثر (١٧٨٨ – ١٨٦٠) : فيلسوف ألماني . أهم آثاره : « العالم كإرادة وفكرة » *The World as Will and Idea* (عام ١٨١٩) .

Schubert [shōō'bərt], **Franz** ، شوبرت فرانز (١٧٩٧ – ١٨٢٨) : مؤلف موسيقي نمساوي . يُعتبر أحد أعظم الموسيقيين الرومانتيكيين .

Schumann [shōō'män], **Robert** شومان، روبرت (١٨١٠–١٨٥٦): مؤلف موسيقي ألماني . تأثر ببيتهوفن وشوبرت .

Schwann [shvän], **Theodor** ، شفان ثيودور (١٨١٠–١٨٨٢) : عالم فيسيولوجي ألماني . يُعتبر أحد مؤسسي علم الخلايا .

Schweitzer [shvīt'sər], **Albert** شفايتزر ، ألبرت (١٨٧٥ – ١٩٦٥) : طبيب ولاهوتي فرنسي . مُنح جائزة نوبل للسلام لعام ١٩٥٢ .

Scipio Aemilianus [sĭp'ē ō ē mĭl ē ā'nŭs] سيبيو إيميليانوس (١٨٥ – ١٢٩ ق. م.) : جنرال وقنصل روماني . حفيد سيبيو الأرشد . يُعرف بـ « سيبيو الأصغر » Scipio the Younger .

Scipio Africanus [sĭp'ē ō ăf rĭ kā' nŭs] سيبيو أفريقانوس (٢٣٦ – ١٨٣ ق . م .) : جنرال روماني . يُعرف بـ « سيبيو الأرشد » Scipio the Elder .

Scott [skŏt], Sir **Walter** ، سكوت السِّير وولتر (١٧٧١ – ١٨٣٢) : روائي أسكتلندي . من أشهر آثاره : « آيفنهو » *Ivanhoe* (عام ١٨٢٠) .

Scriabin [skryä'bĭn], **Alexander** سْكرايابين ، ألكْسَندر (١٨٧٢ – ١٩١٥) : مؤلف موسيقي روسي . عُرف بألحانه المُعَدّة للعزف على البيان .

Scribe [skrēb], **Augustin Eugène** سْكريب ، أوغوستين أوجين (١٧٩١ – ١٨٦١) : كاتب مسرحي فرنسي . اشتهر بتمثيلياته الخفيفة .

Seleucus I [sĭ lōō'kəs] سَلوقس الأول (توفي عام ٢٨١ ق. م.) : أحد قواد الإسكندر المقدوني . مؤسس السّلالة السّلوقية (عام ٣١٢ ق. م.) .

Selim I [sĕ lēm'] سليم الأول (١٤٧٠– ١٥٢٠) : سلطان عثماني (١٥١٢–١٥٢٠) . فتح فارس وسوريا ومصر . يُعتبر أول الخلفاء العثمانيين (عام ١٥١٧) .

Seneca [sĕn′ə kə], **Lucius Annaeus** سنيكا ، لوسيوس آنايوس (٤ ؟ ق . م . – ٦٥ م .) : خطيب وزعيم سياسي روماني . وضع عدداً من المؤلفات الفلسفية والمسرحيات التراجيدية .

Sennacherib [sĭ năk′ər ĭb] سنحاريب (توفي عام ٦٨١ ق . م .) : ملك أشور (٧٠٤ – ٦٨١ ق . م .) . أعاد بناء نينوى ، ودمّر مدينة بابل .

Seurat [sœ rȧ′], **Georges** سورا ، جورج (١٨٥٩ – ١٨٩١) : رسام فرنسي . يُعتبر زعيم المدرسة الانطباعية المُحْدَثة neoimpressionism .

Sévigné [sā vē nyā′], **Marquise de** سيفينييه ، المركيزة دو (١٦٢٦ – ١٦٩٦) : أديبة فرنسية . صورت في رسائلها إلى ابنتها أحداث العصر وأخلاق أبنائه .

Shadwell [shăd′wəl], **Thomas** شادْويل ، توماس (١٦٤٢ ؟ – ١٦٩٢) : شاعر ومؤلف مسرحي إنكليزي .

Shah Jahan [shä jə hän′] شاه جَهان (١٥٩٢ – ١٦٦٦) : أمبراطور مغولي مـن أباطرة الهند (١٦٢٨ – ١٦٥٨) . بنى « تاج محلّ » .

Shakespeare [shāk′spîr], **William** شكسبير (١٥٦٤–١٦١٦) : شاعر إنكليزي. يُعتبر أعظم الشعراء الإنكليز بلا استثناء . وضع عدداً من المسرحيات الشعرية الخالدة .

Shalmaneser III [shăl mȧ nē′zĕr] شَلما نصَّر الثالث (توفي عام ٨٢٤ ق . م .): ملك أشور (٨٥٨ – ٨٢٤ ق . م .) : غزا دمشق وهزم الحيثيين .

Shapley [shăp′lē], **Harlow** شابلي ، هارلو(١٨٨٥ – ١٩٧٢): عالم فلك أميركي. درس المجرّات وأظهر أنها تنزع إلى التجمع على شكل عناقيد .

Shaw [shô], **George Bernard** شو ، جورج برنارد (١٨٥٦ – ١٩٥٠) : كاتب مسرحي إنكليزي . إيرلندي المولد . تَزْخر آثاره بالظَّرف والسّخرية .

Shawqi [shou′qē], **Ahmad** شوقي ، أحمد (١٨٦٨– ١٩٣٢) : شاعر مصري . يُعتبر أحد أعظم شعراء العربية في جميع العصور .

Shelley [shĕl′ē], **Percy Bysshe** شلي ، بيرس بيش (١٧٩٢ – ١٨٢٢) : شاعر إنكليزي . يُعتبر أحد كبار الشعراء الرومانتيكيين الإنكليز . مات غرقاً .

Sheridan [shĕr′ə dən], **Richard** شريدان ، ريتشارد (١٧٥١ – ١٨١٦) : كاتب مسرحي إنكليزي . برع في تأليف الكوميديا الاجتماعية .

Sherrington [shĕr′ĭng tən], Sir **Charles Scott** شيرينغتون ، السِّير تشـارلز سكوت (١٨٥٧ – ١٩٥٢) : فيسيولوجي إنكليزي . عُني بدراسة الجهاز العصبي .

Shihab [shĭ hâb′], **Amir Basheer** شهاب ، الأمير بشير (١٧٦٧ – ١٨٥٠) : أمير لبناني . اتّسم حُكْمه بالقسوة البالغة . بنى قصر بيت الدين .

Sibawayh [sē bă wăyh′] سِيْبَوَيه (٧٦٠؟– ٧٩٣ ؟ م .) : عالم نحويّ عربي . فارسيّ الأصل . يُعَدّ أوسع النّحاة العرب شهرة .

Sidney [sĭd′nē], Sir **Philip** سيـدني ، السير فيليب (١٥٥٤ – ١٥٨٦) : جندي وشاعر وكاتب ورَجُل بلاط إنكليزي .

Sieyès [sē ā yĕs′], **Emmanuel Joseph** سِيْيَيْس ، عمانوئيل جوزيف (١٧٤٨ – ١٨٣٦) : كاهن وثوريّ فرنسي.

Signorelli [sē nyō rĕl′lē], **Luca** سينيوريلّي ، لوقا (١٤٤٥ ؟ – ١٥٢٣) : رسام إيطالي . اشتهر برسم الصور الجصّية الجدارية .

Simenon [sēm nôn′], **Georges** سيمنون، جورج (١٩٠٣ –) : كاتب فرنسي . عُني بتأليف الروايات البوليسية .

Simonides [sī mən′ə dēz] سيمونيديز (٥٥٦ ؟ – ٤٦٨ ق . م .) : شاعر غنائي يوناني .

Siqueiros [sē kyâr′ōs], **David** سيكيروس ، دايفيد (١٨٩٦ – ١٩٧٤): رسام مكسيكي ، اشتهر بتصوير الجداريات التي تمتزج فيها الواقعية بالخيال .

Shakespeare

Bernard Shaw

Shelley

Ahmad Shawqi

Herbert Spencer

Sisley [sēs lē'], **Alfred** سيسلي، ألفرد (١٨٣٩ – ١٨٩٩) : رسام فرنسي . يُعتبر أحد منشئي المدرسة الانطباعية الفرنسية .

Sloan [slōn], **John French** سلون ، جون فرنش (١٨٧١ – ١٩٥١) : رسام أميركي . عُرف بنزعته الواقعية وبميله إلى الإصلاح الاجتماعي .

Smith [smĭth], **Adam** سميث ، آدم (١٧٢٣ – ١٧٩٠) : فيلسوف اجتماعي وعالم اقتصاد أسكتلندي . يُعتبر مؤسس علم الاقتصاد الكلاسيكي .

Smollett [smŏl'ĭt], **Tobias George** سموليت ، توبياس جورج (١٧٢١ – ١٧٧١) : روائي إنكليزي . عُرف بالظَّرف والنقد اللاذع .

Smuts [smüts], **Jan** [yän] سَمَطْس ، يان (١٨٧٠ – ١٩٥٠) : مارشال وسياسي جنوبإفريقي . رئيس وزراء اتحاد جنوب إفريقيا (١٩١٩ – ١٩٢٤) و (١٩٣٩ – ١٩٤٨) .

Socrates [sŏk'rə tēz] سُقراط (٤٧٠ – ٣٩٩ ق . م .) : فيلسوف يوناني. يعتبر ، هو وأفلاطون وأرسطو ، واضعي أسس الثقافة الغربية .

Sodoma [sŏd'ə mə] *also* **Il Sodoma** [ēl] سودوما ؛ إيل سودوما (١٤٧٧ – ١٥٤٩) : رسام إيطالي . تأثّر بليوناردو دا فنشي ثمّ برافاييل .

Solomon [sŏl'ə mən] سليمان (حوالى ٩٨٦ – حوالى ٩٣٢ ق . م .) : ابن الملك داود وخليفتُه . يُعرف بـ « سليمان الحكيم ».

Solon [sō'lən] صولون (٦٣٠ ؟ – ٥٦٠ ؟ ق . م .) : سياسي ومشترّع أثيني . عُرف بنزعته إلى الإصلاح .

Solvay [sŏl'vā], **Ernest** سولفاي ، أرنست (١٨٣٨ – ١٩٢٢) : كيميائي بلجيكي . استحدث طريقة لإنتاج الصودا عُرفت باسمه .

Solzhenitsyn [sōl zhə nēt'sən], **Aleksandr** سولجينيتسين ، ألكسَنْدر (١٩١٨ –) : روائي سوفياتي . مُنح جائزة نوبل في الأدب لعام ١٩٧٠ .

Sophocles [sŏf'ə klēz] سوفوكليس ؛ سوفوكل (٤٩٦ ؟ – ٤٠٦ ق . م .) : مؤلف مسرحي يوناني . يُعتبر أحد أعظم المسرحيين التراجيديين في الأدب اليوناني القديم .

Sorel [sô rĕl'], **Georges** سوريل ، جورج (١٨٤٧ – ١٩٢٢) : مفكّر فرنسي . تأثرت الفاشيّة والنازية ببعض آرائه .

Southey [sŭth'ē], **Robert** ساذي ، روبرت (١٧٧٤ – ١٨٤٣): شاعر إنكليزي. ارتبط اسمه بالحركة الرومانتيكية في الشعر الإنكليزي .

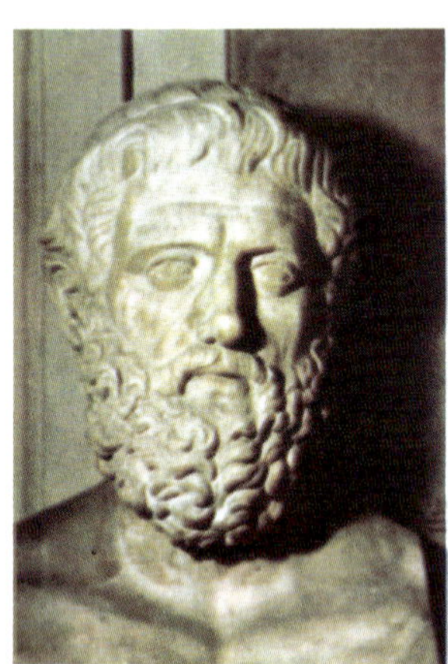

Sophocles

Soutine [sōō tēn'], **Chaim** سوتين ، حاييم (١٨٩٣ – ١٩٤٣) : رسام فرنسي . تميّزت لوحاته بالوجوه الملتوية والأوصال المشوّهة .

Spartacus [spär'tə kəs] سبارتاكوس (توفي عام ٧١ ق. م.) : عبد روماني تزعّم ثورة قام بها العبيد ضد رومة (٧٣ – ٧١ ق . م .) . صُرع في ميدان المعركة .

Spencer [spĕn'sər], **Herbert** سبِنْسَر، هربرت (١٨٢٠ – ١٩٠٣) : فيلسوف إنكليزي . آمن ، قبل داروين ، بتطوّر الأنواع .

Spencer, Sir **Stanley** سبِنْسَر ، السير ستانلي (١٨٩١ – ١٩٥٩) : رسام إنكليزي . تتميّز أعماله بطابع سُريالي .

Spengler [shpĕng'glĕr], **Oswald** شبِنْغلَر ، أوزوولد (١٨٨٠ – ١٩٣٦) : فيلسوف ألماني . قال بأن الحضارة الغربية المعاصرة هي في طريقها إلى الموت .

Spenser [spĕn'sər], **Edmund** سبِنْسَر ،أدموند (١٥٥٢ ؟ – ١٥٩٩) : شاعر إنكليزي .

Spinoza [spĭ nō'zə], **Baruch** سبينوزا، باروخ (١٦٣٢ – ١٦٧٧) : فيلسوف هولندي . كان من أكبر القائلين بـ « وحدة الوجود » .

Stalin [stä'lĭn], **Joseph** ستالين ، جوزيف (١٨٧٩ – ١٩٥٣) : الأمين العام للحزب الشيوعي في الاتحاد السوفياتي (١٩٢٢–١٩٥٣) . رئيس الوزراء (١٩٤١– ١٩٥٣) . قاد بلاده إلى النصر في الحرب العالمية الثانية .

Stanley [stăn'lē], **Henry Morton** ستانلي ، هنري مورتون (١٨٤١ – ١٩٠٤) : مستكشف بريطاني . رادَ إفريقيا الاستوائية (١٨٧٤ – ١٨٧٧) .

Staudinger [shtou'dĭng ər], **Hermann** شتاودينغر ، هيرمان (١٨٨١ – ١٩٦٥) : كيميائي ألماني. أسهم في تطوير المواد اللدائنية أو البلاستيكية .

Steen [stēn], **Jan** [yän] ستين ، يان (١٦٢٦ ؟ – ١٦٧٩) : رسام هولندي . استمدّ موضوعاته من الحياة اليومية .

Stein [stīn], **Gertrude** شتاين ، جيرترود (١٨٧٤ – ١٩٤٦) : كاتبة أميركية . تميّز أسلوبها بالتكرار والإيغال في التبسيط .

Gertrude Stein

(a portrait by Picasso)

Steinbeck [stīn'bĕk], **John** شتانبيك، جون (١٩٠٢ – ١٩٦٨) : روائي أميركي . اتّسمت آثاره بطابع واقعي . مُنح جائزة نوبل في الأدب لعام ١٩٦٢ .

Stendhal [stän dàl'] ستَنْدال(١٧٨٣ – ١٨٤٢) : روائي فرنسي . أشهر آثاره : « الأحمر والأسود » *le Rouge et le noir* (عام ١٨٣٠) .

Stephenson [stē'vən sən], **George** ستيفنسون ، جورج (١٧٨١ – ١٨٤٨) : مهندس ومخترع بريطاني . يُعتبر رائداً في صناعة القاطرات البخارية .

Sterne [stûrn], **Laurence** ستيرن ، لورنس (١٧١٣ – ١٧٦٨) : روائي بريطاني. تأثّر بأعماله عدد من كتاب الرواية السيكولوجية .

Stevenson [stē'vən sən], **Robert Louis** ستيفنسون، روبرت لويس(١٨٥٠– ١٨٩٤) : شاعر وروائي أسكتلندي . يُعتبر أحد أعلام أدب المغامرات .

Stowe [stō], **Harriet Beecher** ستو، هارييت بيتشر (١٨١١ – ١٨٩٦) : روائية أميركية . أشهر آثارها : « كوخ العم توم » *Uncle Tom's Cabin* (عام ١٨٥٢) .

Strabo [strā'bō] سترابو (٦٤ ق . م . – ٢٣ ؟ م .) : جغرافي ومؤرخ يوناني . تُعدّ آثاره مرجعاً معتمداً في دراسة التاريخ القديم .

Strafford [străf'ərd], **First Earl of** إيرل سترافورد الأوّل (١٥٩٣ – ١٦٤١) : سياسي إنكليزي . كبير وزراء الملك تشارلز الأول .

Strauss [strous; shtrous], **Johann** شتراوس ، جوهان (١٨٢٥ – ١٨٩٩) : مؤلف موسيقي نمساوي . وضع عدداً من الأوبريتات وأكثر من مئة وخمسين فالساً .

Strauss, Richard شتراوس، ريتشارد (١٨٦٤ – ١٩٤٩) : مؤلف موسيقي ألماني. يُعتبر أحد أركان المذهب التعبيري في الموسيقى .

Stravinsky [strə vĭn'skē], **Igor** سترافنسكي ، إيغور (١٨٨٢ – ١٩٧١) : مؤلف موسيقي روسي . يُعدّ أحد أعظم الموسيقيين في القرن العشرين .

Strindberg [strĭnd'bûrg], **August** ستر ندبيرغ ، أوغوست (١٨٤٩ – ١٩١٢) : روائي وكاتب مسرحي سُويدي . كان ذا أثر كبير في تطور المسرحية الأوروبية والأميركية.

Sucre [sōō'krā], **Antonio** سوكريه ، أنطونيو (١٧٩٥ – ١٨٣٠) : زعيم ثوري جنوبأميركي . ساعد بوليفار على تحرير المستعمرات الإسبانية في أميركا الجنوبية .

Suhrawardi, al- [ăs sōōh'rá wăr dē] السُّهْرَوَرْدي (١١٥٥ ؟ – ١١٩١ م .): متصوف وفيلسوف مسلم. حاول التوفيق بين الفلسفة اليونانية والتصوّف .

Suleiman I [sōō'lā män] سُليمان الأول (١٤٩٥ ؟ – ١٥٦٦) : سلطان عثماني (١٥٢٠ – ١٥٦٦) . بلغت الأمبراطورية في عهده أقصى اتساعها وازدهارها .

Sulla [sŭl'ə], **Lucius Cornelius** سولاّ ، لوسيوس كورنيليوس (١٣٨ – ٧٨ ق. م.) : جنرال روماني . ديكتاتور رومة (٨٢ – ٧٩ ق. م.) .

Sullivan [sŭl'ə vən], Sir **Arthur** ساليفان ، السّير آرثر (١٨٤٢ – ١٩٠٠) : مؤلف موسيقي إنكليزي . أعطى الأوبريت الإنكليزية شكلاً مميّزاً .

Sully [sü lē'], **Duc de** سولّي، دوق دو (١٥٦٠ – ١٦٤١) : سياسي فرنسي . كبير وزراء الملك هنري الرابع .

Sully-Prudhomme [sü lē'prü dôm'], **René** سولّي برودوم ، رينيه (١٨٣٩– ١٩٠٧) : شاعر فرنسي . يُعتبر أحد أركان المدرسة البرناسية .

Sun Yat-sen [sōōn' yät'sĕn'] سون يات سِن (١٨٦٦ – ١٩٢٥) : سياسي وزعيم ثوري صيني . مؤسس الجمهورية الصينية ورئيسها المؤقت (١٩١١ – ١٩١٢) .

Swift [swĭft], **Jonathan** سويفت ، جوناثان (١٦٦٧ – ١٧٤٥) : كاتب إنكليزي . أشهر آثاره : « رحلات غاليفر » *Gulliver's Travels* (عام ١٧٢٦) .

Swinburne [swĭn'bərn], **Algernon Charles** سْوِينبَرْن ، آلجرنون تشارلز (١٨٣٧ – ١٩٠٩): شاعر وناقد إنكليزي .

Symons [sī'mənz], **Arthur** سَيمونز ، آرثر (١٨٦٥ – ١٩٤٥) : شاعر وناقد إنكليزي . عُرف بمناصرته للحركة الرمزية الفرنسية .

Synge [sĭng], **John** سِنْغ ، جون (١٨٧١–١٩٠٩): كاتب مسرحي إيرلندي . استمدّ موضوعاته من واقع حياة الشعب الإيرلندي .

Szilard [sē'lärd], **Leo** زيلارد ، ليو (١٨٩٨ – ١٩٦٤) : فيزيائي أميركي . هنغاري المولد. شارك في صنع القنبلة الذرية .

Stendhal

Duc de Sully

Swinburne

T

Tamerlane

Mahmud Taymur

Tennyson

Tabari, al- [ăt tä' bä rē] الطَّبري (توفي عام ٩٢٣م.) : عالمٌ عربي. وضع تفسيراً للقرآن الكريم وكتاباً ضخماً في التاريخ .

Tacitus [tăs'ə təs], **Cornelius** تاسيتوس ، كورنيليوس (٥٦ ؟ – ١٢٠م.): خطيب ومؤرخ روماني .

Taft [tăft], **William Howard** ، تافت، وليم هاوارد (١٨٥٧ – ١٩٣٠) : سياسي أميركي . الرئيس السابع والعشرون للولايات المتحدة الأميركية (١٩٠٩ – ١٩١٣) .

Tagore [tə gôr'], Sir **Rabindranath** طاغور ، السّير رابندرانات (١٨٦١ – ١٩٤١) : شاعر هندي . مُنح جائزة نوبل في الآداب لعام ١٩١٣ .

Taine [tān], **Hippolyte Adolphe** تين ، هيبوليت أدولف (١٨٢٨ – ١٨٩٣): ناقد فرنسي . حاول أن يطبّق المنهج العلمي في النقد الأدبي .

Tal'at Pasha [täl'ăt pä'shä] طلعت باشا (١٨٧٤ – ١٩٢١) : سياسي عثماني . يُعتبر أحد أبرز رجال حزب تركيا الفتاة .

Talleyrand-Périgord [tȧ lĕ rän'pā rē gôr'], **Charles Maurice de** تاليران بيريغور، شارل موريس دو (١٧٥٤– ١٨٣٨): سياسي وأسقف فرنسي. تولى وزارة الخارجية فترة طويلة .

Tamerlane [tăm'ər lān] تيمورلنك (١٣٣٦ – ١٤٠٥) : فاتح مغولي مسلم . اجتاحت جحافله المنطقة الممتدة من منغوليا إلى البحر الأبيض المتوسط .

Tariq ibn-Ziad [tä'rĭq ĭb'ən zĭ yâd'] طارق بن زياد (توفي حوالى عام ٧٢٠ م.) : قائد مسلم . اجتاز المضيق الذي عُرف بعدُ باسمه (مضيق جبل طارق) وفتح الأندلس (عام ٧١١ م.) .

Tasso [tăs'ō], **Torquato** ، تاسـو ، توركْواتو (١٥٤٤ – ١٥٩٥) : كبير شعراء إيطاليا في أواخر عصر النهضة . من أشهر آثاره ملحمة « رينالدو » *Rinaldo* (عام ١٥٦٢) .

Taylor [tā'lər], **Edward** ، تايلور ، أدْوَرْد (١٦٤٥ ؟ – ١٧٢٩) : قسّ وشاعر أميركي . ظلّت قصائده الفضلى مطويةً لم تنشر حتّى عام ١٩٣٩ .

Taylor, Zachary تايلور ، زاكاري (١٧٨٤ – ١٨٥٠) : قائد عسكري وزعيم سياسي أميركي . الرئيس الثاني عشر للولايات المتحدة الأميركية (١٨٤٩ – ١٨٥٠) .

Taymur [tăy'mōōr], **Mahmud** تيمور ، محمود (١٨٩٤ – ١٩٧٣) : كاتب مصري . يُعتبر رائداً من رواد القصة القصيرة في الأدب العربي .

Tchaikovsky [chī kôf'skē], **Peter Ilich** تشايكوفسكي، بيتر إيليتش(١٨٤٠– ١٨٩٣) : مؤلف موسيقي روسي . يُعتبر زعيم مؤلفي موسيقى « الباليه » بلا استثناء .

Teasdale [tēz'dāl], **Sara** ، تيزدايل ساره (١٨٨٤ – ١٩٣٣) : شاعرة أميركية . عُرفت بقصائدها الغنائية القصيرة البسيطة .

Tennyson [tĕn'ə sən], **Alfred** تنيسون ، ألفرد (١٨٠٩ – ١٨٩٢) : شاعر إنكليزي . يُعتبر أعظم شعراء العصر الفيكتوري .

Terence [tĕr'əns] تيرينس (١٨٦ ؟ – ١٥٩؟ ق. م.) : كاتب مسرحي روماني. يُعتبر أحد أكبر الكوميديين الرومان .

Tertullian [tər tŭl'ē ən] تَرْتُلْيـان (١٦٠ ؟ – ٢٣٠ ؟ م.) : لاهوتي نصراني قرطاجيّ. قال بأن الإيمان الأعمى هو السبيل الأوحد للخلاص .

Tetzel [tĕt'səl], **Johann** تِتْزِل، جوهان (١٤٦٥ ؟ – ١٥١٩) : راهب ألماني . كان بَيْعه « صكوكَ الغفران » من العوامل التي أثارت نقمة لوثر على الكنيسة الكاثوليكية.

Tewfik Pasha [tou fēk' pä'shä] توفيق باشا (١٨٥٢ – ١٨٩٢) : خديوي مصر (١٨٧٩ – ١٨٩٢) . في عهده بدأ الاحتلال البريطاني لمصر (عام ١٨٨٢) .

Thabit ibn-Qurrah [thâ'bĭt ĭb'ən qōōr'räh] ثابت بن قُرَّة (٨٣٦ ؟ – ٩٠١ م.): طبيب وعالم رياضيات عربي . نقل إلى العربية عدداً من كتب اليونان في الرياضة والفلك .

Thackeray [thăk'ə rē], **William** ثاكاري ، وليم (١٨١١ – ١٨٦٣): روائي إنكليزي. أشهر آثاره: « معرض الخُيَلاء » *Vanity Fair* (عام ١٨٤٨) .

Thales [thā'lēz] طاليس (٦٤٠ ؟ – ٥٤٦ ؟ ق. م.) : فيلسوف يوناني . قال بأن الماء أصل الأشياء كلها .

Thant [thänt], **U** [yo͞o] ثانت ، يو (١٩٠٩–١٩٧٤) : سياسي بورميّ . ثالث أمين عام للأمم المتحدة (١٩٦١–١٩٧١).

Thatcher [thăch'ər], **Margaret** ثاتشر، مارغريت (١٩٢٥–): سياسية بريطانية . انتخبت عام ١٩٧٥ زعيمة لحزب المحافظين .

Themistocles [thə mĭs'tə klēz] ثيميستوكليس (٥٢٤ ؟ – ٤٦٠ ق. م.) : سياسي وقائد عسكري أثيني . عمل على تعزيز أسطول أثينا .

Theocritus [thē ŏk'rə təs] ثيوقريطس (٣١٠ ؟ – ٢٥٠ ق. م.) : شاعر يوناني . صوّر في قصائده حياة الرعاة اليومية .

Theodoric the Great [thē ŏd'ər ĭk] ثيودوريك الكبير (٤٥٤ ؟ – ٥٢٦ م.) : ملك القوط الشرقيين (٤٧١ – ٥٢٦ م.) . سيطر على شبه الجزيرة الإيطالية كلها .

Theodosius I the Great [thē ə dō'shəs] ثيودوسيوس الأول الكبير (٣٤٧ – ٣٩٥ م.) : أمبراطور روماني (٣٧٩ – ٣٩٥ م.) . قسّم الأمبراطورية إلى جزأين شرقيّ وغربيّ .

Theophrastus [thē ə frăs'təs] ثيوفراستوس(٣٧٢ ؟ – ٢٨٧ ؟ ق. م.): فيلسوف وعالم نبات يوناني . لم يصلنا من كتبه غير أقلّها .

Thiers [tyâr], **Louis Adolphe** تيير ، لويس أدولف (١٧٩٧ – ١٨٧٧) : سياسي ومؤرخ فرنسي . رئيس الجمهورية (١٨٧١ – ١٨٧٣) .

Thompson [tŏmp'sən], Sir **Benjamin** طومبسون ، السّير بنجامان (١٧٥٣ – ١٨١٤) : فيزيائي أميركي . عُرف بدراساته الخاصة بالحرارة .

Thompson [tŏmp'sən], **Francis** طومبسون ، فرنسيس (١٨٥٩ – ١٩٠٧) : شاعر إنكليزي . قاده اعتلاله صحته إلى إدمان الأفيون .

Thomson [tŏm'sən], **James** طومسون، جيمس (١٧٠٠ – ١٧٤٨) : شاعر أسكتلندي . يمثّل شعره اهتماماً مبكّراً بالطبيعة .

Thomson, James طومسون ، جيمس (١٨٣٤ – ١٨٨٢) : شاعر إنكليزي . غلبَ التشاؤم على شعره .

Thomson, Sir **Joseph John** طومسون، السير جوزيف جون (١٨٥٦ – ١٩٤٠) : فيزيائي بريطاني . اكتشف الألكترون (عام ١٨٩٧) .

Thomson, Sir **William** طومسون ، السّير وليم (١٨٢٤ – ١٩٠٧) : فيزيائي بريطاني . اشتهر بدراساته الخاصة بالديناميكا الحرارية .

Thoreau [thôr'ō], **Henry David** ثورو ، هنري دايفيد (١٨١٧ – ١٨٦٢) : كاتب وشاعر أميركي . عُرف بمقاومته الشديدة للاسترقاق والاستعمار .

Thorez [tô rĕz'], **Maurice** توريز ، موريس (١٩٠٠ – ١٩٦٤) : سياسي فرنسي . الأمين العام للحزب الشيوعي الفرنسي (١٩٣٠ – ١٩٦٤) .

Thorndike [thôrn'dīk], **Edward Lee** ثورندايك ، أدْوَرْد لي (١٨٧٤ – ١٩٤٩) : عالم نفس أميركي . ابتكر طريقة لقياس الذكاء .

Theophrastus

Thucydides [tho͞o sĭd'ə dēz] ثوسيديديس (٤٦٠ ؟ – ٤٠٠ ؟ ق. م.) : مؤرخ أثيني . يُعتبر أعظم المؤرخين اليونان على الإطلاق .

Tiberius [tī bîr'ĭ əs] تِيْبيريوس (٤٢ ق. م. – ٣٧ م.) : أمبراطور روماني (١٤ – ٣٧ م.) . سلك في الحكم سبيل التعقّل ، فترةً ، ثم أطلق العنان لنزواته وشهواته .

Tiepolo [tē ā'pə lō], **Giovanni** تيابولو ، جيوفاني (١٦٩٦ – ١٧٧٠) : رسام إيطالي . اشتهر بلوحاته الجصيّة الضخمة .

Tiffany [tĭf'ə nē], **Louis Comfort** تيفاني ، لويس كومفورت (١٨٤٨ – ١٩٣٣) : رسام ومزخرف أميركي . ارتبط اسمه بحركة « الفن الجديد » .

Tiglath-pileser III [tĭg'lăth pĭ lē'zər] تيغلاث فيلاسّر (توفي عام ٧٢٧ ق. م.) : ملك أشور (٧٤٤ – ٧٢٧ ق. م.) . قام بإصلاحات إدارية متعددة .

Tinbergen [tĭn'bər gən], **Nikolaas** تينبرجن ، نيقولاس (١٩٠٧ –) : عالم حيوان هولندي . مُنح جائزة نوبل في الفيسيولوجيا والطب لعام ١٩٧٣ (بالمشاركة).

Tintoretto [tĭn tə rĕt'ō] تنتوريتّو (١٥١٨ ؟ – ١٥٩٤) : رسام إيطالي . تميّزت آثاره بتغاير شديد بين الضوء والظلّ .

Tirso de Molina [tēr'sō dā mō lē'nä] تيرسو دي مولينا (١٥٨٤ ؟ –١٦٤٨): كاتب مسرحي إسباني . أشهر آثاره « خدّاع إشبيلية » *El Burlador de Sevilla* (عام ١٦٣٥) .

Titian [tĭsh'ən] تيتيان (١٤٨٩ ؟ – ١٥٧٦) : رسام إيطالي . يُعتبر أحد أعظم فناني عصر النهضة .

Tito [tē'tō], **Josip Broz** تيتو ، جوزيب بروز (١٨٩٢ – ١٩٨٠) : مارشال وسياسي يوغوسلافي . رئيس الوزراء (١٩٤٥ – ١٩٥٣) . رئيس الجمهورية (١٩٥٣ – ١٩٨٠) .

Titus [tī'təs] تيطس (٣٩–٨١ م.) : أمبراطور روماني (٧٩ – ٨١ م.) . فتح بيت المقدس ودمّرها (عام ٧٠ م.) .

Tolstoy [tōl'stoi], **Aleksey** تولستوي، ألكسي (١٨٨٣ – ١٩٤٥) : روائي روسي . قاوم النظام السوفياتي ثم أعلن تأييده له .

Tolstoy, Count **Leo** تولستوي، الكونت ليو (١٨٢٨ – ١٩١٠) : روائي روسي . أشهر آثاره : « الحرب والسّلم » *War and Peace* (١٨٦٥ – ١٨٦٩) .

Torricelli [tôr rē chĕl'lē], **Evangelista** توريشيلّي ، إيفانجيليستا (١٦٠٨ – ١٦٤٧) : فيزيائي إيطالي . اخترع البارومتر الزئبقي (١٦٤٣) .

Leo Tolstoy

Tutankhamen

Mark Twain

Toulouse-Lautrec [too͞ lo͞oz'lō trĕk'], **Henri de** هنري دو (١٨٦٤ — ١٩٠١) : رسام فرنسي . صوَّر عالم اللهو الباريسي .

Touré [too͞ rā'], **Sékou** [sā'ko͞o] توريه ، سيكو (١٩٢٢ —) : زعيم غينيّ . أول رئيس لجمهورية غينيا (١٩٥٨ —) .

Toynbee [toin'bē], **Arnold** تُوَيْنْبي ، آرنولد (١٨٨٩ — ١٩٧٥) : مؤرخ بريطاني . فسّر التاريخ على أساس مما دعاه « نظرية التحدّي والاستجابة » .

Trajan [trā'jən] : تراجان (٥٣—١١٧م.) أمبراطور روماني (٩٨ — ١١٧ م.) : نشّط التجارة ونظّم ماليّة الدولة .

Trollope [trŏl'əp], **Anthony** ترولّوب ، أنطوني (١٨١٥ — ١٨٨٢) : روائي إنكليزي . صوَّر الحياة الإكايركية والمجتمع الريفي .

Trotsky [trŏt'skē], **Leon** تروتسكي ، ليون (١٨٧٩ — ١٩٤٠) : زعيم ثوري سوفياتي . أصرَّ على ضرورة الثورة العالمية الدائمة . اغتيل في المكسيك .

Truman [tro͞o'mən], **Harry** ترومان ، هاري (١٨٨٤ — ١٩٧٢) : سياسي أميركي . الرئيس الثالث والثلاثون للولايات المتحدة الأميركية (١٩٤٥ — ١٩٥٣) .

Turgenev [to͝or gā'nyəf], **Ivan** تورغنيف ، إيفان (١٨١٨ — ١٨٨٣) : روائي وكاتب مسرحي روسي . عُرِف بنزعته التحررية .

Turgot [to͝or gō'], **Anne Robert Jacques** تورغو ، آنّ روبير جـاك (١٧٢٧ — ١٧٨١) : سياسي وعالم اقتصاد فرنسي . وزير المال (١٧٧٤ — ١٧٧٦) في عهد الملك لويس السادس عشر .

Turner [tûr'nər], **Joseph Mallord William** تيرنَر ، جوزيف مالورد وليم (١٧٧٥ — ١٨٥١) : رسام بريطاني . اتّسمت آثاره بطابع رومانتيكي .

Tutankhamen [too͞ täng kä mən] توت غنخ آمون : فرعون مصري . امتد حكمه من عام ١٣٦١ إلى عام ١٣٥٢ ق. م. اكتُشفَت مومياؤه عام ١٩٢٢ .

Twain [twān], **Mark** تْوَيْن ، مـارك (١٨٣٥ — ١٩١٠) : كاتب هزلي أميركي . أشهر آثاره : « مغامرات توم سُوْيَر » *The Adventures of Tom Sawyer* (عام ١٨٧٦) .

Tyler [tī'lər], **John** تايلـر ، جـون (١٧٩٠ — ١٨٦٢) : سياسي أميركي . الرئيس العاشر للولايات المتحدة الأميركية (١٨٤١ — ١٨٤٥) .

Tyndall [tĭn'dəl], **John** تِنْدَل ، جون (١٨٢٠ — ١٨٩٣) : فيزيائي بريطاني . عُني بدراسة الضوء .

Tzara [tzä'rä], **Tristan** تزارا ، تريستان (١٨٩٦ — ١٩٦٣) : شاعر روماني باللغة الفرنسية . مؤسس الحركة الدادية Dada (عام ١٩١٦) .

U

Uccello [o͞ot chĕl'lō], **Paolo** ، أوتشيلّو باولو (١٣٩٧ – ١٤٧٥) : رسام إيطالي . يُعتبر أحد أبرز الفنانين الفلورنسيين في عصر النهضة .

Umru'-ul-Qays [o͞om ro͞o o͞ol'qåys] امرؤ القَيْس (٥٠٠ ؟ – ٥٤٠ ؟ م.) : شاعر عربي جاهلي . من أصحاب المعلقات . عُرف بدقة الوصف وبراعة التغزّل .

Unamuno [o͞o nä mo͞o'nō], **Miguel de** أونامونو ، ميغيل دي (١٨٦٤ – ١٩٣٦) : كاتب وشاعر وفيلسوف إسباني . يُعدّ رائداً من رُوّاد الفلسفة الوجودية .

'Uqbah ibn-Nafi' ['o͞oq'băh ĭb'ən nâ'fĭ'] : عُقبة بن نافع (٦٢١ – ٦٨٣ م.) : قائد عسكري عربي . فتح شمال إفريقيا وبنى مدينة القيروان .

Urban II [ûr'bən] أوربان الثاني ؛ أوربانوس الثاني (١٠٣٥ ؟ – ١٠٩٩) : بابا رومة (١٠٨٨ – ١٠٩٩) . دعا المسيحيين إلى القيام بالحملة الصليبية الأولى .

Urban VI أوربان السادس ؛ أوربانوس السادس (١٣١٨ ؟ – ١٣٨٩) : بابا رومة (١٣٧٨–١٣٨٩) . في عهده حدث « الانشقاق العظيم » .

Urey [yo͝or'ē], **Harold Clayton** يوري ، هارولد كلايتون (١٨٩٣ – ١٩٨١) : كيميائي أميركي . اكتشف الهيدروجين الثقيل (عام ١٩٣١) .

Urfé [do͝or fā'], **Honoré d'** ، دورفيه أونوريه (١٥٦٨ – ١٦٢٥) : روائي فرنسي . أشهر آثاره رواية « آستريه » *Astrée* في خمسة أجزاء (١٦٠٧ – ١٦٢٧) .

U Thant [yo͞o thänt] = Thant, U.

'Uthman ['o͞oth mân'] = Othman.

Utrillo [ü trē yō'], **Maurice** ، أوتريو موريس (١٨٨٣ – ١٩٥٥) : رسام فرنسي . اشتهر برسومه لحيّ مونمارتر في باريس .

Utrillo : *Montmartre*

أوتريو : « حيّ مونمارتر »

V

Varro[văr'ō], **Marcus** فارّو ، ماركوس (١١٦ – ٢٧ ق. م.) : عالم موسوعيّ روماني . ألّف في مختلف فروع المعرفة .

Vasco da Gama = Gama, Vasco da.

Vaughan Williams [vôn wĭl'yəmz], **Ralph** فون وليامز ، رالف (١٨٧٢ – ١٩٥٨) : مؤلف موسيقي بريطاني . يُعتبر أعظم الموسيقيين الإنكليز في النصف الأول من القرن العشرين .

Velâzquez [və läs'kās], **Diego** فيلازكيز ، دييغو (١٥٩٩ – ١٦٦٠) : رسام إسباني . يُعدّ أحد عباقرة الرسم في الغرب كله .

Verdi [vâr'dē], **Giuseppe** فـيردي ، جوزيبي (١٨١٣ – ١٩٠١) : مؤلف موسيقي إيطالي . يُعتبر أحد أبرز مؤلفي الأوبرا الإيطاليين في القرن التاسع عشر .

Vergil [vûr'jəl] = Virgil.

Verlaine [vĕr lĕn'], **Paul** فيرلـين ، بول (١٨٤٤ – ١٨٩٦) : شاعر فرنسي . يُعَدّ أحد روّاد المدرسة الرمزية .

Vermeer[vər mâr], **Jan**[yän] فيرمير ، يان (١٦٣٢ – ١٦٧٥) : رسام هولندي . عُني بتصوير المشاهد الداخلية والمنزلية .

Verne [vĕrn], **Jules** فيرن ، جـول (١٨٢٨ – ١٩٠٥) : كاتب فرنسي . عُني بتأليف الروايات العلمية .

Veronese [vā rō nä'zē], **Paolo** فيرونيزي ، باولو (١٥٢٨ – ١٥٨٨) : رسام إيطالي . أكّد في رسومه على اللون ورشاقة الشكل .

Verrocchio [və rō'kē ō], **Andrea del** فيرّوكيو ، آندريا دِلْ (١٤٣٥ – ١٤٨٨) : رسّام ونحات إيطالي . كان أستاذاً لليوناردو دا فينشي .

Vesalius [vĭ sā'lē əs], **Andreas** فيزيليوس ، آندرياس (١٥١٤ – ١٥٦٤) . جراح وعالم تشريح فلمنكي . يُعتبر أبا علم التشريح الحديث .

Vespasian [vəs pā'zhən] فَسْبازيان (٩ – ٧٩ م.) : أمبراطور روماني (٦٩ – ٧٩ م.) . أعاد للأمبراطورية استقرارها .

Valentinian I [văl ən tĭn'yən] فالنتينيان الأول (٣٢١ – ٣٧٥ م.) : أمبراطور روماني (٣٦٤ – ٣٧٥ م.) . حصّن حدود الأمبراطورية .

Valerian[və lĭr'ĭ ən] فاليريان (توفي عام ٢٦٠ م.) : أمبراطور روماني (٢٥٣ – ٢٦٠ م.) . اضطهد النصارى .

Valéry [vȧ lā rē'], **Paul** فاليري ، بول (١٨٧١ – ١٩٤٥) : شاعر فرنسي . يُعتبر أحد أبرز أركان المدرسة الرمزية .

Van Buren[văn byŏŏr'ən], **Martin** فان بيورين ، مارتن (١٧٨٢ – ١٨٦٢) : سياسي أميركي . الرئيس الثامن للولايات المتحدة الأميركية (١٨٣٧ – ١٨٤١) .

Van Dyck [văn dīk'], Sir **Anthony** فاندايك ، السّير أنطوني (١٥٩٩ – ١٦٤١) : رسام فلمنكي . عُني برسم الوجوه .

van Gogh [văn gôkh'], **Vincent** فان غوخ ، فنسانت (١٨٥٣ – ١٨٩٠) : رسام هولندي . يُعتبر أحد أعظم الرسامين في جميع العصور .

Paul Verlaine

van Gogh : *The Church of Auvers-sur-Oise* فان غوخ : «كنيسة أوفير سور واز»

Vespucci [vĕs po͞ot′chē], **Amerigo** فسبوتشي ، أميريغو (١٤٥٤ – ١٥١٢) : ملاح إيطالي . راد سواحل العالم الجديد بعد كولومبس . دُعيت أميركا على اسمه .

Victor Emmanuel I [vĭk′tər ĭ măn′yo͞o əl] فيكتور عمانوئيل الأول (١٧٥٩ – ١٨٢٤) : ملك سردينيا (١٨٠٢– ١٨٢١) . تخلّى عن العرش (عام ١٨٢١) .

Victor Emmanuel II فيكتور عمانوئيل الثاني (١٨٢٠ – ١٨٧٨) : آخر ملوك سردينيا (١٨٤٩ – ١٨٦١) ، وأول ملك تربّع على عرش إيطاليا المتحدة (١٨٦١ – ١٨٧٨) .

Victor Emmanuel III فيكتور عمانوئيل الثالث (١٨٦٩ – ١٩٤٧) : ملك إيطاليا (١٩٠٠ – ١٩٤٦) . في عهده دخلت إيطاليا الحرب العالمية الثانية .

Victoria [vĭk tôr′ē ə] فيكتوريا (١٨١٩– ١٩٠١) : ملكة بريطانيا العظمى (١٨٣٧ – ١٩٠١) وأمبراطورة الهند (١٨٧٦ – ١٩٠١) . اتّسعت في عهدها رقعة الأمبراطورية البريطانية .

Vigny [vē nyē′], **Alfred de** فينيي ، ألفرد دو (١٧٩٧–١٨٦٣) : شاعر فرنسي . يُعتبر أحد أبرز الأدباء الرومانتيكيين الفرنسيين .

Villon [vē yôn′], **François** فييون ، فرانسوا (١٤٣١ – ١٤٦٣ ؟) : شاعر فرنسي . في آثاره ابتهاج مُتحدٍّ وظَرْف ساخر .

Villon, Jacques فييون، جاك (١٨٧٥– ١٩٦٣) : رسام فرنسي . ارتبط اسمه أولاً بالمدرسة الانطباعية ثم بالمدرسة التكعيبية .

Virgil [vûr′jəl] : فيرجيل (٧٠– ١٩ق.م.) : كبير شعراء الرومان . صاحب ملحمة « الإنيادة » *Aeneid* .

Vivaldi [vē väl′dē], **Antonio** فيفالدي ، أنطونيو (١٦٧٨ – ١٧٤١) : مؤلف موسيقي إيطالي . وضع نحواً من خمسين أوبرا .

Vlaminck [vlȧ mănk′] **Maurice de** فلامانك ، موريس دو (١٨٧٦ – ١٩٥٨) : رسام فرنسي . ارتبط اسمه فترة طويلة بالمدرسة الفوفية Fauvism .

Volta [vŏl′tə], Count **Alessandro** فولطا ، الكونت أليسّاندرو (١٧٤٥ – ١٨٢٧) : فيزيائي إيطالي . اخترع البطارية الكهربائية (عام ١٨٠٠) .

Voltaire [vŏl târ′] فولتير (١٦٩٤ – ١٧٧٨) : فيلسوف فرنسي . يُعتبر أحد أكبر رجال الفكر في القرن الثامن عشر .

Voltaire

Voroshilov [və rŏ shē′ lôf], **Kliment** فوروشيلوف ، كليمنت (١٨٨١ – ١٩٦٩) : مارشال سوفياتي . رئيس الاتحاد السوفياتي (١٩٥٣ – ١٩٦٠) .

Vuillard [vwē yȧr′], **Jean Edouard** فُوييار ، جان أدوار (١٨٦٨ – ١٩٤٠) : رسّام فرنسي . عُني بتصوير الحياة المنزلية .

Vyshinsky [vĭ shĭn′skē], **Andrai** فيشنسكي ، أندراي (١٨٨٣–١٩٥٤) : ديبلوماسي سوفياتي . وزير الخارجية (١٩٤٩ – ١٩٥٣) .

Vermeer : *The Cook* فيرمير : « الطاهية »

Wagner

George Washington

Duke of Wellington

Wagner [väg'nər], **Richard** فاغنر، ريتشارد (١٨١٣ — ١٨٨٣) : مؤلف موسيقي ألماني . أدخلَ الدراما في الأوبرا .

Waldheim [vält'hīm], **Kurt** فالدهايم، كورت (١٩١٨ —) : ديبلوماسي نمساوي . الأمين العام للأمم المتحدة (١٩٧٢ — ١٩٨١) .

Wallace [wäl'ĭs], **Alfred Russel** والاس ، ألفرد راسل (١٨٢٣ — ١٩١٣): عالم طبيعة بريطاني .

Wallace, Henry Agard والاس، هنري آغارد (١٨٨٨ — ١٩٦٥) : سياسي أميركي. نائب رئيس الجمهورية (١٩٤١ — ١٩٤٥) في عهد فرانكلن روزفلت .

Wallenstein [wäl'ən shtīn], **Albrecht von** والِنْشتاين ، ألبرخت فون (١٥٨٣ — ١٦٣٤) : جنرال نمساوي . يُعَدّ أحد أعظم القادة العسكريين في عصره .

Wallis [wäl'ĭs], **John** واليس ، جون (١٦١٦ — ١٧٠٣) : عالم رياضيات إنكليزي . يعتبر أعظم الرياضيين الإنكليز قبل عصر نيوتن .

Walpole [wôl'pōl], Sir **Robert** وولبول ، السّير روبرت (١٦٧٦ — ١٧٤٥) : سياسي بريطاني . رئيس الوزراء (١٧٢١ — ١٧٤٢) .

Washington [wäsh'ĭng tən], **George** واشنطن ، جورج (١٧٣٢ — ١٧٩٩) : بطل حرب الاستقلال الأميركية (١٧٧٥ — ١٧٨٣) . أول رئيس للولايات المتحدة الأميركية (١٧٨٩ — ١٧٩٧) .

Watson [wät'sən], **John** واطسون، جون (١٨٧٨ — ١٩٥٨) : عالم نفس أميركي . يُعتبر رائد المدرسة السُّلوكية .

Watt [wät], **James** واطّ، جيمس (١٧٣٦ — ١٨١٩) : مخترع أسكتلندي . أدخل تحسينات أساسية على الآلة البخارية .

Watts [wäts], **George** واتس ، جورج (١٨١٧ — ١٩٠٤) : رسام ونحّات إنكليزي . آمن بأن الفن يجب أن يكون ذا رسالة عالمية .

Wavell [wā'vəl], **Archibald** ويفل، آرتشيبالد (١٨٨٣ — ١٩٥٠) : قائد عسكري بريطاني . تولى القيادة العليا للقوات البريطانية في الشرق الأوسط (عام ١٩٣٩) .

Weber [vā'bər], **Ernst** فيبَرْ ، أرنست (١٧٩٥ — ١٨٧٨) : عالم نفس ألماني . يُعتبر مؤسس علم النفس التجريبي .

Weber, Max فيبَرْ، ماكس (١٨٨١ — ١٩٦١) : رسام ونحات أميركي . تتّسم آثاره بطابع تجريدي .

Webster [wěb'stər], **Noah** وبستر ، نوح (١٧٥٨ — ١٨٤٣) : عالم لغوي أميركي . يُعتبر رائد صناعة المعاجم في الولايات المتحدة الأميركية .

Wellington [wěl'ĭng tən], **Duke of** ولينغتون ، دوق أوف (١٧٦٩ — ١٨٥٢) : جنرال بريطاني . هزم نابوليون بونابرت في معركة واترلو (عام ١٨١٥) .

Wells [wělz], **(H)erbert G(eorge)** وِلْز ، هربرت جورج (١٨٦٦ — ١٩٤٦) : روائي ومؤلف إنكليزي . يُعتبر أحد أبرز كتّاب الرواية العلمية .

West [wěst], **Benjamin** وست ، بنجامان (١٧٣٨ — ١٨٢٠) : رسام أميركي. عُني بتصوير الموضوعات التاريخية والدينية والأسطورية .

Whitehead [hwīt'hěd], **Alfred** هوايتْهِد ، ألفرد (١٨٦١ — ١٩٤٧): رياضي وفيلسوف بريطاني .

Whitman [hwĭt'mən], **Walt** هويتمان، وولت (١٨١٩ — ١٨٩٢) : شاعر أميركي . يُعْرف برسول الديموقراطية ونصير «الرجل العاديّ» .

Wiener [wē'nər], **Norbert** وينر ، نوربرت (١٨٩٤ — ١٩٦٤) : عالم رياضي أميركي . مؤسس السِّيبرنانية أو علم الضبط cybernetics.

Wilde [wīld], **Oscar** وايلد ، أوسكار (١٨٥٤ — ١٩٠٠) : شاعر وروائي وكاتب مسرحي إيرلندي . يُعتبر من أبرز القائلين بنظرية « الفن للفن » .

Wilhelm I [vĭl'hělm] ولْهِلْم الأول (١٧٩٧—١٨٨٨) : ملك بروسيا (١٨٦١ — ١٨٨٨) وأمبراطور ألمانيا (١٨٧١—١٨٨٨) . في عهده تحققت الوحدة الألمانية(عام ١٨٧١).

Wilhelm II ولهلم الثاني (١٨٥٩ — ١٩٤١) : ملك بروسيا وأمبراطور ألمانيا (١٨٨٨ — ١٩١٨) . في عهده خاضت ألمانيا الحرب العالمية الأولى . تخلّى عن العرش .

Wordsworth

Weber : *la Visite*
فيبر : « الزيارة »

Wolfe [wo͝olf], **Thomas Clayton** وولف ، توماس كلايتون (١٩٠٠ – ١٩٣٨) : روائي أميركي . يغلب على رواياته طابع السيرة الذاتية .

Wolsey [wo͝ol′zē], **Thomas** ، وولزي توماس (١٤٧٥ – ١٥٣٠) : كاردينال إنكليزي . كان مستشاراً للملك هنري الثامن (من عام ١٥١٥ إلى عام ١٥٢٩) .

Wood [wo͝od], **Grant** وود ، غرانت (١٨٩٢ – ١٩٤٢) : رسام أميركي . عُرف بواقعيته الصارمة .

Woolf [wo͝olf], **Virginia** ، وولف فيرجينيا (١٨٨٢ – ١٩٤١) : روائية إنكليزية . أصيبت باضطراب عقلي فانتحرت .

Wordsworth [wûrdz′wûrth], **William** ووردزوورث ، وليم (١٧٧٠ – ١٨٥٠) : شاعر إنكليزي . يُعتبر كبير شعراء الحركة الرومانتيكية الإنكليزية .

Wright [rīt], **Richard** رايت ، ريتشارد (١٩٠٨ – ١٩٦٠) : روائي زنجي أميركي . من أشهر آثاره « الصبيّ الأسود » *Black Boy* (عام ١٩٤٥) .

Wright [rīt], **Wilbur** رايت ، ويلبور (١٨٦٧ – ١٩١٢) : رائد طيران أميركي . صَنَعَ هو وأخوه أورفيل Orville (١٨٧١– ١٩٤٨) أول طائرة ذات محرِّك وطارا بها (عام ١٩٠٣) .

Wundt [vo͝ont], **Wilhelm Max** فونت ، ولهلم ماكس (١٨٣٢ – ١٩٢٠) : فيسيولوجي وعالم نفس ألماني . أنشأ أول مختبر لعلم النفس (عام ١٨٧٩) .

Wycliffe [wik′lif], **John** ويكْلف ، جون (١٣٣٠ ؟ – ١٣٨٤) : لاهوتي ومصلح ديني إنكليزي . أنكر سلطة البابا إذا تعارضت مع الكتاب المقدس . اتُّهم بالهرطقة .

Wilhelmina [vil hĕl mē′nə] ولْهلْمينا (١٨٨٠ – ١٩٦٢) : ملكة هولندا (١٨٩٠ – ١٩٤٨) . تخلّت عن العرش لأسباب صحية .

William I [wil′yəm] *also* **William the Conqueror** وليم الأول ؛ وليم الفاتح (١٠٢٨ – ١٠٨٧) : ملك إنكلترا (١٠٦٦ – ١٠٨٧) . قاد الحملة النورمندية على إنكلترا وفتحَها (عام ١٠٦٦) .

Williams [wil′yəmz], **Tennessee** ولْيَمْز ، تنيسي (١٩١١ – ١٩٨٣) : كاتب مسرحي أميركي . نفذ في آثاره إلى أعماق الروح الإنسانية .

Wilson [wil′sən], **Harold** ، ولسون هارولد (١٩١٦ –) : سياسي بريطاني. زعيم حزب العمال . رئيس الوزراء (١٩٦٤– ١٩٧٠) و (١٩٧٤ – ١٩٧٦) .

Wilson, Woodrow ولسون ، وودرو (١٨٥٦ – ١٩٢٤) : سياسي أميركي . زعيم الحزب الديموقراطي . الرئيس الثامن والعشرون للولايات المتحدة الأميركية . (١٩١٣ – ١٩٢١) . في عهده دخل الأميركيون الحرب العالمية الأولى .

Woodrow Wilson

X

Xenophon

Xenophanes [zē nŏf′ə nēz] زينوفان؛ زينوفانيس (٥٦٠ ؟ – ٤٧٨ ؟ ق. م.) : فيلسوف وشاعر يوناني . قال بوحدة الوجود.

Xenophon [zĕn′ə fən] زينوفون (٤٣١– ٣٥٥ ؟ ق. م.) : مؤرخ وقائد عسكري يوناني . قاتل في خدمة الفرس في كردستان وأرمينيا .

Xerxes I [zûrk′sēz] أحْشورُس الأول؛ أحشَويرُش الأول (٥١٩ ؟– ٤٦٥ ق. م.): ملك فارس (٤٨٦ – ٤٦٥ ق. م.) . غزا بلاد اليونان (عام ٤٨٠ ق. م.) .

Ya'qubi, al- [ăl yă′qōō′bē] اليَعْقوبي (توفي عام ٨٩٧ م.) : مؤرخ وجغرافي عربي . أشهر آثاره : «كتاب البلدان» .

Yaqut al-Rumi [yâ′qōōt ăr rōō′mē] ياقوت الرومي (١١٧٩ – ١٢٢٩ م.) : جغرافي وكاتب سِيَر عربي . صاحب «معجم البلدان» و«معجم الأدباء» .

Yazdegerd III [yăz dâ′jârd] يَزْدَجَرْد الثالث (توفي عام ٦٥١ م.): آخر ملوك الفرس الساسانيين (٦٣٢ – ٦٥١ م.). انتصر العرب على قواته في معركة القادسية (عام ٦٣٧ أو ٦٣٦ م.) .

Yazid I [yă zēd′] يزيد الأول؛ يزيد بن معاوية (٦٤٥ ؟ – ٦٨٣ م.) : الخليفة الأموي الثاني (٦٨٠ – ٦٨٣ م.) . في عهده حدثت مأساة كربلاء .

Yazigi [yä′zĭ gē], **Ibrahim al-** اليازجي ، إبراهيم (١٨٤٧ – ١٩٠٦) : صحافي ولغوي عربي . يُعتبر أحد أبرز أعلام النهضة الأدبية الحديثة .

Yazigi, Nasif al- اليازجي ، ناصيف (١٨٠٠ – ١٨٧١) : كاتب وشاعر عربي لبناني . أشهر آثاره : «مَجْمع البحرين» .

Yeats [yāts], **William Butler**، ييتس، وليم بتْلر (١٨٦٥ – ١٩٣٩) : شاعر وكاتب مسرحي إيرلندي . مُنح جائزة نوبل في الآداب لعام ١٩٢٣ .

Yesenin [yĕs′ə nin], **Sergey Alexandrovich** ييسينين ، ألكسَنْدروفيتش (١٨٩٥ – ١٩٢٥) : شاعر روسي . عاش حياة بوهيمية مستهترة .

Yevtushenko [yĕv tōō shĕng′kō], **Yevgeny Alexandrovich** يَفْتوشنكو ، يَفْجني ألكسندروفيتش (١٩٣٣ –) : شاعر سوفياتي . دعا إلى تغليب المقاييس الفنية على المقاييس السياسية .

Young [yŭng], **Thomas** يونغ ، توماس (١٧٧٣ – ١٨٢٩) : فيزيائي وطبيب بريطاني . عُني بدراسة الآثار المصرية .

William Butler Yeats

Z

Emile Zola

Zwingli

Zaghlul [zăg′lo͞ol], **Sa‘d** زغلول، سعد (١٨٥٧ – ١٩٢٧) : زعيم وطني مصري . مؤسس حزب الوفد . عمل من أجل تحرير مصر من الاحتلال البريطاني .

Zahawi, al- [ăz ză hâ′wē], **Jameel Sidqi** الزَّهاوي، جميل صدقي (١٨٦٣– ١٩٣٦) : شاعر عراقي . يُعدّ واحداً من أبرز الشعراء في عصر النهضة الحديثة .

Zahrawi, al- [ăz zăh rä′wē[, **abul-Qasim** الزَّهراوي، أبو القاسم (٩٣٦ – ١٠١٣) : أعظم الجراحين العرب . ابتكر عدة آلات جراحية .

Zapata [sä pä′tä], **Emiliano** زاباتا، أميليانو (١٨٧٩ – ١٩١٩) : زعيم ثوري مكسيكي . اغتيل في كمين نُصب له .

Zeeman [zā′män], **Pieter** زيمان، بيتر (١٨٦٥ – ١٩٤٣) : فيزيائي هولندي . مُنح جائزة نوبل في الفيزياء (بالمشاركة) لعام ١٩٠٢ .

Zeno [zē′nō] زينون ؛ زينون الرِّواقي (٣٣٥ – ٢٦٣ ق. م.) : فيلسوف يوناني . مؤسس الفلسفة الرواقية .

Zeno of Elea [ē lē′ə] زينون الإيلي (٤٩٥ ؟ – ٤٣٠ ق. م.) : فيلسوف يوناني . حاول أن يثبت أن الحركة وهمٌ لا حقيقة .

Zenobia [zə nō′bē ə] زنوبيا (توفيت بعد عام ٢٧٤ م.) : ملكة تدمر (٢٦٧ – ٢٧٢ م.) . أعلنت استقلالها عن رومه . أسرها الأمبراطور أوريليانوس .

Zeppelin [zĕp′ə lĭn], Count **Ferdinand von** زبلن، الكونت فرديناند فون (١٨٣٨ – ١٩١٧) : جنرال ألماني . صنع المنطاد الذي يحمل اسمه .

Zhukov [zhü′kôf], **Georgi** جوكوف، جيورجي (١٨٩٦ – ١٩٧٤) : مارشال سوفياتي . لعب دوراً بارزاً خلال الحرب العالمية الثانية .

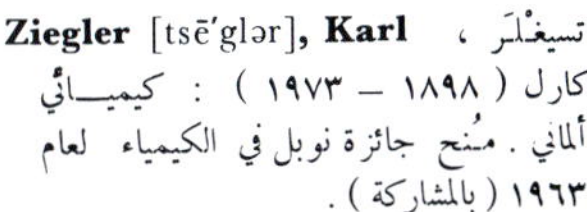

Ziegler [tsē′glər], **Karl** تسيغْلَر، كارل (١٨٩٨ – ١٩٧٣) : كيميائي ألماني . مُنح جائزة نوبل في الكيمياء لعام ١٩٦٣ (بالمشاركة) .

Ziryab [zĭr′yâb] زِرْياب، أبو الحسن عليّ ابن نافع (توفي حوالى ٨٥٢ م.) : كبير موسيقيي العرب في الأندلس .

Zola [zō lä′], **Emile** زولا، أميل (١٨٤٠ – ١٩٠٢) : روائي فرنسي . يُعتبر مؤسس المذهب الطبيعي في الأدب .

Zoroaster [zōr ō ăs′tər] زَرادَشْت (٦٢٨ ؟ – ٥٥١ ق. م.) : مصلح ديني فارسي . نبيّ الزَّرادشتية ومؤسّسها .

Zuhayr ibn-abi-Sulma [zo͞o hăyr′ ĭb′ən ă bē′ so͞ol′mâ] زهير بن أبي سُلمى (٥٢٠ ؟ – ٦٠٩ ؟ م.) : شاعر عربي جاهلي . من أصحاب المعلقات .

Zuloaga [zo͞o lô ä′gä], **Ignacio** زولواغا، إغناسيو (١٨٧٠ – ١٩٤٥) : رسام إسباني . اتّسم فنه بالطابع القومي .

Zurbarán [zo͞or bə rän′], **Francisco de** زورباران، فرانسيسكو دي (١٥٩٨– ١٦٦٤) : رسام إسباني . عُني بتصوير الموضوعات الدينية .

Zweig [tsvīkh], **Stefan** زفايغ، ستيفان (١٨٨١ – ١٩٤٢) : روائي وكاتب نمساوي . عُني بدراسة شخصيات المشاهير وتحليلها .

Zwingli [tsvĭng′lē], **Ulrich** زوينغلي، أولريخ (١٤٨٤ – ١٥٣١) : مصلح بروتستانتي سويسري . تأثر بتعاليم لوثر .

Zworykin [swôr′ə kĭn], **Vladimir** زْوُوْريكين، فلاديمير (١٨٩٩ –) : فيزيائي أميركي . روسي المولد . يُعتبر أبا التلفزيون (١٩٢٣ – ١٩٢٤) .

ثبت المراجع

1. ENCYCLOPAEDIA BRITANNICA; U.S.A., 1974.
2. THE NEW CAXTON ENCYCLOPEDIA; LONDON 1973.
3. ENCYCLOPAEDIA OF ISLAM; LEIDEN 1913-1938.
4. WEBSTER'S BIOGRAPHICAL DICTIONARY; SPRINGFIELD, MASS., U.S.A., 1953.
5. McGRAW-HILL DICTIONARY OF ART; VERONA, ITALY, 1969.
6. LAROUSSE ILLUSTRATED INTERNATIONAL ENCYCLOPEDIA AND DICTIONARY; PARIS, 1972.
7. LA GRANDE ENCYCLOPEDIE LAROUSSE; PARIS, 1976.
8. LAROUSSE TROIS VOLUMES; PARIS, 1976.

٩ ـ الأعلام لخير الدين الزركلي ، بيروت ١٩٦٩ .

١٠ ـ الموسوعة العربية الميسرة ، القاهرة ١٩٦٥ .

١١ ـ المنجد في الأعلام ، بيروت ١٩٧٣ .

١٢ ـ موسوعة المورد لمنير البعلبكي .

التنفيذ الطباعي : مطابع نصر الله - سد البوشرية - بيروت

تلفون: ٥١٢١٩٢(٠١) - ٥١٢١٩٥ (٠١) - ٥١١٧٦٩ (٠١)

التجليد الفني : مؤسسة عبد الحفيظ البساط للتجليد وتصنيع الكتاب

تلفون: ٨٥٦٨٨٨ /٠١ ـ ٨٣٤٩٠٢ /٠١

د. روحي البعلبكي
المورد الثلاثي
قاموس ثلاثي اللغات
عربي
إنكليزي
فرنسي
أول قاموس يجمع العربية والإنكليزية والفرنسية في أسلوب منهجي واضح.
يقدّم شروحاً وافية وأمثلة عصرية.
يلبّي حاجة التمازج اللغوي المعاصر، ويغطّي متطلبات البحث الفوري والمقارن عن مختلف المعاني والمصطلحات والاستعمالات الشائعة باللغات الثلاث.

قاموس
إنكليزي - عربي
حديث

تأليف
منير البعلبكي

أتمَّه وراجعه: د. رمزي منير البعلبكي

دار العلم للملايين

- أضخم وأوثق قاموس إنكليزيّ - عربيّ في مطلع القرن الحادي والعشرين.

- أكثر من ألفي صفحة على ثلاثة أعمدة تستغرق متن اللغة الإنكليزيّة برُمّته، وتنتظم كلّ ما يحتاج إليه الطالب والمدرّس والمترجم والباحث من المصطلحات العلميّة والفنيّة والحضاريّة الحديثة، ومن الموادّ الموسوعيّة، وذلك في أجرأ محاولة علميّة منهجيّة أسست على هَدْي من قاموس «المورد» للارتقاء بصناعة المعاجم الإنكليزيّة - العربيّة إلى مستوى المعاجم العالميّة من حيث الدّقة والشمول والحداثة والإخراج.

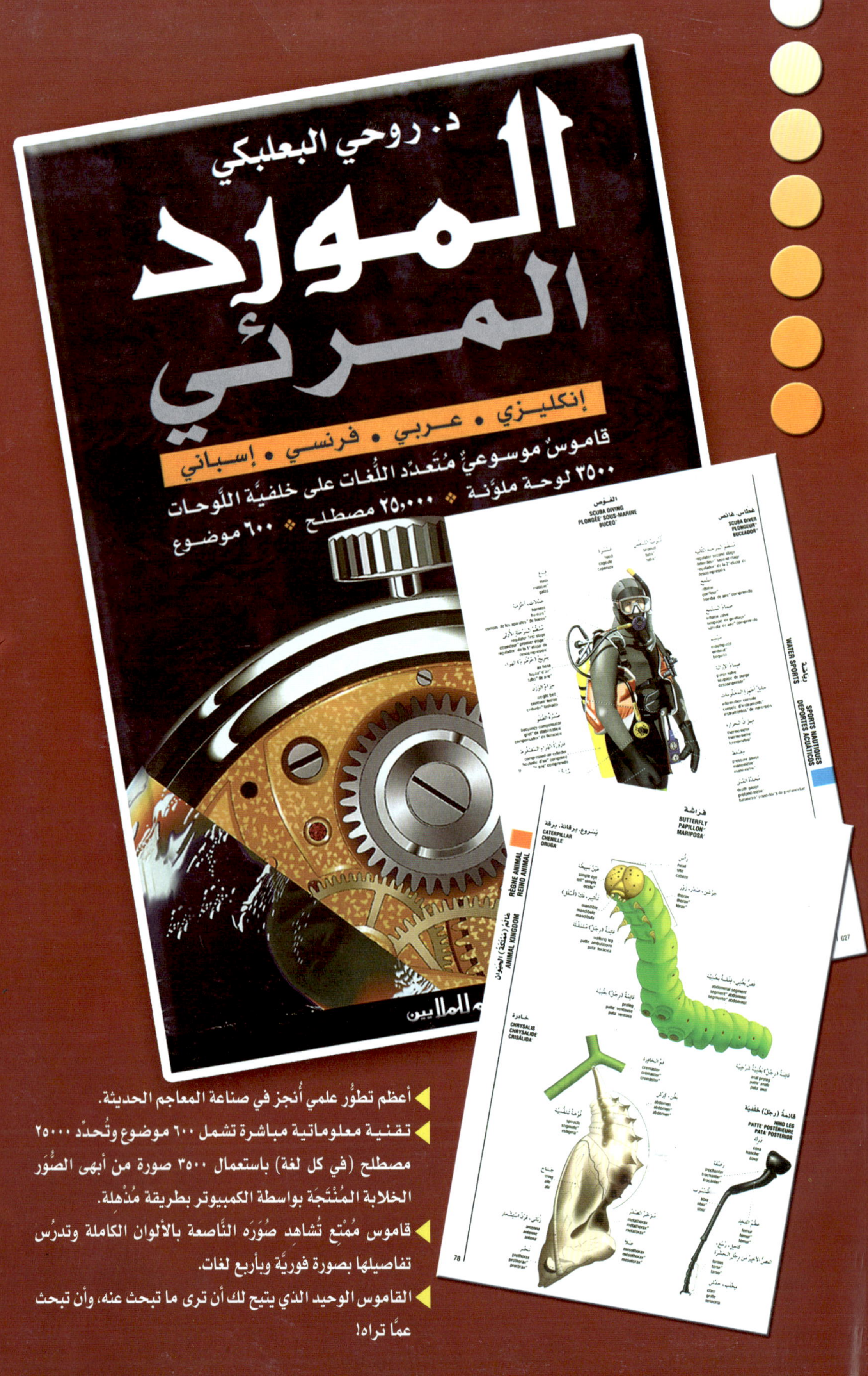

- أعظم تطوُّر علمي أُنجز في صناعة المعاجم الحديثة.
- تقنية معلوماتية مباشرة تشمل ٦٠٠ موضوع وتُحدِّد ٢٥٠٠٠ مصطلح (في كل لغة) باستعمال ٣٥٠٠ صورة من أبهى الصُّوَر الخلابة المُنْتَجَة بواسطة الكمبيوتر بطريقة مُذْهلة.
- قاموس مُمْتِع تُشاهِد صُوَرَه النَّاصعة بالألوان الكاملة وتدرُس تفاصيلها بصورة فوريَّة وبأربع لغات.
- القاموس الوحيد الذي يتيح لك أن ترى ما تبحث عنه، وأن تبحث عمَّا تراه!

المورد 2008